番号	部首	異体	ページ
109	目	罒	八三三
110	矛		八四六
111	矢		八四七
112	石		八五〇
113	示	礻	八六〇
114	禸		八七〇
115	禾		八七一
116	穴		八八四
117	立		八九九
(71)	旡	(旡)	五三二
(78)	歺	(歹)	六五四
121	缶		九五四
122	网	⺳ 円 罒	九五六
123	羊		九五九
124	羽	羽	九六四
125	老	耂	九六八
126	而		九七一
127	耒		九七二
128	耳		九七三
129	聿		九七八
130	肉	月	九七九
131	臣		九九八
132	自		九九九
133	至		一〇〇一
134	臼	臼	一〇〇三
135	舌		一〇〇五
136	舛	舛	一〇〇六
137	舟		一〇〇六
138	艮		一〇一〇
139	色		一〇一一
140	艸	艹 艹 艹	一〇一三
141	虍		一〇五八
142	虫		一〇六一
143	血		一〇七五
144	行		一〇七七
145	衣	衤	一〇八一
146	襾	覀 西	一〇九四
七画			
147	見		一〇九七
148	角		一一〇三
149	言		一一〇五
150	谷		一一三六
151	豆		一一三六
152	豕		一一三八
153	豸		一一四〇
154	貝		一一四一
155	赤		一一五六
156	走		一一五七
157	足	⻊	一一六一
158	身		一一六九
159	車		一一七〇
160	辛		一一八一
161	辰		一一八三
162	辵	辶 ⻌	一一八五
163	邑	阝(右側)	一二一五
164	酉		一二二三
165	釆		一二三〇
166	里		一二三一
(131)	臣		九九八
(134)	臼	(臼)	一〇〇四
(136)	舛	(舛)	一〇〇六
(168)	镸	(長)	一二五七
(199)	麦	(麥)	一三八三
八画			
167	金		一二三四
168	長	镸	一二五七
169	門		一二六〇
170	阜	阝(左側)	一二七〇
171	隶		一二八五
172	隹		一二八五
173	雨		一二九二
174	靑	青	一三〇二
175	非		一三〇四
(184)	食	(食)	一三一一
(210)	斉	(齊)	一三九四
九画			
176	面		一三〇五
177	革		一三〇六
178	韋	韋	一三一〇
179	韭		一三一一
180	音		一三一二
181	頁		一三一四
182	風		一三二四
183	飛		一三二八
184	食	飠 𩙿	一三二九
185	首		一三三六
186	香		一三三七
十画			
187	馬		一三三八
188	骨		一三四八
189	高		一三四九
190	髟		一三五二
191	鬥		一三五四
192	鬯		一三五五
193	鬲		一三五六
194	鬼		一三五六
(178)	韋	(韋)	一三一〇
(212)	竜	(龍)	一三九七
十一画			
195	魚		一三五九
196	鳥		一三七〇
197	鹵		一三八〇
198	鹿		一三八一
199	麥	麦	一三八三
200	麻	麻	一三八四
(201)	黄	(黃)	一三八五
(203)	黒	(黑)	一三八七
(213)	亀	(龜)	一三九九
十二画			
201	黃	黄	一三八五
202	黍		一三八七
203	黑	黒	一三八七
204	黹		一三八九
(211)	歯	(齒)	一三九五
十三画			
205	黽		一三八九
206	鼎		一三九〇
207	鼓		一三九一
208	鼠		一三九二
十四画			
209	鼻	鼻	一三九三
210	齊	斉	一三九四
十五画			
211	齒	歯	一三九五
十六画			
212	龍	竜	一三九七
213	龜	亀	一三九九
十七画			
214	龠		一四〇〇
＊	非漢字部		一四〇〇

主な部首の名称

主な部首のうち特別な形、名称をもつものを中心に掲載しました。俗称を示したものもあります。

丨	ぼう
乙	おつ　おつにょう
亠	けいさんかんむり・なべぶた
亻(人)	にんべん
儿	にんにょう　ひとあし
入	いりがしら
八	はちがしら
冂	けいがまえ
冖	わかんむり
冫	にすい
几	つくえ　きにょう
凵	かんにょう　うけばこ
刂(刀)	りっとう
勹	つつみがまえ
匕	さじ
匚	はこがまえ
匸	かくしがまえ
卩(㔾)	ふしづくり
厂	がんだれ
口	くち　くちへん
囗	くにがまえ
土	つちへん
夂	ふゆがしら
夊	すいにょう　なつあし
女	おんなへん
子	こへん
宀	うかんむり
尢	まげあし
尸	しかばね
屮(屮)	てつ
巾	はば　はばへん
幺	いとがしら
广	まだれ
廴	えんにょう　いんにょう
廾	にじゅうあし
弋	しきがまえ
弓	ゆみへん
⺕(ヨ)	けいがしら
彡	さんづくり
彳	ぎょうにんべん
忄(心)	りっしんべん
扌(手)	てへん
氵(水)	さんずい
犭(犬)	けものへん
艹・艹(艸)	くさかんむり　そうこう
辶・辶(辵)	しんにょう　しんにゅう
阝(邑)	(右)おおざと
阝(阜)	(左)こざとへん
⺗(心)	したごころ
戈	かのほこ　ほこづくり
戸(戶)	とびら　とだれ
支	じゅうまた　しにょう
攴(攵)	とまた　ぼくにょう
斗	とます
斤	きん　おのづくり
方	ほう　かたへん
旡(无)	すでのつくり
日	にちへん　ひへん
曰	ひらび
月	つきへん
月(肉)	にくづき
木	きへん
欠	あくび
止	とめへん
歹	いちた
殳	るまた　ほこづくり
气	きがまえ
火	ひへん
灬(火)	れっか　れんが
爪(⺤・爫)	つめかんむり　そうにょう
爿	しょうへん
片	かたへん
牙(牙)	きばへん
牜(牛)	うしへん
王(玉)	たまへん　おうへん
礻(示)	しめすへん
耂(老)	おいかんむり
𤴔(疋)	ひきへん
疒	やまいだれ
癶	はつがしら
目	めへん
矛	ほこへん
石	いしへん
禸	ぐうのあし
禾	のぎへん
穴	あなかんむり
氺(水)	したみず
衤(衣)	ころもへん
竹	たけかんむり
米	こめへん
糸	いとへん
缶	ほとぎへん
网(罒)	あみがしら
羊(⺶)	ひつじへん
老(耂)	おいかんむり
耒	らいすき　すきへん
耳	みみへん
聿	ふでづくり
舌	したへん
舛(舛)	まいあし　ます
舟	ふねへん
艮	こんづくり　ねづくり
虍	とらかんむり　とらがしら
虫	むしへん
行	ぎょうがまえ　ゆきがまえ
襾(西)	かなめがしら
角	つのへん
言	ごんべん
豆	まめへん
豕	いのこへん
豸	むじなへん
貝	かいへん　こがい
走	そうにょう
𧾷(足)	あしへん
身	みへん
車	くるまへん
辵	しんにょう　しんにゅう
酉	さけのとり　ひよみのとり
釆	のごめへん
金	かねへん
門	もんがまえ　かどがまえ
隶	れいづくり
隹	ふるとり
雨	あめかんむり
革	かわへん　つくりがわ
韋(韋)	なめしがわ
頁	おおがい
𩙿・食(飠)	しょくへん
馬	うまへん
骨	ほねへん
髟	かみがしら　かみかんむり
鬥	とうがまえ　たたかいがまえ
鬯	ちょう
鬲	かく　れきのかなえ
鬼	きにょう
魚	うおへん
鳥	とりへん
鹵	ろ
麥(麦)	ばくにょう
麻(麻)	あさかんむり
黽	べん
鼻(鼻)	はなへん
齊(斉)	せい
齒(歯)	はへん

＊各部首の説明については本文の部首解説をご覧ください。

現代漢語例解辞典

第二版

監修——林大

小学館

監修
元国立国語研究所所長　林　大

編集委員
国学院大学講師　大橋由美
筑波大学附属高等学校教諭　塚田勝郎
筑波大学教授　林　史典
筑波大学教授・文学博士　湯沢質幸

装丁――堀渕伸治◎tee graphics

この辞典に使用した記号・略号

【　】	親字を示す
〖　〗	上の親字の旧字・異体字を示す
「　」	親字検索のための空見出し
⇩	参照すべき検字番号の指示
[常]	常用漢字
[常]1～[常]6	常用漢字のうちで、小学校の1～6年までの学年別漢字配当表に選定されている字（俗に教育漢字という）
[人]	人名用漢字
(人)	常用漢字・人名用漢字の旧字・異体字のうち、人名用として用いることが許容されている字
†	右の常用漢字・人名用漢字以外で、戸籍氏名に用いることが許容されている字
(呉)	呉音
(漢)	漢音
(唐)	唐音
(慣)	慣用音
(声)	上の字が音標であることを示す
(甲)	上代特殊仮名遣いで甲類の仮名
(乙)	上代特殊仮名遣いで乙類の仮名
[筆順]	親字の筆順を示す欄
[字解]	親字の字解を示す欄
[同属字]	親字を構成要素の一部とする同属の字の一覧
[参考]	親字に関する種々の情報を記した欄
[意味]	親字の意味用法の解説欄
[下接]	親字が下に付く熟語をまとめた欄
[難読地名]	読みにくい日本の地名
[難読姓氏]	読みにくい日本の姓氏
◆	部首単体、部首複体、また部標が全体にわたる字
▀	部標が上部を占める字
▄	部標が下部を占める字
◧	部標が左部を占める字
◨	部標が右部を占める字
▣	部標が中央を囲んでいる字
■	部標が上と左右を囲んでいる字
■	部標が左右と下を囲んでいる字
■	部標が上下と左を囲んでいる字
■	部標が上と右を囲んでいる字
■	部標が上と左を囲んでいる字
■	部標が左と下を囲んでいる字
【　】	熟語見出しを示す
〖　〗	成句の見出しを示す
「　」	出典の書名を示す
♥	以下は補注であることを示す。書き換え「○○→○○」は、「同音の漢字による書きかえ」（昭和三一年、国語審議会報告）に基づく。
→	参照項目の指示
(→…)	上の字と音が通じることを示す
↕	反対語を示す
⇓[表]	参考となる表組みの指示
⬇[図]	関係のある図版の指示
＊	漢文の実例を伴う書名の上に付けた
＊	ＪＩＳ補助漢字を示す
『　』	熟語例、作例を示した
＝	上と下が同義であることを示す
(＝…)	上の字のもとの字体を示す
〔＝…〕	漢文の現代語訳、または、作例の解説を示す
英	英語
梵	梵語
フラ ンス	フランス語
ドイ ツ	ドイツ語
オラ ンダ	オランダ語
ポル ト	ポルトガル語
アイ ヌ	アイヌ語

部首の形と位置による 検索表

この表は、部首を画数順に配列し、さらに、その部首が漢字のなかで占める位置の記号と形を示したものです。検索したい漢字の部首の位置をこの記号にあてはめて利用してください。

上から順に、部首番号、部首のかたち、部首の位置記号、本文のページ数が示してあります。

部首の位置記号は、◆が部首単体、部首複体、部首のかたちの上に点画の加わったもの。■■は、それぞれ部首が漢字の上・下・左・右を占めているものです。くわしくは、「この辞典の内容」を参照してください。

一画

部首番号	部首	形	ページ
1	一	一（◆）	一
		一（上）	一七
		一（下）	一六
2	｜	｜（◆）	三〇
		｜（下）	三三
3	丶	丶（◆）	三三
		丶（上）	三四
4	丿	丿（◆）	三六
		丿（上）	三七
5	乙（乚）	乙（◆）	三九
		乙（下）	四一
		乙（右）	四一
		乚（右）	四二
6	亅	亅（◆）	四四

二画

部首番号	部首	形	ページ
7	二	二（◆）	四六
		二（上）	五二
		二（下）	五三
8	亠	亠（◆）	五三
		亠（上）	五三
9	人（𠆢・亻）	人（◆）	五八
		人（下）	六二
		人（左）	六二
		人（右）	六二
		𠆢（上）	六三
		人（左）	六八
		亻（左）	六九
10	儿	儿（◆）	一一三
		儿（下）	一一四
11	入	入（◆）	一二一
		入（上）	一二一
12	八（丷）	八（◆）	一二三
		八（上）	一二四
		八（下）	一二七
13	冂	冂（◆）	一三一
		冂（上）	一三四
		冂（下）	一三四
14	冖	冖（◆）	一三五
		冖（上）	一三五
15	冫（ミ）	冫（◆）	一三七
		冫（上）	一三七
		冫（下）	一三七
		冫（左）	一三八
16	几	几（◆）	一四一
		几（◆）	一四三
		几（下）	一四三
		几（右）	一四三
17	凵	凵（◆）	一四三
		凵（下）	一四四
18	刀（刂）	凵（下）	一四五
		刀（◆）	一四六
		刀（上）	一四七
		刀（下）	一四七
		刀（右）	一四九
		刂（◆）	一五一
		刂（下）	一五一
		刂（右）	一五三
		刂（右）	一五三
19	力	力（◆）	一六三
		力（下）	一六四
		力（左）	一六五
		力（右）	一六六
20	勹	勹（◆）	一七三
		勹（右）	一七四
21	匕	匕（◆）	一七四
		匕（上）	一七四
		匕（下）	一七四
		匕（右）	一七四
22	匚	匚（◆）	一七六
		匚（左下）	一七六
23	匸	22に合併	
24	十	十（◆）	一七八
		十（上）	一八一
		十（下）	一八三
		十（左）	一八六
25	卜	卜（◆）	一八七

（前部首の続き）卜 一八七　卜 一八七　卜 一八七

26 卩(㔾)　卩 一八八　㔾 一八八　卩 一八八

27 厂　厂 一九一　厂 一九一

三画

28 厶　厶 一九五　厶 一九五　厶 一九五　厶 一九六

29 又　又 一九六　又 一九七　又 二〇〇

30 口　口 二〇三　口 二〇七　口 二一〇　口 二三九　口 二四四

31 囗　囗 二四六　囗 二四六

32 土　土 二五五　土 二五七　土 二五七　土 二六四　土 二七七

33 士　士 二七八　士 二七八　士 二八〇　士 二八〇　士 二八〇

34 夂　夂 二八〇　夂 二八一　夂 二八一

35 夊　34に合併

36 夕　夕 二八三　夕 二八五　夕 二八五　夕 二八六　夕 二八七

37 大　大 二八八　大 二九七　大 三〇〇

38 女　女 三〇五　女 三〇七　女 三一〇　女 三一一

39 子　子 三一一　子 三一三　子 三一三　子 三一七　子 三二九

40 宀　宀 三二九　宀 三二九

41 寸　寸 三五〇　寸 三五一　寸 三五四

42 小(⺌・⺍)　小 三五七　⺌ 三六〇　⺍ 三六二　小 三六二　小 三六二

43 尢(尣・兀)　尢 三六二　尢 三六三　尢 三六三

44 尸　尸 三六三　尸 三六四

45 屮(屮)　屮 三七一　屮 三七一　屮 三七一

46 山　山 三七二　山 三七三　山 三七七　山 三七七

47 巛(川・巜)　巛 三八一　巛 三八二　巜 三八二　巛 三八二　巛 三八二

48 工　工 三八二　工 三八四　工 三八五

49 己(已・巳)　己 三八六　己 三八七　己 三八七　己 三八七

50 巾　巾 三八八　巾 三八八　巾 三九二　巾 三九五

51 干　干 三九七　干 四〇〇　干 四〇〇

52 幺　幺 四〇一　幺 四〇三　幺 四〇三　幺 四〇三

53 广　广 四〇三　广 四〇三

- 54 廴：廴 四一二・廴 四一二
- 55 廾：廾 四一四・廾 四一四
- 56 弋：弋 四一六・弋 四一六・弋 四一七
- 57 弓：弓 四一七・弓 四一九・弓 四一九・弓 四一九
- 58 彑（彐・⺕・彐）：彑 四二四・彑 四二四・彑 四二五
- 59 彡：彡 四二五・彡 四二五・彡 四二五
- 60 彳：彳 四一八・彳 四一八
- (61) 忄 四六五
- (64) 扌 四九三
- (85) 氵 六七五
- (90) 丬 七六二
- (94) 犭 七七一
- (140) 艹 一〇一三
- (162) 辶 一一八五
- (163) 阝 一三一六
- (170) 阝 一三七〇

四画

- 61 心（⺗・忄）：心 四四一・心 四四五・心 四六四・⺗ 四六四・忄 四六五
- 62 戈：戈 四八〇・戈 四八三・戈 四八三・戈 四八三・戈 四八三
- 63 戶（戸）：戶 四八六・戶 四八六・戶 四八七
- 64 手（扌）：手 四八八・手 四九〇・手 四九三・扌 四九三
- 65 支：支 五三六・支 五三七・支 五三七
- 66 攴（攵）：攴 五三七・攴 五三七・攴 五三七・攵 五三七・攵 五三七・攵 五三八・攵 五三八
- 67 文：文 五三八・文 五四一・文 五四一・文 五四一
- 68 斗：斗 五四一・斗 五四二・斗 五四二
- 69 斤：斤 五四三・斤 五四三・斤 五四三・斤 五四三
- 70 方：方 五四七・方 五四九・方 五四九
- 71 旡（旡・无）：旡 五五三・旡 五五三
- 72 日：日 五五三・日 五五五・日 五六一・日 五六五・日 五七四
- 73 曰：曰 五七五・曰 五七七・曰 五七八
- 74 月：月 五八一・月 五八二・月 月部 五八二 肉部 九八一・月 月部 五八四 肉部 九八四・月 月部 五八五 肉部 九九七
- 75 木：木 五八七・木 五九六・木 五九八・木 六〇七・木 六四五
- 76 欠：欠 六四五・欠 六四五
- 77 止：止 六四九・止 六五〇・止 六五一・止 六五四
- 78 歹：歹 六五四・歹 六五四
- 79 殳：殳 六五八

- 殳 六五八

80 毋
- 毋 六六二
- 毋 六六二
- 毋 六六三

81 比
- 比 六六三
- 比 六六四
- 比 六六四

82 毛
- 毛 六六四
- 毛 六六五
- 毛 六六五
- 毛 六六六

83 氏
- 氏 六六六
- 氏 六六七
- 氏 六六七

84 气
- 气 六六七
- 气 六六七

85 水（氺・氵）
- 水 六七〇
- 水 六七四
- 水 六七四
- 水 六七四
- 氺 六七四
- 氺 六七五
- 氵 六七五
- 氵 六七五

86 火（灬）
- 火 七三八
- 火 七三九
- 火 七三九
- 火 七四一
- 火 七四八
- 灬 七四八

87 爪（⺥・⺤）
- 爪 七五九
- ⺥ 七五九
- 爪 七六〇
- 爪 七六〇

88 父
- 父 七六〇
- 父 七六〇

89 爻（㸚）
- 爻 七六一
- 爻 七六一

90 爿（丬）
- 爿 七六一
- 爿 七六三

91 片
- 片 七六三
- 片 七六三

92 牙（牙）
- 牙 七六三
- 牙 七六四
- 牙 七六四

93 牛
- 牛 七六四
- 牛 七六五
- 牛 七六六

94 犬（犭）
- 犬 七六九
- 犬 七六九
- 犬 七七〇
- 犭 七七一

(43) 尣
- 尣 三六三

(96) 王
- 王 七八一
- 王 七八五
- 王 七八六
- 王 七八六

(113) 礻
- 礻 八六三

(122) 罒
- 罒 九五六

(125) 耂
- 耂 九七〇

(140) 艹
- 艹 一〇一三

(162) 辶
- 辶 一二八五

五画

95 玄
- 玄 七七九
- 玄 七八〇
- 玄 七八一

96 玉（王）
- 玉 七八一
- 玉 七八五
- 玉 七八六
- 王 七八六

97 瓜
- 瓜 七九四
- 瓜 七九四
- 瓜 七九四

98 瓦
- 瓦 七九五
- 瓦 七九五
- 瓦 七九六
- 瓦 七九六

99 甘
- 甘 七九七
- 甘 七九七
- 甘 七九八
- 甘 七九八

100 生
- 生 七九八
- 生 八〇〇
- 生 八〇〇
- 生 八〇〇
- 生 八〇〇

101 用
- 用 八〇〇
- 用 八〇一

102 田
- 田 八〇三
- 田 八〇四
- 田 八〇六
- 田 八〇八
- 田 八一〇

103 疋（⺪）
- 疋 八一二
- 疋 八一二
- 疋 八一二
- 疋 八一二
- ⺪ 八一三

- 104 疒　疒 八一三　疒 八一三
- 105 癶　癶 八二〇　癶 八二〇
- 106 白　白 八二三　白 八二五　白 八二六　白 八二七
- 107 皮　皮 八二八　皮 八二八　皮 八二八
- 108 皿　皿 八二九　皿 八二九
- 109 目（罒）　目 八三四　目 八三七　目 八三七　目 八四〇　目 八四五　罒 八四六
- 110 矛　矛 八四六　矛 八四六　矛 八四六
- 111 矢　矢 八四七　矢 八四七　矢 八四七
- 112 石　石 八五〇　石 八五三　石 八五三
- 113 示（礻）　示 八六一　示 八六一　示 八六三
- 114 内　内 八七〇　内 八七〇
- 115 禾　禾 八七一　禾 八七三　禾 八七三　禾 八七三
- 116 穴　穴 八八四　穴 八八四
- 117 立　立 八九〇　立 八九〇　立 八九三　立 八九三
- (71) 旡　旡 五五三　旡 五五三
- (78) 歺　歺 六五四
- (85) 氺　氺 六七四　氺 六七五
- (92) 牙　牙 七三三
- (122) 円　円 九五六
- (122) 罒　罒 九五六
- (145) 衤　衤 一〇八七

六画

- 118 竹　竹 八九三　竹 八九四
- 119 米　米 九一一　米 九一二　米 九一二　米 九一三
- 120 糸　糸 九一九　糸 九一九　糸 九二五　糸 九五四
- 121 缶　缶 九五五　缶 九五五　缶 九五五
- 122 网（冗・円・罒）　网 九五六　网 九五六　冗 九五六　円 九五六　罒 九五六
- 123 羊　羊 九六〇　羊 九六〇　羊 九六三　羊 九六三　羊 九六三
- 124 羽（羽）　羽 九六四　羽 九六四　羽 九六六　羽 九六七　羽 九六七
- 125 老（耂）　老 九六八　老 九六九　耂 九七〇
- 126 而　而 九七一　而 九七一　而 九七一　而 九七二
- 127 耒　耒 九七二　耒 九七二
- 128 耳　耳 九七三　耳 九七四　耳 九七五　耳 九七六
- 129 聿　聿 九七八　聿 九七九　聿 九七九　聿 九七九
- 130 肉（月）　肉 九八〇　肉 九八〇　肉 九八一

月 九八一 ・ 月 九八四 ・ 月 九九七

131 臣
臣 九九八 ・ 臣 九九八

132 自
自 九九九 ・ 自 一〇〇一

133 至
至 一〇〇二 ・ 至 一〇〇二 ・ 至 一〇〇二

134 臼（𦥑）
臼 一〇〇三 ・ 臼 一〇〇三 ・ 臼 一〇〇三 ・ 臼 一〇〇四 ・ 臼 一〇〇四

135 舌
舌 一〇〇五 ・ 舌 一〇〇五 ・ 舌 一〇〇五

136 舛（舛）
舛 一〇〇六 ・ 舛 一〇〇六 ・ 舛 一〇〇六

137 舟
舟 一〇〇七 ・ 舟 一〇〇七

138 艮
艮 一〇一〇 ・ 艮 一〇一一

139 色
色 一〇一一 ・ 色 一〇一三

140 艸（艹・艹・艹）
艸 一〇一三 ・ 艹 一〇一三

141 虍
虍 一〇五八 ・ 虍 一〇五八 ・ 虍 一〇六一 ・ 虍 一〇六一

142 虫
虫 一〇六二 ・ 虫 一〇六二 ・ 虫 一〇六二 ・ 虫 一〇六六 ・ 虫 一〇七五

143 血
血 一〇七五 ・ 血 一〇七六 ・ 血 一〇七七

144 行
行 一〇七七

145 衣（衤）
衣 一〇八一 ・ 衣 一〇八五 ・ 衣 一〇八五 ・ 衤 一〇八七

146 襾（覀・西）
襾 一〇九四 ・ 襾 一〇九五

七画

147 見
見 一〇九八 ・ 見 一〇九八 ・ 見 一〇九九

148 角
角 一一〇二 ・ 角 一一〇三 ・ 角 一一〇三 ・ 角 一一〇五

149 言
言 一一〇六 ・ 言 一一〇七 ・ 言 一一〇八 ・ 言 一一三六

150 谷
谷 一一三六 ・ 谷 一一三六 ・ 谷 一一三六 ・ 谷 一一三六

151 豆
豆 一一三七 ・ 豆 一一三七 ・ 豆 一一三八

152 豕
豕 一一三八 ・ 豕 一一三八 ・ 豕 一一四〇 ・ 豕 一一四〇

153 豸
豸 一一四〇 ・ 豸 一一四〇

154 貝
貝 一一四三 ・ 貝 一一四三 ・ 貝 一一五一 ・ 貝 一一五六

155 赤
赤 一一五六 ・ 赤 一一五七

156 走
走 一一五七 ・ 走 一一五八

157 足（⻊）
足 一一六一 ・ 足 一一六二 ・ ⻊ 一一六二

158 身
身 一一六九 ・ 身 一一七〇

159 車
車 一一七一 ・ 車 一一七三 ・ 車 一一七三 ・ 車 一一七四 ・ 車 一一八一

160 辛
辛 一一八一 ・ 辛 一一八三 ・ 辛 一一八三 ・ 辛 一一八三

161 辰
辰 一一八四 ・ 辰 一一八四 ・ 辰 一一八四

162 辵（⻌・⻍）
辵 一一八五

部首番号	部首	字形	頁
		辶	一一八五
163	邑（阝）	邑	一二一六
		邑	一二一六
		阝	一二一六
164	酉	酉	一二二三
		酉	一二二三
		酉	一二二四
		酉	一二二九
165	釆	釆	一二三〇
		釆	一二三〇
		釆	一二三〇
166	里	里	一二三一
		里	一二三三
		里	一二三三
(131)	臣	臣	九九八
		臣	九九八
(134)	臼	臼	一〇〇四

部首番号	部首	字形	頁
		臼	一〇〇四
(136)	舛	舛	一〇〇六
		舛	一〇〇六
(168)	镸	镸	一二六〇
(199)	麦	麦	一二八三
		麦	一二八四
八画			
167	金	金	一二三五
		金	一二三八
		金	一二三八
168	長（镸）	長	一二五七
		長	一二六〇
169	門	門	一二六〇
		門	一二六一
170	阜（阝）	阜	一二七〇

部首番号	部首	字形	頁
		阝	一二七〇
		阝	一二七〇
171	隶	隶	一二八五
		隶	一二八五
172	隹	隹	一二八五
		隹	一二八六
		隹	一二八七
		隹	一二八八
173	雨	雨	一二九二
		雨	一二九三
		雨	一三〇二
174	青（靑）	青	一三〇二
		青	一三〇三
		青	一三〇四
175	非	非	一三〇四
		非	一三〇五
		非	一三〇五

部首番号	部首	字形	頁
		非	一三〇五
(184)	食	食	一三三一
(210)	斉	斉	一三九四
九画			
176	面	面	一三〇五
		面	一三〇六
		面	一三〇六
177	革	革	一三〇七
		革	一三〇七
		革	一三〇七
178	韋（韋）	韋	一三一〇
		韋	一三一〇
		韋	一三一一
179	韭	韭	一三一一
		韭	一三一三
180	音	音	一三一三

部首番号	部首	字形	頁
		音	一三一三
		音	一三一三
181	頁	頁	一三一四
		頁	一三一四
		頁	一三一四
182	風	風	一三二四
		風	一三二六
		風	一三二六
		風	一三二七
183	飛	飛	一三二八
		飛	一三二九
184	食（飠・食）	食	一三二九
		食	一三三〇
		飠	一三三一
		食	一三三六
185	首	首	一三三六
		首	一三三七

部首番号	部首	字形	頁
		首	一三三七
186	香	香	一三三七
		香	一三三八
		香	一三三八
十画			
187	馬	馬	一三三八
		馬	一三四〇
		馬	一三四一
		馬	一三四七
188	骨	骨	一三四八
		骨	一三四九
189	高	高	一三五〇
		高	一三五二
		高	一三五二
		高	一三五二
190	髟	髟	一三五二
		髟	一三五二

番号	部首	形	ページ
191	鬥	鬥	1354
		鬥	1355
192	鬯	鬯	1355
		鬯	1355
193	鬲	鬲	1356
		鬲	1356
		鬲	1356
194	鬼	鬼	1356
		鬼	1357
		鬼	1357
		鬼	1358
(178)	韋	韋	1331
(212)	竜	竜	1397
十一画			
195	魚	魚	1359
		魚	1360
		魚	1361
		魚	1361
		魚	1369
196	鳥	鳥	1370
		鳥	1370
		鳥	1371
		鳥	1373
		鳥	1373
197	鹵	鹵	1380
		鹵	1381
		鹵	1381
198	鹿	鹿	1381
		鹿	1382
		鹿	1382
		鹿	1383
199	麥（麦）	麦	1383
		麦	1384
200	麻（麻）	麻	1384
		麻	1385
(201)	黄	黄	1385
(203)	黒	黒	1387
		黒	1388
(213)	亀	亀	1399
十二画			
201	黃（黄）	黄	1385
		黄	1387
202	黍	黍	1387
		黍	1387
203	黑（黒）	黒	1387
		黒	1388
		黒	1388
		黒	1388
		黒	1389
204	黹	黹	1389
		黹	1389
(211)	歯	歯	1395
十三画			
205	黽	黽	1390
		黽	1390
		黽	1390
206	鼎	鼎	1390
		鼎	1391
207	鼓	鼓	1391
		鼓	1392
		鼓	1392
208	鼠	鼠	1392
		鼠	1393
		鼠	1393
十四画			
209	鼻（鼻）	鼻	1393
		鼻	1393
210	齊（斉）	齊	1394
		齊	1395
十五画			
211	齒（歯）	齒	1395
		齒	1396
		齒	1396
十六画			
212	龍（竜）	龍	1397
		龍	1398
		龍	1399
		龍	1399
213	龜（亀）	龜	1399
十七画			
214	龠	龠	1400
		龠	1400
非漢字部			
	○		1400
	×		1400
	△		1400
	□		1400
	々		1400
	ゝ		1400
	〆		1400

によるところが大きいと言いながら、その丸うつしには往々危険なものがあったことを認めないわけにいかない。

国語辞典には、「ぬた」の漢字表記に「饅」をあげている。これは、打ち返せば漢和辞典に、「饅」の項に「ぬた」の訓をあげるべきことになる。その「ぬた」の「饅」は、節用集の易林本に「饅膾」にヌタナマスとあるのから出たものとおぼしいが、その実用例や源流の精査には今手が及ばない。これはわが記述には採用を見合わせることにした。ある高名な店の「まんじゅう」に倉へんに曼の焼印がおしてある。由来を確かめてはいないが、かようなものは言及するまでもなかろう。また、漢和辞書の「鶬鶊」には、「うぐいす、朝鮮うぐいす」の注がある。これには国語辞典のように「ひばり」を付記する必要があると考えた。万葉の家持作の左注の用例、和名抄の注記、それに、和漢三才図会の「ひばりと読むのは誤り」というような記述もあるからである。

この辞書に収めるところは、九千六百字である。それは、よかれあしかれ我々の見識の程度を示すものであろう。近年のＪＩＳの漢字符号系の第二水準には、我々の知識や調査の及ばないものがあるが、それらも字形のまま掲げてある。字義用法未詳というのも一つの情報とすることが出来ようか。

先行の諸字書・辞書からは多大の恩恵をこうむった。ことにかの壮大な『大漢和辞典』については、比較も出来ない非力を嘆じつつも、我々はなおその上の進歩を願って努力を尽くした。新工夫の詳細については、凡例によってご覧いただきたいが、その案出とその実現のための編成、また校正等には辞典編集部諸君の並々ならぬ精勤があったことを、当然のこととは言え、ここに明記しておかなければならない。また、特に内容に関しては、字音について林史典氏、字訓について湯沢質幸氏、字源について大橋由美氏、故事・漢籍用例について塚田勝郎氏、その他各氏のねんごろな協力のあったことに、感謝の意を表したいと思う。

かくてこの辞典は成り、ここに利用者の机上で活用されるのを待つわけであるが、我々はその効用が実質的に適切なものであると自任している。しかしなお、我々の及ばなかった考慮に関し、また気づかなかった

序

名づけて「現代漢語例解辞典」という。いわゆる漢和辞典の一、学習参考書の一である。はじめこの企画があった時、ことばの音形からひく国語辞典に対して、文字の形からひく漢和辞典が考えられた。しかしそれは、単に国語辞典の逆引きではなく、また単なる用字用語辞典ではなく、漢字を主眼にして、その用法すなわち漢字を用いた表現を、系統だって整理し解説しようとするものである。その漢字は、ただ親字として漢語の見出しになるのではなく、学習上基礎にならなければならないのである。

我々は漢字を、我々の文字と考える。漢字は輸入されたものには違いないが、少なくとももう千五百年の間、日本人のものとして読み書きされてきた。我々の字書は、中国の用法だけでなく、日本の用法に意を注ぐ必要がある。もとより中国のいわゆる漢籍、漢文、漢語は日本人の文化、思想、生活に多大な影響を与えてきたもので、それが我々の漢字漢語の中心であることはいうまでもないが、日本人がその上に、自らの漢字使用を展開してきたことは、歴史を顧みるものにとって度外におくことができない。単に漢文教室の参考たるに止まらず、古記、仏典等の用語を含めた漢字世界の全容の記述に努めなければならない。しかし我々は、そのような日本漢字典を理想に描きつつも、一方では学校での漢文の学習にも配慮し、ようやくこの辞典の形をなすに至った。

そもそも辞書の解説記述には、次のような要素があるものと思う。その基本の第一は、執筆者の言語理解能力の内省的記述であり、第二に、それを根拠づけるための証例を調査確認すること、第三に先人の研究諸業績を参考すること、がある。また、第四に先行諸辞書の記述の検討吟味が重要であるが、それについては、相互にそれらの丸うつしか多少の変改か、執筆技能また態度にかかわることがある。これはある意味では安心安易な、しかもやむをえない点のある方法であるが、我々自身、『日本国語大辞典』以来の経験と蓄積過誤に関し、利用者各位のご指摘、ご注意を待ち、辞典の一層の充実発展を再版の日に期したいと希望する次第である。

平成三年十一月

林　大

第二版によせて

改訂第二版の刊行にあたって、初版の序文に一言を加えることとする。

初版刊行以来すでに九年を経過し、その間監修者としての私は、いたずらに馬齢を加えた感がないでもないのを恥ずかしく思いはするが、改訂の事業は編集部諸君によって着々と進められており、また初版同様に林史典氏、湯沢質幸氏、大橋由美氏、塚田勝郎氏その他の格別のご協力を得て、ここに新たに充実した新版の刊行を見るのは、まことに歓喜すべく、感謝すべく、またもとより利用者諸賢のために誇るべきことと考えている。

具体的にいささかのことを書きつけると、厂部厭字の項の「厭離」に「えんり・おんり」の二つの読みを初版にはあげた。この「おんり」は「遠離」の読みを及ぼした俗のわざであった。小さいかもしれないが、このたびちと筆を加えた。また、「無限抱擁」という小説は読んだことはないが、それは「夢幻泡影」という仏経での成句の一種のパロディーなのではあるまいか。これについては触れる余裕がなかった。

かようなことは、読者利用者の中にも気付かれ疑われる方もあろうかと思う。そのような問題点について、どうか指摘教示を惜しまれないように、将来のために切に希望しておくことである。

平成十二年十月

林　大

この辞典の内容

各ページの案内（「部首ナビ」）について

1　各ページの左右両端のスペースに「つめ」と「柱」を掲げた。「つめ」には部首の画数を示し、「柱」にはそのつめの各画数に含まれる部首（部標）を、見返しの部首索引の順にすべて示した。そのページに掲載されている親字は、柱の該当する部首（部標）に色網を付け、その親字の部首（部標）が分かるようにした。

2　最上段の線の上には、右からそのページに収載されている親字の部の番号、部の名、部標の形、部標の位置を示した。そのページの親字の部標に該当するものは色版で示し、その下に部標を除いた部分の画数を示した。

3　左端にそのページに収載されている親字の検字番号を示した。

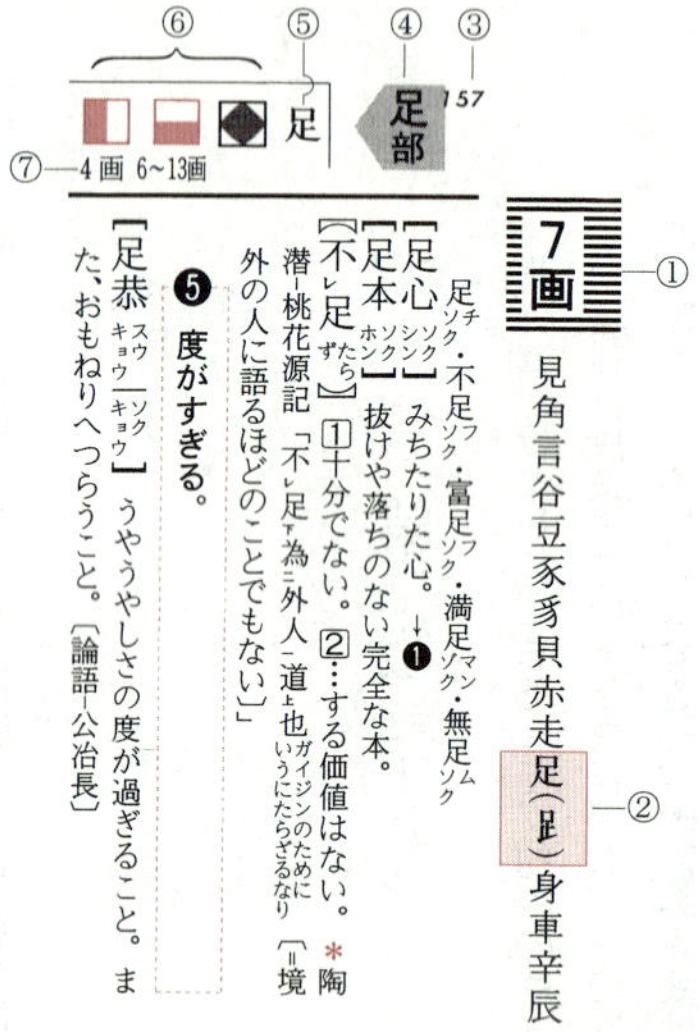

7画
①
見角言谷豆豕豸貝赤走足(⻊)身車辛辰
②
③
157
④
足部
⑤
足
⑥
⑦
4画　6～13画
足チソク・不足フソク・富足フソク・満足マンソク・無足ムソク
【足心ソクシン】みちたりた心。→❶
【足本ソクホン】抜けや落ちのない完全な本。
【不レ足たらず】①十分でない。②…する価値はない。＊陶潜‐桃花源記「不レ足下為二外人一道上也ガイジンのためにいうにたらざるなり」〔＝境外の人に語るほどのことでもない〕
❺度がすぎる。
【足恭スウキョウ｜ソクキョウ】うやうやしさの度が過ぎること。また、おもねりへつらうこと。〔論語‐公冶長〕

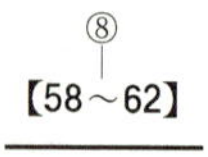

①部首の画数（「つめ」）
②当該ページの部首（「柱」）
③部の番号
④部の名
⑤部標の形
⑥部標の位置
⑦部標を除いた部分の画数
⑧親字の検字番号

親字に関する説明

〔一〕親字の収録の範囲について

見出しの親字は、約九七〇〇字を採用した。

(1)常用漢字　一九四五字
(2)人名用漢字　二八五字
(3)ＪＩＳ第一水準漢字集合二九六五字、第二水準漢字集合三三九〇字
(4)その他、必要と思われる漢字

〔二〕親字の配列について

1　部と部首と部標

ある意味またはある形を目印に集められた漢字群を「部」と呼び、その部の先頭に置かれる、共通要素そのものだけからなる文字を「部首」と呼ぶ。部首およびその変化した形で各文字の構成要素となって所属の部の目印となっているものを「部標」と名付け、部内の分類の柱とした。

部	部首	部標
人	人	人 𠆢 亻
水	水	水 氺 氵

2　部の配列

康熙字典の部の配列に従った。ただし、匚(22)と匸(23)、夂(34)と夊(35)は合部した。また、日本語の文章の中で漢字同様に用いられるが、従来の辞書では取り上げなかった記号

等を集合させ、非漢字部を設けた。

3　部内の配列

部内の分類・配列は、(1)部標の形、(2)部標の位置、(3)部標を除いた部分(属標)の画数、(4)音訓、の四つの観点から分類を行い、それらを組み合わせて配列を行った。

(1)　部標の形による分類。

㊇ 刀とリ　心と忄と⺗　手と扌　水と氺と氵　火と灬

(2)　部標の占める位置による分類。

① ◆ 部首単体、部首複体、部首の形に点画の加わったもの

㊇ 木 林 森 本(以上、すべて木)

② ▀ 部標の位置が上部を占めるもの

㊇ 宇(宀) 嶺(山) 沓(水) 咒(口)

③ ▄ 部標の位置が下部を占めるもの

㊇ 涅(土) 弁(廾) 挙(手) 聾(耳) 叢(又)

④ ▌ 部標の位置が左部を占めるもの

㊇ 吒(口) 嫋(女) 浮(氵) 研(石) 執(土)

⑤ ▐ 部標の位置が右部を占めるもの

㊇ 列(刂) 邨(阝) 須(頁) 鵬(鳥) 帰(巾)

⑥ その他、部標の形によって ▣(囗) ▣(几) ▣(凵) ▣(匚) ▣(气) ▣(疒) ▣(廴) の形を設けた。

右の分類に入れにくいものも、以下の目安に従ってそれぞれに配した。

(ア)部標が複数あるもの。

㊇ 楙(木) 畺(田) 器(口) →◆の中に配す。

(イ)部標の上と左右 ▣、上と左 ▣、上と右 ▣ がそれぞれ別の要素になっているもの。

㊇ 聞(耳) 后(口) 武(止) →▄の中に配す。

(ウ)部標が下と左 ▣ を囲まれたもの。

㊇ 甦(生) 巡(巛) 翹(羽) →▄の中に配す。

(エ)部標の左と上下 ▣、上下 ▣、左右 ▣ がそれぞれ別の要素になっているもの。

㊇ 直(目) 哀(口) 斑(文) →◆の中に配す。

(3)　同部、同部標位置内の配列は、画数の少ないものから多いものへと並べた。ただし、◆に関しては、部首単体、部首複体を先行させ、以下にそれ以外を画数順に配列した。

㊇ 木部 ◆ 木 林 森 ① 朮 本 末 未 ……

(4)　同部、同部標位置、同画数内の配列は代表音順とした。訓読みしかない国字、音訓未詳の漢字は最後に配列した。

4　部の解説

各部の先頭に、部の名前と、部としての共通の性質を示した。その後に、部内字一覧を設け、その部に含まれる文字の配列が一目でわかるようにした。

〔三〕　親字見出しについて

解説見出し

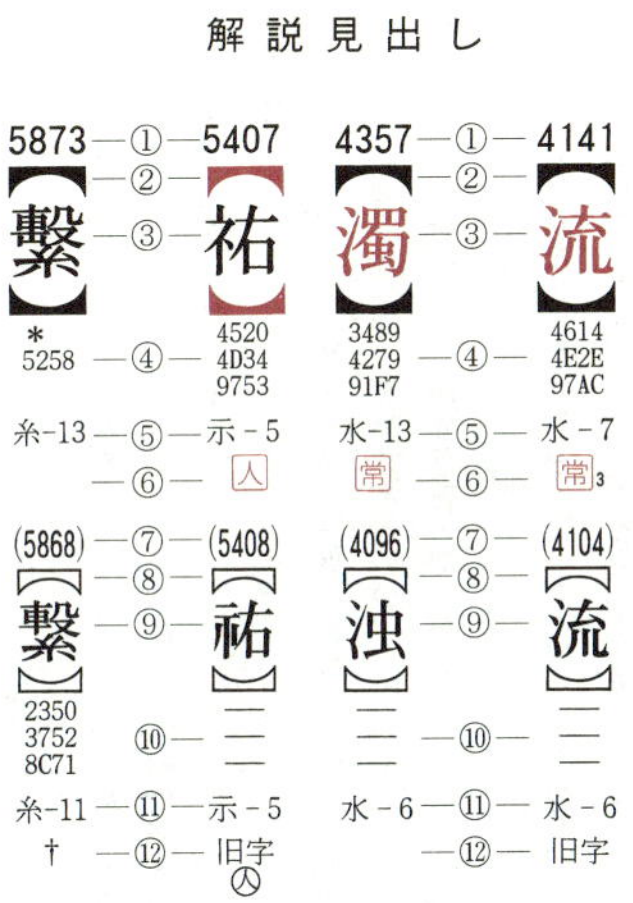

検字見出し

① 検字番号
② 親字見出しを示すしるし。人名用漢字は色刷りにした
③ 見出しの親字。常用漢字は色刷りにした
④ JISコード。上段は区点番号。中段はJIS十六進コード。下段はシフトJISコード
＊印は補助漢字の区点番号
⑤ 親字の所属部と部内画数
⑥ 常は常用漢字、人は人名用漢字を表す。常1～常6は、常用漢字のうち、小学校の1～6年までの学年別漢字配当表に選定されていることを示す
⑦ 他に掲出場所のある字の検字番号
⑧ 旧字または異体字を示すしるし
⑨ 旧字または異体字
⑩ JISコードの無い場合
⑪ 旧字、異体字の所属部と部内画数
⑫ 旧字の表示。ないものは異体字。
(人)は、常用漢字・人名用漢字の旧字・異体字のうち、人名用として用いることが許容されている字。†は、それ以外で戸籍氏名に用いることが許容されている字

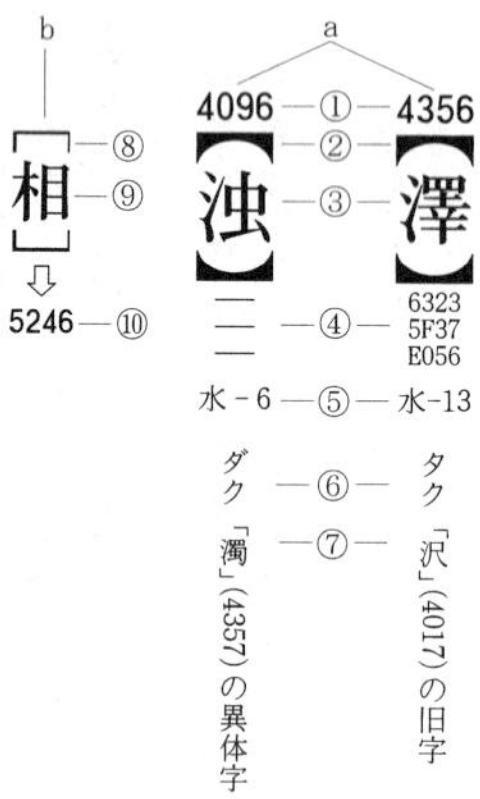

a 常用、人名用漢字の旧字体や異体字のうち、親字見出しと所属部、部標位置、画数の異なるものは、本来あるべき場所に見出しを立てた。
b 所属部をまちがえやすい漢字は、誤って引きやすい部にも検索用の見出しを立てた。

① 検字番号
② 親字見出しのしるし
③ 見出しの親字
④ JISコード
⑤ 親字の所属部と部内画数
⑥ 配列されている代表音
⑦ 本見出しの漢字とその検字番号
⑧ 検索用の見出しのしるし
⑨ 検索用の見出しの漢字
⑩ 本見出し漢字の検字番号

〔四〕旧字と異体字について

1 旧字

常用漢字及び人名用漢字について、字形の異なる旧字体がある場合は、それぞれの旧字を掲げ、旧字の所属する部首と部内画数をあわせ示した。

2 異体字

旧字以外で、親字と字形は異なるが、たがいに通用している同音同義の文字を異体字といい、親字の下に、旧字がある場合はその後に、所属部首・部内画数とともに掲げた。

3 異体字の範囲

(1) 成り立ちから考えて本来の字形と考えられるもの。
(2) 起源から親字の字形までに変化する過程で生じたもの。
(3) 親字の構成要素の配置を変えたもの。
(4) 親字の一部を省略また変形したもの。
(5) 常用漢字・人名用漢字に採られた字形を、常用漢字表・人名用漢字表以外の漢字に及ぼしたもので、JISの漢字表に収められるなどして通用していると考えられるもの。

〔五〕字音・字訓・拼音(ピンイン)について

(1) 漢字の字音は、親字見出しのあとにカタカナで示し、歴史的かなづかいを（ ）内に示した。
(2) 本辞典では、呉音・漢音・唐音・慣用音の順で字音を配列した。字音の種類はそれぞれ呉・漢・唐・慣の略号でその字音の下に示した。
(3) 呉音・漢音は、文献に見えるものや慣用のあるものを示した。ただし、ただちに文献や慣用に根拠が得られない場合は、推定音を漢音として示した。唐音は、今日においてもよく用いられているものだけを示した。呉音系字音、漢音系字音、唐音系字

音のいずれとも一致しないものを慣用音として示した。

(4) 字音のあとに続けて示した拼音（ピンイン）（現代の標準中国語音をローマ字で表記したもの）は、「漢語拼音方案」（一九五八年公布）によった。四声や韻目の注記は本文では割愛したが、付録の「漢文の基礎」で漢詩の構造について説明し、韻目表もかかげた。

(5) 漢字の字訓は、字音・拼音（ピンイン）のあとに、ひらがなで示した。掲げた訓の種類は、現在一般的に用いられている訓のほかに、古語としての訓や漢文訓読の際の特殊な訓、また、もとは字音だが訓と見なされるようなもの（銭（ぜに）・才（ざえ））なども含まれる。なお、漢字と結びついた外来語は、訓のあとに片仮名で示した。

(6) 常用漢字表で認められている字音および字訓は、アンチック体（太字）の色文字で示した。ただし、字訓の送りがなは明朝体（細字）の色文字で示した。

〔六〕筆順について

筆順は、点画が順次重ねられて一文字を形成する順序であり、筆順の目安を示すことは、文字を速く、正しく、整った形で記すことをねらいとする。その原則は、文部省の「筆順指導の手びき」（昭和三十三年）に準拠したが、ここに取り上げなかった筆順を必ずしも誤りとするものではない。ここでは、常用漢字表に掲げられている一九四五字の筆順を示した。人名用漢字については、まちがえやすいものに、適宜示した。

〔七〕字解欄について

(1) 常用漢字・人名用漢字については、新旧の対応がある場合その関係を明らかにした。

例 変は變の略体。變は形声。……

(2) 親字の成り立ちを象形・指事・会意・形声に大別して字解欄に示した。なお、会意と形声をかねるものは形声に併合した。

(3) 形声字の場合、音標（声符）となる構成要素には、その下に声を付記し明らかにした。

(4) 字解欄では、原義から転用・借用された経路をも示した。

(5) 字解の理解を深めるため、適宜、甲骨文・金（石）文・篆文（テンブン）（小篆）・重文（チョウブン）（「説文」の見出しの篆文と異なる字体の文字を一括した称）を掲出した。それらは、できるだけ適切な古代の実例を模写して示した。その際つぎの資料を参考にした。

甲骨文…「甲骨文編」「甲骨文字研究」など。

金文……「金文編金文続編」など。

篆文……「説文解字篆韻譜」（10巻本）、「説文解字注（段注）」（経韵楼原刊本）。

〔八〕同属字欄について

親字が、他の漢字の構成要素となっているとき、それらの漢字を親字が占める位置によって分類し、本欄にかかげた。音訓・字義によるグループ分けはしていない。新旧字体等で形の大きく異なる場合は、（ ）を用いて両方の字体をかかげた。

例（親字「黄（黃）」では）廣（広）・潢・横（橫）・璜……

〔九〕参考欄について

万葉仮名への借音・借訓を示したり、平仮名や片仮名の字源であることを示したりするなど、親字について参考となる種々の情報をかかげた。

〔十〕意味欄について

(1) 意味の解説は、基本的な字義を精選するようにつとめ、「字解」に基づいて、意味の連続性や系統性を配慮しつつ、左のように番号で区分して掲げた。

❶❷❸……基本的には、字解の基本義に近い順に順次展開した。音によって字義が分かれる場合は、番号の下に（ ）で囲んでその音を示した。また、日本で独自に用い

られる意味・用法には国をつけ、あて字、熟字訓、固有名詞の類とともに後に置いた。

㋑㋺㋩……❶❷❸がさらに小さく分けられる場合に用いた。

これらの区分番号のうち❶❷❸は、熟語欄の分類見出しとして、対応する熟語群を掲げるときその冒頭に再度用いた。その際、㋑㋺㋩については省略し、基本義を簡潔にまとめた。

(2) 各区分内の解説では、慣用的によく使われる訓があるときは、それを最初に掲げ、以下にその意味を補足・説明した。

(3) 字義の理解を助けるため、熟語例・作例・用例文をできるだけ掲げた。熟語例・作例は音読みのものを主に掲げた。また、用例文は、高校の教科書に出てくる基本的なものに限り、すべてに原文を掲げてその書き下し文を現代仮名遣いで示し、現代語訳を付けた。出典・小題名は、用例文の冒頭に*とともに示した。

(4) 意味の理解を助けるため、同音同義字・対義字をできるだけ掲げた。対義字は ↔ の記号の後に示した。

熟語に関する説明

〔一〕 収録の範囲

本辞典は、高等学校の漢文教材に用いられている熟語のほかに、日常生活で普通に用いられる漢字の熟語を大幅に取り入れた。それらは、漢字表記の定着した和語（熟字訓・あて字）、外来語の音訳語、固有名詞などを含めて約五万語である。

〔二〕 配列の方法

(1) 熟語は親字の意味によって大きく分類した。分類された熟語群は、それぞれの冒頭に親字意味欄の番号とその意味を……で囲んで再掲したあとに配した。同分類内の配列は、まず音読みのものを、次いで訓読みのものを、それぞれその語句の読み全体の五十音順に並べた。

(2) 同音の熟語が並んだ場合、二字めの漢字の総画数順、さらに同画数の場合は、その漢字の代表音順に並べた。

(3) 熟語の総数が少ない場合は、親字の意味欄内でその分類を示し、敢えて熟語を意味によって分類しては掲げなかった場合もある。

〔三〕 熟語見出しのかたち

(1) 熟語の漢字表記と読みを【 】内に囲んで熟語見出しとした。故事成句など返り点のある見出しや、漢文独自の用法を示す見出しについては、特に〖 〗で囲んで示した。

(2) 見出しの読みは、現代仮名遣いに従い、音読みは片仮名で、訓読みは平仮名で示し、それぞれ字音や意味の切れ目で改行した。読みが複数ある場合は、｜で区切り、原則として音・訓の順序で、また同音同訓内ではそれぞれの慣用度順に並列した。

(3) 熟語の中の親字部分は原則として代表見出しの字形を用いた。

(4) 同一の親字を用いた同音同義の熟語は、同じ見出しとして中黒でつないで併記したものもある。

(5) 同一の親字を用いた同義の熟語が複数ある場合は、代表する語に解説を付し、その他の語は解説を略し、＝で代表語を参照させた。

(6) 日本の読みにくい地名、姓氏を熟語欄末尾の 難読地名 難読姓氏 の欄に掲げた。

〔四〕 解 説

(1) 語義は、①②③……の番号によって分けた。読みが複数あって、それに対応する形で意味も分けられる場合は該当する読みをパーレンで括って解説のはじめに示した。一つの読みに対して意味分類がさらに分かれる場合は、㊀㊁㊂……の番号で大きく括って示した。

(2) 語義の説明を補うために、説明の最後に適宜、類語や同音同義語を示し、対義語は ↕ の後に示した。また、必要に応じて関連見出しを → で示した。

(3) 同一の熟語が親字の意味によって複数に分類される場合は、説明の末尾に参照すべき熟語が含まれる意味欄の番号を →❶、→❷ などの形で示した。

(4) 一つの語を解説した後に、その語を用いた例を、作例・熟語例・用例文の順で示し、必要に応じてその解説も付した。また、それらが重要な語句や派生語である場合には、追いこみ見出しとして大きく示し、一般の熟語と同等の解説をほどこした。

(5) 用例文は高等学校の漢文教科書から精選し、すべてにその読み下し文と現代語訳を付けた。

(6) 重要な語句や、故事・成語については、その典拠となる作品名と小題とを解説の末尾に〔 〕で括って示した。

(7) 語義の転化や、一般的なその語の成り立ち、語源の説明などは、補注として、♥印のあとに記した。

(8) 日本特有の意味については、必要と思われるもののみに国をつけた。なお、訓読熟語、音と訓の混じった熟語には国をつけなかった。

(9) 外国語の原綴はローマ字で示し、その前に言語名を記した。

〔五〕下接する熟語について

(1) 親字が下接する熟語についても、親字の意味によって分類し、熟語欄の分類見出しのすぐあとに下接欄を設けて一括して示した。その代表例を親字意味欄の該当する箇所に熟語例として示したものもあるが、上接する熟語で数の少ない場合は分類見出しを再掲しなかったように、親字の意味欄内で処理したものもある。

(2) すべての下接語に読みを付した。その際、音読みは片仮名で、訓読みは平仮名で示した。

(3) 配列は、まず音読みのものを、二字の熟語→三字の熟語→……の順で五十音順に並べた。訓読熟語はその後に／で区切って、同様に五十音順に並べた。

図表に関する説明

〔一〕表組みについて

(1) 表組みで示すことによって理解が深められる事項には、表を約二〇〇点用意した。表には、類義の漢字がそれぞれもつ熟語を対比した表と、反義の漢字がそれぞれもつ熟語を対比した表、数詞・年齢などを表す熟語を集めた表などがある。

(2) 表は原則として、該当する分類見出しの下接欄のあとにおいた。表がある場合は、該当する親字の意味欄の中、あるいは末尾に ⇓表 と指示した。また、他の親字に掲げる表を参照してほしい場合は、⇓〔 〕（……）の表 の形で、その親字と検字番号も示した。

〔二〕図版について

(1) 器具・調度・服飾・建築物・動植物などの分野から厳選して約一三〇点を掲げ、語釈の助けとした。

(2) 図版は、信頼できる出土文物・壁画・書物など著名なものから模写し、その出典を示すよう努めた。

(3) 図版にはできるだけ名所（などころ）を示した。各名所の項目には掲げた図版が参照できるよう、図版名とページを指示した。

(4) 類を同じくする図版は、なるべく一箇所にまとめて示し、比較の便を図った。その際、各々の図版の項目には、(3)と同様に解説の末尾に図版のあるページを示した。

索引について

本辞典では、以下に示す五種の索引を用意した。(2)(3)は本辞典における新たな工夫で、特に(3)は親字検索のために有効に活用されることを期待するものである。

(1) 部首索引（表見返し）…画数によって部首を調べ、その部首から漢字を検索するもの。

(2) 部首類形検索表（裏見返し）…部首の起筆部の点画特徴によって部首を調べ、その部首から漢字を検索するもの。

(3) 部首の形と位置による検索表（巻頭ⅰ～ⅷページ）…部首の形とそれの占める位置を記号によって示し、それらを目安として漢字を検索するもの。

(4) 音訓索引（巻頭 11～112ページ）…音または訓によって漢字を検索するもの。

(5) 総画索引（巻末 2～23ページ）…総画数によって漢字を検索するもの。

付録その他

漢文の学習に必要な種々の付録を巻末に収録したが、それらについては一四〇一ページに目次を掲げた。

なお、「漢字能力検定」を考慮して、「難読語集」「同音類語集」「四字熟語集」「国字一覧」などを、別冊にして付録としてまとめた。また、「ＪＩＳ第三水準・第四水準漢字コード表」も別冊付録にあわせて掲載した。

◆この辞典に協力してくださった方々◆

秋本克子　浅見英子　伊藤邦光　猪野　徹
今井かよ子　エッグ舎　大倉　浩　大橋由美
上条町子　神達輝子　小山むつみ　斎木英資
斎藤百合子　坂井　健　坂口三樹　佐藤晃一
佐藤修子　佐藤　保　杉浦　晋　杉山徑一
高野由紀夫　谷口真由実　塚田勝郎　永田初枝
西山明人　日　正　社　日本工房(図版)
林　史典　早川美由紀　日向敏彦
表現研究所(地図)　堀川貴司　松村尚志
松本旬子　間宮聰子　三田誠司　三堀和枝
村越貴代美　柳川恭子　山崎千恵子　湯沢質幸
吉田明子　和田康一郎　渡辺法人

（五十音順・敬称略）

データ加工処理　図書文字情報システム(株)

〈第二版〉

執筆・校閲　大橋由美　塚田勝郎　林　史典
湯沢質幸

編集協力　玄冬書林
蔵前勝也　蔵前侯江　青山登希子
中沢文浩　深川智美　市川祐介
井出涼子　波多野眞理子

地図　表現研究所

柱デザイン　栗原靖子

音訓索引

・この索引は、本辞典に収録した漢字の音と訓を五十音順に配列したものである。音は片仮名、訓は平仮名で示し、同じ読み方の場合は 音→訓 の順で示した。同一見出しの中での配列は総画数順。下の漢数字はその漢字の掲載ページを示す。
・漢字の上にある数字は総画数、右上の○印は、その音訓が常用漢字表にあることを示し、△印は、その音訓が常用漢字表にないことを示す。人は人名用漢字を表す。
・常用漢字は赤字で示した。

あ

ア　3 △下 一七　丫 三三　6 覀 一〇九四　襾 一〇九四　7 ○亜 五三　8 亞 五三　人阿 一三七一　9 娃 三一五　10 唖 二三五　疴 八二三　11 啞 二三六　堊 二五九　婹 三〇九　婀 三一六　婭 三一六　12 椏 六〇四　蛙 一〇六七　雅 一三八八　13 痾 八二六　瘂 八二六　△雅 一三八八　15 鴉 一三七四　16 錏 一二四八　閼 一二六七　19 鵶 一三七七　鼃 一三九〇　䵷 一三九〇　20 鐚 一二五五

あ　人吾 二二一　△我 四八二　△足 一一六二

ああ　吁 二三〇　△呼 二三三　唉 二三五　欸 六四六　欷 六四七　嗚 二四〇　嗟 二四〇　誒 一一一九　嘻 二四一　噫 二四三

アイ　2 人乃 三六　6 𦣝 九九八　7 𦣞 九九八　臣 九九八　阨 一三七〇　9 ○哀 二〇五　哇 二三四　娃 三一五　10 唉 二三五　埃 二六九　挨 五〇七　欬 六四六　11 △喝 二三六　欸 六四六　12 喝 二三八　13 嗌 二四〇　○愛 四四三　矮 八四九　隘 一三八二　14 誒 一一一九　15 鞋 一三〇八　16 噯 二四三　噫 二四三　17 壒 二七七　曖 五七三　18 瞹 八四四　穢 八八三　餲 一三三四　20 藹 一〇五五　24 靄 一三〇一　鱫 一三六九　25 靉 一三〇二

あい　○相 八四五　胥 九八二　△間 一三六三　閒 一三六三　人藍 一〇五四　藍 一〇五四

あいだ　○間 一三六三　閒 一三六三　△際 一三八三

あう　6 ○会 六四　○合 二一六　10 逢 一一九八　11 △符 八九六　逢 一一九八　12 會 五八〇　△遇 一二〇三　13 嗑 二四〇　會 五八〇　遇 一二〇三　14 ○遭 一二一〇　△際 一三八三　15 遭 一二一〇　17 覯 一一〇一　20 饗 一三三一　22 覿 一一〇二　饗 一三三一

あえ　饗 一三三一　饗 一三三一　饗 一三三一

あえぐ　喘 二三九　嘽 二四二

あえて　△肯 九八二　△敢 五三四

あえもの　韲 一三三二　韲 一三三二　齏 一三九五

あえる　咊 二二四　△和 二二五　韲 一三三二　韲 一三三二　齏 一三九五

あお　○青 一三〇二　靑 一三〇二　人蒼 一〇四二　人碧 八六五　蒼 一〇四二

あおい　○青 一三〇二　靑 一三〇二　人葵 一〇三七　葵 一〇三七　人蒼 一〇四二　蒼 一〇四二

あおぎり　人梧 六二三

あおぐ　○仰 七六　△扇 四八七　扇 四八七

あおむく　△仰 七六

あおむける　△仰 七六

あおり　煽 七四五　煽 七四五

あおる　呷 二三三　煽 七四五　煽 七四五

あか　6 △朱 五九二　7 ○赤 一一五六　9 △紅 九一六　垢 二六八　10 洽 六九八　11 淦 七〇六　12 絳 九二七　14 人緋 九四三　16 赭 一一五七　赬 一一五七　頳 一一五七

あかい　○赤 一一五六　△紅 九一六　絳 九二七　赫 一一五七　騂 一三四四

あかがい　蚶 一〇六七

あかがね　△銅 一二四六

あかがり　皸 八二九　皹 八二八

あかぎれ　皴 八二九　皸 八二九　皹 八二八

あがく　跑 一一六三　踠 一一六五

あかご　嬰 三〇九

あかざ　莱 一〇三三　萊 一〇三六　藋 一〇五三　藜 一〇五五

あかし　△灯 七四一　△証 一一一四　燈 七四六　證 一一三三

あかす　○明 五六六　明 五六六　眀 五八五　△証 一一一四　○飽 一三三三　飽 一三三三　證 一一三三

あがた　△県 八三七　縣 九五四

あかつき　○暁 五七〇　曉 五七三

あかつち　赭 一一五七

あかとき　△暁 五七〇　曉 五七三

あがなう　貲 一一四八　△購 一一五五　購 一一五五　贖 一一五五

あかね　人茜 一〇二六　茜 一〇二六

あがめる　△崇 三七五

あからむ　○赤 一一五六　○明 五六六　明 五六六　眀 五八五

あからめる　○赤 一一五六　赧 一一五七

あかり

○明 五六六　明 五六六　朙 五八五
あがる　○上 二六　○挙 四九〇　○揚 五一七　擧 一〇〇四　擧 四九三　舉 一〇〇五　翹 九六七　颺 一三一七　△騰 一三四八　騰 一三四八
あかるい　○明 五六六　明 五六六　朙 五八五
あかるむ　○明 五六六　明 五六六　朙 五八五
あき　○秋 八七五　烋 七四三　△晶 五五五　穐 八八二　龝 八八二
あぎと　顎 一三三〇　顋 一三三一　鰓 一三六六
あぎとう　喁 二三八　噞 二四三
あきない　○商 二三六　商 二三六　賈 一二四七
あきなう　○商 二三六　商 二三六　△販 一二五三　△貿 一二四七　賈 一二四七
あきら　人旭 五七五　人晃 五五九　晄 五六八
あきらか　8 杲 五五七　○明 五六六　明 五六六　△的 八二七　的 八二七　9 △昭 五六八　炯 七四三　炳 七四三　10 △哲 二三四　人晃 五五九　晄 五六八　△朗 五八五　耿 九七六　11 晢 五六四　晤 五七〇　晣 五七〇　朖 五八四　朙 五八五　朗 五八五　烱 七四三
△章 八九一　章 八九一　12 喆 二三八　晢 五六四　晣 五七〇　13 煥 七四四　粲 九二三　14 △彰 四一八　彰 四一八　睿 八四〇　15 瑩 七八六　16 人叡 二〇二　暸 五七三　17 人燦 七四七　人瞭 八四四　18 △顕 一三三一　23 顯 一三三四
あきらめ　諦 一二二九
あきらめる　諦 一二二九
あきる　倦 九七　倦 一〇三　飫 一三二三　○飽 一三二三　厭 一九四　飽 一三二三　饜 一三三一
あきれる　呆 二〇九　惘 四七四
あきんど　賈 一二四七
アク　4 △厄 一九一　5 戹 四八六　7 扼 四九八　阨 一三七〇　10 唖 二三五　11 偓 一〇一　啞 二三六　堊 二五九　○悪 四五三　軛 一一七六　12 幄 三九四　惡 四五六　○握 五一四　人渥 七二二　軶 一一七七　13 嗌 二四〇　搤 五一七　24 黌 一三六一　齷 一三九七
あく　○明 五六六　明 五六六　○空 八〇四　朙 五八五　○開 一三六二　厭 一九四
あぐ　鐖 一三五五
あくた　芥 一〇一六
あくつ　圷 二六六
あくび　△欠 六四五　缺 九五五
あぐむ　倦 九七　倦 一〇三
あくる　○明 五六六　明 五六六　朙 五八五
あけ　△朱 五九二
あげ　○揚 五一七
あげつらう　△論 一二二六
あげばり　幄 三九四
あけぼの　人曙 五七三　曙 五七三
あける　○明 五六六　明 五六六　○空 八〇四　朙 五八五　○開 一三六二
あげる　○上 二六　扛 四九四　△抗 四九五　○挙 四九〇　○揚 五一七　擧 一〇〇四　擧 四九三　舉 一〇〇五　翹 九六七
あご　腭 九九二　腮 九九二　頤 一三二八　頥 一三二八　頤 一三二八　顎 一三三〇　顋 一三三一
あこがれる　憬 四七七　人憧 四七八　憧 四七八
あこめ　衵 一〇八八　袙 一〇八八
あさ　人旦 五五五　人晨 五五九　浅 七一〇　○麻 一三八四　麻 一三八四　○朝 五八六　朝 五八六　蔴 一〇四六
あざ　○字 三三三　痣 八一五
あさい　○浅 六九五　淺 七一〇
あさがお　蕣 一〇四七
あさぎ　緗 九四六
あざける　呰 二三四　揶 五一六　嘲 二四二
あさじ　鱵 一三六八
あざな　△字 三三三
あざなう　糺 九二五　糾 九二五　△糾 九二六
あさひ　人旭 五七五
あざみ　薊 一〇五〇
あざむく　10 訑 一二一〇　12 ○欺 六四七　△詐 一二一三　詫 一二一四　詑 一二一四　詒 一二一五　詆 一二一五　13 詿 一二一五　14 誣 一二一三　16 瞞 八四四　17 賺 一二五五　18 謾 一二二三
あざやか　○鮮 一三六三
あさり　蜊 一〇六九
あさる　△猟 七七六　△漁 七三七　獵 七七九
あざれる　鯘 一三六四　鮾 一三六五
あざわらう　咍 二二三
あし　5 疋 八二一　7 ○足 一一六一　8 △肢 九八五　芦 一〇一八　11 △悪 四五三　○脚 九九〇　趾 一一六二　跌 一一六三　12 惡 四五六　13 腳 九九二　葦 一〇三六　葭 一〇三六　18 蹠 一一六七　20 蘆 一〇五七
あじ　○味 二一三　鯵 一三六五　鰺 一三六八
あしあと　迹 一二九〇　趾 一一六二　△跡 一一六四　踪 一一六六　蹤 一一六七
あしおと　跫 一一六二
あじか　簣 九〇八
あしかせ　桎 六〇〇　釱 一二三九
あしぎぬ　絁 九三三
あした　人旦 五五五　人晨 五五九　△朝 五八六　朝 五八六
あしぶえ　笳 八九五
あじわう　○味 二一三
あずかる　△与 一四　△参 一九五　參 一九五　叅 一九五　與 一〇〇四
あずける　○預 一三一七
あずさ　人梓 六二三
あずち　垜 二六九　垛 二六九　堋 二七一
あずま　△東 五九四
あせ　○汗 六七六
あぜ　△校 六一九

眕 八〇九　△畔 八〇九　畔 八〇九　畦 八〇九　（続き）
あせり ○焦 七五一
あせる ○焦 七五一　褪 一〇九二
あそばす ○遊 一二〇七　遊 一二〇七
あそび ○遊 一二〇七　遊 一二〇七
あそびめ 妓 三一二　娼 三一七
あそぶ 游 七一九　○遊 一二〇七　遊 一二〇七　遨 一二一〇
あた 咫 二四六
あだ 仇 六九　冦 一三六　△徒 四二四　寇 三四三　宼 三四三　△敵 五三七　敵 五三七　歒 六四九　讎 一一〇七
讐 一一〇八
あたい ○価 八七　△直 八三四　○値 九九　買 一二四七　價 一一〇
あたう △能 九八九
あたえる ○与 一四　△予 四四　與 一〇〇四　賙 一一五四　豫 一一四〇
あたかも 宛 三三三　恰 四六九
あだし 吴 三〇三　△異 八〇五　異 八〇六
あたたか ○温 七一三　○暖 五七三　暖 五七三　㬉 五七三　溫 七三〇　煖 七四四　煗 七四四
あたたかい ○温 七一三　○暖 五七三　暖 五七三　㬉 五七三
溫 七三〇　煖 七四四　煗 七四四　燠 七四七
あたたまる ○温 七一三　○暖 五七三　暖 五七三　㬉 五七三　溫 七三〇
あたためる ○温 七一三　○暖 五七三　暖 五七三　㬉 五七三　溫 七三〇　煖 七四四　煗 七四四　煦 七五五　嫗 三一九
あたま ○頭 一三一九
あたら △惜 四七三
あたらしい ○新 五四六
あたり ○辺 一一八五　○当 三六一　當 八〇八　邉 一二三五　邊 一二三五
あたる △中 三〇　○当 三六一
△抵 五〇一　△直 八三四　當 八〇八
アツ ○圧 二五七　压 二五七　軋 一一七四　揠 五一五　遏 一二〇一　斡 五四三　頞 一三一八　閼 一二六七　壓 二六四
あっ 呀 二三一
あつ 人敦 五三六
あつい ○厚 一九二　人惇 四七四　人淳 七〇八　人敦 五三六　○暑 五六〇　人渥 七一二　暑 五六〇　○熱 七五七　人醇 一三一七　△篤 九〇六
あつかう ○扱 四九四　扱 四九六
あつかましい 靦 一三〇六
あつぎぬ 綈 九四〇
あつし 人淳 七〇八　人敦 五三六　△温 七一三　溫 七三〇　△篤 九〇六
あったかい △暖 五七三　暖 五七三　㬉 五七三
あったまる △暖 五七三　暖 五七三　㬉 五七三
あっためる △暖 五七三　暖 五七三　㬉 五七三
あっぱれ 適 一二〇八
あつまり △隊 一二八一　隊 一二八一　○集 一二八六　雧 一二八七
あつまる (11画) 逑 一一九三　(12画) 揖 五一七　萃 一〇三四　○集 一二八六　(13画) 彙 四二四　人鳩 一三七三　(14画) 聚 九七五　(16画) 輯 一一七九　輳 一一七九
(17画) 鍾 一二五一　(28画) 雧 一二八七
あつめる 萃 一〇三四　○集 一二八六　彙 四二四　人鳩 一三七三　聚 九七五　蒐 一〇四一　緝 九四六　輯 一一七九　纂 九二四　雧 一二八七
あつもの 羮 九六二　羹 九六二
あつらえる 誂 一一一八
あて ○当 三六一　宛 三三三　△貴 一一四五　當 八〇八
あてぎ 鍖 一二五三
あでやか 婉 三一五　娟 三一六
あてる △中 三〇　充 一一六　○充 一一七　○当 三六一　宛 三三三　△抵 五〇一
當 八〇八
あと (6画) △后 二一五　(7画) 址 二六七　阯 一二七〇　(9画) ○後 四三一　(10画) 迹 一一九〇　(11画) 痕 八二五　趾 一一六三　(13画) ○跡 一一六四　(15画) 墟 二七六　踪 一一六六　(18画) 蹤 一一六七　蹟 一一六七
あとがき 跋 一一六三　䟦 一一六三
あな (4画) △孔 三一七　(5画) ○穴 八八四　(7画) 坎 二六六　△坑 二六七　阬 一二七〇　阱 一二七一　(11画) 埳 二七〇　(12画) 嵌 三七五　(13画) 窠 八八七　(14画) 窩 八八八　(18画) 壙 二七七　竅 八八九
あなうら 蹠 一一六七
あながち △強 四二二　强 四二三
あなぐら 窖 八八七
あなずる △侮 九〇　侮 九四
あなどる ○侮 九〇　侮 九四　嫚 三三〇　△慢 四七七　蔑 一〇四六　謾 一一三三
あに ○兄 一一五　豈 一一三七
あによめ 嫂 三一九
あね ○姉 三一四　姊 三一二　姒 三一四　姐 三一四
あの △彼 四三〇
あばく △発 八二〇　訐 一一一〇　發 八二三　○暴 五六一　擿 五五五
あばら 肋 九八五　△荒 一〇二五　荒 一〇二五
あばれる
○暴 五六一
あびせる ○浴 七〇三
あひる 鶩 一三七三
あびる ○浴 七〇三
あぶ 虻 一〇六六　蝱 一〇六四
あぶく △泡 六九一　泡 六九一
あぶない ○危 一八八
あぶみ 鐙 一二五五
あぶら ○油 六九一　△肪 九八六　○脂 九八八　膏 九八四　膩 九九五
あぶらむし 蜚 一〇六四
あぶる 炙 七四〇　炮 七四二　焙 七四三　煬 七四五　熹 七五八
あふれる 氾 六七六　衍 一〇七九　盎 八三〇

溢 七一八　溢 七二〇　溢 七二〇　△濫 七三五
あま　○天 三〇〇　○尼 三六五　○雨 一二九二　塰 二六三　蜑 一〇六四
あまい　○甘 七九七　甜 七九八
あまえる　○甘 七九七
あまざけ　醴 一三一八
あます　○余 六六
あまだれ　霤 一三〇〇
あまつさえ　△剰 一六〇　剩 一六一
あまねく　浹 六九五　浃 七〇〇　△該 一二一五　該 一二一五
あまねし　8 △周 二二三　周 二二三　人弥 四二一　9 洽 六九四
12 徧 四三八　△普 五六四　△遍 一三〇七　13 普 五六四　遍 一三〇七　14 普 五六四　17 彌 四二四
あまひき　雩 一二九三
あまやかす　○甘 七九七
あまり　○余 六六　△剰 一六〇　剩 一六一　餘 一三三三　贏 一二五一
あまる　○余 六六　衍 一〇七九　餘 一三三三　嬴 三〇九　贏 一二五一
あまんずる　○甘 七九七
あみ　4 㓁 九五六　5 罓 九五六　罒 九五六　6 网 九五六　8 罔 九五六　9 罘 九五六　10 罟 九五六　罠 九五六　13 罨 九五七
14 ○網 九四四　網 九四四　19 △羅 九五八
あむ　△浴 七〇三　○編 九四七　編 九四七　辮 九一九　纂 九二四
あめ　○天 三〇〇　○雨 一二九二　飴 一三三三　飴 一三三三　△糖 九一七　糖 九一七　鯇 一三六三　鯶 一三六六
あや　4 △文 五二八　5 △礼 八六二　6 礼 八六二　10 △紋 九三〇　11 △章 八九一　章 八九一　12 人斐 五四一　人絢 九三六　13 △漢 七二〇　漢 七二五　14 △彰 四二八　彰 四二八　人綺 九四〇　綵 九四一　人綾 九四四　18 禮 八七〇
あやうい　○危 一八八　殆 六五六　△険 一三七七　險 一三八四
あやかる　△肖 九八一　肖 九八一
あやぎぬ　綃 九三九　綦 九三三　綵 九四一
あやしい　妖 三一三　△奇 二九七　○怪 四六六　奇 八九〇　恠 四六八　詭 一二一五
あやしむ　○怪 四六六　恠 四六八
あやつる　馭 一三四一　○操 五三三
あやぶむ　○危 一八八
あやまち　△失 二九五　○過 一三〇二　過 一三〇二
あやまつ　○過 一三〇二　過 一三〇二
あやまり　○過 一三〇二　過 一三〇二
○誤 一二二〇　誤 一二二〇　繆 九五一　謬 一二三三　謬 一二三三
あやまる　6 舛 一〇〇六　7 舛 一〇〇六　11 訛 一二一一　13 愆 四五九　14 ○誤 一二二〇　誤 一二二〇　16 △錯 一三四九　17 繆 九五一　○謝 一二三一　18 謬 一二三三　謬 一二三三
あゆ　人鮎 一三六二　鮧 一三六二
あゆみ　歩 六五〇　○歩 六五〇
あゆむ　歩 六五〇　○歩 六五〇
あら　○粗 九一四　○新 五四六　⿰魚荒 一三六七
あらあらしい　悍 四七〇
あらい　9 ○洗 六九六　○荒 一〇二五
10 荒 一〇二五　11 笨 八九六　○粗 九一四　觕 一二〇五　12 麁 一三八二　13 馯 一三四一　15 △暴 五六一　蔬 一〇四五　17 騂 一三四四　33 麤 一三八一
あらう　沐 六八三　洒 六九四　○洗 六九六　浣 六九八　滌 七一七　澡 七二三　△濯 七二四　濯 七二四　盪 八三三　蘯 一〇五八
あらがう　△争 四五　△抗 四九五　爭 七五九　諍 一二二四
あらかじめ　△予 四　△逆 一二九〇　逆 一二九〇　△預 一三一七　豫 一二四〇
あらがね　砿 八五四　△鉱 一三四二
礦 八六〇　鑛 一三五六
あらき　殯 六五八
あらし　人嵐 三七五
あらす　○荒 一〇二五　荒 一〇二五
あらず　△非 一三〇四　匪 一七七
あらそう　○争 四五　爭 七五九　諍 一二二四
あらた　○新 五四六
あらたま　璞 七九三
あらたまる　○改 五二八　攺 五二八　△革 一三〇七
あらため　△改 五二八　攺 五二八
あらためる　○改 五二八　攺 五二八　△革 一三〇七　悛 四七〇
あらと　砺 八五六　礪 八六〇
あららぎ　△塔 二七三　塔 二七五　人蘭 一〇五六　蘭 一〇五八
あられ　霰 一三〇〇
あらわ　△顕 一三二一　△露 一三〇一　顯 一三二四
あらわす　7 △見 一〇九八　8 ○表 一〇八二　11 ○現 七八九　13 ○著 一〇三四　著 一〇三八　14 △彰 四二八　彰 四二八　18 △顕 一三二一　23 顯 一三二四
あらわれる　△見 一〇九八　○表 一〇八二　○現 七八九　△彰 四二八　彰 四二八　△顕 一三二一　顯 一三二四
あり　螘 一〇七一　蟻 一〇七三
ありく　歩 六五〇　△歩 六五〇
ありづか　垤 二六九
ある　△生 七九八　○在 二五七　△存 三三四　○有 五八二　或 四八三
あるいは　或 四八三
あるく　歩 六五〇　○歩 六五〇
あるじ　△主 二四　主 二四
あれ　人吾 二二一　△彼 四三〇
あれる　○荒 一〇二五　荒 一〇二五　△暴 五六一　蕪 一〇四九
あわ　○泡 六九一　泡 六九一　沫 六九一　粟 九一二　粱 九一三
あわい　○淡 七一〇　△間 一三六三
あわさる　閒 一三六三

音訓索引

合 二二六
あわす 会 六四　合 二二六　會 五八〇　會 五八〇
あわせ 袷 一〇八九　褶 一〇九三
あわせる 会 六四　合 二二六　并 四〇〇　併 九〇　協 一八六　幷 四〇〇　恊 四六九　倂 一〇〇　會 五八〇　會 五八〇
あわただしい 慌 四七四　慌 四七六
あわてる 慌 四七四　慌 四七六
あわび 蚫 一〇六七　鮑 一三六二　鰒 一三六六
あわれ 哀 二〇五
あわれみ 憫 四七八　憐 四七八
あわれむ 哀 二〇五　恤 四六九　矜 八四六　惻 四七五　閔 一二六四　愍 四六〇　憫 四七八　憐 四七八
アン 6 安 三一〇　行 一〇七七　7 妟 三〇七　杏 五九六　9 按 五〇四　10 晏 五五九　案 六〇二　桉 六一七　殷 六五九　11 唵 二三六　庵 四〇八　掩 五〇九　陰 一二七六　12 菴 一〇三三　陰 一二八〇　13 暗 五七一　暗 五七一　罨 九五七　葊 一〇三六　15 鞌 一三〇七　鞍 一三〇八　16 諳 一一一七　17 闇 一二六八　餡 一三三三　鮟 一三六二　21 鶕 一三七八　黯 一三八九
あん 兄 一一五

い

イ 3 口 二四六　已 三八六　5 㠯 三三　以 六一　6 匜 一七六　伊 七五　圯 二六五　夷 二九五　吴 三〇三　异 四一五　𦣝 九九八　7 衣 一〇八一　位 八〇　医 一七七　医 一七七　囲 二五〇　矣 八四七　𦣞 九九八　𦣝 九九八　迆 一一八六　8 依 八六　委 三〇七　怡 四六六　易 五五六　陁 一二七三　9 咿 二三四　威 三〇六　姨 三一五　施 五四九　洟 六九一　為 七四八　畏 八〇四　胃 九八二　苡 一〇一八　虵 一〇六六　迤 一一八八　迱 一一八八　韋 一三一〇　食 一三一九　食 一三一九　10 倚 九六　倭 一〇二　恚 四五一　扆 四八七　眤 八四一　眲 八四一　荑 一〇二八　袘 一〇八八　訑 一一一〇　11 偉 一〇一　倚 一〇一　唯 二三七　尉 三五七　帷 三九三　惟 四七一　猗 七七五　異 八〇五　痍 八二五　眱 八四一　移 八七八　蛇 一〇六七　蛦 一〇六七　12 偉 一〇五　圍 二五四　幃 三九四　椅 六二四　欹 六四七　渭 七一三　爲 七五九　猬 七七七　異 八〇六　萎 一〇三三　詑 一一一四　[illegible] 一一一四　詒 一一一五　貽 一一五三　逶 一一九九　13 彙 四二四　意 四五七　意 四五七　椸 六二八　煒 七四三　痿 八一六　肄 九七九　葦 一〇三六　葳 一〇三六　違 一三〇一　違 一三〇八　飴 一三三三　14 潙 七二五　維 九四〇　飴 一三三三　15 慰 四六一　潙 七二九　熨 七四一　緯 九四五　蔚 一〇四四　蝟 一〇七〇　諉 一一一三　遺 一一三一　頤 一三一八　16 噫 二四三　彝 四二四　緯 九四八　縊 九四八　螠 一〇七一　謂 一一二七　遺 一一三一　頤 一三一八　頤 一三一八　鮐 一三六二　17 檍 六四二　瞶 八四四　薏 一〇四九　闈 一二六八　餧 一三三四　鮠 一三六二　鮪 一三六二　鮧 一三六二　18 彝 四二五　醫 一三三三　20 鰄 一三六六　21 饐 一三三五　22 懿 四六四
い 4 五 四八　井 五一　6 亥 五四　亥 五四　7 豕 一二三八　9 胆 九八七　10 莞 一〇三〇　11 猪 七七六　莞 一〇三〇　12 堰 二七三　猪 七七七　17 膽 九九六　20 藺 一〇五七
いい 好 三一〇　善 二二八　飯 一三三三　椷 六六八　飯 一三三三　謂 一一二七　譱 九六三
いう 云 五三　曰 五七五　白 八三三　言 一一〇六　道 一三〇五　道 一三〇五　衜 一〇八〇　謂 一一二七　衟 一〇八一　讞 一一三五
いえ 宇 三三〇　宅 三三一　舎 六七　舍 一〇〇五　家 三三九　第 八九五　厦 一九三　廈 四一〇
いえども 雖 一二九〇
いえる 瘉 八一七　癒 八一九　癒 八一九
いお 臭 一三五九　庵 四〇八　魚 一三五九　菴 一〇三三　廬 四一三
いおり 庵 四〇八　菴 一〇三三　廬 四一三
いが 梂 六二三　毬 六六五
いかき 笊 八九五
いかす 生 七九八　活 六九三
いかずち 雷 一二九六　靁 一三〇一
いかだ 栰 六二三　桴 六二四　筏 八九九　楂 六二九　槎 六三三
いがた 熔 七四五　鎔 一二五三
いかつい 厳 五一八　嚴 二一〇
いかでか 争 四五　爭 七五九
いかのぼり 凧 一四二
いがむ 啀 二三六　嘊 二四一
いかめしい 厳 五一八　嚴 二一〇
いかり 矴 八五三　怒 四五〇　恚 四五一　碇 八五七　錨 一二五三
いかる 8 忿 四四八　9 怒 四五〇　10 恚 四五一　11 艴 一〇一三　12 慍 四七四　13 嗔 二四〇　慍 四七五　愾 四七六　15 瞋 八四三　17 嚇 二四三　18 鵤 一三七七
いかるが 鵤 一三七七
いかん

奈 二九八　柰 五九七
いかんせん　奈 二九八　柰 五九七
イキ　域 二七〇　棫 六二七　蜮 一〇七〇　閾 一三六七
いき　行 一〇七七　活 六九三　息 四五二　粋 九一三　粹 九一五　綷 九四九
いきおい　勢 一六五
いきおう　勢 一六五
いきどおり　憤 四七八　憤 四七九
いきどおる　憤 四七八　憤 四七九
いきむ　息 四五二
いきる　生 七九八　活 六九三　熱 七五七
いきれる　熱 七五七
イク　7 育 九八一　8 育 九八一　9 昱 五五七　郁 一二一八　10 彧 四二五　12 粥 九一三　13 毓 六六三　煜 七四三　15 賣 一二四八　16 墺 二七六　澳 七三三　隩 一三八四　17 燠 七四七　薁 一〇四九　鴥 一三七五　18 礇 八六〇　22 鬻 一三五六
いく　行 一〇七七　往 四二九　往 四二九　徃 四二九
いくさ　幾 四〇二
いくさ　軍 一一七三　陣 一三七五　戦 四八四　戰 四八五
いくさぶね　艨 一〇〇九　艦 一〇〇九
いくつ　幾 四〇二
いくばく　幾 四〇二
いぐるみ　弋 四一六　矰 八五〇
いけ　池 六七八
いけにえ　牲 七七七　牷 七七八　犠 七七九　犧 七七九
いける　生 七九八　活 六九三
いこい　甜 四六一　憩 四六二
いこう　息 四五二　愒 四七四　甜 四六一　憩 四六二
いさお　功 一六六　㓛 一四九　勛 一七一　閥 一三六六　勲 七五六　勳 一七三　績 九五〇
いさおし　功 一六六　㓛 一四九　勛 一七一　勲 七五六　勳 一七三
いさかう　諍 一二二四
いさぎよい　屑 三六八　屑 三六八　廉 四一〇　廉 四一〇　潔 七二九　潔 七二九
いさご　沙 六八〇　砂 八五四
いさごむし　蜮 一〇七〇
いさざ　魦 一三六一　鯊 一三六一
いささか　些 五三　聊 九七六
いさな　鯨 一三六四　鰮 一三六九
いざない　誘 一二一三
いざなう　誘 一二一三
いさましい　勇 一六四　勇 一六四
いさむ　勇 一六四　勇 一六四
いさめ　諫 一二一三　諌 一二一七
いさめる　諫 一二一三　諌 一二一七
いさる　漁 七一七
いし　石 八五〇
いしうす　磑 八五八
いしき　臀 九八四
いじくる　弄 四一五　挵 五〇九
いしずえ　礎 八六〇
いしだたみ　甃 七九五
いしづき　錞 一三四九　鐏 一三五五　鐓 一三五五
いしばり　砭 八五四
いしぶし　鮖 一三六二
いしぶみ　碑 八五七　碣 八五七　碑 八五八
いじめる　苛 一〇一九　虐 一〇五九
いしゆみ　弩 四一九　砲 八五五　砲 八五五
いじる　弄 四一五　挵 五〇九
いす　柞 六二五
いず　出 一四三
いすか　鶍 一三七八
いずく　何 八〇
いずくに　安 三三〇
いずくにか　何 八〇　悪 四五三　焉 七五一　惡 四五六
いずくんぞ　6 安 三三〇　8 曷 五七七　9 曷 五七七　胡 九九七　10 烏 七五〇　11 悪 四五三　焉 七五一　12 甯 三四六　寍 三四六　惡 四五六　渠 七一四　14 寧 三四八　寧 三四八
いすのき　柞 六二五
いずみ　泉 六七四
いずれ　何 八〇　孰 三一九
いずれか　孰 三一九
いそ　磯 八五九　礒 八六〇
いそがしい　忙 四三五　忙 四三五
いそぐ　急 四四九　急 四四九
いそしむ　勤 一七〇　勤 一七一
いた　板 六一三　傷 一〇七
いたい　痛 八一五
いたがね　鈑 一三四一　鋌 一三四七　鍱 一三五二
いたく　甚 七九七
いだく　抱 五〇三　抱 五〇三　懐 四七九　擁 五三三　懷 四八〇
いたす　致 一〇〇三　致 一〇〇三　輸 一二八〇　輸 一二八〇
いだす　出 一四三
いたずき　病 八一四
いたずら　徒 四三四　戯 四八五　戲 四八五　戲 四八五
いただき　頂 一三一四　顚 一三二三　顛 一三二三　巓 三七六
いただく　頂 一三一四　戴 四八三
いたち　鼪 一三九三　鼬 一三九三
いたつき　病 八一四
いたって　至 一〇〇三
いたましい　惨 四七三　痛 八一五　慘 四七七
いたみ　痛 八一五　傷 一〇七
いたむ　8 怛 四六八　9 恫 四七〇　10 疼 八一四　11 悽 四七三　惆 四七三　悼 四七四　12 惻 四七五　痛 八一五　閔 一三六四　13 傷 一〇七　愴 四七六　14 慇 四六〇
いためる　炒 七四二　痛 八一五
いたり　至 一〇〇三
いたる　氏 六六六　至 一〇〇三　迄 一一八六　迄 一一八六　到 一五八　底 四〇五　格 六一七　詣 一二一六　臻 一〇〇三
いたわる

音訓索引

△労 一六四　勞 一六五

イチ　○一 一　弌 四一六　○壱 二七八　△逸 一二九九　壹 二七九　逸 一二九九　溢 七二〇　溢 七二〇

いち　○市 三八八

いちい　檪 六四三　櫟 六四三

いちご　苺 一〇二三　莓 一〇二二

いちじるしい　○著 一〇二四　著 一〇二八

いちび　紵 九二四　茴 一〇二三

イツ　(1) ○一 一　△乙 三九　(4) 弌 四一六　(6) 聿 九七八　(7) 佚 八〇　△壱 二七八　汩 六八〇　(8) 佾 八七　泆 六八四　(9) 洫 六九四　(11) ○逸 一二九九　(12) 壹 二七九　矞 八四六　軼 一二六六　逸 一二九九　鳦 一三七三　(13) 溢 七二〇　溢 七二〇　(15) 噎 二四一　(16) 鴥 一三七三　鴪 一三七四　(18) 鎰 一三五三　(23) 鷸 一三八〇

いつ　○五 四八　人伍 七七

いつき　斎 五四一　△斎 一三九四　齋 一三九四

いつく　斎 五四一　△斎 一三九四　齋 一三九四

いつくし　△厳 五二八　嚴 二一〇

いつくしみ　△恩 四五一　○慈 四五九　慈 四六一

いつくしむ　△愛 四四三　○慈 四五九　慈 四六一　寵 三五〇

いつつ　○五 四八　人伍 七七

いつわり　△欺 六四七　△詐 一二一三　譌 一二三三

いつわる　(8) 佯 九〇　(11) ○偽 一〇一　(12) △詐 一二一三　(13) 詭 一二一五　(14) 僞 一〇九　誕 一二二一　(15) △誕 一二二四　(16) 諼 一二二八　(19) 譎 一二三三　譃 一二三三　(24) 讕 一二三五

いてる　冱 一三八　冴 一三八　△凍 一四〇

いと　(6) ○糸 九一九　(10) 冣 一三六　紝 九二九　(11) 㝡 三四三　人絃 九二三　(12) △最 五七八　絲 九一九　絍 九二七　(13) 綃 九三九　(14) 人綸 九四四　(15) △線 九四七　緡 九四七　(17) 縷 九五一　(19) 繳 九五三

いとう　厭 一九四

いとぐち　△緒 九四一　緒 九四六

いとけない　△幼 四〇二　△稚 八七九

いとしい　△愛 四四三

いとなみ　○営 二二七　營 七三九

いとなむ　○営 二二七　營 七三九

いとま　△暇 五七二　遑 一三〇三

いどむ　○挑 五〇六　誂 一二一八

いとわしい　厭 一九四

いな　○否 二二三　○稲 八八〇　稻 八八一　鯔 一三六五　鰡 一三六六

いながら　坐 二五八　坐 二五八

いなご　蝗 一〇七一　螽 一〇六五

いなずま　△電 一三九五　霆 一三九八

いななく　嘶 二四三

いなむ　○否 二二三

いなや　△否 二二三

いにしえ　△古 二一一　△往 四二九　往 四二九　徃 四二九

いぬ　○犬 七六九　△去 一九六　戌 四八一　△往 四二九　往 四二九　徃 四二九　狗 七七三

いぬい　乹 四四　△乾 四一

いね　禾 八七二　○稲 八八〇　稻 八八一

いのこ　豕 一二二八　人猪 七七六　猪 七七七　豨 一二四〇

いのしし　人亥 五四　亥 五四　人猪 七七六　猪 七七七　豨 一二四〇

いのち　○命 二二三

いのり　○祈 八六四　祈 八六四　祷 八六八　禱 八七〇

いのる　○祈 八六四　祈 八六四　祷 八六八　禱 八七〇

いばら　荆 一五九　荊 一〇二四　茨 一〇二五　棘 五九五　楚 五九八

いばり　△尿 三六五　溲 七二三

いびき　鼾 一三九三　齁 一三九三

いびつ　歪 六五三

いぶかしい　訝 一二一一

いぶかしむ　訝 一二一一

いぶかる　訝 一二一一

いぶす　熏 七五六　△薫 一〇五〇　燻 七四七　薰 一〇五三

いぶる　熏 七五六　燻 七四七

いぼ　肬 九八六　疣 八二三　贅 一二五一

いま　○今 六三　今 六三

いまし　汝 六七八

いましめ　○戒 四八二　誡 一二一九　箴 九〇四

いましめる　△警 一二〇八　警 一二〇八　○戒 四八二　誡 一二一九　箴 九〇四

います　△在 二五七　坐 二五八　坐 二五八　△座 四〇六

いまだ　△未 五九一

いまわしい　○忌 四四六

いみ　○忌 四四六

いみな　諱 一二二八　謚 一二二八　諡 一二三一

いむ　○忌 四四六　△禁 八六一　諱 一二二八

いめ　梦 二八五　△夢 二八五　夢 二八五

いも　○芋 一〇一四　芋 一〇一四　△妹 三一四　疱 八二五　薯 一〇五〇　薯 一〇五三　藷 一〇五四　藷 一〇五五

いもうと　○妹 三一四　娣 三一六

いもじ　茙 一〇四一

いや　△否 二二三　人弥 四二一　○嫌 三三九　嫌 三三九　彌 四二四

いやしい　卑 一八四　○卑 一八五　陋 一三七七　賤 一二五三　鄙 一三三三　賤 一二五四

いやしくも　苟 一〇二二

いやしむ　卑 一八四　○卑 一八五　賤 一二五三　賤 一二五四

いやしめる　卑 一八四　○卑 一八五　賤 一二五三　賤 一二五四

いやす　瘉 八一七　△療 八一九　△癒 八一九　癒 八一九

いよいよ

弥 四三二　愈 四六〇　愈 四六〇　逾 一三〇七　彌 四三四

いら　刺 一五七

いらう　弄 四一五　応 四四五　拵 五〇九　答 八九八　應 四六三

いらえ　答 八九八

いらか　甍 七九五

いらくさ　蕁 一〇三四　蕁 一〇四八

いらだつ　苛 一〇一九

いらつめ　嬢 三三〇　孃 三三一

いり　圦 二六四　杁 六〇八

いりごめ　糗 九一七

いりむぎ　麨 一三八四

いる　2 入 一二三　6 在 二五七　8 居 三六六　炒 七四二　9 要 一〇九五　要 一〇九五　10 射 三五六　11 率 七八〇　12 焦 七五一　13 煎 七五六　15 熬 七五六　鋳 一三四七　22 鑄 一三五六

いれずみ　黥 一三八九

いれる　入 一二三　函 一四六　函 一四六　凾 一四六　容 三四一

いろ　色 一〇二一

いろどり　彩 四二七　彩 四二七

いろどる　彩 四二七　彩 四二七

いろり　炉 七四三　爐 七四八

いわ　石 八五〇　岩 三七四　磐 八五三　巌 三七六　巖 三七七

いわい　祝 八六五　祝 八六五　賀 一二四五

いわう　祝 八六五　祝 八六五　斋 五四一　斎 一三九四　賀 一二四五　齋 一三九四

いわお　岩 三七四　嵒 三七七　嵓 三七五　磐 八五三　巌 三七六　巖 三七七

いわく　曰 五七五

いわし　鰛 一三六六　鰮 一三六七　鰯 一三六七

いわや　宕 三三六　窟 八八七

いわれ　曰 五七五　謂 一二一七

いわんや　况 一三八　況 六八五　矧 八四九

イン　3 廴 四二三　4 允 一一四　冘 一二五　匀 一七三　勻 一七三　尹 三六四　引 四一九　5 囙 二四六　6 印 一八九　因 二四八　7 吽 二三三　均 二六六　狁 七七一　8 罙 六〇〇　垩 七五九　9 負 一九五　咽 二三四　姻 三三五　胤 九八二　垔 一〇九六　音 一三一二　音 一三一二　10 員 二〇九　恁 四五一　殷 六五九　氤 六六九　茵 一〇二四　蚓 一〇六六　11 院 一三七三　婬 三一七　寅 三四三　悥 四五五　淫 七〇四　裀 一〇八九　12 陰 一三七六　喑 二三八　堙 二七三　媼 三一八　湮 七一三　陰 一三八〇　飲 一三三一　13 筠 八九九　隕 一三八三　靷 一三〇七　韵 一三一三　飲 一三三一　14 [illegible] 二六五　憖 四六〇　慇 四六〇　殞 六五八　瘖 八一七　酳 一二六六　隠 一三八三　15 磤 八五八　蔭 一〇四四　17 櫽 六〇七　螾 一〇七三　闉 一三六八　隱 一三八四　19 贇 一二五一　霪 一三〇〇　韻 一三一三　韻 一三一三　21 櫽 六〇七　22 癮 八二〇　28 鸚 一三八〇

インチ　吋 二三一

ウ　2 又 一九六　3 于 三五　亏 三五　亐 三五　4 友 一九八　5 右 二一〇　6 吁 二三〇　宇 三三〇　有 五八二　羽 九六四　羽 九六四　芋 一〇〇四　迂 一二八六　7 扜 四九五　芋 一〇〇四　迂 一二八六　8 於 五四九　欧 六四六　盂 八二九　雨 一二九二　9 禹 八七一　竽 八九四　紆 九二五　胡 九七七　10 桙 六二三　烏 七五〇　11 偊 一〇一　郵 一二三一　雩 一二九二　12 寓 三四五　13 傴 一〇六　鳴 二四〇　14 嫗 三一九　15 憂 四四四　歐 六四八　17 優 一二二　燠 七四七　24 齲 一三九七

（前行続き）[illegible] 七六四　恴 四六〇

う　卯 一八九　夘 一八九　兎 一一九　戼 一三　兔 一二〇　兔 一二〇　兎 一二〇　鵵 一三七六

ウイ　外 二八六　茴 一〇二四

うい　初 一五〇　悳 四六〇　憂 四四四

うえ　上 二六　荃 一〇二六　飢 一三三一　飢 一三三一　筌 八九八　餓 一三三三　餓 一三三三　餒 一三三三

うえじに　殍 六五七

うえる　10 栽 六〇二　飢 一三三一　11 飢 一三三一　12 植 六二六　殖 六五七　13 蒔 一〇四一　14 樹 六三三　種 八八〇　蒔 一〇四一　15 餓 一三三三　16 樹 六四〇　餓 一三三三　餒 一三三三　17 餧 一三三四　20 饉 一三三五　21 饑 一三三五

うお　𩵋 一三五九　魚 一三五九

うおびしお　鮓 一三六二

うがい　嗽 二四一

うかがう　伺 八三　覗 一二〇〇　覘 一二〇〇　遉 一三〇五　微 四四〇　窺 八八九　覰 一二〇三　闚 一三六九　闚 一三六九

うがつ　穿 八八六　鐫 一三五六　鑿 一三五八

うかぶ　汎 六七八　泛 六八二　浮 七〇二　浮 七〇二

うかべる　泛 六八二　浮 七〇二　浮 七〇二

うから　族 五五一

うかる　受 一九九　受 一九九

うかれる　浮 七〇二　浮 七〇二

うき　浮 七〇二　浮 七〇二

うきくさ　苹 一〇二三　萍 一〇三五　蘋 一〇五六

うく　浮 七〇二　浮 七〇二

うぐい　鯏 一三六四　鰔 一三六四

うぐいす　鶯 一三七三

音訓索引

う

鶯 一三七二
うけ ○受 一九九　受 一九九　筌 八九八
うけたまわる ○承 四九〇
うけら 朮 五八九
うける △享 五五　○受 一九九　受 一九九　△承 四九〇　享 五六　亯 五六　稟 八七三　稟 八六三　○請 一二二四　請 一二二四
うごかす ○動 一六九　撼 五三三
うごく ○動 一六九
うごめく 蠢 四六〇　蠕 一〇七四　蠢 一〇六五
うさぎ 兎 一一九　兔 一二〇　兎 一二〇　兔 一二〇　菟 一〇三二
菟 一〇三五
うさぎうま 馿 一三四二　驢 一三四七
うし 人丑 一八　○牛 七六四
うじ ○氏 六六六　蛆 一〇六七　蜡 一〇七〇
うしお 人汐 六七八　△潮 七三二　潮 七三二
うしとら 艮 一〇一〇
うしなう △亡 五三　亡 五三　亾 六一　○失 二九五　佚 八〇　△喪 二〇六
うしろ ○後 四三一
うす 臼 一〇〇三　碓 八五七　磓 八五八　碾 八五九　礱 八五三
うず ○渦 七一四
うすい △淡 七一〇　菲 一〇三五　○薄 一〇五一　薄 一〇五一
うすかわ 莩 一〇三二
うすぎぬ 人紗 九二八　△羅 九五八　繻 九五三
うずく 疼 八一四
うずくまる 踞 一二六五　蹲 一二六八
うずたかい 堆 二七二
うすづく 舂 一〇〇四
うすまる ○薄 一〇五一　薄 一〇五一
うずまる △埋 二六九
うずみび 煨 七四五　熅 七四三　熅 七四五
うずむ △埋 二六九
うすめる ○薄 一〇五一　薄 一〇五一
うずめる △埋 二六九
塡 二七四　填 二七四　瘞 八一七
うすもの △羅 九五八
うずもれる △埋 二六九
うずら 鶉 一三七七
うすらぐ ○薄 一〇五一　薄 一〇五一
うすれる ○薄 一〇五一　薄 一〇五一
うせる △失 二九五　鼿 一三九三
うそ △虚 一〇五九　虛 一〇六一　嘘 二四三　獺 七七九　鷽 一三七三
うそぶく 嘯 二四三
うた 哥 二〇六　人唄 二三六　△唱 二三六　謳 一二一一　△詩 一二一六　○歌 六四八　△賦 一二五四　謌 一二三〇
繇 九五四　謳 一二三三
うたい ○謡 一二二九　謠 一二三三
うたいめ 妓 三三二
うたう 7 △吟 二三一　10 哥 二〇六　人唄 二三六　11 唫 二三六　△唱 二三六　謳 一二一一　12 △詠 一二一三　14 ○歌 六四八　16 ○謡 一二二九　17 謌 一二三〇　謠 一二三三　18 謳 一二三三
うたがい ○疑 八二三
うたがう ○疑 八二三　猜 七七六
うたがわしい ○疑 八二三
うたぐる △疑 八二三
うたげ △宴 三三九　讌 一二三五
うたた △転 一一七五　轉 一一八〇
うだち 梲 六三三
うだつ 梲 六三三
うだる 茹 一〇二六
うち △中 三〇　○内 一三三　內 一三三　△家 三三九　裡 一〇九〇　△裏 一〇八四
うちかけ 裃 一〇八九　褂 一〇九〇
うちぎ 袿 一〇八九
ウツ 人苑 一〇一九　苑 一〇一九　△尉 三五七　菀 一〇三三　熨 七四一　蔚 一〇四四　欝 五九八　欝 五九八　鬱 一三五五
うつ 5 ○打 四九三　扑 四九四　7 扑 四九八　8 △征 四三〇　△拍 五〇二　拊 五〇三
9 △殴 六五八　挌 五〇四　△拷 五〇五　拓 五〇六　10 △射 三五六　捆 五〇七　○討 一二一一　13 豗 一二四〇　搥 五一九　搏 五一九　誅 一二一八　15 ○撃 四九二　△撲 五三三　毆 六六一　17 擊 四九三　擣 五二四
うつぎ 桧 六三六
うつくしい 妍 三二一　娃 三二五　姸 三二五　姚 三二五　○美 九六〇　娥 三二五　婥 三二七　婕 三二七　韶 一三三三　嬋 三三〇
うつけ 腔 一一七〇
うつし △抄 四九五　△謄 一二三六　謄 一二三六
うつす 5 ○写 一三五　7 △抄 四九五　迁 一一八七　9 ○映 五六七　11 徙 四三五　○移 八七八　△転 一一七五　12 鈔 一三四〇　13 寫 一三七　暎 五七二　14 冩 一三七　15 寫 三四九　△遷 一二三三　16 遷 一二三三　17 △謄 一二三六　謄 一二三六　18 △臨 九九九　轉 一一八〇
うったえ △訟 一二一一　○訴 一二一四
うったえる △訟 一二一一　○訴 一二一四　愬 四六一
うつつ △現 七八九
うつばり 梁 六〇四
うつぶす 俯 一〇〇
うつぼ 笂 八九四　靫 一三〇七
鱓 一三六八　鱣 一三六九
うつむく 俯 一〇〇
うつる 5 ○写 一三五　7 迁 一一八七　9 ○映 五六七　11 徙 四三五　○移 八七八　△転 一一七五　13 寫 一三七　暎 五七二　14 冩 一三七　15 寫 三四九　△遷 一二三三　16 遷 一二三三　18 轉 一一八〇
うつろ △洞 六九六　△虚 一〇五九　虛 一〇六一
うつわ ○器 二〇六　器 二〇六　噐 二〇七
うで ○腕 九九二　臂 九八四
うてな △台 二二三　萼 一〇三六　臺 一〇〇二　榭 六三三　蕚 一〇四七

閽 一二六八
うとい 疏 八二一　疎 八二一　疏 一二六四　踈 一二六五
うとむ 疎 八二一　踈 一二六五
うない 髫 一三五三
うなう 畊 八〇九　耕 九七二　耕 九七二
うながす 促 九三
うなぎ 鰻 一三六八
うなされる 魘 一三五七
うなじ 項 一三三五　領 一三三七
うなずく 頷 一三三八
うなめ 牸 七六八
うなり 唸 二三七
うなる 唸 二三七
うね 8 采 五九九　采 五九九　9 畆 八〇九　10 畝 八〇九　畒 八〇九　11 畦 八〇九　12 畤 八一〇　19 壟 二六四　壠 二七七　疇 八一〇　隴 一二八五
うねべ 婇 三一七
うねめ 婇 三一七
うば 姆 三一四　姥 三一五
うばう 略 八〇九　畧 八〇六　奪 二九九　褫 一〇九二　簒 九六五　簒 九六六
うばら 荆 一五九　荊 一〇二四　茨 一〇二五
うぶ 生 七九八　初 一五〇　産 八〇〇　産 八〇〇
うぶぎ 褓 一〇九二
うべ 宐 三三三　宜 三三三　諾 一二二四　諾 一二二八
うべなう 肯 九八三　諾 一二二四　諾 一二二八
うま 午 一八三　馬 一三三九
うまい 巧 三八五　甘 七九七　旨 五六一　旨 五六二　美 九六〇　覃 一〇九六　覃 一〇九六
うまや 厩 一九三　厩 一九四　厩 一九四　廏 四二一　廏 四二一　廐 四二一　廐 四二一　駅 一三四三　驛 一三四七
うまる 埋 二六九
うまれる 生 七九八　産 八〇〇　産 八〇〇
誕 一二二三　誕 一二二四
うみ 海 六九一　海 六九八　湖 七一五　溟 七二三　膿 九九六　瀛 七三五
うむ 5 生 七九八　10 倦 九七　娩 三一六　11 倦 一〇三　産 八〇〇　産 八〇〇　12 孳 三三七　13 孶 三三七　15 熟 七五七　17 績 九五〇　膿 九九六
うめ 梅 六二三　梅 六二四　楳 六三〇
うめく 吟 二三一　呻 二三三
うめる 埋 二六九　塡 二七四　填 二七四
うもれる 埋 二六九
うやうやしい 恭 四六四　恭 四五二
うやまう 礼 八六三　礼 八六三　崇 三七五　敬 五三五　敬 五三七　禮 八七〇
うら 卜 一八七　占 一八七　末 五九一　浦 七〇三　裡 一〇九〇　裏 一〇八四
うらない 卜 一八七　占 一八七
うらなう 卜 一八七　占 一八七　筮 九〇〇
うらみ 怨 四四八　恨 四六九　憾 四七九
うらむ 怨 四四八　恨 四六九　惋 四七一　惆 四七三　悵 四七三　慍 四七四　慍 四七五
憾 四七九　懟 四八三
うらめしい 怨 四四八　恨 四六九
うらやましい 羨 九六三
うらやむ 羨 九六三
うらら 麗 一三八三
うららか 麗 一三八三
うり 瓜 七九四
うりよね 粜 九一三　糶 九一八
うる 売 一一九　沽 六八五　得 四三五　粜 九一三　得 四三八　賣 一二四九　糶 九一八
うるう 閏 一二六四
うるおい 沢 六八〇　潤 七二九　澤 七三三
うるおう 沾 六八七　洽 六九四
浥 七〇三　湿 七一五　潤 七二九　霑 一二九九　濕 七三三　濡 七三三
うるおす 洽 六九四　潤 七二九　霑 一二九九
うるさい 煩 七四五
うるし 桼 五九七　漆 七二六
うるち 稉 八七八　粳 九一五
うるむ 潤 七二九
うるわしい 美 九六〇　麗 一三八三
うれ 末 五九一
うれい 患 四五五　悥 四六〇　愁 四六〇　憂 四四四
うれえる 7 忡 四六六　9 恤 四六九　10 悄 四七一　悒 四七一　11 患 四五五　惙 四七四　戚 四八三　12 愀 四七四　13 悥 四六〇　愁 四六〇　15 憂 四四四　感 四六一　憫 四七八
うれしい 嬉 三一〇
うれる 売 一一九　賣 一二四九　熟 七五七
うろ 洞 六九六　虚 一〇五九　虛 一〇六一
うろくず 鱗 一三六八
うろこ 鱗 一三六八
うわ 上 二六
うわぐすり 釉 一三一〇
うわごと 囈 二四四
うわさ 噂 二四三　噂 二四三
うわつく 浮 七〇一　浮 七〇一
うわなり 嫐 三一七
うわばみ 蚺 一〇六六　蚦 一〇六七　蟒 一〇七三　蠎 一〇七四
うわる 植 六二六
ウン 4 云 五三　7 吽 二三一　呍 二三一　均 二六六　8 芸 一〇一四　9 負 一九五　怨 四四八　10 員 二〇九　紜 九二七　耘 九七二　12 愠 四七四　惲 四七四　温 七一三　運 一三〇一　雲 一二九三　13 慍 四七五　暈 五六〇　氳 六六九　溫 七二〇　熅 七四三　煇 七四四　運 一三〇一　韵 一三三三　14 殞 六五八　氳 六六九

音訓索引

15 熅 七四五 瘟 八一七 褞 一〇九一 瘟 八一七 縕 九四六 褞 一〇九二 16 榲 六三八 縕 九四八 蕓 一〇四七 蘊 一〇四七 醞 一三二七 17 蘊 一〇四九 醞 一三二七 18 縕 九五三 韞 一三二一 饂 一三三四 19 韞 一三二一 △韻 一三二三 韻 一三二三 饂 一三三四 20 蘊 一〇五五 鶤 一三七八

え

エ 5 叵 一二三 6 ○会 六四 ○回 二四九 △衣 一〇八一 7 囲 二五一 8 ○依 八六 △画 一四五 画 八〇四 9 廻 四二三 廻 四二三 歪 六五三 10 廻 四二四 ○恵 四五三 迴 一二九〇 11 人彗 四二五 淮 七二三 12 惠 四五六 會 五八〇 畫 八〇四 ○絵 九三五 限 一三八二 13 匯 一七八 △愛 四四三 會 五八〇 滙 七三〇 畫 八〇四 14 瑰 七九三 15 人慧 四六一 慧 四六一 16 △壊 二七六 △懐 四七九 △衛 一〇八〇 衞 一〇八〇 17 膾 九九五 18 穢 八八三 19 壞 二七七 懷 四八〇 繪 九五三 20 瓌 七九四

え 5 △兄 一一五 6 ○江 六七六 8 △枝 六二一 9 柯 六二四 ○柄 六二六 柄 六一六 ○重 一三三一 10 △笑 八六四 笑 八六四 荏 一〇三六 14 榎 六三三 餌 一三三三 15 餌 一三三三

エイ 5 △央 二九五 ○永 六七三 6 兊 一一八 曳 五七六 汞 六七四 7 兌 一一九 兑 一一九 曳 五七七 邦 一三三六 8 咏 二三三 ○泳 六八四 泱 六八四 泄 六八六 ○英 一〇一八 9 拽 五〇四 ○映 五六七 ○栄 六〇〇 枻 六二四 洩 六九一 盈 八二九 英 一〇一八 10 栧 六一七 𤇾 七三九 珱 七八八 郢 一三三九 11 殹 六六〇 12 △蛍 一〇六三 ○営 三二七 △景 五六〇 人瑛 七九〇 ○詠 一二三 13 嗌 二四〇 塋 二六一 暎 五七三 楹 六三八 瑛 七九一 裔 一〇八五 14 榮 六〇六 熒 七四一 睿 八四〇 15 ○影 四二八 楹 六三五 潁 六七四 瑩 七八六 瘞 八一七 ○鋭 一二四六 鋭 一二四六 16 人叡 二〇二 嬴 三〇九 殪 六五八 頴 八七〇 穎 八八二 縈 九三三 螢 一〇六四 ○衛 一〇八〇 衞 一〇八〇 17 嬰 三〇九 嶸 三八〇 營 七三九 翳 九六六 霙 一三〇九 18 璿 七九四 19 瀛 七三五 瑿 七九六 20 繄 九五五 蠑 一〇七四 贏 一一五一 21 瓔 七九四 蘡 一〇五七 22 癭 八三〇 23 纓 九五四

えい 鱏 一三六八 鱏 一三六八 鱝 一三六九

えがく △画 一四五 画 八〇四 ○描 五一四 描 五一六 畫 八〇四 畫 八〇四

エキ 6 人亦 五四 役 七九 7 ○役 四二八 8 ○易 五五六 9 奕 三〇三 弈 四一六 10 ○疫 八一二 △射 三五六 ○益 八三〇 益 八三〇 11 場 二七〇 掖 五〇九 ○液 七〇五 △訳 一二一三 12 棭 六二四 腋 九一一 13 嗌 二四〇 睪 八四六 14 蜴 一〇六九 ○駅 一三四二 16 嶧 三八〇 懌 四七八 17 斁 五三八 19 繹 九五三 鶍 一三六四 20 譯 一二三五 23 驛 一三四七

えぐい 醶 一三三八 蘞 一〇五八

えくぼ 靨 一三〇六

えぐる 抉 四九五 刳 一五六 剔 一六〇

えごい 蘞 一〇五八

えごま 荏 一〇三六

えさ 餌 一三三三 餌 一三三三

えそ 鰙 一三六七 鱛 一三六九

えだ △支 五二六 朶 五九八 △条 五九九 ○枝 六二一 柯 六二四 條 六四五

えだち 役 七九 △役 四二八 徭 四三九 繇 九五四

エチ 拽 五〇四 △悦 四七〇 悦 四七〇

エツ 4 曰 五七五 5 戉 四八〇 6 兊 一一八 7 兑 一一九 兌 一一九 9 咽 二三四 拽 五〇四 10 ○悦 四七〇 悦 四七〇 12 粤 九二三 ○越 一一五九 13 暍 五七三 鉞 一二四一 14 △説 一二三三 說 一二三三 15 噎 二四一 ○謁 一二三三 ○閲 一三六七 閱 一三六七 16 噦 二四三 樾 六三八 謁 一二二七

えつ 鱭 一三六九

えな △胞 九八七 胞 九八七

えにし △縁 九四五 緣 九四五

えのき △朴 六〇八 榎 六三三

えのこ 狗 七七二

えび 蛯 一〇六八 葡 一〇三八 蝦 一〇七〇 鰕 一三六六

えびす 6 夷 二九五 戎 四八一 7 狄 七七三 8 羌 九六〇 9 人胡 九九七 10 羗 九六一 12 △蛮 一〇六三 13 貊 一一四一 15 羯 九六三 16 蕃 一〇四九 25 蠻 一〇六六

えびら 箙 九〇四

えぶり 杁 六〇八

えみ ○笑 八九四 笑 八九四

えむ △咲 二三五 咲 二三五 ○笑 八九四 笑 八九四

えやみ △疫 八一二 瘟 八一七 瘟 八一七

えら 題 一三三一 鰓 一三六六

えらい 偉 一〇二 ○偉 一〇五 △豪 一一三九

えらぶ △択 四九六 揀 五一五 撰 五二一 撰 五二一 ○選 一二三三 擇 五三三 選 一二三三 △簡 九〇七 簡 九〇七

えり 人衿 一〇八八 衽 一〇八八 袵 一〇八九 襟 一〇九一

鈌一三六一 △領一三一七 簷九〇六 ○襟一〇九三

える 11 △彫四二七 彫四二七 ○得四三五 13 得四三八 15 △選一三一三 16 ○獲七七八 選一三一三 雕一三九〇 17 獲七七九 19 鵰一三七八 21 鐫一三五六

エン 4 ○円一三 5 谷一三六 △圧二五七 夗二八六 6 压二五七 扖五四九 扩五四九 育九八一 7 延四一三 㳂六七八 肙九八一 8 兖一一三〇 奄二九七 宛三三三 ○延四一三 ○沿六八四 ○炎七三九 人苑一〇一九

9 兗一一三 匽一七三 負一九五 咽二三四 △垣二六八 娟三一五 弇四一六 怨四四八 爰七五九 苑一〇一九 衍一〇七九 10 俺九七 冤一三六 剡一五九 △員二〇九 埏二六九 娟三一六 ○宴三三九 悁四七〇 捐五〇七 涎七〇〇 烟七四三 袁一〇八三 △院一三七三 11 偃一〇一 婉三一七 寃三四二 惋四七一 掩五〇九 渰七〇五 渊七〇五 渕七〇五 △淡七一〇 焔七四三 焉七五一

莚一〇二九 12 堰二七三 人媛三一八 媛三一八 ○援五五五 援五五五 掾五五五 揜五五五 湮七一三 湲七一三 淵七一三 焰七四三 猒七七〇 猨七七七 琬七九〇 琰七九〇 菀一〇三三 菸一〇三六 覃一〇九六 覃一〇九六 13 ○園二五四 園二五四 圓二五五 ○塩二七四 ○煙七四四 煙七四四 ○猿七七七 獂七七七 瑗七九一 筵九〇〇 罨九五七 羨九六二 蜒一〇六八 ○遠一三〇八 ○鉛一二四一

14 厭一九四 嫣三一九 ○演七三五 蜿一〇六九 遠一三〇八 鳶一三七一 15 ○縁九四五 緣九四五 蝘一〇七〇 豌一一三八 踠一一六五 醃一三一七 16 圜二五五 燄七四八 燕七五八 鋺一二四八 閼一三六七 閻一三六七 閹一三六七 鴛一三七一 17 壓二六四 檐六四一 篶九〇六 薗一〇四九 轅一一八〇 闉一三六八 19 厴一九四 嚥二四四 櫞六四三 簷九〇八 人艶一〇三二 鶠一三七七 20 爓七四八 臙九九六 22 灩七三七

23 鼴一三九三 讌一一二五 醼一三一九 饜一三三一 24 豔一〇三二 魘一三五七 鹽一三八一 26 灩七三七 黶一三八八 27 豔一一三八 鷰一三八〇 28 豔一一三八 31 灩七三七

えんじゅ 槐六三三

えんにょう 廴四一三

えんぶり 杁六〇八

お

オ 6 ○汚六七六 污六七六 汙六七六 7 扵四九五 杇六〇八 味二二四 8 ○和二二五 人於五四九 9 洿六九一 10 烏七五〇 11 堊二五九 ○悪四五三 淤七〇五

12 惡四五六 13 嗚二四〇 塢二七四 隖一三八二

お 3 ○小三五七 4 △夫二九四 ○尾三六五 7 牡七七六 △男八〇四 8 人阿一三七一 9 苧一〇三三 10 峯三七四 △峰三七九 11 御四三五 △麻一三八四 麻一三八四 12 △御四三六 ○雄一三六八 13 雄一三六九 14 ○緒九四一 15 緒九四六

おい ○老九六八 笈八四四 甥八〇〇

おいかけ 緌九四一

おいて 扵四九五 人於五四九

おいぼれる 耄九七〇

おいる ○老九六八 耆九七〇 耄九七〇

オウ 3 尢三六三 4 △区一七六 夭三〇三 允三六三 ○王七八三 王七八三 5 △凹一四五 △圧二五七 ○央二九五 6 人匡一七六 压二五七 7 坣二五八 尪三六三 尩三六三 ○応四四五 汪六七八 △狂七七一 人邑一三一六 8 坳二六七 尫三六三 ○往四二九 往四二九 徃四二九 怏四六六 ○押四九九 拗五〇三 人旺五六六 枉六一〇 ○欧六四六 ○殴六五八 泱六八四 泓六八四

9 芺一〇一五 姶三一五 殃六五六 瓮七九五 10 ○皇八二五 ○桜六一七 浥七〇二 盎八三〇 秧八七六 窅八八七 ○翁九六六 翁九六六 11 凰一四三 區一七一 埦二七一 詎一一一一 ○黄一三八五 12 ○奥三〇四 媪三一八 惶四七四 △雄一三六八 黄一三八五 13 奥三〇五 媼三一八 滃七二〇 閘一三六四 雄一三六九 14 厭一九四 嘔二四一 嫗三一九 漚七二五 蓊一〇四〇 誑一一一九 鞅一三〇七 15 ○横六三五

歐六四八 毆六六一 鴎一三七四 16 墺二七六 懊四七八 △擁五三三 横六三八 澳七三三 璜七九三 甌七九六 隩一三八四 鴦一三七三 鴬一三七三 鴨一三七四 17 壓二六四 應四〇三 燠七四七 薁一〇四九 襖一〇九三 18 甕七九五 癕八一九 襖一〇九三 謳一一三三 19 甖七九六 罋九五五 醠一三一八 20 嚶二四四 罌九五五 21 櫻六四四 蘡一〇五七 鶯一三七三 鸎一三七八 22 鷗一三七九 23 癰八二〇 24 人鷹一三七三

25 鸎 一三七三
28 鸜 一三八〇

おう
生 七九八
負 一一四三
負 一一四三
追 一一九三
追 一一九三
逐 一一九五
逐 一一九五

おうぎ
扇 四八七
扇 四八七

おうこ
枌 六〇八

おうご
枌 六〇八

おうし
特 七六八

おうち
杞 六〇八
栾 六〇三
楝 六三一
樗 六三八
欒 六〇七

おうな
媪 三一八
媼 三一八
嫗 三一九

おえる
了 四四
卆 一八三
卒 一八三
畢 八〇六
終 九二三
竣 八九二

おお
大 二八八

おおあめ
霈 一三九八

おおい
6 多 二八三
㚇 二八三
夛 二八五
夛 二八五
11 庶 四〇八
眾 八四六
12 衆 一〇七六
13 稠 八七九
15 蔽 一〇四九
16 蔽 一〇四九
18 覆 一〇九六
覆 一〇九六

おおいに
大 二八八

おおう
7 庇 四〇四
8 奄 二九七
9 弇 四一六
盇 八二九
冒 八三九
冒 八三九
盍 八三〇
10 被 一〇八九
11 掩 五〇九
盖 八三〇
12 揜 五一五
13 葢 一〇三六
14 蓋 一〇四〇
15 蒙 一〇四三
蔭 一〇四四
蔽 一〇四九
16 蔽 一〇四九
闇 一三六七
18 覆 一〇九六
覆 一〇九六

おおかみ
狼 七七五

おおきい
大 二八八
太 二九三
巨 三八三
巨 三八三
浩 六九九
浩 六九九
鉅 一二四一
碩 八五八
嚭 二三九
顒 一三三四

おおきみ
王 七八三
王 七八三
皇 八二五

おおごと
瑟 七八六

おおじか
麃 一三八二
麈 一三八二
麋 一三八二

おおせ
仰 七六
諚 一一二七

おおたで
葒 一〇三七

おおとり
鳳 一三七一
鴻 一三七五
鵬 一三七八
鵬 一三七八

おおにら
薤 一〇四九

おおみず
洪 六九四
洚 六九四

おおむね
率 七八〇
概 六三三
概 六三六
槪 六三六
槩 六〇六
槩 六〇六

おおやけ
公 一二四
官 三一三

おおゆみ
弩 四一九

おおよそ
凡 一四一
凡 一四一
几 一四一
約 九一七
約 九一七
梗 六一三

おおらか
凡 一四一
凡 一四一
几 一四一

おおん
御 四二五
御 四二六

おか
5 丘 二九
卬 一八九
6 邛 一三一六
7 坏 二六〇
阫 一三一二
8 岡 三一七
邱 一三一七
阜 一三一〇
11 崗 三一五
陸 一三一九
陵 一三二〇
16 墺 二七六
19 壟 二六四
壠 二七七
隴 一三二五

おかあさん
母 六六一

おかす
干 三九七
犯 七七一
奸 三一〇
侵 九二
侵 九二
姦 三〇六
姧 三一五
冒 八三九
冒 八三九

おがせ
繿 九五四

おがむ
拝 五〇一
拜 四九三

おき
冲 一三八
沖 六八一
煨 七四五
熄 七四五
澳 七三三
熾 七四六
燠 七四七

おぎ
荻 一〇三一

おきて
掟 五一三
諚 一一二七

おきな
叜 一九九
叟 一九九
翁 九六六
翁 九六六

おぎなう
補 一〇九〇
裨 一〇九一

おきのる
賖 一一五三
賒 一一五三

おきる
起 一一五八
起 一一五八

オク
7 抑 四九九
沃 六八三
9 屋 三六七
12 奥 三〇四
13 奧 三〇五
15 億 一一〇
億 一一〇
16 噫 二四三
憶 四七八
憶 四七八
17 臆 九九五

おく
居 三六六
措 五二二
奥 三〇四
奧 三〇五
置 九五七
錯 一二四九
擱 五三三

おくび
噯 二四三
噫 二四三

おくみ
衽 一〇八八
袵 一〇八九

おくらす
遅 一二〇四
遲 一二一四

おくり
送 一一九一
送 一一九一

おくりな
諡 一一二八
謚 一一三一

おくる
9 送 一一九一
送 一一九一
10 詒 一一一五
12 貽 一一五三
16 輸 一一八〇
輸 一一八〇
17 賻 一一五五
18 贈 一一五五
19 贈 一一五五
餽 一三三四
饋 一三三五
21 饋 一三三五

おくれる
後 四二一
遅 一二〇四
遲 一二一四

おけ
桶 六二四
槽 六三七

おけら
朮 五八九

おける
扵 四九五
於 五四九

おこ
痴 八一六
癡 八一九

おこす
発 八二〇
起 一一五八
起 一一五八
發 八二三
熾 七四六
興 一〇〇四

おこぜ
鰧 一三七〇
鯵 一三六八

おごそか
荘 一〇二七
莊 一〇二一
厳 五三八
嚴 二二〇

おこたる
怠 四五〇
惰 四七五
慢 四七七
懈 四七九
嬾 三三一
懶 四八〇
懶 四八〇

おこない
行 一〇七七

おこなう
行 一〇七七
叓 一九九
亊 四五
叓 一九九
事 四五

おこり
瘧 八一七

おごり
驕 一三四六

おこる
忿 四四八
怒 四五〇
発 八二〇
起 一一五八
起 一一五八
發 八二三
熾 七四六
興 一〇〇四

おごる
6 夸 二九七
8 侈 八九
10 倨 九七
11 敖 五三四
12 奢 二九九
13 傲 一〇七

14 傲 四七六
15 慢 四七七
憍 四七七
踞 一一六五
22 驕 一三四六
おさ
長 一二五七
長 一二五七
酋 一二一三
酋 一二一三
筦 九〇〇
筬 九〇〇
綜 九四三
おさえ
鎮 一二五三
鎭 一二五三
おさえる
圧 二五七
压 二五七
抑 四九九
押 四九九
按 五〇四
壓 二六四
おさし
鮍 一三六一
おさない
幼 四〇三
稚 八七九
孺 三三九
おさまる
収 二〇〇
收 五三八
治 六八六
修 四二六
納 九二九
納 九二九
おさめる
4 収 二〇〇
6 收 五三八
8 治 六八六
9 紀 九二五
10 修 四二六
納 九二九
納 九二九
11 理 七六九
脩 九九八
13 戢 四八四
15 蔵 一〇四八
17 斂 五三八
18 藏 一〇五三
釐 一二二三
おし
忍 四四六
忍 四四六
押 四九九
おじ
尗 四一四
叔 二〇一
おしい
惜 四七三
おしえ
訓 一一一〇
教 五三三
敎 五三三
誨 一一一九
おしえる
訓 一一一〇
教 五三三
敎 五三三
誨 一一一九
おじか
麌 一三八二
おしきうお
魴 一三六一
鰟 一三六七
おしどり
鴛 一三七一
鴦 一三七二
おしのける
排 五一三
おしむ
惜 四七三
嗇 二三九
愛 四四三
慳 四七六
穡 八八三
おじる
怖 四六八
悑 四七一
おす
5 圧 二五七
6 压 二五七
7 牡 七六六
8 押 四九九
9 食 一三三九
食 一三三九
11 推 五二一
捺 五二三
12 雄 一二八八
13 雄 一二八九
17 壓 二六四
おそい
晩 五七〇
晩 五七〇
遅 一二〇四
遲 一二一四
おそう
襲 一〇八七
襲 一〇八七
おそらく
恐 四五一
恐 四五一
おそれ
畏 八〇四
恐 四五一
恐 四五一
惧 四七三
虞 一〇六一
虞 一〇六一
懼 四八〇
おそれる
8 怵 四六七
怕 四六八
怖 四六八
9 恇 四六九
恟 四六九
畏 八〇四
10 恐 四五一
恐 四五一
悑 四七一
悚 四七一
11 惧 四七三
惕 四七三
12 惶 四七四
惴 四七四
竦 八九二
13 慄 四七六
虞 一〇六一
虞 一〇六一
14 慴 四七七
16 懍 四七九
懔 四七九
17 聳 九七六
18 瞿 八二七
21 懼 四八〇
懾 四八〇
おそろしい
恐 四五一
恐 四五一
おそわる
教 五三三
敎 五三三
おだてる
煽 七四五
煽 七四五
おだやか
妥 三〇七
妥 三〇七
穏 八八三
穏 八八三
穏 八八三
醞 一二一七
醞 一二一七
穩 八八三
オチ
乙 三九
越 一一五九
おち
遠 一二〇八
遠 一二〇八
おちいる
陥 一二七四
陷 一二七七
おちる
10 陥 一二七四
11 陷 一二七七
12 堕 二六一
落 一〇三九
13 落 一〇三九
隕 一二八二
零 一二九六
14 殞 六五八
15 墮 二六四
墯 二六四
墜 二六四
墜 二六四
墻 二七六
オッ
乙 三九
榲 六二八
膃 九九二
榲 六三三
膃 九九四
おっしゃる
仰 七六
おっと
夫 二九四
おと
乙 三九
弟 四一八
音 一三一三
音 一三一三
おとうさん
父 七六〇
おとうと
弟 四一八
おとがい
𦣞 九九八
𦣞 九九八
𦣞 九九八
頤 一三一八
頤 一三一八
頤 一三一八
おどかす
脅 九八三
おとこ
士 二七八
夫 二九四
男 八〇四
郎 一二一八
郞 一二一九
漢 七二〇
漢 七二五
おどし
脅 九八三
縅 九四八
おとしあな
穽 八八六
おとしいれる
陥 一二七四
陷 一二七七
おとしめる
貶 一一五三
おとす
11 貶 一一五三
12 堕 二六一
落 一〇三九
13 落 一〇三九
隕 一二八二
15 墮 二六四
墯 二六四
墜 二六四
墜 二六四
墻 二七六
17 擠 五二四
おどす
威 三〇六
脅 九八三
縅 九四八
嚇 二四三
おとずれる
訪 一一一三
おとと
弟 四一八
おとなう
訪 一一一三
おとり
囮 二五一
おどり
踊 一一六五
踴 一一六七
おとる
劣 一六四
おどる
跳 一一六四
踊 一一六五
踴 一一六七
趯 一一六一
躍 一一六八
躍 一一六八
おとろえる
衰 一〇八三
衰 一〇八三
蕉 一〇四七
蕉 一〇四七
おどろかす
驚 一三四〇
驚 一三四〇
おどろく
愕 四七四
駭 一三四三
驚 一三四〇
驚 一三四〇
おなじ
仝 六三
同 二一七
おなもみ
葹 一〇三七
おに
鬼 一三五六
おにがしら
纛 九二五
おにび
粦 九一二
燐 七三九
おの
己 三八六
斤 五四三
斧 五四三
戚 四八三
鉄 一二四一
おのおの
各 二一四
おのこ
士 二七八
男 八〇四
おのずから
自 九九九
おのずと
自 九九九
おののく
慄 四七六
戦 四八四
戰 四八五
おのれ

○己 三八六
△自 九九九
おば 姨 三一五
おばしま △欄 六四四 欄 六四四
おび ○帯 三九一 帯 三九二
おびえる 怯 四六六
おびく △誘 一一三三
おびただしい 夥 二八七
おびだま 珮 七八八
おびと △首 一三三六
おびやかす ○脅 九八三
おびる 佩 八五 佩 八九 ○帯 三九一 帯 三九二
おぶう △負 一二四三 負 一二四三
おぼえる ○覚 一〇九八 △憶 四七八 憶 四七八 覺 一〇九九
おぼれる 沍 七一九 溺 七三三 溺 七三三
おぼろ 朦 五八四 朧 五八五
おみ △臣 九九八
おめく 叫 二一九 △叫 二二〇 吽 二二一
おも ○主 二四 主 二四 ○面 一三〇五
おもい △念 四四八 ○思 四五〇 ○重 一二三二 △意 四五七 意 四五七 △想 四六〇
おもう △念 四四八 ○思 四五〇 人惟 四七一 △想 四六〇 △憶 四七八 憶 四七八 △懐 四七九 謂 一一二七 懷 四八〇
おもがい 䩄 一三〇九 羇 九五九 覉 一〇九七 羈 九五九 覊 一〇九七
おもかげ 俤 八六
おもし △鎮 一二五三 鎭 一二五三
おもしろい 㤩 四六八
おもづら 韅 一三一〇
おもて ○表 一〇八二 ○面 一三〇五
おもねる 人阿 一二七一
おもむき ○趣 一一六〇
おもむく ○赴 一一五八 △趣 一一六〇 趨 一一六〇
おもむろ △徐 四三四
おもり △錘 一二五〇
おもんばかる △慮 四六二
おもんぱかる △慮 四六二
おや △祖 八六七 祖 八六七 ○親 一一〇〇
おやゆび 拇 五〇三
およぎ ○泳 六八四
およぐ ○泳 六八四 游 七一九
およそ △凡 一四一 凡 一四一 几 一四一
および ○及 二七 及 一九七
およぶ ○及 二七 及 一九七 迨 一二八九 △逮 一三〇一 逮 一三〇一
およぼす ○及 二七 及 一九七
おり ○折 四九六 柙 六一五 淤 七〇五 渣 七一五 滓 七二三 △機 六三九 澱 七三三 檻 六四二 ○織 九五二 織 九五二
おりる ○下 一七 降 一二七三 ○降 一二七四
おる ○折 四九六 △居 三六六 ○織 九五二 織 九五二
おれ △己 三八六 俺 九七
おれる ○折 四九六
おろか △疎 八一一 ○愚 四五八 △痴 八一六 踈 一一六五 惷 四六二 魯 一三六〇 癡 八一九 蠢 一〇六五
おろし 卸 一九一 ○卸 一九一 颪 一三三六
おろす ○下 一七 卸 一九一 ○卸 一九一 降 一二七三 ○降 一二七四 △堕 二六一 墮 二六四 墯 二七六 墮 二六四
おろそか △疎 八一一 踈 一一六五
おわします △在 二五七
おわす 坐 二五八 坐 二五八
おわり ○終 九三二 終 九三二
おわる △了 四 卆 一八二 △卒 一八二 訖 一一〇九 畢 八〇六 竟 八九〇 ○終 九三二 終 九三二 人竣 八九二 闋 一二六八
おわんぬ 畢 八〇六
オン 6 扻 五四九 扩 五四九 8 人苑 一〇一九 9 怨 四四八 昷 八二九 苑 一〇一九 ○音 一三二二 音 一三二二 10 ○恩 四五一 盈 八三〇 11 △陰 一二七六 12 愠 四七四 ○温 七二三 菀 一〇三三 陰 一二八〇 13 △飲 一三三一 △園 二五四 園 二五四 慍 四七五 榲 六二八 溫 七二〇 ○遠 一三〇八 飲 一三三一 14 厭 一九四 慇 四六〇 榲 六三三 瘖 八一七 瘟 八一七 褞 一〇九一 遠 一三〇八 15 △隠 一二八三 瘟 八一七 縕 九四六 薀 一〇四四 褞 一〇九三 16 ○穏 八八三 縕 九四八 17 隱 一二八四 18 轀 一三二一 19 穩 八八二 韞 一三二一 20 鰛 一三六六 21 鰮 一三六七
おん 御 四三五 ○御 四三六 △雄 一二八八 雄 一二八九
おんな ○女 三〇五 △婦 三一七 婦 三一七

か

カ 2 匕 一七四 3 ○下 一七 4 个 三三 ○化 六九 化 六九 戈 四八〇 ○火 七三八 5 ○加 一六五 另 二〇七 ○可 二一〇 瓜 七九四 禾 八七一 6 ○仮 七五 冎 一三四 划 一五三 夸 二九七 襾 一〇九四 覀 一〇九四 7 ○何 八〇 人伽 八一 佉 八一 囮 二五一
找 四九五 8 ○花 一〇一五 ○価 八七 ○佳 八七 卦 一八七 呵 二二三 咊 二二四 △和 二二五 戕 四八四 ○果 五九九 ○河 六八四 花 一〇一五 苍 一〇一五 人茄 一〇二〇 迦 一二八八 9 叚 二〇一 咼 二二四 ○架 六〇〇 枷 六一四 柯 六一四 牁 七六三 珂 七七七 珈 七七七 ○科 八七四 苛 一〇一九 茄 一〇二〇 迦 一二八八 10 △個 九七 倮 一〇〇 哥 二三六 哿 二三六 ○夏 二八二 ○家 三三九 疴 八一三 痂 八一三

盉 830 胯 968 荷 1029 華 1029 11 假 101 唎 328 崋 374 掛 509 猓 775 笳 895 耞 973 舸 1008 荷 1029 菓 1033 袈 1085 訛 1121 谺 1136 貨 1143 貨 1143 12 厦 193 堝 273 媧 318 斝 542 渦 714 渮 714 絓 925 菓 1033 華 1033 訶 1113 賀 1145 跏 1163 軻 1176 過 1302 13 嫁 318 廈 420

暇 573 煆 744 瑕 791 禍 868 窠 887 葭 1036 萪 1036 萵 1040 誇 1126 賈 1147 跨 1164 過 1302 遐 1303 靴 1307 靴 1307 14 嘉 239 夥 287 寡 347 榎 633 樺 633 歌 648 瘕 817 禍 868 窩 888 箇 901 粿 915 蜾 1069 裹 1084 15 價 110 嘩 241 稼 881 蝌 1070 蝦 1070 蝸 1071 課 1123

踝 1165 駕 1340 舸 1349 16 榪 638 蕐 1047 17 嚇 243 檟 641 鏵 955 謌 1130 鍋 1251 鍜 1251 霞 1299 顆 1330 19 譁 1133 譌 1133 20 鰕 1366 21 韡 1310 22 驊 1346 龢 1400

か

4 夫 294 日 553 5 乎 27 7 邪 316 8 彼 430 邪 1317 金 1325 9 耶 1318 香 1337 10 蚉 1063 蚊 1066 11 鹿 1381 歟 649 17 蟁 1065

ガ

4 厄 191 5 牙 763 牙 763 瓦 775 疋 812 7 何 80 伽 82 呀 231 我 482 8 画 145 枒 620 河 684 画 804 臥 998 臥 998 芽 1016 芽 1020 9 俄 91 砑 853 10 哦 225 娥 315 峩 374 峨 379 11 莪 1030 訛 1121 訝 1121 12 畫 804 賀 1145 雅 1388 13 畫 804 蛾 1068 衙 1079 雅 1388 15 餓 1333 駕 1340

16 噶 243 餓 1333 18 鵞 1373 鵝 1376 19 譌 1133

カイ

4 丐 12 丯 30 丰 30 介 63 夬 293 5 回 233 匃 173 匄 173 6 亥 54 亥 54 会 64 价 76 回 249 灰 739 灰 739 7 囬 251 快 465 戒 482 改 528 攺 528 8 乖 38 佳 87 佪 87 画 145 画 804 劾 167 劾 167 卦 187 咍 223

届 366 届 366 廻 413 怪 466 拐 499 拐 499 9 芥 1016 咼 234 咳 234 垓 268 孩 338 廻 413 徊 431 悔 468 恢 468 恠 468 挂 504 枴 624 枴 624 海 691 洄 693 界 804 畍 808 疥 823 皆 827 胐 1075 陔 1373 10 害 340 害 340 廻 414 悝 470 悔 470 晦 568 桧 627 欬 646

海 698 茴 1024 蚘 1066 豈 1137 陔 1240 迴 1290 11 偕 101 掛 509 晦 569 械 633 欸 646 淮 712 痎 815 盔 830 盖 830 罣 957 傀 105 12 凱 143 剴 161 喙 238 喈 238 喟 238 堦 272 媧 318 愒 474 揩 515 會 580 椢 624 歇 647 畫 804 絓 925 絵 925 蛔 1068 蛕 1068 街 1079

開 1362 階 1380 13 匯 178 塊 274 嵬 376 嵬 380 慨 475 愷 475 愾 476 會 580 楷 628 歇 647 骰 660 滙 720 畫 804 罫 957 蓋 1036 裹 1086 褂 1090 解 1103 解 1103 詼 1115 詿 1115 該 1115 該 1115 話 1119 賄 1153 隗 1382 14 儈 109 慨 476 慨 476 槐 633 概 633 榿 633 毅 661

漑 725 漑 725 瑰 792 稭 880 蒯 1040 蓋 1040 誨 1119 誡 1119 魁 1358 15 儈 110 概 636 槪 636 槩 636 槩 636 槶 636 潰 728 獪 778 磈 856 鞋 1308 16 噦 243 噲 243 壊 276 廨 423 懐 479 懈 479 澮 733 濊 733 獪 778 褱 1084 諧 1127 駭 1343 骸 1349 17 槲 641 檜 641 膾 995

音訓索引

薤 一〇四九 薈 一〇四九 邂 一二一四 醢 一二二七 鮭 一三六三
18 檜 八二三 瞶 九七八 鎧 一二五二
19 壞 二七七 懷 四八〇 瀣 七三五 繪 九五二 蟹 一〇六五 蠏 一〇七三 鼃 一三九〇 䵷 一三九〇
20 瓌 七九四
23 蘹 一〇五八 鬠 一三五四
24 鱠 一三六九

かい
貝 一二四二 峡 三七八 栧 六二四 峽 三七九 棹 六二七 稃 八七九 蛽 一〇六九 櫂 六四三 艜 一〇〇九 艪 一〇一〇

ガイ
2 乂 三六
4 刈 一五三
5 外 二八六
6 亥 五四 亥 五四 艾 一〇三三
7 呆 二〇九
8 劾 一六七 劾 一六七 厓 一九二 导 三五一 苅 一〇一六
9 咳 二三四 垓 二六八 孩 三一八 陔 一二七三
10 害 三四〇 害 三四〇 欬 六四六 豈 一二二七
11 啀 二三六 崖 三七四 崕 三七九 涯 七〇五 盖 八三〇
12 凱 一四三 剴 一六一
13 街 一〇七九 慨 四七五 愷 四七五 愾 四七六 睚 八四三 碍 八五七 葢 一〇三六 該 一一一五 該 一一一五 隗 一二八二
14 嘊 二四一 慨 四七六 慨 四七六 概 六三三 榿 六三三 漑 七一五 漑 七一五 蓋 一〇四〇 闓 一二六五
15 槩 六〇六 槩 六〇六 槪 六三六 槪 六三六 皚 八一八 磑 八五八
16 駭 一三四三 骸 一三四九
17 駴 一三四四 鮠 一三六二
18 瞶 九七八 鎧 一二五二
19 礙 八六〇 顗 一三三三

かいおけ
櫪 六四四

かいこ
蚕 一〇六二 蠶 一〇六五

かいつぶり
鷉 一三七九 鸊 一三七三

かいな
腕 九九二

かいばおけ
槽 六三七

かいよね
粂 九一三 糴 九一八

かいらぎ
鰄 一三六六

かう
支 五一六 交 五四 買 一二四六 飼 一三三二 飼 一三三二 養 一三三〇 養 一三三〇

かえし
返 一二一八 返 一二一八 鐖 一二五五

かえす
4 反 一九七
7 返 一二一八
8 返 一二一八
9 皈 八一七
10 帰 三五五
12 復 四二七 帰 六五四
14 孵 三二九
16 還 一三二四
17 還 一三二四
18 歸 六五四

かえって
反 一九七 却 一八九 卻 一九一 卻 一九一

かえで
楓 六三〇 槭 六三七

かえり
皈 八一七 帰 三五五 帰 六五四 歸 六五四

かえりみる
省 八二八 眷 八三九 顧 一三三三 顧 一三三三

かえる
4 反 一九七
5 代 七四 冋 一三三
6 回 二四九
7 囬 二五一 更 五七七 返 一二一八
8 易 五五六 返 一二一八
9 変 二八一 叓 五七七 皈 八一七
10 帰 三五五
12 復 四二七 換 五一五 替 五八〇 帰 六五四 渝 七一九 蛙 一〇六七 貿 一二四七
14 孵 三二九 暜 五八〇
16 朁 五八一 還 一三二四
17 蟇 一〇六五 蟆 一〇七二 還 一三二四
18 歸 六五四
23 變 五二八

がえんずる
肯 九八二

かお
皃 八二五 皃 八二五 容 三四一 貌 一二四一 顔 一三三〇 顏 一三三〇

かおり
芬 一〇一八 香 一三三七 薫 一〇五〇 薰 一〇五三 馥 一三三八 馨 一三三八

かおる
芬 一〇一八 苾 一〇二三 香 一三三七 薫 一〇五〇 薰 一〇五三 馥 一三三八 馨 一三三八

かか
嚊 二四四 嬶 三一二

かかあ
嚊 二四四 嬶 三一二

かかえる
抱 五〇三 抱 五〇三

かかげる
掲 五一〇 掲 五一五 搴 四九二 褰 一〇八七

かかずらう
抅 四九五 拘 五〇〇

かかと
踝 一一六五 踵 一一六六

かがまる
屈 三六七

かがみ
鑑 一二三八 鏡 一二五三 鏡 一二五三 鑒 一二三八 鑑 一二五六

かがむ
屈 三六七 傴 一〇六 跼 一一六五 踞 一一六五

かがめる
屈 三六七

かがやかす
耀 九六八 燿 九六八

かがやき
輝 一一八一 耀 九六八 燿 九六八

かがやく
7 灼 七四一
9 炫 七四二
12 焜 七四三
13 暉 五七二 煇 七四四 煌 七四四
14 熙 七五五 熙 七五六 熈 七五六 赫 一一五七
15 輝 一一八一
16 曄 五七三
18 燿 七四七 燿 七四七
20 耀 九六八 耀 九六八

かがよう
耀 九六八 燿 九六八

かかり
係 九一 掛 五〇九

かがり
篝 九〇五

かがりび
炬 七四三 燎 七四六

かかる
係 九一 架 六〇〇 県 八三七 掛 五〇九 斯 五四六 縣 九五四 罹 九六八 繋 九二四 繫 九二四 懸 四六三

かがる
縢 九五四

かかわる
抅 四九五 拘 五〇〇 係 九一 関 一二六五 關 一二六九

かき
垣 二六八 柿 六一五 杮 六二一 蛎 一〇六七 硴 八五七 墻 二七六 牆 七六三 蠣 一〇七四 籬 九一一

かぎ
勾 一七三 鈎 一二四〇 鉤 一二四二 鍵 一二五一 鎰 一二五三 鑰 一二五七

かきね
院 一二七三

かぎり
限 一二七三

かぎる
限 一二七三

カク
□ 一四〇〇
6 仮 七五
各 二一四
7 孝 三一四
8 画 一四五
角 一二〇二
学 三一五
拡 四九九
画 八〇四
9 咯 二二四
客 三三七
恪 四六八
挌 五〇四
狢 七七三
革 一三〇七
10 埆 二六九
格 六一七
核 六一八
核 六一八
毃 六五九
烙 七四三
胳 九八七
茖 一〇二四
隺 一二八七
鬲 一三五六
鬲 一三五六
11 假 一〇一
掴 五〇九
桷 六三三
殻 六六〇
涸 七〇六
瓠 七九四
硅 八五六
郭 一三一九
隺 一二八七
12 喀 二二八
椁 六三四
殼 六六〇
畫 八〇四
确 八五六
覚 一〇九八
13 塙 二七四
搉 五一七
畫 八〇四
貉 一二四一
較 一二七七
隔 一三八二
隔 一三八二
14 劃 一六三
幗 三九四
廓 四一〇
愨 四六一
摑 五一九
摑 五二〇
榷 六三三
熇 七四五
聝 九七七
膈 九九四
膈 九九四
赫 一二五七
閣 一三六五
15 攪 五二〇
槨 六三六
確 八五八
膕 九九四
虢 一〇六一
16 學 三三七
獲 七七八
翮 九八七
霍 一二九九
骼 一三四九
17 嚇 二四三
壑 二六四
擱 五二三
獲 七七九
癈 八二八
觳 一二〇五
鞟 一三〇九
馘 一三三七
18 擴 五二四
爀 七四七
穫 八八三
額 一三三〇
19 穫 八八三
20 覈 一〇九七
斅 五二七
矍 八三七
藿 一〇五五
蠖 一〇七四
覺 一〇九九
鞹 一三〇九
21 玃 七七九
瘧 八一九
鶴 一三七八
22 鑊 一二五六
鶴 一三八〇
23 攪 五二六
攫 五二六
玃 七七九
24 鷽 一三七二
27 靏 一三〇一
鸛 一三八〇
28 钁 一二五七
29 鸖 一三〇二

かく
4 欠 六四五
6 此 六五四
7 抓 四九六
8 爬 七六〇
9 舁 一〇〇三
10 書 五七八
缺 九五五
舁 一〇〇三
11 掻 五一二
描 五一四
12 描 五一六
斯 五四六
13 搔 五一八
18 闕 一三六八

かぐ
嗅 二四〇
齅 一三九四

ガク
7 孝 三一四
8 学 三一五
岳 三七七
9 咢 二〇九
12 愕 四七四
鄂 一三一三
13 楽 六〇四
腭 九九二
萼 一〇三六
15 樂 六〇六
16 噩 二〇七
學 三三七
蕚 一〇四七
謌 一二一七
17 壑 二六四
嶽 三七六
鍔 一二五一
18 額 一三三〇
顎 一三三〇
20 斆 五二七
鰐 一三六六
鶚 一三七八
23 讍 一二二五
24 齶 一三九七
27 鱷 一三六九

かくす
10 匿 一七一
祕 八六八
秘 八七七
11 匿 一六八
13 廋 四一〇
賍 一二五三
14 愆 四六〇
隠 一三八三
15 蔵 一〇四八
17 隱 一三八四
18 竄 八八九
藏 一〇五三
21 臟 一二五五

かくまう
匿 一七一
匿 一六八

かくれる
隠 一三八三
蟄 一〇六五
隱 一三八四
竄 八八九

かぐわしい
芳 一〇一八
郁 一三一八
香 一三二七
蕙 一〇四七
馨 一三二八

かけ
掛 五〇九
賭 一二五四
賭 一二五四
雞 一三九〇
鶏 一三七七
鷄 一三七九

かげ
陰 一三七六
景 五六〇
陰 一三八〇
影 四一八
蔭 一〇四四
翳 九六六

がけ
崖 三七四
崕 三七九

かけい
筧 九〇〇

かけす
鴐 一三七二

かけはし
桟 六〇〇
梯 六〇三
棧 六〇六

かけひ
筧 九〇〇

かける
4 欠 六四五
9 挂 五〇四
架 六〇〇
県 八三七
10 缺 九五五
11 掛 五〇九
罣 九五七
觖 一二〇三
12 翔 九六七
翔 九六七
鈎 一二四〇
13 鉤 一二四二
14 駆 一三四二
15 歐 六五七
賭 一二五四
駈 一三四三
16 縣 九二四
賭 一二五四
17 繋 九二四
虧 一〇六一
18 翶 九六八
虧 一〇六一
闕 一三六八
19 繫 九二四
20 懸 四六三
21 驅 一三四六

かげる
陰 一三七六
陰 一三八〇
翳 九六六

かご
笯 八九五
笭 八九七
筐 八九七
筐 九〇〇
篭 九〇六
轎 一二八〇
籃 九一〇
籠 九一〇

かこい
囲 二五〇
栫 六二一
院 一三七三
圍 二五四

かこう
囲 二五〇
圍 二五四

かこつ
託 一二一〇
喞 二三九
喞 二三九

かこつける
託 一二一〇

かこみ
囲 二五〇
圍 二五四

かこむ
囲 二五〇
圍 二五四

かさ
4 仐 六三
11 崧 三七五
毬 六六五
盖 八三〇
笠 八九六
12 傘 六八
量 一三三三
13 嵩 三七六
暈 五六〇
葢 一〇三六
14 瘍 八一七
蓋 一〇四〇
15 瘡 八一七
18 繖 九二三

かざ
凬 一三二四
凨 一三二四
風 一三二四

かささぎ
鵲 一三七七

かざす
翳 九六六

かさなる
9 重 一三二一
11 累 九二一
12 畳 八〇六
絫 九二三
14 層 三七〇
複 一〇九二
15 層 三七〇
16 疂 八〇六
21 纍 九二五
22 疊 八〇六
疉 八〇六

かさね
累 九二一
絫 九二三
纍 九二五
襲 一〇八七
襲 一〇八七

かさねる
9 重 一三二一
10 套 二九九
11 累 九二一
12 畳 八〇六
絫 九二三
14 層 三七〇

複 一〇九二
15 層 三一〇
16 畳 八〇六
21 曡 九一五
22 疊 八〇六
壘 八〇六
襲 一〇八七
襲 一〇八七

かさぶた 痂 八一三

かさむ 崧 三七五
嵩 三七六

かざり 賁 一二四七
賁 一二四八
飾 一三三三
飾 一三三三
錺 一二五一
餝 一三三四

かざる 文 五一八
賁 一二四七
賁 一二四八
飾 一三三三
飾 一三三三
錺 一二五一
餝 一三三四

かし 貸 一二四六
樢 六二五
樫 六三八
橿 六四二
櫧 六四四

かじ 柁 六一五
柂 六一五
梶 六二四
舵 一〇〇九
䑨 一〇〇九
楫 六二九
檝 六四二

かじか 鮖 一三六二
鰍 一三六六

かじかむ 忰 四六六
悴 四七三

かじき 鰣 一三六八

かしぐ 炊 七四二
傾 一〇六
爨 七四一

かしげる 傾 一〇六

かしこ 畏 八〇四

かしこい 悧 四七一
賢 一二五〇
賢 一二五一

かしこし 畏 八〇四

かしこまる 畏 八〇四

かしましい 姦 三〇六
姧 三一五
喧 二三八

囂 二〇七
嚻 二〇七

かしら 孟 三一三
頁 一三一四
首 一三三六
魁 一三五八
頭 一三一九
覇 一〇九七
覇 一〇九七
霸 一三〇一

かじる 齧 一三九六
囓 二四四

かしわ 柏 六一六
栢 六二三
槲 六三七
膳 九九五
檞 六四一

かしわで 膳 九九五

かす 粕 九一五
貸 一二四六
滓 七三三
糟 九一八
藉 一〇五三

かず 1 一 一
3 万 一九
4 弌 四二六
9 貟 一九五
計 一二〇八
10 員 二〇九
13 数 五三七
萬 一〇三九
14 算 九〇三
15 億 一一〇
億 一一〇
數 五三七

かすい 鶍 一三七九
鶍 一三七九

かすか 幽 四〇一
敚 五三二
微 四三八
微 四三八
髣 一三五三
髴 一三五三

かすがい 鎹 一二五三

かずく 被 一〇八九
潜 七三〇
潛 七三〇
潜 七三六

かずとり 籌 九〇九
籤 九一〇
籖 九一一

かずのこ 鯑 一三六四

かすみ 霞 一二九九

かすむ 翳 九六六
霞 一二九九

かすめとる 抄 四九五
鈔 一二四〇

かすめる 掠 五一四

かずら 葛 一〇三三
葛 一〇三六
蔓 一〇四六
蘰 一〇五八
鬘 一三五四
蘿 一〇五八

かすり 絣 九三九
絣 九四三
綛 九四五
纃 九五三

かする 掠 五一四

かせ 杻 六一二
枷 六一四
桛 六二三
械 六二三
綛 九四〇

かぜ 凬 一三三四
凮 一三三四
風 一三三四

かせぎ 稼 八八一

かせぐ 拚 五〇六
稼 八八一

かぞう 数 五三七
數 五三七

かぞえる 計 一二〇八
数 五三七
算 九〇三
數 五三七

かそか 幽 四〇一

かた 4 方 五四七
片 七六三
5 片 七六三
6 交 五四
7 形 四二五
8 肩 九八一
肩 九八一
9 型 二五九
形 四二六
11 笵 八九六
12 傍 一〇六
傍 一〇六
象 一二三九
14 像 一〇九
模 六三四
15 模 六三八
潟 七三〇

かたい 8 固 二五三
10 剛 一五九
12 堅 二六〇
硬 八五六
13 鉅 一二四一
15 確 八五八
鞏 一三〇七
17 艱 一〇二一
骾 一三四九
18 難 一二九一
19 難 一二九一

かたえ 傍 一〇六
傍 一〇六

かたがた 旁 五四九
旁 五四九

かたき 仇 六九
敵 五三七
敵 五三七
歒 六四九

かたくな 頑 一三一六

かたげる 担 五〇一
擔 五三三

かたじけない 忝 四六四
忝 四四八
辱 一一八四

かたしろ 尸 三六四

かたち 形 四二五
状 七七〇
皃 八二五
㒵 八二五
狀 七七〇
形 四二六
容 三四一
像 一〇九
貌 一二四一

かたつむり 蝸 一〇七一

かたどる 象 一二三九
像 一〇九
模 六三四
模 六三八

かたな 刀 一四六
釖 一二三九

かたね 癤 八一九
癤 八一九

かたまり 塊 二七四

かたまる 固 二五三

かたみ 互 五一
筐 八九七
筺 九〇〇
篋 九〇六
籠 九一〇

かたむく 傾 一〇六

かたむける 傾 一〇六

かためる 固 二五三

かたよる 偏 一〇四
偏 一〇四
詖 一二一五

かたらう 語 一二一九

かたり 語 一二一九

かたる 拐 四九九
拐 四九九
語 一二一九
談 一二二五
譚 一二三三
譚 一二三三
騙 一三四六

かたわら 旁 五四九
旁 五四九
側 一〇三
傍 一〇六
傍 一〇六

カチ 活 六九三
渇 七〇五
葛 一〇三三
渴 七一四
葛 一〇三六
褐 一〇九一
竭 八九三
褐 一〇九一
蝎 一〇七一
蠍 一〇七三

かち 徒 四三四

ガチ 月 五八一

カッ 月 五八一

カツ 合 二一六

5 匃 一七三　匄 一七三　6 㓞 一四九　8 刮 一五六　劼 一六八　曷 五七七　9 ○括 五〇四　拮 五〇四　曷 五七七　○活 六九三　盇 八二九　10 △害 三四〇　害 三四〇　栝 六一八　桧 六二七　盍 八三〇　11 ○喝 二三六　戛 四八三　○渇 七〇五　秳 八七八　12 葛 一〇三三　○割 一六一　割 一六一　喝 二三八　愒 四七四　戛 四八三　歇 六四七　渴 七一四　猲 七七七　筈 八九七　聒 九七七　蛞 一〇六八　13 暍 五七二　歇 六四七　○滑 七二〇

猾 七七八　葛 一〇三六　葜 一〇三七　14 ○褐 一〇九一　楬 六三三　[疒+曷] 八一七　竭 八九三　褐 一〇九一　15 瞎 八四三　磆 八五九　羯 九六三　舐 一〇四四　蝎 一〇七一　16 噶 二四三　濊 七三三　獦 七七九　17 檜 六四一　濶 七三三　豁 一一三六　○轄 一一八〇　轄 一一八〇　18 闊 一二六八　鞨 一三〇九　餲 一三三四　黠 一三八九　19 蠍 一〇七三　20 鶡 一三七八　23 鬠 一三五四

かつ　○且 二九　△克 一一八　剋 一五八　尅 三五六　人捷 五一一　○勝 一七一

勝 一七一　戡 四八四　贏 一一五一

ガッ　○合 二一六

ガツ　○月 五八一　月 五八一　歹 六五四　歺 六五四　歺 六五四

かつえる　△飢 一三三一　飢 一三三一　△餓 一三三三　餓 一三三三

かつお　鰹 一三六七

かつぐ　○担 五〇一　舁 一〇四三　舁 一〇四三　擔 五三三

かつて　曽 五八〇　曾 五八〇　甞 二〇九　嘗 二一〇

かつら　人桂 六一九　栝 六三一　鬘 一三五四

かて　粮 九一五　糅 九一七

糈 九一七　○糧 九一八

かど　○角 一一〇三　○門 一二六〇　棱 六三七　△廉 四一〇　廉 四一〇　人稜 八八〇

かとり　縑 九四九

かどわかす　△拐 四九九　拐 四九九

かな　△夫 二九四　○金 一二三五　人哉 二二四　△鉄 一二四二　銕 一二四六　縢 九五四　鐵 一二五五　鐵 一二五六

かなう　人叶 二一九　△協 一六六　恊 四六九　△適 一二一〇　適 一二一〇　諧 一一二七

かなえ　鼎 一三九〇

かなえる　鬵 一三五六　鬵 一三五六

人叶 二一九　△適 一二一〇　適 一二一〇

かながき　鈲 一二四一

かなしい　△哀 二〇五　○悲 四五六　△愛 四四三

かなしみ　○悲 四五六

かなしむ　△哀 二〇五　○悲 四五六　△愛 四四三

かなでる　○奏 二九七

かなばさみ　鉗 一二四一

かなふぐし　鑱 一二五七

かなほだし　鋜 一二四七

かなまり　鋺 一二四八

かなめ　△要 一〇九五　要 一〇九五

かならず　○必 四四三

かに　蟹 一〇六五　蠏 一〇七三

かね　6 △曲 五七六

8 ○金 一二三五　13 鉦 一二四二　△鉄 一二四二　14 銕 一二四六　16 錚 一二五〇　17 鍾 一二五一　18 鎛 一二五三　20 鐵 一二五五　○鐘 一二五五　鐘 一二五五　21 鐵 一二五六

かねぐら　帑 三九〇

かねざし　人矩 八四九　矩 八四九

かねて　△予 四　△預 一三一七　豫 一一四〇

かねる　○兼 一一六　兼 一一六　秉 八七二　兼 一一六　△摂 五一八　△該 一一一五　該 一一一五　攝 五三五

かの　△夫 二九四　○彼 四三〇

かのう　人叶 二一九

かのえ　庚 四〇五

かのこ　麑 一三八二

かのしし　人鹿 一三八一

かのと　△辛 一一八一

かば　人樺 六三三　蒲 一〇四三　樺 六三八

かばう　庇 四〇四

かばね　尸 三六四　△姓 三一四　屍 三六八

かばん　鞄 一三〇八　鞄 一三〇八

かび　黴 一三八八

かびる　黴 一三八八

かぶ　○株 六二〇　菁 一〇三四　蕪 一〇四九

かぶき　△衡 一〇八〇

かぶく　△傾 一〇六

かぶせる　△被 一〇八九

かぶと　△甲 八〇三　冑 一二四　兜 一二二　鍪 一二三八

かぶとがに　鱟 一三六一

かぶら　蕪 一〇四九

かぶらや　鏑 一二五四

かぶり　△頭 一三一九

かぶる　△冠 一二五　△被 一〇八九

かぶろ　禿 八七二

かべ　○壁 二六四

かま　6 △缶 九五五　7 灶 七四一　10 釜 一二三八　釡 一二三八　11 窑 八八七　14 蒲 一〇四三　15 ○窯 八八九　窰 八八九　17 竃 八八九　18 人鎌 一二五三　鎌 一二五三　21 竈 八八九　24 罐 九五五　26 鑵 一二五七

がま　蒲 一〇四三　蟇 一〇六五　蟆 一〇七三

かまう　○構 六三三　構 六三三

かまえ　○構 六三三　構 六三三

かまえる　搆 五一八　○構 六三三　構 六三三

かます　叺 二一〇　魳 一三六一

かまち　框 六一八　鞴 一三〇六

かまど　灶 七四一　竈 八八九　竃 八八九

かまびすしい　吵 二二二　喧 二三八　聒 九七七　嗷 二四一　噌 二四一　噲 二四三　諠 一一二八　嚚 二七〇　囂 二七〇　謳 一一三五

かみ

○上 一六　△正 六五一　△守 三二一　乕 三九〇　○神 八六五　神 八六五　○紙 九六八　○髪 一三五三　髪 一三五三　△頭 一三一九
かみしも 裃 一〇九〇
かみなり ○雷 一二九六　靁 一三〇一
かむ 8 咋 二三三　咀 二三三　9 咬 二三四　挟 五〇六　15 噍 二四二　噛 二四二　16 噬 二四三　17 擤 五二四　18 嚙 二四四　齕 一三九六　20 齚 一三九六　齟 一三九六　21 嚼 二四四　齧 一三九六　齩 一三九七　23 齮 一三九七　齰 一三九七　24 囓 二四四
かむる △冠 一三五　△被 一〇八九
かむろ 禿 八七二
かめ 9 瓮 七九五　11 瓷 七九五　△瓶 七九六　人亀 一三九九　12 瓺 七九六　甂 七九六　缾 九五五　13 甁 七九六　甀 七九六　14 甇 七九五　缾 九五五　15 甆 七九五　龜 一三九九　16 甌 七九六　龜 一三九九　18 甕 七九五　19 甖 七九六　罋 九五五　20 罌 九五五　21 罍 九五五　鐳 一二五六
かも 凫 一四二　釭 一二三九　鳬 一三七〇　鴨 一三七四
かもじ 髢 一三五二　髲 一三五三
かもしか 羚 九六三
かもす 醞 一二二七　醗 一二二七　醖 一二二七　醱 一二二八　○醸 一二二八　釀 一二二九
かもめ 鴎 一三七四　鷗 一三七九
かや 人茅 一〇一三　茅 一〇一三　茆 一〇一三　萱 一〇二七　榧 六六四
かゆ 粥 九一二　糊 九一七　糜 九一三　餬 一三三四　饘 一三三六
かゆい 痒 八一五　癢 八一九
かよう ○通 一一九五　通 一一九五
かよわい 孅 三一一
から ○空 八八四　○唐 二二四　唐 二二四　○殻 六六〇　殼 六六〇　△漢 七二〇　漢 七二五　韓 一三一一
がら ○柄 六二六　柄 六二六
からい ○辛 一一八一　苛 一〇〇九　辣 一一八二　辢 一一八二　醎 一二二七
からうし 犛 七六六
からうす 碓 八五七
からくみ 繴 九五三
からげる 紮 九二〇　紥 九二一
からざお 枷 六一四
からし 芥 一〇〇六
からす ○枯 六二四　烏 七五〇　涸 七〇六　嗄 二四〇　鴉 一三七四　鵶 一三七七
からすき 犁 七六五　犂 七六六
からすみ 鱲 一三六九
からだ 7 ○体 八四　△身 一一六九　10 躬 一一七〇　11 躯 一一七〇　12 躰 一一七〇　13 △幹 四〇〇　14 榦 六四五　躳 一一七〇　18 軀 一一七〇　20 軆 一一七〇　23 體 一三四九
からたち 枳 六一四
からまる ○絡 九三九
からみ 鋑 一二五一
からむ ○絡 九三九
からむし 枲 六〇一　苧 一〇〇三
からめる 搦 五一八
かり 6 ○仮 七五　9 ○狩 七七三　畋 八〇九　11 假 一〇一　△猟 七七六　12 雁 一二八七　13 鳫 一三七一　15 △権 六三六　鴈 一三七一　17 獵 七七九　18 獵 七七九　22 權 六四四
かりがね 雁 一二八七
かりそめ 苟 一〇一二
かりに ○仮 七五　假 一〇一
かりも 釭 一二三九
かりもがり 殯 六五八
かりる ○借 九八　藉 一〇五三
かる 4 ○刈 一五三　8 苅 一〇一六　芟 一〇一七　9 ○狩 七七三　10 ○借 九八　芻 一〇一三　11 △猟 七七六　14 蒭 一〇四二　○駆 一三四二　15 敺 五二七　駈 一三四三　17 獵 七七九　18 獵 七七九
△穫 八八三　穫 八八三　19 △離 一二九一　21 驅 一三四六
かるい ○軽 一一七六　嫖 三三〇　輕 一一七八
かれ ○彼 四三〇　渠 七一四
かれい 餉 一三三三　餔 一三三四　鰈 一三六六
かれいい 餉 一三三三　餔 一三三四　饟 一三三六
かれる 沍 六八〇　○枯 六二四　涸 七〇六　嗄 二四〇　槁 六三三　槀 六〇六
かろうじて △辛 一一八一
かろやか ○軽 一一七六　輕 一一七八
かろんずる ○軽 一一七六　輕 一一七八
かわ ○川 三八一　○皮 八二八　○河 六八四　○革 一三〇七　○側 一〇三　韝 一三〇九　鞹 一三〇九
かわうそ 獺 七七九
かわかす 乹 四四　○乾 四一　△燥 七四七
かわき ○渇 七〇五　渴 七一四
かわく 乹 四四　○乾 四一　○渇 七〇五　渴 七一四　△燥 七四七
かわごろも 裘 一〇八六
かわす ○交 五四　躱 一一七〇
かわず 蛙 一〇六七
かわせみ 翆 九六四　人翠 九六五　翠 九六五　翡 九六六　鴗 一三七五
かわや 圊 二五四　厠 一九三　廁 四〇九　溷 七二三
かわら 瓦 七九五　甎 七九七　磧 八五九　磚 八五九　甓 七九六
かわらげ 騢 一三四四
かわる 5 ○代 七四　6 △交 五四　8 △迭 一一八九　9 ○変 二六一　迭 一一八九　12 ○換 五一五　○替 五八〇　渝 七一九　13 △摂 五一八　14 暜 五八〇　16 㬱 五八一　21 攝 五三五　23 變 五三八
かわるがわる △迭 一一八九　迭 一一八九
カン 2 凵 一四三　厂 一九一　3 △丸 三三　○干 三九七

4 卄 三〇　△幻 四〇三　冊 六六一　卯 三三　5 ○刊 一五三　○甘 七九七　○甲 八〇三　6 人亘 五一　奸 三一〇　扞 四九四　○汗 六七六　○缶 九五五　邗 一三一六　7 串 三三　△含 二一九　坎 二六六　○完 三三一　旱 五五六　旰 五六五　杆 六〇八　玕 七八六　罕 九五六　○肝 九八五　8 人侃 八七　凾 一四六　函 一四六　𠦝 一八〇　卷 一一八　臤 二〇〇　坩 二六七　○官 三三二　拑 四九九　泔 六八五　罕 九五六　臽 一〇〇三

邯 一三一七　9 乹 四〇　○冠 一三五　圅 一四六　咸 二〇六　奐 三〇三　姦 三〇六　姧 三一五　宦 三二八　○巻 三八七　柬 五九五　柑 六一四　狟 七一三　○看 八二八　矜 八四六　竿 八九四　紈 九二五　罕 九五六　10 △限 一三一三　乹 四三　垸 二六九　悍 四七〇　捍 五〇七　人栞 六〇三　桓 六一八　浣 六九八　浛 六九八　疳 八二三　看 八二九　人莞 一〇三〇　△軒 一二七四　△院 一三七三　○陥 一三七四　11 ○乾 四一　減 一四〇

○勘 一六九　啣 二三六　埳 二七〇　谽 四〇二　○患 四五五　桿 六三三　欵 六四六　涵 七〇六　淦 七〇六　△紺 九二三　甌 九五五　莞 一〇三〇　莧 一〇三〇　莟 一〇三〇　蚶 一〇六七　○貫 一一四〇　鈌 一二四〇　陥 一三七七　雈 一三八七　12 ○喚 二三八　喊 二三八　○堪 二七二　○寒 三四五　寒 三四五　嵌 三七五　揀 五一五　○換 五一五　○敢 五三四　○棺 六二四　○款 六四七　湲 七一三　渙 七一四　△減 七一四　皖 八二七　睆 八四二

稈 八七八　菅 一〇三三　菡 一〇三三　逭 一三〇〇　酣 一三一五　○間 一三六三　閒 一三六三　○閑 一三六四　萑 一三八七　13 ○勧 一七一　嗛 二四〇　塡 二七四　○寛 三四七　○幹 四〇〇　○感 四五八　戡 四八四　○漢 七三〇　煥 七四四　筦 九〇〇　蒄 一〇三七　萱 一〇三七　豢 一一三九　貆 一一四一　鉗 一二四一　馯 一三四一　骭 一三四九　14 ○慣 四七六　慳 四七六　斡 五四三　榦 六四五　漢 七三五　漼 七三五　○管 九〇一　箝 九〇二　綣 九四〇

人綸 九四四　銜 一三三八　○関 一三六五　15 嫺 三三〇　嫺 三三〇　嫻 三三〇　寛 三四九　暵 五七三　樌 六三六　槵 六三六　○歓 六四八　澗 七三九　澗 七三九　熯 七四六　○監 八三三　篏 九〇四　○緩 九四六　緩 九四六　緘 九四六　羹 九六二　諫 一一三三　輡 一一七八　16 圜 二五五　寰 三四九　○憾 四七九　撼 五三三　擐 五三三　橌 六三八　澣 七三二　盥 八三三　翰 九六七　翰 九六七　舘 一〇〇六　諫 一一三七　○還 一三一四

醎 一三一七　錧 一二四八　頷 一三一八　○館 一三三四　17 歛 六四九　○環 七九三　環 七九三　癎 八一八　癇 八一八　瞰 八四四　瞯 八四四　磵 八五九　顆 一〇一一　還 一三一四　鑒 一二三八　鍰 一二五一　韓 一三一一　餡 一三三三　館 一三三四　駻 一三四四　骭 一三九三　18 檻 六四二　○簡 九〇七　簡 九〇七　繝 九五二　○観 一一〇一　雚 一三八八　鯇 一三六三　19 瀚 七三五　簳 九〇八　糫 九一八　羹 九六二　臗 九九六　闞 一三六九　鹼 一三八一

20 勸 一一七三　轗 一一八一　轘 一一八一　鰥 一三六六　鰥 一三六六　鹹 一三八一　龕 一三九九　21 懽 四八〇　灌 七三七　灘 七三七　○艦 一〇〇九　轞 一一八一　鐶 一二五五　鰥 一三六七　22 歡 六四九　灘 七三七　鑒 一二三八　龕 一三九九　23 ○鑑 一二五六　鬟 一三五四　鷳 一三八〇　鷴 一三八〇　24 罐 九五五　贛 一一五六　鰥 一三六九　鹼 一三八一　25 觀 一一〇二　讙 一一三五　獾 一一四一　髖 一三四九　26 鑵 一二五七　27 顴 一三三四　28 驩 一三四七　髖 一三四九　29 鸛 一三八〇

かん　○神 八六五　神 八六五　燗 七四六　燗 七四六

ガン　3 ○丸 三三　4 ○元 一一四　6 刓 一五三　7 ○含 二一九　△完 三三一　冠 三五四　岏 三七八　8 ○岸 三七四　○岩 三七四　玩 七八六　9 狠 七七三　紈 九二五　11 偐 一〇一　啣 二三六　○眼 八四一　莟 一〇三〇　12 嵁 三七五　嵒 三七七　雁 一三八七　13 ○頑 一三一六　鳫 一三七一　14 衘 一三三八　15 翫 九六七　翫 九六七　鴈 一三七一　16 頷 一三一八　17 癌 八一八　黿 一三九〇　18 ○顔 一三三〇

顏 一三三〇　19 贋 一一五一　○願 一三三三　20 人巌 三七六　龕 一三九九　22 贗 一一五一　龕 一三九九　23 巖 三七七

かんがえ　○考 九七〇

かんがえる　攷 五二八　○考 九七〇　△勘 一六九　稽 八八一

かんがみる　△監 八三三　鑒 一二三八　鑒 一二三八　△鑑 一二五六

かんざし　釵 一二三九　鈿 一二四三　簪 九〇八　鐕 一二五三

かんじき　樏 六三八　橇 六四〇　檋 六四三　欙 六四四

かんな　鉋 一二四四　鐁 一二五〇

かんなぎ　巫 三八三

かんぬき 覌 一一〇〇　扃 四八七　閂 一三六一

かんば 人樺 六二三　樺 六二八

かんばしい ○芳 一〇一八　芳 一〇一八　苾 一〇二三　△香 一三二七　馥 一三二八　人馨 一三二八

かんばせ △顔 一三二〇　顔 一三二〇

かんはた 人綺 九四〇

かんむり ○冠 一三五

き

キ
2 几 一四一
3 乞 四一　○己 三八六
4 旡 五五二　气 六六七
5 卉 一八一　宄 三三九　旡 五五二　△示 八六一
6 㐂 二五　○企 六五　人伎 七六　卉 一八一　○危 一八八　屺 三七八　○机 六〇七　○気 六六七　△肌 九八四
7 圻 二六六　妓 三一三　○岐 三七八　○希 三八九　庋 四〇四　弃 四一五　○忌 四四六　△技 四九五　杞 六〇八　○汽 六七九　祁 八六三
8 其 一二九　○奇 二九七　○季 三二六　△居 三六六　△枝 六二一　祁 八六三　○祈 八六四　祇 八六四　芰 一〇一六
9 亟 五三　㖷 二二四　人奎 二九九　姫 三一五　屎 三六八　枳 六二四　洎 六九三　癸 八二〇　皈 八二七　祈 八六四　祇 八六四　竒 八九〇　○紀 九二五　芔 一〇一三　虺 一〇七五　○軌 一一七四
10 倚 九六　剞 一五九　唏 二二五　△姫 三一六　姬 三一六　屓 三六八　○帰 三九五　庪 四〇六　悕 四七〇　旂 五五〇　○既 五五三　氣 六六九　耆 九七〇　○記 一一〇九　豈 一一三七　○起 一一五八　起 一一五八　○飢 一三三一　○鬼 一三五六
11 倚 一〇一　○基 二五九　埼 二七〇　○寄 三四二　嵜 三七四　△崎 三七九　悸 四七二　掎 五〇九　既 五五三　旣 五五三　晞 五七〇　欷 六四六　淇 七〇六　○規 一〇九九　跂 一一六二　飢 一三三一　馗 一三二七　人亀 一三九九
12 ○喜 二二七　喟 二二八　寄 三四六　嵜 三七五　崎 三八〇　幃 三九四　○幾 四〇三　○揮 五一五　揆 五一五　攲 五二七　晷 五六〇　晷 五六〇　朞 五八三　○期 五八五　期 五八五　棊 六〇四　棄 六〇四　○棋 六二五　欹 六四七　△欺 六四七　帰 六五四　琦 七九〇　人稀 八七八　萁 一〇三三　人葵 一〇三七　○貴 一一四五　逵 一二〇〇
13 媿 三一九　愧 四七五　愾 四七六　人暉 五七三　○棄 六〇五　楑 六二八　毀 六六〇　毀 六六〇　滊 七三一　煒 七四三　煇 七四四　熈 七五五　畸 八一〇　睢 八四三　△碁 八五三　碕 八五七　祺 八六八　稘 八七九　葵 一〇三七　詭 一一一五　跪 一一六四　隗 一三八二
14 僖 一〇九　匱 一七八　○旗 五五三　榿 六三三　人熙 七五六　熈 七五六　睽 八四三　箕 九〇二　綦 九三三　人綺 九四〇　蜞 一〇六九　誒 一一一九　豨 一一四〇
15 ○器 二〇六　噐 二〇六　嘻 二四一　嘰 二四三　人嬉 三三〇　△戯 四八五　人槻 六三六　人毅 六六一　潙 七三九　𤢖 七七八　畿 八〇八　○輝 一一八一　麾 一三八五　龜 一三九九
16 器 二〇七　徽 四四〇　憙 四六二　戲 四八五　暨 五六五　曁 五六五　○機 六三九　熹 七五八　璣 七九三　窺 八八九　羲 九六二　羲 九六二　蟣 一〇六四　諱 一一二八　錡 一二四八　龜 一三九九
17 冀 一三〇　徽 四四一　戲 四八五　曦 五七三　燬 七四七　△犠 七六九　瞶 八四四　人磯 八五九　禧 八七〇　簋 九〇六　虧 一〇六一　覬 一一〇一　鮨 一三六三
18 櫃 六四三　歸 六五四　簣 九〇八　虧 一〇六一　蟣 一〇七三　蘬 一三三三　隳 一二七〇　○騎 一三四四　騏 一三四五
19 譏 一一三二　闚 一二六九　餽 一三三四　餼 一三三五　騎 一三四五　麒 一三八三
20 曦 五七四　犧 七六九　纆 九五三　鐖 一二五五　鑙 一二五四
21 夔 二八三　巋 三七六　饋 一三三五　饑 一三三五　鬹 一三五六　鬹 一三五六　鰭 一三六七
22 羇 九五九
23 夔 二八三　覉 一〇九七　齮 一三九七
24 屭 三七一　羈 九五九
25 覊 一〇九七
27 驥 一三四七

き
3 △寸 三五〇
4 ○木 五八八
5 ○生 七九八
8 杵 六一一
9 △城 二六八　柵 六二五　柵 六二五
10 城 二六九　△素 九二〇　△酒 一二二九
11 ○黄 一三八五
12 黄 一三八五
14 樹 六三三
16 △樹 六四〇

ギ
6 人伎 七六　△危 一八八
7 妓 三一三　宐 三三二　△岐 三七八　○技 四九五　沂 六七九　矣 八四七
8 ○宜 三三三
9 祇 八六四　祇 八六四
10 耆 九七〇
11 ○偽 一〇一
12 ○欺 六四七　萓 一〇三三
13 碍 八五七　○義 九六二　蛾 一〇六八
14 僞 一〇九　○疑 八二三　誐 一一一九
15 ○儀 一一〇　○戯 四八五　人毅 六六一　人誼 一一二三
16 劓 一六二　巇 三八〇　戲 四八五　羲 九六二　羲 九六二　螘 一〇七一
17 嶷 三七六　戲 四八五　○擬 五二四　曦 五七三　檥 六四三　○犠 七六九
18 魏 一三五九　礒 八六〇
19 礙 八六〇　艤 一〇〇九　蟻 一〇七三　顗 一三一三
20 曦 五七四

犠 七六九
21 議 一一二四
巍 一三七六
23 齮 一三九七
きあさ
蕉 一〇四七
蕉 一〇四七
きい
黄 一三八五
黃 一三八五
きえる
消 六九九
消 六九九
熄 七四五
きき
利 一五五
ぎぎ
鱛 一三六九
きぎす
雉 一三八九
キク
8 匊 一七三
10 畜 八〇七
11 掬 五〇九
菊 一〇三三
12 椈 六二五
毱 六六六
菊 一〇三三
15 麴 一三八四
17 鞠 一三〇九
麯 一三八四
18 鞫 一三〇九
19 麹 一三八四
きく
利 一五五
効 一六八
效 五三三
聋 九七五
聞 九七五
聴 九七七
聽 九七八
きくいむし
螙 一〇六五
蠹 一〇六五
蠧 一〇六五
きこえる
聋 九七五
聞 九七五
きこり
樵 六四〇
蕘 一〇四七
きさ
蚶 一〇六七
象 一一三九
樏 六二八
きさき
后 二一五
妃 三二二
きささげ
梓 六二三
きざし
兆 一二三
祥 八六八
祥 八六八
萌 一〇三五
幾 四〇二
萌 一〇三五
萠 一〇三五
徵 四三九
徴 四四〇
きざす
兆 一二三
萌 一〇三五
萌 一〇三五
萠 一〇三五
きざはし
阼 一三一三
段 六九九
級 九二六
級 九二八
陛 一三一六
階 一三二〇
きざむ
刻 一五六
刻 一五六
契 三〇四
契 三〇四
鍥 一三四七
雕 一三九〇
鏤 一三五五
鵰 一三七八
きし
岸 三七四
涯 七〇五
きじ
雉 一三八九
翟 九六五
きしむ
軋 一二七四
きしる
軋 一二七四
輾 一二八〇
轢 一二八一
きす
鱚 一三六九
きず
痍 八二五
疵 八二五
創 一六一
傷 一〇七
瑕 七九一
戧 四八五
瑾 七九三
瘡 八二七
瘢 八二八
きずあと
瘢 八二八
きずく
築 九〇五
築 九〇五
きずな
紲 九二四
絆 九二五
絏 九二七
靽 一三〇八
緤 九四七
韁 一三一〇
きせる
着 八三九
着 八三九
きそう
競 一一四
競 一一四
きた
北 一七四
きだ
段 六九九
きたえる
鍛 一三五三
きたす
来 五九三
来 五九三
來 六二
きたない
汚 六七六
污 六七六
汙 六七六
穢 八八三
きたならしい
汚 六七六
污 六七六
汙 六七六
きたる
来 五九三
来 五九三
來 六二
キチ
吉 二一四
吉 二一四
キツ
3 乞 四一
6 吉 二一四
吉 二一四
吃 二三〇
屹 三七八
汔 六七六
7 迄 一二八六
迄 一二八六
8 佶 八六
9 契 三〇四
契 三〇四
拮 五〇四
10 桔 六一八
訖 一二〇九
12 喫 二三八
喫 二三八
13 愾 四七六
詰 一二一六
15 頡 一三一八
16 橘 六三九
髻 一三五三
19 譎 一二三三
ギツ
屹 三七八
きっさき
鋩 一三四八
きつね
狐 七七三
きにいり
嬖 三〇九
きぬ
衣 一〇八一
帛 三九〇
絁 九三三
絹 九三七
絹 九三九
綦 九三三
繒 九五三
きぬた
砧 八五五
碪 八五八
きね
杵 六二一
きのえ
甲 八〇三
きのこ
茸 一〇三六
菌 一〇三三
菌 一〇三三
蕈 一〇四八
きのと
乙 三九
きば
牙 七六三
牙 七六三
きはだ
檗 六〇七
檘 六四二
蘗 六〇七
きび
粢 九一三
黍 一三八七
稷 八八一
穄 八八三
穄 八八三
きびしい
峻 三七九
峭 三七九
絅 九二三
綗 九三九
辣 一二八二
辢 一二八二
厳 五二八
嚴 二三〇
きびす
跗 一二六三
跟 一二六四
踵 一二六六
きまり
决 一三八
決 六七九
きまる
决 一三八
決 六七九
極 六三八
きみ
公 一二四
王 七八三
王 七八三
君 二三〇
皇 八三五
卿 一九一
卿 一九一
卿 一九一
辟 一二八三
きめ
决 一三八
決 六七九
理 七八九
きめる
决 一三八
決 六七九
極 六三八
きも
肝 九八五
胆 九八七
膽 九九六
キャ
伽 八一
脚 九九〇
腳 九九二
キャク
4 丮 三〇
7 却 一八九
8 郄 一九一
9 卻 一九一
客 三三七
11 脚 九九〇
13 腳 九九二
15 擊 四九二
16 噱 二四三
謔 一二二八
17 擊 四九二
18 屩 三七一
21 玃 七七九
23 攫 五二六
玃 七七九
ギャク
虐 一〇五九
虐 一〇五九
逆 一二九〇
逆 一二九〇
劇 一六三
瘧 八二七
獲 七七八
謔 一二二八
獲 七七九
キュウ
2 丩 三〇
九 三九
3 丩 三〇
久 三六
及 三七
弓 四一七
4 仇 六九
及 一九〇
5 丘 二九
旧 五四四
犰 七七一
玊 七八五
6 休 七六
伋 七六
吸 二三〇
扱 四九四
朽 六〇八

臼 一〇〇三
芃 一〇一四
7 吸 二三一
岌 三七三
扱 四九六
○求 六七四
汲 六七九
灸 七四〇
人玖 七八六
○究 八八四
糺 九二五
芎 一〇一四
虬 一〇六六
8 咎 二三三
咎 二三三
○泣 六八五
疚 八二二
穹 八八四
糾 九二五
虯 一〇六六
赳 一一五八
邱 一三一七
9 ○急 四四九
急 四四九
柩 六一四
⿰犭休 七七三
○級 九二六
○糾 九二六
△臭 一〇〇一
苙 一〇二四
赳 一一五八
韭 一三一一
10 ○宮 三四〇
捄 五〇七
烋 七五〇

△畜 八〇七
笈 八六四
級 九二八
臭 一〇〇一
人赳 一一五九
躬 一一七〇
11 ○救 五三三
梂 六三三
人毬 六六五
○球 七八八
蚯 一〇六七
逑 一一九三
人亀 一三九九
12 厩 一九三
○給 九三五
翕 九六六
皐 一〇〇一
13 廐 一九四
廐 一九四
嗅 二四〇
舅 一〇〇三
裘 一〇八六
貅 一二四一
跲 一二六四
韮 一三三三
人鳩 一三七三
14 廏 四二一
廏 四二一
廐 四二一
廐 四二一
躳 一一七〇
髹 一三五三
15 噏 二四三
樛 六三六
潝 七三九

璆 七九三
○窮 八八八
龜 一三九九
16 歙 六四九
糗 九一七
鬏 一三五三
龜 一三九九
17 繆 九五一
人鞠 一三〇九
鵂 一三七五
18 舊 一〇〇四
19 竆 八八九
藭 一〇五四
24 鼽 一三九四
26 鬮 一三五五

ギュウ
△及 三七
及 一九七
○牛 七六四
岌 三七三

キョ
5 ○去 一九六
○巨 三八三
巨 三八三
6 吁 二三〇
7 佉 八一
8 △車 一一七一
○居 三六六
○拒 四九九
拒 四九九
○拠 四九九
阹 一三七三
9 炬 七四二
苣 一〇二〇
10 倨 九七

○挙 四九〇
祛 八六四
秬 八七六
袪 一〇八八
11 △据 五〇九
粔 九一四
○虚 一〇五九
○許 一二一一
12 渠 七二四
腒 九一一
虚 一〇六一
詎 一二一三
○距 一二六三
距 一二六三
13 筥 九〇〇
裾 一〇九一
鉅 一二四一
14 攄 五三〇
15 噓 二四三
墟 二七六
歔 六四九
踞 一二六五
16 據 五三三
歔 六四九
舉 一〇〇四
鋸 一二四八
17 擧 四九三
磲 八五九
舉 一〇〇五
遽 一三一四
20 醵 一三三八
21 櫸 六四四
蘧 一〇五七

ギョ
10 圄 二五四

臭 一三五九
11 圉 二五四
御 四三五
敔 五三三
○魚 一三五九
12 寓 三四六
○御 四三六
馭 一三四一
13 衙 一〇七九
14 ○漁 七一七
△語 一二一九
15 鋙 一二四七
鋘 一二四七
16 禦 八六三
22 籞 九一〇
齬 一三九七

きよい
9 △浄 六九五
洌 六九八
11 淨 七〇八
○清 七〇九
清 七〇九
皎 八二七
13 △聖 九七四
聖 九七四
15 △潔 七三九
潔 七三九
澈 七三一
18 瀏 七三五
20 瀟 七三六

キョウ
3 了 三三
廾 四二四
4 ○凶 一四四
卄 四二四

5 ○兄 一一五
卬 一八九
人叶 二二九
叫 二二九
叩 二二九
6 △交 五四
兇 一一六
○共 一一八
劦 一六三
匈 一七三
人匡 一七六
△向 二二五
○叫 二三〇
巩 三八五
巩 三八五
邛 一三一六
7 人亨 五五
况 一三八
劫 一六七
刧 一五〇
刦 一五四
呌 二三一
△抗 二六七
夾 二九六
△孝 三三四
巩 三八五
抂 四九五
△更 五七七
人杏 五九六
○狂 七一一
皀 八二五
8 ○享 五五
○京 五六
亨 五六
侠 八八

○供 八八
佼 八八
○協 一六六
△岬 三七八
怯 四六六
怳 四六六
△招 五〇〇
○況 六八五
狎 七七三
羌 九六〇
肴 九八二
9 亰 五六
享 五六
亯 五六
俠 九一
姜 三〇八
○峡 三七八
恊 四六九
恇 四六九
恟 四六九
恔 四六九
挟 五〇四
○挟 五〇四
拱 五〇五
挍 五〇六
△拾 五二七
叟 五二七
洶 六九四
○狭 七七三
矜 八四六
袷 一〇八八
迥 一一八九
○香 一三三七
卿 一九一
10 峡 三七九
○恐 四五一

恐 四五一
恷 四五三
○恭 四六四
挾 五〇七
晈 五六八
栱 六一八
框 六一八
△校 六一九
狹 七七五
羗 九六一
○脅 九八三
胷 九八三
○胸 九八八
脇 九八八
逈 一一九〇
陜 一二七四
11 ○強 四三一
弶 四三三
○教 五三三
教 五三三
梟 六〇三
皎 八二七
眶 八四二
竟 八九〇
筇 八九五
○経 九三〇
莢 一〇三〇
袷 一〇八九
逕 一二九三
○郷 一三一九
頃 一三一四
12 卿 一九一
卿 一九一
人喬 二三八
強 四二三

△敬 五三五
△暁 五七〇
猲 七七七
筐 八九七
筇 八九七
△給 九二五
△絞 九二七
蛩 一〇六三
蛬 一〇六三
△覚 一〇九八
睍 一一五二
△軽 一一七六
13 △傾 一〇六
嗛 二四〇
敬 五三七
敫 五三七
畺 八〇四
筴 九〇〇
筐 九〇〇
經 九三九
蛺 一〇六八
蚴 一〇六八
詨 一二一六
誆 一二一六
跫 一二六〇
鄕 一三二三
鄉 一三二三
14 僑 一〇九
僥 一〇九
兢 一二四
○境 二七五
境 二七五
撟 五三〇
槗 六〇三
誑 一二一九

15 輕 一一七八　僵 一一〇　勰 一六六　嬌 三三〇　△慶 四四四　憍 四七七　槗 六三六　澆 七三九　篋 九〇四　膠 九九四　鋏 一二四七　鞏 一三〇七　頰 一三一八　[illegible] 一三六一　16 彊 四二四　徼 四四〇　曉 五七三　○橋 六三九　橇 六四〇　歙 六四九　△激 七三三　獡 七七九　○興 一〇〇四　蕎 一〇四七　襁 一〇九三　還 一二一三　頰 一三一八　鴞 一三七五　17 橿 六四二　殭 六五八　○矯 八五〇　繈 九五〇　薑 一〇五〇　譊 一一三一　18 皦 八六八

竅 八八九　翹 九六七　嚳 一二〇七　鷮 一三七三　19 嚮 二三九　嚮 二三九　疆 八一〇　繳 九五三　蠁 一〇六五　△警 一一〇八　趫 一一六一　轎 一一八〇　○鏡 一二五三　鏡 一二五三　20 ○競 一一一四　薑 一〇五五　覺 一〇九九　警 一一〇八　○響 一三一三　饗 一三三一　21 囂 二〇七　嚮 二〇七　22 競 一一四　韁 一三一〇　響 一三一三　響 一三一三　饗 一三三一　饗 一三三一　○驚 一三四〇　驕 一三四六　驍 一三四六　髐 一三四九　龔 一三九八　23 驚 一三四〇　24 鱜 一三六九

ギョウ　4 卬 一八八　5 △巧 三八五　△氷 六七三　6 ○仰 七六　冰 一三八　△刑 一五三　荆 一五三　7 ○行 一〇七　○形 四二五　8 人尭 二一〇　刑 一五六　9 △型 二五九　形 四二六　荆 一五九　10 荊 一〇二四　12 喁 二三八　堯 二五七　○暁 五七〇　13 △楽 六〇四　○業 六〇六　14 僥 一〇九　15 墝 二七六　嶢 三八〇　樂 六〇六　澆 七三九　16 ○凝 一四一　徼 四四〇　曉 五七三　鄴 一三三三　17 磽 八六九　18 翹 九六七　蟯 一〇七三　顒 一三三一

22 驍 一三四六
キョク　6 人旭 五五三　○曲 五七六　7 ○局 三六五　臼 一〇〇四　9 亟 五三　洫 六九四　荀 一〇二〇　11 勗 一六五　勖 一七〇　12 棘 五九五　13 ○極 六二八　殛 六五七　蕐 一一七三　頊 一三一六　14 跼 一一六五　16 蕀 一〇四七　髷 一三五三　17 檋 六四二
ギョク　王 七六一　○玉 七六一　頊 一三一六　△獄 七五八　嶷 三七六
きよし　△浄 六九五　淨 七〇八
きよまる　△浄 六九五　淨 七〇八　○清 七〇九　清 七〇九
きよめる　△浄 六九五　淨 七〇八　○清 七〇九　清 七〇九
きよらか　△浄 六九五　淨 七〇八　○清 七〇九　清 七〇九
きらい　○嫌 三一九　嫌 三一九
きらう　○嫌 三一九　嫌 三一九
きらめく　△霧 一三〇〇　煌 七四四
きり　○切 一四九　切 一四九　△限 一二七三　人桐 六二二　△雰 一二九五　錐 一二四九　○霧 一三〇〇　鑽 一二五六　鑽 一二五七
きりみ　臠 九八一
きる　4 ○切 一四九　5 切 一四九　6 △伐 七九　8 △服 五八四

服 五八四　10 △被 一〇八九　11 剪 一四九　斬 五四四　着 八二九　12 △著 一〇三四　○着 八二九　13 著 一〇三八　14 截 四八三　15 截 四八五　翦 九六六　23 鑽 一二五六　27 鑽 一二五七
きれ　○切 一四九　△片 七五二　切 一四九　片 七五二　△裂 一〇八六
きれる　○切 一四九　切 一四九　△裂 一〇八六
キログラム　瓩 七九六
キロメートル　粁 九二三
キロリットル　竏 八九二
きわ　○際 一二八三
きわまる　○究 八八四　△谷 一一三六　○極 六二八

○窮 八八八　鞠 一三〇九　竆 八八九
きわみ　○極 六二八
きわめて　○極 六二八
きわめる　○究 八八四　○極 六二八　○窮 八八八　鞠 一三〇九　竆 八八九
キン　3 巾 三八八　4 ○今 六二　勻 一七二　匀 一七二　○斤 五四二　5 仐 六三　6 兂 三八　伒 七七　仱 七七　7 听 二三一　△吟 二三一　○均 二六六　忻 四六五　人芹 一〇二六　8 ○近 一一八七　△京 五六　卺 一八八　囷 二五三　人欣 六四六　芹 一〇二六　芩 一〇二六

近 一一八七　9 ○金 一二三五　京 五六　巹 三八七　矜 八四六　人衿 一〇八八　訇 一一〇七　10 衾 一〇八三　衾 一〇八五　11 △訓 一一一〇　唫 二三六　堇 二六〇　掀 五〇九　△経 九三〇　○菌 一〇三三　人菫 一〇三三　人亀 一三九九　12 僅 一〇五　○勤 一七〇　慭 四五七　△款 六四七　人欽 六四七　焮 七四三　○琴 七八五　窘 八八七　○筋 八九七　菌 一〇三三　菫 一〇三三　△軽 一一七六　鈞 一二四〇　釿 一二四〇　13 僅 一〇六　勤 一七一　○禁 八六二　禽 八七二

經 九二九　14 裣 一〇九一　箘 九〇二　箟 九〇二　輕 一一七八　15 槿 六三六　瑾 七九三　○緊 九三三　16 蓳 一〇四四　龜 一三九九　噤 二四三　憖 四六二　慭 四六二　擒 五三三　人錦 一二四八　17 麕 一三八二　黅 一三八八　龜 一三九九　懃 四六三　檎 六四二　○謹 一一三〇　18 ○襟 一〇九三　覲 一一〇二　謹 一一三三　19 齗 一三八二　20 饉 一三三五　25 釁 一三三三
ギン　7 听 二三一　○吟 二三一　圻 二六六　沂 六七九　垠 二六八　9 狠 七七三　10 垽 二五九

11 狺 七二五 唫 三二六 12 崟 三七四 慦 四五七 14 釿 一三四〇 銀 一三四四 15 闇 一一〇七 16 憖 四六二 憗 四六二 18 嚚 二〇七 19 齗 一三九六 21 齦 一三九七

く

ク 2 九 二九 3 久 三六 口 二〇三 工 三八二 弓 四一七 4 公 一二四 凶 一四四 勾 一七三 区 一七六 孔 三一七 5 丘 二九 切 一四九 功 一六六 句 二一一 旧 五七四 6 休 六六 兇 一一六 匈 一七三 吁 二三〇 朽 六〇八 7 佝 八三 劬 一六七 吽 二三一 吼 二三一 抅 四九五 8 究 八六四 供 八八 具 一二九 具 一二九 拘 五〇〇 殴 六五八 沽 六八五 狗 七七三 昊 八二七 盱 八四〇 9 苦 一〇三〇 垢 二六八 枸 六二四 紅 九二六 耇 九七一 苦 一〇三〇 10 倶 九七 倶 九七 宮 三四〇 庫 四〇六 恐 四五一 恐 四五一 恭 四五二 恭 四六四 捄 五〇七 栩 六一九 痀 八二三 矩 八四九 矩 八四九 胷 九八三 胸 九八八 蚣 一〇六六 貢 一二四三 躬 一二七〇 11 區 一七七 惧 四七二 控 五二〇 救 五三三 絇 九三〇 耉 九七〇 躯 一二七〇 酗 一三二四 12 琥 七九一 酤 一三二五 13 煦 七五五 㺄 七六四 詡 一二一六 鳩 一三七三 鼓 一三九一 鼓 一三九二 14 嘔 二四一 寠 三四八 嶇 三八〇 箜 九〇三 蒟 一〇四一 軀 一二七〇 驅 一三四三 髤 一三五三 皷 一三九一 15 歐 五七七 毆 六六一 駒 一三四三 駈 一三四三 16 窶 八九九 踽 一二六六 17 髹 一三五三 屨 三七一 簍 九〇七 颶 一三一六 18 瞿 八二七 舊 一〇〇四 軀 一二七〇 19 謳 一二三三 21 懼 四八〇 驅 一三四六 22 欋 六〇四 臞 九九七 23 癯 八二〇 24 衢 一〇八一 齲 一三九七

グ 4 仇 六九 5 弘 四二〇 旧 五七四 6 共 一二八 7 求 六七四 虬 一〇六六 8 具 一二九 具 一二九 昊 八二七 虯 一〇六六 9 俁 九一 禺 八七一 紅 九二六 10 倶 九七 倶 九七 娯 三一六 娛 三一六 捄 五〇七 11 偶 一〇三 惧 四七三 救 五三三 12 喁 二三八 寓 三四六 嵎 三八〇 遇 一三〇三 隅 一三八〇 愚 四五八 13 腢 九九二 虞 一〇六一 虞 一〇六一 遇 一三〇三 15 窮 八八八 17 颶 一三一六 18 舊 一〇〇四 麌 一三八二 19 竆 八八九 21 懼 四八〇 24 齲 一三九七

くい 弋 四一六 杙 六二〇 杭 六二一 悔 四六八 悔 四七〇 橛 六四〇 檃 六〇六

くいぜ 杙 六二〇 杭 六二一 株 六三〇

くいる 悔 四六八 悔 四七〇 懺 四七九 懺 四八〇

クウ 空 八八四 宮 三四〇 腔 九九一 箜 九〇三

くう 咋 二三三 食 一三一九 食 一三一九 茹 一〇二六 喫 二三八 喫 二三八 啖 二四〇 噉 二四二 餔 一三二三

グウ 9 禺 八七一 10 宮 三四〇 11 偶 一〇三 12 喁 二三八 寓 三四六 嵎 三八〇 遇 一三〇三 隅 一三八〇 13 遇 一三〇三 15 耦 九七三 19 藕 一〇五四

くえる 崩 三七五 崩 三七五 潰 七二八 壊 二七六 壞 二七七

くが 陸 一三七九

くがね 金 一三三五

くき 岫 三七八 茎 一〇二一 莖 一〇三〇

くぎ 釘 一三三九

くぐい 鵠 一三七六

くぐまる 跼 一二六五

くぐりど 閤 一三六六

くくる 括 五〇四 絜 九三三 縊 九四八

くぐる 潜 七三〇 潛 七三〇 濳 七三六

くける 絎 九二七

くこ 茍 一〇三二

くさ ⺿ 一〇一三 艹 一〇一三 艸 一〇一三 草 一〇二六 草 一〇二六 種 八八〇 瘡 八一七

くさい 臭 一〇〇一 臭 一〇〇一 臰 一〇〇一

くさぎる 耘 九七二

くさす 腐 九八一

くさび 軏 一二七五 鈐 一三四〇 楔 六二九 榍 六三三 錧 一三四八 轄 一二八〇 轄 一二八〇

くさむら 莽 一〇三二 莾 一〇三六 菆 五九八 叢 一九九

くさめ 嚔 二四四 嚏 二四四

くさらす 腐 九八一

くさり 鋃 一三四七 鎖 一三五三 鎖 一三五三 鎻 一三五三 鏁 一三五四 鏈 一三五五 鐺 一三五六

くさる 腐 九八一

くされる 腐 九八一

くし 串 三三 奇 二九七 竒 八九〇 梳 六三二 櫛 六四三 櫛 六四三 楖 六四三

くじ 籤 九一〇 籤 九一一 鬮 一三五五

くじか 麇 一三八二 麕 一三八二 麏 一三八二

くじく 拉 五〇三 挫 五〇七

くしげ 匣 一七

くしけずる 梳 六三二

くじける 挫 五〇七

くしゃみ 嚔 二四四 嚏 二四四

くじら 鯨 一三六四 鯢 一三六五 鰮 一三六九

くじり 觿 一一〇五
くじる 抉 四九五
くしろ 釧 一一三九
くす 楠 六三〇 樟 六三七
くず 屑 三六八 屑 三六八 葛 一〇三三 葛 一〇三六
くずおれる 頽 一三一八 頹 一三一八
くすぐる 擽 五三五
くすし 奇 二九七 竒 八九〇
くずす 崩 三七五 崩 三七五
くすのき 楠 六三〇 樟 六三七
くすぶる 熏 七五六 燻 七四七
くすべる 熏 七五六 薫 一〇五〇 燻 七四七 薰 一〇五三
くすり 薬 一〇五三 藥 一〇五四
くずれる 崩 三七五 崩 三七五 隤 一二八四 頽 一三一八 頹 一三一八
くせ 曲 五七六 癖 八一九
くそ 屎 三六八 糞 九一三
くだ 筦 九〇一 管 九〇一
くたかけ 雞 一三九〇 鶏 一三七七 鷄 一三七九
くだく 砕 八五四 碎 八五七 摧 五三〇
くだける 砕 八五四 碎 八五七 摧 五三〇
くださる 下 一七
くたす 腐 九八一
くだす 下 一七 降 一二七三 降 一二七四
くだもの 菓 一〇三三 菓 一〇三三
くだり 件 七七 条 五九九 條 六四五
くだる 下 一七 降 一二七三 降 一二七四
くだん 件 七七
くち 口 二〇二 脣 九八三
くちすすぐ 嗽 二四一
くちそそぐ 嗽 二四一
くちなし 梔 六二三
くちなわ 虵 一〇六六 蛇 一〇六七 蛇 一〇六七
くちばし 喙 二三八 觜 一一〇三 嘴 二四三
くちばみ 蝮 一〇七一
くちびる 吻 二二三 唇 二三四 脣 九八三
くちる 朽 六〇八
クツ 孑 三三三 屈 三六七 倔 九七 堀 二七〇 崛 三八〇 掘 五〇九 厥 一九三 詘 一一一三 窟 八八七
くつ 沓 六七四 舄 一〇〇三 舃 一〇〇三 靴 一三〇七 鞾 一三〇七 履 三七〇 鞋 一三〇八 鞜 一三〇九 韈 一三一〇
くつがえす 覆 一〇九六 覆 一〇九六
くつがえる 覆 一〇九六 覆 一〇九六
くつばみ 啣 二三六 銜 一三三八 轡 一一七三 鑣 一三五七
くつろぐ 寛 三四七 寬 三四九
くつわ 啣 二三六 銜 一三三八 鞚 一三〇九 轡 一一七三 鑣 一三五七
くて 湫 七一六
くで 湫 七一六
くど 灶 七四一 竃 八八九 竈 八八九
くどい 絮 九二三
くに 囗 二四六 国 二五一 邦 一二一六 邦 一二一六 国 二五三 圀 二五四 國 二五四
くぬぎ 栩 六一九 椚 六二八 椡 六二八 橡 六四〇 檪 六四二 櫟 六四三 櫪 六四四
くばる 配 一二二四
くび 首 一三三六 頸 一三一七 頚 一三一八
くびかせ 鉗 一三四一 箝 九〇二
くびき 軛 一一六六 軶 一一六七
くびきる 聝 九七七 馘 一三三七
くびす 跗 一一六三 跟 一一六四 踵 一一六六
くびる 絞 九三七 縊 九四八
くびれる 縊 九四八
くぼ 凹 一四五 陰 一二七六 陰 一二八〇 窪 八八八 漥 七二八
くぼい 凹 一四五
くぼみ 凹 一四五 坳 二六七 窪 八八八 漥 七二八
くぼむ 凹 一四五 窊 八八七 窪 八八八 漥 七二八 窳 八八九
くま 曲 五七六 阿 一二七一 嵎 三八〇 隈 一二八二 暈 五六〇 熊 七五六 澳 七三三
くまで 鈾 一三四六
くみ 組 九三四
くみする 与 一四 與 一〇〇四
くむ 汲 六七九 挹 五〇九 酌 一二二四 酌 一二二四 組 九三四 斟 五四二
くめ 粂 九一三
くも 雲 一二九三 癬 八二〇
くもり 曇 五六一
くもる 曇 五六一
くやしい 悔 四六八 悔 四七〇
くやむ 悔 四六八 悔 四七〇
くゆらす 熏 七五六 薫 一〇五〇 燻 七四七 薰 一〇五三
くゆる 熏 七五六 燻 七四七
くら 8 峅 三七八 府 四〇五 10 倉 六八 庫 四〇六 座 四〇六 12 庾 四一〇 15 蔵 一〇四八 鞌 一三〇七 鞍 一三〇八 16 廩 四一三 廪 四一三 18 藏 一〇五三
くらい 7 位 八〇 8 昏 五六三 杳 五九七 罔 九五六 9 幽 四〇一 昬 五六三 昧 五六八 眊 八四一 10 冥 一三六 晦 五六八 祚 八六七 11 㝠 三四五 惛 四七三 晦 五六九 12 惽 四七四 13 暗 五七一 暗 五七一 溟 七三三 14 暝 五七三 蒙 一〇四三 15 瞑 八四三 16 瞢 八四〇 17 曖 五七三 闇 一二六八 18 曚 五七三 19 矇 八四四 21 矓 八四四 黯 一三八九
くらう 食 一三三九 食 一三三九 啖 二三七 啗 二三七 喫 二三八 喫 二三八

喰 二四〇
噉 二四三
くらがり
○暗 五七一
暗 五七一
闇 一三六八
くらす
○暮 五六五
暮 五六五
くらべる
○比 六六三
挍 五〇五
△校 六一九
△較 一二一七
△競 一二一四
競 一二一四
くらます
晦 五六八
晦 五六九
○暗 五七一
暗 五七一
くらむ
眊 八四一
眩 八四一
グラム
瓦 七九五
くらやみ
闇 一三六八
くらわす
啖 二三七
啗 二三七
くり
人栗 六〇三
くりや
庖 四〇五
庖 四〇五
厨 一九四
厨 一九四
廚 四一一
くる
耒 五九三
○来 五九三
[illegible] 一五六
來 六一
徠 四三六
○繰 九五三
くるう
○狂 七一一
くるおしい
○狂 七一一
くるしい
○苦 一〇三〇
苦 一〇三〇
くるしむ
△困 二五一
○苦 一〇三〇
苦 一〇三〇
窘 八八七
くるしめる
○苦 一〇三〇
苦 一〇三〇
くるぶし
踝 一二六五
くるま
○車 一二七一
俥 九六
軺 一二七七
軫 一二七七
輅 一二七八
輜 一二七八
轜 一二七九
輴 一二八〇
轞 一二八一
くるまる
△包 一七三
包 一七三
くるむ
△包 一七三
包 一七三
くるめく
眩 八四一
くるめる
△包 一七三
包 一七三
くるり
[illegible] 八四九
くるる
△枢 六一三
樞 六三七
くるわ
郛 一三三九
△郭 一三三九
廓 四二〇
くるわせる
○狂 七一一
くれ
扠 二六四
△呉 二〇八
呉 二〇八
吳 二〇八
晩 五七〇
△晩 五七〇
○暮 五六五
榑 六三四
暮 五六五
朧 九六
くれない
○紅 九二六
くれる
△呉 二〇八
呉 二〇八
吳 二〇八
旰 五六五
晩 五七〇
△晩 五七〇
△暗 五七一
暗 五七一
○暮 五六五
暮 五六五
くろ
△玄 七七九
皁 八二五
皂 八二五
△畔 八〇九
畔 八〇九
畦 八〇九
○黒 一三八七
黑 一三八七
緇 九四一
緇 九四六
くろい
△玄 七七九
○黒 一三八七
黑 一三八七
緇 九四一
緇 九四六
黔 一三八八
黛 一三八八
黸 一三八九
くろうま
驪 一三四七
くろがね
△鉄 一三四三
銕 一三四六
鐵 一三五五
鐵 一三五六
くわ
杴 六一一
○桑 六〇三
桒 六〇三
鉏 一三四三
耨 九七三
鍬 一三五一
鍫 一三三八
钁 一三五七
くわえる
○加 一六五
△尚 三六二
尙 三六二
咥 二三四
啣 二三六
銜 一三三八
くわしい
△委 三〇七
△細 九三三
○詳 一二一八
△精 九一五
精 九一五
△審 三四九
くわだてる
○企 六五
くわわる
○加 一六五
クン
7 ○君 二三〇
9 △軍 一二七三
帬 三九〇
捃 五〇七
10 ○訓 一二一〇
△郡 一三一九
11 桾 六三三
焄 七五一
勛 一七一
12 △揮 五一五
裙 一〇九〇
13 △群 九六三
羣 九六三
葷 一〇三七
14 裠 一〇八六
熏 七五六
皹 八一八
皸 八一九
15 ○勲 七五六
薫 一〇四五
16 勳 一一七三
○薫 一〇五〇
麇 一三八二
17 壎 二七七
獯 七七九
18 曛 五七三
燻 七四七
薰 一〇五三
19 攈 五三五
麕 一三八二
21 醺 一三三九
22 攟 五三五
グン
○軍 一二七三
○郡 一三一九
琿 七九一
羣 九六三
○群 九六三
葷 一〇三七
薫 一〇四五
齳 一三九七

け

ケ
4 △介 六二
○化 六九
化 六九
气 六六七
6 ○仮 七五
○気 六六七
7 △希 三八九
△快 四六五
△花 一〇一五
8 △価 八七
△佳 八七
卦 一八七
△怪 四六六
花 一〇一五
苍 一〇一五
芥 一〇一六
恠 四六八
9 △悔 四六八
△計 一二〇八
○家 三三九
10 悔 四七〇
悕 四七〇
氣 六六九
○華 一〇二九
△飢 一三三一
假 一〇一
11 人袈 一〇八五
飢 一三三一
12 人稀 八七八
華 一〇三三
13 瑕 七九一
14 誨 一二一九
15 價 一一〇
△戯 四八五
△稼 八八一
稽 八八一
16 懈 四七九
戲 四八五
華 一〇四七
髻 一三五三
17 戲 四八五
繫 九二四
19 繋 九二四
20 ○懸 四六三
け
○毛 六六四
笥 八九五
褻 一〇八五
ゲ
3 ○下 一七
4 牙 七六三
5 ○外 二八六
牙 七六三
导 三五一
8 ○夏 二八二
10 旂 五五〇
△華 一〇二九
11 偈 一〇二
訝 一二一一
12 華 一〇三三
雅 一三六八
13 碍 八五七
○解 一二〇三
觧 一二〇三
14 △雅 一三六八
閡 一三六五
15 △戯 四八五
16 懈 四七九
戲 四八五
17 華 一〇四七
戲 四八五
19 礙 八六〇
22 驊 一三四六
ケイ
2 冂 一一三
匸 一七六
3 彑 四一四
彐 四一四
彐 四一四
彐 四一四
4 兮 一二四
兮 一二四
5 ○兄 一一五
圣 二五七
6 刧 一四九
○刑 一五三
荆 一五三
7 人圭 二五六
冏 二三四
囧 二五一
巠 三八二
○形 四二五
○系 九二〇
8 ○京 一五六
刑 一五六
○径 四三〇
枅 六一一

9 ○茎 一〇二一　京 五六　○係 九一　到 一五八　人勁 一六八　○型 二五九　人奎 二九九　○契 三〇四　契 三〇四　形 四二六　扃 四八七　挂 五〇四　洼 六九八　炯 七四二　盻 八四〇　矜 八四六　○計 一二〇八　迥 一二八九
10 荊 一五九　勍 一六九　卿 一九一　奚 三〇四　徑 四三三　恚 四五一　○恵 四五二　挈 四九一　人桂 六一九　枅 六二九　涇 六九八　烓 七三九　珪 七六八　笄 八九四　耿 九七六　荊 一〇二四　逈 一二九〇
11 陘 一三七四　偈 一〇二　○啓 二三五　啓 二三五　啓 二三五　人彗 四二五　○掲 五一〇　殻 六六〇　○渓 七〇六　烱 七四三　畦 八〇九　硅 八五六　硎 八五六　竟 八九〇　○経 九二〇　絅 九二三　罣 九五七　脛 九九〇　莖 一〇二〇　○蛍 一〇六三　袿 一〇八九　逕 一二九三　頃 一三一四
12 卿 一九一　卿 一九一　嵆 三七七　惠 四五六　愒 四七四　惸 四七四　揭 五一五　○敬 五三五　○景 五六〇　棨 六〇四　痙 八二五　稭 八七八　笄 八九七　絜 九二三　△結 九二六
13 ○軽 一二七六　○傾 一〇六　徯 四三八　○携 五一七　敬 五三七　殼 六六〇　溪 七二一　煢 七三九　睘 八四六　○継 九二九　經 九二九　綗 九二九　罫 九五七　詣 一二一六
14 ○境 二七五　境 二七五　夐 二八三　嵠 四〇三　殼 六六一　熒 七四一　睽 八四三　禊 八六九　綮 九二三　輕 一二七八　閨 一三二六　頚 一三三七
15 儆 一一一　○慶 四四四　人慧 四六一　慧 四六一　憇 四六一　憬 四七七　敻 五二七　瞏 八四六　稽 八八一
16 ○憩 四六二　擕 五三三　磬 八五三　蕙 一〇四七　螢 一〇六四　褧 一〇八七　嶲 一二八五　頸 一三一八　髻 一三五三
17 擎 四九三　檠 六〇七　繋 九二四　罄 九五五　罽 九五八　薊 一〇五〇　豀 一一三六　谿 一一三六　蹊 一一六七　鮭 一三六三
18 瓊 七九四　蟪 一〇七三　謦 一二〇七　醯 一三一八　雟 一三八六　雞 一三九〇
19 攜 五五五　瓊 七九四　繫 九二四　○警 一二〇八　蹷 一二六二　蹶 一二六八　△鏡 一三五三　鏡 一三五三　△鯨 一三六四　○鶏 一三七七　○競 一二一四
20 繼 九五三　警 一二〇八　人馨 一三三八　騱 一三三九
21 攜 五五五　鷄 一三七九
22 競 一二一四
23 △驚 一三四〇　驚 一三四〇　鱖 一三六八　鼷 一三九三
24 鱷 一三六九
25 觿 一二〇五

ゲイ
7 △児 一一九　○芸 一〇一六　○迎 一二八七
8 兒 一二〇　秇 八七四　迎 一二八七
9 羿 九六四
10 倪 九七
11 堄 二七〇　埶 二七〇　猊 七七五
13 睨 八四三　詣 一二一六
14 蜺 一〇六九
15 蓺 一〇四五　貎 一一四一
16 霓 一三二九
19 藝 一〇五四　○鯨 一三六四　鯢 一三六五　麑 一三八二
20 騱 一三三九
22 囈 二四四
24 鱷 一三六九
26 蘷 一一二五

けがす
○汚 六七六　污 六七六　汙 六七六　涜 七〇〇　媟 三一八　瀆 七三五　穢 八八三　黷 一三八九

けがらわしい
○汚 六七六　污 六七六　汙 六七六　穢 八八三

けがれ
○汚 六七六　污 六七六　汙 六七六　汶 六八二　穢 八八三

けがれる
○汚 六七六　污 六七六　汙 六七六　涜 七〇〇　褻 一〇八五　瀆 七三五　穢 八八三　黷 一三八九

ケキ
4 丮 三〇
10 屐 三六八　郤 一三一九
12 △喫 二三八　喫 二三八　戟 四八四
13 毄 六六〇　綌 九三九　隙 一三二三
14 毄 六六一　覡 一二〇〇　隙 一三二三
15 △劇 一六二　△撃 四九二
16 △激 七三二
17 擊 四九三　檄 六四二　闃 一三六八
18 鬩 一三五五　鵙 一三七六
20 鶪 一三七八

ゲキ
6 屰 三七一
9 △逆 一二九〇
10 屐 三六八　逆 一二九〇　郤 一三一九
12 戟 四八四
13 毄 六六〇　綌 九三九　隙 一三二三
14 毄 六六一　覡 一二〇〇　隙 一三二三
15 ○劇 一六二　○撃 四九二　駃 一三七三
16 ○激 七三二
17 擊 四九三　檄 六四二　闃 一三六八
18 鬩 一三五五　鵙 一三七六
20 鶪 一三七八
21 鷁 一三七九

けごろも
裘 一〇八六

けし
旲 三〇三　△異 八〇五　異 八〇六

けしかける
嗾 二四一

げじげじ
蠼 一〇七五

けす
○消 六九九　消 六九九　銷 一三四七

けずる
刮 一五六　○削 一五八　削 一五八　剗 一六〇

けた
桁 六二〇

けだし
盖 八三〇　葢 一〇三六　蓋 一〇四〇

けだもの
△獣 七七二　獸 七七二

ケチ
4 △欠 六四五
5 △穴 八八四
6 决 一三八　△血 一〇七五
7 △決 六七九
10 缺 九五五
11 △掲 五一〇
12 揭 五一五　△結 九二六
15 △潔 七三九　潔 七三九　羯 九六三
21 纈 九五三

けち
恡 四七〇　恪 四七一　悋 四七一　慳 四七六

ケツ
1 亅 四
3 孑 三三三
4 ○欠 六四五
5 ○穴 八八四
6 决 一三八　刔 一五三　○血 一〇七五
7 抉 四九五　○決 六七九

8 杰 五九七　玦 七八七　9 △契 三〇四　契 三〇四　拮 五〇四　頁 一三一四　10 挈 四九一　桀 六〇三　桔 六一八　缺 九五五　訐 一二一〇　11 偈 一〇三　△掘 五〇九　△掲 五一〇　觖 一二〇三　訣 一二一一　12 傑 一〇五　厥 一九三　揭 五一五　歇 六四七　猲 七七七　矞 八四六　絜 九三三　○結 九三六　13 ○傑 一〇六　搩 五一九　楔 六二九　歇 六四七　趐 一二六〇　14 劂 一六二　碣 八五七　竭 八九二　15 ○潔 七二九　潔 七二九　獗 七七八

羯 九六三　頡 一三一八　缺 一三七二　16 槩 六〇六　橛 六四〇　獦 七七九　蕨 一〇四七　17 闋 一三六八　18 闕 一三六八　齕 一三九六　19 蠍 一〇七三　譎 一一三三　蹷 一一六二　蹶 一一六八　20 襭 一〇九四　21 纈 九五三　齧 一三九六　23 鱖 一三八八　24 囓 二四四

けつ　尻 三六四

ゲツ　3 孑 三一三　4 ○月 五八一　月 五八一　6 刖 一五三　7 杌 六〇八　10 軏 一二一五　19 孼 三一七　20 孽 三一七　櫱 六〇七　21 蘖 六〇七　齧 一三九六　22 櫱 九一三　23 蘗 九一三

24 囓 二四四　27 讞 一一三五

けづめ　△距 一二〇三　距 一二〇三

けなす　貶 一二一五

けぬき　鑷 一三五七

けば　毳 六六五

けぶり　烟 七四三　△煙 七四四　煙 七四四

けぶる　烟 七四三　△煙 七四四　煙 七四四

けみする　△閲 一三六七　閱 一三六七

けむい　烟 七四三　○煙 七四四　煙 七四四

けむり　烟 七四三　○煙 七四四　煙 七四四

けむる　烟 七四三　○煙 七四四　煙 七四四

けもの　○獣 七七一　獸 七七一

けやき　欅 六四四

けら　螻 一〇七三

けり　鳧 一四〇三　鳬 一三七〇

ける　跑 一一六三　蹴 一一六八　蹵 一一六三

けわしい　8 △阻 一三七三　10 峨 三七九　峩 三七四　人峻 三七九　峭 三七九　11 ○険 一三七七　13 嵬 三七六　隗 一三八二　14 嶇 三八〇　16 嶮 三八〇　險 一三八四

ケン　4 开 三九七　△欠 六四五　○犬 七六九　5 △玄 七七九　6 ○件 七七　关 二九六　关 二九六　幵 三九七　7 妍 三三三

旬 八二七　8 ○見 一〇九八　○券 一四八　券 一四八　券 一六四　呟 二三三　卷 一八八　△弦 四二〇　拑 四九九　杴 六一一　枅 六一一　泫 六八五　甽 八〇八　畎 八〇八　○肩 九八一　肩 九八一　芡 一〇一七　9 乹 四四　俔 九一　姸 三一五　娟 三一五　△巻 三八七　○建 四一三　显 五五八　炫 七四二　狟 七七三　狷 七七三　畎 八〇九　○県 八二七　○研 八五三　祆 八六四　胘 九八六　10 倦 九七　○倹 九七　○兼 一二六

兼 一二六　○剣 一五九　娟 三一六　峴 三七九　豜 四二六　悁 四七〇　人拳 四九一　拳 四九一　捐 五〇七　栫 六一九　涓 六九八　狷 七七五　玆 七八〇　痃 八一三　眩 八四一　兼 八七三　缺 九五五　虔 一〇五九　袨 一〇八八　○軒 一一七四　11 △乾 四一　○健 一〇三　倦 一〇三　劔 一五一　圏 二五四　惓 四七二　捲 五一〇　牽 七六五　△現 七八九　眷 八三九　眗 八四二　研 八五六　人絃 九三三　舷 一〇〇八　衒 一〇七九

釼 一二三九　○険 一三七七　12 傔 一〇五　兼 一二六　喧 二三八　○圏 二五四　○堅 二六〇　愃 四七五　捲 五一五　○検 六二五　棬 六二五　硯 八五六　人絢 九三六　絹 九三七　鈐 一三四〇　○間 一三六三　閒 一三六三　13 △勧 一七一　嗛 二四〇　塤 二七四　○嫌 三一九　嫌 三一九　愆 四五九　慊 四七六　暄 五七三　△暖 五七三　暖 五七三　暕 五七三　煖 七四四　熑 七四四　犍 七六八　○献 七七〇　睠 八四三　筧 九〇〇　○絹 九三九

腱 九九二　萱 一〇三七　蜆 一〇六八　貆 一二四一　○遣 一三〇九　鉗 一三四一　鉉 一三四三　14 慳 四七六　搴 四九三　㬎 五六一　歉 六四八　甄 七九六　箝 九〇三　綣 九四〇　膁 九九四　蒹 一〇四一　蜷 一〇六九　遣 一三〇九　△関 一三六五　15 儉 一一二　劍 一六二　○権 六三六　澗 七二九　澗 七二九　△監 八三三　鵮 一三七四　16 劒 一五一　劔 一五一　噞 二四三　嶮 三八〇　○憲 四六二　憲 四六二　撿 五三三　獫 七七九　縑 九四九

縣 九五四　褰 一〇八七　誼 一一二八　諼 一一二八　○賢 一二五〇　險 一三八四　鬳 一三五六　鬳 一三五六　黔 一三八八　17 壎 二七七　檢 六四二　磵 八五九　臉 九九六　謇 一一〇七　○謙 一一三〇　謙 一一三〇　蹇 一一六二　鍵 一二五一　18 瞼 八四四　△簡 九〇七　簡 九〇七　○繭 九二四　繝 九五三　羂 九五八　○顕 一三三一　○験 一三四五　騐 一三四五　鵑 一三七六　19 繭 九二四　闗 一三六九　鹼 一三八一　20 勸 一七三　○懸 四六三　獻 七七一　蘐 一〇五五

音訓索引

甗 一〇六五　鶱 一三四〇　21 譴 一一三五　贗 一一五一　22 權 六四四　鰹 一三六七　23 巘 三八一　玁 七七九　蠲 一〇七五　韅 一三一〇　顯 一三二四　驗 一三四七　24 鹼 一三八一　25 讙 一一三五　27 顴 一三二四　28 䯨 一三四九

ゲン
3 广 四〇三　4 元 一一四　幻 四〇二　5 玄 七七九　7 妍 三三二　沅 六八〇　8 見 一〇九八　言 一一〇六　阮 一三七〇　呟 二三二　弦 四二〇　泫 六八五　芫 一〇一七　9 乹 四四　咸 二〇六　姸 三二五　彥 四二五　彦 四二五

炫 七四三　研 八五三　胘 九八六　限 一三七三　10 原 一九二　唁 二三五　拳 四九一　拳 四九一　玆 七八〇　痃 八二三　眩 八四一　袨 一〇八八　這 一一九四　11 乾 四一　减 一四〇　原 一九二　患 四五五　現 七六九　眼 八四一　研 八五六　絃 九三三　舷 一〇〇八　衒 一〇七九　訮 一一二一　這 一一九四　12 減 七一四　硯 八五六　閑 一二六四　13 嫌 三一九　嫌 三一九　源 七三二　鉉 一二四二　14 愿 四六一　16 噞 二四三　螈 一〇七一

諺 一一三八　諺 一一三八　17 賢 一一五〇　還 一二一四　厳 五一八　還 一二一四　黿 一三九〇　18 顔 一三二〇　顏 一三二〇　験 一三四五　驗 一三四五　19 願 一三二三　20 嚴 二一〇　懸 四六三　醶 一三一八　齞 一三九六　21 甗 七九七　贗 一一五一　22 儼 一一三　23 巘 三八一　驗 一三四七　27 讞 一一三五

こ

コ
3 个 三三　己 三八六　巾 三八八　4 互 五一　戸 四八六　戶 四八六　火 七三八　5 乎 三七　去 一九六　古 二三一

巨 三八三　巨 三八三　6 冱 一三八　冴 一三八　冴 一三八　夸 二九七　虍 一〇五八　7 乕 三八　估 八三　冴 一三八　杞 六〇八　沍 六八〇　8 刳 一五六　呼 二三三　呱 二三三　固 二五二　姑 三一三　孤 三二七　居 三六六　岵 三七八　弧 四二一　怙 四六六　拠 四九九　沽 六八五　狐 七七三　股 九八五　苦 一〇三〇　9 虎 一〇五八　故 五三一　枯 六一四　柧 六一五　炬 七四二　胋 九八六　胡 九九七　苦 一〇三〇

苽 一〇三一　10 個 九七　凅 一三九　哥 二〇六　家 三三九　庫 四〇六　挙 四九〇　楛 六一九　痁 八二三　祜 八六五　罟 九五六　羖 九六三　胯 九八八　11 壷 二七九　扈 四八七　涸 七〇六　瓠 七九四　虚 一〇五九　蛄 一〇六七　袴 一〇八九　許 一一二一　12 壺 二七九　椢 六二五　渠 七一四　湖 七一五　猢 七七七　琥 七九一　絝 九三七　菰 一〇三三　虛 一〇六一　觚 一一〇三　詁 一一三三　辜 一一八二　酤 一二三五　雇 一三八七

雇 一三八七　13 楛 六二九　楜 六二九　瑚 七九一　痼 八一六　葫 一〇三七　誇 一一一六　賈 一一四七　跨 一一六四　鈷 一二四二　鼓 一三九一　鼓 一三九二　14 僱 一〇九　摢 五三〇　滬 七三五　滸 七三五　箇 九〇一　箍 九〇三　鄠 一二三三　皷 一三九一　15 糊 九一七　蝴 一〇七一　褲 一〇九二　踞 一一六五　16 據 五三三　舉 一〇〇四　醐 一二三七　錮 一二四八　鴣 一三七五　17 擧 四九三　磲 八五九　簄 九〇六　舉 一〇〇五　鮬 一三六三　18 盬 八二三

瞽 八四〇　餬 一三二四　19 鬍 一三五四　鯝 一三六五　鯱 一三六五　齁 一三九二　20 護 一一三四　21 護 一一三五　顧 一三二三　顧 一三二三　23 蠱 一〇六二

こ
3 子 三一一　小 三五七　4 木 五八八　5 仔 七二　6 此 六五四　7 児 一一九　8 兒 一一〇　9 是 五五八　10 粉 九一三　蚕 一〇六二　11 黄 一三八五　12 黃 一三八五　16 篭 九〇六　22 籠 九一〇　24 蠶 一〇六五

ゴ
4 五 四八　互 五一　午 一八三　牛 七六四　6 伍 七七　冱 一三八　冴 一三八

冴 一三八　后 二三五　7 冴 一三八　呉 二〇八　吳 二〇八　吴 二〇八　吾 二三一　忤 四六五　沍 六八〇　8 其 一一九　迕 一一八八　9 後 四三一　胡 九九七　10 唔 二三五　圄 二五四　娛 三一六　娯 三一六　悟 四七〇　浯 六九八　11 啎 二四六　圉 二五四　御 四三五　晤 五七〇　梧 六二三　牾 七六八　珸 七六九　莫 一〇三〇　12 御 四三六　期 五八五　期 五八五　欺 六四七　13 瑚 七九一　碁 八五二　蜈 一〇六八　衙 一〇七九

14 寤 三四八　語 一一一九　誤 一一二〇　誤 一一二〇　15 篌 九〇四　糊 九一七　鋙 一二四七　鋘 一二四七　16 醐 一二三七　17 檎 六四三　18 麌 一三八二　20 護 一一三四　鼯 一三九三　21 護 一一三五　22 齬 一三九七

ご
棋 六二五　棊 六〇四

こい
恋 四五三　濃 七三三　鯉 一三六四　醲 一三一八　戀 四六四

ごいさぎ
鳽 一三七六

こいし
礫 八六〇

こいしい
恋 四五三　戀 四六四

こいねがう
希 三八九　尚 三六二　尙 三六二

△庶 四〇八　△幾 四〇三　冀 一三〇

コウ

2 丂 一七
3 ○口 二〇三　○工 三八三
4 亢 五四　○公 一二四　勾 一七三　△区 一七六　厷 一九六　○孔 三〇七　爻 七六一
5 叨 一四九　○功 一六六　△号 二〇七　△句 二一一　叩 二一九　尻 三六四　○巧 三八五　○広 四〇三　人弘 四二〇　○甲 八〇三
6 人亘 五一　亙 五二　○交 五四　○仰 七六　伉 七七　○光 一一六　○后 二一五　○向 二一五　△合 二一六　夅 二八一　○好 三一〇
扛 四八四　扣 四九四　攷 五一八　○江 六七六　○考 九七〇　○行 一〇七七
7 人亨 五五　佝 八二　刧 一五〇　刦 一五四　劫 一六〇　匣 一七七　△告 二二二　告 二二二　吽 二二二　吭 二二二　吼 二二二　坒 二五八　○坑 二六七　夾 二九六　○孝 三四四　孛 三四四　人宏 三三三　忼 四六五　○抗 四九五　拘 四九五　○攻 五一九　○更 五七七　人杏 五九六　杠 六〇八　汞 六七四　沆 六八〇　疘 八四七　肓 九八一　肛 九八五
△迎 一一八七　阬 一二七〇
8 享 五六　佼 八八　○効 一六八　咎 二一三　咎 二一三　呷 二一三　△学 三二五　岡 三七七　△岬 三七八　○幸 四〇〇　庚 四〇五　怯 四六六　怳 四六六　怐 四六七　△押 四九九　○拘 五〇〇　人昂 五七七　杲 五七七　昊 五七七　杭 六二一　泓 六八四　炕 七四二　狗 七七二　狎 七七三　矼 八五三　△空 八八四　○肯 九八二　肴 九八二　肱 九八五　△茎 一〇二一　迎 一一八七
9 ○侯 九一　○厚 一九二
咬 二二四　哄 二二四　垢 二六八　姤 三一五　姮 三一五　峇 三七四　△峡 三七八　巷 三八七　巷 三八七　○後 四三一　恔 四六九　○恒 四六九　恆 四六九　恰 四六九　恍 四六九　拱 五〇四　挍 五〇五　△拷 五〇五　耍 五一七　昂 五五八　昿 五六七　枸 六二四　柙 六二五　○洪 六九四　洽 六九四　人洸 六九四　洚 六九四　狡 七七三　△狭 七七三　畊 八〇九　○皇 八二五　盍 八二九　矜 八四六　矦 八四七　秔 八七五
𥸩 九一三　○紅 九二六　缸 九五五　耇 九七一　胛 九八六　舡 一〇〇七　苟 一〇一一　○荒 一〇二五　人虹 一〇六六　訇 一一〇七　○郊 一二一八　降 一二七三　○香 一三二七
10 人倖 九八　○候 九八　倥 九八　傚 九八　冓 一二四　冓 一二四　冦 一三六　△剛 一五九　哽 二二五　哮 二二五　峽 三七九　峺 三七九　效 五三三　人晃 五五九　晄 五六八　○格 六一七　○校 六一九　桁 六二〇　栲 六二〇　栲 六二〇　浤 六九八　人浩 六九九
浩 六九九　烘 七四三　烋 七五〇　狹 七七五　珩 七八八　珖 七八八　皋 八二五　盍 八三〇　砰 八五四　砿 八五四　粇 九一三　人紘 九二八　羔 九六一　○耕 九七三　耕 九七三　○耗 九七三　耗 九七三　耿 九七六　胱 九八八　○航 一〇〇七　茭 一〇二五　荒 一〇二五　荇 一〇二五　蚣 一〇六六　訌 一一一〇　豇 一一三八　○貢 一一四三　逅 一一九〇　陜 一二七四　○降 一二七四　○高 一三五〇
11 偟 一〇三　候 一〇三　凰 一四三　區 一七七
啌 二二六　寇 三四三　寇 三四三　崗 三七五　崆 三八〇　○康 四〇八　悾 四七三　△控 五一〇　△教 五三三　敎 五三三　晧 五七〇　梗 六二三　毫 六六五　淆 七〇六　人皐 八二五　皎 八二七　盖 八三〇　盒 八三〇　笱 八九五　絋 九三三　耇 九七〇　莖 一〇三〇　莕 一〇三〇　袷 一〇八九　裛 一一七三　△郷 一二一九　釦 一二二九　釭 一二二九　髙 一三五〇　○黄 一三八五
12 傚 一〇五　嗃 二三九　喉 二三八　喤 二三九　堠 二七三
堭 二七三　堽 二七三　徨 四二七　○慌 四七四　惶 四七四　棡 六二五　椌 六二五　殽 六六〇　○港 七一五　港 七一五　湟 七一五　猴 七七七　人皓 八二七　皓 八二七　䀹 八四三　○硬 八五六　稉 八七八　窖 八八七　筕 八九七　粠 九一五　○絞 九二七　絳 九二七　絖 九二七　絎 九二七　腔 九九一　臯 一〇〇一　蛟 一〇六八　蛤 一〇六八　△覚 一〇九八　詢 一一二三　鉤 一二四〇　閤 一二六四　隍 一二八〇　○項 一三一五　黄 一三八五
13 嗑 二四〇　塙 二七四　媾 三三九　幌 三九四　彀 四二四　慌 四七六　搆 五一八　○溝 七一二　溝 七一二　溘 七一三　人滉 七一三　滈 七一三　煌 七四四　篁 九〇〇　粳 九二五　綆 九三九　舁 一〇〇四　絚 一〇二七　蓋 一〇三六　號 一〇六一　觥 一一〇四　詬 一一一六　詤 一一一六　詤 一一一六　跲 一一六四　△較 一一七七　遑 一二〇三　鄉 一二一三　鄕 一二一三　鄗 一二一三　○鉱 一二四三　鈎 一二四三　閧 一二六四　頏 一三一六
14 嘐 二四一

音訓索引

媾 三一九　慷 四七六　摎 五二〇　敲 五二七　暤 五七二　槀 六〇六　○構 六三三　構 六三三　槁 六三三　槓 六三三　榼 六三三　熕 七四五　犒 七六八　瘟 八一七　睺 八四三　皐 八四六　箜 九〇三　○綱 九四一　膏 九八四　蓋 一〇四〇　蒿 一〇四一　敲 一〇四一　誥 一三一〇　△豪 一三一九　遘 一三二〇　○酵 一三三六　鉸 一三四五　閤 一三六六　閧 一三六六　15 墝 二七六　廣 四一一　撹 五三〇　撓 五三一　暭 五七三　△横 六三五

槹 六三七　潢 七二九　皜 八二八　皞 八二八　槀 八七三　○稿 八八一　篁 九〇四　簇 九〇四　篌 九〇四　羹 九六二　膠 九九四　蔻 一〇四五　蝗 一〇七一　賡 一一四八　靠 一三〇五　餃 一三三三　16 學 三一七　横 六三八　璜 七九三　皞 八二八　穅 八八二　篝 九〇五　篙 九〇五　糕 九一七　縞 九四九　○興 一〇〇四　○衡 一〇八〇　○鋼 一三四九　閧 一三五五　17 嚆 二四四　壕 二七七　嶸 三八〇　擤 五二四　濠 七一三　皞 八二八

磽 八五九　磺 八六〇　糠 九一八　薨 一〇五〇　覯 一一〇一　○講 一一三〇　講 一一三〇　謊 一一三一　○購 一一五五　購 一一五五　鍠 一二五一　鞚 一三〇九　餚 一三二四　骾 一三四九　鮫 一三六三　人鴻 一三七五　鵁 一三七六　鴴 一三七六　鴿 一三七六　18 壙 二七七　簧 九〇八　翺 九六八　藁 一〇五三　鎬 一三五二　闔 一三六九　餱 一三二四　鯁 一三六三　鵠 一三七六　19 嚮 三二九　嚮 三二九　曠 五七三　櫜 六〇七　羹 九六二　藁 一〇五四　鏗 一三二四

鞲 一三〇九　韝 一三三一　餻 一三三五　鵤 一三七七　鴿 一三七七　鮈 一三九三　20 斅 五二七　礦 八六〇　穬 八八三　覺 一〇九九　△響 一三三二　鰉 一三六六　鯸 一三六六　21 纐 九五三　纊 九五三　轟 一一七一　顥 一三二四　鷇 一三七三　皾 一三九七　22 饗 一三三二　饗 一三三二　饒 一三四九　鰊 一三六七　23 攪 五三六　鑛 一三五六　24 灝 七一七　贛 一一五六　鱟 一三六一　25 戅 四六四　鬢 一三八七　28 戇 四六四

こう　乞 四一　此 六五四　○神 八六五　○恋 四五三　神 八六五　斯 五四六　○請 一二二四　請 一二二四　戀 四六四

ゴウ　4 印 一八八　5 ○号 二〇七　△氷 六七三　6 △仰 七六　冰 一二八　○合 二二六　△江 六七六　7 刧 一五〇　刦 一五四　劫 一七〇　匣 一七七　△告 二二一　告 二二一　△迎 一二八七　8 人昂 五五七　迎 一二八七　9 哈 三三四　△恒 四六九　恆 四六九　○拷 五〇五　昻 五五八　洽 六九四　降 一二七三　10 ○剛 一五九　△降 一二七四　11 △偶 一〇二　○強 四二一　敖 五三四

毫 六六五　盒 八三〇　筸 八九五　衷 一一七三　○郷 一三一九　12 嗃 二三九　强 四二三　△硬 八五六　13 傲 一〇七　△楽 六〇四　○業 六〇六　篕 九〇〇　腢 九九二　號 一〇六一　郷 一三三三　鄕 一三三三　鄗 一三三三　14 嗷 二四一　慠 四七六　搒 五二〇　暤 五七三　○豪 一三一九　15 嗥 二四三　暭 五七三　樂 六〇六　熬 七五六　獒 七七〇　耦 九七三　遨 一三二〇　鮫 一三六一　17 壕 二七七　濠 七一三　聱 九七六　螯 一〇六五　18 嚙 二四四

翱 九六八　謷 一二〇七　19 藕 一〇五四　21 囂 一二〇七　聹 一二〇七　轟 一一七一　鷔 一三四〇　鼛 一三九七　22 鰲 一三六一　24 鼇 一三九〇　鼈 一三九七

こうがい　笄 八九四　笄 八九七

こうし　犢 七六九

こうじ　糀 九一七　麹 一三八四　麯 一三八四　麴 一三八四

こうぞ　楮 六二〇

こうのとり　鵠 一三四〇

こうばしい　△芳 一〇一八　芳 一〇一八　△香 一三二七

こうぶり　△冠 一二五

こうべ　△首 一三二六　△頭 一三一九

こうむる　○被 一〇八九　蒙 一〇四三

こうり　梱 六三三

こえ　○声 二七八　○肥 九八六　聲 九七六

こえる　沃 六八三　○肥 九八六　○越 一二五九　○超 一二五九　腴 九九三　逾 一三〇七　踰 一二六六

こおり　○氷 六七三　冰 一二八　△郡 一三一九

こおる　△氷 六七三　冰 一二八　沍 六八〇　○凍 一四〇

こおろぎ　蛩 一〇六三　蛬 一〇六三　蜱 一〇六八

こが　榼 六三三

こかげ　樾 六三八

こがさ　痲 八一四

こかす　△倒 九九

こがす　○焦 七五一

こがね　△金 一二三五

こがらし　凩 一四三

こがれる　○焦 七五一　燋 七四六

コク　3 口 二四六　5 △可 二一〇　○石 八五〇　6 △曲 五七六　7 ○克 一一八　○告 二二一　告 二二一　国 二五一　○谷 一二三六　8 ○刻 一五六　刻 一五六　○国 二五二　或 四八三　9 亟 五三　剋 一五八　圀 二五四　10 哭 二〇九　尅 三五六　殻 六九九　釛 一三二八　隺 一三八七　11 國 二五四　斛 五四三

梏 六二三
△殻 六六〇
隺 一三八七
○黒 一三八七
12 △惑 四五六
棘 五九五
殼 六六〇
黑 一三八七
14 榖 六三三
熇 七四五
○穀 八八〇
蜮 一〇七〇
○酷 一三三六
酷 一三三六
15 槲 六三七
穀 八八一
16 穀 九一七
縠 九四九
17 轂 一二〇五
轂 一二八〇
18 鵠 一三七六
20 嚳 二二九

こく
△扱 四九四
扱 四九六

こぐ
榜 六二四
漕 七二六

ゴク
王 七八一
△玉 七八一
○極 六二八
○獄 七七八

こぐま
麾 六六五

こけ
苔 一〇三三
蘚 一〇五七

こけら
柿 六一三
杮 六一三

こける
△倒 九九
痩 八二五
瘦 八一八

こげる
○焦 七五一
燋 七四六

ここ
此 六五四
△是 五五八
爰 七五九
兹 四〇二
茲 一〇二五
焉 七五一

こごえる
○凍 一四〇

ここの
○九 三九

ここのつ
○九 三九

こごまる
△屈 三六七

こごむ
△屈 三六七

こごる
△凝 一四一

こころ
○心 四四一
△情 四七三
情 四七三
△意 四五七
意 四五七

こころざし
○志 四四六

こころざす
○志 四四六

こころみ
○試 一二一七

こころみる
甞 二〇九
○試 一二一七
嘗 二二〇

こころよい
○快 四六五

ござ
蓙 一〇四一

こさめ
霎 一三九九

こし
○腰 九九三
腰 九九三
徯 九〇五
輂 一二七四
輿 一二七三
輦 一二七四

こじがた
橛 六四〇
檗 六〇六

こしき
甑 七九七
甗 一三五六
甗 一三五六
甑 七九七
轂 一二八〇

こしらえる
拵 五〇六

こじり
鐺 一三五六

こじる
抉 四九五

こす
○越 一一五九
○超 一一五九
漉 七一八
踰 一一六六
濾 七二五

こずえ
人梢 六二三
梢 六二三

こする
△抹 五〇三
摺 五二〇
摺 五二〇
△擦 五二四

こすれる
△擦 五二四

こそ
△社 八〇三
社 八〇三

こそぐ
刮 一五六

こぞる
△挙 四九〇
擧 一〇〇四
擧 四九三
舉 一〇〇五

こたえ
○答 八九八

こたえる
対 三三四
△対 三三四
△応 四四五
△堪 二七三
○答 八九八
對 三五七
△諾 一二二四
諾 一二二八
應 四六三

こだま
谺 一二三六

こだわる
拘 四九五
△拘 五〇〇

コチ
乞 四一
吃 二三〇
忔 四六五
忽 四四七
訖 一二〇九
△骨 一三四八
惚 四七二

こち
魥 一三六一
鮲 一三六三
鯒 一三六四

ゴチ
兀 一一四

コツ
3 乞 四一
兀 一一四
6 屼 三七八
7 忔 四六五
汩 六八〇
汨 六八三
8 忽 四四七
矻 八三三
9 紇 九二七
10 笏 八九四
訖 一二〇九
○骨 一三四八
11 △堀 二七〇
惚 四七二
△掘 五〇九
13 △滑 七二〇
窟 八一七
14 榾 六三三
18 齕 一三九六
21 鶻 一三七九

ゴツ
兀 一一四
屼 三七八
杌 六〇八
軏 一二七五
䰕 一三九三

こて
杇 六〇八
鏝 一三五四
鐋 一三五六
鐺 一三五六

こと
6 旲 三〇三
7 亊 四三五
叓 一一九
叓 一一九
8 ○言 一二〇六
○事 四三五
△者 九七〇
9 者 九七一
10 ○殊 六五七
11 ○異 八〇五
12 ○琴 七八五
異 八〇六
箏 八九八
14 箏 九〇三
16 縡 九四九

ごと
△如 三一一
△毎 六六二
毎 六六二

ことごとく
△尽 一三八
悉 四五五
盡 八三三

ことじ
△柱 六一五
柱 六一五

ごとし
△如 三一一
△若 一〇三二
若 一〇三二

ことづける
△託 一二一〇

ことなる
旲 三〇三
○異 八〇五
異 八〇六

ことに
○殊 六五七
△特 七六八

ことば
△詞 一二一三
△辞 一二八三
△語 一二一九
辭 一二八三

ことぶき
○寿 三五一
壽 二八〇
壽 二八〇

ことぶく
△寿 三五一
壽 二八〇
壽 二八〇

ことほぎ
△寿 三五一
壽 二八〇
壽 二八〇

ことほぐ
△寿 三五一
壽 二八〇
壽 二八〇

こども
豎 一二三八

ことわざ
諺 一二三八
諺 一二三八

ことわり
△理 七八九

ことわる
○断 五四五
斷 五四七

こな
○粉 九一三

こなかき
糂 九一七
餗 一三三三
糝 九一八

こなす
△熟 七五七

こなれる
△熟 七五七

こねくる
捏 五〇八
揑 五一六

こねる
捏 五〇八
揑 五一六

この
人之 二四
此 六五四
這 一一九四
這 一一九四
斯 五四六
△該 一二一五
該 一二一五

このしろ
鮗 一三六二
鰶 一三六七

このましい
○好 三一〇

このみ
○好 三一〇

このむ
○好 三一〇

こはぜ
鞐 一三〇八

こばむ
○拒 四九九
拒 四九九

こび
媚 三一八

こびる
媚 三一八

こぶ
瘤 八一八

瘤 八一九　贅 一二五一　瘻 八二〇
こぶし 拳 四九一　拳 四九一
こぼす 溢 七二〇　溢 七二〇　零 一三九六
こぼつ 壊 二七六　壞 二七七
こぼれる 溢 七二〇　溢 七二〇　零 一三九六
こま 狛 七七三　駒 一三四三　齣 一三九六
こまい 梠 六〇三
こまか 細 九二三
こまかい 細 九二三　瑣 七九二　瑣 七九二　精 九一五　精 九一五　綢 九四三　緻 九四七　緻 九四九
こまぬく 拱 五〇四
こまねく 拱 五〇四
ごまめ 鱓 一三六八
こまやか 濃 七三三
こまる 困 二五一
ごみ 芥 一〇一六　塵 二六三
こみち 径 四三〇　徑 四三三　徯 四三八　蹊 一二六七
こむ 込 一一八六　込 一一八六
こむら 腓 九九二　樾 六三八
こめ 米 九一一　糓 九四九
こめぐら 庾 四一〇
こめる 込 一一八六　込 一一八六　篭 九〇六　籠 九一〇
こも 苽 一〇二二　菰 一〇三三　薦 一〇五一　薦 一〇五一
こもごも 交 五四
こもる 篭 九〇六　籠 九一〇
こやし 肥 九八六
こやす 沃 六八三　肥 九八六
こやる 臥 九九八　卧 九九八
こよみ 暦 五六五　曆 五六五
こらえる 怺 四六八　堪 二七三　躵 一一七〇
こらしめる 懲 四六三　懲 四六三
こらす 凝 一四一　懲 四六三　懲 四六三
こり 梱 六二三
ごり 鮴 一三六三
こりる 懲 四六三　懲 四六三
こる 凝 一四一
これ 之 三四　伊 七五　此 六五四　是 五五八　惟 四七一　焉 七五一　寔 三四六　維 九四〇　諸 一一三三　諸 一一三八
ころ 比 六六三　頃 一三一四
ころがす 転 一一七五　轉 一一八〇
ころがる 転 一一七五　輾 一一八〇　轉 一一八〇
ころげる 転 一一七五　轉 一一八〇
ころし 殺 六五九　殺 六六〇　煞 七五五
ころす 殺 六五九　殺 六六〇　弑 四一七　僇 一〇八　剹 一六三　殛 六五七　煞 七五五　戮 四八五
ころぶ 転 一一七五　轉 一一八〇
ころも 衣 一〇八一　衫 一〇八七　衲 一〇八八　褔 一〇九一　褞 一〇九三
こわ 声 二七八　聲 九七六
こわい 怖 四六八　恐 四五一　恐 四五一　悑 四七一　強 四三一　强 四三三
こわがる 怖 四六八　悑 四七一
こわす 毀 六六〇　毁 六六〇　壊 二七六　壞 二七七
こわれる 毀 六六〇　毁 六六〇　壊 二七六　壞 二七七
コン 1 丨 三〇　3 巾 三八八　4 今 六三　5 今 六三　6 艮 一〇一〇　7 困 二五一　近 一一八七　8 佷 八八　坤 二六七　昆 五五七　昏 五六二　9 近 一一八七　金 一三二五　建 四一三　很 四三三　恨 四六九　昬 五六二　10 狠 七七三　圂 二五四　悃 四七〇　捆 五〇七　根 六二〇　衮 一〇八三　11 健 一〇二　婚 三一七　崑 三七五　崐 三八〇　惛 四七二　梱 六二三　混 七〇六　痕 八一五　紺 九三三　袞 一〇八三　12 惽 四七四　棔 六二五　棍 六二五　渾 七一五　焜 七四三　筋 八九七　菎 一〇三三　髠 一三五三　13 壼 二七九　溷 七三三　煇 七四四　献 七七〇　琿 七九一　跟 一二六四　髡 一三五三　14 滾 七二五　蒟 一〇四一　褌 一〇九一　䰟 一三五七　魂 一三五八　15 閫 一三六七　16 墾 二六四　諢 一二一八　閽 一三六七　17 懇 四六三　謹 一二三〇　餛 一三二四　18 謹 一二三三　鯇 一三六三　鯀 一三六四　19 鯤 一三六五　20 獻 七七一　騫 一三四〇　鯶 一三六六　鶤 一三七八　21 鼲 一三九七
ゴン 6 艮 一〇一〇　7 含 二一九　言 一一〇六　近 一一八七　8 佷 八八　欣 六四六　近 一一八七　9 很 四三三　12 勤 一七〇　琴 七八五　13 勤 一七一　禁 八六一　14 銀 一三二四　15 権 六三六　16 諢 一二一八　17 懃 四六三　厳 五一八　18 観 一一〇二　20 嚴 二一〇　22 權 六四四
こんず 漿 六七四
ごんずい 樗 六三八

さ

サ 3 叉 一九七　屮 三七一　5 乍 三八　左 三八四　6 再 一三四　扠 四九四　7 佐 八二　作 八二　坐 二五八　杈 六〇八　沙 六八〇　8 些 五三　咋 二三三　坐 二五八　者 九七〇　9 剉 一五八　査 五九七　査 五九七　相 六一五　炸 七四二　砂 八五四　者 九七一　茶 一〇一八　10 唆 二三五　娑 三〇八　差 三八五　座 四〇六　挫 五〇七　紗 九二八　茶 一〇一八　衰 一〇八三　11 做 一〇三　梭 六二三　桫 六二三　莎 一〇二一　衰 一〇八三　釵 一三三九　12 惢 四四三　渣 七一五

痤 八二五　矬 八四九　○詐 一二一三　靫 一三〇七　(13) 嗟 二四〇　嗄 二四〇　嵳 三七六　人嵯 三八〇　搓 五一八　△搾 五一八　楂 六二九　人裟 一〇八六　(14) 摧 五三〇　槎 六三三　榨 六三三　瑣 七九二　瑣 七九二　人瑳 七九二　皵 八二九　蓑 一〇四一　蜡 一〇七〇　(15) 樝 六二七　璅 七九三　磋 八五九　鯊 一三六一　魦 一三六一　(16) 皻 八二九　簑 九〇五　鮓 一三六二　(17) 簑 九〇六　蹉 一一六七　(18) ○鎖 一三五二　鎖 一三五二　鎖 一三五二　鯊 一三六一

鯋 一三六四　(19) 鏁 一三五四　(20) 齚 一三九六　(23) 齰 一三九七

さ　△小 三五七　△狭 七七三　狹 七七五　△素 九二〇　△然 七五三

ザ　坐 二五八　坐 二五八　剉 一五八　○座 四〇六　挫 五〇七　痤 八二五　矬 八四九　莝 一〇四一

サイ　(3) 叉 一九七　○才 四八九　(4) ○切 一四九　巛 三八一　(5) 切 一四九　(6) 伜 七七　○再 一三四　△在 二五七　戋 四八〇　犲 七七一　○西 一〇九四　(7) △材 六〇九　○災 七四〇　灾 七四〇　(8) ○妻 三〇八

人采 五九九　采 五九九　隹 一三八五　△斉 一三九四　(9) 人哉 二一四　洒 六九四　○砕 八五四　砌 八五四　(10) 倅 九八　冣 一三六　凄 一三九　○宰 三四一　△差 三八五　斎 五四一　晒 五六八　○栽 六〇三　柴 六〇三　○殺 六五九　烖 七四〇　△粋 九一三　△衰 一〇八三　豺 一二四〇　○財 一二五一　(11) 人偲 一〇三　啐 二三六　埣 二七〇　婇 三一七　寀 三四三　崔 三七五　○彩 四二七　彩 四二七　○採 五一〇　採 五一〇　殺 六六〇　淬 七〇七

○済 七〇七　淒 七二〇　猜 七七六　眥 八二九　眦 八四三　砦 八五三　○祭 八六一　○細 九二三　○菜 一〇三三　衺 一〇八三　△責 一二四一　財 一二五一　釵 一三三九　○斎 一三九四　(12) ○最 五七八　焠 七四三　犀 七六五　菜 一〇三三　菑 一〇三三　萋 一〇三四　○裁 一〇八五　靫 一三〇七　(13) ○債 一〇七　○催 一〇七　傺 一〇八　塞 二六一　○歳 六五〇　歳 六五〇　煞 七五五　滓 七三一　碎 八五七　△罪 九五七　腮 九九二　葘 一〇三七　○載 一一七三

辠 一一八三　(14) 寨 三四八　截 四八三　摧 五三〇　粹 九一五　綵 九四一　蓑 一〇四一　○際 一三八三　齊 一三九四　(15) 截 四八五　△撮 五三〇　蔡 一〇四五　(16) 儕 一一一　榱 六四〇　簑 九〇五　篩 九〇五　縡 九四九　蕞 一〇四七　鞍 一三〇八　(17) 濟 七三三　簑 九〇六　賽 一二五一　隮 一三八四　齋 一三九四　(18) 臍 九九六　顋 一三一一　(19) 韲 一三一二　(20) 鰓 一三六六　(21) 齎 一三九五　齜 一三九七　(22) 灑 七三七　鰶 一三六七　(23) 曬 五七四　纔 九五四　齏 一三九五

ザイ　△才 四八九　○在 二五七　○材 六〇九　○剤 一六〇　○財 一二五一　戝 一二五一　○罪 九五七　辠 一一八三　摧 五三〇　劑 一六三

さいかち　梍 六二三

さいずえ　鏄 一三五三

さいなむ　呵 二三三　苛 一〇一九　嘖 二四一

さいわい　(8) ○幸 四〇〇　△祉 八六四　(9) 祉 八六四　(10) 人倖 九八　祜 八六五　祚 八六七　△祥 八六八　(11) 祥 八六八　(12) 人禄 八六八　(13) 祿 八六八　人禎 八六九　△福 八六九　(14) 禎 八六九　福 八六九

さえ　冴 一三八　人冴 一三八　阹 一三七二

ざえ　△才 四八九

さえぎる　○遮 一三三〇　△障 一三八四　障 一三八四　遮 一三三〇　闌 一三六八

さえずる　哢 二三六　啁 二三七　囀 二四四

さえる　冱 一三八　冴 一三八　冴 一三八　人冴 一三八

さお　竿 八八四　桿 六二三　棹 六二七　篙 九〇五

さか　○坂 二六七　阪 一三七一　坻 二六八　坡 二六八　陂 一三七三　○逆 一二九〇　逆 一二九〇　○酒 一三三九　陘 一三七四

さが　△性 四六七

さかい　(9) △界 八〇四　畍 八〇八　(10) 埒 二七〇　埓 二七〇　(11) △域 二七〇　竟 八九〇　(12) 堺 二七三　(13) 畺 八〇四　(14) ○境 二七五　境 二七五　(19) 疆 八一〇

さかえる　○栄 六〇〇　榮 六〇六

さかき　榊 六三三　榊 六三五

さかさ　○逆 一二九〇　△倒 九九　逆 一二九〇

さかさま　△倒 九九

さがし　嶮 三八〇

さかしい　△賢 一二五〇　贒 一二五一

さかしま　△倒 九九

さがす　○捜 五〇八　△索 九二〇　○探 五三二　廋 四二〇　捜 五一八

さかずき　(5) 卮 一八八　(7) 巵 三八七　(8) 卺 一八八　○杯 六一三　(9) 巹 三八七　盃 八二九　(11) 栝 六二四　(12) 觚 一二〇三　(13) 盞 八二三　觥 一二〇四　(14) 觫 一二〇五　(17) △爵 七五九　觳 一二〇五　(18) 爵 七五九　觴 一二〇五　(19) 觶 一二〇五

さかな　肴 九八二　臭 一三五九　○魚 一三五九　餚 一三二四

さかのぼる　泝 六八六　溯 七三三　遡 一三二〇　遡 一三二〇

さかもり　醵 一三三八　醼 一三三九

さからう

屰 三七一
忤 四六五
迕 一二八八
○逆 一二九〇
逆 一二九〇

さかり
○盛 八三二
盛 八三二

さがり
鍍 一三五三

さかる
○盛 八三二
盛 八三二
△離 一三九一

さがる
○下 一七

さかん
5 △史 二〇四
△目 八三四
6 △壮 二八〇
7 壯 二八〇
△志 四四六
沛 六八二
8 人昌 五五五
人旺 五五六
9 △荘 一〇二七
10 殷 六五九
11 ○盛 八三二
莊 一〇三一
12 △属 三六九
盛 八三二
16 熾 七四六
21 屬 三七一

さき
6 ○先 一一七
9 △前 一五一
前 一五一
尖 三六一
11 埼 二七〇
嵜 三七四
○崎 三七九
12 嵜 三七五
崎 三八〇
13 碕 八五七
21 曩 五六一

さぎ
鷺 一三七三
鷀 一三八〇

さきがけ
人魁 一三五八

さきに
△向 二二五
嚮 二三九
嚮 二三九
曩 五六一

さきばらい
蹕 一二六七

サク
册 一五
5 乍 二八
○冊 一三三
6 冊 一三四
7 ○作 八二
8 咋 二三三
怍 四六七
9 ○削 一五八
削 一五八
○昨 五六七
柵 六二五
栅 六二五
柞 六二五
炸 七四二
胙 九八六
10 厝 一九三
捉 五〇八
人朔 五八五
朔 五八五
窄 八八六
○索 九二〇
11 做 一〇三
△措 五一三
欶 六四六
箣 八九五
舴 一〇〇八
蚱 一〇六七
12 △責 一一四四
○策 八九七
○酢 一三三五
13 ○搾 五一八
△数 五三七
溯 七二三
筴 九〇〇
筰 九〇〇
遡 一三一〇
14 嘖 二四一
幘 三九四
愬 四六一
槊 六〇六
榨 六二三
蒴 一〇四一
15 遡 一三一〇
數 五三七
槭 六二七
醋 一三三七
錠 一三四七
16 擌 五一三
瞔 八四四
糠 九一七
○錯 一三四九
17 簎 九〇六
簀 九〇六
賾 一一五六
18 賾 一一五六
20 齚 一三九六
22 齪 一三九七
23 齰 一三九七
28 鑿 一三三八

さく
8 坼 二六七
拆 五〇一
△析 六二二
9 ○咲 二三五
咲 二三五
柝 六二五
10 △剖 一六〇
12 ○割 一六一
割 一六一
○裂 一〇八六
17 擘 四九三

さくら
○桜 六一七
棟 六二六
櫻 六四四

さくる
剞 一五六

さぐる
○探 五一二

さけ
○酒 一三二九
𨡕 一三三五
鮭 一三六三
鮏 一三六二
鯹 一三六六

さげすむ
貶 一一五三
蔑 一〇四六

さけび
叫 二二九
○叫 二三〇
吅 二三一

さけぶ
△号 二〇七
叫 二二九
○叫 二三〇
吅 二三一
唬 二三九
喊 二三八
號 一〇六一
嘖 二四一
嚄 二四四

さける
坼 二六七
○裂 一〇八六
辟 一二八三
○避 一三一四
避 一三一四

さげる
○下 一七
○提 五一六

さこ
△迫 一二八九
迫 一二八九
逧 一二九九

ささ
△酒 一三二九
人笹 八九七
△細 九二三
筱 九〇〇
篠 九〇六

ささえる
○支 五三六
拄 五〇一

ささぐ
捧 五一四

ささげ
豇 一一三八

ささげる
捧 五一四
擎 四九三

さざなみ
漣 七三四
漣 七三八

ささやく
咡 二三五
聶 九七四
囁 二四四

ささら
筅 八九八
簓 九〇七

ささる
○刺 一五七

さし
緡 九四七
繦 九五〇

さじ
匕 一七四
匙 一七五

さしはさむ
夾 二九六
△挟 五〇四
挾 五〇七

さしまねく
麾 一三八五

さしわたし
△径 四二〇
徑 四二三

さす
4 △止 六四九
6 扠 四九四
8 ○刺 一五七
△注 六八七
注 六八七
9 ○指 五〇五
△点 七四九
10 臿 一〇〇四
△射 三五六
○差 三八五
○挿 五〇八
12 插 五一六
14 箚 九〇三
17 螫 一〇六五
點 一三八九
18 △鎖 一三五二
鎖 一三五二
鎻 一三五二
19 鏁 一三五四

さすえ
棬 六二五

さすが
遉 一三〇五

さずかる
○授 五一〇
授 五一〇

さずける
○授 五一〇
授 五一〇

さすまた
杈 六〇八

さする
△摩 四九二
摩 四九二
撫 五三三
△擦 五二四

さぞ
嘸 二四二

さそい
○誘 一一三三

さそう
唆 二三五
○誘 一一三三

さそり
蝎 一〇七一
蠆 一〇六五
蠍 一〇七三

さだ
△貞 一一四二
人禎 八六九
禎 八六九

さだか
○定 三三五

さだまる
○定 三三五

さだめ
○定 三三五

さだめる
○定 三三五
奠 三〇四

サチ
△察 三四八
△撮 五二〇
薩 一〇五三
薩 一〇五三

さち
○幸 四〇〇
△祥 八六八
祥 八六八

サッ
○早 五五五

サツ
4 扎 四九三
5 册 一五
○冊 一三三
○札 六〇七
6 冊 一三四
8 ○刷 一五七
刹 一五八
9 拶 五〇五
10 ○殺 六五九
紮 九二〇
11 殺 六六〇
紮 九二二
12 剳 一六一
13 煞 七五五
14 劄 一六三
○察 三四八
箚 九〇三
人颯 一三一七
15 ○撮 五二〇
撒 五二一
17 蔡 一〇四五
○擦 五二四
薩 一〇五三
18 櫒 六四三
薩 一〇五三

ザツ

雑 一三八九 雑 一三九〇
さて 扠 四九四 扨 四九四 偖 一〇三
さと 邑 一三一六 里 一三三一 郷 一三一九 硲 八五七 郷 一三三三 鄕 一三三三
さとい 8 怜 四六八 10 哲 二三四 敏 五三三 11 敏 五三四 12 喆 二三八 惺 四七四 智 五六四 14 聡 九七七 15 慧 四六一 慧 四六一 17 聰 九七七
さとうきび 蔗 一〇四五
さとし 哲 二三四 敏 五三三 敏 五三四 喆 二三八 聡 九七七 諭 一一二九 諭 一一二九 聰 九七七
さとす 喩 二三九 覚 一〇九八 諭 一一二九 諭 一一二九 覺 一〇九九
さとり 悟 四七〇
さとる 悟 四七〇 聆 九七七 惺 四七四 暁 五七〇 覚 一〇九八 聡 九七七 憬 四七七 曉 五七三 聰 九七七 覺 一〇九九
さな 真 八二六 眞 八二六
さなぎ 蛹 一〇六九
さなだ 條 九五四 縧 九五〇
さね 札 六〇七 実 三一四 核 六一八 核 六一八 真 八二六 眞 八二六 寘 三四八
さば 鯖 一三六五 鯖 一三六五
さばき 裁 一〇八五
さばく 捌 五〇八 裁 一〇八五 辦 一一八二
さばける 捌 五〇八
さび 寂 三四三 銹 一二四七 錆 一二五〇 錆 一二五〇 鎗 一二五四 鏽 一二五五
さびしい 寂 三四三 淋 七二二 寥 三四九
さびる 銹 一二四七 錆 一二五〇 錆 一二五〇
さびれる 荒 一〇二五 荒 一〇二五 寂 三四三
さぶ 三 九
さぶらう 式 四一六
さま 候 九八 候 一〇三 状 七七〇 狀 七七〇 態 四六一 様 六二五 樣 六二八 様 六四一
ざま 様 六二五 樣 六二八 様 六四一
さます 冷 一二八 覚 一〇九八 醒 一二三七 覺 一〇九九
さまたげる 妨 三一二 罣 九五七 碍 八五七
さまよう 彷 四二九 徉 四三三 徜 四三五 徘 四三六 逍 一二九四 徨 四三七
さむい 凄 一七〇 寒 三四五 寒 三四五
さむらい 士 二七八
さむらう 侍 八九 候 九八 候 一〇三
さめ 雨 一三九二 鮫 一三六三
さめる 冷 一二八 覚 一〇九八 寤 三四八 褪 一〇九二 醒 一二三七 覺 一〇九九
さや 莢 一〇三〇 鞘 一三〇八 鞘 一三〇八 韒 一三一〇 鞞 一三〇九
さやか 清 七〇九 清 七〇九 爽 七六一
さやけし 清 七〇九 清 七〇九 爽 七六一
さより 鱵 一三六九
さら 皿 八二九 更 五七七 叓 五二七 盤 八三三
ざら 粗 九一四
さらい 杷 六一三 欋 六四四
さらう 浚 六九九 掠 五一四 渫 七一六 攫 五二六
さらえ 杈 六〇八 杷 六一三 欋 六四四
さらえる 浚 六九九 渫 七一六
さらけ 踶 七九六
さらす 漂 七一七 暴 五六一 曝 五七四 露 一三〇一 曬 五七四
さらに 更 五七七 叓 五二七
さる 去 一九六 申 八〇三 晡 五七〇 然 七五二 猨 七七七 猴 七七七 猱 七七七 猿 七七七 狷 七七七 獼 七七九
ざる 盋 八二九 盉 八三〇 笊 八九五 盖 八三〇 蓋 一〇三六 蓋 一〇四〇
さるがき 桾 六三三
ざれる 戯 四八五 戲 四八五 戲 四八五
さわ 多 二八三 夥 二八三 夛 二八五 夛 二八五 沢 六八〇 澤 七三三 隰 一三八四
さわがしい 閙 一三六五 鬧 一三五五 騒 一三四五 譟 一一三四 躁 一一六八 騷 一三四六
さわぐ 噪 二四三 騒 一三四五 譟 一一三四 躁 一一六八 騷 一三四六
さわす 醂 一二三七
さわやか 爽 七六一
さわら 椹 六三〇 鰆 一三六六
さわり 障 一三八四 障 一三八四
さわる 触 一二〇四 障 一三八四 障 一三八四 觸 一二〇五
サン 3 三 九 山 三七三 彡 四二五 4 仐 六三 5 生 七九八 6 弎 四一六 汕 六七七 7 刪 一五四 删 一五四 奴 二〇〇 叔 二〇〇 8 杉 六〇九 兓 一二四 参 一九五 戔 四八〇 疝 八二三 9 芟 一〇一七 衫 一〇八七 柵 六二五 栅 六二五 珊 七八七 10 閂 一三六一 剗 一六〇 桟 六三〇 残 六五六 狻 七七五 笇 八八四 蚕 一〇六二 訕 一一一〇 11 彡 一三五三 參 一九五 惨 四七三 斬 五四四 産 八〇〇 產 八〇〇 笘 八九五 釤 一三三九 飡 一三三六 12 傘 六八 叅 一九五 孱 三六九 散 五三五 散 五三五 暫 五八〇 棧 六三六 殘 六五七 跚 一一六二 跚 一一六二 湌 一三三六 盞 八三三 13 筭 九〇〇

粲 九二三　14 嶄 三七六　嶃 三八〇　慚 四七七　慘 四七七　滻 七二五　○算 九〇三　蒜 一〇四一　○酸 一二三六　15 幓 三九四　慙 四六一　撒 五三一　撰 五三一　撰 五三一　△暫 五六五　毿 六六六　潸 七二九　潺 七三〇　糂 九一七　蔘 一〇四五　○賛 一一四八　16 穇 八八二　篹 九〇五　餐 一三三〇　17 毚 六六四　人燦 七四七　篡 九〇六　糝 九一八　18 儳 四七九　攢 五三四　竄 八八九　簨 九〇八　簪 九〇八　繖 九五三　蹔 一一六二

19 瓉 七九四　贊 一一五一　鏨 一二三八　鏟 一二五四　20 巉 三八一　儳 四八〇　攙 五三五　纂 九二四　霰 一三〇〇　21 纉 九五三　羼 九六三　饌 一三三五　驂 一三四六　22 巑 三八一　攢 五三六　讃 一一三五　23 瓚 七九四　纔 九五四　鑚 一二五六　24 蠶 一〇六五　讒 一一三五　25 纘 九五四　鑱 一二五七　26 讚 一一三五　饞 一三三六　27 鑽 一二五七　29 爨 七四一

ザン　10 ○残 六六六　11 ○惨 四七二　斬 五四四　12 殘 六六七　14 塹 二六二　塹 二七五　嶄 三七六

嶃 三八〇　慚 四七七　慘 四七七　15 慙 四六一　○暫 五六五　槧 六〇六　17 壍 二六四　毚 六六四　18 儳 四七九　竄 八八九　19 鏨 一二三八　20 巉 三八一　儳 四八〇　攙 五三五　24 讒 一一三五　26 饞 一三三六

サンカク　△ 一四〇〇

サンチ　珊 七八七

さんづくり　彡 四二五

し

シ　2 厶 一九五　3 人之 二四　○士 二七八　○子 三一一　尸 三四四　人巳 三八六　4 ○支 五三六　○止 六四九　△氏 六六六

5 ○仕 七二　仔 七二　卮 一八〇　○史 二〇四　人只 二〇八　○司 二一三　○四 二四六　○市 三六八　○矢 八〇七　○示 八六一　6 囟 二五〇　△字 三一三　△寺 三二一　师 三五五　弛 四〇〇　○旨 五六一　朿 五九二　○次 六四五　次 六四五　此 六五四　○死 六五四　汜 六七七　○糸 九一九　○自 九九九　○至 一〇〇二　△芝 一〇一四　7 事 四五　吏 一九九　叓 一九九　○伺 八三　△似 八三　佀 八三　址 二六七　孜 三一七　巵 三八七

帋 三九〇　○志 四四六　抆 四九五　㫖 五六三　时 五六五　沚 六八〇　○私 八七三　芝 一〇一四　豕 一一二八　阯 一二七〇　8 △事 四五　○使 八八　侈 八九　△侍 八九　兕 一三〇　○刺 一五七　△垂 二五八　坻 二六八　姊 三一三　○姉 三一三　○始 三一四　姒 三一四　甾 三八二　㢮 四三二　△抵 五〇二　旹 五六三　○枝 六二一　柹 六二一　泗 六八五　祀 八六三　祇 八六四　○祉 八六四　○肢 九八五　芷 一〇一七　△斉 一三九四

9 俟 九一　咨 二一四　呰 二一四　咫 二四六　○姿 三〇八　姿 三〇八　屍 三六八　屎 三六八　帠 三九〇　兹 四〇三　○思 四五〇　恃 四六九　○指 五〇五　批 五〇五　○施 五四九　△是 五五八　枲 六〇一　枳 六一四　柿 六一五　祇 八六四　祉 八六四　△食 一三一九　食 一三一九　10 埀 二五九　△差 三八五　○師 三九六　恣 四五三　△時 五六八　玆 七八〇　玺 七八六　砥 八五四　祠 八六五　祗 八六五　秭 八七六　○紙 九一八

翅 九六七　耆 九七〇　○脂 九八八　舐 一〇〇五　茨 一〇二五　茲 一〇二五　虒 一〇五九　蚩 一〇六三　11 人偲 一〇三　匙 一七五　厠 一九二　徙 四三五　人梓 六二三　梔 六二三　淄 七〇七　瓷 七九五　畤 八〇九　疵 八一五　眥 八三九　眵 八四二　眦 八四二　笶 八九五　笥 八九五　絁 九三三　耜 九七三　舐 一〇〇五　衪 一〇九〇　○視 一一〇〇　豉 一一一八　趾 一一六三　鉇 一二三九　12 冢 一三〇　△喜 二二七　啻 二二八　△堤 二七三

孳 三一七　廁 四〇九　弑 四一七　揣 五一六　△提 五一六　斯 五四六　△殖 六五七　△滋 七一五　痣 八一五　竢 八九二　粢 九一二　絲 九一九　○紫 九三三　罳 九五五　胾 九八一　菑 一〇三三　莿 一〇三三　覗 一一〇〇　視 一一〇〇　○詞 一一一三　○歯 一三九五　13 ○嗣 二〇六　嗜 二四〇　嗤 二四〇　塒 二七四　孶 三一七　寘 三四七　嵳 三七六　人嵯 三八〇　△慈 四五九　楒 六二九　榯 六三〇　滋 七三三　滓 七三三　獅 七七八

肆 九七九　葹 一〇二七　葘 一〇二七　人蒔 一〇四一　觜 一一〇三　訾 一一〇七　○詩 一一一六　○試 一一一七　訿 一一一七　○資 一一四七　資 一一四七　貲 一一四八　趑 一一六〇　跐 一一六四　△辞 一一八二　鉈 一二四三　飴 一三三三　○飼 一三三三　14 凘 一四〇　厮 一九四　屣 三七〇　慈 四六一　榰 六二三　△漬 七一五　△漆 七一六　甆 七九五　疐 八二一　△磁 八五八　緇 九四一　舓 一〇〇六　蓍 一〇四一　蒔 一〇四一　○誌 一一一〇　○雌 一二九〇　飴 一三三三

飼 一三三三　鳲 一三七四　齊 一三九四　【15】幟 三九四　廝 四二一　摯 四九二　撕 五二一　澌 七二九　甆 七九五　寔 八一一　磁 八五九　緇 九四六　蓰 一〇四五　賜 一一五三　輜 一一七八　辤 一一八三　養 一三三〇　駟 一三四三　駛 一三四三　魳 一三六一　齒 一三九五　【16】嘴 二四三　憙 四六二　熾 七四六　積 八八二　篩 九〇五　縒 九四九　褫 一〇九三　諡 一一三八　諮 一一三八　諮 一一三八　諟 一一三八　趦 一一六〇　輜 一一七九　錙 一二四九

髭 一三五四　鮇 一三六二　鴟 一三七五　【17】禩 八七〇　簁 九〇六　謚 一一三一　鎡 一二五一　騃 一三四四　鮆 一三六一　鮨 一三六三　䱥 一三六三　鴲 一三七六　鵄 一三七六　【18】織 九五二　織 九五二　蟴 一〇六五　蟖 一〇七三　贄 一一五一　蹝 一一六七　鎡 一二五三　颸 一三一七　【19】璽 七八六　觶 一一〇五　識 一一二三　識 一一二三　辭 一一八三　鰦 一三六五　【20】蠐 一〇七四　鐁 一二五五　鰓 一三六六　鯔 一三六六　鷀 一三七八　齝 一三九六　【21】鰤 一三六七　鰣 一三六七

鷀 一三七九　鶿 一三七九　鶅 一三七三　齎 一三九五　齜 一三九七　【22】鷙 一三七三　【23】曬 五七四　【25】籭 九一二　鸍 一三八〇　【26】釃 一二三九

ジ　【2】二 四六　【3】士 二七八　【4】氏 六六六　【5】仕 七二　尓 三六二　尒 三六二　尼 三六五　式 四一六　示 八六一　【6】弍 五三　地 二六五　字 三三三　寺 三五一　次 六四五　次 六四五　而 九七一　耳 九七三　自 九九九　【7】事 四五　似 八三　佀 八三　你 八三　伱 八三　児 一一九

叓 一九　叓 一九　时 五六五　【8】事 四五　侍 八九　兕 一二〇　兒 一二〇　刵 一五七　姒 三一四　岻 三七八　怩 四六七　旹 五六三　治 六八六　【9】咡 二三五　峙 三七九　兹 四〇三　庤 四〇六　恃 四六九　持 五〇五　迻 一一八九　【10】時 五六八　栭 六二〇　玺 七六六　珥 七六八　茲 一〇二五　除 一二七五　【11】匙 一七五　瓷 七九五　畤 八〇九　痔 八二五　貮 一一四五　【12】孶 三三七　滋 七一五　詞 一一二三　冢 一二九

貳 一一四六　遅 一二〇四　【13】孳 三三七　慈 四五九　滋 七一三　蒔 一〇四一　輀 一一七八　辞 一一八三　飼 一三三三　【14】慈 四六一　爾 七六一　甆 七九五　磁 八五八　蒔 一〇四一　飼 一三三三　餌 一三三三　【15】甆 七九五　磁 八五九　辤 一一八三　餌 一三三三　【16】儞 一一一　膩 九九五　遲 一二一四　【17】鎡 一二五一　鮞 一三六三　【18】臑 九九六　邇 一二一五　鎡 一二五三　【19】璽 七八六　辭 一一八三　【20】鷀 一三七八　【21】轜 一一八一　鰣 一三六七　鷀 一三七九

じ　路 一一六五
しあわせ　幸 四〇〇　倖 九八
シイ　弑 四一七　詩 一一二六
しい　椎 六二六
じい　爺 七六一
しいたげる　虐 一〇五九　虐 一〇五九
しいな　秕 八七五
しいら　鱰 一三六九　鱪 一三六九
しいる　罔 九五六　強 四二二　强 四二三　誣 一一三三
しお　汐 六七八　鹵 一三八〇　塩 二七四　潮 七二二　潮 七二二　鹽 一三八二
しおから　鮨 一三六二
しおからい　醎 一二三七　鹹 一三八一
しおき　罰 九五八　罸 九五八
しおけ　鹹 一三八一
しおで　鞍 一三〇八
しおり　栞 六〇三
しおれる　悄 四七二　萎 一〇三三
しか　尓 三六二　尒 三六二　鹿 一三八一　然 七五三　爾 七六一
じか　直 八三四
シカク　□ 一四〇〇
しかし　併 九〇　倂 一〇〇　然 七五三
しかして　而 九七一　然 七五三
しかしながら　併 九〇　倂 一〇〇
しかと　聢 九七七　確 八五八
じがばち　蜾 一〇六九
しかばね　尸 三六四　屍 三六八
しかめる　蹙 一一六三　顰 一三一四
しかも　而 九七一　然 七五三
しからば　然 七五三
しがらみ　柵 六〇五　栅 六〇五　笧 八九五
しかり　尓 三六二　尒 三六二　然 七五三　爾 七六一
しかる　叱 二三〇　吒 二三〇　呵 二三三　咤 二三三　咤 二三五　喝 二三六　喝 二三八　然 七五三　訶 一一二三
しかるに　而 九七一　然 七五三
しかれども　而 九七一
しかれば　然 七五三
シキ　【6】式 四一六　色 一〇一一　【9】拭 五〇六　【12】植 六二六　殖 六五七　測 七一六　【13】軾 一一七八　飾 一三三三　【14】飾 一三三三　【17】餝 一三三四　【18】織 九五二　織 九五二　職 九七八　職 九七八　【19】識 一一二三　識 一一二三　軄 一一七〇
しき　敷 五三八　敷 五三八
しぎ　鴫 一三七五　鷸 一三八〇
ジキ　直 八三四　食 一三二九　食 一三二九
しきい　閾 一二六七

閾 一三六七
しきみ 梱 六三三　梻 六二四　樒 六三八　閫 一三六七　閾 一三六七　櫁 六四三
しきりに 連 一一九八　累 九二一　連 一一九八　絫 九二三　頻 一三一九　頻 一三二〇　纍 九三五
シク 夙 二八五　牀 四一四　叔 二〇一　宿 三四三　閦 一三六六
しく 及 三七　及 一九七　布 三六九　如 三一一　若 一〇二二　若 一〇二二　敷 五三八　敷 五三八　藉 一〇五三
ジク 肉 九八〇　宍 三三二
杻 四六五　竺 八九四　衂 一〇七七　衄 一〇七七　舳 一〇〇八　軸 一二七七　鰤 一三六三
しけ 絓 九三五
しげ 重 一二三一　繁 九三三　繁 九二四
しげし 繁 九三三　繁 九二四
しげる 8 茂 一〇二四　9 兹 四〇二　茂 一〇二四　10 茲 一〇二五　茸 一〇二六　12 孳 三一七　滋 七二五　菁 一〇三四　13 孶 三一七　滋 七三三　稠 八七九　葆 一〇三八　14 蓁 一〇四二　16 繁 九三三　蕃 一〇四九　17 繁 九二四　18 穠 八八三　25 虋 五九八
26 虋 五九八　29 鬱 一三五五
しこ 醜 一三一七
しこうして 而 九七一
しごき 衱 一〇八八
しごく 扱 四九四　扱 四九六
しこる 痁 八一三　痼 八一六　凝 一四一
しころ 錏 一三四八　錣 一三五〇　鞨 一三〇八　鐚 一三五五
じさ 橲 六四一
しし 肉 九八〇　宍 三三二　猪 七七六　鹿 一三八一　猪 七七七　獣 七七一　獸 七七一
しじ 榻 六三四　繁 九三三　繁 九二四
じじ 祖 八六七　祖 八六七　爺 七六一
じじい 爺 七六一
ししびしお 醢 一三一七
しじみ 蜆 一〇六八
ししむら 肉 九八〇
しず 賎 一二五三　静 一三〇三　賤 一二五四　靜 一三〇四
しずか 閑 一三六四　禅 八六九　静 一三〇三　穆 八八二　穆 八八三　靜 一三〇四　禪 八七〇　謐 一二三一　闃 一三六八
しずく 涓 六九八　雫 一二九三　滴 七二六　滴 七二六
しずまる 静 一三〇三　靜 一三〇四　鎮 一三五三
鎭 一三五三
しずむ 汨 六八〇　沈 六八一　沉 六八一　汩 六八三　没 六八三　沒 六八三　淪 七一三　湮 七一三　湛 七一七
しずめる 沈 六八一　沉 六八一　静 一三〇三　靜 一三〇四　鎮 一三五三　鎭 一三五三
した 下 一七　舌 一〇〇五　簀 九〇八
したう 慕 四六四　慕 四六四　慕 四六二
したがう 4 从 六〇　7 彴 四二九　8 服 五四四　服 五四四　9 徇 四三三　狥 七七四　10 娓 三一六　従 四三三
悌 四七一　殉 六五七　11 婉 三一七　從 四三五　扈 四八七　拼 五一四　12 循 四三七　随 一三八一　順 一三一五　15 遵 一三一三　16 遵 一三一三　隨 一三八四　隷 一三八五　17 隸 一三八五
したがえる 从 六〇　従 四三三　從 四三五
したぐら 韉 一三一〇
したしい 親 一二〇〇
したしむ 親 一二〇〇
したためる 認 一二一三　認 一二一三
したたり 滴 七二六　滴 七二六
したたる 滴 七二六　滴 七二六　瀝 七三六
したみ 籭 九二一
したむ 湑 七一六　釃 一三一九
しだる 垂 二五八　埀 二五九
しだれる 垂 二五八　埀 二五九
したわしい 慕 四六四　慕 四六四　慕 四六二
シチ 2 七 七　5 失 二九五　9 室 三三八　柒 六〇一　10 疾 八一三　11 悉 四五五　貭 一二四四　13 嫉 三一九　瑟 七八六　14 漆 七二六　15 膝 九九四　質 一二四九
ジチ 実 三三四　實 三四八
しちょう 征 四三〇
シツ 2 七 七　5 叱 二三〇
失 二九五　8 実 三三四　虱 一〇六二　9 室 三三八　柒 六〇一　10 桎 六二〇　疾 八一三　11 執 二七〇　悉 四五五　桼 五九七　貭 一二四四　12 湿 七一五　蛭 一〇六八　13 嫉 三一九　瑟 七八六　14 實 三四八　漆 七二六　蒺 一〇四一　15 摯 四九二　膝 九九四　蝨 一〇六四　質 一二四九　16 嘯 二四三　17 櫛 六四二　濕 七三三　蟋 一〇七二　隰 一三八四　隲 一三八四　19 櫛 六四三　櫛 六四三　20 騭 一三四〇
ジッ 十 一七八
ジツ 日 五五三
尼 三六五　実 三三四　昵 五六八　衵 一〇八八　實 三四八　暱 五七三
しっかり 聢 九七七　確 八五八
しつけ 躾 一二七〇
しつける 躾 一二七〇
しで 椣 六二八　幣 三九二　幣 三九二　幣 三九二
しと 尿 三六五
しとぎ 粢 九一三
しとど 鵐 一三七六
しとね 茵 一〇二四　蓐 一〇四二　褥 一〇九二
しとみ 蔀 一〇四六
しとやか 婉 三一七　淑 七〇七
しな 品 二〇三

姿△ 三〇八　姿 三〇八　科△ 八七四　級△ 九六六　級 九六八　階△ 一三八〇
しなう 撓 五三二
したたりくぼ 閻 一三六三　閙 一三六四
しなびる 萎 一〇三三
しなやか 娜 三一六　婀 三一六　嬰 三二九　靭 一三〇七　靱 一三〇七　韌 一三一〇　纖△ 九五〇　繊 九五三　纖 九五四
しぬ 死○ 六五四　殂 六五六　殞 六五八
しね 纆 九五三
しの 筱 九〇〇　篠 九〇六
しのぎ 鎬 一三五二
しのぐ 凌人 一四〇　淩 七二三　陵△ 一三八〇
しのだけ 箘 九〇三　篁 九〇三
しのづけ 罧 九五七
しのばせる 忍○ 四四六　忍 四四六
しのび 忍○ 四四六　忍 四四六
しのびごと 誄 一一二九
しのぶ 忍○ 四四六　忍 四四六　偲人 一〇三　葸 一〇三二
しば 芝○ 一〇一四　芝 一〇一四　柴 六〇二
しばし 暫△ 五六五
しばしば 屢 三七〇　数△ 五三七　屨 三七〇　數 五三七
しばたく 瞬 八四四　瞬△ 八四四
しばたたく 瞬 八四四　瞬△ 八四四
しばらく 且△ 二九　姑 三一三　頃 一三一四　暫△ 五六五　蹔 一二六二
しばる 紮 九二〇　紮 九二一　縛○ 九五〇　縛 九五〇　縶 九六四　縲 九五一
しび 鮪 一三六二
しびる 痺 八一七
しびれる 痺 八一七　痳 八一七
しぶ 渋○ 七〇七　澁 七一九　澀 七三三
しぶい 渋○ 七〇七　澁 七一九　澀 七三三
しぶき 沫 六九一
しぶる 渋○ 七〇七　澁 七一九　澀 七三三
しべ 桑 六〇七
しべ 稭 八〇〇　蕊 一〇四八　蕋 一〇四八　蘂 一〇五五
しぼ 皺 八二九
しぼむ 凋 一四〇　萎 一〇三三
しぼり 絞○ 九二七　纈 九五三
しぼる 絞○ 九二七　搾○ 五一八
しま 9 洲人 六九五　10 島○ 三七七　陦 一三六六　12 斑 五四〇　14 嶌 三七六　㠀 三七七　嶋 三八〇　16 嶼 三八〇　縞 九四九　17 嶹 三八一　隯 一三六四　18 辦 一一八二
しまい 終△ 九三三
しまう 終 九三三　了△ 四四　終△ 九三三　終 九三三
しまる 閉○ 一三六一　閇 一三六一　絞○ 九二七　緊△ 九三三　締○ 九四七　締 九四七
しみ 染○ 六〇一
しみる 沁 六八〇　染○ 六〇一　凍△ 一四〇　浸△ 七〇〇　浸 七〇〇　寖 七一三　滲 七一六
しむ 令△ 六三　沁 六八〇
しめ 〆 一四〇〇　標△ 六三八　鵖 一三七六
しめし 示○ 八六一
しめす 示○ 八六一　呈△ 二〇九　呈 二〇九　湿○ 七一五　濕 七三三
しめる 占○ 一八七　扼 四九八　閉○ 一三六一　閇 一三六一　湿○ 七一五　絞○ 九二七　搤 五一七　緊△ 九三三　締○ 九四七　締 九四七　濕 七三三
しも 下○ 一七　霜○ 一三九九
しもと 笞 八九六　楚 五九八　楉 六三九　葼 一〇三八
しもべ 卆 一八三　卒△ 一八三　隷△ 一三八五　隸 一三八五
シャ 3 叉 一九七　5 且△ 二九　写○ 一二五　6 扠 四九四　7 沙人 六八〇　社○ 八六三　車○ 一二七二　邪 一三一六　8 些 五三　舎○ 六七　卸 一九一　姐 三一四　炙 七四〇　社 八六三　者○ 九七〇　舍 一〇〇五　邪△ 一三一七　9 卸△ 一九一　柘 六一五　洒 六九四　砂○ 八五四　者 九七一　虵 一〇六六　耶人 一三一八　10 借△ 九八　娑 三〇八　射○ 三五六　差△ 三八五　赦 五三三　紗人 九二八　這 一二一四　11 偖 一〇三　捨○ 五一〇　捨 五一〇　斜○ 五四二　莎 一〇三二　茶 一〇三二　蛇△ 一〇六七　蛇 一〇六七　赦○ 一二五七　這 一二一四　鉈 一三三九　12 奢 二九九　煮○ 七五一　畬 八〇八　畭 八一〇　硨 八五六　貰 一二四六　13 冩 一二七　嗟 二四〇　煮 七五五　蛼 一〇六八　裟人 一〇八六　鉈 一三四二　14 冩 一二七　榭 六三三　耤 九七二　賖 一二五三　賒 一二五三　遮○ 一三二〇　15 寫 三四九　樝 六三七　蔗 一〇四五　遮 一三二〇　16 赭 一二五七　17 謝○ 一二三一　蹉 一二六七　闍 一三六八　18 瀉 七三四　藉 一〇五三　鯊 一三六一　魦 一三六四　21 麝 一三八二　22 灑 七三七　鷓 一三八〇　23 曬 五七四
ジャ 7 邪 一三一六　8 若△ 一〇一二　邪○ 一三一七　9 若 一〇一二　虵 一〇六六　耶人 一三一八　11 斜△ 五四二　蛇○ 一〇六七　蛇 一〇六七　13 惹 四五九　14 榭 六三三　17 闍 一三六八　21 麝 一三八二
シャク 3 勺○ 一七三　勺 一七三　4 尺○ 三六四　5 石○ 八五〇　6 妁 三一一　7 杓 六〇九　杓 六〇九　灼 七四一　芍 一〇一四　赤○ 一二五六　8 昔○ 五六三　9 削△ 一五八　削 一五八　斫 五四四　10 借○ 九八　席△ 三九〇　捉 五〇八　笏 八九四　索△ 九二〇　迹 一二九〇　酌○ 一三二四

11 酌 一二三四　婥 三一七　惜 四七三　蚱 一〇六七　責 一二一四　釈 一二三〇　雀 一二八七　12 策 八九七　13 跡 一一六四　14 綽 九四一　16 積 八六二　錯 一二四九　錫 一二四九　17 爵 七五九　簎 九〇六　18 爵 七五九　蹟 一一六七　19 爍 七四七　繳 九五三　鵲 一三七七　20 釋 一二三一　21 嚼 二四四　癪 八一九　22 爝 七四八　23 鑠 一二五六　28 鑿 一二六八

ジャク
7 択 四九六　8 若 一〇三一　9 若 一〇三一　10 弱 四一八　弱 四一八　迹 一一九〇　11 寂 三四三　着 八三九

笛 八九六　著 一〇二四　雀 一二八七　12 着 八三九　13 嫋 三一九　惹 四五九　搦 五一八　楉 六三九　著 一〇二八　14 蒻 一〇四一　16 擇 五三三　18 藉 一〇五三　19 鶸 一三七七　20 籍 九〇九　籍 九〇九　21 鶸 一三七九

しゃくる
决 一一八　決 六七九　噦 二四三

しゃくれる
决 一一八　決 六七九

しゃけ
鮭 一三六三

しゃち
鯱 一三六五

しゃちほこ
鯱 一三六五

しゃっくり
噦 二四三

しゃべる
喋 二三九　喃 二三九

シュ
4 收 二〇〇　手 四八八　殳 六五八　5 主 二四　主 二四　6 囚 二四八　守 三三一　州 三八一　戍 四八一　收 五八八　7 朱 五九三　足 一一六一　8 侏 八九　取 二〇〇　咒 二〇九　周 二二三　周 二二三　呪 二二三　枢 六三二　料 六三二　注 六八七　注 六八七　9 壴 二七九　姝 三一五　洙 六九四　炷 七四三　狩 七七三　臭 一〇〇一　首 一三三六　10 尌 三五六　修 四六　株 六三〇　殊 六五七　珠 七六八　臭 一〇〇一

茱 一〇二六　11 酒 一二三九　執 二七〇　娶 三〇九　娵 三一七　掫 五二三　眾 八四六　脩 九九八　12 尌 三五七　属 三六九　棕 六二六　痩 八二五　臰 一〇〇一　蛛 一〇六八　衆 一〇七六　須 一三一五　13 愁 四六〇　数 五三七　楱 六二九　竪 八九二　腫 九九二　趎 一一六〇　14 樹 六三三　瘇 八二七　種 八六〇　聚 九七五　銖 一二四五　需 一二九七　飳 一三三二　15 撞 五三一　數 五三七　樞 六三七　澍 七二九　瘦 八二八　皺 八三九

16 諏 一一三三　豎 一一三八　趣 一一六〇　鋳 一二四七　樹 六四〇　獣 七七一　輸 一一八〇　輸 一一八〇　麈 一三八二　17 螽 一〇六五　趨 一一六〇　18 醜 一二三七　覰 一一〇二　19 雛 一二九〇　獸 七七二　20 鯫 一三六五　繻 九五三　鐘 一二五五　鐘 一二五五　21 屬 三七一　22 鑄 一三五六　鬚 一三五四

ジュ
2 入 一二三　4 从 六〇　6 戍 四八一　7 寿 三五一　8 乳 四三　乳 四三　受 一九九　受 一九九　咒 二〇九　呪 二二三　尌 三五六　10 従 四三三

11 殊 六五七　從 四三五　授 五一〇　授 五一〇　訟 一一二一　12 尌 三五七　就 三六三　愞 四七五　13 竪 八九二　葇 一〇三七　頌 一三一六　14 壽 三六〇　壽 三六〇　樹 六三三　綬 九四一　聚 九七五　誦 一一三〇　需 一二九七　15 澍 七二九　豎 一一三八　16 儒 一一一　樹 六四〇　17 嚅 二四四　嬬 三一一　孺 三一九　懦 四七九　濡 七三三　18 臑 九九六　薷 一〇五三　19 襦 一〇九三　20 繻 九五三　蠕 一〇七四　23 讎 一一〇七　讐 一一〇八　顬 一三二四

鷲 一三七二

シュウ
2 十 一七八　4 什 六九　收 二〇〇　手 四八八　5 充 一一六　囚 二四八　6 汁 六七五　充 一一七　守 三三一　州 三八一　收 五八八　7 舟 一〇〇七　寿 三五一　秀 八七三　8 受 一九九　受 一九九　咒 二〇九　周 二二三　周 二二三　呪 二二三　宗 三三五　岫 三七八　帚 三九〇　歮 六五〇　9 泅 六八六　叜 一九九　拾 五〇六　柊 六一五　柊 六一五　洲 六九五　烋 七四二　狩 七七三　祝 八六五

秋 八七五　咠 九七五　臭 一〇〇一　酋 一二三三　首 一三三六　10 叟 一九九　修 四六　捜 五〇八　祝 八六五　臭 一〇〇一　芻 一〇一三　袖 一〇八八　11 售 二三六　執 二七〇　宿 三四三　崇 三七五　崈 三七五　授 五一〇　授 五一〇　掫 五二三　渋 七〇七　眾 八四六　終 九三三　終 九三三　羞 九六一　12 習 九六四　習 九六四　脩 九九八　遒 一二一四　週 一二〇〇　郰 一二二〇　啾 二三九　就 三六三　愀 四七四

揖 五一七　崷 六五〇　湿 七一五　湫 七一六　痩 八二五　臯 一〇〇一　菘 一〇一三　萫 一〇二四　萩 一〇二七　衆 一〇七六　週 一二〇〇　集 一三〇六　13 嵩 三七六　廋 四一〇　愁 四六〇　戢 四八四　搜 五一八　楸 六二九　楫 六二九　溲 七一三　綉 九四九　葺 一〇二七　螋 一〇六九　遒 一二〇二　鄒 一二二三　酬 一二三五　酧 一二三五　銃 一二四二　14 僦 一〇九　嗽 二四一　壽 二六〇　壽 二六〇　慴 四七七　翏 六三二

人漱 七七六　甃 七九五　箒 九〇三　綏 九四一　聚 九七五　蒐 一〇四一　蓚 一〇四三　蒻 一〇四三　△銃 一三四五　15 噍 二四三　澁 七七九　痩 八六八　皺 八六九　緝 九四六　蝤 一〇七一　褎 一〇八四　賙 一二五四　銹 一三四七　△鋳 一三四七　16 △獣 七七一　穐 八八二　褶 一〇九三　輯 一二七九　17 檝 六四三　澀 七七三　濕 七七三　繍 九五〇　蕺 一〇五〇　螽 一〇六五　螬 一〇七三　○醜 一三三七　鍫 一三三八　鍬 一三五一　隰 一三八四　18 蟭 一〇七三

鞦 一三〇九　颼 一三一七　19 獸 七七一　繡 九五三　蹵 一二六二　蹴 一二六八　鏥 一三五四　霥 一三〇〇　颼 一三一七　20 霥 一三〇一　騶 一三四六　鰌 一三六六　鰍 一三六六　21 龝 八八三　醻 一三三九　鏽 一三五五　22 ○襲 一〇八七　襲 一〇八七　鑄 一三五六　23 讎 一二〇七　讐 一二〇八　鷲 一三七三　24 驟 一三四七　28 雧 一三八七

ジュウ　2 △入 一三一　○十 一七八　3 卄 一七九　4 从 六〇　什 六九　廿 四一四　5 充 一二六　○汁 六七五　内 八七〇　6 ○充 一二七

7 戎 四八一　○住 八三　住 八三　忸 四六五　狃 七一二　8 杻 六一二　9 ○拾 五〇六　○柔 六〇一　△柱 六一五　柱 六一五　10 ○重 一三三一　○従 四三三　紐 九二九　11 從 四三五　○渋 七〇七　△終 九三三　終 九三三　12 揉 五一六　猱 七一七　絨 九三七　鈕 一三四〇　13 銃 一三四三　14 ○銃 一三四五　15 澁 七七九　糅 九一七　16 ○獣 七七一　○縦 九四九　蹂 一二六六　△頭 一三一九　17 澀 七七三　縱 九五〇　18 鞣 一三〇九　19 獸 七七一

しゅうと　舅 一〇〇三

しゅうとめ　姑 三二三

シュク　5 玊 七八五　6 夙 二八五　7 尗 四一四　8 ○叔 二〇一　9 柷 六一五　○祝 八六五　10 俶 九九　祝 八六五　11 孰 三一九　○宿 三四三　欶 六四六　○淑 七〇七　倐 七四八　倏 七七〇　○粛 九七九　12 粥 九一二　菽 一〇三四　13 肅 九七九　14 △塾 二六二　閦 一二六六　15 槭 六三七　△熟 七五七　蓿 一〇四五　踧 一二六六　17 ○縮 九五〇　縬 九五〇　謖 一二三三　18 蹙 一二六二　19 儵 一一三　蹵 一二六二　蹴 一二六八　20 顣 一三一三

22 鬻 一三五六　24 矗 八二七

ジュク　孰 三一九　○塾 二六二　○熟 七五七

シュツ　4 卆 一八三　5 ○出 一四三　朮 五八九　6 戌 四八一　8 △卒 一八三　卹 一九一　△述 一二八九　9 △帥 三五五　恤 四六九　述 一二八九　11 △率 七八〇　△術 一〇七九　術 一〇七九　12 矞 八四六　13 蒁 一三〇四　17 蟀 一〇七三　20 齣 一三九六

ジュツ　5 朮 五八九　6 戌 四八一　8 卹 一九一　怵 四六七　○述 一二八九　9 恤 四六九　述 一二八九　邮 一三一八　11 ○術 一〇七九　術 一〇七九

13 蒁 一三〇四

シュン　6 △巡 三八二　△旬 五六二　舛 一〇〇六　△迅 一二八六　7 吮 二一三　夋 二八一　巡 三八二　彴 四二九　旬 八二七　舛 一〇〇六　迅 一二八六　8 侚 八九　肫 九八五　9 ○俊 九二　徇 四三三　恂 四七〇　○春 五六三　人洵 六九五　狥 七一四　△盾 八二八　10 △准 一二九　人峻 三七九　悛 四七〇　△殉 六五七　浚 六九九　狻 七一五　笋 八九四　△純 九二八　荀 一〇二六　人隼 一三八六　雋 一三八六　11 人惇 四七四　梭 六三三

人淳 七〇八　眴 八四二　脣 九八三　逡 一二九四　12 凖 一三七　△循 四三七　皴 八二九　人竣 八九二　筍 八九八　舜 一〇〇六　遁 一三〇六　13 △順 一三一五　惷 四六〇　楯 六二九　△準 七二三　人舜 一〇〇六　人詢 一二一七　遁 一三〇六　雋 一三八七　馴 一三四一　15 僔 一一一　蕁 一〇四五　人諄 一二二三　△遵 一三一三　人醇 一三三七　16 蕣 一〇四七　遵 一三一三　錞 一三四九　17 濬 七三四　瞬 八四四　人駿 一三四四　18 儁 一一三　○瞬 八四四　篹 九〇八　19 鶉 一三七七

20 鰆 一三六六　21 蠢 一〇六五

ジュン　6 ○巡 三八二　忖 四六五　○旬 五六二　7 巡 三八二　彴 四二九　△村 六〇九　8 侚 八九　肫 九八五　9 徇 四三三　恂 四七〇　人洵 六九五　狥 七一四　○盾 八二八　10 ○准 一二九　○殉 六五七　笋 八九四　○純 九二八　荀 一〇二六　人隼 一三八六　11 人惇 四七四　人淳 七〇八　12 凖 一三七　○循 四三七　筍 八九八　閏 一三六四　○順 一三一五　13 楯 六二九　○準 七二三　人詢 一二一七　馴 一三四一　15 ○潤 七七九　蕁 一〇四五

人諄 一二二三　○遵 一三一三　人醇 一三三七　16 遵 一三一三　錞 一三四九　19 鶉 一三七七

ショ　5 △且 二九　○処 一四三　疋 八二一　7 ○初 一五〇　△助 一六七　△序 四〇四　抒 四九五　8 咀 二三三　岨 三七八　○所 五四三　所 五四三　杵 六二一　杼 六二二　沮 六八六　狙 七一三　芧 一〇一七　鼡 一三九二　9 俎 六一　△叙 二〇一　爼 七六一　胥 九八二　苴 一〇二三　10 △徐 四三四　人恕 四五二　○書 五七八　疽 八二四　砠 八五五　11 埜 二六〇

○庶 四〇八　敍 五二七　敘 五三四　人渚 七〇八　疏 八二一　莇 一〇三一　處 一〇六〇　虜 一〇六〇　蛆 一〇六七　△野 一一三三　鼠 一三九二　12 舒 六八　墅 二六一　○暑 五六〇　湑 七一六　渚 七一六　△煮 七五一　△疎 八二一　絮 九三三　舒 一〇〇五　菹 一〇三四　詛 一一一四　超 一一五九　跙 一一六三　黍 一三八七　13 暑 五六〇　煮 七五五　○署 九五七　耡 九七三　葅 一〇三七　蜍 一〇六八　䟽 一一六四　鉏 一二四三　雎 一三八九　鼠 一三九二

14 墅 二六三　○緒 九四一　署 九五八　蜡 一〇七〇　踈 一一六五　15 壄 二六四　糈 九一七　緒 九四六　翥 九六六　蔗 一〇四五　蔬 一〇四五　○諸 一一三三　鋤 一二四七　紓 一三六一　16 壄 二六四　嶼 三八〇　薯 一〇五〇　諸 一一一八　17 人曙 五七三　曙 五七三　18 薯 一〇五三　藷 一〇五四　覰 一一〇三　蹠 一一六七　20 櫧 六四四　藷 一〇五五　齟 一三九六　23 齭 一三九七　24 鱮 一三六九

ジョ　3 ○女 三〇五　○如 三一一　6 汝 六七八　○助 一六七　7 ○序 四〇四

8 抒 四九五　杼 六二三　9 ○叙 二一〇　洳 六九五　籹 九二三　10 ○徐 四二四　人恕 四五三　茹 一〇三六　○除 一三二五　11 敍 五二七　敘 五三四　莇 一〇三一　袽 一〇八九　12 舒 六八　筎 八九八　絮 九三三　絮 九三九　舒 一〇〇五　13 耡 九七三　蜍 一〇六八　15 鋤 一二四七　16 薯 一〇五〇　18 薯 一〇五三

ショウ　3 ○上 二六　○小 三一七　4 ○井 五一　从 六〇　○升 一七九　○少 三六〇　爿 七六三　5 丼 二四　○召 二一三　○正 六六一　○生 七九八

6 人丞 二九　△争 四五　○匠 一七七　△向 二二五　△壮 二八〇　人庄 四〇四　7 劭 一六七　○声 二七八　壯 二八〇　妝 三二一　○床 四〇四　○抄 四九五　○肖 九八一　肖 九八一　8 呫 二二三　妾 三〇八　○姓 三三四　○尚 三六二　尙 三六二　○性 四六七　戕 四八四　○承 四九〇　○招 五〇〇　政 五三〇　人昌 五五五　○昇 五五七　枩 五九七　枀 六〇〇　○松 六二一　杪 六二三　○沼 六八六　炒 七四三　爭 七五九　牀 七六二　邵 一三一八

9 ○青 一三〇三　靑 一三〇三　△乗 二八　俏 九二　△削 一五八　削 一五八　△咲 二二五　咲 二二五　庠 四〇五　△挟 五〇四　△拾 五〇六　拯 五〇六　○政 五三三　○星 五五八　○昭 五六八　柗 六二五　浃 六九五　△洋 六九七　○省 八二八　○相 八四五　苕 一〇三三　△荘 一〇二七　迠 一一八九　10 乘 二九　倡 九九　倘 九九　哨 二三五　哨 二三五　○宵 三四一　宵 三四一　○将 三六六　峭 三七九　○従 四三三　悚 四七一　悄 四七一

挾 五〇七　晌 五六九　○消 六九九　消 六九九　浹 七〇〇　涉 七〇〇　烝 七五〇　○症 八二四　○祥 八六八　○称 八七六　秤 八七六　○笑 八九四　笑 八九四　耖 九七三　陗 一三七五　陞 一三七五　11 偁 一〇三　△剰 一六〇　○商 二二六　啇 二二六　○唱 二二六　唼 二二七　娼 三一七　婕 三一七　將 三五七　△常 三九一　從 四三五　徜 四三五　惝 四七二　人捷 五二一　△接 五二二　旌 五五一　昇 五五九　人梢 六二三　梢 六二三

○涉 七〇八　淞 七〇八　淌 七〇八　○清 七〇九　淸 七〇九　猖 七七六　祥 八六八　○章 八九一　章 八九一　人笙 八九五　○紹 九三四　舂 一〇〇四　荘 一〇三一　人菖 一〇三四　觘 一一〇三　○訟 一一二一　逍 一一九四　12 剩 一六一　○勝 一七一　勝 一七一　尰 三六三　屟 三六九　廂 四〇九　徖 四三三　愀 四七四　○掌 四九一　敞 五三六　○晶 五五五　椒 六二六　椄 六二六　湫 七一六　湘 七一六　△湯 七一七　○焼 七四三　○焦 七五一

猩 七七七　痟 八二五　睒 八四三　○硝 八五六　硝 八五六　稍 八七八　竦 八九二　筝 八九八　○粧 九二五　人翔 九六七　翔 九六七　菖 一〇三四　△葉 一〇三九　○装 一〇八六　○証 一一一四　○詔 一一一四　○象 一一三九　軺 一一七〇　鈔 一二四〇　13 ○傷 一〇七　剿 一六三　勦 一五一　嘗 二〇九　塍 二七七　○奨 三〇五　△想 四六〇　△摂 五一八　搶 五一八　楫 六二九　○照 七五五　睫 八四三　筱 九〇〇　筲 九〇〇　綃 九三九　△聖 九七四

聖 九七四　腫 九九二　葉 一〇三九　蔣 一〇四二　△蒸 一〇四二　蛸 一〇六九　蛸 一〇六九　裝 一〇八七　○詳 一一一八　鉦 一二四二　人頌 一三一六　14 △像 一〇九　厰 一九四　嘗 二一〇　奬 三〇五　嶂 三八〇　○彰 四二八　彰 四二八　慴 四七七　慯 四七七　慵 四七七　摺 五三〇　摺 五三〇　榺 六四五　漳 七一六　獐 七七八　瑲 七九二　睉 八一〇　瘇 八一七　△種 八八〇　稱 八八〇　箏 九〇三　○精 九二五　精 九二五　蒸 一〇四三

蜻 一〇七〇　裳 一〇八七　誦 一一二〇　誚 一一二一　鄣 一二一三　○障 一二八四　障 一二八四　韶 一三一三　15 剿 一六二　噍 二四三　廠 四一一　廠 四一一　慫 四六一　憃 四六二　憔 四七七　人憧 四七八　憧 四七八　樟 六三七　樅 六三七　殤 六五八　漿 六七四　奬 七七〇　璋 七九三　△箱 九〇四　緗 九四六　△縄 九四六　蔣 一〇四五　人蕉 一〇四七　○衝 一〇八〇　△請 一一三四　請 一一三四　諍 一一三四　○賞 一一四九　踪 一一六六　銷 一二四七

霄 一二九七　餉 一三三三　麨 一三八四　16 嘯 二四三　墻 二七六　彇 四二四　△整 五一七　樵 六四〇　橡 六四〇　橦 六四一　歙 六四九　氅 六六五　澠 七三三　燋 七四六　燒 七四六　甑 七九七　瘴 八一八　△縦 九四九　膲 九九五　蕉 一〇四七　褶 一〇九三　踵 一一六六　醒 一二一七　錆 一二五〇　錆 一二五〇　闇 一二六八　霎 一二九九　鞘 一三〇八　鞘 一三〇八　鞘 一三一〇　17 ○償 一一三　檝 六四三　檣 六四三　燮 七三九　燮 七三九

牆 七六二　甑 七九七　○礁 八六〇　篠 九〇六　縱 九五〇　聳 九七六　聲 九七六　蕭 一〇五〇　薔 一〇五〇　襄 一〇八四　賸 一一五六　蹌 一一六七　醤 一二二三　鍬 一二五一　鏊 一二三八　鍾 一二五一　餉 一三三四　鯗 一三六一　18 繒 九五二　聶 九七四　艟 一〇〇九　蟭 一〇七三　觴 一一〇五　蹤 一一六七　醬 一二二三　鎗 一二五三　鞢 一三〇九　韘 一三一一　鬆 一三五四　鮹 一三六四　19 簫 九〇八　繩 九五三　艢 一〇〇九　譙 一一三三　證 一一三三

醮 一二一八　鏘 一二五四　鯗 一三六一　鯧 一三六五　20 瀟 七三六　○鐘 一二五五　鐘 一二五五　21 囁 二四四　懾 四八〇　攝 五二五　顦 一三一四　鶬 一三七九　22 鱆 一三六七　麞 一三八二　23 臟 九九七　讋 一一〇八　鷦 一三八〇　25 醾 一二二九　鱨 一三六九　26 饟 一三三六　鱶 一三六九　27 顳 一三二四　驤 一三四七　**ジョウ**　3 ○丈 一四　○上 一六　4 丈 一五　仍 七〇　○冗 一二五　5 仗 七三　宂 三一九　6 人丞 二九　○成 四八一　7 △尿 三六五　△床 四〇四

成 四八三　○条 五九九　杖 六〇九　○状 七七〇　镸 一二五七　8 ○定 三三五　帖 三九三　△承 四九〇　狀 七七〇　△長 一二五七　9 ○乗 二八　○城 二六八　拯 五〇六　○浄 六九五　△貞 一一四二　△逃 一一九三　迯 一一八九　10 乘 二九　城 二六九　奘 三〇四　△娘 三一六　弉 四一六　烝 七五〇　茸 一〇二六　逃 一一九三　11 ○剰 一六〇　埝 二七一　○常 三九一　徜 四五五　○情 四七二　情 四七二　捻 五一三　條 六四五　淨 七〇八　○盛 八三一

△紹 九二四　12 剩 一六一　○場 二七三　揉 五一六　旐 五五一　○畳 八〇六　盛 八三一　13 甞 二〇九　塍 二七七　嫋 三一九　△摂 五一八　溺 七二三　溺 七二三　罣 八四六　絛 九五四　○蒸 一〇四二　裊 一〇八七　△誠 一一一八　魟 一三六一　14 嘗 二一〇　塲 二七五　滌 七二七　蒸 一〇四二　誠 一一二二　○静 一三〇三　15 嬈 三一〇　○縄 九四六　△調 一一二五　調 一一二五　諚 一一二七　鄭 一二一三　鄭 一二一三　16 ○壌 二七六　○嬢 三二〇　瀞 七三三

△濃 七三三　疊 八〇六　蕘 一〇四七　褱 一〇八四　遶 一二一三　○錠 一二四九　靜 一三〇四　17 嬲 三〇七　緜 九五〇　襄 一〇八四　賸 一一五六　18 △懲 四六三　擾 五二五　人穣 八三三　穠 八三三　繞 九五三　聶 九七四　蘘 一〇五三　蟯 一〇七三　19 懲 四六三　繩 九五三　20 壤 二七七　孃 三二一　攘 五二五　○譲 一一三四　○醸 一二二八　醲 一二二八　21 攝 五二五　蘘 一〇五七　饒 一三三五　22 瓤 七九五　疊 八〇六　疊 八〇六　禳 八七〇　穰 八三三

24 讓 一一三五　醸 一二二九　25 躡 一一六九　26 鑷 一二五七　饟 一三三六　27 顳 一三二四　驤 一三四七　**じょう**　人允 一一四　△忠 四四七　△尉 三五七　掾 五二五　**ショク**　4 仄 六一　6 △式 四一六　○色 一〇二一　7 △即 一九〇　△束 五九三　△足 一一六一　8 昃 五五七　9 △促 九三　△俗 九三　卽 一九一　即 一九一　拭 五〇六　○食 一三二九　食 一三二九　10 畟 二八二　11 △側 一〇三　厠 一九三　埴 二七一　犆 一〇〇五　12 喞 二三九　唧 二三九　寔 三四六

△属 三六九　廁 四〇九　惻 四七五　戠 四八三　○植 六二六　○殖 六五七　△測 七一六　粟 九二三　13 嗇 二三九　戢 四八四　瘃 八一七　稙 八七九　△続 九三九　蜀 一〇六四　○触 一一〇四　軾 一一七八　○飾 一三三三　14 蝕 一〇七五　飾 一三三三　15 ○嘱 二四二　禝 八七〇　稷 八八一　蝕 一〇七五　賾 一一四八　△趣 一一六〇　16 樴 六四〇　17 燭 七四七　矚 八四四　薔 一〇五〇　謖 一一三一　趨 一一六〇　餝 一三三四　18 穡 八八三　○織 九五三　織 九五三

音訓索引

職 九七八　職 九七八　19 識 一一三三　識 一一三三　軄 一二七〇　20 觸 一二〇五　鯽 一三六六　鰂 一三六六　21 屬 三七一　續 九五三　鐲 一二五六　22 贖 一二一五　24 囑 二四四　26 矚 八四四

ジョク　浊 六九六　匿 一一七七　辱 一二八四　匿 一一七八　溽 七三三　蓐 一〇四三　褥 一〇九二　濁 七三三　縟 九四九　耨 九七三

しら　白 八二三　素 九二〇

しらかげ　駓 一三四三　驃 一三四六

しらかす　酵 一三三六

しらける　白 八二三

しらげる　精 九一五　精 九一五

じらす　焦 七五一

しらせる　報 二七三

しらべ　調 一二二五　調 一二二五

しらべる　按 五〇四　査 五九七　查 五九七　検 六二五　調 一二二五　調 一二二五　撿 五三三　檢 六四二　覈 一〇九七

しらみ　虱 一〇六二　蝨 一〇六四　蟣 一〇六四　蟣 一〇七三

しらむ　白 八二三

しり　尻 三六四　後 四三一　臀 九八四

しりえ　後 四三一

しりがい　鞦 一三〇九

しりぞく　却 一八九　郤 一九一　卻 一九一　屏 三六八　退 一一九一　退 一一九一　屛 三六九　逡 一二九四

しりぞける　5 斥 五四三　7 却 一八九　8 郤 一九一　9 卻 一九一　屏 三六八　退 一一九一　10 退 一一九一　11 屛 三六九　17 擯 五三四　黜 一三八八　20 攘 五三五

シリング　志 四四六

しる　汁 六七五　知 八四七　液 七〇五　識 一一三三　識 一一三三

しるし　6 印 一八九　9 首 一三三六　10 璽 七八六　11 章 八九一　章 八九一　13 瑞 七九一　14 徴 四三九　15 徵 四四〇　標 六三八　16 徽 四四〇　17 徽 四四一　18 験 一三四五　騐 一三四五　19 璽 七八六　22 讖 一二三五　23 驗 一三四七　24 讖 一二三五

しるす　6 印 一八九　9 紀 九二五　10 記 一二〇九　13 署 九五七　14 署 九五八　誌 一二二〇　銘 一二四六　16 録 一二五〇　錄 一二五〇　19 識 一一三三　識 一一三三

しるべ　導 三五三　標 六三八　導 三五三

しれ　痴 八一六　癡 八一九

しれる　痴 八一六　癡 八一九

じれる　焦 七五一

しろ　代 七四　白 八二三　城 二六八　城 二六九　素 九二〇

しろい　5 白 八二三　11 皎 八二七　12 皓 八二七　皓 八二七　13 皙 八二七　14 暭 五七二　15 暤 五七三　皚 八二八　皜 八二八　皞 八二八　16 皡 八二八　17 皥 八二八　18 皦 八二八　20 皪 八二八　21 顥 一三三四

しろがね　銀 一二四四　鋈 一二三八　鐐 一二五五

しろつち　堊 二五九

しわ　皴 八二九　皺 八二九

しわい　吝 二三三

しわがれる　嗄 二四〇

しわぶき　謦 一二〇七

しわぶく　咳 二三四

シン　3 卂 一八二　4 心 四四一　5 㐱 一六三　申 八〇三　6 尽 三二八　囟 二五〇　迅 一二八六　7 伸 八三　[illegible] 一一九　[illegible] 一一九　岑 三七三　忱 四六五　沁 六八〇　沈 六八一　沉 六八一　臣 九九八　身 一二六九　辛 一二八一　辰 一二八四　迅 一二八六　8 侲 八九　甡 二一四　参 一九五　呻 二三三　抻 五〇〇　架 六〇〇　枕 六二三　芯 一〇一七　9 信 九二　侵 九二　侵 九二　侲 九二　哂 二三五　怎 四五〇　津 六九五　甚 七九七　矧 八四九　10 神 八六五　唇 二二四　娠 三一六　宸 三四一　振 五〇七　晋 五六四　晉 五六四　浸 七〇〇　浸 七〇〇　涔 七〇〇　畛 八〇九　疹 八一四　真 八三六　眞 八三六　神 八六五　秦 八七三　袗 一〇八八　訊 一二一〇　針 一二三九　11 參 一九五　晨 五五九　梣 六二三　深 七〇八　清 七〇九　清 七〇九　紳 九二四　紾 九二五　脣 九八三　進 一三〇〇　12 兟 一一四　叅 一九五　尋 三五三　尋 三五三　森 五八九　棯 六二六　腎 九八三　裑 一〇九〇　診 一二一四　軫 一二七七　進 一三〇〇　13 嗔 二四〇　寝 三四七　寢 三四七　慎 四七六　愼 四七六　搢 五一八　搢 五一八　斟 五四三　新 五四六　椹 六三〇　寖 七三三　罧 九五七　蜃 一〇六四　14 僭 一〇九　僣 一〇九　寑 三四八　榛 六三三　槙 六三四　槇 六三四　滲 七三六　甄 七九六　盡 八二三　蓁 一〇四三　賑 一二五三　酳 一三三六　15 審 三四九　槮 六三七　潯 七三〇　潭 七三〇　潭 七三〇　瞋 八四三　稹 八八一　箴 九〇四　蔘 一〇四五　請 一二二四　請 一二二四　鋟 一二四七　震 一三九七　16 儘 一一一　燖 七四六　燂 七四六　縉 九四九　臻 一〇〇三　蕈 一〇四八　薪 一〇五一　螓 一〇七一　親 一二〇〇　諶 一二二八　齓 一三九六　17 糝 九一八　薪 一〇五一　鍼 一二五一　駸 一三四四　齔 一三九六　18 瀋 七三四　燼 七四七　簪 九〇八

19 藎 一〇五三 譛 一二三三 譖 一二三三 顖 一二三三 20 櫬 六四四 鐔 一二五五 鐔 一二五五 賮 一二五四 21 襯 一〇九四 贐 一二五五 22 黮 一三八九 讖 一二三五 23 顬 一三八九 鱏 一三六八 鱏 一三六八 鱏 一三六八 鱘 一三六八 24 讖 一二三五 26 鑯 一三六九

ジン
2 人○ 五八 儿 一一三 3 刃○ 一四七 刃 一四七 刄 一四七 4 仁○ 七〇 壬 二八〇 5 仞 七三 仭 七三 6 任△ 七八 尽○ 一三八 迅○ 一八六 7 妊△ 三二二 忍△ 四四六 忍 四四六 沈△ 六八一 沉 六八一 臣○ 九八 迅 一八六 8 侭 八九 枕 六二二 9 姙 三三五 甚○ 七九七 神○ 八六五 衽 一〇八八 10 恁 四五一 神 八六五 紝 九二九 荏 一〇二六 訊 一一二〇 軔 一一七五 11 陣○ 一二七五 深△ 七〇八 荵 一〇三一 袵 一〇八九 軐 一一七五 12 陳△ 一二七七 尋○ 三五三 尋 三五三 棯 六二六 䇮 八九八 絍 九三七 腎 九八三 靭 一三〇七 靱 一三〇七 韌 一三一〇 13 椹 六三〇 稔人 八七九 賃△ 一二四八 飪 一三三三 14 塵 二六三 盡 八二三 認△ 一二三三 認 一二三三 15 潯 七三〇 糂 九一七 餁 一三三三 16 儘 一一二 蕁 一〇四八 諶 一二二八 18 燼 七四七 藎 一〇五三 21 贐 一二五五 23 鱘 一三六八

じんがね
鐃 一三五五

しんがり
殿△ 六六〇

しんし
簇 九〇七 籡 九二〇

す

ス
3 子○ 三一一 4 手△ 四八八 5 主○ 三四 主 三四 司△ 二二三 6 守○ 三三一 州△ 三八一 7 寿△ 三五一 8 周△ 二三三 周 二三三 9 洲人 六九五 10 修△ 四六六 素○ 九二〇 11 芻 一〇三三 崇△ 三七五 12 笥 八九五 衆 八四六 衆△ 一〇七六 須人 一三二五 13 僧△ 一〇八 数○ 五三七 14 僧 一〇九 壽 二八〇 壽 二八〇 蒭 一〇四二 15 數 五三七 諏 一二三三 22 鬚 一三五四

す
6 州○ 三八一 9 為△ 七四八 10 栖 六二一 素△ 九二〇 11 巣 三八二 巣○ 六〇三 12 爲 七五九 酢○ 一三三五 13 窠 八八七 14 酸△ 一三三六 15 醋 一三三七 16 窼 八八九 17 簀 九〇六 18 鬆 一三五四 19 簾 九〇九

ズ
7 事 四五 叓 一九九 叓 一九九 図○ 二五一 杜人 六〇九 8 豆○ 一二三七 事○ 四五 受△ 一九九 叜 一九九 10 徒△ 四三四 途△ 一一九七 逗 一一九八 11 途 一一九七 逗 一一九八 12 厨 一四四 13 塗△ 二六三 14 厨 一四四 圖 二五五 圖 二五五 誦 一一二〇 15 廚 四二一 16 頭○ 一三一九

ず
不△ 二二 弗 四一八

スイ
3 夊 二八一 4 水○ 六七〇 5 出○ 一四二 7 吹○ 二二一 忰 四六六 8 垂○ 二五八 炊○ 七四二 隹 一三八五 9 帥○ 三九五 瘁 八三三 10 豙 一二三八 随 一二七三 剤△ 一六〇 埀 二五九 祟 八六一 粋○ 九一三 翆 九六四 衰○ 一〇八三 11 崔 三七五 彗人 四二五 悴 四七三 推○ 五一一 捶 五一二 率△ 七八〇 荽 一〇三一 衰 一〇八三 酔○ 一三三四 12 陲 一二七七 惢 四四三 惴 四七四 揣 五一六 棰 六二六 椎人 六二六 萃 一〇三四 遂○ 一三〇四 隋 一二八〇 随△ 一二八一 13 椯 六二九 瑞人 七九一 瘁 八一六 睢 八四二 睡○ 八四三 綏 九三九 遂 一三〇四 14 榱 六二三 箠 九〇三 粹 九一五 15 翠人 九六五 翠 九六五 穂○ 八八一 誰 一二二四 醉 一三三七 劑 一六二 16 膵 九九五 錐 一二四九 錘○ 一二五〇 隨 一二八四 隧 一二八四 雋 一二八五 錐 一二九〇 17 燧 七四七 穗 八八三 膸 九九五 雖 一二九〇 顇 一三二〇 18 膵 九九六 邃 一三一五 嶲 三八六 騅 一三四五 19 譢 一二三三 髄△ 一三四九 23 髓 一三四九

すい
酸○ 一三三六

ズイ
11 桵 六二三 12 惢 四四三 惴 四七四 遂△ 一三〇四 隋 一二八〇 随○ 一二八一 13 瑞人 七九一 遂 一三〇四 14 綏 九四一 15 墜△ 二六四 墜 二六四 誶 一二三三 16 橤 六〇七 蕊 一〇四八 蕋 一〇四八 蕤 一〇四八 隧 一二八四 隨 一二八四 17 膸 九九五 19 髄○ 一三四九 20 蘂 一〇五五 23 髓 一三四九

ずいむし
螟 一〇七一

スウ
7 足△ 一一六一 8 枢○ 六一二 10 芻 一〇三三 11 崧 三七五 崇○ 三七五 郰 一三三〇 12 陬 一二七七 菘 一〇三三 13 嵩人 三七六 数○ 五三七 鄒 一三一三 14 蒭 一〇四二 15 數 五三七 樞 六二七 皺 八二九 17 趨 一一六〇 18 雛人 一二九〇 20 騶 一三四六

すう
吸○ 二二〇 吸 二二一 吮 二二三 歃 六四九

すえ
末○ 五九一 季△ 三三六 陶△ 一二七八 裔 一〇八五 甄 七九六

すえる
居△ 三六六 据○ 五〇九 餲 一三三四 饐 一三三五

すが
菅 一〇三三

すがしい
清△ 七〇九 清 七〇九

すかす
透○ 一一九七 透 一一九七 賺 一二五五

すがた
姿○ 三〇八 姿 三〇八 態△ 四六一

すがめる
眇 八四一

すがる

紺 九五〇
すき 6 好○ 三一〇　耒 九七二　11 犁 七六五　耜 九七三　12 犂 七六六　13 耡 九七三　鉏 一二四二　隙 一二八三　14 銚 一二四六　隙 一二八三　15 鋘 一二四七　鋤 一二四七　17 鍪 一二三八　鍬 一二五一　鍤 一二五二
すぎ 杉○ 六〇九　枚 六一〇　椙 六二八
すきま 郤 一二一九
すぎる 軼 一一七六　過○ 一二〇二　過 一二〇二
スク 宿△ 三四三
すく 好○ 三一〇　空△ 八四四　梳 六二一　透○ 一一九七　透 一一九七　漉 七二八　鋤 一二四七
すぐ 直△ 八二四
ずく 尽△ 一三八　盡 八二三　銑△ 一二四五
すくい 救○ 五三三
すくう 抔 四九八　度△ 四〇六　拯 五〇六　掬 五〇九　救○ 五三三　済△ 七〇七　濟 七三三　薩 一〇五三　薩 一〇五三
すくない 少○ 三六〇　貧△ 一一四五　尠 三六二　尟 三六二　寡△ 三四七
すくむ 竦 八九二
ずくめ 尽△ 一三八　盡 八二三
すくも 粭 九一五　蒅 一〇四〇　糘 九一八　稭 八八三
すくよか 健△ 一〇二
すぐる 卓△ 一八四　桌 六〇三　選△ 一二一三　選 一二一三
すぐれる 卓△ 一八四　俊△ 九二　桌 六〇三　雋 一二八六　傑 一〇五　勝△ 一七一　勝 一七一　傑△ 一〇六　雋 一二八七　優○ 一二三
すけ 4 介△ 六二　7 助○ 一六七　8 典△ 一三〇　9 亮人 五七　10 亮 五七　11 副△ 一六〇　12 弼 四一九　13 資△ 一一四七　資 一一四七　14 楮 六三三　輔人 一一七八
すげ 菅 一〇三二　萓 一〇三七
すけとうだら 鯳 一三六五
すける 助△ 一六七　透○ 一一九七　透 一一九七
すげる 箝 九〇二
すごい 凄 一三九　淒 七一〇
すこし 少○ 三六〇　毫 六六五
すごす 過○ 一二〇二　過 一二〇二
すこぶる 頗 一三一七
すごむ 凄 一三九
すこやか 健○ 一〇二
すさ 莇 一〇一八
ずさ 檣 六四一
すさび 遊△ 一二〇七　遊 一二〇七
すさぶ 荒△ 一〇二五　荒 一〇二五
すさまじい 凄 一三九　淒 七一〇
すさむ 荒△ 一〇二五　荒 一〇二五
すさる 退△ 一一九一　退 一一九一
すし 鮓 一三六二　鮨 一三六三
すじ 条△ 五九九　脉 九八七　脈△ 九八九　脈 九八九　條 六四五　統 九三五　筋○ 八九七　統△ 九三八　線△ 九四七
すす 炲 七四二　煤 七四五
すず 釲 一二四〇　筱 九〇〇　鈴○ 一二四四　錫 一二四九　篶 九〇六　篠 九〇六　鐲 一二五六　鐸 一二五六　鑞 一二五七　鑾 一二三八
すすおり 菹 一〇三四　葅 一〇三七
すすき 芒 一〇一四　苉 一〇一四　薄△ 一〇五一　薄 一〇五一
すずき 鮬 一三六一　鱸 一三六九
すすぐ 洒 六九四　浣 六九八　雪△ 一二九二　雪 一二九二　嗽 二四一　漱人 七一六　滌 七一七　濯△ 七三四　濯 七三四　霫 一三〇〇
すすける 煤 七四五
すずしい 凉 一四〇　涼○ 七一一
すずな 菘 一〇三三　菁 一〇三四
すすむ 晋人 五六四　晉 五六四　進○ 一二〇〇　進 一二〇〇　漸△ 七一六
すずむ 凉 一四〇　涼○ 七一一
すずめ 雀 一二八七　爵△ 七五九　爵 七五九
すすめる 9 奏△ 二九七　11 羞 九六一　進○ 一二〇〇　12 進 一二〇〇　13 勧○ 一七一　奨△ 三〇五　14 奬 三〇五　15 慫 四六一　獎 七七〇　16 薦○ 一〇五一　17 薦 一〇五一　餤 一三三四　20 勸 一七三
すずり 硯 八五六
すすりなく 歔 六四九　歔 六四九
すする 吮 二三三　啜 二三七　唼 二三七　欶 六四六　歃 六四七　歠 六四九
すずろ 漫△ 七二七
すそ 衱 一〇八八　帬 三九〇　裙 一〇九〇　裔 一〇八五　裵 一〇八六　裾 一〇九一
すだま 鬽 一三五七　魅△ 一三五八　魍 一三五八　魎 一三五八　魑 一三五八
すたる 廃○ 四〇九　廢 四二一　隳 一二七〇
すだれ 箔 九〇四　簾 九〇九
すたれる 廃○ 四〇九　廢 四二一　頽 一三一八　頹 一三一八　癈 八一九
ずつ 宛 三三三
すっぽん 鱉 一三六一　鼈 一三九〇
すでに 已 三八六　既○ 五五二　既 五五二　既 五五二
すてる 弃 四一五　委△ 三〇七　捐 五〇七　捨○ 五二〇　捨 五二〇　棄 六〇四　棄△ 六〇五　撤△ 五三一
すな 沙人 六八〇　砂○ 八五四
すなお 朴△ 六〇八　順△ 一三一五
すなどる 漁△ 七一七
すなわち 2 乃人 二六　4 仍 七〇　6 而 九七二　7 即△ 一九〇　9 便△ 九四　則△ 一五八　即 一九一　卽 一九一　廼 四一四　10 迺 一一九二　11 便 一〇四　13 載△ 一一七三　14 輒 一一七八　15 輙 一一七八
すね 脛 九九〇　骭 一三四九

音訓索引

腨 九九六
すねる 拗 五〇三
すのこ 笭 八九七　簀 九〇六
すばしり 鯐 一三六四
すばやい 趫 一一六二
すばる 人昴 五五九
すべ △皇 八二五　△術 一〇七九　術 一〇七九
すべからく 人須 一三一五
すべて △凡 一四一　凡 一四一　几 一四一　△都 一三一〇　人惣 四五六　渾 七一五　都 一三一三　△総 九四二　緫 九四七　總 九五一
すべらぎ △皇 八二五
すべる 辷 一一八五　統 九二五　○統 九二八

○滑 七二〇　△総 九四二　人綜 九四三　緫 九四七　總 九五一
すぼまる 窄 八八六
すぼむ 窄 八八六
すぼめる 窄 八八六
すまう ○住 八三　住 八三
すます ○済 七〇七　△清 七〇九　清 七〇九　○澄 七三一　澂 七三一　濟 七三三
すみ △角 一一〇三　○炭 七四〇　炭 七四〇　△純 九一八　陬 一三一七　嵎 三八〇　○隅 一三二〇　○墨 二六三　墨 二六四
ずみ 桷 六二三
すみやか ○速 一二一四

速 一二一四　霍 一三九九
すみれ 人菫 一〇三三　菫 一〇三三　蓳 一〇四四
すむ 7 ○住 八三　住 八三　8 泠 六九一　10 栖 六二一　△純 九一八　11 ○済 七〇七　△清 七〇九　清 七〇九　12 棲 六二六　15 ○澄 七三一　澂 七三一　17 濟 七三三
すめ △皇 八二五
すめら △皇 八二五
すめらぎ △皇 八二五
すもも 人李 五九六
すり 摺 五二〇　摺 五二〇
ずり 砰 八五六
する 8 ○刷 一五七　△抹 五〇三

9 △為 七四八　研 八五三　11 掏 五一三　12 措 五一五　爲 七五九　13 搨 五一九　14 摺 五二〇　摺 五二〇　15 △摩 四九二　摩 四九二　16 擂 五二三　△磨 八五三　磨 八五三　17 ○擦 五二四
ずるい 狡 七七三　猾 七七八　獪 七七八
するどい 尖 三六一　○鋭 一二四六　鋭 一二四六　鏃 一二五四
するめ 鰑 一三六四
すれる △摩 四九二　摩 四九二　△磨 八五三　磨 八五三　○擦 五二四
すわえ 杪 六一三　楚 五九八　楉 六二九

すわる 坐 二五八　坐 二五八　○座 四〇六　○据 五〇九
スン ○寸 三五〇

せ

セ ○世 一五　丗 一五　卋 一八一　○施 五四九　△勢 一六五
せ 4 △夫 二九四　5 △兄 一一五　9 △狭 七七三　畆 八〇九　○背 九八二　10 狹 七七五　○畝 八〇九　畞 八〇九　脊 九八三　12 湍 七一七　19 ○瀬 七三六　瀨 七三六
ぜ ○是 五五八
セイ 4 ○井 五一　△切 一四九　5 ○世 一五　丗 一五

丼 三四　切 一四九　○正 六五一　○生 七九八　6 卋 一八一　○成 四八一　○西 一〇九四　7 ○声 二七八　成 四八三　阱 一三一七　8 ○制 一五七　△妻 三〇八　○姓 三一四　○征 四二〇　○性 四六七　怔 四六七　政 五三〇　○青 一三三二　青 一三三二　○斉 一三九四　9 △城 二六八　批 五〇五　○政 五三三　○星 五五八　洒 六九四　△浄 六九五　○牲 七六七　○省 八三八　砌 八五四　穽 八八六　10 倩 九九　凄 一三九　凊 一四〇　△剤 一六〇　城 二六九

帨 三九三　人晟 五五九　栖 六二一　眚 八三九　脆 九八八　脃 九八八　○逝 一一九四　11 圊 二五四　埶 二七〇　○情 四七三　情 四七三　悽 四七三　旌 五五一　晟 五六〇　晢 五六四　晣 五七〇　晠 五七〇　淨 七〇八　△済 七〇七　○清 七〇九　清 七〇九　淒 七一〇　○盛 八三一　眥 八三九　眦 八四二　△祭 八六一　人笙 八九五　△細 九三三　逝 一一九四　12 壻 二六〇　○婿 三一八　惺 四七四　掣 四九一　△晶 五五五　○晴 五七〇

晴 五七〇　棲 六二六　毳 六六五　犀 七六五　猩 七七七　甥 八〇〇　盛 八三一　△税 八七八　稅 八七八　萋 一〇三四　菁 一〇三四　貰 一二四六　13 ○勢 一六五　○歳 六五〇　歳 六五〇　睛 八四三　睜 八四三　筬 九〇〇　筬 九〇〇　○聖 九七四　聖 九七四　腥 九九二　蛻 一〇六九　○誠 一二一八　鉦 一二四二　人靖 一三三四　靖 一三三四　14 幘 三九四　○精 九一五　精 九一五　聟 九七五　蜻 一〇七〇　○製 一〇八七　○誓 一二〇七　誠 一二三一

△説 一二二三　説 一二二三　△際 一三二三　○静 一三〇三　齊 一三九四　15 嘶 二四二　撕 五二一　棈 六三五　○請 一二二四　請 一二二四　靚 一三〇四　16 儕 一一一　劑 一六三　噬 二四三　○整 五三七　橇 六四〇　蕝 一〇四八　醒 一二一七　錆 一二五〇　錆 一二五〇　靜 一三〇四　鮏 一三六二　17 擠 五二四　濟 七三三　瀞 七三四　聲 九七六　隮 一三二四　騂 一三四四　鮆 一三六一　⿰魚此 一三六三　18 臍 九九六　薺 一〇五三　贅 一一五一　⿰齒生 一三九三　19 瀞 七三五

音訓索引

䵷 一三三二 鼈 一三三二 鯖 一三六五 鯖 一三六五 鶄 一三七八 20 蠐 一〇七四 鯷 一三六六 21 躋 一一六八 齎 一三九五 22 霽 一三〇一 鰶 一三六七 23 齏 一三九五 25 鱭 一三六九

せい 背 九八二

ゼイ 7 汭 六八〇 8 枘 六二二 芮 一〇一七 10 帨 三九三 脆 九八八 脃 九八八 蚋 一〇六六 12 毳 六六五 税 八七八 稅 八七八 13 筮 九〇〇 蛻 一〇六九 14 蜹 一〇七〇 説 一一三一 說 一一三一 16 噬 二四三 橇 六四〇 18 贅 一一五一

せいご 鮬 一三六三

せかす 急 四四九 急 四四九

せがれ 伜 七七 忰 四六六 倅 九八 悴 四七三

セキ 3 夕 二八三 4 尺 三六四 5 斥 五四三 石 八五〇 6 汐 六七八 7 呎 二三三 8 赤 一一五六 舎 一六七 刺 一二七 拓 五〇〇 拆 五〇一 昔 五六二 析 六二二 炙 七四〇 舍 一〇〇五 9 炻 七四二 10 借 九八 唶 一九二 席 三九〇 脊 九八二 蚸 一〇六六 迹 一一九〇 11 隻 一二八六 寂 三四三 惜 四七三 戚 四八三 淅 七一〇 責 一一四四 釈 一二三〇 12 晳 五六四 晰 五七〇 腊 九九二 舃 一〇〇三 舄 一〇〇三 跖 一一六二 13 勣 一七一 媳 三一九 皙 八二七 裼 一〇九一 跡 一一六四 鉐 一二四二 14 摭 五二〇 碩 八五八 耤 九七三 蓆 一〇四二 蜴 一〇六九 蜥 一〇七〇 15 適 一二一〇 慼 四六一 槭 六三七 潟 七二〇 瘠 八一七 適 一二一〇 16 磧 八五九 積 八八二 襀 一〇九三 錫 一二四九 17 績 九五〇 螫 一〇六五 蹐 一一六七 18 藉 一〇五三 蹙 一一六二 蹠 一一六七 蹟 一一六七 鼫 一三九三 20 籍 九〇九 籍 九〇九 釋 一二三一 鯽 一三六六 鰿 一三六六 齣 一三九六 21 鶺 一三七九

せき 咳 二三四 欬 六四六 堰 二七二 関 一二六五 謦 一一〇七 闗 一二六九

セク 齪 一三九七

せく 咳 二三四 急 四四九 急 四四九 堰 二七二 塞 二六一

せぐくまる 跼 一一六五

せこ 迫 一一八九 迫 一一八九

セチ 4 切 一四九 5 切 一四九

ゼチ 7 折 四九六 刹 一五八 8 拙 五〇〇 10 殺 六五九 11 殺 六六〇 設 一一三三 雪 一二九三 雪 一二九三 13 煞 七五五 節 九〇〇 14 説 一一三一 説 一一三一 15 節 九〇四 節 九〇四 17 褻 一〇八五 19 轊 一三〇〇

セツ 舌 一〇〇五 絶 九二七 絶 九二七 2 卩 一八八 3 卪 一八八 4 切 一四九 5 切 一四九 6 舌 一〇〇五 7 抴 四九五 8 折 四九六 刷 一五七 刹 一五八 拙 五〇〇 泄 六八六 9 契 三〇四 契 三〇四 洩 六九一 10 窃 八八六 屑 三六八 屑 三六八 殺 六五九 浙 七〇〇 啜 二二七 11 接 五二二 晢 五六四 晣 五七〇 梲 六二三 殺 六六〇 紲 九二四 設 一一三三 雪 一二九三 12 雪 一二九三 準 一二七 媟 三一八 掣 四九一 椄 六二六 渫 七一六 絏 九二七 絶 九二七 絶 九二七 13 摂 五一八 楔 六二九 準 七一三 煞 七五五 節 九〇〇 14 榤 三九四 截 四八三 漆 七一六 説 一一三一 説 一一三一 15 截 四八五 節 九〇四 節 九〇四 16 糏 九一七 緤 九四八 17 蕝 一〇四八 薛 一〇五一 褻 一〇八五 19 歠 六四九 爇 七四七 爇 七四七 20 轊 一三〇〇 癤 八一九 癤 八一九 21 攝 五二五 23 竊 八八九

ゼツ 舌 一〇〇五 絶 九二七 絶 九二七 熱 七五七

せな 背 九八二

ぜに 銭 一二四五 錢 一二五〇

ぜにさし 繦 九五〇

せばまる 狭 七七三 狹 七七五 蹙 一一六二

せばめる 狭 七七三 狹 七七五

せまい 夾 二九六 阨 一二七〇 狭 七七三 陋 一二七三 狹 七七五 窄 八八六 陝 一二七四 隘 一二八二 褊 一〇九二 齷 一三九七

せまる 迫 一一八九 迫 一一八九 逼 一二〇六 逼 一二〇六 蹙 一一六二

せみ 蜩 一〇七〇 蝉 一〇七一 蟬 一〇七三

せめ 攻 五二九 責 一一四四

せめぐ 鬩 一三五五

せめる 攻 五二九 責 一一四四 誅 一一一八 誚 一一三一 譎 一一三三 譙 一一三三 譴 一一三五 讁 一一三五

せり 芹 一〇一六 芹 一〇一六 迫 一一八九 迫 一一八九 枽 九二三 糶 九一八

せりふ 白 八二三

せる 競 一一四 競 一一四

ゼロ 〇 一四〇〇 零 一二九六

せわしい 忙 四六五 忙 四六五

セン 3 千 一八二 山 三七三 巛 三八一 川 三八一 5 彡 四二五 仙 七二 仟 七三 6 刊 一五三 占 一八七 亘 五一 全 六五 先 一一七 全 一一三 尖 三六一 舛 一〇〇六 阡 一二七〇 7 串 三三

吮 二三三　玔 七六六　舛 一〇〇六　芊 一〇二四　迁 一二八七　8 佥 六八　戔 四八〇　沾 六八七　叀 八〇四　疝 八二二　9 前 一五一　前 一五一　単 一八四　宣 三三八　専 三五三　染 六〇一　泉 六七四　洒 六九四　浅 六九五　洗 六九六　省 八三八　穿 八八六　耑 九七三　舡 一〇〇七　苫 一〇二三　茜 一〇二六　10 倩 九九　剡 一五九　剗 一六〇　埏 二六九　悛 四七〇　扇 四八七　扇 四八七　旃 五五〇　栓 六三一

栴 六三一　栫 六三一　涎 七〇〇　牷 七六八　舩 一〇〇七　茜 一〇二六　荐 一〇二六　荃 一〇二六　訕 一一二〇　閃 一三六一　陝 一三七六　雋 一三八六　11 剪 一四九　專 三五三　旋 五五一　淺 七一〇　琁 七八九　産 八〇〇　産 八〇〇　痊 八二五　笘 八九五　船 一〇〇八　罨 一〇九六　罨 一〇九六　釧 一三三九　12 單 二〇九　善 二二八　喘 二三九　孱 三六九　愃 四七五　揃 五一六　暓 五八〇　渲 七一六　湶 七一六

13 亶 七七　亶 七七　僉 六八　僊 一〇八　尠 三六二　尟 三六二　戦 四八四　椯 六二九　煎 七五六　睘 八四六　禅 八六九　羨 九六二　腺 九九三　[illegible] 一〇九一　詹 一一〇七　詮 一一一八　賎 一二五三　践 一二六四　跣 一二六四　遄 一三〇四　雋 一三八七　14 僭 一〇九　僣 一〇九　僊 一〇九　塹 二六二　嶄 二七五　塼 二七五　摶 五二〇　椾 六三三　漸 七三六　煽 七四五　（右端）牋 七六三　笺 八九八　筅 八九八　罨 一〇九六

煽 七四五　箋 九〇三　綫 九四一　銭 一三四五　銑 一三四五　銓 一三四五　銛 一三四五　15 儃 一一一　嘽 二四二　嬋 三三〇　撰 五三一　撰 五三一　槧 六〇六　潺 七三〇　潜 七三〇　潛 七三〇　璇 七九三　瞏 八四六　篅 九〇四　箭 九〇四　線 九四七　翦 九六六　蝉 一〇七一　賤 一二五四　踐 一二六六　選 一三一三　遷 一三一三　鄯 一三二三　鋟 一三四七　截 三三二　16 戰 四八五　擅 五三三　暹 五七五　澹 七三三　燀 七四六

燀 七四六　甎 七九七　磚 八五九　篹 九〇五　膳 九九五　臻 一〇〇三　薦 一〇五一　選 一三一三　遷 一三一三　錢 一三五〇　颴 一三六六　17 壍 二六四　檀 六四二　氈 六六六　氊 六六六　禪 八七〇　篹 九〇六　籑 九〇七　繊 九五〇　膻 九九六　臉 九九六　薦 一〇五一　鏟 一三三二　餞 一三四四　鮮 一三六三　18 儳 四七九　擶 五二五　濺 七三四　燹 七四一　璿 七九四　瞻 八四四　繕 九五二　羴 九六〇　蟬 一〇七三　譾 一一一三

顓 一三三一　19 旜 五五二　殱 六五八　潸 七三六　簽 九〇八　羶 九六二　蟾 一〇七三　譔 一一三三　譖 一一三三　蹮 一一六八　鏇 一三五四　鬋 一三五四　20 孅 三一一　懺 四八〇　譱 九六二　譫 一一三四　贍 一一五五　闡 一三六九　霰 一三〇〇　21 殲 六五八　籑 九一〇　籖 九一〇　纎 九五三　羼 九六三　蘚 一〇五七　鐫 一三五六　饌 一三三五　饍 一三三六　22 癬 八二〇　讇 一一三五　顫 一三三四　饘 一三三六　23 籤 九一一　纖 九五四　躚 一一六九

鱓 一三六八　24 籛 九一一　韆 一三二〇　鱣 一三六九　鸇 一三八〇　25 鑯 一三五七　鼉 一三九〇　26 [illegible] 一三一〇

ゼン　4 冄 一三　5 冉 一三三　冉 一三三　6 全 六五　全 一二三　8 枏 六二二　9 前 一五一　前 一五一　単 一八四　染 六〇一　耎 九七一　苒 一〇二三　10 涎 七〇〇　牷 七六八　蚺 一〇六六　蚦 一〇六七　11 軟 一一七六　12 單 二〇九　善 二二八　喘 二三九　13 然 七五三　禅 八六九　羨 九六二　遄 一三〇四　14 漸 七三六　銭 一三四五

15 髯 一三五三　槧 六〇六　熯 七四六　蝉 一〇七一　鄯 一三二三　髯 一三五三　16 燃 七四六　膳 九九五　輭 一一七九　錢 一三五〇　17 禪 八七〇　18 繕 九五二　蟬 一〇七三　20 譱 九六二　蠕 一〇七四　21 饍 一三三六　24 讒 一一三五

せんだん　楝 六三二
センチグラム　甅 七九六
センチメートル　糎 九一七
センチリットル　竰 八九三
せんのき　栓 六三二　栓 六三二
ぜんまい　薇 一〇五三

そ

ソ　5 且 二九　疋 八二一　7 作 八二　初 一五〇　8 咀 二二三　姐 三一四　岨 三七八　徂 四二〇　所 四九三　所 四九三　沮 六八六　泝 六八六　狙 七七三　阻 一三七二　阼 一三七二　巣 一三九二　9 俎 六八　怎 四五〇　殂 六六六　爼 七六一　祖 八六七　胙 九八六　苴 一〇三三　10 座 四〇六　梳 六三一　疽 八二四　砠 八五五　祖 八六七　祚 八六七　租 八七六　素 九三〇　11 做 一〇三　措 五二二　疏 八二一　粗 九一四

組 九三四　蛆 一〇六七　觕 一一〇五　鼠 一三九二　12 甦 八〇〇　疎 八二一　菹 一〇三四　訴 一一一四　詛 一一一四　酢 一三二五　酥 一三二五　麁 一三八二　13 嗉 二四〇　塑 二六一　塑 二六一　想 四六〇　楚 五九八　溯 七三三　獁 七六四　蒩 一〇三七　疏 一一六四　遡 一三一〇　鉏 一三四三　鼠 一三九二　14 噌 二四一　愬 四六一　甦 八〇〇　膆 九九四　踈 一一六五　遡 一三一〇　15 噌 二四三　蔬 一〇四五　醋 一三三七　鋤 一三四七　16 錯 一二四九

18 礎 八六〇　20 蘇 一〇五五　蘓 一〇五五　齟 一三九六　23 齣 一三九七　33 麤 一三八一

そ　十 一七八　其 一二九

ゾ　座 四〇六　曽 五八〇　曾 五八〇

ソウ　4 办 一四七　卅 一七九　双 一九六　帀 三八八　爪 七五九　艹 一〇三三　艹 一〇三三　5 匆 一七三　匇 一七三　匝 一七六　卡 一八七　疒 八二三　6 争 四五　壮 二八〇　庄 四〇四　扱 四九四　早 五五五　艸 一〇三三　𧺆 一一五七　7 囱 二五一　壯 二八〇

妝 三三一　宋 三三三　床 四〇四　抄 四九五　抓 四九六　扱 四九六　灶 七四一　状 七七〇　皁 八二五　皂 八二五　走 一一五七　8 剏 一五〇　宗 三三五　帚 三九〇　忩 四四七　枛 六二二　炒 七四二　爭 七五九　牀 七六二　狀 七七〇　蚤 一〇六二　赱 一一五七　9 刱 一五〇　叜 一九九　奏 二九七　怱 四五〇　相 八四五　舌 一〇〇四　草 一〇三六　荘 一〇三七　送 一一九一　10 倉 九六　傯 九九　剙 一五〇　叟 一九九

奘 三三四　牂 四一六　捜 五〇八　挿 五〇八　桑 六〇三　桒 六〇三　笊 八九五　粆 九七三　草 一〇三六　蚤 一〇六三　送 一一九一　造 一二一四　11 偬 一〇三　唼 二二七　娵 三一七　崢 三八〇　巣 三八二　悤 四五五　捷 五三一　掃 五三三　掃 五三三　掫 五三三　搔 五三三　族 五五一　曹 五七九　曽 五八〇　巣 六〇三　梢 六三三　梢 六三三　棕 六三三　淙 七一〇　爽 七八一　窓 八八七　莊 一〇三一　艄 一一〇三

𧢲 一一〇五　造 一一九四　陬 一二七　12 傖 一〇五　創 一六一　喪 二〇六　廂 四〇九　惣 四五六　愡 四七五　插 五一六　揔 五一六　曽 五八〇　棗 五九六　棕 六三六　棇 六三六　湊 七一六　琮 七九一　痩 八二五　稍 八七八　窗 八八七　筝 八九八　粧 九二五　菍 一〇三四　蒂 一〇三四　葬 一〇三八　装 一〇八六　鈔 一三四〇　13 僧 一〇八　傯 一〇八　剿 一五一　剿 一六三　勦 一七一　喿 二〇九　嫂 三一九　想 四六〇

愴 四七六　搶 五一八　搔 五一八　搜 五一八　椶 六二九　楤 六二九　㰜 六四七　溲 七一三　滄 七一三　滝 七二五　煠 七四五　筲 九〇〇　綃 九三九　腠 九九三　葬 一〇三八　蒫 一〇三八　葱 一〇三八　蓌 一〇三八　蒼 一〇四二　装 一〇八七　賍 一一五三　𨠖 一三一三　14 僧 一〇九　嘈 二四一　嗾 二四一　嗽 二四一　噌 二四一　増 二七五　層 三七〇　憁 四七七　憎 四七七　慥 四七七　戧 四八五　摠 五三〇　槍 六三三

漕 七三六　潄 七三六　瑲 七九三　窻 八八八　箒 九〇三　筝 九〇三　粽 九一六　総 九四三　綜 九四三　聡 九七七　臧 九九八　蒼 一〇四三　遭 一三一〇　雑 一二八九　颯 一三三七　15 剿 一六三　噌 二四三　増 二七六　層 三七〇　戧 四一七　憎 四七八　槽 六三七　樔 六三七　樬 六三七　牕 七六三　璁 七九三　璪 七九三　瘡 八一七　痩 八一八　瘙 八一八　箱 九〇四　糉 九一七　總 九四七　蒽 一〇四五　蔟 一〇四五

蔵 一〇四八　諏 一一三三　諍 一一三四　踪 一一六六　遭 一三三〇　16 噪 二四三　懆 四七九　操 五三三　樷 五九八　澡 七三三　甑 七九七　窼 八八九　窻 八八九　縦 九四九　艙 一〇〇九　艘 一〇〇九　藪 一〇五一　輳 一一七九　錚 一二五〇　霎 一二九九　鞘 一三〇八　鞘 一三〇八　韒 一三三〇　17 燥 七四七　甑 七九七　矰 八五〇　竈 八八九　簇 九〇七　糟 九一八　糙 九一八　縦 九五〇　總 九五一　聰 九七七　臊 九九五　艚 一〇〇九

薔 一〇五〇　螬 一〇七三　襍 一〇九三　蹌 一一六七　鏦 一二五三　霜 一二九九　18 叢 一九九　擻 五二五　繒 九五三　蔵 一〇五三　贈 一一五五　鎗 一二五三　雙 一二八七　雑 一二九〇　騒 一三四五　騘 一三四五　鬆 一三五四　19 瀧 七三六　繰 九五三　臓 九九六　藪 一〇五四　藻 一〇五六　贈 一一五五　鏘 一二五四　顙 一三三三　顙 一三三三　驄 一三四六　鯫 一三六五　鰺 一三六五　20 孀 三三一　藻 一〇五六　譟 一一三四　趮 一一六一　躁 一一六八　騲 一三四六

騒 一三四六
21 囃 二四四
竈 八八九
籔 九一〇
贓 一二五五
鎗 一三五六
驄 一三四六
鰠 一三六七
鶬 一三七九
22 臓 九九七
鰺 一三六八
23 譟 一三五二
24 鱢 一三六九
28 鑿 一三三八
そう
沿 六七八
○沿 六八四
△副 一六〇
○添 七二一
添 七二一
ゾウ
10 ○造 一二九四
11 △曹 五七九
曽 五八〇
造 一二九四
12 曾 五八〇
○象 一二三九
13 慥 四七六
賍 一二五三
14 ○像 一〇九
○増 二七五
○憎 四七七
憎 四七七
臧 九九八
○雑 一三八九
15 増 二七六
憎 四七八
○蔵 一〇四八
16 橡 六四〇
17 簇 九〇七
糙 九一八
襍 一〇九三
18 繒 九五三
藏 一〇五三
○贈 一二五五
雜 一三九〇
19 ○臓 九九六
贈 一二五五
21 贓 一二五五
22 臟 九九七
そうろう
○候 九八
候 一〇三
そえる
△副 一六〇
○添 七二一
添 七二一
そお
赭 一二五七
そおに
赭 一二五七
そぎ
枌 六一三
ソク
4 仄 一六一
7 ○即 一九〇
○束 五九三
○足 一二六一
8 昃 五五七
9 ○促 九三
○則 一五八
卽 一九一
即 一九一
10 ○息 四五二
捉 五〇八
○速 一二九四
11 ○側 一〇三
戚 四八三
△族 五五一
敕 六四六
速 一二九四
12 喞 二三九
喞 二三九
惻 四七五
○測 七一六
粟 九一二
13 塞 二六一
△数 五三七
△触 一二〇四
△賊 一二五三
賊 一二五三
14 嗽 二四一
寨 三四八
熄 七四五
觫 一二〇五
15 數 五三七
蔟 一〇四五
16 餗 一三三三
17 燭 七四七
簇 九〇七
18 △職 九七八
職 九七八
19 蠋 一一七〇
鏃 一三五四
20 觸 一二〇五
そぐ
△削 一五八
剗 一五八
△殺 六五九
殺 六六〇
煞 七五五
ゾク
9 ○俗 九三
11 ○族 五五一
12 ○属 三六九
粟 九一二
13 ○続 九三九
○賊 一二五三
賊 一二五三
15 △嘱 二四二
蔟 一〇四五
賡 一一四八
19 鏃 一三五四
21 屬 三七一
續 九五三
24 囑 二四四
そげる
△殺 六五九
殺 六六〇
煞 七五五
そこ
○底 四〇五
そこなう
戕 四八四
△害 三四〇
害 三四〇
△残 六五六
殘 六五七
○損 五一八
△賊 一二五三
賊 一二五三
そこねる
○損 五一八
そしり
誹 一二二六
謗 一二三一
譏 一二三三
讒 一二三五
そしる
8 △非 一三〇四
9 呰 二二四
10 訕 一二一〇
12 詆 一二一五
13 毀 六六〇
毀 六六〇
訾 一二〇七
訿 一二一七
15 誹 一二二六
17 謗 一二三一
18 謷 一二〇七
19 譏 一二三三
譖 一二三三
譛 一二三三
24 讒 一二三五
そそぐ
8 ○注 六八七
注 六八七
9 洒 六九四
11 淋 七一二
△雪 一三九三
雪 一三九三
14 漑 七二五
漑 七二五
漼 七二五
15 澆 七二九
17 △濯 七三四
濯 七三四
18 瀉 七三四
濺 七三四
19 霔 一三〇〇
21 灌 七三七
22 灑 七三七
そそのかす
○唆 二三五
嗾 二四一
そぞろ
△漫 七二七
そぞろに
坐 二五八
坐 二五八
そだつ
育 九八一
○育 九八一
そだてる
育 九八一
○育 九八一
ソチ
卆 一八三
△卒 一八三
そち
△帥 三五五
ソツ
卆 一八三
伜 七七
○卒 一八三
△帥 三五五
倅 九八
啐 二三六
猝 七七六
○率 七八〇
そつ
△帥 三五五
そで
袪 一〇八八
袖 一〇八八
褾 一〇九三
そと
○外 二八六
そなえる
○供 八八
△具 一二九
具 一二九
具 八三七
○備 一〇五
備 一〇八
膳 九九五
饌 一三三五
そなわる
△具 一二九
具 一二九
具 八三七
○備 一〇五
備 一〇八
詮 一二一八
そね
埣 二七〇
そねむ
妒 三三三
妬 三三四
猜 七七六
嫉 三三九
その
4 △夫 二九四
5 尓 三六二
尒 三六二
8 其 一二九
人苑 一〇一九
9 囿 二五四
苑 一〇一九
13 ○園 二五四
園 二五四
△該 一二一五
該 一二一五
14 人爾 七六一
そば
岨 三七八
△側 一〇三
△傍 一〇六
傍 一〇六
蕎 一〇四七
そばだつ
屹 三七八
峙 三七九
崛 三八〇
聳 九七六
そばだてる
攲 五二七
欹 六四七
そばめ
妾 三〇八
そびえる
聳 九七六
そびら
△背 九八二
そま
杣 六一〇
そまる
○染 六〇一
そむく
舛 一〇〇六
舛 一〇〇六
乖 三八
炍 七四三
叛 二〇一
叛 二〇一
○背 九八二
△負 一二四三
負 一二四三
睽 八四三
そむける
○背 九八二
そめる
○初 一五〇
○染 六〇一
そもそも
△抑 四九九
そら
△天 三〇〇
△宇 三三〇
△宙 三三五
穹 八八四
○空 八八四
そらす
○反 一九七
△逸 一二九九
そらんじる
逸 一二九九
誦 一二三〇
諳 一二二七
諷 一二二九
そり
橇 六四〇
艝 一〇〇九
轌 一二八〇
そる

○反 一九七　剃 一五九

それ
△夫 二二四　尒 三六三　尓 三六三　其 一三九　人爾 七六一

それがし
△某 六〇一

それる
△逸 二一九　逸 二一九

そろ
△候 九八　候 一〇三

そろい
揃 五一六

そろう
△斉 一三九四　揃 五一六　齊 一三九四　攅 五二四　攢 五二六

そろえる
揃 五一六

そわ
岨 三七八

ソン
3 △寸 三五〇　6 ○存 三三四　忖 四六五　7 ○村 六〇九　邨 一三一六　9 拵 五〇六　10 ○孫 三一八　栫 六二一　荐 一〇六六　11 湌 一三二六　12 ○尊 三五三　尊 三五三　人巽 三八七　巺 三八七　湌 一三二六　飧 一三二六　13 ○損 五一八　猻 七七八　遜 一三一〇　飱 一三二六　14 遜 一三一〇　15 噂 二四三　噂 二四三　16 墫 二七六　樽 六四〇　樽 六四〇　18 罇 九五五　19 蹲 一二六八　20 鐏 一二五五　23 鱒 一三六八　鱒 一三六八

ゾン
○存 三三四

た

タ
3 △大 二六八　4 ○太 二九三　5 ○他 七三　它 三一九　6 吒 二三〇　○多 二八三　夛 二八三　夛 二八五　夛 二八五　拖 四九四　朶 五九八　7 △池 六七八　佗 八三　△妥 三〇七　妥 三〇七　岔 三七七　杕 六〇九　人汰 六八〇　8 侘 八九　咤 二三三　拖 五〇〇　拕 五〇〇　沱 六八六　沲 六八六　陀 一二七三　陁 一二七三　9 咤 二三五　垜 二六九　垛 二六九　柁 六二五　柂 六二五　△茶 一〇六八　虵 一〇八六　陏 一二七三　10 爹 七六一　粏 九一四　茶 一〇六八　詑 一二一〇　11 唾 二三七　埵 二七一　紽 九二四　舵 一〇〇九　舵 一〇〇九　茶 一〇三一　△蛇 一〇八七　虵 一〇八七　12 △堕 二六一　△惰 四七五　詑 一二一四　詫 一二一四　跎 一二六三　跑 一二六三　酡 一二三五　隋 一二八〇　13 椯 六二九　楕 六二九　詫 一二一八　躱 一二七〇　鉈 一二四二　駄 一三四一　14 △駄 一三四三　15 墮 二六四　墯 二七六　墮 二六四　褡 一〇九三　16 駝 一三四三　駞 一三四三　橢 六四一　鮀 一三七三　19 騨 一三四六　鬌 一三五四　20 鰖 一三六六　22 驒 一三四七　23 鱓 一三六八　25 鼉 一三九〇

た
○手 四八八　○田 八〇三　咫 二四六　△健 一〇三　誰 一二一四

ダ
4 △太 二九三　5 ○打 四九三　6 兊 一一八　7 朶 五九八　佗 八三　兌 一一九　兑 一一九　○妥 三〇七　妥 三〇七　人那 一三一六　那 一三一六　郍 一三一六　8 沱 六八六　沲 六八六　陀 一二七三　陁 一二七三　9 拏 四九〇　柁 六二五　柂 六二五　△茶 一〇六八　虵 一〇八六　10 娜 三一六　拿 四九一　茶 一〇六八　詑 一二一〇　11 唾 二三七　梛 六二三　紽 九二四　舵 一〇〇九　舵 一〇〇九　茶 一〇三一　○蛇 一〇八七　虵 一〇八七　雫 一三九二　12 ○堕 二六一　○惰 四七五　愞 四七五　詑 一二一四　詫 一二一四　跎 一二六三　跑 一二六三　隋 一二八〇　13 椯 六二九　駄 一三四一　14 ○駄 一三四三　15 墮 二六四　16 墯 二六四　墯 二七六　駝 一三四三　駞 一三四三　橢 六四一　鮀 一三七三　17 懦 四七九　18 △難 一三九一　19 難 一三九一　騨 一三四六　鬌 一三五四　20 糯 九一八　21 儺 一一三　22 驒 一三四七　25 鼉 一三九〇

ダース
△打 四九三

タイ
3 ○大 二六八　4 ○太 二九三　歹 六五四　5 ○代 七四　○台 二三三　対 三五四　歺 六五四　卢 六五四　6 自 三八　兊 一一八　扠 四九四　7 ○体 八四　兌 一一九　兑 一一九　呆 二〇九　○対 三五四　人汰 六八〇　豸 一二四〇　8 岱 三七七　帒 三九〇　抬 五〇〇　隶 一三八五　9 剃 一五九　△帝 三九〇　帝 三九〇　○待 四三三　○怠 四五〇　殆 六五六　炲 七四三　玳 七八七　○耐 九七三　○胎 九八六　苔 一〇三三　迨 一一八九　10 ○退 一一九一　△追 一一九二　○帯 三九一　○泰 六七五　涕 七〇〇　退 一一九一　追 一一九二　11 堆 二七一　帶 三九二　△推 五一一　梯 六三三　紿 九二四　△脱 九九〇　脫 九九〇　○袋 一〇八五　○逮 一二〇一　12 鈦 一二三九　啼 二三九　人敦 五三六　○替 五八〇　渧 七一七　詒 一二一五　○貸 一二四六　躰 一二七〇　逮 一二〇一　○隊 一二八一　隊 一二八一　13 廌 四一〇　搥 五一九　○滞 七一三　瑇 七九一　碓 八五七　腿 九九三　蔕 一〇三八　蛻 一〇六九　14 對 三五七　○態 四六一　暜 五八〇　滯 七一六　腿 九九四　臺 一〇〇二　颱 一三三六　15 蔕 一〇四五　褪 一〇九二　隤 一二八四　駘 一三四三　16 替 五八一　諦 一二一九　醍 一二三七　錞 一二四九　頹 一三一八　頽 一三一八　餒 一三三二　鮐 一三六二　人黛 一三八八　17 擡 五一四　艜 一〇〇九　鎚 一二五二　黛 一三八八　18 懟 四六三　戴 四八三　薹 一〇五三　鎚 一二五三　19 蘈 一〇六五　䭔 一三三五　20 軆 一一七〇　鐓 一二五五　23 體 一三四九　24 靆 一三〇二

たい

人鯛 一三六五
鯛 一三六五

ダイ
2 人乃 三六
3 ○大 二八八
4 ○内 一三三
内 一三三
5 ○代 七四
○台 二二三
7 ○弟 四一八
8 人奈 二九八
9 廼 四一四
△待 四三三
△怠 四五〇
柰 五九七
炲 七四二
10 △耐 九七三
△能 九八九
迺 一一九二
11 ○第 八九五
△逮 一二〇一
12 △提 五一六
逮 一二〇一
14 臺 一〇〇二
15 鼐 一三九一
16 醍 一二二七
17 餧 一三三三
餒 一三三四
18 薹 一〇五三
○題 一三三一
鮧 一三六四
19 鯷 一三六五

だいだい
橙 六四一

たいまつ
炬 七四三
苣 一〇二〇

たいら
○平 三五七
平 三五七
坦 二六八

たいらか
夷 二九五

たいらげる
○平 三五七
平 三五七
夷 二九五

たえ
△妙 三一二
玅 七六一
栲 六二〇
栲 六二〇

たえて
○絶 九二七
絶 九二七

たえる
○耐 九七三
△勝 一七一
勝 一七一
○堪 二七三
○絶 九二七
絶 九二七

たお
垰 二六九
嵶 三八〇

たおす
○倒 九九
殪 六五八

たおやか
嫋 三一九

たおれる
仆 七二
○倒 九九
踣 一一六六
殪 六五八
殭 六五八
斃 五二八
蹶 一一六八
躓 一一六二

たか
△宅 三三一
△竹 八九二
○高 一三五〇
髙 一三五〇
△尊 三五三
尊 三五三
△貴 一一四五
人鷹 一三七二

たが
箍 九〇三
籥 九一〇

たかい
8 人尭 一一〇
△尚 三六二
尚 三六二
10 人峻 三七九
○高 一三五〇
11 △崇 三七五
崧 三七五
12 △隆 一二七九
髙 一三五〇
人喬 二三八
堯 二五七
隆 一二八二
13 人嵩 三七六
14 嶄 三七六
嶃 三八〇
17 嶷 三七六
18 魏 一三五九
21 巍 三七六

たがい
○互 五一

たがう
△差 三八五
△違 一二〇八
違 一二〇一
靠 一三〇五

たがえる
△違 一二〇八
違 一二〇一

たかし
△崇 三七五
崧 三七五
人嵩 三七六

たかつき
△豆 一一三七
鐙 一二五五
籩 九一一

たかどの
△堂 二六〇
△楼 六三一
△閣 一二六五
樓 六三八

たがね
鏨 一二三八
鑽 一二五六
鑚 一二五七

たがねる
綰 九四五

たかぶる
亢 五四
人昂 五五七
昻 五五八

たかべ
鶙 一三六六
鸍 一三八〇

たかまる
○高 一三五〇
髙 一三五〇

たかむしろ
簟 九〇八
簟 九〇八

たかむら
篁 九〇四

たかめる
○高 一三五〇
髙 一三五〇

たがやす
畊 八〇九
○耕 九七三
耕 九七三
△墾 二六四

たから
○宝 三三六
△財 一一五一
△貨 一一四三
貨 一一四三
戝 一一五一
貲 一一四八
寶 三五〇
寳 三五〇

たかんな
笋 八八四
筍 八九八

たき
○滝 七二五
瀑 七三五
瀧 七三六

たきぎ
蕘 一〇四七
○薪 一〇五一
薪 一〇五一

たぎつ
滾 七二五
△激 七三二

たぎる
△沸 六八九
滾 七二五

タク
3 乇 三七
6 ○宅 三三一
托 四九四
7 ○択 四九六
○沢 六八〇
侘 八九
8 ○卓 一八四
坼 二六七
○拓 五〇〇
拆 五〇一
9 ○度 四〇六
柝 六二五
浊 六九六
10 倬 九九
人啄 二三五
桌 六〇三
○託 一一一〇
11 啅 二三七
啄 二三七
涿 七一〇
人琢 七八九
12 舴 一〇〇八
棹 六二七
琢 七九一
鈬 一二四〇
飥 一三三一
13 睪 八四六
罩 九五七
14 △摘 五二〇
摘 五二〇
橐 六〇六
翟 九六五
15 △適 一二一〇
斲 五四七
磔 八五九
踔 一一六六
16 適 一二一〇
魄 一三五九
擇 五三三
橐 六〇七
澤 七三三
17 △濁 七三三
嬥 三三一
擢 五二四
擢 五二四
斵 五四七
○濯 七三四
濯 七三四
18 櫂 六四三
謫 一一三三
21 鐲 一二五六
鐸 一二五六
22 讁 一一三五

たく
○炊 七四二
炬 七四二
灶 七四二
焚 七四〇
△薫 一〇五〇
薰 一〇五三

ダク
疒 八二三
浊 六九六
搦 五一八
○諾 一一二四
○濁 七三三
諾 一一二八

だく
○抱 五〇三
抱 五〇三
雍 一二八八

たぐい
△属 三六九
畴 八一〇
△類 一三三三
疇 八一〇
類 一三三三
屬 三七一

たぐう
△比 六六三
△類 一三三三
類 一三三三

たぐえる
△類 一三三三
類 一三三三

たくましい
逞 一一九七

たくみ
△工 三八二
○巧 三八五
△匠 一七七

たくむ
△工 三八二

たくる
綰 九四五

たくわえ
△貯 一一五三
○蓄 一〇四三
蓄 一〇四三

たくわえる
△畜 八〇七
△貯 一一五三
○蓄 一〇四三
蓄 一〇四三

たけ
3 ○丈 一四
4 丈 一五
6 ○竹 八九三
8 ○岳 三七七
△武 六五三
10 笔 八九五
11 茸 一〇二六
△菌 一〇三三
12 菌 一〇三三
13 筠 八九九
16 蕈 一〇四八
17 嶽 三七六

たけし
△武 六五三
△威 三〇六
△剛 一五九
△猛 七七六
人毅 六六一

たけだけしい
悍 四七〇

たけなわ

酣 一三三五　闌 一三六八
たけのこ 笋 八九四　筍 八九八
たける 長 一三五七　長 一三五七　建 四一三　哮 二三五　梟 六〇三　猛 七七六　闌 一三六八
たこ 凧 一四二　胝 九八七　胼 九九九　胼 九九二　蛸 一〇六九　蛸 一〇六九　鮹 一三六四　鱆 一三六七
たしか 慥 四七七　確 八五八
たしかめる 確 八五八
たしなむ 嗜 二四〇
たしなめる 窘 八八七
たす 足 一二六一
たず 瞻 一二一五　鶴 一三七八　鶴 一三八〇　靏 一三〇一　鶴 一三八〇　靏 一三〇三
だす 出 一四三
たすかる 助 一六七
たすき 襷 一〇九四
たすけ 助 一六七　祐 八六八　祐 八六八　輔 一二七八
たすける 5 右 二一〇　左 三四四　6 丞 二九　7 佐 八三　佑 八六　9 助 一六七　扶 四九八　相 八四五　祐 八六八　10 帮 三九一　祐 八六八　12 幇 三九二　弼 四一九　援 五一五　援 五一五　13 資 一二四七　資 一二四七　14 輔 一二七八　15 幫 三九二　賛 一二四八　17 幫 三九二　翼 九六六　18 翼 九六六　19 贊 一二五一
たずさえる 携 五一七　擕 五三三　攜 五三五　攜 五三五
たずさわる 携 五一七　擕 五三三　攜 五三五　攜 五三五
たずねる 原 一九二　訊 一一一〇　原 一九二　訪 一一二三　尋 三五二　尋 三五二　温 七二三　溫 七二〇　繹 九五二
ただ 5 只 二〇八　7 但 八四　8 直 八三四　9 祇 八六四　祇 八六四　10 徒 四三四　特 七六八　祇 八六五　11 唯 二二七　第 八九五　12 啻 二二八　14 維 九四〇
たたえる 称 八七六　湛 七一七　頌 一三一六　歎 六四八　稱 八八〇　歎 六四九　賛 一二四八　贊 一二五一　讃 一一三五　讚 一一三五
たたかい 戦 四八四　戰 四八五　闘 一三六九　鬪 一三五五　鬭 一三五五
たたかう 戦 四八四　戰 四八五　闘 一三六九　鬪 一三五五　鬭 一三五五
たたく 5 叩 二一九　6 扣 四九四　8 拍 五〇三　9 拓 五〇六　10 啄 二二五　11 啄 二二七　12 弾 四一三　13 搥 五一九　搏 五一九　14 敲 五五七　15 彈 四一四
ただし 正 六五一　但 八四
ただしい 正 六五一　貞 一二四二　禎 八六九　禎 八六九
ただす 5 正 六五一　6 匡 一七六　7 糺 九二五　8 糾 九二五　9 糾 九二六　訂 一一〇九　10 格 六一七　11 質 一二四四　13 督 八四〇　董 一〇三八　飭 一三三三　15 質 一二四九
たたずむ 彳 四一八　宁 三三九　佇 八四　躅 一二六七
ただちに 径 四二〇　直 八三四　徑 四二三
たたみ 畳 八〇六　疊 八〇六　疊 八〇六　疉 八〇六
たたむ 帖 三九二　畳 八〇六　疊 八〇六　疊 八〇六　疉 八〇六
ただよう 汎 六七八　漂 七二七　漾 七二七　蕩 一〇四八
たたら 栭 六二〇　鈩 一三四一　鑪 一三五七
たたり 祟 八六一
たたる 祟 八六一
ただれる 糜 九二三　爛 七四八
タチ 咄 二二三　闥 一三六九
たち 7 达 一二八七　11 断 五四五　質 一二四四　12 逹 一三〇一　達 一三〇四　13 資 一二四七　資 一二四七　達 一三〇四　15 質 一二四九　16 舘 一〇〇六　館 一三三四　館 一三三四　18 斷 五四七
ダチ 达 一二八七　咄 二二三　達 一三〇四　逹 一三〇一　達 一三〇四　奪 二九九
だち 达 一二八七　達 一三〇四　逹 一三〇一　達 一三〇四
たちばな 橘 六三九
たちまち 乍 三八　物 四六五　奄 二九七　忽 四四七
たちもとおる 躑 一二六九
タツ 7 达 一二八七　8 妲 三一四　怛 四六八　10 剟 一六〇　11 掇 五一三　捝 六三三　脱 九九〇　脱 九九〇　税 八七八　税 八七八　12 逹 一三〇一　達 一三〇四　13 榝 一〇九一　達 一三〇四　14 奪 二九九　靼 一三〇八　16 撻 五三三　錣 一三五〇　17 燵 七四七　19 獺 七七九　21 闥 一三六九　22 韃 一三一〇
たつ 5 立 八九〇　7 辰 一二八四　9 建 四一三　発 八二〇　10 起 一二五八　起 一二五八　11 竜 一三九七　断 五四五　12 發 八二三　絶 九三七　絶 九三七　裁 一〇八五　14 截 四八三　製 一〇八七　15 截 四八五　16 豎 一二三八　龍 一三九七　17 謖 一一三一　18 斷 五四七
ダツ 妲 三一四　怛 四六八　捺 五二三　脱 九九〇　脱 九九〇　税 八七八　税 八七八　奪 二九九　獺 七七九　韃 一三一〇
たつき 鏍 一三五四
たつぎ 鐇 一三五五
たっとい 尊 三五三　尊 三五三　貴 一二四五
たっとぶ 尚 三六二　尙 三六二　崇 三七五　尊 三五三　尊 三五三　貴 一二四五
たづな 靮 一三〇七　轡 一二七二
たつみ 巽 三八七　巺 三八七
たて

3 △干 三九七
9 ○盾 八二八
11 △経 九二〇
鹵 一三八〇
13 楯 六二九
齣 八一〇
竪 八九二
經 九二九
15 豎 一三一八
16 ○縦 九四九
舘 一〇〇六
△館 一三三四
17 縱 九五〇
館 一三三四

たで
焇 七四五
蓼 一〇四七

たていと
△経 九二〇
經 九二九

たてがみ
鬐 一三五四
鬣 一三五四

たてくび
頚 一三一七
頸 一三一八

たてふだ
牓 七六三

たてまつる
○奉 二九六
△献 七七〇
獻 七七一

たてる
○立 八九〇
○建 四一三

△点 七四九
樹 六二三
豎 一三一八
△樹 六四〇
點 一三八九

たとい
△縦 九四九
縱 九五〇

たとえ
喩 二三九
△縦 九四九
縱 九五〇
譬 一二〇八

たとえる
○例 九〇
喩 二三九
譬 一二〇八

たどる
辿 一一八七
辿 一一八七

たな
△店 四〇五
△架 六〇〇
柵 六一四
○棚 六二七
棚 六二七

たなご
魣 一三六一
鰂 一三六六
鯽 一三六六
鱮 一三六九

たなごころ
△掌 四九一

たに
7 ○谷 一一三六
10 峪 三七九
陘 一二七四
11 △渓 七〇六
12 硲 八五七
13 溪 七二一
15 澗 七二九
澗 七二九
17 壑 二六四
磵 八五九
谿 一一三六
谿 一一三六

だに
蜱 一〇七〇
蟎 一〇七二

たにみず
澗 七二九
澗 七二九
磵 八五九

たぬき
狸 七七五
貍 一一四一

たね
人胤 九八二
○種 八八〇

たのしい
△愉 四七五
愉 四七五
○楽 六〇四
樂 六〇六

たのしむ
△娯 三一六
娛 三一六
△愉 四七五
愉 四七五
愷 四七五
○楽 六〇四
人嬉 三三〇
樂 六〇六

たのみ
○頼 一三一九
賴 一一五六

たのむ
怙 四六六
恃 四六九
馮 一三四七
△嘱 二四三
憑 四六二
憑 四六二
○頼 一三一九
賴 一一五六
囑 二四四

たのもしい
○頼 一三一九
賴 一一五六

たば
△把 四九七
○束 五九三

たばかる
△謀 一二一九

タバコ
莨 一〇三三

たばねる
○束 五九三

たび
○度 四〇六
○旅 五五〇
旅 五五〇
襪 一〇九四
羈 九五九
韈 一三一一
覊 一〇九七

たぶ
椨 六二八
△給 九二五
△賜 一一五三

たぶさ
髻 一三五三

たぶのき
椨 六二八

たぶらかす
誑 一二一九

たべる
○食 一三三九
食 一三三九

たぼ
髱 一三五三

たま
4 王 七八一
5 ○玉 七八一
6 人圭 二五六
8 玦 七八七
10 玺 七八六
珪 七八八
△珠 七八八
11 △偶 一〇三
○球 七八八
琅 七九〇
璇 七八九
12 ○弾 四二三
琰 七九〇
13 瑗 七九一
人瑶 七九二
14 瑯 七九二
瑤 七九二
△適 一二一〇
△魂 一三五八
䰟 一三五七
15 彈 四二四
璆 七九三
璋 七九三
璇 七九三
適 一二一〇
○霊 一二九八
魄 一三五九
16 璣 七九三
璜 七九三
18 璧 七九六
19 △璽 七九六
瓊 七九四
瓉 七九四
23 瓚 七九四
24 靈 一三〇一

たまう
△給 九二五
賚 一一五〇
△賜 一一五三

たまき
△環 七九三
環 七九三

たまご
○卵 一九〇

たましい
○魂 一三五八
䰟 一三五七
△霊 一二九八
魄 一三五九
靈 一三〇一

だます
△欺 六四七
瞞 八四四
騙 一三四六

たまたま
△偶 一〇三
△遇 一二〇三
遇 一二〇三
△適 一二一〇
適 一二一〇

たまもの
賚 一一五〇
△賜 一一五三

たまり
溜 七二四
瀦 七三一

たまる
△堪 二七二
溜 七二四
瀦 七三一

だまる
○黙 七五八
默 一三八八

たまわる
△給 九二五
○賜 一一五三

たみ
○民 六六六
氓 六六七

たむろ
△屯 三七一

ため
△為 七四八
爲 七五九
溜 七二四
瀦 七三一

ためぎ
檃 六〇七

ためし
△例 九〇
○試 一二一七
△験 一三四五
騐 一三四五
驗 一三四七

ためす
○試 一二一七

ためらう
踟 一一六六
躇 一一六八
躊 一一六八

ためる
△貯 一一五三
溜 七二四
瀦 七三一
○矯 八五〇

たもつ
△存 三一四
○保 九五
△持 五〇五

たもと
袂 一〇八八

たやす
○絶 九二七
絕 九二七

たより
○便 九四
△音 一三三二
音 一三三二
便 一〇四

たよる
○頼 一三一九
賴 一一五六

たら
桜 六三三
楤 六三六
楤 六三九
槵 六三七
鱈 一三六八

たらい
槃 六〇六
盥 八三三

たらす
○垂 二五八
垂 二五九
誑 一二一九

たりる
○足 一一六一
贍 一一五五

たる
○足 一一六一
榼 六三三
樽 六四〇
樽 六四〇

だるい
△怠 四五〇
懈 四七九

たるき
桷 六二三
棰 六二六
椽 六三〇
榱 六三三

たるむ
弛 四二〇
弛 四二一

たれ

垂 二五八　垂 二五九　孰 三九　誰 一二二四
だれ 誰 一二二四
たれる 垂 二五八　垂 二五九
たわ 嵶 三八〇
たわけ 痴 八一六　癡 八一九
たわごと 譫 一二二四　讝 一二二五
たわむ 撓 五二一　橈 六四一
たわむれる 詼 一二一五　戯 四八五　戲 四八五　諧 一二二七　謔 一二二八　諢 一二二八　戲 四八五
たわめる 撓 五二一
たわら 俵 一〇〇
タン 4 丹 三三　反 一九七

5 井 三四　旦 五三五　石 八五〇　6 団 二五〇　7 但 八四　8 坦 二六八　怛 四六八　担 五〇一　罙 六〇〇　9 単 一八四　彖 四四四　象 四四四　段 六五九　炭 七四〇　炭 七四〇　眈 八四一　耑 九七三　胆 九八七　10 疸 八一四　站 八九二　耽 九七六　聃 九七六　袒 一〇八八　11 啖 二二七　啗 二二七　惔 四七三　探 五二二　断 五四五　淡 七一〇　聃 九七六　蛋 一〇六三　貪 一二四四　躭 一二七〇　酖 一二三五　12 單 二〇九

堪 二七三　弾 四三三　揣 五一六　敦 五三六　毯 六六六　湛 七一七　湍 七一七　湯 七一七　猯 七七七　短 八四九　腅 九九二　萏 一〇三四　覃 一〇九六　覃 一〇九六　赧 一一五七　13 亶 五七　亶 五七　嘆 二四〇　椴 六二九　痰 八一六　葮 一〇三八　蜑 一〇六四　詹 一二〇七　14 嘆 二四一　團 二五五　塼 二七五　慱 四七七　摶 五三〇　歎 六四八　端 八九二　綻 九四三　緂 九四三　禅 一〇九二　誕 一二三一　靼 一三〇八

15 髧 一三五三　僤 一一一　僋 一一一　嘽 二二三　噉 二二三　彈 四三四　憚 四七八　槫 六二七　歎 六四九　潭 七三〇　潭 七三〇　箪 九〇四　緞 九四七　誕 一二二四　談 一二二五　鄲 一二三三　16 壇 二七七　憺 四七九　擔 五三三　曇 五六一　殫 六五八　澹 七三三　磚 八五九　蕁 一〇四八　貒 一二四一　17 檐 六四一　檀 六四二　癉 八一八　膻 九九六　膽 九九六　襌 一〇九三　賺 一一五五　鍛 一二五二　餤 一三三四　18 斷 五四七

19 簞 九〇八　壜 二七七　譚 一二三三　譚 一二三三　贉 一二五五　贉 一二五五　醰 一三三八　醰 一三三八　騨 一三四六　20 闒 一〇五六　鐔 一三一五　鐔 一三一五　21 灘 七三七　黮 一三八九　22 攤 五三六　灘 七三七　繵 九五五　驒 一三四七　24 癱 八二〇　25 鼉 一三九〇
ダン 6 団 二五〇　7 但 八四　男 八〇四　8 枏 六二三　9 南 一八一　柟 六二五　段 六五九　10 娚 三二六　袒 一〇八八　11 断 五四五　12 喃 二三九　弾 四三三　赧 一一五七　13 暖 五七二

暖 五七二　暵 五七二　椴 六二九　14 楠 六三〇　煖 七四四　煗 七四四　團 二五五　15 噉 二二三　彈 四三四　憚 四七八　緞 九四七　談 一二二五　16 壇 二七七　磚 八五九　諵 一二一九　17 檀 六四二　18 斷 五四七　難 一二九一　難 一二九一　19 騨 一三四六　21 灘 七三七　22 攤 五三六　灘 七三七　驒 一三四七
だん 緂 九四三

ち

チ 3 久 二八〇　6 地 二六五　弛 四二〇　池 六七八　7 豸 一二四〇　8 坻 二六八

弛 四二一　彽 四三〇　治 六八六　直 八三四　知 八四七　祉 八六四　陁 一二七三　9 峙 三七九　庤 四〇六　持 五〇五　祗 八六四　胝 九八七　致 一〇〇二　10 値 九九　恥 四六四　耻 九七六　致 一〇〇二　虒 一〇五九　袳 一〇八八　痔 八一五　11 离 八七一　笞 八九六　貭 一二四四　12 智 五六四　植 六二六　遅 一二〇四　黹 一三八九　13 廌 四一〇　痴 八一六　稚 八七九　絺 九四〇　置 九五七　趍 一一六〇　輊 一一七八　雉 一二八九

14 馳 一三四一　徴 四三九　疐 八二一　箎 九〇三　蜘 一〇七〇　15 墀 二七六　徵 四四〇　摯 四九二　疐 八二一　稺 八八一　緻 九四七　褫 一〇九二　質 一一四九　踟 一一六六　16 篪 九〇五　緻 九四九　遲 一二一四　17 懥 四七九　穉 八八三　薙 一〇五一　螭 一〇七二　襧 一〇九三　18 懫 四七九　19 癡 八一九　襹 一〇九四　20 齝 一三九六　21 鷙 一三四〇　魑 一三五八　22 躓 一一六九　23 黐 一三八七　27 [illegible] 一四〇〇
ち 千 一八二　血 一〇七五　乳 四三

乳 四三　茅 一〇三三　茅 一〇三三
ちいさい 小 三五七　幺 四〇一
ちかい 近 一一八七　近 一一八七　迩 一一八九　庶 四〇八　幾 四〇二　盟 八三三　盟 八三三　誓 一二〇七　邇 一二三五
ちがい 違 一二〇八　違 一二〇一
ちかう 約 九二七　約 九二七　詛 一二一四　盟 八三三　盟 八三三　誓 一二〇七
ちがう 違 一二〇八　違 一二〇一
ちがえる 違 一二〇八　違 一二〇一
ちかしい 近 一一八七　近 一一八七

音訓索引

ちかづく ○近 二八七　近 二八七
ちがや 人茅 一〇三三　茅 一〇三三
ちから ○力 一六三　△税 八七八　税 八七八
ちきり 滕 六四五
ちぎり ○契 三〇四　契 三〇四
ちぎる ○契 三〇四　契 三〇四　△期 五八五　期 五八五
チク 6 ○竹 八九三　8 竺 八九四　豖 一一三八　9 人柚 六一六　10 ○畜 八〇七　○逐 一一九五　11 舳 一〇〇八　蚰 一〇六七　逐 一一九五　12 筑 八九八　筑 八九八　△軸 一一七七　13 ○蓄 一〇四三　14 蓄 一〇四三　16 ○築 九〇五　築 九〇五　22 鱁 一三六八　24 矗 八三七
ちご △児 一一九　兒 一二〇
ちち ○父 七六〇　○乳 四三　乳 四三
ちちふ 魦 一三六一　鯊 一三六一
ちぢまる ○縮 九五〇　蹙 一二六三
ちぢむ ○縮 九五〇
ちぢめる ○縮 九五〇
ちぢらす ○縮 九五〇
ちぢれる ○縮 九五〇
チツ 朮 五八九　侄 八九　帙 三九三　姪 三一五　○秩 八七七　○窒 八八七　腟 九九三　膣 九九五　蟄 一〇六五
ちどり 鵆 一三七〇
ちなむ 囙 二四六　△因 二四八
ちぬる 釁 一三三三
ちのみご 孩 三三八　孺 三三九
ちはや 襅 一〇九三
ちびる 痱 八一七
ちまき 粽 九一六　糉 九一七
ちまた △岐 三七八　巷 三八七　巷 三八七　△街 一〇七九　衢 一〇八一
チャ ○茶 一〇二八　茶 一〇二八　楂 六三一
チャク 7 辵 一一八五　8 坼 二六七　11 着 八三九　△著 一〇二四　12 ○着 八三九　13 [illegible] 五一九　著 一〇三八
チュ 14 ○嫡 三一九　嫡 三一九　△摘 五二〇　摘 五二〇　△滴 七一六　滴 七一六　△適 一二一〇　15 △敵 五五七　敵 五五七　歒 六四九　適 一二一〇　17 擿 五二四　18 擲 五二五　20 躑 一二六八
チュ 丶 一三　壴 二七九　尌 三五六　尌 三五七　蛛 一〇六八　註 一一二五
チュウ 3 亍 五三　4 人丑 一六　○中 三〇　6 ○仲 七〇　冲 一三八　○虫 一〇六二　7 △住 八三　住 八三　忡 四六六　○沖 六八一　狆 七七二　肘 九八五　8 ○宙 三三五　○忠 四四七　○抽 五〇一　拄 五〇一　杻 六二三　○注 六八七　注 六八七　9 俦 九四　冑 一三四　○昼 五六三　○柱 六一五　柱 六一五　紂 九二七　胄 九八二　10 紐 九二九　○衷 一〇八三　酎 一二三四　偸 一〇三　11 偷 一〇三　啁 二二七　惆 四七三　晝 五六四　[illegible] 八四九　人紬 九三四　12 厨 一九四　畴 八一〇　蛛 一〇六八　註 一一二五　鈕 一二四〇　13 誅 一一二八　稠 八七九　14 厨 一九四　綢 九四三　15 廚 四二一　○鋳 一三四七　○駐 一三四三　駐 一三四三　16 儔 一二二　△頭 一三一九　17 縶 九二四　蟄 一〇六五　鍮 一三五三　18 蟲 一〇六二　19 疇 八一〇　籀 九〇九　蹰 一二六八　20 籌 九〇九　21 籒 九一〇　躊 一二六八　22 躕 一二六九　鑄 一三五六
チュツ 怵 四六七　絀 九二四　詘 一一二三　黜 一三八八
チュン △屯 三七一　迍 一一八八
チュンチン 人椿 六三〇
チョ 5 宁 三三九　7 佇 八四　8 杼 六二二　芧 一〇〇七　9 苧 一〇一三　10 涂 七〇〇　竚 八九二　△除 一三七五　11 屠 三六九　人猪 七七六　紵 九二四　莇 一〇三一　○著 一〇三四　12 屠 三七〇　猪 七七七　絮 九二三　○貯 一一五三　13 楮 六三〇　[illegible] 八一〇　著 一〇三八　14 箸 九〇四　○緒 九四一　褚 一〇九二　15 樗 六三八　潴 七三一　箸 九〇四　緒 九四六　16 墸 二七七　鍺 一二四〇　17 儲 一一三　18 儲 一一三　瀦 七三五　19 瀦 七三六　20 躇 一二六八
チョウ 2 ○丁 一七　刁 一四七　3 △丈 一四　4 丈 一五　○弔 四一八　5 仗 七三　○庁 四〇四　△打 四九三　人汀 六七五　6 ○兆 一二三　吊 二〇八　扚 四九四　7 △条 五九九　杖 六〇九　甼 八〇四　○町 八〇八　疔 八二三　镸 一三五七　8 佻 八九　呫 二三三　帖 三九三　○長 一三五七　9 △亭 五六　○挑 五〇六　昶 五七五　苕 一〇三三　△貞 一一四三　迠 一一八九　迢 一一八九　○重 一三三一　10 亭 五七　冢 一三六　凋 一四〇　△島 三七七　挺 五〇八　晁 五五九　涉 七〇〇　陦 一三七六　啚 一三五五　11 △停 一〇三　奝 二九九　○帳 三九三　○張 四三三　弴 四三三　○彫 四二七　彫 四二七　悵 四七三　掉 五一三　條 六四五　梃 六二四　△渉 七〇八　○眺 八四三　窕 八八七　笤 八九五　粜 九一二　蛁 一〇六七　○釣 一三二九　釣 一三二九　○頂 一三一四　○鳥 一三七〇　12 喋 二三九　△場 二七三　堞 二七三　△塚 二七三　△提 五一六　人敦 五三六　旐 五五一　○朝 五八六　朝 五八六　渫 七一六　琱 七九一　瓺 七九六　瓺 七九六　△畳 八〇六　○脹 九九二　萇 一〇三四　貂 一一四一　貼 一一五三　○超 一一五九

13 塚 二七四 楪 六六一 牒 七六三 稠 八九九 ○腸 九九三 覜 一一〇〇 誂 一一一八 ○跳 一一六四 14 塲 二七五 㠀 三七七 嶋 三八〇 嶌 三七六 ○徴 四三九 人暢 五七五 漲 七三六 人肇 九七九 肇 九七九 肈 九七九 人蔦 一〇四五 蜩 一〇七〇 蜨 一〇七〇 趙 一一六〇 輒 一一七八 銚 一二四六 15 嘲 二四二 徵 四四〇 ○澄 七三一 澂 七三一 ○潮 七三一 潮 七三一 腸 九五五 蔦 一〇四五 人蝶 一〇七一 ○調 一二三五 調 一二三五 輙 一一七八 頫 一三一八 髫 一三五三 16 疊 八〇六 褶 一〇九三 諜 一一二八 雕 一二九〇 17 嬥 三二一 幬 三八一 ○聴 九七七 𦨣 九八一 銛 一二五三 隯 一二八四 騁 一三二四 18 ○懲 四六三 藿 一〇五三 鼂 一三九〇 鼦 一三九三 寵 三五〇 19 懲 四六三 人鯛 一三六五 鯛 一三六五 鵰 一三七八 20 廰 四二三 癥 八一九 鰈 一三六六 齠 一三九六 22 疊 八〇六 疉 八〇六 聽 九七八 25 廳 四二三 糶 九一八

ちょうざめ 鱘 一三六八

ちょうな 釿 一二四〇

チョク 3 亍 五三 8 ○直 八三四 9 ○勅 一六八 10 勑 一六九 捗 五〇八 陟 一二七六 11 捗 五一三 敕 五三四 13 稙 八七九 瘃 八二七 飭 一三三三 17 騭 一三二四 20 躅 一一六八 鷙 一三四〇

ちらかす ○散 五三五 散 五三五

ちらかる ○散 五三五 散 五三五

ちらす ○散 五三五 散 五三五

ちり 芥 一〇一六 埃 二六九 塵 二六二

ちりばめる 鏤 一二五五

ちる ○散 五三五 散 五三五

チン 7 ○沈 六八一 沉 六八一 8 抻 五〇〇 枕 六二三 △青 一三〇三 青 一三〇三 9 △亭 三六 ○珍 七八七 珎 七八七 疢 八一三 10 亭 三七 ○朕 五八四 朕 五八四 疹 八一四 砧 八五五 △陣 一二七五 11 酖 一二三五 ○陳 一二七七 12 湛 七一七 趁 一一六〇 趂 一一六〇 13 塡 二七四 填 二七四 戡 四八四 椹 六三〇 ○賃 一一四八 14 塵 二六二 碪 八五八 15 蔯 一〇四五 鴆 一三七四 16 螣 一〇七五 17 鍖 一二五三 18 ○鎮 一二五三 鎭 一二五三 闖 一二六九

ちん 狆 七一三

つ

ツ ○通 一一九五 通 一一九五 ○都 一二三〇 都 一二三一 △闘 一二六九 鬪 一三五五 鬭 一三五五

つ ○津 六九五 唾 二二七

ツイ 5 対 三五四 7 ○対 三五四 9 ○追 一一九二 10 追 一一九二 11 堆 二七一 12 人椎 六二六 △隊 一二八一 隊 一二八一 13 搥 五一九 槌 六三〇 14 對 三五七 槌 六三四 箠 九〇三 15 ○墜 二六四 墜 二六四 16 縋 九四〇 △錘 一二五〇 17 鎚 一二五三 18 懟 四六三 鎚 一二五三 19 䭔 一三三五 鬌 一三五四

ついえ ○費 一一四六

ついえる ○費 一一四六 潰 七二八

ついたち 人朔 五八五 朔 五八五

ついで ○次 六四五 次 六四五 △序 四〇四 △秩 八七七 △第 八九五 △尋 三五三 尋 三五三

ついに 卆 一八三 △卒 一八三 竟 八九〇 △終 九二三 終 九二三 △遂 一二〇四 遂 一二〇四

ついばむ 人啄 二三五 啄 二三七

ついやす △耗 九七二 耗 九七二 ○費 一一四六 潰 七二八

ツウ ○通 一一九五 通 一一九五 ○痛 八一五

つえ 仗 七三 杖 六〇九 △策 八九七

つか 7 △束 五九三 9 △柄 六一六 柄 六一六 11 埠 二七一 12 ○塚 二七三 13 塚 二七四 15 △墳 二七六 16 墳 二七七 21 欛 六四四 23 欛 六四四 25 欛 六四四

つが 栂 六一七

つかい ○使 八八 ○遣 一二〇九 遣 一二〇九

つがい △番 八〇七

つかう ○使 八八 ○遣 一二〇九 遣 一二〇九

つがう △番 八〇七

つかえ 痞 八一六

つかえる △支 五三六 ○仕 七三 叓 一九九 亊 四五 叓 一九九 △事 四五 閊 一二六一

つがえる △番 八〇七

つかさ 4 尹 三六四 5 △司 二一三 6 △吏 二〇四 8 △官 三三三 △府 四〇五 9 △省 八三八 10 △宰 三四一 13 衙 一〇七九 15 △寮 三四九 18 △職 九七八 職 九七八 19 軄 一一七〇

つかさどる △司 二一三 △宰 三四一 △掌 四九一 △職 九七八 職 九七八 軄 一一七〇

つかす ○尽 三六八 盡 八三三

つかねる △束 五九三

つかまえる 捉 五〇八 ○捕 五〇八

つかまつる △仕 七三

つかまる ○捕 五〇八

つかむ 捉 五〇八 掴 五〇九 摑 五一九 摯 四九二 攫 五二六

つからす ○疲 八一四

つかる ○漬 七二五

つかれる △労 一六四 ○疲 八一四 勞 一六五 △弊 四二六 弊 四二六 △罷 九五八 獘 七七〇 憊 四六三 羸 九六三

つかわす ○遣 一二〇九 遣 一二〇九

つき 4 ○月 五八一 月 五八一 7 坏 二六七

（つき）(8)杯△ 六二三　突○ 八八六　(9)突 八八六　(11)栝 六三四　(15)槻人 六三六　調△ 一二二五　調 一二二五　(16)築△ 九〇五　築 九〇五　(17)鶺 一三七六

つぎ　次○ 六四五　次 六四五

つきる　尽○ 一三八　殄 六五六　歇 六四七　歇 六四七　盡 八二三　竭 八九二　澌 七七九　殫 六五八　罄 九五五

つく　(5)付○ 七四　(6)吐△ 二三〇　(7)即△ 一九〇　(8)突○ 八八六　附△ 一三七三　(9)卽 一九一　即 一九一　突 八八六　(11)着 八三九　舂 一〇〇四　著△ 一〇三四　(12)鈂 一二四〇　傅 一〇五　就○ 三二三　属△ 三六九　着○ 八三九　(13)搗 五一九　著 一〇三八　憑 四六二　(15)撞 五二一　衝△ 一〇八〇　憑 四六二　(16)築△ 九〇五　築 九〇五　(21)屬 三七一

つぐ　(6)次○ 六四五　次 六四五　(7)亜△ 五三　(8)亞 五三　注△ 六八七　注 六八七　(11)接○ 五一三　紹△ 九二四　(12)桉 六二六　(13)嗣△ 二〇六　継○ 九三九　続△ 九三九　(14)[illegible] 四〇二　(20)繼 九五三　(21)續 九五三　纉 九五三　(22)襲△ 一〇八七　襲 一〇八七　(25)纘 九五四

つくえ　几 一四一　机○ 六〇七　案△ 六〇三　桉 六一七

つぐさし　[illegible] 九八一

つくす　尽○ 一三八　殄 六五六　悉 四五五　盡 八二三　竭 八九二　殫 六五八　殲 六五八　殱 六五八

つくだ　佃 八五

つぐない　賠△ 一二五四　償○ 一一三

つぐなう　賠△ 一二五四　償○ 一一三

つくねる　捏 五〇八　揑 五一六

つくばう　蹲 一二六八

つぐみ　鶇 一三七八　鶫 一三七八

つぐむ　鉗 一二四一　噤 二四三

つくり　旁 五四九　旁 五四九　造○ 一二九四　造 一二九四

つくりみず　漿 六七四

つくる　作○ 八二　造○ 一二九四　做 一〇三　造 一二九四　製△ 一〇八七

つくろう　衲 一〇八八　裰 一〇九一　繕○ 九五二

つける　(5)付○ 七四　(7)即△ 一九〇　(8)附△ 一三七三　(9)卽 一九一　即 一九一　(11)着 八三九　(12)就○ 三二三　属△ 三六九　着○ 八三九　(14)漬○ 七二五　(21)屬 三七一

つげる　告○ 二二三　告 二二三　訃 一二〇九　誥 一二三〇　謝△ 一二三一

つごもり　晦 五五八　晦 五五九

つし　槐 六三九

つじ　辻 一二八六　辻 一二八六

つた　蔦人 一〇四五　樢 六三八　蔦 一〇四五　蘿 一〇五八

つたう　伝○ 七七　傳 一〇八

つたえ　伝○ 七七　傳 一〇八

つたえる　伝○ 七七　傳 一〇八

つたない　拙△ 五〇〇

つたわる　伝○ 七七　傳 一〇八

ツチ　槌 六三〇

つち　(3)土○ 二五五　(4)圡 二五五　(6)地△ 二六五　(8)坤 二六七　(12)椎人 六二六　(13)槌 六三〇　(14)槌 六三四　(16)壌△ 二七六　(17)鎚 一二五三　(18)鎚 一二五三　(20)壤 二七七

つちかう　培○ 二七一

つちくれ　塊△ 二七四

つちのえ　戊 四八〇

つちのと　己△ 三八六

つつ　砲△ 八五五　砲 八五五　筒○ 八九九　銃 一二四二　管△ 九〇一　銃△ 一二四五

つつが　恙 四五三

つづき　続○ 九三九　續 九五三

つづく　続○ 九三九　續 九五三

つづける　続○ 九三九　續 九五三

つつしむ　(9)恪 四六八　(10)祗 八六五　虔 一〇五九

（つつまやか）(11)粛△ 九七九　(12)欽人 六四七　竦 八九二　(13)慎○ 四七六　愼 四七六　肅 九七九　頊 一三一六　(14)愿 四六一　(17)謹○ 一二三〇　(18)謹 一二三一

つつましい　慎△ 四七六　愼 四七六

つつみ　包○ 一七三　包 一七三　坡 二六八　苞 一〇二三　堤○ 二七三　隄 一三八一　塘 二七五

つづみ　鼓○ 一三九一　皷 一三九一

つつみがまえ　勹 一七三

つつむ　包○ 一七三　包 一七三　裹 一〇八四　韜 一三一一　韜 一三〇九

つづめる　約△ 九二七　約 九二七

つづら　葛 一〇三三　葛 一〇三六

つづり　綴 九四三

つづる　綴 九四三

つづれ　綴 九四三　褸 一〇九三

つて　伝△ 七七　傳 一〇八

つと　苴 一〇二三　苞 一〇二三

つどい　集○ 一三八六　雧 一三八七

つどう　集○ 一三八六　雧 一三八七

つとに　夙 二八五　蚤 一〇六三　蚤 一〇六三

つとまる　勤○ 一七〇　勤 一七一

つとむ　力△ 一六三　努△ 一六四　勉 一六八　勉△ 一六九

つとめ　務○ 一七〇　勤○ 一七〇　勤 一七一

つとめる　力△ 一六三　努○ 一六四　孜 三一七　勉 一六八　勉△ 一六九　務○ 一七〇　勤○ 一七〇　勤 一七一　懃 四六三　懋 四六三

つな　維△ 九四〇　綱○ 九四一

つながり　系△ 九一〇

つながる　繫 九六四　繫 九六四

つなぐ　系△ 九一〇　維△ 九四〇　繫 九六四　繫 九六四

つなげる　繫 九六四　繫 九六四

つね　毎△ 六六二　毎 六六二　恒△ 四四九　恆 四四九

常 三九一　庸 四〇八　経 九三〇　經 九三九　彝 四二四　彛 四二五
つねる　抓 四九六
つの　角 一一〇三
つのる　募 一六五　募 一六五
つば　唾 二三七　鍔 一三五一　鐔 一三五五　鐔 一三五五
つばき　唾 二三七　椿 六三〇
つばくら　燕 七五八
つばくらめ　燕 七五八
つばくろ　燕 七五八
つばさ　翼 九六六　翼 九六六
つばな　荑 一〇二八
つばめ　鳦 一三七三　燕 七五八
つび　鷊 一三八〇　屎 三六八
つぶ　粒 九一五　螺 一〇七二
つぶさ　具 一二九　具 一二九　具 八二七
つぶさに　備 一〇五　備 一〇八
つぶす　潰 七一八
つぶて　礫 八〇〇
つぶやく　呟 二三三
つぶら　円 一三一　圓 二五五
つぶり　頭 一三一九
つぶれる　潰 七一八
つぼ　坩 二六七　坪 二六八　坪 二六八　壷 二七九　壺 二七九　鐳 一三五六
つぼね　局 三六五
つぼまる　窄 八六六
つぼみ　莟 一〇三〇　蕾 一〇五三
つぼむ　窄 八六六　蕾 一〇五三
つぼめる　窄 八六六
つま　夫 二九四　爪 七五九　妻 三〇八　枛 六二三　婦 三一七　婦 三一七　褄 一〇九一　端 八九二　嬬 三二一
つまごい　娉 三一六
つましい　倹 九七　儉 一一一
つまずく　跌 一二六三　跋 一二六三　跛 一二六三　跆 一二六四　蹉 一二六七　蹶 一二六八　躄 一二六三　躓 一二六九
つまだつ　跂 一二六二
つまびらか　委 三〇七　詳 一二一八　審 三四九　諦 一二二九
つまむ　抓 四九六　拈 五〇一　摘 五二〇　摘 五二〇　撮 五三〇
つまる　詰 一二一六
つみ　辜 一二八二　罪 九七七　辠 一二八二　辟 一二八三　摘 五二〇　摘 五二〇
つみいし　磧 八五八
つむ　詰 一二一六　馱 一三四一　摘 五二〇　摘 五二〇　駄 一三四三　駝 一三四三　駞 一三四三　積 八八二　錘 一三五〇
つむぎ　蘊 一〇五五　紡 九二〇　紬 九二四
つむぐ　紡 九二〇　緝 九四六　績 九五〇
つむじ　旋 五五一
つむじかぜ　飈 一三三六　颮 一三三六　飄 一三三七　飃 一三三七　飆 一三三八　飇 一三三七
つむり　頭 一三一九
つむる　瞑 八四三
つめ　爪 七五九　詰 一二一六
つめたい　冷 一三八
つめる　詰 一二一六
つもる　積 八八二
つや　沢 六八〇　澤 七三三　艶 一〇二三　艷 一〇二三　豔 一三二八　豓 一三二八
つややか　艶 一〇二三　艷 一〇二三　豔 一三二八　豓 一三二八
つゆ　汁 六七五　液 七〇五　露 一三〇一
つよい　勁 一六八　剛 一五九　強 四二一　强 四二三　豪 一二三九　毅 六六一　彊 四二四
つよし　剛 一五九　毅 六六一
つよまる　強 四二一　强 四二三
つよめる　強 四二一　强 四二三
つら　列 一五三　面 一三〇五
つらい　辛 一二八一　艱 一〇二一
つらつら　倩 九九　熟 七五七
つらなる　列 一五三　連 一二九八　連 一二九八　聨 九七七　聯 九七八　邐 一三二五
つらぬく　貫 一二四一
つらねる　列 一五三　連 一二九八　連 一二九八　陳 一三一七　肆 九七九　聨 九七七　聯 九七八　羅 九五八
つり　釣 一三三九　釣 一三三九
つる　6 弔 二〇八　8 弦 四二〇　11 絃 九三三　釣 一三三九　釣 一三三九　13 鉉 一三四二　15 蔓 一〇四六　21 鶴 一三七八　22 鶴 一三八〇　23 攣 四九三　27 靍 一三〇一　鸖 一三八〇　29 靏 一三〇二
つるぎ　剣 一五九　劔 一五一　釼 一三三九　剱 一六二　劒 一五一　劍 一五一
つるす　吊 二〇八
つるばみ　橡 六四〇
つれ　連 一二九八　連 一二九八
つれる　連 一二九八　連 一二九八
つわぶき　槖 六〇六　橐 六〇七
つわもの　兵 一二八　軍 一二七三
つんざく　劈 一四九　擘 四九三

て

て　弖 四一九　手 四八八
デ　而 九七一
であう　弟 四一八　遘 一三一〇
てあし　肢 九八五
テイ　2 丁 一七　4 壬 二五七　5 叮 二〇〇　庁 四〇四　打 四九三　氏 六六六　汀 六七五　7 体 八四　低 八五　呈 二〇九　呈 二〇九　廷 四一三　弟 四一八　杕 六〇九　町 八〇八　甼 八〇四　疔 八一三　矴 八五三　8 坻 二六八　定 三三五　岻 三七八　底 四〇五　弤 四二〇　抵 五〇一　邸 一三一八　9 亭 五六　剃 一五九　帝 三九〇　帝 三九〇　柢 六一六　洟 六九一

牴 七六七　○訂 一二〇九　○貞 一二四三　酊 一三三四　10 亭 五七　剔 一六〇　唖 二三六　娣 三一六　○庭 四〇七　人悌 四七一　挺 五〇八　涕 七〇〇　砥 八五四　荑 一〇二八　庣 一〇五九　○逓 一一九七　釘 一三三九　11 ○停 一〇三　○偵 一〇四　掟 五一三　梯 六二三　梃 六二四　△第 八九五　羝 九六三　脡 九九一　遆 一一九七　逞 一一九七　△逮 一二〇一　釱 一三三九　靪 一三〇七　△頂 一三一四　12 啼 二三九　○堤 二七三　奠 三〇四　屟 三六九

幀 三九四　彘 四一四　○提 五一六　△替 五八〇　棣 六二六　渟 七一七　渧 七一七　睇 八四三　○程 八七九　程 八七九　裎 一〇九〇　觝 一一〇三　詆 一一一五　躰 一一七〇　逮 一二〇一　隄 一三八一　13 傺 一〇八　楨 六二〇　楴 六二〇　△滞 七三三　碇 八五七　人禎 八六九　綈 九四〇　○艇 一〇〇九　葶 一〇三八　蒂 一〇三八　蜓 一〇六九　裼 一〇九一　遉 一二〇五　髢 一三五二　鼎 一三九〇　14 暜 五八〇　滯 七三六　疐 八二一　禎 八六九

禘 八六九　綴 九四三　遞 一二二〇　酲 一三一六　15 疐 八二一　○締 九四七　締 九四七　蔕 一〇四五　鄭 一三三三　鄭 一三三三　鋌 一三四七　霆 一三九八　16 替 五八一　諦 一一二九　赬 一一五七　頳 一一五七　蹄 一一六六　醍 一三一七　△錠 一三四九　錣 一三五〇　17 嚏 二四四　檉 六四二　△聴 九七七　薙 一〇五一　蹏 一一六七　騁 一三四四　18 嚔 二四四　△題 一三一一　鵜 一三七六　19 蝭 一〇七四　20 廳 四一二　體 一一七〇　鯷 一三六六　21 䱱 一三七三　鷈 一三七九

22 聽 九七八　23 體 一三四九　25 廳 四一三

デイ　佞 八五　侫 八九　○泥 六八七　祢 八六八　苨 一〇三三　埿 二六〇　濔 七三四　禰 八七〇

ておの　釿 一三四〇

デカグラム　瓧 七九六

てかけ　妾 三〇八

てかせ　梏 六二三

デカメートル　籵 九一三

てがら　△閥 一三六六

デカリットル　竍 八九二

テキ　3 彳 四二八　4 △弔 四一八　6 扚 四九四　7 狄 七七二　8 廸 四一三　○的 八二七　的 八二七　籴 九一三

人迪 一一八九　9 迪 一一八九　10 俶 九九　倜 九九　剔 一六〇　11 啇 二三六　惕 四七三　○笛 八九六　荻 一〇三一　逖 一一九七　12 靮 一三〇七　14 △嫡 三一九　嫡 三一九　○摘 五三〇　摘 五三〇　○滴 七三六　滴 七三六　滌 七三七　翟 九六五　○適 一二一〇　15 ○敵 五五七　敵 五五七　歒 六四九　踧 一一六六　適 一二一〇　17 擢 五五四　擢 五五四　篴 九〇七　18 擲 五五五　擿 五五五　蹢 一一六七　19 鏑 一三五四　21 趯 一一六一　△躍 一一六八　躍 一一六八

22 糴 九一八　覿 一二〇二　躑 一一六九

デキ　嫋 三一九　溺 七三三　溺 七三三

できもの　瘍 八一七

てぐるま　輦 一一七四

てこ　梃 六二四　槓 六二三

でこ　△凸 一四五

デシグラム　瓰 七九六

デシリットル　竔 八九二

てすり　△欄 六四四　欄 六四四

テチ　△哲 二三四　喆 二三八　△鉄 一三四二　銕 一三四六　鐡 一三五五　鐵 一三五六

デチ　澈 七三二

テツ　3 中 三七一　7 佚 八〇

8 侄 八九　叕 一九七　○迭 一一八九　9 咥 二三四　垤 二六九　姪 三一五　迭 一一八九　10 剟 一六〇　○哲 二三四　11 啜 二三七　惙 四七四　掇 五一三　12 喆 二三八　敠 五五六　絰 九三八　耋 九七〇　跌 一一六三　軼 一一七六　13 畷 八一〇　○鉄 一三四二　14 綴 九四三　銕 一三四六　15 ○徹 四四〇　○撤 五三一　澈 七三二　輟 一一七八　18 餮 一三三一　19 轍 一一八一　20 鐵 一三五五　21 鐵 一三五六

デツ　呈 二五八　捏 五〇八　涅 七〇〇　湼 七〇〇

捏 五一六

てて　△父 七六〇

てのひら　△掌 四九一

てら　○寺 三五一　△坊 二六七

てらう　衒 一〇七九

てらす　○照 七五五

てらむし　蝸 一〇七一

てる　○照 七五五

でる　○出 一四三

てれる　○照 七五五

テン　4 ○天 三〇〇　5 △田 八〇三　6 △伝 七七　辿 一一八七　7 佃 八五　吞 二三三　呑 二三三　沌 六八二　甸 八〇六　辿 一一八七　8 ○典 一三〇　坫 二六八　○店 四〇五　忝 四四八

忝 四四四　沾 六八七　沺 六八八　9 恬 四七〇　殄 六五六　○点 七四九　畋 八〇九　祆 八六四　10 ○展 三六八　栝 六一八　11 唸 二三七　埝 二七一　○添 七一一　添 七一一　淀 七一一　淟 七一一　甜 七九八　紾 九三五　○転 一一七五　12 墨 二六一　奠 三〇四　掾 五一五　腆 九九二　覘 一一〇〇　貼 一一五三　13 傳 一〇八　塡 二七四　填 二七四　椽 六三〇　○殿 六六〇　滇 七三三　蜓 一〇六九　鈿 一三四三　△電 一三九五　14 墊 二六三

人槙 六三四　槇 六三四
15 廛 四二一　碾 八五九　箪 九〇四　篆 九〇五　諂 一一二六
16 澱 七二三　霑 一二九九　靛 一三〇四　靦 一三〇六
17 輾 一一八〇　邅 一二一四　點 一三八九
18 壥 二七七　癜 八一九　簟 九〇八　篿 九〇八　轉 一一八〇　鄽 一二三三　闐 一二六九　飬 一三三一
19 顚 一三三三　顛 一三三三
20 塡 二七七
21 囀 二四四　纏 九五三　鷆 一三七九　鷏 一三七九
22 巓 三七六　纏 九五四　躔 一一六九
24 癲 八二〇　鱣 一三六九

てん
貂 一一四一

デン
5 ○田 八〇三
6 ○伝 七七　△年 三九九
7 佃 八五　甸 八〇六
8 △念 四四八　拈 五〇一　沺 六八八　秊 八七三
9 畋 八〇九
11 淀 七二一　△粘 九二五
12 棯 六二六
13 傳 一〇八　○殿 六六〇　鈿 一二四三　○電 一二九五
15 撚 五二一　碾 八五九
16 澱 七二三　人鮎 一三六二
17 臀 九八四　輾 一一八〇　黏 一三八七
21 纏 九五三
22 纏 九五四

と

ト
3 ○土 二五五
4 圡 二五五　○斗 五四一
6 ○吐 二三〇　吒 二三〇
7 兎 一一九　○図 二五一　妒 三一二　抖 四九七　人杜 六〇九　肚 九八五
8 兔 一二〇　兔 一二〇　兎 一二〇　咤 二三三　妬 三一四
9 咤 二三五　○度 四〇六
10 ○徒 四四四　涂 七〇〇　蚪 一〇六六　○途 一一九七
11 兜 一二一　堵 二七一　屠 三六九　菟 一〇三一　荼 一〇三一　途 一一九七　○都 一二三〇
12 堵 二七三　屠 三七〇　○渡 七一七　○登 八三三　菟 一〇三五　都 一二三三
13 ○塗 二六二
14 圖 二五五　圖 二五五　睹 八四三
跿 一一六五　酴 一二二六　鉒 一二三一
15 樗 六二八　賭 一一四四
16 螙 一〇六五　覩 一一〇一　賭 一一四四　○頭 一三一九
17 斁 五三八　鍍 一二五二　闍 一二六八
22 蠧 一〇六五
24 蠹 一〇六五

と
○十 一七八　○戸 四八六　戸 四八六　△外 二八六　△利 一五五　△門 一二六〇　砥 八五四　△跡 一一六四

ド
3 ○土 二五五
4 圡 二五五
5 ○奴 三一〇
7 ○努 一六四
8 呶 二三三　孥 三二七　帑 三九〇　弩 四一九
9 ○度 四〇六　○怒 四五〇
11 笯 八九六
15 駑 一三四〇

とい
○問 二三六　樋 六三四　樋 六三八

といし
厉 一九二　砥 八五四　厲 一九四

トウ
2 △丁 一七　亠 五三　○刀 一四六
4 △斗 五四一
5 仝 六二　○冬 一二七　多 一二七　叨 二三〇　忉 四六五
6 △同 二二七　吋 二三二　○当 三六二　杒 六〇八　○灯 七四一
7 彤 四二六　○投 四九六　抖 四九七　甬 八〇一　○豆 一一三七
8 侗 八九　○到 一五八　音 三三二　杏 三三二　宕 三三六　帑 三九〇　○東 五九四　枓 六二二　沓 六七四　匋 九五五
9 峒 三七九　恫 四七〇　△挑 五〇六　洮 六九六　△洞 六九六　苳 一〇三三　逃 一一八九　○逃 一一九三
10 倘 九九　○倒 九九　○党 一三一　○凍 一四〇　○唐 二三四　唐 二三四　套 二九九　○島 三七七　○桃 六二一　人桐 六二一　档 六二三　涛 七〇〇　涜 七〇〇　疼 八二四　○納 九二九　納 九二九　昜 九六六　△胴 九八八　荅 一〇二八　蚪 一〇六六　○討 一一二一　逃 一一九三　△通 一一九五
○透 一一九七　逗 一一九八　釖 一二三九　陡 一三七六　閂 一二五五
11 偸 一〇三　偸 一〇三　兜 一二一　△動 一六九　啅 二三七　啁 二三七　△堂 二六〇　○悼 四七四　掟 五三三　掏 五三三　掉 五三三　桶 六二四　梼 六二四　淌 七〇八　淘 七二一　○盗 八三一　祷 八六八　統 九三五　脰 九九一　荳 一〇三一　通 一一九五　透 一一九七　逗 一一九八　酘 一二三五　○陶 一三七八
12 剳 一六一　喋 二三九　○塔 二七三　嵱 三八八　幀 三九四　愓 四七五　○搭 五一六　棠 六〇四　○棟 六二六　棹 六二七　棖 六二七　△湿 七一五　○湯 七一七　牚 七六四　△痛 八一五　○痘 八一六　○登 八三一　盜 八三一　△童 八九一　童 八九一　○等 八九八　○答 八九八　○筒 八九九　粡 九二五　○統 九二八　萄 一〇三五　菪 一〇三五　○道 一二〇五
13 塘 二七五　塔 二七五　搯 五一九　搗 五一九　搨 五一九　搭 五一九　滔 七一三　溏 七一三　當 八〇八　筩 九〇一　綉 九三九　條 九五四　罩 九七七　董 一〇三八　道 一二〇五　閙 一二六五　鴇 一三七三
14 僜 一〇九　劄 一六二　嶌 三七六　島 三七七　嶋 三八〇　慟 四七七　榻 六三四　樋 六三四　瑫 七九二　○稲 八八〇　寗 八八八　箚 九〇三　箪 九〇四　綢 九四三　緰 九四三　蕩 九六六　○読 一一三一　逿 一二一〇　△銅 一二四六　韜 一三〇八　飳 一三三三　骰 一三四九
15 嘲 二四二　△導 三五三　嶝 三八〇　幢 三九四　憃 四六二　人僮 四七八　僮 四七八　撐 五三一

音訓索引

撐 五三二　撞 五三二　撓 五三二　樋 六三八　樘 六三八　滕 六七五　潼 七三二　獞 七七八　稻 八八一　蕩 一〇四六　蝪 一〇七一　衜 一〇八〇　褡 一〇九二　踔 一一六六　○踏 一一六六　鄧 一二三三　鞉 一三〇八　閙 一三五五　16 導 三五三　曈 五七三　橙 六四一　橦 六四一　橖 六四一　橕 六四一　盪 七四一　燈 七四六　瞠 八四四　篖 九〇六　○糖 九一七　糖 九一七　縢 九五四　蕩 一〇四八　螣 一〇七五　衟 一〇八一　○頭 一三一九

17 壔 二七七　嶹 三八一　擣 五二四　檔 六四二　濕 七三三　△濯 七三四　濯 七三四　濤 七三四　璫 七九四　盪 八三三　人瞳 八四四　瞳 八四四　磴 八六〇　縧 九五〇　螳 一〇七二　謟 一一三一　○謄 一一三六　謄 一一三六　蹈 一一六七　蹋 一一六七　鍮 一二五二　隯 一二八四　鞜 一三〇九　18 櫂 六四三　檮 六四三　瀆 七三五　燾 七五九　礑 八六〇　艟 一〇〇九　人藤 一〇五四　蟷 一〇七三　襠 一〇九三　○闘 一三六九　鼕 一三九二　19 禱 八七〇

藤 一〇五四　蟷 一〇七四　鏜 一二五四　鞳 一三〇九　鞱 一三〇九　韜 一三一一　鶇 一三七八　鼗 一三九二　20 竇 八八九　翿 九六八　譡 一一三四　鐙 一二五五　鞺 一三一〇　○騰 一三四八　騰 一三四八　鬪 一三五五　黨 一三八八　21 籐 九一〇　蘯 一〇五八　鐺 一二五六　鰧 一三七〇　22 儻 一一三　籘 九一〇　讀 一一三五　饕 一三三一　鰷 一三六八　23 攩 五五六　24 纛 九二五　25 戅 四六四　鬭 一三五五　27 讜 一一三六　28 戇 四六四

とう　媿 三一六　訊 一一一〇

○問 二三六　△訪 一一二三　聘 九七七　蓊 一〇四〇　薹 一〇五三

ドウ　5 仝 六三　6 ○同 二一七　8 呶 二三三　9 峒 三七九　𡿺 三八二　恫 四七〇　○洞 六九六　衲 一〇八八　10 △悩 四七一　人桐 六二一　△納 九二九　納 九二九　○胴 九八八　△能 九八九　11 ○動 一六九　○堂 二六〇　硇 八五六　△脳 九九一　12 惱 四七五　棠 六〇四　猱 七七七　○童 八九一　童 八九一　萄 一〇三五　○道 一三〇五　13 ○働 一〇八　嫐 三〇七　瑙 七九二　腦 九九三

△農 一一八四　道 一三〇五　閙 一三六五　14 僮 一〇九　慟 四七七　磠 八五八　○銅 一二四六　15 儂 一一二　○導 三五三　幢 三九四　人憧 四七八　憧 四七八　撞 五三一　撓 五三一　潼 七三一　衜 一〇八〇　閙 一三五五　16 導 三五三　曈 五七三　橈 六四一　瞠 八四四　篖 九〇六　耨 九七三　衟 一〇八一　17 獰 七七九　人瞳 八四四　瞳 八四四　膿 九九六　18 嚢 二〇七　檸 六四三　臑 九九六　艟 一〇〇九　20 鐃 一二五五　21 曩 五六一　22 囊 二〇七

とうげ　垰 二六九　○峠 三七九

とうとい　○尊 三五三　尊 三五三　○貴 一一四五

とうとぶ　○尊 三五三　尊 三五三　○貴 一一四五

とお　○十 一七八　△拾 五〇六

とおい　迂 一一八六　迂 一一八六　茫 一〇二八　△悠 四五五　遐 一二〇三　○遠 一二〇八　遠 一二〇八

とおざかる　○遠 一二〇八　遠 一二〇八

とおし　簁 九〇六　籭 九二一

とおす　○通 一一九五　△透 一一九七　通 一一九五　透 一一九七　△徹 四四〇

とおり　○通 一一九五　通 一一九五

とおる　7 人亨 五五　达 一一八七　8 亨 五六　10 ○通 一一九五　△透 一一九七　11 疏 八二一　通 一一九五　透 一一九七　12 △疎 八二一　逹 一二〇一　△達 一二〇四　13 䟽 一一六四　達 一二〇四　14 踈 一一六五　15 △徹 四四〇　澈 七三一　16 △融 一〇七五　融 一〇七五

とが　咎 二二三　咎 二二三　栂 六一七　△科 八七四　譴 一一三五

とかき　△概 六三三　概 六三六　槪 六三六　槩 六〇六　槩 六〇六

とかす　○溶 七二四

○解 一一〇三　觧 一一〇三　熔 七四五　銷 一二四七　鎔 一二五三　爍 七四七　鑠 一二五六

とがた　料 六二三

とがめる　尤 三六三　咎 二二三　咎 二二三　譴 一一三五

とがる　尖 三六一

とき　7 时 五六五　人辰 一一八四　8 △刻 一五六　刻 一五六　△季 三二六　旹 五六二　9 剋 一五八　烌 七四二　△秋 八七五　10 尅 三五六　斎 五四一　11 ○時 五六八　△斎 一三九四　12 △期 五八五　期 五八五　13 △節 九〇〇　鴇 一三七三　15 節 九〇四

節 九〇四　鴇 一三七四　16 穐 八八二　閧 一三五五　17 鴾 一三七六　鵇 一三七六　齋 一三九四　21 龝 八八二

とぎ　人伽 八一

トク　7 忒 四四六　禿 八七二　8 △毒 六六二　竺 八八四　9 △独 七七四　10 ○匿 一七一　涜 七〇〇　○特 七六八　11 匿 一七八　○得 四三五　12 悳 四五五　悳 四五六　惪 四五六　△貸 一一四六　13 得 四三八　○督 八四〇　14 ○徳 四四〇　[illegible] 九六六　○読 一一二一　15 德 四四〇　慝 四六三　16 獨 七七九　○篤 九〇六　螣 一〇七五

17 䦧 一七八
18 瀆 七三五
19 櫝 六四三
牘 七六三
犢 七六九
22 讀 一二三五
23 髑 一三四九
24 蠹 九二五
27 黷 一三八九

とく
疾 八一三
釈 一三一〇
溶 七二四
解 一二〇三
觧 一二〇三
説 一二一三
說 一二一三
講 一二三〇
講 一二三〇
釋 一三一一

とぐ
厉 一九二
研 八五三
砺 八五六
研 八五六
硎 八五六
厲 一九四
磨 八五三
磨 八五三
礪 八六〇

ドク
毒 六六二
独 七七四
特 七六八
纛 九六六
読 一二二三
獨 七七九
讀 一二三五
髑 一三四九
蠹 九二五

どく
退 一二九一
退 一二九一

どくだみ
蕺 一〇五〇

とげ
刺 一五七
棘 五九五
莿 一〇三三

とける
11 釈 一三一〇
12 渙 七一四
13 溶 七二四
解 一二〇三
觧 一二〇三
14 熔 七四五
15 銷 一三四七
16 融 一〇七五
融 一〇七五
18 鎔 一三五三
20 釋 一三一一

とげる
遂 一三〇四
遂 一三〇四

どける
退 一二九一
退 一二九一

とこ
床 四四四
牀 七六二
常 三九一

とこしえ
永 六七三
永 六七四

ところ
処 一四二
所 五四三
所 五四三
處 一〇六〇
處 一〇六〇

とざし
扃 四八七

とざす
閉 一三六一
閇 一三六一
閟 一三六五
閡 一三六五
鎖 一三五三
鎖 一三五三
鎻 一三五三
闔 一三六九
鑰 一三五四

とし
6 年 三九九
7 利 一五五
8 秊 八七三
9 秌 七四二
秋 八七五
紀 九二五
敏 五三二
11 敏 五三四
13 歳 六五〇
歲 六五〇
14 聡 九七七
16 穐 八八二
17 聰 九七七
21 龝 八八二

とじ
綴 九四三

どじょう
鰍 一三九六
鰌 一三九六

とじる
閉 一三六一
閇 一三六一
閟 一三六五
綴 九四三
緘 九四六

とせ
年 三九九
秊 八七三
歳 六五〇
歲 六五〇

とち
杤 六一〇
杼 六二三
栃 六一七
栩 六二九
橡 六四〇

とちのき
杤 六一〇
栃 六一七
橡 六四〇

トツ
5 凸 一四五
6 宊 三八二
7 吶 二三三
宊 三八二
8 咄 二三三
突 八八六
9 柮 六一六
突 八八六
11 訥 一二一三
12 詘 一二一三
13 頓 一三一六

ドツ
吶 二三三
肭 九八六
訥 一二一三
詘 一二一三

とつぐ
姻 三一五
婣 三一八
嫁 三一八

とても
迚 一二八八

とと
父 七六〇

とど
魹 一三八一

とどく
届 三六六
屆 三六六

とどけ
届 三六六
屆 三六六

とどける
届 三六六
屆 三六六

とどこおる
滞 七三三
滯 七三六

ととのう
斉 一三九四
齊 一三九四
調 一二二五
調 一二二五
整 五三七

ととのえる
斉 一三九四
齊 一三九四
調 一二二五
調 一二二五
整 五三七

とどまつ
椴 六二九

とどまる
4 止 六四九
8 畄 八〇七
10 留 八〇七
逗 一二九八
11 停 一〇三
逗 一二九八
12 渟 七一七
畱 八〇八
15 稽 八八一
駐 一三四三
駐 一三四三

とどめる
4 止 六四九
8 畄 八〇七
10 留 八〇七
11 停 一〇三
12 渟 七一七
畱 八〇八
13 禁 八六一
遏 一三〇一
15 稽 八八一
駐 一三四三
駐 一三四三

とどろき
軣 一一七三
轟 一一七二

とどろく
軣 一一七三
轟 一一七二

となえる
彴 四二九
徇 四三三
狥 七七四
称 八七六
唱 二三六
稱 八八〇
誦 一二一〇

となり
隣 一三八四
鄰 一三三三
隣 一三八四

となる
隣 一三八四
鄰 一三三三
隣 一三八四

とねりこ
梣 六二三

との
殿 六六〇

どの
何 八〇
殿 六六〇

とばす
飛 一三一八

どばと
鴿 一三七六

とばり
袙 一〇八八
帷 三九三
帳 三九三
幄 三九四
幃 三九四
幔 三九四

とび
鳶 一三七一
鴟 一三七五
鵄 一三七六

とびいし
矼 八五三

とびら
扉 四八七
扉 四八七
闔 一三六九

とぶ
飛 一三一八
翔 九六七
翔 九六七
跳 一二六四
蜚 一〇六四

どぶがい
蚌 一〇六七
蜯 一〇七〇

とぶひ
烽 七四三
燹 七四一
熢 七四六
燧 七四七

とぶらう
弔 四一八

とぼしい
乏 三七

とぼそ
枢 六一三

とま
樞 六三七
苫 一〇三三
笘 八九五
篷 九〇七

とます
斗 五四一

とまた
攴 五二七

とまら
枢 六一三
樞 六三七

とまり
泊 六八八
洦 六九七

とまる
止 六四九
泊 六八八
畄 八〇七
洦 六九七
留 八〇七
停 一〇三
畱 八〇八

とみ
冨 一三七
富 三四六

とみに
頓 一三一六

とむ
冨 一三七
富 三四六

とむらい
弔 四一八

とむらう
弔 四一八

唁 二三五
とめぎ 軔 一二七五
とめる 止 六四九 泊 六八八 畄 八〇七 洦 六九七 留 八〇七 停 一〇三 罶 八〇八 遏 一三〇一
とも 4 友 一九八 6 共 一二八 7 伴 八六 伴 八六 8 供 八八 朋 五八二 朋 五八二 知 八四七 9 侶 九六 10 党 一二三 舮 一〇〇八 11 舳 一〇〇八 陪 一三七九 14 僚 一一〇 鞆 一三〇八 20 黨 一三八八 22 艫 一〇一〇
ともえ 巴 三八六
ともがら 党 一二三 輩 一二七三 僚 一一〇 輩 一二七三 儕 一一二 黨 一三八八
ともしい 乏 三七 羨 九六二
ともしび 灯 七四一 燈 七四六 燭 七四七
ともす 灯 七四一 点 七四九 燈 七四六 燭 七四七 點 一三八九
ともづな 纜 九五四 纜 九五四
ともなう 伴 八六 伴 八六
ともに 具 一二九 具 一二九 昗 八三七 倶 九七 倶 九七
どもり 吃 二三〇
ともる 灯 七四一 点 七四九 燈 七四六 點 一三八九
どもる 吃 二三〇 吶 二三三 訥 一一二三 詘 一一二三
とや 塒 二七四
とよ 豊 一一二七 豐 一一二八
とよむ 響 一三一三 響 一三一三 響 一三一三
どよむ 響 一三一三 響 一三一三 響 一三一三
どよめき 哄 二二四
とら 乕 三八 虎 一〇五八 寅 三四二
とらえる 囚 二四八 拘 四九五 拘 五〇〇 捉 五〇八 捕 五〇八 擒 五三三
とらわれる 囚 二四八 捕 五〇八
とり 酉 一三一三 隹 一三八五 鳥 一三七〇 禽 八七一 雞 一三九〇 鶏 一三七七 鷄 一三七九
とりいれる 穫 八八三 穫 八八三
とりかご 樊 五九八
とりこ 囚 二四八 俘 九四 虜 一〇六一 禽 八七一 虜 一〇六一 擒 五三三
とりしまる 轄 一一八〇 轄 一一八〇
とりたてる 賦 一一五四
とりで 柵 六一五 柵 六一五 砦 八五三 堡 二六一 塁 二六一 寨 三四八 壘 二六四
とりもち 黐 一三八七
とる 7 抄 四九五 把 四九七 8 取 二〇〇 采 五九九 采 五九九 秉 八七一 10 捕 五〇八 11 執 二七〇 採 五一〇 掇 五一〇 13 摂 五一八 15 摯 四九二 撮 五三〇 撈 五三三 16 操 五三三 21 攝 五三五
ドル 弗 四一八
どれ 何 八〇
とろ 瀞 七三四 瀞 七三五
どろ 泥 六八七 埿 二六〇 淤 七〇五 塗 二六二
とろかす 蕩 一〇四八 盪 八二三 蘯 一〇五八
とろける 蕩 一〇四八 盪 八二三 蘯 一〇五八
トン 4 屯 三七一 5 丼 三四 6 団 二五〇 灯 七四一 7 呑 二三三 吞 二三三 沌 六八二 邨 一三一六 9 砘 七九六 盾 八三八 10 笔 八九五 純 九二八 11 弴 四二三 惇 四七四 豚 一一四〇 貪 一一四四 12 敦 五三六 遁 一三〇六 鈍 一二四〇 13 遁 一三〇六 頓 一三一六 飩 一三三三 14 團 二五五 15 墪 二六四 墩 二七六 褪 一〇九二 遯 一三二一 16 噸 二四三 暾 五七三 燈 七四六 燉 七四六 錞 一二四九 17 臀 九八四
とん 問 二二六
ドン 6 団 二五〇 7 呑 二三三 吞 二三三 11 貪 一一四四 12 媆 三一八 鈍 一二四〇 13 飩 一三三三 14 團 二五五 嫩 三三〇 嫩 三三〇 15 緞 九四七 16 曇 五六一 19 壜 二七七 22 罎 九五五
どん 丼 三四
どんぐり 橡 六四〇
とんび 鳶 一三七一 鷆 一三八〇 鷆 一三八〇
どんぶり 丼 三四

な

ナ 7 那 一三一六 那 一三一六 那 一三一六 8 奈 二九八 9 南 一八一 柰 五九七 10 娜 三一六 納 九二九 納 九二九 11 梛 六二三 12 愞 四七五 18 難 一三九一 19 難 一三九一 21 儺 一一三
な 名 二一八 汝 六七八 菜 一〇三三 菜 一〇三三 蔬 一〇四五
ナイ 乃 三六 内 一三三 内 一三三 奈 二九八 柰 五九七 廼 四一四 能 九八九
ない 亡 五三 亡 五三 亾 六二 无 五五二 毋 六六一 罔 九五六 莫 一〇三二 無 七五二
ないがしろ 蔑 一〇四六
なう 綯 九四三
なえ 苗 一〇二三 苗 一〇二三 秧 八七六
なえる 萎 一〇三二 痿 八一六
なお 仍 七〇 尚 三六二 尙 三六二 猶 七七七 猶 七七七
なおす 治 六八六 直 八三四
なおる 治 六八六 直 八三四
なか 中 二〇 内 一三三 内 一三三 仲 七〇
なが 永 六七二 永 六七四
ながあめ 霖 一二九九
ながい 永 六七二 永 六七四 長 一二五七

ながえ 長 一二五七 轅 一二八〇 轅 一二八一
ながし 流 六九八 流 七〇二
ながす 流 六九八 流 七〇二
なかば 半 一七九 半 一七九 央 二九五
ながめ 眺 八四三
ながめる 眺 八四三 詠 一一一三
なから 半 一七九 半 一七九
ながら 乍 三八
ながらえる 存 三三四
なかれ 勿 一七三 无 五五三 毋 六六一 罔 九五六 莫 一〇三一
ながれ 流 六九八 流 七〇二 旒 五五二
ながれる 流 六九八 流 七〇二
なき 泣 六八五
なぎ 凪 一四三 梛 六二三 椥 六二八 彅 四二四
なきがら 骸 一三四九
なぎさ 汀 六七五 渚 七〇八 渚 七一六
なきはは 妣 三二二
なく 泣 六八五 哭 二〇九 欷 六四六 啾 二三九 喞 二三九 唧 二三九 啼 二三九 鳴 一三七四
なぐ 凪 一四三 咊 二三四 和 二四五 薙 一〇五一
なぐさむ 慰 四六一
なぐさめる 慰 四六一
なくす 亡 五三 亡 五三 亾 六一 無 七五二
なくなる 亡 五三 亡 五三 亾 六一 無 七五二
なぐる 殴 六五八 毆 六六一 擲 五三五
なげうつ 抛 四九八 拋 五〇三 擿 五三五
なげかわしい 嘆 二四〇 嘆 二四一
なげき 歎 六四八 歎 六四九
なげく 9 咨 二三四 10 唏 二三五 11 惋 四七一 欸 六四六 12 喟 二三八 13 嗟 二四〇 嘆 二四〇 慨 四七五 愾 四七六 14 嘆 二四一 慨 四七六 慨 四七六 慊 四七六 慟 四七七 15 歎 六四八 歎 六四九
なげる 投 四九六 抛 四九八 拋 五〇三 擲 五三五
なごむ 咊 二三四 和 二四五
なごやか 咊 二三四 和 二四五
なさけ 情 四七三 情 四七三
なし 毋 六六一 梨 六〇四 棃 六〇四
なじむ 昵 五六八 暱 五七三
なじる 詰 一一一六
なす 6 成 四八一 7 作 八三 成 四八三 8 茄 一〇三〇 9 為 七四八 茄 一〇三〇 11 做 一〇三 12 済 七〇七 就 三六三 爲 七五九 17 濟 七三三
なずき 脳 九九一 腦 九九三 髄 一三四九 髓 一三四九
なずな 薺 一〇五三
なすび 茄 一〇三〇 茄 一〇三〇
なずむ 泥 六八七
なずらえる 准 一三九
なぞ 謎 一一二九 謎 一一三三
なぞらえる 比 六六三 准 一三九 凖 一三七 準 七二三 擬 五三四
なた 鉈 一二四三 鉇 一二四六
なだ 洋 六九七 灘 七三七 灘 七三七
なだめる 宥 三一八
なだれる 頽 一三一八 頹 一三一八
ナッ 納 九九九 納 九九九
ナツ 捺 五一三
なつ 夏 二八二
なつかしい 懐 四七九 懷 四八〇
なつかしむ 懐 四七九 懷 四八〇
なつく 懐 四七九 懷 四八〇
なつける 懐 四七九 懷 四八〇
なつめ 棗 五九六
なでしこ 蘧 一〇五七
なでる 拊 五〇三 摩 四九二 摩 四九二 撫 五三三
など 抔 四九八 等 八九八
なな 七 七
ななつ 七 七
ななめ 陀 一三七三 斜 五四二
なに 何 八〇 底 四〇五 曷 五七七 曷 五七七 奚 三〇四
なにがし 某 六〇一
なにをか 奚 三〇四
なぬ 七 七
なの 七 七
なびく 靡 一三〇五
なぶる 嬲 三〇七
なべ 銚 一二四六 鍋 一二五一
なべて 並 二九 並 三〇 竝 八九〇
なま 生 七九八
なまぐさい 腥 九九二 羶 九六三
なまくら 鈍 一二四〇
なまける 怠 四五〇 惰 四七五 懶 四八〇 懶 四八〇
なまじ 憖 四五七 憖 四六二 憖 四六二
なまじい 憖 四五七 憖 四六二 憖 四六二
なます 膾 九九五 韲 一三二二 韲 一三二二 齏 一三五五 鱠 一三六九
なまず 鮎 一三六二 鮎 一三六二 鮧 一三六二 癜 八一九 鯰 一三六五
なまめかしい 妖 三一三 嬌 三三〇 艶 一〇三三 艷 一〇三三 豔 一一三八 豔 一一三八
なまめく 艶 一〇三三 艷 一〇三三 豔 一一三八 豔 一一三八
なまり 訛 一一一一 鉛 一二四一
なまる 訛 一一一一 鈍 一二四〇
なみ 次 六四五 次 六四五 並 二九 波 六八八 並 三〇 竝 八九〇 浪 七〇四 涛 七〇〇 濤 七三四 瀾 七三六
なみする 無 七五二 蔑 一〇四六
なみだ 泪 六九一 涕 七〇〇 涙 七〇四 淚 七一三

なめくじ 蠃 一〇六五
なめしがわ 韋 一三一〇 靼 一三〇八 鞄 一三〇八 鞄 一三〇八 鞣 一三〇九
なめす 鞣 一三〇九
なめらか 滑○ 七三〇 磆 八五九
なめる 呫 二三三 舐 一〇〇五 舐 一〇〇五 甞 二〇九 嘗 二一〇 舓 一〇〇六
なやます 悩○ 四七一 惱 四七五
なやみ 悩○ 四七一 惱 四七五
なやむ 戹 四八六 悩○ 四七一 惱 四七五 懊 四七八 艱 一〇二一
なよ 弱△ 四一八 弱 四一八
なら 柞 六一五 枹 六一六 楢 六三二 楢 六三二
ならい 習○ 九六四 習 九六四
ならう 倣○ 一〇〇 俲 九八 習○ 九六四 習 九六四 傚 一〇五 肄 九七九
ならし 鏟 一三五四
ならす 均△ 二六六 馴 一三四一 慣○ 四七六 鳴○ 一三七四
ならびに 并 四〇〇 並○ 二九 幷 四〇〇 並 三〇 竝 八九〇
ならぶ 双△ 一九六 列△ 一五三 并 四〇〇 並○ 二九 幷 四〇〇 並 三〇 竝 八九〇 駢 一三四四 雙 一三八七 駢 一三四五
ならべる 方△ 五四七 列△ 一五三 並○ 二九 並 三〇 竝 八九〇 陳△ 一三七七 駢 一三四四 駢 一三四五
ならわし 習○ 九六四 習 九六四 慣△ 四七六
なり 也人 四一 形△ 四二五 状△ 七七〇 狀 七七〇 形 四二六 就△ 三六三 態△ 四六一
なる 生△ 七九八 成○ 四八一 成 四八三 為△ 七四八 就△ 三六三 爲 七五九 鳴○ 一三七四
なれ 汝 六七八 慣○ 四七六
なれしか 麌 一三八二
なれる 狃 七七二 狎 七七三 媟 三一八 馴 一三四一 慣○ 四七六 熟△ 七五七 褻 一〇八五
なわ 苗○ 一〇三三 苗 一〇三三 索△ 九二〇 筰 九〇〇 縄○ 九四六 繩 九五三
なわて 畷 八一〇
ナン 7 男○ 八〇四 9 南○ 一八一 10 娚 三一六 納○ 九二九 納 九二九 11 軟○ 一二七六 12 喃 二三九 13 暖△ 五七三 暖 五七三 㬉 五七三 楠人 六二〇 煖 七四四 煗 七四四 16 諵 一一二九 輭 一一七九 18 難○ 一三九一 19 難 一三九一
なん 何△ 八〇
なんじ 女△ 三〇五 尓 三六三 尒 三六三 汝 六七八 你 八三 伱 八三 若△ 一〇三一 若 一〇三一 爾人 七六一 儞 一二一
なんぞ 7 那人 一三一六 那 一三一六 郍 一三一六 8 底△ 四〇五 9 甚△ 七九七 盇 八二九 胡人 九九七 10 奚 三〇四 害△ 三四〇 害 三四〇 盍 八三〇 11 庸△ 四〇八 盖 八三〇 12 甯 三四六 寍 三四六 渠 七一四 詎 一一一三 13 蓋 一〇三六 14 寧△ 三四八 寧 三四八 蓋 一〇四〇
なんなんとする 向△ 二一五 垂△ 二五八 埀 二五九

に

ニ 2 二○ 四六 4 仁○ 七〇 尓 三六三 尒 三六三 5 尼○ 三六五 6 弍 四一六 弐○ 五三 而 九七一 耳△ 九七三 7 你 八三 伱 八三 児○ 一一九 8 兒 一二〇 9 迩 一二八九 11 貮 一二四五 12 貳 一二四六 14 爾人 七六一 16 儞 一二一 膩 九九五 18 邇 一三一五
に 丹△ 三三 荷○ 一〇二九 荷 一〇二九 瓊 七九四
にい 新○ 五四六
にいさん 兄○ 一一五
にえ 錵 一三五一 贄 一二五一
にえる 煮○ 七五一 煮 七五五
にお 堆 二七一 鳰 一三七四
におい 匂 一七三 臭△ 一〇〇一 臭 一〇〇一 臰 一〇〇一
におう 匂 一七三 臭△ 一〇〇一 臭 一〇〇一 臰 一〇〇一
におわす 匂 一七三
にがい 苦○ 一〇二〇 苦 一〇二〇
にがす 逃○ 一二九三 迯 一二八九 逃 一二九三
にがな 荼 一〇三一
にがる 苦○ 一〇二〇 苦 一〇二〇
にかわ 膠 九九四
にぎ 熟△ 七五七
にきび 皰 八二八 痤 八二五 靤 一三〇六
にぎやか 賑 一二五三
にぎり 握○ 五一四
にぎる 握○ 五一四
にぎわい 賑 一二五三
にぎわう 賑 一二五三
にぎわす 賑 一二五三
ニク 肉○ 九八〇 宍 三三三 辱△ 一二八四 蓐 一〇四二 褥 一〇九二
にくい 悪△ 四五三 惡 四五六 憎○ 四七七 憎 四七八 難△ 一三九一 難 一三九一
にくしみ 憎○ 四七七 憎 四七八
にくむ 疾△ 八二三 悪△ 四五三 惡 四五六 憎○ 四七七 憎 四七八
にくらしい 憎○ 四七七 憎 四七八
にげがむ 啗 二四〇
にげる 逃○ 一二九三 迯 一二八九 逃 一二九三 逋 一二九八
にこ 柔△ 六〇一
にごい 鮠 一三六五
にこげ 毳 六六五
にごす 浊 六九六 濁○ 七三三
にごり 浊 六九六 濁○ 七三三
にごりざけ 醪 一三二八 醲 一三二九

醾 一三三九 醾 一三三九
にごる 浊 六九六 渾 七一五 溷 七二三 濁 七二三
にし 西 一〇九四 螺 一〇七三
にじ 虹 一〇六六 蜺 一〇六九 霓 一三九九
にしき 錦 一二四八
にじむ 滲 七三六
にじゅう 卄 一七九 廿 四一四
にしん 鯡 一三六五 鰊 一三六六
にすい 冫 一三七
にせ 偽 一〇一 僞 一〇九 贋 一二五一 贗 一二五一
にせる 似 八三 侶 八三 肖 九八一
背 九八一
ニチ 日 五五三
にな 蜷 一〇六九 螺 一〇七三
になう 担 五〇一 荷 一〇二九 荷 一〇二九 擔 五三三
にび 鈍 一二四〇
にぶい 鈍 一二四〇 駑 一三四〇
にぶる 鈍 一二四〇
にべ 鮸 一三六四 鰾 一三六八
ニャ 若 一〇二二 若 一〇二二
ニャク 若 一〇二二 若 一〇二二 弱 四一八 弱 四一八 搦 五一八 蒻 一〇四一
にやす 煮 七五一 煮 七五五
ニュ 肉 八七〇 愞 四七五
ニュウ 入 一三 乳 四三 乳 四三 柔 六〇二
ニョ 女 三二五 如 三二一 汝 六六八 絮 九三九
ニョウ 3 女 三二五 4 仍 七〇 7 尿 三六五 12 甯 三四六 寍 三四六 13 閙 一三六五 14 寧 三四八 寧 三四八 15 嬈 三三〇 鬧 一三五五 16 遶 一二一三 18 繞 九五三 20 鐃 一二五五 21 饒 一三三五
にら 韭 一三一一 韮 一三一二 韱 一三一二 韯 一三一二
にらき 菹 一〇三四 葅 一〇三七
にらぐ 淬 七〇七 焠 七四三
にらむ 眈 八四一 睨 八四三 睥 八四三 睤 八四三
にる 似 八三 侶 八三 肖 九八一 背 九八一 烹 七五一 煮 七五一 煮 七五五 髣 一三五三 髴 一三五三
にれ 楡 六三〇
にれかむ 齝 一三九六
にわ 廷 四一二 庭 四〇七 場 二七三 塲 二七五
にわか 卆 一八三 卒 一八三 俄 九一 猝 七七六 遽 一二二四
にわたずみ 潦 七三一
にわとり 雞 一三九〇 鶏 一三七七 鷄 一三七九
ニン 2 人 五八 3 刃 一四七 刄 一四七 刅 一四七 4 仁 七〇 5 仞 七三 仭 七三 6 任 七六 7 妊 三二二 忍 四四六 忍 四四六 9 姙 三三五 11 荵 一〇三一 軠 一一七五 12 䇮 八九八 13 賃 一二四八 飪 一三三三 14 認 一一三三 認 一一三三 15 潤 七一九 餁 一三三三
にんにく 葫 一〇三七 蒜 一〇四一

ぬ

ヌ 奴 三一〇 努 一六四 弩 四一九
怒 四五〇
ぬ 沼 六八六
ヌイ 内 一二三 內 一二三
ぬいとり 綉 九三九 繍 九五〇 繡 九五三
ぬう 紩 九二四 絎 九二七 縫 九五〇 縫 九五一
ぬえ 鵼 一三七七 鵺 一三七八
ぬか 秔 八七八 粳 九一五 糠 九一八 額 一三二〇
ぬかす 吐 二三〇 抜 四九七 拔 五〇二
ぬかずく 頓 一三一六
ぬかる 抜 四九七 拔 五〇二 濘 七三四
ぬかるみ 濘 七三四
ぬき 緯 九四五 緯 九四八
ぬきんでる 抽 五〇一 挺 五〇八 踔 一二六六 擢 五二四 擢 五二四
ぬく 抜 四九七 拔 五〇二 抽 五〇一 貫 一二四四 揠 五一五
ぬぐ 脱 九九〇 脫 九九〇 褪 一〇九二
ぬくい 温 七一三 溫 七二〇
ぬぐう 拭 五〇六
ぬくまる 温 七一三 溫 七二〇
ぬくめる 温 七一三 溫 七二〇
ぬくもる 温 七一三 溫 七二〇
ぬけがら 蜕 一〇六三 蛻 一〇六九
ぬける 抜 四九七 拔 五〇二
ぬげる 脱 九九〇 脫 九九〇
ぬさ 幣 三九二 幣 三九二 幣 三九二
ぬし 主 二四 主 二四
ぬすみ 盗 八三二 盜 八三二
ぬすむ 窃 八八六 偸 一〇三 偷 一〇三 盗 八三二 婾 三一八 盜 八三二 賊 一二五三 賊 一二五三 攘 五五五 竊 八八九
ぬた 垈 二五九 [illegible] 一二〇三 饅 一三三五
ぬで 橳 六四一
ぬの 布 三八九
ぬのこ 褐 一〇九一 褐 一〇九一
ぬま 沼 六八六
ぬめ 絖 九二七 䩊 一三〇八
ぬめる 滑 七二〇
ぬらす 濡 七三三
ぬる 杇 六〇八 塗 二六二
ぬるい 温 七一三 溫 七二〇
ぬるで 橳 六四一
ぬるむ 温 七一三 溫 七二〇
ぬるめる 温 七一三 溫 七二〇
ぬれる 沾 六八七 濡 七三三

ね

ネ 祢 八六八 涅 七〇〇

音訓索引

ね 涅 七〇〇　禰 八七〇
子 三三一　直 八二四　柢 六一六　音 一三二二　音 一三二二　値 九九　峰 三七九　峯 三七四　根 六二〇　寝 三四七　寢 三四八　嶺 三七六
ネイ 佞 八五　侫 八九　祢 八六八　甯 三四六　寍 三四六　寧 三四八　寗 三四八　嚀 二四四　濘 七三四　檸 六四三　禰 八七〇　聹 九七八
ねえさん 姉 三二四　姊 三二二　姐 三二四
ねがい 願 一三三三
ねがう 覬 一二〇二　願 一三三三
ねかす 寝 三四七　寢 三四八
ねぎ 葱 一〇三八　蔥 一〇四五
ねぎらう 労 一六四　勞 一六五　犒 七六八
ねぐら 塒 二七四
ねこ 猫 七七六　猫 七七七　貓 一二四一
ねじ 棙 六二七
ねじける 佞 八五　侫 八九　拗 五〇三
ねじる 拗 五〇三　捻 五一三　捩 五一四　捥 五一四
ねじれる 拗 五〇三　捻 五一三
ねず 鼡 一三九二　鼠 一三九二
ねずみ 鼠 一三九二　鼡 一三九二　鼠 一三九二　鼠 一三九二
ねたましい 嫉 三一九
ねたむ 妒 三一三　妬 三一四　悋 四七〇　恪 四七一　悋 四七一　猜 七七六　媢 三一八　嫉 三一九
ネチ 捏 五〇八　涅 七〇〇　涅 七〇〇　揑 五一六　熱 七五七
ネツ 捏 五〇八　涅 七〇〇　涅 七〇〇　揑 五一六　熱 七五七
ねば 粘 九一五　黏 一三八七
ねばい 粘 九一五　黏 一三八七
ねばる 粘 九一五　黏 一三八七
ねぶか 葱 一〇三八　蔥 一〇四五
ねぶる 舐 一〇〇五　舐 一〇〇五　舓 一〇〇六
ねむい 眠 八四一　睡 八四三
ねむり 眠 八四一　睡 八四三
ねむる 眠 八四一　睡 八四三
ねめる 睨 八四二
ねや 閨 一二六六
ねらう 狙 七七三
ねる 寐 三四六　煉 七四三　寝 三四七　煉 七四五　寢 三四八　練 九四五　練 九四八　錬 一二五〇　鍊 一二五三　邌 一二一五
ねれる 煉 七四三　煉 七四五　錬 一二五〇　鍊 一二五三
ネン 年 三九九　念 四四八　拈 五〇一　秊 八七二　捻 五一三　粘 九一五　軟 一一七六　然 七五三　稔 八八九　撚 五三一　燃 七四六　輭 一一七九　黏 一三八七　鯰 一三六五
ねんごろ 甯 三四六　寍 三四六　寧 三四八　寗 三四八　慇 四六〇　諄 一一三三　懃 四八三　懇 四八三

の

の 乃 三六　之 三四　埜 二六〇
笶 八九五　野 一二三三　墅 二六一　幅 三五四　箆 九〇四　壄 二六四　壄 二六四　篦 九〇六
ノウ 𡿺 三八二　衲 一〇八八　悩 四七一　納 九二九　納 九二九　能 九八九　脳 九九一　惱 四七五　嫐 三〇七　瑙 七九二　腦 九九三　農 一一四四　碯 八五八　儂 一二一　濃 七三三　膿 九九六　嚢 二〇七　曩 五六一　囊 二〇七
のがす 逃 一一九二　迯 一一八九　逃 一一九二
のがれる 逃 一一九二　迯 一一八九
逃 一一九二　逋 一一九八　逭 一二〇〇　遁 一二〇六　遁 一二〇六　遯 一二一一　竄 八八九
のがん 鴇 一三七四
のき 宇 三三〇　軒 一一七四　檐 六四一　簷 九〇八
のぎ 禾 八七一　芒 一〇一四　芒 一〇一四　秒 八七六　鯁 一三六三
のきすけ 梠 六二四　槐 六三四
ノク 耨 九七三
のく 退 一一九一　退 一一九一
のける 退 一一九一　退 一一九一　除 一二七五
のこぎり 錡 一二四八　鋸 一二四八
のこす 残 六五六　殘 六五七　詒 一一二五　貽 一一五三　遺 一二一一　遺 一二一一
のごめ 釆 一二三〇
のこり 残 六五六　殘 六五七
のこる 残 六五六　殘 六五七　遺 一二一一　遺 一二一一
のし 熨 七四一
のす 伸 八三　熨 七四一
のすり 鵟 一三七二
のせる 托 四九四　乗 三八　乘 三九　搭 五一六　搭 五一九　載 一一七三　駄 一三四一　駄 一三四三　駝 一三四三　駞 一三四三
のぞく 除 一二七五　覗 一二〇〇　覘 一二〇〇　窺 八八九
のぞましい 望 五八二　望 五八二
のぞみ 望 五八二　望 五八二
のぞむ 希 三八九　涖 七〇三　望 五八二　望 五八二　莅 一〇三三　覦 一二〇一　覬 一二〇一　臨 九九九
のたまう 曰 五七五　宣 三三八
のたまわく 曰 五七五
のたれ 湾 七二〇　灣 七三七
のち 後 四三一
ノット 節 九〇〇　節 九〇四　節 九〇四
のっとる

のど 則 一五八 吭 二二一 咽 二三四 喉 二三八 嗌 二四〇 頏 一三一六 噲 二四三 臙 九六六
のどか 閑 一三六四
のどぶえ 吭 二二一
ののしる 喤 二三九 詈 一二〇七 罵 九五八
のばす 伸 八三 延 四二三 延 四二三 展 三六八 舒 一〇〇五 舒 六八
のびる 伸 八三 延 四二三 延 四二三 展 三六八 [illegible] 一三五五 舒 一〇〇五 舒 六八
のぶ
のぶん 信 九二

攵 五二七
のべ 延 四二三 延 四二三
のべる 7 伸 八三 延 四二三 抒 四九五 8 延 四二三 述 一二一九 9 叙 二〇一 宣 三一八 述 一二一九 10 展 三六八 11 敍 五二七 敘 五三四 12 陳 一三七七 舒 六八 舒 一〇〇五 14 演 七三五
のぼす 上 一六
のぼせる 上 一六
のぼり 幟 三九四
のぼる 3 上 一六 4 升 一七九 8 昇 五二七 10 陞 一三七五 陟 一三七六 11 昪 五五九 12 登 八二三 16 遲 一二七五

17 襄 一〇八四 19 隮 一三八四 攀 四九二 20 騰 一三四八 騰 一三四八 21 躋 一二一六
のみ 已 三八六 尓 三六二 尒 三六二 耳 九七二 蚤 一〇六二 蚤 一〇六二 爾 七六一 鐫 一三五六 鑴 一三五七 鑿 一三三八
のみこむ 嚥 二四四
のむ 呑 二二三 呑 二二三 服 五八四 服 五八四 咽 二三四 喫 二三八 喫 二三八 飲 一三三一 飲 一三三一 嚥 二四四
のむし 蝨 一〇六五 蝨 一〇六五 蝨 一〇六五
のり

8 典 一一三〇 法 六八九 㳒 六八九 9 則 一五八 宣 三一八 度 四〇六 律 四三三 祝 八六五 紀 九二五 10 矩 八四九 矩 八四九 祝 八六五 11 笵 八九六 規 一〇九九 12 準 一一三七 程 八七九 程 八七九 13 準 七三三 義 九六一 14 德 四四〇 15 德 四四〇 範 九〇五 糊 九一七 16 彝 四二四 憲 四六三 憲 四六三 18 彝 四二五 21 灋 七七七
のる 7 告 二二一 告 二二一 9 乗 二八 宣 三一八 祝 八六五 10 乘 二九

13 祝 八六五 載 一二七二 15 駕 一三四〇 18 騎 一三四四 19 騎 一三四五 21 驀 一三四〇
のろ 麞 一三八二 麕 一三八二 麇 一三八二
のろい 呪 二二三 咒 二〇九 詛 一二一四 鈍 一三〇〇 駑 一三四〇 駘 一三四三
のろう 呪 二二三 咒 二〇九 詛 一二一四
のろける 惚 四七二
のろし 烽 七四三 熢 七四一 熢 七四六 燧 七四七
のろわしい 呪 二二三 咒 二〇九
ノン 暖 五七二 暖 五七二 㬉 五七二

は

ハ 4 巴 三八六 5 叵 二〇四 7 伯 八五 [illegible] 四六六 8 把 四九七 坡 二六八 帕 三九二 怕 四六八 杷 六二三 波 六八八 爬 七六〇 芭 一〇一七 陂 一三七三 9 派 六九七 派 六九七 玻 七八七 10 破 八五五 笆 八九五 耙 九七三 袙 一〇八八 11 婆 三〇九 12 琶 七八六 番 八〇七 菠 一〇三五 跛 一二二三 13 碆 八五三 葩 一〇三八 14 頗 一三一七 15 播 五二一 鄱 一二三三 16 鮊 一三六二 19 簸 九〇九

21 覇 一〇九七 覇 一〇九七 欛 六四四 霸 一三〇一 23 欛 六四四 24 灞 七一七 25 欛 六四四
は 3 刃 一四七 刃 一四七 刄 一四七 6 羽 九六四 羽 九六四 8 孟 三一三 者 九七〇 9 枼 六〇一 者 九七一 12 葉 一〇三九 歯 一三九五 13 葉 一〇三九 14 端 八九二 15 幡 三九五 齒 一三九五
バ 8 芭 一〇一七 10 馬 一三三九 11 婆 三〇九 麻 一三八四 麻 一三八四 13 嗎 二四一 痲 八一七 14 嘛 二四一 瑪 七九二 麼 一三八五 麽 一三八五

15 摩 四九二 摩 四九二 碼 八五九 罵 九五八 16 磨 八五三 磨 八五三 17 蟇 一〇六五 蟆 一〇七三 19 蘑 一〇五四 21 魔 一三五七 魔 一三五七
ば 庭 四〇七 場 二七三 塲 二七五
ばあ 婆 三〇九
ハイ 5 北 一七四 6 [illegible] 一四三 妃 三二三 7 佩 八五 吠 二二三 坏 二六七 孛 三一五 抔 四九八 沛 六八二 貝 一二四二 阫 一三七一 8 佩 八九 拝 五〇一 杯 六二三 柿 六二三 柹 六二三 肺 九八六

肧 九八六 9 佰 九四 拜 四九二 朏 五八四 派 六九七 派 六九七 盃 八二九 背 九八二 肺 九八七 胚 九八七 10 俳 九九 倍 一〇〇 唄 二三六 悖 四七一 旆 五五〇 狽 七七五 珮 七八八 祓 八六八 祓 八六八 配 一三一四 11 培 二七一 徘 四三六 排 五三三 敗 五三四 栢 六二四 棑 六二四 淠 七一一 陪 一三七九 12 廃 四〇九 湃 七一八 焙 七四三 牌 七六三 琲 七九一 菩 一〇三五 輩 一二一三

音訓索引

13 焴 七四五 碚 八七七 稗 八七九 14 蜱 一〇六九 䣶 一〇四四 裴 一〇八七 褙 一〇九二 15 廢 四一二 罷 九五八 賠 一一五四 輩 一一七三 醅 一二三七 霈 一三九八 16 憊 四六二 17 癈 八一九 18 擺 五二五 19 鞴 一三二一
はい 灰 七三九 灰 七三九
バイ 6 毎 六八二 7 売 二一九 吠 二二三 毎 六八二 貝 一二四二 8 妹 三二四 枚 六二三 玫 七八七 9 佰 九四 昧 五六八 某 六〇一 … 一〇三三 … 一〇〇
埋 二六九 旆 五四〇 梅 六三三 狽 七七五 眛 八四一 脉 九八九 11 培 二七一 梖 六三四 梅 六三四 莓 一〇三一 陪 一三七九 12 媒 三一八 焙 七四三 買 一二四六 13 楳 六三〇 煤 七四五 琲 七九二 蜆 一〇六九 14 䴺 一三一〇 15 賣 一一四九 賠 一一五四 醅 一二三七 鋂 一三四七 17 邁 一三二五 22 霾 一三〇一 23 黴 一三八八
はいたか 鷂 一三七九
はいる 入 三三
はう 匍 一一七三 這 一二九四 匐 一一七四 這 一二九四
はえ 栄 六〇〇 榮 六〇六 蝿 一〇七一 鮠 一三六二 蠅 一〇七四
はえる 生 七九八 映 五六七 栄 六〇〇 搥 五一六 暎 五七三 榮 六〇六
はか 塋 二六一 墓 二六三 墓 二六三 墳 二七六 墳 二七七
はが 擌 五三三
はがす 剝 一六〇 剥 一六〇
ばかす 化 一六九 化 一六九
はかどる 捗 五〇八 捗 五一三
はかない 儚 一二三
はがね 鋼 一三四九
はかま 袴 一〇八九 褰 一〇八七
はからう 計 一一〇八
はかり 計 一一〇八 称 八七六 秤 八七六 稱 八八〇 銓 一三四五 権 六三六 衡 一〇八〇 權 六四四
ばかり 斗 五四一 可 二三〇 計 一一〇八 許 一一二一
はかりごと 策 八九七 謀 一一三九
はかる 6 忖 四六五 7 図 二五一 9 咨 二三四 度 四〇六 挍 五〇五 計 一一〇八 10 料 五四二 斮 五四四 称 八七六 秤 八七六 11 商 二三六 啇 二三六 12 揆 五一五 揣 五一六 測 七一六 評 一一一五 評 一一一五 量 一三一三 13 猷 七一〇 猷 七一〇 詢 一二一七 14 圖 二五五 圖 二五五 稱 八八〇 銓 一三四五 15 権 六三六 課 一一三三 諏 一一三三 16 衡 一〇八〇 諮 一一三八 諮 一一三八 謀 一一二九 18 謨 一一三三 20 籌 九〇九 議 一一三四 22 權 六四四
はがれる 剝 一六〇 剥 一六〇
はぎ 作 八一 做 一〇三二 脛 九九〇 萩 一〇二七 萩 一〇二七
はきもの 屨 三七一
ハク 5 白 八三三 6 朴 六〇八 百 八三六 7 伯 八五 怉 四六六 8 佰 九〇 岶 三七八 帛 三九〇 帕 三九三 怕 四六八 拍 五〇二 泊 六八八 狛 七七三 迫 一二八九 9 拓 五〇六 柏 六二六 洦 六九七 珀 七八七 迫 一二八九 陌 一三七三 10 亳 七七 剝 一六〇 剥 一六〇 栢 六三三 畠 八〇七 粕 九一五 11 舶 一〇〇九 12 博 一八六 博 一八六 13 愽 四七六 搏 五一九 溥 七三三 貊 一二四一 雹 一三九六 14 箔 九〇四 膊 九四四 蒲 一〇四三 駁 一三四二 15 魄 一三五九 16 樸 六四一 璞 七九三 縛 九五〇 縛 九五〇 薄 一〇五一 駮 一三四二 鮊 一三六二 17 擘 四九三 檗 六〇七 欂 六四二 薄 一〇五一 薜 一〇五三 18 甓 七九六 鎛 一三五三 19 爆 七四七 簿 九〇九 簿 九〇九 覇 一〇九七 覇 一〇九七 20 餺 一三三五 21 髆 一三四九 蘗 六〇七 22 霸 一三〇二 礴 八六〇
はく 6 吐 二三〇 7 佩 八五 8 佩 八九 刷 一五七 欧 六四六 9 咯 二三四 11 掃 五二三 掃 五二三 喀 二三八 12 嘔 二四一 14 履 三七〇 15 歐 六四八 18 瀉 七二四
はぐ 矧 八四九 剝 一六〇 剥 一六〇 接 五二三 褫 一〇九二
バク 7 皃 八二五 皃 八二五 麦 一三八三 8 帕 三九三 9 眊 八四一 脉 九八七 陌 一三七三 10 脈 九八九 脈 九八九 11 絈 九二五 莫 一〇三一 麥 一三八三 12 博 一八六 博 一八六 13 幕 三九二 愽 四七六 漠 七三三 貊 一二四一 14 寞 三四九 幕 三九二 幙 三九四 摸 五三〇 漠 七二七 獏 七七八 膜 九九四 貌 一二四一 駮 一三四二 15 暴 五六一 膜 九九五 魄 一三五九 瞙 八四四 16 縛 九五〇 縛 九五〇 17 檗 六〇七 欂 六四二 18 瀑 七二五 藐 一〇五三 貘 一二四一 邈 一三一五 19 曝 五七四 爆 七四七 鏌 一三五四 21 蘗 六〇七 驀 一三四〇
はぐき 齗 一三九六 齦 一三九七 齶 一三九七
はぐくむ 孚 三一五 育 九八一 育 九八一 哺 二三六
はぐさ 莠 一〇三三
はぐれる

音訓索引

逸△ 一二九九　逸 一二九九
はげ 禿 八七三
はげしい 厉 一九三　烈△ 七五〇　劇△ 一六三　厲 一九四　激○ 七三三
はげます 励○ 一六七　勵 一七三
はげむ 励○ 一六七　勵 一七三
はける 捌 五〇八
はげる 禿 八七三　剝 一六〇　剥 一六〇
ばける 化○ 一六九　化 一六九
はこ 7 匣 一七七　8 函 一四六　函 一四六　9 凾 一四六　11 笥 八九五　12 筐 八九七　13 筺 九〇〇　筥 九〇〇　14 奩 二九九　15 匳 一七八　篋 九〇四　箱○ 九〇四　箪 九〇四　17 匱 一七八　簏 九〇七　18 簞 九〇八　20 龕 一三九九　22 龕 一三九九　23 籢 九一二
はご 擈 五三三
はこぶ 運○ 一三〇一　搬△ 五一九　運 一三〇一
はざ 迫△ 一二八九　狭△ 七七三　迫 一二八九　狭 七七五
はざま 峡△ 三七八　峡 三七九　硲 八五七　間△ 一三二三　閒 一三二三
はさまる 夾 二九六　挾○ 五〇四　挟 五〇七
はさみ 鉸 一三四五　鋏 一三四七　螯 一〇六五
はさむ 3 叉 一九七　7 夾 二九六　9 挾○ 五〇四　10 挟 五〇七　挿△ 五〇八　12 插 五一六　13 搢 五一八　搢 五一八　14 筴 九〇三　15 鋏 一三四七　16 縉 九四九　20 襭 一〇九四
はし 12 椅 六二四　階△ 一三八〇　13 愛△ 四四三　14 榰 六三三　端○ 八九二　箸 九〇四　15 槗 六三六　箸 九〇四　16 嘴 二四三　橋○ 六三九
はじ 恥○ 四六四　耻 九七六　辱△ 一二八四　羞 九六一
はじかみ 姜 三〇八　椒 六二六　薑 一〇五〇　薑 一〇五五
はじく 弾△ 四二三　溌 七一八　彈 四二四　潑 七三二
はしけ 艀 一〇〇九
はじける 炸 七四二　弾△ 四二三　彈 四二四　爆△ 七四七
はしご 梯 六二三
はしこい 敏△ 五三三　敏 五三四
はした 端△ 八九二
はしたか 鷂 一三七九
はしため 婢 三一七
はしばみ 榛(人) 六三三
はじまり 始○ 三一三
はじまる 始○ 三一三
はじめ 1 一△ 一　4 元△ 一二四　弌 四一六　7 初○ 一五〇　甫(人) 八〇一　8 始○ 三一三　9 首△ 一三三六　13 載△ 一二七三　14 端△ 八九二　肇(人) 九七九　肈 九七九　肇 九七九
はじめて 初○ 一五〇
はじめる 初△ 一五〇　始○ 三一三　創△ 一六一　戧 四八五　肇(人) 九七九　肇 九七九　肈 九七九
はしら 柱○ 六一五　柱 六一五　楹 六二八
はじらう 恥○ 四六四　耻 九七六
はしる 赱 一二七七　走○ 一二七七　奔△ 二九八　𧺆 一二七七　奔 二九九　逸△ 一二九九　逸 一二九九　趍 一二八〇　趨 一二八〇
はじる 7 忸 四六五　8 怍 四六七　怩 四六七　10 恥○ 四六四　耻 九七六　11 羞 九六一　12 赧 一二七五　13 媿 三一九　愧 四七五　14 慚 四七七　15 慙 四八一
はす 芙(人) 一〇一七　芙 一〇一七　荷△ 一〇二九　斜△ 五四二　荷 一〇二九　蓮(人) 一〇四四　蓮 一〇四七　藕 一〇五四　鰣 一三六七
はず 弭 四二一　筈 八九七
はずかしい 恥○ 四六四　耻 九七六　羞 九六一
はずかしめる 辱○ 一二八四　詢 一二二三　詬 一二二六
はずす 外○ 二八六
はずむ 弾○ 四二三　彈 四二四
はずれる 外○ 二八六
はぜ 枦 六二四　粽 九一七　鯊 一三六一　魦 一三六四　櫨 六四四
はぜのき 枦 六二四　櫨 六四四
はせる 馳 一三四一　駛 一三四三　騁 一三四四　騖 一三四〇
はぜる 爆△ 七四七
はそ 鰣 一三六七
はぞう 𤭛 七九六
はた 9 畑○ 八一〇　10 将△ 三五六　畠 八〇七　秦(人) 八七三　11 將 三五七　旌 五五一　12 傍△ 一〇六　傍 一〇六　14 旗○ 五五二　端○ 八九二　15 幢 三九四　16 幡 三九五　機○ 六三九　18 簱 九〇八　20 籏 九一〇　21 鰭 一三六七
はだ 肌○ 九八四　膚 九九三　膚△ 九八四　臚 九九六
はたあし 旒 五五三
はだえ 肌△ 九八四　膚△ 九八四
はだか 裎 一〇九〇　裸○ 一〇九一　躶 一二七〇　臝 九八四
はたがしら 覇△ 一〇九七　覇 一〇九七　霸 一三〇一
はだぎ 衷△ 一〇八三　褙 一〇九二　襦 一〇九三　襯 一〇九四
はたけ 畑○ 八一〇　疥 八一三　圃 二五四　畠 八〇七　圑 二五五
はだし 跣 一二八四
はたして 果○ 五九九
はたじるし 幟 三九四
はたす 果○ 五九九
はたち 廿 一七九　廿 四一四
はたと 礑 八六〇
はだぬぐ 裼 一〇九一
はたはた 鰰 一三六七　鱩 一三六九
はたほこ 幢 三九四　橦 六四一
はたらかす 働○ 一〇八
はたらく 拮 五〇四　動△ 一六九　働○ 一〇八
はたる 徴△ 四三九　徵 四四〇
ハチ 八○ 一一三　朳 六〇八　盋 八三〇　釟 一三二九

鉢 一二四三　撥 五三一
はち　盂 八二九　蜂 一〇六九　蠭 一〇六五
バチ　抜 四九七　拔 五〇三　秡 八七七　跋 一二〇三　跋 一二〇三　鈸 一二四四　罰 九五八　撥 五三一　罸 九五八
ばち　枹 六一六　桴 六二四　梈 六二七
はちす　芙 一〇一七　芙 一〇一七　荷 一〇二九　荷 一〇二九　蓮 一〇四四　蓮 一〇四七　藕 一〇五四
はちまき　帕 三九三
ハツ　法 六八九　㳒 六八九　… 七三七
2 八 一三　5 叭 二三〇　犮 七六九　癶 八二〇　6 伐 七九　7 抜 四九七　8 拔 五〇三　9 発 八二〇　茇 一〇二三　10 捌 五〇八　栰 六二三　盋 八三〇　秡 八七七　般 一〇〇七　釟 一二三九　12 溌 七一八　發 八二三　筏 八九九　菝 一〇三五　跋 一二〇三　跋 一二〇三　13 鉢 一二四三　鈸 一二四四　14 罰 九五八　閥 一二六六　髪 一三五三　15 撥 五三一　潑 七三一　罸 九五八　髮 一三五三　魃 一三五八　16 醗 一二三七　19 蹳 一二六八　醱 一二三八
はつ　初 一五〇
バツ　4 夊 一九八　5 末 五九一　6 伐 七九　7 抜 四九七　8 妺 三一四　帕 三九三　帓 三九三　拔 五〇三　抹 五〇三　沫 六九一　茉 一〇二四　9 茇 一〇二三　茉 一〇二四　10 柭 六二三　秣 八七七　袜 一〇八八　12 筏 八九九　跋 一二〇三　跋 一二〇三　14 罰 九五八　閥 一二六六　靺 一三〇八　韎 一三一〇　15 罸 九五八　魃 一三五八　20 襪 一〇九四　24 韤 一三一〇　韈 一三一一
ばつ　× 一四〇〇
はったい　麨 一三八四　糗 九一七
はて　果 五九九　涯 七〇五　際 一二八三
はてる　果 五九九　泊 六八八　洦 六九七
はと　鳩 一三七三　鴿 一三七六
はな　7 花 一〇一五　花 一〇一五　8 芲 一〇一五　英 一〇一八　9 挟 五〇六　渶 六九一　英 一〇一八　10 華 一〇二九　12 華 一〇三三　14 端 八九二　鼻 一三九三　鼻 一三九三　16 蘤 一〇四七
はなし　咄 二二三　話 一二一九　噺 二四三　譚 一二二三　譚 一二二三
はなじる　洟 六九一
はなす　咄 二二三　放 五三〇　話 一二一九　離 一二九一
はなだ　縹 九五一
はなぢ　衄 一〇七七　衂 一〇七七
はなつ　放 五三〇　発 八二〇　發 八二三
はなづな　縻 九二四
はなはだ　孔 三一七　甚 七九七
はなはだしい　太 二九三　甚 七九七
はなびら　葩 一〇三八
はなひる　嚏 二三六　嚔 二四四　嚏 二四四
はなぶさ　英 一〇一八　英 一〇一八
はなむけ　餞 一三三四　贐 一二一五
はなやか　華 一〇二九　華 一〇三三　蘤 一〇四七
はなれる　放 五三〇　離 一二九一
はなわ　塙 二七四
はに　埴 二七一
はね　羽 九六四　羽 九六四　翅 九六七　撥 五三一
はねる　刎 一五三　跳 一二〇四　撥 五三一
はは　母 六六一　妣 三一二　姑 三一二　媽 三一九
はば　巾 三八八　幅 三九四
ばば　屎 三六八　婆 三〇九　糞 九二三
ばばあ　婆 三〇九
はばかる　憚 四七八
ははき　帚 三九〇　菷 一〇三四　箒 九〇三
はばき　鑐 一二五三
ははそ　柞 六一五
はばむ　沮 六八六　阻 一二七二
はぶく　省 八二八
はふり　祝 八六五　祝 八六五
はま　浜 七〇一　濱 七三四　濵 七三四
はまぐり　蚌 一〇六七　蛤 一〇六八　蜯 一〇七〇
はますげ　莎 一〇三二
はまち　魬 一三六一
はまる　嵌 三七五
はみ　蝮 一〇七二
はむ　食 一三二九　食 一三二九
はめる　扖 四九四　嵌 三七五　塡 二七四　填 二七四
はも　鱧 一三六九
はや　早 五五五　鮠 一三六二
はやい　6 早 五五五　迅 一一八六　7 迅 一一八六　8 蚤 一〇六二　10 疾 八三三　速 一一九四　蚤 一〇六三　11 捷 五一一　速 一一九四　15 駛 一三四三　16 霍 一二九九　24 驟 一三四七
はやし　林 五八八　囃 二四四
はやす　生 七九八　囃 二四四
はやせ　湍 七一七
はやぶさ　隼 一二八六　鶻 一三七九　鸇 一三八〇
はやまる　早 五五五
はやめる　早 五五五　速 一一九四　速 一一九四
はやる　逸 一一九九　逸 一一九九
はら　肚 九八五　原 一九二　原 一九二　腹 九九三
はらい　払 四九四　拂 五〇三　祓 八六八　祓 八六八
はらう　5 払 四九四　8 拂 五〇三　10 祛 八六四　祓 八六八　祓 八六八　11 掃 五一三　掃 五一三　鉟 一二四〇　17 褰 一〇八四　20 攘 五三五　22 禳 八七〇
はらえ　祓 八六八　祓 八六八　禊 八六九
はらおび

鞁 一三〇八
はらか 鰚 一三六七
はらす 晴 五七〇 晴 五七〇 腫 九九二 霽 一三〇一
はらむ 孕 三一三 妊 三一三 肧 九八六 姙 三一五 胎 九八六 胚 九八七 娠 三一六
はららご 鮞 一三六三
はらわた 腑 九九二 腸 九九三 膓 九九五 臓 九九六 臟 九九七
はり 10 針 一二三九 11 帳 三九三 張 四一三 梁 六〇四 12 鈎 一二四〇 13 鉤 一二四三 14 榿 六二三 榛 六二三 15 箴 九〇四 17 鍼 一二五一
鍼 一二五三
はりつけ 桀 六〇三 磔 八五九
はりねずみ 蝟 一〇七〇
はりふだ 箋 九〇三
はる 治 六六六 春 五六三 張 四一三 貼 一一五三
はるか 8 杳 五九七 9 迥 一二八九 迢 一二八九 10 茫 一〇二八 逈 一二九〇 11 悠 四五五 逖 一二九七 12 渺 七一八 遥 一三〇八 14 夐 二八二 遙 一三一〇 15 敻 五三七 遼 一三一四 16 遼 一三一四 18 藐 一〇五三 邈 一三一五
はれ 晴 五七〇 晴 五七〇 腫 九九二
はれもの 痤 八一五
はれる 晴 五七〇 晴 五七〇 脹 九九二 腫 九九二 霽 一三〇一
ハン 3 凡 一四一 凡 一四一 几 一四一 4 反 一七〇 5 半 一七九 半 一七九 氾 六六六 犯 七七一 6 帆 三九二 帆 三九二 汎 六六八 7 伴 八六 伴 八六 冸 三八 判 一五四 判 一五四 平 一八三 坂 二六七 扮 四九八 泛 六八二 返 一二八八 釆 一三〇〇 阪 一三七一 8 平 一八三 炍 七四二 拌 五〇三 板 六二三 版 七六三 返 一二八八 叛 二〇一 叛 二〇一 扁 四八七 9 柈 六一六 盼 八四一 胖 九八七 范 一〇一三 10 班 七六五 畔 八〇九 畔 八〇九 般 一〇〇七 袢 一〇八九 11 梵 五九七 笵 八九六 絆 九三五 販 一一五三 釠 一二四〇 12 斑 五四〇 棥 五九六 番 八〇七 鈑 一二四一 飯 一三三三 13 搬 五一九 斒 五四一 煩 七四五 頒 一三一七 飯 一三三三 14 軬 一三〇八 15 幡 三九五 樊 五九八 潘 七三一 瘢 八一八 盤 八三三 磐 八五三 範 九〇五 䑺 一〇〇九 魬 一三六一 16 旛 五五三 燔 七四六 繁 九二三 膰 九九五 蕃 一〇四九 辦 一一八二 17 繁 九二四 18 旛 五五三 繙 九五三 翻 九六八 翻 九六八 藩 一〇五四 蟠 一〇七三 蹣 一一六八 辦 一一八二 19 攀 四九三 藩 一〇五四 20 礬 八五三 鐇 一二五五 21 籓 九一〇 鱕 一三三九 蘩 一〇五八 23 鷭 一三八〇
はん 榛 六二三
バン 3 万 一九 6 卍 一八〇 7 伴 八六 伴 八六 判 一五四 判 一五四 8 坂 二六七 板 六二三 版 七六三 9 柈 六一六 10 悗 四七一 挽 五〇八 11 晩 五七〇 曼 五七七 桳 六二四 絆 九二五 12 晩 五七〇 満 七一八 番 八〇七 蛮 一〇六三 鈑 一二四一 13 萬 一〇三九 14 墁 二七五 墁 二七五 嫚 三一〇 幔 三九四 慢 四七七 滿 七一七 漫 七一七 輓 一二七八 15 播 五一一 盤 八三三 磐 八五三 蔓 一〇四六 16 旛 五五三 瞞 八四四 蕃 一〇四九 17 縵 九五一 18 懣 四六三 旛 五五三 蟠 一〇七三 謾 一二三三 蹣 一一六八 19 鏝 一二五四 20 礬 八五三 饅 一三三五 21 鎊 一二五六 鏋 一二五六 22 鬘 一三五四 鰻 一三六八 23 鷭 一三八〇 25 蠻 一〇六六
はんぞう 楾 六二三 𤭖 七九六
はんのき 榿 六二三 榛 六二三
バンハン 槃 六〇六

ひ

ヒ 2 匕 一七四 4 比 六六三 5 丕 一九 皮 八二八 6 圮 二六六 妃 三一三 7 否 二三一 妣 三一三 屁 三六五 庇 四〇四 批 四九八 狓 七七三 8 卑 一八四 坡 二六八 帔 三九二 彼 四三〇 怫 四六八 披 五〇二 枇 六一三 泌 六八八 沸 六八九 狒 七七三 肥 九八六 邳 一三一八 陂 一三七三 非 一三〇四 9 卑 一八五 朏 五八四 柀 六一六 柲 六一六 毘 六六四 毗 六六四 砒 八五四 秕 八七五 罘 九五六 10 飛 一三三八 俾 一〇〇 剕 一六〇 匪 一七一 毘 六六四 毘 六六四 [illegible] 八〇一 疲 八一四 疿 八一四 祕 八六八 秘 八七七 粃 九二三 紕 九二九 蚍 一〇六六 11 被 一〇八九 埤 二七一 婢 三一七 悱 四七四 淠 七一一 淝 七一一 [illegible] 八〇一 豼 一二四〇 12 備 一〇五 悲 四五六 扉 四八七 扉 四八七 敝 五三六 斐 五四一 椑 六二七 琵 七六六 痞 八一六 脾 九九二 腓 九九二 萆 一〇三五 菲 一〇三五 誹 一二一五 費 一二四六 賁 一二四七 跛 一二六二 13 僃 一〇八 痹 八一七 痺 八一七 痹 八一七 碑 八五七 稗 八七九 蓖 一〇三八 裨 一〇九一

音訓索引

14 貟 一二四八
辟 一一八三
鈹 一二四四
閟 一二六五
榧 六二四
槐 六二四
○碑 八五八
箆 九〇四
人緋 九四三
翡 九六六
蓖 一〇四三
蜚 一〇六四
蜱 一〇七〇
裴 一〇八七
鄙 一一三三
鞁 一三〇八
△鼻 一三九三
鼻 一三九三
15 僻 一一一
○罷 九五八
誹 一一二六
駓 一三四三
髲 一三五三
[illegible] 一三五三
16 篦 九〇六
糒 九一八
○避 一二二四
霏 一三九九
17 嚊 二四四
臂 九八四
貔 一二四一
避 一二二四
鞞 一三〇九
[illegible] 一三四五
[illegible] 一二四九
19 鼙 一三九
羆 九五八
靡 一三〇五
鞴 一三〇九
鯡 一三六五
鵯 一三七八
20 譬 一二〇八
21 贔 一二四三
22 轡 一二七三

ひ
4 ○日 五五三
○火 七三八
5 ○氷 六七三
6 冰 一三八
○灯 七四一
8 杼 六二三
10 桧 六二七
11 曽 五八〇
梭 六三三
12 廂 四〇九
曾 五八〇
△陽 一二八一
13 椷 六三八
14 樋 六三四
15 樋 六三八
16 燈 七四六
17 檜 六四一

ビ
4 △比 六六三
5 △未 五九一
7 ○尾 三六五
8 卑 一八四
△味 二二三
人弥 四二二
枇 六一三
9 △卑 一八五
咩 二三五
弭 四二一
毘 六六四
毗 六六四
人眉 八三八
○美 九六〇
10 娓 三一六
敉 五三三
毘 六六四
毗 六六四
萆 八〇一
11 [illegible] 五三四
梶 六二四
渳 七一二
猕 七七六
葡 八〇一
眯 八四二
12 ○備 一〇五
媚 三一八
寐 三四六
嵋 三八〇
琵 七八六
13 備 一〇八
○微 四二八
微 四二八
楣 六三〇
[illegible] 一三五七
14 ○鼻 一三九三
鼻 一三九三
15 △魅 一三五八
16 糒 九一八
△避 一二二四
17 彌 四二四
濔 七二四
糜 九二三
縻 九二四
薇 一〇五三
避 一二二四
麋 一三八二
19 靡 一三〇五
鞴 一三〇九
20 瀰 七三六
獼 七七九
21 亹 五七
23 蘼 一〇五八
黴 一三八八
24 醾 一三三九
醾 一三三九
25 鸍 一三八〇
26 醿 一三三九

ひい
△一 一
弌 四一六

ひいでる
○秀 八七三
△英 一〇一八
英 一〇一八

ひいな
人雛 一二九〇

ひいらぎ
人柊 六一五
柊 六一五

ひうお
鮝 一三六一
鯗 一三六一

ひうち
燧 七四七

ひえ
稗 八七九

ひえる
○冷 一三八

ひおむし
蚄 一〇六九

ひがい
鰉 一三六六

ひかえ
○控 五一〇

ひかえる
扣 四九四
○控 五一〇

ひかがみ
膕 九九四

ひかげ
晷 五六〇
晷 五六〇

ひがし
○東 五九四

ひがむ
僻 一一一

ひかり
○光 一一六

ひかる
○光 一一六

ヒキ
△匹 一七六
匹 一七六
逼 一二〇六
逼 一二〇六

ひき
○匹 一七六
匹 一七六
○引 四一九
疋 八二一
蟇 一〇六五
蟆 一〇七三
蟾 一〇七三

ひきいる
△帥 三九五
△将 三五六
將 三五七
○率 七六〇

ひきがえる
蟾 一〇七三

ひきづな
靷 一三〇七
鞁 一三〇八

ひきつる
痙 八一五
攣 四九三

ひきぬく
擢 五二四
擢 五二四

ひきり
燧 七四七

ひく
4 ○引 四一九
6 扡 四九四
曳 五七六
7 延 四一三
曵 五七七
8 △延 四一三
拖 五〇〇
拕 五〇〇
△抽 五〇一
拉 五〇三
9 拽 五〇四
△退 一一九一
10 挽 五〇八
退 一一九一
11 掎 五〇九
牽 七六五
12 ○弾 四二三
掣 四九一
△援 五一五
援 五一五
13 惹 四五九
14 輓 一一七八
15 彈 四二四
碾 八五九
17 輾 一一八〇
19 繹 九五三
22 轢 一一八一

ひくい
○低 八五
卑 一八四
△卑 一八五

ひぐま
羆 九五八

ひくまる
○低 八五

ひくめる
○低 八五

ひぐらし
蜩 一〇七〇

ひげ
髯 一三五二
髥 一三五三
髭 一三五四
鬍 一三五四
鬚 一三五四

ひける
○引 四一九
△退 一一九一
退 一一九一

ひこ
人彦 四二五
彥 四二五
曽 五八〇
曾 五八〇

ひご
籤 九一〇
籖 九一一
籤 九一一

ひこばえ
孼 三一七
孽 三一七
櫱 六〇七
蘗 六〇七

ひさ
△尚 三六二
尙 三六二

ひざ
膝 九九四

ひさかき
柃 六一七

ひさぎ
楸 六二九
檟 六四一

ひさぐ
△販 一二五三
鬻 一三五六

ひさご
匏 一七四
瓠 七九四
箪 九〇四
瓢 七九五
簞 九〇八
蠡 一〇六五

ひさし
庇 四〇四
廂 四〇九
△廊 四一〇
廊 四一〇

ひさしい
○久 三六
△寿 三五一
△尚 三六二
尙 三六二
人弥 四二一
壽 二八〇
壽 二八〇
彌 四二四

ひざまずく
跪 一一六四

ひし
芰 一〇一六
菱 一〇三六
蔆 一〇四七

ひじ
厷 一九六
肘 九八五
△泥 六八七
肱 九八五
埿 二六〇
臂 九八四

ひしお
醤 一三三三
醢 一三三七
醬 一三三三

ひしぐ
拉 五〇三

ひしくい
人鴻 一三七五

ひしこ

音訓索引

鯱 一三六二　鯷 一三六六
ひしめく　犇 七五五
ひしゃく　杓 六〇九
ひじり　△聖 九七四　聖 九七四
ひずむ　歪 六五三
ひそか　△秘 八七七　祕 八六八　△密 三四四
ひそかに　△私 八七三　△窃 八八六　△陰 一二七六　陰 一二八〇　△潜 七三〇　潜 七三〇　濳 七三六　竊 八八九
ひそむ　○潜 七三〇　潜 七三〇　濳 七三六
ひそめる　嚬 二四四　顰 一三一四
ひた　△直 八三四
ひだ　褶 一〇九三　襞 一〇八七
びた　鐚 一二五五
ひたい　○額 一三三〇　額 一三三三　額 一三三三
ひたき　鶲 一三七八
ひたす　○浸 七〇〇　浸 七〇〇　涔 七〇〇　淹 七〇五　涵 七〇六　寖 七一三　△漬 七一五　淪 七一六
ひだり　○左 三八四
ひたる　○浸 七〇〇　浸 七〇〇　寖 七一三　△漬 七一五
ひだるい　饑 一三二五
ひたれ　脾 九九六
ヒチ　△匹 一七六　匹 一七六　△必 四四三　畢 一八二　畢 一八二　畢 八〇六　△筆 八九九　篳 九〇七　饆 一三三五
ヒツ　4 ○匹 一七六　匹 一七六　5 ○必 四四三　△払 四四四　疋 八二一　7 畢 一八二　8 畢 一八二　宓 三三六　拂 五〇三　9 ○泌 六八八　柲 六一六　苾 一〇三三　10 笔 八九五　11 偪 一〇四　畢 八〇六　12 弼 四一九　○筆 八九九　13 逼 一三〇六　逼 一三〇六　15 蓽 一〇四六　17 篳 九〇七　謐 一二一三　18 蹕 一二六七　19 鵯 一三七八　20 饆 一三三五　22 韠 一三八四
ひつ　匱 一七八　簞 九〇四　盧 八二三　匵 一七八　櫃 六四三　簞 九〇八　樻 六四三
ビツ　宓 三三六　△密 三四四　蜜 一〇六四　榓 六三八　蔤 一〇四七　謐 一二一三　樒 六四三
ひつぎ　柩 六一四　椁 六二四　△棺 六二四　槨 六三六　椑 六三五　櫬 六四四
ひつじ　△未 五九一　○羊 九二〇　穭 八八三
ひつじさる　坤 二六七
ひづめ　蹄 一二六六　蹏 一二六七
ひで　△秀 八七三
ひでり　旱 五五六　魃 一三五八
ひと　○一 一　○人 五八　弌 四一六　△仁 七〇
ひどい　△酷 一二二六　酷 一二二六
ひとえ　△単 一八四　單 二〇九　褝 一〇九二　襌 一〇九三　襴 一〇九四
ひとえに　△偏 一〇四　偏 一〇四
ひとし　△等 八九八
ひとしい　△均 二六六　△斉 一三九四　○等 八九八　鈞 一三四〇　齊 一三九四
ひとつ　○一 一　弌 四一六　△壱 二七八　△単 一八四　△隻 一三六六　單 二〇九　壹 二七九
ひとみ　人眸 八四二　睛 八四三　人瞳 八四四　瞳 八四四
ひとや　牢 七六五　囹 二五四　圄 二五四　△獄 七七八
ひとり　△孤 三一七　○独 七七四　△特 七六八　惸 四七四　獨 七七九
ひとりむし　蟷 一〇七三
ひな　鄙 一三一三　人雛 一二九〇　轂 一二七三
ひねる　拈 五〇一　捻 五二三　撚 五三一
ひのえ　△丙 二五　丙 二五
ひのき　桧 六一七　檜 六四一
ひのと　△丁 一七
ひび　皴 八二九　瘃 八一七　皸 八二九　皹 八二八　篊 九〇四　罅 九五五
ひびき　韵 一三三三　△韻 一三三三　韻 一三三三　○響 一三三三　響 一三三三　響 一三三三
ひびく　○響 一三三三　響 一三三三　響 一三三三
ひびろ　紽 九三四
ひま　△閑 一二六四　○暇 五七二　遑 一三〇三　隙 一二八三　隙 一二八三
ひめ　姫 三一五　○姫 三一六　姬 三一六　人媛 三一八　媛 三一八　嬪 三二一
ひめがき　埤 二七一　堞 二七三
ひめる　○秘 八七七　祕 八六八
ひも　人紘 九二八　紐 九二九　△組 九三四　綬 九四一　△緒 九四一　緒 九四六　纓 九五四
ひもとく　繙 九五三
ひもの　鯗 一三六一　鯗 一三六一
ひもろぎ　胙 九八六　膰 九九五
ひや　○冷 一三八
ひやかす　○冷 一三八
ヒャク　○百 八二六　△拍 五〇三　拓 五〇六　辟 一二八三　僻 一二一　劈 一四九　△壁 二六四
ビャク　○白 八二三　佰 九〇　△壁 二六四　甓 一二六三　躃 一二六八　闢 一二六九
ひやす　○冷 一三八
ひゆ　莧 一〇三〇
ヒュウ　皀 八二五　人彪 四二七
ビュウ　繆 九五一　謬 一二三三　謬 一二三三
ヒョウ　2 冫 一三七　5 △丙 二五　丙 二五　△平 三九七　平 三九七　○氷 六七三　6 冰 一三八　并 四〇〇　7 ○兵 一二八　杓 六〇九　8 凭 一四三　幷 四〇〇　○拍 五〇三　○表 一〇八二　9 拓 五〇六　拼 五〇六　苹 一〇二三　10 ○俵 一〇〇　豹 一二四〇　髟 一三五三　11 人彪 四二七　掽 五一四　殍 六五七　○票 八六一

苧 一〇三一　12 猋 七六九　○評 一一一五　評 一一一五　馮 一三四七　13 僄 一〇八　剽 一六二　裱 一〇九一　14 滮 一四三　嫖 三三〇　慓 四七七　摽 五三〇　○漂 七一七　15 憑 四六二　○標 六三八　熛 七四六　膘 九九五　麃 一三八二　16 憑 四六二　瓢 七九五　瘭 八一八　瞟 八四四　褾 一〇九三　鮃 一三六二　麭 一三八四　17 縹 九五一　20 飃 一三三七　飄 一三三七　21 颮 一三三七　飆 一三三八　驃 一三四六　22 鰾 一三六八　23 鑣 一二五七　30 驫 一三四〇

ひょう　雹 一二九六

ビョウ　5 ○平 三九七　平 三九七　7 △妙 三三二　8 △並 二九　庙 四〇五　杪 六一三　○苗 一〇二三　9 並 三〇　偋 九四　屏 三六八　玅 七八一　眇 八四一　○秒 八六六　苗 一〇二三　10 ○病 八一四　竝 八九〇　11 屛 三六九　○描 五一四　○猫 七七六　△瓶 七九六　12 庿 四一〇　描 五一六　淼 六七二　渺 七一八　猫 七七七　13 瓶 七九六　15 廟 四一一　緲 九四七　16 貓 一二四一　17 錨 一二五二　18 藐 一〇五三

びょう　鋲 一二四七

ヒョク　逼 一三〇六　逼 一三〇六

ひよどり　鵯 一三七八

ひよめき　囟 二五〇　顖 一三三三

ひら　△片 七六三　○平 三九七　平 三九七　片 七六三　△枚 六一三

ひらがなえ　鑊 一二五六

ひらく　8 △拓 五〇〇　拆 五〇一　△披 五〇二　9 △発 八二〇　11 △啓 二二五　啓 二二五　啔 二二五　12 發 八二三　○開 一三二二　13 辟 一一八三　16 △墾 二六四　17 豁 一一三六　20 闡 一三二九　21 闢 一三二九　22 攤 五六六

ひらける　○開 一三二二　豁 一一三六

ひらしらげ　糲 九一八

ひらたい　○平 三九七　平 三九七　扁 四八七

ひらたぶね　艑 一〇〇九

ひらに　○平 三九七　平 三九七

ひらめ　鮃 一三六二

ひらめく　閃 一三二一

ひる　○干 三九七　乹 四四　○昼 五六三　△乾 四一　晝 五六四　涸 七〇六　蛭 一〇六八　蒜 一〇四一　蜞 一〇六九　簸 九〇九

ひるがえす　○翻 九六八　翻 九六八　飄 一三三七　飃 一三三七　飜 一三三九

ひるがえる　翩 九六七　○翻 九六八　翻 九六八　飄 一三三七　飃 一三三七　飜 一三三九

ひるむ　怯 四六六

ひれ　裱 一〇九一　鰭 一三六七

ひろ　人弘 四三〇　△尋 三五二　尋 三五二

ひろい　5 ○広 四〇三　人弘 四三〇　6 汎 六七八　7 人宏 三三三　8 △宙 三三五　9 恢 四六八　昿 五六七　△洋 六九七　10 人浩 六九九　浩 六九九　12 △博 一八六　博 一八六　敞 五三六　閎 一三二四　13 △寛 三四七　慱 四七六　14 廓 四一〇　△漫 七一七　15 寬 三四九　廣 四一一　17 濶 七二三　豁 一一三六　闊 一三二八　曠 五七三　19 瀚 七二五

ひろう　○拾 五〇六　捃 五〇七　摭 五二〇

ひろがる　○広 四〇三　△拡 四九九　廣 四一一　擴 五三四

ひろげる　○広 四〇三　△拡 四九九　衍 一〇七九　廣 四一一　擴 五三四

ひろし　人弘 四三〇　人宏 三三三　△洋 六九七　人浩 六九九　浩 六九九　△博 一八六　博 一八六　慱 四七六　△寛 三四七　寬 三四九

ひろまる　○広 四〇三　人弘 四三〇　廣 四一一

ひろめる　○広 四〇三　人弘 四三〇　△拡 四九九　廣 四一一　擴 五三四

ひわ　鶸 一三七九

ヒン　6 份 七九　牝 七六六　8 玢 七八七　秉 八七一　9 ○品 二〇三　10 ○浜 七〇一　11 人彬 四四七　梹 六二四　○貧 一一四五　12 斌 五四一　13 稟 八六二　稟 八七三　賓 一一四八　賔 一一四八　14 髩 一三五三　15 ○賓 一一四九　16 儐 一一三　頻 一三一九　17 嬪 三三一　擯 五三四　濱 七二四　濵 七二四　獱 七七九　○頻 一三二〇　鬢 一三五四　18 檳 六四三　檳 六四三　殯 六五八　臏 九九六　19 嚬 二四四　瀕 七二六　20 瀕 七二六　繽 九五三　蘋 一〇五六　24 顰 一三一四　髕 一三四九　鬢 一三五四

ビン　5 △民 六六六　7 汶 六八二　岷 三七八　旻 五五七　泯 六八八　9 ○便 九四　黽 一三九〇　10 ○敏 五三三　秠 八七六　紊 九二一　罠 九五六　11 僶 一〇四　敏 五三四　梹 六二四　○瓶 七九六　○貧 一一四五　12 閔 一三二四　13 愍 四六〇　甁 七九六　黽 一三九〇　14 閩 一三二六　髩 一三五三　15 僶 一一二　憫 四七八　△縄 九四六　緡 九四七　16 頻 一三一九　17 △頻 一三二〇　鬂 一三五四　檳 六四三　18 檳 六四三　19 繩 九五三　24 鬢 一三五四

びん　壜 二七七

ピン　△一 一　弌 四一六

ひんがし　△東 五九四

ふ

フ　4 ○不 一二　仆 七一　○夫 二四四　○父 七六〇　5 ○付 七四　○布 三八九　6 △伏 七九　医 一七七　△缶 九五五　7 佈 八六　匛 一七七　△否 二二三　妋 三三二　孚 三三五　巫 三八三　○扶 四九八

歩 六五〇　人甫 八〇一　人芙 一〇一七　凨 一三二四
8 咐 二三三　坿 二六八　○府 四〇五　弣 四三一　○怖 四六八　拊 五〇三　斧 五四三　○歩 六五〇　芙 一〇一七　阜 一三七〇　○附 一三七三　凬 一三二四
9 俘 九四　俛 九五　[illegible] 一四二　△封 三五五　柎 六一六　枹 六一六　眣 八〇九　罘 九五六　苻 一〇三三　訃 一一〇九　○負 一二四三　負 一二四三　○赴 一二五八　○風 一三二四
10 俯 一〇〇　尃 三五二　悑 四七一　○浮 七〇一　浮 七〇一　祔 八六八　蚨 一〇六六　郛 一三一九　釜 一三二八　釡 一三二八
11 冨 一三七　△副 一六〇　埠 二七一　○婦 三一七　婦 三一七　桴 六二四　烰 七六八　○符 八九六　缻 九五五　脯 九一一　莩 一〇三一　趺 一二六三　麸 一三八四
12 傅 一〇五　○富 三四六　△復 四三七　○普 五六四　畗 八二一　稃 八七九　腑 九一二　菩 一〇三五　△補 一〇九〇　跗 一二六三　鈇 一三四一
13 普 五六四　溥 七三三　筟 九〇一　艀 一〇〇九　蜉 一〇六九　鳬 一三七〇
14 孵 三二九　暜 五六四　榑 六三四　○腐 九八一　蒲 一〇四三　誣 一一三三　人輔 一一七八　[illegible] 一三〇八
15 撫 五三三　○敷 五三八　敷 五三八　○膚 九八四　○賦 一二五四　醅 一三一七　頫 一三一八　駙 一三四三　麩 一三八四
16 諷 一一二九　餔 一三〇六　鮒 一三六二　[illegible] 一三八四
17 賻 一二五五　鍑 一三五二
18 簠 九〇八　△覆 一〇九六　覆 一〇九六
19 ○譜 一一二三　鬴 一三六五　黼 一三八九
20 譜 一一二五
24 罐 九五五

ふ
斑 五四〇　△節 九〇〇　節 九〇四　辦 一二八二

ブ
3 △亡 五三　亡 五三　亾 八六
4 ○不 二一　○分 一四七　△夫 二九四　无 五四三　毋 六六一　△父 七六〇
7 巫 三八三　歩 六五〇
8 ○侮 九〇　○奉 二九六　○歩 六五〇　○武 六五三　△附 一三七三
9 侮 九四　敄 五三三　△負 一二四三　負 一二四三
10 △峰 三七九　峯 三七四　△捕 五〇八
11 △務 一七〇　△婦 三一七　婦 三一七　△符 八九六　○部 一三一一
12 △復 四三七　○無 七五二
13 葡 一〇三八　蓬 一〇四三
14 △豊 一二三七　舞 一〇〇六　蒲 一〇四三　誣 一一三三
15 嘸 二四二　廡 四二一　憮 四七八　撫 五三三　○舞 一〇〇六　蓬 一〇四六　蔀 一〇四六　蝥 一〇六四
16 儛 一一三　蕪 一〇四九　錻 一三五〇
17 蟊 一〇六五　餢 一三五四
18 豐 一二三八　鵐 一三七六　鵡 一三七六
19 △霧 一三〇〇　騖 一三四〇
20 鶩 一三七三

ぶ
△醜 一三一七

フィート
呎 二三二

ふいご
鞴 一三〇九　韛 一三一一

フウ
4 丰 二三　○夫 二九四
6 汎 六七八
7 凨 一三二四
8 音 一三二三　咅 二三三　凬 一三二四
9 ○封 三五五　○風 一三二四
11 冨 一三七　桴 六二四
12 ○富 三四六　殕 六五七
13 馮 一三四七　人楓 六三〇
14 瘋 八一七
16 諷 一一二九
18 △覆 一〇九六　覆 一〇九六
29 麷 一三八四

ふう
△二 四六　弍 四一六

ふえ
竽 八六四　○笛 八九六　△管 九〇一　篴 九〇七　龠 一四〇〇　簫 九〇八　籟 九二〇　鰾 一三六八　籥 九二一

ふえる
○殖 六五七　○増 二七五　増 二七六

ふか
鱶 一三六九

ふかい
窅 八八七　窈 八八七　○深 七〇八　窵 八八七

ふかす
○吹 二三一　○更 五七七　叓 五一七　袘 一〇八八　△蒸 一〇四三　蒸 一〇四三

ふかまる
○深 七〇八

ふかめる
○深 七〇八

ふき
苳 一〇二三　袘 一〇八八　䄵 一〇八九　人蕗 一〇五三　蕗 一〇五三

フク
6 ○伏 七九
8 宓 三三六　○服 五八四　服 五八四
9 复 二八一　畐 八〇七
10 茯 一〇二八
11 偪 一〇四　○副 一六〇　匐 一七四　袱 一〇八九
12 ○幅 三九四　○復 四三七　愎 四七五　菔 一〇三五
13 ○福 八六九　○腹 九三三
14 福 八六九　箙 九〇四
15 ○複 一〇九二　蔔 一〇四六　蝮 一〇七一　蝠 一〇七一
16 輻 一一七九　輹 一一八〇
17 癁 八一九　鍑 一三五二
18 ○覆 一〇九六　覆 一〇九六　馥 一三三八
19 韛 一三一一
20 鰒 一三六六

ふく
○吹 二三一　拭 五〇六　茸 一〇二七　○噴 二四二　嘯 二四三　噴 二四三

ふぐ
鮐 一三六二　鯸 一三六六　鰒 一三六六

ブク
△伏 七九　△服 五八四　服 五八四
茯 一〇二八　△復 四三七

ふくさ
袱 一〇八九

ふくべ
匏 一七四　瓠 七五四　瓢 七五五

ふくむ
○含 二一九　唵 二三六　啣 二三六　銜 一三一八

ふくめる
○含 二一九

ふくらむ
△脹 九二二　○膨 九二五

ふくれる
△脹 九二二　○膨 九二五

ふくろ
帒 三九〇　○袋 一〇八五　槖 六〇六　櫜 六〇七　嚢 二〇七　橐 六〇七　囊 二〇七

ふくろう
梟 六〇三　鴞 一三七五　鵩 一三七五

ふける
○老 九六八

更○ 五七七　要 五二七　耽 九七六　躭 一二七〇　酖 一三三五
ふご　畚 八〇七　簣 九〇八　籠 九二一
ふさ　房○ 四八六　房 四八六　総△ 九四二　総 九四七　總 九五一
ふさがる　沌 六八二　阨 一三七〇　窒△ 八八七　塞 二六一　閼 一三六七
ふさぐ　9 封△ 三五五　11 窒△ 八八七　12 堙 二七二　湮 七一三　13 塞 二六一　16 壅 二六四　錮 一三四八　閼 一三六七　25 欝 五九八　26 欝 五九八　29 鬱 一三五五
ふし　節○ 九〇〇　節 九〇四　節 九〇四
ふじ　藤人 一〇五四　藤 一〇五四
ふしづけ　椮 六三七
ふじばかま　蘭人 一〇五六　蘭 一〇五八
ふす　伏○ 七九　臥 九九八　卧 九九八　俯 一〇〇
ふすべる　熏 七五六　燻 七四七
ふすま　衾 一〇八五　衾 一〇八三　麩 一三八四　麩 一三八四　麸 一三八四　襖 一〇九三　襖 一〇九三
ふせぐ　扞 四九四　防○ 一三七一　拒△ 四九九　拒 四九九　捍 五〇七　壅 二六四　禦 八六二
ふせご　篝 九〇五
ふせる　伏○ 七九　臥 九九八　卧 九九八
ふた　二○ 四六　双○ 一九六　式 四一六　弐△ 五三　貳 一二四五　盖 八三〇　貳 一二四六　葢 一〇三六　蓋 一〇四〇　雙 一三八七
ふだ　5 札○ 六〇七　11 票△ 八六一　12 牌 七六三　策△ 八九七　13 牒 七六三　14 榜 六三四　箋 九〇三　18 簡△ 九〇七　簡 九〇七　19 牘 七六三　簽 九〇八
ぶた　豕 一二三八　豚○ 一二四〇
ふたご　孿 三一七
ふたたび　再○ 一三四　複△ 一〇九二
ふたつ　二○ 四六　双△ 一九六　式 四一六　弐△ 五三　貳 一二四五　貳 一二四六　雙 一三八七
ふたば　婹 三一八　嫩 三一〇　嫩 三一〇
ふち　袘 一〇八八　渕 七〇五　渊 七〇五　淵 七一三　禄人 八六八　祿 八六八　潭 七二〇　潭 七二〇　縁○ 九四五　緣 九四五
ぶち　斑 五四〇　駁 一三四二　駮 一三四三　辬 一一八二
フツ　1 ＼ 三六　4 仏△ 七二　市 三八八　5 弗 四一八　払○ 四九四　7 佛 八六　8 [illegible] 三七四　彿 四三一　怫 四六八　拂 五〇三　沸○ 六八九　10 祓 八六八　[illegible] 八六八　11 艴 一〇二三　15 髴 一三五三　16 鮄 一三六二　17 黻 一三八九
ふつ　韍 一三一三
ブツ　仏○ 七一　勿 一七二　佛 八六　孛 三一五　物○ 七六七
ぶつ　打△ 四九三　撃△ 四九二　擊 四九三
ふで　聿 九七八　筆○ 八九九　翰 九六七　翰 九六七
ぶと　蚋 一〇六六　蜹 一〇七〇
ふとい　太○ 二九三　莞人 一〇三〇　莞 一〇三〇
ふところ　懐○ 四七九　懷 四八〇
ふとる　太○ 二九三　肥△ 九八六　腴 九九三
ふな　舟○ 一〇〇七　舩 一〇〇七　船○ 一〇〇八　鮒 一三六二　鰂 一三六五　鯽 一三六六　鯽 一三六六
ぶな　椈 六二五　橅 六四一
ふなばた　舷 一〇〇八
ふね　6 舟○ 一〇〇七　9 舡 一〇〇七　10 航△ 一〇〇七　舫 一〇〇七　舩 一〇〇七　11 舸 一〇〇八　舴 一〇〇八　船○ 一〇〇八　舶△ 一〇〇九　13 艇△ 一〇〇九　15 槽△ 六三七　16 艘 一〇〇九　17 艚 一〇〇九
ふばこ　笈 八九四
ふびと　史△ 二〇四
ふまえる　踏○ 一二六六
ふまき　帙 三九三
ふみ　4 文○ 五三八　5 史△ 二〇四　8 典△ 一三〇　10 書△ 五七八　11 経△ 九三〇　13 經 九三九　15 篇 九〇五　16 翰 九六七　翰 九六七　18 簡△ 九〇七　簡 九〇七　20 籍△ 九〇九　籍 九〇九
ふみにじる　躙 一二六八　躝 一二六九　躪 一二六九
ふみばこ　笈 八九四
ふむ　12 跋 一二六三　跴 一二六三　13 践△ 一二六四　15 履△ 三七〇　踐 一二六六　踏○ 一二六六　16 踩 一二六六　17 蹈 一二六七　蹋 一二六七　18 蹝 一二六七　蹠 一二六七　25 躡 一二六九
ふもと　梺 五九八　麓 一三八三
ふやす　殖○ 六五七　増○ 二七五　增 二七六
ふゆ　冬○ 一三七　冬 一三七
ぶゆ　蚋 一〇六六　蜹 一〇七〇
フラン　法△ 六八九　㳒 六八九　灋 七三七
ふり　振○ 五〇七
ぶり　鰤 一三六七
ブリキ　錻 一三五〇
ふる　古○ 二一一　旧△ 五七四　降 一三七三　振○ 五〇七　降○ 一三七四　掉 五一三　霝 一三〇〇　舊 一〇〇四
ふるい　古○ 二一一　旧△ 五七四　故△ 五三一　篩 九〇五　舊 一〇〇四
ふるう　振○ 五〇七　揮△ 五一五　震○ 一二九七　奮○ 二九九　篩 九〇五
ふるえる　震○ 一二九七　顫 一三一四
ふるす　古○ 二一一
ふるとり　隹 一三八五
ふれぶみ　檄 六四三
ふれる　狂△ 七七一　牴 七六七　觝 一〇二三　触○ 一〇二四　觸 一〇二五
フン　4 分○ 一四七　6 份 七九　刎 一五三　7 吻 二二三

吩 二三三
扮 四九八
汾 六八二
8 忿 四四八
枌 六二三
氛 六六九
玢 七八七
芬 一〇一八
9 盼 八四一
10 粉 九二三
紛 九二九
11 胳 九九一
12 湓 七一八
焚 七四〇
賁 一二四七
雰 一三九五
13 賁 一二四八
頒 一三一七
15 噴 二四三
墳 二七六
憤 四七八
16 噴 二四三
墳 二七七
奮 二九九
憤 四七九
濆 七三三
17 糞 九一三
24 鱝 一三六九

ブン
4 分 一四七
文 五三八
6 刎 一五三
7 吻 二三三
汶 六八二
10 紊 九二一

11 紋 九二〇
蚉 一〇六三
蚊 一〇六六
問 二三六
脗 九九一
12 聞 九七五
14 聞 九七五
駁 一三四二
17 蟁 一〇六五

ふんどし
褌 一〇九一

へ

へ
背 九八二

へ
戸 四八六
戸 四八六
辺 一八五
屁 三六五
部 一三一二
綜 九四三
邉 一三一五
邊 一三一五

べ
辺 一八五
部 一三一二
邉 一三一五
邊 一三一五

ヘイ
5 丙 二五
丙 二五
平 三九七
平 三九七
6 并 四〇〇

7 兵 一二八
批 四九八
甹 八〇四
8 並 二九
併 九〇
坪 二六八
坪 二六八
弁 四〇〇
抦 五〇三
枋 六二三
泙 六九一
秉 八七一
9 並 三〇
俜 九四
屏 三六八
柄 六二六
柄 六二六
枰 六二六
炳 七四二
砒 八五四
苹 一〇三三
10 俾 一〇〇
併 一〇〇
娉 三一六
狴 七七五
病 八二四
竝 八九〇
迸 一一九三
11 陛 一二七六
埤 二七一
屛 三六九
瓶 七九六
閉 一二六一
閇 一二六一
12 塀 二七三

敝 五三六
椑 六二七
絣 九二九
餅 九五五
萆 一〇三五
萍 一〇三五
評 一一一五
評 一一一五
迸 一三〇一
13 瓶 七九六
睥 八四三
睤 八四三
聘 九七七
14 塀 二七五
榀 六三四
箆 九〇四
絣 九四三
缾 九五五
蓖 一〇四三
餅 一三三三
15 僻 一一一
幣 三九二
幣 三九二
幣 三九二
弊 四一六
弊 四一六
撇 五三三
蔽 一〇四九
餠 一三三三
16 嬖 三〇九
擎 四九三
獘 七七〇
篦 九〇六
蔽 一〇四九
駢 一三四四

17 鮃 一三六二
薜 一〇五三
鞞 一三〇九
18 餅 一三三四
甓 五三八
鎞 一二五三
騈 一三四五
髀 一三四九
21 鼙 一三九二

ベイ
5 皿 八二九
6 米 九一一
9 袂 一〇八八
迷 一一九三
10 迷 一一九三
11 眯 八四三
13 酩 一二三六
14 榠 六三五
16 謎 一一二九
17 謎 一一三三
19 麑 一三八二
20 麛 一三八二

ページ
頁 一三一四

ヘキ
12 椑 六二七
13 鈚 一二四一
辟 一一八三
14 碧 八五三
15 僻 一一一
劈 一四九
16 壁 二六四
擗 五三三
17 擘 四九三
薜 一〇五三

18 壁 七八六
甓 七九六
癖 八一九
19 繴 九五三
襞 一〇八七
20 躄 一一六三
躃 一一六八
21 鐴 一二五六
闢 一二六九
霹 一三〇一
24 鷩 一三七二
鸊 一三八〇

ベキ
2 冖 一一五
3 幺 四〇一
7 汨 六八三
11 覓 一〇九八
覔 一〇九八
12 冪 一三七
13 幎 三九四
覛 一一〇〇
16 冪 一三七
19 羃 九五八

ヘクトグラム
瓸 七九六

ヘクトメートル
粨 九一五

ヘクトリットル
竡 八九二

ぺけ
× 一四〇〇

へこ
褌 一〇九一

へご
粆 六二三

へこむ
凹 一四五

へさき
舻 一〇〇八
舳 一〇〇八
艫 一〇一〇

べし
可 二一〇
当 三六一
宐 三三三
応 四四五
宜 三三三
須 一三一五
當 八〇八
應 四六三

へす
圧 二五七
压 二五七
壓 二六四

へずる
斫 五四四

へそ
臍 九九六

へた
蒂 一〇三八
蔕 一〇四五
厤 一九四

へだたり
距 一一六三
距 一一六三

へだたる
隔 一二八二
隔 一二八二

へだてる
距 一一六三
距 一一六三
隔 一二八二
隔 一二八二

ベチ
別 一五四

ヘツ
1 ノ 三六
7 別 一五四
11 閉 一二六一
閇 一二六一
15 弊 四一六
弊 四一六
16 暼 五六五
獘 七七〇
17 瞥 八四〇
瞥 八四〇
19 蹩 一一六二
23 鱉 一三六一
25 鼈 一三九〇

ベツ
7 別 一五四
10 捌 五〇八
13 滅 七三四
15 撇 五三三
16 蔑 一〇四六
擎 四九三
17 瞥 八四〇
瞥 八四〇
18 巕 三九五
19 蹩 一一六二
20 襪 一〇九四
21 蠛 一〇七四
衊 一〇七七

23 鱉 一三六一
24 韈 一三一〇
韤 一三一一
25 鼈 一三九〇

へっつい
灶 七四一
竈 八八九
竈 八八九

へつらい
諛 一一一九
諛 一一二九

へつらう
諛 一一一九
諂 一一二六
諛 一一二九

へな
埴 二七一

べに
紅 九二六
脂 九八八
臙 九九六

へび
它 三三九
虵 一〇六六
蛇 一〇六七
蛇 一〇六七

へや
坊 二六七

へら
箆 九〇四
篦 九〇六
鎞 一二五六

へらす
减 一四〇
減 七一四

へり
10 △緑 九四五　縁 九四五

へりくだる
遜 一三一〇　遜 一三一〇　△謙 一二三〇　謙 一二三〇

へる
△耗 九七三　耗 九七三　減 一四〇　○経 九三〇　○減 七一四　經 九三九　△歴 六五三　歴 六五三

ヘン
4 卞 一八七　△反 一九七　○片 七六三　△平 三九七
5 平 三九七　△弁 四一四　片 七六三　○辺 一二八五
7 忭 四六六　抃 四九八　汴 六八三　汳 六八三　○返 一二八八
8 返 一二八八
9 △便 九四　○変 二八一　扁 四八七　砭 八五四
10 胼 九八九
11 偃 一〇四　○偏 一〇四　偏 一〇四　匾 一七八　貶 一二五三
12 偏 四三八　胼 九九二　○遍 一三〇七
13 萹 一〇三八
14 遍 一三〇七　褊 一〇九二
15 篇 九〇五　箯 九〇五　緶 九一七　○編 九四七　編 九四七　翩 九六七　蝙 一〇七一　諞 一二三九
16 蹁 一一六六　辮 一一八二　辨 一一八二　駢 一三四四
17 邉 一三一五
18 藊 一〇五四　鞭 一三〇九　騈 一三四五
19 瓣 一一八二　邊 一三一五
20 騙 一三四六　辮 九一九
21 辯 一一八二
23 變 五一八
25 籩 九二一

ベン
3 宀 三一九
4 丏 二五　卞 一八七
5 ○弁 四一四
7 免 一一九　忭 四六六　抃 四九八　汴 六八三　汳 六八三
8 △免 一二〇　沔 六八八
9 ○便 九四　俛 九五　勉 一六八　眄 八四一　△面 一三〇五　黽 一三九〇
10 ○勉 一六九　娩 三一六　悗 四七一　△眠 八四一　宵 八八七
11 偭 一〇四　冕 一三四
12 棉 六二七　湎 七一九
13 萹 一〇三八　黽 一三九〇
14 △慢 四七七　△綿 九四三
15 瞑 八四三　箯 九〇五　緬 九四八　緜 九五四　麪 一三八四
16 澠 七三三　辧 一一八二　辨 一一八二　辦 一一八二　駢 一三四四　麵 一三八四
18 櫋 六四三　鞭 一三〇九　輀 一三〇九　騈 一三四五　鮸 一三六四
19 瓣 一一八二
20 辮 九一九　麵 一三八四
21 辯 一一八二

ペンス
△片 七六三　片 七六三

ほ

ホ
4 △父 七六〇
5 △布 三八九
6 医 一一七
7 匝 一一七　△扶 四九八　步 六五〇
8 人甫 八〇一　咐 二二三　△怖 四六八　○歩 六五〇
9 ○保 九五　匍 一七三　訃 八〇九
10 哺 二三六　圃 二五四　埔 二六九　専 三五三　悑 四七一　捗 五〇八　○捕 五〇八　○浦 七〇三　△畝 八〇九　畝 八〇九
11 捗 五一三　哺 五七〇　脯 九九一　逋 一二九八　△部 一三一一
12 堡 二六一　△普 五六四　盙 八三二　菩 一〇三五　○補 一〇九〇
13 圃 二五五　普 五六四　溥 七一三　葡 一〇三八　葆 一〇三八
14 簠 五六四　蒲 一〇四三　人輔 一一七八　酺 一三一六
15 ○舗 六八　鋪 一〇〇六　鋪 一三四八
16 酺 一三〇六　餔 一三一三
18 簠 九〇八　鯆 一三六四
19 △簿 九〇九　簿 九〇九　△譜 一二二三　鞴 一三〇九　黼 一三八九
20 譜 一二二五

ほ
○火 七二八　○帆 三九三　帆 三九三　△秀 八七三　苕 一〇二三　○穂 八八一　颿 一〇〇九　穗 八八三

ボ
5 戊 四八〇　○母 六六一
7 牡 七六六
8 姆 三一四　拇 五〇三
9 姥 三一五
11 莫 一〇三一
12 ○募 一六五　菩 一〇三五
13 募 一六五　○墓 二六二　媽 三一九　鉧 一三二四
14 墓 二六三　○慕 四六四　摸 五三〇　○暮 五六五
15 ○模 六二四　慕 四六二　慕 四六四　摹 四九二　△暴 五六一　暮 五六五　模 六二八
16 橅 六四一
17 糢 九一八
18 謨 一二二三
19 ○簿 九〇九　簿 九〇九

ポ
△婆 三〇九

ホイ
焙 七四三

ホウ
2 勹 一七三
4 匚 一七六　丰 三三
5 ○方 五四七　△乏 三七　○包 一七三　包 一七三
6 仿 七九　人庄 四〇四　人汎 六七八
7 亨 五五　呆 二〇九　△坊 二六七　夆 二八一　△妨 三二二　彷 四二九　抔 四九八　抛 四九八　泛 六八二　○芳 一〇一八　邦 一三一六　○邦 一三一六　△防 一三七一
8 享 五六　咆 二三一　○奉 二九六　○宝 三三六　庖 四〇五　庖 四〇五　怦 四六八　△房 四八六　房 四八六　○抱 五〇三　抱 五〇三　拋 五〇三　○放 五三〇　旁 五四九　昉 五六六　人朋 五八二　朋 五八二　枋 六二三　○法 六八九　泫 六八九　泙 六九一　○泡 六九一　泡 六九一　△肪 九八六　芳 一〇一八
9 △保 九五　○封 三五五　拼 五〇六　枹 六一六　炮 七四二　珐 七八七　○胞 九八七　胞 九八七　苞 一〇二三
10 ○倣 一〇〇　○俸 一〇〇　△剖 一六〇　娉 三二六　峯 三七四　○峰 三七九　帮 三九一　旁 五四九　疱 八二五　皰 八二八　○砲 八五五　砲 八五五　砰 八五六　△紡 九三〇　舫 一〇〇七　蚌 一〇六七　袍 一〇八九　豹 一二〇四　迸 一二九三　逢 一二九八
11 匏 一七四　△培 二七二　堋 二七二　○崩 三七五　崩 三七五　弸 四二三　拼 五一四　捧 五一四　烽 七四三　烹 七五一　人萌 一〇三五

蚫 一〇六七　訪 一一二三　逢 一一九八　部 一二三一　12 傍 一〇六　傍 一〇六　堡 二六一　報 二七三　幇 三九二　彭 四二七　掽 五一六　棚 六二七　棚 六二七　棓 六二七　棒 六二七　焙 七四三　琺 七九一　絣 九三九　萌 一〇三五　萠 一〇三五　跑 一一六二　迸 一二〇一　13 搒 五一九　滂 七三三　犎 七六六　瓿 七九六　硼 八五七　葆 一〇三八　蓬 一〇四三　蜂 一〇六九　豊 一一三七　鉋 一二四四　飽 一三三三　14 榜 六三四　牓 七六三

絣 九四三　繃 九四三　膀 九九四　蒡 一〇四三　蜯 一〇七〇　褓 一〇九二　靤 一三〇六　鞄 一三〇八　鞄 一三〇八　飽 一三三三　髣 一三五三　鳳 一三七二　15 幫 三九二　暴 五六一　澎 七三一　漨 七四一　熢 七四六　磅 八五九　緥 九四八　蓬 一〇四六　蔀 一〇四六　褒 一〇八四　踣 一一六六　醅 一二二七　鋒 一二四八　髼 一三五三　魴 一三六一　鴇 一三七四　麃 一三八二　16 縫 九五〇　膨 九九五　鮑 一三六二　麭 一三八四　17 幫 三九二　篷 九〇七

繃 九五一　縫 九五一　褒 一〇八五　謗 一一三一　蹦 一一六七　餢 一三三四　18 瀑 七三五　蟛 一〇七三　豐 一一三八　19 寶 三五〇　爆 七四七　鵬 一三七八　鵬 一三七八　龐 一三九九　20 寶 三五〇　21 瀼 七三七　礟 八六〇　鰟 一三六七　23 蠭 一〇六五　29 麷 一三八四

ボウ　2 ム 一九五　3 亡 五三　亡 五三　亾 六一　4 冃 一二三　毛 六六四　㓁 九五六　5 乏 三七　卯 一八九　夘 一八九　戊 四八〇　矛 八四六　罓 九五六　罒 九五六

6 妄 三〇七　妄 三〇七　忙 四二五　忙 四二五　牟 七六五　网 九五六　邙 一二一六　7 丣 一三　呆 二〇九　坊 二六七　妨 三一二　尨 三六三　忘 四〇七　忘 四〇七　牡 七六六　皀 八二五　皃 八二五　芒 一〇一四　芒 一〇一四　8 防 一二七一　侔 九〇　孟 三三三　房 四八六　房 四八六　拇 五〇三　旁 五四九　氓 六六七　盲 八二七　盲 八二七　罔 九五六　冒 九八二　肪 九八六　茅 一〇二三　茂 一〇二四　9 厖 一九二

昴 五五九　某 六〇一　畒 八〇九　冒 八二九　冒 八二九　眊 八四一　茅 一〇二三　茆 一〇二三　茂 一〇二四　虻 一〇六六　黽 一三九〇　10 冢 一三六　剖 一六〇　庬 四〇七　旁 五四九　旄 五五〇　桙 六一三　牦 七六八　畝 八〇九　畞 八〇九　紡 九二〇　耄 九七〇　茫 一〇二八　蚌 一〇六七　11 勗 一六五　勖 一七〇　梦 二八五　惘 四七四　望 五八二　望 五八二　猫 七七六　眸 八四二　菵 一〇三二　莽 一〇三二　莔 一〇三二

萌 一〇三五　袤 一〇八二　12 傍 一〇六　傍 一〇六　媒 三一八　媢 三一八　帽 三九四　帽 三九四　棒 六二七　猫 七七七　萌 一〇三五　萠 一〇三五　莽 一〇三六　蛑 一〇六八　蝄 一〇六八　貿 一一四七　13 夢 二八五　楙 五九六　楣 六三〇　滂 七三三　瑁 七九二　黽 一三九〇　14 夢 二八五　榜 六三四　牓 七六三　網 九四四　網 九四四　膀 九九四　蒡 一〇四三　蒙 一〇四三　蜯 一〇七〇　蝞 一〇七〇　貌 一一四一　鉾 一二四六　髦 一三五三

15 暴 五六一　氂 六六五　犛 七六六　蝥 一〇六四　蝱 一〇六四　輞 一一七九　鋩 一二四八　16 儚 一一三　甍 七九五　瞢 八四〇　膨 九九五　謀 一一二九　鮄 一三六二　17 幪 三九五　懋 四六三　濛 七三四　繆 九五一　蟊 一〇六五　謗 一一三一　蹦 一一六七　鍪 一二三八　駹 一三四四　鴾 一三七六　18 曚 五七三　朦 五八四　檬 六四三　瀑 七三五　蟒 一〇七三　魍 一三五八　19 矇 八四四　蠎 一〇七四　20 艨 一〇〇九　21 矒 八四四

ほうき　帚 三九〇　彗 四三五　箒 一〇三四　篲 九〇三

ほうける　呆 二〇九　耄 九七〇　惚 四七三

ほうむる　塴 二七一　葬 一〇三八　葬 一〇三八　塟 一〇三八

ほうる　抛 四九八　拋 五〇三　放 五三〇

ほえる　吽 二三一　吼 二三一　吠 二三二　咆 二三三　哮 二三五

ほお　朴 六〇八　頬 一三一八　頰 一三一八

ほおすけ　綉 九四一

ほおぼね　肫 九八五　顴 一三二四

ほか　他 七三　外 二八六

ぼかす　暈 五六〇

ほがらか　朗 五八五　朗 五八五　朖 五八四

ホク　2 卜 一八七　4 仆 七一　攴 五二七　5 北 一七四　扑 四九四　6 朴 六〇八　10 剝 一六〇　剥 一六〇　12 業 六一一　殕 六五七　菔 一〇三五　菩 一〇三五　14 僕 一〇九　15 幞 三九五　撲 五三三　暴 五六一　蔔 一〇四六　踣 一一六六　16 樸 六四一　17 濮 七三四　18 瀑 七三五　19 曝 五七四　蹼 一一六八

ほぐ　祝 八六五　祝 八六五

ボク　2 卜 一八七　4 仆 七一

攴 五三七　攵 五三七　5 木 五八八　扑 四九四　目 八三四　6 朴 六〇八　7 沐 六八三　8 牧 七六六　9 冒 八二九　冐 八二九　苜 一〇二四　12 業 六一　13 睦 八四三　14 僕 一〇九　墨 二六三　15 嘿 二四三　墨 二六四　嶫 三九五　撲 五三三　暴 五六一　樢 六三八　黙 七五八　穆 八三二　踣 一二六六　16 樸 六四一　穆 八三二　默 一三八八　17 濮 七三四　繆 九五一　18 濹 七三五　瀑 七三五　19 蹼 一二六八　20 鶩 一三七二
ほぐす　解 一一〇三　觧 一一〇三
ほくそ　[illegible] 七四七　[illegible] 七四七
ほぐれる　解 一一〇三　觧 一一〇三
ほくろ　痣 八一五
ほける　呆 二〇九　惚 四七二
ぼける　呆 二〇九　恍 四六九　惚 四七二
ほこ　4 戈 四八〇　殳 六五八　5 矛 八四六　10 桙 六二三　11 戛 四八三　鉈 一三三九　12 戞 四八三　戟 四八四　14 槊 六〇六　鉾 一三四六　15 鋒 一三四八
ぼこ　凹 一四五
ほこさき　鋒 一三四八
ほこだち　根 六二七　楔 六二九
ほこら　祠 八六五
ほこり　埃 二六九　誇 一二一六　塵 二六二
ほこる　夸 二九七　矜 八四六　詡 一二一六　誇 一二一六
ほころび　綻 九四三
ほころびる　綻 九四三
ほさき　穎 八八二
ほし　星 五五八　宿 三四三
ほしい　欲 六四六　慾 四六二　糒 九一八
ほしいい　糗 九一七　糒 九一八　餱 一三二四
ほしいまま　宕 三三六　恣 四五二　愓 四七五　肆 九七九　擅 五三三　縦 九四九　縱 九五〇
ほじし　膊 九九四
ほじる　穿 八八六
ほす　干 三九七　乹 四四　乾 四一
ほぞ　枘 六一二　蒂 一〇三八　蔕 一〇四五　臍 九九六
ほそい　細 九三二　繊 九五〇　纎 九五三　纖 九五四
ほそる　細 九三二
ほた　柮 六一六　榾 六三三
ほだし　絆 九三五
ほだす　絆 九三五
ほたる　蛍 一〇六三　螢 一〇六四
ボタン　釦 一三三九　鈕 一三四〇
ホチ　弗 四一八　発 八二〇　發 八二三　髪 一三五三　髮 一三五三
ボチ　勃 一六八
ホッ　法 六八九　泓 六八九　灋 七三七
ホツ　4 仏 七一　5 弗 四一八　払 四九四　7 佛 八六　8 拂 五〇三　9 勃 一六八　発 八二〇　12 渤 七一八　發 八二三　14 髪 一三五三　15 髮 一三五三
ボッ　坊 二六七
ボツ　4 勿 一七二　夊 一九八　7 孛 三三五　没 六八三　沒 六八三　8 歿 六五五　殁 六五五　9 勃 一六八　10 悖 四七一　11 桲 六二四　艴 一〇二二　12 渤 七一八
ほっけ　𩸽 一三六六
ほっする　欲 六四六
ほと　陰 一三七六　隂 一三八〇
ほど　程 八七九　程 八七九
ほとぎ　缶 九五五　罐 九五五
ほどく　解 一一〇三　觧 一一〇三
ほとけ　仏 七一　佛 八六
ほとけぐさ　菩 一〇三五
ほどこし　施 五四九
ほどこす　施 五四九
ほとばしる　迸 一一九三　迸 一二〇一
ほとほと　殆 六五六
ほとり　辺 一一八五　畔 八〇九　畔 八〇九　陲 一三七七　滸 七二五　邉 一二一五　邊 一二一五
ほとんど　殆 六五六　幾 四〇二
ほね　骨 一三四八　骼 一三四九
ほのお　炎 七三九　焰 七四三　焔 七四三
ほのか　仄 六一　幽 四〇一　散 五三三　微 四二八　微 四二八
ほのめかす　諷 一二二九
ほばしら　檣 六四二
ほふる　屠 三六九　屠 三七〇
ほほ　頬 一三一八　頰 一三一八
ほぼ　略 八〇九　畧 八〇六　粗 九一四
ほまれ　誉 一二〇七　譽 一二〇八
ほむら　炎 七三九　焔 七四三　焰 七四三
ほめる　誉 一二〇七　頌 一三一六　褒 一〇八四　賞 一二四九　襃 一〇八五　譽 一二〇八　讃 一二三五　讚 一二三五
ほら　洞 六九六
ぼら　鮱 一三六三　鰤 一三六四　鯔 一三六五　鯔 一三六六　鰡 一三六七
ほり　堀 二七〇　隍 一三八〇　塹 二六二　塹 二七五　壍 二六四　壍 二六四　壕 二七七　濠 七三三
ほる　穿 八八六　彫 四二七　彫 四二七　掘 五〇九　欲 六四六　琱 七九一　錖 一二四七　鏨 一三三八　鏤 一三五五　鐫 一三五六
ほれる　惚 四七二
ほろ　幌 三九四　縨 九五〇
ぼろ　縷 九五一　襤 一〇九四
ほろびる　亡 五三　亡 五三　亾 六一　泯 六八八
ほろぶ　喪 二〇六　滅 七二四　亡 五三　亡 五三　亾 六一
ほろぼす　亡 五三　亡 五三　亾 六一　滅 七二四　殲 六五八

殲 六五八

ホン 4 反○ 一九七　夲 二九七　5 本○ 五八九　7 返△ 二八八　8 奔○ 二九八　炍 七四三　返 二八八　9 叛 二〇一　叛 二〇一　品△ 二〇三　奔 二九八　瓮 七五五　10 盆△ 八三〇　畚 八〇七　11 笨 八九六　販△ 一二五三　12 湓 七一八　犇 七五五　番△ 八〇七　賁 一二四七　13 稟 八六三　稟 八七三　賁 一二四八　15 噴△ 二四三　16 噴 二四三　濆 七三三　18 繙 九五三　翻○ 九六八　翻 九六八　21 飜 一三三九

ボン 3 凡○ 一四一　凡 一四一　凢 一四一　5 犯△ 七一二　8 門△ 一三六〇　9 瓮 七五五　盆○ 八三〇　11 們 四七四　捫 五二四　梵 五九七　12 悶 四五六　楙 五九六　湓 七一八　番△ 八〇七　13 煩○ 七四五　16 瞞 八四四　18 懣 四六三　21 豐 一二七

ポンド 听 二三一　磅 八九九

ま

マ 10 馬△ 一三三九　11 麻○ 一三八四　麻 一三八四　13 痲 八一七　14 嘛 二四一　麼 一三八五　麽 一三八五　15 摩○ 四九二　摩 四九二　碼 八九九　蔴 一〇四六　16 磨○ 八九三　磨 八九三　19 蘑 一〇五四　21 魔○ 一三五七　魔 一三五七

ま 目○ 八三四　真○ 八三六　眞 八三六　馬○ 一三三九　間○ 一三六二　閒 一三六二

マイ 6 毎○ 六六二　米○ 九二一　7 売△ 二一九　8 每 六六二　妹○ 三一四　枚○ 六一三　玫 七八七　9 昧 五六八　冒△ 八二九　冐 八二九　苺 一〇三三　10 埋○ 二六九　眛 八四一　11 莓 一〇三二　12 買△ 一二四六　13 瑁 七九二　15 賣 一二四九　鋂 一三四七　17 邁 一三二五　18 [illegible] 一〇五四

まい 舞 一〇〇六　舞○ 一〇〇六

まいない 路 一二五三　賄△ 一二五三

まいなう 路 一二五三　賄△ 一二五三

マイル 哩 二三六

まいる 参○ 一九五　參 一九五　叅 一九五　詣 一二一六

まう 舞 一〇〇六　舞○ 一〇〇六

まえ 前○ 一五一　前 一五一

まが 禍△ 八六八　禍 八六八

まがい 擬△ 五三四

まがう 紛△ 九二九

まがき 樊 五九八　篳 九〇七　藩△ 一〇五四　藩 一〇五四　籬 九一一

まかす 任○ 七八　負○ 一二四三　負 一二四三

まかせる 任○ 七八　委△ 三〇七　随△ 一三八一　隨 一三八四

まかない 賄○ 一二五三

まかなう 賄○ 一二五三

まがり [illegible] 九一八

まかる 罷△ 九五八

まがる 勾 一七三　曲○ 五七六　迂 一三一六　迂 一三一六　弯 四一九　紆 九二五　彎 四一九

まき 巻 一八八　牧○ 七六六　巻○ 三八七　柀 六一六　槇人 六三四　槙 六三四　薪△ 一〇五一　薪 一〇五一

まぎらす 紛○ 九二九

まぎらわしい 紛○ 九二九

まぎらわす 紛○ 九二九

まぎれる 紛○ 九二九

マク 11 莫 一〇三一　13 幕○ 三九二　漠△ 七三三　14 寞 三四九　幕 三九二　幙 三九四　摸 五二〇　漠 七一七　15 膜○ 九九四　膜 九九五　16 瞙 八四四　18 藐 一〇五三　19 鏌 一三五四

まく 巻 一八八　巻○ 三八七　捲 五一〇　捲 五一五　蒔人 一〇四一　綣 九四〇　蒔 一〇四一　撒 五三一　播 五三一

まぐさ 秣 八七七　芻 一〇一三　茭 一〇二五　楣 六三〇　蒭 一〇四三

まくら 枕 六一三

まくる 捲 五一〇　捲 五一五

まぐれ 紛△ 九二九

まくれる 捲 五一〇　捲 五一五

まぐろ 鮪 一三六二

まげ 髷 一三五三

まげもの 棬 六二五

まける 北△ 一七四　負○ 一二四三　負 一二四三　敗△ 五三四

まげる 曲○ 五七六　抂 四九五　枉 六一〇　紆 九二五

まご 孫○ 三一八

まごころ 忠△ 四四七

まこと 4 允人 一一四　7 孚 三三五　忱 四六五　8 赤△ 一二五六　実△ 三三四　忠△ 四四七　9 信△ 九二　恂 四七〇　10 悃 四七〇　真△ 八三六　眞 八三六　衷△ 一〇八三　11 悾 四七三　惇人 四七四　12 寔 三四六　款△ 六四七　13 誠○ 一二一八　14 實 三四八　愨 四六一　誠 一二一三　15 諒人 一二二六　16 諶 一二二八

まことに 良△ 一〇一〇　洵人 六九五

まこも 苽 一〇三一　菰 一〇三三　蒋 一〇四二　蔣 一〇四五

まさ 正○ 六五一　匡人 一七六　政 五三〇　昌人 五五五　政△ 五三三　柾人 六一七　真△ 八三六　眞 八三六

まさかり 戉 四八〇　戚 四八三　鉞 一三四一

まさき 柾人 六一七

まさぐる 弄 四一五　挵 五〇九

まさに 4 方△ 五四七　5 且△ 一九　正○ 六五一　6 多△ 二八三　夛 二八三　夛 二八五　夛 二八五　当△ 三六一　7 応△ 四四五　8 祇 八六四　9 祗 八六四　10 将△ 三五六　11 將 三五七　13 當 八〇八　17 應 四六三

まさる 勝○ 一一七一　勝 一一七一　愈 四六〇　愈 四六〇　優△ 一一三

まざる 交○ 五四　混○ 七〇六　雑△ 一三八九　雜 一三九〇

まし

増 二七五 增 二七六
まじえる 交 五四 参 一九五 參 一九五 粂 一九五
まして 况 一三八 況 六八五
まじない 呪 二一三 咒 二〇九
まします 在 二五七 坐 二五八 坐 二五八
ましら 猿 七七七 猨 七七七
まじる 交 五四 淆 七〇六 混 七〇六 殽 六六〇 雑 一三八九 糅 九一七 錯 一三四九 雜 一三九〇
まじわる 爻 七六一 交 五四 参 一九五 參 一九五 粂 一九五

ます 4 升 一七九 斗 五四一 6 在 二五七 舛 一〇〇六 7 坐 二五八 舛 一〇〇六 8 坐 二五八 枡 六二四 10 座 四〇六 桝 六二三 益 八三〇 益 八三〇 11 斛 五四二 14 増 二七五 15 增 二七六 17 賸 一一五六 23 鱒 一三六八 鱒 一三六八
まず 先 一一七
まずい 拙 五〇〇
ますがた 枓 六二三 枅 六二一 栱 六二八 枅 六二九
まずしい 貧 一二四五
ますます 益 八三〇 益 八三〇 滋 七一五 滋 七一三

ませ 籬 九一一
まぜる 交 五四 混 七〇六 雑 一三八九 雜 一三九〇
また 2 又 一九六 3 也 四一 叉 一九七 5 乍 三八 6 亦 五四 8 股 九八五 9 俣 九六 胋 九八六 10 胯 九八八 12 復 四三七 13 跨 一二六四 16 還 一三一四 17 還 一三一四
まだ 未 五九一
またい 全 六五 全 一一三
またがる 跨 一二六四
またぐ 跨 一二六四
またたく 瞬 八四四 瞬 八四四
まだら 班 七八五

斑 五四〇 斒 五四一 駁 一三四三 駮 一三四三 辨 一二八二 斕 五四一
まだらうし 犖 七六六
マチ 夂 一九八 末 五九一 抹 五〇三 沬 六九一
まち 坊 二六七 町 八〇八 甼 八〇四 街 一〇七九 襠 一〇九三
マツ 末 五九一 妹 三一四 抹 五〇三 沫 六九一 茉 一〇二四 茉 一〇二四 秣 八七七 靺 一三〇八
まつ 松 六一一 枀 六〇〇 枩 五九七 俟 九一 待 四三三 柗 六一五

竢 八九二 須 一三二五
まつげ 睫 八四三
まったい 全 六五 全 一一三
まったく 全 六五 全 一一三
まったし 完 三一二
まっとうする 全 六五 全 一一三 完 三一二
まつり 祭 八六一 禘 八六九
まつりごと 政 五三〇 政 五三二
まつる 祀 八六三 祠 八六五 祭 八六一 奠 三〇四 献 七七〇 禩 八七〇 餽 一三三四 獻 七七一
まつわる 繆 九五一 繚 九五二 纏 九五三

纒 九五四
まで 迄 一二八六 迄 一二八六
まと 的 八二七 的 八二七
まど 囱 二五一 窓 八八七 窗 八八七 窻 八八八 牖 七六三 牗 七六三 窻 八八九
まとい 纏 九五三 纒 九五四
まどい 惑 四五六
まとう 絡 九三九 綢 九四三 繆 九五一 繞 九五二 纏 九五三 纒 九五四 纓 九五四
まどう 惑 四五六
まどか 円 一三一 団 二五〇 圓 二五五 團 二五五

まとめる 纏 九五三 纒 九五四
まどわす 惑 四五六 蠱 一〇六二
まないた 俎 一六一 爼 七六一
まながつお 鯧 一三六五
まなこ 眼 八四一
まなじり 眥 八三九 眦 八四二 睚 八四二
まなづる 鶬 一三七九
まなびや 庠 四〇五 黌 一三八七
まなぶ 斈 三一四 学 三一五 學 三一七 斆 五二七
まにまに 随 一三八一 隨 一三八四
まぬかれる 免 一一九 免 一二〇
まねき 招 五〇〇

まねく 招 五〇〇 聘 九七七
まねぶ 斈 三一四 学 三一五 學 三一七 斆 五二七
まねる 摸 五二〇 摹 四九二
まばたき 瞬 八四四 瞬 八四四
まばたく 瞬 八四四 瞬 八四四
まばゆい 眩 八四一
まばら 疏 八二一 疎 八二一 䟽 一二六四 踈 一二六五
まぶし 蔟 一〇四五
まぶしい 眩 八四一
まぶす 塗 二六二
まぶた 眶 八四三 瞼 八四四
まぼろし 幻 四〇二

まま 6 圸 二六六 8 侭 八九 12 随 一三八一 飯 一三三三 13 継 九三九 飯 一三三三 14 [illegible] 四〇二 16 儘 一一二 17 壗 二七七 隨 一三八四 20 繼 九五三
まみ 猯 七七七 貒 一二四一 貛 一二四一
まみえる 見 一〇九八 謁 一二三三 謁 一二二七 覲 一一〇三
まみれる 塗 二六二
まむし 虺 一〇七五 蝮 一〇七一
まめ 豆 一二三七 荳 一〇三一 菽 一〇三四
まめがら 萁 一〇三二
まもり 守 三二一 衛 一〇八〇

衛 一〇八〇 護 一一二四 護 一一二五
まもる 守 三二一 戍 四八一 擁 五三三 衛 一〇八〇 衛 一〇八〇 護 一一二四 護 一一二五
まゆ 眉 八二八 繭 九二四 繭 九二四 甗 一〇六五
まゆずみ 黛 一三八八 黛 一三八八
まゆみ 杆 六〇八 檀 六四二
まよ 眉 八二八 繭 九二四 繭 九二四
まよい 迷 一一九三 迷 一一九三
まよう 迷 一一九三 迷 一一九三
まり 毬 六六五 椀 六二七
毱 六六六 鞠 一三〇九
まる ○ 一四〇〇 丸 三三 円 一三一 圓 二五五
まるい 丸 三三 円 一三一 団 二五〇 圓 二五五 團 二五五
まるめる 丸 三三 摶 五二〇
まれ 希 三八九 罕 九五六 罕 九五六 罕 九五六 稀 八七八
まろ 麿 一三八五 麿 一三八五
まろうど 客 三二七 賓 一一四八 賔 一一四八 賓 一一四九
まわしもの 諜 一一二八
まわす 囘 一三三 回 二四九
囬 二五一 廻 四二三 廻 四二三 廻 四二四 転 一一七五 轉 一一八〇
まわり 周 二三三 周 二三三 廻 四二三 廻 四二三 廻 四二四
まわる 5 囘 一三三 6 回 二四九 7 囬 二五一 8 周 二三三 周 二三三 廻 四二三 9 廻 四二三 10 廻 四二四 迴 一一九〇 11 転 一一七五 12 軫 一一七七 18 轉 一一八〇
マン 3 万 一九 6 卍 一八〇 8 孟 三三三 11 曼 五七七 12 満 七一八 13 萬 一〇三九 14 嫚 三三〇 幔 三五四 慢 四七七
漫 七一七 滿 七二七 15 蔓 一〇四六 16 瞞 八四四 17 縵 九五一 18 懣 四六三 謾 一一三三 蹣 一一六八 19 鏝 一二五四 20 饅 一三三五 21 鏋 一二五六 鬘 一三五四 22 鰻 一三六八
まんじ 卍 一八〇

み

ミ 5 未 五九一 7 尾 三六五 8 味 二三三 弥 四三一 9 咩 二三五 弭 四三一 眉 八二八 美 九六〇 10 敉 五三三 11 㣲 五三四 㳽 七二一 12 寐 三四六 13 微 四三八 微 四三八 15 鬽 一三五七 魅 一三五八 17 彌 四三四
19 靡 一三〇五 20 瀰 七三六 21 亹 五七
み 3 三 九 巳 三八六 4 水 六七〇 6 弍 四二六 7 身 一一六九 8 実 三二四 9 海 六九一 神 八六五 10 海 六九八 神 八六五 躬 一一七〇 11 御 四三五 深 七〇八 躯 一一七〇 12 御 四三六 猕 七七七 14 實 三四八 箕 九〇二 躳 一一七〇 16 貓 一一四一 18 軀 一一七〇
みい 三 九 弍 四二六
みうち 姻 三一五 戚 四八三 婣 三一八
みえる 見 一〇九八
みお 澪 七三三
みか 甕 七五五 罋 九五五
みがく 厉 一九二 研 八五三 琢 七六九 研 八五六 琢 七九一 厲 一九四 磋 八五九 磨 八五三 磨 八五三 礱 八五三
みかづき 朏 五八四
みかど 帝 三九〇 帝 三九〇
みき 幹 四〇〇 榦 六四五
みぎ 右 二二〇
みぎり 砌 八五四
みぎわ 汀 六七五 涯 七〇五
みくり 芧 一〇一七
みこ 王 七八三 王 七八三
巫 三八三 覡 一一〇〇
みごい 鱤 一三六七
みこと 命 二三三 尊 三五三 尊 三五三
みことのり 勅 一六八 敕 五三四 詔 一一二四
みごもる 妊 三一二 姙 三一五
みごろ 裀 一〇八九 裑 一〇九〇
みさお 操 五二三
みさき 岬 三七八 碕 八五七
みさご 鶚 一三七八
みささぎ 陵 一二八〇
みじかい 短 八四九 矮 八四九
みじめ 惨 四七二 慘 四七七
みず 水 六七〇
瑞 七九一
みずあか 浛 六九八
みずうみ 湖 七一五
みずかき 蹼 一一六八
みずがね 汞 六七四
みずから 自 九九九 身 一一六九 躬 一一七〇 躳 一一七〇
みずたまり 潢 七二九
みずち 虬 一〇六六 虯 一〇六六 蛟 一〇六八 螭 一〇七二 鮫 一三六三
みずのえ 壬 二八〇
みずのと 癸 八二〇
みずぶき 芡 一〇一七
みずふぶき 芡 一〇一七
みずもり 準 一三七 準 七三三
みずら 鬢 一三五四
みせ 店 四〇五 肆 九七九 廛 四一二 壥 二七七 鄽 一二三三 壥 二七七
みせる 見 一〇九八
みそ 卅 一七九
みぞ 畎 八〇九 洫 七〇〇 渠 七一四 溝 七二二 溝 七二二 瀆 七三五
みそうず 糁 九一八
みそか 晦 五六八 密 三四四 晦 五六九
みそぎ 禊 八六九
みそさざい 鷦 一三八〇
みぞれ 霄 一二九七 霙 一二九九
みたす 充 一一六 充 一一七 実 三二四

満 七一八　實 三四八　滿 七一七　闐 一二六九

みだす　乱 四二　紊 九二一　亂 四四　撹 五二〇　擾 五三五　攪 五三六

みたま　霊 一二九八　靈 一三〇一

みたまや　庙 四〇五　廟 四一一

みだら　婬 三一七　淫 七〇四　猥 七七七

みだり　叨 二三〇　妄 三〇七　妄 三〇七　猥 七七七

みだりに　浪 七〇四　漫 七三七　濫 七五五

みだれる　乱 四二　抂 四九五　紊 九二一　紜 九二七

紛 九二九　亂 四四　溷 七三三　撩 五三三　擾 五三五　濫 七五五

ミチ　密 三四四　蜜 一〇六四

みち　6 阡 一三七〇　8 廸 四一三　径 四三〇　迪 一一八九　9 脉 九八七　軌 一一七四　迪 一一八九　陌 一三七三　10 倫 一〇一　徑 四三三　脈 九八九　脈 九八九　11 途 一一九七　逕 一一九三　途 一一九七　12 道 一二〇五　13 塗 二六二　徯 四三八　路 一一六五　道 一二〇五　14 閧 一三六六　15 衕 一〇八〇　16 衜 一〇八一　隧 一三八四

みちびく　導 三五三　導 三五三

みちる　充 一一六　充 一一七　実 三三四　盈 八二九　満 七一八　實 三四八　滿 七一七

ミツ　密 三四四　蜜 一〇六四　樒 六三八　蔤 一〇四七　櫁 六四三

みつ　三 九　弎 四一六　光 一一六　参 一九五　參 一九五　叅 一九五

みつぎ　租 八六六　貢 一一四三　税 八七八　稅 八七八　調 一一二五　調 一一二五

みつぐ　貢 一一四三

みっつ　三 九　弎 四一六

みつる　満 七一八　滿 七一七

みとめる　認 一一二三　認 一一二三

みどり　翠 九六四　碧 八五三　緑 九四四　綠 九四四　翠 九六五　翆 九六五　翡 九六六

みどりご　孩 三一八　嬰 三〇九

みな　水 六七〇　咸 二〇六　皆 八二七　胥 九八二

みなぎる　滔 七三三　漲 七三六

みなごろし　鏖 一三三八

みなしご　孤 三二七

みなと　港 七二五　港 七二五　湊 七二六

みなみ　南 一八一

みなもと　源 七二二

みにくい　醜 一二二七

みね　岑 三七三　峰 三七九　峯 三七四　嶺 三七六

みの　蓑 一〇四一　簑 九〇五　簔 九〇六

みのり　稔 八七九

みのる　年 三九九　実 三三四　季 八七三　稔 八七九　實 三四八

みのわた　膲 九九五

みはり　哨 二二五　哨 二二五

みはる　瞠 八四四

みまかる　薨 一〇五〇

みみ　耳 九七三

みみくさり　璫 七九四

みみず　蚓 一〇六六　螾 一〇七二

みみずく　雒 一二九〇　鵂 一三七五

みみだま　珥 七八八　璫 七九四

みみなぐさ　苓 一〇二四

みや　宮 三四〇

ミャク　脉 九八七　脈 九八九　脈 九八九　覓 一〇九八　覔 一〇九八　蛨 一〇七七　覛 一一〇〇　藐 一〇五三　邈 一二一五

みやこ　京 五六　府 四〇五　京 五六　洛 六九七　都 一二二〇　都 一二二三

みやつこ　造 一一九四　造 一一九四

みやび　雅 一二八八　雅 一二八八

みやびやか　雅 一二八八　雅 一二八八　嫺 三一〇　嫺 三一〇　嫻 三一〇

みゆき　幸 四〇〇

ミョウ　6 名 二一八　7 妙 三一三　皃 八二五　皀 八二五　8 命 二二三　庙 四〇五　明 五六六　明 五六六　9 苗 一〇二三　玅 七八一　眇 八四一　苗 一〇二三　10 冥 一三六　茗 一〇二九　11 㝠 三四五　朙 五八五　12 猫 七七六　猛 七七六　庿 四一〇　猫 七七七　13 溟 七三三　14 暝 五七三　貌 一一四一　15 鳴 一三七四　廟 四一一　犛 七六六

18 瞑 八四三　藐 一〇五三　謬 一一三三　謬 一一三三

みよし　舳 一〇〇八

ミリグラム　瓱 七九六

ミリメートル　粍 九一四

ミリリットル　竓 八九三

みる　7 見 一〇九八　9 看 八三八　相 八四五　看 八三九　10 視 一一〇〇　11 視 一一〇〇　12 診 一一一四　14 察 三四八　睹 八四三　15 監 八三三　16 覩 一一〇一　17 瞰 八四四　矙 八四四　覧 一〇九九　18 瞿 八三七　瞻 八四四　観 一一〇一　21 覽 一〇九九　25 觀 一一〇二　26 矚 八四四

ミン　5 民 六六六

8 岷 三七八　明 五六六　明 五六六　泯 六八八　10 敏 五三三　眠 八四一　罠 九五六　11 敏 五三四　朙 五八五　13 愍 四六〇　15 憫 四七八

む

ム　3 亡 三三　亡 三三　亾 六二　4 无 五五二　5 毋 六六一　矛 八四六　6 牟 七六五　8 侮 九〇　武 六五三　罔 九五六　9 茂 一〇二四　侮 九四　某 六〇一　茂 一〇二四　10 冢 一三六　11 務 一七〇　梦 二八五　眸 八四二　12 無 七五二　貿 一一四七　13 夢 二八五

14 夢 二六五　舞 一〇〇六　蒙 一〇四三
15 憮 四七八　△舞 一〇〇六　蝥 一〇六四
16 儛 一一三　○謀 一一三九
17 蟊 一〇六五
18 曚 五七三　鵐 一三七六　鵡 一三七六
19 ○霧 一三〇〇
む ○六 一二七
むい ○六 一二七
むかい 対 三五四　△対 三五四　對 三五七
むかいめ △嫡 三一九　嫡 三一九
むかう 対 三五四　○向 二一五　△対 三五四　對 三五七　嚮 二三九　嚮 二三九
むかえる ○迎 一一八七　迎 一一八七　△逆 一一九〇　逆 一一九〇　邀 一二一五
むかし ○昔 五六二
むき ○向 二一五
むぎ ○麦 一三八三　麥 一三八三
むぎこ 麪 一三八四　麺 一三八四　麵 一三八四
むく ○向 二一五　尨 三六三　剝 一六〇　剥 一六〇　人椋 六二七
むくい ○報 二七三
むくいぬ 尨 三六三
むくいる ○報 二七三　△酬 一三三五　酧 一三三五　讎 一二〇七　讐 一二〇八
むくげ 毳 六六五　舜 一〇〇六　人舜 一〇〇六　槿 六三六　蕣 一〇四七
むぐら 葎 一〇四〇　葜 一〇四七
むくろ 骸 一三四九
むける ○向 二一五　剝 一六〇　剥 一六〇
むこ ○婿 三一八　壻 二八〇　聟 九七五
むごい 苛 一〇一九　△残 六五六　△惨 四七二　殘 六五七　慘 四七七　△酷 一三三六　酷 一三三六
むこう ○向 二一五
むささび 鼫 一三九三　鼯 一三九三
むさぼる 婪 三〇九　惏 四七四　貪 一二一四　饕 一三三一　饕 一三三一　饞 一三三六
むし ○虫 一〇六二　△昆 五五七　蟲 一〇六二
むじな 豸 一二〇〇　狢 七七三　貆 一二〇一　貉 一二〇一
むしばむ 蝕 一〇七五　蝕 一〇七五
むしる 毟 六六五　挘 五〇六
むしろ △席 三九〇　莚 一〇二九　甯 三四六　寍 三四六　筵 九〇〇　△寧 三四八　寧 三四八　蓆 一〇四二
むす 烝 七五〇　○蒸 一〇四三　蒸 一〇四三　餾 一三三五
むずかしい ○難 一三九一　難 一三九一
むすこ △息 四五二
むすぶ 掬 五〇九　○結 九三六　△締 九四七　締 九四七
むすめ △女 三〇五　○娘 三一六　△嬢 三三〇　孃 三三一
むせぶ 咽 二三四　哽 二三五　噎 二四一　饐 一三三五
むせる 咽 二三四　噎 二四一
むだ △徒 四三四
むち 荆 一五九　荊 一〇二四　捶 五二二　笘 八九五　笞 八九六　棰 六二六　△策 八九七　箠 九〇三　鞭 一三〇九　鞕 一三一〇
むちうつ 捶 五二二　撻 五三三　鞭 一三〇九
むつ ○六 一二七　人睦 八四三　鯥 一三六五　鰀 一三六九
むつかしい △難 一三九一　難 一三九一
むつき 褓 一〇九二　襁 一〇九三　繦 九五〇
むっつ ○六 一二七
むつぶ 人睦 八四三
むつまじい 昵 五六八　人睦 八四三　暱 五七三
むつむ 人睦 八四三
むな ○胸 九八八　胷 九八三　○棟 六二六
むながい 鞅 一三〇七
むなしい △空 八八四　△虚 一〇五九　虛 一〇六一　罄 九五五
むね ○旨 五六一　旨 五六二　△宗 三三五　○胸 九八八　胷 九八三　○棟 六二六　膺 九八四　臆 九九五
むべ 宐 三三三　△宜 三三三　△諾 一二二四　諾 一二一八
むら ○村 六〇九　人邑 一二二六　斑 五四〇　○群 九六三　羣 九六三　閭 一二六七　蕞 五九八　叢 一九九　辬 一二八三
むらがる ○群 九六三　羣 九六三　蕞 五九八　簇 九〇七　叢 一九九
むらさき ○紫 九一三
むらす ○蒸 一〇四三　蒸 一〇四三
むれ △隊 一二八一　隊 一二八一　○群 九六三　羣 九六三　攢 五三六
むれる ○群 九六三　羣 九六三　○蒸 一〇四三　蒸 一〇四三
むろ ○室 三三八　榁 六三三
むろあじ 鰘 一三六七

め

メ △米 九一一　△馬 一三三九　瑪 七九二　碼 八五九　罵 九五八
め 3 ○女 三〇五　5 △奴 三一〇　△布 三八九　○目 八二四　6 牝 七六六　8 △妻 三〇八　芽 一〇一六　○芽 一〇二〇　10 △梅 六二三　11 梅 六二四　△眼 八四一　14 ○雌 一三九〇
めあわせる △女 三〇五　△妻 三〇八
メイ 5 △皿 八二九　6 ○名 二一八　8 ○命 二二三　○明 五六六　明 五六六　9 ○迷 一一九二　10 冥 一三六　茗 一〇二九　迷 一一九二　11 㝠 三四五　朙 五八五　13 溟 七三三　猽 七七八　○盟 八三三　盟 八三三　酩 一三三六　14 暝 五七三　蓂 一〇四三　○銘 一二四六　○鳴 一三七四　15 瞑 八四三　16 螟 一〇七一　謎 一二二九　17 謎 一二三三
めい 侄 八九　姪 三一五
めいただき 鰭 一三六八
メートル △米 九一一
めかけ 妾 三〇八
めぐし

めくばせ 愛 四四三　旬 八三七　眴 八四二
めぐみ 恩 四五一　恵 四五二　惠 四五六　霑 一二九九　寵 三五〇
めぐむ 恵 四五二　惠 四五六　愍 四六〇　寵 三五〇
めぐらす 5 囘 一三三　6 回 二四九　7 囬 二五一　8 廻 四一三　9 廻 四一三　10 廻 四一四　般 一〇〇七　12 運 一三〇一　13 運 一三〇一　17 環 七九三　環 七九三　18 繞 九五二
めぐり 廻 四一三　廻 四一三　廻 四一四
めくる 捲 五一〇　捲 五一五
めぐる 4 帀 三八　5 囘 一三三　匝 一七六　6 回 二四九　巡 三八二　7 囬 二五一　巡 三八二　8 周 二三三　周 二三三　廻 四一三　9 廻 四一三　紆 九二五　10 廻 四一四　般 一〇〇七　迴 一一九〇　11 旋 五五一　週 一三〇〇　12 循 四三七　週 一三〇〇　運 一三〇一　13 運 一三〇一　14 斡 五四三　16 圜 二五五　縈 九二三　遶 一三一三　17 環 七九三　環 七九三　18 繞 九五二　繚 九五二　23 邏 一三一五
めくれる 捲 五一〇　捲 五一五
めし 飯 一二三三　飯 一二三三
めしい 盲 八三七　盲 八三七
めじか 麀 一三八二
めしぶみ 檄 六四二
めじり 眥 八三九　眦 八四二
めす 召 二一三　牝 七六六　辟 一一八三　徵 四三九　雌 一二九〇　徴 四四〇　靚 一三〇四
めずらしい 奇 二九七　竒 八九〇　珍 七六七　珎 七六七
メチ 滅 七二四　蔑 一〇四六
メツ 滅 七二四
めっき 鍍 一二五二
めでたい 吉 二二四　吉 二二四
めでる 愛 四四三　賞 一二四九
めどぎ 筴 九〇〇　筮 九〇〇　蓍 一〇四一
めとる 娉 三一六　娶 三〇九
めばる 鮴 一三六三
めまい 眩 八四一　瞑 八四三
めり 乙 三九
メン 4 丏 二五　7 免 一一九　8 免 一二〇　泯 六八八　9 俛 九五　勉 一六八　面 一三〇五　黾 一三九〇　10 勉 一六九　眠 八四一　12 棉 六二七　湎 七一九　13 黽 一三九〇　14 綿 九四三　15 瞑 八四三　緬 九四八　緜 九五四　16 麪 一三八四　澠 七三三　麺 一三八四　18 櫋 六四三　䩘 一三〇九　20 麵 一三八四
めん 雌 一二九〇

も

モ 5 母 六六一　8 茂 一〇二四　姥 三一五　9 茂 一〇二四　11 莫 一〇三一　12 募 一六五　13 募 一六五　14 慕 四六四　摸 五三〇　模 六三四　15 麼 一三八五　麽 一三八五　慕 四六二　慕 四六四　摹 四九二　模 六三八　17 糢 九一八　18 謨 一三一三
も 冣 一二六　㝡 三四三　喪 二〇六　最 五七八　裳 一〇八七　藻 一〇五六　藻 一〇五六
もい 垸 二六九　椀 六二七
モウ 3 亡 五三　亡 五三　亾 六一　4 毛 六六四　6 妄 三〇七　妄 三〇七　7 忘 四四七　忘 四四七　芒 一〇一四　芒 一〇一四　8 孟 三一三　盲 八三七　盲 八三七　罔 九六六　9 冒 八三九　冒 八三九　眊 八四一　10 冢 一二六　旄 五五〇　耄 九七〇　耗 九七三　11 耗 九七三　惘 四七四　望 五八二　望 五八二　猛 七七六　莽 一〇三三　萌 一〇三五　12 帽 三九四　帽 三九四　萌 一〇三五　萠 一〇三五　莽 一〇三六　蛧 一〇六八　14 網 九四四　網 九四四　艋 一〇〇九　蒙 一〇四三　蜢 一〇七〇　蝄 一〇七〇　15 髦 一三五三　氂 六六五　輞 一一七九　16 甍 七九五　17 幪 三九五　濛 七三四　18 曚 五七三　朦 五八四　檬 六四三　蟒 一〇七三　19 魍 一三五八　矇 八四四　蠎 一〇七四　20 艨 一〇〇九
もうかる 儲 一一三　儲 一一三
もうけ 儲 一一三　儲 一一三
もうける 設 一二一三　儲 一一三　儲 一一三
もうす 申 八〇三　白 八二三　啓 二三五　啓 二三五　啓 二三五
もうでる 詣 一二一六
もえくい 燼 七四七
もえる 炎 七三九　萌 一〇三五　萌 一〇三五　萠 一〇三五　燃 七四六
もがく 踠 一二六五
もがさ 疱 八一五　痘 八一六
もがり 殯 六五八
もぎる 捥 五一四
モク 木 五八八　目 八二四　沐 六八三　牧 七六六　苜 一〇二四　墨 二六三　墨 二六四　黙 七五八　默 一三八八
もく 杢 五九七
もぐさ 艾 一〇一三
もぐら 鼴 一三九三
もぐる 潜 七三〇　潛 七三〇　潛 七三六
もし 如 三一一　即 一九〇　若 一〇三一　卽 一九一　卽 一九一　苟 一〇三一　若 一〇三一　設 一二一三
もじ 綟 九四五　錑 一二五〇
もしくは 若 一〇三一　若 一〇三一
もじり 綟 九四五　錑 一二五〇
もじる 捩 五一四
もす 燃 七四六
もず 鴃 一三七三　鵙 一三七六

鶍 一三七八
もすそ 帬 三九〇 裙 一〇九〇 褎 一〇八六 裳 一〇八七
もだ 黙 七五八 默 一三八八
もたい 瓮 七五五 甕 七五五 罋 九五五 罌 九五五
もだえ 悶 四七四 悶 四五六
もだえる 悶 四七四 悶 四五六 懣 四六三
もたげる 抬 五〇〇 擡 五二四
もだす 黙 七五八 默 一三八八
もたらす 齎 一三九五
もたれる 凭 一四二 靠 一三〇五
モチ 勿 一七三 夊 一九八 没 六八三 沒 六八三 歿 六六五 殁 六六五 物 七六七
もち 9 保 九五 11 望 五八二 望 五八二 14 餅 一三三三 15 餠 一三三三 17 檽 六四二 餅 一三三四 19 餻 一三三五 20 糯 九一八 23 黐 一三八七 28 饠 一三三六
もちい 餅 一三三三 餠 一三三三 餅 一三三四
もちいる 用 八〇〇 庸 四〇八 須 一三一五
もちて 以 六一 㠯 三三
もちのき 檽 六四二
モツ 没 六八三 沒 六八三 歿 六六五 殁 六六五 物 七六七
もつ 有 五八二 持 五〇五
もっこ 畚 八〇七
もって 以 六一 㠯 三三 将 三五六 將 三五七
もっとも 尤 三六三 冣 一三六 㝡 三四三 最 五七八
もっぱら 専 三五二 專 三五三
もつれる 紜 九二七 縺 九五一
もてあそぶ 弄 四一五 玩 七八六 挵 五〇九 翫 九六七 翫 九六七
もと 3 下 一七 4 元 一一四 5 夲 二九七 旧 五七四 本 五八九 9 故 五三一 10 祖 八六七 原 一九二 祖 八六七 素 九二〇 11 原 一九三 基 二五九 許 一二一一 13 資 一二四七 資 一二四七 18 舊 一〇〇四
もとい 基 二五九
もとおる 囘 一一三 回 二四九 囬 二五一 廻 四一三 廻 四一三 廽 四一四
もどき 擬 五二四
もどす 戻 四八六 戾 四八七
もとづく 基 二五九
もとどり 髻 一三五三
もとめ 求 六七四
もとめる 干 三九七 求 六七四 要 一〇九五 要 一〇九五 覓 一〇九八 覔 一〇九八 須 一三一五 覛 一一〇〇 需 一二九七 徼 四四〇
もとゆい 髻 一三五四
もとより 固 二五三
もとる 戻 四八六 戾 四八七 悖 四七一 愎 四七五 繆 九五一
もどる 戻 四八六 戾 四八七
もぬけ 蛻 一〇六九
もぬける 蛻 一〇六九
もの 物 七六七 者 九七〇 者 九七一
ものいみ 斎 五四一 斎 一三九四 齋 一三九四
ものうい 慵 四七七 懶 四八〇 懒 四八〇
ものはみ 膆 九九四
もはら 専 三五二 專 三五三
もみ 籾 九一三 紅 九二六 穀 八八〇 樅 六三七 穀 八八一 糓 九一七
もみじ 栬 六二一 椛 六二八
もむ 揉 五一六 蝚 一〇七二
もめる 訌 一一一〇 揉 五一六
もめん 檰 六四三
もも 百 八二六 股 九八五 胋 九八六 桃 六二一 腿 九九三 腿 九九四 髀 一三四九
もや 靄 一三〇一
もやい 舫 一〇〇七
もやう 舫 一〇〇七
もやす 燃 七四六
もよおし 催 一〇七
もよおす 催 一〇七
もらう 貰 一二四六
もらす 泄 六八六 洩 六九一 漏 七一八
もり 守 三三一 杜 六〇九 盛 八三一 森 五八九 盛 八三一 銛 一二四五
もる 泄 六八六 洩 六九一 盛 八三一 盛 八三一 漏 七一八
もれる 泄 六八六 洩 六九一 漏 七一八
もろ 双 一九六 両 二五 师 三九五 兩 一三 師 三九六 眾 八四六 衆 一〇七六 諸 一二二三 諸 一二二八 雙 一二八七
もろい 脆 九八八 脃 九八八
もろこし 唐 二二四 唐 二二四
もろみ 醪 一二三八
もろもろ 师 三九五 師 三九六 庶 四〇八 諸 一二二三 諸 一二二八
モン 4 文 五三八 7 汶 六八二 8 門 一二六〇 10 們 一〇〇 紋 九二〇 11 問 二二六 悶 四七四 捫 五一四 悶 四五六 12 䎽 九七五 14 聞 九七五 21 亹 五七
もんめ 匁 一七三

や

ヤ 3 也 四一 7 冶 一三八 呀 二一三 邪 一二一六 8 夜 二八四 邪 一二一七 9 耶 一二一八 10 射 三五六 11 埜 二六〇 斜 五四二 梛 六二四 野 一二三三 12 墅 二六一 揶 五一六 13 椰 六三〇 爺 七六一 14 墅 二六二 15 壄 二六四 16 壄 二六四 19 鵺 一三七八
や 2 八 一一三 4 夫 二九四 5 乎 三七 矢 八四七 7 谷 一二三六 邪 一二一六 8 舎 六七 弥 四二一 舍 一〇〇五 邪 一二一七

音訓索引

9 人哉 二二四
○屋 三六七
人耶 一三一八
10 ○家 三三九
11 笑 八九五
15 箭 九〇四
16 輻 一一七九
17 彌 四二四
斁 六四九

ヤード
碼 八五九

やいと
灸 七四〇

やいば
△刃 一四七
刃 一四七
刄 一四七

やか
△宅 三三一
△家 三三九

やかた
△館 一三三四
舘 一〇〇六
館 一三三四

やがて
軅 一一七〇
軈 一一七〇

やかましい
喧 二三八
嗷 二四一

やから
△族 五五一
輩 一一七三
△輩 一一七三

やがら
簳 九〇八

やき
○焼 七四三
燒 七四六

やぎ
△柳 六一七
栁 六一七
桺 六二四

ヤク
4 ○厄 一九一
5 戹 四八六
6 人亦 五四
7 役 七九
○役 四一八
8 扼 四九八
△易 五五六
衸 八六四
9 奕 三〇三
○疫 八二三
○約 九二七
約 九二七
10 ○益 八三〇
益 八三〇
11 ○訳 一二一三
軛 一一七六
12 軶 一一七七
13 搤 五一七
敫 五三七
葯 一〇三九
16 ○薬 一〇五三
17 檪 六四二
龠 一四〇〇
19 櫟 六四三
繹 九五三
藥 一〇五四
20 瀹 七三六
譯 一二一五
21 趯 一一六一
○躍 一一六八
躍 一一六八
22 禴 八七〇
23 籥 九一一
25 鑰 一二五七
26 龥 一三三四

やく
妒 三一二
灼 七四一
妬 三一四
烙 七四三
焚 七四〇
○焼 七四三
燒 七四六
燔 七四六
人燎 七四六

やぐら
櫓 六四三

やけ
△宅 三三一
△家 三三九

やけくい
燼 七四七

やける
妒 三一二
灼 七四一
妬 三一四
○焼 七四三
燒 七四六

やさしい
○易 五五六
○優 一一三

やしき
△邸 一二一八
△第 八九五

やしなう
△畜 八〇七
豢 一二三九
○養 一三二〇
養 一三二〇

やじり
鏃 一二五四
鏑 一二五四

やしろ
○社 八六三
社 八六三

やす
○安 三三〇
扠 四九四
杈 六〇八
△泰 六七五
△康 四〇八
簎 九〇六

やすい
○安 三三〇
△易 五五六
△泰 六七五
△康 四〇八
△廉 四一〇
廉 四一〇
綏 九三九
人靖 一三〇四
靖 一三〇四

やすで
蠲 一〇七五

やすまる
○休 七六

やすむ
○休 七六
△息 四五二

やすめる
○休 七六

やすらか
○安 三三〇
恬 四七〇
人晏 五五九
△泰 六七五
△康 四〇八
甯 三四六
寍 三四六
△寧 三四八
寧 三四八
憺 四七九

やすり
鑢 一二五七

やすんずる
○安 三三〇
△保 九五
人靖 一三〇四
靖 一三〇四

やせる
痩 八一五
瘠 八一七
瘦 八一八
癯 八二〇

やち
萢 一〇三六

やつ
○八 一二三
△奴 三一〇
△谷 一二二六

やつがれ
△僕 一〇九

やっこ
△奴 三一〇

やつこ
△僕 一〇九

やつす
俏 九二
窶 三四八
窶 八八九

やっつ
○八 一二三

やっとこ
鋏 一二四七

やつれる
忰 四六六
悴 四七三
寠 三四八
憔 四七七
窶 八八九
顇 一三三〇
顦 一三三四

やど
○宿 三四三

やとう
△庸 四〇八
○雇 一二八七
雇 一二八七
傭 一〇八
△賃 一一四八

やどす
○宿 三四三

やどる
△次 六四五
次 六四五
○宿 三四三

やな
梁 六〇四
簗 九〇七

やなぎ
○柳 六一七
栁 六一七
桺 六二四
人楊 六三一

やに
△脂 九八八

やぶ
薮 一〇五一
藪 一〇五四
籔 九一〇

やぶさか
吝 二三三
悋 四七〇
恡 四七一
悋 四七一

やぶる
○破 八五五
隳 一二七〇

やぶれる
○破 八五五
○敗 五三四
敝 五三六
△弊 四一六
弊 四一六
獘 七七〇

やま
○山 三七二

やまあらし
△豪 一二三九

やまい
疢 八一三
△疾 八一三
○病 八一四
痾 八一六

やまいぬ
豺 一二四〇

やましい
疚 八一二
△疾 八一三

やまと
咊 二三四
△和 二四五
人倭 一〇一

やまどり
鸐 一三七八

やまにれ
梗 六二三

やみ
闇 一二六八

やむ
3 已 三八六
4 △止 六四九
8 疚 八一二
9 殄 六五六
痒 八一三
10 △疾 八一三
○病 八一四
12 歇 六四七
13 歇 六四七
瘁 八一六
14 熄 七四五
17 癈 八一九

やめる
已 三八六
△止 六四九
△息 四五二
歇 六四七
歇 六四七
○辞 一二一二
△罷 九五八
輟 一一七八
辭 一二一三

やもお
鰥 一三六七

やもめ
嫠 三〇九
△寡 三四七
孀 三二一
鰥 一三六七

やや
△良 一〇一〇
稍 八七八

ややもすれば
△動 一六九

やらい
柵 六一五
栅 六一五

やり
槍 六三三
鎗 一二五三
鑓 一二五六
鑓 一二五六

やりがんな
鐁 一二五五

やる
△遣 一二〇九
遣 一二〇九

やれる
△破 八五五

やわ
△柔 六〇一

やわい 柔 六〇一
やわら 柔 六〇一
やわらか 柔 六〇一　軟 一二七六　輭 一二七九
やわらかい 柔 六〇一　軟 一二七六　輭 一二七九
やわらぐ 咊 二三四　和 二四五　邕 一三一六　愷 四七五　戢 四八四　雍 一三八八　諧 一二二七　雝 四一三
やわらげる 咊 二三四　和 二四五

ゆ

ユ 5 由 八〇三　7 卣 一八七　8 油 六九一　9 俞 六八　兪 一三三　斿 五五〇　柚 六一六　臾 一〇〇四　10 涌 七〇三　舀 一〇〇四　逌 一一九〇　11 蚰 一〇六七　12 喩 二三九　媮 三一八　庾 四一〇　愉 四七五　愉 四七五　揄 五五六　渝 七一九　湧 七一九　湧 七一九　猶 七七七　猶 七七七　裕 一〇九〇　遊 一二〇七　13 愈 四六〇　愈 四六〇　楡 六三〇　楢 六三一　楢 六三一　猷 七七〇　猷 七七〇　瑜 七九三　腴 九九三　萸 一〇三九　諛 一二一九　逾 一二〇七　遊 一二〇七　14 瘐 八一七　瘉 八一七　窬 八八八　誘 一二三三　踊 一二六五　15 牖 七六三　牖 七六三　窬 八八九　蝓 一〇七一　蝣 一〇七一　16 覦 一二〇一　諭 一二二九　諭 一二二九　諛 一二二九　踴 一二六七　踰 一二六六　輸 一二八〇　輸 一二八〇　18 癒 八一九　癒 八一九
ゆ 弓 四一七　湯 七一七
ゆあみ 沐 六八三
ユイ 由 八〇三　唯 二三七　惟 四七一　維 九四〇　遺 一三一一　遺 一三一一
ユウ 2 又 一九六　4 友 一九八　尤 三六三　5 右 二一〇　幼 四〇三　由 八〇三　6 有 五八三　7 丣 二六　佑 八六　卣 一八七　囮 二五一　妖 三一三　攸 五三九　犹 七七三　邑 一三二六　酉 一三三三　8 侑 九〇　呦 二三四　岫 三七八　油 六九一　肬 九八六　9 勇 一六四　勇 一六四　囿 二五四　宥 三三八　幽 四〇一　斿 五五〇　柚 六一六　䍃 七五九　疣 八一三　祐 八六八　10 容 三四一　悒 四七一　挹 五〇九　浥 七〇二　涌 七〇三　祐 八六八　䍃 九五五　舀 一〇〇四　蚘 一〇六六　11 悠 四五五　翊 九六七　莠 一〇三三　蚰 一〇六七　逌 一一九八　郵 一三三一　12 揄 五五六　揖 五五七　游 七一九　湧 七一九　湧 七一九　猶 七七七　猶 七七七　裕 一〇九〇　遊 一二〇七　釉 一三三〇　雄 一三八八　13 慂 四六〇　楢 六三一　楢 六三一　猷 七七〇　猷 七七〇　褎 一〇八四　遊 一二〇七　雄 一三八九　廱 一三八二　14 厭 一九四　熊 七五六　誘 一二三三　15 憂 四四四　牖 七六三　牖 七六三　蝤 一〇七一　蝣 一〇七一　褎 一〇八四　16 蕕 一〇四九　融 一〇七五　融 一〇七五　輶 一二八〇　17 優 一一三　鮪 一三六二　鴧 一三七五　黝 一三八九　18 鼬 一三九三
ゆう 夕 二八三　云 五三　結 九三六
ゆえ 故 五三一
ゆか 床 四〇四　牀 七六二
ゆがく 瀹 七三六
ゆがけ 弽 四二三　韘 一三〇九　韘 一三二一
ゆかしい 床 四〇四
ゆがむ 歪 六五三
ゆがめる 歪 六五三
ゆかり 縁 九四五　縁 九四五
ゆき 裄 一〇九〇　雪 一三九三　雪 一三九三　雪 一三〇〇　靫 一三〇七
ゆく 3 之 三四　6 行 一〇七七　8 往 四二九　往 四二九　徃 四二九　征 四三〇　徂 四三〇　10 逝 一一九四　11 逝 一一九四　13 嫁 三一八　17 邁 一二一五
ゆごて 韝 一三一一　鞲 一三〇九
ゆさぶる 揺 五一七　搖 五一九
ゆず 柚 六一六
ゆすぐ 濯 七三四　濯 七三四
ゆすぶる 揺 五一七　搖 五一九
ゆする 泔 六八五　揺 五一七　搖 五一九
ゆずる 禅 八六九　遜 一二一〇　遜 一二一〇　禪 八七〇　譲 一二三四　讓 一二三五
ゆたか 尭 一二〇　胖 九八七　堯 二五七　裕 一〇九〇　寛 三四七　豊 一二三七　寬 三四九　豐 一二三八　饒 一三三五
ゆだねる 委 三〇七
ゆだめ 檠 六〇七
ゆだる 茹 一〇二六　煠 七四五
ゆづか 弣 四二一
ゆづる 弦 四二〇
ゆでる 茹 一〇二六　煠 七四五
ゆはず 弭 四二一
ゆばり 尿 三六五　溲 七二三
ゆび 指 五〇五
ゆまり 尿 三六五
ゆみ 弓 四一七　弴 四二三
ゆみかけ 韘 一三一一
ゆむし 螠 一〇七一
ゆめ 努 一六四　梦 二八五　夢 二八五　夢 二八五
ゆらぐ 揺 五一七　搖 五一九
ゆり 峅 三七八　閖 一三六四
ゆる 揺 五一七　搖 五一九
ゆるい 弛 四二〇　弛 四二一　緩 九四六　緩 九四六　縵 九五一
ゆるがせ 物 四六五　忽 四四七
ゆるぐ 揺 五一七　搖 五一九

ゆるし 敉 五〇三　許 一二一一　赦 一二五七

ゆるす 9 宥 三一八　10 怨 四五二　敉 五〇三　11 許 一二一一　赦 一二五七　釈 一三四〇　16 縦 九四九　17 縦 九五〇　聴 九七七　20 釋 一三四一　22 聴 九七八

ゆるむ 弛 四二〇　弛 四二一　緩 九四六　緩 九四六

ゆるめる 緩 九四六　緩 九四六

ゆるやか 綽 九四一　緩 九四六　緩 九四六

ゆれる 揺 五一七　搖 五一九　澹 七三三

ゆわえる 結 九三六

よ

ヨ 3 与 一四　4 予 四四　7 余 六六　妤 三三三　扵 四九五　8 於 五四九　9 舁 一〇〇三　10 狳 七七五　舁 一〇〇三　11 唹 二三七　淤 七二五　12 畬 八〇八　畭 八一〇　13 菸 一〇三六　瘀 八一七　與 一〇〇四　誉 一二〇七　預 一三一七　飫 一三三二　16 豫 一二四〇　餘 一三三三　17 歟 六四九　璵 七五四　蕷 一〇五三　輿 一二七三　18 礜 八五三　20 譽 一二〇八　轝 一二七四

よ 世 一五　丗 一五　代 七四　四 二四六　卋 一八一　米 九二一　夜 二八四　節 九〇〇　節 九〇四　節 九〇四

よい 5 可 二二〇　6 吉 二二四　吉 二二四　7 好 三三〇　良 一〇一〇　8 佳 八七　10 宵 三四一　宵 三四一　11 淑 七〇七　酔 一三三四　12 善 二三八　13 禎 八六九　義 九六一　14 嘉 二三九　禎 八六九　臧 九九八　15 醉 一三三七　16 徽 四四〇　17 徽 四四一　20 譱 九六三　22 懿 四六四

ヨウ 3 么 三七　幺 四〇一　4 夭 三〇三　5 圧 二五七　央 二五五　孕 三三三　幼 四〇二　永 六七三　用 八〇〇　6 压 二五七　汞 六七四　羊 九六〇　7 妖 三三三　応 四四五　甬 八〇一　8 佯 九〇　咏 二三三　怏 四六六　拗 五〇三　杳 五九七　殀 六五五　匋 九五五　英 一〇一八　9 俑 九六　勇 一六四　勇 一六四　姚 三二五　幽 四〇一　徉 四三三　昜 五五九　映 五六七　栄 六〇〇　枼 六〇一　殃 六五六　洋 六九七　䍃 七五九　盈 八二九　祅 八六四　臾 一〇〇四　英 一〇一八　10 要 一〇九五　要 一〇九五　頁 一三一四　容 三四一　恙 四五三　涌 七〇二　珧 七八八　瑒 七八八　秧 八七六　窅 八八七　窈 八八七　䍃 九五五　舀 一〇〇四　邕 一三一六　11 庸 四〇八　桶 六二四　痒 八一五　窕 八八七　窑 八八七　訞 一二一三　陶 一三七八　12 傜 一〇六　営 二一七　揄 五一六　揚 五一七　揺 五一七　湧 七一九　湧 七一九　葉 一〇三九　詠 一二一三　軺 一二七一　遥 一三〇八　陽 一三八一　13 傭 一〇八　塍 三三一　徭 四三九　搖 五一九　暎 五七二　暘 五七二　楊 六三一　楪 六三一　溶 七二四　煬 七四五　煠 七四五　瑶 七九二　筩 九〇一　腰 九九三　腰 九九三　葉 一〇三九　蓉 一〇四四　蛹 一〇六九　裛 一〇八四　雍 一三一八　頌 一三二六　14 厭 一九四　墉 二七六　慂 四六一　慵 四七七　榮 六〇六　榕 六三五　様 六三五　漾 七二七　熔 七四五　瑤 七九二　瘍 八一七　蓉 一〇四四　踊 一二六五　遙 一三一〇　銚 一三四六　鞅 一三七〇　15 影 四一八　様 六三八　窯 八八九　窰 八八九　蝿 一〇七一　養 一三三〇　養 一三三〇　16 壅 二六四　擁 五三三　曄 五七三　樣 六四一　燁 七四六　謡 一二二九　踰 一二六六　踴 一二六七　鴦 一三七二　鴞 一三七五　17 壓 二六四　應 四六三　營 七三九　繇 九五四　膺 九八四　臃 九九六　謠 一二三三　賸 一二五六　邀 一三一五　鍱 一三五三　18 曜 五七三　曜 五七三　瀁 七三五　燿 七四七　燿 七四七　甕 七九五　癕 八一九　鎔 一三五三　雝 一三九一　颺 一三三七　19 罋 九五五　蠅 一〇七四　颻 一三三七　20 癢 八一九　耀 九六八　耀 九六八　鐊 一三六六　21 廱 四二二　瓔 七九四　鷂 一三七九　22 禴 八七〇　23 癰 八二〇　纓 九五四　邎 一三〇六　24 鷹 一三七三

よう 八 一一三　酔 一三三四　酪 一三三六　醉 一三三七　醺 一三三九

ようやく 稍 八七八　漸 七二六

ようよう 漸 七二六

よぎる 過 一三〇二　過 一三〇二

ヨク 3 弋 四一六　7 抑 四九九　杙 六一〇　沃 六八三　谷 一二三六　8 或 四八三　10 峪 三七九　浴 七〇三　11 域 二七〇　欲 六四六　翌 九六五　翌 九六五　翊 九六七　12 棫 六二七　14 蜮 一〇七〇　15 億 一一〇　億 一一〇　慾 四六三　鋈 一三三八　16 憶 四七八　憶 四七八　閾 一三六七　17 檍 六四三　翼 九六六　臆 九九五　薏 一〇四九　18 翼 九六六　24 鸒 一三六一

よく 能 九八九

よくす 能 九八九

よける 除 一三七五　避 一三一四　避 一三一四

よこ 横 六三五

音訓索引

緯 九四五　横 六三八　△緯 九四八
よこいと 緯 九四五　△緯 九四八
よこぎ △衡 一〇八〇
よこしま 奸 三一〇　邪 一二三六　△邪 一二三七　姦 三〇六　姧 三一五
よごす ○汚 六七六　汚 六七六　汙 六七六
よこめ 眄 八四一
よごれ ○汚 六七六　汚 六七六　汙 六七六
よごれる ○汚 六七六　汚 六七六　汙 六七六
よし 5 囙 二四六　○由 八〇三　6 △吉 二一四　吉 二一四　△因 二四八　△好 三一〇
7 ○良 一〇一〇　8 芦 一〇一八　9 △美 九六〇　11 △淑 七〇七　12 ○善 二二八　13 △愛 四四三　△義 九六一　葦 一〇三六　葭 一〇三六　14 人嘉 二三九　15 △慶 四四四　20 譱 九六三　蘆 一〇五七
よしのぼり 鮔 一三六二
よしみ △好 三一〇　誼 一一一九　人誼 一一二三
よじる 捩 五一四　攀 四九三
よすが △縁 九四五　緣 九四五
よせ ○寄 三四二　寄 三四六
よせる ○寄 三四二　寄 三四六　寓 三四六
よそ △外 二八六
よそい △装 一〇八六　裝 一〇八七
よそう △粧 九一五　△装 一〇八六　裝 一〇八七
よそえる △比 六六三
よそおい △粧 九一五　○装 一〇八六　裝 一〇八七
よそおう 妝 三一一　扮 四九八　△粧 九一五　○装 一〇八六　裝 一〇八七
よたか 鷏 一三七二
よだれ 涎 七〇〇
よつ ○四 二四六
よつぎ △嫡 三一九　嫡 三一九
よっつ ○四 二四六
よって 仍 七〇　囙 二四六　△因 二四八
よど 淀 七一一　澱 七三三
よどみ 淀 七一一　澱 七三三
よどむ 淀 七一一　澱 七三三
よな △米 九一二　霾 一三〇一
よなげる 人沙 六八〇　人汰 六八〇　淅 七二〇　淘 七二一
よね △米 九一二
よばう 娉 三一六
よばわる ○呼 二三三
よびな △号 二〇七　唬 二三九　號 一〇六一
よぶ △召 二三三　○呼 二三三　△喚 二三八
よぼろ △丁 一七　膕 九九四
よみ △訓 一一一〇　○読 一一三一　讀 一一三五
よみがえる 甦 八〇〇　甦 八〇〇　蘇 一〇五五　蘓 一〇五五
よみする 人嘉 二三九
よむ △訓 一一一〇　○詠 一一二二　○読 一一三一　讀 一一三五
よめ 娵 三一七　△婦 三一七　婦 三一七　○嫁 三一八　媳 三一九　嬪 三二一
よもぎ 艾 一〇一三　莪 一〇三〇　蓬 一〇四三　蒿 一〇四一　蓬 一〇四六　蕭 一〇五〇　薛 一〇五一
より △自 九九九　撚 五三一　縒 九四九
よりて 仍 七〇
よりわける 淘 七二一
よる 5 囙 二四六　△由 八〇三　6 ○因 二四八　7 △択 四九六　糺 九二五　8 △依 八六　凭 一四三　○夜 二八四　△拠 四九九　糾 九二五　9 △糾 九二六　10 倚 九六　△託 一一一〇　11 倚 一〇一　○寄 三四二　12 捦 五一三　寄 三四六　寓 三四六　馮 一三四七　13 搓 五一八　14 據 五三〇　15 憑 四六二　撰 五三一　撰 五三一　撚 五三一　△縁 九四五　緣 九四五　△選 一三三三　16 憑 四六二　據 五三三　擇 五三三　縒 九四九　選 一三三三
よれる 撚 五三一
よろい △甲 八〇三　冑 一二四　鎧 一三五三
よろいぐさ 芷 一〇一七　茝 一〇二四
よろう 鎧 一三五三
よろこばしい △悦 四七〇　悅 四七〇　○喜 二二七　憙 四六二
よろこび 人欣 六四六　○喜 二二七　△歓 六四八　憙 四六二　歡 六四九
よろこぶ 7 忻 四六五　忭 四六六　8 怡 四六六　人欣 六四六　10 △悦 四七〇　悅 四七〇　12 ○喜 二二七　13 熙 七五五　14 人熙 七五六　熈 七五六　△説 一一三一　說 一一三一
15 △慶 四四四　△歓 六四八　16 憙 四六二　懌 四七八　熹 七五八　21 懽 四八〇　22 歡 六四九　28 驩 一三四七
よろしい 宐 三三三　△宜 三三三
よろしく 宐 三三三　△宜 三三三
よろず △万 一九　萬 一〇三九
よろめく 蹁 一一六六　蹌 一一六七
よわい 7 尪 三六三　尩 三六三　8 尫 三六三　10 ○弱 四一八　弱 四一八　12 孱 三六九　△歯 一三九五　15 齒 一三九五　17 懦 四七九　△齢 一三九六　19 羸 九六三　20 齡 一三九六
よわまる ○弱 四一八　弱 四一八
よわめる ○弱 四一八　弱 四一八
よわる ○弱 四一八　弱 四一八
よん ○四 二四六

ら

ラ 8 拉 五〇三　10 倮 一〇〇　12 喇 二三九　13 臝 九七七　○裸 一〇九一　14 蓏 一〇四四　15 躶 一一七〇　16 瘰 八一八　17 螺 一〇七三　19 ○羅 九五八　蠃 一〇六五　鏍 一三五四　21 臝 九八四　騾 一三四六　22 囉 二四四　23 欏 六四四　蘿 一〇五八　邏 一三一五　嬴 一三四一　25 籮 九一一　27 鑼 一三五七　28 儸 一三六　30 鸁 一三八四

音訓索引

ら 等 八九八

ライ 5 厉 一九二 礼 八六二 6 耒 五九三 礼 八六二 耒 九七二 7 戻 四八六 来 五九三 8 來 六一 戾 四八七 10 勑 一六九 莱 一〇三二 11 徠 四三六 12 萊 一〇三六 13 雷 一三九六 15 厲 一九四 畾 八〇二 磊 八五二 16 賚 一二五〇 擂 五三三 頼 一二五六 錸 一三五〇 頼 一三一九 17 儡 一一三 蕾 一〇五二 18 癘 八一九 19 礌 八六〇 禮 八七〇 懶 四八〇 懶 四八〇 櫑 六四三 瀬 七三六 瀨 七三六 20 礧 八六〇 蘱 一〇五六 21 癩 八二〇 纇 九五四 22 罍 九五五 鐳 一三五六 23 籟 九一〇 靁 一三〇一

ラク 9 洛 六九七 10 烙 七四三 珞 七八八 12 絡 九三九 落 一〇三九 13 楽 六〇四 落 一〇三九 酪 一三一六 14 犖 七六六 15 雒 一三九〇 樂 六〇六 16 駱 一三四四 18 擽 五三五

ラチ 刺 一五九 埒 二七〇 埓 二七〇 辢 一二八三

ラツ 8 拉 五〇三 9 剌 一五九 10 埒 二七〇 埓 二七〇 捋 五〇九 12 喇 二三九 溂 七一九 14 辣 一二八三 辢 一二八三 15 蝲 一〇七一 21 癩 八二〇 糲 九一八

らっきょう 薤 一〇四九

らる 見 一〇九八 被 一〇八九

ラン 7 乱 四二 卵 一九〇 10 栾 六〇三 浪 七〇四 11 婪 三〇九 12 惏 四七四 嵐 三七五 𤔔 七五九 13 亂 四四 15 醂 一三一七 16 儖 一一三 壈 二七七 懍 四七九 懔 四七九 燗 七四六 燗 七四六 17 覧 一〇九九 闌 一三六八 18 擥 四九三 濫 七三五 藍 一〇五四 19 藍 一〇五四 嬾 三一一 懶 四八〇 懶 四八〇 20 蘭 一〇五六 襤 一〇九四 襴 一一〇六 欄 六四四 欖 六四四 瀾 七三六 籃 九一〇 繿 九五三 21 攔 五四一 欄 六四四 爛 七四八 蘭 一〇五八 覽 一〇九九 22 巒 三七七 纜 九五四 襴 一〇九四 23 欒 六〇七 24 攬 五三六 讕 一二三五 25 欖 六四四 26 臠 九八一 27 灤 七三七 纜 九五四 鑾 一三三八 30 鸞 一三七三

り

リ 6 吏 二〇四 利 一五五 7 李 五九六 里 一三三二 8 秎 八七四 9 俚 九六 俐 九六 10 厘 一九二 哩 二二六 娌 三一六 悝 四七〇 悧 四七一 浬 七〇二 涖 七〇二 狸 七七五 茘 一〇二九 荔 一〇二九 莉 一〇三二 11 梨 六〇四 犁 七六五 理 七八九 离 八七一 莉 一〇三三 莅 一〇三三 12 棃 六〇四 犂 七六六 痢 八一六 裡 一〇九〇 詈 一一〇七 13 蜊 一〇六九 裏 一〇八四 14 嫠 三〇九 漓 七二七 蒞 一〇四四 貍 一二四一 15 履 三七〇 氂 六六五 犛 七六六 璃 七九三 棃 一〇四七 黎 一三八七 16 罹 九五八 18 醨 一三一八 釐 一三三三 鯉 一三六四 鯏 一三六四 19 瓈 七九四 離 一三九一 麗 一三八二 20 黧 一三八八 21 蠡 一〇六五 22 孋 三一一 灕 七三七 酈 一三一三 23 邐 一三一五 黐 一三八七 24 欐 一〇九四 25 籬 九一一 29 驪 一三四七 30 鸝 一三八〇

リキ 力 一六三 篥 九〇六

リク 4 六 一二七 8 坴 二五九 11 淕 七一一 陸 一三七九 13 僇 一〇八 剹 一六三 勠 一七三 15 戮 四八五 蓼 一〇四七 18 戳 四八五 19 鯥 一三六五

リチ 律 四三三 栗 六〇三 率 七八〇 慄 四七六

リツ 立 八九〇 寽 三五一 寽 三五一 律 四三三 栗 六〇三 率 七八〇 慄 四七六 葎 一〇四〇 篥 九〇六

リットル 立 八九〇

リャク 掠 五一四 畧 八〇六 略 八〇九 暦 五六五 歴 六五三 曆 五六五 歷 六五三 擽 五三五 礫 八六〇

リャン 両 二五 兩 一三三

リュウ 5 立 八九〇 6 㐬 三八二 7 充 三八二 8 畄 八〇七 9 柳 六一七 柳 六一七 流 六九八 苙 一〇二四 10 流 七〇三 琉 七八八 留 八〇七 竜 一三九七 11 栁 六二四 琉 七九〇 硫 八五六 笠 八九六 粒 九一五 翏 九六五 隆 一三七九 12 旒 五五三 畱 八〇八 硫 八五七 隆 一三八二 13 僇 一〇八 劉 一六三 溜 七一四 鉚 一三四四 14 摎 五三〇 榴 六三五 瑠 七九二 15 劉 一六三 隆 一三七六 戮 四八五 澑 七三一 熮 七四六 瘤 八一八 16 璢 七九三 鴗 一三七五 龍 一三九七 17 癃 八一九 瘤 八一九 窿 八八九 18 駵 一三四一 嚠 二四一 瀏 七三五 霤 一三〇〇 19 鰡 一三六四 鏐 一三五四 20 餾 一三三五 飂 一三三七 騮 一三四六 21 鰡 一三六七 鶹 一三七九 22 驑 一三四七 鷚 一三七三 鷚 一三八〇

リョ 7 呂 二〇五 9 侶 九六 10 旅 五五〇 旅 五五〇 11 梠 六二四 12 虜 一〇六一 13 絽 九四〇 14 虜 一〇六一 膂 九八四 駈 一三四三 15 慮 四六三 閭 一三六七 18 濾 七三五 19 廬 四一三 櫚 六四三 20 穭 八八三 臚 九九六 23 鑢 一三五七

音訓索引

26 驢 一三四七
リョウ 2 了 四 5 令 六三 6 両 二五 7 伶 八六 冷 一三八 沵 六八四 灵 七四〇 良 一〇一〇 8 兩 一一三 夌 二八一 泠 六九一 9 亮 五七 10 亮 五七 倆 一〇〇 淩 一四〇 凉 一四〇 料 五四三 粁 五四四 11 竜 一三九七 崚 三八〇 掠 五二四 梁 六〇四 涼 七一一 淩 七一三 猟 七七六 翏 九六五 聊 九七六 陵 一三八〇 12 喨 二三九 尞 二九九 椋 六二七 棱 六二七 菱 一〇二六
13 量 一三三三 楞 六三二 稜 八八〇 粱 九二三 粮 九二五 裲 一〇九一 輛 一二七八 鈴 一三四四 14 僚 一一〇 寥 三四九 廖 四二一 漁 七二七 綾 九四四 蜽 一〇七〇 踉 一二六五 領 一三一七 15 嘹 二四三 寮 三四九 巤 三八二 撩 五三三 獠 七七八 蓼 一〇四七 蔆 一〇四七 諒 一二二六 輛 一一七九 輘 一一七九 遼 一三三四 霊 一三九八 16 瞭 八七三 橑 六四一 燎 七四六 遼 一三三四 龍 一三九七 17 嶺 三七六 獵 七七九
療 八一九 瞭 八四四 繆 九五一 獵 七七九 18 糧 九一八 繚 九五三 蟟 一〇七三 軅 一三五八 19 壟 二六四 壠 二七七 豂 一二四一 隴 一三八五 鯪 一三六五 20 瓏 七九四 鐐 一三二五 飂 一三三七 22 聾 九七六 23 鷯 一三八〇 24 靈 一三〇一 25 鬣 一三五四 26 鱲 一三六九
リョク 力 一六三 朸 六〇八 睩 八四三 碌 八五七 緑 九四四 綠 九四四 録 一三五〇 錄 一三五〇 簶 九二〇
リン 7 吝 二一三 8 亩 五六 侖 六八
9 林 五八六 厘 一九二 恡 四七〇 10 倫 一〇一 悋 四七二 悋 四七二 11 惏 四七四 淪 七一三 淋 七一三 12 棆 六二七 琳 七九一 粦 九二三 菻 一〇三六 13 痳 八一七 禀 八六二 稟 八七三 鈴 一三四四 14 粼 七三九 綾 九四四 綸 九四四 15 凜 一四〇 凛 一四〇 輪 一一七九 鄰 一三三三 醂 一三三七 隣 一三八四 16 廩 四二三 廪 四二三 懍 四七九 懔 四七九 橉 六四一 燐 七四七 閵 一三六八 隣 一三八四 霖 一三九九
17 磷 八六〇 18 臨 九九九 釐 一三三三 19 轔 一一八一 20 藺 一〇五七 22 驎 一三四七 23 躙 一二六九 鱗 一三六八 鱗 一三八三 24 麟 一三八三 27 躪 一二六九

る
ル 8 畄 八〇七 9 娄 三〇八 流 六九八 陋 一三七三 10 流 七一三 琉 七六八 留 八〇七 11 偻 一〇五 婁 三〇九 婁 三〇九 琉 七九〇 硫 八五六 12 屡 三七〇 旒 五五二 畱 八〇八 硫 八五七 13 僂 一〇九 楼 六三二 14 寠 三四八 屢 三七〇 瑠 七九二
15 劉 一六三 樓 六三八 16 窶 八八九 瑠 七九三 瘻 八一八 褸 一〇九三 17 簍 九〇七 縷 九五一 19 鏤 一三五五
る 見 一〇九八 被 一〇八九
ルイ 6 耒 九七三 8 泪 六九一 10 涙 七一四 11 淚 七一三 累 九二三 12 塁 二六一 絫 九二三 13 誄 一二一九 15 樏 六三八 16 瘰 八一八 17 縲 九五一 18 壘 二六四 類 一三一三 19 羸 九六三 藟 一〇五五 類 一三一三 21 纍 九五五 25 欙 六四四
るつぼ 坩 二六七 堝 二七二
るまた

殳 六五八

れ
レイ 〇 一四〇〇 5 令 六三 厉 一九二 另 二〇八 礼 八六三 6 列 一五三 礼 八六三 7 伶 八六 冷 一三八 励 一六七 戻 四八六 灵 七四〇 8 例 九〇 冽 一三九 囹 二五三 怜 四六八 戾 四八七 泠 六九一 9 柃 六一七 玲 七八七 苓 一〇二四 10 涖 七〇三 涙 七一四 砺 八五六 茘 一〇二九 荔 一〇二九 11 唳 二三七 捩 五二四 淚 七一三 犂 七六五 笭 八九七
羚 九六三 翎 九六七 聆 九七七 舲 一〇〇九 蛎 一〇六七 蛉 一〇六七 12 棙 六二七 犂 七六六 13 鈴 一三四四 零 一三九六 14 綟 九四五 領 一三一七 15 厲 一九四 霊 一三九八 黎 一三八七 16 澪 七二三 隷 一三八五 鴒 一三七五 17 勵 一七二 嶺 三七六 隷 一三八五 霝 一三〇〇 齢 一三九六 18 癘 八一九 禮 八七〇 19 欐 六四三 瓈 七九四 藜 一〇五五 邌 一三一五 麗 一三八二 20 霎 一三一〇 礪 八六〇 醴 一三一八 黧 一三八八 齢 一三九六
21 儷 一二三 櫺 六四四 糲 九一八 蠡 一〇六五 蠣 一〇七四 24 醽 一三一九 靈 一三〇一 鱧 一三六九 靇 一三九九 28 欞 六四四 29 驪 一三四七 33 䨻 一三九九
レキ 10 厤 一九三 鬲 一三五六 鬲 一三五六 12 厤 一九四 14 暦 五六五 歴 六五三 16 曆 五六五 歷 六五三 翮 一三五六 翮 一三五六 17 櫟 六四二 18 擽 五二五 19 櫟 六四三 瀝 七三六 20 櫪 六四四 皪 八四八 礫 八六〇 藶 一〇五七 21 癧 八二〇 22 轢 一一八一 酈 一三三二 23 轣 一一八一

24 靂 一三〇一

レチ 列 一五三 劣 一六四 烈 七五〇 裂 一〇八六

レツ 5 厉 一九二 6 列 一五三 劣 一六四 8 例 九〇 冽 一三九 9 洌 六九八 10 埒 二七〇 埓 二七〇 烈 七五〇 11 唳 二三七 捩 五二四 12 裂 一〇八六 15 厲 一九四

レン 8 怜 四六八 10 恋 四五三 連 一一九八 11 連 一一九八 12 煉 七四三 13 廉 四一〇 廉 四一〇 楝 六三一 漣 七三四 煉 七四五 蓮 一〇四四 14 嗹 二四一 奩 二九九 漣 七三八 15 練 九四五 匳 一七八 憐 四七八 璉 七九三 練 九四八 聯 九七七 蓮 一〇四七 輦 一一七四 16 撿 五三三 濂 七三三 錬 一二五〇 17 斂 五三八 殮 六五八 縺 九五一 聯 九七八 臉 九九六 鍊 一二五二 18 鎌 一二五三 鎌 一二五三 19 簾 九〇九 蠊 一〇七四 䜌 一一〇六 鏈 一二五五 20 瀲 七三六 [illegible] 一一五五 醶 一三一八 鰊 一三六六 21 蘞 一〇五八 22 孌 三二〇 孿 三三七 鰱 一三六八 23 戀 四六四 攣 四九三 籢 九二一 25 臠 九八一

ろ

ロ 7 呂 二三五 8 枦 六二四 炉 七四二 芦 一〇一八 9 侶 九六 10 旅 五五〇 旅 五五〇 舮 一〇〇八 11 虘 一〇六〇 虗 一〇六〇 鹵 一三八〇 12 虜 一〇六一 鈩 一二四一 13 絽 九四〇 虜 一〇六一 賂 一一五三 路 一一六五 輅 一一七八 14 滷 七二八 漏 七二八 馿 一三四二 15 魯 一三六〇 魲 一三六一 16 盧 八二三 磠 八五九 蕗 一〇五三 17 蕗 一〇五三 18 濾 七三五 艪 一〇〇九 19 壚 二七七 廬 四一二 櫚 六四三 櫓 六四三 20 瀘 七三六 櫨 六四四 爐 七四八 臚 九九六 蘆 一〇五七 21 艪 一〇一〇 露 一三〇一 髏 一三四九 22 纑 九五四 艫 一〇一〇 23 轤 一一八一 24 鑪 一二五七 鷺 一三七三 25 顱 一三三四 26 驢 一三四七 27 鱸 一三六九 鸕 一三八〇

ろ 櫓 六四三

ロウ 6 老 九六八 7 労 一六四 弄 四一五 牢 七六五 良 一〇一〇 8 拉 五〇三 咾 二三五 9 娄 三〇八 姥 三一五 挊 五〇六 柆 六一七 郎 一二一八 陋 一二七三 10 哢 二三六 挵 五〇九 朗 五八五 浪 七〇四 狼 七七五 郎 一二一九 11 竜 一三九七 偻 一〇五 婁 三〇九 婁 三〇九 朖 五八四 朗 五八五 琅 七九〇 莨 一〇三三 12 勞 一六五 屡 三七〇 廊 四一〇 棱 六二七 13 僂 一〇九 廊 四一〇 楞 六三一 楼 六三一 榔 六三一 滝 七三五 稜 八八〇 粮 九二五 蜋 一〇六九 14 塿 二七六 寠 三四八 摺 五三〇 摺 五三〇 榔 六三五 槞 六三五 漏 七二八 瑯 七九二 蝋 一〇七〇 15 踉 一一六五 撈 五三三 樓 六三八 潦 七三二 澇 七三二 16 蔞 一〇四七 輘 一一七九 橑 六四一 17 瘻 八一八 窶 八八九 篭 九〇六 螂 一〇七二 褸 一〇九三 龍 一三九七 橯 六四三 癆 八一九 磱 八六〇 簍 九〇七 縷 九五一 膢 九九六 薐 一〇五三 藘 一〇五三 螻 一〇七三 18 糧 九一八 醪 一三一八 19 壟 二六四 壠 二七七 攏 五三五 櫳 六四三 瀧 七三六 臘 九九六 鏤 一二五五 隴 一二八五 20 龐 一三九九 朧 五八五 21 龒 六〇七 櫳 六四四 瓏 七九四 蘢 一〇五七 礱 八五三 蠟 一〇七四 露 一三〇一 22 髏 一三四九 籠 九二〇 聾 九七六 龓 一三九九 礲 一三三六 23 鑞 一二五七

ロク 4 仂 七三 六 一一七 6 朸 六〇八 肋 九八五 7 谷 一一三六 8 彔 四四四 录 四四四 11 勒 一七〇 陸 一二七九 鹿 一三八一 12 椂 六二七 禄 八六八 13 睩 八四三 碌 八五七 祿 八六八 14 漉 七三八 粶 九一七 緑 九四四 綠 九四四 15 慮 四六二 16 録 一二五〇 17 錄 一二五〇 簏 九〇七 18 轆 一一八〇 19 簶 九〇九 麓 一三八三 22 籙 九二〇

ろくろ 鏇 一二五四

ロン 乱 四三 侖 六八 崙 三七五 崘 三八〇 亂 四四 論 一一二六

わ

ワ 6 汚 六七六 汙 六七六 汚 六七六 8 咊 二三四 和 二二五 杷 六一三 9 哇 二三四 洿 六九一 洼 六九八 10 倭 一〇二 窊 八八七 12 媧 二四六 蛙 一〇六七 13 話 一一一九 14 漥 七三八 窩 八八八 窪 八八八 22 龢 一四〇〇

わ 囘 一三三 回 二四九 曲 五七六 吾 二三一 囬 二五一 我 四八二 輪 一一七九 環 七九三 環 七九三 鐶 一二五五

ワイ 9 歪 六五三 11 淮 七一三 猥 七七七 12 隈 一二八二 13 匯 一七八 滙 七二〇 煨 七四五 痿 八一六 矮 八四九 16 賄 一一五三 濊 七三三 17 獩 七七九 薈 一〇四九 18 穢 八八三

わかい 夭 三〇三 少 三六〇 若 一〇三一 若 一〇三一 弱 四一八 弱 四一八 婐 三一八

稚 八七九　嫩 三三〇　嫩 三三〇
わかさぎ　鰙 一三六七
わかじに　夭 三〇三　殀 六五五　殤 六五八
わかす　沸 六八九　涌 七〇二　湧 七一九　湧 七一九
わかつ　分 一四七　別 一五四　班 七六五　頒 一三一七
わがねる　綰 九四五
わかる　分 一四七　判 一五四　判 一五四　解 一二〇三　解 一二〇三
わかれ　別 一五四　訣 一二一一
わかれる　分 一四七　別 一五四　岐 三七八　派 六九七　派 六九七　訣 一二一一
わき　脇 九八八　側 一〇三　掖 五〇九　腋 九九一
わきばら　膀 九九四
わきまえる　弁 四一四　辨 一二八三　辧 一二八三　瓣 一二八三　辯 一二八三
ワク　或 四八三　惑 四五六　鋈 一三三八　獲 七七八　篗 九〇六　獲 七七九　籰 九二〇　蠖 一〇七四　籰 九二一
わく　別 一五四　枠 六二四　沸 六八九　洶 六九四　涌 七〇二　湧 七一九　湧 七一九　濆 七三三　欄 六四四　欄 六四四
わけ　訳 一二一三　義 八六一　譯 一二三五
わげ　髷 一三五三
わける　分 一四七　判 一五四　判 一五四　別 一五四　析 六二五　剖 一六〇　班 七六五　頒 一三一七
わざ　技 四九五　芸 一〇一六　術 一〇七九　術 一〇七九　業 六〇六　態 四六一　蓺 一〇四五　藝 一〇五四
わざと　故 五三二　態 四六一
わざわい　4 凶 一四四　厄 一九一　5 戹 四八六　7 災 七四〇　灾 七四〇　9 殃 六五六　祅 八六四　10 害 三四〇　害 三四〇　11 訞 一二一三　13 禍 八六八　14 禍 八六八　18 難 一三九一　19 孼 三一七　難 一三九一　20 孽 三一七
わし　儂 一二一　鷲 一三七二
わずか　毫 六六五　僅 一〇五　僅 一〇六　銖 一三四五　纔 九五四
わずらい　患 四五五　煩 七四五
わずらう　患 四五五　煩 七四五
わずらわしい　煩 七四五　嬈 三三〇
わずらわす　煩 七四五
わすれぐさ　萱 一〇三三　萱 一〇三七
わすれる　忘 四四七　忘 四四七　遺 一三一一　諼 一二二八　遺 一三一一
わた　9 海 六九一　10 海 六九八　絋 九三三　11 棉 六二七　12 絮 九三三　絖 九三七　13 腸 九九三　綿 九四三　14 緜 九五四　15 膓 九九五　21 纊 九五三
わたいれ　袍 一〇八九　褚 一〇九二
わだかまる　蟠 一〇七三
わたくし　私 八七三
わたし　私 八七三　妾 三〇八　渡 七一七
わたす　度 四〇六　済 七〇七　渡 七一七　濟 七三三
わだち　軌 一二七四　轍 一二八一
わたつみ　海 六九一　海 六九八
わたり　渡 七一七
わたる　6 亘 五一　亙 五一　9 度 四〇六　10 渉 七〇〇　航 一〇〇七　11 済 七〇七　渉 七〇八　12 渡 七一七　14 歴 六五三　16 歷 六五三　17 濟 七三三
ワッ　曰 五七五　膃 九九二　斡 五四三　膃 九九四
わな　罠 九五六　羂 九五八
わに　鰐 一三六六　鱷 一三六九
わび　侘 八九　詫 一二一八
わびしい　佗 八三　侘 八九
わびしむ　侘 八九
わびる　佗 八三　侘 八九　詫 一二一八
わめく　喚 二三八
わら　稈 八七八　稿 八八一　稾 八七三　藁 一〇五三　藳 一〇五四
わらい　笑 八九四　笑 八九四
わらう　听 二三一　咍 二三三　咥 二三四　咲 二三五　咲 二三五　哂 二三五　笑 八九四　笑 八九四　蚩 一〇六三　嗤 二四〇
わらび　蕨 一〇四七
わらべ　童 八九一　童 八九一
わらわ　妾 三〇八　童 八九一　童 八九一
わらわやみ　瘧 八一七
わり　割 一六一　割 一六一
わりご　樏 六三八
わりふ　符 八九六
わる　割 一六一　割 一六一
わるい　凶 一四四　悪 四五三　惡 四五六
われ　余 六六　吾 二二一　我 四八二　朕 五八四　朕 五八四　餘 一三三三
われる　破 八五五　割 一六一　割 一六一
ワン　9 弯 四一九　10 盌 八三〇　11 埦 二七一　惋 四七一　捥 五一四　12 椀 六二七　13 湾 七二〇　琬 七九〇　14 腕 九九二　碗 八五七　綰 九四五　蜿 一〇六九　15 豌 一二三八　18 饂 一三二四　19 饂 一三二四　22 彎 四一九　25 灣 七三七

を

を　乎 三七

1 一部 いち

甲骨文 一 金文 一 篆文 一 重文 弌

一は、二や三と同じく横線の数で直接的に数を表す指事の字であるが、一部に属するものは、三のほかは数の一に関係なく、字体上、横画が目印となり、他の部には属せしめにくいものが収められている。

一 ① 七 ② 三 丈 与 ③ 丈 ④ 册 世 丗 ⑤ 卡
一 ① 丐 丁 ② 下 万 ③ 丏 不 丏 ④ 丙 丙 ⑤ 丟 両 ⑥ 亜
一 ② 上 ③ 丑 ④ 丘 且 丕 ⑤ 丞 ⑦ 並 ⑧ 並

一

1 【一】 1676 306C 88EA 一-0 常1 (2198) 【弌】 4801 5021 989F 弋-1

イチ㊉・イツ㊇ \yī\ ひと・ひとつ・ひい・かず・はじめ・ピン

筆順 一

字解 部首解説を参照。

参考 (1)金額を記す場合、改竄を防ぐため「壱」を用いることが多い。(2)「ピン」の読みはポルトガル pinta から。

意味 ❶数の名。ひとつ。㋑ひとつ。ひとり。『一騎当千』『一員』『一個』『単一』『逐一』 ㋺あるひとつの。『一夕』『一説』 ㋩ひとたび。いちど。『一喜一憂』『一読』『一別』 *史記-刺客伝「壮士一去兮不二復還一」〔＝壮士はひとたびこの地を離れれば、二度と帰ってくることはない〕 ㋥いつは。ひとつには。あるいは。 *論語-里仁「父母之年、不レ可レ不レ知也。一則以喜、一則以懼」〔＝父母のとしは、しらざるべからざるなり。イツはすなわちもってよろこび、イツはすなわちもっておそる〕父母の年齢は知っていなければならない。一つには(長生きを)喜ぶのであり、一つには(老い先の短いことを)心配するのである〕 ㋭わずか。ほんのすこし。『一触即発』『一瞥』『一瞬』 ⇓表 ❷最初の。はじめ。㋑第一番め。『一周忌』『一審』 ㋺すぐれている。最高・最上のもの。『天下一品』『一流』 ❸いつに。ひとえに。ひたすら。もっぱら。『一貫』『専一』 *杜甫-秋興「孤舟一繋故園心」〔＝ひたすらに一そうの小舟を、故郷を思う心をこめて、つなぎ止める〕 ❹ひとつにする。同じくする。ひとしい。また、おしなべて。すべて。みんな。『一蓮托生』『一概』『一様』『画一』『統一』 ❺人名、書名など。『一休』『一遍』

下接 ❶ひとつ。ひとたび。また、わずか。

画一・帰一・均一・合一・混一・三一・執一・守一・什一・斉一・尺一・全一・択一・単一・逐一・同一・万一・唯一・紅一点・刻一刻・年一年・歩一歩・予一人・鉛刀一割・鎧袖一触・危機一髪・機法一体・九牛一毛・緊褌一番・桂林一枝・倶会一処・愚者一得・鶏群一鶴・乾坤一擲・胡越一家・青山一髪・千載一遇・千篇一律・千慮一失・滄海一粟・巣林一枝・同功一体・伯楽一顧・八紘一宇

◎「一」ともう一つの数とで対をなす四字熟語

一と一		一と二(両)	一と千	一とその他
一喜一憂	一期一会	一石二鳥	一攫千金	一国三公
一進一退	一挙一動	一挙両失	一字千金	一日三秋
一治一乱	一裘一葛	一挙両全	一日千秋	一唱三嘆
一張一弛	一言一行	一挙両得	一日千里	一刀三礼
一朝一夕	一汁一菜	一刀両断	一瀉千里	一読三嘆
一長一短	一宿一飯	唯一無二	一笑千金	一暴十寒
一得一失	一世一代	二者択一	一望千里	一攫万金
一顰一笑	一木一草	二拍一拝	一落千丈	一粒万倍

【一握(イチアク)】 ひとにぎり。ほんのわずかなこと。

【一意(イチイ)】 一つの考え。また、同じ気持ち。↓❸

【一葦(イチイ)】 (一枚の葦の葉にたとえて) 一そうの小舟。 *蘇軾-前赤壁賦「縦二一葦之所一レ如」〔＝小舟の流れゆくのにまかせる〕

【一衣帯水(イチイタイスイ)】 一筋の帯を引いたような狭い水の流れや海峡。また、それによって隔てられていること。〔南史-陳後主紀〕『一衣帯水の地』 (1)「衣帯」は帯のこと。(2)「いちい-たいすい」と切って読まれることが多いが、原義にそわない。

【一院(イチイン)】 ①一つの官庁。②一つの寺院、建物。③一つの議院。『一院制』 ↓❷❹

【一韻到底(イチイントウテイ)】 中国の古体詩の押韻法則の一つ。詩の全編が同一の韻をふむこと。↔換韻

【一宇(イチウ)】 (「宇」は「のき」の意で、家を数える助数詞) 一軒。一棟の建物。『八紘一宇』

【一会(イチエ)】 ㊀一つの集まり。一つの会合、集会。①説法、仏事などの集まり。一つの法会。②芸能などの催し。演奏。③茶事。茶芸。㊁ひとたび会うこと。『一期一会』

【一応(イチオウ)】 国十分とは言えないが、ひととおり。「一度往くこと」の意で、元来は「一往」と書いた。

【一涯(イチガイ)】 一方のはて。

【一義(イチギ)】 一つの道理。一つの意味。↓❷

【一儀(イチギ)】 ①一つの事柄。一件。話題とする事柄をさしていう。あの事。②いささかの気持ち。寸志。

【一議(イチギ)】 ①一回の評議。『一議に及ばず』 ②異議。『一議もない』

【一牛鳴地(イチギュウメイチ)】 一頭の牛の鳴き声の聞こえるほどの近い距離の所。

【一行(イチギョウ—イッコウ)】 ㊀(イチギョウ) ①一列にならぶこと。ひとならび。②文章のひとくだり。また、書かれた文字の一列。③仏語。一事に専心すること。また、一つの行。㊁(イッコウ) 一つの行い。『一言一行』 ↓❹(イッコウ)

【一隅(イチグウ)】 片すみ。【挙二一隅一不下以二三隅一反上、則不レ復也】 四すみあるものの一すみを教えてやった場合、学ぶ者がほかの三すみについて類推して反応するようでなければ、二度とくり返して教えない。教えられる立場にある者の、自発的な努力を期待した言葉。〔論語-述而〕

【一夏(イチゲ)】 (「一夏九旬」の略。ひと夏九〇日の意) 仏語。安居を行う、四月一六日から七月一五日までの夏の九〇日間。また、安居のこと。

【一芸(イチゲイ)】 一つの技術、芸能。『一芸に秀でる』

【一撃（イチゲキ）】一回の打撃。ひとうち。『一撃を加える』

【一元（イチゲン）】①物事の原理をただ一つであるとすること。↔多元。『一元化』『一元的』『一元論』②天皇一代の間にただ一つの年号を用いること。『一世一元』③数学で未知数が一個であること。『一元二次方程式』

【一言（イチゲン｜イチゴン｜ひとこと）】みじかい言葉。言葉の片はし。また、ちょっとした意見。『一言申し上げます』＊論語‐衛霊公「有下一言而可二以終身行一レ之者上乎（イチゲンにしてもってシュウシンこれをおこなうべきものありや）」〔＝たったひとことで、一生行っていく価値のあることばがあるか〕【一言居士（イチゲンコジ）】何事にも、一言自分の意見を言わないと、気のすまない人。❤「一言抉（イチゲンこれをおおう）る」を人名になぞらえたもの。〔一言以蔽レ之（イチゲンもってこれをおおう）〕一言で全体の意味を言い尽くす。〔論語‐為政〕【一言半句（イチゴンハンク）】ちょっとした言葉。片言隻句（ヘンゲンセキク）。『一言半句も解し得ない』

【一毫（イチゴウ）】毛筋ほどのわずかなもの。ほんの少し。＊蘇軾‐前赤壁賦「雖二一毫一而莫レ取（イチゴウといえどもとることなし）」〔＝毛筋ほどの微細なものも、自分のものにしない〕

【一字（イチジ）】①一つの文字。『一字一句も漏らさず書く』②漢数字の「一」の文字。真一文字。〔無二一字一（イチジなし）〕一字のたよりもない。まったく音信が途絶えていること。＊杜甫‐登二岳陽楼一「親朋無二一字一（シンポウイチジなし）」〔＝身内からも友人たちからも一通の便りとて来ない〕」【一字千金（イチジセンキン）】①一字だけで千金もの価値があること。詩文の表現や筆跡などを尊重していう語。〔史記‐呂不韋伝〕②師恩の厚いこと。❤中国、戦国時代の呂不韋が「呂氏春秋」を書き著したとき、一字でも添削できた者には千金を与えようと言ったという故事から。【一字師（イチジのシ）】一文字の教えを受けた師。また、詩文などを添削し指導してくれた人。〔鶴林玉露‐干宝〕

【一次（イチジ）】数学で、二乗以上の項を含まないもの。『一次方程式』→❷

【一時（イチジ｜イットキ｜ひととき）】①少しの間。また、その時だけ。『一時しのぎ』『一時的』②過去のある時。③（イチジ）時刻の名称の一。『午後一時三十分』④（イットキ）昔の時間区分で、今の二時間。一刻。

【一日（イチジツ｜イチニチ）】①午前零時から午後一二時までの間。②ある日。〔一日暴レ之、十日寒レ之（イチジツこれをさらして、ジュウジツこれをひやす）〕勤勉に努めることが少なく、怠けることが多いたとえ。一暴十寒（イチバクジッカン）。〔孟子‐告子上〕❤一日日光にさらして暖め、一〇日間冷やす意から。【一日三秋（イチジツサンシュウ｜イチニチサンシュウ）】一日会わないと、三年も会わないように感じること。＊詩経‐王風・采葛「一日不レ見、如二三秋一兮（イチジツみざれば、サンシュウのごとし）」〔＝一日会わないと、三年も会わないようだ〕」【一日千秋（イチジツセンシュウ｜イチニチセンシュウ）】待ち遠しくて一日が千年にも感じられること。『一日千秋の思い』【一日之長（イチジツのチョウ）】他人より少し年長であること。他人より少し経験が深いこと。〔論語‐先進〕〔一日難二再晨一（イチジツふたたびあしたなりがたし）〕一日のうちに朝が二度ないように、若い時代は二度とこない。〔陶潜‐雑詩〕

【一実（イチジツ）】仏語。①（「一」は不二絶対、「実」は真実）真如、実相の理法をさす。『一実円頓（エンドン）』②円教（エンキョウ）、一乗（イチジョウ）などをいう。

【一汁一菜（イチジュウイッサイ）】汁とおかず一品ずつの食事。質素な食事のたとえ。

【一樹蔭（イチジュのかげ）】知らぬ者同士が雨を避けて同じ木陰に身を寄せ合うのも、前世からの因縁によるということ。〔説法明眼論〕

【一巡・一順（イチジュン）】一回りすること。『打者一巡』

【一助（イチジョ）】少しの助け。いくらかの足し。

【一条（イチジョウ）】①ひとすじ。一本。『一条の光』②箇条書きなどのひとくだり。③ある事柄。一件。

【一乗（イチジョウ）】（「乗」は乗り物の意）仏語。真実の悟りにと運んでいく唯一絶対の教え。大乗。法華一乗、華厳一乗、本願一乗など。→❷

【一場（イチジョウ）】①一つの場所、場面。②その場限りであること。【一場春夢（イチジョウのシュンム）】栄華のきわめてはかないことのたとえ。〔侯鯖録（コウセイロク）〕❤その場だけで跡かたもなく消える短い春の夢の意から。

【一上一下（イチジョウイチゲ）】①あるいは上がり、あるいは下がること。上げたり下げたりすること。②刀で激しく打ち合うこと。③あれこれかけひきをすること。臨機応変。

【一陣（イチジン）】風が、一しきり吹くこと。『一陣の風』→❷

【一生面（イチセイメン）】新しい工夫や特色。新機軸。『一生面を開く』

【一絶（イチゼツ）】①ひとたび断ち切ること。②一つの絶句。

【一善（イチゼン）】一つのよい行い。一徳行。『一日一善』＊中庸「得二一善一、則拳拳服膺、而弗レ失レ之矣（イチゼンをうれば、すなわちケンケンフクヨウし、これをうしなわず）」〔＝（顔回は）一つの徳行を知ったならば、両手で物を大切にささげ持つように、常に心に忘れずに守る人物である〕」

【一存（イチゾン）】国その人ひとりだけの考え。『私の一存では決めかねます』

【一朶（イチダ）】（「朶」は花をつけた枝）①花の一枝。一輪の花。②ひとかたまり。

【一代（イチダイ）】①同一の君主、戸主などである間。②ある一つの時代。③人の一生涯。生きている間。

【一諾（イチダク）】人から頼まれ、承知して引き受けること。【一諾千金（イチダクセンキン）】男子が一諾したことは千金にも換えがたい価値があり、必ず実行しなければならないということ。〔史記‐季布伝〕

【一度（イチド）】いっぺん。一回。『一生に一度のこと』→❹

【一道（イチドウ）】①一筋の道。②一つの芸道。

【一読（イチドク）】一度読むこと。ひととおり読むこと。

【一難（イチナン）】一つの災難、困難。『一難去ってまた一難』

【一如（イチニョ）】合して一体となること。『物心不二一如』

【一人（イチニン｜イチジン｜イチのひと｜ひとり）】㊀（イチニン）①ひとりの人。②ある人。㊁（イチジン）国天子。天皇。㊂（イチのひと）大臣。〔一人伝レ虚、万人伝レ実（イチニンキョをつたうれば、バンニンジツをつたう）〕一人がうそを言いふらすと、これを聞いた大勢の人が事実として言いふらす。〔節用集〕

【一念（イチネン）】仏語。きわめて短い時間。また、一瞬の間の心の作用。→❸

【一能（イチノウ）】ある一つの技能、才能。

【一番（イチバン）】①芸能、碁、相撲などの一曲、一勝負。『大一番』②試みに。思いきって。『大死一番』→❷

【一病息災（イチビョウソクサイ）】無病で健康な人よりも、一つぐらい病気のある人の方が健康に気を配り、かえって長生きであるということ。

【一分（イチブ｜イチブン｜イップン）】㊀（イチブ）①一の一〇分の一。一割。『一分咲き』②一割の一〇分の一。一パーセント。『年一分の利子』『一分一厘』㊁（イチブン）国一身の面目。『男の一分が立たない』㊂（イップン）時間・角度の単位。

【一物（イチブツ｜イチモツ）】①一つの品物。また、ある一つの物事。『無一物』②（イチモツ）一つのたくらみ。『胸に一物ある』

【一別（イチベツ）】ひとたび別れること。『一別以来』〔＝別れてからこのかた〕」

【一瞥（イチベツ）】ちらっと見ること。『一瞥をくれる』

【一望・一眸（イチボウ）】一目で見渡すこと。【一望千里（イチボウセンリ）】一目で千里の遠くまで見渡されること。ながめがよく広々しているさま。

【一木一草（イチボク イッソウ）】一本の木、一本の草。極めてわずかなもののたとえ。『一木一草に至るまで』

〖一木不ㇾ能ㇾ支二大廈之崩一（イチボクタイカのくずるるをささうるあたわず）〗大きな家が倒れる時は、一本の木で支えることはむずかしい。大勢が傾きかけている時は、一人の力ではどうすることもできない。〔文中子-事君〕

【一抹（イチマツ）】国ほんの少し。ごくわずか。『一抹の不安』

【一味（イチミ）】ただ一つの味。『一味唐がらし』→❹

【一脈（イチミャク）】ひとすじ。ひとつづき。『一脈相通ずる』

【一名（イチメイ）】①ひとり。『欠席一名』②本名以外の名。

【一命（イチメイ）】①一つのいのち。『一命をとりとめる』②ひとたび命令すること。『一命が下る』

【一面（イチメン）】一方の側。片方の面。『一面の真理』→❷❹

【一毛（イチモウ）】①一本の毛。転じて、非常にわずかなもの。②草や木の一本。一木一草。③尺度、秤（はかり）、貨幣、割合の単位。一厘の一〇分の一。

【一毛作（イチモウサク）】同一耕地に一年に一回だけ農作物を作ること。↔二毛作

【一網打尽（イチモウダジン）】一度網をうって魚を取り尽くすこと。一挙に一味の者を捕らえること。〔宋史-范純仁伝〕

【一目（イチモク・ひとめ）】①一度見ること。ちょっと見ること。一見。②（モク）碁盤上の一つの目。また、一つの碁石。『一目置く〔=自分よりすぐれている者に対して、一歩譲る〕』【一目瞭然（イチモク リョウゼン）】ひとめではっきりとわかるさま。

【一文（イチモン）】ごくわずかな金銭。『一文なし』『無一文』

【一問一答（イチモン イットウ）】一つの問いに対して一つの答えをすること。また、それを繰り返すこと。

【一文字（イチモンジ）】一という文字。また、そのようにまっすぐなこと。『真一文字』

【一夜（イチヤ・ひとよ）】①ひと晩。『一夜漬け〔=一晩漬けた漬物。短時間に大急ぎでやる仕事や勉強〕』②ある晩。

【一躍（イチヤク）】一足とびに。急に。『一躍有名になる』

【一揖（イチユウ）】軽く会釈をすること。

【一遊一予（イチユウ イチヨ）】〔「予」はもと「豫」。楽しむ意〕一度の遊び、一度の楽しみ。

【一葉（イチヨウ）】①一枚の葉。②小舟一そう。③紙一枚。

〖一葉落知二天下秋一（イチヨウおちてテンカのあきをしる）〗わずかなきざしから、後に来ることを予知するたとえ。アオギリの葉の他の木よりも早い落葉からいう。〔淮南子-説山訓〕

【一陽来復（イチヨウ ライフク）】①冬が去り春が来ること。易で一〇月は坤（䷁）の卦にあたり一一月は復（䷗）で陽（⚊）が生じ始めた形であるところからいう。〔易経-復〕②悪いことが続いたあと、好運に向かうこと。

【一翼（イチヨク）】①一つのつばさ。②役割の一部分。『一翼をになう』

【一覧（イチラン）】①ひととおり見ること。②内容が一目で分かるように、簡単に記したもの。『一覧表』

【一利（イチリ）】一つの利益。『百害あって一利なし』

【一理（イチリ）】一つの道理、理由。一応うなずける理由。『君の言うことにも一理ある』

【一流（イチリュウ）】①一つの流儀、流派。②独特のやり方。『彼一流の論理』→❷

【一粒万倍（イチリュウ マンバイ）】一粒の種子が、その万倍もの粒となる意で、わずかなものから非常に多くの益をあげることのたとえ。また、少しのものも粗末にしてはいけないという気持ちを表す。〔報恩経-四〕

【一輪（イチリン）】花や車輪の一つ。『一輪の梅』『一輪車』

【一縷（イチル）】一筋の糸。転じて、わずかなつながりのたとえ。『一縷の望み』

【一礼（イチレイ）】一度礼をすること。『一礼して立ち去る』

【一路（イチロ）】一筋の道。『一路をたどる』→❸

【一臈（イチロウ）】①仏語。出家受戒後、安居（アンゴ）を一度終えたことにいい、これを法臈一歳と数える。また、転じて、年功を積んだ僧の意にも用いる。②一般に、年功を積んで長老となった人。③人の誕生後七日め。

〖聞ㇾ一知ㇾ十（イチをきいてジュウをしる）〗非常に賢くて理解がはやいことの形容。少しのことを聞いて、他のすべてのことがわかる。一を聞いて二を知る。〔論語-公冶長〕

〖知ㇾ一不ㇾ知ㇾ二（イチをしりてニをしらず）〗一つのことだけを知っていて、他方を知らない。真に理解していないことのたとえ。〔荘子-天地〕

【一下（イッカ）】ひとたびくだること。『号令一下整列する』

【一家（イッカ）】①一つの家。②独立した一つの流派。『一家を興す』→❹【一家言（イッカゲン）】独自の意見、主張。また、見識のある意見。〔史記-太史公自序〕

【一過（イッカ）】一度にさっと通り過ぎること。『台風一過』

【一介（イッカイ）】とるにたらないもの。『一介の文士』

【一角（イッカク）】①一つのつの。②片隅。一部分。③イッカク科の水生哺乳類。一角獣。【一角獣（イッカクジュウ）】①中国古代の想像上の動物。「麒麟（キリン）」の異名。②ヨーロッパに伝わる伝説上の動物。体は馬の形をし、額に長い一本の角が生えている。「ユニコーン（英unicorn）」の訳語。③＝一角③

【一郭・一廓（イッカク）】一つの囲いの中にある地域。

【一攫千金（イッカク センキン）】一度にたやすく巨額の利を得ること。『一攫千金を夢見る』

【一喝（イッカツ）】大声でどなりつけること。

【一環（イッカン）】鎖などの一つの輪。また、全体的なつながりのある物事の一部分。『政策の一環をなす』

【一竿風月（イッカンのフウゲツ）】一本の釣りざおを友として釣りを行い、俗事を忘れて自然の風物を楽しむこと。

【一気（イッキ）】①ひといき。②万物のもととなる渾然の気。

【一気呵成（イッキ カセイ）】ひといきに物事をなしとげること。〔詩藪-内篇〕『一気呵成に書き上げる』

【一紀（イッキ）】古代中国で、一二年のこと。歳星（木星）が天を一周する周期。

【一期（イッキ・イチゴ）】①（イッキ）一定の期間の一区切り。また、最初の時期。第一期。『一期生』②（イチゴ）生まれてから死ぬまで。一生。【一期一会（イチゴ イチエ）】国そのことに出会うのは一生に一度限りであること。〔茶湯一会集〕

【一簣（イッキ）】〔「簣」は土を運ぶかごの類〕一荷のもっこ。また、そのもっこに盛った土。わずかな量にたとえる。＊論語-子罕「譬如ㇾ為ㇾ山。未ㇾ成二一簣一、止吾止也（たとえばやまをつくるがごとし。いまだイッキをなさざるも、やむはわがやむなり）〔=たとえて言えば、山を作るようなものだ。あともっこ一杯というところで完成しないのも、仕事をやめたのは自分自身でやめたのである〕」

【一簣之功（イッキのコウ）】最後のひと骨折り。完成直前の努力。＊書経-旅獒「為ㇾ山九仞功虧二一簣一（やまをつくるにキュウジンのコウをイッキにかく）〔=九仞の山を築くのに、最後の一杯のもっこの土を欠けば完成しない〕」

【一喜一憂（イッキ イチユウ）】事ごとに喜んだり心配したりすること。『試合の経過に一喜一憂する』

【一掬（イッキク）】ひとすくい。わずかな量。『一掬の涙』

【一騎当千（イッキ トウセン）】一人で千人の敵に対抗できるほど強いこと。〔太平記-五〕

〖一饋十起（イッキにとたびたつ）〗〔「饋」は食事〕一度食事をする間に一〇回も中座する。政治に熱心なこと。〔淮南子-氾論訓〕❤古代中国、夏の禹ゥ王が士を迎えるのに熱心で

食事中に何度も席を立ったという故事から。

【一挙（イッキョ）】①ひとたび事を起こすこと。一つの企て。②一つの動作、行動。③一飛びすること。〔楚辞‐賈誼・惜誓〕④一息に。いっぺんに。＊杜甫‐贈₌衛八処士₋「一挙累₌十觴₋（イッキョにジッショウをかさぬ）〔＝たて続けに十杯のさかずきをかたむけた〕」【一挙一動（イッキョイチドウ）】一つ一つの動作、ふるまい。【一挙手一投足（イッキョシュイットウソク）】細かい一つ一つの動作や行動。一挙一動。〔韓愈‐応₌科目₋時与₋人書〕【一挙両全（イッキョリョウゼン）】一つのことをなすことによって、二つのことがうまくゆくこと。【一挙両得（イッキョリョウトク）】一つの行動で、二つの利を得ること。一石二鳥。〔晋書‐束皙伝〕

【一興（イッキョウ）】ちょっとした面白み。それなりの興趣。

【一驚（イッキョウ）】びっくりすること。『一驚を喫する』

【一局（イッキョク）】①幾つかに分かれたうちのひとまとまり。②囲碁、将棋、双六（スゴロク）などの一勝負。

【一系（イッケイ）】一つの血筋。『万世一系』

【一計（イッケイ）】一つの策略、計画。『一計を案じる』

【一件（イッケン）】①一つの事柄。『一件落着』②あのこと。例のこと。『例の一件』

【一見（イッケン）】①一度見ること。一通り見ること。『百聞は一見にしかず』②ちょっと見ると。『一見、学者風』→❷（イチゲン）【一見如レ旧（イッケンキュウのごとし）】一度会っただけで意気が合い、旧知のように親しくなること。〔唐書‐房玄齢伝〕

【一犬吠レ形、百犬吠レ声（イッケンかたちにほゆれば、ヒャッケンこえにほゆ）】一匹の犬が何かはっきりしないものを見てほえると、それにつられて多くの犬がほえだす。一人がいいかげんなことを言い出すと多くの人がそれを本当らしく広めてしまうことのたとえ。「一犬虚に吠ゆれば万犬実を伝う」とも。〔潜夫論‐賢難〕

【一己（イッコ）】自分ひとり。独力。『一己の意見』

【一個・一箇（イッコ）】物一つ。または、人ひとり。

【一顧（イッコ）】ちょっと振り返って見ること。『一顧だにしない』

【一口（イッコウ／ひとくち）】㊀（イッコウ）①一つの口。転じて、人ひとり。②一語。一言。③口をそろえて言うこと。＊韓非子‐内儲説下「如レ出₌一口₋（イッコウにいずるがごとし）〔＝まるで同じ人の口から出たかのようだ〕」④食物などのひとくち。㊁（ひとくち）①一回、口に入れること。『一口、味見する』②株、寄付などの一単位。『一口千円』③短い言葉。『一口話』

【一考（イッコウ）】一度考えてみること。『一考を要する』

【一鉤（イッコウ）】①一本の釣り針。②新月。

【一狐裘三十年（イッコキュウサンジュウネン）】きわめて倹約なことのたとえ。〔礼記‐檀弓（ダングウ）下〕❤中国の春秋時代、斉の晏子（アンシ）が一枚の狐の皮衣を三〇年も着たという故事から。

【一刻（イッコク）】①昔の時間、時刻の単位。約三〇分。②わずかな時間。『一刻を争う』→❸【一刻千金（イッコクセンキン）】たいせつな時や楽しい時の過ぎやすいのを惜しんでいう。＊蘇軾‐春夜「春宵一刻直千金（シュンショウイッコクあたいセンキン）〔＝春の夜は、一刻が千金にもあたいするほどすばらしい〕」

【一国（イッコク）】①一つの国。一か国。『一国一城の主』②その国全体。全国。→❸

【一壺天（イッコテン）】一つの小天地。別世界。壺中の天。〔後漢書‐費長房伝〕❤中国、後漢の費長房が、薬売りの老人とともに壺（つぼ）の中にはいって、別世界の楽しみを得たという故事から。

【一献（イッコン）】国一杯の酒。ちょっとした酒のふるまい。

【一再（イッサイ）】一、二度。『一再ならず』

【一昨（イッサク）】年、月、日などで、前の前のこと。『一昨年』『一昨晩』【一昨昨（イッサクサク）】「一昨」より一つ前の時を表す語。『一昨昨年』

【一策（イッサク）】一つのはかりごと。『窮余の一策』

【一札（イッサツ）】国一通の手紙、証文。『一札入れる〔＝文書で確約する〕』

【一撮（イッサツ）】①容積で一勺（イッシャク）の一〇分の一。②ひとつまみ。きわめて少量のこと。

【一盞（イッサン）】一つの杯。また、一杯の酒。

【一粲（イッサン）】（「粲」は、白い歯を出して笑う意）一度笑うこと。一笑い。【博₌一粲₋（イッサンをハクす）】自作の詩文などが人に読まれることをけんそんしていう。

【一子（イッシ）】①ひとりの子供。『一子をもうける』②囲碁で、一つの石。【一子相伝（イッシソウデン）】学問や技芸などの奥義を、自分の子の一人にだけ伝えること。

【一矢（イッシ）】一本の矢。【報₌一矢₋（イッシをむくゆ）】敵からの攻撃に対して、矢を射返す。転じて、反論する。

【一糸（イッシ）】糸、一本。また、ごくわずかなことのたとえ。『一糸まとわず』『一糸乱れず』

【一指（イッシ）】ゆび一本。『一指も触れない』

【一死一生乃知₌交情₋（イッシイッセイすなわちコウジョウをしる）】人は死、生などのことがあるたびに、人情の表裏を知るものである。〔史記‐汲鄭伝・賛〕

【一式（イッシキ）】ひとそろい。『家具一式』

【一失（イッシツ）】一つの損失、失敗。↔一得。『千慮の一失』

【一枝春（イッシのはる）】梅の花をいう。

【一瀉千里（イッシャセンリ）】物事がよどみなく一気にはかどることのたとえ。〔陳亮‐与₌辛幼安殿撰₋書〕❤「瀉」は水が流れ下る意。ひとたび流れ始めると一気に千里も流れるような水の勢いをいう。

【一周（イッシュウ）】一回りすること。『湾内一周』『一周年』

【一蹴（イッシュウ）】ひとけり。問題にせず、はねつけて、負かすこと。『敵を一蹴する』

【一宿一飯（イッシュクイッパン）】一晩泊めてもらい、一度食事をふるまわれること。『一宿一飯の恩義』

【一瞬（イッシュン）】一度まばたきするくらいの極めてわずかの間。『一瞬めまいがした』『勝利の一瞬』

【一所（イッショ）】一つの場所。『一所不住』【一所懸命（イッショケンメイ）】国一つの所領の保持に命がけであること。また、仕事に真剣に骨を折るさま。一生懸命。

【一書（イッショ）】①ある書物。また、別の本。一本。②一冊または、一部の書籍。③一通の手紙や文書。

【一生（イッショウ）】生まれてから死ぬまでの間。生涯。【一生懸命（イッショウケンメイ）】国一心に骨折るさま。❤「一所懸命」の変化した語。【一生不犯（イッショウフボン）】仏語。一生、不淫戒を守って、男女の交わりをしないこと。

【一笑（イッショウ）】軽く笑うこと。『破顔一笑』＊白居易‐長恨歌「回レ眸一笑百媚生（ひとみをめぐらしてイッショウすればヒャクビショウず）〔＝ひとみをめぐらしてにっこりほほえむと、なまめかしさがあふれ出る〕」

【一觴一詠（イッショウイチエイ）】（「觴」は杯の意）酒を飲み、詩を吟じて楽しむこと。

【一将功成万骨枯（イッショウコウなりてバンコツかる）】一人の将軍が功名を立てるかげには、多くの兵士のいたましい犠牲がある。功名をいたずらに将軍や指導者だけのものとするのを怒っていうことば。〔曹松‐己亥歳〕

【一唱三嘆・一倡三歎（イッショウサンタン）】詩文を一度読んで何度も感嘆すること。すぐれた詩文をほめたたえることば。一読三嘆。〔蘇軾‐答₌張文潜県丞₋書〕

【一色（イッショク）】①一つの色。ひといろ。『白一色』②一つの傾向が支配すること。『戦争一色の時代』
【一触即発(イッショクソクハツ)】ちょっとさわると、すぐ爆発しそうな危機にあること。
【一身(イッシン)】一つの身体。自分ひとり。『注目を一身に集める』【一身上(イッシンジョウ)】国その人自身の身の上、境遇などに関すること。『一身上の都合』
【一進一退(イッシンイッタイ)】進んだり、退いたりすること。
【一神教(イッシンキョウ)】一つの神だけを認め、それを信仰する宗教。↔多神教
【一睡(イッスイ)】ちょっと眠ること。『一睡もしない』
【一穂(イッスイ)】①一つの穂。②穂と形の似ているもの一つ。灯火や細く立ち昇る煙などにいう。
【一酔千日(イッスイセンニチ)】一度酔うと千日さめないこと。良い酒の形容。
【一炊之夢(イッスイのゆめ)】人生の栄華がはかないことのたとえ。→邯鄲之夢(カンタンのゆめ)
【一寸(イッスン|ちょっと)】①(イッスン)一尺の一〇分の一。量や程度がわずかなこと。『一寸先は闇(やみ)』『一寸の虫にも五分の魂』②(ちょっと)時間、数量や程度などがわずかであるさま。ほんの少し。【一寸光陰不レ可レ軽(イッスンのコウインかろんずべからず)】わずかの時間もむだにしてはならない。＊伝朱熹‐偶成「少年易レ老学難レ成、一寸光陰不レ可レ軽(ショウネンおいやすくガクなりがたし、イッスンのコウインかろんずべからず)」〔=若者もすぐに年老いてしまうのに、学問は完成しがたい。ちょっとした時間もむだにしてはならない〕
【一世(イッセイ|イッセ)】㊀(イッセイ)①ひとりの君主や家長などが支配している間。一代。②その時代。『一世を風靡する』㊁(イッセ)過去、現在、未来の三世(サンゼ)のうちの一つ。特に現世。→❷【一世一元(イッセイイチゲン)】国天皇一代の間に、年号を一つだけ用いること。【一世一代(イッセイチダイ)】国①一生に一度。『一世一代の大仕事』②役者などが引退の前に、立派に舞台をつとめること。舞台納め。
【一夕(イッセキ)】一夜。一晩。また、ある晩。『一朝一夕』
【一石(イッセキ)】一つの石。『一石を投じる〔=問題を投げかける〕』【一石二鳥(イッセキニチョウ)】〔一つの石で二羽の鳥を落とす意〕一つのことをして、二つの利を得ること。一挙両得。
【一席(イッセキ)】①一つの宴会、集まり。『一席設ける』②演説、講談などでの一つの話。『一席伺う』→❷
【一隻眼(イッセキガン)】①一つの目。②普通の眼のほかにもつ特別の一眼。真実を見抜く見識。〔碧巌録‐八則〕
【一説(イッセツ)】一つの説。また、違う説。別の説。
【一殺多生(イッセツタショウ|イッサツタショウ)】一つのものを殺すかわりに、多くのものを生かすこと。〔報恩経〕
【一洗(イッセン)】一回だけ洗うこと。→❹
【一閃(イッセン)】ぴかりと光ること。『紫電一閃』
【一戦(イッセン)】ひと勝負。『一戦を交える』
【一線(イッセン)】①一本の線。『一線に並ぶ』②明確な区切り。『一線を引く』→❷
【一双(イッソウ)】二つで一組になっているもの一組。一対。『屏風(ビョウブ)一双』
【一層(イッソウ)】①一重ね。一段。＊王之渙‐登二鸛鵲楼一「更上一層楼(さらにのぼるイッソウのロウ)」〔=もう一階上へと登った〕②さらに。ひときわ。
【一尊(イッソン)】①一つの酒だる。②一つのとうといもの。権威あるもの。
【一体(イッタイ)】仏像、彫像などの一つ。→❹
【一帯(イッタイ)】ひとすじ。『一帯の雲』→❹
【一旦(イッタン)】①ある朝。ある日。②ひとたび。一度。
【一旦有二緩急一(イッタンカンキュウあり)】ある日、突然に緊急なことが起こること。〔史記‐袁盎(エンオウ)鼂錯伝〕「緩急」は危急の意味で、「緩」は語調を整えるために添えられた字。
【一端(イッタン)】①一方の端。かたはし。↔両端。②事柄の一部分。↔万端。『仕事の一端を担う』
【一箪食一瓢飲(イッタンのシイッピョウのイン)】きわめて貧しい生活をいう。＊論語‐雍也「賢哉回也。一箪食一瓢飲、在二陋巷一(ケンなるかなカイや。イッタンのシイッピョウのイン、ロウコウにあり)」〔=えらいなあ、顔回は。わりご一杯の飯とひさご一杯の飲み物で、路地裏に暮らしている〕「箪」は竹製の器。わりご。「瓢」はひょうたん。ひさご。
【一知半解(イッチハンカイ)】十分にはわかっていないこと。生かじり。〔滄浪詩話‐詩弁〕『一知半解の徒』
【一籌(イッチュウ)】(「籌」は、古代中国で得点を数える道具)一つのはかりごと。【輸二一籌一(イッチュウをユす)】(「輸す」は負ける意)一段階劣る。おくれをとる。〔喬宇‐遊二嵩山一記〕
【一朝(イッチョウ)】①ひとたび。いったん。『一朝事ある時には』＊劉希夷‐代下悲二白頭一翁上「一朝臥レ病無二相識一(イッチョウやまいにふしてはソウシキなし)」〔=ひとたび病の床につけば、親しい友もしだいに離れてゆく〕②ある日、ふいに。＊白居易‐長恨歌「一朝選在二君王側一(イッチョウえらばれてクンノウのかたわらにあり)」〔=ある日選ばれて、天子のおそばにお仕えすることになった〕③わずかな間。【一朝一夕(イッチョウイッセキ)】短い時間。『一朝一夕には解決しがたい』
【一張一弛(イッチョウイッシ)】適度に厳格にし、適度に寛大にすること。弦を強く張ったりゆるめたりする意から。
【一長一短(イッチョウイッタン)】長所もあるが短所もあること。
【一張羅・一丁羅(イッチョウラ)】国たった一着きりの上等の衣類。また、たった一着しかない衣服。もと、「一挺蠟」と書き、つけかえのない、一本きりの蠟燭(ロウソク)の意。
【一対(イッツイ)】二つで一組となっているもの。『好一対』
【一定(イッテイ|イチジョウ)】㊀(イッテイ)①ほぼ定まってあまり動かないこと。②規準が定まっていること。『一定の書式』㊁(イチジョウ)確定的であること。確実。
【不レ識二一丁字一(イッテイジをしらず)】全く文字が読めないこと。〔唐書‐張弘靖伝〕「丁」は「个(カ)」の字の篆書(テンショ)から誤ったものという。「个」は個・箇に同じ。
【一点(イッテン)】①一つの点。転じて、ごくわずかなこと。『紅一点』②品物、作品など一つ。③点数一つ。
【一転(イッテン)】①一回転。②がらりと変わること。『心機一転』
【一刀(イットウ)】①一本の刀。『一刀彫り』②一太刀(ひとたち)。『一刀のもとに切り捨てる』【一刀両断(イットウリョウダン)】①一太刀で真っ二つに切ること。②物事を思いきって処理すること。〔朱子語類〕
【一党(イットウ)】一つの党派。『一党一派』『一党独裁』
【一頭(イットウ)】①一つのあたま。②馬、牛など、大きな獣一匹。【一頭地(イットウチ)】(「地」は漢文の助字)頭一つ。『一頭地を抜く〔=他よりも一段とすぐれている〕』
【一得(イットク)】一つの利益。↔一失。【一得一失(イットクイッシツ)】ある物事が、一方で利益があると同時に他方では損失を伴っていること。一長一短。
【一波(イッパ)】一つの波。『一波動けば万波生ず』
【一派(イッパ)】学問、芸能などの、一分派。一流派。→❹
【一杯・一盃(イッパイ)】①器などの一つに入る分量。また、少量の酒。②国イカ、タコ、船などの一つ。→❹
【一敗(イッパイ)】一回負けること。【一敗塗レ地(イッパイチにまみる)】徹底的に打ち負かされて二度と立ち上がれなくなる。〔史記‐高祖本紀〕

【一発（イッパツ）】①弾丸などを一度撃つこと。『号砲一発』②弾丸一個。③一度。ひとつ。『一発くらう』
【一髪（イッパツ）】髪の毛一筋のようにわずかなこと。『危機一髪』『間一髪』【一髪引二千鈞一（イッパツセンキンをひく）】一筋の髪の毛で千鈞の重さのものを引く。きわめて危険なことをするたとえ。〔韓愈‐与二孟尚書一書〕
【一半（イッパン）】半分にしたものの一つ。半分。
【一斑（イッパン）】（豹（ヒョウ）の全身のうちの、一つの斑文の意から）全体のうちの一部分。【一斑評二全豹一（イッパンもてゼンピョウをヒョウす）】豹の皮の一斑を見て、豹であることを推知する。物事の一部を見て、全体を推しはかるたとえ。〔晋書‐王献之伝〕
【一臂（イッピ）】①片ひじ。片腕。②少しの助力。『一臂の労をとる』
【一匹狼（イッピキおおかみ）】群れから離れて一頭だけで生きる狼。転じて、独自に行動する人。
【一筆（イッピツ｜ひとふで）】①一本の筆。②途中で墨継ぎをしないこと。『一筆書き（ひとふでがき）』③同じ筆跡。『全巻一筆』④簡単な文章。『一筆したためる』『一筆啓上』
【一瓢（イッピョウ）】一つのひさご。転じて、いささかの酒。
【一品（イッピン）】ひとしな。『一品料理』→❷
【一顰一笑（イッピンイッショウ）】顔をしかめたり笑ったりすること。機嫌。顔色。〔韓非子‐内儲説上〕
【一夫（イップ）】①一人の男。②一人の夫。『一夫一婦』『一夫多妻』③一人の武士。【一夫当レ関万夫莫レ開（イップカンにあたればバンプもひらくなし）】一人が関所を守れば、万人が力をふるっても通れない。きわめて険しい山路、要害堅固な所をいう。〔李白‐蜀道難〕
【一風（イップウ）】①一つの流儀、特色。②他と異なるおもむき。『一風変わっている』
【一封（イップウ）】①一通の手紙。一通の上奏文。＊韓愈‐左遷至二藍関一、示二姪孫湘一「一封朝奏九重天（イップウあしたにソウすキュウチョウのテン）」〔＝朝、一通の上奏文を奥深い天子の御殿に奉った〕②ひとつつみ。『金一封』
【一服（イップク）】①タバコ、茶、薬などの一回分。『一服盛る』〔＝毒薬を飲ませる〕②ひと休みすること。
【一幅（イップク）】掛け軸などの一つ。『一幅の絵』
【一片（イッペン）】①薄いもの一枚。ひとひら。②全体から分かれた一部分。ひとかけら。また、わずかなこと。【一片氷心（イッペンのヒョウシン）】ひとかけらの氷のように澄みきった高潔な心。＊王昌齢‐芙蓉楼送二辛漸一「洛陽親友如相問、一片氷心在二玉壺一（ラクヨウのシンユウもしあいとわば、イッペンのヒョウシンギョクコにありと）」〔＝洛陽にいる親友がもし聞いたなら、玉の壺に盛られたひとかけらの氷のように澄みきった心境でいると伝えてほしい〕
【一遍（イッペン）】①一度。一回。②ただそれだけであること。『通り一遍の挨拶（アイサツ）』→❺
【一方（イッポウ）】①一つの方面。②片方。『一方通行』③一方にだけ片寄るようす。『一方的に攻める』④他方では。『一方、彼はというと…』
【一報（イッポウ）】簡単に知らせること。また、その知らせ。
【一抔土（イッポウのド）】①ひとすくいの土。②墓。
【一本（イッポン）】①書物の一冊。『一本を献じる』②細長い物一つ。『一本釣り』『一本槍』③剣道などで技が一つきまること。相手をやりこめること。④一人前。『一本立ち』
【一以貫レ之（イツもってこれをつらぬく）】ある一つのことによって貫かれている。＊論語‐里仁「吾道一以貫レ之（わがみちはイツもってこれをつらぬく）」〔＝私の説いてきた道は（仁という）一つのもので貫かれている〕「以レ一貫レ之」が普通の形。ここでは「一」を強調するために上に置いている。

❷最初の。はじめ。また、すぐれている。

下接 初一（ショイチ）・随一（ズイイチ）・第一（ダイイチ）・泰一（タイイツ）・得一（トクイツ）・太一神（タイイツシン）・太一星（タイイツセイ）・日本一（ニホンイチ）／光一（ぴかイチ）

【一院（イチイン）】国同時にふたり以上の上皇または法皇のあるときの、いちばん上位の方。→❶❹
【一義（イチギ）】根本の意義。第一義。→❶【一義的（イチギテキ）】最も根本的な、また重要な意義であるさま。
【一見（イチゲン）】国料理屋などで、その店に初めて来た客。なじみのない客。『一見の客』「ゲン」は「見参（ゲンザン）」の略。→❶（イッケン）
【一次（イチジ）】最初。第一回。『一次面接』→❶
【一七日（イチシチニチ｜ひとなぬか）】人の死後七日目に当たる日。初七日（ショなのか）。
【一乗（イチジョウ）】仏語。一番すぐれた教え。→❶
【一陣（イチジン）】先陣。さきがけ。→❶
【一人称（イチニンショウ）】文法で、人称代名詞の一。自分、または自分を含めた者を指す語。自称。↔三人称・二人称
【一番（イチバン）】①順序、順番が最初であること。また、最もすぐれていること。②最も。何より。『今までで一番うれしかったこと』→❶
【一面（イチメン）】新聞の第一ページ。→❶❹
【一楽（イチラク）】第一の楽しみ。＊孟子‐尽心上「父母俱存、兄弟無レ故、一楽也（フボともにソンし、ケイテイことなきは、イツのたのしみなり）」〔＝両親が健在で、兄弟みな事故のないのが、第一の楽しみである〕
【一流（イチリュウ）】最上級。第一級。↔二流・三流。→❶
【一更（イッコウ）】五更の第一の時刻。現在のだいたい午後八時から午後一〇時頃までの間の時間。戌（いぬ）の時。
【一周忌（イッシュウキ）】死後、満一年目にする法事。
【一審（イッシン）】訴訟事件で第一回に裁判所で受ける審判。
【一世（イッセイ）】国①同名の法王、皇帝などのうち、最初の者。『ナポレオン一世』②移民などの初代の人。→❶
【一席（イッセキ）】第一番。一位。『一席で入選』→❶
【一線（イッセン）】戦場で敵と直接ぶつかる隊列。また、最も活動する位置。第一線。『一線から退く』『一線級』→❶
【一白（イッパク）】占星術の九星（キュウセイ）の一。北の方位、冬の季節を表す。
【一品（イッピン｜イッポン）】㊀（イッピン）最上のもの。『天下一品』㊁（イッポン）①仏語。経巻中の一章。②仏語。極楽浄土の段階を九つに分けた、その中の一。③国親王（シンノウ）の位階の第一位。→❶

❸いつに。ひとえに。ひたすら。もっぱら。

【一意（イチイ）】ひたすら。もっぱら。『一意専心する』→❶
【一念（イチネン）】深く思い込むこと。また、その心。『一念天に通ず』『初一念』→❶【一念発起（イチネンホッキ）】あることを成し遂げようと決意すること。
【一目散（イチモクサン）】国わき目もふらずに駆けるさま。
【一路（イチロ）】まっすぐ。ひたすら。『一路北へ進む』→❶
【一貫（イッカン）】始めから終わりまで同じ主義、方法で貫くこと。『終始一貫』
【一寒（イッカン）】着物が薄くて寒そうなこと。また、ひどく貧しいこと。赤貧。〔史記‐范雎蔡沢伝〕
【一刻・一国（イッコク）】国頑固であること。『一刻者』→❶
【一散（イッサン）】わき目もふらず急ぐこと。一目散。
【一心（イッシン）】心を一つのことに集中すること。専念。『一心に祈る』→❹【一心不乱（イッシンフラン）】一つのことに集中して、他に心を奪われないこと。〔阿弥陀経〕
【一徹（イッテツ）】国頑固に意地を張る様子。『一徹者』
【一途（イット｜イチズ）】①ただひとすじ。それだけの道。②（イチズ）国ひたむきなさま。『一途に思いつめる』→❹

【一何(イッカ/なんぞ)】ひたすら。なんとまあ。まったく。詠嘆を示す。＊杜甫-石壕吏「吏呼一何怒、婦啼一何苦(リのよぶことイッカにいかれる、フのなくことイッカにくるしき)」〔=小役人はなんといたけだかにどなることか、(それに答える)老婆の声はなんとつらそうなことか〕

【一偏(イッペン)】①一方にかたよること。②気持ちがいちずなさま。③(名詞の下に付けて用いる)もっぱらそのことに力を入れるさま。『読書一偏の生活』

【一辺倒(イッペントウ)】一方にだけかたよること。

❹同じくする。また、おしなべて。

下接 画一(カクイツ)・帰一(キイツ)・均一(キンイツ)・合一(ゴウイツ)・混一(コンイツ)・純一(ジュンイツ)・斉一(セイイツ)・精一(セイイツ)・全一(ゼンイツ)・統一(トウイツ)・同一(ドウイツ)・寧一(ネイイツ)・不一(フイツ)・抱一(ホウイツ)・画一的(カクイツテキ)・知行合一(チコウゴウイツ)

【一院(イチイン)】庭じゅう。庭いっぱい。↓❶❷

【一円(イチエン)】ある区域全体。『関東一円』

【一概(イチガイ)】(「概」は「斗掻(とかき)」の意で、枡(ます)の縁をならす短い棒。枡で物を量るときに量に過不足がないように、平らにかきならす意から)①おしなべて同一に扱うこと。一様に。ひとくちに。『一概に悪いとは言えない』②まったくそう思いこむこと。また、強情なこと。

【一丸(イチガン)】ひとまとまり。一団。『一丸となって戦う』

【一座(イチザ)】①同じ場所にいる人全部。満座。②国同じ一つの興行を行っている者の一団。

【一族(イチゾク)】血のつながりのある者。同族。『一族郎党』

【一団(イチダン)】一つの集まり。

【一度(イチド)】同時。いっしょ。『一度に水が引く』↓❶

【一同(イチドウ)】そこにいるすべての者。みな。『生徒一同』

【一堂(イチドウ)】同じ建物、場所。『一堂に会する』

【一任(イチニン)】すべてを任せること。『議長に一任する』

【一味(イチミ)】①すべて同一の味。『一味和合』②国悪事を企てる仲間。『一味徒党』↓❶

【一面(イチメン)】全部。辺り一帯。『辺り一面の雪』↓❶❷

【一門(イチモン)】①親族関係にある人々。一族。『平家一門』②学問、芸術などで流派を同じくする人々。

【一様(イチヨウ)】物事のさまが同じであること。『尋常一様』

【一律(イチリツ)】①やり方や調子に変化のないさま。『千篇(センペン)一律』②同一に扱うこと。一様。『一律百円の値上げ』

【一類(イチルイ)】同じ種類、種族、親類、仲間。

【一蓮托生・一蓮託生(イチレンタクショウ)】①仏語。死後、極楽浄土で同じ一つの蓮華(レンゲ)の上に生まれること。②同じ行動をし、運命を共にすること。〔岷江入楚(ミンゴウニッソ)〕

【一家(イッカ)】一家族。家族全体。『一家団欒(ダンラン)』↓❶

【一括(イッカツ)】多くの物事を一つにまとめること。

【一揆(イッキ)】一致団結。同志的結合。また、農民などが領主に対して結集して行った武力抗争。『百姓一揆』

【一匡(イッキョウ)】(「匡」は、正す意)天下を統一し、秩序をたてること。＊史記-管晏伝「九合諸侯、一匡天下、管仲之謀也(ショコウをキュウゴウし、テンカをイッキョウせしは、カンチュウのボウなり)」〔=諸侯と何度も会合しては相談をし、天下を統一したのは、管仲のはかりごとによるものである〕

【一空(イックウ)】①そら全体。②すっかりなくなること。③仏語。万物はすべて空で、空もまた空であること。

【一決(イッケツ)】一つにまとまり決着すること。『衆議一決』

【一行(イッコウ)】連れ立った人々。『選手団一行』↓❶(イチギョウ)

【一切(イッサイ)】①すべて。『家事一切を引き受ける』②全く。『一切知らない』【一切合切・一切合財(イッサイガッサイ)】すべて。残らず。【一切衆生(イッサイシュジョウ)】この世に生を受けたすべてのもの。

【一山(イッサン)】本寺を中心に同一境内にあるすべての寺院。また、そこに属するすべての僧を含めた寺全体。

【一視同仁(イッシドウジン)】だれかれの差別なく、同様に愛すること。〔韓愈-原人〕

【一緒(イッショ)】同じであること。

【一心(イッシン)】心を合わせること。↓❸【一心同体(イッシンドウタイ)】一人の人間のように心を一つにすること。

【一新(イッシン)】すべてを新しくすること。すっかり新しくなること。『組織を一新する』『御一新』〔=明治維新〕

【一斉(イッセイ)】同時。『一斉射撃』

【一洗(イッセン)】残らず洗い流すこと。転じて、悪い所をすっかり改めること。↓❶

【一掃(イッソウ)】すっかり払い除くこと。『疑惑を一掃する』

【一体(イッタイ)】①別々のものが一つにまとまっていること。『三位一体』②国だいたい。もともと。③国強い疑問を表す。ぜんたい。『一体全体』↓❶

【一帯(イッタイ)】その地の辺り全体。『付近一帯』↓❶

【一致(イッチ)】一つになること。『性格の不一致』

【一擲(イッテキ)】一度に全部なげ捨てること。『乾坤(ケンコン)一擲』

【一天(イッテン)】①空全体。『一天にわかにかき曇る』②国世の中。天下全体。『一天四海』〔=全世界〕

【一途(イット)】目標・方法が一致すること。『官武一途』↓❸

【一統(イットウ)】①統一すること。②一同。みんな。『御一統様』

【一派(イッパ)】目的などを等しくする仲間。一味。↓❶

【一杯・一盃(イッパイ)】①あふれるほどたくさん。『若さ一杯』②できる限り。限度ぎりぎり。『力一杯』↓❶

【一般(イッパン)】①同類。同様。②全体に共通すること。普遍。『一般的』『一般論』③普通であること。『一般席』

【一腹(イップク)】同じ母胎から生まれること。同腹。

【一碧(イッペキ)】一面に青いこと。『水天一碧』【一碧万頃(イッペキバンケイ)】(「万頃」は土地や水面のきわめて広いこと)青々とした水が広々とたたえられているさま。

【一変(イッペン)】すっかり変わること。『事態が一変する』

❺人名、書名など。

【一寧(イチネイ)】鎌倉後期の臨済宗の帰化僧。字は一山(イッサン)。台州の人。元の使者として正安元年(一二九九)来日。建長寺、円覚寺、南禅寺などの住職。五山文学隆盛の端緒となった。その法流を一山派という。(一二四七～一三一七)

【一休(イッキュウ)】室町中期の臨済宗の僧。諱(いみな)は宗純。大徳寺の住職となり、禅界の刷新に尽くした。詩、書画、狂歌などにすぐれ、また、伝説的な奇行の持ち主として知られる。詩集「狂雲集」などがある。(一三九四～一四八一)

【一向宗(イッコウシュウ)】「浄土真宗」の別称。

【一切経(イッサイキョウ)】経・律・論など仏教聖典全体の総称。大蔵経。【一切経音義(イッサイキョウオンギ)】一切経に収められている経典の語句の発音と意味を解説した書物。

【一遍(イッペン)】鎌倉中期の僧。時宗の開祖。伊予の人。諱(いみな)は智真。諡(おくりな)は円照大師。衆生済度のため民衆に踊り念仏をすすめ、遊行上人(ユギョウショウニン)、捨聖(すてひじり)といわれた。(一二三九～一二八九)↓❶

難読地名 一戸(いちのへ)町(岩手) 一迫(いちはさま)町(宮城) 一尺八寸(みおう)山(大分) 難読姓氏 一番ケ瀬(いちばがせ)―(いちばんがせ) 一気(いっき) 一寸木(ますき)

2 【七】 2823 3C37 8EB5 一-1 常1

シチ(呉)・シツ(漢)/qī/なな・ななつ・なの・なぬ

筆順 七 七

字解 指事。ある線を他の一線で切るさまから、きる意。切の原字。借りて数詞、ななつの意に用いる。

甲骨文　金文　篆文

同属字 叱・柒・切

参考 (1)金額を記す場合、改竄を防ぐために「漆」を用いることがある。(2)「なな」は、物の数を声に出して唱えながら数えるときに用いることが多い。(3)万葉仮名では訓を借りて「な」。

意味 ❶数の名。なな。ななつ。ななたび。『七転八起』『七難』『七宝』 ❷七番目の。『七夜』『七日』

❶ 数の名。なな。ななつ。

【七音(シチオン|シチイン)】 ①音階をなす七種の音調。七律。七声。②中国音韻学で、頭子音を分類した七つの音。唇音・舌音・牙音・歯音・喉音・半舌音・半歯音。

【七去(シチキョ)】 昔、中国で妻を離婚するための七つの条件。舅・姑に仕えないこと、子がないこと、淫乱であること、嫉妬深いこと、悪疾のあること、多言であること、盗癖のあること。〔大戴礼-本命〕

【七教(シチキョウ)】 人の守るべき七つの教え。父子・兄弟・夫婦・君臣・長幼・朋友・賓客に関する道義。

【七竅(シチキョウ)】 人間の顔にある七つの穴。左右の耳、左右の目、左右の鼻孔、口。七穴。七孔。→九竅

【七経(シチケイ|シチキョウ)】 古代中国の経書のうちの七種。易・書・詩・礼・春秋の五経と論語・孝経。

【七穴(シチケツ)】 =七竅

【七賢(シチケン)】 七人の賢人。①中国、春秋時代の伯夷・叔斉・虞仲・夷逸・朱張・柳下恵・少連。②竹林の七賢。中国、晋代の嵆康・阮籍・阮咸・向秀・劉伶・山濤・王戎。

【七孔(シチコウ)】 ①=七竅。②笛、尺八などの七つの穴。

【七国(シチコク)】 中国、戦国時代の七つの強国。斉・楚・秦・燕・趙・魏・韓。七雄。

【七五調(シチゴチョウ)】 国日本の韻文で、七音の句と五音の句の組み合わせを繰り返す形式。

【七献(シチコン)】 七たび酒を勧めること。

【七言(シチゴン)】 一句が七字からなる漢詩の句。また、その詩体。七言詩。【七言古詩(シチゴンコシ)】 漢詩体の一。句が七言からなる古体詩。【七言絶句(シチゴンゼック)】 漢詩体で、一句七言で四句からなる近体詩。第二・第四句の末字が押韻するほか、通常第一句の末字も押韻する。七絶。【七言律詩(シチゴンリッシ)】 漢詩体で、七言八句の近体詩。第三と第四、第五と第六の句がそれぞれ対句となり、偶数句の末字が押韻する。七言律。七律。

【七三(シチサン)】 国①物を七対三の割合に分けること。『髪形を七三にする』②芝居の花道で揚げ幕から七分、舞台から三分の所。『七三で見得を切る』

〖七尺去不ㇾ踏二師影一(シチシャクさってシのかげをふまず)〗 師に随行する時は、後ろに離れて師の影を踏まないようにすべきである。弟子は師を尊んで、礼儀を失わないようにすべきだという戒め。「七尺」は、二メートルぐらい。〔教誡律儀〕

【七十二候(シチジュウニコウ)】 陰暦で、一年間を七十二分して季候の変化を示したもの。

〖七十而従二心所一ㇾ欲、不ㇾ踰ㇾ矩(シチジュウにしてこころのほっするところにしたがえども、のりをこえず)〗 七〇歳ともなれば、心の欲するままに行動しても道理をはずれることはない。〔論語-為政〕

【七縦八横(シチジュウハチオウ)】 混乱し、ちりぢりになること。

【七書(シチショ)】 中国の七部の兵書。「六韜」「孫子」「呉子」「司馬法」「尉繚子」「黄石公三略」「李衛公問対」。

【七生(シチショウ|シチセイ)】 仏教で、人界および天界に七度生まれ変わること。転じて、未来永遠。【七生報国(シチショウホウコク|シチセイホウコク)】 国七度生まれ変わって国に忠誠を尽くすこと。永遠に国にむくいること。〔広瀬武夫-正気歌〕

【七情(シチジョウ)】 ①七種の感情。仏教では、喜・怒・哀・楽・愛・悪・欲。②漢方で、薬物の七種の作用。単行するもの、相須つもの、相使うもの、相悪むもの、相畏れるもの、相反するもの、相殺すもの。

【七縦七擒(シチショウシチキン)】 敵を七度放して、七度とりこにすること。〔蜀志-諸葛亮伝・注〕 ❤中国三国時代、蜀の諸葛孔明が敵将孟獲をとらえ、自分の陣形を教えて放してやり、同じことを七回繰り返してその度にとりこにした。孟獲は遂に恐れいり、以後背かなかったという。

【七色(シチショク|なないろ)】 七種のいろ。赤・橙・黄・緑・青・藍・紫。

【七政(シチセイ)】 ①日と月および水・火・土・金・木の五星の称。国政のように運行に法則があるとするところからいう。七曜。②(中国古代では、北斗七星の動きを政治の指針としたところから) =七星

【七星(シチセイ|シチショウ)】 ①北斗七星。七政。②二十八宿の第二五位をなす七つの星。海蛇座のα星付近。

【七大(シチダイ)】 仏語。一切に遍満する七種の要素。地大・水大・火大・風大・空大・見大・識大。

【七転八起・七顛八起(シチテンハッキ)】 国七回ころんで八回起きること。何度失敗しても、屈することなく立ち上がること。ななころびやおき。

【七転八倒・七顛八倒(シチテンバットウ|シッテンバットウ)】 ころげ回ってもだえ苦しむこと。〔朱子語類-梁恵王下〕 ❤書き換え「七顛八倒→七転八倒」。

【七堂(シチドウ)】 (「七堂伽藍(シチドウガラン)」の略) 寺として具備すべき七種の堂宇。塔・金堂・講堂・鐘楼・経蔵・僧房・食堂。

【七道(シチドウ)】 国東海・東山・北陸・山陰・山陽・南海・西海の七つの道の総称。『五畿七道』

【七徳(シチトク)】 武の七つの徳。暴を禁じ、兵を治め、大を保ち、功を定め、民を安んじ、衆を和せしめ、財を豊かにすること。〔左伝-宣公一二年〕

【七難(シチナン)】 ①仏教で、水難・火難・刀難などの七種の災難。また、一般に種々の災難、困難。『七難八苦』②種々の欠点、難点。『色の白いは七難隠す』

【七日(シチニチ|なのか|なぬか)】 日の数七つ。また、七日間。

【七分(シチブ)】 一〇分の七。七割。『七分袖』『七分搗き』

【七福神(シチフクジン)】 国七人の福徳の神。恵比須(蛭子)・大黒天・毘沙門天・弁財天・福禄寿・寿老人の総称。

【七宝(シチホウ|シッポウ)】 ①仏語。七種の宝玉。金・銀・瑠璃・玻璃・硨磲・珊瑚・瑪瑙をいい、ほかにも諸説ある。②(シッポウ) 国「七宝焼き」の略。銅または金、銀などを下地にして、ガラス質の釉を焼きつけて、種々の模様を描き出すもの。装身具、工芸品を作る。

【七歩之才(シチホのサイ)】 詩才に優れ、詩作の早いこと。〔世説新語-文学〕 ❤中国三国時代、魏の曹植が兄の曹丕の命令で、七歩歩く間に一詩を作ったという故事から。

【七面鳥(シチメンチョウ)】 北米原産のシチメンチョウ科の鳥。ターキー。❤頭部から首にかけて裸出した皮膚が、興奮したりすると、青や赤などに変化するところからの名。

【七雄(シチユウ)】 中国、戦国時代の七つの強国。→七国

【七曜(シチヨウ)】 ①中国古代の天文学で、火星・水星・木星・金星・土星の五星に、日・月を加えた総称。『七曜暦』②国一週間を表す日曜から土曜までの七つの曜日の総称。

【七里結界(シチリケッカイ)】①密教で、魔障を入れないため七里四方に境界を設けること。②忌み嫌って近づけないこと。七里けっぱい。

【七厘・七輪(シチリン)】国土製のこんろ。▼物を煮るのに、価が七厘ほどの炭でまにあう意からという。

【七珍(シッチン)】七つの宝。七宝。『七珍万宝』

【七草(ななくさ)】「春の七草」「秋の七草」の略。春の七草は、セリ(芹)・ナズナ(薺)・ゴギョウ(御形)・ハコベ(蘩蔞)・ホトケノザ(仏座)・スズナ(菘)・スズシロ(蘿蔔)。秋の七草は、ハギ(萩)・オバナ(尾花)・クズ(葛)・ナデシコ(撫子)・オミナエシ(女郎花)・フジバカマ(藤袴)・キキョウ(桔梗)。

❷ 七番目の。

【七回忌(シチカイキ)】国人の死後満六年目の忌日。また、その法要。七年忌。七周忌。

【七五三(シチゴサン)】国子供の成長を祈る、三歳・五歳・七歳のときの祝い。

【七七日(シチシチニチ|なななぬか)】国人の死後四九日目。また、その法要。

【七周忌(シチシュウキ)】＝七回忌(シチカイキ)

【七夕(シチセキ|たなばた)】五節句の一。七月七日に織女星と、牽牛(ケンギュウ)星をまつること。七夕祭り。

【七赤(シチセキ)】九星の一。金星。西を本位とする。

【七年忌(シチネンキ)】＝七回忌(シチカイキ)

【七夜(シチヤ)】国七日目の夜。特に、子が生まれて七日目の夜。お七夜。

難読地名 七戸(しちのへ)町(青森) 七宝(しっぽう)町(愛知) 七飯(ななえ)町(北海道) 七会(ななかい)村(茨城) 七宗(ひちそう)町(岐阜)

難読姓氏 七五三(しめ|しめき)

3 【三】 2716 3B30 8E4F 一−2 常1 (2200) 【弎】* 2864 弋−3

サン 呉漢 /sān・sàn/ み・みつ・みっつ・みつつ・みい・さぶ

筆順 一 二 三

字解 指事。一を三つ積み上げて、数詞、みっつの意。

甲骨文 金文 篆文 重文

参考 (1)万葉仮名では訓を借りて「み㊥」。片仮名「ミ」の字源。(2)金額を記す場合、改竄(カイザン)を防ぐために「参」を用いることが多い。(3)人名では、「サム」から転じて、三郎(さぶろう)、孝三(こうぞう)などと読む。

意味 ❶数の名。二の次の数。みっつ。また、みたび。たびたび。多くの。『三位一体』『三原色』『三角(サンカク)』❷三番目。第三の。『三回忌』『三流』『三塁』❸国「三河国(みかわのくに)」の略。東海道一五か国の一。今の愛知県南部。『三州』❹あて字など。『三摩耶(サンマヤ)』『三昧(サンマイ)』❺固有名詞。地名・人名・書名など。『三国志』

❶ 数の名。みっつ。また、みたび。多くの。

下接 元三(ガンザン)・七三(シチサン)・通三(ツウサン)・二三(ニサン)・両三(リョウサン)・一日三秋(イチジツサンシュウ)・一心三観(イッシンサンガン)・韋編三絶(イヘンサンゼツ)・益者三楽(エキシャサンゴウ)・益者三友(エキシャサンユウ)・儀同三司(ギドウサンシ)・虎渓三笑(コケイサンショウ)・歳寒三友(サイカンサンユウ)・草廬三顧(ソウロサンコ)・損者三楽(ソンシャサンゴウ)・損者三友(ソンシャサンユウ)・唐虞三代(トウグサンダイ)・読書三到(ドクショサントウ)・読書三余(ドクショサンヨ)・文質三統(ブンシツサントウ)

【三毬杖(サギチョウ)】国正月一五日に行われる火祭りの行事。どんど焼き。▼毬杖(ギッチョウ)を三本立てた三毬杖からという。「左義長」とも書く。

【三愛(サンアイ)】①琴と酒と詩とをいう。三友。②(牡丹花肖柏の「三愛の記」から)酒と香と花とをいう。

【三悪(サンアク|サンナク|サンマク)】①仏語。「三悪道(サンアクドウ)」の略。悪業の結果堕ちる三つの悪道。地獄道・餓鬼道・畜生道。三悪趣。②仏語。殺生と盗みと淫欲を行ずることの三つの罪。③政治上の三つの悪。汚職・貧乏・暴力。

【三畏(サンイ)】君子がおそれつつしむべき三つのこと。天命と大人と聖人の言。〔論語−季氏〕

【三一致(サンイッチ)】(フランス trois unitesの訳語)西洋古典劇の演劇理論。一つの出来事が一日に同じ所で展開されるべきであるとするもの。

【三院(サンイン)】①中国、唐代にできた御史台にある三つの院。台院・殿院・察院。②日本の中古、私学としての三つの院。勧学院・奨学院・学館院をいう。

【三会(サンエ|サンネ)】仏語。①仏が成道後に衆生済度のために三回にわたって行う説法。②弥勒菩薩(ミロクボサツ)が人間界に下って、大衆のために三度法を説くという説法の会座。

【三衣(サンエ|サンネ)】①僧の着る三種の袈裟(ケサ)。②僧侶。【三衣一鉢(サンエイッパツ)】僧尼が個人に持つことを許された、三衣と一個の食器用の鉢。僧侶の持ち物。

【三易(サンエキ)】中国の夏(カ)・殷(イン)・周三代の易。

【三益(サンエキ)】①三種類の利益。②「三益友(サンエキユウ)」の略。交際して利益となる三種類の友人。正直な友、誠実な友、多聞な友。〔論語−季氏〕

【三猿(サンエン)】国両目・両耳・口をおおった三匹の猿の絵や像。「見ざる、聞かざる、言わざる」の意を表す。

【三縁(サンエン)】仏語。①念仏の行者だけが阿弥陀仏の救いにあずかる縁となる三種の念仏。親縁・近縁(ゴンエン)・増上縁。②慈悲における三種の縁。衆生縁・法縁・無縁。

【三王(サンオウ)】古代中国の三人の王。夏(カ)の禹王(ウオウ)、殷(イン)の湯王、周の文王(または武王)。

【三火(サンカ)】仏語。三毒の火。善根を毒する貪欲(トンヨク)・瞋恚(シンイ)・愚痴をたとえた語。三過。→❷

【三夏(サンカ)】夏の三か月。孟夏(陰暦四月)・仲夏(陰暦五月)・季夏(陰暦六月)の総称。

【三河(サンガ)】①三つの河川。黄河(コウガ)・淮河(ワイガ)・洛河(ラクガ)。②河東・河南・河内(または河北)の三つの郡。

【三戒(サンカイ)】①人生における三つのいましめ。青年の女色、壮年の闘争、老年の利得をいう。〔論語−季氏〕②仏語。在家の戒、出家の戒、道俗共通の戒の三つ。

【三槐(サンカイ)】「三公(サンコウ)」の異称。▼中国、周代の朝廷で太師・太傅(タイフ)・太保の三公の座が、三本の槐(えんじゅ)のもとにあったというところから。

【三魁(サンカイ)】中国、宋代以降、中央政府の官吏登用試験に上席で及第した三人の進士。第一席を状元、第二席を榜眼(ボウガン)、第三席を探花(タンカ)という。三元。

【三界(サンガイ)】①仏語。生死輪廻(リンネ)する欲界・色界・無色界の三つの世界。②＝三千世界(サンゼンセカイ)。③仏語。過去・現在・未来の三世。『三界に家なし』④くんだり。界隈(カイワイ)。

【三角(サンカク)】三つの角があること。また、三つの直線に囲まれた平面図形。平面上の三点を結んだ形。三角形。『三角関係』『三角関数』

【三革(サンカク)】①なめし革で作った三種の武具。鎧(よろい)・兜(かぶと)・盾(たて)。②(「革」はあらたまるの意)暦道で、革令(甲子の年)・革運(戊辰の年)・革命(辛酉の年)の総称。

【三学(サンガク)】仏語。悟りを開くために必ず修めなければならない戒・定・慧の三種の実践修行。

【三冠(サンカン)】国一分野で大きな三つの賞を獲得すること。『三冠王』『三冠馬』

【三竿（サンカン）】①（「竿」は竹ざお）三本の竹、竹ざお。②（竹ざおを三本つなぎ合わせたほどの高さというところから）日や月が高く昇ったこと。

【三管（サンカン）】国①雅楽の用語。笙・横笛・篳篥。②室町幕府の管領職につくことができる家格を持つ三家。三管領。斯波・細川・畠山。

【三澣・三浣（サンカン）】（「澣」「浣」はともに洗う意で、中国の唐代に、官吏が一〇日に一日沐浴の休暇を賜ったところから、一〇日のこと）上旬・中旬・下旬の意。三旬。

【三韓（サンカン）】①古代朝鮮の南部を占めた馬韓・辰韓・弁韓の三部族。②高句麗・百済・新羅の三国。

【三観（サンガン）】仏語。三種の観法。天台宗で説く空観・仮観・中観の三つが最も著名。

【三寒四温（サンカンシオン）】冬期、寒い日が三日続くとその後四日ほど温暖な日が続き、これが繰り返される現象。

【三帰（サンキ）】仏語。①仏・法・僧の三宝に帰依すること。三帰依。また、それを示したことば。南無帰依仏・南無帰依法・南無帰依僧の三句。②（「帰」は嫁すること）三人の女性を妻とすること。＊論語－八佾「管氏有三帰〔＝管仲は三人の妻を持っていた〕」

【三器（サンキ）】①古代中国で、国を治める三つの手段のことで、命令・刑罰・賞賜をいう。②茶の湯で、茶入・茶杓・仕服（茶入袋）をいう。

【三脚（サンキャク）】①三本の足。『二人三脚』②三本足で伸縮開閉自在のカメラの台や椅子。『三脚架』

【三窮（サンキュウ）】絶体絶命の危機のたとえ。＊荀子－哀公「鳥窮則啄、獣窮則攫、人窮則詐〔＝鳥は追いつめられるとくちばしでつきかかってくるし、けものも追いつめられるとつめでつかみかかってくる。人も同様に窮地に陥るとうそをついてその場をのがれようとする〕」

【三峡（サンキョウ｜サンコウ）】長江上流にある三つの峡谷部。瞿唐峡・巫峡・西陵峡。

【三教（サンキョウ）】①三つの宗教。㋑儒教・仏教・道教。㋺神道・儒教・仏教。㋩神道・仏教・キリスト教。②仏語。仏一代の説法を、説き方や内容の上から三種に分類したもの。頓教、漸教、不定教など。

【三経（サンキョウ）】三種の根本経典。①儒教で、唐代、その経典を分量の多少によって、大経（礼記・春秋左氏伝）、中経（詩・周礼・儀礼）、小経（易・尚書・春秋公羊伝・春秋穀梁伝）に分けるとき、その大中小各経をいう。②仏教で、三部経のこと。ある立場から最も尊重する経典三部を選んだもの。③国陰陽道で、通例、金匱経・枢機経・神枢霊経をいう。

【三経義疏（サンギョウギショ｜サンギョウギソ）】聖徳太子撰と伝える「勝鬘経義疏」一巻、「維摩経義疏」三巻、「法華経義疏」四巻の総称。三経に対する注釈書で日本人の手になる最初の本格的な仏典研究。

【三卿（サンキョウ）】江戸時代、徳川将軍家の親族のうち、三家につぐ三つの家柄。田安・一橋・清水家。御三卿。

【三業（サンギョウ｜サンゴウ）】①（サンギョウ）国料理屋、待合、芸者屋の三種の営業。『三業組合』『三業地』②（サンゴウ）（「業」は行為・はたらきの意）仏語。身業と口業と意業。身体、言語表現、精神の種々の活動。

【三曲（サンキョク）】国三味線、琴と胡弓または尺八の三種の楽器で行う合奏。

【三極（サンキョク）】①宇宙の万物をあらわす天・地・人をいう。三才。②真空管、ガス封入管などの陰極、陽極および格子（＝グリッド）の総称。

【三隅（サングウ）】四すみのうちの三つのすみ。転じて、一部分を知ることによって、他の大部分をも理解すること。＊論語－述而「挙一隅、不以三隅反、則不復也〔＝四角いものの一つのすみを示すと、他の三つのすみを類推して問い返すようでなければ、再び教えることをしない〕」

【三軍（サングン）】①中国、周代の兵制で、諸侯の大国の上・中・下の各軍隊の総称。②軍隊全体。全軍。『三軍の指揮をとる』③陸軍・海軍・空軍の総称。【三軍可奪帥也、匹夫不可奪志也】大軍に守られている総大将を討つことはできるが、たとえ一人の男でも心がしっかりしていれば、その意志を変えさせることはできない。〔論語－子罕〕

【三径・三逕（サンケイ）】庭園内の三すじのこみち。転じて、隠者の住居。▼中国、漢の蔣詡が庭に三すじの小道を作り、松・菊・竹をそれぞれに植えたという故事から。

【三計（サンケイ）】一年・一〇年・終身の三つの計画。＊管子－権修「一年之計、莫如樹穀、十年之計、莫如樹木、終身之計、莫如樹人〔＝一年間の計画には、穀物を植えるのが最上の策である。一〇年間の計画には、果樹を植えるのが最上の策である。終身の計画には、賢才を挙げ用いるのが最上の策である〕」

【三愆（サンケン）】三つのあやまち。躁（話しかけられていないのに話す）・隠（話しかけられたのに、だまっている）・瞽（相手の顔いろを見ずに話す）の三つ。〔論語－季氏〕

【三権（サンケン）】国の統治権の三種。立法権、司法権および行政権。『三権分立』

【三元（サンゲン）】①上元（正月一五日）・中元（七月一五日）・下元（一〇月一五日）の総称。②（「元」は始めの意）年・月・日の始め。正月元日の称。③天・地・人の総称。④＝三魁。

【三弦・三絃（サンゲン）】国①三味線。②雅楽に使う和琴・琵琶・箏の三種の弦楽器。▼書き換え「三絃→三弦」。

【三原色（サンゲンショク）】組み合わせて、すべての色を表せる三色。光では、赤・緑・青。絵の具では、赤・青・黄。

【三孤（サンコ）】中国の周代の官職名。少師・少傅・少保の称。

【三壺（サンコ）】中国で、神仙が住むという、海中の、壺の形に似た方壺・蓬壺・瀛壺の三つの山。

【三鈷（サンコ）】仏語。密教の修法に用いる仏具。

【三鼓（サンコ）】①雅楽の打楽器で、羯鼓・太鼓・鉦鼓の総称。②（鼓を三打したところからいう）夜の一二時ごろ。三更。

【三顧（サンコ）】目下の人を三度訪問すること。【三顧之礼（サンコのレイ）】人材を求めるのに礼を尽くして頼むこと。〔諸葛亮－出師表〕

【三五（サンゴ）】㊀（三と五の積から）一五をいう。㊁三および五の意。①まばらなこと。三三五五。②（長さが三尺五寸あるところから）琵琶の異称。㊂「三皇五帝」の略。【三五夜（サンゴヤ）】陰暦一五日の夜。特に八月一五日の夜をいう。＊白居易－八月十五日夜、禁中独直、対月憶元九「三五夜中新月色、二千里外故人心〔＝今宵は十五夜、昇ったばかりの月は色鮮やかで、二千里のかなたにいる旧友のことを思わずにはいられない〕」

【三公（サンコウ）】①中国で、天子を補佐する最高の地位。三事。②国律令制官職のうち太政大臣・左大臣・右大臣の総称。三台。

【三光（サンコウ）】太陽・月・星のこと。

【三后（サンコウ）】国太皇太后・皇太后・皇后の総称。三宮。

【三考（サンコウ）】①三度考えること。よく考えること。②官吏の成績を九年間に三度調査すること。

【三行(サンコウ)】子が親になすべき孝養と葬礼と祭事の三つのつとめ。

【三皇(サンコウ)】中国古代の伝説上の三人の聖なる帝王。伏羲(フッキ)・女媧(ジョカ)・神農(シンノウ)。【三皇五帝(サンコウゴテイ)】三皇と五帝。五帝は黄帝・顓頊(センギョク)・帝嚳(テイコク)・帝堯・帝舜。人名・配列には諸説ある。

【三綱(サンコウ|サンゴウ)】①(サンコウ)儒教で、人間の重んずべき君臣・父子・夫婦の三つの道をいう。〔白虎通-三綱六紀〕②(サンゴウ)仏語。寺院中の僧侶を統率し、寺務をつかさどる上座・寺主・都維那(ツイナ)の称。【三綱五常(サンコウゴジョウ)】君臣・父子・夫婦の道の「三綱」と、仁・義・礼・智・信の「五常」。人間として常に踏み行うべき道。〔論語集解〕

【三合(サンゴウ)】[国]陰陽道でいう厄年の一。暦の上で一年に太歳・太陰・客気の三神が合すること。

【三国(サンゴク)】①三つの国。『三国同盟』②古代中国の蜀(ショク)・魏(ギ)・呉の三か国。③[国]古く、日本・震旦(中国)・天竺(インド)の総称。また、全世界の意。『三国一〔=世界一〕』

【三国時代(サンゴクジダイ)】①中国で、後漢の滅亡後、魏・呉・蜀の三国が抗争した時代(220～280)。②朝鮮で、高句麗・百済・新羅の三国が鼎立した時代(350頃～668)。

【三五七言(サンゴシチゴン)】中国旧詩の詩体で、三言と五言と七言の句から成る詩。唐の李白が創始。

【三献(サンコン)】[国]酒宴の礼法。酒肴を出して酒をすすめることを三回あらためて繰り返す。

【三叉(サンサ)】三筋に分かれた所。みつまた。『三叉路』

【三才(サンサイ)】(「才」はもとであるものの意)天と地と人。転じて、宇宙の万物。『三才図会(ズエ)』

【三災(サンサイ)】仏語。①世界が壊滅するときに起こるという三つの災害。人間が滅びる時の刀兵災・疾疫災・飢饉災を小三災といい、国土が滅びる時の火災・水災・風災を大三災という。②一般に、水災・火災・兵災をいう。

【三際(サンサイ)】①仏語。過去と現在と未来の三つの世界。②三つの区別。

【三山(サンザン)】①中国で三つの仙山、蓬萊・方丈・瀛州(エイシュウ)の総称。三神山。②三つの山。特に、日本では、天香久山・畝傍山・耳成山の「大和三山」をさす。

【三三九度(サンサンクド)】[国]結婚式で新郎新婦が三組の杯で三度、合計九度杯をやりとりする献杯の礼。

【三三五五(サンサンゴゴ)】おのずからいくつかの小さな仲間をなして、人々が遊歩するさま。〔李白-採蓮曲〕

【三尸(サンシ)】道教で、人の体内に住んでいると説く三匹の虫。三尸虫。

三尸〔玉函秘典〕

【三史(サンシ)】中国の代表的な三つの史書。史記・漢書・後漢書。

【三司(サンシ)】①中国漢代、三公、すなわち、太尉・司空・司徒の別称。②中国唐代の司法機関の尚書刑部・御史台・大理寺の総称。③中国、五代から宋までの時代、国家の財政をつかさどる塩鉄使・判戸部・度支使(タクシ)の総称。

【三豕(サンシ)】文字の誤読または誤用にたとえていう語。〔呂氏春秋-察伝〕「己亥(キガイ)に河を渉る」を「三豕河を渉る」と誤読したという故事から。

【三思(サンシ)】三度考え直すこと。何度もよく考えること。『三思一言』

【三師(サンシ)】①中国北魏以降、太師・太傅(タイフ)・太保の称。②仏語。具足戒を授ける時の三人の戒師。

【三事(サンジ)】①三つの事柄。②春・夏・秋の三期にわたってする事業。特に、農業をさす。③仕えるべき、君・師・父という三人。④処世上必要とする利用・厚生・正徳という三つの事項。⑤＝三公(サンコウ)①

【三十輻共二一轂(サンジップクイッコクをともにす)】車輪の三十本の輻(や)(スポーク)は、一つの轂(こしき)の中空な部分に集まっている。形のあるものがその役割を果たすためには、形のないものがその根底になければならない。無用の用のたとえ。〔老子-十一〕

【三枝之礼(サンシのレイ)】子が親を敬うことのたとえ。ハトの子は礼儀を心得て親鳥の止まっている枝から三枝下がって止まるということから。

【三社(サンシャ|サンジャ)】[国]①三つの神社。多く、伊勢(いせ)神宮、石清水八幡(いわしみずハチマン)宮、賀茂(かも)神社または春日(かすが)神社を指す。②(サンジャ)「三社明神社」の略。東京都台東区にある浅草神社。『三社祭(サンジャまつり)』

【三舎(サンシャ)】古代中国で、軍隊の三日間の行程。一舎は三〇里で、日本の三里(約一二キロ)。【避二三舎一(サンシャをさく)】三日間の行程ほどの距離の外に退く意。恐れはばかって遠く避ける。遠くおよばない。＊左伝-僖公二三年「晋・楚治レ兵、遇二于中原一、其辟二君三舎一(シン・ソヘイをおさめ、チュウゲンにあわば、それきみをさくることサンシャせん)〔=晋と楚とがもし中原で戦うことになったら、君主の軍隊から三日間の行程だけ退却しよう〕」

【三者(サンシャ)】三人。また、三つのもの。『三者三様』

【三赦(サンシャ)】中国、周代で、罪を犯しても刑をゆるされた三種の人間。七歳以下の子供、八〇歳以上の老人、痴愚者。

【三尺(サンジャク|サンセキ)】①一尺の三倍。『三尺の秋水(シュウスイ)〔=三尺ほどの研ぎ澄まされた剣〕』②(サンジャク)[国]「三尺帯」の略。男性、子供用のへこ帯。

【三寿(サンジュ)】一〇〇歳を上寿、八〇歳を中寿、六〇歳を下寿という、その総称。三老。

【三秋(サンシュウ)】①秋の三か月。孟秋(陰暦七月)・仲秋(陰暦八月)・季秋(陰暦九月)の総称。②三度の秋を送ること。三か年。【三秋思(サンシュウのおもい)】一日会わないでいると三年も会わないでいるように思うこと。一日三秋。〔詩経-王風・采葛〕

【三重(サンジュウ)】三つかさなること。『三重唱』『三重奏』

【三従(サンジュウ)】儒教で説く、女性が従うべき三つの道。家にあっては父に従い、嫁(カ)しては夫に従い、夫が死んだあとは子に従う。〔儀礼-喪服〕

【三十三身(サンジュウサンジン)】仏語。観世音菩薩が、衆生済度のために化身するという三三種のすがた。

【三十二相(サンジュウニソウ)】①仏の、三二のすぐれた身体的特徴。②女性の容姿に関する良い相の一切。

【三十棒(サンジュウボウ)】(「三十」は数が多い意)禅宗で、修行者を警醒するために、警策ではげしく打つこと。

【三十六計(サンジュウロッケイ)】三六のはかりごと。多くの計略。【三十六計、走為二上計一(サンジュウロッケイ、にぐるをジョウケイとなす)】たくさんある計略のうち、困ったときは機を見て逃げ出すことが最上の方法である。「三十六計、逃(に)ぐるに如(し)かず」とも。〔南斉書-王敬則伝〕

【三珠樹(サンシュジュ)】①中国の南方にあるといわれる想像上の珍木。その葉が真珠であるとされる。②非常な秀才である三兄弟。

【三春(サンシュン)】春の三か月。孟春(陰暦正月)・仲春(陰暦二月)・季春(陰暦三月)の三か月。

【三唱】(サンショウ) 三度となえること。『万歳三唱』

【三章】(サンショウ) きわめて簡明な法律。漢の高祖が、三章だけの法を定めたという故事から。〔史記-高祖本紀〕

【三焦】(サンショウ) 漢方で六腑の一。上・中・下の三つからなり、上焦は心臓の下、胃の上にあって飲食物を胃の中へ入れる器官、中焦は胃のまん中にあって消化器官、下焦は膀胱の上にあって排泄をつかさどる器官。

【三障】(サンショウ) 仏語。正道や善根をさまたげる三つのさわり。煩悩障と業障と報障をいう。

【三上】(サンジョウ) 文章を練るのに、最もよいといわれる三つの場所。馬上・枕上・廁上。作文三上。〔帰田録〕

【三乗】(サンジョウ) ①仏教で、さとりに至る三つの乗り物、方法。声聞乗・縁覚乗・菩薩乗。三乗教。②同一数を三回掛け合わすこと。『三乗根(=立方根)』

【三常】(サンジョウ) ①君主が国家を治めるに際しての常法となすべき三つのもの。君賢を登用すること、官賢に任ずること、士賢を敬うことをいう。②天・地・人の不変の常法とするもの。すなわち天・地の常形と人の常礼。

【三辰】(サンシン) 日・月・星(北極星)の三つをいう。三光。

【三晋】(サンシン) 中国で春秋時代の末、晋に仕えた三卿がそれぞれ建てた魏・趙・韓の三国。

【三秦】(サンシン) 中国、関中の異称。秦朝滅亡後、項羽が関中を三分して、雍・塞・翟の三国とし秦の降将を封じたことに由来する。

【三親】(サンシン) 父子・夫婦・兄弟をいう。

【三身】(サンシン・サンジン) 仏語。仏身の三種。法身・報身・応身。自性身・受用身・変化身などをいう。三仏身。

【三途】(サンズ) (「途」は道または塗炭の意) 仏語。①熱苦をうける火途、刀・剣・杖などで強迫される刀途、互いに相食む血途。『三途の川(=人が死後冥土に行く途中に越えるという川)』②三途の川の渡し場。冥土の途中。

【三寸】(サンズン) ①一寸の三倍。②短いこと。『舌先三寸(=弁舌)』『胸三寸(=胸中)』

【三世】(サンセ・サンゼ・サンセイ) ㊀(サンゼ) 前世・現世・来世。『三世の縁』『三世相』 ㊁(サンセイ) ①親・子・孫の三代。②三つの代に及ぶこと。三代。→❷(サンセイ)

【三正】(サンセイ) ①天・地・人の正道。三才。〔書経-甘誓〕②君臣の義、父子の親、夫婦の別の、三綱の道の正しいこと。〔礼記-哀公問〕③中国古代、夏・殷・周の三代の暦による三つの正月。

【三牲】(サンセイ) ①宗廟にそなえる三種類のいけにえ。牛・羊・豕。②孔子の釈奠に供える三種類のいけにえ。大鹿・小鹿・豕。③御馳走。特に親に供えすすめる御馳走。④中国で、俗に豚・鶏・魚をいう。

【三省】(サンセイ) 三たびかえりみること。日に幾度も我が身をかえりみること。＊論語-学而「吾日三省吾身」〔=私は毎日何度となく自分のことを反省している〕

【三清】(サンセイ) ①清酒をいう。②三つの画題。枯木・竹・石。または、梅・竹・水仙。③道教の三神。玉清元始天尊・上清霊宝道君・太清太上老君。

【三聖】(サンセイ) 世界の三人の聖人。釈迦・孔子・キリスト。

【三蹟・三跡】(サンセキ) 国平安時代の三人の能書家。小野道風・藤原佐理・藤原行成。

【三絶】(サンゼツ) 読書に熱心なこと。〔史記-孔子世家〕→韋編三絶

【三泉】(サンセン) 深い泉、転じて地の底。死者の行く世界。冥土。❤三重の泉の意。

【三遷】(サンセン) 三度移り変わること。

【三遷教】(サンセンのおしえ) 中国、戦国時代、孟子の母が、孟子を教育するために、より適した環境を求めて三度その居を変えたこと。転じて、母が子を教育するのに用意周到であることのたとえ。孟母三遷。〔列女伝-母儀・鄒孟軻母伝〕

【三千】(サンゼン) ①数の多いことを表す語。②特に、後宮の女性の数多いこと。また、数多くの美女をいう。❤②は白居易「長恨歌」の「後宮佳麗三千人」から。

【三千世界】(サンゼンセカイ) ①仏語。「三千大千世界」の略。小千世界、中千世界、大千世界の総称。あらゆる世界。全宇宙。②世間。

【三蔵】(サンゾウ) ①仏教で、経蔵・律蔵・論蔵の総称。②①に精通した僧の敬称。『三蔵法師』『玄奘三蔵』

【三族】(サンゾク) 三つの身近な親族をいう。父・子・孫〔周礼-春官・小宗伯〕、父の兄弟・自分の兄弟・子の兄弟〔儀礼-士昏礼〕など。

【三尊】(サンゾン) 三体の尊い仏。本尊とその左右の二菩薩。『釈迦三尊』『三尊仏』

【三台】(サンタイ) ①「三台星」の略。古く中国で、紫微星を守る上台・中台・下台の三つの星。これを三公になぞらえていう。②国太政大臣・左大臣・右大臣の称。三公。

【三体】(サンタイ) ①書道の三書体。真・行・草。②物質の三状態。気体・固体・液体。

【三代】(サンダイ) ①三人の天子や君主が連続して在位する間。②親・子・孫と続いて三世代が生きた間。『三代相恩の君』③中国古代の、夏・殷・周の三王朝。→❷

【三嘆・三歎】(サンタン) 三たびなげくこと。何度も感嘆すること。『一読三嘆する』『一唱三嘆』

【三知】(サンチ) 資質によって、道を知るのに三段階あること。生まれながらに知るもの、学んで知るもの、困難に遭遇してのちに知るものをいう。〔論語-季氏〕

【三朝】(サンチョウ) ①(年の朝、月の朝、日の朝を兼ねるところから) 正月元日の朝。元旦。②三代の王朝。③天子が政治を行う内朝・治朝・燕朝の三つの政庁をいう。→❷

【三通】(サンツウ) 中国の歴史を通覧させる書物三種。「通志」「通典」「文献通考」。

【三貞】(サンテイ) ①義理を重んじる義婦、節操の堅い節婦、気性のはげしい烈婦の称。②中国で、三人の貞婦の総称。馬妙祈の妻義、王元憒の妻姫、趙曇君の妻華をいう。

【三伝】(サンデン) ①五経の一である春秋を解義敷衍した三書。すなわち、左氏伝・公羊伝・穀梁伝。②国天竺・唐土を経て日本に伝わること。

【三都】(サント) 三つの大きな都市。漢の長安・洛陽・南陽、日本の京都・東京(江戸)・大阪など。

【三冬】(サントウ) 冬の三か月。孟冬(陰暦一〇月)・仲冬(陰暦一一月)・季冬(陰暦一二月)の総称。

【三到】(サントウ) 読書するために必要な三つの事。心到・眼到・口到の称。〔朱熹-訓学斎規〕

【三統】(サントウ) 中国で、夏の人統、殷の地統、周の天統の総称。

【三徳】(サントク) ①三種類の徳目。例えば智・仁・勇。②三つの用途があること。『三徳ナイフ』

【三毒】(サンドク) 仏語。貪欲・瞋恚・愚痴の三つの煩悩。

【三人】(サンニン) 人の数え方で、三。みたり。『三人寄れば文殊の知恵』

【三人行、必有我師焉】(サンニンおこなえばかならずわがしあり) 三人の人が行動をともにするときには、その中に必ず自分の師を発見することができる。〔論語-述而〕

【三有】(サンヌ・サンウ) 仏語。①欲界・色界・無色界の三界のこと。②衆生が、生まれるとき、死ぬとき、再び生まれ変わるまでの三つ。生有・死有・中有。③現世の存在である本有と来世の存在である当有と、この中間的存在である中

有との三つ。

【三年不レ窺レ園（サンネンそのをうかがわず）】中国、前漢の学者董仲舒（トウチュウジョ）が、三年間、庭にも出ないで勉学にうち込んだという故事。〔漢書-董仲舒伝〕

【三年不レ蜚不レ鳴（サンネンとばずなかず）】雄飛の機会を待って、長い間雌伏すること。中国、春秋時代、斉の威王の故事。〔史記-滑稽伝〕

【三巴（サンパ）】中国、後漢の巴・巴西・巴東の三郡の総称。蜀の地をさす。＊李白-宣城見二杜鵑花一「三春三月憶二三巴一（サンシュンサンガツサンパをおもう）〔＝春三月、遠い故郷の三巴の地を恋しく思い起こす〕」

【三拝（サンパイ）】三度拝礼すること。『三拝九拝』

【三筆（サンピツ）】三人のすぐれた書家、画家。日本の平安時代、嵯峨天皇・橘逸勢（たちばなのはやなり）・空海（弘法大師）の三人の能書家など。

【三百代言（サンビャクダイゲン）】国①弁護士をののしっていう語。②詭弁（キベン）をろうする人。「三百」は、銭三〇〇文。転じて、安い、低級の意。

【三拍子（サンビョウシ）】国①太鼓・小鼓・大鼓など三種の楽器で拍子をとること。②三つの重要な条件。『攻走守、三拍子そろった外野手』③三拍（サンパク）を一単位とする拍子。

【三賦（サンプ）】①三種の賦税。租・庸（ヨウ）・調をいう。②三つの詩賦。

【三伏（サンプク・サンブク）】（「伏」は、金気が火気に対して伏蔵する意）夏至の後の三つの庚（かのえ）の日を初伏・中伏・末伏といい、その総称。夏の最も暑い時期。『三伏の候』

【三不惑（サンフワク）】酒と色事と金銭に溺（おぼ）れないこと。

【三方（サンボウ）】国神仏などの供え物を載せる四角い台。角形の折敷（おしき）に、前と左右との三方に穴のあいた台のついているところからいう。

【三忘（サンボウ）】武士が戦場に行く時に、忘れるべき三つの大事。命を受けて家を、軍に臨んで親を、戦いの鼓の急を聞いて身を忘れること。〔史記-司馬穰苴伝〕

【三宝（サンボウ）】①仏教で、三種の宝。仏・法・僧。『三宝荒神』『南無三宝』②仏の異称。③国「思いのまま」「なるがまま」の意を表す。『いいなり三宝』

【三位（サンミ）】キリスト教で、父（神）・子（キリスト）・聖霊の三者。→❷（サンイ）【三位一体（サンミイッタイ）】①キリスト教で、「三位」はすべて神の現れで、元来一体のものとする考え。②三つのものが一体になること。

【三密（サンミツ）】仏語。身・口・意の三方面における秘密の行法。すなわち、手に契印を結ぶ身密と、口に真言を唱える口密（クミツ）と、心に本尊を観ずる意密とをいう。

【三民主義（サンミンシュギ）】中国で、孫文が唱えた、民族主義、民権主義、民生主義の三原則から成る政治的理論。

【三面（サンメン）】①頭部に三つの顔があるもの。→三面六臂（ロッピ）。②三つの面。三方面。『三面鏡』→❷【三面六臂（サンメンロッピ）】三つの顔と六本の臂（ひじ）があること。転じて、一人で何人分もの働きをすること。『三面六臂の大活躍』

【三文（サンモン）】国一文銭三枚の値。転じて、わずかな金。また、価値の低いこと。『三文小説』『二束三文』『三文判』

【三門（サンモン）】①大きな中央の門と小さな二つの左右門を連ねた門。②山門（サンモン）。

【三友（サンユウ）】①三人の友人。②画題となる松・竹・梅の称。③琴と詩と酒との称。〔白居易-北窓三友〕

【三宥（サンユウ）】①中国の周代で、罪を許す三つの条件。不識・過失・遺忘。②古代中国で、王族が罪を犯した時に、王が三度までは許すこと。

【三余（サンヨ）】読書にもっとも適した三つの時期または時。冬・夜・陰雨。読書三余。〔魏志-王粛伝・注〕

【三礼（サンライ）】①中国で天神・地祇（チギ）・人鬼（亡き人の魂）をまつる儀式。②仏語。身・口・意の三業に敬意を表して三たびひざまずいて礼拝すること。三拝。参礼。③三種類の礼拝。稽首礼（上礼）・跪礼（中礼）・揖（ユウ）礼（下礼）の三つ。④中国古代の礼儀、制度を記した周礼（シュライ）・儀礼（ギライ）・礼記（ライキ）の三書の総称。

【三楽（サンラク・サンゴウ）】㊀（サンラク）①人生での代表的な三つの楽しみ。「孟子-尽心上」では、君子のもつ三つの楽しみ。一家の無事息災と、心にやましい所のないことと、英才の教育をすることの三つ。②仏語。天楽・禅楽・涅槃楽（ネハンラク）の三つ。十善を守り、天上に生まれて受ける楽しみと、修行をつみ禅定（ゼンジョウ）に入って受ける楽しみと、煩悩（ボンノウ）を離れて涅槃のさとりを得る楽しみ。㊁（サンゴウ）三つの願い望むもの。人はその好むところによって、三つの益と損とがあるということ。〔論語-季氏〕

【三里（サンリ）】国灸穴（キュウケツ）の名。ひざがしらの下の、外側のくぼんだ所。

【三閭大夫（サンリョタイフ）】中国、戦国時代の楚（ソ）の国の職名。三つの姓に分かれていた楚の王族をつかさどる。また、その職にあった屈原のことをいう。

【三輪（サンリン）】①三つの輪。②仏語。㋑この世界の地下にあって、世界を支えているという三つの輪。最下から風輪・水輪・金輪があるとする。㋺仏の教化のはたらきを、身・口・意の三業（ゴウ）の上でとらえ、転輪聖王の輪宝にたとえたもの。神通輪・教誡輪・記心輪の三つ。㋩布施における施者と受者と施物の三つ。

【三隣亡（サンリンボウ）】国民間暦で凶日の一。この日に建築すると火災が起こり、近隣三軒を焼きほろぼすという。

【三老（サンロウ）】①年長者で元老としての崇敬を受ける三人。②＝三寿（サンジュ）。③国徳川幕府の行政を担当した三つの重職。大老・老中・若年寄。【三老五更（サンロウゴコウ）】中国、周代に、天子が長老を父兄の礼をもって養うことで天下に孝悌を示した制度。

【三論宗（サンロンシュウ）】仏語。南都六宗の一。中論（中観論）・十二門論・百論の三論をよりどころとして、大乗の教えを説くもの。インドでおこり、鳩摩羅什（クマラジュウ）が中国に伝え、隋の吉蔵が大成したという。日本には、推古天皇の三三年（六二五）、吉蔵の弟子、慧灌が渡来して広めた。空宗。中観宗。無相宗。三論。

❷ 三番目。第三の。

【三位（サンイ・サンミ）】位階の第三位。また、その人。『従三位』→❶（サンミ）

【三火（サンカ）】易の離☲のこと。八卦（ハッカ）の中で、第三番目にあたり、その象が火であるところから。→❶

【三回忌（サンカイキ）】国死後数えて三年目、すなわち満二年目に当たる忌日。また、その法要。三年忌。三周忌。

【三更（サンコウ）】五更の一。一夜を五等分した第三の時刻。現在の午後一一時から午前一時ごろ。

【三時（サンジ）】国①時刻の称の一。午前と午後とある。②午後の間食。おやつ。お三時。

【三七日（サンシチニチ・[illegible]・みなぬか）】国①死後二一日目の仏事。②（サンシチニチ）二一日間。また、出産後二一日目の祝い。

【三周忌（サンシュウキ）】＝三回忌（サンカイキ）

【三世（サンセイ）】国同じ血統または同名の皇帝などのうち、三番目の者。第三代。→❶（サンゼ）

【三代（サンダイ）】国家系の三番目の跡継ぎ。三代目。→❶

【三朝（サンチョウ）】その月の第三日。→❶

【三人称（サンニンショウ）】人称の一。話し手、聞き手以外のものを指す。「あれ」「これ」「彼」「彼女」など。第三人称。

↕一人称・二人称

【三枚目サンマイめ】こっけいな役。また、それを演じる俳優。❤江戸時代、芝居小屋に掲げられた番付の三番目に名が記されたことから。

【三面サンメン】国新聞の社会面。『三面記事』❤かつて第三ページに社会記事を載せていたことから。→❶

【三流サンリュウ】国第三等の階級。転じて、かなり低い等級。

❹ あて字など。

【三太夫サンダユウ】国貴族や金持ちの家事や会計をまかされていた男の通称。

【三板サンパン】中国や東南アジアなどで用いられる、喫水の浅い、手漕こぎの小舟。

【三昧サンマイ】（梵 samādhi の音訳）雑念を離れて心を一つに集中した状態。『念仏三昧ザンマイ』『読書三昧』

【三摩耶・三昧耶サンマヤ・サンマヤ】（梵 samaya の音訳）仏語。①時間。とき。経典の初めなどに用いる。②真言宗で、平等・誓願・驚覚・除垢障の四義をいう。

【三和土たたき】赤土・石灰・砂利など三種の材料を混ぜて作った土間。

❺ 固有名詞など。

【三教指帰サンゴウシイキ】三巻。空海撰。延暦一六年（七九七）の作で、儒・道・仏の三教サンキョウの優劣を論じ、仏教が最もすぐれていることを四六駢儷体ベンレイタイで示したもの。

【三国志サンゴクシ】中国の正史。晋の陳寿撰。魏・呉・蜀三国の歴史。

【三国志演義サンゴクシエンギ】中国の通俗小説。元の羅貫中作という。「三国志」を読み物風に敷衍フエンした物語。

【三国史記サンゴクシキ】朝鮮の史書。五〇巻。金富軾フショクらが編纂。高麗仁宗二三年（一一四五）成立。新羅・高句麗・百済三国の歴史を紀伝で記す。

【三才図会サンサイズエ】①中国の類書。王圻オウキ撰。一六〇七年成立。天・地・人の三才に及ぶ事物を、分類して図説したもの。②「和漢三才図会ワカンサンサイズエ」の略称。

【三字経サンジキョウ】中国の教育書。一巻。宋の王応麟撰か。三字で一句とし隔句毎に韻をふみ、自然現象、道徳、歴史、常識などの内容を三百数十句連ねたもの。

【三体唐詩サンタイトウシ】中国の詩文集。三巻。宋の周弼撰。一二五〇年成立。七言絶句・五言律・七言律三体の詩五〇〇首を集録。三体詩。

【三門峡サンモンキョウ】中国の黄河中流にある峡谷。水中に三つの岩があり、三つの激流に分かれるところからいう。

【三陸サンリク】国陸奥むつ・陸中・陸前の総称。現在の青森・岩手・宮城県。

【三略サンリャク】①中国の兵書。三巻。周の太公望の撰と伝えられる。老荘思想を基調にした治国平天下の大道から戦略・政略の通則を論述。②はかりごとなどのたね本。

難読地名 三水さみず村（長野）三戸さんのへ郡・町（青森）三瓶さんべ山（島根）三瓶みかめ町（愛媛）三朝みささ町（鳥取）三才山みさやま峠（長野）三潴みずま郡・町（福岡）三角みすみ町（熊本）三刀屋みとや町（島根）三養基みやき郡（佐賀）三次みよし市（広島）三良坂みらさか町（広島）三厩みんまや村（青森）難読姓氏 三枝さいぐさ・さえぐさ 三五さんご 三辺さんべ・みなべ 三加みか 三ケ尻みかじり 三迫みさこ 三須すみ

［卄］⇩780 ［廾］⇩2183

4 【丈】 3070 3E66 8FE4 一-2 常 (6)［丈］ 二一 一-3

ジョウ（ヂャウ）呉・チョウ（チャウ）漢 zhàng たけ

筆順 ナ 大 丈

字解 象形。長い棒を手に持つさまに象り、十尺・長い意。

文 篆 

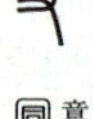

同属字 仗・杖

意味 ❶尺貫法で長さの単位。尺の一〇倍。約三・〇三メートル。『丈室』『方丈』❷つえ。「杖」に同じ。また、つえをつく人の意から、年長者に対する敬称。『丈母』『貴丈』❸強いこと。一人前の男子。『丈夫』『気丈』❹国たけ。長さ。和服で、肩から裾すそまでの長さ。『丈尺』❺国歌舞伎俳優などの芸名に付ける敬称。『菊五郎丈』

❶ 尺貫法で長さの単位。

下接 万丈バンジョウ・百丈ヒャクジョウ・方丈ホウジョウ

【丈室ジョウシツ】一丈四方の部屋。転じて、住持の居室。

【丈余ジョウヨ】一丈（約三メートル）あまり。『丈余の仏像』

【丈六ジョウロク】①立てば一丈六尺（約五メートル）になるものとして造られた仏像。『丈六の仏』②国あぐらをかくこと。

❷ つえ。年長者に対する敬称。

下接 函丈カンジョウ・貴丈キジョウ・兵丈ヘイジョウ

【丈丈ジョウジョウ】目上の人を敬っていう語。

【丈人ジョウジン】①長老を敬っていう語。②妻の父。岳父。

【丈母ジョウボ】①妻の母。②義兄弟の母。③夫の母。

❸ 強いこと。

下接 頑丈ガンジョウ・気丈キジョウ

【丈夫ジョウフ・ジョウブ】㊀（ジョウフ）一人前の男子。ますらお。心身共にすぐれた立派な男子。『偉丈夫』㊁（ジョウブ）国①体が強く、健康であるさま。壮健。達者。『丈夫な体』『気丈夫』②壊れにくいさま。堅固。『丈夫な作り』

❹（日本語で）たけ。長さ。

下接 着丈きたけ・草丈くさたけ・首丈くびたけ・背丈せたけ・袖丈そでたけ・身丈みたけ・裄丈ゆきたけ

【丈尺ジョウシャク】国①たけ。長さ。寸法。②長さ・距離をはかる道具。ものさし。

［卅］⇩782 ［廿］⇩2185 ［弌］⇩2198

5 【与】 4531 4D3F 975E 一-2 常 (6476)［與］ 7148 6750 E46F 臼-6 旧字 人

ヨ 呉漢 yǔ・yù・yú あたえる・あずかる・くみする

筆順 与 与 与

字解 与は與を省略し変形したもの。與は与（あたえる）＋舁（もち上げる）声で形声。金文は、牙（かみあう歯）＋口＋舁声。くみする意。

金文 
篆文 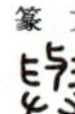

参考 万葉仮名では音を借りて「よ乙」。平仮名「よ」、片仮名「ヨ」の字源。

意味 ❶くみする。なかまになる。力を合わせる。ともに。『与党』＊老子-七九「天道無親、常与善人テンドウはシンなし、つねにゼンニンにくみす」（=天道は個人に対する特別な思いやりをしない。いつも善人の味方をする）」＊史記-項羽本紀「項王即日因留二沛公一与飲（ソクジツ よりてハイコウを とどめて ともにインす）〔=項王はその日、沛公をそのまま引き止めて酒宴を開いた〕」❷あずかる。関係する。『関与』＊孟子-尽心上「而王二天下一、不三与存二焉」〔=しかし、天下に王となることなどは、その中に含まれていない〕」❸あたえる。『与奪』❹…か。たぶん…であろうか。断定を避け、語勢をゆるめる。＊論語-学而「孝弟也者、其為二仁之本一与」〔=孝弟こそ仁の徳の根本といってよいであろうか〕」❺…か。リズムを整えるために文中や文末に置く。＊論語-公冶長「於レ予与何誅」〔=宰予については叱る値打ちもない〕」❻…や。…か。文末に置いて疑問・反語を示す。＊屈原-漁父辞「子非二三閭大夫一与」〔=あなたは三閭大夫ではありませんか〕」❼…か。…かな。詠嘆を示す。＊論語-衛霊公「無為而治者、其舜也与」〔=人為的なことを何もしないでうまく政治をしたのは、舜帝だろうなあ〕」❽…と。並列・従属を示す。＊論語-里仁「富与レ貴、是人之所レ欲也」〔=富と高い地位は、だれでもほしいものである〕」＊史記-管晏伝「少時、常二与鮑叔牙一游」〔=(管仲は)若い時、いつも鮑叔牙と交際していた〕」❾…より。比較を示す。＊論語-八佾「礼与二其奢一也寧倹」〔=礼は派手にするよりは、むしろ控え目にするほうがよい〕」❿…ために。「為」に同じ。＊史記-陳渉世家「陳渉少時、嘗与レ人傭耕」〔=陳渉は若い時、人にやとわれて農耕していたことがあった〕」⓫あて字など。

【与国（ヨコク）】味方の国。同盟国。
【与党（ヨトウ）】①同調する仲間。同志。②国政党政治で、政権を担当している政党。↕野党
【与力（ヨリキ）】国江戸時代、諸奉行などに付属し、部下の同心を指揮した役。

❶くみする。なかまになる。

❷あずかる。関係する。

下接 干与（カンヨ）・関与（カンヨ）・寄与（キヨ）・参与（サンヨ）
【与知（ヨチ）】ある事柄にかかわること。

❸あたえる。

下接 給与（キュウヨ）・供与（キョウヨ）・恵与（ケイヨ）・授与（ジュヨ）・賜与（シヨ）・賞与（ショウヨ）・譲与（ジョウヨ）・所与（ショヨ）・施与（セヨ）・贈与（ゾウヨ）・貸与（タイヨ）・天与（テンヨ）・投与（トウヨ）・付与（フヨ）・賦与（フヨ）・分与（ブンヨ）・和与（ワヨ）
【与件（ヨケン）】推理または研究の出発点として与えられ、あるいは仮定される事物。所与。
【与奪（ヨダツ）】与えることと奪うこと。『生殺与奪の権』

⓫あて字など。


【与太（ヨタ）】国①知恵が足りないこと。また、その者。②でたらめ。冗談。『与太を飛ばす〔=でたらめを言う〕』③素行不良の者。ならず者。『与太者』▶「与太郎」から。

【与太郎（ヨタロウ）】国知恵の足りない者、愚か者を擬人化した語。▶落語に登場する人物。

難読地名 与謝（よさ）郡（京都） 与那国（よなぐに）町（沖縄） 与那原（よなばる）町（沖縄）

6 【丈】 一－3 ジョウ「丈」(4)の異体字

7 【册】 4938 5146 9965 一－4 サツ「冊」(506)の旧字

8 【世】 3204 4024 90A2 一－4 常3 (9)【丗】 5034 5242 99C0 一－4 (789)【卋】 ＊2024 十－4 セ㊉・セイ㊌/shì/よ

筆順

字解 指事。もと、十を三つ合わせた三十から、三十年・長い時間・一代の意。転じて、よのなかの意。

甲骨文 金文 篆文

同属字 貰・泄・枻・紲

参考 万葉仮名では音を借りて「せ」、訓を借りて「よ㊀」。平仮名「せ」、片仮名「セ」の字源。

意味 ❶よ。よのなか。社会。『曲学阿世』『世界』『世論』『厭世』『処世』＊屈原-漁父辞「挙レ世皆濁、我独清」〔=世の中は汚れており、私だけが清く生きている〕」⇒〔代〕(1177)の表 ❷よ。時の流れの大きな区切り。時代。『世紀』『近世』『沖積世』＊陶潜-桃花源記「今是何世」〔=今は何という時代か〕」❸よ。人の生きている間。また、人がある地位にいる間。『一世一元』『隔世遺伝』『世代』『終世』❹よよ。代々。また、よよにする。うけつぐ。『世嫡』『世襲』＊史記-管晏伝「子孫世禄二於斉一」〔=その子孫は、代々斉から封禄を受けた〕」❺あて字。『世話』『見世』❻固有名詞。『世祖』『世説新語』

❶よ。よのなか。社会。

下接 阿世（アセイ）・厭世（エンセイ）・慨世（ガイセイ）・蓋世（ガイセイ）・下世（カセイ）・希世（キセイ）・棄世（キセイ）・救世（キュウセイ）・経世（ケイセイ）・警世（ケイセイ）・幻世（ゲンセイ）・曠世（コウセイ）・済世（サイセイ）・時世（ジセイ）・辞世（ジセイ）・出世（シュッセ）・処世（ショセイ）・人世（ジンセイ）・清世（セイセイ）・盛世（セイセイ）・聖世（セイセイ）・俗世（ゾクセ）・治世（チセイ）・超世（チョウセイ）・逃世（トウセイ）・渡世（トセイ）・遁世（トンセイ）・浮世（フセイ）・平世（ヘイセイ）・憂世（ユウセイ）・乱世（ランセ）・利世（リセイ）・理世（リセイ）・離世（リセイ）・不世出（フセイシュツ）・曲学阿世（キョクガクアセイ）・抜山蓋世（バツザンガイセイ）

【世運（セイウン｜セウン）】世の中の動向。時勢の気運。

【世栄（セイエイ）】俗世間における名誉。

【世議（セイギ）】世間の議論。世論。

【世教（セイキョウ｜セキョウ）】世の中に行われる教え。儒学を指すことが多い。

【世局（セイキョク）】世の中のなりゆき。時局。

【世諺（セイゲン）】世の中のことわざ。俚諺（リゲン）。

【世事（セイジ｜セジ）】①世の中の事。世間の俗事。『世事にうとい』②仏語。僧が、定められた時刻以外に、食事をすること。③国和船で、船内の炊事を行う部屋。

【世儒（セイジュ）】世俗的で見識の劣った儒者。→❹
【世途（セイト）】世の中を渡る道。

【世紛（セイフン）】世俗のわずらわしさ。

【世変（セイヘン）】①世の中のうつりかわり。②世の中の乱れ。

【世味（セイミ｜セミ）】世間のおもむき。

【世務（セイム｜セム）】①社会のためになすべき仕事。②世の中でのわずらわしいつとめ。

【世累（セイルイ）】世の中の俗事、わずらい。

【世界（セカイ）】①人間社会。世間。世の中。②地球上のすべての国々。万国。『世界の平和』『世界史』③ある特定の範囲。『月世界』『新世界』『別世界』④仏教で、衆生が住む時間と空間との全体をいう語。『三千世界』『娑婆（シャバ）世界』【世界観（セカイカン）】世界、人生の意義や価値に関する考え方。『世界観の違い』

【世外（セイガイ｜セガイ）】世俗を離れた場所。

【世間 セケン】①現世社会。俗の世の中。『渡る世間に鬼はなし』『世間知らず』『俗世間』②国活動、交際の範囲。『世間を狭くする』③国世の人々。『世間の目を気にする』【世間体 セケンテイ】世間の人々に対する体面や体裁。
【世故 セコ】世の中の風俗、習慣。俗事やならわし。『世故に長たける』
【世才 セサイ】国世渡りの才。
【世財 セザイ】俗世できずいた財物。この世の富。
【世辞 セジ】国他人に対して愛想のよい言葉。お世辞。
【世上 セジョウ】世の中。世間。『世上の噂うわさ』
【世情 セジョウ】世の中の事情。世態と人情。
【世人 セジン】世の中の人。世間の人。
【世塵 セジン】世の中のわずらわしい雑事。
【世説 セセツ】世間のうわさ。
【世相 セソウ】世の中の有様。世情。『世相を反映する』
【世俗 セゾク】①世の中のならわし、風俗。②俗世間。
【世尊 セソン】（梵 bhagavat の訳。世の中で最も尊い人の意）仏、すなわち釈迦シャカを敬っていう語。
【世態 セタイ】世の有様。世間の状態。『世態風俗』
【世知・世智 セチ】国世渡りの知恵、才。世才。『世知に長たける』『世知辛い（＝けちである。また、こせこせして暮らしにくい）』♥「知」は「智」を書き換えたもの。
【世道 セドウ｜セイドウ】世の中で守るべき道義。社会道徳。
【世表 セヒョウ】世の中の模範。
【世評 セヒョウ】世間の評判。『世評が高い』
【世論 セロン｜セイロン｜よロン】世間一般の意見、論調。
【世話 セワ】世間の人がする話。また、庶民的なこと。『世話狂言』『下世話』→❺【世話物 セワもの】浄瑠璃ジョウルリ、歌舞伎カブキなどでその時代の風俗、世態、人情を扱ったもの。特に、江戸時代の町人社会に取材したもの。↕時代物。『生世話物きぜわもの』

❷ よ。時の流れの大きな区切り。時代。
下接 一世イッセイ・往世オウセイ・隔世カクセイ・季世キセイ・澆世ギョウセイ・近世キンセイ・後世コウセイ・叔世シュクセイ・上世ジョウセイ・濁世ジョクセ・塵世ジンセイ・衰世スイセイ・絶世ゼッセイ・創世ソウセイ・中世チュウセイ・当世トウセイ・末世マッセ・洪積世コウセキセイ・沖積世チュウセキセイ／千世ちよ

【世紀 セイキ】①年代。時代。②（英 century の訳語）紀元元年から一〇〇年ずつを一期と数える時代区画。また、単に一〇〇年。『今世紀』【世紀末 セイキマツ】①一九世紀末。西欧、特にフランスで、懐疑的、退廃的な傾向が強かった時代。②一般に、世紀の末期。また、社会の没落期に現れる退廃的傾向。

❸ よ。人の生きている間。
下接 一世イッセイ・現世ゲンセ・後世ゴセ・在世ザイセイ・三世サンゼ・終世シュウセイ・身世シンセイ・宿世スクセ・前世ゼンセ・先世センセイ・早世ソウセイ・即世ソクセイ・二世ニセ・百世ヒャクセイ・没世ボッセイ・命世メイセイ・来世ライセ・一世一元イッセイイチゲン

【世祖 セイソ】一世の祖先。中国で、太祖・高祖・太宗などについで朝家の基礎を固めた天子の尊号。武帝、文帝、孝元帝、孝武帝など、それぞれ諡号ゴウシに冠して呼ぶ。→❻
【世代 セダイ｜セイダイ】①親、子、孫のそれぞれの代。『二世代住宅』②生年や成長などの同じ年代。『世代交替の時期』
【世路 セロ｜セイロ】人生における生き方。

❹ 受け継ぐ。また、代々。
下接 一世イッセイ・家世カセイ・数世スウセイ・先世センセイ・二世ニセイ・万世バンセイ・百世ヒャクセイ・累世ルイセイ・歴世レキセイ・列世レッセイ

【世家 セイカ】①代々ある地位を世襲セシュウし、世禄セイロクを受ける家柄。諸侯など。②「史記」で、王や諸侯などの家筋を記したもの。名家の家筋の記録。『越王勾践世家』『孔子世家』
【世業 セイギョウ｜セギョウ】世襲の家業。また、先代から受け継いだ事業。
【世系 セイケイ】①代々受け継いだ系統。②系譜。系図。
【世交 セイコウ】先祖代々交際のある間柄。
【世子・世嗣 セイシ｜セシ】天子、大名など、貴人のあとつぎである子。
【世儒 セイジュ】代々の家学・家伝を受け継いだ儒者。→❶
【世職 セイショク｜セショク】代々受け継いできた職業や官職。
【世臣 セイシン】先祖代々その主家に仕える家来。
【世族 セイゾク】①代々血統の続いてきた一族。②名望ある大族。姓族。
【世嫡 セイチャク｜セイテキ】あとつぎ。
【世冑 セイチュウ】（「冑」はあとつぎの意）代々続いた家の子孫。
【世伝 セイデン】代々伝わって行くこと。
【世統 セイトウ】祖先伝来の血統。
【世徳 セイトク】先祖代々積み重ねた徳。
【世父 セイフ】父の兄で、嫡男として家を継ぐ者。転じて、父の兄。伯父おじ。
【世譜 セイフ】代々の血筋を記録した系譜。
【世禄 セイロク｜セロク】世襲する家禄。また、その家禄を受けること。
【世襲 セシュウ｜セイシュウ】財産、職業などを子孫が代々受け継いでゆくこと。『世襲制』
【世世 セセ｜セゼ｜セイセイ｜よよ】多くの世。代々。『生生世世ショウジョウセゼ（＝生きかわり死にかわり、いつまでも）』

❺ あて字。

【世帯 セタイ｜しょタイ】国住居および生計を同じくしている者の集団。『世帯主セタイぬし』♥「所帯」のあて字。
【世話 セワ】国①面倒をみること。『世話女房』②手数がかかること。厄介ヤッカイ。『世話が焼ける』♥「せわしい」からか。→❶
【世迷言 よまいごと】わけの分からない不平やぐち。

❻ 固有名詞。

【世祖 セイソ】①中国、後漢の初代皇帝、劉秀リュウシュウ（＝光武帝）。②中国、三国魏の初代皇帝、曹丕ソウヒ。③中国、三国晋の初代皇帝、司馬炎。④中国、北魏の三代皇帝、拓跋燾タクバツトウ。⑤中国、元朝の初代皇帝、フビライ。⑥中国、清朝の三代皇帝、愛新覚羅福臨。→❸
【世宗 セイソウ】中国、金の第五代皇帝。在位は一一六一から八九年。姓名は完顔雍。金の黄金時代を築いて、小尭舜と呼ばれた。（一一二三〜八九）
【世説新語 セセツシンゴ】中国の逸話集。三巻。六朝時代の宋の劉義慶リュウギケイ撰。後漢末から東晋末までの貴族、僧、文人らの逸話を集めたもの。「劉義慶世説」「世説新書」とも。

難読地名 世知原せちばる町（長崎） 世羅せら郡・町（広島）
難読姓氏 世良せら 世利せり

【冊】⇩ 506

10 【卡】 二一 一-5

字解 国字。会意。上（うえ）＋下（した）。うえとした。のぼりくだり。垰たお・峠とうげ・裃かみしもなどに含まれる。

一

11 【丂】 *1601 一－1 コウ(カウ)[漢]／kǎo

[字解] 象形。ぶつかりまがったもの(立ち上る蒸気が妨げられまがったさま、あるいはまがった彫刻刀ともいう)の形に象り、まがっている意。

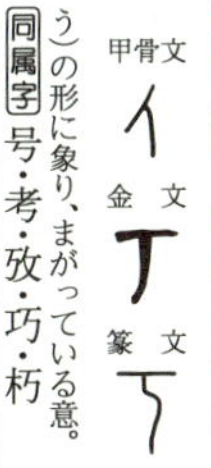
甲骨文
金文
篆文

[同属字] 号・考・攷・巧・朽

12 【丁】 3590 437A 929A 一－1 [常]3 チョウ(チャウ)[呉]・テイ[漢]・トウ(タウ)[漢]／dīng・zhēng／ひのと・よぼろ

[筆順] 丁 丁

[字解] 象形。もと、釘の頭を上から見た形(甲骨文は、輪郭のみ)、のち釘を横から見た形に象り、くぎの意。釘の原字。借りて十干の第四位に用いる。

甲骨文
金文
篆文

[同属字] 成(成)・亭・頂・汀・町・灯・訂・酊・釘

[参考] 「ひのと」の読みは、五行説によって五行の火に十干の丁を配したことによる。

[意味] ❶ひのと。十干の第四。また、一般に第四位。『甲乙丙丁』『丁夜』 ❷つよい。さかん。転じて、成年の男。満二十歳。また、よぼろ。律令制で公役に徴発された男。『丁役』『正丁』『壮丁』 ❸あたる。あう。また、物を打ちあてた音のひびくさま。『丁丁発止』『丁当』 ❹てあつい。ねんごろ。『丁寧』 ❺[国]「町」の略字。㋑まち。市街地の区切り。『一丁目』 ㋺距離の単位。六〇間(=約一〇九メートル)。 ❻[国]偶数。二で割り切れる数。↔半。『丁か半か』 ❼[国]書物の紙一枚。表裏二ページ。『落丁』『乱丁』 ❽[国]飲食物を数える語。『豆腐一丁』 ❾その他。あて字など。『丁幾(チンキ)』『拉丁(ラテン)』

❶ ひのと。十干の第四。

【丁夜(テイヤ)】 昔、中国で夜を甲、乙、丙、丁、戊の五つに分けた、その四番目。今の午前一時ごろから午前三時ごろ。丑(うし)の刻。四更。

❷ つよい。さかん。転じて、成年の男。

[下接] 役丁(エキチョウ)・園丁(エンテイ)・正丁(セイテイ)・成丁(セイテイ)・壮丁(ソウテイ)・白丁(ハクテイ)・馬丁(バテイ)・兵丁(ヘイテイ)・輿丁(ヨテイ)

【丁役(テイエキ)】 ①労役にあたる壮丁。②律令制で、諸国の正丁を徴発して上京させ、諸官司で労役させること。

【丁女(テイジョ)】 丁年の女。一人前の女。正女(セイジョ)。

【丁壮(テイソウ)】 働き盛りの男子。壮年の男子。壮丁。

【丁男(テイナン|テイダン)】 成年の男子。律令制では、二一歳以上六〇歳までの男子。

【丁年(テイネン)】 一人前と認められる年齢。満二〇歳。成年。

【丁稚(デッチ)】 [国]商人や職人の家に奉公した少年。小僧。

❸ あたる。あう。また、音のひびくさま。

【丁丁(チョウチョウ|トウトウ)】 ①(チョウチョウ) 物を続けて打つさま。②(トウトウ) 材木や杭などを連続して打つ音の響きわたるさま。【丁丁発止・丁丁発矢(チョウチョウハッシ)】 [国]刀などで激しく打ち合うさま。転じて、激しく言い合うさま。『丁々発止と切り結ぶ』『丁々発止とわたり合う』

【丁当(テイトウ)】 金属や玉などのふれあう音。

【丁憂(テイユウ)】 父母の喪にあうこと。

❹ てあつい。ねんごろ。

【丁重(テイチョウ)】 礼儀正しく、手厚いさま。↔疎略。『丁重な扱い』 ♥書き換え「鄭重→丁重」。

【丁寧(テイネイ)】 ①注意深く念入りであること。②手厚く礼儀正しいこと。♥書き換え「叮嚀→丁寧」。

❻ (日本語で)偶数。

【丁半(チョウハン)】 [国]さいころの目の丁(偶数)と半(奇数)。また、丁か半かを当てるばくち。

❼ (日本語で)書物の紙一枚。

[下接] 改丁(カイチョウ)・落丁(ラクチョウ)・乱丁(ランチョウ)

【丁合(チョウあい)】 製本で折丁(おりチョウ)をページ順に集める作業。

【丁数(チョウスウ)】 [国]書物の紙の枚数。和装本についていう。

❾ その他。あて字など。

[下接] 装丁(ソウテイ)・包丁(ホウチョウ)・拉丁(ラテン)・沈丁花(ジンチョウゲ)

【丁銀(チョウギン)】 [国]江戸時代通用の銀貨の一。なまこ形、不定量のもので豆板銀とともに秤量して使われた。

【丁香(チョウコウ)】 ＝丁子(チョウジ)

【丁度(チョウド)】 [国]①きっかり。『丁度十二時だ』 ②折よく。具合よく。『丁度よかった』 ③あたかも。

【丁場(チョウば)】 ①運送、道普請などの受け持ちの区域。②宿場と宿場との距離。『長丁場(ながチョウば)』 ♥「町場」とも書く。

【丁番(チョウバン)】 [国]職人仲間で「蝶番(チョウつがい)」をいう。

【丁幾(チンキ)】 アルコール溶液の総称。『沃土丁幾(ヨードチンキ)』 ♥「チンキテュール(オランダtinctuur)」の略。

【丁子(チョウジ|テイシ)】 ①(テイシ) おたまじゃくし。②(チョウジ) フトモモ科の常緑高木。つぼみを乾燥させたものを香料、薬品として用いる。♥「丁字」とも書く。

【丁字(テイジ)】 「丁」の字のような形。『丁字帯』『丁字路』

【丁髷(ちょんまげ)】 明治時代になる前の男の髪形の一。髻(もとどり)を前に曲げたもの。

13 【下】 1828 323C 89BA 一－2 [常]1 ゲ[呉]・カ[漢]・ア[唐]／xià／した・しも・もと・さげる・さがる・くだる・くだす・くださる・おろす・おりる

[筆順] 下 下 下

[字解] 指事。もと、基準の横線よりしたを－で示した。もののしたの意。

甲骨文
金文
篆文
重文

[参考] 万葉仮名では音を借りて「げ[甲]」。

[意味] ❶した。しも。すえ。うしろ。↔上。㋑位置が低い方。『下段』『下部』『階下』『眼下』 ㋺流れのすえの方。順序が後ろの方。『下流』『下巻』『下旬』 ❷もと。ほとり。あたり。㋑そのあたり。そのもと。『灯下』『李下』 *陶潜-飲酒「采㆑菊東籬下(キクをとるトウリのもと)」〔＝菊の花を東のかきねのそばで摘みとる〕 ㋺転じて、多く敬意を表す。『閣下』『殿下』『陛下』 ㋩支配・影響を受ける位置。『旗下』『傘下』 ㊁さしあたり置かれている状況。『時下』『目下』 ❸身分・年齢・程度などが低い方。おとった。『下剋上』『下等』『下品』『部下』 ⇒〔高〕(9180)の[表] ❹くだる。くだす。おりる。おろす。さがる。さげる。↔上。『下降』『下命』『沈下』『低下』『南下』 ❺[国]あらかじめすること。した。『下検分(したケンブン)』『下絵(したえ)』『下見

み』❻固有名詞。『下学集』『下邳』『下総(しもうさ)』

❶ した。しも。すえ。うしろ。

下接 以下(イカ)・閾下(イキカ)・腋下(エキカ)・檐下(エンカ)・轅下(エンカ)・汚下(オカ)・屋下(オクカ)・階下(カイカ)・崖下(ガイカ)・花下(カカ)・華下(カカ)・果下(カカ)・瞰下(カンカ)・眼下(ガンカ)・領下(ガンカ)・高下(コウカ)・胯下(コカ)・跨下(コカ)・鼓下(コカ)・刻下(コッカ)・上下(ジョウゲ)・泉下(センカ)・地下(チカ)・天下(テンカ)・堂下(ドウカ)・皮下(ヒカ)・筆下(ヒッカ)・廡下(ブカ)・豊下(ホウカ)・無下(ムゲ)・零下(レイカ)・廊下(ロウカ)・形而下(ケイジカ)・一上一下(イチジョウイチゲ)・臍下丹田(セイカタンデン)／風下(かざしも)・川下(かわしも)・靴下(くつした)・軒下(のきした)・版下(ハンした)・真下(ました)・股下(またした)・床下(ゆかした)

【下元(カゲン)】三元の一。陰暦一〇月一五日。下元の節。

【下弦(カゲン)】陰暦二二、二三日ごろの月。左半円状が輝いて見える。↕上弦。『下弦の月』

【下限(カゲン)】下の方の限界。↕上限

【下肢(カシ)】足。脚部。↕上肢

【下寿(カジュ)】人の長寿を上、中、下の三段階に分けた、最も下の年齢で、六〇歳のこと。一説に八〇歳。

【下唇(カシン)】①下のくちびる。②シソ科植物の花弁の下方の部分。③節足動物の口器の一部。

【下世(カセイ)】年代の下がった時代。後世。→❹

【下泉(カセン)】あの世。よみの世界。→❹

【下層(カソウ)】重なったものの下の部分。↕上層。→❸

【下腿(カタイ)】膝(ひざ)と足首との間の部分。↕上腿

【下端(カタン)】下の方のはし。↕上端

【下土(カド)】下界。大地。この国土。→❸

【下膊(カハク)】ひじから手首までの部分。前膊。↕上膊

【下平(カヒョウ)】①漢字音の四声(平声・上声・去声・入声)のうち、平声に属する三〇韻を二分したものの後半一五韻。↕上平(ジョウヒョウ)。②現代中国語の四声(上平声・下平声・上声・去声)の第二番目。↕上平(ジョウヒョウ)

【下風(カフウ)】かざしも。→❸

【下文(カブン)】後に記した文章。後文。

【下方(カホウ)】したの方。下部。↕上方

【下流(カリュウ)】川の流れの下(しも)の方。↕上流・中流。→❸

【下界(ゲカイ)】高い所から見た地上。また、人間世界。

【下巻(ゲカン)】書物の巻数を、上・下、上・中・下に分けた、最後の巻。

【下疳(ゲカン)】性交によって伝染する陰部にできる潰瘍(カイヨウ)。

【下澣・下浣(ゲカン|カカン)】月の二一日から月末まで。下旬。

【下刻(ゲコク)】一刻(今の二時間)を三分した最後の時刻。

【下座(ゲザ|しもザ)】国①末席。↕上座。②芝居などで、舞台の下手(しもて)に当たる所。また、囃子方(はやしかた)の席。→❹

【下旬(ゲジュン)】一か月を初めから一〇日ごとに分けた末の約一〇日間。『十月下旬』

【下水(ゲスイ)】国使用のすんだ汚れた水。『下水道』

【下足(ゲソク)】国寄席、料理屋などで脱いだ履き物。『下足番』『下足札』

【下駄(ゲタ)】国①木をくりぬき、鼻緒をすげた履き物。『下駄を預ける〔=他に処置を一任する〕』②校正刷りで、所要の活字がないとき代わりに入れる「〓」の伏せ字。

【下段(ゲダン)】①下の方の段。↕上段・中段。②刀などの切っ先を下げて構えること。↕上段・中段

【下屋(ゲや)】母屋に差し掛けて作った小さな屋根。また、その下の部分。↕本屋

【下略(ゲリャク|カリャク)】あとに続く言葉や文章を略すこと。↕上略・中略

【下手(したて|しもて)】㊀下の方。特に、風下(かざしも)、川下(かわしも)など。㊁(したて)①下の方の地位、立場。『下手に出る』②相撲で、相手の腕の下から相手の回しを取ること。↕上手(うわて)。『下手投げ』㊂(しもて)舞台の、客席から見て左側の部分。↕上手(かみて)。→❸❹(ゲシュ)

【下火(したび)】①火勢の衰えること。②物事の勢いが弱まること。『流行が下火になる』→❹(アコ)

❷ もと。ほとり。あたり。

下接 ㋑月下(ゲッカ)・樹下(ジュカ)・帳下(チョウカ)・灯下(トウカ)・李下(リカ)・林下(リンカ)㋺案下(アンカ)・閣下(カッカ)・机下(キカ)・貴下(キカ)・猊下(ゲイカ)・闕下(ケッカ)・閤下(コウカ)・梧下(ゴカ)・轂下(コクカ)・座下(ザカ)・膝下(シッカ)・砌下(セイカ)・窓下(ソウカ)・足下(ソッカ)・台下(ダイカ)・殿下(デンカ)・榻下(トウカ)・陛下(ヘイカ)・輦下(レンカ)㋩管下(カンカ)・旗下(キカ)・麾下(キカ)・郡下(グンカ)・県下(ケンカ)・呉下(ゴカ)・傘下(サンカ)・治下(チカ)・都下(トカ)・配下(ハイカ)・輩下(ハイカ)・幕下(バッカ)・府下(フカ)・部下(ブカ)・門下(モンカ)・翼下(ヨクカ)㊁現下(ゲンカ)・刻下(コッカ)・時下(ジカ)・目下(モッカ)

❸ 身分、程度などが低いこと。

下接 臣下(シンカ)・駑下(ドカ)・凡下(ボンゲ)・隷下(レイカ)／組下(くみした)・三下(サンした)・手下(てした)・目下(めした)

【下位(カイ)】①低い地位や順位。↕上位。②家臣の地位。*孟子-離婁上「居二下位一、而不レ獲二於上一、民不レ可二得而治一也(カイにいて、かみにえられずんば、たみえておさむべからざるなり)〔=家臣の地位にいて、国君から信任を得られないようでは、民を治めることはとうていできない〕」

【下意(カイ)】一般の人々の考え・意向。↕上意

【下院(カイン)】二院制の議会で上院に対するもの。↕上院

【下学(カガク)】手近で初歩的なところから学ぶこと。また、そうした学問。【下学而上達(カガクしてジョウタツす)】手近で初歩的なところから学び始め、後には高遠な学理にまで達して、それをきわめる。〔論語-憲問〕

【下官(カカン|ゲカン)】①下級の官吏。②自称。官吏が自分のことをへりくだっていう。

【下級(カキュウ)】等級や段階の低いこと。↕上級・中級。『下級裁判所』『下級生』

【下愚(カグ)】極めておろかなこと。至愚。

【下交(カコウ)】身分の上の者が下の者と交際すること。

【下士・下子(カシ)】①教養、品性の低い人。②身分の低い武士。③国下士官のこと。【下士官(カシカン)】国日本の軍隊で、准士官と兵との間の階級にある武官の総称。

【下乗(カジョウ)】足ののろい馬。駑馬(ドバ)。転じて、才能のにぶい人。→❹(ゲジョウ)

【下情(カジョウ)】庶民の実情。『下情に疎い』

【下拙(カセツ)】つたないこと。

【下走(カソウ)】身分の低い使い走り。自分の謙称。

【下層(カソウ)】階級の下の方。↕上層。→❶

【下土(カド)】①片いなか。②やせた土地。→❶

【下奴(カド)】①召し使い。②自分をへりくだっていう語。また、相手をののしって呼ぶ語。

【下等(カトウ)】①下の等級。↕上等。『下等動物』②品質、品性が劣っているさま。↕上等。『下等な作品』

【下輩(カハイ|ゲハイ)】身分の低い者。下人(ゲニン)。

【下婢(カヒ)】召し使いの女。はしため。下女。

【下風(カフウ)】他より低い地位。人の支配下。→❶

【下民(カミン)】たみ。人民。

【下問(カモン)】目下の者に問い尋ねること。下聞(カブン)。【不レ恥二下問一(カモンをはじず)】身分の低い者、年の若い者に問い尋ねることを恥としない。〔論語-公冶長〕

【下吏(カリ)】下級官吏。

【下里(カリ)】①いなか。②死者の行くところ。

【下流(カリュウ)】階層などの低い方。↕上流・中流。→❶

【下僚(カリョウ)】その人より地位の低い官吏。下役。

【下下（ゲゲ）】非常に劣っていること。下の下。

【下戸（ゲコ）】国①日本の律令制で、戸の等級の一。構成員の少ない戸。②酒の飲めない人。酒を好まない人。↔上戸

【下国（ゲコク）】国日本の律令制で、国の等級を決めたものの一。大、上、中、下の四段階の最下級の国。→❹

【下克上・下剋上（ゲコクジョウ）】下位の者が上位の者をしのぎ、上に立つこと。書き換え「下剋上→下克上」。

【下根（ゲコン）】仏教で、教えを受ける者としての資質が劣っている者。↔上根（ジョウコン）

【下策（ゲサク）】へたなはかりごと。↔上策

【下司（ゲシ｜ゲス）】国㊀（ゲシ）①身分の低い官人。したづかさ。②平安末期から中世にかけて、荘園の現地にあって事務をつかさどった荘官。㊁（ゲス）＝下衆（ゲス）

【下直（ゲジキ）】値段が安いこと。また、安っぽいこと。

【下手（ゲシュ｜へた）】国①（ゲシュ）身分などの低い人。下輩。②（へた）物事に巧みでないこと。↔上手（ジョウズ）。→❶（した）・❹（シゲュ）

【下女（ゲジョ）】雑用に使われる雇い女。

【下生（ゲショウ）】仏語。極楽往生の九品のうち、上品（ジョウボン）、中品、下品のそれぞれの下位。または、上品下生、中品下生、下品下生の総称。→❹

【下姓（ゲショウ）】身分の卑しい者。下賤の者。

【下衆・下種（ゲス）】国①身分の卑しい人。②品性が下劣であること。下品。『下衆の勘繰り』

【下世話（ゲセワ）】国俗な言葉、話。世間のうわさ。

【下賤（ゲセン）】身分が低いさま。↔高貴

【下手物（ゲてもの）】①安価で素朴な品物。↔上手物（ジョウてもの）。②風変わりで奇妙なもの。『下手物食い』

【下田（ゲデン）】地味のやせた下等の田地。↔上田

【下男（ゲナン）】国雑用をするために雇われている男。

【下人（ゲニン）】①身分の低い者。②使用人。しもべ。

【下品（ゲヒン｜カヒン｜ゲボン）】㊀（ゲヒン｜カヒン）国品性、品格が卑しいこと。↔上品。『下品な言葉』㊁（ゲボン）①極楽浄土に生まれる人を能力、性質などから上・中・下に三分した、その最下位。②下等。【下品下生（ゲボンゲショウ）】仏語。九品（クホン）浄土のうちの最下位に往生すること。また、その最下位の浄土。

【下僕（ゲボク）】召し使いの男。下男。

【下劣（ゲレツ）】卑しく、おとっているさま。『下劣な考え』

【下郎（ゲロウ）】国人に使われている身分の低い男。また、人をののしっていう言葉。下臈。

【下臈（ゲロウ）】①年数、修行の浅い僧。↔上臈。②官位、年功序列の低い者。↔上臈。③＝下郎（ゲロウ）

❹ くだる。おりる。おろす。さがる。

下接 一下（イッカ）・雨下（ウカ）・咽下（エンカ｜エンゲ）・嚥下（エンカ｜エンゲ）・却下（キャッカ）・降下（コウカ）・午下（ゴカ）・西下（サイカ）・瀉下（シャカ）・垂下（スイカ）・宣下（センゲ）・沈下（チンカ）・低下（テイカ）・滴下（テキカ）・東下（トウカ）・投下（トウカ）・南下（ナンカ）・卑下（ヒゲ）・落下（ラッカ）・流下（リュウカ）／帯下（こしけ）

【下火（アコ）】禅宗で大葬の火をつける作法。→❶（したび）

【下瞰（カカン）】見おろすこと。俯瞰（フカン）。鳥瞰。

【下午（カゴ）】①昼下がり。午後。②人生の中年以後。

【下降（カコウ）】下にさがること。降下。↔上昇

【下賜（カシ）】貴人、特に、天皇が下さること。『下賜金』

【下酒物（カシュブツ）】酒の肴（さかな）。下物（カブツ）。

【下春（カショウ）】夕日の沈もうとする頃。ひぐれ。日没。

【下垂（カスイ）】たれ下がること。『胃下垂』

【下世（カセイ）】（この世を去り下って黄泉に入るの意）死ぬこと。→❶

【下泉（カセン）】流れ出る泉。→❶

【下達（カタツ｜ゲタツ）】上の者の命令、意志などを下の者に伝えること。『上意下達』

【下堂（カドウ）】①堂よりおりること。②妻を離縁すること。

【下番（カバン）】勤務を終えて引き下がること。

【下筆（カヒツ）】筆を紙（画布）面に下ろすこと。筆で絵や書をかき始めることや、かくこと。

【下付・下附（カフ）】政府や役所などの公的機関が、書類、物品などを一般に与えること。

【下物（カブツ）】（酒とともに飲み下す物の意）酒の肴（さかな）。

【下放（カホウ）】現代中国で、一九五七年ごろから文化大革命期に、党・企業などの幹部、知識人、都市青年などを地方に送り、労働につかせたこと。

【下命（カメイ）】命令を下すこと。『御下命を賜る』

【下血（ゲケツ）】肛門（コウモン）からの出血。

【下向（ゲコウ）】①都から地方へ行くこと。②社寺に参拝して帰ること。

【下校（ゲコウ）】学校から帰途に就くこと。↔登校

【下国（ゲコク）】都から国元へおもむくこと。国司が任国へおもむくこと。→❸

【下獄（ゲゴク）】牢に入って刑に服すること。

【下座（ゲザ）】座から下りて平伏する礼。→❶

【下剤（ゲザイ）】排便を促すために用いる薬剤。下し薬。

【下山（ゲザン）】①山をおりること。②寺での修行を終えたりして家に帰ること。

【下車（ゲシャ）】車からおりること。降車。↔乗車

【下手（ゲシュ｜カシュ）】手をくだすこと。手をつけること。→❶（した）・❸（ゲシュ）【下手人（ゲシュニン）】国殺人で、自ら手をくだした者。

【下宿（ゲシュク）】国部屋を借りて暮らすこと。『下宿人』

【下生（ゲショウ）】仏が世の人を救うためにこの世に出現すること。→❸

【下乗（ゲジョウ）】国乗り物からおりること。→❸（カジョウ）

【下城（ゲジョウ）】国退城すること。↔登城

【下知（ゲチ｜ゲジ）】指図。命令。いいつけ。『下知状』

【下馬（ゲバ）】国馬からおりること。↔乗馬。『下馬先（＝下馬すべき門前）』【下馬評（ゲバヒョウ）】国世間のうわさや評判。元来は、下馬先で主人を待っている間に、供奴（ともやっこ）たちがする人物評やうわさ話の意。

【下版（ゲハン）】国印刷で、校了になった組み版を紙型取り、製版など、次の工程に移すこと。

【下野（ゲヤ）】官職を辞して、民間に下ること。また、与党から野党になること。

【下落（ゲラク）】物価や相場、物事の価値などが下がること。

【下痢（ゲリ）】液状または液状に近い大便を排泄（ハイセツ）すること。はらくだし。

❻ 固有名詞。

【下学集（カガクシュウ）】室町中期の百科辞書。二巻。著者未詳。文安元年（一四四四）成立。天地、神祇、言辞など一八部門に分類、片仮名で読みを記し、漢文で注を加える。

【下邳（カヒ）】中国江蘇省の北端にある邳県の古名。漢の韓信が楚王となって都を置いた。

難読地名 下松（くだまつ）市（山口） 下呂（げろ）町（岐阜） 下都賀（しもつが）郡（栃木） 下閉伊（しもへい）郡（岩手） 下益城（しもましき）郡（熊本） 下水内（しもみのち）郡（長野） 難読姓氏 下門（しもかど｜しもじょう） 下間（しもつま｜しもま）

14 【万】 4392 4B7C 969C 一－2 常2 (6782)【〔萬〕】 7263 685F E4DD 艸－9

マン㊐・バン㊥／wàn／かず・よろず

万

筆順 万 万 万

字解 象形。萬はサソリの形に象る。借りて数詞、よろずに用いる。万は本来別体の字だが、萬の略体として用いられる。

甲骨文 金文 篆文

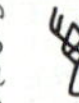

同属字 蠆・癘・厲・邁

参考 万葉仮名では音を借りて「ま」。片仮名「マ」の字源。

意味 ❶数の名。千の一〇倍の数。また、よろず。たくさんの数。多くの。いろいろすべて。『万が一にも』『万国』『万歳』 ❷固有名詞など。『万里長城』

❶ 千の一〇倍の数。たくさんの数。多くの。

下接 数万(スウマン)・十万(ジュウマン)・百万(ヒャクマン)・千万(センマン)・億万(オクマン)・巨万(キョマン)・一粒万倍(イチリュウマンバイ)・一碧万頃(イッペキバンケイ)・千客万来(センキャクバンライ)・千軍万馬(セングンバンバ)・千言万語(センゲンバンゴ)・千呼万喚(センコバンカン)・千差万別(センサバンベツ)・千思万考(センシバンコウ)・千紫万紅(センシバンコウ)・千乗万騎(センジョウバンキ)・千状万態(センジョウバンタイ)・千辛万苦(センシンバンク)・千村万落(センソンバンラク)・千波万波(センパバンパ)・千変万化(センペンバンカ)・卒爾千万(ソツジセンバン)/八百万(やおよろず)

【万化(バンカ)】①いろいろに変わること。『千変万化』②万物が天地自然に育てられること。③天地。大自然。

【万巻(バンカン|マンガン)】多くの書物。『万巻の書』

【万感(バンカン)】いろいろの思い。さまざまの感慨。

【万機・万幾(バンキ)】政治上の多くの重要な事項。天下の政事。『万機公論に決すべし』

【万騎(バンキ)】一万の騎兵。多くの騎馬の軍勢。

【万鈞(バンキン|マンキン)】物の極めて重いこと。『万鈞の重み』

【万径(バンケイ)】すべての小道。＊柳宗元-江雪「万径人蹤滅(バンケイジンショウメッす)」〔=小道という小道、どこを見ても人の歩いた足跡もまるでない〕

【万頃(バンケイ|バンキョウ)】（「頃」は中国の地積の単位）地面または水面が広々としていること。

【万戸(バンコ)】①多くの家。すべての家。＊李白-子夜呉歌「長安一片月、万戸擣衣声(チョウアンイッペンのつき、バンコきぬをうつのこえ)」〔=長安の空に一つ澄み渡る月。家々からきぬたを打つ音が聞こえる〕②一万戸の領土。多くの領土。【万戸侯(バンココウ)】封邑として一万戸を領する諸侯。中国漢代にはじまる。

【万古(バンコ)】永遠。永久。『万古不易』

【万口(バンコウ)】①多くの人の口。②多くの人のことば。

【万国(バンコク)】世界中のすべての国。『万国博覧会』『万国旗〔=世界各国の国旗をつらねたもの〕』

【万斛(バンコク)】はかりきれないほどの多くの分量。

【万骨(バンコツ)】多くの人の骨。『一将功成りて万骨枯る』

【万歳(バンザイ|マンザイ)】㊀（バンザイ）①いつまでも生き栄えること。『千秋万歳』②国めでたいこと。『万歳三唱』③国両手を挙げること。『三河万歳』㊁（マンザイ）国新年を祝う歌舞。【万歳之後(バンザイののち)】死後。「死」の文字を忌み、一万年の寿命の後と表現したもの。天子に用いる。〔史記-高祖本紀〕【万歳楽(マンザイラク)】日本の雅楽の曲名。また、「踏歌(トウカ)」の異称。

【万策(バンサク)】あらゆる方策。『万策尽きる』

【万死(バンシ)】とうてい生命の助かるはずのないこと。九死。『罪、万死に価する』

【万事(バンジ)】あらゆること。『一事が万事』【万事休(バンジキュウす)】もう施すべき手段がない。〔白居易-老熱〕❤すべてのことが休止するの意から。

【万謝(バンシャ)】深く感謝すること。また、深くわびること。

【万寿(バンジュ|マンジュ)】寿命の限りなく長いこと。寿命の長久を祝っていう語。【万寿節(バンジュセツ)】中国で、明代、天子の誕生日の祝日をいう。

【万象(バンショウ)】あらゆる事物や現象。『森羅万象(シンラバンショウ)』

【万障(バンショウ)】種々のさしさわり。『万障繰り合わせる』

【万丈(バンジョウ)】一丈の万倍。転じて、きわめて高いこと。『万丈の気を吐く』『万丈の山』『波瀾万丈』

【万乗(バンジョウ)】①一万の兵車。また、それを出すことのできる広さの土地。天子の領地。②天子の位。【万乗之君(バンジョウのきみ)】天下を治める君主。万乗のあるじ。一天万乗の君。天子。〔孟子-公孫丑上〕【万乗之国(バンジョウのくに)】一万の兵車を出すことのできる大国。〔孟子-梁恵王上〕

【万仞・万尋(バンジン)】一万ひろの長さ。転じて、非常に高いことや深いこと。『万仞山(バンジンのやま)』

【万世(バンセイ)】万代。永久。『万世一系』【万世不易(バンセイフエキ)】永久に変わることがないこと。万古不易。万代不易。〔荀子-正論〕

【万姓(バンセイ)】多くの民。あらゆる民。万民。兆民。

【万全(バンゼン)】全く手落ちのないこと。きわめて安全なこと。『万全の処置』【万全之計(バンゼンのケイ)】完全なはかりごと。〔北史-祖珽(ソテイ)伝〕【万全之策(バンゼンのサク)】完全な計画。〔魏志-劉表伝〕

【万朶(バンダ)】多くの枝、または花。『万朶の桜』

【万代(バンダイ)】永久。万世。『万代不易(フエキ)』

【万端(バンタン)】すべての事柄、手段。『準備万端ととのう』

【万重(バンチョウ)】いくえにも重なりあうこと。『万重の山』＊李白-早発白帝城「軽舟已過万重山(ケイシュウすでにすぐバンチョウのやま)」〔=軽やかな舟は、一気にいくえにも重なる山あいを通りすぎた〕

【万難(バンナン)】種々の困難や障害。『万難を排す』

【万人(バンニン|バンジン|マンニン)】すべての人。多くの人。【万人之敵(バンジンのテキ|バンニンのテキ)】一人で多人数を相手とすること。転じて、兵法をいう。〔史記-項羽本紀〕❤中国秦代末、楚の項羽が、剣は一人を相手とするものだから学ぶに足りないと言って、兵法を学んだという故事から。

【万能(バンノウ|マンノウ)】㊀（バンノウ）①何でもできること。何事にもすぐれていること。『スポーツ万能』②すべてに効力があること。『万能薬』㊁（マンノウ）国日本の農具の一。刃先の分かれたくわの一種。

【万万(バンバン|マンマン)】㊀（バンバン）①十分に。『万々承知だ』②決して。『万々失敗はあるまい』㊁（マンマン）①種々さまざまであること。②すべての事。いっさいの事。

【万般(バンパン)】あらゆる物事や方面。諸般。『万般の準備』

【万夫(バンプ)】多くの男。多くの兵士。万人。

【万福(バンプク|バンプク|マンプク)】多くのしあわせ。人の健康を祝う時にもいう。〔詩経-小雅・蓼蕭〕

【万物(バンブツ)】宇宙に存在するあらゆる物。『万物の霊長〔=人間〕』【万物之逆旅(バンブツのゲキリョ)】万物をむかえる旅館。天地をいう。〔李白-春夜宴桃李園序〕→逆旅

【万方(バンポウ)】①あらゆる方面。方々。諸方。②方々の国。万国。万邦。〔書経-湯誥〕③種々のてだて。あらゆる方法を試みること。百方。万端。〔史記-周本紀〕

【万邦(バンポウ)】あらゆる国。万国。『万邦無比』

【万宝(バンポウ|マンポウ)】①多くの宝。〔荘子-庚桑楚〕②さまざまに便利なこと。また、重宝なことをしるした書籍。

【万民(バンミン)】多くの人民。すべての民。

【万目(バンモク|マンモク)】多くの人の見るところ。衆目。〔韓非

子ー外儲説〕

【万有(バンユウ)】宇宙間に存在するすべてのもの。万物。『万有引力』『天地万有』

【万雷(バンライ)】多くの雷鳴や落雷。また、大きな音の形容。『万雷の拍手』

【万籟(バンライ)】自然の万物が風に吹かれて鳴る音。風の音。

【万里(バンリ)】非常に遠い距離。【万里同風(バンリドウフウ)】〔広い区域にわたり同じ風が吹く意〕天下が統一されて泰平であることのたとえ。千里同風。〔漢書ー終軍伝〕

【万緑(バンリョク)】見渡す限り緑色であること。【万緑叢中紅一点(バンリョクソウチュウコウイッテン)】多くの中で一つだけすぐれて目立っていることのたとえ。また、多くの男性の中に女性が一人交じっていることのたとえ。〔書言故事大全〕

【万類(バンルイ)】あらゆる種類。いろいろの種類。万物。

【万一(マンイチ)】もしも。万が一。『万一の時の用意』

【万金(マンキン)(バンキン)】多くの金銭。『万金を積む』

【万言(マンゲン)】多くの言葉。『万言を費やす』

【万劫(マンゴウ)】仏語。一万劫。きわめて長い年月をいう。

【万年(マンネン)】①万の年数。また、非常に長い年月。『鶴(つる)は千年、亀(かめ)は万年』②長い間変わらずに同じ状態である様子。『万年筆』『万年雪』【万年青(マンネンセイ)(おもと)】ユリ科の常緑多年草。観賞用。【万年茸(マンネンたけ)】担子菌類サルノコシカケ科のきのこ。霊芝(レイシ)。

【万病(マンビョウ)】あらゆる病気。『風邪は万病のもと』

【万法(マンボウ)】仏語。あらゆるもの一切をいう。諸法。

【万葉(マンヨウ)(マンニョウ)】①あらゆる草木の葉。多くの葉。②〔「葉」は世・時代の意〕よろずよ。万世。

【万力(マンリキ)】国工作物を二個の口金の間に挟んで固定する金具。バイス。

【万両(マンリョウ)】国①非常に多額のかね。②ヤブコウジ科の常緑低木。観賞用。

❷固有名詞など。

【万里橋(バンリキョウ)】中国、四川省成都の西、華陽県の南の浣花渓にかかっている橋。近くに唐の詩人杜甫の草堂があった。

【万里長城(バンリのチョウジョウ)】中国本土の北辺に建設された長大な城壁。遼東湾西岸の山海関から甘粛省の嘉峪関に及ぶ。春秋戦国時代の諸国が築いた城壁を利用して、秦の始皇帝が構築し、匈奴に対する防御線としたもの。後世度々の延長、修築を経て、六七〇〇キロメートルが現存する。

【万葉集(マンヨウシュウ)】日本で、現存最古の和歌集。二〇巻。歌数は約四五〇〇首。他に漢詩文が数編ある。歌体は短歌が大部分で、長歌・旋頭歌・仏足石歌・連歌を含む。成立は奈良時代の末ごろとされる。

難読地名 万古(まんご)渓谷(長野) 難読姓氏 万木(ゆるぎ)

【兀】⇩448

15 【丐】 4802 5022 98A0 一-3 カイ漢/gài

字解 匃の別体。こいねがう意。

【丐子(カイシ)】こじき。

【丐取(カイシュ)】ねだりとること。ねだってもらうこと。

【丐命(カイメイ)】命ごいすること。

16 【不】 4152 4954 9573 一-3 常4 フ呉漢・ブ慣/bù·fǒu/…ず

筆順 一 丆 不 不

字解 象形。ふくらんで大きい花の子房の形に象る。借りて助字に用いる。

甲骨文 金文 篆文

同属字 丕・否・罘・坏・抔・杯

参考 万葉仮名では音を借りて「ふ」。平仮名「ふ」、片仮名「フ」の字源。

意味 ❶…ず。…でない。…しない。打ち消しを示す。「弗」に同じ。＊論語ー学而「人不ㇾ知而不ㇾ慍(ひとしらずしていきどおらず)」〔=他人が自分の真価を知ってくれなくても、不平不満の気持ちをいだかない〕 ⇒表 ❷(「不ー不ー」…ざる…ずの形で)…しないことはない。…でないことはない。二重否定の形。＊論語ー里仁「父母之年、不ㇾ可ㇾ不ㇾ知也(フボのとしは、しらざるべからざるなり)」〔=父母の年齢は知っていなくてはいけない〕 ❸(「不ー、不ー」…ずんば、…ずの形で)…しなければ、…しない。条件を示す。＊後漢書ー班超伝「不ㇾ入ニ虎穴ー、不ㇾ得ニ虎子ー(コケツにいらずんば、コジをえず)」〔=虎穴に入らなければ、虎の子を奪いとることはできない〕 ❹いなや。文末に付いて、「…なのか、違うのか」と当否を聞くときの語。肯定の返答を求めることが多い。「否」に同じ。＊史記ー張儀伝「視ニ吾舌ー、尚在不(わがしたをみよ、なおありやいなや)」〔=わたしの舌を見てくれ、ちゃんとあるかね〕 ❺しからず。いな。そうでない。いいえ。「否」に同じ。❻しかせず。そうしない。上文を受け、その意味を打ち消す。＊韓愈ー師説「惑

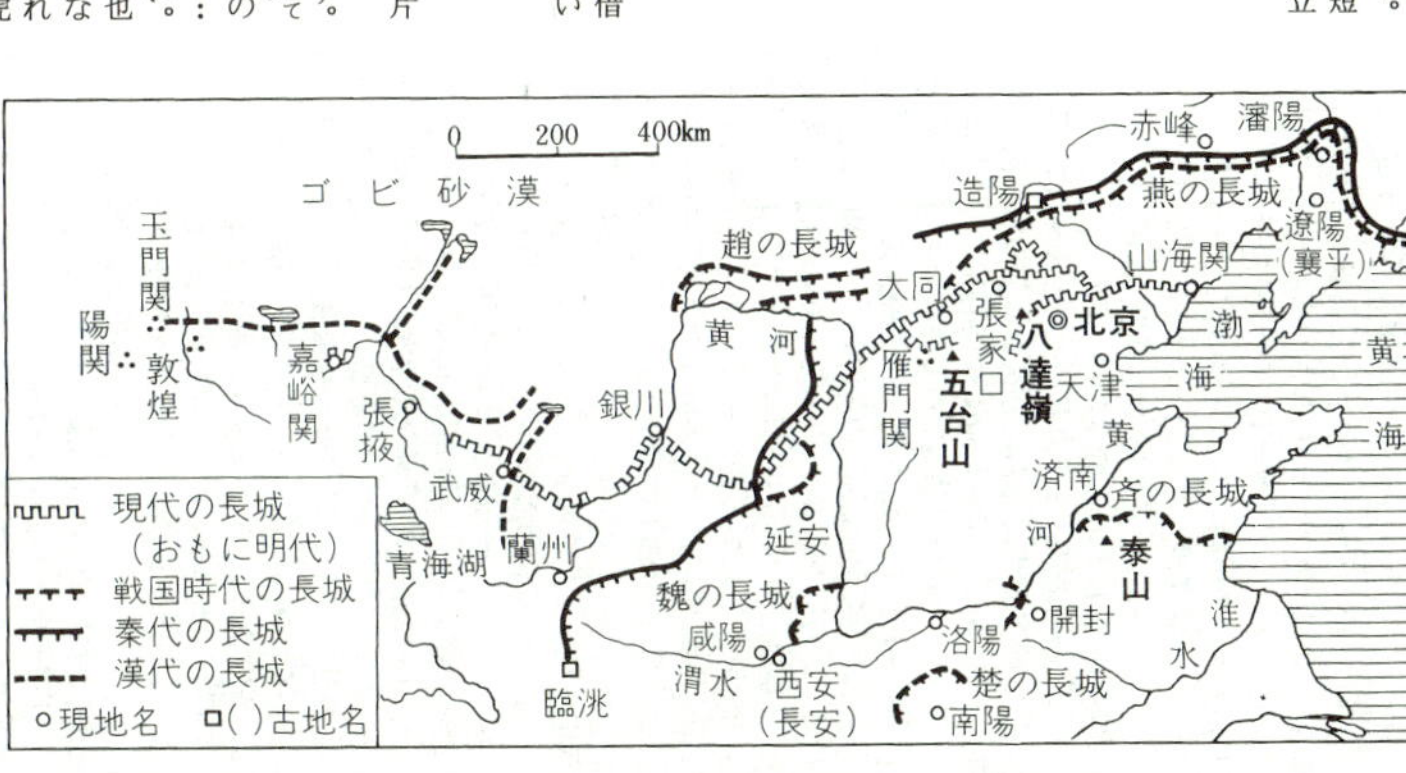

万里長城

師焉、惑不焉（あるいはシとし、あるいはしかせず）〔＝一方では先生につき、一方ではそうしない〕」 ❼その他。あて字など。『不如帰（ほととぎす）』

❶…ず。…でない。打ち消しを示す。

【不安（フアン）】気がかりで落ち着かないこと。

【不意（フイ）】思いがけないこと。突然。『不意の出来事』

【不一・不乙（フイツ）】手紙の結びの語。まだ十分に意を尽くしていないことを示す。『草々不一』

【不運（フウン）】不幸な運命。運の悪いこと。⇔幸運

【不壊（フエ）】こわれないこと。『金剛不壊』

【不易（フエキ）】いつまでも変わらないこと。不変。⇔流行。『千古不易』 【不易流行（フエキリュウコウ）】国蕉風俳諧の理念の一。新しさを求めてたえず変化する流行性にこそ、永遠に変わることのない不易の本質があり、不易と流行とは根元においては一つであるとし、それは風雅の誠に根ざすものだとする説。

【不縁（フエン）】国①縁組みがこわれること。離縁。『つり合わぬは不縁のもと』 ②縁遠いこと。

【不穏（フオン）】穏やかでないこと。『不穏な空気』

【不可（フカ）】①よくないこと。⇔可。*論語-微子「無レ可無レ不可（カもなくフカもなし）〔＝特によくもなく、また悪くもない〕」 ②国成績を評価する語。不合格。 【不可解（フカカイ）】理解できないこと。『不可解な行動』 【不可欠（フカケツ）】欠くことができないこと。『必要不可欠』 【不可抗力（フカコウリョク）】人の力ではどうすることもできない力。 【不可視（フカシ）】肉眼で見ることができないこと。『不可視光線』 【不可思議（フカシギ）】常識では考えられないこと。不思議。 【不可侵（フカシン）】他国の侵害を許さないこと。『不可侵条約』 【不可測（フカソク）】予測できないこと。不測。 【不可避（フカヒ）】避けられないこと。 【不可分（フカブン）】分けることができないこと。

【不快（フカイ）】①不愉快であること。『不快な思い』『不快感』 ②体調、気分がよくないこと。『不快指数』

【不覚（フカク｜おぼえず）】㊀（フカク）①思わず知らずそうなること。『不覚にも涙がこぼれた』 ②意識がないこと。『前後不覚』 ③国油断して失敗すること。『不覚を取る』 ㊁（おぼえず）うっかりして。気がつかないでいるうちに。*唐詩紀事「不レ覚衝ニ大尹韓愈一（おぼえずタイインカンユにあたる）〔＝うっかりして、都の長官である韓愈の行列に突き当たってしまった〕」

◎「ぶ」と読む「不」と「無」の使い分けの慣用

	不	無
─愛嬌	─	○
─愛想	─	○
─勢	─	○
─遠慮	○	◉
─作法	○	◉
─様	○	◉
─粋	○	◉
─風流	○	◉
─案内	○	○
─精	○	○
─気味	◉	○
─器用	◉	○
─器量	◉	○
─細工	◉	○
─調法	◉	○
─用心	◉	○
─格好	○	─
─祝儀	○	─

（◉はどちらかといえば○より広く使われることを示す）

【不恰好・不格好（ブカッコウ）】国恰好のよくないこと。

【不堪（フカン）】①堪えがたいこと。がまんできないさま。②その道の知識がないこと。心得がないこと。③ふとどきであること。ふらちであるさま。④貧乏なこと。⑤田地が荒廃して耕作に適しないこと。

【不換紙幣（フカンシヘイ）】正貨との引きかえの義務を負わない紙幣。⇔兌換（ダカン）紙幣

【不感症（フカンショウ）】①女性が性交の際、性感を得られない症状。②慣れや鈍さで物事に感じないこと。

【不軌（フキ）】①道にはずれること。でたらめであてにならないこと。*史記-伯夷伝「操行不軌、専犯ニ忌諱一（ソウコウフキにして、もっぱらキキをおかす）〔＝操（みさお）や行いが道にのっとっておらず、ただただ人の道にはずれるようなことばかりしている〕」 ②反逆。『不軌を図る』

【不帰（フキ）】帰ってこないこと。『不帰の客となる』

【不起（フキ）】（再び起（た）たないの意から）病気などが治らず、死ぬまで起き上がれないこと。

【不器（フキ）】りっぱな人物の能力は、一つの方面にのみ限られることなく、あらゆる方面で発揮されること。〔論語-為政〕 ❤「器」は用途の限られたうつわの意。

【不諱・不忌（フキ）】①いみはばかることなく言うこと。直言。②（「不レ可レ諱」すなわち、避けることができないという意）死ぬこと。

【不羈・不覊（フキ）】束縛されないこと。また、才能などが優れていて、常規では律しにくいこと。『独立不羈』

【不義（フギ）】①不正。正しくないやり方。道義にはずれた手段や方法。*論語-述而「不義而富且貴、於レ我如ニ浮雲一（フギにしてとみかつとうときは、われにおいてフウンのごとし）〔＝不正なことをして、金持ちになったり身分が高くなったりするのは、わたしにとっては空に浮かんだ雲のような、はかなくつまらないものである〕」 ②国男女間の不正な情交。『不義密通』

【不吉（フキツ）】縁起の悪いこと。『不吉な知らせ』

【不気味（ブキミ）】国何となく気味が悪いこと。無気味。

【不休（フキュウ）】少しも休まないこと。『不眠不休』

【不朽（フキュウ）】いつまでも滅びないこと。後世にまで残ること。不滅。『不朽の名作』

【不急（フキュウ）】国急を要しないこと。『不要不急の品』

【不況（フキョウ）】国景気が悪いこと。不景気。⇔好況

【不興（フキョウ）】国①興のさめること。『不興をかこつ』 ②目上の人の機嫌を損ねること。『不興を買う』

【不器用（ブキヨウ）】国器用でないこと。手ぎわの悪いこと。

【不行状（フギョウジョウ）】国身持ちがよくないこと。不行跡。

【不器量（ブキリョウ）】容貌（ヨウボウ）が醜いこと。不細工。

【不具（フグ）】①体の部分に障害があること。②手紙の末尾に付ける語。意を尽くさずの意。不一（フイツ）。

【不虞（フグ）】予期しないこと。思いがけないこと。

【不遇・不耦（フグウ）】運が悪くて、才能がありながら世に受け入れられないこと。

【不倶戴天（フグタイテン）】怨みや憎しみが深く、いっしょには生存できない間がらであること。〔礼記-曲礼上〕『不倶戴天の敵』 ❤「倶（とも）には天を戴（いただ）かず」の意から。

【不屈（フクツ）】決して屈しないこと。『不屈の精神』

【不経（フケイ）】①常軌を逸すること。道理に合わないさま。②（「時を経（へ）ず」の意から）間（ま）もないこと。

【不敬（フケイ）】敬意を示さず、失礼なこと。『不敬罪』

【不潔（フケツ）】清潔でないこと。汚いさま。

【不賢（フケン）】才能・徳行の劣った人。*論語-里仁「見ニ不賢一而内自省也（フケンをみてはうちにみずからかえりみるなり）〔＝知徳の劣った人を見ては、自分もそのようではないかと反省する〕」

【不言（フゲン）】口に出して言わないこと。『不言実行』

【不虚（フコ）】仏語。真実であること。

【不辜（フコ）】罪を犯していないこと。無辜（ムコ）。

【不孝（フコウ）】子として親に対する道を果たさないこと。⇔孝行。『先立つ不孝』『親不孝』

【不幸（フコウ）】①幸福でないこと。ふしあわせ。⇔幸福・幸運。②家族や親戚（シンセキ）の人などが死ぬこと。

【不合理（フゴウリ）】道理に反していること。

【不才・不材（フサイ）】①才能の乏しいこと。②自分の才能

の謙称。菲才(ヒサイ)。『身の不才を顧みず』
【不在(フザイ)】その場や家などにいないこと。留守。
【不細工(ブサイク)】①細工がへたで整っていないこと。『不細工な机』②容貌(ヨウボウ)が醜いこと。不器量。
【不作(フサク)】作物の出来が悪いこと。↕豊作
【不作為(フサクイ)】法律で当然すべきことを故意にしないこと。↕作為。『不作為犯』
【不作法(ブサホウ)】礼儀作法をわきまえないこと。無作法。
【不様(ブざま)】恰好(カッコウ)の悪いこと。見苦しいこと。
【不参(フサン)】参加、出席しないこと。
【不死(フシ)】いつまでも死なないこと。『不老不死』『不死身(フジみ)』【不死鳥(フシチョウ)】エジプト神話に出てくる火の鳥。フェニックス。不死不滅の象徴。
【不貲・不訾(フシ)】はかることのできないこと。費用などのはなはだ多いこと。
【不二(フジ)】①二つとないこと。②(意を尽くさないの意)手紙の終わりに添える語。
【不次(フジ)】①順序によらないこと。通例を破ること。破格。②文章がみだれていること。自分の文章をへりくだっていい、手紙の末尾などにしるす。
【不治(フジ|フチ)】病気が治らないこと。『不治の病』
【不時(フジ)】思いがけない時。予定外であること。臨時。『不時着』
【不慈(フジ)】慈悲心のないこと。無慈悲。
【不識(フシキ)】①知らないこと。②知らずに行った罪。
【不思議(フシギ)】常識や理性では解釈できないこと。怪しいこと。『摩訶不思議』『七不思議』
【不悉(フシツ)】(十分に意を尽くさずの意)手紙の終わりに添える語。不尽。不一(フイツ)。
【不日(フジツ)】日ならずして。近いうちに。近日中に。
【不実(フジツ)】①誠実でないこと。不誠実。②事実でないこと。無実。
【不始末(フシマツ)】きちんと始末しないこと。人に迷惑をかけるような行い。
【不惜身命(フシャクシンミョウ)】仏語。仏道を修めるためにはみずからの身命をもかえりみないこと。〔法華経-譬喩品(ヒユボン)〕
♥「身命を惜しまず」の意。
【不祝儀(ブシュウギ)】国葬儀、法事など、めでたくない事柄。
【不出(フシュツ)】外へ出さないこと。『門外不出』
【不首尾(フシュビ)】国思わしくない結果。不成功。

【不純(フジュン)】純粋でないこと。まじりけのあること。
【不順(フジュン)】順調でないこと。『生理不順』『天候不順』
【不生(フショウ)】(梵 arhat 阿羅漢の訳)仏語。①阿羅漢について、応供(オウグ)・殺賊(セツゾク)・不生の三つの意味があるとするその一。永久に悟りに入って、迷いの世界に生を受けないこと。②生滅など相対的にとらえられた世界を越えた、永遠に変わらない絶対の真如そのもの。『不生不滅』
【不肖(フショウ)】①(親に肖にない子の意)愚か者。＊史記-管晏伝「鮑叔不ㇾ以ㇾ我為㆓不肖㆒(ホウシュクわれをもってフショウとなさず)〔=鮑叔は私を愚か者とは考えなかった〕」②国自分の謙称。
【不祥(フショウ)】よくないこと。望ましくないこと。不吉。『不祥事』
【不詳(フショウ)】くわしくわからないこと。よくわからないこと。『作者不詳』
【不請(フショウ)】仏語。請い望まれなくても救いの手をさしのべること。菩薩の慈悲救済の性格を語ることば。
【不浄(フジョウ)】①清浄でないこと。②国便所。『ご不浄』
【不精(ブショウ)】国面倒くさがってなまけること。無精。
【不条理(フジョウリ)】物事の筋道が立たないこと。道理にあわないこと。
【不食(フショク)】①食物を食べないこと。②土地がやせていて作物などが育たないこと。不毛。
【不臣(フシン)】臣下としての道にそむくこと。君主に反抗すること。また、不忠の臣。
【不信(フシン)】①信用できないこと。『不信感』②信義を守らないこと。『不信行為』③信仰心のないこと。不信心。
【不振(フシン)】成績、業績などがふるわないこと。
【不寝(フシン)】寝ないで夜を明かすこと。『不寝番』
【不審(フシン)】①(「つまびらかならず」の意から)よくわからないこと。②国疑わしいこと。いぶかしいさま。『挙動不審』『不審紙(フシンがみ)』『不審火(フシンび)』
【不仁(フジン)】①仁の道にそむくこと。②手足などがしびれて、感じのなくなること。【不仁者(フジンシャ)】仁の徳のない者。仁をわきまえない者。＊孟子-離婁上「不仁者可㆓与言㆒哉(フジンシャはともにいうべけんや)〔=仁をわきまえない者とはともに語ることができない〕」
【不尽(フジン)】①尽きないこと。永遠に尽きることのないこと。＊杜甫-登高「不尽長江滾滾来(フジンのチョウコウコンコンとしてきたる)〔=永遠に尽きることのない長江の流れは、わきかえり流れてくる〕」②尽くさないこと。『理不尽』③(意を十分に尽くさないの意)手紙の末尾に添える語。不悉。
【不随(フズイ)】体が思うように動かないこと。『半身不随』
【不粋(ブスイ)】国粋でないこと。やぼ。
【不正(フセイ)】正しくないこと。『不正を働く』『不正行為』
【不世出(フセイシュツ)】まれにしか世に現れないほど優れていること。『不世出の天才』
【不整脈(フセイミャク)】心搏(シンパク)のリズムがそろわない状態。
【不屑(フセツ)】①いさぎよしとしないこと。②心にとめないこと。気にかけないこと。
【不宣(フセン)】(述べ尽くさないの意)手紙の本文の末尾に用いる語。
【不戦(フセン)】戦争や試合などをしないこと。『不戦条約』『不戦勝〔=相手の棄権などで、戦わずに勝つこと〕』
【不全(フゼン)】不完全。不良。『発育不全』『心不全』
【不善(フゼン)】道に外れること。よくないこと。『小人(ショウジン)閑居して不善をなす』
【不足(フソク)】①足りないこと。不十分。『認識不足』『過不足』『役不足』②満足でないこと。不満。
【不測(フソク)】予測できないこと。不慮。『不測の事態』
【不即不離(フソクフリ)】二つのものが、付きもせず離れもしないで、ある関係を保っていること。
【不遜(フソン)】おごり高ぶっていること。高慢。尊大。
【不退(フタイ)】仏語。功徳・善根がいよいよ増進して、もはや悪趣や二乗の位に退いたり、悟った菩薩の位を失ったりしないこと。
【不第(フダイ)】試験に合格しないこと。
【不退転(フタイテン)】堅い信念を持ってくじけないこと。『不退転の決意』
【不断(フダン)】①絶え間ないこと。『不断の努力』②決断力がないこと。『優柔不断』
【不知(フチ)】知らないこと。『不知不識〔=しらずしらず〕』
【不中(フチュウ)】①矢があたらないこと。②中正の心がないこと。中道を得ないこと。③試験に落ちること。
【不忠(フチュウ)】忠義に背くこと。『不忠の臣』
【不調(フチョウ)】①事がまとまらないこと。②調子が悪いこと。↕好調
【不調法(ブチョウホウ)】国①手ぎわが悪いこと。下手なこと。配慮が行き届かないこと。『口不調法』②酒、タバコ、芸事などをたしなまないこと、疎いこと。『不調法者』
【不沈(フチン)】艦船などが沈没しないように設計されてい

ること。『不沈空母』
【不通（フツウ）】①連絡、交通ができないこと。②便りのないこと。『音信不通』③意味がわからないこと。
【不弟・不悌（フテイ）】兄や年長者に対して、年少者としての道を守らないこと。
【不定（フテイ｜フジョウ）】定まっていないこと。『住所不定』『老少不定（フジョウ）』『不定形』
【不貞（フテイ）】貞操を守らないこと。↔貞淑
【不逞（フテイ）】無法な振る舞いをすること。『不逞の輩（やから）』
【不敵（フテキ）】①敵を敵とも思わないこと。『大胆不敵』②強すぎて敵対する者がいないこと。
【不腆（フテン）】（「腆」は、厚い、善いの意）①粗末なこと。粗略なこと。②自分の贈るものをへりくだっていう語。
【不図（フト）】①（「はからずも」の意から）にわかに。ひょいと。②〔国〕なにげなく。ちょっと。
【不当（フトウ）】正当、妥当、適当でないこと。
【不党（フトウ）】一方にくみしないこと。『不偏不党』
【不等（フトウ）】等しくないこと。『不等式』
【不撓（フトウ）】困難にも心がくじけないこと。『不撓不屈』
【不同（フドウ）】同じでないこと。そろわないこと。
【不動（フドウ）】①動かないこと。動かされないこと。『直立不動』②「不動明王」の略。【不動明王（フドウミョウオウ）】五大明王の一。忿怒（フンヌ）の形相で、右に剣を、左に羂索（ケンサク）を持ち、火炎を背に負う。大日如来に代わって、修行者のために煩悩を断ずる。不動尊。
【不道（フドウ｜ブドウ）】①道理に合わないこと。②十悪または八虐の一。③言わないでおくこと。
【不倒翁（フトウオウ｜おきあがりこぼし）】達磨（ダルマ）などの人形で、倒してもすぐ起き上がるように、底に重りの付いたおもちゃ。
【不動産（フドウサン）】土地およびその定着物である家屋など。『不動産投機』
【不徳（フトク）】①徳の足りないこと。『不徳の致すところ』②背徳。不道徳。『不徳漢』
【不得要領（フトクヨウリョウ）】要領を得ないこと。
【不如意（フニョイ）】思うようにならないこと。日本では特に、生活が苦しいこと。『手もと不如意』
【不妊（フニン）】妊娠しないこと。『不妊症』
【不佞（フネイ）】（「佞」は才能、才気の意）才能のないこと。はたらきがないこと。また、へりくだって用いる自称。
【不燃（フネン）】燃えないこと。燃えにくいこと。↔可燃
【不能（フノウ）】①才能のないこと。②できないこと。不可能。『再起不能』
【不敗（フハイ）】敗れたことがないこと。『不敗を誇る』
【不買（フバイ）】買わないこと。『不買運動』『不買同盟』
【不発（フハツ）】①弾丸が発射または破裂しないこと。『不発弾』②事が起こらないこと。
【不抜（フバツ）】しっかりして動揺しないこと。『堅忍不抜』
【不備（フビ）】①完全にはそろっていないこと。②（文章のととのわない意）手紙文の最後に添える語。
【不評（フヒョウ）】評判がよくないこと。不評判。
【不敏（フビン）】①機敏でないこと。②愚か者。へりくだった言い方。＊論語-顔淵「回雖₌不敏₋、請事₌斯語₋矣（カイフビンなりといえども、こうこのゴをこととせん）」〔＝わたくし（顔回）は愚か者ではありますが、このことばのとおりに努力させていただきます〕
【不憫・不愍（フビン）】あわれでかわいそうなこと。
【不服（フフク）】①服従しないこと。②納得できないこと。
【不文（フブン）】①文章に書き表さないこと。↔成文。②文章がへたなこと。自分の文の謙譲語。【不文律（フブンリツ）】①文章に表されていない法律。慣習法。不文法。②暗黙のうちに了解し合っているきまり。
【不平（フヘイ）】他人の取りはからいを不満に思い、気持ちがおさまらないこと。『不平不満』
【不変（フヘン）】かわらないこと。↔可変。『永久不変』
【不偏（フヘン）】かたよらないこと。公平中正。『不偏不党〔＝どの党、主義にも加わらず、公正である〕』
【不弁・不辯（フベン）】雄弁でないこと。口べた。訥弁（トツベン）。
【不便（フベン｜フビン）】①（フベン）便利でないこと。『交通の不便な所』②（フビン）〔国〕かわいそうなこと。不憫（フビン）。
【不法（フホウ）】法や道徳にはずれること。『不法占拠』
【不犯（フボン）】僧尼が戒律、特に邪淫（ジャイン）戒を犯さないこと。『一生不犯』
【不本意（フホンイ）】自分の望むところでないこと。
【不磨（フマ）】すりへらないこと。永久に残ること。不朽。『千古不磨の大典』
【不昧（フマイ）】①仏語。はっきりと道理を見ること。『不昧因果』②邪欲に昧（くら）まされることがないこと。
【不満（フマン）】物足りなく思うこと。不満足。『欲求不満』
【不眠（フミン）】眠らないこと。眠れないこと。『不眠不休』
【不明（フメイ）】①明らかでないこと。よくわからないこと。『原因不明』②道理に暗いこと。『不明を恥じる』
【不滅（フメツ）】永久になくならないこと。『不滅の業績』
【不毛（フモウ）】①土地がやせていて作物などが育たないこと。『不毛の地』②何の進歩も成果もないこと。
【不問（フモン）】問題にしないで捨てておくこと。問いたださないこと。『不問に付す』
【不夜城（フヤジョウ）】①中国、漢代、不夜県（今の山東省栄成県北方）にあった城の名。夜にも太陽が出て照らしたという。②〔国〕夜でも昼のように明るくにぎやかな場所。
【不友（フユウ）】兄弟の仲が悪いこと。
【不予・不豫（フヨ）】〔国〕天皇の病気。不例。
【不用（フヨウ）】①使わないこと。『不用の品物』②役に立たないこと。『不用の人物』
【不要（フヨウ）】必要がないこと。いらないこと。
【不用意（フヨウイ）】〔国〕用意していないこと。うっかりしていること。『不用意な発言』
【不養生（フヨウジョウ）】〔国〕健康に留意しないこと。
【不用心（ブヨウジン）】〔国〕用心が悪いこと。無用心。
【不落（フラク）】〔国〕城などが落ちないこと。『難攻不落』
【不埒（フラチ）】〔国〕道理にはずれてけしからぬこと。『不埒者』
【不利（フリ）】利益のないこと。また、条件、形勢などがよくないこと。↔有利。『不利な条件』『形勢不利』
【不律（フリツ）】①法を守らないこと。特に仏法の戒律を守らないこと。②筆の異名。
【不立文字（フリュウモンジ）】禅宗で、仏道の真意は心から心へ伝えられるもので、文字や言葉では表せないとすること。以心伝心。〔五灯会元〕
【不慮（フリョ）】思いがけないこと。不意。『不慮の死』
【不良（フリョウ）】①質や状態などが悪いこと。『不良品』②〔国〕品行のよくないこと。『不良少年』
【不猟（フリョウ）】〔国〕狩猟の獲物の少ないこと。
【不漁（フリョウ）】〔国〕漁の獲物の少ないこと。
【不倫（フリン）】①類を同じくしないこと。人並みでないこと。②〔国〕人の道にそむくこと。不道徳。
【不例（フレイ）】〔国〕貴人の病気。不予（フヨ）。『御不例』
【不老（フロウ）】いつまでも年を取らないこと。『不老長寿』
【不禄（フロク）】死ぬこと。特に、志や徳行ある人が仕官しないで若死にすることをいう。
【不和（フワ）】仲の悪いこと。仲たがい。『家庭不和』
【不惑（フワク）】四〇歳の異称。＊論語-為政「四十而不ㇾ惑（ジシ…）」

ユウにしてまどわず [=四〇歳になると、事にあたって迷わなくなった」

【不生女(うまずめ)】 妊娠できない女。子を産めない女。

【不知火(しらぬい)】 夏の夜、九州の八代(やつしろ)海や有明(ありあけ)海に点々と見られる怪火。

❺ しからず。いな。

【不者(しからずんば)】 (「者」は、条件を示す助字) もしそうでなかったら。そうしなければ。仮定を示す。「不ㇾ然(しからずんば)」に同じ。＊史記-項羽本紀「不者、若属皆且ㇾ為ㇾ所ㇾ虜(しからずんば、なんじがゾクみなまさにとりことするところとならんとす)[=さもなければ、おまえたちは今にも、とりこにされてしまうだろう」」

❼ その他。あて字など。

【不如帰(フジョキ|ほととぎす)】 ホトトギス科の鳥。古来夏鳥として親しまれた。杜鵑・時鳥・子規・郭公とも書いた。♥その鳴き声を模した「不如帰去」から。

【不束(ふつつか)】 行き届かないさま。『不束者』 ♥「太束(ふとつか)」の変化からという。

【不貞寝(ふてね)】 ふてくされて寝ること。

[難読地名] 不入(いらず)山(高知) 不忍(しのばずの)池(東京) 不知火(しらぬひ)町(熊本)

17 【丏】 二｜一 -3 メン呉・ベン漢/miǎn

[字解] 象形。顔をおおいかくした人の形に象るという。おおいかくす意。

[同属字] 沔・眄・麪

[五]⇩87 [互]⇩88 [帀]⇩2033 [开]⇩2096 [无]⇩3111

18 【丙】 4226 4A3A 95B8 一-4 [常] (19)【丙】 二｜一 -4 旧字

ヒョウ(ヒャウ)呉・ヘイ漢/bǐng/ひのえ

[筆順] 丙 丙 丙 丙 丙

[字解] 象形。あしがぴんと張った、ものをのせる台の形に象る。借りて十干の第三位に用いる。

甲骨文

金文

篆文

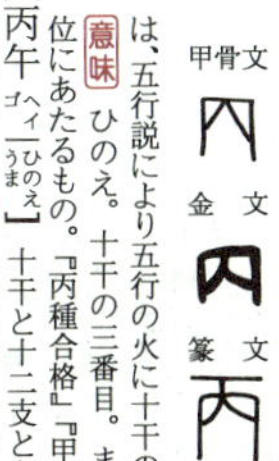

[同属字] 叓(=更)・病・炳・柄

[参考] 「ひのえ」は、五行説により五行の火に十干の丙(ヘイ)を配したもの。

[意味] ひのえ。十干の三番目。また、甲乙に次いで第三位にあたるもの。『丙種合格』『甲乙丙丁』

【丙午(ヘイゴ|ひのえうま)】 十干と十二支とを組み合わせたものの第四三番目。♥日本では、この年に生まれた女性は気性が強く、夫を死なせるという俗信があった。

【丙丁(ヘイテイ|ひのえひのと)】 ①十干の丙と丁。②五行の第二、火(カ)のこと。転じて、火の異称。また、火事。火災。

【丙夜(ヘイヤ)】 五夜の一。一夜を五等分した第三の時刻。現在の午後一一時から午前一時頃にあたる。三更(サンコウ)。

[正]⇩3881

20 【乇】 二｜一 -5 キ 「喜」(984)の異体字

21 【両】 4630 4E3E 97BC 一-5 [常]3 (478)【兩】 4932 5140 995F 入-6 旧字

リョウ(リャウ)呉漢・リャン唐/liǎng・liàng/もろ

[筆順] 両 両 両 両 両 両

[字解] 両は兩の通俗体。兩は象形。おもりの二つついたはかりの形に象り、ふたつの意。

甲骨文

金文

篆文

[同属字] 倆・輛・魎

[意味] ❶ふたつ。対のもの。そろい。ふたつながら。ふたつとも。たがいに。『両面』『両立』『両輪』 ＊杜甫-贈ニ衛八処士一「明日隔ニ山岳一、世事両茫茫(ミョウニチサンガクをへだてなば、セイジふたつながらボウボウたらん)[=明日になって、山を隔てて別れてしまうと、たがいの身にふりかかる世のでき事は、はかりしれなくなってしまう」」 ❷車。車の台数。『車両(シャリョウ)』『七両編成』 ❸重さ、日本の貨幣の単位。『十両』『銖両(シュリョウ)』『両替(りょうがえ)』

❶ ふたつ。対のもの。そろい。ふたつとも。

【両院(リョウイン)】 衆議院と参議院。また、上院と下院。

【両界(リョウガイ|リョウカイ)】 仏語。①密教の金剛界と胎蔵界。両部。②金剛界・胎蔵界の曼荼羅に向かって行う修法。

【両儀(リョウギ)】 ①陰と陽。また、天と地。②二つの事柄。

【両極(リョウキョク)】 ①南極と北極。②陰極と陽極。③両極端。

【両虎(リョウコ)】 二匹の虎。並び立つふたりの勇士や英雄にたとえる。＊史記-廉頗藺相如伝「両虎共闘、其勢不ニ倶生一(リョウコともにたたかわば、そのいきおいともにはいきざらん)[=二頭のトラが戦えば、なりゆきとして両存することはないだろう」」

【両国(リョウコク)】 両方の国。『日米両国』

【両三(リョウサン)】 二つ三つ。二、三。『両三日』

【両次(リョウジ)】 第一次と第二次。二回。二度。

【両者(リョウシャ)】 両方のもの。双方。

【両所・両処(リョウショ)】 ①二か所。②両人。お二人。

【両心(リョウシン)】 ①相反する二様の心。ふたごころ。二心。②二人の心。双方の気持ち。

【両親(リョウシン|ふたおや)】 父と母。

【両生・両棲(リョウセイ)】 水中と地上の両方にすみ得ること。

【両生類・両棲類(リョウセイルイ)】 脊椎動物(セキツイドウブツ)の一綱。幼時は水中で鰓(えら)呼吸を行うが変態後は肺呼吸をして陸上にもすむ動物群。カエル、イモリ、サンショウウオなど。♥「生」は新聞用語などでの書き換え。

【両性(リョウセイ)】 ①男性と女性。雄性と雌性。②二つの相異なった性質。『両性相和す』

【両成敗(リョウセイバイ)】 [国]事を起こした両方を、理非を問わず、同様に処罰すること。『喧嘩(ケンカ)両成敗』

【両舌(リョウゼツ)】 ①仏語。十悪の一。両方の人にそれぞれ相違したことを言って、両人を仲たがいさせること。②二枚舌をつかうこと。うそを言うこと。

【両全(リョウゼン)】 両方共に完全であること。『一挙両全』

【両足(リョウソク|リョウあし)】 両方のあし。『両手両足』 【両足尊(リョウソクソン|リョウゾクソン)】 仏の尊称。♥両足の人間の中で最も尊い者の意。また、智と悲とを円満具足する意とも。

【両端(リョウタン)】 ①両方のはし。②始めと終わり。本末。

【両断(リョウダン)】 二つに断ち切ること。『一刀両断』

【両手(リョウて|もろて|もろで)】 両方の手。『両手に花』

【両刀(リョウトウ)】 ①武士が帯びていた大小の刀。大小。②二つのこと。また、酒と甘味。『両刀遣い』 【両刀論法(リョウトウロンポウ)】 論理学で、矛盾し合う二つの命題のどちらを前提としても、同じ結論が出てくることを示す論法。ジレンマ。

【両統 リョウトウ】二つの血統。『両統迭立(テツリツ)』〔=二つの皇統がかわるがわる皇位につくこと〕
【両頭 リョウトウ】①一つのものについた二つのあたま。双頭。『両頭の竜』②ふたりの頭目。『両頭政治』
【両道 リョウドウ】①二つの道。②二つの方面。『文武両道』
【両得 リョウトク】一度に二つの利を得ること。『一挙両得』
【両人 リョウニン】ふたりの人。『ご両人』
【両刃 リョウば｜もろは｜リョウジン】両側に刃をつけた刃物。↔片刃。『両刃の剣(つるぎ)』〔=有用だが、使い方によっては危険を招くもののこと〕
【両肌 もろはだ｜リョウはだ】着物でおおった左右の肩のあたり。諸肌。『両肌を脱ぐ』
【両鬢 リョウビン】左右両方の耳ぎわの毛。
【両部 リョウブ】①二つの部分。二部。②仏語。大日如来の世界、金剛界と胎蔵界との併称。両界。③中国、唐代の朝廷の式楽で、堂下に立って演奏する立部伎と、堂上ですわって奏する坐部伎との称。また、この二つで演奏する音楽。『南史-孔珪伝』の故事から、蛙の鳴き声もいう。
【両分 リョウブン】二つに分けること。
【両方 リョウホウ】二つの物事、二つのもの。双方。↔片方
【両髦 リョウボウ】左右に分けてたらした、子供の髪型。
【両面 リョウメン】①両方の面。表面と裏面。↔片面。『両面テープ』②二つの方面。『物心両面』
【両雄 リョウユウ】ふたりの英雄。『両雄並び立たず』
【両用 リョウヨウ】二通りに用いること。兼用すること。『水陸両用』
【両様 リョウヨウ】二つの様式。二通り。『和戦両様の構え』
【両翼 リョウヨク】鳥の左右のつばさ。隊列の右翼と左翼。
【両立 リョウリツ】二つのものが同時に支障なく存立すること。『仕事と家庭の両立』
【両両 リョウリョウ】二つずつ。また、両方とも。『両々相俟(あいま)って』
【両輪 リョウリン】①車の二つの輪。②互いに助け合い、補い合って用を成す二つのもの。

❸ 重さ、貨幣の単位。

【両替 リョウがえ】ある種の貨幣を同額の他の貨幣と取り替えること。『両替屋』

難読地名 両子(ふたご)山(大分) 難読姓氏 両角(もろずみ｜もろつの)

［再］⇩513 ［百］⇩5096

22
【丣】*1607 一-6 ユウ(イウ)㊥漢 \yǒu
字解 酉(8260)の古字。丣(ボウ)は別字。
同属字 畱(留)

［更］⇩3254 ［画］⇩582 ［函］⇩583 ［兩］⇩478 ［畐］⇩4928 ［凾］⇩585

一 1画

23
【上】3069 3E65 8FE3 一-2 常1 ジョウ(ジャウ)㊥呉・ショウ(シャウ)㊥漢 \shàng・shǎng\ うえ・うわ・かみ・あげる・あがる・のぼる・のぼせる・のぼす

筆順 ⺊ ⺊ 上

字解 指事。もと、基準の横線よりうえを－で示した。

甲骨文 金文 篆文 重文

もののうえの意。

意味 ❶物のうえ。表面。うえの方。↔下。『上空』『上部』『上方』『屋上』『海上』❷程度がうえ。㋑等級・地位がうえ。すぐれている。↔下。『上流階級』『上等』『尊上』『長上』*論語-陽貨「君子義以為ㇾ上(クンシはギもってジョウとなす)」〔=君子は義を最上のものとしてたっとぶ〕㋺特に天子をさす。『今上(キンジョウ)』『主上』*十八史略-唐「上嘗謂ニ侍臣一(ジョウかつてジシンにいう)」〔=天子は以前側近の臣に言った〕❸順序が先。すでに過ぎた時。先に。『上古』『上述』『上旬』『如上(ジョジョウ)』『同上(ドウジョウ)』❹あがる。あげる。のる。のぼる。のせる。くわえる。『一上一下(イチジョウイチゲ)』『上演』『上京』『上昇』『浮上』『北上』❺たてまつる。申し上げる。『上納金』『上申』『上訴』『献上』『奏上』*史記-廉頗藺相如伝「臣乃敢上ㇾ璧(シンすなわちあえてたまをたてまつらん)」〔=私はその上で璧を献上しよう〕❻そのあたり。㋑あたり。ほとり。*蒙求「徙ニ武北海上一(ブをホッカイのほとりにうつす)」〔=蘇武を北海の沿岸に移した〕㋺「…に関して」「…において」の意。『一身上(イッシンジョウ)』『史上(シジョウ)』『席上(セキジョウ)』『物上(ブツジョウ)』❼国「上野国(こうずけのくに)」の略。東山道の一国。今の群馬県。『上州』❽固有名詞など。『上海(シャンハイ)』『上総(かずさ)』『上越』

❶ 物のうえ。表面。うえの方。

下接 案上(アンジョウ)・鞍上(アンジョウ)・以上(イジョウ)・雲上(ウンジョウ)・屋上(オクジョウ)・海上(カイジョウ)・階上(カイジョウ)・架上(カジョウ)・岩上(ガンジョウ)・機上(キジョウ)・橋上(キョウジョウ)・錦上(キンジョウ)・江上(コウジョウ)・湖上(コジョウ)・塞上(サイジョウ)・砂上(サジョウ)・座上(ザジョウ)・廁上(シジョウ)・車上(シャジョウ)・樹上(ジュジョウ)・掌上(ショウジョウ)・水上(スイジョウ)・頭上(ズジョウ)・線上(センジョウ)・爪上(ソウジョウ)・俎上(ソジョウ)・台上(ダイジョウ)・卓上(タクジョウ)・壇上(ダンジョウ)・地上(チジョウ)・池上(チジョウ)・頂上(チョウジョウ)・枕上(チンジョウ)・天上(テンジョウ)・殿上(デンジョウ｜テンジョウ)・道上(ドウジョウ)・堂上(ドウジョウ)・陌上(ハクジョウ)・馬上(バジョウ)・氷上(ヒョウジョウ)・墓上(ボジョウ)・洋上(ヨウジョウ)・陸上(リクジョウ)・梁上(リョウジョウ)・楼上(ロウジョウ)・路上(ロジョウ)

【上顎 ジョウガク｜うわあご】上の方のあご。
【上空 ジョウクウ】空の上の方。その地点の上方の空。
【上下 ジョウゲ｜かみしも】㊀(ジョウゲ)①うえとした。②国上着(うわぎ)とズボンで一そろいの衣服。『背広上下』㊁(かみしも)江戸時代の武士の式服。裃(かみしも)。→❷(カショウ)・❹
【上弦 ジョウゲン】新月と満月との中間で、月が右半円状を輝かしている状態。↔下弦。『上弦の月』
【上肢 ジョウシ】人間の手や動物の前足。↔下肢
【上指 ジョウシ】上方を指すこと。→❷
【上層 ジョウソウ】重なったものの上の部分。↔下層。→❷
【上体 ジョウタイ】体の腰から上部。上半身。『上体を起こす』
【上腿 ジョウタイ】足の、膝(ひざ)から骨盤までの部分。↔下腿
【上段 ジョウダン】①上の段。↔下段・中段。②床を一段高くした所。『上段の間』③刀剣を頭上に振りかざして構える型。↔下段・中段
【上帝 ジョウテイ】①天の神。天帝。②キリスト教で、造物主。
【上天 ジョウテン】そら。天。→❹
【上膊 ジョウハク】肩とひじの間の部分。二の腕。↔下膊
【上方 ジョウホウ】うえのほう。上部。↔下方。→❷(かみがた)
【上流 ジョウリュウ】川の流れの上の方。かわかみ。↔下流・中流。『川の上流』→❷
【上手 うわて｜てかみ】①上の方。特に風上、川上などをいう。↔下手。②(うわて)相撲で、相手の差し手の上からまわしを取ること。↔下手(したて)。③(かみて)上座に近いところ。また、舞台の向かって右方。↔下手(しもて)。→❷(ジョウズ)

1画 一｜丶ノ乙(乚)亅

❷ 程度がうえ。すぐれている。

下接 今上（キンジョウ）・高上（コウジョウ）・主上（シュジョウ）・尊上（ソンジョウ）・長上（チョウジョウ）・無上（ムジョウ）・形而上（ケイジジョウ）・下克上（ゲコクジョウ）

【上位（ジョウイ）】高い地位や順位。↕下位

【上意（ジョウイ）】上位者や支配者の意志、命令。↕下意。『上意下達（ジョウイカタツ）〔＝上意を下の者に伝えること〕』

【上院（ジョウイン）】二院制の議会で、下院と共に議会を構成する議院。↕下院

【上苑（ジョウエン）】天子の庭園。宮中にある庭園。

【上下（ジョウカ｜ショウカ）】①（ショウカ）身分の高い人と低い人。為政者と人民。『上下心を一（イツ）にする』＊孟子－梁恵王上「上下交征レ利（ショウカこもごもリをとる）〔＝身分の高い者も低い者も、互いに利益をせしめようとする〕」②（ジョウカ）上院と下院。『上下両院』→❶❹（ジョウゲ）

【上界（ジョウカイ）】①仏語。天上の世界。天上界。②仏語。色界、無色界をいう。欲界(下界)に対していう語。③数学で、一つの集合に属する数のどれよりも小でない数。

【上客（ジョウキャク）】①上座につく客。主賓。②大切な客。

【上級（ジョウキュウ）】上の等級。↕下級・初級・中級。『上級生』

【上計（ジョウケイ）】すぐれたはかりごと。上策。

【上卿（ジョウケイ｜ショウケイ）】①古代中国で、公卿（コウケイ）のうちの上位の者。②国朝廷の諸行事・会議などの執行の責任者として指名された公卿（クギョウ）。

【上限（ジョウゲン）】程度、数量などの上の方の限界。↕下限。『上限価格』→❸

【上戸（ジョウゴ）】国①酒をたくさん飲める人。↕下戸（ゲコ）。②酔ったときの癖。『笑い上戸』

【上甲（ジョウコウ）】科挙試験合格者のうち、成績が最もよい部類の人々。→❸

【上交（ジョウコウ）】身分の低い人が、高い人と交際すること。

【上皇（ジョウコウ）】天子、天皇の譲位後の尊称。太上皇。

【上国（ジョウコク）】①都に近い国々。②国内の都より西の地域。③中国の自称。④他国に対する敬称。⑤国日本の令制で、国を面積・人口などにより大国・上国・中国・下国の四等級に分けた第二位の国の称。山城・摂津など。

【上根（ジョウコン）】仏教で、すぐれた能力の資質。↕下根

【上座（ジョウザ｜かみザ）】上位の人が着く席。上席。↕下座

【上作（ジョウサク）】①よい出来ばえ。②豊作。

【上策（ジョウサク）】最も良いはかりごと。↕下策

【上士・上子（ジョウシ）】①教養、品性の高い人。②この上もない達人。③身分の高い武士。④仏語。菩薩の異称。

【上司（ジョウシ）】①上級の官庁。②役職が自分よりも上の人。上役（うわヤク）。

【上使（ジョウシ）】国江戸幕府から諸大名に派遣した使者。

【上指・上旨（ジョウシ）】天子の御意。上意。→❶

【上質（ジョウシツ）】品質がよいこと。『上質紙』

【上日（ジョウジツ）】よい日。良日。→❸❹

【上寿（ジョウジュ）】①人の寿命の長いこと。また、寿命を上・中・下の三段に分けた、最も上の段階で、一〇〇歳のこと。一説に一二〇歳。②長寿を祝うこと。

【上相（ジョウショウ）】①宰相を敬っていう語。②中国の周代、朝廷での儀式の進行係。③中国の宋代、宰相が二人いるときの上位者。

【上将（ジョウショウ）】上位の将軍。全軍の首将。

【上上（ジョウジョウ）】この上なく良いこと。最上。『上上吉』

【上乗（ジョウジョウ）】①仏教で、すぐれた最上の教え。大乗。②国最もすぐれていること。最上。『上乗の出来ばえ』

【上手（ジョウズ｜ジョウシュ｜うわて）】①物事に巧みなこと。↕下手（へた）。②国おせじのうまいこと。お上手。③（うわて）技芸・才知などが他の人よりすぐれていること。→❶（うわて）

【上製（ジョウセイ）】上等なつくり。↕並製。『上製本』

【上席（ジョウセキ）】①上位の人が座るべき席。かみざ。↕末席。②等級、席次などが上であること。

【上善（ジョウゼン）】最上の善。道家では、世間でいう善悪を超越した絶対的善をさす。＊老子－八「上善若レ水（ジョウゼンはみずのごとし）〔＝最上の善とは水のようなものである〕」

【上層（ジョウソウ）】上の階級。上流。↕下層。『上層部』→❶

【上足（ジョウソク）】①優秀な弟子。高弟。②よい馬。

【上第（ジョウダイ）】試験の成績が優秀なもの。

【上達（ジョウタツ）】①学問や技芸などがうまくなること。②下の者の意見などが上の者に達すること。『下意上達』

【上地（ジョウチ）】上等の土地。→❺

【上知・上智（ジョウチ）】①知恵の最もすぐれて豊かなこと。②（ギリシア sophia の訳語）キリスト教で、神の知恵をいう。

【上長（ジョウチョウ）】①目上の人。長上。②年上の人。年長。

【上田（ジョウデン）】地味が肥えた上等の田地。↕下田（ゲデン）

【上都（ジョウト）】みやこ。帝都。首都。→❽

【上等（ジョウトウ）】①等級が上であること。↕下等。『上等兵』②すぐれていること。↕下等

【上人（ショウニン）】知徳をそなえている高僧。聖人（ショウニン）。また、僧の敬称。『法然（ホウネン）上人』

【上白（ジョウハク）】上等の白米。また、上等の白砂糖。

【上品（ジョウヒン｜ジョウボン）】□（ジョウボン）極楽浄土に往生する人を能力、性質などから上・中・下に三分したその最上位。↕下品（ゲボン）□（ジョウヒン）国①品性、品格がよいさま。↕下品。『上品な人』②品質のよいこと。

【上賓（ジョウヒン）】立派な客。上客。

【上布（ジョウフ）】薄地の良質な麻織物。

【上聞（ジョウブン）】主君、天皇が聞くこと。お耳に入ること。『上聞に達する』

【上米（ジョウマイ）】上等の米。

【上腴（ジョウユ）】肥沃な土地。

【上諭（ジョウユ）】天子が臣民に訓示を与える文。

【上覧（ジョウラン）】天子または貴人が見ること。

【上流（ジョウリュウ）】社会的に地位や経済力などの高い階層。↕下流・中流。『上流階級』→❶

【上臈（ジョウロウ）】①年功を積んだ高僧。また身分の高貴な人。↕下臈。②国「上臈女房」の略。身分の高い女官。③国格式の高い家の女性。貴婦人。④国江戸城大奥の職名。御殿女中の上位の者。

【上方（かみがた）】日本の京阪地方。→❶（ジョウホウ）

【犯レ上（かみをおかす）】（「犯」は、逆らう、たてつくの意）目上の者に逆らう。＊論語－学而「其為レ人也孝弟、而好レ犯レ上者鮮矣（そのひととなりやコウテイにして、かみをおかすことをこのむものはすくなし）〔＝その人がらが親に対して孝であり、兄や年長者に対して従順でありながら、目上の者に逆らうことを好む者はほとんどいない〕」

【上達部（かんだちめ）】日本で、摂政、関白、太政大臣、左大臣、右大臣、大納言、中納言、参議及び三位以上の人の総称。公卿。

❸ 順序が先。すでに過ぎた時。先に。

【上澣・上浣（ジョウカン）】毎月の一日から一〇日の間。上旬。

【上月（ジョウゲツ）】①正月。②先月。→❹

【上元（ジョウゲン）】節日の三元の一。陰暦一月一五日。

【上限（ジョウゲン）】時代の古い方の限界。→❷

【上古（ジョウコ）】①おおむかし。上代。②国日本史の時代区分の一。大化改新までをいうのが普通。

【上甲（ジョウコウ）】月の第一日目。ついたち。→❷

【上刻（ジョウコク）】昔の一時（イットき）（二時間）を三分したその初め

の時刻。↕中刻・下刻
【上巳(ジョウシ｜ジョウミ)】 五節句の一。三月三日の称。桃の節句。上巳の節句。
【上日(ジョウジツ)】 月の第一日目。ついたち。→❷❹
【上述(ジョウジュツ)】 前の部分に述べたこと。『上述の通り』
【上春(ジョウシュン)】 陰暦正月の異称。
【上旬(ジョウジュン)】 一か月を上・中・下に分けた最初の一〇日間。↕中旬・下旬
【上世(ジョウセイ)】 おおむかし。上古。上代。
【上代(ジョウダイ)】 おおむかし。また、日本史上の時代区分の一。主として奈良時代を指す。
【上丁(ジョウテイ)】 ①上旬の丁(ひのと)の日。②陰暦二月と八月の上旬の丁(ひのと)の日に孔子をまつること。釈奠(セキテン)。
【上冬(ジョウトウ)】 陰暦一〇月の異称。初冬。
【上頭(ジョウトウ)】 ①先頭。また、上の方。②以上。これまで。また、その当時。→❹

❹ あがる。あげる。のぼる。
下接 炎上(エンジョウ)・逆上(ギャクジョウ)・向上(コウジョウ)・参上(サンジョウ)・僭上(センジョウ)・直上(チョクジョウ)・東上(トウジョウ)・途上(トジョウ)・浮上(フジョウ)・北上(ホクジョウ)・増上慢(ゾウジョウマン)・一上一下(イチジョウイチゲ)

【上映(ジョウエイ)】 映画を映写して観客に見せること。
【上演(ジョウエン)】 演劇を舞台で演じて見せること。
【上気(ジョウキ)】 頭に血が上ること。『上気した顔』
【上京(ジョウキョウ)】 国 地方から東京に出ること。
【上下(ジョウゲ)】 あげさげ。あがりさがり。のぼりくだり。『手を上下させる』『体温が上下する』→❶・❷(ショウカ)
【上月(ジョウゲツ)】 空にのぼった月。→❸
【上梓(ジョウシ)】 文字などを版木に刻むこと。転じて、書物を出版すること。
【上廁(ジョウシ)】 便所にはいること。
【上日(ジョウジツ｜ジョウニチ)】 国 古代日本で、官人が出仕して公事を勤めた日。→❷❸
【上昇(ジョウショウ)】 あがること。のぼること。↕下降・降下・低下。『物価が上昇する』『上昇気流』
【上場(ジョウジョウ)】 ①上演すること。②証券取引所、商品取引所で取引物件として登録されること。『上場株』
【上声(ジョウセイ｜ジョウショウ)】 古代の漢字の四声(シセイ)の第二。近代の中国語では第三声。しり上がりに発音する。
【上仙・上僊(ジョウセン)】 ①天にのぼって仙人となること。②仙人のうちで一番すぐれたもの。③帝王の崩御。また、貴人の死の敬称。
【上蔟・上簇(ジョウゾク)】 成熟した蚕を蔟(まぶし)(=繭をつくらせる場所)に入れてやること。
【上程(ジョウテイ)】 議案を会議にかけること。
【上天(ジョウテン)】 キリスト教で信者が死ぬこと。昇天。→❶
【上棟(ジョウトウ)】 国 棟上げ。『上棟式』
【上頭(ジョウトウ)】 女子が成年に達したときの儀式にいう風俗上の名。女子が婚期にはいったしるしに簪(かんざし)を頭髪にさすところからいう。→❸
【上騰(ジョウトウ)】 ①あがること。たちのぼること。上昇。②物価などがあがること。騰貴。
【上道(ジョウドウ)】 旅行に出発すること。
【上番(ジョウバン)】 見張り、当直などの勤務につくこと。
【上平(ジョウヒョウ)】 漢字音の四声(平声・上声・去声・入声)のうち、平声に属する三〇韻を二分したものの前半一五韻。↕下平(カヒョウ)
【上洛(ジョウラク)】 国 地方から京都へ行くこと。
【上陸(ジョウリク)】 船や海から陸地に上がること。

❺ たてまつる。申し上げる。
下接 運上(ウンジョウ)・謹上(キンジョウ)・計上(ケイジョウ)・啓上(ケイジョウ)・献上(ケンジョウ)・口上(コウジョウ)・言上(ゴンジョウ)・進上(シンジョウ)・奏上(ソウジョウ)・呈上(テイジョウ)・返上(ヘンジョウ)・奉上(ホウジョウ)

【上謁(ジョウエツ)】 (「謁」は、名刺の意)名刺を出して面会を求めること。＊史記-張儀伝「上謁求見蘇秦(ジョウエツしてソシンにまみえんことをもとむ)〔=名刺を出し、蘇秦にお目どおりを願い出た〕」
【上啓(ジョウケイ)】 ①目上に対して申し上げること。②国 日本の令制で、臣下が皇太子などに申し上げること。
【上言(ジョウゲン)】 天子、天皇など、貴人に意見を申し上げること。建言。上申。
【上告(ジョウコク)】 上訴の一。控訴審裁判所の判決に不服のある者が上級の裁判所に申し立てること。『上告審』
【上書(ジョウショ)】 主君、上官に書状を出し意見を述べること。
【上申(ジョウシン)】 上役、上官に意見や事情を申し述べること。『上申書』
【上訴(ジョウソ)】 ①上の者にうったえること。②判決、決定に対する不服を上級裁判所に申し立てる訴訟。『上訴審』
【上奏(ジョウソウ)】 意見や事情を天子に申し上げること。奏聞。『上奏文』
【上地・上知(ジョウチ)】 土地を政府に納めること。→❷
【上納(ジョウノウ)】 物や金を政府機関に納めること。『上納金』
【上表(ジョウヒョウ)】 君主に文書を奉ること。また、その文書。上書。『上表文』

❽ 固有名詞など。

【上海(シャンハイ)】 中国の長江河口近くにある都市。
【上都(ジョウト)】 ①中国、唐の代宗のとき、長安(今の陝西省西安市)をいった。②中国、元の都の一。もと開平府といい、一二五六年フビライが帝位についた地。内蒙古自治区の灤河(ランガ)の上流、多倫(ドロン)の北西。→❷
【上陽人(ジョウヨウジン)】 中国、唐代、洛陽の宮殿上陽宮にいた後宮女性。玄宗皇帝の愛がもっぱら楊貴妃にそそがれたため、宮中の多くの女性が不遇な一生を送ったところから、不遇な官女のたとえ。
【上林苑(ジョウリンエン)】 中国、長安の西にあった御苑。秦の始皇帝が創設し、漢の武帝が増築した。周囲約一五〇キロメートル。めずらしい動物や、種々の草花を集めたという。

難読地名 上県(かみあがた)郡・町(長崎) 上浮穴(かみうけな)郡(愛媛) 上九一色(かみくいしき)村(山梨) 上郡(かみごおり)町(兵庫) 上都賀(かみつが)郡(栃木) 上三川(かみのかわ)町(栃木) 上山(かみのやま)市(山形) 上閉伊(かみへい)郡(岩手) 上益城(かみましき)郡(熊本) 上水内(かみみのち)郡(長野) 上牧(かんまき)町(奈良) 上月(こうづき)町(兵庫)
難読姓氏 上里(あがり｜うえさと｜こうざと) 上代(かじろ｜かみしろ) 上遠野(かとおの｜かどの) 上垣外(かみがいと) 上坂(かみさか｜こうさか｜うえさか) 上斗米(かみとべ) 上妻(こうづま)

24
【丑】 1715 312F 894E 一-3 人
チュウ(チウ)呉漢／chǒu／うし

筆順

字解 象形。指に力を入れ、曲げて物をつかむ形に象る。借りて十二支の第二位に用いる。

甲骨文　金文　篆文

同属字 羞・忸・狃・衄・紐・鈕

意味 うし。十二支の第二番目。動物では牛に当てる。年月日に用いるほか、方角では北北東。時刻では午前二時ごろ、また、その前後二時間の呼び名とする。

【丑三(うしみつ)】 丑の刻を四つに分けた三番目の時刻。午前二時から二時半ごろ。転じて、真夜中。『丑三つ時』

［弖］⇩ 2211

25 【丘】 2154 3556 8B75 一-4 常 ク(呉)・キュウ(キウ)(漢)/qiū/おか

筆順 丘

字解 象形。小さめのおかの地形に象り、おかの意。

甲骨文　金文　篆文

同属字 岳・邱・蚯・駈

参考 万葉仮名では音を借りて「く」。

意味 ❶おか。こんもりしたところ。墓。転じて、大きい。むなしい。『丘陵』『段丘』 ❷孔子の名。『丘軻(キュウカ)』〔=孔子と孟子〕 ❸梵語の音訳字。『比丘尼(ビクニ)』

下接 円丘(エンキュウ)・古丘(コキュウ)・砂丘(サキュウ)・首丘(シュキュウ)・糟丘(ソウキュウ)・段丘(ダンキュウ)・墳丘(フンキュウ)・陵丘(リョウキュウ)・連丘(レンキュウ)

［丘壑(キュウガク)］おかと谷。転じて、隠者のすまい。

［丘墟(キュウキョ)］①おか。②荒れ果てた跡。

［丘山(キュウザン)］①おかと山。物が多く蓄積しているのにもたとえる。②俗世間を離れた静かな落ちついた土地。自然。＊陶潜-帰二園田居一「性本愛二丘山一(セイもとキュウザンをアイす)」〔=生まれつき自然の天地が好きであった〕

［丘疹(キュウシン)］皮膚面にできた円形または多角形の発疹。

［丘塚・丘冢(キュウチョウ)］おかのように盛り上げ築いた墓。

［丘垤(キュウテツ)］蟻(あり)が巣を作るとき地表に運び出した土砂の山。また、土や落葉を塚のように積み上げて作った蟻の巣。蟻塚。蟻垤(ギテツ)。蟻封(ギホウ)。

［丘民(キュウミン)］いなかに住む人々。〔孟子-尽心下〕

［丘里之言(キュウリのゲン)］①俗世間に言われていることば。②でたらめな話。〔荘子-則陽〕

［丘陵(キュウリョウ)］高さも傾斜も著しくないが起伏の続いた地形。『丘陵地帯』『多摩丘陵』

［丘隴(キュウロウ)］小高いところ。おか。また、墳墓。

26 【且】 1978 336E 8A8E 一-4 常 シャ(呉)(漢)・ソ(呉)・ショ(漢)/qiě・jū/かつ・しばらく・まさに

筆順 且

字解 象形。神への供えものを重ねのせる器の形に象る。俎の原字。借りて助字に用いる。

甲骨文　金文　篆文

同属字 查・疽・助・睢・岨・咀・姐・沮・狙・阻・殂・徂・租・祖(祖)・粗・趄・組・詛・齟

意味 ❶かつ。そのうえ。さらに。添加を示す。＊文選-古詩十九首「道路阻且長(ドウロけわしくかつながし)」〔=道はけわしいうえに遠い〕 ❷…すらかつ。…でさえも。抑揚の形。＊史記-項羽本紀「臣死且不レ避、卮酒安足レ辞(シンシすらかつさけず、シシいずくんぞジするにたらん)」〔=わたしは死ぬことさえも避けようとはしていない。まして一杯の酒など、どうして辞退することがあろうか。〕 ❸(「且一且一」)かつは…かつは…の形で)一方で…し、一方で…する。❹しばらく。ひとまず。ともかく。『苟且(コウショ)(かりそめ)』＊李白-山中与二幽人一対酌「我酔欲レ眠卿且去(われようてねむらんとほっす きみしばらくされ)」〔=わたしは酔っぱらってねむくなった。君よ、ひとまず帰りたまえ〕 ❺まさに…す。…しそうだ。もうすぐ…する。「将」に同じ。再読文字。＊史記-伯夷伝「及二餓且一レ死、作レ歌(うえてまさにシせんとするにおよび、うたをつくる)」〔=餓えて死にそうになったときに、歌を作った〕 ＊史記-張儀伝「方且レ報レ徳(まさにまさにトクにむくいんとす)」〔=ちょうどこれから恩返ししようと思っているところだ〕

27 【丕】 4803 5023 98A1 一-4 ヒ(呉)(漢)/pī

字解 形声。一+不(大きい)(声)。大きい意。不と区別したもの。

金文　篆文

同属字 邳・胚・駓

意味 ❶大きな。りっぱな。『丕顕』『丕承』『丕績』『丕図』 ❷天子。『丕子』『丕祚』

［丕顕(ヒケン)］大いにあきらかなこと。大いにあらわれること。立派なさま。

［丕承(ヒショウ)］立派に受け継ぐこと。

［丕績(ヒセキ)］大きな功績。

［丕図(ヒト)］大きなはかりごと。鴻図(コウト)。

［丕子(ヒシ)］天子の長子。皇太子。

［丕祚(ヒソ)］天子の位。

［日］⇩ 3118

28 【丞】 3071 3E67 8FE5 一-5 人 ジョウ(呉)・ショウ(漢)/chéng/たすける

字解 会意。もと、人+廾(両手)+凵(くぼみ)。人を両手ですくい出すことから、たすけるの意。

甲骨文　金文　篆文

同属字 烝・蒸

意味 ❶たすける。補佐する。うける。また、長官を助ける者。『丞史』『丞相』 ❷「丞丞(ジョウジョウ)」は、物事のはかどるさま。すすむさま。❸国日本の律令制で、太政官八省の第三等官。判官。

［丞史(ジョウシ)］丞と史。ともに長官の補佐役。

［丞相(ジョウショウ)］①昔、中国で天子を助けて国政を行った大臣。宰相。②国大臣の異称。

29 【並】 4234 4A42 95C0 一-7 常6 (30)【竝】 二-8 旧字 (5565)【竝】 6777 636D E28D 立-5 ビョウ(ビャウ)(呉)・ヘイ(漢)/bìng/なみ・ならぶ・ならべる・ならびに・なべて

筆順 並

字解 並は、竝の通俗体「竝」の略体。竝は会意。立(たつ人)を二つ横にならべ、ならび立つ意。

甲骨文　金文　篆文

同属字 普(普)

意味 ❶ならぶ。ならべる。ならびたつ。『並行』『並称』『並列』 ❷ならびに。みな。ともに。＊陶潜-桃花源記「黄髪垂髫、並怡然自楽(コウハツスイチョウ、ならびにイゼンとしてみずからたのしむ)」〔=黄色い髪の老人やお下げ髪の子供たちも、みな喜ばしげにそれぞれ楽しんでいる〕 ❸国なみ。ふつう。中くらい。『並足(なみあし)』『並製(なみセイ)』 ❹あて字。『鮎並(あいなめ)』

［並記(ヘイキ)］並べ併せて記すこと。併記(ヘイキ)。

❶ ならぶ。ならべる。ならびたつ。

1画　一｜、丿乙(乚)亅

【並居(ヘイキョ)】並んでいること。並んで住むこと。

【並肩(ヘイケン)】かたを並べること。比肩。

【並行(ヘイコウ)】①並び行くこと。②同時に行われること。

【並称(ヘイショウ)】並べて同列に名を呼ぶこと。併称(ヘイショウ)。

【並進(ヘイシン)】並んで進むこと。

【並存(ヘイゾン)〔ヘイソン〕】同時に存在すること。併存。

【並馳(ヘイチ)】馬を並べ走らせること。転じて、肩を並べて進んでゆくこと。

【並立(ヘイリツ)】並び立つこと。また、並んで立たせること。

【並列(ヘイレツ)】①並んで連なること。また、列を並べること。②電池、発電器などで同じ極同士を接続させること。パラレル。↕直列。『並列回路』

難読姓氏 並河(なびかわ)・並河(なみかわ)

30 【竝】 一－8 ヘイ 「並」(29)の旧字

［暨］⇩3177

2 ｜部 ぼう

篆文 ｜

｜はまっすぐに引いた一線により、上下につらぬき通す意。中串を除く他の｜部の字は、その意味に関係なく単に字形上｜が目印となるにすぎない。亅部は別部(6)をなす。

｜ ｜①丩②丬③丯丰卝丮中
丰④吕丱⑥串丣
｜ ②丫个

31 【｜】 ＊1609 ｜－0 コン㊥漢/gǔn
字解 部首解説を参照。

32 【丩】 ｜－1 キュウ(キウ)㊥漢/jiū
(33)〔丩〕 ｜－2

字解 象形。もつれあったひもの形に象り、もつれる・まつわりつく意。
甲骨文　金文　篆文

同属字 叫・糾・虯・赳

33 【丩】 ｜－2 キュウ 「丩」(32)の異体字

34 【丯】 ＊1612 ｜－3 カイ㊥漢/jiè
(35)〔丰〕 ｜－3
字解 切・契などに含まれる丯は象形。きざみめの形に象り、きざむ、きざみめの意。
同属字 耒・害・契・挈・絜・齧・切

36 【卝】 ｜－3 カン 「丱」(41)の異体字

37 【丮】 ＊1611 ｜－3 キャク㊥呉・ケキ㊥漢
字解 象形。ひざまずく人が手にものを持つさまに象る。
甲骨文　金文　篆文

参考 恐(恐)・巩・鞏の凡、孰・執・埶・埶

38 【中】 3570 4366 9286 ｜－3 常1 チュウ(チウ)㊥呉漢/zhōng・zhòng/なか・あたる・あてる・うち
筆順 中 中 中 中
字解 指事。口(もの)の中心を｜(縦一線)で貫くさま。また、軍の中心にたてたはたざおを表し、うち・まんなかの意。もと二系列がある。
甲骨文　金文　重文　甲骨文　金文　篆文

同属字 忠・衷・仲・沖・狆
参考 万葉仮名では、訓を借りて「な」。
意味 ❶まんなか。中央。中心。『中核』『中軸』『正中』『天中』❷なかごろ。中ぐらい。物と物との間。中間。『中小企業』『中立』『中流』『居中』『折中』❸うちがわ。なかがわ。ある範囲のなか。『懐中』『陣中』『霧中』❹現在、その状態であること。また、ある行程の中ほど。『中止』『中途』『暑中』『忙中』❺ある範囲全体。『年中(ネンジュウ)』『学校中(ガッコウジュウ)』『世界中(セカイジュウ)』❻あたる。あてる。『百発百中(ヒャッパツヒャクチュウ)』『中毒』『的中』『命中』＊大学「雖レ不レ中不レ遠矣(あたらずといえどもとおからず)」❼ひとびと。『講中(コウジュウ)』『座中(ザチュウ)』『連中(レンチュウ)』❽「中国」の略。『日中関係(ニッチュウカンケイ)』❾国「中学校」の略。『中高一貫教育』❿固有名詞など。

❶まんなか。中央。中心。
下接 環中(カンチュウ)・正中(セイチュウ)・天中(テンチュウ)・胴中(ドウチュウ)
【中央(チュウオウ)】①真ん中。『中央分離帯』②中心となる位置、役目。『中央官庁』『中央集権』③首府。首都。
【中夏(チュウカ)】①国の中央。都。京師(ケイシ)。また、自国の誇称。②＝中華(チュウカ)
【中華(チュウカ)】世界の中央にあり、文化の進んでいる国の意で、漢民族が自国を誇称した語。中国の別称。『中華思想』『中華料理』
【中核(チュウカク)】物事の中心。重要な部分。『組織の中核』
【中堅(チュウケン)】①大将が直接統率する、最も精鋭で守りの堅い軍。中軍。②社会、職場などで中心となって活動する人。③「中堅手」の略。野球のセンター。
【中原(チュウゲン)】①中国黄河流域の平原。また、中国。②競争の場。③広い野原の中央。【中原逐レ鹿(チュウゲンにしかをおう)】地位などを得るために競う。逐鹿(チクロク)。〔魏徴-述懐〕
【中国(チュウゴク)】国の中央の部分。都のある地方。→❿
【中軸(チュウジク)】物の中央を貫く軸。転じて、中心となる事柄や人物。
【中心(チュウシン)】①真ん中。中央。『円の中心』②物事が集中する箇所。また、重要な物事、人物。『中心地』
【中枢(チュウスウ)】中心となる大切な所。重要な部分。
【中朝(チュウチョウ)】①中国の朝廷。また、中国。②日本の朝廷。
【中点(チュウテン)】線分上にあって両端から等距離にある点。
【中土(チュウド)】中国の国土。中国。
【中堂(チュウドウ)】①建物の中央。また、中央の建物。②中央の宮殿。宰相が政治を行った所。③本尊を安置する堂。
【中日(チュウニチ)〔なかび〕】ある日数のまん中の日。『彼岸の中日』

【中分（チュウブン）】①真二つにわけること。半分にわけること。②両者の中間をとること。中間をとって妥協しあうこと。また、その方法で第三者が仲裁をすること。

❷ なかごろ。物と物との間。中間。

【中位（チュウイ）】中くらいの地位や順位。
【中医（チュウイ）】①平凡な医者。また、病気の治療をしないで自然にまかせること。②漢方医をいう。
【中尉（チュウイ）】国軍隊の階級の一。大尉の下、少尉の上。
【中陰（チュウイン）】①人の死後四九日間の称。②中有（チュウウ）。
【中有（チュウウ）】人が死んでから次の生を得るまでの四九日間。中陰。
【中欧（チュウオウ）】ヨーロッパ中部。オーストリア、ハンガリーなどの諸国を含む。
【中音（チュウオン）】声楽で、中程度の高さを示す音域の音。アルト。↕高音・低音
【中間（チュウカン｜チュウゲン）】①（チュウカン）二つの物事のあいだ。また、真ん中あたり。『中間発表』『中間試験』『中間点』②（チュウゲン）国武士に仕えて雑務に当たった男。【中間子（チュウカンシ）】電子と核子（陽子と中性子との総称）との中間の質量を持つ素粒子。
【中澣・中浣（チュウカン）】月のなかばの一〇日間。
【中京（チュウキョウ）】国名古屋市の別称。『中京工業地帯』
【中近東（チュウキントウ）】中東と近東の総称。
【中空（チュウクウ｜なかぞら）】空の中ほど。中天。→❸
【中啓（チュウケイ）】国親骨を外側に反らせ、たたんでも頭部が半ば開いた形の扇。
【中継（チュウケイ）】①中間で受け継ぐこと。なかつぎ。『中継プレー』②「中継放送」の略。実況放送などを、なかつぎして放送すること。『実況中継』『生中継』
【中元（チュウゲン）】①陰暦七月一五日。節日の三元の一。②国①のころに、世話になった人などに贈る物品。『お中元』
【中古（チュウコ｜チュウぶる）】①すでに使用されてなかば古くなっていること。↕新品。『中古品（チュウコヒン）』②歴史の時代区分の一。上古と近古との間。日本史では、平安時代。
【中耕（チュウコウ）】作物の生育中に、畝（うね）と畝との間を浅く耕すこと。
【中興（チュウコウ）】いったん衰えた物事を再び盛んにすること。『中興の祖』
【中刻（チュウコク）】昔の時刻で、一刻（二時間）を三分した中間の時刻。
【中佐（チュウサ）】国軍隊の階級の一。大佐の下、少佐の上。
【中産階級（チュウサンカイキュウ）】資本主義社会で資本家と労働者の間のさまざまな中間的社会層。中小商工業者、自作農、医師、給与生活者など。プチブルジョア。
【中子（チュウシ）】二番目の男の子。次男。
【中祀（チュウシ）】令制で、国家の祭祀を大・中・小の三等に分けたその一。祈年祭（としごいのまつり）・月次祭（つきなみのまつり）・神嘗祭・新嘗祭・賀茂祭などがこれにあたる。
【中耳（チュウジ）】耳の、外耳と内耳との間の部分。『中耳炎』
【中食（チュウジキ）】昼の食事。
【中寿（チュウジュ）】長寿の段階を上中下に分けた中位の寿命。八〇歳とも一〇〇歳ともいう。
【中秋（チュウシュウ）】秋九〇日間のなかば。陰暦八月一五日の称。『中秋の名月』
【中旬（チュウジュン）】月の一一日から二〇日までの一〇日間。月のなかば。↕上旬・下旬
【中小（チュウショウ）】中ぐらいのものと小さいもの。『中小の私鉄』『中小河川』『中小企業』
【中宵（チュウショウ）】真夜中。夜半。
【中称（チュウショウ）】日本語などの指示代名詞で、相手の側の事物、場所などを指す表現。「それ」「そこ」「そちら」など。↕近称・遠称
【中焦（チュウショウ）】漢方の三焦の一。諸説あるが、一般には鳩尾（みずおち）から臍（へそ）までをいい、主として胃部にあたる部分。
【中将（チュウジョウ）】国軍隊の階級の一。大将の下、少将の上。
【中震（チュウシン）】体感震度の一。家屋が激しく揺れ、すわりの悪いものが倒れる程度。震度4に当たる。
【中人（チュウジン｜チュウニン）】㊀（チュウジン）①才能や能力などが中位である人。②中産の人。中流の生活をしている人。③なかだちをする人。なこうど。媒酌人。㊁（チュウニン）国入場料などで、大人と幼児の中間の小・中学生など。
【中世（チュウセイ）】歴史の時代区分の一。日本史では、鎌倉（かまくら）・室町時代。
【中正（チュウセイ）】どちらにも偏らないで正しいこと。
【中性（チュウセイ）】①中間の性質。②男性とも女性ともつかない状態。③化学で、酸性でもアルカリ性でもない状態。『中性洗剤』【中性子（チュウセイシ）】素粒子の一。陽子と共に原子核を構成し、電荷を持たない。ニュートロン。
【中背（チュウぜい）】中ぐらいの身長。『中肉中背』
【中夕（チュウセキ）】夜中。夜半。
【中隊（チュウタイ）】国軍隊の編制上の単位の一。三ないし四小隊から成り、三、四中隊で一大隊となる。
【中諦（チュウタイ）】仏語。天台宗の教義で、三諦（サンタイ）の一。一切の諸法は有（ウ）でも空（クウ）でもなく、それらを超えた中正絶対であると説く真理。空諦・仮諦（ケタイ）に対していう。
【中段（チュウダン）】①中ほどの段。↕上段・下段。②剣道、槍術（ソウジュツ）などで、上段と下段との中間の構え。正眼。
【中天（チュウテン）】空の中ほど。なかぞら。中空。
【中東（チュウトウ）】（英Middle Eastの訳語）極東と近東の中間の地域。イラク、イラン、アフガニスタンなど。
【中唐（チュウトウ）】中国、唐代を初・盛・中・晩の四期に区分したその第三期。代宗の大暦元年（七六六）から敬宗の宝暦二年（八二六）までをさす。代表的詩人は白居易・韓愈・柳宗元・李賀・銭起・孟郊など。
【中道（チュウドウ）】一方にかたよらない中正なゆき方。『中道を歩む』『中道政治』→❹
【中納言（チュウナゴン）】国律令制で、太政官（ダジョウカン）の次官。令外の官で、大納言に次ぐ。
【中肉（チュウニク）】ほどよい肉づき。『中肉中背』
【中年（チュウネン）】青年と老年との中間の年ごろ。『中年層』
【中波（チュウハ）】波長が一〇〇～一〇〇〇メートルの電波。ラジオ放送、海上通信などに使用。↕長波・短波
【中盤（チュウバン）】囲碁や将棋の勝負が中ほどまで進んだころ。選挙運動や試合などでもいう。↕序盤・終盤
【中伏（チュウフク）】三伏の一。夏至のあと、四回目の庚（かのえ）に当たる日。
【中腹（チュウフク）】山頂とふもととの中間。
【中門（チュウモン）】①寺院の大門と本堂との間にある門。②寝殿造りで、表門と寝殿との間にある門。
【中夜（チュウヤ）】①よなか。夜半。②一日を昼夜六つに分けたうちの、夜間の中間の時分。③冬至（トウジ）の異称。
【中庸（チュウヨウ）】①どちらにも偏らないで調和がとれていること。中正。中道。＊論語－雍也「中庸之為レ徳也、其至矣乎（チュウヨウのトクたるや、それいたれるかな）」〔＝中庸という道徳は、人間の最上の道徳である〕」②ふつうであること。③アリストテレスの徳論の中心概念。理性によって欲望を統制し、過大と過小の間の正しい中間を定めること。→❿
【中葉（チュウヨウ）】（「葉」は時代の意）ある時代の中ごろ。
【中立（チュウリツ）】どちらの立場にも偏らないこと。

【中流(チュウリュウ)】①川の上流と下流の中ほどの流れ。また、川の流れのまん中。「中流域」＊柳宗元-漁翁「廻ニ看天際一下ニ中流一(テンサイをカイカンして チュウリュウをくだる)〔＝はるか大空の果てをふり返りながら、流れのまん中をこぎくだる〕」②中等の階層、地位。「中流意識」

【中路(チュウロ)】道幅のなかほど。道路の中央の部分。→❹

【中老(チュウロウ)】①五〇歳過ぎの人。②国武家で、家老の次位にある重臣。③国武家で、老女の次位にある奥女中。

【中﨟(チュウロウ)】国上﨟の下、下﨟の上の女房。また、奥女中。

【中和(チュウワ)】①性質の異なるものが融合して、それぞれの特性を失うこと。②酸とアルカリが反応してどちらの性質も示さなくなること。「中和反応」

❸うちがわ。なかがわ。ある範囲のなか。

下接 暗中(アンチュウ)・意中(イチュウ)・雨中(ウチュウ)・営中(エイチュウ)・海中(カイチュウ)・懐中(カイチュウ)・火中(カチュウ)・渦中(カチュウ)・眼中(ガンチュウ)・宮中(キュウチュウ)・胸中(キョウチュウ)・禁中(キンチュウ)・空中(クウチュウ)・軍中(グンチュウ)・閨中(ケイチュウ)・劇中(ゲキチュウ)・口中(コウチュウ)・獄中(ゴクチュウ)・壺中(コチュウ)・在中(ザイチュウ)・作中(サクチュウ)・山中(サンチュウ)・死中(シチュウ)・車中(シャチュウ)・集中(シュウチュウ)・手中(シュチュウ)・術中(ジュッチュウ)・掌中(ショウチュウ)・心中(シンチュウ)・陣中(ジンチュウ)・水中(スイチュウ)・地中(チチュウ)・池中(チチュウ)・泥中(デイチュウ)・殿中(デンチュウ)・土中(ドチュウ)・嚢中(ノウチュウ)・杯中(ハイチュウ)・盃中(ハイチュウ)・秘中(ヒチュウ)・腹中(フクチュウ)・釜中(フチュウ)・房中(ボウチュウ)・夢中(ムチュウ)・霧中(ムチュウ)・洛中(ラクチュウ)・簾中(レンチュウ)・楼中(ロウチュウ)

【中外(チュウガイ)】内と外。また、国内と国外。

【中官(チュウカン)】昔、中国で、貴族や宮廷の後宮に仕えた去勢した男子。宦官(カンガン)。

【中貴(チュウキ)】宮中で天子の寵愛を特に受けている者。主として宦官をいう。

【中饋(チュウキ)】婦人が家庭で食事の支度をすること。また、妻。

【中空(チュウクウ)】内部がからになっていること。がらんどう。「中空の柱」→❷

【中宮(チュウグウ)】国古く皇后の御座所の称。また平安時代、皇后のほかに並立した天皇の妃(きさき)。♥奈良時代には、広く宮門内、すなわち禁中をも指した。

【中涓(チュウケン)】天子や将軍の側近にあって、取り次ぎをしたり庭掃除をしたりする役。♥「涓」は清潔の意。

【中使(チュウシ)】国宮中からの使者。勅使。

【中書(チュウショ)】①中国、漢代の官名。詔勅の出納などをつかさどった。②天子所蔵の書物。【中書省(チュウショショウ)】中国、唐・宋代の中央官庁。詔勅・民政などをつかさどった。その長官は中書令(チュウショレイ)。

【中情(チュウジョウ)】心のうち。心中。内心。

【中腸(チュウチョウ)】心のうち。内心。＊杜甫-新婚別「沈痛迫ニ中腸一(チンツウチュウチョウにせまる)〔＝はらわたの中まで、深い痛みがしみるようだ〕」

【中庭(チュウテイ|なかにわ)】屋敷内の、建物に囲まれた庭。庭中。

❹ある行程の中ほど。

下接 寒中(カンチュウ)・忌中(キチュウ)・客中(キャクチュウ)・最中(サイチュウ)・暑中(ショチュウ)・戦中(センチュウ)・道中(ドウチュウ)・途中(トチュウ)・日中(ニッチュウ)・病中(ビョウチュウ)・忙中(ボウチュウ)・喪中(もチュウ)・旅中(リョチュウ)

【中座(チュウザ)】国集会、会議などの中途で席をはずすこと。

【中止(チュウシ)】途中でやめること。また、予定していたことをとりやめること。「雨天中止」

【中酒(チュウシュ)】①酒宴の途中。②食膳に供される酒。③茶の湯の会席で出す酒。

【中絶(チュウゼツ)】①中途で絶えること。一時、絶えること。②「妊娠中絶」の略。妊娠を人工的に中絶すること。

【中断(チュウダン)】中途で断ち切ること。断ち切れること。

【中途(チュウト)】行く道の中ほど。物事のなかば。途中。「中途退学」【中途半端(チュウトハンぱ)】物事が未完成であること。どっちつかず。

【中道(チュウドウ)】道のなかば。途中。＊論語-雍也「力不レ足者、中道而廃(ちからたらざるものは、チュウドウにしてハイす)〔＝本当に力が足りない者ならば、途中で力尽きてやめるであろう〕」→❷

【中夭(チュウヨウ)】①人生のなかばで死ぬこと。非命の死。わかじに。②非常な災難。大難。

【中路(チュウロ)】道のりのなかほど。半途。中途。→❷

❻あたる。あてる。

下接 一中(イッチュウ)・億中(オクチュウ)・臆中(オクチュウ)・偶中(グウチュウ)・卒中(ソッチュウ)・的中(テキチュウ)・適中(テキチュウ)・必中(ヒッチュウ)・不中(フチュウ)・命中(メイチュウ)

【中気(チュウキ)】＝中風(チュウフウ)

【中傷(チュウショウ)】ありもしないことを言って、他人の名誉を傷つけること。♥人の過失をあてて傷つける意。

【中毒(チュウドク)】薬物、食物の毒性により機能障害を起こすこと。「ガス中毒」「食中毒」

【中風(チュウフウ|チュウブ|チュウフ)】脳卒中の発作後に現れる半身不随などの症状。中気。♥風邪(かぜ)にあたるの意。

【雖レ不レ中不レ遠矣(あたらずといえどもとおからず)】正しく的中はしていないが、それほど見当違いではない。〔大学〕

❿固有名詞など。

【中華人民共和国(チュウカジンミンキョウワコク)】ユーラシア大陸の東部にある人民共和国。大多数を占める漢民族のほか、蒙古族・ホイ族・チベット族など約五〇の民族からなる多民族国家。北京・上海・天津の三直轄市と、二一省、五民族自治区に分かれる。一九四九年成立。首都北京。

【中華民国(チュウカミンコク)】①辛亥革命後の一九一二年から中華人民共和国が成立した一九四九年まで、中国を代表する政府が採用した国名。②一九四九年、中国共産党に敗れ、台湾に逃れた国民党政府が使用している名称。

【中国(チュウゴク)】①漢民族の居住地。アジア大陸の東部に出現した歴代王朝の通称。古来、漢民族は周辺の外民族を蛮夷と称し、自らは世界の中心にあることを誇りにしてこれを自称。「中国地方」→❶②国日本で、山陽道と山陰道とを合わせた称。

【中朝事実(チュウチョウジジツ)】漢文体の論書。山鹿素行著。正編二巻付録一巻。古学の立場から日本の皇統を解き、仏教伝来以前の日本固有の風物の優越性を説く。

【中庸(チュウヨウ)】中国の経書。四書の一。一巻。子思撰と伝える。「礼記」から中庸篇を独立させたもの。→❷

【中論(チュウロン)】①仏典。竜樹の著した偈頌(ゲジュ)に青目が注釈したもの。姚秦(ヨウシン)の鳩摩羅什(クマラジュウ)が漢訳。因縁により生ずるものはすべて空であると知る空観こそ中道であると説くもの。中観論。②後漢の徐幹撰の儒学書。二巻。

【中江藤樹(なかえトウジュ)】江戸初期の儒者。近江国（滋賀県）の人。名は原。日本の陽明学の首唱者で、世に近江聖人と称せられた。著「翁問答」「鑑草」など。（一六〇八〜四八）

難読地名 中和(ちゅうか)村（岡山） 中主(ちゅうず)町（滋賀） 中頭(なかがみ)郡（沖縄） 中城(なかぐすく)村（沖縄） 中頸城(なかくびき)郡（新潟） 中巨摩(なかこま)郡（山梨） 中標津(なかしべつ)町（北海道） 中種子(なかたね)町（鹿児島） 中辺路(なかへち)町（和歌山）

難読姓氏 中馬(ちゅうま|ちゅうまん) 中畝(なかうね) 中司・中務(なかつかさ)

39【丰】*1613 丨－3 フウ(呉)・ホウ(漢)/fēng

字解 象形。豊かに繁った草木の形に象り、ゆたか・容姿がゆたかの意。

金文  篆文

同属字 夆・奉・邦・蚌・豐(豊)

意味 豊かにしげるさま。すがた。かたち。

【丰采】フウサイ 態度。容貌。風采。

40【巳】二一 丨－4 イ「以」(138)の異体字

41【丱】4805 5025 98A3 丨－4 カン(クヮン)(漢)/guàn

(36)【卝】二一 丨－3

字解 象形。あげまきの形に象り、それを結う子から、おさない意。

同属字 丣・關(関)

意味 児童の髪形の一。あげまき。『童丱ドウカン』

【丱角】カンカク あげまき。転じて、子ども。

【丱女】カンジョ 髪をあげまきに結った少女。また、童女。

【丱童】カンドウ あげまきの童子。転じて、童男、童女。

【出】⇩578 【半】⇩783 【旧】⇩3245

【甲】⇩4905 【申】⇩4906 【由】⇩4907

42【串】2290 367A 8BF8 丨－6 カン(クヮン)(漢)・セン(呉)(漢)/guàn・chuàn/くし

字解 象形。重ねたものをひもで連ねた形に象り、つらぬく意。日本では毌の略体としてくしの意に用いる。

同属字 患

意味 ❶つらぬく。つらねたもの。また、よく通じる。「貫」「穿」に通じる。❷なれる。親しみなれる。とり入る。ぐるになる。❸国くし。「毌さしぐし」の誤用。『金串かなぐし』『玉串たまぐし』

43【丣】二一 丨－6 ボウ「卯」(819)の異体字

44【丫】*1610 丨－2 ア(漢)/yā

字解 象形。ふたまたになっているえだの先の形に象り、またの意。

意味 ふたまた。形の類似から、髪のあげまきに転用する。『丫頭アトウ』

【丫鬟】アカン あげまき。

45【个】4804 5024 98A2 丨－2 カ(漢)・コ(唐)/gè

字解 指事。竹の字の一方をとって、ひとつの意。古くから箇に代用し、人や物を数える語に用いる。

丫鬟〔漢朝服装図様資料〕

3 、部 てん

、は、じっととどまるべきところにつけるしるし。または、じっと一所にあって燃える火を表す。、は単独には音チュ、一つの点を表すが、、部には、象形の字に、を加えて要点を指示するもののほか、字形上、を目印とする字など、少数の字を収める。

金文 篆文 

、 ② 丸 ③ 丹 ④ 丼

、 ② 之 ④ 主 主

、

46【丶】4806 5026 98A4 、－0 チュ(漢)/zhǔ

字解 部首解説を参照。

47【丸】2061 345D 8ADB 、－2 常2 ガン(グヮン)(呉)・カン(クヮン)(漢)/wán/まる・まるい・まるめる・まろ

筆順 丸 丸 丸

字解 会意。もと、両刃の刀+匕(あいくち)。いろいろな刃物でまるくする、まるい意。一説にからだを丸めた人がころがるさまであるともいう。

同属字 紈

参考 孰・埶・執などの丸は丮の変化したもの。

意味 ❶まる。円形、球形のもの。まるい。『丸薬』『睾丸コウガン』『弾丸ダンガン』『砲丸ホウガン』❷国まる。そのまますべて。全体をそのまま。『丸三年まるサンネン』『丸見え』『丸暗記まるアンキ』『一丸イチガン』❸国まる。人、犬、刀剣、船などの名に用いる。『牛若丸うしわかまる』

【丸薬】ガンヤク 練り合わせて小さな粒状とした薬。球状の薬。丸剤。↔散薬

難読地名 丸瀬布まるせっぷ町(北海道)

【凡】⇩564 【勺】⇩732 【卩】⇩812

48【丹】3516 4330 924F 、－3 常 タン(呉)(漢)/dān/に

筆順 丹 丹 丹 丹

字解 象形。丹砂を採る井戸の形に象り、あかの意。

甲骨文 金文 篆文 

同属字 青(青)・彤

参考 万葉仮名では訓を借りて「に」。

意味 ❶に。赤い色。『丹花』『丹青』『鉛丹エンタン』❷まごころ。精気。『丹心』『丹誠』『丹念』『懇丹コンタン』❸よくねった薬。丸めた薬。『丹液』『丹薬』『仙丹』『練丹』❹国「丹波国たんばのくに」の略。山陰道八か国の一。今の京都府と兵庫県の一部。『丹後』『丹前』❺その他。あて字、熟字訓など。『切支丹キリシタン』『甲比丹カピタン』『雲丹うに』

❶赤い色。

【丹堊】タンアク 赤色の壁つち。赤く塗った壁。赤かべ。

【丹英】タンエイ 赤い花。丹花。

【丹鉛】タンエン ①丹砂と鉛粉。転じて、昔、文章の校正に用いたところから、校正。②紅とおしろい。

【丹花・丹華（タンカ）】赤い花。『丹花の唇』〔＝赤く美しい美人の唇〕

【丹霞（タンカ）】[1]太陽の光を反映する赤い靄や雲など。[2]香の名。五十種名香の一。伽羅からできている。

【丹闕（タンケツ）】王宮の朱塗りの門。＊李白‐把ㇾ酒問ㇾ月「皎如二飛鏡臨一丹闕一」〔＝（月は）白く光り、空飛ぶ鏡が赤く塗った門にさしかかるようだ〕

【丹砂（タンシャ）】[1]赤色の土。[2]水銀の硫化鉱物。

【丹脂（タンシ）】化粧に使う赤いあぶら。

【丹唇（タンシン）】あかいくちびる。朱唇。

【丹青（タンセイ）】[1]赤と青。[2]絵の具や絵の具の色。彩色。

【丹墀（タンチ）】宮殿の階段下の赤色の庭。転じて、宮殿。

【丹頂（タンチョウ）】ツル科の鳥。丹頂鶴。❤頭頂が赤いのでいう。

【丹毒（タンドク）】菌が外傷から入って感染して起こる伝染性皮膚病。高熱を発し、激痛を伴い、患部が赤くなる。

〖丹之所ㇾ蔵者赤（タンのゾウするところのものはあかし）〗丹の中にあるものは赤く染まる。交際する相手による影響は大きいというたとえ。〔孔子家語‐六本〕

【丹陛（タンペイ）】赤く塗った階段。天子の宮殿をいう。

【丹碧（タンペキ）】赤と青。朱色と青緑色。丹青。

【丹鳳（タンポウ）】鳳凰の一種で、首と翼の赤いものという。

❷ まごころ。精気。

【丹悃（タンコン）】（「悃」はまごころの意）まごころがあること。丹誠。赤誠。丹心。

【丹情（タンジョウ）】まごころ。赤心。丹心。

【丹心（タンシン）】まごころ。

【丹誠・丹精（タンセイ）】[1]誠実な心。真心。[2]国 真心をこめて物事をすること。

【丹田（タンデン）】へそより少し下の辺り。ここに力を入れると健康と勇気を得るといわれる。『臍下丹田』

【丹念（タンネン）】細心の注意を払い、丁寧に行うさま。

【丹府（タンプ）】偽りのない心。赤心。丹心。

❸ よくねった薬。丸めた薬。

下接 金丹・仙丹・錬丹・万金丹

【丹液（タンエキ）】不老不死の薬。長生の薬。仙薬。

【丹竈（タンソウ）】昔、中国で、方士が霊薬を得るため、丹砂を練ったというかまど。転じて、仙薬をつくること。

【丹薬（タンヤク）】道教で、不思議なききめをもつ薬。仙薬。

❹（日本語で）「丹波国」の略。

【丹後（タンゴ）】国 旧国名の一。今の京都府北部。

【丹前（タンゼン）】国 衣服の上に着る、綿入れの袖の広い着物。どてら。❤江戸初期、神田堀丹後守の邸前にあった湯女風呂に通った伊達男の姿に由来するという。

難読地名 丹波山村（山梨）丹生郡（福井）丹生川村（岐阜）丹羽郡（愛知）

難読姓氏 丹生 丹尾 丹羽

49【丼】4807 5027 98A5 丶‐4　ショウ（シャウ）呉・セイ漢・トン呉・タン漢／jǐng・dǎn／どん・どんぶり

字解 象形。いげたを組んだいどの形に象り、いどの意。本来、井に同じ。借りて井戸の中にものを投入した時のおとを表す。日本で、その音を「どんぶり」として、どんぶり鉢にあてる。

意味 ❶いど。また、物がいどに落ちる音。❷国 どんぶり。どんぶりばち。また、それに飯を盛って、種々のたねをのせた一品料理。『牛丼』

［丬］⇩2186　［為］⇩4545　［㐫］⇩1214

丶

50【之】3923 4737 9456 丶‐2 人　シ呉漢／zhī／ゆく・これ・この・の

字解 指事。一（起点）と止（あし）とで、ふみ出してゆく意。借りて助字に用いる。

甲骨文　金文　篆文

参考 万葉仮名では音を借りて「し」。平仮名「し」、片仮名「シ」の字源。

同属字 芝

意味 ❶ゆく。行く。いたる。＊論語‐陽貨「子之二武城一、聞二弦歌之声一」〔＝先生が武城の町へ行ったところ、弦楽器の音が聞こえてきた〕❷これ。この。㋑近い事物を指す指示代名詞。＊論語‐為政「先行二其言一、而後従ㇾ之」〔＝（君子は）まず言おうとすることを実行し、その後で実行したことを言うのだ〕㋺形式上置かれた目的語。訓読で「これ」と読むが、特に受けるものはない。また、「之」を訓読しないこともある。＊論語‐述而「我非二生而知一ㇾ之者一」〔＝わたしは先天的に知っていたものではない〕＊孟子‐梁恵王下「塡然鼓ㇾ之、兵刃既接」〔＝ドンドンと攻め太鼓を打ち鳴らし、両軍の戦闘が始まった〕❸の。主格や同格、修飾・被修飾語のいろいろな関係を示す。『夫子之道』

【之繞（シンニョウ）】（「シニョウ（之繞）」の転）漢字の繞の一。「近」「道」「送」などの「辶」の部分をいう。この繞を部標としてもつ字は、字典で「辵」部に属する。

51【主】2871 3C67 8EE5 丶‐4 常3　(52)【主】丶‐4 旧字

ス呉・シュ呉漢／zhǔ／ぬし・おも・あるじ

筆順

字解 象形。燭台で燃えている火の形に象る。じっとしている意。炷の原字。転じてあるじの意。

甲骨文　篆文

同属字 麈・住・注・炷・柱・註・駐・駐

参考 万葉仮名では音を借りて「す」。

意味 ❶ぬし。あるじ。きみ。団体のかしらとなる者。また、はたらきかける側。行為するもの。『主君』『主従』『主人』『店主』『盟主』⇒〔客〕(1743)の表 ❷中心であること。おもな。重要な。『主眼』『主食』『主要』❸つかさどること。中心となって働くこと。『主幹』『主宰』『主謀』❹とうとぶこと。根本において重んじ守ること。『主意』『主情』

❶ ぬし。あるじ。きみ。

下接 暗主・庵主・院主・英主・家主・管主・貫主・願主・旧主・教主・業主・金主・君主・公主・国主・戸主・故主・祭主・座主・地主・自主・社主・城主・神主・人主・施主・船主・僧主・宗主・亭主・天主・店主・当主・馬主・藩主・賓主・法主・坊主・名主・盟主・喪主・門主・幼主・領主・無主物・救世主

【主筋】主君または主人の血筋。
【主恩】主君や主人から受けた恩恵。
【主家】主人、主君の家。
【主客】①主人と客人。②主となるものと従となるもの。『主客転倒』
【主格】文法で、主語を示す格。↕賓格
【主観】（英subjectの訳語）①哲学で、ある対象に対して、知覚し思惟し感動し意志するものとしての自我。主体。また、その意識。↕客観。②自分ひとりの考え方。↕客観。『主観的』
【主教】（英Bishopの訳語）ギリシア正教会やイギリス国教会の教職制での最高位。
【主君】自分の仕える君。君主。主人。
【主権】①国家統治の最高・独立・絶対の権力。②統治権。領土権。国権。『主権在民』『主権の侵犯』
【主語】（英subjectの訳語）①形式論理学で、命題や判断によって肯定または否定される概念。主辞。②文の成分の一。述語の示す動作・作用の主体を表す。主辞。↕客語
【主辞】＝主語
【主従】①主となるものと従となるもの。②主人と従者。『主従関係』
【主上】天子。天皇。
【主人】①一家の主。②店を経営している人。③その人が仕えている人。④客をもてなす立場にいる人。『主人役』⑤国妻が他人に対して夫を指していう語。
【主帥】軍隊を統率するもの。総大将。
【主席】第一位の席。『主席検事』『国家主席』
【主体】他に対して、意志、行動を及ぼす存在、行為者。↕客体。『言語主体』『主体性』『主体的』→❷
〔主辱臣死〕主はずかしめらるれば臣死す　主君が他から辱められたときは、臣たる者は命を投げ出してもその恥辱をすすぐ。〔史記-韓長孺伝〕
【主婦】一家の家事をきりもりする女性。
【主母】一家の主婦。また、妾が本妻をさしていう。
【主命】主人、主君の命令。
【主領】かしら。頭目。首領。

❷ おもな。重要な。

【主位】大切な場所、地位。中心となるもの。
【主意】主要な意図。主旨。主眼。→❹
【主因】主な原因。
【主演】演劇、映画などで、主役を演じること。
【主眼】主要な点。大切な所。『主眼点』
【主旨】文章、話などの中心となる意味。主意。
【主軸】①数学などで、中心となる軸。②原動機から直接動力を受ける軸。③中心となる人、事柄。
【主戦】戦力の中心になること。『主戦投手』→❹
【主訴】患者が訴える主な症状。
【主体】主要な部分。→❶
【主題】①中心となる問題。②芸術作品で中心となる思想、主張。テーマ。③楽曲の中心となる旋律。
【主柱】中心の柱。転じて、柱となる人物。
【主著】その人の著書の中の主なもの。
【主潮】ある時代、社会での主な思想・文化の傾向。
【主調】楽曲、絵画や文芸の基礎となる調子。
【主犯】数人で犯罪行為をした場合の中心人物。正犯。↕共犯・従犯
【主賓】客の中の最もおもだった人。↕陪賓
【主部】主要な部分。
【主文】①文章中の主要な部分。②法律で判決の結論的な部分。判決主文。
【主峰】その山脈や山塊の中で最も高い山。
【主脈】山脈、鉱脈、葉脈などの中心となるもの。↕支脈
【主役】①演劇・映画などの中心人物の役。また、それを演ずる人。↕端役・脇役。②ある物事で主要な人物。
【主薬】薬効の中心となっている薬物。
【主要】物事の中心となって大切であるさま。
【主翼】飛行機の重心付近の両側に張り出し、揚力を与える翼。↕尾翼
【主流】①川の本流。↕支流。②中心となる流派、傾向、勢力。↕傍流。『主流派』
【主力】主な力。また、中心となる勢力。

❸ つかさどること。

【主幹】仕事の中心となる人。主任。『編集主幹』
【主管】中心となって管轄、管理すること。また、その人や役。
【主器】長子。長男。❤祖先の霊をまつる祭器をつかさどったところからいう。
【主計】国会計をつかさどること。また、その役目。
【主査】中心となって調査や審査などをすること。また、その人や役。
【主宰】人々の上に立ち、中心となって事に当たること。また、その人。
【主祭】キリスト教で、祭事をつかさどること。また、その人。
【主催】中心となって会合や行事などを催すこと。
【主司】①中国の官吏の試験官。科挙の試験官。②とりしまること。また、その役。つかさ。
【主事】官公庁、学校などで一定の業務を主管する職。『指導主事』
【主治医】ある人のために中心となって治療に当たる医者。また、かかりつけの医者。
【主唱】中心となって意見、主張などを唱えること。『主唱者』
【主審】①組になった審判員のなかで、中心となって審判する人。↕副審。②野球で、球審。
【主税】国税をつかさどること。『主税局』『主税寮』
【主膳】国日本の律令制で、宮中で食膳のことをつかさどった職。
【主典】国日本で、令制四等官の最下位。上に長官、次官、判官がある。文案を草し、公文書の抄録・読申をつかさどる。官司によって字が異なるが、主典は中務省、勘解由使等で用いる。
【主動】中心となって行動すること。『主動的』
【主導】中心となって指導すること。『主導的地位』
【主任】任務の中心となって統轄する役。また、その人。『捜査主任』
【主筆】新聞や雑誌などで首席の記者として、社説、論説などを執筆する人。
【主弁・主辦】中心となって物事の処理にあたる人。
【主簿】①帳簿をつかさどる人。②中国の官名。中央の役所や地方行政府で、帳簿を管理し、庶務をつかさどる官。③国諸国国司の目の唐名。
【主謀】中心となって悪事、陰謀などを企てること。また、その者。
【主務】中心となってその任務、事務に当たること。

また、その人。

【主殿署（とのもりづかさ）】日本の令制で春宮坊（トウグウボウ）に属し、湯浴、灯油、殿舎の清掃などをつかさどる役所。

【主殿寮（とのもりづかさ）（リョウ）】日本の令制で宮内省に属し、行幸用具や宮中調度の帷帳に関すること、灯燭・薪炭・湯沐など火に関することや清掃のことをつかさどった役所。

【主水（もんど）】飲料水のことなどをつかさどること。また、その人。
❹とうとぶこと。
【主意（シュイ）】意志を重視すること。『主意主義』→❷
【主我（シュガ）】自己の利益のみを中心として考え行動すること。利己。『主我主義』
【主義（シュギ）】（英principleの訳語）道義を重んじること。㋑常に守る考え方や行動の方針。『事なかれ主義』㋺特定の原理に基づく思想的立場。『社会主義』
【主情（シュジョウ）】理性、意志よりも感情を重んじること。
【主戦（シュセン）】開戦を主張すること。『主戦論』→❷
【主知（シュチ）】理性、知性、合理性などを重んずる態度。『主知主義』『主知的』
【主張（シュチョウ）】自分の意見を言いはること。その意見。
[難読姓氏] 主計（かずえ）

4 丿 部の

篆文 

丿は、右上方から左下方へ曲げながらひいた形で、右から左へ曲げはらう意。丿部の字は丿の形を上部の目印にするが、それについて共通の原義があるとは見がたい。

丿[◆] 丿 乀 ①乂 乃 ②久 及
丿[■] ②乇 么 ③乏 ④乎 乍 ⑤乑 自 ⑥乕 ⑦乖 ⑧乗 ⑨乘
丿[◆]

53 【丿】 4808 5028 98A6 丿-0 ヘツ[漢] piě
[字解] 部首解説を参照。 [同属字] 夂

54 【乀】 *1615 丿-0 フツ[漢]
[字解] 指事。左上から右下に曲げながらひいた形で、左から右へ曲げはらう意。
篆文 

55 【乂】 4809 5029 98A7 丿-1 ガイ[漢] yì
[字解] 象形。草をかる交差した刃物の形に象り、かる意。 [同属字] 艾・刈・苅
甲骨文  篆文 
[意味] ❶かる。草をかる。❷おさめる。おさまる。
【乂安（ガイアン）】世の中がよく治まって安らかなこと。

56 【乃】 3921 4735 9454 丿-1 [人] ナイ[呉]・ダイ[漢]・アイ[漢] nǎi・ǎi すなわち・の
[筆順] 乃 乃
[字解] 象形。弓・胎児など、諸説あるが、力なくのびまがったものの形に象る。古くより借りて、なんじ、すなわちの意に用いる。
甲骨文  金文  篆文 
[同属字] 孕・鼐・仍
[参考] 万葉仮名では音を借りて「な」「の㋔」。平仮名「の」、片仮名「ノ」の字源。
[意味] ❶すなわち。㋑そこで。順接を示す。*十八史略-五帝「問㆓在野㆒不㆑知。乃微服游㆓於康衢㆒」（ザイヤにとうにしらず。すなわちビフクしてコウクにあそぶ）〔=民間の人にきいたがわからない。そこで、しのびの服装でにぎやかな大通りに出かけてみた〕㋺それなのに。かえって。なんと。思いがけなく。逆接を示す。*陶潜-桃花源記「乃不㆑知㆑有㆑漢、無㆑論㆓魏・晋㆒」（すなわちカンあるをしらず、ギ・シンにロンなし）〔=なんとまあ、漢があったことも知らず、もちろん魏や晋を知らないのであった〕㋩これこそ。その時こそ。強意を示す。*古詩賞析-上邪「天地合、乃敢与㆑君絶」（テンチガッし、すなわちあえてきみとたたん）〔=天地が一つに合して区別なくなるならば、その時こそ、わたしと君との仲も絶とう〕㊁列挙するときに、語の上に付けて口調を整える。『乃武乃文（すなわちブ、すなわちブン）』『乃至（ナイシ）』❷きみ。なんじ。おまえ。「汝」に同じ。『乃翁』『乃公』『乃心』『乃父』❸さきに。以前。『乃往』『乃者』

❶すなわち。
【乃至（ナイシ）】①両限界を示してその範囲を限定する。…から…（まで）。『百人乃至三百人』②あるいは。または。『父乃至兄に頼む』
【乃武乃文（すなわちブすなわちブン）】武と文を兼ねそなえるの意で、天子の徳をほめたたえていう語。〔書経-大禹謨〕
❷きみ。なんじ。おまえ。
【乃翁（ダイオウ）】（「乃（なんじ）の翁」の意から）男の老人の自称。自分の子や目下の者に向かっていう。

【乃公（ダイコウ）】（「乃（なんじ）の公（きみ）」の意）男子がみずからを尊大にいう語。おれさま。

【乃心（ダイシン）】なんじの心。

【乃父（ダイフ）】なんじの父。父の自称。また、臣下に対してその父をいう語。〔書経-大禹謨〕
❸さきに。以前。
【乃往（ナイオウ）】むかし。いにしえ。

【乃者（ナイシャ）】（「者」は、時を表す語に付く助字）さきに。以前。

【九】⇩71

57 【久】 2155 3557 8B76 丿-2 [常]5 ク[呉]・キュウ（キウ）[漢] jiǔ ひさしい
[筆順] 久 久 久
[字解] 象形。背の曲がった人に灸の治療をして、これをひっぱり伸ばすさまに象るという。長い、ひさしい意。
篆文 
[同属字] 灸・玖・柩・疚
[参考] 万葉仮名では音を借りて「く」。平仮名「く」、片

仮名「ク」の字源。

意味 ひさしい。時間的に長い。また、久しくする。＊老子-七「天長地久（テンはながくチはひさし）〔＝天地は永遠である〕」

⇓表

下接 永久（エイキュウ）・淹久（エンキュウ）・恒久（コウキュウ）・持久（ジキュウ）・耐久（タイキュウ）・地久（チキュウ）・長久（チョウキュウ）・悠久（ユウキュウ）・曠日弥久（コウジツビキュウ）・積日累久（セキジツルイキュウ）・天長地久（テンチョウチキュウ）

久（キュウ）	永（エイ）
永久	
長い間。	時間が長い。
久逸	永遠
久懐	永訣
久闊	永劫
久故	永住
久久	永眠
長久	永永

【久逸（キュウイツ）】長い間安らかに楽しむこと。

【久淹（キュウエン）】長い間ある一定の場所にとどまること。

【久遠（キュウエン｜クオン）】時間が果てしなく続くこと。永遠。

【久闊（キュウカツ）】長いこと会わなかったり、便りをしなかったりすること。『久闊を叙する〔＝久しぶりの挨拶（アイサツ）を交わす〕』

【久久（キュウキュウ｜ひさびさ）】①（キュウキュウ）長い年月にわたるさま。②（ひさびさ）ひさしぶり。

【久故（キュウコ）】古くからのなじみ。

【久曠（キュウコウ）】儀式や行事などを長い間うち捨てて行わないこと。人と長い間会わないでいるさま。

【久視（キュウシ）】①長生きすること。不老長寿。②長く見つづけること。じっとみつめること。

【久廃（キュウハイ）】久しくすたれていること。

【久病（キュウビョウ）】ながわずらい。

【久要（キュウヨウ）】古い約束。長年のちかい。

【久離（キュウリ）】①久しく離れていること。②国 江戸時代、町人・百姓が親族関係を断ったこと。

【久住（クジュウ）】久しく一定の境界または場所に住むこと。

難読地名 久賀（くか）町（山口） 久遠（くどう）郡（北海道） 久万（くま）町（愛媛）
難読姓氏 久郷（くごう） 久楽（くたら｜くだら）

58
【及】
2158 355A 8B79 丿-2 常 (871)
〖及〗 又-2 旧字

ギュウ（ギフ）呉・キュウ（キフ）漢/jí/およぶ・および・およぼす・しく

筆順 

字解 会意。又（＝手）＋人。人を手で後ろからつかまえる、およぶ意。

甲骨文 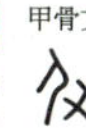
篆文 

同属字 岌・笈・吸（吸）・汲・扱（扱）・級（級）・皈

意味 ❶およぶ。およぼす。いたる。達する。『及第』『及門』＊陶潜-雑詩「及レ時当ニ勉励一（ときにおよんでまさにベンレイすべし）〔＝機会をのがさず、つとめはげむべきだ〕」❷および。ならびに。先行の事柄と、後続の事柄とが並列の関係にあることを示す。

下接 企及（キキュウ）・言及（ゲンキュウ）・遡及（ソキュウ）・追及（ツイキュウ）・波及（ハキュウ）・普及（フキュウ）・論及（ロンキュウ）・可及的（カキュウテキ）

【及瓜（キュウカ）】任期が切れて交替すること。〔左伝-荘公八年〕♥中国の春秋時代、斉侯が地方官を、瓜が熟すときから翌年の瓜が熟すときまで赴任させたという故事から。
【及第（キュウダイ）】試験や検査に合格すること。↔落第
【及門（キュウモン）】①門におよぶこと。門人となること。〔論語-先進〕②転じて、弟子。門下生。
【及落（キュウラク）】及第と落第。『及落が決まる』

難読姓氏 及位（のぞき）

［丸］⇩47　［刃］⇩588　［匁］⇩739
［尹］⇩1849　［為］⇩4545

丿 (1画)

59
【乇】
＊1618 丿-2
タク漢/zhé

字解 象形。地を中心に、地下に根をはり、地上に葉をたれた花のさまに象り、草の葉の意。

同属字 宅・亳・侘・咤・托・託

60
【么】
〓 丿-2
ヨウ「幺」(2104)・マ「麼」(9582)の異体字

［千］⇩792

61
【乏】
4319 4B33 9652 丿-3 常
ボウ（ボフ）呉・ホウ（ハフ）漢/fá/とぼしい・ともしい

筆順 

字解 指事。正の字の逆形。正常な状態にたりない、とぼしいの意。また、廃するの意。

篆文 

同属字 泛・砭・眨

意味 ❶とぼしい。まずしい。『窮乏』『耐乏』→下接。❷つかれる。『疲乏（ヒボウ）』❸官職のあき。『承乏（ショウボウ）』

下接 飢乏（キボウ）・匱乏（キボウ）・窮乏（キュウボウ）・空乏（クウボウ）・欠乏（ケツボウ）・困乏（コンボウ）・耐乏（タイボウ）・貧乏（ビンボウ）

【乏匱（ボウキ）】（「匱」もとぼしい意）不足すること。

【乏月（ボウゲツ）】陰暦四月の異称。この月は食物が欠乏しがちだったところからいう。

【乏少（ボウショウ）】とぼしく少ないこと。十分でないこと。

【乏絶（ボウゼツ）】不足がちで時々なくなること。

［壬］⇩1258　［壬］⇩1465　［夭］⇩1525

62
【乎】
2435 3843 8CC1 丿-4
コ呉漢/hū/か・や・を

字解 象形。こえがのぼり出て発散するさまに象り、よぶの意。借りて助字に用いる。

甲骨文 
金文 
篆文 

同属字 呼

参考 万葉仮名では音を借りて「を」。片仮名「ヲ」の字源。

意味 ❶形容の語につけて、語義を強調する。「然・爾・而」に同じ。『浩浩乎（コウコウコ）〔＝広々としたさま〕』『飄飄乎（ヒョウヒョウコ）〔＝ふわふわと浮くさま〕』❷…や。…か。疑問・反語を示す。一般に終止形に接続するときは「や」、連体形に接続するときは「か」と訓読する。＊史記-伯夷伝「可レ謂レ孝乎（コウといううべきか）〔＝孝ということができるであろうか〕」＊論語-子罕「文不レ在レ玆乎（ブンここにあらずや）〔＝文化・道徳はわたしの身に伝えられ備わっていないだろうか〕」❸…や。…よ。呼びかけを示す。＊論語-里仁「参乎（シンや）〔＝曾参よ〕」❹…か。…であろうか。断定をひかえた語気を示す。＊論語-衛霊公「其恕乎（それジョか）〔＝それは思いやりであろうか〕」❺…かな。…であるなあ。詠嘆を示す。＊史記-李将軍伝「惜乎（おしいかな）〔＝おしいことだなあ〕」❻

…に。…を。…より。場所、時間、動作の対象・起点、比較の対象などを示す。「於・于」に同じ。＊柳宗元-捕蛇者説「吾嘗疑乎是」(=わたしは以前、このことに疑問をいだいた) ＊荀子-勧学「小人之学、入乎耳、出乎口」(=小人の学問は、耳から聴いたことをすぐそのまま口に出すだけだ) ⇒表 ❼あて字。『乎古止点』

◎乎・于・於――「…より」と比較する対象を示す

乎コ	先乎吾、吾従而師之 (吾より先ならば吾従ひて之を師とせん)
于ウ	天下莫柔弱于水 (天下に水より柔弱なるは莫し)
於オ	青取之於藍、而青於藍 (青は之を藍より取りて、藍よりも青し)

【乎古止点をことテン】漢文を訓読する際、漢字の四隅、上下、中間などの所定の位置に点や線を付けて、仮名の代わりとした符号。てには点。てにをは。

【乎爾のみ】限定を示す。＊論語-述而「吾無隠乎爾」(=私は少しも隠しだてをしていない)」

【乎哉や|か|かな】1 (や・か)…だろうか。疑問・反語を示す。＊論語-子罕「君子多乎哉」(=君子は多芸であろうか)」 「乎哉」の二字で「や・か」と訓読する。2 (かな)…だなあ。詠嘆を示す。＊論語-憲問「賜也賢乎哉」(=賜(子貢)は、えらいなあ)」

63【乍】3867 4663 93E1 ノ-4 サク㊥・サ㊥/zhà/たちまち・ながら・また

字解 象形。匕(刃物)でさっと切り作業する形に象り、たちまちの意。作の原字。

甲骨文 金文 篆文

同属字 窄・作・咋・怍・昨・炸・柞・胙・祚・舴・酢・詐・鮓

意味 ❶急に。たちまち。＊白居易-琵琶行「銀瓶乍破水漿迸」(=銀のかめが急に壊れて水がほとばしり出る) ❷国ながら。…したり…したり。同時に、また。

[尓]⇩1835

64【乑】*1619 ノ-5 (186)[乑] 人-4 (187)[㐺] 人-4 キン㊥/yín

字解 もと㐺。会意。人+人+人。あつまり立つひとから、多くのひとの意。衆の原字。

同属字 衆・聚

65【𠂤】ノ-5 タイ㊥/duī

字解 象形。小高いおかの形に象り、おかにすむ人々・集団、また、その長の意。堆の本字。

甲骨文 金文 篆文

同属字 帥・師・追(追)

[年]⇩2099

66【乕】7341 6949 E568 ノ-6 コ「虎」(6990)の異体字

[兎]⇩462 [系]⇩5852

67【乖】4810 502A 98A8 ノ-7 カイ(クヮイ)㊥/guāi/そむく

字解 会意。羊(ひつじのつの)+北(そむく)。そむきはなれる意。

意味 そむく。たがう。はなれる。

【乖異・乖違カイ】気持ちがしっくり合わないこと。

【乖隔カイカク】はなればなれになること。別離。＊白居易-与微之書「牽攣乖隔、各欲白首」(=心はひかれ合いながら身ははなればなれのまま、二人とも白髪頭になろうとしている)」

【乖忤カイゴ】そむきさからうこと。

【乖背カイハイ】そむき反すること。

【乖繆カイビュウ】(「繆」は違うこと) くいちがうこと。

【乖離カイリ】そむき離れること。離反。『人心の乖離』

【乖戻カイレイ】さからい、そむくこと。

[兎]⇩471 [垂]⇩1267 [秉]⇩5440

68【乗】3072 3E68 8FE6 ノ-8 常3 (69)【乘】4811 502B 98A9 ノ-9 旧字 人 ジョウ㊥・ショウ㊥/chéng・shèng/のる・のせる・のり

筆順

字解 乗は、乘の略体。乘は会意。大(大の字に立つ人)+舛(両足)+木。人が上にのぼる、のる意。

甲骨文 金文 篆文

同属字 剰(剩)

意味 ❶のる。のせる。のりもの。また、つけこむ。『乗客』『乗降』『乗馬』『搭乗』 ❷数学で、掛けること。掛け算。『加減乗除カゲンジョウジョ』『乗法』 ❸四つでひとそろいのもの。『乗矢』『乗竜』 ❹兵車の数を数える語。『千乗』『万乗』 ❺史書。また、歴史。記録。『史乗シジョウ』『日乗ニチジョウ』 ❻(梵yāna の訳語。のりものの意) 仏語。衆生をのせて悟りの彼岸に至らせるもののことで、仏の教えをいう。『大乗』『小乗』

❶のる。のせる。のりもの。

下接 移乗イジョウ・騎乗キジョウ・警乗ケイジョウ・下乗ゲジョウ・座乗ザジョウ・参乗サンジョウ・驂乗サンジョウ・試乗シジョウ・車乗シャジョウ・千乗センジョウ・添乗テンジョウ・転乗テンジョウ・搭乗トウジョウ・同乗ドウジョウ・陪乗バイジョウ・万乗バンジョウ・便乗ビンジョウ・分乗ブンジョウ

【乗員ジョウイン】交通機関の乗務を行う人。乗務員。

【乗鶴ジョウカク】1ツルに乗って天に上ること。2俗世を離れて仙人になること。

【乗艦ジョウカン】軍艦に乗り込むこと。また、乗り込んでいる軍艦。

【乗機ジョウキ】飛行機に乗り込むこと。また、乗り込んでいる飛行機。

【乗客ジョウキャク】乗り物に乗る客。『乗客名簿』

【乗具ジョウグ】馬に乗るときの用具。馬具。

【乗降ジョウコウ】乗り物に乗ることと降りること。『乗降口』

【乗車ジョウシャ】車に乗ること。↕下車・降車。『乗車券』

【乗船ジョウセン】船に乗ること。上船。↕下船ゲセン

【乗田(ジョウデン)】①中国の春秋時代、魯の国で家畜の飼育をつかさどった官。②国日本の令制で、位田・職田・口分田(クブンデン)などに割り当ててなお余った用地。
【乗伝(ジョウデン)】駅伝の馬に乗ること。
【乗馬(ジョウバ)】①馬に乗ること。↔下馬(ゲバ)。『乗馬服』②乗用の馬。のりうま。
【乗務(ジョウム)】鉄道、バス、航空機などの交通機関に乗って運転などの業務を行うこと。『乗務員』
【乗輿(ジョウヨ)】①天子の乗る乗り物。天子の車馬。②行幸中の天子を敬っていう。
【乗用(ジョウヨウ)】乗り物として用いること。『乗用車』
【乗竜(ジョウリュウ)】①竜に乗って天に上ること。②竜のようによい婿を迎えること。〔楚国先賢伝〕♥②は、中国、後漢の桓焉(カンエン)のふたり娘が、黄憲・李膺(リヨウ)というよい婿を迎えた故事から。→❸

❷ 数学で、掛けること。掛け算。

下接 三乗(サンジョウ)・二乗(ジジョウ)・自乗(ジジョウ)・相乗(ソウジョウ)・累乗(ルイジョウ)

【乗算(ジョウザン)】掛け算。↔除算
【乗除(ジョウジョ)】掛け算と割り算。乗法と除法。『加減乗除』
【乗数(ジョウスウ)】掛け算で、掛ける方の数。a×bのb。
【乗法(ジョウホウ)】掛け算。↔除法

❸ 四つでひとそろいのもの。

【乗矢(ジョウシ)】四本ひとそろいの矢。

【乗竜(ジョウリュウ)】四匹の竜。→❶

【禹】⇩5435 【重】⇩8337

69 【乘】 4811 502B 98A9 丿-9 ジョウ 「乗」(68)の旧字

【乖】⇩1272

5 乙(乚)部 おつ

甲骨文 金文 篆文

乙は草木が屈曲して芽生える形に象り、順調にすすまないさまを表す。借りて十干の第二位に用いる。乙部には、乙(九の形を含む)、乚(もと乙つばめから出たものを含む)の形をもつものを収める。これらの形には、意味の関連は認めがたい。なお飛は別部(183)をなす。

乙 乙 ①九 ②也
乙 ②乞
乙 ⑩乾
乚 ⑥乱 ⑦乳 乳 ⑧乹 ⑫亂

乙

70 【乙】 1821 3235 89B3 乙-0 常 オチ(呉)・オツ(呉)・イツ(漢)/yǐ/ おと・きのと・めり

筆順 乙

字解 部首解説を参照。

参考 万葉仮名では音を借りて「お」。

意味 ❶きのと。十干の第二位。転じて、物事の第二位。『甲乙丙丁(コウオツヘイテイ)』『甲論乙駁(コウロンオツバク)』『乙第』『乙名』❷国おつ。いきな。普通とはことなるさま。また、低い調子。めり。『乙にすます』『乙な味』『乙甲(めりかり)』『乙張(めりはり)』❸あて字。㋑小さい、おさない、美しいなどの接頭語。『乙姫』『乙女』㋺形が「乙」に似ているもの。『不乙(フイツ)』

❶ きのと。十干の第二位。物事の第二位。

【乙第(オツダイ)】①本邸を甲第というのに対して別邸をいう。②中国の科挙の合格者のうち成績の悪い方のグループ。

【乙夜(イツヤ・オツヤ)】昔、中国で夜を甲乙丙丁戊の五つに分けた、その二番目。現在の午後九時頃から一一時頃。

【乙夜之覧(イツヤノラン・オツヤノラン)】天子が書を御覧になること。乙覧。〔杜陽雑編〕♥昔、中国で天子が、政務に多忙のため乙夜に読書したというところから。

【乙科(オツカ)】中国で官吏登用試験である科挙に合格した者の成績の第二等級。乙第(ダイ)。

【乙矢(おとや)】手に持った二本の矢のうちで、二番目に射る矢。

❷ (日本語で)おつ。いきな。また、低い調子。

【乙甲(めりかり)】笛、尺八などで、基本の調子より、少し低くしたり高くしたりすること。めりはり。

【乙張(めりはり)】緩むことと張ること。抑揚や調子の変化。

❸ あて字。

【乙鳥(イッチョウ)】ツバメ(燕)の異名。

【乙姫(おとひめ)】海底の竜宮に住むという伝説上の美しい姫。

【乙女(おとめ)】年ごろの娘。未婚の女。少女(ショウジョ)。

難読地名 乙訓(おとくに)郡(京都)

71 【九】 2269 3665 8BE3 乙-1 常1 ク(呉)・キュウ(キウ)(漢)/jiǔ・jiū/ ここの・ここのつ

筆順 九 九

字解 象形。屈曲して尽き窮まる形に象る。転じて、数のきわまり、ここのつの意。

甲骨文 金文 篆文

同属字 尻・究・旭・鳩・仇・軌

参考 ⑴万葉仮名では音を借りて「く」。⑵金額を記す場合は「玖」とも書く。

意味 ❶数の名。ここのつ。九番目。『三三九度』『十中八九』『九輪』❷数量が多いこと。多くの。『九死』『九折(つづらおり)』❸あて字、固有名詞など。『九官鳥』

❶ ここのつ。九番目。

下接 三三九度(サンサンクド)・十中八九(ジッチュウハック)

【九夷(キュウイ)】①昔、漢民族が東方にあると考えた九つの野蛮国。畎夷(ケンイ)、方夷、黄夷、白夷、赤夷、玄夷、風夷、陽夷、于夷をいう。②他国を卑しめていう語。

【九夏(キュウカ)】夏の九〇日の間。夏いっぱい。九暑。

【九竅(キュウキョウ)】人体にある九つの穴。両眼、両耳、二つの鼻孔、口、前陰、後陰の総称。九穴(キュウケツ)。九孔(キュウコウ)。

【九刑(キュウケイ)】古代中国、周の時代に定められた九つの刑罰法。墨(=いれずみ)、劓(ギ)(=はなきり)、剕(ヒ)(=あしきり)、宮(=去勢)、大辟(タイヘキ)(=死刑)の五刑と流、贖(ショク)(=罰金)、鞭(ベン)(=笞刑)、朴(ボク)(=笞刑)とを加えたもの。

【九経(キュウケイ)】①古代中国の経書九種の総称。通常は易、書、詩に三礼(周礼、儀礼、礼記)、春秋三伝(左伝、公羊伝、穀梁伝)を加えたものをいう。②天下を治める九つの道。身を修め、賢を尊び、親を親しみ、大臣を敬い、群臣に交わり、庶民を子とし、百工を来たし、遠人を柔らげ、諸侯を手なずけること。

【九卿（キュウケイ）】①古代中国の九つの高官。時代によって、その職名に変化があった。②国公卿（クギョウ）の別称。

【九五（キュウゴ）】（易（エキ）で、九を陽の数とし、五を君位に配するところから）天子の位。また、最高の位。

【九穀（キュウコク）】九種の穀物。黍（きび）・稷（もちきび）・秫（もちあわ）・稲・麻・大豆・小豆・大麦・小麦。秫・小麦のかわりに米・菰（まこも）を加えるなど諸説がある。

【九思（キュウシ）】君子が心にかける九つの事柄。明・聡・温・恭・忠・敬・問・難・義。→❷

【九紫（キュウシ）】九星の一。南を本位とし、五行では火に属する。→九星

【九州（キュウシュウ）】①中国全土をさす称。古代中国で、全域を九つに分けたことによる。②中国の外にある九州。世界。世界は九つの州からなると考えられていた。*王維-送秘書晁監還日本国「九州何処遠（キュウシュウいずれのところかとおき）（=世界の中で、どこが一番遠いのか）」③国日本全土のこと。④国西海道のこと。筑前、筑後、豊前、豊後、肥前、肥後、日向、薩摩、大隅の九か国に分けたことによる。鎮西。⑤国九州地方の通称。

【九秋（キュウシュウ）】秋季三か月、九〇日間の称。

【九春（キュウシュン）】春季三か月、九〇日間の称。

【九章（キュウショウ）】中国の周代、天子の冕服（ベンプク）にあらわされた九種の模様。竜、山、華虫、火、宗彝（ソウイ）、藻、粉米、黼（フ）、黻（フツ）。→❸

【九霄（キュウショウ）】天の最も高い所。大空。九天。

【九星（キュウセイ）】運勢判断に用いる九つの星。一白、二黒（ジコク）、三碧（サンペキ）、四緑、五黄、六白、七赤、八白、九紫の称。

【九族（キュウゾク）】九つの親族。諸説あり、直系の九代の親族をさすとも、父方親族四、母方親族三、妻方親族二をさすともいう。『九族生天（=一子が出家すればその九族が天に生まれかわることができるという仏教のおしえ）』

【九重（キュウチョウ｜ここのえ）】①九つかさなること。②天子の宮殿。宮中。*白居易-長恨歌「九重城闕煙塵生（キュウチョウのジョウケツエンジンショウず）（=宮城にも煙塵が立ちのぼる）」♥天子の居城が九つの門の奥にあるところからいう。【九重天（キュウチョウのテン）】①天の最も高い所。九天。②宮中。宮廷。天子の居城。*韓愈-左遷至藍関示姪孫湘「一封朝奏九重天（イップウあしたにソウすキュウチョウのテン）（=朝、一通の上奏文を、奥深い天子の御殿に奉った）」

【九鼎（キュウテイ）】重要なもの。貴重なもの。♥中国の夏（カ）の禹王の時、九つの州から金を貢上させて鼎（かなえ）をつくり、天子の象徴として伝えたというところから。

【九天（キュウテン）】①中国で、天を九つの方位に分けた称。九野。②天上。大空。『九天九地（=天の頂から地の底までの間。全宇宙）』【九天直下（キュウテンチョッカ）】天から地にまっすぐに落ちること。〔李白-望廬山瀑布〕

【九伯（キュウハク）】中国古代、九州の長官。

【九陌（キュウハク）】（「陌」は大道の意）九本の大道。都の大通りをいう。都大路。

【九嬪（キュウヒン）】君主の寝所に侍する九人の女官。中国、周代の制で夫人の下、世婦の上に位する。また、日本で後宮の女官。

【九服（キュウフク）】中国の周代、王畿（オウキ）（=天子の都千里四方）を中心として、外へ五百里ごとに一服とした九つの区域をいう。中心から侯服、甸服、男服、采服、衛服、蛮服、夷服、鎮服、藩服の九つ。

【九牧（キュウボク）】中国の夏・禹の時代の九州の長官。また、九州の地。

【九有（キュウユウ｜クウ）】①（キュウユウ）古代中国で、全土を分けて九つの州としたもの。転じて、全国土。九州。②（クウ）仏語。欲界、色界、無色界の三界（サンガイ）を衆生の生存状態によって整理した九つの区分。

【九容（キュウヨウ）】人間の体の九つの部分の容姿。足、手、目、口、頭、気、立ち姿、顔色、声の様子をさす。

【九流（キュウリュウ）】①九つの流れ。②中国、先秦時代の九つの代表的な学派。儒家・道家・陰陽家・法家・名家・墨家・縦横家・雑家・農家。これに小説家を加えて十家という。『九流十家』

【九界（クカイ）】仏語。この世の迷いの境界を九つに区分したもの。地獄、餓鬼、畜生、阿修羅、人間、天上、声聞、縁覚、菩薩の九。

【九九（クク）】一から九までの数同士の積の表。

【九献（クコン）】国杯を三献(三杯)ずつ三度さすこと。三々九度。

【九字（クジ）】護身のため唱えられる「臨、兵、闘、者、皆、陣(陳)、列、在、前」の九つの文字から成る呪文（ジュモン）。

【九識（クシキ）】（「識」は梵vijñānaの意訳）仏語。眼、耳、鼻、舌、身、意の六識に末那識（マナシキ）、阿頼耶識（アラヤシキ）、阿摩羅識（アマラシキ）の三識を加えたもの。

【九相・九想（クソウ）】仏語。人の屍が土灰に帰するまでに変わっていく九つのすがた。また、肉体に対する執着を除くために人の屍について行う九つの観想。

【九年面壁（クネンメンペキ）】禅宗の始祖、達磨（ダルマ）が嵩山（スウザン）の少林寺で九年間壁に向かって坐禅を続けたという故事。俗に物事を根気よく続けること。面壁九年。〔伝灯録〕

【九品（クホン｜キュウヒン）】①（クホン）仏語。極楽往生する者の能力や性質の差によって受ける九つの階位。九品往生。②（キュウヒン）=九卿（キュウケイ）。【九品浄土（クホンジョウド）】仏語。阿弥陀如来の九種の極楽浄土。【九品蓮台（クホンレンダイ）】仏語。九品浄土それぞれにおける阿弥陀仏の蓮華（レンゲ）の座。浄土に往生する際、迎えとられる阿弥陀仏の座。

【九曜（クヨウ）】「九曜星」の略。七曜星に、羅睺（ラゴ）星と計都（ケイト）星という二つの星を加えたもの。

【九輪（クリン）】塔の頂上の、露盤の上の請花（うけばな）と水煙（スイエン）の間にある九つの輪。空輪。相輪。

【九十九髪（つくもがみ）】老女の白髪。♥表記は、「百」から一画とりされば「白」の字となることによる。

❷ 数量が多いこと。多くの。

【九淵（キュウエン）】非常に深い淵。

【九華（キュウカ）】宮室、器物などの美しい飾り。転じて、建物、器物の美称。九華帳、九華扇など。

【九牛（キュウギュウ）】たくさんのウシ。【九牛一毛（キュウギュウのイチモウ）】比較できないほどわずかなこと。〔司馬遷-報任少卿書〕

【九衢（キュウク）】都市の各方に通ずる街路。都大路。転じて、都。

【九合（キュウゴウ）】何度も集めて会合をすること。*史記-管晏伝「九合諸侯（ショコウをキュウゴウす）（=諸侯を何度も集める）」

【九死（キュウシ）】ほとんど死ぬかと思われるほどの危ない状態。『九死に一生を得る』

【九思（キュウシ）】いくたびも考えること。繰り返し思うこと。熟慮すること。『九思一言』『九思一行』→❶

【九仞（キュウジン）】（「仞」は長さの単位。周尺の七尺）非常に高いこと。〖九仞功虧一簣（キュウジンのコウをイッキにかく）〗長い

間の努力もわずかな手違いから失敗に終わってしまうことのたとえ。〔書経-旅獒〕

【九折(キュウセツ)】山腹などで、道に曲折が多いこと。また、その道。つづらおり。羊腸。

【九泉(キュウセン)】(幾重にも重なった地の底の意) 人間が死んだ後に行く世界。冥土。黄泉。九原。

【九拝(キュウハイ)】[1]何度も礼拝して、深い敬意を表すこと。『三拝九拝』[2][国]手紙の末尾に書いて敬意を表す語。

【九十九折(つづらおり)】ツヅラ(＝葛(つづら))のように、くねくねと幾重にも曲がりくねった山道。

❸あて字、固有名詞など。

【九官鳥(キュウカンチョウ)】ムクドリ科の鳥。全身黒紫色で、人の言葉などをまねて鳴くのが巧み。♥中国の九官という人が初めてもたらしたところからとも。

【九原(キュウゲン)】[1]墓場、墓地のこと。[2]あの世。黄泉。よみじ。九泉。♥もと、古代中国の晋の国の貴族の墓のあった地名。山西省新絳県の北にある。

【九江(キュウコウ)】[1]中国、経書の禹貢に見える川の名。江西省潯陽(現在の九江市)付近を流れる九つの川とする説、または、九つの川の流入する洞庭湖とする説など多くの説がある。[2]中国江西省北部の長江南岸、鄱陽湖北岸にある都市。

【九章(キュウショウ)】[1]「九章算術(キュウショウサンジュツ)」の略。中国最古の算術書。方程、商功などの九章からなる。著者不明。二六三年に定本が完成。[2]「楚辞」の編名。「惜誦」以下九編の総称。楚の屈原の作といわれるが疑わしい。→❶

[難読地名] 九頭竜(くずりゅう)川(福井) 九戸(くのへ)の郡・村(岩手) 九重(ここのえ)町(大分) 九十九(つくも)湾(石川) [難読姓氏] 九鬼(くき) 九頭見(くずみ) 九貫(くぬき)

72 【也】 4473 4C69 96E7 乙-2 [人]

ヤ(呉)(漢) \yě\ なり・また

金文  篆文 

[字解] 象形。一説に流れる意を表す音をもち女陰が本義という。長くのびた它(へび)などの形に似る。借りて助字に用いる。へびは女性を表すことからか。「乜」は日本の手書きの文に用いる也の簡略体。

[同属字] 他・地・池・弛・陁・施・柂・馳・駞・匜・迆・迤

[参考] 万葉仮名では音を借りて「や」。平仮名「や」、片仮名「ヤ」の字源。

[意味] ❶…なり。…である。断定を示す。*史記-老子韓非伝「聃即老子也(タンはすなわちロウシなり)」〔＝聃とは、つまり老子のことである〕 ❷…や。㋑…は。…の場合は。固有名詞や主題を提示する。*論語-為政「回也不愚(カイやおろかならず)」〔＝顔回は、おろか者どころではない〕 ㋺…よ。呼びかけを示す。*論語-公冶長「由也好勇過我(ユウやユウをこのむことわれにすぎたり)」〔＝由よ、おまえは勇気を好むことではわたし以上だ〕 ㋩…だなあ。詠嘆を示す。*史記-項羽本紀「何楚人之多也(なんぞソひとのおおきや)」〔＝なんと楚の兵の多いことであろうか〕 ㊁(「—也、—也」の形で)…や…は。並列を示す。*荘子-逍遥遊「野馬也、塵埃也、生物之以息相吹也(やバや、ジンアイや、セイブツのいきをもってあいふけるものなり)」〔＝かげろうや、ちりほこりは、生物の呼吸する息である〕 ❸…や。…か。…であろうか。疑問・反語を示す。*論語-為政「何謂也(なんのいいぞや)」〔＝それはどういう意味か〕

【也已(のみ)】…である。断定を示す。*論語-雍也「可謂仁之方也已(ジンのホウというべきのみ)」〔＝仁の正しいあり方ということができるのだ〕

【也已矣(のみ)】【也已(のみ)】に同じ。*論語-衛霊公「吾末如之何也已矣(われこれをいかんともするなきのみ)」〔＝私はどうしてやることもできないのだ〕

【也矣(のみ)】…なのだ。感情を深め、強い断定を示す。*論語-学而「可謂好学也矣(ガクをこのむというべきのみ)」〔＝(そういう人こそ)学問を好む人ということができるのである〕

[丸]⇩47 [丮]⇩37

乙

73 【乞】 2480 3870 8CEE 乙-2

コチ(呉)・コツ(呉)・キツ(漢)・キ(漢) \qǐ・qì\ こう

[字解] 象形。もと气に同じ。借りて、こい求める意に用いる。

[同属字] 屹・吃・紇・訖・齕・迄

[意味] こう。こいもとめる。ねだる。『行乞(ギョウコツ)』

【乞骸(キツガイ)】官の辞職を願い出ること。乞身(キッシン)。〔晏子春秋-外編〕♥「乞骸骨(ガイコツをこう)」〔＝主君にささげた身を返してほしい〕の意から。

【乞丐(キッカイ)】[1]＝乞食(コジキ)。[2]こい求めること。

【乞巧奠(キッコウデン/キコウデン)】陰暦七月七日の行事。七夕(たなばた)祭のこと。「乞巧」は技工や芸能の上達を願う意。

【乞身(キッシン)】＝乞骸(キツガイ)。

【乞請(キッセイ)】こいねがうこと。乞索(キッサク)。

【乞食(コツジキ/コジキ)】[1]金品を恵んでもらい生活すること。また、そういう人。物もらい。乞丐(キッカイ)。乞児(キツジ)。乞人(キツジン)。[2](コツジキ)托鉢(タクハツ)。

乙

74 【乾】 2005 3425 8AA3 乙-10 [常] (78)【乹】* 1627 乙-8

カン(呉)(漢)・ゲン(呉)・ケン(漢) \gān・qián\ かわく・かわかす・ひる・ほす・いぬい

[筆順] 乾 乾 乾 乾 乾 乾

[字解] 形声。乙＋倝(声)。もと長大な旗竿の形に象り、高く出る、空の意。また暵に通じ、かわく意を表す。

[参考] 万葉仮名では訓を借りて「ひ(乙)」「ふ」。

[意味] ❶かわく。ひる。かれる。かわいた。また、かわかす。ほす。『乾季』『乾燥』『乾杯』⇒[表] ❷利益をむさぼる。『乾没』 ❸名目上の。義理の。『乾児』 ❹易の八卦の一。陽の卦(☰)で表す。六十四卦では☰☰。天・天子・男性など強くて盛んなものを象徴する。『乾坤一擲(ケンコンイッテキ)』『乾元』『乾綱』 ❺いぬい。戌(いぬ)と亥(い)との中間の方角。北西。❻あて字、人名など。『乾隆帝』

❶かわく。かれる。また、かわかす。ほす。

乾(カン)	かわく。水分がなくなる。	乾杯	乾湿	乾期	乾物	乾草(カンソウ/ほしくさ)	乾麺
干(カン)	かわく。ほす。	干潮	干満	干天	干物(カンブツ/ひもの)	干瓢(カンピョウ)	干飯(ほしいい)

【乾季・乾期(カンキ)】一年のうちで、雨の少ない季節、時期。↔雨季・雨期

【乾涸(カンコ)】かわいてかれること。ひからびること。

【乾屎橛(カンシケツ)】[1]中国で、糞(くそ)を拭うのに用いた、かわい

たへら。禅宗で、活眼を開いて見れば、このような不浄不潔なものも、真実の仏の境地であると示し、活眼を開かせようとして用いる語。②つまらないもののたとえ。

【乾湿（カンシツ）】乾燥と湿気。『乾湿球湿度計』

【乾漆（カンシツ）】①かわき固まった漆。漢方で、充血剤、駆虫剤に用いる。②国奈良時代の工芸技術の一。原型に麻布を何枚も漆で厚く塗りかためて仕上げるもの。『乾漆像』

【乾性（カンセイ）】乾燥しがちな性質。水気が少ない性質。↕湿性。『乾性油』

【乾癬（カンセン）】皮膚病の一種。慢性の皮膚炎で、粟（あわ）粒から小豆くらいの紅斑（コウハン）をふけのような皮が覆う。

【乾燥（カンソウ）】かわくこと。かわかすこと。『無味乾燥』

【乾田（カンデン）】水を抜くと、土がよく乾燥して、畑にもできる田。↕湿田

【乾電池（カンデンチ）】電極間に電解液を固定させ、取り扱いや携帯に便利にした電池。懐中電灯・時計などに使う。

【乾杯（カンパイ）】祝福するために、酒杯などを差し上げて飲み干すこと。

【乾板（カンパン）】ガラス板に写真乳剤を塗って乾燥させた感光材料。

【乾瓢（カンピョウ）】国ユウガオの実。また、その果肉を紐（ひも）のようにむいて、乾燥させた食品。すしの具、煮物などに用いる。干瓢。

【乾物（カンブツ）】乾瓢、海苔、干物（ひもの）など、かわかした保存のきく食料品。『乾物屋』

【乾酪（カンラク）】チーズ。

【乾留・乾溜（カンリュウ）】有機固体を、空気を断って高温に加熱し、揮発分と固体残留物とを分離回収する操作。石炭からコークス、タール、石炭ガスを得る類。↕蒸留。書き換え「乾溜→乾留」。

【乾瘡（はたけ）】顔面などにできる皮膚病。白く粉をふいたように見える。

【乾海鼠（ほしこ）】海参（いりこ）のこと。

❷ 利益をむさぼる。

【乾没（カンボツ）】①たなぼた式に利益を得ること。②他人の利益や物を横取りすること。

❸ 名目上の。

【乾児（カンジ）】名義上の子。養子。また、子分。

❹ 易の八卦の一。

【乾乾（ケンケン）】怠らず努めるさま。

【乾元（ケンゲン）】万物を造り出すという、天の理。

【乾綱（ケンコウ）】①天の法則。②君主の大権。また、国家政治の要綱。

【乾坤（ケンコン）】天と地。*杜甫－登二岳陽楼一「乾坤日夜浮（ケンコンニチヤうかぶ）」（＝（湖面には）天地宇宙すべてのものが昼夜その姿を映している）」【乾坤一擲（ケンコンイッテキ）】さいころを投げて、天が出るか地が出るかをかけること。自分の運命をかけるような大仕事、大勝負をすること。〔韓愈－過二鴻溝一〕

【乾徳（ケントク）】①天の徳。天子の徳。②（「乾乾の徳」の意）進んでやまない剛健の徳。

❻ あて字、人名など。

【乾闥婆（ケンダツバ）】仏語。①（梵 Gandharva の音訳。尋香行、香行、香陰などと訳する）八部衆の一。帝釈天（タイシャクテン）に侍し、伎楽をつかさどる神。②胎児、小児などの守護神。③死後、次の生を得るまでの中間の身。香を食とする。新婚夫婦の閨房をうかがう好色神ともされる。

【乾隆帝（ケンリュウテイ）】中国、清朝の第六代皇帝（在位一七三五～九五年）。諱（いみな）は弘暦。廟号は高宗。文化面にも力を尽くし、「大清一統志」「四庫全書」をはじめ、数多くの編集事業をおこし、祖父康熙（コウキ）帝とともに「康熙・乾隆時代」といわれる清朝の最隆盛期を現出した。（一七一一～九九）

乚

［孔］⇩1711 ［札］⇩3388

75 【乱】 4580 4D70 9790 乙－6 常6 (79) 【亂】 4812 502C 98AA 乙－12 旧字

ラン㊥㊦・ロン㊣／luàn／みだす・みだれる

筆順 乱

字解 乱は亂の草体から。亂は形声。乙＋𤔔（みだれる、あるいは、おさめる）㊟。一般に、みだれる意。また、おさめる意を表す。一説に、亂は乙＋𤔔の会意字とも。

参考 熟語は「濫」(4390)をも見よ。

意味 ❶みだす。みだれる。㋑物事に秩序がない。『乱雑』『乱調』『乱脈』『狂乱』『混乱』㋺国家のみだれ。戦争。『乱世』『戦乱』『動乱』『内乱』『反乱』⇓表 ❷むやみに。やたらと。「濫」の代用。『乱獲』『乱造』『乱読』『乱用』❸おさめる。『乱辞』『乱臣』

❶ みだす。みだれる。

下接 違乱（イラン）・淫乱（インラン）・乖乱（カイラン）・壊乱（カイラン）・攪乱（カクラン）・禍乱（カラン）・凶乱（キョウラン）・狂乱（キョウラン）・国乱（コクラン）・昏乱（コンラン）・混乱（コンラン）・錯乱（サクラン）・雑乱（ザツラン）・散乱（サンラン）・酒乱（シュラン）・擾乱（ジョウラン）・衰乱（スイラン）・戦乱（センラン）・争乱（ソウラン）・大乱（タイラン）・治乱（チラン）・動乱（ドウラン）・内乱（ナイラン）・悩乱（ノウラン）・悖乱（ハイラン）・敗乱（ハイラン）・撥乱（ハツラン）・波乱（ハラン）・反乱（ハンラン）・煩乱（ハンラン）・紊乱（ビンラン｜ブンラン）・払乱（フツラン）・腐乱（フラン）・紛乱（フンラン）・兵乱（ヘイラン）・変乱（ヘンラン）・暴乱（ボウラン）・勃乱（ボツラン）・迷乱（メイラン）・理乱（リラン）・惑乱（ワクラン）・積乱雲（セキランウン）・一心不乱（イッシンフラン）

乱（ラン）	紛乱	秩序なくみだれる。 乱雑 乱麻 乱脈 乱戦 戦乱 内乱
紛（フン）		入りみだれる。もつれる。 紛雑 紛糾 紛然 紛戦 紛争 内紛

【乱雲（ランウン）】①乱れ飛ぶ雲。②「乱層雲」の旧称。

【乱階（ランカイ）】①乱の起こるきざし。騒乱の端緒。〔詩経－小雅・巧言〕②国順序を越えて位階を進めること。

【乱菊（ランギク）】長い花弁が入り乱れて不ぞろいに咲いているキクの花。また、その模様。

【乱逆（ランギャク）】そむきさからうこと。反逆。むほん。

【乱行（ランギョウ｜ランコウ）】乱暴な行為。乱れた品行。

【乱気流（ランキリュウ）】大気中に生じる不規則な気流。航空機などの飛行の障害になる。

【乱軍（ラングン）】敵味方が入り乱れて戦うこと。乱戦。

【乱国（ランゴク）】国の乱れること。また、乱れた国。

【乱雑（ランザツ）】乱れて秩序のないこと。『乱雑な部屋』

【乱山（ランザン）】高低入り乱れてそびえ連なる山々。また、重なり合う山々。

【乱声（ランジョウ）】①雅楽の舞楽で用いられる笛の調べの名称。②鉦や太鼓を鳴らして、鬨（とき）の声をあげること。③みだりがましく騒ぎたてること。

【乱心（ランシン）】心が狂い乱れること。

【乱臣(ランシン)】国を乱す臣。逆臣。↓❸【乱臣賊子(ランシンゾクシ)】国を乱す臣下と親を害する子。〔孟子-滕文公下〕

【乱神(ランシン)】①道理を外れたことと、神秘的なこと。怪力乱神。②心をみだすこと。

【乱人(ランジン)】国を乱す人。反逆人。

【乱酔(ランスイ)】ひどく酒に酔うこと。

【乱数(ランスウ)】0から9までの数字が、同じ確率で現れるように無作為に並べた数字の列。『乱数表』

【乱世(ランセイ)】秩序が乱れた世の中。戦乱の世の中。

【乱戦(ランセン)】敵味方入り乱れての戦い。

【乱層雲(ランソウウン)】空を厚く覆う暗灰色の雲。乱雲。

【乱俗(ランゾク)】風俗を乱すこと。乱れた風俗。

【乱賊(ランゾク)】世を乱す悪人。

【乱打(ランダ)】はげしく打ち続けること。めったうち。

【乱丁(ランチョウ)】国書物のページの順序が間違ってとじられていること。

【乱調(ランチョウ)】調子を乱すこと。乱れた調子。乱調子。

【乱点(ランテン)】①あちこちに散らばってあること。②乱れ散ること。

【乱闘(ラントウ)】入り乱れてたたかうこと。

【乱道(ランドウ)】道理にかなっていないこと。

【乱入(ランニュウ)】乱暴にどっと押し入ること。

【乱反射(ランハンシャ)】凹凸のある面で光がさまざまな方向に反射すること。

【乱筆(ランピツ)】国文字の乱れていること。特に、手紙で、自分の筆跡の謙称。『乱文乱筆お許し下さい』

【乱舞(ランブ)】入り乱れて踊りまわること。『狂喜乱舞』

【乱文(ランブン)】乱れて、整わない文章。特に、自分の手紙などの文章の謙称。

【乱亡(ランボウ)】乱しほろぼすこと。乱れほろびること。

【乱暴(ランボウ)】荒々しい行いをすること。言動、物事などが、粗野、粗雑であるさま。

【乱麻(ランマ)】乱れもつれたアサ。ひどくもつれてしまったことにいう。『快刀乱麻を断つ』

【乱漫(ランマン)】乱れて秩序のないこと。

【乱脈(ランミャク)】国乱れて筋道が立たず、秩序のないこと。

【乱民(ランミン)】社会の安寧秩序を乱す民。

【乱離(ランリ)】国が乱れて人々の離散すること。

【乱立(ランリツ)】国不ぞろいに立つこと。乱雑に立ち並ぶこと。

【乱倫(ランリン)】人倫を乱すこと。

❸ おさめる。

【乱辞(ランジ)】まとめのことば。「楚辞」などで、一編の終わりに「乱曰」と題して、全体の大意、作者の感情などをまとめて述べること。

【乱臣(ランシン)】天下をよく治める臣。↓❶

［糺］⇩5878　［虬］⇩7054

76 【乳】 3893 467D 93FB 乙－7 常6

(77) 〔乳〕 乙－7 旧字

ニュウ(ニウ)㊒・ジュ㊥/rŭ/ち・ちち

筆順 乳 乳 乳 乳 乳 乳 乳

字解 会意。乙(乳房のある母)＋子＋爪(下を向いた手)。抱いてちちを子に飲ませることから、ちちの意。乙をツバメとする説は、古来中国では、子授けの使者と考えられていたことによる。

甲骨文

篆文
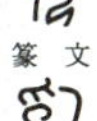

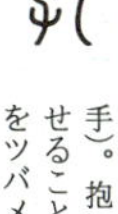

意味 ❶ちぶさ。ちちを分泌する器官。また、ちぶさに似た形のもの。『乳頭』『乳房(ニュウボウ／ちぶさ)』 ❷ちち。ちちで育てる。また、生む。『乳牛』『乳酸』『哺乳(ホニュウ)』『母乳(ボニュウ)』 ❸ちち状の液。『乳液』『乳剤』『豆乳(トウニュウ)』『胚乳(ハイニュウ)』 ❹おさない。ちちを飲んでいる年頃。『乳歯』『乳女』 ❺あて字。『乳切木(ちぎりき)』

❶ ちぶさ。ちぶさに似た形のもの。

下接 鍾乳洞(ショウニュウドウ)・垂乳根(たらちね)

【乳腺(ニュウセン)】哺乳類(ホニュウルイ)の乳汁を分泌する腺。乳房腺。

【乳頭(ニュウトウ)】乳房の先端の突起。乳腺(ニュウセン)開口部。乳首(ちくび)。

【乳房(ニュウボウ／ちぶさ)】哺乳類(ホニュウルイ)の胸部や腹部にある乳腺(ニュウセン)の開口部で皮膚が隆起している部分。雌のものは大きく、乳を出す。

【乳首(ちくび／ちちくび)】乳房の先端。また、それに似せて作った、赤ん坊にしゃぶらせる器具。

❷ ちちで育てる。ちち。

下接 牛乳(ギュウニュウ)・搾乳(サクニュウ)・市乳(シニュウ)・授乳(ジュニュウ)・吐乳(トニュウ)・粉乳(フンニュウ)・哺乳(ホニュウ)・母乳(ボニュウ)・離乳(リニュウ)・練乳(レンニュウ)

【乳牛(ニュウギュウ)】乳をとるために飼育されるウシ。

【乳業(ニュウギョウ)】牛乳の生産、加工の仕事。

【乳虎(ニュウコ)】子を生んで乳を与えるころの牝虎。性質が最も荒々しいという。〔荘子-盗跖〕

【乳酸(ニュウサン)】有機酸の一。腐敗した牛乳や発酵した糖類からできる酸味の強いねばねばした液体。『乳酸飲料』

【乳質(ニュウシツ)】乳の品質。また、乳のような性質。

【乳臭(ニュウシュウ)】乳臭いこと。年少で未熟なことをあざけっていう。〔漢書-高祖紀〕『乳臭児』

【乳糖(ニュウトウ)】乳に含まれている糖分。乳児の腸内で乳酸となり、他の有害な発酵を抑制する。ラクトース。

【乳母(ニュウボ／うば／めのと)】雇われて母親に代わって子供に乳を与え、その世話をする女。『乳母車(うばぐるま)』

【乳酪(ニュウラク)】牛乳などを煮固めた脂肪性の食品。牛酪。バター、チーズなど。

❸ ちち状の液。

【乳液(ニュウエキ)】①植物の乳細胞や乳管から分泌される乳状の液。②肌を整える乳状の化粧品。

【乳化(ニュウカ)】液体中にこれと溶け合わない他の液体が微粒子となって分散し、乳状の液を生成すること。

【乳香(ニュウコウ)】カンラン科の常緑高木。また、その樹脂。古くから香料として珍重された。

【乳剤(ニュウザイ)】液状の油質などを水中に微粒子として均質に分散させ、乳状としたもの。

【乳鉢(ニュウバチ)】薬など、固体のものをすりつぶして液状、または粉状にしたり、混ぜあわせたりする鉢。

【乳棒(ニュウボウ)】乳鉢に用いるすりこぎ状の棒。

❹ おさない。ちちを飲んでいる年頃。

【乳気(ニュウキ)】子供らしさ。

【乳歯(ニュウシ)】生後六か月ごろから生え始め、六歳から一〇歳ごろにかけて永久歯と抜け代わる歯。総数二〇本。

【乳児(ニュウジ)】生後一年ごろまでの乳で育てられる時期の子供。『乳児院』『乳児期』

【乳女(ニュウジョ)】幼女。

【乳幼児(ニュウヨウジ)】乳児と幼児。

❺あて字。

【乳切木ちぎり】両端を太く中央をやや細く削った棒。物を担ったり護身のために用いた。▷「乳切」はあて字で、「ちきり(滕)」に形が似ているところから。

78 【乹】 ＊1627 乙−8 カン「乾」(74)の異体字

79 【亂】 4812 502C 98AA 乙−12 ラン「乱」(75)の旧字

6 亅部 はねぼう

篆文

亅は縦画の末をはねた形であるが、もと、かぎの象形という。亅部に属するものは少数で、かつ、かぎには関係せず、単に亅を目印にするもののみである。

亅◆亅 ①了 ③予 ⑤争 ⑥亊 ⑦事

亅◆

80 【亅】 4813 502D 98AB 亅−0 ケツ㊥jué

字解 部首解説を参照。

81 【了】 4627 4E3B 97B9 亅−1 常 リョウ(レウ)㊧㊥liǎo/おわる・おえる・しまう

筆順 了了

字解 象形。手足をすっぽりくるまれた子供の形に象り、まとめる、おわる意。また瞭に通じ、あきらかの意。

篆文

意味 ❶おわる。おえる。おわり。「完了カンリョウ」「終了シュウリョウ」 ❷あきらか。また、はっきりとさとる。理解する。「了解リョウカイ」「了承」「解了カイリョウ」「俗了ゾクリョウ」

❶おわる。おえる。おわり。

下接 覚了カクリョウ・完了カンリョウ・議了ギリョウ・校了コウリョウ・悟了ゴリョウ・修了シュウリョウ・終了シュウリョウ・投了トウリョウ・読了ドクリョウ・満了マンリョウ・未了ミリョウ・魅了ミリョウ・指了図シリョウズ

❷あきらか。また、はっきりとさとる。

【了解リョウカイ】理解して承認すること。「暗黙の了解」▷書き換え「諒解→了解」。

【了義リョウギ】真実の意味を、明白、完全に説くこと。

【了見・了簡リョウケン】国①考え。分別。また、考え方。「了見が狭い」②腹立たしいのをこらえること。▷「料簡」とも書く。

【了悟リョウゴ】真理を明らかに悟ること。了覚。

【了察リョウサツ】相手の事情などを思いやること。諒察。

【了承リョウショウ】事情をくんで承知すること。▷書き換え「諒承→了承」。

【了然リョウゼン】はっきりとよくわかるさま。判然。

【了知リョウチ】物事の内容を知ること。会得すること。

【了得リョウトク】よくさとり知ること。納得のいくこと。

【了了リョウリョウ】物事のはっきりとわかるさま。また、理解のゆくさま。賢いさま。

82 【予】 4529 4D3D 975C 亅−3 常3 (7663)【豫】 4814 502E 98AC 豕−9 旧字

ヨ㊧㊥yǔ・yú・yù/あらかじめ・かねて・あたえる

筆順 予予予

字解 常用漢字では、予は豫の略体。豫は形声。象＋予(のびる)㊥。大きな象の意から、ゆとりをもってする、あらかじめの意。もと、予は、豫とは別字で象形。機はたの横糸を通す飛杼ひの形に象り、あたえる意。借りて第一人称の代名詞に用いる。拼音は、予は yǔ・yú、豫は yù。

甲骨文 篆文

同属字 序・抒・杼・舒・野・預・豫

参考 万葉仮名では音を借りて「よ㊚」。

意味 ❶あたえる。ゆるす。あずかる。「与」に同じ。「予参」「予奪」「天予テンヨ」 ❷われ。自称。「余」に同じ。「予輩」＊論語-衛霊公「予一以貫レ之われはイッをもってこれをつらぬく」〔＝私は、一つのもので貫いている〕 ❸あらかじめ。前もって。かねて。かねがね。「天気予報」「予感」「予告」 ❹ためらう。ぐずぐずする。「猶予ユウヨ」 ❺あそぶ。たのしむ。「逸予イツヨ」「悦予エツヨ」「遊予ユウヨ」 ❻国「伊予国いよのくに」の略。「予讃線ヨサンセン」 ❼人名。「予譲」

❶あたえる。ゆるす。あずかる。

【予参ヨサン】①ある物事にかかわりをもつこと。②多くの人の中に参加して、その仲間に入ること。

【予奪ヨダツ】与えることと奪うこと。与奪。

❷われ。自称。

【予一人ヨイチニン|われイチニン】天子の自称。〔書経-湯誥〕▷天子も一個の人であり、他の人と何ら変わらないという意。

【予小子ヨショウシ|われショウシ】天子の祖先に対する自称。

【予輩ヨハイ】私。または、私達。

❸あらかじめ。前もって。かねがね。

【予価ヨカ】発売前につけておく価格。

【予科ヨカ】本科に入るための予備の課程。「大学の予科」

【予覚ヨカク】将来に起こるであろうことをあらかじめ感じること。予感。

【予感ヨカン】これからのことを何となく感じとること。虫の知らせ。予覚。「いやな予感がする」

【予期ヨキ】あらかじめ期待すること。「予期せぬ出来事」

【予見ヨケン】先のことをあらかじめ知ること。予知。

【予言ヨゲン】未来の物事を前もって判断して言うこと。

【予後ヨゴ】国①病気や手術などについて、その後の経過の見通し。②俗に、病後の経過。

【予行ヨコウ】練習のために前もってやってみること。「予行演習」

【予告ヨコク】前もって告げ知らせること。「予告編」

【予算ヨサン】①ある計画のために、前もって用意した金額。②国家または地方公共団体の一会計年度における歳入、歳出に関する見積もり、または計画。

【予習ヨシュウ】まだ習っていないところを前もって学習すること。↔復習

【予審ヨシン】旧刑事訴訟法で、起訴された被告人を、公判に付すべきか否かを決定するために行う手続き。

【予選ヨセン】↔本選。①次の段階での選別のために前もって選び出すこと。②選手権大会など、最終段階での試合に出場する者やチームを選ぶための試合。

【予餞会(ヨセンカイ)】旅行や卒業の前に行う、送別の会。▼前もって餞(はなむけ)をする会の意。
【予想(ヨソウ)】前もって見当をつけること。『予想外』
【予測(ヨソク)】将来のことをあらかじめ推測すること。
【予断(ヨダン)】前もってそれと判断すること。『予断を許さない』
【予知(ヨチ)】前もって知ること。前知。『予知能力』
【予兆(ヨチョウ)】物事のきざし。前知らせ。
【予定(ヨテイ)】前もって定めておくこと。『予定表』
【予程(ヨテイ)】仕事などの前もって定めてある行程。
【予納(ヨノウ)】前もって納入すること。前納。
【予備(ヨビ)】①前もって準備しておくこと。また、そのものやその行為。『予備知識』『予備校』 ②犯罪の準備行為で、実行の着手に至らないもの。『殺人予備』
【予報(ヨホウ)】あらかじめ報知すること。また、その知らせ。『天気予報』
【予防(ヨボウ)】あらかじめ防ぐこと。『予防注射』
【予約(ヨヤク)】あらかじめ約束をとること。『予約席』

❼ 人名。

【予譲(ヨジョウ)】中国、戦国時代、晋の義士。晋の智伯に仕えて寵愛され、智伯が趙襄子に殺されると復讐を誓い、機会をうかがったが失敗して、自殺した。生没年未詳。

83 【争】 3372 4168 9188 亅－5 [常] (4578)【爭】 6407 6027 E0A5 爪－4 旧字 ㊇

ショウ(シャウ)[呉]・ソウ(サウ)[漢] \zhēng・zhèng\ あらそう・あらがう・いかでか

[筆順] 争

[字解] 会意。爫(上下から手でひきあう)＋亅(力)。力をいれてあらそう意。

甲骨文

篆文

[同属字] 箏・崢・諍・錚・靜(静)

[意味] ❶あらそう。きそう。あらそい。『争議』『争点』『競争』『戦争』『論争』 ❷いさめる。『争臣』『争友』『諫争(カンソウ)』 ❸いかでか。どうして。疑問・反語を示す。＊汪遵-長城「争及㆓尭階三尺高㆒(いかでかギョウカイサンジャクのたかきにおよばんや)〔=どうして、尭の宮殿の高さが三尺しかない土の階段におよぼうか〕」

❶ あらそう。きそう。

[下接] 競争(キョウソウ)・係争(ケイソウ)・繋争(ケイソウ)・喧争(ケンソウ)・抗争(コウソウ)・訌争(コウソウ)・政争(セイソウ)・戦争(センソウ)・廷争(テイソウ)・党争(トウソウ)・闘争(トウソウ)・紛争(フンソウ)・兵争(ヘイソウ)・力争(リキソウ)・論争(ロンソウ)

【争議(ソウギ)】①互いに自分の意見を主張し、議論すること。②[国]労働者と資本家の間の紛争。労働争議。

【争権(ソウケン)】権力を争い、張り合うこと。

【争衡(ソウコウ)】天下の権を争い合うこと。

【争訟(ソウショウ)】訴訟を起こして争うこと。諍訟(ソウショウ)。

【争奪(ソウダツ)】争って奪い合うこと。『選手権争奪戦』

【争端(ソウタン)】もめごとの発端。

【争長(ソウチョウ)】席次の順位を争うこと。

【争点(ソウテン)】論争などの、原因、中心となる主要な点。

【争闘(ソウトウ)】争いたたかうこと。闘争。

【争覇(ソウハ)】覇権を争うこと。転じて、優勝を争うこと。

【争弁・争辯(ソウベン)】言い争うこと。口論。

【争乱(ソウラン)】争い乱れること。また、争いによる乱れ。

【争利(ソウリ)】利益を奪いあって争うこと。

【争論(ソウロン)】議論して争うこと。言い争い。いさかい。

❷ いさめる。

【争子(ソウシ)】親の不義、不徳をいさめる子。

【争臣(ソウシン)】主君の非行を強くいさめる臣下。諫臣(カンシン)。

【争友(ソウユウ)】忠告をしてくれる友人。へつらわない友。

84 【亊】 4815 502F 98AD 亅－6

ジ 「事」(85)の異体字

85 【事】 2786 3B76 8E96 亅－7 [常3] (875)【叓】 ＊2059 又－5 (84)【亊】 4815 502F 98AD 亅－6 (876)【㕝】 ― 又－5

ジ[呉]・シ[漢]・ズ[唐] \shì\ こと・おこなう・つかえる

[筆順] 事

[字解] 会意。又(手)＋史(枝先につけた旗をもつ役人)。小旗をかかげた使者から、つかえる・ことの意。もと吏に同じ。

甲骨文

金文

篆文

[参考] 万葉仮名では音を借りて「し」。

[意味] ❶こと。ことがら。できごと。一般的話題、状態、現象、なりゆきなどを広く指す。『事件』『事故』『事情』『記事(キジ)』『行事(ギョウジ)』 ❷こととする。専念する。また、しごと。人のおこない。『事業』『事務』『理事(リジ)』 ＊論語-顔淵「請事㆓斯語㆒矣(こうこのゴをこととせん)〔=どうかこのことばのように努め励みたい〕」 ❸つかえる。目上の人に従い仕える。『兄事(ケイジ)』『師事(シジ)』 ＊史記-管晏伝「管仲事㆓公子糾㆒(カンチュウはコウシキュウにつかう)〔=管仲は公子の糾につかえた〕」

❶ こと。ことがら。できごと。

[下接] 悪事(アクジ)・医事(イジ)・異事(イジ)・一事(イチジ)・逸事(イツジ)・淫事(インジ)・隠事(インジ)・韻事(インジ)・王事(オウジ)・快事(カイジ)・怪事(カイジ)・海事(カイジ)・外事(ガイジ)・学事(ガクジ)・火事(カジ)・家事(カジ)・奇事(キジ)・記事(キジ)・議事(ギジ)・吉事(キチジ)・凶事(キョウジ)・行事(ギョウジ)・公事(コウジ)・軍事(グンジ)・慶事(ケイジ)・工事(コウジ)・好事(コウジ|コウズ)・後事(コウジ)・国事(コクジ)・恨事(コンジ)・細事(サイジ)・祭事(サイジ)・催事(サイジ)・些事(サジ)・雑事(ザツジ)・惨事(サンジ)・私事(シジ)・指事(シジ)・時事(ジジ)・実事(ジツジ)・従事(ジュウジ)・小事(ショウジ)・商事(ショウジ)・勝事(ショウジ)・情事(ジョウジ)・食事(ショクジ)・庶事(ショジ)・諸事(ショジ)・叙事(ジョジ)・心事(シンジ)・身事(シンジ)・神事(シンジ)・真事(シンジ)・人事(ジンジ)・塵事(ジンジ)・炊事(スイジ)・遂事(スイジ)・成事(セイジ)・政事(セイジ)・盛事(セイジ)・世事(セジ)・善事(ゼンジ)・即事(ソクジ)・俗事(ゾクジ)・他事(タジ)・多事(タジ)・茶事(チャジ)・珍事(チンジ)・当事(トウジ)・内事(ナイジ)・難事(ナンジ)・美事(ビジ)・百事(ヒャクジ)・無事(ブジ)・仏事(ブツジ)・文事(ブンジ)・兵事(ヘイジ)・弊事(ヘイジ)・僻事(ヘキジ|ひがごと)・別事(ベツジ)・返事(ヘンジ)・変事(ヘンジ)・法事(ホウジ)・忙事(ボウジ)・房事(ボウジ)・毎事(マイジ)・末事(マツジ)・密事(ミツジ)・民事(ミンジ)・用事(ヨウジ)・余事(ヨジ)・楽事(ラクジ)／荒事(あらごと)・色事(いろごと)・芸事(ゲイごと)・杯事(さかずきごと)・戯事(ざれごと)・仕事(しごと)・空事(そらごと)・艶事(つやごと)・手事(てごと)・何事(なにごと)・見事(みごと)・物事(ものごと)・和事(わごと)・絵空事(エそらごと)・勝負事(ショウブごと)・所作事(ショサごと)・他人事(タニンごと|ひとごと)・出来事(できごと)

【事彙(ジイ)】種々の事柄に関する語を集め、一定の順序に並べて解説を付けた書。事典。

【事宜(ジギ)】①事が適当であること。②物事の状態。事柄。

【事況(ジキョウ)】物事の状態。様子。なりゆき。

【事件(ジケン)】話題、問題となるような出来事。

【事故(ジコ)】悪い出来事。特に、人の意図によらずに起こった、正常な活動が損なわれるような事態。アクシデント。『交通事故』『人身事故』

【事後(ジゴ)】事の終わった後。↔事前。『事後承諾』

【事項(ジコウ)】ある事の一部分となっている、一つ一つの事柄。事柄の箇条。『事項索引』『注意事項』
【事事(ジジ)】①いろいろなこと。『事事物物〔=あらゆる物事〕』②〔事を事とするの意〕仕事を処理すること。
【事実(ジジツ)】①実際にあった事柄。真実のこと。『既成事実』『事実無根』②本当に。実際に。
【事象(ジショウ)】いろいろの物事や現象。『社会的事象』
【事情(ジジョウ)】①物事の実際の様子。②国その状態が起こった理由。事の次第。『家庭の事情』『事情聴取』『事情通』
【事勢(ジセイ)】物事のなりゆき。
【事跡・事蹟(ジセキ)】物事や事件があったあと。
【事前(ジゼン)】物事の起こる前。↔事後
【事相(ジソウ)】事のありさま。物事の様子。
【事態(ジタイ)】物事などの成り行き。
【事端(ジタン)】事件の発端。争いのもと。
【事典(ジテン)】物や事柄を表す語を一定の順序に並べ、それぞれの内容を説明した書物。百科事典など。▼「辞典」「字典」「事典」を区別して、それぞれ「ことば典」「もじ典」「こと典」と呼ぶことがある。
【事物(ジブツ)】①さまざまな事やもの。『事物の起源』②法律で、事件とその目的物。
【事変(ジヘン)】異常な出来事。変事。また、騒乱や国際間の武力行為。『満州事変』
【事由(ジユウ)】事の原因や理由。『事由の如何(いかん)を問わず』
【事理(ジリ)】事の筋道。事の道理。
【事例(ジレイ)】①前例となる事実。②個々の場合についての実例。

❷ しごと。人のおこない。

下接 官事(カンジ)・幹事(カンジ)・監事(カンジ)・幾事(キジ)・機事(キジ)・給事(キュウジ)・刑事(ケイジ)・啓事(ケイジ)・検事(ケンジ)・歳事(サイジ)・茶事(サジ)・参事(サンジ)・執事(シツジ)・戎事(ジュウジ)・主事(シュジ)・賤事(センジ)・奏事(ソウジ)・僧事(ソウジ)・知事(チジ)・通事(ツウジ)・判事(ハンジ)・吏事(リジ)・理事(リジ)・領事(リョウジ)

【事機(ジキ)】物事を行うのによい機会。
【事業(ジギョウ)】①規模の比較的大きい社会的な仕事。『公共事業』『社会事業』②生産・営利の目的で行われる継続的な経済活動。実業。『事業家』
【事績(ジセキ)】ある人の成し遂げた功績。業績。
【事務(ジム)】取り扱う仕事。特に役所、会社、商店などの、主として机上で扱う仕事。『事務員』『事務所』

❸ つかえる。

下接 畏事(イジ)・兄事(ケイジ)・敬事(ケイジ)・師事(シジ)・臣事(シンジ)・服事(フクジ)・父事(フジ)・奉事(ホウジ)

【事大(ジダイ)】〔孟子-梁恵王下「惟智者為ㇾ能以ㇾ小事ㇾ大(ただちしゃのみよくしょうをもってだいにつかうるをなす)」による〕弱小のものが、強大なものに従って言いなりになること。『事大主義』

7 二部 に

甲骨文　金文　篆文　重文

二は指事。一を重ねて二倍する、数の二を表す。本来同じ長さ。二部には、数に関する二・弐のほか、二本の横画を目印にする字を収める。

二◆ 二 ②五 互 井 ④亘 亙 ⑤亜 ⑥亞 ⑦亟
二▀ ①于 亏 亐 亍 ②云
二▄ ④弐 ⑥些

二◆

86

【二】 3883 4673 93F1　二-0　常1
(2199)【弍】 4817 5031 98AF　弋-2

二 呉・ジ 漢 /èr/ ふた・ふたつ・ふう

筆順 一 二

字解 部首解説を参照。

同属字 次(次)・貳

参考 (1)万葉仮名では音を借りて「に」。片仮名「ニ」の字源。(2)金額を記す場合、改竄(カイザン)を防ぐために「弐(貳)」を用いることがある。

意味 ❶数の名。ふたつ。数で、一よりひとつ多いもの。「二者択一」『二進法』『二元』『不二(フジ)』『無二(ムニ)』❷つぎ。二番目。第二の。『二階』『二世』『二流』

❶ ふたつ。

下接 不二(フジ)・無二(ムニ)・一石二鳥(イッセキニチョウ)・遮二無二(シャニムニ)

【二院(ニイン)】国会の上院と下院。日本では、衆議院と参議院。両院。『二院制』
【二雅(ニガ)】「詩経」の、大雅と小雅とを合わせた称。
【二河白道(ニガビャクドウ)】仏語。浄土門で説く比喩の一。水の川と火の川を貪りと怒りにたとえ、その二河にはさまれた、ひとすじの白い道を彼岸に至る往生の信心にたとえたもの。〔観経疏散善義〕
【二気(ニキ)】陰と陽との二つの気。二儀。
【二季(ニキ)】①二つの季節。春と秋、夏と冬など。『二季鳥』②盆と暮れ。『二季払い』
【二儀(ニギ)】①天と地。両儀。②陰と陽との二気。
【二期作(ニキサク)】同一耕地で、一年に二回、同じ作物を栽培し、収穫すること。特にイネについていう。
【二極(ニキョク)】①天体の南極と北極。両極。②陰極と陽極。③中心になる勢力が二つあること。『二極分解』
【二元(ニゲン)】①事物の根本が二つの異なった原理に基づくこと。また、その原理。『物心二元論』②代数方程式で、未知数が二つあること。『二元一次方程式』③物事のもととなる二つのものや場所。『二元中継』
【二言(ニゴン)】一度言ったことを言い直して違うことを言うこと。『武士に二言はない』
【二三(ニサン)】ふたつみっつ。いくらか。少ない数にいう語。【二三子(ニサンシ)】おまえたち。門人たちに対する呼びかけの語。年下の友人にもいう。〔=ああ、わが仲間の君たちよ〕＊韓愈-山石「嗟哉吾党二三子(ああわがトウのニサンシ)」
【二酸化(ニサンカ)】酸素二原子が結合した化合物。『二酸化炭素』『二酸化窒素』
【二次(ニジ)】数学で、式や関数などの次数が二であること。『二次方程式』→❷【二次元(ニジゲン)】その状態が独立した二個の数によって定められる空間の広がり。
【二者択一(ニシャタクイツ)】二つのうち、どちらか一方を選ぶこと。
【二竪(ニジュ)】病魔。病気。〔左伝-成公一〇年〕▼中国の春秋時代、病気をした晋の景公が、病気の精である二童子が良医を恐れ、肓(コウ)と膏(コウ)とに隠れた夢を見たという故事から。「竪」は、子供の意。→膏肓(コウコウ)
【二十(ニジュウ・はたち)】一〇の二倍の数。また、二〇歳。

【二重(ニジュウ|ふたえ)】①二つ重なっていること。『二重人格』『二重奏』『羽二重(はぶたえ)』②(ニジュウ)二度重なること。重複。『二重遭難』『二重否定』

【二十五弦(ニジュウゴゲン)】中国・朝鮮の雅楽に用いる弦楽器。大型の箏で二五弦を有し、可動の柱(ジ)で調弦する。

【二十五菩薩(ニジュウゴボサツ)】阿弥陀仏を念じて極楽往生を願う者を守護し、その臨終の時には迎えに来るという二五人の菩薩。

【二十四孝(ニジュウシコウ)】中国で古来有名な孝子二四人の総称。元の郭居敬がその伝を教訓書に著したのによる。

【二十四史(ニジュウシシ)】中国、清(シン)の乾隆年間(一七三六～九五)に選定した、中国歴代の正史を総括した称。史記・漢書・後漢書・三国志・晋書・宋書・南斉書・梁書・陳書・後魏書・北斉書・周書・隋書・南史・北史・唐書・五代史・宋史・遼史・金史・元史、以上を二十一史と呼び、さらに、明史・旧唐書・旧五代史を加えて二十四史と呼ぶ。

【二十四節気(ニジュウシセッキ)】陰暦で、太陽の黄道上の位置によって定めた季節区分。立春、啓蟄(ケイチツ)、春分、夏至(ゲシ)、立秋、秋分、冬至(トウジ)、大寒など。二十四気。

【二十八宿(ニジュウハッシュク)】月・太陽・春分点・冬至点などの位置を示すために黄道付近の星座を二八個定め、これを宿と呼んだもの。二八という数は月の恒星月二七・三日からといわれ、中国では蒼竜＝東、玄武＝北、白虎＝西、朱雀＝南の四宮に分け、それをさらに七分した。

【二乗(ニジョウ)】数や式などをそれぞれ自身にかけ合わせること。また、かけ合わせた結果。

【二心(ニシン|ジシン|ふたごころ)】表裏のある心を持つこと。特に、裏切ろうとする心。弐心。

【二進法(ニシンホウ)】記数法の一。0・1の二つの数字を用い、二ずつをまとめて位を上げていく表し方。整数2・3・4・5は、それぞれ10, 11, 100, 101と表される。

【二世(ニセ)】仏教で、現世と来世。この世とあの世。→❷(ニセイ)

【二姓(ニセイ)】①二人の主君。二君。②二人の夫。二夫。

【二聖(ニセイ)】①中国での二人の聖人。文王と武王。周公と孔子。また、禹と孔子。②国二人の歌聖。柿本人麻呂と山部赤人。また、二人の書聖。嵯峨天皇と空海。

【二千石(ニセンセキ|ニセンゴク)】地方長官。知事。▼中国、漢代の郡の太守の禄が二千石であったところから。

【二千里外(ニセンリガイ)】はるかかなたのこと。＊白居易-八月十五日夜、禁中独直、対レ月憶二元九一「二千里外故人之心(コジンのこころ)」〔＝はるか二千里のかなたにいる旧友のことを思わずにはいられない〕

【二尊(ニソン)】①父と母。両親。②仏語。浄土教で、阿弥陀仏と釈迦仏とをいう。③国伊奘諾尊(いざなぎのみこと)と伊奘冉尊(いざなみのみこと)の二神。

【二諦(ニタイ)】仏語。俗諦(ゾクタイ)と真諦(シンタイ)。一般に、世間的な世俗の真理を俗諦、出世間的な真理を真諦という。

【二天(ニテン)】①二つの天体。②(天恩の他にさらにもう一つの天の意で)恩人を天に並べていう語。③仏語。日天子と月天子。または、四天王のうち持国・多聞の二つ。

【二典(ニテン)】①内典と外典(ゲテン)の併称。②「書経」の尭典(ギョウテン)と舜典(シュンテン)の併称。

【二桃殺二三士一(ニトウサンシをころす)】〔晏子春秋-諫下〕奇計によって有為の人を自滅させるたとえ。▼三人の勇士に二つの桃を与えて功を競わせ、遂には三人とも自滅してしまったという故事による。

【二刀流(ニトウリュウ)】両手に刀を持って戦う剣法。

【逐二二兎一者不レ獲二一兎一(ニトをおうものはイットをもえず)】同時に二つの物事をしようとすると、二つのうちのいずれもが成功しないというたとえ。

【二念(ニネン)】ふたごころ。余念。

【二八(ニハチ)】①中国、舜に仕えたとされる一六人の賢人の八元・八愷(ハチガイ)の総称。ひいて多くの賢良。②(二と八の積から)一六。また一六歳をいう。

【二百十日(ニヒャクとおか)】立春から数えて二一〇日目に当たる日。九月一日ごろ。台風の襲来が多い時期。

【二分(ニブン)】二つに分けること。

【二柄(ニヘイ)】君主が握っていなければならない賞と罰の二つの権限。恩賞権と刑罰権。〔韓非子-二柄〕

【二毛(ニモウ)】黒い毛髪と白髪。白髪まじりの頭髪。転じて、老人。

【二毛作(ニモウサク)】同じ耕地に異なった作物を一年に二度栽培すること。稲作のあとに麦を作るなど。▼同じ作物の場合は「二期作」という。

【二酉(ニユウ)】書籍を多く蔵する所。▼昔、中国で、始皇帝の焚書坑儒をのがれた人が、湖南省沅陵県の西北にある大酉・小酉の二山の石窟に隠れて書物を蔵したとされるところから。

【二律背反(ニリツハイハン)】相等しい妥当性を持つ前提に立った二つの原理や推論が互いに矛盾し合って両立しないこと。アンチノミー。

【二六時中(ニロクジチュウ)】一昼夜。一日中。転じて、いつも。年中。四六時中。▼昔は一日を昼六時、夜六時に分けたのでいう。

【二七日(ふたなぬか|ふたなのか)】人の死後一四日目。また、その日に行う仏事。

❷つぎ。二番目。第二の。

【二月花(ジゲツのはな)】陰暦二月、春の盛りに咲く花。桃などの花をさす。＊杜牧-山行「霜葉紅二於二月花一(ソウヨウはジゲツのはなよりもくれないなり)」〔＝楓の霜にうたれ色づいたその葉は、春の桃の花よりも美しい〕▼この詩に限り、古来「二月」を「ジゲツ」と読む習慣がある。

【二黒(ジコク)】九星の一。南西を本位とし、五行では土に、八卦(ハッカ)では坤(コン)に属する。

【二女(ジジョ)】次女(ジジョ)。

【二男(ジナン)】次男(ジナン)。

【二郎(ジロウ)】①第二番目の男子。次男。次男に付ける名にも用いる。次郎。②同類のうち、二番目のもの。『筑紫二郎(つくしじろう)〔＝筑後(ちくご)川〕』

【二更(ニコウ)】昔の時刻の単位で、五更の一。一夜を五等分した第二の時刻。現在の午後九時から一一時ごろ。また、午後一〇時から午前零時ごろまでともいう。

【二号(ニゴウ)】①第二番目であること。『二号車』『二号館』②国めかけ。本妻を一号と見立てていう。

【二次(ニジ)】①第二回。二番目。『二次試験』②根本的なものに対して付随的な関係にあること。副次。→❶

【二四不同二六対(ニシフドウニロクツイ)】漢詩の近体詩で、一句中の第四字は、必ず第二字と平仄(ヒョウソク)を逆にしなければならず、七言詩ではさらに、第六字は第四字の逆、すなわち第二字と同じにしなくてはならないこと。二四不同。

【二伸(ニシン)】追伸(ツイシン)。

【二審(ニシン)】第一審に対する上級の裁判所の審理裁判。また、その裁判所。控訴審。第二審。

【二世(ニセイ)】国①同じ名を持ち、二番目に位についた国王、皇帝、教皇などの称。『ジョージ二世』②二代目。また、俗に父親にとっての男の子。ジュニア。『二世中村歌右衛門』『二世誕生』③親の移民先で生まれ、その国の市民権を持つ者。『日系二世』→❶(ニセ)

【二人称(ニニンショウ)】話し手(書き手)に対して、聞き手(読

み手)を指し示す人称。対称。↕一人称・三人称

【二流(ニリュウ)】 国最上のものより劣ること。一流よりは劣るが、三流よりはましな程度。「二流品」

難読地名 二戸(にのへ)市・郡(岩手)

87 【五】 2462 385E 8CDC 二-2 常1 ゴ 呉漢 / wǔ / いつ・いつつ・い

筆順 五 五 五 五

字解 指事。二(天地)+×(交差)。天地間で交互に作用する五つのものの意であるという。数詞、いつつの意。

甲骨文 金文 篆文

同属字 吾・伍

参考 金額を示す場合、改竄(カイザン)を防ぐために「伍」を用いることが多い。

意味 ❶数の名。いつつ。四の次の数。「五里霧中」「五感」「五体」 ❷五番目。第五の。「五黄」「五月雨(さみだれ)」 ❸固有名詞、あて字など。「五丈原」「五倍子」

❶ 数の名。いつつ。

下接 三五(サンゴ)・七五三(シチゴサン)・七五調(シチゴチョウ)・三三五五(サンサンゴゴ)・四捨五入(シシャゴニュウ)・四分五裂(シブンゴレツ)

【五悪(ゴアク)】 五つの悪事。㋑陰険・よこしま・偽弁・怪異をよく記憶する・外面を飾る。〔荀子-宥坐〕㋺身体に害のある熱・寒・風・湿・燥。〔素問-宣明五気論〕㋩仏語。五戒を破る、殺生(セッショウ)・偸盗(チュウトウ)・邪淫(ジャイン)・妄語・飲酒(オンジュ)。〔無量寿経-下〕

【五音・五韻(ゴイン)】 ①中国音楽で、宮・商・角・徴(チ)・羽の五つの音階。②五十音図の各行の五つの仮名を表す音。また五十音図のこと。

【五運(ゴウン)】 五行の運行。中国では、歴代の王朝は五行いずれかの徳をうけて帝位にあるものとされた。

【五雲(ゴウン)】 ①青・黄・赤・白・黒の五色の雲。天人の遊ぶところとされ、宮中など、尊貴のけはいのある所をいう。＊白居易-長恨歌「楼閣玲瓏五雲起(ロウカクレイロウとしてゴウンおこる)」〔=御殿は玉のように光り輝き、五色の雲がわきおこる〕」②(中国、唐の韋陟の署名が、五朶の雲のようだったことから)他人を敬って、その手紙をいう語。

【五蘊(ゴウン)】 仏教で、色(物質)、受(印象・感覚)、想(知覚・表象)、行(意志などの心作用)、識(心)の五要素。人間とその環境を形成するあらゆる要素をいう。五陰。

【五戒(ゴカイ)】 仏教で、在家の人の守るべき五種の戒。不殺生(セッショウ)、不偸盗(チュウトウ)、不邪淫(ジャイン)、不妄語、不飲酒(オンジュ)の戒。

【五街道・五海道(ゴカイドウ)】 国江戸時代、幕府の道中奉行の管轄下にあって、江戸を起点とする主要な五つの街道。東海道・中山道・甲州街道・日光街道・奥州街道。

【五岳・五嶽(ゴガク)】 ①中国で古来、国の鎮めとして崇拝された五つの霊山。泰山・華山・衡山・恒山・嵩山(スウザン)。②国中世の禅宗官寺制度で、最高の寺格。五山。

【五花馬(ゴカのうま)】 美しい毛なみの馬。＊李白-将進酒「五花馬、千金裘、呼児将出換美酒(ゴカのうま、センキンのかわごろも、ジをよびもちいだしてビシュにかえしむ)〔=毛なみの美しい馬、高価な皮ごろもも、小僧を呼び、持ち出して美酒にかえさせる〕」

【五官(ゴカン)】 視覚・聴覚・嗅覚(キュウカク)・味覚・触覚の、五つの感覚を感じる器官。目・耳・鼻・舌・皮膚。

【五感(ゴカン)】 視覚・聴覚・嗅覚(キュウカク)・味覚・触覚の、五つの感覚。

【五紀(ゴキ)】 ①(「紀」は基となる法の意)年や時間を秩序づける五つのもの。歳・月・日・星辰・暦数。②(一二年を一紀というところから)六〇年のこと。

【五逆罪(ゴギャクザイ)】 仏教で、五種の最も重い罪悪。母・父・阿羅漢(アラカン)のそれぞれを殺すこと、僧の和合を破ること、仏身を傷つけることの五つ。

【五教(ゴキョウ)】 ①儒教で、人が守るべき五つの教え。「孟子-滕文公上」では、親・義・別・序・信。②仏語。釈迦が説いた一代の教説を、内容の深浅などによって、五つに分類したもの。

【五経(ゴキョウ)】 儒学で尊重する五部の経書(ケイショ)。易経・書経・詩経・礼記(ライキ)・春秋の五つ。「四書五経」

【五境(ゴキョウ)】 仏語。五官(眼・耳・鼻・舌・身)およびその機能の五種の対象(色・声・香・味・触)をいう。五塵。

【五行(ゴギョウ)】 古代中国の思想で、万物を生じ、万象を変化させるという木・火・土・金(ゴン)・水の五つの元素。→❸

【五行説(ゴギョウセツ)】 中国で万象の生成変化を説明するための理論。宇宙間には木・火・土・金・水によって象徴される五気がはびこり、万物は五気のいずれかの働きによって生じ、また、万象の変化は五気の勢力の交替循環によって起こるとする。中国、戦国時代中期の騶衍(スウエン)が、歴代王朝の交替を相勝の理で解いたことに始まる。

【五金(ゴキン)】 五種の代表的な金属。金・銀・銅・鉄・錫。

【五苦(ゴク)】 仏語。①人における五つの苦しみ。生・老・病・死の四苦に愛別離苦、または、犯罪人束縛送獄の苦を加えたもの。また、別に四苦を一つに数えて、愛別離苦・怨憎会苦・求不得苦・五陰盛苦の四つを加えたもの。②地獄・餓鬼・畜生・人間・天上の五つの世界で受ける苦。

五常	五臓	五味	五色	五方	五時	五行
仁	脾(ヒ)	酸	青	東	春	木
礼	肺	苦	赤	南	夏	火
信	心	甘	黄	中央	土用	土
義	肝	辛	白	西	秋	金
智	腎(ジン)	鹹(カン)	黒	北	冬	水

五行とその配当例

【五刑(ゴケイ)】 罪人に対する五つの刑罰。古代中国では墨(=いれずみ)、劓(ギ)(=はなきり)、刖(ゲツ)(=あしきり)、宮(=男子の去勢、女子の陰部の縫合)、大辟(タイヘキ)(=くびきり)をさす。隋・唐の時代には、笞(チ)(=むちで打つこと)、杖(ジョウ)(=つえで打つこと)、徒(ズ)(=懲役)、流(ル)(=遠方へ追放すること)、死(=死刑)の五つをいう。五罪。

【五弦・五絃(ゴゲン)】 ①弦楽器の、五本の弦。②「五弦琵琶(ビワ)」の略。唐から渡来した五弦の琵琶。

【五胡(ゴコ)】 中国、後漢以来、中国の北・西部に居住した異民族。匈奴(キョウド)・羯(ケツ)・鮮卑(センピ)・氐(テイ)・羌(キョウ)の五族をいう。

【五胡十六国(ゴコジュウロッコク)】 中国、晋末から南北朝時代が始まるまで、華北に興亡した五胡と漢人の建てた王朝およびその時代の総称。十六国は、匈奴の建てた漢(前趙)・北涼・夏、羯(ケツ)の後趙、鮮卑の西秦・前燕・後燕・南燕・南涼、氐(テイ)の前秦・後涼・成(漢)、羌(キョウ)の後秦、漢人の北燕・前涼・西涼をいう。

【五鈷・五股・五牯(ゴコ)】 密教で、煩悩をくだき、仏性の顕現に資するため、修法の際に用いる法具。⬇〔鈷〕の図一二四二頁

【五劫(ゴコウ)】 (劫(コウ)の五倍の意。計り知れないほどのきわめて長い時間をいう)仏語。阿弥陀仏が法蔵菩薩のとき、自らの誓いについて思惟した、時間のこと。

【五更(ゴコウ)】 一夜を五分した昔の時刻の名称。初更(甲夜)・二更(乙夜(イツヤ))・三更(丙夜)・四更(丁夜)・五更(戊夜

ボヤ)の五つ。五夜。現在の午後七時ないし八時から、順次二時間ずつに区切った時刻に相当する。↓❷

【五公五民(ゴコウゴミン)】国収穫の五割を年貢に、五割を農民にとする江戸時代の租税徴収率。

【五穀(ゴコク)】五種類の主要な穀物。日本では、米・麦・キビ・アワ・豆。転じて、穀類の総称。『五穀豊穣(ホウジョウ)』

【五五百年(ゴゴヒャクネン)】仏語。釈迦入滅後の仏教の盛衰の状態を、一時期を五百年として五つに分けたもの。

【五根(ゴコン)】(梵 pañcêndriyāṇi の訳語)仏語。①外界の対象を捕らえる五種の感覚器官。また、その器官のはたらき。眼根・耳根・鼻根・舌根・身根の五つの称。五官。②煩悩(ボンノウ)を伏し、悟りに向かわせるすぐれたはたらきを有するものを五種に整理したもの。信根、勤または精進根、念根、定根(ジョウコン)、慧根(エコン)の五つの称。

【五言(ゴゴン)】一句が五字からできている漢詩の句。また、その詩体。【五言古詩(ゴゴンコシ)】漢詩体の一。一句が五言からなる古体詩。韻は押すが平仄や句数には制限がない。【五言絶句(ゴゴンゼック)】漢詩体の一。一句五言で、四句からなる近体詩。中国、初唐に形式が定まり、以後盛んに行われた詩形。【五言律詩(ゴゴンリッシ)】漢詩体の一。一句五言で、八句からなる近体詩。

【五彩・五采(ゴサイ)】＝五色(ゴシキ)

【五山(ゴザン)】国臨済宗の五つの主な寺。京都五山(天竜・相国(ショウコク)・建仁(ケンニン)・東福・万寿の五寺)と鎌倉五山(建長・円覚(エンガク)・寿福・浄智(ジョウチ)・浄妙の五寺)とがある。【五山文学(ゴザンブンガク)】国南北朝時代から室町時代にかけて、鎌倉五山、京都五山を中心とした禅僧たちによって盛んに行われた文学。

【五時(ゴジ)】①暦の上で、季節の五つのかわりめ。立春・立夏・大暑・立秋・立冬。②仏語。「五時教」の略。釈迦一代の教説を五つに分類した称。天台宗では、華厳(ケゴン)・阿含(アゴン)・方等(ホウドウ)・般若(ハンニャ)・法華涅槃(ホッケネハン)の五つ。

【五色(ゴシキ)】青・黄・赤・白・黒などの五種の色。また、多くの色。五彩。

【五識(ゴシキ)】仏語。眼根・耳根・鼻根・舌根・身根の五根をより所として、色境・声境・香境・味境・触境の五境を認知する五つの心。

【五七調(ゴシチチョウ)】国和歌や詩の音数律の一。五音節の句に、七音節の句を続けたものを単位として反復するもの。

【五七日(ゴシチニチ)】仏教で、人の死亡した日から数えて、三五日目。仏事供養を行う。

【五十歩百歩(ゴジッポヒャッポ)】わずかな違いはあるが、大差のないこと。似たりよったりであること。＊孟子‐梁恵王上「或百歩而後止、或五十歩而後止。以五十歩笑百歩、則何如(あるいはヒャッポにしてのちとどまる。あるいはゴジッポにしてのちとどまる。ゴジッポをもってヒャッポをわらわば、すなわちいかん)」(＝ある者は百歩逃げてとどまり、ある者は五十歩逃げてとどまった。五十歩でとどまった人が、百歩逃げた人を笑ったとしたら、どうだろう)」

【五車(ゴシャ)】①五台の車に積むほどの多くの書籍。〔荘子‐天下〕②星の名。天庫・獄・天倉・司空・卿星の総称。

【五爵(ゴシャク)】五段階の爵位。公爵・侯爵・伯爵・子爵・男爵の五等級に分けた爵位。

【五臭(ゴシュウ)】①五種のにおい。すなわち、羶(セン)・腥(セイ)・香・焦・朽をいう。②においのある五種の草木。すなわち、薜茘(ヘイレイ)・白芷(ビャクシ)・蘼蕪(ビブ)・椒・蓮をいう。

【五重塔(ゴジュウのトウ)】五層に屋根を積み重ねた形の塔。各層を地、水、火、風、空の五大にかたどったもの。

【五銖銭(ゴシュセン)】(重さが約五銖(ゴシュ)(三・三五グラム)なのでいう)中国の古銭の一。漢の武帝が鋳造し、魏・晋・南北朝・隋時代まで流通したもの。⬇〔貨幣〕の図一一四四頁

【五障(ゴショウ)】仏語。女性が梵天・帝釈(タイシャク)・魔王・転輪聖王・仏身の五つのものになれないとする障害。

【五常(ゴジョウ)】儒教で、人が常に行うべき五種の正しい道。仁・義・礼・智(知)・信。

【五情(ゴジョウ)】①仏語。五根のこと。②五つの感情。喜・怒・哀・楽・怨。また、喜・怒・哀・楽・欲。

【五濁(ゴジョク)】仏語。世の中の五つの汚濁。劫濁(コウジョク)(＝天災、地変の起こること)、見濁(＝衆生が悪い見解を起こすこと)、命濁(＝衆生が短命になること)、煩悩濁(ボンノウジョク)(＝衆生の煩悩が盛んなこと)、衆生濁(シュジョウジョク)(＝衆生の果報が衰えること)の五種。『五濁悪世』

【五辛(ゴシン)】仏語。辛味や臭みのある五種の野菜。忍辱(ニンニク)・葱(ねぎ)・韮(にら)・浅葱(あさつき)・辣韮(ラッキョウ)など。

【五衰(ゴスイ)】天人が死ぬ際に示すという五種の衰弱の相。

【五瑞(ゴズイ)】①釈迦誕生の七日後に現れたという五つの瑞相。②仏が法華経を説くときに現れたという五つの瑞相。③中国で、公・侯・伯・子・男の五等の諸侯が持った瑞玉。天子から封土とともに賜ったもの。

【五声(ゴセイ)】雅楽などで、音階を構成する宮・商・角・徴・羽の五つの音。五音(ゴイン)。

【五星(ゴセイ)】中国で古代から知られている五つの惑星。歳星(＝木星)・熒惑(ケイワク)(＝火星)・鎮星(＝土星)・太白(タイハク)(＝金星)・辰星(シンセイ)(＝水星)の総称。五緯。

【五牲(ゴセイ)】いけにえにする五種の鳥獣。麋(おおしか)・鹿・麕(くじか)・狼・兎の五種。また、牛・豕(いのこ)・羊・犬・鶏の五種をいう。

【五聖(ゴセイ)】中国古代の五人の聖人。㋑尭・舜・禹・湯・文王の称。㋺包犠・神農・黄帝・尭・舜の称。㋩神農・尭・舜・禹・湯の称。

【五絶(ゴゼツ)】①「五言絶句(ゴゴンゼック)」の略。②五つの死ぬ原因。縊・溺・圧・凍・驚の五つ。③五つのすぐれた特色。また、五つの事柄について他に超越してすぐれている人。

【五節句・五節供(ゴセック)】一年間の主要な五つの節句。人日(ジンジツ)(正月七日)・上巳(ジョウシ)(三月三日)・端午(タンゴ)(五月五日)・七夕(シチセキ)(七月七日)・重陽(チョウヨウ)(九月九日)。

【五線(ゴセン)】音の高さを示す基本となる、楽譜の五本の水平な平行線。『五線譜』

【五臓(ゴゾウ)】漢方で、心臓・肝臓・肺臓・腎臓(ジンゾウ)・脾臓(ヒゾウ)をいう。『五臓六腑(ゴゾウロップ)(＝漢方で、五臓と大腸・小腸・胃・胆・膀胱(ボウコウ)・三焦の六腑。臓腑)』

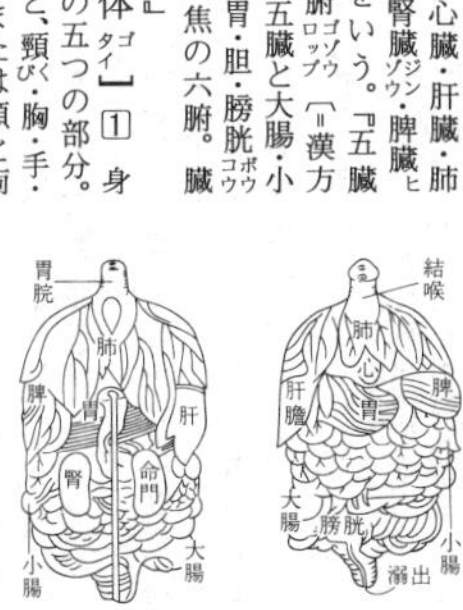

五臓六腑〔三才図会〕

【五体(ゴタイ)】①身体の五つの部分。頭と、頸(くび)・胸・手・足、または頭と両手・両足。転じて、全身。②書道で、篆(テン)・隷(レイ)・真(シン)(楷(カイ))・行(ギョウ)・草(ソウ)の五つの書体。【五体投地(ゴタイトウチ)】仏語。礼法の一。仏教徒が行う敬礼法で、初めに両膝、つぎに両肘を地につけて、合掌して頭を地につける最敬礼。

【五大(ゴダイ)】仏教で、地・水・火・風・空のこと。万物をつくり出す元素とされる。五輪。

【五代(ゴダイ)】①五つの時代。五季。②古代中国の五つの王朝、唐・虞・夏・殷・周をいう。③中国の唐と宋との間に、中原(華北)に興亡した後梁(コウリョウ)・後唐・後晋・後漢・後周の五王朝をいう。

【五大州・五大洲(ゴダイシュウ)】アジア、ヨーロッパ、アフリ

カ、アメリカ、オーストラリア各大陸の総称。

【五大夫(ゴタイフ)】植物「マツ(松)」の異名。〔史記‐秦始皇本紀〕♥秦の始皇帝が泰山に登り、雨に降られたとき雨宿りした樹に五大夫の爵位を授けたという故事から。

【五畜(ゴチク)】五種の家畜。鶏・羊・牛・馬・豚のこと。

【五帝(ゴテイ)】中国古代の聖君五人。「史記‐五帝本紀」では黄帝・顓頊・帝嚳・帝尭・帝舜、「古文尚書‐序」では少昊・顓頊・帝嚳・唐尭・虞舜。また、伏羲・神農・黄帝・尭・舜をいうこともある。

【五鼎(ゴテイ)】(「鼎」は、昔食物を煮るのに使用した三本足の金属製の器)①五つの鼎。②古代中国で、大夫の祭礼に五種の肉味を各一つずつ、計五つの鼎に盛って神前に供えたこと。

【五典(ゴテン)】①儒教で、人としての五つの道。父の義、母の慈、兄の友、弟の恭、子の孝。また、父子の親、君臣の義、夫婦の別、長幼の序、朋友の信をいう。②中国古代の聖王、少昊・顓頊・高辛・唐尭・虞舜の五帝の書。

【五蠹(ゴト)】(「蠹」は、きくいむしの意)国を害する五種類の虫。学者・遊説家・侠客・君主の側近・商工業者。〔韓非子‐五蠹〕

【五徳(ゴトク)】①儒教でいう、温・良・恭・倹・譲の五つの徳目。②[国]火鉢や炉の中に立てて、湯をわかす物を載せる道具。

【五斗米(ゴトベイ)】①五斗の米。今の約五升の米。②(年に五斗の扶持米の意から)わずかばかりの米。少しの俸禄。【不下為二五斗米一折上腰(ゴトベイのためにこしをおらず)】わずかの俸禄を得るために、人に屈服して憐れみを請わない。〔晋書‐隠逸伝・陶潜〕【五斗米道(ゴトベイドウ)】中国、後漢末、張陵が蜀(四川省)で創始した宗教。病気の原因は当人の罪過にあるとして罪のあがないを説き、祈禱による治療の謝礼に、米五斗(日本の五升)を出させた。

【五覇(ゴハ)】(五人の覇者。「覇」は、旗がしらの意)①中国上代の五人の覇者。夏の昆吾、商の大彭・豕韋、斉の桓公、晋の文公。②中国、春秋時代の五人の覇者。斉の桓公、晋の文公、秦の穆公、宋の襄公、楚の荘王(あるいは呉の夫差)。また、斉の桓公、晋の文公、楚の荘王、呉の闔閭、越の勾践(あるいは秦の穆公)。諸説ある。

【五馬(ゴバ)】五頭の馬。また、太守(国守)の異称。中国、漢代に、太守の車には四頭の馬、すなわち駟馬のほかに驂を一頭加えて五頭としたところからいう。

【五百塵点劫(ゴヒャクジンデンゴウ)】仏語。はかり知れない長い時間の意で、釈迦が仏となってすでに久遠の年月を経たことを示すことば。

【五百羅漢(ゴヒャクラカン)】仏滅ののち、仏典の結集に参加した釈迦の弟子五〇〇人。

【五品(ゴヒン)】家庭内の五つの秩序。父・母・兄・弟・子。

【五分(ゴブ)】①一寸の半分の長さ。②一割の半分。『年利五分』③互いに優劣や可否のないこと。五分五分。

【五風十雨(ゴフウジュウウ)】五日に一度の風、一〇日に一度の雨の意で、天候が順当なこと。転じて、世の中が太平なこと。五日一風十日一雨(ゴジツイップウジュウジツイチウ)。〔論衡‐是応〕

【五服(ゴフク)】①中国古代、京畿を中心として、その四方周囲、五〇〇里をへだてるごとに定められた五つの地域。②中国でいう五等の喪服。斬衰・斉衰・大功・小功・緦麻。③中国古代に用いられた、五等の制服。天子・諸侯・卿・大夫・士あるいは王・公・卿・大夫・士の服装。④五刑の罪を犯した者が、おのおのその罰に服すること。

【五福(ゴフク)】人生の五つの幸福。すなわち、寿命の長いこと、財力の豊かなこと、無病なこと、徳を好むこと、天命をもって終わること。

【五方(ゴホウ)】①五つの方角。中央と東・西・南・北。②中国および四囲の異民族。③[国]和算で、五角形のこと。

【五畝之宅(ゴホのタク)】中国、周代の井田法で、一人の男子に与えられる宅地。〔孟子‐梁恵王上〕

【五味(ゴミ)】酸・苦・甘・辛・鹹(しおからい)の五種の味。

【五明(ゴミョウ)】(「明」は学んで明らかにする意)古代インドで用いられた学問の分類法。仏教ではこれを内・外に分け、「内の五明」を仏教徒として学ぶ因明(=論理学)・声明(=言語学・文学)・内明(=宗教・哲学)・医方明(=医学)・工巧明(=工芸・技術・暦数など)の五つとし、「外の五明」を普通、声明・医方明・工巧明・呪術明・符印明とする。

【五夜(ゴヤ)】一夜を、甲・乙・丙・丁・戊の五つの時間帯に分けたものの総称。五更。→❷

【五友(ゴユウ)】竹・梅・蘭・菊・蓮の称。多く文人画の画題として用いられる。

【五欲(ゴヨク)】仏語。①色・声・香・味・触の五境に対して起こす情欲。②財欲・色欲・飲食欲・名欲・睡眠欲の五つの欲望。

【五里霧中(ゴリムチュウ)】深い霧の中で方角を失うこと。転じて、物事の事情が全くわからず、途方にくれること。〔後漢書‐張楷伝〕♥「五里霧の中」の意からで、本来は「五里‐霧中」とは区切れない。

【五柳(ゴリュウ)】中国、晋末の陶淵明の家のそばにあって、彼が愛した五本の柳。それによって自ら五柳先生と号した。転じて、陶淵明をさす。

【五倫(ゴリン)】儒教で、基本となる五つの対人関係。父子の親、君臣の義、夫婦の別、長幼の序、朋友の信。五常。

【五輪(ゴリン)】①＝五大。②オリンピック旗に描かれた、五大州を表す五つの輪。転じて、近代オリンピックを言う。【五輪塔(ゴリントウ)】空(珠)・風(半月)・火(三角)・水(円)・地(四角)の五輪をかたどった塔。五輪卒都婆。

【五礼(ゴレイ)】五種の重要な事柄に関する礼式。吉(祭祀)・嘉(冠婚)・賓(賓客)・軍(軍旅)・凶(喪葬)の五事に関する礼式。

【五霊(ゴレイ)】霊妙な存在とされる、五種の動物。麒麟・鳳凰・亀・竜・白虎の五つ。

【五嶺(ゴレイ)】中国江西省と広東省との境にある山脈中の大庾・始安・臨賀・桂陽・掲陽の五つの峰。

❷ 五番目。第五の。

【五黄(ゴオウ)】九星の一。土に属し、方位は中央。

【五月(ゴガツ・さつき)】㊀(ゴガツ)一年の第五番目に当たる月。㊁(さつき)①陰暦五月の称。②ツツジ科の常緑低木。五～七月、白・紅・紫紅色などの花を開く。【五月雨(さみだれ・さつきあめ)】陰暦五月ごろに降り続く長雨。つゆ。

【五更(ゴコウ)】昔の時刻で、一夜を五つの時間帯に分けたその五番目。戊夜。五夜。→❶

【五四運動(ゴシウンドウ)】一九一九年五月四日、日本の中国進出などに反対する北京の学生たちのデモを契機として起こった中国の民族運動。

【五夜(ゴヤ)】戊夜のこと。午前三時ごろから午前五時ごろまで。五更。→❶

❸ 固有名詞、あて字など。

【五器(ゴキ)】ふた付きの食器。特に、わん。御器。♥「ゴウキ(合器)」のあて字。

【五行(ゴギョウ)】ハハコグサの異名。♥春の七草としての名。→❶

【五経正義(ゴキョウセイギ)】中国の五経の注疏。孔穎達等奉勅撰。六三八～六五三年成立。

【五丈原（ゴジョウゲン）】中国陝西省西安市の西、岐山県の西南にある三国時代の古戦場。諸葛孔明が魏の司馬懿（イ）と対戦し、病没した地。

【五台山（ゴダイサン）】中国山西省北東部の五台県にある霊山。

【五代史（ゴダイシ）】①中国の正史。一五〇巻。宋の太宗の時、薛居正（セツキョセイ）等奉勅撰。開宝七年（九七四）成立。二十四史の一。後梁、後唐、後晋、後漢、後周の五代の歴史を記したもの。②中国の正史。七五巻。宋の欧陽脩撰。二十四史の一。後梁の太宗から後周の恭帝までの歴史を記したもの。新五代史。五代史記。

【五倍子（ゴバイシ）（ふし）】ヌルデの葉茎にヌルデノミミフシという虫が寄生して生じる虫こぶ。染料に用いる。

【五陵（ゴリョウ）】中国の長安の北郊にあった地名。漢の高祖以下五人の天子の陵があった。

【五加・五加木（うこぎ）】ウコギ科の落葉低木。若葉は食用、根の皮は滋養強壮剤。

難読地名　五十崎（いかざき）町（愛媛）　五十鈴（いすず）川（三重・宮崎）　五十川（いらがわ）（山形）　五個荘（ごかしょう）町（滋賀）　五ケ瀬（ごかせ）町（宮崎）　五所川原（ごしょがわら）市（青森）　五戸（ごのへ）町（青森）　難読姓氏　五百木（いおき）（―いおぎ）　五十川（いかがわ）（―いそかわ）　五十畑（いかはた）（―いそはた）　五十嵐（いがらし）　五十公野（いぎみの）　五十殿（おおか）（―おみか）（―おむか）　五月女（さつきめ）（―さおとめ）

88 【互】 2463 385F 8CDD　二－2　常　ゴ呉・コ漢／hù／たがい・かたみ

筆順　互 互 互 互

字解　象形。なわ（または、いと）を両側からまく道具の形に象る。笠の原字。転じて、たがいの意。

篆文

同属字　冱・沍

意味　たがいに。かわるがわる。『交互（コウゴ）』『相互（ソウゴ）』

【互角（ゴカク）】たがいに優劣の差がないさま。五分五分。伯仲。『互角の戦い』♥ウシの角が左右で違いがないところからいい、古くは「牛角」と書いた。

【互換（ゴカン）】たがいに交換すること。また、取り替えが可能なこと。『互換性』

【互恵（ゴケイ）】特別の便宜や利益などを授受すること。普通、国家間でいう。『互恵条約』

【互市（ゴシ）】たがいに売買交易すること。貿易。

【互助（ゴジョ）】たがいに助け合うこと。相互扶助。

【互譲（ゴジョウ）】たがいに譲り合うこと。『互譲の精神』

【互生（ゴセイ）】葉が茎の各節に互い違いに生じること。↔対生・輪生

【互選（ゴセン）】集団の中でたがいに選挙して選び出すこと。

【互文（ゴブン）】漢文の表現法の一。二つの文または句で、互いに補い合って意味を完全にするもの。たとえば、「天地長久（テンチチョウキュウなり）」を「天長地久（テンはながくチはひさし）」と表現する類。〔老子-七〕

89 【井】 1670 3066 88E4　二－2　常　ショウ（シャウ）呉・セイ漢／jǐng／い

筆順　井 井 井 井

字解　象形。いど枠の形に象り、いどの意。篆文の・は水をくむ器

甲骨文　金文　篆文

同属字　阱・畊・耕・穽・荆・

参考　万葉仮名では、訓を借りて「ゐ」。片仮名の「ヰ」の字源。

意味　❶い。いど。『井泉』『井田』❷井げたの形。また、井げたのようにきちんとしているさま。『井井』『井目』『天井（テンジョウ）』❸人が集まっている場所。『市井（シセイ）』❹易の六十四卦の一。☵☴。上卦は坎（カン）（＝水）、下卦は巽（ソン）（＝風）。水風井とも。つるべで水をくみあげるさま。❺二十八宿の一。ふたご座のミュー星付近で井の字形になった部分にあたる。井宿（セイシュク）。❻固有名詞。

❶い。いど。

下接　塩井（エンセイ）・甘井（カンセイ）・坎井（カンセイ）・鑿井（サクセイ）・油井（ユセイ）

【井蛙（セイア）】井の中のカエル。『井蛙の見（ケン）（＝狭い見識）』

【井幹（セイカン）】井戸の上に方形に組んだかこい。いげた。

【井臼（セイキュウ）】井戸水をくみ米をつくこと。転じて、家事を行うこと。

【井梧（セイゴ）】井戸のそばに生えているアオギリ。

【井泉（セイセン）】井戸。また、井戸水。

【井底蛙（セイテイのア）】井戸の底のカエル。見聞の狭いたとえ。井蛙（セイア）。〔後漢書-馬援伝〕

【井田（セイデン）】①井戸を掘って水を飲み、田を耕して食物を得ること。生活を営むこと。②中国古代に施行されたといわれる田制。丁年に達した有妻の男子に平等に耕地を使用させる制度。

【井中蛙不レ知二大海一（いのなかのかわずタイカイをしらず）】他に広い世界があることを知らないで、得意気にふるまうこと。見識の狭いことのたとえ。井蛙（セイア）。

❷井げたの形。

【井井（セイセイ）】①秩序正しく整っているさま。②静かで変わらないさま。

【井然（セイゼン）】きちんと整っているさま。整然（セイゼン）。

【井目（セイモク）】囲碁で、碁盤に記してある九つの黒い点。また、そこに黒石を置いて対戦すること。

❻固有名詞。

【井陘口（セイケイコウ）】中国河北省西部の石家荘の西にある井陘山中の狭路。土門関。

【井岡山（セイコウザン）】中国の湖南・江西両省の境にある万洋山脈の北端一帯の称。一九二七年、毛沢東が工農革命軍を率いて根拠地とした。

難読姓氏　井門（いど）

［丼］⇩49　［冄］⇩501　［冉］⇩507
［夫］⇩1499　［未］⇩3300　［来］⇩3305

90 【亘】 4743 4F4B 986A　二－4　人　コウ呉漢・セン漢・カン（クワン）漢／gèng・gèn・xuān／わたる

字解　象形。ぐるぐる旋回する形に象り、めぐる意。

甲骨文　篆文

同属字　宣・垣・恒・桓

参考　字形上、亙と混じて、「わたる」とよむ。

意味　めぐる。わたる。もとめる。のべる。

難読地名　亘理（わたり）郡・町（宮城）

91 【亙】 4742 4F4A 9869　二－4　人　コウ漢／gèng・gèn／わたる

字解　会意。二（両端）＋月。月が一方から他方へわたるより、わたる意。亘に誤り用いることがある。

意味　わたる。ひろがる。ゆきつくす。

2画　二亠人（𠆢・亻）儿入八（丷）冂冖冫（⺀）几凵刀（刂）力勹匕匚匸十卜卩（㔾）厂厶又

92 【亜】 1601 3021 889F 二-5 常

(93)〖亞〗 4819 5033 98B1 二-6 旧字 囚

ア呉漢\yà\つぐ

筆順 亜 亜 亜 亜 亜 亜

字解 亜は、亞の略体。亞は象形。古代人の住居の礎、また墓を上から見た形に象る。死後、神につぐ祖神として神座にまつられたことから、一般に、つぐ意に用いる。

甲骨文 金文 篆文

同属字 堊・惡(悪)・啞・婭・椏・錏

意味 ❶…に次ぐ。…に似ている。第二番目の。『亜聖』『亜熱帯』『亜流』『白亜(ハクア)』 ❷酸素を含む割合が少ないこと。『亜硫酸ガス』 ❸「ア」の音訳字。『亜細亜(アジア)』『亜米利加(アメリカ)』『安母尼亜(アンモニア)』『欧亜(オウア)』

【亜鉛(アエン)】 亜鉛族元素の一。記号Zn トタン板、洋銀、真鍮(シンチュウ)などの合金材料。『亜鉛鉄板』

【亜槐(アカイ)】 国「大納言」の唐名。亜相。 ▶「三槐」すなわち「三公」に次ぐという意。

【亜寒帯(アカンタイ)】 温帯と寒帯の中間にある地域。大体、緯度四〇度から六七度。

【亜卿(アケイ)】 古代中国で九卿(キュウケイ)に次ぐ官位。

【亜種(アシュ)】 生物の分類学上、種の下に設けられる一分類単位で最も低い階級。

【亜相(アショウ)】 国 大臣に次ぐ官。大納言の唐名、あるいは異名。亜槐(アカイ)。

【亜将(アショウ)】 国 近衛(コノエ)の中将・少将の唐名、また異名。

【亜聖(アセイ)】 聖人につぐ人。儒教で孔子を聖人として、顔回や孟子(モウシ)をいう。

【亜属(アゾク)】 生物の分類上、属と種の間に設ける単位。

【亜炭(アタン)】 炭化度の低い石炭の一。

【亜熱帯(アネッタイ)】 温帯と熱帯の中間の気候帯。大体、緯度二〇度から三〇度の地域。

【亜父(アホ/アフ)】 ①父に次いで尊敬する人。父のごとく尊ぶ人。＊史記-項羽本紀「亜父者、范増也(アホとは、ハンゾウなり)」〔=亜父とは、范増のことである〕 ②血のつながりのない父。まま ちち。継父。

【亜母(アボ)】 血のつながりのない母。ままはは。継母。

【亜麻(アマ)】 アマ科の一年草。種子から亜麻仁油(アマニユ)を、茎から麻布の原料をとる。『亜麻色(アマいろ)〔=亜麻糸の色。黄色がかった茶色〕』『亜麻仁(アマニ)〔=アマの種子〕』

【亜門(アモン)】 生物の分類学上、門の下の一分類単位。

【亜流(アリュウ)】 第一流の人のまねをするだけで、独創的でなく、劣っていること。また、その人。二流。

【亜鈴(アレイ)】 (英dumb bellの訳語) 柄の両端に球形の重りをつけた、筋肉鍛練の用具。啞鈴。

94 【亟】 4820 5034 98B2 二-7

コク呉・キョク漢・キ漢\jí・qì

字解 会意。二(両端)+人+口+又(て)。機を逸さぬように、人の全身を駆使してすみやかに働くことから、すみやかの意。

甲骨文 金文 篆文

同属字 極・殛

意味 ❶すみやかに。いそがしい。『亟行』『亟務』 ❷しばしば。たびたび。＊左伝-隠公元年「亟請於武公(しばしばブコウにこう)」〔=しばしば武公にお願いした〕

【亟行(キョクコウ)】 急いで行くこと。

【亟務(キョクム)】 急ぎ行うべきつとめ。

二 1~2画

95 【于】 4818 5032 98B0 二-1

(96)〖亐〗 二-1

(97)〖亏〗 二-1

ウ呉漢\yú

字解 象形。呼気が屈曲し出るさま、あるいは柄の曲がったコテの形に象るといわれている。借りて感嘆詞・助字に用いる。

甲骨文 金文 篆文

同属字 宇・芋・夸・汙・汚・吁・盱

参考 (1)万葉仮名では、音を借りて「う」。(2)「干」(2094)は別字。干部(51)の部首。

意味 ❶ゆく。いく。「往」に同じ。『于役』『于帰』＊詩経-周南・桃夭「之子于帰、宜其室家(このこゆきとつぐ、そのシッカによろしからん)」〔=この娘はこれからとついでいくが、夫婦仲むつまじく暮らすだろう〕 ❷訓読では読まない。「於・乎」に同じ。㋑…に。…を。時間・場所・対象・方向などを示す。＊論語-為政「吾十有五而志于学(われジュウユウゴにしてガクにこころざす)」〔=わたしは一五歳で学問に志を立てた〕 ㋺…より。…よりも。比較を示す。＊老子-七八「天下莫柔弱于水(テンカみずよりジュウジャクなるはなし)」〔=この世の中に、水ほど柔弱なものはない〕 ❸ここに。句頭や句中に置いて語調をととのえる。＊詩経-周南・葛覃「黄鳥于飛(コウチョウここにとぶ)」〔=ウグイスが飛ぶ〕 ❹ああ。詠嘆を示す。「吁」に同じ。❺地名など。『于越』『于闐』

【于役(ウエキ)】 君主の命令で他国に使者としておもむくこと。また、戦に行くこと。

【于越(ウエツ)】 ①中国、越の国。於越。②呉と越。

【于帰(ウキ)】 (「帰」はとつぐ意) 嫁に行くこと。

【于闐(ウテン)】 中国漢代の西域の国。今の中国新疆(シンキョウ)ウイグル自治区のホータン(和闐)。

【于嗟(ああ)】 ああ。詠嘆の語。＊史記-伯夷伝「于嗟徂兮、命之衰矣(ああゆかん、メイのおとろえたるかな)」〔=ああ、死のう。天命は尽きようとしているのだ〕

98 【亍】 ＊1629 二-1

チュウ(チウ)呉・チョク漢\chù

字解 指事。彳(進み行く)の反対形。もどる、とどまる意。

篆文

99 【云】 1730 313E 895D 二-2

ウン呉漢\yún\いう・ゆう

字解 象形。雲が巻いて天に上る形に象る。雲の原字。借りて、いうの意に用いる。

同属字 芸・雲・魂・耘

意味 ❶いう。…という。多く文末に用いて、引用や伝聞を示す。『云為』『云爾』『云云』 ❷ここに。語調をととのえる。

【云為(ウンイ)】 言動。言行。

【云爾(ウンジ/しかいう)】 文章に表された、人のことばの結びに加えて、その内容を強調する語。＊論語-述而「不知老之将至、云爾(おいのまさにいたらんとするをしらずと、しかいう)」〔=老いがやってくることにも気がつかないでいる、と〕

【云云(ウンヌン)】 (「ウンヌン」は「ウンウン」の連声) ①引用した言葉のあとを省略したり、その他のことを含んだり、ぼかしたりするときに、その末尾に添える語。②あれこれ言うこと。『他人の私生活を云々する』

[云何(いかん)] いかに。どうして。「如何」に同じ。

[元]⇩450 [开]⇩2096 [平]⇩2097

[弍]⇩2199

二 4~6画

100 【弍】 3885 4675 93F3 二－4 常 (7700)〔貳〕7640 6C48 E6C6 貝－5 旧字 (7694)〔貮〕7641 6C49 E6C7 貝－4

ニ呉・ジ漢/èr/ふたつ・ふた

筆順 弍 弍 弍 弍 弍 弍

字解 形声。弋(=戈)＋貝＋二(ふたつにわける)声。ほこで貝を二分することから、ふたつの意。

参考 万葉仮名では音を借りて「じ」「に」。

意味 ❶ふたつ。二。金額を記す場合、改竄(カイザン)を防ぐために用いる。『弍万円(ニマンエン)』 ❷ふたごころ。ふたごころがある。そむく。『弍志(ジシ)』『弍心(ジシン)』『懐弍(カイジ)』『疑弍(ギジ)』 ❸そう。そえる。くわえる。『弍車(ジシャ)』『佐弍(サジ)』『副弍(フクジ)』 ❹ふたたび。ふたたびする。＊論語－雍也「不レ弍レ過(あやまちをふたたびせず)〔=同じ過ちをくり返さない〕」

[弍志(ジシ)] 主君や仲間にそむこうとする気持ち。

[弍車(ジシャ)] そえぐるま。

[弍心(ジシン)|(ふたごころ)] むほんをたくらむ心。二心。

101 【些】 2619 3A33 8DB1 二－6 サ呉・シャ呉漢/xiē・suò/いささか

字解 会意。二(ならべる)＋此(ちぐはぐにする)。ふぞろいにならべることから、いささかの意。一説に形声字ともいう。

意味 いささか。わずか。

[些些(ササ)] 少しばかりのさま。わずか。『些々たること』

[些細(ササイ)] 取るに足りないさま。瑣細。

[些事(サジ)] ささいなこと。小事。『些事にこだわる』

[些少(サショウ)] わずかなこと。少し。

[些末(サマツ)] わずかなこと。ちっぽけなこと。瑣末。

[竺]⇩5587

8 亠部 けいさんかんむり

亠はトウの音があることになっているが、特定の意味はなく、単体として用いられることもない。字の上部に亠の形をもつものを集めて亠部とする。「けいさん」は卦算すなわち易の算木の形、転じて文鎮の形に似たものとして名づけられた。同じく形の上から、俗に「なべぶた」とよばれることがある。

亠 ◆ 亠

亠 ■ ①亡 亡 ②亢 ③亠 ④亦 亥 亥 交 产 产 ⑤亨 亭 亭 亭 ⑥享 京 亨 亩 ⑦京 享 亩 亭 亮 ⑧亭 毫 亮 ⑪亶 亶 嬴 ⑲亹

亠 ◆

102 【亠】 4821 5035 98B3 亠－0 トウ漢/tóu

字解 部首解説を参照。

亠 ■

103 【亡】 4320 4B34 9653 亠－1 常6 (104)〔亡〕亠－1 旧字 (137)〔亾〕＊1878 人－1

モウ(マウ)呉・ボウ(バウ)漢・ム呉・ブ漢/wáng・wú/ない・なくす・なくする・なくなる・うしなう・ほろびる・ほろぶ・ほろぼす

筆順 亡 亡 亡

字解 もと亾。会意。乚(ものかげ)＋人。ものかげに人がかくれるから、なくなる意。

甲骨文 金文 篆文

同属字 妄・忘・盲・芒・茫・邙・氓・忙・罔

意味 ❶なくなる。うしなう。ほろびる。ほろぼす。『亡国』『亡失』『興亡(コウボウ)』『衰亡(スイボウ)』『滅亡(メツボウ)』 ❷死ぬ。死んでいる。『未亡人』『亡父』『亡霊』『死亡』＊論語－雍也「今也則亡(いまやすなわちなし)〔=今はもうこの世にいない〕」 ❸にげる。のがれる。『亡命』『亡羊』『逃亡』 ❹なし。ない。「無」に同じ。『亡状(ブジョウ)』『亡頼(ブライ)』『亡慮(ブリョ)』

⇓〔逃〕(8071)の表

❶ なくなる。ほろびる。ほろぼす。

下接 危亡(キボウ)・荒亡(コウボウ)・興亡(コウボウ)・梏亡(コクボウ)・失亡(シツボウ)・焼亡(ショウボウ)・衰亡(スイボウ)・喪亡(ソウボウ)・存亡(ソンボウ)・損亡(ソンボウ)・敗亡(ハイボウ)・覆亡(フクボウ)・滅亡(メツボウ)・乱亡(ランボウ)・三隣亡(サンリンボウ)・治乱興亡(チランコウボウ)

[亡国(ボウコク)] ①滅びた国。↔興国。『亡国の民』 ②国を滅ぼすこと。『亡国の徒』

[亡国之音(ボウコクのオン)] 滅亡した国の音楽。また、国を滅亡させるようなみだらな音楽。〔礼記－楽記〕

[亡失(ボウシツ)] なくなってしまうこと。なくすこと。

[亡秦(ボウシン)] ①ほろんだ秦朝。＊史記－項羽本紀「此亡秦之続耳(これボウシンのゾクなるのみ)〔=これでは滅亡した秦の二の舞になるだけだ〕」 ②秦朝をほろぼすこと。

❷ 死ぬ。死んでいる。

下接 隠亡(オンボウ)・死亡(シボウ)・未亡人(ミボウジン)

[亡君(ボウクン)] 亡くなった主君。

[亡魂(ボウコン)] 死んだ人の魂。

[亡児(ボウジ)] 死んだ子供。

[亡人(ボウジン)] 死んだ人。故人。死者。→❸

[亡卒(ボウソツ)] ①死亡すること。②死んだ兵卒。

[亡父(ボウフ)] 亡き父。死んだ父。↔亡母

[亡友(ボウユウ)] 亡き友。死んだ友人。

[亡霊(ボウレイ)] 死んだ人の魂。亡魂。

[亡者(モウジャ)] ①死者。②国死んだ後に成仏しないで魂が迷っているもの。③国強い欲望にとりつかれた者。『金の亡者』

[亡骸(なきがら)] 死んで魂の抜けてしまった肉体。しかばね。

❸ にげる。のがれる。

［亡逸・亡佚(ボウイツ)］逃げうせること。散りうせること。

［亡臣(ボウシン)］他国へ逃亡した臣。亡命の臣。

［亡人(ボウジン)］出奔して他国にある人。亡命者。→❷

［亡匿(ボウトク)］のがれかくれること。

［亡命(ボウメイ)］(「命」は名、名籍の意) 宗教、思想、政治的迫害を避けて他国に逃れること。

［亡羊之嘆(ボウヨウのタン)］学問の道が、あまりにも多岐で、容易に真理を得られないこと。多岐(タキ)亡羊。〔列子-説符〕♥逃げたヒツジを追い求めたが枝道が多く、見失い途方にくれたという故事から。

［亡虜(ボウリョ)］逃亡した俘虜。また、逃亡したものを賤しんでいう語。

❹ ない。

［亡状(ブジョウ|ムジョウ)］(よい行状がないの意) 無礼な言動。無作法な行為。

［亡頼(ブライ)］たよりにならないもの。無頼。

［亡慮(ブリョ)］おおむね。ざっと。無慮。

105【亢】4822 5036 98B4 亠-2 コウ(カウ)㊥/gāng・kàng/おごる・たかぶる

篆文 

字解 象形。人の頭の省略形とその下の頸動脈、またはのどぼとけの形に象り、のどの意。借りて、たかぶる意に用いる。

同属字 頏・伉・吭・坑・抗・阬・杭・炕・航

意味 ❶おごる。たかぶる。『亢顔』『亢奮』『強亢(キョウコウ)』❷たかい。あげる。あがる。また、きわめる。きわまる。『亢陽』『亢竜』❸二十八宿の一。あみ星。

❶ おごる。たかぶる。

［亢顔(コウガン)］おごりたかぶった顔つき。

［亢傲(コウゴウ)］おごりたかぶる。

［亢進(コウシン)］次第にたかぶること。また、激しくなること。『心悸(シンキ)亢進』

［亢奮(コウフン)］感情がたかぶること。興奮(コウフン)。

❷ たかい。あがる。また、きわめる。

［亢旱(コウカン)］きびしいひでり。

［亢満(コウマン)］地位の高いこと。

［亢陽(コウヨウ)］ひでり。

［亢竜(コウリュウ|コウリョウ)］天空高く昇りつめた竜。『亢竜有悔(コウリュウくいあり|コウリョウくいあり)』富貴、栄華をきわめ尽くした者は必ず衰えることのたとえ。〔易経-乾〕♥いったん昇りつめてしまった竜はそれ以上昇れず、こんどは下る一方なので悔いがあるという意から。

［六］⇩491 ［卞］⇩808 ［文］⇩3058

106【亯】二一 亠-3

字解 象形。高いところにたつ建物(宗廟ともいう)の形に象る。亨・享・京などの字の要素として含まれる。宗廟に祖先をまつることにより、たてまつる、また宗廟で祈ることにより物事がうまくいくことから、とおる意を表す。さらには、古くは神をまつった高い建物を中心にその下に人々が住んだことから、都などの意をも表す。

［市］⇩2035 ［玄］⇩4744

107【亦】4382 4B72 9692 亠-4 人 ヤク㊇・エキ㊥/yì/また

字解 指事。立った人の両わきに点をつけ、同じように二つある腋の下の意。借りて助字に用いる。

甲骨文  金文  篆文 

同属字 奕・迹・跡

参考 「䜌」(7410)の略字も亦の形を持つ。恋・栾・変・弯・蛮など。

意味 ❶…もまた。やはり。先に挙げたことを受けて、同じくこれもまたと続けるときに用いる。*孟子-梁恵王上「是亦走也(これもまたはしるなり)〔=やはり逃げたことにはちがいないのだ〕」❷また。それでもなお。*史記-項羽本紀「亦足レ王也(またオウたるにたるなり)〔=それでもなお王となるには十分だ〕」❸(「不二亦一(乎)」のかたちで) また…ずや。なんと…ではないか。詠嘆を示す。*呂氏春秋-察今「不二亦惑一乎(またまどいならずや)〔=なんと見当違いなことではないか〕」

108【亥】1671 3067 88E5 亠-4 人

(109)【亥】二一 亠-4 旧字

ガイ㊇・カイ㊥/hài/い・いのしし

字解 象形。大きなイノシシの形に象る。借りて十二支の第十二位に用いる。

甲骨文  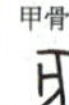 金文  篆文 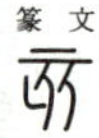

同属字 劾・欬・刻・咳・孩・核・陔・該・駭・骸・閡

意味 い。いのしし。十二支の一二番目。年や日に用いるほか、方角では、北北西。時刻では午後一〇時ごろ、また、その前後二時間の呼び名とする。『辛亥(シンガイ)』

［亥月(ガイゲツ)］陰暦一〇月の異名。この時期北斗星の斗柄が北北西(亥の方角)を指すのでいう。

［亥豕之譌(ガイシのカ)］文字の誤り。亥と豕とは字形が似ていて誤りやすいところからいう。魯魚(ロギョ)亥豕。〔呂氏春秋-察伝〕

110【交】2482 3872 8CF0 亠-4 常2 キョウ(ケウ)㊇・コウ(カウ)㊥/jiāo/まじわる・まじえる・まじる・まざる・まぜる・かう・かわす・かわる・かた・こもごも

筆順 

字解 象形。人が脛を交差させている形に象り、まじわる意。

甲骨文  金文  篆文 

同属字 茭・効・郊・佼・咬・挍・狡・校・皎・絞・蛟・較・餃・鮫・駮・齩

意味 ❶まざる。また、やりとりする。かわす。『交錯』『交渉』『交通』『混交(コンコウ)』『情交(ジョウコウ)』『交響曲』❷まじわる。親しくつきあう。まじわり。『交歓』『交際』『外交(ガイコウ)』『国交(コッコウ)』❸かわる。取りかえる。入れかわる。また、こもごも。たがいに。かわるがわる。『交換』『交互』『交替』*孟子-梁恵王上「上下交征レ利(ショウカこもごもリをとる)〔=身分が高い者も低い者も互いに利益をせしめようとする〕」❹熟字訓、固有名詞など。『交譲木(ゆずりは)』『交喙(いすか)』

⇓表

❶ まざる。まじる。やりとりする。かわす。

下接 混交コンコウ・情交ジョウコウ・性交セイコウ・団交ダンコウ／目交まなかい

交コウ	まざる。互いに関係する。	交錯 交争 交互 交流 交替 交差
混コン	混交 まざりあう。いりみだれる。	混雑 混戦 混在 混然 混成 混合

【交易コウエキ】互いに物品を交換し合う取引。

【交感コウカン】①人と人との気持ちが通じ合うこと。②物事が互いに反応し合うこと。【交感神経コウカンシンケイ】高等脊椎動物の自律神経系を構成する神経。呼吸、循環、消化などの調節をつかさどる。

【交関コウカン】①往来すること。②物を売り買いすること。交易。

【交衢コウク】十字路。四方に通じる路。

【交媾コウコウ】男女または雌雄の交接、交配。交合。

【交合コウゴウ】男女の性交。交接。『雌雄交合』

【交差・交叉コウサ】二つ以上の線状のものがまじわること。↔平行。『交差点』書き換え「交叉→交差」。

【交錯コウサク】幾つかのものが入り交じること。錯綜。

【交雑コウザツ】①入り交じること。②動植物において別の種、または別の品種の雌雄を交配すること。

【交子コウシ】(つき合わせて間違いのないことを確かめるものの意から転じて) 中国、宋代の紙幣の一種。中国における紙幣の起源。

【交手コウシュ】礼法の一。両手を組み合わせること。拱手。

【交渉コウショウ】①取り決めようとして相手と話し合うこと。『団体交渉』②かかわり合うこと。かかわり合いを持つこと。関係。『没交渉』

【交鈔コウショウ】中国の紙幣。宋時代の手形の発達したもので、金・元・明時代の兌換ダカン紙幣。宝鈔。

【交睫コウショウ】上下のまつげを合わせること。

【交信コウシン】通信を取り交わすこと。

【交接コウセツ】男女の肉体的なまじわり。性交。

【交戦コウセン】互いに戦うこと。『交戦国』

【交通コウツウ】人や乗り物が道路や線路などを利用して往来すること。『陸上交通』『交通機関』

【交点コウテン】①数学で、線と線、または線と面とが交わる点。『交点座標』②天体の軌道が見掛け上交わる点。普通は黄道と白道の交わる二点をいう。

【交配コウハイ】種類や品種の異なる動植物の間に人工的な受精をさせること。交雑。

【交尾コウビ】動物の雌雄が生殖のために交接すること。

【交付コウフ】手渡すこと。特に、公的機関が、手続きを踏ませて金銭や書類を手渡すこと。『交付金』

【交流コウリュウ】異なる世界に属する人々が行き来ややりとりをすること。『文化の交流』→❸
【交霊コウレイ】死者の霊魂が、生きている人と意志を通じ合うこと。『交霊現象』

❷ まじわる。親しくつきあう。まじわり。

下接 遠交エンコウ・会交カイコウ・外交ガイコウ・旧交キュウコウ・国交コッコウ・死交シコウ・私交シコウ・社交シャコウ・修交シュウコウ・深交シンコウ・親交シンコウ・絶交ゼッコウ・淡交タンコウ・断交ダンコウ・通交ツウコウ・貧交ヒンコウ・遠交近攻エンコウキンコウ

【交歓・交款・交驩コウカン】互いに打ち解けて楽しむこと。『交歓会』書き換え「交驩→交歓」

【交誼コウギ】親しい付き合い。心の通い合った交際。

【交結コウケツ】親しい交際を結ぶこと。

【交際コウサイ】人と人、国と国とが親しく付き合うこと。

【交詢コウジュン】(「詢」はまことの意) 互いに、交際を親密にすること。

【交情コウジョウ】①交際することによって起こる親しみ。②男女が情を交わすこと。

【交態コウタイ】交際の状態。交際のありさま。

【交友コウユウ】友と交わること。また、その友達。

【交遊コウユウ】親しく付き合うこと。

❸ かわる。入れかわる。かわるがわる。

【交換コウカン】取り換えること。また、互いにやりとりすること。『交換条件』『物物交換』

【交互コウゴ】互い違いにすること。代わる代わる。

【交替・交代コウタイ】代わること。互いに代わり合うこと。入れ替わること。『新旧交代』『世代交代』「交代」は「議長交代」「主役交代」のように、役目などが一回限りでかわるときに、「交替」は「昼夜交替制」のように、かわるのが繰り返されるときに用いられる傾向がある。

【交迭コウテツ】役目を入れかえる。「更迭」のあて字。

【交番コウバン】①人々が交替して番に当たること。②国 人出の多い所に設けられた警官の詰所。巡査派出所。

【交流コウリュウ】強さと、流れる向きが周期的に変化する電流。記号AC ↔直流。→❶

❹ 熟字訓、固有名詞など。

【交趾・交阯コウシ】①ベトナム北部のソンコイ川流域の地方。コーチ。②中国、隋代から唐代にかけてハノイ付近に設置された県。のち、安南都護府の所在地となる。③ベトナムまたはその一部に対する中国人の呼称。

【交喙いすか】アトリ科の鳥。上下のくちばしが湾曲して交差している。鶍。

【交譲木ゆずりは】トウダイグサ科の常緑高木。新葉と旧葉の交替がよく目立つ。祝い事の飾り物とされる。

難読地名 交野かたの市（大阪）

111 【产】二一 亠-4 (112)〔产〕二一 亠-4

字解 もと产。彦・産などに含まれる。形声。文(あやもよう)+厂(がけ)声。がけなどから切り出した美しいもようをつけるための顔料の意。中国では産の簡体字。

113 【亨】2192 357C 8B9C 亠-5 人 (117)〔亨〕二一 亠-6

コウ(カウ)呉漢・キョウ(キャウ)漢・ホウ(ハウ)呉漢／hēng・xiǎng・pēng／とおる

字解 象形。高い所にたつ建物(宗廟)の形に象る。そこに神を祭り食物を供え祈ることから、神意に叶う、物事がうまくとおる意。

意味 ❶(コウ) さしさわりなくすすむ。とおる。『亨運』『亨通』❷(キョウ) たてまつる。「享」に同じ。❸(ホウ) 煮る。「烹」に同じ。『亨熟』

【亨運コウウン】順調な運命。

【亨通コウツウ】人のすすむべき道がひらけること。

【亨熟ホウジュク】よく煮る。また、煮える。

114 【𠅘】二一 亠-5

字解 高の省形。亭・亮・亳などの形に含まれる。

[吝]⇩959 [肓]⇩6289

115 【享】2193 357D 8B9D 亠-6 常 (120)〔享〕二一 亠-7

2画 二亠人(𠆢・亻)儿入八(丷)冂冖冫(⺀)几凵刀(刂)力勹匕匚匸十卜卩(㔾)厂厶又

(121)【亯】 *1633 亠－7
キョウ(キャウ)呉漢／xiǎng／うける

筆順 亯 亯 亯 亯 亯

字解 象形。高い土台の上に建てた、先祖を祭る宗廟の形に象り、たてまつる、すすめる意。

甲骨文 金文 篆文 重文

同属字 惇・淳・諄・醇・敦・郭・鶉

意味 ❶そなえる。ささげる。『享祭』『享祀』『配享(ハイキョウ)』 ❷もてなす。ふるまう。『宴享(エンキョウ)』 ❸うける。身にうける。『享楽』『享受』『永享(エイキョウ)』

❶ そなえる。ささげる。

[享祭(キョウサイ)] 物を供えて神をまつること。享祀(キョウシ)。

[享祀(キョウシ)] ＝享祭(キョウサイ)

❷ もてなす。ふるまう。

[享宴(キョウエン)] 酒席を設けて客をもてなすこと。饗宴。

❸ うける。身にうける。

[享国(キョウコク)] 君主が位について国を受け継ぐこと。また、その期間。

[享受(キョウジュ)] 存分に受けて、味わい楽しむこと。

[享年(キョウネン)] この世に生存した年数。寿齢。行年。『享年六十五』 ▼天から享(う)けた年の意。

[享有(キョウユウ)] 生まれながらに持ち保っていること。

[享楽(キョウラク)] 思いのままに楽しみを味わうこと。

116【京】 2194 357E 8B9E 亠－6 常2 (119)【亰】 4823 5037 98B5 亠－7
キョウ(キャウ)呉・ケイ漢・キン唐／jīng／みやこ

筆順 京 京 京 京 京

字解 象形。小高い丘の上に立つ建物の形に象る。古くは、先祖・神を祭った大きな建物の下に人々が住んだことから、みやこの意。また、大きい意を表す。

甲骨文 金文 篆文

同属字 景・掠・涼・椋・鯨・黥

意味 ❶天子のいる都。また、大都会。『帝京(テイキョウ|テイケイ)』『北京(ペキン)』 *唐詩紀事-四十「賈島赴レ挙至レ京(カトウキョにおもむきてケイにいたる)」〔＝賈島は科挙を受験するために都に行った〕」 ❷大きい。高い。 ❸「北京」の略。『京劇』 ❹国「京都」の略。『京阪神(ケイハンシン)』『京女(キョウおんな)』『京舞(キョウまい)』 ❺国「東京」の略。『京浜(ケイヒン)』『京葉(ケイヨウ)』『在京(ザイキョウ)』『上京(ジョウキョウ)』 ❻数の名。兆の一万倍。「ケイ」と読む。

❶ 天子のいる都。また、大都会。

[京尹(ケイイン)] 「京兆尹(ケイチョウイン)」の略。

[京華(ケイカ)] 花の都。帝都。都会。

[京官(ケイカン)] みやこに居住し役所に勤務する役人。内官。

[京畿(ケイキ)] 畿内。転じて、みやこ。

[京城(ケイジョウ)] ①天子の宮城。首府。京洛。②大韓民国の首都ソウルの旧称。一九一〇年の日韓併合から四五年に大韓民国が独立するまで用いられた。

[京兆(ケイチョウ)] ①中国、陝西省中西部、長安から華県に至る地域。漢代、京兆尹の治下にあり、三国の魏の時に府に改められ、晋代に郡が置かれた。②「京兆尹(ケイチョウイン)」の略。③国左京職(サキョウシキ)、右京職(ウキョウシキ)の唐名。

[京兆尹(ケイチョウイン)] ①中国、漢代、長安以東一二県を治める長官の官名。また、その治める地方。②国左京大夫(サキョウのダイブ)、右京大夫(ウキョウのダイブ)の唐名。

[京都(ケイト)] みやこ。*白居易-琵琶行・序「聴ニ其音一、錚錚然有ニ京都声一(そのおとをきくに、ソウソウゼンとしてケイトのこえあり)」〔＝その音に耳を傾けると、澄んだ響きがあり、都の調べがある〕」

[京邑(ケイユウ)] みやこ。都会。

[京洛(ケイラク|キョウラク)] ①(ケイラク)皇居のあるみやこ。②(キョウラク)国日本の京都。▼「洛」は、中国、周・隋(ズイ)時代の首都洛陽。

❷ 大きい。高い。

[京観(ケイカン)] 大きな見せ物。▼もと、敵の死体を高く積み上げて戦功を表した塚の意。

[京師(ケイシ)] みやこ。帝都。▼「京」は大、「師」は衆で、大衆の居住する所の意。

❸ 「北京」の略。

[京劇(キョウゲキ|ケイゲキ)] 中国の歌舞劇。北京で発展したところからの名。

難読地名 京都(みやこ)郡(福岡)

117【亨】 亠－6 コウ「亨」(113)の異体字

118【㐭】 亠－6 リン漢／lǐn

字解 象形。穀物を入れた倉の形。くらの意。廩の原字。

甲骨文 篆文

同属字 稟・亶・啚・嗇

[卒]⇩797 [夜]⇩1485 [斉]⇩9648

119【亰】 4823 5037 98B5 亠－7 キョウ「京」(116)の異体字

120【享】 亠－7 キョウ「享」(115)の異体字

121【亯】 *1633 亠－7 キョウ「享」(115)の異体字

122【亭】 3666 4462 92E0 亠－7 常 (124)【亭】 亠－8
チョウ(チャウ)呉・テイ漢・チン唐／tíng

筆順 亭 亭 亭 亭 亭

字解 形声。高(高大な楼閣)省＋丁(安定する)声。高く安定したたてもの、あずまやの意。

同属字 停・渟

意味 ❶たかやぐら。物見の台。『亭候(テイコウ)』 ❷あずまや。簡易な建物。また、やどや。『茶亭(チャテイ)』『料亭』 ❸ちょうどその所にいたる。 ❹高くそびえる。また、育つ。やしなう。 ❺国人をもてなす店や寄席・文人・芸人などの号に付ける語。『三遊亭(サンユウテイ)』『曲亭(キョクテイ)』

❶ たかやぐら。物見の台。

[亭候(テイコウ)] 賊や敵などを見張る物見台。

❷あずまや。簡易な建物。また、やどや。

下接 駅亭(エキテイ)・園亭(エンテイ)・花亭(カテイ)・旗亭(キテイ)・羈亭(キテイ)・客亭(キャクテイ)・孤亭(コテイ)・山亭(サンテイ)・酒亭(シュテイ)・水亭(スイテイ)・草亭(ソウテイ)・竹亭(チクテイ)・池亭(チテイ)・茶亭(チャテイ)・長亭(チョウテイ)・茅亭(ボウテイ)・野亭(ヤテイ)・郵亭(ユウテイ)・蘭亭(ランテイ)・里亭(リテイ)・離亭(リテイ)・料亭(リョウテイ)・旅亭(リョテイ)

亭〔三才図会〕

【亭子】(テイシ) (「子」は助字) あずまや。ちん。また、宿場の旅館。

【亭次】(テイジ) (「次」は宿の意) 宿場。

【亭榭】(テイシャ) あずまや。ちん。亭。♥「榭」は屋根のある台の意。

【亭主】(テイシュ) ①宿屋、茶屋などの店主。また、一家の主人。あるじ。②国夫(おっと)。主人。↔女房。『亭主関白』③国茶席で、茶をたてて客を接待する人。主人。

【亭台】(テイダイ) あずまや。

【亭長】(テイチョウ) 宿駅の役人の長。秦・漢代、盗賊の逮捕取り調べや省門の守備など、警察の任にあたった。＊史記-項羽本紀「烏江亭長檥ㇾ船待(ウコウのテイチョウふねをギしてまつ)」〔=烏江の亭長が船の用意をして待っていた〕

❸ちょうどその所にいたる。

【亭午】(テイゴ) 日の南中すること。転じて、正午。停午。

❹高くそびえる。また、育つ。やしなう。

【亭亭】(テイテイ) 高くそびえ立つさま。『亭々たる塔』

【亭毒】(テイドク) (「毒」は質を成すことの意) そだて養うこと。化育すること。〔老子-五一〕

123 【亮】 4628 4E3C 97BA 亠-7 人 (126)【亮】 二一 亠-8

リョウ(リャウ)呉漢/liàng/すけ

字解 もと倞に同じ。倞は形声。人(ひと)+京(高い)声。高いところにいる人の意から、道理に明るい、明らかの意。一説に、高(たかい)省+儿(ひと)の会意字とも。

同属字 喨

意味 ❶あかるい。あきらか。また、まこと。『亮察(リョウサツ)』『亮然(リョウゼン)』『亮直(リョウチョク)』❷国すけ。中宮職・京職などの次官。日本の律令制で四等官の第二。

【亮察】(リョウサツ) あきらかに知ること。よく察すること。

【亮然】(リョウゼン) あきらかなさま。はっきりしているさま。

【亮直】(リョウチョク) 心があきらかで正しいこと。誠実でまっすぐなこと。

[兗]⇩473　[哀]⇩901　[变]⇩1476　[奕]⇩1527　[弯]⇩2213

124 【亭】 二一 亠-8 テイ「亭」(122)の異体字

125 【亳】 4824 5038 98B6 亠-8 ハク漢/bó·bò

字解 形声。高省+乇(定着する)声。安住する高地の意。

甲骨文　金文　篆文

意味 中国、殷の湯王の都。今の河南省北部商丘県にあたる。

126 【亮】 二一 亠-8 リョウ「亮」(123)の異体字

[恋]⇩2358　[旁]⇩3088　[栾]⇩3352　[畜]⇩4929　[畝]⇩4950　[离]⇩5437　[衰]⇩7228　[高]⇩9180　[商]⇩979　[啇]⇩981　[毫]⇩3953　[率]⇩4746　[衷]⇩7230　[衮]⇩7232　[斎]⇩9650

127 【亶】 4825 5039 98B7 亠-11 (128)【亶】 二一 亠-11

タン呉漢・セン漢/dǎn·shàn

字解 形声。亩(穀物をいれるくら)+旦声。穀物が多いの意から、ゆたか・あつい意。亶は誤字。

同属字 氈・顫・鸇・壇・擅・檀・邅・羶・饘・鱣

129 【嬴】 二一 亠-11 ラ漢

字解 象形。柔らかいからだのカタツムリ・ナメクジの類の形。のびる意。

篆文

同属字 嬴・羸・贏・嬴・嬴

[棄]⇩3364　[稟]⇩5446　[禀]⇩5373　[裔]⇩7243　[雍]⇩8731　[裏]⇩7235　[豪]⇩7658　[褎]⇩7236　[褒]⇩7237　[壅]⇩1309　[裒]⇩7238　[裹]⇩7239　[襄]⇩7240　[褻]⇩7241　[饔]⇩4865

130 【亹】 *1634 亠-19 ミ呉・ビ漢・モン呉・ボン漢/wěi·mén

字解 字源未詳。

意味 ❶うつくしい。❷水が絶壁の間をゆくところ。❸「亹亹(ビビ)」は、努めるさま。進むさま。走るさま。

9 人(人・亻)部 ひと

甲骨文　金文　篆文

人は、ひとがうでを垂れて立っている横向きの形を象って、人間(ジン)を表す。人部に属するものは人間の性質、状態、行動、人の集まりなど広く人間に関する字である。単体、また字の上部に用いる部標は、隷書で左右に払う形になった。上部の形はさらに入のようになり、これを「やね」ということがある。「やね」は、起源の異なる

亼(あつめる意)と類化し、それから出た字をも人部に収めることになった。左部に用いる部標は、亻の形で、これを「にんべん」という。入部の部標で字の上部をなすもの(いりがしら)は、従来「やね」と区別していたが、常用漢字では、この区別を廃した。

人 人从⑥來⑩業
人 ②仄
人 ⑦俎
人 ①亾③以⑧倝
𠆢 ②介今仐③㐱仒仝令④会
企全⑤余⑥舎侖侖⑦俞⑧倉
⑩傘⑪僉
𠆢 ⑩舒⑬舗
亻 ②化化仇什仍仁仆仏仂③
仕仔仗仞仭仙仟他代付④伊
仮价伎休伋仰仫㐹件伍伉伜
仲伝任伐份伏仿伇⑤位佚何
伽佉佝估佐作伺似佋你伱住
住伸佗体但佇低佃佞佩伯伴
佯佈佛佑伶⑥依佾価佳佪侃
佶侠供佼佷使侈侍侏侚侭侘
侂侊侄侗侫佩佰侮併侔侑佯
例⑦俄俠係俁俔侯俟俊俏信
侵侵侲促俗俦俉俘侮俜便俛
保俑俚俐侶俤俥俣⑧倚俺倨
倶倶倔倪倦倹個倖候倥倗倅
借俶倡倘倩倊倬値倜倒俳倍
俾俵俯併倣俸們倮倆倫倭⑨
偓偉倚偶偃假偕偐偽偶偈健
倦偟偯做偲偖偁偬側偸偷停
偵偪偏偏偓偻⑩偉傀僅傑傔
傚傖備傅傍傍傜⑪傴僅傾傑
傲債催傷傿僧傯傺傳働備傈
傭僇僂⑫僘僖僞僑僥僝僭
僣僊僧像僮僕僚⑬億億價儈
儀儃儆儉儁儃儋儂僻⑭儞
儒儘儕儔儐儛儚儖⑮償儲優
儡⑯儶儲⑰儵⑲儺儷⑳儼儻

131
【人】 3145 3F4D 906C 人-0 常1 ニン(呉)・ジン(漢)/rén/ひと

人

筆順 人 人

字解 部首解説を参照。

意味 ❶ひと。人間。他人。人柄。気性。地名・国名などの下につく場合、漢文では普通「ひと」と訓読する。『宋人(ソウひと)』『鄭人(テイひと)』 *論語-憲問「修レ己以安レ人(おのれをおさめてもってひとをやすんず)」〔=自分の修養をして身近の人々を安心させることだ〕 *呂氏春秋-察今「楚人有ニ渉レ江者一(ソひとにコウをわたるものあり)」〔=楚の国の人に川を渡ろうとする人がいた〕 ⇓表 ❷ひとを数える語。にん。たり。り。『二人(ニニン|ふたり)』

❶ ひと。人間。

下接 愛人(アイジン)・悪人(アクニン)・異人(イジン)・恩人(オンジン)・怪人(カイジン)・外人(ガイジン)・楽人(ガクジン)・佳人(カジン)・家人(カジン)・寡人(カジン)・歌人(カジン)・活人(カツジン)・閑人(カンジン|ひまジン)・願人(ガンニン)・奇人(キジン)・貴人(キジン)・義人(ギジン)・擬人(ギジン)・乞人(キツジン)・客人(キャクジン)・旧人(キュウジン)・玉人(ギョクジン)・巨人(キョジン)・偶人(グウジン)・愚人(グジン)・軍人(グンジン)・芸人(ゲイニン)・傑人(ケツジン)・下人(ゲニン)・賢人(ケンジン)・原人(ゲンジン)・公人(コウジン)・後人(コウジン)・降人(コウジン)・古人(コジン)・故人(コジン)・胡人(コジン)・個人(コジン)・賈人(コジン)・吾人(ゴジン)・才人(サイジン)・罪人(ザイニン|つみびと)・殺人(サツジン)・山人(サンジン)・散人(サンジン)・讒人(ザンニン)・士人(シジン)・至人(シジン)・私人(シジン)・詩人(シジン)・寺人(ジジン)・死人(シニン)・舎人(シャジン|とねり)・社人(シャジン)・囚人(シュウジン|めしゅうど)・衆人(シュウジン)・愁人(シュウジン)・住人(ジュウニン)・主人(シュジン)・狩人(シュジン|かりゅうど)・孺人(ジュジン)・小人(ショウジン|ショウニン)・上人(ショウニン)・商人(ショウニン|あきんど)・職人(ショクニン)・庶人(ショジン)・諸人(ショジン|もろびと)・神人(シンジン)・新人(シンジン)・真人(シンジン)・粋人(スイジン)・成人(セイジン)・聖人(セイジン)・碩人(セキジン)・世人(セジン)・先人(センジン)・全人(ゼンジン)・前人(ゼンジン)・仙人(センニン)・善人(ゼンニン)・雑人(ゾウニン)・俗人(ゾクジン)・訴人(ソニン)・大人(タイジン|ダイニン|おとな)・代人(ダイニン)・達人(タツジン)・他人(タニン)・知人(チジン)・超人(チョウジン)・町人(チョウニン)・通人(ツウジン)・同人(ドウジン)・女人(ニョニン)・佞人(ネイジン)・俳人(ハイジン)・白人(ハクジン)・蛮人(バンジン)・蕃人(バンジン)・犯人(ハンニン)・万人(バンニン)・番人(バンニン)・匪人(ヒジン)・美人(ビジン)・氷人(ヒョウジン)・病人(ビョウニン)・夫人(フジン)・婦人(フジン)・武人(ブジン)・文人(ブンジン)・別人(ベツジン)・変人(ヘンジン)・邦人(ホウジン)・凡人(ボンジン)・本人(ホンニン)・無人(ムジン)・名人(メイジン)・盲人(モウジン)・門人(モンジン)・役人(ヤクニン)・野人(ヤジン)・友人(ユウジン)・要人(ヨウジン)・用人(ヨウニン)・庸人(ヨウジン)・余人(ヨジン)・里人(リジン)・良人(リョウジン)・猟人(リョウジン)・隣人(リンジン)・流人(ルニン)・伶人(レイジン)・麗人(レイジン)・老人(ロウジン)・浪人(ロウニン)・和人(ワジン)・倭人(ワジン)・請負人(うけおいニン)・下手人(ゲシュニン)・御家人(ゴケニン)・月下氷人(ゲッカヒョウジン)・田夫野人(デンプヤジン)・傍若無人(ボウジャクブジン)／落人(おちうど)・玄人(くろうと)・蔵人(くろうど)・素人(しろうと)・杣人(そまびと)・仲人(なこうど)・寄人(よりゅうど)・若人(わこうど)／海人(あま)・防人(さきもり)・隼人(はやと)

◎「―人」と「―者」

人しか用いない熟語	苦労人 怪我人 下手人 極悪人 借家人 商売人 選挙人 張本人 渡世人 貧乏人 奉公人 保証人 発起人 未亡人 名義人
者しか用いない熟語	為政者 異端者 加害者 技術者 教育者 勤労者 経験者 消費者 先駆者 第三者 哲学者 独裁者 被害者 労働者 労務者
人と者では意味がちがう熟語	芸人―芸者 達人―達者 知人―知者 役人―役者 支配人―支配者 使用人―使用者

【人為(ジンイ)】 自然力によらず、人間の力によること。人工。『人為淘汰(ジンイトウタ)』

【人意(ジンイ)】 人々の心。人心。

【人員(ジンイン)】 ひとかず。人数(ニンズウ)。また、ある集団の構成員。『人員整理』『募集人員』『延べ人員』

【人煙・人烟(ジンエン)】 人家のかまどに立つ煙。*岑参-磧中作「平沙万里絶ニ人煙一(ヘイサバンリジンエンをたつ)」〔=見渡すかぎり広い砂漠、どこを見ても、人家の煙も見えない〕

【人屋(ジンオク)】 人の住む家屋。人家。

【人家】（ジンカ）人の住む家屋。人屋。＊杜牧‐山行「白雲生処有二人家一（ハクウンショウずるところジンカあり）〔＝白い雲がおこる所にも人の住む家があった〕」

【人我】（ジンガ｜ニンガ）①（ジンガ）他人と自分。②（ニンガ）仏語。個体としての人間にある常住不変の本体。我（ガ）。我執。

【人海】（ジンカイ）人の多いことを海にたとえた語。『人海戦術〔＝多人数で対処する方法〕』

【人界】（ジンカイ｜ニンガイ）人間の住む現実の世界。

【人外】（ジンガイ｜ニンガイ）①（ジンガイ）人間の住む俗世間の外。『人外境に憩う』②（ニンガイ）国人の道にはずれること。人でなし。

【人格】（ジンカク）国人の性格。人の品格。人柄。『二重人格』

【人間】（ジンカン｜ニンゲン）㊀（ジンカン）世の中。世間。人の住む世。＊白居易‐長恨歌「天上人間会相見（テンジョウジンカンかならずあいみん）〔＝天上と人間界と遠くはなれているが、きっと会うときがあるだろう〕」＊李白‐山中問答「別有二天地非一人間（ベツにテンチのジンカンにあらざるあり）〔＝俗世間とは全く違った別天地がある〕」㊁（ニンゲン）国①ひと。人類。『人間国宝』『植物人間』②人柄。人物。『人間ができている』【人間到処有二青山一（ジンカンいたるところセイザンあり）】世間にはいたる所に骨を埋める場所がある。故郷を出て、大いに活躍するべきだということ。〔釈月性‐将三東遊一題レ壁〕

【人寰】（ジンカン）（「寰」は区域の意）人間の住んでいる所。世の中。＊白居易‐長恨歌「廻レ頭下望二人寰一処、不レ見二長安一見二塵霧一（こうべをめぐらしてしもジンカンをのぞむところ、チョウアンをみずジンムをみる）〔＝ふりかえって下の人間世界をながめやると、長安ではなく、塵やかすみが見えるのみだ〕」

【人気】（ジンキ｜ニンキ｜ひとけ）①（ジンキ｜ニンキ）その地方一帯の気風、気質。②（ニンキ）国人々の受け。世間の評判。『人気者』③（ひとけ）人がいそうな様子。人の気配。

【人鬼】（ジンキ）死人の霊魂。

【人境】（ジンキョウ）人里。人々の多く群がり集まって住む場所。＊陶潜‐飲酒「結レ廬在二人境一、而無二車馬喧一（ロをむすんでジンキョウにあり、しかもシャバのケンなし）〔＝そまつな家を人里に構えて住んでいるが、それでも車馬のうるさい音は聞こえない〕」

【人君】（ジンクン）人の君たるもの。君主。

【人形】（ジンケイ｜ニンギョウ）①（ジンケイ）人の形。②（ニンギョウ）人の形に作った装飾・愛玩（アイガン）用のもの。演劇などに用いるものもある。『五月人形』『人形劇』『雛（ひな）人形』

【人傑】（ジンケツ）すぐれた人物。英傑。俊傑。

【人権】（ジンケン）人間が、人間として当然に持っている、生命・自由・名誉などに関する権利。『基本的人権』

【人言】（ジンゲン）①人の話すことば。人語。②世人のうわさ。

【人後】（ジンゴ）他人のあと。他人より下の地位。【落二人後一（ジンゴにおつ）】他人に劣る。ひけをとる。〔李白‐流二夜郎一贈二辛判官一〕

【人語】（ジンゴ）①人間の言葉。②人の話し声。＊王維‐鹿柴「但聞二人語響一（ただジンゴのひびきをきくのみ）〔＝ただ人の話し声がこだまして聞こえてくるだけである〕」

【人口】（ジンコウ）①人の口。世間の人のうわさ。②ある一定の地域に住む人の総数。【膾二炙人口一（ジンコウにカイシャす）】（「膾」はなます、「炙」はあぶり肉で、それらがどんな人にも賞味されるところから）人々の話題となり、口に上ること。〔林嵩（リンスウ）‐周朴詩集序〕

【人工】（ジンコウ）自然物に人間の力が加えられること。また、人間がつくったものであること。『人工衛星』『人工芝』

【人行】（ジンコウ）人の行い。また、人の通行。往来。

【人皇】（ジンコウ｜ニンノウ）①（ジンコウ）天地人三才の思想に基づく、中国古代の伝説上の帝王。②（ニンノウ）国神代の天神七代、地神五代に対して、神武天皇以後の天皇をいう。

【人国記】（ジンコクキ）国別または府県別に、出身人物に論評を加えた書物。

【人材】（ジンザイ）才能のある人物。役に立つ人物。『有為の人材』『人材登用』

【人士】（ジンシ）地位や教育のある人々。『各界の人士』

【人事】（ジンジ）①（自然、超自然に対して）人間社会に関する事柄。＊杜甫‐新婚別「人事多二錯迕一（ジンジにはサクゴおおし）〔＝人の世はちぐはぐなことが多いものだ〕」②人の行う、また行うべき事柄。また、人のなし得る仕事。＊読史管見‐晋紀・武帝「尽二人事一待二天命一（ジンジをつくしてテンメイをまつ）〔＝人としてなし得る限りのことをやり尽くして、その結果はただ天命にまかせる〕」③人としての意識。『人事不省（ジンジフセイ）』④個人の身分、職務、能力などに関する事柄。『人事異動』

【人日】（ジンジツ）陰暦正月七日の称。日本で、五節句の一。

【人爵】（ジンシャク）人間の制定した爵位、また官禄。↔天爵。〔孟子‐告子上〕

【人主】（ジンシュ）人君。君主。

【人種】（ジンシュ）形態に関する共通の遺伝的特徴を持つ人の自然的な集団。『人種差別』『黄色人種』『白色人種』

【人寿】（ジンジュ｜ニンジュ）人間の寿命。

【人衆】（ジンシュウ）人の多いこと。大勢の人々。

【人処】（ジンショ）人のいるところ。＊王維‐終南山「欲下投二人処一宿上（ジンショにトウじてシュクせんとほっして）〔＝どこか人家のあるところを見つけて宿をとろうとして〕」

【人蹤】（ジンショウ）人の足あと。また、人の往来。＊柳宗元‐江雪「万径人蹤滅（バンケイジンショウメッす）〔＝すべての小道に人の歩いた足跡もまるでない〕」

【人色】（ジンショク）人の顔つき。人の顔色。

【人心】（ジンシン）①人間が普通に持っている、人間としての心。②世の人々の考えや気持ち。『人心の一新』

【人臣】（ジンシン）臣下。家来（ケライ）。『位、人臣を極める』

【人身】（ジンシン）①人間の体。人体。『人身事故』『人身売買』②人の、個人としての身分や境涯。『人身保護』

【人世】（ジンセイ）人の世の中。世間。『人世を活写する』

【人生】（ジンセイ）①人間がこの世に生きてゆくこと。人間の生活や生き方。『人生行路』『人生観』②人間がこの世に生きる期間。人の一生。【人生感二意気一（ジンセイイキにカンず）】人間は相手の気性のいさぎよさに感じて仕事をするのであって、金銭や名誉など私欲のためにするのではない。〔魏徴‐述懐〕【人生得レ意須レ尽レ歓（ジンセイイをえばすべからくカンをつくすべし）】人間は志を達したならば、そのあとは十分に歓楽を尽くすがよい。〔李白‐将進酒〕【人生七十古来稀（ジンセイシチジュウコライまれなり）】人間七〇歳まで長生きする者は昔からごくまれである。〔杜甫‐曲江〕♥この句から七〇歳のことを「古稀（希）」という。【人生如二朝露一（ジンセイはチョウロのごとし）】人間の一生は、朝の露が陽を受けてすぐに消えてしまうように、もろくはかないものであるというたとえ。〔漢書‐蘇武伝〕

【人性】（ジンセイ｜ひとのせい）人が生まれつき持っている自然な性質。＊孟子‐告子上「人性之善也、猶二水之就一レ下也（ひとのセイのゼンなるは、なおみずのひくきにつくがごときなり）〔＝人の本性が善であるというのは、ちょうど水が低いほうに流れるようなものだ〕」

【人跡・人迹】（ジンセキ）人の足あと。人の往来。『人跡未踏』

【人選】（ジンセン）その目的にかなう人を選び出すこと。

【人造】（ジンゾウ）自然のものに似せて、人間がつくること。人工的につくること。『人造繊維』『人造人間』

【人体】（ジンタイ｜ニンテイ）①（ジンタイ）人間の身体。からだ。『人体実験』『人体模型』②（ニンテイ）その人の姿、様子。人品。風采（フウサイ）。『いやしからぬ人体』

【人知・人智】（ジンチ）人間の知識、知恵。『人知の及ばぬと

2画 二亠人(ヘ・イ)儿入八(ソ)冂冖冫(ミ)几凵刀(刂)力勹匕匚匸十卜卩(㔾)厂ム又

ころ』▼「知」は「智」を書き換えたもの。

【人畜（ジンチク）】①人間と家畜。『人畜無害』②人情のない人をののしっていう語。ひとでなし。

【人中（ジンチュウ｜ニンチュウ）】①多くの人のなか。ひとなか。②鼻と口との間のほそ長いみぞ。

【人定（ジンテイ｜ニンジョウ）】①（ジンテイ）裁判などで、当人であるかどうかを確かめること。『人定尋問』②（ニンジョウ）人々が寝静まる時刻。亥の刻。午後一〇時頃。

【人的（ジンテキ）】人に関しているさま。『人的資源』

【人天（ジンテン｜ニンテン）】人と天と。人間界と天上界。

【人頭（ジントウ｜ニントウ）】①人の頭。『人頭税〔＝各個人に対して一律に同額を課する租税〕』②あたまかず。人数。

【人道（ジンドウ｜ニンドウ）】①人として行うべき道。『人道的』②歩道のこと。↕車道。③（ニンドウ）仏語。五趣・六道の一。人趣（ニンシュ）。人界（ニンガイ）。

【人徳（ジントク｜ニントク）】その人に備わっている徳。

【人品（ジンピン）】ひとがら。人格。品性。

【人風（ジンプウ）】人民の風俗習慣。民情。民風。〖観二人風一者（ジンプウをみるもの）〗民情を観察する者。為政者。＊柳宗元-捕レ蛇者説「為二之説一、以俟下夫観二人風一者得上焉（これがセツをつくりて、もってかのジンプウをみるもののうるをまつ）〔＝この一文をしたため、国民の様子を観察する為政者が読んでくれることを期待するのである〕」

【人物（ジンブツ）】①人。人間。『人物画』②人柄。ひととなり。『好人物』③能力や人柄のすぐれた人。『大人物』

【人文（ジンブン｜ジンモン）】人間の築いた文明。人類の文化。『人文の発達』【人文科学（ジンブンカガク）】人類文化に関する学問の総称。自然科学に対し、政治、経済、社会などの社会科学、歴史、文芸、言語などの文化科学。

【人糞（ジンプン）】人間の排泄（ハイセツ）したくそ。

【人望（ジンボウ）】世間の人から寄せられる尊敬や信頼や期待。

【人牧（ジンボク）】地方の人民を治める人。地方の長官や諸侯または豪族など。

【人脈（ジンミャク）】政界、財界、学界などで、同じ系統、系列に属する人々のつながり。

【人民（ジンミン）】国家を構成し、社会を組織しているごく一般の人々。『人民裁判』『人民戦線』

【人名（ジンメイ）】人の名。『人名簿』【人名用漢字（ジンメイヨウカンジ）】常用漢字表に掲げる漢字以外に、戸籍登録上、人の名に用いることができると認められる漢字。

【人命（ジンメイ）】人間の命。『人命救助』『人命尊重』

【人面獣心（ジンメンジュウシン｜ニンメンジュウシン）】恩義、人情、恥を知らない人をののしっていう語。人でなし。

【人面桃花（ジンメントウカ）】（美人の顔と桃の花の意から）自然にくらべると、人間の存在ははかないものであるということ。＊崔護-題二都城南荘一「人面桃花相映紅（ジンメントウカあいエイじてくれないなり）〔＝美しい人の顔と桃の花とが映り合って、紅色になっていた〕」▼中国、晩唐の孟棨（モウケイ）の小説「人面桃花」の題は、この句による。

【人妖（ジンヨウ）】①人がひき起こす怪しい出来事。悪政がもたらす変事。②人の形をした怪物。人のおばけ。

【人籟（ジンライ）】人が吹き鳴らす笛の音。転じて、人の出すさまざまの音。〔荘子-斉物論〕↕天籟

【人理（ジンリ）】人としてそうあるべき道理。人道。人倫。

【人力（ジンリキ｜ジンリョク）】人の力。人間の能力。【人力車（ジンリキシャ）】人を乗せ、人の力で引く二輪車。

【人倫（ジンリン）】①君臣・父子・兄弟・夫婦など上下尊卑の人間関係や秩序。また、それを保持する道徳・倫理。転じて、人として行うべき道や倫理。五倫。『人倫にもとる』②ひと。人々。人間一般。

【人類（ジンルイ）】人間の同類の総称。生物学的には哺乳（ホニュウ）類の霊長目ヒト科に属する動物の総称。『文化人類学』

【人和（ジンワ｜ひとのワ）】人々が互いになごやかな関係を保っていること。〔孟子-公孫丑下〕

【人魚（ニンギョ）】上半身が女身で下半身は魚の形をした想像上の動物。

【人称（ニンショウ）】文法で、ある動作の主体が話し手、聞き手、第三者のいずれであるかの区別。一人称、二人称、三人称の別がある。『人称代名詞』

【人情（ニンジョウ）】人間が本来持っている心の動き。人間が自然に備えている情愛。『人情味』『不人情』

【人参（ニンジン）】①セリ科の二年草。根は肥厚し赤黄色を帯び、食用にする。②朝鮮人参のこと。ウコギ科の薬用植物。根を強壮薬とする。

【人数（ニンズウ）】①人の数。あたまかず。『出席者の人数』『小人数』②多数の人。大勢。『人数を繰り出す』

【人相（ニンソウ）】①人の顔つき。『人相書き』②人の顔つきを見て占うこと。また、その相。『人相学』

【人足（ニンソク｜ひとあし）】国①（ニンソク）荷役や、土木工事などの力仕事に従事する労働者。人夫。②（ひとあし）人の往来。

【人夫（ニンプ）】人足（ニンソク）のこと。

【人別（ニンベツ）】①人ごとに割り当てること。②人口、また人口調査のこと。『人別改め』『人別帳』

〖不レ忍レ人之心（ひとにしのびざるのこころ）〗人の不幸を黙って見ていられない心。人が不幸の状態にあるとき、それを無慈悲に見すごせない気持ち。＊孟子-公孫丑上「以二不レ忍レ人之心一、行二不レ忍レ人之政一、治二天下一可レ運二之掌上一（ひとにしのびざるのこころをもって、ひとにしのびざるのまつりごとをおこなわば、テンカをおさむることこれをショウジョウにめぐらすべし）〔＝人の不幸を黙って見すごせない心で、思いやりのある政治を行ったならば、天下を治めることも、まるで手のひらの上に物を転がすようにたやすいものである〕」

〖為レ人（ひとのためにす｜ひとのために｜ひととなり）〗①（ひとのためにす）世間の人に認められようとしてする。他人を意識して行う。＊論語-憲問「古之学者為レ己、今之学者為レ人（いにしえのガクシャはおのれのためにし、いまのガクシャはひとのためにす）〔＝昔の学問をする者は、自分自身の修養のために学問したが、現今の学問する者は、世間の人に認められようとして学問をしている〕」②（ひとのために）他人のために。＊論語-学而「為レ人謀而不レ忠乎（ひとのためにはかりてチュウならざるか）〔＝人の世話をしてやったとき、自分の真心を尽くさないことはなかったかどうか〕」③（ひととなり）人がら。生来の性質。＊論語-学而「其為レ人也孝弟、而好レ犯レ上者鮮矣（そのひととなりやコウテイにして、かみをおかすことをこのむものはすくなし）〔＝その人がらが親に対して孝であり、兄や年長者に対して従順でありながら、目上の者に逆らうことを好む者は少ない〕」

〖人之将レ死、其言也善（ひとのまさにシなんとする、そのゲンやよし）〗人が死にのぞんでいうことばは、純粋で真実がこもっている。〔論語-泰伯〕

〖人必自侮、然後人侮レ之（ひとはかならずみずからあなどりて、しかるのちにひとこれをあなどる）〗人は自分で自分を侮り堕落させるから、世人もその人を侮るようになる。幸・不幸は自分から招くということ。〔孟子-離婁上〕

〖不三以レ人廃二言（ひとをもってゲンをハイせず）〗人によってそのことばを無視してしまうようなことはしない。つまらない人のことばでも、その内容がりっぱなものであれば、それを採用すべきである。〔論語-衛霊公〕

132 【从】 4826 503A 98B8 人-2

ジュウ「従」(2291)の異体字

[内]⇩502 [囚]⇩1218 [坐]⇩1263

［夾］⇩1506 ［巫］⇩2014

133 【來】 4852 5054 98D2 人－6
ライ 「来」(3305)の旧字

［臾］⇩6475

134 【業】 ＊5626 人－10
ボク㊐・ホク㊜／pú
字解 不詳。丵(ギザギザの刃のある武器、また、糞などを入れる箕(み)の象形など諸説がある)＋大(両手にもつさまか)というが、いま仮に人部に入れる。きたなくてわずらわしい、ふぞろい、また、卜に通じて、あらけずり、などの意とする。
同属字 僕・幞・撲・樸・璞・蹼

人 2画

135 【仄】 4828 503C 98BA 人－2
ソク㊐・ショク㊜／zè／ほのか
字解 会意。人＋厂(がけ)。がけに頭を傾けよせる、かたむく意。
意味 ❶かたむく。かたよる。また、かたわら。いやしい。せまい。『仄日』『仄陋』❷漢字音の四声のうち、平声に対する上声、去声、入声の三声を合わせた称。『仄韻』『平仄(ヒョウソク)』❸国ほのかに。わずかに。『仄仄(ほのぼの)』

❶かたむく。かたわら。また、いやしい。

【仄日(ソクジツ)】西に傾く日。夕日。斜陽。

【仄聞(ソクブン)】間接的に聞くこと。ほのかにうわさに聞くこと。『仄聞するところでは』❤「側聞」とも書く。

【仄陋(ソクロウ)】身分がいやしい。みすぼらしい。

❷四声で、上声、去声、入声を合わせた称。

【仄韻(ソクイン)】①漢詩作法上で、漢字の音の四声のうち、平声以外の上声・去声・入声の三声。また、それに属する字。②漢詩で、仄字で韻をふむこと。また、その詩。

【仄字(ソクジ)】漢字で、仄の韻をもつ字。四声のうち、上声・去声・入声に属する漢字。

【仄声(ソクセイ)】漢字の四声のうち、上・去・入の三声の総称。

【仄起(ソクキ)―(ソクおこり)】漢詩の近体詩で、第一句の第二字が仄字で始まり、以後の平仄(ヒョウソク)を規定すること。

人 7画

136 【俎】 4857 5059 98D7 人－7
(4592)〔爼〕 6412 602C E0AA 爻－5
ソ㊐・ショ㊜／zǔ／まないた
字解 形声。仌(肉)＋且(のせるための台)㊒。祭事で供えものをのせる台の意。

甲骨文

篆文

意味 まないた。『樽俎(ソンソ)』『鼎俎(テイソ)』『刀俎(トウソ)』
【俎上(ソジョウ)】まないたの上。【俎上肉(ソジョウのニク)】(まないたの上の肉の意から)相手のなすがままになるほかない状態、運命の尽きたもののたとえ。〔晋書‐孔坦伝〕
【俎豆(ソトウ)】①中国古代の祭器の名。「俎」は儀式のときに肉をのせるまないた、「豆」は食物を盛るたかつきで、いずれも木製。転じて、礼法のこと。②お供えをしてまつりあげること。〔論語‐衛霊公〕

人 1画

137 【亾】 ＊1878 人－1
ボウ 「亡」(103)の異体字

138 【以】 1642 304A 88C8 人－3 常4
(40)〔㠯〕 二－4
イ㊐㊜／yǐ／もちて・もって

筆順

字解 形声。人＋厶(㠯の変形)㊒。もと㠯。象形。すきの形に象る。これを用いて柔らかく耕すことから、用いる意。借りて、助字に用いる。

甲骨文

金文

篆文

同属字 似
参考 万葉仮名では音を借りて「い」。平仮名「い」の字源。

意味 ❶もちいる。使う。もってする。＊論語‐公冶長「道レ之以レ徳(これをみちびくにトクをもってす)」〔＝人民を導くのに道徳を用いる〕❷ひきいる。「率」に同じ。＊十八史略‐春秋戦国「越王勾践、以二余兵一棲二会稽山一(エツオウコウセン、ヨヘイをひきいてカイケイザンにすむ)」〔＝越王の勾践は、残兵を引き連れて会稽山にたてこもった〕❸…より。時・所・量などで、そこを基点として。普通は、その基点をも含めていう。『以往』『以上』『以前』❹もって。㋑…で。手段・方法を示す。＊韓非子‐難「以二子之矛一、陥二子之楯一、何如(シのほこをもって、シのたてをとおさば、いかん)」〔＝あなたの矛で、あなたの楯を突いたらどうなるのか〕㋺…によって。…のために。理由・原因を示す助字。『所以(ゆえん)』＊小学「勿下以二悪小一為上レ之(アクのショウなるをもってこれをなすことなかれ)」〔＝悪事が小さなことだからといって、これを行ってはいけない〕㋩そして。それで。接続を示す。＊陶潜‐帰去来辞「舟揺揺以軽颺(ふねはヨウヨウとしてもってかるくあがる)」〔＝舟はゆらゆらとして軽く波に揺られる〕❺わけ。ゆえ。理由を示す。＊李白‐春夜宴二桃李園一序「古人秉レ燭夜遊、良有レ以也(コジンショクをとりてよるあそぶ、まことにゆえあるなり)」〔＝昔の人があかりを持って夜まで遊んだというのは、本当にもっともなことである〕❻すでに。「已」に同じ。＊史記‐項羽本紀「項王見二秦宮室皆以焼残破一(コウオウ、シンのキュウシツみなすでにやかれてザンパするをみる)」〔＝項王は、秦の宮廷がすべて焼かれて破壊されてしまったのを見た〕❼ともに。ともにする。一緒に。「与」に同じ。＊論語‐微子「而誰以易レ之(しかるをたれとともにかこれをかえん)」〔＝それなのに、誰と一緒に世の中を変えようというのか〕❽はなはだ。「已」に同じ。＊孟子‐滕文公下「不二以急一乎(はなはだキュウならずや)」〔＝ひどくせっかちではないか〕❾あて字。『以呂波(いろは)』

❸そこを基点として。

【以遠(イエン)】その場所を含めたある所より遠いこと。

【以往(イオウ)】①ある時点より後。以後。『明治以往百年』②(「已往」〔＝ある時点より前〕と混同されて)以前。

【以下(イカ)】①ある数量や程度、段階より下であること。数量の場合、その基準も含む。→未満。↕以上。『一八歳以下』②(代表として掲げる語に付いて)それを始めとして。『社長以下五名』③これからあとに述べること。↕以上。『以下省略』

【以外(イガイ)】①ある範囲の外側。↕以内。②それを除く他の物事。そのほか。

【以還(イカン)】ある時点よりこのかた。以後。

2画 二亠人(へ・イ)儿入八(ソ)冂冖冫(ミ)几凵刀(刂)力勹匕匚匸十卜卩(㔾)厂厶又

【以後】①それよりのち。↔以前。『維新以後の日本』②今よりのち。これから先。『以後一切しません』

【以降】ある基準になる時から、それよりのち。

【以次】(「シ」は「次」の漢音) 官位地位などによる席順が、上席の人に次ぐこと。次席。次位。

【以上】①ある数量や程度、段階より上であること。数量の場合、その基準も含む。↔以下。『千円以上』『予想以上』②上にあげた事柄。今まで述べた事柄。↔以下。『以上の点から判断すると』③…のうえは。…からには。『知った以上(は)、捨てておけない』

【以前】①それより前。前の段階。多く、基準となる時点を含む。↔以後。『奈良朝以前』②現在から隔たった過去のある時期。昔。『以前勤めていた会社』

【以内】①ある範囲の内側。↔以外。『この線以内は立入禁止』②数量や順位を表す語に付いて、ある基準を含んで、それよりも少ない範囲。『一〇キロ以内』

【以来】…よりあと。…からずっと引き続いて。

❹ もって。

【以心伝心】①仏語。悟りや真理を心から心へと伝えること。＊禅源諸詮集都序「但以心伝心、不立文字」〔＝心から心に伝え、言葉や文字を用いない〕②無言のうちに心が通じ合うこと。

【以為】…と思う。…と考える。＊戦国策-楚「虎不知獣畏己而走也、以為畏狐也」〔＝虎は獣たちが自分をこわがって逃げるのだとはわからなかった。狐をこわがって逃げるのだと思っていた〕♥「以二…一為二…一」(…をもって…となす)より。

139 【倝】＊1754 人-8 (786)〔𠦝〕十-6

カン漢 gàn

字解 形声。旦＋㫃(声)。もと、象形。飾りのついた長大な旗棹に象る。日が高くあがってかがやく意。

同属字 乾・朝・戟・幹・榦・翰・韓

八

〔个〕⇩45

140 【介】 1880 3270 89EE 人-2 常

ケ呉・カイ漢 jiè／すけ

筆順 介 介 介 介

字解 会意。人＋八(分ける)。人がわけ入ることから、へだてる・助ける意。介の字形は、筆順とともに楷書で一般化した。

甲骨文 篆文

同属字 界・芥・价

参考 片仮名「ケ」の字源。

意味 ❶わける。わけいる。間にはいる。間にある。『介在』『介入』❷たすける。世話をする。『介助』『介抱』❸心にかける。気にとめる。『介意』❹かたい。かたく守る。『介介』『介石』❺よろい。こうら。『魚介類』❻大きいさま。『介弟』『介福』❼小さいさま。わずか。『一介』『繊介』❽物を数える語。個。个。❾国すけ。日本の令制で四等官の第二。国司の次官。❿人名。『介之推』

❶ わける。わけいる。間にはいる。

下接 使介・紹介・走介・仲介・媒介

【介在】間にはさまってあること。『介在する障害』

【介然】①間に物がはさまって気になるさま。さっぱりしないさま。②落ち着かないさま。→❹

【介入】関係の中に入り込むこと。『軍事介入』

❷ たすける。世話をする。

下接 節介・擯介・厄介

【介錯】国切腹する人のそばに付き添って、その首を切ること。『介錯人』♥もと、付き添って世話をする意。

【介助】たすけ。介添え。『分娩の介助』

【介抱】国病人や負傷者などの世話をすること。

❸ 心にかける。気にとめる。

【介意】気にかけ、心にとめること。

【介心】気にかける。介意。→❹

❹ かたい。かたく守る。

下接 狷介・耿介・孤介・清介

【介介】①世俗と相いれないさま。②一つのことにこだわるさま。

【介心】かたいこころ。→❸

【介石】自分の志を守ることが石よりも堅いこと。

【介然】堅固なさま。また、断固としたさま。また、孤立しているさま。→❶

【介立】他のものの力をあてにしないで、自分だけの力で物事を行うこと。ひとりだち。独行。

❺ よろい。こうら。

【介士】甲冑を身に着けた武士。介者。

【介虫】カブトムシ、コガネムシ、カミキリムシなど、鞘翅目の昆虫。甲虫。

【介冑】(「冑」は兜の意) よろいと、かぶと。また、それを身に着けること。甲冑。鎧冑。

【介鱗】(「鱗」は、うろこの意) 甲殻類と魚類。

❻ 大きいさま。

【介弟】他人の弟に対する敬称。大弟。

【介福】大きな幸福。

❿ 人名。

【介之推】中国、春秋時代の隠者。晋の文公が公子の時、ともに亡命し、自分の股の肉を食べさせてその飢えをしのがせたが、帰国後、逆にうとんぜられたので、母親とともに綿山に隠れ住んだ。文公は山から出させようとして山を焼いたが、とうとう出ないで焼死した。のち、文公はこれをあわれみ、この日に火を用いることを禁止したという。〔左伝-僖公二四〕

141 【今】 2603 3A23 8DA1 人-2 常2 (143)〔今〕二-3 人-3

コン呉・キン漢 jīn／いま

筆順 今 今 今 今

字解 会意。亼(中につつみ合わせる)＋フ(もの)。中のの原字。借りて、いまの意に用いる。

ものをすっぽりとおおい包むことから、おおう意。陰

同属字 含・念・衾・貪・岑・琴・吟・矜・衿・黔・陰

意味 ❶いま。昔に対して、現在。『古往今来(コオウコンライ)』 ❷いまのひとくぎり。この度。この。『今回(コンカイ)』 ❸いまかりに。もしいま。仮定を示す。＊孟子-公孫丑上「今人乍見(いまひとたちまち)ニ孺子(ジュシ)将(ニ)入(ラントスルヲみれば)ニ於井(ニ)、皆有(ニ)怵惕惻隠之心(ジュツテキソクインのこころあり)ニ」〔＝かりに今、人が不意に幼児が井戸に落ちそうになるのを見かければ、だれでも皆はっと驚いていたみあわれむ心が起きるであろう〕」

下接 ❶いま。昔に対して、現在。
現今(ゲンコン)・古今(ココン)・昨今(サッコン)・当今(トウコン)

【今体(キンタイ)】①現在行われている形式や体裁。②中国で、六朝(リクチョウ)の詩文の古体に対し、唐代以後の詩文をいう。近体。『今体詩』

【今文(キンブン)】①中国、漢の書体の一種。秦代の篆書(テンショ)、籀文(チュウブン)を古文と呼ぶのに対し、漢代の隷書をいう。②中国、経書のテキストの一種。焚書(フンショ)で失われた儒家の経典を、漢初に復活させる際、学者が暗誦してきた文章を隷書で記したもの。【今文学(キンブンガク)】中国哲学において、「春秋公羊(クヨウ)伝」など、今文の経書を重んずる学問。前漢に官学として主流を占めた。

【今隷(キンレイ)】(漢代の隷書を古隷というのに対して)魏(ギ)・晋(シン)以後の楷書をいう語。真書。

【今案意楽(コンアンイラク)】いまの考えをすばらしいものと思い楽しむこと。

【今時(コンジ・いまどき)】このごろ。現代。当世。

【今昔(コンジャク・コンセキ)】今と昔。昔と現代。『今昔の感』

【今人(コンジン・キンジン)】現在、生きている人。＊劉希夷-代下悲ニ白頭ー翁上「古人無(ニ)復洛城東(コジンまたラクジョウのひがしになく)ー、今人還対(ニ)落花風(コンジンまたラッカのかぜにタイす)ー」〔＝洛陽の東の町に、昔(花を見て暮らした)人はもういない、そして今の人が昔の人と同じように花散らす風に吹かれて嘆いている〕」

【今是昨非(コンゼサクヒ)】今日は是で昨日は非であること。過去の過ちを今初めて悟ることをいう。〔陶潜-帰去来辞〕

【今日(コンニチ)】近ごろ。今の時代。現在。→❷

❷いまのひとくぎり。この度。この。

下接 延今(エンコン)・自今(ジコン)・爾今(ジコン)・如今(ジョコン)・即今(ソッコン)・方今(ホウコン)・目今(モッコン)・而今而後(ジコンジゴ)／只今(ただいま)・唯今(ただいま)

【今上(キンジョウ)】「今上天皇」の略。在位中の現在の天皇。

【今雨(コンウ・キンウ)】(「雨」は「友」に音が通じる) 新しくできた友人。↔旧雨。〔杜甫-秋述〕

【今回(コンカイ)】このたび。今度。

【今暁(コンギョウ)】今日の夜明け方。今朝。『今暁の冷え込み』

【今後(コンゴ)】今からあと。これから先。以後。

【今次(コンジ)】今度。今回。『今次の大戦』

【今茲(コンジ)】今年。本年。

【今春(コンシュン)】今年の春。＊杜甫-絶句「今春看又過(コンシュンみすみすまたすぐ)」〔＝今年の春も見るまにまた過ぎ去ろうとしている〕」

【今宵(コンショウ・こよい)】今夜。今晩。

【今生(コンジョウ)】この世に生きている間。この世。

【今夕(コンセキ)】今日の夕刻。また、今晩。

【今旦(コンタン)】今日のあさ。けさ。

【今朝(コンチョウ・けさ)】今日の朝。

【今度(コンド)】①今回。②このたび。今般。③この次。次回。『また今度』

【今日(コンニチ・きょう)】今、身を置いている、その日。→❶

【今年(コンネン・ことし)】本年。＊劉希夷-代下悲ニ白頭ー翁上「今年花落顔色改(コンネンはなおちてガンショクあらたまり)、明年花開復誰在(ミョウネンはなひらくもまたたれかある)」〔＝今年の花が散って人の顔も変わっていき、来年に花が開く時もまただれが無事にとどまっていようか〕」

【今晩(コンバン)】今日の晩。こよい。

【今般(コンパン)】このたび。今度。↔先般・過般

【今夜(コンヤ)】今日の夜。今晩。

難読地名 今帰仁(なきじん)村(沖縄)　今治(いまばり)市(愛媛)　今田(こんだ)町(兵庫)

142【仐】＊1636 人-2 サン「傘」(156)の異体字

143【亼】人-3 コン「今」(141)の異体字

144【㐱】人-3 シン㊥\zhěn

字解 指事。人のからだに三点を付し、人体に生じる皮膚病の意。疹の原字。また、填に通じ、充満する・密度が高い意を表す。

同属字 參(参)・疹・殄・昣・袗・紾・診・趁・軫

145【仝】0124 2138 8157 人-3 ドウ「同」(949)の異体字

146【令】4665 4E61 97DF 人-3 常4 リョウ(リャウ)㊉・レイ㊥／líng・lǐng／しむ

筆順

字解 会意。亼(あつめる)＋卩(＝卪、ひざまずいた人)。人々が跪(ひざまず)いて神意を聴くことから、いいつける意。

同属字 囹・苓・笭・零・翎・領・鴒・伶・冷・泠・怜・玲・蛉・羚・聆・鈴・齢(齡)

意味 ❶いいつける。命ずる。いいつけ。『令状』『命令』 ❷のり。おきて。法制。律令制度で、刑罰を定めた律に対して、行政上の法令。単に令(リョウ)というとき、特にわが国の大宝令、養老令などをさす。『法令』 ❸おさ。長官。『家令(カレイ)』『県令(ケンレイ)』 ❹よい。りっぱな。『令色』 ❺他人の家族に対する尊称。『令夫人(レイフジン)』 ❻しむ。…に…させる。使役を示す助字。「使」に同じ。＊文選-古詩十九首「思(ニ)君令(ニ)人老(きみをおもえばひとをしておいしむ)ー」〔＝あなたのことを思うと、それだけでもうわたしは老いこんだようになる〕」 ❼しめば。もし。たとい。仮定を示す。「使」に同じ。『仮令(たとい・もし)』『縦令(たとい・もし)』＊史記-魏其武安侯伝「令(ニ)我百歳後(ー)、皆魚(ニ)肉之(ー)(われをしてヒャクサイののちならしめば、みなこれをギョニクとせん)」〔＝もし私が死んだならば、みな(私の弟を)魚肉のように食い尽くしてしまうだろう〕」

下接 ❶いいつける。命ずる。いいつけ。
威令(イレイ)・厳令(ゲンレイ)・号令(ゴウレイ)・赦令(シャレイ)・省令(ショウレイ)・詔令(ショウレイ)・司令(シレイ)・指令(シレイ)・使令(シレイ)・辞令(ジレイ)・伝令(デンレイ)・命令(メイレイ)・箝口令(カンコウレイ)・朝令暮改(チョウレイボカイ)

【令旨(リョウジ・レイシ)】国 公式様(クシキヨウ)文書の一。皇太子ならび

に三后の命令を伝えるために出される文書。

【令書(レイショ)】国行政官庁が私人に交付する命令の書類、文書。『徴税令書』

【令状(レイジョウ)】国①命令を記した書状。『召集令状』②強制処分を内容とした裁判所が発する書面。

【令達(レイタツ)】国命令の伝達。

❷ のり。おきて。法制。

下接 違令(イレイ)・苛令(カレイ)・教令(キョウレイ)・禁令(キンレイ)・訓令(クンレイ)・憲令(ケンレイ)・甲令(コウレイ)・条令(ジョウレイ)・時令(ジレイ)・新令(シンレイ)・政令(セイレイ)・布令(フレイ)・法令(ホウレイ)・律令(リツリョウ)・大宝令(タイホウリョウ)・養老令(ヨウロウリョウ)

【令外(リョウゲ)】国日本の大宝令または養老令の条文に規定されていないということ。『令外の官』

❸ おさ。長官。

【令尹(レイイン)】①中国、周代、楚国の官名。上卿で政治をとる最高の官位。転じて、宰相。②(「尹」も長官の意)地方長官の異称。▼秦漢以来、県の長官を令といい、唐代、府の長官を尹といったところから。

【令史(レイシ)】令制の四等官の最下位。司・監・署等の主典。

【令丞(レイジョウ)】長官と次官。

❹ よい。りっぱな。

【令月(レイゲツ)】①めでたい月。すべての物事を行うのによい月。②陰暦二月の異称。

【令日(レイジツ)】めでたい日。佳日。

【令色(レイショク)】人に気に入られるように顔色をつくろい飾ること。*論語-学而「巧言令色、鮮矣仁(コウゲンレイショク、すくなしジン)〔=口のうまい人間や、人にとり入ろうとする人間には、仁の心がない〕」

【令人(レイジン)】よい人。りっぱな人。

【令聞(レイブン)】よいきこえ。よい評判。

【令望(レイボウ)】①よいほまれ。よい評判。②他人の人望を敬っていう語。

【令名(レイメイ)】よい評判。名声。

❺ 他人の家族に対する尊称。

【令閨(レイケイ)】他人の妻を敬っていう語。令室。令夫人。

【令室(レイシツ)】他人の妻を敬っていう語。令夫人。令閨。

【令嬢(レイジョウ)】他人の娘を敬っていう語。↕令息

【令息(レイソク)】他人の子息を敬っていう語。↕令嬢

【令尊(レイソン)】他人の父を敬っていう語。尊父。令厳。

【令堂(レイドウ)】①他人の家を敬っていう語。②他人の母を敬っていう語。御母堂。令慈。

【令夫人(レイフジン)】他人の妻を敬っていう語。

【令郎(レイロウ)】=令息(レイソク)

147 【会】 1881 3271 89EF 人-4 常2

(3266)【會】4882 5072 98F0 曰-9 旧字

(3262)【㑹】二二 曰-8

エ(ヱ)(呉)・カイ(クヮイ)(漢)/huì・kuài/あう・あわす・あわせる

筆順 ノ 𠆢 亼 会 会 会

字解 会は會の草体から。會は会意。亼(ふた)+曾(こしき)省。こしきにふたをする、あう意。また、あつまる意。

甲骨文 金文 篆文

同属字 儈・噲・澮・獪・檜・膾・繪(絵)・鱠

意味 ❶あう。であう。㋑まみえる。『面会(メンカイ)』㋺物の出合うところ。『会厭(エエン)』❷あつまる。あつまり。組織された集団。『会議(カイギ)』❸一つに合わせること。あつめる。『照会(ショウカイ)』『付会(フカイ)』❹心にかなう。『理会(リカイ)』『領会(リョウカイ)』❺とき。おり。『機会(キカイ)』『節会(セチエ)』❻かならず。きっと。*白居易-長恨歌「天上人間会相見(テンジョウジンカンかならずあいみん)〔=天上と人間界と遠く離れているが、きっとお会いするときがあるだろう〕」❼たまたま。折よく。あいにく。*史記-陳渉世家「会天大雨、道不通(たまたまテンおおいにあめふり、みちツウぜず)〔=折しも大雨が降り、道路は不通となった〕」❽地名。『会稽』 ⇓表

会(カイ)	合(ゴウ・ガッ)
会合	
ひとつところにあつまって、あう。	ぴったりとあわさる。
会議 集会 照会 会計 会葬 密会	合議 集合 照合 合計 合掌 談合

❶ あう。であう。

下接 一会(イチエ)・運会(ウンカイ)・期会(キカイ)・後会(コウカイ)・再会(サイカイ)・際会(サイカイ)・出会(シュッカイ)・面会(メンカイ)・融会(ユウカイ)・離会(リカイ)

【会陰(エイン)】外陰部と肛門(コウモン)との間の部分。ありのとわたり。

【会厭(エエン)】喉頭(コウトウ)の入り口にあって、食べ物が気管に入るのを防ぐ舌状の器官。

【会者定離(エシャジョウリ)】会うものは必ず別れる運命にあるということ。〔法華経-譬喩品〕『生者必滅、会者定離』

【会遇(カイグウ)】①偶然ある物事・時期に出会うこと。遭遇。②会談すること。*史記-廉頗藺相如伝「会遇之礼畢還、不過三十日(カイグウのレイおわりてかえるまで、サンジュウニチをすぎざらん)〔=会談の儀式を終えて帰国するまで、三十日を越すことはないだろう〕」

【会見(カイケン)】改まった形で人に会うこと。『記者会見』

【会戦(カイセン)】国双方の大軍が出会って戦うこと。

【会談(カイダン)】面会して話し合うこと。『首脳会談』

【会面(カイメン)】顔を合わせること。再び会うこと。*文選-古詩十九首「道路阻且長、会面安可知(ドウロけわしくかつながし、カイメンいずくんぞしるべけんや)〔=道はけわしいうえに遠い、会えるのはいったいいつのことやらわからない〕」

【会話(カイワ)】相対して話を交わすこと。『英会話』

❷ あつまる。あつまり。

下接 宴会(エンカイ)・開会(カイカイ)・佳会(カカイ)・歌会(カカイ)・嘉会(カカイ)・雅会(ガカイ)・学会(ガッカイ)・議会(ギカイ)・休会(キュウカイ)・協会(キョウカイ)・教会(キョウカイ)・句会(クカイ)・好会(コウカイ)・国会(コッカイ)・参会(サンカイ)・散会(サンカイ)・司会(シカイ)・社会(シャカイ)・集会(シュウカイ)・定会(ジョウカイ)・常会(ジョウカイ)・盛会(セイカイ)・総会(ソウカイ)・村会(ソンカイ)・大会(タイカイ)・退会(タイカイ)・脱会(ダッカイ)・茶会(チャカイ)・町会(チョウカイ)・朝会(チョウカイ)・都会(トカイ)・入会(ニュウカイ)・納会(ノウカイ)・発会(ハッカイ)・部会(ブカイ)・分会(ブンカイ)・閉会(ヘイカイ)・法会(ホウエ)・密会(ミッカイ)・夜会(ヤカイ)・流会(リュウカイ)・例会(レイカイ)・灌仏会(カンブツエ)・精霊会(ショウリョウエ)/直会(なおらい)

【会座(ザエ)】仏語。説法、法要、法会などの集会に設けられた座席。また、それらの集会。

【会式(シキエ)】仏語。①法会(ホウエ)。また、その儀式。②日蓮宗で、宗祖日蓮の祥月命日とその前日に行う大法会。

【会議(カイギ)】会合して相談、議論すること。また、その会合、機関。『井戸端会議』『学術会議』

【会合(カイゴウ)】相談、討議などのために人々が集まること。

【会試(カイシ)】中国で行われた科挙(カキョ)の一過程。郷試(キョウシ)に及第した者が都に集まって受ける第二の試験。転じて、首都で行う官吏任用試験。

【会社(カイシャ)】商行為または営利を目的とする社団法人。

【会衆（カイシュウ―エシュ）】①（カイシュウ）会合、集会に寄り集まった人々。②（エシュ）仏語。法会に参集した人々。

【会食（カイショク）】人が寄り集まって、一緒に飲食すること。

【会席（カイセキ）】①何人かの人が会合する席。日本では多く、茶、俳諧（ハイカイ）などの集まりにいう。②国「会席料理」の略。酒宴の席などで一品ずつ皿に盛って会席膳を用いて出す上等な料理。本膳料理を簡略にしたもの。『会席膳』

【会葬（カイソウ）】葬儀に参列すること。『会葬御礼』『会葬者』

【会頭（カイトウ）】会の代表者。『商工会議所会頭』

【会同（カイドウ）】寄り集まること。会合。

【会読（カイドク）】人々が集まって読書し、話し合うこと。

【会民（カイミン）】人民を集めること。集まった人民。

【会盟（カイメイ）】集まって誓いをすること。また、その誓い。

【会友（カイユウ）】①同じ会の友人。②会員以外で、その会に特別な関係を持つ人。

【会猟（カイリョウ）】寄り集まって狩りをすること。戦争することを遠回しにいう言葉。

❸ 一つに合わせること。

【会意（カイイ）】漢字の六書（リクショ）の一。二つ以上の文字を、意味の上から組み合わせて新しい文字を作る法。「日」と「月」で「明」、「人」と「木」で「休」を作る類。

【会計（カイケイ）】①金銭や物品の出入りを取り扱って管理すること。『会計監査』②国代金の支払い。勘定。『会計をすませる』

❹ 心にかなう。

【会釈（エシャク）】国①軽くおじぎをすること。『会釈をかわす』②心配り。思いやり。『遠慮会釈もない』▼もと仏法を会得して釈然とする意。

【会得（エトク）】心にかなない自分のものにすること。

【会心（カイシン）】心にかなうこと。思いどおりで十分に満足すること。『会心の笑み』

❽ 地名。

【会稽（カイケイ）】「会稽山」の略。中国浙江省（セッコウショウ）にある山。

【会稽之恥（カイケイのはじ）】敗戦の恥辱。＊十八史略‐春秋戦国「女、忘ニ会稽之恥ー邪（なんじ、カイケイのはじをわすれたるか）〔＝お前はあの会稽山で受けた恥辱を忘れたのか〕」

難読地名 会津坂下（あいづばんげ）町（福島）

148 【企】 2075 346B 8AE9 人－4 常 キ（呉）（漢）/qǐ/くわだてる

筆順 企 企 企 企 企 企

字解 会意。人＋止（あし）。人が踵を上げつまさき立ちして遠望する、くわだてる意。

参考 万葉仮名では音を借りて「き（甲）」。

甲骨文

篆文

意味 ❶つまさき立ちしてのぞむ。あこがれる。『企望』『鶴企（カクキ）』『翹企（ギョウキ）』❷くわだてる。また、くわだて。『企画』『発企（ホッキ）』

❶ つまさき立ちしてのぞむ。あこがれる。

【企及（キキュウ）】努力して目標に追いつくこと。

【企羨（キセン―キエン）】のぞみしたうこと。

【企望（キボウ）】心からのぞみ願うこと。

❷ くわだてる。

【企画・企劃（キカク）】計画を立てること。『企画会議』▼書き換え「企劃→企画」。

【企業（キギョウ）】営利を目的として事業を営むこと。また、その組織体。『中小企業』

【企図（キト）】もくろみ計画すること。くわだて。もくろみ。

難読地名 企救（きく）半島（福岡）

149 【全】 3320 4134 9153 人－4 常3 (479)【仝】二一 入－4 旧字

ゼン（呉）・セン（漢）/quán/まったく・まっとうする・またい・まったい

筆順 全 全 全 全 全 全

字解 全は全を類形に合わせたもの。全は会意。王（＝玉、たま）＋入（不明。一説に整う意と音とを表すともいう）。整ったたまの意から、まったいの意。

同属字 痊・荃・筌・栓・詮・銓

意味 ❶まったい。かけたところがない。完璧。『完全』『万全』❷すべて。㋑ある範囲で残らずすべて。そのものすべて。ぜんたい。『全域』㋺同類のものすべて。数あるもののすべて。『全員』⇓表 ❸まったく。すっかり。余すところのないこと。『全然』

❶ まったい。かけたところがない。完璧。

下接 安全（アンゼン）・瓦全（ガゼン）・完全（カンゼン）・曲全（キョクゼン）・健全（ケンゼン）・十全（ジュウゼン）・成全（セイゼン）・存全（ソンゼン）・大全（タイゼン）・万全（バンゼン）・百全（ヒャクゼン）・不全（フゼン）・保全（ホゼン）・両全（リョウゼン）

【全人（ゼンジン）】知識、感情、意志の調和した、人格の円満な人。『全人教育』『全人的』

【全知・全智（ゼンチ）】あらゆることを見きわめる知恵。完全な知恵。『全知全能（ゼンチゼンノウ）』〔＝完全で欠けるところのない知能〕』▼「知」は「智」の書き換え。

【全能（ゼンノウ）】何事でも成し得る能力。

【全備（ゼンビ）】一つも欠けることなく完全に備わっていること。完備。

❷ すべて。ぜんたい。

全（ゼン） すべて、残らずみな。	全員	全軍	全力	全額	全体	全貌	全画
総（ソウ） 多くのものをあつめ、たばねる。	総員	総軍	総力	総額	総体	総攬	総画

【全域（ゼンイキ）】①地域、区域の全体。『関東全域』②分野、領域の全体。『科学の全域』

【全軍（ゼングン）】①軍隊内の全員。②軍隊であるものすべて。

【全景（ゼンケイ）】見渡すかぎりの全体の景色。

【全権（ゼンケン）】一切の権限、権利。『特命全権大使』

【全姿（ゼンシ）】全体のすがた。全容。

【全身（ゼンシン）】からだ全体。からだじゅう。『全身全霊（ゼンシンゼンレイ）』〔＝持っている体力と精神力のすべて〕』

【全体（ゼンタイ）】①体の全部。全身。②物、事柄、機構、組織など、一まとまりのもの全部。↔部分。『全体像』『全体的』③結論づけをするような場合に用いる語。もともと。『全体私には荷が重過ぎる』④疑問の意を強く表す場合に用いる語。一体。一体全体。『全体どうしたんだ』

【全的（ゼンテキ）】全部におよぶさま。全面的。『全的な信頼』

【全般（ゼンパン）】ある事柄の全体。全体として見た様子。

【全豹（ゼンピョウ）】ヒョウの皮全体の模様の意から、物事の全体のありさま。『一斑（イッパン）を見て全豹をトす（ボクす）』〔＝一部を見て全体を推量する〕』

【全幅（ゼンプク）】幅いっぱい。転じて、ある領域の全部。あらん限り。『全幅の信頼』
【全貌(ゼンボウ)】全体のありさま、姿。全容。
【全面(ゼンメン)】すべての面。表面全体。また、あらゆる方面。『全面降伏』『全面的』
【全容(ゼンヨウ)】全体の姿、形、内容。全貌(ゼンボウ)。
【全力(ゼンリョク)】出せるかぎりの力。『全力疾走』
【全霊(ゼンレイ)】すべてのたましい。ありったけの精神力。

❸ まったく。すっかり。

【全快(ゼンカイ)】病気がすっかり治ること。本復。

【全開(ゼンカイ)】すっかりあけきること。『エンジン全開』

【全盛(ゼンセイ)】この上なく盛んな時期や状態にあること。

【全然(ゼンゼン)】まったく。まるで。『全然知らない』 ▶普通、あとに打消しや否定的表現を伴って用いる。

【全治(ゼンチ|ゼンジ)】けががすっかりなおること。完治。

【全滅(ゼンメツ)】一つも残らず滅びること。また、一つも残さず滅ぼすこと。

【全癒(ゼンユ)】病気がすっかり治ること。全快。

【全裸(ゼンラ)】まるはだか。すっぱだか。↕半裸

［合］⇩948

150 【余】 4530 4D3E 975D 人－5 常5 (9028)【餘】 8117 7131 E950 食－7 旧字

ヨ 呉漢 /yú/ あまる・あまり・あます・われ

筆順 

字解 常用漢字では、余は餘の略体。餘は形声。食＋余(ゆたかな、また、あまり)声。ありあまる食物、ゆたかの意。余は、本来、餘と別字で象形。押し広げのばす道具に象り、のびる意。借りて、われの意に用いる。

甲骨文 金文 篆文 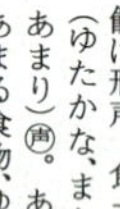

参考 万葉仮名では音を借りて「よ㊅」。

意味 ❶われ。おのれ。自分。「予」に同じ。『余輩』 *李白-山中問答「問余何意棲碧山(ヨニとうなんのイかへキザンにすむと)」〔=わたしにたずねた、どういうつもりで、こんな緑深い山に住んでいるのか、と〕 ❷あまる。あまり。㋑ある程度や期限をこえてのこること。『余白(ヨハク)』『剰余(ジョウヨ)』 ㋺ほかの意。『余談(ヨダン)』『余聞(ヨブン)』 ㋩数を表す語に付く場合、その数より少し多いことを表す。『一年余(イチネンヨ)』『二万余円(ニマンヨエン)』

❶ われ。自分。

【余輩(ヨハイ)】私。我。または、私たち。▶日本で、明治初期に多用された。

❷ あまる。あまり。ほかの。

下接 遺余(イヨ)・贏余(エイヨ)・課余(カヨ)・窮余(キュウヨ)・業余(ギョウヨ)・刑余(ケイヨ)・月余(ゲツヨ)・歳余(サイヨ)・三余(サンヨ)・残余(ザンヨ)・閏余(ジュンヨ)・丈余(ジョウヨ)・剰余(ジョウヨ)・緒余(ショヨ)・燼余(ジンヨ)・酔余(スイヨ)・睡余(スイヨ)・羨余(センヨ)・有余(ユウヨ)・零余(レイヨ)・紆余曲折(ウヨキョクセツ)

【余哀(ヨアイ)】後に残った悲しみ。いつまでも続く悲しさ。

【余威(ヨイ)】物事を成し遂げて、弾みのついた勢い。余勢。

【余意(ヨイ)】言外に含む意味。

【余音(ヨイン|ヨオン)】音が消えた後まで残っている響き。余韻。*蘇軾-前赤壁賦「余音嫋嫋、不絶如縷(ヨインジョウジョウとして、たえざることルのごとし)」〔=(洞簫(ドウショウ)の)余韻は、細長く尾を引いて、一本の糸筋のように続く〕」

【余韻(ヨイン)】①かすかに残って続く響き。余音。②事が終わったあとになお残る風情や、詩文などの言外の趣。

【余蘊(ヨウン)】余分の蓄え。転じて、あまり。残り。

【余映(ヨエイ)】余光。残光。『落日の余映』

【余栄(ヨエイ)】死んだ後まで残る栄誉。

【余裔(ヨエイ)】①子孫。末裔。後裔。②末流。また、なごり。余波。

【余贏(ヨエイ)】物のあまり。残り。

【余炎・余焔(ヨエン)】①消え残りのほのお。②夏も終わるころの暑さ。残暑。

【余殃(ヨオウ)】先祖の行った悪事のむくいが、災いとなってその子孫に残ること。↕余慶。*易経-坤・文言伝「積不善之家必有余殃(セキフゼンのいえにはかならずヨオウあり)」〔=悪行を積み重ねた家には、必ず思いがけない凶事が起こる〕」

【余暇(ヨカ)】仕事などの間のひま。あまりの時間。いとま。

【余寒(ヨカン)】立春後、まだ続く寒さ。

【余閑・余間(ヨカン)】ひまな時間。余暇。*陶潜-帰園田居「虚室有余閑(コシツヨカンあり)」〔=何もないさびしい部屋には、ゆったり落ちついた雰囲気がある〕」

【余技(ヨギ)】専門以外にできる技芸。

【余儀(ヨギ)】国ほかの事。他の方法。それ以外の仕方。

【余興(ヨキョウ)】国会合の本旨に楽しみを添える遊び。宴会などで座興を添える演芸、隠し芸など。

【余響(ヨキョウ)】音が鳴り終わっても残る響き。

【余業(ヨギョウ)】やり残した仕事。また、本業以外の仕事。

【余薫(ヨクン)】①時が経(た)っても後まで残っているかおり。余香。②偉大な先人の残した恩徳。

【余醺(ヨクン)】残っている酒気。

【余計(ヨケイ)】国①一定数量より多くあるさま。あまり。余分。『三人分余計に注文する』②さらに。なおさら。いっそう。『叱(しか)ると余計反抗する』③不必要な。無益な。『余計なお世話』

【余景(ヨケイ)】残っている光。また、あとに残る形、光景。

【余慶(ヨケイ)】祖先の行った善事によってやってくる吉事。余福。↕余殃。*易経-坤・文言伝「積善之家必有余慶(セキゼンのいえにはかならずヨケイあり)」〔=善行を積み重ねた家には、必ず思いがけないようなよい事が起こる〕」

【余月(ヨゲツ)】陰暦四月の異称。

【余孼・余孽・余糵(ヨゲツ)】①残った切り株に生じる芽。ひこばえ。②滅びた家のあとに残っている子孫。

【余光(ヨコウ)】①日没後にもなお残っている光。②おかげ。余徳。『親の余光』

【余香(ヨコウ)】後に残るかおり。余薫。

【余財(ヨザイ)】あまった財物。また、ありあまった金銭。

【余罪(ヨザイ)】①つぐなってもあまりある罪。*十八史略-南宋「為人臣者、死有余罪(ジンシンたるもの、シすともヨザイあり)」〔=臣下として償いきれぬ罪がある〕」②その罪以外に犯している罪。主罪以外の罪。『余罪を追及する』

【余子(ヨシ)】①嫡子以外の子。②その人以外の人。ほかの人。③昔の軍制で、一家に一人出した者を正卒といい、それ以外の家に残った成年の男子。

【余事(ヨジ)】①他の事。②余暇にする仕事。

【余日(ヨジツ)】①ある期日までの残りの日数。②ほかの日。

【余臭(ヨシュウ)】あとまで残っているにおい。

【余執(ヨシュウ)】仏語。心に残って離れない執着。死後になお残る執着。

【余習(ヨシュウ)】残っている古い習慣、しきたり。

【余春(ヨシュン)】春の末。晩春。

【余剰(ヨジョウ)】必要な分を除いた余り。余分。剰余。

【余情(ヨジョウ)】心に残る味わい。また、言外に漂う豊かな

情趣。余韻。

【余震（ヨシン）】大地震のあとに続いて起こるゆりかえし。

【余人（ヨジン｜ヨニン）】ほかの人。特に、自分以外の人。＊陶潜‐桃花源記「余人各復延至二其家一、皆出二酒食一（ヨジンおのおのまたひきてそのいえにいたり、みなシュショクをいだす）」〔＝他の人々はそれぞれ漁夫を招いてその家に案内し、皆酒食を出してもてなした〕」

【余塵（ヨジン）】[1]人馬や車などが通り過ぎた後に立つ土ぼこり。後塵。[2]前人の遺風。古人の行ったあと。余風。

【余燼（ヨジン）】[1]燃え残り。燃えさし。[2]事件などが一応落着したあとになお残るものや影響。

【余生（ヨセイ）】残りの人生。盛んな時期を過ぎたあとの生涯。『余生を楽しむ』

【余声（ヨセイ）】かすかな声。また、あとに残る音。

【余勢（ヨセイ）】あまった勢い。残りの勢力。『余勢を駆る』

【余喘（ヨゼン）】虫の息。転じて、余生。『余喘を保つ〔＝虫の息で生き続けている〕』

【余沢（ヨタク）】他人にまで及ぶ恩沢。また、先人の恩沢。おかげ。余徳。

【余談（ヨダン）】用件以外の話。本筋を離れた雑談。

【余地（ヨチ）】[1]あまっている所。『立錐（リッスイ）の余地もない』[2]物事を考えたり行ったりするゆとり。余裕。『弁解の余地はない』

【余滴（ヨテキ）】[1]筆の先や硯（すずり）などに残った墨のしずく。[2]雨の後のしたたり。

【余得（ヨトク）】予定外の利得。余禄。

【余徳（ヨトク）】死後もなお残っている恩徳。余沢。

【余毒（ヨドク）】のちのちまで残る害毒。

【余熱（ヨネツ）】熱気などが冷めきらないこと。ほとぼり。

【余年（ヨネン）】残りの寿命。余生。

【余念（ヨネン）】[国]ほかの考え。雑念。『読書に余念がない』

【余波（ヨハ）】[1]ひとしきり波立ったあとに残った波。『台風の余波』[2]ある事柄が終わったあとともなお及ぼす影響。なごり。余勢。『事件の余波が残る』

【余白（ヨハク）】文字などを書いてある紙面で、何も記されずに白く残っている部分。『余白にメモをとる』

【余病（ヨビョウ）】本来の病気のほかに派生的に出る病気。合併症。『余病を併発する』

【余夫（ヨフ）】一六歳以上、二〇歳未満で、まだ一家をなしていない者。

【余風（ヨフウ）】[1]大風のあとで、なおしばらく吹く強い風。[2]前代からのなごり。残っている風習・習慣。

【余分（ヨブン）】あまった分。また、余計な分量。

【余聞（ヨブン）】こぼれ話。余談。

【余兵（ヨヘイ）】戦いに敗れ、生き残っている兵。また、その他の兵。＊十八史略‐春秋戦国「越王勾践、以二余兵一棲二会稽山一、請二為レ臣、妻為レ妾（エツオウコウセン、ヨヘイをひきいてカイケイザンにすみ、シンとなり、つまはショウとならんとこう）」〔＝越王の勾践は、残兵を引き連れて会稽山にたてこもり、自分は臣となり、妻は召し使いとなると、命請いをした〕」

【余弊・余敝（ヨヘイ）】[1]あとまで残っている弊害。[2]他に付随して起きる弊害。

【余芳（ヨホウ）】[1]残っている芳香。[2]死後もなお残っているほまれ。

【余命（ヨメイ）】これから先、死ぬまでの生命。

【余裕（ヨユウ）】[1]あまり。余分。『金に余裕がない』[2]ゆったりと落ち着いている様子。『余裕綽綽（シャクシャク）』

【余力（ヨリョク）】余裕。ゆとり。余暇。＊論語‐学而「行有二余力一、則以学レ文（おこないてヨリョクあらば、すなわちもってブンをまなべ）」〔＝実践してなお余裕があれば、そこで古典を学ぶがよかろう〕」

【余類（ヨルイ）】残った仲間。残党。

【余瀝（ヨレキ）】酒や汁などの、器の底に残ったしずく。

【余烈（ヨレツ）】先人が残した功績。後世になってもかわることのない威光。

【余禄（ヨロク）】予定外の、または不正な収入。余得。

【余録（ヨロク）】正規の記録には記載されないような記録。余話。『明治維新余録』

【余論（ヨロン）】本論の補いとして後につけ加えた論。

【余話（ヨワ）】こぼればなし。余聞。

［含］⇩ 951

151 【舎】 2843 3C4B 8EC9 人‐6 [常]5 (6482)〔舍〕 7150 6752 E471 舌‐2 旧字

シャ[呉][漢]・セキ[漢]\shè・shě・shì\や・いえ

[筆順] 舎 舎 舎 舎 舎 舎

[字解] 舎は舍の行草体の通俗体。舍は形声。口（場所）＋余（広げのべる）[声]。心身をのびのびさせる場所、やどの意。ひいて、やめる意に用いる。

金文

篆文

[同属字] 捨・舒・舗（舖）・舘

[参考] 万葉仮名では音を借りて「さ」。

[意味] ❶たてもの。いえ。『校舎』『兵舎』❷やどる。やすむ。また、人をかりに泊める所。やどや。『舎館』❸私の。謙遜（ケンソン）した言い方。『舎兄』『舎弟』❹おく。ならべてたてまつる。また、すておく。＊論語‐子罕「不レ舎二昼夜一（チュウヤをおかず）」〔＝（川の水は）昼となく夜となく休止することがない〕」❺ゆるす。『施舎（シシャ）』❻音訳字。『舎利（シャリ）』『舎密（セイミ）』

❶たてもの。いえ。

[下接] 幄舎（アクシャ）・営舎（エイシャ）・駅舎（エキシャ）・屋舎（オクシャ）・外舎（ガイシャ）・学舎（ガクシャ）・官舎（カンシャ）・館舎（カンシャ）・鳩舎（キュウシャ）・廐舎（キュウシャ）・牛舎（ギュウシャ）・鶏舎（ケイシャ）・公舎（コウシャ）・校舎（コウシャ）・獄舎（ゴクシャ）・寺舎（ジシャ）・塾舎（ジュクシャ）・精舎（ショウジャ）・村舎（ソンシャ）・畜舎（チクシャ）・庁舎（チョウシャ）・邸舎（テイシャ）・田舎（デンシャ｜いなか）・殿舎（デンシャ）・豚舎（トンシャ）・幕舎（バクシャ）・病舎（ビョウシャ）・仏舎（ブッシャ）・兵舎（ヘイシャ）・茅舎（ボウシャ）・牧舎（ボクシャ）・寮舎（リョウシャ）・廬舎（ロシャ）／阿舎（あずまや）

【舎人（シャジン｜とねり）】（殿舎に仕える人の意）[一]（シャジン）[1]中国・周時代の官名。宮中の政務を執り、主計をつかさどった。[2]王侯らの食客・門下。また、家来。＊史記‐廉頗藺相如伝「為二趙宦者令繆賢舎人一（チョウのカンジャレイボクケンのシャジンたり）」〔＝（藺相如は）趙の宦官の長官の繆賢の舎人であった〕」[二]（とねり）昔、天皇や皇族などに近侍し、雑事に携わった者。また、牛車の牛飼い、馬の口取りなどの称。

❷やどる。また、やどや。

[下接] 客舎（カクシャ）・休舎（キュウシャ）・幸舎（コウシャ）・三舎（サンシャ）・止舎（シシャ）・次舎（ジシャ）・伝舎（デンシャ）・旅舎（リョシャ）

【舎館（シャカン）】旅館。

【舎匿（シャトク）】かくまうこと。

❸私の。

【舎兄（シャケイ｜シャキョウ）】自分の兄。↕舎弟

【舎弟（シャテイ）】自分の弟。また、弟分。↕舎兄

❹おく。ならべてたてまつる。すておく。

【舎菜・舎采（セキサイ）】昔、中国で、初めて学校に入るとき、入門の挨拶（アイサツ）として祭ってある先師に野菜などの贈り物

をすること。釈菜(セキサイ)。
【舎然】(セキゼン) 迷いがなくなり、さっぱりとするさま。＊列子-天瑞「其人舎然大喜(そのひとせきぜんとしておおいによろこぶ)」〔=その人はさっぱりとした気持ちになって、とても喜んだ〕
【舎奠】(セキテン) (「奠」もおく意) ①天子が巡行から帰って、山川の神や父祖の廟で、菜幣を供えておこなう祭り。②学校で孔子をまつる祭り。釈奠(セキテン)。

❻ 音訳字。

【舎那】(シャナ) 毘盧遮那仏(ビルシャナブツ)のこと。遮那(シャナ)。
【舎利】(シャリ) (梵 śarīra の音訳) ①仏陀(ブッダ)の遺骨。仏舎利。さり。②国 米粒。米。また、白いごはん。『銀舎利』
【舎利別】(シャリベツ) (オランダ siroop の音訳「舎利別」を漢字読みした語) 砂糖を煮詰めた溶液。シロップ。単舎利別。
【舎利弗】(シャリホツ) (梵 śāriputra の音訳。身子などと訳す) 釈迦十大弟子の一人。十六羅漢(ラカン)の一人。教化を助け、智慧第一と称された。
【舎密】(セイミ) (オランダ chemie の音訳) 化学の旧称。幕末から明治初期に用いられた。舎密学。

152 【侌】 二|二 人-6 セン 「僉」(157)の異体字

153 【侖】 4853 5055 98D3 人-6 リン(漢)・ロン(漢)/lún

字解 会意。亼(あつめあわせる)+冊(竹簡)。竹簡を秩序だててつづり合わせ整った書物とすることより、すじみちをたてる意。

同属字 崙・倫・淪・綸・論・輪

【命】⇩966 【金】⇩8341

154 【俞】 二|二 人-7 ユ 「兪」(480)の異体字

155 【倉】 3350 4152 9171 人-8 常4 ソウ(サウ)(呉)(漢)/cāng/くら

筆順 

字解 象形。穀物をしまうくらの形に象る。また、食省+口(場所)の会意字とも、形声字ともいう。

甲骨文 金文 篆文 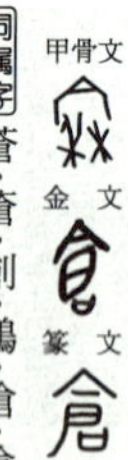

同属字 蒼・瘡・創・鶬・傖・愴・搶・滄・槍・瑲・艙・蹌・鎗

意味 ❶くら。一般に物を入れておく建物。『倉庫』❷にわかに。あわてる。『倉卒』❸あおい。「蒼」に同じ。『倉海』

❶ くら。物を入れておく建物。

下接 営倉(エイソウ)・官倉(カンソウ)・監倉(カンソウ)・艦倉(カンソウ)・義倉(ギソウ)・穀倉(コクソウ)・社倉(シャソウ)・船倉(センソウ)・大倉(タイソウ)・土倉(ドソウ)・弾倉(ダンソウ)・発倉(ハッソウ)／校倉(あぜくら)・穴倉(あなぐら)・酒倉(さかぐら)・胸倉(むなぐら)・矢倉(やぐら)

【倉囷】(ソウキン) 米倉。穀倉。
【倉庫】(ソウコ) 品物を貯蔵、保管するための建造物。くら。
【倉府】(ソウフ) 米ぐらと金ぐら。くら。
【倉米】(ソウベイ／ソウマイ) 倉庫に貯蔵した米。
【倉廩実則知礼節】(ソウリンみつればすなわちレイセツをしる) 人間は経済的に生活が安定してはじめて礼儀を重んじる余裕が生じる。衣食足りて礼節を知る。〔管子-牧民〕 ❤「倉廩」は米ぐら、穀倉の意。

❷ にわかに。あわてる。

【倉皇】(ソウコウ) あわただしいさま。蒼惶。❤書き換え「蒼惶→倉皇」。
【倉卒・倉猝・倉倅】(ソウソツ) あわただしいさま。急いでいるさま。『倉卒の間(カン)』

❸ あおい。

【倉海】(カイソウ) 青々とした海。蒼海。

難読姓氏 倉員(くらかず)

【拿】⇩2680

156 【傘】 2717 3B31 8E50 人-10 常 (142)【仐】＊1636 人-2 サン(呉)(漢)/sǎn/かさ

筆順 

字解 象形。かさを広げた形に象る。かさの意。

意味 かさ。また、覆い。守るもの。

下接 鉄傘(テッサン)・落下傘(ラッカサン)／雨傘(あまがさ)・番傘(ばんがさ)・日傘(ひがさ)

【傘下】(サンカ) ある人や組織の勢力下にある立場。翼下。
【傘寿】(サンジュ) 国 八〇歳。また、八〇歳の祝い。❤「傘」の略字「仐」の形から。

【會】⇩3262

157 【僉】 4901 5121 9940 人-11 (152)【侌】 二|二 人-6 セン(呉)(漢)/qiān

字解 会意。亼(あつめる)+冊(多くの人の口)+从(従う)。多くの人の意見があう、みなの意。一説に亼+兄二つ(人が口からことばを発する)ともいう。

同属字 劍(剣)・歛・斂・儉(倹)・撿・獫・險(険)・檢(検)・瞼・臉・驗(験)

意味 みな。ことごと。

【僉議】(センギ) 多人数で評議すること。また、その評議。

【會】⇩3266 【禽】⇩5438

八

158 【舒】 二|二 人-10 ジョ 「舒」(6485)の異体字

159 【舗】 4262 4A5E 95DC 人-13 常 (6487)【舖】 7152 6754 E473 舌-9 旧字 (8433)【鋪】 4263 4A5F 95DD 金-7 ホ(漢)/pū・pù

筆順 

字解 形声。舎+甫(声)。もと鋪。金+甫(↑敷、しく)(声)。門環をつけるための座金。また、物をしき並べるみせの意。舗は、鋪の金を舎に改めた舗の変形による。

金文 篆文 

意味 ❶商品を並べて売る所。みせ。『酒舗(シュホ)』『茶舗(チャホ)』

ホ』『店舗(テンポ)』『本舗(ホンポ)』『薬舗(ヤクホ)』『老舗(しにせ)』❷しきつめる。並べる。『舗錦』『舗設』『舗装』『舗張』『舗道』

【舗錦(ホキン)】 にしきをしきつめること。美辞麗句を並べること。

【舗設(ホセツ)】 ①座席などをつくること。②店を出すこと。

【舗張(ホチョウ)】 敷き張って大きくのべ広げること。

［舘］ ⇩6488

亻

160 【化】 1829 323D 89BB 人-2 常3 (161)【化】 二一 人-2 旧字

ケ(呉)・カ(クヮ)(漢)/huà/ばける・ばかす

筆順 化化化化

字解 会意。形のかわった人を対称的においたさまから、かわる意。

甲骨文 金文 篆文

同属字 貨・花・訛・靴・囮

意味 ❶かわる。かえる。性質・状態が別のものになる。『変化(ヘンカ)』❷天地自然が万物を生成変化させること。『造化』❸聖人、仏菩薩などが人々を良い方に導き変えること。『教化』『薫化』 ＊荀子-性悪「必将有₂師法之化、礼義之道₁(かならずシホウのカ、レイギのみちびきあり)〔=必ず先生や規範による感化と、礼や義による導きがある〕」❹ばける。姿や形をかえる。『化粧』❺死ぬ。『遷化(センゲ)』

❶ かわる。かえる。

下接 悪化(アッカ)・異化(イカ)・羽化(ウカ)・液化(エキカ)・塩化(エンカ)・欧化(オウカ)・黄化(オウカ)・開化(カイカ)・気化(キカ)・帰化(キカ)・強化(キョウカ)・激化(ゲキカ)・硬化(コウカ)・膠化(コウカ)・酸化(サンカ)・磁化(ジカ)・弱化(ジャッカ)・純化(ジュンカ)・順化(ジュンカ)・消化(ショウカ)・浄化(ジョウカ)・神化(シンカ)・深化(シンカ)・進化(シンカ)・生化(セイカ)・赤化(セッカ)・俗化(ゾッカ)・退化(タイカ)・炭化(タンカ)・転化(テンカ)・電化(デンカ)・同化(ドウカ)・鈍化(ドンカ)・軟化(ナンカ)・乳化(ニュウカ)・万化(バンカ)・美化(ビカ)・風化(フウカ)・孵化(フカ)・物化(ブッカ)・分化(ブンカ)・変化(ヘンカ)・硫化(リュウカ)・緑化(リョクカ)・劣化(レッカ)・老化(ロウカ)・自由化(ジユウカ)・大衆化(タイシュウカ)・民主化(ミンシュカ)

【化学(カガク)】 物質の組成と構造、その性質の作用および変化などを研究する学問。

【化成(カセイ)】 化合して異種の物質になること。化学変化による合成。『化成肥料』→❸

【化繊(カセン)】 化学的操作を施してつくられた繊維。化学繊維。

❷ 天地自然が万物を生成変化させる。

【化膿(カノウ)】 膿(うみ)をもつこと。うむこと。『化膿止め』

【化育(カイク)】 天地自然が万物を生み育てること。

【化工(カコウ)】 万物をつくり出す神。造物主。

【化生(カセイ)】 新しく生まれ出ること。また、生長すること。→❹(ケショウ)

【乗化(カにジョウず)】 天地自然の変化に任せる。＊陶潜-帰去来辞「聊乗₂化以帰₁尽(いささかカにジョウじてもってつくるにキせん)〔=まずこうして天地の変化に身を任せて、最終の死へと帰着しよう〕」

❸ 聖人、仏菩薩が人々を導き変える。

下接 遺化(イカ)・王化(オウカ)・恩化(オンカ)・改化(カイカ)・誨化(カイカ)・感化(カンカ)・教化(キョウカ)・訓化(クンカ)・薫化(クンカ)・玄化(ゲンカ)・洪化(コウカ)・鴻化(コウカ)・醇化(ジュンカ)・攘化(ジョウカ)・所化(ショケ)・聖化(セイカ)・済化(セイカ)・清化(セイカ)・摂化(セッケ)・宣化(センカ)・大化(タイカ)・治化(チカ)・投化(トウカ)・陶化(トウカ)・敦化(トンカ)・能化(ノウケ)・敷化(フカ)・普化(フケ)・文化(ブンカ)・理化(リカ)

【化外(カガイ)】 天子の教化が及ばないこと。

【化洽(カコウ)】 教化があまねくゆきわたること。

【化成(カセイ)】 良い方に改めること。転じて、新しいものを作り出すこと。→❶

【化誘(カユウ)】 影響を与えて、ある方向へさそい導くこと。

【化縁(ケエン)】 仏語。①衆生を教え導く因縁。②仏菩薩の教化を受ける衆生の側の力のこと。教えが説かれるための、衆生の機縁をいう。

❹ 姿をかえる。ばける。

下接 応化(オウゲ)・権化(ゴンゲ)・仙化(センカ)・道化(ドウケ)・変化(ヘンゲ)

【化現(ケゲン)】 仏菩薩(ブツボサツ)などが姿を変えて現れること。

【化生(ケショウ)】 ①仏語。四生の一。母胎や卵や湿地などのよりどころがなくて、突然現れる生まれ方。②国 化けること。また、化け物。→❷(カセイ)

【化粧(ケショウ)】 ①おしろいや紅などをつけて、顔を美しく見せること。けわい。『化粧品』『寝化粧』②美しく飾ること。外観を飾ること。『雪化粧』『化粧板』

【化身(ケシン)】 神仏が姿を変えて現れたもの。

【化人(ケニン)】 ①仏語。人の姿ではあるが、実は仏菩薩が衆生のために仮に現れたもの。②鬼神、畜生などが、人間にばけたもの。化生(ケショウ)。

【化仏(ケブツ)】 ①衆生を救うために、さまざまに姿を変えて現れた仏。化身。②本地を示すため、仏像の頭部などにおく小仏像。

162 【仇】 2156 3558 8B77 人-2

グ(呉)・キュウ(キウ)(漢)/chóu/ あだ・かたき

字解 形声。人+九(→逑、求める相手)(声)。相手の意。

意味 かたき。あだ。うらみ。『好仇(コウキュウ)』『復仇(フッキュウ)』

【仇怨(キュウエン)】 うらみのあるかたき。また、うらみ。

【仇恨(キュウコン)】 あだ。うらみ。仇怨(キュウエン)。

【仇視(キュウシ)】 かたきとして見ること。敵視。

【仇讎(キュウシュウ)】 あだ。かたき。仇敵。

【仇敵(キュウテキ)】 憎しみ、敵意の対象。かたき。

163 【什】 2926 3D3A 8F59 人-2

ジュウ(ジフ)(呉)・シュウ(シフ)(漢)/shí・shén/

字解 形声。人+十(とお)(声)。

意味 ❶一〇でひと組みのもの。また、数の一〇。また、さまざまの物。日常使う物。『器什(キジュウ)』『珍什(チンジュウ)』❷あまたの。❸詩編の異名。『玉什(ギョクジュウ)』『篇什(ヘンジュウ)』❹その他。『什麼生(ソモサン)』

❶ 一〇でひと組みのもの。また、数の一〇。

【什一(ジュウイチ)】 ①一〇分の一。また、商人が一割の利益を得ること。②古代中国で、井田法で徴収する地租。転じて、土地にかける税。〔孟子-滕文公上〕

【什伍・什五(ジュウゴ)】 ①中国で、民家一〇軒を一つの組とする制度。②軍隊で、一〇人または五人の組み合わせ。また、その隊伍。

【什長(ジュウチョウ)】 兵卒一〇人の長。

【什伯之器(ジュウハクのキ)】 何十、何百というたくさんの種類の道具。人智の生み出した多くの道具。＊老子-八〇「小国寡民、使₂有₂什伯之器₁而不₁用(ショウコクカミン、ジュウハクのキあれども、もちいざらしむ)〔=狭い国土に少ない住民で、多くの種類の道具があっても、それらを使わないですむように(質素な生活を)させる〕」 ❤「伯」は「佰」の仮借で、「百」に同じ。

❷ さまざまの物。日常使う物。

【什器（ジュウキ）】日常使う器具。

【什具（ジュウグ）】日常使う家具や道具の類。什器。什物。

【什襲（ジュウシュウ）】幾重にも重ねつつんでしまうこと。

【什宝（ジュウホウ）】宝として秘蔵する器物。宝物。

【什物（ジュウモツ・ジュウブツ）】[1]日常用いる器具。什器。[2][国]秘蔵の宝物。

❹ その他。

【什麼（シモ）】（中国の近代の口語）どのよう。いかに。助詞「の」を伴って連体詞的に用いられることが多い。

【什麼生（ソモサン）】いかに。さあどうだ。什麼。作麼生。❤中国の近世の口語で、日本では、禅僧の問答の際の語として広まった。

164
【仍】
4827 503B 98B9 人－2

ニョウ[呉]・ジョウ[漢]/réng/よって・よりて・すなわち・なお

[字解] 形声。人＋乃[声]。

[意味] ❶よる。したがう。また、よって。したがって。すなわち。『仍旧』 ❷かさねる。かさなる。また、しばしば。『仍孫』『雲仍（ウンジョウ）』『荐仍（センジョウ）』 ❸なお。やはり。相変わらず。『仍然』

【仍旧（ジョウキュウ）】旧による。前のように。古い習慣などによること。仍貫（ジョウカン）。

【仍然（ジョウゼン）】やはり。なお。

【仍孫（ジョウソン）】玄孫（ゲンソン）の曾孫（ソウソン）。七代目の孫。

165
【仁】
3146 3F4E 906D 人－2 [常]6

ニン[呉]・ジン[漢]・ニ[慣]/rén/ひと

[筆順] 仁 仁 仁 仁

[字解] 形声。人＋二（ならびつく）[声]。いつくしみの意。

甲骨文 文 篆

[参考] 万葉仮名では音を借りて「に」。平仮名「に」の字源。

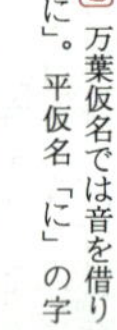

[意味] ❶思いやる心。いつくしむ心。㋑儒教における最高の道徳。＊論語－述而「仁遠乎哉。我欲ㇾ仁、斯仁至矣（ジンとおからんや。われジンをほっすれば、ここにジンいたる）」〔＝仁は遠くへだたったところにあるだろうか。われわれが仁を求めるならば、すぐ仁はやって来るのである〕 ㋺仁徳ある人。仁者。＊論語－学而「汎愛ㇾ衆而親ㇾ仁（ひろくシュウをアイしてジンにしたしむ）」〔＝広く人を愛して仁徳ある人に親しむようにする〕 ❷ひと。人間。また、相手を呼ぶ称。きみ。❸さね。果実の核の中身。『杏仁（キョウニン）』 ❹固有名詞など。

❶ 思いやる心。いつくしむ心。

[下接] 温仁（オンジン）・寛仁（カンジン）・慈仁（ジジン）・同仁（ドウジン）・不仁（フジン）・輔仁（ホジン）・一視同仁（イッシドウジン）

【仁愛（ジンアイ）】人を温かく思いやり、いつくしむこと。

【仁恩（ジンオン）】思いやりの気持ちをもって恵むこと。

【仁義（ジンギ）】[1]仁と義。人を愛することと、正しい道にかなうこと。孟子の主要な思想で、儒教で最も重んずる徳目。転じて、義理。＊孟子－梁恵王上「王何必曰ㇾ利。亦有ニ仁義一而已矣（オウなんぞかならずしもリといわん。また、ジンギあるのみ）」〔＝王よ、どうして利益とばかり言う必要があろうか。あなたもやはり仁義を行うことがあるだけだ〕 [2][国]博徒、てきや仲間の道徳。また、その世界での、初対面の特殊な挨拶（アイサツ）。

【仁義礼智（ジンギレイチ）】儒教で説く重要な四つの道徳観念を併称したもの。四徳。

【仁君（ジンクン）】仁徳のある君主。

【仁恵（ジンケイ）】思いやり、情けをかけること。めぐみ。

【仁孝（ジンコウ）】思いやりがあって情深く孝行なこと。

【仁厚（ジンコウ）】慈悲のこころの深いこと。

【仁慈（ジンジ）】思いやりがあって情け深いこと。仁愛。

【仁者（ジンシャ）】仁の徳を備えている人。情け深い人。→❷

【仁者不ㇾ憂（ジンシャはうれえず）】仁者は、心にやましいところがないので、くよくよ心配しない。〔論語－憲問〕

【仁者先ㇾ難而後ㇾ獲（ジンシャはかたきをさきにしてとるをのちにす）】仁者は困難なことを先にして、報酬を得るようなことは後まわしにする。〔論語－雍也〕

【仁者必有ㇾ勇（ジンシャはかならずユウあり）】仁者には、必ず勇気がある。〔論語－憲問〕

【仁弱（ジンジャク）】情け深くて柔弱なこと。

【仁寿（ジンジュ）】仁徳があって長命なこと。〔論語－雍也〕

【仁獣（ジンジュウ）】仁徳のある動物。中国の伝説上の動物である麒麟（キリン）の異名。

【仁恤（ジンジュツ）】仁徳の心で、人を助けること。

【仁術（ジンジュツ）】人に仁を施す行為。『医は仁術』

【仁恕（ジンジョ）】情け深く、思いやりのあること。

【仁心（ジンシン）】深い愛情をもって思いやる気持ち。人を愛する心。＊孟子－離婁上「今有ニ仁心仁聞一、而民不ㇾ被ニ其沢一（いまジンなるこころとジンなるきこえとはありながら、たみはそのめぐみをこうむらず）」〔＝今、仁愛の心があり、仁を行うという評判があるにもかかわらず、民衆はその恩恵をうけていない〕

【仁人（ジンジン）】仁の徳を身につけた人。仁者。

【仁政（ジンセイ）】恵み深く、思いやりのある政治。〔孟子－公孫丑上〕

【仁沢（ジンタク）】思いやりの気持ちで、恵むこと。

【仁知・仁智（ジンチ）】[1]思いやりの気持ちが深く、知恵のすぐれていること。[2]山や川。❤「論語－雍也」の「知者楽ㇾ水、仁者楽ㇾ山（チシャはみずをたのしみ、ジンシャはやまをたのしむ）」〔＝知者は水を好み、仁者は山を好む〕による語。

【仁徳（ジントク）】仁愛の徳。弱者を思いやり、喜びや楽しみを与えようとする徳。

【仁篤（ジントク）】情け深く人情にあついこと。

【当ㇾ仁、不ㇾ譲ニ於師一（ジンにあたりては、シにもゆずらず）】仁を行うにあたっては、たとえ先生にも譲歩しない心がけが大切である。〔論語－衛霊公〕

【仁之方（ジンのホウ）】仁の正しいあり方。＊論語－雍也「能近取ㇾ譬、可ㇾ謂ニ仁之方一也已（よくちかくたとえをとる、ジンのホウというべきのみ）」〔＝自分の身にたとえを取って引き比べてやっていく、それが仁の正しいあり方ということができるのだ〕

【仁風（ジンプウ）】[1]めぐみの風。仁徳の風化。[2]扇（おうぎ）の異称。〔晋書－文苑伝・袁宏〕

【仁聞（ジンブン）】仁徳の評判。徳のきこえ。→仁心

❷ ひと。人間。また、相手を呼ぶ称。

[下接] 御仁（ゴジン）・哲仁（テツジン）・朴念仁（ボクネンジン）／親仁（おやじ）

【仁兄（ジンケイ）】手紙などで、対等の男性に対し敬意をもって用いる語。貴兄。

【仁者（ジンシャ）】相手を呼ぶ称。→❶

【仁王（ニンノウ）】[国]人代以後の天皇。人皇。→❹（ニオウ）

❹ 固有名詞など。

【仁宗（ジンソウ）】[1]中国、北宋第四代の皇帝（在位一〇二二～一〇六三）。（一〇一〇～一〇六三） [2]朝鮮、高麗第一七代の王（在位一一二二～一一四六年）。（一一〇九～一一四六） [3]中国、元第四代の皇帝（在位一三一一～一三二〇年）。姓名はアユルバリバトラ。（一二八五～一三二〇） [4]中国、明第四代の皇帝（在位一四二四～一四二五年）。（一三七八～一四二五）

【仁王（ニオウ）】仏法守護のため、寺門または須弥壇（シュミダン）の両

わきに安置した一対の神像。俗に金剛力士と呼ぶ。二王。『仁王門』→❷(ニンノウ)

【仁王般若経（ニンノウハンニャキョウ）】大乗仏教の経典。二巻。後秦の鳩摩羅什（クマラジュウ）訳および唐の不空訳の二種があり、くわしくは前者を仁王般若波羅蜜経、後者を仁王護国般若波羅蜜多経という。法華経・金光明経とともに護国三部経として尊ばれた。仁王経。

難読姓氏　仁田（にた・にった・にだ・にっ）　仁瓶（にへい・にべ）　仁礼（にれ・にれい）

166 【仆】
4829 503D 98BB　人－2

フ漢・ボク呉・ホク漢／fù・pū／たおれる

字解　形声。人＋卜(おれる・たおれる音の擬音語)声。人が倒れる意。

意味　たおれる。たおす。たおれ死ぬ。また、くつがえる。

【仆偃（フエン）】たおれふすこと。

167 【仏】
4209 4A29 95A7　人－2　常5

(229)〔佛〕4839 5047 98C5　人－5　旧字 人

ブツ呉・フツ漢・ホツ漢／fú・fó・bó／ほとけ

筆順　仏 仏 仏 仏

字解　佛は形声。人＋弗声。ぼんやりしている意。のち、梵buddha(仏陀)の漢訳に用い、ほとけの意を表す。

意味　❶ほとけ。仏陀。仏陀の教え。仏教。『神仏』『念仏』❷「仏像」の略。『磨崖仏』❸国「仏蘭西（フランス）」の略。『仏文（フツブン）』『仏和辞典』♥中国では「法国」と書く。❹あて字など。『仏法僧（ブッポウソウ）』『仏掌薯（つくねいも）』

❶ほとけ。仏陀。また、仏陀の教え。

下接　灌仏（カンブツ）・儒仏（ジュブツ）・成仏（ジョウブツ）・神仏（シンブツ）・念仏（ネンブツ）・排仏（ハイブツ）・廃仏（ハイブツ）・阿弥陀仏（アミダブツ）／新仏（あらぼとけ）・活仏（いきぼとけ）

【仏宇（ブツウ）】てら。仏閣。寺院。

【仏会（ブツエ）】仏語。①仏の会座（エザ）。釈迦（シャカ）が法を説いたときの集まり。②仏菩薩が会するところ。浄土。③仏教の儀式。法会。

【仏縁（ブツエン）】仏との間に結ばれる縁。

【仏恩（ブツオン）】衆生を救う仏の慈悲の恩。

【仏果（ブッカ）】仏道修行のたまものとしての成仏（ジョウブツ）。

【仏家（ブッカ・ブッケ）】①仏のいる浄土。②寺。③僧。

【仏戒（ブッカイ）】仏語。仏が定めた戒めをいい、五戒、十戒、具足戒などをさす。

【仏海（ブッカイ）】仏語。仏の世界の広大さを海にたとえた語。

【仏界（ブッカイ）】仏が住む世界。仏土。浄土。

【仏閣（ブッカク）】寺の建物。寺院。『神社仏閣』

【仏眼（ブツガン・ブツゲン）】仏語。五眼の一。悟りを開いた者の、いっさいを見、いっさいを知る眼。

【仏龕（ブツガン）】仏像・経巻などを納置する廚子（ズシ）。

【仏教（ブッキョウ）】世界三大宗教の一。仏陀（ブッダ）が開いた教え。経典は仏滅後に編集され、東洋の諸地方に広まって、多くの宗派を生じた。

【仏具（ブツグ）】仏事に用いたり、仏前に置いたりする器具。

【仏語（ブツゴ）】①仏の説いた言葉。②仏教の用語。→❸(フツゴ)

【仏骨（ブッコツ）】釈迦牟尼（シャカムニ）の遺骨。仏舎利。

【仏座（ブツザ）】仏像が安置されている台座。

【仏刹（ブッサツ）】寺院。仏閣。また、特に寺の塔をいう。

【仏事（ブツジ）】仏教の行事。法事。法要。法会（ホウエ）。

【仏子（ブッシ）】出家。また、菩薩戒（ボサツカイ）を受けた者。仏の弟子。

【仏者（ブッシャ）】仏道修行をする人。僧。仏家。

【仏舎利（ブッシャリ）】釈迦（シャカ）の遺骨。仏骨。『仏舎利塔』

【仏種（ブッシュ）】仏語。①仏になるための種。仏性。②世の人を悟りに導く仏の教え。

【仏乗（ブツジョウ）】(「乗」は乗り物の意で、教えのこと)仏語。衆生を悟りの彼岸に到達させる教え。大乗。一乗。

【仏性・仏生（ブッショウ・ほとけショウ）】①(ブッショウ)仏となることができる本性。仏心。『一切衆生悉有（シツウ）仏性』②(ほとけショウ)仏のように慈悲深い性質。

【仏餉・仏聖（ブッショウ）】仏に供える米飯。仏飯。仏供。

【仏生会（ブッショウエ）】陰暦の四月八日、釈迦生誕の日に行う仏事。灌仏会（カンブツエ）。

【仏心（ブッシン・ほとけごころ）】①仏の慈悲心。②仏としての本性。仏性。『多情仏心』

【仏説（ブッセツ）】仏の説いた教え。

【仏前（ブツゼン）】仏の前。また、仏壇の前。

【仏祖（ブッソ）】①仏教の開祖である釈迦牟尼（シャカムニ）。②釈迦と、禅宗の一宗一派の祖師。

【仏像（ブツゾウ）】礼拝の対象として仏の姿を彫刻や絵画に表現したもの。

【仏足石（ブッソクセキ）】礼拝の対象として、仏の足の裏の形を刻みつけた石。

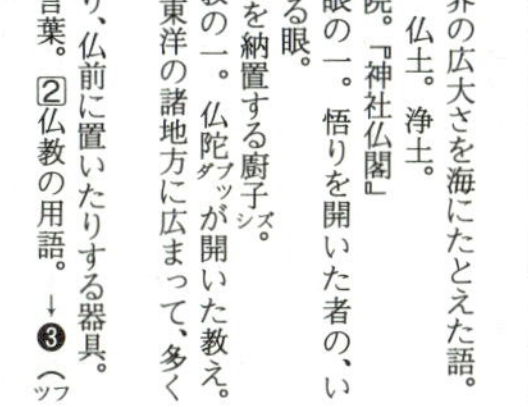

仏足石礼拝〔マドラス博物館蔵〕

【仏陀（ブッダ・ブッダ）】(梵buddhaの音訳)正しい悟りを得た者。目覚めた者。覚者。仏。特に、菩提樹のもとで悟りを開いたゴータマ＝シッタルタを指す。釈迦牟尼仏（シャカムニブツ）。釈迦如来。

【仏壇（ブツダン）】仏像や位牌（イハイ）を安置する廚子（ズシ）。

【仏殿（ブツデン）】仏像を安置してある建物。仏堂。

【仏典（ブッテン）】仏教に関する書籍。仏書。

【仏土（ブツド）】国①仏の住む国土。浄土。②仏の教化を受けるこの現実世界。

【仏徒（ブット）】国仏教を信奉する人々。仏教徒。

【仏堂（ブツドウ）】仏像を安置する殿堂。

【仏道（ブツドウ）】仏の説く道。仏教の道。

【仏塔（ブットウ）】寺院の塔。

【仏罰（ブツバツ・ブツバチ）】仏から受ける罰。

【仏法（ブッポウ）】仏の説いた教え。

【仏法僧（ブッポウソウ）】仏と、仏の教えと、その教えを奉ずる僧。三宝。→❹

【仏名会（ブツミョウエ）】仏語。古くは陰暦一二月一五日より、後には一九日より三日間、禁中および諸寺院で仏名経を誦し、三世の諸仏の名号を唱えて罪障を懺悔する法会。

【仏滅（ブツメツ）】①釈迦牟尼（シャカムニ）の死。入滅。②陰陽道で、何事を成すにも不吉であるとする日。六曜の一。仏滅日。♥②は「物滅」とも書いた。

【仏母（ブツモ）】①仏語。法のこと。仏はこの法から生まれたとするところからいう。②釈迦の母、麻耶（マヤ）、またはその死後、代わって釈迦を養育した姨母（イボ）、マハープラジャーパティーをいう。

【仏門（ブツモン）】仏の道。仏道。『仏門に入る〔＝出家する〕』

【仏籬祖室（ブツリソシツ）】(仏陀（ブッダ）の籬（まがき）、祖師達磨の室の意)禅門、仏教などのこと。

【仏老（ブツロウ）】釈迦（シャカ）と老子。また、仏教と老子の教え。

【仏図（フト）】(梵buddhaの音訳)仏陀（ブッダ）。仏。浮屠。また、僧侶(ソウリョ)。

❷「仏像」の略。

下接 持仏(ジブツ)・繍仏(シュウブツ)・石仏(セキブツ)・甎仏(センブツ)・造仏(ゾウブツ)・大仏(ダイブツ)・秘仏(ヒブツ)・磨崖仏(マガイブツ)

【仏師(ブッシ)】仏像を作る工匠。

❸（日本語で）「仏蘭西(フランス)」の略。

【仏語(フツゴ)】国フランスの国語。→❶(ブツゴ)

【仏国(フッコク)】国フランス。

❹あて字など。

【仏頂面(ブッチョウづら)】不機嫌にしかめた顔つき。❤「不承面」の音便訛とする説、仏頂尊の恐ろしい面相によるとする説など諸説ある。

【仏法僧(ブッポウソウ)】国ブッポウソウ科の鳥。❤「ブッポウソウ」と聞こえるコノハズクの鳴き声を、この鳥のものと間違えて、名づけたもの。→❶

【仏狼機・仏郎機(フランキ|フツロウキ)】（ポルトガル franco の中国での音訳）①中国人が西洋人、特にポルトガル人・スペイン人を呼んだ語。②（ポルトガル人が伝えたところから）大砲の異称。

168 【仂】 4830 503E 98BC 人－2 ロク呉漢 lè

字解 形声。人＋力声。数のあまりの意。俗に働の略体として用いられる。

169 【仕】 2737 3B45 8E64 人－3 常3 ジ呉・シ漢 shì つかえる・つかまつる

筆順 仕 仕 仕 仕 仕

字解 形声。人＋士（官職にある者）声。官位にありつかえる意。

甲骨文 篆文

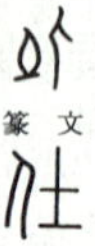

参考 万葉仮名では音を借りて「じ」。

意味 ❶つかえる。目上の人のために働く。官職に就く。「出仕」「奉仕」❷あて字。日本語で、サ変動詞「す」の連用形「し」にあてる。「仕方(しかた)」「仕草(しぐさ)」「仕事(しごと)」❸あて字。「仕度(したく)」

❶つかえる。官職に就く。

下接 官仕(カンシ)・給仕(キュウジ)・近仕(キンシ)・出仕(シュッシ)・進仕(シンシ)・筮仕(ゼイシ)・服仕(フクシ)・奉仕(ホウシ)・歴仕(レキシ)・禄仕(ロクシ)

【仕学(シガク)】官職上の事務能力と学問の能力。〔論語－子張〕

【仕官(シカン)】①官職につくこと。②国江戸時代、武士が、主人に召し抱えられること。

【仕者(シシャ)】①仕えるもの。使役されるもの。②特に神仏に仕える人や鳥獣。

【仕進(シシン)】権力者に仕えて立身すること。

【仕丁(シチョウ|ジチョウ)】国①日本の律令制で、公民の成年男子に課せられた労役。また、それに使役される人。②平安時代以降、貴族の家などで、雑役に使われた下男。下僕。また、官庁での雑役夫。

【仕途・仕塗(シト)】官職につくみち。

❷（日本語で）サ変動詞「す」の連用形にあてる。

【仕合(しあい)】入り乱れて争うこと。→試合。

【仕方(しかた)】①やり方。②しぐさ。身ぶりや、手ぶり。

【仕業(しわざ|しぎょう)】①（しぎょう）運転や機械操作の仕事をすること。「仕業点検」②（しわざ）したこと。所業。

【仕草・仕種(しぐさ)】①ある物事をするときの態度や、やり方。②舞台上の俳優の動作、表情。所作。

【仕事(しごと)】①働くこと。しなければならないこと。特に、生計をたててゆくための職。職業。「力仕事」②力学で、ある物体に力を作用させその位置を移動させること。

【仕立(したて)】①工夫をこらして仕上げること。②車、舟などを、特別に雇って用に当てること。

【仕舞(しまい)】①おわること。やめること。「早仕舞」「身仕舞」「店仕舞」②序列、順位、時間などの最後の部分。最終。終い。③略式の能で、シテが装束をつけず、囃子(はやし)もなく、謡(うたい)だけで特定の一部分を舞う演舞。

【仕様(しよう)】①物事を行う方法。行動の手段。②機械や器具などの内容や扱い方など。「仕様書」

❸あて字。

【仕儀(しぎ)】国事の成り行き。思わしくない結果、事態。

【仕度(したく)】必要なものを準備すること。用意。本来は、支度。「旅仕度」「仕度金」

170 【仔】 2738 3B46 8E65 人－3 シ漢 zǐ・zī こ

字解 形声。人＋子声。

意味 ❶子。幼少のもの。「仔牛(こうし)」❷「子」に通じて、こまかに。「仔細(シサイ)」

【仔細(シサイ)】①くわしく。こまかに。②国くわしい事情。

171 【仗】 4831 503F 98BD 人－3 ジョウ（ヂャウ）呉・チョウ（チャウ）漢 zhàng つえ

字解 形声。人＋丈（武器を手にする）声。

意味 ❶ほこ。武器。刀や戟(ほこ)の総称。「兵仗(ヘイジョウ)」❷天子の宮殿などの護衛。「儀仗(ギジョウ)」❸つえ。つえつく。つく。また、よる。たのむ。

172 【仞】 4832 5040 98BE 人－3 ニン呉・ジン漢 rèn

(173) 【仭】 4833 5041 98BF 人－3

字解 形声。人＋刃（両手を広げてできる半月の弦）声。両手を広げた形を刃の形に見立て、長さの単位とした。

意味 ひろ。高さや深さをはかる単位。周尺で七尺また八尺という。

174 【仙】 3271 4067 90E5 人－3 常 セン呉漢 xiān

筆順 仙 仙 仙 仙 仙

字解 形声。人＋山声。僊の略体。

意味 ❶せんにん。また、世俗を超越した人。「酒仙(シュセン)」「神仙(シンセン)」❷（詩歌などに）ぬきん出た人。「歌仙(カセン)」「詩仙(シセン)」❸セント。アメリカ合衆国の貨幣単位 cent の音訳。❹あて字など。「仙人掌(サボテン)」

❶せんにん。また、世俗を超越した人。

下接 金仙(キンセン)・酒仙(シュセン)・上仙(ジョウセン)・神仙(シンセン)・水仙(スイセン)・大仙(ダイセン)・地仙(チセン)・天仙(テンセン)・登仙(トウセン)

【仙衣(センイ)】仙人の着るころも。

【仙掖(センエキ)】（「掖」は宮殿正面の左右の小門）①宮中の庭。②翰林院(カンリンイン)。

【仙娥(センガ)】仙女。特に、月に去った姮娥。転じて、月。

【仙駕センガ】帝王または神仙の乗り物。

【仙界センカイ】仙人の住む所。俗界を離れた清らかな世界。

【仙客センカク】[1]山中に住み、不老不死の法を修めたもの。仙人。[2]鶴の異名。

【仙楽センガク】仙人の奏する楽。この世のものとも思われぬ美しい音楽。＊白居易‐長恨歌「仙楽風飄処処聞(センガクかぜにひるがえりてショショにきこゆ)〔＝この世のものとも思われぬ楽の音が、風のまにまに、四方から聞こえてくる〕」

【仙去センキョ】仙人になって立ち去ること。死ぬこと。

【仙境・仙郷センキョウ】仙人の住む所。仙界。

【仙窟センクツ】仙人の住むほらあな。仙人のすみか。

【仙骨センコツ】仙人の骨相。転じて、非凡な風采(フウサイ)。

【仙才センサイ】仙人のようにすぐれた才能。特に、詩文の才能をたとえていう。

【仙山センザン】仙人の住む山。また、島。

【仙子センシ】[1]仙人。[2]仙女。また、美女のたとえ。＊白居易‐長恨歌「其中綽約多仙子(そのうちシャクヤクとしてセンシおおし)〔＝そこには、容姿しなやかな仙女がたくさん住んでいる〕」

【仙術センジュツ】仙人の行うという不思議な術。

【仙丹センタン】服用すると不老不死になるという霊薬。

【仙洞セントウ】[1]仙人のすみかの意。[2][国]上皇の御所。転じて、上皇。『仙洞御所』

【仙童センドウ】仙人に仕える子ども。

【仙女センニョ・センジョ】女の仙人。

【仙人センニン】人間界を離れて山中に住み、霞を食い、不老不死の法を修め、神変自在の術を持つと言われる人。

【仙蹕センピツ】〔「蹕」はさきばらいの意〕天子の車駕の列。また、その車駕。

【仙風センプウ】仙人のようなすぐれた気質。【仙風道骨センプウドウコツ】仙人や道士の風采(フウサイ)。凡人と異なるさまの形容にいう。

【仙袂センベイ】仙人の衣服のたもと。＊白居易‐長恨歌「風吹仙袂飄颻挙(かぜはセンベイをふいてヒョウヨウとしてあがる)〔＝風は仙人の衣のたもとを吹いてひらひらと舞いあがる〕」

【仙法センポウ】神仙の法力。仙術。

【仙薬センヤク】飲めば不老不死の仙人になれるという霊薬。転じて、よく効く妙薬。

【仙遊センユウ】[1]仙境に遊ぶこと。[2]天子・天皇が遊覧すること。[3]茶事の一種。

【仙輿センヨ】仙人・聖人の車。転じて、天子の車をいう。

【仙郎センロウ】[1]仙人。[2]中国唐代、尚書省の各部郎中の員外のこと。[3][国]五位の蔵人の唐名。

❹あて字など。
[下接] 銘仙メイセン・画仙紙ガセンシ・鳳仙花ホウセンカ
【仙人掌サボテン・シャボテン・センニンショウ】サボテン科の植物の総称。多肉植物で巨大になるものもある。覇王樹とも。
[難読姓氏] 仙北谷せんぼくや

175 【仟】 4834 5042 98C0 人‐3 セン[呉][漢]/qiān
[字解] 形声。人＋千(せん)[声]。
[参考] 金額を記す場合、改竄(カイザン)を防ぐために「千」のかわりに用いることがある。
[意味] ❶数の名。百の一〇倍。千。❷かしら。千人の長。❸南北に通じるあぜ道。
【仟佰センパク】[1]数が多いこと。千百。[2]あぜ道。「仟」は南北の道、「佰ハク」は東西の道。阡陌センパク。[3]千人の長と百人の長。

176 【他】 3430 423E 91BC 人‐3 [常]3 タ[呉][漢]/tā/ほか
[筆順] 他 他 他 他 他
[字解] 形声。人＋也[声]。佗の通俗体。

[参考] 万葉仮名では音を借りて「た」。

[意味] ほかの。異なった。他人の。自分以外の。↔自。『自他ジタ』『排他ハイタ』『利他リタ』＊孟子‐梁恵王下「王顧左右而言他(おうサユウをかえりみてタをいう)〔＝王は顔をそらして側近の方を向き、話題を変えた〕」⇒〔外〕(1494)の[表]

【他愛タアイ】他人を愛すること。自分のことよりまず他人の幸せを願うこと。愛他。↔自愛。『他愛主義』

【他意タイ】[1]ほかの考え。別意。[2]ふたごころ。

【他界タカイ】仏教で、人間界以外の世界。転じて、死ぬこと。死去。

【他郷タキョウ】郷里または母国でないよその土地。異郷。

【他行タギョウ・タコウ】その場を離れてよそへ行くこと。

【他見タケン】他人に見せること。また、他人が見ること。

【他故タコ】ほかの理由。

【他言タゴン・タゲン】[1]ほかのことば。また、他人のことば。[2]他人に話すこと。『他言無用』

【他殺タサツ】人手にかかって殺されること。↔自殺
【他山タザン】ほかの山。【他山之石タザンのいし】自分の玉をみがくのに役にたつ他の山の石の意。転じて、自分にとって戒めとなる他人の言行。＊詩経‐小雅・鶴鳴「他山之石、可以攻玉(タザンのいし、もってたまをおさむべし)〔＝よその山から取った粗末な石でも、それを砥石といしにすれば自分の玉を磨くのに役立つ〕」

【他事タジ】ほかのこと。よそごと。余事。

【他日タジツ】ほかの日。今日以外の日。▼それ以前の日、それ以後の日のどちらにも用いる。

【他出タシュツ】よそへ出かけること。外出。

【他所・他処タショ・よそ】[1]ほかの場所。別の所。[2]他人の家。[3](よそ)関係や関心がないこと。

【他生タショウ】仏教で、この世ではない、過去と未来の世。前世と来世。

【他姓タセイ】他人の姓。他の家の姓。『他姓を冒おかす〔＝他人の姓を名乗る〕』

【他腸タチョウ】〔「腸」はこころの意〕ほかのことを考え、思う心。また、忠誠心以外の、よこしまな心。

【無他なしタ】ほかのことではない。次のことにほかならないのだと、強調限定する語。＊孟子‐告子上「学問之道無他。求其放心而已矣(ガクモンのみちはタなし。そのホウシンをもとむるのみ)〔＝学問の道とはほかでもない。失った仁の心を求めることだけなのである〕」

【他人タニン】自分以外の人。また、血縁のない人。関係のない人。『赤の他人』『他人行儀』

【他念タネン】ほかのことを思う心。余念。

【他聞タブン】他人の耳に入ること。『他聞を憚はばかる』

【他方タホウ】[1]他の方向・方面。[2]もう一方。別の面。

【他用タヨウ】[1]ほかの用事。[2]他に使用すること。

【他力タリキ】[1]他人の力。他からの助力。↔自力。[2]「他力本願」の略。↔自力。【他力本願タリキホンガン】[1]仏教で、自己の修行の功徳によってではなく、阿弥陀仏の本願によって救済されること。[2]俗に、ひたすら他人の力をあてにすること。

【他律タリツ】(ドイ Heteronomieの訳語)[1]ほかの規律。[2]他人の意志、支配や命令などで動くこと。

【他流タリュウ】ほかの流儀、流派。『他流試合』

177 【代】 3469 4265 91E3 人−3 常3 ダイ(呉)・タイ(漢)/dài/かわる・かえる・かえ・しろ・よ

筆順 代代代代代

字解 形声。人+弋(木が交差したくい)(声)。人が交差するより、かわる意。

同属字 岱・岱・袋・貸・黛(黛)

参考 万葉仮名では音を借りて「で」、訓を借りて「て」「よ(乙)」。

意味 ❶かわる。かえる。本体、また、先行のものの役をひきうける。「代案」「交代」 ⇒[料](3067)の表 ❷しろ。あたい。かわりになるもの。「代金」 ❸入れかわっていく各期間。(イ)時代。その年代。また、世の中。「現代」「代替わり」(ロ)前人を継いでその地位にある間。「孫の代」 ⇒表 ❹固有名詞・熟字訓など。「代赭」「月代」

❶ かわる。かえる。

下接 院代・交代・城代・総代・逓代・迭代・番代・名代/形代

【代官】(国)江戸時代、幕府の直轄地を支配した地方官の職名。『代官所』

【代願】本人に代わって神仏などに祈願すること。

【代議】(1)他人に代わって合議すること。(2)公選された議員が、国民を代表して政治を議すること。『代議士』『代議制』

【代苦】(「大悲代受苦」の略) 仏語。仏菩薩などが衆生の苦しみを身代わりとなって受けること。代受苦。

【代言】(1)法廷などで本人に代わって弁論すること。(2)(国)「代言人」の略。弁護士の旧称。『三百代言』

【代行】職務を本人に代わって行うこと。

【代参】本人に代わって、参詣、参拝すること。

【代謝】(「謝」は去るの意) (1)新旧が入れ代わること。(2)生体内における同化作用と異化作用。物質交代。『新陳代謝』

【代舎】中国戦国時代末期、斉の宰相孟嘗君が、客を泊めるのに用いた最上の宿舎。

【代書】(1)本人に代わって書類や手紙などを書くこと。代筆。『代書人』(2)手紙のかわり。

【代署】本人に代わって署名すること。

【代序】(1)順番に交替すること。代謝。(2)本人に代わって序文を作ること。

【代償】(1)本人に代わって弁償すること。(2)あることを行うために生じる犠牲や損害。↓❷

【代数】「代数学」の略。数の代わりに文字を使って、数の性質などを研究する数学の一分野。↓❸

【代替】(国)他のもので代えること。代わり。

【代置】代わりに他のものを置くこと。

【代納】(1)本人に代わって金品などを納めること。(2)金銭の代わりに物品など代用の物で納めること。

【代筆】本人に代わって書くこと。代書。↔直筆

【代表】(1)法人や団体などに代わってその意を他に表示すること。(2)一部分が全体の特徴や性質などを表すこと。また、全体を表す代わりのもの。(3)同類の中から選ばれたもの。

【代弁・代辨・代辦・代辯】(1)(代辨)本人に代わって弁償すること。(2)(代辦)本人に代わって物事を処理すること。(3)(代辯)本人に代わって、意見を述べること。

【代名詞】品詞名の一。人・事物・方向などを、固有・一般の名称を用いずに、直接指し示して用いる語。「彼」「彼女」「それ」「ここ」など。『指示代名詞』

【代理】他人に代わって事に当たること。『代理店』

❷ しろ。あたい。

下接 車代・酒代・地代/席代・舌代・茶代・苗代・糊代・花代・間代

【代価】(1)品物の値段。代金。(2)ある事を行うために生じる犠牲や損害。

【代金】品物または物件の対価として支払う金銭。

【代償】損害のつぐないとして金品などの代価を支払うこと。↓❶

❸ 入れかわっていく各期間。時代。年代。

下接 永代・近代・現代・後代・古代・時代・十代・重代・上代・初代・盛代・聖代・世代・絶代・先代・前代・当代・年代・譜代・末代・明代・累代・歴代

【代数】世代を重ねた数。↓❶

【代代】(1)(ダイダイ)何代も続いていること。「先祖代代」(2)(よよ)代を重ねること。多くの世。

❹ 固有名詞など。

【代赭】顔料にする赤鉄鉱の粉末。また、そのような色。赤褐色。♥中国河北省代県に産するところから。

【代馬】中国北方の、古来名馬の産地として知られる代(河北省)地方に産する馬。【代馬依北風】北方の代の馬は南方につれて来られると、北風が吹くたびに北の故郷を恋しがる。故郷を恋い慕う心はだれにでもあるというたとえ。胡馬は北風に依る。〔塩鉄論—未通〕

代 ダイ	世 セ・セイ
世代	
よ。ある一定の期間。	よ。よのなか。
当代	当世
前代	前世
後代	後世
現代	現世
時代	時世
初代	初世

178 【付】 4153 4955 9574 人−3 常4 フ(呉)(漢)/fù/つく・つける

筆順 付付付付付

字解 会意。人+寸(手)。人にものを手渡し与える意。

同属字 府・苻・符・咐・坿・弣・拊・附・柎・袝・跗・駙・鮒

金文 篆文

参考 もと「付」はさずける、「附」(8642)はつく・そえるで、常用漢字も両者を別字とするが、俗には「付」を「つく・つき・つけ」と読み、「附」の略字として用いる。

意味 ❶あたえる。さずける。まかせる。たのむ。「付与」「寄付」「交付」 ❷つける。そえる。つく。「附」に同じ。「付加」「添付」 ⇒[着](5177)の表 ❸あて字。「付子」

❶ あたえる。まかせる。たのむ。

下接 下付・還付・寄付・給付・交付・送付・托付・託付・納付・配付/貸付

【付議】会議や評議にかけること。

【付梓】(「梓」は版木の材料) 書物を出版すること。上梓。

【付嘱フショク】たのみまかせること。嘱託。
【付託フタク】頼み任せること。『付託事項』
【付弟フテイ】仏語。法統を受けつぐ弟子。
【付法フホウ】師が弟子に教法を伝授して伝えること。
【付与フヨ】授け与えること。
❷つける。そえる。つく。
[下接] 貼付チョウフ・テンプ・添付テンプ／向付むこうづけ
【付加フカ】付け加えること。『付加価値』『付加物』
【付会フカイ】無理に理屈をこじつけること。『牽強付会』
【付記フキ】付け加えて書くこと。
【付近フキン】そこに近い所。その辺り。
【付載フサイ】本文や主文に付け加えて掲載すること。
【付随フズイ】他のものにつき従うこと。
【付設フセツ】付属させて設けること。
【付説フセツ】こじつけた説。また、説を付会すること。
【付箋フセン】疑問点や用件を書いて貼る小さな紙片。
【付則フソク】[1]ある規則を補充するために付加された規則。[2]法令などの末尾に付け加えて、施行期日や経過規定などを規定したもの。↔本則
【付属フゾク】[国]主になるものにつき従っていること。『付属小学校』『付属語』
【付帯フタイ】主だった物事に伴うこと。『付帯条件』
【付票フヒョウ】荷物などに付ける札。
【付録フロク】[1]本の巻末などに参考、補足として記された記事。『巻末付録』[2]書籍、雑誌などに添えられた小冊子など。↔本紙・本誌。『別冊付録』
【付和雷同フワライドウ】一定の主義、主張を持たずに、人の説にわけもなく賛同すること。
❸あて字など。
【付子ブシ｜ブス】[1](ブシ)ヌルデの葉茎にできる虫こぶ。タンニンを多量に含む。染料に用いる。五倍子ゴバイシ。[2](ブス)トリカブトの根を乾燥させた毒薬。強心、鎮痛などに用いる。ぶし。
[難読地名] 付知つけち町(岐阜)

179 【伊】 1643 304B 88C9 人－4 [人]
イ(呉)(漢)／yī／これ
[字解] 形声。人＋尹(おさめる)(声)。おさめる人の意。借りて、かれ・これの意に用いる。[参考] 万葉仮名では音を借りて「い」。片仮名の「イ」の字源。

甲骨文 金文 篆文

[意味] ❶かれ。これ。あの。かの。＊劉希夷-代ニ悲ニ白頭ー翁ー「伊昔紅顔美少年これむかしコウガンのビショウネン」〔＝この人こそ、かつての紅顔の美少年なのである〕❷国「伊太利イタリー」の略。『伊語』『伊国』❸国「伊賀国いがのくに」の略。『伊州』❹その他、固有名詞など。『伊豆』『伊勢』『伊予』

❶かれ。これ。あの。かの。
【伊輩イハイ】(「輩」は仲間の意)かれら。あの人たち。
❹その他、固有名詞など。
【伊尹イイン】中国古代の伝説上の宰相。殷インの湯王を助けて夏の桀王ケツオウを討ち、殷王朝を成立させた。
【伊吾イゴ】書を読む声。むにゃむにゃいうこと。咿唔イゴ。
【伊藤仁斎イトウジンサイ】江戸初期の儒者。古義学派の祖。孔孟の原典に帰ることを唱えた。著に「論語古義」「語孟字義」「童子問」など。(一六二七～一七〇五)
【伊藤東涯イトウトウガイ】江戸中期の古義学派の儒者。仁斎の長男。別号慥々斎ゾウゾウサイ。著「古学指要」「弁疑録」「制度通」など。(一六七〇～一七三六)
【伊洛イラク】[1]伊水と洛水。[2]程朱の学。伊洛は、中国河南省西部の伊川と洛陽。この地方で程頤テイイと程顥テイコウが儒教を教え、朱子がその学統を継いだことからいう。
【伊蘭イラン】クマツヅラ科の高木。インドの熱帯に生える。悪臭がひどいので、この木を煩悩ボンノウにたとえ、香木栴檀センダンを菩提ボダイにたとえる。
【伊呂波いろは】[1]「いろは歌」の略。以呂波。[2]物事、特にけいこ事の初歩。習い初め。[3]符号として用いるいろはの仮名。
【伊達だて】[1]意気、俠気キョウキをことさらに示すこと。[2]外見を飾ること。みえをはるさま。『伊達眼鏡』
[難読地名] 伊香いか郡(滋賀) 伊香保いかほ町(群馬) 伊集院いじゅういん町(鹿児島) 伊自良いじら村(岐阜) 伊是名いぜな村(沖縄) 伊丹いたみ市(兵庫) 伊南いな村(福島) 伊平屋いへや村(沖縄) 伊万里いまり市(佐賀) 伊良湖いらご岬(愛知) 伊良部いらぶ町(沖縄) 伊達だて市(北海道) [難読姓氏] 伊地知いじち 伊能いのう｜いよく 伊礼いれい｜いれい

180 【仮】 1830 323E 89BC 人－4 [常]5
ケ(呉)・カ(漢)・カク(漢)／jiǎ・jià・gé／かり・かりに
(336)〔假〕 4881 5071 98EF 人－9 旧字
[筆順]

[字解] 仮は假の草体から。假は形声。人＋叚(かり)(声)。かりの意。のちに人を加えた。
[意味] ❶かりに。まにあわせの。いつわりの。『仮説カセツ』『虚仮コケ』❷かりる。かす。『仮借カシャ｜カシャク』『仮ニ虎之威一とらのイをかる』＊李白-春夜宴ニ桃李園一序「大塊仮レ我以ニ文章一タイカイわれにかすにブンショウをもってす」〔＝造物主は私に詩文の才能を貸し与えてくれている〕❸ゆるす。ゆるめる。『寛仮カンカ』❹ひま。いとま。「暇」に同じ。

❶かりの。まにあわせの。いつわりの。
【仮寓カグウ】かりずまい。
【仮構カコウ】想像力によって組み立てること。虚構。
【仮作カサク】[1]一時仮に作ること。また、そのもの。[2]事実でないことを作ること。虚構。フィクション。
【仮山カザン】(仮に造った山の意)築山つきやまをいう。
【仮死カシ】人事不省、脈搏ミャクハク微弱など、死んだような状態。『仮死状態』
【仮称カショウ】仮の名で呼んでおくこと。その名。
【仮性カセイ】原因は異なるが、症状が真性の病気に似ていること。↔真性。『仮性近視』
【仮設カセツ】仮に設置すること。『仮設テント』
【仮説カセツ】事柄や現象を説明するための理論的な仮定。
【仮葬カソウ】とりあえず仮に葬ること。
【仮装カソウ】[1]仮に他のものの姿をよそおうこと。『仮装行列』[2]仮の装備。『仮装空母』
【仮想カソウ】仮にこうだと想定すること。『仮想敵国』
【仮題カダイ】仮に付けた題名。
【仮託カタク】かこつけること。ことよせること。
【仮定カテイ】仮に想定すること。『仮定条件』
【仮寐カビ】ちょっと、まどろむこと。仮眠。
【仮眠カミン】一時ちょっと眠ること。仮睡カスイ。『仮眠所』
【仮名カメイ｜ケミョウ｜かな】㊀(カメイ)実名を伏せて、仮に付ける名前。㊁(ケミョウ)[1]通称。俗名。家名ケミョウ。[2]仏語。実体のない、名だけのもの。㊂(かな)漢字を簡略化して作

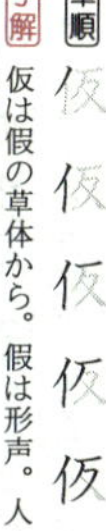

られた日本独自の音節文字。平仮名、片仮名がある。
【仮面】他の人物をよそおうためにかぶる顔にかたどった面。マスク。『仮面舞踊会』
【仮有】仏語。この世に存在するすべてのものは、因縁の和合による仮の存在であること。
【仮粧】美しく飾ること。化粧。
【仮病】国病気であるようにいつわりよそおうこと。詐病。『仮病を使う』
【仮令】かりに。もしも。仮定を示す。❤「仮使・仮若・仮如」も同じ意味。

❷かりる。かす。
【仮借】①漢字の六書の一。ある意味を表す漢字がない場合、同じ発音の漢字を借用する方法。「阿弥陀」「亜細亜」など。②（カシャク）借りること。→❸

❸ゆるす。ゆるめる。
【仮借】許すこと。見逃すこと。→❷

❹ひま。いとま。
下接 告仮・賜仮・請仮・病仮
【仮日】ひまな日。休みの日。
【仮文】休暇届のこと。けぶみ。かもん。暇文。

181【价】4835 5043 98C1 人－4 カイ(漢)/jiè
字解 形声。人＋介(声)。
意味 ❶よい。『价人（＝徳のあるすぐれた人）』❷大きい。❸よろいを着けた人。介。❹下男。使用人。

182【伎】2076 346C 8AEA 人－4 [人] ギ(呉)・キ(漢)/jì
字解 形声。人＋支（手に棒をもつ）(声)。手に棒をもち演ずるひと、わざおぎの意。
参考 万葉仮名では音を借りて「き(甲)」「ぎ(甲)」。
意味 ❶わざ。うでまえ。「技」に同じ。❷わざおぎ。芸人。『伎楽』『歌舞伎』
【伎楽】国インド・チベット方面から百済を経て伝えられた、無言仮面劇。『伎楽の面』

2画 二亠人(ヘ・イ)儿入八(ソ)冂冖冫(ミ)几凵刀(刂)力勹匕匚匸十卜卩(㔾)厂厶又

183【休】2157 3559 8B78 人－4 常 ク(呉)・キュウ（キウ）(漢)/xiū/ やすむ・やすまる・やすめる
筆順 休休休休休休
字解 会意。人＋木。人が木により憩いやすむ意。また、やすらぎを得ることから、さいわい・たまものの意。
甲骨文 金文 篆文

意味 ❶やすむ。中止する。また、やめる。仕事をしない。『万事休す』＊杜甫-旅夜書懐「官応老病休（＝役人生活も年老いて病気がちの身ではやめてしまうのが当然のことだ）」❷よろこび。やすらかである。また、うるわしい。りっぱ。よい。『休光』『休戚』

❶やすむ。中止する。
下接 運休・帰休・公休・週休・退休・代休・定休・年休・半休・不休・無休・遊休・連休
【休暇】官庁、会社の職員などが、主として休日以外に公に認められて業務を休むこと。『有給休暇』
【休閑】農業で、地力を養うため、一時栽培を中止すること。休耕。『休閑地』
【休業】業務、商売などを休むこと。『開店休業』
【休憩】仕事や運動を一時中止して休むこと。
【休耕】イネなどの耕作を、その年休むこと。『休耕地』『休耕田』
【休告】官吏の休暇。
【休止】動きを続けていたものが、一時その動きを止めること。『休止符』
【休日】官庁、会社、学校などが休みの日。
【休舎】（「舎」も休む意）休息すること。
【休心・休神】安心すること。手紙文で用いる。
【休戦】交戦者同士が、合意によって一定期間戦闘を中止すること。『休戦協定』
【休息】体を休めること。休憩。『休息をとる』
【休題】それまでの話題を中止すること。多く、「閑話休題」の形で用いる。
【休道】（「道」は言うの意）言ってはいけないこと。言うな。
【休眠】生物が成長や活動を一時的に止めること。
【休沐】官吏の休暇。「沐」は身体を洗う意。
【休養】仕事などを休んで心身を養うこと。

❷よろこび。また、うるわしい。りっぱ。
【休休】楽しんで安らかなさま。
【休光】①うるわしい光。②りっぱなてがら。休烈。
【休祥】（「祥」は、しるしの意）よい前兆。吉兆。
【休戚】喜びと悲しみ。幸不幸。『休戚を共にする』
【休徳】りっぱな徳。
【休命】偉大な命令。天子の命令。
【休明】性格が寛容で、聡明なこと。
【休烈】＝休光②

184【伋】＊1654 人－4 キュウ（キフ）(漢)/jí
字解 形声。人＋及(声)。よく考え、深く思慮する人。
篆文

意味 ❶いそぐ。「急」に通じる。❷人名。孔子の孫子思の名。

185【仰】2236 3644 8BC2 人－4 常 ゴウ（ガウ）(呉)・ギョウ（ギャウ）(漢)・コウ（カウ）(慣)/yǎng/ あおぐ・おおせ・あおむく・あおむける・おっしゃる
筆順 仰仰仰仰仰仰
字解 形声。人＋卬（あおぐ）(声)。あおぐ意。本来、卬のみでこの字義を表したが、のちに人を加えた。
意味 ❶あおぐ。見あげる。あおむきになる。『仰視』❷国おおせ。言いつけ。❸あて字、固有名詞など。

❶あおぐ。見あげる。あおむきになる。
下接 偃仰・渇仰・欽仰・敬仰・景仰・賛仰・信仰・瞻仰・俛仰・俯仰
【仰臥】あおむきに寝ること。⇔横臥・伏臥
【仰角】高い位置にあるものと目とを結んだ直線

2画 二亠人(𠆢・イ)儿入八(ソ)冂冖冫(冫)几凵刀(刂)力勹匕匚匸十卜卩(㔾)厂厶又

と、水平線との成す角。↔俯角(フカク)

【仰視(ギョウシ)】あおぎ見ること。上をむいて注視する。

【仰瞻(ギョウセン)】あおぎ見ること。あおぎしたがう。

【仰天(ギョウテン)】国非常に驚くこと。『びっくり仰天する』 ❤もと、天をあおいで、驚きを表したことから。

【仰望(ギョウボウ)】①あおぎ望むこと。期待すること。②うやまう。＊孟子-離婁下「良人者、所仰望而終身也、今若此(リョウジンはあおぎのぞみてみをおうるところのものなるに、いまかくのごとし)」〔＝夫というものは私たち妻が仰いで敬う人であるのに、今こんなありさまだ〕」

【仰不愧於天(あおいでテンにはじず)】少しもやましいところがなく、公明正大であることをいう。俯仰(フギョウ)天地に愧じず。＊孟子-尽心上「仰不愧於天、俯不怍於人、二楽也(あおいでテンにはじず、フして、ひとにはじざるは、ニラクなり)」〔＝仰いでは天に対して恥じることがなく、伏しては人に対して恥じることがないのが、第二の楽しみである〕」

❸ あて字、固有名詞など。

【仰山(ギョウサン)】国①たくさん。②おおげさ。誇大。

【仰韶(ヤンシャオ)】中国河南省、黄河流域にある村。一九二一年スウェーデンの考古学者アンダーソンが新石器時代の大集落遺跡を発見した。

186 【亻从】 ―― 人-4 キン 「乑」(64)の異体字

187 【亻川】 ―― 人-4 キン 「乑」(64)の異体字

188 【件】 2379 376F 8C8F 人-4 常5 ケン㋘\jiàn\くだり・くだん

筆順 件 件 件 件 件 件

字解 会意。人+牛。人や牛などを各々区別する意。

意味 ❶くだり。一つ一つ区別してとりあげた事柄。また、事柄を数える助数詞。『事件(ジケン)』『条件(ジョウケン)』『物件(ブッケン)』 ❷国くだん。前に述べた事柄。『如件(くだんのごとし)』〔＝前に述べたとおりである〕』

下接 案件(アンケン)・一件(イッケン)・雑件(ザッケン)・事件(ジケン)・条件(ジョウケン)・難件(ナンケン)・物件(ブッケン)・別件(ベッケン)・用件(ヨウケン)・要件(ヨウケン)・与件(ヨケン)

【件件(ケンケン)】あの件この件。

【件名(ケンメイ)】①ある一定の基準で分類した一つ一つの項目の名。②図書館で、本の内容によって分類した項目。

189 【伍】 2464 3860 8CDE 人-4 人 ゴ㋑㋘\wǔ\いつ・いつつ

字解 形声。人+五(いつつ)㊔。

参考 金額を記す場合、改竄(カイザン)を防ぐために「五」のかわりに「伍」を用いることが多い。

意味 ❶五人を一組とする軍隊の単位。『伍長(ゴチョウ)』『什伍(ジュウゴ)』『陣伍(ジンゴ)』『卒伍(ソツゴ)』『部伍(ブゴ)』『兵伍(ヘイゴ)』 ❷転じて、なかま。組みになる。また、肩を並べる。『隊伍(タイゴ)』『落伍(ラクゴ)』 ❸いつつ。五。 ❹人名。『伍子胥(ゴシショ)』

【伍長(ゴチョウ)】①軍隊で五人組の兵士の長。②国旧陸軍下士官の階級。軍曹の下位で、兵長の上位。

【伍子胥(ゴシショ)】中国、春秋時代の呉の臣。名は員(ウン)。越を破った時、王夫差が越王勾践を殺さなかったことを諫めていれられず、のち讒言(ザンゲン)にあって自殺した。前四八五年没。

190 【伉】 4836 5044 98C2 人-4 コウ(カウ)㋑㋘\kàng

字解 形声。人+亢㊔。

意味 ❶たぐい。あいて。配偶者。『伉儷』 ❷ならぶ。匹敵する。『伉礼』 ❸つよい。すなお。正しい。『伉直』

【伉直(コウチョク)】正しい道を守って曲げないこと。

【伉礼(コウレイ)】尊卑の差別をつけないこと。抗礼。❤対等の礼で人に接する意。

【伉儷(コウレイ)】(「儷」も並ぶ、つれあいの意) 夫婦。夫婦の仲。

191 【伜】 4871 5067 98E5 人-4 サイ 「倅」(307)の異体字

192 【仲】 3571 4367 9287 人-4 常4 チュウ(チウ)㋑㋘\zhòng\なか

筆順 仲 仲 仲 仲 仲 仲

字解 形声。人+中(なか)㊔。長子(伯)と末子(季)との間の子の意。のちに人を加えた。

甲骨文 金文 篆文

意味 ❶人と人の間。なかだち。なか。『仲介』『恋仲(こいなか)』 ❷兄弟の中で二番目。一般に二番目。『伯(ハク)・仲(チュウ)・叔(シュク)・季(キ)』 ❸まんなか。『孟(モウ)・仲(チュウ)・叔(シュク)』 ❹人名。

❶ 人と人の間。なかだち。なか。

【仲介(チュウカイ)】双方の間を取りもつこと。なかだち。

【仲裁(チュウサイ)】対立しているもの同士を和解させること。

【仲人(チュウニン|なこうど)】①(チュウニン)仲裁をする人。②(なこうど)結婚の仲立ちをすること。また、その人。

【仲間(なかま)】①一緒に物事をする人。また、友達。②同類のもの。

❷ 兄弟の中で二番目。一般に二番目。

【仲兄(チュウケイ)】二番目の兄。次兄。

【仲父(チュウフ|チュウホ)】①(チュウフ)父の弟。おじ。②(チュウホ)父のように尊敬して呼ぶ名。

❸ まんなか。

【仲夏(チュウカ)】夏のなかば。また、陰暦五月の異称。

【仲秋(チュウシュウ)】秋のなかば。また、陰暦八月の異称。

【仲春(チュウシュン)】春のなかば。また、陰暦二月の異称。

【仲冬(チュウトウ)】冬のなかば。また、陰暦一一月の異称。

【仲陽(チュウヨウ)】陰暦二月の異称。仲春。

❹ 人名。

【仲弓(チュウキュウ)】孔子の弟子、冉雍(ゼンヨウ)のこと。

【仲尼(チュウジ)】孔子の字(あざな)。

【仲由(チュウユウ)】孔子の弟子、子路(シロ)のこと。

193 【伝】 3733 4541 9360 人-4 常4 (385)【傳】 4903 5123 9942 人-11 旧字 人 デン㋑・テン㋘\chuán・zhuàn\つたわる・つたえる・つたう・つて

筆順 伝 伝 伝 伝 伝 伝

字解 伝はもと傳。わが国で略体として専を云に変えたもの。傳は形声。人+専(めぐりうつす)㊔。人から人へ回しうつす、つたえる意。

甲骨文 金文 篆文

[参考] 万葉仮名では音を借りて「で」。
[意味] ❶つたえる。つたわる。つたえ。ひろめる。『伝達』『伝統』 *論語-学而「伝不習乎（ならわざるをつたえしか）」〔=自分がよく理解していないことを人に教えたか〕 ❷注解。一代記。『春秋左氏伝（シュンジュウサシデン）』『自叙伝（ジジョデン）』 ❸馬継ぎ場。宿駅。『駅伝（エキデン）』『乗伝（ジョウデン）』『符伝（フデン）』『封伝（ホウデン）』 ❹固有名詞など。

❶ つたえる。つたわる。つたえ。ひろめる。

[下接] 遺伝（イデン）・印伝（インデン）・奥伝（オクデン）・家伝（カデン）・訛伝（カデン）・記伝（キデン）・紀伝（キデン）・虚伝（キョデン）・口伝（クデン／コウデン）・喧伝（ケンデン）・直伝（ジキデン）・師伝（シデン）・承伝（ショウデン）・宣伝（センデン）・相伝（ソウデン）・俗伝（ゾクデン）・逓伝（テイデン）・秘伝（ヒデン）・謬伝（ビュウデン）・流伝（リュウデン）／言伝（ことづて）

【伝衣（デンエ）】 仏語。禅宗で、弟子のうちすぐれた者を選んで教えを伝えること。
【伝家（デンカ）】 代々その家に伝わること。『伝家の宝刀』
【伝奇（デンキ）】 怪奇・幻想に富んだ物語。特に、中国、唐代におこった文語で書かれた短編小説と明代の戯曲。『伝奇小説』『伝奇物語』
【伝呼（デンコ）】 それからそれへと伝えること。
【伝国璽（デンコクのジ）】 帝位につく者が代々譲り受ける印。天子の内印。中国で、秦の始皇帝の用いたものが最初といわれる。
【伝言（デンゴン）】 ことづけ。ことづて。『伝言板』
【伝授（デンジュ）】 学問、技芸、武芸の奥義、秘伝などを、師が弟子に教え授けること。
【伝習（デンシュウ）】 学問や技術などを師から伝えられて習うこと。『伝習所』
【伝書（デンショ）】 [1]秘伝を書いた文書。[2]代々伝わってきた書物。伝家の書。[3]書状を伝えること。『伝書鳩』
【伝承（デンショウ）】 しきたりや信仰、伝説などを受け継いで後世へ伝えてゆくこと。『民間伝承』『伝承文学』
【伝心（デンシン）】 ことばによらないで心から心に伝え会得させること。『以心伝心』
【伝説（デンセツ）】 古くから語り伝えられてきた話。うわさ。言い伝え。風説。風聞。『伝説的英雄』
【伝宣（デンセン）】 使いが勅旨を伝えのべること。
【伝染（デンセン）】 [1]同じ状態が、他に移ること。[2]病原菌などが生物の体内に侵入し、病気を起こさせること。
【伝奏（テンソウ｜デンソウ）】 下からの奏請を天皇や貴人にとりつぐこと。また、その職。
【伝送（デンソウ）】 つぎつぎに送り伝えること。
【伝達（デンタツ）】 命令、指示などを相手に伝えること。
【伝単（デンタン）】 中国で、宣伝ビラのこと。
【伝灯（デントウ）】 仏語。師から弟子へ正法や、宗の伝統を受け伝えること。❤仏法は衆生の心の闇を照らし、明るく導くところから、仏法を灯火にたとえていう。
【伝統（デントウ）】 昔から受け伝えられた、有形無形のしきたり、様式、傾向。
【伝道（デンドウ）】 [1]昔から伝えられている説。[2]教義を教えひろめること。キリスト教で、福音を伝え広めること。『伝道師』
【伝導（デンドウ）】 [1]伝えみちびくこと。[2]熱、電気などが物質内を移動する現象。
【伝播（デンパ）】 広く伝わること。広くまきちらすこと。
【伝票（デンピョウ）】 会社などで取引の要件を記載する紙片。
【伝聞（デンブン）】 人から伝え聞くこと。
【伝法（デンボウ｜デンポウ）】 仏語。師が弟子に仏法を授け伝えること。また、弟子が師より法を伝え受けること。→❹
【伝来（デンライ）】 [1]外国などから伝わって来ること。渡来。[2]代々受け継いで伝えること。相伝。
【伝令（デンレイ）】 命令を伝えること。また、それをする人。

❷ 一代記。

[下接] 史伝（シデン）・自伝（ジデン）・評伝（ヒョウデン）・略伝（リャクデン）・列伝（レツデン）

【伝記（デンキ）】 個人の生涯の事跡を書きしるしたもの。

【伝賛（デンサン）】 伝記の文章のあとに添える評論。論賛。

❸ 馬継ぎ場。宿駅。

【伝駅（デンエキ）】 伝と駅。伝馬、駅馬、宿泊設備、人夫を備えた設備。

【伝車（デンシャ）】 宿駅の車。

【伝舎（デンシャ）】 宿場の旅館。駅舎。

【伝馬（テンマ）】 [1]逓送用の馬。宿継の馬。[2][国]「伝馬船」の略。荷物の積み下ろしなどに使う小船。はしけぶね。

❹ 固有名詞など。

【伝習録（デンシュウロク）】 中国の儒家書。三巻。明の王陽明の言や手紙を、門人の徐愛・陸澄・薛侃（セッカン）が筆録したもの。

【伝法（デンボウ｜ボウデン）】 [国]悪ずれて粗暴なこと。❤江戸浅草の伝法院の寺男たちが寺の威光をかさにきて、境内の店などで無銭飲食をしたところから。→❶

194 【任】 3904 4724 9443 人-4 [常]5 ニン[呉]・ジン[漢]/rēn・rèn/まかす・まかせる

[筆順]

[字解] 形声。人+壬（たもつ）[声]。人がたもつ、になう意。

金文

篆文

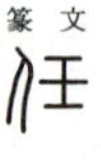

紝

[同属字] 恁・賃・荏・姙・

[意味] ❶重荷。重荷をかかえる。たえる。『任負（ニンプ）』 ❷役目。役目につく。役目につける。『任命（ニンメイ）』『解任（カイニン）』 *史記-管晏伝「管仲既用、任政於斉（カンチュウすでにもちいられ、まつりごとにセイにニンず）」〔=管仲は採用されると、斉の国政を担当した〕 ❸まかせる。ゆだねる。きまま。『任意（ニンイ）』『一任（イチニン）』『信任（シンニン）』 ❹その他、人名など。

❶ 重荷。重荷をかかえる。たえる。

【任負（ニンプ）】 [1]背おうこと。になうこと。[2]積むこと。のせること。

❷ 役目。役目につく。役目につける。

[下接] 栄任（エイニン）・改任（カイニン）・解任（カイニン）・帰任（キニン）・兼任（ケンニン）・後任（コウニン）・降任（コウニン）・在任（ザイニン）・辞任（ジニン）・就任（シュウニン）・重任（ジュウニン｜チョウニン）・主任（シュニン）・昇任（ショウニン）・常任（ジョウニン）・初任（ショニン）・叙任（ジョニン）・新任（シンニン）・責任（セキニン）・専任（センニン）・選任（センニン）・前任（ゼンニン）・大任（タイニン）・退任（タイニン）・担任（タンニン）・着任（チャクニン）・適任（テキニン）・転任（テンニン）・背任（ハイニン）・赴任（フニン）・補任（ホニン）・離任（リニン）・留任（リュウニン）・歴任（レキニン）

〖任重而道遠（ニンおもくしてみちとおし）〗 任務は重く、その実行は容易でないから前途は遠い。〔論語-泰伯〕
【任官（ニンカン）】 官職に任ぜられること。↔退官
【任地（ニンチ）】 任務のため在住する土地。
【任務（ニンム）】 自分の責任であるつとめ。役目。職務。
【任命（ニンメイ）】 人をある地位または職につけること。
【任免（ニンメン）】 任命することと免職にすること。『任免権』
【任用（ニンヨウ）】 人をある職務につけて使うこと。

❸ まかせる。ゆだねる。きまま。

[下接] 一任（イチニン）・委任（イニン）・信任（シンニン）・放任（ホウニン）

【任俠(ジンキョウ)(ニンキョウ)】(おとこぎにまかせる意) 面目を立て、信義を重んじること。また、その人。仁俠。

【任委(ニンイ)】まかせてゆだねること。委任。

【任意(ニンイ)】心のままに任せるさま。随意。『任意出頭』

【任運(ニンウン)】つとめて事をなそうとしないこと。自然にまかせること。

【任使(ニンシ)】物事を委任して使うこと。

【任他(ニンタ)】[1]他人にまかせること。[2]どうにでもなれという気持ち。なりゆきにまかせること。ままよ。

【任放(ニンボウ)】礼法を捨てて思いのままにふるまうこと。

❹ その他、人名など。
【任昉(ジンボウ)】中国、南朝・梁の詩人。字(あざな)は彦升(ゲンショウ)。竟陵の八友の一人に数えられた。著に「文章縁起」「述異記」など。〔四六〇～五〇八〕
【任脈(ニンミャク)】漢方医学で、経絡(ケイラク)の一。会陰部より起こって、まっすぐに臍を通り、上行して胸骨にそってのどを通り唇に至る。これに二、三の経穴(ケイケツ)がある。
[難読姓氏] 任田(とうだ)

195 【伐】 4018 4832 94B0 人－4 [常] バツ(呉)・ハツ(漢)／fá・fà／きる
[筆順] 
[字解] 会意。人＋戈。人をほこで切る、うつ意。
甲骨文 金文 篆文 
[同属字] 筏・閥・栰
[参考] 万葉仮名では音を借りて「ば」。
[意味] ❶うつ。殺す。『征伐』『討伐』 *史記-伯夷伝「東伐ㇾ紂(ひがししてチュウをうつ)(=(周の武王は)東へ向かい(殷の)紂王をうとうとした)」 ❷きる。切り出す。切りたおす。『伐採』『乱伐』 ❸てがら。功績をほこる。ほこり。『伐閲』『勲伐』

❶ うつ。殺す。
[下接] 攻伐(コウバツ)・殺伐(サツバツ)・征伐(セイバツ)・戦伐(センバツ)・誅伐(チュウバツ)・討伐(トウバツ)・放伐(ホウバツ)

❷ きる。切り出す。
[下接] 間伐(カンバツ)・翦伐(センバツ)・盗伐(トウバツ)・乱伐(ランバツ)・濫伐(ランバツ)
【伐採(バッサイ)】山林から樹木を切り出すこと。
【伐氷之家(バッピョウのいえ)】中国で、卿・大夫以上の貴い家。〔大学〕 ♥昔、葬式のときに氷を切って使うことが許されたのは、卿・大夫以上の家柄であったことから。
【伐木(バツボク)】木を切り倒すこと。

❸ てがら。功績をほこる。ほこり。
[下接] 矜伐(キョウバツ)・勲伐(クンバツ)・功伐(コウバツ)
【伐閲(バツエツ)】功を積んだ格式の高い家筋。門閥。門地。

196 【份】 *1647 人－4 ヒン(呉)(漢)・フン(呉)(漢)／bīn・fèn
[字解] 形声。人＋分(声)。文質あいととのうこと。彬に同じ。

197 【伏】 4190 497A 959A 人－4 [常] ブク(呉)・フク(漢)・フ(漢)／fú・fù／ふす・ふせる
[筆順] 
[字解] 会意。人＋犬。犬が人のそばにふす意。
金文 篆文 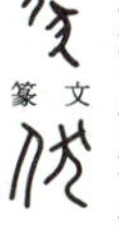
[同属字] 茯・袱
[意味] ❶ふせる。ふす。うつぶせにする。『伏臥』『拝伏』 ❷かくれる。かくす。ひそむ。『伏兵』『潜伏(センプク)』 ❸したがう。服する。『伏罪』『屈伏(クップク)』 ❹夏至後第三、第四の、立秋後第一の、三つの庚(かのえ)の日。猛暑の時節。 ❺「伏羲(フッキ)」は、中国古代伝説上の王の名。

❶ ふせる。ふす。
[下接] 拝伏(ハイフク)・俯伏(フフク)
【伏臥(フクガ)】うつぶせに寝ること。↔仰臥(ギョウガ)
【伏屍(フクシ)】倒れ伏している死体。死骸。
【伏奏(フクソウ)】天子の前に進み、伏して奏上すること。
【伏櫪(フクレキ)】馬が廐の中に伏していること。また、その馬。転じて、不遇であること。雌伏すること。

❷ かくれる。かくす。ひそむ。
[下接] 倚伏(イフク)・隠伏(インプク)・竄伏(ザンプク)・潜伏(センプク)・鼠伏(ソフク)

【伏在(フクザイ)】表に現れないで、内に潜んで存在すること。

【伏事(フクジ)】秘密のこと。

【伏線(フクセン)】あとで明らかになる事柄のために、あらかじめすじ道をつけておくこと。ほのめかすこと。

【伏蔵(フクゾウ)】隠れひそむこと。また、地中に隠されている財宝。

【伏弩(フクド)】隠し備えた石弓。また、それを射る兵。

【伏匿(フクトク)】隠れひそむこと。

【伏兵(フクヘイ)】[1]ひそかに隠れ伏している兵。[2]予期しないときに現れる人物や障害。

【伏魔殿(フクマデン)】魔物のひそんでいる殿堂。転じて、陰謀などが絶えずたくらまれている所。

【伏竜(フクリュウ)(フクリョウ)】[1]池中にひそんで昇天の時機を待っている竜。[2]世間に知られずに、野に隠れている大人物。また、将来有望な若者。「伏竜鳳雛(ホウスウ)」の形でも用いる。鳳雛は鳳凰(ホウオウ)のひな。〔蜀志-諸葛亮伝・注〕

❸ したがう。服する。
[下接] 圧伏(アップク)・威伏(イフク)・畏伏(イフク)・感伏(カンプク)・帰伏(キフク)・屈伏(クップク)・降伏(コウフク)・摧伏(サイフク)・雌伏(シフク)・首伏(シュフク)・承伏(ショウフク)・信伏(シンプク)・折伏(セップク)・説伏(セップク)・鎮伏(チンプク)・厭伏(ヨウフク)
【伏罪(フクザイ)】罪に服すること。服罪。
【伏誅(フクチュウ)】罪人などが処罰にしたがうこと。

❹ 陰暦六月の節の名。
[下接] 三伏(サンプク)・初伏(ショフク)・中伏(チュウフク)・末伏(マップク)
【伏日(フクジツ)】三伏(サンプク)の日。夏の極暑の期間。
【伏暑(フクショ)】陰暦六月の異称。また、その頃の暑さ。
【伏臘(フクロウ)】(「臘」は冬祭りの意) 夏祭りと冬祭り。

198 【仿】 *1649 人－4 ホウ(ハウ)(呉)(漢)／fǎng・páng
[字解] 形声。人＋方(ならぶ)(声)。他人とならぶ意から、ならう・にる意。
[意味] ❶ならう。まねる。「倣」に同じ。『仿効(ホウコウ)』 ❷さまよう。あてもなく歩く。「彷」に同じ。『仿偟(ホウコウ)』
【仿効(ホウコウ)】ならうこと。まねること。

199 【伇】 ―― 人－4 ヤク 「役」(2271)の異体字

200【位】 1644 304C 88CA 人－5 常4 イ(ヰ)呉漢/wèi/くらい

筆順 位 位 位 位 位 位 位

字解 会意。人＋立。人がある位置にたつことから、くらいの意。のちに人を加えた。

甲骨文 金文 篆文

同属字 莅・涖

参考 万葉仮名では音を借りて「ゐ」。

意味 ❶くらい。くらいどり。階級。等級。『位階』『在位』＊史記‐廉頗藺相如伝「位在二廉頗之右一(くらいはレンパのみぎにあり)」〔＝(藺相如は)廉頗よりも上位であった〕⇓表 ❷場所。方角。また、人や霊の居場所。『位置』『位牌』 ❸基準となるもの。『単位(タンイ)』『本位(ホンイ)』

❶ くらい。くらいどり。階級。等級。

下接 一位(イチイ)・栄位(エイイ)・王位(オウイ)・下位(カイ)・各位(カクイ)・学位(ガクイ)・官位(カンイ)・冠位(カンイ)・空位(クウイ)・勲位(クンイ)・皇位(コウイ)・高位(コウイ)・在位(ザイイ)・散位(サンイ)・三位(サンミ)・爵位(シャクイ)・主位(シュイ)・首位(シュイ)・順位(ジュンイ)・叙位(ジョイ)・上位(ジョウイ)・譲位(ジョウイ)・職位(ショクイ)・人位(ジンイ)・摂位(セツイ)・僧位(ソウイ)・即位(ソクイ)・尊位(ソンイ)・退位(タイイ)・段位(ダンイ)・地位(チイ)・中位(チュウイ)・帝位(テイイ)・鼎位(テイイ)・天位(テンイ)・等位(トウイ)・同位(ドウイ)・品位(ヒンイ)・賓位(ヒンイ)・宝位(ホウイ)・末位(マツイ)・無位(ムイ)・名位(メイイ)・有位(ユウイ)・優位(ユウイ)・劣位(レツイ)・列位(レツイ)・禄位(ロクイ)

【位階(イカイ)】 勲功、功績がある者に与える栄典の一。

【位官(イカン)】 位階と官職や官等。官位。

【位記(イキ)】 位を授けられた者に与えられる文書。

【位勲(イクン)】 位階と勲等。

【位号(イゴウ)】 くらいの称号。

	倍数	位名
大数		無量大数(ムリョウタイスウ)
		不可思議(フカシギ)
		那由他(ナユタ)
		阿僧祇(アソウギ)
		恒河沙(コウガシャ)
	10^{48}	極(ゴク・キョク)
	10^{44}	載(サイ)
	10^{40}	正(セイ)
	10^{36}	澗(カン)
	10^{32}	溝(コウ)
	10^{28}	穣(ジョウ)
	10^{24}	秄(ジョ)（𥝱(シ)）
	10^{20}	垓(ガイ)
	10^{16}	京(ケイ)
	10^{12}	兆(チョウ)
	10^{8}	億(オク)
	10^{4}	万(マン)
	10^{3}	千(セン)
	10^{2}	百(ヒャク)
	10^{1}	十(ジュウ)
	1	一(イチ)
小数	10^{-1}	分(ブ)
	10^{-2}	厘(リン)
	10^{-3}	毛(モウ)
	10^{-4}	糸(シ)
	10^{-5}	忽(コツ)
	10^{-6}	微(ビ)
	10^{-7}	繊(セン)
	10^{-8}	沙(シャ)
	10^{-9}	塵(ジン)
	10^{-10}	埃(アイ)

位〔「塵劫記」による〕

【位次(イジ)】 位階の高低によって席次を定めること。またはその席順。＊史記‐陳丞相世家「以二絳侯勃一為二右丞相一、位次第一(コウコウボツをもってウジョウショウとなし、イジダイイチなり)」〔＝絳侯勃を右丞相として、席順は第一番目である〕

【位署(イショ)】 官位、姓名を公文書に記すこと。

【位袍(イホウ)】 令制の位階に相当する色で染められた朝服の袍(ホウ)。

【位極二人臣一(くらいジンシンをきわむ)】 臣下として最高の位を得ること。〔呉志‐孫綝伝〕

❷ 場所。方角。また、人や霊の居場所。

下接 各位(カクイ)・水位(スイイ)・体位(タイイ)・潮位(チョウイ)・部位(ブイ)・風位(フウイ)・方位(ホウイ)・霊位(レイイ)

【位相(イソウ)】 ①数学で、集合の要素のつながり具合。トポロジー。②物理学で、周期運動において一周期ごとに繰り返される変数の値。③言葉に違いが現れる性別、年齢、生活条件など。『位相語』

【位置・位地(イチ)】 ①ある人、物、事柄などが、全体または他に対して占める場所。②地位や立場。

【位牌(イハイ)】 死者をまつるために法号、戒名を記した板。

難読姓氏 位田(いんでん・いだ)

201【佚】 4837 5045 98C3 人－5 イツ漢・テツ漢/yì・dié/うしなう

字解 形声。人＋失(ぬけでる)声。世俗からのがれ出た人の意。

参考 「逸」(8111)に同じ。

意味 ❶のがれる。ぬける。俗世からぬけだす。また、美しい。『佚民(イツミン)』 ❷うしなう。なくなる。『佚文(イツブン)』『散佚(サンイツ)』 ❸楽しむ。やすらか。また、遊びなまける。『佚楽(イツラク)』『安佚(アンイツ)』＊韓非子‐心度「民之性、悪レ労而楽レ佚(たみのセイは、ロウをにくみてイツをたのしむ)」〔＝人民の本性は、労苦をきらい、安逸を好む〕 ❹ゆるい。自由。『佚宕(テットウ)』

❶ のがれる。ぬける。また、美しい。

【佚女(イツジョ)】 美人。逸女。→❸

【佚民(イツミン)】 俗世間を離れ、隠れ住む人。逸民(イツミン)。

【佚老(イツロウ)】 世をのがれた老人。

❷ うしなう。なくなる。

下接 遺佚(イイツ)・散佚(サンイツ)・亡佚(ボウイツ)

【佚書(イツショ)】 名前だけが伝わり、実際にはなくなってしまった書物。

【佚文(イツブン)】 散逸して世間に伝わらない文章。または、一部のみ伝わる文章。

❸ 楽しむ。遊びなまける。

下接 安佚(アンイツ)・蕩佚(トウイツ)・放佚(ホウイツ)・愉佚(ユイツ)・遊佚(ユウイツ)

【佚居(イッキョ)】 気楽に遊び暮らすこと。逸居。

【佚女(イツジョ)】 道理をはずれた、みだらな女。→❶

【佚道(イツドウ)】 民衆を安んずるような政治の行い方。＊孟子‐尽心上「以二佚道一使レ民、雖レ労不レ怨(イツドウをもってたみをつかえば、ロウすといえどもうらみず)」〔＝民衆を安楽にしてやろうとして政治を行って民衆を使うなら、民衆は苦労はしても怨んだりはしない〕

【佚遊(イツユウ)】 気ままに好きなことをして遊ぶこと。逸遊。

【佚楽(イツラク)】 気ままに遊び楽しむこと。逸楽(イツラク)。

【以レ佚待レ労(イツをもってロウをまつ)】 自軍を安楽な状態に置き、遠来の疲れはてた敵を迎える。〔孫子‐軍争〕

❹ ゆるい。自由。

【佚宕(テットウ)】 自由でしばられない。

202【何】 1831 323F 89BD 人－5 常2 ガ呉・カ漢/hé・hē/なに・なん・いずく・いずくにか・いずれ・どの・どれ

筆順 何 何 何 何 何 何 何

字解 形声。人＋可(になう)声。になう意。荷の原字。借りて助字に用いる。のちに人を加えた。

同属字 荷

甲骨文 金文 篆文

[参考] 万葉仮名では音を借りて「か」「が」。

[意味] ❶なに。どの。どこに。どうして。なんとまあ。疑問や反語、また、感嘆を示す語。㋑なに。なんの。いずれの。どの。どのような。不確かな名前・数値・程度・状態などを問う語。＊陶潜-桃花源記「今是何世」〔＝今はなんという時代か〕」＊李白-子夜呉歌「何日平二胡虜一、良人罷二遠征一」〔＝いつになったら夫は夷狄をたいらげて、遠征から帰ってくるだろう」㋺いずく。いずくにか。どこ。どこに。疑問・反語を示す。＊杜甫-兵車行「租税従レ何出」〔＝租税はどこから出てくるのであろうか」㋩なんぞ。どうして…か。疑問・反語を示す。＊陶潜-飲酒「問レ君何能爾」〔＝どうしてこのようにできるのか」＊李白-春夜宴二桃李園一序「不レ有二佳作一、何伸二雅懐一」〔＝よい詩ができないようでは、どうしてこの風雅な思いを表すことができようか」㋥なんぞ。なんとまあ。なんと…であることよ。＊史記-項羽本紀「是何楚人之多也」〔＝なんと楚の兵の多いことであろうか」❷その他、人名など。『何晏』

❶ 疑問や反語、また、感嘆を示す語。

[下接] 如何・奈何・幾何

【何如・何若】どうであるか。どうなるか。分量・程度・状態などについて、問う場合に用いる。＊韓非子-難「以二子之矛一、陥二子之楯一、何如」〔＝あなたの矛で、あなたの楯をついたらどうなるのか」＊史記-伯夷伝「天之報二施善人一、其何如哉」〔＝天が善人に報いを施すというのは、いったいどのようなことなのか」♥「如何・奈何」は、「どうしよう、どうしたらよいか」と手段、方法などを問う語。

【何許・何処・何所】どこ。場所を問う語。＊陶潜-五柳先生伝「先生不レ知二何許人一也」〔＝先生はどこの人であるのかわからない」

【何某】①人の名などを直接示さず、ぼやかして用いる。だれそれ。②（なにがし）数量、特に金銭の額を漠然と表現するのに用いる。いくらか。若干。

【何事】①どのような事柄。どんなこと。＊白居易-対レ酒「蝸牛角上争二何事一」〔＝カタツムリの角の上のように狭いこの世の中で、どんなことを争っているのか」②何としたことか。どうしたことか。＊高適-除夜作「客心何事転凄然」〔＝旅人の私はどうしたことかますます寂しくなるばかりだ」

【何人】①どういう人。いかなる人。＊論語-述而「伯夷叔斉何人也」〔＝白夷と叔斉とはどういう人物か」②だれが…か。反語を示す。＊李白-春夜洛城聞レ笛「何人不レ起二故園情一」〔＝だれが故郷のことを思わずにいられようか」

【何以】①どうして…か。疑問・反語を示す。＊論語-公冶長「孔文子、何以謂二之文一也」〔＝孔文子という人物は、どういうわけで文というのか」②〔＝なにによって…か。疑問・反語を示す。＊孟子-梁恵王上「何以利二吾国一」〔＝どのようにしたら我が国の利益になるか」

【何為】①（なんする）どういう。どのような。身分・正体などを問う。＊史記-項羽本紀「客何為者」〔＝客人はいったい何者だ」②（なんすれぞ）㋑どうして。なぜに。原因・理由を問う。＊蘇軾-前赤壁賦「何為其然也」〔＝どうしてそのようであるのか」㋺どうして…か。反語を示す。＊論語-憲問「何為其莫レ知レ子也」〔＝どうして先生を知らないことがあろうか」

【何遽・何渠・何詎】どうして…か、…でない。反語を示す。＊淮南子-人間訓「此何遽不レ能レ為レ福乎」〔＝これがどうして災いとならないだろうか」

【何必】どうして…する必要があるか。反語を示す。＊孟子-梁恵王上「王何必曰レ利」〔＝王よ、どうして利益とばかり言う必要があろうか」

【何須】どうして…する必要があろうか。反語を示す。＊王之渙-涼州詞「羌笛何須怨二楊柳一」〔＝羌人の吹く笛の調べ、笛の音よ、どうして折楊柳の曲を奏でる必要があろうか」

【何也】①どうしてか。原因・理由を問う。＊荀子-天論「雩而雨何也」〔＝雨ごいをして雨が降るのはどうしてか」②何事か。非難の意を示す。＊韓非子-説難「胡兄弟之国也。子言レ伐レ之、何也」〔＝胡の国は、婚姻を結んだ国である。（それなのに）君が胡の国を攻めよというのは何事だ」

【何能】どうして…できるのか。＊陶潜-飲酒「問レ君何能爾」〔＝どうしてこのようにできるのか」

【何者】なぜならば。理由を示す。＊史記-廉頗藺相如伝「何者、厳二大国之威一、以修レ敬也」〔＝なぜかというと、大国の威信を尊重し、敬意をはらうためである」

【何謂也】どういう意味か。♥「謂」は、意味のこと。「也」は、疑問の助字。

【何意】どういうつもりで。＊李白-山中問答「問レ余何意棲二碧山一」〔＝私にたずねた、どういうつもりで、こんな緑深い山に住んでいるのか、と」

【何故】どうして。理由を問う。＊屈原-漁父辞「何故至二於斯一」〔＝どうしてこのような境遇になられたのか」

❷ その他、人名など。

【何晏】中国、三国時代の魏の学者。字は平叔。清談の流行を作った。編著に「論語集解」。（一九三頃～二四九）

【何首烏】ツルドクダミの漢名。また、その根。漢方では強壮・強精剤にする。

203 【伽】 1832 3240 89BE 人－5 [人] ガ[呉]・カ[漢]・キャ[慣]／qié／とぎ

[字解] 形声。人＋加[声]。

[意味] ❶梵語のカ・ガ・キャの音を表す。『伽陀』『伽藍』『伽羅』❷[国]とぎ。㋑人の退屈を慰めること。また、それをする人。㋺寝所にはべること。また、その人。『夜伽』『御伽噺』㋩看病。看病をする人。

[下接] 閼伽・僧伽・頻伽・瑜伽

【伽陀】（梵 gāthā の音訳。「諷誦」と訳す）韻文体の歌謡、漢文の詩句、偈文などのこと。

【伽藍】僧伽藍摩の略。寺の建物の総称。

【伽羅】①香木。また、香の名。香木中の至宝とされる沈香など。『伽羅色〔＝濃い茶色〕』②伽羅木。イチイ科の常緑低木。庭木として栽培される。

204 【佉】 ＊1673 人－5 カ[呉]・キョ[漢]／qū

[字解] 形声。人＋去[声]。「佉羅陀山」は、

梵Kharādiyaの音訳。仏語。七金山の一。須弥山に近く、地蔵菩薩の住むところという。

205 【佝】 4840 5048 98C6 人－5 コウ㊥・ク㊃/gōu・kòu

字解 形声。人＋句（背を曲げた形）㊦。背が曲がった人の意。

意味 背が曲がっていること。

【佝僂(クル)】 幼児期のビタミンDの摂取不足が原因で起こる、脊椎(セキツイ)、四肢などの曲がる病気。佝僂病。

206 【估】 4838 5046 98C4 人－5 コ㊤㊥/gū・gù

字解 形声。人＋古㊦。

意味 ❶あきなう。あきんど。『估客』『商估(ショウコ)』『書估(ショコ)』 ❷ねうち。あたい。『估価』『估券』

【估客(コカク)】 あきんど。商人。

【估価(コカ)】 売買の価格。値段。

【估券(コケン)】 国①土地、家屋などの売買証文。②品位。体面。信用。『估券にかかわる』 ❤「沽券」とも。

207 【佐】 2620 3A34 8DB2 人－5 常 サ㊤㊥/zuǒ/たすける

筆順 佐 佐 佐 佐 佐 佐

字解 形声。人＋左（たすける）㊦。下位の人がたすける意。左と区別するため人を加えた。

参考 万葉仮名では音を借りて「さ」。

意味 ❶たすけ。手助けする。『佐命』『王佐(オウサ)』『補佐(ホサ)』 ❷国すけ。令制で、衛門府・兵衛府及び検非違使の第二等官。 ❸国自衛官、旧軍人の階級。属官。『佐官』〔＝大佐、中佐、少佐または一・二・三佐の総称〕『海佐(カイサ)』 ❹国「佐渡国(さどのくに)」の略。北陸道七か国の一。廃藩置県後、新潟県に編入された。『佐州(サシュウ)』『越佐(エッサ)』 ❺人名など。『佐久間(サクマ)』『佐藤(サトウ)』

❶ たすけ。手助けする。

【佐弐(サジ)】 補佐官。副官。

【佐書(サショ)】 漢字の書体の一。隷書(レイショ)。左書。

【佐幕(サバク)】 国幕末、討幕・尊王攘夷の思潮に反対し、幕府を助けたこと。↔勤皇

【佐命(サメイ)】 （「命」は天命を受けた天子の位の意）君主を補佐すること。

【佐吏(サリ)】 上役を助ける下級官吏。属官。

難読地名 佐々(さざ)町（長崎） 佐柳(さなぎ)島（香川） 佐那河内(さなごうち)村（徳島）

208 【作】 2678 3A6E 8DEC 人－5 常2 サク㊤㊥・サ㊤㊥・ソ㊤㊥/zuò/つくる・はぎ・なす

(346) 【做】 4886 5076 98F4 人－9

筆順 作 作 作 作 作 作 作

字解 形声。人＋乍（つくる）㊦。つくる意。本来、乍がこの字義であるが、のちに人を加えた。

甲骨文 金文 篆文

参考 万葉仮名では音を借りて「さ」。

意味 ❶つくる。こしらえる。新たにつくり出す。また、つくったもの。『作成』『作品』『創作』 ⇓表 ❷なす。する。おこす。動く。はたらく。また、動き。はたらき。『作業』『動作』『発作』 ❸たつ。立ち上がる。＊論語-郷党「有二盛饌一必変レ色而作(セイセンあれば、かならずいろをヘンじてたつ)」〔＝りっぱな料理が出されると、必ず顔つきを改めて立ち上がって敬意を表した〕 ❹なる。ある状態になる。＊杜甫-貧交行「翻レ手作レ雲覆レ手雨(てをひるがえせばくもとなり、てをくつがえせばあめ)」〔＝手を上に向けると雲になり、手を下に向けると雨になる〕 ❺国穀物や野菜などをつくる。また、その出来。『作況』『豊作』 ❻国「美作国(みまさかのくに)」の略。山陽道八か国の一。現在の岡山県北部。『作州』 ❼その他。『作麼生(ソモサン)』

❶ つくる。こしらえる。また、作品。

下接 遺作・改作・快作・仮作・佳作・寡作・合作・贋作・偽作・旧作・競作・近作・愚作・劇作・戯作・傑作・原作・工作・試作・詩作・自作・実作・秀作・習作・述作・新作・制作・製作・創作・造作・大作・代作・多作・駄作・著作・盗作・凡作・名作・模作・乱作・力作・労作

【作意(サクイ)】 ①芸術作品などの創作で作者が特に意を用いたところ。意匠。②仕組んだ意図。

作(サク)	造(ソウ)
造作	
人為を加えて広く、つくる。 製作 乱作 改作 工作 創作 贋作	物を集めてつくる。 製造 乱造 改造 建造 創造 贋造

【作者(サクシャ)】 ①制度をおこした人。また、作る人。〔礼記-楽記〕②芸術作品などを作った人。

【作図(サクズ)】 図をかくこと。特に、幾何学でいう。

【作成・作製(サクセイ)】 ①（作成）書類や文章を作りあげること。②（作製）品物や芸術作品などを作ること。

【作品(サクヒン)】 作った物。特に、芸術上の制作物。

【作風(サクフウ)】 作品に現れている風格や特徴。

【作文(サクブン)】 文章を作ること。また、作った文章。『作文三上(サクブンサンジョウ)』＝三上(サンジョウ)

【作法(サクホウ・サッポウ・サホウ)】 文章、詩歌などを作る方法。『文章作法』→❷(サホウ)

【作物(サクモツ・サクブツ)】 作った物。特に、芸術作品。→❺

【作家(サッカ)】 芸術作品の制作者。また、特に小説家。

【作歌(サッカ)】 詩歌や歌詞を作ること。

【作曲(サッキョク)】 曲を作ること。『作曲家』

❷ なす。する。おこす。動く。はたらく。

下接 営作・行作・興作・所作・振作・操作・造作・賃作・動作・発作

【作業(サギョウ)】 体や頭脳を働かせて仕事をすること。

【作為(サクイ)】 ①ことさらに手を加えること。『無作為抽出』②法律で、体をつかった積極的な挙動。

【作戦(サクセン)】 ①敵と戦う方法についての策略。『作戦会議』②戦時、敵と戦闘する行動の総称。『陽動作戦』

【作伐(サクバツ)】 仲人をすること。〔詩経-豳風・伐柯〕

【作興(サッコウ)】 ふるいおこすこと。また、ふるいたつこと。

【作動(サドウ)】 機械や装置などが動いて働くこと。〔書経-益稷〕

【作法(サホウ)】 国①立ち居振る舞いの仕方。『無作法』②しきたり。慣例。→❶(サクホウ)

【作務(サム)】 禅寺で、修行僧が肉体労働に従事すること。『作務衣(サムエ)』

【作用(サヨウ)】 ①他に影響を与える働き。『副作用』②生物の自然の働き。『呼吸作用』③力学で、二つの物体の力が互いに働き合うときの一方の力。↔反作用

❺(日本語で)穀物や野菜などをつくる。

[下接] 稲作(いなサク)・裏作(うらサク)・表作(おもてサク)・間作(カンサク)・凶作(キョウサク)・減作(ゲンサク)・耕作(コウサク)・小作(こサク)・混作(コンサク)・種作(シュサク)・単作(タンサク)・転作(テンサク)・田作(デンサク)・佃作(デンサク)・東作(トウサク)・夏作(なつサク)・農作(ノウサク)・畑作(はたサク)・春作(はるサク)・半作(ハンサク)・不作(フサク)・米作(ベイサク)・豊作(ホウサク)・満作(マンサク)・麦作(むぎサク)・連作(レンサク)・輪作(リンサク)

【作柄(サクがら)】農作物の生育状況。

【作条(サクジョウ)】[国]種をまくために平行に掘った浅い溝。

【作土(サクド)】[国]作物を植える上層部分の土。耕土。

【作物(サクモツ)】[国]田畑に作る穀物や野菜の総称。↓❶

【作況(サッキョウ)】[国]その年の作柄。

❼その他。

【作麼生(ソモサン)】中国、近世の口語。いかに。作麼。什麼。

[難読地名] 作手(つくで)村(愛知)

209 【伺】

2739 3B47 8E66 人－5 [常]

シ(呉)(漢) sì・cì うかがう

[筆順] 伺 伺 伺 伺 伺 伺 伺

[字解] 形声。人＋司(つかさどる)(声)。人をつかさどる人の意。また、うかがう意。

[参考] 万葉仮名では音を借りて「し」。

[意味] ❶身分の高い人のそばへ行く。また、そばにいる。『伺候』『伺奏』❷こっそりのぞく。さぐる。『伺察』

【伺候(シコウ)】貴人のそば近くに仕えること。また、御機嫌うかがいに参上すること。

【伺察(シサツ)】ひそかに様子を見て、よく見抜くこと。

【伺奏(シソウ)】うかがい奏すること。

210 【似】

2787 3B77 8E97 人－5 [常]5　(211)【佀】*1670 人－5

ジ(呉)・シ(漢) sì・shì にる・にせる

[筆順] 似 似 似 似 似 似 似

[字解] 形声。人＋以(＝目、もちいる)(声)。一説に、司＋以(＝目)(声)。嗣に通じ、つぐ意で、継承することから、にる意を表すともいう。

金文 

篆文 

[参考] 万葉仮名では訓を借りて「に」。

[意味] ❶似ること。似せること。『酷似(コクジ)』『類似(ルイジ)』❷ごとし。…のようだ。＊李白-秋浦歌「白髪三千丈、縁レ愁似レ箇長(ハクハツサンゼンジョウ、うれいによってかくのごとくながし)」〔＝わが白髪は三千丈、愁いのためにこんなにも長くなった〕♥「似レ箇」は「如レ此」に同じで、中国唐代の俗語。❸あて字。『似我蜂(ジガばち)』

[下接] 疑似(ギジ)・近似(キンジ)・酷似(コクジ)・肖似(ショウジ)・相似(ソウジ)・無似(ブジ)・弁似(ベンジ)・類似(ルイジ)／空似(そらに)・真似(まね)

【似而非(にてひなり・えせ)】外見は似ていながら、その内実は異なる。まがいものである。似非。〔孟子-尽心下〕

212 【你】

*1663 人－5　(213)【伱】*1662 人－5　(421)【儞】*1856 人－14

ニ(呉)・ジ(ヂ)(漢) nǐ なんじ

[字解] 形声。人＋尔(爾)(声)。なんじの意。爾に同じ。

214 【住】

2927 3D3B 8F5A 人－5 [常]3　(215)【住】二二 人－5 旧字

ジュウ(ヂウ)(呉)・チュウ(チウ)(漢) zhù すむ・すまう

[筆順] 住 住 住 住 住 住

[字解] 形声。人＋主(じっとしている)(声)。じっと立ち止まることから、人がひとところにとどまる、すむ意。

[意味] ❶とどまる。すむ。居所を定めて暮らす。また、すまい。『住居』『移住』『定住』＊白居易-琵琶行「住近二湓江一地低湿(ジュウはボンコウにちかくチはテイシツ)」〔＝住まいは湓江に近く、低くて湿気の多い場所である〕❷やむ。やめる。＊李白-早発二白帝城一「両岸猿声啼不レ住(リョウガンのエンセイないてやまず)」〔＝両岸の猿はなきやまない〕❸「住職(ジュウショク)」の略。『現住(ゲンジュウ)』『後住(ゴジュウ)』『無住(ムジュウ)』

❶とどまる。すむ。また、すまい。

[下接] 安住(アンジュウ)・庵住(アンジュウ)・移住(イジュウ)・永住(エイジュウ)・帰住(キジュウ)・去住(キョジュウ)・居住(キョジュウ)・久住(クジュウ)・現住(ゲンジュウ)・後住(ゴジュウ)・在住(ザイジュウ)・止住(シジュウ)・常住(ジョウジュウ)・先住(センジュウ)・定住(テイジュウ)・勒住(ロクジュウ)・行住坐臥(ギョウジュウザガ)・常住坐臥(ジョウジュウザガ)

【住居(ジュウキョ・すまい)】住むこと。住む所。

【住持(ジュウジ)】その寺の長である僧。住職。♥もと、世に安住して仏法を保持する意。

【住所・住処(ジュウショ)】生活の本拠として住んでいる場所。すみか。居所。『住所不定』『住所録』

【住職(ジュウショク)】その寺の長である僧。住持。

【住宅(ジュウタク)】人が住むための家。住居。『住宅街』

【住人(ジュウニン)】その土地や家に住んでいる人。住民。

【住民(ジュウミン)】その土地に住んでいる人。『住民運動』

216 【伸】

3113 3F2D 904C 人－5 [常]

シン(呉)(漢) shēn のびる・のばす・のす・のべる

[筆順] 伸 伸 伸 伸 伸 伸 伸

[字解] 形声。人＋申(のびる)(声)。のびる意。本来、申にこの意があるが、のちに人を加えて、もうす、かさねる等の意と区別した。

[意味] ❶のびる。のばす。のびのびする。↔縮・屈。『伸縮』『伸伸』『伸張』『延伸(エンシン)』『急伸(キュウシン)』『屈伸(クッシン)』『追伸(ツイシン)』『二伸(ニシン)』⇒[表] ❷もうす。述べる。「申」に同じ。『再伸(サイシン)』❸その他。『欠伸(あくび)』

❶のびる。のばす。のびのびする。

	伸縮					
伸(シン) のびる。	伸長	伸展	引伸(インシン)	屈伸	伸張	伸腰(シンヨウ)
縮(シュク) ちぢむ。	縮小	縮約	短縮	圧縮	収縮	縮身

【伸子(シンシ)】[国]布の洗い張りなどで布幅を伸ばすのに用いる、両端に針のついた竹製の細い串。『伸子張り』

【伸縮(シンシュク)】伸びることと縮むこと。伸び縮み。

【伸伸(シンシン)】ゆるやかなさま。のびのびしたさま。

【伸長・伸暢(シンチョウ)】伸ばすこと。また、伸びること。♥書き換え「伸暢→伸長」。

【伸張(シンチョウ)】伸ばし広げること。

【伸展(シンテン)】勢いや勢力範囲をのばし広げること。

【伸眉(シンビ)】ひそめたまゆをのばすこと。心配事が消えてほっとすること。

217 【佗】

4841 5049 98C7 人－5

ダ(呉)・タ(呉)(漢) tuō・tuó わびしい・わびる

[字解] 形声。人＋它(へび)(声)。異なる種族の人のことか

ら、ほかの意。異種として蔑視したために它(へび)を用いたと考えられる。

218
【体】
3446 424E 91CC 人-5 常2

(7916)【軆】7729 6D3D E75C 身-13
(9175)【體】8183 7173 E993 骨-13
(7906)【躰】7728 6D3C E75B 身-5

タイ(呉)・テイ(漢)/tǐ/からだ

筆順 体 体 体 体 体 体 体

字解 体は会意。人+本。もと躰(身+本の会意字)が體の略体として用いられたのをさらに略した形。體は形声。骨+豊(ゆたかにつらなる)(声)。

参考 「体」には、ほかに、人+本(声)の形声字(あらい、おとるの意。音はホン(漢))がある。

意味 ❶からだ。頭から足先まで。肉体全部。『体格』『身体』 ⇒〔身〕(7902)の表 ❷かたち。かた。ようす。『体積』『全体』 ❸ものの本性。おおもと。『名は体を表す』『実体』 ❹身につける。自分のものにする。『体得』

❶ からだ。

下接 異体・遺体・玉体・巨体・五体・死体・肢体・弱体・重体・上体・常体・心体・身体・人体・図体・聖体・尊体・同体・胴体・肉体・女体・馬体・病体・母体・裸体・老体

【体位(タイイ)】 ①体格、健康、運動能力などの総称。②体の位置。姿勢。

【体育(タイイク)】 ①身体の発達を促進し、健康な生活を営む態度を養うことなどを目的とする教育。↔知育・徳育。②運動、競技の実技と理論を教える教科。体育科。

【体液(タイエキ)】 動物の体内で細胞外にある液体の総称。血液、リンパ液、精液など。

【体温(タイオン)】 動物や人体の温度。

【体解(タイカイ)】 中国古代の酷刑で、体をばらばらに切り離して殺害すること。

【体格(タイカク)】 からだつき。外観的なからだの格好。

【体感(タイカン)】 ①体に感ずること。また、体に受ける感じ。『体感温度』 ②内臓に加えられた刺激による感覚。飢え、吐き気など。

【体軀(タイク)】 からだつき。体格。

【体刑(タイケイ)】 ①直接、体に加える刑罰。体罰。②体の自由を束縛する刑。懲役、禁固、拘留など。自由刑。

【体形・体型(タイケイ)】 ①(体形)体のかたち。②(体型)体格の特徴を示す型。やせ型、肥満型など。

【体質(タイシツ)】 生まれながらに持っている体の性質。→❷

【体重(タイジュウ)】 体の重さ。『体重計』

【体制(タイセイ)】 器官の配置様式、体の各部の分化状態など生物体の構造の基本形式。→❷

【体勢(タイセイ)】 体の構え。姿勢。

【体操(タイソウ)】 健康の増進、体力の鍛錬などを目的とした一定の規則正しい運動。『柔軟体操』『美容体操』

【体調(タイチョウ)】 体の調子。

【体罰(タイバツ)】 体に直接苦痛を与える罰。

【体貌(タイボウ)】 ①すがたかたち。容貌。容姿。②容儀を正して敬意を表すこと。

【体力(タイリョク)】 身体の力。作業、運動能力。また、病気に対する抵抗力。↔意力・精神力・知力

❷ かたち。かた。ようす。

下接 異体・液体・解体・歌体・合体・気体・機体・球体・今体・近体・形体・抗体・剛体・国体・古体・固体・個体・雑体・字体・失体・十体・弱体・車体・書体・神体・新体・錐体・生体・成体・政体・船体・全体・草体・僧体・総体・俗体・単体・団体・天体・動体・導体・媒体・八体・風体・物体・文体・別体・変体・法体・無体・六体・立体・略体・流体

【体系(タイケイ)】 構成する各部分を系統的に統一した全体。また、一定の原理によって統一的に組織された知識の全体。システム。『体系的な研究』

【体現(タイゲン)】 抽象的な事柄を具体的なものとして形に表すこと。

【体質(タイシツ)】 組織、機構などの特有な性質。→❶

【体制(タイセイ)】 ①社会や集団などの組織様式。『社会主義体制』 ②社会を支配する勢力。『反体制』 →❶

【体積(タイセキ)】 立体が空間で占める量。

【体面(タイメン)】 世間に対する体裁。面目。

【体裁(テイサイ)】 ①外見からの様子。外観。②国世間体。みえ。面目。③国内容・実質が伴わない外見だけの態度、言葉。『お体裁を言う』

❸ ものの本性。おおもと。

下接 得体・基体・客体・自体・実体・主体・正体・本体・名体

【体言(タイゲン)】 国自立語の中で、活用がなく主語となり得るもの。名詞、代名詞の総称。↔用言

【体用(タイヨウ)】 本体とその働き。また、原理と、その応用や実際面での運用。

❹ 身につける。自分のものにする。

【体究(タイキュウ)】 道理を体で会得すること。

【体験(タイケン)】 身をもって経験すること。『初体験』

【体得(タイトク)】 十分に会得して自分のものにすること。また、体験的に身につけること。

【体認(タイニン)】 体験して十分に会得すること。

219
【但】
3502 4322 9241 人-5 常

ダン(呉)・タン(漢)/dàn/ただし・ただ

筆順 但 但 但 但 但 但 但

字解 形声。人+旦(あらわす)(声)。人が、かたぬぐ意。借りて助字に用いる。

意味 ❶ただ。いたずらに。限定を示す。＊王維-送秘書晁監還二日本国一「帰帆但信レ風(キハンただかぜにまかすのみ)〔＝故国へ向かう船は、帆を上げて風にまかせて進むだけである〕」 ❷ただし。しかし。条件や例外を補説するときに用いる。「ただ…のみ」と呼応させて訓読することが多い。❸国「但馬国(たじまのくに)」の略。山陰道八か国の一。現在の兵庫県北部。『但州(タンシュウ)』

220
【佇】
4842 504A 98C8 人-5

チョ(漢)/zhù/たたずむ

字解 形声。人+宁(積みたくわえるさま)(声)。人がじっとしている、たたずむ意。

意味 たたずむ。たちどまる。『延佇(エンチョ)』 佇眄(チョベン)。

【佇見(チョケン)】 たたずんで見ること。

【佇立(チョリツ)】 たたずむこと。

2画 二亠人(ヘ・イ)儿入八(ソ)冂冖冫(ミ)几凵刀(刂)力勹匕匚匸十卜卩(㔾)厂厶又

221【低】 3667 4463 92E1 人－5 常4 テイ(呉)(漢)/dī/ひくい・ひくめる・ひくまる

筆順 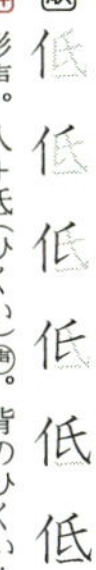

字解 形声。人＋氐(ひくい)(声)。背のひくい人の意から、ひくい意。

参考 万葉仮名では音を借りて「で」。

意味 ❶ひくい。高さがない。程度が少ない。「低圧」「低温」❷音や声が小さい。「低音」❸いやしい。品がない。おとっている。「低俗」「低劣」❹さげる。さがる。たれる。「低回」「低落」＊李白‐静夜思「挙ㇾ頭望₂山月₁、低ㇾ頭思₂故郷₁」(こうべをあげてサンゲツをのぞみ、こうべをたれてコキョウをおもう)〔＝頭を持ちあげて山や月をながめ、頭をたれて望郷の念にふける〕

⇒〔高〕(9180)の表

❶ひくい。高さがない。程度が少ない。

【低圧】テイアツ 圧力が低いこと。↔高圧。「低圧電流」
【低温】テイオン 低い温度。↔高温
【低下】テイカ 度合いが低い方へ下がること。↔上昇
【低額】テイガク 金額が少ないこと。また、値段が安いこと。
【低空】テイクウ 空の、地面、水面に近い空間。↔高空
【低湿】テイシツ 土地が低く湿気の多いさま。↔高燥
【低地】テイチ 海抜の低い土地。また、くぼんで周囲より低くなった土地。↔高地
【低木】テイボク 生長しても人の背丈程度で、幹と枝の区別がはっきりしない樹木。旧称「灌木(カンボク)」。↔高木
【低迷】テイメイ ①雲が、低くさまよい漂うこと。②国 意気があがらず活動が鈍ること。
【低廉】テイレン 値段が安いさま。

❷音や声が小さい。

【低音】テイオン ①低い音。低い声。↔高音・中音。②声楽での男声の最低音域、または楽曲の最低音部。バス。
【低吟】テイギン 低い声で吟ずること。↔高吟
【低語】テイゴ 低い声。ささやくこと。私語。低言。
【低唱】テイショウ 低い声、小さい声でうたうこと。低吟。↔高唱。「浅酌(センシャク)低唱」
【低声】テイセイ 低い声。また、小さい声。

❸いやしい。品がない。おとっている。

【低級】テイキュウ 等級や内容、品質などが劣っているさま。↔高級
【低俗】テイゾク 趣味などが低級で下品なこと。↔高尚
【低調】テイチョウ ①内容や水準が低く、充実していないさま。②調子が出ないこと。思うように進まないさま。③盛り上がりのないさま。
【低能】テイノウ 知能の発育程度が一般より劣っているさま。
【低劣】テイレツ 程度や品性などが低く劣っているさま。

❹さげる。さがる。たれる。

【低回】テイカイ (頭をさげて歩きまわる意) 立ち去りがたい気持ちで、さまようこと。「低回趣味(＝雑事から逃れ、余裕ある態度・気分で人生をながめ味わい、東洋的な詩的境地にひたろうとする態度)」♥書き換え「低徊→低回」。
【低減】テイゲン ①減ること。減らすこと。②価格が安くなること。安くすること。
【低頭】テイトウ 謝ったり、礼をするために、頭を低く下げること。「平身低頭」
【低落】テイラク 価値、物価、評判などが下がること。下落。↔高騰

222【佃】 3649 4451 92CF 人－5 デン(呉)・テン(漢)/diàn/つくだ

字解 形声。人＋田(耕地)(声)。耕地を耕す人の意。

金文  篆文 

参考 訓「つくだ」は、つくりだ(作田)から。

意味 ❶畑を耕すこと。また、狩りをすること。「佃漁(デンギョ)」「佃戸(デンコ)」❷固有名詞など。「佃煮(つくだに)」

【佃漁】デンギョ 狩りをすることと、魚貝をとること。
【佃戸】デンコ 清代までの、中国の小作農家。
【佃煮】つくだに 小魚、貝、海藻などをしょうゆで煮詰めた食品。♥江戸の佃島で作ったところから。

223【佞】 5304 5524 9B43 人－5 (254)〔佞〕 5305 5525 9B44 人－6 ネイ(呉)・デイ(漢)/nìng/おもねる・ねじける

字解 形声。女＋仁(近づき親しむ)(声)。なれてことばたくみにへつらう意。女は人の性情を表す。

意味 ❶へつらう。おもねる。「佞言」「柔佞(ジュウネイ)」❷よこしま。口先が巧みで心がねじけている。「奸佞(カンネイ)」「巧佞(コウネイ)」「狡佞(コウネイ)」「邪佞(ジャネイ)」「便佞(ベンネイ)」❸かしこい。才能。「不佞(フネイ)」〔＝才能のないこと〕

❶へつらう。おもねる。

【佞言】ネイゲン へつらいのことば。おべっか。
【佞巧】ネイコウ へつらい方の上手なこと。
【佞幸・佞倖】ネイコウ へつらって気に入られようとすること。
【佞才】ネイサイ 口先が上手でへつらう才能。
【佞媚】ネイビ こびへつらうこと。

❷よこしま。

【佞猾】ネイカツ 口先がうまくて悪がしこいこと。
【佞奸・佞姦】ネイカン 表面は柔順だが、心はねじけていること。
【佞臣】ネイシン 主君にへつらう、悪がしこく不正な臣下。
【佞人】ネイジン 口先が上手で、心のよこしまな人。
【佞弁・佞辯】ネイベン 心がねじけていて口先のうまいこと。

224【佩】 — 人－5 ハイ 「佩」(255)の異体字

225【伯】 3976 476C 948C 人－5 常 ハク(漢)・ハ(呉)(漢)/bó・bà

筆順 

字解 形声。人＋白(↓父、立派な年長者)(声)。かしらとなる人の意。

甲骨文  金文  篆文 

意味 ❶おさ。かしら。「河伯(カハク)」「箕伯(キハク)」「侯伯(コウハク)」「水伯(スイハク)」「風伯(フウハク)」「方伯(ホウハク)」❷兄弟姉妹中、最年長の人。また、父母の年上の兄弟姉妹。「伯兄」❸一芸に秀でたものの称。「医伯(イハク)」「画伯(ガハク)」❹五等爵(公・侯・伯・子・男)の第三位である伯爵(ハクシャク)のこと。また、伯爵である人の敬称。「松方伯」❺(ハ)はたがしら。諸侯のか

しら。「覇」に同じ。『伯主(ハシュ)』❻国「伯耆国(ほうきのくに)」の略。山陰道八か国の一。現在の鳥取県西部。『伯州』『伯備(ハクビ)』『因伯(インハク)』❼国「伯西児・伯剌西爾(ブラジル)」の略。『日伯(ニッパク)』❽その他。固有名詞など。『伯楽(ハクラク)』

❷ 兄弟の最年長。父母の年上の兄弟。

【伯兄(ハクケイ)】一番上の兄。長兄。

【伯叔(ハクシュク)】(「伯仲叔季」の略)兄と弟。また、父母の兄と弟。

【伯仲(ハクチュウ)】1伯は兄。仲はその次の弟。兄と弟。2技能などに優劣の差がないこと。【伯仲叔季(ハクチュウシュクキ)】兄弟の順序をいう語。叔は仲の次の弟、季は最年少者。男女とも用いる。【伯仲之間(ハクチュウのカン)】互いに優劣の差のない間柄。〔曹丕-典論〕

【伯父(ハクフ/おじ)】父または母の兄。また、父の兄弟。

【伯母(ハクボ/おば)】父または母の姉。

❺ はたがしら。諸侯のかしら。

【伯主(ハシュ)】諸侯の長。覇主。覇者。

❽ その他。固有名詞など。

【伯夷(ハクイ)】紀元前一二世紀頃の、中国、殷末周初の賢人。名は允、字(あざな)は公信。叔斉の兄。周の武王が殷の紂王を討とうとした時に諫めたが聞き入れられず、周が天下を統一すると首陽山に隠れて餓死した。生没年不詳。

【伯牙(ハクガ)】中国、春秋時代の人。琴の名人。親友の鍾子期が死ぬと、自分の琴の音の理解者を失ったとして、弦を絶ち、一生琴を弾じなかったという。生没年不詳。

【伯楽(ハクラク)】1古く中国の星の名。天馬を守る神という。2「荘子-馬蹄」などに見える、中国、春秋時代にいた馬を見分ける名人。3よく馬の良否を見分けたり、馬や牛の病気をなおす者。博労(バクロウ)。転じて、人物を見ぬく眼力のある人。＊韓愈-雑説「世有二伯楽一、而後有二千里馬一(よにハクラクありて、しかるのちにセンリのうまあり)」〔=この世では、伯楽が先にいて、それから後に千里の名馬が現れるのである〕【伯楽一顧(ハクラクイッコ)】市(いち)で伯楽が売れない馬に対して振り向いたら、その馬の値が十倍になったという故事。転じて、優れた人物の知遇を受けることのたとえ。〔戦国策-燕〕

難読地名 伯方(はかた)町(愛媛)

226 【伴】 4028 483C 94BA 人-5 常 (227)【伴】 二一 人-5 旧字

バン(呉)・ハン(漢)/bàn/ともなう・とも

筆順 伴伴伴伴伴伴伴

字解 形声。人＋半(はんぶん)(声)。よきかたわれ、つれの意。また、ともなう意。

参考 万葉仮名では音を借りて「は」。

意味 ❶とも。つれ。ともなう。『伴奏』『夥伴(カハン)』『相伴(ショウバン)』『随伴(ズイハン)』『同伴(ドウハン)』❷あて字。『伴天連(バテレン)』

❶ とも。つれ。ともなう。

【伴食(バンショク)】1主客の伴(とも)をして、ごちそうになること。相伴(ショウバン)。2その職や地位にありながら、実権・実力が伴わないこと。『伴食大臣』

【伴奏(バンソウ)】声楽や楽器の演奏に合わせて、他の楽器で補助的に演奏すること。

【伴侶(ハンリョ)】行動や考えを共にする人。仲間。つれ。

❷ あて字。

【伴天連(バテレン)】(ポルトガル padre「父」の意)キリスト教が日本に伝来した当時の神父、宣教師に対する呼称。転じて、キリスト教、その宗徒の俗称。

228 【佈】＊ 1672 人-5 フ(漢)/bù

字解 形声。人＋布(ひろげてしく)(声)。しく意。

229 【佛】 4839 5047 98C5 人-5 フツ 「仏」(167)の旧字

230 【佑】 4504 4D24 9743 人-5 人 ユウ(イウ)(漢)/yòu/たすける

字解 形声。人＋右(たすける)(声)。天や神が人をたすける意。右(みぎ)と区別するために人を加えた。

意味 たすける。たすけ。『神佑(シンユウ)』『天佑(テンユウ)』

【佑啓(ユウケイ)】助けて教えわからせること。〔孟子-滕文公下〕

【佑助(ユウジョ)】助けること。

231 【伶】 4666 4E62 97E0 人-5 人 リョウ(リャウ)(呉)・レイ(漢)/líng/さとい

字解 形声。人＋令(神意をきく)(声)。音楽を奏し神意を聴く人の意。

意味 ❶音楽を奏する人。楽人。また、俳優。『伶楽』『伶人』『笛伶(テキレイ)』❷かしこい。さとい。『伶利』❸ひとり。ひとり行くこと。『伶丁』『伶俜(レイヘイ)』

❶ 音楽を奏する人。楽人。また、俳優。

【伶楽(レイガク)】音楽。また、伶人(レイジン)の奏する音楽。

【伶官(レイカン)】音楽のことをつかさどる官吏。

【伶人(レイジン)】音楽、特に、雅楽を奏する人。楽人(ガクジン)。

【伶優(レイユウ)】楽人と俳優。また、俳優。

【伶倫(レイリン)】音楽をつかさどったという中国古代の黄帝の家臣の名。転じて、音楽を奏する人。楽人。伶人。

❷ かしこい。さとい。

【伶俐・伶利(レイリ)】かしこい。さといこと。怜悧。

❸ ひとり。ひとり行くこと。

【伶丁・伶仃(レイテイ)】ひとりぼっちのさま。零丁。

【伶俜(レイヘイ)】ひとりさまようこと。また、おちぶれること。

【攸】⇩3019

232 【依】 1645 304D 88CB 人-6 常 エ(呉)・イ(漢)/yī/よる

筆順 依依依依依依依依

字解 形声。人＋衣(ころも)(声)。人にまつわりつく衣服のように、したしみよる意。

参考 万葉仮名では音を借りて「え」。

甲骨文 篆文

意味 ❶よる。たよる。また、もとのままの状態である。『依存』『依頼』『帰依(キエ)』＊王之渙-登二鸛鵲楼一「白日依レ山尽、黄河入レ海流(ハクジツやまによりてつき、コウガうみにいりてながる)」〔=輝く太陽は山によりそうように沈もうとし、黄河ははるかな海へと流

れてゆく」」❷ぼんやりしているさま。漠然としたさま。『依稀』『依微』❸その他。『依怙地』

❶よる。たよる。また、もとのままである。

下接 因依(イン)・帰依(キエ)・瞻依(センイ)・憑衣(ヒョウイ)・無衣(ムエ)

【依依(イイ)】①枝のしなやかなさま。一説に、盛んに茂るさま。②離れるに忍びないさま。『依依恋恋』→❷

【依倚(イイ)】よりかかること。

【依違(イイ)】①依るようでもあり、違うようでもあるどっちつかずの態度。②先例、慣習などに相違すること。

【依願(イガン)】強制でなく、本人からの願いによること。

【依稀(イキ)】よく似ているさま。そっくりなさま。→❷

【依旧(イキュウ)】昔のままであること。＊白居易‐長恨歌「帰来池苑皆依レ旧(かえりきたればチエンみなキュウによる)」〔＝都へ帰ってくると、宮中の池も庭もすべて昔のままである〕」

【依拠(イキョ)】よりどころとすること。また、よりどころ。

【依怙(イコ)】①たよること。②父母。→❸

【依然(イゼン)】もとのままであるさま。『旧態依然』

【依存(イソン｜イゾン)】他のものに頼って存在していること。

【依託・依托(イタク)】国他人に頼んでやらせること。任せてやってもらうこと。委託。

【依命(イメイ)】命令によること。『依命通達』

【依頼(イライ)】たのむこと。また、たよること。『依頼心』

❷ぼんやりしているさま。

【依依(イイ)】遠くてぼんやりしているさま。＊陶潜‐帰ニ園田居一「曖曖遠人村、依依墟里煙(アイアイたりエンジンのむら、イイたりキョリのけむり)」〔＝かなたにぼんやりと見える農村、市のたつ村にはゆらりと煙があがる〕」→❶

【依稀(イキ)】はっきりしないさま。かすかなさま。→❶

【依微(イビ)】かすかなさま。ぼんやりしたさま。依稀。

【依約(イヤク)】かすかなさま。依稀。

❸その他。

【依怙地(イコジ｜エコジ)】国意地を張って頑固なこと。◆一説に「意気地(イキジ)」の変化したものという。

【依怙(エコ｜イコ)】国ひいきすること。公平でないこと。『依怙贔屓(エコひいき)』→❶

233 【佾】 ＊1691 人－6 イツ㊥/yì

字解 形声。人＋㑅(八人の肉体)㊥。八人によって舞われる舞楽の意。『八佾(ハチイツ)』

234 【価】 1833 3241 89BF 人－6 常5 (409)【價】 4911 512B 994A 人－13 旧字㊂

ケ㊦・カ㊥/jià/あたい

筆順 価 価 価 価 価 価

字解 価は價の略体。價は形声。人＋賈(あきない)㊥。人があきなう、また、そのときのあたいの意。

参考 万葉仮名では音を借りて「け㊙」、訓を借りて「て」。

意味 あたい。㋑ねだん。『価格』㋺ねうち。『価値』㋩化学用語の一。原子やイオンのあたいを表す。『価数』

下接 安価(アンカ)・円価(エンカ)・株価(かぶカ)・換価(カンカ)・元価(ゲンカ)・原価(ゲンカ)・減価(ゲンカ)・高価(コウカ)・市価(シカ)・紙価(シカ)・時価(ジカ)・真価(シンカ)・正価(セイカ)・増価(ゾウカ)・対価(タイカ)・代価(ダイカ)・単価(タンカ)・地価(チカ)・定価(テイカ)・等価(トウカ)・特価(トッカ)・売価(バイカ)・買価(バイカ)・評価(ヒョウカ)・物価(ブッカ)・平価(ヘイカ)・米価(ベイカ)・無価(ムカ)・有価(ユウカ)・予価(ヨカ)・廉価(レンカ)

【価格(カカク)】あたい。値段。

【価額(カガク)】価格に相当する金額。

【価絶(カゼツ)】この上なくすぐれているさま。

【価値(カチ)】物事の有用度。ねうち。『貨幣価値』

235 【佳】 1834 3242 89C0 人－6 常 ケ㊦・カイ㊥・カ㊨/jiā/よい

筆順 佳 佳 佳 佳 佳 佳

字解 形声。人＋圭(くっきりと整っている)㊥。均整のとれた美しい人から、よい意。

意味 よい。うつくしい。すぐれている。また、よろこばしい。『絶佳(ゼッカ)』＊陶潜‐飲酒「山気日夕佳(サンキニッセキにカなり)」〔＝山のたたずまいは夕日を浴びてすばらしい〕」

【佳会(カカイ)】めでたい集会。また、風流な会合。

【佳客(カカク｜カキャク)】よい客。嘉賓。

【佳期(カキ)】①よい時期。好期。②美人と約束して会う日。転じて、男女が会う日。結婚する日のことをいう。＊薛濤‐春望詞「風花日将レ老、佳期猶渺渺(フウカひにまさにおいんとするに、カキなおビョウビョウ)」〔＝風に散る花は日ごとにふえていくのに、あなたと会える日ははるか先のこと〕」

【佳境(カキョウ)】①興味深い場面。面白いところ。『話が佳境に入る』②景色のよい場所。

【佳偶(カグウ)】よい夫婦。嘉偶。

【佳景(カケイ)】よい景色。よい眺め。好景。

【佳肴(カコウ)】おいしい肴(さかな)。うまい料理。↔粗肴

【佳作(カサク)】①すぐれた詩文や芸術作品。＊李白‐春夜宴ニ桃李園一序「不レ有ニ佳作一、何伸ニ雅懐一(カサクあらずんば、なんぞガカイをのべん)」〔＝よい詩ができないようでは、どうしてこの風雅な思いを表すことができよう〕」②国比較的出来映えのよい作。特に、入賞に次ぐ作品。

【佳日(カジツ)】縁起のよい日。吉日。

【佳趣(カシュ)】味わいのある様子。上品なおもむき。

【佳什(カジュウ)】(「什」は、詩編の意)すぐれた詩歌。

【佳城(カジョウ)】墓を忌んでいう語。

【佳色(カショク)】美しい色。美しさ。

【佳辰(カシン)】よい日。よい時。嘉辰(カシン)。

【佳人(カジン)】①美人。美女。『才子佳人』②りっぱな人物。＊漢武帝‐秋風辞「懐ニ佳人一兮不レ能レ忘(カジンをおもいてわするるあたわず)」〔＝すぐれた家臣を得たいという考えが頭を離れない〕」

【佳人薄命(カジンハクメイ)】美しい女性は幸薄く、短命であることが多いということ。美人薄命。〔蘇軾‐薄命佳人〕

【佳節(カセツ)】めでたい日。佳辰。＊王維‐九月九日憶ニ山東兄弟一「毎レ逢ニ佳節一倍思レ親(カセツにあうごとにますますシンをおもう)」〔＝めでたい節句が来るたびにますます肉親が思われてならない〕」

【佳致(カチ)】すばらしい趣。よい風致。

【佳品(カヒン)】品質の良い品物。かなりすぐれた作品。

【佳名(カメイ｜カミョウ)】①よい名。②よい評判。名声。

【佳麗(カレイ)】①整っていて美しいさま。『佳麗な容姿』②美女。＊白居易‐長恨歌「後宮佳麗三千人(コウキュウのカレイサンゼンニン)」〔＝後宮の美女三千人〕」

236 【佪】 ＊1682 人－6 カイ 「徊」(2283)の異体字

237 【侃】 2006 3426 8AA4 人－6 人 カン㊦㊥/kǎn

字解 会意。㐰(＝信、まこと)＋川(＝巛、水の盛んな流れ)。正しく盛んより、つよい意。

意味 ❶正しくてつよいさま。❷やわらぎ楽しむ。

【侃侃(カンカン)】①和らぎ楽しむさま。②気性が強く正直な

さま。剛直。〔論語-郷党〕【侃侃諤諤(カンカンガクガク)】(「諤」はありのままに正しく言う意)剛直に、遠慮なく直言するさま。また、盛んに議論するさま。

238【佶】4843 504B 98C9 人-6 キツ漢/jí

字解 形声。人+吉(中身が充実していてよい)声。正しくてよい人、すこやかの意。

意味 すこやか。強健。また、かたい。

【佶屈・佶倔(キックツ)】①まがりくねっていること。堅苦しく、ぎくしゃくしているさま。②文章が難しく、理解しにくいさま。【佶屈聱牙(キックツゴウガ)】文章がなめらかでなく、字句が難解で読みにくいこと。〔韓愈-進学解〕

239【侠】2202 3622 8BA0 人-6 キョウ「俠」(264)の異体字

240【供】2201 3621 8B9F 人-6 常6 ク呉・キョウ漢/gōng・gòng/そなえる・とも

筆順 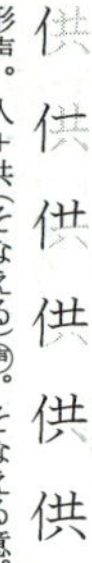

字解 形声。人+共(そなえる)声。そなえる意。共(とも)と区別するために人を加えた。

意味 ❶そなえる。さし出す。もてなす。「人身御供(ひとみごくう)」「影供(エイグ)」「試供品(シキョウヒン)」「供給」「供養(クヨウ)」「提供」「応供(オウグ)」「散供(サング)」「節供(セック)」❷事情を述べる。「供述」「口供(コウキョウ)」「自供(ジキョウ)」❸仕える。ともをする。従者。「供奉(グブ)」❹国ども。複数を表す接尾語。

❶そなえる。さし出す。もてなす。

【供応(キョウオウ)】飲食などでもてなすこと。♥書き換え「饗応→供応」。

【供億(キョウオク)】(「億」は安んずる意)供給して安心させること。〔左伝-隠公一一年〕

【供花・供華(キョウカ/クゲ)】仏前、死者などに花をそなえること。また、その花。

【供給(キョウキュウ/クキュウ)】①要求に応じて物などを与えること。②販売、交換のために商品を市場に出すこと。↔需要
【供御(キョウギョ/クゴ)】①(キョウギョ)天子に物をたてまつること。②(クゴ)国天皇、皇后などの飲食物。

【供具(キョウグ/クグ)】国神仏または賓客に飲食物などをそなえること。また、その器具。

【供出(キョウシュツ)】民間の物資、食糧などを、法定価格で政府に売り渡すこと。「供出米」

【供託(キョウタク)】債務保証などのために、金品を供託所などに預けること。「供託金」

【供与(キョウヨ)】物品や利益などを提供し与えること。

【供覧(キョウラン)】多くの人に見せること。

【供米(クマイ)】国神仏にそなえる米。

【供物(クモツ)】国神仏社寺にそなえる物。おそなえ。

【供養(クヨウ)】国仏や死者などに物をそなえて、読経し礼拝すること。「追善供養」

❷事情を述べる。

【供述(キョウジュツ)】被告人、証人などが、裁判官や捜査官の尋問に対して陳述すること。「犯行の供述」「供述書」

❸仕える。ともをする。従者。

【供奉(グブ)】国行幸などのお供をすること。「供奉僧」

241【佼】2483 3873 8CF1 人-6 キョウ(ケウ)呉・コウ(カウ)漢/jiǎo・jiāo

字解 形声。人+交(すねを交差させたひと)声。なよなよとして美しい意。

意味 ❶美しい。うるわしい。「佼佼」「佼人」❷悪がしこい。また、いつわる。❸まじわる。まじわり。

【佼佼(コウコウ)】①美しいさま。②人格、才能の優れたさま。

【佼人(コウジン)】美しい人。〔詩経-陳風・月出〕

242【佷】＊1686 人-6 コン「很」(2285)の異体字

243【使】2740 3B48 8E67 人-6 常3 シ呉漢/shǐ・shì/つかう・つかい

筆順 

字解 形声。人+吏(役人)声。人のために仕事をする役人・人の意から、つかい、つかう意。もと、事と同形のものがある。

甲骨文 金文 篆文
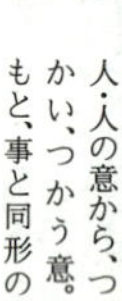

意味 ❶つかう。用いる。「使用」「駆使(クシ)」「行使(コウシ)」❷つかい。つかいする。「使者」「大使(タイシ)」「天使(テンシ)」❸しむ。させる。…に…させる。使役を示す。「令」「教」「遣」に同じ。＊論語-微子「孔子過ㇾ之、使ニ子路問ㇾ津焉(コウシこれをよぎり、シロをしてシンをとわしむ)」〔=孔子がそこを通りかかり、子路に渡し場のありかをたずねさせた〕」❹しめば。もし…ならば。仮定を示す。「令」に同じ。＊十八史略-唐「使ニ民衣食有ㇾ余、自不ㇾ為ㇾ盗(たみをしてイショクのあまりあらしめば、おのずからトウをなさざらん)」〔=もしも人民に衣食の余裕があれば、自然と盗賊行為をしなくなるだろう〕」

❶つかう。用いる。

下接 頤使(イシ)・器使(キシ)・虐使(ギャクシ)・苦使(クシ)・駆使(クシ)・行使(コウシ)・酷使(コクシ)・臣使(シンシ)・任使(ニンシ)・僕使(ボクシ)・労使(ロウシ)/小使(こづかい)

【使役(シエキ)】①仕事をさせること。②文法で、他人に動作を行わせる意を表す語法。「使役の助動詞」

【使嗾(シソウ)】指図してそそのかすこと。教唆。

【使丁(シテイ)】雑用などに従事する使用人。小使。

【使途(シト)】金銭の使いみち。「使途不明金」

【使用(シヨウ)】物や人を使うこと。「使用禁止」「使用人」

【使令(シレイ)】さしずして使うこと。また、その使われる人。召使い。

❷つかい。つかいする。

下接 院使(インシ)・駅使(エキシ)・外使(ガイシ)・函使(カンシ)・官使(カンシ)・間使(カンシ)・急使(キュウシ)・軍使(グンシ)・検使(ケンシ)・公使(コウシ)・貢使(コウシ)・国使(コクシ)・上使(ジョウシ)・正使(セイシ)・星使(セイシ)・大使(タイシ)・探使(タンシ)・中使(チュウシ)・朝使(チョウシ)・勅使(チョクシ)・天使(テンシ)・特使(トクシ)・副使(フクシ)・訳使(ヤクシ)・密使(ミッシ)・遣唐使(ケントウシ)・検非違使(ケビイシ)

【使君(シクン)】①天子の使者に対する尊称。②古く中国で、州郡の長官の刺史、太守の尊称。③国国主(コクシュ)の唐名。

【使者(シシャ)】命令や依頼を受けて使いをする人。

【使臣(シシン)】君主や国の命令を受けて派遣される使者。

【使人(シジン)】命をうけて使いをする者。使者。

【使節(シセツ)】国家や政府の代表として諸国に派遣される人。使臣。「文化使節」

【使徒(シト)】①キリストが福音を伝えるために選んだ一二人の弟子。②使命のため献身的努力を惜しまない人。

【使命(シメイ)】与えられた重大な任務。「使命感」

244【侈】4844 504C 98CA 人－6 シ㊐㊥/chǐ/おごる・ほしいまま にする

字解 形声。人＋多（おおい）㊟。多くをもつ人、おごる意。

参考 万葉仮名では「た」。

意味 ❶おごる。いばる。ほしいままにする。また、みだら。よこしま。『華侈』『驕侈』『邪侈』『汰侈』『踰侈』❷大きい。ひろい。

【侈傲】おごりたかぶること。

【侈奢】度を超えたぜいたく。奢侈。

【侈靡】ぜいたくで派手なこと。驕奢。

245【侍】2788 3B78 8E98 人－6 常 ジ㊐・シ㊥/shì/さむらい・さもらう・さぶらい・さぶらう・はべる

筆順 侍 侍 侍 侍 侍 侍

字解 形声。人＋寺（→止、とどまる）㊟。人のそばにじっととどまって、その指図を待つ人の意。

意味 ❶はべる。目上の人のそばにつかえる。『侍女』『給侍』＊史記-項羽本紀「張良西嚮侍（＝張良は西に向かってひかえていた）」❷国さむらい。武士。『侍所』『国侍』

下接 ❶はべる。
給侍・夾侍・踞侍・近侍・典侍・内侍・陪侍・伏侍・服侍・奉侍

【侍医】天子や貴人のかかえの医者。

【侍衛】貴人のそば近く仕えて護衛すること。また、その人。

【侍御】天子のそばに仕えること。また、その役目をする人。

【侍講】君主に学問の講義をすること。侍読。

【侍坐・侍座】貴人や客などのそばにすわること。

【侍史】①貴人のそばにつき従う書記。②手紙の脇付の一。あて名の左下において、敬意を表す。

【侍児】こしもと。侍女。＊白居易-長恨歌「侍児扶起嬌無力（＝侍女が湯の中から抱き起こすと、なよなよとなまめいて力が抜けたかのようだ）」

【侍者】そばづきの人。おつき。

【侍豎】＝侍童
【侍従】天子や貴人のそばに仕えること。また、その役。

【侍女】貴人のそばで身の回りの世話をする女。

【侍臣】君主のそばに仕える家臣。近侍。

【侍中】官名。宮中で天子の側近に侍する役。

【侍童】貴人のそば近くに仕える少年。侍豎。

【侍読】＝侍講
【侍養】そばに付き添って孝養を尽くしたり、養い育てたりすること。〔墨子-兼愛〕

【侍立】貴人などのそばに従って立つこと。

【侍郎】官職の名。秦・漢では宮門の守衛をつかさどる職。その後、各省の次官級の者を呼ぶ名称となった。

246【侏】4845 504D 98CB 人－6 シュ㊥/zhū

字解 形声。人＋朱㊟。

意味 ❶みじかい。こびと。『侏儒』❷くも（蜘蛛）。

【侏儒】①背丈の低い人。こびと。②見識のない人を軽蔑していう。

【侏離】①古代中国で、西方の異民族の音楽の称。②野蛮人の話し声を卑しめていう語。

247【侚】＊1712 人－6 ジュン㊐・シュン㊥/xùn

字解 形声。人＋旬㊟。

意味 ❶すみやか。すばやい。❷となえる。広く知らせる。「徇」に同じ。

248【侭】4389 4B79 9699 人－6 ジン「儘」(423)の異体字

249【侘】4846 504E 98CC 人－6 タ㊐㊥/chà/わび・わびしい・わびしむ・わびる

字解 形声。人＋宅㊟。

意味 ❶わびしい。わびしく思うさま。❷国わびる。他人に対して心苦しく思う。❸国わび。さび。

250【侂】＊1693 人－6 タク㊐㊥/tuō

字解 形声。人＋乇（→託、たのむ）㊟。たのむ意。

251【佻】4847 504F 98CD 人－6 チョウ（テウ）㊐㊥/tiāo・tiǎo

字解 形声。人＋兆（→跳、とびはねる）㊟。とびはねるような落ち着きのない人、かるい・あさはかの意。

意味 ❶かるい。かるがるしい。あさはか。『軽佻』『儇佻』❷ひとり行くさま。

【佻巧】うわべだけ巧みにかざって、かるがるしいこと。〔屈原-離騒〕

252【侄】＊1694 人－6 テツ「姪」(1607)の異体字

253【侗】＊1710 人－6 トウ㊥/tóng・tōng・dòng

字解 形声。人＋同（つつぬけ）㊟。からっぽでおろかな人、無知であるの意。

254【侫】5305 5525 9B44 人－6 ネイ「佞」(223)の異体字

255【佩】4848 5050 98CE 人－6 (224)【佩】二一 人－5 ハイ㊥/pèi/おびる・はく

字解 会意。人＋巾（ぬの）＋凡（→服、そなえつける）。人の帯につけた飾り布の意。また、身におびた玉（男子用）、おびる意を表す。

金文 篆文
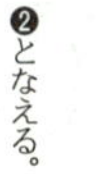

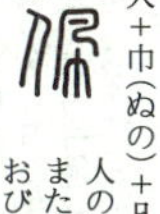

意味 ❶おびる。はく。身につける。腰に下げる。『佩刀』＊史記-項羽本紀「挙所佩玉玦以示之者三（＝范増は腰につけた玉玦を持ちあげて、（項羽に）三度も合図を送った）」❷心にとめて忘れない。『感佩』❸書名など。『佩文韻府』

❶おびる。はく。身につける。腰に下げる。

【佩韋】性急さを避けるよう心がけること。〔韓非子-観行〕中国、戦国時代、魏の西門豹が、性急な気質なので、柔らかいなめし皮を身におびて自らの戒めとしたという故事から。

【佩環】佩玉で、輪のかたちになっているもの。

【佩玉(ハイギョク)】 腰をしめる革帯などにつりさげた玉類。

【佩剣(ハイケン)】 腰に下げる剣。帯剣。

【佩弦(ハイゲン)】 心をひきしめて行いを注意深くすること。〔韓非子‐観行〕♥中国、春秋時代の董安于(トウアンウ)が、悠長な気質なので、弓の弦を身におびて戒めとしたという故事から。

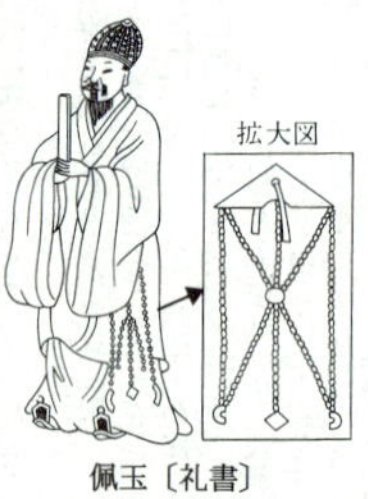

佩玉〔礼書〕

【佩刀(ハイトウ)】 刀を腰につけること。また、その刀。帯刀。

【佩服(ハイフク)】 [1]身におびること。[2]しっかり心にとどめて記憶しておくこと。[3]感服すること。

【佩用(ハイヨウ)】 身につけて用いること。着用。

❸ 書名など。

【佩文韻府(ハイブンインプ)】 中国の類書。正編一〇六巻、のち四四四巻に改訂。清の康熙五〇年に張玉書らが勅撰。古典の詩文の用語を脚韻(一〇六韻)によって分類、配列し、内容ごとに事類に分け、小字で用例とその出典を示す。

256 【佰】 4849 5051 98CF 人－6 ビャク㊉・ハク㊥/bǎi・bó

[字解] 形声。人＋百(ひゃく)㊟。百人の長の意。

[参考] 数を表す百のかわりに用いることもある。

257 【侮】 4178 496E 958E 人－6 [常] (281)【侮】 二二 人－7 旧字 ㊇

ム㊉・ブ㊥/wǔ/あなどる・あなずる

[筆順] 侮 侮 侮 侮 侮 侮

[字解] 侮は侮の略体。侮は形声。人＋每(→晦、くらい)㊟。くらくて人がみえないことから、あなどる意。

[意味] あなどる。見下げてばかにする。＊孟子‐離婁上「人必自侮、然後人侮ㇾ之(ひとはかならずみずからあなどりて、しかるのちにひとこれをあなどる)」〔＝人は自分で自分を侮るから、世人もその人を侮るようになる〕」 ⇒〔蔑〕(6858)の[表]

[下接] 外侮(ガイブ)・倨侮(キョブ)・禦侮(ギョブ)・軽侮(ケイブ)・侵侮(シンブ)・賤侮(センブ)・慢侮(マンブ)・凌侮(リョウブ)・陵侮(リョウブ)

【侮言(ブゲン)】 あなどって言う言葉。

【侮辱(ブジョク)】 見下して恥をかかせること。はずかしめ。

【侮罵(ブバ)】 あなどったり、ののしったりすること。

【侮蔑(ブベツ)】 あなどりさげすむこと。軽蔑。

【侮慢(ブマン)】 人をあなどり、おごりたかぶること。

258 【併】 4227 4A3B 95B9 人－6 [常] (323)【倂】 二二 人－8 旧字

ヘイ㊥/bìng/あわせる・あわせて・しかしながら・しかし

[筆順] 併 併 併 併 併 併

[字解] 併は倂の通俗体。倂は形声。人＋幷(あわせる・ならぶ)㊟。あわせる、ならぶ意。本来、幷がこの義であるが、のちに人を加えた。

甲骨文 篆文

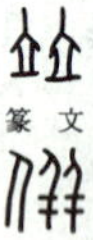

[意味] ❶ならぶ。ならべる。ならんで。「並」に同じ。『併肩』『併行』❷合わせる。『合併(ガッペイ)』『兼併(ケンペイ)』『呑併(ドンペイ)』❸しりぞける。すてる。❹[国]中世以降、接続詞の「しかしながら」「しかし」に用いる。

❶ ならぶ。ならべる。ならんで。

【併科(ヘイカ)】 二つ以上の刑を同時に科すること。

【併記(ヘイキ)】 並べて記すこと。

【併肩(ヘイケン)】 肩を並べること。〔漢書‐田儋伝〕

【併行(ヘイコウ)】 並んで行くこと。同時に行われること。

【併称(ヘイショウ)】 並べて呼ぶこと。

【併設(ヘイセツ)】 一緒に設置、設備すること。

【併置(ヘイチ)】 二つ以上のものを同じ場所に設置すること。

【併発(ヘイハツ)】 [1]二つ以上の事が同時に起こること。[2]ある病気から別の病気を引き起こすこと。

【併用(ヘイヨウ)】 二つ以上のものを併せ用いること。

❷ 合わせる。

【併合(ヘイゴウ)】 合わせること。一つにすること。合併。

【併呑(ヘイドン)】 他の勢力を従わせて支配下に入れること。

【併有(ヘイユウ)】 あわせもつこと。合併して領有すること。

259 【侔】 ＊1709 人－6 ボウ㊥/móu

[字解] 形声。人＋牟㊟。ひとしい意。

260 【侑】 4850 5052 98D0 人－6 [人] ユウ(イウ)㊥/yòu

[字解] 形声。人＋有(手に肉をもちすすめる)㊟。すすめる意、また、たすける意。

261 【佯】 4851 5053 98D1 人－6 ヨウ(ヤウ)㊉㊥/yáng/いつわる

[字解] 形声。人＋羊㊟。

[意味] ❶いつわる。だます。うわべを装う。『佯狂』『佯言』『佯病』『佯北』❷さまよう。『翔佯(ショウヨウ)』

【佯狂(ヨウキョウ)】 いつわって狂気を装うこと。また、その人。

【佯言(ヨウゲン)】 いつわること。また、そのことば。

【佯病(ヨウビョウ)】 いつわりの病気。仮病。

【佯北(ヨウホク)】 (「北」は逃げる意) わざと負けて逃げること。〔孫子‐軍争〕

262 【例】 4667 4E63 97E1 人－6 [常]4 レイ㊉㊥・レツ㊥/lì/たとえる・ためし

[筆順] 例 例 例 例 例 例

[字解] 形声。人＋列(ならぶ)㊟。同列にならぶ人、たぐいの意。

[参考] 万葉仮名では音を借りて「れ」。

[意味] ❶ためし。ならわし。いつも通りの。『例会』『例年』『慣例』『恒例』❷さだめ。規定。一般的な原則。『例外』『通例』『判例』❸たとえる。たとえ。同類の中から取りあげて見本とするもの。『例解』『適例』❹[国]たとえば。

❶ ためし。ならわし。いつも通りの。

[下接] 異例(イレイ)・恩例(オンレイ)・佳例(カレイ)・家例(カレイ)・嘉例(カレイ)・慣例(カンレイ)・吉例(キチレイ)・旧例(キュウレイ)・月例(ゲツレイ)・恒例(コウレイ)・先例(センレイ)・前例(ゼンレイ)・定例(テイレイ)・典例(テンレイ)・不例(フレイ)・変例(ヘンレイ)・流例(リュウレイ)

【例会(レイカイ)】 日を決めて定期的に開く会。

【例月(レイゲツ)】 いつもの月。また、毎月。

【例祭(レイサイ)】 毎年、きまった期日に行う祭り。

【例日(レイジツ)】 常の日。また、きまりの日。

【例年(レイネン)】 いつもの年。また、毎年のきまり。

❷さだめ。規定。一般的な原則。

下接 格例・条例・通例・特例・凡例・判例・法例・律例

【例外】一般の原則に当てはまらないこと。

【例規】慣例と規則。また、先例とする規則。

【例言】書物の凡例として述べる言葉。

❸たとえる。たとえ。

下接 悪例・一例・引例・挙例・好例・語例・罪例・作例・実例・症例・事例・適例・範例・比例・文例・用例・類例

【例解】例を挙げて説明、解釈すること。

【例示】例を挙げて示すこと。

【例証・例証】例を挙げて証明すること。

【例題】練習のため例として設けた問題。

【例文】①事柄を説明するために挙げる文章。②書き方を示して挙げる文章。

【凭】⇨572　【堡】⇨1282

263 【俄】 1868 3264 89E2 人－7 ガ呉漢/é/にわか

字解 形声。人＋我(声)。

参考 万葉仮名では音を借りて「が」。

意味 ❶にわかに。たちまち。また、ほんの少しの時間。「俄雨」＊列子－黄帝「俄而匱焉〔＝急に食糧がとぼしくなった〕」❷かたむく。❸ロシアの略称「俄羅斯〔＝ロシア〕」の略。「俄人」❹国にわか。「俄狂言」の略。

【俄頃・俄傾】しばらく。たちまち。＊杜甫－茅屋為秋風所破歌「俄頃風定雲墨色〔＝しばらくすると風はおさまったのだが、雲はまだ黒い〕」

【俄然】にわかに。ふと。＊荘子－斉物論「俄然覚、則蘧蘧然周也〔＝にわかに夢からさめてみると、はっとして我に返り、自分が荘周であることを知った〕」

264 【俠】 ＊1734 人－7　(239)【侠】 2202 3622 8BA0 人－6 †

キョウ(ケフ)呉漢/xiá

字解 形声。人＋夾(わきにはさむ)(声)。弱者をかばう包容力のある人の意。

意味 ❶おとこぎ。おとこだて。＊韓非子－五蠹「俠以武犯禁〔＝俠客は武力によって禁制を犯す〕」❷国きゃん。おきゃん。おてんばなこと。

下接 気俠・義俠・剣俠・豪俠・任俠・節俠・遊俠

【俠客】①おとこぎのある人。②江戸時代に、義俠・任俠を建て前として徒党を組んでいた人。

【俠気】弱い者を助けようとする気持ち。おとこぎ。

【俠骨】義俠心に富んだ気性。

【俠勇】おとこぎがあって勇ましいこと。

265 【係】 2324 3738 8C57 人－7 常3 ケイ漢/xì/かかる・かかり・かかわる

筆順

字解 形声。人＋系(つなぐ)(声)。人のつながりの意。

参考 万葉仮名では音を借りて「け甲」。

意味 ❶つながり。かかわり。つなぐ。かかわる。かかる。「繋」に同じ。「係累」「関係」❷つづく。「継」に同じ。❸国かかり。ある仕事を受け持つ人。担当。「掛」に同じ。「係員」「係長」

❶つながり。かかわる。かかる。

【係嗣】あとつぎ。嫡子。

【係争】訴訟の当事者の間で争うこと。書き換え「繋争→係争」。

【係属】①つながり、関係があること。②訴訟が、現在裁判所で取り扱い中であること。書き換え「繋属→係属」。

【係留】綱などでつなぎとめること。書き換え「繋留→係留」。

【係累】家族、親族など強い関係にある人々。

【係恋】心にかけて恋いしたうこと。

266 【俁】 ＊1723 人－7 グ漢/yǔ

字解 形声。人＋呉(おおきい)(声)。「俁俁」は、すがたかたちがおおきいさま。

267 【俔】 4855 5057 98D5 人－7 ケン漢/qiàn・xiàn

字解 形声。人＋見(みる)(声)。うかがう意。

268 【侯】 2484 3874 8CF2 人－7 常 コウ漢/hóu　(5258)【⿸厂矢】二－二 矢－2　(5259)【矦】 ＊4738 矢－4

筆順

字解 もと矦。さらに古くは⿸厂矢。⿸厂矢は会意。矢(や)＋厂(目標物)。まと、また、まとをうかがい矢を放つ人の意。のち侯を変形して候ができた。

甲骨文　金文　篆文

同属字 候・篌・喉・堠・猴・鯸

参考 万葉仮名では音を借りて「ご甲」。

意味 ❶まと。「侯鵠」「射侯」❷きみ。封建時代の地方の王、大名など。「侯王」「王侯」「諸侯」❸五等爵(公・侯・伯・子・男)の第二位である侯爵。❹人名。「侯嬴」

❶まと。

【侯鵠】弓のまと。

❷封建時代の地方の王、大名など。

下接 王侯・君侯・諸侯・通侯・藩侯・封侯・陽侯・列侯

【侯王】一国の君主。王侯。

【侯伯】封建制下の君主。

❹人名。

【侯嬴】中国、戦国時代、魏の人。厚遇された信陵君との約束どおり、みずから首をはねて死んだ。

269 【俟】 4856 5058 98D6 人－7 シ漢/sì/まつ

字解 形声。人＋矣(声)。

2画 亠人(ヘ・イ)儿入八(ソ)冂冖冫(ミ)几凵刀(刂)力勹匕匚匸十卜卩(㔾)厂厶又

意味 まつ。頼りにする。あてにする。『相俟って』

270
【俊】 2951 3D53 8F72 人－7 常 シュン 呉漢／jùn／すぐれる

筆順 俊 俊 俊 俊 俊 俊

字解 形声。人＋夋（ひいでる）声。ぬきん出た人の意。

意味 才知がすぐれている。⇓表

下接 英俊（エイシュン）・賢俊（ケンシュン）・才俊（サイシュン）・髦俊（ボウシュン）・雄俊（ユウシュン）

俊（シュン）	秀（シュウ）
俊秀	
才知がすぐれている。 俊逸 俊英 俊才 俊抜 俊偉（シュンイ） 俊傑	すぐれていてめだつ。 秀逸 秀英 秀才 秀抜 秀偉 秀士

【俊逸（シュンイツ）】 才能などがすぐれていること。

【俊英・俊穎（シュンエイ）】 ぬきんでてすぐれていること。また、その人。

【俊乂・俊艾（シュンガイ）】 すぐれた人。俊英。〔書経－皐陶謨〕

【俊器（シュンキ）】 優秀な才能を持った人。

【俊慧（シュンケイ）】 すぐれてさといこと。

【俊傑（シュンケツ）】 才能や人格のすぐれている人。俊豪。＊十八史略－東漢「識二時務一者、在二俊傑一（ジムをしるものは、シュンケツにあり）」〔＝その時代になすべき急務を知っている者は、才徳のすぐれた人物の中にこそいる〕

【俊彦（シュンゲン）】 才知が衆人よりすぐれている人。俊傑。

【俊才（シュンサイ）】 すぐれた才能。また、才のすぐれた人。♥書き換え「駿才→俊才」。

【俊士（シュンシ）】 ①すぐれた才知の人。②中国、周代、司徒（シト）が庶人の子弟の中から選抜して大学に入学させた者。

【俊秀（シュンシュウ）】 才知がすぐれていること。また、その人。＊李白－春夜宴二桃李園一序「群季俊秀、皆為二恵連一（グンキのシュンシュウは、みなケイレンたり）」〔＝多くの若者たちは、みなあの謝恵連を思わせるほどの才能の持ち主である〕

【俊爽（シュンソウ）】 ①才知がすぐれ、人品が高いこと。②気分、風物などがすぐれてさわやかなこと。

【俊達（シュンタツ）】 才知がすぐれ、道理に達していること。

【俊抜（シュンバツ）】 才知などがぬきんでてすぐれていること。

【俊敏（シュンビン）】 機転が利いて行動がすばやいこと。

【俊邁（シュンマイ）】 才知がすぐれていること。

【俊茂（シュンモ）―（シュンボウ）】 才学のすぐれていること。

【俊良（シュンリョウ）】 才学がすぐれていること。

271
【俏】 ＊1731 人－7 ショウ（セウ）漢／qiào／やつす

字解 形声。人＋肖（にる）声。のちに人を加えた。

意味 ❶似る。似せる。❷美しく整える。❸国やつす。

272
【信】 3114 3F2E 904D 人－7 常4 シン 呉漢／xìn・shēn／まこと・のぶ

筆順 信 信 信 信 信 信 信 信 信

字解 会意。人＋言。人のことばと心とが一致する、まことの意。一説に、人＋口＋辛（罰、あるいは契りの入れ墨）声の形声字で、発言を守ることを誓う意から、まことの意を表すともいう。

参考 万葉仮名では音を借りて「し」、訓を借りて「ま」。

意味 ❶まこと。まことの。真実。誠実。『信義』『忠信』＊論語－学而「与二朋友一交而不レ信乎（ホウユウとまじわりてシンならざるか）」〔＝友人と交わって、信義を尽くさなかったのではないか〕❷しんじる。信用する。『信念』『確信』❸信仰する。帰依する。『信教』『狂信』『篤信』❹たより。合図。約束。『信号』『受信』『通信』❺まかせる。まかす。＊王維－送三秘書晁監還二日本国一「帰帆但信レ風（キハンただかぜにまかすのみ）」〔＝故国へ向かう船は、帆を上げて風にまかせて進むだけである〕❻のぶ。のびる。のばす。＊孟子－告子上「今、有二無名之指、屈而不レ信（いま、ムメイのゆび、クッしてのびざるあり）」〔＝今かりに、薬指が曲がっていて伸びないとする〕❼国「信濃国（しなののくに）」の略。東山道八か国の一。現在の長野県。『信越（シンエツ）』『信州（シンシュウ）』❽熟字訓、固有名詞など。『信天翁（あほうどり）』⇓〔疑〕(4970)の表

❶ まこと。まことの。真実。誠実。

下接 至信（シシン）・忠信（チュウシン）・必信（ヒッシン）・孚信（フシン）

【信義（シンギ）】 約束を守り、道義的な務めを果たすこと。
【信験（シンケン）】 ①たしかなしるし。あかし。②たしかなききめ。効験。
【信言（シンゲン）】 信用してよいことば。真実のことば。＊老子－八一「信言不レ美、美言不レ信（シンゲンはビならず、ビゲンはシンならず）」〔＝真実を述べたことばは美しくない。美しく飾りたてたことばには真実がない〕
【信士（シンシ）】 信義に厚い人。→❸（シンジ）
【信実（シンジツ）】 まじめで偽りのないさま。まごころ。
【信証（シンショウ）】 証拠。あかし。
【信賞必罰（シンショウヒツバツ）】 功労のある者には必ず賞を与え、罪をおかした者は必ず罰すること。〔韓非子－内儲説上〕

❷ しんじる。信用する。

下接 倚信（イシン）・威信（イシン）・印信（インシン）・確信（カクシン）・過信（カシン）・敬信（ケイシン）・軽信（ケイシン）・自信（ジシン）・所信（ショシン）・親信（シンシン）・尊信（ソンシン）・不信（フシン）・妄信（モウシン）・盲信（モウシン）

【信愛（シンアイ）】 信じ愛すること。
【信条（シンジョウ）】 かたく信じ守っている考え。信念。モットー。『生活信条』→❸
【信託（シンタク）】 ①信用してまかせること。②他人に財産の権利を移し、一定の目的によって、管理や処分をまかせること。『信託銀行』『信託統治』『投資信託』
【信任（シンニン）】 信頼して事をまかせること。『不信任』
【信念（シンネン）】 かたく信じて疑わない心。
【信憑（シンピョウ）】 信じてよりどころとすること。『信憑性』
【信服（シンプク）】 信じて敬服すること。
【信望（シンボウ）】 信用と人望。
【信奉（シンポウ）】 信じてあがめ尊ぶこと。
【信用（シンヨウ）】 ①信じて任用すること。〔史記－陳渉世家〕②国信じて疑わないこと。③国人望があること。④国（英creditの訳語）一方の給付のあと、一定期間後に反対給付がなされるという経済上の信認。『信用金庫』
【信頼（シンライ）】 信じて頼りとすること。

❸ 信仰する。帰依する。

下接 起信（キシン）・狂信（キョウシン）・崇信（スウシン）・俗信（ゾクシン）・篤信（トクシン）・入信（ニュウシン）・背信（ハイシン）・迷信（メイシン）

【信教（シンキョウ）】 宗教を信仰すること。『信教の自由』
【信仰（シンコウ）】 神や仏などを信じ、その教えに従うこと。
【信士（シンジ）】 ①受戒した在家の男子。信男（シンナン）。②男子の法名に付ける称号。↔信女。→❶（シン）
【信者（シンジャ）】 その宗教を信じる人。信徒。
【信条（シンジョウ）】 信仰の箇条。教義。→❷
【信心（シンジン）】 神仏の力を信じて、その加護を願って祈ること。『信心深い』『不信心』
【信徒（シント）】 ＝信者（シンジャ）

【信女シンニョ】①受戒した在俗の女。②女子の法名に付ける称号。↔信士

❹ たより。合図。約束。

下接 往信オウシン・音信オンシン・外信ガイシン・花信カシン・家信カシン・急信キュウシン・交信コウシン・誤信ゴシン・混信コンシン・私信シシン・受信ジュシン・書信ショシン・送信ソウシン・霜信ソウシン・着信チャクシン・通信ツウシン・逓信テイシン・電信デンシン・発信ハッシン・飛信ヒシン・平信ヘイシン・返信ヘンシン・来信ライシン

【信管シンカン】爆弾や砲弾の、炸薬サクヤクを起爆させる装置。

【信禽シンキン】ガン(雁)の異名。♥寒くなると北から来て、暖かくなると北へ去り、季節の変化のたよりを運ぶように見えるところから。

【信号シンゴウ】①双方の間で一定の符号を用いて意思を通じさせる方法。また、その符号。『手旗信号』②鉄道や道路などで、通行の可否などを知らせる標識。『赤信号』

【信書シンショ】個人の間で意思を通じ合う手紙。

【信風シンプウ】①北東の方角から吹く風。②季節風。

❽ 熟字訓、固有名詞など。

【信天翁あほうどり・シンテンオウ】アホウドリ科に属する大形の海鳥。特別天然記念物。♥信天は、魚の来るのを天にまかせて待っている意という。

【信陵君シンリョウクン】中国、戦国時代、魏の政治家。昭王の末子。名は無忌。信陵君はその封号。斉の孟嘗君モウショウクン、楚の春申君、趙の平原君と共に戦国末期の四君と称された。紀元前二四四年没。

難読地名 信楽しがらき町(滋賀) 信夫しのぶ山(福島)

難読姓氏 信田しだ 信太しだ

273 【侵】 3115 3F2F 904E 人-7 常

(274) 【侵】 人-7 旧字

シン(呉)(漢)/qīn/おかす

筆順 侵侵侵侵侵侵侵

字解 侵は侵の変形。侵は形声。人+𠬶(手にほうきをもちはきすすむ)(声)。他人の領分に進み入る、おかす意。

意味 他の領分に入り込む。おかす。『不可侵フカシン』＊韓非子-二柄「侵官之害、甚於寒カンをおかすのガイは、さむきよりもはなはだし」〔=他の職務にまで手を出す弊害は、寒さの害よりもいっそうはなはだしい〕 ⇒〔犯〕(4656)の表

【侵害シンガイ】他者の権利や利益をおかし、損なうこと。

【侵漁シンギョ】漁師が魚を捕らえるように、他人のものをおかしかすめること。〔韓非子-孤憤〕

【侵攻シンコウ】攻めて相手の領地に入りこむこと。

【侵寇シンコウ】敵地に侵入して、害を与えること。

【侵擾シンジョウ】攻めこんでみだすこと。＊史記-平準書「匈奴絶和親、侵擾北辺キョウドワシンをたち、ホクヘンにシンジョウす」〔=匈奴は和親を絶って、漢の北の国境に攻めこんだ〕

【侵食・侵蝕シンショク】他を次第におかし、むしばむこと。♥書き換え「侵蝕→侵食」。

【侵晨シンシン|シンをおかす】①(シンシン) 早朝。朝早く。②(シンをおかす) 早朝に行動する。

【侵奪シンダツ】他人の領域や所有などをおかしてその権益・所有物などをうばうこと。

【侵入シンニュウ】他の領分に、不法に押し入ること。

【侵犯シンパン】他国の領土、権利などをおかすこと。

【侵略・侵掠シンリャク】他国に侵入して財物や領土をうばい取ること。＊孫子-軍争「侵掠如火シンリャクすることひのごとし」〔=敵地に侵攻し物資をかすめ取ることは、火のようにはげしい〕♥書き換え「侵掠→侵略」。

【侵凌・侵陵シンリョウ】おかしはずかしめること。

275 【侲】 ＊1715 人-7 シン(漢)/zhèn

字解 形声。人+辰(→振、よくうごく)(声)。よく動くこどもの意。

金文 

意味 鬼やらいの童子。『侲子シンシ』『侲童シンドウ』

276 【促】 3405 4225 91A3 人-7 常 ソク(呉)・ショク(漢)/cù/うながす

筆順 促促促促促促促

字解 形声。人+足(→速、はやい)(声)。人に速くするようながす意。

意味 ❶うながす。せきたてる。また、せわしい。『販売促進ハンバイソクシン』『偓促アクソク』『催促サイソク』『督促トクソク』❷間をつめる。せまる。『促音』＊白居易-琵琶行「却坐促絃絃転急ザにかえりゲンをうながせばゲンうたたキュウなり」〔=もとの場所に帰り、絃を締めると、絃の音はますますせわしくなる〕

❶ うながす。せきたてる。また、せわしい。

【促織ソクショク】「コオロギ(蟋蟀)」の異名。♥コオロギの声を、寒くなるから機織りを急げと聞いたところから。

【促進ソクシン】物事の進捗シンチョクをうながしすすめること。

【促成ソクセイ】人の手を加えて早く生成させること。↔抑制。『促成栽培』

【促促ソクソク】いそがしいさま。また、せきたてるさま。

❷ 間をつめる。せまる。

【促音ソクオン】国日本語の音節の一。つまる音。「あっち」「ヨット」などの「っ」「ッ」で表される音。

277 【俗】 3415 422F 91AD 人-7 常 ゾク(呉)・ショク(漢)/sú

筆順 俗俗俗俗俗

字解 形声。人+谷(→浴、ひたる)(声)。人が型にはまる、ならわしの意。

参考 万葉仮名では音を借りて「ぞ(甲)」。

意味 ❶生活上のならわし。習慣。『俗信』『風俗』『良俗』❷ありふれている。世間一般である。また、下品である。低級である。『俗物』『通俗』『凡俗』 ⇒〔雅〕(8735)の表 ❸出家、受戒する前に住んでいた世間。また、僧でない人。『俗名』『還俗ゲンゾク』

❶ 生活上のならわし。習慣。

下接 悪俗アクゾク・夷俗イゾク・異俗イゾク・遺俗イゾク・旧俗キュウゾク・国俗コクゾク・古俗コゾク・習俗シュウゾク・村俗ソンゾク・土俗ドゾク・美俗ビゾク・風俗フウゾク・民俗ミンゾク・流俗リュウゾク・良俗リョウゾク・礼俗レイゾク・和俗ワゾク

【俗信ゾクシン】民間のならわしで(科学的根拠なしに)信じられてきた、日常生活上の卜占ボクセン、禁忌、呪術ジュジュツなど。

❷ ありふれている。また、低級である。

下接 雅俗ガゾク・真俗シンゾク・聖俗セイゾク・世俗セゾク・絶俗ゼツゾク・脱俗ダツゾク・超俗チョウゾク・通俗ツウゾク・低俗テイゾク・抜俗バツゾク・反俗ハンゾク・非俗ヒゾク・卑俗ヒゾク・鄙俗ヒゾク・平俗ヘイゾク・凡俗ボンゾク

【俗悪ゾクアク】いやしく下品なこと。

【俗韻ゾクイン】卑俗な調子。世俗的なおもむき。＊陶潜-

帰二園田居一「少無レ適二俗韻一、性本愛二丘山一(わかくしてゾクインにテキするなく、セイもとキュウザンをアイす)〔＝若い時から世俗的なおもむきにはうまく合わせられず、生まれつき自然を愛した〕」

【俗化】(ゾクカ|ゾッカ) 世俗の風に感化されること。

【俗界】(ゾクカイ|ゾッカイ) 俗人の住む世界。

【俗解】(ゾクカイ|ゾッカイ) 学問的でない、通俗的な解釈や説明。

【俗楽】(ゾクガク) 雅楽に対して、民衆に普及した音楽。三味線音楽、民謡、流行歌など。

【俗間】(ゾクカン|ゾッカン) 世間一般。通俗の世界。

【俗眼】(ゾクガン) 世間一般の人の見る目。

【俗忌】(ゾクキ|ゾッキ) 世間一般の人々の忌みきらうこと。

【俗曲】(ゾクキョク|ゾッキョク) 三味線などの伴奏で歌われる短い曲。都都逸(ドドイツ)など。

【俗気】(ゾクケ|ゾッケ|ゾッキ) 名誉や利益にひかれる気持ち。

【俗言】(ゾクゲン) ①俗間で使う言葉。②世間のうわさ。

【俗諺】(ゾクゲン) 俗間のことわざ。俚諺(リゲン)。

【俗語】(ゾクゴ) 日常の話し言葉。また、くだけた俗な言葉。

【俗才】(ゾクサイ) 俗事に長じた才。

【俗字】(ゾクジ) 正字体とは認められないが、世間で通用している漢字の字体。「職」に対する「耺」の類。↔正字

【俗耳】(ゾクジ) 世間一般の人々の耳。「俗耳に入り易い〔＝一般の人が理解しやすい〕」

【俗事】(ゾクジ) 世間のわずらわしい事柄。

【俗儒】(ゾクジュ) 見識が狭く卑俗な儒者、学者。

【俗臭】(ゾクシュウ) 俗世間の富や名誉などに執着する気風。「俗臭芬々(フンプン)」

【俗書】(ゾクショ) ①卑俗な書物。②下品な筆跡。

【俗称】(ゾクショウ) 世間で言われている名称。通称。↓❸

【俗情】(ゾクジョウ) ①俗事に関する情。俗人の心。②色欲の情。③世俗のありさま。

【俗人】(ゾクジン) 世俗の利欲にとらわれた人。↓❸

【俗塵】(ゾクジン) 俗世間のわずらわしいあれこれ。

【俗世】(ゾクセイ|ゾクセ) 世の中。この世。俗世間。

【俗世間】(ゾクセケン) 一般の世の中。俗世。

【俗説】(ゾクセツ) 根拠もなく世間一般に流布されている説。

【俗僧】(ゾクソウ) 品性や行動のいやしい僧。

【俗諦】(ゾクタイ) (梵 saṃvṛti-satya の意訳) 仏語。世間一般で常識として承認される、相対的立場での世俗的真理。

【俗談】(ゾクダン) 俗世間の話。俗事に関する談話。

【俗腸】(ゾクチョウ) いやしい心。

【俗伝】(ゾクデン) 世間の言い伝え。

【俗念】(ゾクネン) 世俗的な名誉や利益を得たいと思う心。俗慮。「俗念を去る」

【俗輩】(ゾクハイ) 俗人ども。凡俗な者ども。

【俗物】(ゾクブツ) 世俗の欲にとらわれている人。「俗物根性」

【俗文】(ゾクブン) ①通俗体の文章。②内容が卑俗な文。

【俗務】(ゾクム) 世俗の煩雑な事務。「俗務に追われる」

【俗名】(ゾクメイ) いやしい名声。俗悪な評判。↓❸

【俗用】(ゾクヨウ) ①俗世間の用事。俗事。②世間での用い方。

【俗謡】(ゾクヨウ) 民衆の間で歌われている通俗的な歌。

【俗流】(ゾクリュウ) 俗人。俗物の仲間。「俗流に交わらず」

【俗累】(ゾクルイ) 世俗のわずらわしさ。

【俗論】(ゾクロン) 世俗の議論や意見。俗人の意見。

❸ 出家する前の世間。また、僧でない人。

下接 還俗ゲンゾク・在俗ザイゾク・僧俗ソウゾク・道俗ドウゾク

【俗縁】(ゾクエン) 世俗の縁故。特に、僧や尼が出家前の仏道外でもっていた親類、縁者。

【俗客】(ゾクカク|ゾッカク|ゾッキャク) 僧に対して在家の人。また、無風流な人。

【俗称】(ゾクショウ) 出家前の名。俗名(ゾクメイ)。↓❷

【俗人】(ゾクジン) 僧に対して、世間一般の人。↓❷

【俗姓】(ゾクセイ|ゾクショウ) 僧侶の俗人であったときの名字。

【俗体】(ゾクタイ) 僧でない、普通の人の姿。↔僧体・法体(ホッタイ)

【俗名】(ゾクメイ|ゾクミョウ) ①僧が出家する以前の名。②生前の名。↔戒名。↓❷

278 【俦】 人－7 チュウ 「儔」(425)の異体字

279 【佰】 人－7 バイ 「倍」(319)の異体字

280 【俘】 4858 505A 98D8 人－7 フ(呉)(漢)\fú\とりこ

字解 形声。人＋孚(子を抱きとらえる)(声)。とりこ・戦利品の意。

甲骨文 金文 篆文

意味 とりこにする。とりこ。「夷俘(イフ)」「囚俘(シュウフ)」

【俘獲】(フカク) 戦闘で、敵を殺さないで捕らえること。また、その捕らえられた者。捕虜。

【俘馘】(フカク) 捕虜と、殺した敵から切り取った耳。〔左伝‐僖公二二年〕

【俘級】(フキュウ) 捕虜と、殺した敵の首級。

【俘囚】(フシュウ) 捕らわれた人。捕虜。

【俘醜】(フシュウ) (「醜」はたくさんの意) 多くの捕虜。

【俘虜】(フリョ) 戦争で敵国に捕らえられた者。捕虜。

281 【侮】 人－7 ブ 「侮」(257)の旧字

282 【俜】 *1733 人－7 ビョウ(ビャウ)(呉)・ヘイ(漢)\pīng

字解 形声。人＋甹(声)。「伶俜(レイヘイ)」は、ひとりさまようこと。また、おちぶれることの意。

283 【便】 4256 4A58 95D6 人－7 常4 (359)【[illegible]】 人－9

ベン(呉)・ヘン(漢)・ビン(慣)\biàn·piān\たより・すなわち

筆順

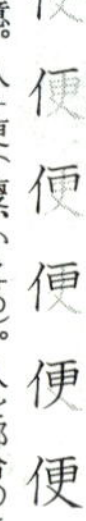

字解 会意。人＋更(＝変、かえる)。人を都合のよいようにかえる意。

参考 万葉仮名では音を借りて「べ(甲)」。

意味 ❶たより。通信。「便箋」「郵便」❷都合がよい。よいついでや機会がある。「便利」「簡便」「方便」❸くつろぐ。やすらかにする。「便衣」「便室」❹大小便。つうじ。「便秘」「検便」「糞便」❺口がうまい。へつらう。「便言」「便佞(ベンネイ)」❻身のこなしがしなやかである。また、すばやい。身軽である。「便娟(ベンケン)」「便敏」❼なれている。習熟している。「便習」❽すなわち。すると。すぐに。つまり。＊陶潜‐桃花源記「林尽二水源一、便得二一山一(はやしスイゲンにつき、すなわちイチザンをえたり)〔＝林は水源で終わり、そこには一つの山があった〕」 ＊白居易‐香炉峰下、新卜二山居一、草堂初成、偶題二東壁一「匡廬便是逃レ名地(キョウロはすなわちこれなをのがるるチ)〔＝ここ匡廬こそは、俗世間の名利を忘れることのできる地である〕」❾その他。「便便」

❶ たより。通信。

下接 急便（キュウビン）・後便（コウビン）・先便（センビン）・前便（ゼンビン）・風便（フウビン）・別便（ベツビン）・郵便（ユウビン）・航空便（コウクウビン）／船便（ふなビン）

【便箋（ビンセン）】手紙を書くための用紙。

❷ 都合がよい。よいってや機会がある。

下接 音便（オンビン）・穏便（オンビン）・簡便（カンベン）・軽便（ケイベン）・好便（コウビン）・幸便（コウビン）・至便（シベン）・不便（フベン）・方便（ホウベン）・利便（リベン）

【便乗（ビンジョウ）】国 1 他人の乗り物についでに乗ること。2 たくみに機会を利用すること。『便乗値上げ』

【便易（ベンイ）】手軽で便利なこと。また、そのさま。簡便。

【便益（ベンエキ）】便利で、利益があること。

【便宜（ベンギ｜ビンギ）】都合のよいこと。その場に適応した処置。また、特別のはからい。『便宜をはかる』

【便法（ベンポウ）】便宜的な方法。『便法を講ずる』

【便面（ベンメン）】顔を隠すのに便利なもの。うちわや扇。

【便蒙（ベンモウ）】便利な入門書物。啓蒙書。

【便覧（ベンラン｜ビンラン）】見るのに都合のよいように簡便に作ってある本。『用字用語便覧』『生徒便覧』

【便利（ベンリ）】都合がよいこと。役に立つさま。↕不便

【便路（ベンロ｜ビンロ）】便利な道。また、都合のよい方法。

❸ くつろぐ。やすらかにする。

【便衣（ベンイ）】袖（そで）を短く、小さくした衣服。また、平服。

【便座（ベンザ）】休息する所。居間。→❹

【便殿（ベンデン｜ビンデン）】貴人などの休息のための御殿。

【便服（ベンプク）】普段着。便衣。

❹ 大小便。つうじ。

下接 液便（エキベン）・快便（カイベン）・血便（ケツベン）・検便（ケンベン）・宿便（シュクベン）・小便（ショウベン）・胎便（タイベン）・大便（ダイベン）・軟便（ナンベン）・排便（ハイベン）・糞便（フンベン）・用便（ヨウベン）・緑便（リョクベン）

【便意（ベンイ）】大小便をしたいという感覚。『便意を催す』

【便器（ベンキ）】大小便をとる器。おまる。

【便座（ベンザ）】洋式便器の腰を掛ける部分。→❸

【便所（ベンジョ）】大便、小便をする所。かわや。トイレ。

【便旋（ベンセン）】小便をすること。→❻

【便通（ベンツウ）】大便が出ること。

【便秘（ベンピ）】大便が出ないこと。秘結。『便秘症』

❺ 口がうまい。へつらう。

【便言（ベンゲン）】口先がたくみなこと。便口（ベンコウ）。

【便巧（ベンコウ）】たくみに人のきげんをとってへつらうこと。

【便佞（ベンネイ）】ことばたくみにふるまいながら、誠意のないこと。＊論語-季氏「友二便辟一、友二善柔一、友二便佞一、損矣（ベンペキをともとし、ゼンジュウをともとし、ベンネイをともとするはソンなり）」〔＝へつらう人を友とし、うわべの誠意しかない人を友とし、口先だけで真心のない人を友とするのは、自分にとってよくない結果になる〕」

【便嬖（ベンペイ）】1 ＝便辟（ベンペキ）。2 そば近くに侍して寵愛されること。〔孟子-梁恵王上〕

【便辟（ベンペキ）】人の意に迎合して、こびへつらうこと。便嬖（ベンペイ）。〔論語-季氏〕

【便便（ベンベン）】ことばがはっきりしてさわやかなこと。＊論語-郷党「其在二宗廟朝廷一、便便言（そのソウビョウチョウテイにありては、ベンベンとしていう）」〔＝（孔子が）宗廟や朝廷にあるときには、ことばつきがはっきりしてさわやかであった〕」→❻❾

❻ しなやかである。すばやい。身軽である。

【便妍（ベンケン）】しなやかでなまめかしく美しいさま。

【便娟（ベンケン）】1 ＝便妍（ベンケン）。2 軽やかに舞うさま。3 雪が風に舞うさま。

【便旋（ベンセン）】さまよい歩くこと。→❹

【便敏（ベンビン）】すばやいさま。

【便便（ベンベン）】上品なさま。みやびやかなさま。→❺❾

❼ なれている。習熟している。

【便習（ベンシュウ）】習慣となること。ならわしとなったもの。

❾ その他。

【便腹（ベンプク）】肥えふとった腹。たいこ腹。

【便便（ベンベン）】1 腹部の肥満したさま。2 長たらしいさま。3 国 いたずらに時間の経過するさま。→❺❻

284 【俛】 4859 505B 98D9 人-7 メン（呉）・ベン（漢）・フ（漢）／fǔ・miǎn

字解 形声。人＋免（かがみ力をこめる）（声）。ふす・つとめる意。

意味 ❶（フ）ふす。ふせる。首をたれる。うつむく。「俯」に同じ。『俛仰』『俛首』＊史記-淮陰侯伝「信孰二視之一、俛出二跨下一、蒲伏（シンこれをジュクシし、ふしてコカよりいでて、ホフクす）」〔＝韓信はこの男をじっと見て、うつむいて股の下をくぐり、腹ばいになった〕」❷（ベン）つとめる。「勉」に同じ。『俛焉』

【俛仰（フギョウ）】うつむくこと。あおむくこと。俯仰（フギョウ）。

【俛首（フシュ）】首をたれること。うつむくこと。

【俛焉（ベンエン）】つとめ励むさま。いそしみ骨折るさま。

285 【保】 4261 4A5D 95DB 人-7 常5 ホウ（呉）（漢）・ホ（慣）／bǎo／たもつ・もち・やすんずる

筆順 保 保 保 保 保

字解 会意。人＋呆（＝子）。人が子どもを背負っていることから、負う・育てる意。ひいて、たもつ意を表す。

甲骨文 金文 篆文

参考 万葉仮名では音を借りて「ほ」。平仮名「ほ」、片仮名「ホ」の字源。

意味 ❶だいじにまもる。やしなう。やすんずる。『保育』『保護』『師保（シホ）』＊淮南子-人間訓「父子相保（フシあいたもてり）」〔＝親子ともに無事であった〕」❷たもつ。その状態を続ける。『保守』『保存』『確保（カクホ）』『留保（リュウホ）』『霊保（レイホ）』❸うけあう。あずかる。『保証』『安保（アンポ）』『担保（タンポ）』❹やとわれ人。『保庸』『酒保（シュホ）』❺昔の中国で、五戸または十戸を単位とした隣組制度。『保長』『隣保（リンポ）』

❶ だいじにまもる。やしなう。

【保育（ホイク）】1 幼児を保護し育てること。2 動物の親が子を養い育てること。▼②は書き換え「哺育→保育」。

【保管（ホカン）】預かって保護、管理すること。

【保護（ホゴ）】1 危険などからたすけまもること。『保護関税』『自然保護』『保護者』『保護色』『過保護』2 警察に一時とめておくこと。『身柄を保護する』

【保全（ホゼン）】保護して安全であるようにすること。

【保傅（ホフ）】1 天子の補佐をする役職の名。2 天子・王侯・貴族などの子供の教育係。

【保母・保姆（ホボ）】1 子供の世話をする女性。2 国 幼稚園の女性教諭の旧称。3 国 保育所、養護施設などで児童を保育する女性。▼書き換え「保姆→保母」。

【保佑・保右（ホユウ）】たすけること。天が力をそえてたすけること。〔詩経-大雅・仮楽〕

【保養（ホヨウ）】1 体を休めて健康の回復をはかること。『保養地』2 美しいものに接して楽しむこと。『目の保養』

二亠人(𠆢・亻)儿入八(丷)冂冖冫(⺀)几凵刀(刂)力勹匕匚匸十卜卩(㔾)厂厶又
2画

❷ たもつ。その状態を続ける。

【保安アン】①保ち安んずること。②安全、秩序を保つこと。『保安官』『保安林』

【保温オン】温度を一定に、または温かく保つこと。

【保健ケン】健康を保つこと。『保健所』『保健婦』

【保持ジ】その状態を保ち続けること。『伝統の保持』

【保守シュ】①正常な状態などを保とうとすること。②旧来の習慣、制度などを重んじ、守ろうとすること。↔革新。『保守政党』

【保身シン】①自分の健康などを守ろうとすること。〔荘子-養生主〕②自分の地位、名声などを失うまいと身を処すること。『保身に汲々キュウキュウとする』

【保真シン】生まれ持った性質を失わずに保つこと。

【保存ゾン】そのままの状態で保っておくこと。

【保有ユウ】所有し続けること。『核を保有する』

【保留リュウ】その場で取り決めずに、決定を先に延ばすこと。『返答を保留する』

❸ うけあう。あずかる。

【保険ケン】国①死亡、火災、事故などの偶発的事故による損害を補償する制度。保険料を掛けて保険金を受ける。『社会保険』『生命保険』②『健康保険』の略。

【保釈シャク】保証金を納付させて、刑事被告人を釈放すること。『保釈金』

【保証・保證ショウ】①確かさを請け合うこと。②損害の責任を引き受けること。『保証人』

【保障ショウ】安全を請け合うこと。責任をもって相手の立場や権利などを守ること。『社会保障』

❹ やとわれ人。

【保庸ヨウ】やとわれ人。やとい人。〔史記-司馬相如伝〕

❺ 昔の中国の隣組制度。

【保甲コウ】中国、北宋の王安石がはじめた自治・警察・隣保の制度。十戸を保とし、成年の男に武器を与えて地方の守りにあたらせた。

【保長チョウ】中国、唐の隣保制、宋の保甲法など、警察・徴税を目的に編成された保の長。保正。

難読姓氏 保住ほずみ 保泉ほずみ

286 【俑】 4860 505C 98DA 人－7 ヨウ(漢)/yǒng

字解 形声。人＋甬(→同、つつ状でおなじ)(声)。ひとがたの意。

意味 ひとがた。死者の埋葬のとき、殉死者のかわりに副葬する人形。『兵馬俑』

【作レ俑ヨウをつくる】よくないことを始めたり、悪例をつくったりする意にいう。〔孟子-梁恵王上〕❤中国古代に、死者とともに木製や土製の人形を埋葬する風習があり、これを、孔子が人を生き埋めにするようだとして憎んだという故事から。

俑〔秦始皇陵出土〕

287 【俚】 4861 505D 98DB 人－7 リ(呉)(漢)/lǐ/さとぶ

字解 形声。人＋里(むらざと)(声)。村人の意。

意味 いなかの。民間の。通俗的な。『鄙俚ヒリ』

【俚言ゲン】俗間に用いられる言葉。また、方言。俚語。↔雅言

【俚諺ゲン】民間に伝わったことわざ。

【俚耳ジ】俗人の耳。一般の人々が聞くこと。

【俚俗ゾク】田舎びていること。

【俚謡ヨウ】民間ではやっている俗っぽい歌。里謡リヨウ。

288 【俐】 4862 505E 98DC 人－7 リ(漢)/lì

字解 形声。人＋利(するどくさえる)(声)。かしこいひとの意。

意味 かしこい。さかしい。「悧」に同じ。『伶俐レイリ』

289 【侶】 4623 4E37 97B5 人－7 ロ(呉)・リョ(漢)/lǚ/とも

字解 形声。人＋呂(つらなる)(声)。同列につらなる人、ともの意。

参考 万葉仮名では音を借りて「ろ(乙)」。

意味 とも。なかま。つれ。『学侶ガクリョ』『緇侶シリョ』『僧侶ソウリョ』『伴侶ハンリョ』『法侶ホウリョ』

【侶儔リョチュウ】(「儔」も、ともの意) 友だち。つれ。

【侶伴リョハン】なかま。つれ。伴侶。

290 【俤】 4863 505F 98DD 人－7 おもかげ

字解 国字。会意。人＋弟。きょうだいは似ているところから、おもかげの意とする。

意味 おもかげ。記憶の中の姿。また、あるものに似た姿、様子。

291 【俥】 4864 5060 98DE 人－7 くるま

字解 国字。会意。人＋車。人が引く車の意。

意味 人力車。くるま。

292 【俣】 4383 4B73 9693 人－7 また

字解 国字。俁を変形させたものという。

意味 また。わかれめ。

293 【倚】 4865 5061 98DF 人－8 (333)【倚】 人－9

イ(呉)(漢)・キ(漢)/yǐ・jī/よる

字解 形声。人＋奇(→寄、よる)(声)。人がもたれよる意。

意味 ❶よる。たよる。また、かたよる。『倚子』『依倚イイ』『跛倚ハイ』『偏倚ヘンイ』『邐倚リイ』❷調子をあわせる。*蘇軾-前赤壁賦「客有下吹二洞簫一者上。倚レ歌而和レ之キャクにドウショウをふくものあり、うたによりてこれにワす」〔＝客人に洞簫を吹く者がいて、わたしの歌に合わせて吹いてくれた〕

【倚几イキ|キによる】①(イキ)よりかかる台。②(キによる)①によりかかること。

【倚子イシ|スイ】腰かけの一種で、宮中では高官だけが使用をゆるされたもの。❤古くは「イシ」、禅宗渡来以後、唐宋音に基づいて「イス」、用字も多く「椅子」とするようになった。

【倚藉イシャ】たよること。たのむこと。

【倚伏イフク】福と禍とが、互いにその原因となり、互いに相手のうちにひそみ合っていること。〔老子-五八〕

【倚門情イモンのジョウ】家の門によりかかって待ち望むこと。外出した子の帰りを待ちわびる母の情をいう。倚門之望。倚閭イリョ之望。〔戦国策-斉〕❤中国、戦国時代、斉の

閔王ビンオウの所在が不明になったとき、王に仕えていた王孫賈にその母が戒めて言ったことばから。

【倚廬イロ】父母の喪に服する期間にこもる臨時の仮屋。

294【俺】1822 3236 89B4 人－8 エン呉漢/yǎn・ǎn/おれ

字解 形声。人＋奄（大きくのびる）声。大きい意。

意味 われ。おれ。普通、男性の自称。

295【倨】4866 5062 98E0 人－8 キョ漢/jù/おごる

字解 形声。人＋居（尊大にすわる）声。おごる意。

意味 おごる。あなどる。たかぶる。「驕倨キョウキョ」「傲倨ゴウキョ」 ＊十八史略－春秋戦国「何前倨而後恭也なんぞまえにはおごりてのちにはうやうやしきや（＝どうして以前にはあんなにいばって、今日はこんなに丁寧なのか）」

【倨気キョキ】おごりたかぶった気持ち。

【倨傲キョゴウ】おごりたかぶるさま。傲慢。

【倨色キョショク】おごりたかぶった顔つき。

【倨慢キョマン】おごりたかぶって、他人をあなどること。

296【倶】二一 人－8 (297)【俱】2270 3666 8BE4 人－8

グ呉・ク漢/jù/ともに

字解 形声。人＋具（両手をそろえてそなえる）声。ともにの意。具（そなえる）と区別するため、のちに人を加えた。

金文 篆文

参考 万葉仮名では音を借りて「く」。

意味 ❶ともに。ともにする。一緒にする。「不倶戴天フグタイテン」「倶会一処」「倶発」 ＊史記－廉頗藺相如伝「今、両虎共闘、其勢不二倶生一いま、リョウコともにたたかわば、そのいきおいともにはいきざらん（＝今かりに、二頭の虎が戦えば、なりゆきとして両存することはないだろう）」 ❷音訳字。「倶利迦羅」「倶楽部」

❶ ともに。ともにする。一緒にする。

【倶会一処クエイッショ】仏語。極楽を願うものは、みな浄土で一緒になることができるという意。阿弥陀経の語。

【倶生神クショウジン】インド神話を受けた仏教の神。人が生まれた時から、その左右の肩の上にあって、その人の善悪の所行を記録するという同名、同生の二神。

【倶発グハツ】一時に発生、発覚すること。特に、同じ者が起こした複数の犯罪が一時に発覚すること。

❷ 音訳字。

【倶舎宗クシャシュウ】（梵 kośa の音訳）世親菩薩の倶舎論を主とし、六足論、発智論ホッチロン、毘婆沙論ビバシャロンなどを研究した学統。日本には、法相宗とともに伝えられ、南都六宗、また八宗の一として諸寺に通じて行われた。

【倶毘羅クビラ】（梵 Kumbhīra の音訳）仏語。薬師如来の十二神将の一。

【倶楽部クラブ】（英 club の音訳）共通の目的を追求するための団体。

【倶利迦羅・倶梨迦羅クリカラ】（梵 Kulika の音訳）不動明王の智剣の化身。

難読地名 倶知安くっちゃん町（北海道）

298【倔】4867 5063 98E1 人－8 クツ漢/jué・juè

字解 形声。人＋屈声。

意味 ❶意地がつよい。強情。「倔強」「佶倔キックツ」 ❷起こり立つさま。「倔起」

【倔起クッキ】低い身分から身をおこすこと。

【倔強クッキョウ】強情で屈しないこと。「倔強倨傲」

299【倪】4868 5064 98E2 人－8 ゲイ呉漢/ní

字解 形声。人＋兒（幼児）声。おさないこどもの意。

意味 ❶きわ。かぎり。また、分ける。「端倪タンゲイ」「天倪テンゲイ」 ❷ながしめ。横目。「俾倪ヘイゲイ」 ❸おさな子。「旄倪ボウゲイ」 ❹人名。「倪瓚ゲイサン」

【倪瓚ゲイサン】中国、元代の画家、詩人。字あざなは元鎮。号は雲林居士、幻霞子、荊蛮民など。枯淡な趣にあふれた山水画を描いた。詩集に「清秘閣集」。（一三〇一～七四）

300【倦】二一 人－8 (343)【倦】2381 3771 8C91 人－9 †

ケン漢/juàn/あきる・うむ・あぐむ

字解 形声。人＋卷（まるくなる）声。つかれてまるくうずくまる、あきる意。

意味 あきる。うむ。つかれる。いやになる。あぐむ。「厭倦エンケン」「怠倦タイケン」「疲倦ヒケン」「筆倦ヒッケン」 ＊論語－述而「黙而識レ之、学而不レ厭、誨レ人不レ倦もくしてこれをしるし、まなびていとわず、ひとをおしえてうまず（＝だまっていながら覚えており、学んでいながらあきず、人を教えさとしていながらいやにならない）」

【倦厭ケンエン】あきていやになること。

【倦色ケンショク】あきていやになった様子、顔つき。

【倦怠ケンタイ】①あきていやになること。「倦怠期」②疲れてだるいこと。「倦怠感」

301【倹】2380 3770 8C90 人－8 常 (414)【儉】4913 512D 994C 人－13 旧字 人

ケン漢/jiǎn/つましい

筆順

字解 形声。人＋僉（あつめ、しめる）声。生活をひきしめる、つつましやかの意。

意味 節約する。つましい。また、とぼしい。＊論語－八佾「礼与二其奢一寧倹れいはそのおごらんよりはむしろケンせよ（＝礼は派手にするよりは、むしろ控え目にするほうがよい）」

下接 恭倹キョウケン・勤倹キンケン・奢倹シャケン・節倹セッケン・豊倹ホウケン

【倹歳ケンサイ】飢饉キキンの年。凶作の年。

【倹素ケンソ】節約して、飾らないこと。

【倹薄ケンパク】費用を切りつめて万事質素であること。

【倹約ケンヤク】無駄をしないこと。費用を切りつめること。

【倹吝ケンリン】欲が深く、けちであること。

302【個】2436 3844 8CC2 人－8 常5 カ漢・コ慣/gè

筆順

字解 形声。人＋固（かたい）声。独立心のかたい、ひとりのひとの意。

意味 ❶ひとつ。ひとり。「個人」「個性」「各個カッコ」「別個」 ❷物を数えるときに添える語。「箇」と通じて用い、日本では「ケ」と略記して区別しない。ただし常用漢字では、「こ」と読む場合にのみ用いる。「椀三個」「一個小隊」 ❸意味を強める接尾語。「好個コウコ」「真個」

【個個ココ】一つ一つ。一人一人。おのおの。「個個別別」

【個人コジン】①ある集団を構成する個々の人。一個人。

『個人負担』『個人差』 ②肩書きを切り離した、人間としてのひとりの人。私人。『個人の資格で参加する』
【個人主義】コジンシュギ ①全体よりも個人に重きを置く考え方。↔全体主義。②利己主義。
【個性】コセイ 個々の人や事物に備わって、他から区別される固有の性質。『個性的』
【個体】コタイ ①哲学で、独立して自己の特質・存在を失うことのない統一体。②生物学で、一個の生物としての機能と構造を備えた生物体。『個体差』
【個別】コベツ 幾つかあるもののそれぞれ一つ一つ。個々別々。『個別に審査する』

303【倖】 2486 3876 8CF4 人－8 人
コウ(カウ)漢/xìng/さいわい・しあわせ
字解 形声。人＋幸(さいわい)声。思いがけないさいわいの意。
意味 ❶さいわい。思いがけないしあわせ。『僥倖ギョウコウ』『射倖シャコウ』 ❷(天子の)お気に入り。『倖臣』『倖嬖』
【倖臣】コウシン お気に入りの臣下。幸臣。
【倖嬖】コウヘイ 天子の特別の愛を受けている女。

304【候】 2485 3875 8CF3 人－8 常 (345)【𠋫】二— 人－9
コウ漢/hòu/そうろう・そろ・さぶらう・さむらう・さもらう
筆順 候
字解 形声。人＋矦(＝侯、うかがう)声。うかがうの意。侯(まと・諸侯)と区別するために、のちに人を加えた。
意味 ❶うかがう。様子を見る。さぶらう。訪問して機嫌をうかがう。『候騎』『候楼』『斥候』 ❷待つ。待機する。待ち迎える。『候補』 ❸きざし。しるし。様子。『症候ショウコウ』『兆候チョウコウ』『風候フウコウ』『物候ブッコウ』 ❹季節。㋑季節や天気など自然の姿。『寒冷の候』『気候』 ㋺一年を二十四気七十二候に分けた場合の「候」五日間。❺国補助動詞の「そうろう」に用いる。有る、居るなどの意の丁寧語。『候文』

❶ うかがう。様子を見る。
下接 参候サンコウ・伺候シコウ・斥候セッコウ・偵候テイコウ
【候騎】コウキ 斥候セッコウの騎兵。〔史記-匈奴伝〕
【候伺】コウシ 機嫌を伺うこと。候問。伺候。
【候人】コウジン ①道で客を送迎する役人。②敵状を探る人。斥候。
【候楼】コウロウ 物見やぐら。

❷ 待つ。待機する。待ち迎える。
【候火】コウカ 客を迎えるためのあかり。また、のろし。
【候補】コウホ (補任を待つ意)ある地位や身分にふさわしいとして、選択の対象とされること。また、その人。

❹ 季節。季節や天気など自然の姿。
下接 気候キコウ・季候キコウ・時候ジコウ・測候ソッコウ・天候テンコウ
【候雁】コウガン (季節によって去来するところから)ガン。ガンカモ科の大形の鳥。
【候虫】コウチュウ 季節の虫。特に、秋のコオロギをいう。
【候鳥】コウチョウ 季節によって移動する鳥。渡り鳥など。

❺ (日本語で)そうろう。
下接 居候いそうろう・又候またぞろ・御座候ござそうろう
【候文】そうろうブン 手紙などで、丁寧語の「候」を使って書く一種の文語体。

305【倥】 4869 5065 98E3 人－8
コウ漢/kōng・kǒng
字解 形声。人＋空声。
意味 ❶いそがしい。また、苦しい。苦しむ。『倥偬』 ❷おろか。無知なさま。『倥侗』
【倥偬】コウソウ あわただしく忙しいこと。『兵馬倥偬の間(＝戦火の絶えないとき)』
【倥侗】コウトウ 無知であること。道理にくらいさま。

306【㑾】 ＊1737 人－8
コウ「傚」(366)の異体字

307【倅】 4870 5066 98E4 人－8 (191)【伜】 4871 5067 98E5 人－4
サイ漢・ソツ漢/cuì・zú/せがれ
字解 形声。人＋卒(身分が低いもの)声。人を助ける身分の低いしもべの意。
意味 ❶助け。副となるもの。❷一〇〇人一組の兵士。❸にわか。「卒」に同じ。❹自分の息子。せがれ。やせ枯れたものの意で、もと倅にあたるが、倅に混同した。

308【借】 2858 3C5A 8ED8 人－8 常
シャク呉・セキ漢・シャ漢/jiè/かりる・かる
筆順 借
字解 形声。人＋昔(つみ重ねる)声。かさねて人の助けとするより、かりる・かす意。
意味 ❶かりる。物や力を受ける。↔貸。『借家』『借金』『寸借』 ❷かす。たすける。ゆるす。『仮借カシャク』 ❸かりに。たとえ。『仮借カシャ』

❶ かりる。物や力を受ける。
下接 恩借オンシャク・寸借スンシャク・前借ゼンシャク・租借ソシャク・他借タシャク・賃借チンシャク・転借テンシャク・内借ナイシャク・拝借ハイシャク
【借財】シャクザイ 借金。負債。
【借字】シャクジ 漢字の意義に関係なく、外国語などの音によって、一字で一音(または数音)を写すもの。梵語ボンゴの音訳や万葉仮名など。
【借銭】シャクセン 借りた金銭。借金。
【借地】シャクチ 土地を借りること。また、借りた土地。
【借家】シャクや／シャッカ 借りて住む家。借りた家。借屋。法令では「しゃっか」と読みならわす。
【借用】シャクヨウ 他から物、金などを借りること。
【借款】シャッカン 借金。特に、国家間に結ばれる資金の貸借。『借款協定』『円借款』
【借金】シャッキン 金銭を借りること。また、借りた金銭。
【借景】シャッケイ 国庭園外の風景を、庭園の景の一部として取り入れること。

❷ かす。たすける。ゆるす。
【借貸】シャクタイ／シャタイ ①貸してくれること。②罪をゆるすこと。仮借カシャク。③国奈良・平安時代、利息をとらないで、官稲などを貸し与えたこと。

❸ かりに。たとえ。
【借問】シャモン 仮に問うこと。質問してみること。＊杜牧-清明「借問酒家何処有シャモンすシュカいずれのところにかある」〔＝ちょっとたず

ねるが、居酒屋はどこにあるか」

309 【俶】 4872 5068 98E6 人－8 シュク(漢)・テキ(漢)／chù・tì

[字解] 形声。人＋叔(声)。金文は、叔に同じで、また、弔と同形と解する。

金文 篆文 [意味] ❶よい。「淑」に同じ。❷はじめ。はじめて。はじめる。❸ととのえる。「俶装」❹(テキ) すぐれる。ひいでる。「倜」に同じ。「俶儻」

【俶装シュクソウ】身じたくすること。

【俶儻テキトウ】①才気が高くひいでていること。〔史記‐魯仲連鄒陽伝〕②物事にとらわれないさま。

310 【倡】 4873 5069 98E7 人－8 ショウ(シャウ)(漢)／chāng・chàng

[字解] 形声。人＋昌(→唱、うたをうたう)(声)。うたをうたうひと、わざおぎの意。

[意味] ❶芸人。また、遊女。売春婦。「娼」に同じ。「倡伎ショウギ」「倡女ショウジョ」❷となえる。「唱」に同じ。「一倡三嘆イッショウサンタン」

311 【倘】 *1751 人－8 ショウ(シャウ)(漢)・トウ(タウ)(漢)／chǎng・tǎng

[字解] 形声。人＋尚(声)。

[意味] ❶茫然自失して立ち止まるさま。❷もし。仮定を示す助字。「儻」に同じ。❸さまよう。「倘佯」

【倘佯ショウヨウ】ぶらつくこと。散歩。逍遥。

312 【倩】 4874 506A 98E8 人－8 セン(漢)・セイ(漢)／qiàn／つらつら

[字解] 形声。人＋青(澄みきっている)(声)。美しい意。また男子の美称。

[意味] ❶色つやがよい。美しい。特に、口もとが愛らしい。「倩倩」「倩眄」❷[国] つらつら。つくづく。

【倩倩センセン】美しく、愛らしいさま。

【倩眄センベン】口もとの愛らしさと、目もとのすずしさ。

313 【偬】 *1745 人－8 ソウ 「傯」(350)の異体字

314 【倬】 4875 506B 98E9 人－8 タク(漢)／zhuō

[字解] 形声。人＋卓(高くぬきんでる)(声)。高くおおきい、いちじるしいの意。

315 【値】 3545 434D 926C 人－8 [常]6 チ(呉)(漢)／zhí・zhì／ね・あたい

[筆順]

[字解] 形声。人＋直(まっすぐみつめる)(声)。人が対象にまむかう・あたる意。

[意味] ❶あう。まむかう。あたる。「値遇」❷ね。あたい。㋐ねうち。価格。「値段」「価値カチ」㋑数の大きさ。また、求める数。「近似値キンジチ」「偏差値ヘンサチ」「数値スウチ」

【値遇チグウ／チグ】①出会うこと。遭遇。②立派な人物としてあつくもてなされること。知遇。

316 【倜】 *1753 人－8 テキ(漢)／tì

[字解] 形声。人＋周(声)。

[意味] たかい。高くぬきんでている。すぐれる。また、とらわれないで独立しているさま。

【倜然テキゼン】高く遠いさま。また、疎遠なさま。

【倜儻テキトウ】他とかけはなれて度量が大きいこと。また、独立して拘束されないこと。

317 【倒】 3761 455D 937C 人－8 [常] トウ(タウ)(呉)(漢)／dào・dǎo／たおれる・たおす・こかす・こける・さかさ・さかさま・さかしま

[筆順]

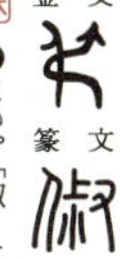

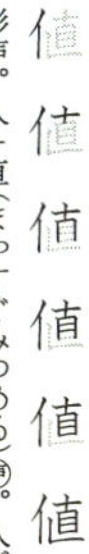

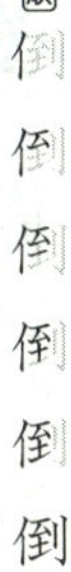

[字解] 形声。人＋到(声)。

[意味] ❶さかさ。さかさま。さかさまにする。上下が逆になる。順序があとさきになる。「倒錯」「倒置」「倒立」❷たおれる。たおす。「倒産」「打倒」「転倒」❸(たおれるほど)はなはだしい状態である。「驚倒キョウトウ」「絶倒ゼットウ」

❶ さかさ。さかさま。さかさまになる。

【倒影トウエイ】さかさまに映ったかげ。

【倒戈トウカ】(戈ほこをさかさにする意から)味方を攻めること。転じて、敵に内通すること。うらぎり。

【倒懸トウケン】手足をしばって、さかさまにつるすこと。非常な困苦・苦痛のたとえ。

【倒語トウゴ】発音の順序を逆にした言葉。「ねた(種)」「しょば(場所)」など。

【倒行逆施トウコウギャクシ】道理にさからって事をなすこと。

【倒錯トウサク】[国] 正常でなくなること。また、反対にすること。「性的倒錯」「倒錯症」

【倒屣トウシ】あわててはき物をさかさにはくこと。客を大歓迎することを言う。

【倒叙トウジョ】順次時間をさかのぼって事柄を記述すること。

【倒生トウセイ】草木のこと。根を首、枝を足とみていう。

【倒置トウチ】さかさまに置くこと。順序を逆にすること。

【倒立トウリツ】さかさに立つこと。逆立ち。

❷ たおれる。たおす。

[下接] 傾倒ケイトウ・昏倒コントウ・卒倒ソットウ・打倒ダトウ・転倒テントウ・迷倒メイトウ・不倒翁フトウオウ・七転八倒シチテンバットウ

【倒壊・倒潰トウカイ】建造物などが倒れてつぶれること。「倒壊家屋」♥書き換え「倒潰→倒壊」。

【倒閣トウカク】[国] 内閣を倒すこと。「倒閣の策謀」

【倒産トウサン】[国] 財産を使い果たして企業がつぶれること。

318 【俳】 3948 4750 946F 人－8 [常]6 ハイ(呉)(漢)／pái

[筆順]

[字解] 形声。人＋非(そむく)(声)。普通の人と異なったことをする人、芸人の意。

[参考] 万葉仮名では音を借りて「へ[乙]」。

[意味] ❶わざおぎ。芸人。「俳優」❷おどけ。軽いたわむれ。滑稽コッケイ。日本では特に、俳諧・俳句のこと。「俳画」「俳人」「雑俳ザッパイ」「連俳レンパイ」

❶ わざおぎ。芸人。

【俳優ハイユウ】演劇、映画、放送などで、劇中人物を演ずる人。役者。「性格俳優」

❷おどけ。滑稽コッケイ。日本語で、俳句のこと。

【俳画ハイガ】国俳味のある、略筆の淡彩画、墨絵。
【俳諧ハイカイ】①おどけ。ことばのたわむれ。②国「俳諧連歌」の略。中世後期から行われた連歌が、近世に至って一種の文芸形式として独立したもの。
【俳句ハイク】国五七五の三句からなる日本独特の短詩。◆俳諧連歌の第一句(発句)が独立したもの。
【俳号ハイゴウ】国俳諧をつくるときに用いる雅号。
【俳人ハイジン】国俳句をつくる人。俳諧師。
【俳文ハイブン】国俳諧的な要素を備えた文章。
【俳味ハイミ】国飄逸ヒョウイツ、洒脱シャダツな、俳句的なあじわい。

319 【倍】 3960 475C 947B 人－8 常3 (279)【俉】二一 人－7

バイ呉・ハイ漢\bèi

筆順 倍倍倍倍倍

字解 形声。人＋音(＝杏→背、そむく)声。人にそむくより、文字にそむき、そらんじる意。また一つが二つに分かれて増す意。

参考 万葉仮名では音を借りて「へ乙」「べ乙」「ほ」。

意味 ❶ふやす。ます。重ねる。同じ数を二回かそれ以上加える。『倍数』『倍増』『層倍』 ❷ますます。いよいよ。＊王維-九月九日憶二山東兄弟一「毎レ逢二佳節一倍思レ親カセツにあうごとにますますシンをおもう」〔＝めでたい節句が来るたびに、ますます肉親が思われてならない〕 ❸そむく。反する。離れる。「背」に同じ。『倍反』『鄙倍ヒバイ』

❶ふやす。ます。

下接 加倍カバイ・数倍スウバイ・双倍ソウバイ・相倍ソウバイ・層倍ソウバイ

【倍加バイカ】倍にふえること、また、ふやすこと。
【倍日バイジツ】以前より大きく増加すること。
【倍蓰バイシ】(「蓰」は五倍の意) 数倍であること。
【倍数バイスウ】ゼロ以外のある整数に対して、それの整数倍にあたる数。↔約数。『六は二の倍数である』
【倍増バイゾウ】二倍にふえること。『所得倍増』
【倍率バイリツ】①ある数が基準となる数の何倍になるかを表す数。②拡大または縮小された像や図の寸法と、実物の寸法との比。

❸そむく。反する。離れる。

【倍反バイハン】そむくこと。倍叛バイハン。

320 【俾】 4876 506C 98EA 人－8

ヒ呉漢・ヘイ漢\bǐ・bì

字解 形声。人＋卑(ひくくいやしい)声。人につかわれる小者の意。また、たすける意。借りて、助字に用いられる。のちに人を加えた。

金文 
篆文 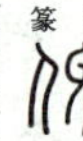

参考 万葉仮名では音を借りて「へ甲」。

意味 ❶(ヒ)にらむ。横目で見る。「睥」に同じ。『俾倪』 ❷(ヒ)たすける。益する。「裨」に同じ。『俾益』 ❸しむ。…させる。使役を示す。「使」に同じ。＊詩経-大雅・民労「無レ俾二民憂一たみをしてうれえしむるなかれ」〔＝民に心配させてはならない〕 ◆「詩経」「書経」などの古典に多く見られる。

【俾益ヒエキ】たすけること。役立つこと。
【俾倪ヘイゲイ】横目でにらむこと。また、にらみつけて威勢を示すこと。睥睨。

321 【俵】 4122 4936 9555 人－8 常5

ヒョウ(ヘウ)呉漢\biào・biǎo/たわら

筆順 俵俵俵俵俵

字解 形声。人＋表声。ちる、わかち与える意。日本では、たわらの意に用いる。

意味 ❶散る。散らす。分かち与える。❷たわら。穀物などを入れる藁の包み。また、その個数を数える単位。『米俵こめだわら』『徳俵とくだわら』『土俵ドヒョウ』

322 【俯】 4877 506D 98EB 人－8

フ呉漢\fǔ/うつぶす・うつむく・ふす

字解 形声。人＋府声。一説に、府は俛に通じ、ふせる意を表すという。

金文 

意味 ふす。ふせる。うつむく。下を向く。

【俯角フカク】高所から下方のものを観測する際、水平面と視線方向との成す角。↔仰角
【俯瞰フカン】高い所から広い範囲を見下ろし眺めること。
【俯仰フギョウ】うつむくことと仰ぐこと。〔俯仰不レ愧二天地一フギョウテンチにはじず〕自分の心や行動に少しもはじるところがない。〔孟子-尽心上〕
【俯伏フフク】頭をさげてうつむくこと。恐れ入るさま。

323 【併】 二一 人－8

ヘイ「併」(258)の旧字

324 【倣】 4279 4A6F 95ED 人－8 常

ホウ(ハウ)呉漢\fǎng/ならう

筆順 倣倣倣倣倣

字解 形声。人＋放声。

意味 まねる。ならう。まなぶ。『模倣モホウ』

【倣傚・倣効ホウコウ】まねること。

325 【俸】 4280 4A70 95EE 人－8 常

ホウ漢\fèng

筆順 俸俸俸俸俸

字解 形声。人＋奉(うけいただく)声。ふちの意。

意味 扶持フチ。給料。仕事に対して与えられるもの。

下接 加俸カホウ・月俸ゲッポウ・現俸ゲンポウ・減俸ゲンポウ・食俸ショクホウ・増俸ゾウホウ・年俸ネンポウ・罰俸バッポウ・半俸ハンポウ・本俸ホンポウ

【俸給ホウキュウ】官公吏・会社員などの職務に対して支給される賃金。『俸給生活者』
【俸秩ホウチツ】職務に対して与えられる米や金銭。俸禄。
【俸禄ホウロク】給与。扶持。『俸禄を食はむ』

326 【們】 4878 506E 98EC 人－8

モン呉漢\mén

字解 形声。人＋門声。

意味 複数の人を表す語。『我們ガモン(われら)』

327 【倮】 ＊1758 人－8

ラ漢・カ(クヮ)漢\luǒ

字解 形声。人＋果声。裸に同じ。

328 【倆】 4879 506F 98ED 人－8

リョウ(リャウ)漢\liǎng・liǎ

[字解] 形声。人＋兩[声]。
[意味] わざ。うでまえ。「技倆」

329 【倫】
4649 4E51 97CF 人－8 [常] リン[呉][漢]\lún／とも・みち

[筆順] 倫倫倫倫倫倫倫倫倫倫

[字解] 形声。人＋侖（秩序だっている）[声]。秩序がある人間関係より、ともがら・すじみちの意。

[意味] ❶みち。人の守るべき道。「倫次」「倫理」「彝倫イリン」「五倫ゴリン」「人倫ジンリン」「不倫フリン」 ❷なかま。類をなしている者。「倫類」「絶倫ゼツリン」「等倫トウリン」「比倫ヒリン」 ❸等級。順序。 ❹あて字。「倫敦ロンドン」

【倫次リンジ】人倫の次第。長幼の順序。転じて、順序。

【倫理リンリ】人間のふみ行うべき道。道徳。「倫理学」

【倫類リンルイ】同類。なかま。

【倫敦ロンドン】イギリスの首都ロンドン。

330 【倭】
4733 4F41 9860 人－8 [人] ワ[呉][漢]・イ（ヰ）[呉][漢]\wō・wēi／やまと

[字解] 形声。人＋委（なよやかで従順な女性）[声]。したがう意。

[参考] 万葉仮名では、音を借りて「わ」。

[意味] ❶（イ）したがうさま。また、つつしむさま。「北虜南倭ホクリョナンイ」 ❷やまと。漢代以後、中国や朝鮮で日本を呼んだ名称。「和」に同じ。「倭寇」「倭人」「大倭タイワ」

【倭寇ワコウ】朝鮮半島、中国大陸沿岸を襲った日本の海賊の、朝鮮・中国側での称。

【倭国ワコク】漢代以降、中国から日本を呼ぶ称。

【倭人ワジン】漢代以降、中国の側からの日本人の呼称。

331 【偓】
＊1773 人－9 アク[漢]\wò

[字解] 形声。人＋屋[声]。
[意味] こせこせするさま。「偓促アクサク・アクセク」は、物事にこだわり落ちつかないさま。

332 【偉】
人－9 イ 「偉」（361）の旧字

333 【倚】
人－9 イ 「倚」（293）の異体字

334 【偊】
＊1768 人－9 ウ[漢]\yǔ

[字解] 形声。人＋禹（曲がりくねった大蛇）[声]。からだをまげかがめる意。

335 【偃】
4880 5070 98EE 人－9 エン[呉][漢]\yǎn

[字解] 形声。人＋匽（安らかにする人）[声]。人がふしやすむ意。

[意味] ❶ふす。たおれる。横になる。まがる。「偃月」「偃草」「息偃ソクエン」 ＊論語－顔淵「草尚之風必偃くさこれにかぜをくわうればかならずふす」〔＝草は風をあてると必ずなびく〕 ❷やめる。特に、戦いをやめる。「偃戈」「偃武」

❶ ふす。たおれる。まがる。

【偃臥エンガ】うつぶして寝ること。

【偃仰エンギョウ】①寝たり起きたりすること。運がよくなったり悪くなったりすること。②のんびりしていること。

【偃月エンゲツ】①半円形に見える月。弓張り月。また、そのような形。②中国の骨相術で、女性の額に現れた高貴の相をいう。③陣形の名。半月形に隊を組むこと。【偃月刀エンゲツトウ】なぎなた。刃が弓張り月形をしていることからいう。

偃月刀〔三才図会〕

【偃蹇エンケン】①高まったり、あるいは広がり延びたりしていること。②世俗を超越していること。③おごり、たかぶること。④広く盛んに歩きまわること。⑤体が不自由で仕事のできないこと。また、その者。

【偃然エンゼン】くつろいで寝そべるさま。

【偃鼠エンソ】モグラ。♥地中にひそむネズミの意。【偃鼠飲レ河、不レ過二満腹一エンソかわにのむも、マンプクにすぎず】モグラが川で水を飲んでも腹いっぱいより多くは飲めない。人はその分に応じて満足するのがよい。〔荘子－逍遥遊〕

【偃草エンソウ】草がなびきふすように、人民が為政者に教化されること。♥「論語－顔淵」による語。

【偃息エンソク】くつろいでやすむこと。休息。

❷ やめる。特に、戦いをやめる。

【偃戈エンカ】ほこを伏せること。戦いをやめること。

【偃武エンブ】武器を伏せて用いないこと。戦いをやめること。天下が太平になること。〔書経－武成〕

336 【假】
4881 5071 98EF 人－9 カ 「仮」（180）の旧字

337 【偕】
4883 5073 98F1 人－9 カイ[呉][漢]\jiē・xié

[字解] 形声。人＋皆（みな）[声]。人がともにする意。
[意味] ともに。いっしょに。「計偕ケイカイ」

【偕偶カイグウ】つれそうこと。つれあい。配偶者。
【偕楽カイラク】多くの人々とともに楽しむこと。＊孟子－梁恵王上「古之人与レ民偕楽、故能楽也いにしえのひとはたみとともにたのしむ、ゆえによくたのしむなり」〔＝昔の賢い君は、多くの人々と楽しんだので、本当に楽しむことができたのだ〕
【偕老同穴カイロウドウケツ】①夫婦が、最後まで添い遂げること。「偕老同穴の契り」②カイロウドウケツ科に属する海綿動物の総称。♥(1)「偕老」はともに老いる意。〔詩経－邶風・撃鼓〕(2)「同穴」は同じ穴に葬られる意。〔詩経－王風・大車〕(3)②はもと、その体内に雌雄一対で寄生するドウケツエビの称であったもの。

338 【偐】
4884 5074 98F2 人－9 ガン[漢]\yàn

[字解] 形声。人＋彦[声]。いつわる意。

339 【偽】
2122 3536 8B55 人－9 [常] ギ[呉][漢]\wěi・wèi／いつわる・にせ
（394）【僞】 4906 5126 9945 人－12 旧字[人]

[筆順] 偽偽偽偽偽偽

[字解] 偽は僞の略体。僞は形声。人＋爲（つくる）[声]。作為・人為の意。派生して、いつわる意を表す。

[意味] ❶うそ。いつわり。にせの。いつわる。うそを言う。↔真。「偽善」「偽造」「偽名」「虚偽キョギ」⇒[空]（5525）の[表] ❷人為。人間の作為。「為」に同じ。＊荀子－性悪「人之性悪、其善者偽也ひとのセイはアクなり、そのゼンなるものはギなり」〔＝人の本性は悪であり、人の行う善は人間の作為である〕

❶ うそ。いつわり。にせの。うそを言う。

2画 二亠人（𠆢・イ）儿入八（丷）冂冖冫（⺀）几凵刀（刂）力勹匕匚匸十卜卩（㔾）厂厶又

下接 奸偽(カンギ)・虚偽(キョギ)・詐偽(サギ)・実偽(ジツギ)・邪偽(ジャギ)・真偽(シンギ)

【偽悪(ギアク)】わざと悪を装うこと。『偽悪趣味』
【偽贋(ギガン)】にせもの。模造品。
【偽経(ギケイ|ギキョウ)】偽作された経典。
【偽言(ギゲン)】いつわりの言葉。うそ。そらごと。
【偽作(ギサク)】他人の作品に似せて、あるいはまねてつくること。また、その作品。贋作(ガンサク)。
【偽書(ギショ)】手紙や書物、墨跡などのにせもの。偽筆。
【偽称(ギショウ)】氏名、地位などをいつわって名乗ること。
【偽証(ギショウ)】いつわりの証言をすること。『偽証罪』
【偽善(ギゼン)】正しいように、あるいは善人のように見せ掛けること。『偽善者』『偽善的』
【偽装(ギソウ)】人や敵の目を欺くため、他のものと紛らわしい物、色、状態などを装うこと。『偽装工作』
【偽造(ギゾウ)】本物をまねて、にせものをつくること。『公文書を偽造する』『偽造紙幣』
【偽筆(ギヒツ)】他人の筆跡に似せて書いた書や絵画。⇔真筆・真跡
【偽物(ギブツ|にせもの)】本物に似せてつくったもの。贋物。
【偽朋(ギホウ)】利害関係で結びついている友人。〔欧陽脩-朋党論〕
【偽名(ギメイ)】実の名を隠して使うその名前。

340 【偶】 2286 3676 8BF4 人-9 常 グ呉・グウ呉・ゴウ漢/ǒu/たま・たまたま

筆順 偶 偶 偶 偶 偶 偶

字解 形声。人+禺(サルににた獣)声。人に似せた木製のでくの意。また、助字にも用いる。

意味 ❶人の形をしたもの。人形。『偶像』『土偶(ドグウ)』『木偶(でく)』 ❷つれあう。対になる。『偶匹』『対偶(タイグウ)』『配偶(ハイグウ)』 ❸二で割り切れる。『偶数』 ❹たまたま。思いがけなく。『偶感』『偶然』『偶発』 *孟棨-人面桃花「偶至=都城南=(たまたまトジョウのみなみにいたる)〔=偶然都の南にでかけた〕」

❶ 人の形をしたもの。人形。

【偶人(グウジン)】人の形をしたもの。木偶(でく)。

【偶像(グウゾウ)】①木石や金属などで作った像。②神仏にかたどり信仰の対象とする像。『偶像崇拝(スウハイ)』③比喩(ヒユ)的に、崇拝や追従の対象となっているもの。

❷ つれあう。対になる。

【偶語(グウゴ)】向かい合って語り合うこと。*史記-高祖本紀「偶語者棄市(グウゴするものはキシせらる)〔=向かい合って話す者は、死骸を市中にさらされた〕」

【偶坐・偶座(グウザ)】向かい合ってすわること。対坐。

【偶匹(グウヒツ)】つれあい。夫婦。

❸ 二で割り切れる。

【偶数(グウスウ)】二で割り切れる整数。⇔奇数
【偶蹄目(グウテイモク)】哺乳類(ホニュウルイ)に属する目の一。四肢の指が偶数で、左右対称。偶蹄類。⇔奇蹄目(キテイモク)

❹ たまたま。思いがけなく。

【偶詠(グウエイ)】ふと心に浮かんだことを詩歌に詠むこと。

【偶感(グウカン)】たまたま心に浮かんだ感想。

【偶合(グウゴウ)】偶然に一致すること。

【偶作(グウサク)】詩歌などがたまたまできること。

【偶成(グウセイ)】詩歌などがふとできること。

【偶然(グウゼン)】因果関係や必然性がなく、たまたまそのことが起こるさま。⇔必然。『偶然の一致』

【偶題(グウダイ)】偶然に詩を作ること。

【偶発(グウハツ)】偶然に発生すること。『偶発的』

【偶有(グウユウ)】ある性質を偶然持っていること。『偶有性』

341 【偈】 4885 5075 98F3 人-9 ゲ呉・ケイ漢・ケツ漢/jié

字解 形声。人+曷声。

意味 ❶つよい。はやい。また、すこやか。❷げ。梵 gāthaの音訳字。経典中の詩句の形式をとった部分。『偈頌』『遺偈(イゲ)』『一偈(イチゲ)』 漢訳仏典では、四字または五字の句四句を単位にする。

【偈頌(ゲジュ)】(「頌」は梵 gāthaの意訳)仏語。経典中で、詩句の形式をとり、仏徳の賛嘆や教理を述べたもの。

342 【健】 2382 3772 8C92 人-9 常 コン呉・ケン漢/jiàn/すこやか・すくやか・すくよか・たける

筆順 健 健 健 健 健 健

字解 形声。人+建(たつ)声。強くたつ人、また、すこやかの意。

意味 ❶すこやか。しっかりして力強い。『健康』『健在』『健勝』 *白居易-与=微之=書「形骸且健、方寸甚安(ケイガイしばらくすこやかにして、ホウスンはなはだやすし)〔=体はとりあえず健康で、心もとても安らかである〕」 ❷したたか。よく。盛んに。非常に。『健啖家』『健闘』『健忘』

❶ すこやか。しっかりして力強い。

下接 穏健(オンケン)・頑健(ガンケン)・強健(キョウケン)・剛健(ゴウケン)・豪健(ゴウケン)・壮健(ソウケン)・保健(ホケン)・勇健(ユウケン)・雄健(ユウケン)・老健(ロウケン)

【健康(ケンコウ)】①体の状態。体の良い状態に重点をおいて、異状の有無の面からいう。『健康診断』『健康保険』②体に悪いところがなく、元気で丈夫なこと。
【健在(ケンザイ)】①達者に暮らしていること。『両親は健在です』②それまでと変わりなく、十分に能力を発揮していること。『ベテラン健在』
【健児(ケンジ|コンデイ)】㊀(ケンジ)体が丈夫でたくましい男子。㊁(コンデイ)国①奈良時代、一般の兵士の中から強健で武芸に秀でた三〇〇人を選んだもの。②平安時代に諸国軍団の兵士が廃止された代わりに設けた兵制。
【健勝(ケンショウ)】体に悪いところがなく健康なこと。
【健全(ケンゼン)】①体が健康であること。②正常でかたよっていないこと。『健全な娯楽』『不健全』
【健婦(ケンプ)】強くしっかりした女。
【健気(けなげ)】弱そうな者が、意外にかいがいしく立派に振る舞うさま。

❷ したたか。よく。盛んに。非常に。

【健羨(ケンセン)】非常にうらやましく思うこと。
【健啖(ケンタン)】(「啖」は食べる意)盛んに食べること。食欲の旺盛(オウセイ)なさま。〔世説新語補-軽詆上〕『健啖家』
【健闘(ケントウ)】一生懸命頑張って戦うこと。
【健忘(ケンボウ)】忘れっぽいこと。『健忘症』

343 【倦】 2381 3771 8C91 人-9 ケン 「倦」(300)の異体字

344 【偟】 *1776 人-9 コウ 「徨」(2302)の異体字

345 【侯】 二一 人－9 コウ「侯」(304)の異体字

346 【做】 4886 5076 98F4 人－9 サ「作」(208)の異体字

347 【偲】 2837 3C45 8EC3 人－9 人 サイ(呉)(漢)・シ(呉)(漢)\cāi・sī\しのぶ

字解 形声。人＋思(おもう)(声)。思慮ある人、また、かしこい意。

参考 (1)万葉仮名では音を借りて「し」。(2)「しのぶ」意は、わが国で「偲」を人＋思の会意字として用いていたことから。

意味 ❶かしこい。❷はげましあうさま。『偲偲』❸(国)しのぶ。遠くにいて思いしたう。

【偲偲 シシ】互いにつとめはげましあうさま。

348 【偖】 4887 5077 98F5 人－9 シャ(漢)\zhě\さて

字解 形声。人＋者(声)。

意味 さて。発語のことば。

349 【偁】 ＊1764 人－9 ショウ(呉)(漢)\chēng

字解 形声。人＋爯(手でものをもちあげる)(声)。あげる意。稱の本字。

甲骨文

金文

篆文

350 【偬】 4888 5078 98F6 人－9 ソウ(漢)\zǒng

(313)〔倊〕＊1745 人－8

(383)〔傯〕＊1813 人－11

字解 形声。人＋悤(声)。

意味 ❶せわしいさま。『倥偬コウソウ』❷苦しいさま。

351 【側】 3406 4226 91A4 人－9 常 ソク(呉)・ショク(漢)\cè\かわ・かたわら・そば・わき

筆順 側 側 側 側 側 側

字解 形声。人＋則(のり)(声)。人が離れず従うべき「のり」の意から、そば・かたわらの意。また、かたわらにいることから、かたむく意。

金文

篆文

意味 ❶そば。わき。かたわら。主なものに対して、わきにある、従のもの。『側室』『側近』『君側クンソク』＊白居易－長恨歌「一朝選在君王側イッチョウえらばれてクンノウのかたわらにあり」〔＝ある日選ばれて、天子のおそばにお仕えすることになった〕」⇒表 ❷物の一方のがわ。また、横がわ。『側線』『側面』『舷側』❸そばめる。そばだてる。かたよせる。かたむける。また、横にする。『側耳』『側筆』＊史記－項羽本紀「樊噲側其盾以撞ハンカイそのたてをそばだててもってつく」〔＝樊噲は盾を斜めに傾け、(番兵を)突いた〕」＊十八史略－春秋戦国「昆弟妻嫂、側目不敢視コンテイサイソウ、めをそばめてあえてみず」〔＝兄弟や妻やあによめは、目をそらしてまともに(蘇秦を)見ることができなかった〕」❹ほのか。かすかに。「仄」に同じ。❺永字八法の一。⬇〔永〕の図六七三頁

❶ そば。わき。かたわら。

側ソク そば。	側聴	側視	側近	君側	側衆	側溝
傍ボウ かたわら。	傍聴	傍観	近傍	傍臣	傍輩	路傍

【側室ソクシツ】貴人のめかけ。そばめ。↔正室

【側席ソクセキ】かたわらの座席。そばの席。

【側線ソクセン】鉄道線路で、本線以外の線路。↓❷

【側聞ソクブン】①そばにいて聞くこと。②ちらっと聞くこと。仄聞。

【側陋ソクロウ】身分のいやしいこと。

【側近ソッキン】貴人、権力者などのそば近くに仕えること。

❷ 物の一方のがわ。また、横がわ。

下接 外側ガイソク・そとがわ・傾側ケイソク・舷側ゲンソク・左側サソク・ひだりがわ・体側タイソク・転側テンソク・輾転反側テンテンハンソク／内側うちがわ・縁側エンがわ・帯側おびがわ・片側かたがわ・金側キンがわ・両側リョウがわ

【側線ソクセン】魚類の体側のうろこ上にある小孔が一列に並んだもの。感覚器官。↓❶

【側壁ソクヘキ】側面のかべ。側面の仕切り。

【側面ソクメン】①左右の面。物体の上下および前後の面以外の面。『側面図』②横の方。『側面から攻撃する』③多くの面の中の一面。『意外な側面』

❸ かたよせる。かたむける。横にする。

【側耳ソクジ】耳をそばだてて聞くこと。側聴。

【側筆ソクヒツ】筆をかたむけて筆の腹で書く用筆法。

【側目ソクモク】①注意して見ること。凝視すること。②憎しみの気持ちで見ること。

352 【偸】 4889 5079 98F7 人－9 トウ(漢)・チュウ(チウ)(慣)\tōu\ぬすむ

(353)〔偷〕二一 人－9

字解 形声。人＋兪(ぬきとる)(声)。

意味 ❶ぬすむ。ぬすみ。『鼠窃狗偸ソセツクトウ』『偸盗』❷かりそめの。一時の。ごまかしの。『偸安』『苟偸コウトウ』

❶ ぬすむ。ぬすみ。

【偸生 セイをぬすむ】生命をぬすむかのように、どうやら生き延びていること。＊杜甫－石壕吏「存者且偸生、死者長已矣ソンシャはしばらくセイをぬすみ、シシャはとこしえにやんぬるかな」〔＝生き残った者はしばらく生き長らえているだけのこと、死んでしまってはどうにもならない〕」

【偸盗チュウトウ・トウトウ】物をぬすむこと。また、ぬすびと。

【偸間トウカン】ひまをぬすむこと。なまけること。

【偸児トウジ】他人の持ち物をぬすみとる者。盗児。

【偸利トウリ】利益をぬすむこと。不正に利益を得ること。

❷ かりそめの。一時の。ごまかしの。

【偸安トウアン】目先の安楽をむさぼること。一時のがれ。

【偸合トウゴウ】迎合すること。

【偸儒トウジュ】かりそめの安楽を求めてなまけること。

【偸薄トウハク】薄情で不誠実なこと。

354 【停】 3668 4464 92E2 人－9 常 テイ(漢)・チョウ(チャウ)(慣)\tíng\とどまる・とどめる・とまる・とめる

筆順 停 停 停 停 停 停

字解 形声。人＋亭(とどまる)(声)。とどまる意。亭(あずまや)と区別するために人を加えた。

意味 ❶とまる。とどまる。やむ。『停止』『停滞』 ＊白居易-琵琶行「琵琶声停欲語遅」〔＝琵琶の音はやんだが、(その人は)答えようとしてためらっている様子だ〕 ❷とめる。とどめる。『停学』『停戦』『調停』 ＊杜牧-山行「停車坐愛楓林晩」〔＝車をとめて、何とはなしに、楓林の夕暮れの美しさを味わう〕

❶ とまる。とどまる。

【停雲（テイウン）】 ①とまって動かない雲。②親友を思うこと。③美しい歌声。〔列子-湯問〕 秦青が歌うと、雲もそのためにとまったという故事から。

【停午（テイゴ）】 まひる。正午。 太陽が午（＝真南）にとどまる意。

【停止（テイシ）】 動いてきたものがとまること。中途でとまること。『急停止』→❷

【停滞（テイタイ）】 とどまりとどこおること。物事がはかどらないこと。『景気が停滞する』

【停蓄（テイチク）】 水などが流れないで、とどこおること。ひいて学問、才能の広く深いこと。

【停電（テイデン）】 送電が一時的にとまること。

【停頓（テイトン）】 物事が順調にはかどらず、行き詰まること。

【停泊（テイハク）】 船がいかりをおろしてとまること。 書き換え「碇泊→停泊」。

【停留（テイリュウ）】 ある場所にとどまること。『停留所』

❷ とめる。とどめる。

【停学（テイガク）】 処罰として、学生、生徒の登校を一定期間停止すること。『停学処分』

【停止（テイシ｜チョウジ）】 国 差し止めること。禁止すること。『発行停止処分』『歌舞音曲停止』→❶

【停職（テイショク）】 その職務に就くことを差し止めること。

【停戦（テイセン）】 一時的に戦闘状態を中止すること。

【停年（テイネン）】 官庁や会社などで、職員、従業員などが退官、退職するように定められている年齢。定年。

355
【偵】
3669 4465 92E3 人－9 常 テイ㊥\zhēn

筆順 偵 偵 偵 偵 偵 偵

字解 形声。人＋貞(占い問う)㊥。とう、うかがう意。貞がただしい意に用いられるようになったので、区別するために人を加えた。

意味 ようすをさぐる。うかがう。『探偵』『内偵』『密偵』

【偵察（テイサツ）】 敵や相手の様子、動きなどをひそかにさぐること。『敵情を偵察する』

【偵邏・偵羅（テイラ）】 様子をさぐるために巡回すること。

【偵吏（テイリ）】 探偵を職業とする役人。

356
【偪】
＊1782 人－9 フク㊥・ヒツ㊐\bī

字解 形声。人＋畐(→逼、せまりつく)㊥。せまる意。逼に同じ。

357
【偏】
4248 4A50 95CE 人－9 常 (358)【偏】 旧字 人－9

ヘン㊐㊥\piān/かたよる・ひとえに

筆順 偏 偏 偏 偏 偏 偏

字解 形声。人＋扁(→辺、へり)㊥。中心よりはなれる、かたよる意。

意味 ❶かたよる。中正・公平でない。『不偏不党』『偏見』『偏向』『一偏』『無偏』 ＊白居易-長恨歌「雲鬢半偏新睡覚」〔＝雲なす髪もいささか寝乱れて、たった今眠りからさめたばかり〕 ❷たすけ。補佐。『偏将』 ❸都などから遠く離れたいなか。『偏安』『偏国』 ＊陶潜-飲酒「心遠地自偏」〔＝心が俗界から遠ざかっているので、自然と片田舎にいるのと同様な心境になっている〕 ❹漢字の構成部分の一。左右構成の左の部分。特に、部の目印となっているものについていう。「偏」の「亻」、「枝」の「木」などの部分。↔旁。『糸偏』 ❺ひとえに。いちずに。

❶ かたよる。中正・公平でない。

【偏愛（ヘンアイ）】 特定のものだけをかたよって愛すること。

【偏角（ヘンカク）】 一定の基準方向からのかたより・傾きを表す角をいう。方向角。傾角。

【偏格（ヘンカク）】 漢詩作法上の用語。近体詩で、初句の第二字が平字で起こされる五言詩、および初句の第二字が仄字で起こされる七言詩。↔正格

【偏諱（ヘンキ）】 貴人などの二字以上の名の中の一字。また、その一字を忌み避けること。

【偏狭（ヘンキョウ）】 土地が狭いこと。また、度量の小さいこと。

【偏屈・偏窟（ヘンクツ）】 頑固で、ひねくれていること。

【偏見（ヘンケン）】 かたよった見方。公平を欠く意見。

【偏険（ヘンケン）】 心がかたよっていて、ねじけていること。

【偏固（ヘンコ）】 心がかたよっていて、頑固なこと。偏屈。

【偏枯（ヘンコ）】 ①半身不随であること。②一方にかたよって融通がきかないさま。

【偏光（ヘンコウ）】 ある特定の方向にだけ電場ベクトルの振動する光。『偏光レンズ』

【偏向（ヘンコウ）】 かたよって中正を失うこと。

【偏差（ヘンサ）】 標準となる数値、位置、方向などからのかたより。ふれ。『標準偏差』『偏差値』

【偏在（ヘンザイ）】 ある所にかたよって多く存在すること。

【偏私（ヘンシ）】 えこひいきをすること。

【偏執（ヘンシュウ｜ヘンシツ）】 一つの考えや行為に固執すること。『偏執狂』

【偏食（ヘンショク）】 食べ物の好き嫌いが激しいこと。

【偏西風（ヘンセイフウ）】 西寄りの風。中緯度高圧帯から極へ向かって吹く風が、地球自転による転向力のため、東に向きを変えるもの。

【偏袒（ヘンタン）】 ①力仕事などのために片肌をぬぐこと。②仏語。相手に対して恭敬の意を示す着衣上の礼法。袈裟の右肩をはずして、左肩だけを覆う着方。

【偏重（ヘンチョウ）】 特定のものばかりを重んずること。

【無偏無党（ヘンなくトウなし）】 一方にかたよらず徒党を組まず、中道を得ていること。〔書経-洪範〕

【偏頗（ヘンパ）】 不公平なさま。えこひいき。

❷ たすけ。補佐。

【偏将（ヘンショウ）】 総大将のもとの各部隊の将軍。副将。

❸ 都などから遠く離れたいなか。

【偏安（ヘンアン）】 いなかに住んで安らかな気持ちでいること。

【偏国（ヘンコク）】 都から遠い国。かたいなか。辺土。

359
【㑬】
人－9 ベン 「便」(283)の異体字

2画 二亠人(𠆢・亻)儿入八(丷)冂冖冫(⺀)几凵刀(刂)力勹匕匚匸十卜卩(㔾)厂厶又

360 【僂】 ―― 人－9 ロウ「僂」(391)の異体字

【條】⇩3839 【倏】⇩4647 【脩】⇩6444

361 【偉】 1646 304E 88CC 人－10 常 (332)【偉】 ―― 人－9 旧字

イ(ヰ)呉漢/wěi/えらい

筆順 偉 偉 偉 偉 偉 偉

字解 形声。人＋韋(そむきはなれる)声。なみはずれた人の意、また、えらい意。

参考 万葉仮名では音を借りて「ゐ」。

意味 すぐれている。立派な。えらい。また、大きな。並はずれた。

下接 英偉エイイ・魁偉カイイ・奇偉キイ・卓偉タクイ・豊偉ホウイ・雄偉ユウイ

【偉観】イカン 偉大な光景。素晴らしい眺め。壮観。

【偉挙】イキョ すぐれた行為。偉大なくわだて。

【偉業】イギョウ 偉大な事業。すぐれた業績。

【偉勲】イクン 立派な手柄。すぐれた功績。

【偉功】イコウ すぐれた手柄。偉勲。

【偉効】イコウ すぐれた効果。

【偉才】イサイ 特にすぐれた才能。また、その持ち主。

【偉材】イザイ すぐれた人物。逸材。

【偉丈夫】イジョウフ|イジョウブ 体が大きくたくましい男子。

【偉人】イジン 偉大な人物。すぐれた業績を残した人。

【偉跡・偉蹟】イセキ 偉大な事蹟。偉大な事業のあと。

【偉績・偉勣】イセキ 偉大な功績。大功。偉功。

【偉大】イダイ 非常に立派なさま。すぐれて大きいさま。

【偉徳】イトク すぐれた徳。偉大な徳。

【偉容】イヨウ すぐれて立派な姿。『偉容を誇る』

362 【傀】 4890 507A 98F8 人－10 カイ(クヮイ)呉漢/guī・kuǐ

字解 形声。人＋鬼(頭部が大きく目立つ異常なひと)声。普通ではない人の意。

意味 ❶大きい。偉大な。『傀然』 ❷もののけ。怪しいもの。❸くぐつ。あやつり人形。『傀儡』

【傀然】カイゼン ①偉大なさま。②ひとりいるさま。③おおいにさとったさま。

【傀儡】カイライ|くぐつ ①操り人形。『傀儡師(=人形遣い)』 ②他人の思いのままに動かされる者。『傀儡政権』

363 【僅】 2247 364F 8BCD 人－10 キン「僅」(374)の異体字

364 【傑】 ―― 人－10 ケツ「傑」(376)の旧字

365 【傔】 *1803 人－10 ケン漢/qiàn

字解 形声。人＋兼(一緒にあわせる)声。人のそばにいる、したがう意。また、その人の意。

366 【傚】 4891 507B 98F9 人－10 (306)【俲】 *1737 人－8

コウ(カウ)漢/xiào/ならう

字解 形声。人＋效(ならう)声。ならい、まねる意。

意味 ならう。まねる。

【傚慕】コウボ まねること。＊柳宗元‐種樹郭橐駝伝「他植者、雖二窺伺傚慕一、莫二能如一也(タのううるもの、キシコウボすといえども、よくしくなきなり)〔=他の植木をする人たちは、様子をうかがってまねをしても、とても及ばなかった〕」

367 【傖】 *1804 人－10 ソウ(サウ)漢/cāng

字解 形声。人＋倉声。

意味 いやしい。ひなびている。いなかもの。

【傖父】ソウフ いなかおやじ。いなかもの。

368 【備】 4087 4877 94F5 人－10 常5 (387)【僃】 *1819 人－11

ビ呉・ヒ漢/bèi/そなえる・そなわる・つぶさに

筆順 備 備 備 備 備 備

字解 形声。人＋𤰇(=葡、えびら)声。人がえびらをつける、そなえる意。

参考 万葉仮名では音を借りて「び乙」。

金文

篆文

意味 ❶そなえる。そなわる。あらかじめ用意する。そなえ。『備考』『備蓄』『設備』 ＊史記‐項羽本紀「備三他盗出入与二非常一也(タトウのシュツニュウとヒジョウとにそなえしなり)〔=他の盗賊の出入りと非常事態とに備えたのである〕」 ⇒表 ❷つぶさに。みな。❸国「吉備国(きびのくに)」の略。上代、山陽道にあった国。今の岡山県と広島県東部。『備前ビゼン』『備中ビッチュウ』『備後ビンゴ』『備讃ビサン諸島』『伯備線ハクビセン』

❶ そなえる。そなわる。

下接 完備カンビ・具備グビ・軍備グンビ・警備ケイビ・兼備ケンビ・後備コウビ・戎備ジュウビ・守備シュビ・準備ジュンビ・常備ジョウビ・整備セイビ・設備セツビ・戦備センビ・全備ゼンビ・装備ソウビ・配備ハイビ・必備ヒツビ・不備フビ・武備ブビ・文備ブンビ・兵備ヘイビ・辺備ヘンビ・防備ボウビ・予備ヨビ

備ビ	具グ
具備	
まえもって用意しておく。 備蓄 完備 準備 設備 装備 備忘	不足なくそなえる。 具有 具足 具案 具体 具象 具論

【備考】ビコウ 参考事項を付記して本文を補うこと。また、その事項。『備考欄』

【備荒】ビコウ 凶作や災害に対してあらかじめ準備をしておくこと。救荒。『備荒作物』

【備悉】ビシツ 必要なものがすべてそなわること。

【備蓄】ビチク 万一のために備えて蓄えること。備荒貯蓄。『石油を備蓄する』『備蓄米』

【備品】ビヒン その場に備え付けておく物。机・いすなどで、消耗品に対していう。『備品台帳』

【備忘】ビボウ 忘れたときの用意に記しておくこと。『備忘欄』『備忘録』

【有レ備無レ患】そなえあればうれいなし ふだんからいざという時の準備を怠らないでいれば、万一の事態になっても何の心配もいらない。〔書経‐説命メイ中〕

【無レ求二備於一人一】いちにんにそなわるをもとむることなかれ ひとりの人に才も徳もすべて兼ね備えるように要求してはならない。〔論語‐微子〕

369 【傅】 4892 507C 98FA 人－10 フ呉漢/fù/つく

字解 形声。人＋専(→敷、ぴったりつく)声。そばにぴったり寄り添う人の意。

意味 ❶つく。㋑つきそう。かしずく。『傅育』㋺くっつける。『傅会』❷人名。『傅説』『傅玄』

【傅育(フイク)】そばについて大切に育てること。

【傅会(フカイ)】こじつけること。付会。

【傅説(フエツ)】『書経』の「説命(エツメイ)」に見える中国、殷の武丁の大臣。武丁が聖人を得た夢を見、その夢に従って捜したところ説を得て、大臣にしたという。

【傅玄(フゲン)】中国、西晋の詩人。字(あざな)は休奕(キュウエキ)。晋代の宗廟の楽章は多くその手になり、楽府体の作品を多く残す。〔二一七～二七八〕

370 【傍】 4321 4B35 9654 人-10 常 (371)〔傍〕二二 人-10 旧字

ボウ(バウ)呉・ホウ(ハウ)漢/páng・bàng/かたわら・かた・かたえ・そば・はた

筆順 傍 傍 傍 傍 傍 傍

字解 形声。人+旁(かたわら)声。かたわらの意。のちに人を加えた。

意味 ❶かたわら。そば。わき。はた。また、かたわらに添える。『傍観』『傍聴』『傍流』『近傍(キンボウ)』『路傍(ロボウ)』❷つくり。漢字を構成する右の部分。⇒〔偏〕(351)の表 ❸そう。よりそう。…のそばで。「旁」に同じ。*柳宗元-漁翁「漁翁夜傍西巌宿(ギョオウよるセイガンにそいてシュクす)」〔＝年老いた漁夫は、西の岩のそばで夜をすごした〕

❶かたわら。そば。

【傍観(ボウカン)】その事に関与せず、わきから見ていること。『拱手(キョウシュ)傍観』『袖手(シュウシュ)傍観』『傍観者』

【傍訓(ボウクン)】漢字のわきに付ける読みがな。振りがな。

【傍系(ボウケイ)】①直系から分かれて出た系統。↔直系。『傍系会社』②主流から外れた存在であること。↔正系
【傍若無人(ボウジャクブジン)】人前をはばからず勝手気ままにふるまうさま。旁若無人。〔後漢書-延篤伝〕♥「傍(かたわ)らに人無きが若(ごと)し」の意。

【傍受(ボウジュ)】他人の間で交わされている無線通信を、第三者が受信すること。

【傍証(ボウショウ)】証明に役立つ間接的な証拠。

【傍人(ボウジン)】そばにいる人。まわりの人。

【傍線(ボウセン)】注意を促したい部分の文字のわきに引く線。

【傍注(ボウチュウ)】本文のわきに書き添えた注釈。

【傍聴(ボウチョウ)】討論、裁判などを、当事者以外の者が発言権なしに場内で聞くこと。『傍聴席』『傍聴人』

【傍点(ボウテン)】注意を促すために、文字のわきに打つ点。

【傍輩(ボウハイ)】同僚。なかま。朋輩。

【傍白(ボウハク)】舞台で、相手俳優には聞こえないことにして言うせりふ。わきぜりふ。

【傍流(ボウリュウ)】①本流から分かれ出た流れ。支流。↔本流。②主流から外れた流派や系統。傍系。↔主流・本流

372 【傜】 *1806 人-10

ヨウ「徭」(2310)の異体字

373 【傴】 4893 507D 98FB 人-11

ウ漢/yǔ/かがむ

字解 形声。人+區声。

意味 かがむ。かがまる。また、背の曲がったさま。

【傴僂(ウル)】①腰をかがめること。②背骨が盛り上がり、弓なりに曲がる病気。

374 【僅】 二二 人-11 (363)〔僅〕 2247 364F 8BCD 人-10 †

キン漢/jǐn/わずか

字解 形声。人+堇声。

意味 わずか。ほんの少し。たった。

【僅僅(キンキン)】わずかばかり。
【僅差(キンサ)】ごくわずかな差。『僅差で勝つ』
【僅少(キンショウ)】わずかなさま。少しばかり。

375 【傾】 2325 3739 8C58 人-11 常

キョウ(キャウ)呉・ケイ漢/qīng/かたむく・かたむける・かしぐ・かしげる・かぶく

筆順 傾 傾 傾 傾 傾 傾

字解 形声。人+頃(かたむく)声。かたむく意。頃(ころ)と区別するために人を加えた。

意味 ❶かたむく。かたむける。かしぐ。かしげる。㋑ななめになる。ななめにする。『傾斜』『左傾』『前傾』㋺つくす。なくなる。『傾河』『傾尽』㋩こぞって。『傾国』『傾城』❷心をそそぐ。身を入れる。『傾注』

❶かたむく。かたむける。

下接 右傾(ウケイ)・葵傾(キケイ)・左傾(サケイ)・斜傾(シャケイ)・前傾(ゼンケイ)

【傾河(ケイガ)】①河の水を飲みつくすこと。②明け方、西にかたむいた天の川。

【傾蓋(ケイガイ)】たまたま会うこと。また、ちょっと会っただけで、親しくなること。〔孔子家語-致思〕♥「蓋」は、きぬがさ。孔子が、道でたまたま会った程子と車の蓋を傾け合って、親しく話し込んだという故事から。

【傾危(ケイキ)】あぶなげにかたむいていること。

【傾向(ケイコウ)】①ある方向にむかうこと。一方に進みそうな気配。『増加の傾向をたどる』②特に、社会主義的な考え方にかたよること。『傾向文学』

【傾国(ケイコク)】①絶世の美人。*白居易-長恨歌「漢皇重色思傾国(カンコウいろをおもんじてケイコクをおもう)」〔＝漢のみかどは女の美しさを重んじて、絶世の美人を得たいと思った〕②国遊女をいう。♥「傾」は、こぞっての意。「傾国」は、都じゅうの大騒ぎとなるほどの美人、「傾城」は、町じゅうの男をうっとりさせるほどの美人の意。「傾」を、危うくする、失うの意とする解もある。

【傾斜(ケイシャ)】①斜めにかたむくこと。また、その程度。『傾斜の急な屋根』②ある方向に気持ちがかたむくこと。

【傾尽(ケイジン)】かたむけつくすこと。ありったけ出すこと。

【傾城(ケイジョウ/ケイセイ)】①絶世の美女。〔漢書-外戚伝〕②(ケイセイ)国遊女をいう。→傾国
【傾頽(ケイタイ)】倒れかかってくずれること。傾廃(ケイハイ)。

【傾杯・傾盃(ケイハイ)】酒を飲むこと。

【傾覆(ケイフク)】かたむき倒れること。

❷心をそそぐ。身を入れる。

【傾注(ケイチュウ)】一つのことに打ち込むこと。『精力を傾注する』
【傾聴(ケイチョウ)】熱心にきくこと。『傾聴に値する』
【傾倒(ケイトウ)】興味を持ち、夢中になること。また、心から尊敬し、したうこと。『魯迅(ロジン)に傾倒する』
【傾慕(ケイボ)】心からしたうこと。

376 【傑】 2370 3766 8C86 人-11 常 (364)〔傑〕二二 人-10 旧字

ケツ漢/jié/すぐれる

筆順 傑 傑 傑 傑 傑 傑

字解 形声。人＋桀（高く登る）声。高くぬきん出た人の意、また、すぐれる意。

意味 すぐれる。まさる。また、すぐれた人。

下接 英傑（エイケツ）・怪傑（カイケツ）・魁傑（カイケツ）・高傑（コウケツ）・豪傑（ゴウケツ）・三傑（サンケツ）・秀傑（シュウケツ）・俊傑（シュンケツ）・女傑（ジョケツ）・人傑（ジンケツ）

【傑作（ケッサク）】①非常にすぐれたできばえであること。また、その作品。②とっぴで、滑稽（コッケイ）なさま。

【傑士（ケッシ）】傑出した人。傑物。

【傑出（ケッシュツ）】ぬきんでてすぐれていること。

【傑物（ケツブツ）】傑出した人物。また、ありきたりでない、おもしろい人物。傑士。

377 【傲】 4894 507E 98FC 人-11 ゴウ（ガウ）呉漢 \ào\ おごる

字解 形声。人＋敖（きままに遊び楽しむ）声。きままにする、おごる意。本来、敖のみでこの字義を表したが、別義を派生したため、のちに人を加えた。

意味 気ままに楽しむ。また、遠慮のない情。転じて、おごる。おごりたかぶる。あなどる。いばる。

下接 驕傲（キョウゴウ）・倨傲（キョゴウ）・侈傲（シゴウ）・奢傲（シャゴウ）・嘯傲（ショウゴウ）

【傲岸（ゴウガン）】おごりたかぶっているさま。「傲岸不遜（フソン）」

【傲倨・傲踞（ゴウキョ）】おごりたかぶること。倨傲。

【傲睨（ゴウゲイ）】横柄にみつめること。

【傲骨（ゴウコツ）】誇りを高く持って、人に屈しないこと。♥中国、唐の詩人李白について、世人が李白の腰には傲骨があり、身を屈することができないと評した故事による。

【傲然（ゴウゼン）】尊大で人を見くだすさま。傲然。

【傲慢（ゴウマン）】おごりたかぶって、人を侮るさま。

【寄レ傲（ゴウをよす）】のびのびとした気持ちになること。＊陶潜－帰去来辞「倚二南牕一以寄レ傲（ナンソウによりてゴウをよす）〔＝南側の窓にもたれて、のんびりした気持ちになる〕」

378 【債】 2636 3A44 8DC2 人-11 常 サイ漢 \zhài\

筆順 債 債 債 債 債 債

字解 形声。人＋責（せめる）声。おいめ、かりの意。

意味 ❶かり。金を借りていること。借りた金を返す義務を負っていること。また、負い目。「債券」「債務」「負債」❷貸しを取り立てる。「債権」「債主」

❶かり。金を借りていること。

下接 外債（ガイサイ）・起債（キサイ）・公債（コウサイ）・国債（コクサイ）・社債（シャサイ）・酒債（シュサイ）・戦債（センサイ）・内債（ナイサイ）・負債（フサイ）・募債（ボサイ）

【債券（サイケン）】国家、公共団体、銀行、会社などが資金を借り入れる場合に発行する公債、社債などの有価証券。

【債務（サイム）】負債を返済すべき義務。↔債権。「債務者」「債務不履行」

❷貸しを取り立てる。

【債権（サイケン）】債権者が債務者に対して、貸した金や財産を返してもらう権利。↔債務

【債主（サイシュ）】債権を持っている人。貸し手。

379 【催】 2637 3A45 8DC3 人-11 常 サイ漢 \cuī\ もよおす・もよおし

筆順 催 催 催 催 催 催

字解 形声。人＋崔（→推、おしすすめる）声。うながす意。

意味 ❶もよおす。きざす。おこる。また、うながす。せまる。せきたてる。「催促」「催眠」＊王翰－涼州詞「欲レ飲琵琶馬上催（のまんとほっすればビワバジョウにもよおす）〔＝いましも飲もうとすると、もっと飲めとせきたてる琵琶の音が馬上から聞こえてきた〕」❷国もよおす。行事や会合などを計画して行う。もよおし。「催事」「開催（カイサイ）」「主催」「共催」

【催花雨（サイカウ）】春雨。♥花が早く咲くようにせきたてる雨の意。

【催告（サイコク）】相手方に対して一定の行為を請求すること。

【催事（サイジ）】国特別のもよおし。

【催促（サイソク）】早くするようにせきたてること。督促。

【催迫（サイハク）】早くやるようにせきたてること。

【催馬楽（サイバラ）】国中古以後の歌謡の一種。雅楽の曲調で歌われた。

【催眠（サイミン）】眠気をもよおすこと。また、眠った状態にさせること。「催眠状態」「催眠術」

380 【傷】 2993 3D7D 8F9D 人-11 常6 ショウ（シャウ）呉漢 \shāng\ きず・いたむ・いたみ・いためる・いたましい・やぶれる

筆順 傷 傷 傷 傷 傷 傷

字解 形声。人＋煬（きずつく）省声。人がきずつく、また、いたむ意。

意味 ❶きず。けが。被害のあと。「傷痍」「傷病」「傷兵」「重傷」「負傷」❷きずつける。「傷害」「殺傷」「中傷」❸心をいためる。ひどく悲しむ。「傷心」「感傷」「愁傷」 ⇒表

傷（ショウ）	害（ガイ）
傷害	
きずつける。きず。	そこなう。わざわい。
殺傷	殺害
損傷	損害
中傷	加害
傷病	危害
負傷	被害
凍傷	冷害

❶きず。けが。被害のあと。

下接 外傷（ガイショウ）・火傷（カショウ／やけど）・軽傷（ケイショウ）・公傷（コウショウ）・咬傷（コウショウ）・挫傷（ザショウ）・死傷（シショウ）・私傷（シショウ）・刺傷（シショウ）・重傷（ジュウショウ）・銃傷（ジュウショウ）・折傷（セッショウ）・戦傷（センショウ）・創傷（ソウショウ）・凍傷（トウショウ）・負傷（フショウ）・裂傷（レッショウ）・擦過傷（サッカショウ）・致命傷（チメイショウ）／浅傷（あさで）・手傷（てきず）・生傷（なまきず）・深傷（ふかで）・古傷（ふるきず）・無傷（むきず）

【傷痍（ショウイ）】きず。負傷。「傷痍軍人」

【傷寒（ショウカン）】高熱を伴う疾患。チフスの類。【傷寒論（ショウカンロン）】中国の医書。一〇巻。後漢の張機撰。建安一〇年（二〇五）ごろ成立し、もと「傷寒卒病論」と称し一六巻。晋の王叔和補修。

【傷弓之鳥（ショウキュウのとり）】恐怖心にとらわれて極度に警戒的になっている人のたとえ。〔戦国策－楚〕♥一度弓できずつけられた鳥は、弓の弦音だけでも恐れおじけることから。

【傷痕（ショウコン／きずあと）】きずのついたあと。傷跡。

【傷病（ショウビョウ）】けがと病気。「傷病兵」

【傷兵（ショウヘイ）】けがをした兵。負傷兵。

❷きずつける。

下接 毀傷（キショウ）・殺傷（サッショウ）・刃傷（ニンジョウ）・食傷（ショクショウ）・損傷（ソンショウ）・中傷（チュウショウ）

【傷害（ショウガイ）】きずつけること。けがをさせること。「傷害致死罪」「傷害保険」

❸心をいためる。ひどく悲しむ。

下接 哀傷(アイショウ)・感傷(カンショウ)・愁傷(シュウショウ)・嘆傷(タンショウ)・悲傷(ヒショウ)

【傷懐(ショウカイ)】心をいためること。＊史記-高祖本紀「高祖乃起舞、慷慨傷懐、泣数行下(コウソすなわちたちてまい、コウガイショウカイし、なみだスウコウくだる)(=高祖はそこで立ち上がって舞い、やり場のない悲痛な思いに感情を高ぶらせ、涙をはらはらと落とした)」

【傷嗟(ショウサ)】悲しみなげくこと。悲嘆。

【傷心(ショウシン)】心をいため悲しむこと。＊白居易-長恨歌「行宮見月傷心色(アングウにつきをみればショウシンのいろ)(=行宮で見る月には、心を悲しませる色がある)」

【傷悴(ショウスイ)】やつれるほど心をいためること。

【傷目(ショウモク)】目をいためること。見て悲しく感じさせること。

381 【僊】 二一 人-11 (401)【僊】 4902 5122 9941 人-12

セン 呉漢 xiān

字解 形声。人＋䙴(=遷、うつる)声。俗界から移り住んだ人、せんにんの意。

意味 やまびと。仙人。「仙」に同じ。

【僊者(センジャ)】仙人のこと。

【僊人(センニン)】道家の理想とした想像上の人物。山中に住み、不老不死の法を修めた人。仙人。

382 【僧】 3346 414E 916D 人-11 常 (402)【僧】 二一 人-12 旧字 人

ソウ 呉漢・ス 唐 sēng

筆順 僧 僧 僧 僧 僧 僧

字解 僧は僧の草体から。僧は形声。人＋曾声。梵 saṃgha の音訳「僧伽」の略。

参考 万葉仮名では音を借りて「そ乙」。

意味 仏教の修行者(の集団)。仏門に入った人。法師。＊唐詩紀事-四十「得僧推月下門之句(ソウはおすゲッカのモンのクをえたり)(=僧は推す月下の門、という句を思いついた)」

下接 悪僧(アクソウ)・客僧(カクソウ・キャクソウ)・学僧(ガクソウ)・貴僧(キソウ)・愚僧(グソウ)・高僧(コウソウ)・小僧(こぞう)・山僧(サンソウ)・師僧(シソウ)・住僧(ジュウソウ)・雛僧(スウソウ)・拙僧(セッソウ)・禅僧(ゼンソウ)・俗僧(ゾクソウ)・尼僧(ニソウ)・伴僧(バンソウ)・売僧(マイス)・老僧(ロウソウ)・若僧(わかソウ)・虚無僧(コムソウ)

【僧庵(ソウアン)】僧の住むいおり。

【僧位(ソウイ)】朝廷から贈られた僧の位階。法橋(ホッキョウ)、法眼(ホウゲン)など。

【僧院(ソウイン)】①寺。寺院。②修道院。

【僧宇(ソウウ)】(「宇」は家の意)僧のいる所。寺。寺院。

【僧家(ソウケ・ソウカ)】①寺。寺院。②僧。僧侶(ソウリョ)。

【僧官(ソウカン)】任命される僧侶の官職。

【僧祇(ソウギ)】仏語。①(梵 saṃgha の音訳)仏教を修行する出家の集まり。②(梵 asaṃkhya の音訳、阿僧祇(アソウギ)の略)無数。無量。

【僧伽(ソウギャ・ソウガ)】(梵 saṃgha の音訳。和合集団の意)仏語。仏道修行の人々の集団。

【僧形(ソウギョウ)】僧の姿。髪をそり、僧衣を着た姿。

【僧綱(ソウゴウ)】①古くは僧尼を統率し、法務を処理するために任命された僧官。僧正・僧都・律師の三つ。②僧官と僧位の総称。

【僧正(ソウジョウ)】僧官の最上位。「大僧正」

【僧職(ソウショク)】僧としての職務。

【僧都(ソウズ)】僧官の一。僧正に次ぐ地位。

【僧俗(ソウゾク)】僧と俗人。

【僧体(ソウタイ)】僧の姿。僧形(ソウギョウ)。↔俗体

【僧兵(ソウヘイ)】国 平安時代から戦国時代にかけて、仏法保護の名目で、戦闘に従事した僧。

【僧房・僧坊(ソウボウ)】僧やその家族達が住む寺院内の家屋。

【僧侶(ソウリョ)】(「侶」は仲間の意)出家して修行し、仏道を教え広める人。僧。

383 【傯】 ＊1813 人-11

ソウ「偬」(350)の異体字

384 【傺】 ＊1816 人-11

テイ 漢・サイ 慣 chì

字解 形声。人＋祭声。「侘傺(タテイ・タクサイ)」は、志を失う、失意・困窮する意。

385 【傳】 4903 5123 9942 人-11

デン「伝」(193)の旧字

386 【働】 3815 462F 93AD 人-11 常4

ドウ 慣 dòng/はたらく・はたらかす

筆順 働 働 働 働 働 働

字解 国字。形声。人＋動(うごく)声。人がうごき、はたらく意。中国でも用いられることがある。

意味 仕事をする。はたらく。

下接 稼働(カドウ)・実働(ジツドウ)・自働(ジドウ)・労働(ロウドウ)

387 【僃】 ＊1819 人-11

ビ「備」(368)の異体字

388 【僄】 ＊1820 人-11

ヒョウ(ヘウ) 漢 piào

字解 形声。人＋票(=㶾、火の粉が軽く舞い上がる)声。身がかるい・かるはずみの意。

意味 かるい。かるがるしい。また、すばやい。

【僄悍(ヒョウカン)】素早くて、荒々しく強いさま。

【僄軽(ヒョウケイ)】身軽なこと。

389 【傭】 4535 4D43 9762 人-11

ヨウ 漢 yōng/やとう

字解 形声。人＋庸(もちいる)声。やとう。また、やとわれる意。

意味 やとう。また、やとわれる。「雇傭(コヨウ)」「常傭(ジョウヨウ)」

【傭役(ヨウエキ)】人をやとい使うこと。また、やとわれて使役されること。

【傭耕(ヨウコウ)】やとわれて耕作すること。＊史記-陳渉世家「陳渉少時、嘗与人傭耕(チンショウわかきとき、かつてひとのためにヨウコウす)(=陳渉は若い時、人にやとわれて農耕していたことがあった)」

【傭作(ヨウサク)】人にやとわれて物を作ること。

【傭船(ヨウセン)】船主から運送業のために、船を借り入れること。また、その船。「傭船契約」

【傭人(ヨウニン)】①やとわれた人。使用人。②国 または地方公共団体に勤務し、機械的、肉体的作業に従事する者。

【傭兵(ヨウヘイ)】給料を払って兵士をやとうこと。また、そのやとわれた兵士。「傭兵隊」

390 【僇】 ＊1821 人-11

リク 漢・リュウ(リウ) 漢 lù/ころす

篆文 

字解 形声。人＋翏声。病む。耳鳴りがする。また、戮に同じく、ころす。

意味 ❶(リク)ころす。死刑にする。また、はずかしめ

る。「戮」に同じ。『僇死』『僇辱』❷（リュウ）いささか。すこし。

【僇死(リクシ)】刑罰によって殺すこと。戮死(リクシ)。

【僇辱(リクジョク)】はずかしめること。はずかしめ。戮辱(リクジョク)。

391【僂】4904 5124 9943 人-11　(360)〔偻〕二二 人-9

ル(呉)(漢)・ロウ(漢)/lóu

字解 形声。人＋婁(声)。

意味 かがむ。まげる。折る。また、せむし。

【僂指(ルシ|ロウシ)】指を折って数えること。

【絛】⇩6094

392【儈】二二 人-12　カイ「儈」(410)の異体字

393【僖】4905 5125 9944 人-12　キ(漢)/xī

字解 形声。人＋喜(よろこぶ)(声)。喜び、楽しむ意。

394【僞】4906 5126 9945 人-12　ギ「偽」(339)の旧字

395【僑】2203 3623 8BA1 人-12　キョウ(ケウ)(漢)/qiáo

字解 形声。人＋喬(たかい)(声)。背が高い人の意から一般に高い意。また、寄に通じ、かりずまい(する人)の意。

意味 ❶高い。背が高い。❷やどる。かりずまい。『僑居』『僑寓』『僑士』『華僑(カキョウ)』

【僑居(キョウキョ)】かりにすむこと。また、かりのすまい。

【僑寓(キョウグウ)】かりずまい。僑居。

【僑士(キョウシ)】他郷にある人。

396【僥】4907 5127 9946 人-12　ギョウ(ゲウ)(呉)・キョウ(ケウ)(漢)/jiǎo・yáo

字解 形声。人＋堯(声)。

意味 もとめる。ねがう。

【僥冀(ギョウキ)】こいねがうこと。

【僥倖(ギョウコウ)】（倖(さいわい)を僥(もと)めるの意）思いがけない幸運。また、それをねがうこと。〔荘子-在宥〕

397【僱】＊1837 人-12　コ「雇」(8729)の異体字

398【僦】＊1833 人-12　シュウ(シウ)(漢)/jiù

字解 形声。人＋就(声)。やとう意。

399【僭】4908 5128 9947 人-12　(400)〔僣〕4909 5129 9948 人-12

セン(呉)(漢)・シン(漢)/jiàn

字解 形声。人＋朁(入りこむ)(声)。分を越えた行いをする意。

意味 身分を越えて目上のまねをする。身分不相応におごる。『奢僭(シャセン)』『踰僭(ユセン)』

【僭越(センエツ)】出過ぎたことをするさま。『僭越ながら…』

【僭恣(センシ)】身分を越えてわがままにふるまうこと。

【僭主(センシュ)】君主の名を、僭称する者。

【僭称(センショウ)】勝手に自分の身分を越えた上の称号を名乗ること。また、その称号。

【僭上(センジョウ)】身分を越えて長上のまねをすること。

401【僊】4902 5122 9941 人-12　セン「僊」(381)の異体字

402【僧】二二 人-12　ソウ「僧」(382)の旧字

403【像】3392 417C 919C 人-12 常5　ゾウ(ザウ)(呉)・ショウ(シャウ)(漢)/xiàng/かた・かたち・かたどる

筆順 像 像 像 像 像 像

字解 形声。人＋象(↓相、すがた)(声)。人のすがたかたちの意。

意味 ❶かたどる。また、かたどったもの。まねて作ったかたち。『画像』『胸像』『偶像』❷仏教で、教えと修行のみが行われて、形はあるが本質が失われていること。『像教』『像法』

❶ かたどる。かたち。

❷ 仏教で、教えと修行のみが行われること。

下接 映像(エイゾウ)・影像(エイゾウ)・絵像(エゾウ)・解像(カイゾウ)・画像(ガゾウ)・胸像(キョウゾウ)・虚像(キョゾウ)・偶像(グウゾウ)・群像(グンゾウ)・幻像(ゲンゾウ)・現像(ゲンゾウ)・座像(ザゾウ)・残像(ザンゾウ)・実像(ジツゾウ)・写像(シャゾウ)・寿像(ジュゾウ)・受像(ジュゾウ)・肖像(ショウゾウ)・心像(シンゾウ)・聖像(セイゾウ)・石像(セキゾウ)・雪像(セツゾウ)・送像(ソウゾウ)・想像(ソウゾウ)・造像(ゾウゾウ)・塑像(ソゾウ)・尊像(ソンゾウ)・蹲像(ソンゾウ)・鋳像(チュウゾウ)・彫像(チョウゾウ)・銅像(ドウゾウ)・仏像(ブツゾウ)・木像(モクゾウ)・裸像(ラゾウ)・立像(リツゾウ)

【像教(ゾウキョウ)】仏教をいう。像法の時代であったところから。♥仏教が中国に入ったのが、像法の時代であったところから。

【像法(ゾウボウ|ゾウホウ)】仏教で、釈尊入滅後を正法、像法、末法の三時代に分けた一。教えや修行が行われるだけで、さとりが得られなくなった時期。

404【僮】4910 512A 9949 人-12　ドウ(呉)・トウ(漢)/tóng

字解 形声。人＋童(こども、どれい)(声)。こどもの意。童(どれい)と区別するために人を加えた。

意味 ❶子供。元服前の男女児。「童」に同じ。『小僮(ショウドウ)』『嬖僮(ヘイドウ)』❷無知。おろか。❸しもべ。めしつかい。『僮僕』『家僮(カドウ)』

【僮僕(ドウボク)】召し使いの少年。

405【僕】4345 4B4D 966C 人-12 常　ボク(呉)・ホク(漢)/pú/やつがれ・やつこ

筆順 僕 僕 僕 僕 僕 僕

字解 形声。人＋菐(粗野、または、うつ)(声)。馬をうつ御者、または卑しい者の意。甲骨文は、会意。辛(入れ墨の道具)＋其(み)＋人の変形。汚物を箕(み)ですてる罪人から、しもべの意。字形の混同により僕がしもべの意で用いられるようになったといわれている。

甲骨文　篆文

意味 ❶めしつかい。しもべ。『僕僮』『下僕』『公僕』『従僕』❷ぼく。男性の自称。多く、対等もしくは目下の者に対して使う。『僕が払おう』＊白居易-与二微之一書「僕去年秋、始遊二廬山一(ボク キョネンのあき、はじめてロザンにあそぶ)〔=私は去年の秋、はじめて廬山に出かけた〕」

下接 学僕(ガクボク)・家僕(カボク)・下僕(ゲボク)・公僕(コウボク)・従僕(ジュウボク)・臣僕

2画 二亠人(𠆢・亻)儿入八(ソ)冂冖冫(ミ)几凵刀(刂)力勹匕匚匸十卜卩(㔾)厂厶又

シン・忠僕・童僕・奴僕—ヌ・婢僕・老僕

【僕御】しもべ。御者。車馬をあつかう者。

【僕従】召し使い。しもべ。僕使。僕人。

【僕妾】下男や下女。*史記-張儀伝「坐二之堂下一、賜二僕妾之食一〔これをドウカにザせしめ、ボクショウのショクをたまう〕〔=庭先にすわらせ、召し使いが食べるような粗末なものを与えた〕」

【僕僮】子供の召し使い。

【僕夫】召し使いの男。下男。

【僕射】①中国の官名。執政大臣をいう。②左右大臣の唐名。

406
【僚】4629 4E3D 97BB 人-12 常 リョウ(レウ)呉漢\liáo・liǎo\とも・ともがら

筆順 僚 僚 僚 僚 僚 僚

字解 形声。人+尞(=寮、かがり火)声。かがやくばかりに美しい人の意。主として、寮に通じ、役人の意を表す。

甲骨文 
篆文 

意味 ❶つかさ。役人。『僚官』『僚佐』『官僚』→下接。❷同じ仕事をしているなかま。『僚友』『同僚』

下接 閣僚・下僚・官僚・群僚・臣僚・属僚・百僚・幕僚

【僚官】①役人。官吏。②同じ役所の仲間。

【僚佐】相談相手の下役人。

【僚友】同じ職場の友達。同僚。

407
【億】1815 322F 89AD 人-13 常4 オク呉・ヨク漢\yì\かず
(408)〔億〕二一 人-13 旧字

筆順 億 億 億 億 億 億

字解 形声。人+意(おもう)声。人が心でおもう意。借りて数詞に用いる。

意味 ❶心でおもう。おしはかる。「臆」「憶」に同じ。『億測〔=臆測〕』❷やすんずる。『供億』❸数詞。一万の一万倍。また、数が非常に多いこと。『億万長者』『億劫』『億載』『億兆』『巨億』

【億劫】(オクコウ—オッコウ—オクゴウ—オックウ)〔「劫」はきわめて長い時間の意〕①(オクコウ—オッコウ—オクゴウ)仏語。一劫の億倍。きわめて長い時間。②(オックウ)国わずらわしくて気が進まないさま。面倒臭いさま。

【億載】非常に長い年月。また、永久の世界。

【億兆】①数の非常に多いこと。②多くの人民。*十八史略-五帝「億兆願レ戴レ己歟〔オクチョウおのれをいただくをねがうか〕〔=多くの人々が自分を天子にいただくことを願っているのか〕」

409
【價】4911 512B 994A 人-13
カ「価」(234)の旧字

410
【儈】*1844 人-13
(392)〔儈〕二一 人-12

字解 形声。人+會(あわせる)声。仲買人の意。
カイ(クヮイ)漢\kuài

411
【儀】2123 3537 8B56 人-13 常 ギ呉漢\yí\こと

筆順 儀 儀 儀 儀 儀 儀

字解 形声。人+義声。もと、義と同義であったが、のちに人を加えてより具体的な礼法について用いられるようになった。

金文 
篆文 

参考 万葉仮名では音を借りて「ぎ甲」。

意味 ❶作法。方式。また、それによる行動。礼儀。『儀式』『儀礼』『祝儀』❷模範。手本。きまり。『儀刑』『羽儀』『母儀』❸(規準となる)器械。模型。『地球儀』❹国こと。…のこと。…に関して。形式名詞的に用いる。『その儀』『私儀』❺固有名詞。『儀狄』

❶作法。また、それによる行動。礼儀。

下接 威儀・行儀・婚儀・祭儀・辞儀・祝儀・盛儀・葬儀・大儀・朝儀・典儀・秘儀・風儀・仏儀・法儀・密儀・容儀・律儀・略儀・流儀・礼儀

【儀衛】天子や外国の使者などを警護すること。儀仗兵。▼儀式に参列する護衛の兵士の意。
【儀式】神事、祭事、仏事、礼式などの作法。また、その行事。『創立記念の儀式』
【儀仗】儀式に使う装飾的な武器。『儀仗兵〔=護衛のために、外国の賓客などに付けられる兵隊〕』
【儀状】品行。ふるまい。おこない。
【儀注】儀式の次第書に関する注。
【儀的】まと。標的。めあて。目標。
【儀典】儀式の規定。また、規範になる先例。典例。『儀典係』『儀典長』
【儀同三司】①(儀礼の格式が三司に同じの意)後漢以後、元勲に授けられた官名。日本では、准大臣の異称。官位が大臣の下、納言の上にあるのでいう。②国藤原伊周の別称。
【儀容】礼儀にかなった姿形。きちんとした態度。
【儀礼】社会的習慣として定められた礼法、儀式。『儀礼的〔=形式的〕』→❺(ギライ)

❷模範。手本。きまり。

【儀刑】(ケイ—ギョウ)のりとすること。模範。

【儀範】模範として従うべきもの。手本。規範。

【儀表】手本となること。また、模範。手本。

❸器械。模型。

下接 坤儀・二儀・両儀・渾天儀・水準儀・地球儀・羅針儀・六分儀

❹こと。…のこと。…に関して。

下接 一儀・公儀・光儀・豪儀・仕儀・謝儀・内儀・難儀・別儀・役儀・余儀・来儀

❺固有名詞。

【儀狄】中国の伝説上の人名。禹王の時、はじめて酒を造ったといわれる。転じて、酒の異名。

【儀礼】古代中国の儒家の経典の一。周代の宗教的・政治的・社会的儀礼を詳細に記述したもの。周礼・礼記とあわせて三礼と呼ばれる。→❶(ギレイ)

412
【僵】4912 512C 994B 人-13 キョウ(キャウ)漢\jiāng

字解 形声。人+畺(→硬、かたい)声。かたくこわばる意。

意味 ❶こわばる。かたくなる。❷たおれる。『僵仆』

【僵仆】たおれること。

413 【儆】 * 1842 人-13 ケイ㊥/jǐng

字解 形声。人+敬(いましめる)㊥。いましめる意。

414 【儉】 4913 512D 994C 人-13 ケン 「倹」(301)の旧字

415 【儁】 4914 512E 994D 人-13 (434)【儶】二一 人-16 シュン㊥/jùn

字解 形声。人+雋㊥。

意味 すぐれる。すぐれた人。「俊」に同じ。『才儁』

【儁異シュンイ】才能などが特にすぐれていて常人と異なること。

416 【儃】 * 1841 人-13 セン㊥・タン㊥/chán·tǎn

字解 形声。人+亶(ゆたかにゆったりとしている)㊥。人がゆったりとしている意。

意味 ゆったりとしている。

【儃佪センカイ】足がすすまず、たたずむこと。

417 【儋】 * 1845 人-13 タン㊥/dān

字解 形声。人+詹㊥。

意味 ❶になう。かつぐ。❷かめに入れてかつげるほどの量。わずかの量。『儋石』

【儋石タンセキ】わずかの量。わずかなこと。ささいなこと。担石。『儋石之儲タンセキのもうけ』[=わずかなたくわえ]

418 【儂】 4915 512F 994E 人-13 ノウ㊞・ドウ㊥/nóng/わし

字解 形声。人+農㊥。

意味 ❶わし。おれ。「我」の俗語。❷かれ。あの人。「彼」の俗語。

419 【僶】 * 1838 人-13 ビン㊥/mǐn

字解 形声。人+黽㊥。「僶俛ビンベン」は、努め励むさま。

420 【僻】 4240 4A48 95C6 人-13 ヒャク㊞・ヘキ㊥・ヒ㊥・ヘイ㊥/pì·bèi/ひがむ

字解 形声。人+辟(わきへよる)㊥。性格がかたよる、ひがむ意。

意味 ❶かたよる。ひがむ。よこしま。道理にはずれる。『僻見』『僻説』『邪僻ジャヘキ』❷中心から離れている。いなか。『僻陬』『僻地』*白居易-琵琶行「潯陽地僻無音楽ジンヨウはチヘキにしてオンガクなし」[=潯陽はへんぴな土地で、音楽とてない]」

❶かたよる。ひがむ。よこしま。

【僻見ヘキケン】かたよった見方、考え方。偏見。

【僻事ヘキジ|ひがごと】道理に外れたこと。

【僻邪ヘキジャ】道理に外れ正しくないこと。

【僻説ヘキセツ】かたよった説、意見。僻論ヘキロン。

❷中心から離れている。いなか。

【僻遠ヘキエン】政治、文化などの中心から遠く離れていること。『僻遠の地』

【僻在ヘキザイ】へんぴな所にいること。

【僻処ヘキショ】へんぴな所。僻地。

【僻陬ヘキスウ】(「陬」は隅の意)へんぴな土地。

【僻村ヘキソン】かたいなかの村。

【僻地ヘキチ】都会から遠く離れたへんぴな土地。

【僻陋ヘキロウ】いなかびていること。

421 【儞】 * 1856 人-14 ジ 「你」(212)の異体字

422 【儒】 2884 3C74 8EF2 人-14 常 ジュ㊥/rú

筆順 儒 儒 儒 儒 儒 儒

字解 形声。人+需(沐浴して体をぬらすみこ)㊥。沐浴して儀礼などに従事する人の意。

参考 万葉仮名では音を借りて「ず」。

意味 ❶学者。特に、孔子の教えを学ぶ者。また、孔子の教え。『焚書坑儒フンショコウジュ』『犬儒学派ケンジュガクハ』『儒教』『儒者』『俗儒』*論語-雍也「女、為君子儒。無為小人儒なんじ、クンシのジュとなれ。ショウジンのジュとなるなかれ」[=お前は君子の儒者になれ。小人の儒者にはなるな]」❷よわい。短い。『侏儒シュジュ』❸音訳。『儒艮ジュゴン』

❶学者。特に、孔子の教えを学ぶ者。

下接 迂儒ウジュ・犬儒ケンジュ・坑儒コウジュ・洪儒コウジュ・鴻儒コウジュ・宿儒シュクジュ・豎儒ジュジュ・碩儒セキジュ・賤儒センジュ・俗儒ゾクジュ・大儒タイジュ・鄙儒ヒジュ・腐儒フジュ・名儒メイジュ・庸儒ヨウジュ・老儒ロウジュ

【儒家ジュカ|ジュケ】①儒者の家。また、儒者。②諸子百家の一。孔子を祖とする学派。儒学。

【儒雅ジュガ】①儒教の正しい道理。②儒家の流れで、文の道にすぐれていること。また、その家柄、人。

【儒学ジュガク】中国の、孔子を祖とする伝統的な学問。仁と礼を根本概念とし、修身に始まって治国平天下にいたる実践をその中心課題とする。『儒学者』

【儒官ジュカン】儒者が任ぜられるのを原則とした官。

【儒教ジュキョウ】儒学の教え。『儒教を修める』

【儒者ジュシャ】儒学を修めた人。儒士。儒学者。

【儒術ジュジュツ】儒教の道。儒学。

【儒生ジュセイ】儒学を修める者。

【儒宗ジュソウ】儒学の大家。儒者の首位の人。

【儒道ジュドウ】儒教の道。

【儒墨ジュボク】儒教と墨子の教え。また、それを修める者。

【儒門ジュモン】儒者の家。儒者の家柄。

【儒林ジュリン】儒学者のなかま。儒学の世界。

❸音訳。

【儒艮ジュゴン】(英dugongの音訳)ジュゴン科の哺乳ホニュウ類。▼古来「人魚」と呼ばれたものはこれを指す。

423 【儘】 4854 5056 98D4 人-14 (248)【侭】 4389 4B79 9699 人-6 † ジン㊞・シン㊥/jìn/まま

字解 形声。人+盡(つくす)㊥。

意味 ❶ことごとく。みな。つくす。「尽」に同じ。❷まま。ままよ。中国、宋・元以来の詩語。まかせる意。日本で、「そのまま、気まま」に転用。

【儘教ジンキョウ|ままよ|さもあらばあれ】(…するのにまかせる意から)どんな…でも。どうあろうとも。

424 【儕】 4917 5131 9950 人-14 サイ㊥・セイ㊞/chái/ともがら

字解 形声。人+齊(そろう)㊥。同列にそろった人、ともがらの意。

金文 篆文

意味 ❶ともがら。仲間。類。『吾儕（ゴセイ｜われら）』 ❷つれあい。 ❸ともに。

【儕輩（サイハイ｜セイハイ）】 同じなかま。同輩。

425 【儔】 4918 5132 9951 人-14 (278)【俦】 二 人-7

チュウ（チウ）㊥／chóu

字解 形声。人＋壽（つらなる）㊦。人のつらなり、ともがらの意。

意味 ❶ともがら。仲間。類。『儔匹』『侶儔（リョチュウ）』 ❷ともなう。つれあう。 ❸たれ。「誰」に同じ。

【儔匹（チュウヒツ）】 自分と同じたぐいの者。仲間。

【儔侶（チュウリョ）】 同じ仲間。同類。

426 【儐】 ＊1850 人-14

ヒン㊃㊥／bīn

字解 形声。人＋賓（客）㊦。客をみちびきもてなす人の意。のちに人を加えた。

甲骨文 金文 篆文

427 【儛】 ＊1853 人-14

ム㊃・ブ㊥／wǔ

字解 形声。人＋舞（まいをまう）㊦。まいをまう意。舞に同じ。

参考 万葉仮名では音を借りて「む」。

428 【儚】 4919 5133 9952 人-14

ボウ㊥／mēng／はかない

字解 形声。人＋夢（くらい）㊦。くらい、おろかの意。日本では、人＋夢の会意字として、はかない意を表す。

429 【儖】 4916 5130 994F 人-14

ラン㊥／lán

字解 形声。人＋監㊦。みにくいさま。

430 【償】 2994 3D7E 8F9E 人-15 常

ショウ（シャウ）㊃㊥／cháng／つぐなう・つぐない

筆順 償償償償償償

字解 形声。人＋賞（功労に対する報酬）㊦。のち人を加え、主としてつぐなう意を表す。

金文 篆文

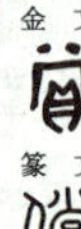

意味 つぐなう。あがなう。むくいる。つぐない。＊史記－廉頗藺相如伝「相如視₌秦王無₌意償₌趙城₋（ショウジョ シンオウのチョウにしろをつぐなうにイなきをみる）」〔＝藺相如は、秦王が趙に都市を代償として渡すつもりがないことを見てとった〕

下接 求償（キュウショウ）・代償（ダイショウ）・賠償（バイショウ）・弁償（ベンショウ）・報償（ホウショウ）・補償（ホショウ）・無償（ムショウ）・有償（ユウショウ）

【償還（ショウカン）】 金銭債務を弁済すること。

【償却（ショウキャク）】 借りた金銭をすっかり返却すること。償還。『減価償却』

【償金（ショウキン）】 損害などの賠償として支払う金銭。

431 【儲】 4457 4C59 96D7 人-15

チョ 「儲」(435) の異体字

432 【優】 4505 4D25 9744 人-15 常6

ウ㊃・ユウ（イウ）㊥／yōu／やさしい・すぐれる・まさる

筆順 優優優優優優

字解 形声。人＋憂（大きな仮面をつけた人）㊦。大きな仮面をつけて舞うわざおぎの意。派生して、みやび・やさしい・ゆたかの意を表す。

意味 ❶役者。わざおぎ。『女優』『俳優』 ❷やさしい。たおやか。みやびやか。『優雅』『優美』 ❸厚い。てあつい。『優遇』『優先』 ❹すぐれている。まさっている。⇔劣。『優越』『優秀』 ⇒〔劣〕(684)〔秀〕(5442)の表 ❺ゆるやかである。のんびり。『優柔不断（ユウジュウフダン）』『優然』『大優（タイユウ）』 ❻音訳字。『優曇華（ウドンゲ）』

❶ 役者。わざおぎ。

下接 倡優（ショウユウ）・女優（ジョユウ）・声優（セイユウ）・男優（ダンユウ）・俳優（ハイユウ）・名優（メイユウ）・伶優（レイユウ）・老優（ロウユウ）

❷ やさしい。たおやか。

【優婉・優艶（ユウエン）】 やさしく上品で美しいこと。

【優雅（ユウガ）】 上品で美しいこと。⇔粗野

【優柔（ユウジュウ）】 やさしくものやわらかなこと。→❺

【優美（ユウビ）】 上品で美しく、みやびやかなこと。

【優麗（ユウレイ）】 上品で麗わしいこと。

❸ 厚い。てあつい。

【優渥（ユウアク）】 ねんごろで手厚いこと。恵み深いこと。

【優遇（ユウグウ）】 手厚く待遇すること。⇔冷遇。『優遇措置』

【優賞（ユウショウ）】 手厚く褒めて褒美を与えること。

【優先（ユウセン）】 他をさしおいて先に扱うこと。『優先順位』

【優待（ユウタイ）】 特別に手厚く待遇すること。『優待券』

❹ すぐれている。まさっている。

【優位（ユウイ）】 地位や立場がまさっていること。また、上位。⇔劣位。『優位に立つ』

【優越（ユウエツ）】 他よりすぐれていること。『優越感』

【優秀（ユウシュウ）】 非常にすぐれていること。『成績優秀』

【優駿（ユウシュン）】 特にすぐれた競走用の馬。

【優勝（ユウショウ）】 ①競技や競争で、第一位で勝つこと。『優勝旗』 ②すぐれたものが他に勝つこと。『優勝劣敗』

【優生（ユウセイ）】 良質の遺伝形質を保ち、子孫にすぐれた素質を残すこと。『優生保護法』

【優性（ユウセイ）】 メンデルの法則において、対立形質を持つ両親の交配によって生じた雑種に、次の代で必ず現れる一方の形質。⇔劣性。『優性遺伝』

【優勢（ユウセイ）】 形勢が他よりまさっていること。⇔劣勢

【優等（ユウトウ）】 他よりすぐれていること。⇔劣等。『優等生』

【優良（ユウリョウ）】 性質、品質などがすぐれて良いこと。⇔劣悪。『優良品』

【優劣（ユウレツ）】 すぐれていることと劣っていること。

❺ ゆるやかである。のんびり。

【優閑・優間（ユウカン）】 ゆったりとしてひまのあるさま。

【優柔（ユウジュウ）】 はきはきしないこと。→❷ 【優柔不断（ユウジュウフダン）】 ぐずぐずして物事の決断が鈍く、煮え切らないこと。優柔。『優柔不断な男』

【優然（ユウゼン）】 ゆったりと落ち着いているさま。

【優遊・優游（ユウユウ）】 ①ゆったりとして心のままに楽しむこと。②優柔不断で過ごすさま。

【優優(ユウユウ)】ゆったりとしたさま。「優優閑閑」
❻音訳字。
【優曇華(ウドンゲ)】(「優曇波羅華(ウドンハラゲ)」の略。「優曇波羅」は梵 udumbara の音訳) 1クワ科のイチジク属の一種。仏教では、三千年に一度花が咲くとし、それを瑞兆(ズイチョウ)とした。また、きわめてまれなことのたとえ。〔法華経-方便品〕 2国昆虫のクサカゲロウが他の物に産みつけた卵の俗称。「優曇華の花」と呼ばれ、吉凶の前兆とされる。
【優婆夷(ウバイ)】(梵 upāsikā の音訳) 仏語。在家のまま仏道にはげんでいる女子。↔優婆塞(ウバソク)
【優婆塞(ウバソク)】(梵 upāsaka の音訳) 仏語。在家のまま仏道にはげんでいる男子。↔優婆夷(ウバイ)

433 【儡】 4920 5134 9953 人-15 ライ(呉)(漢)\lěi
字解 形声。人＋畾(土をかさねる)(声)。土を重ね集めてつくった人形の意。
意味 でく。「傀儡(カイライ)」

434 【儁】 —— 人-16 シュン 「俊」(415)の異体字

435 【儲】 —— 人-16 (431)【儲】 4457 4C59 96D7 人-15 †
チョ(漢)\chǔ·chú もうかる・もうける・もうけ
字解 形声。人＋諸(→貯、たくわえる)(声)。たくわえおく人から、もうけのきみの意。

意味 ❶たくわえる。たくわえ。「贏儲(エイチョ)」「私儲(シチョ)」 ❷あとつぎ。もうけの君。皇太子。「儲位」「儲宮」「儲君」「皇儲(コウチョ)」 ❸国もうけ。利益。

【儲位(チョイ)】皇太子の地位。

【儲宮(チョキュウ)】皇太子。東宮。

【儲君(チョクン)】あらかじめもうけておく君位の後継者。皇太子の異称。もうけのきみ。〔公羊伝-僖公五年・注〕

436 【儵】 *1866 人-17 シュク(漢)\shū
字解 形声。黒＋攸(声)。
意味 光の瞬間的なさま。たちまち。すばやい。にわか。「倏」に同じ。
【儵儵(シュクシュク)】ひかるさま。倏倏。
【儵忽(シュクコツ)】時間のきわめて短いさま。たちまち。

437 【儺】 4921 5135 9954 人-19 ナ(呉)・ダ(漢)\nuó
字解 形声。人＋難(焼きはらう)(声)。災いをはらいのぞく意。
参考 万葉仮名では音を借りて「な」。
意味 おにやらい。鬼を追いはらうこと。「追儺(ツイナ)」

438 【儷】 4922 5136 9955 人-19 レイ(漢)\lì
字解 形声。人＋麗(ならぶ)(声)。人がならぶ意。
意味 ❶二つならぶ。一対。「儷皮」「騈儷(ベンレイ)」 ❷つれあい。夫婦。「伉儷(コウレイ)」
【儷皮(レイヒ)】一対の鹿の皮。昔、元服の祝いや結納(ゆいのう)に用いた。

439 【儼】 4923 5137 9956 人-20 ゲン(漢)\yǎn
字解 形声。人＋嚴(きびしい)(声)。人柄がきびしい、また、つつしみがある意。のちに人を加えた。「厳」に同じ。
金文

篆文

意味 おごそかでいかめしい。つつしみがある。
【儼恪(ゲンカク)】おごそかでつつましいこと。〔礼記-祭義〕
【儼然(ゲンゼン)】1おごそかで荘重なさま。〔論語-子張〕 2整然と並んでいるさま。*陶潜-桃花源記「土地平曠、屋舎儼然(トチヘイコウにして、オクシャゲンゼンたり)」〔=土地が平らで広々と開け、家々がきちんと立ち並んでいる〕

440 【儻】 4924 5138 9957 人-20 トウ(タウ)(漢)\tǎng
字解 形声。人＋黨(声)。
意味 ❶すぐれている。卓越している。 ❷もし。もしかすると。あるいは。ひょっとすると。仮定を示す。*史記-伯夷伝「余甚惑焉。儻所謂天道是邪非邪(よはなはだまどう。あるいはいわゆるテンドウぜかひか)」〔=私は非常に判断に苦しむ、世の中にいわれている天の道というのは正義なのか、ひょっとすると、正義ではないのではあるまいか、と〕 ❸たまたま。偶然。

10 儿部 にんにょう(ひとあし)

篆文

儿は人と同源であるが、字形の下部に用いられて変形した。儿部の字は、その多くは、儿を下部の特徴形とし、人間、人体に関係づけられるが、類形でこの部に収められるものがある。見・鬼、また儿は別の部をなす。

儿◆ 儿 ④兆 ⑥侁 ⑩兟 ⑫兢 ⑱兢 ⑳競
儿▄ ①兀 ②允 元 ③兄 充 ④兇 光 充 先 兊 ⑤克 児 兑 兌 兎 売 兏 ⑥兖 尭 兕 兒 兔 免 兎 免 ⑦兗 ⑧党 ⑨兜

儿◆

441 【儿】 4925 5139 9958 儿-0 ジン(漢)\rén
字解 部首解説を参照。

442 【兆】 3591 437B 929B 儿-4 常4 チョウ(テウ)(漢)\zhào\きざす・きざし
筆順 兆 兆 兆 兆 兆 兆
字解 象形。うらないのとき、亀甲に生じた割け目に象り、きざしの意。
甲骨文

篆文 重文
同属字 晁・窕・覜・佻・姚・挑・桃・珧・眺・旐・跳・銚
意味 ❶まえぶれ。きざし。きざす。「徴」に同じ。「兆候」「吉兆」「予兆」→下接。 ❷うらなう。うらない。「兆占(チョウセン)」 ❸区域。さかい。また、墓地。「兆域」 ❹数の名。一億の一万倍。また、数がきわめて多い。「兆民」「億兆(オクチョウ)」
下接 卦兆(カチョウ)・亀兆(キチョウ)・吉兆(キッチョウ)・凶兆(キョウチョウ)・瑞兆(ズイチョウ)

・占兆(センチョウ)・前兆(ゼンチョウ)・萌兆(ボウチョウ)・予兆(ヨチョウ)

【兆域(チョウイキ)】墓のある区域。はかば。墓地。

【兆候(チョウコウ)】物事の起こりそうなきざし。徴候。『危険な兆候を示す』『大地震の兆候』

【兆民(チョウミン)】多くの人民。万民。〔書経-呂刑〕

443 【兓】 *1872 儿-6 シン㊥・サン㊥\zēn・zān

字解 会意。先(先のとがったかんざし)を二つならべ、非常にするどい意。

金文 篆文

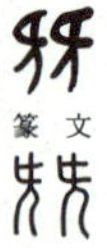

同属字 僣・潛(潜)・譖

444 【兟】 *1876 儿-10 シン㊥\xīn

字解 形声。先(すすむ)㊟を二つ並べ、大いに進む意。

445 【兢】 4930 513E 995D 儿-12 キョウ㊥\jīng

字解 字源不詳。篆文では丰をのせた兄を並べた形。金文は競と似ており、同源とする説もある。

甲骨文 金文 篆文

意味 おそれつつしむ。

【兢兢(キョウキョウ)】おそれてびくびくするさま。安んじないさま。〔詩経-小雅・小旻〕『戦戦兢兢』

446 【競】 2205 3625 8BA3 儿-18 常4 (447)〔竸〕 4931 513F 995E 儿-20

キョウ(キャウ)㊐・ケイ㊥\jìng\きそう・せる・くらべる

筆順 競 競 競 競 競 競

字解 会意。人+言をならべ、二人がいい争うさまから、きそう意。

甲骨文 金文 篆文

意味 あらそう。せりあう。きそう。『躁競(ソウキョウ)』

【競技(キョウギ)】技術を競い、優劣を争うこと。『陸上競技』

【競合(キョウゴウ)】競い合うこと。互いにせり合うこと。

【競作(キョウサク)】競って作品をつくること。『映画の競作』

【競争(キョウソウ)】優劣や勝ち負けなどを競うこと。『激しく競争する』『競争相手』『競争試験』『生存競争』

【競走(キョウソウ)】一定の距離を走って速さを競うこと。『障害物競走』『駅伝競走』『競走馬』『徒競走』

【競売(キョウバイ|ケイバイ)】値を競争させて最高価格を付けた人に売る方法。せり売り。❤法律では「ケイバイ」が普通。

【競馬(ケイバ)】①馬に乗って走る競走。②国騎馬による競走の着順を当てる賭(か)け事。『草競馬』

儿

448 【兀】 4926 513A 9959 儿-1 ゴチ㊐・ゴツ㊥・コツ㊨\wù

字解 指事。一(平らな基準)が儿(ひと)より上にあり、人が頭をつき上げるさまから、高く突き出る意。

篆文

同属字 屼・杌

意味 ❶高く突き出たさま。『兀立』『突兀(トッコツ)』❷山に草木のないさま。また、無知なさま。『兀然』❸動かぬさま。また、一心不乱なさま。努力するさま。『兀兀』『兀坐』❹刑罰として足を切る。

【兀兀(コツコツ)】うまずたゆまず着実に行うさま。

【兀坐(コツザ)】動かないですわりつづけること。

【兀者(コツシャ)】足を切る刑を受けた人。

【兀然(コツゼン|ゴツゼン)】①山などが高く突き出ているさま。②無知なさま。

【兀立(コツリツ)】①他のものからとびぬけて高くそびえていること。②ぼんやりと突っ立っていること。

449 【允】 1684 3074 88F2 儿-2 人 イン(ヰン)㊐㊥\yǔn\じょう・まこと

字解 象形。頭部が突出した人に象る。知性がとても傑出した人の意から、まことの意。一説に人+目の会意字ともいう。

甲骨文 金文 篆文

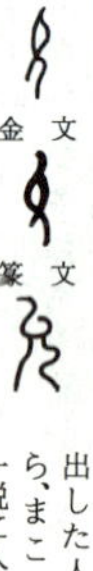

同属字 吮・狁

意味 ❶まこと。まことに。また、道理にかなう。公平な。『允当』『允文』❷ゆるす。みとめる。ゆるし。『允可』『允許』❸国じょう。むかしの令制で、主殿寮(とのもづかさ)などの第三位。

❶ まこと。まことに。

【允当(イントウ)】道理にかなっているさま。

【允文(インブン)】文徳がまことに盛んであること。「允武」と連ねて、天子に文武の徳が備わっていることをたたえるのにも用いる。〔詩経-魯頌・泮水〕

❷ ゆるす。みとめる。

【允可(インカ)】聞き入れること。許すこと。許可。

【允許(インキョ)】許すこと。許可。免許。

【允准・允準(インジュン)】政府、朝廷などおおやけのものが許可を与えること。

450 【元】 2421 3835 8CB3 儿-2 常2 ガン(グヮン)㊐・ゲン㊥\yuán\もと・はじめ

筆順 元 元 元 元

字解 指事。人のあたまを強調した形から、かしらの意。また、もとの意を表す。

甲骨文 金文 篆文

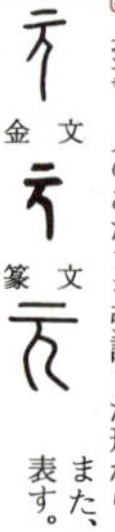

同属字 黿・完・刓・冠・頑・阮・玩・翫

意味 ❶もと。根源。基本。要素。また、はじめ。「原」に同じ。『元祖』『元旦』『元来』『乾元』『根元』『坤元』⇓表 ❷よい。最善の。最上の。また、大きい。『元勲』『元老』『会元(カイゲン)』『解元(カイゲン)』『状元(ジョウゲン)』❸あたま。㋑まるい頭。「元元(ゲンゲン)」は、まるい頭をしたものの意で人民のこと。『元服』㋺かしら。おさ。首長。『元凶』『元首』❹年号のくぎり。『一世一元(イッセイイチゲン)』『改元(カイゲン)』『紀元(キゲン)』❺中国の王朝名。一二七一年、モンゴル帝国のフビライが、大都(北京)に都を移して創立。中国本土のほか、モンゴル、チベット、中国東北部を領した。一三六七年、明に滅ぼされた。『元寇』『胡元(コゲン)』❻中国の貨幣単位。❼道教で節目の一。『三元(サンゲン)』『上元(ジョウゲン)』『中元(チュウゲン)』『下元(カゲン)』❽固有名詞。『元稹(ゲンシン)』

下接 ❶ もと。根源。また、はじめ。 一元(イチゲン)・開元(カイゲン)・還元(カンゲン)・帰元(キゲン)・乾元(ケンゲン)・抗元(コウゲン)

ゲ・坤元コン・根元コン・混元コン・次元ジゲン・大元タイゲン・多元タゲン・単元タンゲン・天元テンゲン・復元フクゲン・本元ホンゲン

元 ゲン ガン	元始	はじめ。もと。 大元 元祖 根元 本元 元来 元年
始 シ	始元	はじまり。はじめる。 大始 始祖 始原 本始 始末 年始

【元金ガンキン・もとキン】①貸し借りしたもとの金。↔利息・利子。②（もときん）資本金。もとで。

【元三ガンザン】①元日。②三が日。▼①は年、月、日の三つの元であるところから。

【元日ガンジツ】年の初めの日。一月一日。

【元正ガンショウ・ゲンセイ】一月一日。元旦。

【元祖ガンソ】①その家の先祖。②創始者。鼻祖。

【元旦ガンタン】元日の朝。元朝。また、一月一日。

【元朝ガンチョウ】元日の朝。元旦。『元朝参り』

【元年ガンネン】年号の最初の年。『平成元年』

【元本ガンポン】もとで。元金。

【元来ガンライ】はじめから。もともと。そもそも。

【元利ガンリ】元金と利子。『元利合計』

【元気ゲンキ】①活動の源になる気力。心身の活動力。②国心身が健康なこと。▼(1)①は、もと、万物が生まれ育つ根本となる精気の意。(2)②は病勢が衰える意の「減気」からの転とも。

【元夕ゲンセキ】陰暦正月一五日の夜。元宵ゲンショウ。

【元素ゲンソ】①万物の根源となる、それ以上に分割できない要素。『地、水、空気、火の四元素』②化学で、成り立ちや構造の最も簡単な成分。同一原子だけから成る物質。酸素、金、銀など。『元素記号』『希元素』

【元結もとゆい・もっとい】髪のもとどりを結び束ねる糸、ひもの類。→❽（ゲンケツ）

❷ よい。最善の。また、大きい。

【元勲ゲンクン】国家に尽くした大きな勲功。また、その勲功のあった人。『維新の元勲』

【元亨利貞ゲンコウリテイ】易経で乾ケンの卦カを説明する言葉で、乾（天）の四徳を表す語。春夏秋冬、仁礼義智などに配当される。［易経-乾］

【元子ゲンシ】皇太子。太子。

【元徳ゲントク】大きな徳。りっぱな徳。

【元良ゲンリョウ】大きい善徳。また、きわめて善良な人。

【元老ゲンロウ】①功労のある長老。『経済界の元老』『元老院』②国旧憲法の下で、天皇を補佐し、重要政務の決定などにあずかった政治家。

❸ あたま。かしら。おさ。首長。

下接 網元あみもと・家元いえもと・窯元かまもと・胴元ドウもと・版元ハンもと

【元凶・元兇ゲンキョウ】悪者のかしら。悪事の張本人。『強盗団の元凶』▼書き換え「元兇→元凶」。

【元首ゲンシュ】国の首長。国際法上、一国を代表する資格を持つ人。『国家元首』

【元帥ゲンスイ】国もと、陸海軍大将のうち、元帥府（=天皇の軍事上の最高顧問機関）に列せられた者。

【元服ゲンプク】中国古代の風習を模して行われた男子の成人の儀式。『元服して髪形を変える』▼古くは「ゲンブク」。もと、頭に着けるものの意。

❹ 年号のくぎり。

【元号ゲンゴウ】年数を数えるための特定の称号。「元禄」「昭和」の類。

❺ 中国の王朝名。

【元曲ゲンキョク】中国、元代の戯曲。北方系の音楽を用いた歌劇。四幕構成で、歌い手は各幕で男の立役（末）と女形（旦）のどちらかの主役一人に限られている。他はせりふだけで劇の進行を説明する語り手が一人いる。中国の戯曲文学として最高の地位を持つ。北曲。

【元寇ゲンコウ】鎌倉時代、元（蒙古）が、日本を侵略しようとして、文永一一年（一二七四）一〇月、および弘安四年（一二八一）七月に、博多に来襲してきた戦役。

【元史ゲンシ】中国、元代の歴史を記した書物。二一〇巻。明ミンの宋濂ソウレン・王褘オウイが勅を奉じ編集した。

❽ 固有名詞。

【元九ゲンキュウ】中国、中唐の詩人、元稹ゲンシンのこと。「九」は兄弟・いとこなどの年齢の順位が九番目である意。

【元結ゲンケツ】中国、中唐の詩人・文章家。字あざなは次山。著に「元次山文集」一〇巻がある。（七二三〜七七二）→❶（もとゆい）

【元亨釈書ゲンコウシャクショ】虎関師錬コカンシレンの著。元亨二年（一三二二）撰述。仏教の伝来から当時までの七百年間におけるわが国の高僧の伝記や史実などを記した。

【元好問ゲンコウモン】中国、金末・元初の詩人。字あざなは裕之。号は遺山。著「中州集」など。（一一九〇〜一二五七）

【元稹ゲンシン】中国、中唐の詩人。字あざなは微之ビシ。白居易とともに「元白」と称された。著に小説「鶯鶯伝オウオウデン」、詩集「元氏長慶集」がある。（七七九〜八三一）

【元白ゲンパク】中国、中唐の詩人の元稹ゲンシンと白居易。ともに平易な詩風で知られる。

［冘］⇩518 ［宂］⇩1840

451 【兄】 2327 373B 8C5A 儿-3 常2

キョウ（キャウ）呉・ケイ漢／xiōng／あに・にいさん・あん・え・せ

筆順 

字解 象形。兒（=児）に対して、頭蓋骨の固まった年長者に象る。古くより神前に座して祈る意を表す字と混同されたという。

同属字 怳・況・眖

参考 万葉仮名では訓を借りて「え（や行）」。

意味 ❶あに。弟に対する語。『兄弟』『義兄』『実兄』❷同輩・友人などに対する敬称。『貴兄』『大兄タイケイ』

❶ あに。弟に対する語。

下接 阿兄アケイ・家兄カケイ・義兄ギケイ・愚兄グケイ・賢兄ケンケイ・吾兄ゴケイ・次兄ジケイ・実兄ジッケイ・舎兄シャケイ・尊兄ソンケイ・仲兄チュウケイ・長兄チョウケイ・伯兄ハクケイ・父兄フケイ・令兄レイケイ・老兄ロウケイ

【兄弟・兄妹キョウダイ】①兄と弟（妹）、その関係。↔姉妹。②同じ父母から生まれた子供達。また、その子供達同士の関係。兄弟姉妹。③（兄弟）男同士の、特に親しく気安い間柄の呼びかた。▼「兄弟」はケイテイとも、「兄妹」はケイマイとも読む。

【兄姉ケイシ】兄や姉。また、「皆さん」の意。↔弟妹

【兄事ケイジ】兄のように敬い接すること。＊史記-項羽本紀「吾得₌兄₋事之₋」（われこれにケイジするをえん）〔=私は、この人を兄として敬い仕えたい〕」

【難レ為レ兄、難レ為レ弟(ケイたりがたく、テイたりがたし)】二者の間に優劣をつけがたいこと。〔世説新語-徳行〕
【兄弟鬩レ牆(ケイテイかきにせめぐ)】(「牆」は、かきねの内の意)兄弟がうちわげんかをする。仲間同士で争う。〔詩経-小雅・常棣(ジョウテイ)〕

❷ 同輩・友人などに対する敬称。

下接 雅兄(ガケイ)・学兄(ガッケイ)・貴兄(キケイ)・諸兄(ショケイ)・大兄(タイケイ)

452 【充】 二一 儿-3
ジュウ 「充」(455)の旧字

【宂】⇩1721

453 【兇】 2204 3624 8BA2 儿-4
ク(呉)・キョウ(漢)\xiōng

字解 形声。儿+凶(わるい)(声)。わるものの意。
参考 熟語は「凶」(579)を見よ。
意味 ❶わるい。残忍である。悪者。「凶」に同じ。『兇悪』『兇行』『兇暴』❷人をきずつける。「凶」に同じ。『兇器』『兇弾』❸おそれる。「恐」に同じ。

454 【光】 2487 3877 8CF5 儿-4 常2
コウ(クヮウ)(呉)(漢)\guāng/ひかる・ひかり・みつ

筆順 光 光 光 光 光 光

字解 会意。儿+火(ひ)。人の頭上にのせたひかりの意。

甲骨文 金文 篆文

同属字 晃・輝・耀(燿)・恍・洸・晄・胱

意味 ❶ひかる。てらす。かがやく。また、ひかり。かがやき。明るさ。『光合成』『光彩』『光線』『月光』『発光』❷大きい。かがやかしい。すぐれている。また、ほまれ。名誉。『光栄』『光臨』『威光』❸時間。とき。『光陰』『消光(ショウコウ)』『年光(ネンコウ)』『流光(リュウコウ)』❹ありさま。けしき。『風光明媚(フウコウメイビ)』『光景』『観光』❺あて字、固有名詞など。『光武帝』

❶ ひかる。てらす。また、ひかり。

下接 炎光・感光・眼光・脚光・逆光・暁光・旭光・極光・蛍光・月光・弧光・後光・採光・三光・残光・斜光・遮光・寂光・曙光・燭光・晨光・瑞光・閃光・電光・灯光・投光・韜光・日光・白光・発光・微光・分光・夜光・妖光・陽光・余光・燐光・霊光・露光・御来光

【光圧(コウアツ)】光や電磁波などが物体に与える圧力。

【光炎・光焔(コウエン)】①光と炎。光りかがやく炎。『光炎万丈〔=詩文などの力強いさま〕』②仏像の光背。

【光華(コウカ)】美しく光ること。また、その光。光彩。

【光学(コウガク)】光の性質や現象、また、その応用などを研究する物理学の一部門。『光学器械』

【光輝(コウキ)】光りかがやくこと。かがやき。

【光源(コウゲン)】光を発するみなもと。『光源体』

【光毫(コウゴウ)】仏の眉間にあって光を発する白い巻き毛。白毫(ビャクゴウ)。また、その光。

【光合成(コウゴウセイ)】緑色植物が光エネルギーを用いて炭酸ガスと水から炭水化物を作る働き。

【光彩(コウサイ)】①美しくかがやく光。鮮やかな光。また、きらびやかで豪華なこと。繁栄するさま。＊白居易-長恨歌「可レ憐光彩生二門戸一(あわれむべしコウサイのモンコにショウずるを)〔=ああ、うらやましくも彼女一門にはあたかも光がさしているかのようである〕」②(「光彩を放つ」の形で)才能などがおもてに表れるさま。【光彩陸離(コウサイリクリ)】光が美しくきらめくように、すばらしいさま。

【光子(コウシ)】光の素粒子。フォトン。光量子。

【光跡(コウセキ)】光るものを見たとき、目に映る光の筋。また、写真に現れる光の軌道。

【光線(コウセン)】光の進む経路を示す線。『太陽光線』

【光沢(コウタク)〔―やつ〕】なめらかな表面に現れるおだやかな光。

【光熱(コウネツ)】主に家庭で使うあかりと燃料。『光熱費』

【光年(コウネン)】天文学上で、距離を表す単位。一光年は、光が真空空間を一年間に進む距離で、約九兆四六一〇億キロメートルに当たる。

【光背(コウハイ)】仏像の背後に付ける光や火炎をかたどった装飾。

【光風(コウフウ)】日光と風。また、光る風。雨上がりのさわやかな景色をいう。〔楚辞-宋玉・招魂〕【光風霽月(コウフウセイゲツ)】さわやかな風と晴れ渡った月。比喩(ヒユ)的に、わだかまりがなく、さっぱりした様子や、政治が晴朗なさまをいう。〔宋史-周敦頤(シュウトンイ)伝〕

【光芒(コウボウ)】尾を引く光の筋。

【光明(コウミョウ)】①明るい光。光輝。②逆境で見いだす、希望や解決の糸口。

【光輪(コウリン)】仏像や聖像などの光背のうち、光の輪になったもの。『天使の光輪』

❷ 大きい。かがやかしい。また、ほまれ。

下接 威光・栄光・国光・寵光・竜光・和光・和光同塵(ワコウドウジン)／七光(ななひかり)

【光栄(コウエイ)】名誉であること。ほまれ。〔論衡-状留〕
【光被(コウヒ)】君徳などがひろくおおうこと。
【光来(コウライ)】相手の来訪を敬っていう語。『御光来を仰ぐ』
【光臨(コウリン)】相手がある場所に出席することを敬っていう語。〔曹植-七啓〕『御光臨を賜る』

❸ 時間。とき。

【光陰(コウイン)】月日。年月。とき。＊李白-春夜宴二桃李園一序「光陰者百代之過客(コウインはヒャクダイのカカクなり)〔=月日は永遠に動いている旅人のようなものだ〕」【光陰如レ箭(コウインやのごとし)】月日の過ぎるのは飛ぶ矢のように早い。〔禅門諸祖偈頌(ゲショウ)〕

❹ ありさま。けしき。

下接 観光・山光・秋光・春光・風光

【光景(コウケイ)】目に見える景色。ある場面のありさま。

❺ 固有名詞など。

【光緒帝(コウショテイ|コウチョテイ)】中国の清朝第一一代皇帝。廟号は徳宗。名は載湉(サイテン)。康有為らを用いて変法自強の改革を行ったが西太后らによるクーデターで失敗。幽閉されたまま没した。(一八七一～一九〇八)
【光武帝(コウブテイ)】中国、後漢の初代皇帝。姓名、劉秀。字(あざな)は文叔。廟号は世祖。王莽の新を倒して漢王朝を再興した。(前三～後五七)
【光禄池台(コウロクのチダイ)】中国、前漢の光禄大夫王根が作ったといわれる豪華な庭園。＊劉希夷-代下悲二白頭一翁上「光禄池台開二錦繡一(コウロクのチダイキンシュウをひらく)〔=光禄の池台で、はなやかな宴を開く〕」❤「池台」は、庭の中の池に建てた建物。

【光参(きんこ)】キンコ科に属するナマコ類の一種。中国料理に使う。❤「金海鼠」とも書く。

455 【充】 2928 3D3C 8F5B 儿－4 常 (452)【充】儿－3 旧字

ジュウ㊤・シュウ(シウ)㊥\chōng/あてる・みたす・みちる

筆順 充 充 充 充 充 充

字解 形声。充は儿＋育(そだつ)省㊥。子どもが成長する意から、みちる意。

同属字 統(統)・銃(銃)

意味 ❶みちる。みたす。㋑いっぱいになる。『汗牛充棟(カンギュウジュウトウ)』『充実』『充満』㋺ふさがる。ふさぐ。『充塡』❷あてる。あてはめる。あてがう。あたる。『充当』『充用』『拡充(カクジュウ)』『補充(ホジュウ)』＊白居易‐売炭翁「繫二向牛頭一充二炭直一(ギュウトウにかけてすみのあたいにあつ)」〔＝牛の頭にかけて、炭の代金にあてる〕」⇓表

充(ジュウ)	充満	すみずみまでゆきわたる。 充溢(ジュウイツ) 充足 充棟 充分 拡充 完充
満(マン)		あふれるほどいっぱいになる。 満溢(マンイツ) 満足 満室 満杯 豊満 盈満(エイマン)

❶ みちる。みたす。

【充血(ジュウケツ)】ある局部を流れる動脈内の血が、異常に多くなること。❤静脈の場合は「鬱血(ウッケツ)」。

【充実(ジュウジツ)】内容、設備、力などが十分で豊かなこと。〔孟子‐尽心下〕

【充仞・充牣(ジュウジン)】(「仞」「牣」はみちる意)みちて一杯になること。充満。〔史記‐殷本紀〕

【充足(ジュウソク)】十分にみたすこと。みちたりること。『充足感』

【充塞(ジュウソク)】ある場所にものが一杯になること。みたし埋めること。

【充塡(ジュウテン)】

【充電(ジュウデン)】蓄電池に電流を流し、エネルギーを蓄えること。蓄電。比喩(ヒユ)的にもいう。↔放電。『充電期間』

【充分(ジュウブン)】みちたりて何一つ不足のないさま。十分。

【充満(ジュウマン)】ある場所が気体などで満ちること。

❷ あてる。あてがう。

【充当(ジュウトウ)】ある目的や用途にあてること。

【充用(ジュウヨウ)】あてはめて用いること。

456 【先】 3272 4068 90E6 儿－4 常1

セン㊤㊥\xiān/さき・まず

筆順 先 先 先 先 先 先

字解 会意。もと、儿(ひと)＋之(あしあと)。人よりさきだつ意。

甲骨文  金文  篆文 

同属字 銑・筅・洗・跣・銑

意味 ❶さき。位置的にさき。前の方。『先鋭』『先駆』『先陣』『先端』❷さき。時間的にさき。早い方。まず。『先客』『先決』『先攻』『優先(ユウセン)』＊史記‐項羽本紀「沛公先破レ秦、入二咸陽一(ハイコウまずシンをやぶりて、カンヨウにいる)」〔＝沛公は誰よりも先に秦を打ち破り、咸陽に入った〕」❸以前。過去になったもの。一つ前のもの。『先日』『先代』『先般』『祖先(ソセン)』❹さきんじる。さきにする。『先天』『先鞭(センベン)』『率先(ソッセン)』＊范仲淹‐岳陽楼記「先二天下之憂一而憂、後二天下之楽一而楽(テンカのうれえにさきんじてうれえ、テンカのたのしみにおくれてたのしむ)」〔＝世の人々がいまだ憂えない前に憂え、人々が楽しんだ後に楽しむ〕」⇓表
⇓〔後〕(2284)の表

先(セン)	さき。いちばんまえ。 先駆 先進 先陣 先行 先頭 先鋒 先住者
前(ゼン)	まえ。まえのほう。 前駆 前進 前陣 前行 前頭 前衛 前住者

❶ さき。位置的にさき。前の方。

下接 最先(サイセン)／後先(あとさき)・縁先(エンさき)・口先(くちさき)・毛先(けさき)・舌先(したさき)・筒先(つつさき)・爪先(つまさき)・褄先(つまさき)・手先(てさき)・庭先(にわさき)・軒先(のきさき)・刃先(はさき)・端先(はなさき)・鼻先(はなさき)・筆先(ふでさき)・舳先(へさき)・矛先(ほこさき)・穂先(ほさき)・水先(みずさき)・店先(みせさき)・胸先(むなさき)・目先(めさき)

【先鋭(センエイ)】先が鋭くとがっていること。転じて、日本語で、思想や行動が急進的であること。❤書き換え「尖鋭→先鋭」。

【先駆(センク)】先導すること。転じて、他に先立ってある物事をすること。先駆け。『先駆的な業績』『先駆者』

【先後(センゴ|センコウ)】前とうしろ。時や順序、また、物事などのさきとあと。〔詩経‐大雅・綿〕『先後を乱す』

【先陣(センジン)】①本陣の前方に設けた陣。さきぞなえ。↔後陣(コウジン)。②一番乗り。先駆け。『先陣争い』

【先端(センタン)】①物の一番さきの部分。『刃の先端』②時代や流行などの先頭。❤書き換え「尖端→先端」。

【先途(センド)】国①これからさき。前途。②運命の決まる大事な場合。『ここを先途と戦う』

【先頭(セントウ)】一番さき。はじめ。↔後尾。『先頭を切る』

【先導(センドウ)】先に立ってみちびくこと。案内。『先導車』

【先方(センポウ)】①さきの方。向こう。②相手の人。相手方。↔当方。『先方の返事を待っている』

【先鋒(センポウ)】戦闘のとき、先頭を切って進むもの。転じて、行動や主張などの先頭となるもの。〔蜀志‐馬良伝〕『急先鋒』

❷ さき。時間的にさき。早い方。

【先議(センギ)】国他より先に審議すること。『先議権』

【先客(センキャク)】先に来ている客。『先客がある』

【先決(センケツ)】先に解決すること。まず決定すること。『謝罪することが先決だ』『先決問題』

【先遣(センケン)】先に派遣すること。また、その人。『先遣隊』

【先行(センコウ)】他より先に行くこと。また、行うこと。『源氏物語に先行する作品』『先行の法規』

【先攻(センコウ)】試合で、先に攻撃する側であること。また、そのチーム。↔後攻

【先後生(センコウセイ|センゴセイ)】先に生まれた者と後から生まれた者。＊韓愈‐師説「庸知二其年之先二後‐生於吾一乎(なんぞそのとしのわれよりセンコウセイなるをしらんや)」〔＝どうしてその人が私より年上であるか年下であるかということが問題になるのだろうか〕」

【先取(センシュ|さきどり)】①他よりも先に取ること。『先取点』②(さきどり)先に代金、利子などを受け取ること。『先取特権』

【先住(センジュウ)】先に住んでいること。『先住者』

【先勝(センショウ)】①何回戦かにわたる試合で、まず先に勝つこと。②「先勝日(センショウニチ)」の略。六曜の一。万事に急ぐのがよいとされる。↔先負(センブ)

【先生(センセイ)】(先に生まれた人の意)①年長者。父や兄をいう。＊論語‐為政「有レ事、弟子服二其労一、有二酒食一、先生饌(ことあれば、テイシそのロウにフクし、シュシあれば、センセイにセンす)」〔＝骨のおれる仕事がある場合は、若い者が代わってその労働を行い、酒食があった

ら、年長者にまずさしあげる」」〔孟子-告子下〕②年長の学徳のある人。③教師。師匠。また、その道の専門家。④文人・学者の自称。⑤国人をからかっていう語。やっこさん。大将の類。

【先制】センセイ 先手を取ること。機先を制すること。『先制攻撃』『先制点』

【先着】センチャク 先に到着すること。『先着順』

【先入】センニュウ 前もって心に入っていること。『先入見』

【先入観】センニュウカン 最初に知ったことによって形成される固定観念。それによって自由な思考が妨げられるような場合にいう。【先入為レ主】センニュウシュとなる 最初に知ったことが、その後の自由な思考を妨げること。先入主。先入観。〔漢書-息夫躬（ソクフキュウ）伝〕

【先発】センパツ ①他より先に出発すること。↔後発。『先発隊』②野球などで、試合の最初の回から出場すること。

【先便】センビン 先に出したたより。前便。↔後便

【先負】センブ・センプ 「先負日（ニチ）」の略。六曜の一。万事に平静であることがよいとされる。↔先勝

【先務】センム 第一になすべきつとめ。

【先約】センヤク ある約束を申し込まれたときに、それより前にしてあった約束。前約。→❸

❸ 以前。過去になったもの。一つ前のもの。

【先王】センオウ・センノウ 前代の君主。特に、古代の理想の聖天子。儒家で、堯（ギョウ）、舜（シュン）、禹（ウ）、湯王、文王、武王をいう。

*孟子-公孫丑上「先王有レ不レ忍レ人之心一、斯有レ不レ忍レ人之政一矣（センノウひとにしのびざるのこころありて、ここにひとにしのびざるのまつりごとあり）」〔＝古代の君主たちは、人に対してむごい行為ができない心をもっていたからこそ、人に対してむごくあたらない仁の政治が行われたのである〕

【先君】センクン ①先代の主君。〔詩経-邶風・燕燕〕②既に死去した父や祖先。

【先月】センゲツ 今月の直前の月。前月。↔来月

【先賢】センケン 昔の賢人。先哲。〔礼記-祭義〕

【先考】センコウ 今は亡くなっている父。亡父。↔先妣（センピ）。〔礼記-曲礼下〕

【先刻】センコク ①少し前。さきほど。↔後刻。『先刻からお待ちです』②前から。既に。『それは先刻承知だ』

【先妻】センサイ もとの妻。前妻。↔後妻

【先史】センシ 文献的史料の現れる以前の時代であること。前史。『先史時代』『先史学』

【先師】センシ ①既に亡くなった師匠。②先賢。先哲。

【先日】センジツ 少し前のある日。この間。過日。

【先週】センシュウ 今週より一つ前の週。前週。↔来週

【先緒】センショ （「緒」は事業の意）先人の遺した事業。

【先蹤】センショウ 前の人、昔の人の事業の跡。

【先臣】センシン 死亡した臣。主君に対して自分の亡父をさしていう語。〔左伝-文公一五年〕

【先秦】センシン 中国の時代区分で、紀元前二二一年に秦の始皇帝が統一帝国を築きあげる以前の封建時代をいう。

【先人】センジン ①昔の人。↔後人（コウジン）。『先人の英知に学ぶ』②亡父。③祖先。〔詩経-小雅・小宛〕

【先世】センセイ 自分より前の世代。先代。先祖。*陶潜-桃花源記「先世避二秦時乱一（センセイシンジのランをさく）」〔＝先祖は秦の時代の戦乱をさけた〕

【先祖】センゾ 家系の初代。また、初代以後、死亡している先代までのその家代々の人々。↔子孫。『先祖代代』

【先代】センダイ ①当主の前の代の主人。↔当主・当代。『先代の時からの番頭』②同じ名を襲名している芸能人などの一代前の人。『先代の幸四郎』

【先帝】センテイ 先代の天子。前帝。

【先哲】センテツ 先代の哲人、賢人。昔のすぐれた思想家。

【先任】センニン 先にその任務、地位に就いたこと。また、その人。『先任の教官』

【先年】センネン 過ぎ去ったある年。『先年の台風の爪跡（つめあと）』

【先般】センパン さきごろ。過日。↔今般

【先妣】センピ 故人である母。亡母。↔先考

【先非】センピ 以前に犯した過失。昔のあやまち。

【先約】センヤク ある人と以前にしておいた約束。→❷

【先例】センレイ 以前の例。『先例に倣う』

❹ さきんじる。さきにする。

【先覚】センカク ①他人より先んじてさとる人。『先覚者』②学問上の先輩。先学。

【先学】センガク 学問上の先輩。先覚。↔後学

【先見】センケン 物事が起こる以前に見抜くこと。将来を見通すこと。【先見之明】センケンのメイ 将来のことを見通す洞察力。〔後漢書-楊彪（ヨウヒョウ）伝〕

【先験的】センケンテキ 哲学で、経験に依存したものでなく、それに先立っている様子。先天的。アプリオリ。

【先進】センシン ①学問や年齢などが上である人。先輩。〔論語-先進〕②発展の段階や進歩の度合いが先んじていること。↔後進。『先進国』

【先達】センダツ・センダチ ①先んじてその道に達し、他を導くこと。また、その人。先輩。〔後漢書-朱暉伝〕『学界の先達』②案内すること。案内者。

【先天】センテン （天に先んじる意）生まれつき身にそなわっていること。『先天的な資質』『先天性』

【先輩】センパイ 経験、年齢などが自分より上の人。また、同じ集団で、先に入った人。↔後輩・同輩

【先鞭】センベン 人に先んじて着手すること。〔晋書-劉琨伝〕

♥中国、東晋の武将祖逖（ソテキ）と劉琨は仲の良い友人で好敵手でもあったが、劉琨が知人への手紙の中で、祖逖が先に功名をあげるのではないかと「常に祖逖君が私に先立って馬に鞭打つのではないかと気づかっておりました」と述べたという故事から。

【先憂後楽】センユウコウラク 政治家は、憂えることは人に先立って憂え、楽しむことは人に後れて楽しむよう心がけよということ。〔大戴礼-曽子立事〕

【先容】センヨウ 人を紹介してとりもつ際に、あらかじめほめて推薦すること。口添え。〔鄒陽-獄中上レ書自明〕

【先即制レ人】さきんずればすなわちひとをセイす 他人よりも先に行えば、有利な立場に立つことができる。〔史記-項羽本紀〕

457 【兌】 * 1870 儿－4 ダ 「兌」(460)の異体字

458 【克】 2578 396E 8D8E 儿－5 常 コク 呉漢 kè/かつ

筆順 克 克 克 克 克

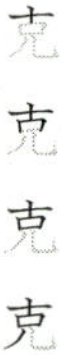

字解 象形。甲冑を身につけた人に象り、甲冑の重さに耐える・かつの意。

甲骨文

金文

篆文

同属字 剋・尅

意味 ❶よくする。できる。よく。『克明』❷うち勝つ。力を尽くして勝つ。『克復』『克己』『超克』

❶ よくする。できる。よく。

【克明】コクメイ 一つ一つ細かく念を入れるさま。まめやか。

『克明な報告』『克明に記す』

❷ うち勝つ。

下接 温克(オンコク)・忌克(キコク)・相克(ソウコク)・超克(チョウコク)・下克上(ゲコクジョウ)

【克服(コクフク)】困難に打ち勝つこと。『障害を克服する』

【克復(コクフク)】困難な事態を乗り越えて、以前の状態に戻すこと。『平和克復』

【克励(コクレイ)】欲望に打ち勝ってはげみ努めること。剋励。

【克己(コッキ)】自分の欲望に打ち勝つこと。〔漢書-王嘉伝〕『克己心』

【克己復礼(コッキフクレイ)】(おのれにかちて|れいにかえる)自分の私欲に打ち勝ち、社会の秩序に適合する。（「礼」は社会の秩序、規範の意）一説に、「復」を「履」とし、「ふむ」と読み、礼を実行する意とする。＊論語-顔淵「克レ己復レ礼為レ仁(おのれにかちてレイにかえるをジンとなす)」〔＝自分の私欲に打ち勝ち、社会の規範にかなった行為に立ちもどることが仁である〕

459 【児】 2789 3B79 8E99 儿－5 常4 (468)【兒】 4927 513B 995A 儿－6 旧字人

ニ呉・ジ漢・ゲイ漢／ér・ní／こ・ちご

筆順 児 児 児 児 児 児

字解 児は兒の草体から。兒は象形。頭蓋骨の固まっていない子供に象り、子・男子の意。一説に、あげまきをゆった子に象るともいう。

甲骨文 金文 篆文

同属字 麑・鬩・霓・倪・猊・睨・蜺・鯢

参考 万葉仮名では音を借りて「じ」、訓を借りて「こ甲」。

意味 ❶幼い子供。ちご。『児戯』『児童』『育児』『幼児』 ❷親に対して、子。『私生児(シセイジ)』『児孫』『愛児』『豚児』 ❸若者。若い男。『球児』『健児』 ❹あて字、熟字訓など。『老頭児(ロートル)』『掏児(すり)』

❶ 幼い子供。

下接 育児(イクジ)・嬰児(エイジ)・園児(エンジ)・孩児(ガイジ)・産児(サンジ)・小児(ショウニ)・女児(ジョジ)・胎児(タイジ)・託児(タクジ)・男児(ダンジ)・童児(ドウジ)・乳児(ニュウジ)・幼児(ヨウジ)・新生児(シンセイジ)・双生児(ソウセイジ)／赤児(あかご)・天児(あまがつ)・逆児(さかご)・稚児(ちご)・迷児(まいご)・緑児(みどりご)

【児戯(ジギ)】子供の遊びごと。自分の行為を謙遜したり、他人の行いを軽蔑したりして、幼稚なこと、取るに足らぬこと、の意にいう。〔史記-絳侯周勃世家〕『児戯に類する』

【児女(ジジョ)】①女の子。また、女子と子供。②女の子と男の子。子女。

【児童(ジドウ)】①子供。日本で、特に、小学校に学んでいる子供をいう。②国児童福祉法で、一八歳未満の者。

【児輩(ジハイ)】①子供たち。②転じて、人を軽蔑して呼ぶときに用いる語。

❷ 親に対して、子。

下接 愛児(アイジ)・遺児(イジ)・魚児(ギョジ)・孤児(コジ)・死児(シジ)・豚児(トンジ)・猫児(ビョウジ)・鳳児(ホウジ)・亡児(ボウジ)／吾児(あこ)

【児孫(ジソン)】子供や孫。子孫。【不下為二児孫一買中美田上(ジソンのためにビデンをかわず)】子孫のために財産を残さない。精神が安逸に流れやすいからである。〔西郷隆盛-偶成〕

❸ 若者。若い男。

下接 球児(キュウジ)・驕児(キョウジ)・健児(ケンジ)・壮児(ソウジ)・寵児(チョウジ)・偸児(トウジ)・蕩児(トウジ)・麒麟児(キリンジ)・風雲児(フウウンジ)

難読地名 児湯(こゆ)郡(宮崎)

460 【兑】 4928 513C 995B 儿－5 (461)【兌】 二一 儿－5 (457)【兊】 ＊1870 儿－4

タイ漢・エイ(エイ)漢・エツ漢・ダ慣／duì・ruì・yuè

字解 会意。八(わかれる)＋兄(いのる)。事を分けて神に祈って心がとき放たれる、よろこぶ意。

甲骨文 金文 篆文

同属字 悦(悅)・脱(脫)・税(稅)・蛻・説(說)・鋭(銳)・閲(閱)

意味 ❶よろこぶ。「悦」に同じ。『和兌(ワエツ)』 ❷とりかえる。ひきかえる。『兌換』『発兌(ハッダ)』 ❸易の八卦の一。☱。六十四卦では☱☱。心身を正しくすれば、すべては成功することを表す。

【兌換(ダカン)】紙幣を額面金額と同価値の金銀貨などの正貨と引き換えること。『兌換紙幣』

462 【兎】 二一 儿－5

ト 「兔」(469)の異体字

463 【売】 3968 4764 9484 儿－5 常2 (7718)【賣】 7646 6C4E E6CC 貝－8 旧字人

マイ呉・バイ漢／mài／うる・うれる

筆順 売 売 売 売 売 売

字解 売は賣の略体。賣は形声。士(＝出)＋買声。うる意。出を加えて買と区別した。

参考 (1)万葉仮名では音を借りて「め甲」。(2)続・読などの売(賣)は別字。

意味 うる。ひさぐ。あきなう。↕買。㋑代金を受けとって、品物や権利などを他人に譲り渡す。『売価』『売店』『売買』『商売』『販売』 ㋺自分の利益のために、仲間などをうらぎる。『売国』『売友』 ㋩宣伝する。広める。『売名』 ⇒〔販〕(7733)の表

下接 淫売(インバイ)・競売(キョウバイ)・公売(コウバイ)・商売(ショウバイ)・専売(センバイ)・即売(ソクバイ)・直売(チョクバイ)・転売(テンバイ)・特売(トクバイ)・発売(ハツバイ)・販売(ハンバイ)・分売(ブンバイ)・密売(ミツバイ)・乱売(ランバイ)・廉売(レンバイ)／糶売(せりうり)

【売官(バイカン)】金銭・財物を納めさせるなどして、それを代償として官職を授けること。

【売却(バイキャク)】売り払うこと。

【売国(バイコク)】国を売ること。自分の利益などのために、自国の不利益になるようなことをすること。『売国奴』

【売春(バイシュン)】金品を得る目的で異性と性交すること。

【売炭翁(バイタンオウ)】炭を売る老人。炭焼きの老翁。＊白居易-売炭翁「売炭翁、伐レ薪焼レ炭南山中(バイタンオウ、たきぎをきりすみをやくナンザンのうち)」〔＝炭売りのじいさんは、終南山でたきぎを切り、炭を焼いている〕

【売文(バイブン)】文章を書き、それを売って報酬を得、生活を維持すること。『売文の徒』

【売卜(バイボク)】占いを商売にすること。

【売名(バイメイ)】自分の名前が世間に知れわたるように努めること。『売名行為』『売名の徒』

【売友(バイユウ)】自分の利益のために友人をうらぎること。

【売僧(マイス)】商売をする堕落僧。仏法に背く行いをする僧。僧侶をののしっていう。

【売女(ばいた)】売春婦。また、女性をののしっていう語。

464 【免】 二一 儿－5

メン 「免」(472)の旧字

[皃] ⇩ 5092

465 【兗】 ―― 儿－6
エン 「兖」(473)の異体字

466 【尭】 2238 3646 8BC4 儿－6 人 (1257)〔堯〕8401 7421 EA9F 土－9 旧字
ギョウ(ゲウ)呉漢/yáo/たかい・ゆたか
字解 尭は堯の略体。堯は会意。垚(土を高く盛る)＋兀(高くて上方が平ら)。高遠の意。
甲骨文 篆文
同属字 翹・僥・嬈・墝・嶢・撓・橈・曉(暁)・澆・磽・繞・鐃・饒・驍
意味 ❶たかい。けだかい。また、ゆたか。❷古代の伝説上の帝王。帝嚳(テイコク)の子。日月星辰を観測して暦を作り、また舜(シュン)に二女を与えて、帝位を譲ったという。舜とともに理想的帝王とされた。帝尭。陶唐氏。
【尭日(ギョウジツ)】(中国、伝説上の聖天子・尭を太陽にたとえたことば)天子、君主の徳の高い政治。尭天。
【尭舜(ギョウシュン)】中国古代で徳をもって天下を治めた尭(陶唐氏)と舜(虞氏)。転じて、賢明なる天子の称。
【尭天(ギョウテン)】古代の尭のような恵みふかい聖天子。
【尭年(ギョウネン)】聖帝の治める平和な時代。
【尭風(ギョウフウ)】(「尭風舜雨」「舜日尭風」などの形で)古代中国の聖天子、尭と舜の二帝の仁徳があまねく行きわたったことを、日が輝き風の静かなことにたとえていう語。天の恵みの順調な、太平の世のさま。

467 【兕】 * 1873 儿－6 (7655)〔𤉡〕―― 豕－5
ジ呉・シ漢/sì
字解 象形。水牛に似た一角獣に象り、その獣の意。
甲骨文 篆文
意味 けものの名。水牛に似た一角獣。角で杯をつくり、皮でよろいをつくる。『兕甲』『兕觥(ジコウ)』

兕〔三才図会〕

468 【兒】 4927 513B 995A 儿－6
ジ 「児」(459)の旧字

469 【兎】 ―― 儿－6 (462)〔兔〕―― 儿－5 † (470)〔兔〕4929 513D 995C 儿－6 (471)〔兎〕3738 4546 9365 儿－6
ト漢/tù/う・うさぎ
字解 象形。長い耳と短い尾をもつウサギに象り、ウサギの意。兎は兔の草体から。もと、兎のように、たて画とノを一筆にした。
甲骨文 篆文
意味 ❶うさぎ。また、月に兎がいるという伝説から、月の異名。『兎唇』『烏兎』『脱兎』❷あて字、熟字訓など。『兎角(とかく)』

❶うさぎ。
下接 烏兎(ウト)・玉兎(ギョクト)・狡兎(コウト)・脱兎(ダット)・雉兎(チト)
【兎角亀毛(トカクキモウ)】実在するはずのないことのたとえ。亀毛兎角。〔述異記〕❤兎の角(つの)と亀の甲に生える毛の意から。
【兎唇(トシン)】|いぐち|みつくち| 上くちびるの中央が裂けて、兎の口のようになっていること。
【兎走烏飛(トソウウヒ)】(月に兎が、太陽に烏が住むという伝説から)月日のたつのが早いこと。〔荘南傑-傷歌行〕
【兎魄(トハク)】月の異名。月に兎が住むという伝説から。
〖兎死狐悲(うさぎシしてきつねかなしむ)〗同類が互いに同情することのたとえ。〔水滸伝-第二八回〕

❷あて字。
【兎園冊(トエンサツ)】①通俗な書物。②自分の著書などを謙遜していう語。「兎園策」とも。❤元来は、中国、唐代に編纂された書物の名。後に児童の入門書として使われたところから、通俗な書の意に用いられるようになった。「兎園」は前漢の梁孝王(劉武)の園の名称。

【兎角(とかく)】①あれこれ。何やかや。②得てして。ともすれば。『兎角、この世は住みにくい』

472 【免】 4440 4C48 96C6 儿－6 常 (464)〔免〕―― 儿－5 旧字
メン呉・ベン漢/miǎn・wèn/まぬかれる・まぬがれる
筆順 免 免 免 免 免 免 免
字解 象形。力をこめて子どもを生み出す人のまたに象り、子どもを生む・ぬけ出す意。
金文
同属字 冕・勉・俛・娩・挽・晩・輓・鮸
意味 ❶うむ。子を生む。「娩」に同じ。❷ゆるす。許可する。自由にしてやる。『免許』『免除』『免税』『放免』❸まぬかれる。のがれる。『免疫』『免責』『苟免(コウメン)』『祖免(タンメン)|タンメン|』❹やめさせる。解雇する。『免官』『免職』『黜免(チュツメン)』『任免(ニンメン)』『罷免(ヒメン)』

❷ゆるす。許可する。自由にしてやる。
下接 仮免(かりメン)・蠲免(ケンメン)・減免(ゲンメン)・御免(ゴメン)・赦免(シャメン)・恕免(ジョメン)・除免(ジョメン)・放免(ホウメン)・宥免(ユウメン)
【免許(メンキョ)】①ある特定の事を行うのを官が許すこと。『運転免許証』②国師匠が弟子に、その道の奥義を伝えること。また、その証書。『免許皆伝』
【免罪(メンザイ)】罪を許すこと。『免罪符』
【免除(メンジョ)】許して義務、役務などを除くこと。『授業料免除』
【免状(メンジョウ)】免許の証として授与する文書。免許状。
【免税(メンゼイ)】税金を免除すること。『免税所得』『免税品』
【免訴(メンソ)】刑事裁判で、起訴された事件につき、一定の事由がある場合に、訴訟を打ち切る裁判。

❸まぬかれる。のがれる。
【免疫(メンエキ)】(疫をまぬかれる意)①ある病原体、またその毒素に対して、生体が抵抗性を増した状態。『免疫体』②転じて、物事が度重なるにつれて慣れてしまうこと。

【免責(メンセキ)】責任を問われるのをまぬかれること。

〖免而無恥(まぬかれてはじなし)〗法律の網をくぐっても恥と思わない。道徳心のないさま。*論語-為政「道レ之以レ政、斉レ之以レ刑、民免而無レ恥(これをみちびくにまつりごとをもってし、これをととのうるにケイをもってすれば、たみまぬかれてはじなし)〔=法制・禁令によって人民を導き、(従わないものに対して)刑罰によって一様にそろえるようなことをすれば、人民は法網をくぐって恥と思わなくなる〕」

❹やめさせる。解雇する。

2画 二亠人(𠆢・亻)儿入八(丷)冂冖冫(⺀)几凵刀(刂)力勹匕匚匸十卜卩(㔾)厂厶又

【免官(メンカン)】 官職をやめさせること。免職。罷免。
【免職(メンショク)】 職をやめさせること。公務員の身分を失わせること。『懲戒免職』

[羌] ⇩ 6150

473 【兗】 *1874 儿－7 (465)〔兖〕 二一 儿－6
エン㊦/yǎn
字解 兗は沇の別体。沇は形声。水＋允㊟。
意味 ❶ただしい。まこと。❷「兗州(エンシュウ)」は中国の古地名。山東省の北西から河北省の南西にかけての一帯。

[亮] ⇩ 123

474 【党】 3762 455E 937D 儿－8 常6 (9597)〔黨〕 8362 735E EA7D 黑－8
トウ(タウ)㊤㊦/dǎng/とも・ともがら
筆順 
字解 常用漢字では、党は黨の略体。黨は形声。黑(秘密)＋尙(→堂、たかどの)㊟。一所に集まるなかまの意。党は、もと人＋尙㊟の形声字で西方の種族の名を表した。
参考 万葉仮名では音を借りて「た」。
意味 ❶なかま。とも。なかまをつくる。くみする。また、特に政党、党派。『党員』『党首』『悪党』『結党』『徒党』 *論語-述而「吾聞君子不ㇾ党(われきくクンシはトウせず)」〔＝私は、君子は仲間ぼめをしないものと聞いている〕 ❷むら。㋑村里。中国の周代では五百軒の集落を「党」といった。*論語-子路「吾党有ニ直躬一(わがトウにチョクキュウなるものあり)」〔＝私どもの村里に正直者の躬という者がいる〕 ㋺生まれ故郷。『郷党(キョウトウ)』

❶ なかま。なかまをつくる。
下接 悪党(アクトウ)・一党(イットウ)・右党(ウトウ)・挙党(キョトウ)・結党(ケットウ)・公党(コウトウ)・左党(サトウ)・残党(ザントウ)・私党(シトウ)・粛党(シュクトウ)・小党(ショウトウ)・政党(セイトウ)・脱党(ダットウ)・徒党(トトウ)・入党(ニュウトウ)・朋党(ホウトウ)・野党(ヤトウ)・与党(ヨトウ)・立党(リットウ)・離党(リトウ)・郎党(ロウドウ)・不偏不党(フヘンフトウ)

【党員(トウイン)】 党に加入している人。党人。
【党紀(トウキ)】 党の風紀。『党紀粛正』
【党議(トウギ)】 党内での討議。党の決議。
【党錮(トウコ)】 (「錮」は禁錮の意) 中国、後漢末に宦官(カンガン)一派が、宦官による腐敗政治を批判した李膺(リヨウ)、陳蕃らの有志を党人と呼んで弾圧を加えたこと。以後、宦官の横暴が激化し、後漢滅亡の一因となった。党錮の禁。
【党首(トウシュ)】 党の首領。『党首会談』
【党人(トウジン)】 ①同じ仲間の者。〔屈原-離騒〕 ②党に属する人。特に官僚出身の党員に対して、もとから党内で活動してきた者。
【党是(トウゼ)】 党がよしとして決めた党の基本方針。
【党勢(トウセイ)】 党の勢力。党威。『党勢拡張』
【党則(トウソク)】 党の規則。党規。
【党同伐異(トウドウバツイ)】 (同じものに党(みく)し、異なるを伐(う)つの意) 道理の有る無しにかかわらず、同じ派の者に味方して他派の者を攻撃すること。〔後漢書-党錮伝・序〕
【党派(トウハ)】 党や派閥。『超党派』『無党派』
【党弊(トウヘイ)】 ①党を組むことによって生じる弊害。②党内のわるい点。
【党利(トウリ)】 党のための利益。『党利党略』
【党略(トウリャク)】 党のためのはかりごと。

[亮] ⇩ 126

475 【兜】 1985 3375 8A95 儿－9
ト㊤・トウ㊦/dōu/かぶと
字解 象形。かぶとで頭をおおった人に象り、かぶとの意。
篆文 
意味 ❶かぶと。㋑かぶって頭部をまもる武具。『内兜(うちかぶと)』『鉄兜(テツかぶと)』 ㋺かぶとのように見えるもの。『兜虫(かぶとむし)』『鳥兜(とりかぶと)』 ❷音訳字。『兜率天(トソツテン)』
【兜虫(かぶとむし)】 コガネムシ科の昆虫。体色が黒褐色で光沢を帯びる。
【兜率天(トソツテン)】 (「とそつ」は梵 tusita の音訳) 仏語。欲界の六欲天の第四天。歓楽に満たされており、天寿四千歳で、この天の一昼夜は人界の四百歳に当たるという。弥勒(ミロク)菩薩が住するとされ、弥勒の浄土といわれる。

[竟] ⇩ 5567 [堯] ⇩ 1257

11 入部 いる

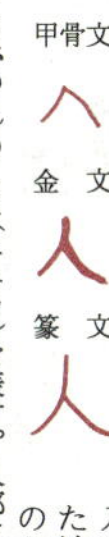

入は、いりぐちまたは矢印のあたまの象形で、はいること、いれること(ニュウ)を表す。入部には、入にもとづくもののほか、類形で併合されたものを含む。入の字形は、もと左右対称であったが、隷書で左を短く、右を、左をおおって長く書く慣わしができ、同じく隷書で似た形になった人の字と区別するようになった。部分として入をもつものは、往々人部に属する字と同様の形をとり、常用漢字では全く区別をしない。

入
入 ② 内 ⑥ 兩
入 ④ 全 ⑦ 兪

476 【入】 3894 467E 93FC 入－0 常1
ニュウ(ニフ)㊤・ジュウ(ジフ)㊦・ジュ㊥/rù/いる・いれる・はいる
筆順 
字解 部首解説を参照。
意味 ❶はいる。内側へはいる。⇔出。『入院』『入学』『入国』『入浴』『参入』『侵入』 ⇓表 ❷いれる。中側へ移す。中におさめる。⇔出。『入金』『入札』『入力』『記入』『収入』『導入』 ❸いる。必要である。『入費』『入用』 ❹「入声(ニッショウ)」は、漢字の四声の一。韻尾が、k・t・pで終わるもの。『平上去入』 ❺国しお。染汁にひたすこと。『一入再入(イチジュウサイジュウ)』『一入(ひとしお)』『八入(やしお)』

❶ はいる。内側へはいる。
下接 介入(カイニュウ)・加入(カニュウ)・陥入(カンニュウ)・貫入(カンニュウ)・嵌入(カンニュウ)・悟入(ゴニュウ)・混入(コンニュウ)・参入(サンニュウ)・竄入(ザンニュウ)・出入(シュツニュウ)・侵

入（シンニュウ）・進入（シンニュウ）・新入（シンニュウ）・先入（センニュウ）・潜入（センニュウ）・直入（チョクニュウ）・闖入（チンニュウ）・転入（テンニュウ）・突入（トツニュウ）・没入（ボツニュウ）・乱入（ランニュウ）・闌入（ランニュウ）・流入（リュウニュウ）・湾入（ワンニュウ）

「入」のつく熟語の対応語

入院	退院
入会	退会
入学	退学
入室	退室
入社	退社
入荷	出荷
入港	出港
入超	出超
入籍	除籍
入隊	除隊
入選	落選
入党	脱党

〖入ㇾ郷従ㇾ郷（ゴウにいりてはゴウにしたがう）〗 住む所の習慣に従うのが処世術である。〔童子教〕

【入内（ジュダイ）】 国中宮、皇后、女御になる人が、正式に内裏に入ること。

【入木道（ジュボクドウ）】 書道の異称。❤中国の書聖王羲之（オウギシ）の書は、板の三分の深さまで墨がとおっていたという故事から。〔書断‐巻二・王羲之〕

【入院（ニュウイン）】 治療や検査を受けるため、病院に入ること。↕退院。『入院患者』

【入営（ニュウエイ）】 兵として兵営に入ること。

【入荷（ニュウカ）】 店や市場などに荷が入ること。↕出荷

【入閣（ニュウカク）】 国国務大臣として内閣に列すること。

【入学（ニュウガク）】 学校に入ること。↕卒業。『入学式』

【入居（ニュウキョ）】 ある住宅に入って住むこと。『入居者募集』

【入漁（ニュウギョ｜ニュウリョウ）】 他者が占有権を持つ漁場で漁業や釣りをすること。『入漁権』『入漁料』

【入観（ニュウキン）】 参内して天子に拝謁すること。

【入貢（ニュウコウ）】 外国の使節が、貢ぎ物を持って来ること。

【入寇（ニュウコウ）】 外国から攻め込んで来ること。来寇。

【入国（ニュウコク）】 外国人として他国に入ること。↕出国

【入獄（ニュウゴク）】 監獄に入れられること。↕出獄

【入山（ニュウザン）】 ①山に入ること。②職を辞して隠退すること。〔高士伝〕 ③僧が修行や管理のために寺に入ること。

【入試（ニュウシ）】 国「入学試験」の略。志願者の中から一定の入学者を選ぶために行う試験。『大学入試』

【入室（ニュウシツ）】 ①部屋に入ること。↕退室。②学問・技芸などが次第に進歩してその深奥に達すること。

【入寂（ニュウジャク）】 高僧などが死ぬこと。入滅。入定。❤寂滅（ジャクメツ）涅槃（ネハン）に入る意。

【入賞（ニュウショウ）】 競技会や展覧会などで、賞のつく順位内に入ること。『三位入賞』

【入定（ニュウジョウ）】 ①仏教で、精神を統一集中させて、禅定（ゼンジョウ）の境地に入ること。②＝入寂（ニュウジャク）

【入城（ニュウジョウ）】 戦いに勝って、敵の城に入ること。

【入場（ニュウジョウ）】 式場、会場など、場内に入ること。↕退場

【入植（ニュウショク）】 開拓地などに入って生活すること。

【入信（ニュウシン）】 信仰の道に入ること。

【入神（ニュウシン）】 技術が熟達し、神技に近い域に達すること。〔易経‐繋辞伝下〕

【入水（ニュウスイ｜ジュスイ）】 ㊀（ニュウスイ）①水の中に入ること。②入って来る水。㊁水中に身を投げること。投身。

【入籍（ニュウセキ）】 ある者が、ある戸籍に新しく入ること。

【入選（ニュウセン）】 作品などが審査に合格すること。↕落選

【入隊（ニュウタイ）】 軍隊などに入り、その隊員となること。

【入朝（ニュウチョウ）】 昔、外国の使者などが来て朝廷に参内（サンダイ）すること。〔戦国策‐秦〕

【入超（ニュウチョウ）】 国「輸入超過」の略。ある期間における輸入額が、輸出額を上回ること。↕出超

【入唐（ニュウトウ｜ニットウ）】 国日本から唐に行くこと。特に留学生・使節などが唐に渡ること。渡唐。

【入道（ニュウドウ）】 国①仏門に入り、戒を受けて僧や尼になること。また、その人。②坊主頭の化け物。また、坊主頭のようなもの。『大入道』『入道雲』

【入梅（ニュウバイ）】 国梅雨の季節に入ること。

【入部（ニュウブ）】 ①部と名の付く団体の部員になること。②新しい国司や領主が初めてその国や領地に入ること。

【入幕（ニュウマク）】 国相撲で、幕内力士に昇進すること。

【入滅（ニュウメツ）】 釈迦（シャカ）の死。また、高僧などの死。入寂。

【入門（ニュウモン）】 ①門の中に入ること。②師の一門に弟子入りすること。〔論語‐子張〕 ③学問、技芸などの学びはじめ。初歩。『入門書』

【入来（ニュウライ｜ジュライ）】 国人が訪問して来て、中に入ること。

【入洛（ニュウラク｜ジュラク）】 ①都に入ること。②国京都に入ること。❤洛はもと古代中国の首都、洛陽（ラクヨウ）。

【入会（いりあい）】 住民が一定の山林、原野などを共同に使用収益すること。『入会権』『入会地』

❷ いれる。中側へ移す。中におさめる。

下接 移入（イニュウ）・貫入（カンニュウ）・嵌入（カンニュウ）・記入（キニュウ）・吸入（キュウニュウ）・購入（コウニュウ）・歳入（サイニュウ）・算入（サンニュウ）・収入（シュウニュウ）・施入（セニュウ）・挿入（ソウニュウ）・租入（ソニュウ）・代入（ダイニュウ）・注入（チュウニュウ）・投入（トウニュウ）・導入（ドウニュウ）・納入（ノウニュウ）・搬入（ハンニュウ）・封入（フウニュウ）・編入（ヘンニュウ）・輸入（ユニュウ）・四捨五入（シシャゴニュウ）・単刀直入（タントウチョクニュウ）

【入棺（ニュウカン）】 死体を棺に納めること。納棺。

【入金（ニュウキン）】 ①金銭を受け取ること。↕出金。『入金伝票』 ②金銭を払い込むこと。銀行に預け入れること。

【入魂（ニュウコン｜ジッコン｜ジュコン）】 ㊀（ニュウコン）①あることに精魂を傾けること。『入魂の作』 ②魂を入れること。『入魂式』 ㊁（ジッコン｜ジュコン）国とりわけ親密であること。昵懇（ジッコン）。

【入札（ニュウサツ）】 国工事請負などで、複数の競争者に見積り価額を出させ、最も有利な条件で相手を決めること。

【入手（ニュウシュ）】 手に入れて自分のものにすること。

【入念（ニュウネン）】 国細かいところまで注意を払うさま。

【入力（ニュウリョク）】 国①機械、装置に外部から動力を与えること。また、その動力。②コンピューターに処理すべきデータを入れること。インプット。↕出力。『入力装置』『入力ミス』

〖量ㇾ入為ㇾ出（いるをはかりていずるをなす）〗 収入を計算し、それによって支出の計画を立てる。〔礼記‐王制〕

❸ 必要である。

【入費（ニュウヒ）】 あることのために必要な費用。かかり。『入費がかさむ』『入費節約』

【入用（ニュウヨウ｜いりヨウ）】 必要であること。また、必要な費用。

難読地名 入来（いりき）町（鹿児島） 入間（いるま）郡・市（埼玉県）

難読姓氏 入戸野（にっとの）

477 【内】 入－2 ナイ 「内」(502)の旧字

478 【兩】 4932 5140 995F 入－6 リョウ 「両」(21)の旧字

入

479 【全】 入－4 ゼン 「全」(149)の旧字

480 【兪】 4933 5141 9960 入－7 (154)〔俞〕 人－7

ユ 呉漢 \yú・yù

字解 会意。木をくりぬく道具で舟をつくることから、

丸木舟の意。借りて、応答することばに用いる。

同属字 愈・瘉・窬・覦・偸・喩・媮・愉(愉)・揄・渝・逾・楡・瑜・踰・蝓・輸(輸)・諭(諭)・鍮

意味 ❶丸木舟。❷はい。しかり。承諾の返事。❸ますます。いよいよ。❹安らぐ。和らぐ。❺人名。『兪樾』

【兪樾(ユエツ)】中国、清末の考証学者。字(あざな)は蔭甫、号は曲園。主著は「群経平議」「古書疑義挙例」。(一八二一〜一九〇六)

12 八(丷)部 はち

八はもと二つに分ける意で、数の八に借りたものであるが、八部には、その意味には関せず、単に字形上の特徴として八を上部に、又は八を下部にもつものが収められている。その下部の八は、もと台の脚、又は物をささげている両手の形の変わったものである。

八 八
八 ②兮 亏 公 ③ 㕣 ④ 关 关 ⑧ 兼
兼 ⑩ 兼
八 ② 六 ④ 共 ⑤ 兵 ⑥ 其 具 具 典
⑮ 冀

八

481 【八】 4012 482C 94AA 八－0 常1 ハチ㊉・ハツ㊕／bā／や・やつ・やっつ・よう

筆順 ノ 八

字解 部首解説を参照。

同属字 叭

参考 万葉仮名では音を借りて「は」、訓を借りて「や」。片仮名「ハ」の字源。

意味 ❶数の名。七と九の間の数。やっつ。㋑やっつの。やたび。『八熱地獄』『八頭身』『八卦』『八分』『八百長(やおチョウ)』『七転八起(ななころびやおき)』㋺転じて、多くの。数限りない。すべての。『八面六臂』『八百八町』『八方美人』『口八丁』❷八番目の。八番目。『八十八夜』『八朔(ハッサク)』

❶ やっつ。また、多くの。数限りない。

下接 尺八(シャクハチ)・口八丁(くちハッチョウ)・岡目八目(おかめハチモク)・四苦八苦(シクハック)・七転八倒(シチテンバットウ)・四通八達(シツウハッタツ)・四方八方(シホウハッポウ)／七転八起(ななころびやおき)

【八佾(ハチイツ)】(「佾」は舞楽における行列の意)古く、中国・朝鮮の雅楽に用いられた舞。八人八列、計六四人からなる。周代では天子の舞。「論語」に「八佾」の篇がある。

*論語-八佾「八佾舞₂於庭₁(ハチイツにわにまわす)」〔=(季孫氏は大夫でありながら)八佾の舞を庭で舞わせた〕

【八音(ハチイン|ハチオン)】中国の八種の伝統楽器。金(鐘の類)・石(磬)・糸(琴の類)・竹(笛の類)・匏(ホウ)(笙の類)・土(壎)・革(鼓の類)・木(拍板の類)の八種。〔書経-舜典〕

【八虐・八逆(ハチギャク)】日本の大宝・養老律の罪で、最も重いとされた八種の罪。謀反(ムヘン)・謀大逆(ボウタイギャク)・謀叛(ムホン)・悪逆・不道・大不敬・不孝・不義をいう。八虐罪。

【八条目(ハチジョウモク)】「大学」で、明徳を天下に明らかにするまでの修養の手順を説く八項目。格物・致知・誠意・正心・修身・斉家・治国・平天下。

【八代(ハチダイ)】八つの代。中国では、後漢・魏・晋・宋・斉・梁・陳・隋の八つの時世をいう。

【八大家(ハチタイカ)】中国の唐・宋時代、いわゆる古文を提唱、鼓吹、確立した代表的な八人の著名な文章家。唐の韓愈(カンユ)・柳宗元、宋の欧陽脩(オウヨウシュウ)・蘇洵(ソジュン)・蘇軾(ソショク)・蘇轍・曾鞏(ソウキョウ)・王安石をいう。

【八熱地獄(ハチネツジゴク)】熱と炎で苦しめられる八種の地獄。

【八分(ハチブ|ハップン)】㊀(ハチ)①一〇分の八。八分目。『目八分』②のけものにすること。村八分。㊁(ハップン)漢字の書体の名。隷書(レイショ)の一種。中国秦代に、王次仲という人がつくり出したという。八分字(ハフジ)。八分書。八分体。

【八幡(ハチマン)】国「八幡宮」の略。応神天皇を主座とした神社。弓矢の守護神として武士が尊んだ。『八幡かけて〔=誓って〕』『弓矢八幡』『八幡大菩薩』

【八面(ハチメン)】①八つの平面。『八面体』②すべての方面。各方面。【八面玲瓏(ハチメンレイロウ)】①どの方面から見ても美しく鮮明であること。〔馬煕-開₂窓看₁雨〕②心中に少しの曇りもわだかまりもないこと。③だれとでも円満に交際すること。▶「玲瓏」は玉などが透きとおって美しいこと。【八面六臂(ハチメンロッピ)】多方面に目ざましい手腕を発揮すること。▶八つの顔と六つのひじの意から。「三面六臂」の転。

【八卦(ハッカ|ハッケ)】①易で、陰と陽を示す三個の算木(サンぎ)を組み合わせてできる八種の形。②(ハッケ)国占い。易。『八卦見(み)』〔=易者〕

八卦	自然	人間	性質	身体	方位	動物
乾(ケン) ☰	天	父	健	首	西北	馬
兌(ダ) ☱	沢	少女	説(よろこぶ)	口	西	羊
離(リ) ☲	火	中女	麗(つく)	目	南	雉(きじ)
震(シン) ☳	雷	長男	動	足	東	竜
巽(ソン) ☴	風	長女	入	股	東南	鶏
坎(カン) ☵	水	中男	陥	耳	北	豕(いのこ)
艮(ゴン) ☶	山	少男	止	手	東北	狗(いぬ)
坤(コン) ☷	地	母	順	腹	西南	牛

八卦①と主な象徴事物

【八家文(ハッカブン)】八大家の文章。『唐宋八家文』→八大家

【八旗(ハッキ)】中国、清朝の兵制。太祖ヌルハチが挙兵の際、旗色によってその兵を分けたのに始まり、一六一四年、黄・白・紅・藍の、各正旗と鑲(ジョウ)(=ふちどり)旗の計八種が整ったもの。

【八極(ハッキョク)】四方と四隅(シグウ)。すなわち、東・西・南・北・乾(ケン)(=西北)・坤(コン)(=南西)・艮(ゴン)(=北東)・巽(ソン)(=東南)をいう。八方の地域。全世界。天下。八荒。八紘。

【八苦(ハック)】仏語。生・老・病・死の四苦に、愛別離苦(=愛する人と生き別れる苦)・怨憎会苦(オンゾウエク)(=うらみ憎む人と会う苦)・求不得苦(グフトクク)(=求めるものが得られない苦)・五陰盛苦(ゴオンジョウク)(=心身のはたらきが盛んである苦)を加えた、八つの苦しみ。

【八紘・八荒(ハッコウ)】(「紘」「荒」は国の果ての意)国の八方の遠い果て。地上のあらゆる方面。天下。八極。

【八紘一宇(ハッコウイチウ)】(「宇」は家のこと)国地の果てまでを一つの家のように統一して支配すること。「日本書紀-神武即位前己未年三月」の「兼₂六合₁以開ᴸ都、掩₂八紘₁而為ᴸ宇」に基づくもので、元来は国の内を一つにする意であったが、太平洋戦争期、軍国主義のスローガンとなり、海外進出の口実ともなった。

【八股文(ハッコブン)】(「股」は対偶の意)中国、明・清時代、科

挙の答案に用いられた、非常に特殊で型にはまった文体。転じて、形式主義・官僚主義のたとえとされる。時文。

【八識（ハッシキ）】仏語。唯識（ユイシキ）宗で説く眼識・耳識・鼻識・舌識・身識・意識の六識と末那識（マナシキ）・阿頼耶識（アラヤシキ）の総称。

【八州（ハッシュウ）】①中国全土。〔漢書‐許皇后伝〕②国江戸時代、関東八か国の総称。関東八州。

【八宗（ハッシュウ）】国平安時代に広く行われた、仏教の八つの宗派。南都六宗に、天台・真言を加えたもの。『八宗兼学』

【八姓（ハッショウ）】国天武天皇一三年（六八四）に定められた八種の姓（かばね）。真人（まひと）・朝臣（あそみ）・宿禰（すくね）・忌寸（いみき）・道師（みちのし）・臣（おみ）・連（むらじ）・稲置（いなぎ）の称。八色（やくさ）の姓（かばね）。

【八節（ハッセツ）】一年中の季節の八つの変わり目。立春・春分・立夏・夏至・立秋・秋分・立冬・冬至をいう。

【八専（ハッセン）】陰暦で、壬子（みずのえね）の日から癸亥（みずのとい）の日までの一二日間のうち丑・辰・午・戌の日を除いた八日。この期間は雨が多いといい、婚姻、造作、売買などを忌む。

【八体（ハッタイ）】漢字の八種類の書体。諸説あるが、ふつう大篆（ダイテン）・小篆（ショウテン）・刻符・虫書・摹印（ボイン）・署・殳書（シュショ）・隷書（レイショ）をさす。

【八達（ハッタツ）】道路がどの方向にも通じていること。〔爾雅‐釈宮〕『四通八達』

【八珍（ハッチン）】八種の珍味。また、盛大な料理、食膳。〔魏志‐衛覬伝〕

【八頭身・八等身（ハットウシン）】身長が首から上の部分の長さの八倍に相当すること。つりあった肢体をいう。

【八表（ハッピョウ）】八方のきわめて遠いところ。全世界。

【八病（ハッペイ｜ハチビョウ）】①（ハッペイ）中国、六朝時代梁の沈約（シンヤク）によって唱えられた詩の音律上の法則。句中の調和を保つために声律の上で避けるべき八つの点をいう。〔滄浪詩話‐詩体〕②（ハチビョウ）国①の影響を受けてわが国の歌学で定められた八つの歌病。

【八方（ハッポウ）】①四方と四隅。東・西・南・北と北東・北西・南東・南西。②あらゆる方面。諸方。『八方塞（ふさ）がり』『八方破れ』

【八方美人（ハッポウビジン）】だれからも悪く思われないように、うまく振る舞うこと。

【八百万（やおよろず）】限りなく多いこと。『八百万の神々』

❷ 八番目の。八番目。

【八月（ハチガツ）】一年の第八番目の月。葉月（はづき）。

【八十八夜（ハチジュウハチヤ）】国立春から八八日目の日。種蒔（たねま）きの季節とされる。

【八朔（ハッサク）】国①陰暦八月一日。②ミカン科の常緑高木。果実は適度な甘味と酸味がある。

【八白（ハッパク）】運勢判断でいう九星の一。方位は東北、五行では土に当たる。

難読地名 八戸（はちのへ）市（青森）　八幡平（はちまんたい）（岩手・秋田）　八重山（やえやま）郡（沖縄）　八百津（やおつ）町（岐阜）　八潮（やしお）市（埼玉）　八頭（やず）郡（鳥取）　八街（やちまた）町（千葉）　八束（やつか）郡（島根）　八溝山（やみぞさん）（福島・茨城）　八女（やめ）郡・市（福岡）　八鹿（ようか）町（兵庫）

難読姓氏 八尾師（はちおし）　八十島（やそしま｜やそじま）　八谷（やたがい｜はちや）　八並（やつなみ｜やなみ）

八 2画

482【兮】4934 5142 9961 八－2
ケイ㊥漢/xī

字解 会意。八（分かれる）＋丂（息がのびなやむさま）。妨げられた息が分散する意。借りて、助字に用いる。

甲骨文

金文

篆文

意味 歌の調子を整えるための語。実質的な意味は持たない。＊史記‐項羽本紀「力抜レ山兮気蓋レ世（ちからやまをぬき、きよをおおう）」〔＝私の力は山を引き抜くほどであり、意気は世界をおおいつくすほどであった〕

(483)〔兮〕二｜二 八－2

484【公】2488 3878 8CF6 八－2 常2
ク㊥呉・コウ㊥漢/gōng/おおやけ・きみ

筆順

字解 会意。八（開く）＋ム（＝口、場所）。人々が集まる場の意。指事字ともいう。

甲骨文

金文

篆文

同属字 翁・瓮・頌・松・蚣・訟

意味 ❶おおやけ。朝廷・政府・役所などの立場。『公営住宅』『公務員』『公債』『公社』⇒〔私〕(5448)の表 ❷おおやけ。個人に対して社会的な。おおっぴらな。『公園』『公開』『公害』『公然』❸正しい。平等である。『公平』『公正』『至公（シコウ）』❹共通の。普遍の。『公倍数』『公式』『公理』❺きみ。㋑天子。諸侯。国君。大臣。主人。また、官名。『公卿』『桓公（カンコウ）』『三公（サンコウ）』㋺五等爵の第一位。『公侯伯子男』『公爵』㋩貴人、年長者などに対する敬称。また、相手を丁寧に呼ぶ語。『貴公』『尊公』＊史記‐項羽本紀「吾知二公長者一（われコウのチョウジャなるをしる）」〔＝私は、あなたが徳の高い人であることを知っている〕❻国親しみ、あるいは軽蔑をこめて呼ぶ語。『山公（サンコウ）』『熊公（くまコウ）』❼固有名詞、熟字訓など。『公孫竜』『公孫樹（いちょう）』

❶ おおやけ。朝廷・政府・役所などの立場。

【公家（コウケ｜クゲ）】国朝廷。また、朝廷に仕える人々。公家衆。
【公方（クボウ）】国①公務。公事（クジ）。②朝廷。また、幕府、将軍家、将軍。『犬公方（いぬクボウ）』
【公営（コウエイ）】国公の機関、特に地方公共団体が経営すること。↔私営・民営。『公営住宅』
【公課（コウカ）】国家や地方自治体などが、人民に対して課す税金。『公租公課』
【公衙（コウガ）】役所。官公庁。
【公館（コウカン）】官庁の建物。特に大使館、公使館、領事館など。『在外公館』
【公儀（コウギ）】国朝廷。幕府。お上（かみ）。→❷
【公許（コウキョ）】官公庁の許可。
【公金（コウキン）】国家や公共団体の金。『公金横領』
【公権（コウケン）】公法で認められる権利。↔私権
【公庫（コウコ）】国全額政府出資の金融機関。『住宅金融公庫』
【公告（コウコク）】裁判所、官庁、公共団体が一定の事項を官報、掲示などで一般に知らせること。
【公債（コウサイ）】国や地方公共団体が、国民や外国から借り入れる金銭債務。また、その証書。
【公使（コウシ）】国を代表して外国に常駐する外交使節で大使に次ぐ階級。♥職務と特権は大使と相違がない。
【公示（コウジ）】おおやけの機関が一般の人に広く知らせるために発表すること。
【公事（コウジ｜クジ）】㊀（コウジ）公務。役所の仕事。＊論語‐雍也「非二公事一、未三嘗至二於偃之室一也（コウジにあらざれば、いまだかつてエンのシツにいたらざるなり）」〔＝公務でない限りは、まだ一度も私（偃）の部屋に来たことがない〕㊁（クジ）国①朝廷での儀式。②うったえ。訴訟。

【公証(コウショウ)】公務員が、その職権によってする証明。各種の登記や証明書の発行など。『公証人』
【公傷(コウショウ)】公務中に受けた傷。
【公職(コウショク)】公務員や議員など公的な性格を持つ職の総称。『公職選挙法』
【公人(コウジン)】公職にある人。
【公設(コウセツ)】国や公共団体などが設立すること。↔私設
【公租(コウソ)】税金。国税、地方税の総称。
【公訴(コウソ)】検察官が、裁判所に起訴状を提出して、刑事事件について刑の適用を求めること。起訴。
【公定(コウテイ)】政府、官庁や公共団体などが、公式のものとして決めること。『公定価格』
【公邸(コウテイ)】特定の高級公務員の公務用の邸宅。↔私邸
【公田(コウデン)】①中国、周代の井田法(セイデンホウ)で、中央にある公有の田。その周囲の八家の者が交互にこれを耕して、その収穫を租税とした。②国 日本の律令制で、国家に所有権があると考えられた田地。また、荘園などで登録され租税を納めている田地。
【公認(コウニン)】国家、政党などが正式に認めること。
【公費(コウヒ)】国または公共団体の費用。↔私費
【公賓(コウヒン)】政府が正式の客として待遇する外国人。元首の場合は国賓という。
【公布(コウフ)】政府が法令などを一般国民に公表すること。
【公武(コウブ)】国 公家(クゲ)と武家。『公武合体』
【公文(コウブン|モン)】朝廷・政府・役所が発行した文書。公文書。日本では、古くは「クモン」。『公文所(クモンジョ)』
【公法(コウホウ)】国家や公益に関係ある法。憲法、行政法、訴訟法、国際法など。↔私法
【公報(コウホウ)】官公庁から国民への公式の報告、告示などの総称。『選挙公報』
【公務(コウム)】国や地方公共団体の事務、職務。『公務執行妨害』『公務員』
【公有(コウユウ)】国や公共団体が所有していること。↔私有
【公用(コウヨウ)】①国家や公共団体が使用すること。『公用語』『公用文』②国家、公共団体、または勤務する会社などの用事。公務。↔私用
【公立(コウリツ)】国 地方公共団体が設立、維持すること。↔私立。『公立学校』

❷ おおやけ。個人に対して社会的な。

【公界(クガイ)】①おおやけのこと。表向きの場。また、公的な用事。②世間。③世間一般で行われていること。④人と交わること。交際。転じて、遊女の客勤め。
【公安(コウアン)】社会秩序が保たれて民衆が安心して生活できること。『公安委員会』『公安条例』『公安官』
【公益(コウエキ)】公共の利益。↔私益。『公益法人』
【公園・公苑(コウエン)】①公衆のために設けられた庭園。②自然を保存し、レクリエーションの場として定めた地域。
【公演(コウエン)】公開の席で、芝居、舞踊、音楽などを演ずること。上演。『地方公演』
【公海(コウカイ)】各国が自由、平等に使用できる海洋。↔領海
【公開(コウカイ)】①公衆に開放すること。『未公開』②公表すること。
【公害(コウガイ)】国 産業の発達、交通量の増加などによって受ける種々の被害、および自然環境の破壊。騒音、大気汚染、水質汚濁、土壌汚染など。『公害問題』
【公刊(コウカン)】広く出版すること。
【公器(コウキ)】公共のために働く機関やもの。〔荘子-天運〕
【公儀(コウギ)】表向き。おおやけのこと。→❶
【公議(コウギ)】おおやけに論議すること。また、世論。公論。〔唐書-則天武后伝〕→❸
【公休(コウキュウ)】国 休日、祝日以外に勤労者が権利として認められている休み。公休日。
【公共(コウキョウ)】社会一般に共通に関係すること。おおやけ。『公共の福祉』『公共料金』
【公言(コウゲン)】人の前で大っぴらに言うこと。〔史記-孝文本紀〕『公言してはばからない』
【公行(コウコウ)】望ましくない物事が公然と横行するさま。また、気ままにふるまうこと。〔左伝-襄公三一年〕
【公司(コウシ|コンス)】中国で、日本の会社に相当するもの。
【公私(コウシ)】公的なことと私的なこと。『公私混同』
【公式(コウシキ)】おおやけに決められた形式によって物事を行うさま。↔非公式。『公式発表』『公式戦』→❹
【公衆(コウシュウ)】社会の人々。世間一般の人々。『公衆衛生』
【公述(コウジュツ)】公開の場で意見を述べること。『公述人』
【公序(コウジョ)】公衆の守るべき秩序。『公序良俗』
【公称(コウショウ)】表向きに発表して言っていること。
【公選(コウセン)】国 ①一般の有権者の投票によって選挙すること。民選。↔官選。②公開の選挙。『総裁公選』
【公然(コウゼン)】おおっぴらなさま。また、一般に知れわたっているさま。〔杜甫-茅屋為二秋風所一破歌〕『公然の秘密(=秘密とされながら、世間に知れわたっていること)』
【公聴会(コウチョウカイ)】重要な事柄の決定に際して、学識経験者や利害関係者などから意見を聴聞する公開の会。
【公的(コウテキ)】公共に開かれている様子。おおやけであるさま。↔私的。『公的機関』
【公党(コウトウ)】おおやけに存在し、社会的に認められている政党、党派。↔私党
【公堂(コウドウ)】おおやけの建物。また、公会堂。
【公道(コウドウ)】世間一般に通用する正しい道理。〔荀子-君道〕『旧来の陋習(ロウシュウ)を破り天地の公道に基くべし(五箇条御誓文)』
【公徳(コウトク)】社会を構成する一員として守るべき道徳。『公徳心』
【公判(コウハン)】刑事事件の裁判を公開の法廷で行うこと。
【公表(コウヒョウ)】広く世間に発表すること。
【公憤(コウフン)】社会の悪に対して感じる、個人的利害を越えたいきどおり。↔私憤。〔陳亮-上孝宗皇帝第三書〕
【公募(コウボ)】一般から広く募集すること。
【公僕(コウボク)】国 役人。公務員。公衆に奉仕するしもべの意から。
【公民(コウミン)】参政権を持つ国民。↔私民。『公民館』『公民権(=公民としての権利。特に、選挙権、被選挙権)』
【公約(コウヤク)】おおやけの立場にある者が、民衆に対してする約束。『選挙公約』
【公論(コウロン)】世間一般の議論。世論。〔世説新語-品藻〕『広く会議を興し、万機公論に決すべし(五箇条御誓文)』
→❸

❸ 正しい。平等である。

【公義(コウギ)】公正な道義。人間としての義務。
【公議(コウギ)】公平な議論。→❷
【公正(コウセイ)】公平で正しいこと。〔荀子-正論〕『公正な裁き』【公正無私(コウセイムシ)】公平で私心がないこと。〔孔子家語-七十二弟子〕〔荀子-賦編〕
【公平(コウヘイ)】平等に扱って、判断や行動がかたよらないこと。〔管子-形勢〕『不公平』【公平無私(コウヘイムシ)】公平で私心がないこと。〔韓詩外伝-七〕
【公明(コウメイ)】公平で隠し立てのないさま。『公明正大』
【公廉(コウレン)】公平で、心のきよらかなこと。

【公論】(コウロン) 公平な議論。正論。→❷

❹共通の。普遍の。

【公案】(コウアン) 禅宗で、参禅者に悟りを開かせる手段として考えさせる課題。

【公算】(コウサン) 国あることが起こるかどうかの実現性の度合い。確率。『公算が強い』

【公式】(コウシキ) 数学や物理で、原理や計算法則を数式で示したもの。→❷

【公転】(コウテン) ある天体が他の天体の周囲の軌道上を周期的に回転すること。↔自転

【公理】(コウリ) 数学や論理学などで、理論の出発点として、証明なしに真実であると仮定される命題。

❺きみ。貴人、統治者などに対する敬称。

下接 王公オウコウ・貴公キコウ・鉅公キョコウ・君公クンコウ・相公ショウコウ・諸公ショコウ・尊公ソンコウ・太公タイコウ・乃公ダイコウ・土公ドコウ・尼公ニコウ・老公ロウコウ

【公卿】(コウケイ/クギョウ/クゲ) ㊀(コウケイ) 古代中国で、三公と九卿。転じて、高位高官の称。㊁(クギョウ/クゲ) 国「公」(太政大臣、左大臣、右大臣)「卿」(大・中納言、参議および三位以上の朝官)の総称。❤「くげ」は公家との混用。

【公侯伯子男】(コウコウハクシダン) ①中国、夏・周時代の諸侯の階級の名。五等爵。②国明治以後、政府から与えられる爵位の種類を上位から順に略して呼んだもの。公爵・侯爵・伯爵・子爵・男爵のこと。

【公子】(コウシ) 諸侯、貴族の子息。『貴公子』*史記-管晏伝「已而鮑叔事斉公子小白(すでにしてホウシュクはセイのコウシショウハクにつかう)」〔=やがて鮑叔は、斉の公子である小白に仕えた〕

【公爵】(コウシャク) 旧華族制度で、五等爵(公侯伯子男)の第一位に当たる爵位。

【公主】(コウシュ) 昔の中国で、諸侯や天子の娘。〔史記-孫子呉起伝〕

【公相】(コウショウ) 三公と宰相。また、君主を補佐する重職。

【公輔】(コウホ) 天子を補佐する三公と四輔の総称。〔漢書-孔光伝〕

【公達】(きんダチ) 上流貴族の子息。❤「きみタチ」の変化。

❼固有名詞、熟字訓など。

下接 郭公カッコウ・木公モッコウ・蒲公英たんぽぽ

【公羊学】(クヨウガク) 「春秋」の三つの注釈書のうち「公羊伝」を正統なものとする学問。漢代に成立し、清代末期に、魏源、康有為によって盛んとなった。

【公羊伝】(クヨウデン) 「春秋公羊伝」の略。「春秋」の注釈書。斉の公羊高クヨウコウの伝述したものを、その玄孫の寿と弟子の胡母子都等が記録したもの。

【公西赤】(コウセイセキ) 中国、春秋時代の魯の人。字あざなは子華。公西華として知られる。孔子の門人で、儀式・礼式に通じていた。(前五〇九〜?)

【公孫淵】(コウソンエン) 中国、三国時代の魏の武将。明帝によって楽浪公に封ぜられ、のち、自立して燕王と称したが、司馬懿シバイの軍に攻められ、殺された。(?〜二三八)

【公孫竜】(コウソンリュウ) 中国、戦国時代の趙の思想家。字あざなは子秉シヘイ。白馬非馬の論や、堅白同異の弁によって知られる。著に「公孫竜子」がある。生没年不詳。

【公冶長】(コウヤチョウ) 中国、春秋時代の斉の人。孔子の門人で、女婿。よく鳥の語を理解したという。

【公孫樹】(いちょう) イチョウ科の落葉高木。雌雄異株。種子を銀杏ギンナンと呼び、食用とする。

【公魚】(わかさぎ) ワカサギ科の淡水魚。冬季の氷結した湖での穴釣りが有名。食用。

難読姓氏 公平きみひら/ひらいら/こうだ/こうへい 公文くもん

【分】⇩592 【仌】⇩1840

485 【㕣】 二|八-3 エン㊥

字解 象形。山あいの土をけずり斜面にそって流れる水のさまに象る。谷口のけずりとられたどろの意。穿に通じて、うがつ意。

甲骨文

篆文

同属字 沿・船・鉛

486 【关】 二|八-4 (487)【关】 二|八-4

字解 送・朕などの形に含まれる关は、弁(両手でものをささげる)の変化したもの。咲の关は笑の変形。

【并】⇩2100 【兑】⇩460 【並】⇩29

【兹】⇩2109 【冢】⇩7654 【酋】⇩8262

488 【兼】 2383 3773 8C93 八-8 常
(5441)【兼】 二|禾-5 (489)【兼】 二|八-8 旧字 (490)【兼】 二|八-10

ケン㊥㊤ jiān/かねる・かねて

筆順

字解 会意。又(手)+秝(二本のイネ)。イネを手であわせもつ、かねる意。

参考 楷書で今日の形を生じた。頭部を八にするのは、のちに酋などにならったもの。

同属字 廉(廉)・嫌(嫌)・慊・嗛・縑・謙(謙)・賺

意味 ❶かねる。あわせもつ。かけもちする。いっしょにする。『兼業』『兼任』『兼用』*韓非子-二柄「君因兼罪典衣与典冠(きみよりてテンイとテンカンとをかねつみせり)」〔=君主はそこで、典衣と典冠と、二人とも処罰した〕❷かねて。あらかじめ。前もって。『兼日』『兼題』❸国…しかねる。…しようとしてもできない。『決め兼ねる』『待ち兼ねる』

❶かねる。あわせもつ。

【兼愛】(ケンアイ) どんな者をも区別なく、平等に愛すること。博愛。【兼愛説】(ケンアイセツ) 中国、戦国時代の思想家、墨子ボクシの唱えた教説。自分を愛するように人を愛し、親族と他人とを区別しないで、無差別平等に愛することを説いたもの。

【兼学】(ケンガク) 二つ以上の学問をあわせて学び修めること。

【兼業】(ケンギョウ) 本業のほかに他の事業を行うこと。↔専業。『兼業農家』

【兼行】(ケンコウ) ①急いで普通の倍の行程を行くこと。また、急いで行うこと。兼程。〔管子-禁蔵〕『昼夜兼行』②二つ以上の物事を一緒に行うこと。

【兼職】(ケンショク) 本職以外に他の職を兼ねること。

【兼摂】(ケンセツ) =兼任ケンニン

【兼帯】(ケンタイ) ①二つ以上の職務を兼任すること。『朝昼兼帯』②一つで二つ以上の用を兼ねること。

【兼聴】(ケンチョウ) 広く世論に耳をかたむけること。

【兼程】(ケンテイ) =兼行①

【兼任(ケンニン)】二つ以上の職務を兼ねること。↕専任

【兼備(ケンビ)】二つ以上のよい事柄を兼ね備えること。〔史記‐礼書〕『才色兼備』

【兼併(ケンペイ)】他の土地や国を自国の所有にすること。

【兼務(ケンム)】＝兼任(ケンニン)

【兼用(ケンヨウ)】一つのものが二途以上に使えること。また、一つのものを二人以上で使うこと。『晴雨兼用の傘』

❷ かねて。あらかじめ。前もって。

【兼日(ケンジツ)】国 1かねての日。また、あらかじめ。日頃。2歌会の行われる前にあらかじめ題が出され、歌会以前に歌をよみ用意しておくこと。

【兼題(ケンダイ)】国 和歌、俳句の会などで、題をあらかじめ出しておくこと。また、その題。↕席題・即題

［曽］⇩3261

［奠］⇩1534　［曾］⇩3264

八

491【六】4727 4F3B 985A 八‐2 常1

ロク(呉)・リク(漢)/liù/む・むつ・むっつ・むい

筆順 六 六 六 六

字解 象形。屋根の形に象る。借りて数詞、むっつの意に用いる。

甲骨文 金文 篆文

参考 万葉仮名では訓を借りて「む」。

意味 ❶数の名。むっつ。(イ)五よりひとつ多い数。『五臓六腑(ゴゾウロップ)』『六書(リクショ)』『六道(ロクドウ)』『六法(ロッポウ)』『丈六(ジョウロク)』『双六(すごろく)』(ロ)六番目。六番目の。『六月六日』❷あて字、書名など。『六韜三略(リクトウサンリャク)』

❶ 数の名。むっつ。

【六骸(リクガイ‐ロクガイ)】首・胴体・両手・両足の称。〔荘子‐徳充符〕

【六義(リクギ)】1「詩経」における六種の体。内容上の分類である風(フウ)・雅(ガ)・頌(ショウ)と、表現方法上の分類である賦(フ)・比(ヒ)・興(キョウ)の総称。転じて、中国古代詩の諸形式。2＝六書(リクショ)①

【六軍(リクグン)】中国、周代の軍制で、王の統率する六つの軍団をいう。一軍は一万二千五百人。*白居易‐長恨歌「六軍不レ発無ニ奈何一(リクグンハッせずいかんともするなし)」〔＝護衛の軍隊は発進せず、（みかどは）どうすることもできない〕

【六芸(リクゲイ)】1古く中国で、士以上の者の学修すべきものとされた、礼・楽・射・御(馬術)・書・数の六種の技芸。2＝六経(リッケイ)

【六合(リクゴウ)】1天地と四方とを合わせていう。全宇宙。〔荘子‐斉物論〕2天下。人間世界。〔賈誼‐過秦論〕

【六書(リクショ)】1漢字の成立と用法についての六種の区別。すなわち、象形(ショウケイ)・指事・会意・形声・転注・仮借(カシャ)をいう。2＝六体(リクタイ)

【六情(リクジョウ‐ロクジョウ)】1喜・怒・哀・楽・愛・憎の六つの感情。2（ロクジョウ）＝六根(ロッコン)

【六親(リクシン‐ロクシン)】六種の親族。父・母・兄・弟・妻・子、また、父・子・兄・弟・夫・婦をさすなど諸説あり、また、広く親族全体をさして用いる。六戚。

【六尺(リクセキ‐ロクシャク)】1（リクセキ）古く中国で、約一・三メートル。子どもの身長にあたる。*論語‐泰伯「六尺之孤(リクセキのコ)」〔＝父を亡くした幼君〕2（ロクシャク）国 貴人の駕籠(かご)を担ぐ人足。また、一般に駕籠かき。

【六体(リクタイ)】漢字の六種の書体。大篆(ダイテン)・小篆・八分(ハップン)・隷書(レイショ)・行書・草書。

【六畜(リクチク‐ロクチク)】馬・牛・羊・犬・豚・鶏の六種の家畜。

【六朝(リクチョウ)】中国で、後漢の滅亡から隋の統一まで、揚子江流域におこり建康(南京)に都した三国の一つの呉、東晋、南北朝の宋・斉・梁・陳の六王朝(三三～五八九年)。

【六典(リクテン)】中国、周代に制定されたという治典・教典・礼典・政典・刑典・事典の六種の法典。

【六徳(リクトク)】人間の守るべき六つの徳目で、知・仁・聖・義・忠・和、あるいは礼・仁・信・義・勇・知。六行(リッコウ)。

【六部(リクブ‐ロクブ)】1（リクブ）中国、隋・唐代以降清代まで中央政府の行政事務を分担した六つの官署の総称。吏・戸・礼・兵・刑・工の各部をさす。2（ロクブ）国「六十六部」の略。

【六味(リクミ‐ロクミ)】六種の味。苦・酸・甘・辛・鹹(カン)・淡をいう。

【六律(リクリツ)】十二律の中で、陽に属する六つの音。中国では黄鐘・太簇(タイソウ)・姑洗(コセン)・蕤賓(スイヒン)・夷則・無射(ブエキ)。

【六呂(リクリョ)】十二律の中で、陰に属する六つの音。中国では大呂・夾鐘・仲呂・林鐘・南呂・応鐘。

【六礼(リクレイ)】古代中国の礼制における、六種の士の礼、冠・婚・喪・祭・郷・相見の総称。

【六花(リッカ)】（その形が六つの弁を備えているところからいう）雪の異称。〔賈島‐寄ニ令狐綯相公一〕

【六官(リッカン‐ロッカン)】中国、周代、中央政府の官吏を天官・地官・春官・夏官・秋官・冬官の六つに分け、それぞれ、治・教・礼・兵・刑・事を分掌させた、その六つの官の総称。

【六気(リッキ‐ロッキ)】1天地間にある六種の気。陰・陽・風・雨・晦・明の総称。また、寒・暑・燥・湿・風・火の総称。転じて、自然をいう。2人のもつ六種の感情。好・悪・喜・怒・哀・楽の総称。

【六宮(リッキュウ)】（古代中国で、皇后およびその他の夫人の宮が六つあったところから）宮中の奥御殿。後宮(コウキュウ)。また、そこに起居する宮女たち。

【六経(リッケイ)】1人体をめぐる経脈。転じて、医学の基礎知識を備えること。2儒学の根幹となる六種の経書。すなわち、詩・書・易・春秋・礼・楽。また、経書全体をいう。このうち、楽経は秦の焚書(フンショ)で滅びたとされ伝わっていない。六籍(リクセキ)。六芸(リクゲイ)。

【六卿(リッケイ)】1中国、周代に国政を担当するために置かれた六人の上級官僚の総称。2中国、宋代の右師・大司馬・司徒・左師・司城・大司寇の六つの官の総称。

【六国(リッコク)】六つの国。特に、中国、戦国時代の魏・趙・韓・斉・楚・燕の六か国。

【六趣(ロクシュ)】＝六道(ロクドウ)

【六十(ロクジュウ‐むそじ)】1一〇の六倍。2六〇歳。六〇年。『六十の手習い〔＝年をとってから学問を始めること〕』

【六十余州(ロクジュウヨシュウ)】国 もと、畿内(キナイ)・七道の六六か国と壱岐(いき)、対馬(つしま)をいった。転じて、日本全国。【六十六部(ロクジュウロクブ)】国 全国六六か所の霊場に納めるために書写した、六六部の法華経(ホケキョウ)。また、それを納めて回る行脚僧(アンギャソウ)。

【六親眷属(ロクシンケンゾク)】父・母・妻・子・兄・弟とその他の一族のもの。

【六大(ロクダイ)】仏語。宇宙の万象を形づくるとされる地・水・火・風・空・識の六種の根本要素。六界。

【六道(ロクドウ)】仏教で、すべての衆生が生前の業因によって

生死をくり返す六つの迷いの世界。地獄・餓鬼・畜生・阿修羅・人間・天上をいう。六界。『六道輪廻』
【六波羅蜜】（「波羅蜜」は梵 pāramitā 度・到彼岸などと訳す）仏語。大乗菩薩の六種の実践修行。布施・持戒・忍辱・精進・禅定・智慧のこと。六度。
【六欲】仏語。六根によって起こる欲。すなわち、色欲・形貌欲・威儀姿態欲・語言音声欲・細滑（皮膚が柔らかくなめらかなこと）欲・人相欲の総称。
【六界】＝六大・六道・六根
【六根】仏教で、感覚や意識のもととなる六つの認識器官。眼根・耳根・鼻根・舌根・身根・意根の六つの根。六情。六界。【六根清浄】仏教で、六根の汚れを払って、心身ともに清浄になること。また、そのための唱え言葉。
【六白】吉凶の判断に用いる九星の一。西北に配し、五行では金に、八卦では乾に属する。
【六腑・六府】大腸・小腸・胃・胆・膀胱・三焦のこと。『五臓六腑』
【六方】[1]東西南北の四方と上下の称。[2][国]（「六法」とも）歌舞伎で、役者が揚げ幕に向かって花道を行くときの様式化された進み方。手を大きく振り、踊るようにして歩く。『六方を踏む』
【六法】[1]六つの基本的な法典。日本では、憲法・民法・商法・民事訴訟法・刑法・刑事訴訟法をいう。[2]＝六方②

❷ あて字、書名など。

【六韜】中国の兵法書。周の太公望の撰とされ、文韜・武韜・竜韜・虎韜・豹韜・犬韜の六巻からなる。【六韜三略】中国の兵書、「六韜」と「三略」の併称。転じて、兵法などの極意。また、虎の巻。
【六諭衍義】書名。中国、明の太祖朱元璋の六か条の教訓「六諭」を、明末に范鋐が解説したもの。
[下接] 甚六・贅六・宿六・表六玉
[難読地名] 六合村（群馬）六連島（山口）六戸町（青森）六角牛山（岩手）[難読姓氏] 六車 六座 六部

【只】⇩918

492 【共】 2206 3626 8BA4 八－4 [常]4 グ[呉]・キョウ[漢]／gōng・gǒng／gòng・とも
[筆順] 共 共 共 共 共 共
[字解] 会意。廿（＝口、物の形）＋廾（両手でささげる）。そなえる・ともにする意。
金文  篆文 
[同属字] 恭・巷・鬨・供・哄・拱・洪・烘
[意味] ❶いっしょに。ともに。『共演』『共学』『共存』『共通』『共同』 ❷「共産主義」「共産党」の略。『日共』『反共』『防共』『容共』 ❸うやうやしい。つつしむ。「恭」に同じ。『靖共』 ❹腕を組む。「拱」に同じ。❺[国]とも。ども。㋑人を表す名詞について複数や謙遜の意をそえる。『身共』『者共』 ㋺同一であること。同じもの。『共襟』『共地』

❶ いっしょに。ともに。

【共栄】幾つかのものが共に繁栄すること。『共存共栄』『共栄圏』
【共益】利益を共にすること。また、共通する利益。
【共演】主役格の者が複数一緒に出演すること。
【共学】（男女が）同じ学校、教室で一緒に学ぶこと。『男女共学』『共学校』
【共感】他人の考え、主張、感情を理解し、そのとおりだと感じること。
【共済】（「済」は益する意）ある団体に属する人達が制度的に相互扶助をすること。
【共産】資産、生産手段などが私有でなく、その社会の成員に共有されること。『共産主義』『共産党』
【共生・共棲】異種類の生物が一緒にすみ、共同生活をする様式。サメとコバンザメなどの類。
【共存】二つ以上のものが一緒に存在すること。〔葉適－黄文叔周礼序〕『共存共栄』『平和共存』
【共著】二人以上の人が、一冊の本を共同で書き著すこと。
【共通】二つまたはそれ以上のもののどれにも当てはまること。『全国共通』『共通語』
【共闘】複数の団体が共同で闘争すること。
【共同】複数の者が一緒に事を行うこと。また、二人以上の者が同等の資格で結合し、また関係すること。〔孟子－梁恵王上・注〕『共同戦線』『共同募金』
【共犯】一つの犯罪を二人以上が共同で行うこと。また、その仲間。⇔主犯。『共犯者』
【共謀】複数の者が共同して悪事をたくらむこと。
【共鳴】[1]振動する物体が、その固有振動と等しい振動数をもつ外力の作用で、振動し始める現象。共振。[2]比喩的に、同感すること。
【共訳】複数の者が共同して翻訳すること。
【共有】共同で所有すること。⇔専有
【共用】共同して使用すること。
【共和】二人以上の者が共同して政務などを行うこと。『共和国』『共和制』

493 【兵】 4228 4A3C 95BA 八－5 [常]4 ヒョウ（ヒャウ）[呉]・ヘイ[漢]／bīng／つわもの
[筆順] 兵 兵 兵 兵 兵 兵
[字解] 会意。斤（おの）＋廾（両手）。両手でもった武器の意。
甲骨文  金文  篆文 
[同属字] 浜・鋲
[意味] ❶つわもの。軍人。兵士。軍隊。『兵糧』『兵卒』『兵隊』『騎兵』『挙兵』『番兵』 ❷いくさ。戦争。武器。武器で殺す。『兵戈』『兵備』『兵法』 *史記－伯夷伝「左右欲レ兵レ之（さゆうこれをへいせんとほっす）〔＝側近の家来は武器で殺そうとした〕」

❶ 軍人。兵士。軍隊。

[下接] 鋭兵・衛兵・閲兵・援兵・皆兵・海兵・観兵・奇兵・騎兵・義兵・強兵・挙兵・軍兵・軽兵・憲兵・工兵・小兵・散兵・私兵・従兵・出兵・手兵・守兵・哨兵・将兵・傷兵・神兵・新兵・水兵・精兵・先兵・雑兵・僧兵・賊兵・大兵・徴兵・敵兵・撤兵・農兵・敗兵・廃兵・派兵・番兵・伏兵・砲兵・歩兵・募兵・民兵・用兵・傭兵・練兵・老兵
【兵衛】[国]日本の律令制で、左・右兵衛府の職員。内裏の外側の諸門の警衛や、行幸の供奉などにあたる。

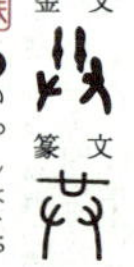

【兵糧・兵粮ヘイリョウ|ヒョウロウ】将兵の糧食。転じて、食糧一般をいう。『兵糧攻め〔=敵方の食糧の補給を断ち、敵の弱るのを待つ戦法〕』
【兵員ヘイイン】兵士の数。また、兵士。
【兵営ヘイエイ】兵舎のある一定区域。
【兵役ヘイエキ】①徴兵されて軍務に服すること。〔尉繚子-戦威〕②戦争。〔後漢書-質帝紀〕
【兵家ヘイカ】軍人。兵法家。＊杜牧-題ニ烏江亭ー「勝敗兵家事不レ期ショウハイはヘイカのことキせず〔=戦いの勝敗は、どんな名将もはじめから見とおすことはできない〕」→❷
【兵権ヘイケン】軍を統轄する権力。
【兵伍ヘイゴ】（伍は兵士五人のこと）軍隊の最下級の組。
【兵士ヘイシ】軍隊で、士官の指揮を受ける者。兵卒。〔管子-権修〕
【兵舎ヘイシャ】兵営内の兵士達が起居する建物。
【兵制ヘイセイ】軍隊の編制や兵員の徴募に関しての制度。
【兵卒ヘイソツ】最下級の兵士。『一兵卒』
【兵隊ヘイタイ】兵士を隊として組織したもの。また、兵士。
【兵站ヘイタン】もと、軍隊の後方につらなる宿駅のこと。物資、兵員、捕虜などを輸送する機関。『兵站線』
【兵屯ヘイトン】軍兵の屯所。〔後漢書-祭彤伝〕
【兵部ヘイブ|ヒョウブ】①（ヘイブ）中国の旧官制で、六部の一。兵事・軍制をつかさどる役所。また、その官。②（ヒョウブ）「兵部省ヒョウブショウ」の略。日本の律令制で太政官八省の一。諸国の兵士・軍事に関する一切のことをつかさどり、また隼人司を管轄する。
【兵力ヘイリョク】軍隊の力。兵隊、兵器などの総合力。戦闘力。〔戦国策-秦〕

❷ いくさ。戦争。武器。武器で殺す。

下接 戈兵カヘイ・造兵ゾウヘイ・長兵チョウヘイ・白兵ハクヘイ・短兵急タンペイキュウ

【兵戈ヘイカ】①刀と戈ほこ。武器。〔李白-大猟賦〕②転じて、いくさ。〔呉越春秋-闔閭内伝〕
【兵火ヘイカ】戦争によって起こる火災。転じて、いくさ。戦争。〔漢書-王莽伝〕
【兵家ヘイカ】中国戦国時代の諸子百家の一。用兵の技術を含めて、その理論や戦争の本質を論ずる一派の称。孫武、孫臏ソンピン、呉起、尉繚ウツリョウなど。→❶
【兵革ヘイカク】（「革」はよろい、かぶとの意）たたかい。戦争。〔詩経-鄭風・野有蔓草〕

【兵学ヘイガク】戦術、用兵などを研究する学問。
【兵器ヘイキ】戦闘に用いる器材。武器。『核兵器』
【兵機ヘイキ】戦争の機会。戦機。また、戦争の機略。
【兵戟ヘイゲキ】①槍、刀や矛ほこ。いくさの道具。また、戦争。②古く、宮殿の階下で矛を持って護衛を勤めた人。
【兵甲ヘイコウ】①武器と甲冑。〔国語-呉語〕②転じて、兵士。いくさ。〔史記-越王勾践世家〕
【兵事ヘイジ】戦争、軍隊に関する事柄。〔史記-范雎蔡沢伝〕
【兵車ヘイシャ|ヒョウシャ】戦闘に用いる車。古代中国では二頭または四頭立ての馬車で車長、御者、射手が乗った。戎車。
【兵戎ヘイジュウ】ほこ。転じて、戦争。〔礼記-月令〕
【兵書ヘイショ】兵学、兵法の書物。
【兵仗ヘイジョウ】①武器。戦闘用の実用の武器。〔漢書-梁懐王伝〕②武器によって危害をうけること。
【兵刃ヘイジン】武器としての刃物。＊孟子-梁恵王上「塡然鼓レ之、兵刃既接テンゼンとしてこれをコし、ヘイジンをすでにセッす〔=どんどんと攻め太鼓がなり、敵味方のやいばがぶつかりあった〕」
【兵燹ヘイセン】（「燹」は野火の意）戦争によって起こる火事。兵火。〔宋史-神宗紀〕
【兵争ヘイソウ】武力を用いて争うこと。戦争。
【兵端ヘイタン】戦いのきっかけ。戦端。『兵端を開く』
【兵馬ヘイバ】兵器と軍馬。転じて、軍備。軍隊。〔東観漢記-来歙伝〕『兵馬の権〔=軍を統帥する権力〕』『兵馬倥傯コウソウ〔=戦争のために忙しいこと〕』
【兵者詭道也ヘイはキドウなり】戦争は偽りの道である。兵法は敵にうち勝つ方法であり、敵をいつわりあざむくことを本質とする。〔孫子-計〕
【兵者凶器ヘイはキョウキ】武器は人をそこない傷つける不吉な道具である。〔国語-越語〕
【兵貴ニ神速ーヘイはシンソクをたっとぶ】戦争には迅速な作戦が大切である。〔魏志-郭嘉伝〕
【兵聞ニ拙速ーヘイはセッソクをきく】戦争は、たとえ作戦にまずいところがあっても、連戦即決で勝利をおさめ、早く戦局の収拾をはかることが大切である。〔孫子-作戦〕
【兵者不祥之器ヘイはフショウのキなり】武器は人をそこなう不吉な道具である。〔老子-三十一〕
【兵法ヘイホウ|ヒョウホウ】①いくさの仕方。戦術。②剣術などの武芸。『兵法指南』『生兵法なまビョウホウ』
【兵乱ヘイラン】戦争によって起こる世の乱れ。戦乱。

【呉】⇩921

494
【其】3422 4236 91B4 八－6 ゴ㊇・キ㊈/qí・jī/そ・その・それ

字解 象形。農具の箕の形に象り、みの意。箕の原字。借りて助字に用いる。

甲骨文  金文  篆文   重文 

同属字 基・棊・萁・箕・期・斯・欺・棋・旗・祺・騏・麒

参考 万葉仮名では音を借りて「ご㊂」、訓を借りて「そ㊂」。

意味 ❶その。それ。相手側または話題の人や物を指す。『其奴そいつ』『其方そちら』＊史記-田叔伝「無レ出ニ其右ーそのみぎにいずるなし〔=その右に出る者がない〕」❷それ。語意を強めたり、語調をととのえたりする。＊論語-子罕「何其多能也なんぞそれタノウなるや〔=なんと多芸なことであろうか〕」

495
【具】2281 3671 8BEF 八－6 常3 グ㊇・ク㊈/jù/そなえる・そなわる・ともに・つぶさ
(5159)【㒵】目－3
(496)【具】八－6 旧字

筆順 

字解 形声。貝（かい、または鼎・たいせつなもの）省＋廾（両手でささげる）㊒。そなえる意。

金文  篆文 

同属字 俱・颶

参考 万葉仮名では音を借りて「ぐ」。

意味 ❶そろえる。そなわる。そろって。ともに。みな。『具眼』『具備』『具有』⇒〔備〕(368)の表 ❷一緒に連れていく。また、ついて行く。『供を具する』❸そろっているもの。道具。うつわ。『具足』『家具』『器具』『道具』❹くわしい。つぶさに。『具申』『具陳』『敬具ケイグ』『拝具ハイグ』＊陶潜-桃花源記「具答レ之つぶさにこれにこたう〔=こと細かに答えた〕」❺その他。『具合ぐあい』

❶ そろえる。そなわる。

2画 二亠人(𠆢・亻)儿入八(丷)冂冖冫(⺀)几凵刀(刂)力勹匕匚匸十卜卩(㔾)厂厶又

[下接] 皆具(カイグ)・治具(ジグ)・備具(ビグ)・不具(フグ)・理具(リグ)

【具眼(グガン)】是非、善悪を判断し、本質を見抜く見識を持っていること。『具眼の士』

【具象(グショウ)】ものがはっきりした形、姿をそなえていること。また、そういう形。具体。↔抽象。『具象画』

【具臣(グシン)】ただその職にあるというだけで、何の働きもない臣下。〔論語-先進〕

【具瞻(グセン)】衆人がともに見上げ尊ぶこと。〔詩経-小雅・節南山〕

【具足(グソク)】十分にそなわっていること。そろい整っていること。〔論衡-正説〕『円満具足』→❸

【具体(グタイ)】ものが実体をそなえ、固有の形体を持っていること。具象。↔抽象。『具体化』『具体的』

【具備(グビ)】必要な物事が十分にそろっていること。

【具有(グユウ)】性質、能力、条件などをその身にそなえ持っていること。

❸ そろっているもの。道具。うつわ。

[下接] 雨具(あまグ)・家具(カグ)・画具(ガグ)・金具(かなグ)・玩具(ガング)・器具(キグ)・供具(キョウグ)・漁具(ギョグ)・刑具(ケイグ)・工具(コウグ)・香具(コウグ)・祭具(サイグ)・索具(サクグ)・什具(ジュウグ)・乗具(ジョウグ)・寝具(シング)・船具(センググ)・葬具(ソウグ)・装具(ソウグ)・建具(たてグ)・道具(ドウグ)・農具(ノウグ)・馬具(バグ)・表具(ヒョウグ)・武具(ブグ)・仏具(ブツグ)・文具(ブング)・防具(ボウグ)・民具(ミング)・夜具(ヤグ)・遊具(ユウグ)・用具(ヨウグ)・装身具(ソウシング)・文房具(ブンボウグ)

【具足(グソク)】[国]①道具。調度。②武具。甲冑。→❶

❹ くわしい。つぶさ。

【具現(グゲン)】具体的なすがたで現れること。また、実際に現すこと。

【具申(グシン)】上役に意見や事情を詳しく述べること。

【具陳(グチン)】詳しく述べること。つぶさに報告すること。

❺ その他。

【具合(グあい・グわい)】①物事の構成の状況や機能、調子。また、健康の調子。あんばい。②都合や、体面。

497 【典】 3721 4535 9354 八-6 [常]4 テン[呉][漢]/diǎn/すけ・のり・ふみ

[筆順] 典

[字解] 会意。冊(書籍)+丌(台)。台にのせた尊い書物の意。

甲骨文 金文 篆文

[同属字] 淟・腆

[意味] ❶ふみ。書物。尊ぶべき内容を盛ったもの。『典籍』『原典』『古典』『辞典』❷のり。手本。基準。決められた型。よりどころ。しきたり。『典拠』『典型』『典範』『儀典』❸儀式。儀礼。『華燭(カショク)の典』❹整っている。きちんとしている。『典雅』『典麗』❺つかさどる。『典侍』『典薬』『主典(サカン)』❻与えるもの。めぐみ。『栄典(エイテン)』『恩典(オンテン)』『賞典(ショウテン)』『特典(トクテン)』❼書名。『典墳』『典謨』『典論』

❶ ふみ。書物。

[下接] 旧典(キュウテン)・教典(キョウテン)・刑典(ケイテン)・経典(ケイテン/キョウテン)・外典(ゲテン)・原典(ゲンテン)・古典(コテン)・字典(ジテン)・事典(ジテン)・辞典(ジテン)・釈典(シャクテン)・出典(シュッテン)・掌典(ショウテン)・聖典(セイテン)・書典(ショテン)・内典(ナイテン)・二典(ニテン)・仏典(ブッテン)・文典(ブンテン)・法典(ホウテン)・宝典(ホウテン)・妙典(ミョウテン)

【典籍(テンセキ)】書物。書籍。〔左伝-昭公一五年〕

❷ のり。手本。基準。

[下接] 楽典(ガクテン)・儀典(ギテン)・政典(セイテン)・通典(ツテン)・礼典(レイテン)

【典拠(テンキョ)】正しいよりどころ。出典。典故。故実。

【典刑(テンケイ)】①古くから一定していて変わらない法。〔詩経-大雅・蕩〕②一定した刑罰。〔書経-舜典〕

【典型(テンケイ)】規範となる形式。また、同類中、その本質、特徴を最もよく表している型やもの。『典型的』

【典故(テンコ)】典拠となる故事。故実。

【典常(テンジョウ)】常に守るべき不変の道。

【典制(テンセイ)】きまり。おきて。〔荀子-礼論〕

【典範(テンパン)】手本となる正しい事柄。また、それを定めたおきて。のり。『皇室典範』

❸ 儀式。儀礼。

[下接] 慶典(ケイテン)・香典(コウデン)・国典(コクテン)・祭典(サイテン)・式典(シキテン)・祀典(シテン)・祝典(シュクテン)・大典(タイテン)・朝典(チョウテン)・廃典(ハイテン)

【典儀(テンギ)】儀式。典礼。〔後漢書-儒林伝・劉昆〕

【典礼(テンレイ)】一定の儀式。定まった儀礼。

❹ 整っている。きちんとしている。

【典雅(テンガ)】整っていてみやびやかなこと。〔論衡-自紀〕

【典麗(テンレイ)】典雅で美麗なこと。〔北斉書-邢邵伝〕

❺ つかさどる。

【典衣(テンイ)】君主の衣服類をつかさどった役。〔韓非子-二柄〕

【典冠(テンカン)】君主の冠の世話をする官。〔韓非子-二柄〕

【典獄(テンゴク)】監獄の事務をつかさどる職。

【典侍(テンジ)】[国]令制で、内侍司(ナイシのつかさ)の次官。ないしのすけ。

【典薬(テンヤク)】[国]昔、朝廷や幕府で医薬をつかさどった職。

❼ 書名。

【典墳(テンプン)】中国、古代の書物で五帝の書の五典と三皇の書の三墳。転じて、古書。

【典謨(テンボ)】「書経」の「尭典・舜典・大禹謨・皐陶(コウヨウ)謨・益稷」各編の総称。♥「典」は尭典・舜典、「謨」は大禹謨・皐陶謨・益稷のこと。

【典論(テンロン)】中国の儒学書。魏の文帝曹丕(ソウヒ)撰。もと五巻。中国で初めて本格的に文学・文体を論じた書。自叙文など、その一部のみ伝わる。

[真]⇩5156 [異]⇩4918 [巽]⇩2025

498 【冀】 4935 5143 9962 八-15 キ[呉][漢]/jì/こいねがう

[字解] 象形。大きな仮面をつけ神に祈る舞人の形に象り、こいねがう意。

金文 篆文

[意味] ❶こいねがう。希望する。心から期待する。『冀望』『希冀(キキ)』『僥冀(ギョウキ)』＊韓非子-五蠹「冀二復得一兎(またうさぎをえんことをこいねがう)」〔＝もう一度ウサギを手に入れることを心から期待した〕❷地名。『冀州』『冀北』

❶ こいねがう。希望する。

【冀幸(キコウ)】こいねがうこと。また、万一の利益をあてにすること。〔管子-君臣下〕

【冀図(キト)】もくろむこと。たくらみ。

【冀望キボウ】ねがい望むこと。希望。〔論衡‐命義〕

❷ 地名。

【冀州キシュウ】①中国古代の九州の一。現在の河北・山西二省、遼寧省遼河以西および河南省の黄河以北の地域。②中国、後魏代から河北省南部におかれた州。

【冀北キホク】中国の冀州の北部。現在の河北省の地。良馬を産するので有名。

【興】⇩6479 【輿】⇩7921

13 冂部 けいがまえ

金文 篆文

冂は、三方を囲んだ線、遠い境界の地。はるかの意を表す。

冂部に属する字は、冂の形を目印とするものであるが、統一的な共通の意味は認められない。「けい」は同の音をとったものであるが、それとは別に「えんがまえ」というのは、円(圓)の音をとったもの。また、「まきがまえ」というのは、冂を牧場の意とする説によるという。

冂◆ 冂 ②円 冃 内 冋 ③回 同 冊 冉 冄 ④冊 ⑤冏

冂▬ ⑨冕

冂▬ ④冎 ⑤再 ⑦冑 ⑧冓 冓

冂◆

499 【冂】 4936 5144 9963 冂−0 ケイ漢 jiōng

字解 部首解説を参照。

【巾】⇩2032

500 【円】 1763 315F 897E 冂−2 常1 (1248)【圓】 5204 5424 9AA2 囗−10 旧字

エン(ヱン)呉漢 yuán／まるい・まる・つぶら・まどか

筆順 

字解 円は圓の草体から。圓は形声。囗(とりかこむ)＋員(まるい)㊥。まるい意。

意味 ❶まるい。また、まるい形。↔方。「円周率」「円陣」「円盤」❷おだやか。満ちている。欠けたところがない。また、すべて。あまねく。「大団円」「円滑」「円熟」「円満」❸国日本の貨幣の単位。「円安ドル高」

❶ まるい。また、まるい形。

下接 金円キンエン・大円ダイエン・楕円ダエン・長円チョウエン・半円ハンエン・復円フクエン・方円ホウエン・卵円形ランエンケイ・前方後円墳ゼンポウコウエンフン

【円丘エンキュウ】古く、天子が冬至に天をまつるために、郊外に築いた円形の塚。郊祀コウシ。

【円座・円坐エンザ】①藁わら、藺いなどで円形に平たく編んだ敷物。わろうだ。わらざ。②多くの人が輪の形になって座ること。車座。

【円鑿方枘エンサクホウゼイ】まるいほぞ穴に、四角なほぞを入れるの意で、物事が互いにかみ合わないことのたとえ。方枘円鑿。〔史記‐孟子荀卿伝〕

【円周エンシュウ】一つの平面上で、一定点から等距離にある点の軌跡。円。「円周率」

【円陣エンジン】円形の陣立て。転じて、多くの人が円形に並ぶこと。「円陣を組む」

【円錐エンスイ】平面上の円のすべての点と、その平面上にない一点とを結ぶ線分によってできる立体。円錐体。

【円卓エンタク】円形のテーブル。「円卓会議」

【円柱エンチュウ】①まるい柱。②長方形をその一辺のまわりに回転させて得られる立体。もと円壔エントウ。

【円頂エンチョウ】①まるいいただき。②坊主頭。特に、剃髪テイハツして頭をまるめること。「円頂黒衣」

【円筒エントウ】まるい筒。また、円柱。

【円盤エンバン】①円形で平たい板状のもの。「空飛ぶ円盤」②円盤投げの用具。

❷ おだやか。満ちている。

下接 大団円ダイダンエン

【円覚エンガク】仏語。完全円満な悟りのこと。

【円滑エンカツ】かどが立たず滑らかなさま。物事がとどこおりなく、すらすらといくさま。

【円寂エンジャク】仏語。①煩悩を滅して、悟りの智慧チエを完成した境界。涅槃ネハン。②転じて、僧が死ぬこと。入寂。

【円熟エンジュク】人格、知識、技芸などが十分に発達して、豊かな内容を持つこと。「円熟した話芸」

【円転滑脱エンテンカツダツ】言動が自在に変化してかどだたず、物事がとどこおりなく進行すること。

【円頓エンドン】(「円満頓足」の意) 仏語。一切を欠けるところなく備え、たちどころに悟りに至ること。

【円満エンマン】かどだたないで穏やかなさま。〔宋史‐外国伝・天竺国〕

【円融エンユウ(エンニュウ)】仏語。完全に融けあって一体となり、相互にさまたげのないこと。

❸ 日本の貨幣の単位。

【円高エンだか】外貨に対する円の価値が高まること。

【円安エンやす】外貨に対する円の価値が低くなること。

難読姓氏 円岡つぶらおか 円谷つぶらや｜まるや｜まるたに｜えんや｜つむらや

501 【冄】 * 1881 冂−2 ゼン 「冉」(507)の異体字

502 【内】 3866 4662 93E0 冂−2 常2 (477)【內】 二二 入−2 旧字

ナイ呉・ヌイ呉・ダイ漢 nèi・nà／うち・なか

筆順 

字解 形声。冂(いえ)＋入(はいる)㊥。家の中の意。

同属字 芮・吶・枘・衲・納(納)・訥

甲骨文 金文 篆文

意味 ❶うち。一定範囲のなか。↔外。「内需」「内装」「内陸」「屋内」「境内ケイダイ」❷家のなか。家庭。また、妻。「内助の功」「内儀」「内室」「家内カナイ」❸心のなか。自己のうち。「内剛外柔」「内観」「内向」「内心」❹宮中。朝廷。「内裏ダイリ」「参内サンダイ」「入内ジュダイ」「南内ナンダイ」❺うちうちの。ひそかな。非公式の。「内縁の妻」「内申書」「内示」「内諾」❻取り引きに先立って、一部の金を支払うこと。「内金うちキン」❼したしむ。だいじにする。❽いれ

2画 二亠人(𠆢・亻)儿入八(丷)冂冖冫(⺀)几凵刀(刂)力勹匕匚匸十卜卩(㔾)厂厶又

る。「入」に同じ。＊史記-項羽本紀「交戟之衛士、欲レ止不レ内（コウゲキのエイシ、とどめていれざらんとほっす）〔=ほこを交差して門を守っていた番兵は、とどめて入れまいとした〕」

❶ うち。一定範囲のなか。

下接 案内（アンナイ）・以内（イナイ）・院内（インナイ）・宇内（ウダイ）・苑内（エンナイ）・園内（エンナイ）・屋内（オクナイ）・海内（カイダイ）・郭内（カクナイ）・閨内（ケイナイ）・学内（ガクナイ）・臥内（ガダイ）・家内（カナイ）・管内（カンナイ）・畿内（キナイ）・境内（ケイダイ）・月内（ゲツナイ）・県内（ケンナイ）・圏内（ケンナイ）・口内（コウナイ）・坑内（コウナイ）・校内（コウナイ）・港内（コウナイ）・構内（コウナイ）・国内（コクナイ）・獄内（ゴクナイ）・山内（サンナイ）・地内（ジナイ）・寺内（ジナイ）・社内（シャナイ）・車内（シャナイ）・週内（シュウナイ）・城内（ジョウナイ）・場内（ジョウナイ）・体内（タイナイ）・対内（タイナイ）・胎内（タイナイ）・町内（チョウナイ）・都内（トナイ）・年内（ネンナイ）・府内（フナイ）・部内（ブナイ）・門内（モンナイ）・埒内（ラチナイ）・領内（リョウナイ）・湾内（ワンナイ）

【内因】（ナイイン） 物事それ自体に内在する原因。↔外因

【内苑】（ナイエン） 御所（ゴショ）や神社の敷地内の庭。↔外苑

【内奥】（ナイオウ） 内部の奥深い所。

【内科】（ナイカ） 外傷性でない疾患の診断と、手術によらない治療とを中心とする医学の一部門。↔外科（ゲカ）

【内海】（ナイカイ・うちうみ） ↔外海。①狭い海峡で外洋と連絡する、陸地に囲まれた海。②（うみ）湖のこと。

【内外】（ナイガイ） ①内側と外側。特に、国内と国外。『内外価格差』②国数量を表す語に付いて、それに近いことを示す語。前後。『千円内外の品』

【内閣】（ナイカク） 国総理大臣およびその他の国務大臣で組織される国の最高行政機関。政府。

【内患】（ナイカン） 内部のわざわい、心配事。内憂。↔外患。〔後漢書-陳蕃伝〕

【内局】（ナイキョク） 各省庁の内部に設けられる局。直接大臣や次官の監督を受ける。↔外局

【内勤】（ナイキン） 官公庁、会社などで、日常その勤務先の中で勤務すること。↔外勤

【内宮】（ナイクウ・ナイグウ） 国伊勢（いせ）神宮の皇大神宮。↔外宮（ゲクウ）

【内径】（ナイケイ） 管などの内側の寸法。内側の直径。↔外径

【内顧】（ナイコ） ふりかえって見ること。〔論語-郷党〕→❷

【内攻】（ナイコウ） 病気が表面に出ず、体の内部にひろがり悪化すること。

【内国】（ナイコク） その国のうち。国内。↔外国。『内国産』

【内在】（ナイザイ） ある事物または性質などが、それ自体の内に存在すること。↔外在。『内在的』

【内耳】（ナイジ） 耳の最も奥の部分。平衡感覚と聴覚とを感受する器官があるところ。↔外耳・中耳。『内耳炎』

【内需】（ナイジュ） 国内の需要。↔外需。『内需拡大』

【内診】（ナイシン） ①婦人生殖器の内部や直腸内を診察すること。②医者が自分の診療所内で診療を行うこと。宅診。↔往診

【内陣】（ナイジン） 神社の本殿や仏寺の本堂で、神体や本尊の安置場所。↔外陣（ゲジン）

【内政】（ナイセイ） 国内の政治。『内政干渉』

【内戦】（ナイセン） 国内でおこる、国民同士の戦い。

【内線】（ナイセン） 官庁、会社などの、内部に設けられた電話線。外線にも通じる。↔外線・局線。『内線番号』

【内装】（ナイソウ） 建物や乗り物の内部の設備、装飾。また、それらを整え飾ること。インテリア。↔外装。『内装工事』

【内蔵】（ナイゾウ） 内部に持っていること。

【内臓】（ナイゾウ） 動物の体の内部にある諸器官の総称。

【内題】（ナイダイ） 書物の、表紙を開いた中の扉や本文の初めなどに書いてある題名。↔外題（ゲダイ）

【内地】（ナイチ） ①その国のうち。国内。↔外地。『内地留学』②属領や植民地から見て、本国。本土。

【内朝】（ナイチョウ） 天子の奥御殿。↔外朝

【内的】（ナイテキ） 物事の内部に関するさま。↔外的。→❸

【内典】（ナイテン） 仏教の典籍。仏教の側からいう。↔外典（ゲテン）

【内部】（ナイブ） ①ものの内側の部分。内側。↔外部。②ある組織に属する範囲内。↔外部。『内部事情』

【内服】（ナイフク） 薬を飲むこと。服用。内用。『内服薬』

【内福】（ナイフク） 国うわべよりも内実が裕福であること。

【内分泌】（ナイブンピツ・ナイブンピ） 器官がホルモンを直接血液中に分泌すること。『内分泌腺』

【内壁】（ナイヘキ） 内側の面。↔外壁。『胃の内壁』

【内包】（ナイホウ） ①内部に含み持つこと。②論理学で、ある概念が適用されるすべての事物に共通する性質。↔外延

【内務】（ナイム） 国内の政事に関するつとめ。『内務省』→❹

【内憂】（ナイユウ） 国やある団体内部にある心配事やうちわもめ。↔外患・外憂。〔左伝-成公一六年〕【内憂外患】（ナイユウガイカン） 国内や内部におこる心配事と国外や外部から受ける心配事。〔国語-晋語〕

【内用】（ナイヨウ） 薬を飲んで用いること。内服。↔外用

【内容】（ナイヨウ） ①ある物の中を満たしているもの。物のなかみ。『内容物』②物事を成り立たせている実質。『話の内容』↔形式

【内乱】（ナイラン） 国内の騒乱。

【内陸】（ナイリク） 海から遠く離れた地帯。『内陸性気候』

【内障・内障眼】（ナイショウ・そこひ） 眼球内の疾病、黒内障、白内障などの総称。

❷ 家のなか。家庭。また、妻。

【内艱】（ナイカン） 母に死なれること。↔外艱

【内儀】（ナイギ） 国他人の妻を敬っていう語。

【内顧】（ナイコ） 家庭や妻子のことを気にかけること。〔漢書-酷吏伝・楊僕〕→❶

【内子】（ナイシ） 古代中国で、卿、太夫などの正妻の称。転じて、一般に妻の称。

【内室】（ナイシツ） 他人の妻を敬っていう語。奥方。

【内助】（ナイジョ） 夫が外で十分に活動できるように、家にあって妻がする手助け。〔魏志-文徳郭皇后伝〕『内助の功』

【内戚】（ナイセキ） 父方の親戚。内親。

❸ 心のなか。自己のうち。

【内意】（ナイイ） 内心。うちうちの意向。

【内界】（ナイカイ） 心の世界。精神的領域。↔外界。『内界の財貨〔=知識など無形の財産〕』

【内観】（ナイカン） 自己の内面を観察すること。内省。

【内向】（ナイコウ） 内気で、心の働きが自分の内部にばかり向かうこと。↔外向。『内向的』

【内剛外柔】（ナイゴウガイジュウ） 内面はしっかりしているが、外見や態度がおだやかなこと。外柔内剛。↔内柔外剛。〔欧陽脩-再論水災状〕

【内柔外剛】（ナイジュウガイゴウ） 気が弱いのに、外に現れた態度の強いこと。↔内剛外柔。〔易経-否〕

【内証】（ナイショウ） ①仏語。みずからの心のうちに仏教の真理を悟ること。②心中に秘している考えや意向。→❺

【内心】（ナイシン） 心のうち。心中。〔説苑-脩文〕

【内省】（ナイセイ） 自分を深くかえりみること。『内省的』

【内的】（ナイテキ） 精神に関する様子。内面的。↔外的。→❶

【内面】（ナイメン） 人間の精神、心理に関する面。心の中。『内面描写』『内面的』

❹ 宮中。朝廷。

【内裏】（ダイリ） 天子の住居を中心とする御殿。宮中。御所。『大内裏』『内裏雛』

【内官(ナイカン)】①宮中の女官。②宦官(カンガン)。③国日本の令制で、京都に移住し、中央官庁に勤務した役人。京官。

【内史(ナイシ)】中国、周代にはじまる官名。春官に属し、爵禄廃置殺生与奪の八つをつかさどった。秦・漢には京師の治にあたる官をいい、また唐代では中書令の異名。

【内旨(ナイシ)】朝廷からの内々の沙汰。

【内侍(ナイシ|ナイジ)】国宮中に仕えること。また、その人。宦官(カンガン)や女官など。

【内豎(ナイジュ)】①中国、周代の官名。天客に属し、宮中に仕えて雑役に服するわらべ。②中国、漢代以後、宦官(カンガン)のこと。③国朝廷の諸行事、および宮中の日常の雑事の処理に召し使われた少年など。

【内臣(ナイシン)】宮中の側近の臣。宦官(カンガン)など。

【内寵(ナイチョウ)】君主がうちうちに寵愛する妾など。

【内帑(ナイド)】①皇室・君主所蔵の財貨を入れておく蔵。②君主の所有する財貨。『内帑金』

【内府(ナイフ)】①宮中の蔵。②国内大臣の別称。

【内嬖(ナイヘイ)】君主のお気に入りの側室。内寵。

【内務(ナイム)】宮中の事務。→❶

❺ うちうちの。表向きでない。公式でない。

【内縁(ナイエン)】事実上婚姻関係にあるが、婚姻届を出していない男女関係。『内縁の妻』

【内応(ナイオウ)】内部の者がひそかに敵と通じること。内通。

【内規(ナイキ)】うちうちで申し合わせてある規定。

【内訌(ナイコウ)】うちわもめ。内紛。〔詩経-大雅・召旻〕

【内妻(ナイサイ)】内縁関係にある妻。↔正妻
【内済(ナイサイ)】表向きにせず、うちうちで事を済ますこと。

【内示(ナイジ)】公式でなくうちうちに示すこと。

【内実(ナイジツ)】①家の中の大切な宝。また、妻妾(サイショウ)。②内部の実情。③その実。実際は。

【内緒・内所(ナイショ)】国人に知らせないこと。秘密のこと。▶「ナイショウ(内証)」の変化した語。

【内証(ナイショウ)】国①人に知らせないこと。内緒。②うちわの事情。内情。また、内々の経済状態。→❸
【内情(ナイジョウ)】内部の事情。『内情をあばく』

【内職(ナイショク)】本職のほかに、収入を見込んでする仕事。また、主婦などが家庭でする賃仕事。

【内申(ナイシン)】うちうちに申し述べること。『内申書』

【内諾(ナイダク)】非公式に承諾すること。『内諾を得る』

【内達(ナイタツ)】前もって非公式に通達をすること。

【内通(ナイツウ)】①ひそかに敵に通じること。内応。②男女の密通。

【内定(ナイテイ)】正式ではないが、うちうちに決まること。

【内偵(ナイテイ)】気づかれないよう、ひそかに探ること。

【内紛(ナイフン)】うちわもめ。内部の争い。内訌(ナイコウ)。

【内聞(ナイブン)】①非公式に聞くこと。『内聞に達する』②国表沙汰(おもてザタ)にしないこと。内分。

【内密(ナイミツ)】表向きにしないさま。秘密。

【内命(ナイメイ)】表向きでないうちうちの命令。

【内約(ナイヤク)】うちうちに約束すること。うちわの約束。

【内覧(ナイラン)】非公式に見ること。内見。

難読地名 内海(うつみ)村(愛媛) 内海(うちのみ)町(香川) 内海(うつみ)町(広島)

503 【冂】 * 1880 冂-2 ボウ漢/mào
字解 象形。ものをおおいでおおったさまに象り、おおう・おおうものの意。
篆文

同属字 冒(冐)

【丹】⇩48

504 【囘】 4937 5145 9964 冂-3 カイ 「回」(1220)の異体字

505 【冋】 * 1882 冂-3
字解 冂の古字。のち口(場所)を付し冋とした。
同属字 炯・絅・迥

506 【冊】 2693 3A7D 8DFB 冂-3 常6 (7)【册】 4938 5146 9965 一-4 旧字 (509)【冊】 冂-4 サク漢・サツ慣/cè
筆順

字解 象形。文字を記した札をひもで編み合わせた形に象り、文書・書物の意。
甲骨文 金文 篆文

同属字 笧・刪・柵・珊・跚
意味 ❶紙をとじて作った本。また、それを数える言葉。『冊子』『合冊』『分冊』『別冊』 ❷ものを書く札。『短冊(タンザク)』『野冊(ヤサツ)』 ❸天子の任命書。『冊命』『冊立』

❶ 紙をとじて作った本。
下接 合冊(ガッサツ)・史冊(シサツ)・小冊(ショウサツ)・書冊(ショサツ)・大冊(タイサツ)・分冊(ブンサツ)・別冊(ベッサツ)・封冊(ホウサツ)・兎園冊(トエンサツ)
【冊子(サッシ|ソウシ)】綴(と)じた本。また、書物。『小冊子』

❸ 天子の任命書。
【冊書(サクショ)】天子が臣下に命令する文書。
【冊封(サクホウ)】古く、中国で、爵位や皇后などを冊によってたてたこと。また、その書状。
【冊命(サクメイ)】皇后・皇太子などがその位につく時に、詔勅を以て命じること。〔書経-顧命〕
【冊立(サクリツ|サクリュウ)】勅命によって皇太子、皇后を正式に位につけること。〔旧唐書-承天皇帝倓伝〕

507 【冉】 冂-3 (508)【冄】 4939 5147 9966 冂-3 (501)【冃】 * 1881 冂-2 ゼン漢/rǎn
字解 象形。頰ひげの垂れ下がったさまに象り、ひげがしなやか・よわい意。
金文 篆文

同属字 苒・髯・蚺
意味 ❶しなやか。よわい。また、進む。行く。『冉冉』❷人名。『冉求』『冉耕』『冉雍』
【冉求(ゼンキュウ)】中国、春秋時代の魯の人。字(あざな)は子有。孔門十哲の一人で、政事に優れた。生没年不詳。
【冉耕(ゼンコウ)】中国、春秋時代の魯の人。字(あざな)は伯牛。孔門十哲の一人で、徳行にすぐれた。生没年不詳。
【冉冉(ゼンゼン)】①ふさふさとして、垂れ下がるさま。しなやかなさま。〔曹植-美女篇〕②年月が次第に進んでゆくさま。また、物事が徐々に行われるさま。〔屈原-離騒〕
【冉雍(ゼンヨウ)】中国、春秋時代の魯の人。字(あざな)は仲弓。孔門

十哲の一人で、徳行にすぐれた。生没年不詳。

509
【冊】 ― 冂－4
サク 「冊」(506)の異体字

［同］⇩949

510
【冏】 4940 5148 9967 冂－5
(1226)〔囧〕＊2290 囗－4
ケイ㊥\jiǒng
字解 象形。太陽の光り輝くさまに象り、あきらかの意。窓に光がさすさまともいう。
甲骨文 金文 篆文
意味 ❶あきらか。光り輝くさま。『冏冏』❷など。
【冏冏（ケイケイ）】光り輝くさま。炯炯（ケイケイ）。

［周］⇩962 ［岡］⇩1934 ［罔］⇩6122

511
【冕】 4943 514B 996A 冂－9
ベン㊥\miǎn
字解 形声。冃(かぶりもの)＋免(ぬけでる)㊟。かんむりの意。
意味 古代、高位の者がつけた礼装用のかんむり。
【冕者（ベンシャ）】冕服をつけた人。〔論語-郷党〕
【冕服（ベンプク）】古代、貴人が身につけた礼装用の冠と衣服。

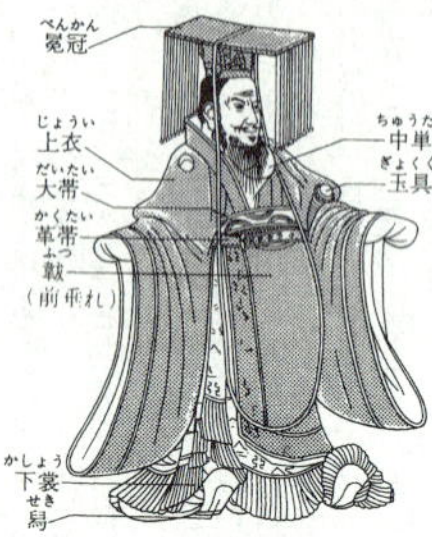

冕服〔帝王図巻〕

512
【冎】＊1883 冂－4
カ(クヮ)㊥\guǎ
字解 象形。肉を削りとった関節付近の骨の形に象り、えぐりとる意。のち咼と書く。
篆文
同属字 咼・骨

513
【再】 2638 3A46 8DC4 冂－5 常5
サイ㊊㊥・サ㊎\zài\ふたたび
筆順 一 冂 冂 再 再 再
字解 象形。上下同形のものの形に象り、もうひとつ同じものがあるということから、ふたたびの意。一説に、一つを挙げるともう一つのものも挙がるさまから、ふたたびの意を表すともいう。
甲骨文 篆文
意味 ふたたび。ふたたびする。もう一度くり返す。『一再（イッサイ）』
【再往・再応（サイオウ）】国同じことを繰り返すこと。再度。
【再嫁（サイカ）】再び嫁ぐこと。再婚。
【再会（サイカイ）】離れ離れになっていた者が再び会うこと。
【再起（サイキ）】再び起き上がること。『再起不能』
【再議（サイギ）】再び審議をすること。『一事不再議』
【再挙（サイキョ）】事業や運動などをもう一度興すこと。
【再見（サイケン）】同じものをもう一度見ること。
【再建（サイケン）】①建築物を建て直すこと。②もう一度つくり直すこと。『財政再建』
【再現（サイゲン）】再び現れること。また、出現させること。
【再顧（サイコ）】もう一度かえりみること。
【再考（サイコウ）】もう一度考え直すこと。『再考を促す』
【再興（サイコウ）】再び盛んにすること。『幕府再興の臣』
【再再（サイサイ）】たびたび。『再々来訪する』
【再三（サイサン）】二度も三度も。たびたび。『再三再四』
【再思（サイシ）】もう一度考えること。再考。『再思三考』
【再醮（サイショウ）】二度嫁入りすること。❤「醮」は婚礼の時の飲酒の儀式。
【再審（サイシン）】①審査をし直すこと。②裁判所が審理をし直すこと。その申し立ておよび手続き。『再審請求』
【再生（サイセイ）】①生き返ること。また、生き返らせること。②心を入れ替えて新しい生活をすること。③廃物を再び使えるようにつくること。『再生紙』④生物が失った体の一部を再びつくりだすこと。⑤テープ、ディスクなどを装置に掛けて、録音、録画した音声や映像が視聴できるようにすること。『再生装置』
【再説（サイセツ）】もう一度くり返して説明すること。再論。
【再選（サイセン）】再び選出または当選すること。
【再読（サイドク）】①もう一度読むこと。『手紙を再読する』②漢文訓読の際、ある漢字を二度読むこと。【再読文字（サイドクモジ）】漢文中で、訓読の際、二度読む漢字。「当」を「まさに(…す)べし」、「未」を「いまだ(…せ)ず」、「猶」を「なお(…の)ごとし」などと読む類。返字（かえりジ）。⇒付録(一四〇九)参照
【再燃（サイネン）】消えた火が再び燃えだすこと。転じて、物事が再び盛んになること。
【再拝（サイハイ）】①繰り返して二度礼拝すること。再度敬礼すること。＊論語-郷党「問二人於他邦一、再拝而送レ之（ひとをタホウにとえば、サイハイしてこれをおくる）〔＝他国の友人などへ使者を派遣するときには、丁重にお辞儀して使者を送り出す〕」②書簡文の終わりに相手に敬意を表して用いる語。『頓首再拝』
【再返・再反（サイヘン）】もう一度くりかえすこと。再度。
【再遊（サイユウ）】再びめぐり歩いて、遊ぶこと。『再遊の地』
【再来（サイライ・サライ）】㊀(サイライ)①再び来ること。②生まれかわり。㊁(サライ)国次の次の。翌々。『再来週』『再来年』
【再臨（サイリン）】キリスト教で、キリストが、世界の終わりに再びこの世に現れること。
難読地名 再度（ふたたび）山(兵庫)

514
【冑】 4941 5149 9968 冂－7
チュウ(チウ)㊥\zhòu\かぶと・よろい
字解 形声。冃(かぶりもの)＋由(深いつぼ、あるいは抽に同じともいう)㊟。かぶとの意。金文では、かぶとをつけたさまを象った象形字。
金文 篆文
参考 「胄」(6301)は別字。
意味 ❶かぶと。『冑甲』『甲冑（カッチュウ）』❷国よろいのこと。冑と甲の意味を誤って逆に用いた。
【冑甲（チュウコウ）】かぶととよろい。甲冑（カッチュウ）。

［咼］⇩967 ［禺］⇩5436

515
【冓】 ― 冂－8
(516)〔冓〕 4942 514A 9969 冂－8

コウ㊥/gòu

字解 象形。上下同じ形に組んだ木の形に象り、かまえる意。

甲骨文  金文  篆文 

同属字 篝・覯・媾・搆・溝(溝)・構(構)・購(購)・講(講)・韝・鞲

意味 ❶組む。組み立てる。かまえる。❷へや。

14 冖部 わかんむり

金文  篆文 

冖部には、上部に冖の形をもつものを収める。冖は音「べキ」で、上からおおうものの意を表すが、別に宀部(うかんむり)の字と混用されるものがあり、その冖の形をとるものをこの部に入れる。また字体では、冂部の字にも関係が認められる。「わかんむり」とは「うかんむり」と相対して、形が片仮名のワに似たところからの名である。

冖 冖 冖 ② 冗 冗 ③ 写 ⑦ 冠 ⑧ 冤 冦 冢 冣 冥 ⑨ 冨 ⑩ 冪 ⑪ 寫 ⑫ 冩 ⑭ 冪

517 【冖】 4944 514C 996B 冖－0

ベキ㊥/mì

字解 部首解説を参照。

518 【冘】 *1884 冖－2

イン㊥/yín

字解 会意。冖(まくら)＋儿(ひと)。人が頭を枕にしずめてゆったりとしているさまから、しずむ・ゆったりとした意。枕の原字。

同属字 鴆・沈・忱・枕・耽・酖

519 【冗】 3073 3E69 8FE7 冖－2 常 (1721)〔宂〕 宀－2

ジョウ㊥/rǒng

筆順 冗 冗 冗 冗

字解 会意。冖(＝宀、いえ)＋儿(ひと)。屋内にいて働かないさまから、ひま・むだの意。

意味 ❶むだ。余分。不必要な。『冗員』『冗談』『冗費』 ❷わずらわしい。くだくだしい。『冗長』『冗漫』

❶むだ。余分。不必要な。

【冗員(ジョウイン)】 むだな人員。余分な人員。

【冗官(ジョウカン)】 地位だけあって実際の仕事のない官職。

【冗句(ジョウク)】 むだな文句。

【冗談(ジョウダン)】 ①むだな話。②国ふざけて言う話。また、ふざけてする事。

【冗費(ジョウヒ)】 むだな費用。無益の経費。

❷わずらわしい。くだくだしい。

【冗冗(ジョウジョウ)】 ①入り乱れているさま。②くどいさま。

【冗長(ジョウチョウ)】 文章や話などがわずらわしく長いさま。

【冗漫(ジョウマン)】 くどくて長たらしいこと。冗長。

520 【写】 2844 3C4C 8ECA 冖－3 常3 (1795)〔寫〕 5377 556D 9B8D 宀－12 旧字 (530)〔冩〕 冖－11 (531)〔寫〕 4948 5150 996F 冖－12

シャ㊥㊥/xiě・xiè/うつす・うつる

筆順 写 写 写 写 写

字解 写は寫の略体。寫は形声。宀(おおい)＋舄(→昔・且、かさねる)㊥。上におおい重ねてかきうつす意。

意味 ❶うつす。文字などを書きうつす。『写経』『写譜』『写本』 ❷うつす。絵や像をありのままうつしだす。『写実』『写真』『写生』『映写』『描写』 ❸おろす。「卸」に同じ。❹そそぐ。「瀉」に同じ。

❶うつす。文字などを書きうつす。

下接 移写(イシャ)・誤写(ゴシャ)・手写(シュシャ)・抄写(ショウシャ)・浄写(ジョウシャ)・書写(ショシャ)・繕写(ゼンシャ)・直写(チョクシャ)・転写(テンシャ)・伝写(デンシャ)・透写(トウシャ)・謄写(トウシャ)・筆写(ヒッシャ)・模写(モシャ)・臨写(リンシャ)

【写経(シャキョウ)】 経文を書き写すこと。

【写本(シャホン)】 本を手書きで写すこと。また、その本。

❷うつす。絵や像をありのままうつしだす。

下接 映写(エイシャ)・遠写(エンシャ)・活写(カッシャ)・試写(シシャ)・実写(ジッシャ)・縮写(シュクシャ)・接写(セッシャ)・速写(ソクシャ)・特写(トクシャ)・描写(ビョウシャ)・複写(フクシャ)

【写実(シャジツ)】 事物を、実際のままに描いたり、書き表したりすること。〔文心雕竜-誄碑〕『写実主義』

【写真(シャシン)】 ①真実をうつす。〔顔氏家訓-雑芸〕②肖像画。③写真機でうつす技術。また、うつした像。

【写生(シャセイ)】 景色、事物などを見たままにうつすこと。〔東斎記事-四〕『写生画』

〔罕〕 ⇩6121 〔罙〕 ⇩3335

521 【冠】 2007 3427 8AA5 冖－7 常

カン(クヮン)㊥㊥/guān・guàn/かんむり・こうぶり・かぶる・かむる

筆順 冠 冠 冠 冠 冠

字解 形声。冖(おおう)＋寸(手)＋元(頭)㊥。頭におおいもの(かんむり)を手でつける、かんむりをかぶるの意。

意味 ❶かんむり。また、かんむりをかぶる。『月桂冠』『冠位』『冠帯』『栄冠』『王冠』 *史記-項羽本紀「楚人沐猴而冠耳(そひとはモッコウにしてカンするのみ)」〔＝楚の人(項羽)は、猿が冠をかぶったようなものだ〕 ❷成人のかんむりをつける。また、成年になる。『冠婚葬祭』『冠礼』『弱冠』 ❸かんむりのように、上にかぶる。かぶせる。『初冠雪(はつカンセツ)』『冠詞』『冠水』 ❹もっともすぐれている。首位。かしら。『世界に冠たる』『冠絶』 ❺漢字の構成部分のうち、上部にかぶせるもの。『草冠(くさかんむり)』

❶かんむり。

下接 衣冠(イカン)・栄冠(エイカン)・纓冠(エイカン)・王冠(オウカン)・加冠(カカン)・花冠(カカン)・玉冠(ギョッカン)・金冠(キンカン)・挂冠(ケイカン)・鶏冠(ケイカン)・高冠(コウカン)・儒冠(ジュカン)・蟬冠(センカン)・戴冠(タイカン)・弾冠(ダンカン)・天冠(テンカン)・典冠(テンカン)・武冠(ブカン)・冕冠(ベンカン)・宝冠(ホウカン)・無冠(ムカン)・月桂冠(ゲッケイカン)

【冠位(カンイ)】①かんむりと位。②国冠(カン)によって表した位階。『冠位十二階』
【冠蓋(カンガイ／カンカイ)】かんむりと馬車などのおおい。
【冠状(カンジョウ)】かんむりのような形。『冠状動脈』
【冠帯(カンタイ)】①かんむりと帯。また、衣冠束帯の礼装。②かんむりをかぶり、帯を結んだ礼儀ある風俗。
【冠冕(カンベン)】①冕板(ベンバン)（かんむりの頂につける板）をつけたかんむり。冕冠(ベンカン)。また、それをつける身分の人。高官。〔左伝-昭公九年〕②第一位。首位。〔蜀志-龐統伝〕

冠❶〔漢朝服装図様資料〕

【冠履(カンリ)】①かんむりとくつ。②転じて、上位と下位。尊卑。〔史記-儒林伝〕【冠履顛倒(カンリテントウ)】地位、価値などの上下の順序が乱れること。冠履倒置。

【指ㇾ冠(かんむりをさす)】頭髪が逆立ってかんむりを突き上げる。＊史記-刺客伝「士皆瞋ㇾ目、髪尽上指ㇾ冠(シみなめをいからし、かみことごとく(とくあがりかんむりをさす))」（＝男たちはみな眼を見開き、頭髪はことごとく逆立ち、かんむりをつく勢いであった）

❷ 成人のかんむりをつける。

【冠笄(カンケイ)】成人式。男は二〇歳でかんむりをつけ、女は一五歳で笄(かんざし)をさした。〔礼記-楽記〕
【冠婚葬祭(カンコンソウサイ)】元服（冠礼）と婚礼と葬儀と祖先の祭礼。転じて、慶弔の儀式の総称。
【冠者(カンジャ／カジャ)】①（カンジャ）昔、元服してかんむりをつけた少年。若者。②（カンジャ／カジャ）国召使いの若者。『太郎冠者(タロウカジャ)』
【冠礼(カンレイ)】かんむりをつける式。元服の礼式。〔礼記-冠義〕

❸ かんむりのように上にかぶる。かぶせる。

【冠省(カンショウ)】手紙で、初めの挨拶(アイサツ)などを省略すること。また、そのときに用いる言葉。前略。

【冠水(カンスイ)】洪水などで田畑などが水につかること。

❹ もっともすぐれている。

【冠軍(カングン)】①軍功が軍中第一であること。②転じて、大将軍。特に漢の霍去病(カクキョヘイ)をいう。〔漢書-叙伝下〕
【冠首(カンシュ)】かしら。第一の人。
【冠絶(カンゼツ)】比べるものがないくらい、非常にすぐれていること。〔晋書-劉琨伝〕

難読姓氏 冠木(かぶき)

［軍］⇨7923

522【冤】4945 514D 996C 冖－8 (1760)【寃】5367 5563 9B83 宀－8

エン(ヱン)㊥\yuān

字解 会意。冖（おおい）＋兔（うさぎ）。おおいの中で身を縮めるうさぎのさまから、かがむ・ぬれぎぬをきる意。

意味 無実の罪。ぬれぎぬ。また、うらみ。あだ。

【冤枉(エンオウ)】無実の罪。冤罪。ぬれぎぬ。❤「枉」は、事実を曲げる意。

【冤獄(エンゴク)】無実の罪で獄に入れられること。

【冤魂(エンコン)】無実の罪によって死んだことを恨む霊魂。

【冤罪(エンザイ)】無実の罪。ぬれぎぬ。

【冤死(エンシ)】無実の罪で死ぬこと。

【冤憤(エンプン)】無実の罪におとされたいきどおり。

523【冦】4946 514E 996D 冖－8

コウ「寇」(1762)の異体字

524【冣】＊1887 冖－8

サイ「最」(3258)の異体字

525【冢】4947 514F 996E 冖－8

チョウ㊥\zhǒng

字解 形声。冖（＝勹、おおいつつむ）＋豖（犠牲）㊥。いけにえをそなえてきずく大きなつかの意。

金文 
篆文 

意味 ❶つか。大きな墓。また、おか。やしろ。「塚」に同じ。『冢塋』『冢墓』『丘冢(キュウチョウ)』『守冢(シュチョウ)』『青冢(セイチョウ)』❷かしら。また、長子。嫡子。『冢君』『冢宰』

❶ つか。大きな墓。また、おか。やしろ。

【冢塋(チョウエイ)】墓。墓場。塚塋。

【冢祀(チョウシ)】宗廟のまつり。先祖のまつり。

【冢土(チョウド)】土地・領土の守り神。やしろの美称。

【冢墓(チョウボ)】大きく立派な墓。塚墓。

❷ かしら。また、長子。嫡子。

【冢君(チョウクン)】君主。大君。

【冢宰(チョウサイ／チョサイ)】周代の官名。天子を助け、百官をひきいる役。今の首相にあたる。

【冢子(チョウシ)】長子。嫡子。〔礼記-内則〕

526【冡】＊1886 冖－8

ム㊥・ボウ㊥・モウ㊥\mēng

字解 会意。冃（おおう）＋豕（いのこ）。家畜などをおおいかくすさまから、おおわれてくらい意。

同属字 蒙

527【冥】4429 4C3D 96BB 冖－8 (1768)【冥】 宀－8

ミョウ(ミャウ)㊥・メイ㊥\míng／くらい

字解 形声。日（＝口、場所）＋六（＝廾、両手）＋冖（おおう）㊥。場所に両手でおおいをするさまから、くらい意。

甲骨文 
篆文 

同属字 溟・幎・暝・瞑・螟

意味 ❶くらい。光がない。くらやみ。『冥冥(メイメイ)』『晦冥(カイメイ)』『幽冥(ユウメイ)』❷道理にくらい。おろか。『頑冥(ガンメイ)』❸人の心の奥。目を閉じて向かう場所。『冥想』❹目に見えない神仏の働き。『冥応(ミョウオウ)』『冥加(ミョウガ)』『冥利(ミョウリ)』❺死者の行く世界。『冥土(メイド)』『冥福(メイフク)』

❶ くらい。光がない。

下接 暗冥(アンメイ)・晦冥(カイメイ)・空冥(クウメイ)・玄冥(ゲンメイ)・昏冥(コンメイ)・沈冥(チンメイ)・南冥(ナンメイ)・北冥(ホクメイ)・幽冥(ユウメイ)・杳冥(ヨウメイ)

【冥晦(メイカイ)】まっくらなこと。くらやみ。

【冥冥(メイメイ)】①うす暗くて、事物がはっきりと見えないさま。②自然に心に感じること。

【冥蒙・冥濛 メイモウ】うす暗いさま。

【冥霊 メイレイ】亀のこと。冥海の霊亀の意。一説に、木の名という。＊荘子‐逍遥遊「楚之南有二冥霊者一。以二五百歳一為レ春、五百歳為レ秋（ソのみなみにメイレイというものあり。ゴヒャクサイをもってはるとなし、ゴヒャクのサイをあきとなす）〔＝楚の国の南に冥霊という亀がいる。この亀は五百年を春とし、五百年を秋としている〕」

❷ 道理にくらい。おろか。

【冥頑 メイガン】道理にくらく、かたくなであること。頑冥。

❸ 人の心の奥。目を閉じて向かう場所。

【冥想 メイソウ】目を閉じて静かに物事を考えること。瞑想。

❹ 目に見えない神仏の働き。

【冥応 ミョウオウ】神仏が感応して加護や利益を与えること。

【冥加 ミョウガ】①知らないうちに受ける神仏の加護、恵み。また、偶然の幸いや利益。「冥加に余る〔＝冥加が身に余るほどありがたい〕」「命(いのち)冥加」②国「冥加金」の略。神仏の加護を祈り、寺社に奉納する金銭。

【冥感 ミョウカン|メイカン】＝冥応ミョウオウ

【冥護 ミョウゴ】人知れず神仏が加護すること。

【冥罰 ミョウバツ|メイバツ】神仏が人知れずくだす罰。天罰。

【冥利 ミョウリ】①知らない間に、神仏や他人などから受ける福利、恩恵。「冥利が悪い〔＝加護が受けられない〕」②ある状態、立場にあることで、おのずから受ける恩恵。「男冥利に尽きる」「商売冥利」

【冥合 メイゴウ|ミョウゴウ】期せずして合致すること。

【冥佑 メイユウ】神仏の助け。

❺ 死者の行く世界。

【冥王星 メイオウセイ】太陽系第九番目の惑星。◆「冥王」は冥府の王の意。

【冥界 メイカイ】①死後の世界。冥土。②六道のうち、地獄・餓鬼・畜生の三つの道。特に地獄をさすことが多い。

【冥鬼 メイキ】冥界にいるという鬼。

【冥土・冥途 メイド】仏語。死後、死者の霊魂が行く世界。あの世。

【冥府 メイフ】死後の世界。特に、地獄。

【冥福 メイフク】死後の幸福。後生ゴショウ。

528【冨】4158 495A 9579 冖－9 フ「富」(1778)の異体字

529【冪】——— 冖－10 ベキ「冪」(532)の異体字

530【冩】——— 冖－11 シャ「写」(520)の異体字

531【冩】4948 5150 996F 冖－12 シャ「写」(520)の異体字

532【冪】4949 5151 9970 冖－14 (6144)【羃】7018 6632 E3B0 网－14 (529)【冪】——— 冖－10 ベキ㊥mì

字解 幎(2077)に同じ。

意味 ❶おおい。おおう。かぶせる。「冪冪」❷同じ数を掛け合わせたもの。その数または文字に対する称。累乗ルイジョウ。冪数ベキスウ。略して巾と書くことがある。

【冪冪 ベキベキ】雲、ちりなどが物をおおうさま。

15 冫(冫)部 にすい

金文  篆文 

冫は、こおった水面に現れるすじ目を象ったもので、水と合した形で氷を表し、また、他の音標と合して、こおること、寒さ冷たさなどに関する字をなす。隷書以来、水が字の左部で氵の形をとるようになって、往々冫と氵とが混用されることがある。また、氵を「さんずい(三水)」というのに対して、冫を「にすい(二水)」という。

冫 冫
冫 ⑩ 準
冫 ③ 冬 冬 ④ 尽
冫 ④ 决 冱 冴 冴 冲 冰 ⑤ 况 冴 冸 冶 冷 凉 ⑨ 减 ⑥ 冽 ⑫ 凘 ⑧ 凅 ⑬ 凜 准 凄 凛 凊 ⑭ 凝 凋 凍 凌

533【冫】4950 5152 9971 冫－0 ヒョウ㊥bīng/にすい

字解 部首解説を参照。

冫【沓】⇩969

534【凖】5037 5245 99C3 冫－10 ジュン「準」(4261)の異体字

535【冬】3763 455F 937E 冫－3 常2 (536)【冬】——— 冫－3 旧字 トウ㊥㊤/dōng/ふゆ

筆順 冬 冬 冬 冬 冬

字解 会意。夂＋仌(こおり)。もと夂(＝終の原字、糸の終わりのむすび目)＋日。一年の月日のおわり、ふゆの季節の意。

甲骨文 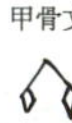 金文  篆文 

同属字 螽・柊・終(終)・鮗

意味 ❶ふゆ。四季の一。一二月から翌年の二月までの間をいう。陰暦では一〇月から一二月。天文学的には冬至から春分まで、二十四節気では立冬から立春までの間。↔夏。「冬至」「冬眠」「厳冬」❷「冬冬トウトウ」は、門などをたたく音。

下接 越冬エットウ・開冬カイトウ・季冬キトウ・旧冬キュウトウ・窮冬キュウトウ・厳冬ゲントウ・三冬サントウ・上冬ジョウトウ・初冬ショトウ・暖冬ダントウ・仲冬チュウトウ・忍冬ニンドウ(すいかずら)・晩冬バントウ・孟冬モウトウ・立冬リットウ・隆冬リュウトウ

【冬栄 トウエイ】冬に咲く花。

【冬官 トウカン】①中国、周代六官の一。土木工作の事をつかさどる。②国宮内省の唐名。

【冬至】二十四節気の一。太陽暦で一二月二二日ごろ。北半球では昼間が最も短い日。↕夏至

【冬扇夏炉】冬の扇と夏の炉。時勢に適さず役にたたないもののたとえ。夏炉冬扇。〔論衡-逢遇〕

【冬眠】①動物が地中、水底などで眠った状態で冬を越すこと。②組織や人などが活動を一時期やめること。

537 【尽】 3152 3F54 9073 冫-4 常 (5147)〔盡〕 6624 6238 E1B6 皿-9 旧字 人

ジン呉・シン漢/jìn/つくす・つきる・つかす・ことごとく・ずく・ずくめ

筆順 尽 尽 尽 尽 尽 尽

字解 尽は盡の草体から。盡は形声。皿＋𦘒声。皿をからにする、つくす意。もと、皿(器)＋聿(はけを手に清める)の会意字だった。

甲骨文 篆文

同属字 藎・儘・燼・贐

参考 万葉仮名では音を借りて「じ」。

意味 つくす。つきる。なくす。㋑すべてを出しきる。きわめる。また、つきる。『一網打尽』『尽力』『蕩尽』＊柳宗元-捕蛇者説「甘ニ食其土之有一、以尽ニ吾歯一〔=その土地の産物をたっぷり食べ、天寿を全うする〕」＊李白-子夜呉歌「秋風吹不レ尽〔=秋風はいつまでも吹きやまない〕」㋺みそか。つごもり。月の終わり。『尽日』『小尽』『大尽』㋩ことごとく。すべて。すっかり。＊孟子-尽心下「尽信レ書、則不レ如レ無レ書〔=書物を読んでも、批判の目がなくて丸のみこみするならば、かえって書物を読まないほうがよい〕」

下接 究尽・窮尽・曲尽・傾尽・自尽・春尽・小尽・消尽・焼尽・食尽・殫尽・蕩尽・盪尽・不尽・無尽・滅尽・無尽蔵・理不尽・一網打尽・草草不尽

【尽言】はばかることなくすべて言いつくすこと。

【尽日】①一日中。終日。＊白居易-長恨歌「尽日君王看不レ足〔=みかどは一日中見あきることとてなかった〕」②月または季節の末日。『九月尽日』

【尽十方】(「十方」は「十方世界」のこと) 仏語。東西南北、四維、上下の一切の世界を尽くしたの意で、全世界。

【尽心】①物事の真理・真相を、精神と知能のかぎりを尽くして知ろうとすること。〔孟子-尽心上〕②心のかぎりを尽くすこと。

【尽瘁】力を尽くし、倒れるばかりに苦労すること。

【尽忠】忠義を尽くすこと。『尽忠報国』

【尽年】寿命をまっとうして死ぬこと。

【尽力】力を尽くすこと。骨を折ること。

【帰レ尽】(「帰」は、行き着く意) 死ぬ。死ぬのを待つ。＊陶潜-帰去来辞「聊乗レ化以帰レ尽〔=ともかくも天地の変化に身を任せて、死へと帰着しよう〕」

［寒］⇩1770

冫 4画

538 【决】 4951 5153 9972 冫-4 ケツ「決」(4007)の異体字

539 【冱】 4952 5154 9973 冫-4 (540)〔冴〕 二二 冫-4

ゴ呉・コ漢/hù/いてる・さえる

字解 形声。冫＋互(かみあう)声。水がこおる意。冴の正字。

意味 こおる。冷える。ふさぐ。寒い。

【冱寒】凍りふさがって寒気のはげしいこと。極寒。

541 【冴】 二二 冫-4 ゴ「冴」(545)の旧字

542 【冲】 4953 5155 9974 冫-4 チュウ「沖」(4018)の異体字

543 【冰】 4954 5156 9975 冫-4 ヒョウ「氷」(3976)の異体字

［次］⇩3843

544 【况】 4955 5157 9976 冫-5 キョウ「況」(4042)の異体字

545 【冴】 2667 3A63 8DE1 冫-5 人 (541)〔冴〕 二二 冫-4 旧字

ゴ呉・コ漢/hù/さえ・さえる

字解 冱(539)に同じ。

意味 ❶こおる。「冱」に同じ。❷国さえる。㋑冷え込む。㋺よく澄む。㋩鋭く鮮やかに働く。

546 【泮】 ＊1889 冫-5 ハン呉漢/pàn

字解 形声。冫＋半(わかれはなれる)声。氷がとける意。

547 【冶】 4474 4C6A 96E8 冫-5 人 ヤ漢/yě

字解 形声。冫＋台(口がゆるんで気が出る)声。氷がゆるみとけるさま。金属がとける意。

意味 ❶とける。とかす。金属をとかす。金属を精錬する。『冶金』『鍛冶』『陶冶』 ❷なまめく。なまめかしい。『冶容』『冶郎』『艶冶』『姚冶』

【冶金】鉱石から金属を取り出し、金属を精製・加工すること。『冶金学』

【冶容】女性のなまめかしい様子。また、なまめいた容貌。艶態。艶容。〔易経-繋辞伝・上〕

【冶郎】やさ男。遊び人。『遊冶郎』

548 【冷】 4668 4E64 97E2 冫-5 常4

リョウ(リャウ)呉・レイ漢/lěng/つめたい・ひえる・ひや・ひやす・ひやかす・さめる・さます

筆順 冷 冷 冷 冷 冷 冷 冷

字解 形声。冫＋令(清らかな神意をきく)声。澄んでつめたい・ひえる意。

意味 ❶ひえる。ひやす。つめたくなる。つめたい。↕暖。『冷夏』『冷害』『冷房』＊白居易-長恨歌「鴛鴦瓦冷霜華重〔=おしどりにかたどった屋根がわらは冷たく、霜の花が厚くおりしいている〕」⇓表 ❷情がうすい。感情を動かさない。『冷酷』『冷静』『冷淡』 ❸おとろえる。おちぶれる。また、ひま。『冷官』『冷落』

❶ ひえる。ひやす。つめたい。

下接 寒冷(カンレイ)・空冷(クウレイ)・秋冷(シュウレイ)・水冷(スイレイ)・清冷(セイレイ)

冷(レイ)	寒冷	つめたい。 冷気 冷風 冷雨 冷害 秋冷 冷暖
寒(カン)	寒涼	さむい。 寒気 寒風 寒雨 寒夜(カンヤ・さむよ) 極寒 寒暖
涼(リョウ)	涼冷	すずしい。 涼気 涼風 涼雨 涼夕(リョウセキ) 涼秋 炎涼

【冷暗(レイアン)】 つめたくて日光が差さないこと。『冷暗所』

【冷艶(レイエン)】 白くひややかな美しさ。

【冷夏(レイカ)】 例年に比べて気温の低い夏。

【冷菓(レイカ)】 凍らせて作った菓子。氷菓。

【冷害(レイガイ)】 夏季の異常低温または日照不足によって農作物に生じる被害。『冷害地』

【冷汗(レイカン|ひやあせ)】 恥ずかしいとき、恐ろしいときなどに出る汗。『冷汗三斗』

【冷気(レイキ)】 つめたい空気。

【冷却(レイキャク)】 温度が下がること。また、温度を下げること。『放射冷却』『冷却水』

【冷血(レイケツ)】 人間の体温より低い温度の血液。『冷血動物〔＝環境に応じて体温が変化する動物〕』→❷

【冷渋(レイジュウ)】 水が凍って滞ること。＊白居易‐琵琶行「氷泉冷渋絃凝絶(ヒョウセンレイジュウしゲンギョウゼツす)〔＝冷たい泉の流れが凍りついたように絃の音も凝結する〕」

【冷水(レイスイ)】 つめたい水。『冷水摩擦』『冷水浴』

【冷蔵(レイゾウ)】 食品などの腐敗を防ぐために、低温中で貯蔵すること。『電気冷蔵庫』

【冷点(レイテン)】 体温以下の冷刺激によって冷覚を起こす皮膚上の感覚点。↔温点

【冷凍(レイトウ)】 食品などを貯蔵するために凍らせること。↔解凍。『冷凍食品』『冷凍保存』『冷凍庫』

【冷風(レイフウ)】 つめたい風。

【冷房(レイボウ)】 室内の温度を外気の温度よりも低くすること。↔暖房。『冷房がきく』『冷房装置』

【冷涼(レイリョウ)】 ひややかで涼しいこと。『冷涼の気』

【冷冷(レイレイ)】 ①清らかで涼しげなさま。②清らかな音の響き渡るさま。

【冷冽(レイレツ)】 つめたく清らかなこと。

❷ 情がうすい。感情を動かさない。

【冷眼(レイガン)】 さげすんだ冷淡な目つき。

【冷顔(レイガン)】 ひややかな顔つき。

【冷遇(レイグウ)】 ひややかにもてなすこと。↔厚遇・優遇

【冷血(レイケツ)】 温情の欠けていること。『冷血漢』→❶

【冷厳(レイゲン)】 国①冷静で、厳しく、おごそかなこと。『冷厳な態度』②人を寄せつけないほど厳しいこと。『冷厳な事実』

【冷酷・冷刻(レイコク)】 思いやりがなくむごいこと。

【冷笑(レイショウ)】 さげすみ笑うこと。あざわらい。

【冷静(レイセイ)】 落ち着いていて物事に動じないこと。沈着。『冷静に見つめる』『冷静沈着』

【冷戦(レイセン)】 国際間で、武力によらない経済、思想などの対立抗争。冷たい戦争。『東西の冷戦』

【冷然(レイゼン)】 心を動かさずにひややかな態度でいるさま。『冷然と拒絶する』

【冷淡(レイタン)】 関心や思いやりを示さず、ひややかであること。『冷淡な返事』

【冷腸(レイチョウ)】 情愛のない心。薄情なこと。

【冷徹(レイテツ)】 感情に動かされないで、物事を冷静に鋭く見とおすさま。『冷徹な目』

【冷罵(レイバ)】 あざけりののしること。

【冷評(レイヒョウ)】 冷淡に批評すること。同情のない批評。

❸ おとろえる。おちぶれる。また、ひま。

【冷官(レイカン)】 役得のない官。また、ひまな官職。冷職。

【冷落(レイラク)】 うらぶれて、さびれること。零落。＊白居易‐琵琶行「門前冷落鞍馬稀(モンゼンレイラクしてアンバはまれなり)〔＝家の前はさびれて、訪問客はまれになった〕」

549

【洌】 4956 5158 9977 冫－6 レツ(呉)(漢)・レイ(漢)\liè

字解 形声。冫＋列(→烈、はげしい)(声)。はげしいつめたさ、さむい意。

意味 非常につめたい。さむい。『洌洌』『清洌(セイレツ)』『凜洌(リンレツ)』『冷洌(レイレツ)』

【洌洌(レツレツ)】 寒さやつめたさなどが激しくきびしいさま。

550

【凅】 4957 5159 9978 冫－8 コ(漢)\gù

字解 形声。冫＋固(かたい)(声)。こおる意。

551

【准】 2958 3D5A 8F79 冫－8 常 シュン(漢)・ジュン(慣)\zhǔn\なずらえる・なぞらえる

筆順 准 准 准 准 准

字解 形声。冫＋隹(声)。もと、準の通俗体。官公庁の公文書では慣習上、準と区別して用いる。

意味 ❶正式のものに次ぐ。なぞらえる。『准三后』『因准(インジュン)』❷ゆるす。許可する。『准許』『允准(インジュン)』『批准(ヒジュン)』

【准三宮(ジュサングウ|ジュンサングウ)】 国平安時代以降、天皇の近親者や功労のある公卿・武官・僧侶などを優遇するために特設された称号。准后(ジュゴウ)。

【准許(ジュンキョ)】 ゆるすこと。許可。

552

【凄】 3208 4028 90A6 冫－8 セイ(漢)・サイ(慣)\qī\すごい・すごむ・すさまじい

字解 形声。冫＋妻(声)。

意味 ❶ぞっとするほどさむい。また、ぞっとする。すさまじい。❷国すごい。

【凄雨(セイウ)】 ①ものさびしく降る雨。②はげしく降る雨。

【凄艶・凄婉(セイエン)】 ぞっとするほど美しくなまめかしいさま。

【凄惨(セイサン)】 目をそむけたくなるほどむごたらしいさま。『凄惨な光景』

【凄凄(セイセイ)】 ①寒くひえびえとしたさま。②さびしくいたましいさま。また、もの悲しいさま。＊白居易‐琵琶行「凄凄不似向前声(セイセイとしてキョウゼンのこえににず)〔＝もの悲しく、さきほどの音よりいっそう悲しさが増している〕」

【凄切(セイセツ)】 ①悲しく身にしみること。きわめてものさびしいさま。悽切。②＝凄絶(セイゼツ)

【凄絶(セイゼツ)】 たとえようもないほどにすさまじいさま。

【凄然(セイゼン)】 ①寒いさま。涼しいさま。②非常にものさびしいさま。わびしく痛ましいさま。

【凄楚(セイソ)】 (「楚」は悲しみ痛むさま) 非常に悲しいと感じること。

【凄涼(セイリョウ)】 ぞっとするほどものさびしいさま。悲しいさま。

【凄寥(セイリョウ)】 ものすごくさびしいさま。

【凄烈(セイレツ)】 すさまじく、激しいさま。『凄烈な死闘』

2画 二亠人(𠆢・亻)儿入八(丷)冂冖冫(⺀)几凵刀(刂)力勹匕匚匸十卜(⺊)厂厶又

553 【凊】 冫-8 セイ㊥/jìng

字解 形声。冫+青(すみきっている)㊥。氷のすみきったさまから、さむい意。

554 【凋】 3592 437C 929C 冫-8 チョウ(テウ)㊐㊥/diāo/しぼむ

字解 形声。冫+周㊥。

意味 しおれる。しぼむ。衰える。『萎凋(イチョウ)』

【凋槁(チョウコウ)】しぼみ枯れること。凋枯(チョウコ)。

【凋残(チョウザン)】しぼみそこなわれること。

【凋謝(チョウシャ)】①しぼみ落ちること。②転じて、人の死をいう。

【凋傷(チョウショウ)】しぼませ枯らすこと。＊杜甫-秋興「玉露凋傷楓樹林(ギョクロチョウショウすフウジュのはやし)〔=玉のような露が、カエデの林をしぼませ枯らす〕」

【凋喪(チョウソウ)】意気消沈すること。

【凋弊(チョウヘイ)】すたれ衰えること。

【凋落(チョウラク)】①花や葉などがしぼみ落ちること。②おちぶれること。零落。③老人が死亡すること。

【凋零(チョウレイ)】①花などがしぼみ落ちること。人の勢いなどが衰えること。凋落。②老衰すること。

555 【凍】 3764 4560 9380 冫-8 常 トウ㊥/dòng/こおる・こごえる・いてる・しみる

筆順 凍 凍 凍 凍 凍 凍

字解 形声。冫+東(↓重、おもい)㊥。厚くはったこおりの意。

意味 こおる。こごえる。こおらせる。『解凍(カイトウ)』『冷凍(レイトウ)』『不凍港(フトウコウ)』『煮凍(にこごり)』

【凍雨(トウウ)】氷のように冷たい雨。寒雨。

【凍餓(トウガ)】寒さにこごえ、飢えること。〔孟子-梁恵王上〕

【凍結(トウケツ)】①こおりつくこと。氷結。②資金、資産などの運用を一時禁止すること。また、計画などを中止して、現状のままにしておくこと。

【凍原(トウゲン)】ほとんど一年中地面がこおっている荒原。

【凍死(トウシ)】こごえて死ぬこと。

【凍傷(トウショウ)】寒冷刺激によって血管壁や組織がおかされた状態。

【凍瘡(トウソウ)】しもやけ。

【凍餒・凍餧(トウタイ)】こごえ飢えること。衣食に不自由すること。＊荘子-至楽「将子有凍餒之患、而為此乎(はたこトウタイのうれいありてこれとなれるか)〔=あるいはまた、そなたはこごえ飢える災患にあってこうなったのか〕」

【凍土(トウド)】こおった土。寒帯の永久凍土層を指すことが多い。『凍土に生える苔』

556 【凌】 4631 4E3F 97BD 冫-8 人 リョウ㊐㊥/líng/しのぐ

字解 形声。冫+夌(おかにのぼる)㊥。こおりがもりあがる意。

意味 ❶しのぐ。越える。まさる。「陵」に同じ。『凌雲』『凌霄』『凌駕』❷おかす。おしのける。あなどる。「陵」に同じ。『凌虐』『凌辱』『侵凌(シンリョウ)』❸いりまじる。また、はげしい。『凌雨』『凌乱』❹固有名詞。『凌雲新集』『凌煙閣』

❶ しのぐ。越える。まさる。

【凌雲(リョウウン)】高く雲をしのぐこと。俗世を超越していることにいう。陵雲。〔史記-司馬相如伝〕
【凌煙(リョウエン)】(「煙」は雲やもやの意)雲ややもやの上まで高くそびえること。
【凌駕(リョウガ)】他をしのいでその上に出ること。
【凌霄(リョウショウ)】①(「霄」は空の意)空をしのぐこと。志の高いことのたとえ。②植物「ノウゼンカズラ」の漢名。凌霄花。

❷ おかす。おしのける。あなどる。

【凌虐(リョウギャク)】はずかしめしいたげること。陵虐。

【凌辱(リョウジョク)】①人をあなどりはずかしめること。②暴力で女性を犯すこと。

【凌侮(リョウブ)】あなどっていいかげんに扱うこと。あなどりはずかしめること。凌蔑(リョウベツ)。陵侮。

【凌轢(リョウレキ|リョウリャク)】あなどって暴力を加えること。陵轢。

❸ いりまじる。また、はげしい。

【凌雨(リョウウ)】はげしく降る雨。

【凌乱(リョウラン)】いりみだれて秩序のないさま。

❹ 固有名詞。

【凌雲新集(リョウウンシンシュウ)】日本初の勅撰漢詩文集。略して「凌雲集」という。一巻。小野岑守(みねもり)・菅原清公・勇山文継(いさやまのふみつぐ)ら撰。弘仁五年(八一四)成立。代表詩人は嵯峨天皇など。唐詩の影響が強い。

【凌煙閣(リョウエンカク)】中国、唐の太宗が二四人の功臣の像をえがかせた楼閣。

557 【凉】 4958 515A 9979 冫-8 リョウ 「涼」(4188)の異体字

558 【减】 ＊1902 冫-9 ゲン 「減」(4205)の異体字

【凔】⇩9065

【馮】⇩9159

559 【凘】 ＊1907 冫-12 シ㊥/sī

字解 形声。冫+斯(小さくきる)㊥。氷がとける意。

560 【凛】 8405 7425 EAA3 冫-13 人

(561) 【凜】 4959 515B 997A 冫-13

リン㊐㊥/lǐn

字解 形声。冫+稟㊥。

意味 非常に寒い。また、きりっとして鮮やかである。りりしい。

【凛乎(リンコ)】①寒さのきびしいさま。②りりしくて勇ましいさま。③おそれおののくさま。＊蘇軾-後赤壁賦「粛然而恐、凛乎其不可留也(シュクゼンとしておそれ、リンコとしてそれとどまるべからざるなり)〔=身がひきしまるほど恐れ、ぞっとしてその場にとどまることができなかった〕」
【凛然(リンゼン)】①寒さのきびしいさま。『寒気凛然』②りりしくて勇ましいさま。また、人を畏怖させるほど厳しいさま。〔孔子家語-致思〕
【凛凛(リンリン)】①寒さなどが身にしみるさま。②勇ましいさま。また、いかめしいさま。『勇気凛凛』
【凛冽・凛烈(リンレツ)】①寒気のきびしいさま。『寒風凛冽』②人を畏怖させるほど厳しいさま。

562【凝】2237 3645 8BC3 冫-14 常
ギョウ漢/níng/こる・こらす・こごる・しこる

筆順 凝 凝 凝 凝 凝 凝 凝

字解 形声。冫+疑(じっとたつ)声。氷がかたまるより、こる意。一説に冰の通俗体ともいう。

参考 万葉仮名では音を借りて「ご(乙)」。

意味 ❶こる。かたまる。こおる。また、とどこおる。『凝結』『凝固』『凝集』❷こらす。集中する。力を集める。『凝視』『凝念』『凝眸』＊白居易-長恨歌「含レ情凝レ睇謝二君王一(ジョウをふくみ ひとみをこらしてクンノウにシャす)〔=思いをこめじっと見つめながら、天子に感謝する〕」❸国こる。㋑筋肉が張ってかたくなる。㋺一つのことばかりに打ち込む。

❶ こる。かたまる。また、とどこおる。

【凝塊】(ギョウカイ) こり固まったもの。

【凝寒】(ギョウカン) こごえるような寒さ。

【凝血】(ギョウケツ) 出た血液が空気に触れて固まること。

【凝結】(ギョウケツ) ①液体または気体中に分散している微粒子が、集合して大きな粒子となり、沈殿する現象。凝縮。②こり固まること。

【凝固】(ギョウコ) 液体や気体が固体になる現象。↔融解
【凝脂】(ギョウシ) ①白くこり固まった脂肪。②きめの細かな白い肌。＊白居易-長恨歌「温泉水滑洗二凝脂一(オンセンみずなめらかにしてギョウシをあらう)〔=温泉の水はなめらかで、きめ細かな白い肌に注ぎかかる〕」

【凝集・凝聚】(ギョウシュウ) 散らばったり溶けたりしていたものが固まり集まること。

【凝縮】(ギョウシュク) ①ばらばらのものが一つに固まって縮まること。②=凝結(ギョウケツ)

【凝絶】(ギョウゼツ) こり固まって動かなくなること。＊白居易-琵琶行「凝絶不レ通声暫歇(ギョウゼツしてツウぜずこえしばらくやむ)〔=(絃の音は)凝結してとぎれ、通じなくなって、その音はしばしやんだ〕」

【凝滞】(ギョウタイ) 物事がとどこおって通じないこと。融通のきかぬこと。＊屈原-漁父辞「聖人不レ凝二滞於物一、而能与レ世推移(セイジンはものにギョウタイせず よくよとスイイす)〔=聖人は物事にこだわらず、世の移り変わりに合わせていけるものだ〕」

【凝湛】(ギョウタン) 水が集まって清く澄んでいる。心が澄んで静かなたとえ。

❷ こらす。集中する。力を集める。

【凝議】(ギョウギ) いろいろと相談を重ねること。

【凝視】(ギョウシ) ひとみをこらして、じっと見詰めること。

【凝然】(ギョウゼン) じっとして、少しも動かないさま。

【凝念】(ギョウネン) 思いを一事に集中すること。

【凝望】(ギョウボウ) 目をこらしてながめること。

【凝眸】(ギョウボウ) ひとみをこらすこと。凝視。

16 几部 つくえ

篆文 

几はつくえ。物をのせる台の象形であるが、几部にはその意味を含む字は限られている。その代わりに、凧凩凪のように、ふところに他の単位を入れて、風に関連する字が含まれるが、風は別に独立の部首(182)をなす。

几 几 ①凡凡凢
几 ③凧 ④凩凪 ⑨凰
几 ⑥凭 ⑦凴 ⑫凴
几 ③処 ⑩凱

几

563【几】4960 515C 997B 几-0
キ呉漢/jī·jǐ/つくえ

字解 部首解説を参照。

同属字 机・肌・飢

意味 ❶つくえ。物を載せる台。脚の付いている台。「机」に同じ。『几案』『床几』❷その他。『几帳』

❶ つくえ。物を載せる台。

下接 椅几(イキ)・床几(ショウギ)・将几(ショウギ)・浄几(ジョウキ)・書几(ショキ)

【几案】(キアン) (「案」もつくえの意)つくえ。

【几筵】(キエン) (「筵」はむしろ)つくえと敷物。

【几閣】(キカク) つくえと棚。

【几杖】(キジョウ) ひじかけとつえ。転じて、老人の意。

❷ その他。

【几帳】(キチョウ) 国室内の仕切りとした調度。台付きの柱に横木を渡し、幕を張ったもの。【几帳面】(キチョウメン) 国厳格で折り目正しいさま。

564【凡】4362 4B5E 967D 几-1 常
(565)【凡】二一 几-1 旧字
(566)【凢】＊1909 几-1
ボン呉・ハン漢/fán/おおよそ・およそ・すべて・おおらか

筆順 凡 凡 凡

字解 象形。風にふくらむ帆の形、また、盤の形という。古くは神に祈る祭りの意に用いられ、そこから「あまねし」の意を派生したか。

甲骨文 
金文 
篆文 

同属字 汎・帆(帆)

意味 ❶すべて。おしなべて。また、およそ。そもそも。『凡例(ハンレイ)』＊柳宗元-送二薛存義一序「凡吏二于土一者、若知二其職一乎(およそドにリたるもの、なんじそのショクをしるか)〔=そもそも地方の役人について、君はその職務を知っているか〕」❷ありふれた。並の。普通の。『凡才』『凡庸』『非凡(ヒボン)』『平凡(ヘイボン)』❸国およそ。おおまかなところ。

❶ すべて。おしなべて。また、およそ。

【凡例】(ハンレイ) 書物の初めにその本の方針、書中の約束事などを示したもの。

❷ ありふれた。並の。普通の。

【凡才】(ボンサイ) 平凡な才能。また、そのような人。

【凡手】(ボンシュ) 平凡な腕前。また、そういう腕前の人。

【凡人】(ボンジン) 普通の人。並の人。凡夫。

【凡俗】(ボンゾク) ありふれていてとりえのないこと。平凡で卑俗なさま。また、平凡な人。

【凡夫】(ボンプ/ボンブ) ①一般の平凡な人。②(ボン)仏教で、煩悩にとらわれ、仏の教えをまだ十分に理解していない者。『凡夫地(ボンプジ)〔=迷いの世界〕』『凡夫僧(ボンプソウ)』

【凡庸】(ボンヨウ) 平凡で、特にすぐれたところのないさま。

几 3画

567 【凧】 3492 427C 91FA 几－3 いかのぼり・たこ

字解 国字。会意。几(風の省略形)＋巾(きれ)。

意味 たこ。いかのぼり。竹の骨組みに紙をはり、糸を付けて風を利用して空高く揚げるもの。『凧あげ』『奴凧(やっこだこ)』

568 【⿵几帀】 ─ ─ 几－4 ハイ漢/pèi

字解 会意。凡(→服、つける)＋巾(ぬのきれ)。人がからだにつける飾りのたれ布から、おび玉、またそれをおびる意。

同属字 佩・珮

569 【凩】 4962 515E 997D 几－4 こがらし

字解 国字。会意。几(風の省略形)＋木。

意味 こがらし。秋の末から冬の初めにかけて吹く、強く冷たい風。

570 【凪】 3868 4664 93E2 几－4 人 なぎ・なぐ

字解 国字。会意。几(風の省略形)＋止(やむ)。

意味 なぐ。風がやんで、波がなくなり、海面が静かになること。なぎ。『朝凪(あさなぎ)』『夕凪(ゆうなぎ)』

[夙]⇩1487 [凮]⇩8965 [凬]⇩8966

571 【凰】 4964 5160 9980 几－9 オウ(ワウ)呉・コウ(クヮウ)漢/huáng

字解 形声。鳳(おおとり)省＋皇(おおきい)声。

意味 「鳳凰」は古代中国で、麟・亀・竜とともに四霊の一つとして尊ばれた想像上の瑞鳥。雄を「鳳」、雌を「凰」と分けて称することもある。

[鳳]⇩9422

几 6~12画

572 【凭】 4963 515F 997E 几－6 ヒョウ漢/píng/もたれる・よる

字解 会意。几(ひじかけ)＋任(ゆだねる)。よる・もたれる・よりかかる意。

[咒]⇩927

573 【鳬】 8275 726B E9E9 几－7 フ「鳧」(9419)の異体字

[梵]⇩3322 [髡]⇩9184 [鳧]⇩9419

574 【凴】 *1914 几－12 ヒョウ漢/píng

字解 形声。几＋馮声。よりかかる意。凭に同じ。

几 3~9画

575 【処】 2972 3D68 8F88 几－3 常6 (6996)〔處〕 4961 515D 997C 虍－5 旧字 (6997)〔處〕 ─ ─ 虍－5

ショ呉漢/chǔ・chù/ところ

筆順

字解 会意。几(台)＋夂(下向きの足)。台のもとにとどまる意。処が原字で、處は処＋虍(→居、おる)声の形声字という。

金文

篆文

意味 ❶おる。いる。㋑その場に身を置く。一定の場所にとどまる。住む。『処世』『処約』『安処(アンショ)』『啓処(ケイショ)』『幽処(ユウショ)』㋺出仕しないで家にいる。『出処進退(シュッショシンタイ)』『処士』『野処(ヤショ)』㋩結婚もしないで家にいる。『処女』❷ところ。場所。「所」に同じ。『処処』『随処(ズイショ)』『彼処(あそこ・かしこ)』『何処(いずこ・どこ)』『此処(ここ)』『其処(そこ)』❸しかるべきところに置く。とりはからう。とりさばく。始末をする。『死刑に処する』『処置』『処分』『処理』『善処(ゼンショ)』『対処(タイショ)』

❶ おる。いる。住む。とどまる。

【処士(ショシ)】民間にあって仕官しない人。民間人。【処士横議(ショシオウギ)】民間の人が勝手に議論すること。〔孟子－滕文公上〕

【処子(ショシ)】①おとめ。きむすめ。処女。②民間にあって仕官しない人。処士。

【処暑(ショショ)】二十四節気の一。陰暦七月の中旬、陽暦の八月二三日ごろに当たる。

【処女(ショジョ)】①性的経験のない女性。おとめ。きむすめ。＊孫子－九地「始如二処女一、後如二脱兎一(はじめはショジョのごとく、のちはダットのごとし)〔＝最初は処女のように慎み深く行動して敵を油断させ、後にはおりから逃げ出したウサギのように(素早く敵を攻撃)する〕」↔童貞。②まだ人が足を踏み入れていないこと。『処女地』『処女峰』③初めての経験であること。『処女航海』『処女作』♥もと、家に居る女の意。

【処世(ショセイ)】世間で生活してゆくこと。世渡り。『処世術』『処世訓』

【処約(ショヤク)】困窮の境遇にいること。〔論語－里仁〕

❷ ところ。場所。

【処処(ショショ)】あちこちで。所所。＊孟浩然－春暁「春眠不レ覚レ暁 処処聞二啼鳥一(シュンミンあかつきをおぼえず、ショショにテイチョウをきく)〔＝春の眠りの心地よさに、夜が明けたのも気づかなかったが、もうあちこちに、鳥の鳴き声が聞こえてくる〕」

❸ とりはからう。とりさばく。

【処遇(ショグウ)】しかるべく待遇すること。また、その仕方。

【処刑(ショケイ)】刑罰を加えること。特に、死刑に処すること。『処刑場』

【処決(ショケツ)】①処置をつけること。②進退、生死などの覚悟を定めること。

【処断(ショダン)】裁いて決定すること。

【処置(ショチ)】①判断を下して取り扱い方を決めること。処理。②傷や病気の手当てをすること。『応急処置』

【処罰(ショバツ)】刑罰に処すること。

【処分(ショブン)】①罰すること。『行政処分』『仮(かり)処分』②不要な物などを始末すること。

【処方(ショホウ)】薬を配合すること。また、その配合法。『処方箋(ショホウセン)』

【処務】(シヨム) 事務を処理すること。

【処理】(シヨリ) 物事をとりさばいて、始末をつけること。『事後処理』

[机] ⇩3389

576 【凱】 1914 332E 8A4D 几-10 人 カイ漢・ガイ慣/kǎi/かちどき

字解 形声。几+豈(たのしむ)声。かちどきの意。

参考 万葉仮名では音を借りて「け乙」。

意味 ❶かちどき。戦いに勝ったときに上げる鬨(とき)の声。『凱歌』『凱旋』 ❷やわらぐ。楽しむ。『凱沢』『凱弟』『凱風』

【凱歌】(ガイカ) 戦いの勝利を祝う歌。かちどき。『凱歌をあげる』〔=勝利を得る〕

【凱旋】(ガイセン) 戦いに勝って帰ること。凱還(ガイカン)。『凱旋門』

【凱沢】(ガイタク・ガイエキ) ①(タク)平和の恩恵。②(エキ)やわらぎ楽しむこと。〔史記-司馬相如伝〕

【凱弟・凱悌】(ガイテイ) やわらぎ楽しむこと。

【凱風】(ガイフウ) 南から吹く快い風。〔詩経-邶風・凱風〕

17 凵部 かんにょう(うけばこ)

篆文 

凵は上に口を開いたものの象形。凵の形を目印とするものが凵部に収められる。

凵 ③ 出
凵 ② 凶 ③ 凹
凵 ③ 凸 ⑥ 画 函 函 ⑦ 凾
凵

577 【凵】 4965 5161 9981 凵-0 カン漢/qiǎn

字解 部首解説を参照。

578 【出】 2948 3D50 8F6F 凵-3 常1 シュツ呉漢・スイ呉漢/chū/でる・だす・いず・いだす

2画 二亠人(へ・イ)儿入八(ソ)冂冖冫(ミ)几凵刀(刂)力勹匕匚匸十卜卩(㔾)厂厶又

筆順 

字解 指事。足がおちこんだところから出るさまから、でる意。象形字とも考えられる。

甲骨文  金文  篆文 

同属字 屈・祟・拙・絀・詘・黜

意味 ❶いず。でて行く。(…から)でる。進む。離れる。また、でかける。↕入。『出家』『出国』『出発』『外出』『脱出』『流出』 ❷いだす。だす。だされる。あらわす。↕入。『出荷』『出題』『出馬』『救出』『提出』『輸出』 ❸でてくる。(…へ)でる。臨む。現れる。でている。『出芽』『出現』『出世』『続出』『嫡出』『露出』 ❹でどころ。発するところ。『出自』『出典』 ❺ぬきんでる。すぐれる。『出色』『傑出』 ❻国「出羽(でわ)」「出雲(いずも)」は旧国名。⇩表 ❤漢文の訓読では「でる・だす」の訓は用いず、「いづ(いず)・いだす」と読む。

荷	国	港	力	場	席	家	撃	社	陣	着	兵
入	入	入	入	欠	欠	在	迎	退	帰	到	撤
荷	国	港	力	場	席	家	撃	社	陣	発	兵
出	出	出	出	出	出	出	出	出	出	出	出

「出」のつく熟語の対応語

❶でて行く。(…から)でる。離れる。

下接 燕出(エンシュツ)・外出(ガイシュツ)・瀉出(シャシュツ)・退出(タイシュツ)・他出(タシュツ)・脱出(ダッシュツ)・転出(テンシュツ)・不出(フシュツ)・流出(リュウシュツ)・漏出(ロウシュツ)/家出(いえで)・門出(かどで)・死出(しで)・総出(ソウで)・遠出(とおで)・早出(はやで)・人出(ひとで)・船出(ふなで)

【出家】(シュッケ) 家を出て仏門に入ること。↕在家

【出撃】(シュツゲキ) 陣地から出て敵を撃つこと。↕迎撃・邀撃(ヨウゲキ)。『出撃命令』

【出向】(シュッコウ) 籍をもとの所においたままで、他の会社や官公庁に出むいて勤めること。『出向社員』

【出獄】(シュツゴク) 囚人が許されて刑務所を出ること。

【出国】(シュッコク) その国の外へ出ること。↕入国

【出塞】(シュッサイ) ①とりでから出ること。②軍隊が戦争に出動すること。〔史記-周本紀〕

【出山】(シュッサン) ①僧が修行していた山を下ること。②釈迦が苦行のの ち成道して雪山を下りたこと。

【出狩】(シュッシュ) 狩りに出かけること。天子が戦乱などのために都落ちすることを婉曲にいう。

【出陣】(シュツジン) 陣地から、戦場へ向かうこと。また、試合などに臨むこと。↕帰陣

【出征】(シュッセイ) 軍隊に加わって戦地に行くこと。〔易経-離〕『出征兵士』

【出世間】(シュッセケン) 俗世間の生死煩悩を解脱して悟りに達する法。また、僧になること。

【出張】(シュッチョウ) 国職務のため他の地域、場所へ臨時に行くこと。『長期出張』『出張所』

【出動】(シュツドウ) 軍隊、警官隊、消防隊などが活動するために出て行くこと。『緊急出動』

【出入】(シュツニュウ) 出ることと入ること。出入り。＊杜甫-石壕吏「出入無完裙(シュツニュウするにカンクンなし)」〔=外に出るのにも、まともなスカートとてない〕 ↓❷

【出梅】(シュツバイ) 国梅雨の終わる日。つゆあけ。↕入梅

【出発】(シュッパツ) ①目的地に向かって出かけること。出立(シュッたつ)。↕到着。『出発点』②事を始めること。『再出発』

【出奔】(シュッポン) 逃げて跡をくらますこと。逃亡。

【出遊・出游】(シュツユウ) ①戸外に出て野山で遊ぶこと。②他郷に遊ぶこと。遊学すること。遊説しに行くこと。

【出廬】(シュツロ) 隠退していた人が再び世に出て活動すること。『出廬を請う』❤中国、三国時代、諸葛孔明が劉備に請われて草廬(ソウロ)を出て仕えた故事による。

❷だす。だされる。あらわす。

下接 案出(アンシュツ)・移出(イシュツ)・演出(エンシュツ)・救出(キュウシュツ)・供出(キョウシュツ)・醵出(キョシュツ)・掲出(ケイシュツ)・検出(ケンシュツ)・歳出(サイシュツ)・産出(サンシュツ)・算出(サンシュツ)・支出(シシュツ)・射出(シャシュツ)・抄出(ショウシュツ)・析出(セキシュツ)・選出(センシュツ)・帯出(タイシュツ)・抽出(チュウシュツ)・提出(テイシュツ)・剔出(テキシュツ)・摘出(テキシュツ)・捻出(ネンシュツ)・排出(ハイシュツ)・派出(ハシュツ)・搬出(ハンシュツ)・描出(ビョウシュツ)・放出(ホウシュツ)・訳出(ヤクシュツ)・輸出(ユシュツ)/差出人(さしだしニン)

【出火】(シュッカ) 火事を出すこと。↕鎮火。『出火現場』

【出荷】(シュッカ) 市場へ商品を出すこと。↕入荷

【出願】(シュツガン) 願書を差し出すこと。願いを出すこと。

【出棺】(シュッカン) 死者を納めた棺を火葬場へ送り出すこと。

【出金】(シュッキン) 金銭を出すこと。また、その金銭。↕入金

【出血】(シュッケツ) ①血を出すこと。血液が血管の外に出ること。『出血多量』『内出血』『脳出血』②国犠牲、損害があること。『出血サービス』

【出産(シュッサン)】子を産むこと。また、子が生まれること。
【出資(シュッシ)】資金を出すこと。
【出精(シュッセイ)】精を出すこと。励み努めること。
【出題(シュツダイ)】詩歌などの題を出すこと。また、試験、クイズなどの問題を出すこと。
【出超(シュッチョウ)】国「輸出超過」の略。輸出の金高が輸入の金高をこえること。↔入超
【出頭(シュットウ)】顔を出すこと。役所などへ本人が出向くこと。『出頭命令』『任意出頭』
【出入(シュツニュウ)】出すことと入れること。出し入れ。→❶
【出馬(シュツバ)】①馬に乗って戦場に赴くこと。地位の高い人が自分で出向くこと。②国選挙に立候補すること。
【出版(シュッパン)】書物などを印刷、発行すること。
【出費(シュッピ)】必要に応じて費用を出すこと。また、その費用。『出費がかさむ』
【出品(シュッピン)】展覧会、陳列場などに品物や作品を展示すること。『絵を出品する』
【出兵(シュッペイ)】戦争などに軍隊を差し向けること。派兵。
【出力(シュツリョク)】国①原動機・発動機などが外部へ出せるエネルギーの量。↔入力。②コンピューターが処理したデータを文字などの形であらわし示すこと。アウトプット。↔入力
【出挙(スイコ)】国わが国で古代、利息をとって行った稲や財物の貸し付け。
【出師(スイシ)(シを いだす)】軍隊をくり出すこと。出兵。＊杜甫-蜀相「出師未㆑捷身先死(スイシいまだかたざるに みはまずシす)〔=出兵してまだ勝たないうちに死んでしまった〕」【出師表(スイシのヒョウ)】中国、三国時代、蜀の宰相諸葛孔明が、先主劉備の死後、出陣するにあたって後主に奉った憂国の至情にあふれた文。
【出納(スイトウ)】金銭や物品を出すことと入れること。収支。『出納係』『出納簿』

❸ でてくる。(…へ)でる。でている。

下接 現出(ゲンシュツ)・重出(ジュウシュツ)・初出(ショシュツ)・浸出(シンシュツ)・進出(シンシュツ)・新出(シンシュツ)・滲出(シンシュツ)・続出(ゾクシュツ)・呈出(テイシュツ)・突出(トッシュツ)・日出(ニッシュツ)・輩出(ハイシュツ)・百出(ヒャクシュツ)・表出(ヒョウシュツ)・噴出(フンシュツ)・蜂出(ホウシュツ)・傍出(ボウシュツ)・奔出(ホンシュツ)・湧出(ユウシュツ)・裸出(ラシュツ)・露出(ロシュツ)・不世出(フセイシュツ)・神出鬼没(シンシュツキボツ)

【出演(シュツエン)】舞台、映画、放送などに出ること。
【出御(シュツギョ)】国天皇、皇后などが公の場に出ること。おでまし。↔入御・還御
【出勤(シュッキン)】勤めに出ること。↔欠勤・退勤
【出欠(シュッケツ)】出席と欠席。出席か欠席か。『出欠を取る』
【出現(シュツゲン)】新しく現れ出ること。現出。
【出仕(シュッシ)】官に仕えること。仕官。
【出処(シュッショ)】官に仕えることと退いて民間にいること。仕官と在野。→❹【出処進退(シュッショシンタイ)】官に仕えることと民間に退くこと。職にとどまることと辞職すること。身の振り方。〔王安石-祭㆓欧陽文忠公㆒文〕
【出場(シュツジョウ)】競技や催しなどに参加すること。↔欠場
【出生(シュッショウ|シュッセイ)】生まれ出てくること。『出生届』
【出世(シュッセ)】世の中に現れ出ること。世に出て立派な地位や身分を得ること。『立身出世』『出世作』
【出席(シュッセキ)】授業や会合などに出ること。↔欠席
【出土(シュツド)】遺物や遺跡が土の中から出てくること。
【出府(シュップ)】地方から都府に出ること。
【出没(シュツボツ)】現れたり隠れたりすること。
【出来(シュッライ|シュッタイ|でき)】①(シュッライ)外に現れていなかったものが出てくること。②(シュッタイ)国事件などが起こること。できあがること。『一大事が出来する』③(でき)でき上がった状態。『出来高(できだか)』
【出藍(シュツラン)】弟子が師よりもすぐれていることなどにいう。『出藍之誉(シュツランのほまれ)』＊荀子-勧学「青取㆓之於藍㆒、而青㆓於藍㆒(あおはこれをあいよりとりて、あいよりもあおし)〔=青色の染料は藍草からとったものであるが、もとの藍よりも青い〕」

❹ でどころ。発するところ。

下接 所出(ショシュツ)・庶出(ショシュツ)・正出(セイシュツ)・嫡出(チャクシュツ)

【出自(シュツジ)】国出てきたもとの所。出所。うまれ。
【出所・出処(シュッショ|でどころ|でどこ)】①物事の出てきたもとの所。②(シュッショ)生まれたところ。出生地。→❸
【出身(シュッシン)】その土地・学校などの出であること。『出身地』『出身校』
【出典(シュッテン)】故事、成語、引用文などの出所。また、それの載っている書物。『出典を明記する』

❺ ぬきんでる。すぐれる。

下接 逸出(イッシュツ)・傑出(ケッシュツ)・秀出(シュウシュツ)・卓出(タクシュツ)・突出(トッシュツ)

【出色(シュッショク)】群を抜いて他よりすぐれているさま。

難読地名 出石(いずし)郡・町(兵庫) 出水(いずみ)市・郡(鹿児島)

難読姓氏 出町(いずりまち|でまち) 出納(すいとう|でのう) 出来(でき)

凵 2画

579 【凶】 2207 3627 8BA5 凵-2 常 ク(呉)・キョウ(漢)/xiōng/わざわい・わるい

筆順 ノ メ 凶 凶

字解 指事。死者の胸上に記される印から、わるい意。一説に、おとし穴にはまってもがくさまに象る字ともいう。

篆文 

同属字 兇・匈

意味 ❶わざわい。運が悪いこと。不吉。↔吉。『凶事』『凶兆』『凶報』『大凶』❷わるい。性質が荒々しく悪い。邪悪。「兇」に同じ。『凶悪』『凶賊』『凶暴』『奸凶(カンキョウ)』『四凶(シキョウ)』❸人を傷つける。また、そのもの。「兇」に同じ。『凶器』『凶刃』❹作物の出来が悪いこと。不作。↔豊。『凶作』『凶年』＊孟子-梁恵王上「河内凶、則移㆓其民於河東㆒、移㆓其粟於河内㆒(カダイキョウなれば、すなわちそのたみをカトウにうつし、そのゾクをカダイにうつす)〔=河内が不作であれば、その土地の民衆を河東に移住させ、一方、河東の収穫物を河内へ送ってやる〕」

❶ わざわい。運が悪いこと。不吉。

下接 吉凶(キッキョウ)・歳凶(サイキョウ)・大凶(ダイキョウ)・閔凶(ビンキョウ)

【凶事(キョウジ)】縁起の悪い出来事。不吉なこと。↔吉事
【凶聞(キョウブン)】凶事の知らせ。悪い知らせ。凶報。
【凶変(キョウヘン)】国不吉な異変。悪い出来事。書き換え「兇変→凶変」。
【凶報(キョウホウ)】悪い知らせ。また、死去したという通知。↔吉報。『凶報に接する』
【凶礼(キョウレイ)】死者を葬る礼式。↔吉礼

❷ わるい。性質が悪い。邪悪。

【凶悪(キョウアク)】残忍で荒々しいさま。極悪。『凶悪犯』書き換え「兇悪→凶悪」。

【凶漢(キョウカン)】悪者。悪漢。書き換え「兇漢→凶漢」。

【凶虐(キョウギャク)】道にそむいてむごいこと。また、その人。

【凶逆(キョウギャク)】心がねじけていて道にそむくこと。よこしま。悪逆。兇逆。

【凶行(キョウコウ)】殺人、傷害などの残忍な行い。『凶行現場』

▼書き換え「兇行→凶行」。
【凶状 キョウジョウ】 国凶悪な罪を犯した事実。罪状。
【凶賊 キョウゾク】 凶悪な賊。
【凶弾 キョウダン】 凶行をした者が発射した弾丸。
【凶暴 キョウボウ】 凶悪で乱暴なさま。『凶暴な犯人』▼書き換え「兇暴→凶暴」。
【凶戻 キョウレイ】 荒々しくて、道理にそむくこと。

❸ 人を傷つける。また、そのもの。
【凶器 キョウキ】 人を殺したり傷つけたりする器具。▼書き換え「兇器→凶器」。
【凶刃 キョウジン】 人を殺傷するのに使う刃物。▼書き換え「兇刃→凶刃」。

❹ 作物の出来が悪いこと。不作。
【凶歳 キョウサイ】 不作の年。凶年。
【凶作 キョウサク】 農作物の出来が非常に悪いこと。↔豊作
【凶年 キョウネン】 不作の年。凶歳。↔豊年

580 【凹】 1790 317A 899A 凵－3 常 オウ(アフ)漢・オウ(アウ)漢 \wā・āo\くぼ・くぼい・くぼみ・くぼむ・へこむ・ぼこ

筆順

字解 象形。中央がくぼんでいるさまに象り、くぼむ意。

意味 くぼみ。中央がへこんでいる。『凹面鏡 オウメンキョウ』『凹レンズ』『凸凹 トツおう/でこぼこ』

【凹凸 オウトツ】 表面が平らでないこと。でこぼこ。

凵

581 【凸】 3844 464C 93CA 凵－3 常 トツ漢\tū\でこ

筆順

字解 象形。物の中央が突出しているさまに象り、つき出る意。

意味 でこ。突き出ていること。また、そのもの。『凸面鏡 トツメンキョウ』『凸凹 トツおう/でこぼこ』『凹凸 オウトツ』

582 【画】 1872 3268 89E6 凵－6 常2
(4910)【畫】 6533 6141 E160 田－7 旧字
(4908)【画】 田－3
(4911)【畵】 田－8
エ(ヱ)呉・カイ(クヮイ)漢・カク(クヮク)呉漢・ガ(グヮ)慣 \huà\えがく

筆順

字解 画は畫の略体。畫(=畵)は会意。聿(ふで)＋田(猟や農耕のためくぎった地)＋凵(四つに分けられた線)。もと筆で図を描くさまに象り、図形を区切りえがく意。

甲骨文 金文 篆文

同属字 劃

参考 万葉仮名では音を借りて「ゑ」。

意味 ❶(カ)かぎる。くぎる。横線を引く。くぎり。しきり。『時代を画カクする出来事』『画期的』『画一』『画定』 ❷(カ)漢字を構成する点や、線。『画引カクびき』『画数』『字画』『総画』 ❸(カ)はかりごと。はかりごとをする。考えをめぐらす。『画策』『企画』『計画』『参画』 ❹(ガ)え。写真。また、えがく。『画竜点睛』『画家』『画面』『絵画』『劇画』『漫画』 *戦国策-斉「請、画ㇾ地為ㇾ蛇、先成者飲ㇾ酒(こう、チにえがきてへびをつくり、さきになるものさけをのまん)」〔=地面に蛇の絵を描き、最初に描き上げた者が酒を飲むことにしてはどうか〕 ❺国「映画」の略。『邦画ホウガ』『名画メイガ』『洋画ヨウガ』『録画ロクガ』

❶ かぎる。くぎる。また、くぎり。
【画一 カクイツ】 ①一本の線を引いたように正しく整っていること。何もかも一様に整えそろえること。『画一的』 ②(「一」を書く意から)書道の筆法。
【画然 カクゼン】 区別がはっきりしているさま。『画然とした差』▼書き換え「劃然→画然」。
【画定 カクテイ】 区切りを付けてはっきりと定めること。
【画期的 カッキテキ】 国その分野で今までにない新しい時代を開くさま。▼書き換え「劃期的→画期的」。

❷ 漢字を構成する点や、線。
下接 一画イッカク・字画ジカク・総画ソウカク・点画テンカク・筆画ヒッカク
【画数 カクスウ】 漢字を形づくる、一筆で書かれる線や点の数。『画数の多い漢字』

❸ はかりごと。考えをめぐらす。
下接 企画キカク・規画キカク・計画ケイカク・参画サンカク
【画策 カクサク】 はかりごとをめぐらすこと。たくらむこと。

❹ え。写真。また、えがく。
下接 印画インガ・院画インガ・陰画インガ・映画エイガ・絵画カイガ・漢画カンガ・戯画ギガ・劇画ゲキガ・原画ゲンガ・古画コガ・作画サクガ・自画ジガ・春画シュンガ・書画ショガ・図画ズガ・聖画セイガ・席画セキガ・線画センガ・草画ソウガ・挿画ソウガ・さし・装画ソウガ・俗画ゾクガ・題画ダイガ・陶画トウガ・動画ドウガ・童画ドウガ・南画ナンガ・俳画ハイガ・板画ハンガ・版画ハンガ・描画ビョウガ・仏画ブツガ・文画ブンガ・壁画ヘキガ・北画ホクガ・漫画マンガ・密画ミツガ・妙画ミョウガ・陽画ヨウガ・略画リャクガ
【画架 ガカ】 絵をかくとき、カンバスを立て掛ける三脚の台。イーゼル。
【画家 ガカ】 絵をかくことを職業とする人。絵かき。画客。画師。画匠。『日曜画家』
【画境 ガキョウ】 ①絵画に表現された境地。『夢幻的な画境』 ②絵をかくときの心境。
【画業 ガギョウ】 絵をかく仕事。また、画家としての業績。
【画工 ガコウ】 絵をかく人。絵かき。
【画稿 ガコウ】 絵の下がき。絵の草稿。
【画材 ガザイ】 ①絵の題材。②絵をかくために用いる材料。絵の具、カンバスの類。
【画賛・画讃 ガサン】 絵の余白に、内容にちなんで書き添える文章、詩歌。
【画趣 ガシュ】 絵になるような良い景色、おもむき。
【画集 ガシュウ】 絵を集めて本にしたもの。
【画商 ガショウ】 絵を売買する商売。また、その人。
【画脂鏤氷 ガシロウヒョウ】 あぶらに描いたり、氷に彫ったりすること。苦労しても効果のないことのたとえ。〔塩鉄論-殊路〕
【画聖 ガセイ】 きわめてすぐれた画家。
【画仙紙・画箋紙 ガセンシ】 大判で白い書画の料紙。▼「雅仙紙」「画牋紙」なども書く。
【画像 ガゾウ】 ①肖像画。絵すがた。『高僧の画像』 ②テレビの映像。『鮮明な画像』
【画題 ガダイ】 絵の題名。また、絵画の題材。

【画壇ガダン】画家の社会。

【画帖ガチョウ｜ガジョウ】①絵画用の折本おりホン。絵をかき、または貼りつけるもの。②絵を集め、折本に製本したもの。画集。③絵の手本。

【画伯ガハク】絵画に長じた人。また、画家の敬称。

【画板ガバン】①油絵で、絵をかく板。②絵をかくとき、画用紙を載せる台にする板。

【画眉ガビ】①眉墨まゆずみで眉をかくこと。また、その眉。転じて、美人。②（かいた眉の形から）連山の遠く見えるさまをたとえていう語。③鳥「ホオジロ」の異名。

【画筆ガヒツ】絵をかく筆。

【画鋲ガビョウ】板や壁に紙片を止めるための鋲。

【画布ガフ】油絵をかく布。カンバス。

【画譜ガフ】絵を種類別に分けて載せた本。

【画幅ガフク】掛け軸として表装した絵画。

【画屏ガヘイ】美しい絵がかいてある屏風ビョウブ。

【画餅ガヘイ】絵にかいたもち。役にたたないもののたとえ。＊魏志-盧毓ロイク伝「名如二画レ地作ヒ餅。不レ可レ啖也なはチにえがきてもちをつくるがごとし。くらうべからざるなり」〔＝名声は、地面にかいたもちのようなもので、食うことはできない〕

【画法ガホウ】絵画のかき方。絵画技術。

【画舫ガホウ】美しく飾った遊覧船。

【画面ガメン】①絵画の描かれている面。②映画やテレビなどで、映し出された映像。

【画竜点睛ガリョウテンセイ】（「睛」はひとみの意）最後に大事な部分を付け加えて完成させること。最後の大事な仕上げ。『画竜点睛を欠く』▼中国、梁の張僧繇チョウソウヨウが竜の絵をかき、最後にひとみを書き入れたら、たちまち竜が天に飛び去ったという故事から。〔歴代名画記〕

【画廊ガロウ】絵画などを陳列し、客に見せたり、売ったりする所。ギャラリー。

【画楼ガロウ】①美しく彩色した高殿たかどの。②絵画を陳列した高殿。

583 【函】 4001 4821 949F 凵－6
(585) 〔凾〕 4966 5162 9982 凵－7
(584) 〔圅〕 二二 凵－6
カン㊥／hán／はこ・いれる

字解 象形。矢を入れるものの形に象り、はこ・いれるの意。凾は通俗体。

甲骨文 金文 篆文

同属字 涵

意味 ❶はこ。手紙を入れるためのはこ。『函使』『函封』『投函』❷いれる。つつむ。また、つつむもの。よろい。『函丈』『函人』❸固有名詞など。『函谷関』

❶はこ。手紙を入れるためのはこ。
下接 書函ショカン・潜函センカン・投函トウカン・表函ヒョウカン・瑶函ヨウカン
【函使カンシ】手紙を届ける使い。
【函封カンプウ】箱に入れて封をする。

❷いれる。つつむ。また、よろい。
【函丈カンジョウ】（一丈函いれる意）①師に対して一丈ほども席の間を置いてすわること。〔礼記-曲礼上〕②転じて、贈る書状の宛名の後に添え敬意を表すことば。

【函人カンジン】よろいかぶとを造る職人。具足師。

❸固有名詞など。
【函関カンカン】①函谷関カンコクカンのこと。②国箱根の関所のこと。
【函谷関カンコクカン】中国の華北平原から渭水イスイ盆地に入る要衝にある関。秦が東方の守りとして河南省北西部（現在の霊宝県の地）に築いた古関（旧関）と、前漢が河南省新安県の地に築いた新関（現在の函谷関）とがある。日暮れには閉じ、鶏鳴とともに開かれた。函関。
【函数カンスウ】（「函」は英 function の fun の音訳字）＝関数カンスウ
【函嶺カンレイ】国箱根山の異称。

〔幽〕⇩2105

18 刀（刂）部 かたな

甲骨文 篆文

刀は、はもの、物を切る道具の象形で、刀部には、刀を部標として、は、はものの種類、はものによって物を切る、刺す等の動作に関する字を収める。部標は、字の下部又は右部におかれ、右部にあるものは、隷書楷書ではリの形をとることが多い。このリを「りっとう（立刀）」とよぶ。なお字の下部の刀は、往々誤って力と混用されることがある。

刀 刀 刁 ① 刃 刄 叉 ② 刅
刀 ② 分 ⑥ 券 劵 ⑨ 剪 ⑬ 劈
刀 ② 切 ③ 㓛 切 ④ 㓞 ⑤ 刧 初 ⑥
剏 ⑦ 剏 ⑧ 剙 ⑨ 劎 ⑪ 劖 ⑭ 劒 劔
刂 ⑦ 前 前
刂 ② 刈 ③ 刊 刋 ④ 划 刓 刑 刑 刔
刖 刎 列 ⑤ 刦 刪 删 判 刣 別 利 ⑥
刮 刱 刳 刻 刻 刷 刺 刵 制 刹 到 ⑦
剄 剋 剉 削 削 則 剃 剌 ⑧ 剡 剞 剕
剣 剛 剤 剥 剔 剟 剝 剥 掤 剖 ⑨ 剰
副 ⑩ 剴 割 割 剩 創 剳 ⑪ 剿 剽 劉
⑫ 劃 劂 劄 ⑬ 劇 劍 劋 劉 ⑭ 劓 劑

刀

586 【刀】 3765 4561 9381 刀－0 常2
トウ（タウ）㊇㊥／dāo／かたな

筆順 刀 刀

字解 部首解説を参照。
参考 万葉仮名では音を借りて「と㊀」。
意味 ❶かたな。㋑かたな。はもの。『刀剣』『刀匠』『軍刀』『短刀』『宝刀』㋺刀の形に似たもの。特に、中国古代の貨幣。『刀貨』『刀銭』『刀布』❷あて字など。『刀禰とね』『刀自とじ』

❶かたな。はもの。
下接 一刀イットウ・鉛刀エントウ・快刀カイトウ・牛刀ギュウトウ・軍刀グントウ・古刀コトウ・執刀シットウ・新刀シントウ・帯刀タイトウ・大刀ダイトウ・単刀タントウ・短刀タントウ・竹刀チクトウ｜しない・長刀チョウトウ・剃刀テイトウ｜かみそり・鈍刀ドントウ・佩刀ハイトウ・廃刀ハイトウ・抜刀バットウ・宝刀ホウトウ・木刀ボクトウ・名刀メイトウ・銘刀メイトウ

・両刀（リョウトウ）／太刀（たち）・薙刀（なぎなた）・眉尖刀（なぎなた）

【刀貨（トウカ）】＝刀銭（トウセン）

【刀鋸（トウキョ）】かたなとのこぎり。【刀鋸鼎鑊（トウキョテイカク）】（「鼎鑊」は大きなかなえの意）刑罰の道具。【刀鋸之余（トウキョのヨ）】刑罰を受けた後、生き長らえている身。

【刀圭（トウケイ）】①薬を盛るさじ。②転じて、医術、医者の称。

【刀剣（トウケン）】刀と剣。また、それらの総称。

【刀工（トウコウ）】刀鍛冶（かたなかじ）。刀匠。

【刀匠（トウショウ）】刀を鍛え製する人。刀鍛冶（かたなかじ）。刀工。

【刀尺（トウセキ）】はさみとものさし。裁縫。＊杜甫‐秋興「寒衣処処催二刀尺一（カンイショショトウセキをうながす）〔＝冬の着物の準備のため、あちらでもこちらでも針仕事に追われている〕」

【刀銭・刀泉（トウセン）】中国古代の刀の形をした銅貨。刀貨。

【刀俎（トウソ）】刀とまないた。＊史記‐項羽本紀「如今、人方為二刀俎一、我為二魚肉一（ジョコン、ひとはまさにトウソたり、われはギョニクたり）〔＝現在、彼らはちょうど刀とまないたのようなものだ。われわれは魚や肉のようなものだ〕」

【刀槍・刀鎗（トウソウ）】かたなとやり。＊白居易‐琵琶行「鉄騎突出刀槍鳴（テッキトッシュツしてトウソウなる）〔＝甲冑に身をかためた騎兵が突進して刀や槍をならすかのようなリズムになる〕」

【刀把・刀欛（トウハ）】刀のつか。剣把。

【刀筆（トウヒツ）】①古代の中国で、竹簡に文字をしるすために用いた筆と、その誤りを削るために用いた刀。②文書の記録。また、その仕事をする小官吏。『刀筆之吏（トウヒツのリ）』

【刀兵（トウヒョウ｜トウヘイ）】武器。兵器。

【刀布（トウフ）】中国、周代の貨幣。刀銭。転じて、貨幣。

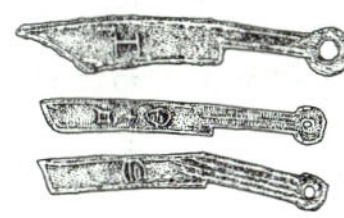

刀銭

❷ あて字など。

【刀自（とじ｜とうじ）】①家事をつかさどる婦人。主婦。②中年以上の女性を尊敬して呼ぶ称。♥「戸主（とぬし）」の意で、「刀自」はあて字。

【刀禰（とね）】①平安時代の諸儀式で、主典（サカン）以上の長上官の総称。②村・里の有力者。土地の長（おさ）。神社の所領での有力者。

難読姓氏 刀根（ねと）

587
【刁】＊1916 刀－0 チョウ（テウ）㊥／diāo

字解 刁は刀の後出の通俗体という。

意味 ❶どら。どらなべ。『刁斗』❷わるがしこいこと。『刁悪』❸「刁刁（チョウチョウ）」は、かすかに動くさま。

【刁斗（チョウト）】昔、中国で、食物を煮たり、打ち鳴らすのに用いた、なべとどらを兼ねた銅器。〔漢書‐李広伝〕

588
【刃】3147 3F4F 906E 刀－1 常 ニン㊤・ジン㊥／rèn／は・やいば

(589)
【刄】—— 刀－1 旧字

(590)
【刅】4967 5163 9983 刀－1

筆順 刃 刃 刃

字解 指事。刀とそのやいばの部分をさす、とからなり、やいばの意。本来、をノの上に添えて刃と書き、また、俗に、をのばして刅と書く。

甲骨文 篆文

同属字 忍（忍）・仞・軔・靭

意味 は。やいば。また、はもので切る。傷つける。＊史記‐廉頗藺相如伝「左右欲レ刃二相如一（サユウショウジョをジンせんとほっす）〔＝側近の者は藺相如を刀で切ろうとした〕」

下接 凶刃（キョウジン）・自刃（ジジン）・毒刃（ドクジン）・白刃（ハクジン｜しらは）・氷刃（ヒョウジン）・兵刃（ヘイジン）／出刃（でば）・寝刃（ねたば）・諸刃（もろは）・両刃（リョウば｜もろは）

【刃傷（ニンジョウ｜ジンジョウ）】刃物で人を傷つけること。『刃傷沙汰（ニンジョウザタ）』

【刃物（はもの）】包丁、ナイフなど刃が付いた道具の総称。

【迎レ刃而解（やいばをむかえてとく）】次々に解決してゆくさま、事が順調にはかどるさまにいう。〔晋書‐杜預（ドヨ）伝〕

591
【刅】＊1918 刀－2 ソウ（サウ）㊤㊥＼chuāng

字解 象形。刃物で人に傷をつけるさまに象り、きずつける意。創の本字。

同属字 梛・梛・梁・粱

【辦】⇩7996

刀
【召】⇩941
【兔】⇩464
【兎】⇩469

刀

592
【分】4212 4A2C 95AA 刀－2 常2 ブン㊤・フン㊥・ブ㊦／fēn・fèn／わける・わかれる・わかる・わかつ

筆順 分 分 分 分

字解 会意。刀＋八（わける）。刀で二分する意。

甲骨文 金文 篆文

同属字 岔・貧・氛・芬・雰・頒・吩・汾・紛・粉

意味 ❶わかつ。わける。離す。わかれる。そむく。わけられたもの。わけて所属するところ。『分解』『分類』『部分』＊史記‐管晏伝「分二財利一多自与（ザイリをわかつにおおくみずからあたう）〔＝利益を配分するのに、自分に多く与えた〕」⇓表 ❷さだめ。身のほど。役割。『分相応（ブンソウオウ）』『分限』『分際』『客分』『身分』❸物事の要素。成分。『分子』『塩分』『水分』『鉄分』❹見わける。あきらかにする。わきまえる。『分別』『分明』＊論語‐微子「五穀不レ分（ゴコクわかたず）〔＝五穀の区別も知らない〕」❺ころあい。程度。ほど。くらい。『気分』『時分』『当分』❻時間や角度、重さなどの単位。一時間、一度の六〇分の一。寸、匁の一〇分の一。歩（ブ）と混用。また、割合。『分（ブ）が悪い』『百分率（ヒャクブンリツ）』『分銅』『分量』

❶ わける。わかれる。

下接 案分（アンブン）・瓜分（カブン）・均分（キンブン）・口分（クブン）・区分（クブン）・見分（ケンブン）・検分（ケンブン）・細分（サイブン）・秋分（シュウブン）・十分（ジュウブン）・春分（シュンブン）・性分（ショウブン）・食分（ショクブン）・処分（ショブン）・積分（セキブン）・節分（セツブン）・線分（センブン）・中分（チュウブン）・通分（ツウブン）・鼎分（テイブン）・天分（テンブン）・等分（トウブン）・得分（トクブン）・内分（ナイブン）・二分（ニブン）・配分（ハイブン）・半分（ハンブン）・犯分（ハンブン）・微分（ビブン）・部分（ブブン）・平分（ヘイブン）・未分（ミブン）・両分（リョウブン）・領分（リョウブン）

【分異（ブンイ）】分かれて住むこと。

【分化（ブンカ）】単一のものが分かれて、複雑なものに発展変

2画 二亠人（𠆢・亻）儿入八（丷）冂冖冫（⺀）几凵刀（刂）力勹匕匚匸十卜卩（㔾）厂厶又

分 ブン	ものをわける。分院 分室 分散 区分 分類 分業	分別
別 ベツ	わけてべつべつにする。別院 別室 別離 区別 類別 別業	

化すること。『組織の分化』

【分解】ブンカイ 個々の要素や部分に分けること。↔合成

【分割】ブンカツ いくつかに分けること。『分割払い』

【分岐】ブンキ 分かれること。『分岐点』

【分業】ブンギョウ ①仕事を分けて受け持つこと。『医薬分業』②生産の工程をいくつかに分け、各工程を分担して完成すること。

【分極】ブンキョク 相対立する立場に分かれること。『分極化』

【分家】ブンケ 本家から分かれて、別に一家をつくること。また、そのつくった家。↔本家ホンケ

【分蘖】ブンケツ イネなどが茎基部の節から枝を分けること。

【分権】ブンケン 権力を分散すること。↔集権。『地方分権』

【分校】ブンコウ 本校から分かれて別の地に設けられた教場。分教場。↔本校

【分合】ブンゴウ ①あるものを分けて他に合わせること。②分けることと、合わせること。

【分骨】ブンコツ 遺骨を二か所以上に分けて納めること。

【分散】ブンサン 分け散らすこと。また、分かれ散ること。『兵力を分散する』『光が分散する』

【分子】ブンシ 分数や分数式で横線の上にある部分。↔分母。→❸

【分手】ブンシュ(ブンシュ) 手を分かつこと。人と別れること。

【分掌】ブンショウ 仕事をいくつかに分けて、その一つを受け持つこと。『政務を分掌する』

【分譲】ブンジョウ 分けてゆずること。特に、土地などを区分けして売ること。『分譲住宅』

【分身】ブンシン 一つのものから分かれ出たもの。

【分水】ブンスイ 流水が左右に分かれること。また、流水を分けること。【分水嶺】ブンスイレイ 降った雨が、二つ以上の川に方向を分けて流れる境界になっている山の尾根。

【分数】ブンスウ 整数aを零でない整数bで割った商を、横線を用いて$\frac{a}{b}$と表したもの。

【分析】ブンセキ 複雑な事柄を、一つ一つの要素や性質に分けること。↔総合。『精神分析』『定量分析』

【分節】ブンセツ 一続きのものをいくつかの区切りに分けること。また、その区切り。

【分疏】ブンソ ①個条を分けて申し述べること。②弁解すること。いいわけ。

【分断】ブンダン 一まとまりのものを幾つかに断ち切ること。

【分派】ブンパ もとから分かれ出た流派。『分派活動』

【分配】ブンパイ 分けて配ること。配分。

【分泌】ブンピツ(ブンピ) 液が外ににじみ出ること。特に、細胞が特殊な物質を産出し、外に放出する現象。

【分布】ブンプ ある範囲に分かれて広がり存在すること。

【分袂】ブンベイ たもとを分かつこと。訣別。

【分別】ブンベツ 種類によって、区別、区分すること。『ごみの分別収集』→❹(フンベツ)

【分娩】ブンベン 子を産むこと。出産。『分娩室』

【分母】ブンボ 分数や分数式で横線の下にある部分。↔分子

【分封】ブンポウ 天子が封地ホウチを分け与えること。

【分脈】ブンミャク 主脈から分かれた血脈や山脈、鉱脈など。

【分野】ブンヤ 物事全般の区分されたある方面、範囲。

【分与】ブンヨ 分け与えること。『財産を分与する』

【分離】ブンリ 分かれ離れること。『分離独立』

【分立】ブンリツ(ブンリュウ) 別々に分けて立てること。また、分かれて立つこと。『三権分立』

【分流】ブンリュウ ①本流から分かれて流れ下る川。②枝分かれした流派。分派。

【分類】ブンルイ 事物を共通な性質に基づいて種類分けすること。『大きさで分類する』

【分裂】ブンレツ 一つのものやまとまっているものが、いくつかに分かれること。↔統一。『核分裂』『細胞分裂』

❷ 身のほど。役割。

下接 応分オウ・親分おや・涯分ガイ・頭分かしら・過分カ・機分キ・義分ギ・客分キャク・子分こ・士分シ・自分ジ・職分ショク・非分ヒ・本分ホン・身分み・名分メイ

【分外】ブンガイ 身分や分限を越えていること。過分。

【分限】ブンゲン(ゲン) ①(ゲン)身のほど。分際。②(ブンゲン)公務員の身分に関する基本的な規律。『分限令』③(ブゲン)国財力。また、金持ち。『分限者』

【分際】ブンザイ 国身のほど。身分の程度。

❸ 物事の要素。成分。

下接 塩分エン・鉛分エン・灰分カイ・純分ジュン・水分スイ・成分セイ・精分セイ・鉄分テツ・糖分トウ・同分ドウ・養分ヨウ

【分子】ブンシ ①物質がその化学的性質をもつ最小単位とみなされるもの。②団体を構成する各個人。成員。→❶

❹ あきらかにする。わきまえる。

【分暁】ブンギョウ ①夜がまさに明けようとすること。②明らかに悟ること。③明らかなこと。明白なさま。

【分別】フンベツ 国物事の道理、善悪などをわきまえること。『分別がある』『無分別』→❶(ブンベツ)

【分明】ブンメイ(フンミョウ) 他と区別がはっきりついて明白なさま。『趣旨を分明にする』

❺ ころあい。程度。ほど。くらい。

下接 気分キ・時分ジ・性分ショウ・随分ズイ・存分ゾン・大分ダイ・多分タ・当分トウ・何分なに・夜分ヤ・余分ヨ

❻ 時間、角度、重さの単位。また、割合。

下接 一分イチ・寸分スン・毎分マイ・率分リツ・村八分むらハチブ

【分陰】フンイン ごくわずかの時間。寸陰。

【分毫】フンゴウ(ブンゴウ) ごく少ないこと。わずか。

【分銅】フンドウ(ブンドウ) 天秤テンビンで重量を量るときに用いるおもり。

【分量】ブンリョウ 重さ、容量、多い少ないの程度。量。

難読姓氏 分須わけす

【另】⇨916

593 【券】 2384 3774 8C94 刀-6 常5　(594)【劵】 刀-6 旧字

ケン 漢 quàn

筆順 券 券 券 券 券 券

字解 形声。刀＋𠔉(＝弄、道具をもって作業する)声。木片に刻みを入れて二つに割り、それぞれに保管して後日その刻み目と合わせて契約の証とした。その木片、ひいて証書の意。

意味 割り符、切符や手形などの意。

下接 株券かぶ・金券キン・契券ケイ・沽券コ・債券サイ・左券サ

券契 証文。特に土地などの財産に関する権利を証する文書。

…ン・質券・車券・証券・食券・地券・馬券・発券・半券・符券・郵券・旅券・回数券・銀行券・乗車券・図書券

【券書】 契約の証文。証書。手形。

595 【剪】 4982 5172 9992 刀－9 セン㊥/jiǎn/きる

字解 形声。刀＋前㊦。きりそろえる意。もと前がこの意を表したが、のちに刀を加えて「まえ」の意と区別した。

意味 ❶きる。きりそろえる。『剪夷』『剪裁』『剪綵』『剪定』『剪刀』『燭剪』 ❷書名。『剪灯新話』

【剪夷】 平定すること。

【剪裁】 ①布・髪などを裁ち切ること。②文章に手を入れること。また、花などをつみ切ること。

【剪綵】 色糸や絹布などで作った造花などの細工物。

【剪定】 生育や実りをよくしたりするために庭木などの枝の一部を切り取ること。『剪定鋏』

【剪刀】 鋏のこと。

【剪灯新話】 中国の伝奇小説。四巻。各巻五編、付録一編。明の瞿佑撰。一三七八年ごろ成立。

596 【劈】 4992 517C 999C 刀－13 ヒャク㊤・ヘキ㊥/pī・pǐ/ひきさく・つんざく

字解 形声。刀＋辟(さきはなす)㊦。刀でひきさく意。

意味 やぶる。ひきさく。つんざく。わる。

【劈開】 ①裂き開くこと。②鉱物などで、一定の方向に割れやすい性質。『劈開面』

【劈砕】 割ってくだくこと。

【劈頭】 (「頭」は始めの意) 事の始め。最初。『劈頭から会議が紛糾する』

【釁】 ⇩ 8261

刀

597 【切】 3258 405A 90D8 刀－2 常2 (599) 【切】 刀－3

セチ㊤・セツ㊥・サイ㊤・セイ㊥/qiē・qiè/きる・きり・きれる・きれ

筆順 切 切 切 切

字解 形声。刀＋七(きる)㊦。きる意。七(ななつ)と区別するために刀を加えた。切は通俗体。

同属字 窃・砌

意味 ❶きる。きれる。㋑刃物できる。『切開』『切断』『切腹』 ㋺きりきざむ。みがく。こする。『切磋琢磨』『摩切』『筋切』 ㋩接する。「接」に同じ。『切線』『切点』 ❷さしせまる。ひたすら。しきりに。きわめて。また、ぴったり。『切実』『切迫』『切望』『痛切』『適切』 ❸せつ。かえし。ある一字の字音を別の二字の字音で示す。『切韻』『音切』『反切』 ❹すべて。『一切合切』 ❺国㋑きれ。きれはし。『切片』 ㋺巻物であった古筆の断片。『高野切』 ㋩くぎり。終わり。『切狂言』『切能』『大切』 ❻あて字、固有名詞など。『切支丹』『切韻』

❶ きる。きれる。

【切開】 患部の皮膚、器官などを切り開くこと。『切開手術』『帝王切開』

【切磋・切瑳】 ①骨、角、石、玉などを刻みみがくこと。②知徳などをみがくこと。【切磋琢磨】(「琢磨」は玉や石をきざんでみがく意) 学問や人格、また技芸などをみがき上げること。〔詩経－衛風・淇奥〕

【切削】 金属などを切り削ること。『切削加工』

【切歯扼腕】 歯ぎしりをし腕を握りしめること。激しく怒ったりくやしがったりする様子。〔史記－張儀伝〕

【切除】 切って取り除くこと。『胃を切除する』

【切断】 物をたちきること。『切断面』

【切腹】 腹を切って死ぬこと。はらきり。割腹。

【切手】 ①郵便物に貼り付けて料金納付済みの証とする証票。②古く、通行手形、証文、切符など。

【切符】 ①乗車券や入場券など料金支払済みを示す紙片。②特定の金銭や品物の受け渡しに使う券。

【切羽】 刀の鍔が柄と鞘に接する所に添える薄い金物。『切羽詰まる〔＝抜き差しならない状態になる〕』

❷ さしせまる。ひたすら。しきりに。

下接 哀切・剴切・緊切・激切・懇切・親切・凄切・大切・痛切・適切・老婆心切

【切諫】 痛切に諫言すること。

【切言】 懇切に、または、痛切にものを言うこと。

【切実】 痛切であるさま。また、ないがしろにできないさま。『切実な問題』

【切峻】 きわめてきびしいさま。

【切切】 ①思いや情が強く心に迫るさま。また、親切で丁寧なさま。②声の細く続くさま。＊白居易－琵琶行「小絃切切如二私語一〔＝小絃はか細くて、ひそひそとささやく言葉を聞くようである〕」

【切迫】 時間や期限などがさしせまり、追い詰められた状態になること。『事態が切迫する』

【切望】 熱心に希望すること。

【切要】 きわめて大切なさま。肝要。

❻ あて字、固有名詞など。

【切支丹】 (ポルトガル Christão「キリスト教徒」の意) 室町時代末、日本に伝来した、キリスト教ローマカトリックの信徒。また、その教え。天主教。

【切韻】 中国の韻書。陸法言を主編者として、隋の仁寿元年(六〇一)成立。韻によって分類した字書。

598 【叻】 刀－3 コウ 「功」(697)の異体字

【吅】 ⇩ 1001 【忉】 ⇩ 2437

599 【切】 刀－3 セツ 「切」(597)の異体字

600 【㓞】 刀－4 カツ㊥・ケイ㊥

字解 形声。刀＋丯(丯型に刻みを入れる)㊦。刃物で巧妙にきざむ意。

同属字 契(契)・絜・齧

［杒］⇩3391

601 【刧】 4971 5167 9987 刀－5
ゴウ 「刼」(699)の異体字

602 【初】 2973 3D69 8F89 刀－5 [常]4
ショ[呉]・ソ[漢]\chū**はじめ・はじめて・はつ・うい・そめる・うぶ・はじめる**

[筆順] 

[字解] 会意。刀＋衣。衣をつくるためにはじめて刃物を入れることから、はじめの意。

甲骨文 
金文 
篆文 

[意味] ❶はつ。はじめて。はじめての。最初に。やっと…したばかり。『初対面』『初演』『初犯』＊白居易-長恨歌「楊家有ㇾ女初長成（ヨウカにジョありはじめてチョウセイす）〔＝楊家に娘がいて、ようやく年ごろになったばかり〕」 ❷物事のはじめ。はじまりのころ。はじめの。はじめる。『初一念』『初夏』『初日』『初版』『最初』『太初』『当初』 ⇓[表]

❶はつ。はじめて。やっと…したばかり。

【初演（ショエン）】演劇、音楽などを初めて上演、演奏すること。↔再演

【初会（ショカイ）】[1]初めて会うこと。[2]初めての会合。

【初見（ショケン）】[1]初めて見ること。[2]初めて会うこと。

【初婚（ショコン）】初めての結婚。↔再婚

【初出（ショシュツ）】初めて出ること。↔再出

【初生（ショセイ）】初めて生まれること。また、生まれたて。『初生児』

【初対面（ショタイメン）】初めて顔を合わせること。

【初潮（ショチョウ）】初めての月経。初経。

【初任（ショニン）】初めての任官や就職。『初任給』

【初発（ショハツ）】初めておこること。↔再発

【初夜（ショヤ）】初めての夜。日本で特に、新婚の夫婦が初めて寝床を共にする夜。↓❷

【初子（ういご｜はつご）】夫婦間に初めて生まれた子。

【初産（ういザン｜はつザン｜ショザン）】初めての出産。

【初陣（ういジン）】初めて戦いに出ること。初出場。

【初孫（ういまご｜はつまご）】初めての孫。

【初声（うぶごえ）】生まれた子の初めての泣き声。呱々（ココ）の声。

❷物事のはじめ。はじまりのころ。

[下接] 元初（ゲンショ）・原初（ゲンショ）・刧初（ゴウショ）・国初（コクショ）・最初（サイショ）・春初（シュンショ）・太初（タイショ）・当初（トウショ）・年初（ネンショ）・本初（ホンショ）

初（ショ）	始（シ）	終（シュウ）
始初		始終
はじめてである。初動 初歩 初発 最初 当初 年初	はじめ。はじまる。あたらしくおこす。始動 始業 太始 本始 開始 年始	おえる。おわる。終止 終業 終末 最終 終末 歳終

【初一（ショイチ｜ショイツ）】月の第一日め。ついたち。

【初夏（ショカ｜はつなつ）】[1]夏のはじめ。↔晩夏・盛夏。『初夏の候』[2]陰暦四月の異称。

【初回（ショカイ）】最初の回。第一回。

【初期（ショキ）】初めの時期。↔中期・末期。『初期微動』

【初級（ショキュウ）】学問、技芸、階級などの最も低い等級。↔上級・中級。『初級英語』

【初句（ショク）】詩、和歌、俳句などの初めの句。

【初月（ショゲツ）】[1]朔から初めて光りだした月。新月。みかづき。[2]はじめの月。第一回の月。[3]一月の異称。

【初更（ショコウ）】一夜を五分した最初の時刻。戌（いぬ）の刻。現在の午後七時から九時ごろ。

【初志（ショシ）】思い立ったときの最初のこころざし。『初志を翻す』『初志貫徹』

【初秋（ショシュウ｜はつあき）】[1]秋のはじめ。孟秋。↔晩秋。[2]陰暦七月の異称。

【初春（ショシュン｜はつはる）】[1]春のはじめ。↔晩春。[2]陰暦正月の異称。また、新年、新春。

【初旬（ショジュン）】一か月を一〇日ごとに三つに分けた初めの一〇日間。上旬。『八月初旬』

【初心（ショシン｜うぶ）】[一]（ショシン）[1]物事を始めたばかりであること。『初心者』[2]初めに思いたったときの心境。[二]（うぶ）世なれないさま。純真なさま。【初心不ㇾ可ㇾ忘（ショシンわするべからず）】[1]能楽で、若年のころに学んだ芸やその未熟さ、また、時期時期での初めての経験を忘れてはいけないという教え。〔世阿弥-花鏡・奥段〕[2]一般に、習い始めの謙虚な気持ちを失ってはならないの意。

【初代（ショダイ）】ある系統の最初の人。また、その人の時代。『初代大統領』

【初段（ショダン）】[1]最初の段階。[2][国]囲碁、将棋、武芸などで初めて受ける第一の段位。『初段を取る』

【初伝（ショデン）】師匠から弟子に授ける免許の最初の段階のもの。『初伝を受ける』

【初度（ショド）】[1]第一回目。最初。初回。[2]生まれた日。誕生日。【初度之辰（ショドのシン）】誕生日。「辰」は、時の意。〔書言故事大全-慶誕類〕

【初冬（ショトウ｜はつふゆ）】[1]冬のはじめ。↔晩冬。[2]陰暦一〇月の異称。

【初唐（ショトウ）】中国の唐代（六一八～九〇七）を四分した第一の時期の称。高祖武徳元年（六一八）から玄宗即位の前年（七一二）までをさす。特に唐詩の時代区分として用いられる。

【初等（ショトウ）】最初の段階。最初の等級。↔高等・中等

【初頭（ショトウ）】ある時期の初めのころ。『明治の初頭』

【初七日（ショなのか）】死後七日目に当たる日。また、その日に行う法事。

【初日（ショニチ｜ショジツ）】[国]物事の始まる日。最初の日。

【初年（ショネン）】初めの年。また、年の初めのころ。

【初版（ショハン）】刊行された書物の最初の版。第一版。↔再版・重版。『初版本』

【初伏（ショフク）】夏の酷暑の候を三つに分けた三伏の一。夏至後の第三の庚（かのえ）の日。

【初歩（ショホ）】学問、技術などの学び始めの段階。

【初夜（ショヤ）】一昼夜を六分した六時の一つ。戌（いぬ）の刻。現在の午後八時から九時ごろ。↔後夜（ゴヤ）。↓❶

【初涼（ショリョウ）】初秋の涼しさ。

【初老（ショロウ）】[国]老人の域に入りかけた年ごろ。

603 【刱】 ＊1926 刀－6

(604) 〔刴〕 4976 516C 998C 刀－7

(605) 〔剏〕 ―― 刀－8
ソウ（サウ）[漢]\chuàng

[字解] 会意。井（型枠）＋刅（両刃のかたな）。型枠を刃物でつくり仕事にかかることから、はじめる・きずつける意。創に同じ。

金文 
篆文 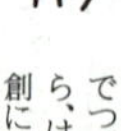

[軔] ⇩7934

[釖] ⇩8357

606 【剱】 4991 517B 999B 刀－9
ケン 「剣」(652)の異体字

[靭] ⇩8820

[靫] ⇩8821

[靱] ⇩8872

607 【剿】 ―― 刀－11
ソウ 「勦」(670)の異体字

[解] ⇩7398

608 【劒】 4990 517A 999A 刀－14
ケン 「剣」(652)の異体字

609 【劔】 4989 5179 9999 刀－14
ケン 「剣」(652)の異体字

[頼] ⇩7768

刂

[班] ⇩4753

[辨] ⇩7995

刂

610 【前】 3316 4130 914F 刀－7 [常]2

(611) 【前】 ―― 刀－7 旧字

ゼン[呉]・セン[漢]/qián/まえ・さき

[筆順] 前 前 前 前 前 前 前 前 前

[字解] 形声。もと、刀＋歬[声]。きりそろえる意。剪の原字。本来、歬で会意。止(ゆく)＋舟(ふね)。舟ですすみゆく、まえの意。歬が行われなくなり、前でまえの意を表すようになった。

甲骨文 金文 篆文

[同属字] 剪・煎・翦・箭

[意味] ❶空間的なまえ。正面。向かっている、進んで行く方。すすむ。↕後。『前景(ゼンケイ)』『前進』『前輪(ゼンリン)』『敵前』『門前』 ＊史記‐廉頗藺相如伝「秦御史前書(シンのギョシすすみてショす)〔＝秦の記録係の役人が進み出て書き付けた〕」 ❷時間的なまえ。今あるいはある時点よりまえ。現在の状態に先立つこと。以前。過去。↕後。『前人未踏』『前古』『前身』『前夜』『生前』『戦前』 ＊史記‐蘇秦伝「何前倨而後恭也(なんぞまえにはおごりてのちにはうやうやしきや)〔＝どうして前にはあんなにいばっていたのに、今度はうやうやしくするのか〕」 ❸順序としてのまえ。相対的に先立っているもの。↕後。『前菜』『前提(ゼンテイ)』『前半』『前編(ゼンペン)』『承前(ショウゼン)』『同前(ドウゼン)』 ❹あらかじめ。未来へ向かってさきだつ。『前兆』『前納(ゼンノウ)』『前借』 ❺[国]まえ。名詞などにつける。㋑相当する分量。わりあて。『一人前(イチニンまえ)』『分け前』 ㋺人に関する語について、その属性、機能を強調していう。『腕前(うでまえ)』『男前(おとこまえ)』『気前(キまえ)』 ❻固有名詞。『前漢』 ⇓
〔先〕(456) 〔後〕(2284)の[表]

❶ 空間的なまえ。正面。進んで行く方。

[下接] 階前(カイゼン)・眼前(ガンゼン)・現前(ゲンゼン)・御前(ゴゼン)・神前(シンゼン)・尊前(ソンゼン)・庭前(テイゼン)・敵前(テキゼン)・馬前(バゼン)・廟前(ビョウゼン)・風前(フウゼン)・仏前(ブツゼン)・墓前(ボゼン)・面前(メンゼン)・門前(モンゼン)・霊前(レイゼン)／手前(てまえ)

【前衛(ゼンエイ)】 ①最前方で警戒に当たる部隊。↕後衛。②[国]球技で、自陣の前方に位置するもの。↕後衛。③[国]思想や芸術活動で先進的であること。『前衛絵画』『前衛党』

【前駆(ゼンク)】 騎馬などで先導すること。先駆。

【前後(ゼンゴ)】 空間的にまえとうしろ。『前後左右』 →❸

【前肢(ゼンシ)】(まえあし) 獣や昆虫などで、頭に近い方の足。

【前車(ゼンシャ)】 前を進む車。前に行った車。↕後車。【前車覆後車戒(ゼンシャのくつがえるはコウシャのいましめ)】 前にいく車のひっくりかえるのは、後の車の戒めになる。前人の失敗を繰り返すなというたとえ。〔漢書‐賈誼(カギ)伝〕 【前車之轍(ゼンシャのテツ)】 前人の失敗をあとの人が繰り返すたとえ。

【前哨(ゼンショウ)】 軍隊が休止中に、警戒のため駐屯地の前方に配置する部隊。『前哨戦』

【前進(ゼンシン)】 前へ進むこと。↕後進・後退

【前線(ゼンセン)】 ①戦闘や運動の先頭。第一線。『前線基地』『最前線』 ②湿度や気温の異なった二気団の境界面が地表、海面と交わる線。『温暖前線』『寒冷前線』

【前程(ゼンテイ)】 行くさき。また、将来のこと。前途。

【前轍(ゼンテツ)】 「前車之轍」の略。前人の失敗のたとえにいう。『前轍を踏む』

【前途(ゼント)】 ①目的地までの道のり。行程。『前途遼遠』 ②将来。さきゆき。『前途多難』

【前部(ゼンブ)】 前の部分。↕後部

【前方(ゼンポウ)】 ①前の方。前面。↕後方。②前の部分が方形であること。『前方後円墳』

【前面(ゼンメン)】 まえの方。また、おもての方。↕後面

【前門(ゼンモン)】 まえの門。表門。【前門拒ㇾ虎後門進ㇾ狼(ゼンモンにとらをふせいでコウモンにおおかみをすすむ)】 一つのわざわいをのがれても、さらにまた他のわざわいにあうことのたとえ。前門の虎後門の狼。〔趙弼‐評史〕

❷ 時間的なまえ。以前。過去。

[下接] 空前(クウゼン)・最前(サイゼン)・従前(ジュウゼン)・寸前(スンゼン)・生前(セイゼン)・戦前(センゼン)・直前(チョクゼン)・没前(ボツゼン)・無前(ムゼン)・夜前(ヤゼン)・乱前(ランゼン)

【前縁(ゼンエン)】 前世の因縁。前因。

【前科(ゼンカ)】 以前に刑罰を受けたこと。『前科三犯』

【前官(ゼンカン)】 ①退官前の官職。②現在その官職にある人の以前に任ぜられていた人。前任者。

【前記(ゼンキ)】 前の部分に書き記すこと。前述。↕後記

【前期(ゼンキ)】 現在からみて前の時期。↕今期・次期。→❸

【前掲(ゼンケイ)】 前に掲げたり記述したりすること。

【前言(ゼンゲン)】 ①古人の言葉。『前言往行〔＝古人の言葉と行い〕』 ②前に述べた言葉。『前言撤回』 ＊論語‐陽貨「前言戯ㇾ之耳(ゼンゲンはこれにたわむれしのみ)〔＝さっき言ったのは冗談だ〕」

【前古(ゼンコ)】 昔。いにしえ。【前古未曾有(ゼンコミゾウ)】 昔から今まで一度もためしのなかったこと。古今未曾有。〔史記‐秦始皇本紀〕 →未曾有

【前史(ゼンシ)】 ①それ以前の歴史。先史。②[国]ある時代の成因を説明するために書かれる、それ以前の歴史。『明治維新前史』

【前述(ゼンジュツ)】 前に述べてあること。↕後述

【前生(ゼンショウ)】 ＝前世(ゼンセ)

【前蹤(ゼンショウ)】 前人や昔の人の事業の跡。先蹤。

【前事不ㇾ忘、後事之師也(ゼンジをわすれざるはコウジのシなり)】 前にあったことを心に留めておけば、後に物事を行うときによい参考となる。〔史記‐秦始皇本紀〕

【前身 ゼンシン】 ①仏教で、前世のときの身の上。↕後身。 ②国以前の身分、職業、形態。↕後身。『前身を隠す』
【前人 ゼンジン】 以前の人。先人。↕後人。『前人未踏』
【前世 ゼンセ｜ゼンセイ】 仏教で、この世に生まれ出る前にいた世。↕現世・来世・後世ゴセ
【前奏 ゼンソウ】 声楽や器楽独奏などの導入として演奏される部分。『前奏曲』
【前代 ゼンダイ】 現在より前の時代。【前代未聞 ゼンダイミモン】 これまで聞いたこともないようなこと。
【前提 ゼンテイ】 ①あることが成り立つための前置きとしての条件。②推論の基礎となる命題。『大前提』
【前任 ゼンニン】 ①以前にその任務についていたこと。また、その人。↕後任。『前任者』 ②今の任務の前についていた任務。『前任地』
【前非 ゼンピ】 以前に犯した過ち。『前非を悔いる』
【前夜 ゼンヤ】 ①前日の夜。昨夜。②ある特定の日の前の夜。また、ある大きな出来事の直前。『前夜祭』
【前例 ゼンレイ】 先例。『前例がない』
【前歴 ゼンレキ】 現在に至るまでの経歴。
【前烈 ゼンレツ】 前人の功績、事業。先烈。〔書経-武成〕

❸ 順序としてのまえ。相対的にまえの方。

【前期 ゼンキ】 ある期間を二分、または三分したときの最初の時期。↕中期・後期。→❷
【前後 ゼンゴ】 ①順序が逆になること。『説明が前後する』 ②あいだをあまり置かないで続くこと。『前後して登場する』 ③国ぐらい。内外。『三十人前後』 →❶
【前座 ゼンザ】 国寄席などで、一番最初、あるいは主となる人の前に演ずること。↕真打ち
【前菜 ゼンサイ】 本格的な食事の前に出されるちょっとした料理。
【前哨戦 ゼンショウセン】 本格的な活動に入る前の準備的な行動。『選挙の前哨戦』
【前段 ゼンダン】 前の段落、段階。前の部分。↕後段
【前半 ゼンハン｜ゼンパン】 二つに分けたもののうち前の半分。↕後半。『前半戦』
【前聯 ゼンレン】 ①漢詩で、律詩の第三句と第四句の対句。頷聯ガンレン。②二節で構成されている詩の前の部分。

❹ あらかじめ。未来へ向かってさきだつ。

【前金 ゼンキン｜まえキン】 国品物を受け取る前に代金を支払ったり、受け取ったりすること。↕後金
【前借 ゼンシャク｜まえがり】 国支払日の前に給料などを借りること。
【前兆 ゼンチョウ】 何かが起ころうとするしるし。前触れ。
【前表 ゼンピョウ】 事の起こる前ぶれ。前兆。

❻ 固有名詞。

【前燕 ゼンエン】 中国、五胡十六国の一。三世紀末、鮮卑族の慕容廆ボヨウカイが建てた国。三七〇年、三代で前秦の苻堅に滅ぼされた。
【前漢 ゼンカン】 秦の崩壊後、劉邦(高祖)が建てた統一王朝(前二〇二～後八年)。首都は長安。西漢とも呼ばれる。一四代二一〇年で平帝のとき、王莽オウモウに簒奪サンダツされ滅亡。
【前蜀 ゼンショク】 中国、五代十国の一(九〇七～九二五)。節度使の王建が四川に建てた国。国号は蜀。二世の王衍の時、後唐に滅ぼされた。
【前秦 ゼンシン】 中国、五胡十六国の一(三五一～三九四)。氐族の苻健が建てた国。首都は長安。国号は大秦。後秦の姚萇に滅ぼされた。
【前趙 ゼンチョウ】 中国、五胡十六国の一(三〇四～三二九)。匈奴の劉淵が漢と号して建てた国。のち国号を趙と改め、長安に都したが、後趙の石勒に滅ぼされた。
【前涼 ゼンリョウ】 中国、五胡十六国の一(三〇一～三七六)。漢人の涼州(甘粛省武威県)刺史張軌が建てた国。前秦に滅ぼされた。

リ

［帰］ ⇩ 2092

リ

612
【刈】 2002 3422 8AA0 刀－2 常
(6559)〔苅〕 2003 3423 8AA1 艸－4
ガイ漢\yì\かる
筆順 ノ メ 乂 刈
字解 会意。刀＋乂(はさみ)。くさをはさみでかる意。俗に艹を加えて苅とする。

甲骨文 篆文 重文

意味 かる。かりとる。『刈穫』『芟刈サンガイ』『刈萱かるかや』
【刈穫 ガイカク】 穀物をかりとること。
【刈萱 かるかや】 イネ科の多年草。ひげ根で、たわし、はけなどを作る。♥刈る草かやの意。本来は屋根ふきのため刈り取る草の総称。
難読地名 刈田かった郡(宮城) 刈羽かりわ郡・村(新潟) 苅田かんだ町(福岡)

613
【刊】 2009 3429 8AA7 刀－3 常5
カン呉漢\kān
筆順 千 千 刊 刊
字解 形声。刀＋干(武器の棒)声。棒を刀でけずる意から、きる・きざむ意。
意味 ❶けずる。きる。彫る。『刊刻』『刊定』 ❷出版する。『刊行』『刊本』『月刊』『創刊』『朝刊』

❶ けずる。きる。彫る。

【刊誤 カンゴ】 文章や文字の誤りを正すこと。正誤。
【刊刻 カンコク】 文書を板木に彫ること。出版すること。
【刊定 カンテイ】 文章をけずり改めて確定すること。

❷ 出版する。

下接 季刊キカン・既刊キカン・休刊キュウカン・近刊キンカン・月刊ゲッカン・公刊コウカン・再刊サイカン・終刊シュウカン・週刊シュウカン・旬刊ジュンカン・新刊シンカン・創刊ソウカン・増刊ゾウカン・続刊ゾッカン・朝刊チョウカン・停刊テイカン・日刊ニッカン・年刊ネンカン・廃刊ハイカン・発刊ハッカン・復刊フッカン・未刊ミカン・夕刊ゆうカン

【刊記 カンキ】 日本や中国の古い書物で、出版時期、場所、発行所などの書かれた部分。
【刊行 カンコウ】 書籍などを印刷して世に出すこと。出版。
【刊本 カンポン】 印刷、刊行された書物。特に近世の版本をいうこともある。↕写本・稿本

614
【刋】 4968 5164 9984 刀－3
セン呉漢
字解 形声。刀＋千声。きる、けずる意。形も意味も似た刊の誤字としても扱われる。

【叩】⇩997

615【划】* 1919 刀－4 カ(クヮ)漢/huá

字解 形声。刀＋戈(長い柄のほこ)声。かまの意。戈に通じ、さおさす・こぶねの意。

意味 船をこぐ。

【划竜】ベーロン (中国語から)古く中国から伝えられた競漕。また、それに用いる船。白竜。

616【刓】* 1920 刀－4 (1818)【〓】二一 寸－4

ガン(グヮン)漢/wán

字解 形声。刀＋元(↔丸、まるい)声。まるくけずる意。

意味 まるくけずる。また、すりへる。『鑽刓サンガン』

【刓削】ガンサク まるくけずってかどを取ること。

【刓敝】ガンペイ すりへってやぶれること。

617【刑】2326 373A 8C59 刀－4 常 (618)【刑】二一 刀－4 (631)【刑】二一 刀－6

ギョウ(ギャウ)呉・ケイ漢/xíng

筆順 刑 刑 刑 刑 刑 刑

字解 形声。刀＋幵(＝井、枠)声。刀やわくで罰する、つみの意。篆文「刑」は、もと別義で荆の通俗体という。

金文 篆文 篆文

意味 しおき。㋑つみする。罰する。『刑務所』『刑事』『刑罰』『刑法』『極刑』『死刑』*孟子-梁恵王上「及レ陥ニ於罪一、然後従而刑レ之つみにおちいるにおよんで、しかるのちにしたがいてこれをケイす」〔＝罪を犯す段になって、追いかけるようにして刑罰に処する〕」㋺おきて。法。のっとる。『儀刑ギケイ』『常刑ジョウケイ』『典刑テンケイ』

下接 火刑カケイ・求刑キュウケイ・宮刑キュウケイ・行刑ギョウケイ・極刑キョッケイ・減刑ゲンケイ・厳刑ゲンケイ・酷刑コッケイ・死刑シケイ・私刑シケイ・実刑ジッケイ・重刑ジュウケイ・銃刑ジュウケイ・受刑ジュケイ・賞刑ショウケイ・処刑ショケイ・贖刑ショッケイ・体刑タイケイ・磔刑タッケイ・笞刑チケイ・天刑テンケイ・徒刑トケイ・肉刑ニクケイ・腐刑フケイ・墨刑ボッケイ・流刑リュウケイ・量刑リョウケイ

【刑部省】ギョウブショウ 国日本の令制での八省の一。訴訟の裁判や罪人の処罰などのことをつかさどった役所。

【刑期】ケイキ 刑を受ける期間。『五年の刑期を終える』

【刑具】ケイグ 枷かせ、鞭むち、絞首台など体刑に用いる道具。

【刑死】ケイシ 刑に処せられて死ぬこと。

【刑事】ケイジ ①刑罰法規の適用に関すること。↔民事。『刑事責任』『刑事訴訟』②国犯罪の捜査や犯人の逮捕などに当たる巡査。『私服刑事』

【刑場】ケイジョウ 罪人の死刑を執行する場所。

【刑政】ケイセイ ①罪人を処罰する法。②刑罰と善政。③犯罪予防の一般方策を研究すること。

【刑徒】ケイト 囚人。

【刑徳】ケイトク ①刑罰と徳化。②刑罰と恩賞。

【刑罰】ケイバツ 罪に対する罰。犯罪者に科せられる法律上の制裁。『刑罰を科する』

【刑辟】ケイヘキ ①つみ。また、刑罰。②刑法。

【刑法】ケイホウ 犯罪と刑罰を定めた法律。

【刑務所】ケイムショ 受刑者を、収容、監禁しておく施設。

【刑名】ケイメイ (「刑」は「形」に通じ、実績の意)形に現れた事柄と名称。中国の春秋戦国時代の一種の法律学。名(意見)と刑(実績)を一致させること。【刑名学】ケイメイガク 名と実とが一致しているかどうかを追究することが国を治める眼目であるとする考え方。戦国時代に、申不害シンフガイ、商鞅ショウオウ、韓非子カンピシなどが主張した。

【刑余】ケイヨ かつて刑罰を受けたこと。前科のあること。

【刑戮】ケイリク 刑罰に処せられること。また、死刑。

難読姓氏 刑部おさかべ｜おさべ｜ぎょうぶ

619【刔】4969 5165 9985 刀－4 ケツ漢

字解 形声。刀＋夬(えぐりとる)声。えぐる意。

620【刖】* 1922 刀－4 ゲツ漢/yuè

字解 形声。刀＋月(きりとったにく)声。刀できりとる意。のち刀を加え、その義を明確にした。

甲骨文 篆文

意味 切る。足を切る。あしきり。*韓非子-和氏「天下之刖者多矣テンカのあしきらるるものおおし〔＝天下に足切りの刑を受ける者は多い〕」

【刖趾適屨】ゲッシテキク くつが小さいときに、足を削って合わせること。本末顛倒のたとえ。〔魏志-明帝紀・注〕

【刖者】ゲッシャ あしきりの刑を受けたもの。

621【刎】4970 5166 9986 刀－4 ブン漢・フン慣/wěn/はねる

字解 形声。刀＋勿(はじきはらう)声。首をはねる意。

意味 はねる。首を切る。『自刎ジフン』

【刎頸】フンケイ 頸くびを刎はねること。【刎頸之交】フンケイのまじわり 首をきられても悔いないほどの、深く親しい交わり。〔史記-廉頗藺相如伝〕❤中国、春秋時代、趙の将軍廉頗レンパは、藺相如リンショウジョが手柄を立て自分より上位になったのを恨んだが、藺相如の真意を知って謝罪し、深い交際を結んだという故事から。

【刎死】フンシ 自分で自分の首をはねて死ぬこと。

622【列】4683 4E73 97F1 刀－4 常3 レチ呉・レツ漢・レイ漢/liè/つら・つらなる・つらねる・ならぶ・ならべる

筆順 列 列 列 列 列 列

字解 会意。刀＋歹(毛のはえた頭蓋骨)。きりわける意。裂の原字。転じて、つらなる意を表す。

同属字 烈・裂・例・冽

参考 万葉仮名では音を借りて「れ」。

意味 ❶ならびつらなる。ならべつらねる。また、ならんだ形。れつ。『列挙』『列車』『列島』『行列』『整列』『配列』*白居易-長恨歌「姉妹弟兄皆列レ土シマイテイケイみなドをつらぬ」〔＝姉妹や兄弟は、みな領地を賜った〕」❷順序。段階。『順列ジュンレツ』『同列ドウレツ』『序列ジョレツ』❸加わる。参加する。『会議に列する』『列座』『列席』『参列サンレツ』『朝列チョウレツ』❹固有名詞。『列子』

下接 ❶ならびつらなる。ならべつらねる。れつ。

一列イチレツ・行列ギョウレツ・系列ケイレツ・後列コウレツ・縦列ジュウレツ・歯列シレツ・数列スウレツ・整列セイレツ・戦列センレツ・前列ゼンレツ・葬列ソウレツ・隊列

二亠人(𠆢・亻)儿入八(丷)冂冖冫(⺀)几凵刀(刂)力勹匕匚匸十卜卩(㔾)厂厶又

タイ・直列・陳列・堵列・配列・排列・分列ブン・並列・駢列・放列・砲列・羅列

【列観】(レッカン) ①大勢の人が並んで見ること。②並んで建っている宮殿。

【列記】(レッキ) 並べて記すこと。

【列挙】(レッキョ) 並べあげること。『証拠を列挙する』

【列強】(レッキョウ) 多くの強国。『列強に伍する』

【列車】(レッシャ) 旅客や貨物を輸送するために編成された車両。『貨物列車』『急行列車』『終列車』

【列宿】(レッシュク｜レッシュウ) 天に列する星宿。天上の星座。

【列叙】(レツジョ) つらねて叙述すること。列記。

【列世】(レッセイ) 代々。歴代。『列世の天子』

【列聖】(レッセイ) 代々の天子。歴代の聖帝。

【列伝】(レツデン) 人々の伝記を書き並べたもの。【列伝体】(レツデンタイ) 中国の「史記」以後、紀伝体の歴史書で、帝王の記事である本紀の部分とともに中心の構成部分をなす人民の事蹟を列叙した部分。

【列島】(レットウ) ①細長く列状に連なっている島々。『千島列島』②[国]特に日本列島をいう。『列島改造論』

❸ 加わる。参加する。

【列座】(レツザ) その座につらなること。列席。

【列席】(レッセキ) 会議、儀式などに出席すること。『列席者』

❹ 固有名詞。

【列子】(レッシ) ①中国、戦国時代の道家の思想家。名は禦寇。虚の道を得た哲人と伝えられる。唐代に沖虚真人の称号をおくられた。②中国の道家の典籍。八巻。①の撰と伝えるが、実際には前漢の後半に出現し、現行本は、さらに六朝道家の手が加えられている。沖虚真経。

【列女伝】(レツジョデン) (「列」は「烈」に同じ) 中国の伝記。七巻。漢の劉向撰。古代から漢代に至る中国婦人の賢母・烈婦などの略伝を頌・図説を付して書きつらねたもの。

623 【刧】 ゴウ 「劫」(699)の異体字 刀－5

624 【刪】 4972 5168 9988 刀－5
サン[漢]\shān

(625) 〔删〕 刀－5

[字解] 会意。刀＋冊(札がつらなってできた書物)。つながった札を刀で切る意。また、除外しけずる意を表す。

[意味] けずる。のぞく。

【刪修】(サンシュウ) 不用な字句を削って改めること。刪訂。

【刪述】(サンジュツ) 不要な部分を削除して記述すること。

【刪定】(サンテイ) 字句や文章などの悪い所を削ってよいものにかえること。

【刪訂】(サンテイ) ＝刪修

626 【判】 4029 483D 94BB 刀－5 [常]5
ハン[呉][漢]・バン[慣]\pàn\わける・わかる

(627) 〔判〕 刀－5 旧字

[筆順] 判 半 半 判 判

[字解] 形声。刀＋半(はんぶん)[声]。二つにきっぱりとわける意から、けじめをつけさばく意を表す。

[意味] ❶わける。善悪・是非などの区別をつける。『判断』『判定』『判読』『批判』『評判』❷わかる。あきらかである。『判然』『判明』❸「裁判」の意。『判決』『判例』『公判』『審判』❹[国]はんこ。いん。『判押』『判子』『印判』『血判』❺[国]紙などの大きさの規格。『四六判』『菊判』

❶ わける。善悪・是非などの区別をつける。

[下接] 裁判・談判・批判・評判・論判

【判断】(ハンダン) ①ある事物についての考えを決めること。②吉凶を見分けること。占い。

【判定】(ハンテイ) 事物を判別して決定すること。『写真判定』

【判読】(ハンドク) 読みにくい字を判断しながら読むこと。

【判別】(ハンベツ) 見分けること。識別。

❷ わかる。あきらかである。

【判然】(ハンゼン) はっきりとよく分かるさま。

【判明】(ハンメイ) 明瞭によく分かること。はっきり明らかになること。『身元が判明する』

❸ 「裁判」の意。

[下接] 公判・誤判・初判・審判

【判官】(ハンガン｜ホウガン) ①裁判官。②[国]日本の令制の四等官の第三位。衛府では尉をいう。また特に、検非違使の尉であったところから、源義経。『判官贔屓』

【判決】(ハンケツ) 裁判所が、原則として口頭弁論に基づいて行う有罪、無罪などの判断。『判決文』

【判事】(ハンジ) ①裁判官。②[国]裁判官の官名の一。高等裁判所、地方裁判所、家庭裁判所の裁判事務をつかさどる。③[国]令制で、刑部省、大宰府におかれた職員。

【判例】(ハンレイ) 裁判の判決の実例、先例。裁判例。判決例。

❹ (日本語で)はんこ。いん。

[下接] 印判・血判・自判・連判・太鼓判

【判押】(ハンオウ) [国]かきはん。花押。

❺ (日本語で)紙などの大きさの規格。

[下接] 大判・菊判・小判・全判・四六判・新書判・美濃判・名刺判

【判型・判形】(ハンがた) ①浮世絵版画の大きさ。②雑誌・書籍の大きさ。

628 【別】 4244 4A4C 95CA 刀－5 [常]4
ベチ[呉]・ヘツ[漢]・ベツ[慣]\bié\わかれる・わかれ・わかつ・わく・わける

[筆順] 別 別 別 別 別 別

[字解] 会意。刀＋另(＝冎、ほね)。ほねと肉とをわけることから、わきまえる・わかれる意。

[参考] 万葉仮名では音を借りて「べ[甲]」。

[意味] ❶わける。わかつ。『別異』『区別』『差別』『識別』『弁別』❷わかれる。離れる。わかれ。『別居』『別辞』『別離』『決別』『送別』＊杜甫－春望「恨レ別鳥驚レ心わかれをうらみてはとりにもこころをおどろかす〔＝家族との別れに心を痛めては、鳥の声にも心のしめつけられる思いがする〕」❸わけられた。わけられたもの。ほかの。ほかのもの。異なる。ちがう。ちがい。区別。『別天地』『別冊』『別人』『別荘』『個別』『性別』❹普通とは異なる。とりわけて。特に。『別格』『別状』『別段』『格別』『特別』❺あて字。『舎利別』『別珍』 ⇒〔分〕(592)の[表]

❶ わける。わかつ。

[下接] 鑑別・区別・甄別・細別・差別・識別・峻別・旌別・選別・総別・大別・反別

【別異(ベツイ)】 違いを弁別すること。区別すること。↓❸

❷ わかれる。離れる。

下接 哀別(アイベツ)・一別(イチベツ)・永別(エイベツ)・怨別(エンベツ)・遠別(エンベツ)・決別(ケツベツ)・告別(コクベツ)・死別(シベツ)・辞別(ジベツ)・生別(セイベツ)・惜別(セキベツ)・餞別(センベツ)・送別(ソウベツ)・贈別(ソウベツ)・派別(ハベツ)・離別(リベツ)・留別(リュウベツ)

【別意(ベツイ)】 別れを惜しむ心。別離の情。↓❸

【別居(ベッキョ)】 家族、夫婦などが別れて住むこと。↕同居

【別恨(ベッコン)】 別れを恨む気持ち。

【別歳(ベッサイ)】 その年が去ること。また、その時の宴。

【別辞(ベツジ)】 別れの言葉。別れのあいさつ。

【別酒(ベッシュ)】 別離の時に飲む酒。

【別来(ベツライ)】 別れて以来。

【別離(ベツリ)】 別れること。別れ。離別。

【別涙(ベツルイ)】 別れを惜しんで流す涙。別れの涙。

❸ わけられた。ほかの。ちがう。

下接 戸別(コベツ)・個別(コベツ)・種別(シュベツ)・性別(セイベツ)・人別(ニンベツ)

【別異(ベツイ)】 かわった点。差異。↓❶

【別意(ベツイ)】 ほかの考え。他意。↓❷

【別院(ベツイン)】 ①本寺とは別に建てられた、本寺所属の寺院。②一宗の本山の寺に準ずるものとして、別の所に造られた寺院。

【別駕(ベツガ)】 ①古く中国で、地方行政の監督官である刺史の巡察に随行する官。自らも別に乗り物をもつところからいう。②国諸国の介(すけ)の唐名。

【別記(ベッキ)】 本文のほかに書き添えること。

【別掲(ベッケイ)】 別に掲げること。『別掲の表』

【別件(ベッケン)】 別の事件。別の用件。『別件逮捕』

【別個・別箇(ベッコ)】 別々であること。別のもの。

【別冊(ベッサツ)】 雑誌などで、本誌とは別にして作った本の付録や、定期以外に別に刊行されたもの。

【別字(ベツジ)】 ほかの字。また、正しい使い方でない文字。

【別墅(ベッショ)】 (「墅」は、収穫のための仮の庵の意) 本宅と離れた地に別に設けた家。別荘。

【別称(ベッショウ)】 別の名称。別の呼び名。

【別人(ベツジン)】 その人とは別の人。ほかの人。余人。

【別心(ベッシン)】 相手を裏切るような心。ふたごころ。異心。

【別荘(ベッソウ)】 避暑、休養などのために、別に建てた家。

【別体(ベッタイ)】 ①形体を異にすること。また、その体。②漢字で、標準とされている以外の字体。正字以外の俗字・古字・略字などをさす。

【別宅(ベッタク)】 本宅以外に設けた家。↕本宅

【別邸(ベッテイ)】 本邸以外に設けられた邸宅。↕本邸

【別伝(ベツデン)】 ほかの言い伝え。↓❹

【別天地(ベッテンチ)】 この世とは別の世界。別世界。

【別途(ベット)】 ほかの道。ほかの方法。別の方面。

【別当(ベットウ)】 国①僧職の一。法務を統御したもの。②馬の口取り。馬丁。❤本官のある人が他の役所の長官を兼務するの意で、平安時代以降、令外(リョウゲ)の官司の長官、すなわち、検非違使庁・蔵人所などの長官を指した。

【別便(ベツビン)】 別に出す手紙、また、郵便物。

【別封(ベップウ|ベップウ)】 別々に封じること。別に添える封書。

❹ 普通とは異なる。特別の。

【別格(ベッカク)】 国定められた格式以外であること。特別の扱い。『別格官幣社』

【別儀(ベツギ)】 国格別のこと。また、ほかのこと。別事。

【別懇(ベッコン)】 国特に懇意であること。昵懇(ジッコン)。

【別才・別材(ベッサイ)】 特別の才能。

【別事(ベツジ)】 普通とは変わった特別のこと。

【別趣(ベッシュ)】 国特別のおもむき。

【別条・別状(ベツジョウ)】 国普通と異なった様子。

【別段(ベツダン)】 国常と異なって。特に。とりわけ。

【別伝(ベツデン)】 ①特別の伝授。②(「教外別伝(キョウゲベツデン)」の略) 仏語。禅宗で、文字やことばによらず仏の悟りを心から心へ直接伝えること。↓❸

【別嬪・別品(ベッピン)】 国とりわけ美しい女性。美女。美人。

❺ あて字。

【別珍(ベッチン)】 (英 velveteen のあて字) 綿糸を用いて織ったビロード。足袋、鼻緒などに用いる。

難読姓氏 別宮(べっく|べつみや)

629 【利】

4588 4D78 9798 刀-5 常4

リ 呉漢 /lì/ きく・きき・と・とし

筆順 利 利 利 利 利 利

字解 会意。刀+禾(穀物)。耕作に用いる刃物がするどい意。また穀物の収益の意。一説に、ここの刀の形は農耕の「すき」の象形の同化したものという。

甲骨文 金文 篆文

同属字 梨・犂・痢・悧・蜊

参考 万葉仮名では音を借りて「り」、訓を借りて「と甲」。平仮名「り」、片仮名「リ」の字源。

意味 ❶するどい。よく切れる。かしこい。↕鈍。『利器』『利口』『鋭利(エイリ)』『犀利(サイリ)』＊韓非子‐難「吾矛之利、於レ物無レ不レ陥也(わがほこのときこと、ものにおいてとおさざるなし)」〔=私の矛の鋭いことといったら、どんなものでも突き破らないことはない〕」❷役に立つ。役に立たせる。↕害。㋑よい。都合がよい。きく。効用がある。『地の利』『利運』『利点』『利尿』『便利』『有利』＊説苑‐正諫「良薬苦ニ於口一、利ニ於病一(リョウヤクはくちににがけれども、やまいにリあり)」〔=よい薬は、苦くて口あたりは悪いが、病気にはよくきく〕」㋺うまく使う。『利用』『利水』㋩ためになるようにする。『利敵行為』『利己』⇓

表 ❸もうけ。また、もうけをむさぼる。『利益』『利権』『利息』『金利』＊荀子‐性悪「人之性、生而有レ好レ利焉(ひとのセイ、うまれながらにしてリをこのむことあり)」〔=人間の本性には、生まれつき利益を好む心がある〕」❹きく。ものを言う。『口を利く』

⇓〔鋭〕(8419)の表

❶ するどい。また、かしこい。

【利器(リキ)】 鋭利な刃物。↓❷

【利剣(リケン)】 切れあじの鋭いつるぎ。

【利口・利巧(リコウ)】 国①かしこいこと。利発。②要領がよいこと。③子供の聞き分けがよく、おとなしいこと。『お利口さん』❤書き換え「悧巧→利口」。もと利口は、口がうまいこと、冗談をいうことから、気がきく、かしこい意となり、利巧また悧巧にあてられた。

【利根(リコン)】 生まれつき利発なこと。利口。↕鈍根

【利心(リシン)】 利発な心。↓❸

【利刀(リトウ)】 よく切れる刀。鋭利な刀。

【利鈍(リドン)】 ①鋭いことと鈍いこと。②賢いことと愚かなこと。

❷ 役に立つ。役に立たせる。

【利発(リハツ)】 国かしこいこと。『利発な子』

下接 権利(ケンリ)・功利(コウリ)・国利(コクリ)・勝利(ショウリ)・水利(スイリ)・福利(フクリ)・不利(フリ)・便利(ベンリ)・冥利(ミョウリ)・有利(ユウリ)

利(リ) やくにたつ。	効(コウ) ききめがある。
利用	効用
利得	効験
利便	効能
利点	効果
有利	有効
不利	無効

【利運(リウン)】よいめぐり合わせ。幸運。

【利益(リエキ|リヤク)】①ためになること。↕損失。②(リヤク)神仏の恵み。ごりやく。↓❸

【利害(リガイ)】有利なことと不利なこと。利益と損害。

【利器(リキ)】便利な器具、機械。『文明の利器』↓❶

【利己(リコ)】自分のためだけを考え、他をかえりみないこと。我利。↕利他。『利己主義』

【利水(リスイ)】①水の流れをよくすること。『利水事業』②よく水を利用すること。『利水組合』

【利他(リタ)】自分のことより、まず、他人の利益、幸福を願うこと。↕利己。『利他主義』

【利沢(リタク)】①利益と恩沢。②もうけ。

【利達(リタツ)】利益と栄達。立身、出世すること。〔孟子-離婁下〕

【利敵(リテキ)】敵側に有利なようにすること。『利敵行為』

【利点(リテン)】有利な点。また、長所。

【利尿(リニョウ)】尿がよく出るようにすること。『利尿作用』

【利病(リヘイ)】利益と損害。得失。

【利便(リベン)】つごうのよいこと。便利。便宜。

【利用(リヨウ)】役立つように用いること。便宜的な手段として使うこと。『廃物利用』『利用者』【利用厚生(リヨウコウセイ)】用いるのに便利にし、人の生活を豊かにすること〔書経-大禹謨〕

【利禄(リロク)】禄をもらうこと。扶持(フチ)を受けること。

❸ もうけ。

下接 栄利(エイリ)・贏利(エイリ)・我利(ガリ)・元利(ガンリ)・巨利(キョリ)・金利(キンリ)・月利(ゲツリ)・高利(コウリ)・財利(ザイリ)・実利(ジツリ)・射利(シャリ)・純利(ジュンリ)・小利(ショウリ)・私利(シリ)・自利(ジリ)・単利(タンリ)・貪利(タンリ)・低利(テイリ)・偸利(トウリ)・薄利(ハクリ)・名利(メイリ|ミョウリ)

【利益(リエキ)】もうけ。↕損失。↓❷

【利権(リケン)】売買や譲渡などの大きな利益を伴う権利。『利権がからむ』

【利子(リシ)】利息(リソク)。↕元金(ガンキン|もときん)

【利潤(リジュン)】一企業の総収益から、あらゆる経費を差し引いた残余。『利潤の追求』

【利殖(リショク)】利子、利益によって財産をふやすこと。

【利心(リシン)】利益を求める心。欲心。↓❶

【利息(リソク)】金銭の貸し主・預け主が相手から、一定の割合で受け取るお金。利子。金利。↕元金(ガンキン|もときん)

【利得・利徳(リトク)】利益を得ること。もうけ。

【利欲・利慾(リヨク)】自分の利益をはかろうとする心。

【利率(リリツ)】利息の元金(ガンキン)に対する割合。

【見レ利思レ義(リをみてギをおもう)】利益を手にするときは、それが正しいものか考える。〔論語-憲問〕

630 【刮】 4973 5169 9989 刀－6 カツ(クヮツ)漢/guā/こそぐ・けずる

字解 形声。刀＋舌(＝昏、えぐる)声。えぐる意。のち刀を加えてけずりとる意を明らかにした。

意味 こそぐ。けずる。また、こする。

【刮刷(カッサツ)】けずりとること。

【刮目(カツモク)】注意してよく見ること。刮眼(カツガン)。

631 【刑】 刀－6 ケイ 「刑」(617)の異体字

632 【刳】 4974 516A 998A 刀－6 コ漢/kū/えぐる・くる・さくる

字解 形声。刀＋夸(弓形に曲がる)声。えぐる意。

意味 えぐる。くりぬく。さくる。『割刳(カッコ)』

【刳心(コシン)】私心を取り去ること。〔荘子-天地〕

【刳剔(コテキ)】切りさくこと。〔書経-泰誓上〕

633 【刻】 2579 396F 8D8F 刀－6 常6 (634)【刻】 刀－6 旧字

コク呉漢/kè/きざむ・とき

筆順 刻 刻 刻 刻 刻 刻

字解 形声。刀＋亥(↓核、かたい)声。かたいものを刀できざむ意。

意味 ❶きざむ。ほる。『刻印』『刻苦』『彫刻』『篆刻』❷むごい。きびしい。『刻急』『刻薄』『残刻』『深刻』❸とき。時間。『刻限』『刻下』『時刻』『即刻』『遅刻』

❶ きざむ。ほる。

下接 印刻(インコク)・陰刻(インコク)・刊刻(カンコク)・欠刻(ケッコク)・重刻(ジュウコク)・石刻(セッコク)・彫刻(チョウコク)・篆刻(テンコク)・復刻(フッコク)・複刻(フッコク)・覆刻(フッコク)・翻刻(ホンコク)・銘刻(メイコク)・模刻(モコク)・陽刻(ヨウコク)・鏤刻(ルコク)

【刻意(コクイ)】心を砕くこと。苦心。『刻意励行』

【刻印(コクイン)】①印を彫ること。また、その印。②消しがたい証拠の印。極印(ゴクイン)。

【刻鵠類鶩(コクコクルイボク|コクをきざみてボクにルイす)】白鳥を彫刻すれば、失敗してもアヒルには似る。りっぱな手本があれば、同じにはなれなくともそれに近づけることをいう。〔後漢書-馬援伝〕

【刻削(コクサク)】①きざんだり削ったりすること。②残酷なこと。むごたらしいさま。【刻削之道、鼻莫レ如レ大、目莫レ如レ小(コクサクのみち、はなはダイなるにしくはなく、めはショウなるにしくはなし)】彫刻の方法としては、鼻は大きくしておくにこしたことはなく、目は小さくしておくにこしたことはない。事を行うについて、用意周到な備えがあれば、失敗は少ないということ。〔韓非子-説林下〕

【刻石(コクセキ)】石に文字や絵をきざみつけること。

【刻剝(コクハク)】人をしいたげ痛めつけること。〔後漢書-隗囂伝〕

【刻鏤(コクロウ|コクル)】ほりきざむこと。彫刻。

【刻苦(コック)】心身を苦しめて努力すること。『刻苦勉励』

【刻骨(コッコツ)】恩や恨みなどを骨にきざみつけること。

【刻レ舟求レ剣(ふねにきざみてケンをもとむ)】古いしきたりにかかわって、融通のきかないことのたとえ。刻舟(コクシュウ)。〔呂氏春秋-察今〕▶舟に乗りこんだ男が剣を水中に落として、舟端の落ちた所に刻みをつけ、舟が岸についたあとで、その目印の所から水中に入って剣を捜したという故事から。

❷ むごい。きびしい。

下接 残刻(ザンコク)・峻刻(シュンコク)・深刻(シンコク)・冷刻(レイコク)

【刻急(コクキュウ|コッキュウ)】厳格できびしいこと。

【刻薄(コクハク)】残酷で薄情なさま。〔史記-商君伝〕

❸ とき。時間。

下接 一刻(イッコク)・頃刻(ケイコク)・下刻(ゲコク)・後刻(コウコク)・午刻(ゴコク)・時刻(ジコク)・上刻(ジョウコク)・寸刻(スンコク)・正刻(セイコク)・先刻(センコク)・即刻(ソッコク)・遅刻(チコク)・中刻(チュウコク)・定刻(テイコク)・夕刻(ゆうコク)・例刻(レイコク)・漏刻(ロウコク)

【刻下(コッカ)】いま。現在。目下(モッカ)。
【刻限(コクゲン)】定められた時刻。また、単に、時刻。
【刻刻(コクコク・コッコク)】国着実に時間のたつさま。『時時刻刻』
【刻漏(コクロウ)】水時計。漏刻。

635 【刷】 2694 3A7E 8DFC 刀－6 常4 サツ(漢)・セツ(漢)/shuā/する・はく

筆順

字解 形声。刀＋㕞(はけでこすりとる)省声。ぬぐいとる意。また、する意。

意味 ❶はく。ぬぐう。きれいにする。『刷新』『刷毛(はけ)』❷する。すり出す。こする。『印刷(インサツ)』『刮刷(カッサツ)』『重刷(ジュウサツ)』『縮刷(シュクサツ)』『増刷(ゾウサツ)』

【刷新(サッシン)】悪い面を一掃して事態を全く新しくすること。『市政を刷新する』『刷新人事』

636 【刺】 2741 3B49 8E68 刀－6 常 シ(呉)(漢)・セキ(漢)/cì/さす・ささる・いら・とげ

筆順

字解 形声。刀＋朿(とげ)声。刀物でさす意。

意味 ❶さす。つきさす。『刺殺』『撃刺(ゲキシ)』『穿刺(センシ)』❷なじる。そしる。『刺譏』『風刺(フウシ)』❸名札。『刺謁』『名刺(メイシ)』『門刺(モンシ)』❹とげ。棘。『有刺鉄線(ユウシテッセン)』『刺毛』❺さぐる。うかがう。うかがい見る。『刺史』

❶さす。つきさす。

【刺客(シカク・シキャク・セッカク)】暗殺者。『刺客列伝』
【刺撃(シゲキ)】①武器などで突き刺したり打ったりすること。②＝刺激(シゲキ)
【刺激・刺戟(シゲキ)】①生体に作用して反応を起こさせること。②外界から興奮、怒りなどの反応を起こさせること。『刺激的』♥書き換え「刺戟→刺激」。
【刺股(シコ)】中国、戦国時代、蘇秦(ソシン)は眠くなると錐で自分の股を刺して眠けを払い勉強を続けたという故事。〔戦国策－秦〕
【刺殺(シサツ)】刺し殺すこと。
【刺繍(シシュウ)】布地などに種々の色糸で模様を縫い表すこと。ぬいとり。
【刺傷(シショウ)】刃物などを突き刺して人を傷つけること。また、その傷。
【刺青(シセイ・いれずみ)】皮膚に絵画や文字をほりつけること。
【刺胳・刺絡(シラク)】漢方で、静脈を刺し、悪血をとること。瀉血(シャケツ)。

❷なじる。そしる。

【刺譏(シキ)】他人をそしること。非難。

❸名札。

【刺謁(シエツ)】名刺を出し、取り次いでもらって会うこと。

【通ㇾ刺(シをツウず)】名刺を出して面会を求めること。

❹とげ。棘。

【刺毛(シモウ)】①植物の表皮にあって細胞膜が特に厚く堅くなってできた毛。②ガの幼虫の体表にある微細な毛。

❺さぐる。うかがう。

【刺史(シシ)】①中国古代の地方官。州の長官。②国国守の唐名。

637 【刵】 *1928 刀－6 ジ(漢)/èr

字解 形声。刀＋耳(みみ)声。みみきりの意。

意味 耳を切りおとす刑罰。

638 【制】 3209 4029 90A7 刀－6 常5 セイ(呉)(漢)/zhì/おさえる

筆順

字解 会意。刀＋未(＝未、こえだのある木の形)。木を切り整える意から、おさえる意。

同属字 掣・製

参考 万葉仮名では音を借りて「せ」。

意味 ❶きる。たつ。こしらえる。ほどよく整えてつくる。『制作』『裁制(サイセイ)』『編制(ヘンセイ)』❷やめさせる。おさえる。支配する。ある範囲内にとどめる。『制御』『制限』『制約』『規制』＊史記－項羽本紀「先即制ㇾ人(さきんずればすなわちひとをセイす)」〔＝他人より先に行えば、有利な立場に立つことができる〕❸おきて。きまり。しくみ。とりきめる。また、天子の命令。みことのり。『制定』『制度』『制服』『税制』『体制』＊史記－秦始皇本紀「命為ㇾ制、令為ㇾ詔(メイをセイとなし、レイをショウとなす)」〔＝勅命を制とし、勅令を詔と改める〕

❶きる。たつ。こしらえる。つくる。

【制作(セイサク)】国芸術作品、映画などを作ること。

❷やめさせる。おさえる。支配する。

下接 圧制(アッセイ)・箝制(カンセイ)・規制(キセイ)・強制(キョウセイ)・脅制(キョウセイ)・矯制(キョウセイ)・牽制(ケンセイ)・控制(コウセイ)・自制(ジセイ)・節制(セッセイ)・先制(センセイ)・専制(センセイ)・相制(ソウセイ)・統制(トウセイ)・抑制(ヨクセイ)

【制圧(セイアツ)】威力で相手の力などを抑えつけること。
【制御・制禦・制馭(セイギョ)】人や機械などの行動や働きを調節すること。♥書き換え「制禦・制馭→制御」。
【制限(セイゲン)】ある限度や範囲から出ないようにすること。『制限時間』『年齢制限』
【制止(セイシ)】押しとどめること。『制止を振り切る』
【制動(セイドウ)】運動を制し止めること。『制動機〔＝ブレーキ〕』『急制動』
【制覇(セイハ)】①相手をおさえて権力を握ること。②競技などで優勝すること。『全国制覇』
【制約(セイヤク)】活動の自由を制限すること。

❸おきて。きまり。とりきめる。

下接 遺制(イセイ)・王制(オウセイ)・応制(オウセイ)・学制(ガクセイ)・官制(カンセイ)・管制(カンセイ)・擬制(ギセイ)・旧制(キュウセイ)・禁制(キンセイ)・軍制(グンセイ)・厳制(ゲンセイ)・古制(コセイ)・市制(シセイ)・時制(ジセイ)・職制(ショクセイ)・新制(シンセイ)・税制(ゼイセイ)・創制(ソウセイ)・族制(ゾクセイ)・体制(タイセイ)・町制(チョウセイ)・典制(テンセイ)・服制(フクセイ)・仏制(ブッセイ)・兵制(ヘイセイ)・幣制(ヘイセイ)・法制(ホウセイ)

【制可(セイカ)】天子のおゆるしがでること。

【制獄(セイゴク)】①裁判すること。②天子の命による裁判。

【制裁(セイサイ)】おきてにそむいた者に加えられる懲罰。『鉄拳制裁(テッケンセイサイ)』

【制札(セイサツ)】国禁止の事項などを書いた立て札。

【制式(セイシキ)】定められた様式。規定の方式。

【制詔(セイショウ)】天子の命令。みことのり。

【制定(セイテイ)】規則や法律などを定めること。

【制度(セイド)】国家、団体の運営のために、法律や規則で定められているしくみ。『融資制度』

【制服(セイフク)】ある集団に属する人が着る、定められた衣服。↔私服。『制服制帽』

639 【刹】 4975 516B 998B 刀－6 セチ㊉・セツ㊉・サツ㊇／chà

字解 形声。刀＋殺省㊥。はたばしらの意。一説に殺はころす意であるともいう。

意味 ❶てら。寺院。塔の心柱、また寺を示す旗。『古刹』『名刹』→下接。❷音訳字。『刹鬼』『刹帝利』『刹那』『塵刹(ジンセツ)』『羅刹(ラセツ)』

下接 巨刹(キョサツ)・古刹(コサツ)・禅刹(ゼンサツ)・大刹(タイセツ／タイサツ)・仏刹(ブッサツ)・宝刹(ホウサツ)・梵刹(ボンセツ／ボンサツ)・名刹(メイサツ)

【刹鬼(セッキ／ゼッキ)】①仏語。万物をほろぼし去る無常をたとえていう語。さっき。②人を殺し、物をほろぼす恐ろしいもの。

【刹帝利(セッテイリ)】（梵 kṣatriya の音訳）古代インドにおける四姓の一。最高の婆羅門族の次に位するもので、王族および士族の階級。クシャトリヤ。

【刹那(セツナ)】（梵 kṣaṇa の音訳）きわめて短い時間。瞬間。『刹那的』『刹那主義』▼もと、時間の最小単位。七五分の一秒にあたるという。

640 【到】 3794 457E 939E 刀－6 常 トウ(タウ)㊉㊇／dào／いたる・いたす

筆順 至 至 至 至 到 到

字解 形声。至(いたりつく)＋刀(→召、よびよせる)㊥。やってきていたる意。

同属字 倒

意味 ❶いたる。いたりつく。とどく。『到達』『到着』『到来』『殺到(サットウ)』『想到(ソウトウ)』『未到(ミトウ)』＊張継－楓橋夜泊「夜半鐘声到二客船一(ヤハンのショウセイカクセンにいたる)」〔＝真夜中を告げる鐘の音が、この旅の船にまで響いてくる〕❷極限までゆきつく。ゆきとどく。『到底』『到頭』『周到(シュウトウ)』『精到(セイトウ)』『味到(ミトウ)』

❶ いたる。いたりつく。とどく。

【到達(トウタツ)】目標、結論、心境などに行き着くこと。

【到着・到著(トウチャク)】ある場所に行き着くこと。

【到来(トウライ)】①時機がくること。『時節到来』②国よそからの贈り物が届くこと。『到来物』

❷ 極限までゆきつく。ゆきとどく。

【到底(トウテイ)】①つまり。結局。②国どうやってみても。所詮(ショセン)。『到底無理だ』

【到頭(トウトウ)】①つまるところ。②ついに。

641 【剄】 4977 516D 998D 刀－7 ケイ㊇／jǐng

字解 形声。刀＋巠(→頸、くび)㊥。くびきる意。

意味 くびをはねる。『自剄(ジケイ)』

642 【剋】 4978 516E 998E 刀－7 (1821)【尅】 5381 5571 9B91 寸－7 コク㊉㊇／kè／かつ・とき

字解 形声。刀＋克(たえる)㊥。たえる意。また刻に通じ、きざむ意をも表す。

意味 ❶ころす。かつ。あらそう。『下剋上(ゲコクジョウ)』『相剋(ソウコク)』❷きざむ。きめる。きびしくする。『剋意』『司剋(シコク)』❸時のきざみ。「刻」に同じ。『時剋(ジコク)』『漏剋(ロウコク)』

【剋意(コクイ)】心をくだくこと。苦心すること。刻意。

643 【剉】 ＊1931 刀－7 サ㊇・ザ㊈／cuò

字解 形声。刀＋坐(膝をおってすわる)㊥。くじく・短くきる意。

644 【削】 2679 3A6F 8DED 刀－7 常 (645)【削】 刀－7 旧字 サク㊉・シャク㊇・ショウ(セウ)㊇／xiāo・xuē／けずる・そぐ

筆順 肖 肖 肖 肖 削 削

字解 形声。刀＋肖(小さくする)㊥。刀で小さくけずる意。

意味 けずる。けずりとる。また、除く。消す。

下接 改削(カイサク)・開削(カイサク)・刊削(カンサク)・刓削(ガンサク)・掘削(クッサク)・源削(ゲンサク)・刻削(コクサク)・删削(サンサク)・切削(セッサク)・添削(テンサク)・筆削(ヒッサク)

【削減(サクゲン)】けずってへらすこと。『経費削減』

【削除(サクジョ)】文章などの一部を、けずってのぞくこと。

【削成(サクセイ)】①けずって作ること。②けずり取ったように鋭い峰をなすこと、また、そのようなところ。

【削迹(サクセキ)】行方をくらますこと。〔荘子－漁父〕

【削籍(サクセキ)】（籍をけずり去ることから）①官職をやめさせること。②芸妓を身受けすること。

【削髪(サクハツ)】髪を剃ること。また、出家すること。剃髪。

646 【則】 3407 4227 91A5 刀－7 常5 ソク㊉㊇／zé／のり・のっとる・すなわち・ときんば

筆順 目 貝 貝 貝 則 則

字解 会意。刀＋貝(＝鼎、大切なかなえ)。刀で鼎に法則を刻んで標準とするさまから、法則・のりの意。借りて助字に用いる。

金文

篆文

同属字 廁・側・測・惻

参考 万葉仮名では音を借りて「そ㊡」。

意味 ❶きまり。のり。『規則』『原則』『法則』→下接。❷のっとる。規範としてしたがう。手本とする。『則天去私』❸すなわち。接続を示す。㋑…すると。…するとそのときは。『則闕之官』＊論語－学而「君子不レ重、則不レ威(クンシおもからざれば、すなわちイあらず)」〔＝君子は重々しいところがないと、威厳が備わらない〕㋺…については。…の場合には。＊論語－学而「弟子入則孝、出則弟(テイシいりてはすなわちコウ、いでてはすなわちテイ)」〔＝年少者よ、家庭では親に孝を尽くし、社会に出ては目上の人に従順でなければならない〕㋩すぐに。そこで。「即」に同じ。＊史記－項羽本紀「荘則入為レ寿(ソウすなわちいりてジュをなす)」〔＝項荘はそこで中に入って、健康を祝して杯を献じた〕❹固有名詞。『則天武后』

下接 会則(カイソク)・学則(ガクソク)・規則(キソク)・教則(キョウソク)・原則(ゲンソク)・校則(コウソク)・細則(サイソク)・四則(シソク)・準則(ジュンソク)・正則(セイソク)・総則(ソウソク)・通則(ツウソク)・定則(テイソク)・鉄則(テッソク)・典則(テンソク)・党則(トウソク)・内則(ナイソク)・罰則(バッソク)・反則(ハンソク)・犯則(ハンソク)・付則(フソク)・変則(ヘンソク)・法則(ホウソク)・補則(ホソク)・本則(ホンソク)

【則闕之官(ソクケツのカン／ソッケツのカン)】国適当な人材がなければ空けておく官。太政大臣についていう。

【則天去私(ソクテンキョシ)】天にのっとり私心をさること。夏目漱石が晩年に到達した文学観と言われる。▼

【則天武后(ソクテンブコウ)】中国、唐の高宗の皇后。中国史上唯一の女帝。高宗の死後、実子中宗・叡(エイ)宗を次々に帝位につけたが、六九〇年、国号を周と改め、みずから聖神皇帝と称した。悪辣非道な策略をとった反面、学芸を庇護し、

文化を興隆させた。七〇五年、中宗が復位し、国号は再び唐となった。(?～七〇五)

647【剃】3670 4466 92E4 刀－7 タイ[呉]・テイ[漢]/tì/そる
[字解] 形声。刀＋弟[声]。
[意味] そる。そりおとす。『剪剃(センテイ)』
【剃度(テイド)】髪をそって僧・尼となること。
【剃刀(テイトウ|かみそり)】ひげなどをそるのに使う小型の刃物。
【剃髪(テイハツ)】髪をそって仏門に入ること。出家。

648【剌】4979 516F 998F 刀－7 ラチ[呉]・ラツ[漢]/là
[字解] 会意。刀＋朿(たばねる)。既にたばねたものを刀で解くさまから、もとる意。
[同属字] 喇・溂
[意味] ❶もとる。そむく。また、よこしま。❷元気よく飛びはねるさま。『潑剌(ハツラツ)』

649【剡】*1939 刀－8 エン[漢]・セン[漢]/yǎn・shàn
[字解] 形声。刀＋炎[声]。
[意味] ❶けずる。切る。❷するどい。❸かがやかしいさま。『剡剡』
【剡剡(エンエン)】[1]光りかがやくさま。〔屈原－離騒〕[2]すっと立ち上がるさま。〔礼記－玉藻〕

650【剞】4980 5170 9990 刀－8 キ[漢]/jī
[字解] 形声。刀＋奇(まがる)[声]。曲がった小刀の意。
[意味] きざむ。ほる。彫刻する。
【剞劂(キケツ)】(「劂」は曲がった鑿(のみ)の意)[1]彫刻用の刀。[2]彫刻すること。板木を彫ること。転じて、印刷。

651【荆】―― 刀－8 ケイ「荊」(6628)の異体字

652【剣】2385 3775 8C95 刀－8 [常]
(677)【劍】4988 5178 9998 刀－13 旧字[人]
(608)【劒】4990 517A 999A 刀－14
(609)【劔】4989 5179 9999 刀－14
(606)【剱】4991 517B 999B 刀－9
(8359)【釼】7863 6E5F E7DD 金－3

ケン[呉][漢]/jiàn/つるぎ
[筆順] 剣 剣 剣 剣 剣 剣
[字解] 剣は劍の略体。劍は形声。刀＋僉(あいそろう)[声]。両刃の刀、つるぎの意。
[意味] ❶つるぎ。両刃の刀。また、剣術。『剣客』『剣士』『剣道』『真剣』『短剣』❷つるぎのように先のとがったもの。また、そのような危険な、鋭いさま。『剣山』『剣尺』❸あて字、固有名詞など。『剣閣』

❶つるぎ。両刃の刀。また、剣術。
[下接] 懐剣(カイケン)・撃剣(ゲキケン)・銃剣(ジュウケン)・神剣(シンケン)・真剣(シンケン)・帯剣(タイケン)・短剣(タンケン)・着剣(チャッケン)・長剣(チョウケン)・刀剣(トウケン)・佩剣(ハイケン)・抜剣(バッケン)・宝剣(ホウケン)・木剣(ボッケン)・名剣(メイケン)・利剣(リケン)・活人剣(カツジンケン)・降魔剣(ゴウマケン)・手裏剣(シュリケン)

【剣花(ケンカ)】剣と剣が打ち合ったときに出る火花。

【剣客(ケンカク|ケンキャク)】剣の達人。剣術で天下をめぐる人。

【剣戟(ケンゲキ)】刀剣などの武器。また、それによる戦い。

【剣豪(ケンゴウ)】剣術の達人。『剣豪小説』

【剣士(ケンシ)】剣を使うことに巧みな人。

【剣璽(ケンジ)】[1]天子の象徴としての剣と印章。天子の宝。転じて、帝位。皇位。[2][国]三種の神器のうち草薙剣(くさなぎのつるぎ)と八坂瓊曲玉(やさかにのまがたま)。また、三種の神器の総称。

【剣術(ケンジュツ)】[国]刀剣などを使って戦う武術。剣法。

【剣道(ケンドウ)】[国]剣術。また特に、運動競技の一。防具、竹刀(しない)を用いてする格技。

【剣難(ケンナン)】刃物で殺傷される災難。『剣難の相』

【剣舞(ケンブ)】[国]剣を持ち、詩吟に合わせて舞う舞。

【剣鋩(ケンボウ)】つるぎのきっさき。

〖売レ剣買レ牛(ケンをうりうしをかう)〗武芸にたずさわることをやめて農業につとめる。〔漢書－循吏伝・龔遂〕

❷つるぎのように先のとがったもの。
【剣山(ケンザン)】[国]生け花で、花や枝の根もとを安定させるため針を植え立てた道具。

【剣尺(ケンジャク)】[国]曲尺(かねジャク)の一尺二寸(約三六センチメートル)を八等分した物差し。刀剣、仏像などをはかる。

❸あて字、固有名詞など。
【剣閣(ケンカク)】中国四川省剣閣県の北にある山の名。長安方面から蜀にはいる通路にあたり、要害として有名。

【剣南(ケンナン)】四川省剣門山の南の地域。

【剣呑(ケンノン)】[国](険難(ケンナン)のあて字という)危険なさま。危なっかしいさま。

【剣門(ケンモン)】四川省北部の山。要害の地とされた。

653【剛】2568 3964 8D84 刀－8 [常]
コウ(カウ)[呉][漢]・ゴウ(ガウ)[慣]/gāng/つよい・かたい・つよし・たけし
[筆順] 冂 冂 冈 岡 剛 剛
[字解] 形声。刀＋岡(→強、つよい)[声]。つよい刀の意から、たちきる・つよいの意。
甲骨文 金文 篆文

[意味] ❶つよい。かたい。かたくて強いこと。⇔柔。『内剛外柔』『剛毅』『剛健』『金剛』＊老子－七八「弱之勝レ強、柔之勝レ剛(ジャクのキョウにかち、ジュウのゴウにかつ)」〔＝すべて柔弱なものは剛強なものに勝つ〕⇓[表]❷陽の日。奇数の日。『剛日(ゴウジツ)』❸あたかも。まさに。いましがた。

❶つよい。かたい。
[下接] 金剛(コンゴウ)・騂剛(セイゴウ)・大剛(タイゴウ)・至大至剛(シダイシゴウ)・内剛外柔(ナイゴウガイジュウ)・内柔外剛(ナイジュウガイゴウ)

剛(ゴウ)	柔(ジュウ)
剛柔	
つよくしっかりしている。 剛直 剛毅 剛健 剛情 内剛 金剛	やさしくよわよわしい。 柔軟 柔弱 柔和 柔順 外柔 優柔

【剛気(ゴウキ)】強い気性。豪気。
【剛毅(ゴウキ)】意志が強固で不屈なこと。〖剛毅木訥近レ仁(ゴウキボクトツジンにちかし)〗剛毅で飾り気のないのは、道徳の理想である仁の徳に近い。〔論語－子路〕
【剛強(ゴウキョウ)】力が強く勇猛なこと。
【剛健(ゴウケン)】心身が強くたくましいこと。『質実剛健』
【剛柔(ゴウジュウ)】かたいこととやわらかいこと。陽と陰。
【剛胆(ゴウタン)】[国]きもったまが太く強いこと。豪胆。

2画 二亠人(𠆢・亻)儿入八(丷)冂冖冫(⺀)几凵刀(刂)力勹匕匚匸十卜卩(㔾)厂厶又

【剛腸(ゴウチョウ)】精神が強くたくましいこと。
【剛直(ゴウチョク)】意志が強く信念を曲げないこと。
【剛愎(ゴウフク)】頑固で人に従わないこと。
【剛邁(ゴウマイ)】性格が強く人にすぐれていること。
【剛猛(ゴウモウ)】強くたけだけしいこと。
【剛力(ゴウリキ)】国非常に強い力。また、力持ち。強力。
【剛戻(ゴウレイ)】強情で心がねじけていること。【剛戻自用(ゴウレイジヨウ)】強情で人の言うことにさからい、自分の意見を通す。〔史記-秦始皇本紀〕

654 【剤】 2662 3A5E 8DDC 刀－8 常 (681)〔劑〕 4993 517D 999D 刀－14 旧字

ザイ呉・セイ漢・スイ漢/jì・zuī

筆順 文 产 斉 斉 剤 剤

字解 剤は劑の略体。劑は形声。刀＋齊(そろう)声。きりそろえる意。

参考 万葉仮名では音を借りて「せ」。

意味 そろえる。ととのえる。薬を調合すること。調合した薬品。

下接 液剤(エキザイ)・滑剤(カツザイ)・下剤(ゲザイ)・合剤(ゴウザイ)・散剤(サンザイ)・瀉剤(シャザイ)・錠剤(ジョウザイ)・浸剤(シンザイ)・製剤(セイザイ)・洗剤(センザイ)・煎剤(センザイ)・調剤(チョウザイ)・泥剤(デイザイ)・鉄剤(テツザイ)・吐剤(トザイ)・乳剤(ニュウザイ)・配剤(ハイザイ)・粉剤(フンザイ)・方剤(ホウザイ)・薬剤(ヤクザイ)・油剤(ユザイ)・溶剤(ヨウザイ)・覚醒剤(カクセイザイ)・強心剤(キョウシンザイ)・清涼剤(セイリョウザイ)

655 【剗】 ＊1933 刀－8

セン呉・サン漢/chǎn・chàn/けずる

字解 形声。刀＋戔(小さく薄い)声。けずりたいらにする意。

656 【剔】 4981 5171 9991 刀－8

テキ漢・テイ漢/tī・tì/えぐる

字解 形声。刀＋易(平ら)声。刀で平らにきる意。

意味 えぐる。えぐり取る。取り除く。『刳剔(コテキ)』

【剔出(テキシュツ)】えぐり出すこと。『臓器剔出手術』

【剔抉(テッケツ)】①えぐってほじくり出すこと。②悪事や欠陥、矛盾などをあばき出すこと。

657 【剟】 ＊1937 刀－8

テツ漢・タツ漢/duō

字解 形声。刀＋叕声。けずる・はぐ・刺す意。

658 【剝】 二二 刀－8 (659)〔剥〕 3977 476D 948D 刀－8 †

ハク漢・ホク漢/bāo・bō・pū/はぐ・はがす・はがれる・はげる・むく・むける

字解 形声。刀＋彔(ぽたぽたおちる)声。刀でさく・刀できざむ意。また、刻に通じ、きざむ意ともいう。

意味 ❶表面、表皮をはぎとる。はぐ。はがす。はげる。はがれる。むく。むける。『剝製』『剝奪』『剝離』『刻剝』『剽剝』 ❷打つ。たたく。『剝啄』 ❸易の六十四卦の一。☶☷ 小人が盛んで君子がなやむ像。『蹇剝(ケンパク)』

❶ はぐ。はがれる。むく。むける。

下接 刻剝(コクハク)・削剝(サクハク)・剽剝(ヒョウハク)・落剝(ラクハク)

【剝製(ハクセイ)】動物の皮をはぎ、綿などを詰め原形を保つように縫い合わせた標本。

【剝脱(ハクダツ)】はぎ落とすこと。また、はげ落ちること。

【剝奪(ハクダツ)】はぎ取り、奪うこと。官位や称号などの特権を制裁として取り消すこと。『タイトル剝奪』

【剝片(ハクヘン)】はげ落ちた切れ端。『剝片石器』

【剝落(ハクラク)】はがれ落ちること。はぎ落とすこと。

【剝離(ハクリ)】はがれて離れること。はいで離すこと。

❷ 打つ。たたく。

【剝啄(ハクタク)】訪問者の、足音や戸をたたく音。碁を打つ音。こつこつという音。

660 【剕】 ＊1932 刀－8

ヒ漢/fèi

字解 形声。刀＋非声。あしきりの意。足を切る刑罰。

661 【剖】 4322 4B36 9655 刀－8 常

ホウ漢・ボウ慣/pōu/わける・さく

筆順 立 产 音 音 剖 剖

字解 形声。刀＋咅(＝否→北、はなれる)声。刀で切りはなす、わける意。

意味 ❶わける。わかれる。わる。さく。『剖検』『解剖(カイボウ)』 ❷あきらかにする。判断する。『剖決』

❶ わける。わかれる。わる。さく。

【剖検(ボウケン)】解剖して調べること。

【剖心(ボウシン)】①胸をたち割ること。②真心をしめすこと。

【剖判(ボウハン)】①天地などの分かれ開けること。開闢(カイビャク)。②はっきりと区別がつくこと。

【剖符(ボウフ)】任命や約束の証拠として、割り符の一つを朝廷や役所に置き、一つをその人に与えること。

❷ あきらかにする。判断する。

【剖決(ボウケツ)】良い悪いを判断すること。剖断(ボウダン)。

662 【剰】 3074 3E6A 8FE8 刀－9 常 (667)〔剩〕 4984 5174 9994 刀－10 旧字 人

ジョウ呉・ショウ漢/shèng/あまり・あまつさえ

筆順 乗 乗 乗 乗 剰 剰

字解 剰は剩の通俗体。剩は形声。刀＋乘(上に登る)声。切ったのこりの意。

意味 ❶あまり。あまる。残る。また、多すぎる。むだな。『剰水残山』『剰員』『剰語』『剰余』『過剰(カジョウ)』『余剰(ヨジョウ)』 ❷あまつさえ。その上。おまけに。

【剰員(ジョウイン)】むだな人員。余分な人員。

【剰語(ジョウゴ)】むだな言葉。『剰語を省く』

【剰水残山(ジョウスイザンザン)】戦乱のあとに残った荒れはてた山河。〔杜甫-陪鄭広文遊何将軍山林〕

【剰余(ジョウヨ)】残り。あまり。余剰。『剰余価値』

663 【副】 4191 497B 959B 刀－9 常4

フク呉漢・フ漢/fù/そう・そえる・すけ

筆順 畐 畐 畐 畐 副 副

字解 形声。刀＋畐(→北、はなれる)声。刀で切り裂く意。また二分された半分ずつが並ぶところから、そう・そえものの意。

意味 ❶そう。そえる。つきそう。たすける。また、二次的な。付随する。『副収入』『副知事』『正副(セイフク)』＊史記-刺客伝「令秦舞陽為副(シンブヨウをしてフクとなさしむ)」〔＝秦舞陽を介添え役とした〕 ❷国すけ。日本の令制で、四等官で神祇官の第二位。

【副因（フクイン）】第二次的な原因。↕主因
【副業（フクギョウ）】本業のかたわらにする仕事。↕本業・主業
【副作用（フクサヨウ）】薬物の本来の作用に付随して現れる有害な作用。
【副産物（フクサンブツ）】[1]ある製品を作る過程で得られる他の産物。[2]一つの事に伴って現れる他の物事。
【副使（フクシ）】正使の補佐役。↕正使
【副詞（フクシ）】品詞の一。主として用言を修飾する語。
【副弐（フクジ）】主たるものにそい、たすけること。
【副車（フクシャ）】随行者のために用意される車。そえぐるま。
【副食（フクショク）】主食にそえて食べるもの。おかず。さい。副食物。↕主食
【副葬（フクソウ）】故人の愛用した品などを遺骸（ガイ）に添えて、埋葬すること。
【副本（フクホン）】原本の控え。正本と同一内容のものとして作成される文書。
【副急涙（フッキュウのなみだ）】まにあわせの涙。そら涙。〔宋書-劉懐慎伝〕

664【剴】4983 5173 9993 刀-10 カイ[漢]・ガイ[慣]\kǎi
[字解] 形声。刀+豈[声]。
[意味] あたる。ぴったりあてはまる。
【剴切（ガイセツ）】よくあてはまること。剴到（ガイトウ）。剴備（ガイビ）。

665【割】1968 3364 8A84 刀-10 [常]6 (666)〔割〕⼆⼀ 刀-10 旧字
カツ[呉][漢]\gē\わる・わり・われる・さく
[筆順] 害 害 害 害 害 割
[字解] 形声。刀+害（たちきる）[声]。本来害はたち切る意であるが、のち刀を加えてその字義を明確にした。
[意味] ❶わる。一つのものをわける。わかつ。さく。われる。『割愛』『割譲』『割腹』『分割』 *論語-陽貨「割レ鶏焉用ニ牛刀一（にわとりをさくにいずくんぞギュウトウをもちいん）」〔=ニワトリの料理をするのに、どうして牛刀を用いる必要があろうか〕」 ❷[国]わり。㋑わりあい。比率。『割引（わりびき）』『正割（セイカツ）』『学割（ガクわり）』 ㋺特に、一〇分の一のわりあい。『三割三分三厘』

❶ わる。わける。わかつ。さく。われる。

[下接] 緯割（イカツ）・交割（コウカツ）・断割（ダンカツ）・等割（トウカツ）・分割（ブンカツ）

【割愛（カツアイ）】惜しみながら捨てたり省いたりすること。
【割拠（カッキョ）】ある地域を根城にして勢力を張ること。『群雄割拠』❤分割して占拠するの意。
【割譲（カツジョウ）】土地などの所有物の一部を割いて他に分け譲ること。
【割断（カツダン）】[1]物を切り離すこと。断ち切ること。[2]きっぱりと裁断を下すこと。
【割賦（カップ）（わっプ）】代金などの支払いを、何回かに分けて行うこと。分割払い。『割賦販売』
【割腹（カップク）】腹を切ること。切腹。『割腹自殺』
【割烹（カッポウ）】[1]肉を切ったり煮たりすること。食物を料理すること。『割烹着』[2][国]和風料理の店。『大衆割烹』

❷ （日本語で）わり。わりあい。

【割合（わりあい）】比率。歩合。わり。
【割引（わりびき）】一定の価格から幾らかの金額を差し引くこと。値引き。↕割増し

667【剰】4984 5174 9994 刀-10
ジョウ「剰」(662)の旧字

668【創】3347 414F 916E 刀-10 [常]6 (2649)〔戧〕* 3114 戈-10
ソウ（サウ）[呉][漢]\chuāng・chuàng\きず・はじめる
[筆順] 創 創 創 創 創 創
[字解] 形声。刀+倉[声]。刀できずをつける、きずの意。もと刅で、刀きずをおったさまに象る象形字であった。もと、刱とも。

金文

篆文

[意味] ❶きず。武器によるきず。また、きずつける。『満身創痍（マンシンソウイ）』『創痕』『創傷』『銃創（ジュウソウ）』 *史記-項羽本紀「項王身亦被ニ十余創一（コウオウのみもまたジュウヨソウをこうむる）」〔=項王自身もやはり十数か所の傷を負った〕」 ❷はじめ。はじめる。はじめて作る。『創業』『創作』『創造』『創立』『草創（ソウソウ）』『独創（ドクソウ）』

❶ きず。きずつける。

[下接] 咬創（コウソウ）・挫創（ザソウ）・銃創（ジュウソウ）・瘢創（ハンソウ）

【創痍（ソウイ）】体に受けた切りきず。創傷。また、手ひどく受けた損害。『満身創痍』
【創痕（ソウコン）】きずあと。創瘢（ソウハン）。
【創傷（ソウショウ）】体に受けたきず。外傷。

❷ はじめ。はじめる。

【創案（ソウアン）】最初に考え出すこと。また、その考えや工夫。『画期的な創案』
【創意（ソウイ）】自発的な新しい思いつき、工夫。
【創刊（ソウカン）】新聞、雑誌などを新しく発行すること。
【創業（ソウギョウ）】事業を新しく始めること。【創業守成（ソウギョウシュセイ）】国を建てる基礎をつくることと、すでにでき上がった国をかたく守って失わないこと。→創業易、守成難（ソウギョウはやすくシュセイはかたし）
【創業守文（ソウギョウシュブン）】国を建てる基礎をつくることと、すでにでき上がった国家や事業を維持すること。「文」は、文物制度の意。〔唐書-房玄齢伝〕
【創業易、守成難（ソウギョウはやすくシュセイはかたし）】新しく事業を起こすことはたやすいが、その事業を衰微させないように維持することはむずかしい。〔十八史略-唐〕❤中国、唐の太宗が側近に、創業と守成とどちらがむずかしいかと問い、それに対して魏徴が答えた言葉から。
【創見（ソウケン）】今までにない意見。
【創建（ソウケン）】神社や寺院などを初めて建てること。
【創作（ソウサク）】[1]最初につくりだすこと。[2]芸術作品を生み出すこと。『創作意欲』[3]つくりごと。うそ。
【創始（ソウシ）】最初に始めること。また、物事の始まり。『創始者』
【創世（ソウセイ）】世界を初めてつくること。また、世界のできたはじめ。『創世記』
【創製・創制（ソウセイ）】物を最初につくり出すこと。
【創設（ソウセツ）】初めて設立すること。
【創草（ソウソウ）】物事のはじめ。草創。
【創造（ソウゾウ）】[1]新しいものをつくり出すこと。↕模倣。[2]神が宇宙、万物をつくること。『天地創造』
【創立（ソウリツ）】会社、学校などを、初めてつくり上げること。『創立記念日』

669【劄】4985 5175 9995 刀-10 (675)〔劄〕⼆⼀ 刀-12
トウ（タフ）[漢]・サツ[慣]\zhā

字解 形声。刀＋荅(声)。劄の通俗体として用いられる。劄は形声。竹＋剳(声)。竹をさしこむ意。また、申しぶみの意。

670 【剿】 4986 5176 9996 刀-11 (607)【勦】二一 刀-11 (678)【劋】二一 刀-13 ショウ(セウ)漢・ソウ(サウ)漢 \jiǎo

字解 形声。刀＋巢(声)。断つ・切る・ころす・ほろぼす意。

671 【剽】 4987 5177 9997 刀-11 ヒョウ(ヘウ)漢 \piào

字解 形声。刀＋票(＝䙴、軽く素早くまいあがる)(声)。すばやくつきさす、おびやかす意。

意味 ❶おびやかす。おどしてうばう。ゆすりとる。「剽劫」「剽盗」「剽掠」 ❷はぐ。さっとかすめとる。「剽窃」「剽剝」 ❸はやい。すばやい。「剽悍」「剽軽」 ❹あらい。激しい。強い。

【剽悍】ヒョウカン すばやくて、荒々しく強いこと。

【剽劫】ヒョウキョウ おびやかすこと。おどすこと。

【剽軽】ヒョウケイ・ヒョウキン ㊀(ヒョウケイ) 1身軽ですばやいこと。2軽率なこと。㊁(ヒョウキン) 国軽々しく滑稽コッケイなこと。

【剽窃】ヒョウセツ 他人の詩歌、文章、論説などを盗みとって、自分のものとして発表すること。盗作。

【剽盗】ヒョウトウ おびやかして奪い取ること。おいはぎ。

【剽剝】ヒョウハク 1はぎとること。2はげ落ちること。3非難すること。

【剽掠・剽略】ヒョウリャク おびやかしてかすめとること。

672 【剹】* 1944 刀-11 リク 「戮」(2652)の異体字

673 【劃】 1936 3344 8A63 刀-12 カク(クヮク)呉漢 \huà・huā

字解 形声。刀＋畫(くぎる)(声)。刀で区切る意。

参考 現在では「画」に書き換える。熟語は「画」(582)を見よ。

674 【劂】* 1946 刀-12 ケツ漢 \jué

意味 区切る。わける。はっきりと分ける。

675 【劄】 二一 刀-12 トウ 「剳」(669)の異体字

字解 形声。刀＋厥(声)。

意味 ほる。または、彫刻用の小刀。「剞劂キケツ」

676 【劇】 2364 3760 8C80 刀-13 常6 ギャク呉・ケキ漢・ゲキ慣 \jù\はげしい

筆順 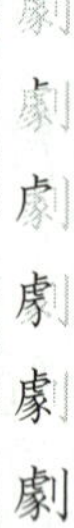

字解 形声。刀＋豦(はげしい)(声)。はげしい意。もと豦だけではげしい意を表したが、のち刀を加えてその字義を明確にした。伎・戯に通じて演劇の意に用いる。

意味 ❶はげしい。はなはだしい。「激」に同じ。「劇震」「劇戦」「劇痛」 ❷しばい。「劇場」「劇団」「演劇」

❶はげしい。はなはだしい。

下接 急劇キュウゲキ・暑劇ショゲキ・繁劇ハンゲキ・紛劇フンゲキ・要劇ヨウゲキ

【劇易】ゲキイ 1はげしいことと、おだやかなこと。2難しいことと易しいこと。

【劇雨】ゲキウ はげしい雨。

【劇賊】ゲキゾク はげしくあらあらしい盗賊。

【劇談】ゲキダン はげしい談判。

【劇毒】ゲキドク はげしい毒。猛毒。

【劇薬】ゲキヤク 適量を過ごすと死を招くほどの強い薬物。毒薬に次ぐはげしい作用を持つ医薬品。

❷しばい。

下接 演劇エンゲキ・楽劇ガクゲキ・歌劇カゲキ・活劇カツゲキ・観劇カンゲキ・喜劇キゲキ・旧劇キュウゲキ・京劇キョウゲキ・剣劇ケンゲキ・雑劇ザツゲキ・惨劇サンゲキ・史劇シゲキ・詩劇シゲキ・笑劇ショウゲキ・新劇シンゲキ・寸劇スンゲキ・悲劇ヒゲキ・黙劇モクゲキ・時代劇ジダイゲキ・西部劇セイブゲキ・悲喜劇ヒキゲキ

【劇画】ゲキガ 国物語を写実的な絵で構成した漫画の一種。

【劇作】ゲキサク 国演劇の脚本を作ること。「劇作家」

【劇場】ゲキジョウ 演劇上演などのための場所。

【劇団】ゲキダン 劇の上演を目的として組織した団体。

【劇壇】ゲキダン 演劇に関係ある人々の社会。劇界。

【劇的】ゲキテキ 国演劇を見るような感動を受けるさま。

677 【劍】 4988 5178 9998 刀-13 ケン 「剣」(652)の旧字

678 【劋】 二一 刀-13 ソウ 「剿」(670)の異体字

679 【劉】 4613 4E2D 97AB 刀-13 ル呉・リュウ(リウ)漢 \liú

字解 形声。釗(きる)＋卯(二つにさく)(声)。ころす意。

意味 ❶ころす。「虔劉ケンリュウ」 ❷つらねる。ならべる。 ❸「劉喨リュウリョウ」は、声や音が澄んでいるさま。 ❹人名など。「劉覧」「劉備」「劉邦」

❷つらねる。ならべる。

【劉覧】リュウラン 1目を通すこと。2他人を敬って、その人が閲覧することをいう語。

❹人名など。

【劉安】リュウアン 中国、漢の高祖の孫。淮南ワイナン王に封ぜられた。「淮南子エナンジ」二一巻を編纂。(前一七九～前一二二)

【劉禹錫】リュウウシャク 中国唐代の詩人。字あざなは夢得ボウトク。柳宗元や白居易と親しく、応酬した詩も数多い。詩文集に「劉賓客集」がある。(七七二～八四二)

【劉希夷】リュウキイ 中国、初唐の詩人。字あざなは廷芝テイシ。琵琶に巧みで、歌行に長じていた。(六五一～六七八?)

【劉向】リュウキョウ(リュウコウ・リュウショウ) 中国、前漢の学者。字あざなは子政。宮中の図書を校訂、その解題書「別録」を編んだ。著「説苑」「新序」「列女伝」など。(前七七～前六)

【劉勰】リュウキョウ 中国、南朝・梁の学者。字あざなは彦和。文章の体裁・巧拙を論じた「文心雕竜チョウリョウ」を著した。(四六六?～五二〇?)

【劉歆】リュウキン 中国、前漢の学者。字あざなは子駿。また穎叔エイシュク。劉向の子。哀帝の命で父とともに「七略」を作り、経籍目録の学を起こした。生没年未詳。

【劉宋】リュウソウ 中国、南朝の宋。劉氏八代の王朝で、後の北宋・南宋の宋と区別していう。

【劉知幾】リュウチキ 中国、唐の歴史家。字あざなは子玄。史書・史学に関する評論の書「史通」を著した。(六六一～七二一)

【劉備】リュウビ 中国、三国時代、蜀漢の初代皇帝(在位二二一～二二三年)。字あざなは玄徳。諡おくりなは昭烈帝。諸葛亮ショカツリョウの力を得て、呉の孫権とともに、曹操の大軍を赤壁で破った。(一六一～二二三)

【劉邦】 中国、前漢の初代皇帝、高祖(在位前二〇六～前一九五年)。沛の出身。秦末に挙兵して項羽とともに秦を滅ぼし、のち項羽を打倒して天下を統一。即位して国を漢と号し、長安を都とした。(前二四七または前二五六～前一九五)

【劉裕】 中国、南朝の宋の初代皇帝、武帝(在位四二〇～四二二年)。もと東晋に仕え、恭帝から禅譲を受け、国を宋と号した。(三五六～四二二)

【劉伶】 中国、西晋の思想家。字は伯倫。竹林の七賢の一人。老荘的な自由の生活を送り、酒を好んで「酒徳頌」を作った。生没年未詳。

680 【劓】 *1950 刀-14 ギ[漢]/yì

[字解] 形声。刀＋鼻(はな)[声]。はなきりの意。

甲骨文 金文 篆文 重文

[意味] はなきり。はなそぎ。

【劓刑】 中国古代の五刑の一。鼻をそぎ取る刑。はなきり。劓辟。

681 【劑】 4993 517D 999D 刀-14

ザイ 「剤」(654)の旧字

19 力部 ちから

甲骨文 篆文

力は、もと農具のすき、または筋肉のもりあがった腕の象形と説かれ、力部には、力を目印として、ちから、ちからを用いること、はたらき等に関する意味の字を収める。力は部標としては、字の下部または右部におかれるものが多い。往々類形から誤って刀と混用されることがある。

力[0] 力 劦
力[2] ④劣 ⑤努 労 ⑥券 ⑦勇 勇 ⑨
勗 ⑩募 勞 ⑪勢 募
力[3] ③加 ⑬勰

力[1] ③功 ⑤劬 劫 助 劭 励 ⑥劾 効
劼 効 ⑦勁 勅 勉 勃 ⑧勍 勉 勑 ⑨
勘 動 勖 務 勒 ⑩勤 勛 勝 勝 ⑪勧
勤 勣 勦 勠 ⑭勳 ⑮勵 ⑱勸

二亠人(𠆢・亻)儿入八(丷)冂冖冫(氵)几凵刀(刂)力勹匕匚匸十卜卩(㔾)厂厶又 2画

682 【力】 4647 4E4F 97CD 力-0 [常]1

リキ[呉]・リョク[漢]/lì/ちから・つとむ・つとめる

[筆順] 力 力

[字解] 部首解説を参照。

[意味] ❶ちから。㋑他に作用する筋肉などの働き。『握力』『怪力』『脚力』 ㋺物事に作用する働き。『力学』『圧力』『動力』『風力』 ㋩能力、技量。または、それらによって得られる勢い。『力量』『権力』『財力』『実力』 ❷ちからを入れる。はげむ。つとめる。『力作』『力説』『極力』『努力』 ❸その他。あて字など。『苦力』『車力』

❶ちから。

[下接] 握力・圧力・威力・偉力・意力・引力・恩力・怪力・外力・角力・学力・活力・火力・眼力・脚力・行力・協力・強力・気力・筋力・偶力・功力・権力・合力・工力・抗力・国力・五力・才力・財力・実力・衆力・重力・出力・主力・呪力・省力・助力・自力・死力・視力・資力・磁力・心力・神力・人力・尽力・水力・勢力・精力・戦力・全力・総力・速力・大力・体力・脱力・他力・打力・胆力・弾力・張力・聴力・地力・知力・通力・電力・動力・独力・入力・念力・迫力・馬力・筆力・非力・微力・風力・仏力・浮力・富力・武力・兵力・法力・暴力・魔力・万力・魅力・民力・無力・有力・勇力・揚力・与力・余力・膂力・労力・腕力・神通力・千人力

【力役】 [1]力仕事。[2]国家から賦課される労役。

【力学】 物体間に作用する力と運動との関係を論ずる学問。『流体力学』『熱力学』→❷(力学)

【力感】 力強い感じ。『力感あふれる絵』

【力士】 [1]力の強い男『金剛力士』。[2][国]相撲取り。

【力征】 武力で征伐すること。力政。

【力政】 [1]武断政治を行うこと。[2]＝力征。[3]＝力役。

【力争】 [1]力ずくで争うこと。[2]はげしくいさめること。

【力量】 物事をなす力の程度。

〖力抜㆑山兮気蓋㆑世〗 力は山をも引き抜くほどであり、意気は世界をおおい尽くすほどである。気力の雄大なさま。中国、秦末、楚の項羽が垓下で漢軍に囲まれたときに作った歌の一句。「抜山蓋世」の成語はここから出た。〔史記-項羽本紀〕

❷ちからを入れる。はげむ。つとめる。

【力作】 力をこめて作った作品。

【力説】 強く主張すること。

【力田】 [1]農事に励むこと。[2][国]奈良・平安時代、農民が私力で耕地を開発すること。また、その耕地。

【力行】 一生懸命努力して行うこと。*史記-管晏伝「以㆓節倹力行㆒重㆓於斉㆒〔＝(晏子は)倹約で、実行に努力する人として、斉の国で重んじられた〕」

【力学】 一所懸命努力して学ぶこと。→❶(力学)

683 【劦】 *1959 力-4 キョウ(ケフ)[漢]/xié

甲骨文 篆文

[字解] 会意。力(ちから強いうで)を三つ合わせて、ちからを合わせて一つにする意。また、劦は劫に通じ、おびやかす、夾に通じ、わきにはさむ意を表す。

[同属字] 脅・勰・協・協・脇

力

684 【劣】 4684 4E74 97F2 力－4 [常] レチ[呉]・レツ[漢]/liè/おとる

[筆順] 劣劣劣劣劣劣

[字解] 会意。力＋少(すくない)。力が少ない、おとる意。

[意味] おとる。↕優。㋑力・品質などがおとる。よわい。また、わずか。やっと。『劣悪』『劣性』㋺品性がおとる。いやしい。おろか。『劣情』『愚劣』⇓[表]

[下接] 愚劣(グレツ)・下劣(ゲレツ)・蹇劣(ケンレツ)・拙劣(セツレツ)・浅劣(センレツ)・賤劣(センレツ)・低劣(テイレツ)・卑劣(ヒレツ)・優劣(ユウレツ)・庸劣(ヨウレツ)・陋劣(ロウレツ)

劣(レツ)	優(ユウ)
優劣	
他よりおとっている。	他よりまさっている。
劣勢	優勢
劣性	優性
劣等	優等
劣悪	優良
劣敗	優勝
劣弱	優越

【劣悪(レツアク)】 品質や性質などがひどく劣っているさま。↕優良。『劣悪な環境』

【劣化(レッカ)】 能力、品質などが低下すること。

【劣情(レツジョウ)】 卑しい情欲。

【劣性(レッセイ)】 遺伝で、次の代には現れず、潜在して子孫に現れる形質。↕優性。『劣性遺伝』

【劣勢(レッセイ)】 勢力が劣っていること。形勢が不利であること。↕優勢。『劣勢挽回(バンカイ)』

【劣等(レットウ)】 普通のものより劣っていること。↕優等。『劣等感』『劣等生』

【劣敗(レッパイ)】 劣っている者が負けること。『優勝劣敗』

685 【努】 3756 4558 9377 力－5 [常]4 ヌ[呉]・ド[漢]/nǔ/つとめる・つとむ・ゆめ

[筆順] 努努努努努努努

[字解] 形声。力＋奴(働かされる女のどれい)[声]。力をこめてつとめる意。

[参考] 万葉仮名では音を借りて「の[甲]」。

[意味] ❶つとめる。つとめはげむ。『努力』❷ゆめ。ゆめゆめ。つとめて。けっして。日本語では多く下に打消しの語を伴う。❸永字八法の一。⬇[図]六七三頁。

【努力(ドリョク)】 つとめ励むこと。精を出すこと。『努力家』＊文選-古詩十九首「努力加ㇾ餐飯(ドリョクしてサンパンをくわえよ)〔＝どうぞ、つとめて十分食事をとってお体をたいせつにしてください〕」

686 【労】 4711 4F2B 984A 力－5 [常]4 (692)〔勞〕 5009 5229 99A7 力－10 旧字

ロウ(ラウ)[呉][漢]/láo・lào/いたわる・ねぎらう・つかれる

[筆順] 労労労労労労労

[字解] 労は勞の略体。勞は会意。力＋熒(かがり火)省。かがり火が燃えつきるように、力がつきる、つかれる意。

[同属字] 撈・癆

[意味] ❶はたらく。骨をおる。しごと。また、「労働」の略。『労役』『労使』『勤労』『就労』＊史記-項羽本紀「労苦而功高如ㇾ此(ロウはなはだしくてコウたかきことかくのごとし)〔＝骨おることははなはだしく、功績が大きいのは、このとおりである〕」❷つかれる。つかれ。『労咳(ロウガイ)』『過労』『疲労』❸いたわる。ねぎらう。『労来』『慰労(イロウ)』❹あて字。『博労(バクロウ)』

❶ はたらく。しごと。また、「労働」の略。

[下接] 旧労(キュウロウ)・虚労(キョロウ)・漁労(ギョロウ)・勤労(キンロウ)・功労(コウロウ)・就労(シュウロウ)・酬労(シュウロウ)・辛労(シンロウ)・耐労(タイロウ)・徒労(トロウ)・不労(フロウ)

【労逸(ロウイツ)】 ほねおりと楽しみ。

【労役(ロウエキ)】 体を使って課せられた役務をすること。また、その仕事。

【労災(ロウサイ)】 [国]「労働災害」「労働者災害補償保険」の略。

【労作(ロウサク)】 [1]骨を折って働くこと。労働。[2]苦心の作。

【労使(ロウシ)】 [国]労働者と使用者。『労使関係』『労使間交渉』

【労資(ロウシ)】 [国]労働者と資本家。

【労組(ロウソ|ロウくみ)】 [国]「労働組合」の略。

【労賃(ロウチン)】 労働に対する報酬の賃金。労銀。

【労働(ロウドウ)】 [国][1]体を使って働くこと。『重労働』[2]収入のために、人に使われて体、頭脳などを働かせること。『労働組合』『労働運動』『労働者』『労働力』

【労務(ロウム)】 [1]肉体労働。労働勤務。[2][国]労働に関する事務。『労務管理』

【労力(ロウリョク)】 [1]心身を働かせること。骨折り。『労力を惜しむ』[2][国]労働力。

❷ つかれる。つかれ。

[下接] 逸労(イツロウ)・過労(カロウ)・賢労(ケンロウ)・苦労(クロウ)・所労(ショロウ)・心労(シンロウ)・塵労(ジンロウ)・煩労(ハンロウ)・疲労(ヒロウ)・御足労(ゴソクロウ)

【労咳(ロウガイ)】 肺結核。肺病。

【労苦(ロウク)】 心身が疲れ苦しむこと。

【労心(ロウシン)】 心を労すること。また、疲れた心。

【労労(ロウロウ)】 疲れたさま。疲れて弱っているさま。

❸ いたわる。ねぎらう。

【労問(ロウモン)】 功労をねぎらい、問うこと。

【労来(ロウライ)】 ねぎらって励ますこと。

〔男〕 ⇩ 4913

687 【券】 5005 5225 99A3 力－6 ケン[漢]

[字解] 形声。力＋关(＝𢍏、道具を両手でもって作業する)[声]。つかれる・うむ意。倦に同じ。

[参考] 「券」(593)に混用されることもある。

688 【勇】 4506 4D26 9745 力－7 [常]4 (689)〔勇〕 ―― 力－7 旧字

ユウ[呉]・ヨウ[漢]/yǒng/いさむ・いさましい

[筆順] 勇勇勇勇勇勇

[字解] 勇は勇の通俗体。勇は形声。力＋甬(筒状の重い釣鐘)[声]。重い鐘さえももち上げるような気力から、いさむ意。

金文

篆文

[同属字] 湧

[意味] ❶いさむ。いさましい。つよい。思いきりがよい。『勇気』『勇者』『勇退』『勇猛』＊論語-為政「見ㇾ義不ㇾ為、無ㇾ勇也(ギをみてせざるは、ユウなきなり)〔＝人としてなすべき正しいことを知っていながら実行しないのは、勇気がないことである〕」❷つわもの。兵士。『郷勇(キョウユウ)』『壮勇(ソウユウ)』❸「勇魚(いさな)」はクジラの異名。

❶ いさむ。いさましい。つよい。

[下接] 悍勇(カンユウ)・毅勇(キユウ)・侠勇(キョウユウ)・強勇(キョウユウ)・驍勇(ギョウユウ)・

剛勇・豪勇・小勇・神勇・壮勇・大勇・胆勇・知勇・忠勇・沈勇・蛮勇・武勇・暴勇・猛勇・義勇軍

【勇往（ユウオウ）】勇んで前進すること。『勇往邁進（マイシン）（＝わき目もふらず勇んで前進すること）』
【勇悍（ユウカン）】勇気があって強いこと。
【勇敢（ユウカン）】勇気を持って物事に立ち向かうさま。
【勇気（ユウキ）】物事を恐れない気力。
【勇士（ユウシ）】勇気のある人。勇ましい武士。勇者。
【勇姿（ユウシ）】勇ましい姿。勇壮な容姿。
【勇者（ユウシャ）】勇気のある人。勇ましい人。勇士。【勇者不レ懼（ユウシャはおそれず）】勇気ある者は正義に従って行動するので、びくびくすることがない。〔論語-子罕〕
【勇将（ユウショウ）】強く勇ましい将軍。【勇将下無二弱卒一（ユウショウのもとにジャクソツなし）】勇ましい将軍の部下には、弱い兵卒はいない。
【勇壮（ユウソウ）】勇ましく元気のよいこと。『勇壮活発』
【勇退（ユウタイ）】後進に道を開くため、自分から進んで職をやめること。
【勇断（ユウダン）】勇気のある決断。『勇断を下す』
【勇名（ユウメイ）】勇者であるという名声、評判。
【勇猛（ユウモウ）】勇ましく強いこと。『勇猛果敢』
【勇躍（ユウヤク）】勇んで躍り上がること。元気いっぱい。
【勇略（ユウリャク）】勇気と知略。
【勇力（ユウリョク）】勇ましい力。すぐれた力。ゆうりき。

690【勛】 5008 5228 99A6 カ－9
ボウ「勖」(716)の異体字

691【募】 4271 4A67 95E5 カ－10 常 (694)【募】⼆⼀ カ－11 旧字
モ(呉)・ボ(漢)/mù/つのる
筆順
字解 形声。力＋莫(→摸、手さぐりでもとめる)(声)。つとめて求める、ひろくつのる意。
意味 ❶つのる。広く求める。『参加者を募る』『募金』『募集』→下接。❷(国)つのる。ますます激しくなる。『恋しさが募る』
下接 応募（オウボ）・急募（キュウボ）・公募（コウボ）・召募（ショウボ）・徴募（チョウボ）
【募金（ボキン）】寄付金などをつのること。
【募集（ボシュウ）】広く人や作品などをつのること。

692【勞】 5009 5229 99A7 カ－10
ロウ「労」(686)の旧字

693【勢】 3210 402A 90A8 カ－11 常5
セイ(呉)(漢)・セ(慣)/shì/いきおい・いきおう
筆順
字解 形声。力＋埶(草木をうえる)(声)。草木を育てととのえる力から、ものを支配する力、いきおいの意。
参考 万葉仮名では音を借りて「せ」。
意味 ❶いきおい。他を圧する力。『勢力』『威勢』『虚勢』『優勢』❷なりゆき。ありさま。すがた。『形勢』『国勢』＊史記-廉頗藺相如伝「今、両虎共闘、其勢不二倶生一（いま、リョウコともにたたかわば、そのいきおいともにはいきず）」〔＝今かりに、二頭の虎が戦えば、なりゆきとして両存することはないだろう〕」＊唐詩紀事-四十「作二推敲之勢一、未レ決（スイコウのセイをなすも、いまだケッせず）」〔＝(門を)押したりたたいたりする動作をしてみたが、決まらなかった〕」❸むれ。集まった人々。『軍勢』『総勢』『敵勢』❹男性の生殖器。『割勢』『去勢』❺その他。『勢至菩薩』『勢子』

❶ いきおい。
下接 威勢・火勢・気勢・擬勢・強勢・虚勢・均勢・権勢・豪勢・語勢・時勢・水勢・盛勢・賊勢・党勢・筆勢・風勢・文勢・兵勢・猛勢・弓勢・余勢
【勢位（セイイ）】権勢と地位。また、勢力のある地位。
【勢援（セイエン）】たすけ。力ぞえ。
【勢家（セイカ｜ケ）】権勢のある家。勢門（セイモン）。
【勢望（セイボウ）】権勢と人望。勢力と名望。
【勢利（セイリ）】権力と財利。【勢利之交（セイリのまじわり）】相手の権力や財利を目的とする交際。〔漢書-張耳陳余伝・賛〕
【勢力（セイリョク）】他を押さえ、支配する勢いと力。威勢。威力。『勢力争い』『現有勢力』『新興勢力』

❷ なりゆき。ありさま。
下接 運勢・形勢・現勢・攻勢・国勢・山勢・姿勢・守勢・勝勢・情勢・陣勢・衰勢・趨勢・大勢・体勢・態勢・退勢・地勢・敗勢・非勢・病勢・優勢・劣勢

❸ むれ。集まった人々。
下接 加勢・軍勢・小勢・助勢・総勢・大勢・多勢・敵勢・手勢・同勢・無勢

❺ その他。
【勢至菩薩（セイシボサツ）】阿弥陀仏（アミダブツ）の右の脇侍（キョウジ）。知恵の光で衆生を救うとされる。
【勢子（せこ）】狩猟の場で鳥獣を駆り立てる人夫。狩子（かりこ）。
難読地名 勢多（せた）郡(群馬)

694【募】⼆⼀ カ－11
ボ「募」(691)の旧字

カ

695【加】 1835 3243 89C1 カ－3 常4
カ(呉)(漢)/jiā/くわえる・くわわる
筆順
字解 会意。力(ちから)＋口(ことば)。力と口とで勢いをつける、くわえる意。
金文 篆文

参考 万葉仮名では音を借りて「か」。平仮名「か」、片仮名「カ」の字源。
同属字 架・哿・袈・賀・駕・茄・痂・笳・嘉・珈・迦・跏
意味 ❶くわえる。ふやす。上にのせる。また、手をくわえる。与える。⇔減。『加減』『加算』『加速』『増加』『追加』＊史記-項羽本紀「加二彘肩上一、抜レ剣、切而啗レ之（テイケンをうえにくわえ、ケンをぬき、きりてこれをくらう）」〔＝(樊噲は盾の)上に豚の肩肉をのせ、剣を抜き、切り取っては食べた〕」❷くわわる。仲間に入る。『加入』『加盟』『参加』❸(国)「加賀国（かがのくに）」の略。北陸道七か国の一。石川県の南半分にあたる。『加州』❹(国)国名カナダにあてた「加奈陀」の略。『日加会議』❺あて字など。『仁輪加（にわか）』『五加木（うこぎ）』

2画 二亠人(𠆢・亻)儿入八(丷)冂冖冫(⺀)几凵刀(刂)力勹匕匚匸十卜卩(㔾)厂厶又

❶ くわえる。ふやす。ます。

下接 相加・増加・追加・添加・倍加・付加・奉加・冥加・累加

【加恩】禄などを増し与えること。また、恩恵を与えること。加給。
【加冠】男子が二〇歳の元服の儀式で冠を着けること。また、その儀式。
【加害】他人に危害や損害を加えること。『加害者』
【加虐】むごい扱いを加えること。↔被虐
【加笄】(「笄」はこうがいの意) ①女子の一五歳。②女子の二〇歳。▶①は、一五歳で婚約して笄をさすことから。②は、婚約しなくとも二〇歳になれば笄をさすきまりがあったことから。
【加減】①加えることと減らすこと。数学で加法と減法。『加減乗除』②国適度に調節すること。『手加減』③国物事の状態や程度、調子。『湯加減』④国体調。⑤国そのような傾向、具合であること。『ほろ酔い加減』
【加護】神仏が慈悲の力を加えて、助け守ること。
【加工】原料や製品に手を加えること。『加工品』
【加功】手伝うこと。
【加算】①ある数量を加えて勘定すること。②加え算。足し算。寄せ算。↔減算
【加餐・加飡】よく食事をして、養生すること。〔後漢書-桓栄伝〕
【加持】①仏菩薩が人々を加護保持すること。②真言密教で、仏菩薩の力が信じる人の心に加わり、人がそれを受けとめること。③災いを除くため、神仏に祈ること。祈禱。『加持祈禱』
【加除】加えたり除いたりすること。『加除訂正』
【加勢】手助けすること。また、その人。助勢。
【加増】国領地、禄高などをふやすこと。
【加速】速度を加えること。速度が増すこと。↔減速。『加速度』
【加徴】租税などを、追加徴収すること。
【加点】更に点数を加えること。
【加年】新年や誕生日を迎えて年をとること。
【加筆】文章、絵などに手を入れて、直したり書き足したりすること。
【加法】足し算。加え算。↔減法
【加味】味を付け加えること。
【加役】①正規の夫役のほかに追加された臨時の夫役。②本職以外に臨時につとめる役。また、その人。転じて、物事の助けとなるもの。
【加薬】①漢方薬で、主要薬に少量の補助薬を加えること。②料理の香辛料。薬味。③めん類、飯などに加える諸種の具。たね。『加薬うどん』『加薬飯』
【加療】病気やけがの手当てをすること。
【加齢】年齢を重ねること。

❷ くわわる。仲間に入る。

【加入】団体、組織などに入ること。
【加盟】団体や組織に一員として加わること。

❺ あて字など。

【加比丹・加必丹】(ポルト capitão) 江戸時代オランダ商館の館長。甲比丹。
【加之】くわうるに。そのうえ。

難読地名 加計町(広島) 加計呂麻島(鹿児島) 加子母村(岐阜) 加須市(埼玉) 加悦町(京都)

696 【勰】* 1986 力-13
キョウ(ケフ)漢 xié

字解 形声。思(おもい)+劦(合わせる)声。思いが合う意。

力

697 【功】 2489 3879 8CF7 力-3 常4 (598)〔㓛〕二-一 刀-3

ク呉・コウ漢/gōng/いさお・いさおし

筆順

字解 形声。力+工(工作する)声。はたらき・いさおの意。

意味 ❶いさお。てがら。努力して得た良い結果。『功なり名遂ぐ』『功罪』『功利』『成功』『年功』❷ききめ。はたらき。しるし。効果。役に立つ。『功を奏する』『功用』『奏功』『即功』❸たくみ。精巧。また、堅い。『功拙』❹喪服・喪期の名。『大功』『小功』

❶ いさお。てがら。

下接 偉功・遺功・九功・旧功・勲功・軍功・竣功・小功・成功・聖功・戦功・奏功・大功・忠功・天功・年功・農功・微功・武功・無功・有功・論功

【功科】職務上の功績。成績。
【功過】功労と過失。功罪。
【功課】①職務達成の程度。成績。功労。②学ぶべき課目。学課。
【功業】手柄。功績の大きい事業。
【功勲】いさお。手柄。功績。
【功罪】功績と罪。良い点と悪い点。
【功臣】手柄のあった家来。
【功績】すぐれたことを成し遂げた手柄。いさお。
【功徳】功績と徳行。事功と恩徳。→❷(クドク)
【功遂身退、天之道】仕事をやりとげ、名を成したら、さっさと引退するのが天の道というものである。〔老子-九〕
【功伐・功閥】(「伐」「閥」とも、てがらの意) 手柄を立てること。
【功名】手柄を立てて名を上げること。『功名心』
*史記-管晏伝「知我不羞小節而恥功名不顕于天下也(われのショウセツをはじずしてコウミョウのテンカにあらわれざるをはずるをしればなり)」(=私がつまらぬ節義など気にかけず、自分の能力や名声が天下にあらわれないことを恥じる人間であることを知っていたからである)
【功用】手柄。功労。→❷
【功利】その手柄を立てることによってどんな利益が手に入るか、ということを考えること。功名と利益。
【功力】手柄。いさお。→❷
【功烈】すぐれた功績。
【功労】発展、進歩などのために寄与した功績、努力。『功労に報いる』『功労賞』

❷ ききめ。はたらき。また、役に立つ。

【功徳】仏語。①現在、また未来に幸福をもたらす良い行い。②神仏の恵み、御利益。→❶(コウトク)
【功能】(功用能力の意) ①はたらきかける力。②ききめ。効能。

【功用】コウヨウ 役に立つこと。また、そのはたらき。→❶

【功力】コウリョク|クリキ ㊀(コウリョク)①ききめ。効力。②効果のある手段を尽くすこと。努力。㊁(クリキ)修行によって得た力。功徳クドクの力。→❶

難読姓氏 功力くぬぎ

[幼]⇩2111 [朸]⇩3394 [肋]⇩6317

698 【劬】 5002 5222 99A0 力-5 ク㊥/qú

字解 形声。力+句(小さく丸くなる)㊥。つかれる意。

意味 苦労する。骨を折る。

699 【劫】 2569 3965 8D85 力-5 (601)【刧】 4971 5167 9987 刀-5 (623)【刼】 二二 刀-5 コウ(コフ)㊥・キョウ(ケフ)㊥・ゴウ(ゴフ)慣/jié

字解 形声。力+去(さる)㊥。力ずくでおさえ退ける意。

意味 ❶おびやかす。かすめる。強盗。『劫奪』『剽劫ヒョウ』❷(梵kalpaの音訳「劫波」の略)きわめて長い時間。成ジョウ・住ジュウ・壊エ・空クウの四劫でくり返される宇宙の時間の単位。『劫コウを経る』『永劫エイ』❸囲碁で、一目を双方で一手ずつ間をおいて取り合うこと。❹「劫劫キョウキョウ」は、熱心につとめるさま。

❶ おびやかす。かすめる。強盗。

【劫脅】キョウキョウ おどすこと。おびやかすこと。

【劫奪】キョウダツ|ゴウダツ おびやかしてむりやりに奪うこと。

【劫盗】キョウトウ おびやかして盗みをはたらくこと。

【劫掠・劫略】キョウリャク|ゴウリャク おびやかし、かすめとること。

❷ きわめて長い時間。

下接 永劫エイゴウ・億劫オクコウ|オックウ・賢劫ケンゴウ・増劫ゾウゴウ・万劫マンゴウ

【劫火】コウカ|ゴウカ 仏語。壊劫エコウ(宇宙破滅の時期)の終末におこる全世界を焼き尽くすという猛火。

【劫灰】ゴウカイ|キョウカイ 仏語。劫火のときの灰。また、戦火。

【劫初】ゴウショ 仏語。劫の初め。この世の初め。

【劫濁】ゴウジョク|コウジョク 仏語。五濁の一。時世の濁悪なことで、天災や争乱などの社会悪のこと。

700 【助】 2985 3D75 8F95 力-5 常3 ジョ㊥・ショ㊥/zhù/たすける・たすかる・たすけ・すけ

筆順 助

字解 形声。力+且(かさねる)㊥。人をたすける意。

意味 ❶たすける。すくう。力を貸す。『助命』『助力』『援助』『救助』⇒表 ❷たすけ。主たるものをたすけるもの。また、日本の令制の四等官で、陰陽寮、大炊寮の次官。『大炊助おおいのすけ』『助教授ジョキョウジュ』『助手ジョシュ』❸国人名、あるいは、人名めかした語をつくる。『雲助くもすけ』『寝坊助ねぼすけ』『助平すけべえ』など。

❶ たすける。すくう。力を貸す。

下接 援助エンジョ・介助カイジョ・救助キュウジョ・互助ゴジョ・語助ゴジョ・賛助サンジョ・自助ジジョ・借助シャクジョ・神助シンジョ・天助テンジョ・内助ナイジョ・扶助フジョ・賻助フジョ・幇助ホウジョ・補助ホジョ・冥助メイジョ・佑助ユウジョ

助ジョ	力をそえてたすける。	救助	賛助	扶助	補助	助力	助勢
援エン	手をのべてたすける。	救援	後援	支援	応援	援護	援軍
援助							

【助言】ジョゲン 国かたわらから言葉を添えて助けること。

【助成】ジョセイ 事業、研究などを援助すること。『助成金』

【助奏】ジョソウ 独奏の音楽的効果を高めるため、伴奏以外にある旋律を協奏すること。オブリガート。

【助長】ジョチョウ ①不要な力添えをして、かえって害になること。また、ある傾向がより著しくなるように力を及ぼすこと。②物事の成長発展に外から力を添えること。昔、宋の農夫が、苗の成長を早めようとして、苗を引っぱり、枯らしてしまったという中国の故事から。〔孟子-公孫丑上〕

【助命】ジョメイ 命を助けること。『助命嘆願書』

【助力】ジョリョク 手助け。『助力を乞う』

❷ 主たるものをたすけるもの。従なるもの。

【助教】ジョキョウ ①中国、晋代・唐代の官名。博士の次の官。②国日本の令制の大学寮で、博士を助けて授業や課試にあたった官人。③国教授や教諭の職務を補佐する役目。

【助詞】ジョシ 品詞の一。日本語では、付属語で、活用がなく常に自立語、または自立語を含む連語に付属して用いられる。てにをは。『接続助詞』『格助詞』『終助詞』

【助字】ジョジ 漢文で、語末、文末等で種々の文法的機能を持つ接尾的要素を表す漢字。「也」「於」「焉」など。

【助辞】ジョジ 助詞。また、助詞、助動詞の総称。

【助数詞】ジョスウシ 数量を表す語に添える接尾語。「個」「本」「枚」など。

【助動詞】ジョドウシ 品詞の一。動詞に対する補助的文法機能をもつ語。日本語では、付属語で、活用のあるもの。「ない」「た」などの類。

【助役】ジョヤク 国①主任者を補佐する役。②市町村区の長を補佐する公務員。③駅長を補佐する職。

701 【劭】 5003 5223 99A1 力-5 ショウ(セウ)㊥/shào

字解 形声。力+召㊥。つとめる意。

702 【励】 4669 4E65 97E3 力-5 常 (729)【勵】 5015 522F 99AD 力-15 旧字 レイ㊥/lì/はげむ・はげます

筆順 励

字解 励は勵の略体。勵は形声。力+厲(といし)㊥。力をこめてみがく、はげむ意。

意味 はげむ。つとめる。はげます。⇒〔勤〕(719)の表

下接 激励ゲキレイ・克励コクレイ・鼓励コレイ・淬励サイレイ・策励サクレイ・奨励ショウレイ・精励セイレイ・率励ソツレイ・督励トクレイ・奮励フンレイ・勉励ベンレイ

【励行】レイコウ 励み怠ることなく実行すること。

【励志】レイシ 意志を奮い起こすこと。

【励声】レイセイ 声をはりあげること。厲声。

【励精】レイセイ 精神を奮い起こして努めること。精励。

【励節】レイセツ 節操をはげまし、かたくすること。

703 【劾】 1915 332F 8A4E 力-6 常 (704)【劾】 二二 力-6 旧字 ガイ㊥・カイ㊥/hé

筆順 劾

2画 二亠人(𠆢・亻)儿入八(ソ)冂冖冫(⺀)几凵刀(刂)力勹匕匚匸十卜卩(㔾)厂厶又

字解 形声。力＋亥(声)。

意味 きわめる。しらべる。また、さばく。罪をあばく。『奏劾（ソウガイ）』『弾劾（ダンガイ）』

【劾案（ガイアン）】罪を調べること。

【劾状（ガイジョウ）】罪をあばいて処罰を求める文書。弾劾書。

【劾奏（ガイソウ）】官吏の罪をあげて、君主に申し上げること。

【劾弾（ガイダン）】人の罪をあばいて調べること。人の失敗を責めること。弾劾。

【劾詆（ガイテイ）】罪をあばいて、君主にそしり告げること。

705 【劼】 5004 5224 99A2 力－6 カツ(漢) jié
字解 形声。力＋吉（かたく充実している）(声)。かたくつつしむ意。

706 【効】 2490 387A 8CF8 力－6 常5 (3026)【效】 5835 5A43 9DC1 攴－6
コウ（カウ）(漢) xiào きく
筆順 効効効効効効効効
字解 効は效の通俗体。效は形声。攵（＝攴、強制する）＋交（↓學、ならう）(声)。強いてならわせる意。転じて、ききめの意を表す。
甲骨文 金文 篆文

意味 ❶ならう。まなぶ。『効顰（コウヒン）』『放効（ホウコウ）』 ❷きく。ききめがあらわれる。ききめ。『効果』『効能』『効率』『即効（ソッコウ）』『有効（ユウコウ）』 ⇒［利］(629)の表 ❸いたす。つくす。つとめる。『効死』『効命』

❶ならう。まなぶ。
【効顰・効嚬・効矉（コウヒン）】（ひそみにならう）事のよしあしを考えず、いたずらに人まねをすること。また、人にならって事をするのを謙遜していう。〔荘子－天運〕❤中国、春秋時代の越の美女西施（セイシ）が病んで顔をしかめたところがかえって美しかったのを見て、ある醜女がまねをして気味悪がられたという故事から。

❷きく。ききめ。
下接 偉効（イコウ）・奇効（キコウ）・験効（ゲンコウ）・時効（ジコウ）・失効（シッコウ）・実効（ジッコウ）・奏効（ソウコウ）・即効（ソッコウ）・速効（ソッコウ）・特効（トッコウ）・肥効（ヒコウ）・仿効（ホウコウ）・法効（ホウコウ）・報効（ホウコウ）・無効（ムコウ）・明効（メイコウ）・薬効（ヤッコウ）・有効（ユウコウ）
【効果（コウカ）】①望ましい結果やききめ。『効果覿面（テキメン）』『効果的』『逆効果』 ②演劇、映画などで、その場面に情趣や真実みを加えるもの。『効果音』
【効験（コウケン）】ききめ。効能。
【効能（コウノウ）】ききめ。良いしるし。『効能書』
【効用（コウヨウ）】①使い道。用途。②ききめ。功能。
【効率（コウリツ）】仕事の量と、そのために消費した力との比率。また、仕事の能率。『熱効率』
【効力（コウリョク）】ききめ。働き。

❸いたす。つくす。つとめる。
【効死（コウシ）】命をすてること。全力をつくすこと。

【効命（コウメイ）】命をささげること。

【協】⇨802

707 【勁】 5006 5226 99A4 力－7 人 ケイ(漢) jìng·jìn つよい
字解 形声。力＋巠（まっすぐのびる）(声)。ぴんと張るほどつよい力の意。

意味 つよい。はげしい。するどい。また、すこやか。

下接 簡勁（カンケイ）・後勁（コウケイ）・遒勁（シュウケイ）・精勁（セイケイ）・蒼勁（ソウケイ）

【勁悍（ケイカン）】強くたけだけしいこと。

【勁疾（ケイシツ）】強くてすばやいさま。

【勁秋（ケイシュウ）】きびしい気候の秋。

【勁松（ケイショウ）】風雪に耐える強い松。忠義な臣下にたとえる。〔潘岳－西征賦〕

【勁捷（ケイショウ）】強くてすばやいこと。勁疾。

【勁草（ケイソウ）】風雪に耐える強い草。節操の固いたとえ。

【勁直（ケイチョク）】剛強で正直なこと。剛直。

【勁弩（ケイド）】張りの強い、いしゆみ。強弩（キョウド）。

【勁旅（ケイリョ）】（「旅」は軍隊の意）強い軍隊。

708 【勅】 3628 443C 92BA 力－7 常 (3036)【敕】 5837 5A45 9DC3 攴－7
チョク(呉)(漢) chì みことのり
筆順 勅勅勅勅勅勅勅勅
字解 勅は敕の通俗体。敕は会意。攵（＝攴、強制する）＋束（木にむすびつけた袋）。しめつける、いましめる意。
意味 ❶いましめる。とがめる。『勅戒』『教勅（キョウチョク）』『謹勅（キンチョク）』『訓勅（クンチョク）』 ❷みことのり。天子の命令。『勅語』『勅命』 ＊白居易－売炭翁「手把二文書一口称レ勅（てにブンショをとりてくちにチョクとショウす）」〔＝手に書きつけを持ち、天子様のおことばであるという〕 ❸『勅勒（チョクロク）』は中国、南北朝時代、外蒙古にいた北方民族高車（コウシャ）の異称。

❶いましめる。とがめる。
【勅戒（チョッカイ）】いましめる。いましめ。

❷みことのり。天子の命令。
下接 違勅（イチョク）・遺勅（イチョク）・回勅（カイチョク）・詔勅（ショウチョク）・制勅（セイチョク）・奉勅（ホウチョク）・墨勅（ボクチョク）・密勅（ミッチョク）
【勅願（チョクガン）】国天皇の命令による祈願。『勅願寺』
【勅語（チョクゴ）】国天皇が国民に発した言葉。『教育勅語』
【勅裁（チョクサイ）】天子が直接に裁決すること。勅断。
【勅旨（チョクシ）】①古文書の様式の一。天皇の勅命を下す文書。勅書。②天子の意志。おぼしめし。
【勅書（チョクショ）】天子の命令を示した公文書。勅状。
【勅撰（チョクセン）】天子が、またはその命によって臣下が詩歌集など撰定し編集すること。↔私撰。『勅撰集』
【勅答（チョクトウ）】天子が臣下に答えること。また、臣下が天子の問いに答えること。
【勅任（チョクニン）】勅命で、官または議員に任ずること。
【勅命（チョクメイ）】天子の命令。みことのり。
【勅諭（チョクユ）】①天子のさとし。②勅書。詔書。
【勅勘（チョッカン）】国天皇から受けるとがめ。
【勅許（チョッキョ）】勅命による許可。
難読姓氏 勅使川原（てしがわら）

709 【勉】 ―― 力－7 ベン 「勉」(712)の旧字

710 【勃】 4354 4B56 9675 力－7 ボチ(呉)・ボツ(呉)・ホツ(漢) bó
字解 形声。力＋孛（草木がさかんに茂る）(声)。勢いよくたつ、おこる意。
意味 ❶にわかにおこるさま。勢いの盛んなさま。『勃興』『勃発』『鬱勃(ウツボツ)』『蓊勃(オウボツ)』『蓬勃(ホウボツ)』 ❷むっとする。怒る。『勃如』 ❸そむきもとる。『勃乱』 ❹地名。「勃海(ボッカイ)」は海の名。「勃牙利(ブルガリア)」は国名。

❶ にわかにおこるさま。勢いの盛んなさま。

【勃焉(ボツエン)】 にわかに盛んになるさま。
【勃起(ボッキ)】 陰茎が硬直状態となること。
【勃興(ボッコウ)】 にわかに勢いを得て盛んになること。
【勃爾(ボツジ)】 にわかに起こるさま。
【勃然(ボツゼン)】 急に起こり立つさま。→❷
【勃発(ボッパツ)】 国急に起こること。突発。
【勃勃(ボツボツ)】 物事が盛んに起こるさま。『雄心勃勃』

❷ むっとする。怒る。

【勃如(ボツジョ)】 怒りのために顔色を変えるさま。

【勃然(ボツゼン)】 顔色を変えて怒るさま。→❶

❸ そむきもとる。

【勃乱(ボツラン)】 もとり乱れること。そむき乱れること。

711【勍】 5007 5227 99A5 力－8 ケイ㊉/qíng

字解 形声。力＋京(→強、つよい)㊐。つよい意。

712【勉】 4257 4A59 95D7 力－8 常3 (709)〔勉〕 二二 力－7 旧字㊅

メン㊉・ベン㊉/miǎn/つとめる・つとむ

筆順 勉 勉 勉 免 勉 勉

字解 形声。力＋免(むりしてぬけ出る)㊐。むりをして力を出す、つとめる意。

意味 つとめる。はげむ。はげます。努力する。

下接 勧勉(カンベン)・勤勉(キンベン)・黽勉(ビンベン)・困知勉行(コンチベンコウ)

【勉学(ベンガク)】 学問につとめはげむこと。勉強。

【勉強(ベンキョウ)】 ①つとめはげむこと。②国学問や技術などを学ぶこと。『受験勉強』 ③国商人が品物を安く売ること。

【勉励(ベンレイ)】 つとめはげむこと。『刻苦勉励』 ＊陶潜－雑詩「及レ時当二勉励一(ときにおよびてまさにベンレイすべし)」〔＝時機をのがさずに、つとめはげむべきである〕」

713【勑】 ＊1975 力－8 ライ㊉・チョク㊉㊉/lài・chì

字解 形声。力＋來(→賚、たまう)㊐。たまものを与えてはたらきをねぎらう意。

〔釛〕 ⇩8354

714【勘】 2010 342A 8AA8 力－9 常 カン㊉㊉/kān・kàn/かんがえる

筆順 勘 甘 甚 甚 甚 勘

字解 形声。力＋甚(はなはだしい)㊐。よく調べる意。

意味 ❶かんがえる。調べ考える。『勘案』『勘定』『引勘(インカン)』『校勘(コウカン)』『算勘(サンカン)』 ⇓表 ❷罪を問いただす。『勘気』『勘当』『後勘(コウカン)』『刺勘(シカン)』 ❸国かん。直感的に感ずる力。『勘違い』『山勘(やまカン)』 ❹「勘亭流(カンテイリュウ)」は、芝居の看板、番付などに用いる丸みのある筆太の書体。江戸堺町の手習師匠岡崎屋勘六(号、勘亭)が始めた。

❶ かんがえる。調べ考える。

勘(カン)	校(コウ キョウ)
勘校	校勘
考えくらべる。 勘合 勘書 勘定 勘案 勘誤 検勘	くらべる。 校合 校書 校定 校閲 校正 校訂

【勘解由使(カゲユシ)】 国日本で、令外(リョウゲ)の官。平安時代の官吏交替を監督する官。

【勘案(カンアン)】 種々の事情や物事を考え合わせること。

【勘契(カンケイ)】 割り符を合わせて調べること。

【勘検・勘験(カンケン)】 よく吟味して調べること。検閲。

【勘校(カンコウ)】 照らし合わせて誤りを正すこと。

【勘合(カンゴウ)】 調べ合わせること。照合すること。【勘合符(カンゴウフ)】 日本の室町時代、対明貿易(勘合貿易)で、正式の遣使船であることを証明し、同時に船数を制限するために明から発行された渡航許可証。

【勘定(カンテイ｜カンジョウ)】 ㊀(カンテイ) 考え定めること。㊁(カンジョウ) 国①数量を数えること。②代金を支払うこと。

【勘弁・勘辨(カンベン)】 ①考えて見分けること。②国過失などを我慢して許すこと。

【勘文(カンモン)】 国平安時代以後、明法道、陰陽道の学者や神祇官、外記(ゲキ)などが、諸事を考え、調べて、上申した文書。

❷ 罪を問いただす。

【勘気(カンキ)】 目上の人から、とがめを受けること。

【勘当(カントウ｜カンドウ)】 ①(カントウ) 罪を考えて刑をあてること。②(カンドウ) 国近世、親、師匠などが、子、弟子と縁を切ること。

❸ (日本語で)直感的に感ずる力。第六感。

【勘所(カンどころ)】 ①三味線、琵琶(ビワ)などで、弦を押さえる場所。つぼ。②大事な点。要点。

715【動】 3816 4630 93AE 力－9 常3 ドウ㊉・トウ㊉/dòng/うごく・うごかす・はたらく・ややもすれば

筆順 動 動 動 動 動 動

字解 形声。力＋重(おもい)㊐。おもいものを力を入れうごかす意。

金文

篆文

同属字 働・慟

意味 ❶うごく。位置や形をかえる。じっとしていない。『動画』『動物』『移動』『震動』『流動』 ❷心や行動、情勢などのうごき、はたらき。ふるまい。『動機』『動作』『挙動』『言動』 ❸さわぐ。みだれる。『動顛(ドウテン)』『騒動(ソウドウ)』『暴動(ボウドウ)』 ❹うごかす。『驚天動地(キョウテンドウチ)』『動員』『扇動(センドウ)』 ❺ややもすれば。とかく…しがちだ。ともすれば。＊杜甫－贈二衛八処士一「人生不二相見一、動如二参与一商(ジンセイあいみざること、ややもすればシンとショウとのごとし)」〔＝人生において、一たび別れると出会うことがないのは、ともすれば星の参と商のようなものだ〕」

❶ うごく。位置や形をかえる。

下接 異動(イドウ)・移動(イドウ)・運動(ウンドウ)・可動(カドウ)・起動(キドウ)・激動(ゲキドウ)・鼓動(コドウ)・作動(サドウ)・始動(シドウ)・自動(ジドウ)・蠢動(シュンドウ)・初動(ショドウ)・振動(シンドウ)・震動(シンドウ)・制動(セイドウ)・蠕動(ゼンドウ)・胎動(タイドウ)・転動(テンドウ)・伝動(デンドウ)・電動(デンドウ)・搏動(ハクドウ)・発動(ハツドウ)・波動(ハドウ)・反動(ハンドウ)・微動(ビドウ)・不動(フドウ)・浮動(フドウ)・変動(ヘンドウ)・脈動(ミャクドウ)・鳴動(メイドウ)・

躍動・揺動・雷動・律動・流動・連動・天動説・一挙一動

【動感（ドウカン）】動いているような感じ。

【動悸（ドウキ）】心臓の鼓動を自覚すること。

【動向（ドウコウ）】物事の動いていく方向。

【動産（ドウサン）】土地およびその定着物を除いた一切の有体物。現金、商品など。↔不動産
【動体（ドウタイ）】①動いているもの。②気体、液体の総称。流動体。

【動物（ドウブツ）】生物を二大別したとき、植物に対する一群。人間、鳥、けもの、虫、魚の類。また特に、哺乳類。

【動脈（ドウミャク）】①血液を心臓から各体部に送り出す血管。↔静脈。『動脈硬化』②重要な交通路や経路。

【動揺（ドウヨウ）】①物体が揺れ動くこと。②心や気持ちが揺れ動くこと。転じて、不安。心配。

❷ 心や行動、情勢などのうごき。

下接 稼動・感動・驚動・挙動・言動・行動・策動・出動・主動・受動・衝動・聳動・情動・能動・妄動・陽動・別動隊

【動因（ドウイン）】動機。原因。

【動機（ドウキ）】①事の起こるきっかけ。②人が意志を決めたり、行動を起こしたりする要因。『不純な動機』

【動作（ドウサ）】人のふるまい。身の動き。

【動止（ドウシ）】立ち居ふるまい。挙止。挙動。動作。

【動詞（ドウシ）】品詞の一。事物の動作、存在、状態を表す。

【動静（ドウセイ）】物事の動き、状態。ありさま。様子。

【動態（ドウタイ）】活動、変動している状態。↔静態
【動容（ドウヨウ）】立ち居ふるまい。

❸ さわぐ。みだれる。

【動転・動顛（ドウテン）】国 非常に驚きあわてること。

【動乱（ドウラン）】社会の秩序が変動し乱れること。

❹ うごかす。

【動員（ドウイン）】①軍隊などを戦時編制に移すこと。『学徒動員』②人や物をかり出すこと。『総動員』
【動座（ドウザ）】国 天皇、貴人、神輿（みこし）、神木などの座所を他へ移すこと。

716 【勖】 *1977 力－9 (690)【勗】 5008 5228 99A6 力－9

ボウ㊥・キョク㊥/xù

字解 形声。力＋冒（おかす）㊟。困難をおかしてつとめる意。

717 【務】 4419 4C33 96B1 力－9 常5

ム㊞・ブ㊥/wù/つとめる・つとめ

筆順 務 務 務 務 務 務

字解 形声。力＋敄（矛でうつ）㊟。困難にうちかつべく、つとめる意。

同属字 鶩・霧

参考 万葉仮名では音を借りて「む」。

意味 ❶つとめ。つとめる。はげむ。❷あなどる。⇓表

下接 外務・学務・義務・急務・教務・業務・勤務・軍務・警務・激務・兼務・工務・公務・国務・債務・財務・雑務・残務・執務・実務・事務・時務・社務・主務・商務・乗務・常務・職務・所務・庶務・世務・成務・政務・税務・責務・専務・総務・俗務・特務・内務・任務・農務・服務・法務・本務・用務・労務

務（ム）	勤（キン）
勤務	
つとめ。なすべきこと。	職務上のつとめ。
義務 急務 公務 雑務 事務 労務	勤続 外勤 欠勤 在勤 転勤 夜勤

【務本（ムホン）】根本のことに力を尽くす。＊論語-学而「君子務ㇾ本〔＝君子は、根本の事柄に努力する〕」

718 【勒】 8053 7055 E8D3 力－9

ロク㊞㊥/lè・lēi

字解 形声。革（かわ）＋力（ちから）㊟。おもがいの意。

意味 ❶おもがい。くつわ。くつばみ。『銜勒』『貝勒』➡〔馬具〕の図一三三九頁。❷おさえる。また、統率する。『勒住』『勒兵』『部勒』❸きざむ。ほる。『勒銘』❹永字八法の一。➡図六七三頁

【勒住（ロクジュウ）】おさえとどめること。

【勒兵（ロクヘイ）】軍隊を統制すること。

【勒銘（ロクメイ）】金石に銘文を刻むこと。また、その銘文。

719 【勤】 2248 3650 8BCE 力－10 常6 (724)【勤】 二二 力－11 旧字人

ゴン㊞・キン㊥/qín/つとめる・つとめ・つとまる・いそしむ

筆順 勤 勤 勤 勤 勤 勤

字解 勤は勤の通俗体。勤は形声。力＋堇（一説に粘土の意という）㊟。粘り強く力をつくしてつとめる意。

金文

篆文

意味 ❶つとめる。いそしむ。精を出してつとめる。『勤勉』『勤労』＊論語-微子「四体不ㇾ勤、五穀不ㇾ分〔＝体を動かして働くこともしないし、五穀の見分けもつかない〕」⇓表 ⇓〔務〕(717)の表、〔怠〕(2345)の表 ❷つとめ。会社などのつとめ。仕事。『勤務』『皆勤』『出勤』『通勤』

❶ つとめる。いそしむ。

下接 恪勤・辛勤・精勤・忠勤

勤（キン）	励（レイ）
勤励	
なまけずに精をだす。	なおいっそうみがきをかける。
勤行 勤勉 恪勤 勤倹 勤身 精勤	励行 勉励 恪励 策励 克励 精励

【勤恪（キンカク）】つつしんでつとめること。恪勤。

【勤学（キンガク）】学問につとめ励むこと。勉学。

【勤勤（キンキン）】非常に勤勉であるさま。

【勤苦（キンク）】非常に骨折ること。

【勤倹（キンケン）】まじめに働いて無駄遣いしないこと。

【勤惰（キンダ）】勤勉と怠惰。勤怠。

【勤怠（キンタイ）】＝勤惰
【勤皇・勤王（キンノウ）】国 江戸末期、幕府を倒して、天皇親政を実現しようとした思潮。尊皇。↔佐幕。❤天皇のために、力を尽くす意。

【勤勉（キンベン）】仕事や勉強などに精を出して励むこと。

【勤労（キンロウ）】身心を労して仕事に励むこと。『勤労意欲』

『勤労奉仕』

【勤行（ゴンギョウ）】仏前で読経（ドキョウ）、礼拝、焼香などの勤めをすること。

❷つとめ。職務上のつとめ。仕事。

下接 皆勤（カイキン）・外勤（ガイキン）・欠勤（ケッキン）・出勤（シュッキン）・常勤（ジョウキン）・通勤（ツウキン）・転勤（テンキン）・内勤（ナイキン）・日勤（ニッキン）・夜勤（ヤキン）

【勤番（キンバン）】国 1交替で勤務に就くこと。2江戸時代、地方の大名の家臣が交替で江戸や大坂の屋敷の勤務に就いたこと。『勤番侍』『甲府勤番』
【勤務（キンム）】職務上ある場所につめて仕事をすること。

720 【勛】 * 1978 力-10

クン 「勳」(4568)の異体字

721 【勝】 3001 3E21 8F9F 力-10 常3 (722)〔勝〕 力-10 旧字

ショウ 呉漢 \shēng・shèng\ かつ・まさる・すぐれる・たえる

筆順 勝 勝 勝 勝 勝 勝

字解 形声。力＋朕（もちあげる）声。力を入れてものをもちあげる意。転じて、たえる・かつ意。

意味 ❶たえる。もちこたえる。＊杜甫-春望「白頭掻更短、渾欲レ不レ勝レ簪（ハクトウかけばさらにみじかく、すべてシンにたえざらんとほっす）〔＝白くなった髪はかきむしると前よりも短くなったように感じられ、まったく冠をとめるかんざしもさせなくなりそうだ〕」 ❷かつ。相手を負かす。おさえる。『勝者』『勝負』『勝利』『決勝』 ＊孫子-謀攻「不レ知レ彼而知レ己、一勝一負（かれをしらずしておのれをしれば、イッショウイップす）〔＝敵情を知らずに、味方のことだけ知っているのでは、勝ったり負けたりして勝負がつかない〕」 ⇓表 ❸すぐれている。まさる。景色がよい。『勝景』『健勝』『名勝』 ❹あげて。こぞって。残らず。＊孟子-梁恵王上「不レ違二農時一、穀不レ可二勝食一也（ノウジをたがわざれば、コクあげてくらうべからざるなり）〔＝農業のたいせつな時期を取り違えなければ、穀物は食べきれないほど取れるだろう〕」

❷かつ。相手を負かす。

下接 圧勝（アッショウ）・快勝（カイショウ）・決勝（ケッショウ）・祝勝（シュクショウ）・常勝（ジョウショウ）・必勝（ヒッショウ）・優勝（ユウショウ）・楽勝（ラクショウ）・連勝（レンショウ）・辛勝（シンショウ）・先勝（センショウ）・戦勝（センショウ）・全勝（ゼンショウ）・大勝（タイショウ）

勝（ショウ）	敗（ハイ）
勝敗	
かつ。	まける。
勝利	敗北
勝因	敗因
大勝	大敗
連勝	連敗
辛勝	惜敗
優勝	劣敗

【勝因（ショウイン）】勝った原因。↕敗因
【勝機（ショウキ）】勝てる機会。『勝機を逸する』
【勝算（ショウサン）】勝つ見込み。勝ち目。
【勝者（ショウシャ）】競争や勝負に勝ったもの。↕敗者
【勝勢（ショウセイ）】勝ちそうな様子。勝った勢い。↕敗勢
【勝敗（ショウハイ）】勝つことと敗れること。勝負。
【勝負（ショウブ）】勝ち負け。勝敗。また、勝敗を争うこと。
【勝利（ショウリ）】戦いに勝つこと。勝ち。↕敗北

❸すぐれている。まさる。景色がよい。

下接 佳勝（カショウ）・形勝（ケイショウ）・景勝（ケイショウ）・健勝（ケンショウ）・最勝（サイショウ）・殊勝（シュショウ）・絶勝（ゼッショウ）・探勝（タンショウ）・名勝（メイショウ）・雄勝（ユウショウ）

【勝概（ショウガイ）】すぐれた景色。勝景。

【勝境（ショウキョウ）】景色のすぐれている場所。景勝の地。

【勝景（ショウケイ）】すぐれてよい景色。絶景。

【勝事（ショウジ）】1世にも珍しい、すぐれたこと。2国 異常なできごと。よくないことについていう。⇨②は古くはショウシ。後に「笑止」と書く。

【勝跡・勝蹟（ショウセキ）】名所や旧跡。

【勝絶（ショウゼツ）】きわめてすぐれていること。

【勝地（ショウチ）】景色のすぐれた土地。

【勝友（ショウユウ｜ユウショウ）】すぐれた友。よき友。

723 【勧】 2011 342B 8AA9 力-11 常 (730)〔勸〕 5016 5230 99AE 力-18 旧字

カン（クヮン）呉・ケン漢 \quàn\ すすめる

筆順 勧 勧 勧 勧 勧

字解 勧は勸の略体。勸は形声。力＋雚（→援、たすける）声。すすめる意。

意味 すすめる。すすめみちびく。はげます。『戒勧（カイカン）』『奨勧（ショウカン）』 ⇓表

【勧戒・勧誡（カンカイ）】善を勧め、悪を戒めること。勧懲。

【勧学（カンガク）】1学問を勧め励ますこと。2仏語。浄土宗、浄土真宗本願寺派などで、学僧に授ける学階の最高位。

勧（カン）	奨（ショウ）
勧奨	
すすめておこなわせる。	すすめはげます。
勧学	奨学
勧率	奨率
勧告	奨励
勧善	奨鑑
勧賞	報奨
勧誘	推奨

【勧学院（カンガクイン）】国 平安京左京三条の北側にあった藤原一門の教育機関。弘仁一二年（八二一）藤原冬嗣が創設。

【勧業（カンギョウ）】産業などを奨励すること。

【勧化（カンゲ）】1仏の道に入るように勧めること。2寺や仏像の建立（コンリュウ）などのために寄付を募ること。勧進（カンジン）。

【勧告（カンコク）】ある行動をとるように説き勧めること。

【勧奨（カンショウ）】積極的に勧めること。奨励。

【勧賞（カンショウ｜ケンジョウ）】褒めて励ますこと。功労に賞賜すること。

【勧請（カンジョウ）】1神仏の来臨を請い願うこと。2国 神仏の分身、分霊を他の地に移しまつること。

【勧進（カンシン｜カンジン）】1（カンシン）さそい勧めること。2（カンジン）国 寺社や仏像の建立などのために寄付を募ること。『勧進帳』

【勧善懲悪（カンゼンチョウアク）】善行を勧め、悪行を戒め懲らすこと。勧懲。〔漢書-張敞（チョウショウ）伝〕

【勧懲（カンチョウ）】「勧善懲悪（カンゼンチョウアク）」の略。『勧懲小説』

【勧農（カンノウ）】農業を奨励すること。

【勧勉（カンベン）】勧めてつとめさせること。

【勧誘（カンユウ）】ある行動をするように、勧め誘うこと。

724 【勤】 力-11

キン 「勤」(719)の旧字

725 【勣】 5010 522A 99A8 力-11

セキ 漢 \jī\

字解 形声。力＋責声。いさおの意。

726 【勦】 5011 522B 99A9 力-11

ソウ（サウ）漢 \chāo・jiǎo\

字解 形声。力＋巢声。つかれる・つかれさす意。剿に同じ。

意味 ❶つかれる。つかれさせる。また、つくす。❷たつ。たちきる。殺す。ほろぼす。『勦絶』『勦殄』『勦討』

❸かすめる。奪い取る。『勦説』❹すばやい。

【勦説ソウセツ】他人の説をぬすみ取って自分の説とすること。剽窃ヒョウセツ。

【勦絶ソウゼツ】ねだやしにすること。勦滅ソウメツ。

【勦殄ソウテン】ほろぼし尽くすこと。掃滅。

【勦討ソウトウ】討ちほろぼすこと。

727 【勠】 5013 522D 99AB 力-11 リク㊥/lù

字解 形声。力+翏(つらねあわせる)㊤。あわせる意。

意味 あわせる。＊史記-項羽本紀「臣、与二将軍一勠レ力而攻レ秦シン、ショウグンとちからをあわせてシンをせむ〔=私は将軍と力をあわせて秦を攻めた〕」

728 【勳】 5014 522E 99AC 力-14 クン 「勲」(4568)の旧字

729 【勵】 5015 522F 99AD 力-15 レイ 「励」(702)の旧字

730 【勸】 5016 5230 99AE 力-18 カン 「勧」(723)の旧字

20 勹部 つつみがまえ

篆文 

勹は人がからだで上から物をおおいつつむ形で、勹部には、まがり、かこう意のほか、字形上、勹が目印になる字を収める。

勹 0 勹 ① 勺 勻 ② 匀 匂 勾 勿 匃 匁 ③ 匈 匄 匆 匊 包 包 ④ 匋 ⑥ 匊 ⑦ 匍 ⑨ 匐 ⑨ 匏

勹 0

731 【勹】 5017 5231 99AF 勹-0 ホウ(ハウ)㊥/bāo/つつみがまえ

字解 部首解説を参照。

732 【勺】 2859 3C5B 8ED9 勹-1 常 (733)〔勺〕二一 勹-1 旧字

シャク㊥/shāo・shuò

筆順 

字解 象形。ものをくみとる道具の形に象り、くむ・ひしゃくの意。杓・酌の原字。

甲骨文 
篆文 

同属字 芍・妁・扚・杓・灼・的・約・酌

意味 ❶ひしゃく。また、くむ。❷尺貫法の量。一合の一〇分の一。一升の一〇〇分の一。また、土地の面積の単位。一歩ブ・一坪の一〇〇分の一。

734 【匀】 *1991 勹-2 (735)〔勻〕二一 勹-2

イン㊥・キン㊥/yún

字解 会意。勹(うでを丸くめぐらす)+二(同じ)。あまねくひとしくする、ととのえる意。均の原字。

同属字 均・鈞・韵

736 【勾】 2491 387B 8CF9 勹-2 ク㊤・コウ㊥/gōu・gòu/かぎ・まがる

字解 象形。かぎがかみあわさったさまに象るという。ひっかける・かぎの意。本来、勾は句と同義の通俗体だが、日本では区別して用いる。

参考 万葉仮名では音を借りて「く」。

意味 ❶まがる。かたむく。また、くぎる。くぎり。『勾当』『勾配』『勾欄』❷かぎ。ひっかける。『双勾ソウコウ』❸とらえる。つかまえる。「拘」に同じ。『勾引』『勾検』『勾留』❹人名。『勾践』

【勾引コウイン】とらえて引き連れること。拘引コウイン。

【勾検コウケン】取りおさえて調べること。

【勾践コウセン】中国、春秋時代の越の王(在位前四九六～前四六五年)。呉王闔閭コウリョを敗死させたが、その子夫差フサと会稽カイケイ山に戦って敗れ、のち名臣范蠡ハンレイと謀はかって、ついに呉を滅ぼした。前四六五年没。句践とも書く。

【勾当コウトウ】①もっぱらその事務を担当し処理すること。②国昔、摂関家や寺などで事務をつかさどった者。③国昔、盲人の官名。検校ケンギョウの下、座頭の上位。

【勾配コウバイ】国水平面に対する傾斜の度合い。また、斜面。

【勾欄コウラン】宮殿などの回りや、橋、廊下などの両側に設けた端の反りまがった欄干。高欄。

【勾留コウリュウ】国取り調べのために拘束すること。

737 【勿】 4462 4C5E 96DC 勹-2 モチ㊤・ブツ㊥・ボツ㊥/wù/なかれ

字解 象形。様々な色の旗のさま、あるいは弓のつるをはじいてきよめるさまに象る。借りて助字に用いる。

甲骨文 
金文 
篆文 

同属字 忽・笏・刎・吻・物

参考 万葉仮名では音を借りて「も」。

意味 ❶なかれ。…してはいけない。禁止を示す。「無」に同じ。＊小学「勿下以二悪小一為上レ之アクのショウなるをもってこれをなすことなかれ〔=悪事が小さいからといって、これを行ってはいけない〕」❷なし。ない。否定を示す。「無」に同じ。『勿論』＊孟子-告子上「賢者能勿レ喪耳ケンジャはよくうしなうことなきのみ〔=賢者が他人と違うところは、義の心をいつも失わずにいることができる点である〕」❸あわただしいさま。『勿勿』❹「勿吉モッキツ」は中国、南北朝時代、東北地区北部を根拠地としたツングース系の民族。❺あて字など。『勿怪』『勿体』

【勿勿ブツブツ】①あわただしいさま。孜孜シシ。汲汲キュウキュウ。匆匆ソウソウ。②努めてやまないさま。

【勿論モチロン】国言うまでもない。無論。『勿論のこと』

【勿怪モッケ】国思いがけないこと。『勿怪の幸い』

【勿体モッタイ】国ありさま、態度がいかにも物々しいこと。

738 【匂】 3887 4677 93F5 勹-2 におい・におう・におわす

字解 国字。韵(ひびき)を略して「におい」(美しい発色)にあて、「におい」の語とともに、よい香気の意に転用するようになった。

意味 よいにおいを発する。また、華やかに色がはえる。

739 【匁】 4472 4C68 96E6 勹-2 常 もんめ

筆順 

字解 国字。文＋メ。重さの単位もんめを一字で表したもの。
意味 ❶尺貫法で、重量の単位。貫の千分の一。❷江戸時代の銀目ギンめ(銀貨)の単位。小判一両の六〇分の一。

740 【匃】 *1992 勹-3 (741)〔匄〕二二 勹-3

カツ漢・カイ漢/gài

字解 象形。手で人をおしとどめて、こいもとめるさまに象り、こう意。一説に、会意。亾(=亡、無い)＋人。物をもたぬものが人に迫り請い求める意ともいう。のち丐へと字形がかわった。

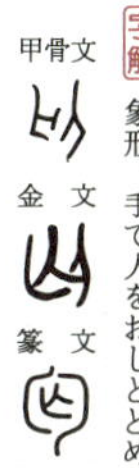

同属字 曷

742 【匆】 5018 5232 99B0 勹-3 (743)〔匇〕二二 勹-3

ソウ漢/cōng

字解 悤(怱)の通俗体という。

意味 あわただしいさま。いそがしいさま。

【匆匆】ソウソウ ①あわただしいさま。②手紙の末尾に添えて、思いを十分に言い尽くせないという意を表す語。草草ソウソウ。『匆匆謹言ソウソウキンゲン』

【匆卒】ソウソツ 急なこと。また、あわただしく落ち着かないさま。

【匆忙】ソウボウ あわただしいさま。＊杜甫-新婚別「無ニ乃太匆忙一すなわちはなはだソウボウたることなからんや〔=なんとひどくあわただしいことではないか〕」

744 【包】 4281 4A71 95EF 勹-3 常4 (745)〔包〕二二 勹-3 旧字

ホウ(ハウ)漢/bāo/つつむ・つつみ・くるまる・くるむ・くるめる

筆順

字解 象形。子を胎内に孕んでいるさまに象り、みごもる、一般につつむ意。一説に巳(胎児)＋勹(つつむ)声の形声字ともいう。

同属字 庖・疱・苞・雹・咆・抱・泡・炮・枹・砲・皰・胞・袍・匏・跑・鉋・鞄・飽・鮑・麭

意味 ❶つつむ。つつみこむ。つつみ。『包囲』『包括』『包装』『梱包コンポウ』❷銃のたま。『空包クウホウ』『実包ジッポウ』❸パオ。アジア遊牧民の天幕式家屋。❹あて字。『包丁』『麪包パン』

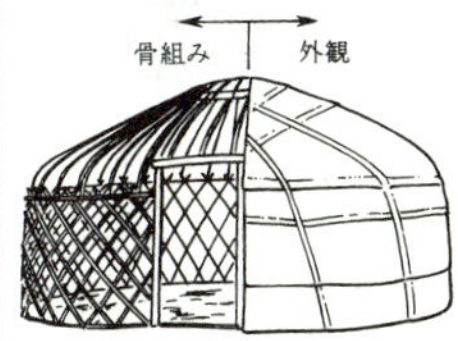

包❸

❶ つつむ。つつみこむ。

下接 梱包コンポウ・内包ナイホウ・薬包紙ヤクホウシ／小包こづつみ

【包子】パオズ 中に肉や餡アンなどを入れた中華風饅頭まんじゅう。

【包囲】ホウイ 四方から取り巻くこと。『包囲網』

【包裹】ホウカ (「裹」もつつむ意) つつむこと。

【包懐】ホウカイ 心の中に思っていること。

【包括】ホウカツ ひっくるめてひとまとめにすること。

【包含】ホウガン 中につつみふくむこと。

【包挙】ホウキョ のこらずつつむこと。

【包茎】ホウケイ 成人の陰茎の亀頭キトウ部が包皮で覆われている状態。皮かぶり。

【包荒】ホウコウ「荒コウを包つつむ」①よごれたものをつつみ入れること。度量が大きいことをいう。②欠点をつつみかくすこと。

【包摂】ホウセツ 一つの事柄をより大きな範囲の中につつみ入れること。

【包装】ホウソウ 上包みをすること。『包装紙』

【包蔵】ホウゾウ 内部に持っていること。内蔵。

【包帯】ホウタイ 傷口などをつつむガーゼや木綿の細長い布。書き換え「繃帯→包帯」。

【包皮】ホウヒ 表面をつつむ皮。

【包茅】ホウボウ チガヤ(茅)をたばねたもの。昔、祭りのときに酒を注いで供えた。転じて、みつぎ物。

【包容】ホウヨウ 広い心で相手を受け入れること。『包容力』

【包羅】ホウラ (「羅」は網に入れる意) つつみ入れること。

❹ あて字。

【包丁】ホウチョウ 料理用の刃物。『出刃包丁』書き換え「庖丁→包丁」。

〔句〕⇩938

746 【匈】 5019 5233 99B1 勹-4

ク呉・キョウ漢/xiōng

字解 形声。勹＋凶(不吉)声。不吉な気がするむねの意。胸の原字。

同属字 恟・洶・胸

意味 ❶むね。胸。❷さわぐこと。みだれること。『匈匈』❸中国北方の異民族の名。『匈奴』

【匈匈】キョウキョウ ①やかましく議論するさま。②乱れ騒ぐさま。＊史記-項羽本紀「天下匈匈数歳者、徒以ニ吾両人一耳テンカキョウキョウたることスウサイなるは、ただわがリョウニンをもってのみ〔=天下が数年間も乱れ騒いでいるのはわれわれ二人のためだけにすぎない〕」

【匈奴】キョウド 古代中国、北方の遊牧民族。紀元前三世紀から紀元後五世紀にかけて活躍。首長を単于ゼンウと称し、冒頓ボクトツ(?〜前一七四)以下二代が全盛時。フン族。

〔旬〕⇩3156 〔甸〕⇩4926

747 【匊】 *1993 勹-6

キク漢/jū

字解 会意。勹(つつむ)＋米(こめ)。米をすくいあつめるさまから、すくう意。掬の原字。

同属字 菊・掬・椈・毱・鞠・麴

〔匋〕⇩6100

748 【匍】 5021 5235 99B3 勹-7

ホ漢/pú/はう

字解 形声。勹＋甫(たいらにする)声。からだと地面をたいらにしてはらばう意。

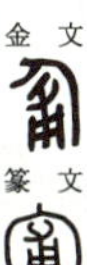

同属字 葡

意味 はう。はらばう。また、つまずく。ころぶ。

【匍匐】ホフク 地に伏し、はって行くこと。腹ばうこと。

2画 二亠人(𠆢・亻)儿入八(丷)冂冖冫(⺀)几凵刀(刂)力勹匕匚匸十卜卩(㔾)厂厶又

『匍匐前進』『匍匐枝(シ)』

[訇] ⇩ 7412

749 【匐】 5022 5236 99B4 勹－9 フク[漢]/fú/はう

[字解] 形声。勹＋畐(↓伏、ふせる)[声]。からだをかがめふせはらばう、はう意。

[同属字] 葍

[意味] はらばう。はう。『匍匐(ホフク)』

【匐枝(フクシ)】 茎の変形の一。枝が地面をはい、その茎が地面に接している所から不定根を生じて生長するもの。イチゴ、サツマイモなどに見られる。

勹

750 【匏】 5023 5237 99B5 勹－9 ホウ(ハウ)[漢]/páo/ひさご・ふくべ

[字解] 形声。瓠(ひさご)省＋包(つつむ)[声]。ふっくらしたひさごの意。

[意味] ひさご。ふくべ。ヒョウタンの果実。

【匏瓜(ホウカ)】 [1]ウリの一種。ひさご・ふくべの類。果実がただぶらさがっていることを、人に認められないことにたとえる。〔論語-陽貨〕 [2]牽牛(ケンギュウ)星(アルタイル)の東にある星の名。独身で妻のないことにたとえる。

【匏繋(ホウケイ)】 ふくべのように、食べられずにぶらさがったままになっていること。役に立たない人のたとえ。

【匏尊(ホウソン)・匏樽(ホウソン)】 ひさごでつくった酒だる。

【匏土(ホウド)】 ひさごをくりぬいてつくった笙(ショウ)の笛と、土を焼いてつくった楽器。

21 匕部 さじ

甲骨文 金文 篆文

匕は、人の腰をかがめ、はらばうさまといい、また、人の原形の左右を反転して女性を表すともいう。匕部に属するものは、統一した意味が認められない。匕はさじとして用いられるが、さじの意と人の形との関係は明らかでない。なお、匕を並べた比は別部(81)をなす。

匕 [0画] 匕 匕

匕 [画] ③ 北 ⑨ 匙

匕

751 【匕】 5024 5238 99B6 匕－0 ヒ[漢]/bǐ/さじ

[字解] 部首解説を参照。

[意味] ❶さじ。スプーン。❷あいくち。短剣。

【匕首(ヒシュ・あいくち)】 鍔(つば)のない短刀。

【匕箸(ヒチョ)・匕筯(ヒチョ)】 さじとはし。ひいて、食事。

752 【七】 二二 匕－0 カ(クヮ)[漢]/huà/

[字解] 指事。化(化)の右部で、人をさかさにした形から、かわる意。

匕

[旨] ⇩ 3155　[矣] ⇩ 5257　[眞] ⇩ 5157

匕

[它] ⇩ 1722　[尼] ⇩ 1852　[壱] ⇩ 1456

[皀] ⇩ 5090　[囟] ⇩ 9224　[麀] ⇩ 9546

匕

[化] ⇩ 160　[比] ⇩ 3944

753 【北】 4344 4B4C 966B 匕－3 [常]2 ホク[呉][漢]・ハイ[漢]/běi・bó/ きた・まける

[筆順]

[字解] 会意。人＋匕。互いに背を向けあう二人。そむく・にげる意。また、南(君主が面する方角)にそむくきたの意。

甲骨文 金文 篆文

[同属字] 背・輩

[意味] ❶きた。方角の名。日の出に向かって左の方向。↕南。『北欧』『北上』『極北』『朔北』 ❷まけてにげる。そむく。『降北(コウホク)』『敗北(ハイボク)』 ＊史記-魯仲連鄒陽伝「三戦三北(みたびたたかいみたびにぐ)〔＝三度戦い、そのつど敗走した〕」 ❸固有名詞など。『北京』『北海』

❶きた。方角の名。

[下接] 以北(イホク)・冀北(キホク)・窮北(キュウホク)・極北(キョクホク)・硯北(ケンボク)・湖北(コホク)・塞北(サイホク)・朔北(サクホク)・西北(セイホク)・東北(トウホク)・南北(ナンボク)・洛北(ラクホク)・泰山北斗(タイザンホクト)・南高北低(ナンコウホクテイ)・南船北馬(ナンセンホクバ)

【北欧(ホクオウ)】 ヨーロッパの北部。

【北画(ホクガ)】 「北宗(ホクシュウ)画」の略。中国画法の一。濃彩の山水画を主とする。↕南画

【北朔(ホクサク)】 北方のえびす。

【北至(ホクシ)】 太陽が最も北に来ること。夏至。

【北枝(ホクシ)】 北の方に生え伸びた草木の枝。特に、梅の枝をいう。

【北首(ホクシュ)】 頭を北にして寝ること。北枕(きたまくら)。〔礼記-檀弓下〕

【北上(ホクジョウ)】 北に向かって進むこと。↕南下(ナンカ)

【北辰(ホクシン)】 (北天の星辰の意) 北極星(ホッキョクセイ)。＊論語-為政「為レ政以レ徳、譬如下北辰居二其所一、而衆星共中之上(まつりごとをなすにトクをもってするは、たとえばホクシンのそのところにいて、シュウセイのこれにむかうがごとし)〔＝政治を行うのに為政者の人徳によるということは、ちょうど北極星が自分の場所に動かずにいて、多くの星がそれを取り巻いているようである〕」

【北叟(ホクソウ)】 北辺の老人の意で、「淮南子-人間訓」に見える「塞翁(サイオウ)が馬」の故事の塞翁をいう。

【北狄(ホクテキ)】 中国で、北方のえびす。

【北斗(ホクト)】 北斗七星(ホクトシチセイ)。北天でひしゃく状に並んでいる七つの星。七曜星。七つ星。

【北堂(ホクドウ)】 [1]昔、中国で、家の表座敷の北にある堂。主婦の居室。[2]転じて、母または、他人の母をうやまっていう語。母堂。[3][国]禁中の大学寮の一講堂。

【北辺(ホクヘン)】 北の辺り。北の果て。

【北溟・北冥(ホクメイ)】北方の大海。北の海。＊荘子-逍遥遊「北冥有魚、其名為鯤(ホクメイにうおあり、そのなをコンとなす)〔=世界の北のはての海に魚がいて、その名を鯤という〕」

【北面(ホクメン)】①（中国で、臣下・弟子は北に面して天子・師に対面したところから）臣下、あるいは弟子としてつかえること。②国上皇の御所の北方にある、北面の武士の詰め所。また、上皇の御所を守護する武士。

【北里(ホクリ)】①北にある村里。②遊里。③=北郭(ホッカク)②

【北陸(ホクリク)】国①「北陸道(ホクリクドウ|ホクロクドウ)」の略。②「北陸地方」の略。福井・石川・富山・新潟の四県。【北陸道(ホクリクドウ|ホクロクドウ)】国五畿(ゴキ)七道の一。若狭(わかさ)・越前・加賀・能登(のと)・越中・越後・佐渡の総称。

【北虜南倭(ホクリョナンワ)】明代後期、中国を悩ませた外敵。北方に侵入した蒙古族と南方の海岸を荒らした倭寇。

【北嶺(ホクレイ)】国①比叡山(ヒエイザン)の別称。高野山を南山と呼ぶのに対する。②比叡山の延暦寺(エンリャクジ)の別称。奈良の興福寺を南都と呼ぶのに対する。

【北郭(ホッカク)】①城郭の北。町の北側。＊李白-送二友人一「青山横二北郭一、白水遶二東城一(セイザンはホッカクによこたわり、ハクスイはトウジョウをめぐる)〔=青々とした山は城郭の北側に横たわり、白く光る川は東の城壁あたりをめぐって流れている〕」②国江戸城の北の方角にあった江戸新吉原遊郭の異称。北里。

【北曲(ホッキョク)】①中国、北方系の歌曲および戯曲。元代には元曲とも呼ばれた。②北の隅。

【北闕(ホッケツ)】（「闕」は宮門の意）宮城の北門。上奏謁見をする人が出入りする門。転じて、宮城。皇居。

❸ 固有名詞など。

【北京(ペキン)】中華人民共和国の首都。華北平原の北部にある。遼の副都南京、金の中都燕京、元の首都大都を経て明・清時代に北京と呼ばれた。

【北燕(ホクエン)】中国、五胡十六国の一（四〇九～四三六）。後燕の将の馮跋(フウバツ)が後燕を奪って熱河付近に建てた国。二代で北魏に滅ぼされた。

【北魏(ホクギ)】中国、南北朝時代の北朝の一（三八六～五三四）。鮮卑の拓跋珪(タクバツケイ)（道武帝）が、内蒙古の盛楽に都して建国。東魏・西魏に分裂して滅びた。後魏。

【北魏書(ホクギショ)】中国の正史。二十四史の一。一三〇巻。北斉の文宣帝のとき、魏収の撰。北魏一代の歴史を編年体で記す。魏書(ギショ)。

【北史(ホクシ)】中国の正史。二十四史の一。一〇〇巻。唐の李延寿撰。顕慶四年（六五九）成立。北朝の魏・斉・周・隋の歴史を記す。南史と対をなす。

【北周(ホクシュウ)】中国、南北朝時代の北朝の一（五五七～五八一）。国号は周。西魏の実力者宇文泰の子の覚（孝閔帝）が建国。都は長安。五世のとき隋に滅ぼされた。

【北周書(ホクシュウショ)】中国の正史。唐の令狐徳棻(レイコトクフン)等の撰。北朝、後周の文帝から静帝に至る五世二六年間を中心にした列伝体の正史。本紀八巻、列伝四二巻。周書。

【北斉(ホクセイ)】中国、南北朝時代の北朝の一（五五〇～五七七）。東魏の実力者高洋（文宣帝）が建てた国。六代で北周の武帝に滅ぼされた。

【北斉書(ホクセイショ)】中国の正史。唐の太宗の時、李百薬の撰。南北朝時代の北斉の歴史で本紀八巻、列伝四二巻からなる二十五史の一。

【北宋(ホクソウ)】中国の王朝（九六〇～一一二七）。宋朝が靖康の変で金の圧迫により江南に移るまでをいう。趙匡胤（太田）が五代のあとをうけて建国。首都は汴(ベン)（開封）。

【北朝(ホクチョウ)】①中国の南北朝時代に華北を本拠とした諸王朝。五胡十六国の紛乱後、三八六～五七七年の約二百年間に、北魏・東魏・西魏・北斉・北周の五朝が興亡、北周をついだ隋が南朝の陳を滅ぼして南北を統一した。②国日本で、南北朝時代、吉野を中心とする後醍醐天皇以下の大覚寺統の南朝に対して、室町幕府が京都に擁立した持明院統の朝廷。明徳三年（一三九二）両朝は統一された。

【北庭(ホクテイ)】①匈奴の単于(ゼンウ)の朝廷。転じて、中国で北方えびすの地。②中国、唐の開元年間に現在の新疆ウイグル自治区北東部、孚遠(フエン)県に置かれた都護府の名。

【北平(ホクヘイ)】一九二八～四八年の間の北京(ペキン)の旧称。

【北邙(ホクボウ)】墓場。火葬場。▼中国河南省洛陽市の東北にある北邙山が、後漢以来王侯公卿の墳墓の地として知られるところから。

【北涼(ホクリョウ)】中国、五胡十六国の一（三九七～四三九）。後涼の建康（甘粛）の太守、段業が、甘粛北部に建国。北魏に滅ぼされた。

【北海(ホッカイ)】①中国の漢代、シベリアのバイカル湖の称。②大西洋の付属海。ヨーロッパ大陸とイギリス諸島との間の海域。③中国の広東省南西部、東京(トンキン)湾にのぞむ港湾都市。

難読地名 北淡(ほくだん)町（兵庫）　難読姓氏 北御門(きたみかど|きたみかど)

［死］⇩3893　［此］⇩3887　［牝］⇩4623　［能］⇩6354

754 【匙】 2692 3A7C 8DFA 匕-9　ジ㊐・シ㊊／chí／さじ

字解 形声。匕＋是（さじ）㊐。さじの意。是が別義に用いられるようになったため、のち、匕を加えて、さじの意を明確にした。

意味 ❶さじ。スプーン『円匙(エンピ)』『小匙(こさじ)』『茶匙(チャさじ)』❷あて字など。『飯匙倩(はぶ)』

［鼭］⇩9658

22 匚部 はこがまえ

〈はこ〉　〈かくし〉

甲骨文　金文　篆文　篆文

はこがまえは、方形の箱の象形で、匚を目印に、その部には箱の種類に関する字を収め、かくしがまえは、一画にくぎられることを示す指事文字で、その部には、くぎること、かくすこと等に関する字を収める。隷書以来、両部の形は区別されないのが普通の書き方になったが、旧明朝体活字では、はこがまえを匚、かくしがまえを匸として区別したものがある。常用漢字ではこれらを同形とした。なお、類形としては別に臣（臣部）がある。筆順は、巨臣の場合を除き、一を第一筆とし、乚を最終筆とするのが常例である。

匚 ◆ 匚 匸
匚 ■ ②区 匹 匹 ③ 匜 匝 ④ 匡 匠 医 ⑤ 医 医 匣 匤 ⑦ 匽 ⑧ 匿 匪 ⑨ 區 匾 ⑪ 匯 ⑫ 匱 ⑬ 匳 ⑮ 匵

755【匚】5025 5239 99B7 匚－0
ホウ(ハウ)漢/fāng
字解 部首解説を参照。

756【匸】5030 523E 99BC 匸－0
ケイ漢/xì
字解 部首解説を参照。

757【区】2272 3668 8BE6 匚－2 常3 (772)【區】5031 523F 99BD 匚－9 旧字
ク漢・オウ漢・コウ漢/qū・ōu
筆順 区 区 区 区
字解 会意。區は匚(くぎる)＋品(多くのもの)。多くのものをくわけする意。
甲骨文　篆文
同属字 歐(欧)・毆(殴)・甌・鷗・傴・嘔・嫗・嶇・漚・樞(枢)・謳
参考 万葉仮名では音を借りて「く」。
意味 ❶わける。さかいをつける。さかい。『区域』『区画』『地区』 ❷まちまちであるさま。小さいさま。『区区』 ❸まがる。 ❹国行政上の区画。『千代田区』『区長』

❶ わける。かぎる。また、さかい。
下接 海区カイク・街区ガイク・学区ガック・管区カンク・寰区カンク・教区キョウク・漁区ギョク・地区チク・猟区リョウク
【区域クイキ】区切りをした境域。区画した範囲。
【区宇クウ】①一定の地域。②天下。宇内ウダイ。
【区画・区劃クカク】土地などを仕切って区切ること。しきり。『区画整理』 ▶書き換え「区劃→区画」。
【区処クショ】区分して処理すること。
【区分クブン】区切って分けること。『土地区分』
【区別クベツ】違いや種類によって分けること。

❷ まちまちであるさま。小さいさま。
【区区クク】①小さくて取るに足らないさま。②別々でまとまっていないさま。まちまちなさま。

758【匹】4104 4924 9543 匚－2 常 (759)【匹】二 匚－2
ヒチ呉・ヒツ漢・ヒキ慣/pǐ/ひき
筆順 匹 匹 匹 匹
字解 象形。特徴的なしっぽの生えた馬の尻の形に象るという。馬を数える数詞。配・比に通じ、たぐいの意に用いる。一説に、布二反をかけた形から、布地の長さの単位を表す象形字ともいう。疋に通じる。
金文　篆文
意味 ❶つれそう。つれあい。なかま。また、あやかる。『匹偶』『匹敵』『妃匹ヒヒツ』『良匹リョウヒツ』 *荘子-逍遥遊「衆人匹レ之シュウジンこれにたぐいせんとす」〔＝世間の人はこの人にあやかりたいと願っている〕」 ❷一つ。たった一つ。また、身分の低い。『匹夫』 ❸国ひき。㋑動物を数える語。㋺布の長さの単位。二反。㋩昔の金銭の単位。十文。

❶ つれそう。なかま。また、たぐう。
【匹偶・匹耦ヒツグウ】①つれあい。配偶。②たぐい。仲間。相手。とも。③夫婦となること。

【匹儔ヒッチュウ】(「儔」も仲間の意)匹敵すること。仲間。

【匹敵ヒッテキ】同程度であること。肩を並べること。

【匹配ヒッパイ】①相ならぶこと。②つれあい。配匹。

❷ 一つ。また、いやしい。身分の低い。
【匹雛ヒッスウ】一ぴきのひな。

【匹馬ヒツバ】一ぴきの馬。また、馬。馬匹。

【匹夫ヒップ】①一人の男。②身分の低い男。また、道理を解さない男。つまらない男。【匹夫之勇ヒップのユウ】ただ血気にはやるばかりの、むだな勇気。小勇。〔孟子-梁恵王下〕【匹夫匹婦ヒップヒップ】つまらぬ男女。身分教養の低い男女。ごくありふれた凡人。〔論語-憲問〕【匹夫不レ可レ奪レ志也ヒップもこころざしをうばうべからざるなり】身分の低いつまらない男でも、志がしっかりしていれば、何人もそれを動かすことはできない。〔論語-子罕〕

【匹婦ヒップ】身分の低い女。また、道理に暗い女。

【匹練ヒツレン】①一匹ヒキの練絹ねりぎぬ。②滝や湖の表面などが①の形に似ているさまを形容していう。

【巨】⇩2012

760【匜】*2006 匚－3
イ漢/yí
字解 形声。匚(うつわ)＋也(流れでる)声。ひさげ、はんぞう(水や酒などを入れる器)の意。
甲骨文　金文

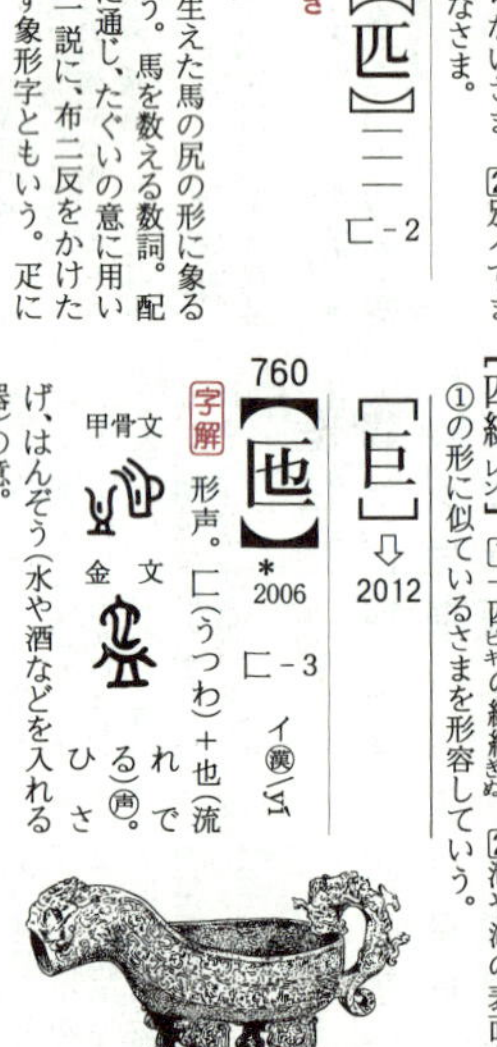
匜〔故宮博物院蔵〕

761【帀】3357 4159 9178 匚－3
ソウ「帀」(2033)の異体字

【叵】⇩898

762【匡】2209 3629 8BA7 匚－4 人
キョウ(キャウ)呉漢・オウ(ワウ)呉漢/kuāng/ただす・まさ
字解 形声。匚＋王(＝㞷→広、広大)声。中が広いはこの意。転じて、ただす意に用いる。
金文　篆文
同属字 筐・恇・框
意味 ❶はこ。ひつ。めしびつ。 ❷ただす。正しく改める。また、ただして救う。『匡正』『匡救』 ❸固有名詞。『匡廬キョウロ』

❷ ただす。また、すくう。
【匡益キョウエキ】時弊をただし、すくうこと。

【匡諫キョウカン】悪をただし、いさめること。

【匡救キョウキュウ】悪をただし、危を救うこと。

【匡済キョウサイ】悪をただし、救って善導すること。悪事をただし、世の乱れを救うこと。

【匡正キョウセイ】正しい状態に改め直すこと。

【匡復キョウフク】ただし救って、もとどおりにすること。

【匡輔キョウホ】誤りをただし、その及ばないところを助けること。

❸固有名詞。

【匡廬(キョウロ)】廬山の別称。中国江西省にあり、周の時代に、仙人の匡俗がかくれ住んだので名づけられた。＊白居易-香炉峰下、新卜㆓山居㆒、草堂初成、偶題㆓東壁㆒「匡廬便是逃㆑名地(キョウロはすなわちなをのがるるチ)」〔＝ここ匡廬こそは、俗世間の名利を忘れることのできる地である〕

763 【匠】 3002 3E22 8FA0 匚-4 常 ショウ(シャウ)呉漢/jiàng/たくみ

筆順 匠

字解 会意。匚(さしがね)+斤(おの)。大工・技術者の意。

意味 ❶たくみ。職人。技芸にすぐれた人。『画匠』『巨匠』『鷹匠(たかジョウ)』❷先生。『師匠(シショウ)』『宗匠(ソウショウ)』❸もくろみ。工夫。考案。『意匠(イショウ)』

❶たくみ。職人。技芸にすぐれた人。

下接 鵜匠(うショウ)・学匠(ガクショウ)・楽匠(ガクショウ)・画匠(ガショウ)・巨匠(キョショウ)・工匠(コウショウ)・染匠(センショウ)・鷹匠(たかジョウ)・刀匠(トウショウ)・番匠(バンショウ)・筆匠(ヒッショウ)・巫匠(フショウ)・名匠(メイショウ)・木匠(モクショウ)・良匠(リョウショウ)

【匠家(ショウカ)】だいく。大工の家。

【匠工(ショウコウ)】物を造ることを職とする人。職人。

【匠氏(ショウシ)】だいく。木工。

【匠人(ショウジン)】だいく。また、広く、職人。

❸もくろみ。工夫。考案。

【匠意(ショウイ)】芸術作品などの制作にこらす心。

【匠気(ショウキ)】芸術家などが技巧をひけらかし、好評を得ようとする気持ち。

764 【⿷匚夭】 匚-4 フ 「簠」(5735)の異体字

765 【医】 1669 3065 88E3 匚-5 常3
(8265)〔醫〕 7848 6E50 E7CE 酉-11 旧字
(766)〔医〕 匚-5 イ呉漢/yī

筆順 医

字解 常用漢字では、医は醫の略体。醫は形声。酉(薬酒)+殹(一説に病んだこえ)声。薬を使って病気をなおす意。医はもと別字で会意。匚(はこ)+矢(や)。矢を入れるはこの意。

甲骨文

篆文

醫の篆文
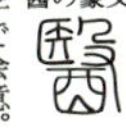

意味 いやす。病気をなおす。また、病気をなおす人。

下接 軍医(グンイ)・侍医(ジイ)・獣医(ジュウイ)・大医(タイイ)・中医(チュウイ)・鍼医(はりイ)・名医(メイイ)・庸医(ヨウイ)・良医(リョウイ)・御典医(ゴテンイ)

【医王(イオウ)】①仏のこと。医者が病人を救うように、仏が人々を救うところから。②薬師如来の異称。医王仏。

【医家(イカ)】医師。医者。また、その家。

【医学(イガク)】生命現象の探究と疾病の治療、予防に関する研究をする学問。『臨床医学』

【医師(イシ)】①中国、周代の官名。医療をつかさどる長官。②医者。

【医者(イシャ)】傷病の診断、治療を職業とする人。医師。

【医術(イジュツ)】病気や傷を診察、治療する技術。

【医心方(イシンボウ)】日本最古の医書。丹波康頼撰述。三〇巻。永観二年(九八四)完成。「外台秘要」「病源候論」など、隋、唐の医書八十余種から引用、編纂(ヘンサン)したもの。

【医伯(イハク)】(「伯」は芸に長じているの意)医師を敬っていう語。すぐれた医師。

【医方(イホウ)】病気を治療する方法。医術。

【医薬(イヤク)】①病気の治療に用いる薬。②医術と薬剤。

【医療(イリョウ)】医術を用いて病気を治すこと。『医療機器』

767 【匣】 5026 523A 99B8 匚-5 ゴウ(ガフ)呉・コウ(カフ)漢/xiá/はこ・くしげ

字解 形声。匚+甲(おおいつつむ)声。こばこの意。

同属字 ⿱竹匣

意味 はこ。こばこ。『鏡匣(キョウコウ)』『玉匣(ギョッコウ)』『文匣(ブンコウ)』『宝匣(ホウコウ)』

768 【⿷匚古】 匚-5 フ 「簠」(5735)の異体字

769 【匽】 匚-7 エン呉漢

字解 形声。匚+妟声。かくれる、かくす意。

同属字 偃・堰・蝘・鼴

770 【匿】 3831 463F 93BD 匚-8 常 ジョク(ヂョク)漢・トク慣/nì/かくす・かくまう
(773)〔匿〕 匚-9 旧字

筆順 匿

字解 形声。匚+若(柔順)声。かくれておとなしい意から、かくれる意。一説に会意字ともいう。

金文

篆文

同属字 慝・暱

意味 かくす。かくれる。かくまう。

下接 隠匿(イントク)・晦匿(カイトク)・竄匿(ザントク)・舎匿(シャトク)・潜匿(セントク)・蔵匿(ゾウトク)・逃匿(トウトク)・秘匿(ヒトク)・避匿(ヒトク)・伏匿(フクトク)・亡匿(ボウトク)

【匿名(トクメイ)】自分の姓名を隠すこと。『匿名批評』

771 【匪】 4059 485B 94D9 匚-8 ヒ呉漢/fěi/あらず

字解 形声。匚+非(わかれそむく)声。二つに分かれるはこの意。借りて助字に用いる。

意味 ❶あらず。…でない。否定を示す。「非」に同じ。『匪躬』『匪石』＊十八史略-五帝「立㆓我烝民㆒、莫㆑匪㆓爾極㆒(わがジョウミンをたつるは、なんじのキョクにあらざるなし)」〔＝われわれ万民の暮らしの立ってゆくのは、あなたのこの上もない徳によらない点は一つもない〕❷正しくない。わるもの。『匪人』『匪賊』『匪徒』『学匪(ガクヒ)』『拳匪(ケンピ)』『土匪(ドヒ)』

【匪躬(ヒキュウ)】わが身を顧みないで主君のため、または国のために忠義を尽くすこと。匪躬之節。〔易経-蹇〕
【匪人(ヒジン)】人でなし。悪人。
【匪石(ヒセキ)】(心が転がる石のようではないの意)志が堅く定まって動揺しないこと。＊詩経-邶風(ハイフウ)・柏舟「我心匪㆑石、不㆑可㆑転也(わがこころはいしにあらず、テンずべからざるなり)」〔＝私の心は石ではないから、ころがすことはできない〕
【匪賊(ヒゾク)】集団で出没し、殺人、掠奪などをする盗賊。
【匪徒(ヒト)】徒党を組んで人々を襲い、掠奪暴行を加える賊。匪賊。

772 【區】 5031 523F 99BD 匚-9 ク 「区」(757)の旧字

773 【匵】 二一 匸-9 トク 「匵」(770)の旧字

774 【匾】 *2021 匸-9 ヘン㊥㊤\biǎn

字解 形声。匸(容器)+扁(ひらたい)㊭。うすい器の意から転じて、うすい意。

775 【匯】 5027 523B 99B9 匸-11 (4246)〔滙〕二一 水-10

エ(ヱ)㊥・カイ(クヮイ)㊤・ワイ㊨\huì

字解 形声。匸+淮(かこみめぐる)㊭。水がめぐりあつまる意。

意味 ❶めぐる。水が旋回する。❷多くの川の合流する所。物の集まる所。集まり。『匯集(カイシュウ)』❸為替(かわせ)。

776 【匱】 5028 523C 99BA 匸-12 キ㊥㊤\kuì・guì\ひつ

字解 形声。匸+貴(とうとい)㊭。貴重なものを入れるはこの意。

同属字 櫃

意味 ❶ひつ。大きな箱。『匱櫝』❷とぼしい。また、尽きる。『匱竭』『匱乏』『困匱(コンキ)』『乏匱(ボウキ)』*列子-黄帝「俄而匱焉(にわかにしてとぼし)〔=急に食糧がとぼしくなった〕」

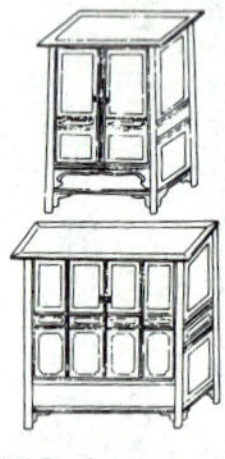
匱❶〔三才図会〕

【匱竭(キケツ)】(「竭」はなくなるの意)物が乏しくなって尽きること。

【匱櫝(キトク)】はこ。ひつ。

【匱乏(キボウ)】物が不足していること。欠乏していること。

777 【匳】 5029 523D 99BB 匸-13 (1522)〔奩〕 5294 547E 9AFC 大-11

レン㊤\lián\はこ

字解 形声。匸+僉(あつめる)㊭。物をあつめしまう小ばこの意。

778 【匵】 *2018 匸-15 トク㊤\dú\はこ・ひつ

字解 形声。匸(いれもの)+賣㊭。はこ。こばこ。

篆文 [篆文]

意味 はこ。ひつ。*論語-子罕「韞匵而蔵諸(はこにおさめてこれをゾウせんか)〔=はこに入れてしまいこんでおこうか〕」

23 匸部 かくしがまえ

匸(22)に合併。

24 十部 じゅう

甲骨文 金文 篆文

十は、はりの形に象る。針の原字。十部には、十を部首とし、数の十に関するもののほか、十の形が目印になる字を収める。

十 〔0画〕 十 ①廾 ②升 卅 ③半 㸺 ④卍 ⑥ 𠦝

十 〔上〕 ③卉 ④卉 𠦃 ⑦南

十 〔下〕 ①卂 千 ②午 卆 ⑤𠦒 ⑥𠦒 卒 卓 卑 ⑦単 卑

十 〔左〕 ⑥協 ⑩博 博

十

779 【十】 2929 3D3D 8F5C 十-0 常1

ジュウ(ジフ)㊥・シュウ(シフ)㊤・ジッ㊨\shí\と・とお・そ

筆順 一 十

字解 部首解説を参照。

参考 (1)万葉仮名では訓を借りて「そ㊙」、「と㊚」。(2)金額を記す場合、改竄(カイザン)を防ぐために「拾」を用いることがある。

意味 ❶数の名。とお。また、一〇番目。『十五夜』『十二支』『十戒』❷たてよこに線の交わった形。『南十字星』『十字架』❸満ち足りているさま。また、数量などの多いこと。『十全』『十分』❹あて字、固有名詞など。『十露盤(そろバン)』

❶ 数の名。とお。また、一〇番目。

【十家(ジッカ)】中国、先秦時代の一〇の代表的な学派。儒家・道家・陰陽家・法家・名家・墨家・縦横家・雑家・農家・小説家。『九流十家』

【十戒・十誡(ジッカイ)】①(十戒)仏道修行上、守らなければならない一〇の規律。②(十誡)キリスト教で、神がモーゼに与えたという一〇の戒め。

【十界(ジッカイ)】仏語。迷いと悟りの両界を一〇に分けたもの。迷界での地獄界・餓鬼界・畜生界・修羅界・人間界・天上界と、悟界における声聞界・縁覚界・菩薩界・仏界の称。

【十干(ジッカン)】中国、殷代に、一〇日を一巡とする順序詞の系列。甲(コウ・きのえ)・乙(オツ・きのと)・丙(ヘイ・ひのえ)・丁(テイ・ひのと)・戊(ボ・つちのえ)・己(キ・つちのと)・庚(コウ・かのえ)・辛(シン・かのと)・壬(ジン・みずのえ)・癸(キ・みずのと)。わが国の訓は、五行にあて、兄(え)と弟(おと)に分けている。十二支と合わせて六〇を一巡とし、暦の年・日を示す。

【十哲(ジッテツ)】一〇人のすぐれた人。→孔門十哲

【十方(ジッポウ)】東・西・南・北の四方と、北東・東南・南西・西北の四隅と、上・下を合わせた称。あらゆる方角、場所。

【十悪(ジュウアク)】仏教で、一〇種の罪悪。殺生・偸盗(チュウトウ)・邪淫(ジャイン)・妄語(モウゴ)・両舌・悪口(アック)・綺語(キゴ)・貪欲(トンヨク)・瞋恚(シンイ)・邪見(ジャケン)の総称。↔十善

【十駕(ジュウガ)】(「駕」は馬に乗る意)一〇日間馬に乗ること。遅い馬も一〇日走れば駿馬に追いつくことから、鈍才も努力しだいで成功することをいう。〔荀子-勧学〕

【十義(ジュウギ)】儒教でいう、人のふみ行うべき十箇条の道。父の慈、子の孝、兄の良、弟の弟(悌)、夫の義、婦の聴、長の恵、幼の順、君の仁、臣の忠の一〇。

【十五夜(ジュウゴヤ)】陰暦一五日の夜。特に、陰暦八月一五日の夜。また、その夜の月。芋名月(いもメイゲツ)。

【十三経(ジュウサンギョウ・ジュウサンケイ)】儒教の一三の教典。「易経」「書経」「詩経」「周礼(シュライ)」「儀礼(ギライ)」「礼記(ライキ)」「春秋左氏伝」「春秋公羊(クヨウ)伝」「春秋穀梁(コクリョウ)伝」「論語」「孝経」「爾雅(ジガ)」「孟子」の一三。

【十三夜(ジュウサンヤ)】陰暦一三日の夜。特に、陰暦九月一三日の夜。また、その夜の月。栗名月(くりメイゲツ)。豆名月。

【十善(ジュウゼン)】①仏教で、十悪を犯さないこと。↔十悪。②前世に①を行った果報によってこの世で受けるものの意で、天子、天皇。③一〇人の善友。

【十二宮(ジュウニキュウ)】春分点を基準に、黄道帯(コウドウタイ)を一二等分し、それぞれに近くの星座名をつけたもの。

【十二支(ジュウニシ)】年、時刻、方角など十二を一巡とする、また全体を十二区分するものの順序に与えた名の系列。子(シ・ね)(鼠(ねずみ))・丑(チュウ・うし)(牛)・寅(イン・とら)(虎)・卯(ボウ・う)(兎(うさぎ))・辰(シン・たつ)(竜)・巳(シ・み)(蛇)・午(ゴ・うま)(馬)・未(ビ・ひつじ)(羊)・申(シン・さる)(猿)・酉(ユウ・とり)(鶏)・戌(ジュツ・いぬ)(犬)・亥(ガイ・い)(猪(いのしし))の総称。両方の影響があり、秦以前に動物名と符合した。→十干

【十二獣(ジュウニジュウ)】十二支に配した一二種の動物。

【十二律(ジュウニリツ)】中国や日本の雅楽に用いられた一二の音。六律と六呂。十二調子。一オクターブ間を一律(約半音)の差で一二に分けたもの。

【十八番(ジュウハチバン)】国①「歌舞伎(かぶき)十八番」の略。普通は、市川家の当たり狂言一八種をいう。②とっておきの、得意とする芸。おはこ。また、よく口にする言葉や動作。

【十夜(ジュウヤ)】国浄土宗で、陰暦の一〇月六日から一五日まで十昼夜、念仏を唱える法要。十夜念仏。お十夜。

【十有五(ジュウユウゴ)】(「有」は「又」に同じ。十と五の意)一五歳。→志学。＊論語-為政「吾十有五而志二乎学一(われジュウユウゴにしてガクにこころざす)〔=私は十五歳で学問に志した〕」

【十翼(ジュウヨク)】易の経文に付属し、これを解説・説明する一〇編の書。彖(タン)伝上下・象(ショウ)伝上下・繋辞(ケイジ)伝上下・文言(ブンゲン)伝・説卦伝・序卦伝・雑卦伝のこと。

【十六夜(ジュウロクヤ・いざよい)】陰暦一六日の夜。特に、陰暦八月一六日の夜。また、その夜の月。

【十六羅漢(ジュウロクラカン)】仏の命を受け、長くこの世にとどまり、正法を守るという一六人の阿羅漢(アラカン)。

【十日之菊(とおかのキク)】菊の節句は陰暦九月九日であるのに、その翌日に咲いた菊。時期におくれて間に合わないことのたとえ。〔鄭谷-十日菊〕

❷ たてよこに線の交わった形。

【十字(ジュウジ)】十の字の形。十文字。『十字架』『十字路』『赤十字』

【十文字(ジュウモンジ)】十の字の形。縦横に交わった形。

❸ 満ち足りているさま。また、多いこと。

【十全(ジュウゼン)】完全であるさま。万全。

【十二分(ジュウニブン)】国十分すぎるほどたっぷりであるさま。♥「十分」を強調していう語。

【十分(ジュウブン)】満ち足りて何ひとつ不足のないさま。

【十万億土(ジュウマンオクド)】仏教で、この世から極楽浄土に行くまでにあるという無数の仏土をいう。

〖十目所レ視十手所レ指(ジュウモクのみるところジッシュのゆびさすところ)〗多くの人の判断や意見が一致すること。多人数がそれと認めるところは間違いないものだというたとえ。「十目の見る所、十指の指す所」とも。〔大学〕

❹ あて字、固有名詞など。

【十手(ジッて)】江戸時代、同心などが携帯した道具。手元に鉤(かぎ)の付いた鉄の棒。

【十能(ジュウノウ)】国炭火を盛って運ぶ器。金属製の容器に木の柄を付けたもの。

【十八史略(ジュウハッシリャク)】中国の史書。二巻。元の曾先之撰。太古から宋代に至る歴史を「史記」以下一七の正史と宋関係の史料によって記述したもの。編年史で、逸話風に書かれている。

【十露盤(そろバン)】計算するときに使う道具。算盤(そろバン)。

難読地名 十六島(うっぷるい)鼻(島根) 十種ケ峰(とくさがみね)(山口・島根) 十津川(とつかわ)村(奈良)
難読姓氏 十六原(いさはら) 十枝内(としない)

780 【卄】 十-1
ジュウ「廿」(2185)の異体字

781 【升】 3003 3E23 8FA1 十-2 常
ショウ(呉)(漢)/shēng/ます・のぼる

筆順 

字解 象形。中に物が入っているひしゃくに象り、ひしゃくですくいあげる、その中に入る容量の意。

金文 篆文 

同属字 昇・枡・陞

意味 ❶尺貫法の容量の単位。合の一〇倍、斗の一〇分の一。国と時代とで大きさが異なる。『一升瓶(イッショウびん)』❷ます。また、ますのような形をしたもの。❸のぼる。すすみあがる。また、みのる。さかえる。「昇」に同じ。『升沈』『升騰』＊論語-先進「由也升レ堂矣、未レ入二於室一(ユウやドウにのぼれり、いまだシツにいらざるなり)〔=由(子路)は、表座敷には昇っているが、奥の間にはまだ入っていない〕」❹易の六十四卦の一。☷☴、上卦は坤(コン)(=地)、下卦は巽(ソン)(=風)。幹が次第に生長して上にのぼる象。

❷ ます。また、ますのような形をしたもの。

〖以レ升量レ石(ショウをもってコクをはかる)〗(一升のますで一石の量をはかる意)愚者には賢者の大きな心が理解できないことのたとえ。〔淮南子-繆称(ビュウショウ)訓〕

【升酒(ますざけ)】升に入れた酒。

❸ のぼる。また、みのる。さかえる。

【升遐(ショウカ)】帝など、貴人が死ぬこと。登遐(トウカ)。

【升沈(ショウチン)】①昇ることと沈むこと。上下。②勢いがさかんになることと衰えること。③良い方へ向かうことと悪い方へ向かうこと。悟りと迷い。

【升騰(ショウトウ)】①上にあがること。また、上にあげること。②値段の高くなること。騰貴。

【升聞(ショウブン)】(のぼりきこえる意)天子の耳に入ること。

【升平(ショウヘイ)】①穀物がよく実って、その値段が安定していること。②世の中が平和に治まっていること。また、次第に平和になっていく時代。

782 【卅】 5033 5241 99BF 十-2
ソウ(サフ)(漢)/sà/みそ

字解 会意。十を三つ合わせ(合字)、三十の意。

甲骨文 金文 篆文 

[廿] ⇩2185

783 【半】 4030 483E 94BC 十-3 常2
(784)〖半〗 十-3 旧字
ハン(呉)(漢)/bàn/なかば・なから

筆順 半 半 半 半 半

字解 会意。キ(＝牛)＋八(わける)。二分した牛、また、物のはんぶんの意。

金文  篆文 

同属字 判(判)・伴(伴)・拌・畔(畔)・胖・袢・絆

参考 万葉仮名では音を借りて「は」。

意味 ❶二つに分ける。二つに分けたものの片方。「半月」「半分」「過半(カハン)」「前半(ゼンハン)」 ❷なかほど。中途。なかば。たけなわ。また、おおよそ。「半開」「大半(タイハン)」「夜半(ヤハン)」 ❸不完全。不十分。また、わずか。「半端」「一知半解(イッチハンカイ)」「生半(なまなか)」「生半可(なまハンカ)」 ❹[国]奇数。「丁半(チョウハン)」 ❺あて字など。「半平(ハンペン)」

❶ 二つに分ける。二つに分けたものの片方。

[下接] 一半(イッパン)・過半(カハン)・後半(コウハン)・四半(シハン)・折半(セッパン)・前半(ゼンハン)・有半(ユウハン)／寸半(きなか)・小半(こなから)

【半季(ハンキ)】①各季節の半分。②一年の半分。半年。

【半規(ハンキ)】（「規」は、コンパス、ひいて円の意）丸いもの半分。半円形のもの。特に、半月。

【半期(ハンキ)】一年の半分。また、全期限の半分。

【半弓(ハンキュウ)】[国]小型の遊戯用の弓。

【半休(ハンキュウ)】半日だけとる休暇。半日休暇。

【半球(ハンキュウ)】球をその中心で二分したものの一方。また、地球の全表面を二分したうちの一方。「南半球」

【半径(ハンケイ)】①円または球で、直径の半分。②転じて、活動する範囲の距離。「行動半径」

【半月(ハンゲツ｜ハンつき)】①（ハンゲツ）半円形をした月。弦月。②（ハンつき）一か月の半分の日数。

【半券(ハンケン)】領収や預かりなどのしるしとして、券の半分を切り取って渡すもの。

【半減(ハンゲン)】半分にへること、へらすこと。「半減期」

【半紙(ハンシ)】習字などに使う和紙。「藁半紙(わらバンシ)」▼延紙(のべがみ)を半分にした紙の意。

【半菽(ハンシュク)】半分豆をまぜたかゆ。粗末な食べ物。

【半畳・半帖(ハンジョウ)】[国]①一畳の半分。②昔、芝居小屋などで、観客に貸した小さなござ、敷物。「半畳を入れる」（＝役者の演技に対する不満を半畳を投げて示したことから、他人の話をからかう、まぜかえす意）

【半数(ハンスウ)】全体の半分の数。「過半数」

【半生(ハンセイ)】一生涯の半分。また、その時までの生涯。

【半切・半截・半折(ハンセツ)】①半分に切ること。②（半折）唐紙(トウシ)、画仙紙(ガセンシ)などの一枚を、縦に二つに切ったもの。また、それに書いた書画。

【半双(ハンソウ)】一対(イッツイ)となっているものの片方。

【半天(ハンテン)】天の半分。→❷
【半点(ハンテン)】一点の半分。わずか。少しばかり。

【半纏・半天(ハンテン)】[国]上着の一種。羽織に似ているが、丈がやや短めで胸紐(むなひも)をつけず、襟の折り返しのないもの。

【半半(ハンハン)】半分ずつ。五分五分(ゴブゴブ)。

【半風子(ハンプウシ)】シラミのこと。▼「虱」の字が「風」という字の半分だという意。

【半分(ハンブン)】二つに分けた一方。二分の一。

【半璧(ハンペキ)】①半分に欠けた璧玉。②弓張り月。弦月。

【半面(ハンメン)】①面の半分。また、顔の半分。②物の片側。別の面。【半面之識(ハンメンのシキ)】少しばかり顔見知りであること。〔後漢書－応奉伝・注〕

【半夜(ハンヤ)】一夜を二分した一方。→❷
【半裸(ハンラ)】上半身に衣類をつけていないこと。↔全裸
【半輪(ハンリン)】①一輪の半分。半円形。＊李白－峨眉山月歌「峨眉山月半輪秋(ガビサンゲツハンリンのあき)」〔＝峨眉山にかかる秋の片割れ月〕②半円形の月。

❷ なかほど。なかば。また、おおよそ。

[下接] 夏半(カハン)・強半(キョウハン)・大半(タイハン)・中半(チュウハン)・夜半(ヤハン)

【半開(ハンカイ)】①戸や花などがなかば開くこと。半開き。②文明が少し開けていること。

【半眼(ハンガン)】目をなかば開くこと。また、その目。

【半旗(ハンキ)】[国]弔意を表すために、旗を旗ざおの先端から少し下げて掲げるもの。

【半空(ハンクウ)】なかぞら。半天。中天。中空。

【半子(ハンシ)】（なかば子にあたるの意）むこ。女婿(ジョセイ)。

【半死半生(ハンシハンショウ)】今にも死にそうなこと。

【半宵(ハンショウ)】よなか。半夜。中宵。

【半信半疑(ハンシンハンギ)】なかば信じ、半ば疑うこと。

【半酔(ハンスイ)】なかば酒に酔っていること。なまよい。

【半天(ハンテン)】なかぞら。中空。中天。→❶
【半途(ハント)】物事の途中。なかば。中途。【半途而廃(ハントにしてハイす)】物事を中途でやめる。〔中庸〕

【半道(ハンドウ｜ハントウ)】道のなかば。半途。中途。

【半白(ハンパク)】白髪まじりの毛髪。ごましお頭。

【半臂(ハンピ)】[国]昔、束帯の時、袍(ホウ)と下襲(したがさね)の間につける胴衣。身二幅で袖がない短い衣で、着けると臂(ひじ)のなかばまで達するのでこの名がある。はひ。

【半腹(ハンプク)】山の頂上とふもととの中間。中腹。

【半壁(ハンペキ)】①壁、築墻(チクショウ)の中ほど。②山やがけ、天空などの中ほど。

❸ 不完全。不十分。また、わずか。

【半夜(ハンヤ)】まよなか。夜半(ヤハン)。→❶
【半解(ハンカイ)】一部分だけを知って、全体を理解できないこと。なまかじり。「一知半解」
【半可通(ハンカツウ)】[国]未熟なのにいかにも通人らしくすること。また、その人。半可。
【半玉(ハンギョク)】[国]一人前でない芸者で、玉代も半分のもの。おしゃく。↔一本
【半端(ハンぱ)】①全部完全にそろっていないこと。「中途半端」②どちらともつかないこと。

❺ あて字など。

【半夏生(ハンゲショウ)】①七十二候の一。夏至から一一日目で、七月二日ごろに当たる。▼薬草の半夏（カラスビシャク）の生えるころの意。②ドクダミ科の多年草の一。

【半田(ハンだ)】鉛と錫(すず)の合金。金属同士の接合に用いる。

【半平・半片(ハンペン)】[国]すりつぶした白身魚に、ヤマノイモなどをすり加えて蒸すかゆでるかしたもの。▼半平(ハンペイ)という料理人が初めて作ったという。

[難読姓氏] 半谷(はんがい)

785 【卍】 5036 5244 99C2 十－4 マン[呉]・バン[漢]/wàn/まんじ

字解 指事。もとインドで神の胸の旋毛の形。仏教で、仏身に現れる功徳円満吉祥の象。中国での訳経の際「万」の字に当てた。

意味 梵字で「万」に当たる字。また、「卍」のような形。日本では寺院の標識、記号などに用いる。

【卍巴(まんじともえ｜まんじどもえ)】卍や巴の模様のように、縦横に入り乱れるさま。

786 【𠦝】 ――― 十－6 カン「倝」(139)の異体字

2画 二亠人(𠆢・亻)儿入八(丷)冂冖冫(⺀)几凵刀(刂)力勹匕匚匸十卜卩(㔾)厂厶又

［畝］⇩4951

十 ［5画］

［古］⇩939

787 【卉】 5035 5243 99C1 十－3
キ 「卉」(788)の異体字

788 【卉】 二一 十－4
(6539)【𦮙】 ＊5524 艸－3

(787)【卉】 5035 5243 99C1 十－3
キ[呉][漢]\huì
[字解] 会意。三つの草をあわせて、多くの草・全ての草の意。
[意味] くさ。草の総称。『花卉(カキ)』『珍卉(チンキ)』『芳卉(ホウキ)』

789 【丗】 ＊2024 十－4
セ 「世」(8)の異体字

［克］⇩458　［尭］⇩466　［直］⇩5155

790 【南】 3878 466E 93EC 十－7 [常]2
ナン[呉]・ダン[漢]・ナ[慣]\nán\
みなみ

[筆順] 南 南 南 南 南 南

[字解] 形声。㞢(おんしつ)＋羊(入りおかす)[声]。もと、会意。屮(くさ)＋入(はいる)＋凡(かぜ)。入りこんで植物をそだてる暖かいみなみ風の意という。南方由来のつり下げた楽器の象形字ともいう。

甲骨文

金文

篆文

[同属字] 喃・楠・諵
[参考] 万葉仮名では音を借りて「な」。
[意味] ❶方角の名。みなみ。日の出に向かって右の方向。↕北。『南船北馬』『南下』『南北(ナンボク)』 ❷あて字、固有名詞など。『南瓜(カボチャ)』『南朝』

❶ 方角の名。みなみ。

[下接] 江南(コウナン)・湖南(コナン)・指南(シナン)・湘南(ショウナン)・西南(セイナン)・東南(トウナン)・斗南(トナン)・図南(トナン)・洛南(ラクナン)・嶺南(レイナン)・淮南(ワイナン)

【南下(ナンカ)】 南へ向かって進むこと。↕北上

【南柯(ナンカ)】 南にさし出した枝。【南柯之夢(ナンカのゆめ)】 夢のこと。また、はかないこと。↓槐安夢(カイアンのゆめ)

【南画(ナンガ)】 中国の絵画の様式。淡彩の山水画を特色とする。文人画。↕北画

【南海(ナンカイ)】 南方の海。南洋の海。

【南澗・南磵(ナンカン)】 南の谷川。南国の谷川。＊柳宗元-南澗中題「秋気集二南澗一(シュウキナンカンにあつまる)」〔＝秋の気配がこの南国の谷川に集中している〕

【南曲(ナンキョク)】 中国の南方系の古典劇。南宋のころの浙江省温州の地方劇を起源とする。元代は北方系の元曲に圧倒されていたが、高明の「琵琶記」を契機として明代に入り盛んとなった。

【南去北来(ナンキョホクライ)】 南に行ったり北に来たりすること。東奔西走。

【南山(ナンザン)】 南方にある山。＊陶潜-飲酒「採レ菊東籬下、悠然見二南山一(キクをとるトウリのもと、ユウゼンとしてナンザンをみる)」〔＝菊の花を東の垣根のそばでつみとって(ふと目をあげると)、わたしの目に、はるか南の方の山の姿が望まれた〕」↓❷

【南至(ナンシ)】 冬至の日。♥太陽が最も南に寄る。

【南枝(ナンシ)】 南の方に生えのびた草木の枝。日あたりのよい枝。特に早咲きの梅の枝。↕北枝

【南宗(ナンシュウ)】 禅宗、主に南方に広まった慧能(エノウ)の系統。北宗が漸々修証を主とするのに対して、南宗は頓悟成仏を主とする。日本の禅宗はこの流派。南禅。

【南船北馬(ナンセンホクバ)】 絶えず方々に旅を続けること。〔淮南子-斉俗訓〕♥中国でその交通に、河の多い南部では船を、山の多い北部では馬を用いたところからいう。

【南内(ナンダイ)】 ①中国、唐の宮城内の南東にあった興慶宮の別称。②南宋の時、皇居のこと。

【南中(ナンチュウ)】 ①中国の南の地方。嶺南(レイナン)の地方。②天体が天頂の南側で子午線を通過すること。

【南天(ナンテン)】 ①南の空。②メギ科の常緑低木。実は、普通赤く熟す。

【南蛮(ナンバン)】 ①南方の野蛮人。②[国]戦国時代以後東南アジアを指した。また、東南アジアを根拠地として来たポルトガル・スペイン等の称。③[国]トウガラシの異名。

【南風不レ競(ナンプウきそわず)】(「南風」は、南方の音楽の意) 南方の楚(ソ)の国の音楽の調子が弱く活気のないこと。南方の国の勢力が弱いことのたとえ。〔左伝-襄公一八年〕

【南畝(ナンポ)】 南の田畑。広く田畑のこと。

【南冥・南溟(ナンメイ)】 南方の大海。

【南面(ナンメン)】(中国で、天子は南に面して臣下に対面したところから) 君主の位につくこと。

❷ あて字、固有名詞など。

【南瓜(カボチャ)】(ポルトガル Cambodiaから) ウリ科のつる性一年草。果実と種子は食用。とうなす。

【南無・南无(ナム)】(梵 namas) 仏や菩薩などに帰依(キエ)することを表す唱え言葉。帰命頂礼。【南無三宝(ナムサンボウ)】 ①(「三宝」は仏・法・僧) 三宝に呼びかけて仏の救いを求める語。②[国]驚いたり失敗したりしたときに発する言葉。しまった。南無三。

【南越(ナンエツ)】 中国、古代の国(前二〇三～前一一一)。漢人官僚の趙佗が自立して建てた。広東・広西・ベトナム北部を領域としたが、漢の武帝に滅ぼされた。首都は番禺(広州)。

【南苑(ナンエン)】 中国の隋・唐代、長安の南東、曲江の南にあった芙蓉苑の異称。

【南燕(ナンエン)】 中国、五胡十六国の一(三九八～四一〇)。鮮卑族の慕容徳が建てた。東晋の劉裕に滅ぼされた。

【南華(ナンカ)】 ①「南華真経」の略で、「荘子」の別名。②(①に寓言が多いところから) とりとめもないことをいう者や変人、うそつき。【南華之悔(ナンカのクイ)】 中国、唐の詩人温庭筠(オンテイイン)が宰相に旧事を問われ、「南華真経」に出ているので自分でお調べになるようにと答えたところ、怒りをかって試験に及第できず、なまじ「南華真経」など読まねばよかったと後悔したという故事。〔唐詩紀事〕

【南海道(ナンカイドウ)】 [国]五畿七道(ゴキシチドウ)の一。紀伊(きい)、淡路(あわじ)、阿波(あわ)、讃岐(さぬき)、伊予(いよ)、土佐(とさ)の六か国の称。

【南岳・南嶽(ナンガク)】 中国の五岳の一。衡(コウ)山の異称。

【南京(ナンキン)】 ①中国江蘇省の省都。②[国]中国産、または中国方面から渡来したもの、また、小さくかわいらしいものの意。『南京豆』 ③[国]カボチャの異名。

【南山(ナンザン)】 ①中国の長安(現在の西安)の東南にある終南山の異称。②(「南山之寿」から) 人の長寿を祝うこ

と。③中国遼寧省金州城南にある小丘。日露戦争の激戦地として知られる。④国日本で、吉野山、また高野山をいう。→❶【南山之寿ナンザンのジュ】終南山が崩れないのと同じく、いつまでも丈夫でいること。人の長寿を祝う語。〔詩経-小雅・天保〕

【南史ナンシ】中国の正史。二十五史の一。八〇巻。唐の李延寿撰。南朝の宋・斉・梁・陳四国の正史を改修した通史。本紀一〇巻、列伝七〇巻。

【南斉書ナンセイショ】中国の正史。二十五史の一。五九巻。梁の蕭子顕撰。南朝の斉の歴史を記す。

【南宋ナンソウ】中国の王朝(一一二七～一二七九)。北宋の宗室が金に連れ去られた後、徽宗の子、高宗が宋朝を再建、杭州臨安府を行在とした。元に滅ぼされた。

【南朝ナンチョウ】①中国の南北朝時代に江南におこった漢民族の諸王朝。東晋の滅亡から隋の統一までの約一七〇年間に、宋・斉・梁・陳の四朝(四二〇～五八九)が興亡した。三国の呉と東晋の二朝を含め六朝ともいわれる。②国日本の南北朝時代、延元元～元中九年(一三三六～九二)まで吉野を中心に近畿南部を根拠地とする大覚寺統の朝廷。後醍醐天皇に始まる、四代五七年間。吉野朝。

【南都ナント】①中国、洛陽の南にある、現在の河南省南陽市の古名。②中国、明朝の時の南京の称。③国京都(＝北都)に対して、奈良の別称。また、北嶺の延暦寺に対して、奈良の興福寺。

【南唐ナントウ】中国の五代十国の一(九三七～九七五)。国号は唐。呉の徐知誥が呉帝の譲位を受け、金陵(南京)を中心に建国。宋の太祖に滅ぼされた。江南国。

【南浦ナンポ】①中国、江西省北部、南昌の西南の地名。もと南浦亭があった。②中国の錦江の支流、浣花カン渓の岸の名。四川省成都の城南にあり、杜甫が草堂を営んだ所。

【南北朝ナンボクチョウ】①晋から隋までの間に中国を支配した南北の諸王朝。南北を統一した。②国中世、分立対抗した大覚寺統の朝廷である南朝と、持明院統の朝廷である北朝との併称。また、その対立の時代をいう。

【南陽ナンヨウ】中国、河南省南西部の都市。付近には諸葛亮が草庵を結んだという臥竜岡ガリュウコウなどの古跡がある。

難読地名 南木曾なぎそ町(長野)　南淡なんだん町(兵庫)　南幌なんぽろ町(北海道)　南風原はえばる町(沖縄)　南部なんぶ町(和歌山)　南部川みなべ村(和歌山)　南安曇みなみあづみ郡(長野)　南海部みなみあまべ郡(大分)　南蒲原みなみかんばら郡(新潟)　南巨摩みなみこま郡(山梨)　南設楽みなみしたら郡(愛知)　南種子みなみたね町(鹿児島)　南牟婁みなみむろ郡(三重)

難読姓氏 南雲なぐも

十

【真】⇩5156　【悳】⇩2365　【惪】⇩2371

【辜】⇩8000　【疐】⇩4966　【疐】⇩4967

791 【卂】 *2022 十-1 シン㊥/xùn

字解 会意。十(つけられた傷あと)＋乁(刃物)。刃物ですばやく傷つけられる意、転じて、すばやい意。一説に、飛の一部をとり、すばやくとぶ意を表すともいう。

金文 篆文

同属字 蝨・迅・訊

792 【千】 3273 4069 90E7 十-1 常1 セン㊥㊥/qiān/ち

筆順 千 千 千

字解 会意。人＋一(ひとつ)。一千、数詞、せんの意。人(声)とも。古くは、人の字は「多い」の概念をもつ単位としても用いた。

甲骨文 金文 篆文

同属字 仟・阡・迁

参考 (1)万葉仮名では訓を借りて「ち」。片仮名「チ」の字源。(2)金額を記す場合、改竄カイザンを防ぐために「阡」「仟」を用いることがある。

意味 ❶せん。数の名。百の十倍。また、数が多いさま。『千差万別』『一日千秋』『千金』『千軍』『千万』 ❷あて字、固有名詞など。『千字文』『千木ちぎ』

❶百の十倍。また、数が多いさま。

下接 一字千金イチジセンキン・一日千秋イチジツセンシュウ・一諾千金イチダクセンキン・一望千頃イチボウセンケイ・一攫千金イッカクセンキン・一騎当千イッキトウセン・一刻千金イッコクセンキン・一瀉千里イッシャセンリ／海千山千うみせんやません

【千客万来センキャクバンライ】多数の客が入れかわり立ちかわり来て絶え間がないこと。

【千金センキン】多額の金銭。また、極めて価値の高いこと。＊蘇軾-春夜「春宵一刻直千金シュンショウイッコクあたいセンキン」〔＝春の夜は、一刻が千金のねうちがあるほどによいものだ〕」

【千鈞センキン】目方の極めて重いこと。転じて、価値が極めて高いこと。

【千軍センぐン】多くの兵士。【千軍易ㇾ得、一将難ㇾ求センぐんはえやすく、イッショウはもとめがたし】どんなに数が多くても兵士は求めやすいが、その兵士を指揮するひとりの将軍を求めるのはむずかしい。すぐれた指導者はなかなか求められない。【千軍万馬センぐンバンバ】①多くの兵士と多くの軍馬。〔元曲選-鄭廷玉・楚昭公二〕②多くの戦場をめぐって、戦闘の経験が豊富であること。

【千言万語センゲンバンゴ】多くの言葉。

【千古センコ】①大昔。太古。太古からの長い期間。②永久。永遠。【千古不易センコフエキ】永遠に変わらないこと。万代不易。

【千呼万喚センコバンカン】何回もくり返して呼ぶこと。＊白居易-琵琶行「千呼万喚始出来センコバンカンはじめていできたる」〔＝何度もくり返して呼ぶと、やっと船から出てきた〕」

【千載・千歳センザイ】千年。また、長い年月。【千載一遇・千歳一遇センザイイチグウ】千年にたった一度しかめぐりあえないようなすばらしい状態。また、そのような機会。〔袁宏エンコウ-三国名臣序賛〕

【千差万別センサバンベツ】種々様々の違いがあること。

【千山センザン】多くの山々。すべての山。＊柳宗元-江雪「千山鳥飛絶センザンとりとぶことたゆ」〔＝山という山、どこを見ても鳥の飛ぶ姿はまったくない〕」

【千思万考センシバンコウ】あれこれと思いをめぐらし、考えること。

【千紫万紅センシバンコウ】様々の色。様々な色の花。また、色とりどりの花が咲き乱れること。

【千姿万態センシバンタイ】様々の異なった姿や形。

【千秋センシュウ】長い年月。→千秋万歳。「一日千秋」【千秋万歳センシュウバンゼイ】千年万年。転じて、永久。永遠。また、長寿を祝う言葉。【千秋楽センシュウラク】国芝居・相撲などの興行期間の最後の日。

【千手観音センジュカンノン】六観音の一。観世音菩薩が一切衆生を救うため、千本の手と千の目を得た姿。

【千乗セン ジョウ】①（「乗」は車の意）千台の兵車。②大国の諸侯。また、大諸侯の国。千乗の国。▶中国、周代の制では、戦時に天子は兵車万台を有し、大国の諸侯は兵車千台を有したところから。【千乗万騎センジョウ バンキ】一千台の車と一万の騎馬武者。天子の行列をさす。＊白居易-長恨歌「千乗万騎西南行センジョウバンキセイナンにゆく」（＝軍隊に守られた天子の一行は、西南方、蜀をめざして落ちて行く）」

【千畳セン ジョウ】①いくえにも重なり合うこと。②千枚の畳。『千畳敷』

【千丈之堤、以二螻蟻之穴一潰センジョウのつつみも、ロウギのあなをもってついゆ】千丈もある堅固な堤も、小さなアリの穴がもとで崩れる。小さな誤りや油断がもとで、大事をひきおこしたり失敗したりする。千丈の堤も蟻の一穴。〔韓非子-喩老〕

【千状万態センジョウ バンタイ】種々様々の状態。千態万状。

【千尋・千仞セン ジン】山、谷、海などが非常に高い、または深いこと。ちひろ。『千尋の谷』▶「尋」「仞」は、人が両手を伸ばした長さで、長さの単位とした。

【千辛万苦センシン バンク】様々の難儀や苦労にあうこと。

【千村万落センソン バンラク】多くの村落。＊杜甫-兵車行「千村万落生二荊杞一センソンバンラクケイキをしょうず」（＝多くの村々が荒れはてて、いばらやクコがはえてしまった）」

【千波万波センパ バンパ】次々と押し寄せてくる波。多くの波。

【千篇一律センペン イチリツ】多くの詩がどれも同じ調子で変化のないこと。転じて、多くの物事がみな同じ調子で変化がなく、面白みがないさま。〔王世貞-芸苑卮言シゲン〕

【千変万化センペン バンカ】場面、事態、様子などが、次々と変化していくこと。〔列子-周穆ボク王〕

【千万セン マン・バン】①（マン）万の一〇〇〇倍。転じて、非常に数量が多いこと。『千万言』②（バン）程度の甚しいこと。『笑止ショウシ千万』【雖二千万人一、吾往矣センマンニンといえども、われゆかん】反省して心にやましいところがなければ、千万人の反対があっても恐れずに進む。〔孟子-公孫丑上〕

【千門セン モン】多くの門。多くの家屋。また、宮門をいう。

【千里セン リ】一里の一〇〇〇倍。転じて、極めて遠い距離。【千里眼センリ ガン】遠方の出来事や人の心などを見通す能力。〔魏書-楊逸イツ伝〕【千里馬センリのうま】一日に千里を走る名馬。また、有能な人物のたとえ。【千里馬常有、而伯楽不二常有一センリのうまはつねにあれども、ハクラクはつねにはあらず】名馬はいつの時代でもいるが、その馬を見つけ出して、その能力を発揮させる伯楽は常にいるとは限らない。有能な人材はいるが、これを登用し、腕を発揮させる名宰相は少ない。〔韓愈-雑説〕【千里之行、始二於足下一センリのコウも、ソッカよりはじまる】遠い旅路も足もとの第一歩から始まる。遠大な計画の仕事も最初は手近な所から始まる。〔老子-六四〕【千里目センリのめ】千里四方を見渡すながめ。＊王之渙-登二鸛鵲楼一「欲レ窮二千里目一センリのめをきわめんとほっす」（＝この雄大な展望をもっと遠くまで見きわめようと思う）」

【千慮一失センリョの イッシツ】どんな賢者にも、考え違いや失敗があるということ。思いがけない失敗。智者も千慮に必ず一失有り。〔史記-淮陰侯ワイイン伝〕

【千代・千世ち よ】千年。転じて、非常に長い年月。ちとせ。永久。『千代に八千代に』

❷あて字、固有名詞など。

【千字文センジ モン】中国の小学書。二五〇句一千字からなる四言古詩。南朝梁の周興嗣の撰という。童蒙の教養、習字のために用いられた。

【千木ち ぎ】神社などの屋根の棟の上に交差させた木。氷木ひぎ。

難読地名 千厩せんまや町（岩手） 千種ちくさ区（愛知） 千種ちくさ町（兵庫） 千々石ちぢわ町（長崎） 千歳ちとせ市（北海道） 千歳ちとせ村（大分）

難読姓氏 千把せんば 千疋せんびき 千吉良・千装・千金楽ちぎら 千々岩ちぢわ・ちぢいわ

793【午】 2465 3861 8CDF 十－2 常2 ゴ呉漢／wǔ／うま

筆順 午 午 午 午

字解 象形。交互につくきねに象る。杵の原字。借りて十二支の第七位に用いるのは、陰陽が交差する位であるからであろう。

甲骨文 金文 篆文

同属字 啎・忤・杵・迕

意味 うま。十二支の第七番目。馬。年月日に用いるほか、方角では南。時刻では今の午前一二時、また、その前後二時間の呼び名とする。

下接 下午カゴ・過午カゴ・錯午サクゴ・正午ショウゴ・卓午タクゴ・端午タンゴ・亭午テイゴ・日午ニチゴ・丙午ヘイゴ・旁午ボウゴ・子午線シゴセン

【午陰ゴ イン】ま昼の木陰。

【午下カ ゴ】昼さがり。昼すぎ。

【午後・午后ゴ ゴ】正午から夜の一二時までの時間。また、正午から日没までの時間。↔午前

【午刻ゴ コク】昼どき。正午。午時。

【午餐ゴ サン】昼食。『午餐会』

【午日ゴ ジツ】陰暦五月五日。端午の日。

【午睡ゴ スイ】昼寝。

【午前ゴ ゼン】夜の一二時から正午までの間。また、夜が明けてから正午までの間。昼前。↔午後

【午熱ゴ ネツ】昼ごろの暑さ。

【午夜ゴ ヤ】（「午」は昼の一二時の意の「午」の転用）夜半。まよなかの一二時。

794【卆】 5032 5240 99BE 十－2 ソツ「卒」(797)の異体字

【早】⇩3119

795【𠦒】 十－5 (796)【𠦒】 十－6 ヒチ呉・ヒツ漢・ハン呉漢／bān

字解 象形。竹などで編んだ柄のある道具に象り、糞やごみなどをとりのぞくごみとりの意。

甲骨文 篆文

同属字 華（華）

【皁】⇩5088

797【卒】 3420 4234 91B2 十－6 常4 (794)【卆】 5032 5240 99BE 十－2 ソチ呉・ソツ漢・シュツ漢／zú・cù／おわる・おえる・ついに・にわか・しもべ

筆順 卒 卒 卒 卒 卒

字解 指事。衣＋一。衣に印をつける意。転じて、その衣服を着た兵士・僕の意。また、にわか・おわる意に用いる。卆は、草体から。

甲骨文 篆文

同属字 萃・瘁・翠・顇・倅・啐・悴・淬・猝・焠・碎（砕）・粹（粋）・醉（酔）

2画 ニ亠人(𠆢・亻)儿入八(丷)冂冖冫(⺀)几凵刀(刂)力勹匕匚匸十卜卩(㔾)厂厶又

意味 ❶おわる。おえる。また、「卒業」の略。『卒論』『大卒』 ❷死ぬ。特に大夫以上の死。令制では、四位、五位及び王、王女の死去。『卒去』『卒年』 ＊史記-管晏伝「管仲卒(カンチュウシュッす)〔＝管仲がなくなった〕」 ❸ついに。結局。「終」「竟」に同じ。＊史記-伯夷伝「回也屢空、糟糠不ㇾ厭、而卒蚤夭。(カイやしばしばむなしく、ソウコウあかずして、ついにはやくヨウせり)〔＝顔回はたびたび食物が乏しくなり、粗末な食べ物さえも十分に食べることができずに、最後には早死にした〕」 ❹急に。突然。あわただしいさま。『卒倒』『急卒(キュウソツ)』 ❺しもべ。身分の低い兵士。『卒伍』『兵卒(ヘイソツ)』 ❻その他。『卒塔婆(ソトバ)』『卒寿(ソツジュ)』『何卒(なにとぞ)』

❶ おわる。おえる。

下接 学卒(ガクソツ)・既卒(キソツ)・旧卒(キュウソツ)・新卒(シンソツ)

【卒業(ソツギョウ)】 ①ある段階を完了すること。②国学校で、所定の学業課程を終了すること。↔入学。

【卒土(ソツト｜シュット)】 国土のはて。天子の治下全体。率土。

【卒読(ソツドク)】 読みおえること。→❹

【卒年(ソツネン｜シュツネン)】 年の終わり。年末。→❷

❷ 死ぬ。特に大夫以上の死。

【卒去(ソッキョ｜シュッキョ)】 一般に、身分ある人が死去すること。

【卒年(ソツネン｜シュツネン)】 死んだ年。没年。→❶

❹ 急に。にわかに。あわただしいさま。

【卒遽(ソッキョ)】 物事がにわかに起こること。

【卒爾(ソツジ)】 突然であるさま。軽々しく失礼なさま。

【卒然(ソツゼン)】 にわかなさま。突然。しゅつぜん。

【卒卒(ソツソツ)】 あわてて落ち着かないさま。忙しいさま。

【卒中(ソッチュウ)】 脳出血や脳血栓(ノウケッセン)などのため、突然意識を失ったり、半身不随に陥ったりする症状。

【卒倒(ソットウ)】 急に意識を失って倒れること。

【卒読(ソツドク)】 急いで、ざっと読むこと。↔熟読・味読。→❶

❺ しもべ。身分の低い兵士。

下接 鋭卒(エイソツ)・獄卒(ゴクソツ)・士卒(シソツ)・弱卒(ジャクソツ)・従卒(ジュウソツ)・戍卒(ジュソツ)・将卒(ショウソツ)・精卒(セイソツ)・走卒(ソウソツ)・徒卒(トソツ)・万卒(バンソツ)・番卒(バンソツ)・兵卒(ヘイソツ)・亡卒(ボウソツ)・歩卒(ホソツ)・邏卒(ラソツ)

【卒伍(ソツゴ)】 ①中国、周代の人民の編成。五人一組を伍と呼び、一〇〇人一組を卒と呼んだもの。転じて、平民。身分の低い者。②軍隊で、兵卒の組。

❻ その他。

【卒寿・卆寿(ソツジュ)】 国九〇歳。また、その祝い。❤「卒」の通俗体「卆」を九十と見るところから。

【卒塔婆・卒都婆(ソトバ｜ソトウバ)】 (梵 stūpa の音訳。頭の頂、髪の房などの義) ①仏舎利を安置、供養する高い構築物。塔婆。塔。②供養のため梵字、経文等を書いて墓に立てる細長い板。塔婆。

798 【卓】 3478 426E 91EC 十－6 常 (3351)〔桌〕＊3559 木－6

タク㊇㊈ \zhuō\ すぐれる・すぐる

筆順 

字解 会意。ヒ(ひと)＋早(太陽がのぼる夜明け)。人がすぐれて高い、すぐれている意。

金文  篆文 

同属字 罩・悼・掉・棹・綽・踔

意味 ❶すぐれる。ぬきんでている。高くたつ。『卓越』『卓抜』 ❷つくえ。テーブル。『円卓』『食卓』 ❸人名。

❶ すぐれる。ぬきんでている。

【卓衣(タクイ｜タクエ)】 (殊勝の衣の意) 袈裟(ケサ)。→❷

【卓異(タクイ)】 他よりすぐれていて、異なること。

【卓越(タクエツ)】 他よりはるかにすぐれていること。

【卓午(タクゴ)】 真昼。正午。❤日が最も高い所にある意。

【卓才(タクサイ)】 卓絶した才能。すぐれた才能。

【卓爾(タクジ)】 傑出しているさま。卓然。＊論語-子罕「既竭ニ吾才一、如ニ有レ所レ立卓爾一(すでにわがサイをつくし、たつところありてタクジたるがごとし)〔＝わたしは才能を出しきってしまったが、(先生の姿は)高くそびえておられるようだ〕」

【卓識(タクシキ)】 立派な見識。卓見。

【卓説(タクセツ)】 すぐれた考えや意見。『名論卓説』

【卓絶(タクゼツ)】 比べるもののないほどすぐれていること。

【卓然(タクゼン)】 ひときわすぐれているさま。卓爾。

【卓抜(タクバツ)】 ぬきんでてすぐれていること。卓出。

【卓犖(タクラク)】 他よりぬきんでてすぐれること。卓越。

【卓立(タクリツ)】 ひとり目立ってすぐれていること。

【卓論(タクロン)】 すぐれた論、考え。『卓論を吐く』

【卓見(タッケン)】 他よりすぐれた見識。すぐれた意見。

【卓行(タッコウ)】 すぐれた行い。

【卓効(タッコウ)】 すぐれた効果、ききめ。

❷ つくえ。テーブル。

下接 円卓(エンタク)・教卓(キョウタク)・座卓(ザタク)・食卓(ショクタク)・電卓(デンタク)

【卓袱(シッポク)】 ①中国風の食卓を覆う布。②国「卓袱料理」の略。日本化した中国料理の一。種々の器に料理を盛って卓袱台(チャブダイ)の上に置き、各人が取り分けて食べる。③国そばやうどんに、きのこ、野菜などを載せてかけ汁をかけたもの。❤「シッポク」は唐宋音。

【卓衣(タクイ)】 テーブルを覆う布。テーブルクロス。→❶

【卓子(タクシ)】 つくえ。食卓。テーブル。

【卓上(タクジョウ)】 机やテーブルなどのうえ。『卓上電話』

【卓布(タクフ)】 テーブルを覆う布。テーブルクロス。

❸ 人名。

【卓文君(タクブンクン)】 中国、前漢の文学者司馬相如の妻。富豪卓王孫の娘。「白頭吟」の作があり、後世の文学戯曲の題材となった。(生没年不詳)

799 【卑】 十－6

ヒ 「卑」(801)の旧字

800 【単】 3517 4331 9250 十－7 常4 (931)〔單〕5137 5345 9A64 口－9 旧字 人

タン㊇㊈・ゼン㊇・セン㊈ \dān・chán・shàn\ ひとえ・ひとつ

筆順 

字解 単は單の略体。單は象形。先が二つに分かれている武器(原始的狩猟具)に象る。借りて、ひとつの意に用いる。

甲骨文  金文  篆文 

同属字 癉・簞(箪)・戰(戦)・鄲・彈(弾)・嬋・憚・殫・禪(禅)・襌・驒(騨)・闡

意味 ❶ひとつ。ひとり。わずか。ただ。また、ひとえ。

↔複。『単独』『単衣』『油単(ユタン)』 *白居易-売炭翁「可憐身上衣正単(あわれむべし しんじょう ころもまさにたんなるを)〔=かわいそうに、身にまとっているのはひとえである〕」⇒表 ❷基本となる一つのまとまり。基準。『単位』『単語』❸一様で変化がない。複雑でない。『単純』『簡単(カンタン)』❹書きつけ。カード。『伝単(デンタン)』❺ただ。ただの。たんなる。『単なる洒落だよ』❻『単于(ゼンウ)』は、匈奴(キョウド)の最高主の称。

❶ ひとつ。ひとり。

	単独	
単(タン)	ひとつ。ひとり。	単居　単行　単座　単身　単立
独(ドク)	ひとり。	独居　独行　独座　独身　独立

【単衣(タンイ・ひとえ)】①一枚の着物。②(ひとえ)裏地の付いていない和服の総称。↔あわせ

【単騎(タンキ)】ただ一人馬に乗って行くこと。一騎。

【単行(タンコウ)】①ただ一人で行くこと。②一回だけ他と関係なしに行うこと。【単行本(タンコウボン)】雑誌、全集、叢書などに対し、一冊だけ単独で刊行する本。

【単鉤(タンコウ)】書道における執筆法の一。親指と人差指で筆管を持ち、中指で軽く軸をささえて書くもの。↔双鉤

【単座(タンザ)】座席が一つだけであること。一人乗り。

【単辞(タンジ)】①ひとこと。一言。②一方の言い分だけで証拠にならない言葉。また、偏って中正でない言葉。

【単車(タンシャ)】①一台の車。また、供のいないただ一台の車。②国「単気筒車」の略。オートバイ。

【単弱(タンジャク)】身寄りや助けがなく弱いさま。

【単色(タンショク)】物の色がただ一色であること。また、一つ一つの色。

【単身(タンシン)】だれも伴わずにただ一人。『単身赴任』

【単線(タンセン)】①一本の線。↔複線。②一本の線路を上り下りの列車、電車が共用するもの。↔複線

【単体(タンタイ)】①単一の物体。②一種類だけの元素から成る物質。ダイヤモンド、硫黄(いおう)、鉄など。

【単伝(タンデン)】仏語。①仏の教法をある僧がただ一人相続すること。②仏の教法を直接に心から心へと正しく伝えること。以心伝心。

【単刀直入(タントウチョクニュウ)】①ただ一人で刀を執り、敵陣に斬り入るさま。〔伝灯録〕②転じて、前置きや遠回しな表現をしないで、ただちに要点に入ること。

【単独(タンドク)】ただ一人だけであること。また、一つだけであること。『単独行動』『単独講和』

【単板(タンパン)】張り合わせない一枚板。↔合板

【単弁・単瓣(タンベン)】ひとえの花びら。↔重弁。『単弁花』

【単葉(タンヨウ)】①全体が一枚の葉身からなる葉。↔複葉。②飛行機で、主翼が一枚であること。↔複葉。『単葉機』

❷ 基本となる一つのまとまり。基準。

【単位(タンイ)】①長さ、重さ、量などの数量を計算するときの基準となるもの。長さのメートル、重さのグラムなど。②組織など活動や統計についての基本的なまとまり。『クラス単位』『家族単位』③卒業などの資格を算定するために用いる学課履修計算の基準。

【単語(タンゴ)】意味、機能を有する最小の言語単位。

❸ 一様で変化がない。複雑でない。

【単眼(タンガン)】昆虫類、クモ類、多足類などに見られる簡単な構造の目。↔複眼

【単式(タンシキ)】単純な形式・方式。↔複式

【単純(タンジュン)】①他のものが混じっていないこと。②構造や形式、働きが込み入っていないこと。↔複雑。③国俗に、考え方が一面的で浅いさま。『頭の単純な人』

【単調(タンチョウ)】調子が単一で変化がないさま。

801 【卑】 4060 485C 94DA 十-7 常 (799)【卑】二—十-6 旧字 人

ヒ(呉)・ビ(漢)/bēi/いやしい・いやしむ・いやしめる・ひくい

筆順 

字解 卑は卑の通俗体。卑は象形。とってのついた丸い偏平な道具を手にもつさまに象り、薄く平らの意から、ひくい・いやしい意。

金文  篆文 

同属字 痺・鼙・鵯・俾・婢・椑・牌・脾・稗・碑・睥・裨・鞞・髀

参考 万葉仮名では音を借りて「ひ(甲)」。

意味 ❶ひくい。小さい。近い。身近な。『卑近』『高卑(コウヒ)』❷いやしい。地位・身分・価値などが低い。とるにたりない。品がない。↔尊。『下卑(ゲビ)』『野卑(ヤヒ)』❸いやしめる。へりくだる。『男尊女卑(ダンソンジョヒ)』❹人名。『卑弥呼(ヒミコ)』⇒〔高〕(9180)の表

❶ ひくい。小さい。近い。身近な。

【卑近(ヒキン)】身近でありふれていること。『卑近な例』

【卑室(ヒシツ)】低く小さい住居。また、住居を粗末にすること。特に、天子が自らの居宅を粗末にして、人民のために力をつくすこと。〔論語-泰伯〕

【卑湿(ヒシツ・ヒシュウ)】土地が低くて湿気の多いこと。じめじめしていること。また、その土地やそのさま。

❷ いやしい。とるにたりない。品がない。

【卑汚(ヒオ)】性格などがいやしく、下賤であるさま。↓❸

【卑官(ヒカン)】いやしい官職。また、官吏が自分をへりくだっていう語。

【卑怯(ヒキョウ)】勇気のないこと。正々堂々としないこと。『卑怯者(もの)』

【卑見(ヒケン)】いやしい意見。自分の意見のことをへりくだっていう語。

【卑語(ヒゴ)】下品な言葉。また、世俗の言葉。鄙言(ヒゲン)。

【卑小(ヒショウ)】とるにたりない小さなこと。

【卑賤(ヒセン)】地位や身分が低く、いやしいこと。↔高貴

【卑俗(ヒゾク)】低俗であること。下品であること。

【卑属(ヒゾク)】自分の子と、それ以下の同世代にある血族。子・孫、甥(おい)・姪(めい)など。↔尊属

【卑鄙(ヒヒ)】身分や人格などが低いこと。

【卑劣(ヒレツ)】品性、行為などがいやしく劣っていること。『卑劣な手段』

【卑陋(ヒロウ)】表現・性行などが下品であること。鄙陋(ヒロウ)。

【卑猥(ヒワイ)】慎みがなく下品なこと。『卑猥な話』

❸ いやしめる。へりくだる。

【卑汚(ヒオ)】いやしめ、けがすこと。見下げること。↑❷

【卑屈(ヒクツ)】自分をいやしめ、相手にへつらったりいじけたりすること。

【卑下(ヒゲ)】自分を劣ったものとしていやしめること。へりくだること。

【卑称(ヒショウ)】相手をいやしめて呼ぶ語。「貴様」「てめえ」など。

❹ 人名。

【卑弥呼(ヒミコ)】 三世紀の邪馬台国女王。「後漢書-東夷伝」「魏志-倭人伝」に見えるが、「魏志」によると三十余国を従え、二三九年に魏に使者を遣わし、明帝から「親魏倭王」の称号を受けたという。生没年不詳。

【隼】⇩8716　【率】⇩4746　【章】⇩5568
【傘】⇩156　【準】⇩534　【準】⇩4261

十

802 【協】 2208 3628 8BA6 十－6 常4
キョウ(ケフ)㊥/xié/あわせる・かなう
(2476)〔恊〕 5580 5770 9C90 心－6

筆順 協 協 協 協 協 協

字解 会意。十(多い)＋劦(多くの力が合わさる)。力を合わせてする、かなう意。協は、心を合わせる意。

意味 ❶かなう。力を合わせる。調和させる。調和する。『協力』『諧協(カイキョウ)』『妥協(ダキョウ)』『和協(ワキョウ)』 ❷話し合ってまとめる。合わせる。『協議』『協定』 ❸「協会」「協同組合」などの略。『生協(セイキョウ)』『農協(ノウキョウ)』

❶ かなう。力を合わせる。調和させる。

【協合(キョウゴウ)】 違った考え、気持ちなどが一つにとけ合うこと。お互いに親しみ合うこと。和合。協和。

【協賛(キョウサン)】 ある計画などに賛成し、力を合わせて助けること。

【協心(キョウシン)】 心を合わせること。『戮力(リクリョク)協心』

【協調(キョウチョウ)】 利害の相反する双方が、協力して問題を解決すること。また、互いに譲り合って仲よくすること。

【協同(キョウドウ)】 人や団体が心や力を合わせ、仕事を共にすること。『協同一致』『協同組合』『協同出資』

【協力(キョウリョク)】 力を合わせること。『国際協力』『協力者』

【協和(キョウワ)】 ①互いに心を合わせて仲良くすること。②同時にひびく二つ以上の楽音が調和して快い音に聞こえること。『協和音』

❷ 話し合ってまとめる。合わせる。

【協議(キョウギ)】 人々が寄り集まって相談すること。

【協商(キョウショウ)】 ①協議。相談。②国家間の利害関係、友好関係に関しての協定。『三国協商』

【協定(キョウテイ)】 ①協議して取り決めをすること。『紳士協定』②条約ほど厳格な形式をとらない国家間の取り決め。『漁業協定』

【協約(キョウヤク)】 ①協議して契約すること。『労働協約』②国家間で文書によってとりかわす約束。

803 【博】 3978 476E 948E 十－10 常4
(804)〔博〕 十－10 旧字
ハク㊥㊥・バク㊥/bó/ひろい・ひろし
(2570)〔愽〕 5641 5849 9CC7 心－10

筆順 博 博 博 博 博 博

字解 形声。十(おおい)＋尃(ひろく苗をうえる)㊥。ひろく耕地に苗をうえる意。転じて、ひろい意。

金文

篆文

意味 ❶ひろい。広くゆきわたる。広く通じている。また、広範囲にわたって得る。『博愛』『博学』 ❷「博士」の略。『医博(イハク)』『文博(ブンハク)』 ❸かけごと。『博奕』『博徒』『賭博(トバク)』 ❹あて字、固有名詞など。『博労』

❶ ひろい。広くゆきわたる。

下接 淹博(エンパク)・淵博(エンパク)・該博(ガイハク)・洽博(コウハク)・鴻博(コウハク)・精博(セイハク)・褐寛博(カツカンパク)・褒衣博帯(ホウイハクタイ)

【博愛(ハクアイ)】 すべての人を等しく愛すること。

【博引旁証(ハクインボウショウ)】 数多くの書物などをあさって用例を多く集め、それらを証拠として説明すること。

【博雅(ハクガ)】 広く学問に通じて正しい道理をわきまえていること。『博雅の士』

【博学(ハクガク)】 広く種々の学問に通じていること。博識。

【博士(ハクシ|ハカセ)】 ①学問や芸道で、その道に深く通じている人。『五経博士』②国学位の一。博士論文の審査と試験に合格した者などに与えられる。ドクター。▼②の正式呼称は「ハクシ」。

【博識(ハクシキ)】 知識が広いこと。博学。『博識な人』

【博物(ハクブツ)】 ①広く物事を知っていること。物知り。②「博物学(ハクブツガク)」の略。動物・植物・鉱物・地質など天然物全体にわたる知識の記載を目的とする学。

【博聞(ハクブン)】 広く物事を聞いて、よく知っていること。『博聞強記』

【博文約礼(ハクブンヤクレイ)】 広く教養を積み、それを礼によって集約して物事の本質を知ること。＊論語-雍也「君子博学二於文一、約レ之以レ礼(クンシはひろくブンをまなび、これをヤクするにレイをもってす)」〔＝君子は、幅広く古典や聖賢の教えを学んで、これを実践できるように礼によって要約する〕

【博覧(ハクラン)】 ①広く書物を読んで物事をよく知っていること。『博覧強記〔＝博覧で、しかもそれをよく記憶していること〕』②広く一般の人々が見ること。『博覧会』

【博古(ハッコ)】 昔の事に広く通じること。

【博洽(ハッコウ)】 あまねくゆきわたること。広く種々の学問に通じていること。博学。博識。

❸ かけごと。

【博奕・博弈(バクエキ)】 博打(バクち)。かけごと。

【博戯(ハクギ|バクゲ)】 賭(か)けを伴う勝負事。博打(バクち)。博奕(バクエキ)。

【博打(バクち)】 (「バクうち」の転) 金品を賭(か)け、賽(サイ)、花札などで勝負を争うこと。博奕(バクエキ)。賭博(トバク)。

【博徒(バクト)】 ばくち打ち。

❹ あて字、固有名詞など。

【博労(ハクロウ|バクロウ)】 ①鳥の名。もず。伯労。②伯楽(ハクラク)の転。中国、春秋時代によく馬を見分けた人の名。③(バクロウ)国馬や牛の売買周旋を業とする者。馬喰。

【博浪沙(ハクロウシャ|ハクロウサ)】 中国、河南省原陽県の南の地。張良が秦の始皇帝を殺そうとして失敗した場所。

25 卜部 ぼく

甲骨文

金文

篆文

卜は象形。古くは卜占(ボクセン)の方法として、亀甲獣骨に刻みを入れ、火ばしをあてた。この時にできるひび割れの形で事の成否、吉凶を占った。そのひびの形に象る。

また割れるときの音ともいう。卜部は卜を部標として、卜占（ボクセン）に関する意を表す字を収める。

卜 ⓪ 卜
卜 ③ 占 ⑤ 卣
卜 ② 卞 ③ 卡
卜 ⑥ 卦

卜

805 【卜】 4346 4B4E 966D 卜－0 ホク㊉㊥・ボク㊍／bǔ／うら・うらない・うらなう

同属字 攴・仆・朴・扑・訃・赴

意味 うらなう。推測する。うらない。うらなって選び定める。『亀卜（キボク）』『筮卜（ゼイボク）』『売卜（バイボク）』

【卜筮（ボクゼイ）】 亀甲や筮竹（ゼイチク）で占うこと。占い。

【卜占（ボクセン）】 うらない。八卦（ハッケ）。占卜。

【卜居（ボッキョ）】 土地を占って住居を決めること。

難読姓氏 卜部（うらべ） 卜田（しめだ）

卜

806 【占】 3274 406A 90E8 卜－3 常 セン㊉㊥／zhān・zhàn／うら・うらない・うらなう・しめる

筆順 ⺊ ⺊ ⺊ 占 占

字解 会意。卜＋口（場所）。うらないで特定の場所を決める、場所をしめる意。

甲骨文  篆文 

同属字 点・店・苫・笘・覘・帖・拈・沾・玷・砧・站・貼・鮎・黏

意味 ❶うらなう。うらない。『占星術』『卜占』 ❷しめる。自分のものとする。『占有』『占領』『寡占（カセン）』『先占（センセン）』『独占（ドクセン）』 ❸あて字。『占地（しめじ）』

❶ うらなう。うらない。

下接 兆占（チョウセン）・卜占（ボクセン）／口占（くちうら）・辻占（つじうら）・太占（ふとまに）

【占候（センコウ）】 日・月・星・雲気などを観察して、吉凶を占うこと。

【占筮（センゼイ）】 筮竹（ゼイチク）で卦（ケ）を立てて、吉凶を占うこと。卜筮（ボクゼイ）。

【占星術（センセイジュツ）】 星などの運行やその位置によって吉凶を占う術。星占い。

【占兆（センチョウ）】 うらないに現れたしるし。占形（うらかた）。

【占形（うらかた）】 ＝占兆（センチョウ）

❷ しめる。自分のものとする。

【占拠（センキョ）】 ①ある場所を占めて、他人が入るのを拒むこと。②＝占領

【占奪（センダツ）】 奪って自分のものにすること。

【占有（センユウ）】 自分の所有とすること。『占有権』『占有率』

【占用（センヨウ）】 占有して使用すること。『占用バス道路』

【占領（センリョウ）】 ①一定の場所を占有すること。②他国の領土を軍事的支配下におくこと。占拠。『占領軍』

難読地名 占冠（しむかっぷ）村（北海道）

［㪉］ ⇩ 3891

807 【卣】 ＊2028 卜－5 ユ㊉・ユウ（イウ）㊥／yǒu

字解 象形。彝（イ）と罍（ライ）との中間の大きさの酒だるに象り、さかだるの意。

意味 さかだる。酒を仕こんで入れておく容器。

卣
〔湖北省博物館蔵〕

［貞］ ⇩ 7684

卜

808 【卞】 5038 5246 99C4 卜－2 ベン㊉・ヘン㊥／biàn

字解 象形。もと弁に同じ。借りて、のりの意に用いる。

同属字 忭・汴・抃

意味 ❶のり。きまり。❷手でなぐる。素手で打つ。❸せっかち。『卞急』 ❹人名。『卞和』

【卞和（ベンカ）】 中国、周代の楚の人。美玉の材を山中に得て、厲王（レイオウ）に献じたが欺くものとして左足を切られ、周の武王に献じて同様に右足を切られた。最後に文王がその玉を磨かせると、宝玉になったという。〔韓非子－和氏〕 →和氏之璧（カシのたま）・連城之璧（レンジョウのたま）

【卞急（ベンキュウ）】 せっかち。そそっかしい。

809 【卡】 ＊2027 卜－3 ソウ（サフ）㊥／qiǎ・kǎ

字解 字源未詳。地方に設けた防備のための関所。

意味 ❶ものをはさむ。また、ものがつまる。❷関所。検問所。❸現代中国語で、外来語の音訳に用いる。『卡片（カーピエン）〔＝カード〕』『卡拉ＯＫ（カラオケ）』

［外］ ⇩ 1494

卜

810 【卦】 2321 3735 8C54 卜－6 ケ㊉・カイ（クヮイ）㊥・カ（クヮ）㊍／guà

字解 形声。卜＋圭（→系、かける）㊟。その組み合わせにより吉凶が象徴的につながりあらわれる占形（うらかた）の意。

同属字 罫・掛・褂

意味 易で算木を表す形。占形（うらかた）。陽爻⚊と陰爻⚋の二爻を三つ重ねてできる組み合わせ乾（ケン）・兌（ダ）・離・震・巽（ソン）・坎（カン）・艮（ゴン）・坤（コン）の八つを八卦といい、易経では、この八卦を二つずつ組み合わせて、六十四卦とする。これによって、天地間のあらゆる変化を読みとり、吉凶を判断する。『有卦（ウケ）』『本卦（ホンケ）』

【卦兆（カチョウ）】 うらないに現れた形。

【卦体（ケタイ）】 易の卦の算木に現れた形。うらないの結果。

26 卩（㔾）部 ふし

甲骨文  篆文 

人のひざまずいたさまを象った卩または㔾を目印とする字を収める。多くは人の姿勢などに関するが、卯卵のような類形の字も入れている。「ふしづくり」の名は、節の下右部をなす形であることによ

る。また巻、卺等の㔾は、常用漢字で己の形をとる。

卩 ◆ 卩 ① 卪
卩 ▬ ③ 卮 ④ 危 ⑥ 巻 卺
卩 ▮ ② 卬 ③ 卭 卯 夘 ④ 印 ⑤ 却 即 卵 ⑥ 㕁 卸 卹 ⑦ 卻 卽 卿 卿 ⑧ 卿 ⑩ 卿 卿

卩 ◆

811
【卩】 5039 5247 99C5 卩－0 セツ㊥\jié
字解 部首解説を参照。

812
【卪】 ―― 卩－1 セツ㊥\jié
字解 象形。関節を曲げひざまずく人に象る。ひざかんせつの意。節の原字。借りて、わりふの意に用いる。

卩 ▬

［卮］⇩ 836

813
【卮】 5040 5248 99C6 卩－3 (2027)【巵】 5466 5662 9BE0 己－4
シ㊥㊥\zhī\さかずき
字解 会意。人＋㔾(ひざまずく)。互いに酒をくみかわす意。転じて、さかずきの意。
同属字 梔
意味 さかずき。四升入りの大きな酒器。＊戦国策－斉「左手持レ卮、右手画レ蛇(サシュもてシをジし、ウシュもてへびをえがく)〔＝左手でさかずきを持ち、右手で蛇の絵をかく〕」
【卮言(シゲン)】①支離滅裂で定見のない言葉。②臨機応変の巧みな言葉。〔荘子－寓言〕♥「卮」は、底がまるくて、酒が満ちると傾き、からになるとあおむく、つまり条件次第でどのようにでもなることから。
【卮酒(シシュ)】さかずきにそそいだ酒。＊史記－項羽本紀「卮酒安足レ辞(シシュいずくんぞジするにたらん)〔＝大杯についだ酒など、どうして辞退しようか〕」

814
【危】 2077 346D 8AEB 卩－4 常6
ギ㊥㊥・キ㊥\wēi・wěi\あぶない・あやうい・あやぶむ
筆順 危 危 危 危 危 危
字解 会意。厂(がけ)の上下でひざまずく人の意。転じて、あぶない目にあってしゃがむ意という。一説に傾きやすいさかずきの変形と㔾(ひざまずいた人)からなるともいう。
甲骨文 篆文

同属字 詭・跪
意味 ❶あやうい。あぶない。↔安。『危険』『危篤』『安危(アンキ)』『傾危(ケイキ)』『孤危(コキ)』『扶危(フキ)』❷あやぶむ。『危疑』『危惧』❸高い。高くする。また、正しい。正しくする。『危坐』『危峰』＊史記－管晏伝「其在レ朝、君語及レ之、即危レ言(そのチョウにあるや、きみのゴこれにおよべば、すなわちゲンをたかくす)〔＝(晏子が)朝廷にいるときには、君主から下問があると、正論を述べた〕」

❶ あぶない。あやうい。
【危害(キガイ)】生命、身体などを損なうようなこと。『危害を加える』
【危機(キキ)】危険状態。【危機一髪(キキイッパツ)】きわめて危険な状態。せとぎわ。〔韓愈－与二孟尚書一書〕
【危急(キキュウ)】危難が目前に迫っていること。『危急を告げる』【危急存亡之秋(キキュウソンボウのとき)】生きのびるか、それとも滅びるかというせとぎわ。〔諸葛亮－出師表〕
【危局(キキョク)】急迫した局面。
【危険(キケン)】危害の生ずる恐れがあること。危ないこと。
【危殆(キタイ)】危険な状態。『危殆に瀕する』
【危地(キチ)】危険な場所、境遇、立場。『危地を脱する』
【危篤(キトク)】国 病気が重くて生命があやういこと。
【危難(キナン)】命にかかわるような危ない目。災難。
【危邦(キホウ)】政治が乱れて、滅亡の危機にさらされている国。危国。
【危若二朝露一(あやうきことチョウロのごとし)】朝日が昇るとたちまち消えてしまう朝つゆのように、運命のあやういことのたとえ。〔史記－商君伝〕
【危如二累卵一(あやうきことルイランのごとし)】積み重ねた卵のように、きわめて不安定で危険なこと。〔史記－范雎(ハンショ)蔡沢伝〕

❷ あやぶむ。
【危疑(キギ)】あやぶみ疑うこと。

【危惧・危懼(キグ)】あやぶみおそれること。『危惧の念』♥「危懼」はキクとも読む。

【危惙(キテツ)】あやぶみ心配すること。

❸ 高い。高くする。正しい。正しくする。
【危言(キゲン)】正論を述べること。＊論語－憲問「邦有レ道、危レ言危レ行(くににみちあれば、ゲンをたかくしおこないをたかくす)〔＝国に道徳が行われているときには、ことばも行いも正しくできる〕」

【危行(キコウ)】行いを高潔にすること。＊論語－憲問「邦無レ道、危レ行言孫(くににみちなければ、おこないをたかくしてゲンはしたがう)〔＝国に道徳が行われていないときには、行いは高潔にするが、正論はつつしむ〕」

【危坐(キザ)】背筋を伸ばして正しくすわること。正坐。＊蘇軾－前赤壁賦「蘇子愀然正レ襟、危坐而問レ客(ソシシュウゼンとしてえりをただし、キザしてカクにとう)〔＝私はしみじみとした気持ちになり、襟を正し、いずまいを正して客人に尋ねた〕」

【危檣(キショウ)】高い帆ばしら。帆檣。＊杜甫－旅夜書レ懐「危檣独夜舟(キショウドクヤのふね)〔＝帆柱が高くそびえた舟に私は独り眠れぬ夜を過ごす〕」

【危巣(キソウ)】高い所にある巣。

【危峰(キホウ)】高くけわしい峰。

【危楼(キロウ)】たかどの。高楼。

815
【巻】 5043 524B 99C9 卩－6 カン「巻」(2028)の旧字

816
【卺】 ―― 卩－6 キン「卺」(2029)の異体字

［卺］⇩ 7355

卩 ▮

817
【卬】 ＊2030 卩－2 ゴウ(ガウ)㊥・ギョウ(ギャウ)㊥\áng・yǎng
字解 会意。卩(＝卪、ひざまずいている人)＋𠂉(たっている人)。あおぐ意。仰の原字。

818 【卬】 * 2031 卩－3
キョウ「卬」(8209)の異体字

819 【卯】 1712 312C 894B 卩－3 人
(43)〔丣〕 二一 丨－6
(820)〔夘〕 5041 5249 99C7 卩－3
ボウ(バウ)漢/mǎo/う

字解 象形。一つを同じような二つに切り分けたさま、また、左右に開いた門に象るともいう。借りて、十二支の第四位に用いる。

甲骨文  篆文 

同属字 貿・茆・昴

参考 (1)万葉仮名では訓を借りて「う」。(2)別に柳・留・劉の「丣(=卯)」があるが、古くから形が混じた。

意味 う。うさぎ。十二支の第四位。年月日に用いるほか、方角では東。時刻では午前六時ごろ、また、その前後二時間の呼び名とする。

【卯月(ボウゲツ|うづき)】 国 陰暦四月の異称。

【卯酒(ボウシュ)】 卯時(午前六時ごろ)の酒。朝飲む酒。

難読姓氏 卯木(うつぎ|うのき)

［叩］⇩998 ［犯］⇩4656

821 【印】 1685 3075 88F3 卩－4 常4
イン呉漢/yìn/しるし・しるす

筆順 印 印 印 印 印 印

字解 会意。卩(=卪、ひざまずいた人、または、しるし)＋𠂎(下を向けた手)。おさえつける、上からおしつけたしるしの意。

甲骨文  金文  篆文 

参考 万葉仮名では音を借りて「い」。

意味 ❶はん。はんこ。しるし。『印鑑』『印章』『検印』❷しるす。しるしを付ける。また、印刷する。『印刷』『印象』『影印(エイイン)』❸仏教で、指でいろいろな形を造って悟りを示すこと。『手印(シュイン)』『法印(ホウイン)』❹「印度(インド)」の略。『中印国境(チュウインコッキョウ)』

❶ はん。はんこ。しるし。

下接 押印(オウイン)・改印(カイイン)・官印(カンイン)・玉印(ギョクイン)・金印(キンイン)・契印(ケイイン)・血印(ケツイン)・検印(ケンイン)・公印(コウイン)・刻印(コクイン)・極印(ゴクイン)・私印(シイン)・実印(ジツイン)・社印(シャイン)・朱印(シュイン)・相印(ショウイン)・証印(ショウイン)・石印(セキイン)・代印(ダイイン)・調印(チョウイン)・捺印(ナツイン)・封印(フウイン)・拇印(ボイン)・無印(ムイン)・烙印(ラクイン)・連印(レンイン)／合印(あいいん)・消印(けしいん)・爪印(つめいん)・認印(みとめいん)／旗印(はたじるし)・目印(めじるし)・矢印(やじるし)

【印影(インエイ)】 紙などに押した印のあと。

【印可(インカ)】 ①仏教で、師僧が、弟子に悟りを得たことを証明すること。②武道、芸道などの免許。

【印鑑(インカン)】 国 ①役所などにあらかじめ提出しておく印章。『印鑑証明』②俗に、印そのもの。

【印形(インギョウ)】 国 印(イン)。はんこ。

【印刻(インコク)】 印章を彫ること。

【印紙(インシ)】 国が歳入金の徴収手段として発行する証票。

【印璽(インジ)】 御璽(ギョジ)(天子のしるし)と国璽(国家のしるし)の総称。

【印綬(インジュ)】 古代中国で、官印とそれを身につける組み紐(ひも)。『印綬を帯びる〔=官職につく〕』

【印章(インショウ)】 印(イン)。はん。はんこ。

【印信(インシン)】 印形(インギョウ)。印を押して証拠とした文書。

【印税(インゼイ)】 著作権者が、著作権の使用料として出版社などから受けとる金銭。

【印相(インソウ)】 印章の吉凶の相。→❸
【印池(インチ)】 印肉を入れる容器。

【印判(インバン)】 国 印(イン)。はんこ。↕書き判
【印譜(インプ)】 蔵書印、落款(ラッカン)などの篆刻(テンコク)の印影を集めた本。

【印籠(インロウ)】 国 三重または五重の円筒形の小箱。もと、印判を入れたところからいい、室町時代ごろから薬を入れるようになった。薬籠。

❷ しるす。また、印刷する。

【印金(インキン)】 紗(シャ)、繻子(シュス)などの生地に文様を押し、その上に金箔(キンパク)をつけたもの。
【印行(インコウ)】 印刷して発行すること。板行。刊行。
【印刷(インサツ)】 版面にインクをつけ、版面上の文字などを紙、布などに刷り写すこと。『印刷物』
【印書(インショ)】 文字を印字または印刷した書物。
【印象(インショウ)】 心に強く感じて忘れられないこと。記憶に残っている対象の姿。『第一印象』
【印板・印版(インバン)】 板木(ハンぎ)に彫って文字などを摺(す)ること。また、摺ったもの。板木。印刷。
【印本(インポン)】 印刷した書物。版本。すり本。

❸ 仏教で、指で形を造って悟りを示すこと。

下接 手印(シュイン)・心印(シンイン)・智印(チイン)・法印(ホウイン)・密印(ミツイン)

【印契(インゲイ)】 (梵 mudrā の意訳。「契」は契約不改の意) 仏語。手指を様々の形につくり、また、それを組み合わせて、諸仏の内証を象徴したもの。

【印呪(インジュ)】 仏語。①手に結ぶ印相と口に誦する陀羅尼。②印相に応じた陀羅尼。印明(インミョウ)。

【印相(インソウ)】 仏教で、悟りや誓願の内容を示す記号として、手と指でつくるいろいろな形。→❶

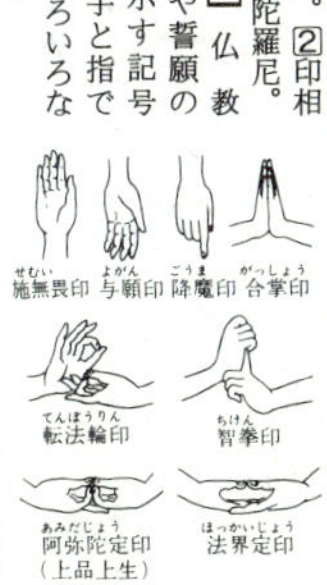

印相

❹ 「印度」の略。

【印伝(インデン)】 (ポルトガル Indian, オランダ Indiën の音訳) 羊または鹿の鞣革(なめしがわ)。❤印度伝来の意に解して当てた。

難読地名 印南(いなみ)町(和歌山) 印旛(いんば)郡・村(千葉)

822 【却】 2149 3551 8B70 卩－5 常
(825)〔㕁〕 二一 卩－6
(828)〔卻〕 5042 524A 99C8 卩－7
キャク呉漢/què/しりぞく・しりぞける・かえって

筆順 却 却 却 却 却 却 却

字解 形声。卩(=卪)＋去(さる)声。あとずさりする、しりぞく意。

同属字 脚

意味 ❶しりぞく。あとずさりする。『却走』『退却(タイキャク)』❷しりぞける。取りあげる。すてる。『却下』『棄却(キキャク)』❸動詞の後に付けて、「…しおわる」「…してしまう」の意を示す。『焼却』『売却』❹かえって。反対に。

2画 二亠人(𠆢・亻)儿入八(ソ)冂冖冫(⺀)几凵刀(刂)力勹匕匚匸十卜卩(㔾)厂厶又

予想に反して、の意を示す。＊李白「把酒問月」「月光却与人相随〔ところが月は、人といっしょについて来る〕」❺その他。『却説』

❶ しりぞく。あとずさりする。

【却走】(キャクソウ) にげかえること。卻走。

【却立】(キャクリツ) あとずさりして立つこと。卻立。＊史記‐廉頗藺相如伝「相如因持璧卻立倚柱〔藺相如はそこで璧を手に持ち、あとずさりして柱を背にして立った〕」

❷ しりぞける。すてる。

【却行】(キャクコウ) うしろへしりぞくこと。後退。

下接 厭却・閑却・還却・棄却・阻却・吐却・廃却・返却

【却下】(キャッカ) 行政上、訴訟法上の申し立て、または申請を退ける処分。『申請を却下する』

❸ …しおわる。…してしまう。

下接 遺却・減却・沽却・困却・剗却・消却・焼却・償却・脱却・撤却・売却・破却・忘却・没却・滅却

❺ その他。

【却説】(キャクセツ) 「さて」「それはさておき」の意を含んで文頭に置くことば。中国、宋代以降の口語小説によく用いられたもの。

823 【即】 3408 4228 91A6 卩‐5 常 (830)【卽】 卩‐7 旧字 人 (831)【卽】 卩‐7

ソク(呉)・ショク(漢) jí つく・つける・すなわち・もし

筆順 即 即 即 即 即 即 即

字解 即は卽の通俗体。卽は会意。卩(=卪、ひざまずいた人)+皀(食物)。人が食物につく、ひいて直接その場にあたる意。借りて、すなわちの意に用いる。

甲骨文 金文 篆文

意味 ❶つく。地位などにつく。また、近づく。接する。「不即不離」『即位』『相即』❷すなわち。㋑ただちに。すぐその場で。「一触即発」＊史記‐項羽本紀「項王即受璧、置之坐上〔項羽はその場で宝玉を受け取ると、自分の席に置いた〕」㋺…ならば。…するとたちまち。「則」とはもと音がちがうが、近い意味で用いる。＊史記‐項羽本紀「先即制人、後則為人所制〔(相手より)先に行えば、相手をおさえつけることができるが、遅れると相手におさえつけられる〕」㋩とりもなおさず。そのまま。つまり。「色即是空」＊史記‐老子韓非伝「儋即老子也〔儋とは、つまり老子のことである〕」❸もし。たとい。万一。仮定を示す。「如」「若」に同じ。＊史記‐孔子世家「吾即没、若必師之〔もし私が死んだならば、お前は必ずこの人に師事せよ〕」❹おわる。『即世』

❶ つく。また、接する。

【即位】(ソクイ) 天皇、君主が、その位につくこと。

【即応】(ソクオウ) 情勢にぴったりあてはまること。→❷

【即事】(ソクジ) 仕事につくこと。→❷

【即物】(ソクブツ) 実際の物に即して考えたり、行ったりすること。『即物的』

❷ すなわち。そのまま。ただちに。

【即詠】(ソクエイ) ＝即吟

【即応】(ソクオウ) 即座に対応すること。→❶

【即吟】(ソクギン) 国すぐその場で詩歌を吟詠すること。即詠。

【即座】(ソクザ) 国すぐその場で。即刻。『即座に答える』

【即死】(ソクシ) その場ですぐ死ぬこと。

【即事】(ソクジ) ①その場のこと。即座の事柄。②事実をそのまま即興的に詠じた詩。この語を題に付した詩は唐詩に多い。儲光羲「漢陽即事」、戴叔倫「湘南即事」、司空曙「江村即事」など。→❶

【即時】(ソクジ) すぐその時。すぐさま。即座。『即時撤退』

【即日】(ソクジツ) ある事柄のあったその日。『即日開票』＊史記‐項羽本紀「項王即日因留沛公与飲〔項王はその日、沛公をそのまま引き止めて酒宴を開いた〕」

【即身成仏】(ソクシンジョウブツ) 仏教で、人間が現世で受けた肉体のまま仏となること。即身菩提。

【即製】(ソクセイ) 即席の製作。『即製品』

【即席】(ソクセキ) 国いきなりその場でことをすること。また、手間のかからないこと。『即席ラーメン』

【即題】(ソクダイ) 国その場で出された題に対して、すぐに詩歌、文章などを作ること。⇔兼題

【即諾】(ソクダク) 国即座に承諾すること。

【即断】(ソクダン) その場で決めること。『即断即決』

【即得】(ソクトク) 仏語。ある状態に到ったその時即座に、あるものが得られること。『即得往生』

【即売】(ソクバイ) 展示会などで、品物をその場で売ること。

【即妙】(ソクミョウ) 国その場に即応して機転のきくこと。『当意即妙』

【即夜】(ソクヤ) すぐその夜。当夜。

【即興】(ソッキョウ) 国①その場で起こる興味。座興。②即座に詩歌などを作ること。『即興詩人』

【即決】(ソッケツ) 即座に決定すること。『速戦即決』

【即効】(ソッコウ) ききめがすぐに現れること。『即効薬』

【即刻】(ソッコク) 今すぐ。即時。即座。『即刻善処します』

【即今】(ソッコン) いま現在の時。目下。ただいま。

❹ おわる。

【即世】(ソクセイ) 人の死ぬこと。

824 【卵】 4581 4D71 9791 卩‐5 常6

ラン(呉)(漢) luǎn たまご

筆順 卵 卵 卵 卵 卵 卵 卵

字解 象形。二極に離れ受精したたまごの形に象り、一般に、たまごの意。

篆文

意味 たまご。日本では、特にニワトリのたまご。また、その形。

下接 鶏卵・採卵・産卵・胎卵・托卵・孵卵・抱卵・翼卵・累卵／生卵

【卵子】(ランシ) 雌の生殖細胞。精子と結合して個体を作る。⇔精子

【卵生】(ランセイ) 卵の形で母体から産み出され、体外で孵化すること。⇔胎生

【卵塔（ラントウ）】台座の上に、卵形の石塔婆をのせた墓標。
【卵有ㇾ毛（たまごにけあり）】卵には毛がある。鶏が卵から生まれたからには、当然卵にも毛があるはずである。中国、戦国時代の名家（論理学派）の唱えた代表的命題。〔荘子-天下〕
【以ㇾ卵投ㇾ石（たまごをもっていしにとうず）】卵を石に投げつける。たちうちできないたとえ。〔荀子-議兵〕

825 【卻】—— 卩-6 キャク「却」(822)の異体字

826 【卸】—— 卩-6 シャ「卸」(829)の旧字

827 【卹】＊2033 卩-6 シュツ漢・ジュツ慣/xù

字解 形声。卩(=卪)+血㊥。恤に同じ。
参考 熟語は「恤」(2486)をも参照せよ。
意味 ❶つつしみうれえる。❷いつくしむ。めぐむ。『卹養』
【卹養（ジュツヨウ）】めぐみやしなうこと。

828 【卻】5042 524A 99C8 卩-7 キャク「却」(822)の異体字

829 【卸】1823 3237 89B5 卩-7 常 (826)【卸】—— 卩-6 旧字
シャ漢/xiè/おろす・おろし

筆順 卸 卸 卸 卸 卸 卸

字解 形声。卩(=卪)+止+午(交互にきねをおろす)㊥。おろす意。もと御に同じ。
意味 ❶おろす。下におろす。のぞく。『卸下』『棚卸（なおろし）』❷国おろし。小売商へ売る。『卸値（おろしね）』
【卸下（シャカ）】積んだ荷物をおろすこと。

830 【卽】—— 卩-7 ソク「即」(823)の旧字

831 【卽】—— 卩-7 ソク「即」(823)の異体字

832 【卿】2210 362A 8BA8 卩-8 キョウ「卿」(833)の異体字

【脚】⇨6359

833 【卿】—— 卩-10 (834)【卿】—— 卩-10
(832)【卿】2210 362A 8BA8 卩-8 † キョウ（キャウ）㊥・ケイ漢/qīng/きみ

字解 象形。二人が食物をはさんで向かい合うさまに象り、むかう・もてなす意。饗の原字。派生して、王宮でのもてなし役、貴人の意。

意味 ❶きみ。大臣。長官。『卿子』㋑古代中国における世襲的身分の一。天子や諸侯の有力家臣を卿・大夫・士の三等に分けるその最も上位の身分。爵（シャク）。㋺国令制の四等官の第一位。八省の長官。また、大・中納言、参議及び三位以上の人。❷きみ。あなた。君主が臣下に、男子が同輩や目下の者、妻に対して用いる敬称。また、一般に相手に親しみを込めていう。＊李白-山中与幽人対酌「我酔欲眠卿且去（われようてねむらんきみしばらくされ）」(=私は酔っぱらってねむくなった。君よ、ひとまず帰りたまえ)❸めでたい。「慶」に同じ。『卿雲』❹(英 sir の訳語)英国で爵位を持つ人の名に付ける尊称。『ラッセル卿（キョウ）』

❶きみ。大臣。長官。

下接 亜卿（アケイ）・客卿（カッケイ）・公卿（コウケイ・クギョウ）・月卿（ゲッケイ）・三卿（サンキョウ）・上卿（ジョウケイ）・枢機卿（スウキケイ）

【卿子（ケイシ）】身分の高い人に対する尊称。公子。
【卿子冠軍（ケイシカングン）】(「冠軍」は将軍の尊称)中国、前漢の時代、楚の武将、宋義（ソウギ）を尊んでいう称。〔史記-項羽本紀〕
【卿相（ケイショウ・ケイソウ）】天子をたすけて政治を執る人々。公卿（クギョウ）。『卿相雲客』(=卿相と雲客。昇殿を許された官人)

❸めでたい。

【卿雲（ケイウン）】めでたいしるしの雲。瑞雲（ズイウン）。

【腳】⇨6382

27 厂部 がんだれ

厂は、けずりとられて、きりたったがけの形に象る。厂部には、厂の形を目印として、主としてがけ、きりぎしなどに関係する意味の字を収める。

石また辰も同じ原形をもつが、それぞれに石部(112)、辰部(161)をなしている。隹部(172)の雁ガンによって、「がんだれ」の名があり、广部(53)の「まだれ」と混用されることがある。

厂 0画 厂
厂 2画 ②厄 ③厉 ⑥厓 ⑦厚 厖 厘 ⑧原 厝 厤 ⑨原 厠 ⑩厦 厩 厥 厨 厤 ⑪厩 厩 ⑫厭 厮 厰 厨 ⑬厲 ⑰厴

厂 0画

835 【厂】5044 524C 99CA 厂-0 カン漢/hān・hǎn

字解 部首解説を参照。

厂 2画

836 【厄】4481 4C71 96EF 厂-2 常 ヤク呉・アク漢・ガ（グヮ）漢/è/わざわい

筆順 厄 厄 厄 厄

字解 会意。厂（まがった形）+㔾（まがったひざがしら）。ひざがしらを強調して、ふしの意。また、戹に通じて、せまい・くるしむ意を表す。一説に、牛馬の首につけるくびきを表すともいう。
同属字 扼・阨・軛
意味 ❶ふし。木のふし。❷わざわい。ゆきづまり。災難。不吉なめぐりあわせ。『厄年』『厄日』

❷わざわい。災難。苦しみ。

[下接] 後厄(あとヤク)・湮厄(インヤク)・危厄(キヤク)・窮厄(キュウヤク)・苦厄(クヤク)・災厄(サイヤク)・水厄(スイヤク)・遭厄(ソウヤク)・大厄(タイヤク)・兵厄(ヘイヤク)・前厄(まえヤク)

【厄害】ヤクガイ 厄難と災害。

【厄年】ヤクどし ①陰陽道(オンヨウドウ)で、厄難に遭いやすいとする年齢。普通、男は二五歳と四二歳、女は一九歳と三三歳。②災難の多い年。

【厄難】ヤクナン 不幸や災い。災難。災厄。

【厄日】ヤクび ①陰陽道(オンヨウドウ)で、厄難に遭いやすいので注意しなければならないとする日。また、一般に、災難の起こる日。②農家などで、天候などによる厄難の多いとする日。二百十日、二百二十日。

【厄介】ヤッカイ [国]①他人の苦しみを助けること。面倒をみること。②面倒なさま。煩わしいさま。「厄介払い」

【仄】⇨135 【反】⇨872

837 【厉】 二二 厂－3

レイ 「厲」(858)の異体字

【圧】⇨1259 【压】⇨1261 【灰】⇨4432

838 【厓】 *2039 厂－6

ガイ漢 yá・yái

[字解] 形声。厂＋圭(↓傾、ななめになる)声。がけの意。

[同属字] 崖・涯

[意味] ❶がけ。かぎり。また、水ぎわ。きし。❷まなじり。にらむ。『厓眥』❸地名。『厓山』

【厓眥】ガイサイ(ガイシ) 目にかどをたててにらみつけること。

【厓山】ガイザン 中国、広東省新会県の南、珠江デルタの中にある小島。南宋滅亡の場所。

839 【厚】 2492 387C 8CFA 厂－7 [常]5

コウ(カウ)呉・コウ漢 hòu あつい

[筆順] 厚 厚 厚 厚 厚 厚

[字解] 会意。厂(がけ)＋㫗(＝亯の倒形、たかい)。高く土のあつい岩の意。転じて、一般に物の両面の間が十分にある意。一説に㫗が原字ともいう。

甲骨文 金文 篆文

[意味] ❶あつい。てあつい。ふかい。ねんごろ。↔薄。『厚意』『温厚』*孫子‐用間「反間不レ可レ不レ厚也(ハンカンはあつくせざるべからざるなり)」〔＝反間(逆スパイ)の処遇はてあつくしなければならない〕⇒[表] ⇒〔篤〕(5704)の[表] ❷あつい。あつみがある。↔薄。『厚顔』『厚手(あつで)』『重厚』❸あつくする。ゆたかにする。『厚生』『富厚(フコウ)』『豊厚(ホウコウ)』❹あつい。大きい。大いに。程度がひどい。*韓非子‐説難「厚者為レ戮、薄者見レ疑(あつきものはリクされ、うすきものはうたがわる)」〔＝程度のひどい場合には殺され、軽い場合は疑われてしまう〕

❶あつい。てあつい。ねんごろ。

[下接] 温厚(オンコウ)・寛厚(カンコウ)・謹厚(キンコウ)・淳厚(ジュンコウ)・純厚(ジュンコウ)・醇厚(ジュンコウ)・深厚(シンコウ)・親厚(シンコウ)・仁厚(ジンコウ)・端厚(タンコウ)・忠厚(チュウコウ)・沈厚(チンコウ)・篤厚(トッコウ)・敦厚(トンコウ)・樸厚(ボッコウ)・優厚(ユウコウ)

厚薄							
厚 コウ	あつい。てあつい。ねんごろ。	厚志	厚情	厚遇	厚禄	篤厚	温厚
薄 ハク	うすい。そまつである。	薄志	薄情	薄遇	薄給	軽薄	酷薄

【厚意】コウイ 思いやりのある心。厚情。

【厚恩】コウオン 人から受けた深い恩恵。

【厚誼】コウギ 深い親しみの気持ち。「ご厚誼を謝す」

【厚遇】コウグウ 手あつくもてなすこと。↔薄遇・冷遇

【厚志】コウシ 思いやりの深い気持ち。厚情。

【厚賞】コウショウ あつく賞すること。また、その賞与。

【厚情】コウジョウ あついなさけ。「ご厚情を賜る」

【厚秩】コウチツ ＝厚禄(コウロク)

【厚徳】コウトク 深くあつい徳。

【厚薄】コウハク あついことと、薄いこと。「愛情の厚薄」

【厚幣】コウヘイ 手あつい贈り物。

【厚禄】コウロク 手あつい俸禄。

❷あつい。あつみがある。

[下接] 渾厚(コンコウ)・重厚(ジュウコウ)・濃厚(ノウコウ)・肥厚(ヒコウ)／地厚(じあつ)・肉厚(にくあつ)

【厚顔】コウガン 面の皮が厚いこと。あつかましいさま。「厚顔無恥」

❸あつくする。ゆたかにする。

【厚相】コウショウ [国]「厚生大臣」の略称。厚生省の長官である国務大臣。

【厚生】コウセイ 人間の暮らしを健康で豊かにすること。「福利厚生施設」『厚生年金』

[難読地名] 厚狭(あさ)郡(山口) 厚岸(あっけし)郡・町(北海道) 厚沢部(あっさぶ)町(北海道)

840 【厖】 5045 524D 99CB 厂－7 (2134)【庬】*2842 广－7

ボウ(バウ)漢 máng・páng

[字解] 形声。厂(がけ・石)＋尨(大きなむくいぬ)声。石が大きい意。転じて、一般に、おおきくゆたかな意。

[意味] おおきい。あつい。ゆたか。また、まじる。いりみだれる。「尨」に同じ。『敦厖(トンボウ)』

【厖雑】ボウザツ いりまじって雑然としていること。

【厖然】ボウゼン ゆたかで大きなさま。

【厖大】ボウダイ 非常に大きいさま。膨大(ボウダイ)。

841 【厘】 4650 4E52 97D0 厂－7 [常]

リ漢・リン慣 lí・chán

[筆順] 厘 厘 厘 厘 厘

[字解] 釐の略体。おさめる意。借りて度量衡の単位に用いる。また、廛の通俗体。みせの意。音は、テン漢。

[意味] 尺貫法の長さ、重さの単位。『毫厘(ゴウリン)』㋑数量の単位。一以下の小数を表す単位の一。分(ブ)の一〇分の一。㋺長さの単位。寸(スン)の一〇〇分の一。㋩[国]重さの単位。匁(もんめ)の一〇〇分の一。㊁[国]明治以降の貨幣の単位。銭(セン)の一〇分の一。『厘毛』

【厘毛】リンモウ [国]①厘と毛。ごくわずかの金額。②ほんのわずか。すこし。「厘毛も違わない」

842 【原】 2422 3836 8CB4 厂－8 [常]2 (845)【厡】*2043 厂－9

ゲン呉漢 yuán はら・もと・たずねる

[筆順] 原 原 原 原 原 原

[字解] もと原。原は会意。厂＋泉。がけの下から湧き出るいずみ、みなもとの意。源の原字。また邍に通じ、はら

の意に用いる。

同属字 愿・願・源・螈

金文 篆文 重文

意味 ❶みなもと。はじめ。おこり。「源」に同じ。また、もとにさかのぼってたずねる。『原始』『起原』❷もとづく。また、おおもと。根本。基礎。『原因』『原子』❸はら。広く平らなところ。『原頭』『高原』❹「原子」「原子力」の略。『原爆』『原発(=原子力発電所)』❺ゆるす。『原諒』❻つつしむ。すなお。「愿」に同じ。『原人』『郷原』❼人名。『原憲』

❶みなもと。はじめ。おこり。

下接 起原・給原・抗原・語原・始原・塞原・同原・病原・復原・逢原・本原

【原案】最初の案。もとの考え。

【原委】もとすえ。本末。

【原意】その始めに考えられていた意味。原義。

【原価】①商品を完成させるまでに消費した費用。コスト。『原価計算』②仕入れ値段。『原価を割る』

【原義】その言葉のもとの意味。↔転義
【原形】物が初めに持っていた形。もとの形。

【原型】製作物などのもとになる型。

【原語】訳したり、改めたりしないもとの外国語。

【原稿】印刷するもとになる文章、書画など。また、演説や講演などの草案、下書き。

【原告】訴訟で、最初に訴えを起こした方の当事者。原告人。↔被告
【原罪】キリスト教で、アダムとイブが神に背いて禁断の木の実を食べてしまったという人類最初の罪。また、人間が生まれながらに負っている罪。宿罪。

【原作】翻訳、脚色のもととなった著作、作品。

【原産】動植物、原料などが最初に発生、産出されること。『原産地』

【原始】①始めをたずねること。②始め。起こり。③自然のままで人の手を加えていないこと。『原始林』

【原酒】国①醸造したままの日本酒。②蒸留したままのウイスキーの原液。

【原初】物事の一番はじめ。発生の最初。

【原書】①翻訳本、改作本などに対して、そのもとになる書物。原本。②国洋書。

【原状】そのものが元来あった状況、または状態。

【原色】絵画などのもとのままの色。→❷
【原人】ピテカントロプス、シナントロプスなど、七〇万〜二〇万年前の化石人類。→❻
【原心定罪】罪を犯したときの心理状態を究明して罪を決めること。〔漢書‐薛宣伝〕

【原寸】実物どおりの寸法。実物の寸法。『原寸大』

【原生】発生したままで進歩や発展をしないで、また人工を加えないで生きていること。『原生林』

【原石】①原料となる鉱石。②加工していない宝石。

【原籍】①戸籍の変更があった場合の、もとの本籍。『原籍地』②本籍。

【原典】引用、翻訳したもののもとになった本。

【原版】①印刷で鉛版や紙型のもとになる活字組み版。②複製、写真印刷などを作成するもとになる版。

【原肥】もとごえ。基肥。

【原文】手の加わっていないもとの文章。

【原木】原料や材料となる木。

【原本】①翻訳、引用などをする場合の、もとになる書物。↔訳本。②確定的なものとして最初に作成した、すべての複製、引用のもととなる文書。

【原野】未開拓の野原。

【原油】油井から採取したままの石油。

【原料】製造や加工などのもとになる素材。

【原話】その作品のもととなった物語や説話。

❷もとづく。おおもと。根本。基礎。

【原因】ある物事や状態を引き起こすもととなること。↔結果。『失敗の原因』
【原器】①同一種類のものの基本、標準となる器物。②度量衡の基本、標準を示すものとして作られた器物。『メートル原器』
【原拠】事柄のもとになるよりどころ。根拠。
【原子】(英atomの訳語)事物を構成する最小の存在。原子核と幾つかの電子から成る。『原子番号』
【原色】混ぜ合わせ方によって、どんな色でも得られる基本的な色。一般には赤・黄・青の三色。→❶
【原則】根本の法則。一般に共通な法則。
【原点】①測量などの基準となる点。②物事のそもそもの出発点。また、根源の点。
【原理】すべての現象を成立させる基本法則。
【原論】ある事柄についての根本となる理論。

❸はら。広く平らなところ。

下接 広原・郊原・荒原・高原・曠原・五原・湿原・雪原・草原・大原・中原・凍原・氷原・平原・燎原

【原隰】野原や低地。

【原頭】野原のほとり。また、野原。

❻つつしむ。すなお。

【原人】つつしみ深く、きまじめな人。〔孟子‐尽心下〕→❶

❼人名。

【原憲】中国、春秋時代の魯の人。字は子思。孔子の門人。清貧に甘んじた。【原憲之貧】清貧のたとえ。〔荘子‐譲王〕

843 【厝】 ＊2042 厂-8 サク㊥・セキ㊥/cuò
字解 形声。厂＋昔(=昝、つみ重なる)㊥。上に刃物をのせてけずりとぐ、といしの意。

844 【厤】 —— 厂-8 レキ 「厤」(851)の異体字

845 【原】 ＊2043 厂-9 ゲン 「原」(842)の異体字

846 【厠】 5046 524E 99CC 厂-9 シ 「廁」(2139)の異体字

847 【厦】 5047 524F 99CD 厂-10 カ 「廈」(2145)の異体字

848 【厩】 1725 3139 8958 厂-10 キュウ 「廏」(2152)の異体字

849 【厥】 5048 5250 99CE 厂-10 ケツ㊥・クツ㊥/jué

字解 形声。厂＋畎(大きく口をあける)㊥。大きくけずりとる、ほる意。
同属字 蕨・劂・獗・蹶

850【厨】3163 3F5F 907E 厂-10
チュウ 「廚」(2161)の異体字

851【厤】＊2044 厂-10
レキ㊥\lì\
字解 形声。厂(場所)＋秝(間隔をおいてならぶいね)㊥。調和をとってならべる、おさめる意。
金文  篆文 
同属字 曆(暦)・歷(歴)

(844)【厤】二二 厂-8

[雁]⇩8728

852【廐】二二 厂-11
キュウ 「廄」(2152)の異体字

853【廏】二二 厂-11
キュウ 「廄」(2152)の異体字

[鳫]⇩9420

854【厭】1762 315E 897D 厂-12
オン㊥・エン㊥㊥・ヨウ(エフ)㊥・オウ(アフ)㊥・ユウ(イフ)㊥\yàn・yè\あきる・あく・いとう・いとわしい
字解 形声。厂(いし)＋猒(→奄、おおう)㊥。石でおおいおさえる、ふさぐ意。猒に通じ、あきるの意に用いる。
金文  篆文 
同属字 壓・靨・黶
意味 ❶おさえる。おおいかぶさる。しずめる。隠す。また、ふさぐ。ふせぐ。『厭然』『会厭エイン』『禁厭キンエン』❷いとう。いやがる。いとわしい。また、あく。あきる。みちたりる。『厭悪』『厭世』『倦厭ケンエン』『属厭ショクエン』
＊論語-述而「学而不ㇾ厭まなんでいとわず〔=学問を持続し、いや気を起こさない〕」

❶ おさえる。おおいかぶさる。隠す。

[厭厭エンエン|ヨウヨウ] ①植物などの盛んに茂るさま。②安らかで静かなさま。
[厭勝エンショウ|ヨウショウ] まじないをして人を伏すること。また、まじない。
[厭然エンゼン|ヨウゼン] ①おおいかぶせるさま。隠すさま。②従順なさま。
[厭服・厭伏エンプク|ヨウフク] おさえしずめること。また、ひれふし、従うこと。
[厭浥ユウユウ|ヨウユウ] うるおって、しっとりしているさま。

❷ いとう。いとわしい。また、あきる。

[厭悪エンオ] 物事を憎んで、嫌がること。嫌悪。
[厭人エンジン] 国人との接触、交際を嫌うこと。人間嫌い。
[厭世エンセイ] この世や人生をいやだと思うこと。
[厭足エンソク] あきたりること。満足すること。
[厭飫エンヨ] ①飲食に飽きること。飽食。②愛想をつかすこと。
[厭離穢土エンリエド] 仏語。煩悩に汚れた現世をいとい離れること。『厭離穢土欣求浄土ゴングジョウド』 「厭離」を「オンリ」と読むのは、「遠離」との混同。

855【厮】5049 5251 99CF 厂-12
シ 「廝」(2158)の異体字

856【廠】5050 5252 99D0 厂-12
ショウ 「廠」(2159)の異体字

857【廚】二二 厂-12
チュウ 「廚」(2161)の異体字

[歴]⇩3885 [暦]⇩3174

858【厲】＊2048 厂-13
レイ㊥・ライ㊥・レツ㊥\lì・lài\といし・みがく・とぐ・はげしい
(837)【厉】二二 厂-3
字解 形声。厂(いし)＋蠆(きつい毒のあるさそり)省㊥。刃物をするどくする砥石の意。礪の原字。転じて、はげしい・きびしい意に用いる。
金文  篆文 
同属字 勵・欗・礪・蠣・糲
意味 ❶といし。転じて、みがく。とぐ。『礱厲ロウレイ』❷はげしい。きびしい。また、むごい。『厲色』『厲風』❸はげむ。はげます。ふるいたたせる。『厲行』『督厲トクレイ』❹わざわい。やまい。『厲疫』『厲鬼』『疵厲シレイ』

[厲疫レイエキ] 悪病。疫病。
[厲鬼レイキ] 流行病などを起こさせる悪神。厄病神。
[厲行レイコウ] 一所懸命つとめること。励行レイコウ。
[厲色レイショク] はげしい顔つきをすること。血相を変えること。
[厲声レイセイ] 声をはげますこと。励声レイセイ。
[厲精レイセイ] はげみつとめること。励精レイセイ。
[厲風レイフウ] はげしい風。特に北西の風。

[鴈]⇩9423 [曆]⇩3180 [歷]⇩3886

[壓]⇩1310

859【厴】＊2049 厂-17
エン㊥㊥\yǎn\へた
字解 形声。甲(かぶせる)＋厭(おさえる)㊥。かにの下腹の意。
意味 かにの下腹。また、へた。巻き貝類の殻口をとじるふた。

[贋]⇩7726 [贗]⇩7730 [黶]⇩9600

28 ム部 む

篆文 
ムは自分のためにとりかこむさまを表した指事字とも思われるが、未詳。ム部はムを目印にする字を収めるが、共通の意味があるわけではない。

ム ム
ム ⑥参 ⑦負 ⑨參 ⑩叅
ム ②厷 ③去

860 【ム】 5051 5253 99D1 ム－0 シ漢・ボウ漢/sī・mǒu

字解 部首解説を参照。

ム

〔允〕⇩449 〔台〕⇩942 〔弁〕⇩2187
〔牟〕⇩4614 〔叜〕⇩1473 〔矣〕⇩5256

861 【参】 2718 3B32 8E51 ム－6 常4
(863)〔參〕 5052 5254 99D2 ム－9 旧字
(864)〔叅〕 ＊2056 ム－10
サン呉漢・シン呉漢/cān・sān・cēn・shēn/まいる・あずかる・まじわる・まじえる・みつ

筆順 

字解 参は參の略体。參は象形。もと、三つの輝く玉のついた冠をつけたひとのかたちで、のち彡(あや・ひかり)を加えたという。チラチラかがやく星の意。

金文 篆文 

同属字 蔘・慘(惨)・滲・糝・驂・鰺

参考 (1)万葉仮名では訓を借りて「み甲」。(2)証書等では改竄を防ぐため「三」の代わりに用いる。

意味 ❶あずかる。あつまる。くわわる。かかわる。『参加』『皆参』『不参』 ❷まいる。出かける。また、目上の人のところへ行く。寺社などにもうでる。『参詣』『見参』『墓参』 ❸まじえる。一緒にする。ひきくらべる。また、いりまじる。『参考』『参照』 ❹星の名。オリオン座の三つ星。二十八宿の一。参宿。『商参』 ❺みっつ。三。 ❻あて字・熟字訓など。『苦参』『海参』『光参』『人参』

❶ あずかる。くわわる。かかわる。

【参加】サンカ 一員として加わること。『参加者』
【参会】サンカイ 会合に参加すること。
【参画】サンカク 政策、事業などの計画に加わること。
【参学】サンガク 学問をすること。
【参議】サンギ ①国政に参加して、政策などの大事を議すること。②国 奈良時代以降、大臣、大・中納言に次ぐ官職。
【参軍】サングン ①軍事についての相談に関係すること。②国 将監の唐名。
【参事】サンジ ある事務に参与すること。また、その職。
【参集】サンシュウ 国 寄り集まること。来集。
【参政】サンセイ 政治に参加すること。『参政権』
【参禅】サンゼン 禅を学ぶこと。また、座禅を組むこと。
【参入】サンニュウ 国 入って来ること。→❷
【参謀】サンボウ ①作戦の計画、指導に当たる将校。『参謀本部』②国 計画に参与し、立案・助言などをする人。『選挙参謀』
【参与・参預】サンヨ あることに関係すること。
【参列】サンレツ その式に列席すること。『参列者』

❷ まいる。出かける。もうでる。

下接 両参・帰参・見参・兼参・降参・古参・直参・持参・新参・推参・早参・大参・代参・遅参・朝参・日参・墓参

【参謁】サンエツ 参上して目上の人に会うこと。
【参賀】サンガ 宮中に参内して賀意を申し上げること。
【参観】サンカン その場へ行って、見ること。『授業参観』
【参勤・参覲】サンキン 国 出仕して主君のお目にかかること。『参勤交代』
【参宮】サングウ 国 神社に参拝すること。特に伊勢神宮に参拝すること。伊勢参り。
【参詣】サンケイ 国 神社や寺に参ること。お参り。
【参向】サンコウ 国 伺うこと。参上。
【参候】サンコウ 国 伺うこと。参ること。
【参上】サンジョウ 国 貴人のもとへ参上してご機嫌を伺うこと。
【参内】サンダイ 国 内裏(宮中)に参上すること。参入。
【参着】サンチャク 国 先方へ行きつくこと。到着。
【参殿】サンデン 国 御殿に参上すること。
【参堂】サンドウ 国 神仏をまつった堂に参詣すること。
【参道】サンドウ 国 参詣する人のために作られた道。
【参入】サンニュウ 国 高貴な人の所へ参上すること。→❶
【参拝】サンパイ 参詣して神仏を拝むこと。
【参籠】サンロウ 国 神社や寺に一定期間こもって、祈願すること。おこもり。

❸ まじえる。ひきくらべる。

【参看】サンカン ＝参照
【参検・参験】サンケン あれこれ引き比べて吟味すること。
【参考】サンコウ ①比べ合わせて考えること。②国 ある物事を自分の考えを決める手掛かりにすること。
【参酌】サンシャク 他と照らし合わせて考慮すること。
【参照】サンショウ 国 他と照らし合わせて参考にすること。
【参差】シンシ ①いりまじってふぞろいなさま。＊杜牧-題宣州開元寺水閣「参差煙樹五湖東」[=五湖の東には、ただ高く低く樹々がかすんでいる] ②よく似ているさま。＊白居易-長恨歌「雪膚花貌参差是」[=雪のように白い肌、花のように美しい顔は、どうやらその人らしい]

❹ 二十八宿の一。

【参宿】シンシュク オリオン座の三つの星とその周辺の星を含む星座。からすきぼし。
【参商】シンショウ (「商」はさそり座のアンターレス) ①参星と商星。②(参星と商星が天の東西に離れていて、洛陽と長安では同時に見られないところから) 親しい間柄の人が遠く離れて会うことのできないたとえ。＊杜甫-贈衛八処士「人生不相見、動如参与商」[=人生において、一たび別れると出会うことがないのは、ともすれば参と商の星のようなものだ]

862 〔貟〕 二 ム－7 イン 「員」(929)の異体字

〔畚〕⇩4930

863 【參】 5052 5254 99D2 ム－9 サン 「参」(861)の旧字

864 【叅】 ＊2056 ム－10 サン 「参」(861)の異体字

ム

［么］⇩60

865 【厷】 ＊2051 ム－2
コウ 「肱」(6323)の異体字

［云］⇩99 ［公］⇩484

866 【去】 2178 356E 8B8E ム－3 常3
コ㋾・キョ㋕/qù/さる・いぬ

筆順 去去去去去

字解 会意。大(ひと)＋ム(おとしあな)。人があなを避けてたちさる意という。また、一説に、ふたつきの器のふたをはずす意を表すとも。

甲骨文  篆文 

同属字 盍・劫・却・怯・法・祛・袪

参考 万葉仮名では音を借りて「こ㋡」。

意味 ❶さる。たちさる。ゆく。ゆきすぎる。すぎさる。『去就』『去年』『過去』『退去』 ＊白居易－長恨歌「鈿合金釵寄将去（デンゴウキンサイよせもちさらしむ）」〔＝青貝の香箱や金のかんざしを、頼んで持って行かせる〕 ❷のぞく。とりのぞく。『去勢』『消去』 ＊論語－顔淵「必不レ得レ已而去、於二斯三者一何先（かならずやむことをえずしてさらば、このサンシャにおいていずれをかさきにせん）」〔＝どうしてもやむをえずに取り除くとしたら、この三つの中でどれを先にするか〕 ❸漢字の四声の一。去声（キョショウ｜キョセイ）。最初高く急激に下がる調子の音。

下接 ❶さる。ゆきすぎる。すぎさる。
過去カコ・帰去キキョ・薨去コウキョ・死去シキョ・辞去ジキョ・逝去セイキョ・仙去センキョ・卒去ソッキョ・退去タイキョ・南去ナンキョ・来去ライキョ・老去ロウキョ・帰去来キキョライ・好去好来コウキョコウライ

［去歳キョサイ］①去年。昨年。②すぎ去った年。往年。
［去就キョシュウ］去ることと、とどまること。進退。
［去住キョジュウ］去ることと、とどまること。また、去って行った人と、とどまっている人。
［去年キョネン｜こぞ］前の年。昨年。
［去来キョライ｜いざ］①（キョライ）行ったり来たり、また、浮かんだり消えたりすること。ゆきき。②（いざ）誘いかける言葉。陶潜の「帰去来辞」の冒頭の訓読による。＊陶潜－帰去来辞「帰去来兮、田園将レ蕪（かえりなんいざ、デンエンまさにあれんとす）」〔＝さあ帰ろう。わが田園は今や荒れ果てようとしている〕
［去留キョリュウ］①去ることととどまること。なりゆき。＊陶潜－五柳先生伝「既酔而退、曽不レ吝二情去留一（すでによいてしりぞくときは、かつてジョウをキョリュウにやぶさかにせず）」〔＝酔って退出するときには、帰ろうか留まろうかと気にかけることはまったくなかった〕②自然のなりゆき。＊陶潜－帰去来辞「曷不三委レ心任二去留一（なんぞこころをゆだねてキョリュウにニンぜざる）」〔＝どうして気持ちをなりゆきにまかせ、気ままに暮らさないのか〕
［去者日疎さるものはひにうとし］死んだ者は日ごとに忘れられる。転じて、遠く離れた者はしだいに忘れられてしまう。〔文選－古詩十九首〕

下接 ❷のぞく。とりのぞく。
削去サッキョ・刪去サンキョ・消去ショウキョ・除去ジョキョ・撤去テッキョ

［去勢キョセイ］①抵抗や反対の勢いなどをそぐこと。②動物の生殖腺をとり去ること。

［簒］⇩5698

ム

［弘］⇩2216 ［私］⇩5448 ［畆］⇩4946

29 又部 また

甲骨文  金文  篆文 

又は、右腕をさし出した形で、右手、たすける等の意味の意標となっている。この原形は、それ自身で又部の意標であるほか、寸部(41)、支部(65)、攴部(66)、殳部(79)の部首の形の部分にも現れる。また、手部(64)、廾部(55)、爪部(87)などの部首の形にも関係する。右、有などの筆順をノ一と説くのは、その部分が又に基づくため。

又◆ 又 双 叒 ① 叉
又■ ② 及 反 夂 友 ⑤ 叏 㕛 㕝 ⑥ 受 受 ⑦ 㚢 ⑧ 叟 ⑯ 叢
又■ ② 収 ⑤ 奴 㕞 ⑥ 叔 取 叔 ⑦ 叚 叙 叛 叛 ⑭ 叡
又◆

867 【又】 4384 4B74 9694 又－0 常
ウ㋾・ユウ(イウ)㋕/yòu/また

筆順 又又

字解 部首解説を参照。

意味 ❶また。その上。さらに。さらにそれに加えて。追加を示す。＊論語－子罕「固天縦之将聖、又多能也（もとよりテンこれをゆるしてショウセイにし、またタノウなり）」〔＝もちろん(孔子は)天がほしいままに才能を発揮させた大聖人であり、さらにまた多芸である〕 ❷国または。あるいは。『晴れ又は曇り』

868 【双】 3348 4150 916F 又－2 常
ソウ(サウ)㋾㋕/shuāng/ふた・ふたつ・もろ・ならぶ
(8721)【雙】 5054 5256 99D4 隹－10 旧字

筆順 双双双双

字解 双は雙の通俗体。雙は会意。又(て)＋雔(二羽の鳥)。二羽の鳥を手にする意。転じて、ふたつならぶ意。

意味 ❶ふたつ。ペア。『双眼鏡』『双肩』 ㋑二つで一組のもの。㋺二つならぶ。対をなしている二つ。また、匹敵する。『無双ムソウ』 ＊杜甫－月夜「何時倚二虚幌一、双照涙痕乾（いずれのときかキョコウによりて、ならびてらされてルイコンかわかん）」〔＝いったい、いつになったら人気のない部屋のカーテンによりそい、二人並んで月の光に照らされながら、涙のあとを乾かすことができるのだろうか〕 ㋩対をなすものを数える語。『屏風一双イッソウ』『半双ハンソウ』 ❷あて字など。『双六スゴロク』

下接 ❶ふたつ。また、匹敵する。

［双蛾ソウガ］（「蛾」は眉(まゆ)のこと）美人の眉。
［双魚ソウギョ］＝双鯉ソウリ
［双肩ソウケン］左右両方の肩。両肩。
［双鉤ソウコウ］①書道の筆法の一。筆の軸を、親指と食指、中指とにはさんで持ち、薬指で軽く支えて書く法。②書

画などを写すのに、輪郭だけ線で写しとって、中を空白にしておくこと。籠写(かごうつし)。

【双手(ソウシュ)】もろて。両手。

【双珠(ソウシュ)】一対の真珠。すぐれたもの二つのたとえ。

【双樹(ソウジュ)】二本の木。一対の木。『沙羅双樹(サラソウジュ)』

【双声(ソウセイ)】漢字の熟語で、同じ頭子音の文字を二つ組み合わせること。「佳句(カク)」、「湖海(コカイ)」、「蒼生(ソウセイ)」の類。

【双棲・双栖(ソウセイ)】雌雄または夫婦が一緒に住むこと。

【双双(ソウソウ)】二つのものが並びあっているさま。ひとそろいであるさま。

【双頭(ソウトウ)】頭が二つ並んでついているもの。両頭。また、二人の支配者。『双頭の鷲(わし)』

【双飛(ソウヒ)】二羽がならんで飛ぶこと。また、夫婦が互いに離れあわないことのたとえ。

【双幅(ソウフク)】左右で一対になっている掛け物。対幅。

【双璧(ソウヘキ)】優劣のないすぐれた二つのものや人。

【双方(ソウホウ)】あちらとこちら。両方。『労使双方』

【双眸(ソウボウ)】両方のひとみ。両眼。

【双葉(ソウヨウ|ふたば)】草木の発生段階で、最初に出る二枚の葉。転じて、人の幼少のころをいう。

【双鯉(ソウリ)】①二ひきの鯉(こい)。②手紙のこと。「古楽府-飲馬長城窟行」に、客の残していった二尾の鯉の腹に、長く相憶うとの手紙があったと歌われた故事による。

❷ あて字など。

【双六・双陸(スゴロク|ソウリク)】二個の采(サイ)を振って、盤上の駒を進め、早く「あがり」に達したものを勝ちとする遊戯。

【双紙(ソウシ)】[国]①紙を帳にとじ合わせたもの。特に、物語・日記などの、かな書きされた本。②室町・江戸時代の絵本、また、習字帳の類。『草双紙(くさぞうし)』 ♥一説に「冊子(サクシ)」の変化した語という。草子とも、また近世には草紙とも書いた。

[難読地名] 双三(ふたみ)郡(広島)　双海(ふたみ)町(愛媛)

869 【叕】 *2060　又-6　テツ[漢]\zhuō

[字解] 象形。短い糸をつなぎあわせた形に象り、つづる意。綴の原字。

篆文

[同属字] 啜・惙・畷・綴・輟・錣

870 【叉】 2621 3A35 8DB3　又-1　シャ[呉]・サ[漢]・サイ[漢]\chā\はさむ・また

[字解] 象形。指の間に物をはさんださまに象り、はさむ・またの意。

篆文

[同属字] 扠・杈・釵・靫

[意味] ❶はさむ。さしはさむ。❷また。ふたまた。『音叉(オンサ)』『刺叉(さすまた)』『二叉(ふたまた)』❸まじえる。交差する。『三叉路(サンサロ)』『交叉(コウサ)』❹その他。『叉焼』『夜叉(ヤシャ)』
【叉手(サシュ|サで)】①(サシュ)腕をくむこと。転じて、手を束(つか)ねて何もしないこと。拱手(キョウシュ)。②(サで)「叉手網(サであみ)」の略。交差させた木や竹に網を張ったもの。
【叉焼(チャーシュー)】焼き豚。『叉焼麺(メン)』 ♥中国語から。

又

871 【及】 二|二　又-2　キュウ　「及」(58)の旧字

872 【反】 4031 483F 94BD　又-2　[常]3　ホン[呉]・ハン[漢]・ヘン[慣]・タン[慣]\fǎn・fān\そる・そらす・かえす・かえる・かえって

[筆順] 反 反 反 反

[字解] 会意。又(て)+厂(曲がったがけ)。手で押しそらしかえす、くつがえす意。

甲骨文
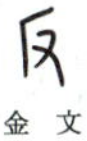
金文

篆文

[同属字] 坂・返・阪・板・版・販・飯

[参考] 万葉仮名では音を借りて「へ[甲]」。

[意味] ❶かえる。元にかえる。裏がえる。かえす。向きを逆にする。むくいる。『反射』『反省』『反対』 *韓非子-外儲説左上「反帰取レ之(かえりかえりてこれをとる)〔=引き返してそれを取ってきた〕」 ❷そむく。さからう。「叛」に同じ。『反逆』『違反』『造反』 ⇒〔背〕(6302)の[表] ❸くりかえす。『反芻』『反復』 ❹そる。そらす。『内反足(ナイハンソク)』 ❺かえし。漢字の音の示し方の一。別の二字の組み合わせで表す。反切。 ❻かえって。逆に。 *杜甫-兵車行「信知生レ男悪、反是生レ女好(まことにしる おとこをうむはあしく、かえってこれ おんなをうむはよきを)〔=いまこそ、男の子を生むのは悪く、反対に女の子を生んだほうがよいということがわかった〕」 ❼(タン)[国]㋑土地の面積の単位。一反は三〇〇歩。一町の一〇分の一。約一〇アール。『減反(ゲンタン)』『増反(ゾウタン)』 ㋺布類の長さの単位。普通、一人分の衣服を作れる布。鯨尺で、幅九寸(約三四センチメートル)、長さは二丈八尺(一〇・六メートル)くらい、絹物は三丈ないし三丈二尺(約一二・一メートル)。 ㋩距離の単位。六間(けん)(約一一メートル)。

❶ かえる。かえす。向きを逆にする。

[下接] 往反(オウハン|オウヘン)・顧反(コハン)・自反(ジハン)・撥乱反正(ハツランハンセイ)・報本反始(ホウホンハンシ)

【反映(ハンエイ)】①光や色が反射して映ること。②あるものの影響が他に及んで現れること。

【反影(ハンエイ)】①反映する光。特に、夕日の照り返し。反照。②ある物の影響が他の物に及んで現れること。

【反歌(ハンカ)】[国]長歌のあとにつけ加えられた短歌。長歌の意を補足したり、その大意を要約したりするもの。万葉集に多く見られる。かえしうた。

【反汗(ハンカン)】出た汗を身中に戻すことから転じて、出した命令を取り消したり改めたりすること。〔漢書-劉向伝〕

【反求(ハンキュウ)】事の原因を反省し求めること。

【反響(ハンキョウ)】①音が物体の表面で反射し、再び聞こえる現象。こだま。②ある物事に影響されて起こる動き。

【反訓(ハンクン)】漢字の意味が、もとの意味と全く反対に用いられるもの。乱(みだれる)を治(おさめる)とする類。

【反撃(ハンゲキ)】攻めて来る敵を逆に攻撃すること。

【反顧(ハンコ)】過去をふりかえること。回顧。

【反語(ハンゴ)】①疑問の形で問い掛け、反対の結論を強調する表現。漢文では「何(なん)ぞ」「誰(た)れ」「奚(なん)ぞ」などの助字を用いる。②本来の意味とは反対の意味に使って、皮肉を込めていう言い方。

【反魂香(ハンゴンコウ)】死者の姿を煙の中に現すことができるという香。 ♥中国、漢の武帝の故事による。

【反辞(ハンジ)】前文の意味をくり返して述べることば。

【反射(ハンシャ)】①音や光などが、ある物体に当たってはね返ること。②刺激をうけると意識や意志とは無関係に反応を示すこと。『反射神経』『条件反射』

【反証・反證(ハンショウ)】ある主張が偽りであることを示すこと。また、その証拠。

【反照(ハンショウ)】 ①照り返すこと。また、その光。②夕映え。
【反省(ハンセイ)】 自己の過去の言動をかえりみること。
【反側(ハンソク)】 寝返りをうつこと。転び回ること。『輾転(テンテン)反側する』
【反対(ハンタイ)】 二者間の様子、位置、順序、方向、考え方などが、逆の関係にあること。さかさま。→❷
【反坫(ハンテン)】 中国、周代、諸侯の宴会に用いたさかずきをうら返して置く台。
【反転(ハンテン)】 ①ひっくり返ること。また、ひっくり返すこと。②物の位置、順序、進行方向などを反対にする、または、反対になること。
【反動(ハンドウ)】 ①物体の作用が反作用をうけて、その運動に反対方向の変化を生じること。②歴史の進展に逆行し、旧体制の維持や復活を図ろうとする立場。『保守反動』
【反応(ハンノウ)】 ①刺激に応じてある現象が生じること。転じて、てごたえ。ききめ。『拒絶反応』②物質間に生じる化学変化。『化学反応』
【反駁(ハンバク)】 他人の意見に非難攻撃を加えること。
【反発・反撥(ハンパツ)】 はね返すこと。はね返ること。『反発力』▼書き換え「反撥→反発」。→❷
【反璧(ハンペキ|ヘンペキ)】 贈られたものを辞退して返すこと。
【反哺(ハンポ)】 烏(からす)の子が成長してから、親鳥に食物をくわえ与えて養育の恩に報いること。恩返しをすること。〔白居易-慈烏夜啼〕
【反本(ハンポン)】 根本にたちかえること。また、生まれ出たもとである天や父母のことを思うこと。
【反命(ハンメイ)】 使者をして帰って、その事のなりゆきを報告すること。復命。
【反問(ハンモン)】 質問に対して、逆に聞き返すこと。
【反論(ハンロン)】 相手の議論に反対すること。
【反吐(ヘド)】 一度飲み下した物を吐き戻すこと。また、戻したもの。
【反故・反古(ホゴ|ホグ)】 国（古紙を反(かえ)し用いる意）①書画などを書き損じて不用となった紙。②役に立たなくなったもの。無駄。『約束を反故にする』

❷ そむく。さからう。

下接 違反(イハン)・造反(ゾウハン)・背反(ハイハン)・悖反(ハイハン)・倍反(バイハン)・謀反(ムホン)・離反(リハン)

【反間(ハンカン)】 敵の間者を逆用すること。また、間者をはなって、敵の仲間割れを図ること。〔孫子-用間〕

【反感(ハンカン)】 不愉快に思って逆らう気持ち。

【反旗(ハンキ)】 謀反(ムホン)の旗じるし。『反旗を翻す（=謀反を起こす）』▼書き換え「叛旗→反旗」。

【反逆(ハンギャク)】 国や主人などにそむきさからうこと。『反逆児』▼書き換え「叛逆→反逆」。

【反軍(ハングン)】 ①軍部や戦争に反対すること。②反乱軍。▼書き換え「叛軍→反軍」。

【反抗(ハンコウ)】 さからうこと。敵対すること。『反抗期』

【反骨(ハンコツ)】 国 権勢に盲従しないで抵抗する気骨。

【反心(ハンシン)】 謀反(ムホン)を起こそうとする心。叛心。

【反噬(ハンゼイ)】 動物がその飼い主にかみつくこと。転じて、主人にそむき向かうこと。

【反則(ハンソク)】 規則や法令を犯すこと。違反すること。

【反対(ハンタイ)】 他の意見などにそむくこと。↔賛成。→❶
【反徒(ハント)】 謀反(ムホン)を企てる者たち。逆徒。

【反発・反撥(ハンパツ)】 国 他人の言動などに反抗すること。▼書き換え「反撥→反発」。→❶
【反目(ハンモク)】 にらみ合うこと。対立して仲の悪いこと。

【反乱(ハンラン)】 政府、権力などにそむいて内乱を起こすこと。謀反(ムホン)。▼書き換え「叛乱→反乱」。

【反戻(ハンレイ)】 そむきはなれること。叛戻。

❸ くりかえす。

【反芻(ハンスウ)】 ①一度飲み込んだ食物を再び口中に戻してかみ、飲み込むこと。②繰り返し味わい考えること。

【反復・反覆(ハンプク)】 繰り返すこと。たびたび行うこと。

❹ そる。そらす。

【反唇(ハンシン)】 くちびるをそらすこと。不服の意を表す。

【反舌(ハンゼツ)】 鳥「モズ(百舌)」の異名。また、ことばたくみなこと、わかりにくい言葉のたとえ。

❺ かえし。漢字の字音の示し方。反切。

【反音(ハンオン)】 反切によって字音を知ること。

【反切(ハンセツ)】 漢字の字音を示すのに、他の二字の音を用いる方法。例えば、東の音［toŋ］を都［声母t］と籠［韻母oŋ］とで都籠反のように示す類。反というのは六朝のころ、二字の組み合わせを反対にして別の音、別の意味をみちびいた予言法に由来するという。

❼ (日本語で)田地の面積、布の長さを表す。

【反収(タンシュウ)】 国 一反(約一〇アール)当たりの農作物の平均収穫高。

【反物(タンもの)】 ①一反に仕上げてある織物。②織物の総称。呉服。

難読姓氏 反町(そりまち)

873
【𠬛】 一一 又-2 (漢) モチ呉・ボツ漢・マチ呉・バツ

字解 もと叟。叟は会意。又(て)+回(うず)。渦中に手を入れ、物をさぐりとる意。転じて、もぐる・しずむ意。没に同じ。

同属字 没(沒)・歿

874
【友】 4507 4D27 9746 又-2 常2 ウ呉・ユウ(イウ)漢 / yǒu / とも

筆順 

字解 形声。ナ(=又)+又(て)声。手に手をそえ助ける、ともの意。

意味 ❶とも。ともだち。仲間。同志。むれ。『友人』『悪友』『親友』❷ともとする。交わる。兄弟・友人のようにしたしい。仲がよい。『友愛』『友好』『悌友(テイユウ)』❸固有名詞。『不友(フユウ)』『友禅』

❶ とも。ともだち。

下接 悪友(アクユウ)・畏友(イユウ)・益友(エキユウ)・会友(カイユウ)・学友(ガクユウ)・雅友(ガユウ)・旧友(キュウユウ)・級友(キュウユウ)・賢友(ケンユウ)・交友(コウユウ)・校友(コウユウ)・故友(コユウ)・五友(ゴユウ)・三友(サンユウ)・社友(シャユウ)・四友(シユウ)・死友(シユウ)・師友(シユウ)・酒友(シュユウ)・尚友(ショウユウ)・勝友(ショウユウ)・辱友(ジョクユウ)・心友(シンユウ)・親友(シンユウ)・生友(セイユウ)・清友(セイユウ)・石友(セキユウ)・戦友(センユウ)・争友(ソウユウ)・損友(ソンユウ)・知友(チユウ)・文友(ブンユウ)・朋友(ホウユウ)・亡友(ボウユウ)・密友(ミツユウ)・盟友(メイユウ)・面友(メンユウ)・良友(リョウユウ)・寮友(リョウユウ)・僚友(リョウユウ)・老友(ロウユウ)

【友人(ユウジン)】 ともだち。朋友(ホウユウ)。

【友生(ユウセイ)】 ともだち。友人。朋友。

❷ ともとする。交わる。したしい。

【友愛ユウアイ】兄弟、友人の間の親しみ。また、広く人類への愛。『友愛の精神』
【友于ユウウ】兄弟の仲がよいこと。転じて、兄弟。はらから。〔書経-君陳〕
【友誼ユウギ】友に対する情愛。友だちのよしみ。
【友軍ユウグン】味方の軍隊。『友軍機』
【友好ユウコウ】友だちとしての仲のよい交わり。『友好的』
【友情ユウジョウ】友人としての親しい交わり。
【友邦ユウホウ】互いに親しく交わっている国。
【友睦ユウボク】仲がよいこと。
❸ 固有名詞。
【友禅・友仙ユウゼン】国「友禅染め」の略。絹布などに、人物、花鳥などの模様を染め出したもの。▶江戸時代、京都の画工、宮崎友禅斎の創案による染法。

875【叓】＊2059 又-5
ジ「事」(85)の異体字

876【㕝】— 又-5
ジ「事」(85)の異体字

877【𠬶】— 又-5 (878)〔𠬶〕— 又-5
シン漢
字解 会意。又(て)＋帚(ほうきの象形)省。ほうきを手にしてはきながら次第に奥へ入りこむ、おかす意。
同属字 寖・寑・侵・浸・祲・鋟・駸

879【受】2885 3C75 8EF3 又-6 常3 (880)〔受〕— 又-6 旧字
ズ呉・ジュ呉・シュウ(シウ)漢／shòu／うける・うけ・うかる
筆順

字解 形声。又＋爪(て)＋冖(＝舟、わたしぶね)声。手から手へうけわたしする意。のち主に、手にうける意。
甲骨文 金文 篆文

同属字 授(授)・綬
参考 万葉仮名では音を借りて「ず」。

意味 ❶うける。うけとる。さずかる。また、こうむる。引きうける。応ずる。『受賞』『受動』『授受』『拝受』＊史記-管晏伝「吾幽囚受ᵣ辱ₗ(われユウシュウせられはずかしめをうく)」〔＝私は牢に閉じこめられ、はずかしめを受けた〕 ⇓表 ❷(梵 vedanāの訳)仏語。五蘊ゴウンの一。六根をもって外界からの印象を受け入れる心のはたらき。❸国うけ。人気。評判。『俗受け』

❶ うける。また、こうむる。引きうける。

下接 甘受カンジュ・感受カンジュ・享受キョウジュ・虚受キョジュ・口受コウジュ・収受シュウジュ・授受ジュジュ・摂受ショウジュ・生受セイジュ・接受セツジュ・送受ソウジュ・大受ダイジュ・伝受デンジュ・納受ノウジュ・拝受ハイジュ・筆受ヒツジュ・稟受ヒンジュ・膚受フジュ・傍受ボウジュ・領受リョウジュ

受ジュ	授ジュ
授受	
うける。	さずける。
受納	授与
受戒	授戒
受業	授業
受賞	授賞
伝受	伝授
口受	口授

【受益ジュエキ】利益を受けること。『受益者負担』
【受戒ジュカイ】仏教で、仏門に入る人が一定の儀式で戒律を守ることをちかうこと。
【受業ジュギョウ】①弟子が、師から学問や技術を学ぶこと。②国平安時代、諸国の国学の博士の資格。
【受検ジュケン】検査、検定を受けること。
【受験ジュケン】試験を受けること。『大学受験』『受験生』
【受降ジュコウ】降服者を受け入れること。【受降城ジュコウジョウ】中国の内モンゴル自治区包頭パオトウ西北の黄河沿岸にあった城塞。漢の武帝が公孫敖コウソンゴウに築かせた。
【受章ジュショウ】勲章、褒章などを受けること。
【受賞ジュショウ】賞を受けること。
【受信ジュシン】①電報、郵便物を受け取ること。↕発信。②電信、電話、放送などを受けること。↕送信
【受精ジュセイ】雌雄の生殖細胞が合体して一つになる現象。
【受禅ジュゼン】先帝のゆずりを受けて、帝位につくこと。↕簒奪サンダツ
【受贈ジュゾウ】贈与を受けること。『受贈図書』
【受胎ジュタイ】妊娠すること。みごもること。
【受託ジュタク】委託を受けること。頼まれること。
【受諾ジュダク】相手の申し入れを受け入れること。
【受動ジュドウ】他から動作、作用を受けること。受け身。↕能動。『受動態』『受動的』
【受難ジュナン】①苦難を受けること。『受難の年となる』②キリストが十字架で刑を受けた苦難。『受難曲』
【受納ジュノウ】贈り物などを受け納めること。
【受配ジュハイ】配給、配布、配当などを受けること。
【受命ジュメイ】①命令を受けること。②天命を受けて天子となること。
【受容ジュヨウ】受け入れること。容受。
【受理ジュリ】提出された書類などを手続きをもって受けること。『辞表を受理する』
【受領ジュリョウ｜ズリョウ】①(ジュリョウ)金品を受け取ること。領収。②(ズリョウ)国平安時代、諸国の長官。国司の最上位の者。

881【叜】— 又-7
ソウ「叟」(882)の異体字
〔度〕⇩2129

882【叟】5055 5257 99D5 又-8 (881)〔叜〕— 又-7
ソウ漢・シュウ(シウ)漢／sǒu／おきな
字解 会意。又＋𦥑(＝宀＋火)。火を手に家の中をさがす意。捜の原字。借りて老人の尊称に用いる。
甲骨文 篆文

同属字 痩・嫂・捜(搜)・溲・艘
意味 おきな。としより。長老。『三番叟サンバソウ』『迂叟ウソウ』『村叟ソンソウ』『田叟デンソウ』『北叟ホクソウ』『野叟ヤソウ』＊孟子-梁恵王上「叟、不ᵣ遠ᵣ千里ₗ而来(ソウ、センリをとおしとせずしてきたる)」〔＝先生は千里の道のりもいとわずに、お越しくださった〕

〔隻〕⇩8717 〔曼〕⇩3257 〔最〕⇩3258
〔篗〕⇩5708 〔燮〕⇩4430 〔爕〕⇩4431

883【叢】3349 4151 9170 又-16 (3326)〔菆〕＊3702 木-12
ソウ漢／cóng／くさむら・むら・むらがる

[字解] 形声。丵(ギザギザの歯のある道具)＋取(あつめとる)[声]。むらがりあつまる意。

[意味] ❶くさむら。草木がむらがりはえる。『叢雲』『叢菊』『叢林』❷一か所にあつまる。また、あつめる。『叢書』『談叢(ダンソウ)』『論叢(ロンソウ)』

❶ くさむら。草木がむらがりはえる。

[下接] 淵叢(エンソウ)・攢叢(サンソウ)・竹叢(チクソウ/たけむら)／稲叢(いなむら)・草叢(くさむら)・木叢(こむら)・肉叢(ししむら)・杉叢(すぎむら)・葉叢(はむら)

【叢雲(ソウウン/むらくも)】 むらがり集まっている雲。
【叢菊(ソウキク/むらギク)】 むらがり生えた菊。
【叢棘(ソウキョク)】 むらがり生えたイバラ。転じて、牢屋。
【叢祠(ソウシ)】 草木のしげみにあるほこら。
【叢生(ソウセイ)】 草木などがむらがり生えること。
【叢林(ソウリン)】 ①灌木(カンボク)のしげみとはやし。樹木のむらがって生えている林。②僧の集まり住む所。僧林。

❷ 一か所にあつまる。

【叢書(ソウショ)】 ①種々の書物を集め、一大部冊としたもの。②同じ種類の事柄を集めた一連の書物。『経営学叢書』
【叢談・叢譚(ソウダン)】 伝説、人物伝、見聞などいろいろの話を集めたもの。

［雙］⇩8721　［瞿］⇩5162　［篗］⇩5751

又 [2画]

884 【収】 2893 3C7D 8EFB 又－2 [常]6　(3015)〔收〕 5832 5A40 9DBE 攴－2 [人]

シュ[呉]・シュウ(シウ)[漢]／shōu／おさめる・おさまる

[筆順] 収 収 収 収

[字解] 収は收の草体から。收は形声。攵(＝攴、しいる)＋丩(あわせまとめる)[声]。まとまりをつける意。

[意味] ❶おさめる。㋑とりいれる。手に入れる。自分のものとする。『収益』『収穫』『収入』『吸収』『買収』
＊白居易－長恨歌「花鈿委㆑地無㆓人収㆒(カデンチにまかしてひとのおさむるなし)〔＝額の花飾りも地面に放り出されたまま、拾いあげる人とてない〕」㋺とりあげる。国や役所のものとする。『収税』『押収(オウシュウ)』『徴収(チョウシュウ)』㋩集めて中に入れる。また、とらえる。『収監』『収容』⇒〔納〕(5898)の[表] ❷とりだか。収入。『収支』『月収』❸おさまる。一点にあつまる。ちぢまる。『収縮』『収束』『収斂(シュウレン)』

❶ おさめる。とりいれる。また、とらえる。

[下接] 押収(オウシュウ)・回収(カイシュウ)・吸収(キュウシュウ)・査収(サシュウ)・秋収(シュウシュウ)・聚収(シュウシュウ)・所収(ショシュウ)・西収(セイシュウ)・接収(セッシュウ)・徴収(チョウシュウ)・撤収(テッシュウ)・買収(バイシュウ)・没収(ボッシュウ)・領収(リョウシュウ)

【収益(シュウエキ)】 事業などによって得られる利益。
【収穫(シュウカク)】 ①農作物を取り入れること。②あることから得た成果。『旅行の収穫』
【収監(シュウカン)】 人を監獄に収容すること。
【収載(シュウサイ)】 [国]書かれた資料を書物にのせること。
【収受(シュウジュ)】 金品などを受け取ること。
【収拾(シュウシュウ)】 乱れた事態などをおさめること。
【収集(シュウシュウ)】 ①いろいろ取り集めること。②研究や趣味のために、同類のものを集めてまとめること。『蝶(チョウ)の収集』▶書き換え「蒐集→収集」。
【収税(シュウゼイ)】 税をとりたてること。『収税吏』
【収蔵(シュウゾウ)】 物を取り入れてたくわえ、またしまいこんでおさめておくこと。
【収族(シュウゾク)】 ①一族を集めること。②一族をとらえること。＊漢書－蘇武伝「収㆓族陵家㆒、為㆓世大戮㆒(リョウがいえをシュウゾクし、よのタイリクとなる)〔＝私(陵)の一族の者を捕らえて、大処刑事件としてしまった〕」
【収奪(シュウダツ)】 強制的に取り上げること。
【収得(シュウトク)】 物を自分のものとすること。『収得罪』
【収入(シュウニュウ)】 金銭を他から与えられて自己の所有とすること。また、その額。↔支出。『現金収入』『収入源』
【収納(シュウノウ)】 ①金品を受け取り、収めること。②農作物などを取り入れること。③不要の物をしまうこと。
【収用(シュウヨウ)】 国家などが、土地などの特定物の所有権などを強制的に提供させること。『強制収用』
【収容(シュウヨウ)】 一定の場所や施設にまとめて入れること。『負傷者を病院に収容する』『収容所』
【収攬(シュウラン)】 心をうまくとらえること。とりまとめること。『民心を収攬する』
【収録(シュウロク)】 [国]①書物や雑誌などに収め記録すること。②録音または録画すること。
【収賄(シュウワイ)】 賄賂(ワイロ)を受け取ること。↔贈賄

❷ とりだか。収入。

[下接] 月収(ゲッシュウ)・現収(ゲンシュウ)・減収(ゲンシュウ)・実収(ジッシュウ)・税収(ゼイシュウ)・総収(ソウシュウ)・増収(ゾウシュウ)・定収(テイシュウ)・日収(ニッシュウ)・年収(ネンシュウ)

【収支(シュウシ)】 金銭の収入と支出。『国際収支』

❸ おさまる。一点にあつまる。ちぢまる。

【収縮(シュウシュク)】 ちぢまること。ちぢめること。↔膨張
【収束(シュウソク)】 ①集めてたばねること。②おさまりのつくこと。また、おさまりをつけること。『事態を収束する』③数学で、数列の項がある数値に限りなく近づくこと。収斂(シュウレン)。④光線などの束が一点に集中すること。収斂。↔発散。『収束レンズ』
【収斂(シュウレン)】 ①収縮すること。収縮させること。『血管の収斂』『収斂作用』②多くの要素、条件などが一つに集約すること。『意見の収斂を見る』③＝収束(シュウソク)③④

885 【叙】 二－二 又－5　(886)〔㪅〕 二－二 又－5

サン[漢]

[字解] 会意。又(て)＋歺(＝歹、けずりとった骨の象形)。骨を手でのぞきとる、えぐる意。

[同属字] 粲・餐・叡

887 【臤】 ＊5465 又－6

カン[漢]／qiān

[字解] 形声。又(て)＋臣(見ひらいた目の象形)[声]。手をかざしてよくみる意。転じて、かたい・かしこい意。

[同属字] 堅・緊・賢

888 【取】 2872 3C68 8EE6 又－6 [常]3

シュ[呉][漢]／qǔ／とる

[筆順] 取 取 取 取 取 取

[字解] 会意。又＋耳。手で耳を持つ意。古く戦いで敵の耳を切ってもちかえり戦功としたことによる。利益を手に入れる意を表す。

甲骨文
金文
篆文

同属字 娶・聚・叢・棷・趣・諏・陬・鯫

意味 とる。手に入れる。自分のものにする。選びとる。＊史記-項羽本紀「窃為二大王一不レ取也（ひそかにダイオウのためにとらざるなり）」〔=私が思うに、大王のために賛成しかねる〕」 ⇓表 ⇓〔得〕(2298)の表

下接 看取・記取・攻取・採取・搾取・詐取・進取・窃取・接取・摂取・説取・先取・奪取・聴取・徒取・騙取・略取

取（シュ）	自分のものとしてとりいれる。	取材	取得	取捨	摂取	搾取	奪取
採（サイ）	ひろったりえらんだりしてとる。	採光	採録	採否	収採	博採	伐採

〔取材〕記事や作品の材料となるものを集めること。

〔取捨〕よいものを取って、悪いものを捨てること。「取捨選択」

〔取得〕自分の所有とすること。手に入れること。

889 【叔】 2939 3D47 8F66 又−6 常 (2186)【尗】 廾−4

シク呉・シュク漢/shū/おじ

筆順 叔 叔 叔 叔 叔 叔 叔 叔

字解 形声。又＋尗（つるを張り枝をのばしはじめた豆）声。まめを拾う意。のち、小さく幼い、わかい意に用いる。もと、弔・弟と同形。

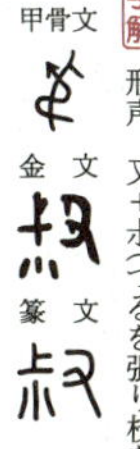
甲骨文 金文 篆文

同属字 寂・淑・椒

意味 ❶すえ。年下。年下の兄弟。伯・仲に次ぐ三番目の兄弟。「叔季」「仲叔」「伯叔」 ❷おじ。父の弟。また、母の弟。「叔父」「表叔」 ❸人名。「叔斉」

❶ すえ。年下。年下の兄弟。

〔叔季〕（「季」は兄弟で最年少のもの）1幼年時代。〔淮南子-繆称訓〕 2すえの弟。末弟。 3すえの世。末世。

〔叔世〕すえの世。末世。〔左伝-昭公六年〕

〔叔伯〕年下の臣下と年長の臣下。また、兄弟のこととも。

❷ おじ。父の弟。また、母の弟。

〔叔舅〕中国の周代、天子が自分と異姓の諸侯を呼んだ語。

〔叔父〕1父または母の弟。また、叔母の夫。⇔叔母。 2中国の周代、天子が自分と同姓の諸侯を呼んだ語。

〔叔母〕父または母の妹。また、叔父の妻。⇔叔父

❸ 人名。

〔叔斉〕中国、殷代の賢人。名は智。字は公達。周の武王が殷の紂王を討とうとしたとき兄の伯夷とともに諫めたがいれられず、周の天下になると、首陽山に隠れ、餓死した。

〔叔孫通〕中国、前漢の儒者。秦の博士で、高祖・恵帝に仕え、秦の儀式・制度を伝え、漢の儀法を整備した。（前三〜前二世紀頃）

〔叔梁紇〕中国、春秋時代末期の魯の武将。孔子の父。生没年不詳。

890 【叚】 ＊2061 又−7

カ漢/jiǎ

字解 会意。厂（がけ）＋二（うもれたもの）＋𠬪（両手）。がけの中にうもれたものを両手でほりだす意。また、一説に加工しない玉で、かりの意を表すという。

金文 篆文

同属字 葭・霞・假・暇・瑕・遐・蝦・鰕

891 【叙】 2986 3D76 8F96 又−7 常 (3005)【敘】 5838 5A46 9DC4 攴−7 人 (3035)【敍】 5839 5A47 9DC5 攴−7

ジョ呉・ショ漢/xù/のべる

筆順 叙 叙 叙 叙 叙 叙 叙 叙 叙

字解 叙は敍の通俗体。敍は形声。攴（しいる）＋余（のびる）声。のばす意。また、制約を加えながらのばす、秩序だてる意。

甲骨文 篆文

参考 万葉仮名では音を借りて「ぞ(乙)」。

意味 ❶順を追って述べる。「叙述」「自叙」「倒叙」＊白居易-与微之書「略叙近懐（ほぼキンカイをのべん）」〔=近ごろの心境のあらましを述べてみよう〕 ⇓表 ❷位をさずける。「勲一等に叙する」「叙位」「昇叙」

❶ 順を追って述べる。

下接 次叙・自叙・暢叙・倒叙・列叙

叙（ジョ）	順序を立ててのべる。	叙情	叙事	叙論	陳叙	平叙	追叙
述（ジュツ）	のべる。	述懐	述事	述作	陳述	論述	後述

〔叙景〕風景を詩文に書き表すこと。

〔叙事〕事実をありのままに述べしるすこと。⇔叙情。「叙事詩」

〔叙述〕物事を順序立てて書きしるすこと。

〔叙情〕自分の感情を述べ表すこと。⇔叙事。「叙情的な文章」「叙情詩」▶書き換え「抒情→叙情」。

〔叙論〕1順序立てて論を述べること。また、その論説。 2序論。

❷ 位をさずける。

下接 蔭叙・昇叙・選叙・銓叙・秩叙

〔叙位〕位階に叙せられること。「叙位叙勲」

〔叙勲〕国勲等を授け、勲章を与えること。

892 【叛】 4032 4840 94BE 又−7 † (893)【叛】 又−7 (4455)【炍】 火−4

ハン漢・ホン慣/pàn/そむく

字解 形声。反（そむく）＋半（二つにわかれる）声。そむきはなれる意。

参考 現代表記では「反」と書き換える。熟語については「反」(872)を見よ。

意味 そむく。さからう。はなれる。「反」に同じ。「背叛」「謀叛」「離叛」＊史記-項羽本紀「天下皆叛レ之（テンカみなこれにそむく）」〔=天下の人は、みなそむいた〕」

894 【叡】 1735 3143 8962 又-14 人 (5179)【睿】6647 624F E1CD 目-9

字解 エイ呉漢／ruì／あきらか 会意。叡(えぐりとる)+谷(奥深いたに)省+目。奥深くまでよく見通す、あきらかの意。

同属字 濬・璿

参考 万葉仮名では音を借りて「え(や行)」。

意味 ❶あきらか。道理に明るい。かしこい。さとい。『叡才』『叡知』『叡哲』 ❷天子に関する事柄に用いる。尊敬語。『叡感』『叡聖』『叡慮』

【叡感】(エイカン) 天子が感心すること。御感(ギョカン)。

【叡才】(エイサイ) きわめてすぐれた才能。英知。

【叡聖】(エイセイ) 徳があり賢明であること。主として天子をたたえていう語。〔漢書-叙伝下〕

【叡知・叡智】(エイチ) すぐれた深い知恵。英知(エイチ)。また、理性。〔易経-繫辞伝上〕

【叡哲】(エイテツ) 知力にすぐれ、事物の道理に明るいこと。

【叡慮】(エイリョ) 天子の考えや気持ち。

30 口部 くち

甲骨文

篆文

口は、人のくちの象形で、そのもの(コウ)を示す。口部に属するものは、口の働き、呼吸、発声、発語、飲食(神への捧げものを含んで)などに関する。字の左部に用いられる口を「くちへん」という。字義上で口部に属するが、他の形に囲まれて、口の形が目立たないものもある。また、口に関係なく、場所や器物を表す口の形を目印とする字も少数含まれる。口部(31)はある区画を示し、枠内に音標などを入れるが、口部に属する字としては別に、舌部(135)、言部(149)があり、口の形をもつものとして、石部(112)、谷部(150)、足部(157)、邑部(163)、高部(189)などがある。

口◆ 口品②史叵③吏④呂⑥哀咸⑦哥哿⑨喪⑩嗣⑫器嚚⑬噩器⑮囂囊⑱囂囓⑲囊

口▀ ②另号只另③吊④呉吳呉呈呈呆⑤咒⑥咢⑦員哭⑨單⑩嘗喿⑪嘗⑰嚴

口▄ ②右可句古司召台③各吉吉后向合同名④含君吾告告吞吞否吝⑤咎咎周周音杏命⑥咼哉咨呰⑦唇哲唐唐⑧啓啓啓售商啇啇問⑨営喜喬啬善喆⑩嗇⑪嘉⑯嚮嚮嚭⑰嚳

口▌ ②叶叫叫叩叱叮叨叭叺③吃吸叫吁吒吐吋④吽吰呀吸叫听吟吭吼吹吠吮吶吷吻吩⑤咏呵咍呟呼呱呷咋呪呻咀咜咕呶咄咐咆味呦咊⑥哇咿咽咳咯咥咬哄哈咡咲咲哂咤咩咾哘⑦唖唉哦唏唁唔哽哮唆哨哨啄啞唄哺哩唎⑧啞唵啀喝啣唫啌啐唱啜唼唾啅啄啖啗唸啁唯唹唳啝⑨喑喙喈喀喝喚喊喟喫喫喁喧喉喤喎啾喞喞喘喋啼喃喩喇喨喰喣⑩嗌嗚嗅嗛嗑嗟嗄嗜嗤嗔嗪嘆嗎⑪嘔嗺嘐嗷嘖嘈嗾嗽噌嘆嘛嗹⑫噎嘩嘻嘰嗡噓嘯噍嘱嘶噌噂噂嘽噉嘲嘸噴嘿嘹⑬噯噫噦噲噶噱噤噞嘴嘯噬噪噸嘖嘶⑭嚇嚆嚅嚔嚀嚊⑮嚙嚏嚠⑯嚥嚬⑰嚶⑱嚼囁囃囀⑲囈囉囎㉑囓囑

口▐ ⑤和⑥咫⑧啎⑨鳴

895 【口】 2493 387D 8CFB 口-0 常1 ク呉・コウ漢／kǒu／くち 口◆

筆順 口口口

字解 部首解説を参照。

同属字 句・叩・扣・釦

参考 万葉仮名では音を借りて「く」。

意味 ❶くち。動物の器官としてのくち。また、くちばし。また、食する。『口腔』『口腹』 ❷出し入れするところ。出入りするところ。❸口に出して言うこと。ことば。また、親しく自分の口から。くちずから。『口伝(クデン)』『口頭(コウトウ)』『口真似(くちまね)』 ❹人・家などの数。『課口(カコウ)』『人口(ジンコウ)』 ❺物事の発端。先端。『序の口』『宵の口』 ❻ものの切れたところ。断面。『木口(きぐち|こぐち)』『傷口(きずぐち)』 ❼味。様子。また、方法、やり方。『後口(あとくち)』『甘口(あまくち)』『手口(てぐち)』 ❽国種類・件・相手。『口座』『嫁の口』 ❾あて字。『大刀一口(ひとふり)』『猪口(ちょこ)』

❶ くち。また、くちばし。

下接 開口(カイコウ)・経口(ケイコウ)・鶏口(ケイコウ)・黄口(コウコウ)・虎口(ココウ)・糊口(ココウ)・金口(コンク)・餌口(ジコウ)・仏口(ブッコウ)・満口(マンコウ)・金口木舌(キンコウモクゼツ)／烏口(からすぐち)・鯉口(こいぐち)・鳶口(とびぐち)・鰐口(わにぐち)・蝦蟇口(がまぐち)

【口蓋】(コウガイ) 脊椎(セキツイ)動物の口腔(コウコウ)内の上側の部分。

【口角】(コウカク) 口の両わき。【口角流ㇾ沫】(コウカクあわをながす) 口の両端からつばきを流して、はげしく議論するさま。「口角飛ㇾ沫(コウカクあわをとばす)」とも。〔李商隠-韓碑〕

【口腔】(コウコウ|コウクウ) 口からのどまでの間の空間。❤医学では慣用的に「コウクウ」という。

【口臭】(コウシュウ) 口から出る嫌なにおい。

【口中之虱】(コウチュウのシツ) (口のなかのしらみはたやすく嚙みつぶされることから) 非常に危険な状態にあること。

〔韓非子-内儲説上〕

【口腹コウフク】口と腹。また、飲食。食欲。〔孟子-告子上〕→❸

【口吻コウフン】口もと。→❸

❷ 出し入れするところ。出入りするところ。

下接 火口カコウ・河口カコウ・坑口コウコウ・港口コウコウ・銃口ジュウコウ・渡口トコウ・砲口ホウコウ・湾口ワンコウ／歌口うたぐち・裏口うらぐち・表口おもてぐち・片口かたくち・川口かわぐち・金口キンぐち・蛇口ジャぐち・出口でぐち・戸口とぐち・間口まぐち・水口みずぐち・石榴口ざくろぐち

【口径コウケイ】円筒形のものの、口の直径。

❸ 口に出して言うこと。ことば。

下接 悪口アッコウ・わるくち・一口イッコウ・箝口カンコウ・合口ゴウコウ・讒口ザンコウ・矢口シコウ・藉口シャコウ・衆口シュウコウ・杜口トコウ・訥口トッコウ・閉口ヘイコウ・弁口ベンコウ・防口ボウコウ・滅口メッコウ・利口リコウ・論口ロンコウ・異口同音イクドウオン／陰口かげぐち・軽口かるくち・地口ジぐち・早口はやくち・無口ムくち

【口調クチョウ】言葉を話す調子。言い回し。『演説口調』

【口伝クデン・コウデン】秘伝などを、口伝えに伝授すること。また、それを書き記した書物。口授。

【口演コウエン】口で述べること。また、口で述べる演芸を行うこと。

【口外コウガイ】国秘密などを口に出して言うこと。

【口気コウキ】言葉つき。口振り。

【口給コウキュウ】口達者であること。〔論語-公冶長〕

【口業コウギョウ・クゴウ】㊀(コウギョウ) 詩文を作ること。文学の仕事。㊁(クゴウ) 仏語。三業の一。口、すなわち言葉によって行う善悪の行為。語業ゴゴウ。

【口語コウゴ】①口から出た言葉。言った言葉。〔司馬遷-報㆓任少卿㆒書〕②悪口。〔漢書-楊惲伝〕③話し言葉。口頭語。↔文語。『口語体』

【口才コウサイ・コウザイ】弁舌の才能。転じて、口がうまいこと。

【口実コウジツ】言い訳や言い逃れの材料。

【口耳之学コウジのガク】聞いたことをうのみにしたうけうりの学問。口耳四寸シスン。＊荀子-勧学「小人之学也、入㆓乎耳㆒、出㆓乎口㆒。口耳之間、則四寸耳ショウジンのガクは、みみよりいりて、くちよりいず。コウジのカンは、すなわちシスンのみ〔=小人の学問は、聞いたことをそのまますぐに口から出す、うすっぺらな学問だ。口と耳との間は、わずか四寸しかない〕」

【口授コウジュ・クジュ】直接に口で言って教えること。

【口述コウジュツ】口で述べること。口陳。『口述筆記』

【口承コウショウ】口から口へと言い伝えること。『口承文学』

【口誦コウショウ・クジュ】口ずさむこと。また、書物などを声に出して読むこと。

【口上・口状コウジョウ】国①用件を口頭で述べること。『切り口上』『逃げ口上』『口上書』②興行物で、出演者などが舞台から観客に述べる挨拶アイサツ。

【口跡コウセキ】言葉遣い。言い方。口調。特に、役者などのせりふの言い方、発声、発音。

【口説コウセツ】①口に出して言うこと。人の言うこと。②口から口へと説いていくこと。言い伝え。

【口舌コウゼツ・クゼツ】①(コウゼツ) くちさき。弁舌。『口舌の徒』②(クゼツ) 国言い争い。口げんか。

【口宣コウセン・クゼン】①口に出して言うこと。口述。②(クゼン) 国天皇が口頭で述べる命令。

【口達コウタツ・コウダツ】口頭で通達すること。また、その言葉。

【口中雌黄コウチュウのシオウ・コウチュウのシコウ】(中国で昔、誤字などを消すのに雌黄を用いたことから) 自分の言説の誤りや不適当な表現を訂正すること。〔晋書-王衍オウエン伝〕❤「雌黄」は、黄色の顔料のこと。

【口頭コウトウ】口で述べること。『口頭試問』『口頭禅〔=口先ばかりで実質のともなわない禅〕』

【口碑コウヒ】昔からの言い伝え。伝説。

【口腹コウフク】口に出す言葉と腹の中の考え。→❶

【口吻コウフン・くちぶり】話し振り。口先に表れた気分。→❶

【口約コウヤク】口頭で約束すること。口約束。

【口論コウロン】言い争うこと。言い合い。

〖口有㆑蜜腹有㆑剣くちにミツありはらにケンあり〗口からは蜜のように甘いことばを吐き、いかにも好意的に見えるが、腹の中には敵意をいだいている様子。口蜜腹剣コウミツフクケン。〔十八史略-唐〕❤中国、唐の玄宗ゲンソウに仕えた宰相、李林甫リリンポの陰険な人柄を評した言葉から。

〖口禍之門くちはわざわいのかど〗不用意に言ったことが災難を招く原因となる。言葉は慎まなければならないという戒め。〔古今事文類聚〕

❹ 人・家などの数。

【口分クブン】人数にあてて分けること。【口分田クブンデン】①中国の均田法により人民に支給された田。唐以前は露田といった。②国大化改新以来、班田法に基づいて国民に人数にあてて分け与えられた田地。

❺ 物事の発端。初めの部分。先端。

下接 秋口あきぐち・糸口いとぐち・肩口かたぐち・初口ショくち

❽ (日本語で) 種類・件・相手。

下接 大口おおぐち・諸口ショくち・先口センくち・一口ひとくち・別口ベツくち・仲人口なこうどぐち

【口座コウザ】国①会計帳簿で、資産、負債などを各種類別に記録計算するところ。勘定口座。②銀行などの帳簿に登録した金銭の出し入れの名義。「預金口座」「振替口座」の略。

【口銭コウセン】国手数料。コミッション。

896 【品】 4142 494A 9569 口-6 常3 ホン㊉・ヒン㊊／pǐn／しな

筆順 品 品 品 品 品 品

字解 会意。口(もの)を三つ並べて、いろいろな多くのもの、それぞれの種類・値うちの意。

甲骨文 金文 篆文

同属字 嵒・嵓・臨

意味 ❶しな。しなもの。また、種類。種類に分ける。多い。❷そのものにそなわっている、ねうち。よしあしの程度。等級。また、しなさだめする。❸仏典の中の、章節に当たるもの。一編・一章をいう。章。『品題ホンダイ』

❶ しな。しなもの。また、種類。

下接 一品イッピン・逸品イッピン・異品イヒン・遺品イヒン・佳品カヒン・金品キンピン・群品グンピン・景品ケイヒン・検品ケンピン・現品ゲンピン・極品ゴクヒン・作品サクヒン・雑品ザッピン・産品サンピン・残品ザンピン・出品シュッピン・小品ショウヒン・商品ショウヒン・食品ショクヒン・神品シンピン・新品シンピン・製品セイヒン・絶品ゼッピン・贓品ゾウヒン・粗品ソヒン・しな・珍品チンピン・盗品トウヒン・納品ノウヒン・廃品ハイヒン・備品ビヒン・物品ブッピン・部品ブヒン・返品ヘンピン・名品メイヒン・薬品ヤクヒン・用品ヨウヒン・洋品ヨウヒン・良品リョウヒン／手品てじな

【品彙ヒンイ】種類別にまとめること。まとめて分類したもの。

【品詞ヒンシ】文法上の意義、職能、形態などから分類した

3画
口口土士夊夂夕大女子宀寸小(⺌・⺍)尢(尣・兀)尸屮(屮)山巛(川)工己(已・巳)巾干幺广廴廾弋弓彐(彑・彐)彡彳

単語の区分け。名詞、動詞、助詞など。

【品種（ヒンシュ）】栽培植物や飼育動物の同一種内で、形態や性質の遺伝上の特質などが同じであるものの最小の分類単位。『品種改良』

【品物（ヒンブツ）】天地に存するすべての物。万物。

【品類（ヒンルイ）】種々のたぐい。分類された物。また、万物。

❷そのものにそなわっているねうち。等級。

下接 一品（イッピン）・画品（ガヒン）・元品（ガンポン）・気品（キヒン）・下品（ゲヒン―カ）・高品（コウヒン）・詩品（シヒン）・上品（ジョウヒン）・人品（ジンピン）・題品（ダイヒン）・妙品（ミョウヒン）

【品位（ヒンイ）】①人や物に備わる品のよさ。品格。②国地金や硬貨に含まれる素材の割合。③国鉱石中の有用元素の含有率。

【品格（ヒンカク）】そのものがそなえている気品。風格。

【品行（ヒンコウ）】行いのよしあし。身持ち。行状。『不品行』

【品質（ヒンシツ）】品物の性質。品柄（しながら）。『品質管理』

【品性（ヒンセイ）】人柄。人品。多く、道徳的な基準で見る場合にいう。『品性を養う』

【品藻（ヒンソウ）】しなさだめ。品評。

【品第（ヒンダイ｜ホンダイ）】しなさだめして序列をつけること。また、その序列。しなさだめ。

【品評（ヒンピョウ）】その物の優劣、価値、等級などを論じ定めること。『品評会』

897 【史】 2743 3B4B 8E6A 口－2 常4 シ 呉漢 /shǐ/ ふみ・ふびと・さかん

筆順

字解 会意。又(て)＋中(神事に用いる道具、または生贄（いけにえ）をとらえる道具という)。祭事をつかさどり、天体の運行を知ってこよみをつくる人、歴史的記録を記す人、またその記録の意。

甲骨文 金文 篆文

意味 ❶ふみ。文書、記録。また、社会の発達・変遷の過程を記録したもの。『史学』『史跡』『国史』『歴史』❷ふびと。㋐記録を書き記す役人。『刺史』『侍史』㋑史官の書く文章のように誠実さに欠け、外面的な修飾に流れること。＊論語‐雍也「文勝レ質則史（ブンシツにかてばすなわちシなり）」(＝文化的教養が生まれつきの生地よりもまさるならば、史官のように外形は整っているが軽薄になる」❸国さかん。神祇官、太政官の主典（さかん）。文書をつかさどった。『少史（ショウシ）』『大史（ダイシ）』❹固有名詞など。『史記』

❶ふみ。文書、記録。

下接 哀史（アイシ）・逸史（イッシ）・詠史（エイシ）・外史（ガイシ）・旧史（キュウシ）・御史（ギョシ）・経史（ケイシ）・国史（コクシ）・語史（ゴシ）・三史（サンシ）・私史（シシ）・紫史（シシ）・詩史（シシ）・社史（シャシ）・修史（シュウシ）・小史（ショウシ）・情史（ジョウシ）・書史（ショシ）・正史（セイシ）・青史（セイシ）・先史（センシ）・戦史（センシ）・前史（ゼンシ）・通史（ツウシ）・稗史（ハイシ）・秘史（ヒシ）・野史（ヤシ）・有史（ユウシ）・略史（リャクシ）・歴史（レキシ）

【史家（シカ）】歴史家。歴史学者。

【史学（シガク）】歴史を研究する学問。歴史学。

【史官（シカン）】歴史を編集し、文書記録を作成する官吏。

【史観（シカン）】歴史を解釈する場合の見方、立場。歴史観。『唯物史観』

【史実（シジツ）】歴史上の事実。『史実に基づく』

【史書（シショ）】歴史を記した書物。歴史書。

【史上（シジョウ）】歴史上。『史上まれにみる事件』

【史乗（シジョウ）】(「乗」は記録の意)歴史上の事実。また、史実を記録したもの。史録。

【史跡・史蹟（シセキ）】歴史上の出来事にゆかりのある場所や建物のあった跡。❤書き換え「史蹟→史跡」。

【史籍（シセキ）】歴史に関する書籍。

【史談（シダン）】過去の事情についての物語。

【史的（シテキ）】歴史に関係のある。歴史的。『史的唯物論』

【史伝（シデン）】歴史と伝記。また、歴史上の事実に基づいて書かれた伝記。

【史筆（シヒツ）】歴史を書き記す筆づかい。歴史を書くときの基本的態度や表現法。

【史略（シリャク）】簡単に記述した歴史。歴史または歴史書。

【史論（シロン）】歴史に関する理論、評論。

【史話（シワ）】歴史に関する話。史談。

❷ふびと。記録を書き記す役人。

下接 掾史（エンシ）・左史（サシ）・刺史（シシ）・侍史（ジシ）・小史（ショウシ）・丞史（ジョウシ）・大史（タイシ）・太史（タイシ）・長史（チョウシ）・内史（ナイシ）・右史（ユウシ）

❹固有名詞など。

【史漢（シカン）】中国の代表的歴史書「史記」と「漢書」のこと。

【史記（シキ）】中国の正史。一三〇巻。前漢の司馬遷撰。二十四史の第一。黄帝から前漢の武帝に至る歴史書で、十二本紀(帝紀)・十表・八書・三十世家・七十列伝から成る。

【史思明（シシメイ）】中国、唐代の軍人。安禄山の乱の後、大燕皇帝と称したが、子の朝義に殺された。七六一年没。

【史籀篇（シチュウヘン）】中国の字書。春秋戦国時代の成立とされるが、今は残らない。大篆（ダイテン）(籀文（チュウブン）)という書体で書かれ、四字一句で、九〇〇〇字あったと伝える。

【史通（シツウ）】中国の史論書。二〇巻。劉知幾（リュウチキ）撰。唐代の景竜四年(七一〇)成立。唐初までの歴代史書・史学に対する評論の書。

898 【叵】 ＊2067 口－2 ハ 呉漢 /pǒ/

字解 指事。可を反対にして不可の意を表す。

参考 万葉仮名では音を借りて「は」。

899 【吏】 4589 4D79 9799 口－3 常 リ 呉漢 /lì/ つかさ

筆順

字解 象形。役人の印のはた、または野獣をとる道具を手にもつさまに象り、仕事をする人、役人の意。また理に通じ、すじ立ててことを処理する人の意を表す。

金文 篆文

同属字 使

意味 つかさ。役人。公務員。＊杜甫‐石壕吏「有レ吏夜捉レ人（リありよるひとをとらう）」(＝役人が夜、兵士を徴発しにやってきた)」

下接 汚吏（オリ）・下吏（カリ）・奸吏（カンリ）・官吏（カンリ）・計吏（ケイリ）・公吏（コウリ）・豪吏（ゴウリ）・国吏（コクリ）・酷吏（コクリ）・獄吏（ゴクリ）・循吏（ジュンリ）・小吏（ショウリ）・将吏（ショウリ）・税吏（ゼイリ）・俗吏（ゾクリ）・属吏（ゾクリ）・大吏（タイリ）・貪吏（タンリ）・廷吏（テイリ）・偵吏（テイリ）・天吏（テンリ）・能吏（ノウリ）・文吏（ブンリ）・捕吏（ホリ）・良吏（リョウリ）・廉吏（レンリ）・老吏（ロウリ）

【吏幹（リカン）】官吏としての才能。

【吏議（リギ）】①役人の論議。②裁判官が下した判決。

【吏治（リジ）】官吏の政治。

【吏途（リト）】官吏の尽くすべき本分。また、官吏の事務。

【吏読・吏道・吏吐（リト）】古代朝鮮で、漢字の音・訓を借りて朝鮮語を記すのに用いた表記法。主として、役人が公文書などを書くときに用いた。

【吏道リドウ】1官吏として行うべき仕事。また、官吏の役職。2政治をとって世の中を治める道。

【吏部リブ|リホウ】中国の役所の名。官吏の任免や功績の考査、勲爵の賜与をつかさどった。清末に廃止。

[回]⇩1220

900 【呂】 4704 4F24 9843 口－4 人 ロ(呉)・リョ(漢)/lǚ

字解 象形。人の脊椎セキツイがつながっているさまに象り、せぼね・つらなる意。

甲骨文

金文

篆文

同属字 筥・閭・侶・梠

参考 万葉仮名では音を借りて「ろ(乙)」。平仮名「ろ」、片仮名「ロ」の字源。

意味 ❶せぼね。❷音楽の調子で、十二律のうち陰に属する六音。また、邦楽で、甲カンに対して一段低い音または調子。『呂律』『仲呂チュウリョ』『六呂リクリョ』『律呂リツリョ』❸あて字。『以呂波いろは』『語呂ごろ』『風呂ふろ』❹固有名詞など。『呂氏春秋』『呂后』

❷ 音楽の調子で、陰の音律。

【呂律リョリツ|ロレツ】1(リョリツ)呂の音と律の音。呂旋と律旋。また、音の調子。音楽の旋律。律呂。2(ロレツ)国物をいうときの調子。言葉の調子。『呂律がまわらない』

❹ 固有名詞など。

【呂翁枕リョオウのまくら】人生のはかないことのたとえ。邯鄲カンタンの夢。呂翁は、邯鄲の旅宿で盧生ロセイに枕を貸した道士の名。〔枕中記〕

【呂后リョコウ】中国、前漢の高祖(劉邦)の皇后。高祖の死後、実権を掌握した。紀元前一八〇年没。

【呂氏春秋リョシシュンジュウ】中国の雑家書。二六巻。秦の呂不韋リョフイが食客を集めて編録させたものと伝える。先秦諸家の思想を集大成したもので、養生・全生保真を説き、変法の必要をいい、現実を重視する。「呂覧」ともいう。

【呂尚リョショウ】中国、周の政治家。太公望タイコウボウのこと。

【呂祖謙リョソケン】中国、南宋の儒学者。字は伯恭。号は東萊。諡は成。朱熹と並び称せられた。(一一三七～八一)

【呂不韋リョフイ】中国、戦国末の商人で秦の宰相。学者を優遇し、諸説を折衷して「呂氏春秋」を編纂。紀元前二三五年没。

【呂覧リョラン】＝呂氏春秋リョシシュンジュウ

[或]⇩2636

901 【哀】 1605 3025 88A3 口－6 常 アイ(呉)(漢)/āi/あわれ・あわれむ・かなしい・かなしむ

筆順 哀 哀 哀 哀 哀

字解 形声。口(かなしいこえ)＋衣(つつみかくす)(声)。あわれむ意。

参考 万葉仮名では音を借りて「え」。

金文

篆文

意味 ❶あわれむ。あわれな。あわれ。『哀愍』『哀憐』『哀話』＊柳宗元-捕蛇者説「君将ニ哀而生レ之乎きみまさにあわれみてこれをいかさんとするか」〔＝あなたは私をあわれに思って、助けようとなさるのか〕❷かなしむ。かなしい。かなしみ。『喜怒哀楽』『哀愁』『哀悼』⇒表 ❸人名。『哀帝』

❶ あわれむ。あわれな。あわれ。

【哀婉アイエン】あわれで美しく、しとやかであるさま。

【哀矜アイキョウ】(「矜」もあわれむ意)あわれに思うこと。ふびんに思うこと。

【哀史アイシ】あわれな物語。

【哀恤アイジュツ】(目下の者を)慈しみあわれむこと。

【哀愍アイビン|アイミン】神仏などが人々をあわれんで情けをかけること。

【哀憐アイレン】弱い者などをあわれむこと。

【哀話アイワ】あわれな物語。かわいそうな話。悲話。

❷ かなしむ。かなしい。かなしみ。

下接 挙哀キョアイ・発哀ハツアイ・憂哀ユウアイ・余哀ヨアイ・喜怒哀楽キドアイラク

【哀哀アイアイ】悲しんでやまないさま。

【哀怨アイエン】悲しみうらむこと。哀恨アイコン。

哀アイ	悲ヒ
悲哀	
あわれにおもってかなしむ。 哀傷 哀痛 哀切 哀願 哀歌 哀歓	こころがしおれてなげきかなしむ。 悲傷 悲痛 悲愴 悲願 悲歌 悲喜

【哀音アイオン】悲しげな声。＊白居易-慈烏夜啼「慈烏失ニ其母ヲ一、唖唖吐ニ哀音ヲ一ジウそのはをうしない、アアとしてアイオンをはく」〔＝カラスがその母鳥を失い、カアカアと悲しげな声で鳴いている〕

【哀歌アイカ】悲しみを表した詩歌。エレジー。

【哀感アイカン】物悲しい感じ。『哀感が漂う』

【哀歓アイカン】悲しみと喜び。

【哀願アイガン】同情心に訴えて頼むこと。哀訴。

【哀毀骨立アイキコツリツ】父母の喪などで、悲しみのあまり、やせおとろえること。〔世説新語-徳行〕

【哀泣アイキュウ】悲しんで泣くこと。

【哀吟アイギン】詩歌を悲しげに口ずさむこと。

【哀号アイゴウ】(「号」は泣き叫ぶ意)1嘆き悲しんで泣き叫ぶこと。2中国、朝鮮で、葬儀の儀礼として声をあげて泣くこと。

【哀愁アイシュウ】なんとなく心に抱く物悲しい感じ。

【哀詔アイショウ】天子の死を国民に知らせるみことのり。

【哀傷アイショウ】物事に感じ、悲しみいたむこと。

【哀情アイジョウ|アイセイ】悲しく思う心。＊漢武帝-秋風辞「歓楽極兮哀情多カンラクきわまりてアイジョウおおし」〔＝楽しみを尽くした後は、何かしら悲しみを感じるものである〕

【哀惜アイセキ】人の死を悲しみ惜しむこと。『哀惜の念』

【哀戚アイセキ】人の死を悲しみいたむこと。哀傷。

【哀切アイセツ】非常にあわれに物悲しいさま。

【哀訴アイソ】同情を求めて頼みこむこと。哀願。

【哀嘆アイタン】悲しみ嘆くこと。

【哀弔アイチョウ】悲しみ弔うこと。悔やみを述べること。

【哀調アイチョウ】物悲しい調子。『哀調を帯びる』

【哀悼アイトウ】人の死を悲しみいたむこと。『哀悼の意を表す』

【哀慟アイドウ】悲しんで、泣き叫ぶこと。

【哀楽アイラク】悲しみと楽しみ。『喜怒哀楽』

❸ 人名。

【哀公アイコウ】中国、春秋末期、魯ロの第二五代の王(在位前四九四～前四六八年)。

【哀帝 アイテイ】 [1]中国、前漢第一二代の皇帝(在位前七～前一年)。姓は劉リュウ。官制の改名、改制を多く行う。[2]中国、東晋第六代の皇帝(在位三六一～三六五年)。姓は司馬。戸口調査を実施し、人民の土地定着に努める。[3]中国、唐の第二〇代皇帝(在位九〇四～九〇七年)。昭宗の子。一三歳で即位したが、朱全忠によって帝位を奪われ、唐朝は滅亡した。

902
【咸】 5089 5279 99F7 口－6 ゲン[呉]・カン[漢]/xián/みな

[字解] 会意。口＋戌(大きな刃物)。大きな刃物(権力の象徴)の威力によってすべてを言いつくすことから、みなの意。

甲骨文 金文 篆文

[同属字] 感・箴・喊・減・緘・鍼・鹹

[意味] ❶みな。あまねく。ゆきわたる。＊陶潜－桃花源記「咸来問訊みなきたりてモンジンす〔＝だれもかれもがやって来てたずねた〕」 ❷易エキの六十四卦カの一。䷞。陰と陽が感応しあう象。❸地名など。『咸池』『咸陽』

【咸池 カンチ】 [1]中国で、太陽が昇る前に浴するとされた神話上の池。咸唐。天池。[2]中国の堯帝のとき、用いられたという音楽。黄帝の作になるという。大咸。

【咸陽 カンヨウ】 [1]中国の都市。陝西センセイ省中部、渭水スイの北岸にあり、秦の始皇帝が都を置いた。漢代には、渭城と呼ばれた。[2]中国、唐の都、長安(今の西安)のこと。

903
【哥】 5107 5327 9A46 口－7 カ[呉][漢]・コ[唐]/gē/うた・うたう

[字解] 会意。可(声を出す)が二つで、うたう意。歌の古字。現代中国語では、あに(兄)の意に用いる。

[同属字] 歌・謌

[意味] ❶あに。あにき。『大哥タイカ』『兄哥あにい』 ❷うた。うたう。「歌」に同じ。『和哥ワカ』 ❸あて字、固有名詞など。『哥窯カヨウ』『鸚哥インコ』

【哥窯 カヨウ】 中国、宋代に浙江省処州竜泉県にあった陶磁窯。特に章生一の窯で作った青磁をさす。

904
【哿】 ＊2136 口－7 カ[呉][漢]/gě・kě

[字解] 形声。可(よろしい)＋加(くわえる)[声]。よろしい上にもよろしい、よい意。

[参考] 万葉仮名では音を借りて「か」。

[意味] ❶よい。めでたい。❷婦人の髪飾り。

905
【喪】 3351 4153 9172 口－9 [常] ソウ(サウ)[呉][漢]/sāng・sàng/も・うしなう・ほろびる

[筆順] 喪 喪 喪 喪 喪 喪

[字解] 会意。もと、哭(なく)＋亡(人がしぬ)。人が死ぬ意から、一般にものをうしなう、ほろびる意。

金文 篆文
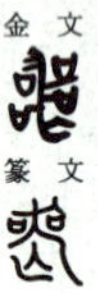

[参考] 万葉仮名では訓を借りて「も」。

[意味] ❶も。人の死に対する礼。人の死後、親族や関係者が一定の間謹慎すること。『喪が明ける』『心喪シンソウ』『大喪タイソウ』『服喪フクも』 ❷うしなう。ほろびる。ほろぼす。『阻喪ソソウ』『得喪トクソウ』 ＊論語－先進「噫、天喪レ予、天喪レ予ああ、テンわれをほろぼせり、テンわれをほろぼせり〔＝ああ、天が私を滅ぼされた、天が私を滅ぼされた〕」 ⇓[表] ⇓〔葬〕(6768)の[表]

❶ も。人の死に対する礼。

【喪家 ソウカ】 喪中もチュウの家。→❷ 【喪家之狗 ソウカのいぬ】 やつれて元気のない人のたとえ。〔史記－孔子世家〕

【喪祭 ソウサイ】 喪もに服することと祭祀をとり行うこと。また、死者を葬ったあと、その霊をまつる祭り。

【喪主 ソウシュ－もシュ】 葬式を営む当主。

【喪制 ソウセイ】 喪もに関する制度。また、喪に服する期間。

【喪服 ソウフク－もフク】 [1](ソウフク) 忌中キチュウにあること。[2](もフク) 喪中もチュウに着る衣服。

【喪礼 ソウレイ】 葬式や喪中の礼法。葬礼。

【喪中 もチュウ】 喪もに服している期間。

❷ うしなう。なくす。ほろびる。

喪ソウ	失シッ
喪失	
なくす。なくなる。 喪心 喪神 喪志 喪亡 得喪 阻喪	うしなう。 失心 失神 失意 亡失 得失 消失

【喪家 ソウカ】 家を失うこと。→❶

【喪失 ソウシツ】 失うこと。『記憶喪失』『心神喪失』

【喪心・喪神 ソウシン】 魂や気力が抜けたように、ぼんやりとすること。また、失神すること。気絶。『喪心状態』

【喪明 ソウメイ】 [1]目が見えなくなること。失明。〔礼記－檀弓上〕 [2]子を失うこと。

【喪乱 ソウラン】 世の中の乱れること。＊杜甫－茅屋為秋風所破歌「自経喪乱少睡眠ソウランをへてよりスイミンすくなし〔＝天下の騒乱を経験してから睡眠も少ない〕」

906
【嗣】 2744 3B4C 8E6B 口－10 [常] シ[漢]/sì/つぐ

[筆順] 嗣 嗣 嗣 嗣 嗣 嗣

[字解] 形声。口＋冊(＝冊、文書)＋司(まつりをおさめる)[声]。文書を神前でよみあげて祭りの後継者となる、つぐの意。

金文 篆文

[参考] 万葉仮名では音を借りて「し」。

[意味] つぐ。あとを受け継ぐ。また、あとつぎ。＊柳宗元－捕蛇者説「今、吾嗣為之十二年いま、われつぎてこれをなすことジュウニネンなり〔＝今、私は(蛇捕りの)仕事を継いで十二年になる〕」

[下接] 胤嗣インシ・係嗣ケイシ・継嗣ケイシ・後嗣コウシ・皇嗣コウシ・承嗣ショウシ・世嗣セイシ・聖嗣セイシ・嫡嗣チャクシ－テキシ・法嗣ホウシ

【嗣君 シクン】 天子のあとつぎ。皇太子。

【嗣子 シシ】 家督をつぐべき子供。あととり。

【嗣法 シホウ】 仏語。禅家で、弟子が師の法をつぐこと。

【稟】 ⇩5446

907
【器】 2079 346F 8AED 口－12 [常]4 (910)〔器〕 口－13 旧字 [人]

(908)
〔噐〕 5158 535A 9A79 口－12 キ[呉][漢]/qì/うつわ

[筆順] 器 器 器 器 器 器

[字解] 器は器の略体。器は会意。㗊(多くの祭器)＋犬(いけにえのいぬ)。祭りに用いるうつわから、一般にうつわの意。

金文 篆文

意味 ❶うつわ。㋑いれもの。『器具』『器物』『食器』『陶器』『容器』㋺道具。『器械』『器楽』『器機』『凶器』『計器』『武器』『兵器』＊論語‐為政「君子不ﾚ器(クンシはキならず)〔＝君子は、特定の用を足すだけで他に応用がきかない道具のようであってはならない〕」❷器官。また、はたらき。㋑生物体を構成する、特定のはたらきを持った組織。『器官』『性器』『臓器』『泌尿器』㋺はたらき。才能。度量。人物の大きさ。『大器晩成(タイキバンセイ)』『器宇』『器用』『器量』『凡器』❸重んじる。尊ぶ。

❶うつわ。いれもの。また、道具。

下接 花器(カキ)・銀器(ギンキ)・五器(ゴキ)・御器(ゴキ)・祭器(サイキ)・磁器(ジキ)・漆器(シッキ)・什器(ジュウキ)・酒器(シュキ)・小器(ショウキ)・食器(ショッキ)・茶器(チャキ)・陶器(トウキ)・銅器(ドウキ)・土器(ドキ)・尿器(ニョウキ)・便器(ベンキ)・容器(ヨウキ)・陶磁器(トウジキ)／愛器(アイキ)・火器(カキ)・貨器(カキ)・楽器(ガッキ)・機器(キキ)・凶器(キョウキ)・軍器(グンキ)・計器(ケイキ)・原器(ゲンキ)・公器(コウキ)・刻器(コッキ)・雑器(ザッキ)・三器(サンキ)・四器(シキ)・戎器(ジュウキ)・重器(ジュウキ)・銃器(ジュウキ)・神器(シンキ)・石器(セッキ)・珍器(チンキ)・鉄器(テッキ)・銅器(ドウキ)・鈍器(ドンキ)・秘器(ヒキ)・武器(ブキ)・兵器(ヘイキ)・宝器(ホウキ)・名器(メイキ)・明器(メイキ)・茗器(メイキ)・利器(リキ)・礼器(レイキ)・安全器(アンゼンキ)・受話器(ジュワキ)・水準器(スイジュンキ)・炊飯器(スイハンキ)・探知器(タンチキ)・蓄音器(チクオンキ)・抵抗器(テイコウキ)・分度器(ブンドキ)・補聴器(ホチョウキ)

【器械(キカイ)】作業をする道具。機械より規模の小さいものを指していうことが多い。

【器楽(キガク)】楽器で演奏する音楽。↔声楽。『器楽曲』

【器機(キキ)】1道具。機器。2武器。

【器具(キグ)】1うつわもの。器物。2簡単な器械や道具類。『電気器具』『熱器具』

【器材(キザイ)】器具や材料。『実験用の器材』

【器財(キザイ)】器物や道具。家財道具。

【器仗(キジョウ)】武器をいう。兵仗(ヒョウジョウ)。

【器物(キブツ)】物を入れる器具。うつわもの。『器物破損』

❷器官。また、はたらき。

下接 性器(セイキ)・臓器(ゾウキ)・呼吸器(コキュウキ)・循環器(ジュンカンキ)・消化器(ショウカキ)・泌尿器(ヒニョウキ)／偉器(イキ)・宏器(コウキ)・国器(コッキ)・重器(ジュウキ)・俊器(シュンキ)・小器(ショウキ)・将器(ショウキ)・成器(セイキ)・大器(タイキ)・徳器(トッキ)・非器(ヒキ)・不器(フキ)・宝器(ホウキ)・法器(ホウキ)・凡器(ボンキ)・良器(リョウキ)

【器宇(キウ)】心の広さ。心意気。気宇。

【器官(キカン)】生物体を構成し、一定の形態を持ち、生理作用を営むものの総称。『呼吸器官』『消化器官』

【器才(キサイ)】すぐれた器量と才能。

【器重(キチョウ)】その人の才能を認め、重んじ敬うこと。

【器用(キヨウ)】国1物事をうまくこなすさま。↔不器用。『小器用』『器用貧乏〔＝万事そつなくこなすが、一つのことに専念せず大成しない〕』2要領よく立ち回るさま。

【器略(キリャク)】人の器量と才略。

【器量(キリョウ)】1物事をやり遂げるだけの才能、能力。『器量人』2面目。3国(主として女性の)顔立ち。容色。『器量好(よ)し』③は「縹緻」とも書く。

909【噩】＊2246 口-13 ガク㊥／è

字解 字源未詳。もと、咢に同じという。

同属字 譃・鱷

意味 ❶いいあらそう。❷直言する。❸おどろく。

910【器】 口-13 キ 「器」(907)の旧字

911【嚚】＊2259 口-15 ギン㊥／yín

甲骨文

篆文

字解 形声。㗊(大勢ががやがやいう)＋臣(→堅、かたい)㊟。かたくななまでに言い争う、かまびすしい意。

912【嚢】3925 4739 9458 口-15 ノウ 「囊」(915)の異体字

913【囂】5179 536F 9A8F 口-18 ゴウ(ガウ)㊥・キョウ(ケウ)㊥／áo・xiāo／かしましい・かまびすしい

(914)【嚻】 口-18

字解 会意。㗊(やかましく言いさわぐ)＋頁(ひとの頭)。集まってさわぐ意。

意味 大勢が集まって騒ぐさま。やかましい。

下接 讙囂(カンゴウ)・叫囂(キョウゴウ)・喧囂(ケンゴウ)・諠囂(ケンゴウ)

【囂囂(ゴウゴウ)】人などが騒ぎたて、やかましいさま。喧喧囂囂(ケンケンゴウゴウ)。

【囂塵(ゴウジン／キョウジン)】騒音と塵埃(ジンアイ)。やかましく、またほこりっぽいこと。転じて、繁華の地、または俗世間。

【囂然(ゴウゼン)】やかましいさま。かまびすしいさま。

915【囊】＊2276 口-19 ノウ(ナウ)㊥・ドウ(ダウ)㊥／náng／ふくろ

(912)【嚢】3925 4739 9458 口-15 †

字解 形声。橐(ふくろ)省＋襄(しまい入れる)省㊟。ふくろの意。

参考 万葉仮名では音を借りて「だ」。

意味 ふくろ。物入れ。また、ふくろに入れる。

下接 衣嚢(イノウ)・陰嚢(インノウ／ふぐり)・気嚢(キノウ)・行嚢(コウノウ)・財嚢(ザイノウ)・砂嚢(サノウ)・子嚢(シノウ)・詩嚢(シノウ)・心嚢(シンノウ)・水嚢(スイノウ)・錐嚢(スイノウ)・精嚢(セイノウ)・胆嚢(タンノウ)・智嚢(チノウ)・土嚢(ドノウ)・背嚢(ハイノウ)・胚嚢(ハイノウ)・氷嚢(ヒョウノウ)・浮嚢(フノウ)・薬嚢(ヤクノウ)／松陰嚢(まつぼっくり)

【嚢腫(ノウシュ)】卵巣などにできる、分泌腺(センの)管が拡張し嚢状になったもの。

【嚢中(ノウチュウ)】ふくろのなか。財布のなか。

【嚢中之錐(ノウチュウのきり)】ふくろの中に入れた錐がたちまちその先を外に現すように、すぐれた人はすぐに才能を現して目立つということ。〔史記‐平原君虞卿伝〕

口

916【另】＊2066 口-2 カ(クヮ)㊥／guǎ

字解 冎の異体字。えぐりとる、わける意。

同属字 拐・枴

参考 「另(レイ)」(919)は別字。

917【号】2570 3966 8D86 口-2 常3 ゴウ(ガウ)㊥・コウ(カウ)㊥／hào・háo／さけぶ・な・よびな

(1117)【䝞】 口-9

(7007)【號】7343 694B E56A 虍-7 旧字

筆順 号 号 号 号 号

字解 常用漢字では、号は號の略体。號は形声。虎＋号㊟。虎のように大声でさけぶ、大声で自己の存在を示す意。もと、号は號とは別字で形声。口＋丂(屈曲して出るこえ)㊟。あまりの悲しさに声にならずさけぶ意。

同属字 噑・號・鴞

意味 ❶さけぶ。大声で泣く。『号令』『呼号(ゴウコ)』『怒号(ドゴウ)』 ❷合図。しるし。『号砲』『暗号』『記号』 ❸なまえ。名づける。『雅号』『尊号』 ❹順位、順序を表す。また、番号をつけた逐次刊行物の一つ一つ。『号外』『次号』 ❺乗り物や馬、犬などの名に添える語。『ひかり号』

❶ さけぶ。大声で泣く。

【号泣(ゴウキュウ)】 大声をあげて泣くこと。

【号呼(ゴウコ)】 大声で叫ぶこと。＊柳宗元‐捕ㇾ蛇者説「号呼而転徙(ゴウコしてテンシす)〔＝泣き叫びながら他郷に移住する〕」

【号令(ゴウレイ)】 多くの人に大声で命令や指図をすること。

❷ 合図。しるし。

下接 暗号・記号・根号・信号・正号・調号・等号・番号・標号・負号・符号・略号

【号音(ゴウオン)】 信号または合図の音。

【号砲(ゴウホウ)】 合図のために撃つ銃砲。また、その音。

❸ よびな。なまえ。

下接 位号・院号・改号・雅号・元号・国号・山号・謚号・寺号・称号・神号・僭号・尊号・追号・年号・俳号・別号・法号・名号(メイゴウ／ミョウゴウ)・屋号

❹ 順位、順序を表す。

下接 次号・初号・前号・毎号

【号外(ゴウガイ)】 国大事件などを急報するため、臨時に発行する新聞。

918 【只】 3494 427E 91FC 口－2 人 シ㊥\zhǐ\ただ

字解 会意。口＋八(語り終わって散り行く語気)。助字に用いる。

同属字 枳・咫

意味 ❶ただ。それだけ。限定を示す。「祇」に同じ。＊司空曙‐江村即事「只在二蘆花浅水辺一(ただロカセンスイのヘンにあらん)〔＝どうせアシの花の咲く浅瀬に漂い着くだけのことだ〕」 ❷国普通であること。❸国無料であること。『只働き』

❶ ただ。それだけ。

【只管(シカン／ひたすら)】 もっぱらそのことに集中するさま、いちずに。一向。【只管打坐(シカンタザ)】 仏語。ただひたすら坐禅すること。祇管打坐。

【只是(ただこれ)】 しかし。そうではあるが。＊李商隠‐楽遊原「只是近二黄昏一(ただこれコウコンにちかし)〔＝そうではあるけれども、たそがれの闇はすぐそこに忍びよっている〕」

919 【另】 ＊2065 口－2 レイ㊥\lìng

字解 別の略字として用いる。別の左傍のみをとったとも考えられるが字源未詳。

参考 「另(カ)」(916)は別字。

【兄】 ⇩ 451

920 【吊】 3663 445F 92DD 口－3 チョウ(テウ)㊥\diào\つる・つるす

字解 もと弔の通俗体。借りてつるす意に用いる。

意味 つる。つるす。『吊革(つりかわ)』『宙吊り』

921 【呉】 2466 3862 8CE0 口－4 常 (922)〖吳〗 口－4 旧字

(923)〖吴〗 ＊2077 口－4 ゴ㊐㊥\wú\くれ・くれる

筆順 

字解 象形。大きな面をつけ舞いに興じる人に象り、たのしむ意。借りて国名に用いる。会意字ともいう。

甲骨文 金文 篆文 

同属字 虞(虞)・麌・娯(娛)・蜈・誤(誤)

参考 万葉仮名では音を借りて「ご㊥」。

意味 ❶古代中国の国名。くれ。㋑春秋時代、長江下流にあった国。呉(蘇州)を都とした。紀元前四七三年に越に滅ぼされた。㋺後漢末、三国の一。二二二年孫権が江南に建国。都は建業(南京)。二八〇年晋に滅ぼされた。㋩五代十国の一。九〇二年、楊行密が淮南、江東を領土に建国。都は揚州。九三七年南唐に滅ぼされた。❷やかましい。大きい。❸国くれる。与える。❹あて字、人名など。『呉紹服連』『呉起』

❶ 古代中国の国名。くれ。

【呉越(ゴエツ)】 中国、春秋時代の呉の国と越の国。また、呉人と越人。転じて、仲が悪いこと。【呉越春秋(ゴエツシュンジュウ)】 (春秋は「史」の意) 中国の史書。漢の趙煜(チョウイク)の撰。呉越両国の興亡の顚末を記したもの。【呉越同舟(ゴエツドウシュウ)】 仲の悪い者同士が同じ場所や境遇にいること、また、共通の利害に対して協力し合うことのたとえ。〔孫子‐九地〕

【呉音(ゴオン)】 国わが国の漢字音の一系統。古代に、長江下流地方の音がおそらく朝鮮を経て伝えられたものという。漢音、唐音(トウオン)などに対する。眼(漢音ガン)をゲン、行(漢音コウ、唐音アン)をギョウと言う類で、仏教語は多くこれを用いる。

【呉下阿蒙(ゴカのアモウ)】 昔ながらで進歩のない人物。〔呉志‐呂蒙伝・注〕❤昔、中国の呉の魯粛が、武略に長じているだけと思っていた呂蒙(リョモウ)に再会したところ、学問も大いに進歩しているのに感服して「昔の呉下の阿蒙にあらず」と言ったという故事から。

【呉牛喘ㇾ月(ゴギュウつきにあえぐ)】 (「呉牛」は、水牛のこと。中国の呉の地方に多く産したところからいう) 水牛は暑さを恐れるあまり、月を見ても太陽と思い誤ってあえぐ。取り越し苦労をすることのたとえ。〔世説新語‐言語〕

【呉須(ゴス)】 陶磁器の下絵に用いる藍(あい)色の顔料。また、それを用いて焼いた中国の陶磁器。

【呉楚(ゴソ)】 呉の地と楚の地。＊杜甫‐登二岳陽楼一「呉楚東南坼(ゴソトウナンにさく)〔＝(洞庭湖の湖水によって)中国の東南部にある呉楚の地が二つに割かれている〕」

【呉中(ゴチュウ)】 (中国、春秋時代、呉の国都であったところから) 中国江蘇省呉県の異称。

【呉服(ゴフク／くれはとり)】 国和装用の織物類の総称。反物(タンもの)。着物。呉国より伝わった織り方によるところから。

❹ あて字、人名など。

【呉偉業(ゴイギョウ)】 中国、明末から清初の詩人。字(あざな)は駿公。号は梅村。明の滅亡後、国子監祭酒(教育行政の長官)となった。著「梅村集」など。(一六〇九～七一)

【呉起ゴキ】中国、戦国時代、衛の兵法家。兵法書「呉子」の著者といわれる。前三七八年没。
【呉子ゴシ】①＝呉起ゴキ。②中国の兵書。「漢書-芸文志」には四八編とあるが、現存は六編。戦国時代の呉起の撰と伝えられるが未詳。「孫子」と並び称される。
【呉汁ごじる】水に浸して柔らかくしたダイズをすりつぶして入れた味噌汁ミソしる。
【呉道玄ゴドウゲン】中国、唐代の画家。字あざなまたは初名は道子。玄宗に召されて宮廷画家となる。唐朝随一といわれ、画聖と称された。生没年不詳。
【呉絽服連・呉羅服連ゴロフクレン—ゴロフクリン】（ｵﾗﾝﾀﾞ grof grein の音訳）舶来の粗い梳毛ソモウ織物の一種。呉絽。呉羅。

924【呈】3672 4468 92E6 口－4 常 (925)【呈】 口－4 旧字

テイ漢/chéng/あらわす・しめす

筆順 呈 呈 呈 呈 呈 呈 呈

字解 呈は、もと呈であるが、筆法上、別字の呈（狂の古字）と混じた。呈は形声。口＋壬（まっすぐのびる）声。進言する意。

甲骨文 篆文

同属字 郢・程（程）・逞・酲

意味 ❶さしだす。さしあげる。『呈出』『呈上』❷あらわす。しめす。また、あらわれる。『呈示』『露呈』

❶さしだす。さしあげる。

下接 謹呈キンテイ・献呈ケンテイ・粛呈シュクテイ・進呈シンテイ・送呈ソウテイ・贈呈ゾウテイ・拝呈ハイテイ・捧呈ホウテイ

【呈出テイシュツ】意見、資料などをさし出すこと。提出。
【呈上テイジョウ】人に物を贈ること。先方を敬っていう語。

❷あらわす。しめす。あらわれる。

【呈示テイジ】さし出して相手に見せること。
【呈露テイロ】かくれていた物や事柄があらわれること。露呈。❤「露」もあらわれるの意。

926【呆】4282 4A72 95F0 口－4

ホウ漢・ガイ漢・タイ漢・ボウ慣/dāi・ái/あきれる・ほうける・ほける・ぼける

字解 象形。むつきにくるんだ嬰児という。また、おろかの意に用いる。

同属字 保

意味 ❶あきれる。驚いてあっけにとられる。『呆然』❷おろか。『阿呆アホウ』『痴呆チホウ』『呆気あっけ』

【呆然ボウゼン】ぼんやりしているさま。あっけにとられるさま。茫然ボウゼン。

927【咒】5080 5270 99EE 口－5

ジュ 「呪」(1035)の異体字

928【咢】5088 5278 99F6 口－6

ガク漢/è

字解 形声。吅（二つのくち）＋亐（＝屰、さかさ）声。異常なほどやかましくいのる、やかましい、おどろく意。

甲骨文 金文 篆文

同属字 萼・鄂・顎・愕・鍔・鰐・齶

意味 ❶おどろく。❷鼓をどんどんと打つ。❸おそれず直言する。❹高くつき出るさま。

929【員】1687 3077 88F5 口－7 常3 (862)【貟】 ム－7

エン（ヱン）漢・ウン漢・イン（ヰン）慣/yuán・yún・yùn/かず

筆順 員 員 員 員 員 員 員

字解 会意。口（まるい）＋貝（＝鼎、かなえ）。まるいかなえの意。それを数えるところから、かずの意に用いる。

甲骨文 金文 篆文

同属字 圓（円）・損・殞・隕・韻

意味 ❶かず。人やものの数。『員外』『員数』❷係の人。団体の構成者。主として接尾語的に用いる。『店員』❸まるい。まわり。『幅員フクイン』❹ます。ふえる。

❶人やものの数。

下接 一員イチイン・各員カクイン・金員キンイン・欠員ケツイン・減員ゲンイン・紙員シイン・冗員ジョウイン・人員ジンイン・全員ゼンイン・総員ソウイン・増員ゾウイン・定員テイイン・動員ドウイン・復員フクイン・兵員ヘイイン・満員マンイン

【員外インガイ】定められた数や範囲に入らないこと。員数外。『員外郎ロウ』〔＝定員外の官の名〕
【員数インズウ】一定の枠内の数量や人数。いんず。

❷係の人。団体の構成者。

下接 委員イイン・駅員エキイン・会員カイイン・海員カイイン・客員カクイン—キャクイン・楽員ガクイン・官員カンイン・議員ギイン・教員キョウイン・局員キョクイン・工員コウイン・行員コウイン・座員ザイン・社員シャイン・所員ショイン・乗員ジョウイン・職員ショクイン・随員ズイイン・成員セイイン・船員センイン・団員ダンイン・店員テンイン・党員トウイン・部員ブイン・役員ヤクイン・要員ヨウイン

難読地名 員弁いなべ郡・町（三重）

930【哭】5113 532D 9A4C 口－7

コク呉漢/kū/なく

字解 形声。犬＋口＋口（口二つで大声を出す）声。人の死をかなしみ獣のように大声でなく意。

参考 万葉仮名では訓を借りて「も」。

意味 なく。声をあげて泣いて死者を弔う。『鬼哭』『痛哭』『慟哭ドウコク』＊論語-述而「子於是日哭、則不歌シにおいてコクすれば、すなわちうたわず〔＝先生が弔問に行って大声をあげて泣かれた日には、歌を歌うことはなかった〕」

下接 哀哭アイコク・歌哭カコク・鬼哭キコク・大哭タイコク・痛哭ツウコク・啼哭テイコク・慟哭ドウコク・野哭ヤコク

【哭声コクセイ】泣きさけぶ声。＊杜甫-兵車行「哭声直上干雲霄コクセイただちにのぼりウンショウをおかす〔＝泣き声はまっすぐ上って大空に響く〕」
【哭泣コッキュウ】①声をあげて泣くこと。②親族の死を弔って泣きさけぶこと。また、その礼。

931【單】5137 5345 9A64 口－9

タン 「単」(800)の旧字

［咢］⇩3066

932【甞】6519 6133 E152 口－10

ショウ 「嘗」(934)の異体字

933【喿】＊2185 口－10

ソウ（サウ）漢/sāo

字解 会意。三つの口(多くの鳥のくち)+木。木の上で鳥がなきさわぐ意。噪の原字。

金文  篆文 

同属字 懆・操・澡・燥・繰・譟・躁

934
【嘗】 3008 3E28 8FA6 口-11 (932)〔甞〕 6519 6133 E152 口-10

ジョウ(ジャウ)呉・ショウ(シャウ)漢/cháng/かつて・なめる・こころみる

字解 形声。旨(うまい)+尙(上にのせる)声。うまいものを舌にのせて味見する、ためす意。

金文  篆文 

意味 ❶かつて。㋑…したことがある。過去の経験を示す。＊史記-管晏伝「吾嘗三戦三走(われかつてみたびたたかいみたびにぐ)」〔＝私は以前三回戦ってそのつど敗走した〕」㋺(「未嘗…」いまだかつて…ずの形で)いままで一度も…したことがない。＊論語-雍也「非₂公事₁、未₃嘗至₂於偃之室₁也(コウジにあらざれば、いまだかつてエンのシツにいたらざるなり)〔＝公務でないかぎり、私(偃)の家に来たことはいままで一度もない〕」❷なめる。あじわう。経験する。こころみる。ためす。ためしに。『辛酸を嘗める』『嘗試』『嘗味』『嘗薬』『臥薪嘗胆(ガシンショウタン)』❸新穀を神に供える祭り。『禘嘗(テイショウ)』『神嘗祭(かんなめサイ)』

【嘗試(ショウシ)】食物の味などの良否を、なめてたしかめてみること。また、物事をためしてみること。

【嘗胆(ショウタン)】仇を報いたり、目的を成し遂げたりするために、艱難辛苦をすること。臥薪(ガシン)嘗胆。〔史記-越王勾践世家〕♥中国、春秋時代、越王の勾践(コウセン)が苦い胆を嘗(な)めては敗戦の恨みを思い出し、ついには呉王の夫差を破ってその恨みを晴らしたという故事から。

【嘗味(ショウミ)】なめてあじわうこと。

【嘗薬(ショウヤク)】①病人、特に君主や親などののむ薬の毒味をすること。〔礼記-曲礼下〕②薬をのむこと。

935
【嚴】 5178 536E 9A8E 口-17

ゲン 「厳」(3012)の旧字

936
【右】 1706 3126 8945 口-2 常1

ウ呉・ユウ(イウ)漢/yòu/みぎ・たすける

筆順 

字解 形声。口+ナ(＝又、みぎて)声。口と手とでたすける意。のち、主としてみぎの意に用いる。

金文  篆文 

同属字 佑・祐(祐)

意味 ❶たすける。「佑」に同じ。『右弼』『右筆』『保右(ホユウ)』❷みぎ。みぎがわ。↕左。『右顧左眄』『右大臣』『座右(ザユウ)』❸(中国の古代また近代の軍隊で、列位の基準に右方をとったことから)上位にある。すぐれている。また、とうとぶ。『最右翼』＊史記-廉頗藺相如伝「位在₂廉頗之右₁(くらいはレンパのみぎにあり)〔＝位は廉頗より上であった〕」❹(フランス革命のとき、国民議会で穏健派が右方の席を占めたところから)思想が保守的である。『右翼』❺すすめる。「侑」に同じ。

❶ たすける。

【右弼(ユウヒツ)】王の右にいて王を助ける人。一方の助け。補佐。

【右筆(ユウヒツ)】国主君のもとで文書の執筆、作成に当たった職。祐筆。

❷ みぎ。みぎがわ。

下接 江右(コウユウ)・左右(サユウ)・座右(ザユウ)・左右左(サユウサ)・左顧右眄(サコウベン)・左支右吾(サシユウゴ)/左見右見(とみこうみ)

【右往左往(ウオウサオウ)】国混乱して、あっちに行ったりこっちに行ったりすること。

【右京(ウキョウ)】国平城京、平安京などを、朱雀大路(スザクおおじ)を境にして分けた西半分。西の京。↕左京

【右顧左眄(ウコサベン)】右を見たり左を見たりして迷うこと。形勢をうかがってためらうこと。左顧右眄。

【右近(ウコン)】国「右近衛府(ウコンエフ)」の略。↕左近

【右近衛府(ウコンエフ)】国令外(リョウゲ)の官。平安時代、宮中の警護や行幸の供奉(グブ)に当たった役所。↕左近衛府

【右相(ウショウ)】国「右大臣」の唐名。右相府。↕左相

【右大臣(ウダイジン)】国太政官(ダジョウカン)の官名。天皇を補佐し、政務を統轄した。右丞相。右僕射(ウボクヤ)。♥左大臣の下位。

【右党(ウトウ)】甘い物の好きな人。♥酒の好きな人を「左党」と呼ぶのに対する語。

【右府(ウフ)】「右大臣」の別称。↕左府

【右翼(ウヨク)】①右のつばさ。↕左翼。②隊列の右側に位置するもの。↕左翼。③野球で、本塁から見て右側の外野。ライト。↕左翼。↓❸❹

【右史(ユウシ)】昔、左史(サシ)とともに君主の左右に侍して君主の言行を記録する役目の史官。↕左史

❸ 上位にある。また、とうとぶ。

【右翼(ウヨク)】順位が上位であること。↓❷❹

【右職(ユウショク)】官位の高いこと。高官。

【右族(ユウゾク)】上流の家。上流の家系。

【右武(ユウブ)】武芸を重んじ、尊ぶこと。

【右夫人(ユウフジン)】正妻。↕左夫人

【右文(ユウブン)】文事を重んじること。【右文左武(ユウブンサブ)】文武を兼ね備えること。〔潘炎(ハンエン)-君臣相遇楽賦〕

❹ 思想が保守的である。

【右派(ウハ)】政党などの組織で、保守的な傾向を持つ者の集まり。保守派。↕左派

【右翼(ウヨク)】保守的、国粋的な思想傾向。↕左翼。↓❷❸

937
【可】 1836 3244 89C2 口-2 常5

カ呉漢・コク慣/kě・kè/よい・べし・ばかり

筆順 

字解 会意。口+丂(屈曲したのどのおく)。のどの奥から出す声の意。また、助字に用いる。

甲骨文 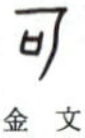 金文  篆文 

同属字 哥・奇・苛・何・呵・河・阿・柯・珂・舸・訶・軻

参考 万葉仮名では音を借りて「か」。

意味 ❶よい。よろしい。許される。『優良可』＊論語-微子「無₂可無₁不可(カもなくフカもなし)〔＝特によくもなく、また悪くもない〕」」⇒〔秀〕(5442)の表 ❷べし。できる。さしつかえない。可能・許容などを示す。㋑…できる。可能

を示す。＊十八史略‐唐「以ㇾ古為ㇾ鏡、可ㇾ見二興替一（いにしえをもってかがみとなせば、コウタイをみるべし）」〔＝昔の歴史を鏡として参考にすれば、国家の盛衰の原因を知ることができる〕 ㋺（「可二以一」の形で）…できる。…する資格がある。＊論語‐為政「温ㇾ故而知ㇾ新、可二以為一ㇾ師矣（ふるきをたずねてあたらしきをしれば、もってシとなるべし）」〔＝過去の事がらや学説を研究して、そこから新しい真理や知識をわきまえるようになれば、人の先生となれる〕 ㋩…してよい。許容を示す。＊論語‐学而「可ㇾ謂ㇾ好ㇾ学也已（ガクをこのむというべきのみ）」〔＝学問を好む人といってよいのである〕 ㋥…のねうちがある。認定を示す。＊論語‐衛霊公「可二与言一而不二与ㇾ之言一、失ㇾ人（ともにいうべくしてこれといわざれば、ひとをうしなう）」〔＝ともに語るに足る人物であるのにその人と語り合わないのは、りっぱな人物をとり逃がすことになる〕 ㋭…であろう。推量・意志を示す。＊屈原‐漁父辞「滄浪之水清兮、可三以濯二吾纓一（ソウロウのみずすまば、もってわがエイをあらうべし）」〔＝滄浪の水がすんでいれば、私の冠のひもを洗うだろう〕 ❸（「不ㇾ可二一一」べからずの形で）㋑…できない。不可能を示す。＊論語‐里仁「不仁者不ㇾ可二以久処一ㇾ約（フジンシャはもってひさしくヤクにおるべからず）」〔＝仁徳のない者は、長い間貧乏な生活を続けることはできない〕 ㋺…してはならない。禁止を示す。＊朱熹‐偶成「一寸光陰不ㇾ可ㇾ軽（イッスンのコウインかろんずべからず）」〔＝わずかな時間といってもおろそかにしてはいけない〕 ❹ばかり。＊史記‐滑稽伝「飲可二五六斗一（のむことゴロクトばかり）」〔＝五六斗ぐらいも飲んだ〕 ❺あて字。『可汗（カカン）』

❶よい。よろしい。許される。

下接 允可（インカ）・印可（インカ）・許可（キョカ）・裁可（サイカ）・制可（セイカ）・認可（ニンカ）・半可（ハンカ）・不可（フカ）・両可（リョウカ）・半可通（ハンカツウ）

【可決（カケツ）】議案をよいと認めて決めること。↕否決

【可人（カジン）】よい人物。みどころのある人。可児。

【可否（カヒ）】①よしあし。『可否を論ずる』②賛成と不賛成。『可否相半ばする』

❷することができる。するべきである。

下接 不可解（フカカイ）・不可欠（フカケツ）・不可侵（フカシン）・不可測（フカソク）・不可避（フカヒ）・不可分（フカブン）・不可抗力（フカコウリョク）・不可思議（フカシギ）

【可愛（カアイ）】①あわれで、人の同情を誘うようなさま。ふびん。②愛らしいさま。

【可逆（カギャク）】逆に戻りうること。『可逆反応』

【可及的（カキュウテキ）】国及ぶ限り。できるだけ。なるべく。『可及的速やかに』

【可燃（カネン）】燃えやすいこと。『可燃性』『可燃物』

【可能（カノウ）】ある物事が実現できること。実際にあり得ること。『可能性』『不可能』

【可変（カヘン）】変えられること。また、変わることができること。↕不変。『可変性』『可変資本』

【可憐（カレン）】いじらしく、かわいらしいさま。

【可惜（あたら）】惜しむべきさま。もったいないことに。あったら。

❺あて字。

【可汗（カカン）】（蒙古 hagan（王）の音訳）蒙古族、トルコ族、ツングース族などで君主を称する語。汗（カン）。ハン。

難読地名 可愛（え）の川（広島） 可児（かに）市・郡（岐阜）

938【句】 2271 3667 8BE5 口－2 常5 ク㊉㊊・コウ㊊／jù・gòu・gōu

筆順 句 句 句 句 句

字解 形声。口＋勹（丸くする、まげる、くぎる）㊨。まがる、またことばをくぎる意。もと、勾と同字。

甲骨文  金文  篆文 

同属字 者・痀・劬・佝・拘・狗・枸・絇・鉤・駒

参考 万葉仮名では音を借りて「く」。

意味 ❶言葉や文章などのひとくぎり。『句読点（クトウテン）』『慣用句』『語句』 ❷詩歌の構成単位。『起句（キク）』『承句（ショウク）』『初句（ショク）』 ❸まがる。まがった。かがまる。とどまる。「勾」に同じ。『句欄（コウラン）』 ❹取り扱う。担当する。「勾」に同じ。『句当（コウトウ）』〔＝勾当〕 ❺俳句。また、詩歌の作品の単位。『句作』『秀句』『連句』 ❻人名など。『句践（コウセン）』〔＝勾践〕

❶言葉や文章などのひとくぎり。

下接 一句（イック）・楽句（ガック）・金句（キンク）・禁句（キンク）・警句（ケイク）・語句（ゴク）・字句（ジク）・惹句（ジャック）・章句（ショウク）・冗句（ジョウク）・成句（セイク）・絶句（ゼック）・単句（タンク）・短句（タンク）・長句（チョウク）・対句（ツイク）・妙句（ミョウク）・名句（メイク）・文句（モンク）・慣用句（カンヨウク）・一言半句（イチゴンハンク）・一字一句（イチジイック）

【句点（クテン）】国日本語の文の切れめにつける符号。「。」。

【句読（クトウ）】①文の切れる所と息を切る所。『句読点』②文脈の切れ続きを明らかにすること。読み方の基本。＊韓愈‐師説「句読之不ㇾ知（クトウをこれしらず）」〔＝書物の読み方がわからない〕

❸まがる。まがった。

【句欄（コウラン）】①まがった手すり。欄干。勾欄。②中国の元代には劇場の桟敷（さじき）をいい、のち役者や妓女（ギジョ）のいる場所をさす。

❺俳句。また、詩歌の作品の単位。

下接 一句（イック）・佳句（カク）・狂句（キョウク）・古句（コク）・作句（サック）・秀句（シュウク）・甚句（ジンク）・選句（センク）・駄句（ダク）・短句（タンク）・長句（チョウク）・投句（トウク）・俳句（ハイク）・発句（ホック）・類句（ルイク）・麗句（レイク）・連句（レンク）

【句眼（クガン）】漢詩や俳諧の句中で最も眼目となる部分。

【句境（クキョウ）】国①俳句を作るときの心境。②俳句のうまさの程度。

【句作（クサク）】国俳句を作ること。句作り。

【句題（クダイ）】国①和歌や漢詩で古い詩歌（シイカ）の一句を題に用いたもの。『句題和歌』②俳句の題。

【句碑（クヒ）】国俳句を彫りつけた石碑。

939【古】 2437 3845 8CC3 口－2 常2 コ㊉㊊／gǔ／ふる・ふるい・ふるす・ふるびる・いにしえ

筆順 古 古 古 古 古

字解 象形。固い冑、あるいは、頭蓋骨の形に象るという。古くなると固くなることから、いにしえの意。一説に、十＋口の会意字で、十代も口伝してきたふるいことの意ともいう。

金文  篆文 

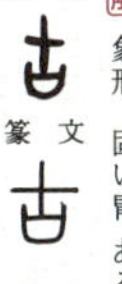

同属字 固・辜・居・苦・罟・故・胡・鴣・估・姑・怙・沽・枯・祜・蛄・酤・詁・鈷

参考 万葉仮名では音を借りて「こ㊙」。

意味 ❶いにしえ。また、ふるい。㋑過ぎ去ったむかし。歴史のある。↕今。『古戦場』『古典』『懐古』＊論語‐述而「好ㇾ古、敏以求ㇾ之者也（いにしえをこのみ、ビンにしてもってこれをもとめたるものなり）」〔＝古代の聖人の学を好み、けんめいに努めることによって求め得たのである〕 ㋺ふるびた。ふるくからの。古風な。

↕新。『古豪』『古参』『古書』 ⇒〔新〕(3082)の表 ❷あて字、固有名詞など。

❶ いにしえ。また、ふるい。

下接 ㋑往古・懐古・擬古・今古・近古・稽古・好古・最古・尚古・上古・遂古・邃古・千古・太古・中古・万古・復古・隆古・考古学 ㋺簡古・奇古・高古・蒼古・中古・反古

【古意(コイ)】①昔を思う心。②古代のようす。

【古逸(コイツ)】古色を帯びて上品なこと。

【古往今来(コオウコンライ)】昔から今に至るまで。古今。

【古雅(コガ)】古風で優雅なこと。

【古学(コガク)】(古代を研究する学問の意)朱子学、陽明学に対して起こった儒学の一派。経書の直接研究により孔孟の真意を探究しようとした学問。

【古希・古稀(コキ)】七〇歳の称。杜甫の詩「曲江」の「人生七十古来稀(ジンセイシチジュウコライまれなり)」から出た語。書き換え「古稀→古希」。

【古義(コギ)】昔の正しい意義。また、昔の解釈。【古義学(コギガク)】国江戸時代、古学派の一人伊藤仁斎が京都堀川の古義堂で提唱した学問。直接論語、孟子の経典を批判することで道義を究める。仁斎学。堀川学。【古義堂(コギドウ)】伊藤仁斎が寛文二年(一六六二)、三六歳のとき、京都堀川の私邸に開いた塾。名称は仁斎の号に由来。

【古記録(コキロク)】昔の記録。古人が備忘のために書いておいたもの。特に、日記の類。→古文書
【古訓(コクン)】国漢字や漢文の古い読み方。↕新訓
【古言(コゲン)】①昔の言葉。②昔の人の名言。

【古原(コゲン)】歴史の古い高台。＊李商隠-楽遊原「駆レ車登二古原一(くるまをかりてコゲンにのぼる)〔=馬車を走らせて歴史の古い高台に登った〕」

【古語(コゴ)】現在一般には用いられない古い言葉。

【古豪(コゴウ)】経験豊かな剛の者。ふるつわもの。

【古今(ココン|コキン)】①昔と今。また、昔から今まで。『古今無双』『古今独歩』②(コキン)国「古今和歌集」の略。

【古刹(コサツ)】由緒ある古い寺。古寺。『名所古刹』

【古参(コサン)】国以前からその職、その立場にあること。↕新参。『最古参』『古参兵』

【古址(コシ)】昔の建物のあと。また、その土台の石。

【古詩(コシ)】①昔の古い詩。②漢詩の一体。近体詩(律詩、絶句)の成立以前の詩。古体。

【古寺(コジ)】古い寺。ふるでら。『古寺名刹』

【古式(コシキ)】昔の方式。昔からのやり方。

【古書(コショ)】①昔の文書や書籍。②不要になって手放された本。古本(ふるホン)。

【古称(コショウ)】古い名称。

【古色(コショク)】年月を経て出た、古びた色つやや古風なおもむき。『古色蒼然』

【古人(コジン)】昔の人。＊李白-把レ酒問レ月「古人今人如二流水一(コジンコンジンリュウスイのごとし)〔=昔の人も今の人も流れる水のように去って、再び帰らない〕」【古人之糟魄(コジンのソウハク)】(「糟魄」は酒のしぼりかすの意)昔の聖賢の残した言葉。また、その著書。聖人の道は言葉で言い尽くせないものであるから、現在書物に残っている聖人の言葉などはそのかすにすぎないという意。〔荘子-天道〕

【古昔(コセキ)】いにしえ。むかし。

【古跡・古蹟(コセキ)】昔、歴史的な出来事や建物などのあったあと。旧跡。書き換え「古蹟→古跡」。

【古拙(コセツ)】古風で技巧は拙(つたな)いが、素朴な味、趣のあるさま。

【古体(コタイ)】漢詩で、唐代の律詩、絶句を近体というのに対して、それ以前の詩体。古詩、楽府(ガフ)など。↕近体
【古代(コダイ)】歴史の時代区分の一。日本史では、中世以前、多く、奈良・平安時代を指す。

【古注・古註(コチュウ)】①古い注釈。②中国で、漢代から唐代にかけて経書に施された訓詁上の注釈。↕新注
【古典(コテン)】①昔の典籍。②長い年月にわたって多くの人々の模範となり、尊重、愛好されてきた著述や作品。

【古都(コト)】かつて都だった所。

【古道(コドウ)】①昔の道路。旧道。故道。＊耿湋-秋日「古道少二人行一(コドウひとのゆくことまれなり)〔=古い街道には行く人もほとんどない〕」②昔の聖人や賢人のふみ行った道。

【古筆(コヒツ)】国古人の筆跡。特に、平安時代から鎌倉時代の書道のすぐれたもの。

【古風(コフウ)】国昔風の考え方ややり方。

【古武士(コブシ)】国剛直で信義を重んじた昔の武士。

【古物(コブツ)】年を経て伝わってきた古い品物。

【古墳(コフン)】国盛り土をした古代の墳墓。


【古文(コブン)】①古体の文字、秦より前に書かれた漢字の体。②古代の文章。秦以前の古体の文字で書かれた書物。③文語体で書かれた文章。国語教科の一。【古文学(コブンガク)】中国、前漢以来の哲学において、今文(キンブン)に対して古文②の経書を重んずる学派。

【古文辞(コブンジ)】①古代の文辞。古代の文章の言葉。②中国の明代中期に文学の模範として提唱された古典。すなわち、「史記」を中心とする秦漢の文章と、杜甫を中心とする盛唐の詩、および漢魏の詩。

【古墓犂為レ田(コボはすかれてデンとなる)】古い墓地はいつしかすきかえされて、畑となってしまう。世の中の移り変わりのはげしいことのたとえ。〔文選-古詩十九首〕

【古文書(コモンジョ)】史料となる古い書きもの。特に、やりとりされたもの。→古記録
【古来(コライ)】昔から今に至るまで。＊王翰-涼州詞「古来征戦幾人回(コライセイセンいくニンかかえる)〔=昔から(西域の地に)遠征したもので、一体幾人が無事に故郷に帰れたことだろうか〕」

【古流(コリュウ)】昔から伝えられている方式。昔の流儀。

【古礼(コレイ)】昔の礼式、作法。

【古隷(コレイ)】漢字の書体の一。古い時代の隷書、特に、唐代の隷書を今隷(キンレイ)というのに対して、秦、漢時代に用いられたもの。

【古老(コロウ)】故実や昔のことをよく知っている老人。

【古者(いにしえ)】(「者」は、時を表す語につく助字)むかし。

【古之学者為レ己(いにしえのガクシャは、おのれのためにす)】むかしの学問をする者は、自己の修養のために学問をした。〔論語-憲問〕

【以レ古為レ鑑、可レ知二興替一(いにしえをもってかがみとなさば、コウタイをしるべし)】昔の歴史を鑑として参考にすれば、国家の興隆や衰退の原因を知ることができる。〔唐書-魏徴伝〕

❷ あて字、固有名詞など。

下接 独古(トッコ)・閑古鳥(カンコどり)・通古斯(ツングース)・手古舞(てこまい)・蒙古(モウコ)・斑古(ハンコ)・喜佐古(きさご)・乎古止点(をことテン)

【古公亶父(ココウタンポ)】中国、周の文王の祖父。岐山のもとに国を建てて周と称した。

【古詩源(コシゲン)】書名。一四巻。中国、清(シン)の沈徳潜(シントクセン)編。太古から隋までの詩を時代順・作者別に収めたもの。

【古詩十九首(コシジュウキュウシュ)】「文選(モンゼン)」第二九巻の雑詩の中に一連として載せる作者不明の五言古詩一九首。中国、後漢のころの作とされる。

【古文尚書(コブンショウショ)】中国、先秦の蝌蚪文字(カトモンジ)で書かれていた「書経」。漢の景帝のとき、孔子の旧宅の壁中からとり出されたもの。

【古文真宝(コブンシンポウ)】中国の詩文集。二集二〇巻。宋の黄堅撰とされるが未詳。前集一〇巻に漢から宋代までの詩を、後集一〇巻に戦国時代末から宋代までの文を文体別に分類、収録した詩文集。

[難読地名] 古河(こが)市(茨城) [難読姓氏] 古閑(こが・こかん) 古郡(ふるごおり)

940 【司】 2742 3B4A 8E69 口－2 [常]4

シ(呉)(漢)・ス(唐)/sī・sì/つかさ・つかさどる

[筆順] 司 司 司 司 司

[字解] 会意。口＋𠃌(さじ)。食物を進め神をまつる、まつりをつかさどるなどから、一般につかさどる意。

甲骨文 金文 篆文

[同属字] 笥・覗・伺・祠・詞・嗣・飼(飼)

[参考] 万葉仮名では音を借りて「し」。

[意味] ❶つかさどる。取り扱う。また、つかさ。つかさどる人。『司会』『司法』『司令』『行司』『上司』❷うかがう。観察する。「伺」に同じ。❸人名。あて字。『司馬遷(シバセン)』『厚司(あつし)』『下司(ゲス)』『寿司(すし)』『御曹司(おんゾウシ)』

[下接] ❶つかさどる。取り扱う。また、つかさ。
院司(インシ)・官司(カンシ)・監司(カンシ)・行司(ギョウジ)・宮司(グウジ)・郡司(グンジ)・家司(ケイシ)・国司(コクシ)・公司(コンス)・祭司(サイシ)・三司(サンシ)・主司(シュシ)・上司(ジョウシ)・東司(トウス)・百司(ヒャクシ)・有司(ユウシ)

【司会(シカイ)】[国]会の進行をつかさどること。その役。

【司教(シキョウ)】カトリック教会の職制の一。司祭の上に立ち、教区を監督する。『大司教』

【司業(シギョウ)】(太子に詩書を教えたところから)中国の国子監の教授。

【司空(シクウ)】[1]中国、周代の六卿(リクケイ)の一。土地・人民をつかさどった。[2]中国、漢代の官名。司馬・司徒とともに三公の一。建築事業をつかさどった。

【司寇(シコウ)】中国、周代の六卿(リクケイ)の一。司法と警察をつかさどった。

【司祭(シサイ)】カトリック教会などの僧職の一。司教に次ぎ、助祭の上。神父。

【司書(シショ)】[1]会計簿や文書を担当する職。[2][国]図書館で、図書整理や閲覧などを扱う職。

【司掌(シショウ)】[1]職務をつかさどること。また、その人。[2]令制上の職名。諸官司の最下級の職。官掌・省掌・台掌・職掌・坊掌・寮掌・府掌・使掌・司掌の総称。

【司直(シチョク)】裁判に関する役人。裁判官や検事。

【司徒(シト)】中国、漢代の官名。司馬、司空とともに三公の一。人民の戸籍、教育、厚生などをつかさどった。

【司馬(シバ)】[1]中国、漢代の官名。司徒・司空とともに三公の一。官僚機構、祭祀、軍事等をつかさどった。[2][国]掾(じょう)の唐名。

【司法(シホウ)】国家が法に基づいて行う、民事および刑事の裁判。また、それに関する一切の作用。『司法権』

【司牧(シボク)】[1]人民を治めやしなうこと。また、君主。[2]教会で、司祭が信徒を統率、指導すること。

【司命(シメイ)】[1]星の名。人間の寿命をつかさどるという。[2]生殺の権を握るもの。

【司令(シレイ)】軍隊などを指揮、統率すること。『司令官』

❸人名。

【司馬懿(シバイ)】中国、三国時代魏の政治家、武将。字(あざな)は仲達。諸葛孔明を撃破したことは有名。(一七九～二五一)

【司馬炎(シバエン)】中国、西晋の武帝(在位二六五～二九〇)。世祖。司馬昭の子。魏に代わって帝を称し、呉を滅ぼして天下を統一した。(二三六～二九〇)

【司馬光(シバコウ)】中国、北宋の学者、政治家。字(あざな)は君実。諡(おくりな)は文正。斉物子(セイブツシ)と号し、温公などと称された。王安石の新法に反対。著書「資治通鑑」。(一〇一九～八六)

【司馬昭(シバショウ)】中国、三国時代魏の政治家。字(あざな)は子上。司馬懿の子。炎の父。(二一一～二六五)

【司馬相如(シバショウジョ)】中国、前漢の文人。字(あざな)は長卿。卓文君との交情の話は有名。(前一七九～前一一七)

【司馬遷(シバセン)】中国、前漢の歴史家。字(あざな)は子長。著に「史記」がある。かつて李陵が匈奴にくだった時、陵を弁護して武帝の怒りを買い宮刑に処せられたが、屈せずに「史記」を完成させた。(前一四五～前八六頃)

941 【召】 3004 3E24 8FA2 口－2 [常]

ショウ(セウ)(漢)/zhào/めす・よぶ

[筆順] 召 召 召 召 召

[字解] 形声。口＋刀(神霊をまねくためのかたな)(声)。声を出して呼び寄せる、まねく意。もと、手を祭器にそえた神をよぶ儀式を表す字形もあった。

甲骨文 甲骨文 金文 金文 篆文

[同属字] 沼・招・昭・紹・詔・超・貂・韶

[意味] ❶めす。まねく。上の者が下の者を呼び寄せる。まねき寄せる。『召集』『応召(オウショウ)』 *李白-春夜宴二桃李園一序「陽春召レ我以二煙景一(ヨウシュンわれをまねくにエンケイをもってす)〔=うららかな春が、かすみたなびく春景色で私に誘いかける〕」❷[国]めす。する、食う、着るなどの尊敬語。『おぼし召す』❸人名。『召公』

[下接] ❶めす。上の者が下の者を呼び寄せる。
応召(オウショウ)・檄召(ゲキショウ)・号召(ゴウショウ)・徴召(チョウショウ)・聘召(ヘイショウ)

【召喚(ショウカン)】裁判所が被告人、証人などに、出頭を命ずること。

【召見(ショウケン)】呼び寄せて対面すること。引見。

【召集(ショウシュウ)】[1]人を召し集めること。『非常召集』[2][国]天皇が国会議員に、議会への集会を命ずること。

【召書(ショウショ)】人を召し出す文書。

【召致(ショウチ)】呼び寄せること。

【召募(ショウボ)】人を呼び集めること。募集すること。

❸人名。

【召公(ショウコウ)】中国、周代の政治家。別名、召伯。名は奭(セキ)。諡(おくりな)は康(コウ)。武王の弟で兄弟の周公と共に武王の幼子成王を補佐し周王室の基礎を作った。生没年不詳。

942 【台】 3470 4266 91E4 口－2 [常]2 (6459)【臺】 7142 674A E469 至－8

ダイ(呉)・タイ(漢)/tái・yí/うてな

[筆順] 台 台 台 台

[字解] 常用漢字では、台は臺の略体。臺は形声。至(人がいたる)＋高(物見台)＋士(=㞢、ゆく)(声)。人が来るのをみる物見台の意。もと、台は、臺とは別字で形声。口＋厶

(=目、すき)(声)。土地をやわらかく耕すように、口もとをやわらげてよろこぶ意。借りて一人称の代名詞に用いる。音は、イ(漢)・タイ(漢)。拼音はyí。

同属字 怠・苔・治・始・抬・治・怡・殆・胎・貽・詒・飴・駘・颱／臺・擡

参考 (1)万葉仮名では音を借りて「と(乙)」。(2)意味の❺～❼は、もと「臺」を用いた。

意味 ❶よろこぶ。❷われ。わたしの。❸星の名。㋑紫微星を守る三つの星の称。㋺三公をその星になぞらえたことから、官職名。転じて、敬語。『台位(タイイ)』『貴台(キダイ)』『尊台(ソンダイ)』❹うてな。㋑ものみやぐら。高い建造物。㋺高く平たい土地。『台地』『展望台』『灯台』『楼台(ロウダイ)』❺国乗り物などの数をかぞえる語。『一台』『高台(たかダイ)』❻国だい。物をのせたり、人が上がったりするもの。『試験台』『台座』『縁台(エンダイ)』『砲台』❼国物事のもととなるもの。『台帳』『台本』『土台(ドダイ)』❽あて字、固有名詞など。『台風』『台湾』

❸ 星の名。官職名。転じて、敬語。

下接 貴台(キダイ)・賢台(ケンダイ)・霜台(ソウダイ)・尊台(ソンダイ)・鎮台(チンダイ)

【台位(タイイ)】①官名。天子を補佐する三つの最高の官。三公。②国日本の律令官職のうち、太政大臣・左大臣・右大臣および内大臣の位の総称。転じて、宰相。三公。③国朝廷の高官の美称。

【台階(タイカイ―ダイカイ)】①三台星(サンタイセイ)のこと。転じて、三公の位。また、その位の人。日本で、太政大臣・左大臣・右大臣。三台。②他人を敬って、その居宅をいう語。

【台槐(タイカイ)】三台と三槐。すなわち古代中国の最も高い三つの官位であった三公のこと。

【台顔(タイガン)】相手を敬ってその人の顔をいう語。尊顔。

【台書(タイショ)】他人を敬って、その手紙をいう語。台翰(タイカン)。

【台覧(タイラン)】国三公、公方、三后、皇族など、身分の非常に高い人が見ること。

❹ 高い建造物。また、高く平たい土地。

下接 苑台(エンダイ)・高台(コウダイ―たかダイ)・紫台(シダイ)・蘇台(ソダイ)・池台(チダイ)・釣台(チョウダイ)・亭台(テイダイ)・灯台(トウダイ)・瑶台(ヨウダイ)・蘭台(ランダイ)・麟台(リンダイ)・鹿台(ロクダイ)・露台(ロダイ)・気象台(キショウダイ)・展望台(テンボウダイ)

【台下(ダイカ)】①貴人の尊称。②手紙の脇付(わきづけ)。相手への敬意を表す。高所にある相手の許へ届ける意。

【台閣(タイカク―ダイカク)】①たかどの。②中央政庁。内閣。

【台榭(ダイシャ)】土を高く築いた上に建てた建物。うてな。

【台地(ダイチ)】平坦で周囲より一段と高くなった地形。

❻ (日本語で)だい。

下接 雲台(ウンダイ)・演台(エンダイ)・縁台(エンダイ)・花台(カダイ)・見台(ケンダイ)・車台(シャダイ)・燭台(ショクダイ)・寝台(シンダイ)・船台(センダイ)・茶台(チャダイ)・飯台(ハンダイ)・番台(バンダイ)・盤台(バンダイ)・舞台(ブタイ)・文台(ブンダイ)・砲台(ホウダイ)・夜台(ヤダイ)・蓮台(レンダイ)・輦台(レンダイ)・断頭台(ダントウダイ)・卓袱台(チャブダイ)・平均台(ヘイキンダイ)／絎台(くけダイ)・荷台(にダイ)・屋台(やタイ)

【台形(ダイケイ)】国一組の対辺が互いに平行な四辺形。

【台座(ダイザ)】国①物をその上に載せておく台。②仏像を安置しておく台。

【台紙(ダイシ)】国写真などを貼(は)りつけたりする厚めの紙。

【台子(ダイス)】国茶の湯で用いる四本柱の棚。茶碗(チャワン)、茶入れなどを載せておくもの。

【台所(ダイどころ)】①食べ物の調理をする部屋。厨房(チュウボウ)。②家計のきりもり。金銭のやりくり。『台所が苦しい』 ❤「台盤所(ダイバンどころ)」の略という。

【台盤(ダイバン―ダイハン)】国宮殿の調度の一。食器類を載せる脚付きの台。

❼ (日本語で)物事のもととなるもの。

【台帳(ダイチョウ)】国①売買や事務の記録のおおもととなる帳簿。原簿。『土地台帳』②歌舞伎(かぶき)脚本の筆写本。

【台本(ダイホン)】国演劇、映画、放送などのせりふ、動作などを書いた本。脚本。シナリオ。

❽ あて字、固有名詞など。

【台頭(タイトウ)】国頭をもたげること。力をつけ、勢いを増してくること。❤「擡頭」の書き換え。

【台風(タイフウ)】北太平洋西部、北緯五～二〇度付近に発生し、暴風雨を伴う熱帯性低気圧。❤書き換え「颱風→台風」。

【台密(タイミツ)】(台は天台山、天台宗の意)仏語。天台宗で伝えられる密教。最澄、円仁、円珍らが中国から伝えたもので、延暦寺や園城寺を中心として発達。

[占]⇩806 [同]⇩505

943 【各】 1938 3346 8A65 口－3 常4 カク(呉)(漢)/gè/おのおの

筆順 各 各 各 各 各 各

字解 会意。夂(下向きのあし)＋口(場所)。神霊がくだりくる、いたりつく意。借りて、おのおのの意に用いる。

甲骨文 金文 篆文

同属字 客・閣・咯・恪・洛・挌・格・烙・略・珞・胳・絡・賂・酪・路・輅・骼・駱

意味 おのおの。めいめい。それぞれ。*論語―公冶長「盍各言二爾志一(なんぞおのおのなんじのこころざしをいわざる)〔=どうだい、それぞれ自分の理想を述べてみないか〕」

【各位(カクイ)】大勢の人のめいめいを敬っていう語。皆様方。『会員各位』

【各界(カクカイ―カッカイ)】職業や専門分野などのそれぞれの社会。

【各個(カクコ―カッコ)】個々。めいめい。一人一人別々に。

【各自(カクジ)】めいめい。一人一人それぞれ。

【各種(カクシュ)】いろいろな種類。『各種学校』

【各所・各処(カクショ)】あちこちの場所。諸所。

【各般(カクハン)】いろいろ。それぞれ。諸般。

【各様(カクヨウ)】それぞれにちがった様子を持つさま。『各人各様』

【各論(カクロン)】各々の部門、項目についての論説。↕総論。『総論賛成、各論反対』

【各各(カッカク―おのおの―めいめい)】それぞれ別であること。

難読地名 各務原(かかみがはら)市(岐阜) 難読姓氏 各務(かがみ)

944 【吉】 2140 3548 8B67 口－3 常 (945)【吉】 口－3 キチ(呉)・キツ(漢)/jí/よい・よし・めでたい

筆順 吉 吉 吉 吉 吉 吉

字解 会意。口(めでたいことば)＋士(おの)。おのを上にのせ、大切なことばの力を封じ込め守ることから、よい意。

甲骨文 金文 篆文

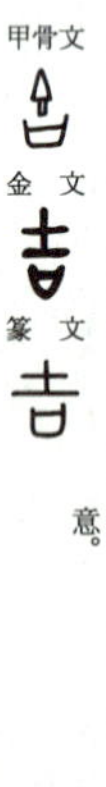

[同属字] 髻・劼・頡・喆・佶・拮・桔・結・詰・黠

[参考] ⑴万葉仮名では音を借りて「き㊙」、訓を借りて「え(や行)」「よ㊂」。⑵往々、吉の上部が士か土かが問題とされるが、字形上は定めがたい。

[意味] ❶よい。めでたい。↕凶。『吉日』『吉例』『吉祥』『吉兆』『吉報』『不吉(フキツ)』『納吉(ノウキツ)』 ＊呉子-図国「吉乃後挙(キツにしてすなわちのちにあぐ)〔=吉となって、はじめて大事を決行する〕」 ❷ついたち。『吉月』 ❸[国]「吉備国(きびのくに)」は上代山陽道にあった国。備前国・備中国・備後国および美作(みまさか)国にわかれた。❹あて字、固有名詞など。『吉利支丹』

❶ よい。めでたい。

【吉事(キチジ・キツジ)】めでたいこと。縁起のよいこと。↕凶事

【吉日(キチジツ・キツジツ・キチニチ)】縁起のよい日。↕悪日(アクジツ)・凶日。『大安吉日』

【吉夢(キチム・キツム)】縁起のよい夢。↕悪夢・凶夢

【吉例(キチレイ・キツレイ)】めでたいしきたり。よい先例。

【吉凶(キッキョウ)】運や縁起のよしあし。『吉凶禍福(カフク)』

【吉慶(キッケイ・キッキョウ)】めでたいこと。

【吉書(キッショ)】吉日良辰を選んで奏聞する儀礼文書。

【吉祥(キッショウ・キチジョウ)】よいきざし。めでたいしるし。【吉祥天(キッショウテン・キチジョウテン)】もとバラモン教の女神で、のちに仏教に入った天女。顔形が美しく、衆生に福徳を与えるという女神。吉祥天女。

【吉左右(キッソウ)】[国]①喜ぶべき通知。吉報。↕悪左右。②=吉相(キッソウ)①。❤①「左右」は、しらせ、音信の意。

【吉相(キッソウ)】①よいことのある前触れ。吉兆。吉左右。②よい人相。福々しい人相。

【吉兆・吉徴(キッチョウ)】めでたいことの起こるしるし。

【吉報(キッポウ)】喜ばしいしらせ。↕悪報・凶報

【吉礼(キツレイ)】①めでたい儀式。②祭祀の礼。

❷ ついたち。

【吉月(キツゲツ)】月のはじめ。ついたち。〔論語-郷党〕

❹ あて字、固有名詞など。

【吉士・吉師(キシ)】[国]昔、日本に帰化した朝鮮人の名につけた敬称。通訳など外国との事務を職とした者の称号。

【吉林(キツリン)】①中国東北部の省。松花江の上流に位置し、豆満江(図們江)で朝鮮に接する。省都は長春市。②中国吉林省の都市。省内第二の商工業都市。

【吉利支丹(キリシタン)】(ポルトガル Christão)室町時代末、日本に伝えられた、キリスト教、また、その信徒。切支丹。

[難読地名] 吉舎(きさ)町(広島) 吉良(きら)町(愛知) 吉川(よかわ)町(兵庫) 吉城(よしき)郡(岐阜) 吉敷(よしき)郡(山口)

[難読姓氏] 吉敷(きしき) 吉川(きっかわ・きつかわ)

946 【后】 2501 3921 8D40 口－3 [常]6 ゴ㊐・コウ㊥/hòu/あと・きさき

[筆順] 后 后 后 后 后 后

[字解] 会意。口＋𠂆(ひと)。人のうしろにつくもの、のちの意。「後」と通用する。また、もと、「司」の裏返しの形に似るところから、命令するきさきの意を表すという。のちに、きさきの意に用いる。

金文

篆文

[同属字] 垢・姤・詬

[意味] ❶うしろ。あと。のち。『午后(ゴゴ)』『最后(サイゴ)』 ❷きさき。『皇后』『母后』 ❸君主。また、つかさどる者。『后王』『后稷』『后土』

❷ きさき。

[下接] 皇后(コウゴウ)・三后(サンゴウ)・太后(タイコウ)・母后(ボコウ)・立后(リッコウ)

【后宮(コウキュウ・きさいのみや)】①(コウキュウ)皇后と後宮にいる女性。きさき。②(きさいのみや)皇后。

【后妃(コウヒ)】きさき。皇后。

❸ 君主。天子。また、つかさどる者。

【后王(コウオウ)】君主。天子。

【后稷(コウショク)】①中国、古代の官名。農事をつかさどったもの。②中国、周王朝の祖と伝えられる人物。本名は姫棄。堯帝に用いられ、①に任ぜられたという。

【后土(コウド)】土地の神。国つ神。また、土地のこと。

947 【向】 2494 387E 8CFC 口－3 [常]3 コウ(カウ)㊐・キョウ(キャウ)㊥・ショウ(シャウ)㊥/xiàng/むく・むき・むける・むかう・むこう・さきに・なんなんとする

[筆順] 向 向 向 向 向 向

[字解] 象形。家屋の高所につけた明かりとりのまどの形に象り、高窓の意。郷に通じ、むかう意に用いる。

甲骨文

金文

篆文

[同属字] 餉

[意味] ❶むく。むかう。面する。また、むき。むかうところ。おもむき。「嚮」に同じ。『向上』『指向』『方向』 ❷さきに。現在を含む前後の時間をいう。「嚮」に同じ。『向前(キョウゼン)』『向来(キョウライ)』 ＊陶潜-桃花源記「扶向路、処処誌之(さきのみちにより、しょしょにこれをしるす)〔=前に来た道を尋ねつつ、所々に目じるしをつけておいた〕」 ❸なんなんとする。ほとんど。今にも。❹その他。『向使(もしたとい)』『日向(ひゅうが)』

❶ むく。むかう。面する。

[下接] 意向(イコウ)・回向(エコウ)・外向(ガイコウ)・傾向(ケイコウ)・下向(ゲコウ)・志向(シコウ)・指向(シコウ)・趣向(シュコウ)・出向(シュッコウ)・性向(セイコウ)・対向(タイコウ)・転向(テンコウ)・動向(ドウコウ)・内向(ナイコウ)・背向(ハイコウ)・発向(ハッコウ)・風向(フウコウ)・偏向(ヘンコウ)・方向(ホウコウ)・影向(ヨウゴウ)・面向不背(メンコウフハイ)／日向(ひゅうが・ひなた)

【向前(キョウゼン)】向かい合うこと。→❷

【向学(コウガク)】学問に励もうと思うこと。『向学心』

【向寒(コウカン)】寒冷の季節に向かうこと。↕向暑

【向日葵(コウジツキ・ひまわり)】キク科の一年草。観賞用。夏、大形の黄色い花が咲く。

【向暑(コウショ)】暑い時節に向かうこと。↕向寒

【向上(コウジョウ)】より良い方へ向かうこと。『向上心』

【向背(コウハイ)】①前向きと後ろ向き。従うこととそむくこと。②物事の状態や成り行き。

〖所レ向無レ敵(むかうところテキなし)〗向かい進む所に抵抗する者がいない。

❷ さきに。現在を含む前後の時間をいう。

【向後(キョウコウ・キョウゴ)】今後。こののち。嚮後。

【向日(キョウジツ)】先日。さきの日。嚮日。

【向前(キョウゼン)】さきほどの。嚮前。＊白居易-琵琶行「凄凄不レ似二向前声一(セイセイとしてキョウゼンのこえににず)〔=もの悲しく、さきほどの音よりいっそう悲しさが増している〕」→❶

【向来(キョウライ)】先頃から今まで。上来。嚮来。

【向者(さきに)】(「者」は時を表す語に付く助字)以前。嚮者(さきに)。

❹ その他。

【向使・向令(もし)】もし…ならば。仮定を示す。

難読地名 向日市(むこうし)(京都) 難読姓氏 向後(こうご) 向坂(さきさか) 向笠(むかさ) 向谷地(むかいやち)

948 【合】 2571 3967 8D87 口－3 常2 ゴウ(ガフ)呉・コウ(カフ)漢・カッ慣・ガッ慣/hé・gě/

あう・あわさる・あわす・あわせる

筆順 合 合 合 合 合 合

字解 会意。口(うつわ)＋亼(ふた、またはおおい)。器にふたをする、あわせる意。

甲骨文 金文  篆文

同属字 盒・翕・荅・答・閤・鴿・姶・拾・袷・蛤

意味 ❶あわせる。一つにする。また、あわさる。「合掌」「合併」「結合」「集合」「統合」＊古詩賞析－上邪「天地合(テンチガッす)(＝天地が一つに合して区別がなくなる)」 ❷あう。一致する。あてはまる。また、照らしあわせる。「合致」「合格」「迎合」「適合」 ❸ごう。尺貫法の面積・容積の単位。一坪・一升の一〇分の一。 ❹二つのものの間。また、そのあたり。「合着(あいぎ)」 ❺まさに…すべし。当然の意を示す。再読文字。「当」「応」に同じ。 ❻あて字、地名など。「合羽(カッパ)」「合浦(ゴウホ)」「合歓(ねむ)」 ⇒〔会〕(147)の表

❶ あわせる。一つにする。また、あわさる。

下接 烏合(ウゴウ)・会合(カイゴウ)・化合(カゴウ)・九合(キュウゴウ)・糾合(キュウゴウ)・協合(キョウゴウ)・迎合(ゲイゴウ)・結合(ケツゴウ)・交合(コウゴウ)・混合(コンゴウ)・三合(サンゴウ)・習合(シュウゴウ)・集合(シュウゴウ)・重合(ジュウゴウ)・接合(セツゴウ)・総合(ソウゴウ)・調合(チョウゴウ)・都合(ツゴウ)・統合(トウゴウ)・配合(ハイゴウ)・複合(フクゴウ)・付合(フゴウ)・併合(ヘイゴウ)・縫合(ホウゴウ)・野合(ヤゴウ)・融合(ユウゴウ)・癒合(ユゴウ)・六合(リクゴウ)・離合(リゴウ)・連合(レンゴウ)・和合(ワゴウ)／組合(くみあい)

【合作(ガッサク)】一つの物、作品を共同してつくること。

【合従(ガッショウ)】中国、戦国時代、秦(シン)に対抗するために南北に連なる斉・楚・燕・韓・魏・趙の六国を連合させた同盟政策。蘇秦(ソシン)の策。【合従連衡(ガッショウレンコウ)】中国、戦国時代の外交策。蘇秦の合従策と張儀(チョウギ)の連衡策。

【合唱(ガッショウ)】多声部の集団による歌唱。↔独唱

【合掌(ガッショウ)】①両方の掌(てのひら)を胸の前で合わせて、礼拝すること。②国二本の材木を山形に組み合わせた屋根の構造。「合掌造り」

【合奏(ガッソウ)】二つ以上の楽器で、一つの曲を演奏すること。↔独奏

【合葬(ガッソウ)】同じ場所に二体以上の死体を葬ること。

【合体(ガッタイ)】二つ以上のものが一つに合わさること。

【合評(ガッピョウ)】特定の問題や作品を何人かで一緒に批評すること。「合評会」

【合併(ガッペイ)】複数の同類の物や事柄が、一つに合わさること。

【合壁(ガッペキ)】壁一つで仕切られている隣り同士。

【合囲(ゴウイ)】①まわりを取り囲むこと。包囲。②一抱え。

【合一(ゴウイツ)】一つに合わさること。また、一つに合わせること。「知行合一」

【合歓(ゴウカン)】よろこびを共にすること。特に、男女が共寝(ともね)すること。→❻(ねむ)

【合議(ゴウギ)】二人以上の者が集まって相談すること。

【合金(ゴウキン)】二種以上の金属を、溶解融合させて得た金属。「軽合金」

【合卺(ゴウキン)】夫婦の縁を結ぶこと。婚礼。〔礼記－昏義〕

♥「卺」は瓢(ふくべ)を両分した杯。昔、中国で新郎新婦がおのおのその一つをとって祝酒をくみ、契りを結んだところから。

【合計(ゴウケイ)】幾つかの数や量を数え合わせること。

【合子(ゴウシ・ゴウス)】(身と蓋(ふた)とを合わせるの意)①蓋付きの小型容器の総称。②茶道でいう建水(ケンスイ)の一様式。

【合祀・合祠(ゴウシ)】二柱以上の神や霊を一つの神社にまつること。合祭(ゴウサイ)。

【合字(ゴウジ)】本来は二字で表記するものを、合わせて一字としたもの。「麿(麻呂)」「と(こと)」など。

【合成(ゴウセイ)】二つ以上のものを合わせて一つにすること。↔分解。「合成写真」「合成樹脂」「合成繊維」「合成語」

【合同(ゴウドウ)】一つの目的のために複数のものが一体となってすること。また、一体にすること。→❷

【合弁・合辦(ゴウベン)】共同で事業を経営すること。また、外国資本との提携。「合弁会社」

【合抱之木生二於毫末一(ゴウホウのきも、ゴウマツよりショウず)】(「毫末」は、毛の先)ひとかかえもある大木も、初めは毛の先ほどの小さい芽生えから大きくなったものである。どんなに強大なものも、はじめは弱く小さいということ。〔老子－六四〕

【合力(ゴウリキ・ゴウリョク)】㊀(ゴウリキ)①力を合わせること。また、力を貸すこと。協力。②金銭、物品を恵むこと。㊁(ゴウリョク)力学で、二つ以上の力を合成して一つにまとめたもの。合成力。

【合流(ゴウリュウ)】①二つ以上の流れが合わさって一つになること。②人がおちあって一緒になること。

❷ あう。かなう。また、照らしあわせる。

下接 暗合(アンゴウ)・勘合(カンゴウ)・校合(キョウゴウ)・競合(キョウゴウ)・香合(コウゴウ－コウあわせ)・照合(ショウゴウ)・整合(セイゴウ)・談合(ダンゴウ)・適合(テキゴウ)・投合(トウゴウ)・不合(フゴウ)・符合(フゴウ)／気合(キあい)・試合(シあい)・帳合(チョウあい)・待合(まちあい)／歌合(うたあわせ)・絵合(エあわせ)・貝合(かいあわせ)

【合致(ガッチ)】ぴったり合うこと。一致すること。

【合点(ガテン・ガッテン)】国理解して納得すること。承知すること。「合点がゆかない」「独り合点」「早合点」

【合意(ゴウイ)】互いの意思、意見が一致すること。

【合格(ゴウカク)】一定の条件や資格などに適合すること。特に、試験などに及第すること。「合格者」「不合格」

【合同(ゴウドウ)】数学で、二つの図形がぴったりと重なり合うこと。→❶

【合否(ゴウヒ)】合格と不合格。

【合法(ゴウホウ)】法律、規則に適合していること。↔非合法・違法。「合法的なやり方」

【合理(ゴウリ)】道理にかない正当であること。論理の法則にかなっていること。↔不合理・非合理。「合理的」

❹ 二つのものの間。また、そのあたり。

下接 沖合(おきあい)・工合(グあい)・具合(グあい)・雲合(くもあい)・頃合(ころあい)・地合(ジあい)・歩合(ブあい)・風合(フウあい)・割合(わりあい)

❻ あて字、地名など。

下接 百合(ゆり)・夜合樹(ねむのき)

【合羽(カッパ)】(ポルトガル capa の音訳)雨よけの上着。雨合羽。

【合浦(ゴウホ)】現在の中国広東(カントン)省海康県付近の地名。真珠の名産地。わが国の謡曲では「カッポ」という。【合浦珠還(ゴウホたまかえる)】一度失ったものが再び帰ってくることのたとえ。また、帰ること、善政をしくたとえにもいう。〔後漢書－循吏伝・孟嘗〕

【合歓（ゴウカン）】ねむ マメ科の落葉高木。葉は夜になると閉じる。ねむのき。→❶（ゴウカン）

949 【同】 3817 4631 93AF 口－3 常2 (145)【仝】0124 2138 8157 人－3

ドウ㊐・トウ㊕/tóng/おなじ

筆順 

字解 象形。茶づつのようなはめこみ型のつつの器の形に象り、おなじ意。

甲骨文 金文 篆文 

同属字 筒・洞・恫・桐・胴・銅

意味 ❶おなじ。ひとしい。ちがわない。↔異。『同音』『同期』『同権』『異同』＊劉希夷‐代悲白頭翁「歳歳年年人不同（サイサイネンネンひとおなじからず）（＝としどしに(花を見る)人は同じではない）」❷おなじくする。㋑一つにする。そろえる。あわせる。『同文同軌』『同塵（ドウジン）』『同風』＊史記‐孫子呉起伝「起之為将、与士卒最下者同衣食（キのしょうたるや、シソツのもっともひくきものとイショクをおなじくす）（＝呉起が戦に出る時は、兵卒の最も位の低い者と衣服も食事も同じにした）」㋺ともにする。『同衾（ドウキン）』『同穴』『同舟』㋩ともに。一緒に。『同慶』『同行』『同乗』『同棲』㋥なかま。『党同伐異』『同志』『同朋（ドウボウ）』『同僚』❸前に示したこととおなじく。その。『同上』『同年』

❶ おなじ。ひとしい。

下接 異同（イドウ）・混同（コンドウ）・相同（ソウドウ）・大同（ダイドウ）・不同（フドウ）・類同（ルイドウ）・大同小異（ダイドウショウイ）・大同団結（ダイドウダンケツ）・異代同調（イダイドウチョウ）・一視同仁（イッシドウジン）・異路同帰（イロドウキ）・堅白同異（ケンパクドウイ）

【同位（ドウイ）】同じ位置や地位。『同位角』

【同一（ドウイツ）】複数のものの形状、性質、状態などが同じであること。『同一視』『同一人物』

【同音（ドウオン）】同じ発音。『同音語』

【同格（ドウカク）】①地位、格式などが同じであること。②文法で、文中の他の語と、文の構成上同じ機能を果たしていること。

【同学（ドウガク）】学校・専攻・師などが同じであること。

【同期（ドウキ）】①同じ時期。②入学や卒業の年度が同じであること。③複数の機械の作動の時を同じにすること。シンクロさせること。『同期をとる』

【同義（ドウギ）】同じ意義。同意。↔異義。『同義語』

【同郷（ドウキョウ）】郷里が同じであること。

【同権（ドウケン）】等しい権利を有すること。『男女同権』

【同源・同原（ドウゲン）】同一の起源を持つこと。

【同工（ドウコウ）】作り方や細工、手際が同じであること。【同工異曲（ドウコウイキョク）】①作り方は同じでも味わいが異なること。②外見は違うが内容は同じであること。〔韓愈‐進学解〕

【同甲（ドウコウ）】同じ甲子（カッシ）。同じ年齢。同年。同庚。

【同功一体（ドウコウイッタイ）】功績も態度もまったく同じであること。

【同根（ドウコン）】根本、出自が同じであること。

【同罪（ドウザイ）】同じ罪。また、同一の責任。

【同視（ドウシ）】同じに見なすこと。同一視。

【同時（ドウジ）】同じ時。同じ時期。『同時通訳』

【同質（ドウシツ）】性質、実質が同じであること。↔異質

【同日（ドウジツ）】①同じ日。②力量、程度などが同じであること。【同日論（ドウジツのロン）】同じようなものとして並べて論じること。同日談。〔史記‐游俠伝〕❤「同日の論にあらず」のように、多く否定または反語の形で用いる。

【同種（ドウシュ）】種類や人種が同じであること。↔異種

【同臭味（ドウシュウミ）】思想・志向・趣味などを同じくすること。また、なかま。同臭。

【同心（ドウシン）】中心が同じであること。『同心円』→❷

【同仁（ドウジン）】ひろく平等に愛すること。『一視同仁』

【同姓（ドウセイ）】同じ姓。『同姓同名』【同姓不婚（ドウセイフコン）】同じ姓の者とは結婚しない。中国の昔の習慣。同姓を娶（めと）らず。〔国語‐晋語〕

【同性（ドウセイ）】男女、雌雄の性が同じであること。↔異性。

【同声相応（ドウセイあいオウず）】同じ声の者同士はよく調子が合う。同じ意見の者は自然に集まる。〔易経‐乾〕

【同声異俗（ドウセイイゾク）】人は生まれたときのうぶ声は同じだが、成長するにしたがって、風俗・言語が違ってくる。人の本性は本来同じであるが、後の生活・習慣によって大きく違ってくることをいう。〔荀子‐勧学〕

【同然（ドウゼン）】ほとんど同じであること。

【同窓（ドウソウ）】同じ学校に学んだこと。また、その人。

【同族（ドウゾク）】同じ血筋、同じ種族。また、それらに属する者。『同族会社』『同族意識』

【同体（ドウタイ）】同じ体。『一心同体』

【同断（ドウダン）】ほかと同じであること。同然。同様。

【同着・同著（ドウチャク）】同時に目的地などに着くこと。

【同等（ドウトウ）】①程度や等級が同じであること。②互いに等しいこと。『同等の権利』

【同病（ドウビョウ）】同じ病気。【同病相憐（ドウビョウあいあわれむ）】同じ病をもつ者が互いにいたわり合う。同じ苦しみをもつ者が同情し合うことのたとえ。〔呉越春秋‐闔閭（コウリョ）内伝〕

【同腹（ドウフク）】同じ母の腹から生まれたこと。また、その兄弟姉妹。↔異腹。→❷

【同文同種（ドウブンドウシュ）】国と国とで互いに文字が同じで、人種も外見上同じであること。

【同胞（ドウホウ・はらから）】①同母。同腹。②同一の国民。

【同夢（ドウム）】同じ夢を見ること。夫婦の仲がよいこと。

【同名（ドウメイ）】同じ名であること。『同名異人』

【同門（ドウモン）】同じ師について学ぶこと。また、同じ流派に属すること。

【同様（ドウヨウ）】同じであること。ほとんど同じであるさま。『新品同様』

【同類（ドウルイ）】①同じ種類。②同じ仲間。一味。

【同列（ドウレツ）】①同じ列。②同じ程度、地位、待遇。

❷ おなじくする。ともにする。

下接 共同（キョウドウ）・協同（キョウドウ）・合同（ゴウドウ）・賛同（サンドウ）・帯同（タイドウ）・雷同（ライドウ）・和同（ワドウ）・党同伐異（トウドウバツイ）・付和雷同（フワライドウ）

【同意（ドウイ）】他の意見に賛成すること。

【同化（ドウカ）】①他に感化されて同じようになること。②外からの知識などを完全に自分のものにすること。

【同感（ドウカン）】人と同じように考え、または感じること。

【同気（ドウキ）】気の合った仲間。＊易経‐乾「同気相求（ドウキあいもとむ）（＝気の合う者は自然に親しみ集まる）」

【同軌（ドウキ）】①天下の車のわだちの幅を同じくすること。天下を統一すること。同轍（ドウテツ）。②同一の王朝・政府の統治下にあること。

【同居（ドウキョ）】①一緒に住むこと。↔別居。②異質のものが同じ所に存在すること。

【同衾（ドウキン）】一つの夜具の中に共に寝ること。性的な事についていう。

【同慶（ドウケイ）】自分も相手も共にめでたいこと。『ご同慶の至り』

3画 口囗土士夂夊夕大女子宀寸小(⺌・⺍)尢(尣・兀)尸屮(屮)山巛(川)工己(已・巳)巾干幺广廴廾弋弓彐(ヨ・彑)彡彳

【同穴（ドウケツ）】死んで同じ墓の穴に葬られること。『偕老（カイロウ）同穴の契り』
【同好（ドウコウ）】趣味、嗜好（シコウ）を同じくすること。『同好の士』
【同行（ドウコウ｜ドウギョウ）】①（ドウコウ）連れ立って行くこと。②（ドウギョウ）同じ道を連れ立って神仏に参詣（サンケイ）する人々。
【同士（ドウシ）】国なかま。また、関係をあらわす名詞の下に付いて、互いに…である者。『恋人同士』『同士討ち』
【同志（ドウシ）】こころざしや主張、目的を同じくすること。
【同舟（ドウシュウ）】同じ舟に乗り合わせること。同船。『呉越同舟』
【同宿（ドウシュク）】同じ宿や家に泊まり合わせること。
【同乗（ドウジョウ）】同じ乗り物に一緒に乗ること。
【同情（ドウジョウ）】他人の悲哀や不幸などを、その身になって思いやること。『同情心』
【同床異夢・同牀異夢（ドウショウイム）】起居を共にしながら、別々のことを考えていること。また、同じ事に当たりながら、目標や考え方が異なっていること。〔陳亮-与二朱元晦一秘書一書〕
【同心（ドウシン）】①気持ちや意見を同じくすること。②国江戸時代、警察のことなどを扱った下級の役人。→❶【同心結（ドウシンのケツ）】かたくてとけない結びめ。転じて、夫婦のかたいちぎりをいう。〔梁武帝-有レ所レ思〕【同心之言、其臭如レ蘭（ドウシンのゲンは、そのかおりランのごとし）】心の合う者どうしのことばは、蘭の香りのようにかぐわしいということ。〔易経-繫辞伝上〕
【同人（ドウジン）】志を同じくする人。『同人雑誌』
【同塵（ドウジン）】俗世間と歩調を合わせること。和光同塵。*老子-五六「挫二其鋭一、解二其紛一、和二其光一、同二其塵一（そのするどきをくじき、そのもつれたるをとき、そのひかりをやわらげ、そのちりをおなじゅうす）」〔=（その道を体得した人は）自身の鋭さをくじき、糸のもつれを解きほぐし、自身の光をやわらげ、世俗の汚れに同化する〕
【同棲（ドウセイ）】同居して生活をともにすること。日本で特に、正式な婚姻関係にない男女が一緒に生活すること。
【同勢（ドウゼイ）】共に連れ立って行ったり、事に当たったりする人々。『同勢十人』
【同席（ドウセキ）】同じ席に連なること。
【同調（ドウチョウ）】①他人の主義・主張などに同意すること。②無線受信機で、周波数を合わせて受信すること。チューニング。『同調回路』
【同道（ドウドウ）】連れ立って行くこと。同行。

【同輩（ドウハイ）】同じ身分や地位の者。等輩。
【同伴（ドウハン）】連れ立って行くこと。『父兄同伴』
【同風（ドウフウ）】風習を同じくすること。また、天下が統一されて同じ習慣になること。『同風一俗』
【同腹（ドウフク）】心を同じくすること。同心。→❶
【同文（ドウブン）】文字を同じくすること。転じて、天下が統一されること。【同文同軌（ドウブンドウキ）】天下がみな文字を同じくし、車の両輪間の幅を同じくすること。転じて、天下が統一されること。〔中庸〕
【同袍（ドウホウ｜ドウボウ）】ともだち。友人。♥真の友人同士は、困窮の際、袍（=綿入れ）を貸し合って救い合うというところから。〔詩経-秦風・無衣〕【同袍同沢（ドウホウドウタク）】袍や沢（=あせとり）を共用する間がら。特に、戦友をいう。
【同朋（ドウボウ）】①なかま。②輿などをかつぐ力者（リキシャ）。禅家で供の法師をいう。③国武家に近侍して身辺の雑務や特殊な芸能諸事をつかさどった職。または、諸大名家に設置され雑務に従った職。
【同盟（ドウメイ）】共同目的のために同一行動をとることを約束すること。『同盟罷業（ヒギョウ）〔=ストライキ〕』
【同僚（ドウリョウ）】職場、役目、地位などを同じくする人。

950
【名】
4430
4C3E
96BC
口-3
常1
ミョウ（ミャウ）呉・メイ漢／míng／な

筆順 

字解 会意。口＋夕。夕暮れの中で人に自分の名をつげることから、なまえ、なづけるの意とする説が一般に行われている。

甲骨文 
金文 
篆文 

同属字 茗・酩・銘

参考 万葉仮名では訓を借りて「な」。

意味 ❶な。なまえ。人や事物の呼び名。『名字（ミョウジ）』『名称』『名簿』『国名』❷なづける。よぶ。『名状』*韓非子-和氏「貞士而名レ之以レ誑（テイシにしてこれになづくるにキョウをもってせらる）」〔=正直者なのに嘘つきと言われた〕❸なだかい。すぐれていて、なまえが知られている。評判。『名曲』『名人』『虚名』*杜甫-旅夜書レ懐「名豈文章著（なはあにブンショウもてあらわれんや）」〔=人の名声は、どうして文学などによって世間に知られようか〕❹人数を数える語。『数名』❺国「名古屋」の略。『名神（メイシン）』『東名（トウメイ）』

❶なまえ。よびな。

下接 異名（イメイ｜イミョウ）・遺名（イメイ）・音名（オンメイ）・戒名（カイミョウ）・改名（カイメイ）・学名（ガクメイ）・仮名（カメイ｜かな）・家名（カメイ）・嘉名（カメイ｜カミョウ）・雅名（ガメイ）・官名（カンメイ）・漢名（カンメイ）・記名（キメイ）・偽名（ギメイ）・旧名（キュウメイ）・御名（ギョメイ）・芸名（ゲイメイ）・件名（ケンメイ）・嫌名（ケンメイ）・国名（コクメイ）・古名（コメイ）・渾名（コンメイ｜あだな）・罪名（ザイメイ）・色名（シキメイ）・実名（ジツメイ）・氏名（シメイ）・綽名（シャクメイ｜あだな）・社名（シャメイ）・襲名（シュウメイ）・職名（ショクメイ）・書名（ショメイ）・署名（ショメイ）・除名（ジョメイ）・人名（ジンメイ）・姓名（セイメイ）・俗名（ゾクメイ｜ゾクミョウ）・尊名（ソンメイ）・大名（ダイミョウ）・題名（ダイメイ）・地名（チメイ）・知名（チメイ）・同名（ドウメイ）・匿名（トクメイ）・俳名（ハイメイ）・売名（バイメイ）・筆名（ヒツメイ）・病名（ビョウメイ）・品名（ヒンメイ）・物名（ブツメイ）・別名（ベツメイ）・変名（ヘンメイ）・法名（ホウミョウ）・芳名（ホウメイ）・本名（ホンミョウ）・命名（メイメイ）・役名（ヤクメイ）・訳名（ヤクメイ）・幼名（ヨウメイ｜ヨウミョウ）・連名（レンメイ）・和名（ワメイ｜ワミョウ）／徒名（あだな）・宛名（あてな）・源氏名（ゲンジな）・四股名（しこな）

【名主（ミョウシュ）】国平安中期から中世全般にかけて存在した名田（ミョウデン）の所有者。→❸（メイシュ）
【名跡（ミョウセキ）】国名字の跡目。代々受け継ぐ家名。→❸（メイセキ）
【名詮自性（ミョウセンジショウ）】仏教で、名がその物の性質を表すということ。
【名代（ミョウダイ）】国目上の人の代理を務めること。また、その人。
【名田（ミョウデン）】国平安中期から中世全般にかけて国衙（コクガ）領、荘園の土地制度上の構成単位。♥田地を取得したものが、自らの名を冠してその土地の保有権を標示したところからいう。
【名家（メイカ）】中国、諸子百家の一。春秋戦国時代、名実を正し、是非を明らかにし、法術・権勢を重んじた学派。公孫竜・恵施など。→❸
【名鑑（メイカン）】人や物の名前などを集めて、分類した書物。
【名義（メイギ）】①名前とそれのもつ意義。②名に応じてたてる義理。名分（メイブン）。③国表向き、書類上に用いる名前。
【名号（メイゴウ｜ミョウゴウ）】①（メイゴウ）唱える名。名称。②（ミョウゴウ）仏菩薩（ブツボサツ）の名。特に、阿弥陀（アミダ）仏の四字、南無（ナム）阿弥陀仏の六字など。
【名詞（メイシ）】品詞の一。事物の名を表す語。また、事物の状態などを名付けていう語。
【名実（メイジツ）】名称と実質。また、名目と実際。→❸
【名称（メイショウ）】呼び名。名前。呼称。

【名数（メイスウ）】ある種の物の組み合わせについて、その数を冠して言う名称。「三羽がらす」「四天王」など。

【名族（メイゾク）】姓。また、姓名。→❸

【名分（メイブン）】身分や地位の名に伴って必ず守らなければならない道義上の決まり。『大義名分』

【名簿（メイボ）】名前と一緒に経歴や住居などを書き連ねた帳簿。『会員名簿』

【名目（メイモク／ミョウモク）】①物の名称。また、表向きに使われる名前。『名目賃金』②国表面上の理由。口実。

【名不レ正、則言不レ順（なただしからざれば、すなわちゲンジュンならず）】物事の名称が正確でなければ、言語が実質から離れ、道理からはずれる。〔論語-子路〕

【名者実之賓也（なはジツのヒンなり）】（「賓」は客の意）名目というものは、実質に伴った仮のものである。徳行があってはじめて名誉が自然にその人のものになることをいう。〔荘子-逍遥遊〕

【正レ名（なをただす）】名目を正しくする。名称と実情とを一致させる。＊論語-子路「必也正レ名乎（かならずやなをたださんか）」［=しいて言えば、乱れた名目を正しくしようか］

【垂二名於竹帛一（なをチクハクにたる）】（「竹帛」は竹の札と絹きれ。ともに紙のなかった時代に記録に用いたところから書物、特に歴史書をいう）名を長く後世に残す。歴史に残るような功績をたてる。〔後漢書-鄧禹（トウウ）伝〕

❷ なづける。よぶ。

【名状（メイジョウ）】物事の有様を、口で言い表すこと。

❸ なだかい。評判。ほまれ。

下接 悪名（アクメイ・アクミョウ）・英名（エイメイ）・栄名（エイメイ）・汚名（オメイ）・梟名（キョウメイ）・驍名（ギョウメイ）・虚名（キョメイ）・功名（コウミョウ）・高名（コウメイ・コウミョウ）・洪名（コウメイ）・鴻名（コウメイ）・才名（サイメイ）・醜名（シュウメイ）・声名（セイメイ）・盛名（セイメイ）・著名（チョメイ）・美名（ビメイ）・浮名（フメイ）・武名（ブメイ）・文名（ブンメイ）・無名（ムメイ・ムミョウ）・有名（ユウメイ）・勇名（ユウメイ）・雄名（ユウメイ）・雷名（ライメイ）・令名（レイメイ）

【名案（メイアン）】素晴らしい思い付き。

【名演（メイエン）】すぐれた演技、演奏。

【名王（メイオウ）】名高い王。すぐれた君主。

【名花（メイカ）】①美しい花。②美女をたとえていう。

【名家（メイカ）】①名門。『名家の出』②その道にすぐれた人。名人。『名家文集』→❶

【名歌（メイカ）】名高い歌。すぐれた詩歌。

【名画（メイガ）】①名高い絵。すぐれた絵。②すぐれた映画。

【名教（メイキョウ）】すぐれた聖人の教え。

【名曲（メイキョク）】名高い楽曲。すぐれた楽曲。

【名句（メイク）】すぐれた詩句、文句。すぐれた俳句。

【名君（メイクン）】すぐれた君主。

【名月（メイゲツ）】陰暦八月十五夜の月。また、陰暦九月十三夜の月。『中秋の名月』『栗名月』

【名言（メイゲン）】事の道理を言い当てたすぐれた言葉。

【名工（メイコウ）】すぐれた工芸品を作る技術のすぐれた職人。名高い職人。名匠。

【名作（メイサク）】すぐれた製作物。名高い作品。

【名刹（メイサツ）】名高い寺。『古寺名刹』

【名産（メイサン）】その土地で産する有名なもの。その土地の特産物。『名産品』

【名山（メイザン）】形が美しいことなどで名高い山。

【名士（メイシ）】あることに秀でていることで世の中に名を知られている人。『各界の名士』

【名実（メイジツ）】名声と実績。『名実ともに一流のプレーヤー』→❶

【名手（メイシュ）】①すぐれた技量を持つ人。名人。②碁、将棋などで、うまい手。妙手。

【名主（メイシュ）】名高い主君。→❶（ミョウシュ）

【名酒（メイシュ）】世間によく知られた、味のいい酒。銘酒。

【名所（メイショ）】景色のよさや、史跡などで名高い土地。名勝。『桜の名所』『名所旧跡』

【名匠（メイショウ）】技芸、学術などにすぐれている人。

【名将（メイショウ）】すぐれた大将。『戦国時代の名将』

【名勝（メイショウ）】景色のすぐれた地。

【名人（メイジン）】①一芸一道を極めた人。『名人芸』②国囲碁・将棋の最高位の称号。

【名水（メイスイ）】①名高い清水。茶の湯などに適する良質の泉。『名水百選』②名高い川。

【名声（メイセイ）】よい評判。『名声を博する』

【名跡（メイセキ）】名高い旧跡。『旧所名跡』→❶（ミョウセキ）

【名節（メイセツ）】名誉と節操。ほまれとみさお。

【名僧（メイソウ）】知徳のすぐれた僧。

【名族（メイゾク）】名のある家柄。名門。→❶

【名著（メイチョ）】すぐれた著書。

【名筆（メイヒツ）】書画にすぐれていること。また、その人や作品。

【名品（メイヒン）】すぐれた品。名高い品。

【名物（メイブツ）】国①その土地特有の名高い産物。②その土地、社会などで、評判の事物や人物。

【名文（メイブン）】すぐれた文章。↔悪文

【名聞（メイブン／ミョウモン）】世間での名声や評判。ほまれ。

【名望（メイボウ）】名声と人望。また、名声が高く人望のあること。『名望家』

【名木（メイボク）】①由緒のある名高い木。②すぐれた香木。多く、伽羅（キャラ）をいう。

【名門（メイモン）】由緒ある家門。学校などにもいう。

【名優（メイユウ）】すぐれた俳優。

【名誉（メイヨ）】①社会的に承認された価値。栄光。また、体面。面目。『名誉挽回（バンカイ）』②実質は伴わず、敬意を表すために贈られる称号。地位や職名を表す語に冠して用いる。『名誉職』『名誉総裁』

【名利（メイリ／ミョウリ）】名誉と現世的な利益。

【名流（メイリュウ）】広く世に知られた人たち。名士。

【名論（メイロン）】すぐれた議論。『名論卓説』

難読地名 名寄（なよろ）市（北海道） 名西（みょうざい）郡（徳島） 名東（みょうどう）郡（徳島）

難読姓氏 名児耶（なごや）

【舌】⇩6481

951 【含】 2062 345E 8ADC 口-4 常 ゴン㊉・ガン㊉・カン㊊／hán・hàn／ふくむ・ふくめる・ふくみ

筆順 含 含 含 含 含 含 含

字解 形声。口＋今（おおいふくむ）㊟。口にふくむ意。

同属字 頷

意味 ❶ふくむ。たべる。口の中にふくむ。『含嗽』『含哺鼓腹』『含味』❷ふくむ。あわせ持つ。いだく。おさめおく。『含意』『含蓄』『包含（ホウガン）』＊白居易-長恨歌「含レ情凝レ睇謝二君王一（ジョウをふくみ ひとみをこらして クンノウにシャす）」［=思いをこめてじっと見つめながら、天子の厚い情に感謝申し上げる］」❸あて字。『含羞草（おじぎそう）』

❶ ふくむ。たべる。口の中にふくむ。

【含英（ガンエイ）】美しい花をふくみ味わうこと。すぐれた詩

文を味わうたとえ。含英咀華(ガンエイショカ)。〔韓愈-進学解〕

【含糊(ガンコ)】はきはきしないこと。事をあいまいにしておくこと。模糊。糊塗。

【含嗽・含漱(ガンソウ|うがい)】液体を口にふくんですすぐこと。

【含哺鼓腹(ガンポコフク)】食物を口にふくみ、腹つづみをうつ。人民が生活を楽しむさまをいう。〔十八史略-五帝〕→鼓腹撃壌(コフクゲキジョウ)

【含味(ガンミ)】①食物を口中にふくんでよく味わうこと。②物事の意義をよく味わうこと。玩味。

❷ ふくむ。あわせ持つ。

【含意(ガンイ)】ある表現がある意味をふくみ持つこと。

【含羞(ガンシュウ|はじらい)】はにかむこと。はにかみ。

【含笑(ガンショウ)】①ほほえむこと。②花が開き始めること。

【含情(ガンジョウ)】①風情のあること。②思いをそれとなくそぶりに見せること。

【含蓄(ガンチク)】表現の意味が深く、味わいのあること。

【含有(ガンユウ)】成分としてふくみ持つこと。ふくむこと。『含有量』

952 【君】 2315 372F 8C4E 口-4 常3 クン 呉漢 /jūn/きみ

筆順
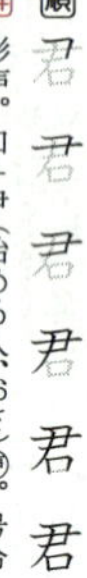

字解 形声。口+尹(治める人、おさ)声。号令して人を治める人の意。

甲骨文 金文 篆文

同属字 焄・羣・窘・裙

参考 万葉仮名では音を借りて「く」。

意味 ❶きみ。国などを治める人。徳のある人。↔臣。『君子』『君主』『君臨』『暴君』 *史記-伯夷伝「以レ臣弑レ君、可レ謂レ仁乎(シンをもってきみをシイす、ジンというべけんや)」〔=臣という身分でありながら、主君を殺そうとする。それで仁ということができるであろうか〕 ❷敬意をこめていう語。㋑年長者や尊敬すべき人。『尊君(ソンクン)』『父君(フクン)』 ㋺男性が女性を、また女性が男性を親しみをこめて呼ぶ。『細君(サイクン)』『夫君(フクン)』 *文選-古詩十九首「思レ君令二人老一(きみをおもえばひとをしておいしむ)」〔=あなたのことを思うと、それだけで老いこんだようになる〕 ㋩人以外のものを親しみをこめて呼ぶ。『社君(シャクン)〔=ねずみ〕』『獣君(ジュウクン)〔=とら〕』 ㊁同等、または目下の人を呼ぶとき名前の下に付ける。『貴君(キクン)』 ❸国きみ。相手をさす二人称代名詞。 ❹地名。『君山(クンザン)』

❶ きみ。国などを治める人。徳のある人。

下接 暗君(アンクン)・英君(エイクン)・旧君(キュウクン)・国君(コックン)・嗣君(シクン)・主君(シュクン)・神君(シンクン)・人君(ジンクン)・仁君(ジンクン)・聖君(セイクン)・先君(センクン)・大君(タイクン|おおきみ)・亡君(ボウクン)・忠君(チュウクン)・長君(チョウクン)・儲君(チョクン)・東君(トウクン)・府君(フクン)・暴君(ボウクン)・名君(メイクン)・明君(メイクン)・幼君(ヨウクン)

【君王(クンオウ|クンノウ)】一国の君主。

【君恩(クンオン)】主君の恩。君主のめぐみ。

【君侯・君公(クンコウ)】①諸侯を敬っていう語。②主君を敬っていう語。③(丞相(ジョウショウ)は必ず侯に封じられたところから)丞相を敬っていう語。

【君子(クンシ)】①徳の高いりっぱな人物。学問教養のある人格者。 *論語-学而「人不レ知而不レ慍、不二亦君子一乎(ひとしらずしていきどおらず、またクンシならずや)」〔=他人が自分の真価を知ってくれなくても、不平不満をいだかない、それはなんと徳のすぐれたりっぱな人物ではないか〕 ②学問修養に励む人。 *論語-学而「君子食無レ求レ飽、居無レ求レ安、敏二於事一而慎二於言一、就二有道一而正焉(クンシはショクあくをもとむるなく、キョやすきをもとむるなく、ことにビンにしてゲンにつつしみ、ユウドウにつきてただす)」〔=学問にはげむ人は、腹一杯の美食を求めないし、安楽な住居は求めないで、行動は敏速にし、言語を慎んで軽はずみなことを言わず、学徳ある人と親しんで、自らを正していく〕 ③朝廷にあって政治に携わる人。為政者。 *論語-顔淵「君子徳風。小人之徳草。草尚二之風一必偃(クンシのトクはかぜなり。ショウジンのトクはくさなり。くさこれにかぜをくわうれば、かならずふす)」〔=為政者の徳は風であり、人民の徳は草である。草は風をあてると必ずなびく〕 【君子不レ重則不レ威(クンシおもからざればすなわちイあらず)】君子は重厚で落ち着いた態度でないと、威厳を失う。〔論語-学而〕 【君子有二三畏一(クンシにサンイあり)】君子には、天から授かった使命、大人(タイジン)、聖人の言葉という三つの畏(おそ)れ敬うべきことがある。〔論語-季氏〕 【君子有二三楽一(クンシにサンラクあり)】君子には、父母兄弟が健在であること、公明正大であること、優秀な人物を教育すること、という三つの楽しみがある。〔孟子-尽心上〕 【君子之過、如二日月之食一(クンシのあやまちは、ジツゲツのショクのごとし)】君子は、たとえ過ちを犯したとしても、ただちに気づいて改める。〔論語-子張〕 ♥「日月之食」は、日食・月食のことで、すぐにもとの形にもどることのたとえにいう。 【君子之交、淡若レ水(クンシのまじわりは、あわきことみずのごとし)】君子の交際は水のように淡泊であるが、その友情は永久である。〔荘子-山木〕 【君子恥レ不レ能、不レ恥レ不レ見レ用(クンシはあたわざるをはじ、もちいられざるをはじず)】君子たるものは、自分ができないことを恥じるが、君主から任用されないことを恥とはしないものである。〔荀子-非十二子〕 【君子不レ憂不レ懼(クンシはうれえずおそれず)】君子は、何らやましいところがないので、くよくよと心配したり、びくびくとおそれおののいたりすることがない。〔論語-顔淵〕 【君子不レ器(クンシはキならず)】君子は、器物のようにきまった用途にしか役立たないのではなく、多方面に通用する才能をもつ。〔論語-為政〕 【君子喩二於義一、小人喩二於利一(クンシはギにさとり、ショウジンはリにさとる)】君子は道義にさとく、小人は利益にさとい。〔論語-里仁〕 【君子欲下訥二於言一、而敏中於行上(クンシはゲンにトツにして、おこないにビンならんことをほっす)】君子は発言は口ごもって遅鈍であっても、行動は敏速でありたいものである。〔論語-里仁〕 ♥「訥」は、口下手であること。 【君子求二諸己一、小人求二諸人一(クンシはこれをおのれにもとめ、ショウジンはこれをひとにもとむ)】君子は何事につけても自分にその責任を求め反省するが、小人は何事につけても他人のせいにして責任をなすりつける。〔論語-衛霊公〕 【君子周而不レ比(クンシはシュウしてヒせず)】君子は公平無私であるから、あまねくだれとでも親しむ。〔論語-為政〕 ♥「周」は、あまねく公平に親しむこと。「比」は、利害や感情によって都合のよいものと親しむこと。 【君子上達、小人下達(クンシはジョウタツし、ショウジンはカタツす)】君子は道義に従って行動するのでしだいに向上するが、小人は欲望に従って行動するのでしだいに堕落する。〔論語-憲問〕 【君子慎二其独一(クンシはそのひとりをつつしむ)】君子は、人の見ていない自分一人の時こそ行いを慎む。〔中庸〕 ♥「独りを慎む」ともいう。 【君子成二人美一(クンシはひとのビをなす)】君子は他人の長所・美点をすすめて完成させてやる。〔論語-顔淵〕 【君子豹変(クンシはヒョウヘンす)】君子は、くっきりしたヒョウの模様のように、過ちをはっきりと改める。 *易経-革「君子豹変、小人革レ面(クンシはヒョウヘンし、ショウジンはおもてをあらたむ)」〔=君子が過ちを改めるときは、ヒョウの模様のようにはっきりしているが、小人はただ外面だけを改めるにすぎない〕 ♥今日では、節操のない変化など悪い意味で用いる。 【君子憂レ道、不レ憂レ貧(クンシはみちをうれえて、ヒンをうれえず)】君子は道徳については心をくだくが、貧しさは気にかけない。〔論語-衛霊公〕 【君子和而不レ同、小人同而不レ和(クンシはワしてドウぜず、ショウジンはドウじてワせず)】君子は人々と和合して心から一致するが、小人はうわべだけ同調する。〔論語‐子路〕 「同」は、付和雷同すること。【君子花(クンシカ)】①植物「ハス(蓮)」の異名。②植物「キク(菊)」の異名。【君子国(クンシコク)】①礼儀・徳義の厚い国。また、古代中国で、東方にあったとされる伝説上のそのような国。②日本のこと。

【君主(クンシュ)】世襲により国家や領地の統治の最高位にある人。帝王。『専制君主』『君主制』

【君臣(クンシン)】君主と臣下。『君臣の礼』

【君側(クンソク)】君主のそば。『君側の奸(カン)〔＝君主のそばにつかえる悪臣〕』

【君長(クンチョウ)】君として上にあるもの。主君。

【君寵(クンチョウ)】主君から特に目をかけられること。

【君道(クンドウ)】君主として踏み行うべき道。

【君父(クンプ)】主君と父。↕臣子

【君命(クンメイ)】主君の命令。

【君臨(クンリン)】君主として国家を支配すること。転じて、ある分野で、絶対的勢力を持つこと。

【君君、臣臣(きみきみたり、シンシンたり)】君主は君主としての道を尽くし、臣下は臣下としての道を尽くす。〔論語‐顔淵〕

❹ 地名。

【君山(クンザン)】中国湖南省岳陽県西南、洞庭湖中にある山。湘妃の廟や崇勝寺などがある。

難読姓氏 君成田(きみなりた)

953 【吾】 2467 3863 8CE1 口－4 人 ゴ(呉)(漢)/wú/あ・あれ・わ・われ

甲骨文 金文 篆文

字解 形声。口(神託)＋五(まもるための交差した器具)(声)。大切なことばを守る、ふせぐ意。借りて一人称の代名詞に用いる。

同属字 圄・唔・悟・梧・梧・晤・牾・語・寤・齬・齬・衙

参考 万葉仮名では訓を借りて「あ」、音を借りて「ご(甲)」。

意味 ❶われ。わが。自分の。『吾人』『故吾(コゴ)』『真吾(シンゴ)』 ＊論語‐為政「吾十有五而志二于学一(われジュウユウゴにしてガクにこころざす)〔＝私は十五歳で学問に志した〕」 ❷あて字、熟字訓など。『吾木香(われもこう)』『嚢吾(つわぶき)』

❶ われ。わが。自分の。

【吾兄(ゴケイ)】(わが兄の意)友人を親しんでいう語。君。あなた。②

【吾子(ゴシ)】①同輩に対して用いる敬称。②自分の子を親しんでいう語。わが子。あこ。

【吾人(ゴジン)】自分。私。われわれ。＊李白‐春夜宴二桃李園一序「吾人詠歌、独慚二康楽一(ゴジンのエイカは、ひとりコウラクにはず)〔＝私が詠んだ詩は康楽に対してはずかしく思われる〕」

【吾曹(ゴソウ|わがソウ)】(「曹」はともがらの意)自称。われわれ。われら。

【吾徒(わがト)】①自分の門人。②なかま。

【吾党(わがトウ)】わが仲間。＊韓愈‐山石「嗟哉吾党二三子(ああわがトウのニサンシ)〔＝ああ、わが仲間の君たちよ〕」

❷ あて字など。

【吾妻・吾嬬(あずま)】古く、都からみて東の方の諸国の称。

【吾木香・吾亦紅(われもこう)】バラ科の多年草。根は漢方で止血、収斂(シュウレン)薬に用いる。

難読地名 吾平(あいら)町(鹿児島) 吾妻(あがつま)郡・町(群馬) 吾妻(あずま)山(福島・山形) 吾妻(あづま)町(長崎)

954 【告】 2580 3970 8D90 口－4 常4 ゴウ(ガウ)(呉)・コウ(カウ)(漢)・コク(呉)(漢)/gào/つげる・のる

(955) 【〔告〕】 口－4 旧字

筆順

甲骨文 金文 篆文

字解 会意。口＋牛(角にかせのついた牛)。いけにえをささげ、神につげる意。

同属字 靠・嚳・鵠・浩(浩)・造(造)・酷(酷)

意味 ❶つげる。(イ)知らせる。おしえる。しめす。さとす。『告示』『告知』『告諭』『警告』『宣告』『布告』 ＊論語‐学而「告二諸往一而知レ来者(これにオウをつげてライをしるものなり)〔＝(お前は)過去のことを告げれば、将来のことを察知する(洞察力の鋭い)者だ〕」 (ロ)はなす。かたる。申し上げる。『告文』『告白』『告別』『申告』 (ハ)いとまをこう。『告仮』 ❷うったえる。ねがいでる。裁判にする。『告訴』『告発』『原告』『上告』 ❸人名。『告子』

❶ つげる。知らせる。

下接 戒告(カイコク)・勧告(カンコク)・休告(キュウコク)・急告(キュウコク)・謹告(キンコク)・訓告(クンコク)・警告(ケイコク)・公告(コウコク)・広告(コウコク)・催告(サイコク)・社告(シャコク)・申告(シンコク)・親告(シンコク)・宣告(センコク)・忠告(チュウコク)・通告(ツウコク)・布告(フコク)・誣告(ブコク)・奉告(ホウコク)・報告(ホウコク)・密告(ミッコク)・無告(ムコク)・諭告(ユコク)

【告文(コウモン|コクブン)】①(コクブン)上申の文書。上告文。②国 神にささげる文。また、神に誓って、身に虚偽のないことを表明する文書。

【告暇・告仮(コクカ)】官吏が休暇をもらうこと。また、官吏が職を辞すること。

【告朔(コクサク|コウサク)】①(コクサク)昔、中国で、毎月一日に先祖の廟(ビョウ)に羊を供え、月の初めであることを告げてその月の暦を受ける儀式。②国 毎月朔日(ついたち)に、百官の行事、上日(つとめび)を記した文を、天皇が見る儀式。 「朔」は、ついたちの意。【告朔之餼羊(コクサクのキヨウ)】告朔の儀式に供えるいけにえの羊。虚礼であっても害がなければ廃止すべきでないとのたとえ。また、虚礼のたとえ。〔論語‐八佾〕 中国、春秋時代の魯の国で、告朔の儀式が廃れ、ただ祖廟に羊を供える形式だけが残っていたのに対し、孔子が儀礼の記憶だけでもとどめたいとした故事から。

【告示(コクジ)】国家や地方公共団体などが一般の人に知らせること。『内閣告示』

【告知(コクチ)】告げ知らせること。通知すること。

【告白(コクハク)】心中をありのままに打ち明けること。

【告別(コクベツ)】別れを告げること。日本で特に、死者の霊に別れを告げること。『告別の辞』『告別式』

【告諭(コクユ)】告げさとすこと。言い聞かせること。諭告。

【告老(コクロウ)】年老いて辞任を願い出ること。

❷ うったえる。ねがいでる。

下接 原告(ゲンコク)・抗告(コウコク)・控告(コウコク)・上告(ジョウコク)・親告(シンコク)・被告(ヒコク)・論告(ロンコク)

【告訴(コクソ)】被害者などが犯罪事実を申告し、捜査および犯人の訴追を求めること。→告発

【告発(コクハツ)】①被害者以外の者が捜査機関に犯罪事実を申告して捜査および犯人の起訴を求めること。→告訴。②悪事や不正をあばいて広く告げ知らせること。

❸ 人名。

【告子コク シ】中国、戦国時代の人。名は不害。人の本性は善でも悪でもないものだと主張。孟子と論争した。

956 【呑】 3861 465D 93DB 口－4　(957)〔呑〕 ―― 口－4

トン㊥㊦・テン㊦・ドン㊦/tūn/のむ

字解 会意。口＋天。のみこむ意。

意味 ❶のむ。のみこむ。とりこむ。包みこむ。『呑噬ドンゼイ』『鯨呑ゲイドン』『併呑ヘイドン』❷あて字。『呑気ノンキ』『雲呑ワンタン』

❶ のむ。のみこむ。とりこむ。包みこむ。

【呑牛之気ドンギュウのキ】牛をまるのみするほど、意気さかんなさま。〔杜甫-徐卿二子歌〕

【呑舟之魚ドンシュウのうお】舟をまるのみにするほどの大魚。大人物のたとえ。〔荘子-庚桑楚〕

【呑声ドンセイ|こえをのむ】①声をころして泣くこと。しのびなき。＊杜甫-哀二江頭一「少陵野老呑レ声哭ショウリョウのヤロウこえをのんでコクす〔＝少陵の田舎おやじのわたしは、声をしのんで泣く〕」②だまること。沈黙すること。

【呑噬ドンゼイ】①のむこととかむこと。②他国の領土を奪い取ること。

【呑炭ドンタン|すみをのむ】復讎フクシュウのために苦心すること。〔史記-刺客伝〕♥中国、戦国時代、晋の予譲が、智伯チハクのあだ討ちのために炭をのんで声を変え、身をやつして仇の趙襄子に近づこうとしたという故事から。

958 【否】 4061 485D 94DB 口－4 常6

フ㊥㊦・ヒ㊥㊦/fǒu・pǐ/いな・いなむ・いなや・いや

筆順 否否否否否否

字解 形声。口＋不(否定する)㊟。口で否定する意。

金文  篆文 

同属字 痞・桮

参考 万葉仮名では音を借りて「ふ」。

意味 ❶いなむ。こばむ。同意しない。または、いなむ言葉。いな。いいえ。『拒否キョヒ』❷いな。しからず。…でない。ちがう。前にくる字句の逆の意を表す語。『可否』『賛否』＊史記-老子韓非伝「世莫レ知二其然否一よにそのしかるかいなかをしるものなし〔＝世の中に、それが正しいか正しくないかを知る者はいない〕」❸しからずんば。もしそうでなければ。❹易の六十四卦カの一。☰☷。ふさがって通じないさま。また、とじる。わるい。おとろえる。けがらわしい。『否運』

❶ いなむ。

【否決ヒケツ】提出された議案を、不賛成もしくは不承認であると議決すること。↕可決

【否定ヒテイ】打ち消すこと。認めないこと。↕肯定

【否認ヒニン】事実を認めないこと。↕是認

❷ いな。しからず。

下接 安否アンピ・可否カヒ・許否キョヒ・遇否グウヒ・顕否ケンピ・合否ゴウヒ・採否サイヒ・在否ザイヒ・賛否サンピ・実否ジッピ・真否シンピ・正否セイヒ・善否ゼンピ・臧否ゾウヒ・存否ソンピ・諾否ダクヒ・適否テキヒ・当否トウヒ・認否ニンピ・能否ノウヒ・良否リョウヒ・運否天賦ウンプテンプ

❹ とじる。わるい。おとろえる。

【否運ヒウン】運命が開けないこと。不運。非運。

【否臧ヒゾウ|ソウ】悪いこととよいこと。

【否塞ヒソク】とじふさがること。

【否泰ヒタイ】国家、万物などの衰えることと盛んになること。♥「泰」は易の六十四卦の一で、万物が生命力にあふれ天下が安んじる卦。

959 【吝】 5071 5267 99E5 口－4

リン㊥㊦/lìn/しわい・やぶさか

字解 会意。口(くち)＋文(かざり)。ことばをかざっていいのがれをする、おしむ意。

甲骨文  篆文 

同属字 悋

意味 ❶けち。やぶさか。ものおしみする。『倹吝ケンリン』『貪吝タンリン|ドンリン』❷うらむ。『悔吝カイリン』

【吝愛リンアイ】(「愛」はおしむ意)ものおしみすること。吝惜。

【吝嗇リンショク】金品を出しおしみすること。『吝嗇家』

〔杏〕⇩3312　〔何〕⇩202　〔冏〕⇩510

960 【咎】 5075 526B 99E9 口－5　(961)〔咎〕 ―― 口－5

キュウ(キウ)㊦・コウ(カウ)㊦/jiù・gāo/とが・とがめる

字解 会意。人＋各(おりてくる)。天から人に下るとがめの意。

金文 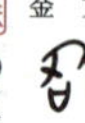 篆文 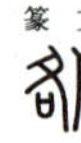

意味 ❶とが。㋑とがめられるべき行為や、状態。過失、罪科、欠点など。『罪咎ザイキュウ』㋺わざわい。災難。さしさわり。『咎殃』『咎徴』『天咎テンキュウ』❷とがめる。非難する。『咎責』＊論語-八佾「既往不レ咎キオウはとがめず〔＝過ぎ去った出来事については、とやかくとがめだてしない〕」

【咎殃キュウオウ】わざわい。災難。

【咎責キュウセキ】責めとがめること。非難。

【咎徴キュウチョウ】天のとがめのしるし。悪いむくい。

962 【周】 2894 3C7E 8EFC 口－5 常4　(963)〔周〕 ―― 口－5 旧字

シュ㊥・シュウ(シウ)㊦・ス㊥/zhōu/まわり・まわる・あまねし・めぐる

筆順 周周周周周周周周

字解 会意。口(場所)＋用(整地された所に作物が遍く生えているさま)。一面にゆきわたる、ゆきわたらせる、まわりをめぐる意。もと象形字、のち口を加えた。

甲骨文  金文  篆文 

同属字 雕・倜・淍・惆・週(週)・稠・蜩・調・鯛

参考 万葉仮名では音を借りて「す」。

意味 ❶あまねくゆきわたる。手おちがない。ととのう。また、いたる。きわめて。『周知』『周到』❷まわる。めぐる。また、まわり。『周囲』『周航』『周旋』『円周』⇓表 ❸中国の王朝名、あるいは国号。㋑中国古代の王朝(前一一〇〇～前二五六)。陝西におこり、武王のとき殷インを滅ぼして建国。都ははじめ鎬京コウケイ、のち洛邑ラクユウに移る。遷都以前を西周、以後を東周とよぶ。秦によって滅亡。『周易』『周道』『周礼シュライ』㋺中国の南北朝時代、北朝の一王朝(五五六～五八一)。北周。『周書』㋩唐の則天武后が帝位について称した国号(六九〇～七〇五)。武周。㊁中国五代の最後の王朝(九五一～九六〇)。後周。❹あわてる。『周章』❺人名。『周敦頤』『周勃』❻国「周防国すおうのくに」の略。山陽道八

3画 口口土士夂夊夕大女子宀寸小(⺌・⺍)尢(尣・兀)尸屮(屮)山巛(川)工己(已・巳)巾干幺广廴廾弋弓彐(彑・⺕)彡彳

か国の一。現在の山口県東部。『周南』

❶ あまねくゆきわたる。手おちがない。

〔周而不レ比（シュウしてヒせず）〕公平無私に、だれとでも親しむこと。＊論語‐為政「君子周而不レ比。小人比而不レ周（クンシはシュウしてヒせず。ショウジンはヒしてシュウせず）」〔＝君子は人々とあまねく公平に親しみ、都合のよいものだけと親しむことはない。小人は都合のよいものとだけ親しみ、あまねく公平に親しむことはない〕」

【周親（シュウシン）】非常に親しい身内。

【周知（シュウチ）】広く知れ渡ること。広く知らせること。『周知徹底させる』『周知の事実』

【周到（シュウトウ）】すみずみまでゆきとどいて落ちのないさま。周密。『周到な計画』『用意周到』

下接 一周（イッシュウ）・円周（エンシュウ）・外周（ガイシュウ）・四周（シシュウ）

❷ まわる。めぐる。また、まわり。

	ひとめぐりする。	ぐるぐるまわる。
周（シュウ）	周回	周遊　周歴　周航　周遭　周旋
回（カイ）	回周	回遊　回歴　回航　巡回　旋回

【周囲（シュウイ）】①物のまわり。四囲。②ある事物、人物などを取り巻く環境。

【周縁（シュウエン）】物のまわり。ふち。『都市の周縁』

【周忌（シュウキ）】人の死後、毎年めぐってくる忌日。また、その回数を数えるのに用いる語。回忌。『一周忌』

【周期（シュウキ）】一定時間ごとに同じ現象が繰り返されること。また、その一定時間。『周期的』『周期律』

【周旋（シュウセン）】①めぐり歩くこと。②動作や態度。たちいふるまい。③商売や交渉などで、間に立って面倒をみること。取り持ち。斡旋（アッセン）。

【周年（シュウネン）】①まる一年。また、一周忌。②数を表す語に付いて、経た年数を表す語。『一周年』

【周波（シュウハ）】電波などで同じ波形の振動が周期的に繰り返されるとき、その振動の一回をいう。サイクル。

【周辺（シュウヘン）】物のまわり。

【周遊（シュウユウ）】各地を旅行してまわること。『周遊券』

❸ 中国古代の王朝名。

【周易（シュウエキ）】三易（連山・帰蔵・周易）の一。また、書名の「易経」。

【周書（シュウショ）】中国、北周一代の歴史書。二十四史の一。著者は唐の令狐徳棻（レイコトクフン）。全五〇巻。北周書。

【周道（シュウドウ）】①中国、周の都の道路。転じて、大道。②周代の政治。文王・武王・周公による理想的な政治。

【周礼（シュライ）】中国の経書。十三経の一。六編、三六〇官。周公旦の撰と伝えるが、前漢末の劉歆（リュウキン）の偽作との説もある。天地春夏秋冬にかたどって官制を立て、理想国家の行政組織の規定を詳説。周官。

❹ あわてる。

【周章（シュウショウ）】慌てふためくこと。『周章狼狽（ロウバイ）〔＝大いにうろたえること〕』

❺ 人名。

【周公（シュウコウ）】中国、周代の政治家。名は旦。武王を助けて殷王紂（チュウ）を滅ぼし、天下を平定した。

【周敦頤（シュウトンイ）】中国、北宋の儒学者。字（あざな）は茂叔。唐代の経典の注釈にかわり、仏教や道教の哲理を応用した儒教哲学を創始した。（一〇一七～七三）

【周勃（シュウボツ）】中国、前漢の政治家。謚（おくりな）は武。高祖を助けて天下を定めた功臣。（？～前一六九）

【周密（シュウミツ）】中国、宋末の学者。字（あざな）は公謹。官は義烏令。宋の滅亡後、節を守って仕官しなかった。著に「武林旧事」「絶妙好詞」など。（一二三二～一三〇八）

【周瑜（シュウユ）】中国、三国時代、呉の武将。字（あざな）は公瑾（コウキン）。孫権に従い、曹操を赤壁に破った。（一七五～二一〇）

964 【咅】＊2103 口－5

トウ㊥・フウ㊥/tòu・fǒu

字解 もと杏。杏は会意。丶（つば）＋否（拒否する）。つばをはきかけこばむ意。

同属字 菩・剖・部・倍・陪・培・焙・棓・賠・醅

(965) 〔杏〕 二二 口－5

966 【命】 4431 4C3F 96BD 口－5 常3

ミョウ（ミャウ）㊐・メイ㊥/míng/いのち・みこと

筆順 命 命 命 命 命 命

字解 甲骨文 金文 篆文

会意。口＋亼（あつめる）＋卩（＝卪、ひざまずくひと）。人を集めて口で意志を伝える意から、天・君が人民に発する命令の意。もと、令に同じ。のち口を加えた。

意味 ❶いいつける。申しつける。おおせ。おきて。『命令』『使命』『任命』＊史記‐伯夷伝「父命也（ちちのメイなり）〔＝父のいいつけである〕」❷なづける。名。また、戸籍。『命数法』『命名』『亡命（ボウメイ）』＊韓非子‐和氏「命曰和氏之璧（なづけてカシのたまという）〔＝和氏の璧となづけた〕」❸いのち。『致命傷』『命日』『生命』❹天の定め。運。『命運』『天命』＊史記‐項羽本紀「命之衰矣（メイのおとろえたるかな）〔＝命運も尽きてしまった〕」❺まと。目標。『命中』❻国みこと。神や天皇などの高貴の人に対し、尊敬の意を表して添える語。「尊」とも書く。『大国主命（おおくにぬしのみこと）』

❶ いいつける。申しつける。おおせ。

下接 依命（イメイ）・遺命（イメイ）・王命（オウメイ）・恩命（オンメイ）・下命（カメイ）・官命（カンメイ）・君命（クンメイ）・厳命（ゲンメイ）・抗命（コウメイ）・誥命（コウメイ）・国命（コクメイ）・冊命（サクメイ）・策命（サクメイ）・使命（シメイ）・辞命（ジメイ）・社命（シャメイ）・主命（シュメイ）・受命（ジュメイ）・誓命（セイメイ）・宣命（センミョウ）・尊命（ソンメイ）・大命（タイメイ）・待命（タイメイ）・朝命（チョウメイ）・勅命（チョクメイ）・帝命（テイメイ）・特命（トクメイ）・内命（ナイメイ）・任命（ニンメイ）・拝命（ハイメイ）・反命（ハンメイ）・復命（フクメイ）・別命（ベツメイ）・奔命（ホンメイ）・面命（メンメイ）・用命（ヨウメイ）

【命婦（メイフ｜ミョウブ）】①（メイフ）中国で、封号を受けた婦人の称。②（ミョウブ）国日本の令制で、五位以上の女官。また、五位以上の官人の妻の称。

【命令（メイレイ）】上位の者から下位の者に対して言いつけること。また、その内容。『命令一下』『至上命令』

❷ なづける。名。

【命数法（メイスウホウ）】数学で、数に名を当てて、すべての数を組織的に表す方法。◆日本では〇、一、二、…、九および十、百、千を基本とし、万、億、兆、京（ケイ）などを補助とする。

【命世（メイセイ）】一世にひいでていること。世に名高いこと。偉大な賢人や豪傑にいう。名世。

【命題（メイダイ）】①題名を付けること。また、その題。②論理学で、判断内容をことばで表したもの。

【命名（メイメイ）】名を付けること。名付け。

❸ いのち。

下接 一命(イチメイ)・殞命(インメイ)・延命(エンメイ)・帰命(キミョウ)・救命(キュウメイ)・懸命(ケンメイ)・司命(シメイ)・死命(シメイ)・寿命(ジュミョウ)・授命(ジュメイ)・定命(ジョウミョウ)・丁命(テイメイ)・常命(ジョウミョウ)・助命(ジョメイ)・身命(シンメイ)・人命(ジンメイ)・生命(セイメイ)・絶命(ゼツメイ)・存命(ゾンメイ)・短命(タンメイ)・致命(チメイ)・長命(チョウメイ)・薄命(ハクメイ)・余命(ヨメイ)・落命(ラクメイ)・露命(ロメイ)

【命在旦夕(メイタンセキにあり)】（「旦夕」は朝夕の意）死期が迫っていること。

【命日(メイニチ)】人が死んだ日に当たる、毎月または毎年のその日。忌日(キニチ)。『祥月命日』

【命脈(メイミャク)】生命。『命脈を保つ〔＝細々と生き長らえる〕』

【命長恥多(いのちながければはじおおし)】長生きすると、何かにつけて恥をかく機会が多い。❤「荘子」天地編の「寿則多ㇾ辱(いのちながければすなわちはじおおし)」を慣用的に言ったもの。

【命縁ㇾ義軽(いのちはぎによりてかろし)】かけがえのない命も、正義のためなら捨てても惜しくない。〔後漢書‐朱穆伝〕

【命軽於鴻毛(いのちはコウモウよりもかろし)】命を捨てることの少しも惜しくないことをいう。「鴻毛」はおおとりの羽毛で、きわめて軽いもののたとえ。〔司馬遷‐報任少卿書〕

【命如風中灯(いのちはフウチュウのともしびのごとし)】（人の命は風にゆらぐ灯のように消えやすくたよりないの意から）人生は無常であるということのたとえ。また、危険が身に迫っていることのたとえ。風前の灯。〔法苑珠林〕

❹ 天の定め。運。

下接 運命(ウンメイ)・革命(カクメイ)・宿命(シュクメイ)・性命(セイメイ)・知命(チメイ)・天命(テンメイ)・非命(ヒメイ)・賦命(フメイ)・立命(リツメイ)・禄命(ロクメイ)・安心立命(アンシンリツメイ)

【命運(メイウン)】巡り合わせ。運命。

【命数(メイスウ)】①寿命。②天から与えられた運命。

【命在ㇾ天(メイはテンにあり)】運命は天の定めるところで、人の力ではどうすることもできない。〔史記‐高祖本紀〕

【不ㇾ知ㇾ命、無三以為二君子一(メイをしらざれば、もってクンシたるなし)】天命を知らない者は君子とは言えない。君子は天命を知り、事にあたって動ずることがない。〔論語‐尭曰(ギョウエツ)〕

❺ まと。目標。

【命中(メイチュウ)】目当てとする所に当たること。的中。

［舎］⇩151　［尚］⇩1833

3画 口口土士夊夂夕大女子宀寸小(⺌・⺍)尢(尣・兀)尸屮(𡳾)山巛(川)工己(已・巳)巾干幺广廴廾弋弓彐(ヨ・⺕)彡彳

967 【咼】 5105 5325 9A44 口－6 カイ(クヮイ)漢・カ(クヮ)漢/wāi・kuāi・hé

字解 形声。口＋冎(肉をけずりとられた骨の象形)声。口がけずられたようにゆがんで正しくない意。

同属字 窩・媧・渦・過(過)・禍(禍)・蝸・鍋

968 【哉】 2640 3A48 8DC6 口－6 人 サイ呉漢/zāi/かな・や

字解 形声。口＋𢦏(＝𢦏、たちきる)声。助字に用いる。

金文  篆文 

意味 ❶…かな。…だなあ。…であることよ。感嘆を示す。『快哉(カイサイ)』『善哉(ゼンザイ)』＊孟子‐告子上「哀哉(かなしいかな)」〔＝まことに悲しいことである〕」❷…や。…か。…であろうか。疑問・反語を示す。＊史記‐廉頗藺相如伝「独畏二廉将軍一哉(ひとりレンショウグンをおそれんや)」〔＝どうして廉頗将軍を恐れたりしようか〕」

969 【咨】 5094 527E 99FC 口－6 シ呉漢/zī/はかる・なげく

字解 形声。口＋次(息を出す)声。ああと息を出す、なげく意。

同属字 諮・趑

意味 ❶はかる。相談する。『咨稟』『咨謀』❷なげく。ああ。感嘆を表すことば。『咨嗟』

【咨嗟(シサ)】①声を出して、なげくこと。＊李白‐蜀道難「側ㇾ身西望長咨嗟(みをそばだててセイボウしながくシサす)」〔＝身をそばだてて西のかなたを望み、長くため息をつく〕」②称賛すること。ほめること。

【咨稟(シヒン)】申し上げて相談すること。諮稟。

【咨謀(シボウ)】どうしたらよいかを聞いて相談すること。

970 【呰】 5079 526F 99ED 口－6 シ呉漢/zǐ/あざける・そしる

971 【唇】 3116 3F30 904F 口－7 常 シン呉漢/chún/くちびる

字解 形声。口＋此(くいちがう)声。そしる意。

筆順 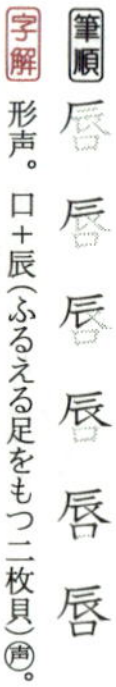

字解 形声。口＋辰(ふるえる足をもつ二枚貝)声。おどろきふるえるくちびるの意。脣に同じ。

意味 くちびる。口のふち。

下接 陰唇(インシン)・下唇(カシン)〔した くちびる〕・花唇(カシン)・欠唇(ケッシン)〔いぐち〕・口唇(コウシン)・紅唇(コウシン)・絳唇(コウシン)・朱唇(シュシン)・上唇(ジョウシン)〔うわくちびる〕

【唇歯(シンシ)】①くちびると歯。②互いに利害関係が密接であること。

【唇歯之国(シンシのくに)】利害関係の深い国。

【唇歯輔車(シンシホシャ)】利害が密接で離れられない関係のたとえ。〔孫楚‐為石仲容与孫皓書〕❤「輔」は頬骨、「車」は歯ぐきの意。

【唇舌(シンゼツ)】くちびると舌。弁舌が上手なこと。

【唇亡歯寒(くちびるほろびてはさむし)】歯をおおう唇がなくなると、歯が困る。互いに助け合っている一方が滅びると、他の一方も危うくなることのたとえ。〔左伝‐僖公五年〕

972 【哲】 3715 452F 934E 口－7 常 テチ呉・テツ漢/zhé/あきらか・さとい・さとし

(988)【喆】＊2172 口－9

筆順 

字解 形声。口＋折(＝断、きる)声。ことをよく切り裁くことから、道理をよくわきまえる意。

金文  篆文 

意味 ❶道理にあかるい。あきらか。さとい。『明哲保身(メイテツホシン)』『哲学』『哲人』『哲理』『叡哲(エイテツ)』『濬哲(シュンテツ)』『聡哲(ソウテツ)』『変哲(ヘンテツ)』❷賢明で、知恵のある人。『賢哲(ケンテツ)』『十哲(ジッテツ)』『聖哲(セイテツ)』『先哲(センテツ)』

【哲学(テツガク)】①世界や人生の究極の根本原理を理論的に追求する学問。『哲学的』②自分自身の経験などから作りあげた人生観、世界観。❤英 philosophy の訳語。

【哲人・哲仁(テツジン)】識見高く道理に通じた人。

【哲理(テツリ)】哲学上の理論。また、人生や世界の本質にわたる奥深い道理。

973 【唐】 3766 4562 9382 口－7 常 トウ(タウ)呉漢/táng/から・もろこし

(974)【唐】 二二 口－7 旧字

筆順 唐唐唐唐唐唐

字解 会意。口(器)＋庚(杵を両手でもち、高くあげ、つく)。天子が自ら穀物をつく祭儀の意。のち、尭帝の都の意に用いられた。借りて、大きい意に用いる。一説に口＋庚㊥の形声字で、大言が原義であるともいう。

甲骨文  金文 篆文

同属字 塘・糖(糖)

意味 ❶中国の王朝名。㋑李唐。隋のあとをうけて中国を統一した王朝(六一八～九〇七)。始祖李淵(リエン)。都は長安。律令制を完成。㋺五代の一(九二三～九三六)。後梁(コウリョウ)に次いで、李存勗(リソンキョク)が建てた。後唐。㋩五代十国の一(九三七～九七五)。呉の李昇(リベン)が建てた。宋の太祖に滅ぼされた。❷中国の古称。また、広く外国をいう。『毛唐(けトウ)』❸大きい。でたらめ。ほら。『荒唐無稽(コウトウムケイ)』『頽唐(タイトウ)』❹その他。あて字など。『唐変木(トウヘンボク)』『唐突(トウトツ)』

下接 ❶ 中国の王朝名。特に、李唐。
初唐(ショトウ)・盛唐(セイトウ)・大唐(ダイトウ)・中唐(チュウトウ)・南唐(ナントウ)・入唐(ニュウトウ)・晩唐(バントウ)・李唐(リトウ)

【唐音(トウオン|トウイン)】国日本の漢字音の一種。鎌倉・室町時代から江戸時代にかけて伝えられた、中国の宋以降の音。「鈴(リン)」「瓶(ビン)」「行灯(アンドン)」など。唐宋音。♥狭義には、明から清初にかけての中国南方系の字音をいう。

【唐三彩(トウサンサイ)】中国、盛唐時代の褐・緑・藍の三彩陶器。

【唐詩(トウシ)】中国の唐時代の詩。また、一般に、中国古典詩の総称。【唐詩三百首(トウシサンビャクシュ)】詩集。六巻。中国、清の蘅塘退士(コウトウタイシ)の編。唐詩の代表作三一〇首を詩体別に収録。【唐詩選(トウシセン)】詩集。七巻。中国、明の李攀竜の撰と伝えるが書籍商人の偽託かという。唐代の詩人一二七人の作品四六五首を詩体別に収録。唐詩正統派の格調を伝える。【唐詩別裁集(トウシベッサイシュウ)】詩集。二〇巻。中国、清の沈徳潜(シントクセン)の編。唐詩を詩体別に収録する。

【唐宋八大家(トウソウハチタイカ)】中国、唐代および宋代の八人の散文作家の総称。唐の韓愈(カンユ)・柳宗元・宋の欧陽脩・蘇洵(ソジュン)・蘇軾(ソショク)・蘇轍(ソテツ)・曾鞏(ソウキョウ)・王安石をいう。

【唐宋八家文読本(トウソウハッカブントクホン)】中国の総集。三〇巻。清の沈徳潜(シントクセン)撰。乾隆四年(一七三九)成立。唐宋八大家の模範となる文章を集め、評点・段落を付したもの。

❷ 中国の古称。また、広く外国をいう。

【唐黍(トウきび)】トウモロコシの異名。

【唐桟(トウザン)】国(「桟」は桟留縞(サントメじま)の意)紺地に浅葱(あさぎ)、赤、茶などの色合いをたてじまに配した綿織物。

【唐紙(トウシ|からかみ)】1(トウシ)中国南部地方産の紙の総称。書画に用いるものをいう。2(からかみ)中国渡来の紙。また、それに模して作った紙。種々の色模様が摺(す)り出してあり、金泥、銀泥を塗ったものもある。

【唐人(トウジン)】中国人。また、外国人。

【唐土(トウド|もろこし)】国昔、中国を指して呼んだ名称。

【唐物(トウブツ|からもの)】国中国や広く外国から渡来した品物。

【唐本(トウホン)】国中国から渡来した書物。

❹ その他。

【唐虞三代(トウグサンダイ)】尭(姓は陶唐氏)・舜(姓は有虞氏)の時代に夏・殷(イン)・周の三代を加えて中国の古代を呼ぶ称。

【唐突(トウトツ)】だしぬけなさま。不意で、その場にそぐわないさま。『唐突な発言』

【唐変木(トウヘンボク)】国気のきかない者をののしっていう語。

難読姓氏 唐渡(からと|からわたり|とわたり) 唐梨子(とうなし)

[倉]⇨155 [害]⇨1750

975 【啓】 2328 373C 8C5B 口－8 常

(976) 〔啓〕 口－8 旧字

(977) 〔啓〕 口－8

ケイ ㊥㊦ /qǐ/ ひらく・もうす

筆順 啓啓啓啓啓啓

字解 形声。口＋攴(戸を手でひらく)㊥。口をひらいていう、もうす意。また、道理にくらい人を口でさとしひらく意。

甲骨文  金文 篆文

参考 万葉仮名では音を借りて「け㊥」。

意味 ❶ひらく。明ける。開放する。『啓処』『啓蟄』『啓閉』『啓明』『行啓(ギョウケイ)』『中啓(チュウケイ)』＊論語-泰伯「啓二予足一、啓二予手一(わがあしをひらけ、わがてをひらけ)」〔＝(夜具を)開いて私の手足を調べてみよ〕」❷もうす。もうしあげる。言う。口を開いて意向を述べる。『啓上』『啓白』『拝啓』❸わからせる。教え導く。人の目をひらいて物が見えるようにする。『啓示』『啓発』『啓蒙』『天啓(テンケイ)』『佑啓(ユウケイ)』＊論語-述而「不レ憤不レ啓(フンせざればケイせず)〔＝(学問する者が)物事を理解しようと努めながら、理解できずにいらだつようにならなければ、わからせることをしない〕」

❶ ひらく。明ける。

【啓行(ケイコウ)】1先にたって進む道を開くこと。先ばらい。2出発すること。かどで。旅立ち。

【啓処(ケイショ)】のびのびとくつろいでいること。

【啓蟄(ケイチツ)】二十四節気の一。三月五日ごろ。♥冬ごもりの虫が地中からはい出ること。

【啓閉(ケイヘイ)】1開くことと閉じること。開閉。2陽の気が開くことと閉じること。立春・立夏と立秋・立冬。

【啓明(ケイメイ)】金星。あけの明星。

❷ もうす。もうしあげる。

下接 謹啓(キンケイ)・参啓(サンケイ)・粛啓(シュクケイ)・上啓(ジョウケイ)・追啓(ツイケイ)・拝啓(ハイケイ)・副啓(フクケイ)・復啓(フッケイ)

【啓事(ケイジ)】(天子などに)申し上げること。

【啓上(ケイジョウ)】申し上げること。『一筆啓上』

【啓白(ケイビャク|ケイハク)】敬って申し上げること。特に、神仏に願いを申し述べること。

❸ わからせる。教え導く。

【啓示(ケイジ|ケイシ)】神仏が人間に対して、人の力では計り知れないことをあらわし示すこと。『天の啓示』

【啓迪(ケイテキ)】教え導くこと。啓誘。啓発。

【啓発(ケイハツ)】人を教え導き、より高い知性や理解を与えること。＊論語-述而「不レ憤不レ啓、不レ悱不レ発(フンせざればケイせず、ヒせざればハッせず)〔＝物事を理解しようと努めながら、理解できずにいらだつようにならなければ、わからせることをせず、理解しながらも、言葉に出せずにもどかしがるようにならなければ、助けて言えるようにしてやらない〕」

【啓蒙(ケイモウ)】(「蒙」は無知の意)人々の無知をひらき、正しい知識を与えること。『啓蒙思想』

978【售】 5120 5334 9A53 口－8 シュウ(シウ)漢/shòu

[字解] 讎の通俗体。転じて、売る意に用いる。

[意味] ❶うる。うれる。流通する。『售買』❷おこなわれる。

【售買】(シュウコ) 売り買い。商売。

979【商】 3006 3E26 8FA4 口－8 [常]3　(980)【啇】 口－8 旧字

ショウ(シャウ)[呉][漢]/shāng/あきなう・あきない・はかる

[筆順] 商商商商商商商

[字解] 形声。啇(たかどの)＋辛(刑罰に用いるはり)[声]。都城制・宗法制など整った国家構造をもった殷の都、またそこに住む殷人の意。周に滅ぼされた殷人は行商をして暮らしたので、あきないの意を表すようになった。

甲骨文 金文 篆文

[参考] 「啇」(981)は別字。

[意味] ❶あきなう。あきない。㋑品物を売り買いして利益を得る。『商業』『商才』『商売』『外商』『年商』㋺あきんど。商売人。『士農工商』『画商』『豪商』❷はかる。はかり知る。相談する。『商議』『商量』『協商』❸割り算で得た値。↔積。❹中国の音階の第二。また、五音の一。悲しげな音楽の調子。『商歌』❺五行の一。金にあたり、西方、秋などの意にあてる。『商天』『商風』❻星の名。心宿の辰星。さそり座のアンタレス。商星。『参商』❼中国の殷王朝の別名。❽固有名詞。『商鞅』『商山』

❶ あきなう。あきない。

[下接] ㋑外商・行商・月商・通商・日商・年商・重商主義 ㋺街商・画商・奸商・豪商・紳商・政商・大商・隊商・富商・旅商・士農工商

【商家】(ショウカ) 商人の家。
【商学】(ショウガク) 商業に関する学問。
【商館】(ショウカン) 外国の会社、商店などが開港場などに設けた支店、営業所。
【商機】(ショウキ) 商業上のよい機会。
【商況】(ショウキョウ) 商売の状況。
【商業】(ショウギョウ) 商品の売買によって、生産者と消費者との財貨の流通をはかり、利益をあげようとする業務。
【商賈・商估・商沽】(ショウコ) あきなうこと。商売。商人。
【商工】(ショウコウ) 商業と工業。商人と職人。『商工会議所』
【商魂】(ショウコン) 商売を繁盛させようとする熱意。
【商才】(ショウサイ) 商売の才能。『士魂商才』
【商事】(ショウジ) 商法によって規定される事項。また、商行為などの営利行為を業務とする社団法人。『商事会社』
【商社】(ショウシャ) 貿易業務を行う商事会社。商会。
【商船】(ショウセン) 商業上の目的で航海に用いられる船舶。
【商戦】(ショウセン) 商業上の競争。『年末商戦』
【商談】(ショウダン) 商売についての交渉や話し合い。
【商人】(ショウニン|あきんど|あきうど) 商業を営む人。『御用商人』
【商売】(ショウバイ) 売買に関する商業の総称。あきない。また、それによって生計をたててゆく仕事。『水商売』
【商標】(ショウヒョウ) 商品に競争者のものと区別するためにつけられた文字、図形、記号。トレードマーク。『登録商標』
【商品】(ショウヒン) 商売で売る品物。『目玉商品』『商品券』
【商埠】(ショウフ) 貿易港。
【商法】(ショウホウ) ①あきないの仕方。商売。『悪徳商法』②商事に関する法律の総称。
【商用】(ショウヨウ) ①商売上の用事。『商用で渡米する』②商業方面で用いること。『商用英語』『商用文』

❷ はかる。相談する。

【商搉・商権・商確】(ショウカク) 比較して考えること。
【商議】(ショウギ) 相談すること。『商議員』
【商度】(ショウタク) はかり考える。協議する。
【商量】(ショウリョウ) 事の由来、善悪、すべき方法などをはかり考えること。【商量多】(ショウリョウタ) 中国、宋の欧陽脩の文章上達のための三要素の一。多くはかり考えること。

❹ 五音の一。

【商歌】(ショウカ) 悲痛な調子の歌。
【商声】(ショウセイ) ①五音の一。②秋の気配を感じさせる音。秋声。

❺ 五行の一。

【商天】(ショウテン) 秋の異称。
【商飆】(ショウヒョウ) 秋の大風。
【商風】(ショウフウ) 秋風。

❽ 固有名詞。

【商鞅】(ショウオウ) 中国、戦国時代の政治家。名は鞅。姓は公孫氏。商君と号す。衛の公族出身で、秦の孝公の宰相として富国強兵と厳格な法治主義を行い、秦の覇業の基礎を作った。紀元前三三八年没。
【商山】(ショウザン) 中国の陝西省商県の東南にある山。
【商子】(ショウシ) 中国の法家の書。五巻。戦国時代の商鞅の撰という。法律・土地制度の改革、刑罰をきびしくする制度などを説いている。

981【啇】 *2155 口－8 テキ[漢]/dì

[字解] 形声。口＋帝[声]。もと、ねもとの意。

[同属字] 敵・嫡・摘・滴・適・蹢・謫

[参考] 「商」(979)は別字。

982【問】 4468 4C64 96E2 口－8 [常]3 モン[呉]・ブン[漢]/wèn/とう・とい・とん

[筆順] 問問問問問問

[字解] 形声。口＋門(もん)[声]。門の中をたずねとう意。

[参考] 万葉仮名では音を借りて「も」。

甲骨文 金文 篆文

[意味] ❶とう。といただす。たずねる。きく。↔答。『問題』『問答』『学問』『質問』*論語-為政「子貢問ニ君子一(=子貢が君子についてたずねた)」❷おとずれる。みまう。贈る。『問遺』『弔問』『訪問』❸[国]「問屋(とんや)」は、品物を集めて卸売りする商家。

❶ とう。といただす。たずねる。きく。

[下接] 案問・学問・下問・勘問・喚問・詰問・奇問・疑問・糾問・愚問・検問・拷問・顧問・策問・査問・質問・試問・諮問

・自問（ジモン）・借問（シャクモン｜シャモン）・審問（シンモン）・尋問（ジンモン）・訊問（ジンモン）・責問（セキモン）・設問（セツモン）・珍問（チンモン）・難問（ナンモン）・発問（ハツモン）・反問（ハンモン）・不問（フモン）・法問（ホウモン）・或問（ワクモン）・一問一答（イチモンイットウ）

【問詰（モンキツ）】問い質（ただ）し非難すること。問難。

【問津（シンをとう）】渡し場の所在をたずねること。転じて、学問などの手引を頼むこと。＊論語‐微子「使₂子路問₁津焉（シロをしてシンをとわしむ）」（＝（孔子は）子路に渡し場のある所をたずねさせた）」

【問診（モンシン）】診断の基礎とするために、医師が患者に病歴や現在の状態などをたずねること。

【問訊（モンジン）】①問いたずねること。訊問。＊陶潜‐桃花源記「咸来問訊（みなきたりてモンジンす）」（＝だれもかれもがやって来てたずねた）」②屈伏すること。③無言のままひれ伏し敬礼すること。

【問責（モンセキ）】責任を問いつめること。責問。

【問対（モンタイ）】①問うことと答えること。②漢文の一体。甲乙が問答をする形式で自分の意見を述べるもの。

【問題（モンダイ）】①答えを求めるための問い。『問題集』②批判や論争または研究の対象となる事件、事柄。『問題化』『問題提起』③世間で注目を集めている事柄。話題。『問題作』

【問答（モンドウ）】①問うことと答えること。『禅問答』②言い合うこと。議論。『押し問答』『問答無用』

❷ おとずれる。みまう。贈る。

下接　慰問（イモン）・音問（オンモン）・恩問（オンモン）・高問（コウモン）・声問（セイモン）・省問（セイモン）・弔問（チョウモン）・拝問（ハイモン）・聘問（ヘイモン）・訪問（ホウモン）・労問（ロウモン）

【問遺（イモン）】慰問して物を贈ること。

【畧】⇩4920

983 【営】 1736 3144 8963 口－9 常5　(4429)【營】 5159 535B 9A7A 火－13 旧字

ヨウ（ヤウ）呉・エイ漢／yíng／いとなむ・いとなみ

筆順

字解　営は營の略体。營は形声。宮（連なった建物）＋熒（めぐらした篝火）省声。周囲をとりまいた夜営、陣屋の意。転じて、いとなむ意に用いる。

意味　❶軍隊のとどまっている一郭。とりで。『営倉』『営庭』『宿営』『陣営』❷つくる。こしらえる。『営繕』『営巣』『設営（セツエイ）』『造営（ゾウエイ）』❸いとなむ。はかる。おさめる。仕事をする。『営為』『営業』『営利』『運営』『経営』＊白居易‐売炭翁「売₂炭得₁銭何所₁営（すみをうりぜにをえてなんのいとなむところぞ）」（＝老人は炭を売って銭を得て、何をしようとするのだろうか）」❹めぐる。めぐらす。また、まどわす。『屛営（ヘイエイ）』

❶ 軍隊のいる所。とりで。

下接　牙営（ガエイ）・帰営（キエイ）・軍営（グンエイ）・行営（コウエイ）・宿営（シュクエイ）・陣営（ジンエイ）・屯営（トンエイ）・入営（ニュウエイ）・幕営（バクエイ）・兵営（ヘイエイ）・本営（ホンエイ）・夜営（ヤエイ）・野営（ヤエイ）・柳営（リュウエイ）・露営（ロエイ）

【営倉（エイソウ）】国旧軍隊で、罪を犯した軍人を拘禁した、兵営内の建物。また、そこに入れられる懲罰。

【営庭（エイテイ）】国兵営内の広場。

❷ つくる。こしらえる。

【営窟（エイクツ）】岩穴をつくって穴居生活をすること。

【営繕（エイゼン）】建築物などの造営と修繕。『営繕費』

【営巣（エイソウ）】動物が巣をつくること。

【営造（エイゾウ）】大がかりな土木建築などの工事を行うこと。

❸ いとなむ。

下接　運営（ウンエイ）・官営（カンエイ）・共営（キョウエイ）・経営（ケイエイ）・兼営（ケンエイ）・公営（コウエイ）・国営（コクエイ）・市営（シエイ）・私営（シエイ）・自営（ジエイ）・直営（チョクエイ）・都営（トエイ）・民営（ミンエイ）・養営（ヨウエイ）・蠅営（ヨウエイ）

【営為（エイイ）】人が意識的に行うこと。いとなみ。

【営営（エイエイ）】①足しげく往来するさま。②あくせくするさま。せっせと働くさま。

【営業（エイギョウ）】①利益を目的として事業を営むこと。②会社の、販売関係の業務、またその部署。

【営養（エイヨウ）】生物が生活のために養分をとり、身体を養うこと。栄養。

【営利（エイリ）】利益を得ることを目的として事をなすこと。金もうけ。『営利事業』『営利主義』『営利的』

984 【喜】 2078 346E 8AEC 口－9 常4　(2411)【憙】 5658 585A 9CD8 心－12　(20)【㐂】 二 一－5

キ呉漢・シ漢／xǐ／よろこぶ・よろこび・よろこばしい

筆順

字解　会意。口（台）＋壴（楽器）。台にのせた楽器を奏してよろこぶ意。一説に口（くち）＋壴（ごちそう）で、飲食してよろこぶ意とも。

甲骨文　金文　篆文

同属字　熹・憙・僖・嘻・嬉・禧

意味　よろこぶ。いわう。うれしい。さいわい。また、このむ。＊史記‐廉頗藺相如伝「秦王大喜（シンオウおおいによろこぶ）」（＝秦王はとても喜んだ）」＊史記‐高祖本紀「仁而愛ₗ人喜ₗ施（ジンにしてひとをアイしほどこしをこのむ）」（＝（高祖は）人をいつくしみ愛し、施しを好んだ）」⇒表　⇒〔悲〕(2372)の表

下接　悦喜（エッキ）・感喜（カンキ）・歓喜（カンキ）・狂喜（キョウキ）・驚喜（キョウキ）・欣喜（キンキ）・随喜（ズイキ）・悲喜（ヒキ）・憂喜（ユウキ）・一喜一憂（イッキイチユウ）

喜（キ）	喜悦	うれしく思う。楽しむ。	喜雨　喜捨　喜色　狂喜　欣喜　随喜
悦（エツ）	歓喜	心の中によろこぶ。	悦服　悦楽　恐悦　法悦　満悦　愉悦
歓（カン）		よろこんで笑いさざめく。	歓迎　歓呼　歓待　歓楽　哀歓　交歓

【喜雨（キウ）】長い日照りが続いた後に降る雨。慈雨。

【喜慍（キウン）】喜びと怒り。喜怒。

【喜悦（キエツ）】喜ぶこと。喜び。『喜悦の色を浮かべる』

【喜劇（キゲキ）】滑稽（コッケイ）、風刺などを交え、人生の真実面を表そうとする演劇。コメディー。↔悲劇

【喜捨（キシャ）】報償を求めず、喜んで寺社や貧しい人に金品を寄付すること。

【喜寿（キジュ）】国七十七歳になった祝い。喜賀。「喜」の字の草書体「㐂」が七十七に見えるところから。

【喜色（キショク）】うれしそうな顔つき。『喜色満面』

【喜怒哀楽（キドアイラク）】喜び、怒り、悲しみ、楽しみ。人間の感情。〔中庸〕

【喜躍（キヤク）】喜びおどること。欣喜雀躍（キンキジャクヤク）。

難読地名　喜入（きいれ）町（鹿児島）　喜連川（きつれがわ）町（栃木）　喜茂別（きもべつ）町（北海道）　喜屋武（きゃん）崎（沖縄）

3画　口囗土士夊夂夕大女子宀寸小(⺌・⺍)尢(尣・兀)尸屮(屮)山巛(川)工己(已・巳)巾干幺广廴廾弋弓彐(彐・彑)彡彳

985 【喬】 2212 362C 8BAA 口－9 人 キョウ(ケウ)漢/qiáo/たかい

字解 象形。上部が曲線になった、または旗をたてた高殿に象り、大いに高い意。

篆文

意味 ❶たかい。そびえ立つ。『喬岳』『喬木』❷おごる。たかぶる。『喬志』『喬然』

同属字 蕎・僑・嬌・橋・蹻・轎・驕

❶ たかい。そびえ立つ。

【喬岳(キョウガク)】高い山。また、「泰山(タイザン)」の異名。

【喬松(キョウショウ)】①丈(たけ)の高い松の木。②中国古代の仙人、王子喬と赤松子。

【喬遷(キョウセン)】高い所に移ること。転じて、人の転居や栄転を祝うことば。

【喬木(キョウボク)】「高木(コウボク)」の旧称。↕灌木(カンボク)

❷ おごる。たかぶる。

【喬志(キョウシ)】おごりたかぶった心。驕志。

【喬然(キョウゼン)】おごりたかぶったさま。

難読地名 喬木(たかぎ)村(長野)

986 【啻】 5133 5341 9A60 口－9 シ漢/chì/ただ

字解 形声。口＋帝(ひとつにしばる)声。ただひとつにする語気を表す。ただ、ただ、ただの意。

金文 篆文

987 【善】 3317 4131 9150 口－9 常6 (6161)【譱】 7033 6641 E3BF 羊－14

ゼン呉・セン漢/shàn/よい・よし・いい

筆順 善 善 善 善 善

字解 もと譱。会意。誩(多くのことば)＋羊(吉祥)。めでたい言葉の意。転じて、よい意。

金文 篆文 重文

意味 ❶よい。めでたい。好ましい。正しい。また、よしとする。よいこと。↕悪。『善意』『善行』『善良』『偽善』『慈善』『独善』 ＊論語-述而「択二其善者一而従レ之(そのよきものをえらんでこれにしたがう)」〔=その中から良いものを選んで、自分もそれに見ならう〕」 ⇒〔悪〕(2360)〔良〕(6530)の表 ❷よく。よくする。たくみに行う。じょうずにできる。『善処』『善戦』『善用』 ＊論語-公冶長「晏平仲善与二人交一(アンペイチュウはよくひととまじわる)〔=晏平仲は、人との交際のしかたが立派であった〕」 ❸仲よくする。仲がよい。『善隣』『親善(シンゼン)』 ❹熟字訓。『善知鳥(うとう)』

❶ よい。正しい。また、よしとする。

下接 改善(カイゼン)・偽善(ギゼン)・最善(サイゼン)・至善(シゼン)・次善(ジゼン)・慈善(ジゼン)・十善(ジュウゼン)・宿善(シュクゼン)・小善(ショウゼン)・上善(ジョウゼン)・性善(セイゼン)・責善(セキゼン)・積善(セキゼン)・遷善(センゼン)・追善(ツイゼン)・独善(ドクゼン)・不善(フゼン)・万善(バンゼン｜マンゼン)・良善(リョウゼン)・勧善懲悪(カンゼンチョウアク)

【善悪(ゼンアク)】よいこととわるいこと。

【善意(ゼンイ)】①よい心。善良な心。↕悪意。②好意的に他人を見ようとする心。↕悪意。③法律で、ある事について何の意識ももっていないこと。↕悪意

【善因(ゼンイン)】仏語。善果を得るようなよい行い。

【善果(ゼンカ)】善行によるよい報い。

【善賈(ゼンカ)】よい値。高い値。＊論語-子罕「求二善賈一而沽レ諸(ゼンカをもとめてこれをうらんか)〔=よい値段の買い手をさがして売ったものだろうか〕」→❷(ゼンコ)

【善言(ゼンゲン)】よい言葉。訓戒となるべき言葉。

【善行(ゼンコウ)】よい行い。道徳にかなった行い。↕非行

【善業(ゼンゴウ)】=善因(ゼンイン)

【善根(ゼンコン｜ゼンゴン)】=善因(ゼンイン)

【善柔(ゼンジュウ)】外面は柔和だが、内心にまごころがないこと。＊論語-季氏「友二便辟一、友二善柔一、友二便佞一、損矣(ベンペキをともとし、ゼンジュウをともとし、ベンネイをともとするは、ソンなり)〔=人の機嫌をとる人や、内心にまごころのない人や口先がうまくて心に誠意がない人を友にするのは、有害である〕」

【善書(ゼンショ)】①よい書物。また、珍しい書物。②中国の道教で、勧善懲悪を説く書物の一。宋・明時代に広く行われた。→❷

【善祥(ゼンショウ)】めでたいしるし。よいきざし。吉祥。

【善心(ゼンシン)】人の道にかなった、よい心。↕悪心

【善知識・善智識(ゼンチシキ)】仏語。正しい法を説いて人を仏道に入らせる人。高徳の僧。

【善道(ゼンドウ)】①徳義にかなったよいみち。②仏語。この世でよい行いをした人が死後におもむく世界。善趣。

【善導(ゼンドウ)】よい方向に教えみちびくこと。

【善男善女(ゼンナンゼンニョ)】仏法に帰依(キエ)した男女。また、一般に信心深い人々。

【善人(ゼンニン｜ゼンジン)】心の善良な人。↕悪人

【善本(ゼンポン)】①校訂などがよく行き届いている内容のよい本。②保存がよく、本文の系統の正しい本。

【善良(ゼンリョウ)】正直で素直なさま。『善良な市民』

❷ よく。よくする。

【善賈(ゼンコ)】うまく商売すること。→❶(ゼンカ)

【善後(ゼンゴ)】あとのためによいようにすること。『善後処置』『善後策〔=うまく後始末をするための方策〕』

【善才(ゼンサイ)】中国、唐の琵琶(ビワ)の名人の名。転じて、琵琶のうまい人。＊白居易-琵琶行序「嘗学二琵琶於穆曹二善才一(かつてビワをボクソウのニゼンサイにまなぶ)〔=以前琵琶を穆と曹の二人の名人に学んだ〕」

【善処(ゼンショ)】①事に応じて、適切に処置すること。②よい地位。よい所。

【善書(ゼンショ)】書をよくすること。文字をじょうずに書くこと。能書。能筆。→❶

【善戦(ゼンセン)】実力を十分に発揮してよく戦うこと。

【善游者溺、善騎者堕(よくおよぐものはおぼれ、よくのるものはおつ)】水泳の上手な者は溺れ、乗馬の巧みな者は落馬する。特殊な技能があるために、人はかえって禍(わざわい)を招くことがあるというたとえ。〔淮南子-原道訓〕

❸ 仲よくする。仲がよい。

【善隣(ゼンリン)】隣国、隣家など仲よくすること。また、その隣国、隣家。『善隣外交』

❹ 熟字訓。

【善知鳥(うとう)】ウミスズメ科の海鳥。「うとう」はアイヌ語で「突起」の意。

988 【喆】 ＊2172 口－9 テツ「哲」(972)の異体字

［晷］⇩3144 ［晷］⇩3145

989 【嗇】 5207 5427 9AA5 口-10 ショク㊥/sè/おしむ

字解 会意。㐭(くら)+來(むぎ)。とり入れる意、また、出しおしみする意。

甲骨文 金文 篆文

同属字 薔・墻・檣・牆・穡

意味 ❶収穫物をとり入れる。とり入れてしまいこむ。❷おしむ。だしおしむ。けち。『節嗇セッショク』『纖嗇センショク』『吝嗇リンショク』

990 【嘉】 1837 3245 89C3 口-11 人 カ㊥/jiā/よい・よし・よみする

字解 形声。壴(楽器)+加(くわえる)㊥。祭祀にあたり、音楽をそえて演奏する意から、よい・立派の意。また賀に通じ、よろこぶ意。

甲骨文 金文 篆文

参考 万葉仮名では音を借りて「か」。

意味 ❶よい。めでたい。また、さいわいする。さいわい。『嘉詩カシ』『嘉酒』『静嘉セイカ』❷よみする。ほめる。また、たのしむ。『嘉賞』『嘉納』

❶ よい。めでたい。

【嘉会カイ】めでたい集会。また、風流な会合。
【嘉儀ギカ】めでたい儀式。祝いごと。慶事。
【嘉恵ケイ】よい恵み。
【嘉慶ケイ】よろこび、祝うこと。めでたいこと。
【嘉月ゲツ】①めでたい月。陰暦三月の異称。②名月。佳月。
【嘉言ゲン】戒めとなるよい言葉。『嘉言善行』
【嘉好コウ】仲良し同士。よしみ。また、よしみの会合。
【嘉肴コウ】おいしい料理。佳肴カコウ。
【嘉日ジツ】めでたい日。縁起のよい日。佳日カジツ。
【嘉招ショウ】お招き。他人の招待を敬っていう語。
【嘉祥ショウ】幸運の兆候。瑞相。
【嘉称ショウ】よい名。ほめたたえられるような評判。
【嘉瑞ズイ】めでたいしるし。吉兆。
【嘉節セツ】めでたい時節。めでたい日。佳節カセツ。
【嘉饌セン】すばらしいご馳走。
【嘉聞ブン】よい評判。名誉。
【嘉名メイ|ミョウ】①よい名。りっぱな名。②(カメイ)よい評判。りっぱな名声。
【嘉祐ユウ】さいわい。
【嘉礼レイ】めでたい儀礼。冠婚、饗宴キョウエンなどの類。
【嘉例レイ】めでたい例。吉例。佳例カレイ。

❷ よみする。ほめる。

【嘉尚ショウ】ほめたっとぶこと。
【嘉賞ショウ】よいとしてほめること。
【嘉納ノウ】高位の者が意見、進物などを喜んで受け入れること。

難読地名 嘉手納かでな町(沖縄) 難読姓氏 嘉味田かみだ 嘉敷よしき

［營］⇩4429

991 【嚮】 ― ― 口-16 (992)【嚮】 5176 536C 9A8C 口-16 コウ(カウ)㊥・キョウ(キャウ)㊥/xiàng/むかう・さきに

字解 形声。鄉(むかう)+向(むく)㊥。むかう意。向を加えその字義を明確にした。鄉が声符とも考えられる。

意味 ❶むかう。むく。むき。「向」に同じ。『嚮往』『嚮導』❷さきに。前に。「向」に同じ。『嚮後』『嚮日』

❶ むかう。むく。

【嚮往キョウオウ】(心が向かう意)尊び慕うこと。
【嚮導・嚮道キョウドウ】先頭に立って導くこと。先導。

❷ さきに。前に。

【嚮後キョウゴ|コウゴ】今からのち。向後。
【嚮日キョウジツ|コウジツ】さきごろ。先日。向日。
【嚮者さきに】(「者」は時を表す語に付く助字)以前に。さきごろ。「向者さきに」に同じ。

993 【嚭】 *2269 口-16 ヒ㊥/pǐ/おおきい

字解 形声。喜+否(→丕、大きい)。大きい。また、大いによろこぶ。

篆文

意味 ❶おおきい。❷人名。「伯嚭ハクヒ」は、中国、春秋時代の呉の太宰(宰相)。

994 【嚳】 *2271 口-17 コク㊥/kù

字解 形声。告(つげる)+學(まなびしる)省㊥。急いでつげる意。

意味 ❶つげる。急いでつげる。❷中国古代の伝説上の帝王の名。五帝の一人。高辛氏。帝尭の父という。

［嚳］⇩7922

口

995 【叶】 1980 3370 8A90 口-2 人 キョウ(ケフ)㊥/かなう・かなえる・かのう

字解 会意。口+十。多くの意見が一つに合う意。協の古字で、協と同義だが、主として、かなう・思いどおりになる意に用いる。日本語で、かなう。

甲骨文 篆文 重文

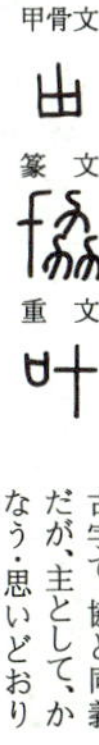

難読姓氏 叶野かのう

996 【叫】 ― ― 口-2 キョウ 「叫」(1006)の旧字

997 【叫】 ― ― 口-2 キョウ(ケウ)㊥

字解 叫の異体字。大声で叫ぶこえの意。

参考 万葉仮名では訓を借りて「を」。

998 【叩】 3501 4321 9240 口-2 コウ㊥/kòu/たたく

字解 形声。卩(ひざまずく)+口(↓寇、うちたたく、あるいは、たたく音ともいう)声。額を地にうちつけて礼を行う、たたく意。扣に同じ。

意味 ❶たたく。軽く打つ。また、問う。たずねる。『叩叩』『叩頭』『叩門』『参叩(サンコウ)』❷ひかえる。＊史記-伯夷伝「伯夷叔斉叩レ馬而諫(ハクイシュクセイうまをひかえていさむ)〔=伯夷と叔斉は馬をひきとめていさめた〕」

【叩叩(コウコウ)】続けざまにたたくさま。

【叩頭(コウトウ)】ぬかずいて深くお辞儀をすること。叩首。

【叩門(コウモン)】門をたたくこと。訪問すること。

【叩二両端一(リョウタンをたたく)】物事の終始本末あるいは両極端をきわめつくして余す所のないこと。〔論語-子罕〕

999 【叱】 2824 3C38 8EB6 口-2 シツ漢/chì/しかる
字解 形声。口+七(きる)声。物を切るような音、舌打ちをしてしかる意。

意味 しかる。ののしる。また、しかる声。舌打ちの音。＊史記-廉頗藺相如伝「相如張レ目叱レ之(ショウジョめをはりてこれをシッす)〔=藺相如は目をむいてしかりつけた〕」

【叱呵(シッカ)】しかりつけること。

【叱叱(シッシッ)】①馬を進め、牛を追うときなどのかけ声として発する語。②騒がしいのをしずめるときに発する語。

【叱正(シッセイ)】しかって正すこと。詩文の添削などを請うときの謙譲語。批正。『御叱正を請う』

【叱責(シッセキ)】他人の失策や過ちなどをしかること。

【叱咤・叱咤(シッタ)】大声でしかること。『叱咤激励』

1000 【叮】 5058 525A 99D8 口-2 テイ漢/dīng
字解 形声。口+丁声。
意味 ❶ねんごろであるさま。『叮嚀』❷「叮噹(テイトウ)」は、玉や鈴がふれ合う音。または琵琶(ビワ)の音。
【叮嚀(テイネイ)】ねんごろであるさま。丁寧。

1001 【叨】 5059 525B 99D9 口-2 トウ(タウ)漢/tāo・dāo/みだり
字解 形声。口+刀声。
意味 ❶むさぼる。『貪叨(タントウ)』❷みだりに。理由なく。もったいなくも。恩恵を受けることを不相応に思うことを表す。『叨窃』❸『叨叨(トウトウ)』は、まことのあるさま。また、口数が多いさま。
【叨窃(トウセツ)】不相応な恩恵を受けること。へりくだっていうことば。〔諸葛亮-街亭自貶疏〕

1002 【叭】 5060 525C 99DA 口-2 ハツ漢/bā
字解 形声。口+八(ひらく)声。口を開く意。
意味 口が開くさま。また、口を開いて出す音声の形容。『喇叭(ラッパ)』

1003 【叺】 5061 525D 99DB 口-2 かます
字解 国字。会意。口(いれもの)+入。
意味 かます。藁などを編んで作った袋。穀物、肥料、石炭などを入れる。

1004 【吃】 2141 3549 8B68 口-3 コチ呉・キツ漢/chī/どもる・どもり
字解 形声。口+乞(息がつかえてまがる)声。声がなめらかでなくどもる意。現代中国語では、たべる意。

意味 ❶どもる。どもり。『吃音』『吃語』『蹇吃(ケンキツ)』❷飲む。食べる。転じて、受け入れる。「喫」に同じ。『吃驚』『吃緊』❸「吃吃(キツキツ)」は笑う声を表す語。

【吃音(キツオン)】どもる音声。

【吃逆(キツギャク)】しゃっくり。

【吃驚(キッキョウ／びっくり)】おどろくこと。喫驚。

【吃緊(キッキン)】さしせまっていること。緊急。

1005 【吸】 2159 355B 8B7A 口-3 常6 (1014)〖吸〗 口-4 旧字
キュウ(キフ)呉漢/xī/すう
筆順 吸 吸 吸 吸 吸 吸
字解 形声。口+及(つかまえる)声。すいとる、いきをすう意。
意味 すう。気体や液体をすいこむ。↔呼。『嘘吸(キョキュウ)』『呼吸(コキュウ)』
【吸引(キュウイン)】吸い込むこと。また、引き付けること。
【吸気(キュウキ)】①空気を吸い込むこと。また、吸い込んだ息。↔呼気。②蒸気機関などで、蒸気や混合ガスを吸い込むこと。↔排気
【吸収(キュウシュウ)】吸い取ること。また、取り入れて自分のものにすること。吸取。
【吸着(キュウチャク)】液体または気体が、他の固体または液体の表面に吸い付けられる現象。『吸着性』
【吸入(キュウニュウ)】吸い入れること。特に、薬物、蒸気などを口から吸い込ませること。『吸入器』
【吸盤(キュウバン)】①動物の体表や触手などにあり、他のものに吸い付く器官。②ゴムやプラスチック製の器具で、壁面に吸い付いて物体を固定するもの。
【吸風飲露(キュウフウインロ)】風を吸い、露を飲む。仙人の生活のこと。〔荘子-逍遥遊〕

1006 【叫】 2211 362B 8BA9 口-3 常 (996)〖叫〗 口-2 旧字 (1015)〖叫〗 口-4
キョウ(ケウ)呉漢/jiào/さけぶ・さけび・おめく
筆順 叫 叫 叫 叫 叫 叫
字解 形声。口+丩(しぼりあつめる)声。声をしぼり出しさけぶ意。叫は類型で誤ったもの。
意味 さけぶ。大声を出す。泣きわめく。『絶叫(ゼッキョウ)』
【叫喚(キョウカン)】大声でわめき叫ぶこと。『阿鼻(アビ)叫喚』
【叫呼(キョウコ)】大声で叫び呼ぶこと。わめくこと。叫喚。
【叫号(キョウゴウ)】叫び呼ぶこと。わめくこと。叫呼。
【叫囂(キョウゴウ)】(「囂」はやかましいさま)さわがしくわめきたてること。＊柳宗元-捕レ蛇者説「叫二囂乎東西一(トウザイにキョウゴウす)〔=あちこちでわめきたてる〕」

1007 【吁】 5062 525E 99DC 口-3 ク漢・ウ漢・キョ漢/yù・xū/ああ
字解 形声。口+于(つかえる)声。息がつっかえる意。
意味 ❶ああ。なげき、おどろき、うたがい、あやしみなどのとき、発する声。❷なげく。うれえる。

1008 【吒】 口-3 タ 「咤」(1060)の異体字

1009 【吐】 3739 4547 9366 口-3 常 ト呉漢/tǔ・tù/はく・つく・ぬかす

3画 口口土士夂夊夕大女子宀寸小(⺌・⺍)尢(尣・兀)尸屮(屮)山巛(川)工己(已・巳)巾干幺广廴廾弋弓彐(ヨ・彑)彡彳

筆順 吐

字解 形声。口+土(万物をはき出すつち)声。口からはき出す、はく意。

意味 ❶はく。口から物をはき出す。もどす。『吐逆』『吐血』『吐瀉』『嘔吐(オウト)』 ❷のべる。ことばにする。うちあける。『吐露』 ❸あて字、固有名詞など。『吐蕃(トバン)』『吏吐(リト)』

❶はく。もどす。

下接 嘔吐(オウト)・呑吐(ドント)・反吐(ヘド)

【吐血(トケツ)】胃、食道などで出血した血を吐くこと。

【吐瀉(トシャ)】嘔吐(オウト)と下痢。『吐瀉物』

【吐納(トノウ)】腹中の悪い気をはき出し、清新の気を吸い込むこと。道家の健康法の一。今の深呼吸。

【吐哺握髪(トホアクハツ)】賢人を求めることに熱心なさま。吐哺捉髪(トホソクハツ)。握髪吐哺。〔韓詩外伝〕♥中国、周代の周公旦(シュウコウタン)が来客があると、食事中でも口中のものをはき出し、洗髪中でも髪をにぎったまま、すぐに応対した故事から。

❷のべる。ことばにする。

【吐露(トロ)】心に思っていることを、包み隠さず述べること。〔韓愈-答陳商書〕『真情を吐露する』

❸あて字、固有名詞など。

【吐息(といき)】ためいき。『吐息をつく』『青息吐息』

【吐蕃(トバン)】七世紀初頭にソンツェン=ガンポがチベット諸族を統一して確立した王朝に対する中国側の呼称。

難読地名 吐噶喇(とから)列島(鹿児島)

1010 【吋】 1705 3125 8944 口-3 トウ漢 cùn インチ

字解 会意。口+寸。しかる意。

意味 ❶しかる。❷国インチ。ヤードポンド法の長さの単位。一インチは一二分の一フィート、約二・五センチメートル。

1011 【吽】 5063 525F 99DD 口-4 イン漢・ク呉・コウ漢・ウン慣 hōu・hōng ほえる

字解 会意。口+牛。牛がほえる意。

意味 ❶ほえる。どなる。❷犬がかみあう。❸仏語。口を閉じて出す声。『阿吽(アウン)』

1012 【呍】 *2082 口-4 ウン慣

字解 吽❸に同じ。『阿呍(アウン)』

1013 【呀】 5064 5260 99DE 口-4 ガ漢・ヤ唐 yā・xiā あっ

字解 形声。口+牙(歯)声。歯がみえるほど口を大きくあける意。

意味 ❶口を大きくあける。口をあけて笑う。❷あっ。驚きを表す感動詞。❸感嘆や疑問を示す。『曖呀(アイガ)』

1014 【吸】 二 口-4 キュウ「吸」(1005)の旧字

1015 【叫】 二 口-4 キョウ「叫」(1006)の異体字

1016 【听】 5065 5261 99DF 口-4 キン漢・ギン漢 yǐn わらう・ポンド

字解 形声。口+斤声。現代中国語では「聴」(tīng=きく)の簡体字。

意味 ❶わらう。口を大きくあけてわらう。❷国ポンド。ヤードポンドの重さの単位。一ポンドは一六オンスで、約四五三・六グラム。「磅」とも書く。

1017 【吟】 2267 3663 8BE1 口-4 常 ギン漢・キン漢 yín うめく・うたう

筆順 吟

字解 形声。口+今(ふさぎかくす)声。口をとじてうめく意。また調子をつけてうたう、あじわう意を表す。

意味 ❶うめく。うなる。なげく。『吟嘯』『呻吟(シンギン)』『沈吟(チンギン)』 ❷うたう。詩歌を口ずさむ。また、詩歌を作る。『詩を吟ずる』『吟遊詩人』『吟詠』『吟唱』『独吟』『朗吟』 *屈原-漁父辞「行吟沢畔(ゆくゆくタクハンにギンず)〔=沼沢地のほとりを詩を口ずさみながら歩いていた〕」 ❸あじわう。よくたしかめる。『吟醸』『吟味』

❶うめく。うなる。なげく。

【吟嘯(ギンショウ)】悲しんで、嘆きの声を出すこと。→❷

❷うたう。また、詩歌を作る。

下接 哀吟(アイギン)・愛吟(アイギン)・詠吟(エイギン)・閑吟(カンギン)・感吟(カンギン)・行吟(コウギン)・高吟(コウギン)・詩吟(シギン)・秀吟(シュウギン)・愁吟(シュウギン)・酔吟(スイギン)・即吟(ソクギン)・低吟(テイギン)・独吟(ドクギン)・微吟(ビギン)・放吟(ホウギン)・名吟(メイギン)・黙吟(モクギン)・連吟(レンギン)・朗吟(ロウギン)

【吟詠(ギンエイ)】詩歌をうたうこと。また、詩歌を作ること。

【吟哦(ギンガ)】詩や歌などを声高らかにうたうこと。吟詠。

【吟行(ギンコウ)】1詩歌を吟じながら歩くこと。2詩歌を作るために、旅行、遠足などに出かけること。

【吟唱・吟誦(ギンショウ)】詩歌などを声高く節(ふし)を付けて詠むこと。♥書き換え「吟誦→吟唱」。

【吟嘯(ギンショウ)】詩歌などをうたうこと。→❶

【吟風弄月(ギンプウロウゲツ)】風月に親しんで詩歌をうたうこと。風月を題材に詩歌を作ること。

【吟遊(ギンユウ)】詩歌を作りながら各地を旅すること。『吟遊詩人』

❸あじわう。よくたしかめる。

【吟味(ギンミ)】国1物事などをよく調べること。『材料を吟味する』2昔、罪状を調べただすこと。取り調べ。

1018 【吭】 5066 5262 99E0 口-4 コウ(カウ)漢 háng・kēng のど・のどぶえ

字解 形声。口+亢(くびの辺りを強調したひと)声。のどの意。のち口を加えて、その字義を明確にした。

意味 ❶のど。のどぶえ。➡〔頏〕の図一三二〇頁 ❷声を出す。

1019 【吼】 5067 5263 99E1 口-4 ク呉・コウ漢 hǒu ほえる

字解 形声。口+孔声。

意味 ほえる。大声で叫ぶ。『獅子吼(シシク)』

【吼号(コウゴウ)】大声でほえさけぶこと。

1020 【吹】 3165 3F61 9081 口-4 常 スイ呉漢 chuī ふく・ふかす

筆順 吹吹吹吹吹吹吹

字解 会意。口＋欠（人が口を大きくあける）。息をはくことから、ふく意を表す。

甲骨文　金文　篆文
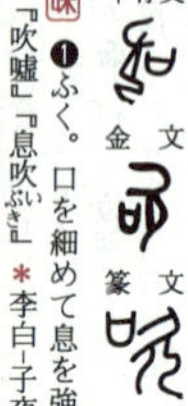

意味 ❶ふく。口を細めて息を強くはき出す。風がふく。『吹嘘』『息吹(いぶき)』＊李白-子夜呉歌「秋風吹不レ尽(ふいてつきず)」〔＝秋風は尽きるともなく吹いてくる〕❷ふく。楽器をふき鳴らす。『吹奏』『歌吹(カスイ)』『鼓吹(コスイ)』『濫吹(ランスイ)』＊蘇軾-前赤壁賦「客有下吹二洞簫一者上(カクにドウショウをふくものあり)」〔＝客のうちに洞簫を吹く者がいた〕

❶ ふく。息を強くはき出す。風がふく。

【吹嘘(スイキョ)】息を吹きかけること。また、風が吹くこと。

【吹塵(スイジン)】国を治めること。〔帝王世紀〕▼黄帝が、大風の天下の塵を吹き払う夢を見て、賢人風后を得て国を治めたという故事から。

【吹万(スイバン)】たくさんの穴から吹いてくるいろいろの風。天籟(テンライ)と地籟(チライ)と人籟。また、宇宙の元気が万象を養うこと。転じて、多様なこと。〔荘子-斉物論〕

【吹毛(スイモウ)】①毛を吹くこと。きわめてたやすいことのたとえにいう。〔韓非子-内儲説下〕②（毛を吹いて隠れた疵(きず)を探す意から）無理に欠点をさがすこと。また、他人の弱点をあばいて、かえって自分の欠点をさらけだすこと。〔韓非子-大体〕③（吹きかけた小さな毛をも切る意から）非常に鋭利な剣。

❷ ふく。楽器をふき鳴らす。

【吹奏(スイソウ)】管楽器を吹き鳴らすこと。『吹奏楽』

【吹弾(スイダン)】「吹竹弾糸(スイチクダンシ)」の略。笛を吹き、琴をひくこと。音楽を奏すること。

1021 【呎】 5072 5268 99E6 口－4 セキ（漢）/chǐ/フィート

字解 会意。口＋尺。フィート、英尺の訳字。国字であるが中国でも用いられている。

意味 フィート。ヤードポンド法の長さの単位の一。一フィートは三分の一ヤード、一二インチで、約三〇・五センチ(メートル)。

1022 【吮】 5068 5264 99E2 口－4 セン（漢）・シュン（漢）/shǔn/すう・すする

字解 形声。口＋允（↓俊、細長い）（声）。口をすぼめてすう意。

【吮疽之仁(センソのジン)】大将が手厚く部下の兵をいたわること。〔史記-孫子呉起伝〕▼中国、戦国時代の呉起が部下の疽（悪性のできもの）の膿(うみ)を吸ってやり、これに感激した兵卒が進んで死地におもむいたという故事から。

1023 【吶】 5069 5265 99E3 口－4 ドツ（漢）・トツ（慣）/nà・nè/どもる

字解 形声。口＋内（うちへこもる）（声）。ことばがうちへこもりどもる意。

意味 ❶どもる。口ごもる。「訥」に同じ。『吶吶』❷ときの声を挙げる。『吶喊』

【吶喊(トッカン)】ときの声をあげること。また、大声をあげて叫ぶこと。

【吶吶(トツトツ)】どもるさま。口ごもるさま。訥訥。

1024 【吠】 4342 4B4A 9669 口－4 バイ（呉）・ハイ（漢）/fèi/ほえる

字解 会意。口＋犬。犬がほえる意。

甲骨文　篆文
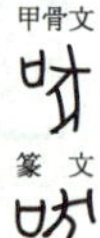

意味 ❶ほえる。犬が声をたてる。＊韓愈-答韋中立論師道書「毎レ至二日出一、則群犬疑而吠レ之」(ひいずるにいたるごとに、すなわちグンケンうたがいてこれにほゆ)〔＝（蜀の地では）たまたま太陽が出ると、犬が怪しんでほえる〕❷梵 ve の音訳字。『吠陀(ベーダ)』

【吠陀(ベーダ)】（梵 veda 知識の意）古代インドのバラモン教の根本聖典。アーリア人がもたらし、作りあげたもの。

1025 【吻】 4213 4A2D 95AB 口－4 ブン（漢）・フン（慣）/wěn/くちびる

字解 形声。口＋勿（声）。

意味 ❶くちびる。くちさき。『吻合』『接吻(セップン)』❷くちぶり。ことばつき。『口吻(コウフン)』

【吻合(フンゴウ)】物事がぴったり合うこと。▼上下の唇(くちびる)がぴったり合う意。

1026 【吩】 5070 5266 99E4 口－4 フン（漢）/fēn

字解 形声。口＋分（声）。ふく・はく意。噴に同じ。

1027 【咏】 5073 5269 99E7 口－5 ヨウ（ヤウ）（呉）・エイ（漢）/yǒng

字解 形声。口＋永（声）。詠の通俗体。うたう意。

1028 【呵】 5074 526A 99E8 口－5 カ（呉）（漢）/hē/しかる・さいなむ

字解 形声。口＋可（のどの奥から声を出す）（声）。大きな声でしかる意。転じて、大声でわらう意を表す。

意味 ❶しかる。とがめる。『呵責』『呵叱』❷大声でわらう。大きく口をあける。『呵呵』『呵欠』

【呵呵(カカ)】大声で笑うさま。『呵呵大笑』

【呵欠(カケン)】あくびをすること。

【呵叱(カシツ)】大声でしかること。

【呵責・呵嘖(カセキ・カシャク)】きびしく責めしかること。

1029 【咍】 ＊2106 口－5 カイ（漢）/hāi/あざわらう・わらう

字解 形声。口＋台（よろこぶ）（声）。

意味 わらう。あざわらう。また、喜び楽しむ。

1030 【呟】 5076 526C 99EA 口－5 ケン（漢）・ゲン（慣）/quǎn/つぶやく

字解 形声。口＋玄（遠大）（声）。

意味 もと、大声の意。日本で、つぶやく、小さな声でひとりごとを言う意に用いる。

1031 【呼】 2438 3846 8CC4 口－5 常6 コ（呉）（漢）/hū/よぶ・よばわる・ああ

筆順 呼呼呼呼呼呼呼呼

字解 形声。口＋乎（よぶ）（声）。よぶ意。本来、乎は単独でこの字義を表したが、別義に用いられるようになったため、のち口を加えてこの字義を表すようにした。

金文　篆文

参考 万葉仮名では、音を借りて「を」。

意味 ❶息をはく。また、その息。↕吸。『呼気』『呼吸』❷よぶ。㋑声にしてよびかける。さけぶ。『呼応』『呼号』『歓呼』『連呼』＊杜甫–石壕吏「吏呼一何怒(リのよぶこといッになんぞいかれる)」〔=小役人はなんと居丈高にどなることか〕㋺なづける。『呼称』『称呼』❸ああ。嘆く声。『嗚呼(ああ)』

❶ 息をはく。また、その息。

【呼気(コキ)】肺から体外へ吐き出す空気。↕吸気

【呼吸(コキュウ)】①息を吐いたり、吸ったりすること。『深呼吸』『人工呼吸』②国調子。いき。『呼吸が合う』③国微妙な調子。こつ。『呼吸を呑のみ込む』

❷ よぶ。さけぶ。また、なづける。

下接 歓呼(カンコ)・叫呼(キョウコ)・喧呼(ケンコ)・指呼(シコ)・疾呼(シッコ)・称呼(ショウコ)・短呼(タンコ)・点呼(テンコ)・伝呼(デンコ)・連呼(レンコ)

【呼応(コオウ)】①呼びかけと、それにこたえること。また、互いに相応じて物事を行うこと。『世の動きに呼応する』②文章で、ある語句に対して一定の語句が現れること。

【呼号(コゴウ)】大声を出して叫ぶこと。盛んに言い立てること。『球界随一と呼号する』

【呼称(コショウ)】名づけてその名を呼ぶこと。呼び名。

1032 【呱】 5077 526D 99EB 口－5 コ㊥/gū

字解 形声。口＋瓜㊟。

意味 なく。赤ん坊の泣き声。

【呱呱(ココ)】乳児の泣き声を表す語。『呱々の声をあげる〔=産声をあげる。誕生する〕』

1033 【呷】 5078 526E 99EC 口－5 コウ(カフ)㊥/xiā/あおる

字解 形声。口＋甲(おおいかぶせる)㊟。上からかぶせるようにのみこむ意。

意味 吸う。すすりのむ。日本で、あおる。あおむいて一気にのむ。

1034 【咋】 2680 3A70 8DEE 口－5 サク㊥・サ㊥/zé・zhà/くう・かむ

字解 形声。口＋乍㊟。

意味 くう。また、かむ。口にくわえる。『齕咋(コッサク)』

1035 【呪】 2886 3C76 8EF4 口－5 (927)【咒】 5080 5270 99EE 口－5 シュ㊦・シュウ(シウ)㊥・ジュ㊧/zhòu/のろう・のろい・のろわしい・まじない

字解 会意。口＋兄(ひざまずきいのる人)。のろい・まじないの意。もと祝と同形だが、のち祝は幸福を、呪は災難をいのる場合に用いられるようになったという。

意味 ❶のろう。他人に災いが下るように神仏に祈る。『呪詛』『呪罵』❷まじないをする。また、仏教で、真言または、陀羅尼(ダラニ)のこと。『呪術』『呪文』『禁呪』『神呪』

❶ のろう。

【呪詛(ジュソ)】特定の人や物事を激しくのろうこと。

【呪罵(ジュバ)】のろい、ののしること。

❷ まじないをする。

下接 印呪(インジュ)・経呪(キョウジュ)・禁呪(キンジュ)・神呪(ジンジュ)

【呪禁(ジュゴン)】まじないをして物の怪ケなどをはらうこと。

【呪術(ジュジュツ)】超自然的なものの力で、望んでいる現象を起こさせようとする術。まじない。

【呪縛(ジュバク)】まじないをかけて動けなくすること。転じて、心理的に束縛されること。

【呪符(ジュフ)】災厄を予防する呪力(ジュリョク)があるとして身につけるふだ。

【呪法(ジュホウ)】=呪術(ジュジュツ)

【呪文(ジュモン)】まじないのときに唱える文句。

1036 【呻】 5081 5271 99EF 口－5 シン㊥/shēn/うめく

字解 形声。口＋申(のばす)㊟。声をのばしてうなる意。

意味 うめく。うなる。うたう。『嚬呻(ヒンシン)』

【呻吟(シンギン)】①うめくこと。また、うめくほどに苦しむこと。②うたうこと。

1037 【咀】 5082 5272 99F0 口－5 ソ㊦・ショ㊥/jǔ/かむ

字解 形声。口＋且(かさねる)㊟。あじわう意。

意味 かむ。かみくだく。また、あじわう。

【咀嚼(ソシャク)】①食物をかみくだくこと。『咀嚼作用』②文章や事柄の意味などを十分に味わうこと。

1038 【咜】 ＊2110 口－5 タ 「咤」(1060)の異体字

1039 【呫】 ＊2090 口－5 チョウ(テフ)㊥・ショウ(セフ)㊥/tiè・chè/なめる

字解 形声。口＋占㊟。なめる・すする意。

1040 【呶】 5083 5273 99F1 口－5 ドウ(ダウ)㊥・ド㊧/náo/かまびすしい

字解 会意。口＋奴。かまびすしい意。

意味 やかましくいうさま。くどくどいうさま。

【呶呶(ドウドウ・ドド)】口数多くやかましく言うこと。

1041 【咄】 5084 5274 99F2 口－5 ダチ㊦・タチ㊦・トツ㊥/duō/はなし・はなす

字解 形声。口＋出(だす)㊟。突然声を出す、また、その時の声の意。

意味 ❶突然声を発する。しかる。『咄嗟』『咄咄』❷国はなす。はなし。『咄家(はなしカ)』『小咄(こばなし)』

【咄嗟(トッサ)】ごくわずかな時間。たちどころ。瞬間。『咄嗟の判断』

【咄咄(トツトツ)】怒ったり驚いたりするさま。【咄咄怪事(トツトツカイジ)】驚くほどあやしいできごと。〔晋書–殷浩伝〕

1042 【咐】 5085 5275 99F3 口－5 ホ㊥・フ㊥/fù

字解 形声。口＋付㊟。ふく意。

意味 「吩咐(フンプ)」は、命じる、いいつける意。

1043 【咆】 5086 5276 99F4 口－5 ホウ(ハウ)㊥/páo/ほえる

字解 形声。口＋包(獣がほえる声の擬声語)㊟。ほえる意。のちに口を加えた。

意味 ほえる。獣がほえる。

【咆哮・咆吼(ホウコウ)】猛獣などがほえたけること。咆号。

1044 【味】 4403 4C23 96A1 口－5 常3 ミ㊦・ビ㊥/wèi/あじ・あじわう

[筆順] 味 味 味 味 味 味

[字解] 形声。口＋未（かすか）[声]。口でかすかな味を感じる、あじわう意。

[参考] 万葉仮名では音を借りて「み[乙]」。

[意味] ❶あじ。あじわい。舌で感じるあじ。『味覚』『酸味』『調味』＊史記-伍子胥伝「句践食不ㇾ重ㇾ味（コウセンしょくはあじをかさねず）〔=句践は、食事はたった一菜であった〕」❷ようす。心で感じるおもむき。『意味』『気味』『趣味』❸あじわう。おいしい。また、よく調べる。『味到』『味得』『味読』『玩味』『賞味』❹あて字など。『味方』『味噌』

❶あじ。あじわい。

[下接] 一味・加味・甘味・鹹味・玩味・苦味（クミ／にがみ）・香味・五味・酸味・滋味・正味・笑味・調味・珍味・美味・百味・風味・不味・無味・薬味・醍醐味

【味覚（ミカク）】舌で感じる、味の感覚。甘い、すっぱい、苦い、しおからい、など。

❷ようす。心で感じるおもむき。

[下接] 意味・気味・興味・詩味・地味・趣味・正味・情味・新味・禅味・淡味・茶味・中味・俳味・妙味・涼味／嫌味

❸あじわう。よく調べる。

[下接] 含味・玩味・吟味・賞味

【味到（ミトウ）】内容を十分に味わい知ること。

【味読（ミドク）】文章の内容や情味をよく味わって読むこと。

❹あて字など。

[下接] 赤味・丸味・青味泥・三味線

【味噌（ミソ）】[1]蒸したダイズに、麴と塩を混合して熟成させた食品。『味噌汁』[2]特に工夫や趣向をこらした点。自慢する点。『手前味噌』[3]①のような色や状態のもの。『蟹味噌』『脳味噌』

【味醂（ミリン）】[国]焼酎と蒸したもち米とを混ぜ、こうじを加えて醸造した調味用の甘い酒。

【味方（みかた）】[1]同一の敵にたちむかう仲間。↔敵。[2]加勢、支持すること。♥元来は「かた」の敬称「御方」で、「味方」はあて字が慣用化したもの。

1045 【呦】 ＊2087 口－5 ユウ（イウ）[漢]／yōu

[字解] 形声。口＋幼[声]。

[意味] しかの鳴く声のさま。また、むせび泣くさま。

【呦呦（ユウユウ）】[1]鹿の鳴き声の悲しげなさま。[2]悲しんでむせび泣くさま。

1046 【咊】 ―― 口－5 ワ 「和」(1211)の異体字

1047 【哇】 5087 5277 99F5 口－6 ワ[漢]・アイ[漢]／wā

[字解] 形声。口＋圭[声]。へつらう声、みだらな声の意。

[意味] ❶吐く。❷へつらう声。みだらな声。❸音訳字。『爪哇（ジャワ）』『布哇（ハワイ）』

1048 【咿】 ＊2124 口－6 イ[呉][漢]／yī

[字解] 形声。口＋伊[声]。わらう声、書物をよむ声の意。

[意味] いろいろな声のさま。

【咿唖（イア）】子供の片言交じりの声を表す語。

【咿喔（イアク）】[1]鶏などの鳴き声。[2]人にへつらい、笑うこと。[3]櫓をこぐ音。

【咿唔（イゴ）】書を読む声。むにゃむにゃ言うこと。唔咿。

1049 【咽】 1686 3076 88F4 口－6 エン[呉][漢]・エツ[漢]・イン[慣]／yān・yàn・yè・yīn／のど・のみど・のむ・むせぶ・むせる

[字解] 形声。口＋因（よる）[声]。食物や声・息がかかわる要所、のどの意。

[意味] ❶のど。また、要所。『咽喉』❷のむ。のみ下す。『咽下（エンカ）』❸むせぶ。むせる。『咽咽（エツエツ）』『嗚咽（オエツ）』『哽咽（コウエツ）』❹鼓の音のさま。『咽咽（インイン）』

【咽咽（インイン／エツエツ）】[1]（インイン）鼓の音の形容。[2]（エツエツ）むせび泣くこと。

【咽喉（インコウ）】[1]のど。のどぶえ。『耳鼻咽喉科』[2]必ず通らなければならない場所。要路。『咽喉を扼する〔=重要な場所を占める〕』

【咽下（エンカ／エンゲ）】のみこむこと。

1050 【咳】 1917 3331 8A50 口－6 カイ[漢]・ガイ[慣]／kē・kài・hāi／しわぶく・せき・せく

[字解] 形声。口＋亥[声]。

[意味] ❶せき。せきをする。『咳気』『咳嗽』『咳唾』『謦咳（ケイガイ）』『労咳（ロウガイ）』❷幼児が笑う。『咳嬰』

【咳嬰（ガイエイ）】笑い始めた頃の幼児。ちのみご。

【咳気（ガイキ）】せきをすること。また、せきの出る病気。

【咳嗽（ガイソウ）】せき。♥「嗽」も、せきの意。

【咳唾（ガイダ）】せきとつば。【咳唾成ㇾ珠（ガイダたまをなす）】口から出る言葉はすべて名句、名文と化するの意から、詩文の才能がすぐれているたとえ。〔晋書-夏侯湛（カコウタン）伝〕

1051 【喀】 5130 533E 9A5D 口－6 カク 「喀」(1106)の異体字

1052 【咥】 5090 527A 99F8 口－6 キ[漢]・テツ[漢]／xì・diē／わらう・くわえる

[字解] 形声。口＋至[声]。わらい声を表す。

[意味] ❶（キ）わらう。わらい声。❷（テツ）かむ。❸[国]くわえる。

1053 【咬】 5091 527B 99F9 口－6 コウ（カウ）[漢]／yǎo・jiāo／かむ

[字解] 形声。口＋交（交差する）[声]。かむ意。

[意味] ❶かむ。かじる。『鼠咬症（ソコウショウ）』『咬菜』『咬嚼』❷あて字。「咬𠺕吧（ジャガタラ）」は、インドネシアの首都ジャカルタの旧称。

【咬菜（コウサイ）】野菜をかじること。粗食に甘んじるたとえ。

【咬嚼（コウシャク）】かみこなすこと。また、字句をくわしく味わって読むこと。

1054 【哄】 5092 527C 99FA 口－6 コウ[漢]／hōng・hǒng・hòng／どよめき

[字解] 形声。口＋共（ともにする）[声]。多くの声の意。

[意味] どよめき。笑い声。大声で笑う。

【哄笑（コウショウ）】大口を開けて笑うこと。大声で笑うこと。

【哄然（コウゼン）】大声をあげて笑うさま。

1055 【哈】 5093 527D 99FB 口－6 ゴウ（ガフ）[漢]／hā

字解 形声。口＋合声。
意味 ❶魚が多い。❷すする。❸「哈爾浜ハルピン」は、中国黒竜江省の省都。

1056【咡】＊2112 口－6
ジ漢/ěr/ささやく
字解 形声。口＋耳声。くちもとの意。日本で、口を耳によせる会意とし、耳もとでささやく意に用いる。

1057【咲】2673 3A69 8DE7 口－6 常 (1058)【咲】口－6 旧字
ショウ(セウ)呉漢/xiào/さく・えむ・わらう
筆順 咲 咲 咲 咲 咲 咲
字解 形声。口＋关(=笑、わらう)声。わらう意。のちに口を加えた。日本では花がさく意に用いる。
参考 万葉仮名では訓を借りて「ゑ」。
意味 ❶わらう。「笑」に同じ。『戯咲ギショウ』『巧咲コウショウ』❷国 さく。花が開く。

1059【哂】5102 5322 9A41 口－6
シン漢/shěn/わらう
字解 形声。口＋西声。わらう意。『鼻哂ビシン』

1060【咤】5103 5323 9A42 口－6 (1008)【吒】口－3 (1038)【咤】＊2110 口－5
タ呉漢・ト漢/zhà/しかる
字解 形声。口＋宅(=乇、舌うちする音を表す擬声語)声。のち口を加えた。
意味 舌うちする。しかる。『叱咤シッタ』

1061【咩】＊2115 口－6
ミ呉・ビ漢/miē
字解 会意。口＋羊。ひつじが鳴く、またその声の意。
参考 万葉仮名では音を借りて「め甲」。

1062【咾】5104 5324 9A43 口－6
ロウ(ラウ)漢
字解 形声。口＋老声。こえの意。「咾別いかんべつ」は北海道にある地名、「咾分おとなぶん」は佐賀県にある地名。

1063【哘】5106 5326 9A45 口－6
さそう
字解 国字。会意。口＋行。一緒に行くよう誘う意。

【亟】⇩94

1064【唖】1602 3022 88A0 口－7
ア
「啞」(1081)の異体字

1065【唉】＊2141 口－7
アイ漢/āi・ài/ああ
字解 形声。口＋矣声。擬声語。ああ。＊史記-項羽本紀「唉、豎子不レ足ニ与謀一(ああ、ジュシともにはかるにたらざるなり)〔=ああ、小僧め、いっしょに(大事を)図るねうちはない〕」

1066【哦】5108 5328 9A47 口－7
ガ漢/é・ó
字解 形声。口＋我声。吟ずる、うたう、また、おどろきの声の意。
金文

1067【唏】5109 5329 9A48 口－7
キ漢/xī/なげく
字解 形声。口＋希声。
意味 なげく。いたみかなしむ。『噓唏キョキ』

1068【唁】＊2138 口－7
ゲン漢/yàn/とむらう
字解 形声。口＋言声。
意味 とむらう。不幸にあった人を訪ね見舞う。

1069【唔】5110 532A 9A49 口－7
ゴ漢/wú
字解 形声。口＋吾声。「咿唔イゴ」は、書を読む声。

1070【哽】5111 532B 9A4A 口－7
コウ(カウ)漢/gěng/むせぶ
字解 形声。口＋更(かたい)声。のどにかたいものがつかえたように、むせぶ・どもる意。
意味 むせびなく。どもる。
【哽咽コウエツ】むせび泣くこと。
【哽塞コウソク】悲しんで胸がふさがること。

1071【哮】5112 532C 9A4B 口－7
コウ(カウ)漢/xiāo/ほえる・たける
字解 形声。口＋孝声。
意味 ほえる。獣がほえる。『嗷哮キョウコウ』『咆哮ホウコウ』
【哮噬コウゼイ】①たけりほえてかみつくこと。②賊軍の威力のすさまじいこと。

1072【唆】2622 3A36 8DB4 口－7 常
サ漢/suō/そそのかす
筆順 唆 唆 唆 唆 唆 唆
字解 形声。口＋夋声。
意味 そそのかす。けしかける。『教唆キョウサ』『示唆シサ』

1073【哨】口－7 (1074)【哨】3005 3E25 8FA3 口－7 †
ショウ(セウ)漢/shào/みはり
字解 形声。口＋肖(小さい)声。口をすぼめる意。
意味 ❶口をすぼめる。口笛を吹く。『哨吶』❷見張り。ものみ。『哨戒機』『歩哨ホショウ』

❶口をすぼめる。口笛を吹く。
【哨吶サトツ】中国の吹奏楽器の一。チャルメラの一種。唐人笛。太平簫。さない。西アジアに発するスールナイの音訳という。
【哨哨ショウショウ】①ことばが多いさま。②ささやくさま。

❷見張り。ものみ。
【哨戒ショウカイ】敵の襲撃にそなえて、警戒すること。『哨戒艇』『対潜哨戒機』
【哨舎ショウシャ】物見の小屋。歩哨が詰めている小屋。
【哨兵ショウヘイ】見張りの兵。歩哨。

1075【啄】3479 426F 91ED 口－8 人 (1094)【啄】口－8 旧字
タク漢/zhuó/ついばむ・たたく
字解 啄は啄の略体。啄は形声。口＋豖(ついばむ音)

㊒。

意味 ❶ついばむ。＊戦国策・燕「鷸啄二其肉一〔=鷸が(蚌の)肉に食いついた〕」 ❷たたく。また、その音。『啄啄』『啐啄』 ❸永字八法の一。⬇〔永字八法〕の図六七三頁

【啄啄(タクタク)】 ①門をたたく音。②鶏が物をついばんで食べる音。

【啄木(タクボク)(きつつき)】 キツツキ科に属する鳥の総称。けら。

1076 【唖】 ―― 口－7 テイ㊥／はなひる

意味 はなひる。くしゃみをする。

1077 【唄】 1720 3134 8953 口－7 人 バイ㊡・ハイ㊥／bài／うた・うたう

字解 形声。口＋貝㊒。梵 pāṭhaka の音訳、唄匿の略。

意味 仏の功徳をほめたたえる歌。日本語で、うた。民謡。

下接 歌唄・梵唄／小唄・琴唄・地唄・長唄・端唄・鼻唄・舟唄

1078 【哺】 5114 532E 9A4D 口－7 ホ㊥／bǔ／はぐくむ

字解 形声。口＋甫(平らにしく)㊒。食べ物を舌の上にのせしく、ふくむ意。

意味 ❶ふくむ。口中に食物を入れる。また、口中にふくんだもの。『含哺鼓腹』『握髪吐哺』 ❷はぐくむ。口移しに食物を与える。『哺育』『哺乳』『反哺』

【哺育(ホイク)】 動物の親が子に乳、食べ物などを与えて、育てること。❤書き換え「哺育→保育」。

【哺乳(ホニュウ)】 乳を飲ませて育てること。『哺乳類』

【含ㇾ哺鼓ㇾ腹(ほをふくみはらをコす)(ガンポコフク)】 口の中に食物を含み、腹つづみを打つ。人民が平和な生活を楽しむさま。＊十八史略-五帝「有二老人一、含ㇾ哺鼓ㇾ腹、撃ㇾ壌而歌〔=老人が口の中に食物を含みながら腹つづみを打ち、足で地面を踏みならして歌った〕」

1079 【哩】 4373 4B69 9689 口－7 リ㊥／lǐ・lī／マイル

字解 形声。口＋里㊒。マイル(英 mile)の訳字。

意味 マイル。ヤードポンド法の長さの単位。一マイルは約一・六〇九キロメートル。

1080 【哢】 5115 532F 9A4E 口－7 ロウ㊥／lòng／さえずる

字解 形声。口＋弄㊒。

意味 ❶さえずり。さえずる。『鳥哢』 ❷(「弄」と混用して) あざける。からかう。『嘲哢』

1081 【唖】 ＊2164 口－8 (1064)【唖】 1602 3022 88A0 口－7 †

ア㊡・アク㊥／yǎ・yā・è

字解 形声。口＋亞(下にある)㊒。声が押さえつけられたようにつかえて出ない意。瘂は異体字。

意味 ❶ものが言えない。また、その人。『唖子』『唖然』『盲唖』『聾唖』 ❷カラスの鳴き声、笑い声、驚いてあげる声などの形容。『唖唖』『嘔唖』

【唖子(アシ)】 声で話すことができないこと。

【唖然(アゼン)】 驚きあきれて物も言えないさま。

【唖鈴(アレイ)】 (英 dumb bell の訳語) 柄の両端に球形(鈴の形)のおもりをつけた、筋肉鍛練の用具。亜鈴。『鉄唖鈴』

1082 【唵】 ＊2149 口－8 アン㊥／ǎn／ふくむ

字解 形声。口＋奄(おおう・ふくむ)㊒。ふくむ意。

意味 ❶ふくむ。ほおばる。❷(梵 oṃ の音訳) 神聖な儀式や真言(呪文)の最初に唱える語。

1083 【啀】 5117 5331 9A50 口－8 (1144)【嘊】 ＊2212 口－11

ガイ㊡㊥／yái・yá／いがむ

字解 形声。口＋厓㊒。

意味 犬が歯をむき出してかもうとする。いがみあう。

1084 【喝】 1969 3365 8A85 口－8 常 (1107)【喝】 ―― 口－9 旧字

カツ㊥・アイ㊡㊥／hè・hē／しかる

筆順 口 喝 喝 喝 喝 喝

字解 形声。口＋曷(とどめる)㊒。しかる意。

意味 大声でしかる。大声でおどす。『喝を入れる』

下接 威喝・一喝・恐喝・脅喝・虚喝・呼喝・大喝・恫喝・棒喝

【喝采(カッサイ)】 感心して声を上げ、手をたたいてはやすこと。やんやと褒めそやすこと。『拍手喝采』

【喝道(カツドウ)】 ①大声でしかりつけること。②貴人の通行の際、さきばらいすること。

【喝破(カッパ)】 誤りを正し、真実を説き明かすこと。物事を見抜いて堂々と言うこと。

1085 【啣】 5118 5332 9A51 口－8 カン 「銜」(8343)の異体字

1086 【唫】 ＊2147 口－8 キン㊥・ギン㊥／jìn・yín／うたう

字解 形声。口＋金(うもれた鉱物)㊒。口があわてる。気はせくが口がつまったようで、どもる。

篆文 唫

意味 ❶(キン) つぐむ。口をとじる。「噤」に通じる。❷(ギン) うたう。「吟」に同じ。

1087 【啌】 5119 5333 9A52 口－8 コウ(カウ)㊥

字解 形声。口＋空㊒。しかる・すすぐ意。

1088 【啐】 ＊2159 口－8 サイ㊥・ソツ㊞／cuì

字解 形声。口＋卒(にわかに)㊒。おどろいて急にさけぶ意。また、嘴でつつく意。「啐啄の機」は、逸してはならない好機の意。

1089 【唱】 3007 3E27 8FA5 口－8 常4 ショウ(シャウ)㊡㊥／chàng／となえる・うたう・うた

筆順 口 唱 唱 唱 唱 唱

字解 形声。口＋昌(あきらか)㊒。あきらかにいう、となえる、うたう意。

意味 ❶となえる。よみあげる。『一唱三嘆』『唱題』『唱和』『朗唱』 ❷うたう。また、うた。『唱歌』『合唱』『独唱』 ❸先に言いはじめる。みちびく。『夫唱婦随』『唱道』『唱導』『主唱』『提唱』

❶となえる。よみあげる。

下接 三唱・伝唱・復唱・奉唱・朗唱

【唱名】仏語。仏の名号をとなえること。称名。

【唱和】一人がとなえ、他の多くの者がこれに合わせてとなえること。『万歳を唱和する』

❷うたう。また、うた。

下接 哀唱・愛唱・詠唱・歌唱・合唱・吟唱・高唱・重唱・叙唱・斉唱・絶唱・低唱・独唱・輪唱

【唱歌】①歌をうたうこと。②国 明治以後昭和一六年までの学校教育での音楽授業の教科名。また、その教科その他で歌われた教育的歌曲。『文部省唱歌』

❸先に言いはじめる。みちびく。

下接 主唱・首唱・騶唱・提唱

【唱道】(「道」は言う意) 率先して言い出すこと。

【唱導】仏の教えを説いて、人を仏の道へ導くこと。

1090 【啜】 5121 5335 9A54 口－8 セツ㊥・テツ㊥/chuò/すする

字解 形声。口＋叕(つづる)㊥。息をつぎすいこむ意。

意味 ❶すする。くう。息とともにすすりこむ。『餔啜』❷すすり泣く。『啜泣』

1091 【唼】 ＊2152 口－8 ショウ(セフ)㊥㊥・ソウ(サフ)㊥/zā・shà・qiè/すする

字解 形声。口＋妾㊥。すする意。

1092 【唾】 3435 4243 91C1 口－8 ダ㊥・タ㊥/tuò/つ・つば・つばき

字解 形声。口＋垂(たれる)㊥。口からたれて出るつばきの意。

意味 つばき。つばきをはく。

下接 一唾・咳唾・棄唾・珠唾・涕唾／固唾・生唾・虫唾

【唾液】唾液腺から口中に分泌される液体。食物をやわらかくし、消化を助ける。つばき。つば。

【唾棄】つばを吐き捨てたくなるほど嫌い、軽蔑すること。『唾棄すべき輩』

【唾手】手につばきをつけること。物事が容易にできるたとえ。また、勇んで仕事にかかること。唾掌。

1093 【啅】 5122 5336 9A55 口－8 タク㊥・トウ(タウ)㊥/zhuó・zhào

字解 形声。口＋卓㊥。

意味 ❶さえずる。さえずる声。❷かまびすしいさま。❸ついばむ。

1094 【啄】 ―― 口－8 タク 「啄」(1075)の旧字

1095 【啖】 5123 5337 9A56 口－8 タン㊥/dàn/くらう・くらわす

(1096) 【啗】 5124 5338 9A57 口－8

字解 形声。口＋炎(盛んにもえるほのお)㊥。さかんに口にする、大食する意。

意味 ❶くらう。むさぼり食う。また、くらわす。『啖啖』『健啖』『餌啖』❷あて字。『啖呵』

【啖呵】国 鋭く歯切れのよい口調で言う威勢のいい言葉。『啖呵を切る〔＝胸のすくような口調でまくしたてる〕』♥「啖呵」はあて字。もと「痰火(＝痰の出る病気)」を治療するのを「痰火を切る」といい、これがなおると胸がすっきりするところから。

【啖啖】むさぼり食うさま。また、あせり飲むさま。

1097 【唸】 5125 5339 9A58 口－8 テン㊥/diàn・niàn/うなる・うなり

字解 形声。口＋念(とじたまま)㊥。うなる意。

意味 うなる。長く低い声を出す。また、鈍い音を出して長く鳴り響くこと。凧につけるしかけなど。

1098 【啁】 ＊2154 口－8 トウ(タウ)㊥・チュウ(チウ)㊥/tiáo・zhōu/さえずる

字解 形声。口＋周(広くゆきわたる)㊥。鳥の鳴き声のうち、大きいもの。大声。

篆文 

意味 ❶かまびすしい。うるさい。また、鳥のさえずる声。『啁哳』❷あざける。ばかにする。

【啁哳】鳥のぺちゃぺちゃとさえずる声。嘲哳。

1099 【唯】 4503 4D23 9742 口－8 常 ユイ㊥・イ(ヰ)㊥/wěi・wéi/ただ

筆順 唯 唯 唯 唯 唯 唯

字解 形声。口＋隹(即答する声)㊥。はいと即答する意。のちに口を加えた。借りて助字に用いる。

甲骨文 金文 篆文 

意味 ❶「はい」と答える返事の言葉。『唯諾』＊論語－里仁「曾子曰、唯〔＝曾子は「はい」と答えた〕」❷ただ。それだけ。限定を示す。「只」に同じ。＊論語－述而「唯我与爾有是夫〔＝ただわたしとお前とだけにできることであるなあ〕」

❶はい。返事のことば。

【唯唯】他人の言葉に少しも逆らわずに従うさま。

【唯唯諾諾】言いなりになるさま。〔韓非子－八姦〕

❷ただ。それだけ。

【唯一】ただ一つであること。『唯一無二』

【唯我独尊】この世界に我よりも尊いものはないということ。♥釈迦が生まれたときに唱えたという「天上天下唯我独尊」という言葉から。

【唯識】仏教で、一切の諸法は心が分別表象するにすぎず、その分別も実は非有であるとする考え方。

【唯心】①＝唯識。↔唯物。②精神的なものだけが真の実在であると考えること。↔唯物。『唯心論』

【唯物】精神の実在性を否定し、物質だけが真の実在だと考えること。↔唯心。『唯物弁証法』『唯物論』

1100 【唹】 5116 5330 9A4F 口－8 ヨ㊥

字解 形声。口＋於㊥。笑う意。また、笑う様子。

1101 【唳】 5126 533A 9A59 口－8 レイ㊥・レツ㊥/lì

字解 形声。口＋戾(声)。
意味 鳥が鳴く。また、ツルの声。『風声鶴唳(フウセイカクレイ)』

1102【啝】 5127 533B 9A5A 口－8 カ(クヮ)漢
字解 形声。口＋和(声)。したがう意。

1103【喑】 ＊2176 口－9 イン漢/yīn
字解 形声。口＋音(口に物を含みはっきり発音しない)(声)。ことばがはっきりしない意。音が別義になったため、のち口を加えて、この字義を明確にした。
意味 ❶はなすことができない。だまる。『喑啞』❷どなる。さけぶ。また、泣く。『喑噁叱咤』
【喑啞(インア)】聞くことや話すことのできないこと。
【喑噁叱咤(インオシッタ)】怒って大声でしかりつけること。

1104【喙】 5128 533C 9A5B 口－9 カイ(クヮイ)漢/huì/くちばし
字解 会意。口＋彖(豚)。豚のようにつき出た特徴をもつくち、くちばしの意。
意味 くちばし。『烏喙(ウカイ)』『鳥喙(チョウカイ)』『容喙(ヨウカイ)』＊戦国策-燕「蚌合而箝其喙(ボウガッしてそのくちばしをはさむ)」〔=蚌は貝がらを閉じて、(鷸(イツ)の)くちばしをはさんだ〕」

1105【喈】 ＊2173 口－9 カイ漢/jiē
字解 形声。口＋皆(ととのいそろう)(声)。
意味 声や音がそろう。調和する。『喈喈(カイカイ)』

1106【喀】 5129 533D 9A5C 口－9 (1051)【咯】 5130 533E 9A5D 口－6
カク漢/kè・kā/はく
字解 形声。口＋客(声)。
意味 はく。物や血をはく。
【喀痰(カクタン)】痰を吐くこと。また、吐き出された痰。
【喀血(カッケツ)】肺、気管支などから出血して、せきとともに血を吐き出すこと。

1107【喝】【―】 口－9 カツ「喝」(1084)の旧字

1108【喚】 2013 342D 8AAB 口－9 常 カン(クヮン)呉漢/huàn/よぶ・わめく
筆順 喚 喚 喚 喚 喚 喚
字解 形声。口＋奐(声)。
意味 ❶よぶ。よびよせる。よびだす。『喚起』『喚問』『召喚(ショウカン)』『千呼万喚(センコバンカン)』❷さけぶ。わめく。おめく。『喚声』『叫喚(キョウカン)』
【喚起(カンキ)】呼び起こすこと。『注意を喚起する』
【喚声(カンセイ)】大声で叫ぶ声。
【喚問(カンモン)】呼び出して問いただすこと。『証人喚問』

1109【喊】 5131 533F 9A5E 口－9 カン漢/hǎn/さけぶ
字解 形声。口＋咸(声を出しつくす)(声)。
意味 さけぶ。ときの声をあげる。『喊声』『吶喊(トッカン)』
【喊声(カンセイ)】大きな叫び声。鬨(とき)の声。

1110【喟】 5132 5340 9A5F 口－9 キ漢・カイ(クヮイ)漢/kuì/なげく
字解 形声。口＋胃(声)。
意味 なげく。ためいきをつく。
【喟然(キゼン)】ためいきをつく様子。＊論語-子罕「顔淵喟然歎曰、仰之弥高、鑽之弥堅(ガンエンキゼンとしてタンじていわく、これをあおげばいよいよたかく、これをきればいよいよかたし)」〔=顔淵がため息をついて言った、(先生の人格は)見上げれば見上げるほどますます高く、(その道徳の堅固さは)切り込めば切り込むほどますます堅い〕」

1111【喫】 2142 354A 8B69 口－9 常 (1112)【喫】【―】 口－9 旧字
ケキ漢・キッ慣/chī/くう・のむ・くらう
筆順 喫 喫 喫 喫 喫 喫
字解 形声。口＋契(きざむ)(声)。口中できざむ、くうの意。
意味 のむ。くう。くらう。すう。転じて、受け入れる。『一驚を喫する』『満喫(マンキツ)』
【喫煙(キツエン)】タバコを吸うこと。『喫煙室』
【喫驚(キッキョウ|びっくり)】おどろかされること。吃驚。
【喫緊(キッキン)】差し迫っていて、大切なさま。緊要。『喫緊の問題』
【喫茶(キッサ|キッチャ)】茶を飲むこと。『喫茶店』
【喫水(キッスイ)】船舶が水上にあるとき、船体の最下部から水面までの垂直距離。書き換え「吃水→喫水」。

1113【喁】 ＊2170 口－9 ギョウ漢・グ漢・グウ慣/yóng/あぎとう
字解 形声。口＋禺(声)。
意味 あぎとう。魚が口を水面に出して口をぱくぱくする。『喁喁』『噞喁(ケンギョウ)』
【喁喁(ギョウギョウ)】①魚が口を水面に出して、息をつくさま。転じて、どうしてよいかわからないで苦しむさま。②(口を上に向ける意から)尊いものを仰ぎ慕うさま。

1114【喧】 2386 3776 8C96 口－9 ケン漢/xuān/かしましい・かまびすしい・やかましい
字解 形声。口＋宣(声)。

意味 かまびすしい。やかましい。大声をたててわめく。『紛喧(フンケン)』＊陶潜-飲酒「而無車馬喧(しかもシャバのケンなし)」〔=それでも車馬のやかましい音は聞こえない〕」

【喧嘩(ケンカ)】①大声でさわぐこと。いさかい。②国言い争ったり、腕力を用いて争ったりすること。

【喧喧(ケンケン)】騒々しいさま。口やかましいさま。

【喧喧諤諤(ケンケンガクガク)】さまざまな意見が出て、口やかましいさま。「喧喧囂囂(ケンケンゴウゴウ)」と「侃侃諤諤(カンカンガクガク)」との混交語。

【喧喧囂囂(ケンケンゴウゴウ)】多くの人が口やかましくさわぎたてるさま。

【喧呼(ケンコ)】大きな声で呼びさけぶこと。

【喧囂(ケンゴウ)】やかましいこと。うるさくさわぐこと。

【喧擾(ケンジョウ)】さわがしいこと。

【喧然(ケンゼン)】さわがしいさま。

【喧争(ケンソウ)】口やかましく争うこと。

【喧噪・喧騒(ケンソウ)】人の声や物音がやかましいこと。

【喧闐(ケンテン)】やかましくさわぎたてること。

【喧伝(ケンデン)】さかんに言いはやすこと。

【喧鬧(ケンドウ)】さわがしいさま。

1115【喉】 2502 3922 8D41 口－9 コウ漢/hóu/のど・のみど
字解 形声。口＋侯(声)。

意味 のど。のどぶえ。また、かなめとなるところ。「喉頭」「咽喉(イン コウ)」「嬌喉(キョウ コウ)」「衿喉(キン コウ)」⬇〔顔〕の図一三二〇頁

【喉衿(コウキン)】①のどとえり首。②要害の地。また、大切なところ。要点。
【喉舌(コウゼツ)】①のどと舌。また、ことば。②君主の命令などをとりつぐこと。その役目の人。〔詩経-大雅・烝民〕
【喉頭(コウトウ)】咽頭(イントウ)に続く気管が始まる部分。「喉頭炎」
【喉痺(コウヒ)】のどの痛む病気。
【喉吻(コウフン)】①のどと口。②重要であること。

1116【喤】*2182 口-9 コウ(クヮウ)漢/huáng/ののしる
字解 形声。口+皇(おおきい)声。大声でなく声の意。
意味 なきわめく。大声でさわぐ。さわぎののしる。

1117【号虒】— — — 口-9 ゴウ「号」(917)の異体字

1118【啾】5134 5342 9A61 口-9 シュウ(シウ)漢/jiū/なく
字解 形声。口+秋(万物がしぼむあき)声。
意味 鳥や虫などの悲しげに鳴く声。すすり泣く。
【啾啾(シュウシュウ)】泣く声のか細いさま。「鬼哭啾啾(キコクシュウシュウ)」〔=浮かばれない霊魂の泣き声が聞こえるような、鬼気迫ってものすごいさま〕 *杜甫-兵車行「天陰雨湿声啾啾(テンクモリアメシメリテコエシュウシュウ)」〔=空が曇り、雨のしとしと降る時は、いかにもうらめしげに泣く声が聞こえる〕
【啾喞(シュウショク)】①小さな声で話すこと。②集まってがやがやとうるさいさま。

1119【喞】— — — 口-9 (1120)【唧】5136 5344 9A63 口-9
ショク漢・ソク慣/jī/なく・なげく・かこつ
字解 形声。口+即声。
意味 ❶虫などがなく。また、なげく。かこつ。「喞喞」「啾喞(シュウショク)」❷水をそそぐ。「喞筒(ショクトウ)」
【喞喞(ショクショク|ソクソク)】㊀(ショクショク)①虫のしきりに鳴く声。②悲しみ嘆いて泣くさま。㊁(ソクソク)ため息をつくさま。*白居易-琵琶行「又聞二此語一重喞喞(マタコノゴヲキキテカサネテソクソクタリ)」〔=その上にこの話を聞いて、いっそうため息をついた〕

【喞筒(ソクトウ|ショクトウ)】水や空気を送る筒。ポンプ。

1121【喘】5135 5343 9A62 口-9 セン漢・ゼン慣/chuǎn/あえぐ
字解 形声。口+耑(→遄、はやい)声。息づかいがはやい、あえぐ意。
意味 あえぐ。いきぎれする。せき。いき。「余喘(ヨゼン)」
【喘息(ゼンソク)】息をはきだすのが困難で、独特のぜいぜい鳴る発作性の呼吸困難を主な症状とする病気。「気管支喘息」

1122【喋】3593 437D 929D 口-9 チョウ(テフ)漢・トウ(タフ)漢/dié・zhá/しゃべる
字解 形声。口+枼(うすい)声。薄い舌がペラペラ動きしゃべる意。
意味 ❶よくしゃべる。「喋喋喃喃」❷すする。ぺろぺろなめる。
【喋喋(チョウチョウ)】しきりにしゃべるさま。
【喋喋喃喃(チョウチョウナンナン)】男女が睦言(むつごと)を交わしているさま。

1123【啼】5138 5346 9A65 口-9 タイ呉・テイ漢/tí/なく
字解 形声。口+帝声。なく意。
意味 ㋐人が涙を流してなく。さけぶ。㋑鳥や獣などがなく。「啼血」「啼鳥」「啼泣」「啼哭」「啼粧」
【啼泣(テイキュウ)】声をあげて泣くこと。
【啼血(テイケツ)】鳴いて血を吐くこと。ホトトギスの悲痛な鳴き声にいう。*白居易-琵琶行「杜鵑啼レ血猿哀鳴(トケンチニナキサルアイメイス)」〔=ホトトギスは血を吐きながら鳴き、サルは悲しげに鳴いている〕
【啼哭(テイコク)】声をあげて泣きさけぶこと。
【啼粧(テイショウ)】おしろいを塗って目の下だけ薄くぬぐう化粧法。泣いた顔のように見せるためのもの。
【啼鳥(テイチョウ)】鳴く鳥。さえずる鳥。*孟浩-春暁「春眠不レ覚レ暁、処処聞二啼鳥一(シュンミンあかつきをおぼえず、ショショテイチョウをきく)」〔=春の眠りの心地よさに、夜が明けたのも気づかなかったが、もうあちこちに鳥の鳴く音が聞こえてくる〕
【啼不レ住(なきてやまず)】鳴きやまない。絶えず鳴いていること。*李白-早発二白帝城一「両岸猿声啼不レ住(リョウガンのエンセイないてやまず)」〔=両岸で鳴く猿の声がとぎれない〕

1124【喃】5139 5347 9A66 口-9 ナン呉・ダン漢/nán/しゃべる
字解 形声。口+南声。
意味 ❶ぺちゃくちゃしゃべる。「喃語」「喃喃」「呢喃(デイナン)」❷国呼びかけの声。のう。
【喃語(ナンゴ)】①ぺちゃくちゃとしゃべること。②男女のむつごと。③乳児のまだ言葉にならない段階の発声。
【喃喃(ナンナン)】ぺちゃくちゃとしゃべり続けるさま。

1125【喩】5140 5348 9A67 口-9 ユ呉漢/yù・yú/さとす・たとえ・たとえる
字解 形声。口+兪(ぬきとる)声。疑問などをとりだしてさとす意。
参考 万葉仮名では音を借りて「ゆ」。
意味 ❶さとす。おしえさとす。さとる。はっきりわかる。「諭」に同じ。「喩告」「喩説」「訓喩(クンユ)」*論語-里仁「君子喩二於義一、小人喩二於利一(クンシはギにさとり、ショウジンはリにさとる)」〔=君子は道義に敏感であり、小人は利益に敏感である〕❷たとえる。たとえ。「喩言」「暗喩」「比喩」→下接。❸たのしむ。よろこぶ。「愉」に同じ。
下接 暗喩(アンユ)・隠喩(インユ)・喚喩(カンユ)・声喩(セイユ)・直喩(チョクユ)・比喩(ヒユ)・譬喩(ヒユ)・諷喩(フウユ)
【喩言(ユゲン)】たとえていうことば。
【喩告(ユコク)】口頭でさとしつげること。諭告(ユコク)。
【喩説(ユセツ)】さとし説くこと。諭説(ユセツ)。

1126【喇】5141 5349 9A68 口-9 ラツ漢・ラ唐/lǎ
字解 形声。口+剌声。
意味 ❶はやくち。しゃべり方が速いさま。❷音訳字。「喇叭(ラッパ)」「喇嘛(ラマ)」
【喇叭(ラッパ)】金管楽器の一。息を強く吹いて音を出す。また、その吹奏による合図。「起床喇叭」
【喇嘛(ラマ)】(チベ bla ma, bla-ma「上人(ショウニン)」「高徳の師」の意)ラマ教(=チベットの仏教)の高僧。

1127【喨】5142 534A 9A69 口-9 リョウ(リャウ)漢/liàng
字解 形声。口+亮(あかるい)声。あかるく澄んでひび

く声のさま。
[嘹喨（リョウリョウ）] 意味 音の清らかで遠くまでとおるさま。音の明るく澄みきったさま。『嚠喨（リュウリョウ）』

1128 【喰】 2284 3674 8BF2 口－9 くう・くらう
字解 国字。会意。口＋食。口でくう意。
意味 ❶くう。くらう。食べ物をくう。❷あて字。『漆喰（シックイ）』『馬喰（バクロウ）』

1129 【啗】 ―― 口－9 にげがむ
字解 国字。にげがむ。にれかむ。牛などが、食べたものを反芻（ハンスウ）する。

1130 【嗌】 ―― 口－10 エキ㊉・アク㊉・アイ㊉・エイ㊉/yì·ài/のど
篆文  重文 
字解 形声。口＋益㊟。のど。重文は、上部は口に、下部はすじのある頸に象った合体形の象形字。
意味 ❶（エキ）のど。のどをしめる。❷（アク）こびへつらって笑う声。また、そのさま。❸（アイ）むせぶ。むせる。のどにつかえる。

1131 【嗚】 5143 534B 9A6A 口－10 ウ㊁・オ（ヲ）㊉/wū/ああ
字解 形声。口＋鳥（カラスの鳴き声の擬声語）㊟。
参考 万葉仮名では音を借りて「を」。
意味 ああ。感心したりなげいたりするとき発する声。
[嗚咽（オエツ）] むせび泣くこと。『嗚咽が漏れる』
[嗚嗚然（オオゼン）] むせぶように声を引くさま。＊蘇軾－前赤壁賦「其声嗚嗚然、如レ怨如レ慕、如レ泣如レ訴（そのこえのオオゼンたること、うらむがごとくしたうがごとく、なくがごとくうったうるがごとし）」〔＝その音色はむせび泣くようで何かを恨むようであり、恋い慕うようでもあり、泣き悲しむようでもあり、訴えているようにも聞こえる〕」
[嗚呼（ああ｜オコ）] ①（ああ）嘆息する声。烏乎（ああ）。＊柳宗元－捕レ蛇者説「嗚呼、孰知下賦斂之毒、有中甚二是蛇一者上乎（ああ、たれかフレンのドク、このへびよりはなはだしきものあるをしらんや）」〔＝ああ、税を取り立てることの害毒が、この猛毒のヘビの害よりもひどいことを、いったいだれが知ろうか〕」②（オコ）おろかなこと。烏滸（オコ）。

1132 【嗅】 5144 534C 9A6B 口－10 キュウ（キウ）㊉/xiù/かぐ
字解 齅に同じ。齅は形声。鼻＋臭（においをかぐ）㊟。鼻でにおいをかぐ意。のち鼻が口に変わり、嗅となった。
意味 かぐ。においをかぐ。さぐる。『錯嗅（サッキュウ）』
[嗅覚（キュウカク）] においに刺激されて起こる感覚。臭覚。

1133 【嗛】 ＊2204 口－10 カン㊉・ケン㊉・キョウ（ケフ）㊉/xiǎn·qiǎn·qiè
字解 形声。口＋兼（あわせもつ）㊟。
意味 ❶（ケン）㋑足りない。『嗛嗛（ケンケン）』㋺へりくだる。「謙」に同じ。『嗛退（ケンタイ）』❷（カン）口にふくむ。❸（キョウ）あきたりる。「慊」に同じ。『嗛志（キョウシ）』

1134 【嗑】 ＊2193 口－10 コウ（カフ）㊉/kè/あう
字解 形声。口＋盍㊟。多めにいう。よくしゃべるさま。
篆文 
意味 ❶あう。上下の歯がかみ合う。❷しゃべるさま。『嗑嗑』

1135 【嗟】 5145 534D 9A6C 口－10 シャ㊉・サ㊝/jiē·juē/ああ・なげく
字解 形声。口＋差㊟。
意味 なげく。なげき悲しむ声。また、感嘆の声。
下接 怨嗟（エンサ）・咨嗟（シサ）・嘆嗟（タンサ）・長嗟（チョウサ）・咄嗟（トッサ）
[嗟傷（サショウ）] なげき悲しむこと。
[嗟賞（サショウ）] 感嘆してほめること。
[嗟嘆・嗟歎（サタン）] ①感心してほめること。②なげくこと。
[嗟乎・嗟呼（ああ）] 嘆息する声。嗚呼（ああ）。

1136 【嗄】 5146 534E 9A6D 口－10 サ㊉/shà/かれる・からす・しわがれる
字解 形声。口＋夏㊟。声がかれる、しわがれる意。

1137 【嗜】 5147 534F 9A6E 口－10 シ㊉/shì/たしなむ
字解 形声。口＋耆（→旨、うまい）㊟。うまいものを口にする、たしなむ意。
意味 このむ。また、むさぼる。日本語で、たしなむ。好みとして習慣がつく。
[嗜虐（シギャク）] 残虐な行為を好むこと。『嗜虐趣味』『嗜虐的』
[嗜好（シコウ）] 好んで親しむこと。また、好み。『嗜好が変わる』『嗜好品〔＝酒、タバコ、コーヒーの類〕』
[嗜癖（シヘキ）] ある物事を特に好きこのむ性癖。
[嗜欲・嗜慾（シヨク）] 欲望のままに好きなことをして楽しむこと。また、その欲。

1138 【嗤】 5148 5350 9A6F 口－10 シ㊉/chī/わらう
字解 形声。口＋蚩㊟。
意味 わらう。あざわらう。さげすみわらう。
[嗤笑（シショウ）] あざけり笑うこと。嘲笑（チョウショウ）。

1139 【嗔】 5149 5351 9A70 口－10 シン㊉/chēn/いかる
字解 形声。口＋眞（充満している）㊟。口につめこんでいる意。
意味 いかる。いかり。「瞋」に同じ。

1140 【嗉】 ＊2189 口－10 ソ㊉/sù
字解 形声。口＋素㊟。鳥類の食道の一部をいう。

1141 【嘆】 3518 4332 9251 口－10 常 （1152）【嘆】 ―― 口－11 旧字 人
タン㊁㊉/tàn/なげく・なげかわしい
筆順 
字解 会意。口＋難（なやむ）省。なやんでなげく意。また、口＋歎省㊟の形声字ともいう。歎に同じ。
意味 ❶なげく。かなしむ。ためいきをつく。『身の不幸を嘆ずる』『嘆願』『嘆声』『嘆息』『愁嘆（シュウタン）』『悲嘆（ヒタン）』❷たたえる。ほめる。感心する。『妙技に嘆ずる』『嘆賞』『嘆美』『驚嘆（キョウタン）』『讃嘆（サンタン）』

❶なげく。かなしむ。

3画 口口土士夊夂夕大女子宀寸小（⺌・⺍）尢（兀・尣）尸屮（屮）山巛（川）工己（已・巳）巾干幺广廴廾弋弓彐（ヨ・⺕）彡彳

下接 永嘆・怨嘆・慨嘆・浩嘆・嗟嘆・愁嘆・長嘆・痛嘆・悲嘆

【嘆願】(タンガン) 事情を詳しく述べて心から訴えること。『嘆願書』➡書き換え「歎願→嘆願」。

【嘆嗟】(タンサ) なげくこと。嘆息すること。歎嗟。

【嘆傷】(タンショウ) なげきいたむこと。

【嘆声】(タンセイ) なげいて、また感心して思わずあげる声。➡書き換え「歎声→嘆声」。

【嘆息】(タンソク) なげいてためいきをつくこと。また、そのためいき。➡書き換え「歎息→嘆息」。

❷ たたえる。ほめる。感心する。

下接 詠嘆・歌嘆・感嘆・驚嘆・賛嘆・讃嘆・自嘆・賞嘆・称嘆・一唱三嘆

【嘆賞・嘆称】(タンショウ) 感心して褒めたたえること。『人々の嘆賞の的となる』➡書き換え「歎賞→嘆賞」。

【嘆美】(タンビ) 感心して褒めること。➡書き換え「歎美→嘆美」。

1142 【嗎】 * 2192 口-10 バ漢/mǎ

字解 形声。口＋馬声。罵の俗字。

意味 ❶現代中国語で、外来語の音訳に用いる。『嗎啡(モルヒネ)』［=モルヒネ］ ❷現代中国語で、疑問・反語を示す文末の語気助詞。…か。

1143 【嘔】 5150 5352 9A71 口-11 オウ漢・ク漢/ōu·ǒu·xū/はく

字解 形声。口＋區声。こどもの声の意。また、謳に同じく、うたう意。

意味 ❶はく。はき出す。もどす。『嘔吐』 ❷うたう。うた。うた声。また、やかましい声。『嘔啞』

【嘔啞】(オウア) 物事や声などのうるさいさま。*白居易-琵琶行「嘔啞嘲哳難レ為レ聴(オウアチョウタツきくをなしがたし)」［=乱雑な調子はずれの音で、聞き苦しい］

【嘔吐】(オウト)〔へど〕 食べた物を吐き戻すこと。また、吐きけ。『嘔吐を催す』

1144 【嘊】 * 2212 口-11 ガイ 「啀」(1083)の異体字

1145 【嘐】 * 2216 口-11 コウ(カウ)漢/xiāo

字解 形声。口＋翏(高く飛ぶ)声。声の大きいさま。

意味 大げさにいう。大きなことをいう。『嘐嘐(コウコウ)』

1146 【嗷】 5151 5353 9A72 口-11 ゴウ(ガウ)漢/áo/やかましい・かまびすしい

字解 形声。口＋敖(気ままにする)声。

意味 やかましいさま。かまびすしい。また、その声。

【嗷嗷】(ゴウゴウ) 口やかましいさま。囂囂(ゴウゴウ)。

【嗷訴】(ゴウソ) 徒党を組んで訴えること。強訴(ゴウソ)。

1147 【嘖】 5152 5354 9A73 口-11 サク漢/zé/さけぶ・さいなむ

字解 形声。口＋責声。

意味 言いはやすさま。やかましいさま。また、しかる。責める。『呵嘖(カシャク)』

【嘖嘖】(サクサク) 口々にほめて言いはやすさま。『好評嘖嘖』

1148 【嘈】 * 2211 口-11 ソウ(サウ)漢/cáo

字解 形声。口＋曹声。

意味 やかましいさま。ざわつくさま。

【嘈然】(ソウゼン) ①風のさわがしく吹くさま。②やかましくさわがしいさま。

【嘈嘈】(ソウソウ) 声や物音が騒々しいさま。*白居易-琵琶行「大絃嘈嘈如ニ急雨一(タイゲンはソウソウとしてキュウウのごとし)」［=大絃は騒がしく、まるで夕立ちの音を聞くようである］

1149 【嗾】 5153 5355 9A74 口-11 ソウ漢/sǒu/けしかける・そそのかす

字解 形声。口＋族(↓促、うながす)声。うながす、けしかける意。

意味 けしかける。そそのかす。『指嗾(シソウ)』『使嗾(シソウ)』

1150 【嗽】 5154 5356 9A75 口-11 ソク漢・ソウ漢・シュウ(シウ)漢/sù·sòu·shù/うがい・くちすすぐ・くちそそぐ・すすぐ

字解 形声。口＋欶(口を小さくする)声。うがいをする、せきをする意。

参考 万葉仮名では音を借りて「そ甲」。

意味 ❶すすぐ。くちそそぐ。うがいをする。「漱」に同じ。『盥嗽(カンソウ)』『含嗽(ガンソウ)』 ❷せき。しわぶき。『咳嗽(ガイソウ)』 ❸すする。

1151 【噌】 3325 4139 9158 口-11 ソウ 「噌」(1165)の異体字

1152 【嘆】 ― ― 口-11 タン 「嘆」(1141)の旧字

1153 【嘛】 5155 5357 9A76 口-11 バ漢・マ慣/mā

字解 形声。口＋麻声。「喇嘛(ラマ)」はチベット bla-ma の音訳。ラマ教の高僧。

1154 【嗹】 5156 5358 9A77 口-11 レン漢/lián

字解 形声。口＋連(まとめつらねる)声。

意味 (英 ream の音訳)洋紙を数える単位。日本では一〇〇〇枚(古くは五〇〇枚)を一嗹とする。「連」とも書く。

［鳴］ ⇩ 9451

1155 【噎】 5157 5359 9A78 口-12 エツ漢・イツ漢/yē/むせぶ・むせる

字解 形声。口＋壹(ふさぐ)声。口を食物が一杯にふさぐ意。

意味 むせぶ。のどにつかえる。『膈噎(カクイツ)』

1156 【嘩】 1862 325E 89DC 口-12 カ(クヮ)漢/huā·huá

字解 形声。口＋華声。やかましい意。譁に同じ。

1157 【嘻】 * 2226 口-12 キ呉漢/xī/ああ

字解 形声。口＋喜声。

意味 ❶たのしむ。よろこぶ。『嘻嘻』『嘻笑』 ❷ああ。感嘆したときの声のさま。

【嘻嘻】(キキ) 喜び笑うさま。また、満足するさま。嬉嬉。

【嘻笑(キショウ)】①喜び笑うこと。②むりに笑うこと。へつらい笑うこと。

1158 【嘰】 *2221 口-12 キ漢\jī
字解 形声。口＋幾(小さい)声。少しだけたべる意。

1159 【噏】 *2238 口-12 キュウ(キフ)漢\xī
字解 形声。口＋翕(あわせあつめる)声。口をすぼめす う意。

1160 【嘘】 1719 3133 8952 口-12 キョ漢\xū/うそ
字解 形声。口＋虚(息をはく音)声。息をはく、うそぶく意。
意味 ❶ふく。ゆっくり息をはく。うそぶく。『嘘唏』『嘘吸』『吹嘘(スイキョ)』 ❷国うそ。いつわり。『嘘言』『嘘八百(うそハッピャク)』
【嘘唏(キョキ)】ため息をついて嘆くこと。すすり泣くこと。
【嘘吸(キョキュウ)】呼吸。
【嘘言(キョゲン|キョゴン)】国うそ。そらごと。虚言。

1161 【嚙】 1990 337A 8A9A 口-12 ゴウ「嚙」(1196)の異体字

1162 【噍】 *2237 口-12 ショウ(セウ)漢・シュウ(シウ)漢\jiào・jiāo・jiū/かむ
字解 形声。口＋焦声。
意味 ❶かむ。食う。食べる。『噍類』 ❷小鳥が鳴く。転じて、声がせわしい。あせる。
【噍類(ショウルイ)】食物をとって生活するもの。生物。

1163 【嘱】 3092 3E7C 8FFA 口-12 常 (1210)〔囑〕 5186 5376 9A96 口-21 旧字
ゾク呉・ショク漢\zhǔ/たのむ・まかせる
筆順 嘱 嘱 嘱 嘱 嘱
字解 嘱は囑の略体。囑は形声。口＋屬(つきしたがう)声。口でしたがわせる、たのむ意。
意味 ❶たのむ。まかせる。ゆだねる。言いつける。『嘱託』『委嘱』『依嘱』 ❷つける。よせる。かける。『嘱望』『嘱目』

❶ たのむ。まかせる。

下接 委嘱(イショク)・依嘱(イショク)・遺嘱(イショク)・戒嘱(カイショク)・付嘱(フショク)
【嘱託(ショクタク)】①頼んでまかせること。『嘱託殺人』②国正規の社員や職員としてではなく、ある業務、事務に携わることを依頼すること。また、依頼された人。『嘱託社員』
【嘱命(ゾクメイ|ショクメイ)】一身をまかせてたよること。

❷ つける。よせる。かける。

【嘱望(ショクボウ)】前途や将来に大きな望みをかけること。『彼は会社で大いに嘱望されている』
【嘱目(ショクモク)】①その人の行動に目をつけていること。『万人嘱目のまと』②目に触れること。『嘱目詠〔=即興的に目に触れたものを詠むこと〕』

1164 【嘶】 5161 535D 9A7C 口-12 セイ漢\sī/いななく
字解 形声。口＋斯声。
意味 ❶いななく。馬がなく。『長嘶(チョウセイ)』 ❷むせぶ。むせび鳴く。

1165 【噌】 ―― 口-12 † (1151)〔噌〕 3325 4139 9158 口-11 †
ソウ(サウ)漢・ソ慣\cēng/やかましい・かまびすしい
字解 形声。口＋曾(重なる)声。かまびすしい意。
意味 ❶やかましい。かまびすしい。❷「味噌(ミソ)」は、調味料の名。

1166 【噂】 ―― 口-12 (1167)〔噂〕 1729 313D 895C 口-12 †
ソン呉漢\zǔn/うわさ
字解 形声。口＋尊声。多くの人が集まってしゃべる、日本語で、うわさする、また、そのうわさの意。

1168 【嘽】 *2228 口-12 タン漢・セン漢\tān・chǎn/あえぐ
字解 形声。口＋單声。
意味 ❶(タン)あえぐ。❷(セン)ゆったりとしたさま。

1169 【噉】 *2235 口-12 ダン呉・タン漢\dàn/くう・くらう
字解 形声。口＋敢(あえてする)声。
意味 食らう。食う。また、むさぼる。『噉食(タンショク)』

1170 【嘲】 5162 535E 9A7D 口-12 チョウ(テウ)呉・トウ(タウ)漢\cháo・zhāo/あざける
字解 形声。口＋朝声。
意味 あざける。見下して笑う。『自嘲(ジチョウ)』
【嘲謔(チョウギャク)】あざけりからかうこと。
【嘲笑(チョウショウ)】あざけり笑うこと。
【嘲哳(チョウタツ|トウタツ)】①鳥のにぎやかなさえずり。②ぺちゃくちゃしゃべる声。③調子はずれな楽器の音。＊白居易-琵琶行「嘔啞嘲哳難レ為レ聴(オウアチョウタツきくをなしがたし)〔=乱雑な調子はずれの音で、聞き苦しい〕」
【嘲罵(チョウバ)】あざけりののしること。
【嘲弄・嘲哢(チョウロウ)】ばかにしてなぶること。愚弄。

1171 【嘸】 5163 535F 9A7E 口-12 ブ漢\fǔ/さぞ
字解 形声。口＋無(ない)声。はっきりしないさま。
意味 ①はっきりしないさま。②国さぞ。さだめし。推量の意を示す。

1172 【噴】 4214 4A2E 95AC 口-12 常 (1188)〔噴〕 ―― 口-13 旧字
ホン漢・フン慣\pēn・pèn/ふく
筆順 噴 噴 噴 噴 噴 噴
字解 噴は噴の略体。噴は形声。口＋賁(ふきでる)声。
意味 ❶ふく。吹き出す。吐き出す。『噴火』『噴出』『噴水』『自噴(ジフン)』 ❷しかる。しかりつける。
【噴煙(フンエン)】火山などが噴き出す煙。
【噴火(フンカ)】火を吹くこと。溶岩・火山ガス・火山砕屑(サイセツ)物が地表に噴出すること。
【噴射(フンシャ)】強く噴出させること。
【噴出(フンシュツ)】狭いところから勢いよく噴き出ること。また、強く噴き出すこと。
【噴水(フンスイ)】①噴き出る水。『噴水井戸』②水が噴きあがるように作ってある装置。また、その水。
【噴騰フントウ】勢いよく噴きあがること。
【噴薄フンパク】流れが勢いづいて激しく迫ること。
【噴飯フンパン】思わず食べかけの飯を噴き出してしまうほどのばからしさ。『この答弁は噴飯ものだ』

1173【嘿】＊2229 口-12 ボク漢/mò
字解 形声。口+黑(くらくてみえない)声。
意味 だまる。静か。「默」に同じ。

1174【嘹】＊2225 口-12 リョウ(レウ)漢/liáo
字解 形声。口+尞(あきらか)声。遠くまできこえる声の意。
意味 鳴く。また、声の遠くまで聞こえるさま。

1175【噯】＊2248 口-13 アイ漢/ài/おくび
字解 形声。口+愛声。
意味 ❶はく息。あたたかい気。❷おくび。げっぷ。
【噯気おくび】胃の中にたまったガスが口の外へ出るもの。げっぷ。『噯気にも出さない〔=口に出さず、それらしい様子すらも見せない〕』

1176【噫】5164 5360 9A80 口-13 イ呉漢・アイ呉漢・オク慣/yī・ài/ああ・おくび
字解 形声。口+意(ことばにならぬこころ)声。
意味 ❶ああ。感嘆・悲痛・なげきを表す声。『噫乎』＊論語-先進「噫、天喪レ予、天喪レ予ああ、テンわれをほろぼせり、テンわれをほろぼせり〔=ああ、天が私を滅ぼされた、天が私を滅ぼされた〕」❷おくび。げっぷ。
【噫気アイキ】①吐き出す息。転じて、風。②おくび。
【噫乎・噫嘻ああ】感嘆する声。

1177【噦】＊2245 口-13 エツ(ヱツ)漢・カイ(クヮイ)漢/yuě・huì/しゃくる・しゃっくり
字解 形声。口+歳声。
意味 ❶(エツ)しゃっくり。しゃくりあげる。❷(カイ)ゆったりしたさま。

1178【噲】＊2250 口-13 カイ(クヮイ)漢/kuài/のど・のみど
字解 形声。口+會(あう)声。声や息があつまりくるところ、のどの意。

1179【噶】— 口-13 カツ漢・ガ慣/gá・gě
字解 形声。口+葛声。
意味 「吐噶喇とから列島」は、鹿児島県の地名。

1180【噱】＊2249 口-13 キャク漢/jué・xué
字解 形声。口+豦声。
意味 おおいにわらう。『一噱イッキャク〔=一笑〕』

1181【噤】5165 5361 9A81 口-13 キン漢/jìn/つぐむ
字解 形声。口+禁(とじこめる)声。とじこめて口にしない、口をつぐむ意。

1182【噞】＊2240 口-13 ゲン漢・ケン慣/yǎn/あぎとう
字解 形声。口+僉声。
意味 あぎとう。魚があごをぱくぱくさせるさま。
【噞喁ケンギョウ・ゲンギョウ】魚が水面に口を出して呼吸すること。転じて、はげしく口論すること。

1183【嘴】5160 535C 9A7B 口-13 シ漢/zuǐ/くちばし・はし
字解 形声。口+觜(つき出たところ)声。つき出たところ、くちばしの意。のち口を加えた。
意味 くちばし。くちばしのように突き出たところ。
下接 砂嘴サシ・蠟嘴しめ・鶴嘴つるはし

1184【嘯】5166 5362 9A82 口-13 ショウ(セウ)呉漢・シツ漢/xiào/うそぶく・ふく
字解 形声。口+肅(つつしみちぢむ)声。口をすぼめうそぶく意。
意味 うそぶく。口をすぼめて声を出す。口笛を吹く。また、声を長く引いて歌を歌う。うなる。
下接 猿嘯エンショウ・海嘯カイショウ・虎嘯コショウ・長嘯チョウショウ
【嘯傲ショウゴウ】俗事を超越して自由にふるまうこと。
【嘯風弄月ショウフウロウゲツ】風月を友として詩歌などに興じること。♥風にうそぶき月をもてあそぶ意。

1185【噬】5167 5363 9A83 口-13 ゼイ呉・セイ漢/shì/かむ
字解 形声。口+筮声。
参考 万葉仮名では音を借りて「ぜ」。
意味 かむ。くう。くいつく。
下接 齧噬ゲツゼイ・哮噬コウゼイ・呑噬ドンゼイ・搏噬ハクゼイ・反噬ハンゼイ
【噬嗑ゼイコウ】易の六十四卦の一。☲☳。あごの中に物のある様子で、かみあう意。また、牢に捕らえられる意。
【噬臍・噬斉ゼイセイ・ほぞをかむ】へそをかもうとしても口が届かないところから、後悔してもとりかえしがつかないことのたとえ。〔揚雄-太玄賦〕

1186【噪】5168 5364 9A84 口-13 ソウ(サウ)漢/zào/さわぐ
字解 形声。口+喿声。譟に同じ。さわぐ、さわがしいの意。

1187【噸】3853 4655 93D3 口-13 トン慣/dūn
字解 形声。口+頓声。国字だが中国でも用いる。
意味 (英 ton の音訳)トン。㋑重量の単位。記号t。一トンは一〇〇〇キログラム。『英噸エイトン』『米噸ベイトン』㋺艦艇や船舶の重量や容積を表す単位。

1188【噴】— 口-13 フン 「噴」(1172)の旧字

1189【噺】4024 4838 94B6 口-13 はなし
字解 国字。会意。口+新。新奇なことをはなす意。
意味 はなし。ものがたり。『御伽噺おとぎばなし』

1190【嚇】1937 3345 8A64 口-14 常 カク漢・カ漢/xià・hè/いかる・おどす
筆順

3画 口囗土士夂夊夕大女子宀寸小(⺌・⺍)尢(尣・兀)尸屮(屮)山巛(川)工己(已・巳)巾干幺广廴廾弋弓彐(⺕・彑)彡彳

字解 形声。口＋赫(まっか)声。真っ赤になるほどはげしくいかる意。
意味 ❶いかる。はげしくおこる。『嚇怒』❷おどす。おどかす。『威嚇イカク』『恐嚇キョウカク』『脅嚇キョウカク』
【嚇怒カクド】激しく怒ること。激怒。

1191 【嚆】 5169 5365 9A85 口-14 コウ(カウ)漢/hāo/さけぶ
字解 形声。口＋蒿声。
意味 ❶叫ぶ。❷鳴る。矢が鳴る。
【嚆矢コウシ】①かぶら矢。②物事の初め。最初。〔荘子-在宥〕『解剖医学の嚆矢』▶②は、昔、中国で、かぶら矢を、戦いの初めに射たところから。

1192 【嚅】 ＊2253 口-14 ジュ漢/rú
字解 形声。口＋需声。
意味 しつこくしゃべる。『囁嚅ショウジュ』

1193 【嚔】 5174 536A 9A8A 口-14 テイ「嚏」(1197)の異体字

1194 【嚀】 5170 5366 9A86 口-14 ネイ漢/níng
字解 形声。口＋寧声。
意味 ねんごろなさま。「寧」に同じ。『叮嚀テイネイ』

1195 【嚊】 5171 5367 9A87 口-14 ヒ漢/pì/かか・かかあ
字解 形声。口＋鼻(はな)声。はなから息を出す意。
意味 ❶いびき。はないき。❷国かか。かかあ。自分の、また、他人の妻をぞんざいにいう語。嬶。

1196 【嚙】 ＊2258 口-15 ゴウ(ガウ)漢/niè/かむ
(1161)【噛】 1990 337A 8A9A 口-12 †
字解 会意。口＋齒。かむ意。齧に同じ。
意味 かむ。上下の歯をかみ合わせる。『獅嚙しがみ』

1197 【嚏】 5173 5369 9A89 口-15 テイ漢/tì/くさめ・くしゃみ・はなひる
(1193)【嚔】 5174 536A 9A8A 口-14
字解 形声。口＋疐声。くしゃみの意。

1198 【嚠】 5172 5368 9A88 口-15 リュウ(リウ)漢/liú
字解 形声。口＋劉声。瀏に同じ。
意味 楽器などのよくとおる音。
【嚠喨リュウリョウ】楽器の音などがさえわたって響くさま。

1199 【嚥】 5175 536B 9A8B 口-16 エン呉漢/yàn/のむ・のみこむ
字解 形声。口＋燕声。咽に同じ。
意味 のど。また、のむ。のみこむ。
【嚥下エンカ・エンゲ】物を飲み下すこと。咽下。

1200 【嚬】 ＊2268 口-16 ヒン漢/pín/ひそめる
字解 形声。口＋頻(ひそめる)声。ひそめる意。
意味 ひそめる。まゆをひそめる。また、ひそみ。「顰」に同じ。
【嚬蹙・嚬戚ヒンシュク】眉をひそめること。非難・不快の意を表す。『嚬蹙を買う〔＝不快な思いをさせ、嫌われる〕』
【嚬呻ヒンシン】顔をしかめてうめくこと。

1201 【嚶】 5177 536D 9A8D 口-17 オウ(アウ)漢/yīng
字解 形声。口＋嬰声。
意味 鳥が鳴く。
【嚶嚶オウオウ】鳥が互いに鳴き合っているさま。
【嚶鳴オウメイ】鳥が仲良く鳴き交わしたり、友を求めて鳴いたりすること。転じて、友人同士が仲良く語り合うこと。〔詩経-小雅・伐木〕

1202 【嚼】 5180 5370 9A90 口-18 シャク呉漢/jiáo・jué/かむ
字解 形声。口＋爵声。
意味 かむ。かみくだく。かみしめる。『咀嚼ソシャク』
【嚼齧シャクゲツ】(「齧」もかむ意)歯でかむこと。

1203 【囁】 5181 5371 9A91 口-18 ショウ(セフ)呉漢/niè/ささやく
字解 形声。口＋聶(耳をよせてささやく)声。ささやく意。のちに口を加えた。
意味 ささやく。ひそひそと小さな声で話す。
【囁嚅ショウジュ】①ささやく。②口ごもるさま。③べらべらしゃべるさま。

1204 【囃】 5182 5372 9A92 口-18 ソウ(サフ)呉漢/cā/はやし・はやす
字解 形声。口＋雜(まじる)声。
意味 ❶はやす。はやし。声をあげて歌曲の調子を引き立てる。❷国囃子はやしを奏する。また、声をそろえて言いたてる。

1205 【囀】 5183 5373 9A93 口-18 テン呉漢/zhuàn/さえずる
字解 形声。口＋轉声。
意味 さえずる。小鳥がしきりに鳴く。『鶯囀オウテン』

1206 【囈】 5184 5374 9A94 口-19 ゲイ漢/yì/うわごと
字解 形声。口＋藝声。
意味 うわごと。たわごと。とりとめのない言葉。

1207 【囉】 ＊2275 口-19 ラ呉漢/luō
字解 形声。口＋羅声。
参考 万葉仮名では音を借りて「ら」。
意味 歌を助ける声。また、言語のもつれみだれたさま。

1208 【囎】 5185 5375 9A95 口-19
字解 国字。「囎唹郡そおぐん」は鹿児島県の地名。現在は「曽於郡」と書く。

1209 【囓】 5187 5377 9A97 口-21 ゲツ「齧」(9656)の異体字

1210 【囑】 5186 5376 9A96 口-21 ショク「嘱」(1163)の旧字

口

[加]⇩695 [如]⇩1572

1211 【和】 4734 4F42 9861 口－5 常3 (1046)〔咊〕二二 口－5

ワ㊇・カ(クヮ)㊈・オ(ヲ)㊋/hé・huō・hè・huò/やわらぐ・やわらげる・なごむ・なごやか・あえる・なぐ・やまと

筆順 和 和 和 和 和 和

字解 形声。口＋禾(→會、あう)㊐。人の声が調和する・やわらぐ意。

金文  篆文 

同属字 啝

参考 万葉仮名では音を借りて「わ」。平仮名「わ」、片仮名「ワ」の字源。

意味 ❶なごやか。おだやか。ほどよい。『和気藹藹』『温和』『柔和』❷やわらげる。仲よくする。気が合う。合意する。『チームの和』『和光同塵』『和解』『和議』『和睦』『講和』『平和』＊孟子-公孫丑下「地利不レ如ニ人和一(チのリはひとのワにしかず)」〔=地の利があっても、人の和がなければうまくいかない〕❸合わせる。一緒になる。また、あえる。ととのう。『三角形の内角の和』『和音』『和合』『協和』『調和』＊史記-項羽本紀「美人和レ之(ビジンこれにワす)」〔=虞美人も声を合わせてうたった〕❹…と。「与」に同じ。❺国日本。日本語。『和洋折衷』『和歌』『和室』『漢和(カンワ)』❻国「和泉国(いずみのくに)」は、畿内五か国の一。今の大阪府南部。泉州。❼あて字、固有名詞など。『和尚(オショウ)』

❶ なごやか。おだやか。ほどよい。

下接 安和(アンワ)・温和(オンワ)・穏和(オンワ)・閑和(カンワ)・淳和(ジュンワ)・清和(セイワ)・静和(セイワ)・柔和(ニュウワ)・陽和(ヨウワ)／日和(ひより)

【和悦・和兌(ワエツ)】心をやわらげ、よろこぶこと。

【和気(ワキ)】なごやかな気分、雰囲気。【和気藹藹・和気靄靄(ワキアイアイ)】なごやかな気分の満ちているさま。

【和煦(ワク)】春の日ざしののどかで暖かいこと。

【和順(ワジュン)】①気候が穏やかで順調であること。②気質が穏やかであること。③穏やかに従うこと。

【和風(ワフウ)】やわらかく吹く風。穏やかな風。→❺

【和楽(ワラク)】なごやかに楽しむさま。

❷ やわらげる。仲よくする。合意する。

下接 休和(キュウワ)・講和(コウワ)・親和(シンワ)・人和(ジンワ)・不和(フワ)・撫和(ブワ)・平和(ヘイワ)・宥和(ユウワ)・融和(ユウワ)・雍和(ヨウワ)・付和雷同(フワライドウ)

【和解(ワカイ)】争いをやめて仲直りすること。『和解が成立する』『和解に応じる』

【和議(ワギ)】和睦(ワボク)の評議。仲直りの相談。

【和協(ワキョウ)】親しんで心を合わせること。

【和合(ワゴウ)】うちとけてやわらぎ合うこと。仲良くすること。『夫婦和合』→❸

【和光同塵(ワコウドウジン)】①優れた学徳や才能を深く包んで、世俗に交じり合うこと。〔老子-五六〕②仏菩薩(ブツボサツ)が、威光をやわらげ、仮の姿で俗世に現れること。

〖和而不レ同(ワしてドウぜず)〗人と争いはしないが、自分の意見を持っていて、むやみに他人の言動に従わない。＊論語-子路「君子和而不レ同。小人同而不レ和(クンシはワしてドウぜず。ショウジンはドウじてワせず)」〔=君子は協調はするが雷同しない。小人は雷同はするが協調しない〕

【和親(ワシン)】仲良くすること。特に、国家間の親睦(シンボク)。

【和戦(ワセン)】①仲直りすることと戦うこと。『和戦両様の構え』②戦争をやめて和解すること。『和戦交渉』

【和衷(ワチュウ)】心の底からなごむこと。また、心を合わせて物事をすること。『和衷協同』

【和糴(ワテキ)】政府が民間から合意のうえで米を買い上げること。

【和平(ワヘイ)】争っていた国が仲直りし、平和になること。平和。『和平工作』『和平交渉』

【和睦(ワボク)】争っていた人や国が、争いをやめて仲直りすること。和解。講和。『両国の和睦が調う』

【和穆(ワボク)】うちとけてむつみあうこと。

〖以レ和為レ貴(ワをもってたっとしとなす)〗和合の道を守ることがもっとも重要である。〔礼記-儒行〕▶日本の十七条憲法の一条でもある。

❸ 合わせる。一緒になる。

下接 諧和(カイワ)・共和(キョウワ)・協和(キョウワ)・混和(コンワ)・唱和(ショウワ)・随和(ズイワ)・総和(ソウワ)・大和(ダイワ)・中和(チュウワ)・調和(チョウワ)・飽和(ホウワ)

【和韻(ワイン)】他人から詩を贈られたときなどに、それにこたえて、その詩と同じ韻字を用いて詩を作ること。

【和音(ワオン)】音楽で、高さの違う二つ以上の音が同時に響いて合成された音。和弦。→❺

【和羹(ワコウ・カコウ)】①種々の菜を混ぜ合わせて調理した吸物。②君主を補佐して、政事を整え治めること。

【和合(ワゴウ)】二つ以上のものを混ぜ合わせること。組んで一つにすること。→❷

【和声(ワセイ)】複数の和音の連結。旋律、リズムと共に西洋音楽の三要素。ハーモニー。『和声法』

❺ (日本語で)日本。日本語。

【和音(ワオン)】国日本流の漢字音。平安時代までは、漢音に対して呉音系の音をいった。呉漢音の系列に入らない慣用音をいうこともある。倭音。↔呉音。→❸

【和歌(ワカ)】国漢詩に対して、日本の歌。長歌、短歌、旋頭歌(セドウカ)、片歌(かたうた)など五・七音を基調とした定型詩の総称。

【和学(ワガク)】国日本古来の文学・歴史・法制などを対象とする学問。国学。

【和漢(ワカン)】国①日本と中国。②和学と漢学。【和漢混交文・和漢混淆文(ワカンコンコウブン)】国和文と漢文訓読語の要素を併せ持つ文体の文章。軍記物語などの文語文。

【和訓(ワクン)】国漢字、漢語に日本語の読み方を当てて読むこと。また、その読み方。訓。

【和語(ワゴ)】国漢語やその他の外来語に対して、日本固有のものと考えられる単語。やまとことば。

【和寇(ワコウ)】=倭寇(ワコウ)(一〇一頁)

【和国(ワコク)】=倭国(ワコク)(一〇一頁)

【和魂漢才(ワコンカンサイ)】国日本人としての処理判断の力と中国伝来の学問知識。〔菅家遺誡〕▶後世、外来の知識をやまとだましい(日本固有の精神)で取捨活用する理念を表すようになった。「和魂洋才」はこれをもじって明治以後、使われた語。

【和算(ワサン)】国中国から伝わった数学をもとに日本で近世発達した数学。

【和讃(ワサン)】国仏教歌謡の一。仏菩薩(ブツボサツ)の徳や教え、または高僧などの行跡を和語でたたえたもの。多く七五調の四句で一節をなす。

【和紙(ワシ)】国日本で昔からすいている手すき紙。また、それに似せて機械ですいた紙。奉書紙、鳥の子紙、障子紙など。↔洋紙・唐紙

【和字(ワジ)】国①日本で発生・発達した文字。仮名。②日本で作られた漢字。国字。

[和書(ワショ)] 国①日本の書物。また、日本語で書いた書物。②和綴(と)じの書物。
[和人(ワジン)] ＝倭人(ワジン)(一〇一頁)
[和製(ワセイ)] 国日本でつくられたこと。また、そのもの。
[和装(ワソウ)] 国①日本風の服装をすること。↕洋装。②日本風に装丁すること。和綴(と)じ。↕洋装。『和装本』
[和俗(ワゾク)] 国日本で伝統的に行われている習わしやしきたり。『和俗の風』
[和風(ワフウ)] 国いかにも日本の物事らしい様子。日本風。日本式。↕洋風。『和風レストラン』『和風建築』→❶
[和服(ワフク)] 国日本風の衣服。着物。↕洋服
[和文(ワブン)] 国日本語で書かれた文。邦文。↕欧文・漢文
[和本(ワホン)] 国和紙を用い、和風に装丁した本。また、日本で版をおこした本。和書。↕洋本
[和名(ワメイ|ワミョウ)] 国①日本で昔から呼ばれている事物の名称。邦名。②(ワメイ) 動植物の学名と対応させた日本語での標準名。
[和訳(ワヤク)] 国外国語を日本語に翻訳すること。邦訳。
[和様(ワヨウ)] 国日本固有の様式。日本式。↕唐様(からヨウ)

❼ あて字、固有名詞など。

[和尚・和上(オショウ|カショウ|ワジョウ)] (梵 upādhyāya の俗語の音訳という) 修行を積んだ高僧。転じて、僧侶(ソウリョ)。また、住職。▼禅宗、浄土宗などでは「オショウ」、天台宗では「カショウ」、真言・法相(ホッソウ)・律宗では「ワジョウ」といった。
[和氏之璧(カシのたま)] 中国古代にあったという名玉。連城の璧。〔韓非子-和氏〕▼中国、戦国時代、楚の人卞和(ベンカ)が、名玉となる原石を楚の厲王(レイオウ)に献上したが、ただの石であるとして左足を切る罰にあう。周の時代になって武王に献じたところ、同じ理由で右足も切られる。文王に至って、初めて原石を磨いたところ、歴史に残る名玉となったという故事から。
[和名類聚抄(ワミョウルイジュショウ)] 平安中期の漢和辞書。十巻本と二十巻本とがある。源順編。承平年間(九三一～九三八)の成立。天地・人倫など部門別に漢語を掲出、出典・音注・証義を示し、和名を万葉仮名で記す。和名抄。
難読地名 和気(わけ)郡・町(岡山)　和寒(わっさむ)町(北海道)　和良(わら)村(岐阜)

[知] ⇩5260

1212 【咫】 5101 5321 9A40 口－6 シ㊥/zhǐ/あた・た
字解 形声。尺(長さの単位、しゃく)＋只㊥。
意味 ❶長さの単位。中国、周の尺度で八寸。約一八センチ(メートル)。中指の先から手のひらのもとまで。わずかの長さのたとえ。『咫尺(シセキ)』❷国あた。日本の上代の長さを計る単位の一。手を開いて、親指の先から中指の先までの長さという。『八咫鏡(やたのかがみ)』
[咫尺(シセキ)] ①距離の近いこと。『咫尺の間(カン)』②貴人などに近よること。▼「尺」は一〇寸。[不ﾚ弁二咫尺一・不ﾚ辨二咫尺一(シセキをベンぜず)] 視界がきかず、近くのものも見分けがつかないこと。

1213 【唔】 口－8 ゴ㊥/wǔ
字解 形声。午(交差する)＋吾(神のおつげをふせぎ守る)㊥。さからう意。吾に同じ。

1214 【咼】 口－9 ワ㊥
字解 形声。丸(まるい)＋咼(口から肉がついていないほねを出す)㊥。ワシやタカなどの猛鳥が鳥獣を食べおわって吐き出す、未消化のまるめた形の毛や皮などの意。

[臨] ⇩6452

31 囗部 くにがまえ

篆文 

囗は、とりまわした線で、ある区域を表す。囗部の字は、囗の中に他の音標などを入れ、その区域の意味、かこい、とりかこむことなどに関係する。

囗 ◆ 囗
囗 ■ ② 囙 四 囚 ③ 因 回 囟 団 ④ 囲 囮 囬 囧 囯 困 囱 図 ⑤ 囷 固 国 囹 ⑥ 圀 囿 ⑦ 圄 圂 圃 ⑧ 圉 圈 國 圊 ⑨ 圍 圏 ⑩ 園 園 圓 團 ⑪ 團 圖 圙 ⑬ 圜

囗 ◆

1215 【囗】 5188 5378 9A98 囗－0 イ(ヰ)㊥・コク㊥/wéi・guó
字解 部首解説を参照。

囗 ■

1216 【囙】 ＊2282 囗－2 イン 「因」(1219)の異体字

1217 【四】 2745 3B4D 8E6C 囗－2 常1 シ㊐㊥/sì/よ・よつ・よっつ・よん
筆順 
字解 象形。歯・舌が見える口の形に象り、息つく意。呬の原字。借りて数詞、よっつの意に用いる。四はもと、四本の横線で表された指事字。
甲骨文  金文  篆文 
同属字 泗・駟
参考 (1)万葉仮名では、音を借りて「し」、訓を借りて「よ㊅」。(2)金額を記す場合、改竄(カイザン)を防ぐために「肆」を用いることがある。
意味 ❶数の名。よっつ。三の次の数。四度。四番目。『再三再四(サイサンサイシ)』『朝三暮四(チョウサンボシ)』『四天王』『四角』『四季』『四姓』『絶四(ゼッシ)』❷周囲。まわり。四方。『四面楚歌』『八達四通(ハッタツシツウ)』『四囲』『四海』❸あて字、固有名詞など。『四股名(しこな)』『四川(シセン)』

❶ 数の名。よっつ。

[四阿(シア|あずまや)] ①(シア)(「阿」は、棟(むね)、簷(のき)、柱などの意) 四本の柱で建てられた建物。②(あずまや) 庭園などの休憩所にする屋根と柱だけの小屋。

【四悪 シアク】国を治める上での四つの悪。虐・暴・賊・有司。〔論語-尭曰〕

【四悪趣 シアクシュ】仏語。六道のうちの四つの悪道。地獄・餓鬼・畜生・修羅。

【四夷 シイ】（「夷」はえびすの意）昔、中国で、四方の異民族をさしていう語。東夷・南蛮・西戎・北狄。

【四維 シイ】①天地の四隅。すなわち、乾（＝西北）・坤（＝西南）・艮（＝東北）・巽（＝東南）の四つの方位。しゆい。②（「維」は綱の意）国を維持するのに必要な四つの綱。礼・義・廉・恥。＊史記-管晏伝「四維不ㇾ張、国乃滅亡」〔＝国家を保つための四本の綱がゆるむと、国家は滅んでしまう〕

【四韻 シイン】①平・上・去・入の四声をいう。②四つの韻。また、脚韻が四つある八句の詩。律詩。

【四運 シウン】（「運」は運行の意）四季。四時。

【四恩 シオン】仏教で、衆生がこの世で受ける四種の恩。経により内容を異にするが、父母・衆生・国王・三宝の四恩、また、父・母・如来・説法法師の四恩などをいう。

【四科 シカ】儒家において重んぜられた四つの才能。徳行・言語・政事・文学。〔論語-先進〕

【四角 シカク】四方に角があること。また、その形。四角形。【四角号碼 シカクゴウマ】漢字の検索法の一つ。漢字の四隅の形によって0から9までの号碼（番号）を定め、一字一字を四けたの数字にして検索する。

【四岳・四嶽 シガク】中国で、諸山の鎮とした四方の山。東嶽は泰山、西嶽は華山、南嶽は衡山、北嶽は恒山。↓❷

【四季 シキ】春・夏・秋・冬の四つの季節。四時。

【四器 シキ】①古代中国で、聘礼に用いた四つの道具。圭・璋・璧・琮をさす。②正しい形をきめるのに用いる四つの道具。規・矩・準・縄をさす。

【四凶 シキョウ】四人の悪人。特に、中国、舜の時の、共工・驩兜・三苗・鯀の四人。転じて、国家の賊。

【四教 シキョウ】①詩（詩経）・書（書経）・礼（儀式・作法）・楽（音楽）の四つの教え。〔礼記-王制〕②文（学問）・行（実践）・忠（誠実）・信（信義）の四つの教え。〔論語-述而〕③婦徳・婦言・婦容・婦功の四つの教え。〔礼記-昏義〕

【四苦八苦 シクハック】①仏語。人間のあらゆる苦しみの称。四苦は、生苦・老苦・病苦・死苦。八苦は、四苦に、愛別離苦・怨憎会苦・求不得苦・五陰盛苦の四つを加えたもの。②非常に苦しむこと。また、苦労すること。

【四君子 シクンシ】東洋画の画題として好まれる梅・竹・蘭・菊。清らかで上品なさまを君子にたとえる。

【四弦・四絃 シゲン】①四本の弦。＊白居易-琵琶行「四絃一声如ニ裂帛ー」〔＝四本の絃が一時に鳴り、絹をさくような音であった〕②（四本の糸を張った楽器の意から）琵琶のこと。

【四言教 シゲンキョウ】中国、明の王陽明が道を学ぶ心得として門人に授けた教義。四句教。

【四庫 シコ】中国朝廷の蔵書を経・史・子・集の四部に分類しておさめておく書庫。唐の玄宗の創始。

【四劫 シコウ】仏語。世界の成立から破滅に至る時の経過を四つに大別したもの。成劫・住劫・壊劫・空劫。

【四更 シコウ】五更の一。およそ午前一時から三時まで。また、午前二時から四時ともいう。丑の刻。丁夜。

【四載 シサイ】①古代中国の禹が治水に用いたという四つの乗り物。船・車・輴・樏。②（「載」は「歳」の意）一年の四倍。四年間。

【四至 シシ｜シイシ】所有地、耕作地、寺域などの四方の境界。

【四詩 シシ】①中国、詩経での四種の詩体。国風・大雅・小雅・頌。②詩経の古い伝承の四種。魯詩、斉詩、韓詩、毛詩。

【四時 シジ｜シイジ】①四季。＊論語-陽貨「四時行焉、百物生焉」〔＝四季はたゆみなく運行し、万物はりっぱに生育している〕②一日中の朝、昼、夕方、夜の四つの時。『四時の座禅』【四時之事 シイジのこと】四季の移り変わり。＊荘子-至楽「死無ㇾ君ニ於上ー、無ㇾ臣ニ於下ー、亦無ニ四時之事ー」〔＝死の世界には、上に主君もいなければ、下に臣下もおらず、四季の変化もない〕

【四十 シジュウ】①数の名。一〇の四倍。②四〇歳。また、四〇年。【四十而不ㇾ惑 シジュウにしてまどわず】孔子が四〇歳になって、物事に対する惑いがなくなったということ。これより、四〇歳を「不惑」という。〔論語-為政〕

【四書 シショ】儒教で尊重される大学・中庸・論語・孟子の四部の書。『四書五経』

【四神 シシン｜シジン】①天の四方の星宿。方角をつかさどる神。東の青竜、西の白虎、南の朱雀、北の玄武をいう。②中国で、四季をつかさどる神。春の句芒、夏の祝融、秋の蓐収、冬の玄冥をいう。

【四声 シセイ｜シショウ】漢字の声調を、平声・上声・去声・入声の四種に分けた場合の総称。

【四姓 シセイ｜シショウ】①古代インドの四種の社会の階級。バラモン（僧・学者）、クシャトリヤ（王・武士）、バイシャ（平民）、シュードラ（奴隷）。カースト。②国日本の四つの名家の姓。源氏、平氏、藤原氏、橘氏をいう。

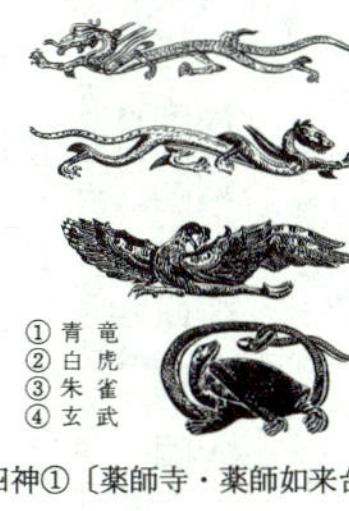

四神①〔薬師寺・薬師如来台座〕

【四則 シソク】算術の加・減・乗・除の総称。『四則演算』

【四体 シタイ】①両手両足。②頭・胴・手・足。からだ全体。

【四大 シダイ】①四つの大きなもの。道・天・地・王。〔老子-二五〕②仏教で、地・水・火・風の四元素。すべての物体はこの四つから成り立つとする。③②から転じて、人間の肉体。身体。『四大不調』

【四大奇書 シダイキショ】中国、明代に書かれた四つの長編小説、「水滸伝」「三国志演義」「西遊記」「金瓶梅」の総称。

【四端 シタン】仁・義・礼・智の徳を発する四つのいとぐち。＊孟子-公孫丑上「人之有ニ是四端ー也、猶ニ其有ニ四体ー也」〔＝人間にこの四つのいとぐちがあるのは、あたかも人に両手両足が備わっているようなものである〕

【四知 シチ】二人の間の密事でも必ず他にもれることをいう語。中国、後漢の楊震が、人から金十斤を贈られ、暮夜知る者無しといわれたとき、震は、天知る、地知る、我知る、子（相手＝あなた）知る、と答えてそれを受けなかった故事による。〔後漢書-楊震伝〕

【四天 シテン】四時の天。春を蒼天、夏を昊天、秋を旻天、冬を上天といい、これを総称していう語。四季。↓❷

【四天王 シテンノウ｜シテンオウ】①仏教で、帝釈天に仕え、仏教を守護する神で、東方の持国天、西方の広目天、南方の増長天、北方の多聞天または毘沙門天の総称。②国ある分野、部下、弟子などの中で、特にすぐれている四人の称。『門下の四天王』

【四等官 シトウカン】国律令制の諸官司を構成する職員の等

級を四階にしたものの総称。その四つは、長官かみ・次官すけ・判官じょう・主典さかん。

【四百四病シヒャクシビョウ】人間がかかるいっさいの病気の総称。人間の体を構成する地・水・火・風の四つの元素の不調により、各々の元素に百病がおこり、もとと合わせて四百四と数えるもの。〔智度論〕

【四百八十寺シヒャクハッシンジ】中国の南朝時代、仏教が盛んで、寺院がきわめて多かったことの形容。〔杜牧-江南春〕

【四百余州シヒャクヨシュウ】中国全土のこと。

【四分五裂シブンゴレツ】ばらばらに分かれて、秩序をなくすこと。〔戦国策・魏〕『党内は四分五裂だ』

【四民シミン】封建時代の士・農・工・商の四つの身分の総称。『四民平等』

【四友シユウ】①文房具の、筆・墨・紙・硯すずりの称。②画題となる四種の植物。玉椿・蝋梅ロウバイ・水仙・山茶花サザンカ、または、梅・松・蘭・竹。

【四礼シレイ】四つの大きな儀式。冠(元服)・婚(結婚)・喪(葬式)・祭(先祖の祭)の四つ。

【四霊シレイ】四種の霊物。すなわち麟・鳳・亀・竜。

【四緑シロク】九星の一。東南を本位とし、五行では木に、八卦ハッカでは巽ソンに属する。

【四六駢儷体シロクベンレイタイ】漢文で、主に四字・六字の句を基本として対句を用いる華美な文体。四六文。

❷ 周囲。まわり。四方。

【四囲シイ】まわり。周囲。

【四裔シエイ】(「裔」は衣のすその意)国の四方のはて。

【四筵シエン】四方の敷物。転じて、周囲の人々。満座。

【四海シカイ】①四方の海。②世界。天下。【四海兄弟シカイケイテイ】世界中の人々はすべて兄弟のように親しくし、愛し合うべきであるということ。四海同胞。〔論語-顔淵〕【四海波静シカイなみしずかなり】国の内外が平和に治まること。天下太平。〔楊万里-文〕

【四岳シガク】①古代中国で、四方の諸侯を統率した官。②国諸国の武士。→❶

【四境シキョウ】周囲。また特に、日本で京都の四方の国境。

【四衢八街シクハチガイ】(「衢」はみちの意)大きな通りが四方八方に張りめぐらされた町。四通八達の地。

【四顧シコ】①辺りを見回すこと。②辺り。四辺。

【四荒シコウ】四方の夷えびすの国。四方の辺境。

【四散シサン】四方にちること。辺り一面に広がること。

【四達シタツ】道路や影響力などが四方に通じること。また、文化、経済などが盛んであること。四通。

【四通八達シツウハッタツ】道路や鉄道が、四方八方へ通じていること。「四通五達」とも。『四通八達の地』

【四天シテン】東西南北、四方の天。→❶

【四表シヒョウ】国の四方。四方の外。天下。世の中。

【四壁シヘキ】①部屋の四方のかべ。②家のまわりの囲い。あるいは立木の類。③(中国の昔の都市は城壁で囲まれていたところから)四方の城壁。転じて、まち。

【四方拝シホウハイ】国一月一日に行われる宮廷行事。天皇が天地四方を拝して、五穀豊穣ホウジョウ、宝祚長久ホウソチョウキュウ、天下太平を祈願する儀式。

【四面楚歌シメンソカ】周囲が敵、反対者ばかりで味方のないことのたとえ。♥中国、秦シン代末、楚ソの項羽が漢の高祖に垓下ガイカで包囲されたとき、高祖は深夜、四面の漢軍に楚国の歌を歌わせた。項羽は楚の民がもはや多く漢軍に降服し、自分は孤立してしまったかと驚いたという故事から。〔史記-項羽本紀〕

【四野シヤ】四方の野原。＊古詩賞析-敕勒歌「籠蓋四野シヤをロウガイす」〔=(大空は)四方の平野におおいかぶさっている。〕

【四隣シリン】①となり近所。②四方の隣国。

❸ あて字、固有名詞など。

【四股シコ】国相撲で、力士が土俵上で両足を開いて構え、足を左右交互に高くあげ、力をこめて地を踏む動作。「四股を踏む」♥「四股」はあて字。「醜しこ」の意かという。

【四股名しこな】相撲の力士の呼び名。「谷風」「雷電」「双葉山」など。

【四庫全書シコゼンショ】中国の叢書名。清の高宗(乾隆帝)の時、紀昀キインら奉勅撰。著録三四五七部、七九〇七〇巻、存目六七六六部、九三五五六巻。著録は実際に筆録したもの、存目は目録だけのもの。全体を朝廷の四庫にならって経・史・子・集の四部に分類する。

【四川シセン】中国の省の名。長江の上流の盆地。かつての蜀の地。

難読地名 四阿あずまや山(長野・群馬) 四條畷しじょうなわて市(大阪) 四万十しまんと川(高知) 四阿屋あずまや山(長野・埼玉)

難読姓氏 四十物あいもの 四方しかた・よかた・よも 四方田よもだ 四分一しぶいち

1218 【囚】 2892 3C7C 8EFA 口－2 常

シュ 呉・シュウ(シウ) 漢/qiú/とらえる・とらわれる・とりこ

筆順

字解 会意。囗(かこい)＋人。人がかこいの中にとらわれる、また、とらえるの意。

甲骨文 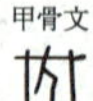 篆文 

意味 とらえる。とりこにする。また、とらえられる。とらえられた罪人。とりこ。＊史記-管晏伝「管仲囚焉カンチュウはとらえらる〔=管仲はとらえられた〕」

下接 繫囚ケイシュウ・拘囚コウシュウ・獄囚ゴクシュウ・死囚シシュウ・女囚ジョシュウ・楚囚ソシュウ・俘囚フシュウ・免囚メンシュウ・幽囚ユウシュウ・虜囚リョシュウ

【囚繫シュウケイ】捕らえて獄屋につなぐこと。捕らわれつながれること。また、囚人。

【囚獄シュウゴク】捕らえた罪人を入れておく牢獄。牢屋。

【囚人シュウジン】①(シュウジン)法令によって刑務所に拘禁されている者。在監者。②(めしゅうど)捕らえられて獄にある人。♥②は、「めしびと」の音便形。

【囚俘シュウフ】犯罪者、反逆者、敵対者などとして、捕らえられること。また、捕らわれている人。

【囚虜シュウリョ】敵に捕らわれること。また、とりこ。

1219 【因】 1688 3078 88F6 口－3 常5　(1216)【囙】＊2282 口－2

イン 呉漢/yīn/よる・ちなむ・よって・よし

筆順

字解 会意。囗(とこ)＋大(両手両足をひろげた人)。人が床につく、よる意。

甲骨文  篆文 

同属字 恩・氤・茵・咽・姻・烟・裀

参考 万葉仮名では音を借りて「い」。

意味 ❶よる。もとづく。もとのままにしたがう。うけつぐ。また、たよる。『因依』『因習』『因循』『襲因シュウイン』
❷わけ。ことの起こるもと。特に、仏教で、結果を引き起こすための直接の内的原因。間接的原因である縁に対す

る。↔果。『因果応報』『因子』『因縁』『原因』『要因』⇒表 ❸よし。たより。手だて。＊史記-張儀伝「貧、無ㇾ因ニ以進一（ヒンにして、もってすすむによしなし）」〔=貧乏で、仕官の道を開く手だてがない〕」❹よりて。よって。そこで。上述のことが原因となって。原因を受けて、結果を引き出す。＊韓非子-五蠹「兎走触ㇾ株、折ㇾ頸而死。因釈ニ其耒一而守ㇾ株、冀ニ復得一ㇾ兎（うさぎはしりてくいぜにふれ、くびをおりてシす。よりてそのすきをすててくいぜをまもり、またうさぎをえんことをこいねがう）」〔=ウサギが走って来て切り株に突き当たり、首の骨を折って死んだ。そこで、すきを放り出して切り株を見張り、もう一度ウサギを手に入れることを心から期待した〕」❺ちなむ。ちなみに。それに関連して。❻国「因幡国（いなばのくに）」の略。山陰道八か国の一。今の鳥取県東部。『因州』❼音訳字。『因陀羅（ダイン）』

❶ よる。もとづく。

【因依（イイ）】互いに頼み合うこと。たよりにし合うこと。

【因習・因襲（インシュウ）】昔から続いていて、現在では弊害が生じているような風習。『因習を打破する』

【因循（インジュン）】①古い習慣などに従って、改めないさま。②消極的で、ぐずぐずしているさま。『因循な男』【因循姑息（インジュンコソク）】古い習慣や習俗に従って改めず、一時のがれをすること。

❷ わけ。ことの起こるもと。

下接 悪因（アクイン）・一因（イチイン）・遠因（エンイン）・縁因（エンイン）・外因（ガイイン）・起因（キイン）・基因（キイン）・近因（キンイン）・苦因（クイン）・偶因（グウイン）・原因（ゲンイン）・死因（シイン）・主因（シュイン）・勝因（ショウイン）・心因（シンイン）・真因（シンイン）・成因（セイイン）・前因（ゼンイン）・善因（ゼンイン）・訴因（ソイン）・動因（ドウイン）・内因（ナイイン）・敗因（ハイイン）・病因（ビョウイン）・副因（フクイン）・妙因（ミョウイン）・誘因（ユウイン）・要因（ヨウイン）

因由		
因（イン）	もとづく。よる。	因縁　因果　起因　遠因　要因　原因
由（ユウ）	より従う。よる。	由縁　由来　所由　遠由　事由　理由

【因位（インイ）】仏になるために修行している位。仏の位を仏道修行の果とする菩薩の地位。因地。↔果位

【因果（インガ）】①原因と結果。『因果を含める〔=原因結果の道理を言い聞かせる〕』『因果関係』②仏教で、前世における悪行の報い。→因果応報。③国不幸。不運。『因果な性分』【因果応報（インガオウホウ）】善悪の因縁に応じて吉凶禍福の果報を受けること。〔法華経-方便品〕

【因業（インゴウ）】国頑固で思いやりのないさま。❤前世の悪業が原因となって招いた性格、運命の意から。

【因子（インシ）】ある関係や結果を生じる諸要素。要因。ファクター。『遺伝因子』

【因数（インスウ）】一つの項が、整数または整式の積の形で表されるときの、個々の整数や整式。『因数分解』

【因縁（インネン・インエン）】①仏語。結果を引き起こす直接の内的原因である因と、それを外から助ける間接的原因である縁。②国前世からの定まった運命、関係。転じて、縁。③国言いがかり。『因縁をつける』

【因由（インユウ・インユイ）】それを原因として起こること。また、物事の起こり。由来。

❸ よし。たより。手だて。

【無ㇾ因（よしなし）】何かしようとしても手掛かりのない。どうしようもない。＊杜牧-題ニ宣州開元寺水閣一「惆悵無ㇾ因見ニ范蠡一（チュウチョウす ハンレイをみるによしなきを）」〔=悲しいことに、あの范蠡に会うすべもない〕」

❼ 音訳字。

【因陀羅（インダラ）】（梵 Indra の音訳）①インドの古聖典「リグ-ベーダ」以来現れる代表的な神。②仏教の守護神の一。帝釈天。③薬師十二神将の一。

難読地名 因島（いんのしま）市（広島）

1220 【回】 1883 3273 89F1 口-3 常2

(504)【囘】 4937 5145 9964 冂-3

(1225)【囬】 二二 口-4

エ（ヱ）呉・カイ（クヮイ）漢 huí／まわる・まわす・かえる・めぐる・めぐらす・もとおる・わ

筆順

字解 象形。水が渦巻くさまに象り、まわる意。

金文

篆文

同属字 茴・佪・徊・洄・廻・迴・蛔

参考 「廻」(2179)の書き換え字。

意味 ❶まわす。めぐらす。まわる。めぐる。とりかこむ。また、さける。そむく。「廻」に同じ。『回転』『回覧』『回路』『旋回』『転回』⇒〔周〕(962)の表 ❷かえる。もとにもどす。ふりかえる。『回顧』『回収』『回想』『奪回』＊王翰-涼州詞「古来征戦幾人回（コライセイセンいくにんかかえる）」〔=昔から、出征した者で、いったい何人が無事に故郷に帰れたことだろうか〕」❸ひとまわり。度数。たび。一定の事柄を継続、反復して行うとき、それを区切った一つのまとまり。『回を重ねる』『七回忌』『次回』❹『回紇（カイコツ）』〔=ウイグル族〕の略。❺その他。『回虫』『回禄』

❶ まわす。めぐらす。まわる。めぐる。

下接 迂回（ウカイ）・紆回（ウカイ）・周回（シュウカイ）・巡回（ジュンカイ）・旋回（センカイ）・遅回（チカイ）・低回（テイカイ）・転回（テンカイ）・盤回（バンカイ）

【回向（エコウ）】死者の冥福を祈って読経したり、念仏を唱えたりすること。供養。❤もと、自分の行った善根功徳をめぐらし、自分や他のものの悟りにさし向ける意。

【回穴（カイケツ）】①曲がりくねっていること。②すなおでないこと。

【回国（カイコク）】諸国を回って歩くこと。『回国巡礼』

【回翔（カイショウ）】鳥などが飛びめぐること。

【回状（カイジョウ）】回覧して用件を伝える文書。回文。

【回雪（カイセツ）】①風に舞う雪。②袖をひるがえして舞う舞姿を①にたとえていう。

【回旋（カイセン）】ぐるぐる回すこと。回ること。旋回。

【回送（カイソウ）】①郵便物など、送られて来たものを、改めて他へ送ること。『葉書を転居先に回送する』②電車、自動車などを、ある目的で、空車のまま他へ送ること。『回送車』❤書き換え「廻送→回送」。

【回天（カイテン）】時勢を一変すること。また、衰えた勢いを盛り返すこと。❤天を逆回転させる意。

【回転（カイテン）】①くるくる回ること。また、次から次へと考えの及ぶこと。『頭の回転が速い』『回転軸』②投資された資金が回収されるまでの一巡。また、商品の仕入れから売り上げまでの一巡。❤書き換え「廻転→回転」。

【回磴（カイトウ）】曲がりくねっている石の坂道。

【回読（カイドク）】順に回して読むこと。回覧。

【回避（カイヒ）】物事を避けるようにすること。『責任回避』

【回飆（カイヒョウ）】=回風（カイフウ）。

【回風（カイフウ）】つむじ風。旋風。

【回文（カイブン）】①回覧して用件を伝える文書。回状。まわ

3画 口囗土士夂夊夕大女子宀寸小(⺌・⺍)尢(尣・兀)尸屮(屮)山巛(川)工己(已・巳)巾干幺广廴廾弋弓彐(彑・⺕)彡彳

しぶみ。②上から読んでも下から読んでも同じになる文句。「るすをする」「たけやぶやけた」の類。
【回遊・回游】カイユウ ①（回遊）方々を回る旅行。②魚の群れが、季節に応じて移動すること。『回遊魚』
【回覧】カイラン 順々に回して見ること。『回覧板』
【回瀾】カイラン 崩れかかった大波。逆巻く荒波。
【回流】カイリュウ めぐって流れること。また、その流れ。
【回礼】カイレイ お礼まわり。また、年始の挨拶アイサツまわり。
【回路】カイロ 流体の流れる一回りの通路。『電気回路』
【回廊】カイロウ 折れ曲がって建物のまわりを取り巻いている長い廊下。▼書き換え「廻廊→回廊」。

❷ かえる。もとにもどす。ふりかえる。

下接 却回キャッカイ・奪回ダッカイ・撤回テッカイ・挽回バンカイ

【回憶】カイオク 思い出すこと。回想。追憶。
【回雁】カイガン ①北へ帰る雁。帰雁。②返事の手紙。返書。
【回帰】カイキ もとへかえること。ある状態が一回りして元に戻ること。『永劫エイゴウ回帰』
【回顧】カイコ 過去のことに思いをめぐらすこと。『青春時代を回顧する』『回顧録』
【回首】カイシュ ふりかえって見ること。
【回収】カイシュウ 配られたものを、集めてもとへ戻すこと。
【回春】カイシュン ①再び春が巡ってくること。②若返ること。『回春薬』③病気が治ること。快癒カイユ。
【回心】カイシン・エシン ①（カイシン）キリスト教で、不信の態度を悔い改めて、神の道へと心を向けること。②（エシン）仏教によって悪い心を悔い改め、正しい道に入ること。
【回生】カイセイ 生き返ること。『起死回生』
【回想】カイソウ 過去を思い起こすこと。『回想録』
【回答】カイトウ 質問、要求などに対して答えること。
【回復】カイフク 望ましくない状態を、元の状態に戻すこと。元の状態に戻ること。『天気が回復する』『国交回復』▼書き換え「恢復→回復」。

❸ ひとまわり。度数。たび。

下接 今回コンカイ・次回ジカイ・初回ショカイ・前回ゼンカイ・毎回マイカイ

【回忌】カイキ 仏教で、人の死後、毎年巡ってくる祥月ショウつき命日。また、その回数をいう語。年忌。周忌。▼死後満一年目を一回忌（一周忌）、満二年目を三回忌、以後七回忌、一三回忌、一七回忌、二三回忌、二七回忌、三三回忌など数える。
【回数】カイスウ 物事が何回起こるか、起こったかの数。度数。『回数を重ねる』『回数券』

❹ 「回紇カイコツ」の略。

【回教】カイキョウ イスラム教。『回教寺院』▼回回フイフイ族の宗教として回教と呼ばれたところから。
【回紇・回鶻】カイコツ （Uighur の音訳）ウイグル族のこと。外モンゴリアに原住し、八世紀に興隆。九世紀中ごろ、キルギスに攻められて四散。現在は主に新疆シンキョウに分布。
【回回】フイフイ 民族の名。回紇族、また回族をさすという。回族は七世紀ごろからペルシア人、アラブ人など回教を信ずるものが次第に民族をなしたもの。

❺ その他。

【回虫】カイチュウ 線虫類カイチュウ科の人体寄生虫。▼書き換え「蛔虫→回虫」。
【回禄】カイロク 火事。火災。『回禄の災い〔＝火災に遭うこと〕』▼中国の火の神の名から。

1221 【囟】 ＊2285 口－3

シン漢・シ漢 /xìn/ ひよめき

金文

篆文

字解 象形。小児の頭の骨のまだ接合していない部分、ひよめきに象り、ひよめきの意。

参考 「囱」(1229)は別字。

1222 【団】 3536 4344 9263 口－3 常5 (1250)【團】 5205 5425 9AA3 口－11 旧字 人

ダン呉・タン漢・トン唐・ドン慣 /tuán/ まるい・まどか

筆順

字解 団は團の略体。團は形声。口（場所）＋專（まきつける）声。一所にまるめるの意から、まるめたもの、かたまりの意。

金文

篆文

意味 ❶まるい。まどか。まるめたもの。❷ひとかたまりに集まる。『団塊』『団座』『団子ダンご』『布団』『団結』『団体』『団地』『集団』『入団』

❶ まるい。まどか。まるめたもの。

下接 金団キントン・水団スイトン・炭団タドン・布団フトン・粉団フンダン

【団円】ダンエン ①まるいこと。まどか。②円満であること。まるくおさまること。『大団円』
【団塊】ダンカイ かたまり。『団塊の世代〔＝昭和二〇年代前半のベビーブームの時代に生まれた人々をいう〕』
【団座・団坐】ダンザ・まどい 大勢が円く輪を作ってすわること。まどい。くるまざ。
【団扇】ダンセン・うちわ あおいで風を起こす道具。多くは竹の骨に、紙・布などを張ったもの。➡〔扇〕の図四八七頁
【団団】ダンダン ①形のまるまるとしたさま。『月団々』②露が多く集まっているさま。『露団々』
【団茶】ダンチャ 茶をひいて粉にし、練りかためたもの。
【団欒】ダンラン 親しい者同士が集まって楽しく語り合って時を過ごすこと。『一家団欒』

❷ ひとかたまりに集まる。集まり。

下接 一団イチダン・営団エイダン・解団カイダン・楽団ガクダン・気団キダン・球団キュウダン・教団キョウダン・軍団グンダン・劇団ゲキダン・結団ケツダン・公団コウダン・財団ザイダン・師団シダン・集団シュウダン・星団セイダン・船団センダン・退団タイダン・梯団テイダン・入団ニュウダン・分団ブンダン・兵団ヘイダン・旅団リョダン

【団結】ダンケツ 多くの人が結び合ってまとまること。力を合わせて事に当たること。『団結心』『大同団結』
【団交】ダンコウ 国「団体交渉」の略。労働組合や争議団と使用者側との間で行われる交渉。『大衆団交』
【団体】ダンタイ 人々が集まって一つの仲間となったもの。また、共通の目的を持つ人々が意識的に構成する集団。『地方公共団体』『団体交渉』『政治団体』
【団地】ダンチ 国同じ性格の建物や産業などを集中的に立地させるために、開発された一団の地区。『工業団地』

1223 【囲】 1647 304F 88CD 口－4 常4 (1244)【圍】 5203 5423 9AA1 口－9 旧字

イ（ヰ）呉漢 /wéi/ かこむ・かこみ・かこう・かこい

筆順

字解 囲は圍の日本での通俗体。圍は形声。口（かこい）＋韋（めぐる）声。かこいをめぐらす意。井は韋の略、また片仮名のヰ（井）に通じる。

意味 ❶かこい。かこう。かこむ。まもる。『囲碁』『囲繞』『囲擁』『重囲（ジュウイ）』『範囲（ハンイ）』『包囲（ホウイ）』 *史記-項羽本紀「漢軍及諸侯兵、囲ㇾ之数重（カングンおよびショコウのへい、これをかこむことスウチョウなり）」〔=漢軍と諸侯の軍隊は（項羽の軍を）幾重にも包囲していた〕」 ❷まわり。『雰囲気（フンイキ）』『胸囲（キョウイ）』『四囲（シイ）』 ❸あて字。『囲炉裏（いろり）』『外囲（ガイイ）』『周囲（シュウイ）』

【囲碁（イゴ）】碁。また、碁を打つこと。『囲碁名人戦』

【囲繞（イニョウ｜イジョウ）】まわりをとり囲むこと。『囲繞地』

【囲擁（イヨウ）】抱きかかえること。まわりを囲むこと。

1224 【囮】 5189 5379 9A99 口-4 ユウ（イウ）漢・カ（クヮ）慣／é・yóu／おとり

字解 形声。口（かこい）＋化（かわる・ばかす）声。鳥獣を招きよせるために、ならしてかこいの中に入れておくもの、おとりの意。

意味 おとり。鳥を誘い寄せて捕らえるための同類の鳥。転じて、人を誘い寄せるための仮の手段。

1225 【囬】 ―― 口-4 カイ「回」（1220）の異体字

1226 【囧】 * 2290 口-4 ケイ「冏」（510）の異体字

1227 【囯】 ―― 口-4 コク「国」（1233）の異体字

1228 【困】 2604 3A24 8DA2 口-4 常6 コン呉漢／kùn／こまる・くるしむ

筆順 

字解 会意。口＋木。木が囲いの中で伸び悩む意から、一般に、くるしむ意。

甲骨文  篆文 

同属字 悃・梱

意味 ❶こまる。苦しむ。ゆきづまる。つかれる。また、まずしい。『窮困（キュウコン）』『貧困（ヒンコン）』 ⇒〔貧〕（7695）の表 *史記-管晏伝「吾始困時、嘗与二鮑叔一賈（われはじめくるしみしとき、かつてホウシュクとコす）」〔=わたしが以前貧困だったころ、鮑叔と商売をしたことがあった〕」 ❷易の六十四卦の一。☵☱（坎下兌上）。

【困学（コンガク）】①苦労して学問すること。苦学。②行きづまってから、はじめて学ぶこと。【困学紀聞（コンガクキブン）】中国の雑学書。二〇巻。宋の王応麟（オウオウリン）撰。元の秦定二年（一三二五）刊。易、詩、礼記、春秋、論語、経説、天道、地理、考史などに分類して、考証、論評を加えたもの。

【困匱（コンキ）】資産が尽きて、困窮すること。

【困却（コンキャク）】困りはてること。

【困急（コンキュウ）】困難でかつ危急なこと。

【困窮（コンキュウ）】物事の処置に苦しむこと。特に貧乏で苦しむこと。『生活に困窮する』

【困窘（コンキン）】苦しみ困ること。困窮。

【困苦（コンク）】物が乏しくて、生活などに苦しむこと。

【困蹶（コンケツ）】苦しみつまずくこと。

【困辱（コンジョク）】苦しめて恥をかかせること。

【困知勉行（コンチベンコウ）】苦しんで道理を知り、努めて行うこと。〔中庸〕

【困頓（コントン）】疲れはてて倒れること。

【困難（コンナン）】物事をするのが非常にむずかしいさま。難儀。↔容易。『困難を承知で引き受けた』

【困憊（コンパイ）】くたくたに疲れること。『疲労困憊』

【困惑（コンワク）】どうしてよいか分からなくて、とまどうこと。困却。『困惑の体（テイ）』

1229 【囱】 * 2292 口-4 ソウ漢・ソウ（サウ）漢／cōng・chuāng／まど

甲骨文  篆文 

字解 象形。屋根にあけた窓のさまに象る。あかりとり、まどの意。窓の古字。

1230 【図】 3162 3F5E 907D 口-4 常2 （1251）〔圖〕 5206 5426 9AA4 口-11 旧字 （1252）〔圗〕 ―― 口-11 ズ（ヅ）呉・ト漢／tú／はかる

筆順 

字解 図は圖の草体から。圖は会意。口（土地）＋啚（穀物倉）。穀物がとれる領土、それを描いた図の意。また度に通じ、はかる意に用いる。

金文  篆文 

参考 万葉仮名では、音を借りて「つ」「づ」、訓を借りて「と甲」。

意味 ❶ず。え。しるし。えがいたかたち。また、かたちをしるす。『図案』『図鑑』『図面』『構図』『縮図』 *史記-刺客伝「図窮而匕首見（ズきわまりてヒシュあらわる）」〔=地図をひろげると、その最後にまきこんであった短剣があらわれた〕」 ❷はかる。かんがえる。はかりごと。計画。『図南』『意図』『企図』 *論語-述而「不ㇾ図、為ㇾ楽之至二於斯一也（はからざりき、ガクをなすことのここにいたらんとは）」〔=思いもよらなかった、音楽がこれほどすばらしいとは〕」 ❸あて字など。特に強調を示す接頭語「ず」にあてることが多い。『図抜ける』『図太い』『図体（ズウタイ）』『図星（ズぼし）』『愚図（ぐず）』『仏図（フト）』

❶ ず。え。かたち。

下接 合図（あいズ）・絵図（エズ）・海図（カイズ）・下図（カズ）・河図（カト）・画図（ガト）・系図（ケイズ）・原図（ゲンズ）・公図（コウズ）・構図（コウズ）・作図（サクズ）・指図（さしズ）・縮図（シュクズ）・上図（ジョウズ）・星図（セイズ）・製図（セイズ）・挿図（ソウズ）・地図（チズ）・読図（ドクズ）・版図（ハント）・秘図（ヒズ）・付図（フズ）・要図（ヨウズ）・略図（リャクズ）

【図案（ズアン）】形、色などを美的に配合し、図に表すこと。デザイン。『図案文字』『図案化』

【図画（ズガ｜トカク）】①（ズガ）図面と絵画。また、絵。『図画工作』②（トカク）絵を描くこと。

【図形（ズケイ）】①説明や思考のために描いた形。文字に対して、図、グラフなど。②数学で、点、線、面、立体、またはそれらの集まり。

【図示（ズシ）】図にかいて示すこと。図面で示すこと。

【図式（ズシキ）】物事の関係を説明するためにかいた図。

【図籍（ズセキ｜トセキ）】①田地の図面と台帳。田図と田籍。②版図と戸籍。土地と人民。

【図譜（ズフ）】動植物やその他種々のものを分類し、図にかいて説明した書物。図鑑。『植物図譜』

【図面（ズメン）】家屋、土木、建築、機械などの構造、設計などを示した図。『図面を引く』『絵図面』

【図緯（トイ）】河図（カト）と緯書。予言書。

【図書（トショ｜ズショ）】①絵図と書物。また、一般に書物、書籍。ほん。『図書館』『図書券』『推薦図書』②（ズショ）国「図書寮（ズショリョウ）」の略。令制での官司の一。書籍の保管、国史の修撰などをつかさどった役所。

【図讖（トシン）】未来の吉凶を予言した書物。

❷ はかる。はかりごと。計画。

下接 異図イト・意図イト・英図エイト・遠図エント・企図キト・旧図キュウト・後図コウト・洪図コウト・皇図コウト・鴻図コウト・深図シント・戦図セント・壮図ソウト・覇図ハト・鵬図ホウト・雄図ユウト

【図南トナン】大志をいだき大事業をしようと試みること。『図南之翼トナンのつばさ』〔荘子-逍遥遥〕♥大鵬が南方に向かって翼を広げようとする意から。

1231【囷】＊2302 口-5 キン㊥/qūn

字解 会意。口(かこい)＋禾(いね)。円形の穀物倉庫の意。

同属字 菌・麕

1232【固】2439 3847 8CC5 口-5 常4 コ㊥㊥/gù/かたい・かたまる・かためる・もとより

筆順

字解 形声。口(土地)＋古(かたい)㊥。領土を堅く守る意から、一般にかたい意。

参考 万葉仮名では音を借りて「こ㊥」。

同属字 箇・痼・個・涸・凅・錮

意味 ❶かたい。かたまる。かためる。安定させる。また、まもる。まもり。『固形』『固体』『凝固』『禁固』❷かたく。しっかり。また、かたくな。『固定』『固執』『固陋』『頑固』『断固』＊論語-学而「学則不ﾚ固まなべばすなわちかたくならず〔=学問をすればかたくなでなくなる〕」⇒表 ❸もとより。もとから。もともと。『固有ユウ』＊戦国策-斉「蛇固無ﾚ足へびもとよりあしなし〔=蛇にはもともと足などない〕」

❶かたい。かたまる。かためる。

下接 凝固ギョウコ・禁固キンコ・警固ケイコ・拳固ゲンコ・膠固コウコ

【固形コケイ】質がかたく一定の形と体積を持っているもの。固形体。『固形燃料』

【固体コタイ】物質のうち、一定の形と体積とを持ち、容易に変化しないもの。石、金、木材など。↔液体・気体

❷かたく。しっかり。また、かたくな。

下接 安固アンコ・確固カッコ・頑固ガンコ・強固キョウコ・鞏固キョウコ・険固ケンコ・堅固ケンゴ・断固ダンコ・偏固ヘンコ・牢固ロウコ

【固持コジ】自分の意見や主義などをかたく言い張って変えないこと。固執。『自説を固持して譲らない』

固 コ	堅 ケン
堅固	
かたくかたまって、うごかされない。	しっかりしていてかたい。
固持 固守 強固 確固 牢固 頑固	堅持 堅守 強堅 堅実 堅牢 堅頑

【固辞コジ】かたく辞退すること。『出馬要請を固辞する』

【固疾コシツ】長い間なおらない病気。痼疾。

【固執コシツ|コシュウ】自分の考えや意見をかたくなに守って曲げないこと。『自説に固執する』♥「シツ」は「執」の慣用音。漢音は「シュウ」。

【固守コシュ】しっかりと守ること。固持。

【固定コテイ】一つの場所や一定の状態から動かないこと。『固定給』『固定資産税』

【固陋コロウ】古い習慣に固執して、新しいことを嫌うさま。『頑迷固陋』

❸もとより。もとから。もともと。

【固有コユウ】もともと持っていること。特に、そのものだけに限って有るさま。特有。『我が国固有の文化』

1233【国】2581 3971 8D91 口-5 常2 コク㊥㊥/guó/くに

(1242)【國】5202 5422 9AA0 口-8 旧字㊥

(1235)【圀】5191 537B 9A9B 口-6

(1227)【囯】— — 口-4

(1215)【囗】5188 5378 9A98 口-0

筆順

字解 国は國の通俗体国に、を加えたもの。國は形声。口(くぎられた土地)＋或(戈をもって守る区域)㊥。くにの意。のちに口を加えた。また、会意字ともいう。

甲骨文 金文 篆文 重文

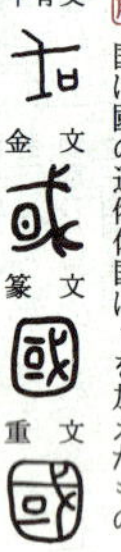

同属字 幗・摑・槶

意味 ❶くに。一つの政府に属する社会。国家。くにの機構。また、くにの都。『国王』『国語』『国籍』『国民』『外国ガイコク』『建国ケンコク』『売国バイコク』＊史記-管晏伝「国有ﾚ道即順ﾚ命くにみちあればすなわちメイにしたがう〔=国に秩序がある時には、君命のままに動く〕」❷地方的な区域。古来、日本の行政上の区画として定められた土地。『国司』『国府』❸国「国際」「国民」「国有」などの略。『国体』『国鉄』『国連』❹国日本。わがくに。『国文学』『国学』『国史』『国訓』

❶くに。一つの政府に属する社会。国家。

下接 愛国アイコク・安国アンコク・異国イコク・英国エイコク・遠国エンゴク・王国オウコク・海国カイコク・開国カイコク・外国ガイコク・帰国キコク・貴国キコク・旧国キュウコク・救国キュウコク・強国キョウコク・郷国キョウコク・挙国キョコク・近国キンゴク・君国クンコク・軍国グンコク・経国ケイコク・傾国ケイコク・建国ケンコク・公国コウコク・皇国コウコク・興国コウコク・故国ココク・護国ゴコク・在国ザイコク・鎖国サコク・自国ジコク・弱国ジャッコク・出国シュッコク・殉国ジュンコク・小国ショウコク・生国ショウコク・諸国ショコク・神国シンコク・戦国センゴク・全国ゼンコク・宗国ソウコク・祖国ソコク・属国ゾッコク・大国タイコク・他国タコク・治国チコク・鎮国チンコク・帝国テイコク・敵国テキコク・天国テンゴク・島国トウコク|しまぐに・内国ナイコク・入国ニュウコク・売国バイコク・万国バンコク・蛮国バンコク・貧国ヒンコク・富国フコク・仏国フッコク・敝国ヘイコク・米国ベイコク・邦国ホウコク・報国ホウコク・亡国ボウコク・母国ボコク・本国ホンゴク・憂国ユウコク・六国リッコク|ロッコク・立国リッコク・両国リョウゴク・領国リョウゴク・隣国リンゴク・列国レッコク・露国ロコク・和国ワコク・倭国ワコク

【国威コクイ】国が対外的に誇示する威力。『国威発揚』

【国運コクウン】国家の運命。『国運を賭とて戦う』

【国営コクエイ】国家が主体の運営。官営。↔民営

【国益コクエキ】国家の利益。『国益を守る』

【国王コクオウ】王の称号を持つ一国の元首。

【国語コクゴ】1ある国における共通語または公用語。2中国の史書。二一巻。魯の太史左丘明の著と伝えるが未詳。春秋時代の八か国の歴史を国別に記したもの。↓❹

【国債コクサイ】国家が歳入の不足を補うなど財政上の必要から発行する債券。↔地方債

【国際コクサイ】諸国家、諸国民間に関係していること。一国内のことにとどまらず世界的であること。『国際連合』『国際色』『国際人』『国際的』『国際法』

【国産コクサン】外国産のものに対して、自国で生産したもの。『国産品』

【国士コクシ】1一国の中で特にすぐれ、国家にとって有用な人物。2自分の身を顧みず、国事に尽くす人。【国士無双コクシムソウ】並ぶ者のないすぐれた国士。♥中国、前漢時代の蕭何ショウカが、韓信を評して言った言葉から。〔史記-淮陰侯伝〕

【国子(コクシ)】昔、中国で、公卿(コウケイ)・大夫(タイフ)などの子弟を称した語。【国子学(コクシガク)】中国で晋の武帝によって創始された、貴族の子弟や英才を対象とする教育機関。【国子監(コクシカン)】昔の中国の官署の名。教育行政官庁。隋の煬帝(ヨウダイ)が国子学を改称したもの。【国子祭酒(コクシサイシュ)】国子学の長官。♥「祭酒」は、神に酒を供える長老の意から転じて長官のこと。

【国使(コクシ)】国家の命を受けて外国に派遣される使者。

【国師(コクシ)】国の師として尊敬すべき有徳の僧に対して、朝廷から贈られた称号。『夢窓国師』

【国事(コクジ)】①直接国家に関係する事柄。『国事犯』②国の機関として行う事柄。『国事行為』天皇が国の機関として行う事柄。『国事行為』

【国手(コクシュ)】名医。また、医師を敬っていう語。

【国恤(コクジュツ)】①国家全体にとって憂うべき事件。②国民全体の喪。天子・皇后などにたいする喪。

【国書(コクショ)】国の元首が国の名で発する外交文書。→❹

【国情・国状(コクジョウ)】国の政治、経済、文化などの総合的な有様。『国情不穏』

【国色(コクショク)】①国内第一の美人。②牡丹(ボタン)の異名。

【国辱(コクジョク)】国の面目にかかわる恥辱。国恥。『国辱的』

【国粋(コクスイ)】その国固有の長所や美点。『国粋主義』

【国是(コクゼ)】国が是(ぜ)として定めた政治上の方針。

【国政(コクセイ)】国の立法、司法、行政にわたる政治。

【国勢(コクセイ)】国の形勢。国の人口、産業、資源などの面から見た総合的な状態。『国勢調査』

【国籍(コクセキ)】その国に所属するものとして公的に登録された、国民としての資格。また、飛行機、船舶などがある一定の国に所属する資格。『国籍不明』『無国籍』

【国葬(コクソウ)】国の儀式として国費で行う葬儀。

【国賊(コクゾク)】自分の国に害を与える者。

【国体(コクタイ)】国家を統治権の存在状態によって区分した形態やその特質。君主制、共和制、立憲君主制など。『国体を護持する』→❸

【国定(コクテイ)】国家が制定すること。『国定公園』

【国蠹(コクト)】国を害する者。国賊。

【国土(コクド)】一国の統治権の及ぶ地域。領土。また、その国の土地。

【国帑(コクド)】国家の財産。国財。

【国度(コクド)】国家の費用。

【国難(コクナン)】国家の存立にかかわる危難。

【国賓(コクヒン)】国家から正式の客として招かれ、国費で接待される外国人。国の賓客。

【国父(コクフ)】国民から父のように敬愛されるその国の統治者。『国父孫文』

【国柄・国秉(コクヘイ)】国家を統治する権力。

【国母(コクボ|コクモ)】①皇后。②皇太后。

【国宝(コクホウ)】国の宝物。特に、国が指定し、保護、管理する文化財。『人間国宝』

【国防(コクボウ)】軍事力による国の防御。『国防予算』

【国民(コクミン|くにたみ)】その国に属し、その国家を構成する人民。その国の国籍を持つ人。『国民宿舎』『国民性』

【国命(コクメイ)】①国家の命令。②国家の政治。③国の使命。

【国邑(コクユウ)】諸侯の領地。また、その中心部分。

【国立(コクリツ)】国家が設立して、維持、管理すること。『国立大学』『国立劇場』『国立公園』

【国力(コクリョク)】国家の勢力。国の経済力、軍事力などを総合した力。

【国老(コクロウ)】①国に功労のある家臣。元老。②中国で、致仕(辞職)の後、なお卿大夫の待遇を受ける者。

【国家(コッカ)】一定の領土を有し、そこに居住する人々で構成され、一つの統治組織を持つ団体。『法治国家』

【国会(コッカイ)】国の議会。日本国憲法では国権の最高機関で、国の唯一の立法機関とされ、衆・参両議院からなる。

【国器(コッキ)】国政を執るのに足る器量。

【国教(コッキョウ)】国家がその国民が信奉すべきものとして指定する宗教。

【国境(コッキョウ)】国と国との境界線。『国境線』

【国禁(コッキン)】国の法律で禁止されている事柄。

【国庫(コッコ)】経済活動、特に現金の受け払いの主体として見たときの国家。『国庫補助』

【国交(コッコウ)】国と国との交際。『国交回復』『国交断絶』

【国乱則思二良相一(くにみだるればすなわちリョウショウをおもう)】国家が乱れてくると、すぐれた宰相を得たいと思う。〔史記-魏世家〕

【国破山河在(くにやぶれてサンガあり)】戦乱のために、都は破壊されてしまったが、山や川だけは昔のままの姿を残している。〔杜甫-春望〕

❷ 地方的な区域。

下接 回国(カイコク)・下国(ゲコク)・兼国(ケンゴク)・西国(サイコク)・沢国(タッコク)・暖国(ダンコク)・当国(トウゴク)・東国(トウゴク)・南国(ナンゴク)・封国(ホウコク)・北国(ホッコク|きたぐに)

【国衙(コクガ)】国 律令制で、諸国に設置された政庁。国府。

【国司(コクシ)】国 律令制で、諸国におかれた地方官。

【国人(コクジン)】国 ①国衙(コクガ)の職員。②在地の武士。

【国府(コクフ)】国 昔、国ごとに置かれ、国司が在任した役所。また、その所在地。府中。

【国風(コクフウ|くにぶり)】国 その地方特有の風俗、習慣。それらがうたわれている詩歌や民謡。

【国分寺(コクブンジ)】国 奈良時代、聖武(ショウム)天皇が国家の平安、五穀の豊穣(ホウジョウ)のため、国ごとに建立させた官寺。

❸ (日本語で)「国際」「国民」などの略。

【国体(コクタイ)】国「国民体育大会」の略。日本で、毎年都道府県対抗で行われる総合競技大会。→❶

【国鉄(コクテツ)】国「日本国有鉄道」の略称。分割・民営化され、JRとなった。↔私鉄

【国連(コクレン)】国「国際連合」の略称。第二次世界大戦後、国際平和と安全の維持、諸国間の友好と協力を目的として成立した国際機構。『国連大学』『国連大使』

❹ (日本語で)日本。わがくに。

【国学(コクガク)】国 江戸時代におこった学問。日本の古典を文献学的に研究し、古代日本の思想や文化を究明しようとしたもの。和学。皇学。古学。↔漢学・洋学

【国語(コクゴ)】国 ①日本の言語。日本語。『国語審議会』『国語辞典』『国語学』②学校教育の教科の一。日本の言語および言語文化を取り扱う。→❶

【国史(コクシ)】国 わが国の歴史。日本歴史。

【国字(コクジ)】国 ①国語の表記に採用されている文字。『国字問題』②日本で、漢字の構成法にならって作られた文字。「峠」「働」「畑」の類。

【国書(コクショ)】国 日本語で著述された日本の書籍。→❶

【国文(コクブン)】国 ①日本語で書かれた文章。②「国文学」の略。日本の文学。また、それを研究する学問。

【国訓(コックン)】国 漢字の読みとしてあてられている国語。

難読地名 国上(くがみ)山(新潟) 国後(くなしり)郡(北海道) 国頭(くにがみ)郡・村(沖縄) 国東(くにさき)町(大分) 難読姓氏 国司(こうし) 国府田(こうだ) 国生(こくしょう) 国府方(こふかた)

1234 【囹】 5190 537A 9A9A 口-5 レイ漢/líng/ひとや

字解 形声。囗(かこい)+令(ひざまずいた人)声。人がかこいの中でひざまずく、牢獄の意。
意味 ひとや。牢獄。
【囹圄・囹圉レイギョ|レイゴ】罪人を閉じこめておく所。牢屋。

1235【囶】5191 537B 9A9B 囗-6 コク「国」(1233)の異体字

1236【囿】5192 537C 9A9C 囗-6 ユウ(イウ)漢/yòu/その
字解 形声。囗(場所)+有(手に肉をもつ)声。食肉用の獣を飼う場所の意。甲骨文では、草木をうえた苑地に象る象形字だったが、のち形声字に変わった。
甲骨文 篆文

意味 その。にわ。動物を放し飼いにしてある所。また、多くのものが集まる所。「文囿ブンユウ」「霊囿レイユウ」
【囿園・囿苑ユウエン】鳥獣を飼うその。動物園。
【囿人ユウジン】①宮廷の動物を飼う番人。②草木を栽培する人。園丁。

1237【圄】5193 537D 9A9D 囗-7 ゴ呉・ギョ漢/yǔ/ひとや
字解 形声。囗(かこい)+吾(ふせぎとどめる)声。ひとやの意。
意味 ひとや。牢獄。「囹圄レイギョ|レイゴ」

1238【圂】*2304 囗-7 コン漢/hùn
字解 会意。囗(かこい)+豕(ぶた)。家畜を飼う所の意。転じて、かわやの意に用いる。
甲骨文 金文 篆文

意味 ❶ぶたごや。転じて、便所。❷家畜。

1239【圃】4264 4A60 95DE 囗-7 (1249)【圑】*2308 囗-10 ホ漢/pǔ/はたけ
字解 形声。囗(土地)+甫(なえをうえる)声。苗代をうえたところ、はたけの意。甲骨文は、はたけに象る。
甲骨文 金文 篆文

意味 はたけ。畑仕事。また、農夫。
【圃畦ホケイ】畑のうね。
【圃場ホジョウ】耕作する畑。「圃場整備事業」
下接 園圃エンポ・田圃デンポ・農圃ノウホ・老圃ロウホ

1240【圉】5194 537E 9A9E 囗-8 ゴ呉・ギョ漢/yǔ/ひとや
字解 会意。囗(かこい)+幸(=㚔、刑具のかせ)。牢獄の意。また馭に通じ、うまかいの意に用いる。
甲骨文 金文 篆文

意味 ❶ひとや。牢獄。「囹圉レイギョ|レイゴ」❷馬や家畜を飼っておく所。また、その世話をする人。うまかい。「圉人」「牧圉ボクギョ」❸ふせぎとどめること。ふせぐ。とどめる。「圉禁」
【圉禁ギョキン】ふせぎとどめること。
【圉人ギョジン】中国の周代、軍官に仕え牧畜をつかさどった官名。

1241【圈】5201 5421 9A9F 囗-8 ケン「圏」(1245)の旧字

1242【國】5202 5422 9AA0 囗-8 コク「国」(1233)の旧字

1243【圊】*2306 囗-8 セイ漢/qīng/かわや
字解 形声。囗+青声。
意味 かわや。便所。
【圊廁セイシ】便所。かわや。
【圊溷セイコン】=圊廁

1244【圍】5203 5423 9AA1 囗-9 イ「囲」(1223)の旧字

1245【圏】2387 3777 8C97 囗-9 常 (1241)【圈】5201 5421 9A9F 囗-8 旧字 人
ケン漢/juàn・quān/おり
筆順

字解 圏は圈の変形。圈は形声。囗(とりかこむ)+卷(まく)声。とりまいてつくったかこいの意。
意味 ❶かこい。おり。転じて、一定の地域。範囲。なわばり。「首都圏シュトケン」「成層圏セイソウケン」「大圏タイケン」「水圏スイケン」「気圏キケン」❷まるじるし。「圏点」「圏発」
【圏点ケンテン】文章中の要点を示すために、文字の傍らに記す点。傍点。「圏点を打つ」
【圏套ケントウ】①鳥や獣を捕らえるわな。また、策をめぐらすこと。②勢力の範囲内。
【圏発ケンパツ】漢字の四声を示すために、その四隅にしるす半圏点。□を平声ヒョウショウ、□を上声、□を去声、□を入声ニッショウとする。点発。

1246【園】1764 3160 8980 囗-10 常2 (1247)【園】—— 囗-10
オン(ヲン)呉・エン(ヱン)漢/yuán/その
筆順

字解 形声。囗(とりかこむ)+袁(→還、めぐる)声。塀をめぐらした所、その意。
意味 ❶野菜や果樹の畑。「園芸」「園菜」「農園」❷その。一定の区域を限って作った庭。「園遊会」「園苑」「公園」「霊園」❸みささぎ。天子や王妃などの墓所。「園廟」「園陵」「寝園シンエン」❹人の楽しんで集まる所。その施設。「動物園ドウブツエン」「園長」「学園」「楽園」❺国庭園の名。また、学者の家の雅号に用いる。「兼六園ケンロクエン」「後楽園コウラクエン」「六義園リクギエン」「兎園トエン」

❶野菜や果樹の畑。
下接 花園カエン・杏園キョウエン・郷園キョウエン・故園コエン・菜園サイエン・荘園ショウエン・桑園ソウエン・村園ソンエン・竹園チクエン・茶園チャエン・田園デンエン・桃園トウエン・農園ノウエン・梅園バイエン・茗園メイエン・薬園ヤクエン・梨園リエン
【園芸エンゲイ】草花、蔬菜ソサイ、果樹などを栽培すること。
【園菜エンサイ】畑にできる野菜。蔬菜ソサイ。園蔬。
【園蔬エンソ】=園菜
【園廬エンロ】畑と小屋。また、畑の中の小屋。

❷その。一定の区域を限って作った庭。
下接 祇園ギオン・丘園キュウエン・禁園キンエン・公園コウエン・後園コウエン・荒園コウエン・山園サンエン・漆園シツエン・仙園センエン・造園ゾウエン・池園チエン・庭園テイエン・廃園ハイエン・文園ブンエン・満園マンエン・名園メイエン・囿園ユウエン・遊園ユウエン

・楽園ラクエン・霊園レイエン／花園はなぞの

【園苑】エンエン 庭園。その。
【園池】エンチ 庭園と池。
【園丁】エンテイ 庭を造る人。庭師。
【園亭】エンテイ ①庭園に設けたあずまや。②庭園。
【園圃】エンポ そのと畑。
【園囿】エンユウ 草木を植えて、鳥や獣などを飼っている所。
【園遊会】エンユウカイ 庭園に多くの客を招いてもてなす会。
【園林】エンリン 庭園の中の林。また、庭園と林。

❸ みささぎ。天子や王妃などの墓所。

【園廟】エンビョウ 陵墓のそばにある霊廟。
【園陵】エンリョウ 陵墓。みささぎ。

❹ 人の楽しんで集まる所。その施設。

下接 開園カイエン・学園ガクエン・休園キュウエン・芸園ゲイエン・就園シュウエン・卒園ソツエン・入園ニュウエン・楽園ラクエン・梨園リエン

1248【圓】5204 5424 9AA2 囗-10 エン「円」(500)の旧字

1249【圕】＊2308 囗-10 ホ「圃」(1239)の異体字

1250【團】5205 5425 9AA3 囗-11 ダン「団」(1222)の旧字

1251【圖】5206 5426 9AA4 囗-11 ト「図」(1230)の旧字

1252【圗】— — — 囗-11 ト「図」(1230)の異体字

1253【圜】5208 5428 9AA6 囗-13 カン(クヮン)漢・エン(ヱン)漢 \huán・yuán\ めぐる・ひとや

字解 形声。囗(とりかこむ)＋瞏(→還、めぐる)声。まるくめぐらす意。

意味 ❶まる。まるい。めぐる。めぐらす。『圜視』『圜繞』『大圜タイエン(=天)』 ❷人をとじこめるところ。ひとや。『圜牆』

【圜牆】エンショウ 牢獄。ろうや。
【圜視】カンシ・エンシ ①周囲をかこんで見ること。②目をまるくして見ること。
【圜繞】カンジョウ めぐること。めぐらすこと。

32 土部 つち

甲骨文

金文

篆文

土は、地上に土を盛って祭る土地の神で、土、土地の意(ト)を示す。甲骨文の、土塊のふくらんだ形が後に柱状になり、篆文でその柱に点または横一画が加えられるようになった。土部には、土、土地に関し、その形状、その上に設けられるもの、その上で行われること等を表す字が属する。字の左部に用いられるものを「つちへん」といい、第三画を右にはねあげるのが慣わしである。

土◆ 土 ①圡 ③圭

土▀ ⑨堯

土▄ ①壬 ②圧 圣 ③压 在 ④坐 呈 㞢 ⑤坐 垂 坴 垈 ⑥型 ⑦𨑨 埀 ⑧堊 基 堇 埿 堂 埜 ⑨堅 堕 塁 堡 墅 堲 ⑩塋 塑 塑 塞 塗 墓 塰 ⑪塹 塾 墅 塵 墊 墓 墨 ⑫墮 墳 墜 墜 墪 墨 壄 ⑬墾 壁 壢 壅 ⑭壓 壑 壍 ⑮壘 ⑯壟

土▌ ②圦 ③圯 地 圮 圷 圸 ④坎 圻 均 坑 址 坏 坂 坊 ⑤坳 坩 坤 坼 坦 坻 坫 坡 坿 坪 坪 垉 ⑥垣 垓 垠 垢 城 垜 垛 垤 垳 垪 垰 垬 ⑦埃 埏 埆 垸 城 埔 埋 埒 埓 垎 埡 ⑧域 場 埳 埼 堀 堄 埶 埣 埶 埴 埵 堆 埝 堵 培 埤 埠 堋 埦 埖 埗 ⑨堙 堰 堝 堺 堦 堪 堠 堭 堒 場 堞 塚 堤 堵 塔 塀 報 ⑩塩 塢 塊 塤 塙 塒 塜 塡 填 塘 塔 ⑪境 境 塹 塲 塼 增 塀 墁 㙢 墉 塿 ⑫墟 墝 增 墫 墉 墀 墩 墳 墹 ⑬墺 壊 墻 壌 壇 墸 墳 壈 ⑭壏 壎 壕 壔 壗 ⑮壙 壥 ⑯壞 壜 壚 壠 ⑰壤 壢

土▐ ⑩塍

1254【土】3758 455A 9379 土-0 常1
(1255)【圡】— — — 土-1

ド呉・ト漢 \tǔ\ つち

筆順 土 土 土

字解 部首解説を参照。

同属字 吐・杜・肚・徒

参考 万葉仮名では音を借りて「と甲」「ど甲」。

意味 ❶つち。どろ。『土器』『土砂』『土壌』『黄土』『出土』『粘土』 ❷くに。土地。領地。また、地方。人が住んでいるところ。その土地のもの。『土産』『土着』『郷土』『浄土』『領土』 ＊白居易-長恨歌「姉妹弟兄皆列レ土シマイテイケイみなどをつらぬ」〔=姉妹や兄弟は、みな領地を賜った〕 ＊柳宗元-捕蛇者説「退而甘ニ食其土之有一しりぞきてそのどのユウをカンショクす」〔=家に帰ってからは、土地の産物をおいしく食べる〕 ❸五行の第三。季節では土用、方位では中央、色では黄、天体では土星にあたる。『土星』 ❹国七曜の一。『土曜』 ❺国「土佐国とさのくに」の略。南海道六か国の一。今の高知県にあたる。『薩長土肥』『土讃線ドサンセン』『予土線』 ❻国「土耳古トルコ」の略。『露土戦争ロトセンソウ』 ❼あて字、熟字訓など。『土筆つくし』『土師はじ』『土竜もぐら』

❶ つち。どろ。

下接 黄土オウド・コウド・客土カクド・キャクド・下土カド・耕土コウド・作土サクド・撮土サツド・砂土サド・出土シュツド・焦土ショウド・壌土ジョウド・埴土ショクド・心土シンド・塵土ジンド・寸土スンド・瘠土セキド・泥土デイド・凍土トウド・陶土トウド・童土ドウド・粘土ネンド・肥土ヒド・表土ヒョウド・覆土フクド

・糞土（ドフン）・抔土（ドホウ）・油土（ドユ）・沃土（ドヨク）・緑土（ドリョク）・礫土（ドレキ）・腐葉土（フヨウド）・捲土重来（ケンドチョウライ）

【土芥（ドカイ）】土とごみくず。転じて、価値のないもの。

【土塊（ドカイ｜つちくれ）】土のかたまり。

【土階三等（ドカイサントウ）】土の階段で、しかも三段しかないこと。本来、天子の宮殿は、玉で造られて九段であることから、簡素な生活をいう。＊十八史略‐五帝「茆茨不ㇾ剪、土階三等（ボウシきらず、ドカイサントウのみ）〔＝(帝尭の)宮殿は茅かやぶきで先を切りそろえず、土の階段はわずか三段であった〕」

【土器（ドキ｜かわらけ）】素焼きの容器。『弥生式土器（ドキ）』▶(1)「ドキ」は特に原始時代の土製容器の遺物をいう。(2)「かわらけ」は特に杯をいい、食器用の土器をいう「瓦笥」の意から。

【土簋（ドキ）】穀物を盛って神にささげる土製の器。

【土牛（ドギュウ）】大寒の日の前夜、疫病をはらうために宮城の門口に立てた土製の牛の像。

【土偶（ドグウ）】土で作った人形。

【土公（ドコウ）】土をつかさどる神。

【土梗（ドコウ）】土の人形。でく。

【土砂（ドシャ）】つちとすな。『土砂崩れ』

【土壌（ドジョウ）】①つち。岩石が砕けて細かくなったものに、生物の遺体や分解物などが混じった、陸地の表層。②国物事が発生したり、育ったりする基盤。

【土倉（ドソウ｜つちぐら）】まわりの壁を土で塗り固めた倉。

【土葬（ドソウ）】死体を焼かずに、そのまま土中に埋葬すること。↔火葬・水葬

【土蔵（ドゾウ）】国土や漆喰しっくいなどで四面を厚く塗った倉庫。

【土足（ドソク）】国履物をはいたままの足。また、泥のついたままの足。『土足で上がり込む』

【土台（ドダイ）】国①建築物の最下部をなす部分。いしずえ。礎石。『土台を築く』②物事の基礎。『研究の土台が固まる』③元来。もともと。『土台無理な話だ』

【土壇場（ドタンば）】昔の、首斬きり場。転じて、最後の決断を迫られる場面。▶「土壇」は首斬りを行うために築いた土の壇。

【土豚（ドトン）】土囊（ドノウ）のこと。▶形が豚に似ているところからいう。

【土遁（ドトン）】土の中に隠れて逃れる幻術。

【土囊（ドノウ）】土を詰めた袋。土俵。

【土俵（ドヒョウ）】国①土を詰めた俵たわら。②相撲をとるために、①で丸く囲んだ所。土俵場。『土俵を割る〔＝土俵の外へ足を出す〕』『土俵際ぎわ』

【土瓶（ドビン）】国湯を沸かしたり、茶をいれたりするのに用いる陶製の器。注ぎ口と、つるが付いている。

【土崩瓦解（ドホウガカイ）】土がくずれ、瓦かわらが破れる意から、根底からくずれて手のつけようのないさま。〔鬼谷子〕

【土木（ドボク）】土石、木材、鉄材などを使ってする建築基礎、道路などの工事。『土木建築』

【土間（ドま）】①室内で床を設けず、地面のままにした所。土場。②昔の歌舞伎かぶきの劇場で、一階の舞台正面の枡形ますがたの座席。『高たか土間』『平ひら土間』

❷ 土地。地方。くに。

下接 異土（イド）・穢土（エド）・王土（オウド）・漢土（カンド）・郷土（キョウド）・后土（コウド）・荒土（コウド）・国土（コクド）・西土（サイド｜セイド）・刹土（サッド）・浄土（ジョウド）・全土（ゼンド）・率土（ソット）・中土（チュウド）・東土（トウド）・唐土（トウド）・貧土（ヒンド）・風土（フウド）・仏土（ブッド）・辺土（ヘンド）・邦土（ホウド）・封土（ホウド）・本土（ホンド）・冥土（メイド）・楽土（ラクド）・領土（リョウド）

【土音（ドイン｜ドオン）】その地方の人の発音。なまり。

【土宜（ドギ｜トキ）】①（その土に宜よろしいものの意から）その土地に適した農作物。その地味に合う作物。土産（ドサン）。②その土地の良風美俗。

【土語（ドゴ）】その地方独特のことば。方言。

【土貢（ドコウ｜トコウ）】その地方のみつぎもの。

【土寇（ドコウ）】百姓の一揆。土民の暴動。

【土豪（ドゴウ）】その土地の豪族。

【土産（ドサン｜みやげ）】㊀（ドサン）その土地の産物。『土産品』㊁（みやげ）①旅先、外出先で求めて、家に持ち帰る品。②他人の家を訪問するときに持参する贈り物。手みやげ。▶㊁は「見上げ」の変化という。

【土神（ドシン）】その土地の神。産土神うぶすながみ。→❸

【土人（ドジン）】土着の人。その土地の人。

【土性（ドセイ）】土地の性質。→❸

【土俗（ドゾク）】その土地の風俗、習慣。

【土地（トチ）】①つち。大地。②宅地や耕地などの地所、地面。『土地の値上がり』③地味。地質。『土地が肥えている』④その地方。『土地の人』⑤領土。領分。

【土着（ドチャク）】何代も前からその土地に生まれ、住みついていること。『土着の人』『土着民』

【土無二王（ドにニオウなし）】一国の君主は一人であって、二人並び立ってはならない。〔礼記‐曾子問〕

【土匪（ドヒ）】土地に住みついて害をなす賊。

【土風（ドフウ）】その地方の風俗・風習。くにぶり。

【土民（ドミン）】その土地に住む民。土着の住民。

【土毛（ドモウ）】その土地から産出するもの。土産。

【列ㇾ土（ドをつらぬ｜ドをレッす）】領地を与えられて諸侯となる。＊白居易‐長恨歌「姉妹弟兄皆列ㇾ土（シマイテイケイみなドをつらぬ）〔＝(彼女の)姉妹や兄弟は、みな領地を賜って諸侯となった〕」

❸ 五行の第三。

【土神（ドシン）】五行の土の神。→❷

【土性（ドセイ）】土の気をうけた人の生まれつき。→❷

【土星（ドセイ）】太陽系中、太陽から六番目の惑星。赤道の周囲を公転する環がある。

【土用（ドヨウ）】陰暦で、立春・立夏・立秋・立冬それぞれの前の一八日間の称。一般には立秋前の夏の土用をいう。『土用波』『土用三郎〔＝夏の土用入りから三日めの称〕』

❹（日本で）七曜の一。

【土曜（ドヨウ）】国一週間ごとに七曜を割り当てた第七番目の日。土曜日。

❼ あて字、熟字訓など。

【土性骨（ドショウぼね｜ドショウっぽね）】強調して、また、他人をののしってその性質、精神をいう語。『土性骨をたたき直す』▶「ど」は接頭語で、「土」は当て字。

【土筆（つくし）】スギナの地下茎から出る胞子茎。先端は筆の先に似る。春先に生え、食べられる。

【土師（はじ）】（「はじ」は「はにし(土師)」の転）埴輪などの土器を作ることをつかさどった人。【土師器（はじき）】古墳時代以降平安時代まで製作された土器。

【土竜（もぐら｜ドリュウ｜ドリョウ）】モグラ科の哺乳ホニュウ類。地中にトンネルを掘ってすみ、農作物に害を与える。▶中国ではミミズに当てるという。

難読地名 土肥といい町（静岡）　土岐とき郡・市（岐阜）　土庄とのしょう町（香川）

難読姓氏 土信田としだ　土師田としだ　土方ひじかた｜つちかた　土師はじ｜はぜ

1256

【圭】

2329
373D
8C5C

土－3

人

ケイ 漢 \guī\ たま

3画
口囗土士夂夊夕大女子宀寸小(⺌・⺍)尢(尣・兀)尸屮(屮)山巛(川)工己(已・巳)巾干幺广廴廾弋弓彐(ヨ・彑)彡彳

字解 象形。貴族が礼式におびた瑞玉(ズイギョク)の形に象り、たまの意。一説に、日時計に用いたものの形ともいう。

金文 篆文

同属字 恚・亀・厓・奎・閨・卦・佳・哇・娃・洼・挂・桂・珪・硅・畦・袿・絓・蛙・鞋・鮭

意味 ❶たま。上部がとがり、下部が四角のたま。古代中国で諸侯のしるし。また、かど。かどだつ。『圭角』『圭臬』『圭璋』『刀圭(トウケイ)』『土圭(トケイ)』 ❷容量また重量の単位。勺の一〇〇〇分の一。転じて、ごく少ない量。 ❸その他。『圭復』

【圭角(ケイカク)】玉のとがったかど。転じて、言葉や動作などがかどかどしいこと。〔朱熹-孟子序説〕「多少の圭角はある」『圭角が取れる〔=人格が円満になる〕』

【圭臬(ケイゲツ)】(「臬」は射的の意) 日影を測る道具。日時計。転じて、標準の意。

【圭璋(ケイショウ)】①礼式に用いる飾り玉。②人柄のすぐれているたとえ。

【圭復(ケイフク)】文章、特に他人からの手紙を繰り返し読むこと。〔論語-先進〕♥孔子の門人の南容が「詩経」の白圭(白き玉)の詩を三度繰り返して読んだという故事から。

難読姓氏 圭室(たまむろ)

土

［吉］⇩945 ［戋］⇩2628 ［芝］⇩7781

［夌］⇩1474 ［幸］⇩2102 ［哉］⇩968

［恚］⇩2347 ［袁］⇩7225

1257 【堯】 8401 7421 EA9F 土-9 ギョウ 「尭」(466)の旧字

［喪］⇩905 ［嗇］⇩989 ［鼀］⇩9619

土

1258 【𡈼】 二— 土-1 テイ(漢)/tǐng

字解 指事。まっすぐに立つ人のあしの部分に一線を付し、まっすぐにたつ・つき出る意。任・妊等の属標として用いる。「壬(ジン)」は別字。

甲骨文 篆文

同属字 呈(呈)・聖(聖)・廷・聽(聴)・徵(徴)

1259 【圧】 1621 3035 88B3 土-2 常5 (1310)【壓】 5258 545A 9AD8 土-14 旧字 (1261)【压】 二— 土-3

ヨウ(エフ)(呉)・オウ(アフ)(漢)・エン(漢)・アツ(慣)/yā/おす・おさえる・へす

筆順

字解 圧は壓の略体。壓は形声。土+厭(→奄、おおう)(声)。土でおおいおさえる意。

意味 ❶おす。おさえる。表面に力を加える。しずめる。『圧縮』『圧迫』『抑圧』 ❷おす力。おさえる力。圧力。『血圧』『電圧』

❶おす。おさえる。表面に力を加える。

下接 威圧(イアツ)・強圧(キョウアツ)・禁圧(キンアツ)・指圧(シアツ)・重圧(ジュウアツ)・暴圧(ボウアツ)・抑圧(ヨクアツ)

【圧巻(アッカン)】書物や催し物などの中でいちばんすぐれた箇所。〔文章弁体〕♥「巻」は、昔の中国の官吏登用試験の答案の意。最もすぐれた答案を他のすべての答案の上に載せたところからいう語。

【圧搾(アッサク)】強く押し縮めること。また、押して中の水分をしぼりとること。『圧搾空気』『圧搾機』

【圧殺(アッサツ)】押しつけて殺すこと。

【圧死(アッシ)】押しつぶされて死ぬこと。

【圧縮(アッシュク)】圧力を加えて、押し縮めること。容積を縮小すること。『圧縮空気』『圧縮率』

【圧勝(アッショウ)】国一方的に勝つこと。↔辛勝

【圧制(アッセイ)】権力、武力などによって人の自由な言動を押さえつけること。

【圧政(アッセイ)】圧制による政治。

【圧倒(アットウ)】段違いにすぐれた力で他の者の上に立つこと。『圧倒的多数』

【圧迫(アッパク)】①表面に力を加えて押さえること。②威圧を加えて相手の自由を許さないこと。

【圧伏・圧服(アップク)】押さえ付けて服従させること。

【圧力(アツリョク)】①物体が他の物体を押す力。②人を威圧する力。『圧力団体』

【圧状(アツジョウ)】おどして強制的に書かせた文書。

❷おす力。おさえる力。圧力。

下接 加圧(カアツ)・外圧(ガイアツ)・眼圧(ガンアツ)・気圧(キアツ)・血圧(ケツアツ)・検圧(ケンアツ)・減圧(ゲンアツ)・光圧(コウアツ)・降圧(コウアツ)・高圧(コウアツ)・水圧(スイアツ)・側圧(ソクアツ)・耐圧(タイアツ)・低圧(テイアツ)・電圧(デンアツ)・爆圧(バクアツ)・筆圧(ヒツアツ)・風圧(フウアツ)・変圧(ヘンアツ)・膨圧(ボウアツ)・油圧(ユアツ)

【圧覚(アッカク)】身体が圧迫を受けたときに皮膚や粘膜の表面に分布する圧点に起こる感覚。

【圧点(アッテン)】皮膚感覚のうち、圧覚(あるいは触覚)を感じる神経の末端器官をいう。

1260 【圣】 * 2315 土-2 ケイ 「巠」(2002)の異体字

1261 【压】 二— 土-3 アツ 「圧」(1259)の異体字

1262 【在】 2663 3A5F 8DDD 土-3 常5 ザイ(呉)・サイ(漢)/zài/ある・いる・います・おわします・ましまず・ます

筆順

字解 形声。土(=士、武器)+才(たちきりとどめる)(声)。武力でとどめる意。

甲骨文 金文 金文 篆文

転じて、ある意。金文以後、土が付された。

意味 ❶(その所に、また、そのように)ある。いる。存在すること。また、います。まします。「ある」「いる」の尊敬語。『在学』『在住』『現在』『実在』 *史記-廉頗藺相如伝「位在廉頗之右(くらいはレンパのみぎにあり)」〔=廉頗よりも上位であった〕 *論語-学而「父在観其志、父没観其行(ちちいませばそのこころざしをみ、ちちボッしてはそのおこないをみる)」〔=父の在世中はその子の志を観察し、父が亡くなってからはその子の行動を観察する〕 ❷国ざい。いなか。町と離れた土地。『在所』

❶ ある。いる。

[下接] 行在アンザイ・越在エツザイ・介在カイザイ・外在ガイザイ・近在キンザイ・健在ケンザイ・顕在ケンザイ・現在ゲンザイ・好在コウザイ・混在コンザイ・散在サンザイ・自在ジザイ・実在ジツザイ・所在ショザイ・昔在セキザイ・潜在センザイ・存在ソンザイ・滞在タイザイ・駐在チュウザイ・点在テンザイ・内在ナイザイ・伏在フクザイ・不在フザイ・僻在ヘキザイ・偏在ヘンザイ

【在位ザイイ】 王、天子などが位に就いていること。

【在外ザイガイ】 外国にいることや外国にあること。『在外邦人』『在外公館』

【在学ザイガク】 学校に籍を置いていること。

【在家ザイケ】 在俗のまま仏教に帰依すること。↕出家。『在家仏教』

【在庫ザイコ】 [国]品物が倉庫などにあること。また、その品物。ストック。『在庫が切れる』『在庫品』

【在郷ザイゴウ|ザイキョウ】 郷里にいること。『在郷ザイゴウ軍人』 →❷

【在住ザイジュウ】 その所に住んでいること。『在住者』

【在職ザイショク】 ある職務に就いていること。『在職期間』

【在世ザイセイ|ザイセ】 この世に生きていること。生きていた間。故人についていう。存命。

【在席ザイセキ】 職場でいつもの席にいること。

【在籍ザイセキ】 [国]そこに籍があること。『在籍専従』

【在俗ザイゾク】 出家しないで俗人のままでいること。

【在宅ザイタク】 [国]自分の家にいること。『在宅勤務』

【在中ザイチュウ】 中にそれが入っていること。『写真在中』

【在廷ザイテイ】 [1]朝廷に仕えていること。在朝。[2]現に法廷に出頭していること。

【在日ザイニチ】 [国]外国人が日本に居住または滞在していること。『在日ポーランド人』

【在任ザイニン】 任務に服していること。任地にあること。

【在米ザイベイ】 [国]外国人がアメリカに滞在または住んでいること。『在米の商社員』

【在民ザイミン】 [国]国民の側にあること。『主権在民』

【在野ザイヤ】 [1]公職に就かずに民間にあること。『在野の人材』『在野精神』 ＊十八史略-五帝「問在野不知（ザイヤにとうにしらず）〔=民間にいる人々に聞いてみたがわからない〕」 [2]政党が野党の立場にあること。

【在来ザイライ】 [国]今まで普通にあったこと。『在来線』

【在留ザイリュウ】 [国]一時、外国のある土地にとどまること。『パリの在留邦人』

❷ (日本語で)ざい。いなか。

【在郷ザイゴウ】 [国]いなか。都市から離れた地方。→❶

【在所ザイショ】 [国][1]郷里。故郷。[2]いなか。在郷。在。

［庄］⇩2115 ［至］⇩6458

1263 【坐】 2633 3A41 8DBF 土－4 (1266)〔坐〕 土－5

ザ[呉]・サ[漢]/zuò/すわる・います・おわす・まします・そぞろに・いながら

[字解] 会意。土＋人＋人。土の上で人が向かい合いすわる意。

[同属字] 座・痤・剉・挫

[参考] 現代表記では「座」を用いる。熟語については「座」(2132)をも見よ。

[意味] ❶すわる。ひざを折ってすわる。また、その場所。『坐作進退』『坐相』『坐忘』『坐来』『円坐』『静坐』 ＊史記-項羽本紀「樊噲従良坐（ハンカイリョウにしたがいてザす）〔=樊噲は張良のわきにすわった〕」 →下接。❷いながら。また、何もしないでじっとしている。『坐視』 ❸そぞろに。ただなんとなく。＊杜牧-山行「停車坐愛楓林晩（くるまをとめてそぞろにアイすフウリンのくれ）〔=車をとめて、何とはなしに、楓林の夕暮れの美しさを味わう〕」 ❹罪にふれる。罪する。『縁坐エンザ』『従坐ジュウザ』『連坐レンザ』 ❺[国]おわす。まします。「いる」「ある」「行く」などの尊敬語。

[下接] 擱坐カクザ・危坐キザ・跪坐キザ・胡坐コザ|あぐら・衆坐シュウザ・静坐セイザ・端坐タンザ・鼎坐テイザ・独坐ドクザ・趺坐フザ

【坐臥ザガ】 すわることと寝ること。また、その場所。座臥。＊十八史略-春秋戦国「勾践反国、懸胆於坐臥、即仰胆嘗之（コウセンくにかえり、きもをザガにかけ、すなわちきもをあおぎこれをなむ）〔=（越王の）勾践は帰国すると、きもを寝起きする場所につるしておき、それをなめた〕」

坐相

【坐作進退ザサシンタイ】 立ち居ふるまい。身のこなし。

【坐相ザソウ】 座禅をしているすがた。

【坐忘ザボウ】 静座して雑念を去り、われを忘れること。

【坐来ザライ】 (「来」は動作が継続して現在に至ることを表す)すわっているうちに。程なく。

1264 【垔】 土－4

デツ[漢]/niè

[字解] 形声。土＋日[声]。柔らかい土、粘る土の意。

[同属字] 捏・涅

1265 【㞢】 土－4

オウ(ワウ)[呉]・コウ(カウ)[漢]

[字解] 象形。草木がほしいままにしげったさまに象り、しげる意。

1266 【坐】 土－5

ザ 「坐」(1263)の異体字

1267 【垂】 3166 3F62 9082 土－5 [常]6 (1272)〔埀〕 5217 5431 9AAF 土－7

スイ[呉][漢]・シ[呉]/chuí/たれる・たらす・たれ・しだる・しだれる・なんなんとする

[筆順] 垂 垂 垂 垂 垂

[字解] 形声。土＋𠂹(たれる)[声]。大地のはての意。陲の原字。古く地の果ては垂れ下がっていると考えられた。

[同属字] 唾・捶・陲・棰・睡・錘

[意味] ❶たれる。たらす。たれさがる。ぶらさがる。『垂涎』『垂直』『懸垂』 ＊杜甫-旅夜書懐「星垂平野闊（ほしたれてヘイヤひろし）〔=星空がたれるように広い平野をおおっている〕」 ❷目下の者に事をほどこす。教える。示す。『垂訓』『垂迹』『垂範』 ❸ほとり。ふち。はて。『垂堂』『四垂シスイ』『東垂トウスイ』『辺垂ヘンスイ』 ❹(「なりなんとす」の転)なんなんとする。ほとんど。まもなく。今にも。＊陶潜-責子「通子垂九齢（ツウシはキュウレイになんなんとす）〔=（息子の）通はまもなく九歳になろうとしている〕」 ❺[国]しで。注連縄しめなわや玉串などにつけてたらす紙。四手。

❶ たれる。たらす。たれさがる。

[下接] 下垂(カスイ)・懸垂(ケンスイ)・虫垂(チュウスイ)・口蓋垂(コウガイスイ)／直垂(ひたたれ)

【垂下(スイカ)】 たれ下がること。また、たらすこと。

【垂泣(スイキュウ)】 涙を流して泣くこと。

【垂拱(スイキョウ)】 (衣の袖をたれ、手をこまぬく意から)君主が、何もしないで人のなすがままにまかせること。天下のよく治まることのたとえに用いる。〔書経-武成〕

【垂条(スイジョウ)】 たれた木の枝。

【垂垂(スイスイ)】 [1]たくさんたれさがっているさま。[2]次第にその方に傾くさま。

【垂涎(スイゼン|スイエン)】 涎(よだれ)をたらすこと。転じて、ある物を手に入れたいと強く思うこと。〔新書-匈奴〕『垂涎の的(まと)』

♥「スイエン」は慣用的な読み方。

【垂釣(スイチョウ)】 釣針をたれて魚をつること。垂綸。

【垂髫・垂齠(スイチョウ)】 [1]子どものたれた髪。さげがみ。また、そのようにした子ども。＊陶潜-桃花源記「黄髪垂髫、並怡然自楽(コウハツスイチョウ、ならびにイゼンとしてみずからたのしむ)」〔＝黄色い髪の老人や下げ髪の子どもたちが、うち交じってのんびりとそれぞれに楽しんでいる〕」[2]幼い時。

【垂直(スイチョク)】 [1]物体を糸でつったとき、糸が示す線の方向。鉛直。↕水平。『柱を垂直に立てる』[2]数学で、直線や平面がそれぞれ互いに九〇度で交わること。

【垂天(スイテン)】 雲などが天から垂れ下がること。また、高く遠い所。＊荘子-逍遥遊「怒而飛、其翼若二垂天之雲一(いかってとべば、そのつばさスイテンのくものごとし)」〔＝(鵬が)勢いをつけて飛ぶときは、その翼は、天一面をおおうような大きな雲さながらである〕」

【垂髪(スイハツ|スイホツ)】 [一](スイハツ) [1]髪をうしろにたらすこと。[2]たれがみの子ども。転じて、幼児。[二](スイホツ) 仏語。仏像で菩薩像などの肩にたれた髪。

【垂楊(スイヨウ)】 ＝垂柳(スイリュウ)

【垂柳(スイリュウ)】 シダレヤナギ。ヤナギ科の落葉高木。枝が長く垂れ下がるヤナギ。垂楊。

【垂簾之政(スイレンのセイ|スイレンのまつりごと)】 皇太后、または太皇太后などが幼帝に代わって行う政治。〔旧唐書-高宗紀下〕♥昔、中国では、男女の区別を厳しくするため、皇太后なども直接群臣と会見することをはばかり、その座前に簾をたれたところから。

❷ 教える。示す。

【垂訓(スイクン)】 教えを示すこと。『山上の垂訓』

【垂迹(スイジャク)】 仏や菩薩(ボサツ)が、衆生(シュジョウ)を救う目的で、仮に神や人間などの姿となって現れること。『本地垂迹』

【垂統(スイトウ)】 事業、あるいはよい伝統を子孫に伝えること。事業を後世の子孫に伝えること。〔孟子-梁恵王下〕

【垂範(スイハン)】 模範を示すこと。『率先垂範』

❸ ほとり。ふち。はて。

【垂堂(スイドウ)】 堂のはしの、階段に近い所にすわること。転じて、危険を冒すこと。〔呉志-陸遜伝〕

❹ なんなんとする。ほとんど。

【垂死(スイシ)】 今にも死にそうな状態。

【垂白(スイハク)】 白髪になんなんとすること。老年。

[難読地名] 垂水(たるみ)区(兵庫) 垂水(たるみず)市(鹿児島)

1268 【坴】 ＊2344 土-5 リク[漢]／lù

[字解] 形声。土＋先[声]。つちのかたまりが高く連なり大きいさま。陸の原字。

[同属字] 埶・陸・睦・逵

1269 【垈】 5218 5432 9AB0 土-5 ぬた

[字解] 国字。ぬた。湿地、また、泥深いところ。

1270 【型】 2331 373F 8C5E 土-6 [常]4 ギョウ(ギャウ)[呉]・ケイ[漢]／xíng／かた

[筆順] 型 开 型 刑 型 型

[字解] 形声。土＋刑(かた)[声]。かたの意。刑が別義に用いられるようになったため、土を加えて、いがたの意を明確にした。

[意味] ❶かた。かたち。㋑いがた。もとになる形。『原型』『紙型』『成型』『母型』 ㋺模範。手本。『典型』『儀型』『模型』 ⇒〔形〕(2256)の[表] ❷分類されたかた。様式。タイプ。『紋切り型(がた)』『型式』『類型(ルイケイ)』

[下接] 畸型(キケイ)・原型(ゲンケイ)・紙型(シケイ)・成型(セイケイ)・船型(センケイ)・造型(ゾウケイ)・体型(タイケイ)・定型(テイケイ)・典型(テンケイ)・同型(ドウケイ)・変型(ヘンケイ)・母型(ボケイ)・模型(モケイ)・鎔型(ヨウケイ)・流線型(リュウセンケイ)／足型(あしがた)・鋳型(いがた)・大型(おおがた)・髪型(かみがた)・木型(きがた)・新型(シンがた)・中型(チュウがた)・紅型(びんがた)

【型録(カタログ)】 (英catalogueのあて字)商品の目録。商品の説明書。

【型式(ケイシキ|かたシキ)】 自動車、航空機などで、その構造、外形によって分類される特定の型。

[奎] ⇩1515 [堊] ⇩7354

1271 【垽】 ＊2370 土-7 ギン[漢]／yìn

[字解] 形声。土＋沂[声]。かすの意。

1272 【埀】 5217 5431 9AAF 土-7 スイ 「垂」(1267)の異体字

1273 【堊】 5233 5441 9ABF 土-8 アク[漢]・オ(ヲ)[漢]・ア[慣]／è／しろつち

[字解] 形声。土＋亞(古代の墓室、また、墓の土台)[声]。墓のかべをぬったつち、しろつちの意。

[意味] しろつち。白色の土。また、白く塗る。『赭堊(シャアク)』『丹堊(タンアク)』『白堊(ハクア)』『黝堊(ヨウアク)』

【堊室(アクシツ)】 上塗りしない荒壁の部屋。また、喪に服する人のいる部屋。

【堊慢(アクマン|オマン)】 白土でよごすこと。また、塗ること。

1274 【基】 2080 3470 8AEE 土-8 [常]5 キ[呉][漢]／jī／もと・もとい・もとづく

[筆順] 基 甘 其 其 基 基

[字解] 形声。土＋其(四角く整ったみ)[声]。整ってしっかりしている土台、もとの意。

[参考] 万葉仮名では音を借りて「き[乙]」。

[意味] ❶もとづく。もとい。土台。根本。はじめる。『基幹』『基軸』『基準』『基礎』『基本』『開基』 ❷化学変化の際、一つの原子のように反応する原子の集まり。『水酸基(スイサンキ)』『塩基(エンキ)』 ❸助数詞。鳥居、石灯籠など、すえつけるものを数える。❹あて字。『基督(キリスト)』

❶ もとづく。もとい。土台。根本。

[下接] 開基(カイキ)・洪基(コウキ)・皇基(コウキ)・鴻基(コウキ)・根基(コンキ)・肇基(チョウキ)・培養基(バイヨウキ)

【基幹】(キカン) 大もと。一つの体系の中で中心となるもの。『基幹産業』
【基業】(キギョウ) 基礎となる事業や業績。〔漢書-賈山伝〕
【基金】(キキン) 将来の目的のために、積み立てるなどして準備しておく資金。『国際通貨基金』
【基址・基趾】(キシ) 土台。基礎。基盤。根本。
【基軸】(キジク) 物事のもととなり、中心となるところ。『基軸通貨〔=国際通貨〕』
【基準】(キジュン) 物事の基礎となる標準。『建築基準』
【基数】(キスウ) 記数法で、基礎として用いる数、すなわち〇(ゼロ)から九までの整数。
【基礎】(キソ) ①物事が成り立っている大もと。もとい。『生活の基礎を固める』『基礎知識』②建築物を安定させるために設けた土台。『基礎工事』
【基層】(キソウ) ①事物の根底に横たわる存在。基盤。『文化の基層』②土壌の断面形態の一。表土の下にあって、土壌の母材となる層。底層。
【基地】(キチ) 行動の基点となる場所。軍隊、探検隊などの根拠地。『作戦基地』『中継基地』『南極基地』
【基兆】(キチョウ) もとい。はじめ。〔漢書-匡衡伝〕
【基調】(キチョウ) 国①絵画、装飾あるいは音楽などで、その中心となっている色や調子。『白を基調とした服』②作品、思想などの底を流れる基本的な傾向。『基調演説』
【基点】(キテン) 測量や計画のもといになる点や場所。
【基盤】(キバン) 根本になる基礎。土台。『経営基盤』
【基部】(キブ) もとになる部分。根本。土台。
【基本】(キホン) 物事の判断、行動または存在などの根本。基礎。〔漢書-谷永伝〕『基本的人権』

❹ あて字。

【基督】(キリスト) (ポルトガル Christo) 救世主。イエスの尊称。のちにはイエスその人を指す。イエス-キリスト。

1275 【堇】 土-8 キン漢／jǐn

甲骨文

金文 篆文

字解 象形。獣の革を火の上においてかわかすさまに象る。のち火を誤って土としたもの。墐に同じく、粘りけのある土の意に用いる。他の字の音標として、菫・菫・堇などと書く。
同属字 勤(勤)・覲・僅・槿・瑾・謹(謹)

1276 【埿】 ＊2389 土-8 デイ漢／ní／どろ・ひじ

字解 泥に同じ。泥に土を加えて意味を強めたものか。

1277 【堂】 3818 4632 93B0 土-8 常4 ドウ(ダウ)呉・トウ(タウ)漢／táng／たかどの

筆順 堂 堂 堂 堂 堂 堂

字解 形声。土+尚(たかくあげる)声。土を高く盛って公事を行う場所、またその建物の意。
同属字 膛・螳・鏜
意味 ❶たかどの。客に接したり、礼楽を行ったりする、高くて大きい広間。表座敷。正殿。『堂宇』『堂奥』『堂室』『殿堂』❷神仏をまつった建物。『堂塔』『経堂』『金堂』❸多くの人の集まる建物。『議事堂』『公会堂』『講堂』『食堂』❹すまい。住居。転じて、そこに住む人の敬称。『尊堂』『母堂』❺いかめしく立派。正しく盛んなさま。『堂堂』

❶ たかどの。表座敷。正殿。
下接 学堂・下堂・画堂・玉堂・公堂・後堂・講堂・垂堂・中堂・庁堂・朝堂・殿堂・東堂・満堂・明堂
【堂宇】(ドウウ) (「宇」は軒の意) 堂の屋根。転じて、殿堂。
【堂奥】(ドウオウ) ①堂内の奥まった所。②学問、技芸の奥義。
【堂下】(ドウカ) 建物の前面などの地上。また、そこにいる人。＊史記-張儀伝「坐二之堂下一(これをドウカにざせしむ)〔=彼を庭先にすわらせた〕」
【堂室】(ドウシツ) 表座敷と奥座敷。
【堂上】(ドウジョウ) ①堂の中。②国昔、日本の宮中で、昇殿を許された四位以上の人。公家。堂上方。⇔地下(ジゲ)
【入レ堂】(ドウにいる) 学問・技芸などが、よく身についてその深奥に達している。転じて、すっかりなれて身につく。「升レ堂矣、未レ入二於室一也」から出た語。
【升レ堂矣、未レ入二於室一也】(ドウにのぼれり、いまだシツにいらざるなり) (「室」は奥座敷の意) 学問・技芸などが、高い水準には達しているが、奥義をきわめるところまでは至っていないことのたとえ。〔論語-先進〕
【堂廡】(ドウブ) (「廡」は堂のまわりの廊下の意) 堂のひさし。座敷。〔列子-楊朱〕

❷ 神仏をまつった建物。
下接 下堂・行堂・円堂・開堂・経堂・高堂・骨堂・金堂・参堂・祠堂・寿堂・上堂・西堂・聖堂・天堂・拝堂・廟堂・仏堂・本堂・御堂・礼堂・霊堂
【堂塔】(ドウトウ) 堂と塔。仏教建築の称。『堂塔伽藍』

❹ すまい。住居。
下接 客堂・書堂・雪堂・禅堂・草堂・僧堂・尊堂・茅堂・北堂・母堂
【堂構】(ドウコウ) ①父が設計し、子供がそれを受けついで建築すること。②父祖の業を継ぐこと。
【堂舎】(ドウシャ) 大小の家々、建物。特に、仏堂や僧の住宅。

❺ いかめしく立派。正しく盛んなさま。
【堂堂】(ドウドウ) ①盛大で立派なさま。力強く、臆するところのないさま。〔晏子春秋-外篇〕『正正堂堂』②容貌の立派なさま。〔論語-子張〕

1278 【埜】 3924 4738 9457 土-8 ヤ 「野」(8340)の異体字

1279 【堅】 2388 3778 8C98 土-9 常 ケン呉漢／jiān／かたい

筆順 堅 堅 堅 堅 堅 堅

字解 形声。土+臤(かたい)声。かたいつちから、かたい意。
同属字 慳・樫・鰹
意味 ❶かたい。しっかりしている。たもつ。かたいもの。かなめ。よりどころ。『堅固』『堅持』『堅実』『強堅』『中堅』＊韓非子-難「吾楯之堅、莫二能陥一也(わがたてのかたきこと、よくとおすなきなり)〔=私の楯の堅固なことといったら、(どんな武器でも)突き破ることはできない〕」⇒〔固〕(1232)の表 ❷あて字。『米利堅(メリケン)』『堅魚(かつお)』
【堅強】(ケンキョウ) かたくて、つよいこと。〔左伝-成公九年〕

【堅固ケンゴ】①意志がかたく頑強なさま。『堅固な決意』②防備などがしっかりしているさま。『要害堅固の地』③健康であるさま。達者。『堅固で暮らす』
【堅甲ケンコウ】かたくて丈夫なよろい。【堅甲利兵ケンコウリヘイ】堅固なよろいと鋭い兵器。また、それを帯びた兵士。精兵。〔墨子–非攻下〕
【堅持ケンジ】考えや態度をかたく守って妥協しないこと。
【堅実ケンジツ】①かたい果実。②手がたく確かで、危なげのないさま。〔欧陽脩–帰田録〕『堅実な方法』
【堅陣ケンジン】守りがかたくて破りがたい陣地。
【堅靭・堅韌ケンジン】強くてしなやかなさま。
【堅貞ケンテイ】心がかたくて正しいこと。〔後漢書–王龔伝〕
【堅忍ケンニン】かたく耐え忍ぶこと。我慢強くこらえること。【堅忍不抜ケンニンフバツ】意志を強く持って心のぐらつかないこと。〔蘇軾–鼂錯論〕
【堅白ケンパク】節操をかたく守り、潔白であること。〔魏志–王基伝・論〕
【堅白同異之弁ケンパクドウイのベン】中国、戦国時代に、公孫竜が説いた一種の詭弁。目で石を見たときは白いことはわかるが堅いことはわからない、手で触れたときは堅いことはわかるが白いことはわからない、ゆえに堅くて白い石という概念は同時に成立しないという論法。〔公孫竜子–堅白論〕
【堅利ケンリ】かたくてするどいこと。〔孟子–公孫丑下〕
【堅塁ケンルイ】守備のかたい攻めにくいとりで。転じて、守りがかたく簡単にはやぶれない物事。
【堅牢ケンロウ】かたくてがんじょうなさま。『堅牢な造り』

1280【堕】3436 4244 91C2 土–9 常　(1299)【墮】5256 5458 9AD6 土–12 旧字　(1428)【墯】土–12　(1300)【憜】土–12
ダ呉・タ漢/duò/おちる・おとす・おろす
筆順
字解 堕は墮の略体。墮は形声。土＋隋(くずれおちた城壁)声。土がくずれおちる意。
意味 ❶くずれおちる。おちる。おとす。おろす。『堕罪』『堕胎』『堕落』＊淮南子–原道訓「善游者溺、善騎者堕よくおよぐものはおぼれ、よくのるものはおつ」〔＝うまく泳ぐ者は(油断をして)溺れることがあり、乗馬の得意な者は落馬することがある〕❷なまける。「惰」に同じ。『怠堕タイダ』
【堕罪ダザイ】罪におちいること。罪人となること。
【堕胎ダタイ】胎児を人為的に流産させること。
【堕落ダラク】①仏道を修行する清浄な心を失って、俗悪な考えに染まること。『堕落僧』②品行が悪くなって、正しい生活ができなくなること。『自堕落』

1281【𡋗】土–9
テン漢/chán
字解 会意。土(土地)＋里(村里)＋八(わける)。区切られた村の土地の意。
同属字 廛・鄽・壥・纏・躔

1282【堡】5240 5448 9AC6 土–9
ホウ漢・ホ慣/bǎo/とりで
字解 形声。土＋保(まもる)声。とりでの意。
意味 とりで。土や石で築いた小城。『橋頭堡キョウトウホ』
【堡礁ホウショウ】陸地に沿って沖合に発達し形成された珊瑚礁。陸地との間に礁湖がある。
【堡塁ホウルイ】敵の攻撃を防いだり、敵を攻撃したりするために本城から離れて構築された陣地。

1283【埜】土–9
ヤ「野」(8340)の異体字

1284【塁】4661 4E5D 97DB 土–9 常　(1313)【壘】5262 545E 9ADC 土–15 旧字 人
ルイ呉漢/lěi/とりで
筆順
字解 塁は壘の略体。壘は形声。土＋畾(重ねる)声。土を重ねて造ったとりでの意。
意味 ❶とりで。土を重ねて造った小城。また、つむ。重ねる。『塁壁』『塁塁』『堅塁』❷国るい。野球のベース。『盗塁』『本塁』
❶とりで。
下接 営塁エイルイ・険塁ケンルイ・堅塁ケンルイ・高塁コウルイ・故塁コルイ・孤塁コルイ・城塁ジョウルイ・石塁セキルイ・賊塁ゾクルイ・対塁タイルイ・敵塁テキルイ・土塁ドルイ・壁塁ヘキルイ・辺塁ヘンルイ・砲塁ホウルイ・堡塁ホウルイ・摩塁マルイ
【塁塊ルイカイ】わだかまり。心中の不平。〔世説新語–任誕〕
【塁砦ルイサイ】とりで。城砦。塁。
【塁壁ルイヘキ】とりでのかべ。また、とりで。
【塁塁ルイルイ】重なって続くさま。〔曹丕–善哉行〕
❷(日本語で)るい。野球のベース。
下接 一塁イチルイ・三塁サンルイ・残塁ザンルイ・出塁シュツルイ・進塁シンルイ・走塁ソウルイ・盗塁トウルイ・二塁ニルイ・本塁ホンルイ・満塁マンルイ

1285【塋】5242 544A 9AC8 土–10
エイ漢/yíng/はか
字解 形声。土＋營(めぐらす)省声。周囲をめぐらし区切った墓地の意。
意味 はか。墓地。『冢塋チョウエイ』『墳塋フンエイ』
【塋域エイイキ】墓地。

1286【塑】3326 413A 9159 土–10 常　(1287)【塐】土–10 旧字
ソ漢/sù
筆順
字解 形声。土＋朔声。
意味 土をこねてある形につくる。また、土でつくった型。土人形。でく。『可塑性カソセイ』『絵塑カイソ』『紙塑シソ』『彫塑チョウソ』
【塑像ソゾウ】粘土で制作した像。現代の石膏像をもいう。

1288【塞】2641 3A49 8DC7 土–10
ソク呉・サイ呉漢/sāi・sài・sè/せく・ふさがる・ふさぐ・ふさげる・ふたがる・ふたぐ・とりで
字解 形声。もと、土＋𡨄(ふさぐ)声。土でふさぐ意から、一般にふさぐ意。また、外敵をふせぐとりでの意。
意味 ❶(ソク)ふさぐ。ふさがる。とざす。へだてる。また、みちる。みたす。『梗塞』『充塞』『栓塞』『逼塞』『閉塞』❷(サイ)とりで。『山塞』『城塞』『防塞』『要塞』
❶ふさぐ。また、みちる。
下接 哽塞コウソク・梗塞コウソク・充塞ジュウソク・栓塞センソク・窒塞チッソク・塡塞テンソク・逼塞ヒッソク・閉塞ヘイソク・蔽塞ヘイソク
【塞源・塞原ソクゲン】みなもとをふさぐこと。原因となることをさしとめること。『抜本塞源』

❷とりで。

【下接】遠塞エンサイ・険塞ケンサイ・沙塞ササイ・山塞サンサイ・障塞ショウサイ・城塞ジョウサイ・絶塞ゼッサイ・辺塞ヘンサイ・堡塞ホウサイ・防塞ボウサイ・要塞ヨウサイ

【塞翁馬 サイオウがうま】人生の吉凶、運不運は予測できないというたとえ。♥昔、中国の北辺の塞翁(とりで近くに住む老人)の馬が逃げたが、後にその馬が立派な馬を伴って帰ってきた。老人の子がその馬から落ちて脚を折ったが、そのために戦争に行かずにすんだという故事から。人間万事塞翁馬ジンカンバンジサイオウがうま。〔淮南子-人間訓〕

【塞外 サイガイ】とりでの外。辺境の地。また、中国で万里の長城の外。〔漢書-武帝紀〕

【塞上 サイジョウ】城塞のほとり。また、辺境の地。

【塞北 サイホク】北方の辺境。

1289 【塗】 3741 4549 9368 土-10 常 ズ(ヅ)呉・ト漢/tú/ぬる・まぶす・まみれる・どろ・みち

筆順 塗 塗 塗 塗 塗 塗

字解 形声。土+水+余(のばす道具)声。こてでどろをぬる・どろの意。また途に通じ、みちの意に用いる。

参考 万葉仮名では音を借りて「と甲」。

意味 ❶ぬる。ぬりつける。よごれる。『塗装』『塗料』『糊塗コト』❷どろ。また、まみれる。よごれる。『塗炭』『泥塗デイト』*漢書-蘇武伝「常願肝脳塗地 つねにカンノウのチにまみれんことをねがう」(=いつも戦場にかばねをさらしたいと願っていた)」❸みち。通りみち。「途」に同じ。『塗説』『巷塗コウト』『道塗ドウト』

❶ぬる。ぬりつける。

【塗改 トカイ】文字を塗り消して書き改めること。〔李商隠-韓碑〕

【塗装 トソウ】塗料を塗り付けること。

【塗布 トフ】一面に塗ること。

【塗料 トリョウ】物体表面の保護・美装などのために塗る液。ペイント、ラッカーなど。『夜光塗料』

❷どろ。また、まみれる。よごれる。

【塗炭 トタン】①泥と炭。きたないもののたとえ。②泥にまみれ、火に焼かれること。【塗炭之苦 トタンのくるしみ】泥や炭火の中にいるようなはなはだしい苦しみ。〔書経-仲虺之誥チュウキのコウ〕

【塗中 トチュウ】どろの中。*荘子-秋水「吾将曳尾於塗中 われまさにおをトチュウにひかんとす」(=私は尾をどろの中に引きずっていよう)」

❸みち。通りみち。

【塗説 トセツ】道で聞いたことをすぐ受け売りで話すこと。〔論語-陽貨〕『道聴塗説』

難読姓氏 塗氏ぬりし

1290 【墓】 4272 4A68 95E6 土-10 常5 (1297)【墓】 土-11 旧字 ボ漢/mù/はか

筆順 墓 墓 墓 墓 墓 墓

字解 形声。土+莫(みえない)声。土で死者を見えなくしたはかの意。

参考 万葉仮名では、音を借りて「も」。

意味 はか。おくつき。はかば。*十八史略-春秋戦国「必植吾墓檟 かならずわがはかにカをうえよ」(=必ず私の墓にひさぎの木を植えてくれ)」

下接 墟墓キョボ・冢墓チョウボ・展墓テンボ・墳墓フンボ・陵墓リョウボ

【墓穴 ボケツ/はかあな】棺や骨壺を埋めるための穴。『墓穴を掘る(=自分の行為が原因で破滅する)』

【墓碣 ボケツ】(「碣」は円形の石) 墓じるしの石。墓石。

【墓参 ボサン/はかまいり】墓にもうでること。

【墓誌 ボシ】金石に刻まれて墓中に納められ、または墓石に刻まれた、死者の閲歴・業績などを記した文。

【墓石 ボセキ/はかいし】死者の戒名、俗名、死亡年月日などを刻んで、墓に立てた石。

【墓地 ボチ】墓のある地域。

【墓碑 ボヒ】死者の戒名、享年、事跡などを刻み、墓標として立てる石。墓石。『墓碑銘』

【墓木已拱 ボボクすでにキョウす】人が死んでから多くの年月を経たこと。♥墓に植えた木が両手でかかえるほどの大きさになった意。〔左伝-僖公三二年〕

1291 【塰】 5243 544B 9AC9 土-10 あま

字解 国字。あま。

【莝】⇩6770

1292 【塹】 5247 544F 9ACD 土-11 (1415)【⿰土斬】 土-11 (1312)【壍】* 2451 土-14 セン漢・ザン慣/qiàn/ほり

字解 形声。土+斬(きる)声。土を切りとった穴の意。

意味 あな。ほり。また、あなをほる。

【塹壕 ザンゴウ】歩兵の守備線に沿って溝を掘り、土を前方に積み上げたもの。

1293 【塾】 2946 3D4E 8F6D 土-11 常 ジュク呉・シュク漢/shú

筆順 塾 塾 塾 塾 塾 塾

字解 形声。土(たてもの)+孰声。子弟によく学ばせるための建物、じゅくの意。

意味 まなびや。子弟に学術を教授する私設の学舎。『学習塾』

下接 義塾ギジュク・郷塾キョウジュク・私塾シジュク

【塾長 ジュクチョウ】塾生の長。また、塾の最高責任者。塾頭。

【塾頭 ジュクトウ】国塾生を監督する人。また、塾の責任者。

1294 【墅】 5248 5450 9ACE 土-11 ショ漢・ヤ漢/shù·yě

字解 形声。土+野声。

意味 収穫物をいれる小屋。また、しもやしき。『山墅サンショ』『村墅ソンショ』『別墅ベッショ』

1295 【塵】 3148 3F50 906F 土-11 ジン(ヂン)呉・チン漢/chén/ちり・ほこり・ごみ

字解 もと⿱麤土。会意。土+麤(あらい)。あらいつち、ちりの意。一説に、多くの鹿が走りたてるごみの意とも。

意味 ❶ちり。ほこり。ごみ。けがれる。また、ちりのように小さいもの。つまらないもの。『塵芥』『後塵』『砂塵』『粉塵』❷わずらわしい俗世間。また、この世の迷い。煩悩を起こす外的条件。『和光同塵』『塵界』『塵労』『俗塵』

❶ ちり。また、ちりのように小さいもの。

[下接] 埃塵(アイジン)・灰塵(カイジン)・軽塵(ケイジン)・後塵(コウジン)・黄塵(コウジン)・砂塵(サジン)・戦塵(センジン)・炭塵(タンジン)・拝塵(ハイジン)・風塵(フウジン)・粉塵(フンジン)・微塵(ミジン)・蒙塵(モウジン)・余塵(ヨジン)・梁塵(リョウジン)

【塵埃(ジンアイ)】ちりとほこり。あくた。ごみ。→❷

【塵穢(ジンアイ・ジンエ)】ちりにけがれること。塵汚(ジンオ)。

【塵芥(ジンカイ・ごみ)】ちりとあくた。

【塵劫(ジンコウ・ジンゴウ)】仏語。①きわめて小さい数(塵)ときわめて大きい数(劫)。②はかりしれないほどの長い年代。

【塵霧(ジンム)】霧のようにたちこめるほこり。転じて、行く手をはばむもの。＊白居易‐長恨歌「不ㇾ見㆓長安㆒見㆓塵霧㆒(チョウアンをみずジンムをみる)」〔＝長安は見えず、目に入るのは立ちこめるほこりばかりだ〕

❷ わずらわしい俗世間。また、煩悩。

[下接] 出塵(シュツジン)・俗塵(ゾクジン)・都塵(トジン)・欲塵(ヨクジン)・六塵(リクジン)・和光同塵(ワコウドウジン)

【塵埃(ジンアイ)】俗世間のけがれ。わずらわしさ。＊屈原‐漁父辞「安能以㆓皓皓之白㆒、而蒙㆓世俗之塵埃㆒乎(いずくんぞよくコウコウのしろきをもってして、セゾクのジンアイをこうむらんや)」〔＝どうして潔白な身に、俗世間のけがれを受けることができようか〕→❶

【塵縁(ジンエン)】仏語。俗世間的なわずらわしい関係。

【塵界(ジンカイ)】けがれた俗世間。塵境。俗界。

【塵外(ジンガイ)】俗世間を離れた所。塵界の外。

【塵境(ジンキョウ)】＝塵界(ジンカイ)

【塵垢(ジンコウ・ジンク)】①(ジンコウ) ちりとあか。転じて、世俗の事。俗界のわずらわしい事柄。〔荘子‐斉物論〕②(ジンク) 仏語。煩悩のこと。

【塵囂(ジンゴウ)】きたなくさわがしい俗世間。

【塵雑(ジンザツ)】俗世間の雑事。

【塵心(ジンシン)】俗界の名誉や利益をむさぼる心。

【塵世(ジンセイ)】けがれた世の中。

【塵俗(ジンゾク)】けがれた俗世。俗世間。

【塵念(ジンネン)】名利を追う心。塵心。

【塵氛(ジンプン)】俗界の汚れ。

【塵網(ジンモウ)】けがれた網。転じて、けがれた世の中。

【塵累(ジンルイ)】俗世間のわずらわしい関係。

【塵労(ジンロウ)】①俗世間のわずらわしい苦労。②仏語。煩悩のこと。

1296【墊】＊2432 土‐11 テン㊥/diàn/ひくい

[字解] 形声。土＋執㊥。

[意味] ❶土地が低い。じめじめしている。「墊隘」❷くだる。おちいる。おぼれる。

【墊隘(テンアイ)】①土地が低くじめじめしていて、狭いこと。②疲れ苦しむこと。〔左伝‐成公六年〕

1297【墓】土‐11 ボ 「墓」(1290)の旧字

1298【墨】4347 4B4F 966E 土‐11 常 (1304)【墨】土‐12 旧字 人

モク㊤・ボク㊥/mò/すみ

[筆順]

[字解] 墨は墨の略体。墨は形声。土＋黒(くろいすす)㊥。すすと土とからできるすみの意。

[意味] ❶すみ。㋑書画をかくすみ。「墨汁」「墨池」「墨痕(ボッコン)」「朱墨」「水墨」㋺いれずみの刑。「墨刑」㋩すみなわ。「縄墨」㊁くろい。また、くらい。「墨墨」「深墨」❷書画。すみで書いたもの。「断簡零墨(ダンカンレイボク)」「墨客」「墨場」「遺墨」「貴墨」❸墨子。また、墨子の学派。「墨家」「墨守」❹国「墨田(隅田)川」のこと。「墨堤(ボクテイ)」「墨東(ボクトウ)」❺国「墨西哥(メキシコ)」の略。「米墨戦争」

❶ すみ。また、くろい。

[下接] 輪墨(カンボク)・朱墨(シュボク)・朱墨(シュずみ)・縄墨(ジョウボク)・水墨(スイボク)・石墨(セキボク)・淡墨(タンボク)・白墨(ハクボク)・筆墨(ヒツボク)・粉墨(フンボク)／唐墨(からすみ)・靴墨(くつずみ)

【墨汁(ボクジュウ)】墨をすった汁。

【墨書(ボクショ)】墨で書くこと。また、その書いたもの。

【墨跡・墨蹟(ボクセキ)】墨で書いたあと。

【墨池(ボクチ)】①中国、晋代の王羲之(オウギシ)などの、書の大家が筆やすずりを洗ったという伝説のある池。②すずりのくぼんだ部分で、水をたたえる所。硯池(ケンチ)。

【墨勅(ボクチョク)】(朱色の印をおさないところから)天子・天皇の直筆による勅書。

【墨墨(ボクボク)】①まっくらなさま。②無言のさま。

【墨花(ボッカ)】①墨の色つや。②墨で描いた花。

【墨海(ボッカイ)】すずりの異称。

【墨刑(ボッケイ)】古代中国での五刑の一。前科を示すために、額や腕などに入れ墨を施すもの。

【墨痕(ボッコン)】墨で書かれたあと。筆の跡。「墨痕鮮やかに」「墨痕淋漓(リンリ)」

【墨魚(いか)】頭足類十腕目に属する軟体動物の総称。外敵にあうと墨を出して逃げる。食用。烏賊。柔魚。

❷ 書画。すみで書いたもの。

[下接] 遺墨(イボク)・貴墨(キボク)・文墨(ブンボク)・芳墨(ホウボク)・零墨(レイボク)

【墨場(ボクジョウ)】①画家や書家などが会をもよおす場所。②文人、書家、画家などの仲間。

【墨妙(ボクミョウ)】文章や書画にすぐれていること。

【墨客(ボッカク・ボッキャク)】詩文、書画を巧みにかく人。「文人墨客」

❸ 墨子。また、墨子の学派。

【墨子(ボクシ)】①中国、戦国時代初期の思想家。名は翟(テキ)。墨家の始祖。兼愛交利(＝血縁によらない無差別の愛)を説き、礼楽を無用の消費として排斥し、節倹勤労の重んずべきことを主張、儒家と対立した。生没年未詳。②①およびその門流の論説を集めた書。尚賢・尚同・兼愛・非攻・節用・節葬・天志・明鬼・非楽・非命の一〇論二三編を中心とし、経編・経説編などの論理を説く部分、備城門編などの築城術・迎敵の法を説く部分から成る。

【墨子泣ㇾ糸(ボクシいとになく)】墨翟が白い糸を見て、染め方によってどのような色にもなることを思い、人間も環境や教育次第で善悪どちらにもなりうることを悟って泣いたという故事。〔淮南子‐説林訓〕

【墨守(ボクシュ)】頑固に守り通すこと。〔墨子‐公輸(コウシュ)〕「旧習を墨守する」▶中国で、墨翟が模擬戦でよく城を守って公輸盤(コウシュバン)の軍を退けたという故事による。

【墨翟(ボクテキ)】＝墨子(ボクシ)①

【墨突不ㇾ黔(ボクトツくろまず)】各地を奔走し、非常に忙しいことのたとえ。〔班固‐答賓戯〕▶墨翟が、自説を世に広めるために東奔西走し、家で炊事することが少なかったので、煙突が黒くなることがなかったという故事から。

【墨家(ボッカ)】中国、上代の諸子百家の一。墨翟を祖とする一派の称。

[難読地名] 墨俣(すのまた)町(岐阜)

1299【墮】5256 5458 9AD6 土-12
ダ「堕」(1280)の旧字

1300【墯】土-12
ダ「堕」(1280)の異体字

1301【墜】3638 4446 92C4 土-12 常 (1302)【墜】土-12 旧字
ズイ(ヅイ)呉・ツイ漢/zhuì/おちる・おとす
筆順 墜 墜 墜 墜 墜 墜
字解 形声。土+隊(おちる)声。おちる意。のち、土を加えたもの。隊の金文中に同形のものが見られる。
文 金 
意味 ❶おちる。高いところから落ちる。おとす。『墜景』『墜落』『撃墜ゲキツイ』『失墜シッツイ』『顚墜テンツイ』 ❷おとろえる。すたれる。『墜緒』『墜典』
【墜景ツイケイ】入り日。落日。
【墜緒ツイショ】おとろえた事業。
【墜典ツイテン】すたれた法度・儀式。
【墜落ツイラク】高い所から落ちること。

1303【墪】土-12
トン「墩」(1430)の異体字

1304【墨】土-12
ボク「墨」(1298)の旧字

1305【壄】* 2447 土-12
ヤ「野」(8340)の異体字

1306【墾】2606 3A26 8DA4 土-13 常
コン呉漢/kěn/たがやす・ひらく
筆順 墾 墾 墾 墾 墾 墾
字解 形声。土+貇声。土地をきりひらく意。
意味 たがやす。ひらく。荒地を切り開く。『墾田』『開墾カイコン』
【墾荒コンコウ】荒地を開墾すること。
【墾田コンデン】未開地を新たに開墾した田地。

1307【壁】4241 4A49 95C7 土-13 常
ヒャク呉・ビャク慣・ヘキ漢/bì/かべ
筆順 壁 壁 壁 壁 壁 壁
字解 形声。土+辟(わきへよる)声。部屋のわきのかべの意。
意味 ❶かべ。かこい。とりで。建物の周囲、または内部を区切る仕切り。また、そのようなもの。『壁画』『隔壁』『障壁』『防壁』 ❷とりでを築いてたてこもる。*史記-項羽本紀「項王軍コウオウのグン壁二垓下一ガイカニヘキス」(=項羽の軍は垓下にとりでを構えて守った)」 ❸かべのように切り立ったところ。『岸壁ガンペキ』『岩壁ガンペキ』『絶壁ゼッペキ』 ❹熟字訓。『壁魚しみ』『壁蝨だに』
下接 ❶かべ。かこい。とりで。
胃壁イヘキ・隔壁カクヘキ・合壁ガッペキ・四壁シヘキ・周壁シュウヘキ・椒壁ショウヘキ・障壁ショウヘキ・城壁ジョウヘキ・側壁ソクヘキ・鉄壁テッペキ・腹壁フクヘキ・防壁ボウヘキ・面壁メンペキ・塁壁ルイヘキ
【壁画ヘキガ】壁や天井に描かれた絵画。
【壁光ヘキコウ】苦労して勉強すること。▼中国、漢の匡衡キョウコウが貧乏で、壁に穴をあけ、隣家のあかりで勉強したという故事による。〔漢書-匡衡伝〕
【壁面ヘキメン】壁の表面。
【壁塁ヘキルイ】城壁をめぐらしたとりで。塁壁。
【壁有レ耳かべにみみあり】秘密のもれやすいたとえ。〔博聞録〕

1308【壄】土-13
ヤ「野」(8340)の異体字

1309【壅】5257 5459 9AD7 土-13
ヨウ漢/yōng/ふさぐ・ふせぐ
字解 形声。土+雍(とりかこむ)声。土でとりかこみふさぐ意。
意味 ふさぐ。ふせぐ。さえぎる。『蔽壅ヘイヨウ』
【壅隔ヨウカク】ふさいでへだてること。また、ふさぎへだたること。
【壅塞ヨウソク】ふさぐこと。また、ふさがること。
【壅滞ヨウタイ】口がつまって進めないこと。渋滞ジュウタイ。
【壅蔽ヨウヘイ】外に出ないようにおおいかくすこと。擁蔽。

1310【壓】5258 545A 9AD8 土-14
アツ「圧」(1259)の旧字

1311【壑】5259 545B 9AD9 土-14
カク呉漢・ガク慣/huò/ほり・たに
字解 形声。土+叡(みぞ)声。みぞの意。のち土を加えた。
意味 たに。山と山との間の深くくぼんだ所。
下接 丘壑キュウガク・谿壑ケイガク・溝壑コウガク・山壑サンガク・大壑タイガク

1312【壍】* 2451 土-14
ザン「塹」(1292)の異体字

1313【壘】5262 545E 9ADC 土-15
ルイ「塁」(1284)の旧字

1314【壟】5266 5462 9AE0 土-16 (1451)【壠】土-16
リョウ漢・ロウ漢/lǒng/うね・おか
字解 形声。土+龍(りゅう)声。龍のようにうねったおかの意。
意味 ❶小高いところ。うね。『壟畝』『麦壟バクロウ』「隴」に同じ。 ❷おか。つか。はか。『壟断』『丘壟キュウロウ』
【壟断ロウダン】利益などを独り占めにすること。▼ある男が市場の高い場所から形勢をながめ、商売に都合のよい所を見つけて利益を独占したという故事から。〔孟子-公孫丑下〕
【壟畝ロウホ】①うねとあぜ。田畑。②田舎。また、民間。

土

1315【圦】5209 5429 9AA7 土-2
いり・くれ
字解 国字。水の出入りを調節できるように池などの堤に埋めた樋。いり。また、東国で、芝を土付きのまま取って、茅葺かやぶきの屋根に植えつけたもの。くれ。

【切】⇩599

1316 【圯】 *2322 土－3 イ[呉][漢]/yí

[字解] 形声。土＋巳[声]。土の橋の意。

1317 【地】 3547 434F 926E 土－3 [常]2 ジ(ヂ)[呉]・チ[漢]/dì/つち

[筆順] 地 地 地 地 地 地

[字解] 形声。土＋也(流れのびる)[声]。うねうねと続く大地の意。

[参考] 万葉仮名では音を借りて「ぢ」。

[意味] ❶つち。大地。天に対する所。地面。『一敗地に塗れる』『驚天動地』『地獄』『地震』『地球』『台地』 *戦国策‐斉「画ㇾ地為ㇾ蛇（チにえがきてへびをつくる）〔＝地面に蛇の絵を描く〕」 ❷とち。建物を建てたり、そこで生活するための土地。『地主（ジぬし｜ジシュ）』『地価』『農地』 ❸ところ。区画された場所。『地域』『地方』『各地』『局地』 ❹自分の住んでいる土地。また、それぞれの土地。『地酒（ジざけ）』『地場（ジば）』『地元（ジもと）』 *陶潜‐飲酒「心遠地自偏（こころとおければチおのずからヘンなり）〔＝心が俗界から遠ざかっているので、自然と片田舎にいるのと同様な心境になっている〕」 ❺よって立つ所。位置。立場。身分。『地位』『門地』 ❻[国]本来持っている性質。本性。もと。『意地』 ❼[国]ぬの地。生地（きジ）。『裏地（うらジ）』 ❽[国]文章や語り物などで、会話や歌を除いた叙述の部分。『地の文』『地話（ジばなし）』 ❾その他。あて字など。『地団駄（ジだんだ）』『地蔵（ジゾウ）』『地味（ジミ）』『地道（ジみち）』

❶ つち。大地。天に対する所。

[下接] 九地（キュウチ）・厚地（コウチ）・高地（コウチ）・山地（サンチ）・湿地（シッチ）・対地（タイチ）・大地（ダイチ）・台地（ダイチ）・着地（チャクチ）・低地（テイチ）・天地（テンチ）・動地（ドウチ）・平地（ヘイチ）・盆地（ボンチ）・満地（マンチ）・輿地（ヨチ）・陸地（リクチ）・天地開闢（テンチカイビャク）・天地玄黄（テンチゲンコウ）・天長地久（テンチョウチキュウ）・一牛鳴地（イチギュウメイチ）・歓天喜地（カンテンキチ）・驚天動地（キョウテンドウチ）・跼天蹐地（キョクテンセキチ）・五体投地（ゴタイトウチ）・震天動地（シンテンドウチ）

【地下（ジゲ）】[国]①昔、清涼殿殿上（テンジョウ）の間に昇殿することを認められていなかった人。↔殿上人・堂上。②庶民。

【地獄（ジゴク）】①仏教で、現世で悪業（アクゴウ）を重ねた者が死後その報いによって、落ちて、責め苦を受けるという所。閻魔（エンマ）大王が生前の罪を審判するという。奈落（ナラク）。冥府（メイフ）。↔極楽。②キリスト教で、悔い改めない罪人が死後行くところ。↔天国。③[国]非常な苦しみの境遇、状態のたとえ。『受験地獄』

【地獄変（ジゴクヘン）】「地獄変相」の略。勧善懲悪のために亡者が、地獄で受ける恐ろしい責め苦の様子を描いた図。地獄絵。

【地震（ジシン）】火山活動、断層、陥没などにより大地が震動する現象。

【地異（チイ）】地上に起こる異変。『天変地異』

【地維（チイ）】大地。〔列子‐湯問〕▶大地をささえていると考えられる綱の意。

【地下（チカ）】①地面の下。地の中。↔地上。『地下資源』『地下二階』『地下街』『地下鉄』②表面に表れない所。特に、政治運動などの非合法な面をいう。『地下組織』

【地角（チカク）】①大地の隅。僻遠の地。②みさき。地嘴（チシ）。

【地学（チガク）】地球および地球を形づくる物質に関する学問の総称。

【地気（チキ）】①大地の精気。動植物の生育を助ける地の生気。②地から立ちのぼる気。水蒸気。③土地の気候。風土。④土壌中の空気。炭酸に富み酸素が少ない。

【地祇（チギ）】①地神。大地にある神。②[国]国つ神。国土固有の神。↔天神（テンジン）。

【地久（チキュウ）】大地がいつまでも変わらないで存在すること。『地久節〔＝もと皇后の誕生日〕』 *老子‐七「天長地久（テンはながくチはひさし）〔＝天地は永遠である〕」▶「天長地久」の互文的表現の後半をとったもの。

【地球（チキュウ）】人類の生活している天体。太陽系に属する惑星の一。

【地形（チケイ）】土地の有様。地表の形態。地相。

【地質（チシツ）】土地の性質や地層の状態。『地質学』

【地上（チジョウ）】①土地の上。地面。地表。↔地下。『地上八階建て』②この世。現世。↔天上。『地上の楽園』

【地神（チジン）】地の神。国土の神。国つ神。地祇（チギ）。↔天神

【地図（チズ）】地球表面の一部または全部を記号、文字、色彩などを用いて、一定の縮尺で平面上に表現したもの。

【地勢（チセイ）】土地の高低、傾斜や谷、川、湖の配置など、地形の有様。

【地仙（チセン）】地上にいる仙人。また、安逸に日を送る人をたとえていう語。

【地層（チソウ）】地表や水底の堆積物がなす層状の重なり。普通、堆積の順序を示す縞模様がある。

【地道（チドウ）】大地にそなわる性質、または法則。

【委ㇾ地（チにまかす）】地上に放り出す。*白居易‐長恨歌「花鈿委ㇾ地無ニ人収一（カデンチにまかしてひとのおさむるなし）〔＝額の花飾りも地面に放り出されたまま、拾いあげる人とてない〕」

【地府（チフ）】①(地の府庫の意) 豊かな地。また、大地。地上。②冥途（メイド）。また、閻魔（エンマ）大王。

【地平（チヘイ）】遠く平らに広がっている大地。『地平線』

【地変（チヘン）】地上に現れる変異。土地の陥没や隆起、火山の噴火や地震など。地異。『天災地変』

【地輿（チヨ）】大地。地球。坤輿（コンヨ）。

【地妖・地夭（チヨウ）】地上に起こる怪しい変異。地異。

【地籟（チライ）】地上に発する種々のひびき。

【地理（チリ）】地表における、地形、気候、生物、村落、都市、産業、人口、交通、政治などの状態。

【地力（チリョク）】その土地が作物を生育させることのできる能力。土地の生育力。

【地霊（チレイ）】大地が持っていると考えられる霊魂。また、単に大地。

❷ とち。

[下接] 換地（カンチ）・閑地（カンチ）・検地（ケンチ）・荒地（コウチ）・耕地（コウチ）・上地（ジョウチ）・壌地（ジョウチ）・新地（シンチ）・整地（セイチ）・尺地（セキチ）・赤地（セキチ）・瘠地（セキチ）・接地（セッチ）・測地（ソクチ）・属地（ゾクチ）・代地（ダイチ）・宅地（タクチ）・拓地（タクチ）・団地（ダンチ）・適地（テキチ）・田地（デンチ）・土地（トチ）・農地（ノウチ）・牧地（ボクチ）・用地（ヨウチ）・要地（ヨウチ）・沃地（ヨクチ）・余地（ヨチ）・立地（リッチ）・略地（リャクチ）・料地（リョウチ）・領地（リョウチ）・緑地（リョクチ）・路地（ロジ）・露地（ロジ）／跡地（あとチ）・奥地（おくチ）・陰地（かげチ）・角地（かどチ）・草地（くさチ）・更地（さらチ）・敷地（しきチ）・芝地（しばチ）・砂地（すなチ）・築地（つきジ）・畑地（はたチ）・家地（やチ）・屋地（やチ）

【地主（ジシュ｜ジぬし）】①(ジシュ)「地主権現（ジシュゴンゲン）」の略。その土地の守護神。②(ジぬし) 土地の所有者。

【地所（ジショ）】建物を建てたり物事を行ったりするための土地や場所。

【地頭（ジトウ）】[国]平安時代、在地で荘園管理に当たった荘官。鎌倉時代には幕府の任命する職として、警察権、徴税権などを認められた。

【地盤（ジバン）】①建造物や工作物などの基礎となる土地。②[国]拠点となる土地。また、勢力範囲。『選挙の地盤』

【地官（チカン）】中国の周代、六官（リクカン）の一。司徒の職で教育・土地・人事などをつかさどる。

【地租（チソ）】土地を課税物件とする租税。

【地相(ソウ)】その土地の吉凶の相。
【地利不ㇾ如二人和一(チのリはひとのワにしかず)】国土の自然条件がいかに有利で頼みになっても、人々の心の一致団結する力には及ばない。〔孟子‐公孫丑下〕
【地利(チリ・ジリ)】①土地から生ずる利益。すなわち農耕、牧畜、鉱山などの産物。②地勢・地形上の便利。地の利。
【択ㇾ地而踏ㇾ之(チをえらびてこれをふむ)】歩くときに、どこに足を下ろすかよく見定める。行動の一つ一つによく注意すること。行動を起こす前に、慎重に判断すること。〔史記‐伯夷伝〕

❸ところ。区画された場所。
下接 外地ガイ・各地カク・客地カク・寒地カン・危地キ・基地キ・貴地キ・旧地キュウ・局地キョク・極地キョク・錦地キン・現地ゲン・故地コ・采地サイ・在地ザイ・死地シ・実地ジッ・勝地ショウ・陣地ジン・生地セイ・聖地セイ・戦地セン・暖地ダン・敵地テキ・転地テン・当地トウ・内地ナイ・任地ニン・番地バン・錨地ビョウ・僻地ヘキ・辺地ヘン・封地ホウ・墓地ボ・名地メイ・揚地ヨウ・臨地リン・霊地レイ・居留地キョリュウ・高冷地コウレイ・集散地シュウサン・植民地ショクミン・遊園地ユウエン
【地域(チイキ)】区画された、ある範囲の土地。『汚染地域』
【地縁(チエン)】同じ土地に生活することから生ずる縁故関係。↔血縁
【地区(チク)】①ある一定の区域。『地区代表』②特に指定された地域。『風致地区』
【地誌(チシ)】ある地域の自然、社会、文化などを調査、研究してその地域の特色を記したもの。
【地帯(チタイ)】一定の性質、状態を持つ地域。『工業地帯』
【地点(チテン)】地上のある一か所。ある場所。『出発地点』
【地方(チホウ)】①国内のある一定の地域。『地方公共団体』『関東地方』②首都など中心となる大きな都市以外の土地。↔中央。『地方都市』

❺よって立つ所。位置。立場。身分。
下接 位地イ・因地イン・果地カ・窮地キュウ・境地キョウ・見地ケン・心地ここ・才地サイ・仏地ブツ・凡地ボン・門地モン
【地位(チイ)】その人の置かれている位置、立場、段階。
【地歩(チホ)】自分の立場、地位、地盤。『地歩を固める』
【地望(チボウ)】門地と名望。よい家柄。

❻(日本語で)本来持っている性質。もと。
下接 意地イ・木地き・生地き・金地キン・銀地ギン・黒地くろ・下地した・白地しろ・素地ソ・無地ム・意気地イキ・イク・依怙地イコ・梨子地なし

❼(日本語で)ぬの地。生地。
下接 薄地うす・裏地うら・帯地おび・生地き・絹地きぬ・芯地シン・布地ぬの・服地フク

❾その他。あて字など。
【地蔵(ジゾウ)】「地蔵菩薩(ジゾウボサツ)」の略。弥勒仏(ミロクブツ)出世までの無仏世界で、六道の一切衆生(イッサイシュジョウ)の済度、ことに子供や旅人を守る菩薩として信仰される。
【地団駄・地団太(ジだんだ)】地を何回も踏みつけること。♥「地蹈鞴(たたら)(足で踏むふいご)」の変化した語。
【地楡(われもこう)】バラ科の多年草。吾木香。吾亦紅。
難読姓氏 地下(じげ)

1318 【圮】 *2321 土‐3 ヒ㊥/pǐ
字解 形声。土+己㊥。
意味 ❶やぶる。やぶれる。『圮裂(ヒレツ)』❷くつがえす。

1319 【圷】 5210 542A 9AA8 土‐3 あくつ
字解 国字。会意。土+下。ひくい土地の意。台地のがけ下。川沿いの低地。あくつ。

1320 【圸】 5211 542B 9AA9 土‐3 まま
字解 国字。台地の端の垂直に近い傾斜地。がけ。また、「圸上(ままのうえ)」「圸下(ままのした)」は、山形県にある地名。

1321 【坎】 5212 542C 9AAA 土‐4 (1366)【埳】ニ 土‐8
カン㊥㊬/kǎn/あな
字解 形声。土+欠(大口あけた人)㊥。土に口をあけたようなおとしあなの意。
意味 ❶穴。くぼみ。『坎井』『坎穽』❷穴に落ちる。穴に落とす。うずめる。困難におちいる。なやむ。『坎坷』『坎壈』❸周易の八卦(カ)の一。☵とかたどる。また、六十四卦では☵☵とかたどり、水、雨、雲、正北を表す。❹物をうつ音。『坎坎』
【坎坷・坎軻(カンカ)】①車がゆきなやむこと。②世に志を得ないこと。困窮すること。不遇。轗軻(カンカ)。
【坎坎(カンカン)】①鼓をうつ音。②力を出すときの、かけ声。③むなしいさま。からっぽ。④不満なさま。不安なさま。⑤喜ぶさま。
【坎井(カンセイ)】浅い井戸。埳井。【坎井之蛙(カンセイのア)】井戸の中のかえる。見聞のせまいことのたとえ。井蛙(セイア)。〔荘子‐秋水〕
【坎穽・坎阱(カンセイ)】(「穽」は、落とし穴) 落とし穴。
【坎壈(カンラン)】志を得ず不遇なこと。轗軻(カンカ)。坎坷。

1322 【圻】 5213 542D 9AAB 土‐4 キ㊥・ギン㊥/qí・yín
字解 形声。土+斤㊥。
意味 ❶王城のちかく千里四方の土地。「畿」に同じ。❷きし。つり。「沂」に同じ。

1323 【均】 2249 3651 8BCF 土‐4 常5 キン㊥㊬・ウン㊥・イン(キン)㊬/jūn・yùn/ならす・ひとしい
筆順 
字解 形声。土+匀(ととのえる)㊥。土地をならす意。
意味 ❶ひとしい。ひとしく。ひとしくする。また、ならす。つり合う。『均一』『均衡』『均質』『均等』『天均(テンキン)』『平均(ヘイキン)』 *論語‐季氏「患ㇾ不ㇾ均(ひとしからざるをうれう)」(=公平でないことを心配する) ❷ひびき。「韻・韵」に同じ。

❶ひとしい。ひとしくする。
【均衡(キンコウ)】二つ、またはそれ以上の物事の間に、力や重さの釣り合いが取れていること。平衡。
【均質(キンシツ)】一つの物体中のどの部分を取っても、同等の性質を持っていること。等質。『均質性』
【均輸法(キンユホウ・キンシュホウ)】中国、漢の武帝が始めた経済政策。各地方の負担する貢物と輸送費を平均化するもの。商人の利益を制限し、中央集権による経済統制を目的とした。

【均整・均斉】釣り合いが取れととのっていること。

【均霑】平等に利益、恩恵を受けること。均等に霑う意から。

【均田】①田畑をたがやすこと。②土地を人民に平等に分け与えること、また、その田や制度。【均田法】土地を国有とし、耕作者に均等に分与する制度。中国、北魏に始まり、隋・唐時代に行われ、日本でも大化改新のとき班田収授法として行われた。

【均等】互いに平等で差がないこと。平等。『機会均等』『均等割り』

1324 【坑】 2503 3923 8D42 土－4 常 キョウ(キャウ)呉・コウ(カウ)漢 kēng あな

筆順

字解 形声。土＋亢(声)。

意味 ❶あな。地に掘った穴。「阬」に同じ。『坑穽』『炭坑』→下接。❷穴に落とす。生き埋めにする。「阬」に同じ。『坑儒』『坑殺』

下接 温坑オン・火坑カ・鉱坑コウ・斜坑シャ・炭坑タン・入坑ニュウ・廃坑ハイ・本坑ホン／縦坑たて・立坑たて・竪坑たて

【坑殺】生き埋めにして殺すこと。阬殺。

【坑儒】中国、秦の始皇帝が儒者を穴埋めにしたこと。阬儒。〔史記・秦始皇本紀〕『焚書坑儒』

【坑穽】おとしあな。阬穽。陥穽。

1325 【址】 5214 542E 9AAC 土－4 シ呉漢 zhǐ あと

字解 形声。土＋止(とどまる)(声)。もと何かがあったところ、あとの意。阯に同じ。

意味 ❶もと。いしずえ。礎。『基址』❷残っているあと。『遺址』『旧址』『古址』『城址』

1326 【坏】 5215 542F 9AAD 土－4 ハイ漢 pī・péi おか・つき

字解 形声。土＋不(ふっくらとして大きい)(声)。ふっくらと盛り上ったおかの意。もと、土を高い建物に作る字もあった。

金文 金文 篆文

意味 ❶おか。盛り土。❷瓦や陶器のまだ焼く前のもの。白地。❸ふさぐ。閉じる。❹土塀。かべ。❺国つき。物をもる器の名。杯、盃に通用させた。『耳坏』『高坏』

1327 【坂】 2668 3A64 8DE2 土－4 常3 ハン漢・バン慣 bǎn さか

筆順

字解 形声。土＋反(そる)(声)。そって傾斜している土地の意。阪に同じ。

意味 ❶傾斜している道。さか。『急坂』『峻坂』『登坂』❷地名。『坂東』

【坂東】国関東地方の古称。『坂東太郎(＝利根川の異称)』

難読地名 坂出市(香川) 坂城町(長野) 坂祝町(岐阜)

1328 【坊】 4323 4B37 9656 土－4 常 ボウ(バウ)呉・ホウ(ハウ)漢・ボッ慣 fāng・fáng まち・へや・てら

筆順

字解 形声。土＋方(方形)(声)。方形に整然と区画された土地、まちの意。

意味 ❶まち。区画されたまち。市街。町中。『坊間』『坊市』『坊本』『街坊』『京坊』『条坊』❷みせ。『茶坊』『酒坊』❸へや。家。建物。『教坊』『春坊(＝皇太子の宮殿)』『立坊』❹ふせぐ。また、堤。「防」に同じ。❺僧侶の住まい。寺。日本で転じて、僧侶。また、ぼうず頭の男子。『坊主』『御坊』『宿坊』『僧坊』❻国男の子。また、様態、性質をもって人を名づけるときの接尾語。親しみやあなどりを表す。『赤ん坊』『吝嗇坊』

【坊間】町の中。市中。また、世間。『坊間の書(＝市中で売っている、だれでも手に入る書物)』

【坊市】まち。市街。ちまた。坊間。

【坊主】国①僧坊のあるじである僧。寺の住職。②僧のように毛のない頭。また、丸くて毛の生えていない物のたとえ。③ある語に添えて、他人に対する親しみ、または、あざけりの意を表す語。『三日坊主』

【坊本】町中の書店で売っている本。↔官本

難読地名 坊津町(鹿児島) 難読姓氏 坊迫

1329 【坳】 *2343 土－5 オウ(アウ)漢 āo・ào くぼみ

字解 形声。土＋幼(↓奥、おくぶかい)(声)。くぼんだところの意。

意味 くぼみ。

【坳堂】庭の地面のくぼみ。

1330 【坩】 5216 5430 9AAE 土－5 カン呉漢 gān つぼ・るつぼ

字解 形声。土＋甘(中にふくみ入れる)(声)。つぼの意。

意味 つぼ。るつぼ。

【坩堝】①金属やガラスなどを入れ、高温にして溶かすのに用いる容器。②(るつぼ)夢中になり、熱気に満ちている状態。『興奮の坩堝』③(るつぼ)種々のものが混合・融合している状態や場所。『人種の坩堝』

1331 【坤】 2605 3A25 8DA3 土－5 コン呉漢 kūn つち・ひつじさる

字解 会意。土＋申(のびる)。万物を生長させる大地の意か。

意味 ❶つち。大地。『坤元』『坤軸』『坤輿』『乾坤一擲』❷母、妻、皇后。『坤徳』❸ひつじさる。南西の方角。❹易の八卦の一。☷。また、六十四卦の一。䷁。従順の徳にかたどり、①～③の意味を表す。↔乾

【坤儀】①大地。地球。②皇后。また、皇后の徳。

【坤元】地。大地。

【坤軸】大地の中心を貫いていると想像された軸。

【坤道】①地の道。大地の原理。②婦人の守るべき道。↔乾道

【坤徳】①大地の徳。②皇后の徳。↔乾徳

【坤輿】(「輿」は、こしの意。万物をのせるので大地にたとえる)大地。地球。地上。

1332 【坼】 *2350 土－5 チャク呉・タク漢 chè さく・さける

字解 形声。土＋斥(＝㡿、さからいしりぞける)(声)。土を

しりぞける、さけるの意。

意味 ❶さく。さける。『坼裂』 ＊杜甫-登岳陽楼「呉楚東南坼ゴソトウナンにさく(=洞庭湖の湖水によって)呉楚の地が二つにさかれている)」❷さけめ。われめ。『亀坼キタク』

【坼裂タクレツ】われてさけること。

1333 【坦】 3519 4333 9252 土－5 タン呉漢／tǎn／たいら

字解 形声。土＋旦(たいらな地平線上の太陽)声。たいらの意。

意味 たいら。たいらか。おだやか。おおらか。あっさり。また、ひろい。大きい。『夷坦イタン』『平坦ヘイタン』

【坦夷タンイ】土地などが平らであること。平坦。

【坦懐タンカイ】心が穏やかで、少しのわだかまりもないこと。物事にこだわらないこと。『虚心坦懐』

【坦率タンソツ】心がさっぱりしているさま。

【坦坦タンタン】①道や土地などが、平らであるさま。②変わったことがなく平凡に過ぎてゆくさま。『平平坦坦』

【坦腹タンプク】腹ばいになること。寝ころぶ。

1334 【坻】 ＊2349 土－5 チ漢・シ漢・テイ漢／chí・zhǐ・dǐ／さか

文 文 文
篆 重 重 重

字解 形声。土＋氐声。水の中にできた陸地(す)の中で最も小さなもの。

意味 ❶(チ)川の中の小さな島。中州なかす。❷(シ)とどまる。とまる。❸(テイ)さか。おか。

1335 【坫】 ＊2337 土－5 テン漢／diàn

字解 形声。土＋占(ある場所をしめる)声。杯や食物などをおくための台の意。

1336 【坡】 5219 5433 9AB1 土－5 ハ漢・ヒ漢／pō／さか・つつみ

字解 形声。土＋皮声。

意味 ❶さか。『坡陀』 ＊白居易-長恨歌「馬嵬坡下泥土中バカイのハカデイドのうち(=馬嵬の坂のあたりの泥土の中)」❷つつみ。土手。『坡塘』❸中国、宋の文人、蘇東坡ソトウバ(=蘇軾ソショク)のこと。『坡老』

【坡陀ハダ】ななめに傾いていて平らでないさま。

【坡塘ハトウ】つつみ。土手。堤防。

【坡老ハロウ】蘇軾ソショクのこと。坡公ハコウとも。

1337 【坿】 5220 5434 9AB2 土－5 フ漢／fù

字解 形声。土＋付(そえつける)声。ます意。附に同じ。

1338 【坪】 3658 445A 92D8 土－5 常 (1339)【坪】 土－5 旧字

ヘイ漢／píng／つぼ

筆順 坪 坪 坪 坪 坪 坪 坪 坪

字解 形声。土＋平(たいら)声。たいらな土地の意。

意味 ❶山地で局部的に地面のたいらな所。平地。❷国つぼ。面積の単位。㋑一間四方。六尺平方。約三・三平方メートル。『地坪じつぼ』『建坪たてつぼ』㋺錦にしきや印刷の製版などの面積の単位。一寸平方。約九・一八平方センチメートル。㋩条里制で、方六町の三六分の一。方一町区画。㋥つぼ。土砂などの体積の単位。『立坪りゅうつぼ』❸国つぼ。「壺つぼ」に同じ。『坪菫つぼすみれ』『鞍くら坪』

1340 【垉】 5221 5435 9AB3 土－5

字解 国字。くずれる。崩に同じ。

【到】⇨640 【卦】⇨810

1341 【垣】 1932 3340 8A5F 土－6 常 エン(ヱン)漢／yuán／かき

筆順 垣 垣 垣 垣 垣 垣 垣 垣 垣

字解 形声。土＋亘(とりまきめぐる)声。土地にめぐらしたかこいの意。

意味 ❶かき。かきね。まもる。『垣根かきね』『垣牆』『垣籬』『女垣ジョエン』『籬垣リエン｜ませがき』❷役所。❸中国の天文学で、全天の星を区画する呼び名の一。『紫微垣シビエン』『太微垣タイビエン』『天市垣テンシエン』『三垣サンエン』

【垣牆エンショウ】かきね。

【垣籬エンリ】まがき。竹や柴しばで目を粗く編んだ垣。

1342 【垓】 5222 5436 9AB4 土－6 カイ漢・ガイ慣／gāi

字解 形声。土＋亥声。

意味 ❶はて。きわみ。また、境。❷数で、億の千倍。❸きざはし。階段。❹地名。『垓下』

【垓下ガイカ】中国、安徽省霊壁県東南の地。楚の項羽が劉邦(漢の高祖)の軍に囲まれ、敗れたところ。

1343 【垠】 5223 5437 9AB5 土－6 ギン漢／yín

字解 形声。土＋艮(↓限、かぎる)声。はての意。

意味 ❶はて。きわみ。また、境。❷きし。

1344 【垢】 2504 3924 8D43 土－6 ク呉・コウ漢／gòu／あか

字解 形声。土＋后(↓厚、あつい)声。ぶあつくたまった土ぼこりの意。

意味 ❶あか。よごれ。けがれ。ちり。ほこり。『垢穢』『垢離』『歯垢シコウ』『塵垢ジンコウ』『無垢ムク』❷はじ。はずかしめ。『含垢ガンコウ』

【垢穢コウアイ】あかがたまってよごれること。

【垢離コリ】神仏に祈願するとき、冷水を浴びて心身を清浄にすること。『寒垢離カンゴリ』『水垢離みずゴリ』 ♥「垢離」はあて字で「川降かわおり」の変化ともいう。

1345 【城】 3075 3E6B 8FE9 土－6 常6 (1357)【城】 土－7 旧字

ジョウ(ジャウ)呉・セイ漢／chéng／しろ・き

筆順 城 城 城 城 城 城 城 城 城

字解 城は城の略体。城は形声。土＋成(武器で平定する)声。土で築いた城壁の中に民を入れ外敵から守る、しろの意。もと、土は高い建物。

金文 篆文

参考 万葉仮名では訓を借りて「き(乙)」。

意味 しろ。き。とりで。城壁。または城壁で囲まれた市街。くに。日本で、しろ。『金城湯池キンジョウトウチ』『城郭』『城塞』『城市』『牙城』『宮城』『古城』 ＊杜甫-春望「城春草木深しろはるにしてソウモクふかし(=町は春が訪れても、ただむやみと草や木が青々と茂るばかり」

下接 一城イチジョウ・王城オウジョウ・開城カイジョウ・外城ガイジョウ・佳城カジョウ・牙城ガジョウ・干城カンジョウ・扞城カンジョウ・関城カンジョウ・宮城キュウジョウ・居城キョジョウ・金城キンジョウ・禁城キンジョウ・空城クウジョウ・京城ケイジョウ・傾城ケイセイ・下城ゲジョウ・堅城ケンジョウ・江城コウジョウ・攻城コウジョウ・皇城コウジョウ・荒城コウジョウ・古城コジョウ・孤城コジョウ・山城サンジョウ・石城セキジョウ・築城チクジョウ・長城チョウジョウ・帝城テイジョウ・鉄城テツジョウ・東城トウジョウ・登城トジョウ・都城トジョウ・入城ニュウジョウ・平城ヘイジョウ・辺城ヘンジョウ・法城ホウジョウ・本城ホンジョウ・名城メイジョウ・洛城ラクジョウ・落城ラクジョウ・羅城ラジョウ・連城レンジョウ・籠城ロウジョウ・不夜城フヤジョウ

【城下(ジョウカ)】①城壁の下。城壁のあたり。②国領主の城のある町。城下町。【城下之盟(ジョウカのちかい|ジョウカのメイ)】城壁の下まで敵軍に攻め寄せられて、しかたなく講和の盟約をすること。また、その盟約。〔左伝‐桓公一二年〕

【城郭・城廓(ジョウカク)】城の外まわりの囲い。また、城。

【城曲(ジョウキョク)】城のすみ。城隅。

【城隅(ジョウグウ)】①城のかたすみ。城曲。②城壁の角にある物見やぐら。

【城闕(ジョウケツ)】①中国で、宮城の門外の両側に設けられた物見のたかどの。城門。②帝王の居所。宮城。また、城郭。城。＊白居易‐長恨歌「九重城闕煙塵生キュウチョウのジョウケツエンジンショウず〔=宮城にも煙塵が立ちのぼる〕」③まち。都城。

【城隍(ジョウコウ)】城と濠ほり。また、城をとりまく濠。

【城狐社鼠(ジョウコシャソ)】君側にある、除きにくい奸臣のたとえ。社鼠城狐。〔説苑‐善説〕♥城中にすむ狐と社にすむ鼠は、これを除こうとすればその城や社を壊さなければならないので、たやすく手を下しにくい意から。

【城塞・城砦(ジョウサイ)】城やとりで。たてこもって敵をふせぐとりで。城塁。

【城市(ジョウシ)】城壁に囲まれた市街。また、城のある町。

【城址・城趾(ジョウシ)】城跡しろあと。『城址公園』

【城牆(ジョウショウ)】城の垣。城壁。

【城代(ジョウダイ)】国城主に代わって城を守り、諸事を統轄した家臣の長。

【城旦(ジョウタン)】中国、秦・漢代の刑罰の一。早朝から城の修築などの労役に服した。

【城頭(ジョウトウ)】城のあたり。また、城の上。

【城府(ジョウフ)】都市。また、都市の外囲い。【不設城府(ジョウフをもうけず)】警戒心をもたず、誰とでもへだてなく付き合うたとえ。〔宋史‐傅尭兪フギョウユ伝〕

【城邑(ジョウユウ)】城のある町。人家の多い土地。都会。

難読地名 城島きじま 高原(大分) 城崎きのさき郡・町(兵庫) 城辺ぐすくべ町(沖縄) 難読姓氏 城戸きど 城崎きざき 城所きどころ

1346【垜】＊2359 土－6 (1347)【垛】—— 土－6

タ㊥/duǒ・duò/あずち

字解 形声。土＋朶(たれのびる)㊟。門の両側に伸び出すようにつくられた牆壁ショウヘキの意。

意味 あずち。弓のまとをたてかけるための盛り土。

1348【垤】5225 5439 9AB7 土－6

テツ㊥/dié/ありづか

字解 形声。土＋至㊟。

意味 ❶ありづか。蟻封ギホウ。『螘垤ギテツ』『蟻垤ギテツ』❷つか。小さな丘。『丘垤キュウテツ』『阜垤フテツ』

1349【垳】5224 5438 9AB6 土－6

字解 国字。「垳がけ」は埼玉県にある地名。

1350【垪】5226 543A 9AB8 土－6

「垪」(1384)の異体字

1351【垰】5227 543B 9AB9 土－6

たお・とうげ

字解 国字。会意。土＋卡(のぼりくだり)。たお、とうげの意。

1352【垬】＊2368 土－6

字解 国字。「大垬おおぬかり」は福島県にある地名。

【封】⇩1820

1353【埃】5228 543C 9ABA 土－7

アイ㊥/āi/ほこり・ちり

字解 形声。土＋矣(→疑、とどこおる)㊟。たまる、ちりの意。

参考 万葉仮名では音を借りて「え」。

意味 ❶ほこり。ちり。『塵埃ジンアイ』『煤埃バイアイ』❷「埃及エジプト」は、Egyptの音訳。アフリカの国名。

【埃靄(アイアイ)】①もやのようにほこりがたちこめているさま。②俗世のけがれ。

【埃塵(アイジン)】ちり。ほこり。ごみ。砂煙。塵埃。

【埃氛(アイフン)】①たちこめるちりほこり。②俗世のけがれ。

【埃滅(アイメツ)】ほこりのように消滅すること。

1354【埏】＊2374 土－7

エン㊥・セン㊥/yán・shān

字解 形声。土＋延(のびる)㊟。土地がのびた果ての意。

意味 ❶こねる。こねてやわらげる。❷地の果て。境。❸墓地の道。

1355【埆】5229 543D 9ABB 土－7

カク㊥/què

字解 形声。土＋角(かどばる)㊟。确に同じ。

1356【垸】＊2369 土－7

カン(クヮン)㊥/もい

字解 形声。土＋完(まったい)㊟。漆と灰をまぜて塗る、また、垣を補強する意。

意味 ❶漆と灰とをまぜて塗る。❷垣を修繕する。❸国わん。もい。椀・埦に通用させた。

1357【城】—— 土－7

ジョウ「城」(1345)の旧字

1358【埔】5230 543E 9ABC 土－7

ホ㊥/bù・pǔ

字解 形声。土＋甫㊟。

意味 ❶「大埔タイホ」は広東省の県名。❷「黄埔コウホ」は広東省広州市の外港。❸「柬埔塞」「柬埔寨」は、カンボジアのあて字。

1359【埋】4368 4B64 9684 土－7 常

マイ㊥・バイ㊥/mái/うめる・うまる・うもれる・うずむ・うずめる・うずまる・うずもれる

筆順 埋 埋 埋 埋 埋 埋

字解 形声。土＋貍(たぬきが身をかくす)省㊟。土でか

甲骨文 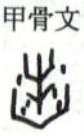

くす、うめる意。薶の通俗体。甲骨文では、人が土中に身をかくしたさまに象る象形字だった。

意味 うめる。うもれる。うずめる。ほうむる。

【埋玉(マイギョク)(ギョクをうずむ)】惜しい人材や美人の死を悼んでいう語。〔晋書‐庾亮(ユリョウ)伝〕◆中国、晋の庾亮が葬られるとき、何充(カジュウ)がこれを悼んで、玉樹を埋めるようだと言ったという故事から。

【埋葬(マイソウ)】土中に葬ること。

【埋蔵(マイゾウ)】うずめ隠すこと。また、うずまって隠れていること。『埋蔵金』『埋蔵量』

【埋没(マイボツ)】①うずもれて見えなくなること。②世に知られないでいること。

1360 【埒】 5231 543F 9ABD 土－7 (1361)【埓】 5232 5440 9ABE 土－7

レツ漢・ラチ慣・ラツ慣／liè／しきり・さかい

字解 形声。土＋寽声。

意味 ❶しきり。さかい。かこい。範囲。『埒外』『埒内』『不埒(フラチ)』『放埒(ホウラツ)』❷ひとしい。

【埒外(ラチガイ)】範囲の外。↔埒内

【埒内(ラチナイ)】一定の範囲内。ある限界の内。↔埒外

1362 【峪】 ―― 土－7

字解 国字。会意。土＋谷。さこ。山あいのたにの意。

1363 【⿰土皿】 ―― 土－7

字解 国字。「鳥⿰土皿(とぐら)」は鳥のとまる所、鳥を飼っておく所。

1364 【域】 1672 3068 88E6 土－8 常6 イキ(ヰキ)呉・ヨク漢／yù／さかい

筆順 

字解 形声。土＋或(くぎる)声。土地のくぎり、さかいの意。

意味 さかい。くぎり。㋑範囲。『習作の域を出ない』『区域』『聖域』『声域』㋺くぎられた一帯の土地。くに。『西域』

下接 異域(イイキ)・雨域(ウイキ)・塋域(エイイキ)・音域(オンイキ)・海域(カイイキ)・河域(カイキ)・遐域(カイキ)・境域(キョウイキ)・区域(クイキ)・空域(クウイキ)・芸域(ゲイイキ)・広域(コウイキ)・西域(サイイキ)・市域(シイキ)・殊域(シュイキ)・寿域(ジュイキ)・浄域(ジョウイキ)・職域(ショクイキ)・神域(シンイキ)・水域(スイイキ)・声域(セイイキ)・聖域(セイイキ)・絶域(ゼツイキ)・戦域(センイキ)・全域(ゼンイキ)・地域(チイキ)・兆域(チョウイキ)・東域(トウイキ)・日域(ニチイキ)・墓域(ボイキ)・邦域(ホウイキ)・封域(ホウイキ)・流域(リュウイキ)・領域(リョウイキ)・霊域(レイイキ)

【域外(イキガイ)】一定の区域、範囲の外。↔域内。◆昔の中国では、統治あるいは文明の及ばない辺境の地を意味することが多い。

【域内(イキナイ)】一定の区域、範囲の内。↔域外

1365 【埸】 ＊2386 土－8 エキ漢／yì

字解 形声。土＋易(かわる)声。土地のかわりめ、さかいの意。また、田のあぜの意。

1366 【埳】 ―― 土－8 カン 「坎」(1321)の異体字

1367 【埼】 2675 3A6B 8DE9 土－8 キ漢／qí／さき

字解 形声。土＋奇声。

意味 さき。みさき。「崎・碕」に同じ。

1368 【堀】 4357 4B59 9678 土－8 常 クツ呉漢・コツ漢／jué・kū／ほり

筆順 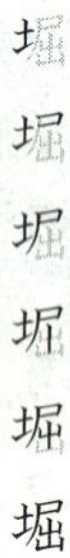

字解 形声。土＋屈(くぼむ)声。穴をほる意。

意味 ❶あな。穴をほる。ほる。❷国ほり。地面をほって水を通した所。動詞には「掘」を用いる。『堀端(ほりばた)』『堀割(ほりわり)』❸固有名詞。『堀川学派』

【堀川学派(ほりかわガクハ)】江戸時代の儒学者伊藤仁斎(イトウジンサイ)が堀川の東岸に開いた塾で講義したところからいう。古義派。

1369 【堄】 ＊2391 土－8 ゲイ漢／nì

字解 形声。土＋兒(幼い子ども)声。ひくいかきね、ひめがきの意。

意味 ひめがき。城壁などの上にめぐらせた低い垣。

1370 【埶】 ＊2385 土－8 ゲイ漢・セイ漢／yì・shì

字解 会意。もと、土＋木＋丮(ひざまずく人)。ひざまずいた人が両手で木を植える意から、うえそだてる意。藝の原字。甲骨文は象形。

甲骨文 金文 篆文 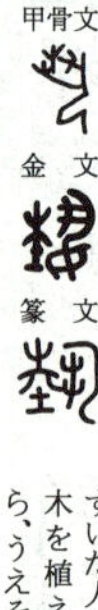

同属字 勢・熱・蓺・褻・藝

1371 【埣】 5235 5443 9AC1 土－8 サイ漢／そね

字解 形声。土＋卒声。

意味 ❶土がくずれ落ちること。または、その土。❷国そね。河道に沿う微高地。

1372 【執】 2825 3C39 8EB7 土－8 常 シュウ(シフ)呉漢・シツ慣・シュ慣／zhí／とる

筆順 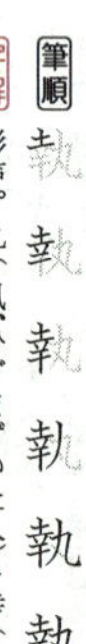

字解 形声。丸(=丮、ひざまずいた人)＋幸(=㚔、人をとらえ、しばる刑具)声。とらえる意。甲骨文は、象形。

甲骨文 金文 篆文 

手かせをはめられ動けずひざまずく人に象る。

同属字 摯・蟄・縶・贄・鷙

意味 ❶とる。手に持つ。『執権』『執行』『執事』『宰執(サイシツ)』『執刀』『執筆』❷あつかう。つかさどる。❸まもる。しつこく取りつく。こだわる。また、したしい。『執心』『執着』『執念』『確執(カクシツ)』『偏執(ヘンシツ)』

❶とる。手に持つ。

【執刀(シットウ)】国手術や解剖を行うため、メスを持つこと。

【執筆(シッピツ)】筆をとって文章などを書くこと。

【執鞭之士(シツベンのシ)】①むちを持つ者。御者。②卑しい仕事に従う者。〔論語‐述而〕

❷あつかう。つかさどる。

【執金吾(シツキンゴ)】①中国の秦・漢時代の官名。宮門警備をつかさどった。②国衛門府(エモンフ)の唐名。

【執権シッケン】 [1]政権を執ること。[2][国]鎌倉時代、幕府の政所の長官。将軍を補佐し、政務を統轄した最高の職。

【執行シッコウ/シュギョウ】 [1](シッコウ) とり行うこと。実際に行うこと。特に、法令、裁判、行政処分などの内容を実際に実現すること。『刑を執行する』『執行猶予』『執行部』[2](シュギョウ) 寺の事務または法会を管掌する役名。

【執事シツジ】 身分、地位のある人の家などで家事や事務を監督し執行する人。

【執政シッセイ】 政務・国政をつかさどること。また、その職、人。♥日本で、江戸時代の老中や家老を指すことが多い。

【執奏シッソウ】 意見、書き物などを取り次いで貴人などに奏上すること。また、その人。

【執達シッタツ】 [国]上意を下位の人に通達すること。『執達吏』

【執当シットウ】 庶務をつかさどる役職。

【執柄シッペイ】 [1]政治の権力をにぎること。また、その人。[2][国]摂政、関白の異称。

【執務シツム】 事務を取り扱うこと。

❸ まもる。こだわる。また、したしい。

[下接] 愛執アイシュウ・有執ウシュウ・確執カクシツ・我執ガシュウ・固執コシツ・邪執ジャシュウ・偏執ヘンシュウ/ヘンシツ・妄執モウシュウ・余執ヨシツ

【執一シツイツ/イツをとる】 [1]一つのことをかたく守ること。[2]一つのことだけにこだわって融通がきかないこと。

【執守シッシュ】 かたく守ること。

【執友シツユウ】 [1]親しい友。[2]父の友人。

【執拗シツヨウ/シュウオウ】 [1]頑固に自分の考え、態度をゆずらないさま。[2]相手に対する働きかけ方がしつこいこと。『執拗ないやがらせ』

【執心シュウシン】 [国]ある物事に異常な関心を持ち、いつまでもそれにこだわること。『彼女に御執心だ』

【執着シュウチャク/シュウジャク】 ある物事に深く心がとらわれて離れないこと。『金に執着する』『執着心が強い』

【執念シュウネン】 [国]深く思いこんで動かない心。執着心。『執念深い男』

[難読姓氏] 執行しぎょう

1373 【埴】 3093 3E7D 8FFB 土－8 ショク[漢]/zhí/はに・へな

[字解] 形声。土＋直[声]。

[意味] はに。ねばつち。へな。粘土。

【埴生はにゅう】 ねばつちを産する土地。また、ねばつち。『埴生の宿』(＝土で塗っただけの、みすぼらしい家)

【埴輪はにわ】 古墳の周囲に立て並べた、素焼きの円筒や人間、動物の像などの土製品。

[難読地名] 埴科はにしな郡(長野) [難読姓氏] 埴岡はにおか 埴原はにはら 埴谷はにや/はんや

1374 【埵】 * 2384 土－8 タ[呉][漢]/duǒ

[字解] 形声。土＋垂[声]。

[意味] ❶かたい土。盛り上げた土。また、つつみ。❷音訳字。梵語の夕音にあてる。『薩埵サッタ』

1375 【堆】 3447 424F 91CD 土－8 ツイ[呉]・タイ[漢]/duī/うずたかい・にお

[字解] 形声。土＋隹[声]。自の通俗体。

[意味] ❶うずたかい。また、積みあげる。『堆積』『堆堆』『堆肥』『堆裏』『堆朱』❷海底で丘状のところ。『武蔵堆むさしタイ』『大和堆やまとタイ』

【堆積タイセキ】 [1]積もること。積み重ねること。[2]土砂などが風、水などに運ばれてある場所にたまること。

【堆堆タイタイ】 積み重なっているさま。

【堆肥タイヒ】 わら、雑草、落ち葉などを積み重ねて腐らせた肥料。『堆肥を施す』

【堆裏タイリ】 積み重ねてあるものの中。堆積した中。

【堆朱ツイシュ】 漆塗りで、朱色の漆を厚く塗り重ねて、そこに文様を彫り表したもの。

1376 【埝】 * 2376 土－8 テン[漢]・ジョウ(デフ)[漢]/niàn

[字解] 形声。土＋念[声]。

[意味] ❶下。下方。❷増す。増やす。❸堤防。つつみ。

1377 【堵】 3740 4548 9367 土－8 ト 「堵」(1398)の異体字

1378 【培】 3961 475D 947C 土－8 [常] ハイ[漢]・ホウ[漢]・バイ[慣]/péi・pǒu/つちかう

[筆順]

[字解] 形声。土＋咅(＝杏、丸くふくれる)[声]。土を盛る意。

[意味] ❶つちかう。草木の根に土をかけてやしなう。『培養』『培擁』『栽培サイバイ』❷もる。重ねる。❸(ホウ) 小さな丘。『培塿』❹よりかかる。乗る。『培風』

【培風バイフウ】 風に乗って天に昇ること。〔荘子-逍遥遊〕

【培養バイヨウ】 草木または、微生物や動植物の組織の一部などを人工的に生育、増殖させること。

【培擁バイヨウ】 基盤を固めること。♥植物の根に土をかけ、地固めをする意から。

【培塿ホウロウ】 小さな丘。また、小さな家。部婁。

1379 【埤】 * 2378 土－8 ヒ[漢]・ヘイ[漢]/pí・bì/ひめがき

[字解] 形声。土＋卑(ひくい)[声]。ひくいかきねの意。俾に通じ、ます意に用いる。

[意味] ❶かき。低い垣。また、ひめがき(城壁などの上にめぐらした低い垣)。❷湿気の多い低地。❸ます。おぎなう。つける。『埤益ヒエキ』

1380 【埠】 4154 4956 9575 土－8 フ[慣]/bù/つか

[字解] 形声。土＋阜(土を盛ってできたおか)[声]。土をつみあげたつかの意。転じて、はとばの意に用いる。

[意味] ❶つか。おか。❷はとば。ふなつきば。『埠頭』

【埠頭フトウ】 船を横づけにして、旅客の乗降や貨物の積み降ろしをする場所。波止場。

1381 【堋】 5236 5444 9AC2 土－8 ホウ[漢]/bèng・pēng/ほうむる・あずち

[字解] 形声。土＋朋[声]。

[意味] ❶うめる。ほうむる。❷川などをせきとめるための堰せき。❸あずち。弓のまとをたてかける盛り土。

1382 【埦】 * 2379 土－8 ワン[呉][漢]・オウ(ワウ)[慣]

[字解] 形声。土＋宛[声]。椀・盌に同じ。

[意味] わん。食物を盛るこばち。『埦飯』

【埦飯オウバン】 [国]わんに盛った飯。日本で、中古、中世に、公卿が殿上に集まったときや、大名が将軍を饗応するときなどの食事。『埦飯振舞おうばんぶるまい』

1383【埖】5234 5442 9AC0 土－8
字解 国字。「埖渡（ごみわたり）」は青森県にある地名。

1384【垪】—— 土－8 (1350)【垪】5226 543A 9AB8 土－6
字解 国字。「垪和（はが）」は岡山県にある地名。

1385【堙】5237 5445 9AC3 土－9 イン(漢)/yīn/ふさぐ
字解 形声。土＋垔（ふさぐ）(声)。土でふさぎかくす意。
意味 ふさぐ。ふさがる。うずめる。うずまる。
【堙鬱（インウツ）】気がふさぎ、重苦しいさま。
【堙滅（インメツ）】うずもれ消えること。また、跡形もなく消すこと。湮滅。隠滅（インメツ）。

1386【堰】1765 3161 8981 土－9 エン(漢)/yàn/い・せき・せく
字解 形声。土＋匽（くぎりかこう）(声)。せきの意。
意味 せき。せきとめる。せきとめるもの。
【堰塞（エンソク）】水の流れをせきとめること。
【堰堤（エンテイ）】河川や土砂をせきとめるための堤防。

1387【堝】5238 5446 9AC4 土－9 カ（クヮ）(漢)/guō/るつぼ
字解 形声。土＋咼(声)。
意味 るつぼ。金属を溶かすために用いる厚手のつぼ。「坩堝（カンカ）（るつぼ）」

1388【堺】2670 3A66 8DE4 土－9 さかい・しきり
字解 界の別体。しきりの意。

1389【堦】＊2407 土－9 カイ(漢)/jiē
字解 形声。土＋皆（ならぶ）(声)。ならんだ土の段、きざはしの意。階に同じ。

1390【堪】2014 342E 8AAC 土－9 常 カン(呉)(漢)・タン(慣)/kān/たえる・こたえる・こらえる・たまる

筆順 堪 堪 堪 堪 堪 堪

字解 形声。土＋甚（程度がはなはだしい）(声)。突出した地の意。のちに、たえる意に用いる。
意味 ❶たえる。(イ)こらえる。我慢する。「堪忍」＊論語－雍也「人不レ堪ニ其憂一（ひとはそのうれいにたえず）［＝人は（貧乏暮らしの）つらさにたえられないだろう］」(ロ)うちかつ。すぐれる。「堪能（カンノウ）」「不堪（フカン）」(ハ)任に応じ得る。なんとか可能だ。(ニ)ふさわしい。十分その価値がある。＊司空曙－江村即事「江村月落正堪レ眠（こうそんつきおちてまさにねむるにたえたり）［＝川辺の村は月も落ちて、ちょうど眠るのにころあいの時刻である］」❷天。「堪輿」❸あて字。「堪能（タンノウ）」
【堪忍（カンニン）】①たえしのぶこと。②怒りをこらえて、人の過ちを許すこと。勘弁。「堪忍袋の緒が切れる」
【堪能（カンノウ｜タンノウ）】㊀（カンノウ）才能がすぐれていること。㊁（タンノウ）国①非常に満足すること。「心ゆくまで堪能する」②その道に深く通じていること。「語学に堪能な人」▶㊁は、「たりぬ（足）」の転「足んぬ」からと「堪能」の誤読との混同。
【堪輿（カンヨ）】（輿は地のこと）天地。天地の神。「堪輿家［＝山川、墓などの吉凶の相を占う陰陽師］」

1391【堠】＊2406 土－9 コウ(漢)/hòu
字解 形声。土＋侯（うかがう）(声)。土で作った里程標・ものみの意。
意味 ❶つか。一里づか。「堠子」「堠程」❷ものみ台。「隻堠（セッコウ）」
【堠子（コウシ）】一里づか。
【堠程（コウテイ）】旅の道のり。道程。

1392【堭】＊2409 土－9 コウ（クヮウ）(漢)/huáng
字解 形声。土＋皇(声)。
意味 ❶ほり。城池。「湟・隍」に同じ。「城堭（ジョウコウ）」❷四方に壁のない建物、部屋。「堂堭（ドウコウ）」

1393【堽】5246 544E 9ACC 土－9 コウ（カウ）(漢)
字解 岡に同じ。おかの意。

1394【場】3076 3E6C 8FEA 土－9 常2 ジョウ（ヂャウ）(呉)・チョウ（チャウ）(漢)/chǎng・cháng/ば・にわ (1416)【塲】5239 5447 9AC5 土－11

筆順 場 場 場 場 場 場

字解 形声。土＋昜（昇る太陽）(声)。祭りのためにはらい清めた陽の当たる高い土地の意から、一般に場所の意。
意味 ❶ば。事が行われるところ。(イ)神をまつる庭。「祭場（サイジョウ）」「斎場（サイジョウ）（ゆにわ）」「霊場（レイジョウ）」(ロ)庭。「場師」(ハ)はたけ。耕作地。「場圃」(ニ)あきち。広場。(ホ)ところ。範囲の限られた場所。「場景」「場屋」「場裏」❷ばあい。とき。時期。「一場春夢（イチジョウのシュンム）」「正念場（ショウネンば）」「急場（キュウば）」「夏場（なつば）」「山場（やまば）」

下接 ❶ば。事が行われるところ。場所。
会場（カイジョウ）・戒場（カイジョウ）・開場（カイジョウ）・戯場（ギジョウ）・議場（ギジョウ）・休場（キュウジョウ）・球場（キュウジョウ）・教場（キョウジョウ）・挙場（キョジョウ）・漁場（ギョジョウ）・刑場（ケイジョウ）・劇場（ゲキジョウ）・欠場（ケツジョウ）・現場（ゲンジョウ／ゲンば）・工場（コウジョウ／コウば）・斎場（サイジョウ）・祭場（サイジョウ）・砂場（すなば）・式場（シキジョウ）・市場（シジョウ／いちば）・射場（シャジョウ）・出場（シュツジョウ／でば）・上場（ジョウジョウ）・戦場（センジョウ）・擅場（センジョウ）・退場（タイジョウ）・登場（トウジョウ）・道場（ドウジョウ）・入場（ニュウジョウ）・農場（ノウジョウ）・牧場（ボクジョウ）・圃場（ホジョウ）・満場（マンジョウ）・浴場（ヨクジョウ）・来場（ライジョウ）・臨場（リンジョウ）・独擅場（ドクセンジョウ）・独壇場（ドクダンジョウ）／足場（あしば）・穴場（あなば）・岩場（いわば）・窯場（かまば）・木場（きば）・酒場（さかば）・地場（じば）・磁場（ジば）・宿場（シュクば）・職場（ショクば）・相場（ソウば）・立場（たちば）・近場（ちかば）・丁場（チョウば）・帳場（チョウば）・賭場（トば）・墓場（はかば）・馬場（ババ）・早場（はやば）・飯場（ハンば）・広場（ひろば）・役場（ヤクば）・矢場（やば）・猟場（リョウば）・悪場（わるば）・火事場（カジば）・修羅場（シュラば）・土壇場（ドタンば）・波止場（はとば）・風呂場（フロば）

【場屋（ジョウオク）】官吏の採用試験を行うところ。
【場景（ジョウケイ）】その場面の光景。
【場師（ジョウシ）】庭園のことをつかさどる役人。転じて、庭師。植木屋。
【場圃（ジョウホ）】はたけ。はた。
【場裏・場裡（ジョウリ）】その物事が行われている範囲内、世界。「国際場裏」

1395【堞】＊2404 土－9 チョウ（テフ）(漢)/dié/ひめがき

字解 形声。土＋枼(うすっぺら)声。ひめがきの意。
意味 ひめがき。城壁などの上にめぐらした低い垣。

1396 【塚】 3645 444D 92CB 土－9 常 (1408)〔塚〕 土－10 旧字
チョウ漢/zhǒng/つか
筆順 塚 塚 塚 塚 塚 塚
字解 塚は塚の略体。塚は形声。土＋冢(盛り土をしてつくったはか)声。土を盛ってつくったはかの意。もと、冢だけでこの意を表したが、のちに土を加え、その義を明確にした。冢の通俗体。
意味 もりつち。また、盛り土して作った墓。
下接 陪塚(バイチョウ)／蟻塚(ありづか)・貝塚(かいづか)・首塚(くびづか)・塵塚(ちりづか)・筆塚(ふでづか)・一里塚(イチリづか)

1397 【堤】 3673 4469 92E7 土－9 常
テイ漢・シ漢/dī/つつみ
筆順 堤 堤 堤 堤 堤 堤
字解 形声。土＋是(長くのびる)声。土手・つつみの意。
参考 万葉仮名では音を借りて「て」。
意味 つつみ。土手。
下接 堰堤(エンテイ)・河堤(カテイ)・砂堤(サテイ)・石堤(セキテイ)・築堤(チクテイ)・長堤(チョウテイ)・突堤(トッテイ)・墨堤(ボクテイ)・柳堤(リュウテイ)・防波堤(ボウハテイ)
【堤防(テイボウ)】 河川の氾濫(ハンラン)や波浪の浸入を防ぐため、河岸・海岸沿いに築く構造物。つつみ。土手。

1398 【堵】 土－9 (1377)〔堵〕 3740 4548 9367 土－8 †
ト漢/dǔ
字解 形声。土＋者(台の上にまきを積む)声。積み上げられた土牆の意。一説に外敵をさえぎるための土牆の意ともいう。
意味 ❶かきね。家の回りの土塀。『堵牆』『堵列』『環堵(カント)』『安堵(アンド)』『安ㇾ堵(トにやすんず)』〔=居所に安んじて暮らす。安堵する〕 ❷ふせぐ。さえぎる。 ❸物をさすことば。『阿堵』〔=このもの。六朝時代の俗語で銭のこと〕
【堵牆・堵墻(トショウ)】 垣。『堵牆の如し〔=人垣を築く〕』
【堵列(トレツ)】 大勢の人が垣のように並び立つこと。

1399 【塔】 3767 4563 9383 土－9 常 (1412)〔塔〕 土－10 旧字
トウ(タフ)呉漢/tǎ/あららぎ
筆順 塔 塔 塔 塔 塔 塔
字解 形声。土＋荅声。
意味 ❶梵 stūpa の音訳語「卒塔婆(ソトバ)」の略。あららぎ。『塔頭(タッチュウ)』『石塔』『堂塔』『仏塔』 ❷高くそびえた細長い建造物。『金字塔』『無線塔』『斜塔(シャトウ)』『尖塔(セントウ)』『鉄塔(テットウ)』
下接 雁塔(ガントウ)・経塔(キョウトウ)・沙塔(サトウ)・寺塔(ジトウ)・石塔(セキトウ)・層塔(ソウトウ)・大塔(ダイトウ)・堂塔(ドウトウ)・仏塔(ブットウ)・宝塔(ホウトウ)・卵塔(ラントウ)
【塔頭・塔中(タッチュウ)】 ①禅宗で、祖師や開祖などの塔のある所。また、その院を司る僧。②大寺の内にある小院。
【塔婆(トウバ)】 (「卒塔婆(ソトウバ)」の略) ①供養、報恩などのために建立する塔。②供養のため墓に立てる、上部が塔形をした細長い木の板。

1400 【塀】 4229 4A3D 95BB 土－9 常 (1419)〔塀〕 土－11 旧字
ヘイ慣
筆順 塀 塀 塀 塀 塀 塀
字解 国字。塀は塀の略体。形声。土＋屏(めかくし、おおい)声。へいの意。
意味 へい。かき。家屋や住宅その他の敷地の境界とするのに設けるふせぎ、目かくし。『石塀(セキベイ)』『土塀(ドベイ)』

1401 【報】 4283 4A73 95F1 土－9 常5
ホウ呉漢/bào/むくいる・むくい・しらせる
筆順 報 報 報 報 報 報
字解 会意。幸(=幸、人をとらえ、しばる刑具)＋𠬝(つき従わせる)。罪人に罰を与える・むくいる意。転じて、報告の意に用いる。
金文 篆文

参考 万葉仮名では、音を借りて「ほ」。
意味 ❶むくいる。かえす。応える。むくい。『師の恩に報ずる』『報酬』『応報』『果報』 ＊老子-六三「報ㇾ怨以ㇾ徳(うらみにむくゆるにトクをもってす)〔=うらみには徳をもって報いる〕」 ❷しらせる。告げる。しらせ。『事件の経過を報ずる』『報告』『報道』『情報』

❶ むくいる。かえす。むくい。
下接 悪報(アクホウ)・依報(エホウ)・応報(オウホウ)・果報(カホウ)・花報(ケホウ)・業報(ゴウホウ)・罪報(ザイホウ)・宿報(シュクホウ)・善報(ゼンポウ)・返報(ヘンポウ)・因果応報(インガオウホウ)
【報怨(ホウエン)】 うらみを返すこと。
【報恩(ホウオン)】 恩にむくいること。恩返し。『報恩講』『動物報恩譚(タン)』
【報仇(ホウキュウ)】 仕返しをすること。
【報効・報功(ホウコウ)】 功を立てて、恩にむくいること。
【報施(ホウシ)】 むくいを施すこと。やったことにふさわしいねぎらいをすること。＊史記-伯夷伝「天之報ニ施善人一、其何如哉(テンのゼンニンにホウシするそれいかんぞや)〔=天が善人にむくいを施すというのは、いったいどのようなことなのだろうか〕」
【報謝(ホウシャ)】 ①恩にむくい、徳に感謝すること。②神仏への報恩の意味で、僧や巡礼に金品を贈ること。
【報酬(ホウシュウ)】 労力・尽力や物の使用などに対する謝礼の金品。『報酬を受ける』
【報奨(ホウショウ)】 勤労、善行にむくい、褒め励ますこと。『報奨金』
【報障(ホウショウ)】 仏語。三障の第三。過去の悪業で三悪趣などに堕ちる果報。
【報身(ホウジン)】 仏語。仏の三身の一。菩薩であったとき願を立て、修行成就によって、そのむくいとして得た仏身。
【報徳(ホウトク)】 恩にむくいること。報恩。
【報復(ホウフク)】 仕返しすること。『報復手段』
【報本反始(ホウホンハンシ)】 (本(もと)にむくい始(はじ)めにかえる意) 天地や祖先の恩にむくいること。〔礼記-郊特牲〕

❷ しらせる。告げる。しらせ。
下接 一報(イッポウ)・彙報(イホウ)・回報(カイホウ)・会報(カイホウ)・快報(カイホウ)・確報(カクホウ)・画報(ガホウ)・官報(カンポウ)・吉報(キッポウ)・既報(キホウ)・急報(キュウホウ)・凶報(キョウホウ)・虚報(キョホウ)・警報(ケイホウ)・月報(ゲッポウ)・公報(コウホウ)・広報(コウホウ)・誤報(ゴホウ)・雑報(ザッポウ)・時報(ジホウ)・週報(シュウホウ)・旬報(ジュンポウ)・勝報(ショウホウ)・詳報(ショウホウ)・情報(ジョウホウ)・速報(ソクホウ)・続報(ゾクホウ)・諜報(チョウホウ)・通報(ツウホウ)・電報(デンポウ)・特報(トクホウ)・内報(ナイホウ)・日報(ニッポウ)・年報(ネンポウ)・敗報(ハイホウ)・飛報(ヒホウ)・悲報(ヒホウ)・訃報(フホウ)・返報(ヘンポウ)・民報(ミンポウ)・陽報(ヨウホウ)・予報(ヨホウ)・来報(ライホウ)・朗報(ロウホウ)

【報告(ホウコク)】 ①告げ知らせること。知らせ。『事件の経過を報告する』 ②与えられた任務の結果などを述べること。『帰朝報告』『中間報告』
【報知(ホウチ)】 告げ知らせること。『火災報知器』
【報道(ホウドウ)】 (「道」は、言う意) 社会の出来事を一般に伝えること。『報道機関』『報道写真』

［堺］ ⇩ 1466

1402 【塩】 1786 3176 8996 土-10 常4 (9540) 〔鹽〕 8337 7345 EA64 鹵-13 旧字
エン(呉)(漢)\yán・yàn\しお

筆順 塩 塩 塩 塩 塩 塩

字解 塩は鹽の通俗体。鹽は形声。鹵(しおの結晶)＋監(→厳、きびしい)(声)。刺激のあるしおの意。

意味 ❶しお。『塩田』『食塩』 ❷塩づけにする。『塩蔵(エンゾウ)』『塩辛(しおから)』『塩汁(しょっつる)』 ❸気体元素の一。塩素。『塩化ナトリウム』『塩酸』 ❹酸の水素イオンを金属イオンで置換した化合物。『塩基(エンキ)』『硅酸塩(ケイサンエン)』『硝酸塩(ショウサンエン)』 ❺固有名詞。『塩鉄論』『塩州』

❶ しお。

下接 岩塩(ガンエン)・魚塩(ギョエン)・食塩(ショクエン)・製塩(セイエン)・米塩(ベイエン)

【塩官(エンカン)】 ①中国の漢代、塩の税を扱った役人。②塩の専売のために置いた役人。

【塩湖(エンコ)】 塩分を含んだ湖。鹹湖(カンコ)。塩水湖。

【塩豉(エンシ)】 みそ、納豆の類。

【塩車憾(エンシャのうらみ)】 名馬が駄馬と同じように塩を積んだ車を引かされることをうらめしく思う。有能な人物が才能を発揮する場を与えられないことを嘆くたとえ。〔戦国策-楚〕

【塩噌(エンソ)】 ①塩と、みそ。②みその異称。③日常の食べ物。また、日々の生活。塩酢(エンソ)。

【塩鉄之利(エンテツのリ)】 塩・鉄の販売を政府が握ることによって得る利益。中国、前漢の武帝以来行われた。

【塩梅(エンバイ|アンバイ)】 ①食物の調味に用いる塩と梅の酢。味と酸味。②食物の味を調えること。食物の味加減。塩〔書経-説命下〕 ③臣下が君主を助けて政務をうまく処理していくこと。④(アンバイ) 国物事の具合、様子、格好。特に、からだの具合。健康状態。案配。安排。

【塩法(エンポウ)】 中国で、国家の専売であった塩の製造および販売の統制に関して出された法令。また、その政策。

【塩味(エンミ|しおあじ)】 ①(エンミ) 手加減。斟酌(シンシャク)。②国食物を料理するときの塩のきかせかげん。

❸ 気体元素の一。塩素。

【塩化(エンカ)】 他の語の上に付けて塩素との化合物であることを表す。『塩化ナトリウム』『塩化物』
【塩酸(エンサン)】 塩化水素の水溶液。ほとんどの金属元素を溶解して水素を発生する。『希塩酸』
【塩素(エンソ)】 元素の一。刺激臭のある黄緑色の有毒気体。容易に液化する。酸化剤・漂白剤・消毒剤などの原料。

❺ 固有名詞。

【塩州(エンシュウ)】 中国の地名。現在の寧夏回族自治区塩池県にあった州。オルドスの砂漠を北にひかえた所にある。

【塩鉄論(エンテツロン)】 中国の経済政策の書。一〇巻六〇篇。前漢の桓寛の編著。武帝が施行した塩、酒、鉄の専売などの財政政策の存廃について、宣帝のときに朝廷で行われた会議の討論をまとめたもの。

難読地名 塩飽(しわく)諸島(香川)

1403 【塢】 5241 5449 9AC7 土-10
オ(ヲ)(漢)\wū\つつみ

字解 形声。土＋烏(声)。隝に同じ。つつみの意。
参考 万葉仮名では音を借りて「を」。
意味 つつみ。どて。また、とりで。小城。『村塢(ソンオ)』

1404 【塊】 1884 3274 89F2 土-10 常
カイ(クヮイ)(呉)(漢)\kuài\かたまり・つちくれ

筆順 塊 塊 塊 塊 塊 塊

字解 形声。土＋鬼(大きな頭)(声)。土のかたまりの意。
意味 ❶つちくれ。土のかたまり。また、一般にかたまり。『金塊』『団塊』→下接。❷ひとりでいること。『塊独〔=ひとりぼっちのさま〕』。❸熟字訓。『酸塊(すぐり)』

下接 凝塊(ギョウカイ)・金塊(キンカイ)・山塊(サンカイ)・石塊(セッカイ|いしくれ)・団塊(ダンカイ)・肉塊(ニクカイ)・氷塊(ヒョウカイ)・磊塊(ライカイ)／土塊(つちくれ)

1405 【塤】 * 2421 土-10
ケン(漢)・カン(クヮン)(漢)\xuān・xūn

字解 壎に同じ。つちぶえの意。

1406 【塙】 4025 4839 94B7 土-10
カク(漢)・コウ(カウ)(漢)\què\はなわ

字解 形声。土＋高(→槁、かわいてかたい)(声)。かたい土の意。
意味 ❶かたい土。❷国はなわ。段丘。山のさし出たところ。

1407 【塒】 5245 544D 9ACB 土-10
シ(漢)\shí\とや・ねぐら

字解 形声。土＋時(→止、じっととどまる)(声)。ねぐらの意。とや。鳥の寝所。

1408 【塚】 ―― 土-10
チョウ 「塚」(1396)の旧字

1409 【塡】 * 2420 土-10 (1410) 〔填〕 3722 4536 9355 土-10 †
テン(漢)・チン(漢)\tián\うずめる・うめる・はめる

字解 形声。土＋眞(みたす)(声)。土をつめてふさぐ意。
意味 ❶うずめる。うめる。はめる。すきまをなくす。また、みたす。みちる。『塡詞』『塡塞』『充塡(ジュウテン)』『装塡(ソウテン)』『補塡(ホテン)』 ❷太鼓、雷などの音。『塡然』

❶ うずめる。うめる。また、みたす。

【塡詞(テンシ)】 宋代に流行した文学形式の一。唐代に西域から入った音楽につけた歌詞が定着した。曲によって定まる句数・字数・平仄(ヒョウソク)・脚韻にあわせ、歌詞を塡(う)めて作るところからこの名がある。

【塡充(テンジュウ)】 つめふさぐこと。充塡。

【塡塞(テンソク)】 物をつめてふさぐこと。

【塡塡(テンテン)】 満足するさま。→❷
【塡補(テンポ)】 不足や欠損をうめ補うこと。補塡。

❷ 太鼓、雷などの音。

【塡然(テンゼン)】 太鼓を打ち鳴らす音。*孟子-梁恵王上「塡然鼓レ之、兵刃既接(テンゼンとしてこれをコし、ヘイジンすでにセッす)」〔=ドンドンと進撃の太鼓を打ち鳴らし、はやくも武器と武器とが触れ合って斬り合いとなった」

【塡塡テンテン】①太鼓や雷の鳴る音の形容。②車馬がさかんに行き来するさま。→❶

1411 【塘】 3768 4564 9384 土-10

トウ(タウ)漢 táng/つつみ

字解 形声。土＋唐(声)。

意味 つつみ。どて。また、ため池。「塘坳トウオウ」「池塘チトウ」「坡塘ハトウ」

【塘坳トウオウ】①つつみのくぼみ。②ため池。

難読姓氏 塘つつみ・―もと

1412 【塔】 土-10

トウ「塔」(1399)の旧字

1413 【境】 2213 362D 8BAB 土-11 常5 (1414)【境】 土-11 旧字

キョウ(キャウ)呉・ケイ漢 jìng/さかい

筆順 境 境 境 境 境 境

字解 形声。土＋竟(↓畺、くぎり)(声)。土地のくぎり・さかい、また、さかいとした場所の意。

意味 ❶さかい。区切り目。「境界」「境内」「越境」「国境」＊史記-廉頗藺相如伝「廉頗送至ㇾ境（廉頗は（王を）国境まで見送った）」❷場。場所。㋑地域。土地。「異境」「仙境」「秘境」「魔境」㋺立場。状況。状態。「佳境」「環境」「逆境」「苦境」「順境」㋩心の状態。心境。「歌境」「画境」「句境」❸仏教で、六根の認識作用の対象。「声境ショウキョウ」「法境ホウキョウ」「味境ミキョウ」

❶ さかい。区切り目。

【境界キョウカイ】土地のさかい。「土地の境界」→❷(キョウガイ)

【境土キョウド】その国の統治権の及ぶ区域。また、国境。

【境内キョウナイ】①さかいの中。国内。②(ケイダイ)国神社や寺院の敷地内。

下接 越境エッキョウ・国境コッキョウ・対境タイキョウ・地境チキョウ・封境ホウキョウ

❷ 場。場所。また、状況。状態。

下接 異境イキョウ・遠境エンキョウ・外境ガイキョウ・佳境カキョウ・歌境カキョウ・画境ガキョウ・環境カンキョウ・逆境ギャッキョウ・窮境キュウキョウ・句境クキョウ・苦境クキョウ・閫境コンキョウ・至境シキョウ・詩境シキョウ・順境ジュンキョウ・勝境ショウキョウ・心境シンキョウ・神境シンキョウ・進境シンキョウ・塵境ジンキョウ・静境セイキョウ・絶境ゼッキョウ・仙境センキョウ・万境バンキョウ・秘境ヒキョウ・悲境ヒキョウ・魔境マキョウ・妙境ミョウキョウ・冥境メイキョウ・老境ロウキョウ

【境界キョウガイ】国①境遇。環境。境涯。②境地。→❶(キョウカイ)

【境涯キョウガイ】国人がこの世に生きてゆく上での立場や地位。境界。境遇。

【境遇キョウグウ】その人が置かれた環境、運命など。

【境地キョウチ】①場所。土地。環境。立場。「新境地」②心の状態。心境。「無我の境地」

1415 【⿰土斬】 土-11

ザン「塹」(1292)の異体字

1416 【塲】 5239 5447 9AC5 土-11

ジョウ「場」(1394)の異体字

1417 【塼】 ＊2425 土-11

セン漢・タン漢 zhuān

字解 形声。土＋専(声)。磚に同じ。

意味 ❶かわら。粘土と型で成型して焼いたもの。しきがわら。「磚・甎」に同じ。❷まるい。まどか。

1418 【増】 3393 417D 919D 土-11 常5 (1426)【增】 土-12 旧字 人

ゾウ呉・ソウ漢 zēng/ます・まし・ふえる・ふやす

筆順 増 増 増 増 増 増

字解 増は增の通俗体。增は形声。土＋曾(かさねる)(声)。土を重ねふやす意。甲骨文は阜偏で、金文は曾のみの形。

甲骨文 金文 篆文

参考 (1)万葉仮名では音を借りて「そ(乙)」。(2)一字でも「ますます」と読む。

意味 ます。ふえる。また、ますます。⇔減 ⇓表

下接 加増カゾウ・急増キュウゾウ・激増ゲキゾウ・漸増ゼンゾウ・逓増テイゾウ・倍増バイゾウ・微増ビゾウ・累増ルイゾウ／年増としま

【増援ゾウエン】人員をふやして援助すること。「増援部隊」

増ゾウ	減ゲン
増減	
数量がふえる。	数量がへる。
増大	減少
増産	減産
増額	減額
増強	削減
増加	軽減
倍増	半減

【増加ゾウカ】数量がふえること。ふやすこと。⇔減少

【増刊ゾウカン】定期刊行物で、定期のほかに発行すること。

【増強ゾウキョウ】人員、設備などをふやし、強化すること。「軍備増強」

【増減ゾウゲン】ふやすことと減らすこと。また、ふえることと減ること。

【増修ゾウシュウ】①建物などを修築して大きくすること。増築。②書物などを増補して編集すること。

【増上ゾウジョウ】仏語。力が加わり増大して、強大であること。【増上縁ゾウジョウエン】仏語。①四縁の一。他のものの働きを助長進展させる縁。②浄土門でいう三縁の一。阿弥陀仏の本願の力をいう。【増上慢ゾウジョウマン】①仏語。悟っていないのに、悟ったとして思い高ぶること。②自分の力を過信し、偉そうに振る舞うこと。

【増長天ゾウジョウテン】仏語。四天王の一。須弥山シュミセンの南面半腹に住し、鳩槃荼クハンダなどの鬼神を領して南方を守護する。南方天ともいう。

【増進ゾウシン】活動力や能力などを、ますこと。⇔減退

【増設ゾウセツ】設備などを更にふやすこと。

【増大ゾウダイ】ふえること。また、まして大きくなること。

【増長ゾウチョウ】①次第に甚だしくなること。②つけあがること。

【増訂ゾウテイ】すでに出版した書物の不備な点を増補し訂正すること。「増訂版」

【増幅ゾウフク】①光、音響などの振幅を増大させること。「増幅器」②物事の範囲、程度を広げること。

【増補ゾウホ】書物の内容などをふやし、不足を補うこと。

1419 【塀】 土-11

ヘイ「塀」(1400)の旧字

1420 【墁】 ＊2428 土-11 (1421)【⿰土㒼】 土-11

バン漢 màn

字解 形声。土＋曼(おおいかくす)(声)。どろでぬりかく

す意。また、こての槾・鏝に同じ。

1422【墉】＊2431 土-11 ヨウ漢\yōng・yǒng
字解 形声。土+庸声。かき・かべ・かべをめぐらしたところの意。甲骨文には土がつかない。
甲骨文

篆文
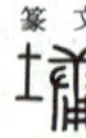

1423【塿】＊2426 土-11 ロウ漢\lǒu
字解 形声。土+婁声。
意味 ありづか。また、おか。『培塿ホウロウ』

1424【墟】5250 5452 9AD0 土-12 キョ漢\xū\あと
字解 形声。土+虚声。
意味 ❶大きなおか。また、ふもと。❷あと。むかし栄えて、今は荒れはてたところ。『墟墓』『墟落』『墟里』『殷墟インキョ』『廃墟ハイキョ』
【墟墓キョボ】荒れはてた墓。
【墟落キョラク】荒れはてた村落。
【墟里キョリ】荒れはてたむらざと。また、村落。

1425【墝】＊2439 土-12 コウ(カウ)漢・ギョウ(ゲウ)慣\qiāo
字解 形声。土+堯声。磽に同じ。
意味 ❶やせち。石が多くてやせた土地。❷土地が平らでないさま。

1426【增】―― 土-12 ゾウ「増」(1418)の旧字

1427【墫】5251 5453 9AD1 土-12 ソン漢
字解 形声。土+尊声。樽に同じ。

1428【墯】―― 土-12 ダ「堕」(1280)の異体字

1429【墀】＊2427 土-12 チ漢\chí
字解 形声。土+犀声。
意味 きざはし。また、にわ。階段の一番上の、広くなっている部分。『赤墀セキチ』『丹墀タンチ』

1430【墩】＊2444 土-12　(1303)【墪】―― 土-12
トン漢\dūn
字解 形声。土+攵(=攴、動作を表す)+享(=亯、あつくする)声。土をもる、土をもってできたおかの意。

1431【墳】4215 4A2F 95AD 土-12 常　(1439)【墳】―― 土-13 旧字
フン呉漢\fén\はか・つか
筆順 墳 墳 墳 墳 墳 墳
字解 形声。土+賁(ふき出す)声。土を丸く盛ったはかの意。
意味 ❶つか。土を盛り上げた墓。また、おか。つつみ。『墳塋』『墳衍』『墳墓』『古墳』❷中国の古書の名。伝説上の三人の帝王の書という。三墳。『墳典』

下接 ❶つか。はか。また、おか。
円墳エンフン・荒墳コウフン・古墳コフン・孤墳コフン・壌墳ジョウフン・前方後円墳ゼンポウコウエンフン
【墳塋フンエイ】はか。墓場。
【墳衍フンエン】丘陵と沢。丘と、低く平らな土地。
【墳墓フンボ】はか。【墳墓之地フンボのチ】先祖代々の墓のある所。故郷。＊釈月性‐将ニ東遊一題レ壁「埋レ骨何期墳墓地、人間到処有ニ青山一ほねをうずむるになんぞきせんフンボのチ、ジンカンいたるところセイザンあり」〔=骨を埋める場所は故郷の先祖からの墓に限らない、世の中どこで死んでも、骨を埋める場所くらいはある〕

❷中国の古書の名。
【墳典フンテン】(「三墳五典」の略)古代の聖典。古典。「三墳五典」は中国古代の三皇五帝の書の総称。

1432【墹】5249 5451 9ACF 土-12
字解 国字。形声。土+間(まま)声。まま。がけ。急斜面。「墹之上ままのうえ」は静岡県にある地名。

1433【墺】5252 5454 9AD2 土-13 オウ(アウ)漢・イク(ヰク)漢\ào・yù\おか
字解 形声。土+奥声。
意味 ❶おか。また、岸。❷国名。「墺地利オーストリア・墺太利オーストリア」の略。『普墺戦争フオウセンソウ』『独墺ドクオウ』

1434【壊】1885 3275 89F3 土-13 常　(1448)【壞】5253 5455 9AD3 土-16 旧字 人
エ(ヱ)呉・カイ(クヮイ)漢\huài\こわす・こわれる・くえる・こぼつ
筆順 壊 壊 壊 壊 壊 壊
字解 壊は壞の略体。壞は形声。土+褱(→潰・毀、くずれる)声。土がくずれる意。
意味 こわれる。こわす。やぶる。⇒〔破〕(5298)の表
下接 毀壊キカイ・決壊ケッカイ・残壊ザンカイ・自壊ジカイ・全壊ゼンカイ・損壊ソンカイ・頽壊タイカイ・倒壊トウカイ・敗壊ハイカイ・破壊ハカイ・半壊ハンカイ・不壊フエ・腐壊フカイ・崩壊ホウカイ・爛壊ランエ
【壊死エシ】細胞や組織など、生体の一部が死ぬこと。
【壊疽エソ】壊死した組織の病的な変化が進行したもの。
【壊走カイソウ】戦いに敗れて、散り散りに逃げること。書き換え「潰走→壊走」。
【壊頽カイタイ】くずれて形をなさなくなること。
【壊敗カイハイ】こわれて組織がくずれること。
【壊廃カイハイ】こわれてだめになること。
【壊滅カイメツ】完全にこわれてほろびること。『壊滅状態』書き換え「潰滅→壊滅」。
【壊乱カイラン】秩序などがくずれ乱れること。書き換え「潰乱→壊乱」。
【壊爛カイラン】やぶれただれること。

1435【墻】5254 5456 9AD4 土-13 ショウ(シャウ)漢\qiáng\かき
字解 形声。土+嗇声。牆の通俗体。

1436【壌】3077 3E6D 8FEB 土-13 常　(1452)【壤】5265 5461 9ADF 土-17 旧字
ジョウ(ジャウ)呉漢\rǎng\つち
筆順 壌 壌 壌 壌 壌 壌

字解 壌は壤の略体。壤は形声。土＋襄(↓若・女、やわらかい)㊥。柔らかく肥沃な土の意。

意味 つち。㋑農耕に適した肥えたつち、土地。『壌奠』『壌墳』『土壌』『肥壌』『豊壌』㋺大地。国土。『壌地』『天壌』→下接

下接 雲壌(ウンジョウ)・遐壌(カジョウ)・撃壌(ゲキジョウ)・州壌(シュウジョウ)・霄壌(ショウジョウ)・泉壌(センジョウ)・天壌(テンジョウ)・僻壌(ヘキジョウ)

【壌地(ジョウチ)】土地。国土。壌土(ジョウド)。

【壌奠(ジョウテン)】田畑で収穫した祭りの供え物。

【壌土(ジョウド)】1つち。土壌。2土地。領土。国土。

【壌墳(ジョウフン)】1耕作に適した沃土。2墓。

1437 【壇】 3537 4345 9264 土-13 常 ダン㊥・タン㊥/tán

筆順 壇 壇 壇 壇 壇 壇

字解 形声。土＋亶(↓坦、たいら)㊥。平らな高い所の意。

意味 ❶土をもりあげて築いた祭場。また、他よりも高くした場所。『演壇』『仏壇』❷専門家の集団。『歌壇』『俳壇』『文壇』

下接 ①演壇(エンダン)・戒壇(カイダン)・花壇(カダン)・教壇(キョウダン)・降壇(コウダン)・講壇(コウダン)・祭壇(サイダン)・登壇(トウダン)・雛壇(ひなダン)・仏壇(ブツダン)②楽壇(ガクダン)・歌壇(カダン)・画壇(ガダン)・劇壇(ゲキダン)・詩壇(シダン)・騒壇(ソウダン)・俳壇(ハイダン)・文壇(ブンダン)・論壇(ロンダン)

1438 【壔】 5255 5457 9AD5 土-13 チョ 字義未詳

1439 【墳】 ― ― 土-13 フン 「墳」(1431)の旧字

1440 【壈】 * 2450 土-13 ラン㊥/lǎn

字解 形声。土＋稟(こめぐら)㊥。土でかこった穀物倉庫の意。

意味 ❶こめぐら。❷失意のさま。『坎壈(カンラン)』

1441 【壒】 * 2454 土-14 アイ㊥

字解 形声。土＋蓋㊥。

意味 つちぼこり。

【壒嚢鈔(アイノウショウ)】室町時代中期の辞書。一五巻。行誉(ギョウ)撰。文安三年(一四四六)成立。和漢の故事、国字、漢字の意味や起源などを記したもの。

1442 【壎】 * 2452 土-14 ケン㊥・クン㊥/xuān・xūn

字解 形声。土＋熏㊥。塤に同じ。

意味 つちぶえ。

【壎篪相和(ケンチあいワす)】(「篪」は竹製の笛)兄弟仲のよいこと。兄が壎、弟が篪を吹いて合奏することからいう。〔詩経-小雅・何人斯〕

壎〔和漢三才図会〕

1443 【壕】 2572 3968 8D88 土-14 ゴウ(ガウ)㊥・コウ(カウ)㊥/háo/ほり

字解 形声。土＋豪㊥。濠に同じ。

意味 土を深く掘ったみぞ。ほり。

下接 掩壕(エンゴウ)・外壕(ガイゴウ|そとぼり)・塹壕(ザンゴウ)・石壕(セキゴウ)・地下壕(チカゴウ)・防空壕(ボウクウゴウ)

1444 【壔】 * 2455 土-14 トウ(タウ)㊥/dào・dǎo

字解 形声。土＋壽㊥。

意味 ❶とりで。また、おか。❷円柱・角柱・三角柱の柱体。今は柱に書きかえている。『円壔(エントウ)』

1445 【壗】 5260 545C 9ADA 土-14 まま

字解 国字。切り立ったがけ。まま。盡は儘の略体。「壗下(まま";した)」は神奈川県の地名。

1446 【壙】 5261 545D 9ADB 土-15 コウ(クヮウ)㊥/kuàng/あな

字解 形声。土＋廣(ひろい)㊥。あなの意。

意味 ❶あな。墓のあな。また、ほらあな。❷むなしい。❸野原。原野。

1447 【壥】 ― ― 土-15 テン 「廛」(2162)の異体字

1448 【壞】 5253 5455 9AD3 土-16 カイ 「壊」(1434)の旧字

1449 【罎】 5264 5460 9ADE 土-16 ドン㊥・タン㊥/tán/びん

字解 形声。土＋曇㊥。

参考 「びん」は「瓶」の唐音の転用。

意味 ❶さかがめ。酒を入れるかめ。❷国びん。細長く、口の狭いガラス製の容器。

1450 【壚】 * 2457 土-16 ロ㊥/lú

字解 形声。土＋盧(くろい)㊥。くろつちの意。

1451 【壠】 ― ― 土-16 ロウ 「壟」(1314)の異体字

1452 【壤】 5265 5461 9ADF 土-17 ジョウ 「壌」(1436)の旧字

1453 【壥】 5263 545F 9ADD 土-17 テン 「廛」(2162)の異体字

土

【杜】⇩3409

1454 【塍】 * 2415 土-10 ジョウ㊥・ショウ㊥/chéng

字解 形声。土(水田)＋朕(=粉、縫い目)㊥。ぬい合わせたぬい目のような水田のあぜの意。

33 士部 さむらい

甲骨文 士　金文 士　篆文 士

士は武器(まさかりか?)の形に象って、おとこの意を表す。士部は、士の形を部標とするが、転じ男子の意をもつものは少なく、字源の異なるものを合わ

3画 口囗土士夂夊夕大女子宀寸小(⺌・⺍)尢(尣・兀)尸屮(屮)山巛(川)工己(已・巳)巾干幺广廴廾弋弓彐(彐・彑)彡彳

せ収めている。

士 士
士 ④壱 声 ⑥壴 ⑧壷 ⑨壹 壺 ⑩
壼 ⑪壽 壽
士 ①壬
士 ⑨壻
士 ③壮 ④壯

士

1455
【士】 2746 3B4E 8E6D 士-0 常4
ジ㊇・シ㊉\shì\さむらい・おとこ・おのこ

筆順 一 十 士

字解 部首解説を参照。

同属字 志・仕

参考 万葉仮名では音を借りて「じ」。

意味 ❶一人前の男子。㋑貴人に仕える者。官にある男子。下級官吏。また、学徳のある立派な人。『士君子』『士大夫』『士人』＊論語-泰伯「士不レ可三以不二弘毅一(シはもってコウキならざるべからず)〔＝士たる者は心が広く、意志が強固でなければならない〕」㋺男子(時に女子)の美称。『義士』『紳士』『壮士』❷つわもの。軍人。日本で、さむらい。『士農工商』『士官』『士気』『士族』『騎士』『武士』❸ある技能や資格を持つ人。『弁護士』『学士』⇓表

❶一人前の男子。

下接 隠士(インシ)・韻士(インシ)・英士(エイシ)・奇士(キシ)・棋士(キシ)・義士(ギシ)・吉士(キッシ)・曲士(キョクシ)・傑士(ケッシ)・剣士(ケンシ)・貢士(コウシ)・高士(コウシ)・国士(コクシ)・居士(コジ)・策士(サクシ)・散士(サンシ)・死士(シシ)・志士(シシ)・術士(ジュッシ)・俊士(シュンシ)・処士(ショシ)・信士(シンシ|シンジ)・紳士(シンシ)・人士(ジンシ)・節士(セッシ)・壮士(ソウシ)・多士(タシ)・徴士(チョウシ)・貞士(テイシ)・闘士(トウシ)・同士(ドウシ)・道士(ドウシ)・能士(ノウシ)・文士(ブンシ)・弁士(ベンシ)・名士(メイシ)・遊士(ユウシ)・力士(リキシ)・良士(リョウシ)・烈士(レッシ)・廉士(レンシ)

【士君子(シクンシ)】学問、人格ともにすぐれた人。

【士子(シシ)】①官吏階級の人。②科挙試験の受験生。

【士師(シシ)】①中国、周代の官名の一。刑罰の任にあたった役人。②旧約聖書時代に、イスラエルの宗教を維持、保護するため、神から命じられた者をいう。

【士庶人(シショジン)】一般の人々。士庶。▶大夫に対して士(下級官吏)と庶民をさしていう。

【士人(シジン)】学問、教養を身につけた人。人士。→❷

【士操(シソウ)】士たる者の節操。

【士大夫(シタイフ)】①中国で、士と大夫(高級官吏)。また、科挙によって官の資格を得た人。官職にある人。②人格がすぐれ高い官職についている人。

【士為二知レ己者一死(シはおのれをしるもののためにシす)】男子は自分の真価を知って待遇してくれる人のためには身命をなげうって尽くす。〔史記-刺客伝〕

【士夫(シフ)】年の若い人。また、男子。

【士風(シフウ)】士人としての気風。→❷

【士林(シリン)】①学問・人格のすぐれた人々。また、その仲間。②「士林館」の略。中国、梁の武帝がたて、学者を集めた所。

❷つわもの。軍人。日本で、さむらい。

下接 鋭士(エイシ)・衛士(エイシ)・介士(カイシ)・騎士(キシ)・脇士(キョウジ|わきジ)・郷士(ゴウシ)・豪士(ゴウシ)・将士(ショウシ)・戦士(センシ)・素士(ソシ)・隊士(タイシ)・藩士(ハンシ)・武士(ブシ)・兵士(ヘイシ)・勇士(ユウシ)・浪士(ロウシ)

【士官(シカン)】下士官、兵に対して、将校。

【士気(シキ)】兵士の戦いに対する意気。また、人々が団結して物事を行おうとする意気込み。モラール。→志気。『士気を鼓舞する』

【士魂(シコン)】国武士の精神。『士魂商才』

【士人(シジン)】さむらい。→❶

【士族(シゾク)】国①武士の家柄。②明治維新後、もと武士階級に与えられた身分の名称。

【士卒(シソツ)】士官と兵卒。また、兵士。

【士道(シドウ)】国武士として守るべき道義。武士道。

【士農工商(シノウコウショウ)】武士と農民と職人と商人。江戸時代の封建社会の階級の順位。

【士風(シフウ)】国武士階級としての気風。→❶

【士分(シブン)】国さむらいの身分。武士の分際。

【士民(シミン)】国武士と庶民。人民。

❸ある技能や資格を持つ人。

下接 学士(ガクシ)・楽士(ガクシ)・教士(キョウシ)・修士(シュウシ)・助士(ジョシ)・道士(ドウシ)・博士(ハクシ|はかせ)・弁士(ベンシ)・方士(ホウシ)・謀士(ボウシ)・練士(レンシ)・錬士(レンシ)・代議士(ダイギシ)・弁護士(ベンゴシ)

◎特定の職業・技能を有する人を表す接尾語

士(シ)	師(シ)
楽士	医師
棋士	教師
力士	牧師
運転士	狂言師
栄養士	講談師
会計士	宣教師
消防士	相場師
税理士	調理師
操縦士	能楽師
代議士	美容師
弁護士	薬剤師
弁理士	理容師

「家」(1749)を参照

士

[吉]⇩944

1456
【壱】 1677 306D 88EB 士-4 常
(1460)〔壹〕 5269 5465 9AE3 士-9 旧字
イチ㊇・イツ㊉\yī\ひとつ

筆順 壱 壱 壱 壱 壱 壱

字解 壱は壹の草体から。壹は形声。もと、壺(つぼ)＋吉(かたく閉じ充実している)㊥。つぼの中の酒がいっぱい、もっぱらの意から、ひとつの意に用いる。

参考 (1)万葉仮名では音を借りて「い」。(2)証書などでは、改竄(カイザン)を防ぐために一のかわりに用いられる。

意味 ❶もっぱら。ひとえに。また、ひとたび。ひとつ。❷国「壱岐国(イキのくに)」は西海道十一か国の一。今の長崎県壱岐全島にあたる。

【壱意(イチイ)】一つの事に神経を集中すること。

【壱是(イッシ)】いっさい。すべて。

【壱切(イッセツ|イッサイ)】すべて。一切。

1457
【声】 3228 403C 90BA 士-4 常2
(6250)〔聲〕 7065 6661 E3DF 耳-11 旧字
ショウ(シャウ)㊇・セイ㊉\shēng\こえ・こわ

筆順 声 声 声 声 声 声 声

字解 声は聲の略体。聲は形声。耳＋殸(けい)㊥。耳にきこえる磬の音から、こえの意。

甲骨文

篆文

[意味] ❶こえ。口から出る音やことば。言う。また、音。音信。『声援』『声帯』『声明』『怒声』『肉声』 ＊白居易-琵琶行・序「錚錚然有二京都声一（ソウソウゼンとしてケイトのこえあり）〔＝澄んだ響きで、都の調べがある〕」 ❷ふし。調子。音楽。『声色』『声調』『和声』 ❸うわさ。評判。ほまれ。『声望』『声名』『英声』『名声』 ❹中国語の音節の性質。特に高低のアクセント。また、子音。『声律』『四声』 ⇒〔音〕(8889)の[表]

❶ こえ。また、音。

[下接] 悪声・蛙声・雨声・音声—音声・諧声・歌声—歌声・寒声・喚声・歓声・鼾声・奇声・嬌声・吟声・軍声・形声・渓声・哭声・混声・叱声・秋声・銃声・笑声・象声・鐘声・女声・水声・正声・泉声・大声—大声・嘆声・男声・怒声・呑声・肉声・罵声・発声・蛮声・美声・風声・鞭声・砲声・鳳声・謗声・無声・有声・葉声・励声・厲声・連声・櫓声／産声・初声・裏声・小声・寂声・錆声・地声・訛声・濁声・涙声・鼻声・人声・胴間声

【声聞（ショウモン）】 仏の説法を聞き、または、その教えを学び、阿羅漢になることを究極の目的とする仏弟子。

【声域（セイイキ）】 ある人が出せる声の高さの範囲。

【声援（セイエン）】 大声で励まし元気づけること。エール。

【声音（セイオン—こわね）】 こえ。音声。

【声楽（セイガク）】 人間の声で表現する音楽上の一分野。

【声色（セイショク）】 声や表情。『声色を和らげる』 →❷

【声帯（セイタイ）】 喉頭の中央部にあり、気管を通る空気によって振動して声を生じる左右一対の粘膜のひだ。

【声明（セイメイ）】 一定の事項についての見解や意見などを公に発表すること。『声明文』 →❷（ショウミョウ）

【声涙（セイルイ）】 こえとなみだ。【声涙倶下（セイルイともにくだる）】 強く感動し涙を流しながら語る。〔晋書-王彬伝〕

❷ ふし。調子。音楽。

[下接] 五声・鄭声・乱声・和声

【声明（ショウミョウ）】 仏前で偈などを節を付けて諷誦すること。梵唄。また、言語、音声に関する学問。 →❶（セイメイ）

【声色（セイショク）】 美しい音楽や美しい女性。＊荀子-性悪「生而有二耳目之欲一、有レ好二声色一焉（うまれながらにしてジモクのヨクあり、セイショクをこのむあり）〔＝(人は)生まれながらに、美しいものを見たり聞いたりしたいという欲望を持ち、音楽や美女を好むものである〕」 →❶

【声調（セイチョウ）】 ふしまわし。音調。

❸ うわさ。評判。ほまれ。

[下接] 悪声・英声・栄声・家声・虚声・醜声・仁声・芳声・民声・名声

【声威（セイイ）】 威力があるという評判。名声と権威。

【声価（セイカ）】 人や物事に対する世のきこえ。評判。

【声華（セイカ）】 よい評判。名声。

【声教（セイキョウ）】 よい評判と教化。

【声実（セイジツ）】 評判と実態。

【声績・声迹（セイセキ）】 名声の高い業績。よい評判。

【声聞（セイブン）】 世間のきこえ。評判。

【声望（セイボウ）】 名声と人望。『声望が高い』『声望家』

【声名（セイメイ）】 よい評判。名声。

【声誉（セイヨ）】 よい評判。名誉。名声。

❹ 中国語の音節の性質。

[下接] 去声—去声・四声・上声—上声・双声・仄声・入声・平声

【声点（ショウテン）】 それぞれの漢字の四声を示すため、漢字の四隅に付ける点。声符。

【声母（セイボ）】 中国の音韻学の用語。母音を「韻母」というのに対して子音をさすことば。

【声律（セイリツ）】 漢字の四声の規則。平声・上声・去声・入声についてのきまり。

［売］⇩463

［志］⇩2327

1458 【壴】 ニ一 士-6 シュ[漢]・チュ[漢]/zhù

[字解] 会意。屮（かざり）＋豆（楽器、また、たかつき）。飾りのついた太鼓、また、たかつきを立てる意。

甲骨文

篆文

[同属字] 鼓・皷・廚・澍・樹

1459 【壷】 3659 445B 92D9 士-8 コ 「壺」(1461)の異体字

1460 【壹】 5269 5465 9AE3 士-9 イチ 「壱」(1456)の旧字

1461 【壺】 5268 5464 9AE2 士-9 (1459)【壷】 3659 445B 92D9 士-8 コ[漢]/hú/つぼ

[字解] 象形。口がすぼんで腹部がふくれたふたつきのつぼの形に象り、つぼの意。「壷」は別字。

甲骨文

金文

篆文

[意味] ❶つぼ。口のせばまった容器。『壺中之天』『壺尊』 →下接。❷[国]つぼ。㋑要所。急所。灸をすえる箇所。㋺見こむところ。『思う壺』 ㋩中庭。また、宮中での居住、宿直の殿舎を庭の名で呼ぶ。『桐壺』

[下接] 投壺・銅壺・漏壺・一壺天

【壺漿（コショウ）】 つぼに入れた飲み物。

【壺觴（コショウ）】 酒つぼと杯。＊陶潜-帰去来辞「引二壺觴一以自酌（コショウをひきてもってみずからくむ）〔＝酒つぼと杯を引き寄せて手酌で飲む〕」

【壺尊（コソン）】 酒つぼ。

【壺中（コチュウ）】 つぼの中。【壺中之天（コチュウのテン）】 つぼの中の世界。俗世間とかけ離れた別天地。酒を飲んで俗世間のことを忘れる楽しみ。壺中の天地。〔後漢書-方術伝・費長房〕 ♥中国、後漢の費長房が市の役人をしていたとき、庭先に壺を掛けて商売していた薬売りの老人が売り終わると壺の中に入ったのを見、頼んで壺の中に入れてもらったところ、立派な建物があり、美酒、嘉肴が並んでいたので共に飲んで出てきたという故事から。

［喜］⇩984

1462 【壼】 5271 5467 9AE5 士-10 コン[漢]/kǔn

[字解] 象形。宮中の道に象り、宮中の道の意。

1463 【壽】 5272 5468 9AE6 士-11

ジュ「寿」(1804)の旧字

1464 【壽】 二二 士-11

ジュ「寿」(1804)の異体字

[嘉]⇩990 [臺]⇩6459 [賣]⇩7713

[賣]⇩7718 [熹]⇩4574 [蠹]⇩7049

士

1465 【壬】 3149 3F51 9070 士-1

ジン㊥/rén/みずのえ

字解 象形。糸をまいてふくらんだ糸まきの形に象る。紝(はたいと)の原字。借りて、十干の第九位に用いる。廷・呈等の属標として用いる「𡈼(テイ)」は別字。

甲骨文 金文 篆文

同属字 任・妊・衽・紝・飪

意味 ❶みずのえ。十干の第九位。五行で水。方角は北を示す。『壬戌ジンジュツ』『壬申ジンシン』 ❷おもねる。へつらう。❸大きい。はらむ。

難読地名 壬生町(栃木)

士

1466 【壻】 5270 5466 9AE4 士-9

セイ「婿」(1644)の異体字

[款]⇩3854 [頡]⇩8919 [隷]⇩8711

[仕]⇩169

士

1467 【壮】 3352 4154 9173 士-3 常

(1468)【壯】 5267 5463 9AE1 士-4 旧字 人

ショウ(シャウ)㊥・ソウ(サウ)㊥/zhuàng/さかん・おとこ・おのこ

筆順 壮 壮 壮 壮 壮 壮

字解 壮は壯の略体。壯は形声。士(おとこ)+爿(長いベッド)㊥。背丈のある男の意から、さかんの意。

同属字 奘・装・荘

意味 ❶元気盛んな若者。としざかり。三〇歳の男子。『壮丁』『壮年』『少壮ショウソウ』 ❷さかん。さかんである。㋐勇ましいさま。『その志を壮とする』『壮烈』『悲壮ヒソウ』『勇壮ユウソウ』『雄壮ユウソウ』 ㋺健康であるさま。元気なさま。『壮健』『強壮キョウソウ』『肥壮ヒソウ』 ㋩大きいさま。立派であるさま。『壮観』『壮大』『広壮コウソウ』『豪壮ゴウソウ』⇓[盛](5139)の表

❶元気盛んな若者。

【壮歳ソウサイ】働き盛りの年ごろ。壮年。

【壮士ソウシ】①壮年の男子。血気盛んな男。＊史記-刺客伝「壮士一去兮不二復還一(壮士ひとたび去りてまたかえらず)」〔=壮士はひとたびこの地を離れれば、二度と帰ってくることはない〕 ②固定職がなく、他人の依頼で談判、脅迫などをする者。明治時代には、自由民権運動の活動家などをいった。『壮士芝居しばい』

【壮児ソウジ】元気盛んな子ども。

【壮者ソウシャ】壮年の人。働き盛りの人。

【壮丁ソウテイ】①成年に達した男子。②労役や軍役に当たる男子。

【壮年ソウネン】最も元気盛んな働き盛りの年ごろ。

【壮夫ソウフ】壮年の男。また、勇壮な男子。

【壮齢ソウレイ】若く元気盛りの年ごろ。働き盛り。壮年。

❷さかん。勇ましい。大きいさま。

【壮快ソウカイ】元気にあふれていてこころよいさま。

【壮観ソウカン】眺めの壮大なこと。

【壮挙ソウキョ】大規模で、意気盛んな計画。壮図。

【壮健ソウケン】体が元気で丈夫なさま。

【壮語ソウゴ】意気盛んなことば。また、偉そうなことば。壮言。『大言壮語』

【壮行ソウコウ】出発する人の前途を祝し、盛大に励ますこと。『壮行会』

【壮志ソウシ】盛んな意志。

【壮思ソウシ】壮大で元気盛んな思い。

【壮絶ソウゼツ】この上なく勇壮なさま。『壮絶な最期』

【壮大ソウダイ】盛んで大きいこと。雄大。

【壮図ソウト】勇ましく立派な企て。

【壮途ソウト】希望、期待に満ちた勇ましく盛んな門出。『壮途に就く』

【壮麗ソウレイ】おごそかでうるわしいさま。

【壮烈ソウレツ】雄壮で激しいさま。『壮烈な戦死』

1468 【壯】 5267 5463 9AE1 士-4

ソウ「壮」(1467)の旧字

34 夂部 ふゆがしら

足の象形を下向きにした形を部首とする。もと、夂部(34)と夊部(35)とがあり、部標の形は説文の篆書以来、異なるものとされ、夂部(34)には部標を字の上に持つもの、夊部(35)には部標を下に持つものが収められていた。しかし、いずれの部標も上からくだることに関係があるとされる。また今日では、夏と冬とにおける夂は、ただ上下で区別されるだけで同形になっているので、ここでは、両部を合わせて示すことにした。

〈ふゆがしら〉 篆文 〈なつあし〉 甲骨文 篆文

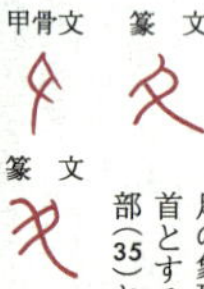

夂 夂 夊

夂 ③ 夅 ④ 夆

夂 ④ 夋 ⑤ 麦 ⑥ 复 変 ⑦ 夏 夓 ⑪ 夐 ⑱ 夒 ⑳ 夔

夂

1469 【夂】 5273 5469 9AE7 夂-0

チ㊥/zhǐ

字解 部首解説を参照。おくれいたる意。

1470 【夂】 5274 546A 9AE8 夂－0 スイ漢/suī

字解 部首解説を参照。

意味 ❶ゆく。❷すいにょう。→夊繞

【夊繞(スイニョウ)】漢字の繞(ニョウ)の一。「夏」の字の「夊」の部分をいう。

夂

【冬】⇨535 【冬】⇨536 【各】⇨943

1471 【夅】* 2463 夂－3 コウ(カウ)漢/jiàng・xiáng

字解 象形。下向きの二つのあしの形に象る。くだる意。降の古字。

1472 【夆】* 2464 夂－4 ホウ漢/féng

金文  篆文 

字解 形声。夂(あし)＋丰(→付、符、つく・あう)声。であう・あう意。逢の原字。

同属字 峯・峰・烽・逢・蜂・鋒

【条】⇨3330 【螽】⇨7035

夂

1473 【夋】* 2465 夂－4 シュン漢/jùn

字解 形声。夂(あし)＋允(頭部がきわだった人の象形)声。才知の秀れた人が立つ、ひいでる意。俊の原字。

同属字 俊・唆・峻・悛・浚・狻・梭・逡・竣・酸・駿

1474 【夌】* 2466 夂－5 リョウ漢/líng

字解 会意。夂(あし)＋圥(高く大きい)。高大なものにのぼる、また、それをこえしのぐ意。

同属字 菱・凌・陵・棱・稜・綾・輘・鯪

1475 【复】二一 夂－6 フク漢/fù

甲骨文  金文  篆文 

字解 形声。夂＋畐(ひっくりかえったふっくらした酒つぼをもとにもどすさま)省声。来た道を重ねてもどる、かえる意。復に同じ。

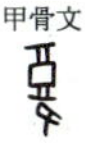

同属字 復・愎・腹・複・蝮・馥・鰒

1476 【変】 4249 4A51 95CF 夂－6 常4 (3013)【變】 5846 5A4E 9DCC 攵－19 旧字

ヘン呉漢/biàn/かわる・かえる

筆順 

字解 変は變の略体。變は会意。䜌(みだれる)＋攵(＝攴、うつ)。みだれているものを力を加えてかえる意。

意味 ❶かわる。かえる。時間とともにうつりかわる。『臨機応変(リンキオウヘン)』『変化』『変革』『変遷』『改変』❷ふつうと違う。また、ふしぎ。ばけもの。『変型』『変人』『変則』❸突然のできごと。ふつうでないできごと。『桜田門外の変』『天変地異(テンペンチイ)』『政変』❹音楽で本位音より半音低い音。↔嬰(エイ)。『変記号』『変徴』

❶かわる。かえる。うつりかわる。

下接 悪変(アクヘン)・一変(イッペン)・移変(イヘン)・黄変(オウヘン)・改変(カイヘン)・可変(カヘン)・急変(キュウヘン)・激変(ゲキヘン)・権変(ケンペン)・豹変(ヒョウヘン)・病変(ビョウヘン)・不変(フヘン)・千変万化(センペンバンカ)・有為転変(ウイテンペン)・雲蒸竜変(ウンジョウリュウヘン)・臨機応変(リンキオウヘン)

【変易(ヘンエキ)】変わること。また、変えること。変更。

【変化(ヘンカ/ヘンゲ)】㊀(ヘンカ)変わること。ある性質・状態などが別のものに変わること。㊁(ヘンゲ) 国①神仏が仮に人の姿をして現れること。②動物などが姿を変えて現れること。化け物。『妖怪(ヨウカイ)変化』③次々と衣装や容姿などを変えること。『七変化』

【変改(ヘンカイ)】変え改めること。変わり改まること。改変。

【変革(ヘンカク)】体制、制度などを、変えて新しいものにすること。また、新しいものに変わり改まること。

【変換(ヘンカン)】ある事柄、事態が変わること。また、取り変えること。『方針を変換する』『かな漢字変換』

【変形(ヘンケイ)】形が変わること。形を変えること。

【変幻(ヘンゲン)】姿を現したかと思うとたちまち消えたりすること。『変幻自在』

【変更(ヘンコウ)】変え改めること。『予定を変更する』

【変質(ヘンシツ)】性質が変わること。→❷

【変心(ヘンシン)】心が変わること。心変わり。

【変身(ヘンシン)】体、姿を別のさまに変えること。

【変数(ヘンスウ)】いろいろに変わり得る数量。↔定数・常数

【変性(ヘンセイ)】性質が変化すること。『変性アルコール』

【変節(ヘンセツ)】節義を変えること。従来の自分の主義、主張を変えること。『変節漢』

【変遷(ヘンセン)】時代と共に移り変わること。

【変相(ヘンソウ)】①仏語。地獄・極楽またはその他の相状などを描いた絵図。変相図。②いろいろに形相が変わること。また、その変わった姿。かたち。

【変装(ヘンソウ)】別人に見えるように、顔つきや服装などを変えること。

【変造(ヘンゾウ)】文書、通貨などの内容や形状を造り変えること。『変造紙幣』

【変速(ヘンソク)】速度を変えること。『五段変速』

【変態(ヘンタイ)】動物が発育の時期に応じて形態を変えること。『昆虫の完全変態と不完全変態』→❷

【変置(ヘンチ)】別なものに置き変えること。

【変調(ヘンチョウ)】①楽曲の調を変えること。移調。②通信電波の振幅、周波数などを変化させること。→❷

【変転(ヘンテン)】ある状態から別の状態に移り変わること。

【変動(ヘンドウ)】事態、状態が動き変わること。『地殻変動』

【変貌(ヘンボウ)】姿や様子が変わること。変容。

【変法(ヘンポウ)】法律を変えること。【変法自強(ヘンポウジキョウ)】法律や制度を変えて、国を強くすること。中国、清末に康有為(コウユウイ)が主張した。

【変容(ヘンヨウ)】姿や、外観が変わること。

❷ふつうと違う。

【変異(ヘンイ)】同種の生物の個体間に形質の相違が現れること。『個体変異』『突然変異』→❸

【変怪(ヘンカイ)】ばけもの。

【変格(ヘンカク)】本来の、一般的な格式や規則から外れていること。変則。↔正格。『変格活用』

【変型(ヘンケイ)】型が標準のものと変わっていること。

【変死ヘンシ】国災難や事故、自殺などによる、普通でない死に方。『変死体』『変死者』
【変則ヘンソク】普通の規則、方法に外れていること。↔正則。『変則的』
【変人ヘンジン】国普通とは変わった性質の人。変わり者。
【変質ヘンシツ】病的に異常な性質。『変質者』→❶
【変体ヘンタイ】普通、標準のものとは変わった形や体裁。『変体仮名』『変体漢文』
【変態ヘンタイ】異常であること。『変態性欲』→❶
【変調ヘンチョウ】調子が狂うこと。→❶
【変哲ヘンテツ】国普通のものと異なった、特にとりあげるべき点。『何の変哲もない話』
【変風ヘンプウ】①正しくない姿。みだれた風俗。②詩歌・芸能で、正統でない風姿。③『詩経』の邶風以降の詩。周王朝東遷ののち、完全な道徳が失われた時代の作としていう。
【変物ヘンブツ】国普通の人に比べて変わっている人。変人。
【変文ヘンブン】韻文と散文をまじえた文体で、仏教説話や物語を語ったもの。中国で、唐代の中ごろから北宋の初めごろまで流行した。

❸ ふつうでないできごと。

下接 異変イヘン・急変キュウヘン・凶変キョウヘン・災変サイヘン・事変ジヘン・政変セイヘン・大変タイヘン・地変チヘン・天変テンペン・妖変ヨウヘン

【変異ヘンイ】ふつうでない出来事。異変。→❷
【変故ヘンコ】非常の事柄。異変。
【変災ヘンサイ】事変や災厄。天変地異の災難。
【変事ヘンジ】思いがけない変わった出来事。
【変乱ヘンラン】事変が起こって、世の中が乱れること。

❹ 音楽で、本位音より半音低い音。

【変記号ヘンキゴウ】音楽で、音の高さを本位音より半音下げる記号。フラット。「♭」。↔嬰記号エイキゴウ
【変徴ヘンチ】中国音楽の七音音階の第四。徴より半音低い音。悲壮な調子。＊史記-刺客伝「荊軻和而歌、為二変徴之声一ケイカワしてうたい、ヘンチのこえをなす」〔＝荊軻は曲に合わせて歌い、切々とした変徴の声をあげた〕

1477 【夏】 1838 3246 89C4 夊-7 常2 ゲ(呉)・カ(漢)/xià/なつ

筆順 夏夏夏夏夏夏

字解 象形。大きな仮面をつけた人が夏に行う祭礼で舞うさまに象り、なつの意。一説に、頁（仮面をつけた人）＋臼（両手）＋夊（両足）の会意字ともいう。また、嘏カに通じ、おおきい意に用いる。

篆文 

同属字 厦・廈・榎

参考 万葉仮名では音を借りて「げ㊥」。

意味 ❶なつ。四季の一。六月から八月までの間をいう。陰暦では四月から六月、天文学的には夏至から秋分まで、二十四節気では立夏から立秋までの間。↔冬。『夏炉冬扇』『夏季』『夏至』『初夏』❷中国の王朝名。㋑中国最古の伝説的な王朝。始祖禹ウが舜の禅譲ゼンジョウを受けて位につく。第一七代桀王の時、殷の湯王に滅ぼされたとされる。『夏台』『夏暦』㋺五胡十六国の一。匈奴キョウドの赫連勃勃カクレンボツボツが四〇七年に建国。三代二五年で北魏に滅ぼされた。㋩西夏セイカ。❸大きい。さかん。また、中国で自国を称する語。中国。『華夏カカ』『諸夏ショカ』『中夏チュウカ』❹木の名。ヒサギ。むちに用いる。『夏楚カソ』

❶ なつ。四季の一。

下接 一夏イチゲ・炎夏エンカ・季夏キカ・九夏キュウカ・三夏サンカ・朱夏シュカ・首夏シュカ・消夏ショウカ・初夏ショカ・盛夏セイカ・中夏チュウカ・仲夏チュウカ・長夏チョウカ・晩夏バンカ・孟夏モウカ・立夏リッカ・冷夏レイカ

【夏官カカン】中国、周代の六官リッカンの一。司馬の職で、軍政をつかさどる。
【夏畦カケイ】①夏の炎天のもとで、田を耕すこと。労苦の大きいことのたとえ。②きわめて身分のいやしい人。
【夏時カジ】夏のころ。夏季。→❷
【夏日カジツ】①夏の日。夏。②夏の太陽。厳しく恐ろしい人物などのたとえ。〔左伝-文公七年〕
【夏節カセツ】二十四節気のうちの立夏（四月節）から大暑（六月中）に至る夏三か月の節。
【夏虫カチュウ】夏の虫。転じて、夏だけ生きている虫は氷を知らないことから、世事にうといことのたとえ。〔荘子-秋水〕
【夏炉冬扇カロトウセン】夏の炉と冬の扇。時勢に適さず、役にたたないもののたとえ。冬扇夏炉。〔論衡-逢遇〕
【夏安居ゲアンゴ】仏教で、夏の九〇日間、他行せずにもっぱら修行すること。
【夏至ゲシ】二十四節気の一。北半球では昼が一番長い。太陽暦で六月二二日ごろ。↔冬至トウジ
【夏臈・夏臘ゲロウ】（「臘」は年の終わりの意）仏語。僧侶の修行の年数。❤夏安居ゲアンゴの修行を終えたその回数で示す。

❷ 中国の王朝名。

【夏屋カオク】夏カの時代の家の屋根。棟木むなぎから地面に直接流れ、側壁がない。→❸
【夏時カジ】①＝夏暦カレキ。②夏カの時代。→❶
【夏台カダイ】牢獄。もと夏王朝の牢獄の名。
【夏暦カレキ】夏王朝で行われたとされる暦法。今の二月を正月とする太陰暦にあたる。

❸ 大きい。さかん。

【夏屋カオク】①大きい家。〔楚辞-大招〕②御馳走を用意して、礼物を備えること。〔詩経-秦風・権輿〕→❷

❹ 木の名。ヒサギ。

【夏楚カソ】（「楚」はいばら）懲罰に使うむち。

難読地名 夏油げとう温泉（岩手）

1478 【畟】 ＊4525 夊-7 ショク(漢)/cè

字解 会意。田（田畑）＋儿（ひと）＋夊（あし・ゆく）。人が田畑を耕しすすむ意。

同属字 稷・禝

【愛】⇨2322

1479 【夐】 5275 546B 9AE9 夊-11 ケイ(漢)/xiòng/はるか
(3004)【敻】 二一 攴-11

字解 会意。もと、奐（奥のあな）省＋目＋攴（動作を加える）。むりをして奥をさがしてみる、もとめる意。

意味 ❶もとめる。❷はるか。『夐絶ケイゼツ』『夐然ケイゼン』❸ながい。

【夐絶ケイゼツ】はるかにへだたっていること。
【夐然ケイゼン】はるかなさま。

［慶］⇩2323 ［憂］⇩2324

1480 【夔】*2469 夂-18
キ 「夔」(1481)の異体字

1481 【夔】*2470 夂-20 (1480)〔夔〕*2469 夂-18
キ㊥／kuí
字解 象形。見なれぬ獣に象るという。
【夔鳳鏡（キホウキョウ）】(「夔鳳」は一本足のおおとり) 中国古代の金属鏡の一。向かいあった二羽の鳥をかたどった文様のあるもの。

夊

［処］⇩575

35 夊部 すいにょう

夊部(34)に合併した。

36 夕部 ゆうべ

甲骨文 金文 篆文

夕は、新月の形に象る。月(月部74)も甲骨文では夕とほとんど区別のできない形をとるが、篆書で今日のような違いが現れた。夕は日暮れがたの意で、夕部に属する字は、おもに夕方、夜に関するが、なお夕部には、字源上、肉・舟から出た夕の形をもつものも含まれている。

夕 夕 多 夗 ⑤ 夜
夕 ⑪ 夤
夕 ③ 夙 夛 夛 ⑧ 梦 ⑩ 夢 ⑪ 夢
夕 ② 夗 外
夕 ⑪ 夥
夕

1482 【夕】4528 4D3C 975B 夕-0 常1
セキ㊥／xī／ゆう
筆順 ノ ク 夕
字解 部首解説を参照。

意味 ゆうべ。ゆう。ゆうがた。ひぐれ。よる。*論語-里仁「朝聞レ道、夕死可矣(あしたにみちをきかば、ゆうべにシすともカなり)」〔=朝、人間の生きるべき道を聞いて会得することができたならば、夕方死んでも心残りはない〕」

下接 元夕(ゲンセキ)・七夕(シチセキ|たなばた)・宿夕(シュクセキ)・除夕(ジョセキ)・晨夕(シンセキ)・旦夕(タンセキ)・中夕(チュウセキ)・朝夕(チョウセキ)・日夕(ニッセキ)

【夕陰（セキイン）】夕方に暗くなること。夕暮れ。

【夕映（セキエイ|ゆうばえ）】1 (セキエイ) 夕焼け。2 (ゆうばえ) 夕日の光をうけて美しくはえること。

【夕影（セキエイ|ゆうかげ）】1 (セキエイ) 夕暮れ時の日の光。夕日。2 (ゆうかげ) 夕日に照らされたものの姿。

【夕暉（セキキ）】(「暉」は輝きの意) 夕日の光。

【夕景（セキケイ|セキエイ）】1 (セキケイ) 夕方の景色。2 (セキエイ) 夕日。

【夕月（セキゲツ|ゆうづき|つきにセキす）】1 (セキゲツ|ゆうづき) 夕方の月。2 (つきにセキす) 月をまつる。秋分の日に天子が月を拝した礼。

【夕日（セキジツ|ゆうひ）】夕方の沈みつつある太陽。

【夕照（セキショウ）】夕方の太陽の光。夕焼け。

【夕殿（セキデン）】夕方の宮殿。御殿の夕暮れ時。*白居易-長恨歌「夕殿蛍飛思悄然(セキデンにほたるとんでおもいショウゼンたり)」〔=夜の御殿に飛ぶホタルを見ても、しょんぼりと思いに沈む〕」

【夕暮（セキボ|ゆうぐれ）】日の暮れ方。夕方。

【夕陽（セキヨウ|ゆうひ）】夕方の沈む太陽。入り日。斜陽。*李商隠-楽遊原「夕陽無限好(セキヨウムゲンによし)」〔=夕日は、かぎりない美しさに輝いている〕」

【夕嵐（セキラン）】夕方にたつもや。ゆうもや。

【夕麗（セキレイ）】夕ばえの美しさ。

難読姓氏 夕部(たなべ)

1483 【多】3431 423F 91BD 夕-3 常2 (1484)〔夛〕 夕-3
(1488)〔夛〕 夕-3
(1489)〔夛〕5276 546C 9AEA 夕-3
タ㊉㊥／duō／おおい・さわ・まさに
筆順 ノ ク 夕 多 多 多
字解 会意。夕＋夕。この夕は、肉の象形。肉が重なる、おおい意。
甲骨文 金文 篆文

同属字 侈・移・趍
参考 万葉仮名では音を借りて「た」。片仮名「タ」の字源。
意味 ❶おおい。たくさん。また、多くする。↔少。『多才』『多数』『最多』 ❷多とする。評価する。*史記-管晏伝「天下不レ多二管仲之賢一、而多二鮑叔能知一レ人也(テンカカンチュウのケンをタとせずして、ホウシュクのよくひとをしるをタとするなり)」〔=天下の人々は、管仲の才能あることをほめるよりは、鮑叔の人を見抜くことのできたことをほめた〕」 ❸まさに。ただ…だけである。限定を示す。*論語-子張「多見二其不一レ知レ量也(まさにそのリョウをしらざるをみるなり)」〔=ただ身のほど知らずをさらけ出すに過ぎない〕」

❶ おおい。たくさん。
下接 幾多(いくタ)・過多(カタ)・夥多(カタ)・巨多(キョタ)・居多(キョタ)・許多(キョタ|あまた)・最多(サイタ)・雑多(ザッタ)・衆多(シュウタ)・饒多(ジョウタ)・数多(スウタ|あまた)・増多(ゾウタ)・煩多(ハンタ)・繁多(ハンタ)・猥多(ワイタ)
【多寡（タカ）】多いか少ないか。多少。
【多角（タカク）】1 図形の角が多いこと。『多角形』 2 多方面にわたること。『多角経営』
【多感（タカン）】感じやすく、傷つきやすいさま。
【多岐（タキ）】道が幾筋にも分かれていること。また、ある事柄が多方面にかかわりを持つこと。【多岐亡羊（タキボウヨウ）】学問の道がいろいろに分かれているため、容易に真理を得がたいこと。転じて、多方面に渡っていて、どれを選んだらよいのか迷うこと。岐路亡羊。*列子-説符「楊子曰、嘻、亡二一羊一、何追者之衆。隣人曰、多二岐路一(ヨウシいわく、ああ、イチヨウをうしなうに、なんぞおうもののおおきやと。リンジンいわく、キロおおしと)」〔=楊朱が尋ねた。羊を一頭逃がしたのに、どうしてそんなに大勢で追いかけるのかと。隣家の人は答えた。枝道が多いからだと〕」
【多義（タギ）】多くの意味。また、一つの語に多くの意味があること。『多義語』『多義的』
【多極(タキョク)】中心になるものなどが、対立的に多くある状態。『多極外交』『多極化』
【多芸(タゲイ)】多くの種類の技能、芸能に通じているさま。
【多元(タゲン)】根元、出所などがいくつもあること。↔一元。『多元方程式』『多元的』『多元論』
【多言(タゲン)】口数が多いこと。くどく述べること。
【多故(タコ)】むずかしい事件の多いこと。困難の多いこと。多事。多難。
【多恨(タコン)】うらむ気持ちや悲しむ気持ちが多いさま。『多情多恨』
【多才(タサイ)】いろいろな方面の才能を備えているさま。
【多彩(タサイ)】[1]色彩が多く、美しいさま。[2]種類が多く変化に富んでいるさま。
【多産(タサン)】[1]子供を多く産むこと。『多産系』[2]作物などが多くとれること。『米の多産地帯』
【多士(タシ)】多数の人材。【多士済済(タシセイセイ|タシサイサイ)】すぐれた人物が多くいるさま。〔詩経-大雅・文王〕♥「済済」は、風貌などの立派にそろって盛んなさま。「タシサイサイ」は誤読の慣用化したもの。
【多事(タジ)】[1]なすべきことが多くて忙しいこと。『身辺多事』[2]事件が多く穏やかでないこと。『多事多難』
【多識(タシキ)】多くの事を知っていること。博識。
【多謝(タシャ)】[1]厚く礼を述べること。[2][国]深く罪をわびること。『妄言(モウゲン)多謝』
【多重(タジュウ)】いくつも重ねること。また、多く重なること。『音声多重』『多重性』
【多少(タショウ)】[1]多いか少ないか。[2]多い。「少」は意味を持たない。＊杜牧-江南春「多少楼台烟雨中(タショウのロウダイエンウのうち)〔=寺々の数知れぬ堂塔が、けぶるような雨の中にかすんで見える〕」[3]どれくらい。＊孟浩-春暁「花落知多少(はなおつることしるタショウぞ)〔=庭の花はどれくらい散ってしまったろうか〕」[4][国]いくらか。『多少の犠牲はやむをえない』
【多生(タショウ)】仏語。[1]何度も生まれかわること。『多生の縁(エン)〔=多くの生を経る間に結ばれた因縁〕』[2]多数を生かすこと。『一殺多生』
【多祥(タショウ)】さいわいの多いこと。
【多情(タジョウ)】[1]情愛が深いさま。『多情多感』『多情多恨』[2]移り気なさま。【多情仏心(タジョウブッシン)】感じやすく移り気だが、薄情なことができない性質。

【多数(タスウ)】[1]数の多いこと。↔少数。『最大多数』[2]大きな数や勢力を占めること。『多数党』
【多勢(タゼイ)】人数の多いこと。『多勢に無勢』
【多銭善賈(タセンゼンコ|タセンよくかう)】資金力のある者は、うまく商売するということ。〔韓非子-五蠹〕
【多多(タタ)】[1]多く。たくさん。『原因は多々ある』[2]多ければ多いほど。【多多益弁(タタますますベンず)】仕事が多ければ多いほど、立派にやってのける。また、多ければ多いほどよい。〔漢書-韓信伝〕♥中国、漢の高祖が、将軍たちの統率能力について尋ねたとき、功臣の韓信が「多ければ多いほどうまくやれる」と答えたという故事から。
【多大(タダイ)】極めて多いさま。たくさん。『多大の恩恵を受ける』
【多端(タタン)】事が多岐にわたること。仕事が多くて忙しいさま。多忙。『政務多端』
【多読(タドク)】本をたくさん読むこと。『多読家』
【多難(タナン)】災難や困難などが多いこと。『前途多難』
【多能(タノウ)】多くの技能を身につけていること。多芸。
【多発(タハツ)】多く発生すること。『事故が多発する』
【多病(タビョウ)】病気がちであること。『才子多病』
【多分(タブン)】[1]数量、程度が大きいこと。『その傾向は多分にある』[2]きっと。おおかた。『多分明日は雨だ』
【多聞(タブン|タモン)】[一](タブン)[1]多くの物事を聞いて知っていること。博識。[2]多くの人にもれきこえること。[二](タモン)[1]仏語。仏の教えを多く聞き、心にとどめおくこと。[2]「多聞天(タモンテン)」の略。【多聞天(タモンテン|タモンデン)】四天王の一。須弥山(シュミセン)の北面中腹に住し、北方を守護する天王。多聞天王。多聞。毘沙門天(ビシャモンテン)。
【多弁・多辯(タベン)】口数の多いこと。饒舌(ジョウゼツ)。
【多方(タホウ)】[1]種々の方面。[2]四方の国。多くの国々。[3]種々の手段。多くの方法。
【多忙(タボウ)】非常に忙しいこと。
【多宝塔(タホウトウ)】釈迦如来、多宝如来の二仏を安置した塔。上部が円形、下部が方形の二重の塔。
【多面(タメン)】[1]多くの平面。『多面体』[2][国]多くの方面。いろいろな方面。『多面的な活動』
【多用(タヨウ)】[1]用事の多いこと。忙しいさま。多忙。[2]多く用いること。『横文字を多用する』
【多様(タヨウ)】さまざまであること。種々。『多種多様』
[難読地名] 多久(たく)市(佐賀)　[難読姓氏] 多比羅(たひら)

1485 【夜】 4475 4C6B 96E9　夕-5　[常]2　ヤ[呉][漢]/yè/よ・よる

[筆順] 夜 夜 夜 夜 夜 夜

[字解] 形声。もと、夕+亦省[声]。よるの意。

金文

篆文

[同属字] 鵺・液・掖・棭・腋

[参考] 万葉仮名では音を借りて「や」、訓を借りて「よ[甲]」。

[意味] ❶よる。よ。日没から日の出までの時間。夜間。↔昼。『夜景』『夜光』『聖夜』『徹夜』＊白居易-長恨歌「春従春遊夜専夜(はるははるのあそびにしたがいよるはよをもっぱらにす)〔=春には春の遊びのお伴をし、夜は夜で(天子の愛を)一人占めにする〕」❷その他。『夜叉(ヤシャ)』『夜郎(ヤロウ)』

[下接] ❶よる。
暗夜(アンヤ)・一夜(イチヤ)・寒夜(カンヤ|さむよ)・甲夜(コウヤ)・午夜(ゴヤ)・五夜(ゴヤ)・後夜(ゴヤ)・今夜(コンヤ)・昨夜(サクヤ)・残夜(ザンヤ)・七夜(シチヤ)・秋夜(シュウヤ)・終夜(シュウヤ)・十夜(ジュウヤ)・夙夜(シュクヤ)・春夜(シュンヤ)・初夜(ショヤ)・除夜(ジョヤ)・深夜(シンヤ)・星夜(セイヤ)・聖夜(セイヤ)・静夜(セイヤ)・先夜(センヤ)・前夜(ゼンヤ)・逮夜(タイヤ)・短夜(タンヤ|みじかよ)・中夜(チュウヤ)・昼夜(チュウヤ)・長夜(チョウヤ)・通夜(ツウヤ|ツヤ)・丁夜(テイヤ)・徹夜(テツヤ)・当夜(トウヤ)・独夜(ドクヤ)・日夜(ニチヤ)・白夜(ハクヤ|ビャクヤ)・半夜(ハンヤ)・暮夜(ボヤ)・明夜(ミョウヤ)・良夜(リョウヤ)・涼夜(リョウヤ)・連夜(レンヤ)・三五夜(サンゴヤ)・十五夜(ジュウゴヤ)・八十八夜(ハチジュウハチヤ)／朧夜(おぼろよ)・小夜(さよ)・月夜(つきよ)・常夜(とこよ)・毎夜(マイヤ)・闇夜(やみよ)・十六夜(いざよい)・星月夜(ほしづきよ)・夕月夜(ゆうづくよ)

【夜営(ヤエイ)】夜、陣営を張ること。
【夜猿(ヤエン)】夜の猿。夜聞く猿の鳴き声。
【夜会(ヤカイ)】夜、行う会合。特に、夕食後に開かれる西洋風の社交を目的とした会合。『夜会服』
【夜客(ヤカク)】盗人。どろぼう。
【夜鶴(ヤカク)】夜の鶴。夜鳴く鶴。夜中に巣ごもっている鶴。また、親の子を思う情が切であることのたとえ。〔白居易-五絃弾〕
【夜間(ヤカン)】夜のうち。夜。↔昼間。『夜間通用口』
【夜業(ヤギョウ)】夜間、仕事をすること。よなべ。
【夜勤(ヤキン)】夜間、勤務すること。↔日勤
【夜具(ヤグ)】夜寝るときに使う用具の総称。寝具。
【夜景(ヤケイ)】夜の景色。夜色。

【夜警(ヤケイ)】夜間に、見回って、火事や犯罪などの警戒をすること。また、その役目の人。

【夜光(ヤコウ)】夜または暗い所で光を発すること。また、その光。また、南海の鯨の目という伝説上の明珠。『夜光塗料』【夜光杯(ヤコウのハイ)】夜も光って見える玉で作った杯。西域に産するという。＊王翰-涼州詞「葡萄美酒夜光杯(ブドウのビシュヤコウのハイ)」（＝ぶどうの美酒を、夜光の杯につぐ）」

【夜行(ヤコウ｜ヤギョウ)】①夜間出歩くこと。夜間動き回ること。『夜行性の動物』②いろいろな鬼や化け物が列をなして夜歩くこと。百鬼夜行。③（ヤコウ）国「夜行列車」の略。夜間に運行される列車。夜汽車。

【夜坐(ヤザ)】禅宗で暁天の坐禅に対して、初夜（午後七時から九時まで）の坐禅の称。

【夜襲(ヤシュウ)】夜、敵を襲うこと。『夜襲をかける』

【夜色(ヤショク)】夜の景色。夜景。

【夜食(ヤショク)】①夜の食事。晩飯。②夜遅くなって夕食とは別にとる簡単な食事。

【夜前(ヤゼン)】昨夜。ゆうべ。

【夜台(ヤダイ)】（「長夜(チョウヤ)の台」の意）①永眠する所。墳墓(フンボ)。墓穴。②人がすべて眠りにつく夜。

【夜中(ヤチュウ｜よなか)】①（ヤチュウ）夜間。夜分。②（よなか）夜の真っ最中。夜半。夜ふけ。

【夜盗(ヤトウ)】夜、盗みを働く人。

【夜泊(ヤハク)】夜、舟をとめてその中で泊まること。

【夜魄(ヤハク)】夜のさびしい心。

【夜半(ヤハン｜よわ)】真夜中。＊張継-楓橋夜泊「夜半鐘声到ニ客船一(ヤハンのショウセイカクセンにいたる)」（＝真夜中を告げる鐘の音が、この旅の船にまで響いてくる）」

【夜分(ヤブン)】よる。夜間。

【夜夜(ヤヤ｜よよ)】夜ごと。毎夜。＊岑参-胡笳歌、送ニ顔真卿使赴ニ河隴一「辺城夜夜多ニ愁夢一(ヘンジョウヤヤシュウムおおし)」（＝辺境の町で迎える旅の夜、夜ごとさぞや旅の愁いに満ちた夢を結ぶことだろう）」

【夜来(ヤライ)】昨夜。昨夜から。＊白居易-売炭翁「夜来城外一尺雪(ヤライジョウガイイッシャクのゆき)」（＝昨夜、長安城の外では一尺も雪が積もった）」

【夜漏(ヤロウ)】（「漏」は漏刻の意）夜の時刻。夜の時刻をはかる水時計。転じて、夜の時刻。

【夜話(ヤワ)】夜間に行う談話。転じて、肩の凝らないくだけた話。『明治文学夜話』

【夜以継日(よをもってひにつぐ)】（昼の時間に、夜の時間まで付け足すの意）昼も夜も休まないで物事を行う。昼夜の別なく物事をすること。〔孟子-離婁下〕

❷ その他。

【夜叉(ヤシャ)】（梵Yakṣaの音訳）猛悪な鬼神。のちに諸天の守護神となる。『外面似菩薩内心如夜叉(ゲメンジボサツナイシンニョヤシャ)』

【夜郎(ヤロウ)】①中国貴州省北部に置かれた県名。②中国の漢代に、西南部に居住した非漢民族の一種。【夜郎自大(ヤロウジダイ)】自分の力量を知らない人間がいばること。〔史記-西南夷伝〕▼夜郎の人が漢の強大を知らずにその使者に向かって、自国と漢との大小を問うたことから。

夕

【名】⇩950

1486【夤】＊2474 夕-11 イン漢/yín

字解 形声。夕（＝肉）＋寅（↓愼、つつしむ）声。犠牲の肉をささげつつしむ意。

意味 ❶つつしむ。おそれつつしむ。❷のびる。からみつく。また、手づるを伸ばす。『夤縁(インエン)』

【夤縁(インエン)】（「縁」は、よるの意）①茂った蔓草などが物にからみつくこと。②物事が互いに連関していること。からみあっていること。③つてを求めること。てづる。

夕

【歺】⇩3891

1487【夙】2940 3D48 8F67 夕-3 シク呉・シュク漢/sù/つとに

字解 会意。夕（または月）＋凡（＝丮、手にとる）。夜があけきらぬうちよりつつしんで仕事を手にする、つとめる意。また夕に対し、早朝・はやいの意に用いる。

甲骨文 金文 篆文

意味 ❶つとめて。早朝。朝早くから。『夙興』『夙夜』❷つとに。はやい。以前から。昔から。『夙志』『夙成』

❶ つとめて。早朝。朝早くから。

【夙興夜寐(シュクコウヤビ｜つとにおきよわにいぬ)】朝は早起きし、夜は遅く寝る。日夜職務にはげむこと。〔左伝-襄公二十六年〕

【夙夜(シュクヤ)】朝早くから夜遅くまで。

❷ つとに。はやい。以前から。昔から。

【夙志(シュクシ)】早くから抱いているこころざし。宿志。

【夙成(シュクセイ)】早くから学業、人物などができ上がっていること。早成。

【夙齢(シュクレイ)】早い年齢。若年。

1488【夛】――― 夕-3 タ 「多」(1483)の異体字

1489【夛】5276 546C 9AEA 夕-3 タ 「多」(1483)の異体字

1490【梦】5277 546D 9AEB 夕-8 ム 「夢」(1491)の異体字

1491【夢】4420 4C34 96B2 夕-10 常5 ム呉・ボウ漢/mèng/ゆめ・いめ

(1490)【梦】5277 546D 9AEB 夕-8

(1492)【夢】――― 夕-11 旧字

筆順 夢 夢 夢 夢 夢 夢

字解 形声。夕＋瞢（よくみえない）省声。くらい意。ゆめの意は、夢を𡬟の略体として用いたことによる。𡬟は形声。宀（やね）＋爿（寝台）＋夢（くらい）声。家の寝台で寝ている人が見るゆめの意。

参考 万葉仮名では音を借りて「む」。

意味 ゆめ。ゆめを見る。㋑睡眠中に、あたかも現実のことのように見たり感じたりする現象。『夢兆』＊李白-春夜宴ニ桃李園一序「浮生若レ夢(フセイはゆめのごとし)」（＝はかない人生は夢のようなものだ）」㋺実在しないもの、はかないもののたとえ。『酔生夢死(スイセイムシ)』『夢幻』

下接 悪夢(アクム)・厭夢(エンム)・吉夢(キチム)・凶夢(キョウム)・香夢(コウム)・昨夢(サクム)・残夢(ザンム)・春夢(シュンム)・酔夢(スイム)・瑞夢(ズイム)・同夢(ドウム)・迷夢

メイ・霊夢（レイム）・白日夢（ハクジツム）・白昼夢（ハクチュウム）／逆夢（さかゆめ）・空夢（そらゆめ）・初夢（はつゆめ）・正夢（まさゆめ）

【夢幻（ムゲン｜ゆめまぼろし）】 夢と幻。また、はかないことのたとえ。『夢幻的な色彩』

【夢魂（ムコン）】 夢を見ている魂。＊白居易-長恨歌「九華帳裡夢魂驚（キュウカのチョウリムコンおどろく）（=いろいろな花模様のとばりの中で夢見ていた魂は、はっと目ざめた）」

【夢死（ムシ）】 夢のように一生を過ごすこと。なすこともなくむなしく死ぬこと。『酔生夢死』

【夢想（ムソウ）】 [1]夢の中で思うこと。[2][国]神仏の示現があること。『夢想のお告げ』 [3][国]夢のように当てもないことを想像すること。空想。『夢想家』

【夢中（ムチュウ）】 [1]夢を見ている間。『夢中吟』 [2][国]ある事に熱中して我を忘れること。『無我夢中』

【夢枕（ムチン｜ゆめまくら）】 [一]（ムチン）[1]それをして寝ると夢を見る枕。[2]夢を見ているときの枕もと。[二]（ゆめまくら）睡眠中に、神仏が枕もとに現れてお告げをすること。『夢枕に立つ』

【夢寐（ムビ）】 眠って夢を見ること。また、その間。

夕

1493 【夗】 [二] 夕-2 エン（ヱン）[漢]／yuàn

[字解] 会意。夕+卩（からだをまげたさま）。夜、人がからだをまげて臥す、ころがりふす意。

[同属字] 怨・鴛・宛・苑

1494 【外】 1916 3330 8A4F 夕-2 [常]2 ゲ[呉]・ガイ（グヮイ）[漢]・ウイ[唐]／wài／そと・ほか・はずす・はずれる・と・よそ

[筆順] ノ ク 夕 外 外

[字解] 形声。卜（うらなう）+夕（=月↓肉、えぐりとる）[声]。占いのため亀甲・獣骨から肉をはずすことから、そと・ほかの意。金文以後、夕を付した。

甲骨文 金文 篆文

[意味] ❶そと。そとがわ。うわべ。見えるところ。↕内。『外観』『外形』『外科』『外題』＊列子-黄帝「重レ外者拙レ内（そとをおもんずるものはうちにつたなし）（=外物を重く見る者は、自己の内面が粗略になる）」❷ほか。よそ。↕内。㋑ある範囲からはずれたところ。くぎりのそと。『外因』『外界』『外野』『意外』『屋外』『論外』㋺よその国。『外貨』『外務』⇓[表] ❸母方の身内。『外祖』❹正統・正式ではない。『外史』『外伝』❺のぞく。はずす。『象外（ショウガイ）』『除外（ジョガイ）』『疎外（ソガイ）』❻あて字など。『外郎（ウイロウ）』『外連（ケレン）』

❶ そと。そとがわ。うわべ。

【外郭・外廓（ガイカク）】 外側の囲い。転じて、一般に、外まわり。↕内郭。『外郭団体』 [書き換え]「外廓→外郭」。

【外観（ガイカン）】 外部から見た様子。外見。

【外形（ガイケイ）】 外から見える形。

【外見（ガイケン｜そとみ）】 外から見える様子。外観。

【外向（ガイコウ）】 心の働きを、積極的に外に表す傾向。↕内向。『外向的な性格』

【外柔内剛（ガイジュウナイゴウ）】 外見は優しそうだが、意志は強くしっかりしていること。↕内柔外剛

【外朝（ガイチョウ）】 天子が政治を執る表御殿。「内朝」の対。また、そこで政務を執る役人。＊十八史略-五帝「問二外朝一不レ知（ガイチョウにとうにしらず）（=政務を執る役人にたずねてもわからない）」 ↓❷

【外的（ガイテキ）】 [1]物事を外側から見た様子、状態。↕内的。『外的条件』 [2]物質的。肉体的。↕内的。『外的生活』

【外套（ガイトウ）】 衣服の上に着る防寒用の衣類。コート。

【外部（ガイブ）】 物の外側。↕内部。『建物の外部』 ↓❷

【外貌（ガイボウ）】 外から見える姿、ありさま。外見。

【外面（ガイメン｜ゲメン｜そとづら）】 [1]（ガイメン）物の外側の面。また、外から見える様子。↕内面。『外面は平静を装う』 [2]（ゲメン）外側。特に、表面に現れた顔つき。[3]（そとづら）外部の人などに見せる顔つきや態度。↕内面（うちづら）。『外面が良い人』

【外面的（ガイメンテキ）】 物事の外側だけに関するさま。みせかけや表面だけのさま。↕内面的。

【外面似菩薩内心如夜叉（ゲメンジボサツナイシンニョヤシャ）】 容貌は菩薩のように柔和だが、心は夜叉のように残忍である。仏教で、女性を修行の妨げとなるとして言ったことば。外面如菩薩（ボサツ）内心如夜叉。〔華厳経〕

【外輪（ガイリン）】 外側の輪。また、そのような円形をしたものの外側のまわり。『外輪山』

【外科（ゲカ）】 けがの治療や手術による病気治療を扱う医学の一部門。↕内科。『外科医』

【外陣（ゲジン）】 [国]社寺の本殿で、内陣の外側にあって、一般の人々が拝礼する所。

【外題（ゲダイ）】 [国][1]書物の表紙に書いてある表題。↕内題。[2]歌舞伎、浄瑠璃（ジョウルリ）の題名。また、一般に芝居の題。

❷ ほか。よそ。また、よその国。

[下接] 案外（アンガイ）・以外（イガイ）・意外（イガイ）・域外（イキガイ）・員外（インガイ）・院外（インガイ）・屋外（オクガイ）・海外（カイガイ）・化外（カガイ）・課外（カガイ）・格外（カクガイ）・閣外（カクガイ）・学外（ガクガイ）・局外（キョクガイ）・圏外（ケンガイ）・言外（ゲンガイ）・限外（ゲンガイ）・口外（コウガイ）・郊外（コウガイ）・校外（コウガイ）・構外（コウガイ）・号外（ゴウガイ）・戸外（コガイ）・国外（コクガイ）・塞外（サイガイ）・在外（ザイガイ）・渉外（ショウガイ）・城外（ジョウガイ）・場外（ジョウガイ）・心外（シンガイ）・身外（シンガイ）・人外（ジンガイ）・塵外（ジンガイ）・世外（セガイ）・選外（センガイ）・存外（ゾンガイ）・対外（タイガイ）・体外（タイガイ）・中外（チュウガイ）・天外（テンガイ）・等外（トウガイ）・度外（ドガイ）・内外（ナイガイ）・拝外（ハイガイ）・排外（ハイガイ）・番外（バンガイ）・部外（ブガイ）・物外（ブツガイ）・分外（ブンガイ）・方外（ホウガイ）・法外（ホウガイ）・望外（ボウガイ）・門外（モンガイ）・野外（ヤガイ）・洛外（ラクガイ）・埒外（ラチガイ）・欄外（ランガイ）・理外（リガイ）・慮外（リョガイ）・例外（レイガイ）・論外（ロンガイ）・枠外（わくガイ）・意想外（イソウガイ）・紫外線（シガイセン）・赤外線（セキガイセン）

外（ガイ）	そと。よそ。	外国	外界	外人	外部	排外	内外	口外
他（タ）	別の。ことなった。	他国	他界	他人	他部	排他	自他	他言

【外圧（ガイアツ）】 外部から加えられる圧力。↕内圧

【外夷（ガイイ）】 [1]外国、または外国人を卑しめていう語。[2]品位の低い者や土地柄を卑しめていう語。

【外因（ガイイン）】 物事の外部から作用する原因。↕内因

【外延（ガイエン）】 ある概念が適用される事物全体の、概念に対する称。↕内包

【外苑（ガイエン）】 神社などの区域外にあって、それに所属する庭園。↕内苑。『明治神宮外苑』

【外貨（ガイカ）】 [1]外国の貨幣。↕邦貨。[2]輸入品。

【外界（ガイカイ）】 あるものの外部に存在する世界。↕内界

【外学（ガイガク｜ゲガク）】 [一]（ガイガク）[1]中国、宋代の学校の名。[2]中国、後漢で、緯書（イショ）を内学というのに対し、経書を外学という。[二]（ゲガク）[1]仏語。仏教以外の学問。[2]自分の信奉する以外の宗教、または、学問。

【外官（ガイカン｜ゲカン）】 [一]（ガイカン）[1]宮中の役人（内官）に対して、政府の役人をいう。[2]都の役人（京官）に対して、地方官をいう。[二]（ゲカン）[国]日本の律令制で、在京しない官職の

総称。国司など。

【外患（ガイカン）】外国や外部から受ける圧迫や攻撃の心配。外憂。↕内患。『内憂外患』

【外艱（ガイカン）】父の喪をいう。↕内艱

【外宮（ガイキュウ｜ゲクウ）】①（ガイキュウ）天子が常に住むのとは別の宮殿。離宮。また、天子以外の王侯貴族の宮殿。②（ゲクウ）国伊勢神宮の豊受（とようけ）大神宮をいう。↕内宮（ナイクウ）

【外言不入於梱（ガイゲンはコンにいらず）】（「梱」は、門のしきりの意）公務に関することは、家庭内にもちこまない。〔礼記－曲礼上〕

【外交（ガイコウ）】①外国との交渉。『外交官』②外部との交渉や取り引きなどをすること。『外交員』『外交辞令〔=口先だけの愛想のよいことば〕』

【外寇（ガイコウ）】外国から攻めてくること。また、その敵。

【外国（ガイコク）】自分の国でない国。よその国。とつくに。『外国為替』『外国語』『外国人』

【外在（ガイザイ）】ある物事の外部に存在すること。↕内在。『外在的な諸条件』

【外師（ガイシ）】①外国との戦い。②外国の軍隊。③生徒が外へ出かけて行って学ぶ先生。

【外字（ガイジ）】①外国、特に欧米の文字。②国標準の文字表に収められていない文字。㋑「常用漢字表」外の文字。㋺JISの第一、第二水準漢字集合以外の文字。

【外舎（ガイシャ）】①中国、古代、天子の子が八歳で入った学問所。②中国、宋代の大学の三舎の一。初学の入るところ。→❸

【外出（ガイシュツ）】よそへ出かけること。『外出禁止』

【外食（ガイショク）】自宅以外で食事をとること。『外食産業』

【外臣（ガイシン）】その国の君主に対して、他の国から来た臣下をいう。

【外信（ガイシン）】海外から送られてくる通信。『外信部』

【外人（ガイジン）】①他人。別人。②外部の人。＊陶潜－桃花源記「不足為外人道也（ガイジンのためにいうにたらざるなり）」〔=外部の人には言わないでほしい〕③外国人。

【外征（ガイセイ）】外国へ兵を出して戦うこと。

【外為（ガイため）】「外国為替（ガイコクかわせ）」の俗称。

【外地（ガイチ）】国国外の土地。↕内地。『外地勤務』

【外朝（ガイチョウ）】外国の朝廷。→❶

【外廷（ガイテイ）】外国の朝廷。

【外電（ガイデン）】「外国電報」の略。ニュースを伝える外国からの電報。

【外泊（ガイハク）】住んでいる所以外の所に泊まること。

【外傅（ガイフ）】家庭教師ではなく、生徒が外へ出て行って学ぶ教師。学校の先生。

【外侮（ガイブ）】外国または外部の人から受ける辱め。外辱。

【外部（ガイブ）】その組織に属さない範囲。↕内部。→❶

【外聞（ガイブン）】①内部の物事を外部に知られること。②体裁。みえ。『恥も外聞もない』

【外嬖（ガイヘイ）】君主の気に入りの男。↕内寵（ナイチョウ）

【外務（ガイム）】外国との交際、折衝などに関する事務。『外務大臣』『外務省』

【外野（ガイヤ）】国①野球で、内野の後方にある地帯。↕内野。『外野手』②局外にある者。『外野がうるさい』

【外遊（ガイユウ）】外国に旅行、または留学すること。

【外憂（ガイユウ）】外部や外国から受ける心配ごと。外国から攻撃される心配。外患。

【外洋（ガイヨウ）】ひろびろとした大きな海。内湾や内海に対していう。大洋。遠洋。外海。

【外来（ガイライ）】①外部、外国などから来ること。『外来の思想』『外来語』②病院に患者が外部から通うこと。

【外記（ゲキ）】国日本の令制における役所の一。太政官少納言の下にあり、内記が作る詔勅の草案を訂正し、奏文をつくり、また先例を考勘したり、恒例、臨時の儀式行事の奉行をした。

【外教（ゲキョウ）】他の宗教。特に仏教で他の教えをさす。

【外典（ゲテン）】仏教で、仏教以外の典籍。↕内典

【外道（ゲドウ）】①仏教者が仏教以外の教え、信者をいう語。②真理に背く説。また、それを説く者。③国人をののしっていう語。人でなし。

❸ 母方の身内。

【外家（ガイカ）】母方の親の家。また、母方の親類。

【外舅（ガイキュウ）】妻の父。

【外姑（ガイコ）】妻の母。

【外舎（ガイシャ）】皇后の身内。外戚。→❷

【外甥（ガイセイ）】①妻の兄弟姉妹の子。②他家に嫁した姉妹の生んだ子。外姪（ガイテツ）。

【外戚（ガイセキ）】母方の親類。↕内戚

【外祖（ガイソ）】母方の祖父。母の父。外祖父。

【外祖父（ガイソフ）】母方の祖父。母の父。

【外祖母（ガイソボ）】母方の祖母。母の母。

【外孫（ガイソン｜そとまご）】娘が嫁に行って生んだ子。↕内孫

❹ 正統・正式ではない。

【外史（ガイシ）】公機関の命令によらず、民間で書かれた歴史書。野史（ヤシ）。↕正史

【外集（ガイシュウ）】①正集に対して、後の人がまとめた詩文集。②僧の詩文集。

【外伝（ガイデン｜ゲデン）】本伝以外の伝記、注釈など。『義士外伝』

【外編・外篇（ガイヘン）】書籍で、主要部のあとに書き加えられた部分。

❻ あて字など。

【外郎（ウイロウ）】国①頭痛や、痰切りの妙薬。透頂香（トウチンコウ）。②（①の口直しに作ったのに始まるという）米の粉に、水、砂糖を加えて蒸し上げた菓子。▼①は、中国、元（ゲン）の礼部員外郎、陳宗敬が日本に帰化して売り始めたという。

【外連（ケレン）】国①芝居などで、奇抜さをねらった演出。放れ業（わざ）、早替わりなど。②はったりやごまかしを言うこと。▼本道からはずれているの意。「外連」はあて字。

難読地名 外海（そとめ）町（長崎）　難読姓氏 外薗（ほかぞの）

［夘］⇩820　［舛］⇩6489　［飧］⇩9067

夕 11画

1495【夥】5278 546E 9AEC 夕-11

カ（クヮ）㊥／huǒ／おびただしい

字解 形声。多＋果㊥。

意味 ❶おびただしい。非常に多いこと。『夥多』❷仲間。『夥伴』

【夥多（カタ）】おびただしく多いさま。『夥多に及ぶ』

【夥伴（カハン）】親しい者の集まり。仲間。また、組合。

37 大部 だい

甲骨文

金文

篆文

大は、人が両手両足を広げて立っているさまで、大（ダ

イ)を表す。大部に属するものは、大きいことや人体に関するもののほか、字形変化の結果、大の形をもつようになったものを含む。

大◆ 大①夬太夫②央失夫③夷
尖 关④夾⑤奉⑥奏
大▬ ②夲③夸⑤奄奇奈奔⑥奎
奔⑦套⑧奝⑨奢奡⑪奪奩⑬
奮
大▬ ①天夭③旲⑥奕奐契契⑦
奚奘⑨奥奠⑩奧奨⑪奬

大 ◆

1496 【大】 3471 4267 91E5 大-0 常1

ダイ(呉)・タイ(漢)・タ(漢)/dài・tài・dà/おお・おおきい・おおいに

筆順 大 大 大

字解 部首解説を参照。

参考 万葉仮名では、音を借りて「た」「だ」。

意味 ❶おおきい。↕小。㋑形・規模・数量がおおきい。『針小棒大(シンショウボウダイ)』『大火』『大衆』『巨大(キョダイ)』『雄大(ユウダイ)』＊史記-廉頗藺相如伝「以₂相如功大₁、拝為₂上卿₁(ショウジョのコウのダイなるをもって、ハイしてジョウケイとなす)」〔=藺相如の功績が大であったので、上卿に任じた〕 ㋺一般に、中・小に対する区別のために用いる。『大経』『大篆(ダイテン)』 ⇒〔小〕(1829)〔巨〕(2012)の表 ❷おおいに。たいへん。はなはだしい。また、おおげさ。『大の仲よし』『大安』『大慶』『大壮』＊史記-項羽本紀「項王乃大驚(コウオウすなわちおおいにおどろく)」〔=項王はたいへん驚いた〕 ❸㋑その役職の最高位。『大司教』『大将』 ㋺天子に関する物事に冠する語。『大権』『大命』 ㋩一般に敬意を表す語。『大兄』 ㋥重要な。『大義』『大綱』 ❹元素。物質界の根元の要素。『火大(カダイ)』『空大(クウダイ)』『四大(シダイ)』『水大(スイダイ)』『地大(チダイ)』『風大(フウダイ)』 ❺おおきさ。『実物大(ジツブツダイ)』『等身大(トウシンダイ)』 ❻おおきくなる。おおきくする。『拡大(カクダイ)』『増大(ゾウダイ)』 ❼だいたい。おおよそ。おおまか。『大雑把(おおザッパ)』『大意』『大要』 ⇒〔細〕(5910)の表 ❽国『大学』の略。『大卒』『私大(シダイ)』『短大(タンダイ)』 ❾その他。固有名詞、あて字など。『大都』『大理石』

❶おおきい。形・規模などがおおきい。

下接 一大(イチダイ)・遠大(エンダイ)・過大(カダイ)・寛大(カンダイ)・強大(キョウダイ)・極大(キョクダイ)・巨大(キョダイ)・広大(コウダイ)・宏大(コウダイ)・洪大(コウダイ)・浩大(コウダイ)・高大(コウダイ)・鴻大(コウダイ)・誇大(コダイ)・五大(ゴダイ)・細大(サイダイ)・最大(サイダイ)・事大(ジダイ)・重大(ジュウダイ)・甚大(ジンダイ)・盛大(セイダイ)・絶大(ゼツダイ)・壮大(ソウダイ)・粗大(ソダイ)・疎大(ソダイ)・尊大(ソンダイ)・多大(タダイ)・長大(チョウダイ)・特大(トクダイ)・博大(ハクダイ)・莫大(バクダイ)・厖大(ボウダイ)・膨大(ボウダイ)・末大(マツダイ)・雄大(ユウダイ)・老大(ロウダイ)・無限大(ムゲンダイ)・至大至剛(シダイシゴウ)・胆大心小(タンダイシンショウ)・針小棒大(シンショウボウダイ)

【大陰(タイイン)】 ①地。大地。②北極。

【大宇(タイウ)】 大宇宙。天下。

【大瀛(タイエイ)】 大きな海。大海。

【大円・大圜(タイエン)】 天のこと。

【大衍(タイエン)】 ①五〇。占いに用いる筮竹が五〇本であるのによる。②広大な沢池。③「大衍暦」の略。中国、唐の僧一行(イチギョウ)がつくり、開元一七年(七二九)から三三年間、唐で用いられた太陰太陽暦。日本では天平宝字八年(七六四)から天安元年(八五七)まで九四年間、使われた。

【大化(タイカ)】 ①大きな変化。②限りない徳をもって他を導くこと。広大無辺の徳化。③国飛鳥時代、孝徳天皇の代の年号。日本で最初の公式な年号のはじまり。『大化の改新』

【大火(タイカ)】 ①大規模な火事。②星の名。さそり座のアンタレス。

【大廈(タイカ)】 大きな建物。大建築。『大廈高楼』〖大廈顛、非₂一木所₁レ支也(タイカのくつがえるや、イチボクのささうるところにあらざるなり)〗 大きな建物がたおれようとしているのを、一本の木でささえきれるものではない。国家が滅びようとしているのを一人の人間の力で維持することはできないというたとえ。〔文中子-事君〕

【大牙(タイガ)】 大きい軍牙。牙は将軍の旗。

【大我(タイガ|ダイガ)】 ①仏教で、自由自在の境地。↕小我。②インド哲学で、宇宙の本体としての、唯一絶対の真理。

【大河(タイガ|おおかわ)】 幅の広い、長大な川。『大河(タイガ)小説〔=大規模な長編小説〕』

【大会(タイカイ)】 ①大きな会。盛大な会合。『マラソン大会』②ある組織の全体集会。総会。

【大塊(タイカイ)】 ①地球。大地。天地自然。②造化(ゾウカ)の神。万物の創造者。＊李白-春夜宴₂桃李園₁序「大塊仮レ我以₂文章₁(タイカイわれにかすにブンショウをもってす)」〔=造化の神が、私に詩文をつくる才能を貸し与えてくれた〕

【大角(タイカク)】 ①大きい角(つの)。②大きな角笛。③牛飼(うしかい)座のアークトゥルス星の中国名。古くから方角や時間を知る目標となり、また、農業をつかさどる星とされた。

【大喝(ダイカツ|タイカツ)】 大きな声でしかること。『大喝一声』

【大旱(タイカン)】 おおひでり。〖若₂大旱之望₁₂雲霓₁(タイカンのウンゲイをのぞむがごとし)〗 おおひでりのときに雨の前兆である雲や虹を待ちこがれるように、ある物事の到来を切に待ちこがれるたとえ。〔孟子-梁恵王下〕

【大観(タイカン)】 ①広く全体を見渡すこと。『時勢を大観する』②偉大な眺め。大きな景色。

【大願(タイガン|ダイガン)】 大きな願望、祈願。『大願成就』

【大気(タイキ)】 地球を取り巻く気体の層。

【大器(タイキ)】 大きな器量。すぐれた才能。↕小器。〖大器晩成(タイキバンセイ)〗 大人物は、発達は遅いが、のちに大成するということ。〔老子-四一〕

【大挙(タイキョ)】 ①多人数で一時に行動すること。『大挙して押し掛ける』②大きな企て。『全国制覇の大挙』

【大虚(タイキョ)】 大空。虚空。中国古代の宇宙観で、陰陽を生ずる大本。

【大鈞(タイキン)】 (「鈞」はろくろのこと) 大きなろくろ。転じて万物を生成するもの。天。

【大系(タイケイ)】 ある方面の著作や論文を集めて体系的に編集したもの。『文学大系』

【大計(タイケイ)】 大きなはかりごと。大きな計画。

【大経(タイケイ)】 ①大きなすじみち。大きな法則。不変の条理。②大きな経書。中国で経書をその分量の多少に従って、大・中・小に分けた、大に相当するもの。礼記と春秋左氏伝をいう。

【大故(タイコ)】 ①大きな事故。②大きな不幸。また、父母の喪。〔孟子-滕文公上〕③大きな悪事。〔論語-微子〕

【大江(タイコウ)】 大きな川。特に、中国の長江をいう。

【大国(タイコク)】 大きな国。国力が強大な国。↕小国。〖治₂大国₁、若レ烹₂小鮮₁(タイコクをおさむるにはショウセンをにるがごとくす)〗 大きな国を治めるときは、煮くずれしやすい小魚を煮るように治

めるのがよい。むやみにかきまわして干渉せず、自然に任せるのがよいということ。〔老子-六〇〕

【大獄】(タイゴク) 重大な犯罪事件が起こり、多人数が逮捕されること。『安政の大獄』

【大祭】(タイサイ) 盛大な祭典。大規模なまつり。→❸

【大山】(タイザン|タイサン) 大きく高い山。泰山。『大山鳴動して鼠(ねずみ)一匹(=前触れの騒ぎが大きいわりに、結果は小さいことのたとえ)』

【大志】(タイシ) 将来や未知のものに対する遠大な希望。大望。『少年よ大志を抱け』

【大字】(ダイジ) ①大きく書いた文字。大文字。②漢数字の一、二、三などの代わりに用いる壱、弐、参などの文字。

漢数字	大字
一	壱
二	弐
三	参
四	肆
五	伍
六	陸
七	質
八	捌
九	玖
十	拾
百	陌・佰
千	仟・阡
万	萬

【大車】(タイシャ|ダイシャ) ①大型の車。平地で荷物を運ぶ大きな車。たいきょ。②(ダイシャ) 仏語。法華一乗のたとえ。仏乗。大白牛車ともいう。

【大赦】(タイシャ) 恩赦の一。国家の慶事などの際、ある種の罪の、刑罰の赦免を行うこと。

【大蛇】(ダイジャ|おろち) 非常に大きなヘビ。うわばみ。

【大樹】(タイジュ) 大きな木。また、大きくてしっかりしたもののたとえ。【大樹将軍】(タイジュショウグン) 将軍または征夷大将軍の異称。〔後漢書-馮異伝〕♥中国、後漢の馮異(フウイ)という将軍は、諸将が軍功を論ずるとき、功を誇らず大樹の下に退いていたので、大樹将軍とあだ名されたという故事から。【大樹将レ顚、非二一縄所一レ維】(タイジュのまさにたおれんとするは、イチジョウのつなぐところにあらず) 大木がいまにも倒れようとしているのは、一本の縄でつなぎとめられるものではない。国家が危うくなり転覆しようとするのは、わずかな力ではささえきれないというたとえ。〔後漢書-徐穉(ジョチ)伝〕

【大衆】(タイシュウ|ダイシュ) ①(タイシュウ) ㋑多数の人々。㋺国一般の勤労階級の人々。民衆。『大衆化』『一般大衆』②(ダイシュ) 多くの僧。

【大祥】(タイショウ|ダイショウ) ①大きな幸い。②大祥忌(ダイショウキ)のこと。人の死後、翌々年の命日に行う法要。

【大乗】(ダイジョウ) (大きな乗り物の意) 仏語。広く人間全体の平等と成仏を説き、それが仏の教えの真の大道であるとする教え。大乗仏教。↔小乗

【大辱】(タイジョク) (大きなはずかしめを受けることの意から) 戦いに敗れて捕虜になることの恥。【大辱之積志】(タイジョクのセキシ) 大きな恥をすすごうとする長年の志。＊漢書-蘇武伝「奮二大辱之積志一(タイジョクのセキシをふるう)」(=大きな恥をすすごうとする積年の志をふるいたたせる)」

【大人】(タイジン|おとな|ダイニン) ㊀(タイジン) からだの大きな人。㊁(おとな) ①成人。↔子供。②分別をわきまえていること。㊂(ダイニン) 国入場料などの表示で、おとな。↔小人(ショウニン)・中人(チュウニン)。→❸(タイジン)

【大尽】(ダイジン) ①大の月の最後の日。②国大金持ち。また、遊里などで豪遊する客。『大尽客』

【大成】(タイセイ) 多くのものを集め、組織ある一つのものにまとめ上げること。『集大成』→❸【大成殿】(タイセイデン) 孔子をまつった孔子廟の正殿の名。中国、宋の仁宗のとき命名された。日本では東京の湯島聖堂にあるものをいう。

【大勢】(タイセイ|おおゼイ) 国人数が多いこと。多くの人数。↔小勢。→❼(タイセイ)

【大刹】(タイサツ|ダイセツ) 大きな寺院。大伽藍(ダイガラン)。巨刹(キョサツ)。

【大全】(タイゼン) その事物に関係したものを漏れなく編纂(ヘンサン)した書物。『裁縫大全』

【大造】(タイゾウ) ①大きな手柄。大功。②国天皇の慶事によって、罪人を特に赦免すること。

【大息】(タイソク) 大きなためいきをつくこと。太息。

【大宅】(タイタク) ①大きな邸宅。②天地。天。③道家で、顔。

【大胆】(ダイタン) ①度胸があること。↔小胆。『大胆不敵』②国思い切ったことをするさま。

【大知・大智】(タイチ|ダイチ) 広大な知恵。多く、仏の知恵をいう。♥書き換え「大智→大知」

【大地】(ダイチ|ジ) 天に対して、ひろびろとした地。

【大潮】(ダイチョウ|おおしお) 満月と新月のころの、干満の差の最も大きい潮。また、その時期。↔小潮

【大椿】(ダイチン) 想像上の大木の名。＊荘子-逍遥遊「上古有二大椿者一。以二八千歳一為レ春、八千歳為レ秋(ジョウコにダイチンなるものあり。ハッセンサイをもってはるとなし、ハッセンサイをあきとなす)」(=太古に大椿という木があった。この木は、八千年を春とし、八千年を秋としている)」

【大篆】(ダイテン) 漢字の書体の一。中国、周の宣王の時代、史籀(シチュウ)がつくったといわれ、篆文(小篆)の前身をなすもの。籀書(チュウショ)。籀文。

【大度】(タイド) 度量の大きいこと。↔小量。『寛仁大度』

【大刀】(ダイトウ|たち) ①(ダイトウ) 小刀や脇差(わきざし)に対して、大きい刀。↔小刀。②(たち) 奈良時代以前の直刀。太刀。

【大道】(ダイドウ) 大通り。また、道ばた。『大道芸人』→❸

【大年】(タイネン) 多くの年月。また、多くの年月を経た人。としより。＊荘子-逍遥遊「小知不レ及二大知一、小年不レ及二大年一(ショウチはダイチにおよばず、ショウネンはタイネンにおよばず)」(=小さな知は大きな知に及ばず、寿命の小さいものは大きいものに及ばない)」

【大白】(タイハク) (「白」は杯の意) 大きな杯。→❷

【大漠】(タイバク) ひろびろとした砂漠。中国では、ゴビ砂漠をさすことが多い。

【大盤石・大磐石】(ダイバンジャク) ①非常に大きな岩。②物の堅固でどっしりしていること。『大盤石の構え』

【大悲】(ダイヒ) 衆生の苦しみを救う仏菩薩(ボサツ)の広大な慈悲。『大慈大悲』

【大風】(タイフウ) ①はげしく吹く風。強い風。②西風の異名。【大風歌】(タイフウカ) 中国、漢の高祖がつくった詩。「大風起兮雲飛揚(タイフウおこりてくもヒヨウす)」(=大風が吹き起こり雲は乱れ飛ぶ)」で始まる。

【大仏】(ダイブツ) 一丈六尺(約四・八五メートル)以上の大きな仏像。多くは座像。『奈良の大仏』

【大柄】(タイヘイ|おおがら) ①(タイヘイ) 大きな権柄(ケンペイ)。大きな権力。②(おおがら) 普通より体や形、模様などが大きいこと。

【大辟】(タイヘキ) (「辟」は刑の意) 重い刑罰。死刑。

【大変】(タイヘン) ①大きな変事。②国事が重大であること。普通でないさま。③国とても。非常に。

【大方】(タイホウ) ①度量が大きいこと。②学問・見識の高い人。③大きな国。④大きな道。立派な道。仏の道。

【大鵬】(タイホウ|ボウ) ①古代中国の想像上の大鳥。鯤(コン)という魚の化したもので、翼の径は三千里、一とびに九万里のぼるという。おおとり。〔荘子-逍遥遊〕②賢者のたとえ。

【大猷】(タイユウ) (「猷」は、はかりごと、道の意) 大きな道。大きなはかりごと。〔書経-周官〕

【大憂】(タイユウ) ①大きな心配。②親の喪。また、天子の崩御。

【大陸】(タイリク) ①地面に広大な面積を占めている陸地。『大陸棚』『新大陸』②国我が国で特に中国をさす名称。

【大戮】(タイリク) ①大きな刑罰。死刑。②大きな恥辱。

【大量】(タイリョウ) 量が多いこと。多量。↔少量

【大麓】(タイロク) ①大きな山麓。②(舜が山川の事を治めて

治績をあげ、天下の政をゆだねられたとされるところから）天下の政を執ること。また、天下の政。〔書経‐舜典〕 ③国摂政の唐名。

❷ おおいに。はなはだしい。

【大安（タイアン｜ダイアン）】 ①おおいに安らかなこと。②国六曜の一。万事によいとする日。↔仏滅。『大安吉日』

【大雅（タイガ）】 ①非常にけだかいこと。また、きわめて正しいこと。だいが。②「詩経」の内容の一。中国、周王朝の儀式、祭祀、宴会などにうたわれた歌を収める。↔小雅

【大姦・大奸（タイカン）】 人道にはずれた、非常に悪いこと。また、そのようなことをする人。〖大姦似ㇾ忠（タイカンはチュウににたり）〗 悪人でも大物になると、自分の本性をまったく隠して、主君にへつらって気に入られるように努めるから、一見忠臣のように見える。中国、宋の呂誨（リョカイ）が王安石を評したことばから。〔宋史‐呂誨伝〕

【大患（タイカン）】 ①この上もない心配事。②重い病気。大病。

【大簡（タイカン）】 ①非常に簡略なこと。②おおいにいさめること。大諫。③おおいに検閲すること。

【大寒（タイカン）】 二十四節気の一。一月二一日前後。

【大吉（ダイキチ）】 国この上なく縁起、運勢がよいこと。↔大凶

【大逆（タイギャク｜ダイギャク）】 主君や親を殺すような、はなはだしく人の道にそむいた行い。

【大虐（タイギャク）】 非常に残虐な行い。また、苛酷な政治。

【大凶・大兇（ダイキョウ）】 国①（大凶）運勢や縁起がたいへん悪いこと。↔大吉。②この上もない罪悪。また、大悪人。

【大禁（タイキン）】 ①おおいに禁じられていること。きびしい禁制。②国の禁令、法律。

【大愚（タイグ）】 非常におろかなこと。また、自分をへりくだっていう語。↔大賢

【大慶（タイケイ）】 この上なくめでたくよろこばしいこと。

【大賢（タイケン）】 非常に賢いこと。また、その人。↔大愚

【大言（タイゲン）】 いばって大げさにいうこと。大語。【大言壮語（タイゲンソウゴ）】 実力不相応に、大きなことをいうこと。

【大悟（タイゴ｜ダイゴ）】 おおいにさとること。さとりの境地を得ること。『大悟徹底』

【大巧（タイコウ）】 たいへんうまいこと。〖大巧若ㇾ拙（タイコウはセッなるがごとし）〗 真に巧みなものは、小細工がないので、一見のみではかえってつたなく見えるものだ。〔老子‐四五〕

【大荒（タイコウ）】 ①大凶作。②きわめて遠い所。海外。

【大剛・大豪（タイゴウ｜ダイゴウ）】 きわめて強いこと。

【大札（タイサツ）】 ひどい流行病。大疫。

【大暑（タイショ）】 ①はげしい暑さ。酷暑。②二十四節気の一。七月二三、四日前後。

【大雪（タイセツ｜おおゆき）】 ①（タイセツ）二十四節気の一。一二月七日前後。②（おおゆき）雪がひどく降ること。たくさん積もった雪。

【大壮（タイソウ）】 易の六十四卦の一、☳☰。上卦は震（雷）、下卦は乾（天）。雷が天上に鳴ってその声が大いに盛んなさま、また、四陽が盛んで二陰の勢が衰えるさまをいう。雷天大壮。

【大団円（ダイダンエン）】 小説、劇、事件などのめでたくおさまる最後の場面。

【大東（タイトウ｜ダイトウ）】 ①東のはて。極東。②日本の称。

【大白（タイハク）】 ①純白、または、潔白なさま。②星の名。太白星。金星。→❶

【大尾（タイビ）】 終わり。終局。結末。

【大明（タイメイ）】 ①太陽の異称。②太陽と月。③おおいに明らかなこと。

【大厄（タイヤク｜ダイヤク）】 国①非常な災難。大難。『急難大厄』②最も重い厄年。数え年で、男四二歳、女三三歳。

【大欲・大慾（タイヨク｜ダイヨク）】 非常に欲の深いこと。強い欲望。↔小欲。『大欲非道の行為』『大欲は無欲に似たり』

【大和（タイワ）】 たいそう調和がとれていること。また、非常にむつまじいこと。→❾（やまと）

❸ すぐれた。最上の。重要な。根本の。

下接 偉大（イダイ）・御大（おんタイ）・正大（セイダイ）・措大（ソダイ）・尊大（ソンダイ）・窮措大（キュウソダイ）・貧措大（ヒンソダイ）・老措大（ロウソダイ）

【大位（タイイ）】 天子の位。帝位。

【大医（タイイ）】 ①非常にすぐれた医師。②仏語。仏の異称。③国典薬（テンヤク）の唐名。

【大尹（タイイン）】 ①天子のお気に入りの側近。②新の王莽（オウモウ）のときの、郡の大守のこと。

【大隠（タイイン）】 りっぱな隠者。〖大隠隠二朝市一（タイインはチョウシにかくる）〗 悟りきった世捨て人は山の中にいるのではなく、かえって、市中に住み俗人の中で超然として暮らしている。大隠は市（いち）に隠る。〔王康琚‐反招隠〕

【大哥（タイカ）】 ①長兄。あにき。②仲間うちで、目上に対しての親しみの呼称。

【大家（タイカ｜タイケ）】 ①富んだ家や、社会的地位の高い家。②（タイカ）その道で特にすぐれた人。巨匠。『老大家』

【大駕（タイガ）】 天子を敬って、その乗り物をいう語。

【大魁（タイカイ）】 ①中国の科挙の試験で、殿試の最優秀合格者をいう。②心の広いこと。偉大であること。

【大学（ダイガク）】 ①中国の周代以降、天子のたてた最高学府。修身、治人の道を教えた。官吏の養成機関でもあった。②治者の学問。君主、貴人の学問。↔小学。③国学術の研究、および教育の最高機関。修業年限は四年を原則とする。→❾【大学寮（ダイガクリョウ）】 国日本の令制による官吏養成のための最高の教育機関。式部省の管轄に属し、明経・進士・明法の三本科と、算道・書道の二つの付随学科があった。

【大学士（ダイガクシ）】 中国、唐宋の時代、宮中の学問所に勤務し、天子の諮問に答えることを任とした官。

【大帰（タイキ）】 ①結婚した女が離縁されて婚家から実家へ帰ること。②根源に帰ること。死をいう。

【大義（タイギ）】 ①重要な意義。要義。②人のふみ行うべき大切な道。特に、国家、君主に対する忠誠。〖大義滅ㇾ親（タイギシンをメッす）〗 人としてふみ行うべき節義を実践するためには、肉親をも犠牲にする。〔左伝‐隠公四年〕【大義名分（タイギメイブン）】 ①人、または、臣民として守るべき根本的な道理、分限。②国行いの基準となる道理。表向きの正当な理由づけ。『大義名分が立つ』

【大機（タイキ｜ダイキ）】 ①天下の政権。②重大なきっかけ。③仏語。大乗の教えを受け、信ずる資質、またその人。

【大舅（タイキュウ）】 ①父のおじ。②母の兄。

【大君（タイクン｜おおきみ）】 □君主を敬っていう語。天子。□（タイクン）①中国で、宗親府正一品の職号で、国王の嫡子に授けられるもの。②国江戸時代、対外的に用いた将軍の称。

【大原（タイゲン）】 おおもと。根本。

【大工（タイコウ｜ダイク）】 □（タイコウ）①すぐれた工人。②大工事。□（ダイク）国①日本の律令制での職員の一。土木・建築・造船・造兵などに従事する高級技術官僚。②平安時代から室町時代にかけて家屋・船舶・細工物などを製作する手工業技術者集団の長。③戦国時代以降、主として木造家屋を建てる職人。また、その仕事。『大工仕事』『日曜大工』

【大公（タイコウ）】 ①西欧の君主の一門の男子の敬称。②西欧

の小国の君主の称。『モナコ大公』

【大行】タイコウ ①りっぱな行い。大事業。②亡くなってからまだ、諡おくりながでできない間の天子の尊称。『大行天皇』

【大行不レ顧ニ細謹一】タイコウはサイキンをかえりみず うとする者は、小さな事柄や欠点を気にかけないで、どしどし事を行う。〔史記-項羽本紀〕 大事業をしよ

【大綱】タイコウ 根本的な事柄。また、基本となるもの。

【大鴻臚】ダイコウロ 中国、漢代の官名。九卿キュウケイの一。外賓ガイヒンの接待を行った。

【大宰】タイサイ ①古代中国の官名。天子を補佐し、諸政をつかさどるもの。②国大宝令によって国司制度が成立する以前の地方長官の一種。地方支配上特に重要な国におかれ、近隣数か国の行政を管轄する。❤「太宰」とも。→❾大宰府ダザイフ

【大祭】タイサイ 国天皇みずからとり行う祭典。→❶

【大使】タイシ 「特命全権大使」の略。国家または君主を代表した最上級の外交使節。『大使館』

【大師】ダイシ ①仏菩薩ブッサツや高僧の尊称。②朝廷から高僧に賜る諡おくりな。『弘法大師』

【大事】ダイジ|おおごと 一重要な事柄。重大な事件。↕小事。『一大事』二(ダイジ)国①大切に扱うさま。『後生大事』②重要なさま。『大事な話』

【大司空】ダイシクウ 中国古代の官名。周代、六官の一で冬官の長。土木工作をつかさどる。

【大司寇】ダイシコウ 中国古代の官名。周代、六官の一で秋官の長。刑罰および警察をつかさどる。

【大司徒】ダイシト 中国古代の官名。周代、六官の一で地官の長。戸口・田土・財貨・教育をつかさどる。

【大司農】ダイシノウ 中国古代の官名。中央政府の国家財政をつかさどる。漢の九卿の一。

【大司馬】ダイシバ 中国古代の官名。周代、六官の一で夏官の長。軍事や運輸をつかさどる。

【大守】タイシュ 中国古代の郡の長官。太守。

【大受】ダイジュ 重要な任務を引き受けること。

【大醜】タイシュウ 悪者のかしら。元凶。

【大匠】タイショウ|ダイショウ 技量のすぐれた大工、職人。名匠。

【大将】タイショウ|ダイショウ ①全軍を統率する者。②国軍隊の階級の一。将官の最上位。③国一群の人や団体のかしら。

【大娘】ダイジョウ ①天子の妻。皇后。②正妻。❤妾は二娘・小婦という。

【大丈夫】ダイジョウフ|ダイジョウブ ①(ダイジョウフ)立派な男子。*史記-高祖本紀「嗟乎、大丈夫当レ如レ此也ああ、ダイジョウフまさにかくのごとくなるべきなり〔=ああ、男子たるもの、このようになるべきだなあ〕」②(ダイジョウブ)国危なげがなく確かなさま。

【大身】タイシン ①身分、禄高ロクだかの高い人。↕小身。②仏教で、広大な仏身をいう。

【大人】タイジン ①人格的にすぐれた人。*論語-季氏「君子有ニ三畏一。畏ニ天命一、畏ニ大人一、畏ニ聖人之言一クンシにサンイあり。テンメイをおそれ、タイジンをおそれ、セイジンのゲンをおそる〔=君子には三つのおそれうやまうことがある。天命・有徳の人・聖人のことばをおそれうやまう〕」②目上の人を尊んで呼ぶ語。→❶(タイジン|おとな|ダイニン)

【大臣】ダイジン ①国務大臣、各省大臣の称。『総理大臣』②国律令制で、太政官ダジョウカンの上官。おとど。『右大臣』

【大成】タイセイ ①物事を立派に成し遂げること。②その道ですぐれた人となること。→❶

【大声】タイセイ 高雅で上品な音律。高尚な音楽。*荘子-天地「大声不レ入ニ於里耳一タイセイはリジにいらず〔=高雅な音律は俗人の耳に入りにくい〕」

【大姓】タイセイ 何代も続いた勢いの強い家柄。その土地の豪族。大家。

【大切】タイセツ (おおいにせまる、切迫する意)①重要、貴重であるさま。②注意して丁寧に取り扱うさま。また、愛すること。『大切に扱う』

【大節】タイセツ ①大切な節操。重い節義。大義。②重大な事件。大事。③国家の危急存亡の場合。*論語-泰伯「臨ニ大節一而不レ可レ奪也、君子人与、君子人也タイセツにのぞみてうばうべからざるは、クンシジンか、クンシジンなり〔=国の安危をかけた大事にあたって、(節操を)奪い取ることができない、(こういう人こそ)君子であろうか、ほんとうに君子である〕」

【大宗】タイソウ 物事の大もと。また、その分野で権威のある大家。

【大葬・大喪】タイソウ 国天皇、太皇太后、皇太后、皇后の葬儀。

【大宗伯】タイソウハク 中国古代の官名。周代、祭事・典礼をつかさどった官の長。

【大弟】タイテイ ①同輩の年少者を呼ぶ敬称。②天子の弟。特に、皇位を継承すべき天皇の弟をいう。皇太弟。

【大典】タイテン ①重大な儀式。盛典。『即位の大典』②重要な法典。大法。

【大統】タイトウ 天皇、帝王の系統。皇統。洪統。

【大唐】タイトウ|ダイトウ 中国の唐朝、また、中国をほめていう語。

【大道】タイドウ|ダイドウ 人の行うべき正しい道。→❶【大道廃有ニ仁義一】タイドウすたれてジンギあり 大道が自然に行われていた太古は、特に仁義を説く必要はなかったのであり、仁義が必要なのは、大道が失われたからである。〔老子-一八〕

【大徳】ダイトク|タイトク ①偉大な徳。立派な徳。②仏語。仏に対する呼称。また、高徳の僧。転じて一般に、僧。

【大納言】ダイナゴン 国律令制で、太政官ダジョウカンの大臣に次ぐ位。

【大旆】タイハイ ①天子、将軍が用いた旗。②堂々たる旗印。

【大廟】タイビョウ ①君主の祖先の霊をまつった、みたまや。宗廟。②国伊勢神宮の社殿をさしていう。

【大夫】タイフ|タユウ|ダイブ|ますらお 一(タイフ)①中国、周代の職名。卿ケイの下、士の上に位する執政官。②国大名の家老の別名。③国律令制で、五位の通称。二(タユウ)国①神主かんぬし、禰宜ねぎなど、神職の呼称。②古典芸能の集団の長などに与えられた称号。③遊女のうち最上位の者。三(ダイブ)国律令制で、中宮職、春宮坊など、職や坊の長官。四(ますらお)立派な、強く勇ましい男子。ますらたけお。

【大父】タイフ ①祖父。おおじ。②父のように、かわいがり育ててくれる大きな存在。③天。↕大母

【大府】タイフ ①昔、中国で、宮廷や政府の器物を収納した蔵。転じて、それを管理し、財政をつかさどった官。大府寺。②中国、唐代の郡守の敬称。③国大蔵省おおくらショウの唐名。④国大宰府ダザイフの略称。

【大弁・大辯】タイベン すぐれた弁舌。能弁。【大弁(辯)如レ訥】タイベンはトツなるがごとし すぐれた弁舌家は軽口をきかないから、むしろ口べたのように思われる。〔老子-四五〕

【大母】タイボ ①祖母。②太后。③地。↕大父

【大宝】タイホウ ①きわめて貴いたからもの。至宝。②天子の位。帝位。③自分自身をいう。〔呂氏春秋-先己〕

【大法】タイホウ|ダイホウ ①(タイホウ)重要な法規。『国家の大法』②(ダイホウ)仏語。仏の教えを尊んでいう語。また、小乗の法に対して大乗の法。

【大本】タイホン|おおもと 物事の根本になるもの。

【大麻】タイマ ①アサ(麻)の漢名。②インドタイマから得られる麻薬。③国伊勢神宮で歳末に頒布される神札。

【大名】タイメイ|ダイミョウ 一大きな名誉。すぐれた名声。二(ダイミョウ)国①平安末から中世にかけて多くの領地をもった武士。②江戸時代、一万石以上の領主。↕小名

【大命（タイメイ）】君主、または、上帝の命令。また、日本の旧憲法下で、天皇の命令。『大命降下』

【大勇（タイユウ｜ダイユウ）】真の勇気。↕小勇。〔大勇若ㇾ怯（タイユウはキョウなるがごとし）〕真の勇気ある人はむやみに人と争わないから、平時には臆病者と同じように見える。

【大吏（タイリ）】地位の高い官吏。

【大理（タイリ｜ダイリ）】①大きな道理。根本のすじ道。②中国古代の官名。追捕（ツイブ）・糾弾（キュウダン）・裁判・刑罰などのことをつかさどるもの。③国刑部省（ギョウブショウ）の唐名。④国検非違使別当（ケビイシのベットウ）の唐名。

【大倫（タイリン）】人として行うべき大切な道理。

【大礼（タイレイ）】①朝廷の重大な儀式。特に、即位式。大典。②重大な礼節。〔大礼不ㇾ辞ニ小譲ー（タイレイはショウジョウをジせず）〕重大な礼節を行う際は、小さな遠慮はしない。枝葉末節にこだわり根本を誤ってはならぬことをいう。〔史記-項羽本紀〕

【大路（タイロ）】天をまつるときに天子の乗る車。大輅。

【大老（タイロウ）】①すぐれた老人。②祖父。③国江戸幕府最高の役職名。臨時職で、将軍を補佐した。

【大牢（タイロウ）】立派な料理。▼もと中国で、ウシ、ヒツジ、ブタの三つが備わった供物の意。〔礼記-王制〕

❼ だいたい。おおよそ。おおまか。

【大意（タイイ）】だいたいの意味。あらましの意味。大義。

【大概（タイガイ）】①大部分。ほとんど。②概略。『文学大概』③ほどほどにすること。④おおかた。たいてい。

【大局（タイキョク）】物事の全体の成り行き。

【大較（タイコウ）】事柄の大部分。あらまし。大概。

【大旨・大指（タイシ）】だいたいの趣旨。大意。

【大勢（タイセイ）】①だいたいの形勢。②世の中の成り行き。→❶（タイセイ｜おおゼイ）

【大率（タイソツ）】おおむね。あらまし。概略。大筋。

【大体（ダイタイ）】①おおよそ。たいてい。ほぼ。②もともと。そもそも。

【大段（ダイダン）】事柄の量、範囲などについて、その大部分。大略。おおよそ。あらまし。

【大抵（タイテイ）】①おおかた。だいたい。あらかた。②普通であるさま。『並大抵』

【大都（タイト）】およそ。おおむね。あらまし。大抵。→❾

【大同（ダイドウ）】①だいたい同じであること。↓大同小異。②世の中が天地の大道と同化すること。天下が平和に栄えること。公羊学（クヨウガク）でいう、理想社会。〔礼記-礼運〕③一つの目的のために多くの者が一つにまとまること。

【大同小異（ダイドウショウイ）】だいたいは同じで、細かい点だけ違っていること。【大同団結（ダイドウダンケツ）】多くの団体や党派が、小さい意見の違いなどを越えて団結すること。

【大凡（タイハン｜タイボン｜おおよそ）】あらまし。大略。大旨。

【大別（タイベツ）】おおまかに分けること。↕細別

【大約（タイヤク）】おおよそ。あらまし。大略。

【大要（タイヨウ）】だいたいのところ。要点。あらまし。

【大略（タイリャク）】おおよそ。だいたい。『大略を述べる』

❾ その他。固有名詞、あて字など。

【大宛（ダイエン）】漢代の中国人が中央アジアのシル河中上流域、フェルガナ地方に対して呼んだ名称。転じて西域諸国をさすこともある。

【大夏（タイカ）】①バルクを中心とする北アフガニスタンに対する、中国人の呼称。②中国の五胡十六国の一。四〇七年、匈奴が後秦に背いて建てた国。四三一年、吐谷渾（ヨクコン）に滅ぼされた。

【大学（ダイガク）】中国の経書。四書の一。孔子の遺書とも子思または曾子の著作ともいう。もと「礼記」の一編（第四二）で学問の根本義を示す。朱子の校訂によって現形に固定された。→❸

【大月氏（ダイゲッシ）】紀元前二世紀前後中央アジアで活躍した民族。中国の戦国時代蒙古高原西半を支配した月氏の主力、天山山脈北方に移動したものをさす（河西地方に残ったものは小月氏）。

【大黒（ダイコク）】①「大黒天」の略。『大黒様』②国僧侶（ソウリョ）の妻。梵妻（ボンサイ）。【大黒天（ダイコクテン）】①天竺（テンジク）（インド）の神の名。中国では、飲食、厨（くりや）の神とされる。②国七福神の一。大袋を背負い、打出の小槌を持つ福徳の神。

【大散関（タイサンカン）】地名。中国陝西（センセイ）省宝鶏市西南の大散嶺（タイサンレイ）にあり、関所がおかれていた。散関。

【大秦（タイシン）】中国の後漢代から唐代・宋代までの史書で用いられているローマ帝国の呼称。

【大蘇（タイソ）】中国、宋の蘇軾（ソショク）のこと。弟の蘇轍（ソテツ）を小蘇、父の蘇洵（ソジュン）を老蘇と呼び、あわせて三蘇という。

【大蔵経（ダイゾウキョウ）】経律論の三蔵を中心とする仏教典籍の総集。一切経（イッサイキョウ）。蔵経。

【大戴礼（ダイタイレイ｜ダタイレイ）】中国の経書。八五編、うち三九編現存。前漢の戴徳撰。周・秦・漢代の礼説を集めたもの。

【大都（タイト）】中国、元の首都。今の北京。世祖（フビライ汗）が金の首都中都に遷都してその東北に新城を築き、一二七二年に改称したもの。→❼

【大杜（ダイト）】中国、唐の詩人杜甫（トホ）のこと。老杜。杜牧（トボク）を小杜と呼ぶのに対していう。

【大同書（ダイドウショ）】書名。中国、清（シン）の康有為の著。太平大同の世を理想として述べたもの。

【大唐西域記（ダイトウセイイキキ｜ダイトウサイイキキ）】中国の地理書。一二巻。唐の太宗の時、玄奘（ゲンジョウ）の述、弁機の撰。六二九年から一七年間に巡歴した西域インド各地の地理、制度、風俗、産業、仏教の状況や伝説などを記述。

【大日如来（ダイニチニョライ）】（大日は梵 Mahāvairocana「摩訶毘盧遮那（マカビルシャナ）」の訳）真言密教の教主で、一切の仏菩薩の本地、一切の徳の総摂（ソウセツ）とされる仏。

【大日本史（ダイニホンシ）】歴史書。三九七巻。水戸藩主徳川光圀（みつくに）の命により編纂。神武天皇から後小松天皇までの歴史を「史記」にならって漢文の紀伝体で記す。

【大般若経（ダイハンニャキョウ）】大乗仏教の初期の経典。六〇〇巻。唐の玄奘（ゲンジョウ）が顕慶五年（六六〇）元旦から約四年をかけて翻訳した。大般若。

【大明宮（タイメイキュウ）】中国の唐代、長安の東北の竜首山上にあった宮殿の名。天子の居所で、政務をとった所。

【大理石（ダイリセキ）】石灰岩が変質して生じた結晶質の岩石。建築・装飾などに用いる。マーブル。▼中国雲南省大理県に産するものが有名でこの名がある。

【大梁（タイリョウ）】中国、戦国時代の魏の都。黄河の南、現在の河南省開封市にあたる。

【大宰府（ダザイフ）】国律令制で、筑前国（チクゼンのくに）（福岡県）筑紫（つくし）郡に設置された地方官庁。九州諸国、壱岐（いき）、対馬（つしま）の行政管理や海辺防備などを司った。→❸大宰（タイサイ）

【大塩平八郎（おおしおヘイハチロウ）】江戸後期の陽明学者。号、中斎。大坂町奉行所与力、吟味役。天保の大飢饉に際し、農民を救うため兵を起こしたが失敗して自殺。著「洗心洞箚記」。（一七九四～一八三七）

【大槻磐渓（おおつきバンケイ）】幕末から明治初期の朱子学者。著「近古史談」など。（一八〇一～七八）

【大蒜（にんにく）】ユリ科の多年草。強い臭気をもち、鱗茎を食用とする。

【大和(やまと)】①畿内(キナイ)五か国の一国。現在の奈良県。②日本国の異称。③他の語の上に付いて、日本固有の意を表す。『大和言葉』『大和絵』『大和魂(だましい)』→❷(ダイワ)

難読地名 大飯(おおい)郡・町(福井) 大分(おおいた)県 大任(おおとう)町(福岡) 大仁(おおひと)町(静岡) 大府(おおぶ)市(愛知) 大船渡(おおふなと)市(岩手) 大間々(おおまま)町(群馬) 大子(だいご)町(茨城) 大山(だいせん)町(鳥取) 難読姓氏 大来(おおきた) 大社(おおこそ) 大厳(おおたけ)―おおはざま 大嶽(おおたけ) 大胐(おおつき) 大庭(おおば) 大日方(おおひなた)―おおびなた―おびなた 大豆生田(おおまめうだ)―おおまみゅうだ 大宅(おおや)―おおやけ 大仏(おさらぎ) 大楽(たいら)

1497 【夬】 5279 546F 9AED 大－1

カイ(クヮイ)㊅/guài

字解 象形。物にひっかけ引くコの字形の道具を手にするさまに象り、ひっかける、またその道具の意。

篆文 

同属字 快・決・抉・玦・袂・訣・觖・駃

意味 易の六十四卦の一。☱☰。小人がすくみ、君主がのび出るさまを表す。

1498 【太】 3432 4240 91BE 大－1 常2

タイ㊁㊅・タ㊄・ダ㊄/tài/ふとい・ふとる・ふと・ふとし・おおきい・はなはだしい

筆順 太 大 大 太

字解 形声。もと、二(=水)＋大㊥。ゆったりと大きい、はなはだの意。もと泰の別体。

同属字 汰・駄

参考 万葉仮名では音を借りて「た」「だ」。平仮名「た」の字源。

意味 ❶おおきい。「大」に同じ。『太山』『太陽』❷はなはだしい。非常に。『太古』『太平』❸おおもと。はじめ。おこり。『太極』『太初』『太祖』❹りっぱな。すぐれた。高い尊称。『太子』『太宗』❺国ふとい。ふとる。『筆太(ふでぶと)』『骨太(ほねぶと)』❻その他。固有名詞など。『太平天国(タイヘイテンゴク)』『太公望(タイコウボウ)』『太山(タイザン)』

❶ おおきい。

【太陰(タイイン)】月。↕太陽。【太陰暦(タイインレキ)】月が地球を一周する時間をもとにした暦。陰暦。↕太陽暦

【太虚(タイキョ)】おおぞら。虚空。→❸

【太空(タイクウ)】おおぞら。大空。

【太鼓(タイコ)】打楽器の一。胴の側面に革を張ったもの。桴(ばち)で打ち鳴らす。

【太倉(タイソウ)】都にある政府の米倉。

【太息(タイソク)】大きなため息をつく。大息。＊史記‐陳渉世家「陳渉太息曰、嗟乎、燕雀安知二鴻鵠之志一哉(チンショウタイソクしていわく、ああ、エンジャクいずくんぞコウコクのこころざしをしらんやと)〔=陳渉は大きくため息をついて言った、ああ、燕雀のような小さな鳥に、どうして鴻鵠のような大きな鳥の志がわかろうか〕」

【太半(タイハン)】三分の二。大部分。❤残り三分の一を少半という。

【太陽(タイヨウ)】太陽系の中心にある恒星。日輪。↕太陰。【太陽暦(タイヨウレキ)】地球が太陽の周囲を一回転する時間を一年(=約三六五日)とする暦。↕太陰暦

❷ はなはだしい。非常に。

【太玄(タイゲン)】心中に何もない無心の境地。

【太古(タイコ)】大昔。有史以前。

【太甚(タイジン)】程度のはなはだしいさま。

【太清(タイセイ)】空。天。もと道教で、天上を玉清・上清・太清の三層に分けたことによる。＊孟浩‐臨二洞庭一「涵レ虚混二太清一(キョをひたしてタイセイにコンず)〔=湖水は空にとけこみ、天空と水とが一つに混ざりあっている〕」

【太白(タイハク)】「太白星」の略。金星の異称。

【太平(タイヘイ)】世の中が静かで平和に治まっていること。『天下太平』

❸ おおもと。はじめ。おこり。

【太一・太乙(タイイツ)】①天地がまだ分かれていないときの万物の根源。②天神の名。また、天帝の称。太一神。③終南山の別名。④星の名。太一星。

❶

【太虚(タイキョ)】中国古代の宇宙観で、陰陽を生ずる大本。→

【太極(タイキョク)】中国固有の宇宙観で、根源となるものの称。おおもと。特に、天地の開けたはじめ。

【太始(タイシ)】天地の開けたはじめ。

【太初(タイショ)】天地の開けたはじめの時。

【太真(タイシン)】①宇宙を構成する陰陽の二気。②金のこと。→❻

【太祖(タイソ)】その王朝の初代の帝王の称。

❹ りっぱな。すぐれた。高い尊称。

【太学(タイガク)】昔、天子の建てた学校。大学。

【太君(タイクン)】官人の母で、封土を有している者。転じて、身分の高い婦人に対する尊称。また、他人の母の尊称。

【太公(タイコウ)】①祖父をいう語。②父をいう語。③他人の父、または、高齢の人をうやまっていう語。→❻

【太后(タイコウ)】太皇太后、または皇太后をいう語。

【太閤(タイコウ)】国①摂政または太政大臣の尊敬語。②関白の位をその子に譲った人。

【太歳(タイサイ)】①「木星(モクセイ)」の異称。②国陰陽道でまつる八将神の一。歳星の精に名づけたもの。毎年、その年の干支と同じ方位に遊行し、この神のいる方角は吉方とされる。太歳神。❤「大歳」とも。

【太子(タイシ)】皇位、王位を継承する皇子や王子。皇太子。

【太史(タイシ)】中国、古代の官名。史官および暦官の長。天文・暦法、また、国の法規や宮廷内の記録などをつかさどった。大史。【太史簡(タイシのカン)】中国、春秋時代、斉の崔杼(サイジョ)がその君を殺したとき、太史が危険を覚悟でその事実を簡(竹のふだ)に記した故事。転じて、身の危険をおかしても事実を歴史に記すこと。〔左伝‐襄公二五年〕

【太師(タイシ)】中国、周代の官名、三公の一。最高の官として天子の師となり補佐となる。大師。

【太守(タイシュ)】①中国古代の郡の長官。②国上総(かずさ)、常陸(ひたち)、上野(こうずけ)の国守の称。親王が任ぜられた。③国江戸時代、国持ち大名。

【太上(タイジョウ)】①最もすぐれたもの。②天子の尊称。

【太常(タイジョウ)】中国で、漢初に置かれた官。周代の春官の職に当たり、宗廟礼儀をつかさどる。

【太宗(タイソウ)】中国の歴代王朝で、太祖について業績や徳行があった皇帝。

【太孫(タイソン)】皇位を継ぐべき地位にある皇孫の尊称。皇太孫。

【太弟(タイテイ)】天子の弟。特に、皇位を継承すべき天皇の弟。

【太傅(タイフ)】①中国、周代の官名、三公の一。天子の師傅となる。②国左大臣、または太政大臣の唐名。

【太保(タイホ―タイホウ)】中国、周代の官名、三公の一。天子をたすけてその徳を保ち安んずる。

【太母(タイボ)】祖母。おおば。

【太僕(タイボク)】朝廷の車馬や牧畜をつかさどる官職。太僕寺。大僕。

【太政官(ダジョウカン―ダイジョウカン)】国日本の律令制で国政の最高機関。また、明治初期の最高官庁。

【太政大臣(ダジョウダイジン―ダイジョウダイジン)】国①令制で、国政の最高機関である太政官の最高の官。則闕(ソッケツ)の官。②(ダジョウダイジン)明治四年に天皇の補佐役として置かれた国政の最高責任者。現在の内閣総理大臣。

【太夫(タユウ)】＝大夫(タイフ)㊁(「大」の❸ 二九一頁)

❻その他。固有名詞など。

下接 心太(ところてん)・丸太(まるタ)・明太(メンタイ)・猶太(ユダヤ)・与太(ヨタ)

【太液(タイエキ)】中国の宮殿にあった池の名。＊白居易‐長恨歌「帰来池苑皆依旧、太液芙蓉未央柳(かえりきたればチエンみなキュウによる、タイエキのフヨウビオウのやなぎ)〔＝宮中に帰ってみると、池も庭もみな昔のままである。太液の池の蓮の花も、未央宮の柳も〕」

【太華(タイカ)】陝西(センセイ)省華陰県にある山の名。

【太極図説(タイキョクズセツ)】中国の儒家書。一巻。宋の周敦頤(トンイ)撰。全文二四九字の短文で万物の生成を図示した太極図の解説。朱子に宋学の淵源と尊ばれた。

【太原(タイゲン)】中国、山西省の省都。黄河の支流汾水(フンスイ)の左岸にのぞむ。春秋時代から晋陽として知られた。

【太玄経(タイゲンキョウ)】中国の術数書。一〇巻。前漢の揚雄撰。宇宙の万物への展開を象徴的な符号と辞句で表現。

【太公(タイコウ)】①太公望のこと。②中国、周代の政治家、周公のこと。周の二代目の成王を父武王に代わって教育し補佐した。→❹【太公望(タイコウボウ)】①中国、周の政治家呂尚(リョショウ)。釣りをしていたところを周の文王に見いだされ、周の祖太公が待ち望んでいた賢者だとされ、太公望と号した。文王、武王をたすけて殷を滅ぼし、斉の始祖となる。②釣りをする人。釣りの好きな人。

【太行(タイコウ)】中国の河南省と山西省との境にある山。

【太山(タイザン)】中国五岳の一。山東省泰安県の北にある山。秦・漢時代から皇帝が封禅の儀式を行った所。泰山。東岳。【太山不ㇾ譲二土壌一(タイザンはドジョウをゆずらず)】(「史記‐李斯伝」による)→泰山不ㇾ譲二土壌一(タイザンはドジョウをゆずらず)(六七五頁)

【太真(タイシン)】中国、唐の玄宗の愛妃、楊貴妃(ヨウキヒ)の号。→❸

【太平御覧(タイヘイギョラン)】中国の類書。一〇〇〇巻。宋の太宗の時、李昉(リボウ)の奉勅撰。初名、太平総類。先行の類書などから集めた引用書一六九〇種を五五部門に分類。

【太平広記(タイヘイコウキ)】中国の小説家書。五〇〇巻。宋の李昉(リボウ)らの奉勅撰。漢から五代までの小説、説話などを九二項目に分けて集め、その出典を記したもの。

【太平天国(タイヘイテンゴク)】中国、清末、上帝会の指導者洪秀全が華南を中心に建てた国(一八五一～六四)。首都南京。国号は、「周礼」大同思想の太平、「聖書」の天国に拠る。

【太平道(タイヘイドウ)】中国の後漢末に張角が唱えた民間宗教、およびその結社。五斗米道とともに道教の源流をなす。河北、山東、河南に広がり、黄巾の乱をおこした。

【太田錦城(おおたキンジョウ)】江戸中期の折衷学派の儒者。著「九経談」「論語大疏」など。(一七六五～一八二五)

難読地名 太地(たいじ)町(和歌山) 太良(たら)町(佐賀)

1499【夫】4155 4957 9576 大-1 常4
ブ呉・フ漢・フウ慣/fū・fú/
おっと・おとこ・お・せ・つま・その・それ・かの・かな・か・や

筆順 夫 夫 夫 夫

字解 指事。一人前の人(男)に冠のかんざしを表す一を付し、成人男子の意。

甲骨文 金文 篆文

同属字 芙・扶・蚨・趺・鈇・麩

参考 万葉仮名では音を借りて「ぶ」。

意味 ❶おとこ。一人前の男性。『丈夫(ジョウフ)』『匹夫(ヒップ)』❷おっと。↔妻・婦。『夫婦』『夫権』『情夫』❸労働をする人。『夫役』『農夫』❹かの。この。その。あの。指示代名詞。＊論語‐先進「非二夫人之為慟一、而誰為(かのひとのためにドウするにあらずして、たがためにかせん)〔＝あの人のために慟哭せずに、いったい誰のために慟哭しよう〕」❺それ。㋑さて。そもそも。いったい。語を発するときの言葉。＊李白‐春夜宴二桃李園一序「夫天地者万物之逆旅、光陰者百代之過客(それテンチはバンブツのゲキリョにして、コウインはヒャクダイのカカクなり)〔＝そもそも天地とは、万物を迎えては送る旅館であり、歳月は永遠に旅を続ける旅人である〕」㋺そもそも。いったい。疑問・反語の句の上にあるときは、強調の働きをもつ。＊論語‐顔淵「内省不ㇾ疚、夫何憂何懼(うちにかえりみてやましからずんば、それなにをかうれえなにをかおそれん)〔＝自分の心のうちを反省して良心にとがめることがなければ、いったい何をくよくよと心配し、何をびくびくとおそれおののくことがあろうか〕」❻かな。か。や。…であるなあ。文末に用い詠嘆を示す。＊論語‐子罕「逝者如ㇾ斯夫。不ㇾ舎二昼夜一(ゆくものはかくのごときかな。チュウヤをおかず)〔＝過ぎ去って帰らぬものは、すべてこの川の水のようなものであろうか。昼となく夜となく休止することがない〕」❼その他。固有名詞、あて字など。『夫差(フサ)』『工夫(クフウ)』『泪夫藍(サフラン)』

❶おとこ。一人前の男性。

下接 一夫(イップ)・褐夫(カップ)・頑夫(ガンプ)・怯夫(キョウフ)・狂夫(キョウフ)・曠夫(コウフ)・士夫(シフ)・丈夫(ジョウフ―ジョウブ)・征夫(セイフ)・拙夫(セップ)・賤夫(センプ)・壮夫(ソウフ)・大夫(タイフ)・懦夫(ダフ)・哲夫(テップ)・独夫(ドクフ)・薄夫(ハクフ)・万夫(バンプ)・匹夫(ヒップ)・卑夫(ヒフ)・鄙夫(ヒフ)・百夫(ヒャクフ)・武夫(ブフ)・僕夫(ボクフ)・凡夫(ボンプ)・野夫(ヤフ)・勇夫(ユウフ)・庸夫(ヨウフ)・傭夫(ヨウフ)・余夫(ヨフ)・老夫(ロウフ)

【夫子(フウシ)】①賢者、先生などの敬称。②特に、孔子。③そう言う、当人。あなた。『夫子自身の問題だ』【夫子之道、忠恕而已矣(フウシのみちは、チュウジョのみ)】孔子の説く道は、まごころと思いやりにほかならない。〔論語‐里仁〕

❷おっと。

下接 一夫(イップ)・姦夫(カンプ)・情夫(ジョウフ)・先夫(センプ)・亡夫(ボウフ)・間夫(まぶ)・密夫(ミップ)・有夫(ユウフ)・両夫(リョウフ)／妻夫(めおと)・鰥夫(やもめ)

【夫婦(フウフ―めおと)】夫と妻。結婚している一組の男女。【夫婦有ㇾ別(フウフベツあり)】親しい夫婦の間でも、それぞれ人としての一定のつとめがあり、互いを侵してはならない。夫婦の間にも遠慮・礼儀などがあるべきだということ。〔孟子‐滕文公上〕

【夫君(フクン)】他人の夫を敬っていう語。

【夫妻(フサイ)】夫と妻。夫婦。

【夫唱婦随・夫倡婦随(フショウフズイ)】夫が言い出して、妻がこれに従うこと。〔関尹子‐三極〕

【夫人(フジン)】国他人の妻を敬っていう語。『令夫人』

❸労働をする人。

下接 役夫(エキフ)・駅夫(エキフ)・脚夫(キャクフ)・漁夫(ギョフ)・坑夫(コウフ)・鉱夫(コウフ)・車夫(シャフ)・樵夫(ショウフ)・水夫(スイフ)・担夫(タンプ)・田夫(デンプ)・人夫(ニンプ)・農夫(ノウフ)・馬夫(バフ)・牧夫(ボクフ)・猟夫(リョウフ)

【夫役(フエキ―ブヤク)】①(フエキ)労役を課すること。特に労役を課したこと。②(ブヤク)古く、人身に課税したこと。

【夫里之布（フリのフ）】 夫布と里布。古代中国の税。夫布は無職の者に、里布は桑や麻を植えない者に課した。

❼ 固有名詞。

【夫差（フサ）】 中国、春秋時代の呉の王（在位前四九六～前四七三年）。父の闔閭（コウリョ）が越王勾践（コウセン）と戦って死ぬと、薪（たきぎ）の上に臥して復讎を誓い、ついに越軍を破ったが、伍子胥（ゴシショ）の言を聞かず、越を滅ぼさなかったため、のち越王勾践によって滅ぼされた。→臥薪嘗胆（ガシンショウタン）（九九八頁）

1500 【央】 1791 317B 899B 大－2 常3 オウ（アウ）呉・ヨウ（ヤウ）漢・エイ漢/yāng/なかば

筆順 央 央 央 央 央

字解 象形。首の真ん中にくびかせをつけられた人に象り、まんなかの意。

甲骨文 金文 篆文

同属字 盎・鴦・英・怏・泱・殃・映・秧・鞅

意味 ❶なかば。まん中。『月央（ゲツオウ）』『震央（シンオウ）』『中央（チュウオウ）』 ❷つきる。やむ。 ❸→央央

【央央（オウオウ・エイエイ）】 ㊀（オウオウ） 広々としたさま。 ㊁（エイエイ） [1]音色の和らぐさま。 [2]鮮明なさま。

1501 【失】 2826 3C3A 8EB8 大－2 常4 シチ呉・シツ漢/shī/うしなう・うせる・あやまち

筆順 失 失 失 失 失

字解 会意。手＋乙（それて抜ける）。手からものがなくなる、うしなう意。一説に、手＋乙声の形声字ともいう。

金文 篆文

同属字 佚・帙・迭・秩・軼・跌・鉄

意味 ❶うしなう。なくす。おとす。『時機を失する』『失業』『失望』『焼失』 ⇒〔喪〕（905）の表 ❷あやまち。しくじり。まちがい。また、やりそこなう。『失言』『失敗』『過失』 ❸程度が過ぎる。『遅きに失する』

❶ うしなう。なくす。おとす。

下接 逸失（イッシツ）・欠失（ケッシツ）・散失（サンシツ）・自失（ジシツ）・消失（ショウシツ）・焼失（ショウシツ）・喪失（ソウシツ）・損失（ソンシツ）・退失（タイシツ）・得失（トクシツ）・廃失（ハイシツ）・漂失（ヒョウシツ）・紛失（フンシツ）・亡失（ボウシツ）・忘失（ボウシツ）・滅失（メッシツ）・流失（リュウシツ）

【失意（シツイ）】 望みが遂げられず、落胆すること。↔得意

【失格（シッカク）】 資格を失うこと。

【失陥（シッカン）】 攻め落とされて土地などを奪われること。

【失脚（シッキャク）】 地位や立場を失うこと。

【失業（シツギョウ）】 職を失うこと。職に就けないでいること。

【失敬（シッケイ）】 [1]人に対して敬意を欠くこと。失礼。 [2]国 別れること。また、わびる意の挨拶（アイサツ）語。失礼。「ここで失敬する」「ちょっと失敬」 [3]国 盗むこと。

【失効（シッコウ）】 効力を失うこと。↔発効

【失色（シッショク）】 [1]威厳のある顔つきをなくすこと。 [2]恐怖や驚きで顔色をなくすこと。

【失神・失心（シッシン）】 正気を失うこと。喪心。気絶。

【失跡（シッセキ）】 行方の知れないこと。行方をくらますこと。失踪（シッソウ）。

【失踪（シッソウ）】 行方の知れないこと。また、行方をくらますこと。失跡。『失踪届』

【失地（シッチ）】 失った土地。また、失った自分の勢力範囲、地盤。『失地回復』

【失墜（シッツイ）】 権威や信用などを失うこと。『名誉失墜』

【失点（シッテン）】 [1]競技や勝負で点数を失うこと。↔得点。『失点を重ねる』 [2]おちど。欠点。

【失当（シットウ）】 当を得ていないこと。不当。↔正当

【失念（シツネン）】 もの忘れ。記憶がもどらないこと。

【失望（シツボウ）】 希望や期待がはずれてがっかりすること。

【失明（シツメイ）】 視力を失うこと。

【失礼（シツレイ）】 [1]礼儀を欠くこと。失敬。 [2]国 軽い気持ちでわびるとき、別れるときなどの挨拶（アイサツ）語。

【失路（シツロ）】 道に迷うこと。人生の方向を見失うこと。＊柳宗元－南澗中題「失路少レ所レ宜（シツロよろしきところすくなし）〔＝行くべき道を失って、何事もうまくいかない〕」

【失鹿（シツロク）】 帝位を失うこと。▽鹿は帝位のたとえ。

❷ あやまち。しくじり。やりそこなう。

下接 一失（イッシツ）・過失（カシツ）・酒失（シュシツ）・敵失（テキシツ）

【失禁（シッキン）】 大小便をもらすこと。

【失言（シツゲン）】 言うべきでないことを言ってしまうこと。

【失誤（シツゴ）】 しそこなうこと。あやまち。

【失策（シッサク）】 物事をやり損なうこと。しくじり。エラー。

【失錯（シッサク・シッシャク）】 しくじること。うっかりまちがえること。怠けたり、忘れたりしてすべきことをしおとすこと。

【失笑（シッショウ）】 思わずふき出して笑ってしまうこと。

【失政（シッセイ）】 政治の方法をあやまること。また、あやまった政治。

【失措（シッソ）】 処置をあやまること。

【失態・失体（シッタイ）】 国 体面を失うこと。ぶざまな失敗。

【失敗（シッパイ）】 しくじり。やりそこない。↔成功

1502 【夫】 大－2

字解 奉・奏に含まれる夫は、基本形として廾（両手でささげもつ）を含み、両手をあわせてものをささげ動作を行う意を表すと考えられる。

1503 【夷】 1648 3050 88CE 大－3 イ呉漢/yí/えびす・たいらげる・たいらか

字解 象形。ひもがまきついた矢の形に象り、いぐるみの短い矢、その矢で敵をたいらげる意。また、尸に通じ、東方の異民族の意に用いる。甲骨文は、大きな中国の人に添う小さく未開な異民族の意。

甲骨文 金文 篆文

同属字 荑・姨・洟・痍・鮧

参考 (1)万葉仮名では音を借りて「い」。(2)昔、中国では、東方の異民族は「夷」、西方は「戎」、南方は「蛮」、北方は「狄」と書いた。(3)「えびす」は「蝦夷（えぞ）」の古い言い方「えみし」の変化した語。

意味 ❶えびす。未開人。外国人。また、日本で七福神の一。『征夷大将軍（セイイタイショウグン）』『尊皇攘夷（ソンノウジョウイ）』『夷狄』『蛮夷』 ❷たいらげる。滅ぼす。除く。はらう。『焼夷弾（ショウイダン）』『夷滅』『芟夷（サンイ）』『剪夷（センイ）』 ❸たいらか。おだやか。また、大きい。『夷険』『夷然』『平夷』 ❹ふつう。平凡。また、つね。『希夷（キイ）』 ❺仲間。とも。『醜夷（シュウイ）』『等夷（トウイ）』 ❻その他。固有名詞など。『夷斉（イセイ）』『夷陵（イリョウ）』

❶ えびす。未開人。

下接 遠夷（エンイ）・華夷（カイ）・外夷（ガイイ）・九夷（キュウイ）・紅夷（コウイ）・四夷（シイ）・醜夷（シュウイ）・戎夷（ジュウイ）・攘夷（ジョウイ）・西夷（セイイ）・征夷（セイイ）・東夷

【夷俗(イゾク)】えびすの風俗。蛮人の風俗。

【夷賊(イゾク)】国他の民族または種族を野蛮人として、軽蔑していう語。えびすの賊。

【夷狄(イテキ)】辺境の民族や外国人を、野蛮人として卑しめていう語。

【夷貊(イバク)】中国東北方面のえびす。

【以ㇾ夷攻ㇾ夷(イをもってイをせむ)】〔後漢書-鄧訓伝〕他人の力を利用して、自分の利益を得ること。❤異民族同士を争わせて、自国の安全をはかる中国の伝統的な外交戦略。

❷ たいらげる。滅ぼす。除く。はらう。

【夷滅(イメツ)】滅ぼし絶やすこと。

❸ たいらか。おだやか。また、大きい。

下接 険夷(ケンイ)・清夷(セイイ)・坦夷(タンイ)・平夷(ヘイイ)・陵夷(リョウイ)

【夷険(イケン)】土地の平らなことと険しいこと。険夷。

【夷然(イゼン)】落ち着いて物に動じないさま。平然。

【夷坦(イタン)】(「坦」は安の意) おだやかで平らなこと。

❻ その他。固有名詞など。

下接 鶍夷(シイ)・辛夷(シンイ)(こぶし)・馮夷(ヒョウイ)・明夷(メイイ)

【夷斉(イセイ)】伯夷(ハクイ)と叔斉(シュクセイ)の兄弟。中国、周の武王が殷(イン)の紂(チュウ)王を討とうとしたとき、いさめていれられず、周の天下になって周に仕えず、首陽山に隠れて餓死した。

【夷則(イソク)】①中国の音楽の十二律の一。黄鐘(コウショウ)より八律高い音で、日本の十二律の鸞鏡(ランケイ)に当たる。②陰暦七月の異名。

【夷陵(イリョウ)】中国湖北省にあった古地名。春秋時代、楚に属した要地で、のち王の墓所がつくられた。

難読地名 夷隅(いすみ)郡・町(千葉)

1504【龹】— — — 大-3

(1505)〔关〕— — — 大-3

(2193)〔𢍏〕— — — 廾-7 ケン漢 quān

字解 もと𢍏。𢍏は会意。釆(平らに広がる)+廾(両手)。平らに広がるものを手でまるくまとめる、まく意。

同属字 劵(券)・卷(巻)・拳(拳)・眷

1506【夾】 5283 5473 9AF1 大-4 キョウ(ケフ)呉・コウ(カフ)漢/jiā・jiá/さしはさむ・はさむ・はさまる・せまい

字解 会意。大きな人が両脇に人をはさむ、たすける意。

甲骨文 金文 篆文

同属字 頰・峽・狹・挾・篋・筴・陜・蛺・鋏

意味 ❶はさむ。さしはさむ。「挟」に同じ。「夾撃」「夾纈」「夾帯」❷はさまる。まじる。「夾雑」❸はさんで助ける。「夾侍」「夾輔」❹刀のつか。「鋏」に同じ。❺せまい。「狭」に同じ。❻その他。固有名詞など。「夾竹桃(キョウチクトウ)」「夾谷(キョウコク)」「夾鐘(キョウショウ)」

❶ はさむ。さしはさむ。

【夾岸(キョウガン)】〔きしをさしはさむ〕両岸。*陶潜-桃花源記「夾ㇾ岸数百歩、中無二雑樹一(きしをさしはさむことスウヒャッポ、うちにザツジュなし)」〔=両岸をはさんで数百歩、その中には桃以外の木はない〕

【夾撃(キョウゲキ)】はさみうつこと。挟撃。

【夾纈(キョウケチ)】中国、唐の柳婕妤(リュウショウヨ)の妹が発明した染色法。同じ花紋を彫り抜いた二枚の板の間に、折り畳んだ布をはさみ、染料を注いで染める。こうけつ。いたぞめ。

【夾帯(キョウタイ)】持ち込み禁止のものを隠し持って試験場などに入ること。

❷ はさまる。まじる。

【夾雑(キョウザツ)】まじること。まじり込むこと。「夾雑物」

❸ はさんで助ける。

【夾侍(キョウジ)】三尊仏(サンゾンブツ)の、中尊をはさんで左右に侍する菩薩(ボサツ)、比丘(ビク)など。わきじ。わきだち。

【夾輔(キョウホ)】左右から助けること。

❻ その他。固有名詞など。

【夾谷(キョウコク)】中国、春秋時代、孔子が魯(ロ)の定公を助けて斉の景公と会見した所。現在の江蘇(コウソ)省贛楡(コウユ)県の西。

【夾鐘(キョウショウ)】①中国音楽十二律の一。基本音の黄鐘(コウショウ)より三律高い音。日本の勝絶(ショウゼツ)にあたる。②陰暦二月の異称。

【夾竹桃(キョウチクトウ)】キョウチクトウ科の常緑低木。紅、白などの花を開く。

1507【奉】 4284 4A74 95F2 大-5 常 ブ呉・ホウ漢/fèng/たてまつる

筆順

字解 形声。もと、手+丰(しげった草)+廾(両手でささげもつ)声。両手を合わせたてまつる意。

篆文

同属字 俸・捧・棒

意味 ❶たてまつる。さしあげる。「奉献」「奉納」*史記-廉頗藺相如伝「相如奉ㇾ璧奏二秦王一(ショウジョたまをホウじてシンオウにソウす)」〔=藺相如は璧をささげ持って秦王に献上した〕❷おつかえする。つとめる。「職を奉ずる」「奉公」「供奉(グブ)」❸うける。うけたまわる。「君命を奉ずる」「奉賜」「奉勅」「奉行(ブギョウ)」「遵奉(ジュンポウ)」「信奉(シンポウ)」❹国貴人のためにつつしんで行う。「奉還」「奉祝」

❶ たてまつる。さしあげる。

【奉加(ホウガ)】神仏に金品を寄進すること。また、その金品。「奉加帳」

【奉献(ホウケン)】神仏などに物をさしあげること。

【奉上(ホウジョウ)】①尊貴の人、目上の人などに、さしあげること。②天子や主君を上にいただいて尽くすこと。

【奉納(ホウノウ)】国神仏に物品、芸能などをおさめること。

❷ おつかえする。つとめる。

【奉公(ホウコウ)】①おおやけに一身をささげて仕えること。「滅私奉公」②国他人の家に召し使われて勤めること。

【奉仕(ホウシ)】①国家、社会などのために献身的に働くこと。「勤労奉仕」②国商品を特に安く提供すること。「奉仕価格」

【奉事(ホウジ・ブジ)】①(ホウジ)長上に仕えること。奉仕。②(ブジ)仏語。仏菩薩や目上の者などに仕えること。

【奉職(ホウショク)】おおやけの職務につくこと。

【奉養(ホウヨウ)】親など目上の者に仕えて養うこと。

❸ うける。うけたまわる。

【奉教(ホウキョウ)】教えを受けること。教えを奉ずること。

『奉教人』

【奉行ホウコウ|ブギョウ】①（ホウコウ）命令を受けて執行すること。②（ブギョウ）国日本の武家時代の職名。政務を担当し執行する一部局の長官。

【奉朔ホウサク】天子が定めた正朔（こよみ）を使用すること。転じて、一王朝の治下に入り、その政策に従うこと。

【奉賜ホウシ】貴人・主君などからの手当やいただきもの。

【奉書ホウショ】①広く、主人の意を受けて従者がみずからの名を署して出す文書をいう。②国「奉書紙ホウショがみ」の略。コウゾを原料とする厚手、純白の高級紙。主に儀式用。

【奉勅ホウチョク】勅命を受けること。奉詔。

【奉禄ホウロク】官吏に支給される給料。俸禄。

❹（日本語で）つつしんで行う。
【奉安ホウアン】国尊いものを安置すること。『奉安殿』
【奉賀ホウガ】国つつしんで祝うこと。『奉賀新年』
【奉還ホウカン】国天皇にお返しすること。『大政奉還』
【奉賛・奉讃ホウサン】国つつしんで神社などの仕事を賛助すること。『奉賛会』
【奉祀・奉祠ホウシ】国神仏、祖霊などを祭ること。祭祀。
【奉祝ホウシュク】国つつしんで祝うこと。奉賀。
【奉遷ホウセン】国神体などをよそへ移すこと。
【奉戴ホウタイ】国①君主としてあがめいただくこと。②大切なものをつつしんでいただくこと。

1508【奏】3353 4155 9174 大－6 常6 ソウ(漢) \zòu\ かなでる・すすめる

筆順 

字解 会意。屮（草）＋夲（獣か？）＋廾（両手）。供物を両手でたばね神前に進める意から、すすめる・申し上げる意を表す。

甲骨文  篆文 

同属字 湊・腠・輳

意味 ❶すすめる。たてまつる。㋑さしあげる。さし出す。『奏書』『奏覧』＊史記-刺客伝「軻既取図奏之カすでにズをとりてこれをソウす」〔＝荊軻は地図を取り出し、それを献上した〕㋺申し上げる。『奏上』『奏請』『奏聞』❷楽器をかなでる。『奏楽』『演奏』『合奏』『独奏』❸なす。なしとげる。『功を奏する』『奏効』

❶さしあげる。また、申し上げる。
下接 劾奏ガイソウ・議奏ギソウ・糾奏キュウソウ・讒奏ザンソウ・伺奏シソウ・執奏シッソウ・述奏ジュツソウ・上奏ジョウソウ・申奏シンソウ・進奏シンソウ・陳奏チンソウ・伝奏デンソウ・内奏ナイソウ・白奏ハクソウ・表奏ヒョウソウ・伏奏フクソウ・覆奏フクソウ・敷奏フソウ・面奏メンソウ・連奏レンソウ・録奏ロクソウ
【奏案ソウアン】①上奏文の下書き。②上奏文をのせる机。

【奏劾ソウガイ】罪過を上奏して弾劾すること。

【奏議ソウギ】君主に意見を申し上げること。また、その意見書。

【奏事ソウジ】①天子に奏上すること。また、奏上した事柄。②国「奏事式ソウジシキ」の略。律令制で天皇に奏上して勅裁を仰ぐ奏の文書形式（論奏式・奏事式・便奏式）の一。

【奏書ソウショ】天子に奏上する書。

【奏上ソウジョウ】天子に申し上げること。上奏。

【奏申ソウシン】天子に申し上げること。

【奏請ソウセイ】天子に奏上して裁可を請うこと。

【奏疏ソウソ】天子に意見などを奏上する文書。上疏ジョウソ。

【奏聞ソウモン】天子に申し上げること。奏上。

【奏覧ソウラン】天子にお見せすること。

❷楽器をかなでる。
下接 演奏エンソウ・合奏ガッソウ・間奏カンソウ・重奏ジュウソウ・助奏ジョソウ・序奏ジョソウ・吹奏スイソウ・前奏ゼンソウ・弾奏ダンソウ・独奏ドクソウ・伴奏バンソウ・変奏ヘンソウ・連奏レンソウ・協奏曲キョウソウキョク
【奏楽ソウガク】音楽を演奏すること。

❸なす。なしとげる。
【奏功ソウコウ】仕事をして功績をあげること。

【奏効ソウコウ】効果をあげること。奏功。

【爽】⇩4590 【器】⇩907

大

1509【夲】5281 5471 9AEF 大－2 ホン 「本」(3298)の異体字

1510【夸】5282 5472 9AF0 大－3 カ（クヮ）(漢)・コ(慣) \kuā\ おごる・ほこる

字解 形声。大＋亏（弓なりに大きく曲がる）(声)。大またにまたぐ意。また、誇に通じ、おごる意。

金文  篆文 

同属字 瓠・胯・袴・誇・跨

意味 ❶おごる。また、ほこる。『夸者』❷大きい。大げさ。『夸言』
【夸言コゲン】大げさな話。ほら話。
【夸者コシャ】ほこりたかぶる人。

1511【奄】1766 3162 8982 大－5 エン(漢) \yǎn・yān\ おおう・たちまち

字解 会意。大＋申（いなずま）。金文は、人の頭上をいなずまがおおっている、あまねくおおう意。また、ひさしい意を表す。

金文  篆文 

同属字 菴・罨・俺・唵・淹・掩・庵・醃

意味 ❶おおう。『奄有』❷たちまち。にわかに。❸ふさがる。気力がなくなる。『奄奄』『奄然』❹久しい。ながい。また、やすらか。いこう。『奄留』
【奄奄エンエン】息がふさがって絶えそうなさま。『気息奄奄』
【奄然エンゼン】息が今にも絶えそうなさま。
【奄有エンユウ】土地をことごとく所有すること。
【奄留エンリュウ】長くとどまること。

1512【奇】2081 3471 8AEF 大－5 常 (5566)【竒】5284 5474 9AF2 立－4
キ(呉)(漢) \qí・jī\ めずらしい・あやしい・くし・くすし

筆順 

字解 形声。大＋可（まがる）(声)。曲がったまま立つ人の意。踦の原字。

同属字 寄・攲・倚・埼・崎・猗・椅・琦・碕・畸・綺・錡・騎・齮・羇

参考 万葉仮名では音を借りて「が」「き(乙)」。

意味 ❶めずらしい。㋑普通でない。変わっている。『奇気』『奇生』㋺並外れた。すぐれた。『奇計』『奇功』『奇才』『奇麗』㋩あやしい。不思議な。『奇効』『奇術』『奇跡』㊁思いがけない。不意の。くしくも。『奇禍』

『奇遇』『奇襲』『奇兵』❷はんぱ。あまり。二で割り切れない。「畸」に同じ。↔偶。『奇偶』『奇数』『有奇(ユウキ)』

❶ めずらしい。不思議な。思いがけない。

下接 怪奇(カイキ)・魁奇(カイキ)・権奇(ケンキ)・好奇(コウキ)・高奇(コウキ)・新奇(シンキ)・神奇(シンキ)・数奇(スウキ)・珍奇(チンキ)・伝奇(デンキ)・猟奇(リョウキ)

【奇異(キイ)】普通と様子が変わっていて怪しげなこと。
【奇偉(キイ)】珍しいほどすぐれていて、立派であること。
【奇縁(キエン)】不思議な因縁。また、思いがけない巡り合わせ。『合縁(あいエン)奇縁』
【奇貨(キカ)】珍しい品物。また、意外な利益が得られるかも知れない品物、機会。【奇貨可ㇾ居(キカおくべし)】珍しい品物だから、今買っておけば後で利益になるだろうの意で、好機を逸してはならないの意。〔史記-呂不韋伝〕
【奇禍(キカ)】思いがけない災難。
【奇怪・奇恠(キカイ｜キッカイ)】①常識では考えられない怪しいこと。②国けしからぬこと。『奇怪千万』
【奇観(キカン)】変わった眺め。珍しい景色。
【奇気(キキ)】①普通と違った気性、性質。②普通と違った様子であること。
【奇矯(キキョウ)】言行がとっぴなさま。
【奇遇(キグウ)】思いがけなく出会うこと。不思議な巡り合わせ。
【奇崛(キクツ)】山が険しく変化のあるさま。転じて、物事の一風変わってぬきんでていることにいう。
【奇形(キケイ)】動植物が、異常、不整の形をしていること。『奇形のハゼ』▼書き換え「畸形→奇形」。
【奇計(キケイ)】普通では思いつかないような、巧みな計略。
【奇警(キケイ)】すぐれて賢いこと。言動などが人の思いつかないような内容であること。『奇警な比喩(ヒユ)』
【奇巧(キコウ)】珍しくて、じょうずなこと。奇工。
【奇行(キコウ)】人並みはずれた奇抜な行動。
【奇骨(キコツ)】風変わりな性格。普通の人と違った独自なしっかりした心。『奇骨に富む』
【奇才(キサイ)】世にまれなすぐれた才気、才能。また、その持ち主。『彫刻界の奇才』
【奇策(キサク)】人の意表を突いた奇抜なはかりごと。奇計。
【奇士(キシ)】①言行の世にすぐれた人。②奇妙なふるまいをする人。奇人。
【奇習(キシュウ)】風変わりな、珍しい風習。
【奇襲(キシュウ)】不意を突いて敵を襲撃すること。
【奇術(キジュツ)】人の目をごまかして、不思議なことをして見せる技術。手品。『奇術師』
【奇峭(キショウ)】山などが、けわしくそばだっているさま。転じて、人の性格などが、きわだち鋭いさま。
【奇勝(キショウ)】珍しい景色。すぐれた景色。景勝。
【奇人(キジン)】性格や行動などが、普通の人とは異なっている人。変わり者。『奇人変人』↓❷
【奇瑞(キズイ)】めでたいことの前兆として現れた不思議な現象。瑞相。
【奇跡・奇蹟(キセキ)】常識では起こるとは思えないような神秘的な現象。また、神の示す思いがけない力。▼書き換え「奇蹟→奇跡」。
【奇絶(キゼツ)】きわめて珍しく素晴らしいこと。
【奇想(キソウ)】奇抜な思いつき。『奇想天外(テンガイ)』
【奇態・奇体(キタイ)】珍しいさま。不思議なさま。
【奇譚(キタン)】＝奇談(キダン)
【奇談(キダン)】珍しくて、不思議な話。珍しく興味のある話。奇譚(キタン)。『珍談奇談』
【奇特(キトク｜キドク)】国①非常に珍しく、褒めるべきであるさま。『奇特な人』②神仏などの不思議な力。霊験。奇跡。
【奇抜(キバツ)】人の意表を突いて、風変わりなさま。
【奇福(キフク)】思いがけないしあわせ。僥倖(ギョウコウ)。
【奇聞(キブン)】珍しいうわさや話。奇談。『珍聞奇聞』
【奇妙(キミョウ)】普通とは違って妙なさま。
【奇麗(キレイ)】すぐれて美しいさま。▼「綺麗」とも書く。
【奇天烈(きてれつ)】非常に奇妙なさま。『奇妙奇天烈』▼奇妙の意を込めたあて字。

❷ はんぱ。あまり。二で割り切れない。

【奇贏(キエイ)】(「贏」は商売をしてもうけのある意）財物を残したくわえること。余贏(ヨエイ)。
【奇人(キジン)】余っている人。ひまな人。↓❶
【奇数(キスウ)】二で割り切れない整数。↔偶数

1513【奈】3864 4660 93DE 大-5 人 (3320)〖柰〗* 3537 木-5

ナイ(呉)・ダイ(漢)・ナ(慣)/nài/いかん・いかんせん

字解 会意。大(＝木)＋示(神事)。神事用の木、からなしの意。借りて、疑問詞に用いる。

同属字 捺

参考 万葉仮名では音を借りて「な」。平仮名「な」、片仮名「ナ」の字源。

意味 ❶いかん。いかんぞ。いかんせん。どうして。どうしたらよいか。疑問を示す。多く「何」と複合して用いる。「那」に同じ。❷あて字など。『奈落』

❶ いかん。いかんせん。疑問を示す。

【奈辺(ナヘン)】国どのへん。どのあたり。那辺(ナヘン)。
【奈何(いかん｜いかんぞ｜いかんせん)】①(いかん｜いかんぞ)どうして。なぜ。「如何」に同じ。＊列子-天瑞「奈何憂ニ崩墜ㇾ乎(ホウツイするをうれえんや)」〔＝どうして天がくずれ落ちるのを心配する必要があろうか〕②(いかん｜いかんせん)どうしようか。どうしたらよいか。手段・方法を問う語。「如何」に同じ。＊史記-項羽本紀「虞兮虞兮奈ㇾ若何(グやグやなんじをいかんせん)」〔＝(愛する)虞よ虞よ、おまえをいったいどうしてやったらよいのだろうか〕
【無ニ奈何一(いかんともするなし)】どうしようもない。＊白居易-長恨歌「六軍不ㇾ発無ニ奈何一(リクグンハッせずいかんともするなし)」〔＝護衛の軍隊は発進せず、(みかども)どうすることもできない〕

❷ あて字など。

下接 支奈(シナ)・輪奈(わな)・目奈陀(めなだ)

【奈落(ナラク)】(梵 narakaの音訳)①地獄。②国物事のどん底。③国劇場で、舞台や花道の床下。

難読地名 奈半利(なはり)町(高知)

難読姓氏 奈流芳(なるか)

1514【奔】4359 4B5B 967A 大-5 常 (1516)〖奔〗二一 大-6 旧字

ホン(呉)(漢)/bēn・bèn/はしる

筆順 一 大 太 奆 奔 奔 奔

字解 奔は奔の略体。奔は会意。大(＝夭、人が腕をふり走る)＋卉(＝歮、多くの足)。おおいにはしる、はやくはしる意。

金文

篆文

意味 はしる。㋑はやく走る。転じて、勢いのはげしいさま。忙しいさま。『東奔西走(トウホンセイソウ)』『奔走』『奔馬』『狂奔(キョウホン)』㋺にげる。まける。『奔竄』『出奔(シュッポン)』『逃

奔(ホントウ)』『雷奔(ライホン)』 ㈧かけおち。正式でない結婚。『奔奔(ホンポン)』『淫奔(インポン)』 ㈡思うままにする。『奔放』 [2]

【奔逸(ホンイツ)】 [1]かけ走ること。また、走りにげること。 [2]思いのままに走ること。気ままに行動すること。

【奔競(ホンキョウ)】 われがちに争うこと。

【奔竄(ホンザン)】 にげかくれること。

【奔走(ホンソウ)】 かけ回って努力すること。

【奔湍(ホンタン)】 急流。早瀬。『奔湍岩をかむ』

【奔騰(ホントウ)】 非常な勢いで高く上がること。特に、物価などが急騰すること。

【奔馬(ホンバ)】 勢いよく走るウマ。荒れ狂っているウマ。

【奔波(ホンパ)】 [1]速く流れる水。激しく打ち寄せる波。 [2]きそい争うこと。また、あれこれと苦労すること。

【奔放(ホンポウ)】 思うままに振る舞うこと。『自由奔放』

【奔奔(ホンポン)】 鳥の雌雄、転じて男女の関係が乱れて定まらないさま。〔詩経-鄘風・鶉之奔奔〕 元来、鳥の雌雄の仲のよいことをいう語。

【奔命(ホンメイ)】 君命に従って奔走すること。転じて、忙しく立ち回ること。『奔命に疲れる』

【奔流(ホンリュウ)】 激しい勢いの流れ。

1515 【奎】 5287 5477 9AF5 大－6 人 ケイ㊥・キ㊥/kuí

字解 形声。大＋圭㊥。またの意。

金文  篆文 

意味 ❶また。またぐら。❷二十八宿の一。西方七宿の第一。文章をつかさどる星座とされる。アンドロメダ座、うお座付近。奎宿(ケイシュク)。『奎運』『奎章』

【奎運(ケイウン)】 学問や文事の発展。文運。

【奎章(ケイショウ)】 文章。

1516 【奔】 ―― 大－6 ホン 「奔」(1514)の旧字

1517 【套】 3769 4565 9385 大－7 トウ(タウ)㊥/tào/かさねる

字解 会意。大＋長。大きくながい意。

意味 ❶かさねる。かぶせる。『套印本』 ❷おおい。いれもの。『外套(ガイトウ)』『圏套(ケントウ)』『手套(シュトウ)』『封套(フウトウ)』『故套(コトウ)』 ❸ありきたり。また、古くさい。『套語』『旧套(キュウトウ)』『常套(ジョウトウ)』『俗套(ゾクトウ)』

【套印本(トウインボン)】 (「套印」は上から重ねて印刷する意)中国、明末清初に流行した色刷りの本。朱墨本。

【套語(トウゴ)】 ありきたりのことば。きまり文句。套言。

1518 【奝】 *2488 大－8 チョウ(テウ)㊥㊥/diāo

字解 形声。大＋周(遍(あまね)くゆきわたる)㊥。おおきい意。

意味 ❶大きい。多い。広くゆきわたるさま。❷人名。

【奝然(チョウネン)】 平安中期の三論宗の僧。東大寺に学び、永観元年(九八三)入宋、大蔵経五千巻、嵯峨清涼寺の釈迦如来像などをもたらした。(?～一〇一六)

1519 【奢】 5290 547A 9AF8 大－9 シャ㊥㊥/shē/おごる

字解 形声。大＋者(たくさんかさね集める)㊥。多すぎることから、おごる意。

参考 万葉仮名では音を借りて「ざ」。

金文  篆文 

意味 ぜいたくをする。おごる。おごりたかぶる。*論語-八佾「礼与二其奢一也寧倹(レイはそのおごらんよりはむしろケンせよ)」〔＝礼は派手にするよりは、むしろ控え目にするほうがよい〕

下接 華奢(カシャ・キャシャ)・驕奢(キョウシャ)・豪奢(ゴウシャ)・侈奢(シシャ)・肆奢(シシャ)

【奢佚(シャイツ)】 ぜいたくをして遊び暮らすこと。

【奢傲(シャゴウ)】 奢侈(シャシ)と傲慢(ゴウマン)。

【奢侈(シャシ)】 度をこえたぜいたく。

【奢肆・奢恣(シャシ)】 おごって、ほしいままなこと。

【奢僭(シャセン)】 分をこえておごること。

【奢蕩(シャトウ)】 ぜいたくでしまりのないこと。

【奢靡(シャビ・シャヒ)】 身のほどをすぎたぜいたく。

1520 【尞】 *2675 大－9 リョウ(レウ)㊥

字解 もと尞。象形。火の上に組んだ木が明るく燃え、火の粉が飛び散るさまに象り、かがり火をたく・やく意。燎の原字。

甲骨文  金文  篆文 

同属字 寮・鷯・僚・撩・潦・獠・遼・燎・瞭・暸・療・繚・蟟・鐐

1521 【奪】 3505 4325 9244 大－11 常 ダチ㊥・ダツ㊥・タツ㊥/duó/うばう

筆順 

字解 会意。奞(鳥がはばたく)＋寸(＝又、て)。手から鳥がにげる意から、うばう意。金文は、懐中の鳥を手でうばうさま。

金文  篆文 

意味 うばう。うばいとる。無理に取り上げる。↔与。*孟子-梁恵王上「苟為二後レ義而先一レ利、不レ奪不レ饜(いやしくもギをのちにしてリをさきにするをなさば、うばわずんばあかず)」〔＝もし義を後回しにして利を優先させると、奪い尽くさなければ満足しなくなる〕

下接 横奪(オウダツ)・劫奪(ゴウダツ)・強奪(ゴウダツ)・簒奪(サンダツ)・収奪(シュウダツ)・抄奪(ショウダツ)・鈔奪(ショウダツ)・攘奪(ジョウダツ)・侵奪(シンダツ)・占奪(センダツ)・争奪(ソウダツ)・褫奪(チダツ)・剝奪(ハクダツ)・逼奪(ヒツダツ)・貶奪(ヘンダツ)・暴奪(ボウダツ)・与奪(ヨダツ)・略奪(リャクダツ)・掠奪(リャクダツ)・換骨奪胎(カンコツダッタイ)

【奪回(ダッカイ)】 奪い返すこと。奪還。『優勝旗を奪回する』

【奪還(ダッカン)】 奪い返すこと。奪回。『陣地を奪還する』

【奪取(ダッシュ)】 奪い取ること。『三振奪取王』

【奪略・奪掠(ダツリャク)】 力ずくで奪い取ること。略奪。 書き換え「奪掠→奪略」。

1522 【奩】 5294 547E 9AFC 大－11 レン 「匳」(777)の異体字

1523 【奮】 4219 4A33 95B1 大－13 常6 フン㊥㊥/fèn/ふるう

筆順 

字解 会意。奞(鳥がはばたく)＋田(場所)。鳥があるところから飛びたつ意から、ふるう意。金文は、ある場所(懐中か)から鳥がとびたつさま。

金文  篆文 

意味 はばたく。ふるう。ふるいたつ。心がはやる。いきごむ。また、はげむ。きそう。

下接 感奮(カンプン)・亢奮(コウフン)・昂奮(コウフン)・興奮(コウフン)・発奮(ハップン)

【奮起（フンキ）】ふるいたつこと。気力や勇気をふるいおこすこと。『奮起を促す』

【奮激（フンゲキ）】激しく心をふるいおこすこと。

【奮迅（フンジン）】勢い激しくふるいたつこと。

【奮然（フンゼン）】元気をふるいおこすさま。

【奮怒（フンド/フンヌ）】はげしく怒ること。憤怒。忿怒。

【奮闘（フントウ）】①力いっぱい戦うこと。『孤軍奮闘』②力いっぱい努力すること。

【奮発（フンパツ）】①気力をふるいおこすこと。②国思いきって金品を出すこと。

【奮励（フンレイ）】気力をふるいおこして励むこと。

大 1画

1524 【天】 3723 4537 9356 大-1 常1 テン 呉漢 /tiān/あめ・あま・そら

筆順 天 天 天 天

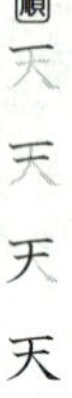

字解 指事。人の頭部にポイントをおいて、人の頭のうえ、あめの意。

甲骨文 金文 篆文

同属字 呑・忝・添

参考 (1)万葉仮名では音を借りて「て」。平仮名「て」、片仮名「テ」の字源。(2)第一画は、必ずしも長いことを要しない。

意味 ❶あめ。そら。おおぞら。また、太陽。↔地。『天変地異』『天下』『天体』❷空模様。『天気』『天候』『晴天』❸万物を支配するもの。㋑自然の道理。また、大自然。『天災』『天然』＊論語-先進「噫、天喪レ予、天喪レ予（ああ、テンわれをほろぼせり、テンわれをほろぼせり）」〔=ああ、天が私を滅ぼされた、天が私を滅ぼされた〕」㋺天からさずかった。生まれつきの。『楽天家』『天才』『先天』❹宗教上、神の存在するところ。天上界。また、神。『帝釈天』『天国』『天使』❺天子に関する事柄につける語。『天覧』『尭天』❻物の最上部。『所天（ショテン）』『脳天（ノウテン）』❼あて字、固有名詞など。『天麩羅（テンプラ）』『天鵞絨（ビロード）』『心天（ところてん）』

下接 ❶あめ。そら。おおぞら。
一天（イッテン）・回天（カイテン）・九天（キュウテン）・仰天（ギョウテン）・暁天（ギョウテン）・下天（ゲテン）・玄天（ゲンテン）・高天（コウテン）・渾天（コンテン）・昇天（ショウテン）・衝天（ショウテン）・上天（ジョウテン）・震天（シンテン）・水天（スイテン）・垂天（スイテン）・青天（セイテン）・夕天（セキテン）・全天（ゼンテン）・早天（ソウテン）・蒼天（ソウテン）・霜天（ソウテン）・戴天（タイテン）・中天（チュウテン）・朝天（チョウテン）・通天（ツウテン）・東天（トウテン）・滔天（トウテン）・南天（ナンテン）・野天（のテン）・半天（ハンテン）・普天（フテン）・碧天（ヘキテン）・暮天（ボテン）・満天（マンテン）・露天（ロテン）・破天荒（ハテンコウ）・摩天楼（マテンロウ）・歓天喜地（カンテンキチ）・驚天動地（キョウテンドウチ）・跼天蹐地（キョクテンセキチ）・青天白日（セイテンハクジツ）・意気衝天（イキショウテン）・不倶戴天（フグタイテン）

【天宇（テンウ）】①おおぞら。天空。②あめがした。天下。
【天運（テンウン）】天体の運行。→❸
【天淵（テンエン）】天と淵（ふち）。天地。転じて、隔たっていること。相違のはなはだしいさま。
【天下（テンカ/テンガ/テンゲ）】①世界。この世。世間。世の中の人々。『天上天下（テンジョウテンゲ）』『満天下（マンテンカ）』『天下一品』『天下太平』②一国全体。国中。＊范仲淹-岳陽楼記「先ニ天下之憂一而憂、後ニ天下之楽一而楽（テンカのうれえにさきんじてうれえ、テンカのたのしみにおくれてたのしむ）」〔=(政治家というものは)天下国家の憂いを、国民がまだ憂えぬ先に憂え、国民が政治の結果を喜び楽しむのを見てから楽しむ〕」③国国を支配する権力。『天下をとる』④国思うままに振る舞うこと。『嬶（かかあ）天下』
【天下無双（テンカムソウ）】天下第一で、並ぶものがないこと。〔史記-李将軍伝〕
【天火（テンカ）】①落雷によって起こる火災。②漢方医学または術数家の説で火を地火、人火とともに三つに分ける場合の一。太陽・流星・火星・雷火の四種があるとされる。
【天河（テンガ）】あまのがわ。銀河。天漢。
【天界（テンカイ/テンガイ）】おおぞら。天空。また、天上の世界。
【天外（テンガイ）】天のそと。また、きわめて遠い、または高い所。『奇想天外』〔=思いもよらないほど奇抜なさま〕
【天涯（テンガイ）】天の果て。きわめて遠いところ。また、故郷を遠く離れた土地。『天涯孤独』〔=広い世の中に身寄りが一人もいないこと〕」＊白居易-琵琶行「同是天涯淪落人（おなじくこれテンガイリンラクのひと）」〔=私もこの人も、ともに天の果てにうらぶれている身の上だ〕」
【天官（テンカン）】①中国、周代の六官の一。国政を総轄し、宮中事務をつかさどる官の総称。②（古代中国で、官僚組織を天上の星座と対応させたところから）日月星辰の運行や、雨、風、雪、雷など天空に起こる諸現象。天文。
【天漢（テンカン）】あまのがわ。銀河。天河。
【天紀（テンキ）】日、月、星辰、暦数など。また、それらが運行する原則。天の綱紀。

【天機（テンキ）】天地の機密。『泄ニ天機一（テンキをもらす）』〔=重大な秘密を洩らす〕」→❸
【天弓（テンキュウ）】虹（にじ）の異称。
【天鏡（テンキョウ）】天上のかがみ。月。また、湖水。
【天空海闊（テンクウカイカツ）】大空と海とが果てしなく広いように、度量が大きいこと。〔古今詩話〕
【天行（テンコウ）】①天体の運行。②時節によって流行する病気。天行病。
【天際（テンサイ）】天と地（あるいは水）の合するあたり。空の果て。＊柳宗元-漁翁「廻ニ看天際一下ニ中流一（テンサイをかえりみてチュウリュウをくだる）」〔=はるか大空の果てをふり返りながら、流れのまん中をこぎくだる〕」
【天日（テンジツ/テンピ）】①（テンジツ）太陽。日輪。②（テンピ）太陽の光または熱。
【天象（テンショウ）】天体の現象。↔地象。→❷
【天上（テンジョウ）】天のうえ。高い空。↔地上。→❹【天上天下唯我独尊（テンジョウテンゲユイガドクソン）】この世にわれよりも尊いものはない。釈迦が生まれたときに、七歩あるいて一手を天に向け一手を地に向けて唱えたという語。
【天壌（テンジョウ）】天と地。『天壌無窮』
【天心（テンシン）】空のまんなか。『月天心にかかる』
【天水（テンスイ）】①空と水。『天水茫茫（ボウボウ）』②雨水。
【天枢（テンスウ）】①天の中心。②鍼灸治療の経穴の一。臍の中心より外側二横指のところ。胃経に属し、大腸疾患、下痢などの治療点。③北斗七星の第一位にある星。
【天体（テンタイ）】宇宙に存在する物体の総称。恒星、惑星、星団、星間物質など。『天体観測』
【天地（テンチ/あめつち）】①天と地。天壌。②世界。また、世の中。『自由の天地』『新天地』❖天と地は、もとは一つで混沌としていたが、やがて二つに分かれたという中国古代の思想から。【天地開闢（テンチカイビャク）】世界の始め。→❻【天地合（テンチガッす）】天と地とがまじり合う。世界の終わりをいう。＊古詩賞析-上邪「冬雷震震夏雨ニ雪、天地合（トウライシンシンとしてなつにゆきふらし、テンチがっす）」〔=冬の空に雷がごろごろと鳴り響き、夏に雪が降るような変異が現れ、天地が一つに合して区別がなくなるような天変がおこる〕」【天地玄黄（テンチゲンコウ）】「千字文（センジモン）」の第一句。天の色は黒、地の色は黄。天と地の色。天地。【天地人（テンチジン）】天と地と人。宇宙間の万物。【天地神明（テンチシンメイ）】天地の神々。天神地祇（チギ）。『天地神明に誓う』【天地万物逆旅（テンチはバンブツのゲキリョ）】（「逆旅」は、旅人を迎える宿の意）天地は万物が短い一生の間にとどまる宿屋のようなものである。この世がはかなく移ろいやすいことを旅にたとえていう。〔李白-春夜宴二桃李園一序〕

【天柱（テンチュウ）】①天が落ちてこないように支えているという想像上の柱。また、世を支える道義のたとえ。②星の名。紫微垣（シビエン）、竜座の中にある五星。③三台星の別称。

【天長地久（テンチョウチキュウ）（テンはながくチはひさし）】天地が永遠に変わらないように、物事が永久に続くこと。天壌無窮。〔老子-七〕

♥「天地長久（テンチはチョウキュウなり）」の意味。この句から、天長節・地久節の語ができた。

【天道（テンドウ）（テントウ）】天体の運行する道。→❸❹

【局レ天蹐レ地（テンにせぐくまりチにぬきあしす）】天は高いのに背をこごめて歩き、地は堅いのにそっと抜き足で歩く。世の中を恐れつつしんで生きていくさま。跼天蹐地（キョクテンセキチ）。〔詩経-小雅・正月〕

【天無二二日一（テンにニジツなし）】太陽が一つであるように、一国に二人の君主があってはならない。〔礼記-曾子問〕

【天飆（テンピョウ）】天高く吹く強風。

【天辺（テンペン）】天の果て。また、空の高い所。

【天変地異（テンペンチイ）】天空か地上に起こる異変。予測されない星の出現や、地震、洪水など。

【天幕（テンマク）】①雨露をしのぐため野天に張った幕。『天幕を張る』②テント。

【天明（テンメイ）】明け方。夜明け。

【天文（テンモン）】天体に関する様々な現象。『天文台』

【天籟（テンライ）】風の音。→❸

【天狼（テンロウ）】星の名。大犬（おおいぬ）座のシリウス。天狼星。

【仰レ天而唾（テンをあおいでつばきす）】他人を害しようとしてかえって自身が災いを招くことのたとえ。〔雲笈七籤（ウンキュウシチセン）〕

❷ 空模様。

下接 悪天（アクテン）・雨天（ウテン）・雲天（ウンテン）・炎天（エンテン）・夏天（カテン）・干天（カンテン）・寒天（カンテン）・金天（キンテン）・好天（コウテン）・荒天（コウテン）・秋天（シュウテン）・春天（シュンテン）・商天（ショウテン）・晴天（セイテン）・冬天（トウテン）・曇天（ドンテン）・梅天（バイテン）

【天旱（テンカン）】日でりが続くこと。

【天気（テンキ）】①晴雨、気温、湿度などの気象状態。天候。『天気予報』②国天候のよいこと。晴天。はれ。『天気になる』『上天気』③国人の機嫌。『お天気屋』

【天候（テンコウ）】天気の状態。

【天象（テンショウ）】空模様。天気。→❶

❸ 万物を支配するもの。自然の道理。

下接 後天（コウテン）・先天（センテン）・楽天家（ラクテンカ）

【天意（テンイ）】造化の神の心。神意。また、自然の道理。『天意に従う』→❺

【天運（テンウン）】天から授かった運命。天命。→❶

【天恩（テンオン）】天のめぐみ。→❺

【天花（テンカ）】雪の異名。

【天機（テンキ）】生まれつきの性質。天賦の機知。→❶

【天均・天鈞（テンキン）】自然は万物に対してひとしく平等であること。また、その理。〔荘子-斉物論〕

【天刑（テンケイ）】自然の法則。また、天がくだす刑罰。

【天恵（テンケイ）】天のめぐみ。天恩。

【天眷（テンケン）】天のめぐみ。→❺

【天険・天嶮（テンケン）】地勢が険（けわ）しい所。『天険の利』

【天公（テンコウ）】天帝。上帝。

【天功・天工（テンコウ）】天のわざ。大自然のはたらき。

【天骨（テンコツ）】生まれつきの気骨。天性。

【天才（テンサイ）】生まれつきのすぐれた才能。また、それを持っている人。

【天災（テンサイ）】自然による災害。地震、台風、落雷、洪水など。↔人災

【天資（テンシ）】生まれながらの資質。天性。天稟（テンピン）。天質。

【天錫（テンシャク）】天から賜るもの。天資。

【天爵（テンシャク）】身分の高下にかかわりなく生まれつきそなわっている徳の高さ。↔人爵。〔孟子-告子上〕

【天寿（テンジュ）】天から授けられた寿命。天年。定命（ジョウミョウ）。『天寿を全（まっと）うする』

【天授（テンジュ）】天から授かること。『天授の才』

【天助（テンジョ）】天の助け。『神佑天助』

【天職（テンショク）】天から授かった職。生来の性質に合った職業。『教師を天職とする』

【天知、地知、我知、子知（テンしる、チしる、われしる、シしる）】誰も知るまいと思っても天地の神は照覧し、自分も知り、それをしかけるあなたも知っていることだ。四知。〔資治通鑑-漢紀〕

♥中国、後漢の楊震（ヨウシン）が王密から金十斤を贈られたときに、ことわった言葉。

【天真（テンシン）】自然のままで、飾りけがないこと。【天真爛漫（テンシンランマン）】飾りけがなく、無邪気で屈託のないさま。

【天数（テンスウ）】天から与えられた寿命。〔輟耕録（テッコウロク）-狷潔（ケンケツ）〕

【天生（テンセイ）】自然に生ずること。生まれつき。＊白居易-長恨歌「天生麗質自難レ棄（テンセイのレイシツおのずからすてがたし）〔=生まれついての美しさは、そのまま世に知られずにいるはずがない〕」

【天成（テンセイ）】①自然に出来上がること。『天成の要害』②生まれつき。天性。『天成の詩人』

【天性（テンセイ）】天から授かった性質。生まれつき。天資。

【天造（テンゾウ）】自然につくられたもの。また、天が万物をつくりだすこと。

【天池（テンチ）】（天然の池の意）海。大海。＊荘子-逍遥遊「南溟者、天池也（ナンメイは、テンチなり）〔=南の果ての海は、天然自然の大海である〕」

【天誅（テンチュウ）】天罰。また、天に代わって処罰すること。

【天敵（テンテキ）】国食物連鎖で、捕食される動物の側から捕食する動物をいう語。野ネズミに対するヘビなど。

【天怒（テンド）】天の怒り。雷鳴や暴風など。

【天道（テンドウ）】天がこの地上の万物をつくり運行させるそのやり方。＊老子-七九「天道無レ親。常与二善人一（テンドウはシンなし。つねにゼンニンにくみす）〔=天道というものは、個人に対する特別な思いやりをしない。いつも善人の味方をする〕」→❶❹

【天徳（テントク）】天の徳。万物をはぐくむ自然のはたらき。

【天無レ口、使二人言一（テンにくちなし、ひとをしていわしむ）】天は口がないので、自ら意志を述べることはないが、そのかわりとして民衆に言わせる。天の意志を直接聞くことはできないが、民衆の声がそれを代弁しているということ。〔諺〕

【天然（テンネン）】人為が加わっていないこと。自然のままであること。↔人工。『天然記念物』『天然ガス』『天然色』

【天時不レ如二地利一、地利不レ如二人和一（テンのときはチのリにしかず、チのリはひとのワにしかず）】好機は地理的有利さに及ばず、地理的有利さは人心の一致にかなわない。事をなすには人の和が第一であるという意。〔孟子-公孫丑下〕

【天罰（テンバツ）】悪事の報いとして天の下すという罰。

【天稟（テンピン）】天から受けた、生まれつきの性質、才能。

【天府（テンプ）】①土地が肥えていて産出物の豊かなところ。②天然の要害地。③天地自然の府庫。無限の容量をもつところから転じて、学問の深遠なこと。また、学識の深いこと。〔荘子-斉物論〕→❺

【天賦（テンプ）】天から受けた性質、才能。『天賦の才能』

【天分(テンブン)】生まれつきの才能、資質。天性。

【天歩(テンポ)】天の運命。時運。

【天民(テンミン)】天道を知る人民。

【天命(テンメイ)】①天から与えられた道徳的使命。＊論語－為政「五十而知二天命一(ゴジュウにしてテンメイをしる)〔＝五〇歳になって天命をわきまえた〕」→知命。②天の定めた運命。寿命。＊陶潜－帰去来辞「楽二夫天命一復奚疑(かのテンメイをたのしみてまたなにをかうたがわん)〔＝あの天命というものを楽しみ、なんの疑いももたないことにしよう〕」

【天網(テンモウ)】天が張りめぐらす網。【天網恢恢、疎而不レ失(テンモウカイカイ、ソにしてうしなわず)】天の網はひろく、その目は粗いようだが、悪人を漏らすことなく捕らえる。天道は厳正で、悪事をなしたものは必ず天罰を受ける。天網恢恢、疎にして漏らさず。〔老子－七三〕

【天祐・天佑(テンユウ)】天の助け。天助。『天祐神助』

【天与(テンヨ)】天から与えられたもの。天賦。

【天籟(テンライ)】自然の調子にかなったすぐれた詩歌。→❶

【天理(テンリ)】天然自然の道理。

【天倫(テンリン)】①万物に調和を保たせている自然の条理。②自然に備わった人間関係。親子関係など。＊李白－春夜宴二桃李園一序「序二天倫之楽事一(テンリンのラクジをジョす)〔＝肉親同士の楽しみをくり広げる〕」

【天禄(テンロク)】天から授かるよいもの。天のめぐみ。

【不レ怨レ天、不レ尤レ人(テンをうらみず、ひとをとがめず)】わが身の不遇を天に向かって恨んだり、人のせいにしてとがめだてたりはしない。すべての原因は自分の未熟・過失などにあると反省して、さらに修養努力を重ねる。〔論語－憲問〕

❹ 神の存在するところ。また、神。

下接 鈞天(キンテン)・在天(ザイテン)・四天(シテン)・諸天(ショテン)・人天(ジンテン｜ニンテン)・尊天(ソンテン)・二天(ニテン)・配天(ハイテン)・非天(ヒテン)・弁天(ベンテン)・奉天(ホウテン)・梵天(ボンテン)・六天(ロクテン)・韋駄天(イダテン)・有頂天(ウチョウテン)・歓喜天(カンギテン)・吉祥天(キッショウテン)・広目天(コウモクテン)・持国天(ジコクテン)・四禅天(シゼンテン)・増長天(ゾウジョウテン)・大黒天(ダイコクテン)・帝釈天(タイシャクテン)・多聞天(タモンテン)・忉利天(トウリテン)・兜率天(トソツテン)・弁才天(ベンザイテン)・毘沙門天(ビシャモンテン)・摩利支天(マリシテン)

【天衣(テンイ｜テンエ｜テンネ)】①天人・天女の着る衣服。②菩薩が身につけている薄物の細長い布。【天衣無縫(テンイムホウ)】①(天人の着物には縫いめがない意)文章・詩歌などに技巧のあとが見えず、ごく自然でしかも完全で美しいこと。〔太平広記〕②国とりつくろったさまのないこと。

【天楽(テンガク)】天上界の音楽。天人の奏する音楽。

【天狗(テング)】①古代中国の想像上の動物。タヌキに似て首が白いという。②国天上や深山に住むという妖怪(ヨウカイ)。鼻が高く、うちわをもち、飛行自在という。③国高慢なこと。うぬぼれること。『天狗になる』

天狗①〔三才図会〕

【天闕(テンケツ)】(「闕」は、宮門・宮殿の意)天帝の住む宮殿の門。また、宮城の門。

【天眼(テンゲン｜テンガン)】何事でも自在に見通す力のある目。千里眼。

【天香(テンコウ)】天上から来たようなよい香り。【天香国色(テンコウコクショク)】牡丹の異名。牡丹の画の題として用いることが多い。中国、唐の文宗のとき、李正封が牡丹を詠じた詩の「天香夜染レ衣、国色朝酣レ酒(テンコウよころもをそめ、コクショクあしたさけをたのしむ)」の句が都でもてはやされたという故事から。〔唐詩紀事〕

【天国(テンゴク)】①キリスト教信者の霊が死後に行くと信じられる世界。神の国。↔地獄。②比喩(ヒユ)的に、心配などのない、楽しい世界や環境。楽園。『歩行者天国』

【天子(テンシ)】天に代わって国を統治するもの。君主。日本で、天皇。『天子の位に即っく』『明天子』【天子以二四海一為レ家(テンシはシカイをもっていえとなす)】(「四海」は、天下の意)人が家を治めるように、天子たるものは天下を自分の治めるべき家とするものである。〔史記－高祖本紀〕

【天使(テンシ)】(英angelの訳語)キリスト教で、天界から人間界へ派遣された神の使者。

【天主(テンシュ)】①キリスト教で、天にいます神。天帝。上帝。『天主教』②帝釈天(タイシャクテン)、毘沙門天(ビシャモンテン)など、仏教で説く諸天の王。てんじゅ。

【天上(テンジョウ)】①天上にある世界。＊白居易－長恨歌「天上人間会相見(テンジョウジンカンかならずあいみん)〔＝天上と人間界と離れているが、いつかきっと会うときがあるだろう〕」②仏教で、天。迷いの世界である六道のうち、最もすぐれた果報を受ける有情(ウジョウ)の住む世界。天上界。『天上の楽の音』③国天にのぼること。死ぬこと。『天上する魂』→❶

【天神(テンジン)】①あまつかみ。天の神。↔地神。『天神地祇(チギ)』②国菅原道真(すがわらのみちざね)を祭神とする神社。天満宮。また、道真のこと。

【天孫降臨(テンソンコウリン)】国瓊瓊杵尊(ににぎのみこと)が葦原中国(あしはらのなかつくに)を治めよとの天照大神の命を受けて、高天原(たかまのはら)から筑紫(つくし)の日向(ひゅうが)の高千穂峰(たかちほ)に降りて来たこと。

【天壇(テンダン)】①天帝をまつる壇。神仏をまつる壇。②中国で、皇帝が帝城の南郊で冬至の日に親しく天帝をまつるために設けた祭壇。

【天帝(テンテイ)】①中国古代、天地を支配する神。＊戦国策－楚「天帝使三我長二百獣一(テンテイわれをしてヒャクジュウにチョウたらしむ)〔＝天帝が私を百獣の長にした〕」②旧約聖書の神、エホバのこと。

【天都(テント)】天帝の都。＊王維－終南山「太乙近二天都一(タイイツテントにちかし)〔＝太乙の山は、天帝の都に近いあたりまでもそびえ立っている〕」

【天堂(テンドウ)】①天上界にあって、神仏の住むという殿堂。②天上界。極楽浄土。

【天道(テンドウ)】天上界。天界。→❶❸

【天女(テンニョ)】①女性の天人。あまつおとめ。②きわめて美しく、やさしい女性。

【天人(テンニン)】①天上界に住む人。特に、羽衣(はごろも)を着て飛行する女性。天衆。『天人の五衰』②非常に美しい女性。

【天王(テンノウ)】仏教で、欲界六天のうち、最下天の四天王の称。特に、牛頭(ゴズ)天王。

【天皇(テンノウ｜すめらみこと)】①(テンノウ)一国を統治する天子。特に、日本の歴代の天子。日本国憲法によれば、日本国および日本国統合の象徴。『天皇陛下』『天皇制』②(すめらみこと)日本の天子を敬い尊んでいう語。

【天馬(テンバ)】①天上界にすむ馬。転じて、この上もない駿馬(シュンメ)。②ギリシア神話のペガサスのこと。

【天魔(テンマ)】欲界六天の頂上、第六天にいる魔王とその眷属(ケンゾク)。仏法を妨げる悪魔。

【天来(テンライ)】天上からこの世に来たと思われるほど素晴らしいこと。『天来の妙音』

❺ 天子に関する事柄につける語。

【天威(テンイ)】①天子の威光。②天子のお姿。

【天意(テンイ)】天子の意志。→❸

【天恩(テンオン)】天子の恩。君恩。朝恩。→❸

【天顔(テンガン)】天子、天皇の顔。竜顔。

【天眷（テンケン）】天子の恩。→❸
【天朝（テンチョウ）】朝廷、また、天子を敬っていう語。
【天聴（テンチョウ）】天子がお聞きになること。叡聞（エイブン）。
【天長節（テンチョウセツ）】国天皇誕生日を祝う日の旧称。
【天統（テントウ）】天子の血統。天子の位を継ぐもの。皇統。
【天府（テンプ）】①（「府」は倉の意）天子の府庫。天子の倉。②中国、周代の官名。天子の祖先の祭祀に供する伝来の祭器や宝物をつかさどるもの。→❸
【天領（テンリョウ）】国①天皇、朝廷直轄の領地。②江戸時代、徳川幕府直轄の領地。

❻ 物の最上部。うえ。

【天蓋（テンガイ）】①仏像、棺などの上にかざすかさ、覆い。②国虚無僧（コムソウ）の用いる深編み笠。転じて、虚無僧の称。
【天守（テンシュ）】国城の本丸に築かれた最も高い物見やぐら。天守閣。
【天井（テンジョウ）】①屋根裏を隠して、室内の上部に板を張ったもの。『天井裏』『組天井』『格天井』②国物の内部の高い所。また、最高値。『天井知らずの暴騰』
【天地（テンチ）】国紙、本、荷物などの上部と下部。うえした。『天地無用〔＝上下を逆にしてはいけない意〕』→❶
【天頂（テンチョウ）】いただき。頂上。てっぺん。
【天秤・天平（テンビン）】①中央を支点とするさおの両端に皿を上からつるしてあるはかり。さらばかり。②釣りで、道糸と鈎素（はりす）がもつれないようにするための金具。

❼ あて字、固有名詞など。

下接 心天（ところてん）・奇天烈（きてれつ）・信天翁（シンテンオウ）・阿呆陀羅（あほうだら）…満天星（どうだんつつじ）・東天紅（トウテンコウ）・伴天連（バテレン）・木天蓼（またたび）・野暮天（やぼテン）

【天瓜（テンカ）】キカラスウリ（黄烏瓜）の異名。『天瓜粉（テンカフン）〔＝あせもの予防用の粉。キカラスウリの根から作る〕』
【天工開物（テンコウカイブツ）】中国の工芸類の書。全三巻。明の宋応星著。一六三七年に完成。農業をはじめ、染色、製塩、製陶、製紙、醸造、冶金などの中国古来の諸産業技術を図版付きで解説し、集大成したもの。
【天山山脈（テンザンサンミャク｜テンシャンサンミャク）】パミール高原の北から中国の新疆ウイグル自治区を東に走り、モンゴル人民共和国との国境近くまで延びる大山系。白山。天山。
【天竺（テンジク）】①インドの古称。②国「天竺木綿（モメン）」の略。白生地の平織り綿布。足袋、芯地（シンジ）などに用いる。

【天津（テンシン）】①中国華北平原北部にある都市。大運河・海河などの合流点で、華北水運の中心として貿易が盛ん。②星の名。白鳥座の九星。またそれを含む天の川の星。

【天台（テンダイ）】①中国の名山。浙江省天台県北にある。陳（チン）の太建七年（五七五）、智者大師（チシャダイシ）智顗（チギ）が天台宗を開いた。②仏教の宗派の一。最澄（サイチョウ）が日本天台宗を開創。③日本で、比叡山（ヒエイザン）の別称。

【天道虫（テントウむし）】テントウムシ科の甲虫。背面には斑点（ハンテン）がある。瓢虫。

【天南星（テンナンショウ）】サトイモ科テンナンショウ属植物の総称。塊茎は有毒。

【天王山（テンノウザン）】①日本の京都府南部、大山崎町にある山。昔、羽柴秀吉と明智光秀が戦ったとき、この山の占有が勝負を左右した。②勝敗や運命の重大な分かれ目。

【天麩羅（テンプラ）】（ポルトガル tempero）魚介類などに、水溶きした小麦粉の衣を付けて、油で揚げた料理。

【天目（テンモク）】茶の湯に用いる、浅く開いたすり鉢形の茶碗（チャワン）。中国、浙江省北西部にある天目山の寺院で使用していたのを五山の僧などが持ち帰って称した。

【天門山（テンモンザン）】中国安徽省東部、蕪湖市の揚子江両岸にそびえる梁山と博望山の総称。

【天鵞絨（ビロード）】（ポルトガル veludo）織物の表面を毛羽（けば）または輪奈（わな）で覆った織物の総称。ベルベット。

難読地名 天瀬（あませ）町（大分） 天売（てうり）島（北海道） 天塩（てしお）郡・町（北海道）
難読姓氏 天羽（あまは｜あもう） 天春（あまかす｜あまがす） 天児（あまがつ｜あまこ） 天勝（ちよし）

1525
【夭】 5280 5470 9AEE 大－1
ヨウ（エウ）呉漢・オウ（アウ）漢 \yāo\ わかい・わかじに

字解 象形。しなやかに身をくねらせ神よせの舞を舞う巫女に象り、わかい意。

甲骨文

金文

篆文

同属字 喬・芺・笑・殀・飫

意味 ❶わかい。わかくて美しい。また、おさない。『夭桃』『夭夭』❷わざわい。また、わかじに。若死にする。『夭死』『夭逝』『蚤夭（ソウヨウ）』『中夭（チュウヨウ）』『地夭（チヨウ）』

❶ わかい。また、おさない。

【夭桃（ヨウトウ）】美しく咲いた桃の花。年若い女性の容色の形容に用いることが多い。

【夭夭（ヨウヨウ）】①若くて美しいさま。＊詩経‐周南・桃夭「桃之夭夭、灼灼其華（もものヨウヨウたる、シャクシャクたりそのはな）」〔＝若々しく美しい桃の木に、燃えるように赤い花が咲いた〕②のびのびしているさま。容貌ののびやかなさま。＊論語‐述而「子之燕居、申申如也、夭夭如也（シのエンキョするや、シンシンジョたり。ヨウヨウジョたり）」〔＝先生が朝廷から退出したあとの私生活は、いかにもくつろいだ様子であった。顔つきものびやかであった〕

❷ わざわい。また、わかじに。

【夭閼（ヨウアツ）】（「閼」はふさぐ、とどめるの意）①ふさぎ止めること。さえぎること。②わかじに。夭死。

【夭死（ヨウシ）】年若くて死ぬこと。夭折（ヨウセツ）。

【夭殤（ヨウショウ）】わかじに。

【夭逝（ヨウセイ）】年若くして死ぬこと。夭折（ヨウセツ）。

【夭折（ヨウセツ）】年若くして死ぬこと。夭逝（ヨウセイ）。

【夭亡（ヨウボウ）】天寿を全うしないでほろび死ぬこと。

【夭命（ヨウメイ）】わかじにすること。短命。

1526
【昊】 二一一 大－3
イ 「異」（4918）の異体字

【尖】⇩1831 【戻】⇩2660 【突】⇩5526

1527
【奕】 5285 5475 9AF3 大－6
ヤク呉・エキ漢 \yì\

字解 形声。大＋亦（また）声。一つまた一つと順次大きくなるの意。

意味 ❶大きいさま。美しいさま。光り輝くさま。『奕奕』『赫奕（カクエキ｜カクヤク）』❷かさなる。かさねる。続く。『奕世』『奕葉』❸囲碁。ばくち。『奕棋』『博奕（バクエキ）』

【奕奕（エキエキ）】①大きいさま。②光り輝くさま。③美しいさま。また、さかんなさま。

【奕棋・奕碁（エキキ）】碁を打つこと。また、碁盤。

【奕世（エキセイ）】代々。累代。奕葉。

【奕葉（エキヨウ）】世を重ねること。奕世。

1528
【奐】 5286 5476 9AF4 大－6
カン（クヮン）漢 \huàn\ かえる

字解 象形。女性のまたの間に両手をそえて子どもをと

3画 口囗土士夂夊夕大女子宀寸小(⺌・⺍)尢(兀・尣)尸屮(屮)山巛(川)工己(已・巳)巾干幺广廴廾弋弓彐(⺕・彑)彡彳

篆文

り出すさまに象る。転じて、とりかえる意。換の原字。
同属字 喚・換・渙・煥
意味 ❶かえる。とりかえる。❷大きい。おおい。さかん。また、あきらか。光り輝くさま。『輪奐』

1529【契】 2332 3740 8C5F 大-6 常 (1530)【契】 大-6 旧字
セツ(漢)・ケイ(漢)・キツ(漢)・ケツ(漢)\xiè·qì·qiè\ちぎる・ちぎり・きざむ

筆順
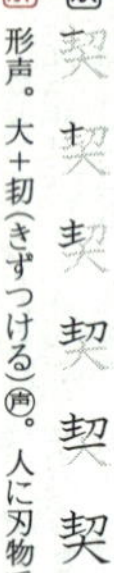

字解 形声。大+㓞(きずつける)(声)。人に刃物できずをつける、きざむ意。また、古くはこのようにして誓ったことから、ちぎる・わりふの意に用いる。
同属字 喫・禊
意味 ❶きざむ。しるしを付ける。『契機』『書契』❷ちぎる。㋐約束する。『契約』『印契』『黙契』『約契』㋑交際する。『衿契』❸わりふ。わりいん。また、かなう。合う。『契印』『勘契』『券契』『符契』❹(セツ)中国、殷の伝説上の始祖。帝嚳の子で、禹の治水を助けて、帝舜の司徒となり、殷の基礎を築いたといわれる。❺固有名詞。『契丹』
【契丹】(Kitai) ①モンゴル族の一種族。一〇世紀初め、耶律阿保機が諸部族を統合し、その子太宗のとき国号を遼とした。②(キタイ)中世以来のヨーロッパ人が、華北あるいは中国全土をさした呼称。カタイ。
【契印】文書のつづり目、つなぎ目に両方にかけて押す印。
【契機】きっかけ。動機。
【契券】契約の証書。証文。手形。わりふ。
【契合】割り符のように二つのものがぴったりと合うこと。『契合し矛盾しない』
【契刀】中国、漢の王莽が造らせた貨幣。丸い銭に長さ二寸(約六センチメートル)の刀状のものがつけてある。
【契約】約束すること。特に、ある法律上の効果を発生させる目的で、二人以上の当事者によって成立する行為。『契約を結ぶ』『某社と契約する』

[美]⇩6151 [耎]⇩6222 [臭]⇩6454

1531【奚】 5288 5478 9AF6 大-7
ケイ(漢)\xī\なに・なんぞ・なにをか
字解 形声。大+𦃃(いとを手でまきつける)省(声)。束縛して使う人、召し使いの意。何に通じて、疑問詞に用いる。

甲骨文

金文

篆文

同属字 谿・鷄(鶏)・溪(渓)・蹊・豀
参考 万葉仮名では音を借りて「け(甲)」。
意味 なに。なんぞ。いずれ。疑問・反語を示す。「何」に同じ。㋐なんぞ。どうして…であろうか。反語を示す。*陶潜-帰去来辞「奚惆悵而独悲(なんぞチュウチョウとしてひとりかなしまん)」(=今更情けなさそうにひとり悲しむことがあろうか)㋑なに。なんぞ。いずれ。どうして。どちら。疑問を示す。*論語-子路「衛君待レ子而為レ政、子将二奚先一(エイのきみシをまちてまつりごとをなさば、シまさになにをかさきにせん)」(=衛の君主が先生を迎えて政治をさせるとしたら、先生は何から先になさいますか)
【奚何】どんなか。どのようであるか。疑問を示す。「何如」に同じ。
【奚以】どうして。なぜ。疑問・反語を示す。「何以」に同じ。
【奚為】どうして。なぜ。疑問・反語を示す。「何為」に同じ。

1532【奘】 5289 5479 9AF7 大-7 (2194)【弉】 5518 5732 9C51 廾-7
ソウ(サウ)(漢)・ジョウ(ジャウ)(慣)\zàng·zhuǎng
字解 形声。大+壯(大きい・さかん)(声)。おおきくさかんな意。
参考 万葉仮名では音を借りて「ざ」。

[奐]⇩9251

1533【奥】 1792 317C 899C 大-9 常 (1535)【奧】 5292 547C 9AFA 大-10 旧字 (人)
オウ(アウ)(呉)(漢)・オク(慣)\ào·yù\おく

筆順

字解 奥は奧の略体。奧は一説に会意。宀(部屋)+釆(まがる)。曲がりくねったおくにある尊いへやの意。
同属字 懊・澳・隩・燠・襖
意味 ❶おく。おくの方。㋐部屋の西南のすみをいう。昔、神をまつったところ。また、おくざしき。㋑おくふかいところ。物の末尾。『奥底』『奥地』❷おくふかく容易には知りがたいこと。意味が深いこと。『奥義』『奥秘』❸かなめ。主要な点。❹国「陸奥(むつ)(みちのく)」の略。『奥羽』『奥州』

❶おく。おくの方。また、物の末尾。
下接 胸奥・閫奥・最奥・心奥・深奥・堂奥・内奥・幽奥/大奥・山奥
【奥書】①書写本などの末尾に記されたもの。②書類の記載が正しいことを証明する末尾の記事。
【奥方】高貴な人の妻を敬っていう語。♥奥の建物に住むところから。
【奥津城】墓所。墓。♥「つ」は「の」に当たる古い格助詞。
【奥付】書物の末尾の、書名、著者、出版年月日などを印刷した部分。

❷おくふかく容易には知りがたいこと。
下接 薀奥・蘊奥・玄奥・秘奥
【奥義】学問、技能などで最も重要で難解な事柄。極意。『奥義を究める』
【奥旨】学問、技芸などの奥深い趣。極意。
【奥秘】深遠な秘められた道理、意義。奥義。
【奥妙】奥深くすぐれてはかり難いこと。深遠。
難読地名 奥入瀬川(青森)

1534【奠】 5291 547B 9AF9 大-9
テン(漢)・テイ(漢)\diàn\まつる・さだめる
字解 会意。大(=一、または丌、台)+酋(祭祀に用いる大切な酒器)。酒つぼを台上に置き神前に供える、まつる意。また、定に通じ、さだめる意。

甲骨文

金文

篆文

[同属字] 擲・躑・鄭

[意味] ❶まつる。神仏に酒食などを供えて祭る。そなえる。『奠羞』『奉奠（ホウテン）』→下接。❷さだめる。位置を決める。また、安置する。『奠都』

[下接] 饋奠（キテン）・香奠（コウデン）・祭奠（サイテン）・坐奠（ザテン）・釈奠（シャクテン｜セキテン）・壌奠（ジョウテン）・奉奠（ホウテン）・礼奠（レイテン）・乞巧奠（キッコウデン）

【奠羞（テンシュウ）】 供え物。
【奠都（テント）】 都を定めること。

1535 【奧】 5292 547C 9AFA 大-10
オウ 「奥」(1533)の旧字

1536 【奨】 3009 3E29 8FA7 大-10 [常]
(1537)〔奬〕 5293 547D 9AFB 大-11 旧字 [人]
(4643)〔獎〕 6450 6052 E0D0 犬-11
ショウ（シャウ）[漢]／jiǎng／すすめる

[筆順] 奨 奨 奨 奨 奨 奨

[字解] 奨は奬の略体。奬は形声。大（＝犬）＋將（肉をもちすすめる）[声]。犬をけしかける、すすめる意。

[意味] すすめる。すすめはげます。⇒〔勧〕(723)の[表]

[下接] 恩奨（オンショウ）・嘉奨（カショウ）・勧奨（カンショウ）・推奨（スイショウ）・選奨（センショウ）・提奨（テイショウ）・報奨（ホウショウ）

【奨学（ショウガク）】 学業や学術研究を奨励すること。『奨学金』
【奨学院（ショウガクイン）】 [国]平安時代の私設学寮。元慶五年（八八一）在原行平が勧学院にならって京都に設置。
【奨励（ショウレイ）】 よいこととして人々にすすめること。

〔樊〕 ⇩ 3325

38 女部 おんな

甲骨文 金文 篆文

女は、ひざまずいて両手（または両そで）を交差させたさまを象り、女性・人の性情を表す。また、女権社会のなごりで家族、血縁関係、婚姻の意をもつ。隷書のころから九十度転じて、ひざを曲げた体が横画の一となり、また、（両手の部分にあたる）くとノとの頭は、必ずしも接しないようになった。字の構成上、左部に用いられるものを「おんなへん」という。母の字は女に乳房を示す両点を加えたものであるが、字典では別に母部(80)を立ててそこに入れる。現今の活字の明朝体では、第二画ノと第三画一とは交わらず、おんなへんでは合してフのように見えるが、楷書等筆写の場合には、交わるのが普通である。

女[◆] 女 姦 ⑥ 威 ⑩ 嫐 ⑭ 嬲

女[▄] ③ 妄 妄 ④ 妟 妥 妥 ⑤ 委 妻 妾 ⑥ 姜 姿 姿 娄 ⑦ 娑 ⑧ 婴 娶 婆 婪 婁 婁 ⑪ 嫠 ⑬ 嬴 嬖 ⑭ 嬰 ⑰ 孁 ⑲ 孌

女[▌] ② 奴 ③ 奸 好 妁 如 妃 ④ 妓 妍 姊 妒 妊 妣 妋 妨 妙 妤 妖 ⑤ 姑 始 姉 姒 姓 姐 姐 妬 妹 姆 妺 ⑥ 娃 姨 姻 姧 姶 姫 姸 姢 姤 姮 姝 姪 姙 姥 姚 ⑦ 娥 姬 姬 娟 娯 娛 娘 娠 娜 娣 娚 娓 娉 娩 娌 ⑧ 婀 婭 娙 婉 婚 婇 婥 娵 娼 婕 婢 婦 婦 ⑨ 媥 媛 媛 媪 媧 婿 媟 媮 媆 媒 媚 媢 ⑩ 媼 嫁 媿 嫌 嫌 媾 嫉 嫋 媳 嫂 媽 ⑪ 嫣 嫗 嫦 嫡 嫡 嫩 嫩 嫖 嫚 ⑫ 嫺 嫺 嫻 嬉 嬌 嬈 嬋 ⑬ 嬢 〓 ⑭ 嬬 嬥 嬪 嬶 ⑯ 嬾 ⑰ 孃 孅 孀 ⑲ 孋

女[▐] ④ 妝 ⑩ 媵

1538 【女】 2987 3D77 8F97 女-0 [常]1
女 [◆]
ニョ[呉]・ジョ（ヂョ）[漢]・ニョウ[慣]／nǚ・rǔ・nǜ／おんな・め・むすめ・めあわせる・なんじ

[筆順] 女 女 女

[字解] 部首解説を参照。

[参考] 万葉仮名では訓を借りて「め[甲]」。平仮名「め」、片仮名「メ」の字源。

[意味] ❶おんな。女性。『男女』『淑女』❷むすめ。『女婿』『養女』＊白居易-長恨歌「楊家有ᴸ女初長成（ヨウカにジョありはじめてチョウセイす）」〔＝楊家にむすめがいて、ようやく年ごろになったばかり〕❸小さいもの、か弱いもののたとえ。二種類あるものの一方。『女牆』『女坂（おんなざか）』『女波（めなみ）』❹めあわせる。よめにやる。❺なんじ。あなた。二人称。「汝」に同じ。＊論語-為政「由、誨ᴵ女知ᴵ之乎（ユウ、なんじにこれをしるをおしえんか）」〔＝由よ、おまえに物事を知るということを教えようか〕❻熟字訓、固有名詞など。『女郎花（おみなえし）』

❶おんな。女性。女子。

[下接] 悪女（アクジョ）・佚女（イツジョ）・越女（エツジョ）・海女（カイジョ｜あま）・彼女（かのじょ）・官女（カンジョ）・貴女（キジョ）・妓女（ギジョ｜ギニョ）・宮女（キュウジョ）・狂女（キョウジョ）・下女（ゲジョ）・賢女（ケンジョ）・工女（コウジョ）・瞽女（コジョ｜ごぜ）・才女（サイジョ）・妻女（サイジョ）・采女（サイジョ｜うねめ）・侍女（ジジョ）・醜女（シュウジョ｜しこめ）・淑女（シュクジョ）・少女（ショウジョ）・織女（ショクジョ）・針女（シンジョ）・信女（シンニョ）・石女（セキジョ｜うまずめ）・男女（ダンジョ）・貞女（テイジョ）・天女（テンニョ）・童女（ドウジョ）・婢女（ヒジョ｜はしため）・美女（ビジョ）・貧女（ヒンジョ）・巫女（フジョ｜みこ）・婦女（フジョ）・魔女（マジョ｜マニョ）・遊女（ユウジョ）・幼女（ヨウジョ）・妖女（ヨウジョ）・烈女（レツジョ）・老女（ロウジョ）・男尊女卑（ダンソンジョヒ）／郎女（いらつめ）・乙女（おとめ）・売女（ばいた）・湯女（ゆな）・不生女（うまずめ）・手弱女（たおやめ）

【女謁（ジョエツ）】 君主に愛されている女性が、またその女性を通して、特別の要求を君主に認めさせること。
【女王（ジョオウ｜ジョウオウ）】 [1]女性の君主。[2]その領域で最も力や人気のある女性。『銀盤の女王』[3][国]皇族の女子で内親王以外の者。
【女誡（ジョカイ）】 女性に対するいましめ。女訓。↓❻
【女楽（ジョガク）】 [1]妓女により奏される舞楽。[2]酒宴の席に出て、舞踊などでその興を助けるのを業とする女。
【女官（ジョカン｜ニョカン）】 宮中に仕える女性の官吏。
【女士（ジョシ）】 [1]昔、中国で、りっぱな行いや教育のある女性をいう語。[2]＝女史（ジョシ）
【女子（ジョシ）】 [1]おんなのこ。むすめ。↕男子。[2]おんな。女性。↕男子。『女子大学』【女子与ᴵ小人ᴵ難ᴸ養（ジョシとショウジンとはやしないがたし）】 女性と徳のない者とは、近づければ無遠慮になり、遠ざけるとうらみやすく、扱いがむずかし

3画 口囗土士夂夊夕大女子宀寸小(⺌・⺍)尢(尣・兀)尸屮(屮)山巛(川)工己(已・巳)巾干幺广廴廾弋弓彐(彑・⺕)彡彳

い。〔論語–陽貨〕
【女史】ジョシ 社会的に活躍している女性を敬って呼ぶ語。
【女将】ジョショウ/おかみ 国料理屋、旅館など客商売の家の女主人。
【女丈夫】ジョジョウフ 気が強くてしっかりしている女性。男まさりの女。女傑。
【女色】ジョショク 女性の性的魅力。色香いろか。また、女との情事。『女色に溺おぼれる』
【女性】ジョセイ/ニョショウ 女子。婦人。一般には成年に達した女をいう。⇔男性。♥「ニョショウ」は古い言い方。
【女中】ジョチュウ 料理屋や一般の家などに雇われて下働きをする女性。
【女帝】ジョテイ/ニョテイ 女性の皇帝、天皇。
【女徳】ジョトク ①女性として行うべき道。②女性の性情。③女色をいう。
【女難】ジョナン 男性が、女性に関することで受ける災難。女禍。『女難の相』
【女流】ジョリュウ 女性。芸術家など自由業の人にいう。『女流作家』
【女郎】ジョロウ/めろう ㊀(ジョロウ) ①若い女性。『雪女郎』②国あそびめ。遊女。『女郎買い』『女郎屋』♥②は、「ジョウロウ(上臈)」の変化した語という。㊁(めろう) ①女の子。②女をののしっていう語。⇔野郎。
【女衒】ゼゲン (「衒」は売る意) 国女性を遊女屋などに売ることを業とした者。
【女院】ニョイン/ニョウイン 国天皇の生母などで、上皇に準じた待遇を受けた女性。
【女御】ニョウゴ 国古く、天皇の寝所に侍する女官。皇后、中宮の下、更衣の上の地位。
【女房】ニョウボウ 国①昔、宮中で、一人住みの部屋を与えられた女官。また、一般に侍女。『女房詞』②妻。家内。
【女人】ニョニン 婦人。女性。『女人禁制』
【女犯】ニョボン 僧が戒律を犯して女体と交わること。
【女形】おんながた/おやま 歌舞伎かぶきで、女の役をする男の役者。♥「おんながた」は「女方」とも書く。「おやま」は人形浄瑠璃ジョウルリで女役の人形である「小山おやま人形」から出た語という。

❷ むすめ。
下接 阿女アジョ・遺女イジョ・一女イチジョ・王女オウジョ・義女ギジョ・孝女コウジョ・皇女コウジョ・子女シジョ・二女ジジョ・次女ジジョ・児女ジジョ・小女ショウジョ・息女ソクジョ・嫡女チャクジョ・長女チョウジョ・末女マツジョ・養女ヨウジョ
【女婿・女壻】ジョセイ 娘の夫。娘むこ。

❸ 小さいもの、か弱いもののたとえ。
【女垣】ジョエン ＝女牆ジョショウ
【女牆】ジョショウ 城壁の上にめぐらした低い垣。ひめがき。
【女滝】めだき 二すじの滝を一対として、そのうち、水勢がゆるく、小さい方の滝。⇔雄滝おだき
【女波】めなみ 高い波のある間に、低く弱く打ちよせる波。⇔男波おなみ

❻ 熟字訓、固有名詞など。
下接 山女魚やまめ・鮎魚女あいなめ
【女誡】ジョカイ 中国、後漢の儒家書。班固の妹曹昭撰。孫女の嫁するにあたり、訓誡のために著したもの。→❶
【女媧氏】ジョカシ 中国古代の伝説上の女の天子。天地がくずれたのを、五色の石で補修したという。
【女真】ジョシン 中国の民族。唐代では靺鞨マッカツ、一〇世紀初め、東北の農耕・狩猟・牧畜民として、女真、また女直ジョチョクと呼ばれた。一二世紀はじめ国を建てて金と称し、南宋と対峙したが蒙古に滅ぼされた(一二三四年)。一七世紀に一部族の建州女真が女真を統一して後金国を建て、のち国名を清と改めて明を滅ぼし、中国を制覇した。
【女郎花】おみなえし オミナエシ科の多年草。日本で、秋の七草の一。
難読地名 女川おながわ町(宮城) 女満別めまんべつ町(北海道)
難読姓氏 女部田うえだ

1539 【姦】 2015 342F 8AAD 女－6　(1599)【奸】* 2537 女－6
カン 漢 jiān／よこしま・おかす・かしましい
字解 会意。女＋女＋女。多くの女を集め情事にふける意という。また、男女の道からはずれ、みだらの意。奸に同じ。奸は通俗体。
参考 熟語は「奸」(1569)をも見よ。
金文 篆文
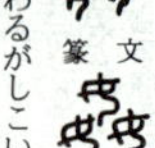
意味 ❶わるがしこい。よこしま。「奸」に同じ。『陰姦インカン』『大姦タイカン』『佞姦ネイカン』❷みだら。男女関係がみだらなこと。『姦淫』『姦通』『姦夫』『姦婦』『相姦ソウカン』❸おかす。女性を犯すこと。『強姦ゴウカン』『輪姦リンカン』『和姦ワカン』❹国かしましい。やかましい。『女三人寄れば姦しい』
【姦淫】カンイン 男女が道義にはずれた肉体関係を結ぶこと。不義。密通。
【姦通】カンツウ 男女が道徳や法に反して情を通じること。

1540 【威】 1650 3052 88D0 女－6 常
イ(ヰ) 呉漢 wēi／おどす・たけし
筆順 威威威威威威
字解 会意。女＋戌(＝戉、武器)。武器と女を対せしめて、おそれさせおどす意。
金文 篆文

同属字 葳・㨗・縅
参考 万葉仮名では音を借りて「ゐ」。
意味 ❶おどす。おそれさせる。『威圧』『脅威キョウイ』❷人をおそれさせ従わせる力。また、おごそか。たけし。いかめしい。『威厳』『威光』『武威』

❶ おどす。おそれさせる。
【威圧】イアツ 威力や威光などによって、おどし抑えつけること。『威圧的な態度』
【威嚇】イカク 威力を相手に示しておどすこと。
【威喝】イカツ 大声でおどすこと。
【威迫】イハク 言葉や動作で気勢を示し、不安を感じさせること。『強談威迫』
【威福】イフク 時におどし、時に福徳を施すこと。人を思いのままに従わせることにいう。

❷ おごそか。たけし。いかめしい。
下接 王威オウイ・恩威オンイ・球威キュウイ・虚威キョイ・権威ケンイ・厳威ゲンイ・虎威コイ・国威コクイ・示威ジイ・神威シンイ・勢威セイイ・朝威チョウイ・天威テンイ・武威ブイ・暴威ボウイ・猛威モウイ・余威ヨイ・稜威リョウイ
【威而不猛】イありてたけからず 威厳はあるが、内に温情がこもっていて荒々しくない。君子の理想的な人柄をいう。〔論語–述而〕
【威儀】イギ 作法、礼式にかなっている威厳のある立ち居振る舞い。『威儀を正す』
【威儀師】イギシ 授戒または法会ホウエのとき、受戒者や衆僧の威儀、作法を指図する僧を

いう。威儀僧。威儀法師。
【威権ケン】威力と権力。威勢と権柄ペイ。
【威言ゲン】おおげさな言葉。大ぐち。大言。広言。
【威厳ゲン】重々しくおごそかなこと。『威厳のある顔』
【威光コウ】人がおそれ敬い、従おうとするような力。威力。『親の威光を笠かさに着る』
【威信シン】威厳や威光に応じて寄せられる信望。
【威勢セイ】[1]人をおそれ従わせる力。『威勢をふるう』[2]国意気の盛んな様子。『威勢のよい声』
【威徳トク】人を自然に従わせる威厳と人徳。
【威武ブ】勢いの強く勇ましいこと。武威。
【威風フウ】威勢があること。威光が他に及ぶこと。『威風辺りを払う』『威風堂堂』
【威服・威伏フク】勢いを示して服従させること。
【威望ボウ】威光と人望。
【威名メイ】威勢があるという名声や評判。
【威容ヨウ】威厳のあるようす。『威容を保つ』
【威稜リョウ】天子の御威光。みいつ。稜威。
【威力リョク】他を圧倒する強い力や勢い。『金の威力』
【威烈レツ】激しく、盛んな勢い。威光。

1541 【嫐】 5344 554C 9B6B 女-10
ノウ(呉)・ドウ(ダウ)(漢)/nǎo/うわなり
字解 会意。男をふたりの女がはさみ、たわむれる意。
意味 ❶たわむれる。もてあそぶ。なぶる。❷国うわなり。歌舞伎十八番の一。初世市川団十郎作。

1542 【嬲】 5343 554B 9B6A 女-14
ジョウ(デウ)(漢)/niǎo/なぶる
字解 会意。女を二人の男がはさみ、なぶる意。
意味 なぶる。もてあそぶ。おもしろがってからかい、相手の困惑を楽しんでいじめる。『嬲り殺し』『嬲り物』

女

1543 【妄】 4449 4C51 96CF 女-3 常 (1544)【妄】 女-3 旧字
モウ(マウ)(呉)・ボウ(バウ)(漢)/wàng/みだり
筆順 妄 妄 妄 妄 妄 妄
字解 形声。女+亡(=亾→盲、みえずにくらい)(声)。道理にくらい意から転じて、みだりの意。
金文 篆文

意味 みだり。みだりに。道理に外れている。筋道に合わない。また、うそ。でたらめ。いつわり。『虚妄』
下接 詭妄キモウ・誕妄タンモウ・謬妄ビュウモウ・偽妄ギモウ・虚妄キョモウ・詐妄サモウ・誣妄フモウ・迷妄メイモウ・譫妄センモウ・躁妄ソウモウ
【妄挙モウキョ・ボウキョ】道理にはずれたふるまい。妄動。
【妄言モウゲン・ボウゲン】でまかせのいいかげんな言葉。『妄言多謝[=勝手な言葉をお許し下さい]』
【妄誕モウタン・ボウタン】言説に根拠のないこと。偽り。
【妄断モウダン・ボウダン】はっきりした根拠もなく断定すること。
【妄評モウヒョウ・ボウヒョウ】でたらめな批評。また、自分の批評の謙遜語。『妄評多罪』
【妄執モウシュウ】迷いの心から物事に執着すること。
【妄信モウシン】深い考えもなくみだりに信じること。
【妄想モウソウ・ソウ】[1]真実でないことを真実と考えること。ありもしないことを想像すること。『妄想にふける』[2]根拠がない不合理なことを事実と確信し、訂正不可能な状態。『誇大妄想』『被害妄想』
【妄動モウドウ・ボウドウ】無分別に事を起こすこと。『軽挙妄動』

[安] ⇩ 1724

1545 【晏】 *2514 女-4
アン(漢)
字解 会意。日+女。やすんずる意。また、安に通じ、やすらかの意。甲骨文は両手をそえる。
甲骨文 篆文

同属字 宴・偃・堰・蝘・鶠

1546 【妥】 3437 4245 91C3 女-4 常 (1547)【妥】 女-4 旧字
タ(漢)・ダ(慣)/tuǒ/おだやか
筆順 妥 妥 妥 妥 妥 妥
字解 会意。爪(下向きのて)+女。手を女の上におきすわらせ安心させる意。安んじる意。
甲骨文 金文
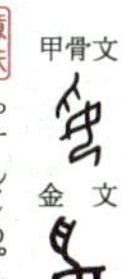
同属字 餒・綏
意味 やすんじる。座に落ち着く。おだやか。
【妥協ダキョウ】互いに譲歩しあって事をまとめること。おりあい。『妥協案』
【妥結ダケツ】互いに折れ合って交渉などをまとめること。
【妥当ダトウ】物事がよく当てはまること。『妥当な評価』

[妛] ⇩ 1895

1548 【委】 1649 3051 88CF 女-5 常3
イ(ヰ)(呉)(漢)/wěi・wēi/まかせる・ゆだねる・すてる・くわしい・つまびらか
筆順 委 委 委 委 委 委
字解 会意。禾(垂れさがった稲穂)+女。女が従う意から、まかせる意を表す。
同属字 萎・魏・倭・逶・矮・痿・緌・餧
参考 万葉仮名では音を借りて「ゐ」。
意味 ❶まかせる。ゆだねる。一任する。『委員』『委嘱』『任委ニンイ』＊白居易-琵琶行・序「委レ身為二賈人婦一(みをゆだねてコジンのつまとなる)[=商人に身をまかせ、その妻となった]」❷さしだす。おく。また、積む。『委質』『委積』『委吏』❸すてる。すておく。なりゆきにまかせておく。『委順』『委命』❹くわしい。つまびらか。こまかい。また、まがりくねっている。『委曲』『委細』❺しおれる。なえる。「萎」に同じ。『委頓』『委靡』❻国「委員会」の略。「外為委ガイため」『公取委コウとり』

❶まかせる。ゆだねる。

【委員イン】団体の中で選ばれ、特定の事項の処理をまかされた人。『学級委員』『教育委員』『委員会』
【委譲ジョウ】他に譲りまかせること。『権限の委譲』
【委嘱ショク】特定の仕事を他に頼んでまかせること。
【委託・委托タク】法律行為、事務などを他に頼むこと。
【委任ニン】信頼する人や団体に仕事などをまかせること。『白紙委任』『委任状』
【委付フ】ゆだね頼むこと。ゆだね渡すこと。委託。

❷ さしだす。おく。また、積む。

【委質(イシ)】 初めて仕官すること。♥質は贄(シ)で、礼物。初めて仕官するとき、君の前に礼物の雉(きじ)を置いたところからいう。〔国語-晋語〕

【委積(イシ)】 米穀を積みたくわえておくこと。

【委吏(イリ)】 中国で倉庫の米穀の出納を扱った役人。

❸ すてる。すておく。なりゆきにまかせる。

【委棄(イキ)】 人や物事をほうったままにして顧みないこと。遺棄(イキ)。

【委順(イジュン)】 [1]自然のなりゆき。また、なりゆきにすなおにしたがうこと。[2]人間の死をいう。

【委命(イメイ)】 生命をまかせること。運命にまかせること。

【委地(イチ|チにまかす|チにイす)】 地上に放り出すこと。＊白居易-長恨歌「花鈿委(カデン チにイして)レ地無(ひとのおさむるなし)ニ人収(ニ)」〔=額の花飾りも地面に放り出されたまま、拾いあげる人とてない〕」

❹ くわしい。つまびらか。こまかい。

【委曲(イキョク)】 詳しく細かな事情や状態。詳細。『委曲を尽くして説明する』

【委細(イサイ)】 [1]詳しい事柄。詳細。『委細面談』 [2]すっかり。『委細承知した』

【委悉(イシツ)】 詳しく、こと細かくすること。

【委蛇(イダ|イイ)】 まがりくねったさま。また、文やことばが詳しく、飾られているさま。

❺ しおれる。なえる。

【委頓(イトン)】 くじけること。力が抜けること。

【委靡(イビ)】 おとろえ弱ること。

1549 【妻】 2642 3A4A 8DC8 女－5 [常]5 サイ(呉)・セイ(漢)/qī・qì/つま・め・めあわせる

[筆順] 

[字解] 会意。屮(かんざし)＋又(て)＋女。手でかんざしをさし髪を整えている女の意から、つまの意を表す。金文は母に従う。

金文  篆文 

[同属字] 萋・凄・淒・悽・棲

[意味] ❶つま。夫の配偶者である女。『妻帯者』『妻子』『愛妻』 ❷めあわせる。嫁にやる。結婚させる。＊論語-公冶長「以(テ)ニ其兄之子(ヲ)一妻(ス)レ之(ニ)」〔=その兄の娘をとつがせた〕」(そのあにのこをもってこれにめあわす) ❸[国]物の一方のはし。『妻板』『妻戸』『切妻(きりづま)』

❶ つま。夫の配偶者。

[下接] 愛妻(アイサイ)・悪妻(アクサイ)・寡妻(カサイ)・恐妻(キョウサイ)・愚妻(グサイ)・荊妻(ケイサイ)・継妻(ケイサイ)・後妻(ゴサイ)・出妻(シュッサイ)・正妻(セイサイ)・先妻(センサイ)・内妻(ナイサイ)・病妻(ビョウサイ)・夫妻(フサイ)・亡妻(ボウサイ)・本妻(ホンサイ)・梵妻(ボンサイ)・良妻(リョウサイ)・老妻(ロウサイ)・良妻賢母(リョウサイケンボ)・一夫多妻(イップタサイ)／吾妻(あずま)・稲妻(いなずま)・次妻(うわなり)・側妻(そばめ)・新妻(にいづま)・人妻(ひとづま)

【妻君(サイクン)】 [国]自分または他人の妻の称。細君(サイクン)。

【妻子(サイシ|つまこ)】 妻と子。『妻子を養う』

【妻帯(サイタイ)】 [国]妻を持つこと。また、妻を持っていること。『妻帯者』『肉食妻帯』

【妻孥(サイド)】 妻と子。♥「孥」は子の意。

❸ (日本語で)一方のはし。

【妻板(つまいた)】 建築で、建物の側面の板。

【妻戸(つまど)】 [1]寝殿造りで、殿舎の出入り口にある、両開きの板戸。[2]家の端にある両開きの板戸。

[難読地名] 妻沼(めぬま)町(埼玉)

1550 【妾】 3010 3E2A 8FA8 女－5 ショウ(セフ)(呉)(漢)/qiè/めかけ・てかけ・そばめ・わらわ・わたし

[字解] 会意。辛(入れ墨用の針)省＋女。入れ墨をされた卑しい女の召し使い、こしもとの意。

甲骨文  金文  篆文 

[同属字] 霎・接・椄

[意味] ❶めかけ。そばめ。側室。また、侍女。『妾婦』『妾媵』『愛妾』 ＊十八史略-春秋戦国「請(フ)ニ為(リ)レ臣、妻為(ラン)レ妾(シンとなり、つまはショウとならんとこう)」〔=(勾践は)自分は臣下となり、妻は召使いとして差し出すと(夫差に)願い出た〕」 →下接。 ❷わらわ。女性が自分を謙遜して言った語。

[下接] 愛妾(アイショウ)・妻妾(サイショウ)・男妾(ダンショウ)・寵妾(チョウショウ)・婢妾(ヒショウ)

【妾婦(ショウフ)】 めかけ。また、腰元。

【妾媵(ショウヨウ)】 そばめ。また、腰元。

1551 【姜】 5310 552A 9B49 女－6 キョウ(キャウ)(漢)/jiāng/はじかみ

[字解] 形声。女(姓)＋羊(ひつじ)(声)。羊を飼って生活していた民族の姓。

甲骨文 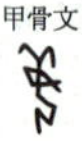 金文  篆文 

[意味] ❶川の名。姜水(キョウスイ)。中国の陝西(センセイ)省を流れる。❷姓の名。姜水の近くにいた部族。太公望呂尚(リョショウ)は姜姓で、斉に封じられた。『姜夔』 ❸はじかみ。しょうが。

【姜夔(キョウキ)】 中国、南宋の詞人。字(あざな)は尭章(ギョウショウ)。号は白石道人。江南を放浪。精逸で格調の高い詞で知られる。

1552 【姿】 2749 3B51 8E70 女－6 [常]6 (1553) 【姿】 女－6 旧字 シ(呉)(漢)/zī/すがた・しな

[筆順] 

[字解] 形声。女＋次(くつろぐ)(声)。女のくつろいだすがたの意。

[意味] すがた。様子。ありさま。また、しなをつくる。

[下接] 英姿(エイシ)・艶姿(エンシ|あですがた)・嬌姿(キョウシ)・瓊姿(ケイシ)・原姿(ゲンシ)・聖姿(セイシ)・全姿(ゼンシ)・風姿(フウシ)・芳姿(ホウシ)・鳳姿(ホウシ)・勇姿(ユウシ)・雄姿(ユウシ)・妖姿(ヨウシ)・容姿(ヨウシ)・竜姿(リョウシ)・麗姿(レイシ)

【姿質(シシツ)】 生まれつきの姿かたち。

【姿勢(シセイ)】 [1]何かをするときの体の格好、構え。[2]相手や物事に対する心の持ち方。態度。『低姿勢』

【姿態(シタイ)】 身のこなし。立ったりすわったりしているときのすがたのとりよう。『なまめかしい姿態』

【姿容(シヨウ)】 すがたかたち。みめかたち。容姿。

1554 【娄】 ＊2545 女－6 ロウ 「婁」(1560)の異体字

【要】 ⇩ 7352

1555 【娑】 5316 5530 9B4F 女－7 シャ(呉)・サ(漢)/suō/まう

[字解] 形声。女＋沙(声)。

参考 万葉仮名では音を借りて「さ」。
意味 ❶まう。舞うさま。『婆娑(バサ)』『娑婆(サバ)』『邏娑(ラサ)』 ❷梵 sa の音訳字。
『娑羅双樹』
【娑婆(シャバ)】 ① 仏教で、現世。俗世界。『娑婆気(シャバケ)』 ② 国 刑務所や軍隊にいる人々から見た、一般人の世界。
【娑羅双樹(シャラソウジュ・サラソウジュ)】 釈尊が入滅した場所の四方に二本ずつ植えられていた娑羅樹。娑羅樹はフタバガキ科の常緑高木。インドの代表的用材。

［晏］⇩3136

1556 【娿】 ―― 女－8
ア 「婀」(1626)の異体字

1557 【娶】 5324 5538 9B57 女－8
シュ 漢/qǔ/めとる
字解 形声。女＋取(攻めとる)声。めとる意。もと取のみでこの字義を表した。
甲骨文 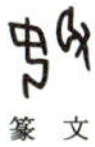 篆文 
意味 めとる。妻をむかえる。『嫁娶(カシュ)』『婚娶(コンシュ)』

1558 【婆】 3944 474C 946B 女－8 常
バ 呉・ハ 漢・ポ 唐/pó/ばば・ばばあ・ばあ
筆順 婆 婆 婆 婆 婆
字解 形声。女＋波声。
参考 万葉仮名では音を借りて「は」「ば」。
意味 ❶ばば。ばあさん。年老いた女。『婆心』『産婆(サンバ)』『老婆(ロウバ)』 ❷梵語ba, bhaの音訳字。『婆羅門』『耆婆(ギバ)』『娑婆(シャバ)』『塔婆(トウバ)』 ❸その他。あて字など。『婆娑』『湯婆(タンポ)』『湿婆(シバ)』
【婆娑(バサ)】 ① 舞う人の衣服の袖が美しくひるがえるさま。② 影などが乱れ動くさま。③ 竹の葉などに雨や風があたってがさがさと音がするさま。
【婆心(バシン)】 老婆心のこと。
【婆羅門(バラモン)】 (梵 brāhmaṇa の音訳) ① カースト制度(四姓)のうちの最上位で、僧侶、祭司階級またはそれに属するものをさす。② 伎楽に登場する役の一。また、その面や、その場面の音楽。

1559 【婪】 5326 553A 9B59 女－8
ラン 漢/lán/むさぼる
字解 形声。女＋林声。惏の別体。
甲骨文  篆文 
意味 むさぼる。また、おしむ。『貪婪(ドンラン)』
【婪尾(ランビ)】 ① 饗宴の席で、順々に杯を回し、最後の者が三杯連飲すること。② 最後。最末。

1560 【婁】 4712 4F2C 984B 女－8 (1554)〔娄〕 ＊2545 女－6
(1561)〔婁〕 ―― 女－8
ロウ 漢・ル 漢/lóu・lǘ・lǚ
字解 象形。頭上にかざりを沢山まきつけた女の形に象り、つなぐ意。「娄」は婁の草体から。
篆文 
同属字 蔞・數(数)・僂・塿・摟・屢・樓(楼)・褸・瘻・螻・縷・艛・屨・鏤
参考 万葉仮名では音を借りて「る」「ろ甲」。
意味 ❶ひく。ひきよせる。❷ちりばめる。❸むなしい。なかがうつろなこと。❹二十八宿の一。たたら星。婁宿(ロウシュク)。

1562 【嫠】 ＊2607 女－11
リ 漢/lí/やもめ
字解 形声。女＋𠩺(さきひらく)声。夫ときっぱり別れた女の意。
意味 やもめ。未亡人。
【嫠婦(リフ)】 夫に先だたれた女。寡婦(カフ)。後家。

［婁］⇩1784

1563 【嬴】 ＊2618 女－13
エイ 漢/yíng/あまる
字解 形声。女＋羸省声。もと姓の一という。羸に通じ、あまる・みちる意。
金文  篆文 

1564 【嬖】 5342 554A 9B69 女－13
ヘイ 漢/bì/きにいり
字解 形声。女＋辟(ひきさき平らにする・低い)声。身分の卑しい女性または男性、また、気に入りの意。甲骨文は、入れ墨をされた女性とひざまずいた男性。ともに身分の卑しい者を表す。
甲骨文 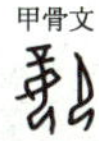 篆文 
意味 お気に入り。貴人にかわいがられている身分の低い女や臣。また、かわいがる。なれなれしくする。『外嬖(ガイヘイ)』『侍嬖(ジヘイ)』『内嬖(ナイヘイ)』
【嬖幸・嬖倖(ヘイコウ)】 君主などに特別にかわいがられること。また、お気に入り。
【嬖妾(ヘイショウ)】 寵愛されるめかけ。寵妾。
【嬖臣(ヘイシン)】 主君にかわいがられている家来。寵臣。
【嬖寵(ヘイチョウ)】 寵愛すること。
【嬖童・嬖僮(ヘイドウ)】 主君に寵愛される少年。

［寠］⇩5553

1565 【嬰】 1737 3145 8964 女－14
エイ 漢/yīng/あかご・みどりご
字解 形声。女＋賏(くびかざり)声。首飾りをめぐらすさまから、めぐらす意。借りて、みどりごの意に用いる。
同属字 鸚・嚶・瓔・櫻(桜)・癭・纓
意味 ❶あかご。あかんぼう。ちのみご。みどりご。『嬰児』『孩嬰(ガイエイ)』『玉嬰(ギョクエイ)』『孺嬰(ジュエイ)』 ❷めぐる。めぐらす。まとう。こもる。『嬰城』『退嬰(タイエイ)』 ❸ある音の高さを半音上げること。『嬰記号』『嬰羽』

❶
【嬰孩(エイガイ)】 あかご。
【嬰児(エイジ・みどりご)】 生まれて間もない子供。赤ん坊。「みどりご」は、新芽のように生まれたばかりの子の意。

❷ めぐる。めぐらす。
【嬰城(エイジョウ)】 城をめぐらして守ること。

❸ ある音の高さを半音上げること。

【嫛羽ウエイ】中国、日本音楽の五音音階の一である羽ゥの音よりも一律、すなわち半音高い音。

1566【嫛】＊2626 女－17 レイ㊥

字解 形声。女(処女)＋霝(天から落ちてくるしずく)㊥。霊性を持つ女の子の意。「大日孁貴おおひるめのむち」は天照大神。〔日本書紀〕

1567【孌】＊2628 女－19 レン㊥\luăn

字解 形声。女(性情)＋䜌(もつれみだれる)㊥。心がみだれるほど美しい、したう意。一説に戀の本字ともいう。金文には女はない。

金文  篆文 

女

1568【奴】3759 455B 937A 女－2 常 ヌ㊥・ド㊥\nū\やっこ・やつ・め

筆順 

字解 会意。女(おんな)＋又(手でつかまえる)。女のどれいの意。転じて一般に、しもべの意。

甲骨文 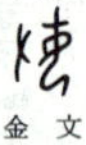 金文  篆文 

同属字 努・砮・怒・拏・駑・呶

参考 万葉仮名では音を借りて「ど㊥」「ぬ」「の㊥」。平仮名「ぬ」、片仮名「ヌ」の字源。

意味 ❶やっこ。しもべ。㋑男の下僕。『奴婢』『奴隷』『農奴ノウド』『傭奴ヨウド』㋺国江戸時代の武家の雑用や供先に召し使われた男。こもの。また、江戸時代の侠客キョウカクの男だて。『奴凧やっこだこ』❷やつ。あいつ。め。人を卑しめて呼ぶ語。『奴輩』『売国奴バイコクド』『守銭奴シュセンド』『蛮奴バンド』『何奴なにやつ』❸人名。『奴児哈赤ヌルハチ』

【奴視ドシ】軽蔑すべき人間として見下げること。

【奴輩ドハイ】人々を卑しめていう語。やつら。

【奴婢ドヒ|ヌヒ|ヌビ】家の雑仕事に召し使われた男女。律令制での下級の賤民。下男と下女。

【奴僕ドボク|ヌボク】男の召し使い。下男。

【奴隷ドレイ】①しもべ。下男。＊韓愈－雑説「祇辱ニ於奴隷人之手ニただにドレイジンのてにはずかしめらる〔＝召し使いのような身分の賤しい者に、粗末な取り扱いを受ける〕」②他人の支配下にあり、労働を強制されたり、売買、譲渡される人。『奴隷制度』③ある物事に心を奪われたもの。『金銭の奴隷』

【奴児哈赤ヌルハチ】中国、清朝の太祖。姓は愛新覚羅。東北の女真族の汗位についた(在位一六一六～一六二六年)。満州文字の制定などを行って清朝発展の基礎を確立した。(一五五九～一六二六)

1569【奸】5301 5521 9B40 女－3 カン㊥\gān・jiān\おかす・よこしま

字解 形声。女＋干(おかす)㊥。男女の道をおかす、よこしまの意。姦に同じ。

参考 熟語は「姦」(1539)をも見よ。

意味 ❶みだら。男女関係がみだらなこと。「姦」「奸」に同じ。『奸夫カンプ』『奸婦カンプ』❷悪がしこい。よこしまな。また、わるもの。『漢奸カンカン』『斬奸ザンカン』『佞奸ネイカン』

【奸悪カンアク】心がねじけて悪いこと。邪悪。

【奸猾・奸黠カンカツ】心がよこしまで、悪賢いこと。

【奸凶カンキョウ】心がよこしまであること。悪人。

【奸曲カンキョク】心に悪だくみのあること。

【奸計カンケイ】悪だくみ。邪悪なはかりごと。奸策。

【奸詐カンサ】悪だくみ。さぎ。

【奸策カンサク】＝奸計カンケイ

【奸臣カンシン】悪だくみをもつよこしまな家臣。

【奸賊カンゾク】心のねじけた、憎むべき悪人。

【奸知カンチ】悪賢い才知。悪知恵。『奸知にたける』

【奸佞カンネイ】心がねじけていて悪賢いこと。『奸佞の臣』

【奸物カンブツ】悪知恵の働く、心のねじけた人。

【奸吏カンリ】よこしまな心を持った役人。黠吏カツリ。

1570【好】2505 3925 8D44 女－3 常4 コウ(カウ)㊥㊥\hào・hăo\このむ・このみ・このましい・すく・すき・いい・よい・よし・よしみ

筆順 

字解 会意。女が子をいつくしむ、愛する・このむ・よいの意。

甲骨文  金文 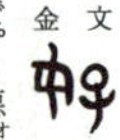 篆文 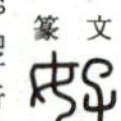

意味 ❶このむ。すく。このみ。興味や関心をもつ。また、このんで。↕悪オ。『好奇心』『好学』『愛好』＊論語－泰伯「篤信好ㇾ学あつくシンじてガクをこのむ〔＝深く信じて学問を好む〕」❷よい。よろしい。このましい。都合がよい。ちょうどよい。『好運』『好評』『良好』⇒〔悪〕(2360)の表 ❸したしい。よしみ。つきあい。『好誼』『友好』＊史記－廉頗藺相如伝「与ㇾ王為ㇾ好オウとよしみをなす〔＝王と友好関係を結ぶ〕」

❶ このむ。すく。このみ。

下接 愛好アイコウ・玩好ガンコウ・嗜好シコウ・時好ジコウ・同好ドウコウ

【好悪コウオ】好ききらい。『好悪の念』

【好学コウガク】学問を好むこと。『好学の士』

【好奇コウキ】珍しいことや変わったことに関心があること。『好奇の目を向ける』『好奇心』

【好古コウコ】古い時代の物事に関心があること。

【好尚コウショウ】このみ。嗜好シコウ。

【好色コウショク】情事の対象として異性に関心があること。色好み。

【好事コウズ】珍しいことや変わったことに興味を持つこと。物好き。『好事家』→❷(コウジ)

【好物コウブツ】好きな飲食物。『大好物』

【好文コウブン】①学問、芸術などを好むこと。②(「好文木コウブンボク」の略)梅の異称。

❷ よい。よろしい。

下接 恰好カッコウ・精好セイコウ・絶好ゼッコウ・鮮好センコウ・美好ビコウ・妙好ミョウコウ・良好リョウコウ

【好意コウイ】人に対して抱く、好ましい感情。↕悪意。『好意を持つ』『好意的』

【好音コウイン|コウオン】①よいねいろ。また、よい声。＊杜甫－蜀相「隔ㇾ葉黄鸝空好音はをへだつるコウリむなしくコウイン〔＝若葉の向こうのうぐいすは、だれに聞かせるともなく美しい声でさえずっている〕」②うれしいしらせ。

【好運コウウン】よい巡り合わせ。幸福な運命。↕悲運・不運・不幸。『好運に恵まれる』

【好客コウカク】風流の人。文雅の人士。好士。

【好下物コウカブツ】酒のよいさかな。「下物」は酒のさかなのこと。
【好看(コウカン)】美しいけしき。
【好感(コウカン)】好ましい感じ。よい感じ。『好感を持つ』
【好漢(コウカン)】気持ちのさっぱりした感じのよい男。『好漢自重すべし』
【好機(コウキ)】ちょうどよい機会。チャンス。『好機を逸する』『好機到来』
【好仇(コウキュウ)・好逑(コウキュウ)】よい相手、仲間。よいつれあい。
【好個(ココウ)・好箇(ココウ)】ちょうどよいこと。適当なさま。『好個の題材』
【好合(コウゴウ)】愛情のこまやかなこと。仲のよいこと。
【好在(コウザイ)】元気で暮らすこと。健在。
【好事(コウジ)】①よいこと。めでたいこと。②よい行い。善事。善行。→❶(コウズ)〖好事多レ魔(コウジマおおし)〗よいことには邪魔が入りやすい。〔西廂記〕〖好事不レ出レ門、悪事行ニ千里一(コウジモンをいでず、アクジセンリをいく)〗善行はなかなか世間に伝わりにくいが、悪事はすぐに千里のかなたまで知れわたる。〔北夢瑣言〕
【好餌(コウジ)】①よいえさ。また、人を誘ううまい手段。②欲望のえじき。また、人の犠牲となるもの。
【好男子(コウダンシ)】①容姿の整った男。美男子。②快活で男らしい男。快男子。
【好調(コウチョウ)】調子や景気などがよいこと。物事がうまくゆくこと。↕不調。『売れ行き好調』
【好都合(コウツゴウ)】国都合がよいこと。↕不都合
【好適(コウテキ)】何かを行うのにちょうどよいさま。
【好敵手(コウテキシュ)】力量が釣り合っていて、戦うのによい競争相手。ライバル。
【好天(コウテン)】よい天気。上天気。↕悪天
【好転(コウテン)】情勢がよい方へ向かうこと。↕悪化。『事態が好転する』
【好匹(コウヒツ)】よい配偶者。
【好評(コウヒョウ)】評判のよいこと。よい評判。↕悪評・不評。『好評嘖嘖(コウヒョウサクサク)』
【好風(コウフウ)】①よい景色。②こころよい風。

❸ したしい。よしみ。つきあい。

下接 嘉好(カコウ)・旧好(キュウコウ)・修好(シュウコウ)・情好(ジョウコウ)・親好(シンコウ)・静好(セイコウ)・通好(ツウコウ)・朋好(ホウコウ)・友好(ユウコウ)・和好(ワコウ)

【好誼(コウギ)】心からの親しみ。よしみ。『好誼を受ける』

難読姓氏 好川(よしかわ)

1571 【妁】 5302 5522 9B41 女－3

シャク㊥/shuò

字解 形声。女＋勺(くみとる)㊟。ふさわしい男女を両家からくみとる意。

意味 結婚のなかだちをする。『媒妁(バイシャク)』

1572 【如】 3901 4721 9440 女－3 常

ニョ㊥・ジョ㊥/rú/ごと・ごとし・しく・もし

筆順 如 如 如 如 如 如

字解 形声。口(いのる)＋女(巫女・従順)㊟。いのり従う意。借りて助字に用いる。

甲骨文 篆文

同属字 恕・絮・茹・洳

意味 ❶ごとし。…のようである。…のまま。㋑比況の意を示す。「若」に同じ。『十如是(ジュウニョゼ)』『翼如(ヨクジョ)』＊陶潜-桃花源記「男女衣著、悉如ニ外人一(ダンジョのイチャク、ことごとくガイジンのごとし)〔＝男女の衣服は、すっかり外部の人と同じである〕」㋺仏語。ありのまま。もののありのままの姿。すべての事物の本性。真理。『如来』『真如(シンニョ)』❷しく。㋑およぶ。匹敵する。㋺多く「不レ如(しかず)」の形で、…におよばない。転じて、…したほうがました、の意。「不レ若」に同じ。＊杜甫-新婚別「嫁レ女与ニ征夫一、不レ如レ棄ニ路傍一(むすめをセイフにあたうるは、ロボウにすつるにしかず)〔＝娘を出征する兵士に嫁入らせるのならば、いっそ道ばたに棄ててしまうほうがまだましだ〕」❸ゆく。いたる。「之」に同じ。❹状態を表す語に添える。「然」に同じ。『夭夭如』『欠如』『突如』『躍如』❺もし。たとい。かりに。仮定を示す。＊論語-顔淵「如殺ニ無道一、以就ニ有道一、何如(もしムドウをころして、もってユウドウにつかば、いかん)〔＝もし道徳心のない者を殺し、学徳のある人につき従うようにしたら、どうだろうか〕」❻その他。『不如帰(ほととぎす)』『如何(いかん)』『如月(きさらぎ)』⇒〔若〕(6596)の表

❶ ごとし。…のようである。

〖如レ出ニ一口一(イッコウにいずるがごとし)〗大勢の人のことばが、一人の口から出たように同じであること。異口同音。

【如今(ジョコン)】いま。現在。＊史記-項羽本紀「如今、人方為ニ刀俎一、我為ニ魚肉一(ジョコン、ひとはまさにトウソたり、われはギョニクたり)〔＝現在、彼らはちょうど刀とまな板で、我々は魚や肉のようなものだ〕」

【如才(ジョサイ)・如在(ジョサイ)】国疎略であること。手抜かり。『如才ない〔＝手抜かりがない。気が利く〕』

【如上(ジョジョウ)】前に述べたところ。上述。前述。『如上の方針どおりに…』

【如意(ニョイ)】①思いのままになること。↕不如意。②読経、説法のときに僧が携えるワラビ形の棒状のもの。

如意②〔永泰公主墓壁画〕

【如意宝珠(ニョイホウジュ)】仏教で、一切の願いが自分の意のごとくかなうという宝のたま。【如意輪観音(ニョイリンカンノン)】如意宝珠と宝輪などを持ち、衆生(シュジョウ)の願いをかなえてくれるという観音。
【如実(ニョジツ)】事実どおりであること。あるがままであること。『実力を如実に物語る』
【如是我聞(ニョゼガモン)】経文の冒頭に書かれていることば。「このように私は聞いた」の意。
【如法(ニョホウ)】①仏語。仏の説いたとおりであること。『如法経(ニョホウギョウ)』②国型どおり、文字どおりであること。『如法暗夜〔＝文字どおりの真っ暗やみ〕』
【如来(ニョライ)】仏の十号の一。仏を敬っていう語。『大日如来』『薬師如来』教化(キョウゲ)のため真如(シンニョ)から現れて来た者、真理の体現者の意。

❷ しく。およぶ。

〖莫レ如(しくはなし)〗…におよばない。「不レ如」に同じ。

❹ 状態を表す形容の語に添える。

下接 晏如(アンジョ)・暗如(アンジョ)・一如(イチジョ)・繹如(エキジョ)・宛如(エンジョ)・豁如(カツジョ)・翕如(キュウジョ)・皦如(キョウジョ)・欠如(ケツジョ)・缺如(ケツジョ)・自如(ジジョ)・純如(ジュンジョ)・淡如(タンジョ)・澹如(タンジョ)・突如(トツジョ)・泊如(ハクジョ)・蔑如(ベツジョ)・勃如(ボツジョ)・漣如(レンジョ)・恂恂如(ジュンジュンジョ)・申申如(シンシンジョ)・夭夭如(ヨウヨウジョ)・面目躍如(メンモクヤクジョ)

❻ その他。

【如月(ジョゲツ|きさらぎ)】国陰暦二月の異称。

〖如何(いかん|いかんせん|いかんぞ)〗①(いかん・いかんせん)どうする。どうしよう

3画 口囗土士夂夊夕大女子宀寸小(⺌・⺍)尢(尣・兀)尸屮(屮)山巛(川)工己(已・巳)巾干幺广廴廾弋弓彐(彑・ヨ)彡彳

か。方法・処置などについて、「どうしたらよいか」と問う場合に用いる。＊論語・衛霊公「不レ曰ニ如レ之何、如レ之何一者、吾末ニ如レ之何一也已矣（これをいかんせん、これをいかんせんといわざるものは、われこれをいかんともするなきのみ）」〔＝どうしようか、どうしようかと、自分から努力し解決を求めようとしない者は、私としても、どうしてやることもできないのだ〕②（いかんぞ）どうして…か。反語を示す。＊白居易・長恨歌「対レ此如何不ニ涙垂一（これにたいしていかんぞなみだたれざらん）」〔＝これを前にしては、どうして涙を流さないでおられよう〕」 ❤「奈何」とも書く。

1573 【妃】 4062 485E 94DC 女－3 常 ヒ呉漢・ハイ漢／fēi・pèi／きさき

筆順 妃妃妃妃妃妃

字解 会意。女＋己。つま・きさきの意。己は配に同じく、ならぶ意という。甲骨文は、へびを操る女性で、天子に仕える女性の意か。

甲骨文 篆文
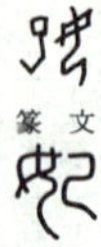

参考 万葉仮名では音を借りて「ひ乙」。

意味 きさき。㋑天子の妻で、皇后に次ぐもの。㋺国皇族、国王、王族の妻。

下接 王妃オウヒ・后妃コウヒ・皇妃コウヒ・正妃セイヒ

【妃匹】ヒヒツ つれあい。配偶。

【妃嬪】ヒヒン 妃と嬪。天子の妻とそばめ。また天子のそばに仕える女官。官女。

1574 【妓】 2124 3538 8B57 女－4 ギ呉・キ漢／jì／うたいめ・あそびめ

字解 形声。女＋支（手に棒をもつ）声。手に棒をもち演ずるわざおぎの意。

意味 うたいめ。まいひめ。あそびめ。遊女。芸者。

下接 愛妓アイギ・歌妓カギ・官妓カンギ・芸妓ゲイギ・娼妓ショウギ・舞妓ブギ（まいこ）・名妓メイギ・老妓ロウギ

【妓楽】ギガク 妓女の奏する音楽。

【妓女】ギジョ ①音曲や歌舞などで客をもてなす女性。芸者。②遊女。娼妓。

【妓楼】ギロウ 遊女屋。女郎屋。

1575 【妍】 5311 552B 9B4A 女－4 ケン 「姸」（1602）の異体字

1576 【姊】 ＊2529 女－4 シ 「姉」（1587）の異体字

1577 【妒】 ＊2511 女－4 ト 「妬」（1592）の異体字

1578 【妊】 3905 4725 9444 女－4 常 （1608）【姙】 5312 552C 9B4B 女－6 ニン呉・ジン漢／rèn／はらむ・みごもる

筆順 妊妊妊妊妊妊妊

字解 形声。女＋壬（ふくれる）声。はらむ意。

甲骨文 金文 篆文

意味 はらむ。みごもる。子どもを宿す。

下接 懐妊カイニン・避妊ヒニン・不妊フニン

【妊娠】ニンシン 胎児をやどすこと。みごもること。懐胎。

【妊婦】ニンプ 妊娠している婦人。『妊婦服』

1579 【妣】 5306 5526 9B45 女－4 ヒ漢／bǐ／なきはは・はは

字解 形声。女＋比（ならぶ）声。なき父とならぶ、なき母の意。甲骨文は、人の逆形で、年老いて没した女性に象る。金文で女を付した。

甲骨文 金文 篆文

参考 万葉仮名では音を借りて「び甲」。

意味 なきはは。亡母。また、はは。↕考（亡父）

下接 顕妣ケンピ・考妣コウヒ・皇妣コウヒ・先妣センピ・祖妣ソヒ

1580 【妋】 ＊2508 女－4 フ漢・ユウ（イウ）漢

字解 形声。女＋夫声。むさぼるさま。日本では、相対する夫の意で「せ」に用いる。

1581 【妨】 4324 4B38 9657 女－4 常 ホウ（ハウ）呉漢・ボウ（バウ）慣／fāng・fáng／さまたげる

筆順 妨妨妨妨妨妨妨

字解 形声。女＋方（両側にはり出す）声。さまたげる意。

意味 さまたげる。じゃまをする。他に支障が起こるようにする。『押妨オウボウ』『横妨オウボウ』『乱妨ランボウ』『濫妨ランボウ』

【妨遏】ボウアツ さまたげ、とめること。

【妨害・妨碍・妨礙】ボウガイ さまたげること。邪魔すること。『営業妨害』 ❤書き換え「妨礙→妨害」。

1582 【妙】 4415 4C2F 96AD 女－4 常 （4747）【玅】 ＊4348 玄－4 ミョウ（メウ）呉・ビョウ（ベウ）漢／miào／たえ

筆順 妙妙妙妙妙妙妙

字解 会意。女＋少（小さくわかい）。年わかい女の美しさの意。また、かすかの意。

意味 ❶わかわかしくて美しい。『妙齢』❷たえなる。非常にすぐれた。巧みな。また、深遠な。『妙案』『妙味』『巧妙』『微妙』❸国ふしぎな。『奇妙キミョウ』『珍妙チンミョウ』

❶ わかわかしくて美しい。

【妙年】ミョウネン 若い年ごろ。また、少年。

【妙齢】ミョウレイ 若い年ごろ。日本では、特に女性にいう。

【妙麗】ミョウレイ すぐれて美しいこと。特に、容貌についていう。

❷ たえなる。すぐれた。深遠な。

下接 奥妙オウミョウ・軽妙ケイミョウ・玄妙ゲンミョウ・巧妙コウミョウ・至妙シミョウ・神妙シンミョウ・精妙セイミョウ・絶妙ゼツミョウ・即妙ソクミョウ・美妙ビミョウ・微妙ビミョウ・敏妙ビンミョウ・墨妙ボクミョウ・幽妙ユウミョウ・要妙ヨウミョウ・霊妙レイミョウ・当意即妙トウイソクミョウ

【妙案】ミョウアン すぐれた考え。よい思いつき。名案。

【妙音】ミョウオン 妙なる音。非常に美しい音声、音楽。

【妙技】ミョウギ 巧みなわざ。すぐれた技術。

【妙境】ミョウキョウ ①景色のすぐれた地。②甚だ快い心境。

【妙悟】ミョウゴ 深くじゅうぶんにさとること。

【妙手】ミョウシュ ①すぐれた腕前。また、その持ち主。名手。②碁、将棋などで、非常にすぐれた手。『舞の妙手』

【妙趣】ミョウシュ すぐれたおもむき。妙味。妙致。

【妙所・妙処】ミョウショ 非常にすぐれた味わいのある箇所。

【妙絶】ミョウゼツ きわめて巧みであること。絶妙。

【妙諦(ミョウテイ・ミョウタイ)】すぐれた真理。また、奥義。

【妙適(ミョウテキ)】[1]微妙で自然の道にかなうこと。また、悠々自適の境地にあること。[2]仏語。性的恍惚。忘我の身体的な陶酔の境地。

【妙筆(ミョウヒツ)】すぐれた書画、文章。

【妙品(ミョウヒン)】画や書で、その品位にいう三品の一。神品に次ぎ、能品よりすぐれたもの。

【妙法(ミョウホウ)】[1]巧妙な手段。すぐれてよい方法。[2]意味の深い教えである仏法。【妙法蓮華経(ミョウホウレンゲキョウ)】大乗経典の一。法華経(ホケキョウ)のこと。妙法。八巻二十八品。天台宗、日蓮宗のよりどころ。

【妙味(ミョウミ)】非常にすぐれた味わい。うまみ。

【妙薬(ミョウヤク)】霊妙な効きめのある薬。

1583 【妤】 *2515 女－4 ヨ[呉][漢] yú

[字解] 形声。女＋予[声]。美しい女性の意。

1584 【妖】 4537 4D45 9764 女－4 ヨウ(エウ)[呉][漢] yāo あやしい・なまめかしい

[字解] 形声。女＋夭(髪をふりみだし身をくねらせた巫女)[声]。異常な状態の女から、あやしいの意。転じて、なまめかしい意。

[意味] ❶なまめかしい。なまめく。あでやか。『妖艶』『妖麗』 ❷あやしい。あやしげで気味が悪い。また、わざわい。『妖怪』『人妖(ジンヨウ)』『地妖(チヨウ)』『面妖(メンヨウ)』

❶ なまめかしい。なまめく。あでやか。

【妖艶・妖婉(ヨウエン)】なまめかしく、あでやかで美しいさま。『妖艶な女性』

【妖花(ヨウカ)】あやしい美しさをたたえた花。妖艶(ヨウエン)な美女にたとえる。

【妖姫(ヨウキ)】なまめかしい美女。

【妖姿(ヨウシ)】なまめかしく、美しい姿。

【妖童(ヨウドウ)】あやしいまでに美しい子ども。また、男色の稚児。

【妖美(ヨウビ)】人を惑わせる、あやしいほどの美しさ。

【妖婦(ヨウフ)】男を惑わす、なまめかしい女。

【妖冶(ヨウヤ)】なまめかしくあでやかなこと。

【妖麗(ヨウレイ)】なまめかしく、あやしいまでに美しいさま。

❷ あやしい。また、わざわい。

【妖異(ヨウイ)】あやしく不思議なこと。奇怪なこと。

【妖雲(ヨウウン)】不吉な前兆のような、あやしい気配の雲。

【妖怪(ヨウカイ)】人の知恵では理解できない不思議な現象やばけもの。『妖怪変化(ヘンゲ)』

【妖気(ヨウキ)】何か不吉なことが起こりそうなあやしい雰囲気。『妖気が漂う』

【妖孼・妖孽(ヨウゲツ)】あやしいわざわい。不吉な事件の前ぶれ。夭逆(ヨウゲキ)。

【妖言(ヨウゲン)】人を惑わせる不吉で奇怪な予言。

【妖術(ヨウジュツ)】人を惑わすあやしい術。幻術。

【妖女(ヨウジョ)】西洋の民話に現れる小さな妖精。また、魔法使いの女。

【妖星(ヨウセイ)】あやしい不吉な星。

【妖精(ヨウセイ)】人間の姿をした自然物の精。西洋の昔話などの小さな仙女。『森の妖精』

【妖氛(ヨウフン)】わざわいをおよぼす気。妖気。

【妖魔(ヨウマ)】ばけもの。妖怪。

【妖惑(ヨウワク)】あやしいことばや雰囲気で惑わすこと。

1585 【姑】 2440 3848 8CC6 女－5 コ[漢] gū しゅうとめ・はは・しばらく

[字解] 形声。女＋古(ふるい)[声]。ふるい女、しゅうとめの意。

[参考] 万葉仮名では音を借りて「こ[甲]」。

金文

篆文

[意味] ❶おんな。しゅうとめ。夫の母。また、おば。父の姉妹。↔舅。『姑舅』『姑娘』『外姑(ガイコ)』『小姑(こじゅうと)』 ❷しばらく。とりあえず。『姑息』 ❸あて字、固有名詞など。『姑射山』『姑蘇』『慈姑(くわい)』

【姑舅(コキュウ)】しゅうとめと、しゅうと。夫の父母。

【姑娘(コジョウ・クーニャン)】[1](コジョウ)父の姉妹。また、めかけ。[2](クーニャン)中国で、未婚の女子。年若い女。女児。

【姑蘇(コソ)】[1]中国、江蘇省蘇州市近郊にある呉県の古名。西南に姑蘇山があり、その山頂には姑蘇台がある。[2]「姑蘇台」の略。中国、春秋時代の呉王夫差が姑蘇山上に築いた台の名。越を破って得た美人西施など、千人の美女を住まわせて栄華をきわめたという。

【姑息(コソク)】[1]一時の間に合わせに物事をするさま。一時逃れ。『姑息な手段』『因循(インジュン)姑息』[2]女や小児。婦人と子供。

【姑射山(コヤサン)】[1]中国で不老不死の仙人が住んでいるとされる山。山西省南部の臨汾、襄陵付近という。藐姑射(バクコヤ・ハコヤ)の山。[2][国]上皇の御所。

1586 【始】 2747 3B4F 8E6E 女－5 [常]3 シ[呉][漢] shǐ はじめる・はじまる・はじめ・はじまり

[筆順]

[字解] 形声。女＋台[声]。胎に通じて、女がはじめて子をはらむ意。また、夏の始祖の姓であり、姒と始は本来同形で、はじめの意を表すなどの説がある。甲骨文は司に従い、何かの儀式に関係するものか。

甲骨文

金文

篆文

[参考] (1)始と初では、始は開始、初ははじまった段階に重点がある。(2)万葉仮名では音を借りて「し」。

[意味] ❶はじめ。物事のはじまり。↔終・末。『始末』『原始』『終始』 *史記-管晏伝「吾始困時、嘗与鮑叔賈(われはじめくるしみしとき、かつてホウシュクとコす)」〔=私が以前貧困だったころ、鮑叔と商売をしたことがあった〕」⇒〔元〕(450)の[表] ❷はじめる。新しく起こす。はじまる。『開始』 ❸はじめて。(イ)そこでやっと。*白居易-琵琶行「千呼万喚始出来(センコバンカンはじめていできたる)」〔=何度もくり返して呼ぶと、やっと船から出てきた〕」 (ロ)…したばかり。*柳宗元-南澗中題「始至若有感(はじめていたるにカンあるがごとし)」〔=(この谷間に)来たはじめから、何か心にせまるものが感じられた〕」 ❹固有名詞。『始皇帝』
⇒〔初〕(602)の[表]

❶ はじめ。物事のはじまり。

[下接] 原始(ゲンシ)・終始(シュウシ)・太始(タイシ)・年始(ネンシ)・本始(ホンシ)

【始原(シゲン)】物事のはじめ。おこり。原始。
【始終(シジュウ)】[1]物事の始めから終わりまでの事柄。「一部始終」[2][国]たえず。常に。『始終忘れ物をする』
【始祖(シソ)】元祖。家系の初代の人、もの。
【始末(シマツ)】[1]事の始めと終わり。また、事の次第。結果。[2][国]物事に決まりをつけること。しめくくり。処理。『不始末』[3][国]倹約すること。『始末屋』
〔始如処女、後如脱兎(はじめはショジョのごとく、のちはダットのごとし)〕始め

3画

口囗土士夂夊夕大女子宀寸小(⺌・⺍)尢(尣・兀)尸屮(屮)山巛(川)工己(已・巳)巾干幺广廴廾弋弓彐(彑・ヨ)彡彳

は処女のように弱々しくふるまい、あとは逃げるウサギのようにすばやく行動する。始めは弱々しく見せかけて敵を油断させたのち、見ちがえるほどの強い力を発揮して一気に敵を攻撃すること。〔孫子-九地〕

❷はじめる。新しく起こす。はじまる。

下接 開始カイシ・経始ケイシ・更始コウシ・創始ソウシ

【始業】シギョウ 仕事や授業などを始めること。↔終業

【始動】シドウ 動き始めること。『エンジンが始動する』

【始発】シハツ ①運輸機関で、その日の最初の発車。また、その乗り物。②そこを起点として運行すること。

❹固有名詞。

【始皇帝】シコウテイ 中国、秦の皇帝（在位前二四七～前二一〇年）。姓は嬴エイ。名は政。韓・趙・魏・楚・燕・斉の六国を滅ぼし天下を統合した。郡県制による中央集権の政治をとり、焚書坑儒フンショコウジュによる思想統制や、車両の幅、度量衡、貨幣の統一、文字の簡略化、万里長城の増築、阿房宮など荘厳な宮殿の築造などを行った。（前二五九～前二一〇）

1587 【姉】 2748 3B50 8E6F 女-5 常2 （1576）【姊】＊2529 女-4

シ呉漢/zǐ/あね・ねえさん

筆順

字解 形声。女＋市（＝㚢）声。先に生まれた女、あねの意。

金文 篆文

意味 ❶あね。年上の女性のきょうだい。↔妹。『姉婿』『姉妹』❷女性の敬称。『貴姉キシ』『大姉ダイシ』

下接 義姉ギシ・兄姉ケイシ・実姉ジッシ・従姉ジュウシ|いとこ・長姉チョウシ

【姉婿】シセイ 姉の夫。あねむこ。

【姉妹】シマイ ①姉と妹。女のきょうだい。↔兄弟。②同じ系統に属し、または類似点を多く持ったもの。『姉妹校』『姉妹編』

1588 【姒】＊2531 女-5

ジ呉・シ漢/sì/あね

字解 形声。女＋以声。あねの意。一説に、もと中国、夏の始祖の姓で、始と同じであったともいう。

意味 ❶あね。❷あによめ。兄の妻。

1589 【姓】 3211 402B 90A9 女-5 常

ショウ（シャウ）呉・セイ漢/xìng/かばね

筆順

字解 形声。女＋生（うまれる）声。人が生まれてもつ母系の家がら、かばねの意。

金文 篆文

意味 ❶かばね。血統や家系の由来を表す名称。同一祖先から出た部族の名。日本では、古代、豪族がその氏の名に付けて家柄を表した階級的・世襲的称号。『氏姓制度』＊十八史略-春秋戦国「呉姫姓ゴはキセイなり（＝呉は姫という姓である）」❷みょうじ。その家の名字。『姓氏』『姓名』

❶かばね。

下接 下姓ゲショウ・四姓シセイ|シショウ・種姓シュセイ|シュジョウ・族姓ゾクセイ・大姓タイセイ・八姓ハッショウ・百姓ヒャクセイ|ヒャクショウ・易姓革命エキセイカクメイ

【姓系】セイケイ ①氏族の系統。②氏族の系統を示す図。

【姓族】セイゾク ①同姓の一族。②名望ある大族。

❷その家の名字。

下接 異姓イセイ・改姓カイセイ・旧姓キュウセイ・俗姓ゾクセイ・他姓タセイ・同姓ドウセイ・二姓ニセイ・万姓バンセイ・復姓フクセイ・本姓ホンセイ・名姓メイセイ

【姓氏】セイシ 名字ミョウジ。一族であることを示す名称。

【姓字】セイジ 姓氏とあざな。姓名。

【姓名】セイメイ 姓と名。名字ミョウジと名前。氏名。

1590 【姐】 1625 3039 88B7 女-5 人

シャ漢・ソ慣/jiě/あね・ねえさん

字解 形声。女＋且（かさねる）声。つみ重なったきょうだいの上の女、あねの意。

意味 ❶あね。年上の女性のきょうだい。❷女性の通称。『小姐ショウソ（＝年若いむすめ）』❸国ねえさん。女子の名にそえて親しみを表す語。

1591 【妲】 5307 5527 9B46 女-5

タツ漢・ダツ慣/dá/

字解 形声。女＋旦声。「妲己ダッキ」は、中国、殷の紂王の妃。淫楽にふけって殷の滅亡の因となった。

1592 【妬】 3742 454A 9369 女-5 （1577）【妒】＊2511 女-4

ト漢/dù/ねたむ・そねむ・やく・やける

字解 形声。女＋石声。

意味 ねたむ。そねむ。やきもちをやく。ねたましい。『嫉妬シット』＊白居易-琵琶行「粧成毎被秋娘妬よそおいなりてはつねにシュウジョウにねたまる（＝化粧が仕上がると、いつも杜秋娘のような美人にもねたまれるほどだった）」

【妬忌】トキ ねたむこと。嫉妬。

【妬心】トシン ねたむ気持ち。嫉妬心。

【妬婦】トフ 嫉妬心の強い女。

1593 【妺】＊2523 女-5

マツ呉・バツ漢/mò/

字解 形声。女＋末声。「妺嬉バッキ|マッキ」は、中国、夏の桀王の妃。王とともに遊楽にふけって、殷に滅ぼされた。

1594 【姆】 5308 5528 9B47 女-5

ボ漢/mǔ/うば

字解 形声。女＋母（はは）声。母のような女性の意。

意味 ❶うば。もり。『保姆ホボ』❷あによめ。❸「嫫姆ボボ」は、中国古代の伝説上の人物。黄帝の第四妃。

1595 【妹】 4369 4B65 9685 女-5 常2

マイ呉・バイ漢/mèi/いもうと・いも

筆順

字解 形声。女＋未（わかく小さい）声。未熟で若い女性、いもうとの意。

甲骨文 金文 篆文

参考 万葉仮名では音を借りて「め(乙)」。

意味 ❶いもうと。年下の女性のきょうだい。↔姉。『妹婿』『姉妹』❷国いも。古く日本で、男性の側から、同腹の姉妹や妻や恋人を呼んだ語。↔兄せ。『妹背』

下接 義妹ギマイ・愚妹グマイ・兄妹ケイマイ|キョウダイ・実妹ジツマイ・姉妹シマイ・従妹ジュウマイ|いとこ・弟妹テイマイ

【妹婿】マイセイ|いもうとむこ 妹の夫。

【妹背・妹兄(いもせ)】 妻と夫。夫婦。恋人同士。『妹背の契り』
難読地名 妹背牛(もせうし)町(北海道)
難読姓氏 妹尾(せのお)

1596 【娃】 1603 3023 88A1 女－6
アイ漢・ア慣\wá\うつくしい
字解 形声。女＋圭(↓佳、美しい)声。うつくしい。また、美しい女性の意。

1597 【姨】 5309 5529 9B48 女－6
イ呉漢\yí\おば
字解 形声。女＋夷(ひくい)声。妻の妹、おばの意。
意味 おば。母の姉妹。また、妻の姉妹。
【姨子(イシ)】 母の姉妹の子。いとこ。
【姨母(イボ)】 母の姉妹。おば。

1598 【姻】 1689 3079 88F7 女－6 常 (1639)【婣】＊2567 女－9
イン呉漢\yīn\とつぐ・みうち
筆順 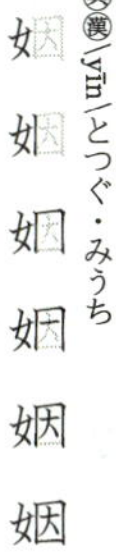
字解 形声。女(婚姻・家族制度)＋因(よる)声。たよるとつぎ先、縁組み先の親類の意。
意味 とつぐ。縁組みをする。結婚する。また、それによってできた親類縁者。みうち。『外姻(ガイイン)』『旧姻(キュウイン)』『婚姻(コンイン)』
【姻家(インカ)】 ＝姻戚(インセキ)
【姻媾(インコウ)】 ①妻のみうち。姻戚。親戚。②婚姻関係を結ぶこと。
【姻私(インシ)】 縁組みによって、自分の利益をはかること。
【姻親(インシン)】 婚姻によって親族となったものを夫の立場からいう語。妻の父母、祖父母など。
【姻戚(インセキ)】 結婚によってできた、血縁のない親類。
【姻族(インゾク)】 婚姻により親戚関係を生じた者。

1599 【姧】 ＊2537 女－6
カン 「姦」(1539)の異体字

1600 【姶】 1608 3028 88A6 女－6
オウ(アフ)漢\yā\
字解 形声。女＋合声。女のあざな。また、しずかの意。
難読地名 姶良(あいら)郡・町(鹿児島)

1601 【姫】 ―― 女－6
キ 「姫」(1612)の異体字

1602 【姸】 ―― 女－6 (1575)【妍】 5311 552B 9B4A 女－4
ゲン漢・ケン慣\yán\うつくしい
字解 形声。女＋幵(けずりみがき整える)声。美しい女性の意。
意味 うつくしい。なまめかしい。あでやかである。『纖姸(センケン)』『便姸(ベンケン)』
【姸媸・姸蚩(ケンシ)】 美しいことと醜いこと。美醜。
【姸醜(ケンシュウ)】 美しいことと醜いこと。美醜。
【姸麗(ケンレイ)】 美しいさま。あでやか。
【争レ姸(ケンをあらそう)】 美しさを争うこと。美しいものが集まっていること。

1603 【姢】 ―― 女－6
ケン 「娟」(1614)の異体字

1604 【姤】 ＊2536 女－6
コウ漢\gòu\
字解 形声。女＋后声。あう意。易の六十四卦の一。䷫。

1605 【姮】 ＊2538 女－6 (1664)【嫦】 5335 5543 9B62 女－11
コウ漢\héng\
字解 形声。女＋亘声。
【姮娥・嫦娥(コウガ)】 中国古代の伝説で、月の世界に住むといわれる美女。転じて、月の異称。♥「嫦」は、漢の文帝の名「恒」を避けて、漢人が「嫦」に改めたもの。

1606 【姝】 ＊2532 女－6
シュ呉漢\shū\
字解 形声。女＋朱(明るいあか)声。きわだって美しい女性の意。

1607 【姪】 4437 4C45 96C3 女－6 (252)【侄】＊1694 人－6
テツ漢・チツ漢\zhí\めい
字解 形声。女＋至声。
甲骨文 金文 篆文
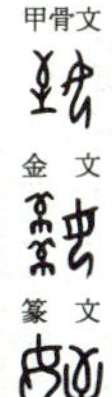
意味 ❶めい。自分の兄弟、姉妹の娘。↔甥(おい)。『甥姪(セイテツ)』❷おい。中国で、自分の兄弟のむすこ。『姪孫』
【姪孫(テッソン)】 甥の子。兄弟の孫。

1608 【姙】 5312 552C 9B4B 女－6
ニン 「妊」(1578)の異体字

1609 【姥】 1724 3138 8957 女－6
モ呉・ボ漢・ロウ(ラウ)漢\mǔ\うば
字解 会意。女＋老。姆の通俗体。
意味 うば。年老いた女。『姥捨山(うばすてやま)』『姥桜(うばざくら)』

1610 【姚】 5313 552D 9B4C 女－6
ヨウ(エウ)漢\yáo\うつくしい
字解 形声。女＋兆声。
意味 ❶うつくしい。みめよい。『姚冶』❷固有名詞。『姚江』『姚秦』『姚鼐』
【姚江(ヨウコウ)】 中国、浙江(セッコウ)省余姚県を流れる川の名。ここの出身の王陽明の学派を姚江学派という。
【姚秦(ヨウシン)】 中国、晋代、五胡十六国の一。三八六年、姚萇が建てて大秦と称し、長安に都した。後秦。
【姚鼐(ヨウダイ)】 中国、清の桐城(トウジョウ)派(古文辞派)の一人。字(あざな)は姫伝(キデン)、号は惜抱。安徽(アンキ)省桐城の人。著に「古文辞類纂」がある。(一七三一～一八一五)
【姚冶(ヨウヤ)】 美しくなまめかしいさま。妖冶。

1611 【娥】 5314 552E 9B4D 女－7
ガ漢\é\うつくしい
字解 形声。女＋我声。美しい意。また、堯のむすめの名。甲骨文は、頭に簪(かんざし)などの飾りをつけた女性か。
甲骨文 篆文

意味 ❶うつくしい。みめよい。また、美人。『青娥(セイガ)』『嬪娥(ヒンガ)』❷姮娥という美しい女性が月に住むという伝説から、月の異名。『仙娥(センガ)』『孀娥(ソウガ)』『素娥(ソガ)』

1612【姫】 4117 4931 9550 女－7 [常] (1601)【姬】 女－6
(1613)【姬】 女－7
キ[呉][漢]/jī/ひめ

[筆順] 女 如 姫 姫 姫 姫 姫

[字解] 姫は、姬の略体。姬は形声。女+𦣞[声]。高貴な女性の意。姫は本来姬とは別字で、音はシン、つつしむ意。

甲骨文 金文 篆文

[意味] ❶めかけ。『姫妾』『寵姫』❷中国、周王朝の姓。『姫周』❸[国]ひめ。貴人の娘。女性の美称。❹[国]ひめ。かわいらしいものを表す接頭語。『姫小松(ひめこまつ)』『姫鱒(ひめます)』『姫百合(ひめゆり)』

[下接] 幸姫(コウキ)・寵姫(チョウキ)・美姫(ビキ)・妖姫(ヨウキ)/糸姫(いとひめ)・郎姫(いらつめ)・歌姫(うたひめ)・乙姫(おとひめ)・織姫(おりひめ)・舞姫(まいひめ)・竜田姫(たつたひめ)

【姫周(キシュウ)】中国、周王朝のこと。

【姫妾(キショウ)】めかけ。姫媵(キヨウ)。

1614【娟】 5315 552F 9B4E 女－7 (1603)【娟】 女－6
エン[漢]・ケン[漢]/juān/あでやか

[字解] 形声。女+肙(ほそく小さい)[声]。美しい女性の意。

[意味] あでやか。しなやかでうつくしい。『嬋娟(センケン)』

【娟娟(ケンケン)】[1]美しいさま。[2]遠くかすかなさま。[3]清らかなさま。

1615【娯】 2468 3864 8CE2 女－7 [常] (1616)【娛】 女－7 旧字
ゴ[呉]・グ[漢]/yú/たのしむ

[筆順] 女 妒 娯 娯 娯 娯 娯

[字解] 形声。女+呉(たのしむ)[声]。たのしむ意。呉(国名)と区別するため、のちに女を加えた。

[参考] 万葉仮名では音を借りて「ご[甲]」。

[意味] たのしむ。たのしませる。たのしみ。『歓娯(カンゴ)』

【娯喜(ゴキ)】楽しみよろこぶこと。

【娯楽(ゴラク)】労働、勉強などの余暇に、くつろいでする遊びや楽しみ。『娯楽施設』『娯楽番組』『娯楽費』

1617【娘】 4428 4C3C 96BA 女－7 [常]
ジョウ(ヂャウ)[漢]/niáng/むすめ・おとめ

[筆順] 女 女 娘 娘 娘 娘 娘

[字解] 形声。女+良(よい)[声]。美しい女子の意。本来男が女を呼ぶ愛称であったが、嬢と混用されている。日本では、娘はむすめ、嬢は女性の敬称に用いられている。

[意味] むすめ。㋑自分の子である女。息女。↔息子。『愛娘(まなむすめ)』㋺未婚の女性。おとめ。『看板娘』『生娘(きむすめ)』㋩女性。『娘子』『花娘(カジョウ)』『大娘(ダイジョウ)』

【娘子(ジョウシ)】[1]女の子。むすめ。[2]一般に女性をいう。婦人。また、他人の妻。細君。[3]母。[4]娼妓。売春婦。

【娘子軍(ジョウシグン)】女性だけの軍隊。婦人部隊。

1618【娠】 3117 3F31 9050 女－7 [常]
シン[呉][漢]/shēn/はらむ

[筆順] 女 女 娠 娠 娠 娠 娠

[字解] 形声。女+辰(→振、ふるえる)[声]。子が中でうごく、みごもる意。

甲骨文 篆文

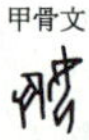

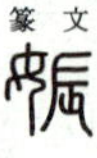

[意味] はらむ。みごもる。腹に子を宿す。『妊娠(ニンシン)』

1619【娜】 5317 5531 9B50 女－7
ナ[呉]・ダ[漢]/nuó/しなやか

[字解] 形声。女+那[声]。しなやかの意。

[参考] 万葉仮名では音を借りて「だ」「な」。

[意味] しなやか。たおやか。しとやか。『婀娜(アダ)』『嫋娜(ジョウダ)』『裊娜(ジョウダ)』

1620【娣】 *2552 女－7
テイ[漢]/dì/いもうと

[字解] 形声。女+弟(年下)[声]。いもうとの意。

1621【娚】 5319 5533 9B52 女－7
ナン[呉]・ダン[漢]

[字解] 形声。女+男[声]。喃(1124)に同じ。

1622【娓】 *2550 女－7
ビ[漢]/wěi/したがう

[字解] 形声。女(性情)+尾(あとにつきしたがう)[声]。したがう・すなおの意。

[意味] ❶したがう。すなお。❷くどい。『娓娓』

【娓娓(ビビ)】いつまでも続けるさま。くどくどしいさま。

1623【娉】 5318 5532 9B51 女－7
ヘイ[漢]・ホウ(ハウ)[漢]/pīng/めとる・とう・よばう・つまごい

[字解] 形声。女(婚姻)+甹(→併、あわせる)[声]。女と男をあわせる、めとる意。

[意味] ❶めとる。嫁にもらう。めす。よぶ。また、たずねる。問う。❷うつくしいさま。『娉婷』

【娉婷(ヒョウテイ|ホウテイ)】美しくなよなよとしていること。

1624【娩】 4258 4A5A 95D8 女－7
ベン[漢]/miǎn・wǎn/うむ

[字解] 形声。女+免(うむ)[声]。うむ意。本来免のみでこの字義を表したが、別義に用いられるようになったため、のちに女を加えて、原義を表すようにした。

[意味] うむ。出産する。『分娩(ブンベン)』

【娩痛(ベンツウ)】出産時のいたみ。陣痛。

1625【娌】 *2546 女－7
リ[漢]/lǐ

[字解] 形声。女+里[声]。兄弟の妻が互いによびあう呼び方。また特に、あによめの称。

1626【婀】 5320 5534 9B53 女－8 (1556)【娿】 女－8
ア[漢]/ē/しなやか

[字解] 形声。女+阿[声]。

[参考] 万葉仮名では音を借りて「あ」。

[意味] しなやか。なよなよとして美しい。

【婀嬌(アキョウ)】しなやかで美しい姿。

【婀娜(アダ)】女性の色っぽく、なまめかしいさま。

1627【娅】 *2570 女－8
ア[漢]/yà

[字解] 形声。女+亞[声]。

意味 あいむこ。自分の妻の姉妹の夫。また、みうち。

1628 【婬】 5321 5535 9B54 女－8 イン(呉)(漢)/yín/みだら

字解 形声。女(女性・性情)＋㸒(むさぼりもとめる)(声)。みだりにもとめる、みだらの意。

参考 熟語については「淫」(4144)を見よ。

意味 みだら。たわむれる。おぼれる。「淫」に同じ。

1629 【婉】 5322 5536 9B55 女－8 エン(ヱン)(漢)/wǎn/しとやか・したがう

字解 形声。女＋宛(しなやかに曲げる)(声)。しなやかで美しい女性の意。

意味 ❶しとやか。しなやかで美しい。すなおでおとなしい。また、したがう。曲がるさま。『婉然』『幽婉』『妖婉』❷ものやわらか。遠回しであること。あらわでないこと。『婉曲』

下接 清婉セイエン・繊婉センエン・幽婉ユウエン・優婉ユウエン・妖婉ヨウエン

❶ しとやか。しなやか。また、したがう。

【婉婉】エンエン ①曲がりくねっているさま。②しなやかなさま。従順なさま。美しいさま。
【婉然】エンゼン しとやかで美しいさま。しなやかなさま。
【婉容】エンヨウ 柔和な姿。しとやかなこと。
【婉麗】エンレイ たおやかで美しいこと。
【婉孌】エンレン ①年若く、しなやかで美しいさま。②親しみ愛すること。

❷ 遠回しであること。あらわでないこと。

【婉曲】エンキョク 表現が遠回しなさま。『婉曲に断る』
【婉語】エンゴ 遠回しに言うこと。また、そのことば。

1630 【婚】 2607 3A27 8DA5 女－8 常 コン(呉)(漢)/hūn/

筆順 女 婚 婚 婚 婚 婚

字解 形声。女(家族・姻戚関係)＋昏(夕ぐれ)(声)。古くは、結婚の儀式が夕ぐれから行われたということから、昏が結婚の意を表した。のちに、女を加えた。金文は、爵(または冠)・耳(娶)・あし(または女性)に従い、婚礼を表すか。

金文 篆文

意味 夫婦になる。縁組みする。よめいり。むことり。
＊杜甫－贈衛八処士「昔別君未ㇾ婚むかしきみにわかれしとき、きみはいまだコンせず[＝昔別れたとき、君はまだ結婚していなかった]」

下接 既婚キコン・旧婚キュウコン・求婚キュウコン・結婚ケッコン・再婚サイコン・重婚ジュウコン・初婚ショコン・新婚シンコン・早婚ソウコン・晩婚バンコン・未婚ミコン・離婚リコン・金婚式キンコンシキ・冠婚葬祭カンコンソウサイ／許婚いいなずけ

【婚姻】コンイン 夫婦となること。また、その関係に入る法律行為。結婚。『婚姻届』
【婚家】コンカ 嫁や婿となって行った先の家。
【婚嫁】コンカ 嫁に行くこと。とつぐこと。
【婚期】コンキ 結婚をするのに適した年ごろ。
【婚儀】コンギ 結婚式。婚礼。
【婚媾】コンコウ (「媾」は親族との縁組み)婚姻関係を結ぶこと。結婚。
【婚娶】コンシュ よめいりとよめとり。結婚。
【婚約】コンヤク 婚姻の約束を交わすこと。『婚約指輪』
【婚礼】コンレイ 結婚の儀式。婚儀。『婚礼をあげる』

1631 【婇】 ＊2561 女－8 サイ(漢)/うねめ・うねべ

字解 形声。女＋采(声)。

意味 うねめ。うねべ。采女。日本で、宮中女官。地方の豪族の子女で、天皇・皇后の日常の雑用に従事した者。

1632 【婥】 ＊2568 女－8 シャク(漢)/chuò/うつくしい

字解 形声。女＋卓(ぬきんでる)(声)。美しさがひときわぬきんでている意。

意味 しなやかで美しい。「綽」に同じ。

1633 【娵】 5323 5537 9B56 女－8 シュ(漢)・ソウ(漢)/jū・zōu/よめ

字解 形声。女＋取(声)。美しい女性の意。娶は別字。

意味 ❶うつくしい女。たおやめ。❷「娵訾シュシ」は星座の名。ペガスス座、うお座付近にある。❸国よめ。

1634 【娼】 3011 3E2B 8FA9 女－8 ショウ(シャウ)(漢)/chāng/あそびめ

字解 形声。女＋昌(声)。倡の通俗体。

意味 あそびめ。うたいめ。遊女。

下接 街娼ガイショウ・公娼コウショウ・私娼シショウ・男娼ダンショウ

【娼家】ショウカ 娼妓を置いて客を扱う家。遊女屋。
【娼妓】ショウギ ①歌や舞で宴席に興をそえる女子。②国もと、公認されていた売春婦。公娼。
【娼女】ショウジョ うたいめ。あそびめ。遊女。娼妓。
【娼婦】ショウフ 売春婦。

1635 【婕】 ＊2565 女－8 ショウ(セフ)(呉)(漢)/jié/うつくしい

字解 形声。女＋疌(声)。うつくしい意。

意味 「婕妤ショウヨ」は、中国、漢代の女官の名。

1636 【婢】 5325 5539 9B58 女－8 ヒ(漢)/bì/はしため

字解 形声。女＋卑(ひくい)(声)。身分が低くいやしい女の意。

参考 万葉仮名では音を借りて「び(甲)」「べ(甲)」。

意味 はしため。家庭での召し使いの女。下女。また、女性が自分をへりくだっていう語。わらわ。

下接 下婢カヒ・侍婢ジヒ・小婢ショウヒ・奴婢ヌヒ・僕婢ボクヒ

【婢子】ヒシ ①召し使いの女。はしため。下女。②婦人がへりくだって自分のことをいうのに用いる語。わらわ。
【婢女】ヒジョ・はしため 召し使いの女。
【婢妾】ヒショウ 下女とめかけ。召し使いの女。
【婢僕】ヒボク 下女と下男。召し使い。

1637 【婦】 4156 4958 9577 女－8 常5 (1638)〔婦〕 ── 女－8 旧字 ブ(呉)・フ(漢)/fù/おんな・つま・よめ

筆順 女 婦 婦 婦 婦 婦

字解 会意。女＋帚(ほうき)。はらい清めるほうきをもつ女から、家庭の事を内にいてとりしきる女の意。

甲骨文 金文 篆文

参考 万葉仮名では訓を借りて「め(甲)」。

意味 ❶つま。よめ。夫のいる女性。『婦家』『夫婦』
＊白居易－琵琶行・序「委ㇾ身為二賈人婦一みをゆだねてコジンのつまとなる[＝商人に身をまかせ、その妻となった]」❷おんな。女性。

3画 口囗土士夂夊夕大女子宀寸小(⺌・⺍)尢(尣・兀)尸屮(屮)山巛(川)工己(已・巳)巾干幺广廴廾弋弓彐(ヨ・彑)彡彳

成年に達した女子。また、女らしい。『婦女子』『婦人』『農婦』『裸婦』

❶つま。よめ。

下接 家婦・寡婦・姦婦・主婦・新婦・節婦・貞婦・夫婦・夫唱婦随・一夫一婦

【婦翁】妻の父。しゅうと。岳父。

【婦家】妻の家。妻のさと。

❷おんな。女性。

下接 悪婦・淫婦・悍婦・賢婦・酌婦・醜婦・妾婦・娼婦・情婦・織婦・毒婦・妬婦・農婦・貧婦・命婦・妖婦・裸婦・嬾婦・烈婦・老婦・看護婦

【婦女】＝婦人。

【婦女子】①女性。婦人。②女性と子供。

【婦人】成人した女の人。女性。婦女。『婦人服』『婦人警察官』

【婦道】女性として守るべき道。

【婦徳】女性として守るべき徳義。

【婦容】女性としての身だしなみの心得。

難読地名 婦負郡（富山）

1639 【婣】 * 2567 女－9

イン「姻」(1598)の異体字

1640 【媛】 4118 4932 9551 女－9 人 (1641)【媛】 女－9 旧字

エン（ヱン）漢／yuán・yuàn／ひめ

字解 形声。女＋爰（ひく）声。

意味 心ひかれる美しい女性。ひめ。たおやめ。『才媛』『淑媛』『仙媛』『嬋媛』

1642 【媪】 女－9

オウ「媼」(1651)の異体字

1643 【媧】 * 2585 女－9

カ（クヮ）漢・カイ（クヮイ）漢／wā

字解 形声。女＋咼（かけくぼむ）声。「女媧」は、中国古代の伝説上の女神、伏羲の妹で、天地の欠けた所を補ったといわれている。

1644 【婿】 4427 4C3B 96B9 女－9 常 (1466)【壻】 5270 5466 9AE4 士－9 (6246)【聟】 7061 665D E3DB 耳－8

セイ漢／xù／むこ

筆順 婿 婿 婿 婿 婿 婿

字解 婿は壻の別体。壻は会意。士（おとこ）＋胥（→相、ともに）。むすめの相手となるおとこ、むこの意。

意味 むこ。夫として家に迎える男。また、娘の結婚の相手。娘の夫。↔嫁。『姉婿』『女婿』

1645 【媟】 * 2582 女－9

セツ漢／xiè／なれる・けがす

字解 形声。女（性情）＋枼（うすい）声。他人につきなれる意。

意味 なれる。なれなれしくする。また、けがす。けがれる。みだれる。

【媟近】なれなれしく人に近づくこと。

1646 【媮】 * 2574 女－9

トウ漢・ユ漢／tōu・yú／ぬすむ

字解 形声。女（性情）＋兪（ぬきとる）声。わるがしこい・ぬすむ意。偸に同じ。

1647 【媆】 女－9

ドン「嫩」(1667)の異体字

1648 【媒】 3962 475E 947D 女－9 常

バイ漢・ボウ漢／méi・mèi・méng

筆順 媒 媒 媒 媒 媒 媒

字解 形声。女（婚姻）＋某（はかる）声。男女の仲をとりもち結婚させる、なかだちの意。

意味 ❶なこうど。男女のなかをとりもつこと。『媒酌』『行媒』『良媒』❷なかだちをすること。『媒介』『媒体』『触媒』

❶なこうど。

【媒氏】中国、周代の官名。結婚をつかさどった。

❷なかだちをすること。

【媒酌・媒妁】結婚の仲立ちをすること。『媒酌人』

下接 触媒・溶媒・霊媒・風媒花

【媒介】間に立って、橋渡しをすること。なかだち。

【媒質】力や波動などを伝える媒介物。媒体。

【媒染】染料が繊維によく染まるようにすること。『媒染剤』

【媒体】伝達の仲立ちとなるもの。メディア。

1649 【媚】 5327 553B 9B5A 女－9

ビ漢／mèi／こび・こびる

字解 形声。女＋眉（まゆ）声。まゆを動かすだけの動作で、こびる意。甲骨文は、眉を強調した女性。

甲骨文

篆文

参考 万葉仮名では音を借りて「び㊚」。

意味 ❶こびる。へつらう。なまめかしくする。また、こび。『媚態』『媚附』『媚薬』『狐媚』❷うつくしい。みめうるわしい。『風光明媚』『婉媚』『鮮媚』❸めでる。よろこぶ。

【媚態】女が男にこびるなまめかしい態度。こび。

【媚附】こびへつらって、つき従うこと。追従。

【媚薬】性欲を増進させる薬。ほれぐすり。

1650 【媢】 * 2584 女－9

ボウ漢／mào／ねたむ

字解 形声。女＋冒（おかす）声。ねたむ意。

意味 ねたむ。そねむ。また、にくむ。

1651 【媼】 5328 553C 9B5B 女－10 (1642)【媪】 女－9

オウ（アウ）漢／ǎo／おうな

字解 形声。女＋𥁕声。

意味 おうな。年をとった女。『翁媼』『老媼』

【媼嫗】年をとった女。老婆。

1652 【嫁】 1839 3247 89C5 女－10 常

カ漢／jià／よめ・とつぐ・ゆく

筆順 嫁 嫁 嫁 嫁 嫁 嫁

字解 形声。女(婚姻)+家(いえ)声。家へゆく、とつぐ意。

意味 ❶とつぐ。よめにゆく。また、よめ。『嫁資』『嫁娶』『許嫁(いいなずけ)』『降嫁(コウカ)』『再嫁(サイカ)』『責任転嫁(セキニンテンカ)』 ❷なすりつける。❸うる。「売」に同じ。

【嫁資(カシ)】嫁入りのときに持って行く財産。

【嫁娶(カシュ)】(「娶」は、よめとり) 結婚すること。

1653 【媿】 *2594 女-10 キ(呉)(漢)\kuì\はじる

字解 形声。女+鬼(声)。はじる意。愧の本字。

1654 【嫌】 2389 3779 8C99 女-10 常 (1655)【嫌】 ― ― 女-10 旧字

ゲン(呉)・ケン(呉)(漢)\xián\きらう・きらい・いや・にくむ

筆順 女 嫌 嫌 嫌 嫌 嫌 嫌

字解 形声。女(性情)+兼(かねる)声。心が一つに定まらない、不満に思う意。

意味 ❶きらう。にくむ。また、いや。いやがる。『嫌厭』『嫌悪』『機嫌(キゲン)』 ❷うたがう。うたがわしい。また、まぎらわしい。『嫌疑』『嫌名』『猜嫌(サイケン)』

❶きらう。にくむ。

【嫌厭(ケンエン)】きらいいやがること。

【嫌悪(ケンオ)】憎みきらうこと。『嫌悪感』

【嫌忌(ケンキ)】いみきらうこと。

【嫌隙(ケンゲキ)】きらって不仲なこと。不和。隔意。

【嫌猜(ケンサイ)】きらって疑うこと。

❷うたがう。うたがわしい。

【嫌疑(ケンギ)】疑わしいこと。特に、犯罪に関しての疑い。

【嫌名(ケンメイ)】発音が似かよっていてまぎらわしい名前。古くは問題とされなかったが、のち、天子の名前とまぎらわしいものは禁じられた。

1656 【媾】 5329 553D 9B5C 女-10 コウ(漢)\gòu\つるむ

字解 形声。女(婚姻)+冓(くみあわせる)声。男女が組み合わさる意。金文は女を付さない。

金文

篆文
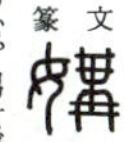

意味 ❶つるむ。男女が肉体的にまじわる。『媾合』『交媾(コウコウ)』 ❷仲よくする。仲直りをする。「講」に同じ。『媾和』 ❸親類同士の縁組み。『姻媾(インコウ)』『婚媾(コンコウ)』

【媾解(コウカイ)】=媾和(コウワ)

【媾合(コウゴウ)】男女の性交。交接。交媾。

【媾和(コウワ)】交戦国が合意のもとに戦争をやめ、平和を回復すること。講和。

【媾曳(あいびき)】男女の密会。逢引(あいびき)。

1657 【嫉】 2827 3C3B 8EB9 女-10 シチ(呉)・シツ(漢)\jí\そねむ・ねたむ・ねたましい

字解 形声。女(性情)+疾(にくむ)声。ねたむ意。

意味 ねたむ。そねむ。にくむ。うらやましく憎いと思う。また、ねたみ。そねみ。『讒嫉(ザンシツ)』『憎嫉(ゾウシツ)』

【嫉視(シッシ)】ねたましく思って見ること。『嫉視反目』

【嫉妬(シット)】他をうらやんだりねたんだりする気持ち。また、自分の愛する者の心が他に向くのをうらみ憎むこと。やきもち。『嫉妬心』

1658 【嫋】 5330 553E 9B5D 女-10 ジョウ(デウ)(漢)・ジャク(漢)・デキ(漢)\niǎo\たおやか

字解 形声。女+弱(柔軟)声。女性がしなやかの意。

意味 たおやか。なよなよと美しいさま。

【嫋嫋(ジョウジョウ)】①しなやかなさま。②風がそよそよと吹くさま。③音声が細く続くさま。*蘇軾-前赤壁賦「余音嫋嫋、不レ絶如レ縷(ヨインジョウジョウとして、たえざることいとのごとし)」〔=余韻は細長く尾を引いて、一本の糸筋のように続く〕

【嫋娜(ジョウダ)】しなやかなさま。

1659 【媳】 *2589 女-10 セキ(漢)\xí\よめ

字解 形声。女+息(むすこ)声。むすこの妻の意。

意味 よめ。息子の妻。

1660 【嫂】 5331 553F 9B5E 女-10 ソウ(サウ)(漢)\sǎo\あによめ

字解 形声。女+叟(老人の尊称)声。あによめの意。

意味 あによめ。兄の妻。

1661 【媽】 5332 5540 9B5F 女-10 ボ(漢)\mā\はは

字解 形声。女+馬声。ははの意の俗語。かあちゃん。

【媽祖(ソマ)】中国の民間信仰上の女神。海上の安全を守る。

1662 【嫣】 5333 5541 9B60 女-11 エン(漢)\yān\

字解 形声。女+焉声。美しい女性のさま。

意味 ❶にこにこと笑うさま。また、美しいさま。『嫣然(エンゼン)』 ❷「蟬嫣(センエン)」は、つらなるさま。

1663 【嫗】 5334 5542 9B61 女-11 ウ(漢)・オウ(慣)\yù・yǔ\おうな・あたためる

字解 形声。女+區(小さく曲がる)声。背が丸くまがった、おうなの意。

意味 ❶おうな。老女。『媼嫗(オウウ)』『老嫗(ロウウ)』 ❷母。また、女。❸あたためる。抱いてあたためる。『煦嫗(クウ)』

1664 【嫦】 5335 5543 9B62 女-11 コウ 「姮」(1605)の異体字

1665 【嫡】 3568 4364 9284 女-11 常 (1666)【嫡】 ― ― 女-11 旧字

チャク(呉)・テキ(漢)\dí\よつぎ・むかいめ

筆順 女 嫡 嫡 嫡 嫡 嫡

字解 形声。女+啇(=啻)声。つつましやかな女性の意。適に通じて、ふさわしい女性、正夫人。また、世継ぎの意に用いる。

意味 ❶本妻。正妻。むかいめ。↔妾。『嫡室』 ❷よつぎ。本妻の生んだ子。あとつぎ。↔庶。『嫡子』『嫡男』 ❸直系の血筋。正しい系統。『嫡流』『家嫡(カチャク)』『正嫡(セイチャク)』『廃嫡(ハイチャク)』

❶本妻。正妻。むかいめ。

【嫡妻(チャクサイ)】=嫡室(チャクシツ)

【嫡室(チャクシツ)】正妻。本妻。嫡妻。

【嫡母(チャクボ)】正妻と認められている母親。

❷よつぎ。本妻の生んだ子。

【嫡子】（チャクシ） 嫡出の子。家督を継ぐ長男。嫡男（チャクナン）。↔庶子（シ）
【嫡出】（チャクシュツ） 法律上正式な夫婦の間から生まれること。↔庶出。「嫡出子」
【嫡庶】（チャクショ） 嫡出と庶出。
【嫡孫】（チャクソン） 嫡子の正妻から生まれた子。
【嫡男】（チャクナン） 嫡出の男子。特に、その長男。

❸ 直系の血筋。正しい系統。
【嫡嫡】（チャクチャク） 嫡子から嫡子へと家督を伝えること。正統の血脈。嫡流。
【嫡流】（チャクリュウ） 嫡子から嫡子へと家督を伝えてゆく本家の血筋。嫡嫡。↔庶流

1667 【嫩】 5336 5544 9B63 女-11 (1668)【嫰】—— 女-11
(1647)【媆】—— 女-9 ドン㊥/nèn·nùn/わかい・ふたば

字解 嫩は媆の通俗体。媆は形声。女+耎（やわらかい）㊥。なよやかで美しいさま。また、嫩は輭の変化した軟と草体で混じたか。

意味 ❶わかい。わかくてやわらかい。しなやか。「嫩芽」「嫩草」「嵐嫩（ランドン）」 ❷国「嫩葉」の葉を略して「ふたば」と読む。

【嫩芽】（ドンガ） 草木のわかめ。しんめ。
【嫩草】（ドンソウ） もえ出たばかりのやわらかい若草。
【嫩葉】（ドンヨウ） 新芽の葉。わかば。
【嫩緑】（ドンリョク） 若葉のみどり。新緑。

1669 【嫖】 5337 5545 9B64 女-11 ヒョウ（ヘウ）㊥/piāo·piáo/かるい・うかれる

字解 形声。女（性情）+票（=㶼、かるく舞い上がる）㊥。かるい、みだらの意。

意味 かるい。すばやい。また、うかれる。ふらふらと女遊びをする。

【嫖客】（ヒョウカク） 国花柳界に遊ぶ男の客。うかれお。飄客。
【嫖蕩】（ヒョウトウ） うかれさまようこと。酒色におぼれること。
【嫖姚】（ヒョウヨウ） ①かるくすばやいさま。②中国、漢の嫖姚尉（=武官の名）霍去病（カクキョヘイ）のこと。

1670 【嫚】 *2605 女-11 マン㊥・バン㊥/màn/あなどる

字解 形声。女+曼（おおい隠してみえない）㊥。あなどる意。

意味 あなどる。見くだす。いやしめはずかしめる。けがす。また、おごる。おこたる。

【嫚罵】（マンバ） 相手を自分よりも低く見て、あざけりののしること。慢罵。謾罵。

1671 【嫺】 5338 5546 9B65 女-12 (1672)【嫺】—— 女-12
(1673)【嫻】 5339 5547 9B66 女-12 カン㊥/xián/みやびやか

字解 形声。女+閒（ゆったりとしている）㊥。こせつかず、みやびやかの意。

1674 【嬉】 2082 3472 8AF0 女-12 人 キ㊥㊥/xī/たのしむ・うれしい

字解 形声。女+喜（よろこぶ）㊥。たのしむ意。のち女を加えた。

甲骨文

意味 ❶たのしむ。あそぶ。また、よろこぶ。「文恬武嬉（ブンテンブキ）」「遊嬉（ユウキ）」 ❷国うれしい。

【嬉嬉】（キキ） 笑い楽しむさま。
【嬉戯】（キギ） 遊びたわむれること。
【嬉笑】（キショウ） よろこび笑うこと。
【嬉遊】（キユウ） 楽しみ遊ぶこと。「嬉遊曲」

1675 【嬌】 5340 5548 9B67 女-12 キョウ（ケウ）㊥㊥/jiāo/なまめかしい

字解 形声。女+喬（高くて先がしなやか）㊥。すらりとした女のみめよいさまの意。

意味 ❶なまめかしい。あでやかで美しい。また、なよなよとしたさま。「嬌笑」「嬌声」「嬌態」「阿嬌（アキョウ）」＊白居易-長恨歌「侍児扶起嬌無レ力（ジジたすけおこすにキョウとしてちからなし）」〔=腰元が抱き起こすと、なよなよと力が抜けてしまったかのようである〕 ❷愛らしい。「嬌児」「愛嬌（アイキョウ）」

❶ なまめかしい。
【嬌姿】（キョウシ） 女性のあでやかで、なまめかしい姿。
【嬌羞】（キョウシュウ） 女性がなまめかしくはじらうこと。
【嬌笑】（キョウショウ） 女性のなまめかしい笑い。
【嬌声】（キョウセイ） 女性のなまめかしい声。
【嬌態】（キョウタイ） 女性のこびを含んだ、色っぽい態度。
【嬌名】（キョウメイ） なまめかしく美しいという評判。
【嬌面】（キョウメン） なまめかしい顔。

❷ かわいらしい。愛らしい。
【嬌鶯】（キョウオウ） よい声で鳴く愛らしいウグイス。
【嬌児】（キョウジ） ①かわいらしい子供。②愛する子。

1676 【嬈】 *2616 女-12 ニョウ（ネウ）㊥・ジョウ（デウ）㊥/rǎo·ráo/わずらわしい

字解 形声。女+堯（→繞、まといつく）㊥。わずらわしい意。

意味 ❶わずらわしい。みだれる。「嬈害」「嬈乱」 ❷たわむれる。なぶる。

【嬈害】（ジョウガイ） 妨害すること。また、さまたげ。
【嬈乱】（ジョウラン） あれこれとなやんで乱れること。

1677 【嬋】 5341 5549 9B68 女-12 セン㊥/chán/うつくしい

字解 形声。女+單㊥。

意味 ❶うつくしい。なまめかしい。「嬋娟」 ❷ひかれる。つらなる。「嬋媛」

【嬋媛】（センエン） ①心をひかれるさま。美しくたおやかなさま。②枝と枝とが相引きつらなるさま。
【嬋娟】（センケン—センエン） 容姿が、あでやかで美しいさま。

1678 【嬢】 3078 3E6E 8FEC 女-13 常 (1685)【孃】 5348 5550 9B6F 女-17 旧字 人
ジョウ（ヂャウ）㊥/niáng/むすめ・おとめ・いらつめ

筆順

字解 嬢は孃の略体。孃は形声。女+襄（→女、おんな）㊥。母の意。また、娘と混用してむすめの意に用いる。

意味 ❶はは。母親。↔爺。「爺嬢（ヤジョウ）」 ❷むすめ。お

とめ。若い、また、日本で未婚の女性の敬称に用いる。『愛嬢アイジョウ』『令嬢レイジョウ』『老嬢ロウジョウ』

【嬢子ジョウシ】①女の子。むすめ。②婦人。また、他人の妻。細君。③母。④娼妓。売春婦。

1679【媙】 ―― 女-13 おとめ

字解 国字。おとめ。

1680【嬬】 3660 445C 92DA 女-14 ジュ漢\rú\つま

字解 形声。女＋需(やわらかい)声。やわらかいからだの女性の意。

意味 つま。めかけ。そばめ。また、弱い。『吾嬬あずま』

1681【嬥】 *2623 女-14 チョウ(テウ)漢・タク漢

字解 形声。女＋翟(きじが美しい羽をそろえ高くあげる)声。まっすぐに立って美しい意。

1682【嬪】 5345 554D 9B6C 女-14 ヒン漢\pín\よめ・ひめ

字解 形声。女＋賓(客)声。主人のところへよそからきた女性、よめの意。あるいは客をもてなす女性とも考えられる。

甲骨文 

意味 よめ。つま。そばめ。また、ひめ。婦人の美称。『九嬪キュウヒン』『妃嬪ヒヒン』『別嬪ベッピン』

参考 万葉仮名では音を借りて「ひ甲」。

【嬪娥ヒンガ】宮中の美人。

【嬪御ヒンギョ】天子の妾。天子に近侍する宮女。

1683【嬶】 5346 554E 9B6D 女-14 かか・かかあ

字解 国字。

意味 かか。かかあ。親しみ、ののしりなどの気持ちで自分の、また、他人の妻を呼ぶ語。『嬶天下かかあデンカ』

1684【嬾】 5347 554F 9B6E 女-16 ラン呉漢\lǎn\おこたる・なまける

字解 形声。女＋賴(物をためこむ)声。仕事をそのままにしておく、おこたる意。

意味 おこたる。なまける。ものうい。「懶」に同じ。

【嬾婦ランプ】①なまけものの女。②蟋蟀こおろぎの異名。

1685【孃】 5348 5550 9B6F 女-17 ジョウ 「嬢」(1678)の旧字

1686【孅】 5349 5551 9B70 女-17 セン漢\xiān\かよわい

字解 形声。女(性情)＋韱(かぼそい)声。かよわい意。

1687【孀】 5350 5552 9B71 女-17 ソウ(サウ)漢\shuāng\やもめ

字解 形声。女＋霜声。

意味 やもめ。後家。夫に先立たれた女。『孀婦ソウフ』

1688【孋】 *2627 女-19 リ漢\lí

字解 形声。女＋麗声。国名。あるいは姓。驪に同じ。

女

【汝】⇩3997 【佞】⇩223

1689【妝】 5303 5523 9B42 女-4 ショウ(シャウ)呉・ソウ(サウ)漢\zhuāng\よそおう

字解 形声。女＋爿(→装、よそおう)声。よそおう意。

意味 よそおう。よそおい。化粧。『紅妝コウショウ』

【妝閣ショウカク・ソウカク】化粧べや。妝台。妝殿。妝楼。

【妝靚ショウセイ・ソウセイ】化粧し、装飾品で飾ること。

【侫】⇩254 【敉】⇩5792

1690【媵】 *2590 女-10 ヨウ漢\yìng

字解 形声。女＋朕(=朕)声。

意味 おとも。つきそい。侍女。

【媵嬙ヨウショウ】宮仕えの女。女官。

39 子部 こ

子は頭の大きい特徴で新生児の体を表し、それに両手を添えた形(図版B列)。もと、子には十二支(子)を表す別の系統(図版A列)があったが、重文と金文で類似する形があることから推測されるように、のち混用され「子」が両義を表す。こども(シ)を表す子部に属するものは、子孫やこどもの状態に関する。子の左部に用いられるものを「こへん(こどもへん)」とよぶ。

子 子 孑 孒

子 ⑤ 孟

子 ② 孕 ③ 字 存 ④ 孛 孝 孚 孛 ⑤ 学 季 孥 ⑨ 孳 ⑩ 孶 ⑬ 學 ⑯ 孼 ⑰ 孽 ⑲ 孿

子 ① 孔 ④ 孜 ⑤ 孤 ⑥ 孩 ⑦ 孫 ⑧ 孰 ⑭ 孺

子 ⑪ 孵

子

1691【子】 2750 3B52 8E71 子-0 常1 シ呉漢・ス唐\zǐ\こ・ね

筆順 

字解 部首解説を参照。

参考 万葉仮名では音を借りて「し」、訓を借りて「こ甲」。

意味 ❶こ。こども。㋑親から生じたもの。また、むすこ・むすめ。『子息』『子孫』『王子』『嫡子』 *論語-顔淵「父父、子子ちちたり、こたり」[=父は父としての、子は子としての道を尽くすことだ] ㋺親に対する子の関係にあるよ

3画 口囗土士夂夊夕大女子宀寸小(⺌・⺍)尢(兀・尣)尸屮(屮)山巛(川)工己(已・巳)巾干幺广廴廾弋弓彐(彑・ヨ)彡彳

うなもの。『子会社』❷たね。み。たまご。『子房』『種子』『精子』❸小さい。小さいもの。また、要素。『子細』『原子』『電子』❹男子の敬称。㋑有徳の人、学問のある人。『君子』『夫子』㋺一家の学説をたてた人などの敬称。また、その人の言動を収めた書物。『孟子』『韓非子』㋩特に孔子をさすこともある。＊論語-子罕「子絶レ四」〔=先生は四つのものを絶っていた〕㊁五爵の第四位。『子爵』❺人。者。『編集子』『男子』『遊子』❻あなた。相手を呼ぶ語。＊韓非子-難「以二子之矛一、陥二子之楯一、何如」〔=あなたの矛で、あなたの楯を突いたら、どうなるのか〕❼ね。十二支の第一番目。年月日に用いるほか、方角では北、時刻では今の午前零時ごろ、またその前後二時間をいう。『子午線』『甲子』❽物の名の下に添える語。また、あて字、熟字訓。『椅子』『菓子』『格子』『調子』❾人名。『子貢』『子路』

❶こ。こども。

下接 遺子・一子・王子・義子・挙子・継子／・公子・孝子・吾子／・妻子／・嗣子・次子・実子・従子／・豎子・小子・庶子・赤子／・世子・宗子・太子・稚子・嫡子・長子・弟子／・適子・童子・父子・母子／・末子・猶子・養子・御曹子・皇太子・嫡出子・立太子／氏子・幼子・鬼子・親子・逆子・里子・年子・双子・水子・息子・土産子

【子愛(シアイ)】わが子のように愛すること。

【子音(シイン／シオン)】言語を発音する際に、舌、歯、口腔、唇などの調音器官によって発する音。k、z、n、p、hなど。↔母音

【子宮(シキュウ)】哺乳類の雌の生殖器官で、胎児を宿す所。

【子子孫孫(シシソンソン)】「子孫」を強調した語。代々。

【子女(シジョ)】①息子と娘。子供。『子女の教育』②娘。女子。『良家の子女』

【子息(シソク)】むすこ。『ご子息』▼他人の子に用いる。

【子孫(シソン)】①子と孫。子や孫。②末流。後裔。↔先祖・祖先。『子孫繁栄』

【子弟(シテイ)】子と弟。転じて、年の若い者。↔父兄。＊史記-項羽本紀「籍与二江東子弟八千人一、渡レ江而西」〔=私は江東地方の若者八千人と長江を渡って西へ向かった〕

【子本(シホン)】利子と元金。

【子来(シライ)】子が親を慕うように、高徳の主君のもとに民衆が喜び集まること。〔詩経-大雅・霊台〕

【子供(こども)】①夫婦の間に生まれた息子や娘。②児童。小児。↔大人。③言動などが幼稚である人。『考えることが子供だ』④動物の子。

【知レ子莫レ若レ父(こをしるはちちにしくはなし)】子について最もよく知っているのは父親である。〔管子-大匡〕

❷たね。み。たまご。

下接 芥子・花子・鶏子・種子・松子・精子・胚子・梅子・胞子・卵子

【子嚢(シノウ)】①子嚢菌類の胞子嚢。②コケ植物の胞子嚢。③腔腸動物のヒドロ虫類の生殖体の一。

【子房(シボウ)】被子植物の雌しべの下端の膨らんだ部分。受精すると果実になる。

❸小さい。小さいもの。また、要素。

下接 因子・原子・光子・素子・電子・分子・陽子・粒子／黒子

【子細(シサイ)】①こまかなこと。詳しいこと。『子細に調べる』②詳しい事情。理由。『子細を述べる』③国あれこれと異議を言いたてるほどの事柄。さしつかえ。

❹男子の敬称。

下接 ㋑君子・士子・夫子・廉子・月天子 ㋺晏子・管子・孔子・呉子・朱子・荀子・荘子・曽子・孫子・墨子・孟子・列子・老子

【子爵(シシャク)】もと五爵（公・侯・伯・子・男）の第四位に当たる爵位。

【子之道(シのみち)】先生の教えの道。先生の方法。聖賢の精神。＊論語-雍也「非レ不レ説二子之道一」〔=先生の教えの道を喜ばないわけではない〕

❺人。者。

下接 客子・下子・挙子・公子・行子・才子・娘子・嬢子・女子・賊子・男子・蕩子・内子・仏子・遊子・郎子／・案山子

【子類(シルイ)】経史子集の四部からなる中国の古典的書籍分類法による漢籍の一類で、いわゆる諸子百家の思想書を中心とする。

❼十二支の第一番目。ね。

【子月(シゲツ／ねのつき)】（北斗七星の柄が宵に子の方向をさす月の意から）陰暦一一月の異称。

【子午線(シゴセン)】①観測地の天頂と、天の両極および南点、北点を結ぶ大円。②地球上の両極を結ぶ大円。経線。

【子夜(シヤ)】子の刻。夜の一二時。

❽物の名の下に添える語。あて字、熟字訓。

下接 椅子・碍子・菓子・鉗子・格子・盒子・巾子・骨子・釵子・刷子・冊子・箚子・杓子・硝子・障子・伸子・振子・厨子・草子・卓子・端子・銚子・調子・亭子・梯子・瞳子・日子・拍子・浮子・眸子・帽子・連子・回転子／鑵子・金子・裙子・繻子・扇子・台子・緞子・衲子・払子・様子・綸子／獅子・竜子／雉子・梭子魚・烏魚子・金亀子・石竜子／杏子・柑子・梨子・茄子・椰子・柚子／梔子・撫子・滑子・郁子・売子木・燕子花・鼓子花・牽牛子・覆盆子・大葉子・胡頽子・山査子・零余子・無患子／地子・利子／厚子・帷子・餃子・骰子・束子・梃子・螺子・包子・囃子・穇子・付子・角子・面子・頼母子・函狭子・五倍子

❾人名。

【子嬰(シエイ)】中国、秦の始皇帝の孫。在位四六日で沛公にくだり、のち項羽に殺された。（?～前二〇六）

【子夏(シカ)】中国、戦国時代の儒者。姓は卜、名は商。孔子の弟子。文学にすぐれた。生没年不詳。

【子羔(シコウ)】中国、春秋時代の儒者。孔子の弟子。姓は高、名は柴。温厚で親孝行であった。（前五二一?～?）

【子貢(シコウ)】中国、春秋時代の儒者、政治家。姓は端木、名は賜。孔子の弟子。弁舌の才にめぐまれ、また、貨殖の才

もあった。生没年不詳。

【子産（シサン）】中国、春秋時代の鄭（テイ）の名宰相、公孫僑（コウソンキョウ）の字（あざな）。

【子思（シシ）】中国、戦国時代の儒者。孔子の孫。名は伋（キュウ）。説は「中庸」「子思子」に見える。（前四八三～前四〇二頃）

【子張（シチョウ）】中国、春秋時代の儒者。孔子の弟子。姓は顓孫（センソン）、名は師。（前五〇三～?）

【子游（シユウ）】中国、春秋時代の儒者。姓は言、名は偃。孔子の弟子。主に礼楽を学んだ。（前五〇六頃～前四四五頃）

【子路（シロ）】中国、春秋時代の儒者仲由の字（あざな）。字は季路（キロ）とも。孔子の弟子。孔子は常にその勇を戒めて義を尊ぶことを教えた。衛国の乱で殺された。（前五四三～前四八〇）

1692
【孑】
＊2629　子－0　クツ㊥・キョウ㊥/jué

篆文 

字解 指事。こどもの左腕がないことを示し、みじかい意。

1693
【孒】
5351 5553 9B72　子－0　ケツ㊥・ゲツ㊥/jié

篆文 

字解 指事。こどもの右腕がないことを示し、ひとり残る、ひとりの意。

意味 ひとり。ひとつ。少し。また、あまる。『遺孑（イゲツ）』

【孑遺（ケツイ）】わずかに残っているもの。

【孑孒（ゲッキョウ）（ぼうふら）】蚊の幼虫。体長五ミリメートル内外。水中にあって、体を屈伸させて泳ぐ。

【孑孑（ケツケツ）】①孤立するさま。②傑出するさま。③小さいさま。④ぼうふら。

【孑然（ケツゼン）】①孤独なさま。②傑出しているさま。

【孑立（ケツリツ）】ひとりぽつんと立つこと。孤立。

子

1694
【孟】
4450 4C52 96D0　子－5　人　モウ（マウ）㊥・ボウ（バウ）㊥・マン㊥/mèng/かしら・はじめ

金文 　篆文 

字解 形声。子＋皿（→萌、はじめて芽が出る）㊥。はじめのこども、かしら・はじめの意。 同属字 猛

意味 ❶かしら。はじめ。㋑長男。長女。㋺四季の初めの月。『孟夏』『四孟（シモウ）』❷中国、戦国時代の儒家、孟軻（モウカ）。孟子。『孟母三遷』『孔孟（コウモウ）』❸大きい。たけだけしい。『高言孟行（コウゲンモウコウ）』❹「孟浪（マンラン）」は、とりとめがないさま。また、おおざっぱなさま。❺その他。人名など。『孟浩然』『孟宗』

❶ かしら。はじめ。

【孟夏（モウカ）】初夏。また、陰暦四月の異称。

【孟月（モウゲツ）】四季それぞれの初めの月。孟春・孟夏・孟秋・孟冬の総称。陰暦の一・四・七・一〇月をさす。

【孟秋（モウシュウ）】初秋。また、陰暦七月の異称。

【孟春（モウシュン）】初春。また、陰暦正月の異称。

【孟冬（モウトウ）】初冬。また、陰暦一〇月の異称。

❷ 中国、戦国時代の儒家、孟軻。

【孟子（モウシ）】①中国、戦国時代の儒家。魯（山東省）の鄒（スウ）の人。名は軻（カ）。前四世紀後半に活躍した。性善説に立ち、仁政徳治による王道政治を提唱。後世、孔子と並んで孔孟と称された。孔子を聖人というのに対して、亜聖と呼ばれる。生没年未詳。②中国、儒教の経典。四書の一。七編。①の言行をその弟子が編纂したもの。

【孟母三遷（モウボサンセン）】孟子の母が、子どもの教育に適した環境を選んで居所を三度移し変えたという故事。三遷の教え。〔列女伝‐母儀・鄒孟軻母伝〕

【孟母断機（モウボダンキ）】孟子の母が織っていた布を断ち切って、学問も途中でやめるとこのようなものであると、学業半ばで師のもとから帰った孟子を戒めたという故事。断機の戒め。〔列女伝‐母儀・鄒孟軻母伝〕

❺ その他。人名など。

【孟郊（モウコウ）】中国、中唐の詩人。字（あざな）は東野。韓愈と親交があり、賈島（カトウ）とともに苦吟の詩人として知られる。著『孟東野集』。（七五一～八一四）

【孟浩然（モウコウネン）（モウコウゼン）】中国、盛唐の詩人。『春暁』など自然の美を多くうたった。特に五言古詩がすぐれている。孟浩（モウコウ）とも。著『孟浩然集』。（六八九～七四〇）

【孟嘗君（モウショウクン）】中国、戦国時代に活動した政治家。田文の号。斉、秦、魏などの宰相。戦国末期の四君の一人と称された。生没年未詳。

【孟津（モウシン）】中国、河南省洛陽の北東、孟県の南岸にある黄河の渡しの名。周の武王が紂を討ったとき、諸侯とここに会し、盟（ちか）ったので盟津とも書く。

【孟宗（モウソウ）】①中国の二十四孝の一人。孝行の徳により寒中に筍（たけのこ）を得て、母に供したという。②竹の一種。孟宗竹（モウソウチク）。

子

1695
【孕】
5352 5554 9B73　子－2　ヨウ㊥/yùn/はらむ

甲骨文 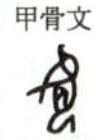　篆文 

字解 形声。子＋乃（ゆったりとやわらかい）㊥。子をはらむ意。甲骨文は孕（はら）んだ女性に象る。

意味 はらむ。みごもる。妊娠する。『孕婦』『懐孕（カイヨウ）』

【孕婦（ヨウフ）】妊娠している女。

1696
【字】
2790 3B7A 8E9A　子－3　常1　ジ㊥・シ㊥/zì/あざ・あざな

筆順 

金文 　篆文 

字解 形声。宀（いえ）＋子（こども）㊥。家で子をやしなう意。また、茲（ます、増える）に通じ、文（象形・指事の単純な文字）から増える、形声・会意の複合文字のことをいう。

意味 ❶やしなう。いつくしむ。❷ます。ふやす。❸もじ。㋑文字。言語を目で見るように、点や線の組み合わせによって記号化したもの。『字句』『字体』『活字』㋺特に、漢字。『字音』『字画』『字源』『草字』❹あざな。㋑中国で、男子が元服のときにつけてそれ以後通用させた別名。㋺実名以外の名。また、あだな。『姓字（セイジ）』❺国あざ。町や村の中の一区画の名。『大字（おおあざ）』

❸ もじ。また、漢字。

下接 異字(イジ)・印字(インジ)・韻字(インジ)・英字(エイジ)・衍字(エンジ)・押字(オウジ)・音字(オンジ)・解字(カイジ)・外字(ガイジ)・活字(カツジ)・漢字(カンジ)・虚字(キョジ)・金字(キンジ)・検字(ケンジ)・合字(ゴウジ)・国字(コクジ)・黒字(コクジ|くろジ)・誤字(ゴジ)・細字(サイジ|ほそジ)・識字(シキジ)・実字(ジツジ)・借字(シャクジ)・習字(シュウジ)・十字(ジュウジ)・熟字(ジュクジ)・植字(ショクジ)・助字(ジョジ)・真字(シンジ|まなジ)・新字(シンジ)・数字(スウジ)・正字(セイジ)・赤字(セキジ|あかジ)・俗字(ゾクジ)・題字(ダイジ)・脱字(ダツジ)・逐字(チクジ)・綴字(テイジ)・点字(テンジ)・邦字(ホウジ)・本字(ホンジ)・翻字(ホンジ)・梵字(ボンジ)・文字(モジ)・用字(ヨウジ)・略字(リャクジ)・類字(ルイジ)・和字(ワジ)・一丁字(イッテイジ)・簡体字(カンタイジ)／宛字(あてジ)・嘘字(うそジ)・親字(おやジ)

【字音(ジオン)】国我が国に伝来して国語化した漢字の音。呉音、漢音、唐音(トウオン)などの別がある。「行」の字における、「ギヤウ(呉音)、カウ(漢音)、アン(唐音)」などの類。音。↔字訓。❤一般には「ギョウ、コウ、アン」のように現代語音に基づいて表記されるが、別に中古以来の慣用、中国語音韻史を考慮した「ギヤウ、カウ」のような字音仮名遣い(歴史的仮名遣いの一種)がある。

【字解(ジカイ)】文字、特に、漢字の字源、字義の解説。

【字画(ジカク)】漢字を構成する点画。また、その数。

【字眼(ジガン|ジゲン)】詩文の死活を決める主要な文字。

【字義(ジギ)】漢字の表している意味。

【字句(ジク)】文章の中の文字や語句。『字句の訂正』

【字訓(ジクン)】国日本語としての漢字の読み。「やま(山)」「かわ(川)」など。↔字音

【字形(ジケイ)】文字のかたち。↓字体

【字源(ジゲン)】漢字の一字一字の起源。『字源辞典』

【字種(ジシュ)】文字の種類。

【字書(ジショ)】＝字典(ジテン)

【字数(ジスウ|ジかず)】文字の数。

【字体(ジタイ)】①文字の骨組み。一字一字の点画の組み合わせ方。『旧字体』②字形。書体。

【字典(ジテン)】漢字の読み方、意義、用法などを解説した書籍。字書。

【字母(ジボ)】①表音文字の一つ一つの字。②活字のもとになる字型。

1697【存】3424 4238 91B6 子－3 常6
ゾン呉・ソン漢／cún／ながらえる・ある・たもつ

筆順 存 存 存 存 存 存

字解 形声。在(ある)省＋孫(子から子へつづくまご)省声。ひきつづき、ある意。また、忖に通じ、とう意に用いる。

同属字 拵・栫

参考 万葉仮名では音を借りて「そ㊚」。

意味 ❶ある。いる。ながらえる。『人類が存する限り』『存在』『既存』『残存』『実存』❷たもつ。あらしめる。ながらえさせる。『存廃』『保存』＊柳宗元‐捕レ蛇者説「吾以レ捕レ蛇独存(われへびをとらうるをもってひとりソンす)〔＝私だけは蛇とりの仕事のおかげで、ひとり生きながらえている〕」❸(ゾン)思う。みる。考える。心の中にある。『光栄に存じます』『存外』『存念』『異存(イゾン)』『所存(ショゾン)』❹安否を問う。見舞う。『存恤』『撫存(ブソン)』

❶ある。いる。ながらえる。

下接 依存(イソン|イゾン)・遺存(イソン)・永存(エイソン)・既存(キソン)・共存(キョウソン|キョウゾン)・現存(ゲンソン|ゲンゾン)・厳存(ゲンソン|ゲンゾン)・残存(ザンソン|ザンゾン)・自存(ジソン)・実存(ジツゾン)・生存(セイゾン)・併存(ヘイソン|ヘイゾン)

【存在(ソンザイ)】そこにあること。『存在理由』

【存続(ソンゾク)】ひき続いてあること。『会の存続』

【存否(ソンピ)】①存在するかしないかということ。②安否。

【存亡(ソンボウ)】存在と滅亡。残るか滅びるかということ。『危急存亡の秋(とき)』

【存立(ソンリツ)】基礎があって、滅びずに成り立つこと。

❷たもつ。あらしめる。ながらえさせる。

下接 温存(オンゾン)・恵存(ケイゾン)・保存(ホゾン)

【存生(ゾンジョウ)】この世に生きながらえること。存命。

【存神・存心(ソンシン)】精神をそこなわないように修養すること。本心をたもつこと。『過化存神』

【存全(ソンゼン)】無事に生きながらえること。

【存置(ソンチ)】制度、設備などを存続させること。↔廃止

【存廃(ソンパイ)】存続・保存と廃止。

【存命(ゾンメイ)】生きながらえていること。

【存養(ソンヨウ)】本来有している良心あるいは価値を失わないようにして、その本性を育成すること。〔孟子‐尽心上〕

❸思う。考える。心の中にある。

【存意(ゾンイ)】考え。意向。意見。存念。

【存外(ゾンガイ)】国思いの外。案外。

【存知(ゾンチ|ゾンじ)】そのことを知っていること。知って理解していること。❤「ゾンじ」は「存ずる」の名詞形から。

【存念(ゾンネン)】いつも心に思うこと。また、考え。所存。『存念を申し述べる』

【存分(ゾンブン)】国思うまま。思いどおり。『思う存分遊ぶ』

❹安否を問う。見舞う。

【存恤(ソンジュツ)】あわれみねぎらうこと。

【存撫(ソンブ)】あわれみなぐさめること。

1698【孨】5361 555D 9B7C 子－4
ガク 「学」(1702)の異体字

1699【孝】2507 3927 8D46 子－4 常6
キョウ(ケウ)呉・コウ(カウ)漢／xiào

筆順 孝 孝 孝 孝 孝 孝 孝

字解 会意。老(老人)省＋子。子が老人を支え助ける意から転じて、親につかえる意。

金文

篆文

同属字 哮・酵

意味 子としてすなおな態度で親に接すること。善く父母に仕えて孝行を尽くすこと。＊論語‐学而「三年無レ改ニ於父之道一、可レ謂レ孝矣(サンネンちちのみちをあらたむることなきは、コウというべし)〔＝子が喪中の三年間、その父の時代のやり方を変えない時は、真に親孝行といってよいであろう〕」

下接 至孝(シコウ)・慈孝(ジコウ)・純孝(ジュンコウ)・順孝(ジュンコウ)・仁孝(ジンコウ)・寸孝(スンコウ)・大孝(タイコウ)・忠孝(チュウコウ)・追孝(ツイコウ)・篤孝(トッコウ)・不孝(フコウ)

【孝経(コウキョウ)】中国の経書。一巻。十三経の一。孔子の弟子、曾子学派の撰とされる。戦国時代に成立。多く孔子と曾子との問答形式をとり、孝道を説いたもの。

【孝敬(コウケイ)】父母を大切にして敬うこと。

【孝行(コウコウ)】親によく仕えること。親を大切にすること。

【孝子(コウシ)】親に孝行な子。＊宝鑑「家貧顕ニ孝子一(いえまずしくしてコウシあらわる)〔＝家が貧しいと孝行な子が出る〕」

【孝慈(コウジ)】子がよく親に仕えることと、親がよく子をいつくしむこと。また、広く人々を愛すること。

【孝順(コウジュン)】親に孝行を尽くし、柔順であること。

【孝女(コウジョ)】孝行な娘。

【孝心】コウシン 親に真心をこめて仕える気持ち。
【孝孫】コウソン [1]孝行なまご。[2]中国で古く、祖先をまつるとき、その祭主である孫が自称にいう語。
【孝鳥】コウチョウ カラスの異名。中国の伝説に、カラスは成長した後、親に養育の恩を返す習性があるという。
【孝弟・孝悌】コウテイ 親に対してすなおな態度で接し、兄や年長者に対して従順であること。＊論語-学而「其為ㇾ人也孝弟、而好ㇾ犯ㇾ上者鮮矣(そのひととなりやコウテイにして、かみをおかすことをこのむものはすくなし)」〔＝その人がらが親に孝であり、兄や年長者に従順でありながら、目上の者に逆らうことを好むものは少ない〕
【孝貞】コウテイ よく父母に仕え、貞操が固いこと。
【孝友】コウユウ 親に孝行を尽くし、兄弟の仲がよいこと。
【孝養】コウヨウ・キョウヨウ [1](コウヨウ) 孝行を尽くし、親を養うこと。[2](キョウヨウ) 親の後生を弔うこと。供養すること。
【孝廉】コウレン [1]孝行で正直潔白なこと。[2]中国、漢代に郡から朝廷に推挙される徳目の一つ。

1700 【孚】 5353 5555 9B74 子−4 フ(呉)(漢)/fú/はぐくむ・まこと

[字解] 会意。子＋爪(下向きの手)。手で子どもをつかまえとらえる、子をだく意。また、つかまったとりこの意。俘の原字。符に通じ、まことの意にも用いる。

金文  篆文 

[同属字] 莩・俘・浮・桴・殍・稃・孵・蜉・艀

[意味] ❶はぐくむ。養い育てる。❷まこと。

【孚育】フイク 養い育てること。孚養。
【孚信】フシン まこと。真実。

1701 【孛】 5354 5556 9B75 子−4 ハイ(漢)・ブツ(慣)・ボツ(慣)/bó・bèi

[字解] 象形。植物の子房がふくれるさまに象り、生育がさかんの意。

篆文 

[同属字] 勃・悖・桲

[意味] ❶草木がしげる。光りかがやく。❷あやしい。❸ほうき星。

【李】⇨3313

1702 【学】 1956 3358 8A77 子−5 [常]1
(1707)【學】 5360 555C 9B7B 子−13 旧字
(1698)【斈】 5361 555D 9B7C 子−4
(3008)【斅】＊ 3355 攴−16

ガク(呉)・カク(漢)・コウ(カウ)(漢)/xué・xiáo/まなぶ・まねぶ

[筆順] 

[字解] 学は學の草体から。學は形声。臼(両手)＋冖(建物)＋敎(おしえる)省(声)。學はもと斅。形声。臼(両手でひきあげる)＋冖(建物)＋爻(まじわる)(声)。まなぶ者とおしえる者とがまじわりながらまなび向上するところ、まなびやの意。一説に、爻はしるしをきざみこむ、おしえるの意とも。

甲骨文  金文  篆文 

[意味] ❶まなぶ。教育を受ける。研究する。また、その人。『学生』『学力』『勉学』＊論語-学而「学而時習ㇾ之、不ニ亦説一乎(まなんでときにこれをならう、またよろこばしからずや)」〔＝聖賢の教えを学び、おりにふれ復習する。なんと喜ばしいことではないか〕❷体系化された知識。また、その内容。学問。『学がある』『学説』『医学』『科学』❸まなびや。教育の機関、施設。学校。『学窓』『学閥』『大学』『入学』

[下接] ❶まなぶ。研究する。
下学カガク・勧学カンガク・曲学キョクガク・苦学クガク・見学ケンガク・研学ケンガク・兼学ケンガク・衒学ゲンガク・向学コウガク・好学コウガク・後学コウガク・雑学ザツガク・参学サンガク・志学シガク・修学シュウガク・就学シュウガク・奨学ショウガク・初学ショガク・碩学セキガク・先学センガク・浅学センガク・篤学トクガク・独学ドクガク・博学ハクガク・晩学バンガク・勉学ベンガク・末学マツガク・無学ムガク・遊学ユウガク・幼学ヨウガク・留学リュウガク

【学位】ガクイ 一定の学問について審査の結果与えられる称号。『学位論文』
【学業】ガクギョウ 学問を修めること。また、学校での課業。
【学才】ガクサイ 学問上の才能。
【学士】ガクシ [1]学問をする人。学者。[2][国]大学の学部卒業生に与えられる称号。また、その人。
【学資】ガクシ 修学のための資金。→学費
【学者】ガクシャ 学ぶ者。学問に志す人。＊論語-憲問「古之学者為ㇾ己、今之学者為ㇾ人(いにしえのガクシャはおのれのためにし、いまのガクシャはひとのためにす)」〔＝昔の学問に志す人は自分の修養のために学んだが、今の学問する人は人に認められるために学んでいる〕
【学習】ガクシュウ 知識を得、また、練習すること。
【学匠】ガクショウ 偉大な学者。
【学生】ガクセイ・ガクショウ [一](ガクセイ) 学問をしている人。日本では特に、大学に籍を置く者。[二](ガクショウ) [1]大寺にあって、学問を修めた僧。学僧。[2]寺院にあって仏教以外の外典を習学する少年。[3][国]日本の律令制で中央の大学、地方の国学に学ぶ貴族、有力者の子弟。
【学僧】ガクソウ [1]学問に長じた僧。[2]修学中の僧。
【学徒】ガクト [1]学者。研究者。『民族学の学徒』[2][国]大学の学生と中学、高校、専門学校の生徒。『学徒出陣』
【学頭】ガクトウ (学道の頭領の意)[1]諸大寺、諸社の学事を統轄するもの。[2]首席の教師。
【学童】ガクドウ [国]小学校で学ぶ児童。学齢児童。
【学如ㇾ不ㇾ及(ガクはおよばざるがごとくす)】 学問というものは、逃げる者を追いかけても追いつけないかのように、一心に努力して行うものである。〔論語-泰伯〕
【学不ㇾ可ニ以已一(ガクはもってやむべからず)】 学問は中途でやめてはならず、生涯継続すべきである。〔荀子-勧学〕
【学費】ガクヒ 勉学するのに必要な費用。授業料。
【学府】ガクフ 学問を志す人が集まる所。『最高学府』
【学僕】ガクボク 師の家や学校などで、雑務などを手伝いながら勉学に励んだ男子。
【学問】ガクモン 習い学ぶこと。また、体系的な知識の追究。＊孟子-告子上「学問之道無ㇾ他。求ニ其放心一而已矣(ガクモンのみちはタなし。そのホウシンをもとむるのみ)」〔＝学問の方法はほかでもない。失った良心を探し求めるだけである〕→❷
【学侶】ガクリョ [1]学問上の友。学友。[2]＝学僧ガクソウ
【学力】ガクリョク 学習によって得た知識と能力。
【学林】ガクリン 学問の盛んな所。学界の中心。
【学齢】ガクレイ 義務教育を受けるべき年齢。
【学歴】ガクレキ 学業に関する経歴。『学歴社会』
【学課】ガッカ 学習すべき課程。
【学会】ガッカイ 学術研究の推進などのための学者の団体。
【学海】ガッカイ [1]学問を積み重ねて、研究を完成すること。〔揚子法言-学行〕[2]学問の深く広いことを海にたとえていう語。学問の世界。
【学界】ガッカイ 学者の社会。

3画 口囗土士夂夊夕大女子宀寸小(⺌・⺍)尢(尣・兀)尸屮(屮)山巛(川)工己(已・巳)巾干幺广廴廾弋弓彐(ヨ・⺕)彡彳

【学究（ガッキュウ）】学問、研究などに専念すること。『学究の徒』『学究肌』
【学兄（ガクケイ）】学問上の先輩、学友などを敬っていう語。
【学則不固（まなべばすなわちこならず）】学問をすると視野が広くなり、一つのことにこだわらなくなる。〔論語-学而〕
【学而不思則罔、思而不学則殆（まなんでおもわざればすなわちくらく、おもうてまなばざればすなわちあやうし）】書物や先生について学ぶだけで自分で思いめぐらすことをしなければ、物事の道理に暗いこととなってしまうし、思うだけで実際に学ぶことをしなければ、道理にはずれて危険である。〔論語-為政〕

❷体系化された知識。また、その内容。

下接 医学（イガク）・異学（イガク）・英学（エイガク）・易学（エキガク）・疫学（エキガク）・王学（オウガク）・化学（カガク）・科学（カガク）・家学（カガク）・歌学（カガク）・画学（ガガク）・漢学（カンガク）・軍学（グンガク）・経学（ケイガク）・工学（コウガク）・光学（コウガク）・古学（コガク）・語学（ゴガク）・国学（コクガク）・算学（サンガク）・史学（シガク）・斯学（シガク）・詩学（シガク）・実学（ジツガク）・儒学（ジュガク）・商学（ショウガク）・心学（シンガク）・神学（シンガク）・数学（スウガク）・聖学（セイガク）・宋学（ソウガク）・地学（チガク）・哲学（テツガク）・道学（ドウガク）・農学（ノウガク）・美学（ビガク）・仏学（ブツガク）・仏学（フツガク）・文学（ブンガク）・兵学（ヘイガク）・法学（ホウガク）・薬学（ヤクガク）・洋学（ヨウガク）・蘭学（ランガク）・理学（リガク）・力学（リキガク）

【学芸（ガクゲイ）】学問と芸術。教育、技芸等を含んだ広い学問。
【学際的（ガクサイテキ）】（英interdisciplinary の訳語）研究や事業がいくつかの分野にまたがること。『学際的研究』
【学識（ガクシキ）】学問と見識。また、学問から得た知識と見識。『学識経験者』
【学術（ガクジュツ）】学問。また、学問と芸術。『学術用語』
【学殖（ガクショク）】身についた学問上の深い知識。
【学説（ガクセツ）】学問上の説。『新しい学説を立てる』
【学統（ガクトウ）】学問上の系統。師弟関係の系統。
【学派（ガクハ）】学問上の流派。『ストア学派』
【学部（ガクブ）】大学で、専攻の学問によって大別した部。法学部、医学部など。
【学風（ガクフウ）】ある学者、また集団の学問の傾向。
【学名（ガクメイ）】1学問上の名誉、名声。2動植物の分類学上の名称。
【学問（ガクモン）】体系的に組織化された知識。哲学、文学、科学など。『学問の進歩』『学問的』→❶
【学理（ガクリ）】学問上の原理、理論。『学理的』
【学科（ガッカ）】学問の科目。また、教科の科目。

❸まなびや。教育の機関、施設。学校。

下接 官学（カンガク）・休学（キュウガク）・共学（キョウガク）・郷学（キョウガク）・建学（ケンガク）・在学（ザイガク）・私学（シガク）・視学（シガク）・小学（ショウガク）・進学（シンガク）・全学（ゼンガク）・退学（タイガク）・大学（ダイガク）・中学（チュウガク）・通学（ツウガク）・停学（テイガク）・転学（テンガク）・同学（ドウガク）・入学（ニュウガク）・復学（フクガク）・本学（ホンガク）・夜学（ヤガク）

【学院（ガクイン）】「学校」の別称。多く、私立学校の校名に用いる。

【学園（ガクエン）】「学校」の別称。私立の学校組織にも使う。

【学事（ガクジ）】学校に関する事柄。『学事報告』

【学制（ガクセイ）】学校教育に関する制度。

【学籍（ガクセキ）】その学校に在学していることを示す籍。

【学窓（ガクソウ）】学校。まなびや。『学窓を巣立つ』

【学則（ガクソク）】学校の規則。校則。『学則違反』

【学長（ガクチョウ）】大学の長。

【学年（ガクネン）】1学校で規定した一年間の修学期。『学年試験』2修学期間などで区別する学生、生徒などの集団。

【学閥（ガクバツ）】国同じ学校、学派でつくられる派閥。

【学帽（ガクボウ）】その学校の制帽。学生帽。

【学務（ガクム）】学校、教育に関する事務。『学務課』

【学友（ガクユウ）】同じ学校で学ぶ友。

【学寮（ガクリョウ）】1寺院で僧侶（ソウリョ）が修学する所。2学校の寄宿舎。

【学官（ガッカン）】学事にたずさわる官吏。学校の教官。

【学期（ガッキ）】学校で一学年を区分した一定の期間の一。

【学級（ガッキュウ）】授業の際の生徒の単位集団。クラス。

【学区（ガック）】教育委員会が設定する、就学ないし通学するための区域。『学区制』

【学校（ガッコウ）】一定の設備と方法によって、教師が児童、生徒などを教育する所。『学校法人』『高等学校』

1703 【季】 2108 3528 8B47 子-5 常4 キ 呉漢 jì すえ・とき

筆順 季 季 季 季 季 季 季 季

字解 会意。禾（穀物）＋子。頭に飾りをつけ五穀の精霊に扮（ふん）した子から、おさない・すえの意。

甲骨文 金文 篆文

意味 ❶すえ。おわり。㋑すえっこ。兄弟のうちで最年少の者。また、おさない。年若い。『季子』『群季（グンキ）』『昆季（コンキ）』『叔季（シュクキ）』㋺（孟・仲に対して）四季のそれぞれを三期に分けた最後の月。『季秋』㋩末期。おとろえた世。『季世』『澆季（ギョウキ）』『叔季（シュクキ）』❷とき。時節。㋑四季のそれぞれの時節。『季語』『春季』㋺ある一定の期間。『雨季』『乾季（カンキ）』『今季（コンキ）』『年季（ネンキ）』❸固有名詞。『季孫氏』『季札』『季布』

❶すえ。おわり。

【季夏（キカ）】夏のすえ。晩夏。また、陰暦六月。

【季月（キゲツ）】四季それぞれの終わりの月。陰暦の三・六・九・一二月。また、一年の最終月。

【季子（キシ）】すえの子。末子。

【季秋（キシュウ）】秋のすえ。晩秋。陰暦九月。

【季春（キシュン）】春のすえ。晩春。陰暦三月。

【季女（キジョ）】1若いむすめ。少女。2一番すえの女の子。

【季世（キセイ）】力の衰えた終局の世。末世。

【季冬（キトウ）】冬のすえ。晩冬。陰暦一二月。

【季年（キネン）】死に近づいた時期。晩年。末年。

【季父（キフ）】父母のすえの弟。もっとも年の若いおじ。

【季母（キボ）】父母のすえの妹。もっとも年の若いおば。

❷とき。時節。

下接 夏季（カキ）・四季（シキ）・時季（ジキ）・秋季（シュウキ）・春季（シュンキ）・冬季（トウキ）・二季（ニキ）・無季（ムキ）

【季刊（キカン）】四季それぞれに、定期的に発行すること。

【季語（キゴ）】国俳句や連歌で、季節感を表すため、句に詠み込むように定められた語。季題。

【季候（キコウ）】気候のうつりかわり。時候。四季七十二候。

【季節（キセツ）】一年を天候の推移に従って区分したもの。温帯では春、夏、秋、冬の四季がある。時節。

【季題（キダイ）】＝季語（キゴ）

❸固有名詞。

【季札（キサツ）】中国、呉の寿夢（ジュボウ）王の第四子。使いの途中で徐を過ぎ、徐君が自分の剣を欲していると知って贈ろうとしたが旅の途中で果たさず、帰途には徐君が既に没していたので、墓辺の樹に剣をかけて去り、自分の心の約束を果たした故事は名高い。季子。（前五六一頃～前五一五頃）
【季孫氏（キソンシ）】中国、春秋時代の魯（ロ）の大夫として権力をふるった家柄。三桓（孟孫・叔孫・季孫）の一。季氏。
【季布フキ】中国、秦末から漢初にかけての武将。項羽の将となり、のち漢の高祖につかえた。約束を必ず守ったので人々に信用された。

1704【孥】 5355 5557 9B76 子－5 ド[漢]/nú
[字解] 形声。子＋奴[声]。
[意味] ❶こども。また、妻子。「孥戮」「妻孥サイド」❷しもべ。奴隷。❸とりこ。捕虜。
【孥戮ドリク】夫の罪で、妻子まで罰する刑。

1705【孶】 5358 555A 9B79 子－9 ジ 「孳」(1706)の異体字

1706【孳】 —— 子－10 (1705)【孶】 5358 555A 9B79 子－9 ジ[呉]・シ[漢]/zì・zī/うむ・しげる
[字解] 形声。子＋茲（ふえる）[声]。子が次から次へとふえる、しげる意。金文が子（ね）に従うのは、子（こども）と混用したためだろう。
金文 篆文

1707【學】 5360 555C 9B7B 子－13 ガク 「学」(1702)の旧字

1708【孼】 *2635 子－16 (1709)【孽】 *2636 子－17 ゲツ[漢]/niè/ひこばえ・わざわい
[字解] 形声。子＋辥（→蘖、ひこばえ）[声]。正妻でない女性から生まれた子の意。
甲骨文 篆文

[意味] ❶正妻でない女性から生まれた子。庶子。「孼子」❷卑しい生まれの者。❸ひこばえ。「余孼ヨゲツ」❹わざわい。罪。また、うれえる。「災孼サイゲツ」「妖孼ヨウゲツ」
【孼子ゲッシ】正妻でない女性から生まれた子。庶子。

1710【孿】 *2638 子－19 レン[漢]/luán/ふたご
[字解] 形声。子＋䜌（もつれつらなる）[声]。ふたご、双生児の意。

子

1711【孔】 2506 3926 8D45 子－1 [常] ク[呉]・コウ[漢]/kǒng/あな・はなはだ
[筆順]

[字解] 象形。こどもが乳をすうさまに象る。乳のでるあなの意。
金文 篆文

[同属字] 吼
[意味] ❶あな。つきぬけたあな。また、すきま。「気孔」「瞳孔」❷むなしい。深い。また、大きい。はなはだ。❸中国、春秋時代の思想家、孔子。「孔孟」❹その他。固有名詞など。「孔明」

❶あな。つきぬけたあな。また、すきま。
[下接] 眼孔ガンコウ・気孔キコウ・鑽孔サンコウ・七孔シチコウ・穿孔センコウ・瞳孔ドウコウ・鼻孔ビコウ／鍵孔かぎあな・毛孔けあな・針孔めど｜みぞ
【孔雀クジャク】キジ科の鳥。各羽の先端に紫、金、緑などで彩られた眼状紋がある。
【孔版コウハン】「謄写版トウシャバン」の別称。ガリ版。

❸中国、春秋時代の思想家、孔子。
【孔丘コウキュウ】孔子の姓名。
【孔子コウシ】中国、春秋時代の学者、思想家。名は丘キュウ。字あざなは仲尼チュウジ。儒教の開祖。魯の昌平郷陬邑スウユウ（＝山東省曲阜県）に生まれる。魯に仕えたが、いれられず、多くの門人を引き連れて、約一四年間、七〇余国を歴訪、遊説。聖王の道を総合大成し、仁を理想とする道徳主義を説いて、徳治政治を強調した。晩年、教育と著述に専念し、六経を選択編定したとされる。聖人といわれる。（前五五一～前四七九）
【孔席不ㇾ暖、墨突不ㇾ黔コウセキあたたまらず ボクトツくろまず】孔子の席は暖まることなく、墨子の家の煙突は煙で黒くなることがない。孔子と墨子は世を救うために東奔西走して家におちつくことがなかったということ。〔韓愈－争臣論〕
【孔墨コウボク】孔子と墨子。
【孔孟コウモウ】孔子と孟子。
【孔門之十哲コウモンのジッテツ】孔子のすぐれた一〇人の高弟。徳行のすぐれた顔淵・閔子騫ビンシケン・冉伯牛ゼンハクギュウ・仲弓、弁舌に勝った宰我・子貢、政治の事に通達した冉有ゼンユウ・子路、学問に秀でた子游・子夏をいう。
【孔老コウロウ】孔子と老子。また、儒教と道教。

❹その他。固有名詞など。
【孔穎達クエイダツ｜コウエイタツ】中国、唐初の学者。字あざなは仲達。諡おくりなは憲。魏徴と共に「隋書」を編集し、また、太宗の命を受けて「五経正義」を撰した。（五七四～六四八）
【孔叢子クゾウシ】儒家の言行録。三巻。孔子とその一族代々にわたる言行を集録。魏の王粛の偽撰ともいう。
【孔安国コウアンコク】中国、前漢の学者。字あざなは子国。孔子一二世の孫。「古文尚書」をおこしたといわれる。生没年不詳。
【孔子家語コウシケゴ】中国の儒書。もとの二七巻は散佚、現行本一〇巻は魏の王粛の偽撰とされる。孔子の言行および弟子との問答、伝聞などを収録したもの。
【孔明コウメイ】中国、蜀漢の名相、諸葛亮ショカツリョウの字あざな。

1712【孜】 2758 3B5A 8E79 子－4 シ[漢]/zī/つとめる
[字解] 形声。攴（動作の記号）＋子（→茲、ふえつづける）[声]。努力をつづける意。
[意味] つとめる。つとめはげむ。
【孜孜シシ】学問、仕事などにひたすら励み努力するさま。

1713【孤】 2441 3849 8CC7 子－5 [常] コ[呉][漢]/gū/みなしご・ひとり
[筆順]

[字解] 形声。子＋瓜（→寡、ひとり）[声]。たよりとする家族がないひとりの子、みなしごの意。
[参考] 万葉仮名では音を借りて「こ[甲]」。
[意味] ❶みなしご。㋑父をなくした子供。「鰥寡孤独カンカコドク」「託孤寄命タッコキメイ」㋺両親をなくした子供。「孤児」「遺孤イコ」「幼孤ヨウコ」❷ひとり。ひとりぼっち。ひとつ。たすけのない。「孤独」「孤立」「窮孤キュウコ」「単孤タンコ」＊論語－里仁「徳不ㇾ孤、必有ㇾ隣トクはコならず、かならずとなりあり」〔＝徳のある人は孤立することはなく、必ず共鳴する人がいるものだ〕❸わたし。諸侯が自分のことを謙遜していう語。

*十八史略-東漢「孤之有㆓孔明㆒、猶㆓魚之有㆒ㇾ水也〔=私に孔明がいてくれるのは、ちょうど魚に水があるようなものだ〕」❹そむく。

❶ みなしご。

【孤寡（コカ）】みなしごとやもめ。また、ひとりもの。

【孤児（コジ・みなしご）】両親を失った子供。『戦災孤児』

❷ ひとり。ひとりぼっち。ひとつ。

【孤雲野鶴（コウンヤカク）】一つだけはなれて浮かぶ雲と、群をはなれた一羽のツル。世を捨てた隠者のたとえ。〔劉長卿-送㆓方外上人㆒〕

【孤影（コエイ）】たったひとりで物寂しそうに見える姿。

【孤往（コオウ）】ひとりで行くこと。*陶潜-帰去来辞「懐㆓良辰㆒以孤往〔=天気のよい日には、気持ちも安らかにひとり散歩する〕」

【孤介（コカイ）】（「介」は堅い意）直情で、世人と調和しないこと。また、その人。

【孤客（コカク）】ひとりぼっちの旅人。*劉禹錫-秋風引「朝来入㆓庭樹㆒、孤客最先聞〔=朝がたから庭の木々に吹いてきた秋風の音を、ひとりぼっちの旅先にある私が、誰よりも早く聞きつけた〕」

【孤寒（コカン）】身寄りがなく貧しいこと。

【孤雁（コガン）】群れからはなれて、ただ一羽でいるガン。

【孤苦（ココク）】ひとりぼっちで、非常に貧しいこと。

【孤軍（コグン）】孤立した少数の軍隊。『孤軍奮闘』

【孤閨（コケイ）】女性、特に人妻のひとり寝の部屋。夫が不在、死亡などで妻がひとり居ること。

【孤月（コゲツ）】一片の月。ものさびしく見える月。

【孤高（ココウ）】ひとりぬきんでてすぐれていること。誇り高く、ひとり自らの志を守ること。『孤高の士』

【孤弱（コジャク）】身寄りがなくておさないこと。

【孤舟（コシュウ）】一そうの小舟。*杜甫-登㆓岳陽楼㆒「老病有㆓孤舟㆒〔=年もとり病気がちのこの身には、一そうの小舟があるだけだ〕」

【孤城落日（コジョウラクジツ）】孤立無援の城と、西に傾く落日。勢いが衰え、頼りなく心細いさま。〔王維-送㆓韋評事㆒〕

【孤臣（コシン）】①主君に見すてられた臣下。②臣下が、主君にむかって、自分のことをへりくだっていう語。

【孤生（コセイ）】ひとりぼっち。身寄りのない、孤独な人生。*柳宗元-南澗中題「孤生易ㇾ為ㇾ感〔=孤独な生活はとかく感じやすくなる〕」

【孤征（コセイ）】ただひとり遠くへ行くこと。

【孤絶（コゼツ）】かけ離れて孤立していること。

【孤竹（コチク）】①たった一本だけ生えている竹。②竹笛。③中国、殷の時代、河北にあった国の名。*史記-伯夷伝「伯夷叔斉、孤竹君之二子也〔=伯夷と叔斉は、孤竹君の二人息子である〕」

【孤忠（コチュウ）】ただひとりで尽くす忠義。

【孤灯（コトウ）】一つだけともっている灯火。*白居易-長恨歌「孤灯挑尽未ㇾ成ㇾ眠〔=たった一つの灯明の灯心をかきたてつくしても、まだ眠れない〕」

【孤島（コトウ）】はなれ島。『陸の孤島』

【孤特（コトク）】（「特」はひとりの意）孤独なこと。

【孤独（コドク）】ひとりぼっちであること。『天涯孤独』

【孤帆（コハン）】一そうの帆かけ舟。*李白-黄鶴楼送㆓孟浩然之㆒㆓広陵㆒「孤帆遠影碧空尽〔=たった一つの舟の帆が、しだいに遠ざかり、その影が青空に吸いこまれるように消えてしまった〕」

【孤蓬（コホウ）】ただ一つだけ風に吹かれて飛んでゆくヨモギ。ゆくえも知れぬひとり旅のたとえ。*李白-送㆓友人㆒「此地一為ㇾ別、孤蓬万里征〔=この地でひとたび別れてしまえば、（あなたは風に吹かれ飛ばされてゆく）ヨモギのように、遠いかなたへとさびしくさすらってゆくことになるだろう〕」

【孤立（コリツ）】助ける者や仲間がなくひとりであること。『孤立無援』

【孤塁（コルイ）】孤立したとりで。『孤塁を守る』

【孤老（コロウ）】ひとり暮らしの年寄り。

【孤陋（コロウ）】心が偏狭であるさま。

1714【孩】 5356 5558 9B77 子－6 ガイ㊐・カイ㊊／hái／ちのみご・みどりご

字解 形声。子＋亥㊥。幼児のわらい声の意。

意味 ちのみご。あかんぼう。また、幼児が笑うこと。幼児の笑い声。『嬰孩』『提孩』『幼孩』

【孩嬰（ガイエイ）】ちのみご。幼児。孩子。

【孩児（ガイジ）】おさなご。嬰児。

【孩提（ガイテイ）】（「提」は抱かれること）あかご。みどりご。おさなご。嬰児や幼児。孩抱。

【孩女（ガイニョ）】仏語。二、三歳の幼女の意。在家の幼女が死亡したとき、多く禅宗で法名の下につける語。

1715【孫】 3425 4239 91B7 子－7 常4 ソン㊐㊊／sūn・xùn・sùn／まご

筆順 孑 孒 孫 孫 孫 孫

字解 会意。子＋系（つづく）。つづいてくる子どもたち、子孫の意。

同属字 遜

意味 ❶まご。子の子。また、孫以下の血筋のもの。『子孫』『曽孫』❷人名。『孫権』

❶ まご。子の子。

下接 王孫・皇孫・外孫・玄孫・公孫・孝孫・子孫・児孫・曽孫・嫡孫・天孫・内孫・末孫・令孫

【孫子（ソンシ・まごこ）】孫と子。子孫。孫枝。→❷

❷ 人名。

【孫権（ソンケン）】中国、三国時代の呉の初代皇帝（在位二二二～二五二年）。孫堅の子。赤壁の戦いでは、劉備と結んで曹操の軍を破って、江南にその地位を固め、呉、魏、蜀漢の三国鼎立時代を招いた。（一八二～二五二）

【孫呉（ソンゴ）】中国、戦国時代の兵法家である孫武と呉起。また、その著した「孫子」「呉子」の二つの兵法書。転じて、兵法、用兵のこと。

【孫康（ソンコウ）】中国、晋の人。家が貧しく油を買うことができなかったので、雪明かりで読書したという。車胤とともに「蛍雪の功」の故事で名高い。生没年未詳。

【孫悟空（ソンゴクウ）】中国、明代の通俗小説「西遊記」の主人公。猿身で、石から生まれ、神通力をもち、猪八戒、沙悟浄とともに唐僧玄奘三蔵に従い、その天竺行に苦難をともにした。

【孫子（ソンシ）】①「孫武」の敬称。②中国の兵法書。一巻一三編。呉の孫武撰。戦略戦術の法則、準拠の詳細を説明。古代中国の戦争体験の集大成。→❶

【孫叔敖（ソンシュクゴウ）】中国、春秋時代、楚の政治家。幼少のとき、見ると死ぬといわれていた両頭のヘビを殺して埋めたが、それは他人に害を残さないためだと言ったという逸話がある。

【孫臏ソンビン】中国、戦国時代、斉の武将。魏将の龐涓ホウケンがその才をねたみ、はかって臏刑(膝蓋骨を去る刑)におとしいれたが、斉の威王の軍師となり、前三六七年に龐涓の率いる魏軍を破り、恥をそそいだ。生没年不詳。

【孫武ソンブ】中国、春秋時代の兵法家。呉王闔閭コウリョに仕え、楚・晋を威圧し、呉を覇者とした。兵書「孫子」の著者。孫子。生没年不詳。

【孫文ソンブン】中華民国の政治家。字あざなは逸仙イッセン。号は中山。辛亥革命で臨時大総統に推されたが、袁世凱エンセイガイに政権を譲り、第二革命で日本に亡命して中華革命党を組織。のち、中国国民党に改称、三民主義を中心思想として革命を推進した。(一八六六～一九二五)

1716【孰】5357 5559 9B78 子-8 ジュク呉・シュク漢/shú/いずれ・いずれか・たれ

字解 形声。丸(=丮、両手で扱う)+享(=亯、土器)声。土なべで煮る意。熟の原字。金文は、亯と女と丮に従う。

金文 篆文
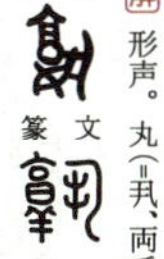

同属字 塾・熟

意味 ❶にる。にえる。「熟」に同じ。❷つまびらか。よくよく。じっくりと。「熟」に同じ。❸疑問・反語を示す。㋑いずれ。いずれか。どちらが…か。選択を求める場合に用いる。＊十八史略-唐「創業守成孰難ソウギョウとシュセイといずれかかたき」〔=創業と守成と、どちらがよりむずかしいか〕㋺たれ。たれか。だれが…か。「誰」に同じ。＊論語-雍也「弟子孰為レ好レ学テイシたれかガクをこのむとなす」〔=弟子の中でだれが学問好きか〕

【孰与・孰若いずれぞ】〔「…孰ニ与(若)ニ—」の形で〕…と—とではどちらがよいか、の意。多くは「孰与(若)」以下の内容を肯定して、それを選択する。＊諸葛亮-後出師表「惟坐待レ亡、孰ニ与伐ニ之ただざしてほろぶるをまたんよりは、これをうつにいずれぞ」〔=ただじっとして亡びるのを待つのと、敵を攻撃するのとでは、どちらがよいか〕

1717【孺】5362 555E 9B7D 子-14 ジュ漢/rú/ちのみご・おさない

字解 形声。子+需(やわらかい)声。やわらかいこども、ちのみごの意。

参考 万葉仮名では音を借りて「ず」。

意味 ❶ちのみご。また、幼い。いとけない。「孺子」『童孺ドウジュ』❷したう。したしむ。また、つく。したがう。

【孺子ジュシ】①幼児。＊孟子-公孫丑上「今人乍見ニ孺子将ニ入ニ於井一、皆有ニ怵惕惻隠之心一いまひとたちまちジュシのまさにいにいらんとするをみれば、みなジュッテキソクインのこころあり」〔=かりに今、人が不意に幼児が井戸に落ちそうになるのを見かければ、だれでも皆はっと驚いて痛みあわれむ心が起きるであろう〕②小僧。青二才。未熟な者や年少の者をさげすんでいう語。豎子ジュシ。

【孺人ジュジン】大夫の妻の敬称。

子 11画

1718【孵】5359 555B 9B7A 子-11 フ漢/fū/かえる・かえす

字解 形声。卵+孚(子をだく)声。卵をだいてかえす意。

意味 たまごがかえる。たまごをかえす。

【孵化フカ】卵がかえること。また、卵をかえすこと。

【孵卵フラン】卵がかえること。また、卵をかえすこと。

『孵卵器』

40 宀部 うかんむり

甲骨文 篆文

宀は屋根でおおわれた建物の形に象り、家屋・やね(ベン)を表す。宀部には宀を字の上部の部標として、家屋の種類や状態、家屋による生活に関係ある意味の字を収める。冖部(14)の字と混用されるものがある。

宀 0画 宀
宀 2画 ②宄 宂 它 宁 ③安 宇 守 宅 ④完 宎 宏 宋 宍 ⑤宛 官 宜 実 宗 宙 定 宕 宓 宝 ⑥客 宦 室 宣 宥 ⑦宴 家 害 害 宮 宰 宵 宵 宸 容 宲 ⑧寅 寃 寄 寇 寇 寂 寂 宿 密 寘 ⑨寓 寒 寒 寄 寓 寔 甯 寍 寐 富 ⑩寛 寘 寝 寖 ⑪寡 寠 寤 寨 察 實 寢 寧 寧 寞 寥 ⑫寬 寫 審 寮 ⑬寰 ⑯寵 寶 ⑰寶

宀 0画

1719【宀】5363 555F 9B7E 宀-0 ベン漢/mián

字解 部首解説を参照。

宀 2画

1720【宄】＊2640 宀-2 キ漢/guǐ

字解 形声。宀+九(曲がりくねってつづく)声。かくれてするよくないこと、よこしまの意。

甲骨文 金文 篆文

1721【宂】— 宀-2 ジョウ 「冗」(519)の異体字

1722【它】5364 5560 9B80 宀-2 タ漢/tā・tuō/へび

字解 象形。頭がとがり長くうねるまむし(畏敬・恐怖の対象)に象り、へびの意。蛇の原字。借りて、佗(=他、ほか)の意に用いる。金文以後、也と酷似する。

甲骨文 金文 篆文

同属字 佗・沱・陀・柁・蛇・舵・詑・跎・鉈・駝

意味 ❶へび。❷ほか。よそ。「他」に同じ。

1723【宁】＊2639 宀-2 チョ漢/zhù/たたずむ

字解 象形。糸巻きに象る。たくわえる意。貯の原字。また、佇に通じ、たたずむ意に用いる。

甲骨文 金文 篆文

同属字 苧・佇・竚・紵・貯

1724
【安】 1634 3042 88C0 宀-3 常3
アン(呉)(漢)/ān/やすい・やすらか・やすんずる・いずくに・いずくんぞ

筆順 安 安 安 安 安 安

字解 会意。宀+女。女性が家の中でやすらぐ意から転じて、やすらかの意。

甲骨文 金文 篆文

同属字 案・晏・按・鞍・鮟

参考 万葉仮名では音を借りて「あ」。平仮名「あ」の字源。

意味 ❶やすらか。おだやか。また、やすんずる。やすらぐ。おちつく。『安心』『安全』『慰安』『平安』 ❷反語・疑問を示す。「焉」に同じ。㋑いずくんぞ。どうして…か。＊文選-古詩十九首「会面安可レ知(カイメンいずくんぞしるべけんや)〔=会えるのはいったいいつのことやらわからない〕」 ㋺いずくに。いずくにか。どこに…か。＊史記-項羽本紀「沛公安在(ハイコウいずくにかある)〔=沛公はどこにいるのか〕」 ❸国価がやすい。また、たやすい。『安易』『安価』 ❹あて字、固有名詞など。『安母尼亜(アンモニア)』『目利安(メリヤス)』『安房国(あわのくに)』

❶ やすらか。おだやか。また、やすんずる。

下接 慰安(イアン)・宴安(エンアン)・公安(コウアン)・大安(タイアン)・治安(チアン)・偸安(トウアン)・不安(フアン)・平安(ヘイアン)・保安(ホアン)・奉安(ホウアン)・霊安室(レイアンシツ)

【安逸・安佚(アンイツ)】 気楽にのんびりと楽しむこと。また、遊んで暮らすこと。▼書き換え「安佚→安逸」。

【安臥(アンガ)】 楽な姿勢、気分で横になること。

【安閑(アンカン)】 のんびりとして静かなさま。

【安危(アンキ)】 安全であるか、危険であるかということ。

【安気(アンキ)】 国心配がないさま。気楽なさま。

【安居(アンキョ|アンゴ)】 ①心安らかに暮らすこと。②(アンゴ) 僧が夏の雨期三か月の間、一定の場所にこもり、専ら修行すること。また、その他期間を設けた修行。

【安康(アンコウ)】 太平無事なこと。安穏。安泰。また、そのような状態にすること。

【安座・安坐(アンザ)】 落ち着いて座ること。また、あぐらを組んで座ること。

【安産(アンザン)】 比較的楽に出産すること。↕難産
【安車(アンシャ)】 座って乗れるように作った車。▼昔、中国では、車は立って乗るものであった。

【安住(アンジュウ)】 ①何の心配もなく、安心して住むこと。②向上心を失い、境遇などに満足すること。

【安心(アンシン|アンジン)】 ①心が安らかで心配のないさま。②(アンジン) 仏法によって得た不動の境地。

【安心立命(アンシンリツメイ|アンジンリュウミョウ)】 天命を知って心を平安に保ち、つまらぬことに心を動かさないこと。

安車〔三才図会〕

【安静(アンセイ)】 体を動かさないで、静かに寝ていること。
【安全(アンゼン)】 危険のないこと。『安全保障』『交通安全』
【安息(アンソク)】 安らかに休むこと。『安息日』
【安打(アンダ)】 国野球で、ヒット。
【安泰(アンタイ)】 事がなく平穏無事であること。
【安宅(アンタク)】 ①身を置くのに安全で心配のない所。また、平穏に家にいること。②仁を安らかな住居にたとえていう。〔孟子-公孫丑上〕
【安置(アンチ)】 ある場所に大切に据えて置くこと。
【安着(アンチャク)】 無事に到着すること。
【安定(アンテイ)】 物や物事が、落ち着いていて動かないこと。
【安堵(アンド)】 国(「堵」は垣の内の意) ①中世、将軍や領主が領内で諸人の所領の領有を承認すること。②心が落ち着くこと。安心すること。
【安寧(アンネイ)】 世の中が穏やかにおさまること。
【安穏(アンノン)】 変わりがなく、穏やかなさま。無事。平穏。
【安否(アンピ)】 無事か無事でないか。また、日常の様子、消息。『安否を気遣う』『安否を問う』
【安眠(アンミン)】 安らかな眠り。『安眠妨害』
【安養(アンヨウ)】 ①心を安らかにして身を養うこと。②仏語。極楽浄土のこと。安養国。
【安楽(アンラク)】 心身が安らかで楽なこと。『安楽椅子(イス)』

❸ (日本語で)価がやすい。たやすい。

【安易(アンイ)】 国①たやすいこと。②いい加減なこと。容易。

【安価(アンカ)】 国値段が安いこと。廉価。

【安直(アンチョク)】 国①値が安いこと。安価。②気軽。手軽。

❹ あて字、固有名詞など。

【安山岩(アンザンガン)】 火山岩の一種。建築石材、墓石用。▼アンデス山脈で発見されたのに由来する andesite から。

【安西(アンセイ)】 ①中国、唐代に、今の新疆(シンキョウ)の地方におかれた安西都護府。②一三世紀、元が今の陝西(センセイ)中部においた行政区画。安西路。③中国、甘粛(カンシュク)省の県。天山南北路の分岐点に当たり、西方との貿易で繁栄した。

【安南(アンナン)】 (Annan) ベトナムのこと。▼唐が辺境統治のために置いた、安南都護府に由来する。五代晋のとき独立、一八〇二年、国号を越南と改めた。

【安母尼亜(アンモニア)】 (英 ammonia) 刺激臭のある無色の気体。化学工業の原料、冷凍の冷媒などにする。

【安邑(アンユウ)】 中国、山西省南部運城にある旧都。禹王のとき都を置いたといわれる。

【安禄山(アンロクザン)】 中国の唐代の武将。玄宗皇帝の信任を得るが、天宝一四年(七五五)乱を起こし、大燕皇帝を自称。子の慶緒と側近に殺された。七五七年没。

【安本丹(あんぽんたん)】 愚か者をいう。▼「あほう」の転。薬の名、反魂丹などに語呂をあわせたもの。

難読地名 安岐(あき)町(大分) 安芸(あき)郡・区(広島) 安芸(あき)郡・市(高知) 安芸津(あきつ)町(広島) 安芸(あげ)郡(三重) 安積(あさか)疏水(福島) 安心院(あじむ)町(大分) 安代(あしろ)町(岩手) 安蘇(あそ)郡(栃木) 安達太良(あだたら)山(福島) 安達(あだち)郡・町(福島) 安家(あっか)洞(岩手) 安比(あっぴ)高原(岩手) 安曇(あづみ)村(長野) 安曇川(あどがわ)町(滋賀) 安濃(あのう)町(三重) 安房(あぼう)峠(長野・岐阜) 安城(あんじょう)市(愛知) 安堵(あんど)町(奈良) 安中(あんなか)市(群馬) 安八(あんぱち)郡・町(岐阜) 安来(やすぎ)市(島根)

難読姓氏 安形(あがた) 安居院(あぐい) 安家(あけ) 安食(あじき) 安津畑(あずはた) 安宅(あたか) 安孫子(あびこ) 安蒜(あびる|あんびる)

1725
【宇】 1707 3127 8946 宀-3 常6
ウ(呉)(漢)/yǔ/のき・いえ・そら

筆順 宇 宇 宇 宇 宇 宇

字解 形声。宀+于(=亐、丸く大きくおおう)(声)。家を広くおおう、のきの意。

3画 口囗土士夂夊夕大女子宀寸小(⺌・⺍)尢(兀・尣)尸屮(屮)山巛(川)工己(已・巳)巾干幺广廴廾弋弓彐(彐・⺕)彡彳

意味 ❶のき。やね。また、いえ。『殿宇』『堂宇』 ❷そら。ひろがり。天。空間。『宇宙』『気宇』

参考 万葉仮名では音を借りて「う」。平仮名「う」、片仮名「ウ」の字源。

❶ のき。やね。また、いえ。

下接 一宇・結宇・黌宇・芝宇・邃宇・僧宇・宅宇・殿宇・棟宇・堂宇・眉宇・廟宇・仏宇・法宇・茅宇・梵宇

❷ そら。ひろがり。天。

下接 海宇・気宇・器宇・御宇・天宇

【宇内(ウダイ)】天下。世界。この世。＊陶潜－帰去来辞「已矣乎、寓二形宇内一復幾時〔＝いかんともしようのないことだ。人間が肉体をこの世に宿すのが、どれほどの時間でもないというのは〕」

【宇宙(ウチュウ)】①あらゆる事物を包括する空間。『宇宙観』『宇宙論』②大気圏外の空間。『宇宙旅行』『宇宙船』「宙」は時間の広がりをいう。

難読地名 宇連山(愛知)　難読姓氏 宇治土公(うじとこ)

1726 【守】 2873 3C69 8EE7 宀－3 常3 シュ㊉・ス㊉・シュウ(シウ)㊥\shǒu・shòu\まもる・まもり・もり・かみ

筆順 守 守 守 守 守 守

字解 形声。宀＋寸(手)㊒。家内をつかさどる意。

同属字 狩

意味 ❶まもる。みはる。固持する。まもり。『守護』『守備』『順守』『保守』＊白居易－琵琶行「去来江口守二空船一〔＝(夫が)でかけて以来、川のほとりで主のいない船をまもっている〕」⇒〔攻〕(3018)の表 ❷つかさどる。役人。地方行政官。日本で、かみ。一国の長官。国守。『官守』『郡守』『太守』『牧守』

❶ まもる。まもり。

下接 恪守・看守・監守・堅守・厳守・好守・攻守・拘守・固守・死守・自守・執守・戍守・順守・拙守・操守・鎮守・独守・辺守・奉守・墨守・保守・留守

【守一(シュイツ)】①一事に専念すること。②道(特に道家の道)の根本原理をかたく守ること。

【守衛(シュエイ)】警備をする職務。また、その人。

【守旧(シュキュウ)】昔からのならわしを守ること。保守。

【守宮(シュキュウ／やもり)】ヤモリ科の爬虫類。体形はトカゲに似る。主に家屋内にすむ。家守。

【守護(シュゴ)】①まもること。『守護神』②国鎌倉・室町幕府の職名。各地方の治安維持、警固に当たり、後に強大な権力を持つ守護大名となった。『守護地頭』

【守株(シュシュ)】〔株を守る（くいぜをまもる）〕古い習慣をいつまでも固守して、時に応じた処理をする能力の乏しいこと。◆昔中国で、偶然、兎(うさぎ)が木の切り株に頭をぶつけて死んだのを見た農夫が、以来働かずに木の株の番をして、また兎を得ようと日を送ったという故事から。〔韓非子－五蠹〕

【守成(シュセイ)】創始者の意向をつぎ、その築きあげたものを更に堅固にすること。『創業守成』

【守勢(シュセイ)】攻撃を防ぎ、現状を維持する態勢。↔攻勢

【守拙(シュセツ)】〔拙を守る（セツをまもる）〕世渡りのへたなままに、それに甘んじていること。＊陶潜－帰二園田居一「守レ拙帰二園田一〔＝世渡りのへたなままに、この田園の住まいに帰ってきた〕」

【守銭奴(シュセンド)】金銭に執着し、ためることだけに熱心な人。けちんぼ。

【守備(シュビ)】相手の攻めにそなえ、守ること。↔攻撃

【守兵(シュヘイ)】守備の兵士。

難読地名 守門(すもん)村(新潟)

1727 【宅】 3480 4270 91EE 宀－3 常6 タク㊉㊥\zhái・zhè\いえ・やか・やけ・たか

筆順 宅 宅 宅 宅 宅 宅

字解 形声。宀＋乇(根をしっかりとはり、葉が垂れた形)㊒。身を安住させるいえの意。

同属字 侘・咤・詫

意味 いえ。住む。『宅地』『宅配』『帰宅』『住宅』 ④すまい。いる所。おるべき所。また、いる。㋺国家庭。また、その主人。

下接 安宅・隠宅・火宅・家宅・帰宅・旧宅・居宅・在宅・私宅・自宅・社宅・住宅・妾宅・拙宅・邸宅・転宅・弊宅・別宅・卜宅・本宅・役宅・来宅・陋宅

【宅宇(タクウ)】①家。すまい。②家の軒。

【宅診(タクシン)】国医師が自分の家で診察すること。↔往診

【宅地(タクチ)】家屋の敷地。また、住居用の土地。

【宅兆(タクチョウ)】(「兆」は離れ遠ざかる意) はか。墓場。

【宅配(タクハイ)】国品物を戸別に配達すること。『宅配便』

【字】⇩1696

1728 【完】 2016 3430 8AAE 宀－4 常4 ガン(グヮン)㊉・カン(クヮン)㊥\wán\まったし・まっとうする

筆順 完 完 完 完 完 完 完

字解 形声。宀＋元(まるいあたま)㊒。屋根をぐるりとまるくめぐらす、まったいの意。

同属字 莞・浣・院・皖・睆・鯇

意味 ❶まったし。欠けたところがない。そなわっている。『完全』『完膚』『完璧』『補完』 ❷まっとうする。④保つ。しっかりと守る。＊史記－廉頗藺相如伝「臣請完レ璧帰レ趙〔＝私は璧をしっかりと守って、趙に持ち帰ろう〕」㋺はたす。しとげる。『完遂』『完成』『未完』

❶ まったし。欠けたところがない。

【完裙(カンクン)】満足な着物。＊杜甫－石壕吏「出入無二完裙一〔＝外出に満足な衣服もない始末だ〕」

【完熟(カンジュク)】国果実などが完全に熟している。↔未熟

【完全(カンゼン)】すべてそろっていること。不足や欠点がないさま。『完全燃焼』『完全無欠』『不完全』

【完然(カンゼン)】完全なさま。

【完備(カンビ)】完全に備わっていること。↔不備

【無二完膚一(カンプなからしむ)】(「完膚」は、傷のない皮膚) 相手

3画 口囗土士夂夊夕大女子宀寸小(⺌・⺍)尢(尣・兀)尸屮(屮)山巛(川)工己(已・巳)巾干幺广廴廾弋弓彐(彑・彐)彡彳

を徹底的に打ちのめす。〔唐書-劉𩑈(リュウダイ)伝〕

【完璧(カンペキ)】①無傷の璧(たま)。借りたものを無傷で返すこと。②完全無欠ですぐれていること。♥中国、戦国時代の趙の藺相如が、和ヵ氏の璧を持って秦に使いし、無傷で趙に持ち帰ったという故事から。〔史記-廉頗藺相如伝〕

【完本(カンポン)】全集などで、完全にそろっている書籍。

【完訳(カンヤク)】外国語の文章や古典の全文を翻訳すること。

❷ まっとうする。

【完結(カンケツ)】物事がすっかり終了すること。

【完工(カンコウ)】工事が完全にでき上がること。竣工(シュンコウ)。

【完済(カンサイ)】国借金を完全に返済すること。

【完遂(カンスイ)】完全に成し遂げること。

【完成(カンセイ)】物事が完全にでき上がること。『未完成』

【完納(カンノウ)】決められた金額や量を全部納めること。

【完封(カンプウ)】国①完全に封じ込めること。②野球で、投手が試合の最後まで得点を与えることなく投げ通すこと。

【完了(カンリョウ)】①完全に終わること。『準備完了』②文法で、動作・作用などが完結した状態を表す言い方。

1729 【𡧍】 *2644 宀-4 ギ 「宜」(1735)の異体字

1730 【宏】 2508 3928 8D47 宀-4 人 コウ(クヮウ)漢/hóng/ひろい・ひろし

字解 形声。宀+厷(ひじをひろくはる)声。屋根を広く張る、ひろい意。

金文  篆文 

参考 現代表記では「広」に書き換える。熟語は「広」(2113)をも見よ。

意味 ひろげる。ひろい。大きくひろい。また、すぐれている。『恢宏(カイコウ)』

【宏器(コウキ)】大きな器量。すぐれた人物のこと。

【宏儒(コウジュ)】すぐれた学者。大儒。

【宏図(コウト)】大きな計画。宏猷(コウユウ)。

【宏弁・宏辯(コウベン)】雄大な弁論。

【宏猷(コウユウ)】(「猷」ははかりごとの意)大きな計画。

1731 【宋】 3355 4157 9176 宀-4 ソウ漢/sòng

字解 会意。宀+木。甲骨文では、地名などに用いられた。

甲骨文  金文  篆文 

意味 ❶中国の国名。また、王朝の名。㋑中国、春秋時代の国(～前二八六)。殷の宗族、紂王の異母兄微子啓の封ぜられた国。河南省の商邱(ショウキュウ)に都し、三二世で斉・魏・楚に滅ぼされた。㋺中国、南北朝時代、南朝最初の王朝(四二〇～四七九)。東晋の部将劉裕(高祖)が建国。建康(南京)に都した。八世で斉王に帝位を譲り滅んだ。劉宋。㋩中国の統一王朝(九六〇～一二七九)。趙匡胤(太祖)が五代のあとをうけて建国。汴(ベン)(開封)に都した。一一二七年金に圧迫され、九代で江南に移った。それ以前を北宋、以後臨安に都して蒙古に滅ぼされるまでを南宋と称する。❷人名。『宋玉』『宋之問』

❶ 中国の国名。また、王朝の名。

【宋音(ソウオン)】国平安中期から鎌倉時代にかけて日本に伝えられた宋・元時代の中国語による漢字音。主に禅僧によって伝えられ、禅宗関係の語に多い。唐宋音。

【宋学(ソウガク)】中国、宋代に体系化された新しい儒教哲学。狭義には朱子学をさす。

【宋史(ソウシ)】中国の歴史書。正史の一。四九六巻。元代、脱脱(托克托(トクタ))らが勅命によって編纂。一三四五年完成。宋代の歴史を記録した紀伝体の書。

【宋儒(ソウジュ)】中国、宋代の儒学者の総称。特に朱熹によって大成した宋学の学者。また、厳格な道学者。

【宋書(ソウショ)】中国の正史。一〇〇巻。南朝梁の沈約(シンヤク)らの奉勅撰。二十四史の一。四八八年完成。

【宋襄(ソウジョウ)】中国、春秋時代の宋の君主、襄公のこと。

【宋襄之仁(ソウジョウのジン)】襄公の仁。無益の情け。不必要なあわれみ。♥宋襄が敵にあわれみをかけたために敗れたという故事から。〔十八史略-春秋戦国〕

【宋人(ソウジン)】中国、春秋時代の宋の人。周に征服された殷(イン)の子孫であるために、愚か者の例とされた。

【宋朝(ソウチョウ)】①中国、宋代の朝廷。また、その時代。②活字体の一。楷書(カイショ)体で、肉細の縦長の活字。宋朝体。

【宋版・宋板(ソウハン)】中国、宋代に出版された書籍。現存の版本のうちで最も古く、また、書体・造本ともにすぐれたものとして有名。その字体を宋朝体という。宋本。

❷ 人名。

【宋玉(ソウギョク)】中国、戦国時代末の楚の文人。作品に「九弁」「高唐賦」「女神賦」などがあり、形式、内容ともに屈原(クツゲン)の継承者とされる。生没年不詳。

【宋之問(ソウシモン)】中国、初唐の詩人。字(あざな)は延清。五言詩にすぐれ、沈佺期(シンセンキ)とともに律体を創始し、沈宋体と称された。七一二年没。

1732 【宍】 2821 3C35 8EB3 宀-4 ニク呉・ジク漢/ròu/しし

字解 肉の字の変形による通俗体。

意味 肉の訓の「しし」にあてる。『宍喰(ししくい)』

難読地名 宍喰(ししくい)町(徳島) 宍粟(しそう)郡(兵庫) 宍道(しんじ)町(島根)

難読姓氏 宍戸(ししど)

［宊］⇩4436 ［宎］⇩4615

1733 【宛】 1624 3038 88B6 宀-5 エン(ヱン)漢/wǎn/あたかも・あて・あてる・ずつ

字解 形声。宀+夗(からだを丸くまげる)声。家でからだを丸くしてやすむ、まがる意。転じて、「あたかも」の意に用いる。

同属字 苑・婉・惋・椀・琬・碗・腕・豌・踠

意味 ❶まがる。くねらせる。『宛転』❷あたかも。さながら。『宛然』❸国㋑あてる。あてはめる。割りあてる。あて。『宛先(あてさき)』『宛字(あてジ)』『宛名(あてな)』㋺ずつ。『三人宛(ずつ)』

【宛然(エンゼン)】よく当てはまるさま。そっくりそのまま。

【宛転(エンテン)】①変化してゆくさま。また、ゆるやかに舞ったり動いたりするさま。②ゆるやかな曲線を描くさま。

【宛転蛾眉(エンテンたるガビ)】すんなりとして、蛾の触角のように美しいまゆ。美人の形容。*白居易-長恨歌「宛転蛾眉馬前死(エンテンたるガビバゼンにシす)〔=美しいまゆの人は、この軍中で命を絶った〕」

1734 【官】 2017 3431 8AAF 宀-5 常4 カン(クヮン)呉漢/guān/つかさ・おおやけ

筆順 

字解 会意。宀(囲まれた所)＋𠂤(多く集まる)。集団に関することを処理するかこまれたところ、役所の意。

甲骨文 金文 篆文

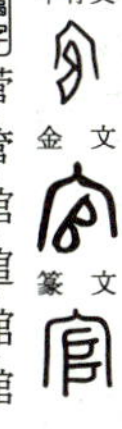

同属字 菅・管・棺・逭・館・舘

意味 ❶つかさ。つかさどる。㋑役所。朝廷。政府、官庁。おおやけ。『官製』『官報』『官吏』 ㋺つかさどる人。特に、役人。また、役職。役目。『試験官』『宦官』『教官』『長官』 ❷生物体の特定の機能をつかさどる部分。『官能』『感官』『器官』『五官』

下接 ❶つかさ。つかさどる。

尉官・捐官・下官—ゲ・宦官・貴官・技官・教官・警官・兼官・顕官・高官・在官・左官・散官・士官・仕官・史官・祠官・次官・儒官・小官・荘官・将官・上官・冗官・女官・叙官・除官・神官・正官・税官・僧官・素官・属官・大官・退官・代官・地官・中官・長官・天官・冬官・当官・内官・任官・稗官・売官・買官・判官—ホウ・卑官・被官・微官・百官・武官・副官・文官・法官・本官・無官・免官・没官・訳官・六官—ロッ・猟官・僚官・伶官

【官位】①官職と位階。②官職の等級。

【官印】官庁または官吏が職務上使う公式の印。

【官員】官吏。役人。❤日本では、明治時代の語。

【官営】国営。↕民営

【官家】①朝廷。政府。②天子。

【官衙】役所。官庁。

【官界】官吏の社会。

【官学】官立の学校。↕私学

【官紀】官吏が守らねばならない規律。『官紀粛正』

【官記】官吏の任官書。

【官妓】官にかかえられた芸妓。

【官給】政府から支給すること。『官給品』

【官許】政府から民間に与える許可。

【官業】官営の事業。↕民業

【官金】政府の所有する金銭。

【官軍】朝廷の軍勢。政府方の軍隊。↕賊軍。『勝てば官軍負ければ賊軍』

【官憲】(国家のおきての意)①役所。行政官庁。②特に警察関係の役所あるいは役人。警察当局。

【官公庁】国国、地方公共団体などの公の役所。

【官差】官命による使い。

【官舎】国公務員の住居に当てるために設けた住宅。

【官爵】官職と位階。「爵」は位の意。

【官守】官にあって守るべき職分。やくめ。つとめ。職責。

【官需】政府の需要。また、その物資。↕民需

【官女】宮中、将軍家などに仕えた女性。女官。

【官職】官吏の地位と職務。

【官人】官吏。役人。

【官製】政府が製造すること。↕私製。

【官選】政府が選ぶこと。↕公選・民選。『官選弁護人(=国選弁護人の旧称)』

【官尊民卑】政府や官吏を尊いとし、一般人民や民間を卑しいとすること。

【官秩】(官の秩序の意)官位の等級。官等。また、それに伴う俸給。官禄。

【官庁】国家的な事務を取り扱う国家機関。

【官邸】国高級官吏の住宅として、国が貸し与える邸宅。↕私邸。『首相官邸』

【官途】官吏としての職務、地位。『官途に就く』

【官等】官職の等級。

【官版・官板】①政府の出版する書物。官刻。②国江戸時代、昌平坂学問所で出版した漢籍。

【官費】政府支出の費用。国費。『官費留学』

【官府】①王や天皇などの住んでいるところ。朝廷。②官庁。役所。政府の建物。

【官符】国(「太政官符」の略)令制で、太政官から八省諸司、または、諸国に下した公文書。

【官服】官吏の制服。また、官給の服。

【官幣社】国もと宮内省から幣帛を捧げられた神社。

【官房】国(ドイ Kammer の訳語)国家行政機関の内局の一。機密に関する事務や、人事、文書などの庶務、調整事務などを行う。『内閣官房長官』

【官報】国政府が、国民に公示する事項を載せて毎日発行する文書。『官報に告示する』

【官民】官庁と民間。公務員と民間人。『官民一体』

【官命】官府の命令。政府の命令。

【官遊】官吏となって、故郷をはなれた遠隔の地で暮らすこと。

【官吏】役人。また、「国家公務員」の旧称。

【官僚】官吏。役人。特に、高級官吏をいう。

【官禄】官位と俸禄。

【官話】中国で、官界や上流社会に用いられていた標準語、公用語。『北京官話』

〔侵レ官〕他人の職務を侵すこと。＊韓非子-二柄「侵レ官之害、甚二於寒一(=他人の職を侵す弊害は、寒さの害よりもいっそうひどい)」

❷生物体の特定の機能をつかさどる部分。

【官能】①感覚器官の機能。②感覚。特に性的な感覚。『官能を刺激する』『官能的』

1735【宜】 2125 3539 8B58 宀-5 常 (1729)〔宜〕＊2644 宀-4

ギ 呉 漢 /yí/ よろしい・うべ・むべ・よろしく…べし

筆順

字解 会意。宀(建物・廟)＋且(=多、肉の供え物)。礼に合わせて供え物をする、よろしい意。甲骨文・金文は且のみの形。

甲骨文 金文 篆文

同属字 誼

参考 万葉仮名では音を借りて「が」「ぎ㋚」「げ㋚」。

意味 ❶よろしい。よい。都合がよい。正しい。『宜春』『適宜』『便宜』→下接。＊詩経-周南・桃夭「宜二其室家一(=嫁入り先でうまくやってゆくだろう)」 ❷むべ。うべ。当然である。もっともなことである。＊孟子-梁恵王上「宜乎、百姓之謂二我愛一也(=人々がわたしのことをけちだというのも、もっともであるなあ)」 ❸よろしく…べし。…するのがよい。当然…のはずである。再読文字。＊十八史略-東漢「宜二蕩佚簡易一(=のんびりと大まかで、やかましいことを言わないほうがよい)」

下接 機宜・時宜・事宜・辞宜・情宜・随宜・適

宜(テキ)・土宜(ドギ)・禰宜(ネギ)・便宜(ベンギ)
【宜春(ギシュン)】①（よい春の意）快適な春。立春のこと。②中国、秦・漢の宮殿。

1736 【実】 2834 3C42 8EC0 宀-5 常3 (1788)【實】 5373 5569 9B89 宀-11 旧字

ジチ(呉)・ジツ(呉)・シツ(漢)/shí/み・みのる・みちる・みたす・さね・まこと

筆順 実 実 実 実 実 実 実 実

字解 実は實の草体から。實は会意。宀＋貝（財）＋毌（＝周、あまねくゆきわたる）。家の中に財宝が満ちる意。

金文 
篆文 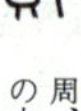

参考 万葉仮名では訓を借りて「み㊚」。

意味 ❶みちる。みたす。また、みたされたもの。↔虚。*管子-牧民「倉廩実則知二礼節一(ソウリンみつればすなわちレイセツをしる)」（＝人間は米ぐらいがいっぱいになって、はじめて礼節を知る）」㋑み。さね。植物の種子。また、みのる。『実生』『果実』『結実』㋺なかみ。内容。↔名。『有名無実(ユウメイムジツ)』『口実』『充実』❷まこと。まごころ。心のこもった。『実直』『誠実』『忠実』❸ほんとう。ありのまま。実際に。『実験』『実践』『現実』『事実』*史記-廉頗藺相如伝「実不レ可レ得(ジツはうべからず)」（＝実際には手に入れることができない）」⇒［真］(5156)の表

❶みちる。みのる。み。また、内容。

下接 一実(イチジツ)・花実(カジツ)・果実(カジツ)・華実(カジツ)・完実(カンジツ)・結実(ケツジツ)・口実(コウジツ)・秋実(シュウジツ)・充実(ジュウジツ)・情実(ジョウジツ)・豊実(ホウジツ)・菶実(ボウジツ)・無実(ムジツ)・名実(メイジツ)・茂実(モジツ)・練実(レンジツ)

【実線(ジッセン)】切れ目なく連続している線。↔点線・破線

❷まこと。まごころ。

下接 堅実(ケンジツ)・質実(シツジツ)・信実(シンジツ)・誠実(セイジツ)・忠実(チュウジツ)・篤実(トクジツ)・敦実(トンジツ)・不実(フジツ)・樸実(ボクジツ)・老実(ロウジツ)

【実意(ジツイ)】親切な心。まごころ。『実意を示す』→❸
【実事(ジツごと)】歌舞伎で、分別があり、常識をわきまえた誠実な役柄。また、その演技。『実事師』
【実情(ジツジョウ)】まごころ。真情。→❸
【実直(ジッチョク)】誠実で正直なこと。『謹厳実直』
【実体(ジッテイ)】国正直で、まじめなこと。実直。→❸(ジッタイ)

❸ほんとう。ありのまま。

下接 閲実(エツジツ)・確実(カクジツ)・虚実(キョジツ)・現実(ゲンジツ)・行実(コウジツ—ギョウジツ)・故実(コジツ)・史実(シジツ)・事実(ジジツ)・写実(シャジツ)・真実(シンジツ)・声実(セイジツ)・切実(セツジツ)・内実(ナイジツ)・如実(ニョジツ)・賓実(ヒンジツ)・虚虚実実(キョキョジツジツ)

【実意(ジツイ)】本心。『実意をただす』→❷
【実印(ジツイン)】国市区町村長に印鑑登録してある印章。
【実員(ジツイン)】実際の人数。
【実益(ジツエキ)】実際の利益。『趣味と実益』
【実演(ジツエン)】実際にやってみせること。アトラクション。
【実科(ジッカ)】学校教育で、実用性を主眼とした教科。
【実家(ジッカ)】自分の生まれた家。実父母の家。生家。
【実害(ジツガイ)】実質的に受けた損害。
【実学(ジツガク)】実用を旨とする学問。工学、医学など。
【実感(ジッカン)】実際に接して得る感じ。
【実技(ジツギ)】実際に行う技術、演技。『実技試験』
【実記(ジッキ)・実紀(ジッキ)】事実の歴史的な記述。実録。
【実業(ジツギョウ)】生産・販売などの事業。『実業家』『実業界』
【実況(ジッキョウ)】実際の状況。『実況中継』
【実兄(ジッケイ)】国血のつながった兄。実の兄。↔義兄
【実刑(ジッケイ)】執行猶予がなくて実際に体刑を受けること。
【実景(ジッケイ)】実地に見る景色や情景。
【実現(ジツゲン)】現実のものとなること。また、すること。
【実検(ジッケン)】国実地に調べ確かめること。『首(くび)実検』
【実権(ジッケン)】実際の権力。『実権を握る』
【実験(ジッケン)】①実際に経験すること。体験。②理論や仮説が実際にそうであるかどうか試すこと。『実験台』
【実行(ジッコウ)】実際に行うこと。『不言実行』『実行力』
【実効(ジッコウ)】実際に現れる効果。本当の効きめ。
【実在(ジツザイ)】①実際に存在すること。『実在の人物』②哲学で、客観的に存在するもの。↔観念。『実在論』
【実際(ジッサイ)】①現実。事実。『実際問題』『実際家』『実際的』②本当に。実に。『彼には実際腹が立つ』
【実作(ジッサク)】芸術作品などを、実際に作り上げること。
【実字(ジツジ)】①実在の事物を表す漢字。名詞・代名詞など。↔虚字。②単独で一つの観念を表す漢字。名詞、動詞、形容詞など。↔助字
【実事(ジツジ)】本当のこと。事実。『実事求是』
【実子(ジッシ)】国血を分けた本当の子。↔養子・義子
【実姉(ジッシ)】国血のつながった姉。実の姉。↔義姉
【実施(ジッシ)】実際に施行すること。実行。
【実質(ジッシツ)】実際に備わっている性質や内容。『実質的』
【実写(ジッシャ)】実際の情景や状態を写すこと。『実写映画』
【実収(ジッシュウ)】国実際の収入。また、実際の収穫量。
【実習(ジッシュウ)】実地に、または実物をもって学ぶこと。
【実情(ジツジョウ)・実状(ジツジョウ)】実際の有様、情況。→❷
【実正(ジッショウ)】国間違いのないこと。『右実正なり』
【実証(ジッショウ)・実證(ジッショウ)】事実によって証明すること。また、確かな証拠。『実証主義』『実証的』
【実数(ジッスウ)】①実際の数量。②有理数と無理数の総称。
【実績(ジッセキ)】実際に示した功績または成績。
【実戦(ジッセン)】実際の戦闘。また、実際の試合。
【実践(ジッセン)】考えを実際に自分で行うこと。『実践躬行』
【実像(ジツゾウ)】①光がレンズや鏡などを経て作り上げる像。↔虚像。②真実の姿。↔虚像。『スターの実像』
【実相(ジッソウ)】①仏教で、生滅、無常を離れた、万物の真相。『諸法実相』②実際の有様。『生活の実相』
【実測(ジッソク)】距離や面積などを実際にはかること。
【実存(ジツゾン)】（英 existence の訳語）哲学で、今、現実に存在する事物の個体的存在。『実存主義』
【実体(ジッタイ)】①事物の本体。実質。『実体がない』②（英 substance の訳語）哲学で、事物の持つ性質、状態などの根底にある本質的なもの。→❷(ジッテイ)
【実態(ジッタイ)】実際の有様、状態。『実態調査』
【実弾(ジツダン)】本物の弾丸。↔空包。
【実地(ジッチ)】①物事が実際に存在している場所。現場。『実地調査』②実際に経験する場。『実地訓練』
【実弟(ジッテイ)】国血のつながった弟。実の弟。↔義弟
【実定法(ジッテイホウ)】人間の行為によって作り出され、社会で現実に行われている法。↔自然法
【実働(ジツドウ)】国実際に労働すること。『実働時間』
【実否(ジッピ—ジップ)】真実かどうかということ。
【実費(ジッピ)】国実際に要する費用。
【実父(ジップ)】国血のつながっている父。実の父。↔義父
【実物(ジツブツ)】実際の物。本物。現品。『実物大』
【実母(ジツボ)】国生みの母。実の母。生母。↔義母
【実包(ジッポウ)】火薬がこめられている弾丸。↔空包
【実妹(ジツマイ)】国血のつながった妹。実の妹。↔義妹
【実務(ジツム)】具体的な仕事。実地に行う業務。『実務家』

【実名メイ|ジツミョウ】通称、仮名などに対して、本当の名。

【実用ジツヨウ】実際に使用すること。実際の役に立つこと。

【実利ジツリ】現実の利益。実際上の効用。実益。

【実理ジツリ】実際に即した道理。

【実力ジツリョク】①実際に持っている力量。「実力者」②実際の行為、行動で示される力。「実力行使」

【実例ジツレイ】実際にある例。事実の例証。

【実歴ジツレキ】①実際に経験したこと。②実際の履歴。

【実録ジツロク】①実際にあったことをありのままに記録すること。②帝王一代の事跡を年代順に列記した歴史書。

【実話ジツワ】実際にあった話。「実話読み物」

難読姓氏 実方さねかた|じつかた

1737【宗】 2901 3D21 8F40 宀−5 常6 シュウ㊐・ソウ㊊/zōng/むね

筆順 宗 宗 宗 宗 宗 宗 宗

字解 会意。宀（廟）＋示（神事）。神事を行うみたまやの意。また、そこに祭られる祖先、それを祭るおさの意。

甲骨文

金文

篆文

同属字 崇・淙・棕・綜・粽・踪

参考 万葉仮名では音を借りて「そ㊙」。

意味 ❶祖先をまつるみたまや。また、祖先。一族。「宗廟ソウビョウ」「皇宗コウソウ」「祖宗ソソウ」❷おおもと。本家。同族。「宗国」「宗主」「大宗タイソウ」＊史記-伯夷伝「天下宗レ周テンカシュウヲソウトス」（＝天下の人すべてが周を本家として仰いだ）❸かしら。おさ。第一人者。「宗匠」「詩宗シソウ」「儒宗ジュソウ」「朝宗チョウソウ」❹たっとぶ。「宗祀ソウシ」「宗師」❺（シュウ）中心となる教義。その教義によって結ばれている団体。「宗教」「改宗」「真宗」「禅宗」

❶ 祖先をまつるみたまや。

【宗社ソウシャ】宗廟ソウビョウと社稷シャショク。転じて、国家。

【宗廟ソウビョウ】祖先の霊をまつったみたまや。

❷ おおもと。本家。

【宗家ソウケ|ソウカ】国一門の中心の家。本家。家元。

【宗国ソウコク】宗主と仰ぐ国。本家筋の国。

【宗子ソウシ】本家をつぐ子。また、長男。総領。

【宗室ソウシツ】①一族が、その宗主とする家。本家。②天子の一族。皇族。③天子や貴人などの祖先の霊廟。

【宗主ソウシュ】本家として仰ぎ尊ばれる首長。「宗主国」

【宗族ソウゾク】①本家と分家。②父方の一族。

【宗法ソウホウ】宗族の規則。中国、周代に行われた家族制度。祖先を同じくする数家族で大宗（本家）が小宗（分家）を統制したもの。宋代に一時復活。→❺（シュウホウ）

❸ かしら。おさ。第一人者。

【宗匠ソウショウ】国文芸、技芸にすぐれた、師である人。

❹ たっとぶ。

【宗祀ソウシ】尊びまつること。

【宗師ソウシ】尊んで手本とすること。また、皆から仰ぎ尊ばれる師匠。

❺ 中心となる教義。その教義による団体。

下接 改宗カイシュウ・教宗キョウシュウ・経宗ケイシュウ・自宗ジシュウ・邪宗ジャシュウ・性宗ショウシュウ・真宗シンシュウ・禅宗ゼンシュウ・八宗ハッシュウ・密宗ミッシュウ

【宗規シュウキ】宗教団体としての規則。各宗派の決まり。

【宗義シュウギ】宗門、宗派の根本となる教義。

【宗教シュウキョウ】（英 religion の訳語）神や仏などの存在と意志を信じ、それによって人間生活の悩みを解決し、安心、幸福を得ようとする教え。「宗教改革」「宗教家」

【宗旨シュウシ】①宗門の教義。②国宗教の流派。宗門。宗派。転じて、主義。趣味。嗜好。

【宗祖シュウソ】一宗、一派の開祖。

【宗徒シュウト】ある宗派の信仰者。

【宗派シュウハ】同一宗教の中での分派。

【宗法シュウホウ】宗門の法律。→❷（ソウホウ）

【宗務シュウム】宗教団体の実際の事務。

【宗門シュウモン】宗派。宗旨。

【宗論シュウロン】宗派間の教義上の論争。宗義上の争論。

難読地名 宗像むなかた市・郡（福岡）

1738【宙】 3572 4368 9288 宀−5 常6 チュウ（チウ）㊊/zhòu/そら・ひろい

筆順 宙 宙 宙 宙 宙 宙

字解 形声。宀（おおい、またはやね）＋由（つぼ）㊥。内側がうつろでふくらんだ建物の意から転じて、世界をおおうものの意。また、一説に由による意で、時が経由することともいう。

甲骨文
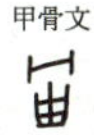
篆文

意味 ❶とき。永久の時間。↔宇。「宇宙ウチュウ」❷そら。大空。また、空中。空間。地に足がつかないこと。「宙チュウに浮く」「宙返チュウがえり」

1739【定】 3674 446A 92E8 宀−5 常3 ジョウ（ヂャウ）㊐・テイ㊊/dìng/さだめる・さだまる・さだか・さだめ

筆順 定 定 定 定 定 定 定 定

字解 形声。宀＋正（ゆく・ただしい）㊥。征伐して国家を建てる、さだめる意。

金文

篆文

同属字 掟・淀・碇・綻・錠・靛

意味 ❶さだめる。きめる。ととのえる。「定礎」「定立」「改定」「決定」「推定」❷さだまる。きまる。さだまった。きまった。また、きまり。「定価」「定形」「定理」「既定」「未定」❸しずめる。しずまる。「安定アンテイ」「鎮定チンテイ」「平定ヘイテイ」「略定リャクテイ」❹さだめて。さだめし。きっと。必ず。「会者定離エシャジョウリ」❺（梵 samādhi の訳語）じょう。ある対象に心を集中して乱れないこと。三昧サンマイ。「禅定ゼンジョウ」「入定ニュウジョウ」❻国「定斎ジョウサイ」は、夏季の諸病に効があるという煎じ薬。豊臣氏のころの薬屋、村田定斎が製したところからの名。

❶ さだめる。きめる。ととのえる。

下接 改定カイテイ・確定カクテイ・仮定カテイ・勘定カンジョウ・鑑定カンテイ・規定キテイ・議定ギテイ・協定キョウテイ・欽定キンテイ・決定ケッテイ|ケツジョウ・検定ケンテイ・限定ゲンテイ・公定コウテイ・肯定コウテイ・校定コウテイ・国定コクテイ・固定コテイ・裁定サイテイ・策定サクテイ・査定サテイ・暫定ザンテイ・指定シテイ・人定ジンテイ・推定スイテイ・正定セイテイ・制定セイテイ・設定セッテイ・剪定センテイ・選定センテイ・撰定センテイ・想定ソウテイ・測定ソクテイ・措定ソテイ・断定ダンテイ・特定トクテイ・内定ナイテイ・認定ニンテイ・判定ハンテイ・比定ヒテイ・否定ヒテイ・評定ヒョウテイ|ヒョウジョウ・法定ホウテイ・約定ヤクジョウ・予定ヨテイ・論定ロンテイ

【定位テイイ】ある事物の位置を定めること。

【定義テイギ】概念や意味を明確に限定すること。→❷

3画 口囗土士夂夊夕大女子宀寸小（⺌・⺍）尢（兀・尣）尸屮（屮）山巛（川）工己（已・巳）巾干幺广廴廾弋弓彐（彑・⺕）彡彳

【定住(テイジュウ)】ある場所に住居を定めること。
【定植(テイショク)】苗を本式に植え付けること。↕仮植
【定性(テイセイ)】物質の成分を判定すること。『定性分析』
【定省(テイセイ)】子が親に対して、夜はその寝具をととのえ、朝はその安否をたずねること。朝夕、親に孝養を尽くすこと。温清(オンセイ)定省。〔礼記-曲礼上〕
【定礎(テイソ)】礎(いしずえ)を定めること。工事を始めること。
【定置(テイチ)】定め置くこと。『定置漁業』『定置網(あみ)』
【定立(テイリツ)】①最初の証明されるべき命題。テーゼ。②ある考えや法則などをしっかり定めること。
【定量(テイリョウ)】物質の成分の量を決定すること。↓❷

❷ さだまる。きまる。きまった。
下接 一定(イッテイ)・既定(キテイ)・所定(ショテイ)・必定(ヒツジョウ)・不定(フテイ)・未定(ミテイ)

【定規(ジョウギ)】①規準や手本となるもの。『杓子定規』②国直線、曲線などを正しく描くのに用いる器具。物差し。『三角定規』
【定石・定跡(ジョウセキ)】国①(定石)囲碁で、布石の段階に隅でできるきまった型。②(定跡)将棋で、昔から伝えられる最善の駒組(こまぐ)みや手順。③きまったやり方。
【定席(ジョウセキ)】国①きまった座席。②常設の寄席。
【定法(ジョウホウ)】①定まった方式。②公に決められた規則。
【定紋(ジョウモン)】国それぞれの家で用いる紋。家紋。
【定員(テイイン)】規則によって定められた人数。
【定温(テイオン)】一定の温度。『定温動物』
【定価(テイカ)】ある商品について定めておく価格。
【定額(テイガク)】一定の金額。『定額貯金』
【定款(テイカン)】国公益法人、会社などで、目的、組織、活動などを定めた根本規則。
【定期(テイキ)】ある定められた期限、期間。また、きまった時期。『定期乗車券』『定期便』
【定義(テイギ)】明確に限定された概念や意味。↓❶
【定休(テイキュウ)】国日を定めて業務を休むこと。『定休日』
【定形・定型(テイケイ)】一定の形。きまった型。
【定見(テイケン)】しっかり定まった見識、意見。『無定見』
【定刻(テイコク)】国定められた時刻。
【定時(テイジ)】①一定の時期。『定時刊行』②定められた時刻。『定時発車』
【定式(テイシキ－ジョウシキ)】一定の方式。『定式化』
【定常(テイジョウ)】国一定して変わらないこと。『定常波』
【定食(テイショク)】国食堂などで、料理の取り合わせがあらかじめきまっている献立。『和風定食』
【定職(テイショク)】国きまった職業。『定職に就く』
【定数(テイスウ)】①一定の数。規則などできめられた人数。定員。『定数に満たない』『議員定数』②数学で、ある一定の値をとる数。常数。恒数。↕変数
【定説(テイセツ)】一般に正しいと認められている説。定論。
【定則(テイソク)】一定の法則、きまり。
【定足数(テイソクスウ)】国会議成立に必要な最少の出席者数。
【定着(テイチャク)】国ある定まった場所、地位などにしっかりとつくこと。また、物事がその社会になじんで根づくこと。
【定点(テイテン)】ある定まった位置の点。『定点観測』
【定年(テイネン)】国退職する定めとなっている年齢。停年。
【定評(テイヒョウ)】世間に広く定まっている評価。
【定本(テイホン)】①異本を比較検討し、最も原本に近く復元したと考えられる本。②決定版。↕稿本
【定命(テイメイ－ジョウミョウ)】①(テイメイ)定められた運命。定まった命数。②(ジョウミョウ)仏語。前世から定められている寿命。
【定理(テイリ)】定義や公理に基づいて証明された数学上の命題。『ピタゴラスの定理』
【定律(テイリツ)】定められている法律、法則。
【定率(テイリツ)】一定の比率。『定率の負担額』
【定量(テイリョウ)】一定の分量。↓❶
【定例(テイレイ)】①前々からきまっているしきたり。②継続的な会議などで、開催の日時などがきまっているもの。
【定論(テイロン)】＝定説(テイセツ)

1740【宕】3770 4566 9386 宀－5　トウ(タウ)(漢)/dàng/いわや・ほしいまま

字解 形声。宀＋碭(もようのある石)省(声)。いわやの意。また、蕩に通じ、ほしいままの意。

甲骨文　金文　篆文

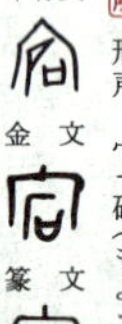

意味 ❶ほら穴。いわや。❷ひろい。『豪宕(ゴウトウ)』❸ほしいまま。『疎宕(ソトウ)』『疏宕(ソトウ)』『佚宕(テットウ)』『跌宕(テットウ)』

1741【宓】＊2646 宀－5　宀 fú　ビツ(漢)・フク(漢)・ヒツ(慣)/mì・fú

字解 形声。宀＋必(↓祕、ひそか)(声)。ひっそりと内にいる、やすらかの意。

同属字 密・蜜

意味 ❶ひそか。やすらか。❷「宓羲(フッキ)」は、中国の伝説上の帝王。↓伏羲(フッキ)

1742【宝】4285 4A75 95F3 宀－5 常6　(1800)【寶】5380 5570 9B90 宀－16 †　(1801)【寶】5379 556F 9B8F 宀－17 旧字

ホウ(呉)(漢)/bǎo/たから

筆順 宝 宝 宝 宝 宝

字解 宝は寶の略体。寶は形声。宀＋王(＝玉)＋貝(財産)＋缶(ふっくらした大切なほとぎ)(声)。家で玉などを容器一杯に入れ大切にしまっておく、また、その財宝の意。缶は保に通じ、たもつ意ともいう。

甲骨文　金文　篆文

参考 万葉仮名では音を借りて「ほ」。

意味 ❶たから。貴重なもの。大切なもの。また、たからとする。『宝石』『宝刀』『財宝』＊史記-廉頗藺相如伝「和氏璧、天下所二共伝宝一也(カシのたまは、テンカのともにつたえてたからとするところなり)」〔＝和氏の璧は、天下の人々が伝えて宝物としているものだ〕❷天子、仏などに関する美称。『宝算』『宝祚』

❶ たから。貴重なもの。大切なもの。
下接 家宝(カホウ)・貨宝(カホウ)・国宝(コクホウ)・財宝(ザイホウ)・三宝(サンボウ)・七宝(シッポウ)・至宝(シホウ)・什宝(ジュウホウ)・重宝(ジュウホウ－チョウホウ)・大宝(タイホウ)・珍宝(チンボウ)・天宝(テンボウ)・万宝(バンポウ)・秘宝(ヒホウ)・名宝(メイホウ)・霊宝(レイホウ)

【宝愛(ホウアイ)】宝物として愛すること、大切にすること。
【宝冠(ホウカン)】宝玉で飾った冠。
【宝鑑(ホウカン)】模範となることを書いた書物。内容の重宝な書物。『書道宝鑑』
【宝玉(ホウギョク)】宝とする貴重な玉。
【宝剣(ホウケン)】宝として大切にする剣。
【宝庫(ホウコ)】①宝物を納めておくくら。②貴重なものなどが満ちている所。『高山植物の宝庫』
【宝珠(ホウシュ－ホウジュ)】①宝である珠。②＝如意宝珠(ニョイホウジュ)。③五重塔などの九輪の上にのせる頂上の飾り。⬇〔水煙〕の図六七一頁

【宝石（ホウセキ）】非金属の鉱物で、産出量が少なくて、特に、色彩、光沢が美しいもの。『宝石箱』『宝石店』
【宝蔵（ホウゾウ）】①宝物、貴重な物品などを保管しておく蔵。②寺院で、経典を納めておく蔵。経堂。経蔵。
【宝典（ホウテン）】①貴重な書物。②日常用いて便利な内容の重宝な書物。『手紙宝典』
【宝殿（ホウデン）】①宝物を納めておく建物。②神殿。
【宝刀（ホウトウ）】宝として大切にしている刀。『伝家の宝刀』
【宝物（ホウモツ・たからもの）】宝として珍重するもの。『宝物殿』
【入二宝山一空レ手帰（たからのやまにいりててをむなしくしてかえる）】好機を得ながら、むざむざとそれを逃してしまう。〔正法念処経〕

❷ 天子、仏に関する美称。

【宝位（ホウイ）】天子の位。宝祚（ホウソ）。
【宝算（ホウサン）】天子の年齢を敬っていう語。
【宝前（ホウゼン）】「神前」「仏前」を尊んでいう語。
【宝祚（ホウソ）】天子、天皇の位。
【宝塔（ホウトウ）】①塔の美称。②＝多宝塔

難読地名 宝飯（ほい）郡（愛知）

［空］⇩5525 ［突］⇩5526

1743 【客】

2150 3552 8B71 宀-6 常3 キャク㊉・カク㊀/kè/まろうど

筆順 

字解 形声。宀＋各（いたる）㊥。家にやってくる、また、その人の意。甲骨文は人を付す。

甲骨文  金文  篆文 

同属字 額

意味 ❶（招かれて）訪ねてきた人。まろうど。外来者。また、身を寄せる。いそうろう。↕主。『客員』『客人』『賓客』『来客』＊史記-項羽本紀「客何為者（カクなんするものぞ）」〔＝お前は何者だ〕 ❷たびにあること。たびの途中。たびびと。『客死』『過客』＊王昌齢-芙蓉楼送二辛漸一「平明送レ客楚山孤（ヘイメイカクをおくればソザンコなり）」〔＝夜明け方、旅立つ君を見送ろうと外に出れば、楚山がぽつんとそびえている〕 ❸商売の対象となる人。『客車』『観客』 ❹自分に相対するもの。自分の側に立たないもの。↕主。『主客転倒（シュカクテントウ）』『客観』 ❺ひと。…する人。『刺客』『論客』 ❻過去の。『客月』『客歳』 ❼人のもてなしに用いる器や道具を数える語。『吸物椀五客（すいものワンゴキャク）』 ❽動植物の異名。『清客（セイカク）』『雪客（セッカク）』『仙客（センカク）』 ⇓表

客（キャク・カク）	主（シュ）
主客	
まろうど。自分に対するもの。	あるじ。
客人	主人
客戸	主戸
客語	主語
客観	主観
来客	亭主
弔客	喪主

❶ 訪ねてきた人。まろうど。

下接 異客（イカク・イキャク）・遠客（エンカク・エンキャク）・外客（ガイカク・ガイキャク）・花客（カカク・カキャク）・佳客（カカク）・貴客（キカク）・魚客（ギョカク）・座客（ザカク）・主客（シュカク）・正客（セイカク）・生客（セイカク）・清客（セイカク）・招客（ショウキャク）・上客（ジョウキャク）・食客（ショッカク）・尊客（ソンカク）・対客（タイカク・タイキャク）・逐客（チクカク）・弔客（チョウカク・チョウキャク）・珍客（チンキャク）・病客（ビョウカク）・賓客（ヒンキャク）・門客（モンカク）・来客（ライキャク）

【客員（カクイン・キャクイン）】国団体、会社などで客分として待遇される人。↕正員。『客員教授』
【客居（カッキョ・キャッキョ）】客人として滞在すること。
【客土（カクド・キャクド）】他の土地から土を搬入して土質を改良すること。↓❷
【客気（カッキ・キャッキ）】外部からくる運気。↕主気。↓❷
【客演（キャクエン）】俳優、演奏家などが所属団体以外の興行に招かれて、出演すること。
【客室（キャクシツ）】来客を通すための部屋。客間（キャクま）。↓❸
【客人（キャクジン）】客として来ている人。客。まろうど。
【客膳（キャクゼン）】国客をもてなす膳。
【客僧（キャクソウ）】客として招かれた僧。また、他寺に身を寄せている僧。↓❷
【客分（キャクブン）】国客としての扱いを受ける人。

❷ たび。たびびと。

下接 異客（イカク・イキャク）・遠客（エンカク・エンキャク）・海客（カイカク）・過客（カカク）・閑客（カンカク）・行客（コウカク・コウキャク）・孤客（コカク）・商客（ショウカク・ショウキャク）・水客（スイカク）・病客（ビョウカク）・浮客（フカク）・蓬客（ホウカク）

【客衣（カクイ・キャクイ）】旅の衣服。
【客子（カクシ・キャクシ）】旅人。
【客死（カクシ・キャクシ）】旅先、特に、外国で死ぬこと。
【客思（カクシ・キャクシ）】旅先での思い。
【客舎（カクシャ・キャクシャ）】宿屋。旅館。＊王維-送二元二使一安西一「客舎青青柳色新（カクシャセイセイリュウショクあらたなり）」〔＝旅館からながめると、青々とした柳の色もひときわ鮮やかである〕
【客愁（カクシュウ・キャクシュウ）】旅愁。＊賈島-泥陽館「客愁何併起（カクシュウなんぞならびおこるや）」〔＝どうして一度に旅愁が起こってきたのだろう〕
【客情（カクジョウ・キャクジョウ）】旅先での心情。
【客船（カクセン・キャクセン）】旅の途中にある船。＊張継-楓橋夜泊「夜半鐘声到二客船一（ヤハンのショウセイカクセンにいたる）」〔＝真夜中を告げる鐘の音が、この旅の船にまで響いてくる〕↓❸（キャクセン）
【客地（カクチ・キャクチ）】旅先の土地。他郷。
【客土（カクド・キャクド）】旅行先の土地。旅先。↓❶
【客遊（カクユウ・キャクユウ）】他の地に旅行すること。
【客路（カクロ・キャクロ）】旅の道筋。旅路（たびじ）。旅中。
【客気（カッキ）】（「客」は旅に出る意）血気さかんで、ものにはやりやすいこと。↓❶
【客僧（キャクソウ）】修行のために諸国を歩く僧。↓❶

❸ 商売の対象となる人。

下接 相客（あいキャク）・観客（カンキャク）・顧客（コカク・コキャク）・上客（ジョウキャク）・乗客（ジョウキャク）・常客（ジョウキャク）・接客（セッキャク）・先客（センキャク）・船客（センキャク）・嫖客（ヒョウカク）・千客万来（センキャクバンライ）・遊客（ユウカク・ユウキャク）・浴客（ヨッカク・ヨッキャク）・旅客（リョカク・リョキャク）

【客室（キャクシツ）】旅館、船などの客の入る部屋。↓❶
【客車（キャクシャ）】鉄道で、乗客を乗せる車両。↕貨車
【客席（キャクセキ）】興行場などで、客の座る席。『二階の客席』
【客船（キャクセン）】旅客を乗せて運ぶ船。↓❷（カクセン）

❹ 自分に相対するもの。

【客位（キャクイ・カクイ）】①主人に対する客の地位。客の座席。②主となるものに対して、それを補い助ける地位。
【客語（キャクゴ）】目的語。客辞。↕主語
【客体（キャクタイ・カクタイ）】①主体の意志や行為の対象となる物。意志や行為が及ぶ目的物。②主体の意志や行為とは関係なく存在する物。客観。↕主体
【客観（キャッカン）】意志や認識などの精神作用が目標として向かう対象。また、主観と独立して存在する外界の対象。客体。↕主観。『客観化』『客観性』『客観的』

❺ ひと。…する人。

下接 羽客（ウカク）・画客（ガカク）・閑客（カンカク）・棋客（キカク）・侠客（キョウカク）・吟客

・剣客・賈客・碁客・刺客・詞客・詩客・酒客・水客・酔客・政客・説客・騒客・俗客・談客・釣客・暴客・木客・墨客・夜客・野客・幽客・論客・卿相雲客

❻ 過去の。

【客月(カクゲツ)】先月。前月。

【客歳(カクサイ)】去年。昨年。客年。

【客年(カクネン・キャクネン)】去年。昨年。客歳。

1744
【宦】 5365 5561 9B81 宀－6　カン(クヮン)㊇/huàn

字解 会意。宀＋臣(けらい)。宮中で仕えるけらいの意。

金文 篆文

意味 ❶つかえる。役人となる。また、宮仕え。『遊宦』❷去勢されて朝廷の奥に仕えるもの。『閹宦』

❶ つかえる。役人となる。宮仕え。

【宦事(カンジ)】官吏として仕えること。

【宦情(カンジョウ)】①仕官を望む心。②官僚社会の様子。

【宦遊(カンユウ)】官吏となって、故郷をはなれた遠隔の地で暮らすこと。

❷ 去勢されて朝廷の奥に仕えるもの。

【宦官(カンガン)】中国で、昔、後宮に仕えた去勢された男子。

【宦寺(カンジ)】(「寺」は寺人、後宮に仕える人) ＝宦官

1745
【室】 2828 3C3C 8EBA 宀－6 常2　シチ㊉・シツ㊇/shì/むろ

筆順 室

字解 形声。宀＋至(行きつく)㊒。奥のへやの意。

甲骨文 金文 篆文

意味 ❶へや。奥の間。居間。↔堂。『寝室』『和室』❷(奥の間に住んでいるところから)妻。夫人。『正室』『側室』❸いえ。家族。一家。『室家』『皇室』❹むろ。ほらあな。『石室』『窟室』『氷室』

❶ へや。奥の間。居間。

下接 庵室・暗室・隠室・燕室・温室・家室・蝸室・画室・閑室・客室・教室・居室・虚室・空室・個室・在室・蚕室・産室・私室・自室・丈室・書室・心室・深室・寝室・静室・船室・禅室・祖室・退室・茶室・刀室・同室・入室・病室・分室・別室・便室・房室・満室・密室・洋室・浴室・隣室・和室

【室温(シツオン)】部屋の中の温度。

【室料(シツリョウ)】国部屋を借りるときの料金。

❷ 妻。夫人。

下接 愚室・継室・後室・妻室・正室・側室・嫡室・内室・有室・令室

❸ いえ。家族。

下接 王室・屋室・漢室・宮室・公室・皇室・皇室・泉室・宗室・帝室・卑室

【室家(シッカ)】①住居。②一家。家庭。＊詩経－周南・桃夭「宜其室家(そのシッカによろしからん)」(＝嫁入り先でうまくやっていくだろう)」

【室人(シツジン)】①家人。家族。②主人。③妻、また、めかけ。④嫁入り先の家の女の人。こじゅうと。

1746
【宣】 3275 406B 90E9 宀－6 常6　セン㊉㊇/xuān/のべる・のたまう・のる・のり

筆順 宣

字解 形声。宀＋亘(めぐらす)㊒。垣をめぐらした部屋、天子の正室の意。また、天子が意見を臣下に述べゆきわたらせるためのへやの意とも考えられる。

甲骨文 金文 篆文

同属字 萱・喧・諠

意味 ❶天子の正室。❷述べる。ひろめる。ひろく告げ知らせる。『宣言』『宣伝』『教宣』❸のたまう。神・天子のことば。みことのり。『宣命』『託宣』

❷ 述べる。ひろく告げ知らせる。

下接 教宣・口宣・広宣・弘宣・情宣・伝宣・庁宣・不宣

【宣化(センカ)】善政によって世の中に徳を広めること。

【宣教(センキョウ)】宗教を伝え広めること。『宣教師』

【宣言(センゲン)】意見、方針などを、広く外部に表明すること。

【宣告(センコク)】①公に告げ知らせること。言い渡すこと。②刑事裁判で、裁判長が判決を言い渡すこと。

【宣誓(センセイ)】多くの人の前で誓いの言葉を述べること。

【宣戦(センセン)】敵国に対して戦争開始の意思を宣言すること。『宣戦布告』

【宣伝(センデン)】①ある物の存在や主張などを広く伝えること。『宣伝広告』②大げさに言いふらすこと。

【宣撫(センブ)】占領地区の住民に、自国の意思を正しく理解させ、人心を安定させること。『宣撫班』『宣撫工作』

【宣布(センプ)】公に広く知らせること。

【宣明(センメイ)】述べてあきらかにすること。

【宣揚(センヨウ)】盛んであることをはっきりと示すこと。

❸ のたまう。また、みことのり。

【宣下(センゲ)】宣旨がくだること。宣旨をくだすこと。

【宣旨(センジ)】国天皇の言葉を下に伝える文書。

【宣託(センタク)】国神のお告げ。託宣。

【宣父(センプ)】(文宣と追諡されたところから) 孔子の尊称。

【宣命(センメイ・センミョウ)】①(センメイ) みことのり。みことのりを伝えること。②(センミョウ) 国天皇の勅命を宣すること。また、その文書。【宣命体(センミョウタイ)】国宣命、祝詞などに用いた文章表記の形式。自立語を大きく、付属語、用言の語尾などを小さく記したもの。

1747
【宥】 4508 4D28 9747 宀－6 人　ユウ(イウ)㊇/yòu/ゆるす・なだめる

字解 形声。宀＋有(↓祐、たすける)㊒。ゆるす意。

金文 篆文

意味 ❶ゆるす。おおめにみる。また、なだめる。やわ

らげる。『宥恕』『宥免』『宥和』❷すすめる。「侑」に同じ。『宥坐之器』

[下接] 恩宥(オンユウ)・寛宥(カンユウ)・原宥(ゲンユウ)・赦宥(シャユウ)・貸宥(タイユウ)

【宥坐之器(ユウザのキ)】座右に置いて、自らの生活の訓戒とする道具。〔荀子-宥坐〕

【宥恕(ユウジョ)】寛大な心でゆるすこと。

【宥免(ユウメン)】寛大に罪をゆるすこと。

【宥和(ユウワ)】相手の態度を大目に見て仲良くすること。

1748 【宴】 1767 3163 8983 宀-7 常 エン(呉)(漢) yàn／うたげ

[筆順] 宴 宴 宴 宴 宴 宴

[字解] 形声。宀＋妟(くつろぐ女性)(声)。家で安らぐ意。転じて、酒もりをしてたのしむ意に用いる。

金文 篆文

[意味] ❶くつろぐ。たのしむ。やすむ。「燕」「讌」に同じ。『宴息』❷うたげ。さかもり。『宴会』『祝宴』＊白居易-長恨歌「玉楼宴罷酔和レ春(ギョクロウエンやんではるにワす)」〔=玉のように美しい高殿では宴が終わり、酔いしれて春の気分に溶けこむ〕」

❶ くつろぐ。やすむ。

【宴安(エンアン)】遊び楽しむこと。燕安。

【宴居(エンキョ)】家でのんびりとしていること。燕居。

【宴私(エンシ)】家でのんびりと休むこと。燕私。

【宴息(エンソク)】くつろいで休むこと。燕息。

【宴楽(エンラク)】安らぎ楽しむこと。燕楽。→❷

❷ うたげ。さかもり。

[下接] 嘉宴(カエン)・賀宴(ガエン)・酣宴(カンエン)・供宴(キョウエン)・享宴(キョウエン)・竟宴(キョウエン)・饗宴(キョウエン)・曲宴(キョクエン)・高宴(コウエン)・酒宴(シュエン)・寿宴(ジュエン)・祝宴(シュクエン)・小宴(ショウエン)・招宴(ショウエン)・清宴(セイエン)・盛宴(セイエン)・内宴(ナイエン)・別宴(ベツエン)・茗宴(メイエン)・夜宴(ヤエン)・遊宴(ユウエン)・飫宴(ヨエン)・離宴(リエン)

【宴会(エンカイ)】酒食を共にし、歌舞などをして楽しむ会。

【宴席(エンセキ)】宴会の席。酒盛りの席。

【宴餞(エンセン)】酒盛りをして、旅立ちを送ること。はなむけの宴を開くこと。

【宴遊(エンユウ)】酒盛りをして遊ぶこと。遊宴。

【宴楽(エンラク｜エンガク)】①(エンラク) 酒宴を開いて楽しむこと。また、酒宴。②(エンガク) 酒宴と音楽。→❶

1749 【家】 1840 3248 89C6 宀-7 常2 ケ(呉)・カ(漢)・コ(漢)／jiā・gū／いえ・や・うち・やか・やけ

[筆順] 家 家 家 家 家 家

[字解] 会意。宀＋豕(ぶた)。神に捧げるいけにえをおく聖なる建物の意。

甲骨文 金文  篆文  [同属字] 嫁・稼

[参考] 万葉仮名では音を借りて「け(甲)」。

[意味] ❶いえ。うち。㋑人の住む建物。住居。『家屋』『家具』『家宅』『生家』『隣家』㋺みせ。『酒家』『娼家』㋩卿・大夫の領地。＊孟子-梁恵王上「万乗之国、弑二其君一者、必千乗之家(バンジョウのくに、そのきみをシイするものは、かならずセンジョウのいえなり)」〔=兵車一万台の大国で、その主君を殺す者は、必ず兵車千台を出すことのできる大夫である〕」❤諸侯の領地を「国」という。❷夫婦や血縁の者が生活を共にする集団。家族。家庭。世帯。また、一族。家がら。また、夫または妻。『家系』『家宝』『伝家』『本家』❸あることを専門にする人。学問や芸事の流派。また、人。『家元(いえもと)』『画家』『作家』『儒家』⇒表 ❹くに。『国家(コッカ)』『邦家(ホウカ)』

❶ 人の住む建物。また、みせ。

[下接] 居家(キョカ)・山家(サンカ｜やまが)・借家(シャッカ｜シャクや)・住家(ジュウカ)・酒家(シュカ)・商家(ショウカ)・娼家(ショウカ)・人家(ジンカ)・生家(セイカ)・町家(チョウカ)・田家(デンカ)・東家(トウカ)・当家(トウケ)・農家(ノウカ)・廃家(ハイカ)・民家(ミンカ)・隣家(リンカ)

【家鴨(カオウ｜あひる)】ガンカモ科の家禽(カキン)。

【家屋(カオク)】人の住む建物。家。

【家居(カキョ)】家に引きこもっていること。仕官しないで、また、嫁にいかないで家にいること。

【家禽(カキン)】ニワトリなど、家で飼育されている鳥。

【家具(カグ)】家に備えて、生活に役立たせる道具の総称。

【家財(カザイ)】国家庭で使う道具類。家具。『家財道具』→❷

【家作(カサク)】国貸すために作った家。貸家。

【家山(カザン)】ふるさとの山。また、ふるさと。

【家室(カシツ)】住む家。また、部屋。→❷

【家相(カソウ)】国吉凶に関係があるとされる、家の方向、構造などの様子。

【家宅(カタク)】国家。住居。『家宅捜索』

【家畜(カチク)】生活に役立てるために、人間が飼育する動物。ウシ、ブタ、ニワトリなど。

【家主(やぬし)】貸し家の持ち主。大家。→❷(カシュ)

❷ 生活を共にする血縁集団。世帯。一族。

[下接] 一家(イッカ)・怨家(エンカ｜オンケ)・縁家(エンカ)・王家(オウケ｜オウカ)・外家(ガイカ)・官家(カンカ｜カンケ)・貴家(キカ)・仇家(キュウカ)・旧家(キュウカ)・挙家(キョカ)・漁家(ギョカ)・公家(コウカ｜クゲ)・高家(コウカ)・豪家(ゴウカ)・後家(ゴケ)・婚家(コンカ)・在家(ザイケ)・私家(シカ)・実家(ジッカ)・社家(シャケ)・主家(シュカ｜シュケ)・出家(シュッケ)・世家(セイカ)・勢家(セイカ)・摂家(セッケ)・絶家(ゼッケ｜ゼッカ)・喪家(ソウカ)・宗家(ソウケ)・尊家(ソンカ)・他家(タケ)・檀家(ダンカ)・朝家(チョウカ)・伝家(デンカ)・当家(トウケ)・農家(ノウカ)・病家(ビョウカ)・貧家(ヒンカ)・富家(フカ)・婦家(フカ)・分家(ブンケ)・平家(ヘイケ)・本家(ホンケ)・宮家(みやケ)・名家(メイカ)・養家(ヨウカ)・良家(リョウカ)・両家(リョウケ)

【家運(カウン)】一家の盛衰の運命。『家運が傾く』

【家格(カカク)】家の格式。『家格を重んずる』

【家学(カガク)】その家で、代々伝えている専門的な学問。

【家給人足(カキュウジンソク)】どの家もどの人も豊かな生活を送っていること。

【家郷(カキョウ)】故郷。郷里。

【家業(カギョウ)】その家の職業。商売。

【家君(カクン)】他に対して、自分の家の長をいう語。

【家訓(カクン｜カキン)】その家に伝わる訓戒。教訓。

【家兄(カケイ)】他人に向かって自分の兄をいう語。

【家系(カケイ)】その家の系統。血筋。

【家計(カケイ)】一家の暮らし向き。一家の経済。『家計簿』

【家憲(カケン)】その家の守るべきおきて。家訓。

【家厳(カゲン)】自分の父の称。

【家口(カコウ)】家長以外の家族。

【家公(カコウ)】①自分の父祖。②家のあるじ。

【家財(カザイ)】家の財産。→❶

【家産(カサン)】家の財産。身代。

【家事(カジ)】①家庭内の事情。『家事の都合』②家庭生活に関する仕事。家政。『家事手伝い』

【家慈(カジ)】自分の母親。

【家室(カシツ)】妻。閨室(ケイシツ)。また、家族。室家。→❶

【家主(カシュ)】家の主人。→❶(やぬし)

【家集(カシュウ｜いえのシュウ)】国個人の和歌集。

【家書（カショ）】①家からの手紙。＊杜甫-春望「家書抵二万金一（カショバンキンにあたる）〔=家からの便りは、万金を払ってでもほしいと思うほどだ〕」②家へ送る手紙。＊張籍-秋思「欲レ作二家書一意万重（カショをつくらんとほっしてイバンチョウ）〔=家族へ手紙を書こうとすると、募る思いがとめどなくわき起こってくる〕」

【家乗（カジョウ）】一家の記録。家の歴史。

【家常茶飯（カジョウサハン）】家庭での日常の食事。転じて、日常のありふれた事柄。日常茶飯。家常飯。〔続伝灯録〕

【家臣（カシン）】家に仕える臣。家人。家来。

【家信（カシン）】自分の家からの手紙。

【家人（カジン｜ケニン）】①（カジン）家の者。家族。②（ケニン）国召し使い、家の子郎等（ロウドウ）、譜代の家臣などをいう語。

【家声（カセイ）】その家の名声。家名。

【家政（カセイ）】家事をとりまとめ、日常生活を処理してゆくこと。『家政科』『家政婦』

【家蔵（カゾウ）】家のうちに持っていること。自家の所蔵。

【家族（カゾク）】同じ家に住んで生活を共にする夫婦、親子、兄弟、姉妹など。夫婦を中核に、血縁、婚姻により結ばれた共同生活の集団。『家族制度』『核家族』

【家長（カチョウ）】一家の主人。戸主。『家長権』

【家庭（カテイ）】一緒に生活する家族の集団。また、その場所。『家庭教師』『家庭訪問』

【家伝（カデン）】その家で先祖代々伝えていること。

【家童・家僮（カドウ｜カトウ）】家の召し使い。

【家道（カドウ）】①家庭内での、守るべき道徳。②一家の暮らしぶり。生計。③その家で代々伝えている芸道。

【家督（カトク）】①嫡子。あととり。②国相続すべき家の跡目。また、家産。『家督を譲る』③国旧民法で、戸主の身分に伴うあらゆる権利、義務。『家督相続』

【家内（カナイ）】①家の中。また、家族。やうち。『家内工業』『家内安全』②国自分の妻をいう語。

【家父（カフ）】自分の父。他人に対していう。

【家扶（カフ）】家令（カレイ）の下で家の事務に従事する者。

【家婦（カフ）】家の妻。また、自分の妻。

【家譜（カフ）】その家の系譜。一家の系図。

【家風（カフウ）】その家に特有の習慣やおきて。また、流儀。

【家宝（カホウ）】家のたから。

【家法（カホウ）】家のおきて。その家のやり方。

【家僕（カボク）】家の雑事に使われる男。しもべ。

【家名（カメイ）】①一家の名称。②一家の名誉。家の名声。

【家門（カモン）】①一家一門。一族。②家の格式。

【家紋（カモン）】国各家で定めている紋所。

【家令（カレイ）】その家の事務を管理する人。

【家例（カレイ）】家に代々伝わるしきたり。

【家老（カロウ）】①一家の高年者。②国武家、大名、小名の家臣のうちその家中を総括する最高位の職。『筆頭家老』

【家禄（カロク）】①家に代々伝わる俸禄。②国華族、士族の家格に付する俸禄。

【家来（ケライ）】国主君に仕える者。家臣。また、従者。手下。子分。

【家貧顕二孝子一（いえまずしくしてコウシあらわる）】家が貧しいときに孝行な子が出る。人は困窮して初めてその真価が世に知られることをいう。〔宝鑑〕

❸ あることを専門にする人。また、流派。

下接 医家（イカ）・画家（ガカ）・作家（サッカ）・史家（シカ）・詩家（シカ）・釈家（シャッカ）・儒家（ジュカ）・書家（ショカ）・諸家（ショカ）・禅家（ゼンケ）・僧家（ソウカ｜ソウケ）・大家（タイカ）・道家（ドウカ）・咄家（はなしカ）・百家（ヒャッカ）・武家（ブケ）・仏家（ブッケ）・兵家（ヘイカ）・法家（ホウカ）・墨家（ボッカ）・資本家（シホンカ）・宗教家（シュウキョウカ）・政治家（セイジカ）・専門家（センモンカ）・楽天家（ラクテンカ）

◎特定の職業・技能を有する人を表す接尾語

家（カ）	者（シャ）
画　家	医　者
作　家	学　者
農　家	記　者
商　家	役　者
銀行家	科学者
芸術家	哲学者
建築家	文学者
小説家	教育者
政治家	指揮者
評論家	速記者
歴史家	編集者
落語家	労務者

難読姓氏 家納（かのう）　家弓（かゆみ）

「士」(1455) を参照

1750 【害】 1918 3332 8A51 宀－7 常4　(1751)【害】 宀－7 旧字

ガイ呉・カイ漢・カツ漢/hài・hé/そこなう・わざわい・なんぞ

筆順

字解 象形。頭または口に刃物をのせたさまから、きずつけその働きをそこなう意。

金文

篆文

同属字 割（割）・豁・瞎・轄（轄）

意味 ❶そこなう。傷つける。こわす。ころす。『害虫』『害毒』『危害』『殺害』『迫害』❷さまたげる。『障害（ショウガイ）』『阻害（ソガイ）』『妨害（ボウガイ）』『要害（ヨウガイ）』❸わざわい。災難。↕利。『干害』『公害』『災害』❹なんぞ。いつか。疑問を示す。⇒〔傷〕(380)の表

❶ そこなう。傷つける。

下接 危害（キガイ）・凶害（キョウガイ）・殺害（サツガイ）・残害（ザンガイ）・自害（ジガイ）・生害（ショウガイ）・傷害（ショウガイ）・侵害（シンガイ）・賊害（ゾクガイ）・毒害（ドクガイ）・迫害（ハクガイ）

【害悪（ガイアク）】他をそこなうような悪い事。害毒。『害悪を流す』

【害意（ガイイ）】悪意。敵意。害心。

【害心（ガイシン）】他人に害を加えようとする心。害意。

【害虫（ガイチュウ）】人間の生活や植物に害を与える虫。

【害毒（ガイドク）】善良なものを傷めそこなうもの。

【害馬（ガイバ）】馬の本性をそこなうこと。転じて、社会の害となるもの。

❸ わざわい。災難。

下接 塩害（エンガイ）・煙害（エンガイ）・加害（カガイ）・禍害（カガイ）・干害（カンガイ）・寒害（カンガイ）・公害（コウガイ）・鉱害（コウガイ）・災害（サイガイ）・惨害（サンガイ）・実害（ジツガイ）・酒害（シュガイ）・食害（ショクガイ）・水害（スイガイ）・雪害（セツガイ）・霜害（ソウガイ）・損害（ソンガイ）・虫害（チュウガイ）・被害（ヒガイ）・百害（ヒャクガイ）・病害（ビョウガイ）・風害（フウガイ）・弊害（ヘイガイ）・無害（ムガイ）・薬害（ヤクガイ）・有害（ユウガイ）・利害（リガイ）・冷害（レイガイ）

1752 【宮】 2160 355C 8B7B 宀－7 常3

ク呉・クウ呉・キュウ（キウ）漢・グウ慣/gōng/みや

筆順

字解 会意。宀＋呂（つらなる）。部屋がいくつも連なった大きな建物の意。

甲骨文

金文

篆文

意味 ❶みや。㋑大きな建物。㋺天子の住まい。『宮城』『宮廷』『王宮』『竜宮』㋩国みたまや。また、神社・仏閣。『宮司』『八幡宮』『神宮』『遷宮』『本宮』❷宮城に住む高貴な人。みや。『中宮（チュウグウ）』『東宮（トウグウ）』『春宮（シュングウ｜トウグウ）』❸宿るところ。『十二宮（ジュウニキュウ）』『子宮（シキュウ）』❹中国音楽で、五音の一。『宮商』『変宮（ヘンキュウ）』❺古代中国の五刑の一。去勢する刑罰。『宮刑』

❶みや。天子の住まい。また、みたまや。

下接 ㋺行宮(アングウ)・王宮(オウキュウ)・外宮(ガイキュウ)・月宮(ゲッキュウ)・后宮(コウキュウ)・後宮(コウキュウ)・皇宮(コウグウ)・春宮(シュングウ|トウグウ)・中宮(チュウグウ)・天宮(テンキュウ)・東宮(トウグウ)・内宮(ナイクウ)・殯宮(ヒンキュウ)・梵宮(ボンキュウ|ボングウ)・迷宮(メイキュウ)・幽宮(ユウキュウ)・離宮(リキュウ)・六宮(リクキュウ|リッキュウ)・竜宮(リュウグウ)・阿房宮(アボウキュウ) ㋩外宮(ゲグウ)・参宮(サングウ)・新宮(シングウ)・神宮(ジングウ)・遷宮(セングウ)・内宮(ナイクウ|ナイグウ)・別宮(ベックウ)・本宮(ホングウ)・八幡宮(ハチマングウ)

【宮闈・宮囲(キュウイ)】(「闈」は宮中の小門)宮中の奥殿。后妃の居所。後宮。

【宮掖(キュウエキ)】天子の居所。宮中。禁掖。禁中。

【宮観(キュウカン)】御殿。宮殿。

【宮禁(キュウキン)】①宮中の禁令。②(人の出入りを禁ずるところから)天子の住居。宮殿。禁中。宮闕(キュウケツ)。九禁。

【宮闕(キュウケツ)】(「闕」は宮殿の門の意)宮殿。宮城。

【宮市(キュウシ)】中国、後漢の霊帝のときに宮中に設けた市場。また、唐で宦官が市中の商人から宮廷用の貨物を徴発した市場。

【宮室(キュウシツ)】天子や帝王の御殿。宮殿。転じて、帝王などの一族。＊史記-項羽本紀「封二閉宮室一(キュウシツをフウヘイす)」〔＝(秦の)宮室を封じ閉ざす〕」

【宮女(キュウジョ)】女官。

【宮牆(キュウショウ)】(「牆」は土で築いたかき、ついじ)宮室の周囲にめぐらしたかき。

【宮城(キュウジョウ)】天子の住む所。皇居。

【宮中(キュウチュウ)】宮殿の中。特に、皇居の中。

【宮廷(キュウテイ)】天子、国王などの居所。宮中。『宮廷画家』

【宮殿(キュウデン)】①天子、国王などが住む御殿。②神をまつる社殿。

【宮門(キュウモン)】宮殿、皇居の門。

【宮裏(キュウリ)】宮廷のうち。禁中。宮中。

【宮司(グウジ)】国神職の一。皇大神宮で、祭主に次ぐ大宮司、少宮司の称。もと官国幣社の最高の神官。

❹中国音楽で、五音の一。

【宮商(キュウショウ)】音楽の五音(宮、商、角、徴、羽)の宮と商の音階。転じて、音楽の音階。

❺五刑の一。去勢する刑罰。

【宮刑(キュウケイ)】古代中国の刑。死刑に次ぐ重刑で、去勢されること。腐刑。

1753 【宰】

2643 3A4B 8DC9 宀－7 常

サイ㊐㊥／zǎi／つかさどる・つかさ

筆順 宰 宰 宰 宰 宰 宰

字解 形声。宀＋辛(刃物)㊀。屋内でいけにえを料理する、また、その人の意。ひいて、官吏の長・おさめるの意。

甲骨文 金文 篆文

同属字 滓

意味 ❶料理する。料理の世話をする。また、その人。『膳宰(ゼンサイ)』『庖宰(ホウサイ)』＊李白-将進酒「烹レ羊宰レ牛且為レ楽(ひつじをにてうしをサイしてしばらくたのしみをなせ)」〔＝牛や羊を料理して、まあともかく楽しもう〕」❷つかさどる。また、つかさ。㋑とりしきる。『宰領』『主宰』㋺大臣。諸官の長。『宰相』㋩家老。また、県の長官。地方の町村長。＊論語-雍也「子游為二武城宰一(シユウブジョウのサイとなる)」〔＝子游が武城の村長になった〕」❸固有名詞。『宰我』『宰予』『太宰府(ダザイフ)』

❷つかさどる。また、つかさ。

下接 司宰(シサイ)・主宰(シュサイ)・真宰(シンサイ)・大宰(タイサイ)・家宰(チョウサイ)

【宰衡(サイコウ)】天子の補佐。宰相。

【宰執(サイシツ)】国の政治を行う最高の官職。

【宰相(サイショウ)】①古く中国で、天子を助けて政治を行った官。宰輔。②国参議の唐名。③国総理大臣。首相。

【宰輔(サイホ)】天子を補佐し、政治を統括する者。宰相。

【宰領(サイリョウ)】かしらだって物事の取り締まりや処理をすること。また、その人。

❸固有名詞。

【宰我(サイガ)】＝宰予(サイヨ)

【宰予(サイヨ)】①孔子の門弟で、十哲中の一人。字(あざな)は子我。魯の人。斉の大夫。子貢と並んで弁論の雄といわれた。②(「論語-公冶長」に宰予が昼寝をして孔子に「朽木は彫るべからず、糞土の牆(ショウ)は塗るべからず〔＝腐った木は彫刻のしようがない、ぼろぼろの土塀はこてで上塗りのしようがない〕」と戒められたとあるところから)昼寝する者の意。

1754 【宵】

3012 3E2C 8FAA 宀－7 常

ショウ(セウ)㊐㊥／xiāo／よい

(1755)【〔宵〕】 宀－7 旧字

筆順 宵 宵 宵 宵 宵 宵

字解 形声。宀＋月(つき)＋小(わずか)㊀。月光がわずかにさしこむ、夕方の意。

金文 篆文

意味 ❶よい。㋑日が暮れて間もない時刻。㋺夜。夜ふけ。『宵衣旰食』『宵分』『中宵(チュウショウ)』『徹宵(テッショウ)』『連宵(レンショウ)』『今宵(こよい)』＊蘇軾-春夜「春宵一刻直千金(シュンショウイッコクあたいセンキン)」〔＝春の夜は、一刻が千金のねうちがあるほどすばらしい〕」❷くらい。おろか。小さい。『宵人』

【宵衣旰食(ショウイカンショク)】夜の明けないうちに起きて正服をつけ、太陽が没してから食事すること。天子や為政者が政務に精励すること。宵旰(ショウカン)。〔唐書-劉蕡(リュウフン)伝〕

【宵人(ショウジン)】つまらない人物。「小人」に同じ。

【宵分(ショウブン)】夜半。夜中。

1756 【宸】

5366 5562 9B82 宀－7

シン㊥／chén

字解 形声。宀＋辰(足を出した貝)㊀。家の、軒の意。

意味 北辰(北極星)のある所。天子のすまい。また、天子に関する事柄に添える語。『紫宸殿(シシンデン)』『楓宸(フウシン)』

【宸翰(シンカン)】天子自身が書いた文書。

【宸極(シンキョク)】①天子の位。②天帝の居所。転じて、北極星。また、天子の居所。

【宸襟(シンキン)】天子の御心。『宸襟を悩ます』

【宸筆(シンピツ)】天子自身が書いたもの。

【宸遊(シンユウ)】天子の遊び。天子の巡遊。

1757 【容】

4538 4D46 9765 宀－7 常5

ユウ㊐・ヨウ㊐㊥／róng／いれる・かお・かたち

筆順 容 容 容 容 容 容

字解 形声。宀＋谷(くぼみ)㊀。物をいれる、ゆるす意。また、頌に通じて、すがたの意に用いる。

同属字 蓉・溶・熔・榕・鎔

参考 万葉仮名では音を借りて「よ㊙」。
意味 ❶いれる。また、いれた物。なかみ。『容喙』『容器』『容積』『収容』『内容』 ❷かたち。すがた。ありさま。また、かたちづくる。『容姿』『容貌』『威容』『形容』『変容』 ＊論語‐郷党「居不ㇾ容」〔＝(孔子は)平常の生活にあっては、堅苦しくもったいぶることはなかった〕」 ❸うけいれる。聞きいれる。ゆるす。また、ゆとりがある。『容赦』『容易』『寛容』『従容』

❶ いれる。また、いれた物。なかみ。
下接 収容・受容・内容・包容
【容喙(ヨウカイ)】 横合いから差し出口をすること。
【容器(ヨウキ)】 物を入れるうつわ。入れ物。
【容疑(ヨウギ)】 嫌疑のあること。罪を犯した疑いのあること。『容疑がかかる』『容疑者』
【容光(ヨウコウ)】 すきまからさす光。また、光を入れる所。↓❷
【容膝(ヨウシツ｜ひざをいる)】 膝を入れること。また、膝を入れるほどの狭い所、室。転じて、質素な住居、質素な生活のたとえ。＊陶潜‐帰去来辞「審ニ容ㇾ膝之易ㇾ安」〔＝狭いわが家の落ち着いた気分にしみじみと浸る〕」
【容積(ヨウセキ)】 ①容器を満たし得る分量。容量。②体積。
【容量(ヨウリョウ)】 器物の中に入れられる分量。容積。

❷ かたち。すがた。ありさま。
下接 威容・異容・偉容・雲容・婉容・艶容・温容・外容・概容・佳容・華容・顔容・儀容・九容・旧容・玉容・形容・山容・秋容・修容・愁容・春容・陣容・衰容・声容・整容・全容・尊容・美容・婦容・変容・芳容・面容・冶容・理容・礼容・麗容
【容悦(ヨウエツ)】 おもねりへつらうこと。
【容顔(ヨウガン)】 顔だち。『容顔美麗』
【容儀(ヨウギ)】 礼儀にかなった姿かたちや態度。また、整った姿。儀容。礼容。『容儀を正す』
【容光(ヨウコウ)】 おもかげ。また、立派な容貌。↓❶
【容止(ヨウシ)】 立ち居振る舞い。
【容姿(ヨウシ)】 顔だちと体つき。姿かたち。『容姿端麗』
【容色(ヨウショク)】 みめかたち。また、女性の美しい顔かたち。『容色が衰える』
【容子(ヨウス)】 すがたかたち。そぶり。様子。
【容体・容態(ヨウダイ｜ヨウタイ)】 ①人の姿かたち。なりふり。②国病気の様子。病状。『容態が悪化する』
【容範(ヨウハン)】 容貌や態度。すがたかたち。
【容貌(ヨウボウ)】 顔かたち。顔つき。『容貌魁偉な男』
〖斂ㇾ容(かたちをおさむ)〗 面差しを正す。＊白居易‐琵琶行「整ニ頓衣裳ー起斂ㇾ容」〔＝衣裳の乱れを直し、立ち上がって表情を正した〕」

❸ うけいれる。聞きいれる。ゆるす。
下接 阿容・海容・寛容・許容・苟容・招容・従容・春容・先容・聴容・認容
【容易(ヨウイ)】 ゆとりがあってしやすいこと。たやすいこと。簡単。↕困難
【容赦・容捨(ヨウシャ)】 ①許すこと。『ご容赦ください』②国手加減すること。『情け容赦なく切る』
【容忍(ヨウニン)】 容赦して堪忍すること。見のがすこと。
【容認(ヨウニン)】 許して認めること。認容。
【容与(ヨウヨ)】 ①ゆったりとしているさま。ゆるやかに動くさま。②とらわれるところのないさま。

1758 【寋】 二一 宀－7
字解 寒などに含まれる寋は、会意。もと、宀(家屋)＋𦭝(くさで編んだ上下のふとん)＋人(ひと)。人が草のしとねに身を縮めて横たわり休む意から、さむくてちぢこまる意。また、塞などに含まれる寋は、会意。もと𡫳。宀＋𠀉(びっしりつめそろえる)＋廾(両手)。建物の中をびっしりうめる、ふさぐ意。
同属字 寒・塞・搴・褰・謇・蹇・騫

［案］⇨3344

1759 【寅】 3850 4652 93D0 宀－8 人 イン㊥／yín／とら

甲骨文 金文 篆文
字解 もと、象形。矢を両手でのばすさまに象る。借りて、十二支の第三位に用いる。甲骨文・金文にはのびた矢そのものに象るものと、その矢に手をそえたものとがある。
同属字 螾・演・蟥
意味 ❶とら。十二支の第三位。五行で木、禽獣で虎にあてる。一日十二刻では午前四時。また、その前後二時間。方位では、東北東。『甲寅(コウイン｜きのえとら)』 ❷つつしむ。つつしみ。

1760 【寃】 5367 5563 9B83 宀－8
エン 「冤」(522)の異体字

1761 【寄】 2083 3473 8AF1 宀－8 常5 (1772)〖寄〗二一 宀－9
キ㊥㊥／jì／よる・よせる・よせ
筆順 
字解 形声。宀＋奇(まっすぐでなくまがる)㊥。家に身をよせる、よる意。
参考 万葉仮名では音を借りて「き㊚」。
意味 ❶よる。たよる。身をよせる。仮住まいをする。『寄寓』『寄生』『浮寄』 ＊列子‐天瑞「身亡ㇾ所ㇾ寄」〔＝身の置き所がない〕」 ❷よせる。あずけまかせる。おくる。『寄稿』『寄贈』『寄付』 ❸国集まる。集める。近づける。傾ける。『寄席』

❶ よる。たよる。身をよせる。
【寄寓(キグウ)】 一時的に他人の家に住むこと。寓居。
【寄港・寄航(キコウ)】 船が途中の港に立ち寄ること。
【寄宿(キシュク)】 他人の家に身を寄せて暮らすこと。特に、学校、会社などの宿舎に住むこと。『寄宿舎』
【寄食(キショク)】 他人の家に身を寄せ、衣食の世話を受けて生活すること。居候。
【寄生(キセイ)】 ①ある生物が他の生物の体に付き、その養分を取って生活すること。『寄生植物』『寄生虫』②他人や組織にとりすがって生きてゆくこと。
【寄命(キメイ)】 仮の世の現世に宿り生きている命。↓❷
【寄留(キリュウ)】 一時的に身を寄せること。仮住まい。

❷ よせる。あずけまかせる。おくる。
下接 委寄・閫寄・托寄・託寄・投寄

【寄語（ゴキ）】ことづてすること。伝言。
【寄稿（コウ）】新聞や雑誌などに原稿を寄せること。
【寄傲（ゴウ｜ゴウをよす）】（「傲」は、遠慮のない情の意）だれにも遠慮することがなく、気ままにのびのびすること。＊陶潜-帰去来辞「倚南牕以寄傲（ナンソウによりてもってゴウをよす）」〔＝南側の窓にもたれて気ままな楽しみを味わう〕」
【寄書（キショ）】①手紙を書き送ること。②＝寄稿（キコウ）
【寄進（キシン）】国神社や寺院に、金品を寄付すること。奉納。
【寄贈（キソウ｜キゾウ）】金銭や品物を贈り与えること。贈呈。
【寄託（キタク）】物を他人にあずけ、その処理、保管などを頼むこと。『弁護士に遺言状を寄託する』
【寄付・寄附（キフ）】国公共事業や寺社などに金品を差し出すこと。寄贈。『金を寄付する』
【寄命（キメイ）】①政治を任せること。②命をあずけること。自分の行く末を任せること。→❶
【寄与（キヨ）】世のため、人のために力を尽くすこと。

❸（日本語で）集まる。集める。

【寄席（よせ）】（「よせセキ」、または「よせば」の略）落語、講談、漫才などを興行する場所。『寄席芸人』

1762【寇】5368 5564 9B84 宀－8
(523)〔冦〕4946 514E 996D 冖－8
(1763)〔㓂〕二一 宀－8
コウ㊥／kòu／あだ

字解 会意。宀（人の領域）＋元（人）＋攴（うつ）。他人に大きな害を与える意。

金文  篆文 

意味 ❶あだをする。害を加える。かすめとる。『寇盗』『寇略』『侵寇（シンコウ）』『入寇（ニュウコウ）』❷あだ。かたき。外敵。『寇讎』『外寇（ガイコウ）』『元寇（ゲンコウ）』『倭寇（ワコウ）』

【寇讎（コウシュウ）】かたき。

【寇盗（コウトウ）】害悪を加えたり盗みをしたりすること。また、その人。盗人。悪者。

【寇略・寇掠（コウリャク）】攻め入って奪い取ること。

【藉寇兵、齎盗糧（あだにヘイをかして、トウにリョウをもたらす）】敵に利益を与える。敵に便宜を与え、結果として味方の損害を大きくしてしまうこと。〔史記-李斯伝〕

1764【㝡】二一 宀－8
サイ「最」(3258)の異体字

1765【寂】2868 3C64 8EE2 宀－8 常
ジャク㊐・セキ㊥／jì／さび・さびしい・さびれる

筆順 寂 寂 寂 寂 寂 寂

字解 形声。宀＋叔（＝尗、小さくしまる）㊫。家中がひっそりとしている、さびしい意。

意味 ❶さびしい。しずかである。ひっそりとしている。『寂寞』『寂寥』『静寂（セイジャク）』❷仏教で、涅槃（ネハン）の境地。また、死ぬこと。『寂滅』『入寂』❸国さび。古びて枯れた味わい。

❶さびしい。しずかである。
下接 閑寂（カンジャク）・関寂（ゲキセキ）・静寂（セイジャク）・幽寂（ユウセキ）
【寂寂（セキセキ｜ジャクジャク）】①ひっそりとして、さびしいさま。②無心のさま。『空空寂寂』
【寂然（セキゼン｜ジャクネン）】心静かであるさま。また、静かでさびしいさま。
【寂念（セキネン｜ジャクネン）】①（セキネン）さびしく静かな思い。②（ジャクネン）仏語。静かに雑念を去った思い。また、禅定（ゼンジョウ）。
【寂寞（セキバク｜ジャクマク）】ひっそりとしてものさびしいさま。＊白居易-長恨歌「玉容寂寞涙闌干（ギョクヨウセキバクなみだランカン）」〔＝美しい顔はものさびしげで、はらはらと涙が流れている〕」
【寂寥（セキリョウ）】＝寂寞（セキバク）

❷涅槃の境地。また、死ぬこと。
下接 円寂（エンジャク）・帰寂（キジャク）・空寂（クウジャク）・示寂（ジジャク）・入寂（ニュウジャク）

【寂静（ジャクジョウ）】仏教で、煩悩を離れ苦患を滅した涅槃（ネハン）の境地。悟りが静かで安らかなこと。

【寂滅（ジャクメツ）】①仏教で、悟りの境地。②死ぬこと。

【寂滅為楽（ジャクメツイラク）】仏語。涅槃の境地にいたって、はじめて真の安楽があるということ。

【寂光（ジャッコウ）】安らかで、静かな光。仏の真理が寂静（ジャクジョウ）で真の知恵の光があること。

【寂光浄土（ジャッコウジョウド）】仏教で、真理そのもの、永遠の理法としての仏（法身）の住む浄土。寂光土。

1766【宿】2941 3D49 8F68 宀－8 常3
スク㊐・シク㊐㊥・シュク㊐㊥・シュウ（シウ）㊥／sù・xiù／やど・やどる・やどす・ほし

筆順 宿 宿 宿 宿 宿 宿

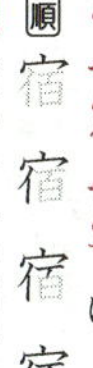

字解 形声。宀＋佰（人がねる）㊫。家でねどこにつく、やどる意。

甲骨文  金文  篆文 

同属字 蓿・縮

参考 万葉仮名では訓を借りて「ぬ」「ね」。

意味 ❶やどる。泊まる。『宿直』『宿泊』『合宿』『寄宿』❷やど。泊まるところ。すみか。『宿舎』『下宿』『民宿』＊論語-述而「弋不射宿（ヨクしてシュクをいず）」〔＝（孔子は）いぐるみの矢で飛ぶ鳥を射たが、巣についている鳥を射ることはしなかった〕」❸とどめる。とめおく。また、かねてからの。前からの。『宿題』『宿敵』❹仏語。生まれついての。前世からの。『宿縁』『宿命』『宿世』❺経験豊かな。経験を積んだ。『宿学』『宿将』『老宿（ロウシュク）』❻星のやどり。星座。星宿。『二十八宿（ニジュウハッシュク）』『参宿（サンシュク）』『辰宿（シンシュク）』❼国「宿禰（すくね）」は、㋑上代、貴人を親しみ尊んでいう敬称。㋺古代の姓（かばね）の一。「すくね」は、「おおえ（大兄）」に対する「すくなえ（少兄）」の変化という。

❶やどる。泊まる。
下接 一宿（イッシュク）・淹宿（エンシュク）・外宿（ガイシュク）・合宿（ガッシュク）・寄宿（キシュク）・寓宿（グウシュク）・再宿（サイシュク）・斎宿（サイシュク）・止宿（シシュク）・信宿（シンシュク）・棲宿（セイシュク）・独宿（ドクシュク）・野宿（ジュク｜ヤシュク）・分宿（ブンシュク）・露宿（ロシュク）

【宿営（シュクエイ）】①陣をとって宿泊すること。また、その陣営。②軍隊が兵営外で宿泊すること。また、その営所。

【宿衛（シュクエイ）】宿直して護衛すること。

【宿直（シュクチョク｜とのい）】①（シュクチョク）勤務先に交替で宿泊して夜の番に当たること。↔日直。②（とのい）昔、宮中や官署に勤務、警護のために宿泊したこと。

【宿泊（シュクハク）】自分の家以外の所に泊まること。

❷やど。泊まるところ。
下接 帰宿（キシュク）・下宿（ゲシュク）・棲宿（セイシュク）・転宿（テンシュク）・投宿（トウシュク）・民宿（ミンシュク）・無宿（ムシュク）・旅宿（リョシュク）

【宿駅(シュクエキ)】街道上の要地にあって、人馬の継ぎ立てや宿泊などができる設備のあった集落。宿場。

【宿舎(シュクシャ)】①旅先などで宿泊する所。宿泊所。やど。『国民宿舎』②寄宿舎。

【宿主(シュクシュ/やどぬし)】国①(シュクシュ)生物の寄生で寄生される側の動物または植物。『中間宿主』②(やどぬし)宿の主人。

【宿所・宿処(シュクショ)】宿泊する所。また、住む家。

【宿鳥(シュクチョウ)】ねぐらでねている鳥。ねどり。

【宿坊・宿房(シュクボウ)】国参詣(サンケイ)人を宿泊させる寺坊。

❸かねてからの。前からの。

【宿痾(シュクア)】長い間治らない病気。持病。

【宿悪(シュクアク)】以前から重ねてきた悪事。→❹
【宿意(シュクイ)】①以前から抱いている考え。②＝宿怨(シュクエン)

【宿雨(シュクウ)】連日降りつづく雨。ながあめ。また、前夜からの雨。『宿雨止(や)まず』

【宿怨(シュクエン)】かねてから抱いていた恨み。宿意。

【宿願(シュクガン)】年来の希望。『宿願を果たす』→❹
【宿恨(シュクコン)】積年のうらみ。宿怨(シュクエン)。

【宿志(シュクシ)】久しい以前から抱いているこころざし。

【宿心(シュクシン)】かねてからの心。以前からの希望。

【宿酔(シュクスイ)】前日の酒の酔いが残り、頭痛、めまいなどの症状が翌日までも続く状態。二日酔い。

【宿昔(シュクセキ)】①昔から今までの間。従来。また、昔。②ひとよ。また、わずかの間。宿夕(シュクセキ)。

【宿題(シュクダイ)】国①学校などで、家庭で行うように生徒に課する学習作業。②未決定、未解決のまま後日に残されている問題。

【宿敵(シュクテキ)】久しい以前からの敵。積年の敵。

【宿弊(シュクヘイ)】古くから続いている弊害。因習。

【宿便(シュクベン)】腸内に長くたまっている糞便(フンベン)。

【宿望(シュクボウ)】かねてからの願望。『宿望を遂げる』

❹仏語。前世からの。生まれついての。

【宿悪(シュクアク)】前世で犯した悪事。↔宿善。→❸
【宿運(シュクウン)】前世から定まっている運命。
【宿縁(シュクエン)】前世からの因縁(インネン)。
【宿願(シュクガン)】前世におこした願い。→❸
【宿業(シュクゴウ/スクゴウ)】前世につくった業(ゴウ)。『宿業の報い』
【宿根(シュクコン)】前世の業(ゴウ)によって定まっている機根。
【宿罪(シュクザイ)】前世に犯した罪。過去の罪過。
【宿世(シュクセ/スクセ)】前世。また、前世の因縁。
【宿善(シュクゼン)】前世で行った善事。現世でよい果報を受けるという。↔宿悪
【宿徳(シュクトク)】前世で行った福徳。宿福。→❺
【宿命(シュクメイ)】前世から定まっている運命。宿運。

❺経験豊かな。経験を積んだ。

【宿学(シュクガク)】長年業績を積んだすぐれた学者。碩学(セキガク)。
【宿将(シュクショウ)】経験を積んで力量に富んだ大将。
【宿徳(シュクトク)】(経験を積んだ)高徳の老人。→❹
【宿老(シュクロウ)】経験が豊かで物事に詳しい老人。長老。

難読地名 宿毛(すくも)市(高知)

1767 【密】 4409 4C29 96A7 宀－8 常6 ミチ㊉・ミツ㊉・ビツ㊉/mì/ひそか・みそか

筆順

字解 形声。山＋宓(ひそか・しずか)㊥。木々の茂った奥深い所の意から、つまっている、くわしい意。

同属字 樒

意味 ❶こみあっている。ぴったりとすきまがない。こまかい。↔疎。『人口が密な国』『密集』『密接』『密度』『過密』 ＊十八史略‐東漢「与ニ亮情好日密ニ(リョウとジョウコウひにミツなり)」〔＝諸葛亮との仲が日ましに親密になった〕⇒〔緻〕(6032)の表 ❷ひそか。ひそかに。『密告』『密輸』『秘密』 ＊韓非子‐説難「事以レ密成(ことはミツをもってなる)」〔＝事は秘密のうちに行うことによって成功する〕⇒表 ❸『密教』のこと。『顕密(ケンミツ)』『台密(タイミツ)』『東密(トウミツ)』 ❹「密陀(ミツダ)」は、「密陀僧」の略で、一酸化鉛の異名。顔料に用いる。『密陀絵(ミツダエ)』『金密陀(キンミツダ)』

❶ぴったりとすきまがない。こまかい。

下接 過密(カミツ)・気密(キミツ)・近密(キンミツ)・緊密(キンミツ)・厳密(ゲンミツ)・細密(サイミツ)・周密(シュウミツ)・詳密(ショウミツ)・慎密(シンミツ)・親密(シンミツ)・精密(セイミツ)・粗密(ソミツ)・疎密(ソミツ)・緻密(チミツ)・稠密(チュウミツ)・濃密(ノウミツ)・綿密(メンミツ)

【密雲(ミツウン)】厚く重なった雲。密集した雲。

【密画(ミツガ)】細部まで綿密に描いた絵。

【密察(ミツサツ)】綿密に調べること。

【密邇(ミツジ)】間近に接近すること。

【密室(ミッシツ)】外から入ることのできない、または出入りを許されない部屋。『密室殺人』→❷
【密集(ミッシュウ)】すきまもないほど集まること。

【密生(ミッセイ)】植物などがすきまなく生えていること。

【密接(ミッセツ)】①二つ以上のものがすきまないほど近く隣り合うこと。②関係が非常に深いこと。

【密栓(ミッセン)】かたく栓をすること。また、その栓。

【密着(ミッチャク)】ぴったりと付くこと。緊密に連絡していること。『密着取材』

【密度(ミツド)】①含まれるものの割合。また、粗密の度合い。『人口密度』②物体の単位体積あたりの質量。

【密封(ミップウ)】すきまなくしっかりと封をすること。

【密閉(ミッペイ)】すきまなくぴったりと閉じること。

【密網(ミツモウ)】①目のこまかい網。②厳しい法令。

【密林(ミツリン)】樹木が密生した森林。『熱帯の密林』

❷ひそか。ひそかに。

下接 隠密(オンミツ)・機密(キミツ)・枢密(スウミツ)・内密(ナイミツ)・秘密(ヒミツ)

密(ミツ)	秘密	外からわからないように。ひそかに。 密書 密策 密計 密蔵 内密 隠密
秘(ヒ)		人にわからないように。ひそかに。 秘書 秘策 秘訣 秘蔵 極秘 奥秘

【密会(ミッカイ)】ひそかに会うこと。

【密儀(ミツギ)】非公開の儀式。

【密計(ミッケイ)】秘密の計画。計略。

【密航(ミッコウ)】法を犯して、航行または渡航すること。

【密告(ミッコク)】ひそかに告げ口をすること。

【密殺(ミッサツ)】ひそかに殺すこと。

【密使(ミッシ)】秘密に派遣される使者。『密使を送る』

【密室(ミッシツ)】秘密の部屋。→❶
【密書(ミッショ)】秘密の文書。『密書を携える』

【密造(ミツゾウ)】法律を犯して、ひそかに物を製造すること。

【密葬(ミツソウ)】①ひそかに遺体を葬ること。②身内だけの葬式。↔本葬
【密談(ミツダン)】ひそかに相談すること。

【密通(ミッツウ)】①ひそかに通じ合うこと。②正当な関係にない男女がひそかに情を通じること。

【密偵(ミッテイ)】ひそかに内情などを探るスパイ。

【密売(ミツバイ)】法を犯してこっそり物を売ること。

【密約(ミツヤク)】ひそかに約束すること。秘密の約束。

【密輸(ミツユ)】法を犯してひそかに物を輸出入すること。

【密猟(ミツリョウ)】法を犯してこっそりと狩猟をすること。

【密漁(ミツリョウ)】法を犯してこっそりと漁をすること。
❸「密教」のこと。
【密教(ミッキョウ)】大日如来(ダイニチニョライ)を本尊とする真言秘密の教え。⇕顕教(ケンギョウ)
【密宗(ミッシュウ)】仏語。密教のこと。特に真言宗の別称。

1768【冥】＝＝ 宀－8 メイ「冥」(527)の異体字

［隺］⇩8724

1769【寓】＝＝ 宀－9 ウ㊥㊥/yǔ
字解 形声。宀＋禹㊥。宇に同じ。

1770【寒】2008 3428 8AA6 宀－9 常3 (1771)【〔寒〕】＝＝ 宀－9 旧字
カン㊥㊥/hán/さむい
筆順 寒寒寒寒寒寒
字解 会意。もと、宀＋茻(草のしとね)＋人＋冫(こおり)。家で草のしとねに横になっても凍るようにさむい意。

金文 篆文

意味 ❶さむい。つめたい。ぞっとする。さむさ。⇕暑。『三寒四温』『寒気』『寒帯』『悪寒(オカン)』『厳寒』『防寒』 ＊韓非子-二柄「侵ㇾ官之害、甚ニ於寒一(カンをおかすのガイは、カンよりもはなはだし)〔＝他人の職を侵す弊害は、寒さの害よりもいっそうひどい〕」 ⇒〔冷〕(548)の表 ❷さびしい。まずしい。『寒村』『寒門』『貧寒』 ❸二十四節気の一。寒の時期。立春前の約三〇日間。一年中で最も寒い時期とされ、前半の一五日を小寒、後半の一五日を大寒という。『寒(カン)の入り』『寒稽古(カンゲイコ)』 ❹固有名詞。『広寒宮(コウカンキュウ)』

下接 ❶さむい。つめたい。ぞっとする。
一寒(イッカン)・悪寒(オカン)・飢寒(キカン)・苦寒(クカン)・厳寒(ゲンカン)・向寒(コウカン)・酷寒(コッカン)・極寒(ゴッカン)・歳寒(サイカン)・春寒(シュンカン)・消寒(ショウカン)・傷寒(ショウカン)・耐寒(タイカン)・避寒(ヒカン)・防寒(ボウカン)・余寒(ヨカン)・三寒四温(サンカンシオン)・頭寒足熱(ズカンソクネツ)

【寒鴉(カンア)】冬のカラス。寒烏(カンがらす)。

【寒衣(カンイ)】寒い時節に着る着物。冬着。

【寒燠(カンイク)】寒さと暑さ。

【寒雨(カンウ)】冬の雨。＊王昌齢-芙蓉楼送ニ辛漸一「寒雨連ㇾ江夜入ㇾ呉(カンウコウにつらなってよるゴにいる)〔＝冬の雨が長江に降り注いで川の水と一つになり、昨夜来、呉に流れ込んでいた〕」

【寒雲(カンウン)】冬のさむざむとした雲。

【寒煙(カンエン)】さむざむとした煙やもや。

【寒温(カンオン)】①寒いか暖かいか。②時候のあいさつ。

【寒気(カンキ・さむけ)】①(カンキ)寒さの程度。②(さむけ)病気や恐怖のために体がぞくぞくすること。悪寒(オカン)。

【寒径(カンケイ)】さむざむとした冬枯れの道。

【寒月(カンゲツ)】冬の夜の冷たく冴え渡った月。

【寒暄(カンケン)】①寒さと暖かさ。寒暖。②時候のあいさつ。

【寒光(カンコウ)】①さむざむとした光。ものさびしい光。②さむざむとした景色。冬景色。

【寒江(カンコウ)】冬のさむざむとした川。＊柳宗元-江雪「独釣ニ寒江雪一(ひとりカンコウのゆきにつる)〔＝ひとりぽつねんと、雪に包まれて寒々とした冬の川で釣り糸をたれている〕」

【寒山(カンザン)】冬の山。木の葉が枯れ落ち、ものさびしげに見える山。＊杜牧-山行「遠上ニ寒山一石径斜(とおくカンザンにのぼればセッケイななめなり)〔＝はるばると遠く、ひっそりとさびしい山に登ると、石の小道が坂になって続いている〕」↓❹
【寒疾(カンシツ)】風邪をひくこと。感冒。

【寒樹(カンジュ)】さむざむとした冬木立。

【寒暑(カンショ)】①寒さと暑さ。冬と夏。②時候のあいさつ。

【寒蛩(カンショウ)】①セミの一種。ヒグラシ。寒蟬(カンセン)。②秋から冬にかけて鳴く虫。コオロギの類。

【寒色(カンショク)】①冬景色。さびしい景色。②見た目に寒い感じを与える色。青またはそれに近い色。⇕暖色・温色
【寒食(カンショク・カンジキ)】古く、中国で、清明節(四月五日ごろ)の前、火断ちをして煮たきをしないで物を食べた風習。また、その日。▼晋(シン)の介子推(カイシスイ)が退けられて山中で焼死したことを悼んだものという。

【寒心(カンシン)】(心配で)恐れおののくこと。

【寒水(カンスイ)】冷たい水。冬の水。

【寒声(カンセイ)】寒そうな声。寒そうな音。

【寒戦(カンセン)】寒さに身ぶるいすること。

【寒蟬(カンセン・カンゼン)】夏から秋に鳴くヒグラシのこと。

【寒藻(カンソウ)】さむざむとした水草。秋冬の季節の水草。＊柳宗元-南澗中題「寒藻舞ニ淪漪一(カンソウイリンにまう)〔＝寒々とした水草がさざ波に踊っている〕」

【寒帯(カンタイ)】南緯・北緯それぞれ六六・五度から両極までの寒冷な地帯。⇕熱帯。『寒帯気候』

【寒餒(カンダイ)】こごえることと飢えること。

【寒柝(カンタク)】冬の寒い夜に鳴らす拍子木(ヒョウシぎ)の音。

【寒暖(カンダン)】寒さと暖かさ。『寒暖計』

【寒竹(カンチク)】タケの一品種。庭園や生け垣などに栽植される。秋から冬にかけて筍(たけのこ)がとれる。

【寒天(カンテン)】①冬のさむざむとした空。さむぞら。『寒天の星』②テングサを煮て固め、凍らせて乾燥したもの。再び煮て冷やすとゼリー状になる。多くは食品用。

【寒灯(カントウ)】寒い夜のものさびしい灯火。

【寒波(カンパ)】寒冷な気団が、移動してきて、気温が著しく下がる現象。『寒波の襲来』

【寒流(カンリュウ)】①冷たい水の流れ。②地球の両極地方から赤道地方に向かって流れる寒冷な海流。⇕暖流
【寒林(カンリン)】冬枯れのした林。

【寒冷(カンレイ)】寒くて、つめたいこと。⇕温暖
【寒露(カンロ)】①晩秋から初冬にかけての露。②二十四節気の一。旧暦の九月、新暦の一〇月八日頃に当たる。

❷さびしい。まずしい。
下接 一寒(イッカン)・孤寒(コカン)・酸寒(サンカン)・貧寒(ヒンカン)
【寒酸(カンサン)】貧しくて苦しいこと。
【寒素(カンソ)】貧しく質素なこと。
【寒村(カンソン)】家も人気(ひとけ)も少ない、さびれて貧しい村。
【寒門(カンモン)】貧しい家、家柄。低い家柄、一族。

❸二十四節気の一。
【寒行(カンギョウ)】国 寒の入りから三〇日間、寒の寒さに耐えて行う修行。寒垢離(カンゴリ)、寒参りなど。
【寒垢離(カンゴリ)】国 寒中に冷水を浴び、神仏に祈願すること。
【寒中(カンチュウ)】寒の内。大寒小寒三〇日の間。また、冬の寒さの厳しい間。『寒中水泳』『寒中見舞』
【寒梅(カンバイ)】寒中に咲くウメ。

❹ 固有名詞。

【寒山カンザン】中国、唐代の詩僧。天台山国清寺の豊干ブカン禅師に師事。同門の拾得ジットクと超俗を併称される。文殊菩薩の化身とされた。主著「寒山詩集」。生没年不詳。↓❶【寒山寺カンザンジ】中国、江蘇省蘇州市の郊外、楓橋鎮にある寺。唐代の詩僧、寒山が草庵を結び、希遷が堂宇を創建したと伝えられる。

難読地名 寒狭川かんさがわ（愛知） 寒河江さがえ市（山形） 寒川さむかわ町（神奈川） 寒川さんがわ町（香川）

1772 【寄】 ― 宀－9 キ「寄」(1761)の異体字

1773 【寓】 2287 3677 8BF5 宀－9 グ呉・ギョ漢・グウ慣 yù よる・よせる

字解 形声。宀＋禺声。正式に住むのではなく、仮にやどる意。

金文  篆文 

意味 ❶よる。仮に身を寄せる。仮に住む。また、やどる。やどす。「寓居」「寄寓」 ＊陶潜－帰去来辞「寓二形宇内一復幾時かたちをウダイにグウすること またいくときぞ」〔＝人間が肉体をこの世に宿すのは、どれほどの時間か〕 ❷よせる。かこつける。ことよせる。また、向ける。つける。「寓意」「寓目」

❶ よる。仮に身を寄せる。

下接 仮寓カグウ・寄寓キグウ・僑寓キョウグウ・漂寓ヒョウグウ・流寓リュウグウ

【寓居グウキョ】①仮に身を寄せること。＊十八史略－東漢「琅琊諸葛亮、寓二居襄陽隆中一ロウヤのショカツリョウ、ジョウヨウのリュウチュウにグウキョす」〔＝琅琊の人、諸葛亮は、襄陽の隆中山に仮住まいをしていた〕」②自分の住居を謙遜ケンソンしていう語。

【寓直グウチョク】泊まり番をすること。

❷ よせる。かこつける。また、つける。

【寓意グウイ】他の物事に仮託して、ある意味を表すこと。また、その意味。

【寓言グウゲン】たとえ話。寓話。

【寓目グウモク】目を向けること。目をつけること。注目。

【寓話グウワ】教訓や風刺などを含めた短い話。

1774 【寔】 5370 5566 9B86 宀－9 ショク漢 shí まこと・これ

字解 形声。宀＋是（まっすぐ）声。屋内に正しく置く意。

意味 ❶まこと。まことに。❷これ。この。

1775 【甯】 ＊4510 宀－9 ネイ「寧」(1790)の異体字

1776 【寍】 ＊2661 宀－9 ネイ「寧」(1790)の異体字

1777 【寐】 5371 5567 9B87 宀－9 ミ呉・ビ漢 mèi ねる

字解 形声。宀＋爿（ベッド）＋未（みえない）声。家でとこにつく、ねる意。甲骨文は、人が家内で木のベッドによる意。

甲骨文  篆文 

参考 万葉仮名では音を借りて「び甲」「み甲」、訓を借りて「ぬ」。

意味 ねる。ねむる。ねむりこむ。「寐語」「仮寐カビ」「寤寐ゴビ」「夢寐ムビ」 ＊左伝－襄公二六年「夙興夜寐つとにおきよわにいぬ」〔＝朝は早く起き、夜は遅く寝る〕

【寐語ビゴ】ねごと。たわごと。

1778 【富】 4157 4959 9578 宀－9 常5 (528)【冨】 4158 495A 9579 冖－9

フ呉漢・フウ慣 fù とむ・とみ

筆順 

字解 形声。宀＋畐（ふっくらした大切な酒つぼ）声。家に財が満ちる意。

参考 万葉仮名では音を借りて「ふ」「ほ」。

意味 ❶とむ。多くなる。多くある。ゆたか。↔貧。「富貴」「富農」「豊富」 ＊論語－泰伯「邦無レ道、富且貴焉、恥也くにみちなきに、とみかつとうときは、はじなり」〔＝国に道徳が行われていない時に、豊かで高い地位にいるのは恥である〕 ❷とませる。ゆたかにする。「富国強兵」「富民」 ❸とみ。財産。「巨富」「国富」 ＊史記－管晏伝「管仲、富擬二於公室一カンチュウ、とみはコウシツにギす」〔＝管仲は、その財産が諸侯の家に比べられるほどであった〕 ❹国「富岳フガク」は、富士山のこと。

❶ とむ。多くなる。多くある。ゆたか。

下接 殷富インプ・温富オンプ・饒富ジョウフ・贍富センプ・貧富ヒンプ・豊富ホウフ

【富貴フウキ・フッキ】財産が豊かで地位もあること。↔貧賤ヒンセン。「富貴花」〔＝牡丹の異名〕 ＊史記－項羽本紀「富貴不レ帰二故郷一、如二衣レ繡夜行一フウキにしてコキョウにかえらざるは、シュウをきてよるゆくがごとし」〔＝財産も地位も手に入れながら故郷に帰らないのは、きらびやかな衣服を着て夜歩くようなものだ〕 【富貴在レ天フウキテンにあり】富貴は天の定めるところで、人が望んで得られるものではない。〔論語－顔淵〕 【富貴如二浮雲一フウキはフウンのごとし】富貴は永久のものではなく、いつかははかなく崩れ去るものである。〔論語－述而〕 【富貴不レ能レ淫フウキもインするあたわず】富貴の楽しみで誘惑されても心を乱されない。〔孟子－滕文公下〕

【富家フカ】富裕な家。金持ち。↔貧家

【富強フキョウ】富んでいて強いこと。

【富厚フコウ】財多く豊かなこと。＊史記－伯夷伝「富厚累世不レ絶フコウルイセイにしてたえず」〔＝財産をたくさん持ち、何代にもわたってその家柄が絶えない〕

【富歳フサイ】収穫の多い年。豊年。豊歳。

【富者フシャ】富んでいる人。金持ち。↔貧者

【富商フショウ】富裕な商人。

【富饒フジョウ・フニョウ】富んで豊かなこと。

【富贍フセン】（「贍」は足りる意）富んで豊かなこと。

【富農フノウ】富裕な農民。↔貧農

【富民フミン】富んでいる国民。↔貧民。↓❷

【富有フユウ】多く持つこと。富んでいるさま。富裕。

【富裕・富祐フユウ】財産が多く、生活が豊かなこと。

❷ とませる。ゆたかにする。

【富国フコク】国を豊かにすること。「富国強兵策」

【富民フミン】国民を富ませること。「富民政策」↓❶

❸ とみ。財産。

下接 巨富キョフ・豪富ゴウフ・国富コクフ

【富豪フゴウ】大金持ち。資産家。

【富力フリョク】富の力。経済力。

【富潤レ屋、徳潤レ身とみはオクをうるおし、トクはみをうるおす】富は家を豊かに

するが、徳はその人を豊かにする。〔大学〕

難読地名 富来（とぎ）町（石川） 富田林（とんだばやし）市（大阪） 富津（ふっつ）市（千葉） 富良野（ふらの）市（北海道） 難読姓氏 富施（ふせ）

1779 【寛】 2018 3432 8AB0 宀-10 常 (1794)〔寬〕二一 宀-12 旧字 人

カン（クヮン）呉漢／kuān／ひろい・ひろし・くつろぐ・ゆたか

筆順 寛 寛 寛 寛 寛 寛

字解 寛は寬の略体。寬は形声。宀＋萈㊟。広い家、ひろい意。

意味 ひろい。ゆとりがある。心がゆったりしている。くつろぐ。『裕寛（ユウカン）』＊史記-廉頗藺相如伝「不㆑知㆓将軍寛之至㆒此也（ショウグンのカンなることのここにいたるをしらざるなり）」〔＝将軍の心の広さがこれほどであることを知らなかった〕」

【寛衣（カンイ）】 裾（すそ）などが長く、ゆったりとした衣服。

【寛雅（カンガ）】 ゆったりとして、優雅なこと。

【寛闊・寛濶（カンカツ）】 性格や気持ちがおおらかなさま。

【寛厳（カンゲン）】 寛大なことと厳格なこと。

【寛厚（カンコウ）】 心がゆったりして、態度が丁寧なさま。

【寛恕（カンジョ）】 心が広く、思いやりのあること。また、とがめだてしないでおおらかに許すこと。『御寛恕を請う』

【寛仁（カンジン）】 寛大で慈悲深いこと。心が広く、思いやりのあるさま。『寛仁大度（タイド）』

【寛大（カンダイ）】 心が広く思いやりのあるさま。

【寛免（カンメン）】 ゆるすこと。

【寛宥（カンユウ）】 寛大な心をもって過ちをゆるすこと。

【寛裕（カンユウ）】 心が広くゆったりしていること。

【寛容（カンヨウ）】 心が広くて、他人の言動をよく受け入れること。他人の罪過を厳しくとがめだてしないこと。

1780 【寘】 ＊ 2665 宀-10

シ漢／zhì

字解 形声。宀＋眞（いっぱいにつめる）㊟。入れておく、置く意。

1781 【寝】 3118 3F32 9051 宀-10 常 (1789)〔寢〕 5374 556A 9B8A 宀-11 旧字 人

シン呉漢／qǐn／ねる・ねかす・ね

筆順 寝 寝 寝 寝 寝 寝

字解 寝は寢の略体。寢は形声。篆文は、𡪢（ベッドで寝る）省＋㝲（ベッド）省㊟。ねる意。寢はもと病臥する意だったが、のち、ねる意に用いるようになった。甲骨文・金文は、宀＋帚（ほうき）。ほうきで清めた奥まったへやの意。

甲骨文

金　文

篆　文

意味 ❶ねる。いぬ。体を横たえる。ねどこにつく。『寝台』『就寝』＊論語-公冶長「宰予昼寝（サイヨひるいぬ）」〔＝宰予が昼寝をした〕」 漢文の訓読では「いぬ」を用いる。❷みたまや。ねや。寝室。また、部屋。『寝殿』❸役にたたない。風采があがらない。『寝陋』

❶ ねる。体を横たえる。ねどこにつく。

下接 安寝（アンシン）・御寝（ギョシン）・就寝（シュウシン）・不寝番（フシンバン）

【寝具（シング）】 寝るときの用具。布団、枕（まくら）、寝巻きの類。

【寝室（シンシツ）】 寝るとき使う部屋。

【寝所（シンジョ）】 睡眠をとるための場所。

【寝食（シンショク）】 寝ることと食べること。＊列子-天瑞「廃㆓寝食㆒（シンショクをハイす）〔＝寝ることも食べることもできない〕」

【忘㆓寝食㆒（シンショクをわする）】 寝ることと食べることを忘れる。物事に熱中することのたとえ。〔蜀志-譙周（ショウシュウ）伝〕

【寝台（シンダイ）】 寝るために用いる台。ベッド。

❷ みたまや。ねや。また、部屋。

下接 燕寝（エンシン）・高寝（コウシン）・小寝（ショウシン）・陵寝（リョウシン）・路寝（ロシン）

【寝園（シンエン）】 みささぎのかたわらにつくった天子の霊をまつるみたまや。

【寝殿（シンデン）】 ①正殿。表座敷。②寝室。③祖先をまつったみたまやの奥の衣冠などを入れた室。④天子の御陵の上にある正殿。⑤昔、天皇が生活した宮殿。⑥寝殿造りの母屋。主人が居住し、客を接待したところ。

【寝廟（シンビョウ）】 ①先祖の霊や貴人の霊をまつっておく殿堂。おたまや。②人の休むところや神の宿るところ。

❸ 役にたたない。風采があがらない。

【寝陋（シンロウ）】 容貌がみにくく、ひきたたないこと。

1782 【寖】 ＊ 2663 宀-10

シン漢／jìn

字解 形声。宀＋浸（ひたす）㊟。ひたす意。浸に同じ。

〔塞〕 ⇩ 1288

1783 【寡】 1841 3249 89C7 宀-11 常

カ（クヮ）呉漢／guǎ／すくない・やもめ

筆順 寡 寡 寡 寡 寡 寡

字解 会意。宀＋㝢（一説に、ひとりの人という）。ひとりの意から、一般にすくない意。

金　文

篆　文

意味 ❶すくない。数量が少ない。『衆寡（シュウカ）』『多寡（タカ）』＊論語-為政「言寡㆑尤、行寡㆑悔、禄在㆓其中㆒矣（ゲンにとがめすくなく、おこないにくいすくなければ、ロクそのうちにあり）」〔＝言葉にあやまちが少なく、行いに悔いが少なければ、俸禄は自然にそこから得られる〕」❷すくない。力や徳が少ない。多く自分や身内の者をへりくだっていう。『寡徳』『寡聞』❸やもめ。つれあいに死なれた男または女。『寡婦』『女寡（ジョカ）』

❶ すくない。数量が少ない。

【寡言（カゲン）】 言葉数が少ないこと。無口。寡黙。
【寡妻（カサイ）】 （その数が一人で寡（すく）ないという意から）妾に対して、正夫人、正妻をいう。嫡妻。↓❷❸
【寡作（カサク）】 作品などを少ししか作らないこと。↕多作
【寡少（カショウ）】 いかにも少ないさま。『寡少な勢力』
【寡占（カセン）】 少数の大企業が、特定商品の生産、販売の大半を支配する状態。『寡占化』
【寡兵（カヘイ）】 少ない兵力、兵隊。
【寡民（カミン）】 人民が少ないこと。『小国寡民』
【寡黙（カモク）】 言葉数が少ないこと。↕饒舌（ジョウゼツ）
【寡欲（カヨク）】 欲が少ないこと。

❷ 力や徳が少ない。

【寡学（カガク）】 学問が足りないこと。浅学（センガク）。

【寡君（カクン）】 自分の主君をへりくだっていういい方。

3画
口口土士夂夊夕大女子宀寸小(⺌・⺍)尢(兀・尣)尸屮(屮)山巛(川)工己(巳・已)巾干幺广廴廾弋弓彐(彑・⺕)彡彳

【寡妻(サイ)】自分の妻を謙遜(ケン)していう語。→❶❸

【寡人(カジン)】(寡徳の人の意) 天子や諸侯の自称。＊孟子-梁恵王上「寡人之於レ国也、尽ニ心焉耳矣(カジンのくににおけるや、こころをつくすのみ)」〔＝わたしは国を治めるにあたって、あらん限りの真心を尽くしております〕」

【寡徳(カトク)】身に備わる徳の足りないことやその人。天子などが、みずからを謙遜(ケン)していう語。

【寡薄(カハク)】人徳、見識などの足りなくうすいさま。

【寡聞(カブン)】見聞が少ないこと。聞いていないこと。『寡聞にして知らない』♥日本では謙遜(ケン)して用いる。

❸ やもめ。つれあいに死なれた男または女。

[下接] 鰥寡(カン)・孤寡(コ)・女寡(ジョ)・鰥寡孤独(カンカコドク)

【寡居(カキョ)】やもめぐらし。

【寡妻(カサイ)】夫と死別した婦人。寡婦。→❶❷

【寡婦(カフ)(やもめ)】夫に死別して、再婚しないでいる婦人。後家。未亡人。

【寡夫(カフ)(おとこやもめ)】妻を失って独りでいる男。男やもめ。

1784 【寠】＊2668 宀-11 (5553)【窶】6764 6360 E280 穴-11

ク(呉)(漢)・ル(呉)・ロウ(漢)/jù·lóu/やつす・やつれる

[字解] 形声。宀＋婁(細長くつづく)(声)。せまいいえ、あばらやの意。

[参考] 万葉仮名では音を借りて「く」。

[意味] ❶まずしい。『貧寠(ヒンク・ヒンル)』❷やつれる。やつす。『寒寠(カンク)』

1785 【寤】5372 5568 9B88 宀-11

ゴ(漢)/wù/さめる

[字解] 形声。寢(ゆめみる)省＋吾(→五、交互になる)(声)。ゆめと入れかわりに目がさめる意。

[意味] ❶さめる。目がさめる。『寤寐(ゴビ)』『醒寤(セイゴ)』❷さとる。はっと気づく。『覚寤(カクゴ)』❸さかさ。『寤生』

【寤生(ゴセイ)】さかご。胎児が足から生まれてくること。♥一説に、母親の睡眠中に生まれてくることともいう。

【寤寐(ゴビ)】寝てもさめても。

1786 【寨】6045 5C4D 9ECB 宀-11

サイ(漢)・ソク(漢)/zhài/とりで

[字解] 形声。木＋塞(ふせぐ)省(声)。とりでの意。

[意味] まがき。とりで。『山寨(サンサイ)』『堡寨(ホウサイ)』『鹿寨(ロクサイ)』

1787 【察】2701 3B21 8E40 宀-11 [常]4

サチ(呉)・サツ(漢)/chá/みる

[筆順] 察 察 察 察 察 察 察

[字解] 形声。宀＋祭(清めまつる)(声)。神の意志をあきらかにする意。

[同属字] 擦

[意味] ❶あきらかにする。詳しく調べる。よく見て調べる。『観察』『診察』❷[国]おしはかる。思いやる。『察しが早い』『察知』『洞察』

❶ あきらかにする。

[下接] 按察(アンサツ・アゼチ)・苛察(カサツ)・勘察(カンサツ)・監察(カンサツ)・観察(カンサツ)・鑑察(カンサツ)・糾察(キュウサツ)・警察(ケイサツ)・検察(ケンサツ)・考察(コウサツ)・査察(ササツ)・視察(シサツ)・巡察(ジュンサツ)・詢察(ジュンサツ)・詳察(ショウサツ)・診察(シンサツ)・省察(セイサツ)・精察(セイサツ)・探察(タンサツ)・偵察(テイサツ)

【察察(サツサツ)】[1]非常に細かいところまで物事を明らかにするさま。[2]潔白なさま。けがれのないさま。＊屈原-漁父辞「安能以ニ身之察察一、受ニ物之汶汶者一乎(いずくんぞよくみのサッサツたるをもって、もののモンモンたるものをうけんや)」〔＝どうして、私自身の潔白な体に、汚れきったものをつけられようか〕」

【察納(サツノウ)】よく調べて意見を聴き入れること。

❷ おしはかる。

[下接] 遠察(エンサツ)・恐察(キョウサツ)・賢察(ケンサツ)・高察(コウサツ)・推察(スイサツ)・洞察(ドウサツ)・拝察(ハイサツ)・明察(メイサツ)・了察(リョウサツ)・諒察(リョウサツ)

【察知(サッチ)】おしはかって知ること。

1788 【實】5373 5569 9B89 宀-11 ジツ 「実」(1736)の旧字

1789 【寢】5374 556A 9B8A 宀-11 シン 「寝」(1781)の旧字

1790 【寧】3911 472B 944A 宀-11 [常] (1791)【寧】二一 宀-11 旧字

(1775)【甯】＊4510 宀-9 (1776)【寍】＊2661 宀-9

ニョウ(ニャウ)(呉)・ネイ(漢)/níng·nìng/やすらか・ねんごろ・むしろ・なんぞ・いずくんぞ

[筆順] 寧 寧 寧 寧 寧 寧

[字解] 会意。宀＋心＋皿(水盤)＋丁(＝示、神事)。心は金文以後加えられた。家内に水盤をおき神をまつって心をやすらかにする意。借りて助字に用いる。

甲骨文 金文 篆文

[同属字] 嚀・濘・獰・聹

[参考] 万葉仮名では音を借りて「な」。

[意味] ❶やすらか。やすんずる。おだやか。『寧日』『安寧』→下接。❷ねんごろ。『丁寧(テイネイ)』❸むしろ。(イ)いっそ…のほうがよい。選択の意を示す。＊史記-蘇秦伝「寧為ニ鶏口一、無レ為ニ牛後一(むしろケイコウとなるも、ギュウゴとなるなかれ)」〔＝いっそのこと鶏の口とはなっても、牛の尻となってはならない〕」(ロ)(「寧－、寧－」の形で)…か、それとも…か。二者択一を示す。＊荘子-秋水「此亀者、寧其死為ニ留レ骨而貴一乎、寧其生而曳ニ尾於塗中一乎(このかめは、むしろそれしてほねをとどめてとうとばるるをなさんか、むしろそれいきてをトチュウにひかんか)」〔＝この亀にしてみれば、死んで骨を残して尊ばれたいのであろうか、それとも、生き長らえて、尾をどろの中に引きずっていたいだろうか〕」❹なんぞ。いずくんぞ。どうして…であろうか。反語を示す。＊李白-把レ酒問レ月「寧知暁向ニ雲間一没(なんぞしらん、あかつきにウンカンにむかいてボッするを)」〔＝どうして、(月が)明け方の雲に消えていくのを知っていようか〕」＊史記-陳渉世家「王侯将相、寧有レ種乎(オウコウショウショウ、いずくんぞシュあらんや)」〔＝王侯や将軍、宰相になるのは、どうして家柄や血筋によるのだろうか〕」❺その他。地名など。『寧波(ニンポー)』

❶ やすらか。

[下接] 安寧(アンネイ)・晏寧(アンネイ)・康寧(コウネイ)・遑寧(コウネイ)・輯寧(シュウネイ)・清寧(セイネイ)・静寧(セイネイ)・平寧(ヘイネイ)

【寧一(ネイイツ)】安定して、乱れないこと。

【寧居(ネイキョ)】安心していること。

【寧歳(ネイサイ)】太平無事の年月。

【寧日(ネイジツ)】心やすらかに落ち着ける日。平穏無事な日。

【寧静(ネイセイ)】平和で静かなこと。

【寧楽(ネイラク)】安んじて楽しむこと。→❺(なら)

❺その他。地名など。
【寧波(ニンポー)】中国、浙江(セッコウ)省の海岸にある市。古くから海上交通の中心地。

【寧馨児(ネイケイジ)】（「寧馨」は中国、晋・宋代の俗語で、「このような」の意）すぐれた子。神童。

【寧楽(なら)】地名。奈良。→❶(ネイラク)

1792 【寞】 5375 556B 9B8B 宀-11 マク呉・バク漢/mò
[字解] 形声。宀＋莫（みえない）[声]。家中に姿も声もない、ひっそりしている意。
[意味] ひっそりしている。静か。さびしい。『寂寞(セキバク)』『落寞(ラクバク)』

1793 【寥】 5376 556C 9B8C 宀-11 リョウ（レウ）呉漢/liáo/さびしい
[字解] 形声。宀＋翏[声]。
[意味] ❶さびしい。むなしい。『寥落』『荒寥(コウリョウ)』『寂寥(セキリョウ)』 ❷からりと広い。また、奥深く広い。『寥廓』
【寥廓(リョウカク)】1広く大きいこと。2おおぞら。天空。
【寥落(リョウラク)】1星などが、まばらでもの寂しいさま。2落ちぶれること。3あれはててすさまじいこと。
【寥寥(リョウリョウ)】1もの寂しくひっそりしているさま。2数量の少ないさま。『参加者は寥々たるもの』

【搴】⇩2683 【蜜】⇩7027 【賓】⇩7711
【賔】⇩7712

1794 【寬】 ―― 宀-12 カン「寛」(1779)の旧字

1795 【寫】 5377 556D 9B8D 宀-12 シャ「写」(520)の旧字

1796 【審】 3119 3F33 9052 宀-12 [常] シン呉漢/shěn/つまびらか・くわしい
[筆順]
[字解] 会意。宀＋番（＝釆、ばらばら）。奥へ入ってばらばらに区別する意から、細かに知る、つまびらかにする意。
金文

篆文

[同属字] 瀋
[意味] ❶つまびらかにする。あきらかにする。くわしく知る。また、裁判。『審議』『審査』『勘審(カンシン)』⇒〔詳〕(7489)の[表] ❷つまびらか。あきらか。くわしい。『詳審(ショウシン)』『精審(セイシン)』『不審(フシン)』 ❸[国]「審理」のこと。『上告審』 ❹[国]「審判」「審判員」の略。『球審(キュウシン)』『主審(シュシン)』『塁審(ルイシン)』『線審(センシン)』

❶つまびらかにする。くわしく知る。
【審覈(シンカク)】詳しく取り調べること。

【審議(シンギ)】詳しく調べて、その可否を討議すること。

【審級(シンキュウ)】訴訟事件を異なる階級の裁判所で繰り返して審判させる場合の、裁判所間の審判の順序、上下の関係をいう。日本では三審級を原則とする。

【審合(シンゴウ)】詳しく考え合わせること。

【審査(シンサ)】優劣や等級などを詳しく調べること。

【審察(シンサツ)】詳しく取り調べること。

【審判(シンパン)】1ある事件を審理して判断、または判決を下すこと。さばき。2運動競技の勝敗や反則などを判定すること。『審判員』

【審美(シンビ)】美を識別すること。美醜を究め、美の本質を明らかにすること。『審美眼』

【審問(シンモン)】詳しく問いただすこと。特に、裁判所が当事者・関係者に陳述させること。

【審理(シンリ)】裁判所が、ある事柄の事実関係・法律関係を取り調べて明らかにすること。『集中審理』

❸（日本語で）「審理」のこと。
[下接] 一審(イッシン)・結審(ケッシン)・原審(ゲンシン)・誤審(ゴシン)・再審(サイシン)・初審(ショシン)・前審(ゼンシン)・二審(ニシン)・陪審(バイシン)・覆審(フクシン)・予審(ヨシン)

1797 【寮】 4632 4E40 97BE 宀-12 [常] リョウ（レウ）呉漢/liáo/つかさ
[筆順]
[字解] 形声。宀＋尞（＝寮、かがり火をたく）[声]。かがり火をたいてつとめる役所、また役人の意。
[意味] ❶つかさ。役人。また、律令制で、省の下に属した役所。『陰陽寮(オンヨウリョウ)(おんようづかさ)』『大学寮(ダイガクリョウ)』『図書寮(ズショリョウ)』『主殿寮(とのもりリョウ)(とのもりづかさ)』 ❷共同宿舎。寄宿舎。『独身寮(ドクシンリョウ)』『学寮(ガクリョウ)』 ❸[国]数寄屋(すきや)。茶室。また、下屋敷。『御寮(ゴリョウ)』『茶寮(チャリョウ)』

❶つかさ。役人。役所。
【寮佐(リョウサ)】補佐の任に当たる役人。したやく。

【寮試(リョウシ)】[国]中古、擬文章生(ギモンジョウショウ)を選ぶために、大学寮で行った試験。

❷共同宿舎。寄宿舎。
【寮歌(リョウカ)】[国]寄宿寮で、寮生が共に歌うために作られた歌。

【寮舎(リョウシャ)】[国]寮の建物。

【寮生(リョウセイ)】[国]寄宿寮に住む学生や生徒。

【寮長(リョウチョウ)】[国]寄宿寮の責任者や代表者。

【寮費(リョウヒ)】[国]寄宿費や管理費として寮に納める費用。

【寮母(リョウボ)】[国]寮生の食事その他の世話をする婦人。

【賓】⇩7719

1798 【寰】 5378 556E 9B8E 宀-13 カン（クヮン）漢/huán
[字解] 形声。宀（やね、また領域）＋瞏（→環、まるくめぐらす）[声]。屋根やかきねをめぐらし区切った広い土地の意。金文は、宀＋袁（遠大）[声]。
金文

[意味] ある範囲の中。また、あめのした。天子の統治する地。天下。『人寰(ジンカン)』『塵寰(ジンカン)』
【寰宇(カンウ)】（「宇」は天地四方の意）天地四方の内のひろびろとした世界。天下。
【寰区(カンク)】1天子直轄の区域。畿内。また、天下、天地。2一定の区域。また、一行政単位。
【寰内(カンナイ)】天子の統治する地。天下。寰中。

【憲】⇩2415 【褰】⇩7261 【謇】⇩7419

［賽］⇩7722
［蹇］⇩7806

1799 【寵】 3594 437E 929E 宀-16 チョウ漢/chǒng/いつくしむ・めぐむ・めぐみ

[字解] 会意。宀+龍(龍神)。竜神をまつる宮殿の意から、重んじる、あがめたっとぶ意。

金文  篆文 

[意味] だいじにする。めぐむ。いつくしむ。気に入る。また、めぐみ。いつくしみ。めぐみ深い。『恩寵』

[下接] 愛寵(アイチョウ)・恩寵(オンチョウ)・懐寵(カイチョウ)・君寵(クンチョウ)・聖寵(セイチョウ)・尊寵(ソンチョウ)・天寵(テンチョウ)・内寵(ナイチョウ)・嬖寵(ヘイチョウ)

［寵愛(チョウアイ)］ 特別に大切にして愛すること。＊白居易-長恨歌「三千寵愛在二一身一(サンゼンのチョウアイッシンにあり)〔＝三千人の女性に分け与えられるべき愛情が一身に注がれた〕」

［寵姫(チョウキ)］ 寵愛されている侍女。

［寵光(チョウコウ)］ 君主から特にかけられる恵み。

［寵賜(チョウシ)］ 寵愛されて物を賜ること。

［寵児(チョウジ)］ [1]特別に愛される子供。寵子。[2]世間でもてはやされている人。寵子。『時代の寵児』

［寵妾(チョウショウ)］ 寵愛しているめかけ。

［寵招(チョウショウ)］ いつくしみ深い御招待。

［寵辱(チョウジョク)］ [1]愛されることとはずかしめられること。[2]名声と恥辱。得意と失意。

［寵臣(チョウシン)］ 寵愛している臣下。

［寵命(チョウメイ)］ いつくしみ深い御命令。

1800 【寳】 5380 5570 9B90 宀-16 ホウ 「宝」(1742)の異体字

1801 【寶】 5379 556F 9B8F 宀-17 ホウ 「宝」(1742)の旧字

［鶱］⇩9080

41 寸部 すん

寸は、手を表す「又」に符号の「一」を添えた指事文字で、手ではかる長さの単位を示す。寸部の字の部分となっている寸は、単に又(手)の変形と見られる。

篆文 

寸[◆] 寸 ③ 寺 ④ 寿 夅 孚 ⑤ 导 ⑥ 専 ⑦
寸[▄] 専 ⑧ 專 ⑨ 尋 尋 尊 尊 ⑫ 導 ⑬ 導
寸[▐] ② 対 ④ 尌 対 ⑥ 封 ⑦ 尅 射 尌
将 ⑧ 尉 將 ⑨ 尌 ⑪ 對

寸 [◆]

1802 【寸】 3203 4023 90A1 寸-0 [常]6 ソン漢・スン慣/cùn/き

[筆順] 一 寸 寸

[字解] 部首解説を参照。

[参考] 万葉仮名では訓を借りて「き甲」。平仮名「す」の字源。

[意味] ❶尺貫法の長さの単位。尺の一〇分の一。一寸は曲尺(かねジャク)では、約三・〇三センチメートル。『盈寸(エイスン)』『尺寸(セキスン)』『方寸(ホウスン)』 ❷長さ。『寸が詰まる』『原寸(ゲンスン)』『採寸(サイスン)』 ❸ごくわずか。ほんのすこし。『寸暇』『寸志』『寸前』『一寸(ちょっと)』 ❹[国]とき。「時」の省略体。❺[国]き。馬の背丈を測る単位。❻あて字など。『燐寸(マッチ)』

❷ 長さ。

［寸尺(スンシャク)］ 長さ。寸法。また、わずかな長さ。

［寸法(スンポウ)］ [国][1]物の長さ。[2]計画。もくろみ。

❸ ごくわずか。ほんのすこし。

［寸陰(スンイン)］ 一寸の光陰。ほんのわずかの時間。
［寸暇(スンカ)］ 少しのひま。『寸暇を惜しむ』
［寸隙(スンゲキ)］ [1]少しのひま。[2]わずかなすきま。
［寸劇(スンゲキ)］ 座興のための、短く軽い演劇。
［寸言(スンゲン)］ 短いが意味の深い言葉。
［寸毫(スンゴウ)］ 極めてわずかなこと。『寸毫のすきもない』
［寸刻(スンコク)］ わずかの時間。『寸刻を争う』
［寸志(スンシ)］ [1]わずかばかりの、こころざし。[2]心ばかりの贈り物。自分の贈り物などをへりくだっていう語。
［寸紙(スンシ)］ [1]紙の切れはし。[2]短い手紙。
［寸時(スンジ)］ わずかの時間。『寸時も忘れない』
［寸借(スンシャク)］ [国]ちょっとの間だけ、また、少しばかり借りること。『寸借詐欺(サギ)』
［寸書(スンショ)］ 短い手紙。また、自分の手紙の謙称。
［寸心(スンシン)］ わずかばかりの気持ち。ささやかな志。
［寸進尺退(スンシンシャクタイ)］ (一寸進んで一尺退くの意から)わずかばかり進んで多く退くこと。得るところが少なく、失うところが多いことのたとえ。〔老子-六九〕
［寸寸(ズンズン)］ 物を細かく切るさまをいう語。ずたずた。
［寸誠(スンセイ)］ わずかのまごころ。また、自分の誠(まこと)をへりくだっていう語。
［寸前(スンゼン)］ ほんのちょっと前。直前。
［寸善尺魔(スンゼンシャクマ)］ [国]世の中は、いいことが少なくて、悪いことばかり多いこと。
［寸草心(スンソウのこころ)］ (「寸草」は子供のたとえ)親の恩に報いようとする子供の心。〔孟郊-遊子吟〕
［寸断(スンダン)］ ずたずたに断ち切ること。
［寸楮(スンチョ)］ (「楮」は書簡の意)ごく短い手紙。また、自分の手紙をへりくだっていう語。
［寸腸(スンチョウ)］ わずかばかりのまごころ。
［寸鉄(スンテツ)］ [1]極めて小さい刃物。[2]短いが、深い意味を含んだ言葉。警句。【寸鉄殺レ人(スンテツひとをころす)】 ごく短い刃物で人を殺す。短く鋭い言葉で人の弱点をつくことをいう。〔鶴林玉露-地・殺人手段〕
［寸土(スンド)］ わずかばかりの土地。
［寸馬豆人(スンバトウジン)］ 小さくみえる遠くの人馬。
［寸秒(スンビョウ)］ ごくわずかな時間。寸時。寸刻。
［寸描(スンビョウ)］ ごく簡単に描くこと。スケッチ。
［寸評(スンピョウ)］ 短い批評。短評。『寸評を加える』
［寸分(スンブン―プン)］ [国]少し。ほんのわずか。
［寸歩(スンポ)］ わずかばかりのあゆみ。
［寸裂(スンレツ)］ ずたずたに裂くこと。
［寸話(スンワ)］ 短い話。
【詘レ寸信レ尺(スンをまげてシャクをのぶ)】 (一寸退いても一尺前進する意)小利を捨てて大利を取るたとえ。〔文心雕竜-附会〕
［寸半(きなか)］ 一文銭の直径が一寸であったところから、一文の半分。半文。転じて、非常に少ないこと。

3画 口囗土士夂夊夕大女子宀寸小(⺌・⺍)尢(尣・兀)尸屮(屮)山巛(川)工己(已・巳)巾干幺广廴廾弋弓彐(ヨ・⺕)彡彳

❻あて字など。

【寸胴ズンドウ】国ウエストがくびれていないこと。また、上から下までが同じ太さであるさま。

【寸莎すさ】壁土に混ぜてひび割れを防ぐための、わら、紙などを細かく切ったもの。

難読地名 寸又峡すまたきょう(静岡)

【団】⇩1222

寸

1803【寺】2791 3B7B 8E9B 寸-3 常2 ジ呉・シ漢\sì\てら

筆順 寺 寺 寺 寺 寺 寺

字解 形声。寸(て)+土(=之、止、とどまる)声。役人がとどまってしごとをするところ、役所の意。のちに特に、僧が止まった役所、てらの意となった。侍の原字。

同属字 等・侍・時・峙・待・持・恃・畤・詩・痔

参考 万葉仮名では音を借りて「じ」。

意味 ❶はべる。古代中国で、高貴の人の身辺に付き添う。「侍」に同じ。『寺人』『宦寺カンジ』『婦寺フジ』❷雑事を取り扱う役所。『鴻臚寺コウロジ』❸てら。僧尼が修行し仏事を行う所。精舎ショウジャ。『寺院』『寺社』『本寺』

❶はべる。

【寺人ジジン】古代中国で、君主の近侍の家来。

❸てら。

下接 古寺コジ・社寺シャジ・僧寺ソウジ・尼寺ニジ・あまでら・廃寺ハイジ・仏寺ブツジ・本寺ホンジ・末寺マツジ・国分寺コクブンジ・菩提寺ボダイジ／禅寺ゼンでら・山寺やまでら・檀那寺ダンナでら

【寺院ジイン】寺。てら。♥「院」は、垣をめぐらした所。

【寺格ジカク】寺の格式。寺院の階級。

【寺観ジカン】①(「観」は道士の住む建物の意) 仏寺と道観。②寺院。てら。また、その建造物。

【寺家ケジ】仏語。①てら。寺院の組織。②僧侶。出家。③寺院内部で、塔頭タッチュウ(=院家)に対する寺当局。

【寺号ジゴウ】寺の称号。寺の名。♥成田山新勝寺では、成田山が山号、新勝寺が寺号。

【寺社ジシャ】国仏寺と神社。社寺。『寺社奉行』

【寺務ジム】寺院の事務。『寺務所』

【寺領ジリョウ】寺の所有する領地。

難読姓氏 寺神戸てらかど

【守】⇩1726

1804【寿】2887 3C77 8EF5 寸-4 常 (1463)【壽】5272 5468 9AE6 士-11 旧字人 (1464)【壽】士-11 ジュ呉・シュウ(シウ)漢・ス慣\shòu\ことぶき・ことぶく・ことほぎ・ことほぐ・ひさしい

筆順 寿 寿 寿 寿 寿 寿 寿

字解 寿は壽の草体から。壽は形声。篆文では、老(としおいる)省+𠷎(ながい)声。長生きをする意から、めでたい祝いの意。壽は壽の異体字。

同属字 籌・儔・擣・濤・檮・疇・躊・禱・鑄(鋳)

意味 ❶命が長いこと。長生き。ひさしい。また、年齢。特に高い年齢。『寿老人』『寿命』『寿齢』『天寿』『福寿』❷国ことほぐ。いわう。めでたい。『寿詞』『寿杯』❸あて字。『恵比寿えびす』『寿司すし(=鮨)』

❶命が長いこと。また、年齢。

下接 永寿エイジュ・鶴寿カクジュ・下寿カジュ・喜寿キジュ・三寿サンジュ・傘寿サンジュ・上寿ジョウジュ・仁寿ジンジュ・聖寿セイジュ・卒寿ソツジュ・中寿チュウジュ・長寿チョウジュ・椿寿チンジュ・天寿テンジュ・年寿ネンジュ・白寿ハクジュ・万寿バンジュ／マンジュ・眉寿ビジュ・福寿フクジュ・米寿ベイジュ・夭寿ヨウジュ・養寿ヨウジュ・老寿ロウジュ・無量寿ムリョウジュ

【寿域ジュイキ】①長生きできる、よく治まった世。②長寿の境。③生存中に作っておく墓。寿穴。寿蔵。寿堂。

【寿宴・寿讌ジュエン】長寿の祝いの酒宴。賀宴。

【寿賀ジュガ】国長寿の祝い。賀寿。還暦(数え年六一歳)・古希(七〇歳)・喜寿(七七歳)・米寿(八八歳)・白寿(九九歳)など。

【寿考ジュコウ】(「考」は老の意)長生きすること。長寿。

【寿康ジュコウ】長生きしてやすらかなこと。

【寿像ジュゾウ】存命中に作っておく像。

【寿福ジュフク】長命で幸福なこと。福寿。

【寿命ジュミョウ】①生命。また、命の長さ。『平均寿命』②国物が使用に耐える期間。

【寿夭ジュヨウ】長生きと若死に。長命と短命。

【寿量ジュリョウ】寿命の数。命数。

【寿齢ジュレイ】長命の人の年齢。長命。

【寿老人ジュロウジン】長寿の神。長頭で白いひげを垂れた老人とされる。日本で、七福神の一。

【寿則多辱いのちながければすなわちはじおおし】長生きすれば何かにつけて恥をかくことが多い。〔荘子-天地〕

❷(日本語で)ことほぐ。いわう。めでたい。

【寿詞ジュシ／よごと】国①(ジュシ)長寿の祝いを述べた詩歌や文章。②(よごと)天皇の御代の長久・繁栄を祝うことば。

【寿酒ジュシュ】国祝いの酒。

【寿杯ジュハイ】国祝いのさかずき。

難読地名 寿都すっつ郡・町(北海道)

1805【寽】寸-4 (1806)【寽】寸-4 リツ漢\lü\

字解 会意。𠬪(上下に向かいあう手)+一(とるもの)。手の指で物をひきとるようにつまみとる意。

同属字 埒(埓)・捋・將(将)

1807【㝵】寸-5 ゲ呉・ガイ漢

字解 もと㝵。会意。寸(て)+見(=貝、財貨)。手でとる意。得に同じ。

同属字 得・碍

参考 万葉仮名では音を借りて「げ」乙。

1808【専】3276 406C 90EA 寸-6 常6 (1810)【專】5383 5573 9B93 寸-8 旧字人 セン呉漢\zhuān\もっぱら・もはら

筆順 専 専 専 専 専 専

字解 専は專の略体。專は会意。叀（いとまき）＋寸。糸を手でまきつける意。縛の原字。転じて、もっぱらの意に用いる。

甲骨文  篆文 

同属字 甎・傳（伝）・塼・摶・磚・轉（転）・團（団）

参考 専は、博・傳・摶などの専ハと紛れやすいが、常用漢字中では、傳・轉は伝・転に、團は団になっている。

意味 ❶もっぱら。いちずに。そのことだけに集中する。『専一』『専念』『専門』 ❷ひとりじめにする。『専売』『専有』『専用』 *柳宗元‐捕レ蛇者説「専ニ其利一三世矣そのりをもっぱらにすることサンセイなり〔＝三代にわたって、特権を独占していた〕」 ❸ほしいままにする。自分だけで勝手にすること。『独断専行ドクダンセンコウ』『専横』『専制』

❶ もっぱら。

【専愛センアイ】特にあるものだけを愛すること。偏愛。
【専一センイツ】一つの事柄にだけ力を注ぐこと。
【専科センカ】ある方面だけを特別に学ぶ課程。また、その課程で学ぶ科目。
【専業センギョウ】専門の事業または職業。一つの仕事、職業だけに携わること。↕兼業。『専業農家』→❷
【専攻センコウ】ある学問、学科を専門に研究すること。
【専修センシュウ|センジュ】①（センシュウ）もっぱらそのことばかりを習い修めること。『専修学校』②（センジュ）仏語。もっぱら称名の一行を修すること。
【専従センジュウ】きめられたある一つのことだけに従事すること。『組合の専従』『在籍専従』
【専心センシン】心を一つの事に集中すること。『一意専心』
【専属センゾク】一つの会社、団体にだけ所属すること。
【専任センニン】もっぱらその任に携わること。↕兼任
【専念センネン】あることだけに没頭すること。専心。
【専務センム】①もっぱらその務めに当たること。『専務車掌』②国「専務取締役」の略。株式会社の取締役の一。
【専門センモン】学問、職業などで、そのことをもっぱら研究し、従事すること。『専門学校』『専門家』
【専用センヨウ】ある特定の目的だけに用いること。→❷

❷ ひとりじめにする。

【専管センカン】一手に管理支配すること。『専管水域』
【専業センギョウ】法律で認められた独占事業。→❶
【専売センバイ】①国家が特定の物品の生産、販売を独占すること。『専売品』②他には売らせずに自分だけが独占して売ること。一手販売。『専売特許』
【専有センユウ】自分ひとりだけで所有すること。独占。↕共有。『専有面積』
【専用センヨウ】ある人だけが使用すること。→❶

❸ ほしいままにする。

【専横センオウ】他の意向を無視して勝手に振る舞うこと。

【専決センケツ】自分だけの意見できめること。

【専権センケン】思うままに権力を振るうこと。

【専行センコウ】自分だけの判断で行うこと。『独断専行』

【専殺センサツ】ほしいままに殺すこと。

【専恣センシ】ほしいままにすること。専横。擅恣。

【専制センセイ】独断で思うままにとりはからうこと。特に、政治を独断で行うこと。『専制君主』『専制政治』

【専政センセイ】独断で政治を行うこと。専制政治。

【専擅センセン】自分の思うままにすること。

【専対センタイ】独断で受け答えすること。

【専断センダン】自分だけの考えで勝手に事を処理すること。
▼書き換え「擅断→専断」。

1809 【尃】 寸－7 フ㊥・ホ㊥／fū

字解 形声。寸（て）＋甫（田に広く植え並べられたイネ）㊥。苗を田に広くしきならべる、しく意。敷の原字。

金文   篆文 

同属字 傅・博（博）・榑・膊・縛（縛）・鎛・薄（薄）・簿（簿）

［辱］⇩8010

1810 【專】 5383 5573 9B93 寸－8

セン 「専」（1808）の旧字

1811 【尋】 3150 3F52 9071 寸－9 常

（1812）〖尋〗 寸－9 旧字

ジン㊥・シン㊥／xún／たずねる・ついで・ひろ

筆順 尋 尋 尋 尋 尋 尋

字解 形声。右（みぎて）＋左（ひだりて）＋彡（重ねる）㊥。両手でくり返しはかる意から、さぐりたずねる意。甲骨文は、両腕をのばして寸法をはかるさま。

甲骨文   篆文 

同属字 潯

意味 ❶ひろ。長さの単位。成人男子が両手を左右へ広げたときの、指先から指先までの長さ。周代では八尺をいう。日本では、今の約六尺（約一・八メートル）。『尺進尋退セキシンジンタイ』『千尋センジン』『万尋バンジン』 ❷たずねる。聞きただす。問いただす。さがす。『尋問』『考尋』 *陶潜‐桃花源記「尋ニ向所一誌さきにしるししところをたずね〔＝以前つけておいた目じるしをさがした〕」 ❸ふつう。なみ。『尋常』 ❹ついで。まもなく。やがて。*陶潜‐桃花源記「未レ果。尋病終いまだはたさず。ついでやみておわる〔＝まだ実行に移らず、そのうち間もなく病にかかって死んだ〕」

❷ たずねる。聞きただす。問いただす。

下接 考尋コウジン・深尋シンジン・審尋シンジン・追尋ツイジン・来尋ライジン

【尋繹ジンエキ】物事の意味などを追究すること。

【尋究ジンキュウ】どこまでもさがし調べること。

【尋訪ジンボウ】おとずれること。訪問すること。

【尋問ジンモン】問いただすこと。特に、裁判官や警察官などが、証人や被疑者などに口頭で質問すること。『不審尋問』『誘導尋問』▼書き換え「訊問→尋問」。

【尋幽ジンユウ】①奥深く、よい景色をたずね求めること。②深い道理をきわめること。

❸ ふつう。なみ。

【尋常ジンジョウ】①特別でない、普通のこと。なみ。通常。②国けなげで立派なこと。いさぎよいこと。

1813 【尊】 3426 423A 91B8 寸－9 常6

（1814）〖尊〗 寸－9 旧字

ソン㊥・㊥／zūn／たっとい・とうとい・たっとぶ・とうとぶ・みこと・たか

筆順 尊 尊 尊 尊 尊

字解 会意。寸(=廾、両手)+酋(大切な酒器)。両手で持って酒器を神に捧げる、たっとぶ意。尊は、重文による。

甲骨文 金文 篆文 重文

同属字 噂・樽・罇・遵(遵)・蹲・鐏・鱒

意味 ❶とうとい。たっとい。とうとぶ。たっとぶ。↔卑。『尊敬』『尊厳』
表 ⇒〔敬〕(3041)の表
❷たっとぶべき神仏・人・存在などをいう。『尊像』『本尊』❸敬意を表して他の人に関する物事に添える語。『尊家』『尊顔』『尊父』❹酒だる。酒を盛る容器。「樽」に同じ。『一尊イッソン』『犠尊ギソン』『二尊ニソン』『罍尊ライソン』❺国みこと。神や貴人の名に、尊敬の意を表して添える語。「…のみこと」の形で用いる。『日本武尊やまとたけるのみこと』

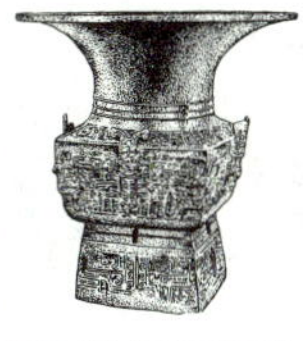

尊❹〔故宮博物院蔵〕

❶とうとい。とうとぶ。たっとぶ。

下接 自尊ジソン・推尊スイソン・追尊ツイソン・独尊ドクソン・奉尊ホウソン・官尊民卑カンソンミンピ・男尊女卑ダンソンジョヒ・唯我独尊ユイガドクソン

尊崇		
ソン 尊	大切にしてうやまいたっとぶ。	尊敬 尊信 尊貴 尊大 尊慕 自尊
スウ 崇	あおぎみてたっとぶ。	崇敬 崇信 崇貴 崇高 崇拝 敦崇

【尊栄ソンエイ】とうとい高い身分にあって栄えること。
【尊貴ソンキ】とうといこと。また、そのさまやその人。
【尊敬ソンケイ】たっとび敬うこと。『尊敬語』
【尊顕ソンケン】身分がとうとく、名声が知られること。
【尊厳ソンゲン】とうとくおごそかなこと。【尊厳死ソンゲンシ】（英 death with dignity の訳語）植物人間の状態にある者を生命維持装置をとりはずして死亡させること。
【尊号ソンゴウ】たっとんで呼ぶ称号。特に、天子、皇后、皇太后などの称号。
【尊者ソンジャ】①目上の人。②身分の高い僧。
【尊爵ソンシャク】高くて名誉ある位。
【尊称ソンショウ】尊敬の意を表すために使う呼び名。敬称。↔卑称
【尊勝ソンショウ】仏語。とうとく、すぐれていること。
【尊攘ソンジョウ】国「尊皇攘夷ソンノウジョウイ」の略。皇室をあがめて外国人を払いのけるという、江戸末期の思想。
【尊信ソンシン】たっとんで信頼すること。
【尊親ソンシン】①たっとび親しむこと。②親をたっとぶこと。→❸
【尊崇ソンスウ】たっとびあがめること。尊敬。
【尊属ソンゾク】父母と同列以上にある血族。↔卑属。『尊属殺人』『直系尊属』
【尊大ソンダイ】いかにもえらぶった態度をとるさま。
【尊重ソンチョウ】価値のあるものとしてたっとび重んじること。『人権を尊重する』
【尊皇・尊王ソンノウ】朝廷をたっとぶこと。『尊皇攘夷』
【尊卑ソンピ】身分の高いものと低いもの。
【尊名ソンメイ】とうとい名誉。立派な評判。→❸

❷たっとぶべき神仏・人・存在などをいう。

下接 一尊イッソン・最尊サイソン・至尊シソン・釈尊シャクソン・世尊セソン・達尊タッソン・本尊ホンゾン・令尊レイソン・不動尊フドウソン・両足尊リョウソクソン

【尊像ソンゾウ】神仏や高貴の人の姿をうつした像。→❸

❸敬意を表して添える語。

【尊影ソンエイ】（肖像または写真などの）おすがた。

【尊下ソンカ】手紙のあて名のわきづけに記す語。貴下。

【尊家ソンカ】相手の家、家庭の敬称。貴家。尊宅。

【尊駕ソンガ】他人、特に天子を敬って、その乗り物をいう語。ひいて、天子などの尊称。

【尊翰・尊簡ソンカン】他人の手紙の敬称。尊書。

【尊顔ソンガン】相手の顔の敬称。お顔。

【尊君ソンクン】相手の父を敬っていう語。

【尊兄ソンケイ】①相手の兄の敬称。令兄。②友人に対する敬称。あなた。貴兄。大兄。

【尊公ソンコウ】あなた。貴公。

【尊書ソンショ】＝尊翰ソンカン
【尊上ソンジョウ】目上の人。また、目上の人をたっとぶこと。

【尊親ソンシン】他人の親を敬っていう語。→❶
【尊前ソンゼン】神仏や貴人の前を敬っていう語。おんまえ。

【尊像ソンゾウ】他人の姿、形を敬っていう語。→❷
【尊体ソンタイ】神仏・貴人または広く他人のからだ・肖像などを敬っていう語。

【尊台ソンダイ】あなた様。貴台。やや目上の相手に対する敬称。

【尊大人ソンタイジン】①相手の父母を尊敬していう語。②相手を尊敬して呼ぶ語。

【尊堂ソンドウ】相手の家、家庭の敬称。また、あなた様。

【尊父ソンプ】相手の父の敬称。お父上。『御尊父様』

【尊名ソンメイ】相手の名前の敬称。芳名。→❶
【尊命ソンメイ】相手の命令の敬称。貴命。

【尊容ソンヨウ】相手の容姿の敬称。おすがた。

【奪】⇩1521

1815 【導】 ドウ(ダウ)呉・トウ(タウ)漢 dǎo みちびく・しるべ 3819 4633 93B1 寸-12 常5

(1816)【導】 寸-13 旧字

筆順 導 導 導 導 導 導

字解 導は導の略体。導は形声。寸+道(みち)声。手をひいてみちをゆく、みちびく意。金文は、寸ではなく止(あし)に従う。

金文 篆文

意味 ❶みちびく。先に立って案内する。手引きする。教えみちびく。また、しるべ。『導入』『指導』❷火・熱・電気・水などをつたえ流す。『導火線』『伝導』

❶みちびく。手引きする。また、しるべ。

下接 引導インドウ・開導カイドウ・教導キョウドウ・訓導クンドウ・指導シドウ・主導シュドウ・唱導ショウドウ・奨導ショウドウ・先導センドウ・善導ゼンドウ・伝導デンドウ・補導ホドウ・輔導ホドウ・誘導ユウドウ・利導リドウ・盲導犬モウドウケン

【導引ドウイン】①導くこと。道案内。②道家で行う一種の養生法。大気を体内に引き入れ、これにより心をしずめ欲を制する長生法。

【導師ドウシ】①仏の教えを説いて衆生を悟りの道に導く者。仏菩薩ブツボサツの称。②法会ホウエなどのとき、衆僧の首座となって儀式を行う僧。

【導入ドウニュウ】①外部から導き入れること。②国学習指

導で、本題への方向づけをする予備的段階。『導入部』

❷火・熱・電気・水などをつたえる。

下接 開導カイドウ・疎導ソドウ・疏導ソドウ・伝導デンドウ・仮導管カドウカン・良導体リョウドウタイ

【導火線ドウカセン】①爆薬などの口火をつけるのに用いる線。②比喩的に、事件のきっかけとなるもの。

【導管ドウカン】①水、ガスなどを送る管。②被子植物で、根から吸収した水分、養分を上に送る働きをする組織。

【導水ドウスイ】水をみちびいて流すこと。『導水管』

【導線ドウセン】電流を通すための導体の針金。

【導体ドウタイ】電気および熱をよく伝える物質。導電体。↔不導体・絶縁体。『半導体』

寸

1817 【対】 二二 寸-2 「対」(1819)の異体字

1818 【〓】 二二 寸-4 ガン「刓」(616)の異体字

1819 【対】 3448 4250 91CE 寸-4 常3 ツイ呉・タイ呉漢/duì/むかう・むかい・こたえる
(1828)【對】 5384 5574 9B94 寸-11
(1817)【対】 二二 寸-2

筆順 対 対 対 対 対 対 対

字解 対は對の略体。對は会意。もと、寸(て)+丵(上に歯のある道具)+口。士が道具を手にもち天子に面とむかってこたえる意から、こたえる、むかう意。甲骨文・金文は、口を欠く。對は重文による。

甲骨文 金文 篆文 重文

同属字 對

意味 ❶むかう。むかい。むこう。あいて。『対岸』『対象』*張継-楓橋夜泊「江楓漁火対ニ愁眠一コウフウギョカシュウミンにタイす」[=川岸の楓やいさり火が、旅愁のために眠りの浅い(私の)目に映る] ❷(両者が)むかいあう。また、はりあう。『対決』『対座』『敵対テキタイ』❸(互いに)むかいあっている。また、つりあう。見合う。『対応』『対称』『対等』❹こたえる。応ずる。『対策』『対処』*史記-管晏伝「御以ニ実対一ギョジツをもってこたう」(=御者はありのままをお答えした) ♥多く、目上の人に返答する場合に用いる。❺むきあわせる。つきあわせる。『対比』『絶対ゼッタイ』『相対ソウタイ』『待対タイタイ』❻つい。二つで一組となるもの。また、それを数える語。『対句ツイク』『好一対コウイッツイ』❼国「対馬国つしまのくに」の略。西海道十一か国の一。長崎県北部にある島。『対州タイシュウ』

❶むかう。むかい。むこう。

【対外タイガイ】組織などの外部または外国に対すること。『対外関係』『対外政策』
【対格タイカク】文法の用語。インド-ヨーロッパ語族などにおける格の一つで、動作の目標や対象を表す。
【対岸タイガン】川や湾などの向こう岸。
【対境タイキョウ】①国境の向かい側。②対象。
【対空タイクウ】空からの攻撃に対すること。『対空砲火』
【対自タイジ】(ドイ für sich の訳語)哲学で、ヘーゲルの弁証法の中の、即自(an sich)の直接状態から発展した第二の段階。自己が一定の限界をもちながら自己自身に関係している段階。向自。
【対称タイショウ】文法で、二人称。↔自称。→❸
【対象タイショウ】①目標となるもの。目当て。相手。『女性対象の雑誌』『研究の対象』②哲学で、主観の作用(意識、欲求、認識など)の向かう当のもの。
【対人タイジン】人に対すること。『対人関係』
【対地タイチ】空中から地上に対すること。『対地攻撃』
【対内タイナイ】国内または組織の内部に対すること。
【対日タイニチ】日本に対すること。『対日感情』
【対物タイブツ】あるものに対すること。ある物体に接すること。『対物レンズ』『対物保険』

❷両者がむかいあう。相対する。

【対飲タイイン】向かい合って酒を飲むこと。
【対局タイキョク】(「局」は盤面の意)二人で盤に相対して碁や将棋をすること。『対局時間』
【対決タイケツ】国両者が相対して是非・優劣などを決すること。『両雄の対決』→❺
【対語タイゴ】向かい合って話すこと。→❻
【対向タイコウ】両者が向き合うこと。対面。『対向車』
【対抗タイコウ】①両者が勝ちを争うこと。『対抗意識』②国本命に次ぐ能力があると予想されるもの。『対抗馬』
【対座・対坐タイザ】相対してすわること。
【対峙タイジ】山などが向かい合ってそびえ立つこと。また、転じて、対立する双方がにらみ合っていること。
【対酌タイシャク】互いに向かい合って酒をくみかわすこと。対飲。*李白-山中与ニ幽人一対酌「両人対酌山花開リョウニンタイシャクすればサンカひらく」[=二人で向かい合って酒をくんでいると、山の花が開く]
【対陣タイジン】両軍が、向かい合って陣を張ること。
【対戦タイセン】敵味方になって、戦うこと。『対戦相手』
【対談タイダン】二人で向かい合って語り合うこと。
【対面タイメン】①顔と顔を合わせること。『初対面』②両者が向き合うこと。『対面交通』
【対立タイリツ】反対の立場にあるものが向かい合っていること。『意見が対立する』
【対塁タイルイ】戦場で敵と対陣すること。
【対論タイロン】両者が向かい合って議論すること。
【対話タイワ】両者が向かい合って話をすること。

❸むかいあってつりあう。見合う。

【対応タイオウ】互いに向かいあってつりあいのとれた関係にあること。→❹
【対価タイカ】労力などの報酬として得る利益。
【対角線タイカクセン】多角形、多面体で、同一辺上にない二つの頂点を結んで得られる線分。
【対義語タイギゴ】意味が正反対の関係にある語。「生↔死」「ある↔ない」など。反義語。アントニム。
【対極タイキョク】相対する極。反対の局。『対極的立場』
【対称タイショウ】①調和を保ってつりあうこと。②数学で、二つの点、線、また面が完全に向きあう位置にあること。『線対称』『点対称』→❶
【対数タイスウ】aが1以外の正数のとき、正数N、実数bの間に$N=a^b$という関係があるならば、bはaを底テイとするNの対数といい、$b=\log_a N$で表す。
【対生タイセイ】植物の茎の一節に葉が二枚互いに向かい合っているように付くこと。↔互生
【対蹠タイセキ｜タイショ】(「蹠」は足のうらの意)互いに正反対

の位置関係にあること。『対蹠的な意見』
【対当(タイトウ)】①向かい合っていること。②つりあうこと。
【対等(タイトウ)】優劣、上下などの差がなく等しいさま。『対等な関係』
【対流(タイリュウ)】液体・気体が熱せられて起きる循環運動。

❹ こたえる。応ずる。

[下接] 酬対(シュウタイ)・転対(テンタイ)・問対(モンタイ)・輪対(リンタイ)
【対案(タイアン)】ある案に対して出す別の案。
【対応(タイオウ)】相手の出方や状況に応じて行動すること。『対応が早い』『時局に対応する』→❸
【対策(タイサク)】状況に応じてとる方法や手段。
【対酬(タイシュウ)】相手の意見などにこたえて互いにやりとりすること。応酬。
【対処(タイショ)】状況に応じて適切な処置をとること。
【対揚(タイヨウ)】君命に答えて、民に向かってその主旨を明確に示し宣揚すること。

❺ むきあわせる。つきあわせる。

【対位法(タイイホウ)】音楽で、それぞれ独立している二つ以上の旋律を組み合わせる作曲技法。
【対決(タイケツ)】[国]裁判で、当事者が提出する書類や証書などを比較検討して裁決すること。→❷
【対照(タイショウ)】①照らし合わせること。対比。『比較対照』②対立する事物を並べたとき、両者が示す違いのさま。コントラスト。『好対照をなす』
【対審(タイシン)】訴訟の当事者を対立させて行う審理。
【対置(タイチ)】二つの物事を対照させて置くこと。
【対比(タイヒ)】二つ以上のものを比べること。
【対訳(タイヤク)】原文と訳文とを対照できるように並べて記すこと。『和英対訳』

❻ つい。二つで一組となるもの。

【対偶(タイグウ)】①二つで一そろいになっていること。つい。夫婦、左右など。また、修辞上の対句。『対偶法』②仲間。友だち。
【対耦(タイグウ)】つれあい。夫婦。
【対語(タイゴ|ツイゴ)】①対(ツイ)になっている言葉。白い↕黒い、行く↕帰る、和↕洋など。②熟語で、相対する概念の複合から成るもの。「夫婦」「紅白」「進退」など。→❷
【対句(ツイク)】修辞法の一。形式が同じで、意義の対応する二つの句を並べて用いること。

[難読姓氏] 対比地(ついひじ)

[时]⇩3182 [村]⇩3407 [肘]⇩6320

1820
【封】 4185 4975 9595 寸－6 [常]
フ(呉)・フウ(呉)・ホウ(漢)/fēng/ふさぐ

[筆順] 封 封 封 封 封 封

[字解] 会意。寸(て)＋圭(＝㞢＋土、茂った草木)。草木を植えて土地の境界をつくる意から、ふうじる・土もりの意。金文以後、寸を加えた。

甲骨文　金文　金文　篆文

[同属字] 幇・幫

[意味] ❶(ホウ) もりつち。土を盛り上げた境。また、国境。『封域』『封禅』 ❷(ホウ) ほうずる。領地を与えて諸侯または大名とする。その与えられた領土。また、大きい。富んでいる。『封禄(ホウロク)』『素封』『分封』 *史記-項羽本紀「項氏世世為₂楚将₁、封₂於項₁(コウシよよソのショウたり、コウにホウぜらる)」〔＝項氏は代々楚の将軍で、項に封ぜられた〕 ❸(フウ) とじこめる。ふさぐ。『封鎖』『完封(カンプウ)』『陸封(リクフウ)』 *史記-項羽本紀「封₂府庫₁(フコをフウず)」〔＝財宝や武器の倉を封印する〕」 ❹(フウ) ふう。袋などにふうをする。閉じる。『封筒』 ❺[国]ポンド。重さの単位。英 pound の音訳字「封度」の略。

❶ もりつち。また、国境。

【封域(ホウイキ)】①土を盛り上げて、境としたもの。②諸侯または大名の領地の境。封境。

【封境・封疆(ホウキョウ)】領土のさかい。国境。

【封樹(ホウジュ)】墓の盛り土の上に目印として植えた木。

【封人(ホウジン)】国境を守る役人。

【封禅(ホウゼン)】中国古代に天子が泰山で行った祭礼で、山上に土壇をつくって天をまつることと、山の下で地を祓い清めて山川をまつること。

【封伝(ホウデン)】関所の通行手形。

❷ ほうずる。領地。また、大きい。

[下接] 改封(カイホウ)・旧封(キュウホウ)・冊封(サクホウ)・襲封(シュウホウ)・増封(ゾウホウ)・素封(ソホウ)・大封(タイホウ)・追封(ツイホウ)・提封(テイホウ)・転封(テンポウ)・分封(ブンポウ)

【封建(ホウケン)】君主が土地を諸侯に分け与えて領有させること。『封建時代』『封建社会』【封建的(ホウケンテキ)】専制的・因襲的で、個人の自由を軽んずるさま。

【封侯(ホウコウ)】諸侯に封ずること。また、諸侯。*史記-項羽本紀「未₂有₂封侯之賞₁(いまだホウコウのショウあらず)」〔＝まだ諸侯に封じるという恩賞を受けていない〕」

【封豕長蛇(ホウシチョウダ)】(大きな猪(いのしし)と長い蛇(へび)の意) 他からむさぼってやまない人、貪欲(ドンヨク)な悪人のたとえ。また、暴逆な行為。〔左伝-定公四年〕

【封爵(ホウシャク)】領地を与え、官爵を授けること。

【封地(ホウチ)】諸侯や大名が封ぜられた領地。

【封土(ホウド)】諸侯や大名が、主君から領知権を与えられて支配する土地。

【封禄(ホウロク)】諸侯や武士の得る土地や食糧。知行(チギョウ)。

❸ とじこめる。ふさぐ。

【封鎖(フウサ)】閉ざして出入りさせないこと。『経済封鎖』
【封閉(フウヘイ)】固く門戸を閉じて人の出入りを禁ずること。*史記-項羽本紀「封₂閉宮室₁(キュウシツをフウヘイす)」〔＝宮殿を封印し閉鎖する〕」

❹ ふう。袋などにふうをする。閉じる。

[下接] 帯封(おびフウ)・開封(カイフウ)・函封(カンプウ)・緘封(カンプウ)・厳封(ゲンプウ)・同封(ドウフウ)・別封(ベップウ)・密封(ミップウ)・金一封(キンイップウ)

【封印(フウイン)】封じ目に印を押すこと。また、その印。

【封緘(フウカン)】手紙や文書などの封を閉じること。

【封事(フウジ)】天子に上奏する文。秘密を保つため黒い袋に封じこまれて奉られるところからいう。

【封書(フウショ)】封をした手紙。

【封題(フウダイ)】手紙を封じて上書きをすること。

【封筒・封套(フウトウ)】手紙、文書などを封入する紙袋。

【封入(フウニュウ)】入れて封をすること。

【封蠟(フウロウ)】瓶の栓を密封したり、物の封じ目に用いたりする蠟(ロウ)状の物質。

［紂］⇩5887 ［耐］⇩6224

1821 【剋】 5381 5571 9B91 寸－7
コク 「剋」(642)の異体字

1822 【射】 2845 3C4D 8ECB 寸－7 常6
シャ漢・エキ漢・ヤ漢／shè・yì・yè／いる・うつ・さす

筆順

字解 会意。寸＋身。甲骨文・金文は、弓に矢をつがえたさまから、矢をいる意。のち、弓が身へと字形が変わった。

甲骨文 金文 篆文

同属字 榭・謝・麝

参考 万葉仮名では音を借りて「ざ」、訓を借りて「い」。

意味 ❶いる。弓矢を放つ。また、その術。『射術』『騎射』＊論語‐述而「弋不レ射レ宿(ヨクしてシュクをいず)〔＝(孔子は)いぐるみの矢で飛ぶ鳥を射たが、巣についている鳥を射ることはしなかった〕」 ❷うつ。鉄砲などをうつ。『射撃』『発射』『乱射』 ❸光がさす。また、液体、気体などを勢いよく出す。『射出』『照射』『注射』 ❹ねらう。目標とする。『射倖心(シャコウシン)』 ❺その他。『無射(ブエキ)』〔＝中国音楽十二律の一〕『僕射(ボクヤ)』〔＝秦代の官名〕

❶ いる。弓矢を放つ。また、その術。

下接 暗射(アンシャ)・騎射(キシャ)・賭射(トシャ|のりゆみ)・歩射(ブシャ|かちゆみ)

【射御(シャギョ)】 六芸(リクゲイ)のうち、弓術と馬術。

【射芸(シャゲイ)】 弓を射る術。

【射侯(シャコウ)】 (「侯」は的の意) 矢を射る的。また、的を射ること。

【射術(シャジュツ)】 弓を射る術。弓術。

❷ うつ。鉄砲などをうつ。

下接 曲射(キョクシャ)・高射(コウシャ)・試射(シシャ)・実射(ジッシャ)・掃射(ソウシャ)・速射(ソクシャ)・弾射(ダンシャ)・発射(ハッシャ)・猛射(モウシャ)・乱射(ランシャ)

【射撃(シャゲキ)】 銃砲から弾丸を発射すること。『一斉射撃』
【射殺(シャサツ)】 銃などで撃ち殺すこと。
【射手(シャシュ)】 弓または銃砲を発射する人。
【射出(シャシュツ)】 矢、弾丸などを撃ち出すこと。→❸
【射程(シャテイ)】 銃砲で弾丸が届く最大距離。『射程距離』
【射的(シャテキ)】 空気銃にコルクの弾丸を詰め、的(まと)をねらって撃つ遊び。『射的場』

❸ 光がさす。液体、気体を勢いよく出す。

下接 照射(ショウシャ)・注射(チュウシャ)・直射(チョクシャ)・投射(トウシャ)・日射(ニッシャ)・輻射(フクシャ)・噴射(フンシャ)・放射(ホウシャ)・熱射病(ネッシャビョウ)

【射影(シャエイ)】 ①物の影をうつすこと。また、その影。②数学で、平面上の図形の各点と、その平面上にない一点とを直線で結ぶこと。
【射出(シャシュツ)】 一点からまっすぐ飛び出させること。→❷
【射精(シャセイ)】 精液を射出すること。

❹ ねらう。目標とする。

【射幸・射倖(シャコウ)】 偶然の好運をあてにして事をすること。▼書き換え「射倖心→射幸心」。

【射策(シャサク|セキサク)】 中国、漢代の官吏登用試験の一。経書または政治上の問題を策(竹の札)に書き、受験者に問題を見ずに策を選ばせて解答させたもの。

【射利(シャリ)】 利益を得ることだけを目標とすること。

❺ その他。

【射干(ヤカン|シャガ)】 ㊀(ヤカン) ①狐に似た伝説上の悪獣。また、狐の異名。②植物「ヒオウギ(檜扇)」の漢名。③国能面の一。①を模した鬼畜面。㊁(シャガ) 国アヤメ科の多年草。春、白紫色で黄色い斑点(ハンテン)がある花を開く。胡蝶花。射干玉(ぬばたま|たまばはヒオウギの黒色の実。

難読地名 射水(いみず)郡(富山)

1823 【尌】 ――― 寸－7
チュ 「尌」(1827)の異体字

1824 【将】 3013 3E2D 8FAB 寸－7 常6 (1826)【將】 5382 5572 9B92 寸－8 旧字 人
ショウ(シャウ)呉漢／jiāng・jiàng／ひきいる・まさに・はた・もって

筆順

字解 将は將の略体。將は形声。寸(て)＋肉＋爿(台)㊥。神に手で肉をすすめる意。転じて、ひきいる、また、その人の意。借りて助字にも用いる。甲骨文は、両手で持ちすすめるさま。

甲骨文 篆文
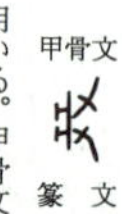

同属字 奬(奨)・漿・醤・蔣・鏘

意味 ❶ひきいる。統率する。また、そのような者。『将軍』『将校』『将兵』『大将』＊淮南子‐人間訓「其馬将二胡駿馬一而帰(そのうまコシュンメをひきいてかえる)〔＝その馬は、胡の駿馬を連れて帰ってきた〕」 ❷まさに…す。再読文字。「且」に同じ。㋑…しようとする。するつもりである。意志を示す。＊荘子‐秋水「吾将レ曳二尾於塗中一(われまさにおをトチュウにひかんとす)〔＝私は尾をどろの中に引きずっていよう〕」 ㋺いまにも…なろうとする。未来を示す。＊陶潜‐帰去来辞「田園将レ蕪(デンエンまさにあれなんとす)〔＝わが田園は今にも荒れ果てそうだ〕」 ❸もつ。たずさえ持つ。『将来』＊李白‐将進酒「呼レ児将出換二美酒一(ジをよびもちいだしてビシュにかえしむ)〔＝小僧を呼び、持ち出して美酒に換えさせる〕」 ❹つれ。連れ合い。配偶者。＊杜甫‐新婚別「鶏狗亦得レ将(ケイクもまたつれをう)〔＝鶏や犬も、それなりにふさわしい連れ合いをもつ〕」 ❺もって。…をもって。で。「以」に同じ。＊韓愈‐左遷至二藍関一示二姪孫湘一「肯将二衰朽一惜二残年一(あえてスイキュウをもってザンネンをおしまんや)〔＝年老いて衰えはてた身のゆえに、いまさら老年を惜しんだりはしようか〕」 ❻はた。また、あるいは。『将又(はたまた)』＊孟子‐滕文公上「将為二君子一焉、将為二野人一焉(はたクンシたり、はたヤジンたり)〔＝為政者もいるし、庶民もいる〕」 ❼大きい。さかん。長い。『将指』『将聖』 ❽ねがう。こう。『将息』 ❾…と。「与」に同じ。＊李白‐月下独酌「暫伴二月将一レ影(しばらくつきとかげとをともなう)〔＝しばらくは、月と影を相伴させよう〕」

❶ ひきいる。統率する。また、そのような者。

下接 王将(オウショウ)・騎将(キショウ)・梟将(キョウショウ)・驍将(ギョウショウ)・玉将(ギョクショウ)・金将(キンショウ)・宿将(シュクショウ)・主将(シュショウ)・少将(ショウショウ)・上将(ジョウショウ)・女将(ジョショウ|おかみ)・大将(タイショウ)・知将(チショウ)・中将(チュウジョウ)・闘将(トウショウ)・副将(フクショウ)・武将(ブショウ)・部将(ブショウ)・謀将(ボウショウ)・名将(メイショウ)・猛将(モウショウ)・勇将(ユウショウ)・雄将(ユウショウ)・良将(リョウショウ)・老将(ロウショウ)

【将家(ショウカ)】 国武士の家。武家。

【将官(ショウカン)】 国軍人の階級で、大将、中将、少将の総称。

【将器(ショウキ)】 大将となり得る器量。

【将几(ショウギ)】 折りたたみ式の腰掛け。床几(ショウギ)。

【将棋・将棊（ショウギ）】国二〇ずつの駒を交互に動かし、相手の王将を早く詰めた者を勝ちとする勝負事。

【将軍（ショウグン）】一軍を統率し指揮する職。日本で、特に、「征夷大将軍」の略。『三代将軍家光』

【将校（ショウコウ）】①軍の指揮官。②国軍隊で、少尉以上の武官の総称。士官。

【将士（ショウシ）】将校と兵士。将兵。

【将相（ショウショウ）】将軍と宰相。＊史記‐陳渉世家「王侯将相、寧有レ種乎（オウコウショウショウ、いずくんぞシュあらんや）」（＝王や諸侯、将軍、宰相になるのは、どうして家系や血統によるのだろうか）」

【将帥（ショウスイ）】軍隊を指揮、統率する人。将軍。大将。

【将星（ショウセイ）】①昔、中国で、大将になぞらえた星。②「将軍」「大将」の異称。『将星墜つ』

【将卒（ショウソツ）】将校と兵卒。将兵。

【将兵（ショウヘイ）】将校と兵士。将士。将卒。『前線の将兵』

【将門（ショウモン）】大将の家柄。将軍となる家柄。

【将領（ショウリョウ）】軍をひきいる人。将帥。首領。

【欲レ射レ将、先射レ馬（ショウをいんとほっすれば、まずうまをいよ）】主となるものを手に入れようとするときは、その周囲にあるものをまずねらうのがよい。

❷ まさに…しようとする。
【将欲（ショウヨク）】…しようと思う。「将」に同じ。＊韓非子‐二柄「人主将レ欲レ禁レ姦（ジンシュまさにカンをキンぜんとほっす）」（＝君主が姦悪を禁止しようとする）」▶「人主 将に姦を禁ぜんと欲す」とも訓読できる。

【将来（ショウライ）】これから先。未来。前途。→❸

❸ たずさえ持つ。
【将来（ショウライ）】①外国から持って来ること。②好ましくない結果を招くこと。『最悪の事態を将来する』→❷

❼ 大きい。さかん。
【将指（ショウシ）】足の親指や手の中指。

【将聖（ショウセイ）】大聖人。＊論語‐子罕「固天縦之将聖、又多能也（もとよりテンこれをゆるしてショウセイにして、またタノウなり）」（＝もちろん（孔子は）天がほしいままに才能を発揮させた大聖人であり、さらにまた多芸である）」

❽ ねがう。こう。

【将息（ショウソク）】①養生すること。②（「お体を大切に」の意で用いる）手紙の末尾や送別の際に用いる語。

［討］⇩7440　［酎］⇩8270

1825【尉】 1651 3053 88D1 寸‐8 常 イ（ヰ）呉漢・ウツ漢／wèi・yù／じょう

筆順 尉 尉 尉 尉 尉 尉

字解 形声。寸＋火＋𡰥（ひのしをする）声。火斗で布をのばす、おさえる意。熨の原字。

同属字 熨・慰・蔚

意味 ❶おさえる。ひのしでおさえてしわをのばす。また、ひのし。「熨」に同じ。❷警察・刑罰・軍事・自衛をつかさどる役人。『尉官』『准尉』『大尉』❸書名。『尉繚子』❹国じょう。(イ)昔の衛門府・兵衛府・検非違使などの三等官。(ロ)おきな。老翁。また、老人の白髪の面。(ハ)炭火の白い灰。

下接 衛尉・海尉・空尉・校尉・准尉・少尉・大尉・中尉・廷尉・都尉

【尉官（イカン）】国もと陸海軍の大尉、中尉、少尉の総称。また、自衛隊の一尉、二尉、三尉の総称。

【尉繚子（ウツリョウシ）】中国、兵家の書。戦国時代の尉繚の著といわれる。古来の兵法家の格言などを総合して兵道を説いたもの。

【尉鶲（じょうびたき）】ツグミ科の小鳥。スズメよりやや大きく、雄は黒色で頭から後頭にかけて白色。

1826【將】 5382 5572 9B92 寸‐8 ショウ「将」(1824)の旧字

1827【尌】 ＊2673 寸‐9　（1823）〔[豆+寸]〕 寸‐7

ジュ呉・シュ漢・チュ漢／shù

字解 会意。寸（て）＋壴（たつ）。手でたてる意。樹に近い。

同属字 廚・澍・樹

［博］⇩803

1828【對】 5384 5574 9B94 寸‐11 タイ「対」(1819)の異体字

42 小（⺌・⺍）部 ちいさい

甲骨文 金文 篆文

小はちいさい点が三つあつまったさまに象り、ちいさい意を表す。小部には、小を部首として、ちいさい意味に関する字、また類型で小の形が目印となるものを収める。

小 小
小 ①少 ③尖 当 ⑤尚 尙
小 ②尓 尒
小 ⑩尠 尟

小

1829【小】 3014 3E2E 8FAC 小‐0 常1 ショウ（セウ）呉漢／xiǎo／ちいさい・こ・お・さ

筆順 小 小 小

字解 部首解説を参照。

参考 万葉仮名では訓を借りて「こ甲」「を」。

意味 ❶ちいさい。(イ)細い。短い。狭い。↔大。『大は小を兼ねる』『小径』『小国』『弱小』(ロ)転じて、単に大・中に対する区別のために用いることもある。『小腸』『小脳』⇩表 ❷すくない。すこし。わずか。ささやか。『小異』『小康』『小差』❸おさない。年わかい。『小学』『小子』『小人』❹とるにたらない。つまらない。また、身分が低い。力量がない。『小官』『小事』『小勇』❺自分や自分の側をへりくだって表す語。『小社』『小生』❻国こ。どことなく。なんとなく。ちょっと…の感じである。『小利口』『小癪』❼国こ。さ。大体それに近い。似かよった。また、語調を整える接頭語としても用いる。『小一里』『小春』『小夜』❽国こ。動作や状態の程度が小さいことを表す。『小首をかしげる』『小股(こまた)が切れ上がる』『小耳(こみみ)に挟む』 ❾国一か月の日数が、陰暦では三〇日に満たない月、陽暦では三一日に満たない月。しょうのつき。陽暦では、二・四・六・九・一一の各月。❿その他。固有名詞、あて字、熟字訓など。

❶ちいさい。細い。短い。狭い。

下接 過小(カショウ)・狭小(キョウショウ)・極小(キョクショウ|ゴクショウ)・群小(グンショウ)・軽小(ケイショウ)・細小(サイショウ)・最小(サイショウ)・弱小(ジャクショウ)・縮小(シュクショウ)・大小(ダイショウ)・短小(タンショウ)・中小(チュウショウ)・卑小(ヒショウ)・微小(ビショウ)・眇小(ビョウショウ)・貧小(ヒンショウ)・偏小(ヘンショウ)・褊小(ヘンショウ)・凡小(ボンショウ)・老小(ロウショウ)・矮小(ワイショウ)・針小棒大(シンショウボウダイ)・胆大心小(タンダイシンショウ)

小(ショウ)	ちいさい。	短小	狭小	微小	卑小	矮小	弱小	大小
大(ダイ)	おおきい。	長大	広大	巨大	尊大	雄大	強大	細大

【小引(ショウイン)】短い序文、はしがき。

【小閣(ショウカク)】①小さな高殿。②婦女子の部屋。

【小額(ショウガク)】単位として、小さい金額。↕高額

【小器(ショウキ)】小さい器物。↓❹

【小径・小逕(ショウケイ)】こみち。細道。

【小計(ショウケイ)】全体の中の一部分の合計。

【小絃(ショウゲン)】弦楽器の細い糸。細い糸を張った弦楽器。＊白居易-長恨歌「小絃切切如二私語一(ショウゲンはセッセツとしてシゴのごとし)〔＝小絃はか細くて耳元でささやく言葉のようである〕」

【小鼓(ショウコ|こつづみ)】小さいつづみ。↕大鼓

【小功(ショウコウ)】①小さな功績。②古代中国の喪服の一。麻の布でつくり、五か月の喪に用いたもの。

【小国(ショウコク)】領土が狭く人口も少ない国。勢力の弱い国。↕大国。【小国寡民(ショウコクカミン)】国土が狭く、人口が少ない国。「老子-八〇」に見える平和な理想国。

【小冊(ショウサツ)】小さい書物。小さい手帳。小冊子。↕大冊

【小史(ショウシ)】簡単な歴史。簡潔に書かれた歴史書。↓❺

【小字(ショウジ)】細かく書いた字。小さい文字。↓❸

【小謝(ショウシャ)】中国、南北朝時代の宋の詩人、謝恵連のこと。大謝(従兄の謝霊運)に対していう。

【小弱(ショウジャク)】小さくて力が弱いこと。弱小。↓❸

【小銃(ショウジュウ)】一人で携帯することのできる小型の銃。

【小序(ショウジョ)】①短い序文。簡単なはしがき。②詩経の毎編の初めに詩編の意を明らかにした小文。関雎編のはじめにおかれた全体の序を大序という。

【小乗(ショウジョウ)】後期仏教の二大流派の一。自行化他の菩薩道を説く革新派が自らを「大乗」と称し、自己の得脱に専念する伝統的仏教を「小乗」とおとしめたもの。

【小丈夫(ショウジョウフ)】身長の低い男。↓❹

【小心(ショウシン)】気の小さいこと。臆病(オクビョウ)。『小心者』

【小心翼翼(ショウシンヨクヨク)】①小さなことにまで気をくばり、慎み深くするさま。〔詩経-大雅・大明〕②転じて、気が小さくてびくびくしているさま。

【小人(ショウジン|こびと)】①(ショウジン)背の低い人。②(こびと)伝説、童話などに出てくる小さい人。↓❸❹

【小数(ショウスウ)】一よりも小さい正の実数。

【小節(ショウセツ)】五線譜の中で、縦線と縦線で区切られた小さな部分。↓❹

【小説(ショウセツ)】①こまごました世俗の説話を書きとめたもの。②作家の想像力、構想力に基づいて、組み立てられた散文体の文学。『小説家』

【小鮮(ショウセン)】小さな魚。こざかな。

【小隊(ショウタイ)】①人数の少ない小さな部隊。②軍隊編制上の一単位。中隊の三分の一ほどの人員で構成。

【小胆(ショウタン)】胆力の小さいこと。↕大胆

【小腸(ショウチョウ)】胃と大腸の間にある消化器官。

【小篆(ショウテン)】漢字の書体の一。篆書のうち、大篆を省略、整理したもの。碑銘や印章などに用いられる。

【小杜(ショウト)】中国、晩唐の詩人、杜牧(トボク)のこと。大杜(杜甫)に対していう。

【小刀(ショウトウ|こがたな)】①(ショウトウ)小さな刀。脇差し。↕大刀。②(こがたな)小さな刃物。ナイフ。

【小党(ショウトウ)】規模の小さい党。人数の少ない党派。

【小道(ショウドウ)】細い道。こみち。↓❹

【小年(ショウネン)】短い寿命。↕大年。＊荘子-逍遥遊「朝菌不レ知二晦朔一、蟪蛄不レ知二春秋一。此小年也(チョウキンはカイサクをしらず、ケイコはシュンジュウをしらず。これショウネンなり)〔＝朝菌というキノコはみそかとついたちを知らないし、蟪蛄という夏ゼミは春と秋を知らない。これらは寿命の短いものである〕」↓❸

【小脳(ショウノウ)】脳髄の一部。大脳の後下方にあり、主に体の平衡を保つ働きをする。

【小農(ショウノウ)】家族だけで営むような規模の小さい農業。

【小品(ショウヒン)】小規模の、ちょっとした作品。

【小文(ショウブン)】短い文章。ちょっとした文章。↓❺

【小片(ショウヘン)】小さいかけら。『ガラスの小片』

【小編・小篇(ショウヘン)】比較的短くまとめられた文芸作品。

【小名(ショウミョウ)】国①鎌倉(かまくら)・室町時代、領地が大名より少なかった領主。②江戸時代、一万石以下の領主。↕大名

【小流(ショウリュウ)】小さな水の流れ。小川。【不レ積二小流一、無三以成二江海一(ショウリュウをつまざれば、もってコウカイをなすなし)】細い流れの水を集めなければ、大きな川や海を成り立たせることはできない。小さな努力の積み重ねが大切であるということのたとえ。〔荀子-勧学〕

【小論(ショウロン)】小規模の論文、論説。↓❺

❷すくない。すこし。わずか。

【小異(ショウイ)】わずかの違い。『大同小異』

【小雨(ショウウ|こさめ)】少し雨の降ること。『小雨決行』

【小過(ショウカ)】小さなあやまち。↕大過

【小寒(ショウカン)】二十四節気の一。一月五、六日ごろ。寒さが厳しい。ここから寒(カン)に入る。↕大寒。

【小閑(ショウカン)】わずかなひま。寸暇。『小閑を得る』

【小吉(ショウキチ)】国おみくじで、少し運勢、縁起のよいこと。

【小休止(ショウキュウシ)】少しの間休むこと。

【小憩(ショウケイ)】少し休むこと。少憩。

【小隙(ショウゲキ)】①少しのすきま。わずかばかりの空間。②ちょっとした仲たがい。

【小康(ショウコウ)】①世の中がしばらくの間無事であること。②国病気が、少しよい状態になること。『小康を得る』

【小疵(ショウシ)】少しのきず。わずかな欠点や過失。

【小酌(ショウシャク)】①小人数の酒盛り。小宴。②ちょっと酒を飲むこと。

【小暑(ショウショ)】二十四節気の一。七月七日ごろに当たる。ここから暑中に入る。↕大暑(タイショ)

【小食(ショウショク)】食事の量が少ないこと。↕大食

【小寝(ショウシン)】天子・諸侯がちょっと休むための部屋。

【小水(ショウスイ)】小便。

【小成(ショウセイ)】わずかばかりの成功。『小成に安んじる』

【小雪(ショウセツ|こゆき)】①(ショウセツ)二十四節気の一。一一月二二日ごろ。②(こゆき)少し降る雪。

【小破(ショウハ)】少し破損すること。↕大破

【小便(ショウベン)】尿。小用。小水。↕大便

【小満(ショウマン)】二十四節気の一。五月二一日ごろ。

【小用（ショウヨウ・こヨウ）】国ちょっとした用事。また、小便をすることを遠回しにいう。
【小恙（ショウヨウ）】軽いやまい。微恙（ビヨウ）。
【小欲・小慾（ショウヨク）】ほんの少しの欲。寡欲（カヨク）。↕大欲
【小利（ショウリ）】わずかな利益。↕大利・巨利。＊論語‐子路「見二小利一、則大事不レ成（ショウリをみれば、すなわちダイジならず）〔=小さな利益を重視すると、大きな事業は達成できない〕」

❸ おさない。年わかい。

【小学（ショウガク）】国「小学校」の略。義務教育の、最初の六年間を行う学校。♥古代中国で、太子・王子その他貴族の子弟に初歩的な学問を教えた学校をいった。↓⑩
【小姑（ショウコ・こじゅうとめ）】①（ショウコ）夫の妹。また、若い女性。②（こじゅうとめ）夫または妻の姉妹。こじゅうと。
【小子（ショウシ）】①子供。②おまえたち。弟子たちへの呼びかけの言葉。二三子（ニサンシ）。＊礼記‐檀弓下「小子識レ之（ショウシこれをしるせ）〔=おまえたち、よく覚えておきなさい〕」↓❺
【小字（ショウジ）】幼少時代の呼び名。字（あざな）。幼名。↓❶
【小弱（ショウジャク）】年若いこと。↓❶
【小豎（ショウジュ）】子供。また、小僧。こわっぱ。青二才。
【小女（ショウジョ）】①若年の女子。童女。②国日本の令制で、三歳以上、一六歳以下の女子の称。
【小人（ショウジン・ショウニン）】国幼少の人。少年。こども。↓❶❹
【小姐（ショウソ）】年若い娘。
【小弟（ショウテイ）】おさない弟。末の弟。↓❺
【小童・小僮（ショウドウ）】①小さいわらわ。男の子。②走り使いの役をする少年。
【小児（ショウニ・ショウジ）】幼い子供。また、他人をあざけっていう語。『小児科（ショウニカ）』
【小年（ショウネン）】年若いこと。幼年。少年。↓❶
【小婦（ショウフ）】①若い女。少婦。②側室。妾（めかけ）。
【小姓（こショウ）】貴人の家や寺などで、主人の身近な雑用を務めた少年。
【小僧（こゾウ）】①年少の僧。小坊主。②商店などに雇われている少年。③年少の男子の卑称。

❹ とるにたらない。また、身分が低い。

【小隠（ショウイン）】未熟な隠者。↕大隠
【小我（ショウガ）】仏教で、凡夫としての自己。また、哲学で、人間の持つ小さな自我。↕大我
【小官（ショウカン）】地位の低い官吏。微官。↕大官。↓❺
【小器（ショウキ）】度量の小さいこと。また、小人物。↓❶
【小慧（ショウケイ）】こざかしいこと。
【小見（ショウケン）】小さな見解。浅はかな考え。↓❺
【小才（ショウサイ・こサイ）】少しばかりの才知、才能。
【小策（ショウサク）】つまらないはかりごと。小細工。
【小事（ショウジ）】ささいな事柄。細事。些事（サジ）。
【小市民（ショウシミン）】国中産階級の人々。プチブル。
【小丈夫（ショウジョウフ）】度量の狭い人物。小人物。↕大丈夫。↓❶
【小身（ショウシン）】国身分の低いこと。↕大身（タイシン）
【小人（ショウジン）】（「君子」の対）①身分の低い人。また、人民。＊論語‐顔淵「君子之徳風。小人之徳草（クンシのトクはかぜなり。ショウジンのトクはくさなり）〔=為政者の徳は風であり、小人の徳は草である〕」②人格の低いつまらない人物。品性の卑しい人。＊荘子‐山木「小人之交、甘若レ醴（ショウジンのまじわりは、あまきことレイのごとし）〔=つまらぬ人物同士の交際は、親しみ過ぎて甘酒のようにベタベタしている〕」↓❶❸【小人閑居為二不善一（ショウジンカンキョしてフゼンをなす）】徳のない、品性の卑しい人は暇であるとかくよくないことをする。〔大学〕【小人窮斯濫矣（ショウジンキュウすればここにランす）】品性が卑しく度量の狭い人は窮乏すると自暴自棄になり道にはずれた行いをする。孔子の言葉。〔論語‐衛霊公〕【小人之過也、必文（ショウジンのあやまつや、かならずかざる）】小人が過失を犯すと、いろいろと表面を飾って、隠してごまかそうとする。〔論語‐子張〕【小人之勇（ショウジンのユウ）】思慮の浅い人の見せかけの勇気。匹夫之勇。〔荀子‐栄辱〕
【小節（ショウセツ）】とるに足りないようなつまらないことについての義理立て。小さい節義。＊史記‐管晏伝「知下我不レ羞二小節一、而恥中功名不上レ顕二于天下一也（わがショウセツをはじずして、コウミョウのテンカにあらわれざるをはずるをしればなり）〔=私がつまらぬ操について心を悩まさないで、自分の能力や名声が天下に知れわたらないことを恥じる人間であることを知っていたからだ〕」↓❶
【小知・小智（ショウチ）】つまらない才知。あさはかな知恵。
【小敵（ショウテキ）】弱い敵。
【小道（ショウドウ）】①ささいな道義。②人倫の道を大道というのに対して、農・医・占など技芸の仕事。また、儒家の学説に対して、諸子百家の諸学説。↓❶
【小民（ショウミン）】しもじもの者。人民。また、小百姓。
【小勇（ショウユウ）】血気にはやる一時的な勇気。↕大勇
【小吏（ショウリ）】地位の低い官吏。
【小量（ショウリョウ）】度量が小さいこと。狭量。

❺ 自分や自分の側をへりくだって表す語。

【小官（ショウカン）】官吏の謙称。↓❹
【小見（ショウケン）】自分の考えの謙称。↓❹
【小子（ショウシ）】自己をへりくだっていう語。↓❸
【小史（ショウシ）】自分の雅号などの下に付ける言葉。『鏡花小史』♥「史」は、文章にたずさわる者の意。↓❶
【小誌（ショウシ）】自分の雑誌の謙称。
【小社（ショウシャ）】自分の勤務する会社の謙称。
【小照（ショウショウ）】（小さな肖像画の意）自分の肖像の謙称。
【小職（ショウショク）】官吏が自分をへりくだっていう語。
【小生（ショウセイ）】私。男子が同輩以下の者に自己をへりくだっていう語。
【小著（ショウチョ）】自分の著作の謙称。
【小弟（ショウテイ）】①目上に対して自分の弟をいう謙称。②自己の謙称。↕大兄。↓❸
【小店（ショウテン）】自分の店の謙称。
【小文（ショウブン）】自分の文章の謙称。↓❶
【小論（ショウロン）】自分の論文の謙称。↓❶

❼ （日本語で）こ。さ。大体それに近い。

【小正月（こショウガツ）】一月一五日の称。また、一月一四日から一六日までをいう。

【小半（こなから）】半分の半分。特に、一升の四分の一。

【小春（こはる・ショウシュン）】冬の初めの、春に似た温暖な気候。陰暦一〇月の異称。『小春日和〔=春のような天気〕』

【小六月（ころくガツ）】陰暦一〇月の異称。

【小夜（さよ）】夜。『小夜曲〔=セレナーデ〕』

❿ 固有名詞、あて字、熟字訓など。

【小雅（ショウガ）】詩経の分類の一。詩経の詩の三大別である風・雅・頌の雅を構成する。中国、周王朝の儀式・祭祀・宴会などに歌われた歌を収める。
【小学（ショウガク）】①中国で、文字の字形、字音、字義に関する研究。②書名。六巻。南宋の劉子澄（リュウシチョウ）が朱子の指導を受けて編集した初学者課程の入門教科書。作法・修身・道徳を説く。↓❸
【小豆（あずき）】マメ科の一年草。赤色の種子は食用とし、祝

3画
口囗土士夂夊夕大女子宀寸小（⺌・⺍）尢（兀・尣）尸屮（屮）山巛（川）工己（已・巳）巾干幺广廴廾弋弓彐（ヨ・彐）彡彳

い事に用いたり、餡(あん)の材料としたりする。赤豆。

【小父(おじ)】よその年配の男性をいう語。おじさん。

【小母(おば)】よその年配の女性をいう語。おばさん。

【小女子(こうなご)】イカナゴの異名。

【小町(こまち)】美女。小町娘。▼小野小町(おののこまち)が美人であったというところから。

【小結(こむすび)】相撲で力士の位の一。三役(大関、関脇(せきわけ)、小結)の最下位。

難読地名 小鹿野(おがの)町(埼玉) 小川原(おがわら)湖(青森) 小城(おぎ)郡・町(佐賀) 小郡(おごおり)市(福岡) 小郡(おごおり)町(山口) 小谷(おたり)村(長野) 小値賀(おぢか)町(長崎) 小千谷(おぢや)市(新潟) 小半(おながら)鍾乳洞(大分) 小俣(おばた)町(三重) 小布施(おぶせ)町(長野) 小見川(おみがわ)町(千葉) 小矢部(おやべ)市(富山) 小牛田(こごた)町(宮城) 小須戸(こすど)町(新潟) 小豆(しょうず)郡(香川) 小豆(しょうど)島(香川) 小県(ちいさがた)郡(長野) 難読姓氏 小豆沢(あずさわ) 小城原(おぎわら) 小此木(おこのぎ) 小山内(おさない) 小出(こいで) 小木曽(おぎそ|こぎそ) 小日向(こびなた|おびなた|こひなた) 小比類巻(こひるいまき) 小竹(しの)

1830
【少】 3015 3E2F 8FAD 小－1 常2
ショウ(セウ) 呉 漢 / shǎo・shào / すくない・すこし・わかい

筆順 

字解 指事。小(ちいさな点)に丿を付し、小と区別して、すくない意を表す。派生して、わかい意。

甲骨文  篆文 

同属字 妙・沙・抄・杪・炒・眇・秒・砂・紗・鈔・魦

参考 万葉仮名では訓を借りて「を」。

意味 ❶すくない。㋑わずか。すこし。↔多。『少数』『少量』『寡少』『微少』＊史記-項羽本紀「兵少食尽(ヘイすくなくショクつく)〔=兵の数も少なく、食糧も尽きてしまった〕」㋺まれ。ほとんどない。＊耿湋-秋日「古道少二人行一(コドウひとのゆくことまれなり)〔=古い街道には、行き来の人もほとんどない〕」❷へる。へらす。『減少(ゲンショウ)』❸わかい。おさない。『少女』『少年』『幼少』⇒表 ❹身分・位の低い方。また、主となるものに対して、補佐する役。『少尉』『少佐』❺かく。欠ける。＊柳宗元-南澗中題「失路少レ所レ宜(みちをうしなってよろしきところかく)〔=行くべき道を失って何事もうまくいかない〕」❻固有名詞。『少林寺』

❶ すくない。わずか。すこし。

下接 過少(カショウ)・寡少(カショウ)・希少(キショウ)・稀少(キショウ)・極少(キョクショウ)・僅少(キンショウ)・軽少(ケイショウ)・最少(サイショウ)・些少(サショウ)・瑣少(サショウ)・鮮少(センショウ)・尠少(センショウ)・多少(タショウ)・微少(ビショウ)・乏少(ボウショウ)

【少焉(ショウエン)|しばらく】しばらくたって。ちょっとの間。少頃(ショウケイ)。＊蘇軾-前赤壁賦「少焉月出二於東山之上一、徘二徊於斗牛之間一(しばらくしてつきトウザンのほとりにいで、トギュウのカンにハイカイす)〔=しばらくして、月が東の山の上に出て、斗宿、牛宿といったあたりにかかっている〕」

【少額(ショウガク)】少ない金額。↔多額。『少額貯金』

【少閑(ショウカン)】少しのひま。寸暇。小閑。

【少頃(ショウケイ)】少しの間。しばらく。暫時(ザンジ)。

【少憩(ショウケイ)】ちょっと休むこと。『少憩を取る』

【少時(ショウジ)】しばらくの間。暫時。↓❸

【少少(ショウショウ)】少しばかり。

【少食(ショウショク)】食事の量が少ないこと。小食。

【少数(ショウスウ)】数の少ないこと。↔多数。『少数意見』

【少敵(ショウテキ)】少数の敵。

【少欲・少慾(ショウヨク)】欲が少ないこと。小欲。

【少量(ショウリョウ)】少しの分量。

【少牢(ショウロウ)】中国古代、諸公が社稷(シャショク)をまつったときにそなえた羊と豚のいけにえ。それに牛を加えたものを太牢という。

❸ わかい。おさない。

下接 若少(ジャクショウ)・長少(チョウショウ)・年少(ネンショウ)・幼少(ヨウショウ)・老少(ロウショウ)

少(ショウ)	若(ジャク・ニャク)
若少	
としがすくない。 少年 少弟 少壮 少時 老少 幼少	わかい。 若年 若弟 若輩 若齢 老若 幼若

【少艾(ショウガイ)】若くて美しい女。

【少国民(ショウコクミン)】国 次の時代を担う少年少女。▼日本で、第二次世界大戦中に用いられた語。

【少時(ショウジ)】幼少の時。幼時。↓❶

【少者(ショウシャ)】年の若い人。年少者。

【少女(ショウジョ)】年若い女子。おとめ。

【少小(ショウショウ)】年の若い人。年少。

【少壮(ショウソウ)】若く盛んな時。二、三〇代のころ。＊杜甫-贈二衛八処士一「少壮能幾時(ショウソウよくいくときぞ)〔=若さがいつまでも続くものか〕」

【少長(ショウチョウ)】年の若い者と年配の者。

【少年(ショウネン)】1年の少ない者。年の若い者。『少年時代』2国 少年法で二〇歳に満たない者。また、児童福祉法で小学生から満一八歳に達するまでの者。【少年易レ老学難レ成(ショウネンおいやすくガクなりがたし)】歳月の過ぎ去るのは速く、若いうちに学問に励めという戒め。＊朱熹-偶成「少年易レ老学難レ成、一寸光陰不レ可レ軽(ショウネンおいやすくガクなりがたし、イッスンのコウインかろんずべからず)〔=若者もすぐに年老いてしまうのに、学問は完成しがたい。ちょっとした時間もむだにしてはならない〕」

【少婦(ショウフ)】少女。また、若い嫁。新妻。小婦。

❹ 身分・位の低い方。また、補佐する役。

【少尉(ショウイ)】国 軍隊の階級の一。尉官の一番下の位。

【少佐(ショウサ)】国 軍隊の階級の一。大尉の上、中佐の下。

【少師(ショウシ)】中国の周代、三公の下で天子を補佐した三孤(少師・少傅・少保)の一。太師の副にあたる官。

【少将(ショウショウ)】国 1軍隊の階級の一。大佐の上、中将の下。2昔、近衛(コノエ)府の次官。

【少納言(ショウナゴン)】国 日本の律令制で、太政官(ダイジョウカン)の判官。太政官内の事務局を構成した。

【少府(ショウフ)】1古く中国の官名。山海・池沼の税を収納し、天子の供御(クゴ)をつかさどった帝室財政の官。後に、宮中の服御・宝貨・珍膳のことをつかさどった。2中国唐代の、県の丞尉の称。

【少傅(ショウフ)】中国、周代、三公の下で天子を補佐した三孤(少師・少傅・少保)の一。太傅の副にあたる官。

【少保(ショウホ)】中国、周代、三公の下で天子を補佐した三孤(少師・少傅・少保)の一。太保の副にあたる官。

❻ 固有名詞。

【少昊・少皞(ショウコウ)】中国における伝説上の太古の帝王の名。黄帝の子。後世、秋をつかさどる神とされる。

【少陵(ショウリョウ)】中国、漢の宣帝の皇后、許后の陵の名。長安の南郊にある。杜甫は付近に住んで、杜少陵と号した。

【少林寺(ショウリンジ)】中国の河南省登封県の西北、嵩山(スウザン)にある寺。四九六年、北魏の孝文帝が建立したと伝えられる。達磨(ダルマ)大師が壁に面して座禅すること九年で悟りを開いた所という。

1831 【尖】 3277 406D 90EB 小－3 セン[漢]/jiān/とがる・するどい・さき

[字解] 会意。小＋大。大きなものの先が小さくとがっている意。

[意味] ❶とがる。するどい。『尖鋭』『尖塔』『峰尖(ホウセン)』 ❷さき。はし。『尖兵』『舌尖』『切尖(きっさき)』

❶とがる。するどい。

【尖鋭(センエイ)】先がするどくとがっていること。先鋭。

【尖端(センタン)】とがったはし。先端。

【尖頂(センチョウ)】とがった頂(いただき)。

【尖塔(セントウ)】屋根の先端がとがって、高く突き出た建物。

【尖頭(セントウ)】[1]とがった頭。[2]鋭くとがった先。頂点。

❷さき。はし。

[下接] 舌尖(ゼッセン)・肺尖(ハイセン)／切尖(きっさき)・眉尖刀(なぎなた)

【尖兵(センペイ)】本隊の前方を警戒しながら進む小部隊。また、さきがけて新しい分野に進出する人や機関など。

1832 【当】 3786 4576 9396 小－3 [常]2 (4936)【當】 6536 6144 E163 田－8 旧字

トウ(タウ)[呉][漢]/dāng・dàng/あたる・あたり・あてる・あて・まさに…べし

[筆順] 当 当 当 当 当 当

[字解] 当は當の草体から。當は形声。田＋尚(音)。もとの耕地に匹敵する代わりの土地の意から、あたる意。

[同属字] 檔・璫・礑・襠・蟷・鐺

[意味] ❶あたる。あたり。あてる。あてはめる。あて。めあて。また、対応する。むきあう。『当事者』『当局』『担当』『配当』 ❷あたりまえ。そうあるべきである。道理にかなう。『当を得る』『当然』『順当』『妥当』 ❸まさに…べし。…するのが当然である。当然…にちがいない。当然の意を示す。再読文字。＊陶潜‐雑詩「及(とき)に当(あた)て勉励(べんれい)すべし〔＝時機を逃さずに努め励むべきである〕」 ❹その時、その場に応じる。『当意即妙』 ❺その。この。また、今の。現在の。『当の本人』『当家』『当代』 ❻[国]『当選』の略。『当確』『当落』『四当五落(シトウゴラク)』

❶あたる。あてる。

[下接] 応当(オウトウ)・該当(ガイトウ)・勘当(カンドウ)・芸当(ゲイトウ)・見当(ケントウ)・勾当(コウトウ)・執当(シットウ)・充当(ジュウトウ)・相当(ソウトウ)・対当(タイトウ)・担当(タントウ)・丁当(テイトウ)・抵当(テイトウ)・日当(ニットウ)・配当(ハイトウ)・別当(ベットウ)・弁当(ベントウ)・本当(ホントウ)・無当(ムトウ)・石敢当(セキカントウ)・一騎当千(イッキトウセン)

【当該(トウガイ)】そのことにあたること。そのことに関係があること。『当該の官庁』『当該事項』
【当局(トウキョク)】[1]（「局」は碁盤）碁をうつこと。[2]そのことを処理する行政的な任務を持つ機関。『学校当局』
【当事(トウジ)】直接その事にあたること。『当事国』【当事者(トウジシャ)】直接その事、事件に関係する者。
【当選(トウセン)】選挙によって選び出されること。↔落選
【当籤(トウセン)】[国]くじに当たること。
【当直(トウチョク)】当番で、宿直や日直をすること。『当直医』
【当途・当塗(トウト)】要職にあること。重要な地位にいて、権力を握ること。また、その人。当路。
【当番(トウバン)】番にあたること。担当すること。『当番医』
【当路(トウロ)】重要な地位についていること。当途。

❷そうあるべきである。

[下接] 允当(イントウ)・穏当(オントウ)・過当(カトウ)・失当(シットウ)・至当(シトウ)・順当(ジュントウ)・正当(セイトウ)・妥当(ダトウ)・適当(テキトウ)・不当(フトウ)・本当(ホントウ)

【当為(トウイ)】（ドイ Sollen の訳語）哲学で、当然そうあるべきこと。当然そうなすべきこと。

【当然(トウゼン)】あたり前であること。理にかなうこと。

【当否(トウヒ)】適当か否か。また、正しいか正しくないか。

【当来(トウライ)】（当然に来るはずの意）仏語。未来。来世。

❹その時、その場に応じる。

【当意(トウイ)】その場で即座に考えたり、工夫したりすること。【当意即妙(トウイソクミョウ)】すばやく、その場に適応した機転をきかすこと。
【当初(トウショ)】はじめのうち。最初。『当初の計画』
【当惑(トウワク)】[国]どうすべきか、迷いとまどうこと。困惑。

❺その。この。また、今の。現在の。

【当期(トウキ)】この期間。『当期の決算』
【当家(トウケ)】この家。この一族。『当家の主人』
【当月(トウゲツ)】この月。今月。
【当今(トウコン)】このごろ。この節。現今。
【当座(トウザ)】[国][1]物事に当面したその時。[2]さしあたり。しばらくの間。『当座の小遣い』[3]『当座預金』の略。預金の引き出しに小切手を用いる無利子の銀行預金。
【当歳(トウサイ)】[国][1]その年の生まれであること。[2]今年。
【当山(トウザン)】[1]この山。[2]この寺。当寺。
【当時(トウジ)】[1]そのころ。『終戦当時』[2]現在。現今。
【当日(トウジツ)】[1]その日。[2]今日。『当日券』
【当主(トウシュ)】その家の現在の主人。当代の戸主(コシュ)。
【当世(トウセイ)】今の世の中。今どき。現代。『当世風』
【当節(トウセツ)】この時節。このごろ。当今。現今。
【当代(トウダイ)】[1]その時代。当時。[2]今の時代。当世。[3][国]現在の天皇。今上(キンジョウ)。[4][国]現在の当主。
【当地(トウチ)】自分が現にいるこの土地。この地方。
【当人(トウニン)】そのことに直接かかわりのある人。本人。
【当年(トウネン)】[1]その年。そのころ。当時。[2]今年。
【当腹(トウフク)】現在の妻の腹から生まれたこと。
【当分(トウブン)】[国]ここしばらく。『当分の間』
【当方(トウホウ)】[国]自分の方。こちら。↔先方
【当面(トウメン)】[1]目の前に存在すること。『当面する問題』[2][国]さしあたり。『当面、人手は足りている』
【当夜(トウヤ)】その夜。また、今夜。
【当用(トウヨウ)】[国]さしあたり用いること。当面の用事、必要。『当用日記』【当用漢字(トウヨウカンジ)】[国]日常使用するものとして、昭和二一年に政府が告示した一八五〇字の漢字。昭和五六年一〇月、当用漢字に代わるものとして、「常用漢字表」が告示された。

❻（日本語で）「当選」の略。

【当確(トウカク)】[国]「当選確実」の略。選挙の際、当選が確実視されること。

【当落(トウラク)】[国]当選と落選。『当落線上にある』

[難読地名] 當麻(たいま)町（奈良） 当麻(とうま)町（北海道）

【肖】⇨6290

1833 【尚】 3016 3E30 8FAE 小－5 [常] (1834)【尙】 ― ― 小－5 旧字

シヨウ(シャウ)呉漢/shàng/たっとぶ・たかい・くわえる・こいねがう・なお・ひさ・ひさしい

筆順 尚 尚 尚 尚 尚 尚 尚 尚

字解 会意。八(分散するさま)＋向(上向きのまど)。気が上昇し分散する、あがる意。派生して、とうとぶ・ねがう意。

金文

篆文

同属字 党・堂・常・掌・牚・棠・當(当)・嘗・甞・賞・裳・黨・敞・倘・徜・惝・淌

意味 ❶たっとぶ。重んじる。『尚古』『尚武』『嘉尚(カショウ)』『好尚(コウショウ)』 ＊論語-陽貨「君子尚レ勇乎(クンシはユウをたっとぶか)」〔＝君子は勇気をたっとぶか〕」 ❷たかい。程度が高い。高くする。『尚志』『高尚(コウショウ)』 ❸くわえる。 ❹なお。㋑まだ。その上に。『尚早』 ＊史記-張儀伝「視二吾舌一、尚在不(わがしたをみよ、なおありやいなや)」〔＝私の舌をみてくれ、まだあるかどうか〕」 ㋺(「…すらなお」の形で)…でさえなお。 ＊史記-廉頗藺相如伝「庸人尚羞レ之、況於二将相一乎(ヨウジンすらなおこれをはず、いわんやショウショウにおいてをや)」〔＝普通の人でさえもこのようなことを恥に思う。まして将軍や大臣の場合にはなおさらだろう〕」 ❺ねがう。こいねがう。 ❻ひさしい。昔にさかのぼる。むかし。『尚友』『尚論』 ❼めとる。天子の娘をめとる。『尚主』 ❽つかさどる。『尚書省』 ❾「和尚(オショウ)」は梵語の音訳という。

❶ たっとぶ。重んじる。

【尚古(ショウコ)】昔の文物、制度などを尊ぶこと。

【尚歯(ショウシ)】(「歯」は年齢の意)高齢者を尊敬すること。敬老。〔礼記-祭義〕『尚歯会』

【尚武(ショウブ)】武道や勇ましいこと、また軍事を重んずること。『尚武の気風』

❷ たかい。高くする。

【尚志(ショウシ)】「こころざしをたかくす」こころざしを高くすること。

❹ なお。まだ。その上に。

【尚早(ショウソウ)】まだ時期が早いこと。まだその時期でないこと。『時期尚早』

【尚更(なおさら)】いちだんの。さらに。猶更(なおさら)なお。

【尚尚書(なおなおがき)】追って書き。追伸。「尚々」と書き出したところから。

❻ ひさしい。むかし。

【尚書(ショウショ)】「書経」の別名。漢以後宋までの呼称。上代の書の意。→❽

【尚友(ショウユウ)】書物を読んで古代の賢人を友とすること。

【尚論(ショウロン)】昔の人のことを論評すること。

❼ めとる。

【尚主(ショウシュ)】天子の娘(公主)をめとること。

❽ つかさどる。

【尚書(ショウショ)】中国で秦代、少府から遣わされて、殿中にあって文書を発することをつかさどった官。漢代には尚書令、尚書僕射(ボクヤ)、督尚書曹郎理事を置き、その後、大臣にこれを支配させた。→❻【尚書省(ショウショショウ)】古く中国の中央官庁。唐代、中書・門下の両省と共に三省の一つとして、吏・礼・兵・刑・民・工の六部を統轄する行政機関となった。長官を尚書令というが、実際にはほとんど任命されたことがなく、次官である左右僕射が代行した。

「党」⇩474 「堂」⇩1277 「常」⇩2050
「牚」⇩4610 「棠」⇩3361 「掌」⇩2681
「當」⇩4936 「甞」⇩932 「嘗」⇩934
「裳」⇩7257 「賞」⇩7717 「黨」⇩9597
「労」⇩686 「学」⇩1702 「畄」⇩4927
「单」⇩9634 「栄」⇩3336 「単」⇩800
「挙」⇩2676 「蛍」⇩7018 「巣」⇩3355
「営」⇩983 「覚」⇩7370 「誉」⇩7416

「厳」⇩3012

小 2画

1835 【尓】 5385 5575 9B95 小-2
ジ 「爾」(4591)の異体字

1836 【尒】 ― ― 小-2
ジ 「爾」(4591)の異体字

「県」⇩5160

小 10画

1837 【尟】 5386 5576 9B96 小-10
セン呉漢/xiǎn/すくない
字解 会意。少＋甚。はなはだ少ない意。尟の別体。尠は会意。少＋是。
意味 すくない。非常に少ない。
【尟少(センショウ)】非常に少ないさま。鮮少。

(1838) 【尠】 ＊2676 小-10

43 尢(尣・兀)部 まげあし

篆文

尢は足がなえて曲がった人の形。尢部には、尢のほか、尢の類形が目印となるものを収める。

尢 0画 尢 尣 ①尤 ④尨
尢 ④尪 尫 尩 ⑨尰
尢 ⑨就

尢 0画

1839 【尢】 5387 5577 9B97 尢-0
オウ(ワウ)漢/wāng
字解 部首解説を参照。

(1840) 【尣】 ＊2677 尢-0

1841 【尤】 4464 4C60 96DE 尢－1 ユウ(イウ)漢\yóu\とがめる・もっとも

字解 指事。手に一線を加え、人の動きをとがめる意。

甲骨文 金文 篆文

同属字 疣・肬・就

意味 ❶ことなる。一番すぐれている。もっとも。なかんずく。とりわけ。「尤異」「尤物」❷とがめる。とがめ。災難。思いがけない事態。＊老子-八「夫唯不レ争、故無レ尤(それただあらそわず、ゆえにとがめなし)(=(水は)争わないからこそ、またそれゆえに災難を受けることもないのである)」❸国もっとも。㋑あたりまえ。当然。ごもっとも。㋺ただし。一方では。

【尤異(ユウイ)】とりわけすぐれていること。

【尤物(ユウブツ)】①すぐれたもの。目立つ代表的なもの。②美女。

1842 【尨】 5388 5578 9B98 尢－4 ボウ漢・ボウ(バウ)漢\máng・páng・méng\むくいぬ・むく

字解 象形。毛がふさふさした犬に象り、むく犬の意。

甲骨文 篆文

意味 ❶むくいぬ。また、むく。毛がふさふさと長く生えていること。「尨犬(むくいぬ)」「尨毛(むくげ)」❷大きい。「厖」に同じ。❸いりまじる。みだれる。「尨雑」「尨眉皓髪」

【尨雑(ボウザツ)】不純なものが入りまじること。

【尨眉皓髪(ボウビコウハツ)】黒白の入りまじった眉と白髪。老人のこと。

尢

1843 【尫】＊2679 尢－4
(1844)【尪】二二 尢－4
(1845)【尩】＊2680 尢－4
オウ(ワウ)漢\wāng\よわい

字解 形声。尢(曲がったすね)＋王(=㞷)声。足が曲がった人の意。

意味 よわい。かよわい。からだが弱い。

【尫弱(オウジャク)】体力、気力などが弱いこと。ひ弱いさま。

【⿺尢虫】⇩7196 【⿺尢豕】⇩7661

1846 【尰】＊2683 尢－9 ショウ漢\zhǒng\

字解 形声。尢＋重声。

意味 すねがはれる。また、はれもの。「腫」に同じ。

尢

1847 【就】 2902 3D22 8F41 尢－9 常6 ジュ呉・シュウ(シウ)漢\jiù\つく・つける・なす・なる・なり

筆順 就 就 就 就 就 就

字解 会意。尤(人の手)＋京(高い建物)。高い所に人が住みつく、あるいは、目標まで到りつく、なす意。

同属字 蹴・鷲

意味 ❶つく。㋑つきしたがう。身を寄せる。「就正」「就養」「去就(キョシュウ)」「遷就(センシュウ)」「遊就(ユウシュウ)」＊論語-学而「就二有道一而正焉(ゆうどうにつきてただす)(=道義を身につけた人について、(善悪を)正す)」㋺位置につく。とりかかる。ある仕事や任務を負う。「就役」「就学」「就業」「就職」「就寝」「就任」❷なす。しとげる。なる。できあがる。「成就(ジョウジュ)」❸すなわち。…すると。そこで。❹もし。かりに。「就令(たとい)(もし)」

❶つく。つきしたがう。また、とりかかる。

【就役(シュウエキ)】①役務につくこと。「就役年数」②懲役刑を受けた囚人が刑に服すること。

【就学(シュウガク)】小学校に入学すること。「就学年齢」

【就業(シュウギョウ)】業務に就くこと。「就業規則」

【就航(シュウコウ)】船舶、飛行機などが、その航路につくこと。

【就床(シュウショウ)】寝床に就くこと。就寝。↔起床

【就職(シュウショク)】職に就くこと。↔離職・失職・退職

【就褥(シュウジョク)】床(とこ)につくこと。特に、病気で寝ること。

【就寝(シュウシン)】寝床につくこと。また、眠っていること。↔起床。「就寝時間」「就寝中」

【就正(シュウセイ)】①徳のある人について自らの行いを正すこと。②正しいことに従うこと。

【就任(シュウニン)】任務、職務につくこと。↔辞任・退任・離任

【就縛(シュウバク)】罪人などが、捕まって縛られること。

【就眠(シュウミン)】眠りにつくこと。就寝。

【就養(シュウヨウ)】子供が親の身辺にいて孝養すること。

【就労(シュウロウ)】仕事につくこと。また、職についていること。「就労時間」

【就中(なかんずく)】(「中につく」の転)とりわけ。特に。＊白居易-琵琶行「就中泣下誰最多(なかんずくなみだおつるたれかもっともおおき)(=その中でも最も多く涙を流したのは誰であったろうか)」

44 尸部 しかばね

甲骨文 金文 篆文

尸は、人の腰とひざを折った形で、人体、単独には生命を失った肉体(シ)を表す。尸部には尸を部標として、体、腰部、排泄などに関するもの、また、本来は別であるが類化によって尸の形をとるようになったものなどを収める。もともとは、㔾と同様、第三画を第二画の左端から始める形であったが、後に第一画の左端から始める形をとるようになった。部標としては、右下に属標をかこむ形なので「しかばねだれ」という。

尸 尸 ①尹
尸 ①尺 ②尻 尼 ④局 尿 屁 尾 ⑤
届 屆 居 屈 ⑥屋 屍 屎 屏 屎 ⑦屓
屐 屑 屑 展 ⑧屠 屛 ⑨屢 孱 属 屠
屡 ⑪屣 層 屨 ⑫層 履 ⑭屨 ⑮屩
⑱屬 ㉑屭

尸

1848 【尸】 5389 5579 9B99 尸－0 シ呉漢\shī\しかばね・かばね・かたしろ

字解 部首解説を参照。

参考 万葉仮名では音を借りて「し」。

意味 ❶しかばね。かばね。なきがら。死体。また、手足を伸ばして仰臥する。死骸のように大の字になって横たわること。『尸諫』『鞭尸（ベンシ）』 ❷かたしろ。祖先をまつるときの位牌（ハイ）。転じて、何もしないで位についていること。『尸位素餐』『尸禄』 ❸書名。『尸子』

❶ しかばね。かばね。

【尸解（シカイ）】 道家の術で、からだだけこの世に残し、神仙となって化し去ること。

【尸諫（シカン）】 死ぬことによっていさめること。屍諫。❤古代中国、衛の史魚が、主君をいさめるために、自分のしかばねをほうむらせなかったところ、主君はついにそのあやまりを改めたという故事から。〔韓詩外伝〕

❷ かたしろ。

【尸位（シイ）】 才徳や功がなくて位にあること。❤中国で祖先をまつるとき、その血統の者が仮に神の位についたところから。【尸位素餐（シイソサン）】 才能もないのに位につき、職責を果たさずに、俸給を得ること。〔漢書-朱雲伝〕

【尸祝（シシュク）】 ①（「祝」は神に辞を伝えるもの）かたしろとかんなぎ。神宮。②崇拝すること。

【尸禄（シロク）】 高禄を受けてその職責を果たさないこと。

❸ 書名。

【尸子（シシ）】 中国の諸子雑家書。二〇篇。現存二巻。戦国の尸佼（シコウ）撰。前四世紀ごろ成立。

1849 【尹】 5390 557A 9B9A 尸-1 イン（ヰン）漢/yǐn/つかさ・おさ

字解 象形。大事なものを手にしたさまに象り、これを手にすることができる長者の意。

甲骨文 金文 篆文

同属字 伊・君

意味 ❶つかさ。おさ。長官。『令尹（レイイン）』 ❷つかさどる。おさめる。ただす。❸国いん。弾正台（ダンジョウダイ）の長官。❹固有名詞。『尹喜』『尹文子』

【尹喜（インキ）】 中国、戦国時代、秦の人。函谷関（カンコクカン）の役人の長。老子に「道徳経」をさずけられたという。

【尹文子（インブンシ）】 書名。一巻。中国、戦国時代の斉の尹文の著。主に道家の説を述べる。

1850 【尺】 尸 2860 3C5C 8EDA 尸-1 常6 シャク呉・セキ漢/chǐ

筆順

字解 象形。ひろげた手の親指と小指との間で長さをはかるさまといわれているが、歩く人を横からみてその歩幅を示すとも考えられる。長さの単位を表す。

意味 ❶長さの単位。日本では、一尺は約三〇・三センチメートル。寸の一〇倍。丈の一〇分の一。また、鯨尺（くじらジャク）では、約三七・八センチメートル。❷ものさし。長さ。たけ。『尺度』『曲尺（かねジャク）』『鯨尺』 ❸わずか。すこし。小さい。『寸進尺退（スンシンセキタイ）』『尺寸』『尺地』『咫尺（シセキ）』 ❹（短い）てがみ。『尺簡』『尺素』『書尺（ショセキ）』

❶ 長さの単位。

下接 寸尺（スンシャク）・長尺（チョウシャク）・間尺（ましゃく）・百尺竿頭（ヒャクシャクカントウ）

【尺八（シャクハチ）】 竹の根元の部分で作った縦笛。曲尺（かねジャク）の一尺八寸を基準とし、長短各種ある。日本のものは孔（あな）は表側に四つ、裏側に一つある。

【尺貫法（シャッカンホウ）】 国長さの単位を尺（シャク）、容積の単位を升（ショウ）、質量の単位を貫（カン）とする古来の度量衡法。

【尺一（セキイツ―シャクイチ）】 ①一尺一寸。②古く、中国で詔書を写すのに用いた一尺一寸の板。転じて、詔書をいう。

【尺璧（セキヘキ）】 直径一尺の大きな宝玉。貴重な玉。

❷ ものさし。長さ。たけ。

下接 滑尺（カッシャク）・曲尺（キョクシャク―かねジャク）・剣尺（ケンジャク）・間尺（ケンジャク）・現尺（ゲンシャク）・縮尺（シュクシャク）・照尺（ショウシャク）・計算尺（ケイサンジャク）／矩尺（かねジャク）・着尺（きジャク）・鯨尺（くじらジャク）・羽尺（はジャク）

【尺度（シャクド）】 ①長さを測る器具。ものさし。また、物の寸法や長さ。②計量、また、物事を評価・判断する際の基準。

【尺蠖（セッカク―シャクとりむし）】 鱗翅（リンシ）目シャクガ科のガの幼虫の総称。進むさまが、指で長さを測るのに似ているところからいう。

❸ わずか。すこし。小さい。

〔枉レ尺而直レ尋（シャクをまげてジンをなおくす）〕 一尺をまげて、一尋（八尺）をまっすぐにする。大のために小を犠牲にするたとえ。〔孟子-滕文公下〕

【尺進尋退（セキシンジンタイ）】 一尺進んで、一尋（ひとひろ）退くこと。少し進んで多く退くこと。しないほうがましな行為のたとえ。寸進尺退。

【尺寸（セキスン―シャクスン）】 ほんのわずかな長さ。少しばかり。

【尺沢之鯢（セキタクのゲイ）】 （「鯢」はサンショウウオ）せまい池にすむサンショウウオ。見聞のせまいことのたとえ。井蛙（セイア）。〔宋玉-対楚王問〕

【尺地（セキチ―シャクチ）】 わずかな土地。

【尺鉄（セキテツ―テツ）】 短い刃物。小さな武器。

【尺縑（セッケン）】 ①（「縑」は糸をより合わせて細かく織った絹の意）わずかばかりの絹。②絹に描くところから、転じて、ほんの小さな画作。

❹ （短い）てがみ。

【尺簡・尺翰（セッカン―シャッカン）】 ＝尺牘（セキトク）

【尺書（セキショ）】 短い文書。また、手紙。

【尺素（セキソ）】 （一尺ばかりの絹布の意）わずかの書き物。手紙。『尺素往来』

【尺楮（セキチョ）】 （楮（こうぞ）は、紙の原料）手紙。

【尺牘（セキトク）】 （一尺ばかりの木札の意）手紙。書簡。

1851 【尻】 3112 3F2C 904B 尸-2 コウ（カウ）漢/kāo/しり・けつ

字解 形声。尸＋九（きわまる）声。人のからだのいきどまりにある穴、しりのあな、また、しりの意。

意味 しり。けつ。日本語で、うしろの方。末の方。おわり。

下接 川尻（かわじり）・台尻（ダイじり）・檀尻（ダンじり）・帳尻（チョウじり）・縄尻（なわじり）・眉尻（まゆじり）・目尻（めじり）・桃尻（ももじり）・矢尻（やじり）・言葉尻（ことばじり）

【尻腰（しっこし）】 （「しりこし」の変化）度胸。根気。忍耐力。

【尻尾（しっぽ）】 （「しりお」の変化）①獣などの尾。『尻尾を巻く〔＝降参する〕』『尻尾を摑（つか）む〔＝他人の隠し事や悪事などの証拠を握る〕』②魚の尾びれ。③細長いもののはし。順位の末の方。

1852 【尼】 3884 4674 93F2 尸-2 常 ニ呉・ジ（ヂ）漢・ジツ（ヂツ）漢/ní・nì/あま

筆順 尼 尼 尼 尼 尼

字解 会意。尸(ひと)＋匕(ひと)。人と人とが親しみ、近づきならぶ意。また、梵語の音訳略字として、あまの意に用いる。

同属字 泥・怩・昵

参考 万葉仮名では音を借りて「ぢ」「に」「ね」。

意味 ❶（梵 bhikṣuṇī の音訳「比丘尼」の略）あま。仏門に入った女性。尼僧。また、キリスト教の修道女。『尼寺』『尼僧』『禅尼(ゼンニ)』『僧尼(ソウニ)』 ❷音訳字。『安母尼亜(アンモニア)』『陀羅尼(ダラニ)』『摩尼(マニ)』『牟尼(ムニ)』

【尼院(ニイン)】＝尼寺(ニジ)

【尼公(ニコウ)】高貴な女性で尼(あま)となった人の敬称。尼君。

【尼寺(ニジ・あまでら)】尼の住む寺。

【尼僧(ニソウ)】①あま。比丘尼(ビクニ)。②キリスト教の修道女。

【尽】⇨537

1853 【局】 2241 3649 8BC7 尸－4 常3 キョク㊥／jú／つぼね

筆順 局 局 局 局 局 局 局

字解 形声。尸＋句(まげる)㊥。からだを曲げる。また、区に通じ、くぎる意を表す。

同属字 跼

意味 ❶からだを曲げる。かがまる。ちぢまる。「跼」に同じ。『局天蹐地』『局束』 ❷区切る。区切られたところ。限られた所。『局限』『局部』『限局(ゲンキョク)』 ❸役所などの、事務をとる部屋。㋑分けられた仕事などの一単位。また、「局」とつく所の略称。『放送局』『局長』『支局』 ㋺国つぼね。日本の宮中・御殿などで、そこに仕える女性の私室。また、その女官。『春日局(かすがのつぼね)』 ❹碁・将棋などの盤。また、その勝負。『局譜』『対局』 ❺ありさま。形勢。当面する状況。『局面』『政局』 ❻熟字訓。『美人局(つつもたせ)』『蜷局(とぐろ)』

❶ からだを曲げる。ちぢまる。

【局束・局促・局趣(キョクソク)】からだや心がちぢこまること。＊韓愈-山石「豈必局束為↓人鞿(あにかならずしもキョクソクしてひとのためにほだされん)や〔＝どうしていつもちぢこまっていて、人から自由を拘束されることなどあろうか〕」

【局天蹐地(キョクテンセキチ)】天は高いのに背をかがめて歩き、地は堅いのにそっと抜き足で歩く。世の中を恐れ、身を小さくして生きていくさま。肩身がせまく隠れるようにするさま。跼蹐(キョクセキ)。跼天蹐地。〔詩経-小雅・正月〕

❷ 区切る。区切られたところ。

【局限(キョクゲン)】範囲を一定の部分に限ること。

【局所(キョクショ)】限られた一部分。特に、体の一部分。局部。

【局地(キョクチ)】一定の限られた地域。『局地的な大雨』

【局部(キョクブ)】限られた部分。局所。『局部麻酔』

❸ 役所などの部屋。

下接 医局(イキョク)・開局(カイキョク)・外局(ガイキョク)・支局(シキョク)・当局(トウキョク)・内局(ナイキョク)・本局(ホンキョク)・薬局(ヤッキョク)・事務局(ジムキョク)・主税局(シュゼイキョク)・書記局(ショキキョク)・放送局(ホウソウキョク)・郵便局(ユウビンキョク)

【局員(キョクイン)】局と名の付く組織の職員。

【局線(キョクセン)】電話局につながる電話線。外線。

【局長(キョクチョウ)】局と名の付く組織の最高責任者。

【局番(キョクバン)】各電話交換局の局名に代わる番号。

【局報(キョクホウ)】局と名の付く所から出す通知、報告。

❹ 碁・将棋などの盤。また、その勝負。

下接 囲局(イキョク)・一局(イッキョク)・棋局(キキョク)・碁局(キキョク)・結局(ケッキョク)・好局(コウキョク)・終局(シュウキョク)・対局(タイキョク)・布局(フキョク)・名局(メイキョク)

【局外(キョクガイ)】囲碁で、その対局者以外。転じて、その事件や仕事に関係のないこと。『局外中立』

【局譜(キョクフ)】碁などの対局を図譜にまとめたもの。

【局面(キョクメン)】囲碁や将棋の盤面。また、その勝負の形勢。→❺

❺ ありさま。形勢。当面する状況。

下接 危局(キキョク)・時局(ジキョク)・世局(セイキョク)・政局(セイキョク)・戦局(センキョク)・全局(ゼンキョク)・大局(タイキョク)・難局(ナンキョク)・破局(ハキョク)

【局面(キョクメン)】物事の成り行き。『新しい局面』→❹

1854 【尿】 3902 4722 9441 尸－4 常 ニョウ(ネウ)㊤・ジョウ(デウ)㊥／niào／いばり・ゆばり・ゆまり・しと

筆順 尿 尿 尿 尿 尿 尿 尿

字解 会意。尸(＝尾、しりのあたり)＋水。小便の意。甲骨文は象形。

甲骨文

篆文

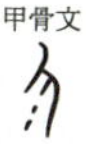

意味 しと。小便。いばり。ゆばり。

下接 遺尿(イニョウ)・血尿(ケツニョウ)・検尿(ケンニョウ)・残尿(ザンニョウ)・屎尿(シニョウ)・排尿(ハイニョウ)・糞尿(フンニョウ)・放尿(ホウニョウ)・利尿(リニョウ)・糖尿病(トウニョウビョウ)・泌尿器(ヒニョウキ)・夜尿症(ヤニョウショウ)・輸尿管(ユニョウカン)

【尿意(ニョウイ)】小便をしたいという感覚。

【尿器(ニョウキ)】排尿を受けるうつわ。溲瓶(シビン)の類。

【尿結石(ニョウケッセキ)】尿中の成分が腎臓(ジンゾウ)、膀胱(ボウコウ)などに沈殿して生じた石のようなもの。尿石。

【尿酸(ニョウサン)】肉食動物の尿中にある有機酸の一種。

【尿素(ニョウソ)】脊椎(セキツイ)動物の血液、体液などに含まれ、尿として排泄(ハイセツ)される化合物。

【尿道(ニョウドウ)】膀胱(ボウコウ)内の尿が排出されるときに通る管。

【尿毒症(ニョウドクショウ)】腎臓(ジンゾウ)の機能が低下し、尿素などが血液中にたまって起こる中毒症状。

1855 【屁】 5391 557B 9B9B 尸－4 ヒ㊥／pì／へ

字解 形声。尸＋比㊥。

意味 へ。おなら。また、価値のないもの、つまらないもののたとえ。『屁理屈(ヘリクツ)』『放屁(ホウヒ)』

1856 【尾】 4088 4878 94F6 尸－4 常 ミ㊤・ビ㊥／wěi・yǐ／お

筆順 尾 尾 尾 尾 尾 尾 尾

字解 会意。尸(しり)＋毛。しっぽの意。

同属字 梶

参考 万葉仮名では音を借りて「み㊚」、訓を借りて「を」。

意味 ❶動物のしっぽ。お。『竜頭蛇尾』『尾骶骨』 ❷うしろ。あと。はし。すえ。物事の終わりのほう。『徹頭徹尾』『接尾語』『尾行』『尾翼』『末尾』 ❸動物の雌雄が交わる。交尾する。『孳尾(ジビ)』 ❹星の名。二十八宿の一。あしたれ星。 ❺国「尾張国(おわりのくに)」の略。東海道の一国。

3画 口囗土士夂夊夕大女子宀寸小(⺌・ツ)尢(兀・尣)尸屮(屮)山巛(川)工己(已・巳)巾干幺广廴廾弋弓彐(⺕・ヨ)彡彳

現在の愛知県西半部にあたる。『濃尾平野(ノウビヘイヤ)』『尾州(ビシュウ)』❻その他。人名、あて字など。『尾生之信(ビセイのシン)』『尾籠(おこ)』 ⇒〔首〕(9069)の表

❶しっぽ。お。

下接 曳尾(エイビ)・燕尾(エンビ)・驥尾(キビ)・牛尾(ギュウビ)・魚尾(ギョビ)・交尾(コウビ)・狗尾(コウビ)・鵄尾(シビ)・鴟尾(シビ)・麈尾(シュビ)・掉尾(チョウビ|トウビ)・艏尾(テイビ)・豹尾(ヒョウビ)・魴魚赬尾(ホウギョテイビ)・竜頭蛇尾(リュウトウダビ)

【尾骨(ビコツ)】脊柱(セキチュウ)の最尾端にある骨。尾骶(ビテイ)骨。

〖尾大不ㇾ掉(ビダイふるわず)〗上が弱小で下が強大であると制御しにくいの意。〔左伝-昭公一一年〕▼獣の尾があまり大きいと自由に動かすことができないところから。

【尾骶骨(ビテイコツ)】＝尾骨(ビコツ)

【尾長(おなが)】動物の尾の長いこと。『尾長猿』『尾長鳥』

【尾羽(おは)】鳥の尾と羽。『尾羽うち枯らす〔＝おちぶれてみすぼらしい姿になる〕』

【尾花(おばな)】ススキ。ススキの花穂。はなすすき。『枯れ尾花』▼花の形がけものの尾に似ているところから。

〖曳ニ尾於塗中一(おをトチュウにひく)〗仕官して束縛されるより、貧しくても故郷で安らかに暮らすほうがよいたとえ。〔荘子-秋水〕▼荘子が楚王に仕官を求められたとき、「亀は、殺されて亀卜(ボク)の用に立てられて尊ばれるよりは、どろの中に尾を引きずって歩いてでも、生きているほうを望むだろう」と言って断ったという故事から。

❷うしろ。すえ。物事の終わりのほう。

下接 結尾(ケツビ)・後尾(コウビ)・語尾(ゴビ)・首尾(シュビ)・船尾(センビ)・掉尾(チョウビ|トウビ)・追尾(ツイビ)・跋尾(バツビ)・末尾(マツビ)・接尾語(セツビゴ)・徹頭徹尾(テットウテツビ)

【尾行(ビコウ)】国相手が気づかないように後をつけること。

【尾錠(ビジョウ)】国帯、ベルトなどの端に付ける、とめがね。左右から寄せて締めつける金具。バックル。

【尾灯(ビトウ)】自動車、列車などの後部に付ける赤い灯火。テールライト。

【尾翼(ビヨク)】飛行機の後部に付けられた翼。↔主翼

【尾閭(ビリョ)】①大海の底にあって、絶えず水をもらすという穴。すべての川の出口に当たると信じられている所。〔荘子-秋水〕②「尾骶骨(ビテイコツ)」の異名。尾閭骨。

【尾聯(ビレン)】律詩の第七句と第八句。結聯。末聯。

❻その他。人名、あて字など。

下接 鳶尾(エンビ|いちはつ)・鳩尾(キュウビ|みぞおち)・水尾(みお)・牛尾魚(こち)・鹿尾菜(ひじき)・馬尾藻(ほんだわら)

【尾生之信(ビセイのシン)】融通がきかず、ばか正直なことのたとえ。また、固く約束を守るたとえ。〔荘子-盗跖〕▼中国、春秋時代の尾生高(ビセイコウ)という男が、橋の下で恋人と会う約束をしたが、彼女は現れず、彼は増水した水に溺れて死んだという故事から。

【尾藤二洲(ビトウニシュウ)】江戸時代の儒者。名は考肇(コウチョウ)、字(あざな)は志尹(シイン)、通称良佐、二洲は号。伊予の人。寛政の三博士の一人。(一七四五～一八一三)

【尾籠(おこ|ビロウ)】①(おこ)愚かなこと。痴(お)こ。②(ビロウ)国汚いこと。不潔であること。『尾籠な話』▼②は、「おこ(痴)」の当て字「尾籠」の音読みから。

【尾根(おね)】山の山頂と山頂との間に連なる高い部分。

難読地名 尾鷲(おわせ)市(三重)

1857 【届】 3847 464F 93CD 尸-5 常6 (1858)〖屆〗 5392 557C 9B9C 尸-5 旧字

カイ㊥/jiè/とどく・とどける・とどけ

筆順 届 届 届 届 届 届

字解 形声。尸＋由(＝凷)㊥。いたる、きわまる意。日本では、とどく、とどける意に用いる。

意味 ❶とどく。達する。とどける。❷国とどけ。事務上の申し出の書類。『欠席届(ケッセキとどけ)』『届出(とどけで|とどけいで)』

【届先(とどけさき)】送りとどける相手先。

【届書(とどけショ)】とどけ出る事柄をしるした文書。

【届出(とどけで|とどけいで)】役所、会社などに申し出ること。

1859 【居】 2179 356F 8B8F 尸-5 常5

コ㊥・キョ㊥・キ㊥/jū・jī/いる・おる・おく・すえる

筆順 居 居 居 居 居 居

字解 形声。尸(横むきに腰かけた人)＋古(↓固、かたい)㊥。しっかりすわる、いる意。助字に用いる。

同属字 倨・据・裾・踞・鋸

参考 万葉仮名では音を借りて「け㊀」「こ㊀」、訓を借りて「ゐ」。

意味 ❶いる。おる。すわる。住む。住まい。『居室』『居留』『隠居』『起居』『雑居』❷じっとしている。いながら。また、なにごともない。やすらか。『居心』『居然』『平居(ヘイキョ)』『落居(ラッキョ)』＊論語-郷党「居不ㇾ容(おるにかたちづくらず)〔＝ふだんは、むずかしい顔つきをしなかった〕」❸おく。すえる。❹や。語調を整える助字。『居諸』❺あて字、固有名詞など。『居延』

❶いる。すわる。住む。住まい。

下接 安居(アンキョ|アンゴ)・逸居(イッキョ)・隠居(インキョ)・宴居(エンキョ)・燕居(エンキョ)・家居(カキョ)・寡居(カキョ)・客居(カッキョ)・閑居(カンキョ)・鰥居(カンキョ)・起居(キキョ)・旧居(キュウキョ)・鳩居(キュウキョ)・僑居(キョウキョ)・寓居(グウキョ)・群居(グンキョ)・穴居(ケッキョ)・広居(コウキョ)・皇居(コウキョ)・雑居(ザッキョ)・山居(サンキョ)・住居(ジュウキョ)・仙居(センキョ)・遷居(センキョ)・巣居(ソウキョ)・蹲居(ソンキョ)・謫居(タッキョ)・蟄居(チッキョ)・転居(テンキョ)・同居(ドウキョ)・独居(ドッキョ)・入居(ニュウキョ)・寧居(ネイキョ)・貧居(ヒンキョ)・別居(ベッキョ)・卜居(ボッキョ)・幽居(ユウキョ)・里居(リキョ)・離居(リキョ)・陋居(ロウキョ)・籠居(ロウキョ)／雲居(くもい)・芝居(しばい)・出居(でい)・鳥居(とりい)・仲居(なかい)・長居(ながい)・端居(はしい)・円居(まどい)・団居(まどい)・留守居(ルスい)・立居振舞(たちいふるまい)

【居室(キョシツ)】ふだん居る部屋。居間。

【居住(キョジュウ)】ある場所に住むこと。すまい。『居住地』

【居所・居処(キョショ|いどころ)】居る場所、また、住んでいる所。『居所(キョショ)不明』『虫の居所(いどころ)が悪い』

【居城(キョジョウ)】国領主などが日常住んでいる城。

【居多(キョタ)】大部分を占めること。

【居宅(キョタク)】日常居住している家。すまい。

【居中(キョチュウ)】中間にあって、片寄らないこと。【居中調停(キョチュウチョウテイ)】(英 mediation の訳語) 紛争当事国間に第三国が介入して平和解決を図ること。

〖居移ㇾ気(キョはキをうつす)〗人は住む場所、環境によって、その性質や思想もかわる。〔孟子-尽心上〕

【居留(キョリュウ)】①一時、その場所にとどまり住むこと。②外国の居留地に住むこと。【居留地(キョリュウチ)】一国が、外国人の居住、営業を認めた特定の地域。

【居士(コジ)】①在俗のまま仏門に帰依する男子。②男子の戒名の下に付ける称号。また、日本である癖のある人を呼ぶ称。↔大姉。『一言居士(イチゲンコジ)』

❷じっとしている。いながら。やすらか。

【居敬窮理(キョケイキュウリ)】朱子学における修養の二大課題。心をつつしみの状態に保ち、事物の理を窮め知ること。

〔朱子語類〕

【居常】ふだん。つね日ごろ。平常。居恒。

【居心】おちついて安らかな心。

【居然】落ち着いているさま。

❹や。語調を整える助字。

【居諸】（「日居月諸」の略）太陽と月。転じて、月日。光陰。〔詩経・邶風・柏舟〕

❺あて字、固有名詞など。

下接 鴨居・敷居・寄居虫・雇仲居

【居延】地名。現在の内モンゴル自治区の北西部の地。漢代に、匈奴に対する最前線として、県が置かれ、長城が築かれた。

【居炉裏】床を四角に仕切って中で火をたき、煮炊きや暖房をするための装置。

1860 【屈】 2294 367E 8BFC 尸－5 常 クツ㊀㊁/qū/かがまる・かがむ・かがめる・こごまる・こごむ

筆順 屈 屈 屈 屈 屈 屈

字解 会意。尸（=尾、獣のしっぽ）+出（くぼむ）。獣のからだが小さく縮む、かがまる意。

同属字 堀・掘・窟

意味 ❶ちぢむ。まげる。まがる。かがむ。⇔伸・信。『屈曲』『屈伸』『鬱屈』『佶屈』＊孟子・告子上「今、有ニ無名之指、屈而不ㇾ信（=今かりに、くすり指の曲がって伸びない人がいたとする）」❷おれる。くじける。負けてしたがう。『屈服』『卑屈』『不屈』❸ゆきづまる。きわまる。つきる。『屈託』『窮屈』『退屈』❹つよい。勢いがよい。『屈強』❺人名。『屈原』

❶まげる。まがる。かがむ。

下接 鬱屈・枉屈・蠖屈・佶屈・詰屈・敬屈・前屈・撓屈・盤屈・蟠屈・偏屈・理屈

【屈曲】折れ曲がること。

【屈指】多数の中で、特に指を折って数え上げられるほどすぐれていること。指折り。『世界屈指の美術館』

【屈膝】ひざを曲げること。転じて、降参すること。

【屈請】（ひざを屈して招き迎える意）①神仏の来現を祈り願うこと。②僧侶などを招くこと。

【屈伸】かがめたり、のばしたりすること。伸び縮み。『屈伸運動』

【屈折】①折れ曲がること。②人の意志や考えがゆがめられること。『屈折した感情』③波動が、異なる媒質に進むとき、その境界面で進行方向が変わること。『光の屈折』『屈折率』④文法で、単語が語形変化によって文法的機能を果たすこと。『屈折語』

【屈節】節操を曲げること。

【屈撓】力を加え、そり曲げること。

❷おれる。くじける。負けてしたがう。

【屈従】強者や権力者などに、自分の意志を曲げて従うこと。屈伏。

【屈辱】抑えつけられてはずかしめを受けること。

【屈伏・屈服】相手の力、勢いに恐れて従うこと。力尽きて服従すること。屈従。

❸ゆきづまる。きわまる。つきる。

【屈託・屈托】国①くよくよすること。こだわり。『屈託がない人』②疲れて飽きること。

❹つよい。勢いがよい。

【屈起】①山などが高くそびえ立っていること。崛起。②急に起こり立つこと。群を抜きんでてくること。

【屈強】頑丈で極めて力が強いさま。『屈強の若者』

❺人名。

【屈原】中国、戦国時代の楚の政治家、文人。名は平。字は原。中傷にあって江南に追放され、時世を憂えて悩み苦しんだすえ、汨羅の淵に身を投じた。「楚辞」の代表作家で、その抒情的叙事詩「離騒」は有名。（前三四〇頃～前二七八頃）

1861 【屋】 1816 3230 89AE 尸－6 常3 オク（ヲク）㊀㊁/wū/や

筆順 屋 屋 屋 屋 屋 屋

字解 会意。尸（もと、いえ）+至（いたる、あるいは室）。人がからだをよこたえるためにゆく、いえの意。

同属字 握・渥・幄

参考 万葉仮名では訓を借りて「や」。

意味 ❶いえ。すまい。場所。『屋外』『家屋』＊大学「富潤ㇾ屋、徳潤ㇾ身（=富は家を豊かにするが、徳はその人を豊かにする）」❷やね。『屋上』『板屋』❸国職業や商店の名に添える語。『薬屋』『問屋』❹国人の性格などに添えてその特徴を表す語。『気分屋』『照れ屋』『分からず屋』

❶いえ。すまい。場所。

下接 家屋・旧屋・金屋・空屋・社屋・小屋・書屋・人屋・草屋・大屋・廃屋・破屋・比屋・貧屋・別屋・茅屋・民屋／東屋・荒屋・岩屋・馬屋・上屋・母屋・楽屋・貸屋・厨屋・借屋・陣屋・関屋・霊屋・苫屋・鳥屋・長屋・納屋・寝屋・番屋・平屋・部屋・水屋・数寄屋

【屋檐・屋簷】建物の、のき。ひさし。

【屋舎】家。建物。＊陶潜・桃花源記「土地平曠、屋舎儼然（=土地が平らでひろびろと開け、家々がきちんと立ち並んでいる）」

【屋溜】家の雨だれ。

【屋梁】家の棟木の重みをささえる横木。また、家。

【屋漏】家のいちばん奥まった所。転じて、人の目につきにくい所。→❷【不ㇾ愧ニ于屋漏一】人が見ていない所でも恥ずかしい行いをしないことにいう。〔詩経・大雅・抑〕

【屋形】貴人などの邸宅。また、そこの主。→❷

【屋敷】①家の敷地。また、家の建っている一区切りの地。『蔵屋敷』②立派な構えの家。邸宅。

❷やね。

下接 夏屋・黄屋・高屋建瓴／板屋・下屋

【屋烏之愛】愛するあまり、その愛する人の家の屋根にとまった烏までも愛すること。愛情の深いたとえ。〔説苑・貴徳〕

【屋上】①屋根の上。『屋上屋を架す（=余計なことを重ねてするたとえ）』②ビルなどの最上階に造った屋根のない平らな所。『屋上庭園』
【屋漏（オクロウ）】やねから雨がもること。あまもり。→❶
【屋下架レ屋（オッカにオクをカす）】屋根の下にまた屋根を作る意で、不必要なことをするたとえ。屋上屋を架す。〔世説新語-文学〕
【屋形（やかた）】船の上に設けた屋根。『屋形船』→❶
【屋台（やタイ）】[1]祭礼などの際に練り歩く道具。だし。[2]演劇などで、建物のさまに作った作り物や大道具。[3]『屋台店』の略。簡単な屋根の付いた、飲食物などを商う移動式の店。
【屋根（やね）】建物の最上部に設けた覆い。

❸（日本語で）職業や商店の名に添える語。
[下接] 薬屋（くすりや）・紺屋（コンや）（コウや）・酒屋（さかや）・質屋（シチや）・庄屋（ショウや）・茶屋（チャや）・的屋（テキや）・床屋（とこや）・問屋（とんや）（といや）・呑屋（のみや）・花屋（はなや）・本屋（ホンや）・店屋（みせや）（テンや）・飯屋（めしや）・餅屋（もちや）・宿屋（やどや）・闇屋（やみや）・湯屋（ゆや）・万屋（よろずや）・居酒屋（いざかや）・鍛冶屋（かじや）・経師屋（キョウジや）・悉皆屋（シッカイや）・事務屋（ジムや）・総会屋（ソウカイや）・風呂屋（ふろや）・八百屋（やおや）・小間物屋（こまものや）
【屋号（やゴウ）】[1]商店などの呼び名。[2]歌舞伎（かぶき）俳優などの家の称号。『音羽（おとわ）屋』『成田屋』の類。

1862 【屍】 2751 3B53 8E72 尸－6 シ[呉][漢]\shī/しかばね・かばね
[字解] 形声。死（しぬ）＋尸（しかばね）[声]。死んだ人のからだ、しかばねの意。
[参考] 熟語については「死」(3893)をも見よ。
[意味] しかばね。かばね。なきがら。死体。『死屍（シシ）』
【屍諫（シカン）】死を覚悟して主君をいさめること。尸諫（シカン）。

1863 【屎】 5393 557D 9B9D 尸－6 シ[呉][漢]・キ[漢]\shǐ·xī/くそ・ばば
甲骨文 [字解] 会意。尸（しり）＋米（たべもの）。尻から出るたべかすの意。
[意味] くそ。ふん。大便。
[下接] 乾屎橛（カンシケツ）／金屎（かなくそ）・鉄屎（かなくそ）・蟹屎（かにばば）・歯屎（はくそ）・鼻屎（はなくそ）・耳屎（みみくそ）・目屎（めくそ）
【屎尿（シニョウ）】大便と小便。排泄（ハイセツ）物。糞尿（フンニョウ）。

1864 【屏】 5402 5622 9BA0 尸－6 ヘイ 「屛」(1872)の異体字

1865 【⿸尸木】 ―― 尸－6 つび
[字解] 国字。つび。女性性器。

1866 【屓】 5394 557E 9B9E 尸－7 （1886）【屭】 ＊2701 尸－21
キ[漢]\xì/
[字解] 字源未詳。
[意味] 「贔屓（ヒキ）」は力を出すさま。古くから「ヒイキ」と読み、目をかけて引き立てることをいう。

1867 【屐】 5401 5621 9B9F 尸－7 ケキ[漢]・ゲキ[慣]\jī/
[字解] 形声。履（はきもの）省＋支（えだわかれ）[声]。歯のある木製のはきもの、げたの意。
[意味] げた。きぐつ。はきもの。『木屐（ボクゲキ）』
【屐歯（ゲキシ）】げたの歯。
【屐声（ゲキセイ）】げたの音。
【屐履（ゲキリ）】木製のはきもの。

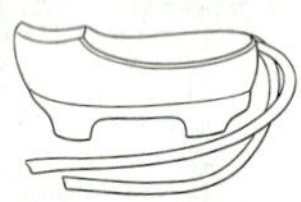

屐〔漢朝服装図様資料〕

1868 【屑】 ―― 尸－7 （1869）【屑】 2293 367D 8BFB 尸－7 †
セツ[漢]\xiè/くず・いさぎよい
[字解] 形声。尸（からだ）＋肖（小さい）[声]。身を砕いてつとめる意。転じて、くずの意に用いる。
[意味] ❶くず。はしくれ。きれはし。また、こまごましている。こせこせしている。『屑雨』『屑屑』❷いさぎよい。快く思う。『不屑（フセツ）（いさぎよしとせず）』❸その他。『騒屑（ソウセツ）（＝はげしい風雨の音の形容）』
[下接] 金屑（かなくず）・紙屑（かみくず）・星屑（ほしくず）・水屑（みくず）・藻屑（もくず）・大鋸屑（おがくず）
【屑雨（セツウ）】こぬか雨。
【屑屑（セツセツ）】[1]こせこせするさま。[2]せわしく立ち働くさま。[3]雨などのこまかく降るさま。
【屑然（セツゼン）】[1]こまごまとして雑多なさま。[2]にわかに。[3]声のかすかなさま。

1870 【展】 3724 4538 9357 尸－7 [常]6 テン[呉][漢]\zhǎn/のびる・のばす・のべる
[筆順] 展 展 展 展 展 展 展 展 展 展
[字解] 形声。尸（からだ）＋㠭（重しで衣をのばす）省[声]。からだをのばす、または、からだを重しにしてものをのばす意から、のばしひろげる意。
[同属字] 碾・輾
[意味] ❶のべる。ひろげる。ひらく。ひらいてならべる。また、のびる。ひろがる。のびすすむ。『展開』『展示』『親展』『発展』❷広く見る。よく見る。お参りする。『展望』『展墓』❸ころがる。『展転反側』❹『展覧会』の略。『陶芸展（トウゲイテン）』『個展（コテン）』

❶のべる。ひろげる。のびる。ひろがる。
[下接] 開展（カイテン）・伸展（シンテン）・進展（シンテン）・親展（シンテン）・発展（ハッテン）
【展延（テンエン）】広がり延びること。広げ延ばすこと。
【展開（テンカイ）】[1]延べ広げること。延び広がること。『展開図』[2]物事を繰り広げること。また、そのなりゆき。『試合の展開』
【展観（テンカン）】宝物などを広く一般に見せること。展覧。
【展翅（テンシ）】標本にするため昆虫などの羽を広げること。『展翅板』
【展示（テンジ）】品物、作品などを並べて一般に見せること。
【展性（テンセイ）】金属の、打ち延ばして薄くおし広げられる性質。
【展眉（テンビ）】眉をひらくこと。顔の様子がのびやかになること。安心すること。
【展覧（テンラン）】商品や作品を並べて広く一般に見せること。『展覧会』

❷広く見る。よく見る。
【展墓（テンボ）】墓まいり。墓参。展省（テンセイ）。
【展望（テンボウ）】[1]はるか遠くまで見渡すこと。『展望車』[2]物事を広い範囲にわたって見通すこと。また、その眺め。見晴らし。

❸ころがる。

【展転(テンテン)】①ころがること。②寝返りをうつこと。「輾転」とも書く。＊白居易－長恨歌「為レ感二君王展転思一、遂教二方士殷勤覓一(クンノウのテンテンのおもいにカンぜしがために、ついにホウシをしてインギンにもとめしむ)〔=寝返りばかりうっている天子の心に感動したので、(部下の)方士に命じて念入りに捜し求めさせた〕」

【展転反側(テンテンハンソク)】幾度となく寝返りをうつこと。思い悩んで、また、人を思い慕って眠れないさまにいう。〔詩経－周南・関雎(カンショ)〕

1871【屠】 3743 454B 936A 尸－8
ト「屠」(1876)の異体字

1872【屏】 尸－8 (1864)【屛】 5402 5622 9BA0 尸－6
ビョウ(ビャウ)呉・ヘイ漢/bìng・píng/しりぞく・しりぞける

字解 形声。尸(やね・おおい)＋并(ならべる)声。並べたものをかくすへいの意。派生して、しりぞける意を表す。

同属字 塀(塀)

意味 ❶へい。ついたて。かきね。『屏帷』『藩屏(ハンペイ)』『障屏画(ショウヘイガ)』❷しりぞく。かくれる。また、しりぞける。追い払う。遠ざける。『屏風』『屏居』『屏語』❸おおう。かくす。おおってふさぐ。『屏息』『屏蔽』

❶へい。ついたて。かきね。

【屏帷・屏幃(ヘイイ)】とばり。ついたて。転じて、室内。

【屏障(ヘイショウ)】屏風と障子。また、内と外をへだてるもの。

❷しりぞく。また、しりぞける。

【屏風(ビョウブ)】国 折りたたみ、移動ができる、風防ぎ、装飾、室内の仕切りに用いる家具。『金屏風』『腰屏風』
【屏居(ヘイキョ)】①退隠すること。②一室にこもっていること。
【屏語(ヘイゴ)】人を遠ざけて話し合うこと。ひそひそ話。
【屏除(ヘイジョ)】しりぞけのぞくこと。

❸おおう。かくす。おおってふさぐ。

【屏息(ヘイソク)】息をおしころすこと。息をひそめること。

【屏蔽(ヘイヘイ)】おおい防ぐこと。かばうこと。

1873【屧】 尸－9
テイ漢・ショウ(セフ)漢/xiè

字解 形声。履省＋枼(うすい)声。くつしきの意。

1874【孱】 5403 5623 9BA1 尸－9
セン漢・サン漢/chán/よわい

字解 会意。尸(家屋)＋孨(かよわい多くの子ども)。一つ屋根の下にかよわい子が大勢いる意から、狭苦しい、よわい意。一説に形声字とも。

金文

篆文

同属字 潺

意味 ❶よわい。おとる。小さい。❷＝孱顔(サンガン)

【孱顔(サンガン・センガン)】そそりたつ山の斜面。また、山が高くけわしいさま。

1875【属】 3416 4230 91AE 尸－9 常5 (1885)【屬】 5404 5624 9BA2 尸－18 旧字
ゾク呉・ショク漢・シュ漢/zhǔ・shǔ/つく・つける・たぐい・さかん

筆順

字解 属は屬の略体。屬は形声。尾＋蜀(従いつく)声。尾のあとにつづく、つらなる・つく意。

同属字 嘱(囑)・矚

意味 ❶つく。つきしたがう。つらなる。また、つらねる。『属国』『帰属』『所属』❷つける。よせる。たのむ。まかせる。「嘱」に同じ。『属託』『属望』『意属(イショク)』❸みうち。あつまり。なかま。また、たぐい。類。『金属(キンゾク)』『眷属(ケンゾク)』『親属(シンゾク)』『尊属(ソンゾク)』＊陶潜－桃花源記「有二良田美池桑竹之属一(リョウデンビチソウチクのゾクあり)〔=よく肥えた畑や美しい池、桑や竹のたぐいがある〕」❹生物の分類上の単位。「科」の下、「種」の上。『亜属(アゾク)』❺部下。けらい。したやく。『属吏』『属僚』❻国 さかん。日本の律令制で、職・坊・寮の四等官制の第四等の官。また、明治官制で、判任の文官。『大属(タイゾク)』『小属(ショウゾク)』❼その他。『属饜(ショクエン)』『属鏤(ショクル)』

❶つきしたがう。つらなる。つらねる。

下接 帰属(キゾク)・軍属(グンゾク)・係属(ケイゾク)・繋属(ケイゾク)・従属(ジュウゾク)・所属(ショゾク)・専属(センゾク)・直属(チョクゾク)・転属(テンゾク)・統属(トウゾク)・配属(ハイゾク)・服属(フクゾク)・付属(フゾク)・附属(フゾク)・隷属(レイゾク)・連属(レンゾク)

【属車(ショクシャ・ゾクシャ)】あとにつき従う車。

【属者(ゾクシャ)】つきしたがうもの。→❼(ショクシャ)

【属性(ゾクセイ)】事物の本質的な特性。事物に固有な性質。また、一般に、同類のものが有する特性をいう。

【属籍(ゾクセキ)】①属している籍。国籍、本籍、寄留籍、戸籍など。②文章を綴ること。著述すること。

【属地(ゾクチ)】①付属している土地。②その土地に属すること。『属地主義』

【属島(ゾクトウ)】その国に所属する島。また、大きな島に属する島。

【属領(ゾクリョウ)】その国に付属している領地。

【属格(ゾッカク)】(ラテン casus genetivus 英 genitive case の訳語)印欧語などでの名詞、代名詞、形容詞、冠詞の格の一。主として所属、発生などの関係を示す。所有格。

【属国(ゾッコク)】他国の支配下にある国。

❷つける。よせる。たのむ。まかせる。

【属託(ショクタク)】たのんでまかせること。嘱託(ショクタク)。

【属望(ショクボウ)】前途に期待をかけること。嘱望(ショクボウ)。

【属目(ショクモク)】①その人の将来を期待して見守ること。②目にとまること。嘱目(ショクモク)。

【属意(ゾクイ)】①心にとめること。②期待すること。

❺部下。けらい。したやく。

【属吏(ゾクリ)】地位の低い役人。

【属僚(ゾクリョウ)】下級官吏。下役。

【属官(ゾッカン)】下級官吏。属僚。

❼その他。

【属饜・属厭(ショクエン)】(「属」は足りるの意)飽きるほど十分に満足すること。饜足(エンソク)。
【属者(ショクシャ|このごろ)】ちかごろ。→❶(ゾクシャ)
【属鏤(ショクル)】中国、春秋時代、呉王が伍子胥(ゴシショ)に自殺を命じたときに与えたという名剣の名。

1876【屠】 尸－9 (1871)【屠】 3743 454B 936A 尸－8 †
ト呉・チョ漢/tú/ほふる

[字解] 形声。尸＋者[声]。
[参考] 万葉仮名では音を借りて「つ」「と[甲]」。
[意味] ❶ほふる。鳥獣・家畜を殺す。『屠所』『狗屠(クト)』＊史記-項羽本紀「項羽引ㇾ兵西、屠ニ咸陽(コウウへいをひきてにしし、カンヨウをほふる)」〔=項羽は兵を引き連れて西に向かい、(都の)咸陽に攻め入って人民を皆殺しにした〕 ❷切る。裂く。『屠腹』『屠戮』 ❸その他。『屠蘇散』『浮屠(フト)』

❶ ほふる。家畜を殺す。

【屠殺(トサツ)】 肉や皮を得るため家畜などを殺すこと。

【屠所(トショ)】 家畜を屠殺する所。【屠所之羊(トショのひつじ)】 屠所にひかれてゆく羊。刻々に死期の迫ることのたとえ。また、不幸に直面して気力を失い、悲しみに打ちひしがれたものにもいう。〔涅槃(ネハン)経〕

【屠竜之技(トリョウのギ)】 伝説上の動物である竜を打ち殺すわざ。学んでも実際には役に立たないわざのたとえ。〔荘子-列禦寇(レツギョコウ)〕

❷ 切る。裂く。

【屠腹(トフク)】 腹を切ること。切腹。

【屠戮(トリク)】 からだを切り裂いて殺すこと。

❸ その他。

【屠蘇散(トソサン)】 山椒(サンショウ)・桔梗(キキョウ)・肉桂(ニッケイ)などを調合したもの。元旦に、これを酒に浸したものを飲めば、一年の邪気をはらうという。屠蘇。

1877 【屡】 2840 3C48 8EC6 尸-9

ロウ 「屢」(1880)の異体字

【犀】 ⇩ 4618

1878 【屣】 ＊2691 尸-11

シ[漢]\xǐ

[字解] 形声。尸(からだ)＋徙(うつりゆく)[声]。はきもの、ぞうりの意。

1879 【層】 3356 4158 9177 尸-11 [常]6 (1881)〖層〗 二二 尸-12 旧字[人]

ソウ[漢]\céng\かさなる・かさねる

[筆順] 層 層 層 層 層 層

[字解] 層は層の略体。層は形声。尸(家屋)＋曾(重なる)[声]。屋根が幾重にも重なったたかどのから、かさなる意。

[参考] 万葉仮名では音を借りて「そ[乙]」。

[意味] かさなる。かさねる。また、かさなり。㋑かさなる。かさなっている。『層閣』『層畳』 ㋺かさなり。『層が厚い』『層雲』『層状』『深層』 ㋩建物の階。『高層住宅』＊王之渙-登ニ鸛鵲楼一「更上一層楼(さらにのぼるイッソウのロウ)」〔=もう一階上へと登った〕 ㊁社会の種々の階級。『知識層(チシキソウ)』『年齢層(ネンレイソウ)』『階層(カイソウ)』『客層(キャクソウ)』 ㋭地層。『鉱層(コウソウ)』『炭層(タンソウ)』『断層(ダンソウ)』

[下接] 一層(イッソウ)・階層(カイソウ)・各層(カクソウ)・下層(カソウ)・気層(キソウ)・基層(キソウ)・高層(コウソウ)・重層(ジュウソウ)・上層(ジョウソウ)・深層(シンソウ)・成層(セイソウ)・断層(ダンソウ)・地層(チソウ)・土層(ドソウ)・表層(ヒョウソウ)・油層(ユソウ)・稜層(リョウソウ)・漸層法(ゼンソウホウ)／裳層(もこし)

【層一層(ソウイッソウ)】 「一層」を強めた語。その上更に。『層一層の努力を要する』

【層雲(ソウウン)】 [1]層をなす雲。[2]低く一様にたれこめた霧(きり)のような雲。

【層閣(ソウカク)】 幾階にも高く重ねたたかどの。高楼。

【層状(ソウジョウ)】 幾重にも重なって、層をなしていること。

【層畳(ソウジョウ)】 何重にも重なること。

【層積雲(ソウセキウン)】 対流圏の下層に見られる白または灰黒色の雲。冬によく現れる。

【層層(ソウソウ)】 幾重にも重なっているさま。

【層倍(ソウバイ)】 「倍」を強めた言い方。『薬九層倍(くすりクソウバイ)』〔=薬屋が暴利をむさぼることのたとえ〕『何層倍』

【層巒(ソウラン)】 重なり連なっている山々。

1880 【屢】 ＊2690 尸-11 (1877)〖屡〗 2840 3C48 8EC6 尸-9

ル[呉][漢]\lǚ\しばしば

[字解] 形声。尸(ひと)＋婁(つらなりつづく)[声]。続いておこる意。

[参考] 万葉仮名では音を借りて「る」。

[意味] しばしば。たびたび。＊論語-先進「回也其庶乎。屢空(カイやそれちかきか。しばしばむなし)」〔=顔回は完全に近い。(しかし)しょっちゅう貧乏をしている〕

【屢次(ルジ)】 たび重なること。しばしば。

1881 【層】 二二 尸-12

ソウ 「層」(1879)の旧字

1882 【履】 4590 4D7A 979A 尸-12 [常]

リ[呉][漢]\lǚ・lǐ\はく・ふむ・くつ

[筆順] 履 履 履 履 履 履

[字解] 会意。尸(ひと)＋彳(道)＋夂(あし)＋舟(もと、はきもの)。人がくつをはいて行く意から、はきもの、また、はきものをはく、ふみおこなう意。

[意味] ❶はきもの。くつ。また、はく。『草履』『弊履』＊韓非子-外儲説左上「鄭人有ニ且ㇾ買ㇾ履者一(テイひとにまさにくつをかわんとするものあり)」〔=鄭の人で、くつを買いにいこうとした人がいた〕 ❷足でふむ。あるく。また、ふみ行う。実行する。経験する。『履行』『履修』『履歴』『行履(アンリ)』＊詩経-小雅・小旻(ショウビン)「如ㇾ履ニ薄氷一(ハクヒョウをふむがごとし)」〔=うすい氷をふむようである〕 ❸易の六十四卦の一。☰☱。

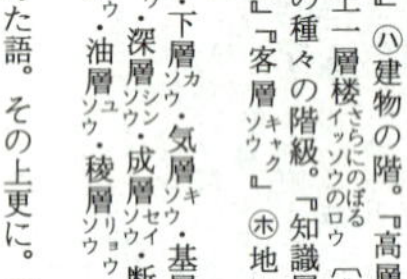

履❶〔正倉院蔵〕

❶ はきもの。また、はく。

[下接] 衣履(イリ)・屐履(ゲキリ)・珠履(シュリ)・杖履(ジョウリ)・糸履(シリ)・草履(ソウリ)・納履(ノウリ)・弊履(ヘイリ)・木履(ボクリ|ぼっくり)・冠履顛倒(カンリテントウ)

【履物(はきもの)】 靴・草履など、足にはくものの総称。

❷ 足でふむ。ふみ行う。実行する。

【履行(リコウ)】 実際に行うこと。実行。『債務を履行する』『契約不履行』

【履修(リシュウ)】 習い修めること。『履修届』

【履践(リセン)】 実際にふみ行うこと。

【履霜(リソウ)】 [1]霜をふむこと。[2]霜の季節。また、霜をふむ季節が来れば、やがて堅い氷が張るということから、小さなきざしが大きな動きになるたとえ。小悪が大悪に育ったとえ。〔易経-坤〕

【履約(リヤク)】 約束を履行すること。

【履歴(リレキ)】 現在までに経てきた学業、職業などの経歴。『履歴書』

1883【屨】*2693 尸-14 ク漢/jù/はきもの

字解 形声。履(はきもの)省+婁(長くつづく)声。細長い繊維(麻など)で編んだはきものの意。

参考 万葉仮名では音を借りて「く」。

意味 はきもの。くつ。はく。『屨舄(クセキ)』『葛屨(カック)』『杖屨(ジョウク)』

1884【屩】*2694 尸-15 キャク漢/juē

字解 形声。履省+喬(高くあがる)声。足どり軽く、遠くへ行くのに便利なくつの意。

1885【屬】5404 5624 9BA2 尸-18 ゾク 「属」(1875)の旧字

［羼］⇩6164

1886【屭】*2701 尸-21 キ 「屓」(1866)の異体字

45 屮(屮)部 てつ

甲骨文 金文 篆文

屮は、草の芽ばえたさまを象る。屮は単体としては用いられず、屮部には、類形をもつ字が少数収められるだけである。屮を並立した艸は、別に艸部(140)の部首をなす。

屮 屮 屮 ①屯
屮 ③屰
屮

1887【屮】二一 屮-0 テツ漢/chè

字解 部首解説を参照。

1888【屮】5405 5625 9BA3 屮-0 サ呉漢

字解 左の古文。

1889【屯】3854 4656 93D4 屮-1 常 チュン漢・トン漢/zhūn・tún/たむろ

筆順 屯屯屯屯

字解 象形。草の芽に固いからがついていて出悩む形に象るという。甲骨文・金文は、単位として用い、また、縁に通じ、衣のふち飾り。惇に通じ、厚い徳の意を表す。

甲骨文 金文 篆文

同属字 頓・肫・純・鈍・飩

意味 ❶(チュン) 行き悩む。苦しむ。また、易の六十四卦の一。☳☵。行動を起こして険難にあうことを表す。『屯邅』『屯蒙』 ❷(トン) たむろする。人々が集まる。『屯営』『屯田』『駐屯(チュウトン)』『兵屯(ヘイトン)』 ❸国(英 ton の音訳)重さや容積の単位。噸。瓲。(イ)重量の単位。記号 t。一トンは一〇〇〇キログラム。(ロ)艦艇や船舶の重量や容積を表す単位。総容積を表す場合は一総トンが一〇〇立方フィート。他に、排水トン、重量トンなどがある。

❶ 行き悩む。

【屯邅(チュンテン)】行き悩むこと。苦しんで行きつもどりつすること。迍邅。〔易経-屯〕

【屯蒙(チュンモウ)】(「蒙」は幼く蒙昧なさま) ①困難にあって行きなやむこと。②物が生ずるはじめ。

❷ たむろする。

【屯営(トンエイ)】兵士がたむろする場所。陣営。軍営。

【屯戍(トンジュ)】兵をとどまらせて、辺境を守ること。

【屯所(トンショ)】兵士などが詰める所。屯営。

【屯田(トンデン)】兵士が辺境を守りながら農耕に従事すること。また、その田地。『屯田兵』

屮

［旹］⇩3159 ［蚩］⇩7015

屮

1890【屰】*2702 屮-3 ゲキ漢/nì/さからう

字解 象形。さかさまの人の形に象り、さからう意。逆の原字。

甲骨文 篆文

同属字 逆(逆)・朔

46 山部 やま

甲骨文 金文 篆文

山は、峰の三つ連なった形で、山(サン)を表す。山部に属するものは、山の名、山の状態、つき出た地形等に関係する。字の左部となっているものを「やまへん」という。行草の手順では左から書きはじめることがあり、止と混じて、岡に罡のような異体も生じている。

山 山
山 ②屶④岌岑岦⑤岸岩岪⑥
峇⑦峩峯⑧崋崖嵜崟崗崑崔
崧崇崩崩崙⑨嵌嵒嵜嵐⑩嵬
嵳嵩⑪嶄嶌⑫嶐⑭嶽嶷嶺⑰
巌⑱巋巍⑲巓⑳巖
山 ④岔⑤岳岡岱⑦島⑨嵒嵆
⑪㠀⑲巒
山 ①乢③屺屹屼④岏岐⑤岾
岬岫岨岻岶岷岼峅岵⑥峡峙
峒峠⑦峨峽峴峺峻峭峰峪⑧

崕 崎 崛 崆 崐 崢 崚 崘 ⑨ 﨑 嵎 嵋 ⑩ 嵬 嵯 嵶 ⑪ 嶇 嶃 嶂 嶋 ⑫ 嶢 嶝 ⑬ 嶧 嶬 嶮 嶼 ⑭ 嶸 嶹 ⑰ 巉 ⑲ 巑 ⑳ 巘

山

1891 【山】 2719 3B33 8E52 山－0 [常]1 セン(呉)・サン(漢)\shān\やま

[筆順]

[字解] 部首解説を参照。

[同属字] 仙・疝・訕

[意味] ❶やま。地表に著しく凸起した部分。高くそびえたつ地形。『山紫水明』『山脈』『遠山』 ❷やまのような。また、やまのようにうずたかくもり上がる。また、そうしたもの。『山積』 ❸寺院。また、寺院の呼び名。『山号』『山僧』 ❹動植物名の頭に付いて、それが山地の産であること、野生のものであることを表す。『山桜(やまざくら)』『山猫(やまねこ)』『山葵(わさび)』 ❺[国]山師のような。『山勘(やまカン)』『山気(やまけ)』 ❻その他。あて字、固有名詞。『山陰』『山東』『山陽』『山城国(やましろのくに)』

[下接] ❶やま。 陰山(インザン)・遠山(エンザン|とおやま)・開山(カイザン)・火山(カザン)・丘山(キュウザン)・玉山(ギョクザン)・金山(キンザン|かなやま)・銀山(ギンザン)・群山(グンザン)・下山(ゲザン)・江山(コウザン)・高山(コウザン)・鉱山(コウザン)・故山(コザン)・三山(サンザン)・深山(シンザン|みやま)・新山(シンザン)・青山(セイザン)・千山(センザン)・仙山(センザン)・大山(タイザン)・太山(タイザン)・泰山(タイザン)・他山(タザン)・築山(チクザン|つきやま)・治山(チサン)・鉄山(テツザン)・東山(トウザン)・当山(トウザン)・銅山(ドウザン)・登山(トザン)・南山(ナンザン)・入山(ニュウザン)・氷山(ヒョウザン)・閉山(ヘイザン)・満山(マンザン)・名山(メイザン)・遊山(ユサン)・霊山(レイザン)・連山(レンザン)・抜山蓋世(バツザンガイセイ)／崖山(ガイザン)・華山(カザン)・桓山(カンザン)・岐山(キザン)・祁山(キザン)・箕山(キザン)・恒山(コウザン)・衡山(コウザン)・崑山(コンザン)・商山(ショウザン)・湘山(ショウザン)・楚山(ソザン)・巴山(ハザン)・巫山(フザン)・驪山(リザン)・朧山(ロウザン)・廬山(ロザン)／海千山千(うみセンやまセン)

【山靄(サンアイ)】 山にかかるもや。

【山雨(サンウ)】 山に降る雨。また、山の方から降り始めた雨。『山雨欲レ来風満レ楼(サンウきたらんとほっしてかぜロウにみつ)』 山の雨が降り出そうとする前には、まず風が高楼に吹きつけてくる。変事の前の何となく穏やかでないさまのたとえ。〔許渾-咸陽城東楼〕

【山河(サンガ|サンカ)】 山や川。また、山や川のある自然。

【山家(サンカ)】 山中の家。やまが。→❸(センケ)

【山歌(サンカ)】 きこりの歌。いなか歌。ひなうた。＊白居易-琵琶行「豈無二山歌与一村笛一(あにサンカとソンテキとなからんや)〔＝きこりの歌や農夫の笛がないわけではない〕」

【山窩(サンカ)】 [国]日本の山奥や川原などで、竹細工や狩猟などを業としていた人々を漂泊民としていう。

【山海(サンカイ)】 山と海。『山海の珍味』

【山塊(サンカイ)】 山脈から離れた一群の山。『秩父(ちちぶ)山塊』

【山郭(サンカク)】 (「郭」は、村を囲む塁壁) 山ぞいの村。＊杜牧-江南春「水村山郭酒旗風(スイソンサンカクシュキのかぜ)〔＝水辺の村にも山ぞいの村にも、酒屋ののぼりが春風にはためいている〕」

【山岳・山嶽(サンガク)】 陸地のうちで他よりも著しく高く連なった所。『山岳信仰』『山岳地帯』

【山壑(サンガク)】 山と谷。山谷。

【山間(サンカン|やまあい)】 山の中。山と山との間。『山間の村』

【山澗(サンカン)】 山間の谷。また、山と谷。

【山気(サンキ)】 [1]山中特有の冷えびえとした空気。[2]山のけはい。山の雰囲気。＊陶潜-飲酒「山気日夕佳(サンキニッセキにカなり)〔＝山のたたずまいは夕日を浴びてすばらしい〕」

【山祇(サンギ)】 (「祇」は土地の神の意) 山地を支配する神・精霊。やまつみ。

【山脚(サンキャク)】 山のふもと。山麓(サンロク)。

【山居(サンキョ)】 山中に住むこと、また、その住居。

【山峡(サンキョウ|やまかい)】 山と山との間。谷あい。

【山系(サンケイ)】 二つ以上の山脈が近接して平行に走っているとき、これらの総称。『ヒマラヤ山系』

【山径・山逕(サンケイ)】 山中のこみち。やまみち。

【山渓・山谿(サンケイ)】 山と谷。また、山あいの谷。

【山公(サンコウ)】 サル(猿)の異称。山の人の意。

【山光(サンコウ)】 山の景色。山色。

【山行(サンコウ)】 山を行くこと。また、山歩き。山登り。

【山肴(サンコウ)】 山でとれる肴(さかな)。ワラビや竹の子など。

【山紅澗碧(サンコウカンペキ)】 山の花の紅と谷川の水の青。＊韓愈-山石「山紅澗碧紛爛漫(サンコウカンペキフンとしてランマン)〔＝山の花々の紅と谷川の青緑とが入り混じって美しく映えている〕」

【山谷(サンコク)】 [1]山と谷。また、山間にある谷。[2]中国、宋代の詩人・書家の黄庭堅の号。【山谷之士(サンコクのシ)】 俗世間を離れ、山中に住み暮らす人。山林之士。

【山骨(サンコツ)】 山の土砂などが崩れて露出した岩石。

【山妻(サンサイ)】 (山育ちの妻の意) 自分の妻を謙遜していう語。愚妻。荊妻(ケイサイ)。

【山斎(サンサイ)】 山の中にある休息のための室。

【山紫水明(サンシスイメイ)】 [国]日に映じて山は紫に、水は澄んで清らかであること。景色が清く美しいことのたとえ。『山紫水明の地』♥頼山陽の語、また、その草堂の名。

【山車(サンシャ|だし)】 [1](サンシャ) 瑞祥の一。人工を用いず、自然に円曲な木で出来た車。世が平和なときに、山に現れるという。[2][国]祭礼のとき、装飾などをしてひき回す車。やま。だんじり。

【山岫(サンシュウ)】 山の頂上。山の尾根。

【山色(サンショク)】 山の色。また、山の景色。

【山人(サンジン|やまびと)】 [1](サンジン) 俗世間を離れて山中に隠棲(インセイ)する人。文人などが雅号の下に添えて用いる語。『紅葉山人』 [2](やまびと) 山に住む人。山で働く人。

【山水(サンスイ)】 [1]山や川や湖。また、その景色、風景。[2]「山水画」の略。山水のある自然の風景を描いた東洋画。[3]築山と池などを配置した庭園。『枯れ山水』

【山精(サンセイ)】 [1]山の精霊。やまびこ。[2]植物「ヤマアザミ(山薊)」の異名。

【山川(サンセン|やまかわ)】 山と川。『山川草木』『山川万里』

【山相(サンソウ)】 山の姿、様子。

【山荘(サンソウ)】 山の中にある別荘。

【山藪(サンソウ)】 山や沢。また、山中の林藪。

【山賊(サンゾク)】 山の中に根拠地をかまえる盗賊。

【山中(サンチュウ)】 山のなか。【山中宰相(サンチュウのサイショウ)】 山中に隠退していても、国家の大事には天子の相談を受けている人物。〖破二山中賊一易、破二心中賊一難(サンチュウのゾクをやぶるはやすく、シンチュウのゾクをやぶるはかたし)〗 山賊を打ち破るのはたやすいが、心中の邪念に打ち勝つことは難しい。精神修養の困難なことのたとえ。〔陽明全書〕〖山中無二暦日一(サンチュウレキジツなし)〗 世間から隔たって山中にのんびりと暮らしていると、歳月のたつのも忘れる。〔太上隠者-答レ人〕

【山頂(サンチョウ)】 山のいただき。山巓(サンテン)。

【山重水複(サンチョウスイフク)】 山が幾重にもかさなりあい、川が複雑に入りくんでいること。〔陸游-遊二山西村一〕

【山亭(サンテイ)】①山の中のあずまや。②山にある旅館または酒楼。

【山巓・山顚(サンテン)】＝山頂(サンチョウ)

【山斗(サント)】泰山と北斗。人々の仰ぎ尊ぶもの。泰斗。

【山頭(サントウ)】①山岳の頭部。山頂。②(古くは多く山上にあるところから)焼き場、また、墓地をいう。

【山童(サンドウ)】山村の子ども。山育ちの子ども。

【山腹(サンプク)】山の中腹。

【山房(サンボウ)】山の中の家。転じて、風流人の住居、書斎。『玄鶴山房(ゲンカクサンボウ)』◆多く雅号などに付ける。

【山脈(サンミャク)】多くの山が連なって脈状をなしている山地。やまなみ。『褶曲山脈(シュウキョクサンミャク)』

【山野(サンヤ)】のやま。『山野を跋渉(バッショウ)する』

【山容(サンヨウ)】山の形、姿。『峨々(ガガ)たる山容』

【山籟(サンライ)】山風が樹木の上を吹き渡って鳴らす音。

【山梁(サンリョウ)】①山間のかけはし。〔論語-郷党〕②鳥「キジ(雉子)」の異名。

【山陵(サンリョウ)】①山や丘。②天子、皇后の墓。

【山稜(サンリョウ)】(「稜」はかどの意)山の尾根。

【山林(サンリン)】①山と林。山中の林。②樹木の多く生えている山。

【山林之士(サンリンのシ)】＝山谷之士(サンコクのシ)

【山霊(サンレイ)】山の精霊。山の神。

【山嶺(サンレイ)】山のみね。

【山麓(サンロク)】山のふもと。

【山彦(やまびこ)】山や谷などで、出した声や音が間をおいて反響してくること。こだま。

【山伏・山臥(やまぶし)】①仏道修行のため山野に起き臥しする僧。②修験者。

❷やまのような。また、そうしたもの。

下接 剣山(ケンザン)／肩山(かたやま)・黒山(くろやま)・人山(ひとやま)・螺子山(ねじやま)

【山積(サンセキ)】うずたかく積もること。また、仕事・問題などがたくさんたまること。『山積した問題』

❸寺院。また、寺院の呼び名。

下接 一山(イッサン)・開山(カイサン)・帰山(キザン)・五山(ゴザン)・晋山(シンザン)・進山(シンザン)・当山(トウザン)・入山(ニュウザン)・本山(ホンザン)

【山号(サンゴウ)】寺院の名に冠する称号。延暦寺の比叡山、金剛峰寺の高野山など。

【山僧(サンソウ)】①山寺に住む僧。②僧の謙称。

【山内(サンナイ)】寺の境内。寺内。

【山門(サンモン)】①寺院正面の楼門。三門。②山寺。また、寺。③国「比叡山延暦寺(ヒエイザンエンリャクジ)」の別称。

【山家(センケ)】国 比叡山の延暦寺(天台宗の正系)をいう。→❶(サンカ)

❹山地の産の。野生の。

【山茶花(サザンカ)】国 ツバキ科の常緑小高木。一〇～一二月、白、紅などの花を単生する。ひめつばき。

【山帰来(サンキライ)】国 ①ユリ科のつる性低木。台湾、中国、インドに産する。②植物「サルトリイバラ」の異名。

【山鶏(サンケイ)】①鳥「ヤマドリ(山鳥)」の異名。②キジ科の鳥。翼長は二五センチメートルほどで、尾羽が長い。

【山査子・山樝子(サンザシ)】国 バラ科の落葉小低木。果実は漢方薬などに用いる。

【山茱萸(サンシュユ)】ミズキ科の落葉小高木。小さな黄色の花を球状に密集してつける。

【山椒(サンショウ｜サンショ)】国 ミカン科の落葉低木。実は香辛料、また薬用。

【山羊(やぎ)】ウシ科の哺乳類(ホニュウルイ)。ヒツジに似るが尾が短く、雄はあごひげを持つ。

【山女・山女魚(やまめ)】サクラマスの河川陸封型。渓流にすむ。食用。

【山葵(わさび)】①アブラナ科の多年草。山間の渓流に生える。根茎には辛みがあり、薬味などに使う。②①の根茎をすりおろし、香辛料としたもの。さび。

❻その他。あて字、固有名詞。

下接 仰山(ギョウサン)・沢山(タクサン)・穿山甲(センザンコウ)・泰山木(タイサンボク)／床山(とこやま)・案山子(かかし)・四方山(よもやま)

【山陰(サンイン)】①中国の秦代以来、浙江省北部にあった県名。②国「山陰道(サンインドウ)」の略。五畿七道の一。中国山地の北側、日本海側の丹波・丹後・但馬(たじま)・因幡(いなば)・伯耆(ほうき)・出雲(いずも)・石見(いわみ)・隠岐(おき)の八か国。③国「山陰地方(サンインチホウ)」の略。中国山地の北側、日本海に面する一帯の称。

【山海関(サンカイカン)】中国河北省秦皇島の北東にある関門の名。万里の長城の東端にあたる要衝。

【山海経(サンガイキョウ｜センガイキョウ)】中国の地理書。禹(ウ)の撰またはその治水を助けた伯益の撰と伝える。周・秦以来の書。中国神話の数少ない資料。

【山東(サントウ)】①中国の華山以東の地。②中国、崤山(コウザン)・函谷関(カンコクカン)以東の地。戦国時代の斉・楚・燕・韓・魏・趙六国の総称。③「山東省(サントウショウ)」の略。中国の省の一。黄河下流域と山東半島からなる。省都は済南。

【山濤(サントウ)】中国、晋の政治家。竹林の七賢人の一人。字(あざな)は巨源。魏(ギ)に仕え、ついで晋の武帝に仕えた。

【山陽(サンヨウ)】①中国の漢代、黄河の北岸、現在の河南省修武県に置かれた県名。②国「山陽道(サンヨウドウ)」の略。五畿七道の一。播磨(はりま)・備前・備中・美作(みまさか)・備後・安芸(あき)・周防(すおう)・長門(ながと)の八か国。畿内の西方、中国地方の瀬戸内海側の一帯。③国 中国山地南側の地域。

【山鹿素行(やまがソコウ)】江戸前期の儒者・兵学者。古学の開祖。名は高祐。字は子敬。通称、甚五左衛門。会津の人。儒学を林羅山に、兵学を北条氏長に学ぶ。朱子学を批判して赤穂に流された。主著、「武教要録」「中朝事実」「原源発録」など。(一六二二～八五)

【山崎闇斎(やまざきアンサイ)】江戸初期の朱子学者、神道家。京都の人。名は嘉(カ)、別号、垂加。初め僧となり、谷時中に南学を学ぶ。のち還俗し、神道を修め、垂加神道を創始。著「垂加文集」「大和小学」など。(一六一八～八二)

難読地名 山武(さんぶ)郡・町(千葉) 山刀伐(なたぎり)峠(山形) 山科(やましな)区(京都) 山門(やまと)郡(福岡) 山都(やまと)町(福島)

山 2

1892 【屶】 5407 5627 9BA5 山－2

字解 国字。山仕事に用いる刃物の意。なた。

1893 【岌】 5409 5629 9BA7 山－4 ギュウ(ギフ)漢・キュウ(キフ) 慣 jí/たかい

字解 形声。山＋及(およびいたる)声。天までとどくほど山がたかい意。

意味 高い。山が高いさま。

【岌岌(キュウキュウ)】①高いさま。②危ういさま。③速いさま。

1894 【岑】 5410 562A 9BA8 山－4 シン 漢 cén/みね

字解 形声。山＋今声。

意味 ❶みね。けわしくそびえる山。❷高い。けわしい。するどい。『岑岑』『岑楼』❸人名。『岑参』

【岑岑(シンシン)】ひどく痛むさま。

【岑参(シンジン|シン)】中国、唐代の詩人。高適・王昌齢・王之渙らと共に辺塞詩人として名がある。著に「岑嘉州詩集」がある。生没年不詳。

【岑楼(シンロウ)】高くけわしい山。また、高くそびえた高殿。

1895【岦】5412 562C 9BAA 山－4 音訓字義未詳

1896【岸】2063 345F 8ADD 山－5 常3 ガン(呉)(漢)\àn\きし

筆順 岸 岸 岸 岸 岸 岸

字解 形声。屵(高いがけ)＋干(おかす)(声)。切りとられた水ぎわの高いがけ、きしの意。一説に、山＋厈(声)の形声字ともいう。

意味 ❶きし。がけ。みずぎわ。陸地が水に接した所。『岸壁』『海岸』『接岸』＊杜甫‐旅夜書ㇾ懐「細草微風岸(サイソウビフウのきし)」❷高い。けわしい。かどだっている。『岸傑』『偉岸(イガン)』『魁岸(カイガン)』『傲岸(ゴウガン)』

❶きし。がけ。みずぎわ。

下接 右岸(ウガン)・沿岸(エンガン)・海岸(カイガン)・崖岸(ガイガン)・河岸(カガン|かし)・湖岸(コガン)・護岸(ゴガン)・左岸(サガン)・此岸(シガン)・接岸(セツガン)・対岸(タイガン)・断岸(ダンガン)・着岸(チャクガン)・彼岸(ヒガン)・両岸(リョウガン)

【岸芷汀蘭(ガンシテイラン)】岸辺のかおりぐさと水ぎわの蘭。いずれも香草。〔范仲淹‐岳陽楼記〕

【岸上(ガンジョウ)】岸のほとり。岸辺。

【岸頭(ガントウ)】岸のほとり。岸の上。岸辺。

【岸壁(ガンペキ)】①壁のようにそそり立った岸。②船舶を横づけするための港湾や運河の埠頭(フトウ)。

❷高い。けわしい。かどだっている。

【岸傑(ガンケツ)】からだが大がらで、たくましいさま。魁岸豪傑。魁傑。偉岸。

1897【岩】2068 3464 8AE2 山－5 常2 ガン(呉)(漢)\yán\いわ・いわお

筆順 岩 岩 岩 岩 岩 岩

字解 会意。山＋石。山にあるゴロゴロしたいしの意。巖の通俗体。

意味 ❶いわ。いわお。大きな石。『岩石』『岩盤』『岩壁』❷国「岩代国(いわしろのくに)」の略。『野岩(ヤガン)鉄道』❸その他。『岩田帯(いわたおび)』『岩乗(ガンジョウ)』

❶いわ。いわお。

下接 奇岩(キガン)・巨岩(キョガン)・頁岩(ケツガン)・砂岩(サガン)・泥岩(デイガン)・溶岩(ヨウガン)・礫岩(レキガン)・火山岩(カザンガン)・火成岩(カセイガン)・堆積岩(タイセキガン)・粘板岩(ネンバンガン)・変成岩(ヘンセイガン)

【岩塩(ガンエン)】地層から採れる天然の塩。

【岩窟(ガンクツ)】岩屋。岩のほら穴。

【岩床(ガンショウ)】地中で板状に広がっている岩。

【岩漿(ガンショウ)】地中の深部で溶けている岩石。マグマ。

【岩礁(ガンショウ)】海水中に隠れている、または海面に見え隠れする大きな岩。暗礁。

【岩石(ガンセキ)】大きな石の塊。地殻を構成する物質。

【岩頭(ガントウ)】岩の上。岩の突端。

【岩盤(ガンバン)】岩石で構成された地盤。岩石盤。

【岩壁(ガンペキ)】壁のように切り立った険しい岩。

❸その他。

【岩乗・岩畳(ガンジョウ)】国堅固で丈夫なこと。がっしりしているさま。頑丈(ガンジョウ)。❤「五調(ゴテウ)」(=名馬に仕上げるための五つの条件)」の音便転からとする説や、悪所の岩石も乗るに堪えるから、「岩乗」とする説など、諸説ある。

【岩田帯(いわたおび)】妊婦が腹に巻く白布。安産を願って妊娠五か月の戌(いぬ)の日に着ける。❤斎肌帯(いはだおび)からか。

難読地名 岩城(いわき)町(秋田) 岩城(いわぎ)村(愛媛) 岩槻(いわつき)市(埼玉)

1898【岪】＊2720 山－5 フツ(漢)\fú\

字解 形声。山＋弗(声)。やまみちの意。

1899【岧】5420 5634 9BB2 山－6 コウ(カフ)(漢)

字解 形声。山＋合(声)。ほらあなの意。

【炭】⇩4439 【耑】⇩6223

1900【峩】5422 5636 9BB4 山－7 ガ 「峨」(1961)の異体字

1901【峯】4287 4A77 95F5 山－7 ホウ 「峰」(1967)の異体字

【豈】⇩7643

1902【崋】5428 563C 9BBA 山－8 カ(クヮ)(漢)\huà\

字解 形声。山＋華(声)。山の名。五岳の一。「華山」に同じ。

1903【崖】1919 3333 8A52 山－8 ガイ(呉)(漢)\yá・yái\がけ

(1969)【崕】5429 563D 9BBB 山－8

字解 形声。山＋厓(がけ)(声)。がけの意。のちに山を加え、字義をより明確にした。

意味 がけ。切り立ったところ。また、かど。かどだつ。

下接 懸崖(ケンガイ)・渚崖(ショガイ)・絶崖(ゼツガイ)・層崖(ソウガイ)・断崖(ダンガイ)・磨崖仏(マガイブツ)・海食崖(カイショクガイ)

【崖異(ガイイ)】①きわだって異なること。②他人と同調しないこと。

【崖角(ガイカク)】がけのかど。

【崖岸(ガイガン)】①水のほとりの切り立って高い所。②きわだって他と異なること。

【崖谷(ガイコク)】深い谷。谷あい。

【崖寺(ガイジ)】がけの上にある寺。がけぎわの寺。

1904【嵜】―― 山－8 キ 「崎」(1970)の異体字

1905【崟】5432 5640 9BBE 山－8 ギン(漢)\yín\

字解 形声。山＋金(声)。「岑崟(シンギン)」は山のゴツゴツしたさま。

3画 口囗土士夂夊夕大女子宀寸小(⺌・⺍)尢(兀・尣)尸屮(屮)山巛(川)工己(已・巳)巾干幺广廴廾弋弓彐(彑・⺕)彡彳

1906 【崗】 5430 563E 9BBC 山－8

コウ 「岡」(1934)の異体字。

参考 「花崗岩(カコウガン)」にはこの字を用いる。

1907 【崑】 5434 5642 9BC0 山－8　(1973)【崐】 二一 山－8

コン漢／kūn

字解 形声。山＋昆㊥。

意味 「崑崙(コンロン)」は山の名。「西崑(セイコン)」

【崑曲(コンキョク)】 中国演劇の一。明の時代に、江蘇省崑山の魏良輔(ギリョウホ)が南曲系の海塩腔、弋陽腔(ヨクヨウコウ)などを基に作り出した。

【崑玉(コンギョク)】 崑崙に産する美しい玉。また、すぐれた詩文のたとえ。

【崑山(コンザン)】 ①中国、伝説上の崑崙山(コンロンザン)の略称。②中国、梁代に江蘇省蘇州市の西方に置かれた県名。また、その地の馬鞍山の異称。

【崑崙(コンロン)】 ①中国の伝説的な山の名。黄河の源であり、玉(ギョク)を産出し、不死の仙女、西王母の住むという西方の楽土。漢の武帝の時には于闐(ウテン)(ホータン)で玉がとれることから、于闐の山を崑崙にあてていた。②「崑崙山脈」の略。中国西部、チベット高原とタリム盆地の間を東西に走る山地。③中国、三国時代以後、アンナン、カンボジア、マライ半島など、南海地方の呼び名。④島の名。インドシナ半島メコン河口の南沖合にあるコンドル島に対する、元・明時代の呼称。古来、航海者の目標とされた。

1908 【崔】 5435 5643 9BC1 山－8

サイ漢・スイ漢／cuī

字解 形声。山＋隹㊥。

同属字 催・摧

意味 ❶山の高く大きなさま。「崔嵬」❷人名。「崔顥」

【崔嵬(サイカイ)】 ①山の、石や岩がごろごろして険しいこと。岩の険しい山。②堂塔が高くそびえること。

【崔顥(サイコウ)】 中国、盛唐の詩人。賭博と酒を好み、興に乗じて詩を作った。特に「黄鶴楼」の詩は李白に激賞され、唐人七言律詩中第一の名声を得た。(?～七五四)

【崔崔(サイサイ)】 山の大きくそびえるさま。また、山のように積み重なっているさま。

1909 【崧】 ＊2742 山－8

スウ 「嵩」(1920)の異体字

1910 【崇】 3182 3F72 9092 山－8 常

シュウ漢・スウ慣・ス慣／chóng／たかい・たかし・あがめる・たっとぶ・うやまう

筆順 崇 崇 崇 崇 崇 崇

字解 形声。山＋宗(おさ・とうとい)㊥。山の高大なさま・あがめる意。

意味 ❶高い。山が広大なさま。転じて、たっとい。けだかい。「崇高」「崇厳」❷あがめる。たっとぶ。うやまう。「崇敬」「崇拝」「尊崇(ソンスウ)」❸終わる。終える。「崇替」「崇朝」 ⇒〔尊〕(1813)の表

❶ 高い。たっとい。けだかい。

【崇高(スウコウ)】 気高く尊くて、畏敬の念を起こさせるようなさま。「崇高な理念」

【崇厳(スウゴン)】 容易に近よりがたく、おごそかなさま。

❷ あがめる。たっとぶ。うやまう。

【崇敬(スウケイ)】 神仏や立派な人などをあがめ敬うこと。

【崇尚(スウショウ)】 あがめ尊ぶこと。

【崇飾・崇餝(スウショク)】 尊び飾ること。立派に飾ること。

【崇信(スウシン)】 尊び信じること。あがめ信じること。

【崇徳(スウトク)】 ①徳を尊ぶこと。また、有徳の人を尊ぶこと。②徳を修めること。

【崇拝(スウハイ)】 心から敬い、あがめること。「崇拝者」

❸ 終わる。終える。

【崇替(スウタイ)】 (「替」は廃の意)①物事が終わってやめになること。②勢いのさかんなこととすたれること。

【崇朝(スウチョウ)(あさをおう)】 夜明けから朝食までのあいだ。終朝。

1911 【崩】 4288 4A78 95F6 山－8 常　(1912)【崩】 二一 山－8 旧字

ホウ呉漢／bēng／くずれる・くずす・くえる

筆順 崩 崩 崩 崩 崩 崩

字解 形声。山＋朋(→風、はなれる)㊥。くずれる意。

意味 ❶くずれる。くずす。「崩壊」「土崩瓦解(ドホウガカイ)」「潰崩(カイホウ)」「壊崩(カイホウ)」❷天子が死ぬ。「崩御」

❶ くずれる。くずす。

【崩壊・崩潰(ホウカイ)】 くずれ壊れること。「帝国崩壊の危機」 書き換え「崩潰→崩壊」。

【崩顛(ホウテン)】 山などがくずれ落ちること。

【崩落(ホウラク)】 ①くずれ落ちること。②暴落。

❷ 天子が死ぬ。

【崩御(ホウギョ)】 国天皇、皇后、皇太后、太皇太后の死去を表す尊敬語。

【崩殂(ホウソ)】 (「殂」は行く意)天子が死ぬこと。崩御。

1913 【崙】 5438 5646 9BC4 山－8　(1976)【崘】 5439 5647 9BC5 山－8

ロン漢／lún

字解 形声。山＋侖㊥。「崑崙(コンロン)」は、山の名。

1914 【嵌】 5440 5648 9BC6 山－9

カン漢／qiān・qiàn／あな・はめる・はまる

字解 形声。山＋欣(深くかけくぼむ)㊥。山のおちこんだくぼみの意。

意味 ❶あな。ほらあな。「嵌空」「嵌谷」❷はめる。はまる。はめこむ。「嵌工」「嵌入」「象嵌(ゾウガン)」

【嵌空(カンクウ)】 ①ほらあな。②透き通った美しさ。玲瓏(レイロウ)。

【嵌工(カンコウ)】 象嵌(ゾウガン)、また、はめ木細工。また、その職人。

【嵌谷(カンコク)】 山のほらあな。

【嵌入(カンニュウ)】 はめ込むこと。はまり込むこと。

1915 【嵓】 二一 山－9

ガン 「嵒」(1937)の異体字

1916 【嵜】 5431 563F 9BBD 山－9

キ 「崎」(1970)の異体字

1917 【嵐】 4582 4D72 9792 山－9 人

ラン漢／lán／あらし

字解 形声。山＋葻(草がかぜになびく)省㊥。山にたちこめる風や気、もやの意。俗に、山＋風の会意字とする。

日本であらしと訓じるのは、梵語の音訳、毘嵐婆（ビランバ）・毘嵐風（ビランフウ）に縁があるとみられる。

意味 ❶みずみずしい山の気。山に立ちこめる水蒸気。『嵐気』『嵐光』『嵐翠』『青嵐（セイラン）』 ❷国 あらし。はげしく吹く風。『砂嵐（すなあらし）』『山嵐（やまあらし）』

【嵐気（ランキ）】山の湿りけを含んだ空気。

【嵐光（ランコウ）】山のもやを通して照る光。

【嵐翠（ランスイ）】山にただよう緑色の美しさ。

難読地名 嵐山（らんざん）町（埼玉）

1918 【嵬】 5444 564C 9BCA 山-10 (1980)【嵬】―― 山-10
カイ（クヮイ）㊥/wéi/けわしい
字解 形声。山＋鬼（尋常でない）㊟。尋常でないほどけわしい山の意。
意味 けわしい。『崔嵬（サイカイ）』『磊嵬（ライカイ）』

1919 【嵳】 5445 564D 9BCB 山-10
サ 「嵯」(1981)の異体字

1920 【嵩】 3183 3F73 9093 山-10 人 (1909)【崧】* 2742 山-8
シュウ㊥・スウ㊝/sōng/たかい・たかし・かさ・かさむ
字解 会意。山＋高（たかい）。山がたかい意。
意味 ❶たかい。高い山のさま。また、特に「嵩山（スウザン）」のこと。『嵩呼』 ❷国 かさ。かさばる。かさむ。『嵩高（かさだか）』『年嵩（としかさ）』『水嵩（みずかさ）』
【嵩呼（スウコ）】天子を祝して万歳をさけぶこと。〔漢書-武帝紀〕▶中国、漢の武帝が嵩山に登ったとき、山のどこからか万歳を三唱する声が聞こえたという故事。
【嵩山（スウザン）】中国河南省北西部、洛陽の東にある名山。中国五岳の一。中岳。ソンシャン。

1921 【嶄】 5448 5650 9BCE 山-11 (1984)【嶃】* 2769 山-11
ザン㊦・サン㊥/zhǎn/たかい・けわしい
字解 形声。山＋斬㊟。
意味 山の高くけわしいさま。とがっているさま。また、山のように高くぬきんでているさま。
【嶄巌（ザンガン）】山のするどくとがっているさま。
【嶄絶（ザンゼツ）】他にぬきんでて、高くそびえていること。
【嶄然（ザンゼン）】一段高くぬきんでているさま。

1922 【嶌】 5426 563A 9BB8 山-11
トウ 「島」(1936)の異体字

1923 【嶐】 5455 5657 9BD5 山-12
リュウ（リウ）㊥
字解 形声。山＋隆㊟。「嶐郷（リュウゴウ）」は茨城県那珂郡の地名。

【嶋】 ⇩ 8714

1924 【嶽】 5454 5656 9BD4 山-14
ガク 「岳」(1933)の異体字

1925 【嶷】 5456 5658 9BD6 山-14
ギ㊥・ギョク㊥/yí·nì/たかい
字解 形声。山＋疑㊟。
意味 高い。また、高くぬきんでているさま。『岐嶷（ギギョク）』
【嶷然（ギョクゼン）】高くぬきんでているさま。徳の高いさま。
【嶷立（ギョクリツ）】山などがひときわ高くそびえ立つこと。屹立（キツリツ）。

1926 【嶺】 4670 4E66 97E4 山-14 人
リョウ（リャウ）㊦・レイ㊥/lǐng/みね・ね
字解 形声。山＋領㊟。やまみち、また、みねの意。
意味 ❶みね。山のいただき。『嶺雲』『山嶺』『分水嶺』 ❷「五嶺（ゴレイ）」の略。中国江西省と広東省との境にある南嶺山脈中の大庾・始安・臨賀・桂陽・掲陽の五つの峰。『嶺南』『嶺表』
下接 海嶺（カイレイ）・銀嶺（ギンレイ）・高嶺（コウレイ/たかね）・山嶺（サンレイ）・峻嶺（シュンレイ）・翠嶺（スイレイ）・雪嶺（セツレイ）・北嶺（ホクレイ）・分水嶺（ブンスイレイ）
【嶺雲（レイウン）】みねの上の雲。みねにかかる雲。
【嶺南（レイナン）】中国の南嶺山脈より南の地。現在の広東省と広西チワン族自治区をいう。嶺表。
【嶺表（レイヒョウ）】＝嶺南（レイナン）

【巂】 ⇩ 8715

1927 【巌】 2064 3460 8ADE 山-17 人 (1931)【巖】 5462 565E 9BDC 山-20 旧字㊇
ガン㊥/yán/いわ・いわお
字解 巌は巖の略体。巖は形声。山＋嚴（きびしい）㊟。山がごつごつして険しい意から、いわおの意を表す。

意味 いわ。いわお。大きな石。また、けわしい。「岩」に同じ。『寒巌（カンガン）』『奇巌（キガン）』『碧巌（ヘキガン）』

【巌罅（ガンカ）】岩のすきま。岩あな。

【巌巌（ガンガン）】①山または岩などが高くけわしくそばだつさま。②人の気性のけだかいさま。人格の高尚なさま。

【巌窟（ガンクツ）】岩あな。岩窟（ガンクツ）。

【巌穴（ガンケツ）】岩のほら穴。岩窟。

【巌牆之下（ガンショウのもと）】けわしくそそり立った塀の下。危険な場所のたとえ。

【巌泉（ガンセン）】岩の間から湧き出る泉。

【巌阻（ガンソ）】岩などがごつごつしたけわしい場所。

【巌頭（ガントウ）】岩の上。岩頭（ガントウ）。

【巌廊（ガンロウ）】宮殿の両側の部屋。転じて、朝廷、皇居。

難読姓氏 巌佐（いわさ）

1928 【巋】 * 2788 山-18
キ㊥/kuī
字解 形声。山＋歸㊟。高い、また、小さい山が多い意。
意味 高大で堅固なさま。『巋然（キゼン）』

1929 【巍】 5459 565B 9BD9 山-18
ギ㊦㊥/wēi/たかい
字解 形声。山＋魏㊟。また、嵬（たかい）＋委㊟ともいう。たかい意。
意味 山が高く大きいさま。また、物事がぬきんでているさま。
【巍峨（ギガ）】山や建物などが高くそびえ立つさま。
【巍巍（ギギ）】山が高く大きいさま。
【巍闕（ギケツ）】宮城の門外の二つの台で、上に物見やぐらがあるもの。
【巍然（ギゼン）】高くそびえ立つさま。ぬきんでているさま。

1930 【巓】 5460 565C 9BDA 山-19
テン㊦㊥/diān/いただき

字解 形声。山＋顚(最上部)㊥。山の最も高いところ、いただきの意。

1931 【巖】 5462 565E 9BDC 山-20
ガン 「巌」(1927)の旧字

山

1932 【岔】 5411 562B 9BA9 山-4
タ㊥\chà
字解 会意。山＋分(わかれる)。山のわかれみちの意。

1933 【岳】 1957 3359 8A78 山-5 常 (1924)〔嶽〕 5454 5656 9BD4 山-14
ガク㊐㊥\yuè\たけ
筆順 岳 岳 岳 岳 岳 岳
字解 岳は会意。山＋丘(おか)。高大な山の意。嶽の古字という。嶽は形声。山＋獄(裁判)㊥。天子が信仰の対象とした、人を制する力をもつ高大な山の意。
甲骨文

篆文

重文

意味 ❶大きくて高いやま。たけ。また、かど立つさま。『岳人』『山岳』『富岳』 ❷妻の父。また、実家の呼称。『岳父』 ❸固有名詞。『岳陽楼』
下接 河岳(カガク)・五岳(ゴガク)・山岳(サンガク)・四岳(シガク)・富岳(フガク)
❶ 大きくて高いやま。たけ。
【岳岳(ガクガク)】 かどだっていかめしいさま。
【岳人(ガクジン)】 登山家。
❷ 妻の父。
【岳丈(ガクジョウ)】 ＝岳父(ガクフ)
【岳父(ガクフ)】 妻の父に対する敬称。岳丈。しゅうと。
❸ 固有名詞。
【岳州(ガクシュウ)】 中国の地名。現在の湖南省岳陽県で、洞庭湖の東岸にあたる。
【岳飛(ガクヒ)】 中国、南宋の武将。字(あざな)は鵬挙。金との戦いに功をあげたが、秦檜(シンカイ)の策謀により獄死。武穆(ブボク)と謚(おくりな)され、愛国の英雄として崇拝される。(一一〇三〜四二)
【岳陽楼(ガクヨウロウ)】 中国、湖南省岳陽の町を囲む城壁の西門の楼。洞庭湖に臨み、湖中の君山に対するながめは絶景と賞賛され、多くの詩によまれている。

1934 【岡】 1812 322C 89AA 山-5 (1906)〔崗〕 5430 563E 9BBC 山-8
コウ(カウ)㊐㊥\gāng\おか
字解 形声。山＋网(→亢、高くもりあがる)㊥。おかの意。一説に会意字ともいう。
同属字 剛・綱・鋼
意味 ❶おか。土地の小高くなった所。『岡阜』『岡巒』『岡陵』 ❷国直接関係のない場所、立場をいう。かたわら。わき。はた。『岡目八目』『岡場所(おかばショ)』
【岡阜(コウフ)】 小高いおか。
【岡巒(コウラン)】 おか。小山。
【岡陵(コウリョウ)】 おか。丘陵。
【岡目八目(おかめハチモク)】 局外者の方が、当事者よりも物事の真相を見分けられること。♥はたで囲碁を見ていると、打っている人より八目も先を見越す意から。
難読地名 岡原(おかはる)村(熊本)

1935 【岱】 3450 4252 91D0 山-5
タイ㊥\dài
字解 形声。山＋代㊥。山の名。「泰山(タイザン)」の別名。岱山(タイザン)。五岳の一。東岳。

1936 【島】 3771 4567 9387 山-7 常3 (1939)〔嶋〕 山-11 (1986)〔嶋〕 3772 4568 9388 山-11 (1922)〔嶌〕 5426 563A 9BB8 山-11 (1994)〔嶹〕 *2785 山-14
トウ(タウ)㊐㊥・チョウ(テウ)㊥\dǎo\しま
筆順 島 島 島 島 島 島
字解 島は嶋の略体。嶋は形声。山＋鳥(とり)㊥。鳥が波間に浮かぶように見えるしまの意。
意味 しま。水に囲まれた陸地。
下接 遠島(エントウ)・海島(カイトウ)・帰島(キトウ)・群島(グントウ)・孤島(コトウ)・諸島(ショトウ)・絶島(ゼットウ)・全島(ゼントウ)・属島(ゾクトウ)・渡島(トトウ)・半島(ハントウ)・本島(ホントウ)・来島(ライトウ)・離島(リトウ)・列島(レットウ)・火山島(カザントウ)／大島(おおしま)・小島(こじま)・中島(なかじま)
【島夷(トウイ)】 ①島に住む異民族。②中国で、南方の異民族をさしていう語。
【島影(トウエイ｜しまかげ)】 島の姿。
【島嶼(トウショ)】 (「嶼」は小さい島)大小の島。島々。
【島民(トウミン)】 島の住民。
難読地名 島後(どうご)(島根) 島前(どうぜん)(島根)

〔密〕 ⇩ 1767
〔閊〕 ⇩ 8571

1937 【嵒】 5441 5649 9BC7 山-9 (1915)〔嵓〕 山-9
ガン㊥\yán\いわお
字解 会意。山＋品(いろいろなもの)。様々な岩の意。巖に同じ。
甲骨文

篆文

1938 【嵇】 *2750 山-9 (5470)〔嵆〕 禾-7
ケイ㊥\jī
字解 形声。山＋稽省㊥。
意味 ❶中国の山名。河南省修武県にある。❷人の姓。『嵇康』
【嵇康(ケイコウ)】 中国、魏晋時代の竹林の七賢のひとり。字(あざな)は叔夜。官は中散大夫。老荘の学を好み、琴にもすぐれる。呂安の事件に連座し、司馬昭に殺害された。著「嵇中散集」。(二二三〜二六二)

1939 【嶋】 山-11
トウ 「島」(1936)の異体字

1940 【巒】 5461 565D 9BDB 山-19
ラン㊥\luán
字解 形声。山＋䜌(乱れつらなる)㊥。つらなる山の意。
意味 つらなる山。『層巒(ソウラン)』『重巒(チョウラン)』『峰巒(ホウラン)』

山

1941 【乢】 5406 5626 9BA4 山－1

字解 国字。たわ。峠のこと。

1942 【屺】 ＊2705 山－3 キ漢/qǐ

字解 形声。山＋己声。はげやまの意。

1943 【屹】 5408 5628 9BA6 山－3 ギツ漢・キツ慣/yì/そばだつ

字解 形声。山＋乞(＝气、高くあがる)声。山がそびえたち、たかい意。

意味 ❶そばだつ。高くそびえ立つ。『屹然』『屹屹』『屹立』❷あて字。『屹度きっと』

【屹屹キツキツ】山などが高くそびえているさま。転じて、いかめしいさま。

【屹然キツゼン】①山などの高くそびえ立つさま。②周囲に影響されないで、ある状態をしっかり保っている様子。

【屹立キツリツ】山などが高く堂々とそびえ立つこと。

【屹度きっと】①しっかと。きびしく。②必ず。確かに。間違いなく。♥「急度」とも書く。

1944 【屼】 ＊2707 山－3 ゴツ漢・コツ慣/wù

字解 形声。山＋兀声。はげやま、また、山が高い意。「嶢屼ギョウコツ」は、高く険しいさま。

1945 【岏】 ＊2712 山－4 ガン(グヮン)漢/yuán

字解 形声。山＋元声。「巑岏サンガン」は、山の険しいさま。

1946 【岐】 2084 3474 8AF2 山－4 常 ギ呉・キ漢/qí/わかれる・ちまた

筆順 岐 岐 岐 岐 岐 岐

字解 形声。山＋支(えだわかれ)声。枝のように分かれたやまみちの意から、わかれる意。

参考 万葉仮名では音を借りて「き甲」「ぎ甲」。

意味 ❶わかれる。また、わかれ道。ふたまた。ちまた。『岐路』『多岐タキ』『分岐ブンキ』『両岐リョウキ』❷固有名詞。『岐山』『岐周』

【岐山キザン】中国、陝西省宝鶏市東方、岐山県の東北にある山。南麓は古公亶父タンポが周室の本拠とした所。箭括セン嶺カツ。天柱山。

【岐周キシュウ】中国、周の国の別名。♥岐山のふもとにあったところからいう。

【哭岐泣練キにコクしレンになく】中国、戦国時代、楊子ヨウシはどちらにも行ける分かれ道に立って泣き、墨子ボクシはどんな色にも染まる白い糸を見て泣いたという故事から、もとは同じでありながら、末にはさまざまに変化し異なってしまうことを嘆くたとえ。〔淮南子-説林訓〕

【岐路キロ】分かれ道。日本語で、比喩ヒユ的に、態度決定を迫られる重要な時点。『人生の岐路に立つ』

難読地名 岐宿きしく町(長崎) 岐南ぎなん町(岐阜)

1947 【岵】 ＊2723 山－5 コ漢/hù

字解 形声。山＋古(かれてかたい)声。岩山・はげ山の意。「陟岵チョクコ」は、詩経にある詩の名。

1948 【岬】 4408 4C28 96A6 山－5 常 キョウ(ケフ)漢・コウ(カフ)漢/jiǎ/みさき

筆順 岬 岬 岬 岬 岬 岬 岬

字解 形声。山＋甲(→夾、わきにはさむ)声。やまのかたわらの意。日本で、みさきの意に用い、逆に中国にもこの用法が入った。

意味 ❶やまあい。山と山の間。❷みさき。陸地が海や湖の中に突き出た部分。半島より小さいものをいう。

1949 【岫】 5413 562D 9BAB 山－5 ユウ(イウ)漢・シュウ(シウ)漢/xiù/くき

字解 形声。山＋由(つぼ)声。山中のつぼのような岩穴・洞窟の意。

意味 山中のほら。また、峰をくだる尾根の末。くき。『雲岫ウンシュウ』『山岫サンシュウ』『峰岫ホウシュウ』＊陶潜-帰去来辞「雲無心以出岫くもはムシンにしてシュウをいず〔＝雲は無心に山のほら穴からわき起こる〕」

1950 【岨】 3327 413B 915A 山－5 ショ呉漢・ソ慣/qū・jū/そば・そわ

字解 形声。山＋且(かさなる)声。岩がつみ重なった石山の意。

意味 ❶そばだつ。けわしい。『嶮岨ケンソ』❷そば。そわ。山の急斜面のけわしい所。

1951 【岻】 5414 562E 9BAC 山－5 ジ(ヂ)漢・テイ漢

字解 形声。山＋氐声。山の名。

1952 【岶】 5415 562F 9BAD 山－5 ハク漢

字解 形声。山＋白声。「嵮岶バクハク」は密なさま。

1953 【岷】 5417 5631 9BAF 山－5 ビン漢・ミン慣/mín

字解 形声。山＋民声。

意味 中国の四川省と甘粛省の境にある山。岷山ビンザン。

【岷江ビンコウ|ミンコウ】中国の川の名。岷山の北から発して南流し、成都市を経て、宜賓県で長江に達する。

1954 【岼】 5416 5630 9BAE 山－5 ゆり

字解 国字。会意。山＋平(たいら)。ゆり。山中の平地。

1955 【峅】 5418 5632 9BB0 山－5 くら

字解 国字。くら。山上で神事を行う場所か。「芦峅寺あしくら」「岩峅寺いわくら」「岩峅野」は富山県の地名。

1956 【岾】 5419 5633 9BB1 山－5

字解 国字。「浄土寺広岾町ひろやま」は京都市の地名。

1957 【峡】 2214 362E 8BAC 山－6 常 (1962)【峽】 5423 5637 9BB5 山－7 旧字 人 キョウ(ケフ)呉・コウ(カフ)漢/xiá/かい・はざま

筆順 峡 峡 峡 峡 峡 峡

字解 峡は峽の草体から。峽は形声。山＋夾(わきにはさむ)声。山と山にはさまれたたにあいの意。

意味 かい。やまあい。たにあい。はざま。
下接 海峡カイキョウ・山峡サンキョウ・地峡チキョウ・巫峡フキョウ
【峡雨】キョウウ 谷間に降る雨。
【峡雲】キョウウン 谷間にただよう雲。
【峡谷】キョウコク 幅が狭くて、両側のがけが高く険しい谷。
【峡湾】キョウワン 内陸に深く入りこんだ入り江。フィヨルド。峡江。

1958 【峙】 5421 5635 9BB3 山－6 チ漢・ジ(ヂ)慣/zhì/そばだつ
字解 形声。山＋寺声。
意味 そばだつ。そびえる。群を抜いて高くそびえたつ。「霄峙ショウジ」「聳峙ショウジ」「双峙ソウジ」「対峙タイジ」

1959 【峒】 ＊2727 山－6 トウ呉・ドウ慣/tóng・dòng
字解 形声。山＋同声。「崆峒コウドウ」は山の名。

1960 【峠】 3829 463D 93BB 山－6 常 とうげ
筆順
字解 国字。会意。山＋卡(のぼりくだり)。山の上りと下りとの境となるところの意。
意味 とうげ。㋑山の坂道を登りつめ、これから下りになる境目。「峠の茶屋」「洞ケ峠ほらがとうげ」㋺物事の勢いの最も盛んな時期。「病状は峠を越した」

1961 【峨】 1869 3265 89E3 山－7 (1900)【峩】 5422 5636 9BB4 山－7
ガ呉漢/é/けわしい
字解 形声。山＋我(ギザギザ状)声。ギザギザしたけわしい山の意。
参考 万葉仮名では音を借りて「が」。
意味 ❶山が高くけわしいさま。「峨峨ガガ」「巍峨ギガ」「嵯峨サガ」❷「峨眉山」は中国の名山。
【峨峨】ガガ 山、岩などが、高くごつごつとそびえているさま。「峨々たる山容」
【峨眉山・峨嵋山】ガビサン 中国四川省の名山。遠景には二峰相対する姿が峨眉のようにみえる。仏教の霊場として名高い。

1962 【峽】 5423 5637 9BB5 山－7 キョウ 「峡」(1957)の旧字

1963 【峴】 ＊2733 山－7 ケン漢/xiàn
字解 形声。山＋見声。山の名。「峴山ケンザン」は、中国湖北省襄陽県の南にある山。

1964 【峺】 5424 5638 9BB6 山－7 コウ(カウ)漢
字解 形声。山＋更声。さえぎる意。

1965 【峻】 2952 3D54 8F73 山－7 人 シュン呉漢/jùn/たかい・けわしい・きびしい
字解 形声。山＋夋(高くひいでる)声。そそりたった高くけわしい山の意。転じて、きびしい意。峻は、重文から。
金文 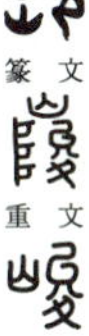 篆文 重文
意味 ❶たかい。高くけわしい。また、大きく立派な。「峻険」「急峻」「険峻」❷きびしい。「峻拒」「峻厳」「厳峻ゲンシュン」「切峻セッシュン」

❶たかい。けわしい。また、大きく立派な。
下接 急峻キュウシュン・険峻ケンシュン・高峻コウシュン・峭峻ショウシュン・崇峻スウシュン
【峻隘】シュンアイ ①高く迫ってけわしいさま。②厳格で心がせまいさま。
【峻宇】シュンウ 高い軒。軒の高い立派な家。
【峻険・峻嶮】シュンケン 山などが高くけわしいさま。
【峻峭】シュンショウ 山などが高くけわしいさま。
【峻絶】シュンゼツ 非常にけわしいさま。
【峻徳】シュントク 高く大きな徳。すぐれた徳。
【峻嶺】シュンレイ けわしく高いみね。峻峰シュンポウ。

❷きびしい。
【峻拒】シュンキョ きっぱりと拒絶すること。
【峻厳】シュンゲン 非常にいかめしく、厳しいさま。
【峻酷・峻刻】シュンコク 非常に厳しくて、思いやりや愛情のないこと。
【峻別】シュンベツ 厳重に区別をすること。
【峻烈】シュンレツ 非常に厳しく、激しいさま。「峻烈な批評」

1966 【峭】 5425 5639 9BB7 山－7 ショウ(セウ)漢/qiào/けわしい・きびしい
字解 形声。山＋肖(先が小さくとがる)声。山ががけわしい意。
意味 ❶けわしい。高くけわしい。「峭峻」「峭絶」「峭壁」「奇峭キショウ」「巉峭ザンショウ」「峻峭シュンショウ」❷きびしい。はげしい。「峭刻」「峭直」「料峭リョウショウ」
【峭刻】ショウコク きびしくて残忍であること。
【峭峻】ショウシュン きりそいだように高くけわしいこと。
【峭絶】ショウゼツ 山・崖がけなどが、きりそいだようにけわしくそびえているさま。
【峭直】ショウチョク きびしく正しいこと。
【峭壁】ショウヘキ きりたったけわしい崖がけ。

1967 【峰】 4286 4A76 95F4 山－7 常 (1901)【峯】 4287 4A77 95F5 山－7
ブ呉・ホウ漢/fēng/みね・お・ね
筆順
字解 形声。山＋夆(先が合う)声。山のとがったようなみねの意。
意味 みね。山のいただき。また、山。高い山。
下接 雲峰ウンポウ・遠峰エンポウ・危峰キホウ・奇峰キホウ・高峰コウホウ・士峰シホウ・主峰シュホウ・双峰ソウホウ・霊峰レイホウ・連峰レンポウ・最高峰サイコウホウ
【峰岫】ホウシュウ 山のみねやいただき。
【峰巒】ホウラン 山のみね。また、高いみねのあつまり。

1968 【峪】 5427 563B 9BB9 山－7 ヨク漢/yù/たに
字解 形声。山＋谷(たに)声。たにの意。谷に同じ。

1969 【崕】 5429 563D 9BBB 山－8 ガイ 「崖」(1903)の異体字

1970 【崎】 2674 3A6A 8DE8 山－8 常 (1977)【﨑】 ―― 山－9 † (1904)【嵜】 ―― 山－8 (1916)【嵜】 5431 563F 9BBD 山－9 †

3画 口囗土士夂夊夕大女子宀寸小(⺌・⺍)尢(尣・兀)尸屮(屮)山巛(川)工己(已・巳)巾干幺广廴廾弋弓彐(彐・⺕)彡彳

キ㊥\qí\さき

筆順 山 山 山 崎 崎 崎 崎

字解 形声。山+奇(まがる)㊟。平坦でない山の意。

意味 ❶けわしい。『崎嶇』 ❷国 海中に突き出た陸地。さき。みさき。❸固有名詞。『崎陽』

【崎嶇】キク ①山路などがけわしいこと。凹凸がはなはだしいこと。＊陶潜-帰去来辞「崎嶇而経レ丘(キクとしておかをふ)(＝けわしい坂道を越えつつ丘を登った)」②人の世の容易でないこと。辛苦のさま。

【崎陽】キヨウ 国 長崎を中国風に呼んだ称。

1971【崛】5433 5641 9BBF 山－8　クツ㊥㊥\jué\そばだつ

字解 形声。山+屈㊟。

意味 そばだつ。山が高くぬきんでるさま。『崛起(キクツ)』『奇崛(キクツ)』

【崛起】キクツ ①山などが高くそびえたっていること。②急に起こり立つこと。群をぬきんでてくること。

【崛崎】クツキ ①山などが高くそびえたつさま。②群をぬきんでているさま。

1972【崆】＊2735 山－8　コウ㊥\kōng

字解 形声。山+空㊟。「崆巄(コウロウ)」は山が高いさま。

1973【崐】―― 山－8　コン「崑」(1907)の異体字

1974【崢】5436 5644 9BC2 山－8　ソウ(サウ)㊥\zhēng

字解 形声。山+爭㊟。

意味 山が高くけわしいさま。

【崢嶸】ソウコウ ①山などが高くけわしいさま。②歳月の積み重なるさま。③人生のけわしいこと。④深遠なさま。⑤寒さのきびしいさま。⑥才能の優れているさま。

1975【崚】5437 5645 9BC3 山－8 人　リョウ㊥\léng

字解 形声。山+夌(高い所をこえる)㊟。高いおかの意。また、山が高くけわしいさま。

1976【崘】5439 5647 9BC5 山－8　ロン「崙」(1913)の異体字

1977【嵜】―― 山－9　キ「崎」(1970)の異体字

1978【嵎】5442 564A 9BC8 山－9　グ㊥・グウ㊫\yú\くま・すみ

字解 形声。山+禺㊟。

意味 山のくま。すみ。山の奥まった所。『負嵎(フグウ)』

【嵎夷】グウイ 中国の古代神話で、太陽が出てくる所と想像された東方の山。

1979【嵋】5443 564B 9BC9 山－9　ビ㊥\méi

字解 形声。山+眉㊟。峨嵋山(ガビサン)は、中国四川省の山。

1980【嵬】―― 山－10　カイ「嵬」(1918)の異体字

1981【嵯】2623 3A37 8DB5 山－10 人 (1919)【嵳】5445 564D 9BCB 山－10

サ㊥・シ㊥\cuó・cī

字解 形声。山+差(ふぞろい)㊟。山がふぞろいでけわしい意。

意味 岩がごろごろしているさま。山がけわしいさま。

【嵯峨】サガ 山などの高く険しいさま。

【嵯嵯】ササ 高く険しいさま。嵯峨。

1982【嵶】5446 564E 9BCC 山－10　たお・たわ

字解 国字。たお。峰と峰の間の尾根の低い所。

1983【嶇】5447 564F 9BCD 山－11　ク㊥\qū\けわしい

字解 形声。山+區㊟。

意味 けわしい。山道が平らでないさま。『崎嶇(キク)』

1984【嶃】＊2769 山－11　ザン「嶄」(1921)の異体字

1985【嶂】5449 5651 9BCF 山－11　ショウ(シャウ)㊥\zhàng

字解 形声。山+章㊟。

意味 高くけわしい山。また、屏風(ビョウブ)のように連なる峰。『煙嶂(エンショウ)』『畳嶂(ジョウショウ)』『翠嶂(スイショウ)』『青嶂(セイショウ)』

1986【嶋】3772 4568 9388 山－11　トウ「島」(1936)の異体字

1987【嶢】5450 5652 9BD0 山－12　ギョウ(ゲウ)㊥\yáo\けわしい

字解 形声。山+堯(たかい)㊟。高くけわしい意。

1988【嶝】5451 5653 9BD1 山－12　トウ㊥\dèng

字解 形声。山+登(のぼる)㊟。山道・坂道の意。

1989【嶧】＊2780 山－13　エキ㊥\yì

字解 形声。山+睪(連なり続く)㊟。連なり続く山。

意味 山の名。山東省鄒県(スウケン)の東南にある。秦の始皇帝がここに嶧山(エキザン)碑を建てた。

1990【嶬】5452 5654 9BD2 山－13　ギ㊥

字解 形声。山+義㊟。けわしい意。

1991【嶮】5453 5655 9BD3 山－13　ケン㊥㊥\xiǎn\けわしい・さがし

字解 形声。山+僉㊟。山がけわしい意。険に同じ。

参考 熟語については「険」(8664)を見よ。

1992【嶼】5457 5659 9BD7 山－13　ショ㊥\yǔ\しま

字解 形声。山+與㊟。

意味 しま。こじま。『洲嶼(シュウショ)』『島嶼(トウショ)』

1993【嶸】＊2784 山－14　コウ(クヮウ)㊥・エイ(ヱイ)㊥\róng

字解 形声。山+榮(→營、ぐるりととりまく)㊟。山がぐるりととりまく意。「崢嶸(ソウコウ)」は、けわしい意。

1994 【嶹】 ＊2785 山-14 トウ 「島」(1936)の異体字

1995 【巉】 5458 565A 9BD8 山-17 サン漢・ザン慣\chán
字解 形声。山＋毚㊥。
意味 山がけわしくごつごつしているさま。
【巉巌】ザンガン 鋭く険しい岩山。また、そのさま。
【巉峭】ザンショウ 山や岩などが、険しくきりたっていること。

1996 【巑】 ―― 山-19 サン漢\cuán
字解 形声。山＋贊㊥。
意味 山がするどくそびえているさま。
【巑刓】サンガン 切りけずること。また、そのさま。鑽刓。

1997 【巘】 ＊2791 山-20 ゲン漢・ケン慣\yǎn
字解 形声。山＋獻㊥。高くけわしい、また、大山から分かれた小山の意。

47 巛(川・巜) 部 かわ

巛は、川の流れの象形。巛部には、川など水流に関するもののほか、類形の字を含む。巛の形は、巣・巤などにも現れるが、それらは常用漢字では、巣・巢の形をとっている。

巛 巛 川 ① 巛 ③ 州
巛 ④ 巠 ⑤ 甾 ⑥ 巤 ⑧ 巣 ⑫ 巤
巛 ③ 巟 ④ 巟
巛 ③ 巡 ④ 巡
巛

1998 【巛】 5463 565F 9BDD 巛-0 セン呉漢
字解 部首解説を参照。

1999 【川】 3278 406E 90EC 巛-0 常1 セン呉漢\chuān\かわ
筆順 丿 川 川
字解 象形。曲がりくねり流れるかわのさまに象り、かわの意。篆文は、巛。部首としては、巛をたてる。
甲骨文 金文 篆文

同属字 順・訓・釧・馴
参考 万葉仮名では音を借りて「つ」。
意味 ❶かわ。かわの流れ。『川上』『河川カセン』『山川サンセン』『大川タイセン』⇒［水］(3973)の表 ❷たいらなところ。平地。平野。＊古詩賞析-敕勒歌「敕勒川、陰山下チョクロクのかわ、インザンのもと〔＝敕勒地方の川のある平野、そこは陰山山脈のふもとだ〕」 ❸四川省の略称。『川北センホク』 ❹その他。固有名詞など。『川柳センリュウ』『追川おいかわ』『柳川やながわ』

❶ かわ。かわの流れ。
【川原】センゲン ①川のみなもと。②かわ。
【川上】センジョウ―かわかみ ①川のほとり。②国川の上流。川の流れをさかのぼって行く方角。↕川下。
【川上之嘆】センジョウのタン 孔子が川のほとりに立って、天地・万物の流転は川の流れのようであると詠嘆した故事。＊論語-子罕「子在二川上一曰、逝者如レ斯夫、不レ舎二昼夜一シセンジョウにありていわく、ゆくものはかくのごときかな。チュウヤをおかずと〔＝孔子が川のほとりにいて言われるには、過ぎ去って帰らぬものはこの川の水のようなものであろうか。昼となく夜となく休止することがない、と〕」一説に、天地・万物は無限に発展してやまないものであり、人もまた間断なく努力して進歩すべきものであるとする。

❹ 固有名詞。
【川柳】センリュウ 国五七五の形式で、風俗、世相などを滑稽・皮肉を交えて風刺する短詩。江戸時代、作品の優劣に評点をつけた点者、柄井から川柳の名に由来する。
難読地名 川上かわうえ村（岐阜） 川内せんだい市（鹿児島）

2000 【巜】 ―― 巛-1 サイ漢\zāi
字解 象形。川の流れが重なった形、または、川の流れをふせぎとめる形に象る。水のわざわい、水害の意。今、災にあてる。
甲骨文 甲骨文 篆文

【卅】⇨782

2001 【州】 2903 3D23 8F42 巛-3 常3 シュ呉・シュウ(シウ)呉漢・ス漢\zhōu\す
筆順 州 州 州 州 州 州
字解 象形。土が積もって川の中にできるなかすの形に象り、なかすの意。
甲骨文 金文 篆文

同属字 洲・酬
参考 (1)万葉仮名では音を借りて「す」。平仮名「つ」、片仮名「ツ」の字源。(2)なかすの意では、のち氵を加えた「洲」を用いたが、近来は「州」を「洲」の代用とする。
意味 ❶（ス）す。なかす。洲。土や砂が堆積タイセキして水面上に現れた所。『州浜すはま』『中州なかす』 ❷（シュウ）陸地。くに。地方。また、行政区画の一。㋑古代中国で、全土を九つあるいは十二に分けたそれぞれの地域。漢代は郡の上の行政区画。『徐州ジョシュウ』『揚州ヨウシュウ』 ㋺連邦国家を構成する行政区画の一。『テネシー州』 ㋩陸地。『神州シンシュウ』『本州ホンシュウ』 ㊁国日本で古くから用いられた地域区画の一つ。一地域単位としての国。『奥州オウシュウ』『九州キュウシュウ』『信州シンシュウ』『長州チョウシュウ』 ㋭国地球上の大陸を分けていうのに用いる。『五大州ゴダイシュウ』『欧州オウシュウ』

❶ す。なかす。
下接 砂州サす・座州ザす・白州しらす・中州なかす・三角州サンカクす
【州浜】すはま ①州が出入りしている曲線のある海岸。②①の形状にならった島台の作り物。蓬莱山ホウライサンや花鳥などの景物を設け、祝儀の飾り物とする。州浜台。

❷ 陸地。くに。地方。また、行政区画の一。
【州県】シュウケン 州と県。また、地方をさしていう。
【州祭酒】シュウのサイシュ 州の学政をつかさどる長官。
【州牧】シュウボク （「牧」は人民を養うの意）州の長官。地方

3画 口囗土士夂夊夕大女子宀寸小(⺌・⺍)尢(尣・兀)尸屮(屮)山巛(川)工己(已・巳)巾干幺广廴廾弋弓彐(彑・⺕)彡彳

の長官。また、諸侯。
【州里シュウリ】むらざと。

巛

2002 【巠】*2793 巛－4 (1260)【圣】*2315 土－2
ケイ漢/jīng
字解 象形。たていとをまっすぐにはった機たに象る。たていとの意。經の原字。
金文  篆文 
同属字 莖(茎)・痙・剄・勁・頸・涇・徑(径)・陘・逕・脛・經(経)・輕(軽)

[災]⇩4435

2003 【甾】*4514 巛－5 シ漢
字解 淄・緇に含まれる甾は、字源未詳。くろい意をもつ。また、菑・輜などに含まれる甾は甾(わざわい・ふせぎとめる)とのち混同したもの。
同属字 菑・淄・緇・輜・錙・鯔

2004 【𡿺】＝＝ 巛－6 ノウ呉・ドウ(ダウ)漢・ノウ(ナウ)慣/nǎo
字解 象形。ひよめきのある頭部に毛のはえたさまに象り、あたまの意。囟と略す。
同属字 惱(悩)・腦(脳)・瑙

[邕]⇩8207

2005 【巢】＝＝ 巛－8 ソウ 「巣」(3355)の旧字

2006 【巤】*2794 巛－12 リョウ(レフ)漢/liè
字解 象形。獣の頭部に生えたたてがみのなびくさまに象るという。たてがみの意。
金文  篆文 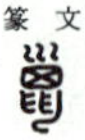
同属字 鬣・獵・蠟

巛

2007 【㐬】＝＝ 巛－3 (2008)【㐬】＝＝ 巛－4
トツ漢・リュウ漢/tū
字解 流に含まれる㐬は象形。子どもが流れ出てくるさまに象り、子どもが生まれでる意。硫・旒に含まれる㐬は、その音から流の略体と考えられるが明らかではない。
同属字 流(流)・梳・旒・硫(硫)・疏

巛 [順]⇩8905

巛

2009 【巡】 2968 3D64 8F84 巛－3 常 (2010)【巡】＝＝ 巛－4 旧字
ジュン呉・シュン漢/xún/めぐる
筆順 
字解 形声。辵(ゆく)＋巛(かわ)声。川の一定の流れに従ってゆく、ぐるりとめぐる意。
意味 ❶めぐる。まわり歩く。『巡業』『巡礼』『巡歴』『一巡イチジュン』『逡巡シュンジュン』『遁巡トンジュン』 ❷みまわる。めぐって視察する。『巡査』『巡察』『巡視』

❶めぐる。まわり歩く。
【巡回ジュンカイ】順々に、回り歩くこと。→❷
【巡業ジュンギョウ】各地を興行して回ること。『地方巡業』
【巡錫ジュンシャク】僧が各地をめぐり歩いて教えを広めること。❤「錫」は、僧などがもつ杖つえ(錫杖シャクジョウ)の意。
【巡遊ジュンユウ】方々の土地を旅行して回ること。
【巡礼ジュンレイ】国 各地の神社仏閣、聖地霊場を参詣サンケイして回ること。また、その人。『四国巡礼』
【巡歴ジュンレキ】いろいろな土地をめぐり歩くこと。

❷みまわる。めぐって視察する。
【巡按ジュンアン】巡回して、役人の仕事ぶりや民情などをとりしらべること。
【巡回ジュンカイ】見回ること。→❶
【巡幸ジュンコウ】天子が各地をめぐること。
【巡査ジュンサ】国 警察官の階級で、巡査部長の下位。また、一般に、警察官。『巡査派出所』
【巡察ジュンサツ】見回って事情を視察すること。
【巡視ジュンシ】警戒、監督などのため、あちこち回って見ること。『巡視船』
【巡狩・巡守ジュンシュ|ジュンシュウ】天子が諸侯の治める国々を巡視したこと。
【巡撫ジュンブ】①地方を巡回して、人民の心を安んじなだめること。②官名。中国、明・清の時代に各省に置かれ、一省の刑政・民治をつかさどり、併せて軍務を治めた。
【巡邏ジュンラ】警戒のために見回ること。パトロール。

[訓]⇩7433 [釧]⇩8365 [馴]⇩9090

48 工部 たくみ

甲骨文  金文  篆文 

工は、にぎりどころのついた工具(さしがね)の形に象る。工部には、工を部首として、主として工作に関する字を収める。

工 ◆ 工 ② 巨 巨 ④ 巫
工 ② 左 ⑦ 差
工 ② 巧 ③ 巩 巩 ④ 巩

工 ◆

2011 【工】 2509 3929 8D48 工－0 常2
ク呉・コウ漢/gōng/たくむ・たくみ
筆順 
字解 部首解説を参照。
同属字 汞・空・功・攻・項・江・扛・杠・肛・矼・缸・紅・虹・訌・釭・

意味 ❶たくむ。道具を使って物をじょうずに作り出す。また、しごと。作業。『工作』『工事』『加工』 ❷たくみ。物を作る人。職人。『大工』『陶工』 ❸たくみ。じょうずである。うまい。「巧」に同じ。『工拙』

❶ たくむ。また、仕事。作業。

下接 加工・完工・起工・技工・金工・細工・作工・施工・手工・竣工・人工・図工・精工・着工・鉄工・天工・同工・土工・農工・罷工・木工・異曲同工

【工夫】良い方法を考えめぐらすこと。

【工面】国 工夫して金品を取りそろえること。算段。転じて、金回り。『金を工面する』『工面がいい』

【工員】工場の労働者。職工。

【工役】土木などの工事。普請。

【工学】工業生産力を高めるための諸技術を研究する学問。『電子工学』

【工業】原料を加工し、製品を作る産業。

【工芸】主に手工業によって、美術的な物品を制作すること。陶磁器、木工細工など。『工芸品』

【工作】①紙、ねんど、木などで器物などを作ること。②土木、建築などの仕事。③ある目的達成のため、あらかじめ働きかけをすること。『裏工作』

【工師】大工、工匠の長。

【工事】土木、建築などの作業、仕事。『道路工事』

【工女】機織りなどに従事する女性。

【工匠】①工作を職とする人。職人、大工など。②工作物の意匠。デザイン。

【工廠】工場。軍需品の製造、修理を行った工場。

【工場】機械を設備、使用して物品の製造や加工を行う所。

【工程】作業を進めてゆく手順、段階。プロセス。

【工部】①役所の名。営造、工作を受け持つ。②国 宮内省の唐名。③国 日本の律令制で、木工寮、東宮の主工署の下級職員で、技術者。

【工房】画家、工芸家などの仕事場。アトリエ。

【工務】土木工事や建築に関係する仕事。『工務店』

❷ たくみ。物を作る人。職人。

下接 化工・画工・玉工・女工・職工・石工・大工・鍛工・彫工・刀工・陶工・妙工・名工・傭工・良工

【工欲善其事、必先利其器】職人がその仕事をうまく仕上げようとすれば、必ず初めに道具をといで鋭くし、用意をする。〔論語‐衛霊公〕

❸ たくみ。じょうずである。うまい。

【工拙】たくみなことと、へたなこと。巧拙。

【工緻】たくみで細部までよくできていること。巧妙で綿密なさま。巧緻。

2012 【巨】 2180 3570 8B90 工－2 常 (2013)【巨】 工－2 旧字

コ(呉)・キョ(漢)/jù/おおきい

筆順

字解 巨は巨の略体。巨は象形。とってのついたさしがねに象る。金文は、これを手にした人。矩の原字。借りて、おおきい意に用いる。

同属字 拒・炬・秬・矩・距・詎・鉅・渠

参考 万葉仮名では音を借りて「こ㊁」。

意味 ❶おおきい。㋑形や規模が大きい。また、重要だ。非常にすぐれている。『巨人』『巨大』⇒表 ㋺数量が大きい。非常に多い。『巨万』『巨利』 ❷なんぞ。疑問・反語を示す。「詎」に同じ。

❶ おおきい。

	巨大							
巨（キョ）	ひろくおおきい。	巨人	巨軀	巨樹	巨砲	巨材	巨視	巨細
大（ダイ・タイ）	形がおおきい。	大人	大軀	大樹	大砲	大才	大観	細大

【巨魁】盗賊、悪漢などの首領。かしら。
【巨猾】非常に悪がしこいこと。
【巨材】偉大な才能の持ち主。偉材。
【巨刹】大きな寺。
【巨室】①大きな家、部屋。②勢力のある家。権門勢家。③天地全体をたとえていう。世界。宇宙。
【巨匠】ある技芸の分野で特にすぐれている人。
【巨人】①大男。②偉大な能力のある人。偉人。
【巨帥】賊、反逆者などのかしら。首謀者。
【巨星】①半径や絶対光度の大きい恒星。②比喩的に、偉大な人物。『巨星墜つ〔＝偉大な人物が死ぬ〕』
【巨大】非常に大きいさま。⇔微小
【巨頭】国家や政界、財界などで実権を持つ人。『巨頭会談』
【巨擘】親指。転じて、仲間のうちで特にすぐれた人。巨頭。『文壇の巨擘』
【巨歩】大きな功績、業績。
【巨万】数限りなく多いこと。『巨万の富』
【巨利】莫大な利益。⇔小利
【巨細】①大きいことと細かいこと。細大。②細かく詳しいさま。一部始終。

難読姓氏 巨勢こせ

2014 【巫】 5464 5660 9BDE 工－4

ブ(漢)・フ(慣)/wū/みこ・かんなぎ

字解 象形。神を招くために両手で祭器をもち祈るさまに象り、みこの意。甲骨文は、祭器そのものと、囲まれた場所で祭器を手にするものの二系列がある。

同属字 覡・誣

意味 ❶みこ。かんなぎ。神につかえる女性。『巫祝』『巫術』『巫女』 ❷地名など。『巫山之夢』『巫峡』

❶ みこ。かんなぎ。

【巫医】みこと医者。

【巫覡】女みこと男みこ。

【巫蠱】(「蠱」はまじない師)みこやまじない師。また、まじないで、人をのろうこと。

【巫祝】神事をつかさどる人。みこ。

【巫術】原始宗教の一。みこが人界と神霊とのなかだちをすると考えられた。シャーマニズム。

【巫女】神に奉仕して、神楽などを舞ったり神託を告げたりする未婚の女性。

【巫匠】病人を助けようとする巫子みこと、死人の棺をつくる工人。

❷ 地名など。

【巫峡(フキョウ)】 中国の四川省の東端、巫山県の東にある峡谷の名。三峡の一。

【巫山(フザン)】 中国の四川省巫山県の東南にある山名。

【巫山之夢(フザンのゆめ)】 男女が夢の中で結ばれること。また、男女が相会して、情交のこまやかなこと。「巫山之雲雨」「巫山之雲」「巫山之雨」とも。〔宋玉-高唐賦〕 中国、戦国時代の楚の懐王が昼寝の夢で、巫山の神女とちぎったという故事から。

工

【汞】⇨3979

【貢】⇨7687

工

2015 【左】 2624 3A38 8DB6 工-2 常1 サ 呉漢 /zuǒ/ ひだり・たすける

筆順 左 左 左 左 左

字解 会意。工+ナ(ひだりて)。工具をもつひだりてから、ひだりがわの意。また、右手を助けるので、たすける意を表す。甲骨文は、左手の象形。

甲骨文 金文 篆文

同属字 佐

参考 万葉仮名では音を借りて「さ」。平仮名「さ」の字源。

意味 ❶ひだり。ひだりて。↕右。『右往左往(ウオウサオウ)』『左右』『江左(コウサ)』 ❷(古代中国で右の方を尊んだことから)うとんずる。位を下げる。低い。↕右。『右文左武(ユウブンサブ)』『左遷』『閭左(リョサ)』 ❸(右手をききうでとするところから)もとる。また、よこしま。そむく。反対する。『左道』 ❹(君主のそばに付き従って)たすける。「佐」に同じ。『左輔』 ❺(割符の左半分の意から)しるし。あかし。『左券』『験左(ケンサ)』『証左(ショウサ)』 ❻(一七九二年フランス国民議会でジャコバン党が議長席から見て左側の席を占めていたところから)思想が進歩的・革新的である。↕右。『左派』『左翼』『極左(キョクサ)』 ❼その他。固有名詞など。『左丘明』『左氏伝』

❶ ひだり。ひだりて。

【左尹(サイン)】 中国、周代の楚の国の官名。大臣に相当。

【左近(サコン)】 国「左近衛府(サコンエフ)」の略。↕右近

【左近衛府(サコンエフ)】 国平安時代、禁中の警固や行幸の供奉(グブ)に当たった役所。↕右近衛府

【左史右史(サシユウシ)】 古代の官名。天子のそばに仕え、左史は天子の行動、右史は天子のことばを記録した。

【左相(サショウ)】 国左大臣(サダイジン)の唐名。

【左衽・左袵(サジン)】 1衣服の右の衽(おくみ)を、左の衽の上に重ねて着ること。ひだりまえ。2(中国では、衣服を左前に着るのを夷狄(イテキ)の習俗としたところから)野蛮人の風俗。また、蛮夷。*論語-憲問「微二管仲一、吾其被レ髪左レ衽矣(カンチュウなかりせば、われそれハツをこうむりジンをひだりにせん)」〔=もしも管仲がいなかったら、われわれは、ざんばら髪をして着物を左前にして着ただろう〕」

【左袒・左襢(サタン)】 加勢すること。左の肩をはだぬぎにして同意を示したという故事から。*史記-呂后本紀「為二呂氏一右袒。為二劉氏一左袒(リョシのためにするものはウタンせよ。リュウシのためにするものはサタンせよ)」〔=呂氏一族につくものは右肩をぬげ。劉氏一族につくものは左肩をぬげ〕」

【左纛(サトウ)】 (「纛」は羽毛の幢(はたほこ)) 天子の車のよこぎの左上に立てる羽毛でかざった旗。

【左府(サフ)】 国「左大臣」の唐名。↕右府

【左右(サユウ)】 1ひだりとみぎ。ひだりやみぎ。転じて、周りや傍ら。2側近の者。おそばづきの人。*史記-項羽本紀「左右皆泣、莫二能仰視一(サユウみななき、よくあおぎみるものなし)」〔=側近の者たちはみな泣いて、項羽の顔を仰ぎ見ることのできる者はいなかった〕」3態度をあいまいにすること。『言を左右にする』4物事を思いどおりに動かす。また、影響を及ぼして支配する。『天候に左右される』

【左右左(サユウサ)】 叙位などのときの拝舞の方式。上半身を、左、右、左の順に向けて拝礼するところから。

【左翼(サヨク)】 1鳥、飛行機などの、左の翼。↕右翼。2左方の軍陣。左方の部隊。↕右翼。『左翼隊』3野球で本塁から見て左側の外野。レフト。↕右翼。↓❻

❷ うとんずる。位を下げる。低い。

【左降(サコウ)】 低い官職、地位に落とすこと。左遷。

【左遷(サセン)】 低い官職、地位に落とすこと。↕栄転。*白居易-琵琶行・序「予左二遷九江郡司馬一(ヨキュウコウグンのシバにサセンせらる)」〔=私は九江郡の司馬へと左遷された〕」

【左夫人(サフジン)】 第二夫人。↕右夫人(ユウフジン)

❸ もとる。よこしま。そむく。反対する。

【左道(サトウ)】 不正な道。邪道。また、不都合なこと。まじめでないこと。

❹ たすける。

【左官(サカン)】 国壁を塗る職人。⇨宮中の修理に、仮に木工寮(モクリョウ)の属(さかん)〔=佐官。律令制で第四等の官〕として出入りしたところからという。

【左輔(サホ)】 主君を補佐する左の家臣。↕右弼(ユウヒツ)

❺ しるし。あかし。

【左券(サケン)】 左右に分けた割符の左半分。転じて、約束の証拠、証書をいう。左契。

【左験(サケン)】 そばにいて見た者の証拠だて。験左。証左。

【左証(サショウ)】 証拠。証左。あかし。

❻ 思想が進歩的・革新的である。

【左派(サハ)】 政党などの中で急進的な派。↕右派

【左翼(サヨク)】 急進的、革新的傾向を持つ立場、団体など。左党。左派。↕右翼。『左翼政党』↓❶

❼ その他。固有名詞など。

【左義長(サギチョウ)】 国正月一五日に行われる正月の飾り物を燃やす行事。どんど焼き。⇨毬杖(ギッチョウ)(球技で毬(まり)を打つのに用いた杖(つえ))を三本立てた三毬杖からという。

【左丘明(サキュウメイ)】 中国、春秋時代魯の歴史家。官は太史。孔子と同時代の人。「春秋左伝」「国語」の著者とされている。

【左国史漢(サコクシカン)】 「春秋左伝」「国語」「史記」「漢書」の四種の歴史書の総称。

【左思(サシ)】 中国、晋の詩人。字(あざな)は太沖。山東省出身。詩にすぐれ、壮麗な文を書いた。人々は競ってその作を求め、「洛陽の紙価を貴(たか)からしめる」の故事を生んだ。生没年不詳。

3画 口囗土士夂夊夕大女子宀寸小(⺌・⺍)尢(尣・兀)尸屮(屮)山巛(川)工己(已・巳)巾干幺广廴廾弋弓彐(彑・⺕)彡彳

【左氏伝(サシデン)】 中国の十三経の一。魯の歴史を書いた「春秋」の注釈書。著者については左丘明、天子の左史、劉歆(リュウキン)の偽作という三説ある。「春秋」の本文に合わせて史実や史話で解説。春秋左氏伝。左氏春秋。左伝。

難読地名 左沢(あてらざわ)線(山形)

［仝］⇩145　［式］⇩2201　［杢］⇩3314　［空］⇩5525

2016 【差】 2625 3A39 8DB7 工－7 常4

シ呉漢・シャ呉・サ呉漢・サイ呉漢\cī・chā・chà・chāi・chài\さす・さし・たがう

筆順 差差差差差差

字解 形声。羊(＝𠂹、ふぞろいな稲穂がたれる)＋左(↓又、わかれる)声。ふぞろい、たがう意。

同属字 嵯・嗟・槎・瑳・磋・蹉

参考 万葉仮名では音を借りて「さ」。

意味 ❶たがう。合わない。ふぞろい。くいちがい。物事のちがい。『差異』『千差万別』『個人差』❷数量的なへだたり。さしひき。『差額』『誤差』『時差』❸えらぶ。等級をつける。『差別』『僭差』❹つかう。つかわす。『差役』『官差』『欽差』『選差』❺いえる。病気がなおる。❻やや。少し。いくらか。❼国さす。はいる。中に入れる。『脇差(わきざし)』

❶ たがう。合わない。くいちがい。

下接 交差・視差・収差・参差・段差・個人差・千差万別

【差異・差違(サイ)】 他のものと異なる点。違い。

【差等(サトウ)】 差をつけること。等級の違い。差違。

【差池(シチ)】 互い違いにするさま。ふぞろいなさま。

❷ 数量的なへだたり。さしひき。

下接 階差・格差・較差・過差・僅差・公差・誤差・歳差・時差・小差・大差・点差・偏差・落差・電位差・等差級数

【差益(サエキ)】 国売買の決済で生ずる利益。↕差損

【差額(サガク)】 ある金額から他の金額を引いて残った額。

【差損(サソン)】 国売買の決済で生ずる損失。↕差益

❸ えらぶ。等級をつける。

【差配(サハイ)】 ①それぞれに区別して割りあてること。とりさばくこと。②国所有主の代わりに、貸地、貸家などの管理をすること。

【差別(サベツ)】 ①差をつけて区別すること。②特に、あるものを他よりも低く扱うこと。『不当に差別する』

❹ つかう。つかわす。

【差役(サエキ)】 中国、宋代、人民に課した労務奉仕の一。租税の督促や地方の警察などに使役された。

【差遣(サケン)】 公用の使いとして派遣すること。

工

2017 【巧】 2510 392A 8D49 工－2 常

ギョウ(ゲウ)呉・コウ(カウ)漢\qiǎo\たくみ・うまい

筆順 巧巧巧巧巧

字解 形声。工＋丂(曲がる)声。工具で上手につくる、たくみの意。

意味 たくみ。㋑たくみな。うまい。じょうずである。また、わざ。しかけ。『巧拙』『技巧』㋺(悪い意味で)たくみ。うわべだけで実がない。『巧言』『佞巧』㋩うるわしい。うつくしい。『巧笑』

下接 奇巧・機巧・技巧・工巧・精巧・繊巧・彫巧・天巧・利巧・老巧

【巧偽(コウギ)】 たくみにいつわること。

【巧月(コウゲツ)】 (「乞巧奠(キッコウデン)」(＝たなばた祭り)を行う月の意) 陰暦七月の異称。

【巧言(コウゲン)】 言葉を飾り、たくみに言うこと。『巧言を用いる』

【巧言令色(コウゲンレイショク)】 言葉を飾り顔色を柔らげてとりつくろうこと。＊論語‐学而「巧言令色、鮮仁矣(コウゲンレイショク、すくなしジン)」〔＝口先がうまく、人の気に入るように愛想のいい顔つきをする人間には、ほとんどないものだなあ、仁徳は〕

【巧詐(コウサ)】 たくみにいつわること。〖巧詐不レ如二拙誠一(コウサはセッセイにしかず)〗 たくみに人をいつわるのは、つたなくても誠意のあるのに及ばない。〔韓非子‐説林〕

【巧笑・巧咲(コウショウ)】 愛らしく笑うこと。愛嬌ある笑い。

【巧拙(コウセツ)】 たくみなことと、へたなこと。

【巧知・巧智(コウチ)】 ①たくみな才知。すぐれた知恵。②ずるがしこいさま。

【巧遅(コウチ)】 たくみではあるが、出来上がりが遅いこと。↕拙速。〖巧遅不レ如二拙速一(コウチはセッソクにしかず)〗 上手で仕上がりが遅いよりは、下手でも早くできるほうがよい。〔孫子‐作戦〕

【巧緻(コウチ)】 きめが細かくて上手にできているさま。

【巧佞(コウネイ)】 言葉たくみに人にへつらい、とりいろうとするさま。

【巧婦(コウフ)】 ①機織りや裁縫などの上手な女性。②ミソサザイの別名。

【巧妙(コウミョウ)】 非常にたくみなさま。『巧妙な手口』

［功］⇩697

2018 【巩】 ＊2801 工－3

(2019) 〖巩〗 工－3

(2020) 〖巩〗 工－4 キョウ漢

字解 もと巩。形声。丮(両手を出した人)＋工(にぎりのある工具の象形)声。工具を両手で抱きかかえる、だく意。

金文 
篆文 

同属字 恐(恐)・跫・蛩

［攻］⇩3018　［項］⇩8903

49 己(已・巳)部 おのれ

甲骨文 
金文 
篆文 

己は、はしをとって糸すじをはっきりわける糸まきの形、また、三段の横線を縦線で結びつけた形で、物にすじみちを立てる意を表すか。紀の原字であろう。己部には、類形によって集められた字が多い。

3画 口囗土士夂夊夕大女子宀寸小(⺌・⺍)尢(尣・兀)尸屮(屮)山巛(川)工己(已・巳)巾干幺广廴廾弋弓彐(彑・⺕)彡彳

己◆ 己 巳 巳 ①巴
己 ⑨巽 巽
己 ④巵 ⑥巻 巹 巷 巷

己 ◆

2021 【己】 2442 384A 8CC8 己-0 常6

コ呉・キ漢 jǐ おのれ・おの・おれ・つちのと

筆順 ㇕ ㇕ 己

字解 部首解説を参照。

同属字 忌・改・圮・妃・杞・記・起・配・紀

参考 万葉仮名では音を借りて「き㊂」「こ㊂」。平仮名「こ」、片仮名「コ」の字源。

意味 ❶おのれ。わたし。『克己コッキ』『自己ジコ』『知己チキ』『利己リコ』 ❷十干の六番目。つちのと。『己巳つちのとみ』

【己欲立而立人、己欲達而達人】おのれたたんとほっしてひとをたて、おのれタッせんとほっしてひとをタッす 自分がある地位に立とうと思ったら、まず人を立てるようにし、自分が何事かを成し遂げたいと思ったら、まず人にその目的を遂げさせてやる。〔論語-雍也〕

【克己復礼】おのれにかちてレイにかえる（コッキフクレイ） 私欲に打ち勝ち、人間生活の基本である礼にたちかえる。〔論語-顔淵〕

【無友不如己者】おのれにしかざるものをともとすることなかれ 自分よりも劣った者を友としてはならない。〔論語-学而〕

【為己】おのれのためにす 自己修養のために学ぶ。＊論語-憲問「古之学者為己、今之学者為人」いにしえのガクシャはおのれのためにし、いまのガクシャはひとのためにす〔=昔は自分のために学問をしたものだが、今では人に知られようとするために学問をしている〕

【己所不欲、勿施於人】おのれのほっせざるところはひとにほどこすことなかれ 自分がしてほしくないと思うことは、人にもしてはならない。〔論語-衛霊公〕

【虚己】おのれをむなしくす 私情を捨て去り、わだかまりのない気持ちになる。虚心になる。

2022 【已】 5465 5661 9BDF 己-0

イ呉漢 yǐ すでに・のみ・やむ・やめる・やんぬる

字解 象形。農具の目(耜)の形に象るという。

同属字 异

参考 万葉仮名では音を借りて「い」「よ㊂」。

意味 ❶すでに。もはや。事が終わっているさま。『已然』＊史記-項羽本紀「漢皆已得楚乎」カンみなすでにソをえたるか〔=漢はもうすっかり楚の地を手に入れてしまったのか〕 ❷それより前、また、のち。「以」に同じ。『已往』『已還』 ❸のみ。…だけである。限定・断定を示す。＊孟子-梁恵王上「苟無恒心、放辟邪侈、無不為已」いやしくもコウシンなければ、ホウヘキジャシ、なさざるなきのみ〔=もしかりに、いつも変わらない道徳心がないとすると、人々は、したい放題のことをしてしまう〕 ⇒〖爾〗(4591)の表 ❹やむ。やめる。そこまででやめる。終わる。辞職する。『已矣乎やんぬるかな』＊李白-春夜宴桃李園序「幽賞未已」ユウショウいまだやまず〔=いつ果てるともなく、静かに眺め楽しむ〕 ❺(多く「已甚」の形で用いる)はなはだ。＊陶潜-飲酒-序「夜已長」よはなはだながし〔=夜がとても長い〕

❶すでに。もはや。

【已業】イギョウ すでに。もはや。

【已成】イセイ すでにできあがっていること。

【已然】イゼン すでにそうなっているさま。『已然形』

【已而】すでにして やがて。ほどなくそのうちに。前の事柄と後の事柄とが時間的に近接していることを示す。＊史記-管晏伝「已而鮑叔事斉公子小白、管仲事公子糾」すでにしてホウシュクはセイのコウシショウハクにつかえ、カンチュウはコウシキュウにつかう〔=やがて、鮑叔は斉の公子の小白に仕え、管仲は公子の糾に仕えた〕

❷それより前、また、のち。

【已往】イオウ 過去のこと。＊陶潜-帰去来辞「悟已往之不諫」イオウのいさめられざるをさとる〔=過ぎ去った過去のことは、なんといったところで取り返しのつかぬことであると悟る〕

【已還】イカン ある時点よりこのかた。以後。

【已次】イシ (「シ」は「次」の漢音)官位地位などによる席順が、上席の人に次ぐこと。次席。次位。以次。

❸のみ。

【已矣】のみ …だけ。…だ。限定・断定を示す。＊論語-学而「賜也、始可与言詩已矣」シや、はじめてともにシをいうべきのみ〔=賜よ、それでやっと一緒に詩について語り合うことができるのだ〕

❹やむ。やめる。

【不得已】やむをえず しかたない。＊論語-顔淵「必不得已而去、於斯三者何先」かならずやむをえずしてさらば、このサンシャにおいて、なにをかさきにせん〔=どうにもしかたなくて、この三者から一つ捨てなければならないとしたら、何をまず捨てるか〕

【已矣乎】やんぬるかな どうしようもない。しかたがない。絶望を示す。＊陶潜-帰去来辞「已矣乎 寓形宇内復幾時」やんぬるかな、かたちをウダイによすることまたいくときぞ〔=いかんともしようのないことだ。人間が肉体をこの世に宿すのが、どれほどの時間でもないというのは〕

2023 【巳】 4406 4C26 96A4 己-0 人

シ漢 sì み

字解 象形。神霊とされるへび。また、胎児に象るという。十二支の第六位に用いる。甲骨文・金文では、各々十二支の巳(み)と祀(まつる)の二系列があった。

甲骨文 甲骨文 金文 金文 篆文

同属字 圯・祀

意味 み。十二支の第六番目。方角では南南東。時刻では午前十時ごろ。また、その前後二時間。『辰巳たつみ』

2024 【巴】 3935 4743 9462 己-1 人

ハ呉漢 bā ともえ

字解 象形。とぐろをまくへびに象り、へび・うずまきの意。

篆文

同属字 芭・琶・把・杷・爬・肥・耙

参考 万葉仮名では音を借りて「は」。

意味 ❶へび。 ❷国 うずまき。ともえ。『三つ巴どもえ』 ❸その他。地名など。㋑「パ」「バ」の音訳字。『巴旦杏』『巴里』 ㋺地名。現在の中国四川省重慶のあたり。『巴山』『巴蜀』

❸その他。地名など。

【巴猿】ハエン 旅先で鳴く猿。転じて、旅愁。▼昔、四川省一帯は猿が多かった。

【巴峡】ハキョウ 中国湖北省西部、巴山が長江に臨んでつくる峡谷。

【巴山】ハザン 中国の四川省と陝西セン省の省境に横たわる山脈。南東部は湖北省西部に及び、長江と交わって三峡の険を成す。大巴山。巴嶺。

【巴蜀ハショク】中国の四川省の異称。

【巴旦杏ハタンキョウ】スモモの品種の一。❤ジャワ島の地名Bantamからとも、また、国名Pataniからとも。

【巴調ハチョウ】卑俗な歌。俗曲。また、自作をへりくだっていう語。巴人調。

【巴里パリ】(Parisの音訳)フランスの首都の名。

【巴陵ハリョウ】①中国湖南省北東部、岳陽県の西南にある山名。東陵。巴丘山。②中国、晋代に現在の湖南省岳陽県に置かれた県名。また、南朝宋代に、そこを中心に置かれた郡名。

己

[旲]⇩1526　[异]⇩2188　[忌]⇩2326

2025 【巽】3507 4327 9246 己－9 人　(2026)〖巺〗己－9 旧字

ソン㊥\xùn\たつみ

字解 会意。巳+共(台)。台上にきちんとそろえてそなえる意。遜に通じ、ゆずる意に用いる。

同属字 撰・選(選)・饌

意味 ❶易の八卦の一。☴。六十四卦の一。䷸。たつみ(東南)の方角。『巽位』❷したがう。ゆずる。『巽与之言』

【巽位ソンイ】易の巽の卦。また、巽の方角。東南。

【巽与之言ソンヨのゲン】他人に遠慮していうことば。巽言ソンゲン。〔論語-子罕〕

己

[包]⇩744

2027 【巵】5466 5662 9BE0 己－4

シ「卮」(813)の異体字

2028 【巻】2012 342C 8AAA 己－6 常6　(815)〖卷〗5043 524B 99C9 卩－6 旧字 人

カン(クヮン)㊐・ケン㊥\juǎn・juàn・quán\まく・まき

筆順 巻 巻 巻 巻 巻 巻

字解 巻は巻の通俗体。巻は形声。㔾(ひざをまげる)+关(=弄、まるくまく)㊥。ひざをまるくまげる意から、まく意。

同属字 倦・捲・惓・棬・蜷

意味 ❶(ケン)まるめる。おさめる。まく。まげる。「捲」に同じ。『巻雲』『巻土重来』『席巻セッケン』❷(カン)まきもの。書物。また、それらを数える語。『巻頭』『圧巻』『上巻』『別巻』

❶まるめる。おさめる。まく。まげる。

【巻雲ケンウン】上層雲の一つ。繊細な絹糸、または真綿状の外観をもつ。まきぐも。❤「絹雲」とも書く。

【巻懐ケンカイ】巻いてふところに収めること。才能を隠して見せないこと。

【巻曲ケンキョク】①まがること。②植物の蔓や茎がらせん状に巻くこと。

【巻甲ケンコウ｜よろいをまく】よろいをしまうこと。武装を解いて、戦争をやめること。

【巻舒ケンジョ】①巻くこととひきのばすこと。ひろげることとしまうこと。伸縮。屈伸。②事に処すること。進退。③才能や徳心をあらわすこととかくすこと。

【巻土重来ケンドチョウライ｜ケンドジュウライ】土ぼこりをまきあげて再びやってくること。一度失敗してから、もう一度勢いを回復して出直してくることをいう。＊杜牧-題二烏江亭一「江東子弟多二才俊一、巻土重来未レ可レ知コウトウのシテイサイシュンおおし、ケンドチョウライいまだしるべからず〔=江東の若者たちには優秀な人物が多いのだから、もう一度再起して出直してくれば、(項羽と劉邦の天下争いの結果は)どうなるかわからなかったのに〕」

❷まきもの。書物。

下接 圧巻アッカン・一巻イッカン・開巻カイカン・経巻キョウカン・下巻ゲカン・黄巻コウカン・終巻シュウカン・首巻シュカン・上巻ジョウカン・書巻ショカン・舒巻ジョカン・全巻ゼンカン・通巻ツウカン・万巻バンカン・別巻ベッカン・補巻ホカン／絵巻えまき

【巻軸カンジク】①巻き物。②巻き物の終わりの軸に近い部分。③国巻き物や書物の中の、最もすぐれた詩歌。

【巻子本カンスボン】書物の一。紙を幾枚も横に長くつぎ合わせ、その一端に軸をつけて巻物にしたもの。

【巻帙カンチツ】巻き物と帙入りの書物。書籍。

【巻頭カントウ】雑誌、書物の始めの部分。『巻頭言』

【掩レ巻カンをおおう】開いて読んでいた書物を閉じる。

【不レ釈レ巻カンをおかず｜カンをすてず】書物を手から離さず、熱心に読書すること。

2029 【巹】＊2803 己－6　(816)〖卺〗卩－6

キン㊥\jǐn\さかずき

字解 会意。丞(両手で受ける)+己(からだを曲げた人)。つつしんで受ける意。

意味 さかずき。ひょうたんを二つに割った形のもので、婚礼の際、結婚のしるしとしてもちいられた。『合巹ゴウキン』

2030 【巷】己－6　(2031)〖巷〗2511 392B 8D4A 己－6 †

コウ(カウ)㊥\xiàng\ちまた

字解 形声。邑(むら)省+共(ともにする)㊥。村中の人が共有する道の意。

同属字 港(港)

意味 ちまた。まちなか。また、まちなかの細い道。路地。

下接 隘巷アイコウ・街巷ガイコウ・窮巷キュウコウ・衢巷クコウ・村巷ソンコウ・里巷リコウ・閭巷リョコウ・陋巷ロウコウ・花街柳巷カガイリュウコウ

【巷間コウカン】世間。ちまた。『巷間の噂うわさ』

【巷衢コウク】(「衢」は、よつつじの意) まち。ちまた。

【巷口コウコウ】まちの入り口。

【巷説コウセツ】世間のうわさ。風説。巷談。『街談巷説』

【巷談コウダン】世間のうわさ。

【巷陌コウハク】(「陌」は、みちの意) まちのみち。ちまた。

己

[改]⇩3016

50 巾部 はば

甲骨文　金文　篆文

巾は、手ふきに用いる垂らしたぬきれの象形とい

う。巾部には、字の下部または左部に巾をもって、ぬのや織物に関する意味を表す字を収める。左部にあるものを「はばへん」という。「はば」は、わが国で、巾を幅の略字として用いることがあるのによる。

巾◆ 巾

巾▬ ①帀市 ②市 布 ④希 帋 ⑤帚 帑 帛 ⑥帟 帝 帝 ⑦帬 席 帯 帮 ⑧常 帶 ⑨帬 ⑩幕 幕 ⑪幕 ⑫幣 幣 幣 幫 ⑭幫 幫

巾▌ ③帆 帆 ⑤帙 帖 帕 帓 帔 ⑦帨 ⑧帷 帳 ⑨幄 幃 幀 幅 帽 帽 ⑩幌 幎 ⑪幗 幘 幓 幙 幔 ⑫幟 幟 幢 幡 幞 ⑭幪 ⑮幭

巾▐ ③师 ⑥帥 ⑦帰 師

巾◆

2032【巾】 2250 3652 8BD0 巾－0 コン㊐・キン㊥・コ㊜／jīn／はば

字解 部首解説を参照。

意味 ❶てぬぐい。ぬのきれ。『巾着』『布巾』❷かぶりもの。おおい。また、かぶる。おおう。『頭巾』❸国はば。「幅」の略字として用いる。

❶ てぬぐい。ぬのきれ。

下接 手巾(シュキン)・雑巾(ゾウキン)・茶巾(チャキン)・布巾(フキン)・三角巾(サンカクキン)

【巾笥(キンシ)】布張りの小箱。手文庫。

【巾櫛(キンシツ)】手ぬぐいとくし。

【巾着(キンチャク)】国①口をひもで引き括くるようにした携帯用の袋。②いつも目上の人のそばにくっついて御機嫌をとる人を軽蔑していう語。腰巾着。

❷ かぶりもの。おおい。

下接 角巾(カッキン)・葛巾(カッキン)・紗巾(サキン)・儒巾(ジュキン)・頭巾(ズキン｜トキン)・幅巾(フッキン)・網巾(モウキン)・襤巾(ランキン)

【巾幗(キンカク)】中国で、女性が飾りとして髪を覆うもの。一説に喪中にかぶる頭巾とも。

【巾車(キンシャ)】①覆いで飾った車。＊陶潜-帰去来辞「或命二巾車一、或棹二孤舟一(あるいはキンシャをメイじ、あるいはコシュウにさおさす)〔=ある時には ほろをかけた車を出すことを命じ、またある時には、一そうの舟に乗ったりして出かけてゆく〕」②官名。公車の政令をつかさどる車官の長。

【巾帽(キンボウ)】頭巾(ズキン)。また、それをかぶること。

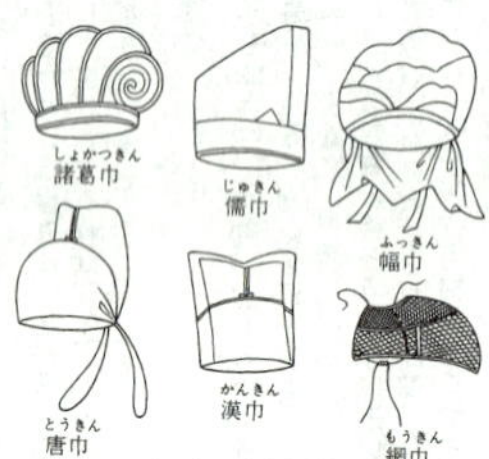

巾〔三才図会〕

［凧］⇩567

［匝］⇩761

巾▬

2033【帀】＊2804 巾－1 (761)【匝】3357 4159 9178 匚－3

ソウ(サフ)㊐㊥／zā／めぐる

字解 指事。之(ゆく)をさかさまにした形から、進まないでめぐる意。

甲骨文

篆文

参考 熟語としては「匝」を用いる。

意味 めぐる。めぐらす。めぐり。『周匝(シュウソウ)』

【匝線(ソウセン)】一定点の回りを限りなく回る渦巻き形の平面曲線。螺線(ラセン)。

難読地名 匝瑳(そうさ)郡(千葉)

2034【巿】 巾－1 フツ㊥／fú

字解 象形。衣服の前をおおった古代の礼服の形に象り、まえだれの意。

金文

篆文

同属字 沛・肺(胇)・旆

参考 「市(シ)」(2035)は別字。

2035【市】 2752 3B54 8E73 巾－2 常2 シ㊥／shì／いち

筆順

字解 形声。もと、冂(区切られた場所)＋乀(=及、およびつく)＋出(=之、ゆく)省㊞。物の売買のために行く場所、いちの意。

金文

篆文

同属字 姉・柿

参考 「市(フツ)」(2034)は別字。

意味 ❶いち。人が多く集まって、物品を売買する所。また、売る。買う。売買。『市場』『互市』＊韓非子-外儲説左上「至レ之レ市而忘レ操レ之(いちにゆくにいたりて これをとるをわする)〔=市場に出かけてみると、それを持ってくるのを忘れていた〕」＊古楽府-木蘭辞「願為市二鞍馬一(ねがわくはために アンバをかわん)〔=ぜひとも、わがために軍馬を買いたい〕」❷まち。人が多く集まる所。『市街』『都市』❸行政区画の一。市制をしいた自治体。『市町村』❹「海市(カイシ)」は、蜃気楼(シンキロウ)のこと。

❶ いち。

下接 宮市(キュウシ)・賈市(コシ)・互市(ゴシ)・朝市(チョウシ｜あさいち)

【市価(シカ)】商品が市場(シジョウ)で売買される価格。市場価格。

【市況(シキョウ)】市場(シジョウ)での商品や株式の取引の状況。

【市賈(シコ)】市場(いちば)の商人。

【市肆(シシ)】市場(いちば)に並ぶ店。商店。

【市場(シジョウ｜いちば)】㊀(シジョウ)①特定の物品や有価証券が取引される場所。中央卸売市場、証券取引所、商品取引所など。『金融市場』②ある商品が売られる範囲。『市場を広げる』『市場調査』㊁(いちば)①商人が集まって商品の売買をする場所。『魚市場』②小売店が集まって常設する、共同販売施設。マーケット。

【市糴(シテキ)】米や粟(あわ)を買い入れること。また、商売。

【市道交(シドウのまじわり)】利害損得を考えての交際。〔史記-廉頗藺相如伝〕

【市販(シハン)】一般の市場(シジョウ)、商店で販売すること。

❷ まち。

下接 街市(ガイシ)・棄市(キシ)・城市(ジョウシ)・都市(トシ)・坊市(ボウシ)

【市隠(シイン)】官につかないで市井に隠れ住むこと。

【市街（シガイ）】人家や商店が密集した地域。町のにぎやかな通り。『市街電車』『市街戦』『市街地』

【市虎（シコ）】町の中に虎がいると三人がつぎつぎに言えば、いつのまにかいないはずの虎もいるかのように信じられる。事実でなくても、言う人が多ければ、伝わるうちにやがては事実と思われるようになること。「三人成（サンニンとらをなす）レ虎」とも。〔戦国策－魏〕

【市井（シセイ）】人の集まり住む所。まち。ちまた。『市井の人〔＝庶民〕』▼市（いち）も井戸も、人の集まる所。昔、中国で、井戸のある所に人が集まって市（いち）が成立したところからという。

【市朝（シチョウ）】①まちなかと朝廷。②まちなか。

【市民（シミン）】①（英 citizen の訳語）国政に参与する地位にある国民。公民。『市民社会』『市民権』②（フランス bourgeois の訳語）市民階級の人々。→❸

❸ 行政区画の一。

【市営（シエイ）】市が経営すること。『市営バス』

【市長（シチョウ）】市を代表し、市の行政をつかさどる人。

【市民（シミン）】市の住民。『市民税』→❷

【市立（シリツ・いちリツ）】市が設立し管理、維持すること。

2036【布】4159 495B 957A 巾－2 常5 フ㊇・ホ㊈／bù／ぬの・しく・め

筆順 ノ ナ 𠂇 冇 布

字解 形声。巾＋ナ（＝父、手にものをもつ）㊟。砧でうったぬのの意。また敷に通じ、しく意を表す。

金文 篆文

同属字 佈・怖

参考 万葉仮名では音を借りて「ふ」。

意味 ❶ぬの。きれ。織物。もと、絹に対して、麻、葛（くず）、木綿などのぬのをいう。『布巾』『布団』『毛布』❷しく。敷きのべる。ひろげる。広くゆきわたらせる。『布教』『布石』『配布』❸中国古代の青銅貨幣の一。鋤（すき）の形をした銅貨で、刀銭に先行して使用された。布銭。転じて、貨幣。『布貨（フカ）』『刀布（トウフ）』❹人名。『布袋（ホテイ）』

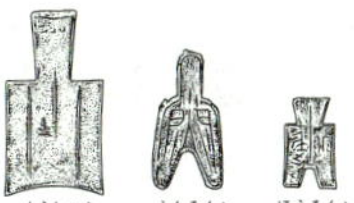

空首布（くうしゅふ） 円足布（えんそくふ） 方足布（ほうそくふ）

布❸

❶ ぬの。きれ。

下接 韋布（イフ）・画布（ガフ）・乾布（カンプ）・脚布（キャフ）・絹布（ケンプ）・財布（サイフ）・湿布（シップ）・上布（ジョウフ）・調布（チョウフ）・被布（ヒフ）・麻布（マフ）・綿布（メンプ）・毛布（モウフ）・羅布（ラフ）／小布（こぎれ）・共布（ともぎれ）・端布（はぎれ）

【布衣（フイ・ホイ・ホウイ）】①庶民の服。転じて、官位のない人。②狩衣（かりぎぬ）の異称。また、江戸時代の武家の礼服の一。また、それを着用する身分。【布衣之極（フイのキョク）】庶民として最高の出世。〔史記－留侯世家〕【布衣之交（フイのまじわり）】身分や貧富を離れた交際。＊史記－廉頗藺相如伝「布衣之交、尚不二相欺一（フイのまじわりすら、なおあいあざむかず）〔＝庶民のつきあいにおいてさえ、相手をだますようなことはしない〕」

【布巾（フキン）】国食器などをふく布きれ。『つや布巾』

【布衫（フサン）】麻など、植物性繊維の単衣。

【布袋（フタイ）】布製の袋。ぬのぶくろ。→❹（ホテイ）

【布団（フトン）】中に綿、鳥の毛などを入れ、布地で縫いくるんだもの。▼「蒲団」とも書く。

【布帛（フハク）】木綿と絹物。布地。

【布帆（フハン）】布製の帆。また、その船。

【布縷之征（フルのセイ）】布と糸を税として取ること。

❷ しく。ひろげる。

下接 棋布（キフ）・公布（コウフ）・散布（サンプ）・泉布（センプ）・宣布（センプ）・銭布（センプ）・塗布（トフ）・配布（ハイフ）・発布（ハップ）・頒布（ハンプ）・分布（ブンプ）・流布（ルフ）

【布衍・布演（フエン）】意義をおし広げること。敷衍（フエン）。

【布教（フキョウ）】宗教を一般に広め伝えること。伝道。

【布告（フコク）】①一般に広く告げ知らせること。②国家の決定的意志を公式に国民、または内外に知らせること。『宣戦布告』

【布施（フセ・フシ）】①（フシ）広く金品をほどこすこと。②（フセ）仏語。僧に金品などをおくること。また、その金品。

【布陣（フジン）】戦陣をしくこと。転じて、競技、論争などにもいう。『若手中心の布陣でのぞむ』

【布政（フセイ）】政治を行うこと。

【布石（フセキ）】①囲碁の序盤戦での石の配置。②比喩（ヒユ）的に、将来のための手配り、準備。『政界進出への布石』

【布設（フセツ）】広い範囲に設置すること。敷設（フセツ）。

【布達（フタツ）】官庁などが一般に広くふれ知らせること。

【布置（フチ）】それぞれの位置に並べ置くこと。配置。

【布陳（フチン）】①しき並べること。舗陳。②くわしく述べること。舗陳（ホチン）。▼「敷陳」とも。

【布令（フレイ）】命令や法令を一般に広く知らせること。

❹ 人名。

【布袋（ホテイ）】中国、五代梁（リョウ）の高僧。腹の肥えた体に袋を担って市中を遊行し、占いをよくした。日本で、七福神の一。『布袋腹』→❶（フタイ）

難読姓氏 布河谷（ふかや）

【吊】⇩ 920

2037【希】2085 3475 8AF3 巾－4 常4 ケ㊇・キ㊈／xī／まれ・のぞむ・こいねがう

筆順 メ 㐅 𢁉 希 希

字解 会意。爻（交わる）＋巾。細かい織り目の意。ひいて、すき間が少ない、まれの意。また祈に通じ、こいねがう意を表す。

同属字 欷・唏・晞・稀・絺

参考 万葉仮名では音を借りて「け㊂」。

意味 ❶まれ。すくない。めったにない。かすかに。「稀」に同じ。『希書（キショ）』『希有（ケウ）』『古希（コキ）』＊論語－先進「鼓レ瑟希（シツをコすることまれなり）〔＝瑟をかすかに弾いていた〕」❷のぞむ。こいねがう。『希求』『希望』❸「希臘（ギリシア）」の略。『希土戦争』

❶ まれ。すくない。めったにない。

【希覯（キコウ）】めったに見られないこと。稀覯。『希覯本』

【希釈（キシャク）】溶液に溶媒を加えて濃度を薄くすること。『希釈液』▼書き換え「稀釈→希釈」。

【希少（キショウ）】きわめて少なくて珍しいさま。『希少価値』▼書き換え「稀少→希少」。

【希世（キセイ）】世にもまれなこと。希代。稀世。『希世の英傑』

【希代（キタイ・キダイ）】世にもまれなこと。希世（キセイ）。『希代の名優』▼書き換え「稀代→希代」。

【希薄（キハク）】①密度が低いさま。↔濃厚。②意識や要素などが乏しいさま。♥書き換え「稀薄→希薄」。

【希有(ケウ/キユウ)】めったにないさま。稀有。『希有な存在』
❷のぞむ。こいねがう。
【希冀(キキ)】こいねがい、のぞむこと。希望。
【希求(キキュウ)】願い求めること。『国際平和を希求する』
【希図(キト)】もくろむこと。たくらみ。冀図。
【希望(キボウ)】①願いのぞむこと。のぞみ。願望。冀望。『希望者』②明るい見通し。可能性。『希望を失う』『希望的観測』

2038 【帋】 5467 5663 9BE1 巾－4 シ 「紙」(5894)の異体字

［帍］⇩66

2039 【帚】 5468 5664 9BE2 巾－5 シュウ(シウ)㊥・ソウ(サウ)㊦\zhǒu\ほうき・ははき

字解 会意。又(て)＋冖(区切られた場所)＋巾。布である場所を払い清める意。転じて、ほうきの意。甲骨文・金文は、立てかけたほうきに象る。

甲骨文 金文 篆文

同属字 箒・掃・婦
意味 ❶はく。はき清める。「掃」に同じ。❷ほうき。ははき。「箒」に同じ。『箕帚(キシュウ)』『弊帚(ヘイソウ)』

2040 【帒】 ＊2807 巾－5 タイ 「袋」(7246)の異体字

2041 【帑】 5470 5666 9BE4 巾－5 ド㊥・トウ(タウ)㊥\nú・tǎng\かねぐら

字解 形声。巾(金幣)＋奴(売買されたどれい)㊦。財貨を入れておくところの意。
意味 かねぐら。財貨をいれておくくら。『財帑(ザイド)』『内帑(ナイド)』

2042 【帛】 5471 5667 9BE5 巾－5 ハク㊥\bó\きぬ

字解 形声。巾＋白(しろい)㊦。しろぎぬの意。

甲骨文 金文 篆文

同属字 棉・綿・錦
意味 きぬ。しろぎぬ。絹織物の総称。
下接 玉帛(ギョクハク)・竹帛(チクハク)・布帛(フハク)・幣帛(ヘイハク)・裂帛(レッパク)
【帛書(ハクショ)】文字の書いてあるうすぎぬ。うすぎぬに書いた手紙。

2043 【帋】 ―― 巾－6 シ㊥

意味 布の名。「帋布(さいみ/さよみ)」は麻織物の一。もとシナノキの皮を用いた。太糸でたて糸をあらく平織りにしたもので、武家の奴僕の夏衣や蚊帳、袋物などに用いた。

2044 【帝】 3675 446B 92E9 巾－6 常 タイ㊥・テイ㊥\dì\みかど

(2045)〔帝〕 ―― 巾－6 旧字

筆順 帝帝帝帝帝

字解 象形。祭事のための平らな台から垂れ下がったひもをしめて一まとめにしたさまに象る。宇宙万物を統括する神の意。のち統治するひと、みかどの意を表す。

甲骨文 金文 篆文

同属字 啻・蒂・啼・滯・禘・締(締)・諦・蹄
参考 万葉仮名では音を借りて「て」。
意味 ❶あまつかみ。天の神。造物主。『上帝』『天帝』❷みかど。天子。『帝王』『皇帝』

❶あまつかみ。天の神。
下接 炎帝(エンテイ)・黄帝(コウテイ)・黒帝(コクテイ)・上帝(ジョウテイ)・青帝(セイテイ)・赤帝(セキテイ)・天帝(テンテイ)・白帝(ハクテイ)
【帝釈天(タイシャクテン)】梵天(ボンテン)と共に仏教を守る神。また、それをまつる寺。♥釈は梵語の音訳。
【帝郷(テイキョウ)】①天帝のみやこ。②仙人の住む所。＊陶潜－帰去来辞「帝郷不レ可レ期(テイキョウは期すべからず)〔＝仙人の住む世界も期待はできない〕」

❷みかど。天子。
下接 皇帝(コウテイ)・女帝(ジョテイ/ニョテイ)・新帝(シンテイ)・聖帝(セイテイ)・先帝(センテイ)・大帝(タイテイ)・廃帝(ハイテイ/ハイダイ)

【帝胤(テイイン)】帝王の血統。帝王の子孫。皇胤。

【帝王(テイオウ)】君主国の元首。皇帝。【帝王切開(テイオウセッカイ)】(ドイツ Kaiserschnitt の訳語)腹壁、子宮を切開し、胎児をとりだす分娩(ブンベン)法。難産のときに行う。♥ローマ帝王カエサルの出産にちなむという。

【帝紀(テイキ)】①代々の天子の即位から崩御までの記録。②(「紀」は、おきての意)帝王のふみ行うべき道。

【帝畿(テイキ)】(「畿」は都に近い天子の直轄地の意)帝王の都に近い地方。

【帝京(テイキョウ/テイケイ)】天子のいる都。帝都。＊白居易－琵琶行「我従二去年辞一帝京一、謫居臥レ病潯陽城(われキョネンテイキョウをジしてより、タッキョしてやまいにふすジンヨウジョウ)〔＝私は去年都を離れてから、潯陽の町に左遷の身となり病にふしている〕」

【帝業(テイギョウ)】天子がその国を支配し治める事業。

【帝闕(テイケツ)】皇居の門。また、皇居。宮城。禁闕。

【帝国(テイコク)】皇帝の称号のある元首の統治する国家。

【帝国主義(テイコクシュギ)】(英 imperialism の訳語)一つの国家が、他国家を支配して強大な国家になろうとする運動。

【帝室(テイシツ)】天子、天皇の一家。皇室。

【帝城(テイジョウ/テイセイ)】皇帝の住む城。宮城。皇城。

【帝儲(テイチョ)】天子のあとつぎ。皇太子。東宮。皇儲。

【帝道(テイドウ)】天子の国を治める道。王道。

【帝力(テイリョク)】天子の力。天子の権威。＊十八史略－五帝「帝力何有二於我一哉(テイリョクなんぞわれにあらんや)〔＝帝のおかげなど、わしらにはなんの関係もないことだ〕」

2046 【帬】 ―― 巾－7 クン 「裙」(7293)の異体字

2047 【席】 3242 404A 90C8 巾－7 常4 シャク㊥・セキ㊥\xí\むしろ

筆順 席席席席席席

字解 形声。巾＋庶(↓藉、草をしく)省㊦。草を編んでつくったしきもの、むしろの意。一般に、ざせきの意。甲骨文は、しきものの象形。

甲骨文 金文 篆文

同属字 蓆

[意味] ❶むしろ。草や竹などで編んだ敷物。また、しく。「蓆」に同じ。『席巻』『筵席』 ❷すわる場所。占める場所。『席次』『着席』 ❸[国]ざしき。多くの座席を設けた場所。会場。『一席設ける』『席料』『宴席』

❶ むしろ。敷物。

[下接] 茵席・筵席・筍席・衽席

【席門（セキモン）】 戸のかわりにむしろを下げた門。転じて、貧しい家。〔史記‐陳丞相世家〕

【席巻・席捲（セッケン）】 あたかもむしろを巻くように、余すところなく征服すること。『市場を席巻する』

❷ すわる場所。

[下接] 議席・客席・空席・欠席・硯席・在席・座席・次席・自席・主席・首席・出席・上席・定席・即席・退席・打席・着席・枕席・同席・陪席・復席・別席・升席・末席・満席・隣席・臨席・列席

【席不ㇾ暇ㇾ暖（セキあたたまるにいとまあらず）】 座席があたたまる暇もないほど、いそがしく走り回ること。孔席不ㇾ暇ㇾ暖（コウセキあたたまるにいとまあらず）。〔韓愈‐争臣論〕

【席次（セキジ）】 [1]会合などの座席の順序。席順。[2][国]成績、地位などにより定められる順位。

❸ （日本語で）多くの座席を設けた場所。

[下接] 宴席・会席・酒席・茶席／寄席

【席題（セキダイ）】 [国]短歌や俳句の会の席などで、その場で出される題。即題。↔兼題

【席亭（セキテイ）】 [国]寄席のこと。また、その経営者。

2048 【帯】 3451 4253 91D1 巾－7 [常]4

(2051) 〔帶〕 5472 5668 9BE6 巾－8 旧字 [人]

タイ [呉][漢]/dài/おびる・おび

[筆順] 帯 帯 帯 帯 帯

[字解] 帯は帶の略体。帶は会意。卌（飾りのついたおび）＋冖（ぬの）＋巾。重ねた布をおびでしめる、また、おびの意。

[同属字] 蔕・滯（滞）

[意味] ❶おび。おびのように巻くもの。また、おび状に細長いもの。『一衣帯水』『紐帯』 ❷おびる。身につける。持つ。また、つれていく。『帯刀』『携帯』 *白居易‐長恨歌「梨花一枝春帯ㇾ雨（リカイッシはるあめをおぶ）」〔＝一枝のナシの花が、春雨にぬれそぼっているかのようである〕」 ❸おび状の地域、まとまり。『火山帯』『地帯』『熱帯』

❶ おび。また、おび状に細長いもの。

[下接] 衣帯・韋帯・冠帯・眼帯・裙帯・靭帯・声帯・臍帯・束帯・着帯・紐帯・包帯・腰帯・一衣帯水／兵児帯

【帯金（タイキン｜おびかね）】 [1]帯のように物に巻き付ける金具。[2]刀の金具の部分で、環にして緒を通して締めるもの。[3]女帯を締めるとき用いる金具。

【帯鉤（タイコウ）】 中国の春秋戦国時代から漢代にわたり盛行した帯金具。青銅製、鉄製が主で、骨、玉製もある。

❷ おびる。

[下接] 映帯・拐帯・夾帯・襟帯・携帯・兼帯・妻帯・所帯・世帯・付帯・連帯

【帯剣（タイケン）】 剣を腰に帯びること。また、腰に帯びた剣。

【帯甲（タイコウ）】 甲を着た兵士。*史記‐蘇秦伝「帯甲数十万（タイコウスウジュウマン）〔＝甲を着た兵士が数十万人いる〕」

【帯出（タイシュツ）】 備品などを身につけて持ち出すこと。『禁帯出』

【帯刀（タイトウ）】 刀を腰に帯びること。

【帯同（タイドウ）】 一緒に連れて行くこと。同行。

【帯佩（タイハイ）】 [1]太刀などを身に帯びること。[2]衣服などの着こなし。♥「体配」「体拝」とも。

❸ おび状の地域、まとまり。

[下接] 一帯・温帯・寒帯・暖帯・地帯・熱帯・冷帯・火山帯・時間帯

[難読地名] 帯隈山（おぶくまやま）（佐賀） [難読姓氏] 帯刀（たてわき）

2049 【帮】 *2813 巾－7

ホウ 「幫」(2059)の異体字

2050 【常】 3079 3E6F 8FED 巾－8 [常]5

ジョウ（ジャウ）[呉]・ショウ（シャウ）[漢]/cháng/つね・とこ

[筆順] 常 常 常 常 常 常

[字解] 形声。巾＋尚（→長、ながい）[声]。長い布の意から転じて、長く不変であること、つねの意。

[同属字] 嫦

[参考] 万葉仮名では訓を借りて「と[乙]」。

[意味] ❶つね。つねに。㋑とこしえ。いつまでも変わらない。『常緑』『恒常』『無常』 ㋺いつも。また、一定の。『常温』『常用』 ㋩ならい。きまり。『綱常』『五常』 ㊁以前。むかし。㋭（「不ㇾ常ㇾ―」（つねには…ず）の形で）いつも…とは限らない。部分否定を示す。*韓愈‐雑説「千里馬常有、而伯楽不ㇾ常有（センリのうまはつねにあれども、ハクラクはつねにはあらず）」〔＝一日千里も走る名馬はいつの世にもいるが、馬を見分ける伯楽はいつもいるわけではない〕」 ❷長さの単位。尋（ひろ）の二倍にあたり、ありきたりの長さであるところから転じて、ふつう。あたりまえ。『常識』『尋常』 ❸[国]「常陸（ひたち）の国」の略。東海道一五か国の一。現在の茨城県の北・東部にあたる。『常州』 ❹その他。『常山』

❶ つね。つねに。

[下接] 居常・経常・恒常・綱常・五常・三常・定常・典常・日常・平常・無常・倫常・家常茶飯

【常温（ジョウオン）】 [1]一定した温度。[2]自然の温度。普通は摂氏一五度ぐらい。[3]その地の年間平均気温。

【常会（ジョウカイ）】 定期的に開かれる会合。『隣組の常会』

【常軌（ジョウキ）】 常に踏むべき道。世間一般に認められているやり方。常道。『常軌を逸する』

【常経（ジョウケイ）】 常に守らなければならない人の道。

【常時（ジョウジ）】 いつも。しょっちゅう。

【常習（ジョウシュウ）】 何度も同じことを繰り返す習癖。『常習犯』

【常住（ジョウジュウ）】 [1]仏教で、過去・現在・未来にわたって、変わらずに存在すること。↔無常。[2]常に一定の所に住むこと。[3]ふだん。いつも。しょっちゅう。『常住座臥』

【常数（ジョウスウ）】 [1]決まった数。一定の数。定数。↔変数。[2]定まっている運命。自然の定め。

【常設（ジョウセツ）】 いつも作り設けてあること。『常設展示』

【常度（ジョウド）】 変わらないおきて。→❷

【常道（ジョウドウ）】 一定不変の道。また、常に守るべき道。

【常任（ジョウニン）】 臨時ではなく、常にその任務にあること。

『常任委員』
【常備ジョウビ】常に備えておくこと。『常備軍』『常備薬』
【常法ジョウホウ】定まって変わらない法。→❷
【常務ジョウム】①日常行う普通の業務。②国「常務取締役」の略。株式会社で、社長および専務取締役を補佐し、日常の経営業務の執行に当たる役職。
【常用ジョウヨウ】常に使用すること。続けて使うこと。【常用漢字ジョウヨウカンジ】国現代文における漢字使用の目安として昭和五六年に定められた一九四五字の漢字。
【常緑ジョウリョク】マツ、スギなどのように、植物が一年中落葉しないで緑色をしていること。『常緑樹』
【常連ジョウレン】国①いつも連れ立っている仲間。②興行場、酒場などでいつも来るなじみの客。

❷ふつう。あたりまえ。
下接 異常イジョウ・尋常ジンジョウ・正常セイジョウ・通常ツウジョウ・非常ヒジョウ

【常識ジョウシキ】普通の社会人として当然持っている、また、持っているべきだとされる知識や判断力。『常識人』
【常情ジョウジョウ】人間であれば普通に持っている人情。
【常人ジョウジン】普通一般の人。
【常態ジョウタイ】ふだんの安定した状態。
【常度ジョウド】普通の程度。いつものようす。→❶
【常套ジョウトウ】ありふれたいつものやり方。『常套手段』
【常馬ジョウバ】普通の馬。＊韓愈‐雑説「欲下与二常馬一等上、不レ可レ得ジョウバとひとしからんとほっするも、うべからず」〔=普通の馬なみに働こうと思っても、それさえできない〕
【常法ジョウホウ】通常の方法。→❶
【常鱗凡介ジョウリンボンカイ】普通の魚やありふれた貝類。平凡な人物のたとえ。〔韓愈‐応二科目一時与レ人書〕

❹その他。
【常山蛇勢ジョウザンのダセイ】前後左右くまなくすきのないこと。〔孫子‐九地〕▶常山(恒山のこと。中国山西省渾源県の東にある山)に両頭のヘビがいて、その体のどこを打ってもすきがなかったという故事から。

難読地名 常葉ときわ町(福島) 常盤ときわ村(青森) 常滑とこなめ市(愛知) 常呂ところ郡・町(北海道)

2051 【帶】 5472 5668 9BE6 巾－8
タイ「帯」(2048)の旧字

2052 【幇】 5483 5673 9BF1 巾－9
ホウ「幫」(2059)の異体字

【幂】⇩529

2053 【幕】 4375 4B6B 968B 巾－10 常6
マク呉・バク漢/mù
(2081)【幙】巾－11
(2054)【幕】巾－11 旧字

筆順 幕幕幕幕幕幕

字解 形声。巾＋莫(=茻、おおわれてみえない)声。おおいぬの、まくの意。甲骨文は、酒器がおおわれてかくれている形。

甲骨文 
篆文 

意味 ❶まく。㋑へだてにする布。たれ布。『幕舎』『帷幕イバク』『天幕』㋺劇場などの舞台の幕。また、そこから転じて、場面の区切り。『幕間まくあい』『開幕』㋩スクリーン。『銀幕ギンマク』『字幕ジマク』❷まくをめぐらした将軍の陣営。㋑軍政を行うところ。『幕府』『幕僚』㋺国武家の政権。特に、江戸幕府。『幕臣』『幕末バクマツ』『討幕』❸国大相撲で「幕の内」の略。『幕下まくした』『平幕ひらマク』

❶まく。へだてにする布。
下接 ㋑幄幕アクマク・暗幕アンマク・帷幕イバク・煙幕エンマク・段幕ダンマク・弾幕ダンマク・天幕テンマク・幔幕マンマク ㋺開幕カイマク・黒幕くろマク・終幕シュウマク・序幕ジョマク・閉幕ヘイマク

【幕営バクエイ】幕を張ってする野営。また、その営舎。

【幕舎バクシャ】テント張りの営舎。

❷将軍の陣営。また、武家の政権。
下接 旧幕キュウバク・佐幕サバク・倒幕トウバク・討幕トウバク

【幕下バッカ|バクカ】①張り巡らした幕のもと。転じて、将軍の本営。②将軍の配下に属するもの。

【幕議バクギ】国幕府の評議。

【幕臣バクシン】国幕府の臣下。

【幕府バクフ】①出征中の将軍の陣営。②国武家政権の首長およびその居所の呼称。また、武家政権そのもの。『鎌倉幕府』

【幕僚バクリョウ】指揮官に直属して、作戦などの企画立案と実施に関してこれを補佐する参謀将校。

2055 【幣】 4230 4A3E 95BC 巾－12 常
ヘイ漢/bì/ぬさ・しで
(2057)【幤】 5482 5672 9BF0 巾－12
(2056)【幣】巾－12 旧字

筆順 幣幣幣幣幣幣

字解 形声。巾＋敝(→拜、おがむ)声。神事に用いるぬさから、礼物・ぜにの意。

参考 万葉仮名では音を借りて「へ甲」。

意味 ❶神にささげる絹。ぬさ。『幣帛』『御幣ゴヘイ』『奉幣ホウヘイ』『官幣社カンペイシャ』❷みつぎもの。また、贈り物。『幣聘』『幣物』『贄幣シヘイ』『重幣チョウヘイ』❸おかね。ぜに。『幣制』『貨幣カヘイ』『紙幣シヘイ』『造幣ゾウヘイ』

【幣制ヘイセイ】国家が貨幣に関して設けた制度。貨幣制度。

【幣帛ヘイハク】①神前にささげる供物。②国紙や布を切り、木に挟んで垂らした御幣。

【幣聘ヘイヘイ】贈り物をして人を招くこと。

【幣物ヘイモツ|ヘイブツ】贈り物。進物シンモツ。

2058 【幚】 巾－12
ホウ「幫」(2059)の異体字

2059 【幫】 ＊2829 巾－14
(2052)【幇】 5483 5673 9BF1 巾－9
(2058)【幚】巾－12
(2049)【帮】 ＊2813 巾－7

ホウ(ハウ)呉漢/bāng/たすける

字解 形声。帛(きぬ)＋封(とじこめる)声。くつをつくろう布の意。転じて、たすける意。

意味 たすける。手伝う。現在は、幇を書くのが一般的。

【幫間ホウカン|たいこもち】国(「酒間を幫たすける」の意)①遊客に従って、酒興を助ける職業の人。②転じて、人に追従してその歓心を買う者。

【幫助ホウジョ】力を添えて助けること。『自殺幫助罪』

2060【帆】 4033 4841 94BF 巾－3 常 (2061)【帆】 巾－3 旧字

ハン漢/fān/ほ

筆順

字解 形声。巾＋凡(ほ)声。風にはらむほの意。凡が別義で用いられるようになったため、のちに巾を加えて、原義を表すようにした。

参考 万葉仮名では訓を借りて「ほ」。

意味 船のほ。ほかけぶね。また、船で行くこと。

下接 帰帆キハン・錦帆キンパン・軽帆ケイハン・孤帆コハン・出帆シュッパン・征帆セイハン・風帆フウハン・布帆フハン・順風満帆ジュンプウマンパン

【帆影ハンエイ|ほかげ】遠くに見える帆の姿。

【帆檣ハンショウ】帆ばしら。

【帆船ハンセン|ほぶね】帆を広げて走る船。ほかけぶね。

【帆走ハンソウ】船が帆を張って、風の力を利用して水上を航行すること。

2062【帙】 5469 5665 9BE3 巾－5 チツ呉 漢/zhì/ふまき

字解 形声。巾＋失(→秩、順序だてる)声。書物を秩序だててきちんとしまい込むためのつつみの意。

意味 ふまき。ちつ。書物をつつむおおい。転じて、書物をもいう。「帙をひもとく(=書を読む)」「巻帙」

下接 芸帙ウンチツ・巻帙カンチツ・書帙ショチツ・縹帙ヒョウチツ・篇帙ヘンチツ

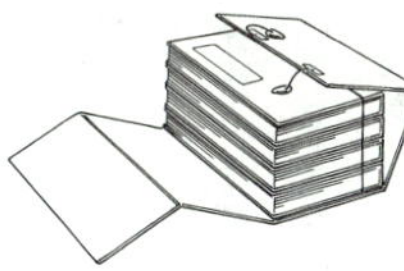

帙

2063【帖】 3601 4421 929F 巾－5 チョウ(テフ)呉漢・ジョウ(デフ)慣/tiē・tiě・tiè/たたむ・かさねる

字解 形声。巾＋占(→牒、うすい板の札)声。ものを書くための薄い布の意。また、とばりの意。

意味 ❶かきもの。かきつけ。「画帖ガジョウ」「手帖てチョウ」❷石刷りの本。習字の手本。「法帖ホウジョウ」「墨帖ボクジョウ」❸とばり。❹垂れる。定まる。安まる。「帖耳」「帖帖」「帖服」❺国折本・和紙・海苔・屏風・畳などを数える語。「四帖半よジョウハン」「半帖ハンジョウ」

【帖耳チョウジ】耳をたれること。従順なさま。

【帖然チョウゼン】心が安らかで落ち着いているさま。怗然。

【帖帖チョウチョウ】①たれさがっているさま。②ゆったりと落ち着いているさま。③ついて離れないさま。また、心服するさま。

【帖服・帖伏チョウフク】安んじて従うこと。平穏になること。

2064【帕】 *2809 巾－5 バツ漢・ハ漢・バク漢・ハク慣/mò・pà/はちまき

字解 形声。巾＋白声。

意味 はちまき。または、ハンカチ。「手帕シュハク」

2065【帓】 ― 巾－5 バツ漢

字解 形声。巾＋末声。ずきんの意。

2066【帔】 *2808 巾－5 ヒ漢/pèi

字解 形声。巾＋皮(表皮)声。皮のように体をおおうころも、そでなしの意。

2067【帨】 *2814 巾－7 セイ漢・ゼイ慣/shuì

字解 形声。巾＋兌声。てぬぐいの意。帥に同じ。

2068【帷】 5473 5669 9BE7 巾－8 イ(ヰ)呉漢/wéi/とばり

字解 形声。巾＋隹(→圍、かこみめぐる)声。めぐらした布、とばりの意。

意味 とばり。垂れ幕。また、それに用いたうすい布。「書帷ショイ」「簾帷レンイ」*史記-項羽本紀「噲遂入、披帷西嚮立カイついにいり、イをひらきてにしむかいてたつ(=樊噲ハンカイはそのまま宴席にはいり、垂れ幕を押し開き、西向きに立ちはだかった)」

【帷幄イアク】①引き幕と垂れ幕。帷幕。帷帳。②作戦計画を立てる所。本営。【帷幄之臣イアクのシン】主君のそばにいて、はかりごとをめぐらす臣。参謀。

【帷裳イショウ】①出仕するときや祭祀のときに着る服。②車の引き幕。

【帷帳イチョウ】＝帷幄イアク

【帷幕イバク】＝帷幄イアク

【帷幔イマン】(「幔」も幕の意)たれぎぬ。幕。

2069【帳】 3602 4422 92A0 巾－8 常3 チョウ(チャウ)呉漢/zhàng/とばり・はり

筆順

字解 形声。巾＋長(ながい)声。はりめぐらした長いたれ幕、とばりの意。

意味 ❶とばり。垂れ幕。引き幕。「帳中」「几帳」*白居易-長恨歌「芙蓉帳暖度春宵フヨウのとばりあたたかにしてシュンショウをわたる(=ハスの花の縫い取りのあるとばりの中は暖かく、そこで春の夜をすごす)」❷ものを書くための、紙をとじた冊子。「帳簿」「通帳」

❶とばり。垂れ幕。引き幕。

下接 帷帳イチョウ・開帳カイチョウ・几帳キチョウ・玉帳ギョクチョウ・錦帳キンチョウ・緞帳ドンチョウ・蠅帳はいチョウ・蚊帳ブンチョウ|かや

【帳飲チョウイン】野外に幕を張って送別の宴を開くこと。

【帳下チョウカ】幕の張ってあるところ。転じて、将軍の居所。幕下。

【帳中チョウチュウ】とばりの中。帳裏。*史記-項羽本紀「項王則夜起飲帳中コウオウすなわちよるおきてチョウチュウにインす(=項羽は夜半に起き出して、とばりの中で酒宴を開いた)」

【帳裏・帳裡チョウリ】とばりの中。帳中。*白居易-長恨歌「九華帳裏夢魂驚キュウカのチョウリムコンおどろく(=花模様のとばりの中で夢みていた魂は、はっと驚いた)」

❷ものを書くための、紙をとじた冊子。

下接 画帳ガチョウ・記帳キチョウ・玉帳ギョクチョウ・句帳クチョウ・台帳ダイチョウ・通帳ツウチョウ・手帳てチョウ・元帳もとチョウ・紋帳モンチョウ・宿帳やどチョウ・閻魔帳エンマチョウ・過去帳カコチョウ・大福帳ダイフクチョウ・奉加帳ホウガチョウ

【帳簿チョウボ】金銭、物品の出納などを記録する帳面。「二重帳簿」

【帳面チョウメン|チョウづら】国①(チョウメン)物を書くために、紙をとじ合わせたもの。ノート。②(チョウづら)「帳面面チョウメンづら」の略。帳面チョウメンに記入された表面上の事柄や数字。表向きの計算。転じて、表面的な物事の次第や結果をいう。「帳面を合わせる」

2070【幄】5474 566A 9BE8 巾－9 アク[漢]/wò/とばり・あげばり

[字解] 形声。巾＋屋（やね）[声]。やねをおおうほど大きなとばりの意。

[意味] とばり。あげばり。まんまく。天幕。『氈幄（センアク）』

【幄舎（アクシャ）】[国]神事や朝廷の儀式のおりに、臨時に庭に設ける幕を張った小屋。幄屋。

【幄幕（アクバク）】陣営の幕。陣営。帷幕（イバク）。

2071【幃】5475 566B 9BE9 巾－9 イ（ヰ）[漢]・キ[漢]/wéi/とばり

[字解] 形声。巾＋韋（かこみめぐる）[声]。かこみめぐらすぬの、とばりの意。

文 金 文 篆

[意味] とばり。囲みを作るもの。『書幃（ショイ）』『屏幃（ヘイイ）』

2072【幀】5476 566C 9BEA 巾－9 トウ（タウ）[漢]・テイ[慣]/zhèng

[字解] 形声。巾＋貞[声]。絹にかいた絵、またはそれをはりつける意。

2073【幅】4193 497D 959D 巾－9 [常] フク[呉][漢]/fú/はば・の

[筆順]
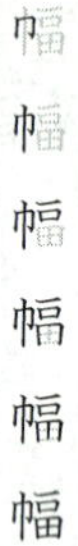

[字解] 形声。巾＋畐（ふっくらしたつぼ）[声]。ぬののよこはばの意。

[参考] 常用漢字では認めていないが、俗に巾を幅の略字として用いることがある。

[意味] ❶はば。横の長さ。『幅員』『幅巾』『紙幅』 ❷かけもの。かけ軸。『三幅対（サンプクツイ）』『一幅（イップク）』『画幅（ガフク）』『書幅（ショフク）』『双幅（ソウフク）』 ❸ふち。へり。『辺幅（ヘンプク）』 ❹[国]の。布や織物のはばを数える単位。一幅（ひとの）は約三六センチ（メートル）。

[下接] 拡幅（カクフク）・恰幅（カップク）・紙幅（シフク）・振幅（シンプク）・震幅（シンプク）・船幅（センプク）・全幅（ゼンプク）・増幅（ゾウフク）・満幅（マンプク）／中幅（チュウはば）・半幅（ハンはば）・利幅（りはば）

【幅員（フクイン）】（「員」は数の意）道路や艦船などのはば。

【幅巾（フッキン）】ひとはばの布で作った頭巾。隠者などのかぶりもの。⬇〔巾〕の図三八八頁

2074【帽】4325 4B39 9658 巾－9 [常] モウ[呉]・ボウ[漢]/mào/おおう

(2075)〔帽〕 ― 巾－9 旧字

[筆順]

[字解] 形声。巾＋冒（おおう）[声]。頭をかくすおおい布、ぼうしの意。冃が原字。

[意味] ぼうし。頭にかぶるもの。

[下接] 赤帽（あかボウ）・衣帽（イボウ）・角帽（カクボウ）・学帽（ガクボウ）・巾帽（キンボウ）・軍帽（グンボウ）・紗帽（サボウ）・正帽（セイボウ）・制帽（セイボウ）・脱帽（ダツボウ）・着帽（チャクボウ）・破帽（ハボウ）・縹帽（ヒョウボウ）・略帽（リャクボウ）・礼帽（レイボウ）・烏帽子（エボシ）

【帽子（ボウシ）】かぶりもの。『山高帽子』

【帽額（モコウ）】ひたいかくし。御帳や御簾（みす）のかけぎわを飾るために、上長押（かみなげし）に沿って横に引き回す布帛。

2076【幌】4358 4B5A 9679 巾－10 コウ（クヮウ）[漢]/huǎng/ほろ

[字解] 形声。巾＋晃[声]。

[意味] ほろ。㋑車などの日よけ・雨よけに用いる覆い。『幌馬車（ほろバシャ）』㋺[国]軍陣で、流れ矢などをふせぐために、背にかける大型の布帛。母衣。㋩[国]「札幌（さっぽろ）」など、北海道の地名に用いる「幌（ほろ）」はアイヌ語ホロのあて字。

2077【幎】5477 566D 9BEB 巾－10 ベキ[漢]/mì/おおう

[字解] 形声。巾＋冥（おおわれて暗い）[声]。

[意味] おおい。おおう。また、とばり。すだれ。

【幎冒（ベキボウ）】死者の顔を顔隠しでおおうこと。また、そのもの。＊十八史略‐春秋戦国「為二幎冒一乃死（ベキボウをつくりてすなわちシす）」〔＝（夫差は）幎冒を作って命を絶った〕

2078【幗】5478 566E 9BEC 巾－11 カク（クヮク）[漢]/guó

[字解] 形声。巾＋國（かこわれた土地）[声]。頭を包み囲む布の意。

[意味] 女性が頭を包む、また、頭をかざる布。かみかざり。『巾幗（キンカク）』

2079【幘】＊2823 巾－11 サク[漢]/zé

[字解] 形声。巾＋責（つみかさねる）[声]。積み重ねて包むぬの、ずきんの意。

2080【幓】― 巾－11 セイ[漢]・セツ[漢]

[字解] 形声。巾＋祭[声]。裁ったあとの小さなのこりぎれの意から、一般に、のこりの意。

2081【幙】― 巾－11 バク 「幕」(2053)の異体字

2082【幔】5479 566F 9BED 巾－11 マン[呉]・バン[漢]/màn/とばり

[字解] 形声。巾＋曼（長くのばす）[声]。ひきのばすぬの、引き幕の意。

[意味] まく。引き幕。とばり。おおい。

【幔幕（マンマク）】式場、会場に張り巡らす紅白や黒白の幕。

2083【幓】― 巾－12 サン[漢]/sǎn

[字解] 形声。巾＋散[声]。きぬがさの意。

2084【幟】5480 5670 9BEE 巾－12 シ[呉][漢]/zhì/のぼり・はたじるし

[字解] 形声。巾＋戠（たてた目じるし）[声]。しるしとするはたの意。

[意味] のぼり。長い旗。また、めじるし。はたじるし。

[下接] 旗幟（キシ）・酒幟（シュシ）・旌幟（セイシ）・赤幟（セキシ）／鯉幟（こいのぼり）

2085【幢】5481 5671 9BEF 巾－12 ドウ[呉]・トウ（タウ）[漢]/chuáng・zhuàng/はた・はたほこ

[字解] 形声。巾＋童（ぶらさがった筒状のもの）[声]。筒形に垂れたぬの、はたの意。

[意味] はた。軍の指揮に用いる旗。はたほこ。また、かざし。おおい。ほろ。『麾幢（キトウ）』⬇〔旗〕の図五五二頁

【幢牙（トウガ）】大将の立てる旗。牙幢。

【幢棨（トウケイ）】小旗を上部につけたほこ。はたほこ。

【幢幡・幢旛（ドウバン）】[1]はた。[2]仏堂に飾るはた。

3画 口囗土士夂夊夕大女子宀寸小(⺌・⺍)尢(尣・兀)尸屮(屮)山巛(川)工己(已・巳)巾干幺广廴廾弋弓彐(彑・⺕)彡彳

2086【幡】4008 4828 94A6 巾-12 ハン(呉)(漢)/fān/はた・はた
字解 形声。巾＋番(平らにひろがる)(声)。薄く平らに広がる布、はたの意。
参考 (1)万葉仮名では音を借りて「は」。(2)「八幡(やはた)」は、音ではハチマンとよむ。
意味 はた。のぼり。また、ひるがえる。「幢幡(ドウバン)」
【幡然(ハンゼン)】さらりと変わるさま。心をひるがえすさま。翻然。
【幡幡(ハンバン)】1しきりにひるがえるさま。2威厳がなく、軽々しいさま。
難読地名 幡豆(はず)郡・町(愛知) 幡多(はた)郡(高知)

2087【幞】*2826 巾-12 ボク(呉)・ホク(漢)/fú・pú
字解 形声。巾＋菐(声)。
「幞頭(ボクトウ)」は、ずきん。

幞頭〔王建石像・四川省出土〕

2088【幪】*2828 巾-14 ボウ(漢)・モウ(慣)/méng・měng
字解 形声。巾＋蒙(おおう)(声)。おおいの意。

2089【幭】*2831 巾-15 ベツ(漢)/miè
字解 形声。巾＋蔑(みえない)(声)。見えないように物にかぶせるおおいの意。

巾

2090【师】巾-3 シ「師」(2093)の異体字

2091【帥】3167 3F63 9083 巾-6 常 スイ(呉)(漢)・シュツ(漢)・ソツ(慣)/shuò・shuài/ひきいる・そち・そつ
筆順 帥帥帥帥帥帥
字解 会意。巾(ぬの)＋𠂤(集団)。軍隊を旗の下にひきいる意。あるいは、布で人を助けひきいる意を表すともいう。
金文 篆文
意味 1ひきいる。「率」に同じ。「帥先」「魁帥(カイスイ)」2軍をひきいるかしら。「元帥(ゲンスイ)」「将帥(ショウスイ)」「総帥(ソウスイ)」「統帥(トウスイ)」*論語-子罕「三軍可ㇾ奪ㇾ帥也(サングンもスイをうばうべきなり)」〔=大軍に守られている総大将でも討つことはできる〕3国そち。そつ。令制で、大宰府(ダザイフ)の長官。
【帥先(ソッセン)】先に立って人を導くこと。率先(ソッセン)。

2092【帰】2102 3522 8B41 巾-7 常2
(3888)【归】二一 止-8
(3889)【歸】6137 5D45 9F64 止-14 旧字
(5101)【皈】6607 6227 E1A5 白-4
キ(呉)(漢)/guī/かえる・かえす・かえり
筆順 帰帰帰帰帰帰
字解 帰は歸の略体。歸は形声。もと、帚(ほうき)＋𠂤(→回、まわりもどる)(声)。ほうきをもち本来あるべき位置につく、とつぐ意。のちに止(あし)を加えて歩いてもどる、かえる意を表すようになったと言われている。金文に、止を従うものがみられる。
甲骨文 金文 金文 篆文 重文
参考 万葉仮名では音を借りて「き(乙)」。
意味 1よりしたがう。おもむく。とつぐ。あるべきところにおさまる。また、よりどころ。「帰一」*論語-顔淵「天下帰ㇾ仁焉(テンカジンにキす)」〔=天下の人々は仁に帰服する〕」*詩経-周南・桃夭「之子于帰、宜ニ其室家一(このこゆきとつぐ、そのシツカによろしからん)」〔=この娘はこれからとついでゆくが、夫婦仲むつまじく暮らすだろう〕」2かえす。かえる。もとへかえる。もどる。おわる。しぬ。「回帰」「復帰」3人名。熟字訓。「帰有光」「不如帰(ほととぎす)」

1 よりしたがう。おもむく。とつぐ。
下接 依帰(イキ)・一帰(イッキ)・還帰(カンキ)・三帰(サンキ)・旨帰(シキ)・指帰(シキ)・適帰(テキキ)・転帰(テンキ)・同帰(ドウキ)・来帰(ライキ)

【帰一(キイツ)】分かれているものが、同じ所に帰着すること。

【帰依(キエ)】神仏などを深く信仰し、その教えに従うこと。

【帰化(キカ)】1他の国の国籍を取得すること。「帰化人」2原産地から他の地域に運ばれた生物が、そこで、野生状態で繁殖すること。「帰化植物」

【帰嫁(キカ)】とつぐこと。

【帰結(キケツ)】議論や行動などが最終的にある結論、結果に落ち着くこと。また、その結論や結果。

【帰向(キコウ)】ある方向に心がむかうこと。心を寄せること。

【帰降(キコウ)】敵に服従すること。降服。

【帰寂(キジャク)】仏語。涅槃(ネハン)に入ること。死ぬこと。

【帰宿(キシュク)】意見などが、ある結論に最終的に落ち着くこと。→2
【帰順(キジュン)】反逆の心を改めて服従すること。帰服。

【帰趨(キスウ)】結果として行き着くところ。

【帰着(キチャク)】事が最終的にある点に落ち着くこと。→2
【帰納(キノウ)】個々の具体例から、一般法則を導き出すこと。↔演繹(エンエキ)。「帰納法」

【帰附(キフ)】服従すること。

【帰服・帰伏(キフク)】付き従って支配下に入ること。服従。

【帰命(キミョウ/キメイ)】身命をささげて仏の教えに従うこと。

【帰命頂礼(キミョウチョウライ)】仏に帰依(キエ)し頭を地につけて拝すること。また、礼拝の唱え文句。南無(ナム)。

2 かえす。かえる。もどる。
下接 回帰(カイキ)・遣帰(ケンキ)・大帰(タイキ)・退帰(タイキ)・不帰(フキ)・復帰(フッキ)

【帰臥(キガ)】官職をやめて帰郷し、隠居すること。

【帰還(キカン)】戦地、軍隊などから基地、故郷へ帰ること。

【帰雁(キガン)】1春になって、南から北の寒い地方へ帰って行くガン。2夕方、ねぐらへ帰るガン。

【帰期(キキ)】帰る時期。*李商隠-夜雨寄ㇾ北「君問ニ帰期一未ㇾ有ㇾ期(きみキキをとえどもいまだキあらず)」〔=あなたはいつ帰るのかとたずねるけれども、まだいつになるかわからない〕」

【帰郷(キキョウ)】ふるさとへ帰ること。帰省。

【帰去来(キキョライ)】官職を辞し、故郷に帰るためにその地を去ること。【帰去来兮(かえりなんいざ)】さあ、帰ろう。*陶潜-帰去来辞「帰去来兮、田園将ㇾ蕪(かえりなんいざ、デンエンまさにあれなんとす)」〔=さあ、帰ろう。わが田園は、今や荒れ果てようとしている〕」

♥「去」は、動詞「帰」に添えられた助字。「来」は、動作の移動・勧誘を表すために添えられた助字で、ともに

「去る」「来る」の意味はない。

【帰国キコク】①外国から自分の国に帰ること。『帰国子女』②帰郷。

【帰参キサン】国①帰ってくること。②暇を取った主人のもとに再び帰って仕えること。

【帰思キシ】故郷や家などに帰りたいと思う心。帰心。

【帰宿キシュク】①死ぬこと。②宿舎に帰ること。↓❶
【帰心キシン】ふるさとに帰りたいと思う心。『帰心矢の如し』＊賈島-度二桑乾一「帰心日夜憶二咸陽一キシンニチヤカンヨウをおもう〔＝ふるさとへ帰りたいと思う私の心にはいつも長安のことがあった〕」

【帰省キセイ】(「省」は、父母の安否をみること)休暇のときなどに短期間郷里に帰ること。

【帰巣キソウ】動物が巣から遠く離れてもまた帰って来ること。『帰巣性』『帰巣本能』

【帰着キチャク】帰りつくこと。↓❶
【帰朝キチョウ】仕事を済ませて外国から日本に帰ること。

【帰田キデン】官職を辞し、田舎に帰って農事に従うこと。

【帰途キト】帰りみち。帰路。『帰途に就く』

【帰寧キネイ】嫁に行った娘が実家に来て、父母の安否をたずねること。里帰り。

【帰年キネン】帰郷の年。＊杜甫-絶句「何日是帰年いずれのひかこれキネンならん〔＝いったいいつになったら故郷へ帰れるのか〕」

【帰馬放牛キバホウギュウ】戦争に用いた馬を野に帰し、牛を放つ。戦争をやめるたとえ。〔書経-武成〕

【帰帆キハン】港に帰ってくる帆船。また、船で故国や港に帰ること。＊王維-送三秘書晁監還二日本国一「帰帆但信レ風キハンただかぜにまかすのみ〔＝故国へ向かうその船は、帆を上げて風にまかせて進むだけである〕」

【帰夢キム】他郷にいて見る、故郷に帰った夢。

【帰沐キモク】①家に帰って休むこと。②役人が休みをもらい、家に帰って髪を洗うこと。

【帰養キヨウ】①故郷に帰って休養すること。②故郷に帰って父母を養うこと。

【帰洛キラク】国京都へ帰ること。

❸ 人名。

【帰有光キユウコウ】中国、明代の文学者。字あざなは熙甫キホ。崑山の人。明代、散文の第一人者。著「三呉水利録」「震川文集」など。(一五〇六～七一)

2093【師】2753 3B55 8E74 巾-7 常5 (2090)〖师〗二二 巾-3

シ 呉漢 /shī/ もろもろ・もろ

筆順 師 師 師 師 師 師

字解 会意。𠂤(集団)＋帀(あまねくめぐる)。軍隊、またその指導者の意。

甲骨文　金文　金文　篆文

甲骨文は、𠂤のみであったが、金文は帀に従うものもある。

同属字 篩・獅・鰤

参考 万葉仮名では音を借りて「し」。

意味 ❶(中国の周代、軍隊の編成で二五〇〇人を一師としたことから)軍隊。いくさ。『師団』『鋭師』『舟師』『水師』『出師』❷易の六十四卦の一。☷☵。❸統率する。教え導く。手本となる。多人数を率いる意を表す。また、その人。㋑おさ。長官。『師保』㋺先生。『師匠』㋩音楽をつかさどる官名。『楽師』❹特別の技芸・才能をもった人。『医師』『技師』⇒〔士〕(1455)の表 ❺もろもろ。多くの人々。また、みやこ。『京師』❻風雨をつかさどる自然神。『雨師』『風師』❼その他。『師走しわす』

❶ 軍隊。

【師団シダン】陸軍の編成上の単位である作戦部隊。
【師徒シト】軍隊。軍勢。
【師法シホウ】軍隊を出すときの法。↓❸
【師旅シリョ】(「旅」は、五〇〇人の軍隊のこと)軍隊。転じて、戦争、兵役。

❸ 教え導く。また、手本となる人。

下接 王師オウシ・恩師オンシ・吉師キシ・旧師キュウシ・教師キョウシ・経師キョウシ・ケイシ・厳師ゲンシ・講師コウシ・国師コクシ・三師サンシ・士師シシ・先師センシ・禅師ゼンシ・宗師ソウシ・祖師ソシ・大師ダイシ・導師ドウシ・父師フシ・法師ホウシ・ホッシ・牧師ボクシ・律師リッシ・良師リョウシ・老師ロウシ・宣教師センキョウシ

【師家カシ・シケ】①師匠。先生。②禅家の指導者。

【師号シゴウ】国高僧に天皇から賜る大師・禅師・国師などの称号。

【師資シシ】①師匠。先生。②師匠と弟子。また、師弟の関係。【師資相承シシソウショウ】師から弟子へと法を次第に伝えていくこと。

【師事シジ】師として敬い、その教えを受けること。＊十八史略-春秋戦国「昭王為レ隗改築レ宮、師二事之一ショウオウカイのためにあらためてキュウをきずき、これにシジす〔＝昭王は郭隗のために新たに邸宅をたて、隗を先生としてつかえた〕」

【師匠シショウ】学問や芸などを教える人。⇔弟子デシ
【師承シショウ・シジョウ】師からうけ伝えること。師伝。

【師弟シテイ】師と弟子。先生と弟子。『師弟関係』

【師伝シデン】師から奥義を伝授されること。また、その奥義。『師伝の技法』

【師道シドウ】人の師として守り行わなければならない道。

【師範シハン】国①学術、技芸を教える人。師匠。『書道の師範』『師範代』②「師範学校」の略。日本の旧学制における教員養成専門の中等学校。

【師表シヒョウ】世の人の模範となること。また、その人。手本。『師表と仰ぐ』

【師父シフ】①師と父。②父のように敬愛する師。

【師傅シフ】貴人の子を養育し、教導する役。

【師保シホ】①太師と太保の意。天子を補佐する官。②教えたり保護したりすること。また、その人。

【師法シホウ】①手本。また、師から教えられた法。②手本とすること。↓❶【師法之化シホウのカ】先生や従い守るべき手本による教育、感化。＊荀子-性悪「必将有二師法之化、仁義之道一かならずシホウのカ、ジンギのみちびきあり〔＝必ず先生や規範による感化と、礼儀による導きがある〕」

【師友シユウ】師と友人。先生と友達。

❹ 特別の技芸・才能をもった人。

下接 医師イシ・絵師エシ・画師ガシ・技師ギシ・曲師キョクシ・軍師グンシ・工師コウシ・篙師コウシ・罟師コシ・算師サンシ・舟師シュウシ・呪師ジュシ・儒師ジュシ・場師ジョウシ・水師スイシ・弩師ドシ・筆師ヒッシ・仏師ブッシ・餅師へイシ・薬師ヤクシ・野師ヤシ・猟師リョウシ・傀儡師カイライシ・地面師ジメンシ・世間師セケンシ／摺師すりし・研師とぎし・庭師にわし・塗師ぬし・箱師はこし・土師はじ・埴師はにし・脇師わきし・業師わざし

❼ その他。

【師走しわす】一二月の異称。▽語源未詳。「師走」の字に

ひかれて「しはす」とも。

［帰］⇩3888 ［歸］⇩3889

51 干部 ほす

干は、ふたまたの武器の形に象る。干部には、干のほか、干の形を字形とするものを収める。

金文 

篆文 

干◆ 干 幵①幵②平平③年幷⑤

幷

干▭ ⑤幸

干▯ ⑩幹

干◆

2094 【干】 2019 3433 8AB1 干-0 常6

カン（呉）（漢）／gān／ほす・ひる・おかす・もとめる・たて

筆順 干干干

字解 部首解説を参照。

同属字 旱・罕・竿・刊・奸・忓・扞・汗・杆・玕・骭・軒

参考 万葉仮名では訓を借りて「ひ（乙）」。

意味 ❶おかす。かかわる。あずかる。『干渉』『干犯』『干与』 ❷もとめる。『干誉』『干禄』 ❸たて。武器の盾（たて）。また、ふせぐ。まもる。『寝苦枕干（シンセンチンカン）』『干戈』『干城』 ❹ほす。ひる。㋑かわかす。かわく。『干拓』『干潮（カンチョウ）』『水干（スイカン）』『満干（マンカン）』 ㋺ひでり。現代表記で、「旱」の書き換え字。『干害（カンガイ）』『干魃』 ⇒〔乾〕(74)の表 ❺えと。十干の総称。『干支』『十干（ジッカン）』 ❻「若干（ジャッカン）」は、いくらか、少しばかりの意。 ❼「欄干（ランカン）」は、手すりの意。 ❽固有名詞。『干禄字書』『干宝』

❶ おかす。かかわる。あずかる。

【干渉（カンショウ）】 他者のことに立ち入って、自己の意志に従わせようとすること。『内政干渉』

【干犯（カンパン）】 干渉して他の権利をおかすこと。冒瀆。

【干与・干預・干予（カンヨ）】 物事に関係すること。

❷ もとめる。

【干誉（カンヨ）】 名誉をもとめること。干名。

【干禄（カンロク｜ロクをもとむ）】 ①俸禄をもとめること。仕官をのぞむこと。＊論語‐為政「子張学ㇾ干ㇾ禄（シチョウロクをもとめんことをまなぶ）」〔＝子張が、仕官をする方法を学ぼうとした〕 ②天の助けをもとめること。

❸ たて。また、ふせぐ。

【干羽（カンウ）】 中国、夏（カ）の禹王（ウオウ）が始めた舞楽の名。また、その舞で用いる盾（たて）と鳥の羽。禹王はこの舞を舞って、南方の苗族を帰服させたという。

【干戈（カンカ）】 たてとほこ。転じて、戦争の意。＊史記‐伯夷伝「父死不ㇾ葬、爰及二干戈一、可ㇾ謂ㇾ孝乎（ちちシしてほうむらず、ここにカンカにおよぶ、コウというべきか）」〔＝父が死んで、まだ葬儀を終えていない。それなのにここで戦争までしようとする。それで孝ということができるであろうか〕 【倒二置干戈一（カンカをトウチす）】 たてとほこを逆さまにしておく。戦争が終わり、平和になること。〔史記‐留侯世家〕

【干城（カンジョウ）】 国を守る武士や軍人。 【干城之将（カンジョウのショウ）】 国を守る大将。〔孔叢子〕

【干戚（カンセキ）】 ①たてとまさかり。②武器。③武の舞。

❹ ほす。かわく。また、ひでり。

【干拓（カンタク）】 湖、沼、海などの水を排除して土地を利用すること。『干拓地』

【干天（カンテン）】 日照りの空。また、日照り。『干天の慈雨』 書き換え「旱天→干天」。

【干魃（カンバツ）】 農業に被害を与えるひでり。旱魃。 「魃」は旱（ひでり）の神のこと。

❺ えと。

【干支（カンシ｜えと）】 ①十干（ジッカン）と十二支（ジュウニシ）。また、これを順に組み合わせて六〇の組とし、年や日などについて六〇で一巡する順位を表す名称として用いられるもの。「えと」は兄（え）と弟（おと）。十干を五行（木・火・土・金・水）の兄弟にわりあてたところからいう。 ②（えと）十二支だけで一年を表すことがあり、特に生まれ年についていう。

❽ 固有名詞。

【干将莫邪（カンショウバクヤ）】 中国、春秋時代、呉の刀工干将とその妻莫邪が、呉国のためにつくったといわれる二つの名剣のこと。転じて、名剣をいう。〔呉越春秋‐闔閭内伝〕

【干宝（カンポウ）】 中国、東晋の学者。字（あざな）は令升。新蔡の人。著に歴史書「晋紀」二〇巻、神異小説「捜神記」二〇巻。生没年不詳。

【干禄字書（カンロクジショ）】 中国の字書。一巻。唐代の顔玄孫撰。四声に分類した八〇〇余字の漢字の楷書の字体について正字、俗字、通用字の別を示したもの。

2095 【幵】 5484 5674 9BF2 干-3 (2096)〔幵〕二— 干-1

ケン（呉）（漢）

字解 会意。同じ干（さお）を二本並べ、そろえる・たいらの意。また、「幵」は、中国の簡体字では開にあてる。

同属字 栞・笄・妍・研（研）・開

［于］⇩95

2097 【平】 4231 4A3F 95BD 干-2 常3 (2098)〔平〕二— 干-2 旧字

ビョウ（ビャウ）（呉）・ヒョウ（ヒャウ）（慣）・ヘイ（漢）・ヘン（漢）／píng・piān／たいら・たいらげる・ひら・ひらに・ひらたい

筆順 平平平平平

字解 象形。水面に浮いた水草の形に象る。ひらたい意。苹の原字。

篆文 

同属字 坪（坪）・枰・評（評）・苹・萍

参考 万葉仮名では音を借りて「へ（甲）」。

意味 ❶たいら。ひらたい。また、たいらにする。㋑凸凹がない。『平滑』『平原（ヘイゲン）』『平野』『水平』 ㋺かたよらない。『平均』『平等』 ❷おだやか。何事もなくやすらか。『平安』『不平（フヘイ）』 ❸たいらげる。しずめる。おさまる。『平夷』『平定』『和平（ワヘイ）』 ❹つね。なみ。ふつう。ありきたり。『平易』『平常』『平凡』 ❺漢字の四声

3画 口囗土士夂夊夕大女子宀寸小(⺌・⺍)尢(尣・兀)尸屮(屮)山巛(川)工己(已・巳)巾干幺广廴廾弋弓彐(彐・ヨ)彡彳

の一。『平仄』『上平』『下平』 ❻「平方」のこと。『平米』『開平』 ❼国「平」 姓の音読。『源平』『平家』『平氏』 ❽国ひらに。なにとぞ。ひとえに。ひたすら。『平にお許しを』『平謝り』 ❾その他。あて字、固有名詞など。『平原君』『平城』『金平糖』『助平』

❶ たいら。また、たいらにする。

下接 ㋑砥平・水平・坦平・地平・扁平 ㋺公平・詳平・天平・廉平

【平等（ビョウドウ）】 差別がなく、一様にひとしいこと。
【平臥（ヘイガ）】 体を横たえて休息、養生すること。
【平滑（ヘイカツ）】 平らで滑らかなこと。『平滑筋』
【平均（ヘイキン）】 ①違いが出ないようにすること。②釣り合うこと。均衡。『平均台』 ③幾つかの数値をならした値を出すこと。また、その値。『平均寿命』『平均点』
【平行（ヘイコウ）】 同一平面上の二直線、一平面とその平面外の直線、または、二つの平面が、それぞれいくら延長しても交わらないこと。また、そのような状態。『平行線』
【平衡（ヘイコウ）】 片寄らずに安定を保っていること。均衡。
【平曠（ヘイコウ）】 平らかで広々としていること。＊陶潜-桃花源記「土地平曠、屋舎儼然」〔=土地が平らで広々と開け、家々がきちんと立ち並んでいる〕
【平沙（ヘイサ｜ヘイシャ）】 平坦で広大な砂原。＊岑参-磧中作「平沙万里絶二人煙一」〔=砂漠ははてしなく続き、人家の煙さえ見えない〕
【平視（ヘイシ）】 顔をあげてまっすぐに相手を見ること。
【平準（ヘイジュン）】 ①水準器で測って、水平にすること。②平らにすること。
【平身（ヘイシン）】 国体をかがめること。平伏すること。『平身低頭〔=身をかがめ、頭を低く下げて恐縮すること〕』
【平旦（ヘイタン）】 夜が明けたころ。特に、寅の刻(午前四時ごろ)をいう。【平旦之気（ヘイタンのキ）】 明け方のすがすがしい気分。〔孟子-告子上〕
【平坦（ヘイタン）】 土地などが平らであること。『平坦面』
【平直（ヘイチョク）】 平らでまっすぐなこと。
【平頭（ヘイトウ）】 ①頭を並べること。差別なくひとしいさま。②数がそろうこと。干支が六〇年で一周して同じになること。転じて、六〇歳をいう。③中国で、詩を作るときに避けるべき八病の一。一聯中で、上句冒頭の字と下句冒頭の字とに同声の字を用いること。平頭病。④文章中に尊貴の人の名や称号が出るとき、行をかえて書くこと。
【平板（ヘイバン）】 ①平たい板。②国抑揚変化に乏しいこと。
【平蕪（ヘイブ）】 雑草の茂っているひろびろとした野原。
【平伏（ヘイフク）】 国両手を突き、頭を地に付けて礼をすること。
【平明（ヘイメイ）】 ①夜明け。明け方の時刻。平旦。＊王昌齢-芙蓉楼送二辛漸一「平明送レ客楚山孤」〔=夜明け方、旅立つ君を見送ろうと外に出れば、楚山がぽつんとそびえている〕 ②公平で明らかなこと。→❹
【平面（ヘイメン）】 ①平らな表面。↔曲面。②数学で、その上にある、どの二点を通る直線も常にそれに含まれるような面。『平面図形』
【平野（ヘイヤ）】 山地に対し、低く平らで、かつ広い地形。
【平露・平路（ヘイロ）】 ①伝説上の樹木。蓋に似た形で、天子の政治が正しければ生じ、不正があれば傾くとされる。②(平路) 平らな道。歩くのが容易な道。

❷ おだやか。やすらか。

下接 安平・嘉平・升平・昇平・昌平・承平・清平・太平・泰平・治平

【平安（ヘイアン）】 ①無事で穏やかであること。平穏。②無事を知らせる便りの宛名の脇付に用いる語。平信。③国「平安京」の略。『平安時代』『平安朝』

【平穏（ヘイオン）】 静かで穏やかなこと。『平穏無事』

【平康（ヘイコウ）】 落ち着いて安らかなこと。平穏。

【平心（ヘイシン）】 静かで落ち着いた心。穏やかな心。

【平信（ヘイシン）】 ①無事を知らせる便り。②①の封書の宛名の脇付に用いる語。平安。

【平世（ヘイセイ）】 穏やかで、平和な世の中。

【平静（ヘイセイ）】 穏やかで静かなこと。

【平然（ヘイゼン）】 落ち着いて物事に動じないさま。

【平淡（ヘイタン）】 さっぱりとしていて、しつこくないこと。

【平和（ヘイワ）】 ①穏やかで、和らいでいること。②特に、戦争がない状態であること。『平和共存』

❸ たいらげる。しずめる。おさまる。

【平夷（ヘイイ）】 賊を討ちたいらげること。また、反乱などが鎮まること。

【平治（ヘイジ）】 平定し統治すること。また、世の中が平和に治まること。

【平章（ヘイショウ｜ベンショウ）】 ととのえ明らかにしておさめること。公平に明らかにすること。公明正大な政治を行うこと。【平章事（ヘイショウジ｜ベンショウジ）】 中国、唐代、宰相の任務にあたるものに与えられた称。

【平定（ヘイテイ）】 騒乱を鎮めること。世を平和にすること。

【平復（ヘイフク）】 病気がなおり、もとの健康状態にもどること。平癒。本復。全快。

【平癒（ヘイユ）】 病気が治ること。

❹ つね。なみ。ふつう。

【平易（ヘイイ）】 理解するのがやさしいこと。手軽なこと。
【平居（ヘイキョ）】 つねひごろ。平生。また、ふだんいる所。
【平語（ヘイゴ）】 国①日常の言葉。日常語。『俗談平語』 ②「平家物語」の略。
【平時（ヘイジ）】 平常の時。戦争や事変のない時。↔戦時
【平日（ヘイジツ）】 ①ふだんの日。②国日曜、祝祭日以外の日。
【平叙（ヘイジョ）】 物事をありのままに、述べること。『平叙文』
【平常（ヘイジョウ）】 ふだんとかわらないさま。
【平生（ヘイゼイ）】 ①ふだん。ひごろ。平常。＊白居易-琵琶行「似レ訴二平生不一レ得レ志」〔=あたかも日ごろとげられぬ心の悩みを訴えるかのようである〕 ②かつて。その昔。
【平素（ヘイソ）】 ふだん。ひごろ。
【平凡（ヘイボン）】 ありふれていて、特にすぐれた点のないこと。平庸。↔非凡
【平明（ヘイメイ）】 分かりやすく、はっきりしていること。→❶
【平話（ヘイワ）】 ふだんの言葉。ふつうの話。『俗談平話』

❺ 漢字の四声の一。

【平起（ヒョウキ｜ヒョウおこり）】 漢詩の近体詩で、第一句の第二字が平字で始まり、以後の平仄を規定すること。

【平声（ヒョウショウ）】 ①漢字四声の一。低く平らに発音するもの。へいせい。②国日本で、中国における漢字の四声に基づいて、漢字音や日本語の声調のうち、低い平らな調子に名づけた名称。

【平仄（ヒョウソク）】 ①漢字の四声で、平らに発音する平声とその他の仄声。平字と仄字。また、漢詩で、平字と仄字の配列の規定。また、漢詩の音調。②国(漢詩を作るときの規定から) つじつま。筋道。『平仄が合う』

❻「平方」のこと。

【平米】国平方メートル。『二〇〇平米の土地』

【平方】①ある数を二乗すること。二乗。『平方根』②長さを表す単位名の前に付けて、面積を表す語。③長さを表す単位名の後に付けて、その長さを一辺とする正方形の面積を表す語。『一〇〇メートル平方』

❤「平」は元来たいらの意で二次元を表し、三次元を表す「立」に対する。「平方」は正方形を作る意味にもなり、代数の分野では二乗することを意味する。

❾その他。あて字、固有名詞など。

下接 甚平・助平・段平・半平・有平糖・金平糖・仙台平・金平牛蒡

【平王】中国、周の第一三代の王(在位前七七〇～前七二〇年)。紀元前七七〇年、乱を避けて都を鎬京から洛邑に移した。以後を東周という。

【平羌】川の名。平羌江。中国四川省中央部、峨嵋山東北側のふもとを流れる。青衣江。

【平原君】中国、戦国時代の趙の公子。姓名趙勝。毛遂、公孫竜など食客数千人を養った。戦国の四君の一人。生没年不詳。

【平城】①中国、北魏前期の国都の所在地。現在の大同。②国「平城京」の略。日本の七一〇～七八四年の都。ならの都。

【平陽】中国山西省西南部、臨汾県を中心とする汾水東岸地方の古名。古の尭帝の都といわれた。

難読地名 平生町(山口) 平鹿郡・町(秋田) 平良市(沖縄) 平群町(奈良)

難読姓氏 平等 平駕 平工 平社 平敷 平栗

2099【年】 3915 472F 944E 干－3 常1 (5444)〔秊〕* 4888 禾－3

ネン呉・デン漢/nián/とし・とせ・みのる

筆順 年 年 年 年 年 年

甲骨文

金文

篆文

字解 形声。甲骨文は、禾(いね)＋人(成人)声。イネが実る意。また、実りの周期、としの意。

参考 万葉仮名では音を借りて「ね」。

意味 ❶みのる。みのり。作物の状況。『祈年祭』『凶年』『豊年』❷時の流れの中の、時間の単位としてのとし。㋑とき。時代。『年功』『年代』㋺三六五日を一単位とした期間。一年。一年ごとの。『年収』『年初』❸とし。よわい。生まれてからの年数。また、寿命。『年少』『年長』『年甲斐〔＝年齢に相応した思慮や分別〕』❹国「学年」の略。『留年』

❶みのる。みのり。作物の状況。

【年穀】穀物。作物。五穀。年歳。

【年災】天災で農作物がとれないこと。凶作。不作。

【年歳】穀物。作物。年穀。→❷❸

❷時間の単位としての、とし。

下接 一年・永年・越年・往年・改年・客年・期年・隔年・学年・元年・季年・紀年・光年・旧年・窮年・尭年・近年・行年・周年・終年・後年・今年・昨年・式年・上年・初年・旬年・閏年・小年・積年・新年・数年・生年・昔年・当年・千年・先年・前年・多年・長年・明年・同年・拝年・半年・比年・平年・暦年・編年・忘年・暮年・本年・毎年・末年・年・来年・流年・累年・例年・歴年・連年

【年華】としつき。歳月。光陰。年光。

【年賀】新年を祝うこと。その祝い。『年賀状』

【年間】①ある年代のあいだ。『元禄年間』②一年のあいだ。『年間売り上げ予測』

【年忌】故人の毎年の祥月命日。また、その日に行う法要。回忌。

【年季・年期】①国奉公する約束の年限。『年季が入る〔＝修練を積む〕』②(年期)一年を単位とする期間。

【年紀】①年数。年代。②年号。→❸

【年魚】国(その年に生まれ、その年に死ぬ魚の意)①サケ目の淡水魚。清流にすみ、香りがあって美味。香魚。鮎。②(産卵後に死ぬので、一年で死ぬと思われたところからいう)サケ(鮭)の異名。

【年貢】国田畑の耕作者が年ごとにその持ち主に生産物の一部を貢納すること。また、その物。

【年月】年と月。歳月の流れ。

【年限】年数の間を限ること。決めた年の期限。

【年功】①長年にわたる功績。②長年の成果。【年功序列】技能や業績にかかわらず、勤続年数や年齢によって決まっていく序列。

【年光】＝年華

【年号】「大正」「昭和」「平成」など、年に付ける称号。元号。

【年歳】とし。年。→❶❸

【年始】①その年のはじめ。年頭。年初。↔年末。②新年を祝っての挨拶回り。年賀。

【年次】①年の順序。『年次順』『入社年次』②国一年間の期間。年間。『年次計画』

【年中】一年の間。一年中。また、いつも。絶えず。『年がら年中』【年中行事】一年の決まった時期に行われる公事や行事。

【年所】(「所」は数の意)年数。年月。歳月。

【年代】①経過してきた年月。時代。『年代物』②時の流れを区切った一時期。時代。『昭和年代』③紀元から順に数えた年数。『年代順』④世代。年齢層。

【年度】事務または会計決算などの経年事業にかかわる年単位。特に、暦とは別に始めと終わりを立てた一年十二か月。『会計年度』

【年頭】その年のはじめ。年始。

【年年】①年ごとに。毎年。②年と年の積み重なり。【年年歳歳】毎年毎年。年年。歳歳年年。＊劉希夷-代下悲二白頭一翁上「年年歳歳花相似、歳歳年年人不レ同〔＝年ごとに花は同じ姿に咲くものであるが、それを見る人は年ごとに異なっている〕」

【年余】一年を越える期間。一年あまり。

【年来】何年も前から。長年。『年来の友』

【年輪】樹木の幹の横断面に見られるほぼ同心円状の輪。温帯などでは、一年に一つずつできる。また、比喩的に、積み重ねた歳月、歴史をいう。

❸生まれてからの年数。よわい。

下接 延年・享年・行年・高年・残年・実

年(ネン)ジツ・若年(ジャクネン)・弱年(ジャクネン)・小年(ショウネン)・少年(ショウネン)・尽年(ジンネン)・生年(セイネン)・青年(セイネン)・盛年(セイネン)・壮年(ソウネン)・卒年(ソツネン)・中年(チュウネン)・長年(チョウネン)・丁年(テイネン)・定年(テイネン)・停年(テイネン)・天年(テンネン)・同年(ドウネン)・晩年(バンネン)・没年(ボツネン)・幼年(ヨウネン)・余年(ヨネン)・老年(ロウネン)

【年紀(ネンキ)】年齢。よわい。↓❷

【年歳(ネンサイ)】年齢。↓❶❷

【年歯(ネンシ)〔とし/は〕】（「歯」も年齢の意）とし。年齢。

【年寿(ネンジュ)】人の寿命。人のいのち。

【年配・年輩(ネンパイ)】①年のほど。大体の年齢。『同年配』②国相当な年齢。中年以上の年ごろ。『年配の女性』本来は「年輩」だが、現在は「年配」と書くことが多い。

【年齢・年令(ネンレイ)】生まれてから何年たっているかを数えたもの。とし。よわい。『年齢制限』『精神年齢』

2100 【并】 5485 5675 9BF3 干－3

ヘイ 「弁」(2101)の異体字

2101 【弁】 二二 干－5 (2100)〔并〕 5485 5675 9BF3 干－3

ヒョウ(ヒャウ)呉・ヘイ漢/bīng・bìng/あわせる・ならぶ・ならびに

字解 象形。二人の人がつながれたさまに象り、あわせる意。併の原字。并は左右を融合させた略体。

甲骨文  篆文 

同属字 屏・瓶(瓶)・併(併)・拼・迸・胼・絣・餅・骿

意味 ❶あわせる。一つにする。「併」に同じ。『弁合』『弁呑』＊戦国策-燕「漁者得而弁擒レ之（ギョシャえてあわせてこれをとらう）〔＝漁師がこの両者をいっしょに生けどりにした〕」❷ならぶ。寄りそう。❸ならびに。❹地名。『弁州』

【弁合(ヘイゴウ)】あわせること。一つにすること。

【弁呑(ヘイドン)】一つにあわせて従えること。他国を平定して、自分の勢力に入れること。

【弁州(ヘイシュウ)】中国古代の十二州の一。唐代は、山西省陽曲以南、汾水以北の、太原を中心とする地。【弁州之情(ヘイシュウのジョウ)】住み慣れた土地をなつかしむこと。中国、中唐の詩人賈島(カトウ)が弁州を去るときの詩から。〔賈島-渡ニ桑乾一〕

干 5画

【栞】 ⇩ 3345

干 10画

【旱】 ⇩ 3120 【罕】 ⇩ 6121

2102 【幸】 2512 392C 8D4B 干－5 常3

コウ(カウ)呉漢/xìng/さいわい・さち・しあわせ・みゆき

筆順 幸 幸 幸 幸 幸 幸

字解 象形。手かせの形に象る。運よく刑罰から免れてさいわいの意。

甲骨文 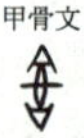 篆文 

同属字 倖

意味 ❶しあわせ。さいわい。運がよい。めぐまれた。また、ねがう。こいねがう。『幸運』⇩表 ❷いつくしみ。めぐみ。また、いつくしむ。かわいがる。『幸姫(コウキ)』❸天子のおでまし。みゆき。『行幸』❹国さち。海や山でとれた収穫物。『海の幸(さち)』『山の幸(さち)』

❶しあわせ。さいわい。

下接 徼幸(ギョウコウ)(キョウコウ)・欣幸(キンコウ)・慶幸(ケイコウ)・至幸(シコウ)・射幸(シャコウ)・多幸(タコウ)・天幸(テンコウ)・薄幸(ハッコウ)・不幸(フコウ)

幸(コウ)	福(フク)
幸福	
思いがけないしあわせ。 幸運 幸慶 幸甚 多幸 薄幸 欣幸	神仏からさずかるさいわい。 福運 福祥 至福 多福 清福 慶福

【幸位(コウイ)】実力ではなく、運によって得た地位。

【幸運(コウウン)】よい巡り合わせ。幸福な運命。

【幸冀(コウキ)】万一の幸運をこいねがうこと。

【幸慶(コウケイ)】非常な幸運。

【幸甚(コウジン)】非常に幸せなこと。多く手紙で用いる。

【幸便(コウビン)】他人の移動にうまく便乗して、そこへ行ったり、物を届けたりすることができること。

【幸福(コウフク)】恵まれた状態にあって満ち足りていること。しあわせ。↔不幸

❷いつくしみ。また、いつくしむ。

下接 愛幸(アイコウ)・恩幸(オンコウ)・貴幸(キコウ)・近幸(キンコウ)・親幸(シンコウ)・寵幸(チョウコウ)・佞幸(ネイコウ)・嬖幸(ヘイコウ)

【幸姫(コウキ)】君主の寵愛が深い女性。愛妾。＊史記-孟嘗君伝「孟嘗君使下人抵ニ昭王幸姫一求上レ解（モウショウクンひとをしてショウオウのコウキにいたりてとかんことをもとめしむ）〔＝孟嘗君は使いの者を昭王のお気に入りの官女のところにやって、釈放のとりなしを頼ませた〕」

【幸臣(コウシン)】お気に入りの家臣。寵臣(チョウシン)。

❸天子のおでまし。みゆき。

下接 還幸(カンコウ)・行幸(ギョウコウ)(みゆき)・御幸(ゴコウ)(みゆき)・臨幸(リンコウ)

【幸臨(コウリン)】他人の臨席に対する敬語。特に、天子を敬っていう語。

難読地名 幸手(さって)市(埼玉) 難読姓氏 幸島(さいじま)

【竿】 ⇩ 5589

干 10画

2103 【幹】 2020 3434 8AB2 干－10 常5 (3840)〔榦〕 ＊3660 木－10

カン呉漢/gàn・hán/みき・からだ

筆順 幹 幹 幹 幹 幹 幹

字解 形声。干(＝木)＋倝(立派なはたざお)声。中心となる立派な木のみきの意。

同属字 簳・澣

意味 ❶みき。くき。転じて、物事の主要な部分。からだ。『幹線』❷物事を処理するはたらき。わざ。うでまえ。また、強い。すぐれている。『幹略』『才幹(サイカン)』『能幹(ノウカン)』『吏幹(リカン)』『主幹(シュカン)』❹干に通じ、えとの意。『幹枝(カンシ)』❺あて字など。『芋幹(いもがら)』『麻幹(おがら)』

❶みき。くき。転じて、物事の主要な部分。

下接 基幹(キカン)・軀幹(クカン)・語幹(ゴカン)・骨幹(コッカン)・根幹(コンカン)・枝幹(シカン)・樹幹(ジュカン)・身幹(シンカン)・体幹(タイカン)・貞幹(テイカン)

【幹枝(カンシ)】①樹木の幹と枝。転じて、物事を構成するも

の。②えと。干支。
【幹線カンセン】交通、通信などで、基幹となる重要な線。↕支線。『幹線道路』
【幹部カンブ】団体、会社などで活動の中心となる者。『幹部社員』

❷ はたらき。わざ。うでまえ。
【幹才カンサイ】よく任務を遂行する才能。才幹。

【幹略カンリャク】才のはたらきと、はかりごと。

❸ つかさどる。
【幹国之器カンコクのキ】国を治めるに足りる立派な才能。また、そのような才能の持ち主。〔後漢書‐史弼ヒッシ伝〕
【幹事カンジ】①中心となって業務をつかさどる役。『幹事長』②会合、行事などの世話人。まとめ役。

52 幺 部 いとがしら

金文  篆文 

幺は、いとのさまを借りて、細く小さなことを表す。幺部には小さなこと、かすかなことに関する字がある。「いとがしら」は糸の字の上部をなす意であるが、糸は別部(120)をなす。

幺◆ 幺 ⑥幽 ⑪[illegible]
幺▀ ⑧𢇇 ⑨幾
幺▄ ⑥兹
幺▌ ①幻 ②幼

幺◆

2104 【幺】 5486 5676 9BF4 幺‐0 (60)〔么〕二二 丿‐2
ヨウ(エウ)漢・ベキ漢/yāo/ちいさい
字解 部首解説を参照。また、么は異体字。
意味 ちいさい。また、おさない。いとけない。
【幺麼・幺麽ヨウマ】小さいことや微細なもの。転じて、とるに足りないもの。

2105 【幽】 4509 4D29 9748 幺‐6 常
ヨウ(エウ)呉・ユウ(イウ)漢/yōu/かすか・ほのか・かそか・くらい
筆順 幽
字解 形声。山(=火)+𢆶(かすか)声。火が小さくかすか、くらい意。転じて、奥深い意。
甲骨文  金文  篆文 
意味 ❶かすか。ほのか。奥深くてもの静か。奥深い。くらい。薄暗い。『幽玄』『幽谷』『清幽セイユウ』❷ひっそりとかくれる。また、とじ込める。『幽閉』『闡幽センユウ』❸暗い死者の世界。あの世。『幽鬼』『幽霊』❹固有名詞。『幽王』『幽州』『幽厲ユウレイ』

❶ かすか。ほのか。奥深い。薄暗い。
【幽韻ユウイン】かすかなしらべ。奥深いひびき。

【幽咽ユウエツ】かすかにむせびなくこと。＊白居易‐琵琶行「幽咽泉流氷下難ユウエツするセンリュウヒョウカになやめり」〔=氷の下をかすかにむせぶがごとく流れる水のように、滞りがちになる〕

【幽遠ユウエン】奥深く、遠いこと。深遠。

【幽艶・幽婉ユウエン】奥ゆかしく美しいこと。

【幽壑ユウガク】=幽谷ユウコク
【幽閑・幽間ユウカン】奥深くて静かなこと。

【幽興ユウキョウ】奥深く静かな興趣。

【幽襟ユウキン】奥深い心。幽雅な心。

【幽玄ユウゲン】物事の趣が奥深いこと。深い余情のあること。また、上品でやさしい美しさ。♥日本の中古から中世にかけて、詩歌や連歌に求められた美的理念を表す語。

【幽光ユウコウ】かすかな光。転じて、奥深く人目につきにくい徳のかがやき。

【幽篁ユウコウ】静かな竹やぶ。奥深い竹やぶ。＊王維‐竹里館「独坐幽篁裏ひとりユウコウのうちにザす」〔=ひとり奥深い竹やぶの中にすわる〕

【幽谷ユウコク】山深い所にある静かな谷。『深山幽谷』

【幽恨ユウコン】人知れず心に抱く深いうらみ。

【幽思ユウシ】静かに思い、考えること。幽意。

【幽寂ユウジャク】奥深くてひっそりしていること。

【幽趣ユウシュ】奥ゆかしく静かなおもむき。

【幽愁ユウシュウ】深い悲しみ。＊白居易‐琵琶行「別有二幽愁暗恨生一べつにユウシュウアンコンのショウずるあり」〔=(絃の音がやむと)別に深い悲しみや、ひそかな恨みが生まれてくる〕

【幽処ユウショ】静かにいること。また、静かなところ。

【幽賞ユウショウ】風景を心静かに楽しむこと。＊李白‐春夜宴二桃李園一序「幽賞未レ已、高談転清ユウショウいまだやまず、コウダンうたたきよし」〔=いつ果てるともなく静かに眺め楽しみ、高尚な談論はいよいよはずむ〕

【幽情ユウジョウ】深い静かな心情。

【幽深ユウシン】もの静かで奥ゆかしいこと。

【幽翠ユウスイ】草木が奥深く茂り、青々としていること。

【幽邃ユウスイ】奥深くて、もの静かなこと。『幽邃境』

【幽微ユウビ】深遠で微妙なこと。不思議なこと。

【幽昧ユウマイ】奥深く暗いこと。明らかでないこと。

【幽幽ユウユウ】奥深く暗いさま。

❷ ひっそりとかくれる。また、とじこめる。
【幽隠ユウイン】①暗く隠れて外にあらわれないこと。②世をのがれ、隠れ住むこと。

【幽客ユウカク】①世を離れて静かに暮らす人。幽人。②植物「ラン(蘭)」の異名。

【幽居ユウキョ】世の煩わしさを避け、ひきこもって、静かに暮らすこと。閑居。

【幽囚ユウシュウ】とらえられて、閉じこめられること。＊史記‐管晏伝「吾幽囚受レ辱われユウシュウせられてはずかしめをうく」〔=私はとらわれの身となって辱めを受けた〕

【幽棲・幽栖ユウセイ】俗世を避けて、隠れ住むこと。

【幽閉ユウヘイ】人を一室に閉じこめること。

❸ 暗い死者の世界。あの世。
【幽界ユウカイ】死後に行くという世界。あの世。
【幽鬼ユウキ】死者の霊魂。亡霊。また、幽霊。化け物。
【幽魂ユウコン】死者の霊魂。亡魂。
【幽明ユウメイ】冥土メイドと現世。『幽明境さかいを異にする』〔=死に別れる〕
【幽冥ユウメイ】死後の世界。冥土。よみじ。
【幽霊ユウレイ】①死者の霊魂。②国死者が成仏できず、この世に現すという姿。

❹ 固有名詞。

3画 口囗土士夂夊夕大女子宀寸小(⺌・⺍)尢(尣・兀)尸屮(屮)山巛(川)工己(已・巳)巾干幺广廴廾弋弓彐(彐・⺕)彡彳

【幽王(ユウオウ)】中国、周第十二代の王(在位前七八二～前七七一年)。姓名姫涅(キデツ)。皇后、太子を廃して、寵姫褒姒を皇后にし、その子を太子とした。褒姒のために、その政は放恣をきわめ、のち、殺された。

【幽州(ユウシュウ)】中国、古代の十二州の一。舜が冀州(キシュウ)の東北に設置したという。ほぼ現在の河北省北部と遼寧省西部にあたる。幽都。

【幽厲(ユウレイ)】中国、周の幽王と厲王。暴君のたとえ。

[胤] ⇩6299

2106【𢇍】幺-11
ケイ「継」(5948)の異体字

幺 (6画)

2107【𢇇】幺-8
カン(クヮン)㊉
字解 形声。絲(いと)省+丱(中央を貫く)声。糸を杼(ひ)に通す、貫きとおす意。
同属字 關(関)

2108【幾】2086 3476 8AF4 幺-9 常
キ㊉㊉ jī・jǐ・jì いく・いくつ・いくばく・きざし・ちかい・ほとんど・こいねがう
筆順 幾 幾 幾 幾 幾 幾
字解 会意。㡭(かすか)+戍(武器)。小さな危険がある意から、きざしの意。また、祈に通じ、こいねがう意を表し、借りて、いくつの意に用いる。
金文 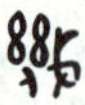
篆文 
同属字 嘰・璣・機・磯・蟣・譏・饑・鐖
参考 万葉仮名では音を借りて「き㊚」。平仮名「き」、片仮名「キ」の字源。
意味 ❶きざし。けはい。また、ちかい。ほとんど。㋑まえぶれ。『幾微』㋺おだやかに。それとなく。『幾諫』㋩あやうい。『幾殆(キタイ)』㋥ほとんど。すんでのことで。また、あらかた。『幾望』＊柳宗元-捕蛇者説「幾死者数矣(ほとんどシせしことしばしばなり)」〔=あやうく死にかけたことが何度もあった〕❷こいねがう。『庶幾(ショキ/こいねがわくは)』❸いくつ。いくつ。いくばく。いくらか。どれほど。❹あて字など。『丁幾(チンキ)』

❶きざし。けはい。また、ちかい。
【幾諫(キカン)】相手の感情を傷つけないようにおだやかにいさめること。それとなくいさめること。〔論語-里仁〕
【幾殆(キタイ)】もう少しで危い状態にあるさま。
【幾微(キビ)】かすかなきざし。けはい。
【幾望(キボウ)】(「望」は満月の意)満月に近い夜。陰暦一四日の夜。また、その夜の月。

❸いく。いくつ。いくばく。
【幾時(いくとき)】どれほど。どれくらい。時間を問う語。＊劉希夷-代ㇾ悲ニ白頭ㇾ翁ニ「宛転蛾眉能幾時(エンテンたるガビよくいくときぞ)」〔=美しい眉目の女性たちは、どれほど長くその器量を保てるものだろう〕
【幾何(いくばく/キカ)】❶(いくばく)どれほど。どれくらい。時間または数量を問う。＊李白-春夜宴ニ桃李園ニ序「為ㇾ歓幾何(カンをなすいくばくぞ)」〔=楽しいことをする時間はいったいどれほどあろうか〕❷(キカ)(英 geometry の音訳という)「幾何学」の略。図形や空間の性質を研究する数学の部門。
【幾許(いくばく)】どれほど。どのくらい。また、ほんの少しだけ。若干。『余命幾許もない』

[畿] ⇩4937

幺 (8～9画)

2109【兹】幺-6
ジ「茲」(6634)の異体字

[麼] ⇩9581

幺 (11画)

2110【幻】2424 3838 8CB6 幺-1 常
ゲン㊉・カン(クヮン)㊉ huàn まぼろし
筆順 幻 幻 幻 幻
字解 象形。予(杼)をさかさまにした形というが、金文は糸を枝の先にかけた形だろう。織物が次第にでき上がることから、あるいは、染めて色を変えた糸の意から、かわる意を表すという。また、眩に通じ、まぼろしの意に用いる。
金文 
篆文 
意味 ❶まぼろし。実体のないもの。『幻影』『幻覚』『奇幻(キゲン)』『夢幻(ムゲン)』❷まどわす。たぶらかす。『幻術』『幻惑』『変幻(ヘンゲン)』

❶まぼろし。
【幻影(ゲンエイ)】実在しないのに、あるように見えるもの。

【幻覚(ゲンカク)】実在しないものを、あるように感じる感覚。

【幻世(ゲンセイ)】まぼろしのような世。はかない人の世。

【幻想(ゲンソウ)】実際にはありそうもないことを、思いめぐらすこと。『幻想的な画面』『幻想曲』

【幻妙(ゲンミョウ)】神秘的ですぐれていること。

【幻滅(ゲンメツ)】❶幻想から覚めて現実を意識すること。❷国美化され理想視されていた事柄の実態を知ってがっかりすること。

❷まどわす。
【幻術(ゲンジュツ)】❶人の目をくらます怪しい術。❷手品。

【幻惑(ゲンワク)】目をくらませて判断をまどわすこと。

2111【幼】4536 4D44 9763 幺-2 常6
ヨウ(エウ)㊉・ユウ(イウ)㊉ yòu おさない・いとけない
筆順 幼 幼 幼 幼 幼
字解 形声。力+幺(小さい)声。力が小さい、転じて、おさない意。
同属字 窈・呦・拗・黝
甲骨文 
金文 
篆文 
意味 ❶おさない。いとけない。また、おさな子。『幼児』『幼少』『長幼(チョウヨウ)』『童幼(ドウヨウ)』『老幼(ロウヨウ)』＊陶潜-帰去来辞「携ㇾ幼入ㇾ室(ヨウをたずさえてシツにいる)」〔=子どもを連れて部屋に入る〕⇩表 ❷いつくしむ。かわいがる。❸かぼそい。かすか。

❶おさない。いとけない。

幼(ヨウ)	稚(チ)
幼稚	
としが小さい。おさない。 幼弱 幼魚 幼児 幼孩 幼子(おさなご)	わかい。おさない。 稚弱 稚魚 稚子 孩稚(ガイチ) 稚児(ちご)

【幼孩(ヨウガイ)】おさない子供。あかご。

【幼学(ヨウガク)】①おさない時の学問。また、おさない時から学ぶこと。②一〇歳のこと。〔礼記-曲礼上〕♥②は、古代中国では一〇歳で先生について学び始めたことから。

【幼少(ヨウショウ)】おさないこと。『幼少時』

【幼稚(ヨウチ)】①年が少ないさま。幼少。②知識、技術などが、十分に発達していないさま。未熟。

【幼沖(ヨウチュウ)】(「沖」はいとけないの意)おさないこと。

【幼童(ヨウドウ)】おさない子供。童子。

【幼年(ヨウネン)】年のいかない者。若い者。幼少年。

【幼名(ヨウメイ|ヨウミョウ)】昔の元服以前の、幼年時代の呼び名。

53 广部 まだれ

篆文 广

广は屋根のおおいが垂れている形で、やね・むなぎの意を表す。广部には、广を部標として、主に、屋根、建物の状態、種類などを表す字を収める。广は、宀(うかんむり)と同様の象形であるが、屋根が一方に垂れている形をとっている。類型として疒部(104)、鹿部(198)、麻部(200)の各部があるが、字源は別である。また、厂部(27)を「がんだれ」というのに対して、广を「まだれ」というのは、麻(マ)の字形によっている。(广は単体では用いられない。)

广 0画 广
广 2画 ② 広 庁 ③ 庄 ④ 庋 序 床 庇 ⑤ 庚 底 店 庙 府 庖 庖 ⑥ 庠 庤 度 ⑦ 庾 庫 座 庭 庬 ⑧ 庵 康 庶 庸 ⑨ 廁 廂 廃 廇 庾 廊 ⑩ 廈 廋 廌 廉 廉 廊 ⑪ 廓 廏 廏 廐 廐 廖 ⑫ 廣 廝 廠 廠 廚 廛 廢 廟 廡 ⑬ 廨 廩 廩 ⑯ 廬 ⑰ 廳 ⑱ 廱 ㉒ 廳

2112 【广】 5488 5678 9BF6 广-0
广 0画
ゲン㊥/yǎn
字解 部首解説を参照。

2113 【広】 2513 392D 8D4C 广-2 常2
(2157)〔廣〕 5502 5722 9C41 广-12 旧字㊇
广 2画
コウ(クヮウ)㊐㊥/guǎng・guàng/ひろい・ひろがる・ひろげる・ひろまる・ひろめる・ひろ

筆順 広 広 広 広 広

字解 広は、廣の略体。廣は形声。广+黄(→皇、おおきい)㊟。広大な家の意から、ひろい意を、派生して、むなしい意を表す。

金文  篆文

同属字 壙・擴(拡)・曠・纊・鑛(鉱)

意味 ❶ひろい。のびのびしている。ひろさ。↕狭。『広大』『広範』⇓表 ❷ひろめる。ひろげる。ひろがる。ひろく…すること。『広言』『広告』 ❸東西の長さ。よこ。『広運』『広袤』 ❹むなしい。「曠(コウ)」に同じ。 ❺固有名詞など。『広寒宮』『広州』

❶ ひろい。ひろさ。

下接 開広(カイコウ)・長広舌(チョウコウゼツ)／末広(すえひろ)・背広(せびろ)

広(コウ)	狭(キョウ)
広狭	
ひろい。 広軌 広義 広量 広大 広漠 広壮	せまい。 狭軌 狭義 狭量 狭小 狭巷 狭隘

【広衍(コウエン)】ひろびろとしていること。

【広遠(コウエン)】規模が大きく広く奥深いさま。

【広廈(コウカ)】広くて大きい家。大廈。

【広闊(コウカツ)】ひろびろと開けているさま。

【広義(コウギ)】一つの語を広く解釈した時の意味。↕狭義
【広居(コウキョ)】広い住居。また、仁の道にたとえていう語。＊孟子-滕文公下「居二天下之広居一(テンカのコウキョにおり)〔=(仁という)天下のもっとも広い住まいに住む〕」

【広衢(コウク)】広い道。大通り。

【広饒(コウジョウ)】土地が広く農作物が豊かなこと。

【広壮(コウソウ)】建物などが広く大きく立派なさま。『広壮な邸宅』♥書き換え「宏壮→広壮」。

【広大(コウダイ)】広く大きなさま。↕狭小。♥書き換え「宏大→広大」。

【広大無辺(コウダイムヘン)】広さ、高さ、大きさなどが限りもないこと。大きくてはてしないさま。

【広長舌(コウチョウゼツ)】①仏の三十二相の一。のばしひろげると顔面をおおって髪のきわにまで及ぶという舌。②転じて、とうとうと説く巧みな弁舌。大いに弁ずること。長広舌。多弁。雄弁。

【広漠(コウバク)】はてもなくひろびろとしているさま。

【広範・広汎(コウハン)】範囲、区域が広いさま。『広範な地域』♥書き換え「広汎→広範」。

【広野(コウヤ|ひろの)】ひろびろとした野原。『緑の広野』♥書き換え「曠野→広野」。

【広量(コウリョウ)】心が大きいこと。度量が広いこと。↕狭量

❷ ひろめる。ひろげる。ひろがる。

【広運(コウウン)】広く行きわたること。→❸
【広言(コウゲン)】事を広げて言うこと。おおくち。放言。
【広告(コウコク)】世間に広く知らせること。特に、商業上の宣伝。『新聞広告』『広告料』
【広報(コウホウ)】官公庁、企業などが、業務、活動などについて、広く大衆に知らせること。『広報活動』♥書き換え「弘報→広報」。

❸ 東西の長さ。よこ。

【広運(コウウン)】(「運」は南北の長さ)土地の広さ。→❷
【広袤(コウボウ)】(「袤」は南北の長さ)幅と長さ。面積。

❺ 固有名詞など。

【広韻(コウイン)】中国の音韻書。「大宋重修広韻」の略。五巻。北宋の真宗帝の勅命により、陳彭年(チンホウネン)らが撰。一〇〇八年成る。「切韻」をはじめ唐代の韻書を集大成したもの。所収字は二六一九四字。

【広雅(コウガ)】中国の訓詁書。一〇巻。魏の張揖(チョウユウ)撰。「爾雅」の体裁にならって、釈詁、釈言、釈訓など一九目に

分類し、漢代の注釈や「説文解字」「三蒼」などの諸書を増補したもの。

【広寒宮コウカンキュウ】月の都にあるという宮殿。広寒府。

【広州コウシュウ】中国広東省の省都。珠江三角州の北端にあり、華南地方の政治、経済、文化の中心となっている。秦代に南海郡、三国呉代に広州が置かれ、特に唐代以後は華南最大の貿易港として繁栄した。

【広陵コウリョウ】中国江蘇省揚州市の古名。

難読姓氏 広海ひろうみ｜ひろみ

2114 【庁】 3603 4423 92A1 广-2 常6 チョウ(チャウ)呉・テイ漢／tīng

(2170)【廳】 5513 572D 9C4C 广-17

(2172)【廰】 5512 572C 9C4B 广-22 旧字 人

筆順 庁 庁 庁 庁 庁

字解 庁は廳の略体。廳は形声。广(役所)+聽(よくきく)声。人々の事情、政務などをよく聞く役所の意。庁はもと、广+丁声。たいらの意で別字だが、丁と聽が同音で代用したと考えられる。

意味 ❶役所。官の事務を執る所。また、家。部屋。おもてざしき。『庁事』『庁宣』『庁堂』『官庁』 ❷国国家行政組織法による外局。『金融庁』『気象庁』

下接 官庁カンチョウ・県庁ケンチョウ・支庁シチョウ・市庁シチョウ・退庁タイチョウ・登庁トウチョウ・都庁トチョウ・本庁ホンチョウ・官公庁カンコウチョウ

【庁事チョウジ】役所。官府。また、そこで行う仕事。

【庁宣チョウゼン】国①古文書の様式の一。国司庁宣の略。平安時代中ごろから国司遥任制に伴って現れた様式で在京の国守が国衙ガの留守所に対して出した文書。②院庁インのチョウの下し文のこと。

【庁堂チョウドウ】①役所。官庁。②おもてざしき。

2115 【庄】 3017 3E31 8FAF 广-3 人 ショウ(シャウ)呉・ソウ(サウ)漢・ホウ(ハウ)漢／zhuāng·pēng

字解 莊の草体からでた通俗体。いなかの意。別に音ホウで平地を表す庄もある。

意味 いなか。村里。また、荘園。日本の私有の領地。

【庄官ショウカン】国①荘園で領主の代理として年貢ネングの徴収、管理、上納などの諸事務を執ったものの総称。②江戸時代、庄屋。名主。

【庄屋ショウや】国江戸時代、代官の命令をうけて村中の年貢の取り立てや行政事務を司った者。名主なぬし。荘屋。

2116 【庋】 *2835 广-4 キ漢／guǐ

字解 形声。广+支声。

意味 ❶たな。とだな。❷しまう。おく。

2117 【序】 2988 3D78 8F98 广-4 常5 ジョ呉・ショ漢／xù／ついで

筆順 序 序 序 序 序 序 序

字解 形声。广+予(のびる)声。家のわきに伸び出たかべ・へいの意。叙に通じ、順序の意を表す。

参考 万葉仮名では音を借りて「ぞ乙」。

意味 ❶家の両わきにあるへい、わき屋。また、まなびや。古代中国ではわき屋で教えたからという。『庠序ショウジョ』『西序セイジョ』『東序トウジョ』 ❷ついでる。ついで。㋑順番を決める。また、順番。次第。『順序』『秩序』＊孟子-滕文公上「長幼有レ序チョウヨウジョあり〔=年長者と年少者の間には、守るべき順序がある〕」 ㋺順を追って述べる。また、とり行う。＊李白-春夜宴二桃李園一序「会二桃李之芳園一、序二天倫之楽事一トウリのホウエンにカイして、テンリンのラクジをジョす〔=桃やすももの咲く庭園に集まり、肉親同士の楽しみをくり広げる〕」 ❸いとぐち。㋑最初の部分。↕終。『序破急』『序幕』 ㋺書物の前書き。はしがき。↕跋。『序文』『自序』

❷ 順番を決める。また、順番。

下接 階序カイジョ・花序カジョ・公序コウジョ・語序ゴジョ・歳序サイジョ・次序ジジョ・順序ジュンジョ・節序セツジョ・秩序チツジョ・天序テンジョ・葉序ヨウジョ

【序歯ジョシ】年齢の順で席次を決めること。

【序次ジョジ】物事の、上位下位などの関係。順序。

【序列ジョレツ】一定基準に従って並べた順序。『年功序列』

❸ いとぐち。最初の部分。

下接 後序コウジョ・自序ジジョ・小序ショウジョ・大序タイジョ・代序ダイジョ

【序曲ジョキョク】オペラや組曲などの最初に演奏される楽曲。

【序説ジョセツ】本論の糸口となる論説。序論。

【序破急ジョハキュウ】国雅楽など、日本の古典芸能の構成上の三区分。転じて、物事の、初め・中・終わり。

【序跋ジョバツ】はしがきとあとがき。序文と跋文。

【序盤ジョバン】国碁や将棋で、対局の初めの段階。転じて、物事の初めの段階。『序盤戦』

【序文ジョブン】書物の前書き。序。↕跋文バツブン

【序幕ジョマク】国芝居で、最初の幕。転じて、物事の始まり。

2118 【床】 3018 3E32 8FB0 广-4 常 ショウ(シャウ)呉・ソウ(サウ)漢・ジョウ(ジャウ)慣／chuáng／とこ・ゆか・ゆかしい

筆順 床 床 床 床 床 床 床

字解 形声。广+牀(ベッド)省声。家の中の寝台の意。牀の通俗体。日本では、ゆかの意に用いる。

意味 ❶寝台。ねどこ。また、こしかけ。「牀」に同じ。『床几』『床榻』『起床』『病床』→下接。❷国とこ。ゆか。㋑土台。地盤。『河床カショウ』『岩床ガンショウ』『鉱床コウショウ』 ㋺物を支える台。『銃床ジュウショウ』『道床ドウショウ』 ㋩苗を育てるところ。『温床オンショウ』『着床チャクショウ』『苗床なえどこ』 ㋥とこのま。日本建築の座敷で、上座にゆかを一段高く設けたところ。『床柱とこばしら』 ㋭髪結いどこ。『床屋とこや』『床山とこやま』 ❸国ゆかしい。おくゆかしい。心がひかれる。

下接 一床イッショウ・臥床ガショウ・起床キショウ・胡床コショウ・就床シュウショウ・縄床ジョウショウ・禅床ゼンショウ・病床ビョウショウ・離床リショウ・臨床リンショウ・同床異夢ドウショウイム

【床几・床机ショウギ】①寝台とこしかけ。②国昔、陣中や狩り場などで用いられた、折りたたみ式の腰掛け。

【床榻ショウトウ】寝台。また、こしかけ。

2119 【庇】 4063 485F 94DD 广-4 ヒ呉漢／bì／ひさし・おおう・かばう

字解 形声。广+比(ならびたすける)声。たすけるように差し出たひさし、かばう意。

意味 ❶おおう。おおい助ける。かばう。また、おおい。かげ。おかげ。『庇護』『廕庇インピ』『蔭庇インピ』『曲庇キョクヒ』 ❷家のひさし。『庇陰』

【庇陰・庇蔭ヒイン】①かばうこと。おかげをこうむること。②国ひさしのかげ。ひさしで覆われた所。

【庇護ヒゴ】かばい守ること。保護。

〔応〕⇩2325

2120【庚】 2514 392E 8D4D 广－5 コウ(カウ)㊥/gēng/かのえ

字解 象形。棒を両手でもつさまに象る。借りて十干の第七位に用いる。

甲骨文 金文 篆文

意味 ❶かのえ。十干の第七位。五行では金。季節では秋。方位では西。『庚申』『庚伏』『長庚(チョウコウ)』❷とし。年齢。『同庚(ドウコウ)』

【庚申(コウシン)】①干支(えと)の一。かのえさる。②国「庚申待ち」の略。①に当たる日の夜、寝ないで語りあかした昔の行事。『庚申講』▶体内の三尸虫(サンシチュウ)が、寝ている間に、天帝にその人の罪を告げ、命を縮めるという道教の説から寝ないという。【庚申塚(コウシンづか)】道端に庚申待ちの祭神をまつった塚。多く、青面金剛と三猿を彫った石などを立てる。

【庚伏(コウフク)】夏のいちばん暑い時期。三伏のころ。▶三伏が庚(かのえ)の日を初めとするのでいう。

2121【底】 3676 446C 92EA 广－5 常4 テイ㊤㊥/dǐ/そこ・いたる・なに・なんぞ

筆順 底底底底底底

字解 形声。广＋氐(一番下)㊥。家の一番低いところから、そこの意。

参考 万葉仮名では音を借りて「て」。

意味 ❶そこ。㋑物の下の面。低い部分。下の方。『底辺』『海底』㋺おく。なか。うち。また、きわみ。はて。『底蘊』『胸底』『徹底』『到底』❷よりどころ。文書の下書き。『底本』❸いたる。また、行きどまる。とどまる。『底止』❹なに。なんぞ。疑問を示す。中国、唐・宋代の口語で、「何」に同じ。『底事(なにごと)ぞ』❺てい。ほどあい。程度。種類。中国近世の口語で「の」の意。

下接 ❶そこ。物の下の面。また、おく。
海底(カイテイ)・河底(カテイ)・眼底(ガンテイ)・基底(キテイ)・胸底(キョウテイ)―むなそこ・篋底(キョウテイ)・湖底(コテイ)・根底(コンテイ)・耳底(ジテイ)・水底(スイテイ)―みなそこ・地底(チテイ)・徹底(テッテイ)・到底(トウテイ)・払底(フッテイ)

【底蘊(テイウン)】おくそこ。学問や技芸などの奥深いところ。蘊奥(ウンノウ)。
【底辺(テイヘン)】①三角形の頂点に対する辺。②社会の下層。
【底面(テイメン)】底の面。特に、立体の底に当たる面。

❷よりどころ。文書の下書き。
【底稿(テイコウ)】文書の下書き。草稿。
【底本(テイホン)】①下書き。草稿。②控え帳。写し。ひかえ。③翻訳、翻字、古典の異本校合(キョウゴウ)などの際、よりどころとする本。そこほん。

❸いたる。また、行きどまる。
【底止(テイシ)】行きつく所まで行きついて、止まること。

2122【店】 3725 4539 9358 广－5 常2 テン㊤㊥/diàn/みせ・たな

筆順 店店店店店店

字解 形声。广＋占(しめる)㊥。行商とは異なり、一定の場所をしめ商売するところ、みせの意。

意味 ❶みせ。たな。商品を並べて売るところ。『店頭』『店舗』『商店』『茅店(ボウテン)』❷はたご。宿屋。『旅店(リョテン)』❸国たな。貸し家。家。『店子(たなこ)』『店賃(たなチン)』

下接 開店(カイテン)・行店(コウテン)・茶店(サテン)―チャテン―チャみせ・支店(シテン)・肆店(シテン)・酒店(シュテン)・小店(ショウテン)・商店(ショウテン)・書店(ショテン)・全店(ゼンテン)・売店(バイテン)・飯店(ハンテン)・閉店(ヘイテン)・弊店(ヘイテン)・本店(ホンテン)・名店(メイテン)・野店(ヤテン)・来店(ライテン)・露店(ロテン)／裏店(うらだな)・大店(おおだな)・御店物(おたなもの)

【店頭(テントウ)】店の前。店先。
【店舗(テンポ)】みせ。店の建物。たな。

2123【庙】 ― 广－5 ビョウ 「廟」(2164)の異体字

2124【府】 4160 495C 957B 广－5 常4 フ㊤㊥/fǔ/くら・みやこ・つかさ

筆順 府府府府府府

字解 形声。广＋付(よせつける)㊥。大事なものをよせおくところ、くらの意。転じて、役所、人の集まるところの意。

同属字 腐・俯・腑

参考 万葉仮名では音を借りて「ふ」。

意味 ❶文書のくら。『府庫』『御府(ギョフ)』『天府(テンプ)』『秘府(ヒフ)』❷つかさ。役所。官庁。役人。『府尹』『右府(ウフ)』『左府(サフ)』『政府』→下接。❸みやこ。まち。中心になる所。あつまる。また、人の集まる所。場所。『立法の府(＝国会)』『学府(ガクフ)』『首府(シュフ)』『城府(ジョウフ)』『水府(スイフ)』『冥府(メイフ)』❹行政区画の一。唐に始まり、清(シン)まで続いた。唐では、京都または陪都のある州を府とした。❺やしき。邸宅。『官府(カンプ)』『蓮府(レンプ)』❻はらわた。「腑」に同じ。『丹府(タンプ)』『六府(ロップ)』❼国㋑現在の地方公共団体の一。『大阪府(オオサカフ)』㋺国の行政機関。『総理府(ソウリフ)』『大宰府(ダザイフ)』㋩江戸。『府内(フナイ)』『在府(ザイフ)』『出府(シュップ)』

下接 衛府(エフ)・楽府(ガフ)・官府(カンプ)・旧府(キュウフ)・軍府(グンプ)・国府(コクフ)・政府(セイフ)・大府(タイフ)・内府(ナイフ)・幕府(バクフ)・明府(メイフ)

【府尹(フイン)】地方役所の長官。また、その府。
【府君(フクン)】①中国の漢代、府の太守の称。明府。また、地方民が官吏を呼ぶ語。②死んだ父祖の敬称。
【府庫(フコ)】①財貨や文書などを納めておくくら。②国府など地方官庁のくら。
【府寺(フジ)】(「寺」も役所の意)役所。
【府帖(フチョウ)】役所からの令状。

2125【庖】 4289 4A79 95F7 广－5 ホウ(ハウ)㊥/páo/くりや

(2126)【庖】 ― 广－5 †

字解 形声。广＋包(つつむ)㊥。食物を包みおく場所、くりやの意。

意味 くりや。台所。転じて、料理。料理人。

【庖宰(ホウサイ)】料理をつかさどる人。料理人。
【庖人(ホウジン)】料理人。くりやびと。
【庖厨(ホウチュウ)】台所。厨房。
【庖丁(ホウテイ―ホウチョウ)】①(ホウテイ)中国、古代の名料理人の名。転じて、料理人。②(ホウチョウ)国料理用の刃物。包丁。

2127【庠】 5489 5679 9BF7 广－6 ショウ(シャウ)㊥/xiáng/まなびや

[字解] 形声。广＋羊(↓養、やしなう)[声]。子どもを養い教育するところの意。

[意味] まなびや。地方の学校。中国、殷・周代の学校。

【庠序(ショウジョ)】村里の学校。❤中国、殷代に「序」といい、周代に「庠」といったという。

2128 【庤】 *2838 广－6 チ[漢]・ジ(ヂ)[慣]/zhì

[字解] 形声。广＋寺(↓止、じっととどめる)[声]。食物をとどめおくところ、たくわえるの意。

2129 【度】 3757 4559 9378 广－6 [常]3 ド[呉]・ト[漢]・タク[呉][漢]/dù・duò/たび・のり・はかる・わたす・わたる・すくう

[筆順] 度度度度度度

[字解] 形声。又(て)＋庶(↓尺、手ではかる)省[声]。手を広げのばし、尺取り虫のように次々にわたして、はかる意。

[同属字] 渡・鍍

[参考] 万葉仮名では音を借りて「と[甲]」「ど[甲]」。

[意味] ❶はかる。㋑測量する。計算する。また、ものさし。㋺おしはかる。考える。『忖度(ソンタク)』＊史記－廉頗藺相如伝「秦王度レ之、終不レ可ニ彊奪一(シンオウこれをはかるに、ついにキョウダツすべからずと)〔＝秦王は、力ずくで奪いとることはできないと判断した〕」⇒〔測〕(4222)の[表] ❷のり。基準。㋑規則。さだめ。『制度(セイド)』『法度(ハット)』㋺標準。ほどあい。『度を越す』『限度』『程度』❸めもり。単位。たび。㋑数や量、大きさを表す基準。『度量衡』『温度』『角度』㋺年月のきざみ。『年度』㋩回数。たび。『度数』❹様子。器量。『度胸』『態度』❺わたる。わたす。㋑仏教で、彼岸にわたす。すくう。『縁なき衆生は度(ド)しがたし』『済度(サイド)』㋺出家する。僧尼となる。『度僧』『得度(トクド)』『滅度(メツド)』㋩通過する。越える。＊王之渙－涼州詞「春光不レ度玉門関(シュンコウわたらずギョクモンカン)〔＝春の光は玉門関を越えてこの地まで来ることはない〕」㋥すごす。＊白居易－長恨歌「芙蓉帳暖度ニ春宵一(フヨウのとばりあたたかにしてシュンショウをわたる)〔＝ハスの花模様のとばりの中は暖かく、春の夜をすごす〕」❻需要のもの。道具の類。『調度(チョウド)』『用度(ヨウド)』❼あて字。『度肝(どぎも)』『屹度(キット)』『沃度(ヨード)』

❶ はかる。また、おしはかる。

[下接] 臆度(オクタク)・規度(キタク)・権度(ケンド)・国度(コクド)・支度(シタク)・揣度(シタク)・商度(ショウタク)・詮度(センタク)・測度(ソクタク)・忖度(ソンタク)・籌度(チュウタク)・分度(ブンド)・料度(リョウタク)・量度(リョウタク｜リョウド)

【度量(タクリョウ)】はかること。計算すること。↓❸❹

❷ のり。基準。規則。また、ほどあい。

[下接] ㋑越度(オツド)・軌度(キド)・権度(ケンド)・常度(ジョウド)㋺確度(カクド)・過度(カド)・感度(カンド)・極度(キョクド)・軽度(ケイド)・限度(ゲンド)・重度(ジュウド)・進度(シンド)・鮮度(センド)・程度(テイド)・適度(テキド)・熱度(ネツド)・民度(ミンド)

【度外視(ドガイシ)】考慮の外に置くこと。問題にしないこと。

❸ 数や量、大きさを表す基準。単位。

[下接] ㋑緯度(イド)・温度(オンド)・角度(カクド)・輝度(キド)・強度(キョウド)・経度(ケイド)・傾度(ケイド)・光度(コウド)・高度(コウド)・硬度(コウド)・彩度(サイド)・酸度(サンド)・色度(シキド)・湿度(シツド)・示度(シド)・尺度(シャクド)・斜度(シャド)・純度(ジュンド)・照度(ショウド)・深度(シンド)・震度(シンド)・精度(セイド)・繊度(センド)・速度(ソクド)・測度(ソクド)・天度(テンド)・糖度(トウド)・粘度(ネンド)・濃度(ノウド)・頻度(ヒンド)・歩度(ホド)・密度(ミツド)・明度(メイド)・零度(レイド)㋺㋩一度(イチド)・今度(コンド)・再度(サイド)・初度(ショド)・千度(センド)・先度(センド)・年度(ネンド)・毎度(マイド)

【度量(ドリョウ)】度と量。長さと体積。また、物差しと枡(ます)。↓❶(タクリョウ)❹

【度量衡(ドリョウコウ)】長さと体積と重さ。また、それをはかる物差しと枡(ます)とはかり。

【度量分界(ドリョウブンカイ)】程度や限界。＊荀子－礼論「求而無ニ度量分界一、則不レ能レ不レ争(もとめてドリョウブンカイなければ、すなわちあらそわざるあたわず)〔＝欲望のままに求めて、そこに程度や限界がないと、争わずにはいられない〕」

❹ 様子。器量。

[下接] 器度(キド)・襟度(キンド)・識度(シキタク｜シキド)・常度(ジョウド)・性度(セイド)・節度(セツド)・大度(タイド)・態度(タイド)

【度胸(ドキョウ)】[国]物事に動じない心。『度胸がない』

【度量(ドリョウ)】人の言動をよくうけ入れる性質。心が広いこと。↓❶(タクリョウ)❸

❺ わたる。わたす。出家する。越える。

【度世(ドセイ)】世俗を超越すること。仙人になること。

【度僧(ドソウ)】政府から度牒を交付された僧。

【度牒(ドチョウ)】得度して僧尼となったことを政府が証明し、本人に公布した公文書。度縁。告牒。

[難読地名] 度島(たくしま)(長崎) 度会(わたらい)郡・町(三重)

2130 【庪】 *2841 广－7 キ[漢]/guǐ

[字解] 形声。广＋技[声]。山をまつるまつり、また、とだなの意。

2131 【庫】 2443 384B 8CC9 广－7 [常]3 コ[呉][漢]・ク[唐]/kù/くら

[筆順] 庫庫庫庫庫庫

[字解] 形声。广＋車(くるま)[声]。車を入れるくらの意。

[参考] 万葉仮名では音を借りて「こ[甲]」。

[意味] くら。保管のための倉庫。

[下接] 金庫(キンコ)・公庫(コウコ)・国庫(コッコ)・在庫(ザイコ)・四庫(シコ)・司庫(シコ)・車庫(シャコ)・酒庫(シュコ)・出庫(シュッコ)・書庫(ショコ)・倉庫(ソウコ)・艇庫(テイコ)・入庫(ニュウコ)・府庫(フコ)・武庫(ブコ)・文庫(ブンコ)・兵庫(ヘイコ)・宝庫(ホウコ)

【庫裏・庫裡(クリ)】寺の台所。また広く、住職や家族などの住む所。

【庫蔵(コゾウ)】財宝などを入れておく倉。倉庫。

2132 【座】 2634 3A42 8DC0 广－7 [常]6 ザ[呉]・サ[漢]・ソ[唐]・ゾ[唐]/zuò/すわる・くら・います・ます

[筆順] 座座座座座座

[字解] 形声。广＋坐(すわる)[声]。家の中で人がすわる場所の意。

[参考] 「坐」に代用することがある。

[意味] ❶すわる。すわるもの。すわる場所。おさまる地位。くらい。『帝王の座』『妻の座』『座席』『座禅』❷集まり。つどいの席。『座が白ける』『座談会』『講座』❸天球上の星の居場所。星のやどり。『星座(セイザ)』❹仏像、祭神、山などを数える助数詞。また、講義や祓などの回数を数える。❺ものをとりつける台。『砲座』❻[国]中世・近世に、同業者が作った集団。㋑芸能の団体。また、劇場。『座長』『一座』『前座』㋺商業・製造業などの同業者

集団。また、江戸時代、貨幣・度量衡などを製造した所。『金座(キンザ)』『銀座(ギンザ)』『枡座(ますザ)』 ❼国 います。ます。ある・いるの尊敬語。

❶すわる。また、すわる場所。

下接 安座(アンザ)・円座(エンザ)・縁座(エンザ)・王座(オウザ)・起座(キザ)・玉座(ギョクザ)・御座(ギョザ)・猊座(ゲイザ)・下座(ゲザ|しもザ)・口座(コウザ)・胡座(コザ|あぐら)・侍座(ジザ)・首座(シュザ)・正座(ショウザ|セイザ)・上座(ジョウザ|かみザ)・静座(セイザ)・遷座(センザ)・即座(ソクザ)・対座(タイザ)・退座(タイザ)・単座(タンザ)・端座(タンザ)・着座(チャクザ)・長座(チョウザ)・鎮座(チンザ)・鼎座(テイザ)・典座(テンザ)・当座(トウザ)・独座(ドクザ)・便座(ベンザ)・末座(マツザ)・列座(レツザ)・連座(レンザ)・露座(ロザ)・土下座(ドゲザ)

【座下(ザカ)】①座席のすぐそば。②国手紙の脇付として用いる。

【座臥(ザガ)】すわることと寝ること。転じて、日常生活。坐臥。『日常座臥』『常住座臥』

【座具(ザグ)】①すわる時に、下に敷くものの総称。②(梵 niṣīdana 尼師檀の訳)仏語。僧が所持すべき六物(ロクモツ)の一。長方形の布製の敷物。坐具。

【座視(ザシ)】そばで見ていながら関係しようとしないこと。『座視するに忍びない』❤書き換え「坐視→座視」。

【座敷(ザしき)】畳を敷きつめた部屋。特に、畳敷きの客間。

【座礁(ザショウ)】国船舶が暗礁や浅瀬に乗り上げること。❤書き換え「坐礁→座礁」。

【座食(ザショク)】仕事をしないで生活すること。徒食。坐食。

【座主(ザス)】大寺の寺務を統括する首席の僧。『天台座主』

【座州(ザス)】国船が川などの浅瀬に乗り上げること。❤書き換え「坐洲→座州」。

【座席(ザセキ)】すわる席。『座席指定』

【座前(ザゼン)】①座席のまえ。②書状の宛名の脇付に用いて敬意を表す語。座下。

【座禅(ザゼン)】端坐し、沈思黙念して悟りの道を求めること。多く禅宗で行う修行法。禅。坐禅。

【座像(ザゾウ)】すわっている姿の像。坐像。↔胸像・立像

【座配(ザハイ)】座席をわりあてること。→❷

【座標(ザヒョウ)】平面、空間、時空間などにおける任意の点の位置を、基準となる点や直線からの距離・角度で表す、数ないしは数の組。『座標軸〔=座標の、基準となる直線〕』

【座右(ザユウ)】①座席の右。身近な所。傍ら。②手紙などで、宛名(あてな)のわきに書き添えて敬意を表す語。【座右之銘(ザユウのメイ)】常に座右に置いて、日常の戒めとする言葉や文。

【座揖(ザユウ)】すわったままで揖の礼をすること。「揖」は、上体をやや前に傾けて敬意を表す礼法。坐揖。

❷集まり。つどいの席。

下接 運座(ウンザ)・講座(コウザ)・中座(チュウザ)・同座(ドウザ)・満座(マンザ)

【座客(ザカク)】座にある客。同席の客。

【座興(ザキョウ)】国①宴会などで、興を添えるための芸や遊び。②その場限りの戯れごと。

【座談(ザダン)】すわった席での堅苦しくない談話。また、数人が、形式ばらずに同座して話し合うこと。『座談会』

【座長(ザチョウ)】集会などで、議事の進行をはかる人。→❻

【座配(ザハイ)】人の集まりにおいて、客が退屈しないように接待すること。座もち。→❶

❺ものをとりつける台。

下接 銃座(ジュウザ)・台座(ダイザ)・仏座(ブツザ)・砲座(ホウザ)

【座盤(ザバン)】①武具の籠手(こて)の腕と二の腕を覆う一の板、二の板の類をいう。②刀の柄の目貫の笠鋲(かさビョウ)の下にあてる座。

❻(日本語で)同業者の集団。芸能の団体。

下接 一座(イチザ)・下座(ゲザ)・高座(コウザ)・常座(ジョウザ)・前座(ゼンザ)

【座長(ザチョウ)】国芸人の一座のかしら。→❷

【座頭(ザトウ|ザがしら)】国①(ザトウ)近世、盲人で僧体となり、あんま、はりなどを業とした者の総称。また、検校(ケンギョウ)、勾当(コウトウ)の下の身分の者。もと、室町時代、盲人琵琶(ビワ)法師の位の一。②(ザがしら)一座の首席役者。座長。

2133【庭】3677 446D 92EB 广-7 常3 テイ㊥/tíng・tìng/にわ・ば

筆順 庭庭庭庭庭庭

字解 形声。广+廷(まっすぐつきでたところ、にわ)㊥。堂前のひろばの意。のちに广を加えた。

意味 ❶にわ。屋敷の中の土地。なかにわ。『庭園』『校庭(コウテイ)』❷政務を執る所。㋑役所。「廷」に同じ。『訟庭(ショウテイ)』『法庭(ホウテイ)』『辺庭(ヘンテイ)』『北庭(ホクテイ)』㋺朝廷。宮中。『椒庭(ショウテイ)』『不庭(フテイ)』『椿庭(チンテイ)』❸家のうち。『庭訓(テイキン)』『家庭(カテイ)』

❶にわ。

下接 営庭(エイテイ)・園庭(エンテイ)・径庭(ケイテイ)・後庭(コウテイ)・校庭(コウテイ)・戸庭(コテイ)・石庭(セキテイ)・前庭(ゼンテイ)・築庭(チクテイ)・茶庭(チャテイ)・中庭(チュウテイ|なかにわ)・内庭(ナイテイ|うちにわ)/箱庭(はこにわ)

【庭院(テイイン)】建物内の庭。中庭。

【庭園(テイエン)】観賞したり楽しんだりするため造園した庭。

【庭柯(テイカ)】(「柯」は木の枝)庭の木の枝。＊陶潜-帰去来辞「眄二庭柯一以怡レ顔(テイカをみてもってかおをよろこばす)〔=庭木の枝ぶりを見て顔をほころばす〕」

【庭球(テイキュウ)】国球技の名。テニス。『庭球部』

【庭戸(テイコ)】①庭の戸。庭の出入口。②転じて、学問などの入り口。入門段階。

【庭樹(テイジュ)】庭の木。庭に生えている樹木。＊劉禹錫-秋風引「朝来入二庭樹一、孤客最先聞(チョウライテイジュにいり、コカクもっともさきにきく)〔=(秋の風が)今朝がた庭の木々の間に吹き入ったのを、独りぼっちの旅人の私が誰よりも先に聞きつけた〕」

【庭除(テイジョ)】(「除」も、にわの意)にわ。庭園。

【庭前(テイゼン)】庭先。また、庭。

【庭燎(テイリョウ)】庭でたくかがり火。

【庭師(にわシ)】庭作りや庭の手入れを業とする人。

❸家のうち。

【庭闈(テイイ)】①(「闈」は奥座敷の意)親のいる部屋。転じて、父母、または家庭。②宮中の部屋。

【庭訓(テイキン|にわのおしえ)】家庭内で子に教育すること。また、親が子に与える教訓。〔論語-季氏〕❤孔子が、庭を通り過ぎようとする長男の伯魚(ハクギョ)を呼びとめて、詩と礼を学ぶべきことを教えたという故事からいう。【庭訓往来(テイキンオウライ)】室町前期の往来物。一巻。玄恵法印の作と伝えるが疑問。武家の初等教科書として編まれた。

2134【庬】＊2842 广-7 ボウ 「尨」(840)の異体字

[唐]⇩973 [席]⇩2047

2135【庵】1635 3043 88C1 广－8 アン 呉漢 ān いおり・いお

字解 形声。广＋奄（おおう）声。草ぶきの小さないえ、いおりの意。

意味 ❶いおり。いお。草ぶきの小さい家。『庵室』『庵主』『庵住』『草庵ソウアン』『僧庵ソウアン』『茅庵ボウアン』 ＊白居易－与微之書「廬山庵裏暁灯前ロザンのアンリギョウトウのまえ」〔＝廬山のふもとの草堂の中、明け方のともしびの前〕 ❷人や住居に添える語。『芭蕉庵バショウアン』

【庵室アンシツ・アンジツ】僧や尼や世捨て人の住む、粗末な小さい住まい。いおり。

【庵主アンシュ・アンジュ】庵室の主人。

【庵住アンジュウ】庵室に住むこと。また、住んでいる人。

難読地名 庵治あじ町（香川） 庵原いはら郡（静岡）

2136【康】2515 392F 8D4E 广－8 常 コウ（カウ） 呉漢 kāng やすい・やすらか・やす

筆順

字解 形声。米（こめ）＋庚（もみをおとす棒を手にする）声。脱穀して収穫がある意。転じて、やすらかの意。

甲骨文 金文 篆文

同属字 慷・穅・糠・鱇

意味 ❶やすい。やすらか。すこやか。ゆたか。やわらぐ。また、たのしむ。たのしい。『康楽』『健康』『小康』 ❷大きい。大きく太い道路。『康衢』『康荘』 ❸固有名詞。『康熙帝』『康有為』

下接 ❶やすらか。すこやか。また、たのしむ。 安康アンコウ・健康ケンコウ・寿康ジュコウ・小康ショウコウ・平康ヘイコウ

【康乂コウガイ】世の中が平穏に治まること。

【康楽コウラク】やすらかに楽しむこと。

❷大きい。大きく太い道路。

【康衢コウク】にぎやかな大通り。四通八達の多方面に通じる大路。五通を「康」、四通を「衢」という。＊十八史略－五帝「微服游於康衢ビフクしてコウクにあそぶ」〔＝しのびの服装で町のにぎやかな大通りに出かけた〕

【康荘コウソウ】（「荘」は六達の道の意）道路が八方に通じている町。繁華な町。

❸固有名詞。

【康熙字典コウキジテン】中国の字書。一二集。中国、清の康熙帝の勅命により、張玉書らが編。一七一六年成立。約四万七千字を二一四部、画数順に分類配列し、歴代の韻書の反切ハンセツ以下、字義、別音、別義などを記す。以後の字書の規範となり、漢和辞典の配列の規準となる。

【康熙帝コウキテイ】中国、清朝の第四代皇帝（在位一六六一～一七二二年）。名は玄燁ゲンヨウ。廟号は聖祖。三藩の乱を鎮定し、チベット、台湾などを平定。学芸を奨励し、「康熙字典」「佩文韻府ハイブンインプ」など諸種の編集事業を起こし、孫の乾隆帝とともに清朝の全盛期を現出した。（一六五四～一七二二）

【康有為コウユウイ】中国、清末・中華民国初の政治家、学者。列強の中国侵略に対して、変法自彊ヘンポウジキョウの策をとなえた。（一八五八～一九二七）

2137【庶】2978 3D6E 8F8E 广－8 常 ショ 呉漢 shù おおい・もろもろ・こいねがう・ちかい

筆順

字解 会意。广＋苂（ものを煮る）。たてものの中で煮る意。また、諸に通じて、もろもろの意を表す。

金文 篆文

同属字 蔗・鷓・遮・蹠

意味 ❶おおい。いろいろ。もろもろ。さまざま。また、多くの人々。たみ。『庶民』『庶務』『衆庶』⇒〔衆〕（7204）の表 ❷めかけの子。めかけばら。⇔嫡。『庶子』『庶出』『嫡庶チャクショ』 ❸こいねがう。また、近い。『庶幾』

下接 ❶おおい。もろもろ。また、多くの人々。 衆庶シュウショ・烝庶ジョウショ・臣庶シンショ・人庶ジンショ・民庶ミンショ

【庶士ショシ】①多くの人々。衆士。②官職についている人。③軍人。兵士。

【庶事ショジ】多くのいろいろな事柄。

【庶羞ショシュウ】いろいろなごちそう。

【庶人ショジン】多くのいろいろな民。一般大衆。＊論語－季氏「天下有道、則庶人不議テンカにみちあれば、すなわちショジンギせず」〔＝天下に道が行われていれば、庶民が政治についてあれこれ議論することはなくなる〕」

【庶績ショセキ】多くの功績。

【庶物ショブツ】いろいろな事物。諸物。

【庶民ショミン】一般の民衆。大衆。『庶民的』

【庶務ショム】もろもろの事務。一般事務。『庶務課』

❷めかけの子。

【庶兄ショケイ】妾腹に生まれた兄。

【庶孽ショゲツ】正妻でない女性から生まれた子。庶子。

【庶子ショシ】①正妻でない女性が生んだ子。⇔嫡出子。②国旧民法で、父の認知した私生児。

【庶出ショシュツ】本妻以外の女から生まれること。

【庶弟ショテイ】腹違いの弟。

【庶母ショボ】正妻ではない母。父の妾である母。

❸こいねがう。また、ちかい。

【庶幾ショキ・こいねがう・ちかし】①（ショキ）ひたすら望み願うこと。『平和を庶幾する』②（こいねがう・こいねがわくは）切に望む。強く希望する。ひたすら願いたのむさま。＊孟子－公孫丑下「王庶幾改之オウこいねがわくはこれをあらためよ」〔＝王様、どうか悔いあらためてください〕③（ちかし）あるべき状態に近い。ほとんど…である。＊孟子－梁恵王下「斉国其庶幾セイコクはそれちかからんか」〔＝斉の国は、まもなく（天下の王者に）なりそうだ〕」

2138【庸】4539 4D47 9766 广－8 常 ヨウ 漢 yōng もちいる・やとう・つね・なんぞ

筆順

字解 形声。庚（棒を手にもつ）＋用（筒状のかね・もちいる）声。手でもちあげる、もちいる意。

金文 篆文

同属字 傭・墉・慵

参考 万葉仮名では音を借りて「よ甲」。

意味 ❶もちいる。やとう。人を用いる。任用する。『庸保』『登庸トウヨウ』『付庸フヨウ』『保庸ホヨウ』 ❷つね。平凡である。普通。なみ。また、ふだん。平生。『庸儒』『愚庸グヨウ』『平庸ヘイヨウ』『凡庸ボンヨウ』 ❸かたよらない。一定して変わらない。『庸徳』『中庸チュウヨウ』 ❹税法の一。律令制で、夫役の代わりに物を納めること。『租庸調ソヨウチョウ』 ❺なん

ぞ。いずくんぞ。どうして…か。疑問・反語を示す。「庸詎」「庸何」「庸安」とも書く。＊韓愈-師説「夫庸知₂其年之先₋後₋生於吾₁乎（それなんぞそのとしのわれよりさきにのちにうまるるをしらんや）」〈＝いったい、その人の年齢が、自分より先に生まれているとか、後から生まれてきたとかいうことが、どうして問題になるのか〉」

❶ もちいる。やとう。

【庸奴（ヨウド）】①使用人。傭奴。②おろかなやつ。ばかな野郎。人をののしる言葉。
【庸人（ヨウニン）】やとわれた人。やとい人。→❷（ヨウジン）
【庸保（ヨウホウ｜ヨウホ）】保証をたててやとわれること。また、そのやとわれ人。

❷ つね。平凡である。また、ふだん。

【庸医（ヨウイ）】治療のうまくない医者。藪医者。
【庸愚（ヨウグ）】凡庸で愚かなこと。
【庸言（ヨウゲン）】ふだん口にすることば。→❸
【庸行（ヨウコウ）】平生の行い。日常の行為。→❸
【庸才（ヨウサイ）】なみの才能。また、その人。
【庸儒（ヨウジュ）】凡庸な儒者。平凡な学者。
【庸人（ヨウジン）】凡庸な人。普通の人。＊史記-廉頗藺相如伝「庸人尚羞₌之（ヨウジンすらなおこれをはず）」〈＝普通の人でさえもこのようなことは恥に思う〉」→❶（ヨウニン）
【庸夫（ヨウフ）】平凡な男。なみの男。「庸夫愚婦」
【庸劣（ヨウレツ）】凡庸で劣っているさま。

❸ かたよらない。

【庸言（ヨウゲン）】中庸を得たことば。→❷
【庸行（ヨウコウ）】中庸を得た行い。→❷
【庸徳（ヨウトク）】中庸を得た人格。一方にかたよらない徳。

［鹿］⇩9544 ［麻］⇩9579

2139 【廁】5490 567A 9BF8 广－9 (846)【厠】5046 524E 99CC 厂－9

シ㊥・ショク㊥/cè・cì/かわや

字解 形声。广＋則（→側、そば）㊟。家屋の傍につくったかわやの意。

意味 ❶かわや。便所。「溷廁（コンシ）」「圊廁（セイシ）」「上廁（ジョウシ）」＊史記-項羽本紀「坐須臾、沛公起如₋廁（ざすることしゅゆにして、ハイコウたちてかわやにゆく）」〈＝すわってからしばらくすると、沛公は立ち上がって便所に行った〉」❷まじる。まじえる。「雑廁（ザッシ）」

2140 【廂】5491 567B 9BF9 广－9

ソウ（サウ）㊥・ショウ（シャウ）㊥/xiāng/ひさし・ひ

字解 形声。广＋相（補佐する）㊟。わたどの、あるいは表座敷の両わきの部屋の意。

意味 ❶表座敷の両わきの部屋。「東廂（トウソウ）」「西廂（セイソウ）」❷わたり廊下。「廂廊（ショウロウ）」❸国ひさし。軒に突き出した小屋根。

2141 【廃】3949 4751 9470 广－9 常 (2163)【廢】5506 5726 9C45 广－12 旧字

ハイ㊥㊥/fèi/すたれる・すたる

筆順 廃 廃 廃 廃 廃 廃

字解 廃は廢の略体。廢は形声。广＋發（ひらめきはなつ）㊟。こわれた家の意。転じて、すたれる意。

意味 ❶すたれる。こわれる。衰える。役に立たなくなる。「廃屋」「廃墟」「荒廃」「退廃」＊論語-雍也「力不₂足者、中道而廃（ちからたらざるものは、チュウドウにしてハイす）」〈＝本当に力が足りない者ならば、途中で力つきてやめるであろう〉」❷用いることをやめる。のぞく。しりぞける。すてる。「廃藩置県」「廃棄」「廃止」「改廃」「撤廃」❸体がだめになる。「癈」に同じ。「廃人」

❶ すたれる。こわれる。衰える。

下接 壊廃カイ・久廃キュウ・朽廃キュウ・傾廃ケイ・荒廃コウ・興廃コウ・弛廃シ・衰廃スイ・退廃タイ・蕪廃ブ・老廃ロウ

【廃園・廃苑（ハイエン）】荒れ果てた庭園。

【廃屋（ハイオク｜あばらや）】荒れ果てた家。

【廃家（ハイカ）】荒れ果てた家屋。廃屋。→❷
【廃墟（ハイキョ）】人の住んでいない建物、市街などの荒れ果てた跡。「廃墟と化す」

【廃興（ハイコウ）】すたれることと盛んになること。興廃。

【廃弛（ハイシ）】すたれゆるむこと。だらしないこと。弛廃。

【廃址（ハイシ）】建物や城などのやぶれすたれたあと。

【廃寺（ハイジ）】住む僧もなく荒れるに任せた寺。

【廃絶（ハイゼツ）】すたれて絶えること。→❷
【廃船（ハイセン）】使用に堪えなくなった船。→❷
【廃頽（ハイタイ）】道徳、気風などが崩れ衰えること。頽廃。

【廃品（ハイヒン）】役に立たなくなった物品。廃物。「廃品回収」

【廃物（ハイブツ）】役に立たなくなった物。「廃物利用」

【廃滅（ハイメツ）】すたれて滅びること。

❷ すてる。のぞく。しりぞける。

下接 改廃カイ・全廃ゼン・存廃ソン・停廃テイ・撤廃テッ

【廃案（ハイアン）】廃止となった議案。または考案。

【廃位（ハイイ）】君主を位から去らせること。

【廃家（ハイカ）】国旧民法で、相続人がなくて家を断絶すること。絶家。→❶
【廃刊（ハイカン）】定期刊行物の刊行をとりやめること。

【廃館（ハイカン）】映画館、美術館などが経営をやめること。

【廃棄（ハイキ）】不用のものとして捨てること。「廃棄物」

【廃業（ハイギョウ）】それまでの職業、商売をやめること。

【廃錮（ハイコ）】官吏の資格をとり上げること。

【廃語（ハイゴ）】すたれて、使われなくなった言葉。死語。

【廃坑（ハイコウ）】採掘をやめた炭坑。また、その坑道。

【廃鉱（ハイコウ）】鉱山の採掘をやめること。また、その鉱山。

【廃合（ハイゴウ）】廃止と合併。

【廃山（ハイザン）】鉱山の操業を廃止すること。

【廃止（ハイシ）】不用のものとしてやめること。⇔存置
【廃車（ハイシャ）】廃棄した車。また、登録から除かれた車。

【廃水（ハイスイ）】使用していらなくなった水。「工場廃水」

【廃絶（ハイゼツ）】廃止してなくすこと。「核兵器の廃絶」→❶
【廃船（ハイセン）】船籍から除かれた船。→❶
【廃線（ハイセン）】鉄道やバスで営業を廃止した路線。

【廃嫡（ハイチャク）】家を継ぐ者としての資格を失わせること。民法旧規定における法定推定家督相続人の廃除のこと。

【廃朝（ハイチョウ）】天子が服喪・病気・天変・火事で、朝廷の政治に臨まないこと。輟朝（テッチョウ）。

【廃帝（ハイテイ）】退位させられた天皇や皇帝。

【廃刀（ハイトウ）】刀を腰につけるのをやめること。

【廃盤（ハイバン）】一度発売したレコードの製造をとりやめること。また、そのレコード。

【廃藩置県（ハイハンチケン）】国明治四年、全国の藩を廃して府県に統一したこと。

3画 口囗土士夂夊夕大女子宀寸小(⺌・⺍)尢(兀・尣)尸屮(屮)山巛(川)工己(已・巳)巾干幺广廴廾弋弓彐(ヨ・彑)彡彳

【廃仏毀釈ハイブツキシャク】国明治維新の神仏分離による、仏教の抑圧、排斥運動。
【廃立ハイリツ|ハイリュウ】臣下が君主を廃して別人を君主に立てること。
【廃忘ハイモウ|ハイボウ】すべて忘れること。忘れ去ること。

❸ 体がだめになる。

【廃疾ハイシツ】回復不能の疾病。また、その病人。
【廃人ハイジン】事故や病気などのため、意識と運動機能を失い、通常の社会生活を営むことのできない人。
【廃兵ハイヘイ】戦争で負傷して廃疾の身となった兵。

2142 【廇】 *2847 广-9
ミョウ(メウ)呉・ビョウ(ベウ)漢
字解 形声。广+苗声。廟(2148)の古文。

2143 【庾】 *2846 广-9
ユ呉漢 yǔ/くら・こめぐら
字解 形声。广+臾(上に引っぱり円錐形にたばねる)声。稲を円錐形に束ね積み上げておくこめぐらの意。
参考 万葉仮名では音を借りて「ゆ」。
意味 ❶くら。こめぐら。❷中国古代の米のますめの単位。一六斗、約三〇リットルの量。❸人名。『庾信』
【庾信ユシン】中国、北周の詩人。字あざなは子山。駢儷ベンレイ体にすぐれ、徐陵とともに、徐庾体と呼ばれた。(五一三～五八一)

2144 【廊】 4713 4F2D 984C 广-9 常 (2150)【廊】 广-10 旧字 人
ロウ(ラウ)呉漢 láng/ひさし
筆順 廊 廊 廊 廊 廊 廊
字解 形声。广+郎(→呂、つらなる)声。家の両わきにつらなるひさしの意。
意味 ❶ひさし。正殿の両わきの部屋。『廊宇』『廊廟』『廊廡』『巌廊ガンロウ』『軒廊ケンロウ』『東廊トウロウ』❷わたりろうか。わたどの。『廊下』『回廊』→下接
下接 回廊カイロウ・画廊ガロウ・空廊クウロウ・柱廊チュウロウ・歩廊ホロウ
【廊宇ロウウ】のき。ひさし。
【廊下ロウカ】屋内の室と室、あるいは建物と建物とをつなぐ細長い通路。
【廊廟ロウビョウ】朝政を執る殿舎。政務を執る御殿。
【廊廟具ロウビョウのグ】朝廷で、国の政治をになうに足りる人物。大臣・宰相となる能力を有する人。
【廊廡ロウブ】表御殿に付属した細長い建物。

2145 【廈】 5492 567C 9BFA 广-10 (847)【厦】 5047 524F 99CD 厂-10
カ漢 xià・shà/いえ
字解 形声。广+夏(おおきい)声。大きないえの意。
意味 ❶いえ。大きな家。『大廈タイカ』❷「廈門アモイ」は、中国福建省南部の廈門島にある地名。

2146 【廋】 *2850 广-10
シュウ(シウ)漢 sōu/さがす・かくす
字解 形声。广+叟(火を手にして家中をさがす)声。さがす意。また、かくす意。
意味 ❶さがす。❷かくす。かくれる。

2147 【廌】 *2849 广-10
チ漢・タイ漢 zhì
字解 象形。鹿に似た一角獣の形に象る。「解廌カイチ」は獣の名。

甲骨文

篆文

2148 【廉】 4687 4E77 97F5 广-10 常 (2149)【廉】 广-10 旧字
レン呉漢 lián/かど・いさぎよい・やすい
筆順 廉 廉 廉 廉 廉 廉
字解 形声。广+兼(かねあつめる)声。かどの意。また、きちんとしていさぎよい意。
同属字 簾・濂
意味 ❶かど。すみ。また、かどだっている。『廉隅』❷しらべる。みきわめる。『廉問』❸いさぎよい。きよい。欲得を離れている。『破廉恥ハレンチ』『廉潔』『廉直』『清廉セイレン』❹(価が)やすい。『廉価』『廉売』『低廉テイレン』❺人名。『廉頗レンパ』❻国かど。数えたてるべき箇条。条理。『不審の廉かどがある』

❶ かど。すみ。また、かどだっている。

【廉隅レングウ】①物のかど。すみ。②転じて、おりめ正しい。品行正しく節操がかたい。
【廉利レンリ】かどだってするどいこと。

❷ しらべる。みきわめる。

【廉按レンアン】よく調べること。
【廉問レンモン】問いただすこと。

❸ いさぎよい。きよい。欲得を離れている。

下接 孝廉コウレン・清廉セイレン・節廉セツレン・貞廉テイレン・方廉ホウレン
【廉謹レンキン】潔白で私欲がなく、慎み深いこと。
【廉潔レンケツ】欲がなく、心や行いがきれいなこと。＊孟子-尽心下「行之似廉潔これをおこなうことレンケツににたり」〔=行動のし方がいかにも潔癖であるかのようにふるまう〕
【廉士レンシ】清廉潔白な人。
【廉恥レンチ】心が潔白、正直で、恥を知る心が強いこと。『廉恥心』『破廉恥』
【廉直レンチョク】潔白で正直で、曲がったことをしないこと。
【廉平レンペイ】正直でえこひいきのないこと。
【廉吏レンリ】廉直な官吏。潔白な役人。

❹ (価が)やすい。

【廉価レンカ】安価。↔高価。『廉価品』
【廉売レンバイ】安売り。

❺ 人名。

【廉頗レンパ】中国、戦国時代の趙の名将。藺相如リンショウジョと「刎頸フンケイの交わり」を結んだ話で有名。生没年未詳。

2150 【廊】 广-10
ロウ 「廊」(2144)の旧字

2151 【廓】 1939 3347 8A66 广-11
カク(クヮク)呉漢 kuò/くるわ・ひろい
字解 形声。广+郭(かこい)声。郭に同じ。
意味 ❶くるわ。かこい。かこわれた場所。城・とりでの周囲のかこいや、遊里のかこいなど。「郭」に同じ。『城廓』『輪廓』→下接 ❷ひろい。おおきい。また、広げる。『廓清』『廓然』『廓大』
下接 一廓イッカク・外廓ガイカク・胸廓キョウカク・城廓ジョウカク・内廓ナイカク・遊

廓・輪廓リンカク
【廓清】カクセイ ①悪いものを取り払って清めること。粛清。②反乱を鎮め平らげること。
【廓然】カクゼン 心がわだかまりがなく広いさま。また、広くあいているさま。【廓然大公】カクゼンタイコウ 気質がさっぱりとして、何事にも公平であること。
【廓大】カクダイ 広く大きいこと。また、広げること。拡大。
♥書き換え「廓大→郭大」。
【廓落】カクラク ①広々としたさま。心が広く、からりとしているさま。②むなしく、ものさびしいさま。

2152【廏】5494 567E 9BFC 广-11 (2153)【廄】—— 广-11
(2154)【廐】5493 567D 9BFB 广-11 (2155)【廐】—— 广-11
(852)【厩】—— 厂-11 (853)【厩】—— 厂-11
(848)【厩】1725 3139 8958 厂-10 † キュウ(キウ)漢/jiù/うまや
字解 形声。广+段声。甲骨文は、うまやに象る。
甲骨文 
篆文 
意味 うまや。馬を飼っておく小屋。*論語-郷党「廏焚うまやけたり[=うまやが火事になった]」
【廏舎】キュウシャ うまや。馬小屋。また、馬の世話をする所。
【廏肥】キュウヒ【うまやごえ】糞尿フンニョウとしき藁わらを混ぜた肥料。

2156【廖】5501 5721 9C40 广-11 リョウ(レウ)呉漢/liào
字解 形声。广+翏声。人名などに用いられる。
［塵］⇩1295 ［腐］⇩6283 ［麼］⇩9581

2157【廣】5502 5722 9C41 广-12 コウ「広」(2113)の旧字

2158【廝】5503 5723 9C42 广-12 (855)【厮】5049 5251 99CF 厂-12 シ漢/sī
字解 形声。广+斯声。
意味 めしつかい。こもの。従者。また、いやしいものの称。
【廝養】シヨウ こもの。

2159【廠】—— 广-12 (2160)【廠】3019 3E33 8FB1 广-12 †
(856)【厰】5050 5252 99D0 厂-12 ショウ(シャウ)漢/chǎng
字解 形声。广+敞声。かべのない家の意。
意味 ❶屋根だけで壁のない家。『廠舎』『兵廠ヘイショウ』❷仕事場。『工廠コウショウ』
【廠舎】ショウシャ 軍隊が演習先などで宿泊するための簡単な兵舎。

2161【廚】5504 5724 9C43 广-12 (857)【厨】—— 厂-12
(850)【厨】3163 3F5F 907E 厂-10 チュウ(チウ)漢・ズ(ヅ)慣/chú/くりや
字解 形声。广+尌声。
意味 ❶くりや。台所。『廚房』『行廚コウチュウ』『山廚サンチュウ』『庖廚ホウチュウ』❷ひつ。はこ。『廚子』『書廚ショチュウ』
❶くりや。台所。
【廚芥】チュウカイ 炊事場から出る、料理、食べ物のくず。
【廚宰】チュウサイ くりやをつかさどる人。廚人チュウジン。
【廚人】チュウジン 料理人。まかないかた。
【廚丁】チュウテイ 台所の仕事に従事する男。
【廚房】チュウボウ 調理場。台所。『男児廚房に入るべからず』
❷ひつ。はこ。
【廚子】ズシ 国①仏像・舎利シャリ・経巻などを納置するもの。一般に正面に両開きの扉をつける。②調度・書画・食物などを載せる置き棚。棚の一部に両開きの扉をつける。

2162【廛】5505 5725 9C44 广-12 (1447)【壥】—— 土-15
(1453)【壥】5263 545F 9ADD 土-17 (8258)【鄽】*6650 邑-15
テン漢/chán/すまい・みせ
字解 会意。广+土+八(わける)+里(むら)。一軒ずつ区切って建てたやしきの意。
意味 ❶やしき。住まい。周代、一家用の宅地。❷みせ。店舗。『廛肆』『廛鋪』
【廛肆】テンシ (「肆」も店の意)商店。
【廛鋪】テンポ みせ。店舗テンポ。

2163【廢】5506 5726 9C45 广-12 ハイ「廃」(2141)の旧字

2164【廟】4132 4940 955F 广-12 (2123)【庿】—— 广-5
ミョウ(メウ)呉・ビョウ(ベウ)漢/miào/みたまや
字解 会意。广+朝(朝に礼拝する)。祖先をまつるみたまやの意。庿は廟の古文。
金文 
篆文 
重文 
意味 ❶みたまや。おたまや。『廟宇』『宗廟』❷王宮の正殿。政治を行う所。朝廷。『廟議』『廊廟ロウビョウ』
❶みたまや。おたまや。
下接 孔廟コウビョウ・古廟コビョウ・祠廟シビョウ・神廟シンビョウ・寝廟シンビョウ・清廟セイビョウ・聖廟セイビョウ・双廟ソウビョウ・宗廟ソウビョウ・祖廟ソビョウ・大廟タイビョウ・破廟ハビョウ・文廟ブンビョウ・陵廟リョウビョウ・霊廟レイビョウ
【廟宇】ビョウウ 祖先や貴人の霊をまつる建物。みたまや。
【廟見】ビョウケン ①みたまやに参拝すること。②新婦が夫の家のみたまやにはじめて参拝すること。
【廟社】ビョウシャ 宗廟と社稷シャショク。また、みたまや。
【廟食】ビョウショク みたまやにまつられること。
【廟堂】ビョウドウ 祖先の霊をまつるところ。おたまや。↓❷
❷王宮の正殿。朝廷。
【廟議】ビョウギ 朝廷の評議。朝議。
【廟堂】ビョウドウ 天下の大政をつかさどる所。朝廷。↓❶
【廟謨】ビョウボ (「謨」は、はかりごとの意)＝廟謀ビョウボウ。
【廟謀】ビョウボウ 朝廷の政治上のはかりごと。廟謨ビョウボ。
【廟略】ビョウリャク 朝廷でのはかりごと。

2165【廡】5507 5727 9C46 广-12 ブ漢/wǔ・wú
字解 形声。广+無声。

3画 口囗土士夂夊夕大女子宀寸小(⺌・⺍)尢(兀・尣)尸屮(屮)山巛(川)工己(已・巳)巾干幺广廴廾弋弓彐(ヨ・彑)彡彳

意味 のき。ひさし。『殿廡(デンブ)』『堂廡(ドウブ)』『門廡(モンブ)』

〔廈〕⇩2323 〔摩〕⇩2687 〔麾〕⇩9583

2166 【廨】 5508 5728 9C47 广-13

カイ㊥/xiè・jiè

字解 形声。广+解㊟。役所の意。『公廨(コウガイ)』

2167 【廩】 5509 5729 9C48 广-13 (2168)【廪】――― 广-13

リン㊣㊥/lǐn/くら

字解 形声。广+稟(穀物ぐら)㊟。米ぐらの意。のちに广を加えてその字義を明確にした。

意味 ❶くら。米ぐら。また、役所のくらから支給される俸禄。『廩振』『廩人』『廩生』『給廩(キュウリン)』『倉廩(ソウリン)』❷あつまる。あつめる。また、しまう。おさめる。❸おそれつつしむさま。『廩廩』

【廩振(リンシン)】米倉をひらいて貧民に支給し助けること。

【廩人(リンジン)】米倉の番人。米穀の管理をつかさどった。

【廩生(リンセイ)】官から生活費の援助を受ける学生。

【廩廩(リンリン)】①礼式にかなって重々しいさま。②あやういさま。

〔磨〕⇩5278 〔縻〕⇩5871 〔應〕⇩2419 〔膺〕⇩6314 〔糜〕⇩5787 〔麿〕⇩9584

2169 【廬】 5510 572A 9C49 广-16

ロ㊣・リョ㊥/lú/いおり・いお

字解 形声。广+盧(竹や柳で編みつくったためしびつ)㊟。粗末な草ぶきのいおりの意。

金文 篆文

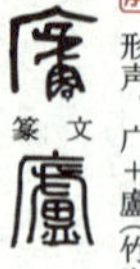

参考 万葉仮名では音を借りて「ろ㊚」。

意味 ❶いおり。粗末な小屋。また、いえ。質素な家。『廬舎』『出廬』『草廬』＊柳宗元-捕蛇者説「竭其廬之入(そのロのニュウをつくす)〔=家々の収入のすべてを納めつくしてしまう〕」❷固有名詞。『廬山』『廬陵』『黄廬(コウロ)〔=よみの国〕』

❶いおり。粗末な小屋。

下接 蝸廬(カロ)・旧廬(キュウロ)・穹廬(キュウロ)・蘧廬(キョロ)・結廬(ケツロ)・蒿廬(コウロ)・宿廬(シュクロ)・出廬(シュツロ)・草廬(ソウロ)・田廬(デンロ)

【廬児(ロジ)】めしつかい。

【廬舎(ロシャ)】小さな家。小屋。

【廬墓(ロボ)】いおりとはか。または、喪に服するために父母や師の墓のそばにいおりを建てて住むこと。

【結廬(ロをむすぶ)】粗末な家屋を構える。＊陶潜-飲酒「結廬在人境(ロをむすんでジンキョウにあり)〔=粗末な家を人里に構えて住んでいる〕」

❷固有名詞。

【廬山(ロザン)】中国、江西省北部の名山。九江市の南にあり、北は揚子江、東は鄱陽(ハヨウ)湖に臨む。周の匡俗(キョウゾク)が廬を結び仙人となって昇天したという伝説がある。

【廬陵(ロリョウ)】中国、漢代に、現在の江西省西部の吉安市の南に置かれた県の名。

〔鏖〕⇩8349 〔靡〕⇩8809 〔龐〕⇩9685

2170 【廳】 5513 572D 9C4C 广-17

チョウ 「庁」(2114)の異体字

2171 【廱】 5511 572B 9C4A 广-18

ヨウ㊥/yōng/やわらぐ

字解 形声。广+雝(水に囲まれ鳥も来るところ)㊟。水に囲まれ鳥も来て宴が催せるほど大きな庭のある天子の学校の意。

意味 ❶やわらぐ。❷ふさぐ。ふさがる。❸よう。皮膚にある隣接した多くの毛嚢(モウノウ)が化膿(カノウ)したもの。

〔魔〕⇩9237 〔鷹〕⇩9436

2172 【廰】 5512 572C 9C4B 广-22

チョウ 「庁」(2114)の旧字

54 廴部 えんにょう

篆文

廴は、行の左部彳の変形から出た。指事文字で、ひきのばす意を表す。延の字を代表として「えんにょう」とよぶ。篆書で彳の第三画が右へひきのばされた形が見られ、隷書では辵と混ずる形を生じ、第二、三画を交えた形は楷書から一般化したらしい。現在、行部(144)彳部(60)辵部(162)廴部(54)はそれぞれ別部をなす。

廴 ◆ 廴 ④ 延 廷 ⑤ 延 廻 廸 ⑥ 廻 建 廼 ⑦ 廽

2173 【廴】 5514 572E 9C4D 廴-0

イン㊥/yǐn/えんにょう

字解 部首解説を参照。

2174 【延】 ――― 廴-4

エン 「延」(2176)の旧字

2175 【廷】 3678 446E 92EC 廴-4 常

テイ㊥/tíng/にわ

筆順

字解 形声。廴+壬(まっすぐつき出る)㊟。平らな土地がのびたにわの意。天子が諸侯に会うところ。

金文 篆文

同属字 庭・霆・挺・梃・脡・蜓・艇・鋌

意味 ❶政治を行う場所、機関。また、役所、官庁。『宮廷』『朝廷』❷裁判を行う場所、機関。『廷吏』『法廷』

❶政治を行う場所、機関。

下接 宮廷(キュウテイ)・禁廷(キンテイ)・県廷(ケンテイ)・在廷(ザイテイ)・朝廷(チョウテイ)

【廷尉(テイイ)】①中国の秦代に始められた、刑罰をつかさどる官。九卿の一。のち、大理と改称。②国検非違使(ケビイシ)を兼ねる衛門佐・尉の唐名。

【廷議(テイギ)】朝廷で論議すること。庭議。

【廷試(テイシ)】昔、中国で、省試及第者を天子がみずから試験したこと。殿試。

【廷叱(テイシツ)】朝廷などで、多数の面前においてしかること。*史記-廉頗藺相如伝「相如廷二叱之一、辱二其群臣一(ウジョこれをテイシツし、そのグンシンをはずかしむ)」〔=相如は朝廷の満座の中でしかりつけ、群臣をはずかしめた〕

【廷臣(テイシン)】朝廷に仕え、官に任ぜられた役人。

【廷争(テイソウ)】（多く「面折廷争」の形で）君主の面前で是非を争い、誤りをいさめること。

❷ 裁判を行う場所、機関。

下接 開廷(カイテイ)・休廷(キュウテイ)・在廷(ザイテイ)・出廷(シュッテイ)・訟廷(ショウテイ)・退廷(タイテイ)・入廷(ニュウテイ)・閉廷(ヘイテイ)・法廷(ホウテイ)

【廷丁(テイテイ)】法廷の雑務を処理する下級職員。廷吏。

【廷吏(テイリ)】国法廷内の各種事務を行う職員。

2176 【延】 1768 3164 8984 廴-5 常6 (2174)〖延〗 廴-4 旧字

エン㊉㊌／yán／のびる・のべる・のばす・のべ・ひく

筆順 延 延 延 延 延 延

字解 会意。延(足をひきずるようにゆっくり歩く)+厂(ひく)。また、廴+正(ゆく)とも。のばす意。

金文 篆文

同属字 蜒・莚・筵・埏・涎・蜒・誕

参考 万葉仮名では音を借りて「え(や行)」。

意味 ❶のびる。のばす。長くする。『延長』『延命』『蔓延(マンエン)』『綿延(メンエン)』『連延(レンエン)』 ❷時間・期日が遅れる。先にのびる。『延期』『延納』『遅延』 ❸ひく。引き入れる。引き寄せる。招く。『延見』*陶潜-桃花源記「余人各復延二至其家一、皆出二酒食一(ヨジンおのおのまたひきてそのいえにいたり、みなシュショクをいだす)」〔=他の人々も、それぞれまた漁父を招いてその家に案内し、皆酒食を出してもてなした〕 ❹国のべ。同一のものがいくつ重複しても、それぞれ一つとして数えて合計すること。『延べ人員』『延べ坪』 ❺その他、固有名詞など。『延安(エンアン)』

❶ のびる。のばす。長くする。

下接 圧延(アツエン)・展延(テンエン)・熱延(ネツエン)・蔓延(マンエン)

【延延(エンエン)】いつまでも長く続くさま。

【延焼(エンショウ)】火事が火元から他へ燃え広がること。

【延髄(エンズイ)】脳髄の下端で、脊髄(セキズイ)につながる部分。神経の伝達路および呼吸、心臓、反射などの中枢がある。

【延性(エンセイ)】物体が弾性限界を越えた力で引っ張られたとき、破壊されないで引き延ばされる性質。

【延佇・延竚(エンチョ)】長くたたずむ、また、待ち望むこと。

【延長(エンチョウ)】長さや状態、時間などをさらに延ばすこと。↕短縮。『延長戦』

【延年(エンネン)】寿命を延ばすこと。長生きすること。

【延袤(エンボウ)】広さ。また、長さ。❤「延」は東西の長さ、「袤」は南北の長さの意。

【延蔓(エンマン)】はびこり広まること。蔓延。

【延命(エンメイ)】寿命を延ばすこと。長生きすること。

【延縄(はえなわ)】長い幹縄に多くの仕掛けを付けた漁具。

❷ 時間・期日が遅れる。先にのびる。

下接 順延(ジュンエン)・遷延(センエン)・遅延(チエン)・連延(レンエン)

【延引(エンイン)】物事を行う時刻や日が遅れること。

【延期(エンキ)】決めた期限を延ばすこと。『無期延期』

【延怠(エンタイ)】日限を遅らせること。

【延滞(エンタイ)】支払い、返済、納入などが、期日に遅れ、とどこおること。『延滞金』

【延着(エンチャク)】予定の期限、時刻に遅れて到着すること。

【延納(エンノウ)】期限に遅れて納めること。

【延発(エンパツ)】出発の期日や時刻が延びること。

❸ ひく。引き入れる。引き寄せる。

【延見(エンケン)】呼び寄せて面会すること。引見。接見。

【延攬(エンラン)】人を招いて味方にすること。

❺ その他、固有名詞など。

【延安(エンアン)】中国陝西(センセイ)省北部の都市。隋代以降膚施(フシ)を正式名とした。オルドスと渭水(イスイ)盆地を結ぶ軍事上の要地で、宋の西夏に対する防衛拠点。

【延喜式(エンギシキ)】日本の、平安中期の法典、五〇巻。醍醐天皇の命により藤原時平、忠平らが延喜五年(九〇五)編集に着手。宮中の儀式や作法などを漢文で書いたもの。

【延陵(エンリョウ)】中国、春秋時代の呉の都。現在の江蘇省常州。揚子江右岸にあり、呉の季札(キサツ)が封ぜられた。

2177 【廻】 二 廴-5

カイ「廻」(2179)の異体字

2178 【廸】 5515 572F 9C4E 廴-5

テキ「迪」(8050)の異体字

2179 【廻】 1886 3276 89F4 廴-6 (2182)〖廻〗 二 廴-7 (2177)〖廻〗 二 廴-5

エ(ヱ)㊉・カイ(クヮイ)㊌／huí／まわる・まわす・まわり・めぐる・めぐらす・めぐり・もとおる

字解 形声。廴+回(まわりめぐる)㊥。まわる意。

参考 (1)書き換え字は「回」。古くから「回」と同じ意味で用いられた。熟語は「回」(1220)も見よ。(2)万葉仮名では音を借りて「ゑ」。

意味 まわる。めぐる。まわす。めぐらす。『輪廻(リンネ)』

【廻看(カイカン)】ふり返って見ること。*柳宗元-漁翁「廻二看天際一下二中流一(テンサイをカイカンしてチュウリュウをくだる)」〔=はるか大空の果てをふり返りながら、流れのまん中をこぎくだる〕

【廻風(カイフウ)】吹きめぐる風。秋風をいう場合が多い。*柳宗元-南澗中題「廻風一蕭瑟(カイフウひとえにショウシツ)」〔=吹きわたる秋風はいかにも寂しい〕

2180 【建】 2390 377A 8C9A 廴-6 常4

コン㊉・ケン㊌／jiàn・jiǎn／たてる・たつ・たける

筆順 建 建 建 建 建 建

字解 会意。廴(のびる)+聿(まっすぐたつ筆)。まっすぐにのびたつ意。

同属字 健・犍・腱・鍵

意味 ❶たてる。おこす。たつ。㋑建物などをたてる。『建設』『建築』『土建』㋺さだめる。はじめる。事業などをおこす。『建軍』『建国』『創建』 ❷申し上げる。意見を差し出す。『建議』『建白』 ❸方向をさす。北斗七星の柄のさすところ。❹くつがえす。こぼす。『建水』 ❺固有名詞。『建安七士』『建康』

3画 口囗土士夂夊夕大女子宀寸小(⺌・ツ)尢(尣・兀)尸屮(屮)山巛(川)工己(已・巳)巾干幺广廴廾弋弓彐(ヨ・ヨ)彡彳

❶ たてる。おこす。たつ。

[下接] 再建(サイケン)・創建(ソウケン)・土建(ドケン)・封建(ホウケン)

【建学(ケンガク)】①学問の一派を起こすこと。②学校を創設すること。『建学の精神』

【建業(ケンギョウ)】事業の基礎をつくること。↓❺

【建軍(ケングン)】軍隊を編制すること。

【建言(ケンゲン)】古人の確固とした不動のことば。↓❷

【建国(ケンコク)】新しい国を建てること。『建国記念日』

【建材(ケンザイ)】建築に用いる資材。『新建材』

【建策(ケンサク)】①目上の者に計画、計略などを申し述べること。②はかりごとをたてること。

【建設(ケンセツ)】①建造物を新たにつくること。建造。『建設業』②機構、組織などを新たにつくること。

【建造(ケンゾウ)】建物や船などをつくること。『建造物』

【建築(ケンチク)】家などを建て築くこと。また、その建てた物。『木造建築』『一級建築士』

【建蔽率(ケンペイリツ)】[国]建築物の敷地面積に対する建築面積の割合。▼俗に「建坪率」とも当てる。

【建立(コンリュウ)】寺院、堂塔などを建てること。

❷ 申し上げる。意見を差し出す。

【建議(ケンギ)】上に対して意見を申し立てること。建白。

【建言(ケンゲン)】官庁などに対して意見を申し立てること。建白。『建言書』↓❶

【建白(ケンパク)】政府、上役などに対し、自分の意見を申し立てること。建言。『建白書』

❹ くつがえす。こぼす。

【建水(ケンスイ|こぼし)】[国]茶道で、点茶の際、湯水を捨てる容器。みずこぼし。

❺ 固有名詞。

【建安七士(ケンアンシチシ)】中国、後漢末、献帝の時、三曹(曹操(ソウソウ)、曹丕(ソウヒ)、曹植(ソウチ))と共に文名の高かった孔融(コウユウ)、陳琳(チンリン)、王粲(オウサン)、徐幹(ジョカン)、阮瑀(ゲンウ)、応瑒(オウトウ)、劉楨(リュウテイ)の七詩人。

【建安骨(ケンアンのコツ)】中国、後漢末、建安年間の詩人たちの気骨。多くの名詩人が剛健な詩を作った。建安の風骨。

【建業(ケンギョウ)】中国、南京の古名。↓❶

【建康(ケンコウ)】中国、南京の古称。東晋および南朝の宋、斉、梁、陳の都となった。

2181 【廼】 3922 4736 9455 廴－6 ナイ(呉)・ダイ(漢)/nǎi/すなわち

[字解] 迺の通俗体。主として乃に通じて用いる。

[参考] 万葉仮名では音を借りて「ど(乙)」「の(乙)」。

2182 【廻】 二一 廴－7 カイ 「廻」(2179)の異体字

55 廾部 にじゅうあし

篆文 廾は、両手を左右から差し出すさまで、物をささげる意を表す。廾部の字は、差し出すことに多く関連し、字の下部にこの形をもつ。「にじゅうあし」の名は、数の二十を表す廿に似て字の下部に用いるからである。廿の字も廾部に属するが、その字源は廾とは関係がない。別に両手にもとづいて六の形をとるものがある。八部(12)を参照。

廾 廾 廾 ① 廿 ④ 卅
廾 ② 弁 ③ 异 ④ 弃 弄 ⑥ 弈 弇 ⑦ 弆 弉 ⑫ 弊 弊

廾

2183 【廾】 5516 5730 9C4F 廾－0 (2184)〔廾〕 二一 廾－0

キョウ(漢)/gǒng

[字解] 部首解説を参照。

2185 【廿】 3891 467B 93F9 廾－1 (780)〔廿〕 二一 十－1

ジュウ(ジフ)(漢)/niàn/にじゅう・はたち

[字解] 会意。十が二つの合文で、二十の意。はたち。

甲骨文 金文 篆文 2186 【卅】 二一 廾－4 シュク 「叔」(889)の異体字

[難読姓氏] 廿浦(つづうら)

廾

2187 【弁】 4259 4A5B 95D9 廾－2 [常]5

(7995)〔辨〕 4994 517E 999E 辛－9

(7996)〔辦〕 5001 5221 999F 辛－9

(7998)〔瓣〕 6502 6122 E141 辛－12

(7999)〔辯〕 7771 6D67 E787 辛－14

ベン(呉)・ヘン(漢)/biàn・bàn/わきまえる・はなす

[筆順] 弁 弁 弁 弁 弁

[字解] 弁は象形。両手でかぶりものをかぶるさまに象り、かんむりの意。また、常用漢字では、弁は、辨・瓣・辯に代用する。辨は形声。刂(かたな)＋辡(入れ墨用の二本のはり)(声)。かたなとはりで二つにわける意。辦は辨に同じ。瓣は形声。瓜＋辡(刃物でわける)(声)。ウリを二つにわける意から、ウリのなかごの意。辯は形声。言(ことば)＋辡(きりわける)(声)。ことばで、ことすじをわける意。辨・辦・瓣には、ほかにハン(漢)の音がある。拼音は、弁は、biàn、辨は、biàn・bàn、瓣は、bàn、辯は、biàn。

[参考] 万葉仮名では音を借りて「へ(甲)」「べ(甲)」。

[意味] ❶(弁)かんむり。かんむりをかぶる。『弁髦』『武弁(ブベン)』❷(辨・辦)(イ)わきまえる。区別し明らかにする。また、処理する。ととのえる。『弁証法』『弁償』『弁別』『弁理』→下接。＊漢書‐韓信伝「多多益弁(タタますます)ず〔=仕事が多ければ多いほど、立派にやってのける〕」(ロ)[国]「弁当」の略。『駅弁(エキベン)』(ハ)[国]律令制で、太政官の内部に置かれた事務局。『右弁官(ウベンカン)』『左大弁(サダイベン)』『頭弁(トウのベン)』❸(瓣)(イ)花びら。『花弁』『単弁』(ロ)[国]べん。体内や容器内にあって、気体、液体などの出入りを調節するもの。バルブ。『安全弁(アンゼンベン)』『僧帽弁(ソウボウベン)』『弁膜』❹(辯)(イ)話す。言う。述べる。言いわけをする。『一席弁ずる』『弁が立つ』『弁解』『弁論』『詭弁』『達弁』(ロ)[国]話し言葉。その地方の話しぶり。『関西弁(カンサイベン)』❺固有名詞など。『弁才天』『弁慶』 ⇓[表]

◎弁・辨・辯・瓣―新字体で弁に統一され区別を失ったもの

旧字	新字	音	意味	語例
弁	弁	ベン	かんむり	冠弁・武弁(弁韓)
辨	弁	ベン	わかつ/わきまえてする	弁別/弁理・弁償
辯	弁	ベン	のべたてる・議論する	弁舌・弁解・弁護
瓣	弁	ベン	花びら	花弁・五弁・弁香

❶ かんむり。

【弁髦(ベンボウ)】(「髦」は童子の垂髦(たれがみ)の意) 冠を加える元服の礼。また、弁も髦もともに元服の儀式が済めばいらなくなるところから、無用の人や物のたとえ。

❷ (辨・辦) わきまえる。また、処理する。

下接 勘弁(カンベン)・合弁(ゴウベン)・支弁(シベン)・思弁(シベン)・自弁(ジベン)・審弁(シンベン)・総弁(ソウベン)・代弁(ダイベン)・調弁(チョウベン)・分弁(ブンベン)・明弁(メイベン)

【弁済(ベンサイ)】借りた物を返すこと。債務を返済すること。

【弁似(ベンジ)】似ているものを区別すること。弁別。

【弁識(ベンシキ)】物事の道理を理解すること。

【弁訟(ベンショウ)―ショウをベンず】訴えをききわけること。

【弁証(ベンショウ)】ある事柄を道理をあきらかにして論証すること。【弁証法(ベンショウホウ)】(ドイ Dialektik の訳語) 形式論理の抽象的、一面的な言明(正)を、それに対立する否定言明(反)によって否定し、さらに両者を総合する高次の言明(合)に至ろうとする考え方。

【弁償(ベンショウ)】与えた損害を金銭や物品で償うこと。

【弁析(ベンセキ)】理非正邪を弁別すること。

【弁説(ベンゼツ―ベンセツ)】物事の道理をわけて説き明かすこと。

【弁知・弁智(ベンチ)】わきまえ知ること。道理をわきまえ思慮分別のあること。

【弁当(ベントウ)】国外出先での食事用に、容器などにつめて持っていく食べ物。『幕の内弁当』『弁当箱』

【弁別(ベンベツ)】わきまえて区別すること。識別。

【弁務官(ベンムカン)】植民地、保護国、自治領などに派遣されて行政を指導する役人。

【弁理(ベンリ)】判別して処理すること。『弁理士』

❸ (瓣) はなびら。日本語で、べん。バルブ。

下接 花弁(カベン)・重弁(ジュウベン)・単弁(タンベン)・合弁花冠(ゴウベンカカン)

【弁膜(ベンマク)】国心臓、静脈、リンパ管の内部にあり、血液やリンパ液の逆流を防ぐ膜。『心臓弁膜症』

❹ (辯) 話す。言う。言いわけをする。

下接 快弁(カイベン)・活弁(カツベン)・詭弁(キベン)・強弁(キョウベン)・口弁(コウベン)・抗弁(コウベン)・才弁(サイベン)・辞弁(ジベン)・争弁(ソウベン)・大弁(タイベン)・代弁(ダイベン)・達弁(タツベン)・多弁(タベン)・駄弁(ダベン)・陳弁(チンベン)・通弁(ツウベン)・答弁(トウベン)・訥弁(トツベン)・佞弁(ネイベン)・熱弁(ネツベン)・能弁(ノウベン)・不弁(フベン)・明弁(メイベン)・雄弁(ユウベン)・論弁(ロンベン)

【弁解(ベンカイ)】言い訳をすること。また、そのことば。『弁解の余地がない』『弁解無用』

【弁護(ベンゴ)】その人の利益となることを主張して助けかばうこと。『弁護士』

【弁口(ベンコウ)】口のききかた。口が達者なこと。〖弁口快耳(ベンコウみみにこころよし)〗たくみな弁舌は耳に快い。

【弁巧(ベンコウ)】物言いのたくみなこと。

【弁才(ベンサイ―ベンザイ)】たくみに弁舌する才能。

【弁士(ベンシ)】①弁舌のたくみな人。②国聴衆の前で演説、講話、説明などをする人。『応援弁士』③国無声映画で画面に合わせ、内容を説明した人。『活動弁士』

【弁舌・弁説(ベンゼツ)】ものを言うこと。また、ものの言い方。『弁舌さわやか』『弁舌を振るう』

【弁疏(ベンソ)】言い訳をすること。弁解。『自己弁疏』

【弁難(ベンナン)】ことばで非難すること。論難。

【弁佞(ベンネイ)】ことばがたくみで、人にこびへつらうこと。また、そのような人。

【弁駁(ベンパク)】他人の説の誤りを突いて言い破ること。

【弁明(ベンメイ)】申し開きをすること。弁解。

【弁論(ベンロン)】①聴衆の前で筋道を立てて自分の意見を述べること。『弁論大会』②対立する当事者が、互いにその主張を出し合うこと。『口頭弁論』『最終弁論』

❺ 固有名詞など。

【弁柄(ベンガラ)】(ポルトガル Bengala の音訳) 黄みを帯びた赤色顔料。酸化第二鉄を主成分とする。べにがら。代赭(タイシャ)。
♥インドのベンガルで産出したところから。

【弁韓(ベンカン)】古代、朝鮮半島南部に居住した種族名、またその居住地域名。三韓の一。

【弁才天・弁財天(ベンザイテン)】仏語。日本では福徳や財宝を与える美しい女神。琵琶(ビワ)を弾く像で表される。七福神の一。弁天。

2188 【异】 *2860 廾－3 イ㊥/yì

字解 形声。廾+已(=目、手でものをもつ)㊟。手でもちあげる意。また、已に通じ、やめる意に用いる。

［并］⇩2100

2189 【弃】 5517 5731 9C50 廾－4 キ 「棄」(3364)の異体字

2190 【弄】 4714 4F2E 984D 廾－4 (2820)〖挵〗*3171 手－7 ロウ㊥/nòng・lòng/もてあそぶ・いじくる・いじる・いらう・まさぐる

字解 会意。王(玉)+廾(両手)。両手で玉をもてあそぶ意。

意味 もてあそぶ。㋑手でいじる。転じて、楽器を演奏する。また、その楽曲。『弄花』『弄瓦』『弄翰』『弄璋』＊文選-古詩十九首「札札弄二機杼一(サツサツとしてキチョをロウす)〔=カタカタと機(はた)の杼(ひ)を動かす〕」㋺あなどる。なぶる。たわむれる。『愚弄(グロウ)』『調弄(チョウロウ)』『嘲弄(チョウロウ)』『搬弄(ハンロウ)』『侮弄(ブロウ)』㋩ほしいままにする。好き勝手に扱う。『売弄(バイロウ)』『舞弄(ブロウ)』『翻弄(ホンロウ)』

下接 玩弄(ガンロウ)・戯弄(ギロウ)・狎弄(コウロウ)・撫弄(ブロウ)

【弄火(ロウカ)】火あそび。

【弄花(ロウカ)】①花をもてあそぶこと。②国花ガルタをすること。花合わせ。

【弄瓦(ロウガ)】女児が生まれること。↔弄璋(ロウショウ)

【弄翰(ロウカン)】筆をもてあそぶこと。戯れに書くこと。

【弄月(ロウゲツ)】月をめであそぶこと。『吟風弄月』

【弄璋(ロウショウ)】男児が生まれること。昔、中国で男児が生まれると璋(たま)(玉器の一種)をおもちゃに与え、女児が生まれると瓦(いとまき)を与えたということから。〔詩経-小雅・斯干〕↔弄瓦(ロウガ)

【弄舌(ロウゼツ)】むやみにしゃべること。おしゃべり。

【弄筆(ロウヒツ)】①筆をもてあそぶこと。②事実をまげて書くこと。不必要に飾った文章を書くこと。

［奔］⇩1514

2191
【弈】＊2863　廾－6　エキ㊥／yì
字解 形声。廾＋亦㊫。碁をうつ、また、ばくちをする意。

2192
【弇】＊2862　廾－6　（2870）【揜】＊3229　手－9
エン㊥／yǎn／おおう
字解 会意。廾(両手)＋合(ふたをする)。両手でふたをする、おおう意。甲骨文は、両手でおおうさま。

甲骨文

篆文

［羿］⇩6173　［昪］⇩6465

2193
【弮】二二　廾－7　ケン「弮」(1504)の異体字

2194
【弉】5518 5732 9C51　廾－7　ジョウ「奘」(1532)の異体字

［葬］⇩6768　［筭］⇩5650　［算］⇩5667

［鼻］⇩9642

2195
【弊】4232 4A40 95BE　廾－12　常　（2196）【弊】二二　廾－12　旧字
（4644）【獘】＊4329　犬－12
ヘイ㊐㊥・ヘツ㊥／bì／やぶれる・つかれる

筆順 𡭔 㡀 㡀 敝 敝 弊

字解 形声。廾(＝犬、つまらないもの)＋敝(やぶれる)㊫。犬死にする意。転じて、つかれたおれる意。
参考 万葉仮名では音を借りて「へ㊙」。

甲骨文
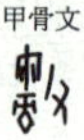
篆文
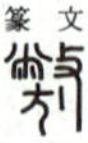

意味 ❶やぶれる。つかれたおれる。㋑いたんでぼろぼろになる。『弊衣』『頽弊ヘイ』『彫弊チョウ』㋺つかれる。弱る。『弊民』『窮弊キュウ』『困弊コン』『衰弊スイ』『疲弊ヒ』 ❷よくない。悪い。『弊害』『悪弊』『語弊』『病弊』 ❸自分の側のことをへりくだっていう語。『弊社』

❶ やぶれる。いたんでぼろぼろになる。

［弊衣破帽ヘイイハボウ］破れた衣服と破れた帽子。

［弊箒ヘイソウ］使い古したほうき。転じて、身のほども考えないでうぬぼれの強い人のたとえ。敝帚。

［弊民ヘイミン］疲れた民。疲弊している人民。

［弊履ヘイリ］破れた履物。『弊履のごとく棄てる』

❷ よくない。悪い。

下接 悪弊アク・遺弊イ・旧弊キュウ・語弊ゴ・時弊ジ・習弊シュウ・宿弊シュク・積弊セキ・通弊ツウ・病弊ビョウ

［弊害ヘイガイ］他に及ぼして害となるような事柄。

［弊事ヘイジ］弊害となっていること。＊韓愈－左遷至ニ藍関一示ニ姪孫湘一「欲下為ニ聖明一除中弊事上セイメイのためにヘイジをのぞかんとほっす〔＝英明な天子のために、悪いことを除こうとした〕」

［弊習ヘイシュウ］悪い風習。弊風。

［弊竇ヘイトウ］（「竇」は穴の意）弊害となる点。欠陥。

［弊風ヘイフウ］悪い風俗、風習。弊習。⇔美風

❸ 自分の側のことをへりくだっていう語。

［弊社ヘイシャ］国自分の会社をへりくだっていう語。

［弊邑ヘイユウ］自分の土地をへりくだっていう語。

［彝］⇩2249　［彞］⇩2250

56 弋部 しきがまえ

弋は、くい(とまり木か)の象形。くい、いぐるみの意(ヨク)を表す。弋部には意味上直接くいなどに関係あるのは普通にはない。別に戈部(62)があり、これはほこの象形である。武(止部)は、弋のように見えるが、実は戈である。式などの字があるので、「しきがまえ」という。

甲骨文

金文

篆文

弋 弋
弋 ① 弌 ② 弍 ③ 弎 式
弋 ⑨ 弑 ⑫ 弒

弋

2197
【弋】5521 5735 9C54　弋－0　ヨク㊥／yì／くい・いぐるみ
字解 部首解説を参照。
意味 ❶くい。❷いぐるみ。糸のついた矢で鳥をとること。また、狩る。『弋猟』『遊弋ユウヨク』＊論語－述而「弋不レ射レ宿ヨクしてシュクをいず〔＝(孔子は)いぐるみの矢で飛ぶ鳥を射たが、巣についている鳥を射ることはしなかった〕」

［弋猟ヨクリョウ］狩りをすること。

［戈］⇩2624

弋

2198
【弌】4801 5021 989F　弋－1　イチ「一」(1)の異体字

2199
【弍】4817 5031 98AF　弋－2　ニ「二」(86)の異体字

2200
【弎】＊2864　弋－3　サン「三」(3)の異体字

2201
【式】2816 3C30 8EAE　弋－3　常3　シキ㊐・ショク㊥／shì

筆順 式 式 式 式 式 式

字解 形声。工(細工用の工具)＋弋(しっかりしたくい)㊫。手本・のりの意。
同属字 拭・軾・試・軾
参考 万葉仮名では音を借りて「し」。
意味 ❶一定の形で行う行事。儀式。『式を挙げる』『式次』『式場』 ❷のり。㋑形式。きまり。やり方などの区別。『式目』『格式』『正式』『方式』『様式』㋺数学・化学

3画
口囗土士夂夊夕大女子宀寸小(⺌・⺍)尢(尣・兀)尸屮(屮)山巛(川)工己(已・巳)巾干幺广廴廾弋弓彐(彐・⺕)彡彳

・物理学などで、ある関係、構造を記号などで表したもの。『方程式(ホウテイシキ)』 ❸ (ショク) 車上で敬礼すること。車の前部にある横木に手をかけ、少し身をかがめて敬礼すること。「軾」に同じ。『式閭』 ＊論語-郷党「凶服者式レ之(ウフクのものにはこれにショクす)」〔＝(孔子は)喪服を着た人に会えば、車上で敬礼をされた〕 ❹ああ。発語の助字。『式微』 ❺あて字など。『式退』『式台』

❶ 一定の形で行う行事。儀式。

下接 会式・開式・儀式・挙式・祭式・司式・葬式・閉式・結婚式・成人式

【式次(シキジ)】 国儀式を進める順序。式次第。
【式辞(シキジ)】 国儀式の席で述べる挨拶(アイサツ)の言葉。
【式日(シキジツ)】 国儀式のある日。祝日。祭日。
【式場(シキジョウ)】 国儀式を行う場所。『結婚式場』
【式典(シキテン)】 国儀式。式。『式典を挙行する』
【式年(シキネン)】 国神社などで祭儀を行うものとして定められている年。『式年遷宮』
【式能(シキノウ)】 国儀式として催される能楽。
【式服(シキフク)】 国儀式などに着用する服。礼服。↕平服
【式部省(シキブショウ)】 国日本の律令制で、太政官八省の一。朝廷の礼式および文官の考課、選叙、禄賜などをつかさどり、大学寮を所管した。

❷ のり。形式。きまり。

下接 ㋑違式・遺式・永式・格式・楽式・規式・旧式・矜式・形式・稽式・公式・硬式・講式・古式・湿式・書式・諸式・神式・新式・図式・正式・制式・単式・定式・程式・軟式・年式・範式・複式・仏式・方式・法式・本式・洋式・要式・様式・略式・礼式・和式・模式図 ㋺花式・算式・数式・等式・化学式

【式目(シキモク)】 国①中世、法規を箇条書きにしたもの。『貞永(ジョウエイ)式目』②連歌、俳諧(ハイカイ)を作るための規定や故実。

❸ 車上で敬礼すること。

【式閭(ショクリョ)】 村の入り口にある門を通過するとき、車の横木に手をかけて礼をすること。

❹ ああ。発語の助字。

【式微(シキビ)】 (国家や王室などが)ひどく衰えること。

❺ あて字など。

下接 跡式(あとシキ)・一式(イッシキ)・株式(かぶシキ)

【式退(シキタイ)】 挨拶(アイサツ)。おじぎ。また、お世辞。色退。

【式台(シキダイ)】 玄関先にある低い板敷きの部分。敷台。

［忒］⇩2328 ［武］⇩3882 ［或］⇩2253
［貮］⇩7694 ［貳］⇩7700 ［鳶］⇩9421

弋

［代］⇩177 ［杙］⇩3410

2202 【弑】 5522 5736 9C55 弋－9 シ漢・シイ慣／shì／ころす

字解 形声。殺(ころす)省＋式(↓代、かわる)声。下の者が上の者を殺し、とってかわる意。

意味 しいする。下の者が上の者を殺す。臣が君を、子が親を殺すこと。『簒弑(サンシ)』 ＊史記-伯夷伝「以レ臣弑レ君、可レ謂レ仁乎(シンをもってきみをシイす、ジンというべきか)」〔＝臣という身分でありながら、主君を殺そうとする。それで仁ということができるであろうか〕

【弑逆(シイギャク・シギャク)】 主君や父などを殺すこと。

2203 【䌛】 ― ― 弋－12 ソウ呉漢／zēng

字解 形声。弋＋曾(加える・重ねる)声。いぐるみの意。

57 弓部 ゆみ

甲骨文 金文 篆文

弓は、ゆみの湾曲したさまを象って、武器のゆみ(キュウ)を表す。弓を部標として、弓の種類、働きなど、弓に関係のある字がある。部標として多くは字の左部に用いられ、これを「ゆみへん」という。

弓 弓 ①弔 ②弗 ④弟 ⑦弱 弱 ⑨弼

弓(上) ①弖

弓(下) ⑤弩 ⑥弯 ⑲彎

弓(左) ①引 ②弘 ③弛 ⑤弦 弧 弨 弥 ⑥弭 ⑧強 弶 張 弴 弸 ⑨強 弽 弾 ⑩彀 彁 彅 ⑫彈 ⑬彊 彍 ⑭彌

弓

2204 【弓】 2161 355D 8B7C 弓－0 常2 ク呉・キュウ(キウ)漢／gōng／ゆみ・ゆ

筆順

字解 部首解説を参照。

参考 万葉仮名では訓を借りて「ゆ」。

意味 ゆみ。矢をつがえて射る武器。また、その形。

下接 楽弓・強弓・胡弓・鼓弓・大弓・弾弓・天弓・彤弓・半弓・洋弓・楊弓・良弓／破魔弓(はまゆみ)

【弓工(キュウコウ)】 弓をつくる人。弓人。弓師。

【弓矢(キュウシ・ゆみや)】 ①弓と矢。転じて、武芸。弓箭(キュウセン)。②馬の頭の中央にある旋毛。

【弓手(キュウシュ・ゆんで)】 ㊀(キュウシュ) 弓を射る人。㊁(ゆんで) ①弓を持つ方の手。左の手。↕馬手(めて)。②左の方。左方。

【弓術(キュウジュツ)】 弓を射る技術。また、その道。弓道。

【弓人(キュウジン)】 弓をつくる人。弓師(ゆみシ)。

【弓箭(キュウセン)】 弓と矢。転じて、武芸や戦い。また、武士。＊杜甫-兵車行「行人弓箭各在レ腰(コウジンのキュウセンおのおのこしにあり)」〔＝出征兵士たちはそれぞれ弓と矢を腰につけている〕

【弓弩(キュウド)】 弓と石弓。

【弓道(キュウドウ)】 弓で矢を射る技術、また作法。弓術。

【弓馬(キュウバ)】 弓と馬。弓術と馬術。転じて、武芸。

【弓弦(ゆづる・ゆんづる)】 弓に張るより糸。『弓弦を鳴らす』

3画 口囗土士夂夊夕大女子宀寸小(⺌・⺍)尢(兀・尣)尸屮(屮)山巛(川)工己(已・巳)巾干幺广廴廾弋弓彐(ヨ・彐)彡彳

【弓弭・弓筈・弓彇(ゆはず)】弓の両端の弦(つる)をかける所。

難読地名 弓削(ゆげ)町(愛媛)　難読姓氏 弓削田(ゆげた)　弓納持(ゆみなもち)

2205 【弔】 3604 4424 92A2 弓－1 常 チョウ(テウ)呉漢・テキ漢／diào／とむらう・とむらい・とぶらう

筆順 弔弔弔弔

字解 会意。篆文は、弓(曲がりくねったへび)＋人。人にへびがまきついたさま。原義はわからないが、とむらう意に用いる。金文は、叔に同じ。

甲骨文　金文　篆文

意味 とむらう。人の死をいたみとむらう。とむらい。

⇓表

下接 哀弔(アイチョウ)・敬弔(ケイチョウ)・慶弔(ケイチョウ)・追弔(ツイチョウ)

チョウ 弔	弔辞 弔傷 弔慰 弔恤 追弔 哀弔 敬弔	とむらう。
トウ 悼	悼辞 悼痛 悼惜 悼亡 追悼 哀悼 深悼	人の死をかなしみいたむ。

【弔意(チョウイ)】死者をいたみ悲しむ気持ち。哀悼の情。『弔意を表す』

【弔慰(チョウイ)】死者をとむらい、遺族を慰めること。

【弔客(チョウカク／チョウキャク)】とむらいに訪れる客。弔問客。

【弔旗(チョウキ)】弔意を表すために掲げる旗。黒布をつけたり、半旗にしたりする。

【弔詞(チョウシ)】死者をとむらう言葉。弔辞(チョウジ)。

【弔辞(チョウジ)】＝弔詞(チョウシ)

【弔銃(チョウジュウ)】国葬などで、弔意を表すため、儀仗兵(ギジョウヘイ)が小銃で空砲を撃つこと。

【弔恤(チョウジュツ)】人の死をとむらい、哀れむこと。

【弔鐘(チョウショウ)】人の死をいたんで打ち鳴らす鐘。

【弔電(チョウデン)】弔意を述べる電報。

【弔文(チョウブン)】弔意を述べた文章。弔辞。

【弔砲(チョウホウ)】国葬などで、弔意を表すために儀仗(ギジョウ)隊の砲兵が撃つ空砲。

【弔問(チョウモン)】死者の遺族を訪ねて、くやみを言うこと。

【弔臨(チョウリン)】死者の家におもむき、とむらうこと。

2206 【弗】 4206 4A26 95A4 弓－2 ホチ呉・ホツ呉・フツ漢／fú／ず・ドル

字解 象形。ひもをとりさるさまに象り、はらう意。借りて、助字に用いる。

甲骨文　金文　篆文

同属字 費・弟・髴・艴・佛(仏)・彿・怫・拂(払)・沸・狒

意味 ❶…ず。…しない。否定を示す。「不」に同じ。『弗弗(フツフツ)』 ＊韓非子－難「其人弗レ能レ応也(そのひとこたうるあたわざるなり)〔＝その人は返答することができなかった〕」 ❷はらう。除く。 ❸国米国通貨単位の「ドル」を表す。記号「$」に近い漢字を当てたもの。 ❹国「弗素(フッソ)」の略。『弗化(フッカ)』

【弗化(フッカ)】国弗素原子を化合物中に含んでいることを示す語。『弗化ナトリウム』

【弗素(フッソ)】ハロゲン元素の一。元素記号F。刺激臭を持つ淡黄緑色の気体。ほとんどすべての元素と強く反応して弗化物を作る。▼学術用語では「フッ素」と書く。

［夷］⇩1503

2207 【弟】 3679 446F 92ED 弓－4 常2 デ呉・ダイ呉・テイ漢／dì・tì／おとうと・おと・おとと

筆順 弟弟弟弟弟弟弟

字解 象形。くいに順序よくひもをまきつけたさまに象り、順序の意。また、順序が下のおとうとの意。

甲骨文　金文　篆文

同属字 剃・鵜・俤・娣・涕・悌・梯・睇

参考 万葉仮名では音を借りて「で」。

意味 ❶順序。ついで。『次弟(シダイ)』 ❷おとうと。年下の者。後輩。⇔兄。『兄弟』『従弟』→下接②。 ❸門人。でし。⇔師。『師弟』『門弟』→下接③。 ❹したがう。従順にしたがう。「悌」に同じ。『弟弟』『孝弟(コウテイ)』 ❺自己を謙遜していう。『小弟(ショウテイ)』

下接 ②愛弟・介弟・外弟・家弟・義弟・兄弟(キョウダイ／ケイテイ)・姉弟(キョウダイ／シテイ)・愚弟・賢弟・昆弟・実弟・子弟・弱弟・舎弟・従弟(ジュウテイ／いとこ)・庶弟・女弟・族弟・大弟・長弟・不弟・亡弟・母弟・末弟・令弟 ③高弟・師弟・徒弟・法弟・門弟

【弟兄(テイケイ)】弟と兄。兄弟。＊白居易－長恨歌「姉妹弟兄皆列レ土(シマイテイケイみなドをつらぬ)〔＝姉妹や兄弟は、みな領地を与えられて諸侯となった〕」

【弟子(テイシ／デシ)】①(テイシ)年少者。若者。＊論語－為政「有レ事、弟子服二其労一、有二酒食一、先生饌(ことあれば、テイシそのロウにフクし、シュシあれば、センセイにセンす)〔＝骨のおれる仕事がある場合は、若い者が代わってその労働を行い、酒食があったら、年長者にまずさしあげる〕」 ②(デシ)国師について学問や技芸などを習う人。門弟。また、職人の徒弟。⇔師匠

【弟弟(テイテイ)】弟が弟としての道に従い、兄に尽くすこと。

【弟妹(テイマイ)】弟と妹。⇔兄姉

難読地名 弟子屈(てしかが)町(北海道)

2208 【弱】 2869 3C65 8EE3 弓－7 常2 ニャク呉・ジャク漢／ruò／よわい・よわる・よわまる・よわめる・わかい・なよ

(2209)〔弱〕 弓－7 旧字

筆順 弱弱弱弱弱弱

字解 会意。弜(たわわに美しいゆみ)＋彡。たわめた弓をきれいに整える意から、しなやかの意。転じて、よわい意を表す。

同属字 蒻・嫋・搦・溺

意味 ❶よわい。力がない。よわめる。よわまる。⇔強。『弱視』『弱者』『軟弱』 ⇓〔強〕(2224)の表 ❷わかい。年少。また、二〇歳。『弱年』『弱冠』『老弱』 ❸うしなう。その数に少し足りない。『五〇名弱(ジャク)』

❶ よわい。力がない。よわめる。よわまる。

下接 暗弱・胃弱・強弱・虚弱・孤弱・細弱・色弱・柔弱(ジュウジャク／ニュウジャク)・小弱・仁弱・衰弱・脆弱・繊弱・惰弱・単弱・軟弱・薄弱・微弱・病弱・貧弱・文弱・幼弱・羸弱・劣弱・老弱／気弱(きよわ)・手弱女(たおやめ)

【弱音(ジャクオン／よわね)】①(ジャクオン)弱い音。小さな音。②(よわ

ね）弱々しい声。いくじのない言葉。『弱音を吐く』
【弱酸ジャクサン】弱電解質の酸。酢酸、炭酸など。↔強酸
【弱志ジャクシ】弱い意志。
【弱視ジャクシ】視力の弱いこと。
【弱者ジャクシャ】弱い者。力のない者。↔強者
【弱小ジャクショウ】力が弱くて小さいこと。↔強大
【弱震ジャクシン】地震の強さを体感で表した段階の一。震度3に相当。家がゆれ、戸障子が鳴動する程度の地震。
【弱卒ジャクソツ】弱い兵卒。弱い部下。
【弱体ジャクタイ】①弱いからだ。②組織、機構などが弱いこと。『弱体化したチーム』
【弱敵ジャクテキ】弱い敵。弱い相手。↔強敵
【弱点ジャクテン】うしろめたい所。弱み。また、欠点。
【弱電ジャクデン】電子回路や制御回路など、比較的弱い電流を用いる電気機器の部分の通称。↔強電
【弱肉強食ジャクニクキョウショク】力の強いものが弱いものを負かして、栄えること。優勝劣敗。〔韓愈-送浮屠文暢師序〕
【弱化ジャッカ】力や勢いなどが弱くなること。↔強化
【弱行ジャッコウ】実行力の弱いこと。『薄志弱行』
【弱竹なよたけ】細くしなやかな、なよなよとした若竹。

❷ わかい。年少。また、二〇歳。

下接 孤弱コジャク・稚弱チジャク・老弱ロウジャク／年弱としよわ

【弱年ジャクネン】年が若いこと。若年。弱齢。
【弱輩ジャクハイ】年若い者。また、未熟者。若輩。
【弱冠ジャッカン】男子二〇歳の異称。日本で、年齢の若いこと。〔礼記-曲礼上〕◆中国、周代、男子二〇歳を「弱」といい、元服して冠かんむりをかぶったところから。

2210 【弼】 4111 492B 954A 弓-9 ヒツ(漢)/bì/たすける・すけ

金文 篆文

字解 会意。篆文は、弜(ゆだめ)+丙(=因、おおいかさねるもの)。ゆだめの意。派生してたすける意を表す。一説に、弜は二人の人、因はしとねで、二人をおおう意から、たすける意を表すともいう。弼は西を百に変形したもの。

意味 ❶たすける。また、たすけ。『右弼ユウヒツ』『良弼リョウヒツ』❷国すけ。弾正台の次官。『少弼ショウヒツ』『大弼ダイヒツ』

［粥］ ⇩5777

弓

2211 【弖】 5523 5737 9C56 弓-1 て

字解 国字。氐の異体字。借りて「て」字に用いる。
参考 万葉仮名では音を借りて「て」。
意味 助詞の「て」のあて字。『弖爾乎波てにをは』
【弖爾乎波てにをは】日本語の助詞、助動詞、接尾語、用言の活用語尾などの総称。また、それらの用法。◆平安時代、漢文訓読に使用された乎古止点をことテンの図の、四隅の点を読むと「てにをは」となるところから。

［鬻］ ⇩9234

弓

2212 【弩】 5524 5738 9C57 弓-5 ド(漢)・ヌ(慣)/nǔ/いしゆみ・おおゆみ

字解 形声。弓+奴(女のどれい)(声)。弾性が強くしなやかなおおゆみ、いしゆみの意。

金文 篆文

参考 万葉仮名では音を借りて「づ」「の(甲)」。

意味 ❶いしゆみ。ばねで石を発射する弓。また、おおゆみ。『弩師』『弩手』『強弩』→下接。❷あて字。『弩級艦』『超弩級チョウドキュウ』

下接 弓弩キュウド・強弩キョウド・伏弩フクド・兵弩ヘイド・万弩マンド

【弩級艦ドキュウカン】国 英国戦艦ドレッドノート号(排水量一七九〇〇トン)と同程度の大型艦。◆「弩」はドレッドノートの頭文字のあて字。
【弩師ドシ】①弩を引く人。②弩を作る人。
【弩手ドシュ】弩の射手。弓手。

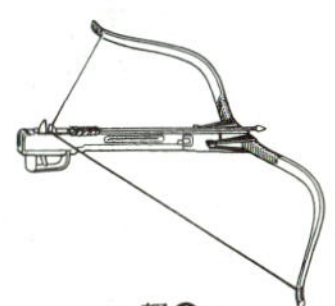

弩❶
〔四川省戦国土坑墓出土〕

［穹］ ⇩5524

2213 【弯】 5531 573F 9C5E 弓-6 ワン 「彎」(2214)の異体字

2214 【彎】 5530 573E 9C5D 弓-19 ワン(漢)/wān/まがる

(2213) 【弯】 5531 573F 9C5E 弓-6

字解 形声。弓+䜌(→宛、丸くまがる)(声)。ゆみがまがる意。
参考 熟語は「湾」(4241)を見よ。
意味 ❶ひく。張る。弓を引く。❷弓なりになる。曲がる。現代表記では、「湾」に書き換える。

弓

2215 【引】 1690 307A 88F8 弓-1 常2 イン(呉)(漢)/yǐn・yìn/ひく・ひける・ひき

筆順

字解 指事。弓と丨(ひきのばす)とから弓をひく意。

篆文

同属字 矧・蚓・靷

意味 ❶ひく。ひっぱる。近くへ引き寄せる。『我田引水』『引見』『引力』＊廉頗藺相如伝「引趙使者藺相如」〔＝趙の使者である藺相如を引見した〕❷ひき抜く。取り出す。ことよせる。例にあげる。『引証』『引喩』『引用』『索引』❸しりぞく。さがる。しりぞける。『引退』❹みちびく。ひきいる。『引率』『引導』❺ひきうける。負う。『引責』『承引ショウイン』『満引マンイン』❻ひきのばす。長くする。『引音』『延引エンイン』『遅引チイン』❼楽府ガフの一体。『秋風引シュウフウイン』❽漢文の文体の一。本文を引き出すための短めの序文。❾さつ。紙幣。また、手形。『銭引センイン』

❶ ひく。近くへ引き寄せる。

下接 吸引キュウイン・汲引キュウイン・虚引キョイン・牽引ケンイン・勾引コウイン・拘引コウイン・強引ゴウイン・招引ショウイン・推引スイイン・導引ドウイン・発引

・我田引水（ガデンインスイ）・株連蔓引（シュレンマンイン）

【引火（インカ）】 火がつくこと。

【引見（インケン）】 身分、地位の高い人が、人を呼び寄せて会うこと。

【引接（インセツ）】 目上の人が目下の人を呼び寄せて会うこと。引見。→❹（インジョウ）

【引致（インチ）】 現行犯人などを、強制的に連行すること。

【引力（インリョク）】 二つの物体が互いに引き合う力。ニュートンの万有引力など。

❷ ひき抜く。取り出す。例にあげる。

下接 援引（エンイン）・索引（サクイン）・称引（ショウイン）・証引（ショウイン）・鈔引（ショウイン）・博引（ハクイン）・膚引（フイン）・旁引（ボウイン）

【引拠（インキョ）】 引用して証拠とすること。また、その証拠。

【引証（インショウ）】 引用してそれを証拠とすること。

【引得（イントク）】 （英indexの音訳）索引。

【引喩（インユ）】 たとえを引くこと。故事や詩歌を引用して言いたいことを表現すること。

【引用（インヨウ）】 自分の論の根拠などを説明、証明するために、他の例を引くこと。『引用文』

【引例（インレイ）】 ある事柄の証拠として示す例。

❸ しりぞく。さがる。

【引退（インタイ）】 現役を退き、ある職業、地位から離れること。

❹ みちびく。ひきいる。

【引接・引摂（インジョウ｜インセツ）】 仏語。阿弥陀仏や菩薩が念仏の人の臨終にあらわれて浄土に導くこと。→❶（インセツ）

【引率（インソツ）】 多くの人を引き連れて行くこと。

【引導（インドウ）】 仏教で、死人が迷わずに成仏するように、経文や法語をとなえること。『引導を渡す〔＝死人に引導を与える。転じて、相手に最終的な宣告をする〕』

【引誘（インユウ）】 勧め誘うこと。

【引領（インレイ）】 引き連れること。案内すること。→❻

❺ ひきうける。負う。

【引咎（インキュウ）】 ＝引責（インセキ）

【引決・引訣（インケツ）】 責任を負って自殺すること。

【引責（インセキ）】 責任を自分の身に引き受けること。責任をとること。引咎（インキュウ）。『引責辞任』

❻ ひきのばす。長くする。

【引音（インオン）】 国 ことばの間に「い」「う」「ん」の音をはさんで、声を長く引いてとなえること。詩歌を「しいか」、女御を「にょうご」という類。

【引領（インレイ）】 首をのばして待ち望むさま。引頸。→❹

難読地名 引佐（いなさ）郡・町（静岡）

2216 【弘】 2516 3930 8D4F 弓－2 人

グ（呉）・コウ（漢）／hóng／ひろい・ひろまる・ひろめる・ひろし・ひろ

字解 形声。弓＋厶（声）。よくひびくゆみ鳴りの音。転じて、ひろい意。

甲骨文 金文 篆文

同属字 泓

意味 ❶ひろい。ひろく大きい。ひろめる。『弘遠』『弘済』『恢弘（カイコウ）』 ❷固有名詞。『弘文館』

❶ ひろい。ひろめる。

【弘誓（グゼイ）】 仏菩薩（ブツボサツ）の、衆生を済度して仏果を得させようとする広大な誓願。

【弘通（グズウ｜グツウ）】 仏教で、教えがあまねく広まってゆくこと。また、広めること。

【弘法（グホウ）】 仏の教えを世に広めること。

【弘遠（コウエン）】 弘大で、久遠であること。

【弘毅（コウキ）】 心が広くて、意志が強固なこと。＊論語－泰伯「士不レ可三以不二弘毅一（シはもってコウキならざるべからず）〔＝士たる者は心が広く、意志が強固でなければならない〕」

【弘済（コウサイ｜コウセイ）】 広く世の中の人々を救うこと。

❷ 固有名詞。

【弘道館（コウドウカン）】 水戸藩の藩校。藩主徳川斉昭の創建で天保一二年（一八四一）開校。水戸学のもととなった。

【弘文館（コウブンカン）】 江戸初期の幕府の儒官、林家（リンケ）の私塾。昌平黌（ショウヘイコウ）（＝昌平坂学問所）の前身。

難読地名 弘前（ひろさき）市（青森）

2217 【弛】 3548 4350 926F 弓－3 (2220)〖弛〗 弓－5

シ（漢）・チ（慣）／shǐ・chí／ゆるむ・たるむ・ゆるい

字解 形声。弓＋也（流れるように長くのびる）（声）。弓のつるがたるむ、ゆるむ意。

意味 ゆるむ。たるむ。ゆるめる。弓の弦をはずす。また、やぶれる。こわれる。↔張。『頽弛（タイシ）』『廃弛（ハイシ）』

【弛緩（シカン｜チカン）】 ゆるむこと。たるむこと。↔緊張

【弛然（シゼン）】 安心して気がゆるむさま。＊柳宗元－捕レ蛇者説「吾蛇尚存、則弛然而臥（わがへびなおソンすれば、すなわちシゼンとしてふす）〔＝ヘビがちゃんとしていれば、ほっとした思いでまた寝る〕」

【弛張（シチョウ）】 ①ゆるむことと張ること。②寛大と厳格。

【弛廃（シハイ）】 ゆるみすたれること。行われなくなること。

【弛紊（シブン）】 ゆるみ乱れること。

2218 【弦】 2425 3839 8CB7 弓－5 常

ゲン（呉）・ケン（漢）／xián／つる・ゆづる

筆順 弦 弦 弦 弦 弦 弦

字解 形声。弓＋玄（いと）（声）。ゆみづるの意。

意味 ❶ゆみのつる。『控弦（コウゲン）』『鳴弦（メイゲン）』 ❷楽器に張った糸。「絃」に同じ。『弦楽器』『管弦』『調弦』 ❸張った弓のような半円形。また、半円形の月。『弦影』『弦月』『下弦（カゲン）』『上弦（ジョウゲン）』『初弦（ショゲン）』 ❹幾何学で円周上の二点を結ぶ直線。また、直角三角形の斜辺。『正弦（セイゲン）』『余弦（ヨゲン）』

❷ 楽器に張った糸。

下接 管弦（カンゲン）・小弦（ショウゲン）・続弦（ゾクゲン）・調弦（チョウゲン）

【弦歌（ゲンカ）】 琴や瑟（シツ）などの弦楽器に合わせて歌う歌。＊論語－陽貨「子之二武城一、聞二弦歌之声一（シブジョウにゆき、ゲンカのこえをきく）〔＝先生が武城に行かれたところ、弦楽器に合わせて歌う歌が聞こえてきた〕」

【弦楽（ゲンガク）】 弦楽器で演奏する音楽。『弦楽四重奏』

【弦楽器（ゲンガッキ）】 弦を発音体とする楽器。弦。

【弦索（ゲンサク）】 琴、三味線など、弦楽器にはる糸。

【弦誦（ゲンショウ）】 琴をひきながら詩を吟じること。転じて、教養をつむこと、勉強すること。

❸ 張った弓のような半円形。

【弦影（ゲンエイ）】 弓張り月。また、その光。

【弦月（ゲンゲツ）】 上弦、下弦の月。弓張り月。

難読姓氏 弦弓（つるゆみ）

2219【弧】 2444 384C 8CCA 弓－5 常 コ(漢)/hú

筆順 弧弧弧弧弧弧

字解 形声。弓＋瓜(↓夸、足を曲げまたぐ)(声)。曲がった弓の意。転じて、まがる意。

意味 ❶木の弓。また、弓なりの形。湾曲した線。『弧光』『弧状』『弧線』『括弧(カッコ)』『桑弧(ソウコ)』 ❷数学で、円周または曲線の一部をいう。『円弧(エンコ)』

【弧光(ココウ)】 アーク放電の光。

【弧状(コジョウ)】 弓なりになっていること。弓形。

【弧線(コセン)】 弧状の線。弓なりの線。

2220【弬】 ―― 弓－5 シ 「弛」(2217)の異体字

2221【弥】 4479 4C6F 96ED 弓－5 人 (2238)〔彌〕 5529 573D 9C5C 弓－14 旧字 人

ミ(呉)・ビ(漢)/mí・mǐ/あまねし・ひさしい・いや・いよいよ・や

字解 弥は彌の通俗体。彌は会意。弓(ゆみをはる)＋爾(美しく咲きほこるはな)。ながくのびわたる意。金文は、弓＋日＋爾。篆文で、長＋爾となり、さらに、長が弓に変わって彌となった。

金文  篆文

参考 彌は、万葉仮名では音を借りて「び」。

意味 ❶あまねし。ひろくゆきわたる。また、大きい。『弥縫』『弥漫』 ❷長きにわたる。時間を経過する。また、ひさしい。『弥月』 ❸いよいよ。ますます。いや。『弥栄(いやさか)』 *論語－子罕「仰レ之弥高、鑽レ之弥堅(これをあおげばいよいよたかく、これをきればいよいよかたし)」〔＝(孔子の人格は)仰げば仰ぐほどますます高く、(その道徳は)切ろうとすればするほどますます堅い〕」 ❹その他。音訳字など。『沙弥(シャミ)』『弥助(やすけ)』〔＝鮎ずし〕』

❶ あまねし。ひろくゆきわたる。

【弥天(ビテン)】 ①空一面に広がること。②志が高遠で、徳が大きいことのたとえ。

【弥縫(ビホウ)】 ひとわたり縫い合わせること。欠点や失敗を一時的に取り繕うこと。『弥縫策』〔左伝－桓公五年〕

【弥望(ビボウ)】 遠くを見渡すこと。また、広々とした眺め。

【弥漫(ビマン)】 広がり満ちること。広くはびこること。

❷ 長きにわたる。また、ひさしい。

【弥久(ビキュウ)】 久しく行われること。長びくこと。『曠日弥久(コウジツビキュウ)』

【弥月(ビゲツ)】 月を重ねること。また、翌月にまたがること。

【弥日(ビジツ)】 日数を重ねること。

【弥留(ビリュウ)】 病気が長びいて重いこと。

❸ いよいよ。ますます。

【弥栄(いやさか)】 いよいよ栄えること。

【弥生(やよい)】 陰暦三月の異称。♥「いやおい〔＝草木がいよいよ生いしげる〕」の変化という。

❹ 音訳字など。

【弥撒(ミサ)】 (ポルトガル missa の音訳) ①ローマ－カトリック教会で、神を賛美し、罪のあがないを願い、恵みを祈る儀式。②「ミサ曲」の略。①のための多声楽曲。

【弥陀(ミダ)】 「阿弥陀(アミダ)」の略。

【弥勒菩薩(ミロクボサツ)】 (「弥勒」は梵 Maitreya の音訳) 菩薩の一。釈迦(シャカ)入滅後五六億七〇〇〇万年後にこの世界に現れて衆生を救うという。弥勒。

2222【弣】 *2870 弓－5 フ(漢)/fǔ/ゆづか

字解 形声。弓＋付(つく)(声)。ゆづかの意。

2223【弭】 5525 5739 9C58 弓－6 ミ(呉)・ビ(漢)/mǐ/・ゆはず・はず

字解 会意。弓＋耳。ゆみのみみ、ゆはずの意。転じて、やめる意を表す。

金文  篆文

参考 万葉仮名では音を借りて「び(甲)」「み(甲)」。

意味 ❶つのゆみ。両端を骨や角で飾った弓。❷ゆはず。弓の端。❸やめる。とめる。『弭息』『弭兵』 ❹忘れる。『弭忘』 ❺垂れる。

【弭息(ビソク)】 やめること。やめさせること。

【弭兵(ビヘイ)】 戦いをやめること。

【弭忘(ビボウ)】 忘れること。

2224【強】 2215 362F 8BAD 弓－8 常2 (2229)〔强〕 ―― 弓－9 旧字

ゴウ(ガウ)(呉)・キョウ(キャウ)(漢)/qiáng・qiǎng・jiàng/つよい・つよまる・つよめる・しいる・こわい・こわ・あながち

筆順 強強強強強強

字解 強は強の篆文から。強は形声。虫＋畺(つよくかたい)省(声)。かたい表皮のこくぞう虫の意。のち畺に通じ、つよい意に用いる。

同属字 繦・繈

意味 ❶つよい。勢力がある。また、はなはだしい。↔弱。『弱肉強食』『強大』『強力』『屈強』 ⇓表 ❷つよめる。つよくする。↔弱。『富国強兵(フコクキョウヘイ)』『強心剤』『強調』『補強(ホキョウ)』 ❸しいる。むりにさせる。むりを通す。つとめる。『牽強附会(ケンキョウフカイ)』『強制』『強迫』『勉強(ベンキョウ)』 ❹こわい。こわばる。かたくなる。かたい。『強飯(こわいい／こわめし)』『木強(ボッキョウ)』 ❺四〇歳の異称。『強仕』『強壮』 ❻少し余りがあること。↔弱。『百名強(ヒャクメイキョウ)』 『強半』〔＝なかばすぎ。おおかた〕』 ❼国 あながち。必ずしも。

下接 頑強(ガンキョウ)・屈強(クッキョウ)・健強(ケンキョウ)・堅強(ケンキョウ)・剛強(ゴウキョウ)・最強(サイキョウ)・精強(セイキョウ)・富強(フキョウ)・雄強(ユウキョウ)・列強(レッキョウ)・弱肉強食(ジャクニクキョウショク)

❶ つよい。また、はなはだしい。

	強弱	
強(キョウ)	つよい。	強大 健強 剛強 屈強 堅強 雄強
弱(ジャク)	よわい。	弱小 病弱 軟弱 脆弱 薄弱 文弱

【強圧(キョウアツ)】 力で強く押さえつけること。『強圧的』

【強悍(キョウカン)】 強く荒々しいこと。

【強諫(キョウカン)】 強くいさめること。

【強記(キョウキ)】 記憶力のすぐれていること。『博覧強記』

【強禦(キョウギョ)】 善をしりぞけるほどにわる強いこと。また、その者。武勇にすぐれていることにもいう。

3画 口囗土士夂夊夕大女子宀寸小(⺌・⺍)尢(尣・兀)尸屮(屮)山巛(川)工己(已・巳)巾干幺广廴廾弋弓彐(ヨ・彑)彡彳

【強肩キョウケン】[国]野球で、ボールを速く、遠くまで投げることができる肩。「強肩の捕手」

【強健キョウケン】体が強く丈夫であること。壮健。

【強権キョウケン】強力な権力。国家が司法的、行政的に有する強い権力。「強権発動」

【強固キョウコ】強くしっかりしていて確かなさま。「意志強固」♥書き換え「鞏固→強固」。

【強硬キョウコウ】自分の言い分を強く主張して屈しないこと。↔軟弱。「強硬派」

【強豪キョウゴウ】勢いが盛んで圧倒的に強いチームや人。

【強国キョウコク】強い力を持つ国。大国。↔弱国
【強酸キョウサン】水溶液中で多量の水素イオンを解離し、強い酸性を示す物質。硝酸、硫酸など。↔弱酸
【強者キョウシャ|つわもの】[1](キョウシャ)強い者。強い立場の者。↔弱者。[2](つわもの)兵士。武士。また、いさましい人。

【強弱キョウジャク】強いことと弱いこと。また、強さの程度。

【強襲キョウシュウ】激しく襲うこと。

【強震キョウシン】地震の強さを体感で表した段階の一。震度5に相当。壁に割れ目が入る程度。

【強靭キョウジン】柔軟でねばり強いさま。「強靭な意志」

【強壮キョウソウ】身体が丈夫で元気なこと。「強壮剤」↓❺
【強打キョウダ】強く打つこと。

【強大キョウダイ】強くて大きいさま。↔弱小
【強敵キョウテキ】強い敵。てごわい競争相手。↔弱敵
【強電キョウデン】強い電流を扱う電気工学の部門。↔弱電
【強弩キョウド】勢いの強い、いしゆみ。「強弩の末えす」[=初めは強いものでも衰えては何事もできないことのたとえ]

【強度キョウド】[1]強さの程度。強さ。[2]程度のはなはだしいこと。「強度の近視」

【強風キョウフウ】強い風。「強風波浪注意報」

【強暴キョウボウ】強く荒々しいこと。「強暴な性格」

【強梁キョウリョウ】手に負えないほど強いこと。

【強力キョウリョク|ゴウリキ】[一](キョウリョク)力や作用の強いさま。「強力な味方」[二](ゴウリキ)[国][1]強い力。剛力。「強力無双」[2]登山者の荷物を背負って道案内をする人。「富士山の強力」♥[二][2]はもと、修験者、山伏などに従う下僕の意。

【強烈キョウレツ】力や作用が強く激しいさま。

【強弓ゴウキュウ】引くのに強い力のいる弓。また、その弓を引く人。

【強欲・強慾ゴウヨク】欲が非常に深いさま。♥書き換え「強慾→強欲」。

❷ つよめる。つよくする。

【強化キョウカ】強くすること。↔弱化。「強化合宿」

【強心剤キョウシンザイ】心臓機能不全を正常に戻す薬物。

【強調キョウチョウ】調子を強めること。強く主張すること。

【強兵キョウヘイ】軍事力を強くすること。「富国強兵」

❸ しいる。むりにさせる。

【強行キョウコウ】反対などを無視し、無理に物事を行うこと。「強行突破」

【強行軍キョウコウグン】日程を詰め、無理な行軍をすること。時間的に無理な計画を強いて行うこと。

【強攻キョウコウ】危険を承知で無理に攻めること。「強攻策」

【強恕キョウジョ】つとめて恕(思いやり)の心を発揮すること。

【強制キョウセイ】無理に強いること。「強制送還」

【強請キョウセイ|ゆすり】[1](キョウセイ)無理に頼むこと。また、ゆすること。[2](ゆすり)人をおどして、金品を出させること。

【強迫キョウハク】無理じいして要求すること。無理に意思決定をさせること。「強迫観念」

【強弁・強辯キョウベン】無理に理屈を付けて言い張ること。

【強要キョウヨウ】相手の意志に反して無理にさせようとすること。無理じい。

【強引ゴウイン】[国]無理やりに事を行うさま。「強引な手段」

【強姦ゴウカン】暴力によって女性を犯すこと。暴行。

【強訴ゴウソ】徒党を組んで、強引に訴えごとをすること。

【強奪ゴウダツ】無理に奪い取ること。暴力で奪い取ること。

【強談ゴウダン】強引に談判すること。

【強盗ゴウトウ】乱暴やおどしによって、他人のものを奪うこと。「居直り強盗」「銀行強盗」

❹ こわい。こわばる。

【強顔キョウガン】[1]あつかましいこと。厚顔。鉄面皮。[2]つれないこと。同情心のないこと。

【強直キョウチョク】かたくこわばること。

【強情ゴウジョウ】かたくなで意地を張ること。

【強面こわもて】恐ろしい顔つき。また、怖い態度。

❺ 四〇歳の異称。

【強仕キョウシ】四〇歳ではじめて仕官すること。転じて、四〇歳の称。不惑。〔礼記-曲礼上〕
【強壮キョウソウ】(「壮」は、三〇歳の意)三〇歳と四〇歳の称。〔礼記-曲礼上〕↑❶

[難読姓氏] 強瀬こわせ 強矢・強谷すねや

2225 【弶】 *2878 弓-8 キョウ(キャウ)[漢]/jiàng

[字解] 形声。弓+京[声]。わなをしかける意。

2226 【張】 3605 4425 92A3 弓-8 [常5] チョウ(チャウ)[呉][漢]/zhāng/はる・はり

[筆順] 張 張 張 張 張 張

[字解] 形声。弓+長(ながくひく)[声]。弓をはる意。

[同属字] 漲

[意味] ❶はる。㋑ひっぱる。また、ぴんとはる。「張力」「緊張キンチョウ」「弛張シチョウ」㋺ひらく。ひろげる。ゆきわたらせる。また、ふくらむ。大きくする。「張大」「張本」「拡張」「主張シュチョウ」「膨張」❷たれまく。とばり。「張飲」❸[国]はり。弓、琴、幕などを数える語。❹人名など。「張三李四」「張儀」

❶ はる。ぴんとはる。また、ひろげる。

[下接] 恢張カイチョウ・開張カイチョウ・拡張カクチョウ・更張コウチョウ・誇張コチョウ・骨張コッチョウ・弛張シチョウ・出張シュッチョウ・伸張シンチョウ・怒張ドチョウ・膨張ボウチョウ・舗張ホチョウ・雄張ユウチョウ・一張一弛イッチョウイッシ

【張皇チョウコウ】勢いを張り盛んにすること。おおげさにすること。

【張大チョウダイ】張って大きくする、おおげさにすること。

【張本チョウホン|ポン】[1]文章で、後に書く事柄のもととなることを前もって書いておくこと。[2]悪事のたくらみや事件を起こすなどのもとになること。「張本人」♥事前に本もとを張りめぐらしておく意。

【張目チョウモク|めをはる】目をみはること。目をむくこと。*史記-廉頗藺相如伝「相如張目叱之(相如ショウジョめをはりてこれをシッす)」[=藺相如は目をむいてしかりつけた]

【張力チョウリョク】引っぱり合う力。物質の内部の任意の面に

垂直に働き、両側の部分を引き離すように働く力。

❷たれまく。とばり。

【張飲（チョウイン）】とばりをめぐらして酒盛りをすること。

❹人名など。

【張華（チョウカ）】中国、西晋の詩人。字は茂先。「博物志」の著者でもある。（二三二～三〇〇）

【張角（チョウカク）】中国、後漢末期の道士。太平道を唱え、一八四年に黄巾の乱を起こしたが、その年に病死した。

【張儀（チョウギ）】中国、戦国時代の縦横家。秦の恵王のために連衡の策をたてて六国に遊説し、蘇秦が説いた合従を破らせた。（？～前三一〇）

【張九齢（チョウキュウレイ）】中国、唐の政治家、詩人。字は子寿。曲江の人。玄宗に重用され中書令に至ったが、詩人としてもすぐれ、「感遇」十二首は有名。（六七三～七四〇）

【張継（チョウケイ）】中国、中唐の詩人。字は懿孫。「楓橋夜泊」は有名。生没年未詳。

【張騫（チョウケン）】中国、前漢の外交家。武帝の時、匈奴征伐に功をたて、西域への交通路を開いた。（？～前一一四）

【張載（チョウサイ）】中国、北宋の儒者。字は子厚。横渠先生と称す。著に「易説」など。（一〇二〇～七七）

【張三李四（チョウサンリシ）】どこにでもいるありふれた人。凡人。〔伝灯録〕▶中国に多い姓である張氏、李氏の三男、四男の意。

【張巡（チョウジュン）】中国、唐の武将。安禄山の乱に義兵を率いて睢陽を死守したが、陥落し殺された。（七〇九～七五七）

【張世傑（チョウセイケツ）】中国、南宋の忠臣。元が侵入したとき衛王を奉じて厓山を死守したが、のち溺死した。（？～一二七九）

【張籍（チョウセキ）】中国、中唐の詩人。字は文昌。韓愈の門下。楽府に秀で、王建と併称して「張王の楽府」と評される。著に「張司業集」。（七六八～八三〇？）

【張飛（チョウヒ）】中国、三国時代、蜀の武将。関羽とともに劉備に仕えた。二二一年没。

【張良（チョウリョウ）】中国、漢初の功臣。字は子房。蕭何・韓信とともに漢創業の三傑といわれた。（？～前一八九）

2227 【弴】 *2877 弓－8 トン漢・チョウ（テウ）漢／dūn・diāo／ゆみ

字解 形声。弓＋享（＝臺）声。朱いうるしぬりのゆみの意。天子が用いた。

2228 【弸】 5526 573A 9C59 弓－8 ホウ（ハウ）漢／pēng

字解 形声。弓＋朋声。弓のつよいさま。

2229 【强】 ―― 弓－9 キョウ 「強」(2224)の旧字

2230 【弽】 *2880 弓－9 ショウ（セフ）漢／ゆがけ

字解 形声。弓＋枼声。韘に同じ。

意味 ゆがけ。弓を射る際に手指が痛まないように用いる革製の手袋。

2231 【弾】 3538 4346 9265 弓－9 常 (2235)【彈】 5528 573C 9C5B 弓－12 旧字 人

ダン呉・タン漢／dàn・tán／ひく・はずむ・たま・はじく・はじける・たたく

筆順 弾 弾 弾 弾 弾 弾 弾 弾 弾

字解 弾は彈の略体。彈は形声。弓＋單（ふたまたの武器）声。はじきゆみの意。転じて、一般に、はじく意。甲骨文は、はじいた弓に象る。

甲骨文 篆文

意味 ❶はじく。はじける。㋐指先でぴんとはじく。「弾弓」「弾指」㋺いしゆみや銃砲のたまなどをはじく。「弾射」❷銃砲のたま。「弾丸」「弾薬」「銃弾」❸たたく。打つ。また、ただす。罪をせめる。「弾圧」「糾弾」❹ひく。かなでる。楽器を奏する。「弾琴」「弾奏」「連弾」❺国はずむ。「弾性」「弾力」

❶はじく。はじける。

【弾冠（ダンカン）】冠のちりをはじき払う。転じて、仕官の用意をすること。*屈原-漁父辞「新沐者必弾冠（あらたにもくするものはかならずかんをはじく）」〔＝髪を洗ったばかりの者は必ず冠の塵をはじき払う〕」

【弾弓（ダンキュウ）】弾丸をはじいて飛ばす弓。

【弾指（ダンシ）】仏語。①曲げた指の爪先を親指の腹に当てて音を立てること。②極めて短い時間を表す単位。

【弾射（ダンシャ）】弾丸を発射すること。

❷銃砲のたま。

下接 凶弾・巨弾・散弾・試弾・実弾・銃弾・装弾・肉弾・爆弾・飛弾・被弾・砲弾・防弾・流弾／矢弾

【弾雨（ダンウ）】弾丸が雨粒のように多量に飛んで来ること。

【弾丸（ダンガン）】①銃砲に込めて発射するたま。②古代中国の、弾弓で飛ばすはじきだま。【弾丸黒子（ダンガンコクシ）】弾丸やほくろのように小さい土地。〔十八史略-宋〕

【弾痕（ダンコン）】大砲や銃の弾丸の当たったあと。

【弾着（ダンチャク）】弾丸が的に命中すること。「弾着距離」

【弾頭（ダントウ）】砲弾の先の、爆薬を装着した部分。「核弾頭」

【弾道（ダンドウ）】弾丸が発射されて目標に達するまでの経路。

【弾幕（ダンマク）】一定地域に多数の弾丸をいっせいにすきまなく落下させ、弾丸の幕で覆ったようにすること。

【弾薬（ダンヤク）】弾丸とそれを発射する火薬。「弾薬庫」

❸たたく。打つ。また、ただす。

下接 劾弾・糾弾・指弾・奏弾

【弾圧（ダンアツ）】権力や武力で社会的活動などを抑えること。

【弾劾（ダンガイ）】罪状を調べ、おおやけにし、責任を追及すること。「弾劾裁判所」

【弾糾（ダンキュウ）】悪事をくわしく調べただすこと。糾弾。

【弾鋏（ダンキョウ）】刀剣のつかをたたく。貧しい者が地位や俸禄を求めること。〔戦国策-斉〕▶中国、戦国時代、斉の孟嘗君の食客、馮驩が刀のつかをたたいて不満の意を表し、待遇を上げてもらった故事から。

【弾正台（ダンジョウダイ）】国日本の律令制で、内外の非法をただし、風俗を粛正することをつかさどる役所。

【弾奏（ダンソウ）】弾劾をする上奏文。→❹

❹ひく。かなでる。楽器を奏する。

【弾琴（ダンキン）】琴をひくこと。*王維-竹里館「独坐幽篁裏、弾琴復長嘯（ひとりユウコウのうちにザし、ことをダンじてまたチョウショウす）」〔＝ひとり奥深い竹やぶの中にすわり、琴をひき、また歌をゆったりと歌っている〕」

【弾奏（ダンソウ）】弦楽器をひき鳴らして、曲を演奏すること。「弾奏楽器」→❸

⑤（日本語で）はずむ。
【弾性(ダンセイ)】[国]力を加えると変形し、力を除くと、もとに戻る物体の性質。『弾性率』
【弾力(ダンリョク)】[国]①物体に外力が働いて変形するとき、物体内に生じる、原形に戻そうとする抗力。②変化する状況に適応できる力。『弾力的に運用する』
[難読地名] 弾崎(はじきざき)（新潟）

2232 【彀】＊2882 弓-10 コウ(漢)/gòu/はる
[字解] 形声。弓＋𣪊(中が空洞)(声)。ゆみをはる意。
[意味] はる。弓をいっぱいにはる。また、矢を射るのによい距離。矢ごろ。
【入二彀中一(コウチュウにいる)】射程に入る。転じて、生かすも殺すも意のままになること。
【彀率(コウリツ)】弓をひきしぼる度合い。

2233 【彁】5527 573B 9C5A 弓-10 音訓字義未詳

2234 【彅】＊2884 弓-11 なぎ
[字解] 国字。弓(破魔弓か)＋剪(なぎ払う)。日本語の意味の派生による用字か。
[意味] 「草彅(くさなぎ)」は姓氏。

2235 【彈】5528 573C 9C5B 弓-12 ダン 「弾」(2231)の旧字

2236 【彊】2216 3630 8BAE 弓-13 キョウ(キャウ)(漢)qiáng・qiǎng・jiàng/つよい
[字解] 形声。弓＋畺(声)。つよい意。強の本字。
甲骨文 金文 篆文

[参考] 熟語は「強」(2224)を見よ。

2237 【彇】＊2885 弓-13 ショウ(セウ)(漢)
[意味] 「弓彇(ゆはず)」は弓の両端のつるをかける所。

2238 【彌】5529 573D 9C5C 弓-14 ビ 「弥」(2221)の旧字
【彊】⇩4964

58 彑(彐・⺕)部 けいがしら

篆文

彑は、いのししなどの頭の部分の象形で、単体としては用いられない。隷書で彐の形をとり、⺕の形まで含めて、類形の字を彑部に収めている。「けいがしら」というのは、彑にケイの音がありとするところから出た。

彑[◆] 彑 彐 ⺕ ヨ
彑[▬] ⑤ 彔 录 ⑥ 彖 彖 ⑨ 彘 ⑩ 彙 ⑬ 彜 ⑮ 彝
彑[▬] ⑧ 彗

彑[◆]
2239 【彑】5532 5740 9C5F 彑-0 (2240)【彐】＊2887 彑-0
(2241)【⺕】彑-0 (2242)【ヨ】彑-0
ケイ(漢)
[字解] 部首解説を参照。

彑[▬]
【彔】⇩1489 【彐】⇩878 【灵】⇩4437

2243 【彔】＊2888 彑-5 (2244)【录】彑-5
ロク(漢)lù
[字解] 象形。くんだ水があふれしたたるさまという。古くより祿に通じ、さいわいの意に用いる。
甲骨文 金文 篆文

[同属字] 剝・碌・祿(禄)・綠(緑)・錄(録)

【帚】⇩2039

2245 【彖】5533 5741 9C60 彑-6 (2246)【彖】彑-6
タン(漢)tuàn
[字解] 象形。頭部が目立ついのししに象り、いのししが走る意。専に通じ、易の一つの卦をめぐって説いたことばの意に用いる。
篆文

[同属字] 蠡・篆・喙・掾・椽・緣(縁)

2247 【彘】＊2889 彑-9 テイ(漢)zhì
[字解] 形声。希省＋比(声)。もと、豕(いのこ)＋矢(矢で射る)(声)。矢で射た獲物のいのこ、こぶたの意。
甲骨文 金文 篆文

【彘肩(テイケン)】豚の肩の肉。＊史記-項羽本紀「賜二之彘肩一(これにテイケンをたまえ)」〔=この者に豚の肩肉をつかわせ〕

【尋】⇩1811

2248 【彙】5535 5743 9C62 彑-10 イ(ヰ)(呉)(漢)huì/あつまる・あつめる
[字解] 形声。もと、希(長毛の獣)省＋胃(→民、多くあつまる)省(声)。毛が群がりあつまったはりねずみの意。転じて、あつめる意。
[意味] あつめる。あつまり。『彙報』『語彙(ゴイ)』『字彙(ジイ)』『辞彙(ジイ)』
【彙纂(イサン)】種々のものを集めて分類し、編集すること。
【彙報(イホウ)】種類別にまとめた報告。雑報。

【肅】⇩6275

2249 【彜】5520 5734 9C53 彑-13 イ 「彝」(2250)の異体字

2250【彝】5519 5733 9C52 彑-15 (2249)【彜】5520 5734 9C53 彑-13

イ(漢)/yí/のり・つね

字解 会意。彑(いけにえ)＋糸(糸でしめる)＋米(したたる血)＋廾(両手)。いけにえの血をしぼり手で神にささげる意から、宗廟に供える器の意。派生して、のりの意。甲骨文・金文は、象形字。

甲骨文 金文 篆文

意味 ❶宗廟(ソウビョウ)に常に供えておく器物。「彝器」「宗彝(ソウイ)」 ❷のり。法則。人の守るべき不変の道。つね。「彝訓」「彝憲」「彝典」「彝倫」「秉彝(ヘイイ)」

【彝器(イキ)】宗廟に常に供えておく祭器。

【彝訓(イクン)】人の守るべき道。行うべき教え。

【彝憲(イケン)】人として常に守るべき道、法則。

【彝典(イテン)】人として守るべき正しい道。

【彝倫(イリン)】人の常に守るべき道。一定不変の倫理。

彝❶〔上海博物館蔵〕

彑 (8画)

2251【彗】5534 5742 9C61 彑-8 [人]

エ(ヱ)(呉)・ケイ(漢)・スイ(漢)/huì·suì/ほうき

字解 会意。丰(くさ)＋又(て)。手に草のほうきをもつ意から、ほうきの意を表す。

甲骨文 篆文

意味 ほうき。掃く。払う。また、ほうき星。 同属字 慧(慧)

【彗星(スイセイ)】楕円(ダエン)、放物線などの軌道を描き、尾を引いて運行する星。ほうき星。

59 彡 部 さんづくり

彡は、光線の様子を象徴する。部首の形(サン)は普通単独には用いられない。彡部に属する字は、光、色、かざりなどに関係する。部標を字の右部にもつものが多く、「さんづくり」という。別に髟部(190)があるが、その彡は、かみの毛のさまである。

甲骨文 篆文

彡◆ 彡 ⑦ 彧
彡(6画) ⑥ 彦 彥
彡(4画) ④ 形 形 ⑥ 形 ⑦ 修 ⑧ 彩 彩 彫
彫 彪 彬 ⑨ 彭 ⑪ 彰 彰 ⑫ 影

彡

2252【彡】5536 5744 9C63 彡-0

サン(漢)・セン(漢)/shān/さんづくり

字解 部首解説を参照。

2253【彧】*2894 彡-7

イク(ヰク)(漢)/yù/

字解 形声。彡＋或省(声)。郁に同じ。

彡 (6画)

【㐱】⇩144

2254【彦】4107 4927 9546 彡-6 [人] (2255)【彥】彡-6 旧字

ゲン(呉)(漢)/yàn/ひこ

字解 形声。彡(あや)＋文(入れ墨)＋厂(けずられたがけ)(声)。採掘した顔料の意。転じて、美しい男子の意。

金文 篆文

同属字 顔(顏)・諺・諺

意味 才徳すぐれた青年。また、男子の美称。

下接 英彦(エイゲン)・俊彦(シュンゲン)・諸彦(ショゲン)・邦彦(ホウゲン)

【彦士(ゲンシ)】りっぱな男子。

【彦聖(ゲンセイ)】才徳のすぐれた人。

【彦星(ひこぼし)】鷲(わし)座の星アルタイル。七夕の牽牛(ケンギュウ)星。

彡 (4画)

【須】⇩8904

彡 (4画)

2256【形】2333 3741 8C60 彡-4 [常2] (2258)【形】彡-6

ギョウ(ギャウ)(呉)・ケイ(漢)/xíng/かた・かたち・なり

筆順 形形形形形形形

字解 形は形の略体。形は形声。彡(かざる)＋幵(けずってつくる)(声)。かたちづくるの意から、かたの意。

意味 ❶かた。かたち。なり。㋑物のかたち。「形而上」「形態」「外形」㋺かお。顔立ち。「形色」㋩からだ。身体。「形骸」「形軀」㋥ありさま。様子。「形勢」⇒表 ❷かたちづくる。あらわす。あらわれる。また、みえる。「形成」「形容」「造形」

下接 ❶かた。かたち。なり。

異形(イギョウ)・一形(イチギョウ)・印形(インギョウ)・雲形(ウンケイ―くもがた)・円形(エンケイ)・外形(ガイケイ)・奇形(キケイ)・弓形(キュウケイ―ゆみがた)・球形(キュウケイ)・矩形(クケイ)・原形(ゲンケイ)・現形(ゲンケイ)・固形(コケイ)・実形(ジッケイ)・象形(ショウケイ)・陣形(ジンケイ)・図形(ズケイ)・整形(セイケイ)・践形(センケイ)・線形(センケイ)・全形(ゼンケイ)・僧形(ソウギョウ)・造形(ゾウケイ)・体形(タイケイ)・隊形(タイケイ)・台形(ダイケイ)・地形(チケイ)・定形(テイケイ)・梯形(テイケイ)・童形(ドウギョウ)・同形(ドウケイ)・人形(ニンギョウ―ひとがた)・美形(ビケイ)・変形(ヘンケイ)・扁形(ヘンケイ)・方形(ホウケイ)・忘形(ボウケイ)・貌形(ボウケイ)・本形(ホンケイ)・無形(ムケイ)・有形(ユウケイ―ギョウ)・葉形(ヨウケイ)・裸形(ラギョウ)・輪形(リンケイ)・鱗形(リンケイ)／女形(おやま―おんながた)・鉤形(かぎがた)・髪形(かみがた)・楔形(くさびがた)・櫛形(くしがた)・轡形(くつわがた)・鍬形(くわがた)・杉形(すぎなり)・銭形(ぜにがた)・卵形(たまごがた)・手形(てがた)・菱形(ひしがた)・雛形(ひながた)・二形(ふたなり)・升形(ますがた)・道形(みちなり)・身形(みなり)・屋形(やかた)・優形(やさがた)・山形(やまがた)

形(ケイ)	かたち。物のかたちや様子をいう。	形式 固形 方形 円形 球形 定形 変形
型(ケイ) かた	かた。一定のわくをいう。(上五語は「かた」と読むことが多い)	型式 中型 木型 紙型 鋳型 典型 変型

【形影(ケイエイ)】かたちとそのかげ。「形影相伴う(＝夫婦などの仲むつまじくていつも一緒のさま)」【形影相弔(ケイエイあいとむらう)】自分の形と影とが、互いに慰め合う。孤独で

3画 口囗土士夂夊夕大女子宀寸小(⺌・⺍)尢(尣・兀)尸屮(屮)山巛(川)工己(已・巳)巾干幺广廴廾弋弓彐(ヨ・彐)彡彳

訪れる人もないさま。

【形役(ケイエキ|かたちのエキ)】（「形」は、人間の肉体の意）肉体に使われるもの。肉体の下僕。＊陶潜-帰去来辞「既自以レ心為ニ形役一(すでにみずからこころをもってかたちのエキとなす)」〔＝われとわが心を肉体の召し使いとしてしまった〕」

【形骸(ケイガイ)】体、または骨組み。特に、生命や精神を伴わない体。内容のない外形だけのもの。『形骸化』

【形軀(ケイク)】からだ。身体。

【形而下(ケイジカ)】形があり、感覚によって知り得るもの。〔易経-繋辞伝上〕↔形而上
【形式(ケイシキ)】①かたち。外形。外見。②物事の決まったやり方、手法。↔内容・実質。③内容が軽視された、固定した形。↔内容。『形式的』【形式主義(ケイシキシュギ)】内容はともかく、形だけは整えようとする立場、考え。

【形而上(ケイジジョウ)】感覚では存在を知ることのできないもの。時間、空間を超越した、抽象的、観念的なもの。〔易経-繋辞伝上〕↔形而下。『形而上学』

【形質(ケイシツ)】国①物の形体と性質。②生物の分類の指標となる形態や性質の特徴。

【形勝(ケイショウ)】①敵を防ぐのに適した地勢。要害の地。②景色がすぐれていること。景勝。

【形象(ケイショウ)】表に現れている形。

【形状(ケイジョウ)】物のかたちや人の容姿。

【形色(ケイショク)】体つきと顔つき。また、顔いろ。

【形勢(ケイセイ)】①変化する物事の、その時々の状態や関係。情勢。『形勢が不利になる』②世の中の様子。時事。＊杜甫-新婚別「形勢反蒼黄(ケイセイかえってソウコウたり)」〔＝世の中のなりゆきがあまりにもあわただしすぎる〕」

【形跡・形迹(ケイセキ)】物事の行われたあと。あとかた。

【形相(ケイソウ|ギョウソウ)】①顔つき。特に、恐ろしい顔つき。②（ケイソウ）（ギリシアeidos 英formなどの訳語）哲学で、形式、姿、形などの意味で用いられる。

【形体(ケイタイ)】物のかたち。また、人間のからだつき。

【形態(ケイタイ)】ある組織立った具体的な物や事柄の、外から見た形や有様。

【形単影隻(ケイタンエイセキ)】からだ一つに影一つ。ひとり身で身寄りもなく、孤独なこと。〔韓愈-祭二十二郎一文〕

【形魄(ケイハク)】からだ。肉体。

【形名(ケイメイ)】①ものの形とその名称。②言葉（名）と行為（形）。刑名。→刑名

【形容(ケイヨウ)】姿かたち。体つき。＊屈原-漁父辞「顔色憔悴、形容枯槁(ガンショクショウスイし、ケイヨウコウコウす)」〔＝顔つきはやつれて黒ずみ、姿かたちもやせ細ってしまっていた〕」→❷
【形代(かたしろ)】①神を祭るとき、神体の代わりとして据える物。②身代わり。

❷かたちづくる。あらわす。
下接 財形(ザイケイ)・整形(セイケイ)・造形(ゾウケイ)・変形(ヘンケイ)

【形成(ケイセイ)】形作ること。ある形に作り上げること。『人格形成』
【形声(ケイセイ)】漢字の六書(リクショ)の一。意味を表す文字に、音声を表す文字を組み合わせて、漢字を作る方法。「氵（水）」に、「可（カ）」を組み合わせた「河」の類。
【形容(ケイヨウ)】物事を他の形を借りて表現すること。たとえて表現すること。『形容詞』→❶

2257 【彤】＊2893 彡－4 トウ㊥/tóng

字解 会意。彡（あや）＋丹（あか）。あかい意。

金文 篆文

【彤弓(トウキュウ)】赤く塗った弓。天子が大功のあった諸侯に与えたもの。

【尨】⇩1842 【杉】⇩3403 【衫】⇩7265

2258 【形】二一 彡－6 ケイ「形」(2256)の異体字

2259 【修】2904 3D24 8F43 彡－7 常5 シュ㊐・ス㊐・シュウ㊥(シウ)/xiū/おさめる・おさまる・おさむ

筆順 修修修修修修修

字解 形声。彡（かざり）＋攸（あらいきよめる）㊥。清めてかざる意。転じて、ととのえおさめる意。

意味 ❶おさめる。まなぶ。また、身をただす。物事をきちんと行う。『学を修する』『修身』『修養』＊論語-憲問「修レ己以安レ人(おのれをおさめてもってひとをやすんず)」〔＝自己を修養し、人々を安らかにする〕」❷なおす。つくろう。ととのえる。『修正』『修理』『改修』❸書籍を編む。『修史』『監修』❹音訳字。『修羅』

❶おさめる。まなぶ。また、身をただす。
下接 聿修(イッシュウ)・学修(ガクシュウ)・研修(ケンシュウ)・兼修(ケンシュウ)・自修(ジシュウ)・進修(シンシュウ)・清修(セイシュウ)・静修(セイシュウ)・漸修(ゼンシュウ)・専修(センシュウ)・践修(センシュウ)・前修(ゼンシュウ)・独修(ドクシュウ)・必修(ヒッシュウ)・履修(リシュウ)

【修学(シュウガク)】学問を習うこと。『修学年限』『修学旅行』
【修業(シュウギョウ|シュギョウ)】学術、技芸などを習いおさめること。『修業証書』❤シュギョウは修行から混じたもの。
【修好・修交(シュウコウ)】国と国とが親しく交流すること。『修好条約』
【修士(シュウシ)】国学位の一。大学院に二年から四年以内在学して所定の単位を修得し、修士論文の審査に合格した者に与えられる。
【修習(シュウシュウ|シュジュウ)】①（シュウシュウ）学問などをおさめならうこと。『司法修習生』②（シュジュウ）仏語。同じことを繰り返し行うことによって、目的を達しようとすること。
【修身(シュウシン)】①自分の行いを正すこと。〔大学〕『修身斉家(セイカ)治国(チコク)平天下(ヘイテンカ)〔＝行いを正し、家庭をととのえ、国を治め、天下を平和にする。儒教でいう男子一生の目的〕』②国旧学制下の教科名。道徳教育を行った。
【修飭(シュウチョク)】（「飭」はいましめる意）行いを正して心身をつつしむこと。〔荀子-君道〕
【修道(シュウドウ)】道を修めること。また、宗教の修行をすること。『修道院』『修道士』『修道女』
【修得(シュウトク)】学問、技術などを身につけること。
【修徳(シュウトク)】徳を修めること。
【修養(シュウヨウ)】学問を修め、徳性を養い、人格を高めること。
【修了(シュウリョウ)】一定の学業の課程を完了すること。
【修練・修錬(シュウレン)】人格、技術、学問などを磨き、きたえること。『修練を積む』
【修行(シュギョウ)】①仏教で、仏の教えに従い、戒律を守って苦行すること。②国学問、芸術、武術などを身につけようと励むこと。修業。『武者修行』
【修験(シュゲン)】国『修験道』の略。日本で、山岳信仰に、仏教や神道が習合した宗教。山中に入って難行、苦行を積む。役小角(エンのオヅヌ)を開祖とする。

❷ なおす。つくろう。ととのえる。

下接 改修（カイシュウ）・刪修（サンシュウ）・増修（ゾウシュウ）・補修（ホシュウ）

【修辞（シュウジ）】言葉を言い回しや修飾などにより、美しく効果的に表現すること。また、その技術。レトリック。

【修飾（シュウショク）】①つくろいかざること。②文法で、ある語句の概念内容、または陳述の態度について意味上の限定を与えること。『連体修飾語』『連用修飾語』

【修正（シュウセイ）】文章、意見など不十分と思われる点を直すこと。『修正主義』『軌道修正』『修正案』

【修整（シュウセイ）】写真の原版や印画に手を加えること。

【修繕（シュウゼン）】つくろい直すこと。修理。

【修築（シュウチク）】建物などを修理すること。

【修訂（シュウテイ）】書物、文章などの誤りを直し正すこと。

【修復・修覆（シュウフク）】破損の箇所を作り直すこと。修理。

【修理（シュウリ）】こわれた所や悪い所をつくろい直すこと。修繕。

❸ 書籍を編む。

下接 監修（カンシュウ）・纂修（サンシュウ）・撰修（センシュウ）・編修（ヘンシュウ）

【修史（シュウシ）】歴史書を編修すること。

【修撰（シュウセン）】文書をととのえつくること。特に、歴史書などを編纂すること。

❹ 音訳字。

【修羅（シュラ）】①「阿修羅（アシュラ）」の略。インド古代の鬼神。仏教では、仏法の守護神。②阿修羅がねたみ深くて戦いを好むとされるところから、長い闘争、暗い情念などのたとえ。③大石や大木、船などを運ぶ、そり、きんまの類。修羅車（シュラぐるま）。

【修羅道（シュラドウ）】仏教で、六道の一。阿修羅の住む世界。阿修羅道。

【修羅場（シュラば｜シュラジョウ）】阿修羅が帝釈天（タイシャクテン）と争う場所。転じて、血みどろの争いなどが行われる場面。『修羅場をくぐる』

2260【彩】2644 3A4C 8DCA 彡－8 常 (2261)〚彩〛旧字 彡－8

サイ 呉漢 \cǎi\ いろどる・いろどり

筆順 彩 彩 彩 彩 彩 彩

字解 形声。彡（あや）＋采（とる）声。色模様を選択する、いろどるの意。

意味 ❶いろどる。いろどり。いろどりの鮮やかさ。『彩色』『彩度』『異彩』『光彩』→下接。❷ようす。すがた。「采」に同じ。『神彩（シンサイ）』

下接 異彩（イサイ）・雲彩（ウンサイ）・霞彩（カサイ）・光彩（コウサイ）・虹彩（コウサイ）・五彩（ゴサイ）・色彩（シキサイ）・水彩（スイサイ）・生彩（セイサイ）・精彩（セイサイ）・多彩（タサイ）・淡彩（タンサイ）・文彩（ブンサイ）・迷彩（メイサイ）・油彩（ユサイ）・輪彩（リンサイ）

【彩雲（サイウン）】いろどり美しい雲。＊李白－早発二白帝城一「朝辞白帝彩雲間（あしたにジすハクテイサイウンのカン）〔＝夜明けに、白帝城が朝焼けの美しい雲間に見えるのに別れを告げた〕」

【彩霞（サイカ）】いろどりの美しいかすみ。五色の雲気。

【彩管（サイカン）】絵筆。『彩管を揮（ふる）う』

【彩虹（サイコウ）】いろどりの美しいにじ。

【彩色（サイシキ｜サイショク）】美しくいろどること。『極（ゴク）彩色』

【彩度（サイド）】色の三属性の一。さえ方・鮮やかさの程度。

2262【彫】3606 4426 92A4 彡－8 常 (2263)〚彫〛旧字 彡－8

チョウ（テウ）呉漢 \diāo\ ほる・える

筆順 彫 彫 彫 彫 彫 彫

字解 形声。彡＋周（あまねくゆきわたる）声。すみずみまでかざりがほどこされる、ほってかざる意。

意味 ❶ほる。きざむ。ほってかざる。『彫心鏤骨』『彫金』『彫刻』❷しぼむ。しなびる。また、いたむ。やぶれる。「凋」に同じ。『彫落』『後彫（コウチョウ）』

❶ ほる。きざむ。

【彫金（チョウキン）】たがねを金槌（かなづち）でたたきながら金属面に彫刻を施す技法。『彫金家』

【彫工（チョウコウ）】彫刻を職業とする人。彫刻師。

【彫刻（チョウコク）】木、石、土、金属などを彫り刻み、物の像や形を表すこと。また、その物。『彫刻家』『彫刻刀』

【彫心鏤骨（チョウシンルコツ）】心に刻み骨にちりばめること。非常に苦心して詩文などを練り上げること。

【彫塑（チョウソ）】①彫刻と塑像。②彫刻の原型になる塑像を作ること。

【彫像（チョウゾウ）】彫刻して像を作ること。彫刻した像。

【彫琢（チョウタク）】宝石などを刻み磨くこと。転じて、文章、詩歌などを練り上げること。

【彫虫篆刻（チョウチュウテンコク）】文学で細かな技巧に走ること。また、些末な文学・学問を卑しめていう。〔揚子法言－吾子〕▼中国、漢の揚雄が、虫をほったり、飾りをきざむ遊びのようなものだとして、賦をすてたという故事から。

【彫竜（チョウリュウ）】竜を彫刻するように、弁論、文章をじょうずに飾ること。〔史記－孟子荀卿伝〕

【彫鏤（チョウロウ｜チョウル）】ほりきざむこと。彫刻して飾ること。

❷ しぼむ。また、いたむ。

【彫残（チョウザン）】いたみそこなわれること。凋残。

【彫尽（チョウジン）】しぼみつきること。弱りはてること。凋尽。

【彫落（チョウラク）】①しぼみかれること。彫残零落。②落ちぶれること。また、おとろえて死ぬこと。凋落。

2264【彪】4123 4937 9556 彡－8 人

ヒョウ（ヘウ）呉・ヒュウ（ヒウ）漢 \biāo\

字解 会意。彡（あや）＋虎（とら）。とらの皮の文様の意。

金文 篆文

意味 虎の皮のあざやかな文様。あや。文様。

【彪蔚（ヒョウウツ｜ヒュウウツ）】あや模様が美しく立派なさま。

【彪炳（ヒョウヘイ｜ヒュウヘイ）】あざやかで美しいこと。

2265【彬】4143 494B 956A 彡－8 人

ヒン 漢 \bīn\

字解 形声。彡（かざり）＋焚（さかんにもえる）省声。あざやかなかざりの意。份の古文。

意味 「彬彬（ヒンピン）」は、あざやかなさま。外見と内容がならびそなわる。とけ合ってよく調和しているさま。斌斌（ヒンピン）。＊論語－雍也「文質彬彬、然後君子（ブンシツヒンピンとして、しかるのちにクンシなり）〔＝文化的教養と生まれつきのままの生地とがよく調和してこそ、はじめて君子ということができる〕」

【釤】⇨8363

2266【彭】5537 5745 9C64 彡－9

ホウ（ハウ）漢 \pēng・bāng\

字解 会意。彡（太鼓のひびき）＋壴（太鼓）。太鼓の音の

甲骨文　金文　篆文

意。同属字 澎・膨・蟚

意味 ❶太鼓の音。転じて、さかんなさま。また、水の音や様子を表す。「澎」に同じ。『彭湃(ホウハイ)』『彭彭(ホウホウ)』❷固有名詞。『彭城』『彭祖』『彭沢』

❶ 太鼓の音。転じて、さかんなさま。

【彭湃(ホウハイ)】 波がさかまくさま。澎湃(ホウハイ)。
【彭彭(ホウホウ)】 多く盛んなさま。

❷ 固有名詞。

【彭城(ホウジョウ)】 中国江蘇省徐州市付近の古名。
【彭祖(ホウソ)】 中国、古代、堯帝(ギョウテイ)の臣下で七百余年生きたといわれる仙人。
【彭沢(ホウタク)】 中国の県名。江西省湖口県の東の地で、長江に臨む。東晋の陶淵明が県令(知事)に任じられた地。

2267 【彰】 3020 3E34 8FB2 彡-11 常 (2268)〔彰〕 彡-11 旧字

ショウ(シャウ)漢 /zhāng/ あらわす・あらわれる・あきらか・あきら・あや

筆順 彰 彰 彰 彰 彰

字解 形声。彡(あや)+章(あや)声。あや・あきらかの意。

意味 あらわす。あらわれる。あきらか。また、あや。かざり。『顕彰(ケンショウ)』『表彰(ヒョウショウ)』

【彰義(ショウギ)】 正義の道をあらわすこと。
【彰考(ショウコウ)】 過去を明らかにし、未来を考えること。
【彰旌(ショウセイ)】 (「旌」は旗の意) 人の善行・美徳などを表彰すること。
【彰徳(ショウトク)】 人の徳を世に広めること。
【彰明較著(ショウメイコウチョ)】 明らかで著しいこと。*史記-伯夷伝「此其尤大彰明較著者也(これそのもっともショウメイコウチョなるものなり)」〔=これは最も明らかで目立つ例である〕」 「較」も「著」も、ともにはっきりと目立つの意。

2269 【影】 1738 3146 8965 彡-12 常

ヨウ(ヤウ)呉・エイ漢 /yǐng/ かげ

筆順 影 景 景 景 景 影

字解 形声。彡+景(ひかり、またはかげ)声。ひかり、また、かげの意。

意味 ❶かげ。物によって光が遮られたためにできる暗い部分。また、日本語で、比喩的に、物事の裏面。『影響』『陰影』『花影』 *李白-月下独酌「対影成三人(かげにタイしてサンニンをなす)」〔=自分の影法師と合わせて三人の仲間ができた〕」 ⇓表 ❷ものの姿。かたち。また、うつし出された姿。まぼろし。『影印本』『影鈔本』『影像』『遺影』『撮影』 ❸日、月、星、灯などの光。『月影(ゲツエイ|つきかげ)』『燭影(ショクエイ)』『清影(セイエイ)』『灯影(トウエイ)』 *李白-峨眉山月歌「影入平羌江水流(かげはヘイキョウコウにいりてながる)」〔=月の光は平羌江の水に溶けこんで、水とともに流れてゆく〕」

❶ かげ。また、物事の裏面。

下接 陰影(インエイ)・雲影(ウンエイ)・花影(カエイ)・射影(シャエイ)・斜影(シャエイ)・樹影(ジュエイ)・翠影(スイエイ)・隻影(セキエイ)・疎影(ソエイ)・投影(トウエイ)・倒影(トウエイ)・塔影(トウエイ)・浮影(フエイ)・泡影(ホウエイ|ヨウ)

影(エイ)	陰(イン)
陰影	
光が遮られた暗い部分。花影 斜影 樹影 投影 影絵(かげエ)	光のあたらない所。山陰 樹陰 清陰 夜陰 緑陰

【影響(エイキョウ)】 他に働きを及ぼして反応や変化を起こさせること。 影が形に従い、響きが音に応ずるの意。
【影絵(かげエ)】 物の形を作り、その影を灯火によって障子、壁などに映して見せるもの。

❷ ものの姿。また、うつし出された姿。

下接 遺影(イエイ)・印影(インエイ)・艦影(カンエイ)・雁影(ガンエイ)・機影(キエイ)・魚影(ギョエイ)・近影(キンエイ)・幻影(ゲンエイ)・孤影(コエイ)・撮影(サツエイ)・山影(サンエイ|やまかげ)・写影(シャエイ)・樹影(ジュエイ)・照影(ショウエイ)・神影(シンエイ)・真影(シンエイ)・清影(セイエイ)・船影(センエイ)・尊影(ソンエイ)・帆影(ハンエイ|ほかげ)・片影(ヘンエイ)/面影(おもかげ)・島影(しまかげ)

【影印(エイイン)】 書物を写真にとり、複製印刷すること。『影印本』
【影鈔本(エイショウボン)】 写本の一。原本を敷き写しにして、書体などを忠実に写した本。影写本(エイシャボン)。
【影像(エイゾウ)】 絵画に表した神仏や人の姿。肖像。
【影向(ヨウゴウ)】 仏語。神仏が仮の姿でこの世に現れること。

60 彳部 ぎょうにんべん

篆文

彳は、もと行の左部で象形。右部の亍の代わりに音標を入れて、道、道をゆくこと、歩くことに関する意を表す字ができている。行は別に行部(144)の部首をなす。「ぎょうにんべん」の名は、行(ぎょう)の左部にあり、亻(にんべん)に似た形の意。彳は字源上、行のほか辵、又にも関係する。

彳 0画 彳
彳 4画 ④ 役 彴 彷 ⑤ 往 往 徃 径 征 徂 ⑦
彽 彼 彿 ⑥ 徊 後 很 徇 待 徉 律
徑 従 徐 徒 ⑧ 御 徙 從 徜 得 徘 徠
⑨ 御 徨 循 復 徧 ⑩ 徯 得 微 徭
⑪ 徵 德 ⑫ 徴 徹 德 ⑬ 徽 徼 ⑭ 徽

2270 【彳】 5538 5746 9C65 彳-0

テキ漢 /chì/ たたずむ

字解 部首解説を参照。

意味 ❶少し進む。❷たたずむ。

彳 4画

［行］ ⇩ 7209

2271 【役】 4482 4C72 96F0 彳-4 常3 (199)〔役〕 人-4

ヤク呉・エキ漢 /yì/ えだち

筆順 役 役 役 役 役 役

字解 会意。彳(ゆく)+殳(武器をもつ)。武器を手に辺境を警備する意。派生して、つとめの意。

意味 ❶(エキ) えだち。人民に公用を課すること。㋐国の土木事業や国境警備・戦争などにかり出されること。

口囗土士夂夊夕大女子宀寸小(⺌・⺍)尢(兀・尣)尸屮(屮)山巛(川)工己(已・巳)巾干幺广廴廾弋弓彑(⺕・⺔)彡彳

また、それに従う人民。『役夫(エキフ|ブヤク)』『苦役』『夫役(エキフ|ブヤク)』❷(エキ)他人の労力を使う。使われる。はたらく。めしつかい。『役牛』㋺いくさ。戦争。『西南の役』『戦役』『雑役』＊陶潜-帰去来辞「既自以心為形役(すでにみずからこころをもってかたちのエキとなす)」〔=私はわが心を肉体の召使いとしてしまった〕」❸(ヤク)国官職。また、つとめ。職務。任務。『役職』『役人』『助役』❹(ヤク)国映画、劇などで、その人が扮する登場人物。わりふられた受け持ち。『役者』『配役』

❶ えだち。人民に公用を課すること。

下接 外役・課役・加役・苦役・公役・軍役・工役・行役・雇役・在役・囚役・征役・戦役・賤役・退役・調役・懲役・丁役・賦役・夫役・服役・兵役・辺役・無役・徭役・力役

【役丁(エキテイ)】労役に使われる人。特に、律令制時代、公用の労役に従うため、地方から徴集された男子。仕丁(シチョウ)。人足。

【役夫(エキフ)】古代、徭役にかり出された公民。人足。＊杜甫-兵車行「役夫敢伸恨(エキフあえてうらみをのべんや)〔=かり出された者は恨みごとを言ったりできようか〕」

【役民(エキミン)】古代、朝廷が課した労役に従事した人民。訓として「えにたてるたみ」「えにたつたみ」「えだちのたみ」などがある。

❷ 他人の労力を使う。また、使われる。

下接 駆役・現役・雇役・雑役・就役・徒役・用役・傭役・力役・労役

【役役(エキエキ)】力を労するさま。労役して休まないさま。

【役牛(エキギュウ)】耕作や運搬などの作業に使用するウシ。

【役畜(エキチク)】農耕、運搬などに使役する家畜。

【役務(エキム)】労役によるつとめ。他人のための労働。

❸ (日本語で)官職。また、つとめ。

下接 上役・加役・三役・重役・助役・大役・退役・適役・転役・難役・一役・無役

【役員(ヤクイン)】国その役に当たる人。また、会社、団体などで、そこを代表する幹部職員。

【役儀(ヤクギ)】国役目。任務。

【役所(ヤクショ)】国役人が公務を取り扱う所。官庁。

【役職(ヤクショク)】国役目や職務。特に、管理・監督する職務。

【役得(ヤクトク)】国その役目についていることによって得られる、余分の収入、利益。余禄(ヨロク)。

【役人(ヤクニン)】国官職に就いている人。官吏。公務員。

❹ (日本語で)わりふられた受け持ち。

下接 悪役・敵役・加役・子役・主役・代役・端役・配役・初役・脇役

【役者(ヤクシャ)】国①劇などでいろいろな役を演じる者。俳優。②弁舌や知略、かけひきなどにすぐれた人。

2272 【徇】 ―― ― 彳―4

ジュン 「徇」(2286)の異体字

2273 【彷】 5539 5747 9C66 彳―4

ホウ(ハウ)漢／pāng・fǎng／さまよう

字解 形声。彳＋方声。

意味 ❶さまよう。あてもなく歩く。『彷徨』❷似ていて見わけがつかない。ほのかではっきりしない。『彷彿』

【彷徨(ホウコウ)】あてもなく歩き回ること。

【彷彿(ホウフツ)】①よく似ているさま。また、その場にないものがありありと見えるような気がするさま。髣髴(ホウフツ)。②ぼんやりとしてはっきりとしないさま。『水天彷彿』

2274 【往】 1793 317D 899D 彳―5 常5

(2275)【徃】 ―― ― 彳―5 旧字

(2276)【徍】 5540 5748 9C67 彳―5

オウ(ワウ)呉漢／wǎng・wàng／いく・ゆく・いぬ・いにしえ

筆順 往往往往往往往往

字解 形声。彳(ゆく)＋主(=㞷、おおいにゆく)声。目的地をめざし大いにゆく意。のちに彳を加えた。

甲骨文

篆文

意味 ❶いく。ゆく。↔来・復。㋑向かう。すすむ。出かけて行く。『右往左往』『往診』『往復』『勇往』＊孟子-公孫丑上「雖千万人吾往矣(センマンニンといえどもわれゆかん)」〔=(反対者が)千万人いようとも、わたしは進んでいく〕」㋺いぬ。去る。立ち去る。また、死ぬ。『往生』❷いにしえ。過ぎた時。昔。さきに。かつて。『往古』『往年』『以往(イオウ)』『已往(イオウ)』『既往(キオウ)』❸のち。あと。おり。時。また、時として。ともすれば。また、あちこち。『往往』

❶ いく。出かけて行く。また、立ち去る。

下接 帰往・郷往・孤往・再往・神往・送往・直往・独往・勇往・来往・易往易行・右往左往・古往今来

【往還(オウカン)】①行き帰り。往来。②国街道。

【往航(オウコウ)】船、航空機の目的地に向かっての運航。↔帰航・復航

【往生(オウジョウ)】①仏語。極楽浄土に往って生まれ変わること。②国死ぬこと。『大往生』③国あきらめて行動をやめること。④国どうしようもなくなって、困ること。閉口。

【往信(オウシン)】先にこちらから送る通信。↔返信

【往診(オウシン)】患者の家へ出向いて診察すること。↔宅診

【往反(オウハン|オウヘン)】行くことと帰ること。往復。

【往復(オウフク)】行くことと帰ること。行って、帰ること。

【往訪(オウホウ)】訪問すること。↔来訪

【往来(オウライ)】①行き来すること。＊陶潜-桃花源記「其中往来種作(そのなかにオウライしシュサクす)〔=その中に人々は行き来し、種をまき耕作している〕」②国道路。街道。③国手紙。特に、往復書簡。

【往路(オウロ)】ある場所へ行くときの道。↔帰路・復路

❷ いにしえ。また、かつて。

【往古(オウコ)】はるか過ぎ去った昔。大昔。往昔。

【往行(オウコウ)】過去の行為。また、昔の人の行為。

【往事(オウジ)】過ぎ去った事柄。昔のこと。

【往時(オウジ)】過ぎ去った時。昔。

【往日(オウジツ)】過ぎ去った日。昔。

【往者(オウシャ|ゆくもの|さきに)】①(オウシャ)過ぎ去ったこと。昔。往時。＊論語-微子「往者不可諫、来者猶可追(オウシャはいさむべからず、ライシャはなおおうべし)〔=昔のことは諫めることはできない。しかしこれからのことはどうにかなるのだ〕」②(オウシャ|ゆくもの)去りゆく者。＊孟子-尽心下「往者不追、来者不距(ゆくものはおわず、きたるものはこばまず)〔=去りゆく者は追わないし、来る者は拒まない〕」③(さきに)(「者」は、時を表す語に付く助字)以前。かつて。向者(さきに)。

【往昔(オウセキ|オウジャク)】過ぎ去った昔。往古。

【往年(オウネン)】過ぎ去った年。昔。かって。

【告レ往知レ来(オウをつげてライをしる)】過去のことを告げれば、将来のことを察知する。推理力の鋭いたとえ。〔論語-学而〕

❸ のち。あと。おり。

【往往(オウオウ)】①しばしば。ときどき。＊白居易-琵琶行「往往取レ酒還独傾(オウオウさけをとりてまたひとりかたむく)〔＝しばしば酒を取り寄せては、独りで酒を傾けて飲む〕」②あちらでもこちらでも。＊史記-陳渉世家「旦日、卒中往往語、皆指目二陳勝一(タンジツ、ソッチュウオウオウにしてかたり、みなさしてチンショウをモクす)〔＝翌日早く、兵士たちはあちこちでこのことを話し合い、みな陳勝を指さしては注目した〕」

2277
【径】2334 3742 8C61 彳-5 常4
(2290)〔徑〕5545 574D 9C6C 彳-7 旧字
ケイ㊥/jìng/みち・こみち・さしわたし・ただちに

筆順 径 径 径 径 径 径 径 径

字解 径は徑の略体。徑は形声。彳+巠(まっすぐ)㊥。ちかみちの意。

意味 ❶こみち。ちかみち。よこみち。『径路(ケイロ)』❷さしわたし。『径尺』『直径』『半径』❸ただちに。まっすぐ。『径行』

❶ こみち。ちかみち。よこみち。

下接 寒径(カンケイ)・蹊径(ケイケイ)・行径(コウケイ)・香径(コウケイ)・細径(サイケイ)・山径(サンケイ)・邪径(ジャケイ)・小径(ショウケイ)・捷径(ショウケイ)・石径(セッケイ)・草径(ソウケイ)・村径(ソンケイ)・苔径(タイケイ)・万径(バンケイ)・門径(モンケイ)・野径(ヤケイ)・幽径(ユウケイ)・鼠径部(ソケイブ)

【径庭(ケイテイ)】(「庭」は広場の意)小道と広場のように、かけ離れていること。隔たり。

【径路(ケイロ)】小道。細いみち。

【不レ由レ径(こみちによらず)】小道を通らないで大道をゆく。常に正道をゆく。〔論語-雍也〕

❷ さしわたし。

下接 外径(ガイケイ)・口径(コウケイ)・直径(チョッケイ)・内径(ナイケイ)・半径(ハンケイ)

【径尺(ケイシャク)】直径が一尺(約三〇センチメートル)であること。

❸ ただちに。まっすぐ。

【径行(ケイコウ)】思うことを曲げずに行うこと。『直情径行』

2278
【征】3212 402C 90AA 彳-5 常
セイ㊥/zhēng/うつ・ゆく・しちょう

筆順 征 征 征 征 征 征 征 征

字解 形声。彳+正(まっすぐにむかってゆく)㊥。まっすぐ進撃する意。甲骨文は、正のみの形。金文以降、彳を付す。征は重文による。

甲骨文　金文　篆文　重文

意味 ❶うつ。戦いにゆく。攻めにゆく。また、ゆく。旅をする。遠くへゆく。＊李白-送二友人一「孤蓬万里征(コホウバンリをゆかん)〔＝風に吹かれて飛んでいく一本のヨモギのように、万里の道をさすらっていくことだろう〕」❷囲碁で、しちょう。

下接 遠征(エンセイ)・外征(ガイセイ)・孤征(コセイ)・出征(シュッセイ)・親征(シンセイ)・長征(チョウセイ)・東征(トウセイ)・力征(リキセイ)

【征夷(セイイ)】未開の民族を征伐すること。特に日本で、蝦夷(えぞ)を征伐すること。『征夷大将軍』

【征衣(セイイ)】①旅行用の服装。②戦争に行く時の服装。

【征戍(セイジュ)】辺境へ行って守ること。また、その兵士。

【征人(セイジン)】①出征する人。②遠方に旅する人。

【征戦(セイセン)】いくさに出かけること。＊王翰-涼州詞「古来征戦幾人回(コライセイセンいくニンかかえる)〔＝昔から、西域に遠征したもので、いったい幾人が無事に故郷に帰れただろうか〕」

【征鳥(セイチョウ)】①飛び行く鳥。または、渡り鳥。②鷹、鷲、隼(はやぶさ)などの猛禽の類をいう。

【征途(セイト)】旅の道。特に日本では、戦いに向かう道。

【征討(セイトウ)】兵を出して攻め討つこと。

【征馬(セイバ)】①旅で乗る馬。②従軍する馬。

【征伐(セイバツ)】攻め討つこと。征討。

【征帆(セイハン)】航行する船の帆。航行する船。

【征夫(セイフ)】①出征して他国へ行っている人。②旅人。＊陶潜-帰去来辞「問二征夫一以二前路一(セイフにとうにゼンロをもってす)〔＝わたしは、同行の旅人に行く手の道すじを尋ねた〕」

【征服(セイフク)】征伐して服従させること。転じて、困難な相手に挑み、支配下におくこと。

【征蓬(セイホウ)】風に吹かれて飛んで行くヨモギ。旅人のことをたとえていう。

【征野(セイヤ)】戦場。戦野。

【征旅(セイリョ)】①(「旅」は軍隊、いくさの意)征伐の軍隊。遠征軍。②いくさの旅。③旅の客。

2279
【徂】5541 5749 9C68 彳-5
ソ㊥/cú/ゆく

字解 形声。彳+且(重ねる)㊥。歩みを重ねて、すぎゆく意。

意味 ゆく。おもむく。死ぬ。＊史記-伯夷伝「于嗟徂兮、命之衰矣(ああゆかん、メイのおとろえたるかな)〔＝ああ、死のう。天命は尽きようとしている〕」

【徂歳(ソサイ)】過ぎ去った年。去年。

【徂逝(ソセイ)】去って行くこと。また、死ぬこと。

【徂徠(ソライ)】①ゆききすること。②江戸時代の儒者、荻生徂徠(おぎゅうソライ)のこと。

【徂落(ソラク)】天子が死ぬこと。崩御。

2280
【彽】＊2907 彳-5
テイ㊥・チ㊥/dī/もとおる

字解 形声。彳+氐㊥。

意味 もとおる。さまよう。

【彽徊(テイカイ)】ゆっくりと行きつ戻りつすること。低回。

2281
【彼】4064 4860 94DE 彳-5 常
ヒ㊤㊥/bǐ/かれ・かの・あれ・あの・か

筆順 彼 彼 彼 彼 彼 彼 彼 彼

字解 形声。彳+皮(動物のはぎとられたかわ)㊥。はなれる意。借りて、指示代名詞に用いる。

参考 万葉仮名では音を借りて「ひ(乙)」。

意味 ❶かれ。あの人。また、あれ。あそこ。かなた。↕此。『彼我』『彼此』『海彼(カイヒ)』❷かの。あの。あそこの。かなたの。『彼岸』『彼蒼』

❶ かれ。あれ。

【彼我(ヒガ)】かれとわれ。他人と自分。

【彼此(ヒシ・あれこれ)】二つ以上の事柄を取り上げていう。あれとこれと。彼是。

【彼一時、此一時(かれもイチジ、これもイチジ)】(あれもこれもすべて一

時のことだの意から）世間のことは、変転して一定しないこと。〔孟子‐公孫丑下〕
【彼人也、予人也 かれもひとなり、われもひとなり】 彼も自分も人間であることに変わりはない。人のできることが自分にもできないはずがない。〔韓愈‐原毀ゲン〕
【知レ彼知レ己者、百戦不レ殆 かれをしりおのれをしれば、ヒャクセンあやうからず】 敵、味方の情勢を熟知して戦えば、何度戦っても敗れることはない。相手方と自分の方との優劣長短をよく知ることの大切さをいう。〔孫子‐謀攻〕

❷ かの。あの。

【彼岸 ヒガン】 ①向こうがわの岸。②仏教で、悟りの境界。涅槃ネハンの境界。↔此岸シガン。③春分、秋分の日を中日とする七日間。『彼岸会エ』『彼岸花』
【彼蒼 ヒソウ】 あおぞら。蒼天。♥あの青い天の意味で、天を仰いで訴えるときなどにいう。
【彼方 あちら・あなた・かなた】 話し手、聞き手の両者から離れた方向、また、二つのもののうち遠い方を指し示す語。

2282 【彿】 5542 574A 9C69 彳－5
フツ㊥/fú
字解 形声。彳＋弗㊥。髴に同じ。

2283 【徊】 5543 574B 9C6A 彳－6 (236)【佪】＊1682 人－6
カイ（クヮイ）㊥/huái·huí
字解 形声。彳＋回（めぐる）㊥。
意味 ゆきつもどりつする。さまよう。『儃徊センカイ』『秖徊テイカイ』『徘徊ハイカイ』

2284 【後】 2469 3865 8CE3 彳－6 常2
ゴ㊥・コウ㊥/hòu/のち・うしろ・あと・おくれる・しりえ
筆順 後 後 後 後 後 後
字解 会意。彳（ゆく）＋夂（退く）＋糸（小さい）省。小さい者がついてゆきおくれる意。転じて、うしろの意。
金文 篆文

参考 万葉仮名では音を借りて「ご㊥」。
意味 ❶のち。時間的に、あと。↔前・先。『空前絶後クウゼンゼツゴ』『後天的』『後継』『後世』『後輩』『午後』『食後』『直後』❷前に対して、あとの部分。『後者』『後段』『後半』❸場所的にうしろ。↔前。『鶏口牛後ケイコウギュウゴ』『前方後円ゼンポウコウエン』『後援』『後宮』『後部』『後方』『背後』❹おくれる。あとになる。『先憂後楽センユウコウラク』『後進』『後発』＊論語‐微子「子路従而後シロしたがいておくる」〔＝子路が（孔子の）お供をしていたが、おくれた〕❺固有名詞。⇒表

相対的なあとさき		今（ここ）からのあとさき	
先生	後生	前任	後任
先学	後学	前世	後世
先輩	後輩	前便	後便
先妻	後妻	前進	後退
先日	後日	食前	食後
先憂	後楽	直前	直後
先任	後任	以前	以後

先日／前日・後日
先任／前任・後任
のように直前とそれより先のものを区別することがある。

❶ のち。時間的に、あと。

下接 以後イゴ・雨後ウゴ・向後キョウゴ・コウゴ・嚮後キョウゴ・コウゴ・午後ゴゴ・今後コンゴ・最後サイゴ・産後サンゴ・死後シゴ・事後ジゴ・爾後ジゴ・術後ジュツゴ・食後ショクゴ・身後シンゴ・生後セイゴ・雪後セツゴ・絶後ゼツゴ・先後センゴ・戦後センゴ・善後ゼンゴ・直後チョクゴ・読後ドクゴ・病後ビョウゴ・別後ベツゴ・没後ボツゴ・明後ミョウゴ・滅後メツゴ・浴後ヨクゴ・予後ヨゴ・老後ロウゴ・善後策ゼンゴサク・明後日ミョウゴニチ・而今而後ジコンジゴ

【後遺症 コウイショウ】 病気やけがが治ったあとにまで残る故障や悪い症状。また、事件などが残した悪い影響。
【後胤 コウイン】 ＝後裔エイ
【後裔 コウエイ】 子孫。後胤コウイン。
【後会 コウカイ】 後日再び会うこと。
【後悔 コウカイ】 あとになってくやむこと。『後悔先に立たず』〔＝事が終わってから後悔しても、取り返しがつかない〕
【後悔噬レ臍 コウカイほぞをかむ】 すでにしてしまったことを後で悔いても、もう取り返しがつかない。後悔先に立たず。〔左伝‐荘公六年〕
【後学 コウガク】 国将来自分の役に立つ知識や学問。→❹
【後患 コウカン】 あとで起こるわずらい。
【後継 コウケイ】 あとを継ぐこと。『後継者』
【後昆 コウコン】 （「昆」も、のちの意）後世。また、子孫。
【後嗣 コウシ】 跡継ぎ。世継ぎ。
【後事 コウジ】 のちの事。将来の事。また、死後の事。
【後者 コウシャ】 あとから続く者。→❷
【後主 コウシュ】 のちのあるじ。あとつぎの主君。
【後述 コウジュツ】 あとで述べること。↔前述
【後身 コウシン】 ①来世で変わった身。②国境遇などがすっかり変わってしまったあとの身。③国団体や組織などで、以前の形から変化、発展したもの。↔前身
【後人 コウジン】 のちの人。後世の人。↔前人・先人
【後世 コウセイ】 のちの世、時代。また、のちの世の人。
【後生 コウセイ・ゴショウ】 ㊀（コウセイ）後から生まれること。後に学ぶこと。また、その人。後進。㊁（ゴショウ）①死後の世。後世。来世。↔前生・今生。②国死後、極楽に生まれること。極楽往生。③国人に哀願するときに用いる語。お願い。【後生可レ畏 コウセイおそるべし】 自分より後から生まれてくる者は、これから先、どれほどの力量を示すかわからないから、おそれなくてはいけない。〔論語‐子罕〕
【後素 コウソ】 絵画の異称。＊論語‐八佾「絵事後レ素 カイジはソよりのちにす」〔＝絵というものは、まず胡粉ゴフンで地塗りをして、その後に色彩を施すものである〕
【後送 コウソウ】 あとから送ること。→❸
【後続 コウゾク】 あとから続くこと。
【後天 コウテン】 生まれてから後に身にそなわること。〔易経‐乾〕↔先天。『後天的』
【後図 コウト】 のちのちのためのはかりごと。
【後難 コウナン】 あとから降りかかりそうなわざわい。
【後任 コウニン】 前任者に代わって就任すること。また、その人。↔前任
【後年 コウネン】 のちの年代。それよりのちの年。
【後納 コウノウ】 品物の代金を利用後に納めること。後払い。
【後輩 コウハイ】 年齢や経験などが自分より少ない人。↔先輩・同輩
【後便 コウビン】 この次の便り。後信。↔前便・先便
【後葉 コウヨウ】 後代。後世。また、子孫。→❸
【後来 コウライ】 こののち。行く末。将来。
【後刻 ゴコク】 のちほど。↔先刻
【後妻 ゴサイ】 妻と死別もしくは離別した男が、そのあとで結婚した妻。のちぞい。↔先妻
【後日 ゴジツ・ゴニチ】 ①ある事柄が起こった日より、のちの日。『後日談』②これからあとの日。他日。

❷ 前に対して、あとの部分。

【後記 コウキ】 書物、雑誌などのあとがき。『編集後記』

【後期】(コウキ) 一定の期間をいくつかに分けた、あとの方。⇔前期・中期。『平安時代後期』
【後者】(コウシャ) 二つあげたうちのあとの方。⇔前者。→❶
【後段】(コウダン) あとの部分。あとの一区切り。⇔前段
【後半】(コウハン) 二つに分けたもののうち、あとの半分。⇔前半。『後半戦』
【後編・後篇】(コウヘン) 二編または三編に分かれた書物などの、あとの編。⇔前編・中編
【後略】(コウリャク) 文章で、あとの部分を省くこと。⇔前略
【後夜】(ゴヤ) 夜間を初夜、中夜、後夜の三つに分けた、あとの時分。夜半から朝までの間。

❸ 場所的にうしろ。

下接 牛後ギュウゴ・銃後ジュウゴ・人後ジンゴ・殿後デンゴ・背後ハイゴ

【後逸】(コウイツ) ボールを取り損ねて後ろへそらすこと。
【後衛】(コウエイ) 後方を守護すること。特に、球技で後方の守備を担当するプレーヤー。⇔前衛
【後援】(コウエン) ①後方に控えている助けの軍勢。②資金や力を提供して背後から援助すること。『後援会』
【後架】(コウカ) 便所。♥もと、禅寺で、僧堂の後ろの洗面所のこと。
【後宮】(コウキュウ／コウグウ) 皇后や妃きさきなどが住む、宮中の奥御殿。また、そこに住む婦人の総称。＊白居易‐長恨歌「後宮佳麗三千人コウキュウのカレイサンゼンニン〔＝後宮の美女は三千人を数えた〕」
【後景】(コウケイ) 背後の光景。舞台、絵画などの背景。⇔前景
【後見】(コウケン) 国①幼少な家長の親代わりとなっている人。②禁治産者、親権者のいない未成年者を保護し、財産管理などをする法律上の制度。③能、狂言、歌舞伎かぶきなどで、演技者の後ろにいて、作り物や小道具を扱う役。
【後顧之憂】(コウコのうれい) あとに残る気づかい。あとの心配。
【後室】(コウシツ) 家の後ろの方にある室。後房。→❹
【後車】(コウシャ) あとに続く車。後ろの車。⇔前車
【後進】(コウシン) 乗り物などが後ろへ進むこと。⇔前進。→❹
【後塵】(コウジン) 車馬などが走り過ぎたあとに上がる土ぼこり。『拝二後塵一コウジンをハイす』すぐれた人物につき従う。また、人の下風カフウに立つ。〔晋書‐石崇伝〕
【後送】(コウソウ) (戦場から)後方へ送ること。→❶
【後退】(コウタイ) 後方へ退くこと。勢いが衰えること。あとずさり。⇔前進
【後庭】(コウテイ) ①建物の裏側にある庭園。おくにわ。②奥向きの宮殿。後宮。
【後頭】(コウトウ) 頭のうしろの部分。⇔前頭。『後頭部』
【後背】(コウハイ) うしろ。背後ハイゴ。『後背地〔＝港湾や都市などと結びついている背後の地域〕』
【後尾】(コウビ) 列などのうしろの方。⇔先頭。『最後尾』
【後備】(コウビ) 後方の守りを固めること。また、その兵。
【後部】(コウブ) うしろの方、部分。⇔前部
【後方】(コウホウ) うしろの方。⇔前方
【後房】(コウボウ) 後方の室。婦人のいるへや。
【後葉】(コウヨウ) 大脳の脳下垂体の一部。→❶
【後光】(ゴコウ) 仏の体から放たれているといわれる光。また、それをかたどった仏菩薩ブツボサツの光背。♥キリスト教の絵画では人物全体を包む光の金色の部分をいう。

❹ おくれる。あとになる。

【後覚】(コウカク) 人よりおくれてさとること。⇔先覚
【後学】(コウガク) 後進の学徒。⇔先学。→❶
【後室】(コウシツ) 国身分の高い人の未亡人。→❸
【後進】(コウシン) ①前の人がたどった道筋を、あとから進むこと。また、後輩。⇔先進。②進歩が遅れていること。⇔先進。『後進性』→❸
【後彫・後凋】(コウチョウ／しぼむにおくる) 草木が枯れしおれても、松柏は残っていること。苦難に堪えて固く節操を守ることのたとえ。＊論語‐子罕「歳寒、然後知二松柏之後一レ彫也としさむくして、しかるのちにショウハクのしぼむにおくるるをしるなり〔＝気候が寒くなってのちに、松や柏が枯れしおれることなく、残っていることに気づく〕」
【後発】(コウハツ) あとから遅れて出発すること。⇔先発。『後発メーカー』
【後楽】(コウラク) 世間一般の人たちが楽しんだ後に楽しむこと。先憂後楽。＊范仲淹‐岳陽楼記「先二天下之憂一而憂、後二天下之楽一而楽テンカのうれえにさきんじてうれえ、テンカのたのしみにおくれてたのしむ〔＝天下国家の憂いを国民がまだ憂えぬ先に憂え、国民が政治の結果を喜び楽しむのを見てから楽しむ〕」
【後家】(ゴケ) 国夫に死別して再婚せずにいる女性。未亡人。

❺ 固有名詞。

【後燕】(コウエン) 中国、五胡十六国の一。三八四年、鮮卑族の慕容垂が前秦から独立して建国。四〇九年まで続いた。都は中山。北魏に敗れ、ついで北燕に滅ぼされた。
【後魏】(コウギ) 中国、北朝の一。拓跋珪タクバツケイが建国。一二代一四九年で、東魏・西魏に分かれた。北魏。(三八六～五三四)
【後周】(コウシュウ) 中国、五代最後の王朝。郭威が後漢を廃して建国。都は汴京ベンケイ。三代で滅亡。(九五一～九六〇)
【後蜀】(コウショク) 中国、五代の十国の一。孟知祥モウチショウが後唐から独立して四川に建てた国。都は成都。二代で宋に滅ぼされた。(九三四～九六五)
【後晋】(コウシン) 中国、五代の一。沙陀サダ突厥出身の石敬瑭セキケイトウが後唐を滅ぼして中原に建国。都は汴京ベンケイ。二代で遼に滅ぼされた。石晋。(九三六～九四六)
【後秦】(コウシン) 中国、五胡十六国の一。羌キョウ族の酋長・姚萇ヨウチョウが、前秦から独立して建てた国。都は長安。三代で東晋の将・劉裕に滅ぼされた。姚秦。(三八四～四一七)
【後趙】(コウチョウ) 中国、五胡十六国の一。羯ケツ人の石勒セキロクが建国。七代で漢人冉閔ゼンビンに滅ぼされた。(三一九～三五一)
【後唐】(コウトウ) 中国、五代の一。李克用の子存勗ソンキョクが後梁を滅ぼして建てた国。都は洛陽。四代で、後晋の石敬瑭に滅ぼされた。唐。(九二三～九三六)
【後楽園】(コウラクエン) ①中国、宋の賈似道カジドウが理宗から賜った、西湖のほとりの葛嶺カツレイの地に造った庭園。②東京都文京区にある旧水戸藩江戸中屋敷の庭園。③岡山市にある庭園。日本三名園の一。
【後梁】(コウリョウ) 中国、五代の一。唐の節度使朱温(全忠)が唐を滅ぼして建国。都は大梁、のち洛陽。後唐に滅ぼされた。(九〇七～九二三)
【後涼】(コウリョウ) 中国、五胡十六国の一。三八六年氐テイ族の呂光が前秦から独立して建国。都は姑臧。四〇三年、後秦に滅ぼされた。
【後漢】(ゴカン／コウカン) 古代中国の王朝名。①(ゴカン) 新ののち、劉秀(光武帝)が再興した漢王朝。都は洛陽。魏に滅ぼされた。(二五～二二〇)②(コウカン) 五代の一。沙陀突厥出身の劉知遠が、大梁(河南省開封県)を中心に建てた国。二代で、後周に滅ぼされた。(九四七～九五〇)
【後漢書】(ゴカンジョ) 中国の正史、二十四史の一。一二〇巻。乾興元年(一〇二二)成立。後漢の歴史を記したもの。

難読地名 後月しつき郡(岡山) 後志しりべし支庁(北海道)
難読姓氏 後呂うしろ 後閑ごかん

2285【很】5544 574C 9C6B 彳－6 (242)〔佷〕*1686 人－6
ゴン[呉]・コン[漢]／hěn
[字解] 形声。彳＋艮（そむく・とどまる）[声]。進まない意。転じて、もとる意。のちに亻を加えてその字義を明確にした。

2286【徇】5546 574E 9C6D 彳－6 (2272)〔侚〕二－二 亻－4 (4679)〔狥〕*4290 犬－6
ジュン[呉]・シュン[漢]／xùn／となえる・したがう
[字解] 形声。彳＋旬（＝匀、ぐるりとひとめぐりする）[声]。あまねくゆきわたる意。
[意味] ❶となえる。あまねく告げ知らせる。❷したがう。ついてゆく。

2287【待】3452 4254 91D2 彳－6 [常]3
ダイ[呉]・タイ[漢]／dài／まつ・まち
[筆順] 待待待待待待
[字解] 形声。彳＋寺（→止、じっととどまる）[声]。ゆくのをやめてまつ意。
金文 篆文
[意味] ❶まつ。まちうける。まちのぞむ。事にそなえる。『迎風待月（ゲイフウタイゲツ）』『待機』『待望』『期待（キタイ）』 ❷あしらう。もてなす。あつかう。『特待生』『待遇』『虐待』『接待』『優待』

❶まつ。まちうける。まちのぞむ。
【待賈（タイカ｜タイコ｜コをまつ）】よい商人が現れるのを待って売ること。賢君の招聘（ショウヘイ）を待って仕えることのたとえ。〔論語-子罕〕
【待機（タイキ）】準備して機会の来るのを待つこと。
【待詔（タイショウ）】①天子の大命を待つこと。②中国の官名。天子の詔を待って、それに応じ、文章を奏上するもの。
【待制（タイセイ）】①みことのりの下るのを待つこと。②中国、唐代に置かれた官名。勅旨の下るのを待って、詔勅を書いたり、下問に答えることを任務とした。
【待避（タイヒ）】危険な状態を避けるために一時別の場所に移って待機すること。『待避壕』『待避線』
【待望（タイボウ）】ある事柄の起こるのを待ち望むこと。
【待命（タイメイ）】①命令が下るのを待つこと。②[国]公務員などに、その地位を保たせながら一時的に職務を担当させないこと。『待命大使』

❷あしらう。もてなす。あつかう。
[下接] 有待（ウタイ）・応待（オウタイ）・歓待（カンタイ）・款待（カンタイ）・虐待（ギャクタイ）・遇待（グウタイ）・招待（ショウタイ）・接待（セッタイ）・優待（ユウタイ）・特待生（トクタイセイ）
【待遇（タイグウ）】①人をもてなすこと。あしらい。②職場の地位や給料などに関する取り扱い。『部長待遇』

2288【徉】*2909 彳－6
ヨウ（ヤウ）[呉][漢]／yáng／さまよう
[字解] 形声。彳＋羊[声]。
甲骨文
[意味] さまよう。『徜徉（ショウヨウ）』

2289【律】4607 4E27 97A5 彳－6 [常]6
リチ[呉]・リツ[漢]／lǜ／のり
[筆順] 律律律律律律
[字解] 会意。彳＋聿（筆記具で記す）。人の進むべき道を、亀甲などに刻んで占う意から、のりの意。
甲骨文 篆文
[意味] ❶のり。おきて。さだめ。いましめ。『律令国家』『律儀』『戒律』 ❷音楽などの調子。㋑音階やリズム。『律動』『韻律』『旋律』 ㋺漢詩の一体。八句のもの。『五言（ゴゴン）律詩』『七言（シチゴン）律詩』

❶のり。おきて。さだめ。いましめ。
[下接] 一律（イチリツ）・戒律（カイリツ）・格律（カクリツ）・紀律（キリツ）・規律（キリツ）・軍律（グンリツ）・刑律（ケイリツ）・詞律（シリツ）・詩律（シリツ）・自律（ジリツ）・持律（ジリツ）・声律（セイリツ）・大律（タイリツ）・他律（タリツ）・定律（テイリツ）・不律（フリツ）・法律（ホウリツ）・因果律（インガリツ）・二律背反（ニリツハイハン）

【律儀・律義（リチギ｜リツギ）】①仏語。悪行または過失に陥ることをふせぐはたらき。また、善行のこと。また、善行を行うよう定めた戒法。②（リチギ）義理がたく、質朴なこと。

【律師（リッシ）】①戒律に通じた僧。②[国]僧正、僧都（ソウズ）に次ぐ僧官。

【律宗（リッシュウ）】仏教十三宗の一。日本へは奈良時代に鑑真（ガンジン）が来朝して伝えた。唐招提寺を総本山とする。

【律令（リツリョウ）】律（禁制法規）と令（教令法規）。日本では、奈良・平安時代の法律。『律令国家』『律令制』

❷音楽などの調子。
[下接] 韻律（インリツ）・音律（オンリツ）・楽律（ガクリツ）・協律（キョウリツ）・詩律（シリツ）・声律（セイリツ）・旋律（センリツ）・調律（チョウリツ）・六律（リクリツ）・呂律（リョリツ｜ロレツ）
【律詩（リッシ）】漢詩の一体。八句からなる。七言と五言とがある。
【律動（リツドウ）】規則正しく繰り返される運動。また、リズム。
【律呂（リツリョ）】雅楽の十二律の律と呂。転じて、音律。楽律。また、律旋と呂旋。

〔衍〕⇩7210

2290【徑】5545 574D 9C6C 彳－7
ケイ 「径」(2277)の旧字

2291【従】2930 3D3E 8F5D 彳－7 [常]6 (2296)〔從〕5547 574F 9C6E 彳－8 旧字[人] (132)〔从〕4826 503A 98B8 人－2
ジュウ[呉]・ショウ[漢]・ジュ[慣]／cóng・cōng・zòng／したがう・したがえる
[筆順] 従従従従従従
[字解] 従は從の略体。從は形声。彳（＝辵、ゆく）＋从（したがう）[声]。人が人につきしたがう意。甲骨文は、从のみの形で従の原字。
甲骨文 金文 篆文
[同属字] 慫・聳・縱・縦（縦）・蹤
[意味] ❶つきしたがう。ついていく。つきそう。『従軍』『従僕』『侍従』 ❷したがう。服する。逆らわない。まか

せる。『従順』『従属』『服従』❸たずさわる。『従業員』『従事』❹付属的なものやことがら。特に、三親等以上の傍系親族。『従兄弟』❺…より。…から。時間的な起点、経過点を表す。『従来』＊白居易-長恨歌「従レ此君王不二早朝一(=これからというもの、みかどは朝の政務を怠るようになった)」 ⇒〔自〕(6453)の表 ❻おちついたさま。『従容』❼たて。「縦」に同じ。『合従』 ⇒表

	随従	
従(ジュウ)	おとなしくしたがう。	従心 従者 従事 追従 服従 従属
随(ズイ)	したがって、あとについていく。	随心 随身 随時 追随 随肩 付随

❶つきしたがう。

下接 影従・騎従・扈従・侍従・随従・導従・陪従

【従駕】(ジュウガ) 天子の行幸に随行すること。
【従学】(ジュウガク) 師について学ぶこと。勉学すること。
【従軍】(ジュウグン) 軍隊について戦地に行くこと。『従軍行』
【従者】(ジュウシャ) 随従する人。ともの者。
【従臣】(ジュウシン) つき従う家来。
【従卒】(ジュウソツ) ＝従兵
【従犯】(ジュウハン) 共犯の一形式。他人の犯罪の実行を助けること。幇助犯。↔主犯・正犯
【従兵】(ジュウヘイ) 将校につき従い、身辺の世話をする兵。従卒。
【従僕】(ジュウボク) 召し使いの男。しもべ。下男。

❷したがう。服する。逆らわない。

下接 阿従・脅従・曲従・屈従・三従・主従・順従・遵従・臣従・追従・適従・忍従・服従・僕従・盲従・類従・隷従・面従後言

【従順】(ジュウジュン) 素直で逆らわないこと。柔順。

【従心】(ジュウシン) ①心のままにふるまうこと。②七〇歳の異称。＊論語-為政「七十而従二心所一レ欲、不レ踰レ矩(=七〇歳では、自分の思うがままに行動して、道徳上の規範をふみ越えることがなくなった)」

【従属】(ジュウゾク) 強いものに従い、言いなりになること。

❸たずさわる。

【従業】(ジュウギョウ) 業務に従事すること。『従業員』
【従事】(ジュウジ) ある仕事につき、つとめること。

❹付属的なものやことがら。

下接 再従兄弟(姉妹)・三従兄弟(姉妹)・二従兄弟(姉妹)・又従兄弟(姉妹)

【従祀】(ジュウシ) 主となるものに合わせてまつること。中国、唐代、孔子廟に二一人の儒者がまつられたのが最初。

【従孫】(ジュウソン) 兄弟または姉妹の孫。

【従父】(ジュウフ) 父の兄弟。おじ。

【従母】(ジュウボ) 母の姉妹。母方のおば。

【従子】(いとこ) 父または母の兄弟姉妹の子。♥性別や本人との年齢のちがいで、表記が異なり、「従兄弟」「従姉妹」「従兄」「従弟」「従姉」「従妹」などと書く。

【従祖父】(ジュウソフ／おおおじ) 祖父母の兄弟。両親のおじ。

【従祖母】(ジュウソボ／おおおば) 祖父母の姉妹。両親のおば。

❺より。から。

【従前】(ジュウゼン) 今よりも前。今まで。以前。

【従来】(ジュウライ) 前から今まで。これまで。従前。

❻おちついたさま。

【従然】(ショウゼン) ゆったりとしたさま。＊荘子-至楽「従然以二天地一為二春秋一(=ゆったりと身を任せて、天地と寿命を等しくするばかりである)」

【従容】(ショウヨウ) ①落ち着いて取り乱さないさま。ゆったりとしたさま。②すすめること。③ふるまい。挙動。

❼たて。

【従横】(ジュウオウ) たてとよこ。縦横。

【従約】(ジュウヤク／ショウヤク) 中国の戦国時代、蘇秦が主張し、秦に対抗するために結ばれた盟約。たて(南北)に連なる六国間に結ばれたことから呼ばれる。縦約。〔史記-張儀伝〕

2292 【徐】

2989 3D79 8F99 彳-7 常 ジョ(呉)・ショ(漢)/xú/おもむろ

筆順 徐 徐 徐 徐 徐 徐

字解 形声。彳＋余(のびる)(声)。ゆとりをもってゆっくりいく意。

甲骨文  篆文 

意味 ❶おもむろに。ゆっくりと。しずかに。『徐行』『緩徐』＊蘇軾-前赤壁賦「清風徐来(=すがすがしい風が静かに吹きわたる)」❷地名。人名。『徐州』『徐泗』

❶おもむろに。ゆっくりと。しずかに。

【徐行】(ジョコウ) ゆっくりと進むこと。『徐行運転』
【徐徐】(ジョジョ) ①挙動が落ち着いているさま。②少しずつ進行するさま。そろそろ。ゆるやか。

❷地名。人名。

【徐州】(ジョシュウ) ①中国、古代の九州の一。現在の山東省南部と、江蘇省および安徽省の北部を含む地域にあたる。②中国江蘇省北西部の都市。

【徐市】(ジョフツ) 前三世紀ごろの、中国秦の方士。徐福とも。始皇帝の命で少年少女三〇〇〇人をつれて長生不死の薬を求めて出かけたまま帰らなかった。

【徐陵】(ジョリョウ) 中国、南北朝時代の文人。字は孝穆。梁の太子蕭綱(後の簡文帝)に仕えた。老荘の学に通じ、深く仏教を信じた。著に「徐孝穆集」。(五〇七～五八三)

2293 【徒】

3744 454C 936B 彳-7 常4 ズ(ヅ)(呉)・ト(漢)/tú/かち・いたずら・あだ・ただ・むだ

筆順 徒 徒 徒 徒 徒 徒

字解 形声。彳(=辵、ゆく)＋土(つち)(声)。土の上をかちでいく意。

甲骨文  金文  篆文 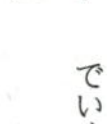

参考 万葉仮名では音を借りて「つ」「と(甲)」。

意味 ❶かち。乗り物に乗らず歩くこと。『徒行』『徒歩』❷むなしい。何も使わずに事を行う。『徒手』『徒取』❸いたずらに。むだ。役に立たない。むなしい。あだ。また、からっぽの。形だけの。『徒桜』『徒花』『徒死』『徒費』『徒労』＊李白-月下独酌「影徒随二我身一(=影は私の体に、ただついて回るだけ

だ」❹ただ。ただに。ただ…だけである。限定を示す。＊史記-廉頗藺相如伝「徒以二吾両人在一也（ただわがリョウニンのあるをもってなり）〔=ただ我々二人がいるからだけだ〕」❺なかま。ともがら。一門。弟子。『徒弟』『学徒』『教徒』『生徒』＊老子-七六「堅強者死之徒、柔弱者生之徒（ケンキョウなるものはシのトなり、ジュウジャクなるものはセイのトなり）〔=堅くて強いものは死の仲間であり、柔らかく弱々しいものは生の仲間である〕」❻労役。または労役に服させる刑罰。『徒役』『徒刑』

❶かち。徒歩。

【徒行（トコウ）】乗り物に乗らず歩いて行くこと。徒歩。歩行。

【徒渉（トショウ）】①歩いて川を渡ること。『徒渉作戦』②陸を歩いたり水を渡ったりすること。＊白居易-新豊折臂翁「大軍徒渉水如レ湯（タイグントショウするにみずはゆのごとし）〔=大軍が川をわたると水は湯のようになる〕」

【徒跣（トセン）（はだし）】はだしで歩くこと。

【徒歩（トホ）】乗り物に乗らないで、歩くこと。

❷何も使わずに事を行う。

【徒手（トシュ）】①手に何も持たないこと。すで。『徒手空拳』②自分の力以外に一切よりどころのないこと。

【徒取（トシュ）】手柄や苦労がなく、官位などを得ること。

❸いたずらに。むだ。むなしい。

【徒為（トイ）】むだなこと。

【徒死（トシ）】むだ死に。犬死に。

【徒爾（トジ）】無益であること。無意味なこと。

【徒食（トショク）】仕事をしないで、ぶらぶらと暮らすこと。座食。居食い。『無為徒食』

【徒善（トゼン）】善の心を持っているが、実行しないこと。

【徒然（トゼン）（つれづれ）】することがなく間（ま）がもてないさま。

【徒長（トチョウ）】樹木の枝の、生長が旺盛（オウセイ）すぎて花芽の付きが悪い状態。

【徒費（トヒ）】金、労力、時間などをむだに使うこと。

【徒法（トホウ）】無益な法律、法則、しきたり。＊孟子-離婁上「徒法不レ能二以自行一（トホウはもってみずからおこなわるるあたわず）〔=形ばかりの役に立たない法律・制度では何の効果もあげられない〕」

【徒労（トロウ）】むだなことに力を費やすこと。また、骨を折ってしたことがむだになること。『徒労に帰す』

❺なかま。ともがら。

下接 悪徒（アクト）・飲徒（イント）・学徒（ガクト）・逆徒（ギャクト）・凶徒（キョウト）・教徒（キョウト）・刑徒（ケイト）・黥徒（ゲイト）・使徒（シト）・師徒（シト）・邪徒（ジャト）・囚徒（シュウト）・宗徒（シュウト）・衆徒（シュウト）・酒徒（シュト）・信徒（シント）・生徒（セイト）・聖徒（セイト）・禅徒（ゼント）・僧徒（ソウト）・賊徒（ゾクト）・檀徒（ダント）・博徒（バクト）・反徒（ハント）・仏徒（ブット）・暴徒（ボウト）・門徒（モント）

【徒弟（トテイ）】①弟子。門人。②国親方の家に年季奉公する少年。『徒弟制度』

【徒党（トトウ）】ある目的のために集まった仲間、団体、一味。『徒党を組む』

【徒輩（トハイ）】仲間の者。やから。ともがら。

❻労役。また、刑罰。

【徒役（トエキ）】（兵卒や人夫などを）労務に服させること。

【徒刑（トケイ）】①懲役。②国旧刑法での刑の名。男は島送り、女は内地での労役。『無期徒刑』

2294【御】 ー ー 彳-8 ギョ「御」(2301)の旧字

2295【徙】 5548 5750 9C6F 彳-8 シ 漢 xǐ うつる・うつす

字解 形声。辵（=辵、ゆく）+止（とどまる）声。ある所まで進んでそこで止まる、うつる意。

甲骨文 篆文

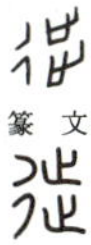

意味 うつる。うつす。『曲突徙薪（キョクトツシシン）』『移徙（イシ）』『遷徙（センシ）』『転徙（テンシ）』『流徙（リュウシ）』

【徙倚（シイ）】さまようこと。うろうろすること。

【徙宅（シタク）】住まいをうつすこと。

【徙木之信（シボクのシン）】約束をかたく実行すること。〔史記-商君伝〕→移木之信（イボクのシン）

2296【從】 5547 574F 9C6E 彳-8 ジュウ「従」(2291)の旧字

2297【徜】 ＊2913 彳-8 ジョウ（ジャウ）呉・ショウ（シャウ）漢 cháng さまよう

字解 形声。彳+尚声。

意味 さまよう。気ままに歩き回る。

【徜徉（ショウヨウ）】ぶらつくこと。散歩。逍遥。徜佯。

2298【得】 3832 4640 93BE 彳-8 常4 (2307)【㝵】 ー ー 彳-10

トク 呉漢 dé える・うる

筆順 得 得 得 得 得 得

字解 形声。彳+㝵（=㝵、宝をえる）声。手に入れる意。甲骨文は、財宝を手にするさま。

甲骨文 金文 篆文

参考 万葉仮名では訓を借りて「う」「え」。

意味 ❶える。手に入れる。自分のものにする。↔失。『得失』『獲得』❷さとる。わかる。熟達する。使いこなす。また、気に入る。満足する。『不得要領』『得心』『会得』＊孟子-公孫丑下「得レ道者多レ助、失レ道者寡レ助（みちをうるものはたすけおおく、みちをうしなうものはたすけすくなし）〔=仁義にあった行いをする人には味方が多く、そうでない者には味方は少ない〕」❸もうける。利益。とく。↔損。『得策』『欲得』❹できる。機会に恵まれて…できる。可能性がある。また、「不レ得…」の形で、機会がなくて…できない。＊史記-項羽本紀「荘不レ得レ撃（ソウはうつをえず）〔=項荘は（じゃまされて沛公を）撃つことができなかった〕」⇒表

取得		
得（トク）	とって自分のものとする。	得失 得道 獲得 収得 拾得 習得
取（シュ）	自分の手もとにひきよせてとる。	取与 取義 採取 収取 摂取 聴取

❶える。手に入れる。自分のものにする。

下接 一得（イットク）・贏得（エイトク）・獲得（カクトク）・既得（キトク）・購得（コウトク）・自得（ジトク）・収得（シュウトク）・拾得（シュウトク）・取得（シュトク）・捷得（ショウトク）・所得（ショトク）・生得（セイトク）・接得（セットク）・即得（ソクトク）・独得（ドクトク）・一挙両得（イッキョリョウトク）

【得一（トクイツ）】絶対の道、境地を得ること。〔老子-三九〕

【得失（トクシツ）】得ることと失うこと。良いことと悪いこと。『利害得失』＊陶潜-五柳先生伝「忘二懐得失一（おもいをトクシツにわする）〔=利益と損失など心にはない〕」

【得点（トクテン）】競技、試験などで、点を得ること。また、その点。↔失点。『得点王』

3画 口囗土士夂夊夕大女子宀寸小(⺌・⺍)尢(允・兀)尸屮(屮)山巛(川)工己(已・巳)巾干幺广廴廾弋弓彐(彑・⺕)彡彳

【得票(トクヒョウ)】選挙で、候補者が投票を獲得すること。また、獲得した票数。『得票率』
【得分(トクブン)】自分のもらう分。取り分。分け前。→❸
【得民(トクミン)】人民の心をつかむこと。支持を得ること。
【得果(トッカ)】①行為に対して、その結果を身に受けること。②仏道を修行して、その果を得ること。

❷ さとる。わかる。また、気に入る。

下接 会得(エトク)・学得(ガクトク)・感得(カントク)・記得(キトク)・見得(ケントク)・修得(シュウトク)・習得(シュウトク)・生得(ショウトク)・心得(シントク|こころえ)・説得(セットク)・体得(タイトク)・知得(チトク)・納得(ナットク)・認得(ニントク)・味得(ミトク)・無得(ムトク)・了得(リョウトク)・料得(リョウトク)・不得要領(フトクヨウリョウ)

【得意(トクイ)】①自分の気持ちにかない、満足すること。↔失意。＊李白-将進酒「人生得レ意須レ尽レ歓(ジンセイイをえばすべからくカンをつくすべし)〔=人生で思いのままになる時期には、ぜひ歓楽を尽くすべきである〕」②誇らしげに振る舞うこと。『得意満面』③国自信があり、それに熟達していること。えて。

【得計(トクケイ)】計画がうまくいくこと。得謀。

【得業(トクゴウ)】仏語。①きめられた仏道修行をおさめ終えること。②僧の学問上の階級の一。奈良三会(興福寺の維摩会・法華会、薬師寺の最勝会)で論議問答を通過した者の称号。③浄土宗や真宗で、学階の一。

【得心(トクシン)】心から承知すること。納得。

【得脱(トクダツ)】生死の迷いを脱して、悟りを得ること。

【得度(トクド)】剃髪(テイハツ)して出家すること。『得度式』▶もと、悟りの彼岸にわたることの意。

【得道(トクドウ)】仏教で、悟りを開くこと。

【得得(トクトク)】得意なさま。したり顔なさま。

❸ もうける。利益。とく。

下接 損得(ソントク)・役得(ヤクトク)・欲得(ヨクトク)・余得(ヨトク)

【得策(トクサク)】有利な方策。うまいやり方。上計。

【得喪(トクソウ)】利得と喪失。得失。

【得分(トクブン)】利益。もうけ。→❶

2299【徘】 5549 5751 9C70 彳-8 ハイ㊇/pái/さまよう

字解 形声。彳＋非㊄。
意味 さまよう。

【徘徊(ハイカイ)】①月光のきらめくさま。＊李白-月下独酌「我歌月徘徊(われうたえばつきハイカイす)〔=私が歌うと、それにつれて月もきらめく〕」②あてもなく歩き回ること。俳徊。＊白居易-長恨歌「攬レ衣推レ枕起徘徊(ころもをとりまくらをおしてたちてハイカイす)〔=上衣をとり、枕をおしのけて起き上がり、部屋の中を行きつもどりつする〕」③ゆらゆらと揺れるさま。＊曾鞏-虞美人草「哀怨徘徊愁不レ語(アイエンハイカイうれえてかたらず)〔=悲しんで恨みをあらわすかのようにゆらゆらと風に揺れる〕」

2300【徠】 5550 5752 9C71 彳-8 ライ㊈㊇/lái/くる

字解 形声。彳＋來㊄。
意味 ❶くる。きたる。「来」に同じ。❷ねぎらう。「勑」に同じ。

[衒] ⇩ 7211

[術] ⇩ 7212

2301【御】 2470 3866 8CE4 彳-9 常 (2294)〔御〕 彳-8 旧字

ゴ㊈・ギョ㊇/yù/おん・お・おおん・み

筆順

字解 甲骨文から御・馭の二系列がある。御は形声。徃(=辵、ゆく)＋卩(ひざまずく)＋午(尊ぶべき対象)㊄。前に進み出てひざまずき、言いつかった用をたす意。馭は会意。馬＋又(むちうつ)。馬をつかう意。御は馭に通じ、馭の意をあわせもつ。

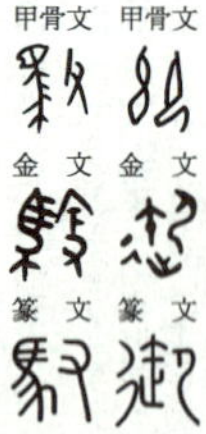

同属字 禦
参考 万葉仮名では音を借りて「ご㊀」、訓を借りて「み㊀」。
意味 ❶馬をあやつる。転じて、支配する。つかさどる。『御宇』『御者』『制御』『統御』＊蘇軾-前赤壁賦「浩浩乎如下馮レ虚御レ風、而不上レ知二其所一レ止(コウコウコウとしてキョによりかぜにギョし、そのとどまるところをしらざるがごとし)〔=川のあまりの広さに、大きな気持ちになり、まるで大空に身を浮かばせ、風に乗って、とどまるところを知らないようだ〕」❷防ぐ。守る。「禦」に同じ。『備御(ビギョ)』『防御(ボウギョ)』❸敬意を表す語。㋑天子、君主、貴人、神仏などに関係するものへの敬意を表す。『御座』『御製』㋺国相手や話題の人に対する敬意や軽い親しみなどを表す。㋩国一般に、語に丁寧さを添える。『御馳走(ゴチソウ)』『御酒(ゴシュ)』『御飯(ゴハン)』❹その他。あて字など。『御影石(みかげいし)』『御器(ゴキ)』『御形(ゴギョウ)』

❶ 馬をあやつる。転じて、支配する。

下接 駕御(ガギョ)・控御(コウギョ)・射御(シャギョ)・制御(セイギョ)・統御(トウギョ)・撫御(ブギョ)・僕御(ボクギョ)・臨御(リンギョ)

【御宇(ギョウ)】(「宇」は、天地四方、宇宙の意)その天子の治世。＊白居易-長恨歌「御宇多年求不レ得(ギョウタネンもとむれどもえず)〔=位についてから長年(美人を)さがしたが、見つからなかった〕」
【御史(ギョシ)】(もと、記録をつかさどる意)①中国の官名。秦漢時代には秘書と監察にあたったが、その後はもっぱら、官吏の監察・糾弾をつかさどった。②国弾正台(ダンジョウダイ)の唐名。『御史大夫』『御史中丞』『御史台』
【御者(ギョシャ)】馬をあやつる人。特に、馬車を走らせる人。▶書き換え「馭者→御者」。

❸ 敬意を表す語。

下接 移御(イギョ)・還御(カンギョ)・供御(キョウギョ|クゴ)・出御(シュツギョ)・諸御(ショギョ)・進御(シンギョ)・遷御(センギョ)・渡御(トギョ)・嬪御(ヒンギョ)・崩御(ホウギョ)・臨御(リンギョ)／大御(おおみ)・大御酒(おおみき)・母御(ははゴ)・嫁御(よめゴ)／姐御(あねゴ)・親御(おやゴ)・殿御(とのゴ)・女御(ニョウゴ)

【御衣(ギョイ)】天子や貴人などを敬ってその衣服をいう語。
【御意(ギョイ)】国①相手を敬ってその考えや気持ちをいう語。おぼしめし。②「御意のとおり」の意で、目上の人の意見や質問などに対する返事に用いる語。ごもっとも。そのとおり。『御意にござります』
【御詠(ギョエイ)】国天皇や皇族などが作った詩歌。
【御苑(ギョエン)】天子の所有する庭園。宮中の庭。
【御感(ギョカン)】国天皇、貴人などが、感心したり、満足したりすること。叡感(エイカン)。『御感にあずかる』
【御忌(ギョキ|ゴキ)】国天皇、皇后、貴人、始祖などの忌日に行われる法会(ホウエ)。
【御慶(ギョケイ)】国およろこび。特に、新年を祝う挨拶(アイサツ)の言葉。『新年の御慶』
【御幸(ギョコウ|ゴコウ|みゆき)】①(ギョコウ|みゆき)天子が外出されること。行幸。②(ゴコウ)国上皇、法皇、女院のおでまし。

【御座ギョザ】天子など身分の高い人の座席。

【御璽ギョジ】天子の印。御印。玉璽。『御名御璽』

【御寝ギョシン】「寝ること」の尊敬語。

【御製ギョセイ】天子が作ること。また、その詩歌、文章、楽曲など。

【御題ギョダイ】①天子みずから書かれた題字。②天子が出す詩歌、文章などの題目。特に日本で、新年の歌御会始うたかいはじめの題。勅題。お題。

【御物ギョブツ|ギョモツ】天子の所蔵品。

【御名ギョメイ】天子の名。『御名御璽ギョジ』

【御遊ギョユウ】国昔、宮中で催された、管弦と歌(催馬楽サイバラ)、朗詠などの遊び。

【御所ゴショ】国天皇、貴人の住居。皇居。内裏。また、天皇を敬っていう語。

【御諚ゴジョウ】国貴人の命令。仰せ。お言葉。

【御仁ゴジン】国他人を敬っていう古い言い方。現在では、からかいの気持ちを込めても用いる。おかた。おひと。

【御神火ゴジンカ|ゴシンカ】国火山を神聖視し、その噴火をいう。

【御前ゴゼン|ゴゼ】国㊀(ゴゼン)①貴人の前、または貴人の座の前。②高位高官の男性を敬っていう称。㊁昔、人、特に婦人を表す名詞に付けて、尊敬の意を添えた語。

【御膳ゴゼン】国①「食膳」「食事」などを丁寧にいう語。②接頭語的に飲食物を表す名詞の上に付いて、上等、上品である意を添える語。『御膳蕎麦そば』

【御託ゴタク】国自分勝手な言い分や、不平・不満などの言葉。『御託を並べる』♥「御託宣」の略。

【御殿ゴテン】国①貴人の邸宅を敬っていう語。②造りが立派で豪華な家。

【御難ゴナン】国人の受けた災難、難儀、困難をいう語。

【御幣ゴヘイ】国紙や布を細長く切り、木や竹の幣串ヘイぐしに挟んだもの。神に供え、また、神主のおはらいに使う。

【御坊・御房ゴボウ】国僧侶ソウリョ、寺院などをいう尊敬語。→❹(おんボウ)

【御免ゴメン】国①許されることを敬っていう語。『天下御免』②拒否する気持ちを表す語。③他家を訪問したとき、また、辞去するときの挨拶アイサツ。④軽い謝罪、断りなどを言うときに発する言葉。

【御用・御要ゴヨウ】国①宮中、役所などの用事、使用。②江戸時代、お上の命により犯罪者を逮捕すること。③権力にへつらうものを軽蔑ケイベツしていう語。『御用学者』④相手を敬って、その人の用事、入用をいう語。

【御覧ゴラン】国①「見ること」の尊敬語。②(「御覧なさい」の形で)「見なさい」の尊敬・丁寧語。③自分の予想が当たったときに、やっぱりという気持ちで、その結果を指し示す語。④補助動詞命令形の用法。命令または仮定の意を丁寧に表現する語。『一度見て御覧なさい』

【御料ゴリョウ】国天皇が所有または使用するもの。『御料地』

【御陵ゴリョウ】国天皇、皇后、皇太后などの墓。みささぎ。

【御霊・御魂みたま】神や死んだ人の霊を尊んでいう語。

❹その他。あて字など。

【御坊おんボウ】火葬場で、死体の火葬に当たった役目。また、その人。隠亡オンボウ。→❷(ゴボウ)
【御器ゴキ】国ふた付きの食器。特に、わん。♥「ゴウキ(合器)」の変化。
【御形ゴギョウ|おギョウ】国ハハコグサの異名。春の七草の一。
【御影石みかげいし】花崗岩カコウガン質岩石の石材名。神戸市の御影に産する。

難読地名 御宿おんじゅく町(千葉) 御所ごせ市(奈良) 御嵩みたけ町(岐阜) 御調みつぎ郡・町(広島) 御津みと町(愛知) 御代田みよた町(長野) 難読姓氏 御厨みくりや 御子柴みこしば 御正山みしょうやま 御園生みそのう 御菩薩池みぞろげ 御手洗みたらい 御代川みよがわ

2302 【徨】 5551 5753 9C72 彳－9 コウ(クヮウ)漢/huáng/さまよう

字解 形声。彳＋皇声。偟は異体字。

意味 さまよう。あてどなくあるく。『彷徨ホウコウ』

2303 【循】 2959 3D5B 8F7A 彳－9 常 ジュン呉・シュン漢/xún/したがう・めぐる

筆順

字解 形声。彳＋盾(→順、したがう)声。したがいゆく意。

意味 ❶したがう。寄り添う。また、すなおな。『循循』『循吏』『因循インジュン』『拊循フジュン』『撫循ブジュン』❷めぐる。あちこちとまわる。『循環』『循行』❸なでる。さする。なぐさめる。

【循環ジュンカン】ひと回りして、またもとの所へと戻る運動を繰り返すこと。『循環器』『悪循環』
【循行ジュンコウ】めぐり歩いてゆくこと。
【循循ジュンジュン】秩序のあるさま。整然としているさま。＊論語-子罕「夫子循循然、善誘レ人フウシジュンジュンとしてよくひとをいざなう」(=孔子は整然と筋道の通ったやり方でよく人を導く)
【循吏ジュンリ】法に忠実にしたがって、よく人民を治める役人。良吏。↔酷吏

2304 【復】 4192 497C 959C 彳－9 常5 ブ呉・フ漢・ブク呉・フク漢/fù/かえる・かえす・また

筆順

字解 形声。もと、彳＋夏(さかさのつぼをもどす)声。ひっくり返った酒つぼをもとにもどすように、もとの道をかえる意。派生してふたたび、くりかえすの意。

甲骨文 金文 篆文

意味 ❶かえる。行った道をかえる。また、かえり。↔往。『復路』『復航』『往復オウフク』『来復ライフク』❷かえる。かえす。もとの状態にもどる。もどす。『復調』『復活』『復帰』『回復』『修復』❸かえす。しかえしをする。『復讎』『報復ホウフク』❹つげる。こたえる。こたえを返す。『復命』『敬復ケイフク』『拝復ハイフク』❺また。くり返す。ふたたびする。『反復ハンプク』㋑もう一度。『圭復ケイフク』＊韓非子-五蠹ゴト「釈二其耒一而守レ株、冀二復得一レ兎そのすきをすてて株をまもり、またうさぎをえんことをこいねがう」(=すきを放り出して切り株を見張り、もう一度ウサギを手に入れることを心から期待した)㋺(「不二復一」また…ず。の形で)二度とは…しない。部分否定を示す。＊崔顥サイコウ-黄鶴楼「黄鶴一去不二復返一コウカクひとたびさりてまたかえらず」(=黄鶴は飛び去ったきりもう帰ってはこない)❻また。そして。さらに。＊史記-刺客伝「復為二羽声一忼慨またウセイをなしてコウガイす」(=さらに、激しい声調の羽声で心を高ぶらせて歌った)❼また。いったい…であろうか。多く下の「何」と結んで疑問を強調的に示す語。＊杜甫-贈二衛八処士一「今夕復何夕コンセキまたなんのゆうべぞ」(=今宵はなんというよい晩なのだろうか)❽「復除フクジョ」は、労役、租税などを免除すること。❾易の六十四卦の一。☷☳。機運がふたたびめぐってくるかたち。

❶ 行った道をかえる。また、かえり。
【復路フクロ】帰りの道。帰路。⇔往路
【復航フッコウ】船や航空機が帰るときの運航。⇔往航

❷ かえる。もとの状態にもどる。もどす。
下接 回復カイフク・恢復カイフク・起復キフク・匡復キョウフク・興復コウフク・克復コクフク・修復シュウフク・紹復ショウフク・整復セイフク・平復ヘイフク・本復ホンプク
【復員フクイン】兵役を解く、また、解かれること。⇔動員。『復員者』
【復縁フクエン】離婚、離縁したものが、再びもとの関係に戻ること。
【復学フクガク】休学または停学の学生、生徒が学校に復帰すること。⇔休学
【復元・復原フクゲン】もとに返ること。また、もとの位置や状態に戻すこと。『復元図』『復元力』
【復飾フクショク】仏語。還俗ゲンゾクすること。
【復職フクショク】一度去った職に再びつくこと。⇔休職
【復姓フクセイ】もとの姓に戻ること。
【復席フクセキ】いったん離れた席に再び戻ること。もとの席に返ること。
【復籍フクセキ】離婚、離縁などによって再びもとの戸籍に返ること。また、復学してもとの学籍に戻ること。
【復調フクチョウ】調子がもとの状態になること。
【復文フクブン】国もとの文に戻すこと。また、漢文の読み下し文を原文に戻すこと。→❹
【復辟フクヘキ】退位した君主が再び位につくこと。重祚チョウソ。→❸
【復礼フクレイ｜レイにかえる】礼の本質にたち返ること。＊論語-顔淵「克ﾚ己復ﾚ礼為ﾚ仁おのれにかちレイにかえるをジンとなす〔＝自分を正しくし、礼にたちかえることを仁というのである〕」→❸
【復活フッカツ】①生き返ること。よみがえること。蘇生ソセイ。『復活祭』②いったん廃止、停止していたものなどがもとどおりになること。『復活折衝』
【復帰フッキ】もとの位置、状態に帰ること。『現役復帰』
【復旧フッキュウ】壊れたものがもとどおりになること。また、もとの状態にすること。『線路の復旧作業』
【復権フッケン】有罪や破産の宣告によって失った権利、資格などを回復すること。
【復古・復故フッコ】昔にかえすこと。また、過去によりどころを求め、昔にならおうとすること。『復古調』
【復興フッコウ】衰えた物事が再び盛んになること。また、再び盛んにすること。再興。『文芸復興』
【復刻フッコク】書籍などを初めて刊行されたときの体裁で再製すること。『復刻版』

❸ かえす。しかえしをする。
【復讎・復讐フクシュウ】仕返しすること。あだ討ち。復仇。
【復辟フクヘキ】（政を君主に返す意）重臣が摂政を辞すること。→❷
【復礼フクレイ】他からの挨拶に礼を返すこと。好意に対して謝すること。→❷
【復仇フッキュウ】あだ討ち。復讎。

❹ つげる。こたえる。こたえを返す。
【復文フクブン】返事の手紙。→❷
【復命フクメイ】命令をうけて処理したことの始末を報告すること。かえりごと。『復命書』
【復啓フッケイ】返事の手紙の始めに書いて、相手に対するへりくだりの気持ちを表す語。拝復。

❺ くり返す。ふたたびする。
【復習フクシュウ】一度学んだことを繰り返して勉強すること。おさらい。⇔予習
【復唱・復誦フクショウ】伝えられた命令などを確認のために繰り返して言うこと。

2305 【徧】＊2916 彳-9 ヘン「遍」(8148)の異体字

【街】⇩7214

2306 【徯】＊2920 彳-10 ケイ㊥ xī/みち・こみち

字解 形声。彳＋奚㊥。待つ。重文は足に従い、主にくみちの意に用いられる。

文 篆 文 重 蹊

意味 ❶こみち。細道。「蹊」に同じ。❷まつ。まちうける。

2307 【得】二二 彳-10 トク「得」(2298)の異体字

2308 【微】4089 4879 94F7 彳-10 常 ミ㊥・ビ㊥ wēi・wéi/かすか・ほのか
(3028)【𢼸】二二 攴-6
(2309)【微】二二 彳-10 旧字

筆順 微 微 微 微 微 微

字解 形声。彳＋𢼸（かすかに出る）㊥。目立たぬようにゆく意。転じて、一般にかすかの意。

金文 篆文

同属字 薇

参考 万葉仮名では音を借りて「み㊚」。

意味 ❶かすか。わずか。また、ほのか。めだたない。ひそかな。『微笑』『微熱』『微妙』『幽微』❷ごく小さい。細かい。『微生物ビセイブツ』『顕微鏡』『微細』『微小』『極微』『精微』❸衰える。なくなる。『式微シキビ』『衰微スイビ』❹つまらない。とるに足らない。また、卑しい。多く、へりくだって使う。『微意』『微力』『寒微カンビ』『賤微センビ』❺なし。ない。「無」に同じ。＊論語-憲問「微ﾆ管仲ﾆ、吾其被ﾚ髪左ﾚ衽矣カンチュウなかりせば、われそれハツをこうむりジンをひだりにせん〔＝もしも管仲がいなかったなら、われわれはざんばら髪をして着物を左前にして着ただろう〕」❻人名。『微子』

❶ かすか。わずか。ひそかな。
下接 依微イビ・隠微インビ・幾微キビ・機微キビ・軽微ケイビ・玄微ゲンビ・深微シンビ・翠微スイビ・霏微ヒビ・妙微ミョウビ・熹微キビ・幽微ユウビ
【微雨ビウ】こさめ。細雨。

【微温ビオン】わずかに温かいこと。また、手ぬるいこと。

【微瑕ビカ】わずかな欠点。ちょっとしたあやまち。

【微吟ビギン】低く詩歌を口ずさむこと。

【微醺ビクン】ほろよい。微酔。『微醺を帯びる』

【微言ビゲン】①微妙なことば。奥深いことば。②かすかにつぶやく、それとなくいうこと。なぞをかけること。

【微光ビコウ】かすかな光。

【微行ビコウ】おしのび。

【微弱ビジャク】弱くかすかなこと。

【微笑ビショウ|ミショウ】ほのかに笑うこと。ほほえみ。『拈華微笑ネンゲミショウ』

【微酔スイ】酒に少し酔うこと。ほろよい。

【微動ドウ】わずかな動き。『微動だにしない』

【微熱ネツ】平熱よりほんの少し高い熱。

【微微ビ】かすかであるさま。わずかであるさま。

【微眇ビョウ】かすかで小さいこと。↓❹
【微風フウ|かぜ】かすかに吹く風。＊杜甫-旅夜書ㇾ懐「細草微風岸サイソウビフウのきし［＝か細い草がかすかな風になびいている岸辺］」

【微服フク】おしのびの姿。＊十八史略-五帝「微服游ニ於康衢一ビフクしてコウクにあそぶ［＝しのび姿でにぎやかな大通りに出かけた］」

【微茫ボウ】ぼんやりとしていて、はっきりしないこと。

【微妙ミョウ】何とも言い表せないほど細かく複雑な意味や味わいがあること。

【微恙ヨウ】気分が少しすぐれないこと。微疾。

【微禄ロク】わずかな俸禄、給与。また、おちぶれること。

❷ごく小さい。細かい。

下接 顕微ケンビ・極微ゴクビ・忽微コツビ・細微サイビ・至微シビ・少微ショウビ・精微セイビ・纖微センビ

【微細サイ】非常に細かいこと。極めて小さいもの。

【微小ショウ】極めて小さいこと。微細。↕巨大
【微少ショウ】極めて少ないこと。

【微分ブン】数学の一分科。ある変数の微小な変化に対応する関数の変化の割合の極限を求めること。

【微量リョウ】ごくわずかの量。

【微塵ジン】①固体が砕けて非常に細かくなること。また、きわめて微細なもの。『粉な微塵』②ほんのわずか。『不安な点は微塵もない』

❹とるに足らない。また、卑しい。

【微意イ】ほんのわずかな心遣い。へりくだっていう語。

【微官カン】微賤な官職。卑しい官。また、官吏が自分をへりくだっていう語。卑官。

【微軀ク】つまらない身。自分をへりくだっていう語。

【微才サイ】つまらない才能。少しばかりの才能。また、自分の才能をへりくだっていう語。

【微志シ】少しばかりの志。いささかの志。寸志。自分の志をへりくだっていう語。

【微時ジ】身分が低かった時。微賤のころ。

【微臣シン】数えるに足りない臣下。臣下が主人に対して自分をへりくだっていう語。

【微賤セン】身分や地位が低く、卑しいこと。

【微衷チュウ】自分の本心、真心をへりくだっていう語。

【微眇ビョウ】身分などの卑しいこと。↓❶
【微命メイ】つまらない命。とるに足らない命。

【微力リョク】力の乏しいこと。また、自分の力をへりくだっていう語。

❻人名。

【微子シ】中国、殷の紂チュウ王の庶兄。名は啓、または開。紂王をしばしばいさめたが聞き入れられず、国を去った。のち、周の武王に殷の後裔コウエイとして宋に封じられた。

2310【徭】5552 5754 9C73 彳-10 ヨウ（エウ）漢/yáo/えだち

字解 形声。彳＋䍃（＝䍃）声。徭は異体字。

意味 えだち。夫役。土木工事などの労役に徴用すること。『賦徭フヨウ』

【徭役ヨウエキ】①律令制で、公民に賦課した労役。②国家によって義務的、あるいは懲罰的に負わされる労働。

【徭戍ヨウジュ】国境を守る兵。

「衙」⇩7215

2311【徴】3607 4427 92A5 彳-11 常 （2313）〔徵〕彳-12 旧字 人

チョウ漢・チ漢/zhēng・zhǐ/めす・はたる・しるし・きざし

筆順

字解 徴は徵の略体。徵は形声。彳＋壬（下から上へ出る）＋攵（＝攴、動作を表す）＋出（＝之、ゆく）声。下の者を上へめす意。派生して、そのよりどころの意。

金文 篆文

同属字 懲

意味 ❶めす。呼び出す。また、もとめる。取り立てる。はたる。『徴税』『徴兵』『加徴カチョウ』『追徴ツイチョウ』❷しるし。きざし。前ぶれ。また、よりどころとなるしるし。証拠。『徴候』『吉徴』『象徴』『特徴』❸明らかにする。『明徴メイチョウ』❹（チ）中国の音階の五音（宮・商・角・徴・羽）の一。宮より完全五度高い。

❶めす。呼び出す。また、取り立てる。

【徴君チョウクン】徴士を敬っていう語。

【徴士チョウシ】朝廷に召されながら、官職につこうとしない学徳の高い人。

【徴収シュウ】法規や規約に基づいて租税や会費などを取り立てること。

【徴集シュウ】人や物を強制的に集めること。

【徴招・徴召ショウ】①召しだすこと。よびだすこと。②とりよせること。ひきあげること。

【徴税ゼイ】税金を取り立てること。

【徴逐チク】招いたり招かれたりして、親しく行き来すること。

【徴納ノウ】金品を取り立てること。

【徴発ハツ】人、あるいは物を強制的に取り立てること。特に軍需物資などを人民から駆り集めること。

【徴兵ヘイ】国家が法律に基づいて、一定期間、国民を強制的に兵役につかせること。『徴兵検査』

【徴辟ヘキ】身分の低い者を官に起用すること。

【徴募ボ】呼び集めること。徴集。

【徴用ヨウ】戦時などに、国家が国民を強制的に動員し、一定の業務に従事させること。

❷しるし。きざし。前ぶれ。また、証拠。

下接 吉徴キッチョウ・咎徴キュウチョウ・象徴ショウチョウ・衰徴スイチョウ・瑞徴ズイチョウ・性徴セイチョウ・特徴トクチョウ・表徴ヒョウチョウ・標徴ヒョウチョウ

【徴拠キョ】よりどころ。証拠。

【徴験ケン】①ききめ。しるし。②証拠。

【徴候コウ】物事の前ぶれ。兆候。

【徴証・徴證ショウ】ある結論を引き出す根拠。あかし。

【徴表・徴標ヒョウ】一つのものを、他から区別して認識するための特性、性質。メルクマール。

【徴憑ヒョウ】（「憑」はよりどころの意）証拠。徴証。特に、犯罪に関する事実を間接に証明する事実。

2312 【徳】 3833 4641 93BF 彳-11 常5 (2315)〔德〕 彳-12 旧字 人

トク 呉 漢 /dé/ のり

筆順 徳 徳 徳 徳 徳

字解 徳は德の略体。德は形声。もと、彳＋悳(まっすぐなこころ)声。まっすぐな心に基づく行為の意。

金文

篆文
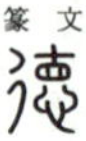

意味 ❶人格の力。社会に好ましい影響を与える性向。人としての価値ある行いや教え。または、人からうける恩恵。慈悲。『徳育』『悪徳』＊論語‐憲問「有ㇾ徳者必有ㇾ言(トクあるものはかならずゲンあり)〔＝仁徳のある者は、そのことばも必ずりっぱである〕」❷利益。得。『徳用』❸あて字など。『徳利(トクリ)〔＝酒を入れる器〕』

❶ 人としての価値ある行いや教え。

下接 悪徳・逸徳・威徳・偉徳・遺徳・陰徳・有徳・王徳・恩徳・学徳・火徳・果徳・寡徳・逆徳・旧徳・行徳・功徳・君徳・刑徳・倹徳・元徳・玄徳・公徳・厚徳・高徳・坤徳・才徳・失徳・十徳・至徳・歯徳・修徳・宿徳・淑徳・俊徳・峻徳・淳徳・頌徳・彰徳・常徳・女徳・神徳・人徳・仁徳・水徳・正徳・世徳・成徳・聖徳・碩徳・先徳・善徳・大徳・達徳・知徳・智徳・通徳・帝徳・天徳・道徳・内徳・背徳・敗徳・悖徳・薄徳・否徳・美徳・仏徳・不徳・婦徳・文徳・報徳・飽徳・木徳・民徳・名徳・明徳・庸徳・竜徳・涼徳・累徳

【徳育(トクイク)】道徳心を高めるために行う教育。

【徳音(トクオン)】①よいことば。善言。とくいん。②天子のことば。③よい評判。よい誉れ。

【徳義・徳誼(トクギ)】道徳上の義務、義理。人としての義務。

【徳業(トクギョウ)】仁徳と功業。また、善行。道徳的行為。

【徳性(トクセイ)】徳義の観念を備えた本性。道徳心。道義心。

【徳政(トクセイ)】①人民に恩恵を施す政治。仁政。②国 中世、為政者が臣下や農民の貸借関係を条件つきで破棄させること。『徳政令』

【徳操(トクソウ)】一貫して変わらない道徳心。

【徳沢(トクタク)】徳のめぐみ。おかげ。

【徳治(トクチ)】有徳の王者が国を治めること。⇔法治
『徳不ㇾ孤、必有ㇾ隣(トクはコならず、かならずとなりあり)』徳ある人は孤立することなく、必ず理解者と助力者が集まるものである。〔論語‐里仁〕

【徳風(トクフウ)】①徳が人を教化していくさまを風にたとえた語。仁徳の感化。②仏語。極楽の清風。

【徳望(トクボウ)】徳が高く、人望のあること。『徳望家』

【徳本(トクホン)】仏語。すぐれた結果をもたらす善根、功徳。また、功徳の本となる善法。

【徳目(トクモク)】徳を分類した個々の名称。忠、孝、仁など。

『以ㇾ徳報ㇾ徳(トクをもってトクにむくゆ)』恩徳を受けた者に対しては、恩徳をもって報いる。〔論語‐憲問〕

【徳化(トッカ)】徳によって教化すること。

【徳器(トッキ)】徳行と器量。身に備わっている徳と才能。

【徳教(トッキョウ)】道徳によって人を善導しようとすること。

【徳恵(トッケイ)】徳が高く、恵み深いこと。

【徳慧(トッケイ)】徳行と知恵。

【徳行(トッコウ)】道徳にかなった立派な行い。

❷ 利益。得。

下接 福徳・余徳・利徳・歳徳神(としとくジン)

【徳用(トクヨウ)】国 用いて利益の多いこと。『徳用品』

難読地名 徳本(とくごう)峠(長野) 難読姓氏 徳世(とくぜ)

［[illegible]］⇩8343

2313 【徵】 ＝＝ 彳-12 チョウ 「徴」(2311)の旧字

2314 【徹】 3716 4530 934F 彳-12 常 テツ 漢 /chè/ とおす・とおる

筆順 徹 徹 徹 徹 徹

字解 会意。彳(ゆく)＋育(赤ん坊が生まれ出る)＋攵(＝攴、動作を表す)。貫きとおしてゆく意。育は甲骨文・金文では、鬲(かなえ)。食器をとりかたづける意から転じて、最後までとおす意とも。

甲骨文

金文

篆文

意味 ❶とおす。とおる。つらぬく。つらぬき通す。また、つづける。『徹頭徹尾』『徹底』『貫徹』『透徹』❷とりのぞく。とりはらう。また、こわす。「撤」に同じ。『徹兵』❸制度、爵位の名称。『徹侯』『徹法』

❶ とおす。とおる。つらぬく。

下接 一徹・貫徹・照徹・清徹・通徹・透徹・明徹・冷徹

【徹暁(テツギョウ)】夜どおし。夜明かし。徹宵。徹夜。
【徹骨(テッコツ)】骨までとおること。
【徹宵(テッショウ)】夜どおし。一晩じゅう。
【徹底(テッテイ)】①底まで貫きとおること。②すみずみまで行き届くこと。中途半端ではないこと。『指示を徹底させる』
【徹底的(テッテイテキ)】徹底するさま。どこまでも十分にするさま。
【徹頭徹尾(テットウテツビ)】始めから終わりまで。あくまで。〔朱子全書‐学〕
【徹夜(テツヤ)】一晩じゅう寝ないでいること。

❸ 制度、爵位の名称。

【徹侯(テッコウ)】中国、秦代に設けた最高位の爵位。漢代には武帝の諱(いみな)を避け、通侯または列侯といった。

【徹法(テッポウ)】中国、周代に実施されたといわれる税法。井田(セイデン)の中の公田を耕作して、その収穫の一〇分の一を税として納入する制度。

2315 【德】 ＝＝ 彳-12 トク 「徳」(2312)の旧字

［衝］⇩7216 ［衜］⇩7217

2316 【徽】 ＝＝ 彳-13 キ 「徽」(2318)の異体字

2317 【儌】 5553 5755 9C74 彳-13 キョウ(ケウ)漢・ギョウ(ゲウ) 慣 /jiào・jiāo/ もとめる・うかがう

字解 形声。彳＋敫（光がうつりゆく）㊥。めぐる意。
意味 ❶めぐる。まわる。❷もとめる。無理に願う。「徼幸」❸うかがう。とりしまる。見まわる。❹さえぎる。「邀」に同じ。
【徼幸・徼倖】しあわせを求めること。幸運を願うこと。

［衛］⇩7218 ［衞］⇩7219 ［衡］⇩7220

2318 【徽】 2111 352B 8B4A 彳－14 （2316）〔徽〕——彳－13 †

キ㊥/huī/よい・しるし

字解 形声。糸＋微（かすか）省㊥。細い糸、また、それで作ったしるしの意。

意味 ❶よい。美しい。清い。「徽音」「徽言」「徽猷」❷しるし。はた。はたじるし。「徽号」「徽章」

【徽音】①よいことば。りっぱな教え。②美しい音楽。

【徽言】よいことば。りっぱなことば。

【徽号】①旗じるし。旗章。旗号。②美しい名。天子、高僧などの徳をたたえて、贈られる名。

【徽章】身分や職業などを表すために、帽子や衣服などにつけるしるし。記章。

【徽猷】よいはかりごと。良計。

［徿］⇩9418 ［徽］⇩9599 ［衢］⇩7222

61 心（小・忄）部 こころ

文 金  文 篆 

心は心臓の形を象り、こころ、中心にあるものを表す。心部の字は、精神、その状態、働き、情動などに関係する。必は別源であるが、隷楷書での形の類似からこの部に収められている。心の字は甲骨文では、まだ未発見である。現在の心のように四画をそれぞれ分離して書くことは隷書に現れ、また字の左部にあるもの（りっしんべん）、下にあるもの（したごころ）は、心の第二画を直立させるようになった。左部のりっしんべんを三画とするのは、魏晋以後に一般化したものである。

心 心 惢 ① 必 ⑨ 愛 ⑪ 慶 憂
心 ③ 応 忌 志 忒 忍 忍 忘 忘 ④ 忽
谷 忠 忝 念 忿 ⑤ 怨 急 急 思 怎 怱
怠 怒 ⑥ 恚 恁 恩 恐 恐 恭 恵 恣 恕
息 恙 恋 恷 ⑦ 悪 悥 患 悉 悤 悳 悠
⑧ 惡 惠 惣 悳 惪 悲 悶 惑 惄 ⑨ 意
意 感 愚 愆 慈 惹 愁 惷 想 愍 愈 愈
㥥 ⑩ 愻 慇 愨 愿 慈 愬 態 慂 ⑪ 慰
慧 慧 憇 慙 慫 慼 憃 慝 慿 慕 慾 慮
⑫ 憙 憗 憝 憩 憲 憲 憊 憑 ⑬ 應 懃
懇 懋 ⑭ 懲 懟 懣 ⑮ 懲 ⑯ 懸 ⑲ 戀
㉑ 戇 ㉔ 戇
心 ⑥ 恥 ⑱ 懿
小 ④ 忝 ⑥ 恭 ⑩ 慕 ⑪ 慕
忄 ② 忉 ③ 忖 忙 忙 ④ 快 忻 忤 忼
忛 忸 忱 忰 忡 忬 忭 ⑤ 怡 怏 怪 怯
怳 怙 怐 怍 怩 怵 性 怔 怛 怕 怖 怫
怦 怜 怐 怺 ⑥ 悔 恢 恠 恪 恊 恇 恂
恔 恆 恒 恰 恍 恨 恃 恤 恂 恬 恫 恡
⑦ 悅 悦 悁 悝 悔 悍 悕 悟 悃 悛 悚
悄 悌 悩 悖 悑 悗 悒 悧 悋 悋 ⑧ 惟
惋 悻 惧 惓 悾 惚 惛 惨 惝 情 情 悴
悽 惜 惔 惆 悵 惕 惙 悼 惇 悱 惘 惘
惏 ⑨ 愠 愇 愕 愒 愓 慌 惶 愔 愀 惴
惺 愃 愡 惻 惰 愜 愓 惱 愎 愉 愉 ⑩
愠 慨 愷 愧 愾 慊 慌 慎 慎 愴 慫 慱
慄 ⑪ 慨 慨 慣 慳 慷 慠 慘 慚 慴 慯
憁 憎 慥 慱 慟 慓 慢 慵 ⑫ 憍 憬 憔
憎 憚 憧 憧 憫 憮 憤 憐 ⑬ 懌 懊 憶
憶 懐 懈 憾 懆 憺 憤 懍 懍 ⑭ 懦 懧
⑮ 懺 懷 懹 ⑯ 懷 懶 懶 ⑰ 懺 ⑱ 懽 懼
懾

心 ◆

2319 【心】 3120 3F34 9053 心－0 常2

シン㊉㊥/xīn/こころ

筆順 心 心 心

字解 部首解説を参照。
同属字 沁
意味 ❶こころ。気持ち。精神。「心身」「心理」「安心」＊論語-為政「七十而従₂心所₁欲不ㇾ踰ㇾ矩（シチジュウにしてこころのほっするところにしたがいてのりをこえず）」〔＝七〇歳では、自分の思うがままに行動して、道徳上の規範をふみはずすことがなくなった〕⇓ 表 ❷「心臓」の意。「心不全」「強心剤」「狭心症」「肝心」「衝心」 ➡〔五臓六腑〕の図四九頁。❸胸。胸のあたり。胸さき。「心腹」＊白居易-琵琶行「曲終収ㇾ撥当ㇾ心画（キョクおわりてバチをおさめむねにあててカクす）」〔＝曲が終わりばちを引き寄せて、胸さきで大きく弧を描いて絃を払う〕」❹まんなか。かなめ。芯。「心棒」「中心」❺「点心」は、おやつの意。❻二十八宿の一。さそり座のアンタレス付近。「心宿」❼その他。「心太（ところてん）」

下接 ❶こころ。気持ち。精神。
悪心・安心・異心・違心・一心・淫心・有心・回心・会心・灰心・戒心・改心・害心・隔心・禍心・甘心・寒心・感心・関心・歓心・帰心・義心・疑心・逆心・休心・協心・虚心・琴心・苦心・決心・孝心・恒心・降心・細心・残心・讒心・直心・至心・私心・詩心・失心・邪心・執心・獣心・春心・小心・焦心・傷心・初心・身心・真心・信心・人心・仁心・尽心・塵心・寸心・成

心・誠心・石心・赤心・専心・洗心・潜心・善心・喪心・躁心・足心・賊心・素心・存心・他心・丹心・忠心・衷心・痛心・伝心・盗心・蕩心・同心・童心・道心・得心・妬心・内心・二心(ニシン|ジシン|ふたごころ)・忍心・熱心・婆心・叛心・非心・氷心・腹心・腐心・仏心(ブッシン|ほとけごころ)・物心(ブッシン|ものごころ)・平心・変心・放心・発心・本心・慢心・民心・無心・野心・唯心・雄心・養心・用心・欲心・乱心・利心・離心・良心・労心・狼心・以心伝心・雲心月性・驚心動魄・即心念仏・彫心鏤骨・鉄心石腸／歌心・絵心・幼心・男心・親心・女心・恋心・静心・下心

意心		
心(シン)	心中 心外 心計 本心 誠心 熱心 変心	こころ。
意(イ)	意中 意外 意向 本意 誠意 熱意 翻意	こころのおもい。

【心意(シンイ)】 こころ。意志。精神。

【心印(シンイン)】 仏語。禅宗で、仏の内証のさとり。このさとりは印形のように変わらないところからいう。

【心因(シンイン)】 精神障害の原因のうち、心理的原因のこと。

【心猿(シンエン)】 情欲、煩悩が盛んでおさえきれないのを、騒ぎたてる猿にたとえていう語。〔伝習録〕『意馬心猿』

【心奥(シンオウ)】 心のおく。心底。

【心火(シンカ)】 燃え上がる火のように激しい感情。

【心画(シンガ)】 (心が表れるところから) 書。筆跡。

【心外(シンガイ)】 国自分に対するあつかい方が、自分の思いどおりでなく残念なさま。

【心学(シンガク)】 ①中国の、陸象山・王陽明の唱えた、修養実践を重んじた学問。陽明学。②国江戸時代、石田梅岩らが説いた、儒教、神道、仏教の趣旨を調和、総合した実践道徳。石門心学。

【心眼(シンガン|シンゲン)】 物事の真の姿をはっきり見分ける心の働き。『心眼を開く』

【心願(シンガン)】 神仏などに、心の中でかける願。

【心機(シンキ)】 心の働き。心の動き。『心機一転〔=ある事を契機に気持ちがすっかり変わること〕』

【心技(シンギ)】 精神のあり方と技能との両面。『心技一体』

【心境(シンキョウ)】 心の状態。心のあり方。『心境を述べる』
【心鏡(シンキョウ)】 こころ。特に、すべてを明らかに映しだすくもりのないこころ。
【心曲(シンキョク)】 心のなかのいちぶしじゅう。
【心計(シンケイ)】 =心算(シンサン)
【心血(シンケツ)】 国精神と肉体のすべて。『心血を注ぐ』
【心月(シンゲツ)】 仏語。月のように澄みきって明らかな心。
【心骨(シンコツ)】 ①精神と身体。全身。②心中。心の奥底。
【心根(シンコン|こころね)】 心の奥底にある本性。心情。気だて。
【心魂(シンコン)】 精神。心。『心魂に徹する』
【心斎(シンサイ)】 邪念を払い、精神を統一すること。
【心算(シンサン|シンザン)】 心中の計画。こころづもり。心計。
【心志(シンシ)】 努力しようとする気持ち。意志。
【心思(シンシ)】 心中の思い。
【心耳(シンジ)】 心と耳。また、心で聞くこと。→❷
【心事(シンジ)】 心に思う事柄。
【心緒(シンショ)】 心の動くいとぐち。心中の思い。
【心証(シンショウ)】 ①人の心に与える印象。『心証を害する』『心証をよくする』②訴訟事件の審理で受けた裁判官の主観的な認識、または確信。
【心象(シンショウ)】 具体的な情景として心の中に描き出されたもの。『心象風景』
【心情(シンジョウ)】 心に感じていること。心の中の思い。
【心身(シンシン)】 精神と身体。心と体。『心身をきたえる』
【心神(シンシン)】 こころ。精神のはたらき。魂。『心神喪失』
【心酔(シンスイ)】 ある人や物事に心を奪われ、熱中すること。
【心性(シンセイ|シンショウ)】 ㊀(シンセイ) 心の特質。知能、習慣、信念など精神的傾向の総体。『日本人の心性』㊁(シンショウ) ①仏語。不変な心の本体。②こころ。精神。また、本来の心。生まれつき。天性。
【心喪(シンソウ)】 喪服は着ないが、心の中で喪に服すこと。多く、弟子が師の喪に服する場合にいう。
【心像(シンゾウ)】 (英imageの訳語) 以前に感覚によって得たものが、心の中に再生したもの。
【心胆(シンタン)】 こころ。きもだま。『心胆を寒からしめる〔=極度に恐れ震え上がらせる〕』
【心中(シンチュウ|シンジュウ)】 ㊀(シンチュウ) 心のうち。胸中。㊁(シンジュウ) 国①相愛の男女が一緒に死ぬこと。情死。②複数の者が、一緒に死ぬこと。『親子心中』
【心痛(シンツウ)】 ひどく心配すること。深く思い悩むこと。

【心底(シンテイ|シンそこ)】 ①心の奥底。②(シンそこ) 心から。本当に。

【心的(シンテキ)】 心に関するさま。↔物的。『心的変化』

【心頭(シントウ)】 こころ。念頭。『怒り心頭に発する〔=むらむらと怒りがわいてくる〕』【滅却心頭火亦涼(シントウをメッキャクすればひもまたすずし)】 無念無想の境地に至れば、火さえも涼しく感じられる。どのような困難、苦難に遭遇しても、それを超越した境地に入れば、少しも困難、苦難を感じない。❤日本の安土桃山時代、禅僧快川が、織田信長の軍勢に攻められて甲斐の恵林寺山門上で焼死する際、この偈を唱えたという。

【心得(シントク)】 心に会得すること。本質を把握すること。

【心配(シンパイ)】 心を配ること。気づかい。配慮。また、気にすること。気がかり。

【心服(シンプク)】 心から尊敬し、服従すること。

【心腹(シンプク|シンプク)】 ①胸と腹。②思っていること。考え。『心腹に落つ〔=納得がゆく〕』『心腹の友〔=親密な友〕』【心腹之疾(シンプクのやまい)】 治しにくい病、除きにくい敵のたとえ。〔戦国策-趙〕

【心法(シンボウ|シンポウ)】 ①仏語。一切諸法を五つに分けたその一。また、心と色とに分けたうちの、心の働きの総称。心、意、識などともいう。↔色法。②仏語。真如、心性などといわれる一心のこと。③心を修める法。精神修養の方法。④国困難・苦痛をたえしのぶこと。堪忍。

【心友(シンユウ)】 心を許し合っている友人。

【心理(シンリ)】 心の働き。精神の状態。『犯罪心理学』

【心裏・心裡(シンリ)】 心のうち。心中。

【心力(シンリョク)】 心の力。心の働き。

【心霊(シンレイ)】 肉体とは別に存在し、科学的な説明のできない不思議な現象を起こすと考えられている主体。霊魂。『心霊現象』『心霊術』

【心労(シンロウ)】 心配。また、精神的疲労。

【心不レ在レ焉、視而不レ見(こころここにあらざれば、みれどもみえず)】 心が他のことにとらわれていれば、たとえ目がそちらに向いていても、目に入らない。心を集中しなければ、身を修めることはできないの意。〔大学〕

❷ 「心臓」の意。

【心音(シンオン)】 心臓が鼓動する音。

【心肝(シンカン)】 心臓と肝臓。転じて、こころ。心の底。

【心悸(シンキ)】 心臓の鼓動。動悸。『心悸亢進〔=動悸が激しくなる症状」

【心筋シンキン】心臓の壁を形作っている筋肉。『心筋梗塞』

【心耳シンジ】＝心房シンボウ。→❶

【心室シンシツ】心臓の一部。心房からの血液を動脈に押し出す働きをする所。左心室と右心室がある。

【心臓シンゾウ】血液を身体の各部へ循環させる筋肉質の器官。転じて組織などの最も重要な部分。『心臓麻痺マヒ』

【心電図シンデンズ】心臓の筋肉の収縮に伴って発生する微細な電流を記録した波形曲線。

【心嚢シンノウ】心臓全体をつつむ最外層の膜。

【心搏シンパク】心臓の搏動。『心搏数』

【心不全シンフゼン】心臓が機能を完全に遂行できない状態。

【心房シンボウ】心臓の一部。血液を心室に送り込む働きをする所。心耳。左心房と右心房がある。

❹ まんなか。かなめ。

[下接] 遠心エンシン・核心カクシン・花心カシン・河心カシン・求心キュウシン・湖心コシン・重心ジュウシン・水心スイシン・垂心スイシン・赤心セキシン・池心チシン・中心チュウシン・摘心テキシン・鉄心テッシン・天心テンシン・灯心トウシン・同心ドウシン・都心トシン・爆心バクシン

【心窩シンカ】胸骨の下端よりやや下にある人間の急所の一。みぞおち。

【心木シンギ】車輪などの中心となる木。心棒。

【心材シンザイ】樹木の幹中心に近い部分を材としたもの。色は赤黒く、緻密で腐りにくい。あかみ。

【心地シンジ】帯、襟えり、洋服などの心シンにする、織り目が粗く厚い布地。

【心髄シンズイ】物の中央にあるしん。神髄。真髄。

【心土シンド】表土の下層で、耕した際にすきかえされない部分の土。

【心棒シンボウ】[1]回転体で、回転の軸ジクとなる棒。物が曲ったり、崩れたりしないように支える中心の棒。軸。[2][国]組織や、活動の中心となるもの。

❼ その他。

[下接] 点心テンシン・同心ドウシン・黄心樹おがたまのき

【心経シンギョウ】般若心経ハンニャシンギョウのこと。

【心太・心天ところてん】海藻、テングサの異名。また、それを煮て溶かし、型に入れて固めた食品。♥「ところてん」は「こころぶと(心太)」の近世のなまりという。

2320【惢】＊ 3017 心－8 サ(漢)・スイ(漢)・ズイ(漢)/suǒ/

[字解] 会意。三つの心。心があれこれ迷いうたがう意。

[同属字] 橤・蕊

2321【必】4112 492C 954B 心－1 [常]4 ヒチ(呉)・ヒツ(漢)/bì/かならず

[筆順] 

[字解] 会意。弋(くい)＋八(ひもでしめる)。ひもをまいた武器の取っ手の意。また、戈(ほこ)＋八の会意字で、ほこの柄をひもでしめる意とも。柲の原字。借りて、かならずの意に用いる。

金文 
篆文 

[同属字] 宓・苾・瑟・閟・泌・柲・秘・祕・謐

[参考] 万葉仮名では音を借りて「ひ(甲)」。

[意味] ❶かならず。まちがいなくそうなる。また、かわらない。『必竟』『必殺』『必然』＊論語－公冶長「必也臨ㇾ事而懼、好ㇾ謀成者也 かならずやことにのぞみておそれ、はかりごとをこのみてなさんものなり」(＝必ず、事に当たっておそれ慎しみ、計画を十分にめぐらして、それを成しとげる人物と一緒にする)」❷ぜひとも。なくてはならない。しなくてはならない。『信賞必罰シンショウヒツバツ』『必須』『必要』＊論語－顔淵「必不ㇾ得ㇾ已而去、於二斯三者一何先 かならずやむをえずしてさらば、このサンシャにおいてなにをかさきにせん」(＝どうしてもやむをえない事情で、この三つのうちから一つを捨てるとしたら、何を先に捨てるべきだろうか)」❸かならずしも。「不・未」などの打消しや「何なんぞ・豈あに」などの反語の語を伴って「…であるとは限らない」の意になる。『未必ミヒツ』＊論語－憲問「有ㇾ徳者、必有ㇾ言。有ㇾ言者、不二必有一ㇾ徳 トクあるものは、かならずゲンあり。ゲンあるものは、かならずしもトクあらず」(＝徳のある人は、必ず善言がある。りっぱなことを言う者には、必ずしも徳があるとはかぎらない)」

❶ かならず。まちがいなくそうなる。

【必竟ヒッキョウ】つまるところ。つまり。結局。

【必殺ヒッサツ】相手を必ず殺すこと。また、そのような意気込み。『必殺の一撃』

【必死ヒッシ】死を覚悟して行うこと。決死。

【必至ヒッシ】必ずそのことが到来すること。必然。

【必定ヒツジョウ】[国]必ずそのようになること。きっと。必ず。

【必勝ヒッショウ】必ず勝つこと。『必勝祈願』

【必衰ヒッスイ】必ずおとろえること。『盛者ジョウシャ必衰』

【必然ヒツゼン】必ずそのようになると決まっているさま。必至。↔偶然。『必然の帰結』『必然性』

【必中ヒッチュウ】必ず命中すること。『一発必中』

【必滅ヒツメツ】必ず滅びること。『生者必滅』

【必将かならず】まちがいなく。「必」に同じ。＊荀子－性悪「必将有二師法之化、礼義之道一 かならずシホウのカ、レイギのみちびきあり」(＝必ず先生や規範による感化と、礼や義による導きがある)」

❷ ぜひとも。なくてはならない。

【必携ヒッケイ】必ず携えなければならないこと。『必携書』

【必見ヒッケン】必ず見なければならないこと。

【必需ヒツジュ】必ず要ること。必要。『必需品』

【必修ヒッシュウ】必ず履修しなければならないこと。

【必須ヒッス】必ず要ること。なくてはならないこと。

【必着ヒッチャク】必ず着かなければならないこと。

【必伝ヒツデン】必ず後世に伝えるべきこと。

【必読ヒツドク】必ず読まなければならないこと。

【必備ヒツビ】必ず備えなければならないこと。

【必用ヒツヨウ】必ず用いなければならないこと。

【必要ヒツヨウ】なくてはならないこと。欠くことができないこと。『必要経費』『必要条件』『必要悪(＝それ自体は悪であるが、社会の存続のために必要なもの)』

2322【愛】1606 3026 88A4 心－9 [常]4 エ(呉)・アイ(呉)(漢)/ài/いつくしむ・いとしい・おしむ・かなしい・かなしむ・はし・よし・めぐし・めでる

[筆順] 

[字解] 古くは㤅。会意。心＋旡(頭をめぐらすさま)。のち夊(足をひきずる)を加え、夊＋㤅(めぐむ)(声)の形声字となる。心がひかれ歩みが進まぬ意から、いつくしむ意。のち愛が用いられるようになった。

[同属字] 噯・曖・靉

[参考] 万葉仮名では音を借りて「え」。

[意味] ❶いつくしむ。いとしく思う。↔憎。㋑かわいがる。『愛護』『愛児』『愛撫』『寵愛チョウアイ』 ㋺このましい。

心(小・忄)戈戸(戸)手(扌)支攴(攵) 4画 文斗斤方旡(旡・无)日曰月木欠止歹(歺)殳毋比毛氏气水(氺・氵)火(灬)爪(爫)父爻(㸚)爿(丬)片牙(牙)牛犬(犭)

親しみのある。『愛嬌』『愛称』『愛想』㋩恋いしたう。『愛人』『求愛』『恋愛』㋥仏語。十二因縁の一。ものをむさぼり執着すること。『愛執』『愛着』『我愛』『渇愛』㋭キリスト教で、神が人類のすべてを無限にいつくしむこと。アガペー。『隣人愛(リンジンアイ)』『博愛』❷このむ。めでる。だいじにする。このんで(常に)…する。『愛飲』『愛読』『愛用』＊杜牧-山行「停レ車坐愛楓林晩(くるまをとどめてそぞろにアイすフウリンのくれ)〔=車をとめて、何とはなしに、楓林の夕暮れの美しさを味わう〕」❸大切に思う。おしむ。『愛郷』『愛国』『愛惜』『割愛(カツアイ)』『吝愛(リンアイ)』＊孟子-梁恵王上「吾何愛二一牛一(われなんぞイチギュウをおしまんや)〔=私は、どうして一頭ぐらいの牛を惜しもうか〕」

❶ いつくしむ。いとしく思う。

下接 畏愛(イアイ)・遺愛(イアイ)・恩愛(オンアイ)・可愛(カアイ)・我愛(ガアイ)・渇愛(カツアイ)・求愛(キュウアイ)・敬愛(ケイアイ)・兼愛(ケンアイ)・最愛(サイアイ)・自愛(ジアイ)・慈愛(ジアイ)・純愛(ジュンアイ)・鍾愛(ショウアイ)・情愛(ジョウアイ)・信愛(シンアイ)・親愛(シンアイ)・仁愛(ジンアイ)・性愛(セイアイ)・相愛(ソウアイ)・他愛(タアイ)・貪愛(タンアイ)・忠愛(チュウアイ)・寵愛(チョウアイ)・珍愛(チンアイ)・溺愛(デキアイ)・熱愛(ネツアイ)・博愛(ハクアイ)・汎愛(ハンアイ)・偏愛(ヘンアイ)・盲愛(モウアイ)・友愛(ユウアイ)・恋愛(レンアイ)

【愛育(アイイク)】かわいがって育てること。

【愛玩(アイガン)】かわいがって思いのままに扱い楽しむこと。『愛玩動物〔=ペット〕』『愛玩品』

【愛嬌・愛敬(アイキョウ)】国①にこやかな、親しみやすいかわいらしさ。『愛嬌者』②愛想。人を喜ばせるしぐさ。世辞。❤もと、仏語の「愛敬(アイギョウ)の相」から。

【愛楽(アイギョウ｜アイラク)】(「楽」は願い求める意)①(「愛慕楽欲」の略)仏語。正しい物事、真実の教えなどを心から信じ、願い求めること。②物事に親しみ愛すること。

【愛敬(アイケイ｜アイキョウ｜アイギョウ)】親しみうやまうこと。敬愛。

【愛顧(アイコ)】ひいきにし、ひき立てること。

【愛護(アイゴ)】いつくしんで保護すること。『動物愛護』

【愛幸(アイコウ)】愛し、いつくしむこと。寵愛。

【愛子(アイシ)】愛している子供。愛児。

【愛児(アイジ)】親が愛して大切にしている子。いとしご。

【愛日(アイジツ)】愛すべき日光。冬の日ざし。転じて、冬の日。〔左伝-文公七年〕→❸
【愛執(アイシュウ)】愛情、愛欲に執着すること。愛着。

【愛称(アイショウ)】親愛の気持ちをこめて呼ぶ、本名以外の名。

【愛情(アイジョウ)】①いとおしみ大切に思う気持ち。②異性を恋いしたう心。

【愛嬢(アイジョウ)】親がかわいがっている娘。まなむすめ。また、人の娘の敬称。

【愛人(アイジン)】①人を愛すること。②恋人。情人。

【愛染明王(アイゼンミョウオウ)】(梵 Rāga-rājaの訳語。愛着染色の意)仏語。真言密教で、愛欲が悟りにつながることを示す神。全身赤色で、三目、六臂(ロッピ)、頭に獅子の冠をいただき、顔には常に怒りの相を表す。

【愛想(アイソ｜アイソウ)】国①人によい感じを与えるような態度、言葉。↔無愛想(ブアイソ)。②もてなし。心付け。おあいそ。③飲食店などでの勘定。おあいそ。

【愛憎(アイゾウ)】愛することと憎むこと。好き嫌いの感情。

【愛他主義(アイタシュギ)】他人の利益、幸福を図ろうとする考え方や行動。利他主義。↔利己主義
【愛着(アイチャク｜アイジャク)】心がひかれて思い切れないこと。

【愛寵(アイチョウ)】=愛幸(アイコウ)

【愛念(アイネン)】心に強くかわいいと思うこと。

【愛憫(アイビン｜アイミン)】いつくしみあわれむこと。愛憐。

【愛撫(アイブ)】なでさするように優しくかわいがること。

【愛別離苦(アイベツリク)】仏教で、八苦の一。愛する人と別れる苦しみ。

【愛慕(アイボ)】深く愛して、それをしたうこと。

【愛欲・愛慾(アイヨク)】異性への強い欲望。情欲。❤書き換え「愛慾→愛欲」。

【愛憐(アイレン)】いとおしみあわれむこと。

❷ だいじにする。このんで(常に)…する。

【愛飲(アイイン)】特定の飲料を、いつも好んで飲むこと。
【愛煙家(アイエンカ)】タバコを好んで吸う人。
【愛器(アイキ)】愛用している器具。
【愛機(アイキ)】愛用している機械。
【愛吟(アイギン)】詩歌を好んで口ずさむこと。
【愛好(アイコウ)】物事を愛し好むこと。『愛好家』
【愛車(アイシャ)】愛用している自動車や自転車。
【愛書(アイショ)】本が好きなこと。『愛書家』
【愛唱(アイショウ)】ある歌を好んで歌うこと。『愛唱歌』
【愛誦(アイショウ)】ある詩歌や文章などを好んで口ずさんだり、歌ったりすること。
【愛読(アイドク)】特定の書物を好んで読むこと。『愛読書』
【愛用(アイヨウ)】好んでその品物を使用すること。『愛用者』

❸ 大切に思う。おしむ。

【愛郷(アイキョウ)】自分の故郷を大切に思うこと。『愛郷心』
【愛校(アイコウ)】自分の学校を大切にすること。『愛校心』
【愛国(アイコク)】自分の国を愛し、大切にすること。『愛国心』
【愛日(アイジツ)】父母に孝養を尽くすために日時を惜しむこと。孝心の深いこと。〔揚子法言-孝至〕→❶
【愛惜(アイセキ)】大切にして、失ったりするのを惜しむこと。心がひかれて惜しく思うこと。
【愛蔵(アイゾウ)】物を大切にして、しまっておくこと。

難読地名 愛鷹(あしたか)山(静岡) 愛宕(あたご)山(京都・東京) 愛発(あらち)関(福井) 愛知(えち)郡(滋賀) 愛知川(えちがわ)町(滋賀)

2323 【慶】 2336 3744 8C63 心-11 常

キョウ(キャウ)呉・ケイ漢／qìng／よろこぶ・よし

筆順 慶 慶 慶 慶 慶 慶

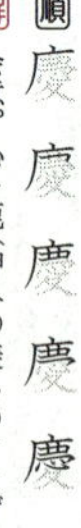

字解 会意。心+鹿(神への美しいささげもの、しか)省+夊(=夂、行く)。おいわいにいく、よろこぶ意。

金文  篆文

意味 よろこぶ。よろこび。めでたい。いわい。

下接 嘉慶(カケイ)・御慶(ギョケイ)・具慶(グケイ)・幸慶(コウケイ)・国慶(コッケイ)・大慶(タイケイ)・同慶(ドウケイ)・表慶(ヒョウケイ)・余慶(ヨケイ)・落慶(ラッケイ)

【慶雲(ケイウン)】めでたいしるしの雲。瑞雲(ズイウン)。
【慶賀(ケイガ)】よろこび祝うこと。祝賀。
【慶事(ケイジ)】よろこびごと。結婚、出産などのよろこびごと。↔弔事
【慶祝(ケイシュク)】よろこび祝うこと。祝賀。『慶祝行事』
【慶色(ケイショク)】よろこびの様子、顔色。
【慶瑞(ケイズイ)】めでたいしるし。吉兆。慶祥。
【慶弔(ケイチョウ)】出産、結婚などの喜ぶべきことと、死などの悲しむべきこと。『慶弔費』
【慶典(ケイテン)】めでたい儀式。祝典。
【慶福(ケイフク)】めでたいこと。祝い事。幸い。

難読地名 慶良間(けらま)列島(沖縄) 慶留間(げるま)島(沖縄)
難読姓氏 慶田(いわだ・いだ｜けいだ)

2324 【憂】 4511 4D2B 974A 心-11 常 (2389)〔㥑〕 二二 心-9

心(小・忄)戈戸(戶)手(扌)支攴(攵)
4画
文斗斤方无(旡・无)日曰月木欠止歹(歺)殳毋比毛氏气水(氺・氵)火(灬)爪(爫・⺥)父爻(爻)爿(丬)片牙(牙)牛犬(犭)

ウ呉・ユウ(イウ)漢/yōu/うれえる・うれい・うい

筆順 憂 憂 憂 憂 憂

字解 形声。夂(=夊、行く)+㥑(→優、おだやか)声。ゆっくり歩く意。もと、㥑だけでうれえる意を表したが、のち憂をこの字義に用いる。

金文　篆文

同属字 優・嚘・擾

意味 うれえる。うれい。㋑思いなやむ。心配する。『憂国』『憂慮』『杞憂キユウ』 *列子-天瑞「有下憂二彼之所一憂者上かれのうれうるところをうれうるものあり [=その人が心配するのをさらに心配する人がいた]」 ⇒表 ㋺うい。つらい。悲しい。苦しい。『憂身うきみ』『憂目うきめ』

下接 殷憂インユウ・隠憂インユウ・鬱憂ウツユウ・外憂ガイユウ・杞憂キユウ・深憂シンユウ・軫憂シンユウ・大憂タイユウ・丁憂テイユウ・同憂ドウユウ・内憂ナイユウ・忘憂ボウユウ・先憂後楽センユウコウラク・一喜一憂イッキイチユウ

ユウ 憂	憂愁	思い悩む。憂嘆	憂傷	憂色	憂鬱	憂慮	大憂
シュウ 愁		思い沈む。愁嘆	愁傷	愁色	哀愁	愁訴	深愁

【憂鬱】ユウウツ 気が晴れないこと。心がふさぐこと。
【憂患】ユウカン 心配し、心を痛めること。
【憂苦】ユウク 心配し苦慮すること。
【憂懼】ユウク 心配しおそれること。
【憂国】ユウコク 国の現状や将来を心配すること。
【憂愁】ユウシュウ うれいにしずむこと。悲しんで心を痛めること。
【憂傷】ユウショウ 悲しみ、心を痛めること。
【憂色】ユウショク 心を痛めている顔色。
【憂世】ユウセイ/うきよ ①(ユウセイ) 世の中のことを心配すること。憂国。②(うきよ) つらいことの多いこの世。浮世。
【憂戚】ユウセキ 悲しんで心を痛めること。
【憂望】ユウボウ 遠くの地にいる人を心配し思いやること。
【憂悶】ユウモン 悩み苦しむこと。
【憂慮】ユウリョ 事態の現状などを心配すること。思いわずらうこと。『憂慮すべき事態』

心

2325 【応】 1794 317E 899E 心-3 常5
(2419)【應】 5670 5866 9CE4 心-13 旧字 人

オウ呉・ヨウ漢/yìng・yīng/こたえる・いらう・まさに…べし

筆順 応 応 応 応 応 応 応

字解 応は應の略体。應は形声。心+雁(とりを胸にだきとめる)声。心に受け止める、来るものにこたえる意。金文は、懐に鳥をだく。

金文　篆文

参考 万葉仮名では音を借りて「お」。

意味 ❶(呼びかけ・問い・求めなどに対して)こたえる。うけこたえる。『応酬』『応答』『呼応』 *韓非子-難「其人弗レ能レ応也そのひとこたうるあたわざるなり [=その人は返答することができなかった]」 ❷したがう。他の変化や状態に見合った変化をする。また、そのしるし。『因果応報インガオウホウ』『臨機応変リンキオウヘン』『応分』『応用』『相応』 ❸まさに…べし。再読文字。㋑さだめし…のはずだ。おそらく…であろう。推量を示す。*韓愈-左遷至藍関示姪孫湘「知汝遠来応レ有レ意しるなんじがとおくきたるまさにいあるべし [=おまえが遠くはるばるとここまでやって来たのは、きっと何か心に思うところがあるからであろう]」 ㋺…しなければならない。…するのが当然だ。当然の意を示す。*杜甫-旅夜書懐「官応老病休カンはまさにロウビョウにてやむべし [=役人生活も年老いて病気がちの身では、やめてしまうのが当然だ]」 ❹その他。『応鐘』

❶ こたえる。うけこたえる。

下接 否応いやオウ・供応キョウオウ・饗応キョウオウ・呼応コオウ・策応サクオウ・酬応シュウオウ・内応ナイオウ・報応ホウオウ

【応援】オウエン ①味方し、助けること。加勢。『応援演説』②拍手や掛け声などで、元気づけること。『応援団』
【応射】オウシャ 相手の射撃に応じて、撃ち返すこと。
【応手】オウシュ 囲碁で、相手の手に応じて打つ手。
【応需】オウジュ 要求にこたえること。『入院応需』
【応酬】オウシュウ ①やりとりすること。『意見の応酬』『杯の応酬』②やり返すこと。
【応召】オウショウ 呼び出しに応じること。特に、軍隊で、召集に応じて指定地に集まること。『応召兵』
【応詔】オウショウ ①勅命に応じること。②特に、勅命によって詩歌を詠進すること。
【応制】オウセイ 勅命に従って詩歌を詠進すること。
【応接】オウセツ 人に面会して相手をすること。『応接間』
【応戦】オウセン 相手の攻撃に応じて戦うこと。
【応訴】オウソ 国民事訴訟で、原告が訴えを起こしたとき、被告がそれに応じて争うこと。
【応対】オウタイ 相手になって受け答えすること。
【応待】オウタイ 相手になり、もてなすこと。接待。
【応諾】オウダク 人の頼み、申し出を聞き入れること。承諾。
【応答】オウトウ 問いや呼び掛けに答えること。『質疑応答』
【応募】オウボ 募集に応じること。

❷ したがう。

下接 感応カンノウ・順応ジュンノウ・照応ショウオウ・瑞応ズイオウ・相応ソウオウ・即応ソクオウ・対応タイオウ・適応テキオウ・反応ハンノウ・符応フオウ・冥応ミョウオウ・霊応レイオウ

【応化】オウゲ/オウカ ㊀(オウカ) ①時世の変化に従って、それに適するように変わること。②生物が環境の変化に応じて、自己の組織や機能を変えてゆく作用。㊁(オウゲ) 仏語。仏、菩薩が世の人を救うために、時機に応じて、さまざまに姿を変えて現れること。応現。『応化利生リショウ』
【応急】オウキュウ 急場に応じて処すること。間に合わせること。『応急処置』『応急策』
【応験】オウケン 行ったことに応じてあらわれるしるし。
【応身】オウジン (梵 nirmāṇa-kāya の訳語) 仏語。仏の三身の一。衆生を救うためにその機根に応じた種々の姿をとって現れた仏のこと。化身ケシン。応化身オウゲシン。
【応分】オウブン 身分や能力にふさわしいこと。分相応。
【応変】オウヘン その場の変化に応じて適切な処置をとること。『臨機応変』
【応報】オウホウ 行為に応じて受けるむくい。『因果応報』
【応用】オウヨウ 原理や知識を、実際的な事柄に応じて活用すること。『応用問題』

❹ その他。

【応鐘】オウショウ ①十二律の一。日本の雅楽の上無かみむにあたる。②陰暦一〇月の異名。
【応天】オウテン ①中国、宋代に置かれた府。現在の河南省商邱にあたる。南都。②中国、明代の府。太祖が都し、の

心(小・忄)戈戸(戸)手(扌)支攴(攵) 4画 文斗斤方旡(无・旡)日曰月木欠止歹(歺)殳毋比毛氏气水(氺・氵)火(灬)爪(爫・⺤)父爻(⺧)爿(丬)片牙(牙)牛犬(犭)

ち、南京と改称。現在、江蘇省の省都。

2326 【忌】 2087 3477 8AF5 心－3 常 キ漢／jì／いむ・いまわしい・いみ

筆順 忌忌忌忌忌忌忌

字解 形声。心＋己（いとすじを整える）声。心にいましめる、いむ意。

参考 万葉仮名では音を借りて「こ乙」。

意味 ❶いむ。きらう。さける。『忌憚』『忌避』『禁忌』 ❷いみ。喪に服すること。『忌明いみけ』『忌中』 ❸人が死んだ日。死者の命日。『忌日』

❶いむ。きらう。さける。

下接 畏忌イキ・厭忌エンキ・諱忌キキ・禁忌キンキ・嫌忌ケンキ／ケンギ・顧忌コキ・猜忌サイキ・妬忌トキ／物忌ものいみ

【忌諱】キキ／キイ ①いやがって嫌うこと。忌みはばかること。『忌諱に触れる〔＝目上の人などの忌み嫌っていることを言ったりして、機嫌を損ねる〕』 ②人として行ってはならない事柄。＊史記－伯夷伝「専犯忌諱もっぱらキキをおかす〔＝ただただ人の道にはずれるようなことばかりしている〕」

♥「キイ」は慣用読み。

【忌刻】キコク 人の才能をねたみ、残酷薄情なあつかいをすること。猜忌刻薄。

【忌憚】キタン 忌みはばかること。遠慮すること。『忌憚のないところを述べる』

【忌避】キヒ ①嫌って避けること。 ②国 公平な裁判が期待できないとき、当事者が担当裁判官を拒否すること。

❷いみ。喪に服すること。

【忌中】キチュウ 国 家族に死者があって、忌みに服する間。特に死後四九日間を言う。

【忌服】キブク 近親者が死に、一定の期間喪に服すること。

❸人が死んだ日。死者の命日。

下接 遠忌オンキ／エンキ・回忌カイキ・御忌ギョキ・周忌シュウキ・年忌ネンキ

【忌辰】キシン ＝忌日キニチ

【忌日】キニチ／キジツ 人が死んだ日に当たる、毎月または毎年のその日。命日。

難読姓氏 忌部いんべ

2327 【志】 2754 3B56 8E75 心－3 常5 シ呉漢／zhì／こころざす・こころざし・さかん・シリング

筆順 志志志志志志志

字解 形声。心＋士（→之、ゆく）声。心が向きゆく意。

同属字 誌・痣

参考 万葉仮名では音を借りて「し」。

意味 ❶こころざし。心の向かうところ。意向。また、こころざす。心を向ける。目標をたてる。『志向』『志望』『意志』＊論語－子罕「匹夫不可奪志也ヒップもこころざしをうばうべからざるなり〔＝つまらぬ男でも、その志を奪いとることはできない〕」 ❷人に対しての気持ち。また、それを表すもの。『厚志コウシ』『懇志コンシ』『寸志スンシ』『篤志トクシ』『薄志ハクシ』 ❸書きしるす。書いたもの。「誌」に同じ。『魏志倭人伝ギシワジンデン』『三国志サンゴクシ』『語志ゴシ』『地志チシ』 ❹国 さかん。日本の律令制で兵衛府・衛門府の第四等官。 ❺国「志摩国しまのくに」の略。東海道十五か国の一。今の三重県の一部。『志州シシュウ』 ❻国 イギリスの貨幣単位シリングのあて字。『一志六片イチシリングロクペンス』

❶こころざし。こころざす。

下接 異志イシ・意志イシ・遺志イシ・遠志エンシ・雅志ガシ・求志キュウシ・言志ゲンシ・高志コウシ・弱志ジャクシ・宿志シュクシ・初志ショシ・壮志ソウシ・素志ソシ・遜志ソンシ・大志タイシ・闘志トウシ・同志ドウシ・薄志ハクシ・微志ビシ・本志ホンシ・有志ユウシ・雄志ユウシ・養志ヨウシ・立志リッシ

【志学】シガク ①学問に志すこと。 ②一五歳の称。＊論語－為政「吾十有五而志于学われジュウユウゴにしてガクにこころざす〔＝私は一五歳で学問に志した〕」

【志願】シガン こころざして願い出ること。『志願兵』

【志気】シキ ある物事を行おうとする意気込み。

【志向】シコウ 心の向かうところ。『志向性』

【志士】シシ 高い志を持った人。『幕末の志士』

【志士仁人】シシジンジン 学問修養に志した人と仁の徳を身につけた人。＊論語－衛霊公「志士仁人、無求生以害仁シシジンジンは、セイをもとめてもってジンをガイすることなし〔＝学問修養に志した人や仁徳を身につけた人は、自分が生きながらえようとして仁徳を損なうようなことはしない〕」

【志尚】シショウ こころざし。

【志操】シソウ かたく守って変えない志。『志操堅固』

【志念】シネン 心に思い定めること。

【志望】シボウ こころざして望むこと。『志望校』

【志慮】シリョ こころざし。考え。

【不得志】こころざしをえず 思うようにならない。＊白居易－琵琶行「似訴平生不得志ヘイゼイこころざしをえざるをうったうるににたり〔＝あたかも日ごろとげられぬ心の悩みを訴えるかのようだ〕」

❸書きしるす。

【志怪】シカイ／カイをしるす 奇怪な事柄を書きしるすこと。＊荘子－逍遥遊「斉諧者、志怪者也セイカイは、カイをしるせるものなり〔＝斉諧とは、奇怪なことを記録した書物である〕」

難読地名 志免しめ町（福岡） 志波姫しわひめ町（宮城）

難読姓氏 志苫しとま 志甫しほ

2328 【忒】 ＊2931 心－3 トク漢／tè・tuī

字解 形声。心＋弋（→代、互い違いに入れかわる）声。くいちがう、たがう、うたがう意。

2329 【忍】 3906 4726 9445 心－3 常 (2330) 【忍】 旧字 心－3 ニン呉・ジン漢／rěn／しのぶ・しのばせる・しのび・おし

筆順 忍忍忍忍忍忍忍

字解 形声。心＋刃（強靱な刀の刃）声。ねばり強くたえしのぶ意。

同属字 荵・認

参考 日本語で、「偲しのぶ」と混用することがある。

意味 ❶しのぶ。たえる。気持ちをおさえる。我慢する。『忍耐』『堪忍』＊史記－項羽本紀「君王為人不忍クンノウひととなりしのびず〔＝わが主君は、不人情なことのできない人がらである〕」 ❷むごい。思いやりがない。『忍心』『猜忍サイニン』『残忍ザンニン』 ❸国 しのばせる。ひそかにする。人目につかぬようにする。しのび。『忍者』『忍術』

❶しのぶ。たえる。

下接 隠忍インニン・堪忍カンニン・堅忍ケンニン・受忍ジュニン・容忍ヨウニン

【忍苦】ニンク 苦しみを耐え忍ぶこと。

【忍従】ニンジュウ 忍びこらえて従うこと。

心(⺗・忄)戈戸(戸)手(扌)支攴(攵)　4画　文斗斤方无(旡・旡)日曰月木欠止歹(歺)殳毋比毛氏气水(氺・氵)火(灬)爪(爫・爫)父爻(㐅)爿(丬)片牙(牙)牛犬(犭)

【忍辱(ニンジョク｜ニンニク)】①(ニンジョク) 恥をこらえること。②(ニンニク) 仏語。菩薩の六種の修行の一。種々の外からの侮辱や迫害を耐えしのんで心を動かさないこと。

【忍耐(ニンタイ)】耐え忍ぶこと。こらえること。『忍耐力』

【忍土(ニンド)】仏語。娑婆(シャバ)世界のこと。

【忍冬(ニンドウ｜すいかずら)】スイカズラ科の常緑つる性木本。初夏、香りのよい花をつける。❤葉が冬の寒さにも耐えてしぼまないところから。

【不レ忍レ人之心(ひとにしのびざるのこころ)】人の不幸を黙って見ていられない心。〔孟子-公孫丑上〕

❷ むごい。

【忍心(ニンシン)】残忍な、むごい心。

【忍人(ニンジン)】むごいことを平気でする人。残忍冷酷な人。

❸ (日本語で) しのばせる。しのび。

【忍者(ニンジャ)】国忍術使い。しのびの者。

【忍術(ニンジュツ)】国人目をあざむく技術や道具を使って行動する術。忍びの術。忍法。

【忍法(ニンポウ)】国忍術。また、忍術の技。

難読地名 忍野(おしの)村(山梨)　難読姓氏 忍田(おしだ)

2331【忘】4326 4B3A 9659 心－3 常6 (2332)〔忘〕心－3 旧字

モウ(マウ)呉・ボウ(バウ)漢/wàng/わすれる

筆順 忘 忘 忘 忘 忘 忘

字解 形声。心＋亡(ない)声。心から記憶がなくなり、わすれる意。

参考 万葉仮名では音を借りて「も」。

意味 わすれる。記憶をなくしてしまう。失念する。＊蜀志-譙周伝「忘二寝食一(シンショクをわする)〔＝寝ることも食事することも忘れる〕」

下接 遺忘(イボウ)・健忘(ケンボウ)・坐忘(ザボウ)・廃忘(ハイボウ｜ハイモウ)・備忘(ビボウ)／勿忘草(わすれなぐさ)

【忘恩(ボウオン)】受けた恩を忘れること。恩知らず。

【忘我(ボウガ)】心を奪われ、我を忘れること。『忘我の境』

【忘却(ボウキャク)】すっかり忘れてしまうこと。

【忘形(ボウケイ)】①我を忘れること。物我・肉体を超越して、無為自然の道を悟ること。②容貌、地位、形式などを問題にしないこと。【忘形之友(ボウケイのとも)】互いの容貌、地位などにとらわれないで交際する友。〔醒睡笑〕

【忘失(ボウシツ)】①忘れてしまうこと。②忘れてなくすこと。

【忘筌(ボウセン)】魚をとってしまうと道具の筌を忘れてしまう。目的を達したあと、その手段をかえりみないこと。方便を超越して、真理を会得すること。〔荘子-外物〕

【忘年(ボウネン)】①年齢の差を忘れること。②その年の苦労を忘れること。年忘れ。『忘年会』【忘年之友(ボウネンのとも)】年齢の差を忘れて親しく交わる友。忘年之交(ボウネンのまじわり)。〔南史-江総伝〕

【忘憂(ボウユウ)】①悩みごとをしばらく忘れること。うさばらし。②カンゾウ(萱草)の異名。【忘憂物(ボウユウのもの)】酒の異称。「憂いを忘れるもの」の意。〔陶潜-飲酒〕

2333【忽】2590 397A 8D9A 心－4　(2445)〔㣲〕心－4

コチ呉・コツ漢/hū/たちまち・ゆるがせ

字解 形声。心＋勿(ない)声。心に何もない、ぼんやりする意。転じて、ゆるがせにする・たちまちの意。

同属字 惚

意味 ❶たちまち。ふと。急に。突然。『忽焉』『忽然』『忽地』＊白居易-琵琶行「忽聞水上琵琶声(たちまちきくスイジョウビワのこえ)〔＝ふと、どこからか水の上を流れる琵琶の音が聞こえてきた〕」❷ゆるがせにする。いい加減にする。『忽諸』『忽略』『粗忽(ソコツ)』＊十八史略-唐「禍乱生二於所一レ忽(カランはゆるがせにするところにショウず)〔＝世の乱れは、物事をなおざりにするところから生ずる〕」❸人名。『忽必烈(フビライ)』

【忽焉(コツエン)】急であるさま。たちまちに。＊史記-伯夷伝「神農・虞・夏忽焉没兮(シンノウ・グ・カコツエンとしてボッしぬ)〔＝神農や虞や夏は、たちまちのうちに姿を消してしまった〕」

【忽忽(コツコツ)】①すみやかなさま。たちまち。②うっとりとしたさま。③まようさま。④堅苦しいさま。

【忽諸(コッショ)】ないがしろ、おろそかにすること。

【忽然(コツゼン｜コツネン)】にわかに。突然。『忽然として消える』

【忽地(コッチ)】にわかに起こるさま。突然。

【忽略(コツリャク)】なおざりにすること。

【忽必烈(フビライ)】(Khubilai) 中国、元朝の初代皇帝(在位一二六〇～九四年)。廟号は世祖。一二七九年、南宋を滅ぼして中国を統一した。(一二一五～九四年)

難読姓氏 忽那(くつな)　忽滑谷(ぬかりや)

2334【忩】＊2938 心－4

ソウ「悤」(2364)の異体字

2335【忠】3573 4369 9289 心－4 常6

チュウ(チウ)漢/zhōng/まごころ・まこと・じょう

筆順 忠 忠 忠 忠 忠 忠

字解 形声。心＋中(まんなか)声。片寄りのない心、まごころの意。

意味 ❶まごころ。まこと。うそ、いつわりのないこころ。まごころをつくすこと。また、誠実な。まめやか。『忠実』『忠誠』『敬忠(ケイチュウ)』『精忠(セイチュウ)』＊論語-学而「為レ人謀而不レ忠乎(ひとのためにはかりてチュウならざるか)〔＝人の世話をしてやったときに、自分の真心を尽くさないことがなかったかどうか〕」❷国家、主君などにまごころを尽くして仕えること。『忠君愛国』『忠義』『忠臣』❸国じょう。日本の律令制で、弾正台(ダンジョウダイ)の判官。

❶ まごころ。まこと。

【忠愛(チュウアイ)】①忠実で仁愛のあること。②まごころを尽くして愛すること。

【忠勤(チュウキン)】忠実につとめ励むこと。

【忠敬(チュウケイ)】忠実でつつしみぶかいこと。

【忠言(チュウゲン)】まごころのこもった言葉。【忠言逆二於耳一而利二於行一(チュウゲンはみみにさからえどもおこないにりあり)】まごころのこもった注意のことばは、耳にさからって聞きづらいが行いには有益である。〔孔子家語-六本〕

【忠厚(チュウコウ)】誠実で人情にあついこと。

【忠告(チュウコク)】まごころをもって人をいさめること。

【忠実(チュウジツ)】①まじめにまごころをもってつとめるさま。『忠実な部下』②ありのまま、正確に行うさま。『忠実な模写』

【忠純(チュウジュン)】私欲をはさまず誠実であること。

【忠恕(チュウジョ)】自分の良心に忠実であること。他人に対して思いやりの深いこと。＊論語-里仁「夫子之道、忠恕而已矣(フウシのみちは、チュウジョのみ)〔＝先生の説かれる道は、まごころと思いやりということだけなのだ〕」

【忠信(チュウシン)】誠実で行動に表裏のないこと。＊論語-公冶長「十室之邑、必有二忠信如一レ丘者一焉(ジッシツのユウ、かならずチュウシンキュウのごとき…)」

〔もの(ものあ)らん〕〔＝戸数十軒ほどの小さな村里でも、まごころを尽くし、言行が一致する点で、私ぐらいの人はきっといるにちがいない〕」

【忠誠(チュウセイ)】忠実で誠実な心。また、忠義を尽くすこと。『忠誠を誓う』

【忠直(チュウチョク)】誠意があってすなおなこと。

【忠貞(チュウテイ)】誠実で志操の正しいこと。

❷まごころを尽くして仕えること。

下接 愚忠(グチュウ)・孤忠(コチュウ)・尽忠(ジンチュウ)・大忠(ダイチュウ)・不忠(フチュウ)

【忠諫(チュウカン)】臣下が主君のためを思って、そのあやまちをいさめること。

【忠義(チュウギ)】真心を尽くして主君や国家に仕えること。

【忠君(チュウクン)】主君に忠義を尽くすこと。『忠君愛国』

【忠孝(チュウコウ)】主君への忠と親への孝。忠義と孝行。

【忠魂(チュウコン)】忠義の精神。また、忠義のために死んだ人の魂。『忠魂碑』

【忠士(チュウシ)】主君・国家にまごころを尽くして仕える人。

【忠志(チュウシ)】忠義のこころ。

【忠順(チュウジュン)】忠誠を尽くし、従順であること。

【忠心(チュウシン)】忠義の心。

【忠臣(チュウシン)】忠義を尽くす臣下。【忠臣不レ事二二君一(チュウシンはニクンにつかえず)】忠義な臣下は一度仕えた以上、主君を他に変えることをしない。〔史記-田単伝・賛〕【求二忠臣一、必於二孝子之門一(チュウシンをもとむるには、かならずコウシのモンにおいてす)】親に孝を尽くす者は、主君にも忠を尽くすから、忠臣を求めるなら、孝子を採ればよい。〔後漢書-韋彪伝〕

【忠節(チュウセツ)】変わらない真心で忠義を尽くすこと。

【忠憤(チュウフン)】忠義心から起こるいきどおり。

【忠僕(チュウボク)】忠実に主人に尽くす下僕。

【忠勇(チュウユウ)】忠義の念が厚く、勇敢なこと。『忠勇無双』

【忠良(チュウリョウ)】忠義の人と善良な人。

【忠霊(チュウレイ)】忠義のために死んだ人の霊。英霊。

【忠烈(チュウレツ)】きわめて忠義の心の強いこと。

2336 【忝】 ―――― 心-4

テン 「忝」(2433)の異体字

2337 【念】 3916 4730 944F 心-4 常4

ネン㊉・デン㊇/niàn/おもう・おもい

筆順 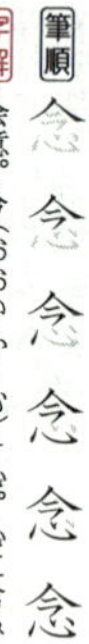

字解 会意。今(おおいふくむ)＋心。心に含み止めおく意。

金文 

篆文 

同属字 捻・稔・鯰

意味 ❶おもう。心中のおもい。考え。『念頭』『観念』『残念』❷心にとめて忘れない。気をつける。心を集中する。『念を押す』『念書』『念力』＊論語-公冶長「伯夷叔斉不レ念二旧悪一(ハクイシュクセイはキュウアクをおもわず)〔＝伯夷と叔斉は、古い悪事をいつまでも心にとめておくことはなかった〕」❸となえる。『念仏』❹仏語。短い時間。『念念刻刻』『前念(ゼンネン)』❺二〇。音の類似から「廿」の代用とする。『念九日(＝二九日)』

❶おもう。心中のおもい。考え。

下接 悪念(アクネン)・一念(イチネン)・怨念(オンネン)・概念(ガイネン)・観念(カンネン)・祈念(キネン)・疑念(ギネン)・雑念(ザツネン)・残念(ザンネン)・思念(シネン)・邪念(ジャネン)・正念(ショウネン)・情念(ジョウネン)・心念(シンネン)・宸念(シンネン)・塵念(ジンネン)・想念(ソウネン)・俗念(ゾクネン)・存念(ゾンネン)・他念(タネン)・断念(ダンネン)・追念(ツイネン)・通念(ツウネン)・諦念(テイネン)・道念(ドウネン)・無念(ムネン)・妄念(モウネン)・黙念(モクネン)・欲念(ヨクネン)・理念(リネン)

【念頭(ネントウ)】心の中の思い。心。胸中。『念頭に置く』

【念念(ネンネン)】一つ一つの思い。いろいろの思い。↓❹

❷心にとめて忘れない。気をつける。

下接 臆念(オクネン)・紀念(キネン)・記念(キネン)・懸念(ケネン)・顧念(コネン)・御念(ゴネン)・失念(シツネン)・執念(シュウネン)・正念(ショウネン)・信念(シンネン)・軫念(シンネン)・専念(センネン)・丹念(タンネン)・入念(ニュウネン)・不念(ブネン)・無念(ムネン)・放念(ホウネン)

【念願(ネンガン)】一心に願い望むこと。『念願の旅行』

【念旧(ネンキュウ)】自分が富貴になっても、貧賤だったころの交わりを忘れないこと。昔の友情を忘れないこと。

【念書(ネンショ)】国後日の証拠として念のために作成しておく文書。『念書を取る』

【念力(ネンリキ)】一事に集中された精神の力。

【念慮(ネンリョ)】あれこれと思いめぐらし、心にかけること。

❸となえる。

【念珠(ネンジュ|ネンズ)】数珠(ジュズ)。▼仏を念じながら数珠の珠(たま)をまさぐるところから。

【念誦(ネンジュ|ネンズ)】仏の加護を祈り、経文や仏の名号(ミョウゴウ)を口に唱えること。

【念仏(ネンブツ)】阿弥陀仏(アミダブツ)を念ずること。

❹仏語。短い時間。

【念念(ネンネン)】仏語。一刹那一刹那。一瞬間。時々刻々。↓❶

【念念刻刻(ネンネンコクコク)】いつもいつも。

2338 【忿】 5561 575D 9C7C 心-4

フン㊇/fèn/いかる・おこる

字解 形声。心＋分(わかれる)㊉。気が破裂せんばかりにいきどおる意。

意味 いかる。おこる。いきどおり。また、うらむ。

下接 怨忿(エンプン)・感忿(カンプン)・狷忿(ケンプン)・小忿(ショウフン)・積忿(セキフン)

【忿恚(フンイ)】怒ること。恨むこと。いきどおること。

【忿怨(フンエン)】腹を立てて恨むこと。憤怨。

【忿怒(フンヌ|フンド)】ひどくおこること。憤怒。『忿怒相』

【忿懣(フンマン)】腹が立っていらいらすること。憤懣。

【忿戻(フンレイ)】かっとなって怒り争うこと。いきどおり逆らうこと。

[芯] ⇩ 6569

2339 【怨】 1769 3165 8985 心-5

オン(ヲン)㊉・エン(ヱン)㊇・ウン㊇/yuàn/うらむ・うらみ・うらめしい

字解 形声。心＋夗(丸く曲る)㊉。心が曲りうらむ意。

参考 万葉仮名では音を借りて「を」。

意味 うらむ。うらみ。うらめしい。⇒〔恨〕(2484)の表

下接 仇怨(キュウエン)・旧怨(キュウエン)・閨怨(ケイエン)・私怨(シエン)・宿怨(シュクエン)・積怨(セキエン)

【怨悪(エンオ)】うらみ憎むこと。

【怨家(エンカ|オンケ)】仏語。自分に対してうらみをいだいている者。敵(かたき)同士。

【怨言(エンゲン)】相手をうらんで言う言葉。怨語。

【怨曠(エンコウ)】怨女(エンジョ)と曠夫(コウフ)。独り身を悲しみうらむこと。また、そのうらみ。▼「曠夫」は、妻のない男の意。

【怨恨(エンコン)】うらむこと。うらみ。

【怨嗟(エンサ)】うらみ、嘆くこと。『怨嗟の声』

【怨讐(エンシュウ|オンシュウ)】かたきとしてうらむこと。あだ。

【怨女(エンジョ)】婚期が遅れたり、また、夫の不在や死別で、独り身をうらみ嘆く女。怨婦。【怨女曠夫(エンジョコウフ)】＝怨曠(エンコウ)。〔孟子‐梁恵王下〕

【怨情(エンジョウ)】うらめしく思う気持ち。

【怨色(エンショク)】うらめしそうな顔つき。

【怨憎(エンゾウ・オンゾウ)】うらみ憎むこと。『怨憎会苦(オンゾウエク)』

【怨懟(エンツイ)】うらみ、いかること。

【怨怒(エンド)】うらみ怒ること。

【怨毒(エンドク)】甚だしくうらむこと。うらんで他に害を与えること。

【怨府(エンプ)】人々のうらみの集まる所。♥「怨嗟(エンサ)の府」の意。

【怨憤・怨忿(エンプン)】うらみ、いきどおること。

【怨望(エンボウ)】うらんで不平をいだくこと。

【怨謗(エンボウ)】うらむ心をいだいて悪口をいうこと。

【怨尤(エンユウ)】うらみ、とがめること。

【怨敵(オンテキ)】うらみのある敵。

【怨念(オンネン)】相手を深くうらむ気持ち。

【怨霊(オンリョウ)】うらみを持った死霊や生き霊。

【怨入二骨髄一(うらみコツズイにいる)】うらみが骨のしんまでしみとおる。心の底からうらむさま。「怨み骨髄に徹す」ともいう。＊史記‐秦始皇本紀「繆公之怨二此三人一、入二於骨髄一(ボクコウのこのサンニンをうらむや、コツズイにいれり)」〔＝(秦の)繆公がこの三人をうらむことは大変なもので、そのうらみは骨髄にしみこむほどである〕

【報レ怨以レ徳(うらみにむくゆるにトクをもってす)】うらみのある者に対しても仕返しなどをせず、かえって博愛の心で恩恵を与えてやること。〔老子‐六三〕

2340 【急】 2162 355E 8B7D 心‐5 常3 (2341)【急】 心‐5 旧字

キュウ（キフ）㊐㊊ jí いそぐ・せく・せかす

筆順 急 急 急 急 急 急

字解 形声。心＋刍(＝及、およぶ)㊥。追いつこうと気ぜわしい、いそぐ意。

意味 ❶いそぐ。せく。はやい。また、さし迫っている。㋑気ぜわしくせかせかと物事を行う。いそいで行う。『急進』『至急』『性急』㋺はやい。すみやか。『急速』『急流』『緩急』㋩ゆとりがなくさし迫っている。また、いそぎの。緊要な。大事な。『風雲急を告げる』『危急存亡の秋(とき)』『急迫』『急務』＊史記‐項羽本紀「甚急(はなはだキュウなり)」〔＝たいへん切迫している〕＊史記‐廉頗藺相如伝「先二国家之急一、而後二私讎一(コッカのキュウをさきにし、シシュウをのちにす)」〔＝国家の危急を第一に考え、個人的なうらみごとはあとまわしにする〕⇒【緩】(5998)の表 ❷とつぜん。にわかに。また、はげしい。きびしい。『急転直下(キュウテンチョッカ)』『短兵急(タンペイキュウ)』『急激』『急襲』❸傾斜などの度合いが大きいさま。『急斜面』『急角度』❹国雅楽、能楽などで、序・破・急の三段構成の最後の部分。❺あて字、熟字訓など。『急度(きっと)』『急須(キュウス)』

❶ いそぐ。せく。また、さし迫っている。

下接 応急(オウキュウ)・火急(カキュウ)・緩急(カンキュウ)・危急(キキュウ)・救急(キュウキュウ)・緊急(キンキュウ)・警急(ケイキュウ)・狷急(ケンキュウ)・早急(サッキュウ・ソウキュウ)・至急(シキュウ)・性急(セイキュウ)・躁急(ソウキュウ)・促急(ソッキュウ)・特急(トッキュウ)・不急(フキュウ)・焦眉之急(ショウビのキュウ)

【急急(キュウキュウ)】物事が非常に急であるさま。【急急如律令(キュウキュウニョリツリョウ)】急々に律令のごとくに行えの意で、中国、漢代の公文書の本文の後に書き添えた語。後にまじないの末に用いて悪魔払いをする語となった。

【急行(キュウコウ)】急いで行くこと。『急行列車』

【急告(キュウコク)】急いで告げ知らせること。♥掲示や広告に使う語。

【急使(キュウシ)】急ぎのつかい。

【急所(キュウショ)】国1体の中で、命にかかわる大事な所。2物事の最も大切な所。要所。要点。『急所を突く』

【急信(キュウシン)】急ぎの便り。

【急進(キュウシン)】急いで進むこと。特に、理想などを急速に実現しようとすること。⇔漸進(ゼンシン)。『急進的』

【急診(キュウシン)】急病の者を急いで診察すること。

【急切(キュウセツ)】事態、状況などがさし迫るさま。切迫。

【急設(キュウセツ)】急いで設けること。

【急先鋒(キュウセンポウ)】国先頭に立って、最も勢いよく行動や主張をすること。

【急送(キュウソウ)】物を急いで送ること。

【急造(キュウゾウ)】急いでつくること。

【急速(キュウソク)】物事の起こり方、進み方が速いさま。

【急湍(キュウタン)】流れの速い浅瀬。早瀬。

【急談(キュウダン)】急を要する用談。

【急追(キュウツイ)】逃げる者に激しく追い迫ること。

【急派(キュウハ)】急いで派遣すること。

【急場(キュウば)】急いで対処しなければならない場面。

【急迫(キュウハク)】事態がさし迫ること。切迫。

【急便(キュウビン)】急いで知らせること。

【急報(キュウホウ)】至急の通信、運送。

【急務(キュウム)】急いでしなければならない任務、仕事。

【急用(キュウヨウ)】急いでしなければならない用事。

【急流(キュウリュウ)】河水の急な流れ。

❷ とつぜん。にわかに。

【急雨(キュウウ)】急に降り出した雨。にわか雨。驟雨。＊白居易‐琵琶行「大絃嘈嘈如二急雨一(タイゲンはソウソウとしてキュウウのごとし)」〔＝大絃はさわがしく、まるでにわか雨の音を聞くようである〕

【急火(キュウカ)】にわかに燃え上がった火事。また、近所の火事。近火。

【急患(キュウカン)】急病。また、急病の患者。

【急遽(キュウキョ)】急に。にわかに。『急遽駆けつける』

【急撃(キュウゲキ)】急にはげしく攻撃すること。

【急激・急劇(キュウゲキ)】変化が短時間のうちにおこり、はげしいさま。

【急霰(キュウサン)】急に降るあられ。

【急死(キュウシ)】急に死ぬこと。思いがけない死に方。

【急襲(キュウシュウ)】敵のすきを突いて急におそうこと。

【急伸(キュウシン)】利益や売り上げが、急にのびること。

【急性(キュウセイ)】病気が急に症状を呈して激しく進行すること。⇔慢性
【急逝(キュウセイ)】急に死ぬこと。急死。

【急増(キュウゾウ)】急にふえること。また、急にふやすこと。

【急卒(キュウソツ)】急なこと。にわかなこと。

【急潮(キュウチョウ)】急な潮流。特に、太平洋沿岸で、外洋水が湾内に急に流入すること。

【急転(キュウテン)】物事の状態や様子が急に変わること。『事件は急転直下解決した』

【急騰(キュウトウ)】物価、相場などが急に上がること。⇔急落
【急難(キュウナン)】急に起こった災難。差し迫った災難。

【急熱(キュウネツ)】急に熱くすること。⇔急冷
【急病(キュウビョウ)】突然に起こる病気。

【急変(キュウヘン)】1状態が急に変わること。『病状が急変する』2急に起こった変事。

【急落（キュウラク）】物価、相場などが急に下がること。↔急騰

【急冷（キュウレイ）】急に冷やすこと。↔急熱

❸ 傾斜などの度合いが大きいさま。

【急降下（キュウコウカ）】飛行機が地上に向かって急角度で下降すること。「急降下爆撃」

【急峻（キュウシュン）】山や坂などの傾斜が急で険しいさま。

【急坂（キュウハン）】傾斜が急な坂。

❺ あて字、熟字訓など。

【急須（キュウス）】[国]湯をさして茶を煎じ出す、取っ手付きの小さい土瓶。♥「急焼」の唐宋音「キュウシャ」の変化したもの。「キビショ」とも読んだ。

【急度（きっと）】たしかに。ぜひ。しっかりと。

2342【思】 2755 3B57 8E76 心－5 [常]2

シ[呉][漢]/sī・sì/おもう・おもい

[筆順] 思 思 思 思 思 思

[字解] 会意。心＋田（＝囟、小児の頭の形）。心と頭とで、おもうの意。

[同属字] 顋・偲・颸

[参考] 万葉仮名では音を借りて「し」「そ[乙]」。

[意味] おもう。おもい。[イ]考える。「思考」「思索」「思想」「意思」＊論語-衛霊公「吾嘗終日不レ食、終夜不レ寝、以思（われかつてシュウジツくらわず、シュウヤいねず、もっておもう）」〔＝私は以前に、一日中食事もせず、一晩中眠らずに、思索しつづけた〕[ロ]したう。「相思相愛（ソウシソウアイ）」「思慕」[ハ]心に感じる。「詩思」「秋思」「旅思」⇓[表]

[下接] 意思・懐思・客思・再思・詩思・秋思・熟思・所思・心思・深思・慎思・静思・潜思・相思・藻思・沈思・追思・諦思・文思・黙思・夜思・幽思・離思・旅思・千思万考

	思想
シ 思	おもう。よく考える。 思念 思料 思慕 思考 追思 沈思
ソウ 想	おもいやる。 想念 想見 想望 想起 追想 瞑想

【思案（シアン）】[国]①あれこれと考えること。「引っ込み思案」②物思い。心配。「思案顔」

【思惟（シイ・シユイ）】①（シイ）深く思うこと。論理的に考えること。②（シユイ）仏教で、思いはかること。

【思議（シギ）】あれこれ考えをめぐらすこと。

【思旧（シキュウ）】往時をしのぶこと。

【思考（シコウ）】①考えること。「思考力」②哲学で、人間の知的作用の総称。また、概念や判断について論理的に推理する精神作用。

【思索（シサク）】道理をたどり、秩序立てて深く考えを進めること。「思索にふける」

【思春期（シシュンキ）】異性を意識しはじめる年頃。春機発動期。第二次性徴が現れ、子供から大人へと移る時期。普通一二歳～一七歳ごろ。

【思情（シジョウ）】深く心にしみて思う情感。

【思想（シソウ）】①心に思い浮かべること。②哲学で、思考されている内容。また、統一された判断体系。③社会、政治、人生などに対する一定の見解。「思想家」

【思潮（シチョウ）】ある時代の人々の間に見られる一般的な思想の傾向。「文芸思潮」

【思念（シネン）】心に思うこと。心にかけて考えること。

【思服（シフク）】常に思っていつも忘れないこと。

【思弁・思辨（シベン）】哲学で、純粋に論理的な思考によって真理をとらえようとすること。

【思慕（シボ）】懐かしく思うこと。恋いしたうこと。

【思慮（シリョ）】注意深く考えること。おもんぱかり。

【思量・思料（シリョウ）】思いはかること。あれこれと思いをめぐらすこと。

【思惑（シワク｜おもわく）】[一]（シワク）①分別、判断がつかず、思い迷うこと。②仏語。情念上の惑い。煩悩。[二]（おもわく）①意図。考え。見込み。「思惑がはずれる」②評判。うけ。「思惑を気にする」③相場の変動を予想すること。♥[二]は動詞「思う」の名詞化。「思惑」は当て字。

【思過レ半（おもいなかばにすぐ）】考えてみると思いあたることが半分以上である。だいたい見当がつく。〔易経-繋辞伝下〕

【思無レ邪（おもいよこしまなし）】心に邪悪なところがない。また、心情にいつわりがない。〔論語-為政〕♥孔子が「詩経」の詩をひと言で評価した言葉から。

【学而不レ思則罔（まなんでおもわざればすなわちくらし）】学ぶだけで、思いめぐらすことをしなければ、物事の道理に暗いことになってしまう。〔論語-為政〕

2343【怎】 5567 5763 9C83 心－5

シン[漢]・ソ[唐]/zěn

[字解] 形声。心＋乍[声]。怍は別字。

[意味] いかで。どうして。原因・理由を問う語。

【怎生（ソモサン）】どうして。なぜ。♥中国近世の口語。

2344【怱】 5568 5764 9C84 心－5

ソウ 「悤」(2364)の異体字

2345【怠】 3453 4255 91D3 心－5 [常]

ダイ[呉]・タイ[漢]/dài/おこたる・なまける・だるい

[筆順] 怠 怠 怠 怠 怠 怠

[字解] 形声。心＋台（↓止、とどまる）[声]。おこたる意。

[意味] なまける。おこたる。だらける。だるい。心がゆるむ。⇓[表]

[下接] 延怠・厭怠・科怠・過怠・緩怠・勤怠・懈怠・倦怠・荒怠・遅怠

	勤怠
タイ 怠	おこたる。 怠業 怠惰 怠慢 倦怠 懈怠 緩怠
キン 勤	つとめる。いそしむ。 勤労 勤勤 勤勉 精勤 恪勤 忠勤

【怠解・怠懈（タイカイ）】たるんでなまけること。おこたり遊ぶこと。

【怠業（タイギョウ）】労働者が争議戦術として仕事の能率を落とすこと。サボタージュ。

【怠倦（タイケン）】あきてなまけること。

【怠荒（タイコウ）】物事をなげやりにして生活がすさむこと。

【怠敖（タイゴウ）】なまけ遊ぶこと。または、なまけていておごること。

【怠惰（タイダ）】気持ちがゆるんでだらけるさま。↔勤勉

【怠慢（タイマン）】なまけて、仕事などをおろそかにすること。

2346【怒】 3760 455C 937B 心－5 [常]

ヌ[呉]・ド[漢]/nù/いかる・いかり・おこる

[筆順] 怒 怒 怒 怒 怒 怒

[字解] 形声。心＋奴（つとめはげむどれい）[声]。感情をこ

めていかる意。

参考 万葉仮名では音を借りて「ど甲」「の甲」。

意味 ❶おこる。いかる。腹を立てる。『喜怒哀楽』『怒号』『怒声』『激怒』 ＊史記‐廉頗藺相如伝「秦王怒、不レ許（シンオウいかりて、ゆるさず）」〔＝秦王は怒って承知しなかった〕 ❷はげむ。はげしい。勢いが強い。『怒生』『怒張』『怒濤』 ＊荘子‐逍遥遊「怒而飛其翼若二垂天之雲一（いかってとべば、そのつばさスイテンのくものごとし）」〔＝勢いをつけてとぶと、その翼は天一面をおおう大きな雲さながらである〕

下接 ❶おこる。いかる。 赫怒（カクド）・嚇怒（カクド）・激怒（ゲキド）・震怒（シンド）・天怒（テンド）・憑怒（ヒョウド）・忿怒（フンヌ｜フンド）・憤怒（フンヌ｜フンド）・喜怒哀楽（キドアイラク）

【怒気（ドキ）】 腹が立っている気持ち、また、その様子。『怒気を含んだ声』

【怒号（ドゴウ）】 腹を立てて叫ぶこと。また、その声。『野次と怒号が飛び交う』

【怒声（ドセイ）】 おこった声。おこってどなる声。

【怒髪（ドハツ）】 激しい怒りのために逆だった髪の毛。〔怒髪衝レ冠（ドハツかんむりをつく）〕 怒りで逆だった髪の毛が冠をつきあげる。憤怒のさま。〔史記‐廉頗藺相如伝〕

〔不レ遷レ怒（いかりをうつさず）〕 怒りの情を関係のない人にまで向けない。八つ当たりしない。 ＊論語‐雍也「有二顔回者一、好レ学、不レ遷レ怒、不レ弐レ過（ガンカイというものあり、ガクをこのみ、いかりをうつさず、あやまちをふたたびせず）」〔＝顔回という者がいて、学問を好み、腹を立てても八つ当たりせず、同じ過ちをくり返さなかった〕

❷勢いが強い。はげしい。

【怒生（ドセイ）】 勢いよく芽が出ること。

【怒張（ドチョウ）】 ①はれてふくれること。②肩などをいからせること。

【怒濤（ドトウ）】 いかり狂うような大波。

2347 【恚】 5575 576B 9C8B 心－6 イ呉・ケイ漢/huì/いかる・いかり

字解 形声。心＋圭（かどだつ）声。相手にかどだてていかる意。

意味 いかる。いかり。『瞋恚（シンイ）』『憤恚（フンイ）』

【恚恨（イコン）】 いかりうらむこと。

【恚乱（イラン）】 怒って心を乱すこと。

2348 【恁】 5576 576C 9C8C 心－6 ジン漢・イン唐/rèn

字解 形声。心＋任声。

意味 ❶心でおもう。❷このよう。『恁麼』『恁地』

【恁麼（インモ）】 （中国の口語から。日本では助詞「の」を伴って連体詞のように用いられることが多い）このような。どのような。 日本には禅宗とともに渡来し、おもに禅僧の間で用いられた。

【恁地（ジンチ）】 このように。

2349 【恩】 1824 3238 89B6 心－6 常5 オン呉漢/ēn/めぐみ・いつくしみ

筆順 恩 恩 恩 恩 恩 恩

字解 形声。心＋因（よりつく）声。めぐむ意。

意味 めぐみ。なさけ。情けをかける。いつくしみ。

下接 渥恩（アクオン）・感恩（カンオン）・旧恩（キュウオン）・君恩（クンオン）・厚恩（コウオン）・皇恩（コウオン）・洪恩（コウオン）・浩恩（コウオン）・高恩（コウオン）・鴻恩（コウオン）・国恩（コクオン）・師恩（シオン）・慈恩（ジオン）・謝恩（シャオン）・重恩（ジュウオン）・主恩（シュオン）・殊恩（シュオン）・仁恩（ジンオン）・聖恩（セイオン）・大恩（ダイオン）・朝恩（チョウオン）・天恩（テンオン）・仏恩（ブツオン）・芳恩（ホウオン）・報恩（ホウオン）・忘恩（ボウオン）・隆恩（リュウオン）

【恩愛（オンアイ｜オンナイ）】 ①天子のご寵愛。 ＊白居易‐長恨歌「昭陽殿裏恩愛絶（ショウヨウデンリオンアイたゆ）」〔＝昭陽殿でお受けしたご寵愛もうち絶えた〕 ②恵みいつくしむ心。情愛。

【恩威（オンイ）】 目下の者に対する恩恵と威光。恩賞と刑罰。

【恩蔭（オンイン）】 なさけ。おかげ。

【恩化（オンカ）】 なさけなどをかけて、教化すること。

【恩顔（オンガン）】 慈愛にみちた顔。また、主君の顔の美称。

【恩義・恩誼（オンギ）】 報いるべき義理のある恩。 書き換え「恩誼→恩義」。

【恩給（オンキュウ）】 国 一定の資格のある公務員が退職または死亡したとき、本人または遺族に国が支給する金。

【恩遇（オングウ）】 情けをかけて待遇されること。厚遇。

【恩恵（オンケイ）】 幸福や利益をもたらすもの。恵み。

【恩眷（オンケン）】 ねんごろにいつくしむこと。

【恩顧（オンコ）】 目上の者が目下の者に情けをかけること。

【恩光（オンコウ）】 ①万物を生育する、太陽の光。また、春の光。②君主の広大な慈愛。

【恩幸・恩倖（オンコウ）】 神または天子が与える特別の恵み。

【恩旨（オンシ）】 天子のおぼしめし。

【恩師（オンシ）】 教えを受けた恩義ある師。

【恩賜（オンシ）】 天子から下賜をいただくこと。

【恩赦（オンシャ）】 恩典により刑罰の内容、効果を変更または消滅させること。

【恩借（オンシャク）】 人の情けによって金品を借りること。

【恩讎・恩讐（オンシュウ）】 恩とうらみ。

【恩恤（オンジュツ）】 相手をめぐみあわれむこと。めぐみ。

【恩詔（オンショウ）】 天子のありがたい御命令、おことば。

【恩奨（オンショウ）】 恩を加えてすすめはげますこと。

【恩賞（オンショウ）】 功労によって地位、物品などを賜ること。

【恩情（オンジョウ）】 いつくしみの心。恩愛の情。

【恩人（オンジン）】 恩のある人。世話になった人。『命の恩人』

【恩貸（オンタイ）】 恵みを施すこと。

【恩沢（オンタク）】 めぐみ。いつくしみ。特に、天子の愛情。 ＊白居易‐長恨歌「始是新承二恩沢一時（はじめてこれあらたにオンタクをうくるのとき）」〔＝いよいよ天子の愛情をお受けする時が来たのである〕

【恩地（オンチ）】 ①（「地」は助字）めぐみ。恩恵。②国 中世、主君から御恩として賜った領地。御恩地。

【恩寵（オンチョウ）】 めぐみ。いつくしみ。『神の恩寵』

【恩典（オンテン）】 情けのある処置。また、有利な扱い。

【恩徳（オントク｜オンドク）】 恩と徳。めぐみ。

【恩波（オンパ）】 恵みを受けること。また、その恵み。

【恩命（オンメイ）】 ありがたい、情けある御命令。

【恩宥（オンユウ）】 特別の情けによって罪をゆるすこと。恩赦。

【恩礼（オンレイ）】 臣下を手厚く礼遇すること。

2350 【恐】 2218 3632 8BB0 心－6 常 (2351)【〔恐〕】 心－6 旧字 ク呉・キョウ漢/kǒng/おそれる・おそれ・おそろしい・おそらく・こわい

筆順 恐 恐 恐 恐 恐 恐

字解 形声。心＋巩（＝巩、工具をつつしんでだく）声。おそれる意。

意味 ❶おそれる。こわがる。『恐慌』『恐怖』 ＊史記‐廉頗藺相如伝「秦王恐二其破一レ璧（シンオウそのたまをやぶらんことをおそる）」〔＝秦王は璧を砕かれては大変だと思った〕 ❷おどす。『恐喝』『恐嚇』 ❸おそれかしこまる。つつしむ。『恐恐謹言』『恐察』『恐縮』『惶恐（コウキョウ）』 ❹おそらくは。たぶん。

心(⺗・忄)戈戸(戶)手(扌)支攴(攵) 4画 文斗斤方无(旡・旡)日曰月木欠止歹(歺)殳毋比毛氏气水(氺・氵)火(灬)爪(爫・⺥)父爻(㸚)爿(丬)片牙(牙)牛犬(犭)

＊史記-廉頗藺相如伝「償城恐不レ可レ得(ショウジョウおそらくはうべからざらん)〔=代償としての都市は、おそらくは手に入れられないだろう〕」 ❺国おそろしい。こわい。

❶ おそれる。こわがる。

【恐鬱(キョウウツ)】おそれを抱いて、心のふさぐこと。

【恐悸(キョウキ)】おそれおののくこと。

【恐慌(キョウコウ)】1恐れあわてること。『恐慌をきたす』 2生産の過剰による価格の暴落や金融の行き詰まりなどを起こす、経済界の混乱状態。『金融恐慌』

【恐妻家(キョウサイカ)】妻に頭の上がらない夫。

【恐水病(キョウスイビョウ)】狂犬病。▼水を見ると痙攣(ケイレン)を起こすところから。

【恐怖(キョウフ)】恐れこわがること。恐ろしく感じること。

【恐竜(キョウリュウ)】中生代のジュラ紀、白亜紀に栄えた爬虫類(ハチュウルイ)の総称。▼恐竜(dinosaur)は、恐ろしい(deinos)とかげ(sauros)の意の合成語。

❷ おどす。

【恐嚇(キョウカク)】こわがらせ、おどすこと。

【恐喝(キョウカツ)】財物をおどしとること。ゆすり。

❸ おそれかしこまる。つつしむ。

下接 惶恐再拝(コウキョウサイハイ)・誠恐謹言(セイキョウキンゲン)

【恐悦(キョウエツ)】かしこまって喜ぶこと。『恐悦至極』

【恐恐(キョウキョウ)】おそれかしこまるさま。おそるおそる。『戦戦恐恐』【恐恐謹言(キョウキョウキンゲン)】手紙の本文の結びに記して敬意を表す言葉。▼おそれながらつつしんで申し上げるの意。

【恐懼(キョウク)】恐れ入ってちぢまること。

【恐惶(キョウコウ)】おそれかしこまること。【恐惶謹言(キョウコウキンゲン)】書状などの末尾に記して敬意を表す語。恐惶敬白。恐惶。▼つつしんで申し上げることの意。

【恐察(キョウサツ)】国推察する意の謙譲語。

【恐縮(キョウシュク)】国恐れ入って身をちぢめること。申し訳なく思うこと。

【恐悚・恐竦(キョウショウ)】おそれ、ちぢむこと。恐縮。

2352 【恭】 心-6 キョウ 「恭」(2434)の異体字

2353 【恵】 2335 3743 8C62 心-6 常 (2368)【惠】 5610 582A 9CA8 心-8 旧字 人

エ(ヱ)呉・ケイ漢/huì/めぐむ・めぐみ

筆順 

字解 恵は惠の略体。惠は会意。叀(糸まき)+心。相手の気持ちをくみとる、めぐむ意。金文以後、心を付す。

甲骨文 
金文  
篆文 

同属字 蕙・穗・蟪

参考 万葉仮名では音を借りて「ゑ」。平仮名「ゑ」、片仮名「ヱ」の字源。

意味 ❶めぐむ。いつくしむ。なさけをかける。めぐみ。『恵贈』『恵存』『恩恵』 ❷かしこい。さとい。「慧」に同じ。『恵眼』『知恵(チエ)』 ❸固有名詞、あて字など。

❶ めぐむ。いつくしむ。

下接 愛恵(アイケイ)・威恵(イケイ)・恩恵(オンケイ)・嘉恵(カケイ)・互恵(ゴケイ)・慈恵(ジケイ)・仁恵(ジンケイ)・天恵(テンケイ)・特恵(トッケイ)・徳恵(トッケイ)

【恵雨(ケイウ)】1ひでり続きの時に降るめぐみの雨。慈雨。2君主の恩恵がひろくゆきわたることのたとえ。

【恵顧(ケイコ)】目をかけて、かわいがること。

【恵贈(ケイゾウ)】人から金品を贈られることの尊敬語。恵与。

【恵存(ケイゾン|ケイソン)】保存してくだされば幸いの意で、自著などを贈る場合に書き添える語。

【恵沢(ケイタク)】恩恵を受けること。めぐみ。恩沢。

【恵投(ケイトウ)】もらう側が、与える人を尊敬していう語。

【恵風(ケイフウ)】1自然物にめぐみを与える風。春風。2陰暦二月の異名。3めぐみの感化。

【恵与(ケイヨ)】情けから金品などを与えること。転じて、物を与えられる意の尊敬語。恵贈。

❷ かしこい。さとい。

【恵眼(エゲン)】仏語。真実を見通す智恵を目に例えた語。

【恵日(エニチ)】仏語。悟りの知恵が一切の煩悩や罪障を除く働きを、太陽に例えたもの。

❸ 固有名詞、あて字など。

【恵果(ケイカ)】中国、唐代の僧。不空三蔵に仕え、密教の秘奥をきわめる。日本の空海に法を授けた。(七四六〜八〇五)
【恵施(ケイシ)】中国、戦国時代、宋の名家に属する学者。魏の恵王、襄王に仕える。荘周の友。著に「恵子」がある。生没年不詳。
【恵比須・恵比寿(えびす)】七福神の一。釣りざおに鯛を持ち、にこにこ笑っている。『恵比須顔』
【恵方(えホウ)】その年の縁起の良い方角。その年の干支によって定まる、歳徳神(としトクジン)の宿る方角。吉方(えホウ)。

難読地名 恵山(えさん)町(北海道) 恵那(えな)市・郡(岐阜)

2354 【恣】 5583 5773 9C93 心-6 シ呉漢/zì・zī/ほしいまま

字解 形声。心+次(くつろぐ)声。気楽に、ほしいままにする意。

意味 ほしいままにする。勝手気まま。『恣意』 ＊李白-将進酒「斗酒十千恣歓謔(トシュジッセンカンギャクをほしいままにす)〔=一斗一万銭もする高価な酒で、心ゆくまで楽しみたわむれる〕」

下接 驕恣(キョウシ)・自恣(ジシ)・奢恣(シャシ)・専恣(センシ)・放恣(ホウシ)

【恣意(シイ)】国気ままな、自分勝手な考え。格別の理屈のない、その時まかせの思いつき。『恣意的』
【恣睢(シキ|シスイ)】(「睢」もほしいままの意)勝手きままに振る舞うこと。『暴戻恣睢(ボウレイシキ)』
【恣肆(シシ)】(「肆」もほしいままの意)自分の思うままにすること。わがまま。
【恣縦(シショウ)】ほしいままにふるまうさま。肆縦。
【恣放(シホウ)】わがままにすること。きまま。放恣。

2355 【恕】 2990 3D7A 8F9A 心-6 人 ショ漢・ジョ慣/shù/ゆるす

字解 形声。心+如(柔和にしたがう)声。柔和に相手を思う心、思いやる意。

意味 ❶おもいやる。また、おもいやり。同情。『忠恕(チュウジョ)』 ＊論語-衛霊公「其恕乎(それジョか)〔=(たった一言で一生行っていく価値のあることばといえば)それは思いやりであろうか〕」 ❷ゆるす。おおめに見て、ゆるす。『寛恕(カンジョ)』『宥恕(ユウジョ)』

【恕思(ジョシ)】思いやること。思いやり。

2356 【息】 3409 4229 91A7 心-6 常3 ソク呉漢/xī/いき・いきむ・いこう・やすむ・やめる・む

すこ

[筆順] 息 息 息 息 息 息

[字解] 会意。心(心臓)＋自(鼻)。鼻から心臓へ空気を通す、呼吸する意。転じて、やすむ、やむ、また、うまれそだつの意。

[同属字] 媳・熄

[意味] ❶いき。いきをする。また、あえぐ。『息吹』『喘息』『嘆息』『窒息』❷生きる。生きている。『消息』『生息』『棲息』❸いこう。やすむ。『息偃』『安息』『休息』『姑息』＊荘子‐逍遥遊「去以六月息者也」〔＝六か月間飛び続けて休息する〕❹やめる。やむ。とまる。おわる。消える。『無病息災』『終息』＊陶潜‐帰去来辞「請息交以絶游」〔＝どうか世間とのつきあいをやめ、関係を断ち切りたいものだ〕❺こども。特に、むすこ。『愚息』『子息』❻ふえる。ふやす。また、利子。『息債』『利息』

❶ いき。いきをする。

[下接] 一息・気息・脅息・視息・瞬息・絶息・喘息・蘇息・大息・太息・嘆息・歎息・窒息・鼻息・屏息・閉息・長大息／溜息・吐息・寝息

【息吹(いぶき)】息を吹くこと。呼吸。転じて、生気。活気。

❸ いこう。やすむ。

[下接] 安息・宴息・偃息・休息・脇息・姑息・止息・寧息・遊息

【息偃(ソクエン)】(「偃」は伏す、横になる意)休んで横になること。休みくつろぐこと。

❹ やめる。やむ。とまる。

[下接] 止息・終息・静息

【息災(ソクサイ)】①仏語。一切のわざわいを除くこと。『息災延命』②[国]健康であること。達者なこと。『無病息災』

【息慮(ソクリョ)】仏語。思慮分別を止め、妄想を制すること。

❺ こども。特に、むすこ。

[下接] 愛息・愚息・子息・令息

【息子(ソクシ|むすこ)】自分の子である男。せがれ。子息。

【息女(ソクジョ)】むすめ。特に、身分ある人のむすめ。人のむすめの敬称。

❻ ふえる。ふやす。また、利子。

【息債(ソクサイ)】利息付きの借金。

【息耗(ソクコウ)】ふえることとへること。利と害。損と得。

2357 【恙】 5589 5779 9C99 心－6

ヨウ(ヤウ)[漢]/yàng/つつが

[字解] 形声。心＋羊[声]。うれえる意。借りて、つつがの意。

[意味] ❶つつが。つつがむし。ツツガムシ科のダニの総称。人などに寄生してツツガムシ病の媒介をする。❷病気。心配ごと。『小恙』『微恙』

【無恙(つつがなし)】(つつがむしにやられていない意から)健康である。故障や異常がない。

2358 【恋】 4688 4E78 97F6 心－6 [常]

(2428)〔戀〕 5688 5878 9CF6 心－19 旧字

レン[呉][漢]/liàn/こう・こい・こいしい

[筆順] 恋 恋 恋 恋 恋 恋

[字解] 恋は戀の略体。戀は形声。心＋䜌(ひく)省[声]。心がひかれる、こいしく思う意。

[意味] こい。また、こいしたう。異性を思い慕うこと。

[下接] 愛恋・狂恋・眷恋・顧恋・失恋・邪恋・悲恋／色恋・妻恋・初恋

【恋愛(レンアイ)】特定の異性を恋い慕うこと。

【恋歌(レンカ|こいうた)】恋い慕う心をうたった歌。

【恋賞(レンショウ)】立ち去りがたい気持ちで、風景や音楽などを鑑賞すること。

【恋情(レンジョウ)】異性を恋い慕う心。恋心。

【恋着(レンチャク)】深く恋い慕って忘れられないこと。

【恋慕(レンボ)】恋い慕うこと。『横恋慕』

【恋恋(レンレン)】①恋い慕う情の切ないさま。②思いきりがわるく、未練がましいさま。『依依恋恋』

2359 【恷】 5578 576E 9C8E 心－6

音訓字義未詳

［笩］⇨5602

2360 【悪】 1613 302D 88AB 心－7 [常]3

(2367)〔惡〕 5608 5828 9CA6 心－8 旧字 [人]

オ(ヲ)[呉][漢]・アク[呉][漢]/wù・wū・è/わるい・あし・にくい・にくむ・いずくにか・いずくんぞ

[筆順] 悪 悪 悪 悪 悪 悪

[字解] 悪は惡の略体。惡は形声。心＋亞(祖神の鎮座するところ・墓)[声]。謹しみすぎることから、わるい意。

[意味] ❶(ア)わるい。(イ)ただしくない。よこしま。不道徳。↔善。『勧善懲悪』『悪業』『悪事』『悪政』『凶悪』『邪悪』(ロ)好ましくない。都合がわるい。具合がよくない。『悪条件』『必要悪』『悪妻』『悪癖』『俗悪』(ハ)状態・程度がひどい。たちがわるい。『悪疫』『悪質』『悪性』(ニ)そまつな。おとっている。『悪貨』『悪筆』『拙悪』『粗悪』(ホ)不快な。きたない。見にくい。『悪臭』『醜悪』 ⇓[表] ⇓ 〔美〕(6151)の[表] ❷(オ)にくむ。いやがる。『嫌悪』『好悪』『憎悪』＊論語‐里仁「貧与賤、是人之所悪也」〔＝貧賤の身分は、だれもがいやがるものである〕❸(オ)疑問・反語を示す助字。「焉」「安」に同じ。(イ)いずくに。いずくにか。どこに。どの点において。＊論語‐里仁「君子去仁、悪乎成名」〔＝道に志した人は仁を避けたなら、どこで君子としての名声をあげることができよう〕(ロ)いずくんぞ。どうして…か。＊孟子‐梁恵王上「悪在其為民父母也」〔＝どうして人民の父母たる地位におられようか〕❹(アク)[国]強い、無道の意を表す接頭辞。『悪太郎』『悪童』

❶ わるい。好ましくない。きたない。

[下接] 改悪・害悪・奸悪・偽悪・旧悪・凶悪・梟悪・険悪・酷悪・極悪・最悪・罪悪・疾悪・実悪・邪悪・首悪・醜悪・宿悪・諸悪・積悪・拙悪・善悪・粗悪・俗悪・懲悪・獰悪・佞悪・美悪・暴悪・猛悪・劣悪・露悪／性悪・意地悪

【悪衣(アクイ)】よごれた、または粗末な衣服。粗衣。＊論

心(小・忄)戈戸(戸)手(扌)支攴(攵) 4画 文斗斤方旡(旡・无)日曰月木欠止歹(歺)殳毋比毛氏气水(氺・氵)火(灬)爪(爫)父爻(㸚)爿(丬)片牙(牙)牛犬(犭)

◎「わるい…」に対応する「よい…」「きれいな…」の意の熟語

悪意	善意
悪政	善政
悪戦	善戦
悪人	善人
悪貨	良貨
悪妻	良妻
悪性	良性
悪俗	良俗
悪運	好運
悪天	好天
悪評	好評
悪声	美声
悪徳	美徳
悪婦	美婦
悪名	美名

語-里仁「恥二悪衣悪食(アクイアクショクを)一者、未レ足二与議(はじるものは、いまだともにはかるにたらざるなり)一也」〔=(士でありながら)粗末な衣服や食事を恥じるようであれば、ともに話し合うに足りない〕」

【悪意(アクイ)】①わるい気持ち。わるぎ。悪心。↕善意・好意。②悪い意味。『悪意に解釈する』③法律上の効力に影響を及ぼす事実を知っていること。↕善意

【悪因(アクイン)】仏教で、悪い結果を招く原因。『悪因悪果〔=悪い行為をすれば、必ず悪い結果が生ずること〕』

【悪運(アクウン)】①悪い運命。不運。②国悪事をしても、その報いがなくてなお栄えること。『悪運が強い』

【悪疫(アクエキ)】悪性の流行病。

【悪縁(アクエン)】①離れたくても離れにくい間柄となった男女の縁。腐れ縁。②好ましくない結び付き。

【悪形・悪方(アクがた)】歌舞伎(かぶき)で悪人の役。

【悪戯(アクギ|いたずら)】わるさ。わるふざけ。

【悪逆(アクギャク)】道に背いた、甚だしい悪事。『悪逆無道』

【悪行(アクギョウ)】悪い行為。

【悪業(アクギョウ|アクゴウ)】①悪いしわざ、仕事。②(アクゴウ)苦果を招く原因となる、悪い行為。また、前世の悪事。↕善業

【悪言(アクゲン|アクゴン)】人をあしざまにののしることば。悪口。

【悪才(アクサイ)】悪事をする才能。悪知恵。

【悪妻(アクサイ)】夫にとって悪い妻。↕良妻

【悪歳(アクサイ)】不作の年。凶年。荒歳。

【悪子(アクシ)】①性質のよくない子。②親不孝な子。

【悪事(アクジ)】悪い行い。〖悪事行二千里(アクジセンリをゆく)一〗善行はなかなか世間に知られないが、悪事はたちまち世間に知れわたってしまうものだ。〔北夢瑣言〕

【悪疾(アクシツ)】たちの悪い治りにくい病気。

【悪質(アクシツ)】①性質、たちが悪いさま。②品質がよくないさま。粗悪。↕良質

【悪手(アクシュ)】囲碁、将棋などで、まずい手。

【悪趣(アクシュ)】仏語。この世で悪いことをした者が、死後におもむく世界。地獄、餓鬼、畜生の三を三悪趣といい、阿修羅を加えて四悪趣という。悪道。↕善趣

【悪臭(アクシュウ)】嫌なにおい。↕芳香

【悪習(アクシュウ)】悪いならわし。悪い習慣。

【悪趣味(アクシュミ)】品の悪い趣味。また、人の嫌がることを好んでするさま。

【悪所・悪処(アクショ)】国①遊里のこと。『悪所通い』②けわしい場所。難所。

【悪書(アクショ)】内容の俗悪な書物。↕良書

【悪女(アクジョ)】①心のよくない女。②不器量な女。醜女。↕美女。『悪女の深情け』

【悪少(アクショウ)】性格の悪い少年。

【悪性(アクショウ|アクセイ)】①(アクショウ)悪い性質。特に、身持ちの悪いこと。②(アクセイ)病気などがたちの悪いこと。

【悪色(アクショク)】素行のよくない美人。

【悪食(アクショク|アクジキ)】①(アクショク)粗末な食事。『悪衣悪食』②(アクジキ)国普通の人は食べない物を平気で食べること。いかものぐい。『悪食家』

【悪心(アクシン)】悪事をしようとする心。悪念。↕善心

【悪声(アクセイ)】①不正な声。聞いて不快な声。↕美声。＊孟子-万章下「伯夷目不レ視二悪色一、耳不レ聴二悪声(ハクイはめにアクショクをみず、みみにアクセイをきかず)一」〔=伯夷は目に不正な色を見ず、耳に不正な声を聞かない〕」②悪い評判。『悪声は耳に入らず』

【悪政(アクセイ)】国民を苦しめる悪い政治。↕善政・仁政

【悪舌(アクゼツ)】他人を悪く言いののしること。悪口。

【悪銭(アクセン)】①粗悪な金。②国不正な手段によって得た金銭。『悪銭身に付かず』

【悪戦苦闘(アクセンクトウ)】強敵を相手に苦しい戦いをすること。転じて、困難や苦しい状況の中で努力すること。

【悪相(アクソウ)】①恐ろしい人相。②縁起の悪い有様。

【悪僧(アクソウ)】戒律にそむいて、悪事をなす僧。↓❷

【悪瘡(アクソウ)】たちの悪いはれもの。

【悪態(アクタイ)】国悪口。憎まれ口。『悪態を吐っく』

【悪玉(アクだま)】悪人。また、悪人役。悪。↕善玉

【悪天(アクテン)】悪天候。悪い天気。↕好天

【悪徒(アクト)】悪事をなす者。

【悪党(アクトウ)】悪者のなかま。悪人。

【悪道(アクドウ)】①悪い道楽。遊蕩(ユウトウ)。②=悪趣(アクシュ)

【悪徳(アクトク)】道徳にそむいた悪い行いや心。↕美徳

【悪日(アクニチ|アクび)】事を行うのに悪い日。凶日。↕吉日

【悪人(アクニン)】心のよくない者。悪事を行う者。↕善人

【悪念(アクネン)】悪事をたくらむ心。悪い考え。悪心。

【悪罵(アクバ)】ひどい悪口を言うこと。また、その言葉。

【悪筆(アクヒツ)】字がへたなこと。へたな字。↕達筆・能筆

【悪評(アクヒョウ)】悪い評判やうわさ。不評。↕好評

【悪風(アクフウ)】悪い風俗、習慣。↕良風・美風

【悪弊(アクヘイ)】よくない習慣。悪習。悪風。

【悪癖(アクヘキ)】悪いくせ。

【悪変(アクヘン)】状態が悪くなること。↕好転

【悪法(アクホウ)】国民のためにならない悪い法律。

【悪報(アクホウ)】①悪事をしたむくい。②悪いしらせ。凶報。

〖悪木盗泉(アクボクトウセン)〗高潔な人が汚れに接近しないように身を保持していることをいう。〔周書-寇儁(コウシュン)伝〕❤昔、中国で清廉潔白な人は、質の悪い木の陰に少しでも休むと身が汚れ、盗泉という悪い名の泉の水を飲むと身が汚れるとして、休んだり飲んだりしなかったということから。

〖勿下以二悪小一為上レ之(アクのショウなるをもってこれをなすことなかれ)〗悪事が小さなことだからといって、これを行ってはならない。

【悪魔(アクマ)】神仏の教えを妨げ、人にわざわいを与えたり、悪の道に誘い込んだりする魔物。

【悪夢(アクム)】いやな夢。不吉な夢。恐ろしい夢。

【悪名(アクメイ|アクミョウ)】悪い評判。よくないうわさ。↕美名

【悪役(アクヤク)】国演劇、映画などで、悪人の役柄。敵役(かたきヤク)。転じて、人から憎まれる役まわり。

【悪友(アクユウ)】悪い友達。親友や遊び友達などを親しんでいうこともある。↕良友

【悪用(アクヨウ)】悪い目的のために使うこと。↕善用

【悪辣(アクラツ)】やり方がきわめてたちの悪いさま。

【悪霊(アクリョウ)】人にたたりをする、死者の霊魂。怨霊(オンリョウ)。

【悪路(アクロ)】悪い道路。通行しにくい道。

【悪化(アッカ)】状態が悪くなること。↕好転

【悪貨(アッカ)】地金の悪質な貨幣。↕良貨。『悪貨は良貨を駆逐する〔=とかく悪い者は勢いを増すことの例え〕』

【悪客(アッカク)】①下等な客。いやな客。②酒を飲まない客。特に酒を飲む上戸が下戸をそしっていうことば。また、逆に下戸が上戸をそしっていう場合もある。

【悪漢(アッカン)】悪事を働く男。悪者。

【悪気(アッキ|わるギ)】㊀(アッキ)①わざわいをなす気。②濁った空気。くさい空気。㊁(わるギ)人に害を与えようとしたり、だまそうとしたりする気持ち。悪意。

【悪鬼(アッキ)】たたりをする恐ろしい怨霊(オンリョウ)、夜叉(ヤシャ)な

ど。『悪鬼羅刹(アッキラセツ)』
【悪計(アッケイ)】悪い計略。奸計。
【悪口(アッコウ／わるくち)】他を悪く言うこと。『悪口雑言』
【悪寒(オカン)】発熱で、全身がぞくぞくするような寒け。
【悪血(オケツ)】毒物や廃物の混じった血。くろち。
【悪心(オシン)】気持ちが悪くなり吐きけを催しそうな感じ。
【悪阻(オソ／つわり)】妊娠の初期に見られる吐きけや食欲不振などの症状。

❷にくむ。いやがる。
下接 怨悪(エンオ)・厭悪(エンオ)・嫌悪(ケンオ)・好悪(コウオ)・疾悪(シッオ)・羞悪(シュウオ)・賤悪(センオ)・憎悪(ゾウオ)・穢悪(ワイオ)

❹(日本語で)強い、無道の意を表す接頭辞。
【悪僧(アクソウ)】国 武芸にすぐれた荒々しい僧。↓❶
【悪太郎(アクタロウ)】国 乱暴者、いたずらっ子を人名めかしていう語。
【悪童(アクドウ)】国 いたずらっ子。悪太郎。

2361【悥】 — — 心-7 イン「㥯」(2390)の異体字

2362【患】 2021 3435 8AB3 心-7 常 ゲン(呉)・カン(クヮン)(漢)／huàn／わずらう・わずらい・うれい・うれえる

筆順 患

字解 形声。心＋串(つらぬきつらなる)(声)。心を何かがつらぬいているようなやみの意。

金文  篆文 

意味 ❶うれえる。思い悩む。また、うれい。心配。『内憂外患(ナイユウガイカン)』『患苦』『患難』＊論語-学而「不レ患ニ人之不一レ己知一〔=他人が自分の学徳を認めてくれないからといって、気にかけたりはしない〕」❷わずらう。病気になる。わずらい。病気。また、災い。『患者』『患部』『疾患』⇒〔病〕(4994)の表

❶うれえる。うれい。
下接 外患(ガイカン)・後患(コウカン)・大患(タイカン)・内患(ナイカン)・憂患(ユウカン)

【患害(カンガイ)】これからどうなるかという心配。また、他に迷惑を及ぼす悪事。
【患苦(カンク)】うれえ苦しむこと。苦しみ。
【患難(カンナン)】身に降りかかってくる災難や心配ごとなど。

❷わずらう。わずらい。
下接 禍患(カカン)・急患(キュウカン)・疾患(シッカン)・重患(ジュウカン)・宿患(シュッカン)・新患(シンカン)・水患(スイカン)・大患(タイカン)・病患(ビョウカン)・罹患(リカン)

【患禍(カンカ)】わざわい。
【患者(カンジャ)】病気にかかって治療を受ける人。医者の立場からいう語。
【患部(カンブ)】病気や傷のできている部分。

2363【悉】 2829 3C3D 8EBB 心-7 シチ(呉)・シツ(漢)／xī／つくす・ことごとく

字解 会意。心＋釆(すみずみまでひろがりわかれる)。つくす意。

同属字 蟋

意味 ❶つくす。㋑きわめつくす。くわしい。『詳悉(ショウシツ)』『知悉(チシツ)』『不悉(フシツ)』㋺残らずそなえる。『備悉(ビシツ)』㋩ことごとく。すべて。『悉皆』＊陶潜-桃花源記「男女衣著、悉如ニ外人一〔=男女の衣服は、すっかり外部の人と同じだ〕」❷音訳字。『悉達多』『悉曇』

【悉皆(シッカイ)】すべて。みな。一切。
【悉達多(シッタルタ)】(梵 siddhārtha の音訳。目的を完成している者の意)釈尊の出家以前の名。
【悉曇(シッタン)】梵語(ボンゴ)の字母。転じて、広く、梵語を指す。『悉曇学〔=古代インド語学〕』 梵 siddhaṃ の音訳。成就、吉祥の意で、もと、その語が梵字字母表の冒頭に書かれていたので、統べて梵字の称になったという。

2364【悤】 *2989 心-7 (2344)【怱】 5568 5764 9C84 心-5 (2334)【忩】 *2938 心-4 ソウ(漢)／cōng

字解 形声。心＋囪(声)。いそぐ意。怱・忩は別体。

同属字 蔥・窻(窓)・傯・檧・牕・總(総)・聰(聡)・驄

金文  篆文 

意味 あわただしいさま。いそがしいさま。

【悤悤(ソウソウ)】あわただしいさま。＊張籍-秋思「復恐怱怱説不レ尽〔=またおそるソウソウといてつくさざるを〕」〔=あわただしく書いたので、言い尽くしていない点がありはせぬかとふと気になる〕」
【悤忙(ソウボウ)】いそがしくあわただしいさま。＊杜甫-新婚別「無ニ乃太怱忙一〔=すなわちはなはだソウボウたることなからんや〕」〔=ずいぶんあわただしいことではないだろうか〕」

2365【悳】 — — 心-7 トク「悳」(2370)の異体字

2366【悠】 4510 4D2A 9749 心-7 常 ユウ(イウ)(漢)／yōu／はるか・とおい

筆順 悠

字解 形声。心＋攸(長くつづくすじ)(声)。思いが長くつづく、はるかの意。また、悩みがつづきうれえる意。

意味 ❶はるか。とおい。久しい。『悠遠』『悠久』❷ゆったりとしたさま。ゆとりのあるさま。『悠悠自適』『悠長』『悠揚』『大悠(タイユウ)』

❶はるか。とおい。久しい。

【悠遠(ユウエン)】時間的、空間的に、はるか遠いこと。
【悠久(ユウキュウ)】果てしなく長く続くこと。永遠。
【悠然(ユウゼン)】はるかなさま。＊陶潜-飲酒「采レ菊東籬下、悠然見ニ南山一(キクをとるトウリのもと、ユウゼンとしてナンザンをみる)〔=菊の花を東のかきねのそばで摘みとり、(ふと目をあげると)はるか南の方の山の姿が望まれた〕」↓❷
【悠悠(ユウユウ)】遠く離れているさま。遠くはるかなさま。＊白居易-長恨歌「悠悠生死別経レ年(ユウユウたるセイシわかれてとしをへたり)〔=はるかに遠く離れた生と死の世界に二人が別れて、もはや久しい歳月がたった〕」↓❷

❷ゆったりとしたさま。

【悠然(ユウゼン)】物事に動じないでゆったりしているさま。『悠然と構える』↓❶
【悠長(ユウチョウ)】落ち着いていて気の長いこと。『悠長な話』
【悠悠(ユウユウ)】ゆったりと落ち着いたさま。↓❶【悠悠緩緩(ユウユウカンカン)】気長に構えているさま。ゆとりのあるさま。【悠悠自適(ユウユウジテキ)】俗世間の煩わしさを超越して、心のままにゆったりと暮らすこと。

【悠揚ユウヨウ】ゆったりとして、落ち着いているさま。『悠揚迫らざる応対ぶり』

〔窗〕⇩5535

2367【悪】5608 5828 9CA6 心−8
アク「悪」(2360)の旧字

2368【惠】5610 582A 9CA8 心−8
ケイ「恵」(2353)の旧字

2369【惣】3358 415A 9179 心−8 人
ソウ漢/zǒng/すべて

字解 揔の誤字。日本では総の意に用いる。

参考 現代表記では「総」に書き換える。熟語については「総」(5973)を見よ。

意味 ❶すべて。みんな。「総」に同じ。❷国中世の農民の自治組織。『惣村ソウソン』『惣中ソウチュウ』

2370【悳】5560 575C 9C7B 心−8 (2371)〔悳〕二二 心−8 (2365)〔惪〕二二 心−7
トク呉漢

字解 形声。心+直(まっすぐにみつめる)声。まっすぐな正しい心の意。徳の原字。

同属字 徳(德)・聴(聽)

2372【悲】4065 4861 94DF 心−8 常3
ヒ呉漢/bēi/かなしい・かなしむ・かなしみ

筆順 悲 悲 悲 悲 悲 悲

字解 形声。心+非(左右にひらく)声。心が左右にさかれるようにかなしむ意。

参考 万葉仮名では音を借りて「ひ乙」。

意味 かなしむ。かなしみ。かなしい。㋑辛い事態に直面して心が強く痛むさま。『悲哀』『悲観』『悲劇』『苦悲クヒ』＊韓非子‐和氏「子奚哭之悲也シなんぞコクすることのかなしきや」〔＝あなたは、なぜそんなに大声をあげて泣き悲しむのか〕㋺深い感傷をいだく。懐かしさのあまり、感傷のきわまること。＊史記‐高祖本紀「游子悲ニ故郷ユウシはコキョウをかなしむ」〔＝旅人は故郷を恋しがるものだ〕」㋩仏教で、あわれみの心。衆生の苦しみを除くこと。『悲願』『慈悲ジヒ』『大悲ダイヒ』

⇓表 ⇒〔哀〕(901)の表

悲ヒ	喜キ
悲喜	
かなしむ。悲劇 悲哀 悲傷 悲嘆 悲憤慷慨	よろこぶ。喜劇 喜幸 喜悦 歓喜 欣喜雀躍

【悲哀ヒアイ】悲しく哀れなこと。哀痛。

【悲運ヒウン】悲しい運命。不幸な運命。↔幸運

【悲笳ヒカ】悲しげな笛の音色。

【悲歌ヒカ】悲しい気持ちを歌うこと。エレジー。【悲歌慷慨ヒカコウガイ】悲しい歌を歌い、憤り嘆くこと。悲歌忼慨。＊史記‐項羽本紀「項王乃悲歌慷慨、自為ㇾ詩コウオウすなわちヒカコウガイし、みずからシをつくる」〔＝項羽は悲しげな様子で歌を歌い、憤り嘆いて自身で詩をつくった〕」

【悲感ヒカン】悲しい感情をいだくこと。

【悲観ヒカン】失望して悲しむこと。↔楽観。『悲観的』

【悲願ヒガン】①衆生を救おうとする仏菩薩ボサツの誓願。②悲壮な願い。

【悲喜ヒキ】悲しみと喜び。『悲喜交々こもごも至る』

【悲泣ヒキュウ】悲しみ泣くこと。

【悲境ヒキョウ】悲しい境遇。不幸な身の上。

【悲曲ヒキョク】哀調を帯びた音曲。

【悲劇ヒゲキ】①人生の不幸、悲惨なことを題材とし、悲しい結末で終わる劇。↔喜劇。②悲惨な人生の出来事。

【悲恨ヒコン】悲しみうらむこと。

【悲惨・悲酸ヒサン】悲しく痛ましいこと。無惨。

【悲秋ヒシュウ】ものがなしく感じられる秋。＊杜甫‐登高「万里悲秋常作ㇾ客バンリヒシュウつねにカクとなる」〔＝万里も遠く故郷を離れて、またもの悲しい秋を迎えたが、あいも変わらぬ放浪の身の上である〕」

【悲愁ヒシュウ】悲しんで心を痛めること。

【悲傷ヒショウ】悲しんで心を痛めること。痛ましいこと。

【悲壮ヒソウ】悲しい中にりりしさのあること。『悲壮感』

【悲愴ヒソウ】悲しく痛ましいこと。悲傷。

【悲嘆・悲歎ヒタン】悲しみ嘆くこと。『悲嘆にくれる』

【悲痛ヒツウ】この上もなく悲しく痛ましいこと。

【悲啼ヒテイ】悲しんでなくこと。

【悲田ヒデン】①仏語。福田フクデンの一。病人や貧窮者などあわれむべき人々。②「悲田院ヒデンイン」の略。仏典の慈悲の思想にもとづいて、孤児や貧窮者などを収容するために造られた施設。

【悲慟ヒドウ】悲しんで泣き叫ぶこと。

【悲風ヒフウ】もの悲しげに吹く風。多く、秋風にいう。＊蘇軾‐前赤壁賦「託ニ遺響於悲風イキョウをヒフウにタクせり」〔＝(洞簫の)余韻を寂しい秋風にことよせて吹きならした〕」

【悲憤ヒフン】悲しみ、憤ること。『悲憤慷慨コウガイ』

【悲報ヒホウ】悲しい知らせ。↔朗報

【悲鳴ヒメイ】①悲しんで鳴くこと。②驚いたときなどに上げる声。

【悲涼ヒリョウ】かなしむこと。かなしくさびしいさま。

【悲恋ヒレン】悲しい恋。哀れな結末で終わる恋。

【悲話ヒワ】悲しい物語。

2373【悶】4469 4C65 96E3 心−8 (2536)〔悶〕二二 心−8
モン呉・ボン漢/mèn・mēn/もだえる・もだえ

字解 形声。心+門(入り口をふさぐもん)声。心がふさがりもだえる意。

参考 万葉仮名では音を借りて「も」。

意味 もだえる。思い悩む。思い苦しむ。

下接 苦悶クモン・愁悶シュウモン・排悶ハイモン・煩悶ハンモン・憂悶ユウモン

【悶死モンシ】もだえ苦しみながら死ぬこと。

【悶絶モンゼツ】もだえ苦しんで気を失うこと。もだえじに。

【悶着モンチャク】もめごと。ごたごた。『ひと悶着起こす』

【悶悶モンモン】悩みもだえるさま。『悶悶として日を送る』

2374【惑】4739 4F47 9866 心−8 常
ワク呉・コク漢/huò/まどう・まどわす・まどい

筆順 惑 惑 惑 惑 惑

字解 形声。心+或(あるいはとうたがう)声。うたがいまどう意。

意味 まどう。まどわす。考えを乱す。まよい。まどい。また、仏語で、煩悩。＊史記‐伯夷伝「余甚惑焉ヨはなはだまどう」〔＝私は非常に判断に苦しんでいる〕」

下接 誑惑キョウワク・疑惑ギワク・幻惑ゲンワク・眩惑ゲンワク・惶惑コウワク・狐惑コワク・蠱惑コワク・困惑コンワク・昏惑コンワク・思惑シワク｜おもわく・耽惑タンワク・当惑トウワク・不惑フワク・魅惑ミワク・迷惑メイワク・誘惑ユウワク

【惑星(ワクセイ)】 太陽の周囲を運行する比較的大きな天体の総称。水星、金星、地球、火星、木星、土星、天王星、海王星、冥王(メイオウ)星の九個がある。遊星。↕恒星(コウセイ)

【惑溺(ワクデキ)】 深く迷って本心を失うこと。

【惑乱(ワクラン)】 惑い乱れること。また、惑わし乱すこと。

2375 【愍】 ―― 心－8 なまじい

字解 国字。なまじい。慭の誤字。

2376 【意】 1653 3055 88D3 心－9 常3 (2377)【意】 ―― 心－9 旧字

イ㊁㊂ yì・yī こころ・おもい

筆順 意 意 意 意 意 意

字解 会意。音(おと)＋心。心にある声にならないおもい、意識の意。

同属字 億(億)・噫・憶(憶)・臆

参考 万葉仮名では音を借りて「お」。

意味 ❶こころ。気持ち。思い。思う。『意に介さない』『意に反する』『意志』『意識』 ＊李商隠－楽遊原「向ㇾ晩意不ㇾ適(バンにむかってこころかなわず)〔＝日暮れが近づくにつれて、心が落ち着かなくなる〕」 ＊史記－項羽本紀「不二自意一能先入ㇾ関破ㇾ秦、得三復見二将軍於此一(みずからおもわざりき、よくまずカンにいりてシンをやぶり、ショウグンにここにまみゆることをえんとは)〔＝先に関中に攻め入り、秦を打ち破り、再び将軍とここで会見できるとは、私自身思いもよらなかった〕」 ⇒〔心〕(2319)の表 ❷内容。いみ。おもむき。わけ。『意義』『意味』『会意』『大意』

❶ こころ。気持ち。思い。考え。

下接 悪意(アクイ)・鋭意(エイイ)・下意(カイ)・我意(ガイ)・雅意(ガイ)・介意(カイイ)・害意(ガイイ)・隔意(カクイ)・願意(ガンイ)・貴意(キイ)・逆意(ギャクイ)・御意(ギョイ)・寓意(グウイ)・敬意(ケイイ)・迎意(ゲイイ)・決意(ケツイ)・古意(コイ)・故意(コイ)・好意(コウイ)・厚意(コウイ)・合意(ゴウイ)・懇意(コンイ)・作意(サクイ)・殺意(サツイ)・賛意(サンイ)・旨意(シイ)・私意(シイ)・恣意(シイ)・辞意(ジイ)・失意(シツイ)・実意(ジツイ)・謝意(シャイ)・主意(シュイ)・趣意(シュイ)・祝意(シュクイ)・宿意(シュクイ)・春意(シュンイ)・匠意(ショウイ)・上意(ジョウイ)・情意(ジョウイ)・心意(シンイ)・真意(シンイ)・深意(シンイ)・人意(ジンイ)・随意(ズイイ)・生意(セイイ)・盛意(セイイ)・聖意(セイイ)・誠意(セイイ)・戦意(センイ)・善意(ゼンイ)・素意(ソイ)・疎意(ソイ)・創意(ソウイ)・総意(ソウイ)・存意(ゾンイ)・他意(タイ)・諾意(ダクイ)・達意(タツイ)・着意(チャクイ)・注意(チュウイ)・弔意(チョウイ)・適意(テキイ)・敵意(テキイ)・天意(テンイ)・当意(トウイ)・同意(ドウイ)・得意(トクイ)・如意(ニョイ)・尿意(ニョウイ)・任意(ニンイ)・熱意(ネツイ)・配意(ハイイ)・発意(ハツイ|ホツイ)・犯意(ハンイ)・叛意(ハンイ)・非意(ヒイ)・微意(ビイ)・不意(フイ)・別意(ベツイ)・便意(ベンイ)・芳意(ホウイ)・本意(ホンイ|ホイ)・翻意(ホンイ)・民意(ミンイ)・有意(ユウイ)・用意(ヨウイ)・来意(ライイ)・留意(リュウイ)・礼意(レイイ)

【意外(イガイ)】 考えていたことと実際とが、食い違うこと。

【意気(イキ)】 あふれる元気。積極的な気分。気概。 ＊魏徴－述懐「人生感二意気一(ジンセイイキにカンず)〔＝人間は相手の意気に感じて仕事をするものだ〕」 【意気軒昂(イキケンコウ)】 意気込みの盛んなさま。↕意気消沈・意気阻喪。 【意気地(イキジ|イクジ)】 国①(イキジ)意地。②(イクジ)自分の意志や面目を守り通そうとする気持ち。 【意気消沈・意気銷沈(イキショウチン)】 元気をなくすこと。意気阻喪(イキソソウ)。↕意気軒昂。 【意気衝天(イキショウテン)】 意気込みが天をつくほどに盛んなこと。 【意気阻喪・意気沮喪(イキソソウ)】 意気込みがくじけて元気を失うこと。意気消沈。↕意気軒昂。 【意気投合(イキトウゴウ)】 互いの気持ちが一致すること。 【意気揚揚(イキヨウヨウ)】 いかにも誇らしげに振る舞うさま。 ＊史記－管晏伝「意気揚揚、甚自得也(イキヨウヨウとして、はなはだジトクせり)〔＝意気揚々として、たいそう得意そうである〕」

【意見(イケン)】 ①ある物事や判断に対して持つ考え。見解。②国思うところを述べていさめること。

【意向・意嚮(イコウ)】 どうするかについての考え。『意向に添う』 ▼書き換え「意嚮→意向」。

【意固地(イコジ)】 国意地を張ってつまらないことに頑固(ガンコ)なこと。かたいじ。えこじ。▼「依怙地(エコジ)」の変化したものとも、「意気地(イキジ)」の変化したものともいう。

【意根(イコン)】 仏語。六根(ロッコン)の一。心によって認識作用がなされるときのよりどころとなる器官。

【意志(イシ)】 ①何かをしようとする考え。意思。②物事を判断して実行しようとする積極的な心ぐみ。『意志薄弱』

【意思(イシ)】 何事かをしようとする考え、思い。『意思の表示』 ▼法律では、一般に「意志」を用いず、「意思」を用いる。

【意地(イジ)】 ①気だて。気性。『意地が悪い』②国自分の考えを押し通そうとする心。『意地を張る』③国物欲。食欲。『意地汚い』『食い意地』

【意識(イシキ)】 ①認識、自覚などの心の状態。もと、仏語。六識の一。『意識を失う』『意識不明』②特に何らかの影響をうける心の状態。『異性を意識する』③観念、思想など、社会的、歴史的な影響を受けて形成される心の働き。『階級意識』

【意趣(イシュ)】 恨み。恨み心。『意趣返し〔＝仕返し〕』

【意匠(イショウ)】 ①制作上の趣向。工夫。②形状、色彩、模様などの装飾的な考案。デザイン。『意匠登録』

【意想外(イソウガイ)】 思いもよらないこと。意外。予想外。

【意態(イタイ)】 心の働き方。心ざま。

【意中・意衷(イチュウ)】 心の中。また、心の中で思っていること。『意中の人』

【意図(イト)】 ある事をしようと考えること。また、その事柄。

【毋ㇾ意、毋ㇾ必、毋ㇾ固、毋ㇾ我(イなく、ヒツなく、コなく、ガなし)】 聖人は、意(私意で物事を推し測ること)・必(無理押しすること)・固(固執すること)・我(我を張ること)の四つを断ち切り、公平無私であるということ。〔論語－子罕〕

【不ㇾ称ㇾ意(イにかなわず)】 (「称」は、合するの意) 思うようにならない。

【意馬心猿(イバシンエン)】 煩悩、情欲のために、心の乱れをおさえがたいこと。心猿意馬。〔参同契発揮－中〕 ▼走る馬や、騒ぐ猿のように制しがたいこと。

【意万重(イバンチョウ)】 万感がわき起こる。思いが幾重にも重なってわき起こること。 ＊張籍－秋思「欲ㇾ作二家書一意万重(カショをつくらんとほっしてイバンチョウ)〔＝家族へ手紙を書こうとすると、つのる思いがとめどもなくわき起こってくる〕」

【意表(イヒョウ)】 考えてもいないこと。思いの外。『意表を突く』

【意望(イボウ)】 そうしたいと思い願うこと。

【意欲・意慾(イヨク)】 積極的にやろうとする気持ち。

【意力(イリョク)】 意志や精神の力。↕体力・知力

❷ 内容。いみ。おもむき。わけ。

下接 画意(ガイ)・会意(カイイ)・含意(ガンイ)・強意(キョウイ)・句意(クイ)・原意(ゲンイ)・古意(コイ)・語意(ゴイ)・極意(ゴクイ)・旨意(シイ)・詩意(シイ)・真意(シンイ)・大意(タイイ)・題意(ダイイ)・内意(ナイイ)・筆意(ヒツイ)・諷意(フウイ)・文意(ブンイ)

【意義(イギ)】 ①言葉の意味。内容。『その語本来の意義』②事柄、行為などの価値。『有意義』

【意訓(イクン)】 国漢語の意味をとって国語として読むこと。また、その読み。和訓。

【意字(イジ)】 表意文字。↕音字

【意味(イミ)】①言葉が指し示す内容。②言語、行為などによって示される意図。『意味ありげに笑う』③物事の価値。意義。『意味のない仕事』【意味深長(イミシンチョウ)】裏に深い意味が隠されているさま。〔朱熹‐論語序説〕
【意訳(イヤク)】原文の語句にこだわらないで、全体の意味をくみ取って訳すこと。↕直訳(チョクヤク)・逐語訳(チクゴヤク)

2378【感】 2022 3436 8AB4 心－9 常3 カン 呉漢 \gǎn

筆順 感感感感感感感

字解 形声。心＋咸(ショックで大声をだす)声。ショックで心がうごきかんじる意。

同属字 憾・轗

意味 ❶心が動く。心に感じる。感じている心の内。『感激』『感謝』『感情』『実感』『予感』＊杜甫‐春望「感ᴸ時花濺ᴸ涙(ときにカンじてははなにもなみだをそそぐ)〔=この嘆かわしい時勢を思うと、美しい花をみても涙を注ぐ〕」❷五感・身体などで感じる。受ける。『感受性』『感覚』『感触』『体感』

❶ 心が動く。心に感じる。

下接 哀感・共感・偶感・交感・好感・雑感・私感・詩感・実感・情感・所感・随感・多感・直感・痛感・同感・反感・万感・悲感・美感・予感・霊感・親近感・優越感

【感化(カンカ)】相手の心に影響を与えること。
【感荷(カンカ)】恩を深く心に感じること。
【感懐(カンカイ)】心を動かされ、ある思いを持つこと。
【感慨(カンガイ)】深く感じてしみじみとした気持ちになること。『感慨無量』
【感泣(カンキュウ)】感激のあまりに泣くこと。
【感興(カンキョウ)】興味を感じること。
【感激(カンゲキ)】強く感じて気持ちが動かされること。
【感悟・感寤(カンゴ)】心に感じてはっと思いあたること。
【感謝(カンシャ)】ありがたいと感じること。ありがたいと感じて謝意を表すこと。『勤労感謝の日』『感謝の念』
【感傷(カンショウ)】心が感じやすいこと。物事に感じて心をいためること。『感傷的な詩』
【感賞(カンショウ)】感心して褒(ほ)めること。
【感状(カンジョウ)】国戦功のあった者に対して与えられる賞状。
【感情(カンジョウ)】物事に感じて起こる喜怒哀楽などの気持ち。『国民感情』『悪感情』【感情移入(カンジョウイニュウ)】芸術作品などに自己の感情を投射し、対象と自己を融合する意識作用。♥ドイ Einfühlung の訳語。【感情的(カンジョウテキ)】国理性を失って感情に偏るさま。『感情的な議論』
【感心(カンシン)】立派であると深く感じること。
【感想(カンソウ)】心に感じた、まとまりのある思い。所感。
【感嘆・感歎(カンタン)】感心して褒めること。感心して声などを発すること。『感嘆符』
【感通(カンツウ)】思いや精気などが他へ通じること。
【感動(カンドウ)】強い印象を受けて深く心を動かすこと。
【感得(カントク)】感じ取り会得すること。奥深い道理を悟ること。『神髄を感得する』
【感応(カンノウ|カンオウ)】感じて反応すること。特に、信心が神仏に通じること。『神仏の感応』→❷
【感佩(カンパイ)】深く心に感謝して忘れないこと。『感佩措(お)く能(あた)わず』
【感発(カンパツ)】物事に感じ発奮すること。
【感服・感伏(カンプク)】感じ入って心から敬服すること。
【感憤・感忿(カンプン)】感情にかられて怒り奮い立つこと。
【感奮(カンプン)】強く感動して奮い立つこと。『感奮興起』
【感銘(カンメイ)】深く感動し、心に刻み込まれること。
【感涙(カンルイ)】心に深く感じて流す涙。『感涙にむせぶ』

❷ 五感・身体などで感じる。受ける。

下接 音感・快感・語感・色感・質感・触感・性感・善感・体感・鈍感・肉感・敏感・力感・流感・量感・不感症

【感覚(カンカク)】①音、色、味、寒暖など、感覚器官で生じる感じ。『無感覚』②物事のとらえ方、感じ方。感受性。センス。『現代感覚』
【感官(カンカン)】「感覚器官」の略。感覚をつかさどる器官の総称。視覚器、聴覚器、味覚器など。
【感光(カンコウ)】物質が光を受けて、化学的変化を起こすこと。『感光紙』
【感受性(カンジュセイ)】外界からの刺激を感じ取って受けとめる能力。『感受性豊かな子供』
【感触(カンショク)】①それとなく感じ取ること。『良い感触を得る』②国手や肌に触れた感じ。触感。
【感性(カンセイ)】感覚的刺激や印象を受け入れたり、反応したりする能力。『若者の感性に訴える』
【感染(カンセン)】①病原体が体内に侵入すること。②良くない影響を受けること。
【感知(カンチ)】外界の変化に気づくこと。
【感電(カンデン)】体の一部が電流に触れて衝撃を感じること。
【感度(カンド)】刺激に対して感ずる度合い、程度。
【感応(カンノウ|カンオウ)】電気や磁気が電場や磁場にある物体に影響を及ぼすこと。『感応コイル』→❶
【感冒(カンボウ)】特定のウイルスによる呼吸器系の炎症。風邪。『流行性感冒』
【感量(カンリョウ)】計器の針が示すことのできる最低の量。

2379【愚】 2282 3672 8BF0 心－9 常 グ 呉漢 \yú\ おろか

筆順 愚愚愚愚愚

字解 形声。心＋禺声。

参考 万葉仮名では音を借りて「ぐ」。

意味 おろか。とるにたらない。つまらない。また、謙遜の意を表す。『愚の骨頂』『愚鈍』『愚劣』＊韓愈‐師説「愚益愚(ぐはますますぐなり)〔=おろか者はますますおろかになる〕」

下接 暗愚・迂愚・下愚・頑愚・賢愚・衆愚・大愚・智愚・痴愚・凡愚・庸愚

【愚案(グアン)】おろかな考え。自分の考えの謙称。
【愚挙(グキョ)】おろかな行い。『愚挙に出る』
【愚兄(グケイ)】おろかな兄。自分の兄の謙称。↕賢兄
【愚計(グケイ)】おろかな計略。また、自分の計画の謙称。
【愚見(グケン)】おろかな意見。自分の意見の謙称。愚考。
【愚考(グコウ)】=愚見(グケン)
【愚行(グコウ)】ばかげた行為。『愚行を繰り返す』
【愚公移ᴸ山(グコウやまをうつす)】怠らず努力すればどんな難事業も成就するというたとえ。〔列子‐湯問〕♥昔、愚公という者が、山を他に移そうと永年努力し、神がその志に感じて山を移したという中国の寓話から。
【愚妻(グサイ)】おろかな妻。また、自分の妻の謙称。
【愚作(グサク)】つまらない作品。また、自分の作品の謙称。
【愚策(グサク)】おろかなはかりごと。つまらない計画。
【愚室(グシツ)】自分の妻の謙称。愚妻。

【愚者（グシャ）】おろかな人。ばか者。↕賢者。【愚者一得（グシャのイットク）】おろかな者でも、時には役に立つ名案を出すことがあるということ。＊史記－淮陰侯伝「智者千慮必有二一失一、愚者千慮必有二一得一（チシャもセンリョにイッシツあり、グシャもセンリョにかならずイットクあり）〔＝知恵のある者も千に一つの考え違いがあり、おろかな者でも千に一つの良い考えが浮かぶ〕」

【愚人（グジン）】おろか者。ばかな人。↕賢人

【愚生（グセイ）】自分をへりくだっていう語。▼書簡文などで男性が用いる。

【愚誠（グセイ）】おろかしい誠意。また、自分の真心の謙称。

【愚説（グセツ）】おろかな説。また、自分の説の謙称。

【愚僧（グソウ）】僧侶（ソウリョ）が自分をへりくだっていう語。

【愚息（グソク）】自分の息子の謙称。

【愚痴・愚癡（グチ）】国言っても仕方のないことを言って嘆くこと。『愚痴をこぼす』▼もと仏語で、おろかで、道理がわからない意。

【愚忠（グチュウ）】おろかな忠義。また、自分の忠義の謙称。

【愚直（グチョク）】臨機応変の才はないが正直一途なさま。

【愚弟（グテイ）】おろかな弟。また、自分の弟の謙称。

【愚答（グトウ）】つまらない答え。『愚問愚答』

【愚禿（グトク）】僧が、自分をへりくだっていう語。

【愚鈍（グドン）】頭の働きが鈍く、することが間抜けなさま。

【愚鄙（グヒ）】おろかで卑しいこと。また、自分の才能の謙称。

【愚夫（グフ）】おろかな男。また、自分の夫の謙称。

【愚物（グブツ）】おろか者。ばか者。

【愚妹（グマイ）】おろかな妹。また、自分の妹の謙称。

【愚昧（グマイ）】おろかで道理に暗いさま。↕賢明

【愚民（グミン）】おろかな民衆。また、民を愚昧にしておくこと。『愚民政策〔＝為政者が、人民を無知の状態に置き、政治に対する批判力を弱めるためにとる政策〕』

【愚蒙（グモウ）】＝愚昧（グマイ）

【愚問（グモン）】つまらない質問。『愚問を発する』

【愚劣（グレツ）】おろかで劣っていること。馬鹿げているさま。

【愚連隊（ぐれんタイ）】不良青少年の仲間。▼「ぐれる」から。

【愚老（グロウ）】老人が自身をへりくだっていう語。

【愚弄（グロウ）】人をばかにしてからかうこと。

【愚陋（グロウ）】おろかでいやしいこと。

【愚論（グロン）】愚かな議論。取るに足りない意見。また、自分の意見の謙称。

【愚惑（グワク）】おろかでまどうこと。

【愚図（ぐず）】動作がのろいこと。はきはきしないさま。▼「愚図」はあて字。

2380 【愆】 5620 5834 9CB2 心－9 ケン㊥/qiān/あやまる

字解 形声。心＋衍（度を過ごしてのびひろがる）㊥。あやまる意。

意味 あやまる。あやまつ。あやまち。『三愆（サンケン）』

2381 【慈】 2792 3B7C 8E9C 心－9 常 (2394)【慈】心－10 旧字

ジ㊥・シ㊥/cí/いつくしむ・いつくしみ

筆順 慈 慈 慈 慈 慈 慈

字解 慈は慈の略体。慈は形声。心＋茲（ふえる）㊥。子を育て増やそうとするように、愛情を注ぎいつくしむ意。

参考 万葉仮名では音を借りて「じ」。

意味 ❶いつくしむ。あわれむ。情け深い。いつくしみ。㋑愛情をもって大切にする。かわいがる。また、いつくしみ深い。『慈愛』『慈善』『仁慈』＊老子－六七「慈、故能勇（ジなり、ゆえによくユウなり）〔＝慈愛の心があるからこそ、真の勇気がわいてくる〕」㋺（「慈母」の略から）母。↕厳。㋩仏教で、すべてのものに行き渡る広大な愛。安楽を与えること。『大慈大悲（ダイジダイヒ）』『慈雲』❷その他。固有名詞など。『慈恩寺』『慈姑（くわい）』

下接 家慈（カジ）・孝慈（コウジ）・鴻慈（コウジ）・仁慈（ジンジ）・不慈（フジ）

❶ いつくしむ。いつくしみ。

【慈愛（ジアイ）】親が自分の子供に対するような深い愛。

【慈育（ジイク）】いつくしみ育てること。

【慈雨（ジウ）】程よく降るめぐみの雨。『干天の慈雨』

【慈烏（ジウ）】カラスのこと。カラスは成長してから、親にえさを運んできて、幼時の恩を返すという言い伝えから。〔梁武帝－孝思賦〕

【慈雲（ジウン）】仏の慈愛を雲にたとえていったもの。

【慈恩（ジオン）】いつくしみのある恩。あついなさけ。

【慈誨（ジカイ）】＝慈訓（ジクン）

【慈顔（ジガン｜ジゲン）】慈愛に満ちた優しい顔。

【慈訓（ジクン）】慈愛のこもった教訓。慈誨。

【慈恵（ジケイ）】慈愛の心をもって他に施すこと。

【慈萱（ジケン）】（「萱」は、母の意）慈愛深い母。

【慈眼（ジゲン）】仏菩薩（ブツボサツ）の慈悲のまなこ。

【慈光（ジコウ）】①仏菩薩の放つ慈悲の光。②（万物をいつくしむ光の意から）太陽の光をいう。

【慈孝（ジコウ）】慈愛と孝心。

【慈氏（ジシ）】仏語。弥勒菩薩（ミロクボサツ）の異称。▼慈悲の心を伝える家筋の人の意。

【慈善（ジゼン）】慈愛の気持ちをもってあわれみ、助けること。『慈善事業』

【慈尊（ジソン）】＝慈氏（ジシ）

【慈悲（ジヒ）】①仏教で、衆生（シュジョウ）をいつくしみ、楽を与えること（慈）と、衆生をあわれんで、苦を除くこと（悲）。②いつくしみあわれむ心。『慈悲深い』

【慈愍（ジビン｜ジミン）】かわいがり、愛すること。

【慈父（ジフ）】子に対する愛情の深い父親。また、父の尊称。

【慈母（ジボ）】子に対する愛情の深い母親。また、母の尊称。

❷ その他。固有名詞など。

【慈恩寺（ジオンジ）】中国、唐代の長安城（陝西省西安）にあった寺。六四八年、高宗が皇太子のときに母の慈恩にこたえるために創建。

【慈童（ジドウ）】（「菊慈童（キクジドウ）」の略）中国の仙童。菊の露を飲んで不老長寿になったといわれる人。

【慈悲心鳥（ジヒシンチョウ）】ホトトギス科の鳥ジュウイチの異名。▼鳴き声を「ジヒシーン」と聞いたところから。

【慈姑（くわい｜ジコ）】オモダカ科の水生多年草。塊状の地下茎は食用。▼一根に十二子を生ずるのを慈悲深い姑（しゅうとめ）になぞらえたものという。

2382 【惹】 2870 3C66 8EE4 心－9 ジャ㊥・ジャク㊥/rě/ひく

字解 形声。心＋若（髪を乱し神意をきく巫女）㊥。心をひきつける意。

意味 ひく。ひきおこす。ひきつける。人目をひく。

【惹起（ジャッキ）】事件や問題などをひきおこすこと。『異常事態を惹起する』

【惹句（ジャック）】人の心を誘う文句。特に宣伝広告文などについていう。

2383【愁】2905 3D25 8F44 心－9 常 シュ(呉)・シュウ(シウ)(漢)/chóu/うれえる・うれい

筆順 愁 愁 愁 愁 愁 愁

字解 形声。心＋秋(声)。心がのびやかにならず、うれえる意。愀は別字。

意味 うれえる。なげき悲しむ。思いにふける。うれい。＊李白‐秋浦歌「白髪三千丈、縁ㇾ愁似ㇾ箇長」(白髪三千丈、愁いに縁りて箇くの似く長し)〔＝(私の)白髪は三千丈、うれいのためにこんなにも長くなってしまったのだ〕⇒〔憂〕(2324)の表

下接 哀愁・客愁・窮愁・郷愁・春愁・深愁・沈愁・悲愁・別愁・辺愁・幽愁・憂愁・離愁・旅愁

【愁吟】(シュウギン) 思いなやんでうめくこと。呻吟。

【愁苦】(シュウク) 思いなやんで苦しむこと。

【愁恨】(シュウコン) うれえ、うらむこと。

【愁殺】(シュウサツ/シュウサイ) 〔「殺」は意味を強める語〕深いうれいに沈むこと。また、深く嘆き悲しませること。＊岑参‐胡笳歌、送二顔真卿使赴一河隴「愁殺楼蘭征戍児」〔＝遠く楼蘭の辺境を守備する兵士たちを、深い憂愁に閉じ込めてしまう〕

【愁思】(シュウシ) 心を痛めて物思いにふけること。うれい。

【愁傷】(シュウショウ) 人に死なれて嘆き悲しむこと。「御愁傷様」〔＝人の死をいたんで言うあいさつ語〕

【愁色】(シュウショク) 悲しそうな様子。うれいに沈んだ顔つき。

【愁心】(シュウシン) つらくてなやましい心。悲しい気持ち。

【愁人】(シュウジン) ①悲しい心を抱いている人。②もののあわれを解する人。風流人。詩人。文人。

【愁絶】(シュウゼツ) 〔「絶」は意味を強める語〕はなはだしくつらく悲しいこと。

【愁訴】(シュウソ) 苦しみ、悲しみなどを嘆き訴えること。「不定愁訴」

【愁嘆・愁歎】(シュウタン) 嘆き悲しむこと。「愁嘆場」〔＝芝居で、嘆き悲しむ場面〕

【愁腸】(シュウチョウ) 思いなやんで悲しむ心。

【愁眉】(シュウビ) うれえてひそめた眉。悲しみや心配のありそうな顔つき。「展二愁眉一」悲しみや心配がなくなって、安心した顔つきになる。悲しみや心配がなくなる。〔劉兼‐春游〕

【愁眠】(シュウミン) ①もの思いのための浅い眠り。うとうとしたまどろみ。＊張継‐楓橋夜泊「江楓漁火対二愁眠一」〔＝川岸の楓や漁船のいさり火が、旅愁のため浅い眠りしかできない私の目に焼き付いてくる〕②草木が枯れて、倒れ伏すこと。

【愁夢】(シュウム) 悲しみにひたりながら眠って見る夢。

【愁裏・愁裡】(シュウリ) 悲しい気持ちでいること。

2384【惷】5622 5836 9CB4 心－9 シュン(漢)/chǔn/うごめく

字解 形声。心＋春(↓屯、むらがりうごめく)(声)。みだれる意。また、蠢に通じ、うごめく意。春は別字。

意味 みだれる。うごめく。

【惷愚】(シュング) おろかなこと。◆「惷愚(トウグ)」の誤用。

2385【想】3359 415B 917A 心－9 常3 ソウ(サウ)(呉)・ショウ(シャウ)(漢)・ソ(慣)/xiǎng/おもう・おもい

筆順 木 相 相 想 想 想

字解 形声。心＋相(姿をみる)(声)。心で思い見る意。

意味 おもう。おもい浮かべる。おもいめぐらす。あれこれ考える。おもい。考え。「想を練る」⇒〔思〕(2342)の表

下接 愛想・意想・回想・楽想・仮想・感想・観想・奇想・曲想・空想・懸想・幻想・構想・思想・詩想・随想・断想・着想・追想・発想・妙想・無想・夢想・瞑想・妄想・黙想・予想・理想・連想・夜想曲

【想起】(ソウキ) 以前にあったことを思い起こすこと。

【想見】(ソウケン) 頭の中で想像してみること。

【想像】(ソウゾウ) 実際には経験のない事柄などを頭の中に思い浮かべること。『想像図』『想像力』

【想定】(ソウテイ) 仮に、ある状況や条件を考え定めること。

【想到】(ソウトウ) いろいろ考えて、その事に考えが及ぶこと。思いいたること。

【想念】(ソウネン) 心に浮かぶ思い。考え。

【想望】(ソウボウ) ①思い慕うこと。思慕。②待ち望むこと。

2386【愍】5630 583E 9CBC 心－9 ミン(呉)・ビン(漢)/mǐn/あわれむ・めぐむ

字解 形声。心＋敃(声)。

意味 あわれむ。かわいそうに思う。「憫」に同じ。

下接 哀愍・慈愍・悲愍・不愍・憐愍

【愍笑】(ビンショウ) あわれんで笑うこと。

【愍然】(ビンゼン) あわれなさま。かわいそうなさま。

2387【愈】―― ―― 心－9 (2388)〔愈〕4492 4C7C 96FA 心－9 †
ユ(呉)(漢)/yù/まさる・いよいよ

字解 形声。心＋兪(↓逾、こえる)(声)。こえまさる意。

同属字 癒(瘉)

参考 万葉仮名では音を借りて「ゆ」。

意味 ❶まさる。すぐれている。＊論語‐公冶長「女与ㇾ回也孰愈」〔＝おまえと顔回とでは、どちらがすぐれていると思うか〕❷いよいよ。ますます。＊柳宗元‐捕蛇者説「余聞而愈悲」〔＝私はこの話を聞いて、ますます悲しい思いにかられた〕❸いえる。なおる。「癒」に同じ。

2389【𢝊】―― ―― 心－9 ユウ「憂」(2324)の異体字

2390【㥯】―― ―― 心－10 (2361)〔𢚩〕―― ―― 心－7
イン(漢)/yǐn/かくす

字解 形声。心＋𤔌(工具を両手でかくす)(声)。心をおおいかくす、つつしむ意。

同属字 隱(隠)・穩(穏)

2391【慇】5632 5840 9CBE 心－10 オン(呉)・イン(漢)/yīn/いたむ・ねんごろ

字解 形声。心＋殷(↑哀、かなしむ)(声)。いたむ意。

意味 ❶いたむ。うれえ悲しむさま。『慇慇』❷ねんごろ。ていねい。『慇懃』

【慇慇】(インイン) うれえいたむさま。

【慇懃】(インギン) ①念入りなさま。＊白居易‐長恨歌「遂教二方士殷勤覓一」〔＝そこで、方士に命じて念

入りに捜し求めさせた」[2]極めて丁寧なこと。礼儀正しいこと。『慇懃無礼（＝表面は極めて丁寧だが、実は尊大なさま）』[3]親しく交わること。また、男女の情交。

2392【愨】5634 5842 9CC0 心-10 カク[漢]/què/まこと

[字解] 形声。心＋㱿（かたいから）[声]。堅くまじめな心、つつしむ意。

[意味] まこと。誠実。『誠愨（セイカク）』

2393【愿】5637 5845 9CC3 心-10 ゲン[漢]/yuàn/つつしむ

[字解] 形声。心＋原[声]。

[意味] つつしむ。すなお。まじめ。『郷愿（キョウゲン）』

【愿朴（ゲンボク）】素直でかざりけのないさま。素朴。

2394【慈】——— 心-10 ジ 「慈」(2381)の旧字

2395【愬】5639 5847 9CC5 心-10 ソ[漢]・サク[漢]/sù・sè/うったえる

[字解] 形声。心＋朔[声]。

[意味] うったえる。うったえ。告げ口する。泣きごとをいう。「訴」に同じ。『赴愬（フソ）』

2396【態】3454 4256 91D4 心-10 [常]5 タイ[呉][漢]/tài/すがた・さま・なり・わざ・わざと

[筆順]

[字解] 形声。心＋能（能力）[声]。能力があるという心構えから、一般に、心やからだのすがたの意に用いる。

[意味] ❶すがた。かたち。なり。ようす。ありさま。心がまえ。ふるまうさま。『態勢』『態度』『態様』❷[国]「わざと」「わざわざ」のあて字。

[下接] 悪態（アクタイ）・艶態（エンタイ）・奇態（キタイ）・擬態（ギタイ）・狂態（キョウタイ）・嬌態（キョウタイ）・形態（ケイタイ）・交態（コウタイ）・姿態（シタイ）・事態（ジタイ）・失態（シッタイ）・実態（ジッタイ）・酔態（スイタイ）・生態（セイタイ）・静態（セイタイ）・世態（セタイ）・俗態（ゾクタイ）・痴態（チタイ）・醜態（シュウタイ）・重態（ジュウタイ）・状態（ジョウタイ）・情態（ジョウタイ）・常態（ジョウタイ）・動態（ドウタイ）・媚態（ビタイ）・百態（ヒャクタイ）・病態（ビョウタイ）・変態（ヘンタイ）・本態（ホンタイ）・様態（ヨウタイ）・容態（ヨウダイ）・老態（ロウタイ）

【態勢（タイセイ）】ある物事や状況に対する構え。『警戒態勢』

【態度（タイド）】物事に対して表れた心構えや身構え。

【態様（タイヨウ）】ありさま。かたち。状態。

2397【慂】5642 584A 9CC8 心-10 ヨウ[漢]/yǒng

[字解] 形声。心＋涌[声]。「慫慂（ショウヨウ）」はすすめる意。

［窻］⇩5545

2398【慰】1654 3056 88D4 心-11 [常] イ（ヰ）[呉][漢]/wèi/なぐさめる・なぐさむ

[筆順]

[字解] 形声。心＋尉（ひのしでのばす）[声]。心をおさえのばし安らかにさせる、なぐさめる意。

[意味] なぐさめる。なぐさめいたわる。ねぎらう。また、なぐさむ。心がなごやかに静まる。

[下接] 安慰（アンイ）・自慰（ジイ）・弔慰（チョウイ）

【慰安（イアン）】平生の労苦をなぐさめ、ねぎらうこと。

【慰謝・慰藉（イシャ）】苦しみなどを慰めいたわること。書き換え「慰藉料→慰謝料」。

【慰撫（イブ）】慰めて心をやすらかにさせること。

【慰問（イモン）】見舞って慰めること。『慰問団』『慰問袋』

【慰諭（イユ）】慰めさとすこと。

【慰留（イリュウ）】なだめて思いとどまらせること。

【慰霊（イレイ）】死んだ人や動物の霊魂を慰めること。『慰霊祭』『慰霊塔』

【慰労（イロウ）】他人の苦労を慰めねぎらうこと。『慰労会』

2399【慧】2337 3745 8C64 心-11 [人] (2400)【慧】——— 心-11 旧字 エ（ヱ）[呉]・ケイ[漢]/huì/さとい

[筆順]

[字解] 形声。心＋彗[声]。さとい意。

[参考] 万葉仮名では音を借りて「ゑ」。片仮名「ヱ」の字源。

[意味] ❶さとい。かしこい。『慧黠（ケイカツ）』『慧悟（ケイゴ）』↓下接。❷（[梵] prajñā の訳語）仏語。物や道理などの真実のすがたを見きわめる心の働き。戒・定（ジョウ）とともに三学の一。般若（ハンニャ）。『慧眼』『智慧（チエ）』『福慧（フクエ）』

[下接] 黠慧（カツケイ）・俊慧（シュンケイ）・小慧（ショウケイ）・聡慧（ソウケイ）・敏慧（ビンケイ）

【慧黠（ケイカツ）】ずるがしこいこと。

【慧眼（ケイガン・エゲン）】[1]（ケイガン）物事の本質を鋭く見抜く洞察力。『慧眼の士』[2]（ゲン）仏語。真実を見通す智慧（チエ）を目にたとえた語。肉眼、天眼などとともに、三眼（サンゲン）、五眼（ゴゲン）、十眼（ジュウゲン）などの一。

【慧悟（ケイゴ）】かしこくさといこと。

2401【憇】5660 585C 9CDA 心-11 ケイ 「憩」(2414)の異体字

2402【慙】5647 584F 9CCD 心-11 (2579)【慚】5648 5850 9CCE 心-11 ザン[呉]・サン[漢]/cán/はじる

[字解] 形声。心＋斬（きる）[声]。切られたように面目を失う気持ち、深くはじる意。

[意味] はじる。はずかしく思う。『無慙（ムザン）』

【慙恚（ザンイ）】恥じて恨み怒ること。慙憤。

【慙悔（ザンカイ）】あやまちや罪などを恥じて後悔すること。

【慙愧（ザンキ）】自らの過失を恥ずかしく思うこと。

【慙懼（ザンク）】恥じおそれること。

【慙死（ザンシ）】恥じて死ぬこと。死ぬほど深く恥じること。

【慙羞（ザンシュウ）】恥じて顔を赤くすること。慙靦（ザンテン）。

【慙沮（ザンソ）】恥じて気勢がくじけること。

【慙色（ザンショク）】恥じ入る様子。

【慙靦（ザンテン）】＝慙羞（ザンシュウ）

【慙憤（ザンプン）】＝慙恚（ザンイ）

2403【慫】5649 5851 9CCF 心-11 ショウ[漢]/sǒng/すすめる

[字解] 形声。心＋從（→悚、おそれる）[声]。おそれる意。また、すすめる意。

[意味] すすめる。人にすすめる。さそいすすめる。

【慫慂（ショウヨウ）】何らかの行動をとることをそばから誘い、すすめること。

2404【慼】＊3057 心-11 セキ[漢]/qī/うれえる

[字解] 形声。心＋戚（うれえる）[声]。うれえる意。のちに心を加えて、その字義を明確にした。

2405【惷】＊3061 心-11 トウ（タウ）漢・ショウ漢／chōng／おろか

字解 形声。心＋舂声。おろかの意。字形を誤って惷と混用される。

文 金  文 篆 

意味 おろか。にぶい。くらい。

【惷愚トウグ】おろか。ばか。惷愚シュングン。

2406【慝】5655 5857 9CD5 心-11 トク漢／tè

字解 形声。心＋匿（かくす）声。かくしだてするよこしまなこころの意。

意味 わるい。よこしま。『淑慝シュクトク』

2407【憑】＊3058 心-11 ヒョウ「憑」（2418）の異体字

2408【慕】 心-11 ボ「慕」（2435）の異体字

2409【慾】4561 4D5D 977C 心-11 ヨク呉漢／yù／ほしい

字解 形声。心＋欲（よく）声。欲がふかい意。

参考 (1)熟語は「欲」(3852)を見よ。(2)もと、ほっする、むさぼる等には「欲」を、よく、よくばる心には「慾」を用いたが、今は通じて「欲」を用いる。

意味 ほしがる気持ち。ほしがる心。「欲」に同じ。

2410【慮】4624 4E38 97B6 心-11 常 リョ呉漢・ロク漢／lǜ・lù／おもんぱかる・おもんばかる

筆順 慮 慮 慮 慮 慮 慮

字解 形声。心＋慮（まるい器）声。心をめぐらし広く深く考える意。

参考 万葉仮名では音を借りて「ろ乙」。

意味 おもんぱかる。いろいろと思いめぐらす。考え。

＊論語-衛霊公「人無二遠慮一、必有二近憂一（＝人は、先々のことまでよく考えておかないと、必ず足もとから困ったことが起こる）」

下接 叡慮エイリョ・遠慮エンリョ・苦慮クリョ・賢慮ケンリョ・考慮コウリョ・顧慮コリョ・識慮シキリョ・熟慮ジュクリョ・焦慮ショウリョ・憔慮ショウリョ・志慮シリョ・思慮シリョ・心慮シンリョ・神慮シンリョ・深慮シンリョ・聖慮セイリョ・千慮センリョ・浅慮センリョ・短慮タンリョ・知慮チリョ・念慮ネンリョ・配慮ハイリョ・不慮フリョ・謀慮ボウリョ・凡慮ボンリョ・無慮ムリョ・憂慮ユウリョ

【慮外リョガイ】①意外であること。②国無礼なさま。

2411【憙】5658 585A 9CD8 心-12 キ「喜」（984）の異体字

2412【憖】5659 585B 9CD9 心-12 （2413）【憗】＊3067 心-12 （2375）【慭】 心-8 ギン漢・キン漢／yìn／なまじ・なまじい

字解 形声。心＋猌（犬が歯をむき怒ってやってくる）声。近づこうと強く願う意。

意味 なまじ。なまじっか。むりに。イ気が進まなかったり、できそうにもないのに、無理にするさま。ロ中途半端だからよせばよいのにと感じられるさま。

2414【憩】2338 3746 8C65 心-12 常 （2401）【憇】5660 585C 9CDA 心-11 ケイ漢／qì／いこい・いこう

筆順 憩 憩 憩 憩 憩 憩

字解 会意。息（やすむ）＋活（いきいきしている）省。再び元気になるようとどまりやすむ意。

意味 いこう。のんびりとくつろぐ。やすむ。いこい。

下接 休憩キュウケイ・小憩ショウケイ・流憩リュウケイ

【憩息ケイソク】やすむこと。

2415【憲】2391 377B 8C9B 心-12 常6 （2416）【憲】 心-12 旧字 ケン漢／xiàn／のり

筆順 憲 憲 憲 憲 憲 憲

字解 形声。篆文は、心＋目＋害（おおいふせぐ）省声。金文は、目の働き（神意をきくこと）をおおいさまたげる意。のち、篆文で心が加えられた。

文 金  文 篆 

意味 ❶のり。おきて。きまり。『憲法』『家憲カケン』『国憲コッケン』『朝憲チョウケン』❷「憲法」の略。『憲政』『違憲イケン』『改憲カイケン』『合憲ゴウケン』❸役人。『憲兵』『官憲カンケン』

【憲章ケンショウ】国家などが理想として定めたおきて、原則。『国連憲章』『児童憲章』

【憲政ケンセイ】憲法に基づいて行われる政治。立憲政治。

【憲兵ケンペイ】軍隊の兵科の一。日本の旧陸軍では、主に軍事警察をつかさどった。

【憲法ケンポウ】おきて。きまり。基本的な原則。特に、国家の統治体制の基礎を定める根本法。

【憲令ケンレイ】守らなければならないとりきめ。おきて。

2417【憊】5664 5860 9CDE 心-12 ハイ漢／bèi／つかれる

字解 形声。心＋備声。

意味 つかれる。『倦憊ケンパイ』『疲憊ヒハイ』『疲労困憊コンパイ』

2418【憑】5665 5861 9CDF 心-12 （2407）【憑】＊3058 心-11 ヒョウ漢／píng／よる・たのむ・つく

字解 形声。心＋馮声。よる意。凭に同じ。

意味 ❶よる。よりかかる。たのむ。たのみとする。よりどころとする。『憑依』『憑拠』『憑恃』『憑陵』『証憑ショウヒョウ』『信憑シンピョウ』『徴憑チョウヒョウ』❷歩いて渡る。「馮」に同じ。『憑河』❸国つく。神仏、物のけなどが、のりうつる。とりつく。『憑依』

【憑依ヒョウイ】①たのみにすること。よりどころとすること。②国霊などが乗り移ること。憑つくこと。

【憑河ヒョウガ】歩いて河を渡ること。『暴虎憑河』

【憑拠ヒョウキョ】よりどころ。根拠。依拠。

【憑恃ヒョウジ】たのみとすること。

【憑陵ヒョウリョウ】たよりとするところがあって勢いがあり、人をしのぐこと。

【窻】⇩5555

【蕊】⇩6884

2419 【應】 5670 5866 9CE4 心-13
オウ 「応」(2325)の旧字

2420 【懃】 5673 5869 9CE7 心-13
ゴン[呉]・キン[漢]/qín/つとめる・ねんごろ
[字解] 形声。心＋勤(力をつくしつとめる)[声]。つとめる・ねんごろの意。
[意味] ❶つとめる。❷ねんごろ。ていねい。『慇懃(インギン)』

2421 【懇】 2609 3A29 8DA7 心-13 [常]
コン[呉][漢]/kěn/ねんごろ
[筆順] 懇 懇 懇 懇 懇 懇
[字解] 形声。心＋貇(↓艮、とどめる)[声]。心をとどめねんごろにする意。
[意味] ねんごろ。心をこめてする。また、うちとける。親しい。『昵懇(ジッコン)』『丹懇(タンコン)』『別懇(ベッコン)』
【懇意(コンイ)】[1]ねんごろな心。親切な心。[2][国]親しいさま。昵懇(ジッコン)。『懇意な間柄』
【懇款(コンカン)】まごころ。親切。悃款。
【懇願(コンガン)】心からお願いすること。
【懇悃(コンコン)】ねんごろなこと。親切。
【懇懇(コンコン)】親切に繰り返し言うさま。『懇々とさとす』
【懇志(コンシ)】親切に行き届いた思いやりのある気持ち。
【懇書(コンショ)】誠意のこもった、丁寧な手紙。
【懇情(コンジョウ)】ねんごろな心遣い。親切な心。
【懇親(コンシン)】交際を厚くすること。親睦(シンボク)。『懇親会』
【懇誠(コンセイ)】まこと。まごころがこもっていること。
【懇請(コンセイ)】心を尽くして頼むこと。
【懇切(コンセツ)】非常に手厚く、親切なこと。『懇切丁寧』
【懇談(コンダン)】打ち解けて親しく話し合うこと。『懇談会』
【懇篤(コントク)】親切で手厚いさま。懇切。
【懇命(コンメイ)】親切な仰せ。行きとどいた心添え。
【懇望(コンモウ)(コンボウ)】ひたすら願い望むこと。
【懇諭(コンユ)】心をこめて人をさとすこと。
【懇話(コンワ)】打ち解けてよく話し合うこと。懇談。

2422 【懋】 5676 586C 9CEA 心-13
ボウ[漢]/mào・mòu/つとめる
[字解] 形声。心＋楙(さかんにしげる)[声]。さかん、また、つとめはげむ意。
金文

篆文

2423 【懲】 3608 4428 92A6 心-14 [常]
(2426)【懲】—— 心-15 旧字[人]
ジョウ(ヂョウ)[呉]・チョウ[漢]/chéng/こりる・こらす・こらしめる
[筆順] 懲 懲 懲 懲 懲 懲
[字解] 懲は懲の略体。懲は形声。心＋徵(↓止、とどめる)[声]。とどめる・こりる意。
[意味] こりる。もう二度とやるまいと思う。また、こらす。こらしめる。いましめる。
[下接] 勧懲(カンチョウ)・褒懲(ホウチョウ)・膺懲(ヨウチョウ)
【懲悪(チョウアク)】悪をこらしめること。『勧善懲悪』
【懲役(チョウエキ)】自由刑の一。刑務所に拘置して労役に服させること。『無期懲役』
【懲戒(チョウカイ)】不正または不当な行為に対して制裁を加えること。『懲戒免職』
【懲罰(チョウバツ)】こらしめ罰すること。また、その罰。

2424 【懟】 * 3089 心-14
ツイ[漢]・タイ[漢]/duì/うらむ
[字解] 形声。心＋對(↓敦、あつい)[声]。厚く積み重なった思い、うらむ・うらみの意。

2425 【懣】 5680 5870 9CEE 心-14
マン[呉]・バン[漢]・ボン[漢]/mèn/もだえる
[字解] 形声。心＋滿(みちる)[声]。心が一杯になってもだえる意。
[意味] もだえる。いきどおる。『忿懣(フンマン)』『憤懣(フンマン)』

2426 【懲】 —— 心-15
チョウ 「懲」(2423)の旧字

2427 【懸】 2392 377C 8C9C 心-16 [常]
ゲン[呉]・ケン[漢]・ケ[慣]/xuán/かける・かかる・かけ
[筆順] 懸 懸 懸 懸 懸 懸
[字解] 形声。心＋縣(かける)[声]。心にかける意。もと、縣がこの字義を表したが、別義に用いられるようになったため、心を加えて区別した。
[意味] ❶かける。かかる。ひっかける。ぶらさげる。かかげる。『懸崖』『懸賞』『懸命』『倒懸(トウケン)』 *十八史略－春秋戦国「抉吾目懸東門(わがめをえぐりてトウモンにかけよ)〔＝私の目をえぐり出して、城の東門にぶらさげよ〕」 ❷心にかける。気にかける。『懸念』『懸案』 ❸遠くへだたる。かけはなれる。『懸隔』『懸絶』

❶ かける。かかる。

【懸河(ケンガ)】天から吊ったように傾斜が急で速く流れる川。『懸河の勢い』【懸河之弁・懸河之辯(ケンガのベン)】弁舌が勢いよく流れる水のようによどみないこと。

【懸解(ケンカイ)】さかさに吊り下げられているのが解きはなされること。転じて、苦境から救われること。

【懸崖(ケンガイ)】[1]天から吊り下げたように切り立ったがけ。断崖。[2][国]鉢植え植物の幹や茎を、鉢の外に垂れ下がるように作ったもの。『懸崖の菊』

【懸磬(ケンケイ)】室内に何もないこと。無一物。♥「へ」の字形の楽器「磬」を懸けたように、屋根と柱だけがあって中がからっぽの意。

【懸弧(ケンコ)】男子の誕生日。♥中国で男子が生まれると桑の弓の弧を門にかけて祝ったところから。

【懸衡(ケンコウ)】[1](「衡」は、法度の意)法令をかかげて天下に示すこと。[2](「衡」は、はかりの意)重さが等しいこと。転じて、勢力が相等しいこと。

【懸車(ケンシャ)】[1]仕官をやめること。致仕。中国、前漢の薛広徳が官を辞した時、天子から賜った車を高くかけ、子孫に伝えたという。[2]致仕の年、七〇歳の異称。[3]旅先で、夕方宿に入ること。

【懸象(ケンショウ)】天上にかかるさまざまな天体。特に、日月。

【懸賞(ケンショウ)】正しい答え、優秀な作品を提出した人などに賞品や賞金を提供すること。『懸賞小説』

【懸垂(ケンスイ)】[1]物がまっすぐに垂れ下がること。[2][国]鉄棒などにぶら下がり、腕を屈伸させて体を上下する運動。

【懸泉(ケンセン)】滝。瀑布。

【懸榻(ケントウ)】客を特別に待遇すること。また、珍客。♥中国、後漢の陳蕃(チンパン)が一般の客には会わないで、徐穉(ジョチ)だけに榻(＝こしかけ)を備えて会談し、それ以外は榻を壁に

心(⺗・忄)戈戶(户)手(扌)支攴(攵)
4画
文斗斤方无(旡・旡)日曰月木欠止歹(歺)殳毋比毛氏气水(氺・氵)火(灬)爪(爫・⺤)父爻(㸚)爿(丬)片牙(牙)牛犬(犭)

かけて用いなかったという故事から。〔後漢書 徐穉伝〕

【懸命ケンメイ】国命がけで物事をするさま。「一所懸命」

【懸壅垂ケンヨウスイ】のどちんこ。口蓋垂コウガイスイ。

【懸腕直筆ケンワンチョクヒツ】腕を上げ、ひじを脇わきにつけないで字を書く書法。

❷心にかける。気にかける。

【懸想ケソウ】国思いを懸けること。恋すること。

【懸念ケネン】気にかかって不安に思うこと。気がかり。

【懸案ケンアン】問題とされながら、結論が出ていない案件。

❸遠くへだたる。かけはなれる。

【懸隔ケンカク】かけ離れていること。へだたり。

【懸軍ケングン】後方の連絡がないまま、遠く敵地にはいりこむこと。

【懸絶ケンゼツ】かけ離れていること。懸隔。

2428【戀】5688 5878 9CF6 心－19

レン「恋」(2358)の旧字

2429【戅】── 心－21

トウ「戇」(2430)の異体字

2430【戇】＊3107 心－24 (2429)【戅】── 心－21

トウ(タウ)漢・コウ漢/gàng・zhuàng

字解 形声。心＋贛声。おろかの意。

心

【沁】⇩4014

2431【恥】3549 4351 9270 心－6 常 (6255)【耻】7055 6657 E3D5 耳－4

チ呉漢/chǐ/はじる・はじ・はじらう・はずかしい

筆順 耳 耳 耳 耳 恥 恥 恥 恥

字解 形声。心＋耳(みみ)声。耳まで赤くなるほど、はじる意。一説に会意字ともいう。

意味 はじる。はじらう。きまり悪く思う。やましく感ずる。はずかしい。はじ。また、はずかしめる。＊論語-為政「民免而無恥たみまぬがれてはじなし」〔=人民は法網をくぐって恥と思わなくなる〕

下接 愧恥キチ・詬恥コウチ・羞恥シュウチ・無恥ムチ・廉恥レンチ

【恥骨チコツ】骨盤の前部をつくる骨の一つ。

【恥辱チジョク】体面や名誉を傷つけること。はじ。

【恥部チブ】国①陰部。②人に見られたくない恥ずべき部分。

2432【懿】5684 5874 9CF2 心－18

イ漢/yì/よい

字解 形声。心＋次(=欠、大口をあけた人)＋壹(酒のみちたつぼ)声。酒を十分飲む意。転じて、よい意。

金文 篆文
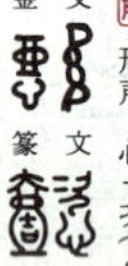

意味 よい。りっぱ。うるわしい。特に女性の徳をほめたたえて用いることがある。

【懿訓イクン】うるわしい教訓。よいいましめ。

【懿行イコウ】美しくよい行い。

【懿旨イシ】皇后、皇太后、太皇太后の命令。令旨。

【懿親イシン】親族間のうるわしい親しみ。また、親しい血族。親族の間柄。

【懿徳イトク】りっぱな徳。美徳。

【懿美イビ】うるわしいこと。

【懿風イフウ】すぐれた風習。よいならわし。

小

2433【忝】5559 575B 9C7A 心－4 (2336)【忝】── 心－4

テン漢/tiǎn/かたじけない

字解 会意。天(=天)＋心。上にある天に対する心、かたじけないの意。一説に形声字ともいう。

同属字 添

意味 ❶かたじけない。もったいなく思う。おそれ多い。ありがたくうれしい。❷はずかしめる。恥辱を与える。また、あつかましい。

2434【恭】2219 3633 8BB1 心－6 常 (2352)【恭】── 心－6

ク呉・キョウ漢/gōng/うやうやしい

筆順 恭 恭 恭 恭 恭

字解 形声。心＋共(両手でささげる)声。神に物をささげうやうやしくする、つつしむ意。金文は、神としての竜にささげるさま。

金文 篆文

意味 うやうやしい。つつしむ。つつしみぶかい。＊十八史略-春秋戦国「何前倨而後恭也なんぞまえにはおごりてのちにはうやうやしきや」〔=どうして以前にはあんなにいばって、今日はこんなに丁寧なのか〕

下接 允恭インキョウ・温恭オンキョウ・虔恭ケンキョウ・足恭スウキョウ・篤恭トッキョウ ⇓表

	恭敬					
キョウ 恭	礼儀正しくうやうやしくする。	恭順	恭虔	恭勤	恭謙	恭黙	篤恭
ケイ 敬	うやまいつつしむ。	敬順	敬虔	敬勤	敬譲	敬仰	尊敬

【恭悦キョウエツ】かしこまって喜ぶこと。恐悦。

【恭賀キョウガ】うやうやしく祝うこと。「恭賀新年」

【恭謹キョウキン】うやうやしくつつしむさま。

【恭敬キョウケイ(キョウギョウ)】つつしみ敬うこと。「恭敬礼拝」

【恭倹キョウケン】人に対してうやうやしく、自身はつつしみ深いさま。「恭倹己を持す」

【恭謙キョウケン】つつしみ深く、へりくだったさま。

【恭順キョウジュン】謹んで命令に従うこと。「恭順の意を表す」

【恭黙キョウモク】つつしみ深く沈黙すること。

【㳟】⇩864

2435【慕】4273 4A69 95E7 心－10 常 (2436)【慕】── 心－11 旧字 (2408)【慕】── 心－11

モ呉・ボ漢/mù/したう・したわしい

筆順 慕 慕 慕 慕 慕

字解 形声。心＋莫(→摸、さぐりもとめる)声。心にさぐりもとめる、したう意。

金文 篆文

参考 万葉仮名では音を借りて「も」。

【意味】したう。こいしい。したわしい。＊陶潜-五柳先生伝「不ㇾ慕ニ栄利ー〔＝名誉や利益をほしがらない〕」
【下接】哀慕アイボ・愛慕アイボ・懐慕カイボ・欽慕キンボ・敬慕ケイボ・景慕ケイボ・傾慕ケイボ・思慕シボ・羨慕センボ・追慕ツイボ・恋慕レンボ
【慕情ボジョウ】国人、故郷などをしたわしく思う気持ち。

【憭】⇩8625

忄

2437【忉】＊2927 心－2 トウ(呉)・トウ（タウ）(漢)／dāo／うれえる
【字解】形声。心＋刀(声)。
【意味】❶うれえる。❷音訳字。『忉利天』
【忉利天トウリテン】（梵 trāyastriṃśa の音訳。漢訳では三十三天）仏語。欲界六天の第二。須弥山シュミセンの頂上にあって帝釈天タイシャクテンの居所という。

2438【忖】5554 5756 9C75 心－3 ジュン(呉)・ソン(漢)／cǔn／はかる
【字解】形声。心＋寸（寸口で脈をはかる）(声)。脈をはかるように、心でおしはかる、思いやる意。
【意味】はかる。おしはかる。推測する。
【忖度ソンタク】他人の心中を推しはかること。推測。『胸裏を忖度する』

2439【忙】4327 4B3B 965A 心－3 常 (2440)【𢗗】二一 心－3 旧字
ボウ（バウ）(漢)／máng／いそがしい・せわしい
【筆順】忙 忙 忙 忙 忙 忙
【字解】形声。心＋亡（ない）(声)。気が散ってまるで心が正常に存在しないかのように落ちつかない意。忘は別字。
【意味】いそがしい。せわしい。
【下接】悤忙ソウボウ・多忙タボウ・煩忙ハンボウ・繁忙ハンボウ・奔忙ホンボウ
【忙殺ボウサツ】（「殺」は意味を強める語）非常に忙しいこと。『仕事に忙殺される』
【忙然ボウゼン】気抜けしてぼんやりするさま。呆然。
【忙中ボウチュウ】忙しいさなか。『忙中閑カンあり』

2441【快】1887 3277 89F5 心－4 常5 ケ(呉)・カイ（クヮイ）(漢)／kuài／こころよい
【筆順】快 快 快 快 快 快
【字解】形声。心＋夬（→活、いきいきする）(声)。心がいきいきしてこころよい意。
【意味】❶こころよい。気持ちがよい。さわやか。気持ちがよいほどすばらしい。『快晴』『快楽』『軽快』『痛快』❷すみやかに。すぐに。すばらしくはやい。『快足』『捷快ショウカイ』＊白居易-琵琶行・序「命ㇾ酒使ニ快弾ニ数曲ー」〔＝酒の用意を命じて、すぐに数曲弾かせてみた〕」❸病気などがよくなる。『快気』『全快ゼンカイ』

❶こころよい。さわやか。
【下接】欣快キンカイ・軽快ケイカイ・豪快ゴウカイ・壮快ソウカイ・爽快ソウカイ・痛快ツウカイ・不快フカイ・明快メイカイ・雄快ユウカイ・愉快ユカイ
【快活カイカツ】気持ちよく、生き生きとしているさま。

【快闊・快豁カイカツ】①風景などがひろびろと開けているさま。豁然カツゼン。②気質がさっぱりとしていて物事にこだわらず、度量の広いこと。

【快感カイカン】こころよい感じ。

【快漢カイカン】気持ちのさっぱりした、男らしい男。

【快挙カイキョ】胸のすくような素晴らしい、痛快な行為。

【快哉カイサイ】愉快だ、痛快だと思うこと。『快哉を叫ぶ』

♥「快なる哉かな」の意。

【快晴カイセイ】空が気持ちよく晴れ渡っていること。

【快戦カイセン】いさましく、思う存分戦うこと。

【快諾カイダク】気持ちよく承諾すること。『快諾を得る』

【快調カイチョウ】軽快で調子のよいさま。

【快適カイテキ】心身にぴたりと合って快いさま。

【快刀カイトウ】気持ちのいいほど、切れ味のいい刀。【快刀断ニ乱麻ーカイトウランマをたつ】快刀でみだれたアサを切る。もつれた物事を、見事に処理すること。

【快報カイホウ】喜ばしい知らせ。朗報。

【快楽カイラク（ケラク）】気持ちよく楽しいこと。特に、官能的な満足感。『快楽主義』

❷すばらしくはやい。
【快足カイソク】足の速いこと。

【快速カイソク】気持ちのいいほど速いこと。『快速電車』

❸病気などがよくなる。
【快気カイキ】病気が全快すること。『快気祝い』
【快方カイホウ】病気、けがなどがよくなりつつある状態。
【快癒カイユ】病気、傷などがすっかり治ること。全快。

2442【忻】5555 5757 9C76 心－4 キン(漢)／xīn／よろこぶ
【字解】形声。心＋斤（切り開く）(声)。心が開き喜ぶ意。
【意味】よろこぶ。心がはればれとしてうれしく思う。「欣」に同じ。

2443【忤】5556 5758 9C77 心－4 ゴ(漢)／wǔ／さからう
【字解】形声。心＋午（→互、交互になる）(声)。さからう意。悟に同じ。
【意味】さからう。もとる。『違忤イゴ』『乖忤カイゴ』
【忤逆ゴギャク】そむくこと。迕逆。
【忤視ゴシ】視線をそらさずに見る。相手の威に屈しないで正視すること。＊史記-刺客伝「人不ニ敢忤視ー」〔＝目をそらさずに見つめるものはだれもいなかった〕」

2444【忼】＊2948 心－4 コウ（カウ）(呉)(漢)／kāng・kǎng
【字解】形声。心＋亢（高くあがる）(声)。心が高ぶる意。慷に同じ。
【忼慨コウガイ】憤り嘆くこと。慷慨コウガイ。

2445【𢗷】二一 心－4 コツ 「忽」(2333)の異体字

2446【忸】5557 5759 9C78 心－4 ジク（ヂク）(漢)・ジュウ（ヂウ）(漢)／nǜ・niǔ／はじる
【字解】形声。心＋丑(声)。
【意味】❶はじる。はずかしく思う。『忸怩』❷なれる。ならす。「狃」に同じ。
【忸怩ジクジ】恥ずかしく思うさま。『忸怩たる思い』

2447【忱】5558 575A 9C79 心－4 シン(漢)／chén／まこと

字解 形声。心＋卆（没頭する）声。心をつくす、まごころ・まことの意。

2448【悴】5613 582D 9CAB 心－4 スイ「悴」(2524)の異体字

2449【忡】＊2935 心－4 チュウ（チウ）漢 \chōng\ うれえる
字解 形声。心＋中声。
意味 うれえる。うれい悲しむさま。『忡忡』

2450【㤗】一 一 心－4 ハ漢・ハク漢 \pà・bó\
字解 形声。心＋巴声。おそれる意。怕の別体。

2451【忭】＊2941 心－4 ベン呉・ヘン漢 \biàn\ よろこぶ
字解 形声。心＋卞声。よろこぶ、たのしむ意。

2452【怡】5562 575E 9C7D 心－5 イ呉漢 \yí\ よろこぶ
字解 形声。心＋台（土をやわらかく耕す農具の耜）声。心をやわらげる意。
参考 万葉仮名では音を借りて「い」。
意味 よろこぶ。たのしむ。心がやわらぐ。のんびりする。『歓怡カンイ』『喜怡キイ』＊陶潜-帰去来辞「眄庭柯以怡顔テイカをみてもってかおをよろこばす」〔＝庭木の枝ぶりを見て顔をほころばす〕」

【怡怡イイ】よろこび楽しむさま。なごやかなさま。

【怡悦イエツ】たのしみよろこぶこと。

【怡然イゼン】楽しみよろこぶさま。にこにことして、なごやかなさま。＊陶潜-桃花源記「黄髪垂髫、並怡然自楽コウハツスイチョウ、ならびにイゼンとしてみずからたのしむ」〔＝黄色い髪の老人やお下げ髪の子どもたちが、みなのんびりとそれぞれに楽しんでいる〕」

2453【怏】5573 5769 9C89 心－5 オウ（アウ）呉・ヨウ（ヤウ）漢 \yàng\
字解 形声。心＋央（わくでおさえる）声。わくから抜け出せず、不満に思う意。
意味 満足しないさま。心が楽しくないさま。

【怏怏オウオウ】不平不満があって、不快なさま。鞅鞅オウオウ。

【怏悒オウユウ】心に楽しまぬさま。

2454【怪】1888 3278 89F6 心－5 常 (2474)【恠】5563 575F 9C7E 心－6
ケ呉・カイ（クヮイ）漢 \guài\ あやしい・あやしむ
筆順 怪 怪 怪 怪 怪 怪
字解 形声。心＋圣（大きな土の塊、また、土の神を手にする）声。異常なものにでもふれるような気持ちになり、あやしむ意。
意味 ❶あやしい。不思議な。いぶかしい。普通でない。あやしむ。『怪奇』『怪談』『怪物』『妖怪』＊荘子-逍遥遊「斉諧者志怪者也セイカイはカイをしるせるものなり」〔＝斉諧とは、奇怪なことがらをしるした書物である〕」❷あて字。『怪我ケガ』『物怪モッケ』『勿怪モッケ』

❶あやしい。普通でない。
下接 奇怪キカイ・譎怪ケッカイ・幻怪ゲンカイ・醜怪シュウカイ・神怪シンカイ・珍怪チンカイ・物怪ブッカイ｜もののけ・変怪ヘンカイ・妖怪ヨウカイ・霊怪レイカイ

【怪異カイイ】①あやしく不思議なこと。②化け物。

【怪訝カイガ｜ケゲン】①（カイガ）あやしむ。いぶかる。②（ケゲン）国訳が分からず、納得のいかないさま。いぶかしげ。『怪訝な顔をする』

【怪怪カイカイ】きわめてあやしいさま。『奇奇怪怪』

【怪漢カイカン】あやしい男。挙動不審の男。

【怪奇カイキ】あやしく不思議なさま。『複雑怪奇』

【怪気炎カイキエン】調子の良すぎる盛んな意気、議論。『怪気炎をあげる』❤『気炎』の批判的な言い方。

【怪傑カイケツ】国不思議な力を持ったすぐれた人物。

【怪死カイシ】死因に疑いのある死に方。変死。

【怪獣カイジュウ】正体不明の不思議なけもの。

【怪人カイジン】正体の分からない、あやしく不思議な人物。

【怪誕カイタン】（「誕」は偽りの意）奇怪で、でたらめなこと。

【怪談カイダン】国気味が悪く、恐ろしい話。『四谷怪談』

【怪盗カイトウ】正体の知れない、不思議な行動をする盗賊。

【怪童カイドウ】体の大きい怪力の子供。

【怪物カイブツ】①正体不明の、あやしく、不思議なもの。大きな化け物。②国常人とかけ離れた力量を持つ人。

【怪聞カイブン】あやしい、変なうわさ。

【怪力カイリキ｜カイリョク】並みはずれて強い力。『怪力無双』

【怪力乱神カイリキランシン｜カイリョクランシン】理性では説明がつかないような不思議な存在、現象。＊論語-述而「子不語怪力乱神シはカイリョクランシンをかたらず」〔＝孔子は怪・力・乱・神の四つについては詳しくお話しなさらなかった〕」❤「怪」は、怪異なこと。「力」は、並はずれた腕力や武勇。「乱」は、道理や秩序を乱すこと。「神」は、神秘的なこと。また、鬼神（霊魂）のこと。

❷あて字。

【怪我ケガ】国①傷つくこと。負傷。②思わぬ過ち。意図しない過失、また、損失。『怪我の功名』〔＝過失や災難と思われたことが、思い掛けなく好結果をもたらすこと〕

2455【怯】2217 3631 8BAF 心－5 コウ（コフ）呉・キョウ（ケフ）漢 \qiè\ おびえる・ひるむ
字解 会意。心＋去（しりぞく）。心がしりごみし、おびえる意。
意味 おびえる。おじける。ひるむ。また、いくじがない。おくびょう。『卑怯ヒキョウ』＊史記-管晏伝「鮑叔不以我為怯ホウシュクわれをもってキョウとなさず」〔＝鮑叔は私のことを臆病と考えなかった〕」

【怯弱キョウジャク】物事をこわがって気の弱いこと。臆病。

【怯懦キョウダ】臆病で気が弱いさま。

【怯夫キョウフ】臆病な男。懦夫ダフ。

2456【怳】＊2960 心－5 コウ（クヮウ）漢・キョウ（キャウ）漢 \huǎng\
字解 形声。心＋兄声。
意味 ❶気持ちがさだかでないさま。ぼんやりするさま。うつろなさま。『惝怳ショウキョウ』❷くるうさま。

2457【怙】5564 5760 9C80 心－5 コ漢 \hù\ たのむ
字解 形声。心＋古（かたい）声。心に確固としたよりどころがある意。
意味 ❶たのむ。たよりにする。『怙恃』『依怙エコ』『恃怙ジコ』『所怙ショコ』❷父母。両親。

【怙恃コジ】（「恃」もたのむ意）①たのみに思うこと。②父母。両親。

2458【恂】5565 5761 9C81 心－5 コウ㊥漢/kòu/おろか

字解 形声。心＋句㊥。おろかの意。

2459【怍】＊2951 心－5 サク㊥漢/zuò/はじる

字解 形声。心＋乍(切る)㊥。きずつくほどはじる意。怎は別字。

意味 はじる。はずかしそうな様子をする。＊孟子－尽心上「俯不怍於人」(＝俯しては人に対して恥じることがない)

2460【怩】5566 5762 9C82 心－5 ジ(ヂ)㊥漢/ní/はじる

字解 形声。心＋尼(近づきなずむ)㊥。弱気な心の意。

意味 はじる。「忸怩」

2461【怵】＊2961 心－5 チュツ㊥漢・ジュツ(ヂュツ)㊥慣/chù/おそれる

字解 形声。心＋朮(ねばりつくもちあわ)㊥。心が一つのことにつく意。

意味 ❶おそれる。「怵然」「怵惕」❷いたむ。かなしむ。いざなう。さそう。

【怵然】おそれ、おどろくさま。

【怵惕】おそれて心が動揺すること。＊孟子－公孫丑上「今人乍見孺子将入於井、皆有怵惕惻隠之心」(＝今かりに、人が、不意に幼児が井戸に落ちそうになるのを見かければ、だれでも皆はっとおどろいて、痛みあわれむ心が起きるであろう)

2462【性】3213 402D 90AB 心－5 常5 ショウ(シャウ)㊥呉・セイ㊥漢/xìng/さが

筆順 性 性 性 性 性 性

字解 形声。心＋生(うまれながら)㊥。人に生来そなわる心の意。金文は、心を付さない。

金文 篆文

意味 ❶さが。うまれつき。もって生まれた心のはたらき。「性格」「性癖」「品性」「本性」＊陶潜－帰園田居「性本愛丘山」(＝生まれつき自然の天地が好きであった) ❷物事の本質的な傾向。「性能」「急性」「酸性」「磁性」❸男女・雌雄の別。また、その本能の働き。「性別」「異性」

❶さが。うまれつき。

下接 相性・癇性・気性・根性・自性・心性・真性・素性・仏性・法性・本性／感性・個性・悟性・至性・資性・習性・人性・知性・天性・徳性・土性・品性・稟性・父性・賦性・母性・理性・感受性

【性相近、習相遠也】人間の生まれつきの素質に大差はなく、後天的な習慣によって賢愚の差が大きくなる。教育や環境の影響が大きいことをいう。〔論語－陽貨〕

【性悪説】人間の生まれつきは悪で、善は教育、修養などで後天的に生ずるとした中国の荀子の説。↔性善説。＊荀子－性悪「人之性悪、其善者偽也」(＝人の本性は悪であり、人の行う善とは人間の作為である)

【性格】①その人特有の感じ方、考え方などの性向。②事物に備わった固有の性質。

【性急】せっかちであること。気の短いさま。

【性向】性質の傾向。また、気だて。気質。

【性行】性質と行い。「性行不良」

【性根】①(セイコン) 一つのことを長くやり続ける根気。②(ショウね) 心の持ち方。根性。

【性質】生まれつきのたち。もって生まれた気質。→❷

【性状】人の性質と行い。→❷

【性情】性質と心情。気だて。

【性善説】人間の本性は生まれながらにして善であり、悪は、後天的に生ずるものであると主張する説。孟子が首唱。↔性悪説

【性度】性質。また、性質と度量。

【性分】生まれつきの性質。たち。

【性癖】性質上の偏り。

【性命】生まれながらの素質と天から授かった運命。また、いのち。

【性理】①人の持って生まれた性命と、天のつかさどる理運。生まれつき。本性。②朱子学で、人間の本性または存在原理。人間のあるべき道理。

【性理学】中国で、北宋の周敦頤以来、程頤、朱熹らが天理と人性について論じた学問。人欲を去って天理に近づくことが人間の課題であると説くもの。

【性理大全】中国の儒家書。七〇巻。永楽一三年(一四一五)明の永楽帝の時に胡広らが奉勅撰。宋・元の性理学者百二十余人の説を集録。「五経大全」「四書大全」とともに永楽三大全と称される。

❷物事の本質的な傾向。

下接 悪性・陰性・延性・仮性・苛性・活性・乾性・慣性・急性・剛性・酸性・磁性・湿性・獣性・真性・神性・水性・属性・耐性・惰性・弾性・中性・通性・適性・敵性・展性・特性・毒性・土性・粘性・物性・変性・慢性・野性・優性・油性・陽性・劣性

【性質】事物が本来もっている特徴。→❶

【性状】物の性質と状態。→❶

【性能】機械などの性質と能力。「高性能」

❸男女・雌雄の別。また、その本能の働き。

下接 異性・女性・男性・中性・同性・無性・有性・両性

【性愛】男女間の本能的な愛欲。

【性感】性的な快感。

【性器】性交に用いる器官。生殖器。

【性交】男女が性の交わりをすること。交合。

【性徴】雌雄の形態学上の差異の総称。

【性的】性または性欲に関するさま。

【性病】梅毒など、性交によって感染発病する病気。

【性別】男女の区別。また、雌雄の区別。

【性欲・性慾】男女や雌雄間に起こる肉体的欲望。

2463【怔】＊2953 心－5 セイ㊥漢/zhēng

字解 形声。心＋正㊥。「怔忪」はおそれるさま。

2464【怛】5569 5765 9C85 心－5　タン㊥・タツ㊥・ダツ㊝/dá/いたむ

字解 形声。心＋旦(→彈、はじきふるえる)㊟。ふるえるほどかなしむ、いたむ意。

意味 ❶いたむ。かなしむ。心をいためる。『怛然』『怛怛』『惨怛(サンダツ)』『惻怛(ソクダツ)』 ❷おどろく。『怛然』

【怛然(タンゼン|ダツゼン)】①いたみかなしむさま。②驚きおそれるさま。

【怛怛(タンタン|ダツダツ)】かなしみ、心を痛めるさま。

2465【怕】5570 5766 9C86 心－5　ハ㊥・ハク㊥/pà・bó/おそれる

字解 形声。心＋白(→迫、せまる)㊟。迫られるのをいやがる、おそれる意。

意味 ❶おそれる。『畏怕(イハク)』『驚怕(キョウハク)』 ❷おそらく。おおかた。『恐怕(おそらくは)』 ❸しずか。

2466【怖】4161 495D 957C 心－5 常　(2506)〖悑〗＊2982 心－7

フ㊐・ホ㊥/bù/こわい・こわがる・おじる・おそれる

筆順 怖 怖 怖 怖 怖 怖

字解 形声。心＋布(＝甫)㊟。

意味 こわがる。おそれる。おじけづく。

下接 畏怖(イフ)・恐怖(キョウフ)・驚怖(キョウフ)・慴怖(ショウフ)・震怖(シンプ)

【怖駭(フガイ)】おそれおどろくこと。

【怖懼(フク)】(「懼」もおそれる意) おそれること。

【怖気(おじけ)】こわがる気持ち。恐怖。『怖気づく』

2467【怫】5571 5767 9C87 心－5　ヒ㊥・フツ㊥/fèi・fú

字解 形声。心＋弗(→沸、わく)㊟。わきたつように、いかる意。

意味 ❶気がむしゃくしゃするさま。『怫恚』『怫然』 ❷気がふさぐさま。『怫鬱』 ❸もとる。たがう。『怫異』

【怫恚(フツイ)】むっとしていかること。

【怫異(フツイ)】くいちがうこと。

【怫鬱(フツウツ)】気持ちがふさがること。憂鬱になること。

【怫然(フツゼン)】むっとして怒るさま。

2468【怦】5572 5768 9C88 心－5　ホウ(ハウ)㊥/pēng

字解 形声。心＋平㊟。「怦怦(ホウホウ)」は、せわしく落ち着かないさま。

2469【怜】4671 4E67 97E5 心－5 人　レイ㊥・レン㊥/líng・lián/さとい・さとし

字解 形声。心＋令(清らかな神意をきく)㊟。心が澄みきってさとい意。

意味 ❶さとい。かしこい。『怜質』『怜悧』 ❷あわれむ。「憐」に同じ。

【怜質(レイシツ)】かしこい生まれつき。

【怜悧(レイリ)】りこうなこと。利発。

2470【怐】――　心－5　おもしろい

字解 国字。おもしろい。

2471【怺】5574 576A 9C8A 心－5　こらえる

字解 国字。会意。心＋永。心をながくしてこらえる意。

2472【悔】1889 3279 89F7 心－6 常　(2495)〖悔〗――　心－7 旧字 人

ケ㊐・カイ(クヮイ)㊥/huǐ/くいる・くい・くやむ・くやしい

筆順 悔 悔 悔 悔 悔 悔

字解 悔は悔の略体。悔は形声。心＋每(くらい)㊟。暗い気持ちになる意。

意味 ❶くいる。くやむ。くやしい。くい。『悔過』『悔悟』『悔恨』『悔吝』『後悔』『懺悔(ザンゲ)』＊易経-乾「亢竜有㆑悔(コウリョウくいあり)〔＝上りつめてしまった竜には、(下るしかないという)悔いがある〕」→下接。 ❷国くやみ。死者をとむらうことば。

下接 改悔(カイカイ)・後悔(コウカイ)・懺悔(ザンカイ|ザンゲ)・追悔(ツイカイ)

【悔過(カイカ)】過ちをくいること。

【悔悟(カイゴ)】過ちを悟って悔いること。『悔悟の情』

【悔恨(カイコン)】過ちを後悔し残念に思うこと。

【悔吝(カイリン)】(「吝」は恥じる意) 後悔し恥じること。

2473【恢】1890 327A 89F8 心－6　カイ(クヮイ)㊥/huī/ひろい

字解 形声。心＋灰(→弘・宏、ひろい)㊟。心が大きく広い意。

意味 ❶ひろい。大きい。大きくする。『恢恢』『恢廓』『紹恢(ショウカイ)』 ❷とりもどす。「回」に同じ。『恢復』

❶ ひろい。大きい。

【恢恢(カイカイ)】①ひろびろとして大きなさま。＊老子-七三「天網恢恢、疎而不㆑失(テンモウカイカイ、ソなるもうしなわず)〔＝天の網は大きくて、その網の目は粗いように見えるけれども、何一つ漏らし失うことはない〕」②余裕のあるさま。

【恢廓(カイカク)】①ひろびろとして大きいさま。心の大きいさま。②広く張って大きくすること。広く世の中にひろめること。恢宏(カイコウ)。

【恢詭・恢恑(カイキ)】はなはだ不思議な。非常にあやしい。

【恢弘・恢宏(カイコウ)】広く大きくすること。事業や制度、教えなどを世に広めること。恢廓。

【恢誕(カイタン)】①大きい。②おおげさででたらめなこと。

【恢張(カイチョウ)】大きく盛んにすること。

❷ とりもどす。

【恢復(カイフク)】とりもどすこと。もとの状態にもどること。

2474【恠】5563 575F 9C7E 心－6　カイ「怪」(2454)の異体字

2475【恪】5577 576D 9C8D 心－6　カク㊥/kè/つつしむ

字解 形声。心＋各㊟。金文・篆文は客㊟。

金文

篆文

意味 つつしむ。うやまう。まじめに努力する。

【恪守(カクシュ)】つつしんで守ること。

【恪遵・恪循(カクジュン)】うやうやしく従うこと。

【恪励(カクレイ)】つつしみはげむこと。

【恪勤(カッキン|カクゴン)】①(カッキン) 任務や職務など、まじめに勤め

ること。[2]（カク）（ゴン）国平安時代、親王・大臣などに仕えた武士。また、鎌倉時代、宿直（とのい）や先走りなどをつとめた小役の武士。

2476【恊】5580 5770 9C90 心－6 キョウ 「協」(802)の異体字

2477【恇】＊2963 心－6 キョウ（キャウ）漢\kuāng\おそれる

字解 形声。心＋匡（→狂、くるう）声。くるったようにうろたえる、おそれる意。

2478【恟】5579 576F 9C8F 心－6 キョウ漢\xiōng\おそれる

字解 形声。心＋匈声。

意味 おそれる。びくびくする。『恟恟（キョウキョウ）』

2479【恔】＊2968 心－6 キョウ（ケウ）漢・コウ（カウ）漢\xiào

字解 形声。心＋交声。

意味 ❶さとい。わるがしこい。❷こころよい。

2480【恒】2517 3931 8D50 心－6 常 （2481）【恆】5581 5771 9C91 心－6 旧字 人

ゴウ呉・ゴウ（ガウ）呉・コウ漢\héng・gèng\つね

筆順 恒 恒 恒 恒 恒 恒

字解 恒は、恆の通俗体。恆は形声。心＋亙（規則正しく不変の）声。不変のこころ、つねの意。一説に、亙は、二＋舟の会意字、上下の一の間を舟が往復する、つねの意を表し、のちに心を加えて恆になったとも。

甲骨文 金文 篆文

意味 ❶つね。つねに。いつも。一定して変わらないさま。『恒久』『恒常』『恒星』『恒例』❷易（エキ）の六十四掛（カ）の一。䷟。恒久不変のかたちを表す。❸地名。『恒山』

❶つね。いつも。

【恒温（コウオン）】温度が常に一定であること。『恒温動物』

【恒久（コウキュウ）】永く変わらないこと。永久。『恒久的』

【恒産（コウサン）】一定の生業。「産」は、生活を成り立たせるための手段。【無二恒産一無二恒心一（コウサンなければコウシンなし）】物質生活が安定しないと精神も安定しない。＊孟子－梁恵王上「若二民則無二恒産一、因無二恒心一（たみのごときはコウサンなければ、よりてコウシンなし）」〔＝人民は、安定した生活がなければ、安定した良心を持ち続けることができない〕

【恒常（コウジョウ）】一定で変わらないこと。不変。

【恒心（コウシン）】いつも変わらない道徳心。＊孟子－梁恵王上「苟無二恒心一、放辟邪侈、無レ不レ為已（いやしくもコウシンなければ、ホウヘキジャシ、なさざるなきのみ）」〔＝もしかりにいつも変わらない道徳心がないとすると、人々は、したい放題のことをし、またまちがったことをもしてしまうだろう〕

【恒星（コウセイ）】自分で光を発し、天球上の相互の位置関係をほとんど変えない星。↔惑星

【恒風（コウフウ）】一定方向にいつもふく風。貿易風。

【恒例（コウレイ）】儀式や行事が、いつも一定の仕方で行われること。『新春恒例』

❸地名。

【恒河（ゴウガ）】（梵 Gaṅgā の音訳）ガンジス川のこと。『恒河沙（ゴウガシャ）』〔＝無限の数量のたとえ〕

【恒山（コウザン）】中国五岳（ゴガク）の一。山西省渾源県の東にある山。大茂山。常山。北岳。

2482【恰】1970 3366 8A86 心－6 コウ（カフ）漢\qià\あたかも

字解 形声。心＋合（あう）声。心に思うところとあう、ちょうどの意。

意味 あたかも。まるで。ちょうど。＊曾鞏－虞美人草「恰如下初聴二楚歌一時上（あたかもはじめてソカをききしときのごとし）」〔＝まるではじめて楚の歌を聞いたときのようだ〕

【恰好（カッコウ）】国（「あたかもよし」の意）[1]ちょうど手ごろでふさわしいさま。[2]すがた。かたち。様子。♥「格好」はのちのあて字。

【恰幅（カップク）】国体のかっこう。どっしりした体つき。

【恰度（チョウド）】国あたかも。まるで。丁度（チョウド）。

2483【恍】5582 5772 9C92 心－6 コウ（クヮウ）漢\huǎng\ぼける

字解 形声。心＋光声。

意味 うっとりとする。ぼんやりする。ぼける。また、ほのか。かすか。『恍恍（コウコウ）』

【恍惚（コウコツ）】[1]心を奪われてうっとりするさま。[2]国年取ってぼけるさま。『恍惚老人』

【恍然（コウゼン）】心がうっとりとしているさま。恍惚。

2484【恨】2608 3A28 8DA6 心－6 常 コン呉漢\hèn\うらむ・うらみ・うらめしい

筆順 恨 恨 恨 恨 恨 恨

字解 形声。心＋艮（そむきとどまる）声。いつまでものこる悪い感情、うらむ意。

意味 うらむ。うらめしい。また、残念に思う。⇒表

下接 暗恨（アンコン）・恚恨（イコン）・遺恨（イコン）・怨恨（エンコン）・冤恨（エンコン）・悔恨（カイコン）・仇恨（キュウコン）・愁恨（シュウコン）・宿恨（シュクコン）・春恨（シュンコン）・多恨（タコン）・長恨（チョウコン）・悵恨（チョウコン）・痛恨（ツウコン）・忿恨（フンコン）・別恨（ベッコン）

	怨恨
恨（コン）	心にのこり残念におもう。 恨毒 恨憤 痛恨 猜恨（サイコン） 遺恨 残恨
怨（エン）	人をうらむ。 怨毒 憤怨 怨嗟 猜怨（サイエン） 宿怨 積怨

【恨殺（コンサツ）】（「殺」は意味を強める語）深く恨むこと。

【恨事（コンジ）】極めて残念なこと。痛恨事。

2485【恃】5584 5774 9C94 心－6 ジ呉・シ漢\shì\たのむ

字解 形声。心＋寺（→待、じっとまつ）声。心まちにする、たのむ意。

意味 ❶たのむ。たよりにする。『恃気』『依恃（イジ）』『怙恃（コジ）』❷自負する。『矜恃（キョウジ）』『自恃（ジジ）』『負恃（フジ）』

【恃気（ジキ／キをたのむ）】勇気をたのみにすること。

2486【恤】5585 5775 9C95 心－6 シュツ漢・ジュツ慣\xù\うれえる・あわれむ

字解 形声。心＋血声。

意味 うれえる。気の毒に思う。気を配る。または、あわれむ。あわれんで、金品をめぐみあたえる。

下接 慰恤（イジュツ）・救恤（キュウジュツ）・賑恤（シンジュツ）・弔恤（チョウジュツ）

【恤兵（ジュッペイ）】金銭や品物などを贈って、戦地にいる兵士を慰問すること。

【恤民ジュツミン】民をあわれみめぐむこと。
【恤憂ジュツユウ】あわれんで心をいためること。

2487【恂】5586 5776 9C96 心－6 シュン(漢)・ジュン(慣)/xún/まこと

字解 形声。心＋旬（ぐるりとひとまわりする）(声)。何事にも心を均等にする、まことの意。

意味 ❶まこと。まことに。❷おそれる。おののく。『恂恂』『恂慄ジュンリツ』

【恂恂ジュンジュン】①まじめなさま。②おそれつつしむさま。＊柳宗元-捕ㇾ蛇者説「吾恂恂而起、視ニ其缶一(われジュンジュンとしておき、そのフをみる)〔=私はおそるおそる起きて土がめをのぞく〕」③温和で恭しいさま。＊論語-郷党「孔子於ニ郷党一、恂恂如也(コウシキョウトウにおいてジュンジュンジョたり)〔=孔子が郷里におられるときには、温和で恭しい様子をされていた〕」
【恂慄ジュンリツ】恐れてふるえること。

2488【恬】5587 5777 9C97 心－6 テン(漢)/tián/やすらか

字解 形声。心＋甜省(声)。

意味 物事にこだわらずやすらかなさま。あっさりとしているさま。平気なさま。しずかなさま。

【恬虚テンキョ】心やすらかで無欲なさま。
【恬然テンゼン】物事にこだわらず、平気でいるさま。＊白居易-琵琶行・序「恬然自安(テンゼンとしてみずからやすんず)〔=平然として暮らしてきた〕」
【恬淡・恬澹・恬惔テンタン】あっさりしていて物事にこだわらないこと。『無欲恬淡』
【恬愉テンユ】心が安らかで楽しいさま。

2489【恫】5588 5778 9C98 心－6 トウ(漢)・ドウ(慣)/tōng・dòng/いたむ

字解 形声。心＋同(声)。

意味 ❶いたむ。心が苦しく思う。❷おそれる。『恫喝』

【恫喝・恫愒ドウカツ】他人をおどして恐れさせること。

2490【恡】＊2972 心－6 リン 「悋」(2510)の異体字

2491【悦】1757 3159 8978 心－7 常 (2492)【悅】□□ 心－7 旧字

エチ(呉)・エツ(漢)/yuè/よろこぶ・よろこばしい

筆順 悦悦悦悦悦悦

字解 形声。心＋兌（ぬけとれる）(声)。心中のわだかまりがとれ、よろこぶ意。

意味 よろこぶ。よろこばしい。よろこばす。⇩〔喜〕(984)の表

下接 怡悦イエツ・喜悦キエツ・恐悦キョウエツ・恭悦キョウエツ・欣悦キンエツ・耽悦タンエツ・法悦ホウエツ・満悦マンエツ・愉悦ユエツ・容悦ヨウエツ・和悦ワエツ

【悦喜エッキ】大いによろこぶこと。
【悦服エップク】心からよろこんで従うこと。
【悦目エツモク】目をよろこばすこと。見て楽しむこと。
【悦予エツヨ】よろこび楽しむこと。
【悦楽エツラク】よろこび楽しむこと。

2493【悁】5590 577A 9C9A 心－7 エン(ヱン)(漢)・ケン(漢)/yuān・juàn/うれえる

字解 形声。心＋肙(声)。

意味 ❶うれえる。『悁悁』❷いかる。❸いらだつ。

【悁悁エンエン】①憂え悲しむさま。②いかるさま。

2494【悝】＊2986 心－7 カイ(クヮイ)(漢)・リ(漢)/kuī・lǐ

字解 形声。心＋里(声)。たわむれる、また、うれえる意。

2495【悔】□□ 心－7 カイ 「悔」(2472)の旧字

2496【悍】5591 577B 9C9B 心－7 カン(漢)/hàn/あらあらしい・たけだけしい

字解 形声。心＋旱(声)。

意味 あらあらしい。たけだけしい。また、おぞましい。おそろしい。『精悍セイカン』『剽悍ヒョウカン』

【悍馬カンバ】性質が荒々しい馬。あばれ馬。
【悍婦カンプ】気の荒い女。じゃじゃ馬。
【悍勇カンユウ】荒々しく、いさましいさま。
【悍吏カンリ】荒々しい小役人。＊柳宗元-捕ㇾ蛇者説「悍吏之来ニ吾郷一、叫ニ囂乎東西一、隳ニ突乎南北一(カンリのわがキョウにきたるや、トウザイにキョウゴウして、ナンボクにキトツす)〔=乱暴な役人たちが私の村にやって来ると、あちこちでわめきちらし、当たり散らしたりする〕」

2497【悕】＊2984 心－7 ケ(呉)・キ(漢)/xī

字解 形声。心＋希（ねがう）(声)。ねがう意。のち心を加えて、その字義を明確にした。

意味 ❶ねがう。❷かなしむ。

2498【悟】2471 3867 8CE5 心－7 常 ゴ(呉)(漢)/wù/さとる・さとり

筆順 悟悟悟悟悟悟

字解 形声。心＋吾（→晤、あきらか）(声)。心が明らかになる、さとる意。

参考 万葉仮名では音を借りて「ご(甲)」。

意味 ❶さとる。さとり。まよいからさめる。『悟性』『悟得』『悟入』『悔悟』『覚悟』『大悟』＊陶潜-帰去来辞「悟ニ已往之不ㇾ諫一(イオウのいさめざるをさとる)〔=過去のことは取り返しのつかぬことであるとさとる〕」→下接。❷さとりがはやい。かしこい。『英悟エイゴ』『穎悟エイゴ』『明悟メイゴ』

下接 改悟カイゴ・悔悟カイゴ・解悟カイゴ・覚悟カクゴ・感悟カンゴ・驚悟キョウゴ・省悟セイゴ・醒悟セイゴ・大悟タイゴ・頓悟トンゴ・了悟リョウゴ

【悟性ゴセイ】物事を判断・理解する、知的な思考能力。特に、哲学で、理性と感性との中間に位置する論理的思考能力。
【悟得ゴトク】悟りをひらいて真理を会得すること。
【悟入ゴニュウ】仏教で、悟道にはいること。一切のものの真実の姿を悟ること。『開示悟入』

2499【悃】5593 577D 9C9D 心－7 コン(漢)/kǔn/まこと

字解 形声。心＋困(声)。

意味 まこと。まごころ。まごころをこめるさま。『懇悃コンコン』

【悃誠コンセイ】ていねいで、まごころがこもっていること。

2500【悛】5602 5822 9CA0 心－7 シュン(漢)・セン(漢)/quān/あらためる

字解 形声。心＋夋（まっすぐのびでる）(声)。心がまっすぐにあらたまる意。

意味 あらためる。あやまちを正す。『改悛カイシュン』

2501【悚】5594 577E 9C9E 心－7 ショウ㊉㊌/sǒng/おそれる

字解 形声。心＋束(ひきしまる)㊟。おそれて心がひきしまる意。

意味 おそれる。びくびくする。ぞっとする。

【悚然ショウゼン】恐れてびくびくするさま。悚悚。

【悚慄ショウリツ】恐れてびくびくすること。

2502【悄】5601 5821 9C9F 心－7 ショウ(セウ)㊌/qiǎo/しおれる・うれえる

字解 形声。心＋肖(小さくほそい)㊟。心が小さくしおれる意。

意味 しおれる。しょげる。しょんぼりとするさま。また、うれえるさま。うれえて静かなさま。＊白居易-琵琶行「東船西舫悄無レ言トウセンセイホウしょうとしてゲンなし」〔＝東の船も西の船も、静まりかえって声をたてない〕

【悄悄ショウショウ】①元気を失ってしおれるさま。②静かなさま。もの寂しいさま。

【悄然ショウゼン】しょんぼりするさま。『孤影悄然』＊白居易-長恨歌「夕殿蛍飛思悄然セキデンほたるとんでおもいショウゼン」〔＝夜の御殿に飛ぶ蛍を見てもしょんぼりともの思いにふける〕

【悄愴ショウソウ】①悲しみいたむさま。②もの寂しいさま。

2503【悌】3680 4470 92EE 心－7 人 テイ㊌/tì・dì/したがう

字解 形声。心＋弟(年下)㊟。年下の者が年長者にしたがう意。

意味 ❶したがう。年下の者が兄や年長者に従順であること。また、兄弟の仲がよいこと。『悌友』『孝悌コウテイ』『不悌フテイ』❷やわらぐ。やすらか。『愷悌ガイテイ』

【悌友テイユウ】兄弟の仲がよいこと。

2504【悩】3926 473A 9459 心－7 常 (2555)【惱】5629 583D 9CBB 心－9 旧字

ノウ(ナウ)㊉・ドウ(ダウ)㊌/nǎo/なやむ・なやみ・なやます

筆順 

字解 悩は惱の略体。惱は形声。心＋𡿺(あたま)㊟。頭や心にまとわりついて離れないものがあって、なやむ意。

意味 ❶なやむ。なやます。また、なやみ。『悩殺』『悩乱』『懊悩オウノウ』『苦悩クノウ』『煩悩ボンノウ』❷国のう。病気。『御悩ゴノウ』〔＝身分の高い人の病気〕

【悩殺ノウサツ】(「殺」は意味を強める語)女性が性的魅力で男の心をかき乱すこと。

【悩乱ノウラン】なやみ苦しんで心が乱れること。

2505【悖】5603 5823 9CA1 心－7 ハイ㊌・ボツ㊖/bèi/もとる

字解 形声。心＋孛(ひらきふくらむ)㊟。心が反発してもとる意。悖は篆文「誖」の重文による。

甲骨文 金文 篆文 重文

意味 ❶もとる。道理にはずれる。そむく。「背」に同じ。『悖逆』『悖徳』『悖乱』『悖戻』❷みだれる。「誖」に同じ。『老悖ロウハイ』❸さかん。さかんに起こるさま。「勃」に同じ。『悖焉』『悖然』

【悖逆ハイギャク・ハイゲキ】国法・人倫にさからいそむくこと。

【悖徳ハイトク】道徳にそむくこと。背徳

【悖乱ハイラン】道理に逆らい正道をみだすこと。

【悖戻ハイレイ】そむくこと。さからうこと。

【悖焉ボツエン】＝悖然ボツゼン

【悖然ボツゼン】顔色を変え、怒ったり笑ったりするさま。

2506【悑】＊2982 心－7 フ 「怖」(2466)の異体字

2507【悗】5604 5824 9CA2 心－7 バン㊌・ベン㊖/mán・mèn

字解 形声。心＋免㊟。まどう、また、わすれる意。

2508【悒】5605 5825 9CA3 心－7 ユウ(イフ)㊌/yì/うれえる

字解 形声。心＋邑(ひとところにあつまる)㊟。一つのことに心がとらわれる、不安に思う意。

意味 うれえる。気がふさぐ。気が重い。

【悒鬱ユウウツ】心配で気がふさぐさま。憂鬱。

【悒悒ユウユウ】心がふさいで楽しくないさま。さっぱりしないさま。邑邑。

2509【悧】5606 5826 9CA4 心－7 リ㊌/lì/かしこい

字解 形声。心＋利㊟。

意味 かしこい。さかしい。「利」「俐」に同じ。『悧巧リコウ』『怜悧レイリ』

2510【悋】5607 5827 9CA5 心－7 (2490)【恡】＊2972 心－6 (2511)【[illegible]】―― 心－7

リン㊉㊌/lìn/やぶさか・けち・ねたむ

字解 形声。心＋吝(おしむ)㊟。おしむ気持ちの意。のちに心を加えて、その字義を明確にした。

意味 ❶ものおしみする。けち。「吝」に同じ。『悋惜』『悋嗇リンショク』『慳悋ケンリン』❷国ねたむ。嫉妬する。『悋気』

【悋気リンキ】国やきもち。情事に関して嫉妬すること。『法界悋気ホウカイリンキ』

【悋惜リンシャク・リンジャク】物おしみをすること。

【悋嗇リンショク】物おしみすること。しわいこと。けち。

2512【惟】1652 3054 88D2 心－8 人 ユイ㊉・イ(ヰ)㊌/wéi/おもう・これ

字解 形声。心＋隹(→維、つなぎとめる)㊟。一つのことだけを思う意。金文は、心を付さない。

金文 篆文

意味 ❶おもう。考える。『思惟シイ・シユイ』❷ただ。もっぱら。強意・限定を示す。「唯」に同じ。『惟一』＊劉希夷-代下悲二白頭一翁上「惟有二黄昏鳥雀悲一ただコウコンチョウジャクのかなしむあるのみ」〔＝今はもう、たそがれ時の鳥や雀の悲しげに鳴く所となっているだけなのだ〕❸承諾の返事の声。はい。「唯」に同じ。『惟惟イイ』❹これ。文頭や文の途中に置いて、語調を整える。「維」に同じ。

【惟一ユイイツ】ただ一つであること。唯一。

2513【惋】＊3008 心－8 ワン㊌・エン(ヱン)㊖/wǎn/なげく・うらむ

字解 形声。心＋宛㊟。

参考 万葉仮名では音を借りて「を」。

意味 うらむ。なげき惜しむ。『驚惋キョウワン』『歎惋タンワン』

心(忄・⺗)戈戶(戸)手(扌)支攴(攵) 4画 文斗斤方无(旡・旡)日曰月木欠止歹(歺)殳毋比毛氏气水(氺・氵)火(灬)爪(爫・⺤)父爻(㸚)爿(丬)片牙(牙)牛犬(犭)

2514【悸】5609 5829 9CA7 心－8 キ漢/jì

字解 形声。心＋季㊥。心がうごく意。

意味 おそれ、不安、驚きなどで胸がどきどきすること。または、胸の鼓動。『心悸シンキ』『動悸ドウキ』

2515【惧】5592 577C 9C9C 心－8 ク 「懼」(2622)の異体字

2516【惓】5611 582B 9CA9 心－8 ケン漢/quán・juàn

字解 形声。心＋卷㊥。

意味 ❶つつしむ。また、ていねいなさま。『惓惓ケンケン』❷はげしい。❸うむ。つかれる。「倦」に同じ。

2517【悾】＊3002 心－8 コウ漢/kōng/まこと

字解 形声。心＋空㊥。

意味 ❶まこと。まごころ。❷きまじめで、気のきかぬさま。愚直なさま。

【悾悾コウコウ】①まごころのあるさま。②愚直なさま。

2518【惚】2591 397B 8D9B 心－8 コチ呉・コツ漢/hū/ほうける・ほける・ぼける・ほれる・のろける

字解 形声。心＋忽(かすか)㊥。ぼんやりする意。のち心を加えて、その字義を明確にした。

意味 ❶うっとりする。ぼんやりする。また、ぼける。『恍惚コウコツ』❷国ほれる。のろける。『惚気のろけ』

2519【惛】＊3014 心－8 (2545)【惽】＊3023 心－9 コン漢/hūn/くらい

字解 形声。心＋昏(くらい)㊥。心が暗い、おろかの意。

意味 「昏」に同じ。㋑道理にくらい。おろか。㋺ぼんやりしたさま。『惛惛コンコン』

2520【惨】2720 3B34 8E53 心－8 常 (2578)【慘】5646 584E 9CCC 心－11 旧字 サン呉漢・ザン慣/cǎn/みじめ・いたましい・むごい

筆順 惨惨惨惨惨

字解 惨は慘の略体。慘は形声。心＋參(→侵、おかす)㊥。つらいことが心をおかす、いたむ意。

意味 むごい。むごたらしい。ひどい。いたましい。また、気分が晴れ晴れしないさま。みじめなさま。＊白居易－琵琶行「酔不レ成レ歓惨将レ別ようてカンをなさずサンとしてまさにわかれんとす〔＝酔いはしたもののいっこうに楽しくはなく、気の晴れぬままに別れを告げようとする〕」

下接 陰惨インサン・凄惨セイサン・悲惨ヒサン・無惨ムザン

【惨禍サンカ】天災や戦争などによる、いたましい不幸。

【惨害サンガイ】むごたらしい災害。ひどい損害。

【惨虐ザンギャク】むごたらしくしいたげること。残虐。

【惨劇サンゲキ】むごたらしい事件。

【惨酷ザンコク】むごくきびしいこと。残酷。

【惨殺ザンサツ】残酷な方法で殺すこと。

【惨惨サンサン】①いたましく悲しいさま。②暗いさま。

【惨事サンジ】むごたらしい出来事。『大惨事』

【惨死ザンシ】むごたらしい死に方をすること。

【惨状サンジョウ】悲惨な状況。むごたらしいありさま。

【惨悽サンセイ】悲しみいたむこと。

【惨怛サンダツ】心を痛め悲しむさま。

【惨憺・惨澹・惨淡サンタン】①非常に痛ましく哀れなさま。②心をくだいて行うさま。『苦心惨憺』

【惨敗ザンパイ】みじめな負け方をすること。

【惨慄サンリツ】残酷な様子や寒さで身ぶるいすること。

【惨烈サンレツ】非常にむごたらしいこと。きびしいこと。

2521【惝】＊3015 心－8 ショウ(シャウ)呉漢/chǎng・tǎng

字解 形声。心＋尚㊥。

意味 驚きや失意で、ぼんやりするさま。また、うっとりして、我を忘れるさま。

【惝怳ショウキョウ】①驚いてぼんやりすること。また、心が平らでないこと。②がっかりすること。

【惝惘・惝罔ショウモウ】びっくりしてわれを忘れること。

2522【情】3080 3E70 8FEE 心－8 常5 (2523)【情】—— 心－8 旧字 ジョウ(ジャウ)呉・セイ漢/qíng/なさけ・こころ

筆順 情情情情情

字解 形声。心＋青(清くすみきっている)㊥。生まれながらの人のこころの意。

意味 ❶こころ。物事に感じて起こる心の働き。気持ち。『懐古の情』『情感』『情熱』『情念』『純情』『表情』❷なさけ。まごころ。思いやりの心。『情にほだされる』『情愛』『情理』『厚情』『同情』❸異性にひかれる気持ち。異性間の愛。『情を通じる』『情死』『情事』『情婦』『色情』『欲情』❹あじわい。おもむき。『情趣』『詩情』『旅情』❺ありさま。様子。『情況』『情報』『事情』

❶こころ。気持ち。

下接 哀情アイジョウ・有情ウジョウ・怨情エンジョウ・客情カクジョウ・感情カンジョウ・激情ゲキジョウ・強情ゴウジョウ・私情シジョウ・七情シチジョウ・主情シュジョウ・純情ジュンジョウ・抒情ジョジョウ・叙情ジョジョウ・心情シンジョウ・真情シンジョウ・性情セイジョウ・直情チョクジョウ・人情ニンジョウ・熱情ネツジョウ・表情ヒョウジョウ

【情意ジョウイ】感情と意志。気持ち。『情意相通ぜず』
【情懐ジョウカイ】心に思うところ。おもい。所懐。
【情感ジョウカン】喜、怒、哀、楽の情。感情。
【情緒ジョウショ〔ジョウチョ〕】情動。『情緒不安定』→❹
【情操ジョウソウ】道徳的、芸術的などの高尚な感情。
【情調ジョウチョウ】喜怒哀楽などの感情の状態。→❹
【情動ジョウドウ】①感情。②一時的な怒り、恐れ、喜び、悲しみなどの感情。情緒。英emotionの訳語。
【情熱ジョウネツ】燃え上がるような激しい感情。『情熱家』
【情念ジョウネン】強くとらわれて離れない思い。

❷なさけ。まごころ。思いやりの心。

下接 愛情アイジョウ・恩情オンジョウ・温情オンジョウ・交情コウジョウ・高情コウジョウ・厚情コウジョウ・常情ジョウジョウ・深情シンジョウ・衷情チュウジョウ・同情ドウジョウ・薄情ハクジョウ・芳情ホウジョウ・慕情ボジョウ・無情ムジョウ・友情ユウジョウ

【情愛ジョウアイ】なさけ。いつくしみ。また、男女間の愛。
【情義ジョウギ】人情と義理。『師弟の情義』
【情誼・情義・情宜ジョウギ】誠意をもって人と付き合おうとする気持ち。書き換え「情誼→情義」。
【情交ジョウコウ】親密な交際。→❸
【情好ジョウコウ】交情が親密なこと。よしみ。＊十八史略－東漢「与レ亮情好日密リョウとジョウコウひにミツなり〔＝(劉備は)諸葛亮との仲が日ましに親密になった〕」

【情実】ジョウジツ 国私情がからみ、公平な処置ができにくい事情や関係。

【情味】ジョウミ 人情味。→❹

【情理】ジョウリ 人情と道理。『情理を兼ねた説諭』

【情話】ジョウワ 真心のこもった話。＊陶潜－帰去来辞「悦ニ親戚之情話ヲ」〔＝身内の人々の、心のこもった話を喜ぶ〕→❸

❸ 異性にひかれる気持ち。異性間の愛。

下接 交情・色情・春情・扇情・俗情・多情・痴情・肉情・発情・欲情・劣情・恋情

【情火】ジョウカ 火のように激しい恋情、情欲。

【情交】ジョウコウ 肉体的な男女の関係を持つ交わり。→❷

【情死】ジョウシ 愛し合っている男女が一緒に自殺すること。心中。

【情事】ジョウジ 国夫婦以外の男女間の情交。いろごと。

【情人】ジョウジン｜ジョウニン ①恋人。②国情事の相手。

【情痴・情癡】ジョウチ 色情に迷って理性をなくすこと。

【情夫】ジョウフ 夫以外の愛人。いろおとこ。いろ。↔情婦

【情婦】ジョウフ 妻以外の愛人。いろおんな。いろ。↔情夫

【情欲・情慾】ジョウヨク 異性に対する性的な欲望。色欲。

【情話】ジョウワ 国男女の情愛に関する話。→❷

❹ あじわい。おもむき。

下接 詩情・風情・有情・余情・旅情

【情趣】ジョウシュ しみじみとしたあじわい。情味。

【情緒】ジョウショ｜ジョウチョ 物事に接したときに起こる、さまざまな情趣、雰囲気。『江戸情緒』→❶

【情致】ジョウチ 風情。情趣。『味わい深い情致』

【情調】ジョウチョウ おもむき。気分。『異国情調』→❶

【情味】ジョウミ あじわい。おもむき。→❷

❺ ありさま。様子。

下接 哀情・下情・近情・国情・事情・実情・政情・世情・陳情・敵情・内情・物情・民情

【情況】ジョウキョウ ようす。ありさま。状況。

【情景】ジョウケイ 自然の景色や、具体的な場面。『情景描写』

【情状】ジョウジョウ 実際の事情。実情。『情状酌量』

【情勢】ジョウセイ 変化する物事の、その時々の状態や先の成り行き。『世界の情勢』

【情態】ジョウタイ ようす。ありさま。状態。

【情報】ジョウホウ ①事柄の内容、様子。また、その知らせ。②記号、音声などの媒体によって伝えられる知識や知らせ。インフォメーション。『情報化社会』

2524 【悴】 5612 582C 9CAA 心－8　(2448)〔忰〕 5613 582D 9CAB 心－4

スイ㊥/cuì/やつれる・かじかむ・せがれ

字解 形声。心＋卒（つきる）㊥。心をくだきつくしてなやむ意。日本では、忰と混じて用いる。

意味 ❶やつれる。やせおとろえる。うれえる。なやむ。『愁悴シュウスイ』『憔悴ショウスイ』『疲悴ヒスイ』 ❷しぼむ。かじかむ。❸国せがれ。むすこ。「倅」の誤用。

2525 【悽】 5614 582E 9CAC 心－8　セイ㊥/qī/いたむ

字解 形声。心＋妻㊥。

意味 なげきいたむ。ひどくいたましい。むごたらしい。また、落ち着かないさま。『惨悽サンセイ』

【悽惨】セイサン いたましくむごたらしいさま。凄惨。

【悽悽】セイセイ ①悲しみいたむさま。②飢えていたましいさま。③落ち着かないさま。

【悽絶】セイゼツ ひどくいたましいさま。凄絶。

【悽然】セイゼン いたましいさま。悲しみに沈んださま。

【悽愴】セイソウ すさまじく、痛ましい様子。

【悽惻】セイソク ひどくかなしむこと。いたましく思うこと。

2526 【惜】 3243 404B 90C9 心－8 常　シャク㊥・セキ㊥/xī/おしい・おしむ・あたら

筆順 惜 惜 惜 惜 惜 惜

字解 形声。心＋昔㊥。

意味 ❶おしむ。㋑大切に思い、失われるのをおしむ。『惜陰』『惜吝』『愛惜アイセキ』＊劉希夷－代悲白頭翁「洛陽女児惜顔色」〔＝洛陽の娘たちは、顔かたちを大切にする〕㋺過ぎ行くもの、去り行くものをおしむ。『惜春』『惜別』『哀惜』『痛惜』→下接。❷おしい。おしくも。『惜敗』

下接 哀惜・嘆惜・痛惜・悼惜・閔惜・恪惜・可惜あたら

【惜陰】セキイン 〔「陰」は歳月の意〕時間が空しく過ぎ去るのを惜しむこと。

【惜春】セキシュン 春の過ぎ去るのを惜しむこと。『惜春の情』

【惜敗】セキハイ 国惜しくも負けること。↔辛勝

【惜別】セキベツ 別れを惜しむこと。『惜別の情』

【惜吝】セキリン おしむこと。けちけちすること。

2527 【惔】 ＊3011 心－8　タン㊥/tán・dàn

字解 形声。心＋炎（ほのお）㊥。炎でやかれるように心がうれえる意。

意味 ❶うれえる。心がやけるようにいたむ。❷やすらか。「澹」「淡」に同じ。『恬惔テンタン』

2528 【惆】 5615 582F 9CAD 心－8　チュウ（チウ）㊥/chóu/うらむ・いたむ

字解 形声。心＋周㊥。

意味 うらむ。がっかりする。残念に思う。

【惆悵】チュウチョウ うらみかなしむこと。なげきかなしむこと。＊杜牧－題宣州開元寺水閣「惆悵無因見范蠡」〔＝悲しいことに、あの范蠡に会うすべもない〕

2529 【悵】 5616 5830 9CAE 心－8　チョウ（チャウ）㊥/chàng/うらむ

字解 形声。心＋長（→傷、いたむ）㊥。

意味 うらむ。いたむ。うれえる。なげく。また、がっかりする。失意のさま。『惆悵チュウチョウ』

【悵恨】チョウコン なげきうらむこと。

【悵然】チョウゼン 失望して悲しみうらむさま。嘆くさま。

【悵望】チョウボウ ①うらめしげにながめること。残念な気持ちで昔を思うこと。②遠く見わたすこと。眺望。

2530 【惕】 ＊3012 心－8　テキ㊥/tì/おそれる

字解 形声。心＋易（かえる）㊥。心をいれかえたようにつつしむ意。

意味 おそれる。おそれつつしむ。驚きおそれる。また、うれえる。『怵惕ジュッテキ』『悚惕ショウテキ』

【惕然テキゼン】あやぶみおそれるさま。

2531 【惙】 *3013 心－8 テツ(漢)/chuò/うれえる

字解 形声。心＋叕（次々につらなる）(声)。次々と絶え間なく心にかかりなやむ意。

意味 うれえる。うれえて、心が落ち着かないさま。

2532 【悼】 3773 4569 9389 心－8 常 トウ（タウ）(漢)/dào/いたむ

筆順 悼 悼 悼 悼 悼 悼

字解 形声。心＋卓（高くあがる）(声)。心が不安定に動揺していたみかなしむ意。

意味 いたむ。人の死を悲しむ。 ⇒［弔］(2205)の表

下接 哀悼アイトウ・軫悼シントウ・震悼シントウ・追悼ツイトウ・悲悼ヒトウ

【悼辞トウジ】人の死をいたみ悲しむ言葉、文。弔辞。

【悼惜トウセキ】死をいたみ惜しむこと。

【悼痛トウツウ】ひどく悲しみいたむこと。

2533 【惇】 3855 4657 93D5 心－8 人 トン(漢)・ジュン(呉)・シュン(漢)/dūn/あつい・まこと

字解 形声。心＋享（＝𦎧、あつい）(声)。こころがあつい、ねんごろの意。

意味 人情があつい。ねんごろ。まこと。まごころ。

【惇樸・惇朴トンボク・ジュンボク】まごころがあり、かざりけのないこと。

2534 【悱】 *2993 心－8 ヒ(漢)/fěi

字解 形声。心＋非（そむく）(声)。口に出していいたいのに、どのようにいうべきなのか知らないさま。

意味 理解しながらも、言葉にできずにもどかしがる。言いなやむ。＊論語－述而「不ㇾ悱不ㇾ発ヒせざればハッせず」〔＝理解しながらも、言葉に出せずにもどかしがるようにならなければ、助けて言えるようにしてやらない〕」

【悱憤ヒフン】口に出せないいきどおり。

2535 【惘】 5617 5831 9CAF 心－8 モウ（マウ）(呉)・ボウ（バウ）(漢)/wǎng/あきれる

字解 形声。心＋罔(声)。

意味 ぼんやりするさま。あっけにとられるさま。また、あきれる。「惝惘ショウモウ」

【惘然ボウゼン】ぼんやりするさま。呆然ボウゼン。

2536 【⿰忄門】 ―― 心－8 モン 「悶」(2373)の異体字

2537 【惏】 *3010 心－8 ラン(漢)・リン(漢)/lán・lín/むさぼる

字解 形声。心＋林(声)。

意味 むさぼる。「婪」に同じ。「貪惏タンラン」

2538 【愠】 ―― 心－9 ウン 「慍」(2559)の異体字

2539 【惲】 *3019 心－9 ウン(漢)/yùn

字解 形声。心＋軍(声)。手あつい意。

2540 【愕】 5619 5833 9CB1 心－9 ガク(呉)(漢)/è/おどろく

字解 形声。心＋咢(声)。

意味 おどろく。びっくりする。「驚愕キョウガク」

【愕然ガクゼン】非常に驚くさま。「死の報に愕然とする」

2541 【愒】 *3030 心－9 ケイ(漢)・カイ(漢)・カツ(漢)/qì・kài・hè/いこう・おどす

字解 形声。心＋曷（とどめる）(声)。やすみいこう意。

意味 ❶（ケイ）いこう。やすむ。❷（カイ）むさぼる。いそぐ。❸（カツ）おどす。おびやかす。「恫愒ドウカツ」

2542 【惸】 *3021 心－9 ケイ(漢)/qióng/ひとり

字解 会意。心＋旬＋子。

意味 ひとり。ひとり者。また、うれえる。

2543 【慌】 2518 3932 8D51 心－9 常 (2565)【慌】 ―― 心－10 旧字

コウ（クヮウ）(呉)(漢)/huāng・huǎng/あわてる・あわただしい

筆順 慌 慌 慌 慌 慌 慌

字解 形声。心＋荒（←亡、ない）(声)。心がなくなったかのようにぼんやりする意。転じて、あわてる意。

意味 ❶くらい。ぼんやりする。うっとりする。❷あわてる。あわただしい。「慌忙」「恐慌キョウコウ」

【慌忙コウボウ】あわただしいこと。

2544 【惶】 5621 5835 9CB3 心－9 オウ（ワウ）(呉)・コウ（クヮウ）(漢)/huáng/おそれる

字解 形声。心＋皇（←徨、おろおろしてあるきまわる）(声)。心が動揺して落ちつかない意。

意味 おそれる。かしこまる。「恐惶キョウコウ」「誠惶セイコウ」

【惶駭コウガイ】恐れ驚くこと。

【惶恐コウキョウ】①おそれてかしこまること。②書状などの末尾に、相手を敬って書く謙辞。恐惶。「惶恐謹言」

【惶惑コウワク】おそれて、どうしたらよいかまどうこと。

2545 【惽】 *3023 心－9 コン 「惛」(2519)の異体字

2546 【愀】 5623 5837 9CB5 心－9 ショウ（セウ）(漢)・シュウ（シウ）(漢)/qiǎo/うれえる

字解 形声。心＋秋(声)。愁は別字。

意味 顔色を変える。また、うれえる。

【愀然シュウゼン】うれえて顔色を変えるさま。＊蘇軾－前赤壁賦「蘇子愀然、正ㇾ襟危坐而問ㇾ客ソシシュウゼンとして、えりをただし、キザしてカクにとう」〔＝私はしみじみとした気持ちになり、襟を正し、いずまいを正して客人に尋ねた〕」

2547 【惴】 5624 5838 9CB6 心－9 スイ(漢)・ズイ(慣)/zhuì/おそれる

字解 形声。心＋耑(声)。

意味 おそれる。びくびくする。

【惴惴ズイズイ】おそれるさま。

【惴慄ズイリツ】おそれふるえること。

2548 【惺】 5625 5839 9CB7 心－9 セイ(漢)/xīng/さとい・さとる

字解 形声。心＋星（きよらかなほし）(声)。すっきりとさとる意。

意味 ❶心が静か。❷さとい。さとる。あきらかなさま。「惺惺セイセイ」

【惺惺セイセイ】心のさとくあきらかなさま。

2549【愃】5626 583A 9CB8 心－9 ケン(漢)・セン(呉)(漢)/xuǎn/ひろい

字解 形声。心＋宣(広める)(声)。心が広い、豊かの意。

2550【惚】5627 583B 9CB9 心－9 (2582)〔憁〕＊3060 心－11 ソウ(漢)/zǒng

字解 形声。心＋怱(声)。怱は悤の転。いそぐ、あわてる、いそがしいの意。

2551【惻】5628 583C 9CBA 心－9 ショク(漢)・ソク(慣)/cè/いたむ・あわれむ

字解 形声。心＋則(標準となるもの)(声)。人の心をはかりいたむ意。

意味 悲しみいたむ。あわれみいたむ。『惨惻(サンソク)』

【惻隠之心(ソクインのこころ)】人の不幸をいたみあわれむ心。＊孟子-公孫丑上「無二惻隠之心一、非レ人也(ソクインのこころなきは、ひとにあらざるなり)」〔＝人の不幸をかわいそうに思う心のない者は人間ではない〕」

【惻惻(ソクソク)】あわれみ悲しむさま。

2552【惰】3438 4246 91C4 心－9 常 ダ(呉)・タ(漢)/duò/なまける・おこたる

筆順

字解 形声。心＋育(＝隋、くずれおちる)(声)。緊張がくずれとれる、おこたる意。

意味 ❶なまける。おこたる。『惰眠』『怠惰』 ❷それまでの状態が続くこと。『惰性』

下接 懈惰(カイダ)・怯惰(キョウダ)・驕惰(キョウダ)・勤惰(キンダ)・怠惰(タイダ)・偸惰(トウダ)・遊惰(ユウダ)・慵惰(ヨウダ)・懶惰(ランダ)

❶なまける。おこたる。

【惰気(ダキ)】なまけごころ。『惰気満々』

【惰弱(ダジャク)】いくじのないこと。また、体力がなく弱いこと。

【惰眠(ダミン)】なまけて眠ること。また、日日を無為に暮らしていること。『惰眠をむさぼる』

【惰容(ダヨウ)】なまけてだらしのない姿。

❷それまでの状態が続くこと。

【惰性(ダセイ)】①慣性。②今まで続いている習慣や勢い。

【惰力(ダリョク)】惰性の力。

2553【愞】＊3037 心－9 ニュ(呉)・ジュ(漢)・ナ(呉)・ダ(漢)/nuò

字解 形声。心＋耎(声)。心がやわらかい、よわい意。懦の別体。

2554【愓】＊3031 心－9 トウ(タウ)(漢)/dàng/ほしいまま

篆文 

字解 形声。心＋昜(声)。ほしいままにする。

参考 「惕(テキ)」(2530)は別字。

意味 ほしいまま。わがまま。ほしいままにする。勝手気ままにする。「蕩」に同じ。

2555【惱】5629 583D 9CBB 心－9 ノウ 「悩」(2504)の旧字

2556【愎】5631 583F 9CBD 心－9 フク(漢)/bì/もとる

字解 形声。心＋复(声)。

意味 もとる。そむく。また、かたいじ。『剛愎(ゴウフク)』

2557【愉】4491 4C7B 96F9 心－9 常 (2558)〔愉〕— 心－9 旧字 ユ(呉)(漢)/yú/たのしい・たのしむ

筆順

金文  篆文 

字解 形声。心＋兪(ぬきとる)(声)。不快な気分をぬきとって、たのしむ意。愈は別字。

意味 たのしい。たのしむ。喜び楽しむ。『恬愉(テンユ)』

【愉悦(ユエツ)】心からよろこぶこと。

【愉快(ユカイ)】楽しく気分のよいこと。『愉快犯』

【愉色(ユショク)】よろこばしげな顔つき。

【愉楽(ユラク)】よろこびたのしむこと。悦楽。

2559【慍】5618 5832 9CB0 心－10 (2538)〔愠〕— 心－9 オン(ヲン)(呉)・ウン(漢)/yùn/いかる・うらむ

字解 形声。心＋昷(うちにこもる)(声)。感情がこもりいかる意。

意味 いかる。いきどおる。うらむ。不平不満をもつ。『喜慍(キウン)』＊論語-学而「人不レ知而不レ慍(ひとしらずしていきどおらず)」〔＝他人が自分の真価を認めてくれなくても、心に不平不満の気持ちをいだかない〕」

【慍色(ウンショク・オンショク)】怒りを含む顔色。

2560【慨】1920 3334 8A53 心－10 常 (2572)〔慨〕— 心－11 旧字 (2573)〔慨〕— 心－11 カイ(漢)・ガイ(慣)/kǎi/なげく

筆順

字解 慨は慨の略体。慨は形声。心＋既(一杯につまる)(声)。むねをつまらせなげく意。

参考 万葉仮名では音を借りて「け(乙)」。

意味 なげく。いきどおる。いきどおりなげく。

下接 感慨(カンガイ)・忼慨(コウガイ)・慷慨(コウガイ)・憤慨(フンガイ)

【慨世(ガイセイ)】世間の現状に怒りを感じ、その成り行きを心配すること。『慨世の言(ゲン)』

【慨然(ガイゼン)】①憤り、嘆くさま。②心を奮い起こすさま。

【慨嘆・慨歎(ガイタン)】嘆き憂えて、憤ること。

2561【愷】＊3045 心－10 カイ(漢)・ガイ(慣)/kǎi/やわらぐ・たのしむ

字解 形声。心＋豈(たのしむ)(声)。たのしむ意。のち心を加えてその字義を明確にした。

参考 万葉仮名では音を借りて「け(乙)」。

意味 ❶やわらぐ。楽しむ。「豈」に同じ。『愷悌』 ❷戦勝を祝う音楽。「凱」に同じ。

【愷悌(ガイテイ)】人柄の穏やかなこと。和らぎ楽しむこと。

2562【愧】5635 5843 9CC1 心－10 キ(呉)(漢)/kuì/はじる

字解 形声。心＋鬼(声)。はじる意。媿に同じ。

意味 はじる。はずかしく思う。『慙愧(ザンキ)』＊孟子-尽心上「仰不レ愧ニ於天一(あおいでテンにはじず)〔=仰いでは天に対して恥じることがない〕」

【愧死(キシ)】 恥ずかしさのあまり死ぬこと。また、死ぬほど恥ずかしく思うこと。

【愧色(キショク)】 [1]恥ずかしそうな表情。[2]ひけめに感じる様子。見劣り。遜色。

2563 【愾】 5633 5841 9CBF 心-10 キ漢・キツ漢・カイ漢・ガイ慣\xì・qì・kài\なげく・いかる

字解 形声。心+氣(いき)声。ため息をつき嘆く意。

意味 ❶ためいきをつく。なげく。「慨」に同じ。❷いかる。いきどおる。『敵愾心(テキガイシン)』

2564 【慊】 5636 5844 9CC2 心-10 ケン漢\qiàn・qiè

字解 形声。心+兼(かねる)声。心が一つにならず不満がある意。

意味 ❶あきたりない。不満足である。『慊焉』『慊慊』『自慊(ジケン)』❷あきたりる。満足である。『慊焉』

【慊焉(ケンエン)】 [1]不満足なさま。嫌如。[2]満足するさま。

【慊慊(ケンケン)】 あきたりないさま。

2565 【慌】 心-10 コウ 「慌」(2543)の旧字

2566 【慎】 3121 3F35 9054 心-10 常 (2567)〔愼〕 5638 5846 9CC4 心-10 旧字 人

シン呉漢\shèn\つつしむ・つつましい

筆順 慎 慎 慎 慎 慎 慎

字解 慎は愼の略体。愼は形声。心+眞(一杯に満ちる)声。心を十分に満たし、気をつけてつつしむ意。

意味 ❶つつしむ。おろそかに行動しない。言動に注意する。ひかえめである。『慎重』『戒慎(カイシン)』『謹慎(キンシン)』『敬慎(ケイシン)』❷固有名詞。『慎思録』『慎到』

❶ つつしむ。

【慎戒(シンカイ)】 つつしんで用心すること。

【慎思(シンシ)】 よく考えること。熟慮。

【慎終(シンシュウ)】 [1]物事の終わりをつつしんで行うこと。[2]葬式などを手厚く行うこと。

【慎重(シンチョウ)】 注意深いこと。『慎重を期する』『慎重な性格』

【慎独(シンドク)—ひとりをつつしむ】 自分ひとりだけで他人の目がないときでも、身をつつしみ、道に背かないように心がけること。また、常に自分の心中に注意を払い雑念の起こらないようにすること。君子は其の独りを慎む。〔中庸〕

【慎密(シンミツ)】 つつしみ深くて、ゆきとどいていること。

❷ 固有名詞。

【慎思録(シンシロク)】 江戸時代の学者、貝原益軒(エキケン)の著。六巻。学問や道徳について漢文で論じたもの。

【慎到(シントウ)】 中国、戦国時代の趙(チョウ)の思想家。法家に属し、「慎子」を著す。

2568 【愴】 5640 5848 9CC6 心-10 ソウ(サウ)漢\chuàng\いたむ

字解 形声。心+倉(→創、きずつきいたむ)声。いたみかなしむ意。一説に、喪に通じ、失う意であるとも。

意味 いたみかなしむ。また、いたましい。『愴然』『愴愴』『悄愴(ショウソウ)』『悽愴(セイソウ)』『悲愴(ヒソウ)』

2569 【慥】 心-10 ゾウ 「慥」(2584)の異体字

2570 【愽】 5641 5849 9CC7 心-10 ハク 「博」(803)の異体字

2571 【慄】 5643 584B 9CC9 心-10 リチ呉・リツ漢\lì\おそれる・おののく

字解 形声。心+栗(とげのあるくり)声。おそれる意。

意味 おそれおののくさま。おそろしさにふるえるさま。『震慄(シンリツ)』『戦慄(センリツ)』『凜慄(リンリツ)』

【慄然(リツゼン)】 恐れなどのためにふるえおののくさま。

【慄慄(リツリツ)】 おそれおののくさま。

2572 【慨】 心-11 ガイ 「慨」(2560)の旧字

2573 【慨】 心-11 ガイ 「慨」(2560)の異体字

2574 【慣】 2023 3437 8AB5 心-11 常5 カン(クヮン)呉漢\guàn\なれる・ならす・なれ・ならわし

筆順 慣 慣 慣 慣 慣 慣

字解 形声。心+貫(つらぬく)声。一貫したやり方に従う気持ち、ならう意。

意味 なれる。くり返し行ってなれる。なじむ。また、ならわし。しきたり。『旧慣(キュウカン)』『習慣(シュウカン)』

【慣行(カンコウ)】 現在も行われている古くからのならわし。

【慣習(カンシュウ)】 ならわし。しきたり。習慣。『慣習法』

【慣熟(カンジュク)】 物事に十分に慣れて上手なこと。

【慣性(カンセイ)】 物体がその速度を維持し続けようとする性質。惰性。『慣性の法則』

【慣用(カンヨウ)】 国習慣として長い間世間で用いていること。

【慣用音(カンヨウオン)】 国呉音、漢音、唐宋音(トウソウオン)には属さないが、我が国で古来一般に使われている漢字音。「消耗」の「耗(コウ)」を「モウ」と読む類。

【慣例(カンレイ)】 習慣のようになっている事柄。しきたり。

2575 【慳】 5644 584C 9CCA 心-11 ケン呉・カン漢\qiān\おしむ・けち

字解 形声。心+堅(かたい)声。おしむ・しぶる意。

意味 おしむ。しぶる。ものおしみすること。けちけちすること。『邪慳(ジャケン)』

【慳貪(ケンドン)】 [1]けちで欲が深いさま。[2]国冷淡で無愛想なさま。邪険。『突っ慳貪』

【慳吝・慳悋(ケンリン)】 欲が深く、けちであること。

2576 【慷】 5645 584D 9CCB 心-11 コウ(カウ)漢\kǎng・kāng\なげく

字解 形声。心+康(→亢、高くあがる)声。気がたかぶる意。忼に同じ。

意味 なげく。いきどおりなげく。また、心が高ぶる。

【慷慨(コウガイ)】 [1]世の中のことや自己の運命を、憤り嘆くこと。忼慨(コウガイ)。『悲憤慷慨(ヒフンコウガイ)』[2]意気盛んなこと。

2577 【慠】 ＊3052 心-11 ゴウ呉・ゴウ(ガウ)漢\ào\おごる

字解 形声。心＋敖(ほしいまま)声。おごる意。「傲」に同じ。

2578【慘】5646 584E 9CCC 心-11
サン 「惨」(2520)の旧字

2579【慚】5648 5850 9CCE 心-11
ザン 「慙」(2402)の異体字

2580【慴】5650 5852 9CD0 心-11
ショウ(セフ)漢・シュウ(シフ)漢／zhé・shè／おそれる
字解 形声。心＋習(羽を重ねる)声。すくみ、おそれる意。
意味 おそれる。びくびくする。「懾」に同じ。
【慴懼 ショウク】ふるえあがるほどおそれること。
【慴怖 ショウフ】おそれおののくこと。
【慴伏・慴服 ショウフク】恐れてひれ伏し、従うこと。懾服。

2581【慯】5651 5853 9CD1 心-11
ショウ(シャウ)漢／shāng／うれえる
字解 形声。心＋傷(いたむ)省声。うれえる意。

2582【憁】＊3060 心-11
ソウ 「愡」(2550)の異体字

2583【憎】3394 417E 919E 心-11 常　(2593)【憎】 二二 心-12 旧字 人
ゾウ呉・ソウ漢／zēng／にくむ・にくい・にくしみ・にくらしい
筆順 憎憎憎憎憎憎
字解 形声。心＋曾(重なりつもる)声。人に対して重なりつもるにくしみの意。
意味 ❶にくむ。心から嫌う。にくい。にくらしい。「憎悪」「憎嫉」「愛憎アイゾウ」 ❷熟字訓。「生憎あいにく」
【憎悪 ゾウオ】激しくにくみ嫌うこと。
【憎嫉 ゾウシツ】うらやんでにくむこと。

2584【慥】5652 5854 9CD2 心-11
ソウ(サウ)漢・ゾウ(ザウ)慣／zào・cào／たしか
字解 形声。心＋造声。慥は異体字。
意味 ❶あわただしい。せかせかしている。❷「慥慥ゾウゾウ」は、言動が一致しているさま。❸国たしか。たしかに。きっと。❹国こしらえる。

2585【慱】5653 5855 9CD3 心-11
タン漢／tuán／うれえる
字解 形声。心＋專声。「慱慱タンタン」はうれえる意。

2586【慟】5654 5856 9CD4 心-11
トウ漢・ドウ慣／tòng／なげく
字解 形声。心＋動(うごく)声。身をもだえ動かしてなげく意。
意味 なげきかなしむ。大声をあげて泣き悲しむ。「哀慟アイドウ」 ＊論語-先進「子哭之慟シこれをコクしてドウす」〔＝孔子は声をあげて泣き、なげき悲しんだ〕
【慟泣 ドウキュウ】＝慟哭ドウコク
【慟哭 ドウコク】悲しみに大声をあげて泣くこと。慟泣。

2587【慓】5656 5858 9CD6 心-11
ヒョウ(ヘウ)漢／piāo／すばやい
字解 形声。心＋票(＝䙳、軽くまいあがる)声。すばやくてあらい意。
意味 すばやい。はしっこい。「剽」に同じ。
【慓悍 ヒョウカン】素早くて、荒々しく強いさま。

2588【慢】4393 4B7D 969D 心-11 常
マン呉・バン漢・ベン漢／màn／おこたる・おごる・あなどる
筆順 慢慢慢慢慢慢
字解 形声。心＋曼(のびる)声。心がのびゆるんでおこたる意。
意味 ❶おこたる。なまける。しまりがない。「怠慢タイマン」 ❷おごる。いばる。また、あなどる。かろんずる。「慢心」「高慢コウマン」「自慢ジマン」 ❸おそい。長びく。ゆっくりとしている。「慢性」「緩慢カンマン」
下接 ❷ おごる。いばる。
我慢ガマン・簡慢カンマン・欺慢ギマン・驕慢キョウマン・倨慢キョマン・高慢コウマン・傲慢ゴウマン・自慢ジマン・侮慢ブマン・法慢ホウマン・暴慢ボウマン
【慢易 マンイ】あなどりかろんずること。
【慢言 マンゲン】おごりたかぶって言うこと。慢語。
【慢心 マンシン】おごりたかぶること。
【慢然 マンゼン】たかぶり得意になっているさま。
【慢罵 マンバ】人をかろんじののしること。
【慢侮 マンブ】あなどり軽んじること。
❸ おそい。長びく。
【慢性 マンセイ】治癒に長期間を要する病気の性質。↔急性。「慢性胃炎」
【慢舞 マンブ】緩やかに舞うこと。＊白居易-長恨歌「緩歌慢舞凝糸竹カンカマンブシチクをこらす」〔＝緩やかなテンポの歌声とも の静かな舞踊、それに合わせて管弦の妙を尽くした〕

2589【慵】5657 5859 9CD7 心-11
ショウ漢・ヨウ慣／yōng／ものうい
字解 形声。心＋庸声。
意味 ものうい。めんどうである。おこたる。
【慵惰 ヨウダ】ものういこと。また、おこたること。

2590【憍】＊3064 心-12
キョウ(ケウ)呉漢／jiāo／おごる
字解 形声。心＋喬声。
意味 ほしいままにする。おごりたかぶる。
【憍慢 キョウマン】おごりたかぶるさま。驕慢。

2591【憬】5661 585D 9CDB 心-12
ケイ漢／jǐng／さとる・あこがれる
字解 形声。心＋景(あかるい光)声。心が明るくなる、さとる意。
意味 ❶さとる。はたと気がつく。❷はるかなさま。遠く行くさま。❸あこがれる。「憧憬ショウケイ・ドウケイ」

2592【憔】5662 585E 9CDC 心-12
ショウ(セウ)漢／qiáo／やつれる
字解 形声。心＋焦声。
意味 やつれる。やせおとろえる。
【憔悴 ショウスイ】やつれ衰えること。やつれて皮膚が黒ずむこと。＊屈原-漁父辞「顔色憔悴、形容枯槁ガンショクショウスイし、ケイヨウココうす」〔＝顔つきはやつれて黒ずみ、姿かたちもやせ細ってしまっていた〕
【憔慮 ショウリョ】なやみ思うこと。

心(⺗・忄)戈戸(戸)手(扌)支攴(攵) 4画 文斗斤方无(旡・无)日曰月木欠止歹(歺)殳毋比毛氏气水(氺・氵)火(灬)爪(爫・⺥)父爻(㸚)爿(丬)片牙(牙)牛犬(犭)

2593【憎】—— 心-12
ゾウ「憎」(2583)の旧字

2594【憚】5663 585F 9CDD 心-12
ダン呉・タン漢/dàn/はばかる

[字解] 形声。心+單(武器)声。困難をさける、はばかる意。

[意味] はばかる。いみきらう。おそれる。おそれて難しとする。おっくうがってぐずぐずする。『畏憚(イタン)』『忌憚(キタン)』 *論語-学而「過則勿レ憚レ改(あやまちてはすなわちあらたむるにはばかることなかれ)」〔=過ちを犯した場合には、それを改めるのに、躊躇してはならない〕

2595【憧】3820 4634 93B2 心-12 [人]　(2596)【憧】—— 心-12 旧字
ドウ(ダウ)呉・トウ(タウ)漢・ショウ漢/chōng/あこがれる

[字解] 形声。心+童声。

[意味] ❶心が落ちつかないさま。『憧憧』 ❷あこがれる。『憧憬』

【憧憬(ショウケイ・ドウケイ)】あこがれること。『憧憬の的』

【憧憧(ショウショウ・ドウドウ)】[1]心が定まらないさま。また、絶えず行き交うさま。[2]炎や光がゆらゆらゆれるさま。

2597【憫】5666 5862 9CE0 心-12
ミン呉・ビン漢/mǐn/あわれむ・あわれみ・うれえる

[字解] 形声。心+閔(あわれむ)声。のちに心を加えた。

[意味] あわれむ。かわいそうに思う。また、うれえる。

[下接] 愛憫(アイビン)・隠憫(インビン)・不憫(フビン)・憐憫(レンビン)

【憫察(ビンサツ)】あわれんで思いやること。

【憫笑(ビンショウ)】あわれんで笑うこと。

【憫然(ビンゼン)】哀れなさま。かわいそうなさま。

【憫惻(ビンソク)】あわれみいたむこと。

【憫黙(ビンモク)】悲しそうに口をつぐむこと。*白居易-琵琶行・序「曲罷憫黙(キョクおわりてビンモクたり)」〔=曲を弾き終わると、悲しそうに口をつぐんでいた〕

2598【憮】5667 5863 9CE1 心-12
ム呉・ブ漢/wǔ/

[字解] 形声。心+無(ない)声。心がなくなる、がっかりする意。また、無は撫に通じ、いつくしむ意を表す。

[意味] がっかりするさま。失望するさま。

【憮然(ブゼン)】驚いたり失望したりして茫然(ボウゼン)とするさま。*論語-微子「夫子憮然曰、鳥獣不レ可ニ与同レ群(チョウジュウはともにむれをおなじくすべからず)」〔=先生(孔子)はがっかりして言った、鳥や獣とは一緒に生活するわけにはいかない、と〕

2599【憤】4216 4A30 95AE 心-12 [常]　(2610)【憤】—— 心-13 旧字
フン呉漢/fèn/いきどおる・いきどおり

[筆順] 憤 憤 憤 憤 憤 憤

[字解] 形声。心+賁(ふき出す)声。心のうさがふき出す、いきどおる意。

[意味] いきどおる。㋑はげしく腹を立てる。いきどおり。また、理解しようと努めながら、理解できずにいらだつ。『憤慨』『憤然』『鬱憤(ウップン)』『義憤(ギフン)』 ㋺ふるいたつ。『発憤(ハップン)』『勇憤(ユウフン)』

[下接] 鬱憤(ウップン)・怨憤(エンプン)・冤憤(エンプン)・感憤(カンプン)・義憤(ギフン)・激憤(ゲキフン)・公憤(コウフン)・孤憤(コフン)・慙憤(ザンプン)・私憤(シフン)・小憤(ショウフン)・積憤(セキフン)・忠憤(チュウフン)・痛憤(ツウフン)・悲憤(ヒフン)・憂憤(ユウフン)・余憤(ヨフン)

【憤怨(フンエン)】腹を立て、うらむこと。忿怨。

【憤慨(フンガイ)】いきどおり、なげくこと。また、怒ること。

【憤激(フンゲキ)】はげしくいきどおること。

【憤死(フンシ)】憤慨のあまり死ぬこと。

【不レ憤不レ啓不レ悱不レ発(フンせざればケイせず ヒせざればハッせず)】学ぶものが、物事を理解しようと努めながら、理解できずにいらだつようにならなければ、わからせることをせず、理解しながらも、ことばに出せずにもどかしがるようにならなければ、助けて言えるようにしてやらない。教えられる側の自発的な努力が大切であることをいう。〔論語-述而〕 ❤「啓発」の語の出典でもある。

【憤然(フンゼン)】いきどおるさま。『憤然と席を蹴る』

【憤怒(フンヌ・フンド)】激しく怒ること。『憤怒の形相(ギョウソウ)』

【憤懣(フンマン)】腹が立っていらいらすること。

2600【憐】4689 4E79 97F7 心-12
レン呉漢/lián/あわれむ・あわれみ

[字解] 形声。心+粦声。

[意味] ❶あわれむ。気の毒に思う。『憐憫』『哀憐(アイレン)』 *呉越春秋-闔閭内伝「同病相憐(ドウビョウあいあわれむ)」〔=同じ病気を病むものは、互いに同情しあう〕 ❷いとしく思う。愛らしく思う。『愛憐(アイレン)』『可憐(カレン)』

【憐憫・憐愍(レンビン)】あわれむこと。情けをかけること。

【可レ憐(あわれむべし)】[1]ああ。あわれ。感動を表す語。*白居易-長恨歌「可レ憐光彩生ニ門戸一(あわれむべしコウサイのモンコにショウずるを)」〔=ああ、門口に後光がさしているようだ〕 [2]かわいそうに。気の毒に。*白居易-売炭翁「可レ憐身上衣正単(あわれむべしシンジョウのイまさにひとえなるを)」〔=かわいそうに、身にまとっているのは単衣である〕

2601【懌】5668 5864 9CE2 心-13
エキ漢/yì/よろこぶ

[字解] 形声。心+睪声。

[意味] よろこびたのしむ。『喜懌(キエキ)』『欣懌(キンエキ)』

2602【懊】5669 5865 9CE3 心-13
オウ(アウ)呉漢/ào/なやむ

[字解] 形声。心+奥声。

[意味] なやむ。心の中でもだえくるしむ。『鬱懊(ウツオウ)』

【懊悩(オウノウ)】悩みもだえること。

2603【憶】1817 3231 89AF 心-13 [常]　(2604)【憶】—— 心-13 旧字
オク呉・ヨク漢/yì/おもう・おぼえる

[筆順] 憶 憶 憶 憶 憶 憶

[字解] 形声。心+意(おもう)声。心に思って忘れない、記憶する意。

[参考] 万葉仮名では音を借りて「お」。

[意味] ❶おもう。思いおこす。思いやる。推しはかる。『憶説』『憶測』『追憶(ツイオク)』 *賈島-度ニ桑乾一「帰心日夜憶ニ咸陽一(キシンニチヤカンヨウをおもう)」〔=帰心は日夜絶えることもなく、ひたすら都の長安を思いつづけてきた〕 ❷おぼえる。心にとどめる。『憶念』『記憶(キオク)』

【憶説(オクセツ)】推測や仮定に基づく意見。❤書き換え「臆説→憶説」。

【憶測(オクソク)】いい加減に推し量ること。当て推量。『揣摩憶測(シマオクソク)』❤書き換え「臆測→憶測」。

【憶念(オクネン)】心に深く思って忘れないでいること。臆念。

2605【懐】1891 327B 89F9 心-13 常 (2617)【懷】5671 5867 9CE5 心-16 旧字 人

エ(ヱ)呉・カイ(クヮイ)漢/huái/ふところ・なつかしい・なつかしむ・なつく・なつける・おもう・いだく

筆順

字解 懐は懷の略体。懷は形声。心＋褱(ふところにいだきつつむ)声。心にいだきおもう意。金文は、心を付していない形。

金文  篆文

意味 ❶おもう。心に思う。おもい。『懐疑』『述懐』『本懐』 ＊高適-人日寄二杜二拾遺一「今年人日空相懐(コンネンジンジツむなしくあいおもう)」〔=今年の人日、このようにむなしく君のことを思いやっている〕 ❷なつかしい。なつかしむ。『懐古』『旧懐(キュウカイ)』『追懐(ツイカイ)』 ❸なつく。したしむ。『懐柔』 ＊論語-公冶長「少者懐レ之(ショウシャはこれになつけしめん)」〔=若者には慕われたい〕 ❹ふところや体の中に抱く。みごもる。また、ふところ。『懐中電灯』『懐妊』『巻懐(ケンカイ)』『満懐(マンカイ)』 ＊左伝-桓公一〇年「匹夫無レ罪、懐レ璧其罪(ヒップつみなし、たまをいだいてそれつみあり)」〔=凡人には何の罪もないが、持ちつけない財宝を手にすると罪過を招く〕 ❺書名。『懐風藻』

❶おもう。心に思う。おもい。

下接 詠懐(エイカイ)・雅懐(ガカイ)・感懐(カンカイ)・胸懐(キョウカイ)・近懐(キンカイ)・襟懐(キンカイ)・苦懐(クカイ)・顧懐(コカイ)・述懐(ジュッカイ)・傷懐(ショウカイ)・情懐(ジョウカイ)・所懐(ショカイ)・素懐(ソカイ)・坦懐(タンカイ)・包懐(ホウカイ)・抱懐(ホウカイ)・本懐(ホンカイ)

【懐疑(カイギ)】疑いをいだくこと。『懐疑的』『懐疑論』
【懐思(カイシ)】おもうこと。したうこと。
【懐春(カイシュン)】(古代、中国では婚姻の時期を仲春(陰暦二月)に定めていたところから)年頃になり春情を抱くこと。色気づくこと。特に、女の場合にいう。
【懐抱(カイホウ)】こうしたいという思いや考えを持つこと。
【懐緬(カイメン)】はるかに遠いものや、昔のことを思うこと。
【書レ懐(おもいをしょす)】心に浮かぶ感懐を書きつける。述懐。

❷なつかしい。なつかしむ。

【懐旧(カイキュウ)】昔のことを思い出しなつかしむこと。
【懐郷(カイキョウ)】故郷をなつかしく思うこと。『懐郷の念』
【懐古(カイコ)】昔を懐かしく思うこと。懐旧。『懐古趣味』
【懐土(カイド)】故郷を恋しく思うこと。〔論語-里仁〕

❸なつく。したしむ。

【懐柔(カイジュウ)】うまく扱って手なずけること。『懐柔策』
【懐慕(カイボ)】馴れ親しんで慕わしく思うこと。思慕。

❹ふところや体の中に抱く。ふところ。

【懐剣(カイケン)】女性が懐(ふところ)に入れていた護身用の短刀。
【懐紙(カイシ/ふところがみ)】国①畳んで懐中に携帯する紙。②和歌、連歌などを正式に記録するのに用いる紙。
【懐石(カイセキ)】国茶の湯で出す簡単な料理。懐石料理。
【懐胎(カイタイ)】「懐妊」の改まった言い方。『処女懐胎』
【懐中(カイチュウ)】ふところやポケットの中。また、その中に入れること。『懐中電灯』『懐中時計』
【懐妊・懐姙(カイニン)】みごもること。妊娠。懐胎。
【懐炉(カイロ)】国懐などに入れて体を温める小型の器具。

❺書名。

【懐風藻(カイフウソウ)】奈良時代の漢詩集。一巻。編者は、淡海三船、石上宅嗣、葛井広成など諸説あるが未詳。天平勝宝三年(七五一)成立。近江朝(七世紀後半)以後約八〇年間の漢詩約一二〇首を作者別、年代順に配列したもの。

2606【懈】5672 5868 9CE6 心-13

ケ呉・カイ漢・ゲ慣/xiè/おこたる・だるい

字解 形声。心＋解(ばらばらにとく)声。心の緊張がとけておこたる意。

意味 おこたる。なまける。また、だるい。

【懈惰・懈堕(カイダ)】怠りおろそかにすること。懈怠。
【懈怠(カイタイ)】なまけること。怠慢。懈惰。

2607【憾】2024 3438 8AB6 心-13 常

カン漢/hàn/うらむ・うらみ

筆順

字解 形声。心＋感(心に強い衝撃をうける)声。うらむ意。もと、感のみでこの字義を表したが、のち心を加えて、特に悪い感情を表す場合に用いる。

意味 うらむ。うらめしく思う。残念である。心残りである。また、うらみ。『遺憾(イカン)』 ＊論語-公冶長「敝レ之而無レ憾(これをやぶるもうらむことなからん)」〔=たとえぼろぼろにされたとしても、うらめしく思うことがないようにしたい〕

2608【懆】5674 586A 9CE8 心-13

ソウ(サウ)漢/cǎo/うれえる

字解 形声。心＋喿(さわがしい)声。こころがさわぎおちつかない、うれえる意。

2609【憺】5675 586B 9CE9 心-13

タン漢/dàn/やすらか

字解 形声。心＋詹(→惔・淡、あわい)声。欲深くなくやすらかの意。

意味 ❶やすんじる。さだまる。やすらか。しずか。「澹」に同じ。『憺憺』 ❷うごかす。おそれさせる。

2610【憒】―― 心-13

「憒」(2599)の旧字

2611【懍】5678 586E 9CEC 心-13 (2612)【懔】―― 心-13

リン漢・ラン漢/lǐn/おそれる

字解 形声。心＋稟声。

意味 心がひきしまる。おそれる。ぞっとする。寒い。

【懍然(リンゼン)】おそれおののくさま。ぞっとするさま。
【懍懍(リンリン)】あやぶみ恐れるさま。

2613【懦】5679 586F 9CED 心-14

ジュ漢・ダ漢/nuò/よわい

字解 形声。心＋需(やわらかい)声。心が柔弱である、よわい意。

意味 よわい。気力がない。いくじがない。『怯懦(キョウダ)』

【懦弱(ダジャク)】いくじがないさま。体の弱いさま。
【懦夫(ダフ)】気の弱い男。いくじなし。

2614【懥】―― 心-14

チ 「懥」(2616)の異体字

2615【懺】5683 5873 9CF1 心-15

セン 「懺」(2620)の異体字

2616【懥】*3094 心-15 (2614)【懥】―― 心-14

心(⺗・忄)戈戸(戶)手(扌)支攴(攵) 4画 文斗斤方无(旡・旡)日曰月木欠止歹(歺)殳毋比毛氏气水(氺・氵)火(灬)爪(爫・⺤)父爻(㸚)爿(丬)片牙(牙)牛犬(犭)

チ㊥/zhì
字解 形声。心＋疐㊟。うらむ、うらみいかる意。

2617【懷】5671 5867 9CE5 心-16 カイ 「懐」(2605)の旧字

2618【懶】5681 5871 9CEF 心-16 (2619)〔懶〕—— 心-16
ラン㊇㊥・ライ㊥/lǎn・lài/なまける・おこたる・ものうい
字解 形声。心＋賴㊟。
意味 なまける。おこたる。また、ものうい。おっくう。だるい。「嬾」に同じ。「老懶ロウラン」
【懶惰ランダ】なまけ怠るさま。怠惰。＊陶潜-責レ子「懶惰故無レ匹ランダもとよりたぐいなし」〔＝ものぐさなことは、もともと匹敵するものがないほどだ〕
【懶婦ランプ】①なまけものの女。②蟋蟀こおろぎの異名。

2620【懺】5682 5872 9CF0 心-17 (2615)〔懴〕5683 5873 9CF1 心-15
セン㊇・サン㊥・ザン㊙/chàn/くいる
字解 形声。心＋韱㊟。
参考 もと、梵 kṣama（人に罪の許しをこうこと）の音訳。
意味 くいる。あやまちを悔いる。
【懺悔サンゲ・ザンゲ】罪やあやまちを神仏に告白して許しを請うこと。「発露ホツロ懺悔」
【懺法センボウ】仏語。経を読誦して、罪過を懺悔サンゲする儀式作法。また、そのおりに読誦する経文や偈ゲ文。

2621【懽】5685 5875 9CF3 心-18 カン(クヮン)㊥/huān・guàn/よろこぶ
字解 形声。心＋雚（←奐、大きい）㊟。心をひらき声をあげてよろこぶ意。
意味 よろこぶ。うれしがる。楽しむ。「歓」に同じ。

2622【懼】5686 5876 9CF4 心-18 (2515)〔惧〕5592 577C 9C9C 心-8
グ㊇・ク㊥/jù/おそれる・おそれ
字解 形声。心＋瞿（目をきょろつかせるとり）㊟。目を不安げにきょろつかせ、おそれる意。
意味 おそれる。びくびくする。また、つつしむ。＊論語-顔淵「君子不レ憂不レ懼クンシはうれえずおそれず」〔＝君子は、憂えたり恐れたりしない〕
下接 畏懼イク・危懼キク・疑懼ギク・恐懼キョウク
【懼然クゼン】おそれるさま。また、ぎょっとするさま。

2623【懾】5687 5877 9CF5 心-18 ショウ(セフ)㊥/zhé・shè/おそれる
字解 形声。心＋聶㊟。
意味 おそれる。おじける。「慴」に同じ。「震懾シンショウ」
【懾怖ショウフ】おそれおののくこと。
【懾伏ショウフク】勢いや力におそれひれ伏し、従うこと。

62 戈部 かのほこ

甲骨文 金文 篆文

戈は、ほこの、先端にかぎがあり、刃を横に突き出すようにつけた形を象る。戈部に属する字は、多くは戈を字の右部におき（ほこづくり）、武器、戦い、損傷などに関する。別に弋(56)があるが、起源を異にする。縦の軸は甲骨文では武（止＋戈の会意字）以外の字は湾曲せずに直立しているようである。ほこには、別に矛部(110)があり、これを「むのほこ」（矛盾のムから）といい、これを「かのほこ」（干戈のカから）といって両者を区別する。

戈◆ 戈 戔 ①戊 戉 ②𢦏 戍 戎 戌 成 ③我 戒 成 ④或 ⑦戚 ⑧戠 ⑩截 ⑭戴
戈▬ ⑦戛 ⑧戞
戈▮ ④戕 ⑧戟 ⑨戡 戢 戥 戦 ⑩戧 ⑪戯 戩 戮 ⑫戲 戰 ⑬戲 ⑭戳

2624【戈】5689 5879 9CF7 戈-0 カ(クヮ)㊥/gē/ほこ
字解 部首解説を参照。
意味 ほこ。また、武器。⬇〔矛〕の図八四六頁
下接 干戈カンカ・止戈シカ・霜戈ソウカ・倒戈トウカ・兵戈ヘイカ・鋒戈ホウカ
【戈戟カゲキ】両刃の剣に長い柄をつけた武器。
【戈甲カコウ】ほこと、よろい。武具。
【戈兵カヘイ】いくさの道具。兵器。または、戦い。
【戈矛カボウ】（「矛」は枝先のないほこ）ほこ。武器。

2625【戔】5693 587D 9CFB 戈-4 サン㊥・セン㊥/cán・jiān/そこなう
字解 会意。二つの戈（ほこ）より、ほこでこまかくずたずたにきる、そこなう意。
甲骨文 篆文

同属字 盞・箋・剗・俴・棧（桟）・淺（浅）・殘（残）・綫・踐（践）・賤・錢（銭）・餞
意味 ❶(サン) そこなう。❷「戔戔サンサン」は、多いさま。また、物の積み重なっているさま。❸(セン) すくない。わずか。

2626【戉】5690 587A 9CF8 戈-1 エツ(ヱツ)㊥/yuè/まさかり
字解 象形。大きなおのの形に象り、まさかりの意。鉞の原字。
甲骨文 金文 篆文

同属字 越・鉞

2627【戊】4274 4A6A 95E8 戈-1 ボウ㊥・ボ㊙/wù/つちのえ
字解 象形。おののような刃のついたほこの形に象る。借りて、十干の第五位に用いる。
甲骨文 金文 篆文

同属字 茂
意味 つちのえ。十干の第五番目。
【戊辰ボシン】十干と十二支とを組み合わせたものの第五番目。つちのえたつ。「戊辰戦争」「戊辰の役」
【戊夜ボヤ】日没から夜明けまでを五分した、第五番目の時刻。寅とらの刻。現在の午前三時から五時ごろ。

2628【𢦏】—— 戈-2 サイ㊥
字解 𢦏は、もと𢦔。形声。戈（刃物）＋才（川の氾濫をせきとめるくいの象形）㊟。災いを守り防ぐ意。転じて、そ

こなう意に用いる。

同属字 哉・栽・裁・載・戴

2629【戍】5691 587B 9CF9 戈－2 シュ(漢)・ジュ(慣)/shù/まもる

字解 会意。戈＋人。ほこをもつ人から、武器を手に守る、また守る人の意。

意味 まもる。武器を持って国境をまもる。また、守備兵。『衛戍(エイジュ)』『守戍(シュジュ)』『征戍(セイジュ)』

【戍衛(ジュエイ)】まもりかためること。

【戍卒(ジュソツ)】国境や要害などを守る兵卒。

【戍楼(ジュロウ)】敵を見張るために築いた物見のやぐら。

2630【戎】2931 3D3F 8F5E 戈－2 ジュウ(ジウ)(漢)/róng/えびす

字解 会意。戈(ほこ)＋十(=甲、よろい)。武器・兵士の意。借りて、えびすの意に用いる。
同属字 絨

意味 ❶兵器。武器。また、いくさ。兵士。軍隊。『戎衣』『戎馬』 ❷えびす。古代中国の西方の異民族。『戎夷』『戎狄』『犬戎(ケンジュウ)』 ❸なんじ。「汝」に同じ。 ❹音訳字。『戎克(ジャンク)』

❶ 兵器。また、いくさ。兵士。

【戎衣(ジュウイ)】いくさに出るときの衣服。軍服。

【戎器(ジュウキ)】戦争に用いる器具、機械。

【戎軒(ジュウケン)】(「軒」は車の総称) ①戦争に用いる車。②軍隊。また、戦争をすること。

【戎行(ジュウコウ)】①軍隊の行路。②軍務。兵事。

【戎事(ジュウジ)】戦争に関すること。いくさ。

【戎車(ジュウシャ)】戦場に用いる車。兵車。

【戎装(ジュウソウ)】いくさの身じたく。武装。

【戎馬(ジュウバ)】軍馬。転じて、戦乱をいう。＊杜甫-登岳陽楼「戎馬関山北(ジュウバカンザンのきた)〔=関所のある山の北のかなたでは、まだ戦乱が続いている〕」

【戎備(ジュウビ)】いくさのそなえ。軍備。

❷ えびす。

【戎夷(ジュウイ)】(「夷」は東方の蛮族の意) 外国、未開の民。

【戎狄(ジュウテキ)】(「狄」は北方の未開人) 辺境の民族や外国人を、野蛮人として卑しめていう語。

【戎蛮(ジュウバン)】(「蛮」は南方に住むえびす) 周辺民族を野蛮人として卑しめていう語。えびす。夷狄。戎夷。

【戎虜(ジュウリョ)】(「虜」は未開人) 未開の野蛮人。えびす。

❹ 音訳字。

【戎克(ジャンク)】(英junkの音訳) 中国特有の帆船の総称。木造の船体に独特の帆装を持つ。

2631【戌】5692 587C 9CFA 戈－2 シュツ(漢)・ジュツ(慣)/xū/いぬ

字解 一説に、戊(ほこ)＋一(一つにする)の会意字で、穀物を収穫しまとめる意から、陰暦九月の意というが、甲骨文・金文によれば象形。借りて十二支の十一位に用いる。

意味 いぬ。十二支の第十一番目。年月日に用いるほか、方角では西北西。時刻では午後八時、またその前後二時間の呼び名とする。『戌亥(いぬい)』『戊戌(ボジュツ)』

2632【成】3214 402E 90AC 戈－2 常4 (2635)【成】 戈－3 旧字 ジョウ(ジャウ)(呉)・セイ(漢)/chéng/なる・なす・なり

筆順

字解 成は成の略体。成は形声。戊＋丁(うって安定させる)(声)。武器で敵をうち平らげる、なす意。

同属字 盛・晟・城・晠・誠

意味 ❶なす。なしとげる。しあげる。また、なる。できあがる。しあがる。また、たいらげる。『成功』『成績』『完成』『集成』＊朱熹-偶成「少年易㆑老学難㆑成(ショウネンおいやすくガクなりがたし)〔=若者はすぐに老いてしまうが、学問はなかなか完成しがたい〕」 ❷一人前になる。そだつ。そだてる。『成人』『成長』『晩成』 ❸たいらぎ。講和。和睦。＊十八史略-春秋戦国「請㆓成於越㆒(たいらぎをエツにこう)〔=(呉王夫差は)越に和睦を請うた〕」 ❹まこと。「誠」に同じ。『真成(シンセイ)』 ❺十里四方の地。『一成(イッセイ)』 ❻固有名詞。『成吉思汗(ジンギスカン)』

❶ なす。なしとげる。なる。できあがる。

下接 開成(カイセイ)・化成(カセイ)・完成(カンセイ)・既成(キセイ)・期成(キセイ)・玉成(ギョクセイ)・偶成(グウセイ)・形成(ケイセイ)・結成(ケッセイ)・構成(コウセイ)・合成(ゴウセイ)・混成(コンセイ)・裁成(サイセイ)・作成(サクセイ)・賛成(サンセイ)・集成(シュウセイ)・熟成(ジュクセイ)・守成(シュセイ)・竣成(シュンセイ)・小成(ショウセイ)・醸成(ジョウセイ)・助成(ジョセイ)・生成(セイセイ)・早成(ソウセイ)・創成(ソウセイ)・造成(ゾウセイ)・促成(ソクセイ)・速成(ソクセイ)・組成(ソセイ)・大成(タイセイ)・達成(タッセイ)・天成(テンセイ)・転成(テンセイ)・編成(ヘンセイ)・輔成(ホセイ)・未成(ミセイ)・翼成(ヨクセイ)・落成(ラクセイ)・集大成(シュウタイセイ)・一気呵成(イッキカセイ)

【成就(ジョウジュ)】①成し遂げること。②願いなどがかなうこと。『大願成就』

【成道(ジョウドウ)】仏教で、悟りを開くこと。得道。

【成仏(ジョウブツ)】①悟りをひらくこと。『即身成仏』②死んで仏となること。死ぬこと。

【成案(セイアン)】でき上がった考えや文案。

【成因(セイイン)】物事ができ上がる原因。

【成員(セイイン)】団体などを構成している人員。メンバー。

【成果(セイカ)】成し得たよい結果。できばえ。

【成業(セイギョウ)】事業、学業などを成し遂げること。

【成句(セイク)】①古くから言われているひとまとまりの文句。ことわざや格言の類。②慣用句。イディオム。

【成型(セイケイ)】型を用いて素材を一定形状に加工すること。

【成蹊(セイケイ)】小道ができること。徳行のある人のところには、だまっていても人が集まってくることのたとえ。＊史記-李将軍伝・賛「桃李不㆑言、下自成㆑蹊(トウリものいわざれども、したおのずからケイをなす)〔=モモとスモモは何も言わないけれど、その木の下には自然に小道ができる〕」

【成語(セイゴ)】①=成句(セイク)。②熟語。また、複合語。

【成功(セイコウ)】①物事が思いどおりにいって目的を達すること。↔失敗。②富や社会的地位を得ること。

【成婚(セイコン)】結婚が成り立つこと。

【成算(セイサン)】あることを成し遂げることのできる見込み。

【成事(セイジ)】①なしとげたこと。②できてしまったこと。＊論語-八佾「成事不㆑説(セイジはとかず)〔=できてしまったことはあれこれ言わない」

【成心セイシン】ある立場にとらわれた見方、考え方。

【成績セイセキ】仕事、学業、試験などの成し遂げた結果。

【成層セイソウ】積み重なって層をなすこと。『成層圏』

【成竹セイチク】計画。もくろみ。成算。❤竹の絵を描くとき、脳裏に完全な竹の形を思い浮かべた後に筆をおろす意から、かねてからもっている心中の計をいう。〔蘇軾―篔簹谷ウントウコク偃竹記〕

【成徳セイトク】完成した徳。また、完全な徳。

【成敗セイハイ｜セイバイ】㊀(セイハイ)成功と失敗。㊁国(セイバイ)①処罰すること。『喧嘩ケンカ両成敗』②打ち首にすること。

【成否セイヒ】成功するかしないかということ。

【成分セイブン】ある物事を構成する一つ一つの要素。

【成文セイブン】文として書き表すこと。『成文法』

【成名セイメイ｜なをなす】①名声をあげること。＊論語―里仁「君子去レ仁クンシジンをさりて、悪乎成レ名いずくにかなをなさん」(=道に志した人は仁を避けたなら、どこで君子としての名声をあげることができよう)」②名声。よい評判。

【成約セイヤク】契約が成立すること。

【成立セイリツ】物事がなりたつこと。

❷ 一人前になる。そだつ。そだてる。

下接 育成イクセイ・早成ソウセイ・大成タイセイ・晩成バンセイ・養成ヨウセイ・老成ロウセイ

【成育セイイク】成長すること。育つこと。

【成魚セイギョ】成長した魚。↔稚魚・幼魚

【成熟セイジュク】①実が十分に熟すこと。②成長すること。

【成人セイジン】①人格の完成した人。全人。〔論語―憲問〕②一人前の人間としての責任が持てるようになる年齢。日本では、満二〇歳に達した者。『成人式』

【成体セイタイ】成熟して個体発生の完成期に達し、一般に生殖が可能となった生物体。

【成虫セイチュウ】昆虫、クモ類などの成体。↔幼虫

【成長セイチョウ】①人間や動物などが育って大人になること。②規模が大きくなること。発展すること。『成長株』

【成鳥セイチョウ】成体となった鳥。

【成丁セイテイ】成年に達した男子。

❻ 固有名詞。

【成吉思汗ジンギスカン】蒙古帝国の太祖(在位一二〇六～一二二七)。幼名、鉄木真テムジン。モンゴル部族を統一して頭角を現し、一二〇六年ジンギスカンの称号をうけて蒙古帝国の可汗となった。チンギス汗。チンギスハン。(一一六七～一二二七)

【成祖セイソ】中国、明朝の第三代皇帝、永楽帝エイラクテイの尊号。

【成都セイト】中国四川省の省都。三国時代の蜀漢の都以来、しばしば独立政権の根拠地となった。

難読地名 成羽なりわ町(岡山) 成東なるとう町(千葉)

難読姓氏 成伯なりき

2633 【我】 1870 3266 89E4 戈－3 常6 ガ呉漢/wǒ・ě/われ・わ・あ

筆順 我我我我我我我

字解 象形。ギザギザの刃のついたほこの形に象る。借りて、われの意に用いる。

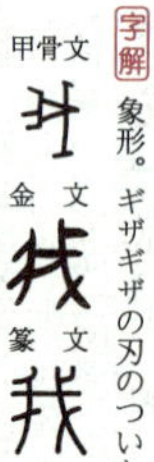

甲骨文 金文 篆文

同属字 鵞・莪・義・俄・哦・娥・峨・蛾・餓

参考 万葉仮名では音を借りて「が」。

意味 ❶われ。わが。自分。自分の。また、自分の意見にこり固まること。『我田引水』『我執』『我慢』『自我』＊論語―子罕「毋レ意、毋レ必、毋レ固、毋レ我いなく、ひつなく、こなく、がなし」(=孔子は)私意で物事を推し測ること、無理押しすること、固執すること、我を張ることを断ち切っていた」❷あて字。『我楽多ガラクタ』『怪我ケガ』

下接 個我コガ・自我ジガ・主我シュガ・小我ショウガ・人我ジンガ｜ニンガ・大我タイガ・彼我ヒガ・物我ブツガ・忘我ボウガ・没我ボツガ・無我ムガ

【我意ガイ】自分の考えや感情。特に、わがままで強情な気持ち。『我意を押し通す』

【我見ガケン】①自分一人の狭い考え。かたよった意見。私見。②仏教で、我執。

【我執ガシュウ】①仏教で、自我を実体視して執着すること。我見。②自分の意見にこだわること。

【我曹ガソウ】わが仲間。われら仲間。

【我田引水ガデンインスイ】(わが田に水を引く意)国自分に都合のいいように言ったり、とりはからったりすること。

【我慢ガマン】国耐え忍ぶこと。辛抱すること。❤元来は仏語で、我をよりどころとして高慢であること。慢心。

【我欲ガヨク】自分一人の利益ばかりを求める気持ち。

【我利ガリ】自分だけの利益。『我利我利亡者』『我利私欲』

【我流ガリュウ】自分勝手の流儀。自己流。

【我心匪レ石、不レ可レ転也わがこころいしにあらず、てんずべからざるなり】自分の心は、石ころではないから、ころがすことはできない。心の確固不動のさまをいう。〔詩経―邶風・柏舟〕

難読地名 我孫子あびこ市(千葉)

2634 【戒】 1892 327C 89FA 戈－3 常 カイ呉漢/jiè/いましめる・いましめ

筆順 戒戒戒戒戒戒戒

字解 会意。戈＋廾(両手)。両手でほこをとる意から、警備する・いましめる意。

金文 篆文

同属字 械・誡

参考 万葉仮名では音を借りて「け㊚」。

意味 ❶いましめる。㋑さとす。注意する。いいつける。『戒告』『訓戒』『懲戒』㋺あやまちをしないようつつしむ。『戒心』『戒慎』『自戒』㋩警備する。用心する。『戒具』『戒厳』『警戒』❷いましめ。特に宗教上のおきて。また、ものいみ。『戒律』『斎戒』『破戒』

❶ いましめる。

下接 勧戒カンカイ・教戒キョウカイ・訓戒クンカイ・警戒ケイカイ・厳戒ゲンカイ・自戒ジカイ・哨戒ショウカイ・大戒タイカイ・懲戒チョウカイ・勅戒チョッカイ・面戒メンカイ

【戒具カイグ】受刑者や、拘留された被告人の逃走、暴行などを防ぐために使用する手錠などの器具。

【戒厳カイゲン】非常事態に際し、軍隊が出動して厳しく警戒すること。『戒厳令』

【戒告カイコク】①過失などを戒め注意すること。②国懲戒処分の一。職務上の義務に違反した場合、将来を戒めるように申し渡すもの。❤書き換え「誡告→戒告」。

【戒心カイシン】油断しないこと。用心すること。

【戒慎カイシン】言動をいましめつつしむこと。

【戒飭カイチョク】戒め慎ませること。また、戒め慎むこと。

❷ いましめ。特に宗教上のおきて。

下接 遺戒イカイ｜ユイカイ・具戒グカイ・五戒ゴカイ・斎戒サイカイ・持戒ジカイ・十戒ジッカイ・受戒ジュカイ・授戒ジュカイ・大戒タイカイ・破戒ハカイ・仏戒ブッカイ

【戒行カイギョウ】仏語。戒をたもち、実践修行すること。

【戒禁 カイキン|カイゴン】①(カイキン) いましめ。おきて。②(カイゴン)仏語。不善を戒め禁ずる戒律、禁制のこと。
【戒杖 カイジョウ】仏語。山伏などが持ち歩く杖つえ。錫杖シャクジョウ。
【戒壇 カイダン】仏語。僧に戒を授ける儀式を行うために特に壇を設けた場所。
【戒牒 カイチョウ】仏語。僧尼が戒を受けた後、その事実の証明として交付される公文書。戒状。
【戒名 カイミョウ】仏語。①出家した人が与えられる名。法名。↔俗名。②僧が死者に付ける名。↔俗名
【戒律 カイリツ】仏語。僧が戒め守るべき規律。

2635 【成】 一一 戈-3
セイ 「成」(2632)の旧字

2636 【或】 1631 303F 88BD 戈-4
コク漢・ヨク漢・ワク慣/huò・yù/ある・あるいは
[字解] 会意。戈+口(地域)+一(境界)。武器を手に守るべき領域の意。域・國の原字。有に通じ、あるの意に用いる。

甲骨文 金文 篆文

[同属字] 惑・域・蜮・馘・國・閾
[意味] ❶ある。あるひと。不確かなもの、未知のもの、特定しないものを表す語。「或問」＊史記-伯夷伝「或曰、天道無レ親、常与ニ善人一(あるひといわく、テンドウはシンなし、つねにゼンニンにくみすと)」〔=ある人が言った、天道は個人に特別な思いやりをしない、いつも善人の味方をする、と〕 ❷あるいは。または。もしかしたら。「或者」＊韓愈-師説「或師焉、或不焉(あるいはシとし、あるいはしかせず)」〔=一方では師につき、一方ではそうしない〕
【或問 ワクモン】文章で、ある人の質問を仮に設け、それに答える形式で自分の意見を述べる体裁のもの。
【或者 あるいは|あるもの】㊀(あるいは)①または。もしくは。②もしかすると。ひょっとすると。㊁(あるもの)ある人。

【咸】⇩902 【哉】⇩968 【威】⇩1540
【栽】⇩3347 【裁】⇩4441

2637 【戚】 3244 404C 90CA 戈-7
セキ漢・ソク漢/qī・cù/まさかり・おの・みうち・うれえる
[字解] 形声。戊(=戉)+尗(小さい豆)声。小さいおのの意。また、族に通じ、みうちの意に用いる。

甲骨文 金文 篆文

[同属字] 蹙・槭
[意味] ❶まさかり。おの。「戚揚」「干戚カンセキ」 ❷みうち。妻のみうち。親類。「戚属」「外戚」「親戚」 ❸うれえかなしむ。「戚容」「哀戚アイセキ」

❶まさかり。おの。
【戚揚 セキヨウ】斧とまさかり。斧鉞フエツ。また、武器。

❷みうち。妻のみうち。
[下接] 遠戚エンセキ・外戚ガイセキ・貴戚キセキ・親戚シンセキ・内戚ナイセキ
【戚属 セキゾク】母方、または妻方のみうち。
【戚里 セキリ】①中国、漢の時代に天子の外戚が住居した長安の地名。②天子の外戚。

❸うれえかなしむ。
【戚戚 セキセキ】心配し、悲しむさま。くよくよするさま。
【戚然 セキゼン】つらくかなしいさま。
【戚容 セキヨウ】悲しみなげく容貌。うれいがお。

2638 【戠】 一一 戈-8
ショク 「戠」(2646)の異体字

【㦸】⇩6282 【裁】⇩7248 【載】⇩7926

2639 【截】 5703 5923 9D42 戈-10 (2651)【𢧜】 一一 戈-11
セツ漢・サイ慣/jié/きる・たつ
[字解] 截は、𢧜の別体。𢧜は会意。戈+雀(小さなとりのすずめ)。小さくほこで切る意。
[参考] サイの読みは、哉・栽・裁等から類推した慣用音。
[意味] たつ。たちきる。「断截ダンセツ|ダンサイ」「直截チョクセツ」「半截」
【截然 セツゼン|サイゼン】区別がはっきりとしているさま。
【截断 セツダン|サイダン】物をたち切ること。切断。

【臧】⇩6449 【畿】⇩4937 【戢】⇩8885

【[illegible]】⇩8886

2640 【戴】 3455 4257 91D5 戈-14
タイ呉漢/dài/いただく
[字解] 形声。異(両手でものをあげる)+𢦏(→載、のせる)声。上にものをのせる、いただく意。一般には、戴(17画)で書くのが普通。
[意味] いただく。㋑物を頭の上にのせる。「不倶戴天フグタイテン」「負戴(フタイ)」 ㋺あがめたっとぶ。㋩国尊んで受ける。「愛戴(アイタイ)」「感戴(カンタイ)」「推戴(スイタイ)」「頂戴(チョウダイ)」「奉戴(ホウタイ)」
【戴冠 タイカン】頭に冠をいただくこと。君主が即位したしるしに初めて宝冠を頭にのせること。「戴冠式」
【戴星 タイセイ】(星を頭上にいただくの意)朝早く家を出たり、夜おそく家に帰ったりすること。
【戴白 タイハク】頭に白髪をいただくこと。また、老人。

戈
【盞】⇩5144

戈

2641 【戛】 5694 587E 9CFC 戈-7 (2642)【戞】 5701 5921 9D40 戈-8
カツ漢/jiá/ほこ
[字解] 会意。戈+百(頭部)。首をほこで切る意。
[意味] ❶ほこ。ほこで打つ。❷金石のふれあう音。「戛戛」「戛然」 ❸こすれあう。「摩戛マカツ」
【戛戛 カツカツ】固い物の触れ合う音を表す語。
【戛然 カツゼン】①固い物が触れ合うときの音の様子。②鶴などの鳴くさま。

戈
【划】⇩615 【剗】⇩655

戈

心(⺗・⺗)戈戸(戶)手(扌)支攴(攵) 4画 文斗斤方无(旡・旡)日曰月木欠止歹(歺)殳毋比毛氏气水(氺・氵)火(灬)爪(爫・爫)父爻(㸚)爿(丬)片牙(牙)牛犬(犭)

［伐］⇩195　［找］⇩2713

2643【戕】＊3109 戈－4 ショウ（シャウ）漢・カ呉漢／qiāng／そこなう

字解 形声。戈＋爿（↓創、きずつく）声。ほこできずをつける、そこなう意。

意味 ❶そこなう。きずつける。『戕害』❷ころす。『戕賊』『戕戮』❸「戕牁（カシ）」は船をつなぐためのくい。

［戕害（ショウガイ）］そこないきずつけること。

［戕賊（ショウゾク）］人を切り殺すこと。斬殺。

［戕戮（ショウリク）］殺すこと。殺戮。

［戝］⇩7732

2644【戟】2365 3761 8C81 戈－8 ケキ漢・ゲキ慣／jǐ／ほこ

金文 篆文

字解 会意。戈＋榦（みき）省。木の幹に枝がついているように取り付けたほこの意。

意味 ❶ほこ。長い柄の先にかぎ形の刃のついたもの。『戟手』『兵戟（ヘイゲキ）』『矛戟（ボウゲキ）』⬇〔矛〕の図八四六頁。❷さす。つきさす。『刺戟（シゲキ）』

［戟手（ゲキシュ）］手を組んで身がまえること。▼そのさまがほこに似ているところから。

2645【戡】5702 5922 9D41 戈－9 カン漢・チン漢／kān／かつ

字解 形声。戈＋甚声。

意味 かつ。敵をたいらげる。また、殺す。

［戡定（カンテイ）］武力で敵に勝って乱を平定すること。

［戡殄（カンテン）］皆殺しにすること。敵をほろぼしつくすこと。

2646【戠】＊3111 戈－9 (2638)【戠】＝ 戈－8 ショク漢

字解 形声。音（または言）＋戈声。一説に、音は糸まきの象形、戈は弋（くい）を交互に組んだものを表し、はたおる意という。織の原字。

甲骨文 金文 篆文
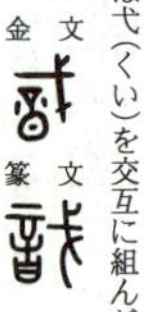

同属字 幟・熾・織・職・識

2647【戢】＊3112 戈－9 シュウ（シフ）漢／jí／おさめる・やわらぐ

字解 形声。戈＋咠（よせあつめる）声。武器を集めておさめる意。

同属字 蕺・檝

意味 おさめる。また、やすんじる。やわらぐ。

2648【戦】3279 406F 90ED 戈－9 常4 (2654)【戰】5705 5925 9D44 戈－12 旧字 人

セン呉漢／zhàn／いくさ・たたかう・たたかい・おののく

筆順 戦 戦 単 戦 戦 戦

字解 戦は戰の略体。戰は形声。戈（武器）＋單（武器）声。武器を用いてたたかう意。

意味 ❶たたかう。あらそう。たたかい。㋑いくさ。『戦争』『戦乱』『合戦』『参戦』『反戦』㋺競争。試合。『公式戦（コウシキセン）』『観戦』『棋戦』『熱戦』⇓表 ❷おののく。おそれてふるえる。また、そよぐ。ゆれうごく。『戦恐』『戦慄』❸固有名詞。『戦国策』

下接 ❶たたかう。あらそう。たたかい。
悪戦（アクセン）・一戦（イッセン）・厭戦（エンセン）・応戦（オウセン）・会戦（カイセン）・海戦（カイセン）・開戦（カイセン）・合戦（カッセン）・敢戦（カンセン）・観戦（カンセン）・休戦（キュウセン）・苦戦（クセン）・激戦（ゲキセン）・血戦（ケッセン）・決戦（ケッセン）・交戦（コウセン）・好戦（コウセン）・抗戦（コウセン）・混戦（コンセン）・作戦（サクセン）・参戦（サンセン）・実戦（ジッセン）・終戦（シュウセン）・主戦（シュセン）・商戦（ショウセン）・緒戦（ショセン）・初戦（ショセン）・水戦（スイセン）・征戦（セイセン）・聖戦（セイセン）・接戦（セッセン）・宣戦（センセン）・善戦（ゼンセン）・即戦（ソクセン）・速戦（ソクセン）・大戦（タイセン）・対戦（タイセン）・挑戦（チョウセン）・停戦（テイセン）・転戦（テンセン）・内戦（ナイセン）・熱戦（ネッセン）・敗戦（ハイセン）・反戦（ハンセン）・百戦（ヒャクセン）・不戦（フセン）・奮戦（フンセン）・防戦（ボウセン）・夜戦（ヤセン）・野戦（ヤセン）・乱戦（ランセン）・力戦（リキセン）・臨戦（リンセン）・冷戦（レイセン）・歴戦（レキセン）・連戦（レンセン）・論戦（ロンセン）・和戦（ワセン）

［戦意（センイ）］戦う気持ち。『戦意喪失』

［戦雲（センウン）］戦争が始まりそうな緊迫した気配。

［戦役（センエキ）］（「役」は人民が動員される意）戦い。戦争。

［戦火（センカ）］1戦いで生じた火災。2戦争。

［戦果（センカ）］戦争、戦闘によってあげた成果。

［戦渦（センカ）］戦争から起こる混乱。

［戦禍（センカ）］戦争によって受ける被害、災難。

［戦艦（センカン）］攻撃力、防御力にすぐれた大型の軍艦。

［戦記（センキ）］戦争に関する記録。軍記。

［戦機（センキ）］戦うべき機会。戦うのに都合のよい機会。

［戦況（センキョウ）］戦争の進展の状況。戦いの有様。戦状。

［戦局（センキョク）］戦いの成り行き、形勢。

［戦功（センコウ）］戦争でたてた勲功。軍功。

［戦骨（センコツ）］戦死した者の遺骨。

［戦災（センサイ）］戦争によって受けた災害。『戦災孤児』

［戦士（センシ）］戦場で戦う兵士。『無名戦士の墓』

［戦史（センシ）］戦争の歴史、記録。

［戦死（センシ）］戦場で、軍人、兵士が戦闘によって死ぬこと。

［戦時（センジ）］戦争が行われている時。戦時中。↕平時

［戦車（センシャ）］武装を有し、防護用の装甲をした戦闘車。

［戦術（センジュツ）］戦闘、闘争のための術策。『人海戦術』▼大局的な策略を意味する「戦略」の下位概念で、より具体的、実際的な術策をいう。

［戦勝・戦捷（センショウ）］戦争に勝つこと。『戦勝国』

［戦傷（センショウ）］戦争で受けた傷。『戦傷者』

［戦場（センジョウ）］戦闘の行われる場所。『古戦場』

［戦陣（センジン）］いくさの陣立て。また、戦場。『戦陣訓』

［戦塵（センジン）］戦場に立つちりやほこり。戦争の騒ぎ。

［戦跡（センセキ）］戦争が行われたあと。

［戦績（センセキ）］戦争や試合などの成績。

［戦線（センセン）］1戦闘の最前線。2比喩（ヒユ）的に、政治、社会運動の闘争の方針や形態。『人民戦線』

［戦争（センソウ）］1武力によるたたかい。いくさ。特に、兵力による国家間のたたかい。『核戦争』2国比喩（ヒユ）的に、戦争のような激しい争いや状況。『交通戦争』『受験戦争』

［戦隊（センタイ）］軍隊で、戦術上編成される部隊。

［戦端（センタン）］戦いの糸口。『戦端を開く』

戦（セン）	闘（トウ）
戦闘	
大きなたたかい。いくさ。 戦争 戦士 戦意 決戦 奮戦 交戦	少人数によるたたかい。 闘争 闘士 闘志 決闘 奮闘 格闘

【戦地(センチ)】戦闘の行われている地。

【戦闘(セントウ)】武力によるたたかい。特に、比較的、小規模の交戦。『戦闘状態』『戦闘員』『戦闘機』

【戦敗(センパイ)】戦争、試合などに負けること。敗戦。

【戦犯(センパン)】「戦争犯罪人」の略。

【戦備(センビ)】戦争の準備。

【戦費(センピ)】戦争に必要な費用。

【戦法(センポウ)】戦闘、勝負、競争、試合などの仕方。

【戦没・戦歿(センボツ)】戦争で死ぬこと。『戦没者』▼書き換え「戦歿→戦没」。

【戦野(センヤ)】戦争が行われている野原。戦場。

【戦友(センユウ)】軍隊、戦場で共に過ごした仲間。

【戦乱(センラン)】戦争によって起こる世の中の乱れ。戦争。

【戦利品(センリヒン)】戦争でぶんどった物品。

【戦略(センリャク)】戦争、政治闘争などの大局的な策略。『戦略核兵器』

【戦力(センリョク)】戦いを遂行する能力。

【戦歴(センレキ)】戦争に参加した経歴。

【戦列(センレツ)】戦場に展開する部隊の隊列。

❷ おののく。おそれてふるえる。

【戦悚・戦竦(センショウ)】ふるえおそれること。

【戦戦恐恐・戦戦兢兢(センセンキョウキョウ)】おそれおののき身を慎むこと。＊詩経-小雅・小旻「戦戦兢兢、如レ臨ニ深淵一、如レ履ニ薄氷一(センセンキョウキョウとして、シンエンにのぞむがごとく、ハクヒョウをふむがごとし)」〔=深い淵をのぞきこむときのように、薄い氷を渡って行くときのように、おそれおののき身を慎む〕」▼書き換え「戦々兢々→戦々恐々」。

【戦慄・戦栗(センリツ)】恐ろしくて身ぶるいすること。

❸ 固有名詞。

【戦国策(センゴクサク)】中国の雑史。三三編。前漢の劉向(リュウキョウ)編。宋の姚宏(ヨウコウ)校本。戦国時代に諸国を遊説した縦横家の建策を国別に分類補正して集録。

【戦国時代(センゴクジダイ)】①中国、東周の後期。一般に晋が三分された紀元前四〇三年から秦の成立する前二二一年までの動乱期をいう。②国 日本で、応仁の乱(一四六七年)以後の約一世紀の間、有力大名が全国的に群雄割拠したため国の政治的統一を失った時代をいう。▼中国の戦国時代の名は、「戦国策」の書名に由来する。

【戦国七雄(センゴクシチユウ)】中国の戦国時代の七大強国。韓・魏・趙(チョウ)・斉(セイ)・秦・楚・燕。

[賊] ⇩ 7741

2649 【戧】 ＊3114 戈-10 ソウ「創」(668)の異体字

2650 【戯】 2126 353A 8B59 戈-11 常 (2653)〔戲〕 — — 戈-12 旧字
(2655)〔戱〕 5706 5926 9D45 戈-13 人 ケ㊉・キ㊉・ゲ㊉・ギ㊉/xì/ たわむれる・たわむれ・いたずら・ざれる

筆順

字解 戯は、戲の通俗体「戱」の略体。戲は形声。戈＋䖒㊉。たわむれる意。また、嘆息の意。

文 金
文 篆

意味 ❶たわむれる。ふざける。遊ぶ。あそび。『戯画』『戯作(ゲサク)』『遊戯(ユウギ)』＊論語-陽貨「前言戯レ之耳(ゼンゲンはこれにたわむれしのみ)」〔=さっきのことばは冗談を言っただけなのだ〕」❷しばい。演劇。『戯曲』『戯場』

❶ たわむれる。ふざける。

下接 悪戯(アクギ/いたずら)・嬉戯(キギ)・鞠戯(キクギ)・球戯(キュウギ)・児戯(ジギ)・調戯(チョウギ)・遊戯(ユウギ)

【戯画(ギガ)】風刺したり、誇張したりして描いた滑稽(コッケイ)な画。カリカチュア。『鳥獣戯画』

【戯謔(ギギャク)】たわむれおどけること。ふざけること。

【戯訓(ギクン)】漢字の意義を遊戯的に用いた訓。「十六」を「しし(獅子)」と読むなど。

【戯言(ギゲン/ざれごと/たわごと)】ふざけて言う言葉。冗談。

【戯作(ギサク/ゲサク)】①(ギサク)たわむれに詩文を作ること。また、その作品。②(ゲサク)国 近世後期の通俗小説類。『戯作者』

【戯書(ギショ)】①たわむれに書いた文字や書物。らくがき。ざれがき。②国「万葉集」の用字法の一。義訓の一種で、漢字の意義を遊戯的、技巧的に用いたもの。

【戯談(ギダン)】たわむれのはなし。ざれごと。

【戯評(ギヒョウ)】漫画や戯文の形を借りて行う社会批評。

【戯文(ギブン)】たわむれに書いた文章。滑稽(コッケイ)文。

【戯弄(ギロウ)】たわむれもてあそぶこと。＊史記-廉頗藺相如伝「得レ璧伝ニ之美人一、以戯ニ弄臣一(たまをえてこれをビジンにつたえて、もってシンをギロウす)」〔=璧を手に入れると側女たちに手渡しにして見せ、私をたわむれもてあそんだ〕」

❷ しばい。演劇。

【戯曲(ギキョク)】演劇の脚本。また、その形式の文芸作品。

【戯場(ギジョウ)】芝居などを上演する場所。劇場。

2651 【戳】 — — 戈-11 セツ「截」(2639)の異体字

2652 【戮】 5704 5924 9D43 戈-11 (672)〔剹〕 ＊1944 刀-11 リク㊉・リュウ(リウ)㊉/lù/ころす

字解 形声。戈＋翏(→卯・劉、きりさきころす)㊉。いくつにもきりころす意。

意味 ❶ころす。きり殺す。死刑にする。また、はずかしめる。はずかしめ。『戮辱』『殺戮(サツリク)』『刑戮(ケイリク)』＊韓非子-説難「厚者為レ戮、薄者見レ疑(あつきものはリクせられ、うすきものはうたがわる)」〔=程度のひどい場合には殺され、軽い場合には疑われてしまう〕」❷力をあわせる。「勠」に同じ。『戮力』

【戮辱(リクジョク)】はずかしめること。また、はじ。

【戮没(リクボツ)】罪にして殺すこと。殺しほろぼすこと。

【戮力(リクリョク)】力を合わせること。

2653 【戲】 — — 戈-12 ギ「戯」(2650)の旧字

2654 【戰】 5705 5925 9D44 戈-12 セン「戦」(2648)の旧字

2655 【戱】 5706 5926 9D45 戈-13 ギ「戯」(2650)の異体字

2656 【戳】 5707 5927 9D46 戈-14 リク㊉/lù/

字解 形声。戈＋翟(→劉、さきころす)㊉。罪人をころす意。

心(⺌・忄)戈戸(戸)手(扌)支攴(攵) 4画 文斗斤方无(旡・无)日曰月木欠止歹(歺)殳毋比毛氏气水(氺・氵)火(灬)爪(⺤・⺥)父爻(㸚)爿(丬)片牙(牙)牛犬(犭)

心(小・忄)戈戸(戸)手(扌)支攴(攵) 4画 文斗斤方旡(旡・无)日曰月木欠止歹(歺)殳毋比毛氏气水(氺・氵)火(灬)爪(⺤・爫)父爻(㸚)爿(丬)片牙(牙)牛犬(犭)

63 戸(戸)部 とびら

甲骨文  篆文 

戸は、門のとびらの片側をとった形で、そのままとびら、入り口、家屋などの意(コ)を表す。戸部に属する字は、戸を部標として主としてとびら、出入りなどに関する字である。戸の第一画は、もとの活字体では右上から丿の形をとったが、常用漢字では隷書の一の形をとり、中国簡体字は行草の、の形をとっている。

戸◆ 戸 戸
戸■ ①戹 ③戻 ④房 房 戾 ⑤扃 扁
⑥扆 扇 扇 ⑦扈 ⑧扉 扉

2657 【戸】 2445 384D 8CCB 戸-0 常2 (2658)〔戶〕 戸-0 旧字

コ㊉㊇/hù/と・へ

筆順 一 コ ㇇ 戸

字解 部首解説を参照。

参考 万葉仮名では訓を借りて「と甲」「へ乙」。

意味 ❶と。㋑とびら。とぐち。家や部屋への出入り口。「戸外」「戸袋とぶくろ」「門戸モン」「網戸あみど」㋺国せと。河口や海などの両岸が狭くなり、水流が出入りする所。門。「江戸えど」「瀬戸せと」「鳴戸なると」❷家。また、部屋。「戸主」「戸籍」「各戸カク」「納戸なんど」❸酒を飲む量。「下戸ゲコ」「上戸ジョウゴ」

❶と。とびら。

下接 柴戸サイコ・門戸モンコ・牖戸ユウコ

【戸外コガイ】戸のそと。家のそと。屋外。「戸外に出る」

【戸庭コテイ】門戸と庭園。家の内。

【戸牖コユウ】(「牖」は、壁面をうがち、格子をはめこんだ窓) 入り口と窓。＊老子-一一「鑿戸牖以為室コユウをうがちてもってシッをつくる」(=入り口や窓をあけて部屋を造る)」

❷家。また、部屋。

下接 塩戸エンコ・各戸カクコ・酒戸シュコ・竈戸ソウコ・釣戸チョウコ・佃戸デンコ・万戸バンコ・編戸ヘンコ・猟戸リョウコ／余戸あまるべ・納戸なんど

【戸戸ココ】家一戸一戸。一軒一軒。戸ごと。家ごと。

【戸口ココウ】戸数と人口。家。所帯。「戸口調査」

【戸主コシュ】一家のあるじ。家長。

【戸数コスウ】家の数。また、世帯の数。

【戸籍コセキ】国夫婦を単位として、家族個々人の氏名、生年月日などを記載した公文書。「戸籍謄本トウホン」

【戸部コブ】①中国の官署の名。尚書省に属し、戸口や財政をつかさどるもの。②国民部省ミンブショウの唐名。

【戸別コベツ】家ごと。一軒一軒。各戸。「戸別訪問」

難読地名 戸隠とがくし村(長野) 戸河内とごうち町(広島) 戸畑とばた区(福岡) 戸田へだ村(静岡) 難読姓氏 戸叶とかのう 戸来へらい

2659 【戹】 ＊3117 戸-1

ヤク㊉・アク㊇/è/なやむ・わざわい

字解 会意。戸(出口)+乙(伸びなやむ)。せまくてくるしむ。もと金文は、車の軛ながえの端にとりつけて、牛や馬の首を押さえつける横木(軛くびき)の象形。

金文  篆文 

意味 ❶なやむ。くるしむ。「厄」に同じ。＊孟子-尽心下「君子之戹於陳蔡之間、無上下之交也クンシのチンサイのカンにヤクせるは、ショウカのまじわりなければなり」(=君子(孔子)が陳・蔡の国境で災難にあわれたのは、それらの国の君臣と交際がなかったからである」) ❷わざわい。災難。「厄」に同じ。

2660 【戻】 4465 4C61 96DF 戸-3 常 (2663)〔戾〕 戸-4 旧字

ライ㊉・レイ㊇/lì/もどす・もどる・もとる

筆順 戸 戸 戸 戸 戻 戻

字解 戻は戾の略体。戾は会意。戸+犬。門から番犬が身をよじり曲げ出る意から、そむきもとる意を表す。

甲骨文  篆文 

同属字 唳・捩・涙(淚)・棙・綟

参考 万葉仮名では、音を借りて「れ」。

意味 ❶もとる。そむく。「違戻イレイ」「乖戻カイレイ」「背戻ハイレイ」「暴戻ボウレイ」❷いたる。くる。到着する。「戻止」「戻天」❸国もどす。もどる。かえす。かえる。「返戻ヘンレイ」

【戻止レイシ】来ること。至ること。来臨すること。

【戻天レイテン】天に至ること。また、天に達するほどに高く上ること。

2661 【房】 4328 4B3C 965B 戸-4 常 (2662)〔房〕 戸-4 旧字

ボウ(バウ)㊉・ホウ(ハウ)㊇/fáng/ふさ

筆順 房 房 房 房 房

字解 形声。戸+方(かたわらにはり出す)㊥。かたわらに付属する小さい部屋の意。

参考 万葉仮名では音を借りて「は」。

意味 ❶へや。堂のわきにある小べや。㋑部屋。「房事」「房中」「工房」「独房」㋺家。住まい。「茶房」「山房」「僧房」㋩部屋に住む人。「女房」㊁部屋のように区切られた形。「子房」「心房」❷二十八宿の一。さそり座の頭部にある星。そいぼし。「房宿ボウシュク」❸国ふさ。ふさの形をしたもの。「玉房ギョクボウ」「花房カボウ」「乳房ニュウボウ/ちぶさ」❹人名。「房玄齢」

❶へや。

下接 雲房ウンボウ・官房カンボウ・間房カンボウ・監房カンボウ・空房クウボウ・閨房ケイボウ・工房コウボウ・後房コウボウ・獄房ゴクボウ・茶房サボウ・山房サンボウ・子房シボウ・酒房シュボウ・椒房ショウボウ・書房ショボウ・心房シンボウ・僧房ソウボウ・暖房ダンボウ・厨房チュウボウ・同房ドウボウ・堂房ドウボウ・独房ドクボウ・女房ニョウボウ・文房ブンボウ・蘭房ランボウ・冷房レイボウ

【房戸ボウコ】部屋の出入り口。また、部屋と戸。

【房事ボウジ】閨房ケイボウの中で男女が行う事。性交。

【房室ボウシツ】①部屋。室房。②夫婦の寝室。また、房事。

【房中ボウチュウ】①部屋の中。②特に、寝室の中。閨中。

❹人名。

【房玄齢ボウゲンレイ】中国、唐の政治家。字は喬。建国の功臣。太宗即位後一五年間宰相の位にあって杜如晦とともに朝政をとり、「房謀杜断」と称せられた。文章家、書家としても知られる。（五七八～六四八）

2663【戾】 戶－4 レイ「戻」(2660)の旧字

［肩］⇩6293

2664【扃】＊ 3120 戶－5 ケイ[漢]/jiōng・jiǒng/かんぬき・とざし
[字解]形声。戶＋冋(境をくぎる)[声]。とびらをしめるためにかけるかんぬきの意。

[意味]かんぬき。鍵。とざし。また、とじる。閉める。

【扃関ケイカン】門戸をとざす横木。

【扃鎖ケイサ】錠をかけてとざすこと。

【扃扉ケイヒ】とびら。とびらをしめること。

2665【扁】 5708 5928 9D47 戶－5 ヘン[漢]・ハン[漢]/biǎn・piān/ひらたい
[字解]会意。戶＋冊(文字を書き記す木のふだ)。戸口にかけるふだから、ひらたいの意。
[同属字]篇・翩・偏・遍・徧・編・蝙・諞・騙
[意味]❶文字を書いて門や室内にかけるふだ。『扁額』❷ひらたい。ひらべったい。うすい。また、小さい。『扁舟』『扁桃』『扁平』❸漢字を構成する左側の部分。「偏」に同じ。↔旁。『扁旁ヘンボウ』❹人名。『扁鵲ヘンジャク』
【扁額ヘンガク】室内や門戸に掲げる横に長い額。横額よこガク。
【扁鵲ヘンジャク】中国、戦国時代の伝説的名医。河南省の人。姓は秦、名は越人。『耆婆ギバ扁鵲』
【扁舟ヘンシュウ】小さい舟。一そうの小舟。
【扁桃ヘントウ】バラ科の落葉果樹。種子の仁は食用。巴旦杏ハタンキョウ。【扁桃腺ヘントウセン】のどの奥の両側にあるリンパ組織の器官。♥形状が扁桃に似るところから。
【扁平ヘンペイ】平たいこと。凹凸の少ないさま。『扁平足』

2666【扆】＊ 3122 戶－6 イ[漢]/yǐ/ついたて
[字解]形声。戶＋衣(からだをおおいかくすころも)[声]。ついたての意。
[意味]ついたて。昔、中国で、玉座の後ろに立てたびょうぶで、斧おのの形を赤地の絹に縫い取りしたもの。

2667【扇】 3280 4070 90EE 戶－6 [常] (2668)【扇】 戶－6 旧字
セン[漢]/shān・shàn/おうぎ・あおぐ
[筆順]扇扇扇扇扇扇
[字解]会意。戶＋羽(はね)。とりの羽のように開閉するとびらの意から、おうぎ・あおぐ意。
[同属字]煽
[意味]❶とびら。『門扇モンセン』❷おうぎ。うちわ。『夏炉冬扇』❸あおぐ。あおる。あおりたてる。「煽」に同じ。『扇情』『扇動』

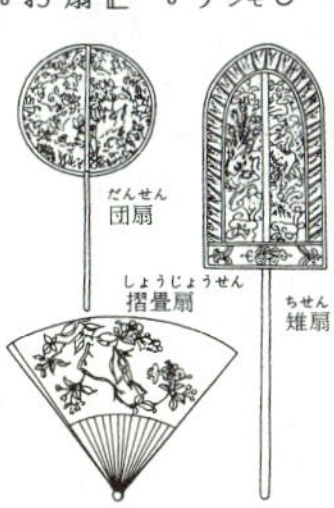

扇❷〔三才図会〕

❷おうぎ。うちわ。
[下接]羽扇ウセン・歌扇カセン・紈扇ガンセン・麾扇キセン・軍扇グンセン・秋扇シュウセン・摺扇ショウセン・陣扇ジンセン・団扇ダンセン／うちわ・鉄扇テッセン・白扇ハクセン・夏炉冬扇カロトウセン／檜扇ひおうぎ・舞扇まいおうぎ
【扇眼センガン】[国]扇のかなめ。
【扇形センケイ／おうぎがた】[国]扇子を開いたような形。扇状。
【扇状センジョウ】[国]扇形。『扇状地』
【扇子センス】[国]携帯用の折りたたみができる扇。末広。
【扇面センメン】[国]扇の表面。また、扇の地紙。扇形の料紙。

❸あおぐ。あおる。
【扇情センジョウ】感情、情欲をあおりたてること。『扇情的な姿態』♥書き換え「煽情→扇情」。

【扇動センドウ】あおりたてて、ある行動を起こすように仕向けること。『扇動的』♥書き換え「煽動→扇動」。

【扇風機センプウキ】羽根を回転させて風を起こす機械。

2669【扈】 7829 6E3D E7BB 戶－7 コ[漢]/hù/したがう
[字解]形声。邑(服従する人)＋戶(出入りを制限するとびら)[声]。出入りを制限され服従する、したがう、また、その人の意。
[同属字]滬
[意味]❶したがう。ともをする。『扈従』『扈蹕』❷はびこる。『跋扈バッコ』
【扈従コジュウ／コショウ】貴人につき従うこと。
【扈蹕コヒツ】天子の行幸につき従うこと。

2670【扉】 4066 4862 94E0 戶－8 [常] (2671)【扉】 戶－8 旧字
ヒ[呉][漢]/fēi/とびら
[筆順]扉扉扉扉扉扉
[字解]形声。戶＋非(両方に分かれてひらく)[声]。両びらきのと、とびらの意。
[意味]とびら。開き戸。『開扉カイヒ』『鉄扉テッピ』『門扉モンピ』

［雇］⇩8729

戶

［攸］⇩3022 ［所］⇩3075

64 手(扌)部 て

金文 篆文

手は、五指をひろげた手(シュ)の象形という(甲骨文に確例がない)。篆書までは、たて画の頭が傾いた形であるが、隷書ではそれを丿一の二画とし(禾の頭部同様)、また、左部に「てへん」として用いられる場合には、丿を省いて三画にするようになった。手部に属する字は、大方、手に関してその部分や動作、作業を表すものである。ただし才は、類形で手部に入っている。なお、時に「てへん」が、木部(75)の「きへん」、方部(70)の「かたへん」に混ずることがある。

手 手 才 ④ 承

心(小・忄)戈戶(戸)手(扌)支攴(攵) 4画 文斗斤方旡(无・旡)日曰月木欠止歹(歺)殳毋比毛氏气水(氺・氵)火(灬)爪(爫・⺥)父爻(爻)爿(丬)片牙(牙)牛犬(犭)

手⑤拏⑥挙挈拳拲拿⑧掌掣
⑩搴⑪擊摯摹摩摩⑫擎⑬擧
擎擊擘⑭擥⑮攀⑲攣
手⑤拜
扌①扎②打払扑扒③扞扛扣
扠扱扡托扚扨④扵找技抂抉
抗抅抆抒抄折抓扱択投抖把
抜批扶扮抃抔抛扼抑⑤押拐
拐拡拑拒拒抛拘招抻拙拖拕
抬拓拆担抽拄抵拈拝拍拔拌
披拊拂抦拇抱抱拋抹拗拉⑥
按拽挌括拮挟拱挂挍拷挧指
批持拾拯拭拵挑拓拼拝挟捞
挧⑦挨捐捍捄挾捃捆挫振捜
挿捉捗挺捏捌挽捕挹捋拼⑧
掖掩掛掴掎掬据掀掘掲捲控
採採捨捨授授捷推捶接措掃
掃掫掻探捗掟掇掏掉捺捻排
描拼捧捫掠捩捥掄⑨握揠援
援掾揄揩換揀揮揆掲捲揣揉
揃插揔提搭揑描揲揶揄揖揚
揺⑩搤搉携搆搓搾搦搯搢摂
搶搔搜損搩搥搯搗搨搭搏搬
撈搖⑪摑摷摎攄摲摧摺摺摭
摶摠摘摘摽摸⑫攪撮撒撕撰
撰撤撐撑撞撓撚播撥撫撇撲
撩撈⑬撼擐據擒擕撿擖擅操
擇撻擔擗擁擂⑭擱擬擤擦擠
擡擽擢擢擣擯⑮擴擶擾擶擻
擲擿擺擽⑯攄攜攏⑰攙攘⑱
攜攝⑲攤攢攤⑳攪攫攩㉑攬

手

2672【手】2874 3C6A 8EE8 手－0 常1

シュ(呉)・シュウ(シウ)(漢)・ス(慣)／shǒu／て・た

筆順 手 手 手 手

字解 部首解説を参照。

参考 万葉仮名では訓を借りて「た」「て」。

意味 ❶て。腕から先。または、手首から先の部分。また、そのようなもの。『手足』『握手』『挙手』『拍手』 ❷手にする。手にとる。また、手元の。手軽な。『手燭』『手板』『手帳(てチョウ)』 ❸てずから。自分自身の手でする。手に持っている。『手記』『下手(ゲシュ)』 ❹手でする。㋑手先でする。『手工業』『手術』㋺字を書くこと。書(ショ)。ある人の書いた字。『手跡』『手紙(てがみ)』 ❺てぎわ。うでまえ。やり方。『手法』『手腕』『妙手』 ❻人。㋑わざを有する人。また、仕事をする人。『歌手』『助手』『選手』㋺ある行為をする人、また、その状態にある人。『追手(おって)』『若手(わかて)』 ❼国ある方面や程度、種類。㋑方向。方角。『裏手(うらて)』『上手(かみて)』『山手(やまて)』㋺状態や形の種類。『厚手(あつで)』『古手(ふるて)』『安手(やすで)』㋩手傷の程度。『痛手(いたで)』『深手(ふかで)』 ❽国代金。『酒手(さかて)』『元手(もとで)』

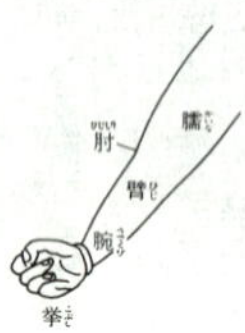

手❶の各部の名称
〔和漢三才図会〕

❶て。腕から先。または、手首から先。

下接 握手(アクシュ)・義手(ギシュ)・拱手(キョウシュ)・挙手(キョシュ)・空手(クウシュ)・交手(コウシュ)・叉手(サシュ)・袖手(シュウシュ)・触手(ショクシュ)・赤手(セキシュ)・隻手(セキシュ)・双手(ソウシュ)・素手(ソシュ／すで)・唾手(ダシュ)・着手(チャクシュ)・徒手(トシュ)・入手(ニュウシュ)・拍手(ハクシュ)・把手(ハシュ)・分手(ブンシュ)・落手(ラクシュ)

【手足(シュソク／てあし)】①手と足。②部下。〖無ㇾ所ㇾ措ニ手足一(シュソクをおくところなし)〗手足の置きどころがない。安心して生活ができないことをいう。＊論語－子路「刑罰不ㇾ中、則民無ㇾ所ㇾ措ニ手足一(ケイバツあたらざれば、すなわちたみシュソクをおくところなし)」〔＝刑罰が正しく行われないと、民は手足の置きどころもない〕

【手沢(シュタク)】しばしば用いるためについた手あか。転じて、故人が愛用したもの。『手沢本』

【手中(シュチュウ)】手のなか。『手中におさめる』

【手套(シュトウ)】＝手袋(てぶくろ)

【手裏(シュリ)】手のうち。手中。転じて、自由にできること。『手裏剣』

【手弱女(たおやめ／たわやめ)】なよなよとした、たおやかな女性。

【手水(ちょうず／てみず)】①(ちょうず)手や顔などを水で洗うこと。また、便所。用便。②(てみず)餅(もち)をつくとき、捏取(こねどり)が手に水をつけること。また、その水。

〖手握ㇾ汗(てにあせをにぎる)〗あぶない物事をそばで見ていたりなどして、ひどく気がもめること。

〖唾ㇾ手可ㇾ決(てにつばしてケッすべし)〗事に着手しようとして、勇気を奮い起こすこと。〔唐書－高祖諸子・隠太子建成伝〕

〖不ㇾ知ニ手之舞ㇾ之、足之踏一ㇾ之(てのまい、あしのふむを、しらず)〗非常に喜んで有頂天になっているさま。また、気持ちが動顛(ドウテン)して我を忘れたさま。〔詩経－関雎序〕

【手袋(てぶくろ)】防寒や装飾や作業のために手にはめる袋状のもの。手套(シュトウ)。

❷手にする。手にとる。また、手軽な。

【手巾(シュキン)】手ぬぐい。また、ハンカチ。

【手燭(シュショク／てショク)】手で持ち歩ける小さな燭台(ショクダイ)。

【手板(シュハン)】束帯(ソクタイ)を着用するとき、右手に持つ細長い板。笏(シャク)。

【手榴弾(シュリュウダン／てリュウダン)】手で投げつける小型の爆弾。

【手綱(たづな)】馬の轡(くつわ)の左右に結びつけ、手にとって馬を操縦する綱。

【手斧・手鉋(ちょうな／ておの)】大工道具の一。鍬(くわ)形の刃物。

【手薬練(てぐすね)】手に薬練(くすね)をとること。転じて、十分に準備をすること。『手薬練引く〔＝十分に準備して機会を待つ〕』 ▼「薬練」は松脂(まつやに)を油で煮て練り混ぜ、弓の弦に塗り、弦を強くするのに用いたもの。

【手帳・手帖(てチョウ)】心覚えを書く小さな帳面。『警察手帳』『生徒手帳』 ▼書き換え「手帖→手帳」。

心(⺗・忄)戈戶(戸)手(扌)支攴(攵) 4画 文斗斤方无(旡・旡)日曰月木欠止歹(歺)殳毋比毛氏气水(氺・氵)火(灬)爪(爫・爫)父爻(㸚)爿(丬)片牙(牙)牛犬(犭)

【手札てふだ】①名札なふだ。名刺。②花札やトランプなどで競技者が手にしている札。

【手本てほん】①文字や絵画などを書くときに、そばにおいて模範とする本。②模範。模範とすべき人や物。

❸てずから。自分自身の手でする。

【手淫シュイン】自分の手で生殖器を刺激して、性的快感を得ること。自慰。自瀆ジトク。

【手下シュカ|てした】その人が直接率いている部下。手先てさき。

【手簡・手翰シュカン】自筆の手紙。

【手記シュキ】自分で書き記すこと。また、その文書。

【手交シュコウ】直接、相手に渡すこと。

【手書シュショ】直接、自分の手で書くこと。また、自筆の手紙。親書。

【手抄・手鈔シュショウ】自分で手写または抜き書きすること。また、その記録。

【手詔シュショウ】天子が自分でみことのりすること。

【手跡・手蹟シュセキ】その人が手で書いた文字。筆跡。❤書き換え「手蹟→手跡」。

【手兵シュヘイ】その人が直接ひきいている兵。手勢てぜい。

【手紙てがみ】①用事などを書いて相手に送る文書。書簡。書状。②郵便はがきに対して、封書の郵便。

❹手でする。手先でする。

【手格シュカク】手うちにすること。武器を使わずに素手で格闘してとらえること。
【手技シュギ】手でするわざ。手芸。
【手芸シュゲイ】手先を特に使ってする技芸。刺繡シシュウ、編み物など。『手芸品』
【手工シュコウ】手先でする工芸。手芸。
【手工業シュコウギョウ】手先や簡単な生産道具を用いて行う、規模の小さな工業。
【手写シュシャ】手で書き写すこと。
【手術シュジュツ】治療のため、患部を切開などして処置すること。オペ。『開腹手術』
【手談シュダン】（手で相対するところから）囲碁の異称。
【手動シュドウ】動力を用いずに手で動かすこと。↔自動
【手話シュワ】身振りや手指の動きによる視覚言語。主に聾ロウ者が用いる。『手話通訳』
【手品てじな】①巧妙な手さばきで、人目をごまかして楽しませる芸。②人をまどわし、たぶらかす手段。

❺てぎわ。うでまえ。やり方。

下接 悪手アクシュ・応手オウシュ・快手カイシュ・奇手キシュ・鬼手キシュ・凶手キョウシュ・巧手コウシュ・好手コウシュ・毒手ドクシュ・凡手ボンシュ・魔手マシュ・妙手ミョウシュ・老手ロウシュ

【手段シュダン】目的実現のための具体的な方法。てだて。

【手法シュホウ】作品などをつくるときの技巧、表現方法。

【手練シュレン|てレン】国①（シュレン）熟練したあざやかな腕前。てだれ。②（てレン）人をだます手段。『手練手管てくだ』

【手腕シュワン】国物事をうまく処理する能力。腕前。

【手柄てがら】人から賞賛されるような働き、仕事。功績。

【手際てぎわ】物事を行う腕前。また、出来ばえ。

【手配てはい】①段取りをつけること。てくばり。②犯人などを逮捕するための指令、てはず。『指名手配』

❻人。わざを有する人。仕事をする人。

下接 駅手エキシュ・快手カイシュ・火手カシュ・歌手カシュ・旗手キシュ・騎手キシュ・技手ギシュ・凶手キョウシュ・警手ケイシュ・下手ゲシュ・工手コウシュ・巧手コウシュ・国手コクシュ・鼓手コシュ・射手シャシュ・助手ジョシュ・水手スイシュ|かこ・選手センシュ・漕手ソウシュ・槍手ソウシュ・対手タイシュ・舵手ダシュ・敵手テキシュ・投手トウシュ・弩手ドシュ・副手フクシュ・砲手ホウシュ・捕手ホシュ・名手メイシュ・野手ヤシュ・交換手コウカンシュ

2673 【才】 2645 3A4D 8DCB 手－0 常2 ザイ呉・サイ漢/cái/さえ

筆順

字解 象形。川の流れをせきとめるせきの形に象る。わざわいの意で、巛に同じ。また、金文は、在に同じ。
今は、材に通じ、能力の意に用いられる。

甲骨文 金文 篆文

同属字 犲・材・財・豺

意味 ❶うまれつきの能力。頭脳の働き。才能。また、才能があること。知能のすぐれた人。ざえ。『才長たける』『才覚』『才能』『秀才』『天才』⇒表 ❷わずかに。やっと。「纔」に同じ。❸はかりさだめる。「裁」に同じ。❹万有の基本的類別。原本のもの。存在。『天地人三才』❺国俗に、年齢を示す「歳」の略字として用いる。『満三才』

❶うまれつきの能力。頭脳の働き。

下接 悪才アクサイ・異才イサイ・偉才イサイ・逸才イッサイ・英才エイサイ・学才ガクサイ・楽才ガクサイ・画才ガサイ・漢才カンサイ・幹才カンサイ・奇才キサイ・鬼才キサイ・器才キサイ・機才キサイ・賢才ケンサイ・口才コウサイ・高才コウサイ・詞才シサイ・秀才シュウサイ・俊才シュンサイ・駿才シュンサイ・小才ショウサイ・商才ショウサイ・世才セサイ・浅才センサイ・俗才ゾクサイ・多才タサイ・短才タンサイ・天才テンサイ・鈍才ドンサイ・佞才ネイサイ・非才ヒサイ・筆才ヒッサイ・敏才ビンサイ・不才フサイ・文才ブンサイ・弁才ベンサイ・凡才ボンサイ・無才ムサイ・洋才ヨウサイ・浅学菲才センガクヒサイ

才能							
才サイ	事をなしとげる力。	才士シサイ	才筆	多才	英才	無才	非才
能ノウ	事をなしうる力。	能士	能筆	万能	有能	無能	不能

【才媛サイエン】頭が良く教養ある女性。才女。

【才華サイカ】すぐれた才知の現れ。はなやかな才能。

【才覚サイカク】国①知恵のすばやい働き。②工面すること。

【才幹サイカン】物事をうまく処理してゆく才能、働き。

【才気サイキ】才知のすぐれた働き。『才気煥発カンパツ』

【才器サイキ】人物の程度。才知と器量。

【才子サイシ】才ある人。頭の働きのすぐれた人。↔才女。『才子多病』❤普通、男性にいう。

【才識サイシキ】才知と識見。

【才質サイシツ】生まれつき。また、才知のある性質。

【才俊サイシュン】才知のすぐれた人物。＊杜牧－題二烏江亭一「江東子弟多二才俊一コウトウのシテイサイシュンおおし（＝江東地方の若者には、すぐれた人物がたくさんいた）」

【才女サイジョ】才知のすぐれた女性。↔才子
【才色サイショク】才知と容色。女性のすぐれた能力と美しい顔かたち。『才色兼備』

【才人サイジン】知能、才能があってよく事をこなす人。

【才藻サイソウ】才知と文藻。詩文を作る才能。文才。

【才地サイチ】才能と地位。

【才知・才智サイチ】才能と知恵。すぐれた頭の働き。❤書き換え「才智→才知」。

【才徳サイトク】才知と人徳。

【才能サイノウ】物事を成し遂げ得る頭の働きや能力。

【才筆サイヒツ】才気のあらわれた文章。また、その才能。

【才物サイブツ】才知、才能にすぐれた人物。才人。

心(小・忄)戈戶(戸)手(扌)支攴(攵)
4画
文斗斤方无(旡・旡)日曰月木欠止歹(歺)殳毋比毛氏气水(氺・氵)火(灬)爪(爫・爫)父爻(㸚)爿(丬)片牙(牙)牛犬(犭)

【才望(サイボウ)】 才能と人望。

【才名(サイメイ)】 才知に富むという世評。

【才略(サイリャク)】 才知に富んだはかりごと。

【才力(サイリョク)】 才知の力。才知の働き。

【才腕(サイワン)】 物事をてきぱきと処理できる才能と手腕。

2674 【承】 3021 3E35 8FB3 手－4 常5 ジョウ(呉)・ショウ(漢)/chéng/ うけたまわる・うける

筆順 承 承 承 承 承 承

字解 会意。手＋卩(ひざまずく人)＋廾(両手)。ひざまずいて両手でうける・両手でもちあげる意。甲骨文・金文は、ひざまずく人を両手でうける。丞に同じ。

甲骨文 金文 篆文

意味 ❶うける。うけつぐ。ひきつぐ。つたえる。『承前』『承伝』『継承』『起承転結』 ❷うける。うけいれる。うけていただく。ききいれる。したがう。『承知』『承認』『了承』 ❸たすける。「拯」に同じ。 ❹国うけたまわる。「聞く」の謙譲語。

❶ うける。うけつぐ。ひきつぐ。

下接 継承(ケイショウ)・口承(コウショウ)・師承(シショウ)・相承(ソウショウ|ソウジョウ)・伝承(デンショウ)・丕承(ヒショウ)・起承転結(キショウテンケツ)

【承句(ショウク)】 漢詩で、絶句の第二句。また、律詩の第三、第四句。

【承継(ショウケイ)】 地位、財産、義務などを受け継ぐこと。継承。

【承前(ショウゼン)】 前文の内容を受け継ぐこと。文章の初めに書いて、前文の続きであることを示す語。

【承伝(ショウデン)】 うけつたえること。

【承平(ショウヘイ)】 (太平を承うくの意) 平和の続くこと。

❷ うけいれる。

下接 敬承(ケイショウ)・拝承(ハイショウ)・不承(フショウ)・奉承(ホウショウ)・了承(リョウショウ)・領承(リョウショウ)・諒承(リョウショウ)

【承意(ショウイ)】 ①相手の意向をうけ入れること。②相手の気にいるように機嫌をとること。迎合。

【承引(ショウイン)】 承知して引き受けること。承諾。

【承歓(ショウカン|カンをうく)】 ①父母や君子などの喜びをうけること。＊白居易－長恨歌「承ㇾ歓侍ㇾ宴無ニ閑暇一(カンをうけエンにジしてカンカなし)」〔=みかどの楽しみにうまく気持ちを合わせ、みかどのお遊びにはいつもお側に仕えて、片時の暇もない〕」 ②人の喜びをかうようにつとめること。機嫌をとること。

【承顔(ショウガン|ガンをうく)】 ①人の顔色を見て逆らわぬように相手をすること。②面会すること。お目にかかること。

【承順(ショウジュン)】 逆らわないで従うこと。承従。

【承諾(ショウダク)】 相手の申し入れや頼みを引き受けること。

【承知(ショウチ)】 ①知っていること。『委細承知』 ②国申し入れや頼みなどを聞き入れること。『不承知』

【承認(ショウニン)】 ①正当であると認めること。②聞き入れて認めること。

【承服・承伏(ショウフク)】 承知して従うこと。

【承露盤(ショウロバン)】 中国、漢の武帝が建章宮に設けた銅製の盤。飲むと不老長寿になるという天の露を得ようとしたもの。〔漢書－郊祀志〕

手

2675 【拏】 5728 593C 9D5B 手－5 ダ(漢)/ná/

字解 形声。手＋奴(声)。手でつかむ意。拿は通俗体。

意味 つかまえる。つかむ。もつ。『虎擲竜拏(コテキリョウダ)』

【拏獲(ダカク)】 取り押さえてぶんどること。

【拏捕(ダホ)】 外国、敵国の船舶を海上で捕らえること。

2676 【挙】 2183 3573 8B93 手－6 常4
(2690)【擧】 5809 5A29 9DA7 手－13 旧字
(6478)【舉】 5810 5A2A 9DA8 臼－9
(6480)【舉】 ―― 臼－10

コ(呉)・キョ(漢)/jǔ/ あげる・あがる・こぞる

筆順 挙 挙 挙 挙 挙 挙

字解 挙は擧の略体。擧は形声。手＋與(ともにする)(声)。手をともに合わせてもちあげる意。のちに手を加えた。

同属字 欅・襷

参考 万葉仮名では音を借りて「け(乙)」「こ(乙)」。

意味 ❶あげる。もちあげる。ささげる。また、あがる。『挙手』『高挙』『標挙』 ❷おこなう。おこない。㋑ことをおこす。くわだてる。『挙式』『挙兵』『快挙』『暴挙』 ㋺ふるまい。身のこなし。『挙止』『挙措』『挙動』 ❸とりたてる。とりたてて用いる。登用する。また、そのための試験。『挙用』『推挙』『選挙』 ＊唐詩紀事「賈島赴ㇾ挙至ㇾ京(カトウキョにおもむききてケイにいたる)」〔=賈島が、官吏登用の試験を受けに都へやって来た〕」 ❹とりあげて、ならべ示す。『挙例』『枚挙(マイキョ)』『列挙(レッキョ)』 ❺とらえる。めしとる。『検挙(ケンキョ)』 ❻あげて。のこらず。こぞって。『挙国』『挙党』『一挙(イッキョ)』 ＊屈原－漁父辞「挙ㇾ世皆濁、我独清(よをあげてみなにごり、われひとりすめり)」〔=世の中じゅう、みな濁っているのに、自分一人だけが潔白である〕」 ⇓表

挙(キョ)	挙手	挙杯	推挙	薦挙	列挙	高挙	言挙(ことあげ)
揚(ヨウ)	揚水	揚名	称揚	宣揚	掲揚	高揚	揚言

(挙：あげる。とりたてる。／揚：あげる。あきらかにする。)

❶ あげる。もちあげる。ささげる。あがる。

下接 一挙(イッキョ)・高挙(コウキョ)・標挙(ヒョウキョ)・鳳挙(ホウキョ)

【挙哀(キョアイ)】 葬式、または納棺後、棺の側にあって泣き声をあげる礼。死者をまつるために哭泣(コッキュウ)する礼。

【挙火(キョカ)】 ①松明(たいまつ)、ともしびをかかげること。②かまどで煮たきをすること。転じて、生計をたてること。

【挙手(キョシュ)】 ①賛否や質問などの意思表示のために手を挙げること。②右手を挙げる敬礼。

【挙白(キョハク)】 (「白」はさかずき) さかずきをあげて酒を飲むこと。また、他人に酒をすすめること。

【挙句(キョク|あげク)】 ①連歌、連句の最後の七七の句。↕発句。②とどのつまり。結局。『挙句の果て』

❷ おこなう。おこない。ことをおこす。

下接 偉挙(イキョ)・一挙(イッキョ)・快挙(カイキョ)・義挙(ギキョ)・愚挙(グキョ)・軽挙(ケイキョ)・高挙(コウキョ)・再挙(サイキョ)・盛挙(セイキョ)・壮挙(ソウキョ)・大挙(タイキョ)・美挙(ビキョ)・妄挙(ボウキョ)・暴挙(ボウキョ)

【挙行(キョコウ)】 式や行事などを公に執り行うこと。
【挙止(キョシ)】 立ち居振る舞い。挙動。
【挙式(キョシキ)】 儀式、特に、結婚式をあげること。
【挙措(キョソ)】 立ち居振る舞い。『挙措進退』
【挙動(キョドウ)】 立ち居振る舞い。動作。『挙動不審』
【挙兵(キョヘイ)】 兵をあげること。軍事行動を起こすこと。

❸とりたてる。とりたてて用いる。

下接 科挙・貢挙・吹挙・推挙・制挙・選挙・薦挙・内挙・武挙・濫挙

【挙業(キョギョウ)】科挙。また、そのための勉強。

【挙子(キョシ)】①科挙に応じる人。②子をもうけること。

【挙状(キョジョウ)】所職や官位をのぞむ者を適当な個人や機関に推薦する書状。吹挙状。

【挙場(キョジョウ)】官吏任用のための科挙の試験場。

【挙人(キョジン)】中国で、官吏試験に応じる者。また、その合格者。漢代には地方長官、大臣から官吏に推挙された者、唐・宋では進士の試験を受ける者、明・清では地方試験である郷試に合格した者に与えられる称号。

【挙用(キョヨウ)】地位を引き上げて用いること。登用。

❹とりあげて、ならべ示す。

【挙証(キョショウ)】証拠をあげて示すこと。立証。

【挙例(キョレイ)】例をあげること。実例を示すこと。

❻あげて。のこらず。こぞって。

【挙家(キョカ)】家内残らず。

【挙国(キョコク)】一国全体。国民全部。『挙国一致』

【挙世(キョセイ)】世をあげて。世の中じゅう。

【挙党(キョトウ)】政党など、党の全体。党が一体となって事に当たる場合にいう。『挙党体制』

2677【挈】5745 594D 9D6C 手－6 ケイ㊥・ケツ㊥/qì・qiè/たずさえる

字解 形声。手＋㓞㊟。甲骨文は、人がものをささげもつ形に象る象形字で、ひっさげる意を表した。のち、形声字に変わったもので、㓞(きざむ)の意にも用いる。

甲骨文

篆文

意味 ❶ひっさげる。たずさえる。『提挈(テイケツ)』❷きざむ。削る。割符。「契」に通じる。❸「挈挈(ケツケツ)」は急ぐさま。

2678【拳】2393 377D 8C9D 手－6 人 (2679)〔拳〕手－6 旧字 ゲン㊐・ケン㊥/quán/こぶし

字解 形声。手＋𠔉(＝廾、丸くまく)㊟。手の指をまるめてつくるこぶしの意。

意味 ❶こぶし。こぶしを握る。『拳骨』『拳闘』『鉄拳』❷ささげもつさま。うやうやしくまごころのこもった様子。『拳拳服膺』『拳攣』❸かがむ。まがる。「巻」に同じ。『拳曲』❹国指、両手などを使って勝負する遊び。『藤八拳(トウハチケン)』『石い拳』『狐拳(きつねケン)』

❶こぶし。こぶしを握る。

下接 一拳・空拳・鉄拳・太極拳

【拳固(ゲンコ)】国握りこぶし。げんこつ。

【拳骨(ゲンコツ)】国握りこぶし。げんこ。

【拳銃(ケンジュウ)】小型の銃。短銃。ピストル。

【拳闘(ケントウ)】二人の競技者がグローブをはめて打ち合う競技。ボクシング。

【拳匪(ケンピ)】（拳や棒の術を尊信した無頼の徒の集団の意）義和団のこと。

【拳法(ケンポウ)】こぶしや足による突き、打ち、蹴りを主とした格闘術。『少林寺拳法』

❷ささげもつさま。うやうやしいさま。

【拳拳(ケンケン)】①熱心に敬慕の心を持ち続けること。②つつしむさま。【拳拳服膺(ケンケンフクヨウ)】心中に銘記して常に忘れないようにすること。〔中庸〕❤「服」は身につける、「膺」は胸の意。

【拳攣(ケンレン)】恋い慕うこと。思いこがれること。眷恋。

❸かがむ。まがる。

【拳曲(ケンキョク)】まがりくねること。

2680【拿】5729 593D 9D5C 手－6 ダ㊥/ná

字解 拏の通俗体。拏(2675)を見よ。

2681【掌】3024 3E38 8FB6 手－8 常 ショウ(シャウ)㊐㊥/zhǎng/てのひら・たなごころ・つかさどる

筆順

字解 形声。手＋尚(→當、あたる)㊟。手がものにあたるてのひら、ひいて、つかさどる意。

意味 ❶てのひら。たなごころ。『掌中』『合掌』❷つかさどる。うけもつ。また、つとめ。『掌握』『管掌』『車掌』❸熟字訓。『仙人掌(さぼてん)』『仏掌薯(つくねいも)』

❶てのひら。たなごころ。

下接 運掌・合掌・撫掌・熊掌

【掌骨(ショウコツ)】てのひらを形づくっている骨の一。

〔運於掌上(ショウジョウにめぐらす)〕てのひらの上で自由にあやつる。意のままに行うことのたとえ。＊孟子‐公孫丑上「治天下、可運之掌上(テンカをおさむること、これをショウジョウにめぐらすべし)」〔＝天下を治めることは、てのひらでものをころがすようにたやすい〕

【掌中之珠(ショウチュウのたま)】手のうちにある珠玉。転じて、多く、最愛の子をたとえていう。〔傅玄‐短歌行〕

【掌灯(ショウトウ)】手にたずさえるあかり。手燭の類。

【掌編・掌篇(ショウヘン)】ごく短い文芸作品。

〔反掌(たなごころをかえす)〕てのひらを裏返す。事態が容易なさま、態度が急変するさまをいう。〔漢書‐枚乗(バイジョウ)伝〕

〔指掌(たなごころをゆびさす)〕掌中にあるものをさすように、物事がきわめて明白で、正確であるたとえ。〔論語‐八佾〕

❷つかさどる。うけもつ。また、つとめ。

下接 鞅掌・管掌・兼掌・車掌・職掌・分掌

【掌握(ショウアク)】自分の意のままに支配できるようにしておくこと。『部下を掌握する』

【掌管(ショウカン)】つかさどること。管掌。

【掌故(ショウコ)】①中国、漢代に設けられた礼楽の故事をつかさどる官。②しきたり。故事。故実。

【掌理(ショウリ)】担当してとりまとめること。

2682【掣】5758 595A 9D79 手－8 セイ㊐㊥・セツ㊥/chè/ひく

字解 形声。手＋制(おさえる)㊟。おさえて自由にさせない、ひく意。

意味 ❶ひく。ひきとめる。『掣肘』『牽掣(ケンセイ)』❷「電掣(デンセイ)」は、いなずまの意。

【掣肘(セイチュウ)】そばから干渉して自由な行動を妨げること。〔呂氏春秋‐具備〕

2683 【搴】 5775 596B 9D8B 手-10 ケン漢/qiān/かかげる

字解 形声。手＋寒省声。とる、まく、かかげる意。

2684 【撃】 2366 3762 8C82 手-11 常 (2692)〔擊〕＊3303 手-13 旧字 人

キャク呉・ケキ漢・ゲキ慣/jī/うつ・ぶつ

筆順 亘 車 軋 毄 撃 撃

字解 撃は、擊の略体。擊は形声。手＋毄(車がぶつかる)声。強くぶつかる、うつ意。

意味 ❶うつ。手や刀などで強く打つ。たたく。なぐる。『打撃』『鼓腹撃壌(コフクゲキジョウ)』 ❷うつ。攻める。『撃退』『撃滅』『襲撃』『進撃』『反撃』 ❸うつ。鉄砲、大砲などでうつ。『撃墜』『銃撃』『砲撃』 ❹ふれる。目にふれる。『目撃(モクゲキ)』 ❺非難する。『駁撃(バクゲキ)』 ⇒〔打〕(2699)の表

❶ 強く打つ。たたく。なぐる。

下接 一撃(イチゲキ)・殴撃(オウゲキ)・轂撃(コクゲキ)・刺撃(シゲキ)・衝撃(ショウゲキ)・打撃(ダゲキ)・電撃(デンゲキ)・搏撃(ハクゲキ)

【撃剣(ゲキケン/ゲッケン)】 刀剣・竹刀・木刀で身を守り、敵を討つ術。

【撃砕(ゲキサイ)】 打って物をくだくこと。→❷

【撃刺(ゲキシ)】 矛(ほこ)や刀で打ち、または刺すこと。

【撃壌(ゲキジョウ)】 ①大地、または壌という楽器を打つこと。特に、「撃壌之歌」の故事から、世の中が平和なことを表すのに用いる。＊十八史略-五帝「有二老人一、含レ哺鼓レ腹、撃レ壌而歌(ロウジンあり、ホをふくみはらをコし、ジョウをうちてうたう)〔＝老人が、口の中に食物を含みながらはらつづみをうち、壌をたたいて歌った〕」 ②木製の、沓形の壌を土の上におき、三、四〇歩離れた所から別の壌を投げてあてる遊戯。げたうち。【撃壌之歌(ゲキジョウのうた)】 中国、尭の時代に、老人が天下の太平を喜び楽しんで、大地をたたきながらうたった歌をいう。＊十八史略-五帝「日出而作、日入而息、鑿レ井而飲、耕レ田而食、帝力何有二於我一哉(ひいでてサクし、ひいりていこう、いをうがちてのみ、デンをたがやしてくらう、テイリョクなんぞわれにあらんや)〔＝日が出ると働き、日が入ると家に帰って休む。井戸を掘っては飲み、畑を耕して食っている。帝のおかげなどわらしらにはなんの関係もないことだ〕」

【撃節(ゲキセツ)】 たたいて拍子をとること。

【撃柝(ゲキタク)】 拍子木(ヒョウシぎ)をたたくこと。

【撃断(ゲキダン)】 ①たたき切ること。②厳しい刑罰を思うままに断行すること。

【撃缶(ゲキフ/フをうつ)】 缶(ほとぎ)を楽器がわりに打って拍子をとること。♥「缶」は酒を入れる素焼きのつぼ。

❷ 攻める。

下接 急撃(キュウゲキ)・挟撃(キョウゲキ)・迎撃(ゲイゲキ)・攻撃(コウゲキ)・襲撃(シュウゲキ)・出撃(シュツゲキ)・進撃(シンゲキ)・追撃(ツイゲキ)・痛撃(ツウゲキ)・突撃(トツゲキ)・排撃(ハイゲキ)・反撃(ハンゲキ)・遊撃(ユウゲキ)・邀撃(ヨウゲキ)・雷撃(ライゲキ)

【撃砕(ゲキサイ)】 攻めて相手を完全に負かすこと。→❶

【撃攘(ゲキジョウ)】 敵をうちはらうこと。撃退。

【撃退(ゲキタイ)】 敵・相手を攻撃して追い払うこと。

【撃破(ゲキハ)】 敵をうちやぶること。

【撃滅(ゲキメツ)】 攻撃して全滅させること。

❸ 鉄砲、大砲などでうつ。

下接 射撃(シャゲキ)・銃撃(ジュウゲキ)・狙撃(ソゲキ)・直撃(チョクゲキ)・迫撃(ハクゲキ)・爆撃(バクゲキ)・砲撃(ホウゲキ)

【撃沈(ゲキチン)】 艦船をうち沈めること。

【撃墜(ゲキツイ)】 飛行機をうち落とすこと。

2685 【摯】 5785 5975 9D95 手-11 シ漢・チ漢・シツ漢/zhì/とる・つかむ

字解 形声。手＋執(にぎりもつ)声。手でにぎりもつ、とる意。

甲骨文 篆文

意味 ❶とる。もつ。つかむ。❷いたる。❸ゆきとどく。まじめ。『真摯(シンシ)』 ❹あらあらしい。やぶる。

2686 【摹】 ― ― 手-11 モ呉・ボ漢/mó/ならう・まねる

字解 形声。手＋莫(ない)声。ないものを手でさぐる意。

意味 ならう。まねる。うつす。また、かた。のり。「摸」「模」に同じ。『臨摹(リンボ)』

【摹本(モホン)】 ①原本を模写して作った本。②習字・図画などの手本。臨本。

2687 【摩】 4364 4B60 9680 手-11 常 (2688)〔摩〕 ― ― 手-11 旧字

マ呉・バ漢/mó/する・さする・すれる・なでる

筆順 摩 摩 摩 摩 摩 摩

字解 形声。手＋麻(茎を細かく裂いてあさ糸にする)声。手でこすり合わせて細かくすりつぶす、する意。

参考 万葉仮名では音を借りて「ま」。

意味 ❶する。さする。こする。なでる。『摩擦』『摩滅』『摩耗』『按摩』 ❷みがく。研ぐ。「磨」に同じ。『摩崖仏』『研摩』 ❸せまる。とどく。こするほど近づく。『摩天楼』『摩塁』 ❹音訳字。『維摩(ユイマ)』

❶ する。さする。こする。なでる。

下接 按摩(アンマ)・減摩(ゲンマ)・揣摩(シマ)・撫摩(ブマ)

【摩戛(マカツ)】 物と物とがすれ合って音を出すこと。

【摩擦(マサツ)】 ①すれ合うこと。また、すり合わせること。②両者の間に意見や感情の食い違いが起こり、事がうまく運ばないこと。『乾布(カンプ)摩擦』『貿易摩擦』

【摩頂(マチョウ)】 仏語。仏菩薩などが授記、付属などのために頭をなでること。

【摩滅(マメツ)】 すれて消えること。すり減ってなくなること。♥書き換え「磨滅→摩滅」。

【摩耗(マモウ)】 すり減ること。機械の部品や道具にいう。

❷ みがく。研ぐ。

下接 研摩(ケンマ)・切摩(セツマ)・漸摩(ゼンマ)

【摩崖仏(マガイブツ)】 自然の岩をこすりみがいて彫った仏。磨崖仏(マガイブツ)。

❸ せまる。とどく。

【摩天楼(マテンロウ)】 天に届くかと思われるような高層建築物。♥英skyscraperの訳。ニューヨーク市のエンパイアステートビルディングなどをいう。

【摩塁(マルイ/ルイをマす)】 敵のとりでに迫ること。

❹ 音訳字。

下接 護摩(ゴマ)・維摩(ユイマ)・断末摩(ダンマツマ)

【摩訶不思議(マカフシギ)】 (「摩訶」は梵mahāの音訳。大き

いの意）非常に不思議なこと。

【摩尼（マニ）】（梵 maṇi の音訳）仏語。①珠玉の総称。悪を去り濁水を澄ませる徳があるといわれる。②如意宝珠のこと。願うことのかなえられる玉という。

【摩耶（マヤ）】（梵 Māyā の音訳）ゴータマ＝シッダールタ（釈尊）の生母。釈尊を産んで七日目に没し、忉利天（トウリテン）に生まれたと伝えられる。仏母（ブツモ）。前四八三年頃没。

【摩羅（マラ）】（梵 māra の音訳）①煩悩（ボンノウ）。②陰茎。

【摩利支天（マリシテン）】（「摩利支」は 梵 marīci の音訳。陽炎と訳す）仏教守護の神。我が国では、武士の守護神とされた。❤陽炎の神格化で、身を隠して障礙（ショウゲ）を除き、太陽につかえるとしてインドの民間に信仰された神。

2689 【擊】 ―――　手-12　ヘイ 「擻」(2947)の異体字

2690 【擧】 5809 5A29 9DA7　手-13　キョ 「挙」(2676)の旧字

2691 【擎】 ＊3306　手-13　ケイ 漢 \qíng\ささげる

字解 形声。手＋敬 声。ささげる・あげる意。

2692 【擊】 ＊3303　手-13　ゲキ 「撃」(2684)の旧字

2693 【擘】 5806 5A26 9DA4　手-13　ハク 漢・ヘキ 漢 \bò\さく・つんざく

字解 形声。手＋辟（ひらく）声。手でさきひらく意。

意味 ❶おやゆび。転じて、いちばんすぐれたもの。『擘指』『巨擘（キョハク）』❷つんざく。裂く。『擘裂』＊白居易-長恨歌「釵擘二黄金一合分レ鈿（サイはオウゴンをさきゴウはデンをわかつ）〔＝かんざしは黄金をひき裂き、箱は青貝の細工を二つに分ける〕」

【擘指（ハクシ）】おやゆび。拇指（ボシ）。

【擘裂（ハクレツ）】ひき裂くこと。つんざくこと。

2694 【擥】 ＊3312　手-14　ラン 「攬」(2999)の異体字

2695 【攀】 5821 5A35 9DB3　手-15　ハン 漢 \pān\よじる・のぼる

字解 形声。手＋樊 声。

意味 物にとりすがる。よじのぼる。『登攀（トウハン・トハン）』

【攀援（ハンエン）】①つかまりのぼること。よじのぼること。ひきもどすこと。攀縁。②たよること。依頼すること。

【攀縁（ハンエン）】①頼ってよじのぼること。攀援。②仏語。心が対象にとらわれること。執着すること。

【攀桂（ハンケイ）】月の世界に生える桂によじのぼること。科挙に合格することのたとえ。〔杜甫-八月一五夜〕

【攀竜（ハンリョウ）】（竜にとりすがる意）勢力あるものにつき従って出世すること。〔漢書-叙伝下〕『攀竜附鳳（フホウ）』

【攀恋（ハンレン）】とりすがってなごりを惜しむこと。

2696 【攣】 5827 5A3B 9DB9　手-19　レン 呉 漢 \luán・luàn・liàn\つる・ひきつる

字解 形声。手＋䜌 声。

意味 ❶ひきつる。手足が伸びない。『攣縮』『痙攣（ケイレン）』❷かかわる。つながる。『攣拘』『拘攣（コウレン）』❸したう。「恋」に同じ。『攣攣』『拳攣（ケンレン）』『牽攣乖隔（ケンレンカイカク）』

【攣拘（レンコウ）】つなぎとめられること。束縛されること。

【攣縮（レンシュク）】筋肉などがひきつり、ちぢまること。

【攣攣（レンレン）】恋い慕い、思いこがれるさま。恋恋。

手

2697 【拜】 5733 5941 9D60　手-5　ハイ 「拝」(2760)の旧字

扌

2698 【扎】 5709 5929 9D48　手-1　サツ 漢 \zhā・zhá

字解 会意。手＋乙。ぬく意。

2699 【打】 3439 4247 91C5　手-2　常3　チョウ（チャウ）呉・テイ 漢・ダ 慣 \dǎ\うつ・ぶつ・ダース

筆順 打 打 打 打 打

字解 形声。手＋丁（くぎ）声。くぎを手にもち、うつ意。

意味 ❶うつ。たたく。『打開』『打倒』『殴打』⇓表 ❷野球などで、ボールを打つこと。『打率』『安打』『犠打』❸動詞の意味を強めたり、単に語調を整えたりする接頭語。『打算』『一網打尽（イチモウダジン）』『只管打坐』❹（英 dozen の音訳「打臣」の略）ダース。一二個をひと組みとして数える助数詞。

❶ うつ。たたく。

下接 殴打（オウダ）・毬打（ギッチョウ）・強打（キョウダ）・金打（キンチョウ）・痛打（ツウダ）・猛打（モウダ）・乱打（ランダ）・連打（レンダ）

打（ダ）	撃（ゲキ）
打撃	
うつ。たたく。	うつ。つつく。せめる。
打破　打鼓　打鐘　打毬　殴打　打撲	撃破　撃鼓　撃柝　撃剣　拳撃　衝撃

【打囲（ダイ）】狩猟のこと。獲物を取り囲んで捕らえることからいう。

【打開（ダカイ）】ゆき詰まった状態を切り開くこと。『現状を打開する』

【打鬼（ダキ）】北京の雍和宮（ヨウワキュウ）やラマ教の寺院で、毎年一月に邪鬼を追い払うために行われた民間行事。

【打毬（ダキュウ）】大陸伝来の、集団で毬（まり）をうつ競技。

【打魚（ダギョ）】網を投げて魚をとること。

【打撃（ダゲキ）】①うちたたくこと。②痛手。損害。→❷

【打診（ダシン）】①胸や背などを指先などでたたいて診察すること。②前もって相手の意向を判断すること。

【打電（ダデン）】電報をうつこと。↕受電

【打倒（ダトウ）】相手をうち倒すこと。うち負かすこと。

【打破（ダハ）】うち負かすこと。うちやぶること。

【打撲（ダボク）】うったり、たたいたりすること。『打撲傷』

【打擲（チョウチャク）】うちたたくこと。ぶつこと。

❷ 野球などで、ボールを打つこと。

下接 安打（アンダ）・犠打（ギダ）・強打（キョウダ）・好打（コウダ）・代打（ダイダ）・長打（チョウダ）・痛打（ツウダ）・貧打（ヒンダ）・猛打（モウダ）・乱打（ランダ）・連打（レンダ）

【打球（ダキュウ）】野球などで、打ったたま。

【打撃（ダゲキ）】国野球で、打者がボールを打つこと。→❶

【打線（ダセン）】国野球で、打者の陣容。『強力打線』

【打率（ダリツ）】国野球で、安打数を打数で割った率。

❸ 接頭語。

【打坐（ダザ・ザタ）】坐禅をすること。『只管（シカン）打坐』

【打算（ダサン）】①見積もること。②国損得を計算すること。「打算的」

難読姓氏 打垣内（うちがいと）

2700【払】4207 4A27 95A5 手－2 常 (2766)【拂】5736 5944 9D63 手－5 旧字 人

ホツ呉・フツ漢・ヒツ漢/fú・bì/はらう・はらい

筆順 払 払 払 払 払

字解 払は、拂の略体。拂は形声。手＋弗（はらいのける）声。てではらいのける意。

意味 ❶はらう。はらいのける。「払拭」「払底」「秉払（ヒンポツ）」「蠅払（ヨウフツ）」❷さからう。そむく。「払逆」❸（ヒツ）たすける。「払士」❹国金銭をはらう。「支払（しはらい）」

❶はらう。はらいのける。

【払暁（フツギョウ）】明け方。夜明け。

【払拭（フッショク）】すっかりぬぐい去ること。

【払底（フッテイ）】国すっかり無くなること。また、ひどく欠乏すること。♥入れ物の底をはらう意。

【払子（ホッス）】獣毛や麻などを束ねて柄を付けた法具。僧が虫や塵を払うもの。また、説法のときの持ち物。

❷さからう。そむく。

【払逆（フツギャク）】道理にそむいていること。不条理なこと。

【払乱（フツラン）】さからって乱すこと。食いちがうこと。

❸たすける。

【払士（ヒッシ）】君子を補佐する賢者。弼士（ヒッシ）。

2701【扑】＊3125 手－2 ホク漢・ボク慣/pū/うつ

字解 形声。手＋卜（うつ音）声。うつ、むちうつ意。

2702【扖】＊3128 手－2 はめる

字解 国字。会意。手＋入（いれる）。手ではめこむ、はめる意。

2703【扞】5710 592A 9D49 手－3 (2802)【捍】5750 5952 9D71 手－7

カン漢/hàn・gǎn/ふせぐ

字解 形声。手＋干（武器）声。武器をもってふせぐ意。

意味 ふせぐ。まもる。こばむ。「拒扞（キョカン）」

【扞格（カンカク）】こばみ合い、互いに相容れないこと。不一致。「扞格齟齬（ソゴ）」

【扞禦（カンギョ）】守りふせぐこと。防御。防護。

【扞城（カンジョウ）】（「扞」は楯の意。楯も城も人を守るものであることから）ふせぎ守ること。

【扞蔽（カンペイ）】ふせぐこと。ふせぎおおうこと。藩屏（ハンペイ）。

2704【扛】5712 592C 9D4B 手－3 コウ（カウ）漢/gāng・káng/あげる

字解 形声。手＋工（穴をあけ通す工具ののみ）声。棒を貫き通してかつぐ意。

意味 あげる。もちあげる。また、かつぐ。

【扛鼎（コウテイ）】鼎（かなえ）を持ちあげること。転じて、力のきわめて強いこと。

2705【扣】5711 592B 9D4A 手－3 コウ漢/kòu/ひかえる・たたく

字解 形声。手＋口（→控、ひかえる）声。手でひかえる意。

意味 ❶ひかえる。ひきとめる。「扣制」❷たたく。うつ。「叩」に同じ。「扣舷」「扣頭」「扣門」「参扣（サンコウ）」＊蘇軾-前赤壁賦「扣ㇾ舷而歌ㇾ之（ふなべりをたたきてこれをうたう）」〔＝船べりをたたいて（拍子をとりながら）うたった〕」❸さしひく。へらす。「扣除」

【扣舷（コウゲン）】ふなべりをたたくこと。舷側をたたくこと。

【扣除（コウジョ）】金銭、数量などをさし引くこと。控除（コウジョ）。

【扣制（コウセイ）】ひきとめること。抑えとどめること。控制。

【扣頭（コウトウ）】ぬかずくこと。叩頭。

【扣門（コウモン）】門をたたくこと。人を訪問すること。

2706【扠】5713 592D 9D4C 手－3 シャ呉・タイ漢・サ慣/chā/さす・やす・さて

字解 形声。手＋叉（指の間にはさむ）声。はさみとる意。

意味 ❶はさみとる。❷さす。ふたまた、みつまたの尖ったものでさす。❸やす。水中の魚を突きさす道具。❹国さて。話を転ずるときの接続詞。

2707【扱】1623 3037 88B5 手－3 常 (2724)【扱】二二 手－4 旧字

ソウ（サフ）漢・キュウ（キフ）漢/chā・xī/あつかう・あつかい・こく・しごく

筆順 扱 扱 扱 扱 扱

字解 形声。手＋及（およびつく）声。手でおさめ入れる意。また、吸・翕に通じ、手でとり入れる意を表すとも。

意味 ❶おさめる。とりいれる。❷こく。しごく。「稲扱（いねこ）き」「扱（しご）き帯」❸国あつかう。「取り扱い」「客扱い」

2708【扡】二二 手－3 タ 「拖」(2750)の異体字

2709【托】3481 4271 91EF 手－3 タク呉漢/tuō/のせる・たよる

字解 形声。手＋乇声。

意味 ❶手の上に置く。物をのせる。また、その台。「托鉢」「花托（カタク）」「茶托（チャタク）」❷たよる。たのむ。身を寄せる。あずける。「託」に同じ。「托生」「托付」「委託（イタク）」「請托（セイタク）」「負托（フタク）」❸「屈托（クッタク）」は、くよくよすること。「屈託」に同じ。

【托生（タクショウ）】①他のものにたよって生きながらえること。〔荘子-天地〕②死後、生まれかわること。「一蓮（イチレン）托生」

【托鉢（タクハツ）】僧尼が修行として施しを受けるため鉢をもって各戸を回ること。「托鉢僧」

【托付（タクフ）】あずけまかせること。

2710【扚】＊3129 手－3 チョウ（テウ）漢・テキ漢

字解 形声。手＋勺（→約、しめつける）声。手でうってしめつける、うつ意。

2711【扨】5714 592E 9D4D 手－3 さて

字解 国字。日本で扨を「さて」とよむのは、近世、すくい網の「さて（叉手）」に扨をあて、字形を転ずるとともに、接続詞の「さて」に借りたものであろう。

2712【扵】 一一 手－4 オ「於」(3091)の異体字

2713【找】 5718 5932 9D51 手－4 カ(クヮ)漢/huā
[字解] 形声。手＋戈声。さおさす、また、おぎなう意。

2714【技】 2127 353B 8B5A 手－4 [常]5 ギ呉・キ漢/jì/わざ
[筆順] 技技技技技技技
[字解] 形声。手＋支(えだ)声。枝を手にもちなす、てわざの意。
[意味] わざ。㋑手のはたらき。手でする細工。うでまえ。『技芸』『技能』『特技』㋺特に、格闘技などでのわざ。『荒技(あらわざ)』『大技(おおわざ)』『寝技(ねわざ)』
[下接] 演技(エンギ)・快技(カイギ)・格技(カクギ)・球技(キュウギ)・競技(キョウギ)・曲技(キョクギ)・芸技(ゲイギ)・巧技(コウギ)・好技(コウギ)・国技(コクギ)・雑技(ザツギ)・試技(シギ)・実技(ジツギ)・手技(シュギ)・心技(シンギ)・神技(シンギ)・絶技(ゼツギ)・賤技(センギ)・体技(タイギ)・多技(タギ)・長技(チョウギ)・闘技(トウギ)・特技(トクギ)・薄技(ハクギ)・秘技(ヒギ)・美技(ビギ)・武技(ブギ)・妙技(ミョウギ)・遊技(ユウギ)・余技(ヨギ)
【技芸(ギゲイ)】美術、工芸などの技術。
【技巧(ギコウ)】技術に巧みなこと。日本語では特に、芸術で、巧みに表現する技術。テクニック。
【技術(ギジュツ)】[1]科学理論を応用し、生産、加工に役立てる方法・手段。[2]方法や手段。こつ。『運転技術』
【技能(ギノウ)】物事を行う能力、わざ。
【技癢(ギヨウ)】(「癢」は歯がゆい意) 自分の技量を示したくて、もどかしく思うこと。
【技量(ギリョウ)】物事を行ったりする腕前。手なみ。♥書き換え「技倆→技量」。

2715【抂】 5716 5930 9D4F 手－4 キョウ(キャウ)漢/みだれる・まげる
[字解] 形声。手＋王声。みだれるさま。枉・狂に同じ。

2716【抉】 5717 5931 9D50 手－4 ケツ漢/jué/えぐる・くじる・こじる
[字解] 形声。手＋夬(ひっかけえぐる)声。えぐる意。手を加えてその字義を明確にした。
[意味] えぐる。えぐりとる。ほじくりだす。こじる。くじる。あばく。『剔抉(テッケツ)』 *十八史略-春秋戦国「抉二吾目一懸二東門一(わがめをえぐりてトウモンにかけよ)」〔=私の目をえぐり出して城の東門にぶらさげよ〕」
【抉剔(ケッテキ)】えぐり出すこと。剔抉。抉出。

2717【抗】 2519 3933 8D52 手－4 [常] コウ(カウ)漢/kàng/あげる・あらがう
[筆順] 抗抗抗抗抗抗抗
[字解] 形声。手＋亢(高くあがる)声。高くあげる意。
[意味] ❶あげる。高くする。高ぶる。『抗顔』 ❷こばむ。さまたげる。ふせぎまもる。『抗原』『抗力』 ❸あらがう。さからう。対等にはりあう。『抗議』『抗争』『対抗』

❶ あげる。高くする。高ぶる。
【抗顔(コウガン)】高ぶった顔つき。あつかましく振る舞うこと。また、きびしい顔つき。亢顔(コウガン)。

❷ こばむ。さまたげる。ふせぎまもる。
【抗原・抗元(コウゲン)】体内で抗体を形成させる物質。蛋白質(タンパクシツ)、細菌など。

【抗体(コウタイ)】動物の体内に入ってきた病原体に対して、血清の中にできる抵抗物質。

【抗力(コウリョク)】流体中を物体が運動するとき、運動を妨げる方向に働く力。『不可抗力』

❸ あらがう。さからう。対等にはりあう。
[下接] 拮抗(キッコウ)・対抗(タイコウ)・抵抗(テイコウ)・反抗(ハンコウ)

【抗議(コウギ)】反対の意見、不満などを主張すること。

【抗拒(コウキョ)】はりあって相手の行為をはばむこと。

【抗言(コウゲン)】逆らって言うこと。また、その言葉。

【抗衡(コウコウ)】互いにはりあうこと。

【抗節(コウセツ)】自分の主義や信念などを固く守って曲げないこと。節操を固く守ること。

【抗戦(コウセン)】抵抗して戦うこと。『徹底抗戦』

【抗争(コウソウ)】逆らい争うこと。はりあうこと。

【抗弁・抗辯(コウベン)】[1]相手の主張に対抗して意見を述べること。[2][国]民事訴訟で、相手方の陳述を退けるために別の主張をすること。

【抗礼(コウレイ)】尊卑の差別をつけないこと。伉礼。

【抗論(コウロン)】はりあい、逆らって議論すること。

2718【抅】 一一 手－4 コウ「拘」(2746)の異体字

2719【扻】 一一 手－4 シ漢・セツ漢/zhì
[字解] 櫛に同じ。くしけずる意。

2720【抒】 5719 5933 9D52 手－4 ショ漢・ジョ慣/shū/のべる
[字解] 形声。手＋予(のばす)声。手をのばしてくむ意。
[意味] ❶くむ。すくいだす。❷のべる。心中を打ち明ける。『抒情』
【抒情(ジョジョウ)】自分の感情を述べあらわすこと。叙情(ジョジョウ)。『抒情詩』

2721【抄】 3022 3E36 8FB4 手－4 [常] ショウ(セウ)呉・ソウ(サウ)漢/chāo/とる・かすめとる・うつす・うつし
[筆順] 抄抄抄抄抄抄抄
[字解] 形声。手＋少(すくない)声。少しだけとる、また、かすめとる意。
[意味] ❶とる。また、かすめとる。奪いとる。『抄奪』『抄略』 ❷うつす。文の一部を書き抜く。抜き書きする。また、文書を書き写す。『抄訳』『抄録』『詩抄』『手抄(シュショウ)』 ❸紙をすく。『抄紙(ショウシ)』 ❹[国]注釈をつける。注釈書。『湖月抄(コゲツショウ)』『史記抄(シキショウ)』

❶ とる。また、かすめとる。
【抄撮(ショウサツ)】[1]つまみとること。[2]つまみとった分量。わずかの分量。

【抄奪(ショウダツ)】思うままに奪いとること。掠奪。

【抄略・抄掠(ショウリャク)】かすめうばうこと。

❷ 抜き書きする。
【抄出(ショウシュツ)】抜き書きすること。

【抄書(ショウショ)】抜き書き。抄録。

【抄本(ショウホン)】[1]抜き書きした本。↔完本。[2][国]原本の

心(小・忄)戈戸(戶)手(扌)支攴(攵)
4画
文斗斤方无(旡・无)日曰月木欠止歹(歺)殳毋比毛氏气水(氺・氵)火(灬)爪(爫・⺥)父爻(㸚)爿(丬)片牙(㸦)牛犬(犭)

一部分を写し取った書面。特に、戸籍抄本。↕原本

【抄訳ショウヤク】原文を部分的に抜き出して翻訳すること。

【抄録ショウロク】要点を抜き書きすること。また、抜き書きしたもの。

❹（日本語で）注釈をつける。注釈書。

【抄物ショウもの】室町時代以後、京都五山の僧や儒者が行った漢籍、仏典などの講釈の聞き書き類の総称。

2722【折】3262 405E 90DC 手－4 常4 セチ呉・セツ漢/zhé・shé/おる・おれる・おり

筆順 折 折 折 折 折 折 折

字解 会意。もと、斦(切断された木)＋斤(おの)。おので切る意。斦は篆文で手にかえられた。

甲骨文 金文 篆文

意味 ❶おる。おれる。おれまがる。『折角』『折檻』『曲折』『屈折』❷くじく。くじける。『折伏』『折衝』『挫折』❸わける。わけて選びとる。『折衷』『折半』❹なじる。せめる。『面折メン』❺さばく。さだめる。『折獄』❻死ぬ。『短折タン』『夭折ヨウ』❼国おり。場合。『折節おりふし』『時折ときおり』

❶おる。おれる。おれまがる。

下接 右折ウ・回折カイ・九折キュウ・曲折キョク・玉折ギョク・屈折クッ・磬折ケイ・膠折コウ・骨折コッ・摧折サイ・左折サ・短折タン・半折ハン／杉折すぎおり・九十九折つづらおり

【折角セッカク】[1]慢心を打ちくだくこと。[2]国骨を折って。苦労して。[3]国たまの。わざわざ。〔漢書‐朱雲伝〕❤[1]は、中国、前漢の朱雲が五角の人充宗と易を論じて勝ち、時の人が評して、朱雲の強力、よく鹿の角を折ったとしゃれたという故事からいう。

【折檻セッカン】きびしく叱ること。責めさいなむこと。〔漢書‐朱雲伝〕❤中国、前漢の朱雲が成帝を強くいさめて怒りをうけ、朝廷から引きずり出されようとしたときに檻てすりにつかまったため、その檻が折れたという故事から。

【折簡セッカン】（「簡」は手紙に用いた竹札の意）小形に切った紙に書いた略式の手紙。官を任免するときの書札。

【折桂セッケイ】中国、唐以降、進士の試験に首席で合格すること。〔晋書‐郤詵ゲキシン伝〕❤桂の枝を折って自分のものとする意。「桂林一枝」の故事からいう。

【折膠セッコウ】秋の季節。また、弓が強くなり、戦いに適した時期。〔漢書‐鼂錯チョウソ伝〕❤秋になると膠にかわが、しなやかに折れ曲がるようになるところから。

【折枝セッシ】[1]（「枝」は肢で、手足の意）手足をもみほぐすこと。また、一説に腰を曲げておじぎをすること。[2]ヤナギの枝を折ること。旅立つ人を見送ること。

【折傷セッショウ】[1]折れて傷つくこと。くじけいたむこと。[2]早死にすること。

【折腰セツヨウ】腰を折ること。腰を曲げて人を拝すること。また、節を屈し人にくだること。〔晋書‐隠逸伝・陶潜〕

【折柳セツリュウ】[1]はなむけにヤナギの枝を折ること。転じて、送別。[2]別離の曲の名。「折楊柳」ともいう。＊李白‐春夜洛城聞レ笛「此夜曲中聞二折柳一、何人不レ起二故園情一このよキョクチュウセツリュウをきく、なんぴとかコエンのジョウをおこさざらん〔＝この夜、曲の中に折楊柳が聞こえてきた。（この曲を聞いて）いったいだれが故郷を思う気持ちを起こさずにいられよう〕」

❷くじく。くじける。

下接 摧折サイ・挫折ザ・百折不撓ヒャクセツフトウ

【折伏シャクブク】仏教で、悪人や悪法を折くじき伏せること。

【折衝セッショウ】相手と談判、かけひきをすること。『樽俎折衝ソンソセッショウ』❤相手が衝ついてくるのをくじく意。

【折辱セツジョク】味方の勢いをたのんで、相手をはずかしめること。

❸わける。わけて選びとる。

【折衷・折中セッチュウ】両方の良い所をとって調和させること。『和洋折衷』

【折納セツノウ】中国の納税方法の一種。政府に納入すべき銭物を等価の他物で納めること。

【折半セッパン】金銭や品物を二等分すること。

❺さばく。さだめる。

【折獄セツゴク】判決を下すこと。また、その判決。

2723【抓】5720 5934 9D53 手－4 ソウ（サウ）漢/zhuā/かく・つまむ・つねる

字解 形声。手＋爪(つめ)声。指先の動作、かく(掻)・つまむ。日本語で、つねる。

2724【扱】―― 手－4 ソウ「扱」(2707)の旧字

2725【択】3482 4272 91F0 手－4 常 (2960)【擇】5804 5A24 9DA2 手－13 旧字 タク漢・ジャク（ヂャク）慣/zé・zhái/えらぶ・よる

筆順 択 択 択 択 択 択 択

字解 択は、擇の通俗体。擇は形声。手＋睪(次々につながる)声。次々とあるものの中からえらぶ意。

意味 えらぶ。えらびとる。よる。『簡択カンタク』『採択サイタク』『選択センタク』＊史記‐伯夷伝「択レ地而踏レ之ちをえらびてこれをふむ〔＝行動の一つ一つによく注意する〕」

【択一タクイツ】二つ以上のものの中から一つを選ぶこと。『二者択一』

【択吉タッキツ】吉日を選ぶこと。択日。

【択言タクゲン】善悪をわきまえるべきことば。また、一説に悪いことば。

【択材タクザイ】すぐれた人材を選ぶこと。択人。択士。

【択木タクボク】鳥が木を選んでとまること。臣下が仕えるべき君主を選ぶたとえ。〔左伝‐哀公一一年〕

【択行タッコウ】善悪をわきまえるべき行い。また、一説に悪い行い。

難読地名 択捉えとろふ郡（北海道）

2726【投】3774 456A 938A 手－4 常3 トウ呉漢/tóu/なげる

筆順 投 投 投 投 投 投 投

字解 形声。手＋殳(木の棒をもちなげつける)声。なげる意。のちに手を加えて、その字義を明確にした。

意味 ❶なげる。物をなげる。なげかける。『投下』『投擲』❷なげる。なげ捨てる。とおざける。あきらめる。『投棄』『投降』❸いれる。あたえる。おくる。また、さし出す。『投稿』『恵投ケイトウ』❹いたりつく。おちつく。とまる。とどまる。『投宿』『帰投キトウ』❺あう。ぴったり合う。また、あわせる。『投機』『投合』❻野球で、球をなげること。また、「投手」「投球」の略。『完投』

❶ なげる。物をなげる。なげかける。

下接 暗投（アントウ）・梭投（サトウ）・五体投地（ゴタイトウチ）・一挙手一投足（イッキョシュイットウソク）

【投影（トウエイ）】①ものの影が映ること。ある物の存在や影響が、他に具体的な形となって現れること。②数学で、物体に平行光線を当て、その影を平面上に写すこと。また、その図。『投影図』

【投下（トウカ）】物体を投げ落とすこと。『原爆投下』

→❸

【投壺（トウコ）】宴席の遊戯の一。壺をはさんで向かいあい、矢を投じて壺へのはいり方や数で点数を争って遊んだ。

投壺〔雅遊漫録〕

【投擲（トウテキ）】①投げうつこと。②円盤投げ、砲丸投げなどの競技。

❷ なげる。なげ捨てる。あきらめる。

【投棄（トウキ）】投げ捨てること。『不法投棄』

【投降（トウコウ）】敵軍に降参すること。『投降兵』

【投身（トウシン）】自殺をするために、身を投げること。身投げ。『投身自殺』

❸ いれる。あたえる。

【投下（トウカ）】資本を出すこと。投資。→❶

【投稿（トウコウ）】新聞、雑誌などへ原稿を寄せること。

【投獄（トウゴク）】捕らえて監獄に入れること。

【投資（トウシ）】事業に資金を投入すること。出資。また、株券、債券などの購入に資金をまわすこと。

【投書（トウショ）】意見、苦情などを書いて、公の機関や新聞などに送りつけること。

【投入（トウニュウ）】人員、資本、精力などをつぎこむこと。

【投票（トウヒョウ）】選挙や採決の際、有資格者が、定められた用紙に、自己の意志を表示して提出すること。

【投報（トウホウ）】①贈り物に対して返礼すること。②人の恩義にむくいること。③男女が愛情を通じ合わせること。

【投薬（トウヤク）】薬を処方して与えること。

【投与（トウヨ）】患者に薬剤を与えること。

❹ いたりつく。おちつく。とどまる。

【投化（トウカ）】徳を慕って訪ね来て、帰服すること。投帰。

【投宿（トウシュク）】旅宿に泊まること。宿をとること。宿泊。

❺ あう。ぴったり合う。また、あわせる。

【投機（トウキ）】①大きな、偶然の利益をねらう行為。『投機的』②国市価の変動による差益を得るために行う商取引。相場。『投機市場』

【投合（トウゴウ）】二つのものがぴったりと合うこと。『意気投合』

❻ 野球で、球を投げること。

下接 悪投（アクトウ）・完投（カントウ）・継投（ケイトウ）・好投（コウトウ）・失投（シットウ）・続投（ゾクトウ）・軟投（ナントウ）・暴投（ボウトウ）・力投（リキトウ）・連投（レントウ）

2727【抖】

5721 5935 9D54 手－4 トウ漢・ト慣／dǒu

字解 形声。手＋斗声。ふるいおとす意。

意味 ふるいおとす。また、そのさま。

【抖擻（トソウ）】（梵 dhūta 頭陀の訳語）仏語。煩悩をふりはらって一心に修錬すること。また、その修行。頭陀（ズダ）。「斗擻」とも書く。

2728【把】

3936 4744 9463 手－4 常 ハ呉漢／bǎ・bà／とる・とらえる・たば

筆順 把 把 把 把 把 把

字解 形声。手＋巴（地面にぴったりはらばいとぐろをまくへび）声。手をぴったりおしあててにぎる意。

意味 ❶とる。手で持つ。にぎる。『把握』『把玩』『把持』『把捉』『拱把（キョウハ）』『大雑把（おおザッパ）』＊史記－刺客伝「左手把二秦王之袖一（サシュにシンオウのそでをとる）〔＝左手で秦王の袖をつかんだ〕」❷とって。にぎり。つか。『把手』『刀把（トウハ）』❸たば。また、たばを数える語。『十把一絡（ジッパひとからげ）』

【把握（ハアク）】①にぎること。つかむこと。また、手をたずさえること。②ある事柄をしっかりと理解すること。

【把玩（ハガン）】手にとってあそぶこと。

【把持（ハジ）】手でしっかりつかむこと。『銃を把持する』

【把手（ハシュ・とって）】手に握る部分。握り。

【把捉（ハソク）】しっかりととらえること。

2729【抜】

4020 4834 94B2 手－4 常 (2762)【拔】5722 5936 9D55 手－5 旧字 人

バチ呉・バツ呉・ハツ漢／bá／ぬく・ぬける・ぬかす・ぬかる

筆順 抜 抜 抜 抜 抜 抜 抜

字解 抜は、拔の略体。拔は形声。手＋犮（いけにえの犬のあしをひく）声。手で引きぬく意。

意味 ❶ぬく。引きぬく。また、取り除く。『抜刀（バットウ）』『堅忍不抜（ケンニンフバツ）』『救抜（キュウバツ）』『攻抜（コウバツ）』＊史記－廉頗藺相如伝「秦伐レ趙、抜二石城一（シンチョウをうち、セキジョウをぬく）〔＝秦は趙を攻め、石城を落とした〕」❷選びぬく。選び出す。『抜粋』『抜擢』『簡抜（カンバツ）』『選抜（センバツ）』❸ぬきんでる。きわだつ。『抜群』『海抜』『奇抜』『卓抜』

❶ 引きぬく。また、取り除く。

【抜山蓋世（バツザンガイセイ）】威勢がきわめて強く、元気が非常にさかんであること。中国、秦末、楚の項羽が、漢軍に包囲されて絶望し、力や意気は盛んなのに天運の尽きたことを嘆いてうたった詩の一節。＊史記－項羽本紀「力抜レ山兮気蓋レ世　時不レ利兮騅不レ逝（ちからやまをぬきキよをおおう ときりあらずスイゆかず）〔＝わが力は山をも引き抜くほどであり、わが意気は世界をおおい尽くすほどである。しかし時運は不利で、愛馬の騅（スイ）も進もうとしない〕」

【抜本（バッポン）】物事の根本の原因となるものを抜き除くこと。『抜本的な改革』

【抜本塞源（バッポンソクゲン）】物事の根本の原因を除いて弊害をふさぐこと。〔左伝－昭公九年〕

❷ 選びぬく。選び出す。

【抜粋・抜萃（バッスイ）】必要な部分だけを抜き出すこと。書き換え「抜萃→抜粋」。

【抜選・抜撰（バッセン）】多くの中からすぐれたものを選び抜くこと。選抜。

【抜擢】(バッテキ) 特に選び出してある仕事をさせること。

❸ ぬきんでる。きわだつ。

下接 海抜カイバツ・奇抜キバツ・警抜ケイバツ・秀抜シュウバツ・俊抜シュンバツ・卓抜タクバツ・超抜チョウバツ・雄抜ユウバツ

【抜群】(バツグン) とび抜けていること。

【抜二一頭地一】(イットウチ) 多くの人よりも一段とすぐれている。「一頭地を出だす」とも。

【抜俗】(バツゾク) 人にぬきんでてすぐれていること。

2730 【批】 4067 4863 94E1 手－4 (常)6 ヘイ(漢)・ヒ(漢)/pī/ならべる

筆順 批 批 批 批 批 批 批

字解 形声。手＋比(ならべる)(声)。くらべ検討する意。

意味 ❶うつ。たたく。ふれる。「批鱗」❷ねうちを決める。品定めをする。善悪、良否を決める。「批判」「批評」「高批コウヒ」「妄批モウヒ」❸主権者が承認する。決裁する。「批准」「批答」

❶ うつ。たたく。ふれる。

【批鱗】(ヒリン) 逆鱗ゲキリン(天子の怒り)にふれること。

❷ ねうちを決める。品定めをする。

【批正】(ヒセイ) 批判して訂正すること。

【批点】(ヒテン) ①詩歌や文章を訂正・批評して評点を付けること。②文章中の妙所、要所の文字の脇わきに打つ点。

【批判】(ヒハン) ①物事を判定、評価すること。「批判力」②特に、否定的な評価をすること。「自己批判」

【批評】(ヒヒョウ) 事物の長所、短所などを指摘して価値を論じること。「印象批評」「批評家」「批評眼」

❸ 主権者が承認する。決裁する。

【批准】(ヒジュン) 条約の締結に対する当事国の最終的確認、同意の手続き。「批准書」

【批答】(ヒトウ) 臣下の上奏文に対して、天子が文書で答えること。また、その文書。

2731 【扶】 4162 495E 957D 手－4 (常) フ(漢)・ホ(漢)/fú/たすける

筆順 扶 扶 扶 扶 扶 扶

字解 形声。手＋夫(→輔、たすける)(声)。手をそえてたすける意。また、おとこが一人前の手だすけをする意とも。

参考 万葉仮名では音を借りて「ふ」。

意味 ❶たすける。力を添える。手をさし出してささえる。「扶助」「扶持」「扶養」＊白居易-長恨歌「侍児扶起嬌無レ力(ジジたすけおこすにキョウとしてちからなし)〔=こしもとがだきかかえて起こすと、なよなよとして力が抜けてしまったようである〕」❷よる。たよる。＊陶潜-桃花源記「便扶二向路一、処処誌レ之(すなわちさきのみちにより、ショショにこれをしるす)〔=さきに通ってきた道を尋ねつつ、所々に目じるしをつけた〕」❸広がって茂るさま。「扶疎」❹はやい。また、かぜ。つむじ風。「扶揺」❺はらばう。「匍」に同じ。❻固有名詞。「扶桑」

❶ たすける。力を添える。

【扶助】(フジョ) 助け、支えること。「相互扶助」

【扶持】(フチ) 国「扶持米」の略。俸禄として与えた米。

【扶養】(フヨウ) 生活の面倒を見て、養うこと。「扶養家族」

【扶翼】(フヨク) 力をそえて助けること。「扶翼の臣」

【扶老】(フロウ・ロウをたすく) ①老体を助けること。＊陶潜-帰去来辞「策レ扶レ老以流憩(つえをもてロウをたすけてリュウケイす)〔=つえをついて老体を支え、あちこちを歩き回る〕」②竹の名。扶老竹。

❸ 広がって茂るさま。

【扶疎・扶疏】(フソ) 枝葉が広がること。繁茂するさま。

❹ はやい。また、かぜ。つむじ風。

【扶揺】(フヨウ) (「飄ヒョウ」の音を二字にのばしたもの) つむじかぜ。旋風。暴風。あらし。〔荘子-逍遥遊〕

❺ はらばう。

【扶伏・扶服】(フフク) はらばうこと。また、ひれふすこと。

【扶扶】(ホホ) 幼少のさま。

❻ 固有名詞。

【扶蘇】(フソ) 中国、秦の始皇帝の長子。始皇帝の暴虐をいさめたが、始皇帝の死後、趙高チョウコウに殺された。

【扶桑】(フソウ) 「日本国」の異称。扶桑国。〔梁書-扶桑国伝〕❤昔、中国で太陽の出る東海の中にあるといわれた神木。また、その地の称から。

【扶余】(フヨ) ①紀元前一世紀から五世紀まで、中国東北部(旧満州南部)から朝鮮北部にかけて活躍したツングース系の一氏族。また、その建てた国。夫余。②朝鮮、忠清南道扶余郡に所在する三国時代百済の首都。

2732 【扮】 4217 4A31 95AF 手－4 フン(漢)・ハン(漢)/bàn・fěn/よそおう

字解 形声。手＋分(声)。

意味 よそおう。かざる。「悪役に扮する」

【扮飾】(フンショク) うわべを飾りたてること。粉飾。

【扮装】(フンソウ) その人物の身なりを装うこと。

2733 【抃】 5723 5937 9D56 手－4 ベン(呉)・ヘン(漢)/biàn/うつ

字解 形声。手＋卞(声)。

意味 うつ。拍手する。喜んで手を打つ。「舞抃ブベン」

【抃舞】(ベンブ) 喜びのあまり手を打って舞うこと。

【抃躍】(ベンヤク) 手を打ち、おどり上がって喜ぶこと。

2734 【抔】 5724 5938 9D57 手－4 ホウ(漢)・ハイ(漢)/póu/など・すくう

字解 形声。手＋不(まるくふくらんだ花房)(声)。手の形を丸くしてすくう意。

意味 ❶すくう。手の平ですくう。「抔飲」「抔土」❷国など。等。複数を示す言葉。

【抔飲】(ホウイン) 手ですくって飲むこと。

【抔土】(ホウド) ①ひとすくいのわずかな土。②墓の土。

2735 【抛】 ━━ 手－4 ホウ 「拋」(2771)の異体字

2736 【扼】 5715 592F 9D4E 手－4 ヤク(呉)・アク(漢)/è/しめる

字解 形声。手＋厄(声)。

意味 おさえる。おさえつける。しめつける。

【扼喉】(ヤクコウ) のどを押さえつけること。転じて、急所を押さえて、死命を制すること。

【扼殺】(ヤクサツ) 手で首を絞めて殺すこと。搤殺ヤクサツ。

【扼腕】(ヤクワン) 自分の腕を強く握り締めること。憤ったり、残念がったりするさま。「切歯扼腕」

2737 【抑】 4562 4D5E 977D 手－4 [常]
オク(呉)・ヨク(漢)/yì/おさえる・そもそも

[筆順] 抑 抑 抑 抑 抑 抑 抑

[字解] 形声。手＋印の逆形(下向きにいんをおす)(声)。印をおす意から一般に、おす意。のちに、手を加えた。

[意味] ❶おさえる。おさえつける。おさえてとめる。しずめる。↔揚。「抑圧」「抑止」「抑制」「謙抑」❷そもそも。発語、また話題転換を示す。＊孟子-梁恵王上「抑王興ニ甲兵、危ニ士臣一(そもそもオウコウヘイをおこし、シシンをあやうくす)」〔＝さて、王は戦争をひきおこしたり、家臣を危険な目にあわせたりしている〕」

[下接] 圧抑アツヨク・鬱抑ウツヨク・掩抑エンヨク・屈抑クツヨク・謙抑ケンヨク

【抑圧】ヨクアツ 行動や欲望などを無理におさえつけること。
【抑遏】ヨクアツ 抑制してやめさせること。
【抑鬱】ヨクウツ 心がふさいではればれしないこと。
【抑止】ヨクシ 抑制してやめさせること。
【抑制】ヨクセイ 抑圧して制止すること。
【抑塞】ヨクソク おさえてせきとめること。
【抑損】ヨクソン おさえてひかえめにすること。＊史記-管晏伝「夫自抑損(おっとみずからヨクソンす)」〔＝夫はへりくだった態度をとるようになった〕」
【抑揚】ヨクヨウ 音楽、文章などで、調子を上げたり下げたりすること。【抑揚形】ヨクヨウケイ 漢文句形の一。先に程度の低いものを述べ、後に程度の高いものを述べて強調する形。「死馬且買レ之、況生者乎(シバすらかつこれをかう、いわんやいけるものをや)」〔＝死んだ馬でさえ買うのだから、まして生きた馬の場合はなおさらだ〕」の類。
【抑抑】ヨクヨク つつしむさま。
【抑留】ヨクリュウ 国際法上、捕虜または自国内にいる敵国人などを拘束したりすること。

2738 【押】 1801 3221 899F 手－5 [常]
オウ(アフ)(漢)・コウ(カフ)(漢)/yā・xiá/おす・おし・おさえる

[筆順] 押 押 押 押 押 押 押 押

[字解] 形声。手＋甲(おおいかぶせる)(声)。手でおおいかぶせる、おさえる意。

[意味] ❶おさえる。とりおさえる。さしおさえる。「押収」「押領」❷おす。印をおす。署名する。「押印」「押捺」❸詩の韻をふむ。「押韻」❹[国]「長押(なげし)」は、柱から柱へ渡した横木。

❶おさえる。とりおさえる。

【押収】オウシュウ [国]裁判所などが、証拠物または没収すべき物を占有、確保すること。
【押領】オウリョウ [国]①日本の古代、兵卒を監督、統率すること。②(領地などを)むりやりに奪うこと。

❷おす。印をおす。署名する。

[下接] 花押カオウ・華押カオウ・簽押センオウ・判押ハンオウ

【押印】オウイン 印判を押すこと。捺印ナツイン。
【押書】オウショ 誓約状。
【押捺】オウナツ 印判や指紋を押すこと。捺印。「指紋押捺」

❸詩の韻をふむ。

【押韻】オウイン 韻を踏むこと。中国の詩賦や西洋の詩などで、所定のところに同一の韻や類似音を規則的に配置し、韻律的な効果をあげること。頭韻、脚韻など。

2739 【拐】 1893 327D 89FB 手－5 [常]　(2740)【㧱】— — 手－5
カイ(漢)/guǎi/かどわかす・かたる

[筆順] 拐 拐 拐 拐 拐 拐 拐 拐

[字解] 形声。手＋另(＝咼、口がゆがむ)(声)。不正にひっかける、かたる意。

[意味] かどわかす。だます。かたる。だまして取る。連れて行く。「誘拐ユウカイ」

【拐帯】カイタイ 他人から預かった金品を持ち逃げすること。
【拐騙】カイヘン だましとること。かどわかすこと。

2741 【拡】 1940 3348 8A67 手－5 [常]6　(2977)【擴】 5818 5A32 9DB0 手－15 旧字
カク(クヮク)(呉)(漢)/kuò/ひろがる・ひろげる・ひろめる

[筆順] 拡 拡 拡 拡 拡 拡

[字解] 拡は、擴の略体。擴は形声。手＋廣(ひろい)(声)。ひろげる意。のちに手を加えて、廣(ひろい)と区別した。

[意味] ひろがる。ひろげる。ひろめる。「拡張」「開拡カイカク」「軍拡グンカク」

【拡散】カクサン 広がって散らばること。
【拡充】カクジュウ 広げて充実させること。
【拡大】カクダイ 広げて大きくすること。拡張。↔縮小
【拡張】カクチョウ 範囲、規模などを広げて大きくすること。

2742 【拑】 5726 593A 9D59 手－5
ケン(漢)・カン(慣)/qián

[字解] 形声。手＋甘(口にものをはさむ)(声)。手ではさむ意。

2743 【拒】 2181 3571 8B91 手－5 [常]　(2744)【拒】— — 手－5 旧字
キョ(漢)/jù/こばむ・ふせぐ

[筆順] 拒 拒 拒 拒 拒 拒 拒

[字解] 形声。手＋巨(↑却、しりぞける)(声)。手でしりぞけこばむ意。

[意味] こばむ。また、ふせぐ。まもる。＊公羊伝-隠公二年・注「来者勿レ拒(きたるものはこばむことなし)」〔＝自分の所に来る人は拒絶しない〕」

[下接] 抗拒コウキョ・固拒コキョ・辞拒ジキョ・峻拒シュンキョ・防拒ボウキョ

【拒扞・拒捍】キョカン ふせぎ、こばむこと。
【拒守】キョシュ ふせぎまもること。
【拒絶】キョゼツ 相手の要求や希望をこばむこと。
【拒否】キョヒ 要求などを承知しないで断ること。拒絶。

2745 【拠】 2182 3572 8B92 手－5 [常]　(2953)【據】 5801 5A21 9D9F 手－13　(2920)【㩀】— — 手－11
コ(呉)・キョ(漢)/jù/よる

[筆順] 拠 拠 拠 拠 拠 拠

[字解] 拠は、據の通俗体「㩀」の略体。據は形声。手＋豦(とっくみあいをして離れない)(声)。手をからめて、すがりよる意。

[参考] (1)万葉仮名では音を借りて「こ(乙)」。(2)❷の熟語

は「醵」(8316)をも見よ。

意味 ❶よる。たよる。よりどころ。「拠点」「拠有」「根拠」「証拠」→下接。❷金銭を出し合う。「醵」の代用。「拠金キョキン」「拠出キョシュツ」

下接 依拠イキョ・引拠インキョ・援拠エンキョ・割拠カッキョ・確拠カッキョ・原拠ゲンキョ・考拠コウキョ・跨拠コキョ・根拠コンキョ・準拠ジュンキョ・証拠ショウコ・占拠センキョ・徴拠チョウキョ・典拠テンキョ・本拠ホンキョ・論拠ロンキョ

【拠点キョテン】活動の足場として、重要な意味を持つ所。

【拠有キョユウ】根拠地として領有する。＊十八史略‐東漢「孫権拠ニ有江東一ソンケンはコウトウをキョユウす（＝孫権は江東地方を根拠地として領有した）」

2746【拘】2520 3934 8D53 手－5 常　(2718)【拘】ニー 手－4

ク㊐・コウ㊥漢/jū・gōu/とらえる・こだわる・かかずらう・かかわる

筆順 拘 拘 拘 拘 拘 拘

字解 形声。手＋句（かぎがたに曲がる）㊥。ひっかけてとめる意。

意味 ❶とらえる。つかまえておく。「拘禁」❷こだわる。気にかける。「拘拘」「拘泥」❸曲がる。「拘欄コウラン」「拘攣コウレン」❹かかわる。日本語では、「…にも拘らず」の形で、「…と関係なく」「…なのにそれでも」の意。

❶ とらえる。つかまえておく。

【拘禁コウキン】留置場、刑務所など一定の場所に閉じ込めておくこと。監禁。

【拘守コウシュ】①固く守ること。②とらえて閉じ込めること。

【拘束コウソク】行動の自由を制限すること。

【拘置コウチ】①身体を拘束してとめおくこと。②国刑事被告人や死刑の言い渡しを受けた者を、監獄などに拘禁すること。「拘置所」

【拘留コウリュウ】①捕らえてとめおくこと。②国自由刑の一。三〇日未満の間、拘留場に留置すること。

【拘攣コウレン】拘束されること。→❸

❷ こだわる。気にかける。

【拘拘コウコウ】物事にとらわれて融通のきかないさま。

【拘泥コウデイ】こだわること。こだわってとらわれること。

❸ 曲がる。

【拘欄コウラン】①曲がったてすり。欄干。②しばい小屋。

【拘攣コウレン】筋などがひきつって手足が曲がること。痙攣ケイレン。→❶

2747【招】3023 3E37 8FB5 手－5 常5

ショウ（セウ）㊐㊥・キョウ（ケウ）㊥/zhāo・qiáo/まねく・まねき

筆順 招 招 招 招 招 招

字解 形声。手＋召（まねく）㊥。手でまねく意。

意味 まねく。手まねきをして呼ぶ。「招集」「招待」

下接 佳招カショウ・徴招チョウショウ・寵招チョウショウ・聘招ヘイショウ

【招宴ショウエン】宴会に招くこと。

【招喚ショウカン】呼び寄せること。

【招魂ショウコン】死者の霊を招いてまつること。

【招集ショウシュウ】人を招き集めること。

【招請ショウセイ】招き迎えること。

【招待ショウタイ】客として招いてもてなすこと。「招待状」

【招提ショウダイ】（梵 cāturdiśa の音訳「招闘提奢」の略。四方の人の意）四方の修行者を受け入れる所。寺院。寺。

【招致ショウチ】招き寄せること。

【招撫ショウブ】招いて、いたわること。

【招聘ショウヘイ】礼儀を尽くして丁寧に人を招くこと。

【招募ショウボ】呼びあつめること。

【招揺ショウヨウ】①さまようこと。逍遥。②背伸びして体を揺すること。③北斗七星の第七星。

【招来ショウライ】招き寄せること。

2748【抻】5727 593B 9D5A 手－5

シン㊥・チン㊥/shēn・chēn

字解 形声。手＋申（のばす）㊥。手でひきのばす意。

2749【拙】3259 405B 90D9 手－5 常

セチ㊐・セツ㊥/zhuō・zhuó/つたない・まずい

筆順 拙 拙 拙 拙 拙 拙

字解 形声。手＋出（でる）㊥。手の働きが普通の枠外に出る、つたない意。

意味 ❶つたない。へたな。まずい。↔巧。「拙速」「拙劣」「稚拙」＊陶潜‐帰ニ園田居一「守レ拙帰ニ園田一セツをまもりてエンデンにかえる（＝世渡りのへたなままに故郷の田園に帰ってきた）」❷特に、自分および自分に関することがらを謙遜していう語。「拙者」「拙宅」「迂拙ウセツ」「野拙ヤセツ」

❶ つたない。へたな。まずい。

下接 迂拙ウセツ・下拙カセツ・工拙コウセツ・巧拙コウセツ・功拙コウセツ・古拙コセツ・粗拙ソセツ・疎拙ソセツ・稚拙チセツ・鈍拙ドンセツ・笨拙ホンセツ・野拙ヤセツ

【拙策セッサク】つたないはかりごと。取るに足りない計画。

【拙速セッソク】へたではあるが、でき上がりの速いこと。

【拙目セツモク】物を見ることがつたないこと。

【拙劣セツレツ】技術がへたで、できがわるいさま。

❷ 自分に関することがらを謙遜していう語。

【拙荊セッケイ】自分の妻を謙遜していう語。故事 中国、後漢の梁鴻の妻孟光が荊釵ケイサイ（＝いばらのかんざし）布裙フクン（＝木綿のもすそ）をつけて夫につかえたという故事から。

【拙作セッサク】つたない作品。自分の作品の謙称。

【拙者セッシャ】自分の謙称。

【拙僧セッソウ】僧の謙称。愚僧。

【拙宅セッタク】自分の家の謙称。

【拙文セツブン】つたない文章。自分の文章の謙称。

2750【拖】＊3152 手－5　(2708)【扡】ニー 手－3　(2751)【拕】＊3151 手－5

タ㊥/tuō/ひく

字解 拖は拕の異体字。拕は形声。手＋它（長いへび）㊥。ずるずるとひく意。

2752【抬】5813 5A2D 9DAB 手－5

タイ「擡」(2971)の異体字

2753【拓】3483 4273 91F1 手－5 常

タク㊥・セキ㊥/tuò・tà・zhí/ひらく

筆順 拓 拓 拓 拓 拓 拓

字解 形声。手＋石（→摭、ひろう）㊥。ひろう意。また

心(⺗・⺗)戈戸(戸)手(扌)支攴(攵) 4画 文斗斤方无(旡・无)日曰月木欠止歹(歺)殳毋比毛氏气水(氺・氵)火(灬)爪(爫・爫)父爻(㸚)爿(丬)片牙(牙)牛犬(犭)

拆に通じ、きりひらく意。

[意味] ❶おす。また、石碑の文字などを紙にすりとったもの。『拓本』『魚拓ギョタク』 ❷ひらく。土地をきりひらく。『拓殖』『開拓カイタク』『干拓カンタク』 ❸おちる。おちぶれる。『拓落タクラク』『落拓ラクタク』 ❹固有名詞。『拓跋タクバツ』

【拓殖・拓植タクショク】 未開の土地を切りひらいて、人が住みつくこと。

【拓跋タクバツ】 鮮卑三姓中、西方の一氏族。二世紀後半から鮮卑の中心氏族として活躍。【拓跋魏タクバツギ】 拓跋氏の建てた魏。三国の魏と区別して北魏ともいう。

【拓本タクホン】 石碑などに刻まれた文字、文様などに紙を当て、上から墨をたたいて写し取ったもの。石摺いしずり。

【拓落タクラク】 落ちぶれるさま。【拓落失路タクラクシツロ】 落ちぶれて失意のどん底にいること。

2754 【拆】 5730 593E 9D5D 手−5 タク[漢]・セキ[漢]/chāi・chè/ひらく・さく

[字解] 形声。手＋斥(ひらく)[声]。さく意。

[意味] ひらく。さく。わける。

【拆字タクジ】 漢字を偏や旁つくりなどの要素で分解し、それらのなす意味によって吉凶を占うこと。

2755 【担】 3520 4334 9253 手−5 [常]6 (2962)【擔】 5731 593F 9D5E 手−13

タン[呉][漢]/dān・dàn/かつぐ・になう・かたげる

[筆順] 扌 担 担 担 担 担 担

[字解] 常用漢字では、担は擔の通俗体。擔は形声。手＋詹(上をおおう)[声]。肩でになう意。もと、担は形声。手＋旦(太陽があがる)[声]。あげる意。

[意味] ❶かつぐ。になう。背負う。かたげる。また、にもつ。『荷担カタン』『重担ジュウタン』 ❷ひきうける。受けもつ。『担当』『担任』『加担カタン』『負担フタン』『分担ブンタン』 ❸国かつぐ。縁起を気にする。

❶ かつぐ。になう。背負う。

【担石タンセキ】 一かつぎの重さと一斛イッコク。わずかの量。

【担板漢タンパンカン(タンバンカン)】 板をかついだ男。かついだ板に妨げられて一方しか見えないように、物事の一面だけを見て大局を見ることができない人のたとえ。

❷ ひきうける。受けもつ。

【担当タントウ】 仕事として受け持つこと。

【担任タンニン】 任務を受け持つこと。受け持ち。

【担保タンポ】 債務の保証として債務者が債権者に提供するもの。抵当。かた。

2756 【抽】 3574 436A 928A 手−5 [常]

チュウ(チウ)[漢]/chōu/ぬく・ひく・ぬきんでる

[筆順] 扌 抽 抽 抽 抽 抽

[字解] 形声。手＋由[声]。手でぬく意。常用漢字には擂の重文である抽を用いる。

[意味] ぬく。ぬき出す。引きぬく。ぬきんでる。

【抽出チュウシュツ】 特定の物や要素を抜き出すこと。

【抽象チュウショウ】 いろいろな事物や概念から特定の属性や要素を抜き出すこと。また、その抜き出したものを思考の対象にする精神作用。↔具象・具体。『抽象芸術』

【抽簪チュウシン】 かんざしを抜いて冠をとること。転じて、官を辞すること。

【抽籤・抽選チュウセン】 くじを引くこと。くじびき。◆「抽選」は新聞用語などでの書き換え。

2757 【拄】 * 3149 手−5 チュウ(チウ)[漢]/zhǔ/ささえる

[字解] 形声。手＋主(ぬし)[声]。

[意味] ❶ささえる。『拄頰』『拄杖』 ❷あげる。❸そしる。

【拄頰チュウキョウ】 ほおづえをつくこと。物思いにふけるさまにいう。〔世説新語-豪爽〕

【拄杖チュウジョウ(シュジョウ)】 つえ。行脚の禅僧が用いるつえ。

2758 【抵】 3681 4471 92EF 手−5 [常] テイ[漢]・シ[漢]/dǐ・zhǐ/あたる・あてる

[筆順] 扌 抵 抵 抵 抵 抵 抵

[字解] 形声。手＋氐(あたる)[声]。手をあてておす意。

[意味] ❶あたる。あてる。ふれる。また、相当する。『抵触』『抵当』『觳抵カクテイ』 ＊杜甫-春望「家書抵二万金一カショバンキンにあたる」〔=家からの手紙は、万金を払ってでも欲しいと思うほどだ〕 ❷こばむ。さからう。ふせぐ。『抵抗』 ❸いたる。とどく。『大抵タイテイ』 ＊十八史略-春秋戦国「孟嘗君使下人抵二昭王幸姫一求上レ解モウショウクンひとをしてショウオウのコウキにいたりてとかんことをもとめしむ」〔=孟嘗君は使いの者を昭王のお気に入りの宮女のもとへやり、釈放のとりなしを頼ませた〕

❶ あたる。あてる。ふれる。

【抵触テイショク】 きまりや制限に触れること。また、矛盾すること。◆書き換え「牴触・觝触→抵触」。

【抵当テイトウ】 自分の財産や権利を借金などの保証として当てること。かた。担保。

❷ こばむ。さからう。ふせぐ。

【抵梧テイゴ】 (「梧」は、さからうの意) 互いにあいいれないこと。抵牾。

【抵抗テイコウ】 [1]逆らうこと。『無抵抗』 [2]加えられた力に対して、それと反対の方向に働く力。『空気抵抗』

【抵排テイハイ】 互いに抵抗し、排斥しあうこと。詆排。

2759 【拈】 5732 5940 9D5F 手−5 ネン[呉]・デン[漢]/niān/つまむ・ひねる

[字解] 形声。手＋占(→点、小さい)[声]。指を小さく合わせそろえてつまむ意。

[意味] つまむ。つまみとる。また、ひねる。ねじる。『捻』に同じ。

【拈華微笑ネンゲミショウ】 ことばを用いず心から心に伝えること。以心伝心。〔五灯会元-一〕 ◆釈迦シャカが説法したとき一言も言わず華はなを拈ひねってみせたが、迦葉カショウだけが了解して微笑したという故事から。

2760 【拝】 3950 4752 9471 手−5 [常]6 (2697)【拜】 5733 5941 9D60 手−5 旧字[人]

ハイ[呉][漢]/bài/おがむ

[筆順] 扌 拝 拝 拝 拝 拝

[字解] 拝は拜の略体。拜は会意。手＋𠦪。金文は、茂った草と両手のかたちで、草木をささげ神にいのる意。

金文

篆文

[同属字] 湃

[参考] 万葉仮名では音を借りて「へ㋹」。

[意味] ❶おがむ。うやまう。おじぎをする。『拝殿』『拝礼』『参拝』❷官を授ける。つつしんで受ける。『拝命』『拝領』『除拝(ジョハイ)』＊史記-廉頗藺相如伝「拝為二上卿一(してジョウケイとなす)〈=官を授けて上卿に任じた〉」❸相手に敬意を表すため、自己の側の行動に添える謙譲語。『拝啓』『拝呈』❹極端に尊重、崇拝する。『拝金』

❶ おがむ。うやまう。おじぎをする。

[下接] 一拝(イッパイ)・跪拝(キハイ)・九拝(キュウハイ)・再拝(サイハイ)・坐拝(ザハイ)・三拝(サンパイ)・参拝(サンパイ)・親拝(シンパイ)・崇拝(スウハイ)・趨拝(スウハイ)・答拝(トウハイ)・伏拝(フクハイ)・奉拝(ホウハイ)・面拝(メンハイ)・膜拝(モハイ)・遥拝(ヨウハイ)・礼拝(レイハイ|ライハイ)

【拝跪(ハイキ)】ひざまずいておがむこと。跪拝。

【拝拱(ハイキョウ)】両手を胸の前で合わせて礼をすること。

【拝手(ハイシュ)】うやうやしく礼をすること。

【拝塵(ハイジン)】貴人の車がおこす塵に向かって拝する。権力者におもねること。〔晋書-石崇伝〕

【拝殿(ハイデン)】拝礼を行うために、神社の本殿の前方に設けられた社殿。

【拝年(ハイネン)】新年を祝うこと。年賀。

【拝伏(ハイフク)】ひれふすこと。ふしおがむこと。

【拝礼(ハイレイ)】頭を下げておがむこと。

❷ 官を授ける。つつしんで受ける。

【拝命(ハイメイ)】命を受けること。官を授けられること。

【拝領(ハイリョウ)】身分の高い人から物を頂くこと。

❸ 相手に敬意を表すための謙譲語。

【拝謁(ハイエツ)】君主、天皇などに面会することの謙譲語。

【拝観(ハイカン)】神社、仏閣など、また、その宝物の類を観覧することの謙譲語。『拝観料』

【拝顔(ハイガン)】人に会うことの謙譲語。お目にかかること。

【拝具(ハイグ)】謹んで申し述べましたの意で、手紙の末尾に記して先方を敬う語。敬具。

【拝啓(ハイケイ)】謹んで申し上げる意で、手紙の冒頭に記す語。謹啓。

【拝察(ハイサツ)】相手に関して推察することの謙譲語。

【拝芝(ハイシ)】面会することの謙譲語。拝顔。拝眉。

【拝辞(ハイジ)】「去ること」また「断ること」の謙譲語。

【拝謝(ハイシャ)】「感謝すること」また「断ること」の謙譲語。＊史記-項羽本紀「噲拝謝起、立而飲ㇾ之(カイハイシャしてたち、たちながらにしてこれをのむ)〈=樊噲は礼を述べて立ちあがり、立ったまま酒を飲み干した〉」

【拝受(ハイジュ)】相手から受けることの謙譲語。

【拝承(ハイショウ)】「聞くこと」「承知すること」の謙譲語。

【拝誦(ハイショウ)】相手の文章を読むことの謙譲語。

【拝掃(ハイソウ)】祖先・父母の墓を掃除すること。転じて、墓参りをすること。

【拝呈(ハイテイ)】①「品物を差し上げること」の謙譲語。②手紙の書き始めに、相手に敬意を表して用いる語。

【拝眉(ハイビ)】「相手に会うこと」の謙譲語。拝顔。

【拝復(ハイフク)】返信の冒頭に用いて、相手に対して謙譲の気持ちを表す語。

❹ 極端に尊重、崇拝する。

【拝外(ハイガイ)】外国の文物、思想などを崇拝すること。『拝外思想』
【拝金(ハイキン)】金銭を極端に尊重すること。『拝金主義』

2761 【拍】 3979 476F 948F 手-5 [常] (2794)【拍】 手-6

ヒャク[呉]・ハク[漢]・ヒョウ(ヒャウ)[慣]/pāi・pò/うつ・たたく

[筆順] 拍 拍 拍 拍 拍 拍

[字解] 形声。手+白(=百、手でうつときの音の擬声語)[声]。手で、ぽんとうつ意。

[意味] ❶うつ。たたく。手でうつ。『拍手(ハクシュ)』❷はく。音の流れの上で、高低、強弱などの変化の規則的な繰り返し。リズム。また、日本語での音数の基本的単位。『拍板』『拍子(ヒョウシ)』『脈拍(ミャクハク)』

【拍手(ハクシュ|かしわで)】①(ハクシュ)手をたたくこと。特に、賞讃や歓迎の意をこめて手を連続して打ち合わせること。『拍手喝采』②(かしわで)神仏を拝するときに、両手を打ち合わせて鳴らすこと。♥②は「柏手」を書き誤ったもの。

【拍板(ハクハン|びんざさら)】[国]田楽などで用いられる木製打楽器の一。十数枚の小板を重ねて、その一端を紐で編み、両手で打ち合わせて拍子を取るもの。板(ハン)。

【拍子(ヒョウシ)】①リズムの基礎になる強弱の音の組み合わせ。②音楽や踊りの調子に合わせること。『手拍子』③[国]はずみ。とたん。『笑った拍子にあごが外れた』

2762 【拔】 5722 5936 9D55 手-5

バツ 「抜」(2729)の旧字

2763 【拌】 5734 5942 9D61 手-5

ハン[呉][漢]/pàn・bàn/まぜる

[字解] 形声。手+半(はんぶんにわける)[声]。すてる・かきまぜる意。

[意味] ❶かきまぜる。『攪拌(カクハン|コウハン)』❷すてる。❸わける。さく。

2764 【披】 4068 4864 94E2 手-5 [常]

ヒ[呉][漢]/pī/ひらく

[筆順] 披 披 披 披 披 披

[字解] 形声。手+皮(手ではぎとられたかわ)[声]。手でさき開く意。

[意味] ❶ひらく。あける。ひろげる。『披見』『披瀝』『開披(カイヒ)』『直披(チョクヒ)』『紛披(フンピ)』❷なびく。風でみだれる。『披靡』『紛披(フンピ)』❸きる。身につける。『披風』

❶ ひらく。あける。ひろげる。

【披肝胆(カンタンをひらく)】心をひらいて語る。真心をあらわす。〔漢書-路温舒伝〕

【披閲(ヒエツ)】ひらいて念入りに見ること。

【披見(ヒケン)】ひらいて見ること。『書状を披見する』

【披講(ヒコウ)】詩歌などの会で、詩歌を読み上げること。♥懐紙をひらいて詩歌を講ずるところから。

【披展(ヒテン)】書状などをひらいて見ること。

【披繙(ヒハン)】書物を開いて読むこと。

【披瀝(ヒレキ)】心の中を包み隠さず打ち明けること。

【披露(ヒロウ)】①広く知らせたり見せたりすること。②縁組などを広く知らせる催し。『披露宴』

❷ なびく。風でみだれる。

【披靡(ヒビ)】勢いを恐れて従い服すること。

【披離(ヒリ)】①ちりぢりばらばらになること。②風などで枝葉が散り乱れるさま。

❸ きる。身につける。

【披帛ヒハク】昔、女官などが装飾用に用いた帯状の肩かけ。一説に秦代に始まるという。

【披風ヒフ】国着物の上にはおる防寒具。被布ヒフ。

披帛〔敦煌壁画〕

2765【拊】5735 5943 9D62 手－5 フ漢/fǔ/なでる・うつ

字解 形声。手＋付(つく)声。手をつけあてる、うつ意。

意味 ❶なでる。「撫」に同じ。「拊循」❷うつ。軽くたたく。「拊手」「拊髀」

【拊手フシュ】手をうち合わせ喜ぶさま。拊掌。

【拊循フジュン】なぐさめいたわる。撫循。

【拊髀フヒ】ももをうつこと。興奮するさま。

2766【拂】5736 5944 9D63 手－5 フツ「払」(2700)の旧字

2767【抦】＊3141 手－5 ヘイ漢/bǐng

字解 形声。手＋丙声。もつ意。柄に同じ。

2768【拇】5737 5945 9D64 手－5 ボウ漢・ボ慣/mǔ/おやゆび

字解 形声。手＋母(ははおや)声。おやゆびの意。

意味 おやゆび。手足の指で最も太い指。

【拇印ボイン】手の親指の先に朱肉や墨を付け、指紋を押すこと。つめ印。

【拇指ボシ】おやゆび。

2769【抱】4290 4A7A 95F8 手－5 常 (2770)【抱】 手－5 旧字

ホウ漢/bào/だく・いだく・かかえる

筆順 抱 抱 抱 抱 抱 抱

字解 形声。手＋包(つつむ)声。手でつつみこみ、いだく意。

参考 万葉仮名では音を借りて「ほ」。

意味 ❶だく。いだく。かかえまもる。「抱擁」「介抱」❷心にいだく。心に思う。考える。「抱懐」「抱負」「辛抱シンボウ」「素抱ソホウ」❸書名。「抱朴子」

❶ だく。いだく。

下接 介抱カイホウ・懐抱カイホウ・孩抱ガイホウ・襁抱キョウホウ・合抱ゴウホウ

【抱関ホウカン】(「関」は、門のかんぬき) 門番。【抱関撃柝ホウカンゲキタク】門を守る人と、拍子木をうって夜警をする人。身分の低い小役人をいう。〔孟子-万章下〕

【抱柱ホウチュウ】固く約束を守ること。抱柱の信。尾生ビセイの信。〔荘子-盗跖〕♥昔、尾生が橋の下で会う約束をした女を待つうちに、雨で水かさが増し、橋の柱に抱きついたが、ついにおぼれて死んだという中国の故事から。

【抱腹ホウフク】腹をかかえて大いに笑うこと。捧腹。「抱腹絶倒」

【抱樸ホウボク】生まれたままの素朴さを持ち続けること。

【抱擁ホウヨウ】人を抱きしめること。

❷ 心にいだく。

【抱一ホウイツ・イツをいだく】(「一」は老子の道のこと) 道をいだき守ること。

【抱懐ホウカイ】ある考えや感じを持つこと。

【抱負ホウフ】心中にいだく考えや決意。

❸ 書名。

【抱朴子ホウボクシ】中国の道家書。八巻。神仙に関する内編二〇編、儒術に関する外編五二編。東晋の葛洪カッコウ(号抱朴子)撰。建武元年(三一七)成立。狭義には内編をさす。

2771【抛】5738 5946 9D65 手－5 (2735)【拋】 手－4

ホウ(ハウ)漢/pāo/なげうつ・なげる・ほうる

字解 会意。手＋尢(まがる)＋力。手がまがるほど力一杯なげうつ意。

意味 なげうつ。なげる。ほうる。ほうりなげる。

【抛棄ホウキ】なげすてること。放棄ホウキ。

【抛擲ホウテキ】なげうつこと。放擲ホウテキ。

2772【抹】4385 4B75 9695 手－5 常 マチ呉・マツ呉・バツ漢/mǒ・mò/する・こする

筆順 抹 抹 抹 抹 抹 抹

字解 形声。手＋末(こまかい)声。手でこまかくする、こする意。

意味 ❶する。こする。粉にする。なでる。「抹香」「一抹イチマツ」＊白居易-琵琶行「軽攏慢撚抹復挑ケイロウマンネンマツまたチョウ」(=軽く絃を押さえ、ゆるやかにひねり、ばちで下にはらい、また上にはねる)」❷ぬりつぶす。消しさる。「抹殺」「抹消」「塗抹トマツ」「濃抹ノウマツ」

【抹香マッコウ】シキミの葉と皮とを乾燥し、細かくした香。仏前で用いる。

【抹殺マッサツ】①こすってなくすこと。②存在を否認して消し去ること。

【抹消マッショウ】文字、記載事項などを消し去ること。

2773【拗】5725 5939 9D58 手－5 ヨウ(エウ)呉・オウ(アウ)漢/ǎo・ào/ねじる・ねじれる・ねじける・すねる

字解 形声。手＋幼(小さくてしなやか)声。しなやかに曲げる意。

意味 ❶ねじる。ねじれる。しなやかに曲げる。「拗音」「拗体」❷すねる。ねじける。心が素直でない。ひねくれて意地をはる。「執拗シツヨウ」

【拗音ヨウオン】国日本語の音節で、子音のあとに半母音jまたはwを伴うもの。「きゃ」「きゅ」「くゎ」「ぐゎ」など。

【拗体ヨウタイ】漢詩の一体。近体詩において声律・平仄ヒョウソクなどの規則に従わないもの。破格の詩体。

2774【拉】5739 5947 9D66 手－5 ロウ(ラフ)漢・ラ唐・ラツ慣/lā/くじく・ひしぐ・ひく

字解 形声。手＋立声。

意味 ❶くじく。ひしぐ。おしつぶす。つぶれる。ひしゃげる。❷ひく。ひっぱる。ひっぱって連れていく。「拉致」❸地名、あて字など。「拉麺」「拉薩」「拉丁」

【拉麺ラーメン】チャーシュー、メンマなどを加えたしょうゆ味の中華そば。♥中国語から。

【拉薩ラサ】(神の地の意)中国、チベット自治区の中心都市。七〜一四世紀吐蕃トバンの首都。

【拉致ラチ・ラッチ】無理に連れて行くこと。

【拉丁ラテン】(英 Latinの音訳)ラテン語、ラテン民族のこと。「羅甸テラン」とも。

2775 【按】 1636 3044 88C2 手－6 アン[呉][漢]/àn/おさえる・しらべる

[字解] 形声。手＋安(やすんじる)[声]。手で安心させおちつけるようにおさえる意。
[参考] 熟語は「案」(3344)をも見よ。
[意味] ❶おさえる。おさえつける。なでる。『按腹』『按摩』 ❷しらべる。考える。「案」に同じ。『按察』『按問』『糾按キュウアン』『検按ケンアン』『巡按ジュンアン』 ❸ならべる。「案」に同じ。『按排』『按分』

❶ おさえる。おさえつける。なでる。
【按腹アンプク】あんま療法で、腹部をもむこと。

【按摩アンマ】体をもんで治療すること。もみ療治。

【按剣ケンをアンず】刀のつかに手をかける。＊史記-項羽本紀「項王按剣而跽曰、客何為者コウオウケンをアンじてキしていわく、カクなんするものぞと」〔＝項王は刀のつかをにぎり、中腰になって言った、お前は何者だ、と〕

❷ しらべる。考える。
【按察アンサツ】調べて善悪をはっきりさせること。特に政治、行政のことについていう。吟味。按問。案察。

【按察使アンサツシ|アゼチ】[1]中国、唐代におかれた、地方の行政を巡察する官。明・清代では省の司法長官。[2][国]奈良時代、養老三年(七一九)に創設された令外リョウゲの地方行政監督官。

【按問アンモン】調べ問いただすこと。審問。

❸ ならべる。
【按排・按配アンバイ】[国][1]ぐあいよく並べる。案配。[2]料理の味や物事のぐあい。塩梅アンバイ。案配。

【按分アンブン】ある比に配分すること。案分。

2776 【拽】 ＊3158 手－6 エイ[呉][漢]・エチ[呉]・エツ[漢]/yè/ひく

[字解] 形声。手＋曳[声]。ひく意。曳に同じ。

2777 【挌】 5740 5948 9D67 手－6 カク[漢]/gé/うつ

[字解] 形声。手＋各[声]。
[意味] うつ。なぐる。たたかう。
【挌殺カクサツ】なぐり殺すこと。古代の死刑の一。

2778 【括】 1971 3367 8A87 手－6 [常] カツ(クヮツ)[漢]/kuò・guā/くくる

[筆順] 扌 扌 括 括 括 括 括
[字解] 形声。手＋舌(＝𠯑→會、あわせる)[声]。手であわせくくる意。
[意味] ❶くくる。たばねる。ひとまとめにする。ひきしめる。『括弧』『括嚢』『総括』 ❷くびれる。❸やはず。矢の上端の弦をうける所。『機括キカツ』
[下接] 一括イッカツ・概括ガイカツ・総括ソウカツ・統括トウカツ・包括ホウカツ
【括弧カッコ】文章や数式の全体ないしはある部分を弧線その他の記号で囲うこと。「 」( )など。
【括嚢カツノウ】(ふくろの口をくくる意から)含めること。転じて、理解すること。
【括約カツヤク】しめくくること。まとめること。『括約筋』

2779 【拮】 5741 5949 9D68 手－6 ケツ[漢]・キツ[漢]・カツ[漢]/jié・jiā/はたらく・せめる

[字解] 形声。手＋吉(かたくしまる)[声]。手でしめつける意。
[意味] ❶はたらく。努めて働く。『拮据』 ❷せめる。せめつける。はりあう。『拮抗』
【拮据キッキョ】一生懸命に働くこと。よく努めること。
【拮抗キッコウ】ほぼ等しい力で対抗して優劣のないこと。

2780 【挟】 2220 3634 8BB2 手－6 [常] (2804)【挾】 5749 5951 9D70 手－7 旧字
キョウ(ケフ)[漢]・ショウ(セフ)[漢]/xié・xiá・jiā/はさむ・はさまる・さしはさむ

[筆順] 扌 扌 挟 挟 挟 挟 挟
[字解] 挟は、挾の略体。挾は形声。手＋夾(わきばさむ)[声]。手ではさむ意。
[意味] ❶はさむ。さしはさむ。また、はさみ持つ。擁する。『挟撃』『挟持』 ＊十八史略-東漢「挟二天子一令二諸侯一テンシをさしはさみてショコウにレイす」〔＝天子を抱きこんで、諸侯に命令を下している〕」 ❷あまねくゆきわたる。めぐる。『挟日』

❶ はさむ。はさみ持つ。擁する。
【挟撃キョウゲキ】はさみうちにすること。『敵を挟撃する』
【挟持キョウジ】[1]物を携え持つこと。[2]心にいだくこと。
【挟書キョウショ】書物を携帯すること。【挟書律キョウショリツ】中国、秦の始皇帝が、民間で医薬・うらない・農業以外の書物を持つことを禁じた法律。
【挟輔キョウホ】かかえ助けること。補佐すること。

❷ あまねくゆきわたる。めぐる。
【挟日キョウジツ】一〇日間。挟旬。♥十干の甲きのえから甲までのひとめぐりの意。

【挟旬キョウジュン】＝挟日キョウジツ

2781 【拱】 5742 594A 9D69 手－6 キョウ[漢]・コウ[慣]/gǒng/こまねく・こまぬく

[字解] 形声。手＋共(両手をそろえる)[声]。両手をそろえてともにする、こまねく意。
[意味] ❶こまねく。こまぬく。腕組みをする。『拱揖』『垂拱スイキョウ』『端拱タンキョウ』『拝拱ハイキョウ』 ＊論語-微子「子路拱而立シロキョウしてたつ」〔＝子路が拱手して立っていた〕」 ❷両腕でかかえるほどの大きさ、太さ。『拱把』『拱璧』『拱木』

❶ こまぬく。こまねく。
【拱手キョウシュ|てをこまぬく】[1]中国の敬礼の一。両手の指を胸の前で組み合わせて敬礼すること。〔礼記-曲礼上〕[2]手をつかねて、何もしないでいること。拱手傍観。〔戦国策-秦〕
【拱揖キョウユウ】両手を胸の前で重ねてあいさつすること。

❷ 両腕でかかえるほどの大きさ、太さ。
【拱把キョウハ】樹木などのひとかかえ、または、ひとにぎりほどの太さ。〔孟子-告子上〕
【拱璧キョウヘキ】両腕でかかえるほどの大きな宝玉。
【拱木キョウボク】両腕でだきかかえるほどの大木。転じて、墓に植えて年月を経た木。〔左伝-僖公三二年〕

2782 【挂】 5744 594C 9D6B 手－6 カイ(クヮイ)[漢]・ケイ[慣]/guà/かける

[字解] 形声。手＋圭(→系、かける)[声]。手でものをかける意。掛の本字。

[意味] かける。つるす。ぶらさげる。かかる。

【挂冠ケイカン】官職をやめること。挂綬ケイジュ。挂冕ケイベン。〔後漢書-逸民伝・逢萌〕▶中国、後漢の逢萌ホウボウが冠を脱いで城門に挂か(掛)けて国を去った故事から。

2783 【挍】＊3163 手－6 キョウ(ケウ)[呉]・コウ(カウ)[漢] \jiào\ くらべる・はかる

[字解] 形声。手＋交(まじわる)[声]。二つのものを交差するようにつき合わせる意。

[参考] 熟語は「校」(3508)を見よ。

[意味] くらべる。はかる。比較する。「校」に同じ。

【挍合キョウゴウ】文字や文章をくらべ合わせて誤りを正すこと。校正。校合キョウゴウ。

2784 【拷】2573 3969 8D89 手－6 [常] コウ(カウ)[漢]・ゴウ(ガウ)[慣] \kǎo\ うつ

[筆順] 拷 拷 拷 拷 拷 拷

[字解] 形声。手＋考(→攷、うってまげる)[声]。うちすえる意。

[意味] うつ。うちすえる。たたいて責める。

【拷訊ゴウジン】肉体に苦痛を与えて訊問すること。拷問。

【拷問ゴウモン】容疑者に肉体的苦痛を加えて、犯罪を白状させること。拷掠。

【拷掠ゴウリャク|ゴウリョウ】①(ゴウリャク)うばいとること。②(ゴウリョウ)＝拷問ゴウモン

2785 【拶】2702 3B22 8E41 手－6 サツ[漢] \zǎn・zā\

[字解] 会意。手＋巛。

[意味] せまる。おしよせる。「挨拶アイサツ」

2786 【指】2756 3B58 8E77 手－6 [常]3 シ[呉][漢] \zhǐ\ ゆび・さす

[筆順] 指 指 指 指 指 指

[字解] 形声。手＋旨(→示、しめす)[声]。ものをさししめすゆび、ゆびでさししめす意。一説に旨はうまい意で、うまいものに食指がうごくことからとも。

[参考] (1)万葉仮名では音を借りて「し」。(2)足のゆびは「趾」(7814)。

[意味] ❶手のゆび。「指圧シアツ」「指紋」「屈指」「食指」 ❷さす。ゆびさす。さししめす。また、さしずする。「指示」「指摘」「指南」＊史記-項羽本紀「指王翳曰、此項王也〈オウエイにゆびさしていわく、これコウオウなりと〉〔=王翳に指さして言った、これが項王だ、と〕」⇒表 ❸むね。意向。「指帰」

❶手のゆび。

[下接] 運指ウンシ・画指カクシ・屈指クッシ・五指ゴシ・示指ジシ・十指ジッシ・手指シュシ・将指ショウシ・食指ショクシ・染指センシ・弾指ダンシ・中指チュウシ|なかゆび・拇指ボシ|おやゆび・無名指ムメイシ

【指紋シモン】人の手の指先の内側にある、多くの線からできている模様。

❷さす。ゆびさす。さしずする。

[下接] 顧指コシ・大指タイシ・直指チョクシ・背指ハイシ・目指モクシ

指シ	示ジ
指示	
ゆびさしてしめす。 指摘 指揮 指南 明指 直指	あらわしてしめす。 示唆 示教 示諭 明示 開示

【指画シカク】指で描き示すこと。

【指揮・指麾シキ】①指図をすること。②合唱、管弦楽などの演奏を統括・進行する行為。

【指呼シコ】指さして呼ぶこと。「指呼の間カン〔=呼べば答えるほど近い距離〕」

【指顧シコ】①指さしてかえりみること。②＝指呼シコ

【指向シコウ】ある方向にむかうこと。「指向性」

【指示シジ】①それと指さして示すこと。「方向指示器」②他人に指図すること。「緊急時の指示系統」

【指事シジ】漢字の六書リクショの一。抽象的な意味の語をある形にして表すもの。「一、二」「上、下」など。

【指掌シショウ】手のひらを指さすこと。転じて、きわめて容易な事柄。

【指針シシン】①計器類の目盛りを指示する針。②物事を進めるべき方針、手引き。

【指数シスウ】①数学で、累乗を表すために、数字または文字の右肩に付ける小さな数字や文字。②ある抽象的な事柄の程度を、何らかの方式により表した数値。「知能指数」「不快指数」「物価指数」

【指斥シセキ】①指さして非難すること。面前で非難すること。②指さして、はっきり示すこと。

【指嗾シソウ】指図してそそのかすこと。教唆キョウサ。

【指弾シダン】非難すること。爪つまはじき。

【指摘シテキ】全体の中から特に取り上げてさし示すこと。

【指点シテン】指でさし示すこと。

【指導シドウ】教え導くこと。「生徒指導」「指導者」

【指南シナン】人を教え導くこと。また、その教え。

【指南車シナンシャ】〔張衡-東京賦〕古く中国で用いた、方向を指示する装置を設けた車。台の上の人形の指が常に南をさしたという。

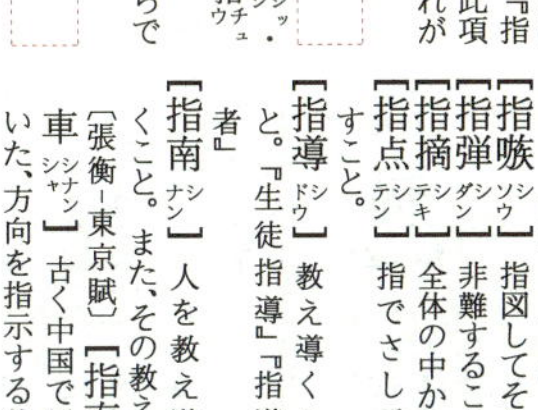

指南車

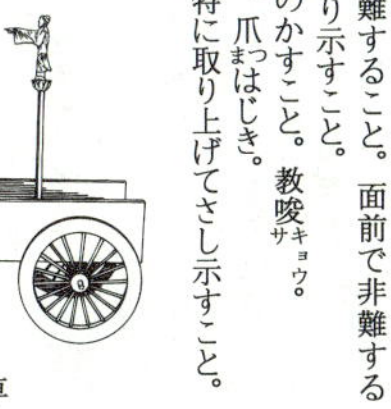

【指腹為婚シフクしてコンをなす】子がまだ母親の胎内にいるうちに、(腹を指さして)その子の将来の結婚を約束すること。指腹婚。指腹約。〔後漢書-賈復伝〕

【指名シメイ】特定の人やものを指定すること。

【指令シレイ】指揮、命令すること。

❸むね。意向。

【指帰シキ】おもむき帰するところ。すべてが最終的に帰して従うべき模範。根本となる思想。〔呉志-諸葛瑾伝〕

【指趣シシュ】おもむき。考え。

[難読地名] 指宿いぶすき市(鹿児島) [難読姓氏] 指出さしで

2787 【⿰扌此】 ―― 手－6 シ[漢]・セイ[漢]

[字解] 形声。手＋此[声]。つかむ意。

2788 【持】2793 3B7D 8E9D 手－6 [常]3 ジ(ヂ)[呉]・チ[漢] \chí\ もつ・たもつ

[筆順] 持 持 持 持 持 持

[字解] 形声。手＋寺(→止、とどめる)[声]。手にとどめもつ意。

心(㣺・忄)戈戸(戶)手(扌)支攴(攵) 4画 文斗斤方旡(无・旡)日曰月木欠止歹(歺)殳毋比毛氏气水(氺・氵)火(灬)爪(爫・⺤)父爻(㸚)爿(丬)片牙(牙)牛犬(犭)

る。『持参』『持病』『持論』『支持』 ＊十八史略-西漢「臥起持二漢節一（ガキにもカンセツをジす）〔＝(蘇武は)寝ても起きても漢の(使者のしるしの)節を肌身離さず持っていた〕」 ❷たもつ。まもる。もちこたえる。『持戒』『持久』『持続』『維持』『保持』 ❸優劣のないこと。特に、歌合わせや囲碁などでひきわけ、無勝負。もち。『持碁(ジゴ)』 ＊史記-項羽本紀「楚漢久相持未レ決（ソカンひさしくあいジしていまだケッせず）〔＝楚と漢とは、長い間持久戦を続けて、決着がつかなかった〕」

❶ もつ。にぎる。また、身につける。

下接 憶持(オクジ)・加持(カジ)・挟持(キョウジ)・矜持(キョウジ|キンジ)・支持(シジ)・住持(ジュウジ)・所持(ショジ)・把持(ハジ)・扶持(フジ)・抱持(ホウジ)・捧持(ホウジ)

【持参(ジサン)】 国持って行くこと、または、持って来ること。『印鑑持参のこと』

【持節(ジセツ)】 (「節」は君主の命を受けた使者が授けられるしるし) 節、特に節刀を持つこと。

【持病(ジビョウ)】 国常時、または周期的に苦しみ悩む病気。

【持仏(ジブツ)】 国守り本尊として常に身近に置く仏像。

【持論(ジロン)】 いつも主張している自分の説、意見。持説。

❷ たもつ。まもる。もちこたえる。

下接 維持(イジ)・憶持(オクジ)・挟持(キョウジ)・堅持(ケンジ)・固持(コジ)・護持(ゴジ)・総持(ソウジ)・操持(ソウジ)・能持(ノウジ)・保持(ホジ)・曠日持久(コウジツジキュウ)

【持戒(ジカイ)】 仏教の戒律をかたく守ること。↔破戒

【持久(ジキュウ)】 長時間持ちこたえること。『持久戦』

【持国天(ジコクテン)】 仏語。四天王の一。須弥山(シュミセン)に住し、東方を守護する主神。

【持斎(ジサイ)】 仏語。仏門にはいった人が、正午を過ぎて食事をしない、日中一食の戒を守ること。

【持続(ジゾク)】 ある状態が中断しないで続くこと。

【持重(ジチョウ)】 軽率に行動しないこと。大事をとること。

2789 【拾】 2906 3D26 8F45 手－6 常3 ジュウ(ジフ)呉・シュウ(シフ)漢・ショウ(セフ)漢・キョウ(ケフ)漢/shí/ひろう・とお

筆順 拾 拾 拾 拾 拾 拾

字解 会意。手＋合(あわせる)。手でひろいあつめる意。

参考 金額等の表示の際に、のちの改竄を避けるため「十」のかわりに用いる。

意味 ❶ひろう。ひろいあつめる。とり入れる。『拾遺』『拾得』『捃拾(クンシュウ)』『収拾(シュウシュウ)』 ❷「十」を表す語。とお。『拾万円(ジュウマンエン)』 ❸人名。『拾得』

❶ ひろう。ひろいあつめる。とり入れる。

【拾遺(シュウイ|おちたるをひろう)】 ①落ちているものをひろうこと。＊十八史略-唐「路不レ拾レ遺（みちおちたるをひろわず）〔＝(人民は)路に落ちているものを拾って自分のものとしなくなった〕」 ②(シュウイ) 洩(も)れているものをひろい補うこと。『拾遺集』

【拾謁(シュウエツ)】 (「謁」は名刺) 名刺をとりかわすこと。転じて、親しく交わること。

【拾芥(シュウカイ)】 ①塵芥(ジンカイ)をひろうこと。②名誉、富貴などをたやすく手に入れるたとえ。

【拾収(シュウシュウ)】 みだれたものを整理すること。

【拾翠(シュウスイ)】 春の野山で草をつむこと。

【拾摭(シュウセキ)】 (「摭」もひろい取る意) ひろい取ること。

【拾得(シュウトク)】 ひろうこと。ひろい取ること。↔遺失。↓❸(ジットク)

❸ 人名。

【拾得(ジットク)】 中国、唐の天台山国清寺の僧。もと孤児で豊干(ブカン)禅師に拾われたのでこの名がある。隠士の風をもち、寒山(カンザン)と併称された。↓❶(シュウトク)

2790 【拯】 5746 594E 9D6D 手－6 ショウ漢・ジョウ慣/zhěng/すくう

字解 形声。手＋丞(手でうけ、すくう)声。手ですくいたすける意。

意味 すくう。たすける。

【拯難(ジョウナン)】 危難を救うこと。

2791 【拭】 3101 3F21 9040 手－6 ショク漢・シキ慣/shì/ぬぐう・ふく

字解 形声。手＋式声。

意味 ぬぐう。ふく。ふきとる。『払拭(フッショク)』

【拭浄(ショクジョウ)】 ぬぐいきよめること。浄拭。

【拭目(ショクモク)】 目をぬぐって見ること。注意してよく見ること。

2792 【拵】 5747 594F 9D6E 手－6 ソン漢/cǔn/こしらえる

字解 形声。手＋存声。

意味 ❶よる。すえる。さしはさむ。❷国こしらえる。つくる。

2793 【挑】 3609 4429 92A7 手－6 常 チョウ(テウ)漢・トウ(タウ)漢/tiǎo・tiāo・tāo/いどむ

筆順 挑 挑 挑 挑 挑 挑

字解 形声。手＋兆(さけはなれる)声。手で裂け目をつける、手でひき離す意。派生して、いどむ意。

意味 ❶いどむ。けしかける。『挑戦』『挑発』 ❷かきたてる。かかげる。『挑灯』 ＊白居易-長恨歌「孤灯挑尽未レ成レ眠（コトウかかげつくしていまだねむりをなさず）〔＝たった一つの灯明の灯心をかきたて尽くしても、まだ眠れない〕」

【挑戦(チョウセン)】 ①戦いをいどむこと。『挑戦状』 ②国困難などに立ち向かうこと。『記録への挑戦』

【挑灯(チョウトウ)】 灯心をかきたてること。

【挑発・挑撥(チョウハツ)】 相手を刺激して紛争や欲情などを起こすように仕向けること。『挑発的な態度』

2794 【拍】 ― 手－6 ハク 「拍」(2761)の異体字

2795 【拼】 ＊3157 手－6 ホウ 「拼」(2858)の異体字

2796 【挊】 ＊3161 手－6 ロウ漢/lòng/かせぐ

字解 挵(＝弄)の異体字。もてあそぶ意。また、日本で、働く意。

2797 【挗】 ― 手－6 はな・かむ

字解 国字。手＋夷(＝洟、はなみず)。手ではなをかむ意。

2798 【挘】 ＊3167 手－6 むしる

字解 国字。会意。手で力ずくでかきとる、むしりとる意。

2799 【挧】 5743 594B 9D6A 手－6
音訓字義未詳

2800 【挨】 1607 3027 88A5 手－7
アイ漢/āi
字解 形声。手＋矣(↓疑、なやみたちどまる)声。つかえてたちどまり、おしあう意。
意味 おす。おしすすむ。また、せまる。
【挨拶】アイサツ 国①人と会ったとき、別れるときなどの言葉や動作。②儀式、就任などのとき、祝意、謝意などを述べること。❤複数で押し合う意から。もと禅家の用語で、互いに問答して修行の度合いを試し合うこと。
【挨次】アイジ あとからあとへと続いて。順次に。

2801 【捐】 5748 5950 9D6F 手－7
エン呉漢・ケン漢/juān/すてる
字解 形声。手＋肙(小さいぼうふら)声。手でへらし小さくする、すてる意。
意味 ❶すてる。のぞきさる。『捐館』『捐棄』『棄捐キエン』❷あたえる。救済のための金品を出す。『義捐ギエン金』『出捐シュツエン』❸金銭で官位を得る。『捐官』『捐納』
【捐官】エンカン 政府に金を納めて官職を買うこと。また、その官職。
【捐館】エンカン 死去すること。
【捐棄】エンキ すてること。見捨てること。
【捐納】エンノウ 中国の制度で、献金して官職を買うこと。また、そうして得た官職。捐官。捐輸。

2802 【捍】 5750 5952 9D71 手－7
カン 「扞」(2703)の異体字

2803 【捄】 * 3178 手－7
ク呉漢・グ呉・キュウ(キウ)漢/jiū・qiú
字解 形声。手＋求(求心的にあつまる)声。土をあつめもる意。

2804 【挾】 5749 5951 9D70 手－7
キョウ 「挟」(2780)の旧字

2805 【捃】 * 3177 手－7
クン呉漢/jùn/ひろう
字解 形声。手＋君声。
意味 ひろう。ひろいとる。
【捃拾】クンシュウ (こぼれ落ちている物を)ひろいとること。
【捃摭】クンセキ (多くのものの中から)ひろい集めること。

2806 【捆】 * 3179 手－7
コン漢/kǔn/うつ・しばる
字解 形声。手＋困声。
意味 ❶うつ。たたく。❷なわでしばる。「梱」に同じ。

2807 【挫】 2635 3A43 8DC1 手－7
サ漢・ザ慣/cuò/くじく・くじける
字解 形声。手＋坐(ひざをおってすわる)声。手で折りくじく意。
意味 ❶くじく。いためる。おれる。『挫傷』『摧挫サイザ』『折挫セツザ』『捻挫ネンザ』❷くじけて、勢いがなくなる。『挫折』『頓挫トンザ』
【挫傷】ザショウ 転倒や打撲などで内部の軟組織が損傷してあざができること。うちみ。『脳挫傷』
【挫折】ザセツ 仕事や計画などが途中でだめになること。『挫折感』
【挫敗】ザハイ くじけ負けること。

2808 【振】 3122 3F36 9055 手－7 常
シン呉漢/zhèn・zhēn・zhěn/ふる・ふるう・ふり
筆順 振 振 振 振 振 振
字解 形声。手＋辰(↓震、ゆれうごく)声。手でふりうごかす、ふる意。
意味 ❶ふる。㋑ふるえる。ふりうごかす。『振動』㋺すてる。無駄にする。㋩ふりわける。⇩表 ❷たすける。救う。「賑」に同じ。『振窮』『振恤』❸ふるう。盛んにする。活気づく。『振興』『不振フシン』❹古い。いにしえ。昔。『振古』❺ととのえる。『振旅』❻「振旦シンタン」は古代中国の別称。震旦。❼国ふり。㋑ふるまい。ようす。『振り付け』『枝振り』㋺時間の経過を表す。『久方振り』㋩刀剣を数える語。

❶ふる。ふりうごかす。
下接 一振イッシン・三振サンシン・勃振ボッシン・金声玉振キンセイギョクシン

振 シン ふるい動かす。ふるう。	振動	振盪	振怖	振幅	振恐		振駭シンガイ	振慄シンリツ
震 シン ふるわせる。ふるう。	震動	震盪	震怖		震度	震恐	震駭	震慄

【振衣弾冠】シンイダンカン かぶっている冠を指ではじき、衣をふるってちりを払うこと。俗世間から超越しようとするたとえ。振衣。＊屈原-漁父辞「新沐者、必弾レ冠、新浴者、必振レ衣あらたにモクするものは、かならずかんむりをはじき、あらたによくするものは、かならずころもをふるう」〔＝髪を洗いたての人は、必ず冠のちりを指ではじき落としてからかぶるし、ふろに入りたての人は、必ず衣服を振って着る〕
【振慴】シンショウ おそれおののくこと。
【振盪】シントウ 激しくふるえ動くこと。震蕩。『脳振盪』
【振動】シンドウ 揺れ動くこと。
【振怖】シンプ ふるえおののく。震怖シンプ。＊史記-刺客伝「燕王誠振二怖大王之威一エンオウまことにダイオウのイにシンプす」〔＝燕王は心から大王の威勢にふるえあがった〕

❷たすける。救う。
【振窮】シンキュウ 困っている人を救済すること。賑窮シンキュウ。
【振恤】シンジュツ 被災者、貧困者へ、金品を援助し与えること。賑恤。
【振徳】シントク (「徳」は恵む意)金品をほどこし恵むこと。

❸盛んにする。活気づく。
【振興】シンコウ 物事を盛んにすること。『産業を振興する』
【振作】シンサク 物事を盛んにしたり、気力をふるいたたせたりすること。
【振粛】シンシュク 気風などを奮いおこしてひきしめること。
【振振】シンシン ①盛んなさま。②信義仁愛の厚いさま。③鳥などのむらがり飛ぶさま。
【振武】シンブ 武勇を奮い示すこと。
【振鷺】シンロ むらがって飛ぶサギ。高潔で立派な人のたとえ。

❹古い。いにしえ。昔。
【振古】シンコ 非常に古い時代。おおむかし。

❺ ととのえる。

【振旅（シンリョ）】（「旅」は軍旅の意）軍をととのえて凱旋すること。

2809 【捜】 3360 415C 917B 手－7 常 (2905)〔搜〕 5751 5953 9D72 手－10 旧字 人

シュウ(シウ)漢・ソウ(サウ)慣/sōu/さがす

筆順 扌 扌 扌 扌 捜 捜 捜

字解 捜は、搜の略体。搜は形声。手＋叟（＝叜、たいまつを手に家内をさがす）声。本来、叜のみでこの字義を表したが、のちに手を加えた。

意味 ❶さがす。さがし求める。さぐる。『捜査』『捜索』『博捜（ハクソウ）』『旁捜（ボウソウ）』『冥捜（メイソウ）』⇒〔探〕(2848)の表 ❷書名。『捜神記』

【捜査（ソウサ）】 ❶さがす。さがし求める。さぐる。 さがししらべること。特に、犯人をさがしたり、犯罪に関する証拠などを収集したりすること。『捜査本部』

【捜索（ソウサク）】 1さがしもとめること。2証拠物件や犯人を発見するため、家宅などを強制的に取り調べること。

【捜討（ソウトウ）】（「討」は尋ねる意）さがしもとめること。

【捜羅（ソウラ）】 徹底的に、くまなくさがし集めること。

❷ 書名。

【捜神記（ソウシンキ）】 中国の小説。二〇巻。晋の干宝（カンボウ）作。四世紀ごろの成立。逸話、古奇談、民間説話などを集めて記録。仏教の影響を受けた小説としては最古のもの。

2810 【挿】 3362 415E 917D 手－7 常 (2881)〔插〕 5771 5967 9D87 手－9 旧字

ソウ(サフ)漢/chā/さす・はさむ

筆順 扌 扌 扌 扌 挿 挿 挿

字解 挿は、插の通俗体。手＋臿（さしこむ）声。手でさしこむ意。

意味 さす。さしこむ。さしはさむ。＊白居易－琵琶行「沈吟放レ撥挿ニ絃中一（チンギンしバチをおきてゲンチュウにはさむ）〔＝深くもの思いにふけり、ばちを置き絃にはさむ〕」

【挿秧（ソウオウ）】 1（「秧」は苗（なえ）の意）早苗を植えること。田植え。2田に植えたばかりの苗。

【挿花（ソウカ）】 国花器に花材をいけること。いけばな。

【挿架（ソウカ）】 書棚に本を置くこと。また、書棚。

【挿入（ソウニュウ）】 さし入れること。さしはさむこと。

【挿話（ソウワ）】 ある作品のなかにはめ込まれた、本筋とはあまり関係はないが、それなりにまとまった話。逸話。

2811 【捉】 3410 422A 91A8 手－7

シャク呉・サク漢・ソク慣/zhuō/とらえる・つかまえる・つかむ

字解 形声。手＋足（↓束、たばねしめつける）声。手でしめつけつかむ、とらえる意。

意味 ❶とらえる。つかまえる。『擒捉（キンソク）』『捕捉（ホソク）』 ❷つかむ。にぎる。『捉髪』『把捉（ハソク）』

【捉髪（ソクハツ）】 結いかけの髪を握って立つこと。賢者を迎えるのに時をおかず優待するたとえ。握髪吐哺（アクハツトホ）。〔左伝－僖公二八年〕

2812 【捗】 ―― 手－7 (2849)〔捗〕 3629 443D 92BB 手－8 †

ホ漢・チョク漢/zhì/はかどる

字解 形声。手＋歩声。

意味 ❶おさめる。❷うつ。❸国はかどる。『進捗（シンチョク）』

2813 【挺】 3682 4472 92F0 手－7

チョウ(チャウ)呉・テイ漢/tǐng/ぬきんでる

字解 形声。手＋廷（つき出る）声。手でぬきだす、ぬく意。

意味 ❶ぬきんでる。人より先に出る。『挺秀』『挺出』『挺身』『空挺（クウテイ）』 ❷国銃などを数える語。現代では「丁」に書き換える。『一挺（イッチョウ）』 ❸「南挺」は、美しい銀。または、銀の異称。

【挺秀（テイシュウ）】 人にぬきんでてすぐれていること。

【挺出（テイシュツ）】 ぬきんでること。

【挺身（テイシン）】 身を投げ出し、先んじて事に当たること。

【挺進（テイシン）】 多数の者より先に立って進むこと。

【挺然（テイゼン）】 他にかけはなれて高くぬきでるさま。

【挺立（テイリツ）】 ぬきんでていること。きわだつこと。

2814 【捏】 5752 5954 9D73 手－7 (2885)〔揑〕 ＊3225 手－9

ネチ呉・ネツ呉・デツ漢/niē/こねる・こねくる・つくねる

字解 形声。手＋土＋日声。

意味 こねる。つくねる。また、日本語で、ありもしないことをでっちあげる。

【捏造（ネツゾウ）】 1土などをこねて、物の形を作り上げること。2ありもしないことをでっち上げること。

2815 【捌】 2711 3B2B 8E4A 手－7

ハツ漢・ベツ慣/bā/さばく・さばける・はける

字解 形声。手＋別（わかれる）声。手でわける、さばく意。

意味 ❶土をならす道具。❷うつ。ひらく。やぶる。❸国さばく。さばける。はける。❹数字の「八」を表す語。証書、記録などで用いる。

2816 【挽】 4052 4854 94D2 手－7

バン漢/wǎn/ひく

字解 形声。手＋免（胎児をひきだす）声。手でひく意。

意味 ❶ひく。ひっぱる。ひきもどす。『挽回』『推挽（スイバン）』 ❷葬式のとき棺（ひつぎ）をのせた車をひくこと。「輓」に同じ。『挽歌』 ❸国ひく。すりつぶす。『挽ひき肉』

【挽歌（バンカ）】 人の死をいたむ詩歌。輓歌（バンカ）。もと中国で、柩（ひつぎ）を挽（ひ）く者の歌う歌の意から。

【挽回（バンカイ）】 失ったものを取り返し、もとへ戻すこと。『名誉挽回』

【挽詩（バンシ）】 死者をいたむ詩。哀悼の詩。輓詩。

2817 【捕】 4265 4A61 95DF 手－7 常

ブ呉・ホ漢/bǔ/とらえる・とらわれる・とる・つかまえる・つかまる

筆順 扌 扌 扌 捕 捕 捕 捕

字解 形声。手＋甫（なえをうえる）声。手でなえをうえる意。転じて、つかむ意。

意味 とらえる。つかまえる。とる。また、めしとる。＊陶潜－桃花源記「武陵之人、捕レ魚為レ業（ブリョウのひと、うおをとらうるをギョウとなす）〔＝武陵の人で、魚をとるのを仕事にする人がいた〕」

下接 収捕(シュウホ)・囚捕(シュウホ)・緝捕(シュウホ)・逮捕(タイホ)・拿捕(ダホ)

【捕獲(ホカク)】動物をとらえること。

【捕治(ホジ)】罪人をとらえて取り調べること。

【捕捉(ホソク)】とらえること。つかまえること。

【捕縛(ホバク)】とらえて縛ること。

【捕亡(ホボウ)】逃げるものをとらえること。

【捕吏(ホリ)】罪人を召しとる役人。とりて。

【捕虜(ホリョ)】戦いで敵軍にとらえられた者。

2818【挹】＊3173 手－7 ユウ(イフ)呉漢 yì くむ
字解 形声。手＋邑(多くあつまる)声。くみとる意。
意味 ❶くむ。くみとる。『挹掬』❷おさえる。控えめにする。『挹損』
【挹掬(ユウキク)】手でくむこと。手ですくうこと。
【挹損(ユウソン)】自分の心をおさえて相手をたてること。

2819【捋】＊3181 手－7 ラツ漢 luō・lǚ
字解 形声。手＋寽(両手でつまみとる)声。つまみとる意。のちに手を加えて、その字義を明確にした。

2820【挵】＊3171 手－7 ロウ「弄」(2190)の異体字

2821【掖】5753 5955 9D74 手－8 エキ漢 yē・yè わき
字解 形声。手＋夜(→亦、わき)声。わきにはさむ意。
意味 ❶わきばさむ。❷わき。わきのした。「腋」に同じ。『縫掖(ホウエキ)』❸助ける。導く。❹宮殿。『宮掖(キュウエキ)』
【掖垣(エキエン)】宮殿近くにある垣。転じて、宮廷、御所。
【掖門(エキモン)】宮殿の正門の左右にある小さな門。

2822【掩】1770 3166 8986 手－8 エン漢・アン慣 yǎn おおう
字解 形声。手＋奄(おおう)声。手でおおう意。
意味 ❶おおう。おおいかぶせる。かばう。『掩蓋』『掩護』『掩蔽』『隠掩(インエン)』『蔽掩(ヘイエン)』＊白居易－長恨歌「君王掩レ面救不レ得(クンオウおもてをおおいてすくいえず)」〔＝天子は顔をおおったまま、救おうにも救うすべもない〕❷おそう。不意に襲う。『掩撃』❸とまる。やめる。『掩抑』

❶おおう。おおいかぶせる。
【掩蓋(エンガイ)】物の上にかぶせる覆い。また、塹壕(ザンゴウ)などの上を覆ったもの。

【掩泣(エンキュウ)】顔を手で覆って泣くこと。

【掩護(エンゴ)】味方の行動や施設などを敵の攻撃から守ること。書き換え「掩護→援護」。

【掩蔽(エンペイ)】①覆い隠して見えなくすること。②月や惑星が他の星を隠す現象。星食。

【掩有(エンユウ)】すべてを所有すること。奄有。

❷おそう。不意に襲う。
【掩撃(エンゲキ)】小部隊で、敵の不意を襲い討つこと。

【掩殺(エンサツ)】相手の油断に乗じて殺すこと。暗殺。

【掩襲(エンシュウ)】相手の不意をついて襲うこと。掩撃(エンゲキ)。

❸とまる。やめる。
【掩抑(エンヨク)】音や気持ちなどを抑えとどめること。＊白居易－琵琶行「絃絃掩抑声声思(ゲンゲンエンヨクしセイセイにおもう)」〔＝一本一本の絃の音を押しころし、一つ一つの音に深い思いが感じられる〕

2823【掛】1961 335D 8A7C 手－8 常 カイ(クヮイ)漢・カ(クヮ)慣 guà かける・かかる・かけ・かかり
筆順 掛 掛 掛 掛 掛 掛
字解 形声。手＋卦声。挂の別体。
意味 ❶かける。かかる。ひっかける。つりさげる。『掛冠』『掛搭』『掛絡』❷国かける。㋑心にかける。㋺人手や金を費やす。㋩かけ算をする。㋥値段を高くいう。『掛け値』㋭二つ以上かねる。『掛詞(かけことば)』㋬定期的に支払ったり積み立てたりする。『掛け捨ての保険』❸国かかわる。うけもつ。かかり。『出納掛(スイトウがかり)』『掛員(かかりイン)』❹国かけ。金銭の支払いを後でする約束で売買する。『掛け売り』
【掛冠(カイカン)】官職をやめること。挂冠(ケイカン)。
【掛搭・掛褡(カトウ)】行脚中の僧侶が、一時他の寺院に滞在すること。掛錫(カシャク)。挂錫(ケイシャク)。
【掛絡・掛羅(カラ)】①仏語。禅宗・浄土宗の僧が、両肩を通して胸間に掛けて用いる小さな方形の袈裟(ケサ)。②①に用いてある象牙などの輪。③根付け。また、根付けのある印籠(インロウ)、タバコ入れなど。
難読地名 掛合(かけや)町(島根)

2824【掴】3647 444F 92CD 手－8 カク「摑」(2917)の異体字

2825【掎】5754 5956 9D75 手－8 キ漢 jǐ ひく
字解 形声。手＋奇(片方が曲がる)声。片方をひく意。
意味 ひく。ひっぱる。足をひく。『掎角(キカク)』
【掎角(キカク)】(鹿を捕らえるのに後ろから足を引き、前から角(つの)をとる意)前後から敵を制すること。
【掎摭(キセキ)】一つ一つひきとめて集めていくこと。

2826【掬】2137 3545 8B64 手－8 キク呉漢 jū すくう・むすぶ
字解 形声。手＋匊(両手ですくう)声。両手ですくう意。のちに手を加えてその字義を明確にした。
意味 すくう。両手ですくいあげる。汲む。むすぶ。『一掬(イッキク)』『挹掬(ユウキク)』

2827【据】3188 3F78 9098 手－8 常 キョ漢 jū・jù すえる・すわる
筆順 据 据 据 据 据 据
字解 形声。手＋居(→局、小さくちぢむ)声。ひじをまげてかかえもつ意。
意味 ❶忙しく働くこと。『拮据(キッキョ)』❷たかぶること。「倨」に同じ。❸よりどころとする。「拠」に同じ。『考据(コウキョ)』❹国すえる。すえおく。そのままにしておく。

2828【掀】5755 5957 9D76 手－8 キン漢 xiān
字解 形声。手＋欣声。かかげる、あげる意。

2829【掘】2301 3721 8C40 手－8 常 クツ漢・コツ漢・ケツ漢 jué ほる
筆順 掘 掘 掘 掘 掘 掘

心(小・忄)戈戸(戸)手(扌)支攴(攵) 4画 文斗斤方无(旡・无)日曰月木欠止歹(歺)殳毋比毛氏气水(氺・氵)火(灬)爪(爫)父爻(爻)爿(丬)片牙(牙)牛犬(犭)

字解 形声。手＋屈(↓劂、えぐる)声。えぐりとる、ほる意。
意味 ほる。ほり出す。穴をあける。
下接 採掘(サイクツ)・鑿掘(サックツ)・試掘(シクツ)・盗掘(トウクツ)・発掘(ハックツ)
【掘削・掘鑿(クッサク)】土や岩を掘り、穴を開けること。▼書き換え「掘鑿→掘削」。

2830【掲】 2339 3747 8C66 手－8 常 (2876)〔揭〕 手－9 旧字 人
ケイ漢・ケチ呉・ケツ漢/qì・jiē/かかげる
筆順 扌 掲 掲 掲 掲 掲
字解 掲は、揭の通俗体。揭は形声。手＋曷(↓傑、高くぬきんでる)声。手で高くかかげる意。
意味 ❶かかげる。㋑高くさし上げる。『掲揚』『掲焉(ケツエン)』㋺着物のすそを持ち上げる。『掲厲』❷はり出す。また、新聞などに載せること。『掲載』『掲示』『掲出』『前掲(ゼンケイ)』『表掲(ヒョウケイ)』『別掲(ベッケイ)』
【掲載(ケイサイ)】新聞や雑誌に文章や絵をのせること。
【掲示(ケイジ)】公衆または関係者に掲げ示すこと。また、その文書。『掲示板』
【掲出(ケイシュツ)】人目につくように書いて示すこと。
【掲揚(ケイヨウ)】高くかかげること。『国旗掲揚』
【掲厲(ケイレイ)】川を歩いてわたること。また、川の歩いてわたれる所。
【掲焉(ケツエン|ケチエン)】①高くそびえるさま。②国きわだっているさま。

2831【捲】 手－8 (2877)〔捲〕 2394 377E 8C9E 手－9 †
ケン漢/juǎn・quán/まく・まくる・まくれる・めくる・めくれる
字解 形声。手＋卷(まく)声。まく意。もと、卷のみでこの字義を表したが、のち手を加え、その字義をより明確にした。
意味 ❶まく。まくる。めくる。まきあげる。『捲土重来』『席捲(セッケン)』❷いさむ。いきおい。❸こぶし。にぎりこぶし。『捲握』
【捲握(ケンアク)】しっかりと握ること。また、握りこぶし。
【捲土重来(ケンドチョウライ|ケンドジュウライ)】一度敗れた者が、再び勢力を盛り返して来ること。「巻土重来」とも書く。〔杜牧-題烏江亭〕▼土煙を捲(ま)きあげて、勢いよく重ねてやって来る意。

2832【控】 2521 3935 8D54 手－8 常
ク呉・コウ漢・コウ(カウ)漢\kòng・qiāng/ひかえる・ひかえ
筆順 扌 控 控 控 控 控
字解 形声。手＋空(あき)声。弓にあきまができるような形で弓をひく意。転じて、ひかえる意。

意味 ❶ひく。弓をひく。『控弦』❷ひかえる。ひきとめる。おさえる。『控御』『控制』『磬控(ケイコウ)』❸さしひく。除く。『控除』❹告げる。訴える。『控告』『控訴』❺国㋑ひかえめにする。また、待機する。『控室(ひかえシツ)』㋺書き留めておく。メモ。また、うつし。副本。

【控御・控馭(コウギョ)】馬を自分の思うままにあやつること。転じて、人を思うままに動かすこと。

【控弦(コウゲン)】弓を引くこと。また、その兵士。

【控告(コウコク)】訴えを起こすこと。告訴。

【控除(コウジョ)】金銭・数量などを、差し引くこと。『扶養控除』▼書き換え「扣除→控除」。

【控制(コウセイ)】ひきつけて行動を自由にさせないこと。牽制(ケンセイ)。

【控訴(コウソ)】第一審の判決に対し上級裁判所に不服の申し立てをすること。『控訴審』

2833【採】 2646 3A4E 8DCC 手－8 常5 (2834)〔採〕 手－8 旧字
サイ呉漢\cǎi/とる
筆順 扌 採 採 採 採 採
字解 形声。手＋采(つみとる)声。とる意。のちに手を加えた。
意味 とる。手にとる。つみとる。選んで取り上げる。「采」に同じ。『伐採(バッサイ)』⇒〔取〕(888)の表
【採算(サイサン)】国収支が引き合うかどうか計算すること。また、その計算。『採算が合わない』
【採取(サイシュ)】①自然界から、生活などに必要なものを手に入れること。②研究・調査などのために、必要なものを見本としてとること。
【採集(サイシュウ)】昆虫・植物・鉱物などを標本や研究などのためにとり集めること。『昆虫採集』
〔採薪之憂(サイシンのうれい)〕自分の病気をへりくだっていう。采薪之憂。〔孟子-公孫丑下〕▼病身でたきぎとりにもでられないの意。
【採摭(サイセキ)】ひろいとること。拾採。
【採択(サイタク)】幾つかある中から選んでとり上げること。
【採長補短(サイチョウホタン)】他人の長所をとり入れ、自分の短所を補うこと。
【採納(サイノウ)】とり上げて用いること。
【採訪(サイホウ)】研究資料などを採集するため、ある土地を訪れること。【採訪使(サイホウシ)】中国、唐代の官名。全国十五道に配され、道内の役人を視察した。按察使(アンサツシ)を改めた採訪処置史の略。
【採用(サイヨウ)】①意見・方法などをとり上げて用いること。②人を雇い入れること。『採用試験』『仮採用』
【採録(サイロク)】①とり上げて記すこと。②録音すること。

2835【捨】 2846 3C4E 8ECC 手－8 常6 (2836)〔捨〕 手－8 旧字
シャ呉漢\shě/すてる
筆順 扌 捨 捨 捨 捨 捨
字解 捨は捨の通俗体。捨は形声。手＋舍(↓射、矢をはなつ)声。手からはなす意。
意味 ❶すてる。すてさる。投げ出す。『捨身』『用捨』❷ほどこす。神仏のために金品を寄付する。『喜捨(キシャ)』❸仏語。すべてのとらわれから離れること。
下接 取捨(シュシャ)・用捨(ヨウシャ)・四捨五入(シシャゴニュウ)/姥捨山(うばすてやま)
【捨象(シャショウ)】事物全体の表象から、いくつかの特色を分けて取り出す抽象を行う場合に、それ以外の特色を捨て去ること。
【捨身(シャシン|すてみ)】㊀(シャシン)①俗世の身を捨てて、仏門に入ること。②身命を捨てて仏などに供養すること。㊁(すてみ)身を投げうつ覚悟で事に当たること。

2837【授】 2888 3C78 8EF6 手－8 常5 (2838)〔授〕 手－8 旧字
ジュ呉・シュウ(シウ)漢\shòu/さずける・さずかる

[筆順] 授

[字解] 形声。手＋受(うけわたす)[声]。さずける意。受(うける)と区別するために、のちに手を加えて、主としてさずける意を表す。
[参考] 万葉仮名では音を借りて「ず」。
[意味] さずける。与える。また、さずかる。↕受。⇓
〔受〕(879)の[表]
[下接] 教授(キョウジュ)・口授(コウジュ/クジュ)・講授(コウジュ)・示授(ジジュ)・指授(シジュ)・神授(シンジュ)・親授(シンジュ)・天授(テンジュ)・伝授(デンジュ)・面授口訣(メンジュクケツ)

【授衣(ジュイ)】[1]冬の衣服の準備をすること。[2](九月に冬衣を授けることから)陰暦九月の異称。

【授戒(ジュカイ)】仏道に入ろうとする者に、修行者としての戒律を授けて実行を誓わせること。↕受戒
【授記(ジュキ)】(梵vyākaraṇaの訳語)仏語。十二分教の一。仏が弟子に成仏の認可を授けること。すなわち、未来に悟りを得ると予言すること。

【授産(ジュサン)】[国]職のない人々を一定の場所に集めて作業を与え、生計を立てさせること。

【授受(ジュジュ)】授けることと受けること。受け渡し。

【授任(ジュニン)】ある役職に任ずること。任命。

【授命(ジュメイ)】命を投げ出して、尽力すること。

【授与(ジュヨ)】さずけあたえること。『卒業証書授与式』

2839
【捷】
3025
3E39
8FB7
手－8
[人]
ショウ(セフ)[呉][漢]・ソウ(サフ)[漢]/jié・qiè/かつ・はやい

[字解] 形声。手＋疌(すばやい)[声]。手ですばやく獲物をとる意。

金文 
篆文 

[意味] ❶勝つ。勝ちいくさ。『捷報』『捷利』『祝捷(シュクショウ)』
＊杜甫-蜀相「出師未レ捷身先死(スイシいまだかたざるにみはまずシす)〔＝出兵してまだ勝たないうちに(諸葛亮は)死んだ〕」 ❷はやい。すばやい。『捷径』『敏捷(ビンショウ)』

❶ 勝つ。勝ちいくさ。
[下接] 凱捷(ガイショウ)・祝捷(シュクショウ)・戦捷(センショウ)・大捷(タイショウ)・連捷(レンショウ)
【捷書(ショウショ)】戦勝の報告書。
【捷報(ショウホウ)】勝利の知らせ。勝報。捷聞。
【捷利(ショウリ)】勝つこと。勝利。

❷ はやい。すばやい。
[下接] 簡捷(カンショウ)・蹻捷(キョウショウ)・勁捷(ケイショウ)・軽捷(ケイショウ)・警捷(ケイショウ)・騰捷(トウショウ)・敏捷(ビンショウ)・猛捷(モウショウ)
【捷給(ショウキュウ)】応答がすばやく、とどこおらないこと。
【捷径(ショウケイ)】近道。転じて、手っ取り早い方法。捷路。
【捷疾(ショウシツ)】すばやいこと。『資弁捷疾』
【捷足(ショウソク)】すばやい足。
【捷速(ショウソク)】進み方や、やり方がすばやいさま。

2840
【推】
3168
3F64
9084
手－8
[常]6
スイ[呉][漢]・タイ[漢]/tuī/おす

[筆順] 推

[字解] 形声。手＋隹(→出・追、おいだす)[声]。手でおし出す、おしはかる意。
[意味] ❶おす。㋑おし動かす。おしすすめる。『推移』『推進(スイシン)』 ㋺おし与える。譲る。『推恩』 ㋩おしのける。おしかける。『推参』 ❷あげ用いる。えらんですすめる。『推挙』『推薦』『輓推(バンスイ)』 ❸おしいただく。『推戴』『推服』 ❹おしはかる。たずねもとめる。『推測』『推定』『邪推(ジャスイ)』『類推(ルイスイ)』

❶ おす。おしすすめる。おし与える。
【推移(スイイ)】時とともに物事の状態が変わってゆくこと。

【推衍・推演(スイエン)】意味をおしひろめて他に及ぼすこと。

【推恩(スイオン)】恩恵を下の者におし及ぼすこと。愛情を人に及ぼすこと。〔孟子-梁恵王上〕

【推敲(スイコウ)】詩や文章を作るに当たって、その字句や表現を練り直すこと。〔唐詩紀事〕♥中国、中唐の詩人、賈島(カトウ)が、「僧推月下門(ソウはおすゲッカのモン)」という詩句を得て、句中の「推(おす)」を「敲(たたく)」に改めるべきか苦慮したという故事から。考えながら歩いていた賈島は、都の長官で詩人の韓愈(カンユ)の行列にぶつかってしまい、わけを聞いた韓愈から「敲」を使えと助言されたという。

【推参(スイサン)】[国][1]招かれもしないのに自分からおしかけて行くこと。また、人を訪問することをへりくだっていう語。[2]さし出がましいこと。

【推倒(スイトウ)】[1]おしたおすこと。また、圧倒すること。[2]傾け尽くすこと。〔宋史-陳亮伝〕

❷ あげ用いる。えらんですすめる。
【推引(スイイン)】人を引きたて用いること。
【推挙(スイキョ)】特定の地位・役職・職業などに就けるように取り持つこと。推薦。
【推轂(スイコク)】(人のために車の轂(こしき)をおす意)人をすすめあげること。官途などに取り持つこと。〔史記-燕世家〕
【推譲(スイジョウ)】他人を推薦して、みずからは譲ること。
【推薦(スイセン)】ある地位や基準などに適していると考える人物や事物を、他人にすすめること。『推薦状』
【推択(スイタク)】人を登用すること。
【推輓・推挽(スイバン)】人を推挙すること。♥押したり(推)、引いたり(輓)する意から。

❸ おしいただく。
【推戴(スイタイ)】ある人を尊んで、団体・組織などの長に迎えること。

【推重(スイチョウ)】すぐれたものとして、尊び重んずること。

【推服(スイフク)】ある人を尊んで、その人に従うこと。心服。

❹ おしはかる。たずねもとめる。
【推究・推窮(スイキュウ)】道理をおしはかって考えきわめること。

【推原(スイゲン)】物事をその原因、発端までたどって考えること。分析すること。

【推考(スイコウ)】道理から推して考えること。

【推察(スイサツ)】実見しない事情や他人の心の中を想像したり察したりすること。推量。

【推測(スイソク)】現在までに知っていることをもとにして物事の全体を推量すること。

【推断(スイダン)】推測して断定すること。

【推知(スイチ)】推察して知ること。

【推定(スイテイ)】事実がはっきりしない場合に、状況などから、おしはかって特定の判断をすること。『年代の推定』

【推問(スイモン)】[1]問い調べること。訊問。[2]特に、罪を問いただすこと。取り調べをすること。

【推理(スイリ)】既知の事実をもとに、未知の事柄についておしはかること。『推理小説』

【推量(スイリョウ)】事情や心中などを自己の判断で想像すること。おしはかること。推察。推測。『当て推量』

【推論スイロン】ある事柄を他の事柄におしはかって論ずること。

2841【捶】 5757 5959 9D78 手－8 スイ㊉㊊/chuí/むち・むちうつ

字解 形声。手＋垂(＝埀、下へたれる)㊥。杖でうちおろす、うつ意。

意味 ❶むち。むちうつ。『捶楚』❷つく。臼うすでつく。

【捶楚スイソ】むちとつえ。笞杖チジョウ。

2842【接】 3260 405C 90DA 手－8 常5 ショウ(セフ)㊉㊊・セツ㊎/jiē/つぐ・はぐ

筆順 接 接 接 接 接 接 接

字解 形声。手＋妾(貴人のそばに仕える女)㊥。手近によりつき、まじわる意。

意味 ❶つぐ。つなぐ。はぐ。ふれる。つく。また、つづける。つらなる。『接触』『直接』❷ちかづく。ちかよる。『接近』『近接』❸まじわる。応対する。また、まじえる。『接待』『応接』❹うける。受け取る。『接受』

❶つぐ。つなぐ。ふれる。また、つらなる。

下接 外接ガイセツ・間接カンセツ・逆接ギャクセツ・交接コウセツ・順接ジュンセツ・正接セイセツ・直接チョクセツ・密接ミッセツ・溶接ヨウセツ・連接レンセツ

【接踵セッショウ】かかとを接すること。人々が引き続いて往来すること。また、物事が次々に起こること。

【接触セッショク】①くっついて触れること。②かかわりを持つこと。

【接続セツゾク】つづくこと。つながること。また、つづけること。つなぐこと。『接続詞』

【接着セッチャク】くっつくこと。また、ぴったりつぎ合わせること。『接着剤』

【接点セッテン】①曲線や曲面の接線がその曲線や曲面と接する点。②異なる物事が接する点、または一致する点。

【接吻セップン】くちづけ。キス。

❷ちかづく。ちかよる。

【接近セッキン】①近くにあること。近接。②近づくこと。

【接戦セッセン】①近寄って戦うこと。白兵戦。＊史記－項羽本紀「持二短兵一接戦タンペイをジしてセッセンす」〔＝刀剣を取って白兵戦を行わせた〕」②勝敗のなかなか決まらない戦い。

❸人とまじわる。応対する。

下接 引接インセツ・応接オウセツ・迎接ゲイセツ・承接ショウセツ・面接メンセツ

【接意セツイ】人の心に合わせること。人の気に入るようにすること。

【接遇セツグウ】人と接し、応対すること。応接。♥元来は、役所などで一般市民に応対することをいった。

【接見セッケン】身分の高い人が低い身分の外来者に、直接、公式に会見すること。引見。

【接待セッタイ】客をもてなすこと。もてなし。『接待費』

【接伴セッパン】客をもてなすこと。また、その人。

❹うける。受け取る。

【接受セツジュ】公文書類などを受け取ること。また、外交使節などを受け入れること。

【接取セッシュ】①受け取ること。接受。②仏・菩薩が衆生を救いとること。摂取。

2843【措】 3328 413C 915B 手－8 常 ソ㊉㊊・サク㊊/cuò・zé/おく

筆順 措 措 措 措 措 措 措

字解 形声。手＋昔(＝耤、かさなる)㊥。上にかさねておく意。

意味 ❶おく。すえつける。また、そのままにしておく。『措辞』『措定』『挙措キョソ』＊論語－子路「民無レ所レ措二手足一たみシュソクをおくところなし」〔＝人民は手足の置きどころもない〕」❷とりはからう。始末する。『措大』『措置』『失措シッソ』

【措辞ソジ】詩歌・文章などでの、文字の用法や辞句の配置の仕方。

【措大ソダイ】①(よく大事を措置するに足るの意)才学にすぐれた書生。秀才。②貧乏な書生、知識人。また、書生をあざけっていう語。『窮措大キュウソダイ』

【措置ソチ】判断を下して、物事をとりはからうこと。

【措定ソテイ】推論のたすけを借りないである命題を主張すること。また、推論の前提として置かれている、まだ証明されていない命題。

【措弁・措辨ソベン】物事を、うまくとりさばき処置をすること。

2844【掃】 3361 415D 917C 手－8 常 ソウ(サウ)㊉㊊/sǎo/はく・はらう

(2845)〔掃〕二一 手－8 旧字

筆順 掃 掃 掃 掃 掃 掃 掃

字解 形声。手＋帚(ほうきを手にする)㊥。ほうきを手にはく意。

意味 はく。はらう。㋑はらいきよめる。『掃除』＊白居易－長恨歌「宮葉満レ階紅不レ掃キュウヨウカイにみちくれないはらわず」〔＝宮殿の落ち葉が階段に散り敷いても、その紅葉を掃くこともない〕」㋺はらいのぞく。取り除く。『掃滅』『一掃』

下接 一掃イッソウ・揮掃キソウ・洒掃サイソウ・灑掃サイソウ・清掃セイソウ

【掃除ソウジ】①ごみやほこりなどを掃いてきれいにすること。②国害悪をとりのぞくこと。

【掃地ソウチ】①土の上を掃き清めること。②きれいになくなること。

【掃討・掃蕩ソウトウ】敵などをすっかり追い払うこと。

【掃滅ソウメツ】はらいのぞくこと。悪や害敵などを滅ぼしつくすこと。♥書き換え「剿滅→掃滅」。

2846【掫】 5756 5958 9D77 手－8 シュ㊊・ソウ㊊・シュウ(シウ)㊊/zōu

字解 形声。手＋取(てにとりもつ)㊥。ものを打ちならして夜まわりをする意。

2847【搔】 3363 415F 917E 手－8 ソウ「搔」(2904)の異体字

2848【探】 3521 4335 9254 手－8 常6 タン㊉㊊/tān・tàn/さぐる・さがす

筆順 探 探 探 探 探 探 探

字解 形声。手＋罙(ふかくさがし求める)㊥。さがし求める意。のちに手を加えた。

意味 ❶さぐる。さがす。さがし求める。『探究』『探検』『魚探ギョタン』『厳探ゲンタン』『試探シタン』⇒表 ❷たずねる。おとずれる。『探花』『探春』『探訪』

❶さぐる。さがす。さがし求める。

タン 探	奥深くまでさがす。	探査 探索 探究 探討 探求 探知 窮探
ソウ 捜	すみずみまでさがす。	捜査 捜索 捜羅 捜討 博捜 精捜 窮捜

【探求タンキュウ】物事をさがし求めること。
【探究タンキュウ】物事を明らかにするために、すじ道をたどって深くきわめること。『真理の探究』
【探検・探険タンケン】危険を冒して未知の地域に入り、実地に調査すること。『探検家』『極地探検』
【探索タンサク】探りを入れて目的の人や物を求めること。
【探賾タンサク】（「賾」は奥深い道理の意）物事のかくれて見えない本質を探り求めること。
【探題タンダイ】①詩歌や俳句の会で、いくつかの題を出し、各人がくじで探り取った題によって詩歌をよむこと。さぐりだい。②法会の論議の時、論題を選定し、問答の可否を判定する役の僧。探題博士ともいう。題者。③国中世、幕府の要職名。『六波羅ロクハラ探題』
【探知タンチ】探って様子を知ること。『方向探知機』
【探偵タンテイ】ひそかに相手の事情または犯人の罪状を探り調べること。また、その職業の人。『探偵小説』
【探湯トウ・くがたち】[一]（タン）①熱湯の中に手を入れて探ること。②おそれて手を出さないことのたとえ。[二]（くがたち）日本の上代、事の是非正邪を判定するために、当事者が神にちかって熱湯に手を入れ、その結果をみたこと。

❷ たずねる。おとずれる。

【探花タンカ】①花の名所を訪ねること。②科挙で、第三席の合格者。❤主席を状元ジョウゲン、次席を榜眼ボウガンといった。
【探春タンシュン】春の景色や、そのおもむきをたずねて郊外に行くこと。
【探勝タンショウ】景勝の地を訪ねて景色を味わうこと。
【探訪タンボウ】記者などが、社会の有様や事件の真相などを現場に出かけて探り調べること。

2849【捗】3629 443D 92BB 手－8 チョク 「捗」(2812)の異体字

2850【掟】5761 595D 9D7C 手－8 テイ漢・トウ(タウ)漢/dìng/おきて
字解 形声。手＋定(声)。はる、また、おきての意。
意味 ❶張る。ふるう。❷おきて。きまり。天のさだめ。道家の書にあるが、主として日本での用字。

2851【掇】＊3207 手－8 テツ漢・タツ漢/duō/とる
字解 形声。手＋叕(声)。ひろいとる意。
意味 ❶とる。ひろいとる。けずりとる。『掇遺』『掇去』『掇拾』❷そのかす。悪事にさそう。
【掇遺テツイ】先人の遺業をひろい集めること。
【掇去テッキョ】けずりとること。
【掇拾テッシュウ】ひろい集めること。

2852【掏】5759 595B 9D7A 手－8 トウ(タウ)漢/tāo/する
字解 形声。手＋匋(声)。
意味 ❶えらぶ。❷くむ。くみとる。❸する。すりとる。『掏摸』
【掏摸トウバク・すり】他人の懐中から金銭などを抜き取ること。また、それをする盗人。掏児。

2853【掉】5760 595C 9D7B 手－8 チョウ(テウ)漢・トウ(タウ)慣/diào/ふる
字解 形声。手＋卓(高く出る)(声)。手を高くあげふる意。
意味 ふる。ふるう。ふり動かす。『揺掉ヨウチョウ・ヨウトウ』
【掉尾チョウビ・トウビ】最後に来て勢いが盛んになること。また、最後。〔国語-楚語〕『掉尾を飾る』❤一説に、つかまえられた魚が死ぬ直前に尾を振るの意からとも。
【掉舌トウゼツ】弁舌をふるうこと。

2854【捺】3872 4668 93E6 手－8 人 ダツ漢・ナツ慣/nà/おす
字解 形声。手＋奈(声)。
意味 ❶おす。おさえつける。『捺印』『捺染』『押捺オウナツ』❷筆法の一。大や人の㇏のような、右斜め下へのはらい。
【捺印ナツイン】印判を押すこと。押印。
【捺染ナッセン】布地に模様を切り抜いた型紙を当て、染料をすり込み模様を染め出すこと。プリント。

2855【捻】3917 4731 9450 手－8 ジョウ(デフ)漢・ネン慣/niē・niǎn/ねじる・ねじれる・ひねる・よる
字解 形声。手＋念(声)。ひねる意。
意味 ねじる。ひねる。よる。つまむ。つまんで回す。「拈」に同じ。『捻子ねじ』『紙捻こより』『逆捻さかねじ』
【捻挫ネンザ】関節に無理な力が加わって、関節の内部や周囲の組織に起こる損傷。
【捻出ネンシュツ】苦労してひねり出すこと。やりくりして金銭を工面すること。

2856【排】3951 4753 9472 手－8 常 ハイ呉漢/pái/おしのける
筆順
字解 形声。手＋非(左右にひらく)(声)。手で左右両側におしひらく意。
意味 ❶おしひらく。『排闥』❷おしのける。しりぞける。『排除ハイジョ』『排斥』『排他』『抵排テイハイ』❸外へ出す。外へおし出す。『排気』『排出』『排泄』❹ならべる。ならぶ。つらねる。『排行』『排列』『差排サハイ』

❶ おしひらく。

【排闥ハイタツ】（「闥」は小門の意）門の扉をおし開くこと。転じて、無理におし入ること。強引に事を行うこと。

❷ おしのける。しりぞける。

【排外ハイガイ】外国人や外国の文物・思想・生活様式などを退けること。『排外思想』
【排擠ハイセイ】他をおしのけたり、おとしいれたりすること。
【排斥ハイセキ】おしのけること。退けること。『排斥運動』
【排他ハイタ】仲間でない者を排除すること。『排他的』
【排詆ハイテイ】非難して退けること。
【排擯ハイヒン】おしのけ退けること。擯斥ヒンセキ。
【排悶ハイモン】心中のもだえを晴らすこと。うさばらし。

❸ 外へ出す。外へおし出す。

【排気ハイキ】熱機関などで、仕事が終わった蒸気やガスを

はき出すこと。↕吸気

【排出(ハイシュツ)】 1外におし出すこと。2内にたまっている不要な物を外に出すこと。3排泄(ハイセツ)。

【排水(ハイスイ)】 1不要な水を他所に流しやること。『排水管』2水上に浮かんだ物体が、水中に没した部分の体積に等しい水をおしのけること。『排水量』

【排泄(ハイセツ)】 生体が、栄養をとったあとの不要な物、または有害物質を体外に排出すること。『排泄物』

❹ ならべる。ならぶ。つらねる。

【排行(ハイコウ)】 中国で、同じ宗族の兄弟・従兄弟等の中での年齢順の数の称呼。昔は、伯仲叔季の字を用いて、伯某・仲某のようにいい、後世では姓の下に年齢順の数字を添えて、陸八・陸九や李十二などのように呼んだ。

【排律(ハイリツ)】 漢詩の近体詩の一体。律詩の対句を六句以上偶数句にしてならべた詩型。長律。

【排列(ハイレツ)】 順序を考えてならべること。配列。

2857 【描】 4133 4941 9560 手－8 常 (2886)【描】 手－9 旧字

ビョウ(ベウ)漢/miáo/えがく・かく

筆順 扌 描 描 描 描 描

字解 形声。手＋苗(↓貌、すがた)声。手でもののすがたかたちをえがく意。

意味 えがく。物の形やありさまを、絵や文や音などで表現する。

下接 寸描(スンビョウ)・線描(センビョウ)・素描(ソビョウ)・粗描(ソビョウ)・点描(テンビョウ)

【描金(ビョウキン)】 金粉で蒔絵(まきエ)をすること。

【描写(ビョウシャ)】 目で見たり心で感じたりしたことを、言語・絵画・音楽などによって客観的に表現すること。『心理描写』

2858 【拼】 手－8 (2795)【拚】 * 3157 手－6

ヒョウ(ヒャウ)呉・ホウ(ハウ)漢/pīn/したがう

字解 拼は拚の通俗体。拚は形声。手＋弁声。したがう、また、使役の意。

意味 ❶したがえる。つかう。❷はじく。

【拼音(ピンイン)】 中国語の音韻のローマ字によるつづり方。

2859 【捧】 4291 4A7B 95F9 手－8

ホウ漢/pěng/ささげる・ささぐ

字解 形声。手＋奉(両手でささげる)声。両手でものをささげる意。のちに手を加えた。

意味 ささげる。ささぐ。ささげ持つ。だく。かかえる。

【捧持(ホウジ)】 うやうやしくささげ持つこと。

【捧日(ホウジツ)】 (太陽をささげ持つ意)君主に忠誠をつくすこと。

【捧心(ホウシン)】 自分の胸をかかえこむ。嘆き悲しむさま。

【捧呈(ホウテイ)】 ささげ持って、奉ること。

【捧読(ホウドク)】 文書などを高くささげ持って読むこと。

【捧腹(ホウフク)】 腹をかかえて大いに笑うこと。➡「抱腹」はのちの俗用。【捧腹絶倒(ホウフクゼットウ)】 腹をかかえて、倒れそうになるほど大笑いすること。

2860 【捫】 5763 595F 9D7E 手－8

モン呉・ボン漢/mēn

字解 形声。手＋門(↓問、とう)声。手さぐりしてとう意。

意味 ❶なでる。さする。❷手さぐりでさがす。とる。❸ひねる。ひねりつぶす。『捫虱』

【捫虱(モンシツ)】 (虱(しらみ)をひねりつぶす意)だれにもはばかるところのないこと。〔晋書-苻堅載記下・王猛〕

2861 【掠】 4611 4E2B 97A9 手－8

リャク呉漢・リョウ(リャウ)呉漢/lüè/かすめる・かする・さらう

字解 形声。手＋京声。

参考 「リャク」「リョウ」の二音があるが、同義。ただし、むち打つ意を「リョウ」とする説がある。

意味 ❶かすめる。㋑かすめ取る。うばい取る。さらう。「略」に同じ。『掠奪』『掠領』『劫掠(ゴウリャク)』『侵掠(シンリャク)』『剽掠(ヒョウリャク)』㋺かすめて通りすぎる。かする。❷むちうつ。『掠考』『掠殺』『掠笞』『栲掠(コウリョウ)』『榜掠(ボウリョウ)』❸永字八法の一。➡〔永字八法〕の図六七三頁

【掠奪(リャクダツ)】 暴力で奪い取ること。略奪(リャクダツ)。

【掠領(リャクリョウ)】 奪い取って占領すること。略領。

【掠考(リョウコウ)(リャクコウ)】 罪人をむちうって調べること。

【掠殺(リョウサツ)(リャクサツ)】 むちうって殺すこと。

【掠笞(リョウチ)(リャクチ)】 罪人などをむちうつこと。

2862 【捩】 5764 5960 9D80 手－8

レイ漢・レツ漢/lì・liè/ねじる・よじる・もじる

字解 形声。手＋戾(まがる)声。ねじる意。

意味 ❶ねじる。よじる。ひねる。『関捩(カンレイ)』❷くじく。❸国もじる。口調を似せて言う。もじり。❹国ねじ。『捩子(ねじ)』『逆捩(さかねじ)』

2863 【捥】 * 3188 手－8

ワン漢/wàn/ねじる・もぎる

字解 形声。手＋宛(丸く曲げる)声。うで、また、ねじる意。

意味 ❶うで。かいな。❷ねじる。もぎる。もぐ。

2864 【掵】 5762 595E 9D7D 手－8

字解 国字。「掵田(はばた)」は、秋田県にある地名。

2865 【握】 1614 302E 88AC 手－9 常

アク漢/wò/にぎる・にぎり

筆順 扌 握 握 握 握 握

字解 形声。手＋屋(おおうやね)声。手でつつみおおうようににぎる意。

意味 ❶にぎる。手のうちに収める。『握髪吐哺』『握手』『握力(アクリョク)』『把握』❷にぎり。㋑長さの単位。ひとこぶしの長さ。指四本分の幅。㋺量の単位。ひとにぎりの分量。㋩とばり。四方のおおい。❸＝握齱(アクサク)

下接 一握(イチアク)・捲握(ケンアク)・掌握(ショウアク)・吐握(トアク)・把握(ハアク)

【握齱(アクサク)】 こせこせするさま。あくせくするさま。

【握手(アクシュ)】 親愛のしるしとして、互いに手と手をにぎりあうこと。

【握髪吐哺(アクハツトホ)】 政治家が賢者を求める気持ちの強いこと。賢者の到来の折、待たせることなくすぐ会うこと。「捉髪(ソクハツ)」「吐哺握髪」「吐哺捉髪」ともいう。〔韓詩外伝〕➡古代中国の周公が賢者の訪問を受けたとき、洗髪の途中でも髪を握ったまま出て会い、食事の途中でも食べ物を吐き出して会ったという故事から。

2866【揠】＊3230 手－9 アツ漢/yà/ぬく

字解 形声。手＋匽声。（苗などを）ひきぬく。

篆文

意味 ぬく。引きぬく。＊孟子－公孫丑上「宋人有下閔二其苗之不一レ長而揠上レ之者」（＝宋の国の人で、苗が成長しないのを心配して、苗を引っぱってやった人がいた）」

2867【援】1771 3167 8987 手－9 常 (2868)〔援〕——手－9 旧字

エン（ヱン）漢/yuán・yuàn/ひく・たすける

筆順 扌 扌 援 援 援 援 援

字解 形声。手＋爰（ひく）声。ひく意。派生してたすける意を表す。のちに手を加えて、その字義を明確にした。

意味 ❶ひく。ひきよせる。『援引』『援用』❷たすける。すくう。『援助』『応援』⇒〔助〕(700)の表

❶ ひく。ひきよせる。

【援引】他人の文章や事例を引いて自分の説の証拠とすること。

【援用】①自説の助けとして、他の文献・事例・慣例などを引いてきて使うこと。②法律で、ある事実を持ち出して、主張すること。

❷ たすける。すくう。

下接 応援・外援・義援・救援・後援・支援・声援・増援・攀援・無援・来援

【援護】①困っている者を助けてやること。②味方の行動や施設などを敵の攻撃からかばい守ること。『援護射撃』②は書き換え「掩護→援護」。

【援助】困った状況にある人を助けること。

2869【掾】5765 5961 9D81 手－9 エン漢・テン漢/yuàn/じょう

字解 形声。手＋彖声。

意味 ❶たすける。❷下役。属官。『掾史』❸ふち。えり。そでぐち。❹国じょう。日本の令制で、国司の三等官のこと。また、浄瑠璃の太夫に与えられた称号。「竹本筑後掾」など。

【掾史】下級の官吏。属官。

2870【揜】＊3229 手－9 エン「弇」(2192)の異体字

2871【揩】5766 5962 9D82 手－9 カイ呉漢/kāi/する・こする

字解 形声。手＋皆声。

意味 ❶する。こする。みがく。ぬぐう。『揩摩』❷強くつく。

【揩摩・揩磨】こすること。こすりみがくこと。

2872【換】2025 3439 8AB7 手－9 常 カン（クヮン）漢/huàn/かえる・かわる・かえ

筆順 扌 換 換 換 換 換

字解 形声。手＋奐（かえる）声。かえる意。もと、奐のみでこの字義を表したが、のちに手を加えて、その字義をより明確にした。

意味 かえる。かわる。とりかえる。＊李白－将進酒「呼レ児将出換二美酒一」（＝小僧を呼んで、持ち出して美酒にかえさせる）」

下接 移換・改換・可換・交換・更換・互換・兌換・置換・転換・変換

【換韻】漢詩の韻法の一。古詩において、一首の途中で、用いる韻目を換えること。↕一韻到底

【換言】別の言葉に言い換えること。

【換骨奪胎】先人の詩文などの、発想や表現法などを取り入れて、しかも、独自の作品を作り上げる技法。〔冷斎夜話〕骨を取り換え、胎（子の宿る所）を自分のものとする意。

2873【揀】5767 5963 9D83 手－9 カン漢/jiǎn/えらぶ

字解 形声。手＋柬（たばになったものからよりわける）声。手でえらぶ意。本来柬のみでこの字義を表したが、のち手を加えてその字義を明確にした。

2874【揮】2088 3478 8AF6 手－9 常6 キ漢・クン漢/huī/ふるう

筆順 扌 揮 揮 揮 揮 揮

字解 形声。手＋軍（とりまきめぐる）声。手をふりまわす意。

意味 ❶ふるう。手をふりまわす。『揮毫』『揮掃』『指揮』＊李白－送二友人一「揮レ手自レ茲去」（＝手をふって、ここから行ってしまおうとする）」❷まきちらす。発散する。『揮発』『発揮』

【揮霍】（「霍」は手をうらがえすこと）勢いよくふりまわすこと。転じて、勢いがはげしいさま。

【揮毫】（「毫」は筆の毛の意）筆をふるうこと。毛筆で文字や絵をかくこと。揮筆。

【揮灑】（筆をふるい、墨をそそぐ意）自由に書画を書くこと。揮洒。

【揮染】（筆をふるい、染める意）書画をかくこと。

【揮掃】①はらいのけること。②勢いよく筆をふるって、書画をあらわすこと。

【揮発】常温のもとで、液体が気化すること。蒸発。『揮発油』

2875【揆】5768 5964 9D84 手－9 キ漢/kuí・kuǐ/はかる

字解 形声。手＋癸（計器ではかる）声。はかる意。もと、癸のみでこの字義を表したが、のちに手を加えて、その字義をより明確にした。

意味 ❶はかる。はかりごと。また、方法。道。『揆を一にする〔＝同じやり方をする〕』『揆度』『測揆』『覧揆』❷官吏。または、宰相。『百揆』❸「一揆」は、方法・心を一つにすることから、農民などが大名や領主に対して行った武装蜂起。

【揆度】はかること。はかり考えること。

2876【揭】—— 手－9 ケイ「揭」(2830)の旧字

2877【捲】2394 377E 8C9E 手－9 ケン「捲」(2831)の異体字

心(小・忄)戈戸(戸)手(扌)支支(攵) 4画 文斗斤方无(旡・无)日曰月木欠止歹(歺)殳毋比毛氏气水(氺・氵)火(灬)爪(爫・爫)父爻(㸦)爿(丬)片牙(牙)牛犬(犭)

2878 【揣】 5769 5965 9D85 手－9 スイ漢・タン漢・シ慣/chuǎi/はかる

字解 形声。手＋耑(はし)声。ものごとのはしから全体についておしはかる意。

意味 はかる。おしはかる。さぐる。

【揣度(シタク)】おしはかること。

【揣摩(シマ)】(「摩」はさする意)手さぐりで、事情を推測すること。『揣摩憶測〔＝人の心や情勢などを推測すること〕』

2879 【揉】 5770 5966 9D86 手－9 ジュウ(ジウ)漢・ジョウ漢/róu/もむ・もめる

字解 形声。手＋柔(やわらかい)声。手でやわらげる意。

意味 ❶もむ。もんでやわらげる。❷入りまじる。入り乱れる。紛糾する。もめる。❸ためる。矯正(キョウセイ)する。まっすぐにする。

2880 【揃】 3423 4237 91B5 手－9 セン漢/jiǎn・jiān/そろう・そろえる・そろい

字解 形声。手＋前(そろえてきる)声。手できる意。のちに手を加えて、字義をより明確にした。

意味 ❶もむ。さする。❷切る。断つ。❸国そろう。そろえる。そろっているもの。『勢揃(セイぞろ)い』『一揃(ひとそろ)い』

2881 【插】 5771 5967 9D87 手－9 ソウ「挿」(2810)の旧字

2882 【揔】 ＊3227 手－9 ソウ「総」(5973)の異体字

2883 【提】 3683 4473 92F1 手－9 常5 ダイ呉・テイ漢・シ漢・チョウ(チャウ)唐/tí・dī・shí/さげる

筆順 提 提 提 提 提 提

字解 形声。手＋是(まっすぐにのびる)声。手をのばしてさし出し、さげる意。

参考 万葉仮名では音を借りて「て」「で」。

意味 ❶さげる。ひっさげる。『提灯(チョウチン)』『提琴』❷さしだす。もちだす。かかげる。『提案』『提供』『前提(ゼンテイ)』❸互いに手をつなぐ。助け合う。『提携』❹ひきつれる。つれて行く。『提督』❺だく。いだく。『孩提(ガイテイ)』❻やすらかなさま。鳥の群れ飛ぶさま。『提提』❼その他。あて字など。『招提(ショウダイ)』『菩提(ボダイ)』

❶ さげる。ひっさげる。

【提灯(チョウチン)】折りたたみのできる灯火具の一種。▼「チョウ」「チン」は「提」「灯」の唐音。

【提琴(テイキン)】①中国の胡弓の一。明・清楽に用いられる弦楽器。②バイオリン。

【提挈(テイケツ)】ひっさげること。たずさえること。→❸

❷ さしだす。もちだす。かかげる。

【提案(テイアン)】案を提出すること。また、その案。

【提供(テイキョウ)】資料や物品を差し出して相手の用にあてること。

【提言(テイゲン)】意見、考えを会議や雑誌の巻頭などに提出すること。また、その意見や考え。

【提耳(テイジ)】耳に口を近づけて言うこと。ねんごろに教えたり諫めたりすること。〔詩経-大雅・抑〕

【提唱(テイショウ)】主義・主張を説いて人々に呼び掛けること。

【提要(テイヨウ)】要領・要点を示すこと。また、そういう書物。書名にも用いる。

❸ 互いに手をつなぐ。助け合う。

【提携(テイケイ)】共同で物事を行うこと。協力し合うこと。『提携企業』

【提挈(テイケツ)】互いに助け合うこと。→❶

❹ ひきつれる。つれて行く。

【提撕(テイセイ)】①ひきつれること。②仏語。師が弟子を親切に教え指導すること。③転じて一般に、後進を教え導くこと。④ふるいおこすこと。

【提督(テイトク)】艦隊の司令官。海軍の将官。

❺ だく。いだく。

【提孩(テイガイ)】おさない子供。▼「孩」は、あやせば笑う年頃の意。

❻ やすらかなさま。鳥の群れ飛ぶさま。

【提提(テイテイ|シシ)】㊀(テイテイ)①しとやかで落ち着いたさま。〔詩経-魏風・葛屨〕②明らかなさま。㊁(シシ)鳥がすいすい飛ぶさま。〔詩経-小雅・小弁〕

難読姓氏 提箸(さげはし) 提中(だいなか)

2884 【搭】 3775 456B 938B 手－9 常 (2912)【搭】 手－10 旧字 トウ(タフ)漢/dā/のせる

筆順 搭 搭 搭 搭 搭 搭

字解 形声。手＋荅声。

意味 ❶のる。のせる。積みこむ。『搭載』『搭乗』❷かける。つける。『掛搭(カトウ)』

【搭載(トウサイ)】車両・船舶・飛行機などに積み込むこと。

【搭乗(トウジョウ)】飛行機などの乗り物に乗り込むこと。

2885 【揑】 ＊3225 手－9 ネツ「捏」(2814)の異体字

2886 【描】 手－9 ビョウ「描」(2857)の旧字

2887 【掽】 ＊3220 手－9 ホウ(ハウ)漢/pèng/はえる

字解 形声。手＋並声。「搕掽(コウホウ)」は、つく、つきさす意。日本で、別に会意。手＋並(ならべる)。材木、米俵などを積みあげること。はえること。

2888 【揶】 5772 5968 9D88 手－9 ヤ漢/yē/からかう・あざける

字解 形声。手＋耶声。

参考 万葉仮名では音を借りて「や」。

意味 からかう。あざける。

【揶揄(ヤユ)】からかうこと。なぶること。

2889 【揄】 5773 5969 9D89 手－9 ユ漢・ユウ(イウ)漢・ヨウ(エウ)漢/yú・yóu・yáo/ぬく

字解 形声。手＋俞(ぬきとる)声。手でぬきとる意。

意味 ❶ぬく。ひき出す。『揄揚』❷からかう。『揶揄

『揄揚(ヤユ)』❸きじの羽で飾った王后の衣服。

【揄揚(ユヨウ)】ひきあげること。転じて、もてはやすこと。

2890【揖】4512 4D2C 974B 手－9 ユウ(イフ)漢・シュウ(シフ)漢\yī・jí\あつまる

[字解] 形声。手＋咠(よせあわせる)[声]。両手を寄せ合わせてする礼の意。派生して、ゆずる意を表す。

[意味] ❶会釈(エシャク)。両手を胸の前に組み合わせて行う古代中国の礼式。転じて、ゆずる。へりくだる。『揖譲』❷くむ。くみとる。「挹(ユウ)」に同じ。❸集まる。「輯(シュウ)」に同じ。

【揖譲(ユウジョウ)】[1]両手を前で組み合わせて礼をし、へりくだること。古く中国で客と主人とが会うときの礼式。[2]天子の位を譲ること。特に、その位を子孫であるなしにかかわらず、徳の高い者に譲ること。禅譲。

[難読地名] 揖斐(いび)郡(岐阜) 揖斐川(いびがわ)町(岐阜) 揖宿(いぶすき)郡(鹿児島) 揖保(いぼ)郡(兵庫) 揖保川(いぼがわ)町(兵庫)

2891【揚】4540 4D48 9767 手－9 [常] ヨウ(ヤウ)呉漢\yáng\あげる・あがる・あげ

[筆順] 揚 揚 揚 揚 揚 揚

[字解] 形声。手＋昜(太陽があがる)[声]。あげる意。金文から、手を加えた。

甲骨文　金文　金文　篆文

[意味] ❶あげる。あがる。㋑高く上にあげる。『揚陸』『揚力』『掲揚(ケイヨウ)』『抑揚(ヨクヨウ)』㋺精神や気分などが高まる。『揚揚』『昂揚(コウヨウ)』⇒〔挙〕(2676)の[表] ❷あらわす。明らかにする。目立つようにする。『揚言』『顕揚(ケンヨウ)』❸まさかり。『干戈戚揚(カンカセキヨウ)』❹[国]油であげる。『唐揚げ』『揚げ物』❺固有名詞。『揚子江』『揚州』

❶ あげる。あがる。

[下接] 鷹揚(オウヨウ)・揚揚(ヨウヨウ)・掲揚(ケイヨウ)・激揚(ゲキヨウ)・昂揚(コウヨウ)・高揚(コウヨウ)・清揚(セイヨウ)・対揚(タイヨウ)・発揚(ハツヨウ)・飛揚(ヒヨウ)・布揚(フヨウ)・浮揚(フヨウ)・敷揚(フヨウ)・悠揚(ユウヨウ)・抑揚(ヨクヨウ)

【揚波(ヨウハ)】波を上げること。時勢に従って行動することのたとえ。〔屈原-漁父辞〕

【揚眉(ヨウビ)】目を見開き、まゆをつり上げること。意気さかんなさまを表す。

【揚揚(ヨウヨウ)】得意なさま。『意気揚揚』

【揚陸(ヨウリク)】[1]船の積み荷を陸上げすること。[2]上陸。

【揚力(ヨウリョク)】流体中の物体を垂直に浮揚させる力。

❷ あらわす。明らかにする。

[下接] 顕揚(ケンヨウ)・賛揚(サンヨウ)・称揚(ショウヨウ)・賞揚(ショウヨウ)・宣揚(センヨウ)・闡揚(センヨウ)・褒揚(ホウヨウ)・揄揚(ユヨウ)

【揚言(ヨウゲン)】公然と大げさに言い触らすこと。

【揚名(ヨウメイ)】名をあげること。家名を高くすること。

❺ 固有名詞。

【揚州(ヨウシュウ)】[1]中国、古代の行政区画。禹(ウ)の九州の一。現在の江蘇、安徽両省と江西、浙江、福建各省の一部を含む。[2]中国、江蘇省南西部の都市。戦国時代の楚以来の広陵県の地で、隋代に揚子江都郡の中心となった。隋以後経済都市として栄えた。名勝史跡が多い。【揚州夢(ヨウシュウのゆめ)】揚州はにぎやかな土地で遊興の場所でもあったところから、繁華な場所で遊びほうけた夢のような日々の思い出をいう。〔杜牧-遺懐〕

【揚子江(ヨウスコウ)】中国の中央部を流れる同国最大の川。長江。チベット高原北東部に源を発し、東シナ海に注ぐ。中国では青海省で通天河、四川省で岷江を合わせるまでを金沙江、以下の下流を江または長江と呼ぶ。

【揚雄(ヨウユウ)】中国、前漢末の文人思想家。字(あざな)は子雲。成帝の側近に仕え「甘泉賦」「長楊賦」などを作った。思想家としてもすぐれ、著に「太玄経」「揚子法言」「方言」など。(前五三～後一八)

2892【揺】4541 4D49 9768 手－9 [常]　(2916)〔搖〕5774 596A 9D8A 手－10 旧字[人] ヨウ(エウ)呉漢\yáo\ゆれる・ゆる・ゆらぐ・ゆらす・ゆるぐ・ゆする・ゆさぶる・ゆすぶる

[筆順] 揺 揺 揺 揺 揺 揺

[字解] 揺は搖の略体。搖は形声。手＋䍃(抑揚をつける)[声]。手でゆりうごかす意。

[意味] ゆれる。ゆり動かす。ゆする。

[下接] 逍揺(ショウヨウ)・蕩揺(トウヨウ)・動揺(ドウヨウ)・飄揺(ヒョウヨウ)・扶揺(フヨウ)・歩揺(ホヨウ)／翹揺(げんげ)

【揺曳(ヨウエイ)】[1]ゆらゆらと揺れてなびくこと。[2]響きなどがあとに長く尾を引くこと。

【揺撼(ヨウカン)】ゆり動かすこと。ゆさぶること。

【揺蕩(ヨウトウ)】ゆれ動くこと。また、ゆり動かすこと。

【揺揺(ヨウヨウ)】ゆれ動くさま。*陶潜-帰去来辞「舟揺揺以軽颺(ふねはヨウヨウとしてもってかるくあがる)」〔=舟はゆらゆらと軽く波に揺られる〕」

【揺漾(ヨウヨウ)】[1]水がゆれ動くさま。[2]水にゆらゆらただようさま。[3]飛ぶさま。

【揺落(ヨウラク)】草木の葉がしぼみ、風でゆれおちること。

【揺籃(ヨウラン｜ゆりかご)】幼児を入れてゆり動かして寝させるかご。転じて、物事が発展する初めの段階。『揺籃期』

2893【搤】*3248 手－10 ヤク呉・アク漢\è\しめる

[字解] 形声。手＋益[声]。手でにぎってくるしくする、しめつける意。扼に同じ。

2894【搉】*3239 手－10 カク呉漢\què\

[字解] 形声。手＋隺(→敲、たたく)[声]。たたく意。

2895【携】2340 3748 8C67 手－10 [常]　(2955)〔擕〕*3309 手－13　(2987)〔攜〕──手－16　(2991)〔攜〕5824 5A38 9DB6 手－18 ケイ漢\xié・xī\たずさえる・たずさわる

[筆順] 携 携 携 携 携 携

[字解] 携は、攜の通俗体。攜は形声。手＋巂(→系、つなぐ)[声]。手をつなぐ意。

[意味] ❶手にさげる。また、身につける。『携行』『携帯』『必携(ヒッケイ)』❷つらなる。ひきつれる。手をとり合う。『提携(テイケイ)』『連携(レンケイ)』*陶潜-帰去来辞「携ㇾ幼入ㇾ室(ヨウをたずさえてシツにいる)〔=子供を連れてへやに入る〕」❸はなれる。そむく。『携弐』

【携行(ケイコウ)】持って行くこと。

【携弐(ケイジ)】そむき離れること。

【携帯(ケイタイ)】身につけたり、手に持ったりしていること。『携帯電話』

心(⺗・忄)戈戸(戸)手(扌)支攴(攵) 4画 文斗斤方旡(无・旡)日曰月木欠止歹(歺)殳毋比毛氏气水(氺・氵)火(灬)爪(爫・⺥)父爻(爻)爿(丬)片牙(牙)牛犬(犭)

2896【搆】5776 596C 9D8C 手-10 コウ㊥/gòu/かまえる

字解 形声。手＋冓㊥。

意味 かまえる。つくる。「構」に同じ。「造搆ゾウコウ」

2897【搓】5777 596D 9D8D 手-10 サ㊥/cuō/よる

字解 形声。手＋差㊥。もむ、よる、また、きる意。

2898【搾】2681 3A71 8DEF 手-10 常 サ㊥・サク慣/zhà/しぼる

筆順

字解 形声。手＋窄（穴からしぼりだす）㊥。手でしめつけせばめる、しぼる意。榨の通俗体。

意味 しぼる。しぼり取る。また、押しつけて容積を小さくする。「圧搾アッサク」

【搾取サクシュ】しぼりとること。特に、資本家や地主が労働者や農民をその生活維持に必要な労働時間以上に働かせ、その利益をしぼりとること。

2899【搦】5778 596E 9D8E 手-10 ニャク㊥・ダク㊥・ジャク（ヂャク）慣/nuò/からめる

字解 形声。手＋弱㊥。

意味 からめる。つかまえてしばる。

【搦手からめて】①城の裏門。敵の裏面。↔大手。②相手の弱点。

2900【搢】＊3247 手-10 (2901)【搢】—— 手-10 シン㊥/jìn/はさむ

字解 形声。手＋晉（すすむ）㊥。ものを手で中へすすめ、さしはさむ意。

意味 はさむ。さしはさむ。

【搢紳シンシン】（「紳」は大帯の意）礼装の際、笏シャクを大帯にさしはさむところから、官位が高く身分のある人。

2902【摂】3261 405D 90DB 手-10 常 (2992)【攝】5780 5970 9D90 手-18 旧字 人

ショウ（セフ）㊥・ジョウ（デフ）㊥・セツ慣/shè・niè/とる・かわる・かねる

筆順

字解 摂は、攝の略体。攝は形声。手＋聶（そろえあつめる）㊥。手でそろえあつめる意。

意味 ❶とる。とらえる。また、持つ。取り収める。うけいれる。「摂取」「引摂インジョウ」「包摂ホウセツ」❷とりおこなう。代わって行う。代理をつとめる。また、兼ねる。「摂関」「摂政」「兼摂ケンセツ」❸ととのえる。ただす。統すべる。また、やしなう。「摂生」「摂理」「総摂ソウセツ」「調摂チョウセツ」「統摂トウセツ」❹国「摂津国せっつのくに」の略。畿内五か国の一。今の大阪府の西北部と兵庫県の南東部。「摂州セッシュウ」❺あて字。「摂氏」

❶ とる。とらえる。取り収める。

【摂取セッシュ】①自分のものとしてとり入れること。また、栄養などを体内にとり入れること。②仏教で、仏が衆生を救いとること。「摂取不捨」

❷ とりおこなう。代わって行う。

【摂位セツイ】臨時に帝王の位につくこと。また、その人。

【摂関セッカン】国摂政と関白。「摂関政治」「摂関家」

【摂家セッケ】国摂政、関白に任ぜられる家柄。摂関家。

【摂行セッコウ】①その職務を行うべき人に代わって職務を行うこと。②職務を兼ね行うこと。

【摂社セッシャ】国神社の格式で、本社の祭神と縁故の深い神をまつった神社。

【摂政セッショウ】君主に代わって政治をとり行うこと。また、その人。現在では天皇の代理機関として天皇が未成年のときなどに置く。

【摂職セッショク】職務をとり行うこと。また、二つ以上の職務を兼ねること。兼職。

❸ ととのえる。ただす。統すべる。

【摂心セッシン】仏語。①精神を一つの対象に集中して乱さないこと。②ある期間、昼夜不断に坐禅する行事。

【摂生セッセイ】飲食・性欲などをつつしみ、健康に注意すること。養生。↔不摂生

【摂養セツヨウ】ゆっくりと心身を休めること。養生。

【摂理セツリ】①キリスト教で、造物主である神の意志・計画。神の導き。②自然界を支配している理法。

❺ あて字。

【摂氏セッシ】（「摂氏温度」の略）温度を計る単位の一。一気圧における水の氷点を零度、沸点を一〇〇度とし、その間を一〇〇等分した温度目盛り。記号℃ セ氏。↔華氏。♥「摂氏」は、その提唱者とされるセルシウスの中国語表記「摂爾思」から。

2903【搶】5779 596F 9D8F 手-10 ショウ（シャウ）㊥・ソウ（サウ）㊥/qiāng・qiǎng/つく

字解 形声。手＋倉㊥。つく、また、かすめる意。

2904【搔】＊3243 手-10 (2847)【掻】3363 415F 917E 手-8 †

ソウ（サウ）㊥/sāo/かく

字解 形声。手＋蚤（のみ）㊥。のみにさされたところを手でかく意。

意味 ❶かく。爪でかく。「搔首」「搔頭」「搔爬」「搔痒」❷さわぐ。さわがす。さわがしい。「騷」に同じ。

【搔首ソウシュ】頭をかくこと。

【搔頭ソウトウ】①頭をかくこと。②かんざしの異称。＊白居易-長恨歌「翠翹金雀玉搔頭スイギョウキンジャクギョクソウトウ」〔＝カワセミの羽の髪飾りと、スズメの形をした黄金造りの髪飾りと、玉のこうがいと〕

【搔爬ソウハ】からだの病的組織をかきとること。また、人工妊娠中絶の俗称。

【搔痒・搔癢ソウヨウ】体のかゆい部分をかくこと。「隔靴カッカ搔痒」「麻姑マコ搔痒」

2905【搜】5751 5953 9D72 手-10 ソウ「捜」（2809）の旧字

2906【損】3427 423B 91B9 手-10 常5 ソン㊥㊥/sǔn/そこなう・そこねる

筆順

字解 会意。手＋員。

意味 ❶へる。へらす。少なくする。「損耗」「減損」＊列子-黄帝「損二其家口一、充二狙之欲一そのカコウをソンじて、ソのヨクをみたせり」〔＝家族の食糧を減らしてまで、猿の食欲を満足させてい

た」❷うしなう。利益を失う。損をする。↔益・得。「損失」「欠損」❸へりくだる。おさえる。「抑損ヨクソン」❹そこなう。傷つける。こわす。「自損事故」「損傷」「毀損キソン」「破損」

❶へる。へらす。少なくする。

下接 異損イソン・虚損キョソン・減損ゲンソン・増損ゾウソン

【損益ソンエキ】へらすこととふやすこと。＊論語-為政「所ニ損益一可レ知也ソンエキするところはしるべきなり〔＝へらしたりふやしたりしたところは、知ることができる〕」→❷

【損減ソンゲン】へること。また、へらして少なくすること。

【損耗ソンモウ・ソンコウ】へること。へらすこと。損失。♥「ソンモウ」は慣用読み。

❷うしなう。利益を失う。

下接 海損カイソン・虧損キソン・欠損ケッソン・差損サソン・実損ジッソン

【損益ソンエキ】損失と利益。損得。「損益勘定」→❶

【損害ソンガイ】事故や災害、また、取引上などで受けた金銭や物質上などの損失。「損害賠償」

【損金ソンキン】損をして失った金銭。

【損失ソンシツ】利益や財産を失うこと。

【損者三友ソンシャサンユウ】交際して損を受ける三種類の人。「便辟ベンペキ（こびへつらう人）」「善柔（誠実さに欠ける人）」「便佞ベンネイ（口さきばかりの人）」の三者をいう。〔論語-季氏〕↔益者三友

【損得ソントク】損をすることと得をすること。

【損亡ソンモウ・ソンボウ】利益を失うこと。損失をうけること。

【損友ソンユウ】（「損者三友」による語）交際すると自分の益にならない友人。↔益友

❹そこなう。傷つける。

下接 汚損オソン・毀損キソン・傷損ショウソン・衰損スイソン・破損ハソン

【損壊ソンカイ】そこないこわすこと。また、害をうけてこわれること。「家屋の損壊」

【損者三楽ソンシャサンゴウ】身をそこなう三つのふるまい。「驕楽キョウラク（わがままでぜいたくなこと）」「佚遊イツユウ（なまけて遊ぶこと）」「宴楽エンラク（酒色にふけること）」をさす。〔論語-季氏〕↔益者三楽

【損傷ソンショウ】こわされたり、傷つけられたりすること。

【損料ソンリョウ】国衣類や器物などを借りたとき、それがいたむものとして代償に支払う金銭。借用料。

2907【搩】 *3250 手-10 ケツ漢・チャク慣/jié・zhǎ

字解 未詳。

意味 張る。開く。「搩手チャクシュ」は、仏語。手の親指と中指を張り広げた長さ。

2908【搥】 *3249 手-10 タイ漢・ツイ漢/duī・chuí/うつ・たたく

字解 形声。手＋追声。なげうつ。

意味 うつ。たたく。つちや棒でたたく。

2909【搯】 *3252 手-10 トウ(タウ)漢/tāo

字解 形声。手＋舀(手をうすに入れ取り出す)声。手でうすの中のものをすくう意。

2910【搗】 5781 5971 9D91 手-10 トウ(タウ)漢/dǎo/つく

字解 形声。手＋島声。つく意。擣に同じ。

意味 ❶つく。うすでつく。かつ。「搗栗かちぐり」❷みだす。❸たたく。うつ。

2911【搨】 5782 5972 9D92 手-10 トウ(タフ)漢/tà/する

字解 形声。手＋㬈(おおう)声。おおいかさねる意。

意味 ❶おおう。かぶる。❷する。石ずりにする。うつしとる。「搨本」

【搨本トウホン】石碑などに刻んである文字や図画を、紙をあててうつしとったもの。拓本。

2912【搭】 ― ― 手-10 トウ 「搭」(2884)の旧字

2913【搏】 5783 5973 9D93 手-10 ハク呉漢/bó/うつ・たたく

字解 形声。手＋尃(→拍、うちあてる)声。うつ意。金文は、武器に従う。

金文 篆文

意味 ❶とる。とらえる。つかまえる。「搏噬」❷うつ。たたく。「拍」に同じ。「搏景」「搏撃」「搏動」「心搏シンパク」「脈搏ミャクハク」＊荘子-逍遥遊「搏ニ扶揺一而上者九万里フヨウにうちてのぼることキュウマンリ〔＝つむじ風にはばたいて、九万里も高くのぼる〕」

【搏景・搏影ハクエイ】物の影をうつこと。手ごたえのないことのたとえ。

【搏撃ハクゲキ】うつこと。なぐること。格闘すること。

【搏噬ハクゼイ】つかんで食らうこと。

【搏動ハクドウ】脈打つこと。

2914【搬】 4034 4842 94C0 手-10 常 ハン漢/bān/はこぶ

筆順

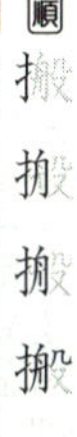

字解 形声。手＋般(うつす)声。はこびうつす意。のちに手を加えて、その字義を明確にした。

意味 はこぶ。持ち運ぶ。うごかす。移す。「運搬ウンパン」

【搬運ハンウン】はこぶこと。運搬。

【搬出ハンシュツ】運び出すこと。持ち出すこと。↔搬入

【搬送ハンソウ】荷物などを運び送ること。

【搬入ハンニュウ】運び入れること。持ち込み。↔搬出

【搬弄ハンロウ】人の欠点をあげつらってからかうこと。

2915【搒】 *3242 手-10 ホウ(ハウ)漢/bàng・pēng/こぐ

字解 形声。手＋旁声。

意味 ❶むちうつ。「搒掠」❷舟をこぐ。「榜」に同じ。「搒人」

【搒人ホウジン】船頭。舟人。

【搒掠ホウリョウ・ホウリャク】むちうって取り調べること。

2916【搖】 5774 596A 9D8A 手-10 ヨウ 「揺」(2892)の旧字

2917【摑】 *3259 手-11 カク(クヮク)漢/guó・guāi/つかむ

(2824)【掴】 3647 444F 92CD 手-8 †

字解 形声。手＋國声。

意味 ❶手のひらで打つ。❷国つかむ。にぎる。

心(⺗・忄)戈戸(戸)手(扌)支攴(攵) 4画 文斗斤方无(旡・旡)日曰月木欠止歹(歺)殳毋比毛氏气水(氺・氵)火(灬)爪(爫・爫)父爻(爻)爿(丬)片牙(牙)牛犬(犭)

2918【㨯】―― 手-11 カク 「拡」(2741)の異体字

2919【摎】5787 5977 9D97 手-11 コウ(カウ)㊥・リュウ(リウ)㊥\jiū
字解 形声。手+翏(羽をまといつらねる)㊟。手をつよくまといつかせる、しめころす意。

2920【據】―― 手-11 キョ 「拠」(2745)の異体字

2921【摾】―― 手-11 ゴウ(ガウ)㊐・キョウ(キャウ)㊥\jiàng
字解 形声。手+強㊟。矢に糸や網をつけて射放ち、鳥などをとる、あみはる意。弶に同じ。

2922【摧】5784 5974 9D94 手-11 ザイ㊐・サイ㊥・サ㊥\cuī・cuò\くだく・くだける
字解 形声。手+崔(↓砕、くだく)㊟。手でくだく意。
意味 くだく。くじく。くだける。形を失う。『蘭摧玉折(ランサイギョクセツ)』『破摧(ハサイ)』＊劉希夷‐代ₗ悲ₗ白頭ₗ翁ₗ「已見松柏摧為ₗ薪(すでにみるショウハクのくだかれてたきぎとなるを)」〔＝すでに見てきた、墓の松柏も切られてたきぎとなるのを〕

[摧挫(サイザ)] 打ちくだくこと。

[摧残(サイザン)] くだけこわれること。

[摧傷(サイショウ)] くだけてきずつくこと。おとろえること。

[摧折(サイセツ)] 樹木などが折れること。勢いがくじけることや威勢に屈することもいう。

[摧頽(サイタイ)] ①こわれくずれること。②おちぶれること。

[摧破(サイハ)] くだいてこわすこと。くだけやぶれること。

[摧北(サイホク)] (「北」は逃げる意) 敗れくじけて退散すること。逃げること。

2923【摺】―― 手-11 ショウ(セフ)㊥・ロウ(ラフ)㊥\zhě・lā\する・すり・こする　(2924)〖摺〗3202 4022 90A0 手-11 †
字解 形声。手+習(かさねる)㊟。かさねてたたむ意。
意味 ❶たたむ。おりたたむ。また、ひだ。しわ。『摺扇』『摺奏』❷国する。こする。印刷する。『摺本(すりホン)』『草摺(くさずり)』

[摺扇(ショウセン)] 扇子(センス)。おうぎ。摺畳扇(ショウジョウセン)。〔扇〕の図四八七頁
[摺奏(ショウソウ)] 直接上奏する機密の書類。
[摺本(ショウホン|すりホン)] ①(ショウホン) 折りたたみ本。おり本。②国印刷した本。

2925【摭】＊3271 手-11 セキ㊥\zhí\ひろう
字解 形声。手+庶㊟。
意味 ひろう。ひろいとる。『採摭(サイセキ)』

2926【摶】5786 5976 9D96 手-11 タン㊥・セン㊥\tuán・zhuān\まるめる
字解 形声。手+專(いとをまるくまきつける)㊟。手でまるくする、まるめる意。
意味 ❶まるめる。むすぶ。『摶飯』❷もっぱら。「専」に同じ。

[摶飯(タンパン)] にぎりめし。むすび。

2927【摠】＊3268 手-11 ソウ 「総」(5973)の異体字

2928【摘】3706 4526 9345 手-11 常 (2929)〖摘〗―― 手-11 旧字
チャク㊐・テキ㊥・タク㊥\zhāi・zhě\つむ・つまむ・つみ
筆順 扌 摘 摘 摘 摘 摘
字解 形声。手+啇(＝啻、ひとつにまとめる)㊟。指先をひとつにまとめてとる、つまむ意。
意味 ❶つむ。つまみとる。つまみだす。選びとる。『摘芽』『摘要』❷あばく。他人の悪事をあばく。『摘発』❸指さす。『指摘(シテキ)』

❶ つむ。つまみだす。

[摘果(テキカ|テッカ)] 均質の、よい果実を得るため、結実した中から余分のものを幼いうちに摘み取ること。

[摘芽(テキガ)] 果樹や農作物のむだな芽を摘み取ること。

[摘出(テキシュツ)] ①つまみ出すこと。②手術などで、病気に冒された部分を取り除くこと。→❷
[摘心・摘芯(テキシン)] 植物の実や花などを大きくするため、蕾や枝の生長点を摘み取ること。

[摘要(テキヨウ)] 要点を抜き出して記すこと、記したもの。

[摘録(テキロク)] 文章の要点を抜き出して記すこと。摘要。

[摘記(テッキ)] かいつまんでしるすこと。

❷ あばく。

[摘出(テキシュツ)] 暴き出すこと。→❶
[摘発(テキハツ)] 不正・悪事などを暴いて公表すること。

2930【摽】＊3275 手-11 ヒョウ(ヘウ)㊥\piào・biāo
字解 形声。手+票(＝㶾、軽く高くまいあがる)㊟。
意味 ❶高くあげる。また、高くて目立つさま。『摽撈』❷うつ。横なぐりに打つ。また、心を打つ。❸落ちる。『摽梅』❹きっさき。末。『摽末』

[摽梅(ヒョウバイ)] (梅の実が熟して落ちる意から) 男女がちょうど婚期にあること。〔詩経‐召南・摽有梅〕
[摽撈(ヒョウボウ)] (人目につくように)高くかかげ表すこと。標榜。
[摽末(ヒョウマツ)] 刀の切っ先。ごくわずかなことのたとえ。

2931【摸】4446 4C4E 96CC 手-11 マク㊐・バク㊥・モ㊐・ボ㊥\mō・mó\まねる
字解 形声。手+莫㊟。手でさぐる意。摹は異体字。
参考 熟語は「模」(3701)を見よ。
意味 さぐる。なでる。まねる。「模」に同じ。

2932【撹】1941 3349 8A68 手-12 カク 「攪」(2996)の異体字

2933【撮】2703 3B23 8E42 手-12 常 サチ㊐・サツ㊥・サイ㊥\cuō・zuì\とる・つまむ
筆順 撮 撮 撮 撮 撮 撮
字解 形声。手+最(つまみとる)㊟。指先でつまむ意。もと、最のみでこの字義を表したが、最が別義を表すようになったため、のちに手を加えて区別した。
意味 ❶つまむ。指先でつまみ取る。また、ひとつまみほどの少量。『撮土』『撮要』『一撮(イッサツ)』『抄撮(ショウサツ)』❷集める。❸国とる。映画や写真をとる。『撮影』

【撮影サツエイ】国写真・映画をとること。
【撮土サッド】ひとつまみの土。わずかの土地。
【撮要サツヨウ】要点だけを取り上げて書いたもの。

2934【撒】2721 3B35 8E54 手−12 サツ(漢)・サン(慣)/sā・sǎ/まく
字解 形声。手＋散(ちる)(声)。手でまきちらす、まく意。
意味 ❶まく。まきちらす。『撒水』『撒播』『撒布』❷音訳字。『弥撒ミサ』
【撒水サッスイ・サンスイ】水をまくこと。散水サンスイ。
【撒播サッパ・サンパ】種子を田畑の全面にまき散らすこと。
【撒布サップ・サンプ】まきちらすこと。散布。

2935【撕】5789 5979 9D99 手−12 シ(漢)・セイ(漢)/sī・xī
字解 形声。手＋斯(声)。
意味 教えみちびく。『提撕テイセイ』

2936【撰】二一 手−12 (2937)【撰】3281 4071 90EF 手−12 †
セン(呉)(漢)・サン(漢)/zhuàn・xuǎn/えらぶ・よる
字解 形声。手＋巽(そろえる)(声)。多くのものをそろえる意。
意味 ❶つくる。詩や文を作る。『撰述』『撰文』『杜撰ズサン』❷えらぶ。よりわける。えらびそろえる。詩や文章を編集し著作する。『撰集』『撰定』『勅撰チョクセン』

❶つくる。詩や文を作る。
【撰者センジャ】詩歌や文章を書いた人。著者。→❷
【撰修センシュウ】書物を著すこと。また、編集すること。
【撰述センジュツ】著述すること。
【撰著センチョ】書物を著すこと。
【撰文センブン】文章を作ること。また、その文章。
【撰録センロク】文章を述作して記録すること。

❷えらぶ。よりわける。
下接 私撰シセン・自撰ジセン・修撰シュウセン・新撰シンセン・勅撰チョクセン・抜撰バッセン
【撰次センジ】撰定して順序よくならべること。選次。
【撰者センジャ】国作品を選出して詩歌集などを作る人。→❶
【撰集センシュウ】❶多くの人の詩歌・文章などを選び出して編集すること。また、その集。
【撰定センテイ】撰集などの内容を定めること。多くの詩歌・文章からよいものを選び出して示すこと。
難読姓氏 撰えらみ｜撰なえらぶ

2938【撤】3717 4531 9350 手−12 常 テツ(漢)/chè/すてる・のぞく
筆順 撤 撤 撤 撤 撤 撤
字解 形声。手＋徹(とりのぞく)省(声)。
意味 すてる。とり除く。とり去る。
【撤回テッカイ】一度提出したものを取り下げること。あとで引っ込めること。『白紙撤回』
【撤却テッキャク】取り除くこと。撤去。
【撤去テッキョ】取り去ること。撤却。『仮小屋の撤去作業』
【撤収テッシュウ】①取りのけてしまい込むこと。②軍隊が引き揚げること。撤退。
【撤退テッタイ】陣地、拠点などを引き払って退くこと。
【撤廃テッパイ】制度・法規・習慣などを廃止すること。
【撤兵テッペイ】派遣してある軍隊をその地から引き揚げること。↔出兵

2939【撐】*3279 手−12 (2940)【撑】*3280 手−12
トウ(タウ)(漢)/chēng
字解 形声。手＋牚(支柱)(声)。ささえる意。撑は撐の通俗体。

2941【撞】3821 4635 93B3 手−12 トウ(タウ)(漢)・ドウ(慣)・シュ(慣)/zhuàng・chuáng/つく
字解 形声。手＋童(声)。
意味 つく。突きあてる。
【撞球ドウキュウ】室内競技の一。玉突き。ビリヤード。
【撞着・撞著ドウチャク】突き当たること。また、くい違って、つじつまが合わないこと。矛盾。『自家撞着』
【撞入ドウニュウ】勢いよく突いて入ること。
【撞木トウボク｜シュモク】鉦かねを打ち鳴らす丁字形の棒。かねたたき。また、釣り鐘をつく棒。

2942【撓】5790 597A 9D9A 手−12 ドウ(ダウ)(漢)・コウ(カウ)(漢)・トウ(タウ)(慣)/náo/たわむ・たわめる・しなう
字解 形声。手＋堯(→弱、やわらかい)(声)。手でやわらかくまげる、たわめる意。
意味 ❶たわむ。たわめる。まがる。まげる。『撓屈』『不撓不屈フトウフクツ』❷乱す。乱れる。『撓擾』『撓乱』❸くじける。『逗撓トウトウ』
【撓屈トウクツ】しなうように曲がること。屈撓。
【撓擾ドウジョウ】乱れ騒がせること。乱し苦しめること。
【撓乱ドウラン】乱れること。かき乱すこと。

2943【撚】3918 4732 9451 手−12 ネン(呉)・デン(漢)/niǎn/よる・よりよれる・ひねる
字解 形声。手＋然(声)。
意味 よる。ひねる。よりをかける。『慢撚マンネン』
【撚糸ネンシ】糸に撚よりをかけること。また、撚られた糸。
【撚紙ネンシ】紙をひねってひも状にしたもの。こより。

2944【播】3937 4745 9464 手−12 ハ(漢)・バン(慣)/bō・bò/まく
字解 形声。手＋番(たねをまく)(声)。たねをまく意。もと、番のみでこの字義を表したが、別義を表すようになったため、のちに手を加えて区別した。

金文

篆文

参考 万葉仮名では音を借りて「は」。
意味 ❶まく。種をまく。うえる。『播種』『播植』『撒播サッパ』❷しく。広くおよぼす。しきつめる。『播揚』『伝播デンパ』『流播リュウハ』❸うつる。うつす。『播遷』❹国「播磨国はりまのくに」の略。山陽道八か国の一。今の兵庫県の一部。『播州バンシュウ』『播但バンタン線』
【播種ハシュ】作物の種子をまくこと。種まき。
【播植・播殖ハショク】種子をまき、苗を植えること。
【播遷ハセン】遠国をさまよい歩くこと。
【播揚ハヨウ】広く知れわたるようにすること。宣揚。

2945【撥】5791 597B 9D9B 手−12 ハチ(呉)・ハツ(漢)・バチ(慣)/bō/はねる・はね

字解 形声。手＋發㊐。
意味 ❶はねる。はねあげる。はねかえる。はじく。『撥音』『撥簾』『挑撥』『反撥』 ❷はらい去る。除く。❸治める。『撥乱反正』 ❹ばち。楽器をかきならす器具。＊白居易-琵琶行「沈吟放ㇾ撥插ニ絃中ㇾ〔＝深くもの思いにふけり、ばちを置き絃にはさむ〕」

【撥音】国日本語の音韻単位。主として、語中または語尾で一拍をなす鼻音、n、m、ŋ、ɴなど。仮名では、これらをすべて「ん」「ン」で表す。

【撥乱】乱れた世の中を治めること。【撥乱反正】乱れた世の中を治めてもとの正しい状態にかえすこと。〔公羊伝-哀公一四年〕

【撥簾】すだれをまくり上げること。＊白居易-香炉峰下、新トニ山居ㇾ、草堂初成、偶題ニ東壁ㇾ「香炉峰雪撥ㇾ簾看〔＝香炉峰に積もる雪は、すだれをおしあげてながめる〕」

2946 【撫】 4179 496F 958F 手-12 フ㊐㊊・ブ㊎/fǔ/なでる・さする

字解 形声。手＋無㊐。
意味 ❶なでる。手でさする。いつくしむ。やわらげる。しずめる。『撫育』『愛撫』『鎮撫』 ❷とる。もつ。手をそえる。❸うつ。手でうつ。『撫掌』 ❹あて字。『撫子』

❶なでる。いつくしむ。

下接 愛撫・安撫・慰撫・巡撫・招撫・綏撫・宣撫・存撫・鎮撫

【撫育】かわいがって大切に育てること。
【撫御】人をいたわってよく統治すること。
【撫循】慰めいたわって手なずけること。
【撫綏】いつくしみやすらかにすること。撫安。
【撫存】（「存」は慰める意）なだめ慰めること。
【撫養】かわいがりやしなうこと。撫育。
【撫弄】手なぐさみに楽器をかなでること。
【撫和】異民族・民衆などをなだめやわらげること。

❸うつ。手でうつ。

【撫掌】手を打つこと。わが意を得たと喜ぶさま。

❹あて字。

【撫子】ナデシコ科の多年草。日本で秋の七草の一。瞿麦。

2947 【撇】 ＊3277 手-12 （2689）【擎】 一一 手-12

ベツ㊊・ヘイ㊎/piē・piě

字解 形声。手＋敝（やぶる）㊐。わける・はらう意。
意味 はらう。書法で、人の一画のように筆を左にはらうこと。また、その筆画。

2948 【撲】 4348 4B50 966F 手-12 常 ホク㊊・ボク㊎/pū/うつ

筆順 

字解 形声。手＋菐㊐。うつ意。菐は、うったときの音を表すともいう。金文は、武器に従う。

金文 
篆文 

意味 うつ。なぐる。うちたおす。「扑」に同じ。

下接 殲撲・相撲・打撲

【撲殺】なぐり殺すこと。
【撲地】①地上にくまなく満ちること。②ぱっと急に。にわかに。
【撲殄】うち滅ぼすこと。撲滅。
【撲滅】完全にうち滅ぼすこと。
【撲落】地をうつように落ちること。

2949 【撩】 5792 597C 9D9C 手-12 リョウ（レウ）㊊/liāo・liáo/いどむ・みだれる

字解 形声。手＋尞（↓料、おさめととのえる）㊐。おさめる意。
意味 ❶おさめる。乱をおさめる。また、いどむ。『撩戦』 ❷みだれる。もつれる。「繚」に同じ。『撩乱』

【撩戦】戦いをいどむこと。
【撩乱】入りみだれること。繚乱。

2950 【撈】 5793 597D 9D9D 手-12 ロウ（ラウ）㊊/lāo/とる

字解 形声。手＋勞㊐。
意味 とる。すくいとる。ひっかけてとる。『撈採』『漁撈』

【撈採】水にもぐって物をとること。

2951 【撼】 5794 597E 9D9E 手-13 カン㊊/hàn/うごかす

字解 形声。手＋感㊐。
意味 うごかす。ゆする。ゆれうごく。『揺撼』 ＊孟浩然-臨ニ洞庭ㇾ上ニ張丞相ㇾ「波撼岳陽城〔＝波は岳陽城を動かさんばかりである〕」

【撼動】①揺り動かすこと。撼揺。②他人を罪におとしいれること。
【撼頓】揺れて倒れること。

2952 【擐】 ＊3307 手-13 カン（クヮン）㊊/huàn

字解 形声。手＋睘（↓還、めぐらす）㊐。よろいをからだじゅうにめぐらしまとう意。『擐甲』

2953 【擄】 5801 5A21 9D9F 手-13 キョ 「拠」（2745）の異体字

2954 【擒】 5802 5A22 9DA0 手-13 キン㊊/qín/とりこ・とらえる

字解 形声。手＋禽（とりこ）㊐。とりこにする意。
意味 とりこ。とりこにする。とらえる。いけどりにする。『七縦七擒』『就擒』『生擒』 ＊戦国策-燕「漁者得而幷擒ㇾ之〔＝漁師がこの両者をいっしょに生けどりにした〕」

【擒獲】とらえること。いけどりにすること。
【擒縦】とりこにすることと、放つこと。自由自在にあやつりあつかうこと。
【擒生】いけどり。または、いけどること。

2955 【擕】 ＊3309 手-13 ケイ 「携」（2895）の異体字

2956 【撿】 ＊3294 手-13 ケン㊐㊊・レン㊊/jiǎn/しらべる

字解 形声。手＋僉（あつめあわせる）㊐。くくる、とりしらべる意。検に同じ。

2957【擌】＊3305 手-13 サク㊥/はが・はご

意味 はが。はご。鳥を捕らえる仕掛けの一。竹の棒や木の枝などにもちを塗ったもの。『黐擌(チサク)』

2958【擅】5803 5A23 9DA1 手-13 セン㊥/shàn/ほしいまま

字解 形声。手＋亶(→單、ひとつ)㊥。ひとまとめにしてもつ・ひとりじめにしてほしいままにする意。

意味 ほしいままにする。占有する。「専」に同じ。『独擅場(ドクセンジョウ)』

【擅横(センオウ)】わがまま勝手なこと。専横。

【擅権(センケン)】権力をほしいままにすること。専権。

【擅恣(センシ)】すきなようにすること。専恣。

【擅場(センジョウ)】①その場を占有すること。その場に並ぶ者がいず、独り舞台であること。②会の主席。中国、唐代に送別会や宴会で詩をつくり、第一等となった者のこと。

【擅断(センダン)】すきなように決めること。専断。

2959【操】3364 4160 9180 手-13 常6 ソウ(サウ)㊥/cāo・cào/あやつる・みさお・とる

筆順 操 操 操 操 操 操

字解 形声。手＋喿㊥。

意味 ❶とる。にぎる。手にしっかりと持つ。『操觚』❷あやつる。思い通りに動かす。使いこなす。『操作』『操縦』『体操(タイソウ)』❸みさお。かたく守って変えない志。『操行』『操守』『節操(セッソウ)』

❶ とる。にぎる。

【操觚(ソウコ)】(「觚」は、四角の木札)筆を手にとって詩文を作ること。文筆に従事すること。〔陸機-文賦〕『操觚界』『操觚者』

❷ あやつる。

【操業(ソウギョウ)】工場で、機械を動かして作業をすること。

【操作(ソウサ)】①機械などを操って作動させること。②物事を、自分の都合のよいように工作して操ること。

【操車(ソウシャ)】電車などの、車両の編成や運転順序などを決めること。また、その作業。『操車場』

【操縦(ソウジュウ)】①航空機などを操り動かすこと。『操縦士』②人を自分の意のままに操ること。

【操舵(ソウダ)】舵(かじ)を操って進ませること。『操舵手』

【操練(ソウレン)】兵士を訓練すること。教練。

❸ みさお。

下接 隠操(インソウ)・雅操(ガソウ)・士操(シソウ)・志操(シソウ)・情操(ジョウソウ)・節操(セッソウ)・霜操(ソウソウ)・貞操(テイソウ)・特操(トクソウ)・徳操(トクソウ)・風操(フウソウ)

【操行(ソウコウ)】品行。身持ち。ふるまい。＊史記-伯夷伝「操行不レ軌、専犯二忌諱一(ソウコウのっとらず、もっぱらキキをおかす)」〔=みさおや行いが道にのっとっておらず、ただただ人の道にはずれるようなことばかりしている〕

【操持(ソウジ)】かたく守りぬくこと。持ちつづけること。

【操舎(ソウシャ)】かたく守ることと、捨て去ること。

【操守(ソウシュ)】信念をかたく守って、変えないこと。

【操心(ソウシン)】①志を失わぬように気をつけること。節操。②気疲れすること。

【操履(ソウリ)】日ごろの志や身の行い。品行。

2960【擇】5804 5A24 9DA2 手-13 タク 「択」(2725)の旧字

2961【撻】5805 5A25 9DA3 手-13 タツ㊥/tà/むちうつ

字解 形声。手＋達㊥。むちうつ意。達は、その時の音を表すとも。金文は、手を付さない。

金文 
篆文 

意味 うつ。むちうつ。『鞭撻(ベンタツ)』『笞撻(チタツ)』

【撻辱(タツジョク)】むちうってはずかしめること。

【撻笞(タッチ)】(「笞」もむちうつ意)むちうつこと。撻戮。

【撻戮(タツリク)】①むちうって殺すこと。②=撻辱(タツジョク)

2962【擔】5731 593F 9D5E 手-13 タン 「担」(2755)の異体字

2963【擗】＊3310 手-13 ヘキ㊥/pì・pǐ

字解 形声。手＋辟㊥。むねをうつ意。

2964【擁】4542 4D4A 9769 手-13 常 オウ㊝・ヨウ㊥/yōng/いだく・まもる

筆順 擁 擁 擁 擁 擁 擁

字解 形声。手＋雍(=雝、とりかこむ)㊥。手でかこむようにだきかかえる、まもる意。

意味 ❶いだく。かかえる。また、持つ。『擁膝』『抱擁(ホウヨウ)』『囲擁(イヨウ)』＊史記-管晏伝「擁二大蓋一、策二駟馬一(タイガイをヨウし、シバにむちうつ)」〔=(御者は)車のかさの側に席を占め、四頭の馬にむちをあてる〕❷まもる。たすける。『擁護』『擁立』『培擁(バイヨウ)』❸さえぎる。ふさぐ。『擁滞』『擁蔽』

❶ いだく。かかえる。

【擁膝(ヨウシツ)】ひざを抱きかかえること。転じて、思い悩むこと。考え込むこと。

【擁腫(ヨウショウ|ヨウシュ)】こぶ。また、節こぶの多い木。転じて、いたずらに大きくて無用のもの。臃腫。

❷ まもる。たすける。

【擁護(ヨウゴ|ヨウオウ)】かばいまもること。助けまもること。

【擁佑(ヨウユウ)】(幼帝などを)まもり助けること。

【擁立(ヨウリツ)】ある人を助けて中心的な位に就かせること。

❸ さえぎる。ふさぐ。

【擁遏(ヨウアツ)】ふさぐこと。とどめ押さえること。

【擁滞(ヨウタイ)】ふさがりとどこおること。渋滞。壅滞。

【擁蔽(ヨウヘイ)】ふさいで、おおいかくすこと。壅蔽。

2965【擂】5807 5A27 9DA5 手-13 ライ㊥/léi・lèi/する

字解 形声。手＋雷㊥。

意味 する。すりつぶす。『擂粉木(すりこぎ)』『擂鉢(すりバチ)』

2966【擱】5808 5A28 9DA6 手-14 カク㊥/gē/おく

字解 形声。手＋閣(とめる)㊥。とめる・おく意。

意味 おく。さしおく。とめる。動かなくなる。

【擱坐・擱座(カクザ)】①船が浅瀬に乗り上げること。座礁。②戦車や車両が破壊されて動けなくなること。

心(⺗・⺖)戈戸(戶)手(扌)支攴(攵) 4画 文斗斤方无(旡・无)日曰月木欠止歹(歺)殳毋比毛氏气水(氺・氵)火(灬)爪(爫・⺤)父爻(㸚)爿(丬)片牙(牙)牛犬(犭)

【擱筆】(カクヒツ) 筆を置くこと。書き終えること。↕起筆

2967【擬】 2128 353C 8B5B 手-14 常 ギ(漢)/nǐ/なぞらえる・まがい・もどき

筆順 擬 擬 擬 擬 擬 擬

字解 形声。手＋疑(じっと立ちどまりなやむ)(声)。まぎらわしく似せる意。一説に、じっと思いをこらしはかる意が原義であるとも。

参考 万葉仮名では音を借りて「ぎ(乙)」。

意味 ❶はかる。おしはかる。『擬議』『擬度』『擬定』 ❷なぞらえる。まねる。似せる。また、まがい。もどき。『擬古』『擬装』『僭擬(センギ)』『比擬(ヒギ)』『模擬(モギ)』

❶ はかる。おしはかる。

【擬議】(ギギ) ①熟考すること。論議を重ねること。②ためらうこと。まごまごすること。

【擬度】(ギタク) はかり考えること。

【擬定】(ギテイ) おしはかってこうと決めること。

❷ まねる。似せる。また、まがい。

【擬音】(ギオン) 演劇・映画・放送などで、実際の音に似せて作り出す人工の音。効果音。↕実音

【擬革】(ギカク) 人造皮革。レザー。『擬革紙』

【擬古】(ギコ) 昔の風習や方法などになぞらえて、そのまねをすること。『擬古文』

【擬似】(ギジ) よく似ていること。疑似。

【擬人】(ギジン) 人間でないものを人間に見立てること。『擬人化』【擬人法】(ギジンホウ) 動植物や事物を人間の心意動作になぞらえて表現する技法。「花が笑う」の類。

【擬制】(ギセイ) ある事実について、本当はそうでなくても法律上はそうであるとして取り扱うこと。未成年者が婚姻をしたときは成年に達したものとみなすなど。

【擬勢】(ギセイ) 国①見せ掛けだけの勢い。強がり。虚勢。②動物が敵に出会ったときにする、おどすような姿態。

【擬声語】(ギセイゴ) 国物の音や声などをまねて表す言葉。「がらがら」「ざあざあ」「にゃあにゃあ」の類。擬音語。

【擬装】(ギソウ) 人や敵の目を欺くため、他のものと紛らわしい形や色・状態を装うこと。『擬装工作』

【擬態】(ギタイ) ①他のあるものの有様や様子に似せること。②動物が他からの発見を避けるため、形・色などを他の物に似せること。【擬態語】(ギタイゴ) 国事物の状態、身ぶりなどを、象徴的に言語音に写したもの。「そわそわ」「ぐずぐず」「にやり」の類。

【擬宝珠】(ギボウシュ・ギボウシ・ギボシ・ギボシュ) (宝珠を擬したものの意) ①高欄や、橋などの親柱の上にかぶせた、ネギの花の形をした飾りの金物。②国ユリ科ギボウシ属の総称。

2968【擤】 * 3311 手-14 コウ(カウ)(漢)/xǐng/かむ

字解 会意。手＋鼻(はな)。てばなをかむ意。

2969【擦】 2704 3B24 8E43 手-14 常 サツ(漢)/cā/する・すれる・こする・こすれる・さする

筆順 擦 擦 擦 擦 擦 擦

字解 形声。手＋察(声)。

意味 する。こする。さする。『塗擦(トサツ)』『摩擦(マサツ)』

【擦過】(サッカ) かすること。こすること。『擦過傷』

【擦傷】(サッショウ) すりきず。かすりきず。

2970【擠】 5811 5A2B 9DA9 手-14 セイ(漢)/jǐ/おとす

字解 形声。手＋齊(声)。

意味 おす。おとす。おとしいれる。くじく。

【擠陥】(セイカン) 人を罪におとし入れること。

【擠排】(セイハイ) おしのけること。

【擠抑】(セイヨク) 人をおとし入れ、昇進をさまたげること。

2971【擡】 5812 5A2C 9DAA 手-14 (2752)【抬】 5813 5A2D 9DAB 手-5 タイ(漢)/tái/もたげる

字解 形声。手＋臺(高い台)(声)。高く持ち上げる意。

意味 もたげる。持ち上げる。

【擡挙】(タイキョ) ①持ち上げること。②人を挙げ用いること。

【擡頭】(タイトウ) 勢力を増してくること。台頭。

2972【[illegible]】 ― ― 手-14 チャク(慣)

字解 搩に同じ。

意味 親指と中指とを張った長さ。『一[illegible]手(イッチャクシュ)』

2973【擢】 ― ― 手-14 (2974)【擢】 3707 4527 9346 手-14 † タク(漢)・テキ(慣)/zhuó/ひきぬく・ぬきんでる

字解 形声。手＋翟(羽がぬき出る)(声)。高い方にぬき出す意。

意味 ひきぬく。あげる。選び出す。また、ぬきんでる。ひいでる。『選擢(センテキ)』『超擢(チョウテキ)』『抜擢(バッテキ)』 *文選-古詩十九首「纖纖擢素手(センセンとしてソシュをあぐ)」〔=ほっそりとした白い手をさしだす〕

【擢秀】(テキシュウ) ①才能が人よりすぐれてひいでていること。②草木がさかんに生長すること。

【擢第】(テキダイ) 試験に及第すること。登第。

【擢用】(テキヨウ) 特別にえらび出して用いること。擢挙。

【擢挙】(テキキョ) ＝擢用

2975【擣】 5814 5A2E 9DAC 手-14 トウ(タウ)(呉)(漢)/dǎo/うつ

字解 形声。手＋壽(声)。

意味 うつ。きぬたをうつ。また、うすでつく。「搗」に同じ。

【擣衣】(トウイ) 布帛をしなやかにし、つやを出すために、きぬたにのせて槌でうつこと。*李白-子夜呉歌「長安一片月、万戸擣衣声(チョウアンイッペンのつき、バンコきぬをうつのこえ)」〔=長安の空に一つ澄み渡る月、家々からきぬたを打つ音が聞こえてくる〕

【擣砧・擣碪】(トウチン) きぬたをうつこと。

2976【擯】 5815 5A2F 9DAD 手-14 ヒン(呉)(漢)/bìn/しりぞける

字解 形声。手＋賓(声)。

意味 ❶しりぞける。のけものにする。『擯棄』『擯斥』『排擯(ハイヒン)』 ❷みちびく。客を案内する。『擯介』

【擯介】(ヒンカイ) 主客の間に立って世話をする人。介添え役。

【擯棄】(ヒンキ) しりぞけ捨てること。擯斥。

【擯斥】(ヒンセキ) しりぞけること。排斥。

2977【擴】 5818 5A32 9DB0 手-15 カク 「拡」(2741)の旧字

2978【攅】 5825 5A39 9DB7 手-15 サン 「攢」(2994)の異体字

2979 【擾】 3081 3E71 8FEF 手-15 ジョウ(ゼウ)漢/rǎo/みだす・みだれる

字解 形声。手+憂声。

意味 ❶みだす。みだれる。また、さわぐ。さわがしい。わずらわしい。『擾乱』『騒擾』『紛擾』 ❷なつかせる。ならす。『擾化』『擾民』『馴擾(ジュンジョウ)』

❶みだす。みだれる。

下接 雲擾(ウンジョウ)・喧擾(ケンジョウ)・雑擾(ザツジョウ)・侵擾(シンジョウ)・騒擾(ソウジョウ)・煩擾(ハンジョウ)・紛擾(フンジョウ)

【擾害(ジョウガイ)】 さわがし害すること。
【擾擾(ジョウジョウ)】 乱れておちつかないさま。紛紛(フンプン)。
【擾攘(ジョウジョウ)】 さわぎ乱れるさま。
【擾乱(ジョウラン)】 乱れさわぐこと。騒乱。
【擾累(ジョウルイ)】 わずらわしいこと。

❷なつかせる。ならす。

【擾化(ジョウカ)】 ならして感化すること。
【擾馴(ジョウジュン)】 ならすこと。
【擾民(ジョウミン)】 民をならして従えること。

2980 【擶】 5817 5A31 9DAF 手-15 セン漢

字解 形声。手+箭声。ただす意。

2981 【擻】* 3319 手-15 ソウ漢/sǒu・sòu

字解 形声。手+數声。あげる意。

意味 ❶ひきおこす。❷はらいおとす。『抖擻(トソウ)』

2982 【擲】 5819 5A33 9DB1 手-15 チャク呉・テキ漢/zhì/なげる・なぐる

字解 形声。手+鄭声。なげうつ意。擿に同じ。

意味 ❶なげる。なげうつ。『乾坤一擲(ケンコンイッテキ)』『擲弾筒』『投擲(トウテキ)』『放擲(ホウテキ)』 ❷なぐる。『打擲(チョウチャク)』

【擲弾筒(テキダントウ)】 歩兵用の携帯火器。信号弾、照明弾などを発射するためのもの。

2983 【擿】* 3320 手-15 テキ漢/zhì・tī/なげうつ・あばく

字解 形声。手+適声。象牙でつくったかんざしで頭をかく。また、そのかざり。

篆文 

意味 ❶なげる。なげつける。*史記-刺客伝「引二其匕首一以擿二秦王一(その匕首をひきてもって秦王になげうつ)(=(荊軻は)あいくちを引き寄せて秦王になげつけた)」 ❷ひらく。あばく。悪事などをあばき出す。『擿抉(テッケツ)』

【擿抉(テッケツ)】 人の秘密や悪事をあばき出すこと。摘発。

2984 【擺】 5820 5A34 9DB2 手-15 ハイ漢/bǎi

字解 形声。手+罷声。

意味 ひらく。ひらいてならべる。また、ふるいおとす。

【擺脱(ハイダツ)】 ひらいて中の物を除くこと。除去。脱却。
【擺落(ハイラク)】 ふるい落とすこと。

2985 【擽】 5822 5A36 9DB4 手-15 リャク漢・ラク漢・レキ漢/lüè・luò・lì/くすぐる

字解 形声。手+樂声。

意味 ❶うつ。❷かすめる。❸国くすぐる。

2986 【攈】* 3323 手-16 (2993)【攟】* 3333 手-19 クン呉漢/jùn

字解 形声。手+麇(=麕)声。ひろう意。捃に同じ。

2987 【擕】 ―― 手-16 ケイ 「携」(2895)の異体字

2988 【攏】* 3326 手-16 ロウ漢/lǒng

字解 形声。手+龍声。集めあわせる。

意味 ❶あわせる。寄せ集める。❷おさえる。弦楽器の弦を押さえる。*白居易-琵琶行「軽攏慢撚抹復挑(ケイロウマンネンマツまたチョウ)(=指で軽く弦を押さえ、ゆるやかにひねり、ばちで下に払い、また上にはねる)」

2989 【攙】* 3330 手-17 サン漢・ザン慣/chān

字解 形声。手+毚(わりこむ)声。刃物をわりこませる、さす意。

意味 ❶まぜる。まざる。わりこませる。『攙入』 ❷『攙搶(サンソウ・ザンソウ)』は、彗星(スイセイ)の意。

【攙入(ザンニュウ)】 まちがってまぎれこむこと。竄入。

2990 【攘】 5823 5A37 9DB5 手-17 ジョウ(ジャウ)漢/rǎng・ráng/はらう・しりぞける・ぬすむ

字解 形声。手+襄(はらいのける)声。入れたものをとりはらう、また、人の懐中に手を入れぬすみとる意。

意味 ❶はらう。ふるう。㋑追いのける。しりぞける。『攘夷』『攘除』『攘斥』『撃攘(ゲキジョウ)』『尊攘』 ㋺そでをまくる。まくりあげる。『攘臂』 ❷ぬすむ。ごまかしてとる。『攘窃』『攘奪』 *論語-子路「其父攘レ羊、而子証レ之(その父ひつじをぬすみて、子これをショウせり)(=その父が羊を盗み取ったとき、子が役所に証人として訴え出た)」 ❸みだれる。みだす。『攘攘』

❶はらう。ふるう。

【攘夷(ジョウイ)】 外敵を撃ち払うこと。日本では、幕末の外国人排斥運動をいう。『尊皇(ソンノウ)攘夷』
【攘災(ジョウサイ)】 わざわいを払いのけること。
【攘除(ジョウジョ)】 払い除くこと。
【攘斥(ジョウセキ)】 払いしりぞけること。
【攘臂(ジョウヒ)】 うでまくりをすること。

❷ぬすむ。

【攘窃(ジョウセツ)】 こっそり盗みとること。
【攘奪(ジョウダツ)】 盗み奪うこと。

❸みだれる。みだす。

【攘攘(ジョウジョウ)】 ごたごた入り乱れているさま。壌壌。

2991 【攜】 5824 5A38 9DB6 手-18 ケイ 「携」(2895)の異体字

2992 【攝】 5780 5970 9D90 手-18 セツ 「摂」(2902)の旧字

2993 【攟】* 3333 手-19 クン 「攈」(2986)の異体字

心(小・忄)戈戶(戸)手(扌)支攴(攵) 4画 文斗斤方无(旡・旡)日曰月木欠止歹(歺)殳毋比毛氏气水(氺・氵)火(灬)爪(爫・爫)父爻(㐅)爿(丬)片牙(牙)牛犬(犭)

2994【攢】*3334 手-19 (2978)【攅】5825 5A39 9DB7 手-15

サン[漢]\cuán・zǎn\そろう・あつまる

[字解] 形声。手＋贊(そろう)[声]。

[意味] そろう。あつまる。むらがる。

【攢蹙サンシュク】(「蹙」は縮まる意)一か所に群がり集まること。集まり縮まること。

【攢立サンリツ】群がり立つこと。

2995【攤】5826 5A3A 9DB8 手-19

タン[漢]・ダン[漢]\tān\ひらく

[字解] 形声。手＋難[声]。ひらく意。

[意味] ひらく。のばす。ひろげる。まきちらす。

【攤飯タンパン】食後の昼寝。♥満腹のはらをのばす意から。

2996【攪】5788 5978 9D98 手-20 (2932)【撹】1941 3349 8A68 手-12 †

コウ(カウ)[漢]・カク[慣]\jiǎo\みだす

[字解] 形声。手＋覺(→交、まじわりくわわる)[声]。手を加えかきみだす意。

[意味] みだす。かきまわす。みだれる。

【攪拌カクハン・コウハン】かき混ぜること。『攪拌機』

【攪乱カクラン・コウラン】かき乱すこと。『攪乱戦術』

2997【攫】5828 5A3C 9DBA 手-20

キャク[漢]・カク(クヮク)[慣]\jué\つかむ・さらう

[字解] 形声。手＋矍(とりを手につかむ)[声]。つかみとる意。もと、矍のみでこの字義を表したが、のちに手を加えてその字義をより明確にした。

[意味] つかむ。つかみとる。また、日本語で、さらう。かすめとる。『一攫千金イッカクセンキン』

【攫鳥カクチョウ】他の鳥をつめでつかみ殺す強い鳥。

【攫盗カクトウ】ひっさらうこと。盗むこと。

【攫搏カクハク】[1]猛獣や猛鳥などが、小動物をつかんで打つこと。[2]強大な力でつかみ取ること。

2998【攩】*3336 手-20

トウ(タウ)[漢]\dǎng\むれ

[字解] 形声。手＋黨(なかま)[声]。ともの意。

[意味] ❶むれ。くみ。ともがら。❷うつ。槌で打つ。❸[国]「攩網たもあみ」は、魚を捕るのに用いるすくいあみ。

2999【攬】5816 5A30 9DAE 手-21 (2694)【擥】*3312 手-14

ラン[呉][漢]\lǎn\

[字解] 形声。もと、手＋監(→斂、あつめとる)[声]。まとめてとりもつ意。

[意味] とる。ひきとる。『延攬エンラン』

65 支部 じゅうまた

篆文 

支は、枝を手にもつさまで、えだ、わかれ、ささえる等の意(シ)を表す。支部に属する字は少ない。殳(るまた)、攴(とまた)にあわせて「じゅうまた」という。他部で支を音標にもつ字があり、翅のように、左部にあって繞ニョウの形をとるものがあるので、「しにょう」の名もあるが、支部にはその例はない。なお、鼓(本来は皷)は別に部(207)をなす。

支 支
支 ⑧ 敧
支

3000【支】2757 3B59 8E78 支-0 [常]5

シ[呉][漢]\zhī\えだ・ささえる・ささえ・かう・つかえる

[筆順] 一 十 支 支

[字解] 部首解説を参照。

[同属字] 庋・芰・翅・伎・岐・技・枝・肢・跂・豉

[参考] 万葉仮名では音を借りて「き[甲]」。

[意味] ❶ささえる。たすける。『支援』『支持』『支柱』❷さしつかえる。『支障』❸えだ。えだわかれする。「枝」に同じ。㋑わかれる。わかれたもの。『支離滅裂』『選択支センタクシ』『支局』『支流』『本支ホンシ』㋺手足。「肢」に同じ。『支体』『支解』㋩えと。干みきと組み合わせるえだ。十干を兄えと弟とに配し、日時方角などの順序を示す。『十二支ジュウニシ』『干支カンシ』❹わけあたえる。わりあてる。手配する。『支給』『支配』❺しはらう。金銭をわたす。↕収。『支出』『収支シュウシ』❻[国]「支那シナ」の略。『日支』『北支』❼あて字など。『切支丹キリシタン』

❶ ささえる。たすける。

【支援シエン】他人に力を貸して助けること。『金融支援』

【支持シジ】[1]持ちささえること。[2]主義、主張、政策などに賛同して、そのあと押しをすること。『支持政党』

【支柱シチュウ】物が倒れたり落ちたりしないようにささえる柱。転じて、物事のささえとなる大事な人やもの。

【支点シテン】てこや天びんをささえる固定された点。

❷ さしつかえる。

【支障シショウ】さしさわり。さしつかえ。故障。

❸ えだわかれする。わかれたもの。

【支裔シエイ】[1]一つのもとから分かれ出たもの。末流。[2]分かれ出た血筋。子孫。

【支解シカイ】昔の酷刑の一。両手・両足を切り離すこと。

【支子シシ】[1]妾腹の子。庶子。[2]長子以外の子。

【支族シゾク】一族のうちから分かれ出た血族。枝族。

【支体シタイ】手足とからだ。肢体。

【支派シハ】支流である別派。枝派。

【支分シブン】こまかに分けること。【支分節解シブンセッカイ】文章を細かく分解して調べ、明らかにすること。♥支体を分けて、関節を解くの意。

【支脈シミャク】もとから分かれた脈。山脈・鉱脈・葉脈などで、主脈から分かれ出ているもの。↕主脈

【支葉シヨウ】えだと葉。枝葉。

【支離滅裂シリメツレツ】筋道が立たないで、めちゃくちゃであること。♥「支離」〔荘子-人間世〕と「滅裂」〔荘子-則陽〕とを合わせた語。

【支流シリュウ】[1]本流に流れ込んでいる川。また、本流から分かれた流れ。↕本流。[2]もとのものから分かれ出たもの。分家や分流など。↕主流

❹ わけあたえる。わりあてる。手配する。

【支給シキュウ】給与、金品などを払い渡すこと。

【支度シタク】[1]計算すること。見積もること。計画すること。[2][国]必要なものを準備すること。用意。『旅支度たびジタク』♥費用を用途にわりあてて見積もる意。

【支配ハイ】 1手配りすること。 2統治すること。おさめること。『支配者』 3人の考えや行動などを規定し、束縛すること。

❺ しはらう。金銭をわたす。

【支出シュツ】 一定の目的のために金銭や物品を支払うこと。↔収入

【支消ショウ】 金銭を支出すること。

【支弁・支辧ベン】 金銭を支払うこと。

❼ あて字など。

下接 燕支エンジ・切支丹キリシタン・吉利支丹キリシタン

【支那ナ】 外国人による中国の呼称。『支那そば』『支那竹シナチク(=メンマ)』▶王朝名の秦シンが音変化して西方に伝わり、それが漢訳されたものと言われる。

【支奈ナ】 (ラテン cina) キク科の多年草。回虫の駆除薬とする。セメンシナ。

難読地名 支笏しこつ湖(北海道)

支

[翅] ⇩ 6196

支

[豉] ⇩ 7648

3001 【攲】 攴-8 キ漢/jī・qī/そばだてる

字解 形声。支+奇(かたむく)声。攲に同じ。

意味 かたむく。かたむける。ものをつまんでもつ。

[鼓] ⇩ 9626

66 攴(攵)部 とまた

攴は、手(又)に道具をもったさまで、篆書でトの形が明らかになり、またボクの音が示されることになった。攴部に属する字は、打つ・たたくなど、何らかの力を加える意味をもつ。類形として殳部(79)があり、わが国では、後者を「るまた」前者を「とまた」とよんで区別する。ただし、複体の部標としての攴の形は、後漢以後の隷書楷書で攵の形が一般的になり、これをわが国では「のぶん」とよぶ。文の頭をノにした意である。なお、「ぼくにょう」の名があるが、繞ニョウの形をとる字はない。部標としてはすべて右部の旁つくりをなす。

篆文 

攴 攴

攴 ⑤ 叜 ⑪ 敻

攴 ⑦ 敍 ⑩ 敲 ⑪ 毆 ⑯ 斆

攵 攵

攵 ⑫ 整 ⑭ 斃

攵 ⑬ 厳 ⑲ 變

攵 ② 攷 收 ③ 改 攺 攻 攸 ④ 政 放

攽 ⑤ 故 政 敄 ⑥ 效 敉 敚 敏 ⑦ 救

敔 教 敎 敖 敘 敕 敗 敏 敟 ⑧ 敢 敬

散 散 敞 敧 敦 敝 ⑨ 敬 数 敫 ⑪ 數

敵 敵 敷 敷 ⑬ 斁 斂

攴

3002 【攴】 5829 5A3D 9DBB 攴-0 ホク漢・ボク慣/とまた

字解 部首解説を参照。

攴

3003 【叜】 攴-5 コウ 「更」(3254)の異体字

3004 【敻】 攴-11 ケイ 「敻」(1479)の異体字

攴

3005 【敍】 5838 5A46 9DC4 攴-7 ジョ 「叙」(891)の異体字

3006 【敲】 5842 5A4A 9DC8 攴-10 コウ(カウ)漢/qiāo/たたく

字解 形声。攴+高声。たたく意。

意味 ❶たたく。とんとんとたたく。『推敲スイコウ』 ❷むち。短いつえ。『敲朴』

【敲朴コウボク】 むちで罪人を打つこと。また、そのむち。

3007 【毆】 * 3352 攴-11 ク 「駆」(9094)の異体字

3008 【斆】 * 3355 攴-16 ガク 「学」(1702)の異体字

攵

3009 【攵】 5830 5A3E 9DBC 攴-0 ボク慣/のぶん

字解 攴に同じ。漢字の旁となる時に多く用いられる。

攵

3010 【整】 3216 4030 90AE 攴-12 常3 ショウ(シャウ)呉・セイ漢/zhěng/ととのう・ととのえる

筆順 𠃊 束 敕 整 整 整 整

字解 形声。攴(うつ)+束(たばねる)+正(正しくする)声。うったりしめつけたりして、いましめてただす、ととのえる意。

意味 ととのえる。ととのう。きちんとしている。

下接 規整キセイ・均整キンセイ・厳整ゲンセイ・修整シュウセイ・粛整シュクセイ・斉整セイセイ・精整セイセイ・端整タンセイ・調整チョウセイ・補整ホセイ・不整脈フセイミャク

【整形ケイ】 形を整えて、正常にすること。『美容整形』

【整合ゴウ】 きちんと合うこと。矛盾がないこと。

【整骨コツ】 ほねつぎ。接骨。『整骨院』

【整粛シュク】 おごそかに整うさま。斉粛。

【整飾・整飭(セイショク)】 整えかざること。

【整斉(セイセイ)】 よく整いそろうこと。

【整然(セイゼン)】 乱れたところがなく、きちんと整っているさま。『理路整然』

【整地(セイチ)】 土地をならし整理すること。地ならし。

【整飭・整勅(セイチョク)】 筋道だっていて正しいこと。

【整頓(セイトン)】 きちんとかたづけ、整えること。＊白居易―琵琶行「整ニ頓衣裳一起斂レ容(イショウをセイトンしてたちてかたちをおさむ)〔＝衣裳の乱れを直し、立ち上がって表情を正した〕」

【整髪(セイハツ)】 髪を刈って形を整えること。理髪。

【整備(セイビ)】 すぐ役立つように、準備を整えること。

【整復(セイフク)】 骨折や脱臼(ダッキュウ)などを、もとの正常な状態になおすこと。

【整理(セイリ)】 ①混乱したものを秩序正しくすること。『交通整理』②国無駄、余剰を除くこと。『人員整理』

【整流(セイリュウ)】 交流電流を直流電流に変えること。

【整列(セイレツ)】 きちんと列を作って並ぶこと。『整列乗車』

3011 【斃】 5845 5A4D 9DCB 攴-14 ヘイ漢/bì/たおれる

字解 形声。死(しぬ)＋敝(やぶれる)声。倒れて死ぬ意。

意味 たおれる。たおれて死ぬ。『横斃(オウヘイ)』『疲斃(ヒヘイ)』

【斃死(ヘイシ)】 たおれ死ぬこと。のたれ死に。

【斃仆(ヘイフ)】 たおれ死ぬこと。斃死。

【斃而后已(たおれてのちやむ)】 死ぬまで懸命に努力する。死して後已む。〔礼記―表記〕

攵

3012 【厳】 2423 3837 8CB5 攴-13 常6 (935)【嚴】 5178 536E 9A8E 口-17 旧字 人

ゴン呉・ゲン漢/yán/おごそか・きびしい・いかつい・いかめしい・いつくし

筆順 厳厳厳厳厳厳

金文 篆文

字解 厳は嚴の略体。嚴は形声。吅(いいたてて責める)＋𠪚声。きびしく言う意。もと、吅のみでこの字義を表したが、のちに𠪚声を加えてその字義を明確にしたともいう。

同属字 巖(巌)・儼・玁

意味 ❶きびしい。はげしい。また、いましめる。『厳戒』『厳寒』『厳罰』『冷厳』 ❷おごそか。いかめしい。『厳粛』『厳然』『威厳』 ❸たっとぶ。特に、父に対する尊称。『厳父』『家厳(カゲン)』 ❹人名。『厳羽』

❶ きびしい。はげしい。いましめる。

下接 戒厳(カイゲン)・解厳(カイゲン)・苛厳(カゲン)・寛厳(カンゲン)・至厳(シゲン)・峻厳(シュンゲン)・申厳(シンゲン)・冷厳(レイゲン)

【厳苛(ゲンカ)】 厳しくむごいこと。苛厳。厳酷。
【厳家(ゲンカ)】 しつけの厳しい家庭。
【厳戒(ゲンカイ)】 厳重に警戒すること。戒厳。『厳戒体制』
【厳格(ゲンカク)】 不正や怠慢を少しも許さないような厳しい態度、様子。『厳格なしつけ』
【厳寒(ゲンカン)】 非常に厳しい寒さ。『厳寒の地』
【厳禁(ゲンキン)】 厳重に禁止すること。『土足厳禁』
【厳訓(ゲンクン)】 厳しく教えさとすこと。
【厳刑(ゲンケイ)】 厳しい刑罰。
【厳譴(ゲンケン)】 厳しく叱責(シッセキ)すること。
【厳酷・厳刻(ゲンコク)】 厳しくむごいさま。苛酷。
【厳守(ゲンシュ)】 命令、約束を厳しく守ること。『時間厳守』
【厳重(ゲンジュウ)】 いい加減にせず厳しいさま。
【厳暑(ゲンショ)】 厳しい暑さ。酷暑。
【厳正(ゲンセイ)】 厳しく公正を守るさま。『厳正な審査』
【厳霜(ゲンソウ)】 厳しい霜。刑罰などが厳しいたとえ。
【厳達(ゲンタツ)】 厳重に通達すること。
【厳探(ゲンタン)】 警察などが、厳重に捜すこと。
【厳冬(ゲントウ)】 寒さの厳しい冬。『厳冬期』
【厳罰(ゲンバツ)】 厳しく処罰すること。また、その処罰。
【厳秘(ゲンピ)】 堅く守るべき厳重な秘密。極秘。
【厳父(ゲンプ)】 厳格な父親。『厳父慈母』→❸
【厳密(ゲンミツ)】 厳重ですきのないさま。『厳密な調査』
【厳命(ゲンメイ)】 厳しく命令すること。また、その命令。

❷ おごそか。いかめしい。

下接 威厳(イゲン)・謹厳(キンゲン)・華厳(ケゴン)・至厳(シゲン)・森厳(シンゲン)・崇厳(スウゲン)・荘厳(ソウゴン・ショウゴン)・尊厳(ソンゲン)・端厳(タンゲン・タンゴン)

【厳威(ゲンイ)】 おごそかで威光があること。
【厳恪(ゲンカク)】 〔「恪」はつつしむ意〕おごそかでつつしみ深いこと。
【厳粛(ゲンシュク)】 おごそかでつつしみ深いこと。
【厳峻(ゲンシュン)】 おごそかで厳しいこと。
【厳森(ゲンシン)】 身がひきしまるほどにおごそかなこと。
【厳然(ゲンゼン)】 おごそかで重々しいさま。『厳然たる事実』
書き換え「儼然→厳然」。
【厳存(ゲンソン)】 厳然として存在すること。
【厳明(ゲンメイ)】 おごそかで明らかなこと。

❸ たっとぶ。特に、父に対する尊称。

【厳君(ゲンクン)】 他人の父の敬称。
【厳子(ゲンシ)】 他家の子息の敬称。令息。→❹
【厳父(ゲンプ)】 他人の父の敬称。→❶

❹ 人名。

【厳羽(ゲンウ)】 中国、南宋の詩人。字(あざな)は儀卿(ギケイ)。号は滄浪(ソウロウ)。「滄浪集」「滄浪詩話」などの著がある。
【厳子(ゲンシ)】 「荘子」の別名。→❸
【厳復(ゲンフク)】 中国、清代末期の翻訳家、学者。字(あざな)は又陵(ユウリョウ)、のち幾道。「天演論」「原富」などのヨーロッパ近代思想を紹介した。（一八五三〜一九二一）

難読地名 厳原(いづはら)町（長崎） 厳木(きゅうらぎ)町（佐賀）

攵

3013 【變】 5846 5A4E 9DCC 攴-19 ヘン 「変」(1476)の旧字

攵

3014 【攷】 5831 5A3F 9DBD 攴-2 コウ(カウ)漢/kǎo/かんがえる

字解 形声。攴(うつ)＋丂(まげる)声。打って曲げる意。また、覈に通じ、かんがえる意を表す。考に同じ。『攷究(コウキュウ)』

3015 【收】 5832 5A40 9DBE 攴-2 シュウ 「収」(884)の異体字

3016 【改】 1894 327E 89FC 攴-3 常4 (3017)【攺】 —— 攴-3

カイ呉漢/gǎi/あらたまる・あらためる・あらため

筆順 改改改改改改改

字解 形声。攴＋己(すじめただしい)㊥。かしこまりあらたまる意。

意味 あらためる。あらたまる。㋑前からのものをやめて、新しくする。『改革』『改心』『改良』 ＊論語-学而「過則勿レ憚レ改(あやまちてはすなわちあらたむるにはばかることなかれ)〔＝もしも過失を犯したら、それを改めるのにためらってはならない〕」 ⇓〔革〕(8815)の表 ㋺国しらべる。あらためる。検査する。『改札』

下接 悔改(カイカイ)・更改(コウカイ)・刪改(サンカイ)・修改(シュウカイ)・悛改(シュンカイ)・塗改(トカイ)・不改(フカイ)・変改(ヘンカイ)・釐改(リカイ)・朝令暮改(チョウレイボカイ)

【改悪 カイアク】1悪いことを改めること。2国改めて、かえって前よりも悪くすること。

【改易 カイエキ】1改めてかえること。更新。2国江戸時代、武士の籍を除き、領地・家屋敷などを没収した刑罰。

【改過 カイカ】行いや、やり方のよくない点を直すこと。

【改嫁 カカ】夫と死別あるいは離別した婦人が、再び他の人に嫁入りすること。再婚。再縁。

【改悔 カイカイ|カイゲ】1(カイカイ)くい改めること。改悛。懺悔(ザンゲ)。2(カイカイ)心変わりすること。＊史記-刺客伝「太子遅レ之、疑二其改悔一(タイシこれをおそしとし、そのカイカイをうたがう)〔＝太子はじりじりして、変心したのではないかといぶかった〕」3(カイゲ)真宗で、報恩講の初夜など、同行の集まった席で互いに安心(アンジン)について告白すること。

【改革 カイカク】制度や組織などの欠点を改めかえること。

【改憲 カイケン】国憲法を改めること。憲法改正。

【改元 カイゲン】年号を改めること。改号。

【改悟 カイゴ】過ちを、悟り改めること。悔悛。

【改稿 カイコウ】原稿を書き直すこと。

【改号 カイゴウ】1名称を改めること。2＝改元(カイゲン)

【改作 カイサク】作品に手を入れて新しく作りかえること。

【改札 カイサツ】国駅で、乗客の切符に鋏(はさみ)を入れたり、受け取ったりすること。『改札口』

【改刪 カイサン】文章の語句などを改め直すこと。刪正。

【改竄 カイザン】(「竄」は文字をかえる意)文書の文字・語句などを、勝手な都合で改めること。

【改宗 カイシュウ】国従来信仰してきた宗旨を捨てて、他の宗旨に改めること。宗旨がえ。

【改修 カイシュウ】悪いところに手を入れて作り直すこと。

【改春 カイシュン】改まった春。新年。

【改悛 カイシュン】罪、過ちを悔い改めること。『改悛の情』

【改称 カイショウ】名称を改めること。

【改醮 カイショウ】(「醮」は、婚礼の杯を受けること)改めて他のところに嫁入りすること。改嫁。

【改心 カイシン】悪い点を悟って、心を入れかえること。

【改新 カイシン】制度、規則などを改めて、新しい状態にすること。『大化の改新』

【改正 カイセイ】改めただすこと。直してよくすること。

【改姓 カイセイ】姓を改めること。

【改選 カイセン】議員、役員などの任期が満了した際、その職につく人を改めて選ぶこと。

【改善 カイゼン】物事の悪い面を改めてよくすること。改良。『生活改善』『改善策』

【改組 カイソ】組織を改めること。

【改葬 カイソウ】遺体・遺骨を、改めてよそへ葬り直すこと。

【改装 カイソウ】よそおいを改めること。模様替え。

【改造 カイゾウ】つくりかえること。『内閣改造』『改造車』

【改題 カイダイ】題名を改めること。

【改築 カイチク】建物を新しく造り直すこと。

【改鋳 カイチュウ】鋳造し直すこと。

【改定 カイテイ】それまで定まっていたものを改めること。『運賃改定』

【改訂 カイテイ】書物の内容や不備な点を、改め直すこと。『改訂新版』

【改廃 カイハイ】部分的に改めることと全体をやめること。

【改版 カイハン】出版物の内容に手を加え、版を新しくして出すこと。また、その出版物。

【改変 カイヘン】内容を改めかえること。変改。

【改編 カイヘン】編集し直すこと。編制し直すこと。

【改名 カイメイ|カイミョウ】名を改めること。

【改訳 カイヤク】翻訳し直すこと。

【改容 カイヨウ】顔つきや居ずまいを正すこと。

【改良 カイリョウ】短所や欠点を改めて、よりよくすること。

【改暦 カイレキ】1暦や暦法を改めること。2新年。

3018 【攻】 2522 3936 8D55 攴－3 常 コウ㊥/gōng/せめる・せめ

筆順 攻攻攻攻攻攻攻

字解 形声。攴(うつ)＋工(工具ののみ)㊥。工具であるのみをうって物を作る、おさめる意。転じて、せめる意。

意味 ❶せめる。うつ。『攻撃』『攻勢』『侵攻』 ＊史記-項羽本記「臣、与二将軍一勠レ力而攻レ秦(シン、ショウグンとちからをあわせてシンをせむ)〔＝私は将軍と力をあわせて秦を攻めた〕」 ⇓表 ❷みがく。おさめる。研究する。『攻玉』『専攻(センコウ)』

❶せめる。うつ。

下接 火攻(カコウ)・強攻(キョウコウ)・近攻(キンコウ)・後攻(コウコウ)・侵攻(シンコウ)・進攻(シンコウ)・拙攻(セッコウ)・先攻(センコウ)・速攻(ソッコウ)・遅攻(チコウ)・特攻(トッコウ)・内攻(ナイコウ)・反攻(ハンコウ)・猛攻(モウコウ)・正攻法(セイコウホウ)・難攻不落(ナンコウフラク)

攻守						
攻(コウ) せめる。	攻勢	攻戦	攻撃	先攻	侵攻	専攻
守(シュ) まもる。	守勢	守戦	守備	先守	固守	占守

【攻撃 コウゲキ】敵を撃つこと。相手を攻めること。↔守備

【攻守 コウシュ】攻めることと守ること。

【攻城 コウジョウ】城を攻めること。【攻城野戦 コウジョウヤセン】敵城を攻撃し、山野で交戦すること。＊史記-廉頗藺相如伝「我為二趙将一、有二攻城野戦之大功一(われチョウのショウとなり、コウジョウヤセンのタイコウあり)〔＝私は、趙国の将軍となって、敵城を攻め山野で戦って大きな功績がある〕」

【攻勢 コウセイ】積極的に敵を攻めようとする体勢。↔守勢

【攻戦 コウセン】攻め戦うこと。

【攻抜 コウバツ】城やとりでを攻め落とすこと。

【攻防 コウボウ】攻めることと防ぐこと。『激しい攻防戦』

【攻落 コウラク】城やとりでなどを攻めて落とすこと。

【攻略 コウリャク】攻撃して敵地などを奪い取ること。比喩(ヒユ)的に、説き伏せること。『攻略法』

❷みがく。おさめる。

【攻究 コウキュウ】学問、技術などを修めきわめること。

【攻玉 コウギョク】玉を磨くこと。転じて、知徳を磨くこと。＊詩経-小雅・鶴鳴「他山之石、可二以攻一レ玉(タザンのいしも、もってたまをおさむべし)〔＝他の山の石でも、玉を磨くのに使うことができる〕」

3019 【攸】 5833 5A41 9DBF 攴－3 ユウ(イウ)㊥/yōu

字解 会意。攴(動作)＋人＋水省。からだに水をかける

意から、水でからだを洗いきよめる意。滌の原字。

甲骨文 金文 篆文

同属字 悠・修・條・倏・倐・脩・絛

意味 ❶ところ。場所。❷はるかなさま。

[孜] ⇩1712

3020 【政】 二一 攴－4 セイ 「政」(3024)の旧字

3021 【放】 4292 4A7C 95FA 攴－4 常3 ホウ(ハウ)呉漢 fàng・fǎng ／はなす・はなつ・はなれる・ほうる

筆順

字解 形声。攴(動作・使役)＋方(両側にはりだす)声。両側にひろがりのばすようにさせる、はなつ意。

同属字 倣・敖・敫

意味 ❶はなす。おいはなつ。しりぞける。『放校』『放逐』『放伐』『追放ツイホウ』❷はなつ。送り出す。発する。『放映』『放射』『放送』❸ときはなす。にがす。自由にする。ゆるす。『放念』『放免』『放流』❹なげる。すてておく。かまわずにおく。もと「抛」。『放棄』『放置』『放任』❺ほしいまま。思うまま。勝手。『放吟』『放浪』『奔放』❻ならう。まねる。「倣」に同じ。『放効』

❶ おいはなつ。しりぞける。

【放校】(ホウコウ) 国学生・生徒を退学処分にして、学校から追放すること。放学。『放校処分』

【放逐】(ホウチク) その場所から追い払うこと。

【放黜】(ホウチュツ) 罪によって官職から追い払い、退けること。

【放伐】(ホウバツ) 悪政を行う君主を討ち、帝位から追放すること。中国の思想で、易姓エキセイ革命を認めるもの。〔孟子－梁恵王下〕↔禅譲

❷ 送り出す。発する。

【放映】(ホウエイ) 映像をテレビの電波にのせて送ること。

【放火】(ホウカ) 火事を起こす目的で、火をつけること。

【放光】(ホウコウ) ①光をはなつこと。②仏語。仏菩薩が身体や白毫ビャクゴウなどから光をはなつこと。

【放散】(ホウサン) 一面に広く散らすこと。広く散ること。

【放射】(ホウシャ) ①一点から四方八方に広がること。②物体が熱線や光などを放出すること。輻射フクシャ。【放射線】(ホウシャセン) ①一点から四方八方に広がっている線。②放射性元素の崩壊により放出される粒子線または輻射フクシャ線。③粒子線やX線、赤外線などの電磁波の総称。【放射能】(ホウシャノウ) 物質を構成する元素が自然崩壊して放射線を出す性質。『放射能汚染』

【放出】(ホウシュツ) ①吹き出すこと。②国蓄えていたものを外部へ出すこと。

【放水】(ホウスイ) ①水を導き流すこと。『放水路』②水を勢いよく出すこと。『放水車』

【放送】(ホウソウ) 情報、音楽、演劇、スポーツなどを、ラジオ、テレビなどの電波により、広く人に伝え送ること。

【放傍・放牓】(ホウボウ) 試験の合格者の姓名を発表すること。

❸ ときはなす。自由にする。ゆるす。

下接 開放カイホウ・解放カイホウ・釈放シャクホウ・百花斉放ヒャッカセイホウ

【放課】(ホウカ) その日の所定の課業が終わること。『放課後』

【放赦】(ホウシャ) 罪をゆるして、束縛からとき放すこと。

【放生】(ホウジョウ) 捕らえられた魚や鳥などの生き物を池や野に放すこと。『放生会ホウジョウエ』

【放心】(ホウシン) ①仁の心を失うこと。失った良心。＊孟子－告子上「学問之道無レ他。求二其放心一而已矣」〔＝学問の道とはほかでもない。失った仁の心を求め(て身に備え)ることだけなのである〕②他に気を取られて、また、何も考えずにぼんやりすること。『放心状態』③心配することをやめること。放念。

【放神】(ホウシン) 心配するのをやめること。安心。安堵。

【放鳥】(ホウチョウ) 鳥を放してやること。

【放念】(ホウネン) 心にかけないで忘れること。

【放飯流歠】(ホウハンリュウセツ) ほしいままに飯を食い、流しこむように汁をすすること。不作法に食事することをいう。

【放辟・放僻】(ホウヘキ) (「辟」はかたよる意)わがまま勝手にすること。【放辟邪侈・放僻邪侈】(ホウヘキジャシ) 勝手気ままで、道理に合わないこともしたい放題にすること。＊孟子－梁恵王上「苟無二恒心一、放辟邪侈、無レ不レ為已」〔＝もしかりに、いつも変わらない道徳心がないとすると、人々は、したい放題のことをしてしまう〕

【放牧】(ホウボク) ウシ、ウマなどを放し飼いにすること。

【放免】(ホウメン) ①刑期が終了した者を釈放すること。②心身の拘束を解き、自由にすること。

【放鷹】(ホウヨウ) タカを放って鳥を捕らえさせること。

【放流】(ホウリュウ) 国①せき止めた水などを流すこと。②稚魚を川などへ放すこと。

❹ なげる。すてておく。

【放下】(ホウカ・ホウゲ) ㊀(ホウカ)①投げ捨てること。投げおろすこと。②捨ててかえりみないこと。放棄。放置。③国日本の中世・近世に行われた芸能の一。小切子こきりこを打ちながら行う歌舞・手品・曲芸などの芸。④国能楽で、遊狂の場面や歌舞などにふさわしく仕立てられた男の遊芸人。㊁(ホウゲ)仏語。禅で、精神的・肉体的な一切の執着を捨てて解脱すること。

【放棄】(ホウキ) 捨ててかえりみないこと。『戦争を放棄する』書き換え「拋棄→放棄」。

【放置】(ホウチ) 国その状態のままでほうっておくこと。

【放擲】(ホウテキ) うち捨ててかえりみないこと。

【放任】(ホウニン) 干渉しないで、したいようにさせること。

【放物線】(ホウブツセン) 二次曲線(円錐曲線)の一。定点と定直線からの距離が等しい点の軌跡。書き換え「拋物線→放物線」。

❺ ほしいまま。

下接 豪放ゴウホウ・恣放シホウ・縦放ショウホウ・粗放ソホウ・疎放ソホウ・任放ニンポウ・奔放ホンポウ・遊放ユウホウ

【放逸・放佚】(ホウイツ) 勝手気ままに振る舞うさま。放縦。

【放歌】(ホウカ) ＝放吟ホウギン

【放吟】(ホウギン) 大声で詩や歌をうたうこと。『高歌放吟』

【放言】(ホウゲン) 無責任なことを言うこと。

【放曠】(ホウコウ) 心のおもむくままに振る舞うこと。

【放恣・放肆】(ホウシ) 気ままでしまりのないこと。

【放縦】(ホウショウ・ホウジュウ) わがまま勝手に振る舞うこと。『放縦な生活態度』

【放達】(ホウタツ) 物事にこだわらず気ままに振る舞うこと。

【放胆】(ホウタン) 思いきりがよく大胆なさま。

【放誕】(ホウタン) 思うままに大きなことを言い、自分勝手に振

る舞うこと。

【放談(ホウダン)】言いたいことを遠慮なく話すこと。
【放蕩(ホウトウ)】酒や女遊びにおぼれること。『放蕩息子』
【放漫(ホウマン)】でたらめでしまりのないさま。『放漫財政』
【放埒(ホウラツ)】勝手気ままに振る舞うこと。
【放浪(ホウロウ)】転々とさすらうこと。流浪。

❻ ならう。まねる。

【放効(ホウコウ)】(「効」もならう意) 人の行いを見ならうこと。まねること。

3022
【攴】一一　攴－4

字解 会意。攴(手でうつ、あるいは動作の記号)＋戸(と)。戸を手でうちひらくさまから、ひらく意。

同属字 啓(啓)・棨

[枚] ⇨ 3441　[牧] ⇨ 4625　[玫] ⇨ 4767

3023
【故】2446 384E 8CCC　攴－5　常5

コ(呉)(漢)/gù/ゆえ・ふるい・もと・わざと

筆順

字解 形声。攴＋古(ふるくてかたい)(声)。強制的に古く堅くすることから、ことさらの意。また、古に通じて、ふるい・もとの意を表す。金文は、古のみの形。

金文　篆文

参考 万葉仮名では音を借りて「こ(甲)」。

意味 ❶ふるい。もとの。また、むかしからの事物。『故旧』『故郷』『故事』『縁故』 ＊論語－為政「温レ故知レ新(ふるきをたずねてあたらしきをしる)」〔＝過去の事がらや学説を研究し、そこから新しい知識や見解を身につける〕 ⇒〔新〕(3082)の(表) ❷もとより。もともと。以前から。 ＊陶潜－責レ子「懶惰故無レ匹(ランダもとよりたぐいなし)」〔＝ものぐさなことは、以前から他に例を見ない〕 ❸こと。普通でないことがら。わざわい。『故障』『事故』 ＊孟子－尽心上「父母倶存、兄弟無レ故、一楽也(フボともにソンし、ケイテイことなきは、イチのたのしみなり)」〔＝両親が健在で、兄弟の間に何の事故もないというのが、第一の楽しみである〕 ❹ことさらに。わざと。わざわざ。 ＊柳宗元－送ニ薛存義一序「於ニ其往一也、故賞以ニ酒肉一(そのゆくにおいてや、ことさらにシヨウするにシュニクをもってす)」〔＝君の出発に際し、わざわざ君の功績をたたえるために酒や肉を贈る〕 ❺死んだ。死ぬ。『故人』『物故(ブッコ)』 ❻ゆえ。理由。わけ。『何故(なにゆえ／なぜ)』 ❼ゆえに。だから。そこで。上の文を受けて、因果関係を示す。 ＊論語－先進「求也退、故進レ之(キュウやしりぞく、ゆえにこれをすすめたり)」〔＝冉求(ゼンキュウ)は引っこみ思案である、だから押し進めたのだ〕

❶ ふるい。もとの。むかしからの。

下接 縁故(エンコ)・雅故(ガコ)・久故(キュウコ)・旧故(キュウコ)・掌故(ショウコ)・親故(シンコ)・世故(セコ)・典故(テンコ)・復故(フッコ)・反故(ホゴ)・温故知新(オンコチシン)

【故意(コイ)】昔に変わらぬ友情。 ＊杜甫－贈ニ衛八処士一「十觴亦不レ酔、感ニ子故意長一(ジッショウもまたよわず、シがコイのながきにカンず)」〔＝(私は)十杯飲んでも酔えない。君の昔に変わらぬ友情に感動したからなのだ〕 →❹
【故園(コエン)】生まれ故郷。

【故園情(コエンのジョウ)】望郷の念。郷愁。 ＊李白－春夜洛城聞レ笛「此夜曲中聞ニ折柳一、何人不レ起ニ故園情一(このよキョクチュウ セツリュウをきく、なんぴとかコエンのジョウをおこさざらん)」〔＝今夜吹く曲の中で、別れの曲折楊柳を聞いたが、この曲を聞いていったい誰が故郷を思う心を起こさずにいられようか〕

【故家(コカ)】①古くから続いてきた家。また、家筋。②以前住んでいた家。

【故旧(コキュウ)】古くからの知り合い。旧知。旧友。

【故墟(コキョ)】昔、城郭や市街があった所。

【故郷(コキョウ／ふるさと)】生まれ育った土地。ふるさと。郷里。 ＊李白－静夜思「挙レ頭望ニ山月一、低レ頭思ニ故郷一(こうべをあげてサンゲツをのぞみ、こうべをたれてコキョウをおもう)」〔＝仰ぎては山の上の月をながめ、顔を伏せては故郷を思いやる〕

【故国(ココク)】①古くからある国。②自分が生まれた国。母国。また、故郷。

【故山(コザン)】ふるさとにある山。転じて、故郷。

【故址(コシ)】昔、建造物のあった跡。

【故紙(コシ)】使い古したりして、不用になった紙。反故(ホゴ)。

【故事(コジ)】昔から伝えられている、いわれのある事柄。

【故実(コジツ)】(国)儀式、作法などの規定、慣例、先例となるに足りる昔の事例。『有職(ユウソク)故実』

【故主(コシュ)】もとの主人。旧主。

【故習(コシュウ)】古くからのならわし。古習。

【故人(コジン)】以前からの友人。昔なじみ。旧友。 ＊王維－送ニ元二使ニ安西一「西出ニ陽関一無ニ故人一(にしのかたヨウカンをいずればコジンなからん)」〔＝これから西の方、あの陽関を出てしまったならば、昔なじみの友はもういないだろうから〕 →❺
【故地(コチ)】①もと所有していた土地。②古い縁故のある土地。

【故知・故智(コチ)】古人の用いた知略、知恵。 書き換え「故智→故知」。

【故轍(コテツ)】(「轍」は車の輪が通った跡、わだちの意) ①以前に通りすぎた車のわだち。②前人の行った通りの方法や様式。③仏語。昔の聖人の行った行跡。

【故都(コト)】昔の都。かつて都だった所。古都。

【故道(コドウ)】①古い道路。古道。②昔の聖人・賢人のふみ行った道。古道。

【故物(コブツ)】古い物。昔からの物。古物。

【故歩(コホ)】①もとの歩き方。特に、邯鄲(カンタン)の歩みの故事から、もとのやり方、方法、また、今までの長所をいう。〔荘子－秋水〕 ②保守的で旧態を持続すること。

【故里(コリ)】①古い昔の村里。②ふるさと。故郷。

【故塁(コルイ)】古いとりで。昔のとりで。古塁。

【故老(コロウ)】昔のことをよく知っている老人。古老。

❸ 普通でないことがら。わざわい。

下接 細故(サイコ)・事故(ジコ)・大故(タイコ)・多故(タコ)・変故(ヘンコ)

【故障(コショウ)】(国)①機械、体などの一部に異常が起こり、機能が損なわれること。差し障り。障害。②異議。不服。

【無レ故(ことなし)】無事である。 →❻(ゆえなし)

❹ わざと。ことさら。

【故意(コイ)】①わざとすること。②法律で、他人に対して権利侵害の行為をしようとする意思。 ↔過失。 →❶
【故殺(コサツ)】故意に人を殺すこと。
【故買(コバイ)】盗品と知りながら、これを買い受けること。

❺ 死んだ。死ぬ。

【故君(コクン)】死去した主君。故主。

【故人(コジン)】(国)死亡した人。物故した人。 →❶

❻ ゆえ。理由。わけ。

下接 雅故(ガコ)・他故(タコ)・無故(ムコ)／何故(なにゆえ／なぜ)

【無レ故(ゆえなし)】理由がない。 →❸(ことなし)

心(小・忄)戈戸(戸)手(扌)支攴(攵)　4画　文斗斤方旡(无・旡)日曰月木欠止歹(歺)殳毋比毛氏气水(氺・氵)火(灬)爪(爫・爫)父爻(爻)爿(丬)片牙(牙)牛犬(犭)

【故由(ゆえよし)】わけ。いわれ。
【以ㇾ故(ゆえをもって)】そのようなわけで。以上の理由・原因で。

3024 【政】 3215 402F 90AD 攴－5 [常]5 (3020)〔政〕―― 攴－4 旧字
ショウ(シャウ)[呉]・セイ[漢]\zhèng・zhēng\まつりごと・まさ

[筆順] 政 政 政 政 政 政

[字解] 形声。攴(使役・動作の記号)＋正(せめてただす)[声]。強制的にただす意。
文 金

文 篆

[意味] ただす。㋑まつりごと。世の中をおさめること。『政治』『政党』『政府』『行政』『憲政』 *論語-顔淵「政者正也(セイはセイなり)〔＝政治とは、人を正しくするということだ〕」 ㋺物事を整えおさめる。『家政』『財政』

[下接] 悪政(アクセイ)・圧政(アッセイ)・為政(イセイ)・院政(インセイ)・王政(オウセイ)・学政(ガクセイ)・苛政(カセイ)・家政(カセイ)・虐政(ギャクセイ)・行政(ギョウセイ)・軍政(グンセイ)・刑政(ケイセイ)・県政(ケンセイ)・憲政(ケンセイ)・国政(コクセイ)・祭政(サイセイ)・財政(ザイセイ)・参政(サンセイ)・市政(シセイ)・施政(シセイ)・失政(シッセイ)・執政(シッセイ)・庶政(ショセイ)・新政(シンセイ)・仁政(ジンセイ)・税政(ゼイセイ)・摂政(セッショウ)・専政(センセイ)・善政(ゼンセイ)・大政(タイセイ)・朝政(チョウセイ)・帝政(テイセイ)・徳政(トクセイ)・内政(ナイセイ)・農政(ノウセイ)・秕政(ヒセイ)・布政(フセイ)・弊政(ヘイセイ)・暴政(ボウセイ)・民政(ミンセイ)・郵政(ユウセイ)・乱政(ランセイ)・力政(リキセイ)・林政(リンセイ)

【政界(セイカイ)】政治家の、または政治に関与する者の社会。
【政客(セイカク｜セイキャク)】政治家。また、政治運動をしている人。
【政官(セイカン)】[1]政務に当たる官吏。[2]軍政をつかさどる官。周礼における夏官・司馬など。
【政教(セイキョウ)】政治と宗教。『政教分離』
【政局(セイキョク)】その時の政治の状態。『政局を占う』
【政経(セイケイ)】政治と経済。『政経学部』
【政見(セイケン)】政治を行う上での意見。『政見放送』
【政権(セイケン)】政府を構成して政治の運用に当たる権力。
【政綱(セイコウ)】施政の重要な方針。
【政策(セイサク)】政府、政党などの政治的方策や方針。
【政事(セイジ)】政治上の事柄。*論語-先進「政事冉有・季路(セイジにはゼンユウ・キロ)〔＝政治の事に通達した冉有・季路〕」
【政治(セイジ)】主権者が国家的統一を維持し、国民の共同生活を守ること。『政党政治』『政治家』
【政情(セイジョウ)】政治の状況。政界の様子。『政情不安』
【政績・政迹(セイセキ)】政治上の業績、功績。
【政争(セイソウ)】政治上の争い。政権の奪い合い。
【政体(セイタイ)】国家の政治上の組織形態。『立憲政体』
【政談(セイダン)】[1]政治に関する談論。[2][国]政治、裁判などを題材とする講談。『大岡(おおおか)政談』
【政敵(セイテキ)】政治に関する主張で、意見が対立する相手。
【政典(セイテン)】政治の法式。まつりごとのよりどころ。
【政党(セイトウ)】政治上の主義主張や政策を実現するための組織団体。『政党政治』『革新政党』
【政道(セイドウ)】政治の行われ方。
【政府(セイフ)】政治を行う所。日本で、内閣およびその下で、行政をつかさどる機関。『政府刊行物』『無政府主義』
【政柄(セイヘイ)】(「柄」は権力の意) 政治を行う権力。
【政変(セイヘン)】政治権力が、突如、変動(交替)すること。
【政務(セイム)】政治上の事務。行政事務。
【政理(セイリ)】政事を執り行うこと。また、政治の理論。
【政略(セイリャク)】[1]政治上のはかりごと、かけひき。[2]社会的、経済的利益を得るためのはかりごと。『政略結婚』
【政令(セイレイ)】[1]政治上の命令または法令。[2][国]憲法や法律を実施するために内閣が制定する命令。

3025 【敄】 ―― 攴－5
ブ[漢]

[字解] 形声。攴(動作)＋矛(ほこ)[声]。つとめて困難にたちむかう、つとめる意。
文 金

文 篆

[同属字] 務・愗・蝥・鍪・騖

3026 【效】 5835 5A43 9DC1 攴－6
コウ 「効」(706)の異体字

3027 【赦】 ―― 攴－6
シャ 「赦」(7775)の異体字

3028 【敳】 ―― 攴－6
ビ 「微」(2308)の異体字

3029 【敏】 4150 4952 9571 攴－6 [常] (3038)〔敏〕―― 攴－7 旧字[人]
ミン[呉]・ビン[漢]\mǐn\さとい・さとし・とし・はしこい

[筆順] 敏 敏 敏 敏 敏 敏

[字解] 敏は敏の略体。敏は形声。攴(うつ)＋每(くらい)[声]。不意に手でうつ意か。転じて、はやい意を表す。
甲骨文
金文
篆文

[同属字] 繁

[意味] ❶さとい。すばやい。頭の回転がはやい。『敏感』『敏捷』『敏速』『鋭敏』 ❷けんめいに努める。「勉」に同じ。*論語-述而「好ㇾ古、敏以求ㇾ之者也(いにしえをこのみ、ビンにしてもってこれをもとめたるものなり)〔＝古代の聖人の学を好み、けんめいに努めることによって求め得たのである〕」

❶ さとい。すばやい。
[下接] 鋭敏(エイビン)・穎敏(エイビン)・過敏(カビン)・機敏(キビン)・謹敏(キンビン)・俊敏(シュンビン)・聡敏(ソウビン)・不敏(フビン)・膚敏(フビン)・便敏(ベンビン)・明敏(メイビン)

【敏活(ビンカツ)】すばやく活発なこと。
【敏感(ビンカン)】反応の仕方が鋭いこと。↔鈍感
【敏給(ビンキュウ)】[1]すばしこいこと。[2]賢くて、口のよくまわること。
【敏慧(ビンケイ)】さとく賢いこと。慧敏。
【敏行(ビンコウ)】[1]努力して行うこと。[2]すばやく行うこと。*論語-里仁「君子欲ㇾ訥ㇾ於言ㇾ而敏ㇾ於行ㇾ(クンシはゲンにトツにしておこないにビンならんことをホッす)〔＝君子というものは、発言は口ごもって遅鈍であっても、行動は敏速でありたいものである〕」
【敏才(ビンサイ)】すぐれてさとりが早い才能。
【敏捷(ビンショウ)】動作がきびきびして早いこと。『敏捷性』
【敏速(ビンソク)】反応がすばやいこと。敏捷(ビンショウ)。↔遅鈍(チドン)
【敏腕(ビンワン)】[国]処理がてきぱきしていて早いこと。

〔致〕 ⇩ 6461

3030 【救】 2163 355F 8B7E 攴－7 [常]4
ク[呉]・キュウ(キウ)[漢]・グ[慣]\jiù\すくう・すくい

[筆順] 救 救 救 救 救 救

[字解] 形声。攴(使役)＋求(→球、たまのように中心にまるく集まる)[声]。強制的に分散しようとするものをやめさせ集中させる、やめさせる意。

心(⺗・忄)戈戸(戸)手(扌)支支(攵) 4画 文斗斤方无(旡・旡)日曰月木欠止歹(歺)殳毋比毛氏气水(氺・氵)火(灬)爪(爫・爫)父爻(㸚)爿(丬)片牙(牙)牛犬(犭)

金文 篆文

意味 すくう。たすける。また、ふせぐ。あやまちを正しとどめる。『国救キュウ』『防救ボウキュウ』 ＊白居易-長恨歌「君王掩レ面救不レ得クンノウおもてをおおいてすくいえず」〔＝天子は顔をおおったまま、救おうにも救うすべがない〕

【救援キュウエン】救い助けること。『救援物資』

【救解キュウカイ】弁護して人の罪を救うこと。

【救急キュウキュウ】急場の難儀を救うこと。日本語では特に負傷者や急病人などの応急手当て。『救急病院』『救急車』

【救窮キュウキュウ】生活に困っている人を救うこと。

【救護キュウゴ】困っている人、特に、被災者、負傷者などを、助け、保護すること。『救護活動』『救護班』

【救荒キュウコウ】飢饉キキンのときに救援すること。

【救国キュウコク】国の危難、危機を救うこと。

【救災キュウサイ】天災にあった人を救い助けること。

【救済キュウサイ】困っている人を救い助けること。

【救出キュウシュツ】危険な状態から救い出すこと。『救出作業』

【救恤キュウジュツ】〔「恤」は、あわれんで恵む意〕貧困者、被災者などに金品を送って助けること。

【救助キュウジョ】事故、災害、貧困などから人を救うこと。

【救世キュウセイ｜セ】①(キュウセイ)世を救うこと。この世の苦しみや不幸から人々を救うこと。②(ク｜グセ｜ゼ)仏菩薩ボサツが衆生を救済すること。

【救難キュウナン】災難にあった人を救うこと。

【救貧キュウヒン】貧困者を救うこと。

【救民キュウミン】困っている人民を救うこと。

【救命キュウメイ】危険にさらされている人の命を救うこと。

【救療キュウリョウ】貧困者を治療して救うこと。

3031【敔】＊3347 攴－7 ギョ㊥yǔ

字解 形声。攴(手に棒をもつ)＋吾(→五、たがい違いになる)㊥。互い違いになった刻みのある伏した虎型の楽器。手にした棒でかきならし、演奏を終わらせる合図とするもの。

金文 篆文

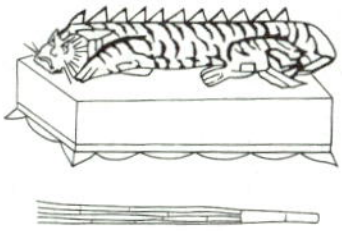

敔〔和漢三才図会〕

3032【教】キョウ(ケウ)㊐・コウ(カウ)㊥ jiào・jiāo／おしえる・おしえ・おそわる 2221 3635 8BB3 攴－7 常2

(3033)【敎】二一 攴－7 旧字

筆順 教

字解 教は敎の通俗体。敎は形声。攴(動作・使役)＋孝(教える者と学ぶ若い者とが共に交わる)㊥。おしえる意。

甲骨文 金文 篆文

意味 ❶おしえる。おしえみちびく。また、おそわる。『教育』『教訓』『教養』『文教』⇒表 ❷おしえ。いましめ。神・仏のおしえ。宗教。『教会』『教義』『宗教』 ❸しむ。…に…させる。使役を示す。「使」「令」「遣」に同じ。＊白居易-琵琶行「曲罷曾教ニ善才伏一キョクおわりてはかつてゼンサイをしてフクせしむ」〔＝曲を弾き終わると、音楽の師匠を感服させたこともあった〕

❶おしえる。おしえみちびく。

下接 示教シキョウ・指教シキョウ・助教ジョキョウ・声教セイキョウ・胎教タイキョウ・調教チョウキョウ・徳教トッキョウ・風教フウキョウ・文教ブンキョウ

	教訓						
教キョウ	おしえみちびく。	教育	教戒	教化	教導	教示	教練
訓クン	説いておしえる。	訓育	訓戒	訓化	訓導	訓示	訓練

【教案キョウアン】授業の予定案。指導案。
【教育キョウイク】教えそだてること。『義務教育』
【教化キョウカ｜ケ】教えて感化すること。教えさとして正しい道に導くこと。
【教科キョウカ】学校で学習する知識や技術を系統だてて区分したもの。国語、社会など。『教科書』
【教戒・教誡キョウカイ】教えいましめること。
【教誨・教戒キョウカイ】教えさとすこと。過ちを悔い改めさせること。『教誨師』❤書き換え「教誨→教戒」。
【教学キョウガク】教育と学問。
【教官キョウカン】①中国、明ミン・清シン代の官立学校の教員。②国国立の学校や研究所で教育・研究を職務とする公務員。また、自動車学校など、技術を教える組織の教員。
【教訓キョウクン】教えさとすこと。『教訓的な話』
【教護キョウゴ】罪を犯したり、罪を犯す恐れのある少年少女を保護し、教育すること。『教護院』
【教唆キョウサ】そそのかすこと。特に、法律上、他人をそそのかして犯罪を決意させること。『殺人教唆』
【教材キョウザイ】授業や学習に用いる書物・標本・模型など。
【教示キョウジ】教え示すこと。指し示して教えること。
【教授キョウジュ】①学問や技芸などを教え授けること。②国大学や高等専門学校などで、教育・研究職の最高位。
【教習キョウシュウ】知識や技術などを教えて習得させること。
【教職キョウショク】学生、生徒、児童を教え導く職務。
【教宣キョウセン】組合や政党などの教育と宣伝。
【教則キョウソク】教授上の規則。『教則本』
【教程キョウテイ】教授する順序、方式などのきまり。
【教典キョウテン】教育上のよりどころとなる書物。↓❷
【教導・教道キョウドウ】教え導くこと。指導。
【教範キョウハン】見習うべき事柄を示した手本。
【教鞭キョウベン】教師が授業の際に使うむち。『教鞭を執る』
【教坊キョウボウ】①雅楽以外の音楽や舞踏の教習、演出を司った官設の機関。内教坊。＊白居易-琵琶行「十三学ニ得琵琶一成、名属ニ教坊第一部一ジュウサンにしてビワをまなびえてなり、なはキョウボウのダイイチブにゾクす」〔＝十三の年に琵琶を修得して一人前になり、妓女の養成所で第一級の奏者に名を連ねた〕②劇場や遊里。
【教務キョウム】学校での教育に関する事務。↓❷
【教諭・教喩キョウユ】①教えさとすこと。②(教諭)国小・中・高等学校、養護・ろう・盲学校、幼稚園の教員。
【教養キョウヨウ】①教えそだてること。②国学問、知識などによって養われた心の豊かさ、品位。『教養人』
【教令キョウレイ】①教えいましめて命令すること。教示。②それぞれの時節に行うべき行事などの規定。
【教練キョウレン】教えて熟練させること。『軍事教練』

❷いましめ。神・仏のおしえ。宗教。

下接 異教イキョウ・遺教イキョウ｜ユイ・回教カイキョウ・外教ガイキョウ・旧教キュウキョウ・禁教キンキョウ・顕教ケンキョウ・高教コウキョウ・五教ゴキョウ・国教コッキョウ・司教シキョウ・邪教ジャキョウ・釈教シャッキョウ・宗教シュウキョウ・主教シュキョウ・儒教ジュキョウ・殉教ジュンキョウ・信教シンキョウ・新教シンキョウ・正教セイキョウ・政教セイキョウ・聖教セイキョウ｜ショウ｜ギョウ・説教セッキョウ・宣教センキョウ・善教ゼンキョウ

ウ・道教(ドウキョウ)・背教(ハイキョウ)・秘教(ヒキョウ)・布教(フキョウ)・仏教(ブッキョウ)・奉教(ホウキョウ)・密教(ミッキョウ)・名教(メイキョウ)・明教(メイキョウ)・一神教(イッシンキョウ)・基督教(キリストキョウ)・多神教(タシンキョウ)・天主教(テンシュキョウ)・耶蘇教(ヤソキョウ)

【教会(キョウカイ)】同一の宗教・信仰を奉ずる人々の組織。また、その会合に用いられる建物。

【教義(キョウギ)】宗教上の教え。教えのすじみち。

【教区(キョウク)】布教などの便宜のために設けた区域。

【教権(キョウケン)】教皇、教会上の権力。

【教皇(キョウコウ)】ローマ-カトリック教会の最高位の聖職。法王。

【教旨(キョウシ)】教えの趣意。特に、宗教の趣旨。

【教主(キョウシュ)】一宗一派の創始者。また、代表者。

【教宗(キョウシュウ)】①教義の主旨。②禅宗で、自宗以外の宗派の総称。教家(キョウケ)。

【教書(キョウショ)】①司教が教導のため発する公的書簡。②アメリカで、大統領または州知事が発する政治上の意見、勧告を示す文書。『年頭教書』

【教条(キョウジョウ)】教会が公認した教義。また、その箇条。ドグマ。【教条主義(キョウジョウシュギ)】原理、原則だけにとらわれ、融通の利かない考え方。

【教祖(キョウソ)】①宗門の開祖。②比喩的に、新しい運動の先達、リーダー。

【教団(キョウダン)】同じ宗教を信奉する人々の団体。

【教典(キョウテン)】宗教上のよりどころとなる典籍。→❶

【教徒(キョウト)】宗教の信徒。信者。

【教派(キョウハ)】同じ宗教の流派。宗派。

【教父(キョウフ)】初期キリスト教会に属し、教会の公認に基づいて著作した正統派の神学者。『教父哲学』

【教法(キョウホウ)】仏の教え。また、ある宗教の教義。

【教務(キョウム)】宗教で宗門上の事務。→❶

【教門(キョウモン)】悟りに入るための門。仏の教えのこと。

【教理(キョウリ)】宗教、宗派が真理と認めている教えの体系。教義。

3034【敖】5836 5A44 9DC2 攴－7 ゴウ(ガウ)漢 /áo・ào/ きまま・おごる

金文 
篆文 

字解 会意。土(=出、でる)＋放(はなつ)。気ままに出る、あそぶ意。転じて、おごる意。

同属字 獒・熬・螯・聱・謷・驁・鰲・鼇・傲・嗷・慠・遨

参考 熟語は「傲」(377)をも見よ。

意味 ❶あそびなまける。『敖惰』『敖民』❷おごる。「傲」に同じ。『敖慢(ゴウマン)』

【敖惰(ゴウダ)】きままに遊びなまけること。

【敖民(ゴウミン)】なまけて遊ぶ人民。

3035【敍】5839 5A47 9DC5 攴－7 ジョ 「叙」(891)の異体字

3036【敕】5837 5A45 9DC3 攴－7 チョク 「勅」(708)の異体字

3037【敗】3952 4754 9473 攴－7 常4 ハイ呉漢 /bài/ やぶれる・まける・まけ

筆順 

字解 形声。攴(動作)＋貝(→敝、やぶれる)声。やぶる意。

金文 
篆文 

意味 ❶まける。やぶれる。また、まけ。↔勝。『敗軍』『敗者』『敗戦』『敗北』『惜敗』⇒〔勝〕(721)の表 ❷だめになる。㋑形がくずれる。くずれおちる。くさる。『敗壊』『腐敗』㋺しくじる。やりそこなう。『失敗(シッパイ)』

❶まける。やぶれる。

下接 一敗(イッパイ)・完敗(カンパイ)・興敗(コウハイ)・挫敗(ザハイ)・惨敗(ザンパイ)・勝敗(ショウハイ)・成敗(セイハイ)・惜敗(セキハイ)・戦敗(センパイ)・全敗(ゼンパイ)・大敗(タイハイ)・退敗(タイハイ)・覆敗(フクハイ)・不敗(フハイ)・零敗(レイハイ)・劣敗(レッパイ)・連敗(レンパイ)

【敗因(ハイイン)】負けた原因。↔勝因

【敗軍(ハイグン)】負けいくさ。また、その軍隊。【敗軍之将不レ語レ兵(ハイグンのショウはヘイをかたらず)】戦いに敗れた将軍は兵法について述べる資格がない。【敗軍之将、不レ可二以言一レ勇(ハイグンのショウはもってユウをいうべからず)】戦いに敗れた将軍は武勇について述べる資格がない。〔史記-淮陰侯伝〕

【敗残(ハイザン)】戦いに敗れて生き残ること。『敗残兵』

【敗衄(ハイジク)】(「衄」も敗れる意)戦いに負けること。

【敗者(ハイシャ)】戦いに負けた者。↔勝者。『敗者復活戦』

【敗将(ハイショウ)】戦いに敗れた将軍。

【敗色(ハイショク)】負けそうな様相、気配。『敗色濃厚』

【敗勢(ハイセイ)】負けそうな情勢。↔勝勢

【敗績(ハイセキ)】大敗すること。

【敗戦(ハイセン)】戦争、試合などに負けること。

【敗訴(ハイソ)】訴訟に負けること。↔勝訴

【敗走(ハイソウ)】戦いに敗れて逃げること。

【敗退(ハイタイ)】負けて戦場から退くこと。『緒戦敗退』

【敗兵(ハイヘイ)】戦いに敗れた兵。

【敗亡(ハイボウ)】戦いに負けて滅びること。

【敗北(ハイボク)】(「北」は逃げる意)負けて逃げること。戦いに負けること。負け。↔勝利

【敗乱(ハイラン)】やぶれみだれること。

❷だめになる。

下接 壊敗(カイハイ)・禍敗(カハイ)・朽敗(キュウハイ)・傾敗(ケイハイ)・酸敗(サンパイ)・損敗(ソンパイ)・頽敗(タイハイ)・腐敗(フハイ)

【敗衣(ハイイ)】破れた着物。弊衣(ヘイイ)。

【敗荷(ハイカ)】(「荷」は、はちす)風などに吹き破られた蓮の葉。破れ蓮。

【敗壊(ハイカイ)】破れくずれること。壊敗。

【敗子(ハイシ)】家を滅ぼす子ども。道楽息子。

【敗絮(ハイジョ)】破れた綿。役に立たなくなった綿。

【敗筆(ハイヒツ)】使いふるした筆。禿筆(トクヒツ)。

3038【敏】二一 攴－7 ビン 「敏」(3029)の旧字

3039【㣲】二一 攴－7 ミ呉・ビ漢 /wēi/

字解 微の略体。徵・徽・黴などに用いられる。

【赦】⇩7775

3040【敢】2026 343A 8AB8 攴－8 常 カン呉漢 /gǎn/ あえて

筆順 

字解 象形。甲骨文は両手で武器を持ち獲物をとらえるさま。金文で武器が口に、獲物も変形した。無理やり強いてことを行う意。敢は、重文の変形。

心(小・忄)戈戶(戸)手(扌)支支(攵) 4画 文斗斤方无(旡・无)日曰月木欠止歹(歺)殳毋比毛氏气水(氺・氵)火(灬)爪(爫・⺤)父爻(㸚)爿(丬)片牙(⽛)牛犬(犭)

甲骨文 金文 篆文 重文

同属字 瞰・橄・嚴(厳)

意味 あえて。あえてする。㋑しいて。わざわざ。おしきってする。思いきってする。『果敢カカン』『勇敢ユウカン』＊論語-先進「敢問ㇾ死あえてシをとう」〔=失礼ながら、死についておたずねします〕」㋺（「敢不ニ…一」(あえて…ざらんや)の形で）どうして…しないでいられようか。反語を示す。＊戦国策-楚「百獣之見ㇾ我、而敢不ㇾ走乎ヒャクジュウのわれをみて、あえてはしらざらんや」〔=獣たちは私を見て、どうして逃げないことがあろうか〕」㋩（「不ニ敢―一」(あえて…ず)」の形で）しいて…しない。けっして…しない。否定を示す。＊史記-刺客伝「人不ニ敢忤視一ひとあえてゴシせず」〔=だれもじっと見るようなことはしなかった〕」

【敢為カンイ】反対や障害に屈せずに、押しきってやり通すこと。『敢為の気概』

【敢諫カンカン】思いきっていさめること。極諫。

【敢言カンゲン】思いきって言うこと。あえて述べること。

【敢行カンコウ】抵抗を押しきって、決行すること。＊史記-李斯伝「断而敢行、鬼神避ㇾ之ダンじてカンコウすれば、キシンもこれをさく」〔=思いきって行えば、鬼神でさえもこれをさまたげないものである〕」

【敢死カンシ】死を決すること。必死。決死。

【敢戦カンセン】決死の覚悟で戦うこと。必死の戦闘。

【敢然カンゼン】思いきって行動するさま。

【敢闘カントウ】勇敢に戦うこと。『敢闘精神』『敢闘賞』

3041【敬】 2341 3749 8C68 支-8 常6 (3048)【敬】二二 支-9 旧字

キョウ(キャウ)呉・ケイ漢/jìng/うやまう

筆順

字解 形声。攴(使役)＋茍(からだをまげつつしむ)声。行動をつつしむようにさせる、いましめる意。派生して、うやまう意を表す。

同属字 檠・擎・警(警)・驚(驚)・儆

意味 ❶うやまう。うやまいつつしむ。『尊敬』『敬遠』＊論語-憲問「脩ㇾ己以ㇾ敬おのれをおさむるにケイをもってす」〔=つつしみ深さをもって自分の修養に努める〕」⇓表 ⇓〔恭〕(2434)の表 ❷地名。『敬亭山』

下接 愛敬アイキョウ|アイケイ・畏敬イケイ・起敬キケイ・恭敬キョウケイ|クギョウ・孝敬コウケイ・失敬シッケイ・粛敬シュクケイ・崇敬スウケイ|ソウギョウ・荘敬ソウケイ・尊敬ソンケイ・表敬ヒョウケイ・不敬フケイ・和敬ワケイ

	尊敬
敬ケイ	うやまう。敬称 敬慕 敬信 敬服 敬復 至敬
尊ソン	たっとぶ。尊称 尊慕 尊信 尊崇 追尊 自尊

【敬愛ケイアイ】尊敬し、親しみの気持ちを持つこと。

【敬意ケイイ】うやまう気持ち。『敬意を表する』

【敬遠ケイエン】①うやまいながら、近よってなれなれしくしないこと。→敬而遠ㇾ之ケイしてこれをとおざく ②国表面はうやまう様子をして、実際は避けるようにすること。また、その物事とかかわりを持つのを避けること。③国野球で、投手が意識的に打者に四球を与えること。

【敬仰ケイギョウ】うやまいあおぐこと。

【敬具ケイグ】謹んで申し上げるの意で、手紙の末尾に添える語。♥冒頭の「拝啓」などと対応して用いる。

【敬虔ケイケン】うやまい慎むさま。特に、神仏に深く帰依するさま。『敬虔な信徒』

【敬語ケイゴ】敬意を表す言語的表現。話中の人物に関する尊敬語、謙譲語、話の聞き手に対する丁寧語等がある。

【敬而遠ㇾ之ケイしてこれをとおざく】敬意を表しつつも、近よってなれなれしくしない。＊論語-雍也「敬ニ鬼神一而遠ㇾ之キシンをケイしてこれをとおざく」〔=祖先の神々には敬意を表しつつもあまり深入りしない〕」

【敬順ケイジュン】謹んで、したがうこと。

【敬承ケイショウ】謹んで、うけたまわること。

【敬称ケイショウ】人名や官職名などのあとに添えたり単独に用いたりして敬意を表す語。「様」「殿下」などの類。

【敬譲ケイジョウ】相手をうやまってへりくだること。

【敬神ケイシン】神をうやまうこと。『敬神崇祖』

【敬慎ケイシン】大切に思って慎み深い態度をとること。

【敬忠ケイチュウ】上をうやまい、真心を尽くすこと。

【敬弔ケイチョウ】謹んでとむらうこと。

【敬重ケイチョウ】尊敬して大切に思うこと。尊重。

【敬亭山ケイテイザン】中国安徽アンキ省東南部にある山。景勝の地で、李白が庵を結んだ。

【敬白ケイハク】謹んで申し上げること。多く手紙の終わりに用いる。♥「謹啓」に対応する。

【敬服ケイフク】感心して、尊敬の念を抱くこと。

【敬復ケイフク】謹んで返事をすること。♥返書の書き出しに用いる語。拝復。

【敬慕ケイボ】尊敬してしたうこと。

【敬礼ケイレイ】敬意を表して礼をすること。『最敬礼』

【敬老ケイロウ】老人をうやまうこと。『敬老の日』

3042【散】 2722 3B36 8E55 支-8 常4 (3043)【散】二二 支-8

サン呉漢/sàn・sǎn/ちる・ちらす・ちらかす・ちらかる・ちらばる

筆順

字解 形声。篆文は肉＋㪔(木をばらばらにする)声。樹皮を幹からひきはがし、木をばらばらにする、ちる意。

甲骨文 金文 篆文

甲骨文は、林＋攴の会意字だったが、金文では、竹＋肉＋攴となった。

同属字 霰・撒・繖

参考 万葉仮名では音を借りて「さ」。片仮名「サ」の字源。

意味 ❶ちる。ちらす。ちらばる。ばらばらになる。『雲散霧消』『散逸』『散乱』『解散』❷拘束されない。自由な。㋑正規でない。拘束されない。『散文』㋺ほしいままにする。自由な。『散歩』㋩ひま。むだ。『散木』『閑散』❸こなぐすり。『散薬』『胃散』❹国他の動詞の連用形に付いて、荒々しく…する、やたらに…するの意を表す。『言い散らす』『書き散らす』など。

❶ちる。ちらす。

下接 一散イッサン・逸散イッサン・雲散ウンサン・解散カイサン・潰散カイサン・拡散カクサン・四散シサン・集散シュウサン・聚散シュウサン・消散ショウサン・蒸散ジョウサン・粟散ゾクサン・退散タイサン・逃散チョウサン|トウサン・発散ハッサン・飛散ヒサン・飄散ヒョウサン・分散ブンサン・放散ホウサン・霧散ムサン・離散リサン・零散レイサン・一目散イチモクサン

【散逸・散佚サンイツ】書物、文献などが、散らばって無くなること。『資料の散逸を防ぐ』

【散会サンカイ】会合が終わって、人々が別れ去ること。

【散開サンカイ】①広く散らばること。『散開星団』②火力戦闘で、各兵が一定の間隔を開く隊形。

【散居サンキョ】集落などをつくらず散らばって住むこと。

【散華・散花サンゲ】①花を散布して仏に供養すること。法会ホウエなどで蓮華レンゲの花びらなどを散布すること。②国（花のように散る意）華々しく戦死すること。

【散見サンケン】ところどころで目に触れること。

【散光サンコウ】①散乱された光。②方向が一定でないため影のできない光。

【散在サンザイ】広い範囲に、散らばってあること。

【散財サンザイ】国金銭を消費、また、浪費すること。

【散散サンザン】国①ちりぢりになるさま。②物事の程度のはなはだしいさま。『散散な目にあう』

【散水サンスイ】国水をまくこと。『散水車』▼書き換え「撒水→散水」。

【散銭サンセン】①神にささげる銭ぜに。さいせん。②ぜにさしに通さないばら銭。

【散卒サンソツ】戦いに敗れて逃げ散った兵。

【散点サンテン】あちこちに散らばること。点在。散在。

【散発サンパツ】①弾丸がまばらに発射されること。↔連発。②物事がときどき起こること。『散発的』

【散髪サンパツ】①髪をふり乱すこと。ざんばら髪。転じて、官位を捨てて隠居すること。②国髪の毛を切り、ととのえること。調髪。理髪。

【散布サンプ】まき散らすこと。撒布。『農薬散布』▼書き換え「撒布→散布」。

【散亡サンボウ】ちりぢりになって、なくなること。

【散漫サンマン】散らばって、まとまりがないさま。*白居易―長恨歌「黄埃散漫風蕭索コウアイサンマンかぜショウサク（=黄塵が散り乱れて吹く風もさびしい）」

【散乱サンラン】散り乱れること。散らばること。

❷ 拘束されない。自由な。
下接 胡散ウサン・閑散カンサン・蕭散ショウサン・樗散チョサン・罷散ヒサン

【散位サンイ/サンニ】令制で、位階だけがあって、それに相当する官職のない身分。

【散楽サンガク】①古代中国で、俗楽、雑楽などの民間芸能のこと。②国（①が奈良時代に日本に伝わったもの）中古・中世、卑俗な余興的に行われた曲芸や、即興的で滑稽な物まねの演芸。③国猿楽さるがく。

【散官サンカン】①令制で、位階があって、それに相当する官職のない者。②たいした役目のない暇な官職。

【散号サンゴウ】ただ位の称号だけがあること。散位。

【散策サンサク】（「策」は杖つえの意）杖をついてぶらぶら歩くこと。散歩。

【散士・散史サンシ】①仕官しないで民間にある人。また、世俗を避けて、悠々自適の生活をしている人。②文人や墨客が雅号に添えて用いる語。『東海散士』

【散詩サンシ】中国旧詩の一体。対句ツイクを用いない古詩。

【散儒サンジュ】役に立たない学者。

【散職サンショク】暇な官職。定まった職務のない官職。

【散人サンジン】①俗世間を離れて気ままに暮らす人。②文人などが雅号の下に添えて用いる語。『荷風散人』

【散文サンブン】韻律や字数など、一定の決まりのない、通常の文章。↔韻文。『散文詩』

【散歩サンポ】あてもなくぶらぶらと歩くこと。散策。

【散木サンボク】材木として役に立たない木。転じて、日本で役に立たない人のたとえ。〔荘子―人間世〕

❸ こなぐすり。
下接 胃散イサン・白散ビャクサン・屠蘇散トソサン

【散薬サンヤク】こなぐすり。粉末状の薬。

3044
【敞】
5840 5A48 9DC6　攴－8　ショウ（シャウ）漢/chǎng/ひろい

字解 形声。攴＋尚（たかい）声。高い台をつくる意。転じて、見はらしがよい意。
同属字 廠
意味 広い。高い。広々としている。『高敞コウショウ』

3045
【𢿅】
一一一　攴－8　テツ漢/chè

字解 会意。攴（動作の記号）＋育（子が生まれる）。子どもが生まれ出るようにする意。転じて、最後までやりぬく、つらぬき通す意。
同属字 徹・撤・澈

3046
【敦】
3856 4658 93D6　攴－8　人　トン漢・タイ漢・タン漢・チョウ（テウ）漢/dūn・tuán・duī・duì・diāo/あつい・あつ・あつし

字解 形声。攴（うつ）＋享（=𦎫、厚手の土器）声。敵をさかんにうつ、また、厚い意。また屯に通じ、たむろする意を表す。
同属字 墩・暾・燉・鐓
意味 ❶あつい。てあつい。『敦厚』『敦実』『敦朴』❷ただす。はげます。❸たっとぶ。❹穀物をのせる球形の祭器。❺地名。『敦煌』

敦❹〔上海博物館蔵〕

❶ あつい。てあつい。

【敦化トンカ】丁寧で行き届いた教え。手厚い教化。

【敦行トンコウ】手厚く行うこと。

【敦厚トンコウ】誠実で人情に厚いこと。

【敦実トンジツ】人情に厚く誠実なさま。

【敦厖・敦龐トンボウ】風俗などが人情に厚く誠実なこと。

【敦朴・敦樸トンボク】正直で飾り気のないこと。

❺ 地名。

【敦煌トンコウ】中国北西部、甘粛省の西端にある都市。タクラマカン砂漠に続く高原地帯のオアシスに位置し、シルクロードの要衝として栄えた。南東方に仏教芸術で知られる大石窟寺院がある。沙州。瓜州。鳴沙。
難読地名 敦賀つるが市（福井）

3047
【敝】
5841 5A49 9DC7　攴－8　ヘイ漢・ヒ漢/bì/やぶれる

字解 形声。攴（動作の記号）＋㡀（やぶれた衣）声。ぼろぼろにする、やぶる意。
同属字 弊（弊）・幣（幣）・瞥・暼・斃・蹩・鱉・鼈・蔽・撇
参考 万葉仮名では音を借りて「へ甲」。
意味 やぶれる。ぼろぼろになる。また、自分の物事につける謙称。「弊」に同じ。*論語―公冶長「敝之而無憾これをやぶりてうらむことなからん（=車馬や衣服を）ぼろぼろにされたとしても、うらめしく思うことがないようにしたい）」

【敝衣ヘイイ】破れた衣服。

【敝居ヘイキョ】いたみこわれたみすぼらしい住居。

【敝国(ヘイコク)】国力の疲弊した国。また、自国の謙称。

【敝屣(ヘイシ)・敝蹝(ヘイシ)】破れた草履(ソウリ)。

【敝賦(ヘイフ)】自国の軍隊の謙称。

【敝邑(ヘイユウ)】貧しい村。また、自分の国の謙称。

【敝廬(ヘイロ)】荒れはてた庵。また、自分の家。

3048 【敬】 攴−9
ケイ 「敬」(3041)の旧字

3049 【数】 3184 3F74 9094 攴−9 常2 (3051)【數】5843 5A4B 9DC9 攴−11 旧字
シュ呉・ス漢・ソク呉漢・サク漢・スウ慣/shǔ・shù・shuò・sù/かず・かぞえる・かぞう・しばしば

筆順 数 数 数 数 数 数

字解 数は數の通俗体。數は会意。攴(うつ)＋婁(不断に続く)。うってつづけさせる、つづいたかずの意。

同属字 藪・籔・擻

参考 万葉仮名では音を借りて「す」。

意味 ❶かず。また、かずをかぞえる。㋐かず。ある数。物の多少。『数字』『数量』『多数』『有数』㋺かぞえる。計算する。『計数』『算数』 ＊史記－伯夷伝「不ㇾ可ㇾ勝数ㇾ也(あげてかぞうべからざるなり)」〔＝いちいち数えることができない〕 ㋩かぞえたてて責める。『数譲』❷いくつかの数。㋐多くの。また、こまかい。『数珠(ジュズ)』『数罟(ソクコ)』㋺いくつかの。『数日』『数人』❸めぐりあわせ。運命。『数奇』❹はかりごと。わざ。方法。『権謀術数(ケンボウジュツスウ)』『定数』『命数』❺等級、順位。『異数』『礼数』❻しばしば。『数数(サクサク／ソクソク)』『煩数(ハンスウ)』 ＊史記－項羽本紀「范増数目ニ項王ー(ハンゾウしばしばコウオウにめくばせす)」〔＝范増は何度も項羽に目くばせした〕」❼あて字。『数寄(すき)』

❶ かず。または、かずをかぞえる。

下接 因数・員数・回数・階数・概数・画数・加数・函数・関数・奇数・基数・逆数・級数・虚数・偶数・係数・計数・件数・軒数・口数・号数・戸数・個数・語数・算数・指数・紙数・字数・実数・小数・少数・乗数・常数・除数・正数・整数・全数・総数・素数・大数・対数・代数・多数・打数・単数・丁数・定数・手数(てかず)・点数・頭数(あたまかず)・同数・度数・日数(ひかず)・人数・年数・倍数・端数・半数・複数・負数・部数・分数・変数・歩数・枚数・無数・名数・約数・有数・乱数・理数・暦数

【数学(スウガク)】代数学、幾何学、解析学、また、それらを応用する学問の総称。

【数詞(スウシ)】数値に関して数量や順序を表す語。一つ、二番、三杯、第四など。

【数字(スウジ)】数を記すのに用いる記号、文字。『漢数字』

【数式(スウシキ)】数学で用いる式。数、関数など対象を表す対象式と、何らかの関係を表す関係式とがある。式。

【数譲(スウジョウ)】責めとがめること。「数」も「譲」も、ともに責める意。＊史記－張儀伝「因而数ニ譲之ー(よりてこれをスウジョウす)」〔＝そして、(蘇秦は張儀を)くり返し責めなじった〕」

【数多(スウタ／あまた)】数多く。たくさん。

【数値(スウチ)】①文字にあてはまる具体的な数。②計算や計量して得られた数。

【数理(スウリ)】数の理論。『数理に明るい』

【数量(スウリョウ)】数と量。また、分量。

【数列(スウレツ)】数の列。有限数列と無限数列とがある。

❷ 多くの。また、いくつかの。

【数珠(ジュズ／ズズ)】仏を拝んだり、念仏を唱える回数を数えたりするときに手をかけ、つまぐる仏具。念珠。

【数行(スウギョウ／スウコウ)】①(スウギョウ)三～四行、五～六行ぐらいの行数をばくぜんという語。②(スウコウ)いく筋かの列。数列。＊史記－項羽本紀「項王泣数行下(コウオウなみだスウコウくだる)」〔＝項羽はいく筋もの涙を流した〕」

【数闋(スウケツ)】(「闋」は、歌曲の一くぎりの意)数曲。また、一曲を数回くり返すこと。＊史記－項羽本紀「歌数闋、美人和ㇾ之(うたうことスウケツ、ビジンこれにワす)」〔＝歌うこと数回、虞美人も声を合わせて歌った〕」

【数口(スウコウ)】(「口」は人を数える単位)五、六人。数人。

【数四(スウシ)】三、四個。数個(スウコ)。→❻(サクシ)

【数重(スウチョウ)】いくえにも重なること。＊史記－項羽本紀「漢軍及諸侯兵、囲ㇾ之数重(カングンおよびショコウのヘイ、これをかこむことスウチョウなり)」〔＝漢軍と諸侯の軍隊は、それをいくえにも包囲していた〕」

【数罟(ソクコ)】目のこまかい網。

❸ めぐりあわせ。運命。

下接 気数(キスウ)・定数(ジョウスウ／テイスウ)・命数(メイスウ)・暦数(レキスウ)

【数奇(スウキ／サッキ)】運命のめぐりあわせが悪いこと。また、人生が波乱に富んでいること。→❼(すき)

❻ しばしば。

【数数(サクサク／ソクソク)】①(サクサク)しばしば。たびたび。②(ソクソク)さしせまるさま。

【数四(サクシ)】たびたび。なんども。→❷(スウシ)

❼ あて字。

【数寄・数奇(すき)】風流の道。また、それを好むこと。風流。『数寄を凝らした造り』『数寄者(すきシャ)』〔＝茶の湯をたしなむ人〕』『数寄屋(すきや)』〔＝茶席・水屋などが備わった茶の湯のための建物〕』 「好き」のあて字。→❸(スウキ)

難読姓氏 数納(すのう) 数馬(かずま)

3050 【敫】 ＊3351 攴−9
ヤク漢・キョウ(ケウ)漢/jiǎo

字解 会意。白(太陽の光)＋放(はなつ)。太陽の光の形容、また、あきらかの意。

同属字 覈・徼・激・檄・邀

3051 【數】 5843 5A4B 9DC9 攴−11
スウ 「数」(3049)の旧字

3052 【敵】 3708 4528 9347 攴−11 常5 (3053)【敵】 攴−11 旧字 (3867)【歒】＊3784 欠−11
チャク呉・テキ漢/dí/かたき・あだ

筆順 敵 敵 敵 敵 敵

字解 形声。攴＋啇(＝啻、一つにあつまりよる)声。向かってゆくべき、自らに相当する相手の意。金文は、啻のみの形。

金文

篆文

意味 ❶相当する。当たる。対等である。『匹敵』『無敵』❷あだ。かたき。『敵意』『敵視』『敵対』『仇敵』❸戦争や競争の相手。『敵影』『敵国』『敵陣』『強敵』

❶ 相当する。当たる。対等である。

下接 匹敵ヒッテキ・不敵フテキ・無敵ムテキ

【敵手】テキシュ 自分と対等の競争相手。『好敵手』→❸

【敵礼】テキレイ 対等の礼。平等の礼。

❷ あだ。かたき。

下接 怨敵オンテキ・仇敵キュウテキ・抗敵コウテキ・讎敵シュウテキ・宿敵シュクテキ・朝敵チョウテキ・天敵テンテキ

【敵意】テキイ 敵対する心。『敵意をむき出しにする』

【敵愾心】テキガイシン かたきに対して憤り、あくまでも戦おうとする意気。敵対心。もと、君子の憤りにこたえてその敵にあたる意。『敵愾心を燃やす』

【敵視】テキシ 相手をかたきとして見ること。

【敵対】テキタイ 相手をかたきとして、はむかうこと。

❸ 戦争や競争の相手。

下接 外敵ガイテキ・強敵キョウテキ・勁敵ケイテキ・索敵サクテキ・残敵ザンテキ・弱敵ジャクテキ・小敵ショウテキ・少敵ショウテキ・政敵セイテキ・大敵タイテキ・対敵タイテキ・難敵ナンテキ・仏敵ブッテキ・法敵ホウテキ・猛敵モウテキ・利敵リテキ・隣敵リンテキ・論敵ロンテキ／恋敵こいがたき

【敵影】テキエイ 敵方のかげ。敵兵の姿。

【敵国】テキコク｜テッコク 自国に敵対する国。『仮想敵国』

【敵手】テキシュ 敵方の支配下。『敵手に落ちる』→❶

【敵情・敵状】テキジョウ 敵方の有様。敵軍の状況。

【敵陣】テキジン 敵方の陣営。陣地。敵営。

【敵勢】テキセイ｜テキゼイ ①(セイ) 敵方の勢い。②(テキゼイ) 敵方の軍勢。

【敵地】テキチ 敵方の領地。また、敵方の占領地。

【敵兵】テキヘイ 敵方の兵士。

【敵本主義】テキホンシュギ 国目的がほかにあるように見せかけて、本来の目的をねらうやり方。♥毛利攻めにむかう途次、「敵は本能寺にあり」と言って、急に進路を変えて織田信長を襲った明智光秀あけちみつひでの故事から出た語。

【敵虜】テキリョ 敵方の者ども。敵兵をののしっていう。

【敵塁】テキルイ 敵の軍勢のたてこもったとりで。

3054 【敷】 4163 495F 957E 攴-11 常 フ㊥㊀/fū/しく・しき

(3055) 【敷】 ＝＝ 攴-11 旧字

筆順 敷

金文 篆文

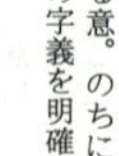

字解 形声。攴＋尃(＝専、なえを並べしく)㊥。しきのべる意。のちに文を加えて、その字義を明確にした。

参考 万葉仮名では音を借りて「ふ」。

意味 ❶しく。しきならべる。しきひろげる。ひろがる。また、ひろく。あまねく。『敷衍』『敷化』『敷設』『敷奏』『敷揚』→下接。❷地名。『敷島しきしま』

下接 開敷カイフ・羅敷ラフ／桟敷さじき・座敷ざしき・屋敷やしき・倉敷料くらしきリョウ・河川敷カセンじき・風呂敷ふろしき

【敷衍・敷演】フエン ①ものごとを広くいきわたらせること。〔張衡-西京賦〕②意義をおしひろげること。また、言葉を加えて詳しく説明すること。

【敷化】フカ 政治や教化を世にひろめること。

【敷設】フセツ 設備、装置を敷いて備え設けること。鉄道、水道などにいう。♥「布設」とも書く。

【敷奏】フソウ 天子に意見を申し上げること。

【敷揚】フヨウ かかげひろめること。布揚。

【敷島】しきしま 大和国やまとのくに(奈良県)。また、広く日本を言う。♥もと大和国磯城しき郡の地。

3056 【斁】 ＊3354 攴-13 ト㊥・エキ㊥/dù・yì

金文 篆文

字解 形声。攴＋睪㊥。殬に通じ、やぶれる意。また、いとう意。

3057 【斂】 5844 5A4C 9DCA 攴-13 レン㊥/liǎn・liàn/おさめる

字解 形声。攴＋僉(あわせる)㊥。集めおさめる意。

意味 おさめる。㋑おさめ入れる。しまう。『斂手』㋺あつめて取り入れる。『苛斂誅求』㋩ちぢめる。しかめる。ひきしめる。『斂容』『収斂』㊁死者のなきがらを棺におさめる。『斂葬』『斂殯』

下接 箕斂キレン・収斂シュウレン・聚斂シュウレン・小斂ショウレン・籍斂セキレン・殯斂ヒンレン・賦斂フレン・暴斂ボウレン・苛斂誅求カレンチュウキュウ

【斂手】レンシュ 手を出さないこと。かかわりをもたぬよう、何もしないこと。

【斂葬】レンソウ 死者を地中にほうむること。

【斂殯】レンピン 死者を棺におさめ、安置すること。

【斂容】レンヨウ｜かたちをおさむ 居ずまいを正し、態度をひきしめること。＊白居易-琵琶行「整頓衣裳起斂容イショウをセイトンしてたちてかたちをおさむ」〔＝衣裳の乱れを直し、立ち上がって表情を正した〕

67 文部 ぶん

甲骨文 金文 金文 篆文

文は、人が胸をひらいたさまで、金文までは、中にさらに、やㄨなどの小図形をかくしたものもあった。すなわち入れ墨の模様で、えがき出された図形、かざりの意(ブン)を表す。文部に属するものは、模様、あやなどに関係する。

文 ⑧斑

文 ⑥斎

文 ⑧斐

文 ⑧斌 ⑨斒 ⑰斕

文

3058 【文】 4224 4A38 95B6 文-0 常1 モン㊥・ブン㊥/wén・wèn/ふみ・あや・かざる

筆順 文

字解 部首解説を参照。

同属字 吝・紊・斉・旻・閔

参考 万葉仮名では音を借りて「も」。

意味 ❶あや。もよう。㋑形式化された、また、まとまりとして見られる図柄。「紋」に同じ。『文様』『縄文』『斑文』㋺外見の美しさ。また、後天的にそなわる教養。↔質。『文質彬彬』＊論語-雍也「質勝文則野シツブンにかてばすなわちヤなり」〔＝人の生まれつきのままの生地が文化的教養よりもまさるならば、野鄙ヤヒである〕㋩かざる。『文飾』『文身』＊論語-子張「小人之過也、必文ショウジンのあやまつや、かならずかざる」〔＝小人は過失を犯したとき、必ずつくろいかざってごまかそうとする」 ❷もじ。字。書体。『金石文』『今文』『篆文』 ❸字で書いたもの。㋑単語の一個または連続で、話し手（書き手）の立場からの思想の一つの完結をなすもの。センテンス。『文節』『文法』 ㋺字で書かれたことがら。『文学』『文章』『論文』 ㋩書物。文書。手紙。『文献』『文庫』『文通』『注文』 ⇒［辞］(8003)の表 ❹（武力などの力にたよらない）人間の知恵・知能の働き。また、その産物。↔武。『文武両道』『文化』 ＊論語-学而「行有二余力一、則以学レ文（おこないてヨリョクあらば、すなわちもってブンをまなべ）〔=実践してなお余裕があれば、そこで古典を学ぶがよかろう〕」 ❺国もん。㋑日本の昔の貨幣の単位。一貫の千分の一。㋺たび、くつなどの大きさを表す単位。一文は二・四センチメートル。 ❻固有名詞など。『文心彫竜』『文選』

❶あや。もよう。また、かざる。

下接 斜文・縄文・織文・施文・地文・天文・繁文・斑文・豹文・無文・雷文・羅文―竜文・鱗文・麗文

【文衣（ブンイ）】美しいもようのある着物。

【文錦（ブンキン）】綾織りのにしき。美しいにしき。

【文彩・文采（ブンサイ）】あや。もよう。彩り。文章の光彩。

【文質（ブンシツ）】外見と内容。また、文明的なものと素朴なもの。【文質三統（ブンシツサントウ）】王朝の交代につれて、文化・制度が変革すること。❤「文質」とは、夏が忠を、殷が質を、周が文をたっとんだこと。「三統」とは、暦制上、夏が人統、殷が地統、周が天統とよばれることの総称。【文質彬彬（ブンシツヒンピン）】外見と内面とがほどよく調和していること。「文」は、外形、後天的に備わる教養。「質」は、内容、先天的にもっている実質。「彬彬」は、ほどよく均衡がとれているさま。〔論語-雍也〕

【文勝レ質則史（ブンシツにかてばすなわちシなり）】文化的教養が生まれつきの生地よりもまさるならば、文書をつかさどる役人のように外形は整って美しいが軽薄になる。〔論語-雍也〕

【文章（ブンショウ）】外から見える装飾。→❸❹

【文飾（ブンショク）】飾ること。うわべをとりつくろうこと。

【文身（ブンシン）】身体に彫りものをすること。いれずみ。

【文理（ブンリ）】物事の筋道。秩序。「文」はあや、「理」は筋目の意。→❸❹

【文様（モンヨウ）】絵画、工芸物の面などに装飾として施された図がら。模様。紋様。

❷もじ。字。書体。

下接 印文・欧文・諺文・今文・金文・古文・銭文・篆文・邦文・銘文・陽文・金石文・甲骨文

【文字（モジ｜モンジ）】①点や線の組み合わせによって言語を視覚記号化したもの。②言葉。文章。

【文盲（モンモウ）】文字の読み書きができないこと。

❸字で書いたもの。

下接 悪文・案文・逸文・遺文・韻文・英文・衍文・艶文・欧文・回文・下文・雅文・漢文・勘文・願文・戯文・狂文・経文・空文・公文・檄文・欠文・言文・原文・行文・好文・構文・告文・国文・古文・互文・祭文・作文・雑文・散文・死文・詩文・時文・修文・重文・主文・呪文・条文・証文・序文・正文・成文・省文・誓文・拙文・撰文・全文・前文・俗文・達文・脱文・駄文・単文・短文・注文・弔文・長文・電文・同文・独文・難文・日文・俳文・売文・白文・跋文・煩文・繁文・秘文・美文・復文・複文・仏文・不文・舞文・変文・駢文・邦文・本文・梵文・末文・名文・明文・訳文・雄文・乱文・竜文・例文・露文・論文・和文・千字文・不文律・繁文縟礼／恋文

【文案（ブンアン）】文書の草案。文章の下書き。

【文移（ブンイ）】同格の役所の間でかわされる文書。

【文意（ブンイ）】文章の意味。

【文苑（ブンエン）】①文章・文学の世界。また、文学者の世界。②文章・作品を集めたもの。文集。

【文華（ブンカ）】詩文が華麗であること。→❹

【文雅（ブンガ）】詩文を作るなど文学上の風流な道。また、文学に巧みで風流なさま。

【文学（ブンガク）】①詩歌、小説、戯曲など、言語によって作者の思想、感情などを表現した芸術。文芸。②①を研究する学問。また特に、詩・書・礼・楽などの古典についての学問。＊論語-先進「文学子游・子夏（ブンガクにはシュウ・シカ）〔=学問に秀でた子游・子夏〕」③②や史学・哲学・心理学など、自然科学、社会科学以外の学問。『文学博士』

【文義（ブンギ）】文章の意義。文意。

【文曲（ブンキョク）】文章や詩句。

【文芸（ブンゲイ）】言語によって表現される芸術。文学。→❹

【文献（ブンケン）】研究の参考資料となる書物、文書。

【文言（ブンゲン｜モンゴン）】①（ブンゲン）中国で、口語文に対して、文語文をいう。②国文章や手紙の中の言葉。

【文庫（ブンコ）】①書籍を入れておくくら。書庫。転じて、まとまった蔵書。②国書冊・雑品などを入れておく手箱。『手文庫』③国広く普及させる目的で出版する小型本。

【文語（ブンゴ）】文章を書くときに使う言葉。書き言葉。文章語。↔口語

【文匣（ブンコウ）】紙で下張りをし、上に漆をかけて作った手箱。書物・書類・雑品を入れるのに用いた。

【文豪（ブンゴウ）】きわだってすぐれた文学の大作家。

【文才（ブンサイ）】文章を巧みに作る才能。

【文士（ブンシ）】文筆に従事する人。特に、小説家。文人。

【文思（ブンシ）】文学の精神。文章の思想。→❹

【文詞（ブンシ）】文章の辞句。また、文章。文辞。

【文辞（ブンジ）】文章の言葉。また、文章。文詞。

【文集（ブンシュウ）】詩歌や文章を集めて一冊にまとめたもの。

【文書（ブンショ｜モンジョ）】文字を用いて書き記したもの。書きつけ。書類。『公文書』『古文書』

【文章（ブンショウ）】①あるまとまった思想や感情を表現するために、文を連ねたもの。②詩文を作ること。＊杜甫-旅夜書レ懐「名豈文章著（なはあにブンショウもてあらわれんや）〔=人の名声は、どうして文学などによって世間に知られようか〕」→❶❹

【文人（ブンジン）】詩文、書画など、文雅の道に携わる人。『文人墨客（ブンジンボッカク）』【文人画（ブンジンガ）】文人が趣味として描く絵。

【文籍（ブンセキ）】書物。書籍。

【文節（ブンセツ）】国日本語の言語単位の一。文を不自然でない程度に区切った最小の連続体。

【文宗（ブンソウ）】文章にすぐれた人。

【文藻（ブンソウ）】①文章のあや。②文章の才能。文才。

【文体（ブンタイ）】①文章の特色をなす言語の様式。漢文体・文語体・書簡体など。②その作者の文章の特色、傾向。

【文題（ブンダイ）】文章、または漢詩の題。

【文壇（ブンダン）】文学者、文筆家の社会。

心(小・忄)戈戸(戸)手(扌)支攴(攵) 4画 文斗斤方旡(旡・无)日曰月木欠止歹(歺)殳毋比毛氏气水(氺・氵)火(灬)爪(爫)父爻(㸚)爿(丬)片牙(牙)牛犬(犭)

【文致(ブンチ)】文章のおもむき。文情。

【文範(ブンパン)】文章の模範、手本。

【文筆(ブンピツ)】筆を執って、文章を書くこと。『文筆家』

【文房(ブンボウ)】読書する部屋。書斎。『文房具』【文房四宝(ブンボウシホウ)】書斎の四つの宝。筆・硯(すずり)・紙・墨をいう。

【文法(ブンポウ)】①文章を構成するきまりや文章の規範。また、文章の作法。②言語学の対象の一。個々の言語が連接するときに見られるさまざまな法則。

【文墨(ブンボク)】詩文を作ったり、書画をかいたりすること。また、それらの技術。

【文脈(ブンミャク)】文章中の文と文、語と語の続き具合。文章の脈絡。

【文名(ブンメイ)】文学者・文章家としての名声、評判。

【文面(ブンメン)】国文章、特に手紙の文句。また、その趣旨。

【文囿(ブンユウ)】文事をおさめる場所。文芸社会。また、文章の集。〔梁昭明太子-文選序〕

【文理(ブンリ)】文章のすじみち。文脈。→❶❹
【文林(ブンリン)】①文学者の仲間。文苑。文壇。②詩歌や文章を集めたもの。詩文章。文苑。

【文例(ブンレイ)】文章の実例。例文。

【文句(モンク)】①文章や語句、言葉。②国言い分。苦情。

❹ 人間の知恵・知能の働き。また、学問。

下接 郁文(イクブン)・允文(インブン)・芸文(ゲイブン)・好文(コウブン)・斯文(シブン)・修文(シュウブン)・守文(シュブン)・人文(ジンブン)・地文(チブン)・能文(ノウブン)・博文(ハクブン)・右文(ユウブン)・礼文(レイブン)

【文運(ブンウン)】学問や芸術などが盛んに行われる様子。また、その進む勢い。『文運隆盛』
【文化(ブンカ)】①武力によらず、文徳で人民を教化すること。②世の中が開け進んで、生活内容が高まること。③自然に対して、学問、芸術、道徳など、人間の精神作用によってつくり出されたもの。『日本文化』
【文科(ブンカ)】①文化に関する学科。哲学、文学、経済など。⇔理科。『文科系』②特に、文学部。文学科。
【文華(ブンカ)】文明のはなやかで立派なこと。→❸
【文革(ブンカク)】(「文化大革命」の略)一九六六年に始まる中華人民共和国での大規模な思想・政治闘争。
【文官(ブンカン)】武官でない官吏の総称。
【文教(ブンキョウ)】学問、教育に関すること。また、その事業。『文教地区』
【文芸(ブンゲイ)】学問と芸術。学芸。→❸
【文思(ブンシ)】①立派な考え。②文徳と思慮。→❸
【文事(ブンジ)】学問、芸術に関する事柄。⇔武事
【文弱(ブンジャク)】文事にばかりふけって弱々しいこと。
【文章(ブンショウ)】徳が外に現れたもの。威儀。文辞。＊論語-公冶長「夫子之文章、可二得而聞一也(フウシのブンショウは、えてきくべきなり)」〔=先生が威儀や文辞について話されたことは、常に聞くことができた〕→❶❸
【文治(ブンチ)】武力を使わずに、教化または法令によって世を治めること。⇔武断
【文恬武嬉(ブンテンブキ)】天下泰平で文武の官が安んじ楽しむこと。〔韓愈-平二淮西一碑〕
【文徳(ブントク)】学問や人格で人を教化し心服させる徳。
【文廟(ブンビョウ)】孔子をまつった廟。孔廟。聖廟。聖堂。
【文武(ブンブ)】学芸と武道。『文武両道』
【文物(ブンブツ)】学問・芸術・宗教など、文化の産み出したものすべてをさしていう。文化的遺産。＊杜牧-題二宣州開元寺水閣一「六朝文物草連レ空(リクチョウのブンブツくさそらにつらなる)」〔=(ここには)六朝文化のなごりをとどめるものとてなく、草原が空に連なって広がるばかり〕
【文民(ブンミン)】国職業軍人でない一般の人民。『文民統制』
❤日本国憲法にある語で、英civilianの訳語。
【文明(ブンメイ)】人間の知恵が進み、物質的に生活が豊かで快適になること。
【文吏(ブンリ)】①軍事以外の行政事務をあつかう官吏。文官。②法律をつかさどる官吏。
【文理(ブンリ)】国文科と理科。『文理学部』→❶❸
【文殊(モンジュ)】知恵をつかさどる菩薩(サツ)。釈迦如来(シャカニョライ)の左に侍す。文殊菩薩。

❻ 固有名詞など。

【文苑英華(ブンエンエイガ)】書名。一千巻。中国、宋の太宗の時、李昉らが勅を奉じて撰し、九八七年完成した。梁末から唐までの詩文を集めて分類したもの。宋四大書の一。

【文王(ブンオウ)】中国、周王朝の祖。殷を滅ぼした武王の父。古代の理想的な聖人君主の典型とされる。姓名は姫昌(キショウ)。号は西伯。生没年不詳。

【文華秀麗集(ブンカシュウレイシュウ)】書名。漢詩集。三巻。嵯峨天皇の勅命を藤原冬嗣が奉じて、弘仁九年(八一八)成立。代表詩人に嵯峨天皇、巨勢識人(こせしきひと)、仲雄王など。

【文鏡秘府論(ブンキョウヒフロン)】書名。六巻。空海撰。弘仁一〇年(八一九)ごろの成立。中国、六朝(リクチョウ)・唐時代の詩文の評論、作詩上の心得などを編述したもの。逸書の引用をふくみ、中国文学史上の重要な資料ともなっている。

【文献通考(ブンケンツウコウ)】書名。三四八巻。中国、元の馬端臨撰。一三一九年刊。古代から南宋の寧宗の嘉定一七年(一二二四)までの諸制度についての資料を集成・詳説。「通典」「通志」とともに三通と称せられる。

【文公(ブンコウ)】中国、春秋時代、晋の王(在位前六三六～前六二八年)。名は重耳。善政をしき国力を充実させ、春秋五覇の一人となった。(前六九七～前六二八)

【文章軌範(ブンショウキハン)】書名。七巻。中国、南宋の謝枋得(シャボウトク)撰。科挙受験者が模範とすべき唐宋の名文を中心に選び、圏点・評注を加えたもの。

【文心雕竜(ブンシンチョウリョウ)】書名。一〇巻五〇編。中国、梁の劉勰(リュウキョウ)撰。中国における最初の体系的文章論。

【文帝(ブンテイ)】①中国、前漢第五代皇帝(在位前一八〇～前一五七年)。姓名劉恒(リュウコウ)、廟号は太宗。前一八〇年の呂氏の乱平定後即位。(前二〇二～前一五七)②中国、隋の初代皇帝(在位五八一～六〇四年)。姓名楊堅(ヨウケン)、廟号は高祖。五八九年陳を滅ぼして南北統一を行った。(五四一～六〇四)

【文天祥(ブンテンショウ)】中国、南宋末の政治家。字(あざな)は履善、号は文山。元に抗し、捕らわれて獄中で作った孟子の理論に基づく「正気歌(セイキのうた)」は著名。(一二三六～八三)

【文楽(ブンラク)】国義太夫節(ギダユウぶし)に合わせて演ずる操り人形浄瑠璃の芝居。❤江戸時代、大阪の文楽座から興る。

【文選(モンゼン)】書名。三〇巻。中国、梁(リョウ)の昭明太子蕭統(ショウトウ)撰。六世紀前半に成立。周から梁に至る約千年間の詩文の粋、一三〇余人の作約八〇〇編を文体別・時代順に並べたもの。中国現存最古の選集。

3059 【斑】 4035 4843 94C1 文-8 (7997)【辬】二一 辛-11

ハン(漢)/bān/まだら・むら・ふ・ぶち・しま

字解 斑は、もと辬。辬は会意。文＋辡(わける)。色模様をわける、まだらの意。斑は隷書以来の通俗体。

意味 まだら。ぶち。むら。色のまじること。

下接 一斑(イッパン)・黄斑(オウハン)・紅斑(コウハン)・死斑(シハン)・屍斑(シハン)・紫斑(シハン)・雀斑(ジャクハン)・白斑(ハクハン)・斑斑(ハンハン)・鬢斑(ビンハン)・母斑(ボハン)・蒙古斑(モウコハン)／色斑(いろむら)・鶉斑(うずらふ)・雀斑(そばかす)・虎斑(とらふ)・散斑(ばらふ)・翅

斑蚊(はまだらか)・丁斑魚(めだか)

【斑鳩(ハンキュウ|いかる|いかるが)】アトリ科の鳥。首にまだらがある。鳴き声が月日星(つきひほし)と聞こえるので三光鳥とも。

【斑竹(ハンチク)】斑紋(ハンモン)のある竹。ウンモンチクやシチクなど。まだらだけ。

【斑点(ハンテン)】まだらに散らばった点。ぶち。

【斑白(ハンパク)】しらがまじりの頭髪。半白。

【斑駁・斑駮(ハンバク)】色が入りまじってぶちであること。まだら。転じて、統一がないこと。ちぐはぐ。

【斑斑(ハンパン)】まだらなさま。濃淡の入りまじるさま。

【斑猫・斑蝥(ハンミョウ)】ハンミョウ科の甲虫。体長二センチメートル内外。背面に白点紋がある。

【斑紋・斑文(ハンモン)】まだらの模様。

文

【产】⇩112　【吝】⇩959　【斈】⇩1698

【斉】⇩9648

3060 【斋】 ――― 文－6　サイ「斎」(9650)の異体字

【紊】⇩5856　【蚉】⇩7017　【斎】⇩9650

【旻】⇩3128

文

3061 【斐】 4069 4865 94E3 文－8 人　ヒ㊥/fěi/あや

字解 形声。文＋非(→貝、美しいもよう)㊥。あやが美しい意。

参考 万葉仮名では音を借りて「ひ㊥」。

意味 あや。あやがあって美しい。

【斐然(ヒゼン)】美しくみやびやかなこと。

【閔】⇩8579

文

【対】⇩1819

3062 【斌】 4144 494C 956B 文－8　ヒン㊥/bīn

字解 会意。文＋武。文と武とが、よく調和している意。

意味 ほどよく調和して美しい。「彬」に同じ。『斌斌(ヒンピン)』

3063 【斒】 *3357 文－9　ハン㊥/bān/まだら

字解 形声。文＋扁㊥。

意味 まだら。「斑」に同じ。

【斒斕(ハンラン)】まだらで美しいさま。

3064 【斕】 *3358 文－17　ラン㊥/lán/まだら

字解 形声。文＋闌㊥。「斒斕(ハンラン)」は、まだらで美しいさま。

68 斗部 とます

甲骨文

篆文

斗は、柄のついたひしゃくの形で、物の量をはかるます(ト)を表す。斗部の字は、いれもの、はかることなどに関係する。甲骨文では、穀税と見られるような点が加えられているが、篆文では消え、ますの部分が隷書から楷書に至って両点のようになった。行草では闘の内部、また計の字と混じ、中国簡体字は斗を闘に用いている。

斗 斗

斗 ⑧ 斝

斗 ⑥ 料 ⑦ 斛 斜 ⑨ 斟 ⑩ 斡

斗

3065 【斗】 3745 454D 936C 斗－0 常　ト㊥・トウ㊥/dǒu/とます・ます・ばかり

筆順

字解 部首解説を参照。

参考 万葉仮名では音を借りて「と㊥」。

意味 ❶とます。㋐量をはかる容器。ひしゃく。また、尺貫法の容積の単位。一升の一〇倍。『斗斛』『斗酒』『斗米』 ㋺とますの形。ますがた。『斗栱』『斗入』 ❷星座の名。北天の北斗七星と南天の南斗六星。『北斗七星』 ❸「抖」に通じて、ふりはらう。 ❹名詞の「はかり(計)」から転じた副助詞「ばかり」にあてる。 ❺熟字訓。あて字。『筋斗(とんぼ)返り』『熨斗(のし)』『科斗(カト)』

下接 玉斗(ギョクト)・金斗(キント)・抽斗(チュウト|ひきだし)・漏斗(ロウト|じょうご)／炭斗(すみとり)

❶ とます。

【斗栱(トキョウ)】建物の柱の上にあって軒を支える組み木。斗(ます)と肘木(ひじき)からなる。ますぐみ。組物。科栱。

【斗斛(トコク)】一斗と一石。わずかなことのたとえ。また、ます。

【斗室(トシツ)】一斗ますほどの部屋。きわめて小さい家。

【斗酒(トシュ)】一斗の酒。多量の酒。＊李白-将進酒「斗酒十千恣二歓謔一(トシュジッセン カンギャクをほしいままにす)」〔＝一斗一万銭もする酒で、思いのままに楽しみたわむれる〕

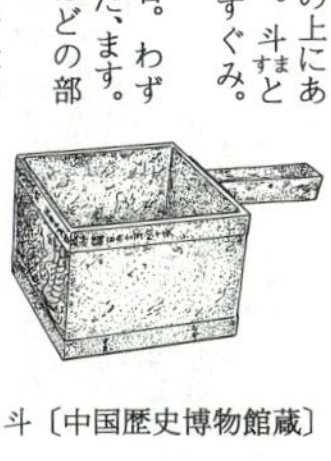
斗〔中国歴史博物館蔵〕

【斗筲(トソウ|トショウ)】①一斗を入れるます(斗)と一斗二升を入れる竹器(筲)。ともにわずかの分量を入れる容器。②人の器量の小さいこと。③禄や給料の少ないこと。

【斗筲之人(トショウのひと)】器量の小さい人。〔論語-子路〕

【斗大(トダイ)】一斗ますほどの大きさ。

【斗入(トニュウ)】岬(みさき)などが、斗枡(トます)の隅のように角ばって入りこんでいること。

【斗米(トベイ)】一斗の米。わずかの米、俸禄、給料。五斗米。

【斗量(トリョウ)】枡(ます)ではかる容量。『車載斗量』

【斗糧(トリョウ)】わずかな食糧。斗粮。

❷ 星座の名。

下接 玉斗(ギョクト)・星斗(セイト)・泰斗(タイト)・南斗(ナント)・北斗(ホクト)

［斗牛(トギュウ)］ 星座の二十八宿の中の、斗宿と牛宿。「斗」は射手座の一部、「牛」は山羊座の一部で、ともに南方の天にある。＊蘇軾-前赤壁賦「少焉月出二於東山之上一、徘二徊於斗牛之間一(しばらくして つきトウザンのほとりにいで、トギュウのカンにハイカイす)〔＝しばらくして月が東の山の上に出て、斗宿と牛宿との二星の間にゆっくりとさしかかった〕」

［斗南(トナン)］ 北斗星より南の意で、天下のこと。〔唐書-狄仁傑伝〕▼中国、唐の狄仁傑が、その賢を「北斗以南、一人而已矣(ホクトイナン、イチニンのみ)」と称せられたという故事から。

［斗柄(トヘイ)］ 北斗七星の、ひしゃく形の柄にあたる部分の星。第五・六・七の星。

斗 ▭

3066 【斝】

＊3360 斗－8

カ㊥\jiǎ

字解 会意。斗(酒をくむひしゃく)＋門(二本のつき出た柱とってのある酒器)。祭礼用の玉製の酒器の意。

金文 篆文

意味 祭礼用の酒器の名。夏代には醆(サン)、殷代には斝、周代には爵といった。

斝〔湖北省博物館蔵〕

斗 ▯

［抖］⇩2727 ［枓］⇩3431 ［科］⇩5451

3067 【料】

4633 4E41 97BF 斗－6 常4

(3078)〖斛〗 斤－6

リョウ(レウ)㊇㊥\liào・liáo\はかる

筆順 料 料 料 料 料 料

字解 会意。斗＋米(こめ)。米をますではかる意。

意味 ❶はかる。おしはかる。はからう。『料簡』『料理』『思料』❷もとになるもの。また、かて。『原料』『材料』❸しろ。てあて。給与。また、代金。『料金』『給料』❹なでる。ふれる。『料峭』

⇓表

❶ はかる。おしはかる。はからう。

下接 意料(イリョウ)・計料(ケイリョウ)・思料(シリョウ)

［料簡(リョウケン)］ ①(リョウカン) おしはかって考えること。②(リョウケン) 国考え。分別。また、考え方。了見。

［料度(リョウタク)］ はかり考えること。

［料亭(リョウテイ)］ 国主に日本料理、酒などを供する料理屋。

［料得(リョウトク)］ 推量すること。

［料理(リョウリ)］ ①物事をうまく処理すること。②国食物を調理すること。『名物料理』『料理人』

［料量(リョウリョウ)］ 枡(ます)ではかること。また、目方や枡目。転じて、裁量すること。

❷ もとになるもの。

下接 衣料(イリョウ)・飲料(インリョウ)・画料(ガリョウ)・顔料(ガンリョウ)・原料(ゲンリョウ)・香料(コウリョウ)・材料(ザイリョウ)・食料(ショクリョウ)・史料(シリョウ)・試料(シリョウ)・資料(シリョウ)・飼料(シリョウ)・染料(センリョウ)・塗料(トリョウ)・燃料(ネンリョウ)・肥料(ヒリョウ)・薬料(ヤクリョウ)・香辛料(コウシンリョウ)・調味料(チョウミリョウ)

［料紙(リョウシ)］ 国書いたり印刷したりする紙。用紙。

［料地(リョウチ)］ ある目的のために使用する土地。また、権門の領有地。

❸ しろ。てあて。代金。

下接 科料(カリョウ)・過料(カリョウ)・給料(キュウリョウ)・見料(ケンリョウ)・稿料(コウリョウ)・作料(サクリョウ)・室料(シツリョウ)・借料(シャクリョウ)・席料(セキリョウ)・施料(セリョウ)・送料(ソウリョウ)・損料(ソンリョウ)・無料(ムリョウ)・役料(ヤクリョウ)・薬料(ヤクリョウ)・有料(ユウリョウ)・倉敷料(くらしきリョウ)・授業料(ジュギョウリョウ)・手数料(てスウリョウ)

◎料・代・賃・金―その代償として支払う金銭を表す語

料	代	賃	金
慰謝料	食事代	貸し賃	供託金
授業料	定期代	借り賃	奨学金
使用料	部屋代	手間賃	反則金
入場料	薬代	船賃	補償金
郵送料	酒代	宿賃	謝金
			礼金

［料金(リョウキン)］ 利用や使用などに対して支払う金銭。

❹ なでる。ふれる。

［料峭(リョウショウ)］ (「峭」はきびしい意) 春風が皮膚に寒く感じられるさま。

［蚪］⇩7065

3068 【斛】

5847 5A4F 9DCD 斗－7

コク㊥\hú\ます

字解 形声。斗＋角(つの)㊥。動物の角でつくったひしゃくから、ます・容量(一〇斗)の意。

意味 ❶ます。また、容量の単位。一〇斗。『万斛(バンコク)』『斗斛(トコク)』❷草木の名。『石斛(セッコク)』『木斛(モッコク)』

3069 【斜】

2848 3C50 8ECE 斗－7 常

ジャ㊇・シャ㊥・ヤ㊥\xié・yé\なゝめ・はす

筆順 斜 斜 斜 斜 斜 斜

字解 形声。斗＋余(のばす)㊥。手をのばしひしゃくでくみ出す意。転じて、ななめの意を表す。

意味 ななめ。はすかい。『狭斜(キョウシャ)』『傾斜(ケイシャ)』＊杜牧-山行「遠上二寒山一石径斜(とおくカンザンにのぼれば セッケイななめなり)〔＝はるばると遠く、ひっそりと寂しい山に登ると、石だたみの道が坂になって続いている〕」

［斜影(シャエイ)］ 斜めにうつるかげ。

［斜眼(シャガン)］ 斜視。やぶにらみ。

［斜暉(シャキ)］ 斜めにさす夕日の光。

［斜曛(シャクン)］ 斜めに照らす夕日。

［斜景(シャケイ)］ 斜めにさす夕日。また、老人のたとえ。

［斜傾(シャケイ)］ 斜めにかたむくこと。傾斜。

［斜月(シャゲツ)］ 斜めから照らす月。

［斜光(シャコウ)］ 斜めにさし込む光線。

［斜巷(シャコウ)］ (狭斜(キョウシャ)の巷(ちまた)の意) 花柳街。遊里。

［斜視(シャシ)］ やぶにらみ。斜眼。

［斜日(シャジツ)］ 夕日。また、日が西に傾くころ。

［斜陽(シャヨウ)］ ①西に傾いた太陽。夕日。②国新興のものに押され、没落してゆく状態。『斜陽族』

3070 【斟】

5848 5A50 9DCE 斗－9

シン㊥\zhēn\くむ

字解 形声。斗＋甚(→探、さぐりもとめる)㊥。ひしゃくで求める、くむ意。

意味 くむ。くみとる。はかりとる。『浅斟(センシン)』

［斟酌(シンシャク)］ ①照合して取捨すること。参酌。②事情、

心情を推察すること。また、そうして手加減すること。[3]国控え目にすること。遠慮。

【斟量シンリョウ】おしはかること。推量。

3071 【斡】 1622 3036 88B4 斗－10 ワツ(漢)・カン(クヮン)(漢)・アツ(慣)/wò・guǎn/めぐる

字解 会意。斗(ひしゃく)＋倝(柄)。ひしゃくの柄の意。また、亘に通じ、めぐる意を表す。

意味 めぐる。まわる。めぐらす。

【斡旋アッセン】間に入って世話をすること。とりもつこと。

【斡流アツリュウ】水が渦を巻きながら流れること。転じて、時、物の移り変わること。

【魁】⇩9241

69 斤部 きん

斤は、曲がった柄の先にとがった刃のついた形で、手おの(キン)を表す。斤部の字は、おのの類、たちきることなどに関係する。

斤 斤 ① 斥
斤 ④ 斧
斤 ④ 所 所 ⑤ 斫 ⑥ 斮 ⑦ 斬 断 ⑧ 斯 ⑨ 新 ⑪ 斲 ⑬ 斵 ⑭ 斸

斤

3072 【斤】 2252 3654 8BD2 斤－0 常 キン(漢)/jīn/おの

筆順 斤 斤 斤 斤

字解 部首解説を参照。

意味 ❶おの。まさかり。また、たちきる。「斤斧」「斧斤フキン」❷重量の単位。㋑中国では、一六両。周代には二五六グラ、現代中国では五〇〇グラに当たる。㋺国日本では、普通、一六〇匁もんめ、六〇〇グラに当たる。「斤目」「斤量」㋩国食パンの単位。一斤は三五〇～四〇〇グラ。

【斤斧キンフ】手おのとまさかり。斧斤。

【斤目キンめ】斤を単位として量った物の重さ。目方。

【斤量キンリョウ】目方。

3073 【斥】 3245 404D 90CB 斤－1 常 セキ(漢)/chì/しりぞける

筆順 斥 斥 斥 斥 斥

字解 斥は㡿の略体。㡿は形声。广(家)＋屰(→却、しりぞける)(声)。家をとり除く、しりぞける意。

同属字 拆・泝・柝・訴

意味 ❶しりぞける。おしのける。「斥譴」「斥逐」「排斥」「擯斥」→下接。❷うかがう。様子をさぐる。「斥候」❸さす。ゆびさす。「指斥シセキ」❹ひらく。ひろげる。「充斥ジュウセキ」❺さわ。湿地帯。また、ひがた。「斥鹵」

下接 叱斥シッセキ・攘斥ジョウセキ・除斥ジョセキ・賤斥センセキ・疎斥ソセキ・退斥タイセキ・逐斥チクセキ・痛斥ツウセキ・排斥ハイセキ・非斥ヒセキ・擯斥ヒンセキ

【斥鷃セキアン】「荘子-逍遥遊」で、鵬と対比される沢中の小鳥。ミソサザイの類。小人物、小知のたとえ。

【斥譴セキケン｜セッケン】(「譴」は、罪を責めとがめること) しりぞけてとがめること。

【斥逐セキチク】追いはらうこと。

【斥鹵セキロ】塩分を含んでいる不毛の地。

【斥候セッコウ】敵情、地形その他の状況を偵察すること。

斤 【匠】⇩763

斤 【芹】⇩6561

3074 【斧】 4164 4960 9580 斤－4 フ(漢)/fǔ/おの

字解 形声。斤＋父(手におのなどをもった形)(声)。大きなおのの意。古くは権威の象徴だった。

意味 おの。また、おので切る。「斧斤」「石斧セキフ」「雷斧ライフ」「手斧ちょうな｜ておの」

【斧鉞フエツ】[1]おのとまさかり。転じて、死刑。＊漢書-蘇武伝「雖レ蒙二斧鉞湯鑊一、誠甘楽レ之(フエツトウカクをこうむるといえども、まことにあまんじてこれをたのしまん)」(＝たとえ首切りや釜ゆでの刑になったとしても、心から満足して楽しんで受けよう)[2]文章の字句を修正したり削ったりすること。

【斧柯フカ】おのの柄。おの。また、孔子の作と伝える「亀山操」中の語から、政権にたとえる。

【斧斤フキン】おの。まさかり。

【斧鑿フサク】[1]おのとのみ。また、おのやのみを使って細工すること。[2]詩文などに技巧をこらすこと。

【斧正フセイ】詩文の添削を請うときの謙遜語。「斧正を請う」♥おので削り正す意。

【斧劈フヘキ】東洋画で山や岩のひだを描く技法の一。おので裂いたように鋭く描くもの。

斤 【欣】⇩3846

斤 【折】⇩2722 【沂】⇩4005 【近】⇩8030

3075 【所】 2974 3D6A 8F8A 斤－4 常3 ショ(呉)・ソ(漢)/suǒ/ところ

筆順 所 所 所 所 所 所

字解 形声。斤(おの)＋戶(声)。木を切る音。處に通じ、ところの意に用いる。一説に会意。斤は貴人の象徴。戶は戸口。入口に地位の象徴をおく、高貴な人のいる場所の意が原義か。

参考 万葉仮名では音を借りて「そ(乙)」。

意味 ❶ところ。ばしょ。ありか。「住所」「名所」「長所」❷特に設けられたばしょ。特定のことをあつかう施設。「裁判所」「所員」「所長」❸…するところ。…しているところ。下にくる用言を受けて、これを体言化する。

(3076) 【所】 ―― 斤－4 旧字

『所感』『所蔵』＊論語-里仁「富与レ貴、是人之所レ欲也（フキとは、これひとのホッするところなり）」〔=経済的な豊かさと社会的地位とはだれもが欲しがるものである〕❹…る。…らる。…される。特に、「為ニ—所レ—（…の…するところとなる）」の形をとって、…によって…される。受身を示す。『所産（ショサン）』＊史記-項羽本紀「先即制レ人、後則為ニ人所一レ制（さきんずればすなわちひとをセイし、おくればすなわちひとのセイするところとなる）」〔=相手よりも先に行えば、相手をおさえつけることができるが、おくれると相手におさえつけられる〕❺ばかり。ほど。だいたいの数を表す。「許（ばかり）」に同じ。『年所（ネンショ）』

❶ところ。ばしょ。ありか。

下接 悪所（アクショ）・一所（イッショ）・各所（カクショ）・箇所（カショ）・貴所（キショ）・急所（キュウショ）・局所（キョクショ）・居所（キョショ—いどころ）・近所（キンジョ）・闕所（ケッショ）・険所（ケンショ）・高所（コウショ）・在所（ザイショ）・産所（サンショ）・死所（シショ）・地所（ジショ）・住所（ジュウショ）・宿所（シュクショ）・寝所（シンジョ）・陣所（ジンショ）・随所（ズイショ）・大所（タイショ）・謫所（タクショ）・他所（タショ—よそ）・短所（タンショ）・長所（チョウショ）・適所（テキショ）・屠所（トショ）・屯所（トンショ）・納所（ナッショ）・難所（ナンショ）・配所（ハイショ）・場所（バショ）・秘所（ヒショ）・別所（ベッショ）・便所（ベンジョ）・某所（ボウショ）・墓所（ボショ—はかしょ—はかどころ）・名所（メイショ—などころ）・要所（ヨウショ）・両所（リョウショ）／何所（どこ）・臥所（ふしど）・余所（よそ）

【所所（ショショ—ところどころ）】あちこち。『所所方方（ショショホウボウ）』

❷特定のことをあつかう施設。

下接 開所（カイショ）・過所（カショ）・御所（ゴショ）・支所（シショ）・出所（シュッショ）・政所（セイショ—まんどころ）・関所（せきショ）・詰所（つめショ）・入所（ニュウショ）・番所（バンショ）・閉所（ヘイショ）・札所（ふだショ）・役所（ヤクショ）・行在所（アンザイショ）・刑務所（ケイムショ）・興信所（コウシンジョ）・裁判所（サイバンショ）／賢所（かしこどころ）・侍所（さむらいどころ）

【所員（ショイン）】事務所などに勤務する職員。

【所司（ショシ）】役人。特に鎌倉幕府の侍所・小侍所の次官。

【所長（ショチョウ）】事務所などの最高責任者。

❸…するところ。

【所為（ショイ—セイ）】㊀（ショイ）①しわざ。振る舞い。②法律で、行為、特に犯罪行為のこと。㊁（セイ）国ため。上の言葉を受けてそれが原因・理由であることを示す。❤「せい」はもと勢。所為はあて字。

【所縁（ショエン）】（たよりとするところの意）①仏語。認識主観である心の対象として精神作用をひき起こさせる客観。能縁に対していう語。②国ゆかり。たより。縁故。

【所懐（ショカイ）】心に思っていること。感想。所感。

【所轄（ショカツ）】そこの管轄であること。所管。

【所感（ショカン）】心に感じていること。感想。

【所管（ショカン）】管轄している範囲にあること。所轄。

【所願（ショガン）】願っている事。特に、神仏への願い。

【所期（ショキ）】心の中で、そうしようと期していること。

【所業・所行（ショギョウ）】しわざ。振る舞い。

【所見（ショケン）】①見た内容・結果。②考え。意見。

【所怙（ショコ）】（たのみにするところの意）親のこと。

【所作（ショサ）】①しわざ。所為。②国しぐさ。身ぶり。

【所載（ショサイ）】新聞、雑誌などに書いてのせてあること。

【所在（ショザイ）】①存在する場所。ありか。②ここかしこ。ところどころ。③国すること。しごと。『所在ない』

【所志（ショシ）】目指している点。志すところ。

【所思（ショシ）】思うところ。思っている事。

【所持（ショジ）】身につけて持っていること。『所持品』

【所出（ショシュツ）】生まれた場所。生まれ。また、でどころ。

【所信（ショシン）】信ずるところ。『所信表明』

【所生（ショセイ）】①ある物を生み出したところ。父母、出生地など。②生み出したもの。生みの子。

【所説（ショセツ）】説くところ。述べている事柄。説。

【所詮（ショセン）】詮ずるところ。要するに。結局。

【所蔵（ショゾウ）】自分のものとして持っていること。

【所属（ショゾク）】団体、党派などの一員として加わっていること。『所属機関』『無所属』

【所存（ショゾン）】心に思うところ。考え。

【所帯（ショタイ）】国独立した生計を営むこと。また、その一家。世帯。❤もと、一身に帯びるものの意味。

【所天（ショテン）】（天とするところの意）仰ぎ敬うべき人。妻からは夫、子からは親、人民からは君主などをいう。

【所得（ショトク）】①自分の身に得ること。得たもの。②自分のものとなった金品。利益。収入。

【所望（ショモウ）】望むこと。望み願うこと。

【所由（ショユウ）】①由来するところ。基づくところ。②中国で、唐時代に官物の出納をつかさどった官。

【所有（ショユウ—あらゆる）】①（ショユウ）自分の物として持つこと。また、そのもの。②（あらゆる）すべての。ある限りの。

【所用（ショヨウ）】①用いること。使うこと。②国用事。用件。

【所要（ショヨウ）】必要とすること。

【所労（ショロウ）】わずらい。病気。また、疲労。

【所論（ショロン）】論じる事柄。主張する意見。

【所謂（いわゆる）】一般に言うところの。俗に言うところの。＊史記-伯夷伝「儻所謂天道是邪非邪（あるいはいわゆるテンドウぜかヒか）」〔=世の中に言われている天道というものは、正義なのだろうか、ひょっとすると、正義ではないのではなかろうか〕

❹受身を示す助字。

【所以（ショイ—ゆえん）】①…するためのもの。手段・方法を示す。＊孟子-告子下「所ニ以動レ心忍レ性、曾ニ益其所レ不レ能（こころをうごかしセイをしのばせ、そのあたわざるところをゾウエキするゆえんなり）」〔=その人の心を感動させ発憤させ、がまん強くさせ、今までよくできなかったことをできるように、補いをつけるためなのである〕②…するわけ。原因・理由を示す。＊老子-六六「江海所ニ以能為ニ百谷王一者、以ニ其善下レ之（コウカイのよくヒャククコクのオウたるゆえんのものは、そのよくこれにくだるをもってなり）」〔=大きな川や海が多くの谷川の王となっているわけは、それがよく多くの谷川よりも低い位置にあるからである〕

【所化（ショケ）】↕能化。①仏教で、仏菩薩などにより教化（キョウゲ）されること。②修行中の僧。③国ばけもの。

【所産（ショサン）】うみ出されたもの。

【所収（ショシュウ）】本や雑誌などにおさめられていること。

【所定（ショテイ）】決められていること。『所定の位置』

【所伝（ショデン）】昔から伝えられてきたこと。

【所与（ショヨ）】前提などとして、与えられているもの。

［析］⇩3425　［祈］⇩5383　［近］⇩8031

3077 【斫】 5849 5A51 9DCF 斤-5 シャク㊥\zhuó\へずる

甲骨文

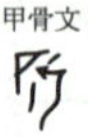

篆文

字解 形声。斤+石㊟。おので切る意。

3078 【㪺】 —— 斤-6 リョウ「料」(3067)の異体字

3079 【斬】 2734 3B42 8E61 斤-7 サン㊥・ザン㊥\zhǎn\きる

字解 会意。斤+車（束ねたものの形か）。束ねたものを手おので断ち切る意。

同属字 塹・槧・暫・槧・鏨・嶄・撕・漸・慚
意味 ❶きる。刀で切る。打ち首にする。『斬に処する』『斬殺』『腰斬（ヨウザン）』 ❷きわだつ。はなはだしい。『斬新』

❶ きる。刀で切る。

【斬奸（ザンカン）】 悪人を切り殺すこと。『斬奸状』

【斬刑（ザンケイ）】 斬首の刑罰。斬罪。

【斬衰（ザンサイ）】 中国の喪服の一。裁断したままで縁縫いのしていない喪服。最も重い喪に用いる。

【斬罪（ザンザイ）】 打ち首。

【斬首（ザンシュ）】 首を切ること。また、切った首。

【斬伐（ザンバツ）】 1木を切ること。2切り殺すこと。また、攻め討つこと。

【斬髪（ザンパツ）】 結っていた髪を切ること。

❷ きわだつ。はなはだしい。

【斬新（ザンシン）】 趣向などが、きわだって目新しいさま。

3080 【断】 3539 4347 9266 斤-7 常5
(3085) 【斷】 5850 5A52 9DD0 斤-14 旧字

ダン㊥・タン㊦/duàn/たつ・ことわる・たち

筆順 断 断 断 断 断 断 断

字解 断は斷の略体。斷は会意。斤＋㡭(つながった糸)。刃物でつながったものを切り離す意。

甲骨文

篆文

意味 ❶たつ。たちきる。切りはなす。切れめをおく。たえる。『断交』『断絶』『断続』『切断』『分断』 ⇓表 ❷きめる。さだめる。さばく。また、思いきって。きっぱりと。『断を下す』『決断』『診断』 ⇓〔決〕(4007)の表 ❸国ことわる。わけを述べる。予告する。『無断』

❶ たつ。たちきる。切りはなす。

下接 横断（オウダン）・割断（カツダン）・間断（カンダン）・禁断（キンダン）・撃断（ゲキダン）・裁断（サイダン）・遮断（シャダン）・縦断（ジュウダン）・寸断（スンダン）・切断（セツダン）・剪断（センダン）・中断（チュウダン）・腸断（チョウダン）・不断（フダン）・分断（ブンダン）・油断（ユダン）・両断（リョウダン）・櫟断（レキダン）・壟断（ロウダン）・言語道断（ゴンゴドウダン）

【断悪修善（ダンアクシュゼン｜ダンナクシュゼン）】 仏語。悪業を断ち、善業をおさめること。止悪修善。

断（ダン）	絶（ゼツ）
断絶	
たちきる。	つながりをきる。たつ。
断交	絶交
断食	絶食
断念	絶望
断崖	絶壁
中断	中絶
遮断	隔絶

【断雲（ダンウン）】 きれぎれの雲。ちぎれ雲。
【断崖（ダンガイ）】 切り立ったがけ。『断崖絶壁』
【断簡（ダンカン）】 文書の切れはし。『断簡零墨（レイボク）』
【断機（ダンキ）】 織りかけた機（はた）の糸を断ち切ること。【断機之戒（ダンキのいましめ）】 孟子が、学業の半ばで師のもとから帰宅したとき、機を織っていた母が、刀でその機の糸を断ち切り、学業を中途でやめることは織りかけた織物を断ち切るようなものだと戒めて、孟子を返したという故事。孟母断機。〔列女伝-母儀・鄒孟軻母伝〕
【断金（ダンキン）】 固く結ばれている非常に厚い友情、交際。〔易経-繫辞伝上〕
【断琴之交（ダンキンのまじわり）】 非常に親密な友情、交際。❤昔、伯牙が自分の琴を聞いてこれを解し得た鍾子期を唯一の友とし、子期の死とともにその琴の弦を断って一生琴を手にしなかったという故事から。
【断弦（ダンゲン）】 1楽器の糸が切れること。2音楽をとだえさせること。3（琴瑟（キンシツ）が夫婦の和の象徴とされるところから転じて）妻の死。〔詩経-周南・関雎〕
【断交（ダンコウ）】 交際を断つこと。主に国家間のそれをいう。
【断魂（ダンコン）】 たましいが断ち切れるほどいたましいこと。悲哀の情のはなはだしいこと。断腸。
【断裁（ダンサイ）】 断ち切ること。裁断。『断裁機』
【断食（ダンジキ）】 一定期間自発的に食べ物を断つこと。
【断酒（ダンシュ）】 酒を断って飲まないこと。禁酒。
【断袖（ダンシュウ）】 寵愛（チョウアイ）の深いことのたとえ。転じて、男色のこと。〔漢書-佞幸伝・董賢〕❤中国、漢の哀帝が寵愛する男と昼寝したとき、相手の目覚めるのを気遣って、袖を断ち切って起きたという故事から。
【断章取義（ダンショウシュギ）】 詩や文章の一部分だけを取り出し、都合のよいように解釈して用いること。〔古文孝経-開宗明義(孔安国伝)〕
【断切・断截（ダンセツ）】 断ち切ること。切断。
【断絶（ダンゼツ）】 続いていた流れや結び付きなどが断ち切れること。また、断ち切ること。『国交断絶』
【断想（ダンソウ）】 断片的な感想。
【断層（ダンソウ）】 1岩石や地層が断ち切られ、その面を境に両側がずれている現象。『断層山地』 2国考え方などのくい違い。ずれ。
【断続（ダンゾク）】 切れたり続いたりすること。↕連続
【断腸（ダンチョウ）】 はらわたがちぎれるほどの悲しさ。つらさ。〔世説新語-黜免（チュツメン）〕❤中国、晋の桓温が蜀を攻めようとして三峡にさしかかった際、部下の一人がサルの子を捕らえた。母ザルはこれを悲しんで岸を追うこと百余里、ついに船に飛び移ったが、そのまま息が絶え、腹をさいてみると腸がずたずただったという故事から。
【断頭台（ダントウダイ）】 罪人の首を切り落とす台。ギロチン。
【断熱（ダンネツ）】 外部との熱の出入りをさえぎること。
【断念（ダンネン）】 国自分の希望をあきらめること。
【断髪（ダンパツ）】 1髪を切ること。『断髪式』 2国髪を短く切りそろえた髪形の一。
【断臂（ダンピ）】 ひじを断ち切ること。慧可禅師が左臂（ひじ）を断って至信を示し達磨大師に入門を許された故事に基づき、僧が捨身供養（シャシンクヨウ）の一つとして行う行為をさす。
【断片（ダンペン）】 まとまったものの一部分。切れ端。
【断亡（ダンボウ）】 断絶すること。たえ滅ぶこと。滅亡。
【断蓬（ダンボウ｜ダンホウ）】 （根の断ち切れたヨモギの意）ゆくえ定めぬ旅人。
【断末魔・断末摩（ダンマツマ）】 末摩（身体の急所）にふれて命を断つこと。臨終。また、その時の苦しみ。〔倶舎光記〕
【断滅（ダンメツ）】 たえ滅びること。滅亡。
【断面（ダンメン）】 1物体の切り口の表面。『断面図』 2物事をある観点から見た場合の状態。一面。

❷ さだめる。さばく。また、思いきって。

下接 英断（エイダン）・憶断（オクダン）・果断（カダン）・鞠断（キクダン）・決断（ケツダン）・誤断（ゴダン）・裁断（サイダン）・処断（ショダン）・診断（シンダン）・審断（シンダン）・推断（スイダン）・聖断（セイダン）・専断（センダン）・擅断（センダン）・即断（ソクダン）・速断（ソクダン）・独断（ドクダン）・判断（ハンダン）・武断（ブダン）・明断（メイダン）・勇断（ユウダン）・予断（ヨダン）・論断（ロンダン）

【断案（ダンアン）】 1決定された考え。判断。2三段論法による結論。

【断決（ダンケツ）】 はっきりと決めること。さばくこと。決断。

【断言（ダンゲン）】 きっぱりと言いきること。

【断固・断乎（ダンコ）】 態度をきっぱりとするさま。断断乎。❤「断固」は「断乎」の新聞用語などでの書き換え。

【断行（ダンコウ）】 思いきって決断し実行すること。


心(⺗・⺘)戈戶(戸)手(扌)支攴(攵) 4画 文斗斤方旡(无・旡)日曰月木欠止歹(歺)殳毋比毛氏气水(氺・氵)火(灬)爪(爫・⺥)父爻(爿)爿(丬)片牙(牙)牛犬(犭)

【断獄(ダンゴク)】①罪を裁くこと。断罪。②斬罪(ザンザイ)に処すること。死罪。

【断罪(ダンザイ)】①罪を裁くこと。②斬罪(ザンザイ)。

【断而敢行、鬼神避之(ダンじてカンコウすれば、キシンもこれをさく)】決心して断行すれば、何物もそれを妨げえない。〔史記-李斯伝〕

【断然(ダンゼン)】①断固。決然と。②決して。断じて。③並はずれて。ずばぬけて。

【断定(ダンテイ)】きっぱりと判断を下すこと。『断定的』

3081 【斯】 2759 3B5B 8E7A 斤-8 シ(呉)(漢)/sī/かかる・かく・こう・この

字解 会意。斤+其。析に通じ、きりさく意。借りて助字に用いる。

同属字 廝・厮・嘶・撕

参考 万葉仮名では音を借りて「し」。

意味 ❶かく。これ。この。ここ。「是・此・之」にほぼ同じ。『斯界』『斯業』『斯道』『斯文』＊論語-雍也「斯人也、而有斯疾也(このひとにして、このやまいあるや)」〔=こんなりっぱな人がらで、こういう病気にかかるとは〕 ❷ここに。すなわち。上の文の条件を受けて接続を示す。「則」にほぼ同じ。＊論語-述而「我欲仁、斯仁至矣(われジンをほっすれば、ここにジンいたる)」〔=われわれが仁を求めるならば、すぐ仁はやって来るのである〕 ❸しばらく。『斯須』 ❹あて字。『瓦斯(ガス)』

【斯界(シカイ)】この世界。この社会。その専門の社会。

【斯業(シギョウ)】この事業、業務。その道の事業、業務。

【斯須(シシュ)】しばらくの間。暫時。須臾(シュユ)。

【斯道(シドウ)】①孔子の説く、聖人の道。また、孔孟の教え。儒学の道。②学問、技芸などで、この分野。

【斯文(シブン)】この学。この道義。聖人の教え。特に、儒教の道や学問についていう。〔論語-子罕〕

【如斯(かくのごとし)】このようである。＊論語-子罕「逝者如斯夫(ゆくものはかくのごときかな)」〔=過ぎ去って帰らぬものは、この(川の水の)ようなものであろうか〕

【釿】⇩8372

3082 【新】 3123 3F37 9056 斤-9 常2 シン(呉)(漢)/xīn/あたらしい・あら・あらた・にい

筆順 新 新 新 新 新 新

字解 形声。斤+亲(木をきる)(声)。木を切ってたきぎにする意。薪の原字。転じて、あたらしい意を表す。

甲骨文 金文 篆文

同属字 薪

参考 万葉仮名では音を借りて「し」。

意味 ❶あたらしい。あたらしくする。あらたに。…したばかりの。『温故知新』『新鮮』『新年』『新風』『革新』＊杜甫-石壕吏「二男新戦死(ニダンあらたにセンシす)」〔=二人の息子は、ついさきごろ戦死したばかり〕⇒表 ❷中国の王朝名。王莽が前漢を簒奪(サンダツ)して建てた王朝。都は長安。(八～二三) ❸固有名詞。『新唐書』『新疆』『新羅』

❶あたらしい。あたらしくする。あらたに。

下接 維新(イシン)・一新(イッシン)・改新(カイシン)・革新(カクシン)・更新(コウシン)・最新(サイシン)・刷新(サッシン)・斬新(ザンシン)・生新(セイシン)・清新(セイシン)・鮮新(センシン)・鼎新(テイシン)・日新(ニッシン)・温故知新(オンコチシン)

◎新/旧・古・故—「あたらしい」と「ふるい」

新	旧・古・故
新式	旧式
新制	旧制
新版	旧版
改新	復旧
新語	古語
新注	古注
新風	古風
革新	尚古
新習	故習
新人	故人
新知	故知
知新	温故

【新雨(シンウ)】降ったばかりの雨。＊韓愈-山石「升堂坐階新雨足(ドウにのぼりカイにザすればシンウたる)」〔=寺の座敷に上がり、また階段に座って見やると、降ったばかりの雨がたっぷりとあたりをぬらす〕

【新鋭(シンエイ)】新しく進出し、勢いが鋭く盛んなもの。

【新刊(シンカン)】書籍を新しく刊行すること。『新刊書』

【新奇(シンキ)】目新しく珍しいこと。

【新鬼(シンキ)】死んだばかりの霊魂。＊杜甫-兵車行「新鬼煩冤旧鬼哭(シンキはハンエンしキュウキはコクす)」〔=死んだばかりの霊はもだえ恨み、白骨になった霊は大声で泣く〕

【新規(シンキ)】①新しい規則。②国新しくすること。

【新禧(シンキ)】新年の祝賀。

【新機軸(シンキジク)】今までのものとは全く変わった新しい工夫や計画。『新機軸を打ち出す』

【新旧(シンキュウ)】新しいものと古いもの。『新旧交代』

【新教(シンキョウ)】一六世紀、カトリック教会に対するルターの改革運動に応じて起こったキリスト教諸派の総称。プロテスタント。↔旧教

【新宮(シングウ)】国本宮に対して、その分社の称。若宮(わかみや)。

【新劇(シンゲキ)】国歌舞伎(かぶき)、新派に対して、西洋近代劇の影響を受けて明治末期に起こった新しい演劇。

【新月(シンゲツ)】①出たばかりの月。清らかな月。＊白居易-八月十五日夜、禁中独直、対月憶元九「三五夜中新月色(サンゴヤチュウシンゲツのいろ)」〔=いま昇ったばかりの十五夜の名月〕 ②陰暦の月の初めころの月。三日月。

【新語(シンゴ)】新しいことば。新造語。→❸

【新興(シンコウ)】新しく興ること。『新興宗教』

【新穀(シンコク)】その年に新たに収穫した米。新米。

【新歳(シンサイ)】①新しい年。②仏語。夏安居(ゲアンゴ)の終わった翌日、すなわち七月一六日。

【新参(シンザン)】国新たに仲間入りすること。↔古参

【新字体(シンジタイ)】国昭和二四年告示の当用漢字字体表で、新たに採用した漢字の字体。

【新酒(シンシュ)】その年に蔵から出した新しい酒。↔古酒

【新秋(シンシュウ)】①秋の初め。初秋。②陰暦七月の異称。

【新春(シンシュン)】新年。はつはる。

【新書(シンショ)】①新刊の書物。②国やや小型の、比較的手軽な読み物を収めた叢書。→❸(シンジョ)

【新進(シンシン)】ある分野で新しく出てきて認められた人。

【新人(シンジン)】新しく進出してきた、また、仲間入りをした人。↔旧人。『新人歓迎会』

【新正(シンセイ)】新年の正月。

【新生(シンセイ)】①新しく生まれること。『新生児』②新たな人生を歩み出すこと。

【新声(シンセイ)】①新しいことば、表現。②新しい歌。

【新制(シンセイ)】新しい制度、体制。↔旧制

【新生面(シンセイメン)】国新しい分野、方面。

【新撰・新選(シンセン)】新たに編纂(ヘンサン)すること。

【新鮮(シンセン)】①食べ物がなまのままの新しさを保っているさま。②よごれがなくて気持ちがよいさま。また、新しさが感じられるさま。

【新装(シンソウ)】設備や外観などを、新しくよそおうこと。

【新造(シンゾウ)】①新しくつくること。②国他人の妻を指していう語。『御新造(ごシンゾ)』

【新体(シンタイ)】新しい体裁、形式。【新体詩(シンタイシ)】国明治初期、西洋の詩の影響によって生まれた新形式の詩。

【新地(シンチ)】国新開地。また、そこにできた遊里。

【新知(シンチ)】①新しく知りあいになること。新しい知りあい。②国新しく得た領地。
【新注・新註(シンチュウ)】①新たに注釈すること。②宋学の学者による経書の注釈。朱熹の「四書集註」など。
【新調(シンチョウ)】国新しくととのえこしらえること。
【新陳代謝(シンチンタイシャ)】①生体内で、必要な生活物質が摂取され、不用物は排泄(ハイセツ)される作用。②古いものが新しいものと入れ代わること。
【新渡(シント)】国外国から新たに渡来したこと。今渡り。
【新道(シンドウ)】新しくきりひらいた道。↕旧道
【新年(シンネン)】新しい年。新春。『謹賀新年』『新年会』
【新派(シンパ)】①新しい流派。②国明治中期、歌舞伎(かぶき)に対抗して起こった演劇。主として当代の世相を演じる。
【新版・新板(シンパン)】以前に出版した本の内容、体裁などを新しくして出版したもの。↕旧版
【新婦(シンプ)】結婚式をあげたばかりの婦人。↕新郎
【新風(シンプウ)】新しいやり方や風潮。
【新聞(シンブン)】時事に関する報道、解説および知識、娯楽、広告などを伝達する定期刊行物。もと、newsの訳語。
【新法(シンポウ)】①新しく制定した法令。↕旧法。②新しい方法。③中国、宋の神宗時代、宰相王安石が実施した富国強兵策の諸法令。
【新発意・新発(シンボチ)】(「ボチ」は「ホッチ」「ホツイ」の転)新たに発心して仏道に入ること。入ったもの。
【新米(シンマイ)】国①その年新たに収穫した米。↕古米。②その事に従事して日が浅く、慣れていない者。
【新約(シンヤク)】①新しい約束、契約。②(「新約聖書」の略)キリスト教の聖書のうち、キリスト誕生後の神の啓示を記すもの。↕旧約
【新来(シンライ)】新しく来ること。新たに来たもの。
【新涼(シンリョウ)】初秋のころのすずしさ。
【新緑(シンリョク)】晩春から初夏のころの若葉の緑。
【新暦(シンレキ)】国明治維新後、太陰暦に代わって採用された太陽暦。陽暦。↕旧暦
【新郎(シンロウ)】結婚式をあげたばかりの男性。↕新婦
〔新沐者、必弾レ冠、新浴者、必振レ衣(あらたにモクするものは、かならずかんむりをはじき、あらたにヨクするものは、かならずころもをふるう)〕髪を洗いたての人は、必ず冠のちりを指ではたき落としてかぶるし、ふろに入りたての人は、必ず衣服を振って着る。身も心も潔白な人は、汚れきったものを避けることをいう。〔屈原-漁父辞〕
【新嘗祭(にいなめサイ|シンジョウサイ)】旧祝祭日の一。一一月二三日、天皇がその年の新穀を天地の神に供え、自らも食する宮中の祭儀。

❸ 固有名詞。

【新羅(シラ|シンラ)】(古くは「しらき」)古代の朝鮮半島の国名。四世紀中ごろ、朝鮮南東部の辰韓一二国を斯盧(シラ)国が統一して建てた国。慶州に都した。九三五年、高麗の太祖王建(コウライ)に滅ぼされた。

【新疆(シンキョウ)】中国の北西部を占める新疆ウイグル自治区の旧称。

【新語(シンゴ)】中国、前漢の陸賈(リクカ)の著書。二巻一二編。正統的な儒家の書。陸賈新語。→❶
【新五代史(シンゴダイシ)】中国の正史。七五巻。宋の欧陽脩撰。二十四史の一。正名は、「五代史記」で、「旧五代史」に対する通称。五代の歴史を紀伝体で記したもの。

【新序(シンジョ)】書名。一〇巻。中国、前漢の劉向の著。春秋時代から漢初までの人物の言行を分類し集めたもの。

【新書(シンジョ)】書名。一〇巻。中国、前漢の賈誼(カギ)の著。政治・道徳・学問・風俗などについての論説。→❶(シンショ)

【新撰字鏡(シンセンジキョウ)】平安時代前期の漢字辞書。一二巻。昌住著。昌泰年間(八九八～九〇一)の成立。漢字約二万一三〇〇を偏・旁などによって分類・排列し、字音・意義を注するほか和訓を多く含む。現存する漢和辞書では日本最古のもの。

【新唐書(シントウジョ)】中国の正史。二二五巻。宋の欧陽脩・宗祁らの奉勅撰。二十四史の一。一〇六〇年完成。旧唐書(クトウジョ)を改修補正したもの。

【新井白石(あらいハクセキ)】江戸中期の儒学者、政治家。名は君美(きみ)(よし)。徳川家宣、家継に仕え、幕政を補佐。武家諸法度の改正、貨幣改鋳などに尽力。著書に「西洋紀聞」「折たく柴の記」「同文通考」など。(一六五七～一七二五)

難読地名 新冠(にいかっぷ)郡・町(北海道) 新発田(しばた)市(新潟) 新城(しんしろ)市(愛知) 新田(にった)郡・町(群馬) 新治(にいはり)郡・村(茨城) 新治(にいはる)村(群馬) 新納(しんのう|にいの|にいのう|にいろ)

難読姓氏 新明(しんみょう|しんめい) 新渡戸(にとべ) 新井田(にいだ) 新鎧(しんがい)

3083 【斲】* 3365 斤-11
タク㊥\zhuó

(3084) 〔斵〕 二二 斤-13

3085 【斷】 5850 5A52 9DD0 斤-14
ダン 「断」(3080)の旧字

［斷］⇩9660

字解 形声。斤＋㔯(まっすぐに立った豆、たかつき)㊥。まっすぐに切る意。

70 方部 ほう

方は、左右にはり出たとってのあるすきの象形。ただし、方部に属する字の大部分は、㫃の形をもつもので、㫃は、布をなびかせた旗ざおの象形。これを意標として、旗、軍隊などに関する物を表す。㫃の類を方と合わせて方部とし、於旗などのように左部にある「方」を「かたへん」という。隷書で亠と力とが分離するようになったが、実用的には横画を第一画として上下を続けて三画に書くことも行われ、往々扌(てへん)と混ずることがある。

甲骨文　金文　篆文

方　方
方 ④ 㫄 ⑥ 旁
方 ② 㫃 㫃 ④ 於 ⑤ 施 斿 ⑥ 旃 旆
旂 旄 旅 ⑦ 旌 旋 族 ⑧ 旐 旒 ⑩
旗 ⑫ 旛 ⑭ 旜 ⑮ 旝

方

3086 【方】 4293 4A7D 95FB 方-0 常2
ホウ㊥・ホウ(ハウ)㊥㊥/fāng/かた・まさに・ならべる

筆順 方 方 方 方

字解 部首解説を参照。

同属字 房・旁・芳・髣・放・仿・坊・妨・彷・防・昉・枋・肪・舫・訪

参考 万葉仮名では音を借りて「は」「ほ」。

意味 ❶かた。むき。㋑起点からの向き。『方位』『方角』『方向』㋺いくつかある物事のうちの一。側。部面。分野。『方面』『一方』『片方』『双方』㋩ある地域。ある土地。『方言』『地方』❷四角。四角い。また、正しい。きちんとしている。『前方後円墳』『直方体』『方丈』『平方』『立方』❸やりかた。正しいあり方。てだて。わざ。技術。また、薬の調合。『方策』『方式』『処方』＊論語-雍也「能近取レ譬、可レ謂ニ仁之方一也已(よくちかくたとえをとる、ジンのほうというべきのみ)」〔=自分の身にたとえをとって、引き比べてやっていくことが、仁の正しいありかたということができるのだ〕❹ならべる。また、ならべてくらべる。『方舟』『方比』『比方』❺さからう。そむく。『方命』〔=天子の命令にさからうこと〕❻まさに。ちょうどいま。『方今』＊史記-項羽本紀「如今、人方為ニ刀俎一、我為ニ魚肉一(ジョコン、ひとはまさにトウソたり、われはギョニクたり)」〔=現在、彼らはちょうど刀とまな板のようなものであり、われわれは魚や肉のようなものだ〕❼国かた。㋑他人をさして呼ぶ称。敬称。『奥方』『親方』『御二方』㋺それを分担する人。係の人。『馬方』『裏方』㋩身を寄せている先。『木村方』❽国時刻。時分。『朝方』『夕方』❾その他。固有名詞、あて字など。『粗方』『大方』『蘇方』『目方』

❶かた。むき。また、分野。地域。土地。

下接 一方・恵方・遠方・快方・片方・下方・貴方・後方・西方・三方・十方・四方・上方・諸方・先方・前方・双方・他方・多方・地方・当方・東方・南方・八方・万方・百方・北方・無方・遊方・両方／彼方・其方・何方・行方・寄方・此方

【方位】(ホウイ) ①東西南北を基準として定めた方角。②易で、方角の吉凶。

【方外】(ホウガイ) ①世俗から離れていること。②中国の外の地域。外国。③仏道。仏教。

【方角】(ホウガク) 国①ある点を基準にした方向。②向かっている方向。向き。

【方言】(ホウゲン) 共通語・標準語とは異なった形で地方的に用いられることば。また、ある地域に行われる言語の総体をさしていうことがある。俚言。土語。片言。↓❾

【方向】(ホウコウ) ①方角。向き。②考えや行動の向かうところ。方針。

【方所・方処】(ホウショ) 方向と場所。

【方針】(ホウシン) ある事柄を行う上で、基本とする行き方。もと、磁石の、方位を指す針の意。

【方相】(ホウソウ) ①中国、周代の官名。黄金で四つ目の仮面をかぶり、手に戈と楯を持って悪疫を追い払うことをつかさどった。日本では、追儺の時に宮中の悪鬼を追い払う役をした。方相氏。②仏語。仏道修行の場を外部と遮断するため、修行の場をめぐって、四角に区切り、石、木、川、道路などを利用して境界とすること。

方相①〔公事十二ヶ月絵巻〕

【方鎮】(ホウチン) 軍をひきいて地方を鎮守する人。また、その駐在地。

【方土】(ホウド) 国。地方。

【方内】(ホウナイ) ある範囲の地域のうち。領国のうち。領内。

【方伯】(ホウハク) 中国、周代の諸侯の長。また、刺史。国司。

【方物】(ホウブツ) ①その地方の産物。土産。②日常なすべきこと。↓❹

【方方】(ホウボウ) あちこち。諸方。『処処方方』

【方面】(ホウメン) ①ある方向の地域。②国ある分野。『各方面の専門家』

❷四角。四角い。また、正しい。

【方円】(ホウエン) 方形と円形。四角と丸。＊実語教「水随ニ方円器一(みずはホウエンのうつわにしたがう)」〔=水は、器が四角か丸かによってその形を変える〕

【方鏡】(ホウキョウ) 正方形または長方形の鏡。中国古代銅鏡の一。日本でも平安時代以降に和鏡として作られた。

【方形】(ホウケイ) 四角形。『正方形』『長方形』

【方壺】(ホウコ) ①口が四角で腹の丸いつぼ。②中国の東方海上にある神仙が住むとされた想像上の山。方丈。

【方丈】(ホウジョウ) ①一丈(約三・〇三メートル)四方の広さの部屋。②一丈四方の広さに並べられた食物。ぜいたくな食事。〔孟子-尽心下〕③維摩経の主人公である維摩居士の居室が一丈四方であったことから、特に禅院の住職の部屋。また、住職。④=方壺②

【方陣】(ホウジン) 兵士を四角に並べた陣立て。

【方寸】(ホウスン) ①一寸(約三センチメートル)四方。転じて、ごく狭いこと。『方寸の地』②心は胸中方一寸の間にあるとするところから、心の中。胸中。

【方正】(ホウセイ) 心や行いが正しいこと。『品行方正』

【方枘】(ホウゼイ) 四角な枘。四角な栓。『円鑿方枘』

【方程式】(ホウテイシキ) 未知数の値を求めるために、その満たすべき条件を等式の形に表したもの。『連立方程式』「方程」は、中国古代の算術書で用いられた語で、「方」は四角、「程」はわりあての意という。

【方聞】(ホウブン) 行いが正しく、博識であること。

【方輿】(ホウヨ) (地は方形で、万物を載せると考えたところからいう)地球。大地。

【方廉】(ホウレン) 方正で廉直なこと。正直で心の潔いこと。

【方舟】(はこぶね) 方形の船。四角い船。箱船。『ノアの方舟』↓❹(ホウシュウ)

❸やりかた。てだて。わざ。技術。

下接 医方・漢方・奇方・局方・禁方・公方・処方・製方・多方・治方・途方・万方・秘方・妙方・無方・薬方

【方案】(ホウアン) 方法についての考案。

【方技】(ホウギ) わざ。術。特に医術にいう。

【方計】(ホウケイ) 方法と計略。はかりごと。てだて。方略。

【方策】(ホウサク) はかりごと。策略。てだて。方法。

【方士】(ホウシ) 方術を行う人。道士。

【方式】(ホウシキ) ある一定の形式。ある手続き、やり方。

【方術】(ホウジュツ) 仙人などの用いる不思議な術。神仙の術。

【方途】(ホウト) 進むべき道。方法。

【方便】(ホウベン) ①仏教で、衆生を真の教えに導くための便宜的な手段。『善巧方便』②国目的のために利用する便宜的な手段。『うそも方便』

【方法】(ホウホウ) 目的を達するためのてだて。やり方。

【方略】(ホウリャク) 計略。てだて。方策。

❹ならべる。また、ならべてくらべる。

【方舟】(ホウシュウ) 二そう並べてつないだ舟。↓❷(はこぶね)

【方比】(ホウヒ) くらべること。また、批評すること。

【方物ホウブツ】混じり合ったものを区別すること。→❶

⑨ 固有名詞。

【方言ホウゲン】書名。一三巻。前漢の揚雄撰。一名、輶軒ゆうけん使者絶代語釈別国方言。方言や地方に残存する古語語彙を集録した書。→❶

【方孝孺ホウコウジュ】中国、明の学者、政治家。字あざなは希直。「太祖実録」などを編修した。著に「遜志斎集」がある。(一三五七～一四〇二)

方

【芳】⇩6576

3087【㫊】二二 方-4
ホウ「旁」(3088)の異体字

【房】⇩2661 【芳】⇩6577

3088【旁】5853 5A55 9DD3 方-6 (3087)【㫊】二二 方-4

ボウ(バウ)(呉)・ホウ(ハウ)(漢)/pāng・bàng/かたがた・かたわら・つくり

字解 甲骨文・金文は、形声。凡(あまねく広がる)+方(両側にはり出る)(声)。左右にひろがる、また、その広がった部分であるかたわらの意。篆文は、二+方(声)で他の要素は不明。

甲骨文

金文

篆文

同属字 蒡・傍(傍)・滂・膀・榜・謗

参考 その他の熟語は「傍」(370)を見よ。

意味 ❶かたわら。わき。「傍」に同じ。「旁若無人」「道旁ドウボウ」❷あまねく。ひろく。「博引旁証ハクインボウショウ」「旁引ボウイン」❸まじる。まじわる。ゆきかう。「旁午ボウゴ」❹つくり。漢字構成上の名称の一。左右組み合わせて成った漢字の右の部分。「作」の「乍」、「嫁」の「家」の部分など。↔偏。「吹旁ふきづくり」「殳旁ほこづくり」❺「旁旁ホウホウ」は、勢いがよく、さかんなさま。❻国かたがた。ついでに。兼ねて。かつ。

❶ かたわら。わき。

【旁行ボウコウ】①横書きにすること。②横に行くこと。横ざまに歩くこと。転じて、歩行が正しくないこと。→❷

【旁若無人ボウジャクブジン】かたわらに人がいないかのような勝手な振る舞い。傍若無人。〔史記-刺客伝〕

❷ あまねく。ひろく。

【旁引ボウイン】ひろく証となるものを引くこと。つぶさに考証すること。博引旁証。

【旁求ボウキュウ】あまねくあちこちを探し求めること。

【旁行ボウコウ】あまねく一面にゆきわたること。→❶

【旁捜ボウソウ】広くすみずみまでさがすこと。

❸ まじる。まじわる。ゆきかう。

【旁午ボウゴ】入り乱れること。往来の激しいこと。

【旁礴ボウハク・旁魄ボウハク|ホウハク】①まじりあって一つになること。混合すること。②満ちふさがること。

【髣】⇩9192

方

3089【㫃】二二 方-2 (3090)【㫄】二二 方-2

オン(呉)・エン(漢)/yǎn

字解 象形。はた(軍隊・集団の印)が風にひるがえるさまに象り、はたがなびく、また、はたの意。

甲骨文

金文

篆文

3091【於】1787 3177 8997 方-4 人 (2712)【扵】二二 手-4

ウ(呉)・オ(ヲ)(漢)・オ(呉)・ヨ(漢)/wū・yú/おいて・おきて・おける

字解 象形。もと、烏の重文。烏の意を表したが、のち烏と区別した。その鳴き声から、借りて、「ああ」という感嘆詞や助字に用いられる。

参考 万葉仮名では音を借りて「お」。平仮名「お」、片仮名「オ」の字源。

意味 ❶ああ。嘆息・感嘆・発語のことば。『於乎・於呼・於戯ああ』『於邑』❷に。より。を。おいて。句中にあって上下の語句の関係を示す。㋑に。動作の対象、また、時間・場所などを示す。＊論語-為政「吾十有五而志ニ於学一われジュウユウゴにしてガクにこころざす」〔＝私は一五歳で学問に志した〕㋺に。より。比較の対象を示す。＊十八史略-春秋戦国「諸侯之卒、十ニ倍於秦一ショコウのソツ、シンにジュウバイす」〔＝諸侯の兵力は秦の一〇倍に達する〕＊杜牧-山行「霜葉紅ニ於二月花一ソウヨウはジゲツのはなよりもくれないなり」〔＝霜にうたれ色づいたその葉は、春の桃の花よりも赤く美しい〕⇒「乎」(62)の(表) ㋩を。動作の目的を示す。古く、「うえに」とも読まれた。＊論語-雍也「君子博学ニ於文一、約レ之以レ礼クンシはひろくブンをまなび、これをヤクするにレイをもってす」〔＝君子は幅広く古典や聖賢の教えを学んで、これを実践できるように礼によって要約するようにする〕㊁より。動作の起点・原因を示す。＊荀子-勧学「青取ニ之於藍一あおはこれをあいよりとる」〔＝青の染料は藍草からとってくる〕㋭おいて。対象・方向・位置・時間などを示す。『於レ是ここにおいて』＊韓非子-難「吾矛之利、於レ物無レ不レ陥也わがほこのりなること、ものにおいてとおさざるなきなり」〔＝私の矛の鋭利なことといったら、どんなものでも突き破れないことはない〕㋬…に…る。…に…らる。受身を示す。＊韓愈-雑説「雖レ有ニ名馬一、祇辱ニ於奴隷人之手一メイバありといえども、ただドレイジンのてにはずかしめらる」〔＝名馬がいても、召し使いのような身分の賤しい者のために、ただ粗末な取り扱いをされるだけだ〕❸おいてす。そこを離れない。＊論語-里仁「造次必於レ是、顛沛必於レ是ゾウジにもかならずここにおいてし、テンパイにもかならずここにおいてす」〔＝(道に志した人は)あわただしいときも必ず仁にかなった行動をとり、危急のときも必ず仁にかなった行動をとるものである〕

【於邑オユウ】悲しみで気分がふさがるさま。

【於乎・於呼・於戯ああ】感嘆、嘆息の語。

【於レ是ここにおいて】そこで。このときに。＊史記-項羽本紀「於レ是項王乃悲歌慷慨、自為レ詩ここにおいてコウオウすなわちヒカコウガイし、みずからシをつくる」〔＝そこで項羽は悲しげな様子で歌をうたい、憤り嘆いて、自身で詩を作った〕

【放】⇩3021

3092【施】2760 3B5C 8E7B 方-5 常

セ(呉)・シ(漢)・イ(漢)/shī・yí・yì・shǐ/ほどこす・ほどこし

筆順 施 施 施 施 施 施

字解 形声。㫃(はた)＋也(→迆、うねりのびる)声。旗がはたはたと波うつ意。また、迻に通じ、しく意。

意味 ❶しく。おこなう。もうける。また、ひろがる。ゆきわたる。『倒行逆施(トウコウギャクシ)』『施行』『施政』『施設』『実施(ジッシ)』『設施(セッシ)』＊論語‐衛霊公「己所ㇾ不ㇾ欲、勿ㇾ施ニ於人一(おのれのほっせざるところは、ひとにほどこすことなかれ)〔＝自分が人からされたくないと思うことを、人にもしないようにせよ〕」❷ほどこす。めぐみ与える。ほどこし。『施餓鬼』『施肥』『施薬』『施療』『布施(フセ)』＊史記‐高祖本紀「愛ㇾ人喜ㇾ施(ひとをアイしほどこしをこのむ)〔＝人をいつくしみ、施しを好んだ〕」❸「施施(シシ)」は、なかなか進まないさま。ゆっくり歩くさま。

❶ しく。おこなう。

【施工(シコウ・セコウ)】工事を行うこと。
【施行(シコウ)】①政策などを実行すること。②法令の効力を実際に発生させること。→❷(セギョウ)
【施策(シサク)】行政機関などが、計画を実地に行うこと。
【施術(シジュツ)】手術を行うこと。執刀。
【施政(シセイ)】政治を行うこと。『施政方針』『施政権』
【施設(シセツ)】ある目的のために建物などの設備をすること。また、その設備、その事業。『公共施設』
【施錠(セジョウ)】錠に鍵をかけること。

❷ ほどこす。めぐみ与える。

下接 財施(ザイセ)・信施(シンセ)・布施(フセ)・報施(ホウシ)・法施(ホウセ)

【施為(シイ)】ほどこし行うこと。しわざ。
【施舎(シシャ)】①恩恵を与えること。また、恵みをほどこし労役などを免じること。②旅館。宿屋。③与えることと与えないこと。④興ることと滅びること。
【施餓鬼(セガキ)】(「施餓鬼会(セガキエ)」の略) 仏教で、餓鬼道におちて飢餓に苦しむ亡者(餓鬼)や、無縁の亡者のために催す供養。『川施餓鬼』
【施行(セギョウ)】仏教で、布施の行。僧や貧しい人などに物をほどこし与えること。→❶(シコウ)
【施主(セシュ)】①僧や寺に物品をほどこす人。②財物を出して、葬式、法事を主人役として行う者。
【施肥(セヒ)】肥料をほどこすこと。
【施米(セマイ)】米をほどこし与えること。
【施物(セモツ)】僧や貧しい人に恵み与える品物。
【施薬(セヤク)】薬をほどこし与えること。『施薬院』
【施与(セヨ)】人に物をほどこし与えること。
【施療(セリョウ)】貧しい病人などを無料で治療すること。

3093【斿】＊3368 方－5 ユ呉・ユウ(イウ)漢／yóu

字解 形声。㫃(はたがなびく)＋汓(子どもが流れ生まれでる)省声。風にゆれ流れるはた、ふきながしの意。游に同じ。

甲骨文 

同属字 游・遊(遊)・蝣

3094【旂】＊3369 方－6 ゲ呉・キ漢／qí

字解 形声。㫃(はた)＋斤声。甲骨文は、上に鈴の飾りが施されたはたの象形。はた(旗)の意。衆人に命令するのに用いた。「竜旂(リョウキ)」は天子の旗。

甲骨文 金文 篆文 

3095【旃】5851 5A53 9DD1 方－6 (3108)【旜】 — 方-15
セン呉漢／zhān

字解 形声。㫃(はた)＋丹(あかい)声。赤い旗の意。

甲骨文 篆文 

意味 ❶はた。無地で赤い旗。❷けおりもの。『旃裘』『旃毛』❸音訳字。『旃陀羅』

【旃裘(センキュウ)】毛織物の服。
【旃陀羅(センダラ)】(梵 Caṇḍāla の音訳) インドの四姓の外にあり、守獄などの職業にたずさわった被抑圧階級。
【旃檀(センダン)】＝栴檀(センダン)
【旃毛(センモウ)】毛織物の毛。

3096【旆】5852 5A54 9DD2 方－6 バイ呉・ハイ漢／pèi

字解 形声。㫃(はた)＋巿(＝朩、えだわかれする)声。末端がさけたはたの意。

意味 はた。特に、黒地にさまざまな色の絹のふちかざりをつけ、末端を燕尾のように裂いた旗。大将のしるし。

【旆旌(ハイセイ)】(「旌」も旗の意) はた。

3097【旄】5854 5A56 9DD4 方－6 モウ呉・ボウ漢／máo・mào

字解 形声。㫃(はた)＋毛(け)声。牛の尾の毛でつくったはたの意。一説に会意字ともいう。

金文 篆文 

意味 ❶はた。はたかざり。犛牛(ボウギュウ)の尾をかざり付けた旗。『旗旄(キボウ)』❷犛牛。また、その尾。『旄牛』❸としより。八、九〇歳の老人。『旄倪』

【旄牛(ボウギュウ)】ヤクのこと。ウシ科の哺乳類で、湾曲した角、長い毛を持つ。犛牛(リギュウ)。
【旄倪(ボウゲイ)】老人と小児。

3098【旅】4625 4E39 97B7 方－6 常3 (3099)【旅】 — 方－6 旧字
ロ呉・リョ漢／lǚ／たび

筆順 旅 旅 旅 旅 旅 旅

字解 会意。㫃(軍旗)＋从(多くの人)。軍旗のもとに集まる人々、軍隊の意。また、彼らが移動することから、たびの意。

甲骨文 金文 篆文 

意味 ❶軍隊。いくさ。中国古代の軍隊では、兵士五〇〇人を旅、五旅を師とした。『旅団』『軍旅(グンリョ)』❷たび。たびをする。また、たびびと。『旅客』『旅行』『羇旅』『逆旅』❸ならぶ。つらなる。むらがる。また、もろもろ。すべて。『旅生』『旅力』❹易の六十四卦の一。☶☲。

❶ 軍隊。いくさ。

下接 軍旅(グンリョ)・戎旅(ジュウリョ)・師旅(シリョ)・征旅(セイリョ)・武旅(ブリョ)

【旅団(リョダン)】陸軍の部隊編制で、師団と連隊の中間のもの。『混成旅団』『旅団長』

❷ たび。たびをする。

下接 遠旅(エンリョ)・羇旅(キリョ)・逆旅(ゲキリョ)・行旅(コウリョ)・商旅(ショウリョ)・賓旅(ヒンリョ)／長旅(ながたび)・股旅(またたび)

【旅客(リョカク・リョキャク)】旅行のために、交通機関を利用する人。

【旅館(リョカン)】人を宿泊させることを業とする家。宿屋。

【旅雁・旅鴈(リョガン)】遠い所へ飛んで行く雁。征雁。

【旅券(リョケン)】外国旅行の際、本国政府が本人の国籍、身分などを証明する公文書。パスポート。

【旅行(リョコウ)】旅に出ること。

【旅魂(リョコン)】旅人の心。旅中の思い。

【旅思(リョシ)】旅中の思い。旅人の抱く気持ち。客心。

【旅次(リョジ)】旅のやどり。旅宿。また、道中。

【旅舎(リョシャ)】やどや。旅館。

【旅愁(リョシュウ)】旅先で感じるわびしい思い。客愁。

【旅宿(リョシュク)】旅行先で泊まること。また、その宿。

【旅情(リョジョウ)】旅でのしみじみとした思い。

【旅食(リョショク)】[1]他郷で飲食すること。旅でくらすこと。[2]庶人で官にあるもの。

【旅装(リョソウ)】旅行のときの服装。たびじたく。

【旅程(リョテイ)】旅の道のり。また、旅の日程。

【旅費(リョヒ)】旅行に必要な費用。

【旅路(たびじ)】旅の行程。旅先。

【旅籠(はたご)】昔、宿駅に置かれた食事付きの旅館。「旅籠屋に泊まる」▶元来は馬の飼料や、手回りの品などを入れた旅行用の籠(かご)の意。

❸ならぶ。つらなる。また、もろもろ。

【旅生(リョセイ)】草木がひとりでに群がり生えること。

【旅力(リョリョク)】[1]もろもろの力。全ての力。[2]背骨の力。

3100【旌】
5855 5A57 9DD5　方－7　ショウ(シャウ)呉・セイ漢／jīng／はた

字解 形声。㫃＋生声。

意味 ❶はた。旗ざおの先に旄(ボウ)(＝犛牛(ギュウ)の尾)などをかざった旗。「旌旗」「旌節」「旆旌(ハイセイ)」⬇図五五二頁 ❷あらわす。表彰する。また、見分けてはっきりさせる。「旌顕」「旌別」「旌表」

【旌旗(セイキ)】はた。旗じるし。＊白居易－長恨歌「旌旗無レ光日色薄(セイキひかりなくニッショクうすし)」[＝御座所に立てられたみ旗も色あせ、日の光さえもうすれている]

【旌顕(セイケン)】人の善行を賞して世に明らかにすること。

【旌節(セイセツ)】使者が持って行く旗じるし。

【旌表(セイヒョウ)】人の善行をほめて、世に示すこと。

【旌別(セイベツ)】善人と悪人とを区別すること。

3101【旋】
3291 407B 90F9　方－7　常　セン漢／xuán／めぐる・つむじ

筆順 旋旋旋旋旋旋

字解 会意。㫃＋疋(あし)。足をめぐらしてかえる、めぐる意。

甲骨文　金文　篆文

意味 ❶めぐる。めぐらす。ぐるぐるまわる。また、もどる。「旋回」「凱旋(ガイセン)」「回旋(カイセン)」「渦旋(カセン)」「螺旋(ラセン)」＊白居易－長恨歌「天旋日転廻二竜馭一(テンめぐりひテンじてリュウギョをめぐらす)」[＝天下の情勢が移り変わり、天子は都へ帰ることになった] ❷中をとりもつ。「斡旋(アッセン)」「周旋(シュウセン)」 ❸やや。「転旋(テンセン)」 ❹小便。小便をする。「便旋(ベンセン)」

❶めぐる。めぐらす。また、もどる。

【旋頭歌(セドウカ)】国和歌の歌体の一。五・七・七の上三句と、同じく五・七・七の下三句の六句から成る。▶頭(上三句)を旋(めぐ)らす(繰り返す)意という。

【旋回(センカイ)】円を描くように回ること。「旋回飛行」

【旋車(センシャ)】重いものを引き上げるのに用いる滑車。

【旋踵(センショウ)】[1]くびすをめぐらすこと。足をむけかえること。[2]打消の語を伴って、少しの間もない意を表す。

【旋転(センテン)】くるくる回ること。

【旋盤(センバン)】工作物を回転させ、刃物(バイト)で切削する工作機械。「旋盤工」

【旋風(センプウ／つむじかぜ)】[1]渦巻くように吹く強い風。[2](センプウ)国比喩(ヒユ)的に、その社会を揺り動かすような出来事。

【旋法(センポウ)】音楽で、音階を形づくる一定の音の組織。

【旋毛(センモウ／つむじ)】頭の毛が渦状になっている部分。

【旋律(センリツ)】リズムを伴った、音の高低のまとまりのあるつながり。節。メロディー。

3102【族】
3418 4232 91B0　方－7　常3　ゾク呉・ソク漢・ソウ漢／zú・zòu／やから・うから

筆順 族族族族族族

字解 会意。㫃(はた)＋矢(や)。矢は、諸侯の意とも。矢(諸侯)が軍旗に集まる意から、やからの意。

甲骨文　金文　篆文

同属字 簇・蔟・嗾・鏃

意味 ❶やから。うから。㋑血つづき。みうち。「族姓」「家族(カゾク)」「民族(ミンゾク)」㋺家がら。身分。「華族(カゾク)」「士族(シゾク)」㋩一族みな殺しにする。「族滅」＊史記－高祖本紀「毋二妄言一。族矣(モウゲンするなかれ。ゾクせられん)」[＝でたらめを言うな。一族みな殺しにされてしまうぞ] ❷なかま。同種類のものの集まり。グループ。「水族館(スイゾクカン)」「社用族(シャヨウゾク)」「魚族(ギョゾク)」 ❸むらがる。あつまる。「族生」

❶やから。うから。

下接 ㋑遺族(イゾク)・一族(イチゾク)・姻族(インゾク)・縁族(エンゾク)・家族(カゾク)・九族(キュウゾク)・旧族(キュウゾク)・血族(ケツゾク)・眷族(ケンゾク)・支族(シゾク)・氏族(シゾク)・枝族(シゾク)・種族(シュゾク)・親族(シンゾク)・世族(セイゾク)・姓族(セイゾク)・宗族(ソウゾク)・同族(ドウゾク)・蛮族(バンゾク)・苗族(ビョウゾク)・部族(ブゾク)・民族(ミンゾク) ㋺王族(オウゾク)・華族(カゾク)・貴族(キゾク)・皇族(コウゾク)・豪族(ゴウゾク)・士族(シゾク)・鼎族(テイゾク)・閥族(バツゾク)・望族(ボウゾク)・名族(メイゾク)・右族(ユウゾク)

【族子(ゾクシ)】兄弟の子、および父方の従兄弟の子。甥(おい)。

【族称(ゾクショウ)】国明治時代に設けられた国民の身分制度上の呼称。華族、士族、平民など。

【族人(ゾクジン)】一族の人々。

【族制(ゾクセイ)】血縁関係に基づいて集団が形成される家族、氏族などの制度。

【族姓(ゾクセイ)】その一族の姓氏。転じて、名のある家柄。

【族誅(ゾクチュウ)】＝族滅(ゾクメツ)

【族長(ゾクチョウ)】一族の長。家族の長。

【族党(ゾクトウ)】同族。

【族譜(ゾクフ)】一族の系譜。系図。

【族望(ゾクボウ)】一族の名誉。また、名望のある一族、家柄。

【族滅(ゾクメツ)】一人の罪で一族を根だやしにすること。

【族類(ゾクルイ)】親族一門。同族。

❸むらがる。あつまる。

【族生(ゾクセイ)】群がり生えること。叢生(ソウセイ)。▶書き換え「簇生→族生」。

3103【旐】
＊3373　方－8　ジョウ(デウ)呉・チョウ(テウ)漢／zhào

[字解] 形声。㫃+兆(声)。はたの意。

3104 【旒】 5856 5A58 9DD6 方－8 ル(呉)・リュウ(リウ)(漢)/liú/はた あし・ながれ

[字解] 形声。㫃(はた)+流(ながれる)省(声)。

[意味] ❶はたあし。幅広の流れ旗を半月形、または輪にして旗竿につけ、たなびくようにしたもの。❷「冕旒(ベンリュウ)」は、冠の前後に垂れ下げる玉を通した糸。❸[国]旗などを数える語。ながれ。

3105 【旗】 2090 347A 8AF8 方－10 [常]4 キ(漢)/qí/はた

[筆順] 方 方 方 旃 旗 旗

[字解] 形声。㫃(はた)+其(四角い箕(み))(声)。人を整然とさせる目じるしとなる、はたの意。

[意味] ❶はた。大将の目じるしとするはた。また、はたの総称。『旗手』『国旗(コッキ)』 ❷中国、清代、満州・蒙古の行政区画の一。また、軍団。『旗人』『八旗(ハッキ)』 ❸「旗魚(かじき)」は、メカジキ科とマカジキ科の海魚の総称。

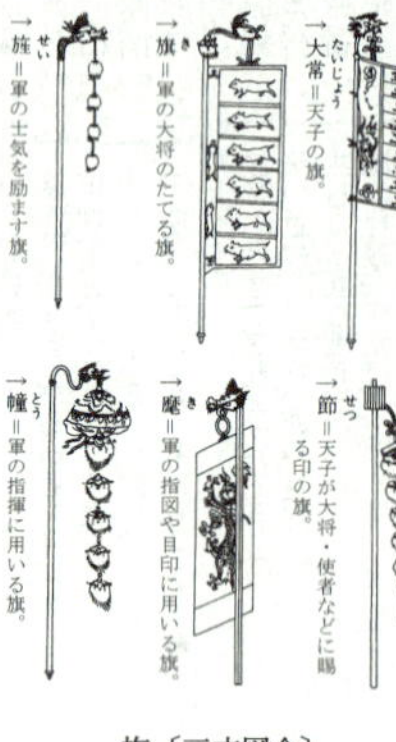

旗〔三才図会〕

[下接] 牙旗(ガキ)・義旗(ギキ)・錦旗(キンキ)・軍旗(グンキ)・紅旗(コウキ)・虹旗(コウキ)・降旗(コウキ)・国旗(コッキ)・社旗(シャキ)・酒旗(シュキ)・旌旗(セイキ)・弔旗(チョウキ)・白旗(ハッキ|しらはた)・反旗(ハンキ)・半旗(ハンキ)・叛旗(ハンキ)・兵旗(ヘイキ)・銘旗(メイキ)・鸞旗(ランキ)／赤旗(あかはた)・一旗(ひとはた)・筵旗(むしろばた)

【旗下(キカ)】 旗じるしの下(もと)。転じて、麾下(キカ)。

【旗艦(キカン)】 艦隊の司令長官、司令官の乗っている軍艦。

【旗鼓(キコ)】 軍旗と太鼓。転じて、軍隊。軍事。『旗鼓の間に相見(まみ)える〔＝敵味方として互いに戦場で出会う〕』

【旗幟(キシ)】 (「幟」は、のぼりの意) 合戦の際の旗じるし。転じて、はっきりした態度、立場。『旗幟鮮明』

【旗手(キシュ)】 団体などの象徴となる旗を持つ役目の人。

【旗章(キショウ)】 旗につける図柄。旗じるし。

【旗人(キジン)】 中国、清代、八旗に属した武士階級の人々。

【旗亭(キテイ)】 酒場。料理屋。また、宿屋。♥もと目印に旗を立てたところから。

【旗旄(キボウ)】 はた。牛の尾や鳥の毛などを先端からたらした旗。

【旗本(はたもと)】 江戸時代、幕府直参で、禄高(ロクだか)一万石未満の武士のうち、将軍に御目見(おめみ)えする資格がある者。

3106 【旛】 5858 5A5A 9DD8 方－12 ハン 「旛」(3107)の異体字

3107 【旛】 5857 5A59 9DD7 方－14 (3106)〔旛〕 5858 5A5A 9DD8 方－12 バン(呉)・ハン(漢)/fān

[字解] 形声。㫃+番(ひろがる)(声)。風に吹かれ広がりひるがえるはたの意。旛は通俗体。

[意味] はた。『華旛(カハン)』『幢旛(ドウハン)』

3108 【旜】 ― 方－15 セン 「旃」(3095)の異体字

71 旡(旡・无) 部 すでのつくり

旡は、ひざまずいた人が、口をそむけているさまで、息のできない、また食べあきることを表すという。旡部には、異源類形の字を含めて、所属の字はごく少ない。字源では欠部(76)の欠が口を左に向けているのと対照される形である。

甲骨文  篆文 

旡 旡 无
旡 ⑤ 既 ⑦ 旣
旡

3109 【旡】 5860 5A5C 9DDA 旡－0 (3110)〔旡〕 ― 旡－0 キ(漢)/jì

[字解] 部首解説を参照。

3111 【无】 5859 5A5B 9DD9 旡－0 ム(呉)・ブ(漢)/wú/ない・なかれ

[字解] 無の異体字。字源未詳。一説に元をやや変えた指事文字ともいう。が、秦漢の隷書では、土に足をつけた形である。

[参考] 万葉仮名では音を借りて「む」。平仮名「ん」の字源。

【无妄(ムボウ)】 易の六十四卦の一。☰☳。雷が天の下に鳴る象。災害がくることを表す。

旡

3112 【既】 2091 347B 8AF9 旡－5 [常] (3113)〔旣〕 ― 旡－7 旧字 (3114)〔旣〕 ― 旡－7 キ(呉)(漢)/jì/すでに

[筆順] 既 既 既 既 既 既

[字解] 既は、旣の略体。旣は形声。皀(簋に食物をもったさま)+旡(かおをそむける)(声)。満腹で食べ物にそっぽをむく、つくす意。派生して、すでにの意を表す。

甲骨文  金文  篆文 

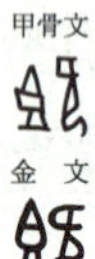

[同属字] 槩・曁・慨(慨)・漑・概(概)

[参考] 万葉仮名では音を借りて「き(乙)」「け(乙)」。

[意味] ❶すでに。以前に。もはや。↔未。(イ)…したのち。…したからには。完了後の事態を示す。＊屈原-漁父辞「屈原既放、遊₂於江潭₁(クツゲンすでにはなたれて、コウタンにあそぶ)」〔＝屈原は追放されてから、湘江(ショウコウ)のふちをさまよい歩いた〕」(ロ)…であるうえに。…だけでなく。累加を示す。＊李白-月下独酌「月既不₂解飲₁、影徒随₂我身₁(つきすでにインをカイせず、かげいたずらにわがみにしたがう)」〔＝月は酒が飲めないうえに、影は私のからだに、ただついて回るだけだ〕」 ❷つきる。みな。ことごとく。『皆既食(カイキショク)』

❶すでに。以前に。もはや。

【既已(キイ|すでに)】すでに。もはや。既以。
【既往(キオウ)】過去。また、過去の物事。『既往症』〖既往不レ咎(キオウはとがめず)〗済んでしまったことは、あれこれとがめだてしてもはじまらない。〔論語-八佾〕
【既刊(キカン)】すでに出版されていること。↕未刊
【既決(キケツ)】①すでに決定してしまっていること。↕未決。②特に、判決がすでに確定していること。↕未決。『既決囚』
【既婚(キコン)】すでに結婚していること。↕未婚。
【既済(キサイ)】①易(エキ)の六十四卦の一。☵☲。すべてがうまくできあがっている様子。②事がすでに済んでいること。③国借金などを返済していること。↕未済
【既習(キシュウ)】すでに学習していること。↕未習
【既述(キジュツ)】文章中で、すでに述べたこと。前述。
【既遂(キスイ)】すでに、しおわっていること。↕未遂。『既遂犯』
【既成(キセイ)】すでにでき上がって存在すること。『既成概念』『既成事実』
【既製(キセイ)】あらかじめ完成した商品として、手を加える必要のないようにすでに作られてあること。『既製服』
【既設(キセツ)】すでに設けてあること。↕未設
【既存(キソン)】すでにあること。『既存店との競合』
【既知(キチ)】すでに知られていること。すでに知っていること。↕未知。『既知数』
【既定(キテイ)】すでに決まっていること。↕未定
【既得(キトク)】すでに自分のものにしていること。『既得権』
【既報(キホウ)】すでに知らせてあること。また、すでに報道されたこと。
【既望(キボウ)】(「望」は十五夜)満月を過ぎた夜。陰暦一六日の夜。また、その夜の月。いざよい。

72 日部 にち

甲骨文 / 金文 / 篆文

日は、円形の中に一点をおいて、輝く太陽を表す。日部に属する字は、時間、時刻、明暗など、また星に関係する。字の左部にあるものを「にちへん」とよぶ。

日◆ 日 昌 晶
日(上) ① 旦 ② 早 ③ 旱 ④ 易 昂 杲 昊
昆 昇 昃 旻 ⑤ 昱 显 昻 是 星 昴 昜
⑥ 晏 晃 晟 晁 ⑦ 昪 晨 晟 晹 ⑧ 晷
晷 景 暑 暃 ⑨ 暈 暑 ⑩ 㬎 ⑪ 暴 ⑫
曇 ⑰ 曩
日(下) ② 旨 旬 ③ 旮 ④ 昏 昝 昔 ⑤ 昬
春 昼 ⑥ 晋 晉 ⑦ 哲 晝 ⑧ 晢 智 普
⑨ 普 ⑩ 暜 暮 曆 ⑪ 暫 暮 ⑫ 暨 曁
暓 曆
日(左) ③ 旰 时 ④ 旺 昉 明 明 ⑤ 映 昿
昨 昵 昭 昧 ⑥ 晦 晈 晄 晒 時 晌 ⑦
晦 晞 晤 晧 晛 晣 晩 晡 ⑧ 暁 晴 晴
晰 晩 ⑨ 暗 暗 暎 暍 暇 暉 暄 暖 暖
暝 暘 ⑩ 暤 暝 ⑪ 暵 暭 暱 ⑫ 曉 曈
暾 曄 暸 ⑬ 曖 曦 曙 ⑭ 曛 曙 曚 曜
曜 ⑮ 曠 曝 ⑯ 曦 ⑲ 曬
日(右) ① 旧 ② 旭 ⑤ 昶 ⑩ 暢 ⑫ 暹

日◆

3115

【日】 3892 467C 93FA 日-0 常1

ニチ(呉)・ジツ(漢)/rì/ひ・か

筆順 日 日 日 日

字解 部首解説を参照。

参考 万葉仮名では音を借りて「に」、訓を借りて「ひ(甲)」。

意味 ❶ひ。太陽。『日光』『日食』『落日(ラクジツ)』*十八史略-五帝「日出而作、日入而息(ひいでてサクし、ひいりていこう)」〔=日が出ると働き、日が沈むと家に帰って休む〕❷ひる。太陽が出ている間。『日夜』『日中』『長日(チョウジツ)』『白日(ハクジツ)』❸ひ。太陽のひとめぐりの間。一昼夜。一日。また、数詞の下に付けて、日を数えるのに用いる語。『日時』『縁日(エンニチ)』『元日(ガンジツ)』『祝日(シュクジツ)』*論語-学而「吾日三省二吾身一(われひにみたびわがみをかえりみる)」〔=私は一日に何回も自分のことを反省してみる〕❹ひび。日に日に。また、日ましに。『日進月歩』『日常』『日記』『愛日(アイジツ)』*十八史略-東漢「与レ亮情好日密(リョウとジョウコウひにミツなり)」〔=(劉備は)諸葛亮との仲が日ましに親密になった〕❺天子。天皇。また、それに関すること。『日の御子(みこ)』『日嗣(ひつぎ)』❻「日本」の略。『日米関係』『日銀〔=日本銀行〕』❼国七曜の一。日曜日のこと。『土日休業』❽国「日向国(ひゅうがのくに)」の略。西海道十一か国の一。現在の宮崎県。『日豊本線(ニッポウホンセン)』『日南海岸』❾固有名詞。『日蓮(ニチレン)』

❶ひ。太陽。

下接 愛日(アイジツ)・貫日(カンジツ)・旭日(キョクジツ)・迎日(ゲイジツ)・紅日(コウジツ)・残日(ザンジツ)・斜日(シャジツ)・秋日(シュウジツ)・春日(シュンジツ)・初日(ショジツ|はつひ)・西日(セイジツ|にしび)・夕日(セキジツ|ゆうひ)・赤日(セキジツ)・朝日(チョウジツ|あさひ)・天日(テンジツ|テンぴ)・白日(ハクジツ)・浴日(ヨクジツ)・落日(ラクジツ)・烈日(レツジツ)・向日性(コウジツセイ)

【日月(ジツゲツ)】①太陽と月。『日月星辰(セイシン)』〔=太陽と月と星〕*論語-子張「君子之過也、如二日月之蝕一焉(クンシのあやまつや、ジツゲツのショクするがごとし)」〔=君子は過失を犯しても、日食や月食のように人に隠すことがない〕②聖人、賢者をさしていう。*論語-子張「仲尼日月也。無二得而踰一焉(チュウジはジツゲツなり。えてこゆることなし)」〔=孔子は日や月のようなものだ。越えることができない〕↓❸
【日晏(ニチアン)】ひぐれ。くれがた。
【日域(ニチイキ)】①日が照らす域内。転じて、天下。②太陽が出る所。昔、中国で朝鮮を呼んだ語。③(日の出る国の意から)日本の異称。
【日烏(ニチウ)】太陽の異称。♥太陽には三本足の烏(からす)が住んでいるという中国古代の伝説から。
【日暈(ニチウン)】巻層雲と光の屈折によって、太陽の周囲に現れる輪。ひがさ。
【日影(ニチエイ|ひかげ)】日の光。また、日光が当たってできるかげ。『初日影(はつひかげ)』
【日辺(ニチヘン|ニッペン)】太陽のあるあたり。↓❺

【日暮(ニチボ)】ひぐれ。ゆうがた。くれがた。＊崔顥‐黄鶴楼「日暮郷関何処是(ニチボキョウカンいずれのところかこれなる)〔=ひぐれどき、故郷はどちらの方角かと見わたしてみる〕」

【日没(ニチボツ)】太陽が沈むこと。日の入り。↔日出

【日輪(ニチリン)】太陽のこと。

【日角(ニッカク)】人相で、目の上の骨が、太陽の形に隆起していること。貴人の相。

【日晷(ニッキ)】太陽のかげ。ひかげ。また、日時計。

【日脚(ニッキャク)‖(ひあし)】太陽が東から西へと移る動き。

【日景(ニッケイ)】日のひかり。日光。日影。

【日光(ニッコウ)】日のひかり。太陽の光線。『日光浴』

【日至(ニッシ)】冬至または夏至。

【日者(ニッシャ)】日の吉凶をトする者。占い者。→❸

【日射(ニッシャ)】太陽光線の直射。ひざし。『日射病』

【日出(ニッシュツ)】日の出。↔日没。『日出時』

【日照(ニッショウ)】太陽が地上を照らすこと。『日照権』

【日章旗(ニッショウキ)】国日の丸の旗。

【日色(ニッショク)】日の色。日の光。転じて、太陽。

【日食・日蝕(ニッショク)】月が太陽と地球の間に来て太陽が月によって隠される現象。書き換え「日蝕→日食」。

【日仄(ニッソク‖ニッショク)】日がかたむくころ。午後二時ごろ。

【日東(ニットウ)】日本の国の称。中国からみて、日の昇る東の方の国の意。

【日暮途遠(ひくれてみちとおし)】日が暮れてしまったが、これから行く先の道のりはまだはるかに遠い。年老いたり、日時の期限が切迫しているにもかかわらず、なかなか物事が達成されないたとえ。〔史記‐伍子胥伝〕

【日薄二西山一(ひセイザンにせまる)】日が暮れること。老いて先の短くなっていることをいう。〔李密‐陳情表〕

【日向(ひなた)】日の光の当たる場所。↔日陰(ひかげ)

【日和(ひより)】①穏やかな晴天。『行楽日和』②空模様。③事の成り行き。形勢。

❷ ひる。太陽が出ている間。

【日午(ニチゴ)】午(うま)の刻。午前一二時ごろ。正午。

【日夜(ニチヤ)】昼と夜。また、夜も昼も。毎日。＊杜甫‐登二岳陽楼一「呉楚東南坼、乾坤日夜浮(ゴソトウナンにさけ、ケンコンニチヤうかぶ)」〔=洞庭湖によって呉楚の地が二つに裂かれ、天地間の万物が昼夜その姿を映している〕」

【日勤(ニッキン)】昼間の勤務。↔夜勤

【日夕(ニッセキ)】①昼と夜。日夜。昼も夜も。②日暮れ。夕暮れ。＊陶潜‐飲酒「山気日夕佳(サンキニッセキによし)」〔=山の景色は夕暮れ時がすばらしい〕」

【日中(ニッチュウ‖ひなか)】①日のある間。昼間。正午。②昼夜の等しい時。春分の日、秋分の日。→❻

【日直(ニッチョク)】昼間の当直。↔宿直・夜直

❸ ひ。太陽のひとめぐりの間。一昼夜。

下接 悪日・異日・一日・永日・縁日・往日・晦日・隔日・佳日・夏日・過日・嘉日・元日・忌日・期日・吉日・休日・迎日・兼日・好日・曠日・後日・今日・祭日・斎日・賽日・昨日・朔日・式日・時日・社日・秋日・終日・週日・祝日・春日・旬日・閏日・上日・除日・初日・人日・尽日・数日・生日・昔日・積日・先日・前日・即日・他日・旦日・短日・逐日・遅日・直日・定日・当日・同日・寧日・半日・弥日・伏日・平日・某日・望日・本日・毎日・末日・明日・命日・滅日・翌日・来日・例日・暦日・歴日・連日・臘日・一昨日・明後日／月日・中日・旗日・物日・紋日・厄日・曜日・楽日／頃日・終日

【日月(ジツゲツ)】つきひ。歳月。『閑日月』『短日月』→❶

【日月如レ流、老将レ至(ジツゲツながるるがごとく、おいまさにいたらんとす)】歳月は水の流れるように過ぎ去り、老境がひしひしと身に迫っている。〔十八史略‐東漢〕

【日限(ニチゲン)】期限。『日限を切る』

【日時(ニチジ)】①日付と時刻。②日数と時間。

【日日是好日(ニチニチこれコウジツ)】来る日も来る日も、楽しく平和なよい日と感じていること。〔碧巌録〕

【日給(ニッキュウ)】一日を単位として定めた給料。

【日子(ニッシ)】ひにち。日数。

【日者(ニッシャ)】さきごろ。昔日。往日。→❶

【日収(ニッシュウ)】一日の収入。

【日当(ニットウ)】一日いくらと定めて支払う手当。

【日付(ひづけ)】文書などに記す、作成または提出の年月日。また、暦に記される、年月日の数字。

❹ ひび。日に日に。また、日ましに。

【不二同レ日而論一(ひをおなじくしてロンぜず)】一緒にして語れない。まったく違っていて比べられない。〔史記‐游侠伝〕

【日常(ニチジョウ)】つねひごろ。普段。平生。『日常茶飯事』

【日日(ニチニチ‖ひび)】日ごと。毎日。『日々の努力』

【日用(ニチヨウ)】日常の生活で使用すること。『日用雑貨』

【日録(ニチロク)】日々の出来事の記録。日記。

【日課(ニッカ)】日々割り当ててする決まった仕事。

【日刊(ニッカン)】毎日刊行すること。『日刊紙』

【日記(ニッキ)】毎日の出来事を一日ごとに記録したもの。

【日興(ニッキョウ)】日々のたのしみ。

【日計(ニッケイ)】一日ごとにする計算。特に、その日の総計。

【日参(ニッサン)】国①毎日、神社、仏閣へ参詣(サンケイ)すること。日参り。②毎日特定の人や場所を訪ねること。

【日誌(ニッシ)】毎日の業務内容、行動などを記録したもの。

【日新(ニッシン)】日に日に新しくなること。

【日進月歩(ニッシンゲッポ)】日に月に絶えまなく進歩すること。

【日程(ニッテイ)】仕事、議事、旅行などの日々の予定。

【日報(ニッポウ)】毎日行う報告。『業務日報』

【日頃・日比・日来(ひごろ)】平生。ふだん。『常(つね)日頃』

❺ 天子。天皇。

【日辺(ニチヘン‖ニッペン)】天子の近く。宮城のそば。都。→❶

【日嗣(ひつぎ)】天皇の位を受け継ぐこと。また、皇位。『日嗣の御子(みこ)〔=皇太子〕』

❻「日本」の略。

下接 抗日・在日・親日・対日・滞日・知日・駐日・排日・訪日・来日・離日

【日貨(ニッカ)】日本で生産し輸出された商品。『日貨排斥』

【日系(ニッケイ)】日本人の血統を引いていること。

【日中(ニッチュウ)】日本と中国。『日中友好』→❷

❾ 固有名詞。

【日蓮(ニチレン)】鎌倉時代の僧。日蓮宗の開祖。安房(あわ)国(千葉県)漁師貫名重忠の子。著に「立正安国論」「観心本尊鈔」「開目鈔」「報恩鈔」など。(一二二二～八二)

【日知録(ニッチロク)】中国の雑家書。三二巻。清の顧炎武撰。日常の読書、研究の間に随筆風に筆録された小論類。

【日本ニホン・ニッポン】わが国の国号。『日本晴れ』『日本間』
♥「ひのもと」に当てた漢字の音読から。
【日本書紀ニホンショキ】日本最初の勅撰の歴史書。六国史の一。全三〇巻。七二〇年舎人とねり親王の主宰のもとに完成。神代から持統天皇(六九七年)までを、編年体に漢文で記す。日本紀ニホンギ。

難読地名 日原にっぱら鍾乳洞(東京) 日吉津ひえづ村(鳥取) 日置ひおき郡(鹿児島) 日置川ひきがわ町(和歌山) 日出ひじ町(大分) 日生ひなせ町(岡山) 日御碕ひのみさき(島根) 日置へき町(山口)

難読姓氏 日外あぐい 日下部くさかべ 日馬くさま 日月たちもり 日向野ひがの 日紫喜ひしき

[日]⇩3250

3116 【昌】 3027 3E3B 8FB9 日－4 人 ショウ(シャウ)漢/chāng/さかん・まさ

字解 会意。日＋日。日が盛んにかがやく意。一説に、もと光を盛んに放ちかがやく太陽の形に象るとも、唱の原字であるともいう。

同属字 菖・閶・倡・唱・娼・猖

意味 ❶さかん。さかえる。さかり。『昌運』『繁昌ハンジョウ』『隆昌リュウショウ』 ❷あきらか。うつくしい。また、よい。正しい。『昌言』 ❸固有名詞。『昌平』『昌黎』

❶さかん。さかえる。さかり。
【昌運ショウウン】さかんになる運命。また、その時節。

【昌昌ショウショウ】さかんなさま。

【昌盛ショウセイ】さかんなこと。栄えること。繁盛ハンジョウ。

【昌平ショウヘイ】国運が盛んで、世の中が平和なこと。→❸

❷あきらか。うつくしい。よい。正しい。
【昌言ショウゲン】率直に理にかなったことを言うこと。または、理にかなったよい言葉。美言。

❸固有名詞。
【昌平ショウヘイ】中国山東省西南部の曲阜県の郷の名。孔子の生地。→❶
【昌平黌ショウヘイコウ】江戸幕府の学問所。はじめ儒官林家の家塾であったのを、元禄三年(一六九〇)、徳川綱吉が江戸の湯島に移して官学化した。聖堂。
【昌黎ショウレイ】①中国の県名。現在の河北省易県にあたる。②中国、唐の文人、韓愈カンユの号。

3117 【晶】 3029 3E3D 8FBB 日－8 常 ショウ(シャウ)呉・セイ漢/jīng/ひかり・あき

筆順

字解 象形。ちらばっている星が輝くさまに象り、ひかり・あきらかの意。

甲骨文  篆文 

意味 ❶ひかり。❷あきらか。明るくひかり輝くさま。きらめくさま。『晶晶ショウショウ』 ❸鉱物の名。『水晶スイショウ』 ❹鉱物の原子に見られる、規則的な配列形態。『結晶ケッショウ』

[昌]⇩90 [曳]⇩3251 [曵]⇩3253

日

3118 【旦】 3522 4336 9255 日－1 人 タン呉漢/dàn/あさ・あした

字解 指事。日(太陽)＋一(地平線・場所)。太陽がのぼるあしたの意。

甲骨文  金文  篆文 

同属字 疸・亶・但・坦・怛・担・胆・袒・靼

意味 ❶あさ。あけがた。また、夜が明ける。『旦夕』『元旦』⇒〔朝〕(3292)の表 ❷あて字など。『旦那』

下接 元旦ガンタン・吉旦キッタン・月旦ゲッタン・歳旦サイタン・朔旦サクタン・早旦ソウタン・毎旦マイタン・明旦ミョウタン

❶あさ。
【旦日タンジツ】①明け方の太陽。②あす。明日。明朝。*史記－項羽本紀「沛公旦日従二百余騎一、来見二項王一、至二鴻門一(ハイコウタンジツヒャクヨキをしたがえて、きたりてコウオウにまみえんとし、コウモンにいたる)」〔=沛公は翌朝百余騎を従えて、項王に謁見しに鴻門に来た〕」

【旦夕タンセキ】①朝と晩。朝夕。②つねづね。平生。

【旦旦タンタン】①毎朝。毎日。*柳宗元－捕レ蛇者説「豈若二吾郷隣之旦旦有一レ是哉(あにわがキョウリンのタンタンにこれあるがごとくならんや)」〔=私の近所の者たちが毎日送っている生活とは違うのである」〕②心がこもっているさま。ねんごろで誠意のこもっているさま。③明らかなさま。

【旦昼タンチュウ】①朝と昼。②日中。

【旦暮タンボ】①朝と晩。あさゆう。②朝から暮れまでの時間。転じて、わずかの間。③せまりくる時機。危急。また、そのための不安。④朝晩の食事。

【旦明タンメイ】よあけ。あけがた。

❷あて字など。

下接 震旦シンタン・文旦ブンタン・巴旦杏ハタンキョウ

【旦那ダンナ】(梵 dāna の音訳、檀那の略記)①布施をする人。施主。②国男の主人。一家の主人。③国商人などが男客をいう語。

3119 【早】 3365 4161 9181 日－2 常1 ソウ(サウ)呉漢・サッ慣/zǎo/はや・はやい・はやまる・はやめる

筆順

字解 会意。日(太陽)＋十(=甲、人の頭蓋骨・あたま)。人の頭上に陽が昇り始めるあけがたの意から、はやい意。

同属字 草

意味 ❶朝まだき。夜明けがた。↔晩。『早暁』『早朝』 ❷はやい。時節・時期的にはやい。つとに。はやくも。↔晩。『早計』『早熟』『早春』*杜甫－復愁「昔帰相識少、早已戦場多(むかしかえりしときソウシキすくなく、はやくもすでにセンジョウおおかりき)」〔=昔帰郷した時でさえ知人は少なくなっており、早くもすでに戦場となっていた〕」⇒表 ❸はやい。速度がはやい。また、すぐ。『早急』『早速』 ❹国さ。初夏の農事に関する接頭語。また、若芽の意にいう。『早乙女』『早苗』

❶朝まだき。夜明けがた。
【早暁ソウギョウ】夜が明けるころ。明け方。払暁。

【早晨ソウシン】朝早いこと。早旦。

【早旦ソウタン】朝早いこと。早朝。

【早朝ソウチョウ】①(ソウチョウ)朝の早いうち。②(あさまつりごと)朝の政務。*白居易－長恨歌「従レ此君王不二早朝一(これよりクンノウあさまつりごとせず)」〔=これからというもの、みかどは朝の政務を怠るようになった〕」

【早天ソウテン】夜明けの空。また、夜明けのころ。

❷ 時節・時期的にはやい。

	早晩					
ソウ 早	はやい。早成	早熟	早婚	早春	早稲わせ	早雁
バン 晩	おそい。晩成	晩熟	晩婚	晩春	晩稲おくて	晩鶯

【早雁ソウガン】例年より早く渡ってくる雁。
【早期ソウキ】早い時期。『早期に治療する』『早期発見』
【早蛩ソウキョウ】鳴く時節にまだ早いコオロギ。
【早計ソウケイ】早まった計画。急ぎすぎた判断。
【早婚ソウコン】ごく若い時期に結婚すること。↔晩婚
【早産ソウザン】予定日より早く出産すること。↔遅産
【早熟ソウジュク】①果物、穀物が、普通より早く熟すること。②心身の発達が普通よりも早いこと。『早熟な少年』↔晩熟。
【早春ソウシュン】春の初め。初春。↔晩春。『早春賦』
【早世ソウセイ】早く世を去ること。夭折ヨウセツ。
【早成ソウセイ】①事を早く成し遂げること。②早く大人びること。早熟。
【早早ソウソウ】①急いで事をするさま。はやばや。『早早謹言ソウソウキンゲン』〔=手紙の末尾に添えて、走り書きながらつつしんで申し上げるの意〕②国その状態になってすぐであるさま。『入学早早』
【早退ソウタイ】国定刻より早く退出すること。早引け。
【早知・早智ソウチ】幼いときから知恵の発達が早いこと。
【早着ソウチャク】列車などが、定刻より早く着くこと。
【早晩ソウバン】遅かれ早かれ。そのうちにいつかは。
【早稲わせ】早く成熟する品種のイネ。わせいね。

❸ 速度がはやい。

【早急サッキュウ|ソウキュウ】国大急ぎ。至急。『早急に検討する』
【早速サッソク】国すみやかに。すぐに。
【早瀬はやせ】川の流れのはやい所。

❹ (日本語で)さ。

【早乙女・早少女さおとめ】田植えをする少女。

【早苗さなえ】苗代から本田に移し植えるころのイネの苗。

難読地名 早良さわら区(福岡) 早来はやきた町(北海道) 早池峰はやちね山(岩手)
難読姓氏 早矢仕はやし

3120【旱】5861 5A5D 9DDB 日-3

カン(漢)/hàn/ひでり

字解 形声。日+干(ひでり)(声)。日にてらされかわく・ひでりの意。のちに日を加えて、その字義を明確にした。

同属字 悍・捍・稈・駻

意味 ❶ひでり。雨が長期間降らないこと。『旱天』『旱魃』 *荀子-天論「天旱而雩テンひでりしてウす」〔=日照りになって雨ごいをする〕 ❷かわく。かわいた地。転じて、陸地。『旱路』

下接 炎旱エンカン・亢旱コウカン・小旱ショウカン・水旱スイカン・大旱タイカン

【旱災カンサイ】ひでりの災害。旱害。

【旱天カンテン】ひでり。干天カンテン。

【旱魃カンバツ】雨が長い間降らないこと。ひでり。

【旱路カンロ】陸路。陸づたいに行く旅路。

【旱潦・旱澇カンロウ】ひでりと大雨。

[早]⇨1264 [旻]⇨1545

3121【易】1655 3057 88D5 日-4 常5

イ(呉)(漢)・ヤク(呉)・エキ(漢)/yì/ やさしい・やすい・かえる

筆順 

字解 象形。うろこの表面が光によって変わりかがやくとかげとも、また、日が出て輝きだすさまともいう。かわる・やすいの意に用いる。

甲骨文 金文 篆文

同属字 剔・惕・裼・蜴・賜・踢・錫

参考 万葉仮名では音を借りて「い」。

意味 ❶(イ)やすい。㋐やすらか。㋑やさしい。てがるな。↔難。㋒…しがちである。*伝朱熹-偶成「少年易レ老学難レ成ショウネンおいやすくガクなりがたし」〔=青年はすぐ老人になってしまうほど時間のたつのは早いのに、学問は成就しがたいものだ〕 ❷(エキ)かえる。かわる。交換する。あらたまる。『易姓革命』*孟子-離婁上「古者易レ子而教レ之いにしえはこをかえてこれをおしう」〔=昔は互いに子を取りかえて教えた〕 ❸(エキ)かろんずる。あなどる。*韓非子-五蠹「魯民易レ降北ロミンコウホクをかろんず」〔=魯の民は、平気で降服し逃亡した〕 ❹(エキ)うらない。また、易経のこと。『易者』『三易サンエキ』『周易シュウエキ』 ❺「易水エキスイ」は、中国河北省易県の付近から発し、大清河に合流する川。秦の始皇帝を刺すため、燕の太子丹が雇った刺客荊軻ケイカが出発にあたって「風蕭蕭兮易水寒、壮士一去兮不二復還一かぜショウショウとしてエキスイさむし、ソウシひとたびさりてまたかえらず」〔=風はいかにももの悲しく、易水のほとりは寒々しい、壮士はひとたびこの地を離れると、生きながらえて帰ってくるとも思えない〕と歌った所として有名。〔史記-刺客伝〕

❶ やすい。やさしい。

下接 安易アンイ・簡易カンイ・軽易ケイイ・劇易ゲキイ・卒易ソツイ・難易ナンイ・平易ヘイイ・便易ベンイ・慢易マンイ・容易ヨウイ・楽易ラクイ・和易ワイ

【易易イイ】たやすいさま。

【易簡イカン】手軽なこと。また、わかりやすいこと。

【易行イギョウ】仏語。①だれにでもたやすく行える仏道修行。やさしい修行。↔難行。②念仏を唱え、阿弥陀仏アミダブツに導かれて悟りに至る道。易行道のこと。↔難行

❷ かえる。あらたまる。

下接 改易カイエキ・革易カクエキ・換易カンエキ・交易コウエキ・不易フエキ・辟易ヘキエキ・変易ヘンエキ・貿易ボウエキ・千古不易センコフエキ

【易簀エキサク】病床のすのこをとりかえる。学徳の高い人が死ぬことを敬っていう語。〔礼記-檀弓上〕♥孔子の弟子の曾子ソウシが、死ぬ前に病床の大夫タイ用の簀すのこを、身分不相応だとして、易かえさせたという故事から。

【易姓革命エキセイカクメイ】中国で、徳のある者が徳のない君主を倒し、新しい王朝を建てること。〔史記-暦書〕♥統治者の姓が易かわるのは、天命が革あらたまったものだの意。

❹ うらない。また、易経のこと。

【易学エキガク】易を研究する学問。

【易経エキキョウ】五経の一。陽を⚊印、陰を⚋印で示し、それを組み合わせた六十四卦によって自然と人生の変化の道理を説いた書。周易。易。

【易者エキシャ】易による占いを職業とする者。八卦見ハッケみ。

【易筮エキゼイ】筮竹ゼイチクを用いて易占いをすること。

【易断エキダン】国占いで、運勢、吉凶を判断すること。

3122 【昂】 2523 3937 8D56 日－4 [人] (3131)【昻】 日－5
ゴウ(ガウ)[漢]・コウ(カウ)[慣]/ánɡ/たかぶる
[字解] 形声。日＋卬(高い)[声]。日が高くのぼる意。
[意味] あがる。たかぶる。また、たかいさま。『激昂ゲッコウ―ゲキコウ』『軒昂ケンコウ』
【昂昂コウコウ】[1]駿馬が元気よく走るさま。[2]志や行いがすぐれて高いさま。
【昂進コウシン】次第にたかぶること。亢進。高進。
【昂然コウゼン】自信を持ち意気盛んなさま。
【昂騰コウトウ】物価などが高く上がること。高騰。
【昂奮コウフン】気持ちがたかぶること。興奮。
【昂揚コウヨウ】気分などがたかまること。高揚。

3123 【杲】 5862 5A5E 9DDC 日－4 コウ(カウ)[漢]/ɡǎo/あきらか
[字解] 会意。日＋木。太陽が木の上にある意から、あきらかの意を表す。
[意味] ❶あきらか。日の光が明るいさま。『杲杲コウコウ』❷高いさま。『杲乎コウコ』

3124 【昊】 5863 5A5F 9DDD 日－4 コウ(カウ)[漢]/hào/そら
[字解] 形声。日＋天(＝夰)[声]。太陽がかがやく大空の意。また、夰は昦の省略形で、大きな顔の人の形に象り、尊大の意を表すとも。
金文 篆文 [意味] ❶そら。おおぞら。特に、夏のそら(一説に春のそら)をいう。『昊天』『秋昊シュウコウ』『蒼昊ソウコウ』❷明るいさま。さかんなさま。『昊昊コウコウ』
【昊天コウテン】[1]四天の一。夏のそら。[2]広い空。大空。

3125 【昆】 2611 3A2B 8DA9 日－4 [常] コン[呉][漢]/kūn/むし
[筆順] 昆 昆 昆 昆 昆 昆
[字解] 象形。多足のこん虫の形に象り、むしの意。
[同属字] 崑・菎・混・棍・餛・鯤
[参考] 昆には、虫の意のほかに多いの意味もあった。「昆虫」という熟語は、本来は、多くの虫の意という。
金文 篆文 [意味] ❶むし。『昆虫』❷あに。『昆弟』❸のち(後)。子孫。『後昆コウコン』❹固有名詞、あて字など。『昆布コンブ』

❶ むし。
【昆虫コンチュウ】節足動物のうち、昆虫類に属するものの総称。トンボ、セミ、チョウなど。『昆虫採集』

❷ あに。
【昆季コンキ】(「季」は末弟)兄弟のこと。
【昆弟コンテイ】あにとおとうと。兄弟。＊十八史略-春秋戦国「昆弟妻嫂、側レ目不二敢視一コンテイサイソウ、めをそばめてあえてみず」(＝兄弟や妻や兄嫁たちは、目をそらしてまともに見ない)」

❸ のち。子孫。
【昆孫コンソン】曾孫の曾孫。その人から六代あとの者。

❹ 固有名詞、あて字など。
【昆布コンブ・コブ】褐藻カッソウ類コンブ科に属する海藻。形態は帯状。多くは食用。♥アイヌ語 kombu のあて字。
【昆明池コンメイチ】中国の漢の武帝が長安城の西南に掘らせた池。この池で水軍を訓練したという。

3126 【昇】 ショウ[呉][漢]/shēnɡ/のぼる 3026 3E3A 8FB8 日－4 [常] (3140)【⿱日舛】＊3431 日－7 †
[筆順] 昇 昇 昇 昇 昇 昇 昇 昇
[字解] 形声。日＋升(上へあげる)[声]。日がのぼる意。
[意味] ❶のぼる。あがる。のぼせる。↔降。『昇級』『上昇ジョウショウ』❷たいらか。おだやか。『昇平』

❶ のぼる。
【昇華ショウカ】[1]固体が液体にならずに直接気体になること。[2]低位の欲望が高位の芸術、宗教などの活動に置換されること。
【昇格ショウカク】資格、地位などが上がること。↔降格
【昇級ショウキュウ】等級が上がること。昇進。↔降級。『昇級試験』
【昇給ショウキュウ】給料が上がること。↔降給・減給。
【昇汞ショウコウ】(「汞」は水銀の意)塩化第二水銀のこと。消毒薬、防腐剤などに用いる。『昇汞水』
【昇降ショウコウ】のぼることとくだること。『昇降口』
【昇叙ショウジョ】位階が上がって、上級の官位を授けられること。♥書き換え「陞叙→昇叙」。
【昇進ショウシン】地位がのぼり進むこと。『異例の昇進』
【昇仙ショウセン】天にのぼり、仙人になること。
【昇段ショウダン】[国]技量の等級を示す段位があがること。
【昇天ショウテン】[1]天にのぼること。『旭日キョクジツ昇天の勢い』＊白居易-長恨歌「昇レ天入レ地求レ之遍テンにのぼりチにいりてこれをもとむることあまねし」(＝天にのぼり、地にもぐって、くまなく探し求めた)」[2]キリスト教で、死んで魂が天にのぼること。
【昇殿ショウデン】[国][1]許されて神社の拝殿に入ること。[2]清涼殿の殿上テンジョウの間にのぼるのを許されること。
【昇任ショウニン】上級の官職に任命されること。↔降任

❷ おだやか。
【昇平ショウヘイ】世の中が平和に治まっていること。

3127 【昃】 5864 5A60 9DDE 日－4 ショク[漢]・ソク[慣]/zè
[字解] 形声。日＋仄(かたむく)[声]。日がかたむく、かたむく意。
甲骨文 篆文 [意味] ❶かたむく。日がかたむく。❷ひるすぎ。

3128 【旻】 5865 5A61 9DDF 日－4 ビン[漢]/mín
[字解] 形声。日＋文[声]。
[意味] あきぞら。また、そら。『秋旻シュウビン』『蒼旻ソウビン』
【旻天ビンテン】[1]秋の空。[2]万物の支配者としての天。

【㝵】⇩1807
【昜】⇩3255

3129 【昱】＊3413 日－5 イク[漢]/yù
[字解] 日＋立の会意で、あきらかの意というが、甲骨文・

心(小・⺗)戈戸(戸)手(扌)支攴(攵) 4画 文斗斤方无(旡・无)日曰月木欠止歹(歺)殳毋比毛氏气水(氺・氵)火(灬)爪(爫・⺥)父爻(⺙)爿(丬)片牙(牙)牛犬(犭)

甲骨文 金文 篆文

金文は、翌・翼に同じで、あくる日の意を表す。

3130【显】 日－5
ケン「㬎」(3151)の異体字

3131【昻】 日－5
コウ「昂」(3122)の異体字

3132【是】 3207 4027 90A5 日－5 常
ゼ(呉)・シ(漢)／shì／こ・ここ・これ

筆順

字解 会意。日(＝早、さじ)＋正(＝止、あし)。食物をはこびうつすさじの意。匙の原字。借りて指事代名詞、また、ただしい意に用いる。

金文 篆文
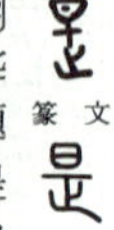

同属字 匙・題・堤・提・隄・諟・醍・鯷

参考 万葉仮名では音を借りて「せ」「ぜ」。

意味 ❶ただしい。ただす。正しい、よいと認める。↔非。『是是非非』『是認』また、正しいとして定めた方針。『国是』『党是』＊陶潜-帰去来辞「覚今是而昨非」〔いまのぜにしてさくのひなりしをさとる〕〔＝今の私が正しくて、昨日までの私が間違っていたことがわかった〕 ❷これ。ここ。この。㋑これ。このこと。近称の代名詞。「此」「之」「斯」にほぼ同じ。＊論語-述而「唯我与爾有是夫」〔ただわれとなんじとこれあるかな〕〔＝このことは、ただ私とおまえだけにできることだなあ〕 ㋺この。近いものを指す代名詞。＊孟子-梁恵王上「是心足以王矣」〔このこころもってオウたるにたる〕〔＝この心があれば、天下の王者となる資格は十分だ〕 ㋩ここ。場所を示す。＊孟子-梁恵王上「吾惛不能進於是矣」〔われくらくしてこれにすすむあたわず〕〔＝私は愚かなので、そこまでは進めない〕 ㊁これ。…である。強意を示す。＊杜甫-絶句「何日是帰年」〔いずれのひかこれキネンならん〕〔＝いつになったら故郷に帰る時期がくるのだろうか〕 ㋭これ。語調を整える。＊陶潜-桃花源記「今是何世」〔いまはこれなんのよぞ〕〔＝今はなんという時代か〕

下接 ❶ ただしい。ただす。また、よしとする。

校是(コウゼ)・国是(コクゼ)・社是(シャゼ)・党是(トウゼ)・不是(フゼ)

【是邪非邪】(ぜかひか) 是なのであろうか、非なのであろうか。＊史記-伯夷伝「余甚惑焉。儻所謂天道是邪非邪」〔われはなはだまどう。あるいはいわゆるテンドウはぜかひかと〕〔＝私は非常に迷っている。世にいわれている天の道というのは正義なのであろうか。ひょっとすると、正義ではないのではあるまいかと〕

【是正】(ゼセイ) 悪い点や間違っている箇所を改めること。

【是是非非】(ゼゼヒヒ) よい事をはっきりよいとし、悪いことは悪いと公平な立場で判断すること。〔荀子-修身〕『是是非非主義』

【是認】(ゼニン) よいとして、また、そうであると認めること。↔否認。『申し立てを是認する』

【是非】(ゼヒ) ①物事が正しいか正しくないか。＊孟子-公孫丑上「是非之心、智之端」〔ぜひのこころは、チのタンなり〕〔＝正しいか正しくないかを判断する心は、智の糸口である〕 ②国どうあっても。なんとしても。

❷ これ。ここ。この。

下接 即是(ソクゼ)・色即是空(シキソクゼクウ)／彼是(かれこれ)

【如是】(かくのごとし) このようである。＊論語-子張「紂之不善、不如是之甚也」〔チュウのフゼンは、かくのごとくはなはだしからざるなり〕〔＝紂王の悪事も、それほどひどいものではなかったのだ〕

【於是】(ここにおいて) そこで。このときに。＊史記-項羽本紀「於是項王乃悲歌慷慨、自為詩」〔ここにおいてコウオウすなわちヒカコウガイし、みずからシをつくる〕〔＝そこで項羽は悲しげな様子で歌をうたい、憤り嘆いて、自身で詩を作った〕

【是以】(ここをもって) こういうわけで。だから。＊屈原-漁父辞「衆人皆酔、我独醒。是以見放」〔シュウジンみなよい、われひとりさめたり。ここをもってはなたる〕〔＝人々はみな酔っているのに、自分だけが物の道理をわきまえている。だから追放されたのだ〕

【是故】(このゆえに) そのために。それだから。＊論語-先進「是故哂之」〔このゆえにこれをわらう〕〔＝それで笑ったのだ〕

【以是】(これをもって) これで。このことで。＊史記-項羽本紀「以是知其能」〔これをもってそのノウをしる〕〔＝そのことから彼らの中の有能な者を知り分けた〕

3133【星】 3217 4031 90AF 日－5 常2
ショウ(シャウ)(呉)・セイ(漢)／xīng／ほし

筆順

字解 形声。日(＝晶、ほし)＋生(↓精、澄みきっている)(声)。澄みかがやくほしの意。星は、重文による。

甲骨文 金文 篆文 重文

同属字 惺・猩・腥・醒・鯹

意味 ❶ほし。㋑太陽、月、地球を除く天体。また、広くすべての天体。『星雲』『星座』『火星』 ㋺〔星は一年に一巡するところから〕としつき。『星霜』 ❷重要な人物。『巨星』『将星』『前星』 ❸国ほし。㋑小さく丸い点。『照星』『星印』 ㋺めあて。ねらったところ。的。『図星』『目星』 ㋩犯人。㊁相撲の勝敗を記す黒白の丸。転じて、勝負の成績。『金星』『黒星』『白星』 ❹あて字など。『星港』はシンガポール。『海星』はヒトデ。『満天星』『天南星』は植物名。

❶ ほし。

下接 衛星(エイセイ)・怪星(カイセイ)・魁星(カイセイ)・客星(カクセイ・キャクセイ)・火星(カセイ)・暁星(ギョウセイ)・極星(キョクセイ)・巨星(キョセイ)・金星(キンセイ)・恒星(コウセイ)・歳星(サイセイ)・衆星(シュウセイ)・辰星(シンセイ)・新星(シンセイ)・水星(スイセイ)・彗星(スイセイ)・戴星(タイセイ)・土星(ドセイ)・房星(ボウセイ)・昴星(ボウセイ)・明星(ミョウジョウ)・木星(モクセイ)・遊星(ユウセイ)・妖星(ヨウセイ)・流星(リュウセイ)・惑星(ワクセイ)・占星術(センセイジュツ)／煌星(きらぼし)・彦星(ひこぼし)・箒星(ほうきぼし)

【星雲】(セイウン) 雲のように見える天体。ガスや宇宙塵(ジン)が光って見えるものや、多くの星が集まってできたもの。

【星影】(セイエイ・ほしかげ) 星の光。また、水などに映る星のかげ。

【星火】(セイカ) ①流星の光。転じて、物事の切迫したことのたとえ。②小さな火。

【星河】(セイガ) 天の川。銀河。＊白居易-長恨歌「耿耿星河欲曙天」〔コウコウたるセイガあけんとほっするのテン〕〔＝かすかに光る天の川、夜はやっと明けはじめる〕

【星官】(セイカン) ①官職を星になぞらえていう語。②中国で、星の分布を政府の百官になぞらえて、組ごとに官名を与えたもの。③天文をつかさどる吏員。

【星漢】(セイカン) 天の川。星河。

【星期】(セイキ) ①古代中国で婚礼の日取りのこと。②中国で、一週間のこと。月曜を星期一、土曜を星期六、日曜を星期日という。

【星行】(セイコウ) ①朝早く、頭上に星をいただいて行くこと。夜の明けないうちに行くこと。②星の動き。

【星査・星槎・星楂(セイサ)】(「査」「槎」「楂」は、いかだの意) 星使の乗る大きな船。また、世界を周遊する大型の船。

【星座(セイザ)】天球上の恒星をその配置によって動物や器物などの形にあてはめたもの。

【星使(セイシ)】天子、または政府から派遣される使者。天上の星の使者にたとえていう。

【星宿(セイシュク|セイシュウ)】中国で、恒星を目印にする天球上の区分。二十八宿など。星座に相当する。

【星章(セイショウ)】軍帽などにつける星形のしるし。

【星条旗(セイジョウキ)】アメリカ合衆国の国旗。合衆国の構成州の数を示す星が描かれている。

【星辰(セイシン)】ほし。ほしぼし。『日月星辰(ジツゲツセイシン)』

【星図(セイズ)】天球上の恒星の位置や明るさを示した図。

【星霜(セイソウ)】年月。歳月。『幾(いく)星霜〔=長い年月〕』

【星団(セイダン)】密集する恒星の大集団。『散開星団』

【星点(セイテン)】[1]星のように点々とあること。[2][国]漢文訓読の際、助詞・仮名の代わりに、漢字の四隅に付けた点。

【星斗(セイト)】(「斗」は北斗星など天の南北にある星座の名) ほし。星辰(セイシン)。

【星芒(セイボウ)】星の光。

【星夜(セイヤ)】星の光が明るい夜。星月夜。

3134
【昴】5869 5A65 9DE3 日－5 [人] ボウ(バウ)㊥\mǎo\すばる
[字解] 形声。日＋卯(=丣)㊟。
[意味] すばる。二十八宿の一。おうし座のある星団プレアデスの和名。多くの星が小さく輪をなして見えるので、すべくくられる意の「統(す)ばる」からの名という。

3135
【昜】5870 5A66 9DE4 日－5 ヨウ(ヤウ)㊥\yáng
[字解] 甲骨文は象形。日が地平線にのぼるさまに象り、あがる意。金文以後、彡(日光)を加えた。
甲骨文 金文 篆文
[同属字] 瘍・場・揚・湯・陽・暘・楊・煬・暢・颺・鍚

〔复〕⇩1475 〔曷〕⇩3256 〔昷〕⇩5124

3136
【晏】5871 5A67 9DE5 日－6 [人] アン㊥\yàn\やすらか
[字解] 形声。日＋安(おだやかにやすらぐ)㊟。日がやすらかにはれる意。
[意味] ❶やすらか。静かである。『晏寧』 ❷おそい。時刻が遅い。『晏起』 ❸人名。『晏子』

❶ やすらか。静かである。
【晏晏(アンアン)】やわらいでおだやかなさま。
【晏如(アンジョ)】やすらかなさま。落ち着いているさま。晏然(アンゼン)。
【晏朝(アンチョウ)】やすらかに治まっている朝廷。→❷
【晏寧(アンネイ)】おだやかにおさまっているさま。安寧。

❷ おそい。時刻が遅い。
【晏駕(アンガ)】天子の死を忌んでいうことば。崩御。「駕」は、乗り物。いつもより遅いお出ましの意。

【晏起(アンキ)】朝、おそく起きること。朝寝。

【晏朝(アンチョウ)】朝おそく朝廷に出仕すること。→❶

❸ 人名。
【晏嬰(アンエイ)】=晏子(アンシ)
【晏子(アンシ)】中国、春秋時代の斉の宰相。名は嬰(エイ)、字(あざな)は平仲。勤倹力行、良政を行い人々に尊敬された。前五〇〇年没。【晏子春秋(アンシシュンジュウ)】晏嬰(アンエイ)の言行録。「晏子」とも。【晏子之御(アンシのギョ)】他人の権威によりかかって得意になること。〔史記-管晏伝〕▶晏子の御者が、宰相の御者であるのに満足していたのを妻にたしなめられ、発憤したという故事から。
【晏平仲(アンヘイチュウ)】=晏子(アンシ)

3137
【晃】2524 3938 8D57 日－6 [人] (3195)〔晄〕5872 5A68 9DE6 日－6 コウ(クヮウ)㊤㊥\huǎng\あきらか・あきら
[字解] 形声。日＋光(ひかる)㊟。ひかりかがやく、あきらかの意。
[意味] あきらか。ひかる。ひかり。
【晃蕩(コウトウ)】[1]明らかで広々としたさま。[2]光がゆらめくさま。

3138
【晟】5880 5A70 9DEE 日－6 [人] (3142)〔晠〕〓 日－7 旧字 (3203)〔晠〕* 3429 日－7 セイ㊥\shèng
[字解] 形声。日＋成(完全)㊟。日がよく照ってあきらかの意。

3139
【晁】5874 5A6A 9DE8 日－6 チョウ(テウ)㊥\cháo
[字解] 形声。日＋兆(二つにわかれる)㊟。夜と昼がわかれる、よあけの意。朝に同じ。

〔曻〕⇩6187

3140
【昪】* 3431 日－7 ショウ 「昇」(3126)の異体字

3141
【晨】5879 5A6F 9DED 日－7 [人] シン㊥\chén\あさ・あした
[字解] 形声。日＋辰㊟。甲骨文は、辰に同じ。晨は、重文による。
甲骨文 篆文 重文
[意味] ❶あした。よあけ。早朝。また、時を告げる。鶏が夜明けを告げて鳴く。『晨光』『晨星』 ⇒〔朝〕(3292)の[表] ❷星の名。二十八宿の一。房星。
[下接] 鶏晨(ケイシン)・侵晨(シンシン)・清晨(セイシン)・早晨(ソウシン)・霜晨(ソウシン)
【晨鶏(シンケイ)】夜明けを告げるにわとり。
【晨光(シンコウ)】朝日の光。*陶潜-帰去来辞「恨二晨光之熹微一(シンコウのキビなるをうらむ)〔=朝日の光がかすかにしか照らさぬことを残念に思う〕」
【晨昏(シンコン)】朝と夕。朝暮。
【晨鐘(シンショウ|ジンジョウ)】夜明けの勤行(ゴンギョウ)のとき鳴らす鐘。
【晨炊(シンスイ)】朝食のための炊事。朝のめしたき。*杜甫-石壕吏「猶得レ備二晨炊一(なおシンスイにそなうるをえん)〔=これでもまだ朝ごはんの支度ぐらいはできるだろう〕」
【晨星(シンセイ)】[1]明け方、空に残って見える星。[2]転じて、物事のまばらなさまや、まれであることのたとえ。

心(小・忄)戈戸(户)手(扌)支攴(攵) 4画 文斗斤方旡(无・旡)日曰月木欠止歹(歺)殳毋比毛氏气水(氺・氵)火(灬)爪(爫)父爻(㸚)爿(丬)片牙(牙)牛犬(犭)

【晨省（シンセイ）】朝、父母のきげんをうかがうこと。

【晨明（シンメイ）】①夜明け。②明けの明星。

【晨夜（シンヤ）】朝と夜。朝から晩まで。

3142 【晟】 日－7 セイ 「晟」(3138)の旧字

3143 【⿱𠂉昜】 日－7
字解 単体としては用いられた例を見ず、傷・鴫などの省略形、きずつく・いたむ意と考えられる。
同属字 傷・殤・觴・鴫

［曼］⇨3257

3144 【晷】 日－8 (3145)〔晷〕* 3439 日－8
キ㊥/guǐ/かげ・ひかげ
字解 形声。日＋咎㊞。
意味 ❶ひかげ。❷日光によってできる影。また、日の光。『晷影』❸日時計で、影をつくる柱。また、その影。『晷刻』『晷漏』
【晷影（キエイ）】ひかげ。日影。
【晷刻（キコク）】とき。時間。時刻。
【晷漏（キロウ）】日時計と水時計。転じて、時刻をいう。

3146 【景】 2342 374A 8C69 日－8 常4
ケイ㊥・エイ㊥/jǐng・yǐng/かげ
筆順 景景景景景景
字解 形声。日＋京(高い丘の上のたてもの)㊞。高いところにさす日光の意。転じて、けしき、かげの意。
同属字 影・顥・憬
意味 ❶日ざし。ひかり。かげ。また、あきらか。『斜景』『倒景』『日景』 *陶潜-帰去来辞「景翳翳以将レ入（かげはエイエイとしてもってまさにいらんとす）」〔=日ざしがかげりつつ沈んでいこうとする〕 ❷ありさま。けしき。おもむき。『景気』『情景』『暮景』 ❸めでたい。大きい。『景雲』 ❹したいあおぐ。『景仰』『景慕』 ❺国風情をそえる意から、添えて贈る。『景品』『粗景』 ❻地名。『景徳鎮』

❷ ありさま。けしき。おもむき。
下接 煙景・遠景・佳景・奇景・近景・好景・光景・後景・実景・借景・淑景・勝景・状景・情景・叙景・夕景・雪景・絶景・全景・前景・即景・点景・背景・晩景・美景・風景・暮景・夜景・幽景・余景・殺風景
【景観（ケイカン）】眺め。特に、風情のある眺め。

【景気（ケイキ）】①様子。ありさま。②国商売取引の状況。経済活動の状態。『不景気』③国活動する勢い。威勢。

【景況（ケイキョウ）】移ろいゆく様子。情況。景気のよしあし。

【景趣（ケイシュ）】風景などから感じられるおもむき。風趣。

【景勝（ケイショウ）】景色がすぐれていること。形勝。『景勝地』

【景色（ケイショク｜ケシキ）】山水、風物などの趣、ありさま。風景。

【景物（ケイブツ）】四季折々、自然の風物。→❺

❸ めでたい。大きい。
【景雲（ケイウン）】めでたいしるしの雲。瑞雲。

【景命（ケイメイ）】天子、国王の命令。また、大きな運命。

❹ したいあおぐ。
【景仰（ケイギョウ｜ケイコウ）】あおぎ慕うこと。景慕。仰望。

【景慕（ケイボ）】あこがれしたうこと。景仰。

❺ （日本語で）添えて贈る。
【景品（ケイヒン）】国①売る品物に添えて、客に贈る品。おまけ。②行事の参加者、遊技の得点者などに与える品。

【景物（ケイブツ）】国添え物。景品。→❷

❻ 地名。
【景徳鎮（ケイトクチン）】中国、江西省北東部の都市。中国最大の窯業地。

3147 【暑】 2975 3D6B 8F8B 日－8 常3 (3150)〔暑〕 日－9 旧字㊇
ショ㊥㊥/shǔ/あつい
筆順 暑暑暑暑暑暑
字解 暑は、暑の略体。暑は形声。日＋者(焼く)㊞。日が燃えるようにあつい意。
意味 ❶あつい。気温が高い。↔寒。『暑熱』『酷暑』『避暑』 ⇒〔熱〕(4571)の表 ❷あつい季節。陰暦での季節の名。立秋前の約三〇日間。また、夏の土用の一八日間の称。↔寒。『暑中』『大暑』

❶ あつい。気温が高い。
下接 炎暑・寒暑・激暑・劇暑・厳暑・酷暑・極暑・残暑・秋暑・消暑・銷暑・熱暑・薄暑・避暑・防暑・猛暑・烈暑
【暑気（ショキ）】夏の暑さ。↔寒気。『暑気払い』
【暑熱（ショネツ）】夏の暑さ。炎熱。炎暑。

❷ あつい季節。
下接 向暑・小暑・処暑・盛暑・大暑
【暑月（ショゲツ）】暑いころ。夏。夏季。
【暑中（ショチュウ）】夏の土用の一八日間。『暑中見舞』

3148 【暃】 5883 5A73 9DF1 日－8 音訓字義未詳

［最］⇨3258 ［量］⇨8338

3149 【暈】 5884 5A74 9DF2 日－9
ウン㊥/yùn/かさ・ぼかす・くま
字解 形声。日＋軍(ぐるりとめぐる)㊞。月や太陽の周囲にできる光の輪、かさの意。甲骨文は象形。暉(3217)は別字。
甲骨文  篆文 
意味 ❶かさ。太陽や月のまわりに生ずる白色の光の環。暈囲。『外暈』『月暈』『日暈』 ❷あや。ぼんやりした色や光。『酒暈』 ❸めまい。『暈倒』『眩暈（ゲンウン｜めまい）』『船暈』 ❹くま。「隈」に同じ。 ❺国ぼかし。ぼかす。『暈繝』
【暈繝（ウンゲン）】国境界をぼかし、濃い色からだんだんに薄くしていく彩色法。繧繝。
【暈倒（ウントウ）】目まいがして倒れること。

3150 【暑】 日－9 ショ 「暑」(3147)の旧字

3151【㬎】 日-10 (3130)【显】 日-5

ケン漢\xiǎn

[字解] 会意。日(太陽光)＋㬎(＝絲、絹糸)。絹糸を日光にさらしてよくみる意から、はっきりとみえる・あきらかの意。

[同属字] 顯(顕)・濕(湿)

3152【暴】 4329 4B3D 965C 日-11 [常]5

ボ呉・ボウ(バウ)呉・ホウ(ハウ)漢・ボク呉・ホク漢・バク慣\pù・bào\あばく・あばれる・あらい・あれる・さらす

[筆順] 暴 暴 暴 暴 暴 暴

[字解] 会意。日＋出＋水(＝米)＋廾(両手)。裂いた動物(出＋水)を天日に干す意。曝に同じ。甲骨文は、日にさらされ白骨化した獣の象形か。

甲骨文  篆文 

[同属字] 瀑・曝・爆

[意味] ❶あばれる。あらあらしい。むやみに力をふるう。『暴行』『暴力』『横暴』『乱暴』 ❷度をすごす。制御されない。『暴飲暴食』『暴走』『暴利』 ❸にわかに。急に。『暴騰』『暴発』 ❹素手で打つ。『暴虎馮河』 ❺(バク)あばく。さらす。あらわす。「曝」に同じ。『暴露』

❶ あばれる。あらあらしい。

[下接] 横暴(オウボウ)・凶暴(キョウボウ)・狂暴(キョウボウ)・昏暴(コンボウ)・残暴(ザンボウ)・躁暴(ソウボウ)・粗暴(ソボウ)・疎暴(ソボウ)・乱暴(ランボウ)・自暴自棄(ジボウジキ)

【暴悪】(ボウアク) 乱暴で、非道であること。

【暴圧】(ボウアツ) 暴力で抑え付けること。

【暴威】(ボウイ) 荒々しい威力。

【暴悍】(ボウカン) 乱暴で荒々しいこと。

【暴漢】(ボウカン) 乱暴をはたらく男。

【暴虐】(ボウギャク) 乱暴で残虐なしかたで人を苦しめるさま。

【暴挙】(ボウキョ) 乱暴な振る舞い。無法な実力行動。

【暴君】(ボウクン) [1]暴虐な君主。『暴君ネロ』 [2]横暴な人。

【暴言】(ボウゲン) 乱暴で無礼な言葉。

【暴行】(ボウコウ) [1]乱暴な行為。 [2][国]暴力行為。『暴行致死』 [3][国]強姦(ゴウカン)。『婦女暴行』

【暴状】(ボウジョウ) 乱暴なありさまや行い。『目にあまる暴状』

【暴政】(ボウセイ) 暴虐、苛酷な政治。虐政。

【暴殄】(ボウテン) 乱暴に扱い滅ぼすこと。

【暴徒】(ボウト) 暴動を起こした者ども。

【暴動】(ボウドウ) 徒党を組んで騒動を起こし、治安を乱すこと。『暴動が起こる』

【暴風】(ボウフウ) 激しく吹く風。荒れ狂う風。『暴風雨』

【暴慢】(ボウマン) 乱暴で自分勝手なさま。

【暴民】(ボウミン) 暴動を起こした人民。

【暴掠】(ボウリャク) 暴力によって奪いとること。

【暴力】(ボウリョク) 力ずくの乱暴な行為。

【暴戻】(ボウレイ) 荒々しく道理に反する行為をすること。

【暴戻恣睢】(ボウレイシキ) 乱暴でほしいままにふるまう。「恣」も「睢」も、ともにやりたい放題にふるまう意。

【暴論】(ボウロン) 理に合わない乱暴な意見。

【以暴易暴】(ボウをもってボウにかう) 暴力を取りのぞくために暴力を利用する。結局は、暴力を取りのぞくことにならないとして、周の武王が殷(イン)の紂王(チュウオウ)を征伐したことを非難した、伯夷(ハクイ)・叔斉のことば。〔史記-伯夷伝〕

❷ 度をすごす。

【暴飲】(ボウイン) 度を越して酒などを飲むこと。

【暴食】(ボウショク) むやみに食べること。

【暴走】(ボウソウ) [国][1]規則などを無視して走ること。『暴走族』 [2]周囲の状況を考えず無茶な行動をすること。↓❸

【暴投】(ボウトウ) [国]野球で、捕球できないような球を投げること。ワイルドピッチ。

【暴勇】(ボウユウ) 無鉄砲な勇気。

【暴利】(ボウリ) 公正な利益をこえた、不当な利得。『暴利をむさぼる』

❸ にわかに。急に。

【暴走】(ボウソウ) [国]運転者のいない車両が走り出すこと。↓❷

【暴騰】(ボウトウ) 価格が急に大幅に上がること。↔暴落

【暴発】(ボウハツ) [1]にわかに過激な行動を取ること。 [2][国]弾丸などが誤って発射されること。

【暴落】(ボウラク) 価格が急に大幅に下がること。↔暴騰

❹ 素手で打つ。

【暴虎馮河】(ボウコヒョウガ) 血気にはやり、無謀な行為をすること。＊論語-述而「暴虎馮河、死而無悔者、吾不与也(ボウコヒョウガ、シしてくいなきものは、われともにせざるなり)」〔＝トラに素手で立ち向かい、大河を徒歩で渡ったりして死んでも後悔しないような者とは、私は行動を共にしない〕

❺ あばく。さらす。

【暴露】(バクロ) 悪事や秘密などをあばき出すこと。『暴露本』 ❤書き換え「曝露→暴露」。

3153【曇】 3862 465E 93DC 日-12 [常]

ドン呉・タン漢\tán\くもる・くもり

[筆順] 曇 曇 曇 曇 曇 曇

[字解] 会意。日＋雲(くも)。日の下に雲があり、日がかげってくもる意。

[意味] ❶くもる。くもり。『曇天』『晴曇(セイドン)』 ❷音訳字。『優曇華(ウドンゲ)』『悉曇(シッタン)』

【曇天】(ドンテン) くもり空。くもった天気。

【鼂】⇩9618

3154【曩】 5908 5B28 9E47 日-17

ノウ(ナウ)呉・ドウ(ダウ)漢\nǎng\さき・さきに

[字解] 形声。日＋襄㊥。

[意味] さき。以前。さきに。

【曩昔】(ノウセキ) さきごろ。かつて。むかし。

【曩祖】(ノウソ) 先祖。祖先。

日

3155【旨】 2761 3B5D 8E7C 日-2 [常] (3157)【㫖】 日-3

シ呉漢\zhǐ\むね・うまい

[筆順] 旨 旨 旨 旨 旨 旨

[字解] 会意。日(＝口)＋匕(さじ)。さじですくって口に入れるうまいものの

甲骨文  金文  金文  篆文 

意。金文から、口ではなく日に従うものがある。

同属字 耆・嘗・指・脂・鮨

参考 万葉仮名では音を借りて「し」。

意味 ❶うまい。おいしい。食べ物の味がよい。『旨酒』『甘旨』❷むね。心のうち。考えている内容。『要旨ヨウシ』『論旨ロンシ』

❶ うまい。食べ物の味がよい。

【旨甘シカン】うまい食べ物。

【旨酒シシュ】味のよい酒。うま酒。

❷ むね。心のうち。考えている内容。

下接 意旨イシ・違旨イシ・遺旨イシ・奥旨オウシ・音旨オンシ・恩旨オンシ・教旨キョウシ・宗旨シュウシ・主旨シュシ・趣旨シュシ・上旨ジョウシ・深旨シンシ・聖旨セイシ・宣旨センジ・大旨タイシ・朝旨チョウシ・勅旨チョクシ・本旨ホンシ・命旨メイシ・要旨ヨウシ・来旨ライシ・令旨リョウジ・論旨ロンシ

【旨意シイ】主旨。意図。

【旨趣シシュ】事のわけ。内容。

3156 【旬】 2960 3D5C 8F7B 日－2 常 ジュン(呉)・シュン(漢)/xún

筆順 旬旬旬旬旬旬

字解 形声。日＋勹(＝匀、ひとしい)(声)。十干がひとめぐりする意。一〇日、一〇年の意を表す。甲骨文は、それを用いて均等にする道具の形に象り、均等にめぐる時間、一〇日間の意を表す象形字。

甲骨文  金文  篆文 

同属字 荀・筍・洵・徇・恂・殉・詢

意味 ❶とおか。一〇日間。『旬刊』『旬間』『旬報』『初旬ショジュン』❷一〇年。❸(シュン) 国魚介、果物、野菜など、季節の食べ物が出盛りで、最も味のよい時期。

下接 一旬イチジュン・下旬ゲジュン・上旬ジョウジュン・初旬ショジュン・中旬チュウジュン

【旬刊ジュンカン】新聞、雑誌などを一〇日めごとに発行すること。『旬刊誌』
【旬間ジュンカン】一〇日間。『春の交通安全旬間』
【旬月ジュンゲツ】一〇日または一か月。転じて、わずかな日数。『大会は旬月の間に迫る』
【旬朔ジュンサク】とおかとついたちと。また、一〇日間。
【旬日ジュンジツ】一〇日間。『旬日を出でずして』
【旬報ジュンポウ】一〇日ごとの報告、また、刊行物。
【旬余ジュンヨ】一〇日あまり。『旬余を残すのみ』

3157 【旨】 ── 日－3 シ 「旨」(3155)の異体字

(3161)【昬】* 3410 日－5

3158 【昏】 2610 3A2A 8DA8 日－4 コン(呉)(漢)/hūn/くらい

字解 会意。氏(＝人)＋日。人の足元に日がおちる意から、日ぐれ・くらい意。昬は通俗体。

甲骨文  篆文 

同属字 婚・惛・閽

意味 ❶日ぐれ。夕ぐれ。『黄昏コウコン/たそがれ』❷くらい。くらくて見えない。目がくらむ。道理に暗い。『昏睡』『昏迷』『暗昏アンコン』『淫昏インコン』

❶ 日ぐれ。

【昏暁コンギョウ】夕方と明け方。→❷
【昏黄コンコウ】日の暮れ方。黄昏。
【昏黒コンコク】日が没して暗くなること。日暮れ。日没。
【昏暮コンボ】日の暮れてうす暗い時。夕暮れ。

❷ くらい。道理に暗い。

【昏暁コンギョウ】道理に暗いことと明るいこと。→❶
【昏昏コンコン】①暗いさま。②意識のないさま。また、よく眠るさま。『昏々と眠り続ける』

【昏睡コンスイ】意識がなくなって、深く眠り込むこと。『昏睡状態』

【昏倒コントウ】目がくらんで倒れること。

【昏耄コンボウ/コンモウ】年老いて頭がぼけること。

【昏暴コンボウ】物事の道理に暗く乱暴なこと。

【昏昧コンマイ】①暗いこと。②おろかなこと。

【昏明コンメイ】①暗いことと明るいこと。②昼と夜。

【昏迷コンメイ】道理に暗くて、心が迷うこと。

【昏蒙・昏濛コンモウ】暗くて、判然としないこと。

【昏乱コンラン】①分別がなくなって、ものの道理がわからなくなること。②世の中が乱れること。

【昏惑コンワク】道理に暗くて、判断に迷うこと。

3159 【旹】* 3382 日－4 ジ 「時」(3197)の異体字

3160 【昔】 3246 404E 90CC 日－4 常3 シャク(呉)・セキ(漢)/xī/むかし

筆順 昔昔昔昔昔昔昔昔

字解 会意。もと、巛(多く積み重なった肉)＋日。積み重なった日々、むかしの意。一説に、太陽にほしたほじし(ほし肉)の意。腊の原字。昨に通じ、むかしの意を表すともいう。

甲骨文  金文  篆文 

同属字 厝・鵲・借・措・腊・醋・錯

意味 ❶むかし。以前。かつて。『昔歳』『昔在』『昔日』❷ゆうべ。夜。「夕」に同じ。『宿昔シュクセキ』『疇昔チュウセキ』

❶ むかし。以前。かつて。

下接 往昔オウジャク/オウセキ・古昔コセキ・今昔コンジャク/コンセキ・夙昔シュクセキ・宿昔シュクセキ・誰昔スイセキ・疇昔チュウセキ・遥昔ヨウセキ

【昔歳セキサイ】去年。昨年。

【昔在セキザイ】むかし。いにしえ。

【昔日セキジツ】過去の日々。むかし。『昔日のおもかげ』

【昔者セキシャ/むかし】(「者」は、時を表す語に付く助字)①むかし。遠い過去を示す。*韓非子-二柄「昔者韓昭侯、酔而寝(むかしカンのショウコウ、よいていねたり)〔＝昔、韓の昭侯が、酒に酔ってうたた寝をした〕」②あるとき。以前に。近い過去を示す。*荘子-斉物論「昔者荘周、夢為胡蝶(むかしソウシュウ、ゆめにコチョウとなる)〔＝あるとき、荘周は夢の中で蝶になった〕」

【昔人セキジン】むかしの人。古人。*崔顥-黄鶴楼「昔人已乗白雲去(セキジンすでにハクウンにのりてさる)〔＝むかしの人はすでに白雲に乗って去ってしまった〕」

【昔年セキネン】むかし。往年。

[杳]⇩3317 [沓]⇩3977 [者]⇩6218

3161 【昬】* 3410 日－5 コン 「昏」(3158)の異体字

3162【春】 2953 3D55 8F74 日－5 [常]2
シュン(呉)(漢)／chūn・chǔn／はる

[筆順] 春 春 春 春 春 春

[字解] 形声。篆文は、日＋艸(くさ)＋屯(むらがる)(声)。草がはじめてむらがりはえるころの意。甲骨文には、口(のりと?)に従う別系統のものもある。

甲骨文

甲骨文

篆文

[同属字] 蠢・椿

[意味] ❶はる。㋑はる。四季の一。立春から立夏までの季節。五行にあてて、色では青、方角では東、四神では竜。新暦では、三、四、五月をいい、気象学的には春分から夏至まで。『春夏秋冬』『春風』『春分』『早春』㋺新年。正月。もと中国で、立春を新年の始まりとしたことから。『賀春』『迎春(ゲイシュン)』❷男女間の性的な欲望に関していう。『春画』『春情』❸活動が盛んな年ごろ。『回春(カイシュン)』『青春(セイシュン)』❹固有名詞。『春秋』

❶ はる。四季の一。

[下接] ㋑去春(キョシュン)・残春(ザンシュン)・小春(ショウシュン—こはる)・惜春(セキシュン)・早春(ソウシュン)・探春(タンシュン)・万春(バンシュン)・晩春(バンシュン)・望春(ボウシュン)・暮春(ボシュン)・明春(ミョウシュン)・孟春(モウシュン)・陽春(ヨウシュン)・来春(ライシュン)・立春(リッシュン)／常春(とこはる)㋺改春(カイシュン)・賀春(ガシュン)・迎春(ゲイシュン)・頌春(ショウシュン)・初春(ショシュン—はつはる)・新春(シンシュン)

【春意(シュンイ)】春の気配。春ののどかな心持ち。→❷
【春陰(シュンイン)】春の空模様がとかく曇りがちであること。
【春雨(シュンウ—はるさめ)】春に静かに降る雨。↕秋雨
【春栄(シュンエイ)】[1]春の花。[2]時めいて栄えること。
【春煙(シュンエン)】春のけむりやもや。
【春官(シュンカン)】[1]中国の周代、周礼に定められた官名。六官(天・地・春・夏・秋・冬)の一つで、王を補佐して祭典や礼法をつかさどる。[2][国]律令制の治部省の唐名。
【春寒(シュンカン)】立春以後の寒さ。
【春季(シュンキ)】春の季節。『春季体育大会』
【春期(シュンキ)】春の期間。『春期社員総会』
【春暉(シュンキ)】[1]やわらかな春の日ざし。[2]父母の恵み。
【春菊(シュンギク)】キク科の一年草、または二年草。
【春宮(シュンキュウ—トウグウ)】[1]春の神の宮殿。[2]皇太子の居住する宮殿。東宮(トウグウ)御所。また、皇太子をいう。♥東方は四季の春に配されるので、「東宮」を「春宮」と書いて、「トウグウ」と読む。
【春興(シュンキョウ)】春のたのしみ。春の興趣。
【春暁(シュンギョウ)】春の夜明け。
【春光(シュンコウ)】春の景色。また、暖かい春の日ざし。
【春恨(シュンコン)】春のもの思い。春愁。
【春蚕(シュンサン—はるご)】五月初旬ごろ飼育するカイコ。
【春日(シュンジツ)】春の日。また、日ざし。【春日遅遅(シュンジツチチ)】春の日がうららかでのどかなさま。また、春の日が長くて暮れるのが遅いさま。〔詩経—豳風(ヒンプウ)・七月〕
【春愁(シュンシュウ)】春の日に、なんとなくものうくなること。
【春秋(シュンジュウ)】[1]春と秋。[2]一年。また、歳月。『春秋を重ねる』[3]年齢。→❹【春秋高(シュンジュウたかし)】高齢である。〔史記—斉悼恵王世家〕【春秋富(シュンジュウにとむ)】若くて将来に長い年月を持っている。〔史記—曹相国世家〕
【春宵(シュンショウ)】春の宵(よい)。【春宵一刻直千金(シュンショウイッコクあたいセンキン)】春の夜のひとときは、千金にも相当する値うちがある。〔蘇軾—春夜〕
【春情(シュンジョウ)】春の景色。春らしい様子。→❷
【春色(シュンショク)】春の景色。春の気配。↕秋色
【春心(シュンシン)】春の思い。春思。→❷
【春信(シュンシン)】[1]春のおとずれ。[2]梅など春の花が咲いたというたより。花信。芳信。
【春雪(シュンセツ)】春に降る雪。春の雪。
【春暖(シュンダン)】春のあたたかさ。↕秋冷
【春潮(シュンチョウ)】春らしく感じさせる海面、潮の流れ。
【春泥(シュンデイ)】春先の、雪や霜などのとけたぬかるみ。
【春天(シュンテン)】春の空。
【春闘(シュントウ)】[国]「春季闘争」の略。日本で、労働組合が賃上げなどを要求して春に行う闘争。
【春風(シュンプウ—はるかぜ)】春の風。【春風駘蕩(シュンプウタイトウ)】春の風ののどかに吹くさま。また、人の態度や性格がのんびりとして温和なさま。
【春分(シュンブン)】二十四節気の一。春の彼岸の中日で三月二一日ごろに当たり、昼夜の長さがほぼ等しい。↕秋分
【春望(シュンボウ)】春のながめ。春のけしき。
【春眠(シュンミン)】心地よい春の朝の眠り。＊孟浩—春暁「春眠不レ覚レ暁(シュンミンあかつきをおぼえず)〔＝春の眠りの心地よさに、夜が明けたのも気づかなかった〕」
【春夢(シュンム)】[1]春の夜にみる夢。[2]人生のはかないさまのたとえ。
【春容(シュンヨウ)】春の景色。春景。
【春陽(シュンヨウ)】春の陽光。また、春の陽気。
【春雷(シュンライ)】春先に鳴る雷。
【春蘭(シュンラン)】ラン科の常緑多年草。

❷ 男女間の情欲。

[下接] 懐春(カイシュン)・売春(バイシュン)・買春(バイシュン)・思春期(シシュンキ)

【春意(シュンイ)】男女間の情欲。色情。→❶
【春画(シュンガ)】男女の情交のさまなどを描いた絵。枕絵。
【春機(シュンキ)】性欲。色気。『春機発動期』
【春情(シュンジョウ)】色情。『春情をそそる』→❶
【春心(シュンシン)】好色な気持ち。春情。→❶
【春本(シュンポン)】男女の情交のさまを扇情的に描いた本。

❹ 固有名詞。

【春秋(シュンジュウ)】五経の一。孔子が筆を加えたとされる、中国、周代の魯(ロ)を中心とする歴史書。→❶【春秋三伝(シュンジュウサンデン)】「春秋」の文章にこめられた孔子の本意を明らかにするための三つの解釈書、「左氏伝」「公羊伝」「穀梁伝」をいう。【春秋時代(シュンジュウジダイ)】中国、東周の前期。紀元前七七〇年の周王朝の東遷から紀元前四〇三年まで、すなわち、戦国時代のはじまるまでをいう。ほぼ魯の年代記「春秋」に記載された時代にあたるところからの名。【春秋之筆法(シュンジュウのヒッポウ)】「春秋」に見られるような歴史記述上の批判的態度。特に、間接の原因を直接の原因ととらえて厳しく批判する態度。
【春申君(シュンシンクン)】中国、戦国時代の楚の政治家、歇(アツ)の号。姓は黄。楚の襄王、孝烈王に仕えて功があり、宰相に任ぜられて勢力は王をしのいだ。前二三八年没。

[難読地名] 春日井(かすがい)市(愛知) 春日居(かすがい)町(山梨) 春日部(かすかべ)市(埼玉)　[難読姓氏] 春原(すのはら)

3163【昼】 3575 436B 928B 日－5 [常]2
(3167)【晝】 5876 5A6C 9DEA 日－7 旧字[人]
チュウ(チウ)(呉)(漢)／zhòu／ひる

[筆順] 昼 昼 昼 昼 昼 昼

[字解] 昼は、晝の草体から出た略体。晝は会意。日＋晝

(くぎる)省。太陽がかがやく限られた時間、ひるの意。

意味 ひるま。㋑朝から夕方までの間。↔夜。『昼日中（ひるひなか）』『昼夜』『白昼（ハクチュウ）』㋺ひる。正午。また、その前後。『昼食』『小昼（こひる）』『早昼（はやひる）』

【昼食（チュウショク）】昼の食事。中食（チュウジキ）。↔朝食・夕食

【昼燭（チュウショク）】昼間のともしび。なんの役にも立たないことのたとえ。〔張籍‐征婦怨〕

【昼夜（チュウヤ）】①昼と夜。②昼も夜も。日夜。『昼夜兼行（ケンコウ）』〔=昼夜の区別なく仕事をすること〕』＊論語‐子罕「逝者如ㇾ斯夫、不ㇾ舎ニ昼夜ー（ゆくものはかくのごときかな、チュウヤをおかず）〔=すぎゆくものはこの川の水のようなものであろうか。昼も夜も休止することがない〕」

【昼漏（チュウロウ）】ひるま。「漏」は水時計で、時刻のこと。

【昼餉（ひるげ）】昼の食事。↔朝餉・夕餉

3164 【晋】 3124 3F38 9057 日‐6 人 (3165)【晉】 5873 5A69 9DE7 日‐6 旧字

シン㊥jìn／すすむ

字解 晋は晉の略体。晉は会意。𢀡(=臸、二本の矢がとどまる)+日。日がすすむ意。一説に二本の矢を入れ物にさしこむさまに象った象形字で、はさむが原義であるともいう。

甲骨文

金文

篆文

同属字 搢・縉

意味 ❶すすむ。「進」に同じ。❷易の六十四卦の一。☲☷。火地晋ともいう。火が地上に昇りすすむ象。❸中国山西省の異称。❹中国、山西省汾水（フンスイ）流域に拠った周代の侯国。山西の大半と河南北部を支配した。春秋時代の末に、趙・韓・魏の三氏に分割された。これを三晋という。❺中国の王朝名。六朝（リクチョウ）の一。㋑三国の魏に代わり、二六五年に権臣司馬炎が建てた国。西晋と呼ばれる。都は洛陽。（二六五～三一六）㋺前趙に滅ぼされた西晋を継いで司馬睿（エイ）が建康（南京）を都として建てた国。東晋と呼ばれる。（三一七～四二〇）

【晋書（シンジョ）】中国の正史。一三〇巻。唐の太宗のとき、房玄齢らの奉勅撰。二十四史の一。貞観二〇年（六四六）成立。帝紀一〇・志二〇・列伝七〇・載記三〇巻からなる。

【書】⇨3259 【者】⇨6213

3166 【晢】 5881 5A71 9DEF 日‐7 (3204)【晣】 ━ 日‐7

セツ㊥・セイ㊥／zhé・zhì／あきらか

字解 形声。日+折(=斲、分ける)㊥。光がはっきりと分かれてあきらかの意。また、哲に通じ、かしこい意。

3167 【晝】 5876 5A6C 9DEA 日‐7

チュウ 「昼」(3163)の旧字

【曹】⇨3260 【曽】⇨3261

3168 【晳】 ＊3436 日‐8 (3210)【晰】 5882 5A72 9DF0 日‐8

セキ㊥xī／あきらか

字解 形声。日+析(きりわける)㊥。あきらかにわける、あきらかの意。『明晳（メイセキ）』

参考 「晳（セキ）」(5098)は別字。

3169 【智】 3550 4352 9271 日‐8 人

チ㊥㊥zhì／さとい・さとし

字解 会意。甲骨文・金文は、矢・亏・口に従う。武器を供えて神意をきく意から、ちえの意。もと、知の別体だったが、金文以後、日を加えた。知と区別して知力がすぐれている意に用いる場合がある。

甲骨文
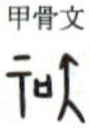
金文

篆文

参考 (1)万葉仮名では音を借りて「ち」。(2)現代表記は「知」で代用する。熟語は「知」(5260)をも見よ。

意味 ❶ちえ。頭の働き。さとい。『智慧』『智勇』『叡智（エイチ）』＊孟子‐公孫丑上「是非之心、智之端也（ゼヒのこころは、チのタンなり）〔=正しいか正しくないかを判断する心は、智の糸口である〕」❷「智利（チリ）」は、南アメリカ南西部の国名。

【智慧・智恵（チエ）】かしこいこと。賢明。知恵。

【智者千慮必有ニ一失ー（チシャもセンリョにかならずイッシツあり）】すぐれた賢人でも数多く考えるうちには誤りもある。千慮一失。〔史記‐淮陰侯伝〕

【智術（チジュツ）】思慮深い計略。巧妙な手段。知術。

【智嚢（チノウ）】たくわえもった知恵。知恵袋。また、知恵に富んだ人。〔史記‐樗里子（チョリシ）甘茂伝〕♥中国、戦国時代の秦の恵王の弟樗里子を評した語から。

【智勇（チユウ）】知恵と勇気。

難読地名 智頭（ちず）町（鳥取）

3170 【普】 4165 4961 9581 日‐8 常 (3171)【普】 ━ 日‐9 旧字 (3172)【普】 ＊3453 日‐10

フ㊥・ホ㊥／pǔ／あまねし

筆順

字解 形声。日+並（ならび広がる）㊥。日光があまねくひろがりわたる意。

同属字 譜（譜）

意味 ❶あまねく。また、ひろい。大きい。『普及』『普請』『普遍』❷ふつう。並み。『普通』❸「普魯西（プロシア）」の略。ドイツ北東部にあった王国。『普仏戦争（フフツセンソウ）』❹あて字。『普段』

❶あまねく。

【普及（フキュウ）】広く一般に行きわたること。『普及版』

【普賢（フゲン）】「普賢菩薩（ボサツ）」の略。あまねく仏の教えをひろめる菩薩。釈迦如来（シャカニョライ）の右側の脇士（わきジ）で、白象に乗る。如来の悟りの理法や禅定の面を顕（あらわ）した菩薩。

【普洽（フコウ）】広く行きわたること。

【普請（フシン）】国土木工事、また、建築工事を行うこと。『安普請（やすブシン）』♥もと、仏教で、広く人々に請い、寺院の労役に従事してもらったことから。

【普茶（フチャ）】「普茶料理」の略。黄檗（オウバク）宗の寺でつくる中国風の精進料理。♥広く大衆に茶をふるまう意から。

【普天（フテン）】あまねくおおう広大な天。転じて、天下。

【普天之下、率土之浜（フテンのもと、ソットのヒン）】（「率土」は、国の果ての意）天の限り、地の限り。全世界。普天率土。〔左伝‐昭公七年〕

【普遍（フヘン）】①広く行きわたること。↔特殊。『普遍性のない理論』②一定範囲内の事象すべてに共通すること。『普遍的』③哲学で、多くの事物に共通の性質、概念。↔個物

❷ふつう。並み。

【普通フツウ】ごくありふれていること。一般的。標準的。また、大抵。『普通選挙』『普通列車』

❹あて字。

【普段フダン】[国]（「不断」のあて字）いつも。平生。

［晉］⇩3263　［曾］⇩3264　［替］⇩3265

［會］⇩3266

3173 【暮】 4275 4A6B 95E9 日-10 [常]6　(3176)［暮］ 日-11 旧字

ボ[漢]\mù\くれる・くらす・くれ

[筆順] 暮 暮 暮 暮 暮 暮

[字解] 形声。日+莫（ひぐれ）[声]。日ぐれの意。莫が別義（ない）を派生したため、日を加えて区別し、原義を表すようになった。

[参考] 万葉仮名では音を借りて「も」。

[意味] ❶くれる。日がくれる。ゆうぐれ。『暮色』『暮夜』『薄暮』 *史記-伍子胥伝「日暮途遠ひくれてみちとおし」[=日が暮れてしまったが、これから先の道のりははるかに遠い」] ❷季節や年、人生などの終わり。『暮年』『衰暮スイボ』『歳暮セイボ』 ❸[国]くらす。月日を過ごす。また、くらし。

❶日がくれる。ゆうぐれ。

[下接] 昏暮コンボ・春暮シュンボ・旦暮タンボ・日暮ニチボ・薄暮ハクボ・朝雲暮雨チョウウンボウ・朝三暮四チョウサンボシ・朝令暮改チョウレイボカイ

【暮靄ボアイ】暮れ方にたちこめるもや。晩靄。

【暮雲ボウン】夕暮れ時の雲。

【暮景ボケイ】夕方のけしき。→❷

【暮鐘ボショウ】日暮れ時に打ち鳴らされる鐘。

【暮色ボショク】暮れかかった色合い、様子。

【暮雪ボセツ】夕暮れの雪。また、夕暮れに見る雪景色。

【暮砧ボチン】夕暮れ時の砧きぬたの音。*杜甫-秋興「白帝城高急二暮砧一ハクテイしろたかくしてボチンキュウなり[=白帝の城が高くそびえるあたり、夕暮れの砧の音がせわしげに聞こえてくる]」

【暮天ボテン】夕暮れの空。暮れかかっている空。

【暮夜ボヤ】夜に入った時。また、夜。

❷季節や年、人生などの終わり。

【暮景ボケイ】人生の終わりごろ。老年。→❶

【暮歳ボサイ】年の暮れ。

【暮年ボネン】老年になった時。晩年。

【暮齢ボレイ】年老いた年齢。老年。

3174 【暦】 4681 4E71 97EF 日-10 [常]　(3180)［曆］ 日-12 旧字 [人]

リャク[呉]・レキ[漢]\lì\こよみ

[筆順] 暦 暦 暦 暦 暦 暦

[字解] 暦は曆の略体。曆は形声。日+厤（整然と並べる）[声]。日をそろえてかぞえるこよみの意。

[意味] こよみ。天体の運行。また、年月や年齢。

[下接] 陰暦インレキ・改暦カイレキ・還暦カンレキ・旧暦キュウレキ・新暦シンレキ・西暦セイレキ・陽暦ヨウレキ・太陰暦タイインレキ・太陽暦タイヨウレキ

【暦官レキカン】こよみをつかさどる官。暦正。

【暦日レキジツ】[1]月日。年月。*太上隠者-答二人一「山中無二暦日一サンチュウレキジツなし[=山中では年月のたつのも忘れる]」[2]こよみ。

【暦象レキショウ】[1]こよみから日、月、星の現象を推算すること。[2]こよみに記されている種々の天文現象。

【暦数レキスウ】[1]こよみを作る基礎としての日月運行の度数。[2]運命。めぐりあわせ。[3]年代。年数。

【暦年レキネン】こよみ上の一年。

【暦年齢レキネンレイ】生まれてからの生存年数。↔精神年齢

【暦法レキホウ】こよみを制定する基準、法則。

［嘗］⇩934　［普］⇩3267

3175 【暫】 2735 3B43 8E62 日-11 [常]

ザン[呉]・サン[漢]\zàn\しばし・しばらく

[筆順] 暫 暫 暫 暫 暫 暫

[字解] 形声。日+斬（きる）[声]。きりとったようなわずかの時間の意。

[意味] ❶しばらく。しばし。少しの間。一時。『暫時』 *白居易-琵琶行「如レ聴二仙楽一耳暫明センガクをきくがごとくみみしばらくあきらかなり[=仙人の音楽でも聴いているように、私の耳はしばしすがすがしい心地になった]」 ❷仮の。仮に。『暫定』

【暫時ザンジ】少しの間。しばらくの時間。『暫時休憩する』

【暫定ザンテイ】仮に定めておくこと。『暫定予算』

3176 【暮】 日-11 ボ「暮」(3173)の旧字

［魯］⇩9252

3177 【暨】 5890 5A7A 9DF8 日-12　(3178)［曁］ 日-12

キ[漢]\jì\

[字解] 形声。旦（地平線に太陽が出る）+既（悉ことごとくつくす）[声]。日が地平線にまでいたりつくす、およぶ意。

[意味] ❶およぶ。いたる。❷および。ともに。❸強いさま。たけだけしいさま。

3179 【暼】 5894 5A7E 9DFC 日-12 ヘツ[漢]

[字解] 形声。日+敝[声]。「暼暼ヘツヘツ」は日の落ちる勢いのさま。

3180 【曆】 日-12 レキ「暦」(3174)の旧字

日

3181 【旰】 *3378 日-3 カン[漢]\gàn\くれる

[字解] 形声。日+干（かわきちぢむ）[声]。日がちぢんでなくなる、くれる意。

[意味] くれる。日がくれる。また、おそい。

【旰食カンショク】おそく食事をすること。多く君主が、政務に精励し、日が暮れてから食事をすることをいう。宵衣旰食ショウイカンショク。〔唐書-劉蕡リュウフン伝〕

3182 【时】 日-3 ジ「時」(3197)の異体字

心(小・忄)戈戶(戸)手(扌)支攴(攵) 4画 文斗斤方旡(无・旡)日曰月木欠止歹(歺)殳毋比毛氏气水(氺・氵)火(灬)爪(爫・⺥)父爻(㸦)爿(丬)片牙(牙)牛犬(犭)

3183 【旺】 1802 3222 89A0 日－4 人 オウ(ワウ)漢/wàng/さかん

字解 形声。日＋王(大きくさかん)声。美しくかがやくさま。

意味 ❶さかん。さかんなさま。『旺盛(オウセイ)』 ❷美しい光。また、美しい。

【旺盛(オウセイ)】 活力が満ちあふれていること。『食欲旺盛』

3184 【昉】 ＊3388 日－4 ホウ(ハウ)漢/fǎng

字解 形声。日＋方(両側にはり出す)声。日が光を広げはなつ、あきらかの意。

3185 【明】 4432 4C40 96BE 日－4 常2 (3186)〔明〕 ―― 日－4 旧字 (3288)〔朙〕 ＊3482 月－7

ミョウ(ミャウ)呉・メイ漢・ミン唐/míng/あかり・あかるい・あかるむ・あからむ・あきらか・あける・あく・あくる・あかす・あきら

筆順 

字解 会意。日＋月。日と月との光であかるい意。もと別に、月＋囧(まど)で、まどから月光がさしこみあかるい意を表す朙もあったが、のち明に統一された。

甲骨文 甲骨文 金文 篆文 重文

同属字 盟(盟)・萌(萌)

意味 ❶あかるい。光があたってあかるい。透きとおっている。また、光。あかり。↔暗。『明星』『明月』『照明』『透明』 ❷あきらか。あきらかにする。はっきりしている。『明確』『明哲』『明白』『解明』 ＊曹操-短歌行「月明星稀〔＝月が明るくて星がまばらにしか見えない〕」 ❸さとい。かしこい。物を見通す力がある。↔暗。『先見の明』『明主』『明敏』『賢明』『聡明』 ❹あける。夜があける。また、あくる。次の。『明朝』『未明』『黎明』 ＊白居易-与微之書「金鑾殿後欲明天〔＝金鑾殿の、夜の明けようとするころ〕」 ❺(ミン) 中国の王朝名。朱元璋(太祖洪武帝)が元を倒して建てた漢民族の王朝(一三六八～一六四四)。初め南京に都したが、永楽帝のとき、北京に遷都。清(シン)の李自成に北京を占領されて滅びた。❻神。また、神聖なもの。敬うべき死者。『神明』 ❼仏語で、智慧、学問。『因明』『五明』『声明』 ❽その他、あて字など。『明礬』『明太』 ⇓表

明(メイ)	暗(アン)
明暗	
明白　明敏　明君　明秀　平明（あかるい。）	暗黒　暗愚　暗君　暗昧　迷暗（くらい。）

❶ あかるい。また、光。あかり。

下接 晦明・啓明・月明・光明・昏明・失明・照明・清明・澄明・灯明・透明・明明・陽明・山紫水明

【明星(ミョウジョウ)】 明るく輝く星。特に、金星。『宵の明星』

【明暗(メイアン)】 ①明るいことと暗いこと。幸と不幸。『明暗を分ける』 ②絵画、写真などで色の濃淡、強弱など。

【明夷(メイイ)】 易の六十四卦の一。☷☲。上卦は坤(地)、下卦は離(火・日)。日が地中に没するさまで、明らかなものがやぶられる意。

【明鏡(メイキョウ)】 曇りのない、よく映る鏡。 ＊李白-秋浦歌「不レ知明鏡裏、何処得二秋霜一〔＝鏡の中の自分はいったいどこで白髪となったのだろうか〕」

【明鏡止水(メイキョウシスイ)】 曇りのない鏡と静かな水。澄みきった静かな心。〔荘子-徳充符〕

【明月(メイゲツ)】 曇りなく澄みわたった満月。

【明珠(メイシュ)】 すきとおって美しい玉。また、すぐれた人物、貴重な人物のたとえにもいう。

【明浄(メイジョウ)】 澄みきっていて、清らかであること。清澄。

【明色(メイショク)】 明るい色。明度の高い色。↔暗色

【明窓浄机・明窓浄几(メイソウジョウキ)】 明るい窓と清潔な机。また、学問に向かうときのひきしまった心構えのたとえ。〔欧陽脩-試筆〕

【明媚(メイビ)】 景色の清らかで美しいこと。『風光明媚』

【明眸皓歯(メイボウコウシ)】 美しく澄みきった眸と白く整った歯。美人のたとえ。 ＊杜甫-哀江頭「明眸皓歯今何在〔＝澄んだ眸と白い歯の、あの美しい方はどこにいるのか〕」

【明滅(メイメツ)】 明かりがついたり消えたりすること。

【明朗(メイロウ)】 明るくてほがらかなこと。→❷

❷ あきらか。あきらかにする。

下接 解明・簡明・究明・糾明・言明・公明・克明・刻明・実明・自明・釈明・昭明・証明・声明・説明・宣明・鮮明・闡明・疏明・大明・著明・判明・表明・不明・分明・平明・弁明

【明快(メイカイ)】 筋道がはっきりしていてわかりやすいこと。

【明解(メイカイ)】 はっきりとわかりやすく解釈すること。

【明確(メイカク)】 はっきりしていて間違いのないこと。

【明覈(メイカク)】 あきらかにしらべること。

【明鑑(メイカン)】 ①あきらかな鏡。明鏡。転じて、ものの姿をあきらかにうつしだすもの。また、あきらかな手本。 ②あきらかな鑑定。すぐれた識見。

【明記(メイキ)】 はっきりと書き記すこと。

【明教(メイキョウ)】 ふみ行うべき道をあきらかにする教え。

【明訓(メイクン)】 理非のあきらかな教訓。すぐれた教え。

【明言(メイゲン)】 はっきり言いきること。『明言を避ける』

【明細(メイサイ)】 はっきりとして詳しいこと。『明細書』

【明察(メイサツ)】 ①はっきりと真相を見抜くこと。 ②「推察」の敬称。『御明察』

【明視(メイシ)】 はっきりと見えること。『明視距離』

【明示(メイジ)】 はっきりと示すこと。↔暗示

【明証・明證(メイショウ)】 はっきりとした証拠。確証。

【明哲・明晰(メイセキ)】 あきらかではっきりしていること。『頭脳明晳』

【明断(メイダン)】 明快に判断すること。

【明徴(メイチョウ)】 あきらかな証拠。また、事実や証拠に照らして、明らかにすること。『国体明徴』

【明暢・明鬯(メイチョウ)】 ①音声があきらかでのびのびしていること。 ②論旨があきらかで筋道が通っていること。

【明答(メイトウ)】 はっきりと答えること。

【明堂(メイドウ)】 (政教をあきらかにする堂の意) 中国の周代、天子が諸侯を会して、政治を行った殿堂の名称。政堂。朝廷。

【明白(メイハク)】 あきらかで疑いのないこと。『明白な証拠』

【明文(メイブン)】 法典などに明確に定めてある法律、規則などの条文。『規則を明文化する』

【明弁・明辯 メイベン】あきらかに述べること。

【明法 メイホウ｜ミョウボウ】㊀（メイホウ）1法を正しあきらかにすること。また、あきらかな法度。2中国、唐代の文官登用試験の科目の一。㊁（ミョウボウ）国令制で、大学寮で律と令を学ばせた課程。明法道。

【明明白白 メイメイハクハク】非常にはっきりしていて、少しも疑わしい点がないさま。『明々白々な事実』

【明瞭・明亮 メイリョウ】あきらかであること。はっきりしていること。『発音を明瞭にする』『不明瞭』

【明朗 メイロウ】あきらかではっきりしていること。『明朗会計』『不明朗な支出』→❶

❸さとい。かしこい。

下接 英明エイメイ・円明エンメイ｜エンミョウ・開明カイメイ・欽明キンメイ・賢明ケンメイ・高明コウメイ・聖明セイメイ・聡明ソウメイ・文明ブンメイ・無明ムミョウ

【明王 メイオウ｜ミョウオウ】1（メイオウ）すぐれて賢い王。聡明な君主。2（ミョウオウ）如来の命を受けて衆生を調伏チョウブクする諸尊。怒りの相を表す。◆「明」は、智慧に通ずる、光明の意。『愛染明王』『不動明王』

【明君 メイクン】賢くてすぐれた君主。↔暗君

【明公 メイコウ】偉大な人、身分の高い人に対する尊称。

【明時 メイジ】文明がひらけて平和に治まっている時世。

【明主 メイシュ】賢くてすぐれた主君。明君。↔暗主

【明達 メイタツ】聡明ソウメイで、物事によく通じていること。

【明知・明智 メイチ】すぐれた知恵。◆書き換え「明智→明知」。

【明哲 メイテツ】聡明ソウメイで道理に通じていること。【明哲保身 メイテツホシン】聡明で道理に従って事を処理し、安全に身を保つこと。〔詩経-大雅・烝民〕

【明敏 メイビン】道理に明るく、悟りの早いこと。

【明府 メイフ】地方長官の敬称。太守・県令をいう。府君。

【明良 メイリョウ】君主は賢明で、臣下は忠良なこと。また、賢明な君主と忠良な臣下。

❹あける。夜があける。また、あくる。

下接 晨明シンメイ・旦明タンメイ・遅明チメイ・天明テンメイ・平明ヘイメイ

【明春 ミョウシュン】明くる年の春。また、来年の正月。来春。

【明旦 ミョウタン】明日の朝。明朝。

【明朝 ミョウチョウ】明日の朝。

【明日 ミョウニチ｜あした｜あす】1今日の次の日。翌日。↔昨日。2（あした｜あす）近い将来。『明日はわが身』

❺中国の王朝名。

【明史 ミンシ】中国の歴史書。正史の一。三三六巻。清の世宗の時、張廷玉らの奉勅撰。一七三九年完成。二十五史の一。明一代の歴史を記したもの。

【明朝活字 ミンチョウカツジ】国活字の一書体。縦線が太く、横線が細いもの。明朝。明朝体。

❻神。また、神聖なもの。

【明神 ミョウジン】国神徳を尊崇していう語。

【明衣 メイイ】1神に奉仕したり物忌みをするとき沐浴の後に着る白布の浄衣。あかはとり。2死者の体を洗ったあとに着せる衣。

【明器 メイキ】1中国で、死者とともに埋葬した器物。2中国の殷周時代に諸侯が王室から受け、子孫に伝えたとされる宝器の一種。

【明徳 メイトク】天から受けたすぐれた徳性。正しく公明な徳行。＊大学「大学之道、在レ明二明徳一（ダイガクのみちはメイトクをあきらかにするにあり）」〔＝大人の学の目的は、天から与えられたすぐれた徳性をみがくことにある〕

❽その他、あて字など。

【明礬 ミョウバン】硫酸アルミニウムと硫酸塩との複塩の総称。止血剤、媒染剤などに用いる。『焼き明礬』

【明太 メンタイ】1スケトウダラの異名。2「明太子メンタイこ」の略。たらこのこと。

難読地名 明石あかし市（兵庫） 明科あかしな町（長野） 明日香あすか村（奈良） 難読姓氏 明楽あけら

3187 【映】 1739 3147 8966 日－5 常6 （3214）【暎】 5885 5A75 9DF3 日－9

ヨウ（ヤウ）呉・エイ漢／yìng／うつる・うつす・はえる

筆順 映

字解 形声。日＋央声。日光があざやかにみえる、はえる意。転じて、物の像をうつす意。

意味 ❶うつる。はえる。かがやく。『映発』『反映ハンエイ』『面映おもはゆい』＊杜牧-江南春「千里鶯啼緑映レ紅（センリうぐいすないてみどりくれないにエイず）」〔＝広々とした野のここかしこ、ウグイスが鳴き、木々の緑が花の紅に映えている〕❷うつす。うつしだす。『映画』『映像』『上映ジョウエイ』❸「映山紅エイサンコウ」は植物「サツキ」の異名。

❶うつる。はえる。かがやく。

下接 陰映インエイ・隠映インエイ・掩映エンエイ・輝映キエイ・残映ザンエイ・照映ショウエイ・夕映セキエイ｜ゆうばえ・反映ハンエイ・耀映ヨウエイ・余映ヨエイ

【映輝 エイキ】うつりかがやくこと。

【映帯 エイタイ】色や情景などが相互に映り合うこと。

【映発 エイハツ】光や色などが互いによく映り合うこと。

❷うつす。うつしだす。

下接 再映サイエイ・写映シャエイ・上映ジョウエイ・投映トウエイ・放映ホウエイ

【映画 エイガ】撮影したフィルムの画像をスクリーンに映し出し、再現して見せるもの。『文化映画』『劇映画』

【映写 エイシャ】フィルムの画像をスクリーンに映し出すこと。『映写機』

【映像 エイゾウ】1光線などによって映し出された像。2テレビや映画の画像。3心の中に描き出された像。

3188 【昿】 5906 5B26 9E45 日－5

コウ 「曠」（3241）の異体字

3189 【昨】 2682 3A72 8DF0 日－5 常4

サク漢／zuó

筆順 昨

字解 形声。日＋乍（→徂、行ってしまう）声。行ってしまったさきの時間、きのうの意。

意味 むかし。ひとまわり前のとき。きのう。＊陶潜-帰去来辞「覚二今是而昨非一（いまのぜにしてサクのひなりしをさとる）」〔＝今が正しくて、過去が間違っていたことがはっきりとわかった〕

【昨暁 サクギョウ】きのうの夜明け方。

【昨日 サクジツ｜きのう】今日より一日前の日。↔明日

【昨夕 サクセキ｜ゆうべ】きのうの夕方。昨宵サクショウ。

【昨年 サクネン】今年の前の年。去年。

【昨非 サクヒ】きのうの誤り。また、過去のあやまち。【昨非今是 サクヒコンゼ】境遇や考え方が変わって、きのう悪いと思ったことがきょうは正しいと思われること。

【昨夢 サクム】昨夜のゆめ。

【昨夜サクヤ】きのうの夜。昨晩。『昨夜来サクヤライの雨』

【昨今サッコン】このごろ。近ごろ。

3190 【昵】 5867 5A63 9DE1 日－5 (3227)〔暱〕* 3458 日－11

ジツ(ヂツ)㊥/nì/なじむ・むつまじい

字解 形声。日＋尼(親しみ近づく)㊥。

意味 ちかづく。なじむ。なれしたしむ。『昵懇』『狎昵コウジツ』『親昵シンジツ』

【昵交ジッコウ】親しみまじわること。また、親友。

【昵狎ジッコウ】なれなれしくすること。

【昵懇・昵近ジッコン】親しく交わること。親密。懇意。

3191 【昭】 3028 3E3C 8FBA 日－5 常3 ショウ(セウ)㊦㊥/zhāo/あきらか・あきら

筆順 日 日 日 昭 昭 昭

字解 形声。日＋召(まねく)㊥。日の光をまねく、転じて、日の光があきらかの意。

金文 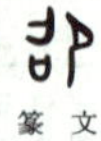 篆文 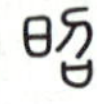

金文は、ひざまずく人に従い、神霊をよびまねく意。

意味 ❶あきらか。澄んでいる。あきらかにする。また、よくおさまる。『昭昭』『昭然』『昭代』❷廟の順序。『昭穆』❸固有名詞など。『昭明太子』

❶ あきらか。また、よくおさまる。

【昭乎ショウコ】ひかり輝いているさま。

【昭昭ショウショウ】あきらかなさま。あきらかに輝くさま。

【昭雪ショウセツ】潔白を明らかにし、無実の罪をすすぐこと。

【昭然ショウゼン】すみきって明瞭なさま。昭昭。

【昭代ショウダイ】やすらかに治まっている世。太平の世。

❷ 廟の順序。

【昭穆ショウボク】中国で、宗廟ソウビョウにおける霊位の席次。太祖の廟を中央とし、「昭」は向かって右をさし、太祖の子の廟および四世・六世の廟が並び、「穆」は向かって左をさし、太祖の孫の廟および五世・七世の廟が並ぶこと。

❸ 固有名詞など。

【昭明太子ショウメイタイシ】中国、南北朝の梁の武帝の皇太子。姓は蕭。名は統。字あざなは徳施。「文選」三〇巻を編集した。(五〇一～五三一)

【昭陽殿ショウヨウデン】中国、漢代、成帝が、皇后趙飛燕とその妹趙昭儀を住まわせた宮殿。また、寵姫の住まい。

【昭和ショウワ】日本の年号(一九二六～八九年)。「書経-尭典」の「百姓昭明、協和万邦ヒャクセイショウメイにして、バンポウをキョウワす」による。

3192 【昧】 4370 4B66 9686 日－5 マイ㊦・バイ㊥/mèi/くらい

字解 形声。日＋未(→微、はっきりしない、かすか)㊥。日の光がかすんでくらい意。

金文  篆文 

参考 万葉仮名では音を借りて「め㊁」。

意味 ❶くらい。うすやみの。ほのぐらい。『昧昧』『曖昧アイマイ』『草昧ソウマイ』『幽昧ユウマイ』❷道理にくらい。『昧蒙』『愚昧グマイ』『蒙昧モウマイ』❸夜明け。『昧爽』『昧旦』❹おかす。『昧死』❺「三昧サンマイ」は梵語の音訳字。

【昧死マイシ】死をおかす。上奏文に用いて、死を覚悟して申し上げますというへりくだった気持ちを表した。

【昧爽マイソウ】(「爽」は明らかの意) 夜のあけがた。未明。

【昧旦マイタン】＝昧爽マイソウ

【昧昧マイマイ】①夜明けや日暮れ時の、ほの暗いさま。②夜の暗いさま。③深く思い沈むさま。④手厚いさま。

【昧蒙マイモウ】道理に暗いこと。おろか。蒙昧。

3193 【晦】 1902 3322 8A41 日－6 カイ 「晦」(3199)の異体字

3194 【晈】 ━━ 日－6 キョウ(ケウ)㊦㊥

字解 形声。日＋交㊥。白く光るさま。皎に同じ。

3195 【晄】 5872 5A68 9DE6 日－6 コウ 「晃」(3137)の異体字

3196 【晒】 2715 3B2F 8E4E 日－6 サイ 「曬」(3244)の異体字

3197 【時】 2794 3B7E 8E9E 日－6 常2 (3159)〔旹〕* 3382 日－4 (3182)〔时〕━━ 日－3 ジ㊦・シ㊥/shí/とき

筆順 日 日 日 時 時 時

字解 形声。日＋寺(＝之、ゆく)㊥。日がうつりかわりゆくときの意。旹の出は、之に同じ。

甲骨文  篆文  重文 

同属字 蒔・塒

参考 万葉仮名では音を借りて「し」「じ」。

意味 ❶とき。㋑月日のうつりかわりの区切り。『時節』『四時シジ』㋺ときのきざみ。経過のなかの一点。『時間』『時刻』㋩六〇分のきざみのとき。『時速』『時報』❷そのとき。ころ。おり。機会。『時価』『時事』『時代』『臨時リンジ』❸ときに。つねに。機会あるごとに。『時習』＊論語-学而「学而時習レ之まなんでときにこれをならう」〔＝学んではおりにふれて復習する〕❹あて字、熟字訓など。『時化しけ』『時計とけい』『時鳥ほととぎす』『公時きんとき』『金時きんとき』

❶ とき。ときのきざみ。

下接 一時イチジ／いっとき／ひととき・花時カジ・夏時カジ・午時ゴジ・歳時サイジ・暫時ザンジ・瞬時シュンジ・寸時スンジ・日時ニチジ・半時ハンジ／ハンとき・片時ヘンジ／かたとき・毎時マイジ・零時レイジ・歳時記サイジキ

【時間ジカン】①時刻と時刻との間。ある長さの時。②時刻。『約束の時間』『夏時間』③勤務、授業など、区切られた一定の長さの時。『就業時間』『時間給』④過去から現在、未来と、無限に連続するもの。↔空間。⑤時を数える単位。一時間は一日の二四分の一。

【時季ジキ】季節。シーズン。

【時給ジキュウ】国一時間を単位とした給与。

【時空ジクウ】時間と空間。『時空の観念』

【時限ジゲン】①時を限ること。『時限ストライキ』②時間割の単位。『第二時限は国語』

【時効ジコウ】法律で、ある一定の事実状態が長期間継続した場合に、権利の取得、消滅を認める制度。

【時候ジコウ】四季の陽気。気候。時節。『時候の挨拶アイサツ』

【時刻・時剋ジコク】時の流れの瞬間的な一点。ある定まった時。『時刻表』『発車時刻』

【時差ジサ】①時間の差。㋑世界時と各地の標準時の差。㋺世界各地の標準時相互間の差。『時差ぼけ』②時刻をずらすこと。『時差出勤』

【時時刻刻（ジジコッコク）】一刻一刻。時を追って。

【時日（ジジツ）】ひにちと時間。『時日は追って知らせる』

【時羞（ジシュウ）】四季おりおりの新鮮な供物。

【時辰（ジシン）】時刻。とき。

【時針（ジシン）】時計の短針。時（ジ）を示す針。↕秒針・分針

【時制（ジセイ）】（英tenseの訳語）過去、現在、未来などのいずれに関する叙述であるかによって、動詞の語形を変化させる語法。

【時節（ジセツ）】季節。時候。『雪どけの時節』＊杜甫‐春夜喜雨「好雨知₂時節₁（コウウジセツをしる）〔＝好ましい雨は、降るべき時節をわきまえている〕」→❷

【時速（ジソク）】一時間当たりの移動距離で表した速度。

【時点（ジテン）】時の流れのある一点。

【時報（ジホウ）】標準時刻を知らせること。『正午の時報』

【時余（ジヨ）】一時間あまり。『時余に及ぶ討論』

【時令（ジレイ）】①一年中の行事。一年中の時節に応じて行う政治上の行事の順序。②時節。時候。

❷ そのとき。ころ。おり。機会。

下接 移時（イジ）・一時（イチジ）・往時（オウジ）・旧時（キュウジ）・近時（キンジ）・現時（ゲンジ）・古時（コジ）・今時（コンジ｜いまどき）・時時（ジジ）・少時（ショウジ）・常時（ジョウジ）・随時（ズイジ）・盛時（セイジ）・戦時（センジ）・即時（ソクジ）・多時（タジ）・定時（テイジ）・適時（テキジ）・当時（トウジ）・同時（ドウジ）・不時（フジ）・平時（ヘイジ）・別時（ベツジ）・明時（メイジ）・幼時（ヨウジ）・臨時（リンジ）／何時（いつ｜なんどき）・昼時（ひるどき）

【時雨（ジウ）】ほどよいときに降る雨。→❹（しぐれ）

【時運（ジウン）】時のめぐり合わせ。『時運に乗ずる』

【時下（ジカ）】ただいま。目下。『時下秋冷の候』

【時価（ジカ）】その時々の価格、相場。『時価数億円』

【時艱（ジカン）】その時代の世の中の難儀。時難。

【時期（ジキ）】ある区切られた時。時分。『時期尚早』

【時機（ジキ）】あることを行うのに適当な機会。チャンス。『時機に投ずる』

【時宜（ジギ）】時機としてちょうどよいこと。『時宜にかなう』

【時儀・時議（ジギ）】①時がちょうどよいこと。時宜。②その時、その場の情況に対応する判断や処理の仕方。

【時局（ジキョク）】国家や社会がそのとき当面している状況。

【時好（ジコウ）】その時代の流行、好み。『時好に投ずる』

【時事（ジジ）】昨今の出来事。今の社会的な出来事。

【時時（ジジ）】①その時その時。その場その場。②しだいしだい。③おりおり。

【時習（ジシュウ）】その時代時代の習慣、風習。→❸

【時人（ジジン）】同時代の人々。

【時世（ジセイ）】時代。また、その時代その時代の世の中。

【時世粧（ジセイソウ）】（「粧」はよそおう意）当世風の姿。

【時勢（ジセイ）】世の中の成り行き、勢い。『時勢に後れる』

【時節（ジセツ）】国①時機。機会。『時節を待つ』②世間の情勢。時勢。『暗い時節』→❶

【時俗（ジゾク）】①その時代の人情、風俗や、ならわし。②世間一般の人々。

【時代（ジダイ）】①ある長さの年月。また、歴史的な特色で区分した一定の期間。『江戸時代』②その当時。当代。『バレー部の黄金時代』『時代錯誤』『時代精神』③国年月がたって古めかしく感じられること。『時代物』

【時中（ジチュウ）】時にしたがって、適切であること。

【時評（ジヒョウ）】昨今の世の中の出来事についてする評論。『社会時評』

【時分（ジブン）】①大体の時。ころ。『子供の時分』『今時分』②ちょうどよい時期。『時分を選ぶ』

【時文（ジブン）】その時代の文。中国で、現代の書き言葉の文章。特に、清末から民国にかけての文体。↕白話

【時務（ジム）】その時代になすべき急務。＊十八史略‐東漢「識₂時務₁者、在₂俊傑₁（ジムをしるものは、シュンケツにあり）〔＝その時代になすべき急務を知る者は、才徳のすぐれた人物の中にいる〕」

【時流（ジリュウ）】その時代の風潮、傾向。『時流に乗る』

【時論（ジロン）】①ある時代の世論。②時事に関する議論。

〔及ₗ時当₂勉励₁（ときにおよんでまさにベンレイすべし）〕時をのがさずにつとめ励むべきである。〔陶潜‐雑詩〕

〔感ₗ時（ときにカンず）〕不安な時勢に心を動かす。＊杜甫‐春望「感ₗ時花濺ₗ涙（ときにカンじてははなにもなみだをそそぐ）〔＝この嘆かわしい時勢を思うと、美しく咲く花を見ても涙を注ぐ〕」

❸ ときに。つねに。機会あるごとに。

【時習（ジシュウ）】機会あるごとに復習すること。〔論語‐学而〕→❷

❹ あて字、熟字訓など。

【時雨（しぐれ）】主として晩秋から初冬にかけての、降ったりやんだりする通り雨。『村時雨』→❷（ジウ）

【時化（しけ）】①強風で海が荒れること。↕凪（なぎ）。②海が荒れて漁獲がないこと。

【時計（とけい）】時間をはかり、また、時刻を示す機械。『時計台』『腕時計』♥中国、周代の緯度測定器で、のちに日時計として用いられた「土圭（トケイ）」にあてたものという。

【時鳥（ほととぎす）】鳥の名。ホトトギス科の鳥。古来夏鳥として親しまれた。杜鵑・子規・不如帰・郭公なども書く。

難読地名 時津（とぎつ）町（長崎）　難読姓氏 時任（ときとう）

3198 【晌】 ＊3421　日－6　ショウ（シャウ）漢 \shǎng

字解 形声。日＋向声。正午の意。

3199 【晦】 ＝（3193）〔晦〕 1902 3322 8A41　日－6 †　日－7　カイ（クヮイ）漢 \huì\ くらい・くらます・つごもり・みそか

字解 形声。日＋每声。光がなく暗いより、月の出ないやみ夜、みそかの意。每は、甲骨文から婦人の象形であるが、借りて暗い意を表し、のちに日を加えた。

甲骨文

篆文

意味 ❶くらい。また、やみ。夜。『晦冥（カイメイ）』『晦朦（カイモウ）』❷くらます。わからないようにする。『晦渋』『韜晦（トウカイ）』❸みそか。つごもり。陰暦で、月の最終日。月の出ないやみ夜。↕朔。『晦朔』『晦日』『朔晦（サッカイ）』『大晦（おおつごもり）』❹固有名詞。『晦庵』

❶ くらい。また、やみ。夜。

【晦明（カイメイ）】暗さと明るさ。夜と昼。

【晦冥（カイメイ）】真っ暗なこと。くらやみ。『天地晦冥』

【晦朦（カイモウ）】（「朦」は暗い意）真っ暗なさま。

❷ くらます。わからないようにする。

下接 陰晦（インカイ）・湮晦（インカイ）・顕晦（ケンカイ）・韜晦（トウカイ）

【晦渋（カイジュウ）】言葉、文章などが難しく、意味がはっきりしないこと。『晦渋な文章』

【晦蔵（カイゾウ）】①才能、知識などを目立たないように隠すこと。②資源などが開発されないで、埋れていること。

【晦匿（カイトク）】才能を隠して、世間から隠れること。

心(⺗・忄)戈戸(戸)手(扌)支攴(攵) 4画 文斗斤方旡(旡・无)日曰月木欠止歹(歺)殳毋比毛氏气水(氺・氵)火(灬)爪(爫・⺥)父爻(爻)爿(丬)片牙(牙)牛犬(犭)

❸ みそか。つごもり。
【晦朔 カイサク】 みそかとついたち。＊荘子‐逍遥遊「朝菌不レ知二晦朔一（チョウキンはカイサクをしらず）」〔＝朝生えて晩には枯れる朝菌というきのこは、みそかとついたちを知らない〕」
【晦日 カイジツ・つごもり・みそか】 陰暦で月の終わりごろ。また、月の末日。みそか。
❹ 固有名詞。
【晦庵・晦菴 カイアン】 中国、南宋の儒者朱熹（シュキ）が講義した部屋。現在の福建省建陽県の北西にあった。朱熹はみずからを晦翁と号し、一般には晦庵先生と呼ばれた。

3200【晞】 5875 5A6B 9DE9 日－7 キ(漢)/xī
字解 形声。日＋希（＝希）(声)。日にかわく、かわかす意。

3201【晤】 5877 5A6D 9DEB 日－7 ゴ(漢)/wù/あかるい・あきらか
字解 形声。日＋吾（→五、たがいちがいになる）(声)。夜と入れかわりにあかるくなる、夜があける意。
意味 ❶あきらか。かしこい。『英晤エイゴ』❷面会する。むかいあう。うちとける。『晤言ゴゲン』
【晤言 ゴゲン】 相対してうちとけて語ること。晤語。

3202【晧】 5878 5A6E 9DEC 日－7 コウ（カウ）(漢)/hào
字解 形声。日＋告(声)。
意味 ❶日の出るさま。❷白い。「皓」に同じ。

3203【晠】* 3429 日－7 セイ「晟」（3138）の異体字

3204【晣】 日－7 セツ「晢」（3166）の異体字

3205【晚】 日－7 バン「晩」（3211）の旧字

3206【晡】* 3430 日－7 ホ(漢)/bū/さる
字解 形声。日＋甫(声)。
意味 ❶申さるの刻。現在の午後四時ごろ。❷夕方。日暮れどき。『日晡ジッポ』〔＝日暮れ〕

3207【暁】 2239 3647 8BC5 日－8 常 （3228）【曉】 5892 5A7C 9DFA 日－12 旧字 人
キョウ（ケウ）(呉)(漢)・ギョウ（ゲウ）(慣)/xiǎo/あかつき・あかとき・さとる
筆順 日 暁 暁 暁 暁 暁
字解 暁は、曉の略体。曉は形声。日＋堯（高い）(声)。日が高くのぼるあかつきの意。転じて、さとる意を表す。
意味 ❶よあけ。あけがた。あかつき。『暁天ギョウテン』『払暁』＊孟浩‐春暁「春眠不レ覚レ暁（シュンミンあかつきをおぼえず）」〔＝春の眠りの心地よさに夜が明けたのも気づかなかった〕」❷さとる。さとい。また、さとす。よくわからせる。『暁諭』『通暁』❸熟字訓。『没分暁漢わからずや』

❶ よあけ。あけがた。あかつき。
下接 今暁コンギョウ・昏暁コンギョウ・春暁シュンギョウ・徹暁テツギョウ・払暁フツギョウ
【暁鴉・暁鵶 ギョウア】 夜明けに鳴くカラス。あけがらす。
【暁闇 ギョウアン】 夜明け方のまだ暗い時。あかつきやみ。
【暁起 ギョウキ】 早朝に起床すること。早起き。
【暁光 ギョウコウ】 夜明けの空の光。あけぼの。曙光。
【暁鐘 ギョウショウ】 夜明けを知らせる鐘の音。↔晩鐘
【暁星 ギョウセイ】 夜明けの空に消え残る星。特に、金星。
【暁天 ギョウテン】 明けの空。また、夜明け。

❷ さとる。さとい。また、さとす。
下接 昏暁コンギョウ・知暁チギョウ・通暁ツウギョウ・分暁ブンギョウ
【暁習 ギョウシュウ】 よく承知していて、慣れていること。
【暁達 ギョウタツ】 物事や道理に通ずること。
【暁暢 ギョウチョウ】 よく通じていること。
【暁諭・暁喩 ギョウユ】 さとし教えること。

3208【晴】 3218 4032 90B0 日－8 常2 （3209）【晴】 日－8 旧字
セイ(漢)/qíng/はれる・はらす・はれ
筆順 日 晴 晴 晴 晴 晴
字解 形声。日＋青（清く澄みきる）(声)。空がすみきってはれる意。
意味 はれる。はれ。また、はれやかな。明るい。
下接 陰晴インセイ・快晴カイセイ・好晴コウセイ・新晴シンセイ・晩晴バンセイ
【晴陰 セイイン】 はれとくもり。
【晴雨 セイウ】 晴れと雨。晴天と雨天。『晴雨計』
【晴雲秋月 セイウンシュウゲツ】（晴天に浮かぶ雲と澄みきった秋の月の意）心の中が清らかで澄みとおっていること。
【晴好雨奇 セイコウウキ】 晴天にも雨天にも趣のあるながめであること。〔蘇軾‐飲二湖上一初晴後雨〕
【晴耕雨読 セイコウウドク】 晴天には田畑を耕し、雨天には家で読書をすること。悠々自適の境遇をいう。
【晴川 セイセン】 雨あがりの川。晴れわたって遠くまで見わたせる川。＊崔顥‐黄鶴楼「晴川歴歴漢陽樹（セイセンレキレキたりカンヨウのジュ）」〔＝晴れわたった川が流れ、そのむこうに漢陽の町の木々がはっきりとながめられる〕」
【晴天 セイテン】 晴れた空。よい天気。青天。【晴天白日 セイテンハクジツ】 ①よく晴れわたった日和ひより。②心にやましいことがないこと。青天白日。【晴天霹靂 セイテンのヘキレキ】（青く晴れわたった空に突然に起こる雷の意から）思いがけず起こる事件の急変。♥「青天霹靂」とも書く。
【晴嵐 セイラン】 ①よく晴れた日にたちのぼる山気。②晴れた日に吹きわたる山風。
【晴朗 セイロウ】 空が晴れわたってうららかなさま。『天気晴朗なれど波高し』
【晴和 セイワ】 空が晴れてのどかであること。

3210【晰】 5882 5A72 9DF0 日－8 セキ「晳」（3168）の異体字

3211【晩】 4053 4855 94D3 日－8 常6 （3205）【晚】 日－7 旧字 人
バン(漢)/wǎn/くれ・くれる・おそい
筆順 日 晩 晩 晩 晩 晩
字解 形声。日＋免（ぬけ出る）(声)。日の光がぬけてなくなるくれの意。
意味 ❶くれ。日暮れ。暮れる。また、夜。『晩餐』『晩酌』『晩鐘』『今晩』＊李商隠‐楽遊原「向レ晩意不レ適（バンにむかってこころかなわず）」〔＝日暮れが近づくにつれて、心が落ち着かなく

なる」❷おそい。あと。↕早。『大器晩成(タイキバンセイ)』『晩年』『秋晩』『早晩』 ⇒〔早〕(3119)の表

❶ 日暮れ。また、夜。

下接 今晩(コンバン)・昨晩(サクバン)・毎晩(マイバン)・明晩(ミョウバン)・翌晩(ヨクバン)

【晩霞(バンカ)】 ①夕焼け。②国 夕方にたつかすみ。夕がすみ。暮霞。

【晩暉(バンキ)】 夕日のひかり。夕方の太陽。落暉。

【晩景(バンケイ)】 夕方の景色。また、晩方。夕方。

【晩餐(バンサン)】 夕食。夕餉(ゆうげ)。特に豪華な夕食。『晩餐会』

【晩酌(バンシャク)】 夕飯のときに酒を飲むこと。

【晩照(バンショウ)】 夕日のひかり。

【晩鐘(バンショウ)】 夕方に鳴る寺院の鐘。入相の鐘。↕暁鐘

【晩霽(バンセイ)】 夕方になって空が晴れること。

【晩来(バンライ)】 ①(「来」は助字)日ぐれ方。夕方。②夕方から。また、夜ふけから。

【晩涼(バンリョウ)】 夕方のすずしさ。ゆうすず。

❷ おそい。あと。

下接 歳晩(サイバン)・秋晩(シュウバン)・早晩(ソウバン)

【晩鶯(バンオウ)】 晩春から初夏のころに鳴くうぐいす。老鶯。

【晩夏(バンカ)】 夏の終わりごろ。↕初夏・盛夏

【晩学(バンガク)】 年をとってから学問に志すこと。

【晩期(バンキ)】 ①晩年の時期。『晩期の作品』②その時代の終わりの時期。『縄文(ジョウモン)晩期』

【晩婚(バンコン)】 普通よりも遅い結婚。↕早婚

【晩秋(バンシュウ)】 秋の末。秋の暮れ。↕初秋・早秋・仲秋

【晩熟(バンジュク|ておく)】 普通より遅れて成熟すること。また、中年以後に実力があらわれること。↕早熟

【晩春(バンシュン)】 春の末。↕初春・早春・仲春

【晩翠(バンスイ)】 冬枯れの季節になって他の草木が枯れ落ちた後でもなお草木が緑色であること。また、その緑色。

【晩世(バンセイ)】 ①近世。②末世。後世。

【晩生(バンセイ|ておく)】 国 植物などが遅れて生じること。↕早生(わせ)

【晩成(バンセイ)】 他より遅れて完成すること。また、年をとって成功すること。『大器晩成』

【晩節(バンセツ)】 ①人生の終わりの時期。晩年。②晩年の節操。『晩節を全うする』③末のころ。末の世。

【晩冬(バントウ)】 冬の末。↕初冬

【晩唐(バントウ)】 中国の唐代を初・盛・中・晩の四期に区分した最後の期間。文宗の太和元年(八二七)から滅亡(九〇七)まで。

【晩稲(バントウ|おくて)】 遅く実るイネ。晩禾(バンカ)。

【晩年(バンネン)】 年をとった時。一生の終わりの時期。

3212 【暗】 1637 3045 88C3 日－9 常3

(3213) 〖暗〗 日－9 旧字

アン 呉漢 \àn\ くらい・くらがり・くらます・くれる

筆順 日 暗 暗 暗 暗 暗

字解 形声。日＋音(口にものを含みことばにならぬおと)声。日がこもりかくれてくらい意。

意味 ❶くらい。やみ。くろずむ。また、はっきりしない。↕明。『暗中模索』『暗黒』『暗転』『明暗(メイアン)』❷おろか。道理や知識にくらい。『暗愚』『暗君』❸ひそかに。表面にあらわれない。人に知られない。『暗中飛躍』『暗号』『暗殺』 ＊白居易-琵琶行「尋ㇾ声暗問弾者誰(こえをたずねてひそかにとうダンずるものはたれぞと)〔＝琵琶の音をたよりに、ひそやかに尋ねてみた、弾いている方はどなたですか、と〕」❹そらんじる。「諳」に同じ。『暗記』『暗誦』❺あて字。「暗謨尼亜(アンモニア)」は気体の名。 ⇒〔明〕(3185)の表

❶ くらい。やみ。また、はっきりしない。

下接 明暗(メイアン)・冥暗(メイアン)・幽暗(ユウアン)・溶暗(ヨウアン)・冷暗(レイアン)・柳暗花明(リュウアンカメイ)

【暗暗(アンアン)】 暗いさま。奥深くかすかなさま。『黒暗暗』

【暗鬱(アンウツ)】 気が暗く沈む様子。うっとうしいこと。

【暗雲(アンウン)】 ①雨を降らしている、または、いまにも雨を降らしそうな暗い雲。②転じて、比喩的に、不穏な事が起こりそうな形勢、また、心を覆いとざす心配事や悩み。

【暗影・暗翳(アンエイ)】 暗いかげ。また、比喩的に不吉なことの気配。暗雲。書き換え「暗翳→暗影」。

【暗鬼(アンキ)】 実際にはないことを、あると思ってこわがる気持ち。『疑心暗鬼』

【暗香(アンコウ|アンキョウ)】 どこからともなく匂う花などの香り。

【暗黒(アンコク)】 ①真っ暗なこと。②社会などが、乱れたり、抑圧されたりして暗い状態であること。『暗黒街』『暗黒時代』

【暗室(アンシツ)】 暗い部屋。特に、光線が入らないように密閉した部屋。写真の現像などに用いる部屋。〖不ㇾ欺二暗室一(アンシツをあざむかず)〗 暗い部屋でも悪いことをしない。「不ㇾ侮二暗室一(アンシツをあなどらず)」とも。〔駱賓王-蛍火賦〕

【暗色(アンショク)】 暗い感じの色。暗い色。↕明色

【暗線(アンセン)】 スペクトルに見られる暗い線。↕輝線

【暗然(アンゼン)】 悲しみに、暗く心がふさぐさま。気落ちしたさま。

【暗澹(アンタン)】 ①暗くてものすごいさま。②絶望的であるさま。『暗澹とした気持ち』

【暗中模索・暗中摸索(アンチュウモサク)】 手掛かりもないままに、いろいろ手探りをすること。〔随唐嘉話〕

【暗転(アンテン)】 演劇で、舞台を暗くして場面転換をすること。転じて、状況などが悪い方向に転換すること。

【暗昧(アンマイ)】 真偽などがはっきりしないこと。↓❷

【暗幕(アンマク)】 部屋を暗くするため、窓に掛ける黒い幕。

【暗夜(アンヤ)】 やみ夜。書き換え「闇夜→暗夜」。

【暗闇(くらやみ)】 ①まったく光のないこと。暗いこと。②見通しがつかないこと。

❷ おろか。

【暗愚(アング)】 愚かで道理のわからないこと。

【暗君(アンクン)】 愚かな君主。暗主。↕明君

【暗主(アンシュ)】 愚かな主君。↕明主

【暗昧(アンマイ)】 物事に暗くおろかなこと。暗愚。↓❶

❸ ひそかに。表面にあらわれない。

【暗暗裏・暗暗裡(アンアンリ)】 人の知らないうち。内々(ナイナイ)。『暗々裏に事を運ぶ』

【暗渠(アンキョ)】 地下に埋設したり、ふたをしたりした通水路や排水溝。『暗渠排水』

【暗号(アンゴウ)】 第三者にわからないように当事者間で取り決めた符号。『暗号を解読する』

【暗合(アンゴウ)】 偶然に一致すること。

【暗恨(アンコン)】 ひそかな恨み。＊白居易-琵琶行「別有二幽愁暗恨生一(ベツにユウシュウアンコンのショウずるあり)〔＝(絃の音がやむと)別に深い悲しみや、ひそかな恨みが生まれてくる〕」

【暗殺(アンサツ)】 人目のないところでおそって殺すこと。やみうち。また、特に、政治上・思想上の理由から、要人を殺すこと。『暗殺者』

【暗示(アンジ)】 ①手掛かりなどを、それとなく知らせること。↕明示。『暗示を与える』②無意識のうちに、特定の

観念などを起こさせる心理的作用。『自己暗示』
【暗証アンショウ】本人であることを証明するために、コンピュータなどに登録してある文字や数字。『暗証番号』
【暗礁アンショウ】海面下に隠れている岩。隠れ岩。『暗礁に乗り上げる』
【暗中飛躍アンチュウヒヤク】ひそかに策動すること。暗躍。
【暗闘アントウ】ひそかにかげで争うこと。
【暗黙アンモク】だまって何も言わないこと。『暗黙の了解』
【暗躍アンヤク】ひそかに策動すること。暗中飛躍。
【暗流アンリュウ】表面に現れない流れ。転じて、外部に現れない不穏な動き。
【暗涙アンルイ】人知れず流す涙。『暗涙にむせぶ』

❹そらんじる。

【暗記アンキ】そらんずること。『丸暗記』
【暗算アンザン】筆算や、計算器などの助けなしで、頭の中でする計算。↔筆算
【暗射アンシャ｜アンセキ】①的なしに、また、ねらいを定めずに弓を射ること。②実物を見ないで、言い当てること。
【暗誦アンショウ】文章などをそらで言うこと。そらよみ。『詩を暗誦する』▶書き換えで「暗唱」とも書く。
【暗譜アンプ】音楽の譜を暗記すること。

3214【暎】5885 5A75 9DF3 日－9
エイ「映」(3187)の異体字

3215【暍】＊3447 日－9
エツ漢・カツ漢/hè
字解 形声。日＋曷(とどこおりこもる)声。暑さがこもる、暑気あたりの意。「暍病エツビョウ」は、日射病の意。

3216【暇】1843 324B 89C9 日－9 常
カ漢/xiá・xià/ひま・いとま
筆順
字解 形声。日＋叚声。
意味 ひま。いとま。㋐仕事をしない時間。『暇日』『休暇キュウカ』『余暇ヨカ』㋑相手の手を離れること。別れ。解雇。『暇ひまを出す』『暇いとまごい』
下接 官暇カンカ・閑暇カンカ・間暇カンカ・休暇キュウカ・告暇コクカ・賜暇シカ・寸暇スンカ・請暇セイカ・病暇ビョウカ・余暇ヨカ

【暇逸カイツ】ひまで仕事をしていないこと。
【暇給カキュウ】ひま。ゆとり。
【暇景カケイ】＝暇日カジツ
【暇日カジツ】ひまな日。休みの日。
【暇予カヨ・暇余カヨ】余分の時間。いとま。ひま。

3217【暉】5886 5A76 9DF4 日－9 人
キ漢/huī/かがやく
字解 形声。日＋軍(ぐるっとめぐりとりまく)声。まるく輪をえがきながら光る、かがやく意。本来、軍と暉とは同字だったが、今は区別して別義に用いる。また、暈ウン(3149)は別字。
意味 ❶ひかる。かがやく。「輝」に同じ。『暉映』『清暉セイキ』 ❷日のひかり。『金暉キンキ』『春暉シュンキ』
【暉映キエイ】かがやきうつること。光が照りはえること。輝映キエイ。耀映ヨウエイ。
難読姓氏 暉峻てるおか

3218【暄】5887 5A77 9DF5 日－9
ケン漢/xuān
字解 形声。日＋宣声。
意味 あたたかい。また、春の末。晩春。『寒暄カンケン』
【暄燠ケンイク】あたたかいこと。温暖。
【暄和ケンワ｜カンワ】あたたかでおだやかなこと。
【暄寒ケンカン】あたたかさと寒さ。時候のあいさつ。
【暄妍ケンケン】あたたかで景色の美しいこと。
【暄風ケンプウ】春のあたたかな風。

3219【暖】3540 4348 9267 日－9 常6
(3220)〖暖〗日－9 旧字
(3221)〖㬇〗日－9
ナン呉・ダン漢・ケン漢・ノン唐/nuǎn・xuān/あたたか・あたたかい・あたたまる・あたためる・あったか・あったかい・あったまる・あっためる
筆順
字解 会意。日＋爰(ひく)。日をひきよせたようにあたたかい意。
意味 ❶あたたかい。あたたかさ。「煖」に同じ。↔寒・冷。『暖ダンをとる』『暖気』『暖流』 ❷あたためる。あたたまる。「煖」に同じ。『暖房』『暖炉』『暖簾ノレン』

❶あたたかい。

下接 温暖オンダン・寒暖カンダン・軽暖ケイダン・春暖シュンダン・和暖ワダン
【暖気ダンキ｜ノンキ】①(ダンキ)暖かい気配、空気、気温。暖かみ。↔寒気。②(ノンキ)のんびりしていること。▶②は、あて字で「呑気」と書くことが多い。
【暖色ダンショク】赤、だいだい、黄など、見た目に暖かい感じを与える色。温色。↔寒色
【暖帯ダンタイ】温帯のうち、亜熱帯に近い温暖な地帯。暖温帯。『暖帯林』
【暖地ダンチ】気候の温暖な地方。↔寒地
【暖冬ダントウ】例年より暖かい冬。
【暖流ダンリュウ】赤道付近から温帯に向かって流れる高温な海流。黒潮など。↔寒流

❷あたためる。あたたまる。

【暖衣ダンイ】衣服を重ね着して身を暖かくすること。
【暖衣飽食ダンイホウショク】暖かに衣服を着て、飽きるまで食物を食べること。何不足ない、満ち足りた生活をすること。暖飽。
【暖房ダンボウ】部屋の中を暖めること。↔冷房。『冷暖房』▶書き換え「煖房→暖房」。
【暖炉ダンロ】火をたいて室内を暖めるための装置。▶書き換え「煖炉→暖炉」。
【暖簾ノレン】①商家が店頭に垂らす布の幕。『縄暖簾』②国店の伝統や信用。また、営業権。『暖簾分け』▶もと、禅家で寒さを防ぐため簾のすきまをおおう布のとばりを言った「ノンレン」の変化したもの。

3222【暘】5888 5A78 9DF6 日－9
ヨウ(ヤウ)呉漢/yáng
字解 形声。日＋昜声。日がのぼる、日の出の意。
【暘谷ヨウコク】①昔、中国で、太陽がのぼると考えられた東の果ての場所。②転じて、日本。

3223【暤】＊3456 日－10
(3226)〖暭〗＊3457 日－11
ゴウ呉・コウ(カウ)漢/hào/しろい

字解 形声。日＋皐(=皋、しろくかがやく)(声)。しろいさま。皞に同じ。

3224【暝】5889 5A79 9DF7 日－10 ミョウ(ミャウ)(呉)・メイ(漢)/míng・mìng/くらい
字解 形声。日＋冥(おおいかくす)(声)。日がかくれてくらい意。

3225【暵】＊3460 日－11 カン(漢)/hàn
字解 形声。日＋𦰩(ひでり)(声)。ひでり、また、日でかわかす意。のちに日を加えた。

3226【暭】＊3457 日－11 コウ「暤」(3223)の異体字

3227【暱】＊3458 日－11 ジツ「昵」(3190)の異体字

3228【曉】5892 5A7C 9DFA 日－12 ギョウ「暁」(3207)の旧字

3229【曈】＊3466 日－12 トウ(漢)・ドウ(慣)/tóng
字解 形声。日＋童(→筒、つきぬける)(声)。夜の暗さを光が貫通して夜があける意。日の出。

3230【暾】5893 5A7D 9DFB 日－12 トン(漢)/tūn
字解 形声。日＋敦(声)。
意味 あさひ。日の出。「朝暾チョウトン」

3231【曄】5901 5B21 9E40 日－12 ヨウ(エフ)(呉)(漢)/かがやく
字解 会意。日＋華(はなやか)。光がはなやかにかがやく意。
意味 かがやく。ひかる。また、あきらか。

3232【暸】5902 5B22 9E41 日－12 リョウ(レウ)(漢)/あきらか
字解 形声。日＋尞(かがり火をたく)(声)。あきらかの意。

3233【曖】5903 5B23 9E42 日－13 アイ(漢)/ài/くらい
字解 形声。日＋愛(声)。
意味 くらい。ほのぐらい。
【曖曖アイアイ】うす暗いさま。ぼうっとかすんでいるさま。
【曖曃アイタイ】＝曖曖アイアイ
【曖昧アイマイ】①はっきりしない様子。あやふや。「曖昧模糊アイマイモコ」②国いかがわしいこと。「曖昧屋(=淫売屋)」

3234【曦】―― 日－13 ギ「曦」(3243)の異体字

3235【曙】2976 3D6C 8F8C 日－13 人 (3237)【曙】―― 日－14 旧字 ショ(漢)/shǔ/あけぼの
字解 形声。日＋署(→赭、あかい)(声)。光があかくなり、あけはじめる、あけぼのの意。
意味 あけぼの。夜明け。また、あける。＊白居易-長恨歌「耿耿星河欲ㇾ曙天コウコウたるセイガあけんとほっするテン」(=かすかに明るい天の川が、明けそめた空にかかっている)」
【曙光ショコウ】①夜明けの太陽の光。②かすかな希望。

3236【曛】＊3471 日－14 クン(漢)/xūn/たそがれ
字解 形声。日＋熏(くすんでくらい)(声)。入り日、たそがれの意。
意味 入り日。たそがれ。「斜曛シャクン」
【曛黄クンコウ】たそがれ。
【曛黒クンコク】夕やみ。
【曛日クンジツ】夕方の太陽。夕日。

3237【曙】―― 日－14 ショ「曙」(3235)の旧字

3238【曚】5904 5B24 9E43 日－14 ム(呉)・ボウ(漢)・モウ(慣)/méng/くらい
字解 形声。日＋蒙(くらい)(声)。くらい意。
意味 くらい。はっきり見えない。「晦曚カイモウ」
【曚昧モウマイ】道理にくらいさま。おろか。蒙昧。
【曚曨モウロウ】①日光がうす暗いさま。②意識がはっきりしないさま。朦朧モウロウ。

3239【曜】4543 4D4B 976A 日－14 常2 (3240)【曜】―― 日－14 旧字 ヨウ(エウ)(呉)(漢)/yào
筆順 日 日 日 曜 曜 曜 曜
字解 形声。日＋翟(高くぬきんでて目立つ)(声)。太陽が高く昇り、光りかがやく意。
意味 ❶ひかり。かがやく。「眩曜ゲンヨウ」「照曜ショウヨウ」❷日・月・星の総称。「九曜クヨウ」「七曜シチヨウ」「霊曜レイヨウ」❸国七曜を一週間の日に割り当てて呼ぶ称。「曜日」「月曜」
【曜日ヨウび】曜の名で表した、一週間の各日。

3241【曠】5905 5B25 9E44 日－15 (3188)【昿】5906 5B26 9E45 日－5 コウ(クヮウ)(呉)(漢)/kuàng/ひろい
字解 形声。日＋廣(ひろく大きい)(声)。日が広く照りわたってあきらかの意。
意味 ❶ひろい。大きい。ひろびろしている。おろそかにする。「曠野」❷むなしい。むなしくする。おろそかにする。「曠日」「怨曠エンコウ」「久曠キュウコウ」❸ひさしい。「曠世」
下接 閒曠カンコウ・閑曠カンコウ・空曠クウコウ・平曠ヘイコウ・放曠ホウコウ

❶ひろい。大きい。ひろびろしている。
【曠遠コウエン】はるかに遠いこと。
【曠士コウシ】心が広く、物事にこだわらない人物。
【曠然コウゼン】広大なさま。こだわらないさま。
【曠達コウタツ】心が広く物事にこだわらないさま。豁達カッタツ。
【曠蕩コウトウ】(「蕩」は広大の意)①ひろびろとしたさま。広大なさま。②度量が広く大きいさま。
【曠野コウヤ・あらの】広々とした野原。また、荒れ野。曠原。

❷むなしい。むなしくする。
【曠官コウカン】官吏の職責を果たしていないこと。
【曠日コウジツ】なにもしないで、むなしく日を送ること。
【曠日持久コウジツジキュウ】いつまでもむだに日をすごすこと。曠日弥久。
【曠日弥久コウジツビキュウ】むなしく日々を送って、事が長びくこと。〔戦国策-燕〕
【曠職コウショク】①職責を十分に果たさないこと。②官職を欠けたままにしておくこと。欠位。

【曠廃(コウハイ)】すてる。なげやりにする。責務を怠ること。

【曠夫(コウフ)】配偶者のない男。『怨女曠夫』

❸ ひさしい。

【曠古(コウコ)】（古いにしえをむなしくするの意から）前例のないこと。前代未聞。未曾有(ミゾウ)。『曠古の大戦』
【曠世(コウセイ)】世にもまれなこと。希代。『曠世の賢君』
【曠代(コウダイ)】[1]長年月を経ること。[2]世にまれなこと。

3242 【曝】 3988 4778 9498 日-15 ホク[漢]・バク[慣]/pù/さらす

[字解] 形声。日＋暴（さらす）[声]。さらす意。暴の通俗体。のちに日を加えて、その義を明らかにした。

[意味] さらす。日にあててさらす。「暴」に同じ。『被曝(ヒバク)』＊戦国策-燕「蚌方出曝(ボウまさにいでてバクす)〔＝ちょうどそのとき、蚌が水から出て日なたぼっこをしていた〕」

【曝書(バクショ)】書物の虫干し。

【曝涼(バクリョウ)】日にさらして風を通すこと。

【曝露(バクロ)】[1]風雨にさらされること。[2][国]悪事や秘密が明るみに出ること。また、あばくこと。♥書き換え「曝露→暴露」。

3243 【曦】 5907 5B27 9E46 日-16 (3234)【曦】 日-13
キ[漢]・ギ[慣]/xī/

[字解] 形声。日＋羲[声]。
[意味] 太陽。太陽の光。太陽の色。『赫曦(カクギ)』

3244 【曬】 ＊3475 日-19 シャ[呉]・サイ[漢]・シ[呉][漢]/shài/さらす

[字解] 会意。日＋麗（きちんと並べる）。太陽に向かって並べてかわかす・さらす意。晒は異体字。

日

3245 【旧】 2176 356C 8B8C 日-1 [常]5 (6473)【舊】 7149 6751 E470 臼-12 旧字
グ[呉]・キュウ（キウ）[漢]・ク[慣]/jiù/ふる・ふるい・もと

[筆順] 旧 旧 旧 旧 旧

[字解] 旧は舊の下部臼の草体による。舊は形声。萑（冠毛のあるとり）＋臼[声]。とりの意。久に通じて、時間がたってひさしい、ふるい意を表す。

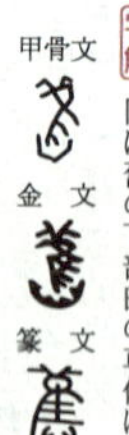
甲骨文 金文 篆文

[意味] ❶ふるい。古い方の。㋑今では過去のものとなっている。↔新。『旧式』『新旧』㋺すぐ前の。『旧年』『旧臘』㋩[国]『旧暦(キュウレキ)』の略。『旧正月』❷もと。昔。以前。過去。『旧に復する』『旧跡』『旧都』『懐旧(カイキュウ)』『復旧(フッキュウ)』❸昔からの。長い年月を経ている。また、なじみ。『旧家』『旧習』『故旧(コキュウ)』＊杜甫-贈衛八処士「訪旧半為鬼(キュウをとえばなかばキとなる)〔＝昔なじみの消息をたずねると、半ばは死んでしまっている〕」⇒〔新〕(3082)の[表]

❶ ふるい。古い方の。

【旧鬼(キュウキ)】（「鬼」は、死者の霊魂の意）死んで久しい霊魂。＊杜甫-兵車行「新鬼煩冤旧鬼哭(シンキはハンエンしキュウキはコクす)〔＝死んだばかりの霊はもだえ恨み、白骨になった霊は大声で泣く〕」
【旧教(キュウキョウ)】キリスト教で、ローマ-カトリック教とギリシア-カトリック教の総称。カトリック。↔新教
【旧劇(キュウゲキ)】[国][1]新劇や新派に対して、わが国在来の歌舞伎(かぶき)。[2]映画で、現代劇に対して、時代劇。
【旧穀(キュウコク)】前年度に収穫した穀物。
【旧人(キュウジン)】[国]人類の進化史上、原人と新人との間に属する化石人類。→❸
【旧制(キュウセイ)】古い制度。↔新制。『旧制高校』
【旧冬(キュウトウ)】昨年末の冬。♥普通、新年に使う。
【旧年(キュウネン)】去年。昨年。
【旧派(キュウハ)】[1]古い流派。[2][国]新派劇に対して、歌舞伎(かぶき)。旧劇。
【旧版(キュウハン)】同じ出版物で改訂、増補などをした版に対してそれ以前の版。↔新版
【旧盆(キュウボン)】旧暦によって八月に行われる盂蘭盆(ウラボン)。七月の新暦の盆に対して言う。
【旧約(キュウヤク)】『旧約聖書』の略。キリスト教の経典で、キリスト誕生までのイスラエル-ユダの歴史書、預言書などを集めたもの。↔新約。→❷
【旧暦(キュウレキ)】[国]明治五年（一八七二）に採用された太陽暦（新暦）に対して、それ以前に用いられた太陰太陽暦。↔新暦
【旧臘(キュウロウ)】去年の一二月。去年の暮れ。『旧臘十五日』♥「臘」は陰暦一二月。新年の手紙などに使う。

❷ もと。昔。以前。過去。

[下接] 懐旧(カイキュウ)・思旧(シキュウ)・倍旧(バイキュウ)・復旧(フッキュウ)

【旧悪(キュウアク)】昔の悪事。＊論語-公冶長「伯夷叔斉不念旧悪(ハクイシュクセイはキュウアクをおもわず)〔＝伯夷と叔斉とは、昔の悪事をいつまでも心にとめておくことはなかった〕」

【旧怨(キュウエン)】昔のあだ。古い恨み。

【旧恩(キュウオン)】以前受けた恩義。『旧恩に報いる』

【旧懐(キュウカイ)】昔のことをなつかしむこと。懐旧の情。

【旧観(キュウカン)】昔の有様。以前の眺め。

【旧記(キュウキ)】昔の事柄を記録した文書。

【旧居(キュウキョ)】以前住んだ家。↔新居
【旧業(キュウギョウ)】[1]以前やっていた仕事、事業。[2]昔の偉人が成しとげた業績。遺業。

【旧債(キュウサイ)】昔の借り。古い負債。

【旧址(キュウシ)】歴史的な建物や事件のあったあと。旧跡。

【旧師(キュウシ)】昔自分が教えを受けた先生。

【旧主(キュウシュ)】昔仕えた主人、主君。

【旧称(キュウショウ)】以前の古い呼び名。

【旧章(キュウショウ)】昔の法典。旧制。旧典。

【旧蹤(キュウショウ)】昔の遺跡。古い足跡。古跡。

【旧情(キュウジョウ)】かつて抱いていた感情、情愛。→❸
【旧姓(キュウセイ)】もとの姓。結婚や養子縁組をする前の姓。

【旧跡・旧蹟(キュウセキ)】昔、歴史に残るような事件や物のあった場所。『名所旧跡』♥書き換え「旧蹟→旧跡」。

【旧蔵(キュウゾウ)】以前所蔵していたこと。

【旧宅(キュウタク)】以前住んでいた家。↔新宅
【旧典(キュウテン)】昔の法典。古い制度。旧章。→❸
【旧都(キュウト)】もと、都であった所。古都。↔新都
【旧徳(キュウトク)】[1]以前に行った徳。もと施した恵み。[2]先祖の功労。[3]昔のよしみ。

【依旧(キュウによる)】もとのままである。＊白居易-長恨歌「帰来池苑皆依旧(かえりきたればチエンみなキュウによる)〔＝都にもどってみれば、宮中の池も庭も昔のままのたたずまい〕」

【旧幕(キュウバク)】[国]もとの幕府。明治維新以後、徳川幕府を指していう。『旧幕時代』

【旧物(キュウブツ)】[1]昔の物。また、昔の制度やしきたり。『旧物破壊』[2]昔の思い出の品物。＊白居易-長恨歌「唯将

旧物一表二深情一（ただキュウブツをもってシンジョウをあらわす）〔＝いまではただ思い出の品をさしあげて、深い心をあらわしたい〕
【旧聞】キュウブン 古い話。前に聞いた話。『旧聞に属する』
【旧約】キュウヤク 昔の約束。→❶
【旧遊】キュウユウ かつて旅したことのあること。曾遊ソウユウ。
【旧領】キュウリョウ かつて領有していた土地。
【旧廬】キュウロ 昔、住んでいた庵。旧宅。

❸ 昔からの。長い年月を経ている。

下接 耆旧キキュウ・勲旧クンキュウ・故旧コキュウ・守旧シュキュウ

【旧痾】キュウア 長い間なおらないでいる病気。持病。
【旧雨今雨】キュウウコンウ 古い友人と新しい友人。〔杜甫-秋述〕♥「雨」と「友」の音が通じるところから。
【旧縁】キュウエン 古い縁故。前からのなじみ。昔なじみ。
【旧家】キュウカ 昔からの由緒ある家柄。『旧家の出』
【旧慣】キュウカン 古くからの習わし。慣例。旧習。
【旧誼】キュウギ 昔からのなじみ。古いよしみ。旧好。
【旧郷】キュウキョウ〔キュウゴウ〕 故郷。
【旧曲】キュウキョク 昔から伝えられている楽曲。
【旧故】キュウコ 古いなじみの人。昔の友。旧知。
【旧交】キュウコウ 昔からの交際。『旧交を温める』
【旧好】キュウコウ ＝旧誼キュウギ
【旧国】キュウコク ①古い歴史を持った国。建国の古い国。②ふるさと。故郷。故国。
【旧識】キュウシキ 古くからの知りあい。昔なじみ。旧知。
【旧習】キュウシュウ 昔から行われている習慣。
【旧情】キュウジョウ 昔なじみの情愛。→❷
【旧人】キュウジン 古くからいる人。また、新しみのない人。↔新人。→❶
【旧染】キュウセン〔キュウゼン〕 古くからしみ込んでいる悪い慣習。
【旧俗】キュウゾク 昔からの習慣。古い風俗。旧習。
【旧態】キュウタイ 以前からの状態。『旧態依然』
【旧知】キュウチ 古くからの知り合い。昔なじみ。
【旧典】キュウテン 古くから伝わる文書。古書。古典。→❷
【旧套】キュウトウ 昔のままの古い方法、やり方。
【旧弊】キュウヘイ 古い思想や習慣などの弊害。また、古くからの習慣や思想にとらわれているさま。
【旧友】キュウユウ 昔からの友達。『旧友と再会する』
【旧来】キュウライ 昔から。以前から。
【旧林】キュウリン もと住んでいてなじみのある土地の林。故郷の山林。＊陶潜-帰二園田居一「羇鳥懐二旧林一、池魚思二故淵一（キチョウキュウリンをおもい、チギョコエンをおもう）」〔＝渡り鳥たちは故郷の山林をなつかしみ、池の魚たちは生まれ故郷の水をなつかしむ〕
【旧例】キュウレイ 昔からのしきたり。古い慣例。先例。
【旧老】キュウロウ 昔の事を知っている老人。故老。

3246 【旭】 1616 3030 88AE 日-2 人 キョク(漢)/xù/あさひ・あきら

筆順 旭 旭 旭 旭 旭 旭

字解 形声。日＋九(屈曲してつきる)(声)。出始めは様々に屈曲しつつも、地平線上に出れば必ず四方を輝きつくすかのようなあさひの意。

意味 ❶あさひ。あさひが昇るさま。また、明るく輝かしいさま。『旭光』『旭日』❷おごるさま。『旭旭キョクキョク』

【旭日】キョクジツ 朝の太陽。あさひ。『旭日章』
【旭光】キョッコウ 朝日の光。

3247 【昶】 5868 5A64 9DE2 日-5 チョウ(チャウ)(漢)/chǎng

字解 会意。日＋永(ながい)。日がながい、のびる、あきらかの意。

金文

【衵】⇩7268

3248 【暢】 3610 442A 92A8 日-10 人 チョウ(チャウ)(呉)(漢)/chàng

字解 形声。申(のびる)＋昜(のびる)(声)。のびやかに長くのびる意。

意味 のびる。長くのびる。のびのびする。のびやか。

下接 怡暢イチョウ・演暢エンチョウ・酣暢カンチョウ・暁暢ギョウチョウ・条暢ジョウチョウ・舒暢ジョチョウ・伸暢シンチョウ・明暢メイチョウ・流暢リュウチョウ

【暢月】チョウゲツ 陰暦十一月の異称。
【暢叙】チョウジョ 十分に述べること。
【暢達】チョウタツ のびのびしていること。のびやか。『暢達な文章』
【暢適】チョウテキ のびのびとして楽しむこと。
【暢茂】チョウモ 草木が、のびのびとよくおい茂ること。
【暢気】のんき 気が長く、のんびりしたさま。呑気のんき。♥本来は「暖気」と書き、「のん」は暖の唐音からという。「呑気」「暢気」は、あて字。

3249 【暹】 5891 5A7B 9DF9 日-12 セン(漢)/xiān/のぼる

字解 会意。日＋進(すすむ)。日がすすんでのぼる意。

意味 ❶日がのぼる。日の出。❷地名。『暹羅シャム』

【暹羅】シャム〔シャムロ〕 (Siamの音訳)「タイ国」の旧称。

73 曰部 ひらび

甲骨文

金文

篆文

曰は、口から息または舌の出るさまを象るといい、ものをいうこと(エツ)を表す。曰部には、ものをいうことに関するもののほか、形の類似で収められた字がある。曰の字形は、隷書のころから日部(72)の日と同様になったが、日がたて長に書かれるのに対して、曰は横にひろげた形として、「ひらび」(平たい日)の名がある。字の下部にある場合は、日と曰とを区別しがたい。

曰 曰 ② 曳 曲 ③ 曵 更
曰 ④ 曷 ⑤ 曷 ⑦ 曼 ⑧ 最
曰 ⑥ 書 ⑦ 曹 曽 ⑧ 會 曶 曾 替 ⑨
會 ⑩ 朁 ⑫ 朁

曰

3250 【曰】 5909 5B29 9E48 曰-0 ワツ(呉)・エツ(ヱツ)(漢)/yuē/いう・いわく・のたまう・のたまわく・いわれ

字解 部首解説を参照。

意味 ❶いう。いわく。のたまわく。いうことには。おっしゃることには。『曰難レ言』❷ここに。さて。『曰若』❸国いわれ。理由。『曰いわく付きの物件』

【曰若】エツジャク〔ここに〕 さて。文章の初めに用いることば。
【曰難レ言】いいがたし 複雑な事情があって簡単には説明

しにくい。〔孟子‐公孫丑上〕

3251【曳】 1740 3148 8967 曰－2　(3253)【曵】 5910 5B2A 9E49 曰－3

エイ㊥\yè・yì\ひく

字解 象形。からんだひもの一端を両手でひくさまから、ひく意。一説に、会意字ともいう。

篆文 

同属字 拽・洩・栧・絏

参考 万葉仮名では音を借りて「え(や行)」。

意味 ひく。ひきずる。ひっぱる。「揺曳ヨウエイ」＊孟子‐梁恵王上「棄レ甲曳レ兵而走〔＝よろいを投げ捨て、武器をひきずって逃げる〕」

【曳曳エイエイ】たなびくさま。声や音がのびやかなさま。

【曳航エイコウ】他の船を引っ張って航行すること。

【曳光弾エイコウダン】弾道がわかるように、光を出しながら飛ぶ銃砲弾。

3252【曲】 2242 364A 8BC8 曰－2 常3

コク㊥・キョク㊥\qū・qǔ\まがる・まげる・かね・くせ・くま・わ

筆順 曲 曲 曲 曲 曲 曲

字解 象形。木や竹などをまげてつくった入れものの形に象り、まがる・まげる意。

金文  篆文 

同属字 髷・鈾

意味 ❶まがる。まげる。また、まがったところ。↔直。『紆余曲折ウヨキョクセツ』『曲線』『曲尺かね』『屈曲』＊杜甫‐哀江頭「春日潜行曲江曲〔＝春の日に曲江の曲がりくねったあたりにひとりでひっそりと来てみた〕」❷真実をまげる。また、よこしま。不正。↔直。『曲学阿世』『曲解』『歪曲ワイキョク』『曲者くせもの』＊史記‐廉頗藺相如伝「寧許以負秦曲〔＝いっそのこと、許諾して秦に非を負わせた方がよい〕」❸こまかい。くわしい。『曲尽』『委曲イキョク』❹変化に富むおもしろさ。『曲がない』『同工異曲ドウコウイキョク』『曲技キョクギ』『曲芸』❺音楽のふし。また、作品。うた。歌詞。『楽曲』『戯曲ギキョク』❻くみ。なかま。『部曲ブキョク』❼地名。『曲江』『曲阜』⇒表

曲直	
曲キョク	まがっている。曲線 曲言 曲筆 曲解 曲折 婉曲
直チョク	まっすぐである。直線 直言 直筆 直覚 直截 率直

❶ まがる。まげる。また、まがったところ。

下接 婉曲エンキョク・詰曲キッキョク・屈曲クッキョク・巻曲ケンキョク・拳曲ケンキョク・褶曲シュウキョク・水曲スイキョク・汀曲テイキョク・湾曲ワンキョク

【曲尺キョクシャク・かね・かねジャク・さし】①L字形の金属製の物差し。まがりがね。②鯨尺の八寸を一尺(約三〇・三センチメートル)とした尺度の物差し。かね。

【曲水キョクスイ】①庭園や山野をうねり曲がって流れる川。②「曲水宴」の略。

【曲水宴キョクスイのエン】参会者が曲水の流れに沿って所々にすわり、上流から流される杯が自分の前を通り過ぎないうちに詩歌を詠じて杯の酒を飲み、また、次へ杯を流してやる遊び。三月三日に行われた。中国、晋シンの王羲之オウギシが会稽カイケイ山の蘭亭に文人を集めて催した会が有名。日本でも平安時代、宮中や公卿の邸で行われた。流觴リュウショウ。曲水流觴キョクスイリュウショウ。

【曲折キョクセツ】折れ曲がること。また、こみいった事情。

【曲線キョクセン】連続的に曲がった線。カーブ。↔直線。

【曲撓キョクトウ】①曲がりたわむこと。②無実の罪で死ぬこと。

【曲眉豊頰キョクビホウキョウ】三日月形のまゆと、ふくよかなほお。美人の顔の形容。

【曲浦キョクホ】曲がりくねった海岸線。

【曲面キョクメン】平面でない面。球の表面や円柱、円錐エンスイの側面など。↔平面

【曲彔・曲椂キョクロク】丸い背もたれで、X字形の脚をもつ椅子イス。僧が法会ホウエなどで用いる。

【曲肱之楽キョッコウのたのしみ】貧しい生活の中にある楽しみ。「曲肱」は枕にするために腕を曲げることで、簡素な生活のたとえ。〔論語‐述而〕

【曲玉まがたま】古代日本の玉製品。巴ともえ形で、祭祀サイシ用具、装身具とした。勾玉まがたま。

❷ 真実をまげる。よこしま。不正。

下接 婉曲エンキョク・枉曲オウキョク・姦曲カンキョク・私曲シキョク・邪曲ジャキョク・偏曲ヘンキョク・歪曲ワイキョク

【曲学キョクガク】真実を無視し、学問をゆがめること。また、不正の学。【曲学阿世キョクガクアセイ】学問の道理を曲げて時勢などにこびへつらうこと。〔史記‐儒林伝〕

【曲士キョクシ】①片寄った知識しかもっていない人。小人。②心の正しくない人。③いなかの人。

【曲事キョクジ】不正なこと。法に背いたこと。

【曲従キョクジュウ】道理を曲げて人に従うこと。

【曲説キョクセツ】片寄った正しくない意見を出すこと。

【曲全キョクゼン】自分の考えを無理に通さず、屈して身の安全を守ること。〔老子‐二二〕

【曲直キョクチョク】不正なことと正しいこと。邪正。『是非曲直』『理非曲直』

【曲庇キョクヒ】道理を曲げて人をかばうこと。

【曲筆キョクヒツ】事実をいつわって書くこと。↔直筆チョクヒツ。『舞文曲筆』

【曲論キョクロン】正しくないことを正しいことのように論じること。曲説。

【曲解キョッカイ】わざと曲げて解釈すること。↔正解

【曲者くせもの】①普通の人とどこか違って油断できない人。②盗賊など怪しい者。

❸ こまかい。くわしい。

【曲尽キョクジン】こまごまと事情を述べること。

【曲成キョクセイ】一つ一つ、つぶさに作りあげること。

【曲礼キョクライ・キョクレイ】細かい礼儀作法。

❹ 変化に富むおもしろさ。

【曲技キョクギ】かるわざ風の技術。『曲技飛行』

【曲芸キョクゲイ】離れ技。芸当。かるわざ。『曲芸師』

【曲馬キョクバ】馬に曲乗りすること。また、その見世物。『曲馬団〔＝サーカス〕』

❺ 音楽のふし。また、作品。うた。歌詞。

下接 宴曲エンキョク・艶曲エンキョク・音曲オンギョク・歌曲カキョク・楽曲ガッキョク・戯曲ギキョク・組曲くみキョク・原曲ゲンキョク・作曲サッキョク・詞曲シキョク・終曲シュウキョク・小曲ショウキョク・序曲ジョキョク・新曲シンキョク・声曲セイキョク・選曲センキョク・全曲ゼンキョク・箏曲ソウキョク・俗曲ゾッキョク・大曲タイキョク・難曲ナンキョク・秘曲ヒキョク・悲曲ヒキョク・舞曲ブキョク・編曲ヘンキョク・名曲メイキョク・夜曲ヤキョク・謡曲ヨウキョク・浪曲ロウキョク

【曲師キョクシ】浪曲の三味線を弾く人。

【曲節キョクセツ】音楽や歌謡などの節回し。
【曲調キョクチョウ】音楽の節回し。＊白居易‐琵琶行「未ㇾ成ニ曲調一先有ㇾ情いまだキョクチョウをなさざるにまずジョウあり」〔＝まだメロディーをなしていないのに、はやくも感情がこもっている〕
【曲譜キョクフ】音楽、歌謡の譜。楽譜。
【曲目キョクモク】楽曲の名前。また、その目録。
❼地名。
【曲江キョクコウ】[1]浙江セッコウの別名。[2]中国の長安の東南にあった池の名。漢の武帝がここに宜春苑ギシュンエンを造営。のち、唐の玄宗がしばしば楊貴妃ヨウキヒと遊んだ所。

【曲阜キョクフ】中国山東省南西部の町。春秋戦国時代の魯の都。孔子の生地で、孔子廟や墓所、至聖林などがある。チュイフー。

3253【曳】5910 5B2A 9E49 曰－3
エイ「曳」(3251)の異体字

3254【更】2525 3939 8D58 曰－3 [常] (3003)【叓】二一 攴－5
キョウ(キャウ)[呉]・コウ(カウ)[漢]/gēng・gèng・gēng/さら・さらに・ふける・ふかす・かえる
[筆順] 
[字解] もと叓。会意。丙(上が平らで角張った台)＋攴(うつ)。土を平らにうち堅める意から、かえる・さらにの意。
金文  篆文 
[同属字] 哽・梗・硬・綆・粳・骾・鯁
[意味] ❶かえる。かわる。㋑あらためる。あらたまる。「更衣」「更新」「変更」㋺いれかわる。また、かわるがわる。こもごも。「更迭」「更番」㋩へる。通過する。経験する。「更年期」⇒[革](8815)の[表] ❷ふける。㋑夜がおそくなる。「深更シンコウ」㋺一夜を五分した時間の単位。「更闌たける(＝夜がふける)」「五更ゴコウ」「初更ショコウ」❸さらに。その上に。❹[国]さらに。けっして。いっこうに。「更更さらさら」❺[国]さら。あらた。また、あて字など。「更地」「更紗サラサ」
❶かえる。かわる。
【更衣コウイ】[1]衣服を着かえること。「更衣室」[2][国]昔、後宮女官の名。女御ニョウゴの下。

【更改コウカイ】契約や制度などを改めて、新しくすること。

【更始コウシ】古いものがあらたまり、新しく始まること。

【更新コウシン】改めて新しくなること。また、新しくすること。改新。「記録更新」

【更正コウセイ】改め、ただすこと。国税の申告や登記で、誤りなどを当局が変更すること。

【更生コウセイ】[1]立ち直ること。「更生施設」「自力更生」[2]使えなくなったものを使えるようにすること。「更生タイヤ」◆書き換え「甦生→更生」。

【更張コウチョウ】ゆるんだ糸などを張りなおすこと。転じて、物事のゆるんでいたのを引き締めて盛んにすること。

【更訂コウテイ】本などの内容を改めなおすこと。

【更迭コウテツ】ある地位や職務の人を入れ替えること。

【更年期コウネンキ】女性が成熟期から老年期へ移行する時期。「更年期障害」

【更番コウバン】人々が交替して番にあたること。交番。
❺(日本語で)さら。また、あて字など。
【更紗・更沙サラサ】(ポルトガル saraça の音訳)草花などの模様を種々の色で染めた綿布。「更紗模様」

【更地さらチ】[1]手入れをしていない土地。[2]空き地。

【更湯さらゆ】新しい水で沸かして、まだだれも入らない風呂。あらゆ。しんゆ。

[難読地名] 更級さらしな郡(長野) [難読姓氏] 更科さらしな

曰

3255【曷】二一 曰－4
カツ「曷」(3256)の異体字

3256【曷】5911 5B2B 9E4A 曰－5 (3255)【曷】二一 曰－4
カツ[漢]/hé/なに・いずくんぞ
[字解] 形声。曰(いう)＋匃(人をとどめてこう)[声]。こいもとめる意。借りて、助字に用いる。
[同属字] 葛・歇・偈・喝(喝)・渇(渇)・愒・掲(掲)・遏・碣・竭・褐(褐)・羯・蝎・謁(謁)・餲
[意味] なに。なんぞ。いずくんぞ。どうして。疑問・反語を示す。「何」に同じ。＊陶潜‐帰去来辞「曷不ㇾ委ㇾ心任ニ去留一なんぞこころをゆだねてキョリュウにまかせざる」〔＝どうして気ままに暮らしてなりゆきにまかせようとしないのか〕
【曷若いかん】どのよう。どうであるか。何若いかん。
【曷為なんすれぞ】どうして。疑問・反語を示す。何為なんすれぞ。

3257【曼】5056 5258 99D6 曰－7
マン[呉]・バン[漢]/màn・mán/ながい
[字解] 形声。又(長くのばした手)＋冒[声]という。長く引く意。金文は、強調した目と眉の上に、布をかぶせ手をそえたさまか。
金文  篆文 
[同属字] 蔓・鬘・墁・嫚・幔・漫・慢・縵・謾・鏝・饅・鰻
[意味] ❶ながい。ながびく。ひっぱる。また、ひろがる。「曼衍マンエン」❷うつくしい。きめが細かい。「美曼ビマン」「靡曼ビマン」❸音訳字。「曼珠沙華」「曼荼羅」
❶ながい。また、ひろがる。
【曼衍マンエン】ひろがるさま。また、つながり続くさま。

【曼曼マンマン】長いさま。漫漫マンマン。
❷うつくしい。きめが細かい。
【曼辞マンジ】美しく飾ったことば。たくみなことば。

【曼靡マンビ】[1]なまめかしくうるわしいさま。[2]しなやかで細いさま。
❸音訳字。
【曼珠沙華マンジュシャゲ】(梵 mañjūṣaka の音訳。元来「天界の花」の意)ヒガンバナの異名。

【曼荼羅・曼陀羅マンダラ】(梵 maṇḍala の音訳)密教で、数多くの仏菩薩ボサツを一定の枠の中に配置した絵図。大日如来の悟りの境地、宇宙の真理を表すという。転じて、浄土の姿その他を描いたものにもいう。

【曼陀羅華マンダラゲ】(梵 māndārava の音訳)仏語。天上に咲くという芳香を放つ白い花。見る人の心に悦楽を感じさせるという。四華の一。白蓮華にあたる。

【勗】⇨690

心(小・⺗)戈戸(戸)手(扌)支攴(攵)
4画
文斗斤方无(旡・旡)日曰月木欠止歹(歺)殳毋比毛氏气水(氺・氵)火(灬)爪(爫・⺥)父爻(爻)爿(丬)片牙(牙)牛犬(犭)

心(⺗・⺗)戈戸(戸)手(扌)支支(攵) 4画 文斗斤方无(旡・无)日曰月木欠止歹(歺)殳毋比毛氏气水(氺・氵)火(灬)爪(爫・⺥)父爻(⺸)爿(丬)片牙(牙)牛犬(犭)

3258 【最】 2639 3A47 8DC5 曰－8 [常]4 (524)〔冣〕＊1887 冖－8

(1764)〔㝡〕亠一丨宀－8

サイ[呉][漢]/zuì/もっとも・いと・も

[筆順] 最 最 最 最 最 最

[字解] 会意。曰(おおうもの)＋取(つまむ)。おおいをつまみとる、つまむ意。撮の原字。専ら・もっともの意に用いられるのは、つまみとることから、他と区別する意を生じたことによるものと思われる。

[同属字] 蕞・撮

[意味] ❶もっとも。この上ない。極限の。『最前線』『最愛』『最近』『最高』 ＊白居易‐琵琶行「座中泣下誰最多(ザチュウなみだおつるはたれかもっともおおき)〔＝一座の中でもっとも多く涙を流したのは誰か〕」 ❷[国]接頭語「も」に字を当てたもの。『最中(もなか)』『最早(もはや)』『最寄(もより)』 ❸人名。『最澄』

❶もっとも。この上ない。極限の。

【最愛(サイアイ)】いちばん愛していること。『最愛の妻』

【最悪(サイアク)】最も悪いこと。↕最良・最善。『最悪の事態』

【最強(サイキョウ)】最も強いこと。『史上最強のチーム』

【最近(サイキン)】①最も近いこと。②ちかごろ。このごろ。

【最恵国(サイケイコク)】通商航海条約を結ぶ国家間で最も有利な扱いを受ける国。『最恵国待遇』

【最敬礼(サイケイレイ)】最も丁寧な敬礼のしかた。

【最古(サイコ)】最も古いこと。↕最新。『日本最古の古墳』

【最後・最后(サイゴ)】①物事のいちばん終わり。最終。↕最初。『最後通牒』②いったん…したら、それきり。『落ちたが最後、助からない』③＝最期(サイゴ)

【最期(サイゴ)】[国]命の終わる時期。死に際。『非業の最期』

【最高(サイコウ)】①位置や程度などが最も高いこと。↕最低。『最高気温』『最高限』②俗に、この上なく素晴らしいこと。↕最低。『最高の出来映え』

【最終(サイシュウ)】いちばん終わり。↕最初。『最終電車』

【最初(サイショ)】いちばん初め。↕最後・最終

【最小(サイショウ)】ある範囲のうちで、最も小さいこと。↕最大。『最小公倍数』『最小限』

【最少(サイショウ)】ある範囲のうちで、最も少ないこと。↕最多。『最少催行人員』

【最勝(サイショウ)】最もすぐれていること。

【最上(サイジョウ)】等級や程度などがいちばん上。また、この上ないこと。↕最下。『最上級』

【最新(サイシン)】最も新しいこと。↕最古。『最新の情報』

【最盛(サイセイ)】勢いが最も盛んなこと。『最盛期』

【最前(サイゼン)】[国]さきほど。さっき。

【最善(サイゼン)】①最もよいこと。↕最悪。『最善の策』②できる限りの努力、手だて。ベスト。『最善を尽くす』

【最前線(サイゼンセン)】相手と直接に接触する最前列の所。第一線。『販売の最前線』

【最多(サイタ)】最も多いこと。↕最少。『最多出場校』

【最大(サイダイ)】ある範囲のうちで、最も大きいこと。↕最小。『最大公約数』『最大限』

【最短(サイタン)】最も短いこと。↕最長。『最短時間』

【最中(サイチュウ｜さなか)】[国]物事が最もたけなわであるとき。また、物事が進行中のとき。『会議の最中』→❷(もなか)

【最長(サイチョウ)】最も長いこと。↕最短。『最長不倒距離』

【最低(サイテイ)】①高さ、程度などが最も低いこと。↕最高。『最低賃金』②俗に、この上なく程度が低く質が悪いさま。↕最高

【最適(サイテキ)】いちばん適しているさま。

【最良(サイリョウ)】最も良いこと。最善。↕最悪

❷(日本語で)接頭語「も」に当てたもの。

【最中(もなか)】①まんなか。また、まっさかり。『最中の月〔＝陰暦十五夜の月〕』②もち米の粉を薄く焼いた皮を二片合わせ、中にあんを詰めた菓子。→❶(サイチュウ)

【最早(もはや)】現在に至っては。もう。すでに。

【最寄(もより)】近くのあたり。すぐ近くの所。

❸人名。

【最澄(サイチョウ)】平安初期の僧。日本天台宗の開祖。近江(滋賀県)の人。延暦二三年(八〇四)空海とともに入唐。著作に「守護国界章」「山家学生式」「顕戒論」など。勅諡は伝教大師。(七六七～八二二)

曰

3259 【書】 2981 3D71 8F91 曰－6 [常]2 〔沓〕⇩3317 〔沓〕⇩3977

ショ[呉][漢]/shū/かく・ふみ

[筆順] 書 書 書 書 書 書

[字解] 形声。聿(ふで)＋者(一所に集めてとどめる意)省[声]。筆でものをかきつける意。

甲骨文 金文 篆文

[意味] ❶かく。かきしるす。文字をかく。『正書法(セイショホウ)』『書式』『書写』『書道』『清書』 ❷書いたもの。文字。筆跡。『書画』『書契』『楷書』『草書』 ❸かきつけ。ふみ。手紙。『書簡』『書類』『親書』 ❹本。書物。『書をひもとく』『書籍』『書評』『蔵書』 ❺「書経(ショキョウ)」のこと。『詩書(シショ)』

❶かく。かきしるす。文字をかく。

[下接] 戯書(ギショ)・謹書(キンショ)・血書(ケッショ)・細書(サイショ)・手書(シュショ)・朱書(シュショ)・抄書(ショウショ)・浄書(ジョウショ)・真書(シンショ)・清書(セイショ)・大書(タイショ)・代書(ダイショ)・端書(タンショ)・能書(ノウショ)・板書(バンショ)・墨書(ボクショ)・傭書(ヨウショ)

【書案(ショアン)】机。書几(ショキ)。→❸

【書家(ショカ)】書道の専門家。

【書記(ショキ)】①文字を書くこと。また、記録すること。『書記能力』②公文書や会議の議事録などを書き記し、管理する役。③[国]文案作成、庶務、会計などに当たる職員。主に、裁判所や行政庁などの職員をいう。書記官。

【書痙(ショケイ)】字を書く職業の者に起こる職業病。手のけいれん、痛みを伴う。

【書策(ショサク)】(「策」は、字を書き記す竹の札) 書物。書冊。書筴(ショサク)。

【書式(ショシキ)】文書を書く方式。『一定の書式』

【書写(ショシャ)】書き写すこと。

【書社(ショシャ)】中国周代、村里の戸口や田地の段別を記載した帳簿を作り、村の社に納めたことをいう。

【書体(ショタイ)】①字の書きぶり。書風。②漢字の種々の様式。楷(カイ)書、行(ギョウ)書、草書その他の総称。③活字の字形の様式。明朝(ミンチョウ)、清朝(セイチョウ)その他の区別。

【書道】毛筆を使って文字を書く術。
〖書不レ尽レ言〗文章は、いくらくわしく書いても、口で言うほどには十分に表現できない。〔易経-繫辞伝上〕
【書風】文字の書きぶり。主に、毛筆の文字をいう。

❷ 書いたもの。文字。筆跡。

下接 楷書・戯書・行書・正書・草書・篆書・洛書・六書・臨書・隷書

【書画】書と絵画。『書画骨董』
【書契】文字を書きつけたもの。また、文字。『書契以前〔=文字のない大昔〕』
〖書足三以記二名姓一而已〗文字は自分の名が書けさえすればよいので、それ以上深く学ぶ必要はない。学問よりも兵法の方が大切であるという意。後に楚王となった英雄項羽の言葉。〔史記-項羽本紀〕
【書幅】文字の書いてある掛け物。

❸ かきつけ。ふみ。手紙。

下接 遺書・一書・音書・怨書・艶書・回書・家書・賀書・簡書・雁書・願書・寄書・貴書・校書・高書・国書・冊書・策書・直書・璽書・赦書・手書・召書・抄書・尚書・証書・詔書・誦書・上書・信書・宸書・真書・親書・寸書・尺書・前書・素書・尊書・台書・調書・勅書・陳書・添書・伝書・投書・頭書・念書・帛書・封書・文書・返書・芳書・奉書・報書・謗書・没書・密書・来書・令書・公文書・古文書

【書案】文書。また、草案。→❶
【書簡・書翰】手紙。書状。❤書き換え「書翰→書簡」。

【書札】書き付け。手紙。

【書状】手紙。書簡。文書。

【書信】書面による音信。たより。

【書尺】手紙。書状。書簡。❤幅一尺の四角の板に書いたところから。

【書疏】書状。書簡。手紙。

【書中】文字に書かれたものの中身。転じて、手紙。『書中をもって御挨拶申し上げます』

【書牘】手紙。書簡。書状。

【書面】文面。文書。書き付け。手紙。『書面で申し入れる』『書面審査』

【書類】記録や事務に関する文書。『書類審査』

❹ 本。書物。

下接 愛書・悪書・医書・一書・逸書・印書・韻書・家書・歌書・漢書・奇書・稀書・貴書・戯書・禁書・軍書・群書・経書・原書・国書・古書・雑書・史書・司書・四書・字書・辞書・新書・聖書・選書・全書・善書・叢書・蔵書・俗書・著書・伝書・読書・図書・農書・俳書・白書・秘書・仏書・焚書・兵書・法書・訳書・洋書・良書・類書・和書

【書淫】読書にふけること。

【書屋】①書斎。②文人などの居宅の雅号に用いる語。『獺祭書屋〔=正岡子規の雅号〕』

【書巻】書物。書籍。

【書笈】書物を入れて背負うようにした笈。また、本箱。

【書筐・書篋】書物を入れる箱。本箱。

【書見】読書。『正座して書見する』『書見台』

【書賈・書估】本屋。書店。書肆。

【書斎】個人の家で、読書などをするための部屋。文房。書室。

【書冊】書物。本。

【書史】①書籍。書物。②経書と史籍。

【書肆】本屋。書店。

【書誌】①特定の人や題目に関する書物、文献の目録。『鷗外書誌』②貴重な古文献などの特徴の記述。

【書誌学】図書を研究対象として、分類、解題、鑑定などを科学的に行う学問。

【書生】①学業を修める者。学生。『白面書生』『書生論〔=現実をわきまえない理想論〕』②国 他人の家に世話になって、家事を手伝いながら勉学する者。

【書籍】書物。図書。

【書痴・書癡】読書ばかりして、他を顧みない人を悪くいうことば。

【書帙】①書物を包むおおい。②（①に包まれた物の意）書物。本。

【書厨】①本箱。また、比喩的に、博学な人。②ただいたずらに読書をするだけで、その本の意味を理解せず、応用のきかない人を、あざけっていう語。

【書店】書物を売ったり、出版したりする店。

【書伝】古人が書き記した書物。また、書物に書き伝えられてきたことがら。

【書評】書物の内容を批評、紹介した文章。

【書癖】読書を好む性癖。または、書物を収集したがる性癖。

【書名】本の題名。『書名索引』

【書目】①書物の名前。②書物の目録。

【書物】書籍。本。図書。

【書林】①書籍の多くある所。また、多くの書物。②書店。また、出版社。

【書簏】①書物を入れておく箱。②多く本を読んでもその意義に通じない人。また、博識であるが世事に通じない人。

〖尽信レ書、則不レ如レ無レ書〗本に書いてあることをすべて信用するなら、いっそ本はないほうがよい。書物は批判的に読まなければならないことをいう。「書」は元来「書経」を指したが、今日では広く書物一般の意味で用いられる。〔孟子-尽心下〕

❺ 「書経」のこと。

【書経】中国の経書。五経の一。孔子の編という。「書経」の名は「尚書」の宋代以後の称。尭舜時代から秦の穆公に至る古記録を一〇二編にまとめる。古代の政治における君臣の言行録で、史書としての価値も高い。

3260
【曹】
3366
4162
9182
曰-7 常
ゾウ（ザウ）呉・ソウ（サウ）漢
\cáo

筆順

字解 会意。もと、棘（あかるくなる）+曰（くちでいう）。裁判官の意。一説に棘は、裁判で法廷の東に原告と被告とが並んでいる意、曰は、口で論議し裁判を司る人、両

甲骨文　金文　篆文

心(⺗・忄)戈戸(戸)手(扌)支攴(攵) 4画 文斗斤方无(旡・无)日曰月木欠止歹(歺)殳毋比毛氏气水(氺・氵)火(灬)爪(⺥・⺤)父爻(㸚)爿(丬)片牙(牙)牛犬(犭)

者を裁く人の意を表すという。

[同属字] 嘈・漕・槽・遭(遭)・糟・螬・艚

[意味] ❶つかさ。役人。㋑裁判をつかさどる役人。『法曹』㋺役人。属官。『軍曹』❷なかま。ともがら。『我曹(わがともがら)』『爾曹(なんじがともがら)』❸へや。つぼね。役所の部局。『曹局』『西曹』『東曹』❹音訳字、固有名詞など。『曹操』『曹達』

❸ へや。つぼね。

【曹局(ソウキョク)】①役所の部局。官庁などの事務室。②国宮中の女房などの詰め所。

【曹司(ソウシ)】国①役人の詰め所。執務部屋。つぼね。②宮中や官庁に設けられた上級官吏や女官の部屋。つぼね。③上級貴族のまだ独立していない子弟が、親の邸内に与えられた部屋。また、その人。曹子。『御曹司』

❹ 音訳字、固有名詞など。

【曹参(ソウサン)】中国、前漢の政治家。高祖の功臣で、二代目の宰相。(?～前一九〇)

【曹植(ソウショク/ソウチ)】中国、三国時代の魏の詩人。字は子建。魏の武帝曹操の子、文帝曹丕の弟。陳思王ともいう。曹丕に憎まれ、七歩あるく間に詩を作れと命じられて、たちどころにできたという「七歩詩」の故事は著名。詩文集に「曹子建集」がある。(一九二～二三二)

【曹操(ソウソウ)】中国、三国時代の魏の始祖。字は孟徳。文帝の時、太祖武皇帝と追尊された。後漢に仕え、黄巾の乱に功があり、献帝を擁立して華北を手中にした。後、赤壁の戦いに大敗したが、孫権、劉備と共に天下を三分した。屯田制・兵戸制などの諸制度を確立。(一五五～二二〇)

【曹霑(ソウテン)】中国、清の小説家。字は雪芹。「紅楼夢」の作者といわれる。(一七二四～六三?)

【曹洞宗(ソウトウシュウ)】禅宗の一。鎌倉時代に、道元が中国宋から伝えた。

【曹丕(ソウヒ)】中国、三国時代の魏の皇帝。諡は文帝。曹操の子。廟号は世祖。後漢の献帝から位を譲り受け、洛陽に都した。著「典論」。(一八七～二二六)

【曹達(ソーダ)】(ソーダ soda の音訳) 炭酸ナトリウムのこと。

3261 【曽】 3330 413E 915D 曰－7
ソウ 「曾」(3264)の異体字

3262 【會】 曰－8
カイ 「会」(147)の異体字

3263 【朁】 曰－8
サン(漢)・セン(漢)

[字解] 形声。曰(いう)+兓(声)。かくれていうの意。もと、兂(かんざし)+兂の会意字で、髪にかくれる鋭くとがったかんざしの意だったが、早くから、すでに・かつての意に用いられている。

[同属字] 蠶(蚕)・簪・僭・潛(潜)・譖

3264 【曾】 3329 413D 915C 曰－8 (3261)〔曽〕 3330 413E 915D 曰－7 †
ゾウ(呉)・ソウ(漢)・ゾ(慣)/cēng・zēng/かつて・ひ・ひこ

[字解] 象形。こしき(火にかけてものを蒸す重ね型のせいろ)の形に象る。甑の原字。借りて、かさねる意に用いる。

金文 
篆文 

[同属字] 層(層)・甑・僧(僧)・噌・增(増)・繒・贈(贈)

[参考] 万葉仮名では音を借りて「そ(乙)」。平仮名「そ」、片仮名「ソ」の字源。

[意味] ❶かさねる。かさなる。㋑層をなしてかさなる。「層」に同じ。㋺ます。ふえる。また、ますます。「増」に同じ。『曾益』㋩直系の三親等。『曾祖父』『曾孫』❷かつて。以前に。『未曾有』『曾遊』＊李白-宣城見杜鵑花「蜀国曾聞子規鳥〔=蜀の国で、私はかつてホトトギスの鳴く声を聞いた〕」❸すなわち。語調をやわらげるために用いる。❹人名。『曾子』

❶ かさねる。かさなる。

【曾益(ソウエキ)】補いをつけること。

【曾祖父(ソウソフ)】祖父母の父。ひいじじ。

【曾祖母(ソウソボ)】祖父母の母。ひいばば。

【曾孫(ソウソン)】孫の子。ひまご。ひこまご。

❷ かつて。以前に。

【曾経(ソウケイ)】かつて。以前に。これまでずっと。

【曾遊(ソウユウ)】以前おとずれて遊覧したことがあること。『曾遊の地』

❹ 人名。

【曾鞏(ソウキョウ)】中国、北宋の文人。字は子固。欧陽脩の門下にあって、蘇軾・王安石と並び称せられた。唐宋八家の一人。(一〇一九～八三)

【曾国藩(ソウコクハン)】中国、清末の政治家、学者。字は伯涵、号は滌正。太平天国の乱では義勇軍を編成し、清朝を救った。洋務運動の推進者。(一八一一～七二)

【曾子(ソウシ)】中国、春秋時代の魯の儒学者。名は参。孔子の弟子となり孝道で認められた。「孝経」の作者と伝えられる。(前五〇五～?)

【曾参(ソウシン)】=曾子

【曾先之(ソウセンシ)】中国、宋末から元初の学者・政治家。「十八史略」を編す。生没年不詳。

[難読地名] 曾於郡(鹿児島) 曾爾村(奈良)

3265 【替】 3456 4258 91D6 曰－8 常 (3268)〔㬱〕 曰－12 (3267)〔暜〕 曰－10
タイ(呉)・テイ(漢)/tì/かえる・かわる・かえ

[筆順] 

[字解] 会意。曰+扶(=竝、並んだ二人のおとこ)。口で言葉を交し、二人が入れかわる、かえる意。暜・替は重文による。

金文 
篆文 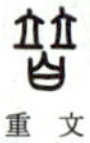
重文 
重文 

[意味] ❶かわる。かえる。『改替』『交替』『代替』『両替』❷すてる。やめる。すたれる。『替壊』『替廃』『衰替』『崇替』『頽替』『陵替』❸熟字訓。『為替』

【替壊(タイカイ)】おとろえてすたれること。

【替懈(タイカイ)】なおざりにしておこたること。

【替廃(タイハイ)】すたれること。

3266 【會】 4882 5072 98F0 曰－9
カイ 「会」(147)の旧字

3267 【暜】 曰－10
タイ 「替」(3265)の異体字

3268【朁】 曰-12
タイ「替」(3265)の異体字

74 月部 つき

甲骨文 金文 篆文

月は、新月の形を象る。月に関して月を意標とする字が月部に属する。同じく新月を象ったものに別に夕がある。また、康熙字典では、舟の形を起源とした月を部分にもつ字を月部に併合している。これらの月が字の左部にあるものを「つきへん」という。別に肉部(130)に類形として「にくづき」(月)がある。康熙字典では、右のように月部と肉部との二部を立てるが、字としてはつきを月、舟を月、肉を月と区別している。常用漢字では、これらの字形の区別をしないことにしている。

月 月 月 ④ 朋 朋
月 ⑦ 望 望
月 ② 有 ⑧ 朞
月 ④ 服 服 ⑤ 朏 ⑥ 朕 朕 ⑦ 朖 ⑭ 朦 ⑯ 朧
月 ⑥ 朔 朔 朗 ⑦ 朙 朗 ⑧ 期 期 朝 朝

月

3269【月】 2378 376E 8C8E 月-0 常1 (3270)【月】 月-0 旧字
ガチ(グヮチ)呉・ガツ(グヮツ)呉・ゲツ漢 \yuè\ つき

筆順 月 月 月 月

字解 部首解説を参照。

意味 ❶つき。地球に一番近い天体で、地球のただ一つの衛星。『月光』『観月』『満月』＊李白「春夜宴桃李園序」「飛二羽觴一而酔レ月(ウショウをとばしてつきによう)」〔＝スズメが羽を広げた形の杯をやりとりして、月の下に酔う〕❷一年の十二分の一。『月刊』『月給』『歳月』❸国七曜の一。日曜から数えて二番目の日。『月曜日』❹あて字、熟字訓など。『五月蝿(うるさ)い』『五月少女(さおとめ)』『月代(さかやき)』『海月(くらげ)』

❶ つき。天体の一。

下接 盈月(エイゲツ)・偃月(エンゲツ)・嘉月(カゲツ)・寒月(カンゲツ)・観月(カンゲツ)・暁月(ギョウゲツ)・弦月(ゲンゲツ)・江月(コウゲツ)・皎月(コウゲツ)・皓月(コウゲツ)・山月(サンゲツ)・残月(ザンゲツ)・日月(ジツゲツ)・秋月(シュウゲツ)・上月(ジョウゲツ)・心月(シンゲツ)・新月(シンゲツ)・水月(スイゲツ)・霽月(セイゲツ)・夕月(セキゲツ)―(ゆうづき)・繊月(センゲツ)・早月(ソウゲツ)・霜月(ソウゲツ)・対月(タイゲツ)・淡月(タンゲツ)・白月(ハクゲツ)・半月(ハンゲツ)・風月(フウゲツ)・片月(ヘンゲツ)・望月(ボウゲツ)―(もちづき)・歩月(ホゲツ)・満月(マンゲツ)・無月(ムゲツ)・名月(メイゲツ)・落月(ラクゲツ)・涼月(リョウゲツ)・楼月(ロウゲツ)・朧月(ロウゲツ)―(おぼろづき)・雪月花(セツゲッカ)・花鳥風月(カチョウフウゲツ)・吟風弄月(ギンプウロウゲツ)

【月天子(ガッテンシ)―(ガッテンジ)】仏語。月を神格化したもの。インド神話から仏教に取り入れられた。十二天の一。月天。

【月暈(ゲツウン)】月の周囲に現れる輪状の光。月の暈(かさ)。

【月下(ゲッカ)】月の光がさしている所。【月下氷人(ゲッカヒョウジン)】媒酌人。なこうど。▼媒酌人の意の「月下老」〔続幽怪録〕と「氷上人」〔晋書-芸術伝・索紞〕との混成語。

【月華・月花(ゲッカ)】①月と花。花月。②月の光。月光。

【月宮(ゲッキュウ)】「月宮殿」の略。月天子(ガッテンシ)の宮殿。

【月琴(ゲッキン)】①中国古代の弦楽器。琵琶の一種で、円形の胴に四弦をもつ。阮咸(ゲンカン)。②明清(ミンシン)楽に用いる、弦楽器。①の棹(さお)の短かいもの。

【月桂(ゲッケイ)】①月に生えているというカツラの木。転じて、月。また、月光。〔酉陽雑俎〕②クスノキ科の常緑高木。葉は香料にする。月桂樹。【月桂冠(ゲッケイカン)】古代ギリシアで、競技の優勝者に与えられた月桂樹の枝葉の冠。転じて、名誉、名誉ある地位。

【月卿(ゲッケイ)】(禁中を天に、天子を日に、公卿(クギョウ)を月になぞらえていったもの）公卿。〔書経-洪範〕『月卿雲客(ゲッケイウンカク)〔＝公卿と殿上人(テンジョウびと)〕』

【月光(ゲッコウ)】月の光。月かげ。

【月食・月蝕(ゲッショク)】月が地球の影に入り、欠けて見える現象。▼書き換え「月蝕→月食」。

【月精(ゲッセイ)】月の精。また、ウサギのこと。

【月兎(ゲット)】(月にウサギがいるという伝説から）①ウサギ。月の中のウサギ。②月の異名。

【月魄(ゲッパク)】月の精。また、月の別名。

【月餅(ゲッペイ)】油、くるみなどをまぜた餡(アン)を小麦粉で包み、丸い形にして焼いた中国菓子。特に中秋に食べる。

【月望(ゲツボウ)】もちづき。十五夜。

【月明(ゲツメイ)】月の明るいこと。明るい月の光。【月明星稀(つきあきらかにほしまれなり)】月の光の明るさで星がまばらにしか見えない。非常にすぐれた人物が出て小人の影が薄くなるたとえ。〔曹操-短歌行〕

【月輪(ゲツリン)―(ガチリン)】「月」の異称。

【月露(ゲツロ)】月と露。また、月の光が映った露。

〖喘レ月(つきにあえぐ)〗思いすごして取り越し苦労することのたとえ。呉牛月に喘ぐ。〔世説新語-言語〕▼中国、南方の呉の水牛が暑さを恐れるあまりに、月を見ても太陽と思い、息をせわしくつくことから。

〖月満則虧(つきみつればすなわちかく)〗物事は盛りに達すると必ず衰え始める。物事には必ず栄枯盛衰のあることのたとえ。〔史記-范雎蔡沢伝〕

〖浸レ月(つきをひたす)〗月を水中にひたす。湖や川の水面に月影が映っていることをいう。＊白居易-琵琶行「別時茫茫江浸レ月(わかるるときボウボウとしてコウはつきをひたす)」〔＝この別れの時、果てしなく広がる川の水面に月影が映っていた〕

❷ 一年を十二分した時間の単位。としつき。

下接 客月(カクゲツ)・隔月(カクゲツ)・佳月(カゲツ)・嘉月(カゲツ)・期月(キゲツ)・吉月(キツゲツ)・去月(キョゲツ)・皐月(コウゲツ)―(さつき)・極月(ゴクゲツ)・今月(コンゲツ)・歳月(サイゲツ)・巳月(シゲツ)・日月(ジツゲツ)・旬月(ジュンゲツ)・閏月(ジュンゲツ)・正月(ショウガツ)・如月(ジョゲツ)―(きさらぎ)・先月(センゲツ)・前月(ゼンゲツ)・霜月(ソウゲツ)―(しもつき)・当月(トウゲツ)・年月(ネンゲツ)―(としつき)・某月(ボウゲツ)・毎月(マイゲツ)・蜜月(ミツゲツ)・翌月(ヨクゲツ)・余月(ヨゲツ)・来月(ライゲツ)・良月(リョウゲツ)・涼月(リョウゲツ)・臨月(リンゲツ)・累月(ルイゲツ)・例月(レイゲツ)・連月(レンゲツ)・臘月(ロウゲツ)・日進月歩(ニッシンゲッポ)／卯月(うづき)・菊月(きくづき)・祥月(ショウつき)・長月(ながつき)・葉月(はづき)・文月(ふづき)―(ふみつき)・睦月(むつき)・五月雨(さみだれ)―(さつきあめ)・神無月(かんなづき)・水無月(みなづき)

【月晦(ゲッカイ)】つごもり。月のみそか。

【月朔(ゲッサク)】月のはじめの日。ついたち。

【月旦(ゲッタン)】①月のはじめの日。ついたち。②人物の論評をすること。月旦評。〔後漢書-許劭(キョショウ)伝〕▼後漢の許劭が従兄の靖と郷里の人々の人物評をし、毎月朔日(ついたち)に品題を変えたという故事から。

【月迫(ゲッパク)】月の末になろうとしていること。月ずえ。特に十二月の末がさし迫っていることをいう。

❹ あて字、熟字訓など。

【月氏(ゲッシ)】 中央アジアで活躍した遊牧民族。前三世紀頃モンゴル高原西部を支配した。のち匈奴に追われて西遷し、イリからアフガニスタン北部に大月氏国を建てた。一部甘粛地方に残ったものを小月氏という。

【月代(さかやき)】 近世、成人男子が、額から頭の中ほどにかけて髪を剃(そ)った部分。つきしろ。

難読地名 月山(がっさん)(山形)

難読姓氏 月洞(つきほら) 月見里(やまなし)

3271 【朋】 4294 4A7E 95FC 月－4 人

(3272) 〖朋〗 ── 月－4 旧字

ホウ㊥/péng/とも

字解 象形。いくつかの貝を糸で数珠(ジュズ)つなぎにしたものが、二つ並んだかたち。同等のものが二つならぶこと、なかま・ともの意。

甲骨文 金文 篆文

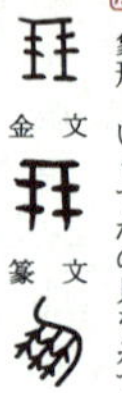

同属字 崩(崩)・萠・鵬(鵬)・堋・弸・棚(棚)・硼・綳

参考 万葉仮名では音を借りて「ほ」。

意味 ❶たから。貨幣に用いたひと組の貝。❷とも。ともだち。なかま。学友。『朋党』『朋輩』『朋友』『同朋(ドウボウ)』『友朋(ユウホウ)』 ＊論語-学而「有ﾚ朋自ﾆ遠方ｰ来、不ﾆ亦楽ｰ乎(ともありエンポウよりきたる、またたのしからずや)」〔＝友人が遠方から尋ねてくる、なんと楽しいことではないか〕 ❸おおとり。鳳凰(ホウオウ)。

【朋好(ホウコウ)】 友人との親しい交際。

【朋党(ホウトウ)】 主義、利害などを同じくする人々の集団。

【朋輩(ホウバイ)】 同じ主君、師などに仕えたり、付いたりする同僚。転じて、仲間。

【朋友(ホウユウ)】 友人。＊論語-学而「与ﾆ朋友ｰ交而不ﾚ信乎(ホウユウとまじわりてシンならざるか)」〔＝友だちとつきあって、自分の言行が一致しないことはなかったかどうか〕

月

3273 【望】 4330 4B3E 965D 月－7 常4

(3274) 〖朢〗 ── 月－7 旧字

モウ(マウ)㊇・ボウ(バウ)㊥/wàng/のぞむ・のぞみ・のぞましい・もち

筆順

字解 形声。月＋𡈼(背のびをして目をみはり、遠くをのぞむ)省＋亡㊥。遠くをのぞむ意。借りて満月の意を表す。甲骨文は、𡈼だけで、この字義を表したが、金文には、月を加えたものがみられる。また、金文には、極めて稀に臣に代えて亡㊥とするものが現れ、以後、望が朢にかわり満月の意に用いられた。篆文は、朢と望の両形があり別義とするが、現在は望が両義を合わせもつ。

甲骨文 金文 金文 篆文 篆文

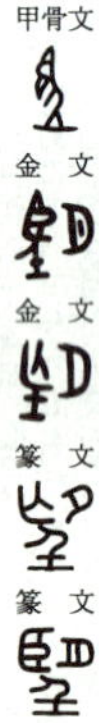

参考 万葉仮名では音を借りて「も」。

意味 ❶のぞむ。遠くを見る。『望遠鏡』 ＊王維-終南山「白雲廻ﾚ望合(ハクウンボウをめぐらせばガッし)」〔＝振り向いて見渡すと白雲が密集して視界をさえぎり〕 ❷のぞむ。ねがう。『望蜀』『希望』『待望』 ❸人々から仰がれる。『信望』『人望』 ❹うらむ。うらみ。『怨望(エンボウ)』 ❺もちづき。満月。また、陰暦一五日の夜。『望月』『既望(キボウ)』

❶ 遠くを見る。

下接 一望(イチボウ)・遠望(エンボウ)・観望(カンボウ)・春望(シュンボウ)・帳望(チョウボウ)・眺望(チョウボウ)・展望(テンボウ)・憂望(ユウボウ)

【望気(ボウキ)】 雲気を望み見て吉凶を判断すること。

【望郷(ボウキョウ)】 故郷を慕い、遠く思いをはせること。

【望見(ボウケン)】 遠くから望み見ること。

【望祭(ボウサイ)】 中国で柴(しば)をたいて山川の神をまつる行事。望祀(ボウシ)。

【望祀・望祠(ボウシ)】 ＝望祭(ボウサイ)

【望春(ボウシュン)】 春のけしきをながめること。

【望洋・望羊(ボウヨウ)】 遠くをながめること。転じて、広々として目当てのつかないこと。

❷ のぞむ。ねがう。

下接 渇望(カツボウ)・願望(ガンボウ)・希望(キボウ)・冀望(キボウ)・仰望(ギョウボウ)・懇望(コンボウ)・失望(シツボウ)・志望(シボウ)・宿望(シュクボウ)・嘱望(ショクボウ)・所望(ショモウ)・切望(セツボウ)・絶望(ゼツボウ)・羨望(センボウ)・待望(タイボウ)・大望(タイモウ)・熱望(ネツボウ)・本望(ホンモウ)・野望(ヤボウ)・有望(ユウボウ)・要望(ヨウボウ)・欲望(ヨクボウ)・太公望(タイコウボウ)

【望外(ボウガイ)】 望んでいた以上であること。

【望蜀(ボウショク)】 一つの望みを遂げ、更にその上を望むこと。隴(ロウ)を得て蜀を望む。〔後漢書-岑彭伝〕 ▶中国、後漢の光武帝が、隴(甘粛省東南部)の地を平定したのに、またすぐ蜀(四川省)を欲しくなると自らの欲の深さを嘆いたという言葉による。三国、魏の曹操の言葉としても「晋書-宣帝紀」に見える。

❸ 人々から仰がれる。

下接 威望(イボウ)・衆望(シュウボウ)・信望(シンボウ)・人望(ジンボウ)・声望(セイボウ)・勢望(セイボウ)・徳望(トクボウ)・名望(メイボウ)・誉望(ヨボウ)・輿望(ヨボウ)

【望族(ボウゾク)】 人望があり名声の高い家柄。門閥家。

❺ もちづき。満月。

下接 既望(キボウ)・幾望(キボウ)・朔望(サクボウ)

【望月(ボウゲツ|もちづき)】 陰暦十五夜の月。満月。また、特に、陰暦八月一五日の夜の月。もち。

【望日(ボウジツ)】 陰暦一五日の称。もちのひ。望(ボウ)。

月

3275 【有】 4513 4D2D 974C 月－2 常3

ウ㊇・ユウ(イウ)㊥/yǒu・yòu/ある・もつ

筆順

字解 形声。月(＝肉)＋ナ(＝又、て)㊥。ごちそうをすすめる意。転じて、又(もつ・ある・また)の意に用いる。のちに肉を加えた。

甲骨文 金文 篆文

同属字 郁・侑・賄・囿・宥・

参考 万葉仮名では音を借りて「う」。

意味 ❶ある。また、もつ。たもつ。㋑存在する。また、存在。↔無。『無から有を生じる』『有意義』『有益』『有形』『未曽有(ミゾウ)』『希有(ケウ)』『万有(バンユウ)』 ㋺持っている。備えている。また、所有物。『国民が有する権利』『国有』『私有』『所有』 ㋩富む。また、多い。『有年』 ❷また。さらに。…に加えて。「又(ユウ)」に同じ。＊論語-為政「吾十有五而志ﾆ於学ｰ(われジュウユウゴにしてガクにこころざす)」〔＝私は一五歳で学問に志した〕 ❸人の集団や国の名などに付ける語。『有夏(ユウカ)』『有司(ユウシ)』『有周(ユウシュウ)』 ❹その他。あて字など。『有平糖(アルヘイトウ)』『有田焼(ありたやき)』

❶ ある。また、もつ。たもつ。

下接 烏有ユウ・掩有エンユウ・官有カンユウ・含有ガンユウ・共有キョウユウ・具有グユウ・希有ケウ・現有ゲンユウ・公有コウユウ・国有コクユウ・固有コユウ・私有シユウ・所有ショユウ・占有センユウ・専有センユウ・中有チュウユウ・通有ツウユウ・特有トクユウ・万有バンユウ・富有フユウ・併有ヘイユウ・保有ホユウ・本有ホンウ・民有ミンユウ・領有リョウユウ・未曽有ミゾウ・無何有ムカウ

【有為（ユウイ｜ウイ）】①（ウイ）仏教で、因、縁によってつくられた、生滅し変化するもの。↕無為。②（ユウイ）才能があって将来の役に立つこと。『前途有為の人材』

【有為転変（ウイテンペン）】この世の現象は、すべて因縁のなすところで、常に移り変わるということ。〔華厳演義鈔〕

【有縁（ウエン）】仏教で機縁のあること。転じて、血縁などゆかりのあること。↕無縁

【有卦（ウケ）】陰陽道で、縁起の良い年回り。『有卦に入ぃる〔＝良い運命に巡り合わせる。調子に乗る〕』

【有相（ウソウ）】仏語。すがた、形のあるもの。生滅変化するところから有為ウイの意味にも用いる。↕無相

【有象無象（ウゾウムゾウ）】①形のあるものと、ないものいっさい。②国種々雑多なくだらない人間や物。

【有待（ウダイ）】仏語。衣食などのたすけがなければ保たれないもの。生滅無常のはかない身についていう。

【有頂天（ウチョウテン）】①仏教で、存在(有)の世界の最上位の天。②国大喜びして無我夢中であるさま。

【有無（ウム｜ユウム）】①有ることと無いこと。『出席の有無』②国承知と不承知。『有無を言わせず』

【有耶無耶（ウヤムヤ）】国あいまいなこと。

【有漏（ウロ）】（「漏」は煩悩の意）仏語。煩悩のあること。また、三有漏の一つ「有有漏」を特にいう場合もある。

【有意（ユウイ）】①意志があること。また、下心があること。②意味があること。

【有意義（ユウイギ）】意義や価値があること。↕無意義

【有益（ユウエキ）】利益があること。有用。↕無益

【有害（ユウガイ）】害があること。↕無害。『有害無益』

【有機（ユウキ）】生命力のあること。生活機能と生活力があること。または、そのもの。↕無機。『有機物』

【有形（ユウケイ）】形があること。↕無形。『有形文化財』

【有限（ユウゲン）】限りがあること。終わりがあること。↕無限。『有限会社』

【有効（ユウコウ）】①ききめのあること。効力を持っていること。↕無効。②法律上の効果、効力があること。

【有罪（ユウザイ）】判決で、被告人の犯罪事実および刑事責任の存在を認めること。↕無罪

【有史（ユウシ）】文献的史料となる、文字による記録が存在すること。『有史以前の話』

【有志（ユウシ）】特にあることについて、意見・意志を持つこと。また、その人。

【有事（ユウジ）】普段と変わった事件があること。また、戦争が起こること。

【有識（ユウシキ｜ユウソク｜ウシキ）】㊀（ユウシキ）広く物事を知っていること。『有識者』㊁（ユウソク）国朝廷や公家ゲクの行事、官職などの故実に通じていること。有職。㊂（ウシキ）仏語。①対象を分析、認識する心のはたらきのあるもの。有情ウジョウ。②中古の僧の職名。僧綱ソウゴウに次ぐ、已講イコウ、内供ナイグ、阿闍梨アジャリをいう。

【有終（ユウシュウ）】終わりを全うすること。〔詩経‐大雅・蕩〕『有終の美を飾る〔＝最後までやり通して、立派な成果をあげる〕』

【有情（ユウジョウ｜ウジョウ）】①情趣のあること。〔世説新語‐言語〕②感覚や感情をそなえていること。③（ウジョウ）心の働きを持っている一切のもの。人間、鳥獣などの生き物。↕非情・無情

【有色（ユウショク｜ウシキ）】㊀（ユウショク）色のあること。㊁（ウシキ）仏語。①物質的存在としての、形のあるもの。↕無色ムシキ。②欲界・色界の二界、または色界。

【有心（ユウシン｜ウシン）】国㊀思慮、分別があること。㊁（ウシン）①狂歌に対して、和歌。②優雅を旨とする正統の連歌。

【有数（ユウスウ）】取り立てて数え上げるほど、主だっていること。『県下有数の進学校』

【有性（ユウセイ）】性の区別のあること。『有性生殖』

【有職（ユウソク｜ユウショク）】国朝廷や公家ゲクの行事、官職などの故実に通じていること。また、その人。有識。『有職故実〔＝公家や武家の儀礼・官職・制度・服飾・法令・軍陣などの先例・典故をいう〕』

【有土（ユウド）】国を保つこと。また、その君主。

【有道（ユウドウ｜ユウトウ）】正しい道にかなっていること。徳をそなえていること。また、その人。転じて、天下を治めること。↕無道。＊論語‐学而「就ニ有道一而正焉ユウドウにつきてただす〔＝道徳を身にそなえている人に付き従って、自分自身を正していく〕」

【有徳（ユウトク｜ウトク）】①徳のあること。②国富み栄えること。

【有年（ユウネン）】富む年。豊年。

【有能（ユウノウ）】能力のあること。役に立つこと。↕無能

【有望（ユウボウ）】将来に望みのあること。『前途有望』

【有名（ユウメイ）】世間に広く知られていること。名高いこと。↕無名。『有名人』『有名校』

【有名無実（ユウメイムジツ｜ウミョウムジツ）】名だけがあって、その実質のないこと。〔国語‐晋語〕

【有用（ユウヨウ｜ウヨウ）】役に立つこと。有益。↕無用

【有利（ユウリ）】利益のあること。都合のよいさま。↕不利

【有力（ユウリョク）】勢力、威力、また見込みのあるさま。↕無力。『有力者』

【有ニ陰徳一者、必有ニ陽報一（イントクのあるものは、かならずヨウホウあり）】人に知られない善行を積む者には、必ずよい報いがある。陰徳陽報。〔淮南子‐人間訓〕

【有レ徳者、必有レ言（トクあるものは、かならずゲンあり）】徳を身に備えた人は、必ずりっぱな言説を発する。〔論語‐憲問〕

❷ また。さらに。

【有半（ユウハン）】…とその半分。半。なかば。『一年有半』

【有余（ユウヨ）】数を表す語に付けて、それよりもやや多い意を表す語。『三年有余』

❸ 人の集団や国の名などに付ける語。

【有夏（ユウカ）】中国、夏王朝のこと。また、中国本土。

【有司（ユウシ）】官吏。役人。『百僚有司〔＝すべての官吏〕』

【有周（ユウシュウ）】中国、古代の周王朝のこと。

【有衆（ユウシュウ）】たみ。人民。君主などが呼びかける語。

❹ 固有名詞。

【有若（ユウジャク）】中国、春秋時代の魯ロの人。孔子の弟子。孔子の没後、容貌が似ていたので一時門人が立てて師としたという。

難読地名 有家ありえ町(長崎) 有田ありた町(佐賀) 有田ありだ郡・市(和歌山) 有漢うかん町(岡山) 有珠うす郡(北海道)

3276 【朞】 5914 5B2E 9E4D 月－8 キ㊥ jī

字解 形声。月＋其㊤。期に同じ。

参考 熟語は「期」(3290)をも見よ。

意味 ひとまわり。いちじゅん。
【朞年(キネン)】満一か年。期年。

月

【刖】⇩620

3277 【服】 4194 497E 959E 月－4 常3 (3278)〔服〕 月－4 旧字

ブク㊥・フク㊥\fú\きる・したがう・のむ

筆順 月 月 服 服 服 服

字解 形声。月(＝舟)＋𠬝(＝𠬝、人に手をそえる)㊥。舟につける小さなそえ舟の意。転じて、そえもの、また、からだにそえてつけるきものの意。

甲骨文  金文  篆文 

同属字 箙

意味 ❶きもの。『服装』『洋服』⇒〔衣〕(7223)の表 ❷きる。身につける。自分のものにする。『服膺』『着服(チャクフク)』『佩服(ハイフク)』 ❸したがう。したがえる。㋑受け入れてしたがう。『命令に服する』『服役』＊論語－為政「何為則民服(なにをなさばすなわちたみフクせん)」〔＝どうすれば人民は言うことを聞くようになるか〕 ㋺つとめに従事する。『服事』『服務』 ㋩感じ入って心からしたがう。『感服』『敬服』 ㊁つきしたがう。したがえる。「伏」に同じ。『服属』『降服』『征服』 ❹喪(も)にこもる。ぶく。『服喪』『忌服(キブク)』 ❺薬や茶などを飲む。また、その回数を数える語。『服毒』『服用』『一服』『内服』 ❻中国、周代にみやこ(王畿)の外に五〇〇里ごとに設けた区域。『荒服(コウフク)』『五服(ゴフク)』 ❼四頭立ての馬車で内側の二頭の馬。『両服(リョウフク)』 ❽人名。『服部南郭(はっとりナンカク)』

❶ きもの。

下接 衣服(イフク)・官服(カンプク)・軍服(グンプク)・元服(ゲンプク)・校服(コウフク)・胡服(コフク)・呉服(ゴフク)・斎服(サイフク)・式服(シキフク)・私服(シフク)・戎服(ジュウフク)・制服(セイフク)・喪服(ソウフク|もフク)・僧服(ソウフク)・朝服(チョウフク)・被服(ヒフク)・美服(ビフク)・微服(ビフク)・平服(ヘイフク)・便服(ベンプク)・冕服(ベンプク)・法服(ホウフク)・紋服(モンプク)・洋服(ヨウフク)・略服(リャクフク)・礼服(レイフク)・和服(ワフク)

【服章(フクショウ)】天子以下官職にある人の服の模様や飾り。
【服装(フクソウ)】衣服およびその装飾品などを着けた装い。

❷ きる。身につける。おびる。

【服玩(フクガン)】日常愛用している器物。
【服佩(フクハイ)】①身に付けること。おびること。②心にとめて忘れないこと。
【服膺(フクヨウ)】他人の戒め、命令などを心にとめて守ること。〔中庸〕『拳拳(ケンケン)服膺』

❸ したがう。したがえる。

下接 圧服(アップク)・威服(イフク)・感服(カンプク)・帰服(キフク)・屈服(クップク)・敬服(ケイフク)・降服(コウフク)・克服(コクフク)・従服(ジュウフク)・心服(シンプク)・臣服(シンプク)・推服(スイフク)・征服(セイフク)・鎮服(チンプク)・不服(フフク)

【服役(フクエキ)】兵役、懲役などに服すること。『服役中』
【服事・服仕(フクジ|ブクジ)】(「事」はつかえる意) 従いつかえること。従事すること。
【服侍(フクジ)】慎しんでつかえ、世話をすること。伏侍。
【服従(フクジュウ)】他人の意志や命令のままに従うこと。
【服務(フクム)】事務、業務に従事すること。

❹ 喪(も)にこもる。

下接 期服(キフク)・忌服(キブク)・喪服(ソウフク)・無服(ムフク)

【服喪(フクも)】喪に服すること。↔除喪(ジョソウ)。『服喪中』
【服闋(フッケツ)】(「闋」は終わる意) 服喪の期間がすむこと。忌(い)みあき。

❺ 薬や茶などを飲む。

下接 愛服(アイフク)・一服(イップク)・頓服(トンプク)・内服(ナイフク)

【服毒(フクドク)】毒を飲むこと。『服毒自殺』
【服薬(フクヤク)】薬を飲むこと。服用。
【服用(フクヨウ)】＝服薬(フクヤク)

❽ 人名。

【服部南郭(はっとりナンカク)】江戸中期の儒者、詩人。京都の人。名は元喬、字は子遷。荻生徂徠(おぎゅうソライ)の弟子。著に「唐詩選国字解」「南郭文集」など。(一六八三～一七五九)

3279 【朏】 5912 5B2C 9E4B 月－5

ヒ㊥・ハイ㊥\fěi・pèi\みかづき

字解 会意。月(つき)＋出(でる)。月がではじめたばかりでうすぐらい月の意。

金文  篆文 

意味 みかづき。陰暦三日ごろの月。

3280 【朕】 3631 443F 92BD 月－6 常 (3281)〔朕〕 月－6 旧字

チン㊥㊥\zhèn\われ

筆順 月 月 朕 朕 朕 朕

字解 形声。月(＝舟)＋关(＝灷、上へもちあげる)㊥。舟をさかのぼらせる意という。借りて代名詞に用いる。

甲骨文  金文  篆文 

同属字 勝(勝)・塍・媵・滕・縢・螣・謄(謄)・賸・騰(騰)・籐

意味 ❶天子の自称。われ。わたくし。 広く自称代名詞として用いられていたが、中国、秦の始皇帝のとき、皇帝の自称とし、他の人の使用を禁止したのが伝統となった。 ❷きざし。しるし。『朕兆(チンチョウ)』

【朕兆(チンチョウ)】兆候。きざし。

3282 【朖】 5913 5B2D 9E4C 月－7

ロウ 「朗」(3287)の異体字

［勝］⇩721 ［塍］⇩1454 ［媵］⇩1690 ［滕］⇩3985 ［縢］⇩6097 ［螣］⇩7199 ［謄］⇩7634 ［賸］⇩7770

3283 【朦】 5915 5B2F 9E4E 月－14

ボウ㊥・モウ㊥\méng\おぼろ

字解 形声。月＋蒙(おおわれてみえない)㊥。月が雲におおわれ見えない意。

意味 おぼろ。月の光のぼんやりしたさま。

【朦霧(モウム)】①もうもうと立ちこめる霧。②心の晴れないこと、胸中のふさがることのたとえ。
【朦朦(モウモウ)】薄暗くぼんやりしたさま。濛濛(モウモウ)。

【朦朧モウロウ】かすんで、はっきり見えないさま。はっきりしないさま。『意識朦朧』『酔眼朦朧』

3284 【朧】 5916 5B30 9E4F 月-16

ロウ㊥漢/lóng/おぼろ

字解 形声。月+龍㊥。

意味 おぼろ。月の光のぼんやりしたさま。『朦朧モウロウ』

【朧朧ロウロウ】おぼろにかすんでいるさま。薄明るいさま。

【騰】⇩9160 【黱】⇩9416

月

【明】⇩3185

3285 【朔】 2683 3A73 8DF1 月-6 人 (3286)【朔】二一 月-6 旧字

サク㊥漢/shuò/ついたち

字解 形声。月+屰(もとへもどる)㊥。欠けて見えなくなった月がもとへもどる、ついたちの意。

同属字 塑(塑)・愬・槊・溯・遡

意味 ❶ついたち。陰暦で、月の第一日。また、こよみ。『八朔ハッサク〔=八月一日〕』 ❷きた。北方。十二支の第一番目の子ねが北に配されることから。

❶ついたち。また、こよみ。

下接 晦朔カイサク・告朔コクサク・正朔セイサク・八朔ハッサク・奉朔ホウサク

【朔日サクジツ・ついたち】その月の第一日。

【朔旦サクタン】ついたちの朝。

【朔望サクボウ】陰暦の一日と十五日。♥「望」は十五日。

【朔晦サッカイ】陰暦で毎月の朔日ついたちと晦日みそかのこと。

❷きた。北方。

【朔雁サクガン】北国から来る雁。

【朔吹サクスイ】=朔風サクフウ

【朔漠サクバク】北方の砂漠。

【朔風サクフウ】北風。

【朔方サクホウ】[1]北の方。北。朔北。[2]中国の漢代、武帝が匈奴を討ってオルドスの地に置いた郡名。

【朔北サクホク】北。北方の地。特に中国の北方の辺地。

難読姓氏 朔晦たちごもり

3287 【朗】 4715 4F2F 984E 月-6 常6 (3289)【朗】二一 月-7 旧字 人

ロウ(ラウ)㊥漢/lǎng/ほがらか・あきらか

(3282)【朖】 5913 5B2D 9E4C 月-7

筆順 朗 朗 朗 朗 朗 朗

字解 朗は、朗の略体。朗は形声。月+良(よい)㊥。月の光があかるい意から、ほがらかの意。

意味 ❶ほがらか。明るい。明らか。『朗報』『朗話』 ❷声たからかなさま。『朗吟』『朗読』

❶ほがらか。明るい。明らか。

下接 高朗コウロウ・清朗セイロウ・晴朗セイロウ・澄朗チョウロウ・明朗メイロウ

【朗悟ロウゴ】明知で悟りの早いこと。知が明らかでさといさま。〔顔氏家訓-省事〕

【朗達ロウタツ】賢明で物事によく通じていること。明達。

【朗報ロウホウ】喜ばしい明るいしらせ。↔悲報

❷声たからかなさま。

【朗詠ロウエイ】漢詩文や和歌を曲節をつけてうたうこと。

【朗吟ロウギン】声高く詩歌をうたうこと。

【朗唱ロウショウ】声高くうたうこと。

【朗読ロウドク】声高く読み上げること。『朗読法』

【朗朗ロウロウ】音声の明るく澄んださま。『音吐オント朗朗』

3288 【眀】 *3482 月-7

メイ 「明」(3185)の異体字

3289 【朗】 二一 月-7

ロウ 「朗」(3287)の旧字

3290 【期】 2092 347C 8AFA 月-8 常3 (3291)【期】二一 月-8 旧字

ゴ㊥・キ漢/qī/ちぎる・とき

筆順 期 期 期 期 期 期

字解 形声。月+其(整然とした四角い箕)㊥。月がきちんとひとめぐりする一か月の意。また、一定の時間を決めることから、ちぎる意を表す。

参考 万葉仮名では音を借りて「ご㊥」。

意味 ❶あう。約束して会う。約束する。決める。また、まつ。予定する。あてにする。『再会を期する』『期せずして集まる』『期成』『期待』『所期ショキ』 ❷とき。おり。定められた時。また、ある時からある時までの間。『期間』『期限』『周期』『長期』 *白居易-長恨歌「此恨綿綿無尽期(このうらみはメンメンとしてつくるキなからん)〔=このせつない思いは永遠に続き、尽きる時がないであろう〕」 ❸ひとめぐり。月や太陽が一周する時間。「朞」に同じ。『期月』

❶あう。約束する。また、あてにする。

【期会キカイ】日時を決めて集まること。〔史記-項羽本紀〕

【期成キセイ】国成し遂げようと強く期待すること。

【期待キタイ】あてにして待ちうけること。

【期約キヤク】約束すること。約束。

❷とき。おり。定められた時。

下接 一期イチゴ・イッキ・雨期ウキ・延期エンキ・会期カイキ・開期カイキ・花期カキ・佳期カキ・夏期カキ・学期ガッキ・上期かみキ・乾期カンキ・漁期ギョキ・刑期ケイキ・後期コウキ・今期コンキ・婚期コンキ・最期サイゴ・死期シキ・次期ジキ・時期ジキ・下期しもキ・周期シュウキ・秋期シュウキ・終期シュウキ・春期シュンキ・初期ショキ・盛期セイキ・全期ゼンキ・前期ゼンキ・早期ソウキ・短期タンキ・中期チュウキ・長期チョウキ・定期テイキ・冬期トウキ・当期トウキ・同期ドウキ・二期ニキ・任期ニンキ・年期ネンキ・納期ノウキ・半期ハンキ・晩期バンキ・末期マッキ・マツゴ・満期マンキ・無期ムキ・有期ユウキ・画期的カッキテキ・過渡期カトキ・更年期コウネンキ・思春期シシュンキ

【期間キカン】ある時期から、他のある時期に至るまでのあいだ。『有効期間』『冷却期間』『短期間』

【期限キゲン】前もって決められた一定の時期。

【期日キジツ】ある行為をその時にするよう前もって定められた日時。また、期限の日。

【期末キマツ】ある期間の終わりごろ。

❸ひとめぐり。

【期頤キイ】(「頤」は、養う意)一〇〇歳の人。きわめて長寿の人。〔礼記-曲礼上〕

【期月キゲツ】[1]満一か月。〔中庸〕[2]一二か月。一年間。〔論語-子路〕

【期功強近(キコウキョウキン)】忌服の及ぶ範囲の近親を総称したもの。有力な近親。〔李密-陳情表〕

【期年(キネン)】①一周年。まる一年。＊十八史略-春秋戦国「不₂期年₁、千里馬至者三(キネンならずして、センリのうまいたるものサン)」〔=一年もたたないうちに千里の馬が三頭もやってきた〕②満一か年のうち。一年以内。特に服喪のとき一周忌が来ないうち。③十二支を付した年が一巡した年。紀年。

【期服(キフク)】満一か年の喪。

3292【朝】チョウ(テウ)[呉][漢]/zhāo・cháo/あさ・あした 3611 442B 92A9 月－8 [常]2

(3293)〔朝〕 月－8 旧字

[筆順] 朝 朝 朝 朝 朝 朝 朝 朝

[字解] 朝は、⿰𠦝舟の変形。⿰𠦝舟は形声。𠦝+舟(声)。甲骨文では、草原の中に昇る日と残月とを表した会意字。金文は、その月の代わりに、水流、潮の寄せるさまを表すもの(声符をかねる)を加えたが、篆書で舟の形に変じ、更に隷書で月の形になった。

甲骨文

金文

篆文

[同属字] 廟・潮(潮)・嘲

[意味] ❶あさ。あした。夜と昼との間。↔夕・晩。「朝三暮四」「朝食」「朝来」「早朝」 ⇒[表] ❷天子がまつりごとをする所。また、天子の治める国。「朝廷」「朝敵」「王朝」「本朝」＊論語-郷党「子退₂朝₁(シチョウよりしりぞく)」〔=孔子は朝廷から退出した〕❸朝廷にまいる。「朝見」「朝貢」「帰朝」「入朝」❹一人の天子の治世。また、一王家の続く期間。「玄宗朝(ゲンソウチョウ)」「推古朝(スイコチョウ)」「唐朝(トウチョウ)」❺あつまる。あつめる。「会朝(カイチョウ)」❻「朝鮮」のこと。

❶あさ。あした。

[下接] 一朝(イッチョウ)・花朝(カチョウ)・今朝(コンチョウ/けさ)・晨朝(シンチョウ)・早朝(ソウチョウ)・芳朝(ホウチョウ)・毎朝(マイチョウ/マイあさ)・明朝(ミョウチョウ)・翌朝(ヨクチョウ/ヨクあさ)・一朝一夕(イッチョウイッセキ)／後朝(きぬぎぬ)

【朝雨(チョウウ)】朝の雨。＊王維-送₂元二使₁₂安西₁「渭城朝雨浥₂軽塵₁(イジョウのチョウウケイジンをうるおす)」〔=渭城の朝の雨は、軽い土ぼこりをしっとりとおちつかせた〕

【朝雲暮雨(チョウウンボウ)】①朝の雲と夕方の雨。②男女の堅い契り。巫山(フザン)の夢。〔宋玉-高唐賦〕♥中国、楚の懐王が高唐に遊び、夢で神女と契ったが、別れのとき神女が、自分は巫山の娘で、朝は雲、夕は雨となって陽台の下におりますといったという故事から。

朝(チョウ)	旦(タン)	晨(シン)
旦朝	旦朝 / 晨朝	晨朝
日がのぼるあさ。 朝夕 朝暮 朝日 元朝 早朝 清朝	日の出のころ。 旦夕 旦暮 旦日 元旦 早旦 清旦	日がのぼるころ。 晨昏 晨宵 晨光 晨旦 早晨 清晨

【朝霞(チョウカ)】①朝焼け。②朝もや。③[国]朝がすみ。

【朝開暮落(チョウカイボラク)】朝に花が開き夕方には花弁を散らすこと。人命のはかないことのたとえ。

【朝暉(チョウキ)】(「暉」は日光)朝日の光。

【朝菌(チョウキン)】きのこの一種。朝生えて、晩には枯れる。寿命のごく短いことにたとえられる。＊荘子-逍遥遊「朝菌不₂知₁晦朔₁(チョウキンはカイサクをしらず)」〔=朝菌というきのこは、みそかとついたちを知らない〕

【朝槿(チョウキン)】朝開いて夕にはしぼむ槿(むくげ)。転じて、移ろいやすいもののたとえ。

【朝餐・朝饔・朝飡(チョウサン)】あさめし。あさげ。

【朝三暮四(チョウサンボシ)】目先の違いだけにとらわれて、結果は同じであることを知らないこと。また、ごまかし、人をなぶること。〔列子-黄帝〕♥中国、春秋時代、狙公(ソコウ)(=猿回し)が手飼いの猿に橡(とち)の実を与えるのに朝三つ暮れに四つとしたところ、少ないと猿が怒ったので、朝四つ暮れに三つとしたら喜んだという故事から。

【朝夕(チョウセキ)】朝と夕べと。朝晩。また、毎日。常に。

【朝朝暮暮(チョウチョウボボ)】毎朝毎晩。朝な夕な。＊白居易-長恨歌「聖主朝朝暮暮情(セイシュチョウチョウボボのジョウ)」〔=天子は朝な夕な物思いにふける〕

【朝暾(チョウトン)】朝の太陽。

【朝陽(チョウヨウ)】①あさひ。日の出。②山の東。

【朝来(チョウライ)】①朝がた。今朝がた。「来」は、時間を表す語の下に付き、「…になると」の意を添える。②朝からずっと続くこと。朝から。＊劉禹錫-秋風引「朝来入₂庭樹₁(チョウライテイジュにいる)」〔=今朝がたから(秋風が)庭の木々の間に吹き入っている〕

【朝令暮改(チョウレイボカイ)】朝に命令を下し、夕方にはそれを改めること。命令がひんぱんに変わって一定しないこと。〔漢書-食貨志上〕

【朝露(チョウロ/あさつゆ)】朝方おりた露。㋑明るく澄んださまの形容。〔韓非子-大体〕㋺時間の短いさま、はかないさまのたとえ。〔史記-商君伝〕

【朝聞₂道、夕死可矣(あしたにみちをきかば、ゆうべにシすともカなり)】朝、真実の道を聞くことができたなら、その晩に死んでもよいくらいだ。〔論語-里仁〕

【朝不₂謀₁夕(あしたにゆうべをはからず)】朝のうちから夕方のことまで考えられない。事態が切迫して、先のことまで考えるゆとりのないことのたとえ。〔左伝-昭公一年〕

❷天子がまつりごとをする所。

[下接] 王朝(オウチョウ)・外朝(ガイチョウ)・在朝(ザイチョウ)・正朝(セイチョウ)・聖朝(セイチョウ)・前朝(ゼンチョウ)・天朝(テンチョウ)・当朝(トウチョウ)・内朝(ナイチョウ)・本朝(ホンチョウ)・両朝(リョウチョウ)

【朝威(チョウイ)】朝廷の威光。朝廷の権威。

【朝謁(チョウエツ)】天子にお目通りすること。

【朝宴(チョウエン)】朝廷でもよおされる宴会。

【朝家(チョウカ)】国家。また、朝廷。

【朝貴(チョウキ)】朝廷の高位高官。朝紳。

【朝儀(チョウギ)】朝廷の儀式。公の儀式典礼。

【朝議(チョウギ)】朝廷のまつりごと。朝廷の評議。

【朝憲(チョウケン)】朝廷の定めたおきて。また、国を統治する根本の法規。

【朝譴(チョウケン)】朝廷からの懲戒。天子からのとがめ。

【朝士(チョウシ)】朝廷につかえる者。

【朝市(チョウシ)】朝廷、また政府や官庁のある中心地と市場。まちなか。人の多く集まる所。市中。転じて、俗世間。＊白居易-中隠「大隠住₂朝市₁(タイインはチョウシにすむ)」〔=大悟徹底した隠者は、市中に住んでいるものだ〕

【朝臣(チョウシン/あそん)】[一](チョウシン)朝廷の臣。[二](あそん)①日本古代の姓(かばね)の一。八色(やくさ)の姓の第二位。あそみ。②三位以上の人の姓の下に、または四位五位の人の名の下につけた称号。

【朝紳(チョウシン)】朝廷につかえる、身分高く品位のある人。

【朝廷(チョウテイ)】天子が政治をとる所。

【朝敵(チョウテキ)】朝廷の敵。天子にそむく賊。

【朝班(チョウハン)】朝廷で百官の並ぶべき位次。朝列。

【朝聘(チョウヘイ)】諸侯が天子のご機嫌伺いに参上すること。

【朝謨(チョウボ)】朝廷のはかりごと。

【朝命チョウメイ】朝廷からの命令。天子の仰せ。

【朝野チョウヤ】朝廷と民間。官民。また、世間。

❸朝廷にまいる。

[下接] 帰朝キチョウ・参朝サンチョウ・退朝タイチョウ・入朝ニュウチョウ・来朝ライチョウ

【朝衣チョウイ】官人が朝廷に出仕するときに着る衣服。朝服。

【朝賀チョウガ】[国]元日に諸臣が朝廷に参上し、天皇、皇后に新年のよろこびを申しあげる儀式。朝拝。

【朝覲チョウキン】（「覲」は謁見の意）諸侯または属国の主などが参朝して君主に拝謁すること。〔孟子-万章上〕

【朝見チョウケン】天子に拝謁すること。

【朝貢チョウコウ】外国の使いが来て、朝廷に貢ぎ物を差し出すこと。

【朝参チョウサン】官人が朝廷へ参上すること。参朝。

【朝宗チョウソウ】①古く中国で、春と夏に諸侯や群臣が天子に拝謁すること。②多くの河川が海に集まって流れ込むこと。③権威のある一つのものに寄り従うこと。

【朝天チョウテン】天子に謁見すること。

❻「朝鮮」のこと。

【朝鮮チョウセン】朝鮮半島とその付属島からなる地域。紀元前三世紀に北西部に興った箕子朝鮮がその初めという。現在、北緯三八度線を境に南部が大韓民国、北部が朝鮮民主主義人民共和国となっている。

[難読地名] 朝霞あさか市（埼玉） 朝来あさご郡・町（兵庫） 朝地あさじ町（大分） [難読姓氏] 朝生あさい

75 木部 き

甲骨文 金文 篆文

木は、樹木の枝をはり根をはったさまを象る。木部には、木（ボク）を部首として、木の名、木の部分、木の状態、木で作った器材建築などを表す字が属する。字の左部に用いられた部標を「きへん」という。類形として、禾部（115）米部（119）耒部（127）釆部（165）の各部がある。

木◆ 木 林 森 ① 朮 本 末 未 ② 朿 朱

耒 ③ 束 来 ④ 東 ⑤ 柬 ⑧ 棘 棗 楙 ⑨ 楙

木▀ ③ 杏 李 杢 ④ 杰 枩 杳 ⑤ 查 査

柰 ⑦ 桼 梵 棽 ⑨ 楚 ⑪ 樊 ⑫ [illegible] ㉑

鬱 ㉒ 鬱

木▄ ② 朶 ③ 条 ④ 果 采 杗 枀 枲 ⑤
栄 架 枲 柒 柔 染 某 枼 ⑥ 案 栞 桀
栽 柴 桑 桒 桌 栾 栗 ⑦ 梟 巣 梨 梁
⑧ 棊 棄 棨 棠 棃 ⑨ 楽 棄 業 ⑩ 榮
槀 槩 槖 槃 ⑪ 槩 槪 樂 槧 ⑫ 檠 㮣
櫜 ⑬ 檗 檠 檃 ⑮ 櫜 ⑯ 櫱 櫱 ⑰ 櫐
蘖 蘖 ⑲ 欒

木▌ ① 札 ② 机 朽 朷 朳 朴 朸 朹 ③
杇 杆 杞 杠 杌 杈 材 杉 杓 杪 杖 村
杕 杜 杙 杦 杣 杤 ④ 枉 枒 杴 枅 杭
枝 柹 杵 松 枢 枘 析 枏 杋 杻 杼 枕
枓 杷 杯 柿 杬 板 枇 杪 枌 枋 枚 枦
枡 枠 ⑤ 柑 枷 柯 枴 柺 柑 枳 柩 枸
枯 柧 柙 柤 柵 栅 柞 柹 柘 柊 柊 柷
柗 柁 柂 柝 柟 柱 柱 柢 柮 柏 柈 柀
柲 柎 柄 柄 枰 枹 柚 柳 栁 柃 柆 栂
栃 柾 ⑥ 桉 栧 桜 桧 格 核 核 栝 桓
桔 栱 框 栩 桂 栟 桍 校 桁 栲 栲 根
桟 栭 桎 株 栬 栖 栓 栓 栴 梳 栫 桃
桐 档 梅 栢 栈 桙 梻 梻 ⑦ 械 梚 桿
梂 桾 梧 梗 梏 梱 梭 梫 梓 梔 梢 梢
梈 梲 梲 梶 梛 梯 梃 桶 梼 梧 梖 梅

梚 梶 梹 桴 桴 梛 梻 梠 梻 ⑧ 椏 椅
梜 梱 椁 棺 棋 椈 検 棬 棡 棡 椌 椙
梘 棧 棕 椒 植 椧 棰 棲 棱 棇 椎 棣
棟 棹 棖 椑 棚 棚 棓 棒 棉 棫 椋 棱
棆 棙 椂 椀 椚 椪 椡 椣 棺 椨 椥 椛
榜 ⑨ 楲 楹 楃 楷 楑 極 楛 楜 楂 楒
楉 楼 楸 楫 楯 楔 楤 楰 椾 椴 楮 椿
椹 楗 楨 楴 椽 楠 楳 楣 楓 椙 椰 楡
楢 楢 楊 楪 楞 楝 楼 榔 楯 楢 榀 榊
椋 楻 ⑩ 榲 榎 樺 槐 概 権 楷 榿 槁
構 構 槁 槓 榼 穀 榾 槎 榨 楮 榭 槗
榛 榱 榹 槍 槌 槇 槙 榻 樋 榧 槐 榑
模 榜 榠 榕 様 榴 榔 槞 樋 榊 榎 ⑪
槥 横 槶 概 概 槨 槓 槵 槻 槸 槁 槿
権 槹 槲 樝 槭 樟 樅 槮 樞 槽 樔 槿
樽 樗 樋 樘 標 樸 樒 樢 樣 樏 樓 樫
⑫ 樸 樾 橫 樺 檄 機 橘 橋 檝 撮 樹
樵 橡 樴 橇 樽 樽 橢 橙 檀 檏 檬 橈
橅 檏 檥 橑 檰 檼 檑 檖 ⑬ 檐 檟 檞
檜 檥 橿 權 檄 檎 檢 櫛 檝 檣 檀 檉
檔 檞 檍 檪 ⑭ 檻 櫃 檫 檯 檮 檸 檳
櫝 檬 櫁 櫋 ⑮ 櫞 櫛 櫛 櫝 櫑 櫚 櫪
櫟 櫓 ⑯ 櫧 櫬 欄 櫕 櫛 櫨 櫳 ⑰ 櫻
欅 櫹 欄 檽 ⑱ 欋 權 ⑲ 櫔 欏 ㉑ 櫺
欖 欙 ㉔ 欚 ㉕ 欟

木▌ ⑦ 條 ⑩ 榦 滕

木◆

3294 【木】 4458 4C5A 96D8 木－0 常1 モク(呉)・ボク(漢)/mù/き・こ

筆順 木 木 木 木

字解 部首解説を参照。

同属字 沐

参考 万葉仮名では音を借りて「も」。訓を借りて「き(乙)」「こ(乙)」。

意味 ❶き。立ち木。樹木。↕草。『木石』『木本』『灌木』『喬木』❷材木。建築や器具の用材。『木魚』『木馬』『木琴(モッキン)』『撞木(シュモク)』❸五行の一。また、日本で、七曜の一。『木曜日』『木星』❹かざりけがない。「朴」「樸」に同じ。『木訥』『木強』❺その他。動植物名、あて字、熟字訓など。『木乃伊(ミイラ)』『木天蓼(またたび)』『木菟(みみずく)』

❶き。立ち木。樹木。

下接 一木・佳木・嘉木・灌木・奇木・朽木・喬木・巨木・原木・高木・古木・枯木・孤木・雑木(ザツボク|ゾウき)・樹木・神木・草木・大木・珍木・低木・倒木・伐木・風木・名木・陽木・落木・流木・良木・林木・霊木・老木・一木一草・槁木死灰／植木・末木・苗木・庭木・若木

【木石(ボクセキ)】木や石。転じて、人情を解さない者のたとえ。〔司馬遷-報ニ任少卿一書〕『木石漢』

【木魅(ボクミ)】木の精霊。

【木客(ボッカク)】①きこり。②山の精。また、山に住む化け物。

【木精(モクセイ)】木の精。木霊(こだま)。

【木本(モクホン)】樹木。木部が発達した植物。↕草本

【木理(モクリ)】木材の切った面にあらわれる模様。もくめ。

【縁レ木求レ魚(きによりてうおをもとむ)】木に登り、魚を探し求める。手段を誤ると、目的を達成することができないことのたとえ。〔孟子-梁恵王上〕

【木霊(こだま)】山びこ。谺(こだま)。❤もと、樹木の精霊の意。

【木叢(こむら)】木の群がり立っているところ。また、樹木の枝葉が入り組んでいるところ。

❷材木。

下接 梟木・坑木・香木・材木・入木(ジュボク|ニュウボク)・撞木・土木・副木(フクボク|そえぎ)・用木・梁木・肋木／腕木・笠木・形木・唐木・雁木・経木・頸木・算木・軸木・定木・心木・杣木・垂木・千木・版木・枕木・丸木・棟木・横木・連木・冠木門・摺子木

【木屐(ボクゲキ)】(「屐」ははきものの意) 木製のはきもの。

【木主(ボクシュ)】みたましろ。また、位牌(イハイ)。

【木鐸(ボクタク)】世人を教え導く人。＊論語-八佾「天将下以ニ夫子一為中木鐸上(テンまさにフウシをもってボクタクとなさんとす)」〔＝天は先生(孔子)をこの世の指導者にしようとしている〕」❤原義は木製の舌のついた金属製の大鈴。中国で法令などを人民に示すときに鳴らした。

【木魚(モクギョ)】僧が経を読むときにたたき鳴らす仏具。また、禅堂などで合図にたたくもの。魚板(ギョバン)。

【木偶(モクグウ|でく)】木彫りの人形。転じて、役に立たない人。でくのぼう。

【木材(モクザイ)】建築、工作などの材料とする木。

【木質(モクシツ)】①木材の地質。きじ。②幹の内部の堅い部分。③木材に似た性質。

【木匠(モクショウ|ボクショウ)】大工。こだくみ。もく。

【木版・木板(モクハン)】木の板に文字、図面などを彫った印刷用の版。『木版刷り』『木版画』

【木簡(モッカン)】古代、文字を書きつけた木の札。

❸五行の一。また、七曜の一。

【木徳(ボクトク)】五行思想による五徳の一。木に応じた王者の徳。夏王朝の象徴とされる。

【木星(モクセイ)】太陽系第五番目の惑星。惑星中最も大きい。

【木曜(モクヨウ)】国一週間に七曜を割り当てた、日曜から数えて第五番目の日。木曜日。

❹かざりけがない。

【木訥(ボクトツ)】(「訥」は訥弁の意) 飾りけがなく無口なこと。＊論語-子路「剛毅木訥近レ仁(ゴウキボクトツジンにちかし)」〔＝意志が強固で何事にも屈せず、飾りけがなく話下手であることは、(道徳の理想である)仁の徳に近い〕」

【木強・木彊(ボッキョウ)】朴直で一徹なこと。

❺その他。動植物名、あて字、熟字訓など。

下接 卯木・空木・賢木・錦木・真木・正木・水木・野木瓜・浜木綿・吾木香・馬酔木・疣取木・五加木・売子木・扇骨木・接骨木・白膠木・鼠梓木・交譲木／啄木・編木・麻木・伊佐木・唐変木

【木乃伊(ミイラ)】(ポルトガル mirra、オランダ mirre) 死体が乾燥して固まり、原形に近い形で残っているもの。

【木犀(モクセイ)】モクセイ科の常緑小高木、キンモクセイ、ギンモクセイなどの総称。香りの強い花を開く。

【木母(モクボ)】梅の異名。❤梅の字を分解してできた語。

【木蘭(モクラン)】＝木蓮(モクレン)

【木蓮(モクレン)】モクレン科の落葉低木。春、白色または暗紅紫色の六弁の花が咲く。木蘭(モクラン)。

【木斛(モッコク)】ツバキ科の常緑小高木。夏、黄白色の五弁花を下向きに開く。

【木綿(モメン|ゆう|きわた)】①(モメン) ワタの種子の周囲に生ずる白くて柔らかな綿毛。また、それをつむいで作った糸や、その糸で織った布。『結城木綿』②(ゆう) コウゾの樹皮の繊維で作った糸。真木綿(まゆう)。③(きわた) パンヤ科の落葉高木。種子に綿毛がある。パンヤノキ。

【木通(あけび)】アケビ科の落葉低木。茎はつる性。秋に甘みのある長卵形の実をつける。通草。

【木賊(とくさ|モクゾク)】シダ類トクサ科の常緑多年草。茎は木地などをみがくのに用いる。砥草。

【木瓜(ぼけ|ボッカ|モッカ|モッコウ)】①(ぼけ|ボッカ|モッカ) バラ科の落葉低木。春、紅、淡紅、白色などの花が咲く。②(モッコウ) 国紋所の名。

【木天蓼(またたび)】サルナシ科のつる性落葉木本。果実は漢方薬に用い、また、ネコが好む。

【木菟(みみずく|ずく|ボクト)】フクロウ科の鳥で、頭部に耳状の羽毛を持つ種類の呼称。

【木槿(むくげ|モッキン)】アオイ科の落葉低木。高さ約三メートル。淡紅、白などの花が咲く。

難読地名 木古内(きこない)町(北海道) 木城(きじょう)町(宮崎) 木次(きすき)町(島根) 木曽崎(きそさき)町(三重) 木屋川(こやがわ)(山口) 木屋平(こやだいら)村(徳島) 木頭(きとう)村(徳島)

難読姓氏 木滑(きなめり) 木庭(きにわ|こば) 木全(きまた|こまた) 木幡(こばた|こわた)

3295 【林】 4651 4E53 97D1 木－4 常1 リン(呉)(漢)/lín/はやし

筆順

字解 会意。木＋木。木が並びたったところの意。

甲骨文 金文 篆文

同属字 婪・禁・痳・霖・淋・琳・醂

意味 ❶はやし。木が多くはえているところ。『林業』『林道』『森林』『密林』❷物事が多く集まっていること。また、そのような場所。『酒池肉林ニクリン』『林立リツ』『書林』❸その他。固有名詞など。『林檎リン』『林鐘』

❶ はやし。木が多くはえているところ。

下接 鬱林ウツ・営林エイ・園林エン・果林カ・寒林カン・旧林キュウ・杏林キョウ・桂林ケイ・枯林コ・山林サン・樹林ジュ・植林ショク・深林シン・森林シン・叢林ソウ・造林ゾウ・疎林ソ・竹林チク・農林ノウ・梅林バイ・密林ミツ・緑林リョク

【林下】リンカ 林のもと。林のほとり。また、特に俗世間から離れた山林の中。〔世説新語-賢媛〕

【林壑】リンガク 林や谷。また、山林の奥深いところ。

【林間】リンカン 林のあいだ。林の中。『林間学校』

【林泉】リンセン 林と泉。また、木立や池のある広い庭園。

【林藪】リンソウ ①林とやぶ。藪林ソウリン。②草深い田舎。→❷

【林塘】リントウ （「塘」は、堤、または池の意）林と堤。林に囲まれた堤。また、林中の池。

❷ 物事が多く集まっていること。

下接 学林ガク・翰林カン・芸林ゲイ・儒林ジュ・書林ショ・笑林ショウ・士林シ・詞林シ・禅林ゼン・僧林ソウ・談林ダン・檀林ダン・文林ブン・脯林ホ・酒池肉林シュチニクリン

【林藪】リンソウ 物事が多く集合している所。淵藪エンソウ。→❶

【林府】リンプ 物が多く集まる場所。

【林立】リンリツ 林のように、多くのものが並び立つこと。

❸ その他。固有名詞など。

【林檎】リンゴ バラ科の落葉高木。果実は球形で甘酸っぱく、食用。苹果ヘイカ。

【林鐘】リンショウ ①中国音楽で、十二律の一。基音の黄鐘コウショウから、八番目の音。日本の十二律の黄鐘オウシキに当たる。②陰暦六月の異称。

【林則徐】リンソクジョ 中国、清末の政治家。福建省福州の人。欽差大臣としてアヘン密輸入の根絶を期したが、アヘン戦争敗北の責任を問われて追放された。（一七八五〜一八五〇）

【林逋】リンポ 中国、北宋の詩人。銭塘セントウの人。字あざなは君復、諡おくりなは和靖ワセイ。梅と鶴とを愛し、西湖の孤山にかくれて生涯仕えなかった。（九六七〜一〇二八）

【林邑】リンユウ 二〜八世紀にベトナム中南部にあったチャム族の国、チャンパ（占城）のこと。唐以前の中国での呼称。

【林羅山】はやしラザン 江戸初期の儒者。京都の人。名は忠または信勝。字あざなは子信。通称又三郎。剃髪して道春と号した。藤原惺窩ふじわらセイカに朱子学を学ぶ。のち、徳川家康以後四代に仕えて政治・文教に参画。著に「羅山文集」「大学抄」「大学解」「論語解」など。（一五八三〜一六五七）

3296 【森】 3125 3F39 9058 木-8 常1 シン(呉)(漢)/sēn/もり

筆順

字解 会意。木＋木＋木。多くの木があるところの意。

甲骨文 篆文

意味 ❶樹木が多く茂るさま。また、物が多くさかんなさま。日本で、木の茂ったところ、「もり」の意に用いる。『森羅万象』『森森』『森然』『陰森イン』『疎森ソ』『森厳』❷ひっそりとしたさま。おごそかなさま。『森閑』『森邃』『厳森ゲン』『蕭森ショウ』

❶ 樹木が多く茂るさま。さかんなさま。

【森森】シンシン こんもり茂っているさま。＊杜甫-蜀相「丞相祠堂何処尋、錦官城外柏森森ジョウショウのシドウいずれのところにかたずねん、キンカンジョウガイハクシンシン」〔＝蜀の丞相諸葛亮をまつる祠堂は、どこへ尋ねてゆけばよいか。それは、成都の郊外、柏樹のこんもりと茂ったあたりにあった〕→❷

【森然】シンゼン 樹木がこんもりと茂ったさま。→❷

【森羅】シンラ （「羅」はつらなる意）①樹木が茂り並ぶこと。②あつまりつらなること。無数に並びつらなること。③万物。森羅万象。

【森羅万象】シンラバンショウ 宇宙間に数限りなく存在するいっさいの事物、現象。〔伝灯録〕

【森林】シンリン 高木が広範囲に密生している所。もり。

❷ ひっそりとしたさま。おごそかなさま。

【森閑】シンカン 物音一つしない、静まりかえったさま。

【森厳】シンゲン きわめて厳粛であるさま。『森厳な神域』

【森森】シンシン ひっそりと静まりかえっているさま。→❶

【森邃】シンスイ ひっそりとして奥深いさま。

【森然】シンゼン おごそかなさま。また、鋭いさま。→❶

【森列】シンレツ おごそかに並ぶこと。

3297 【朮】 5918 5B32 9E51 木-1 シュツ(漢)・チツ(漢)・ジュツ(慣)/zhú/おけら・うけら

字解 象形。実がついたもちあわの形に象り、もちあわの意。秫の原字。

同属字 述（述）・怵

意味 ❶もちあわ。❷おけら。キク科の多年草。健胃・利尿剤のほか、正月の屠蘇散トソサンの原料ともする。『白朮ビャクジュツ／おけら』『蒼朮ソウジュツ／おけら』

3298 【本】 4360 4B5C 967B 木-1 常1 （1509）【夲】 5281 5471 9AEF 大-2 ホン(呉)(漢)/běn/もと

筆順

字解 指事。木にその根もとの部分をさししめす一線を加えて、根もとの意。一般に、もとの意を表す。

金文 篆文

同属字 笨

参考 万葉仮名では音を借りて「ほ」。

意味 ❶もと。草木の根もと。おこり。転じて、物事のもととなるもの。㋑物事のおおもと。↔末。『本末転倒』『本源』『基本』『根本』＊論語-学而「君子務レ本クンシはもとをつとむ」〔＝君子は根本のことに努力する〕㋺もとで。『元本』『資本』㋩もとからの。もともとの。『本性』『本能』❷もととする。主要・中心となる。『本家』『本社』『本部』❸正式の。ほんもの。『本場所』『本格』『本名』❹自分の。わが。また、この。当の。『本年』『本邦』❺書物。文書。『文庫本』『絵本』『原本』❻植物。『本草』『草本』『木本』❼草木のように細長い物を数える語。また日本で、柔剣道で技わざの数を数えるのに用いる。『一本杉イッポンすぎ』『合わせて一本』『三本勝負』❽その他。書名など。

心（小・忄）戈戸（戸）手（扌）支攴（攵） 4画 文斗斤方无（旡・无）日曰月木欠止歹（歺）殳毋比毛氏气水（氺・氵）火（灬）爪（爫・爫）父爻（㸚）爿（丬）片牙（牙）牛犬（犭）

『本草綱目』 ⇒表 〔根〕(3512)の表

本(ホン)	本末	物事の中心。もと。 本流 本社 本山 本始 本根 本質
末(マツ)		物事のおわり。はし。 末流 末社 末寺 末尾 末梢 末節

❶ もと。また、もとからの。

下接 元本(ガンポン)・起本(キホン)・基本(キホン)・国本(コクホン)・根本(コンポン|ねもと)・子本(シホン)・資本(シホン)・舌本(ゼッポン)・張本(チョウホン)・抜本(バッポン)・反本(ハンポン)・邦本(ホウホン)／大本(おおもと)・座本(ザもと)・旗本(はたもと)

【本位(ホンイ)】①もとの位置、位階。②判断や行動の基準。③「本位貨幣」の略。一国の貨幣制度の基礎となる貨幣。『金本位制』『銀本位』『単本位』

【本意(ホンイ)】本来の気持ち。本心。『不本意』

【本歌(ホンカ|もとうた)】[国]①本歌取りのもとの歌。『本歌取り〔=和歌、連歌などを作る際、古歌の語句、発想などを取り入れること〕』②替え歌のもととなった歌。

【本懐(ホンカイ)】かねてからの願い、望み。本望。

【本覚(ホンガク)】仏語。現象界の諸相を越えた究極のさとり。

【本願(ホンガン)】①本来の願い。もとからの誓願。②仏菩薩(ブツボサツ)が衆生を救済するために起こした誓願。『本願人』③造塔、造像や法会を催すことを発起すること。

【本気(ホンキ)】[国]真剣に対応する意識、気構え。

【本義(ホンギ)】①根本の最も大切な意義。②言葉や文字の本来の意味。↕転義

【本行(ホンギョウ)】仏語。①仏のさとりを開くためのもととなる修行。②菩薩の七地までの修行をいう。

【本卦(ホンケ)】①生まれた年の干支(えと)。②[国]「本卦還」に同じ。③[国]占いで、二回算木を置いて判断するとき、その初めの卦をいう。【本卦還・本卦帰(ホンケがえり)】生まれた年と同じ干支(えと)の年が巡ってくること。還暦。

【本源・本原(ホンゲン)】物事のみなもと。おおもと。根源。

【本支(ホンシ)】①もととわかれ。幹と枝。②本家と別家。

【本始(ホンシ)】はじまること。本源。

【本地(ホンジ|ホンチ)】㊀(ホンジ)世の人を救うために神や人間に姿を変えてこの世に現れる仏や菩薩(ボサツ)のもとの姿。㊁(ホンチ)①もとから知行していた所領。本知。②もとの土地。本国。【本地垂迹(ホンジスイジャク)】[国]神は仏が世の人を救うために姿を変えてこの世に現れたとする神仏同体の説。↓本地・垂迹

【本事(ホンジ)】①基本の事業。農業。②前世における由来。昔ばなし。

【本質(ホンシツ)】そのものが本来持っている独自の性質。

【本性(ホンショウ|ホンセイ)】①うまれつき。本来の性質。天性。②[国]もとの正体。本心。正気。

【本証(ホンショウ)】仏語。本来得られている仏のさとり。本質的に仏そのものであること。

【本色(ホンショク)】①本来の色。②生まれつきの性質。

【本心(ホンシン)】①本来持っている正しい心。②[国]本当の心。

【本然(ホンゼン|ホンネン)】自然のままであること。うまれつき。

【本土(ホンド)】もともとの土地。生まれ育った国。↓❷

【本道(ホンドウ)】①本来の正しい筋道、方法。②漢方で、内科。本術。

【本能(ホンノウ)】動物に先天的に備わった一定の行動様式。

【本復(ホンプク)】[国]病気が全快すること。

【本分(ホンブン)】本来尽くさなければならない務め。本来的な義務。『学生の本分』

【本末(ホンマツ)】もととすえ。転じて、大切なこととつまらないこと。『本末転倒』

【本望(ホンモウ)】①本懐。②[国]望みを達して満足であること。

【本来(ホンライ)】①もともと。元来。②[国]普通。通常。【本来無一物(ホンライムイチモツ|ホンライムイチブツ)】仏語。存在するものは、本来すべて空(クウ)であり、わが物として執着すべきものは一つもないこと。一切のものから自由自在になった心境。

【本領(ホンリョウ)】①もちまえの特質。特性。②[国]もとから持っている土地。

【本立而道生(もとたちてみちショウず)】根本が確立してこそ道が生じる。孝弟は仁の徳の根本であり、仁を実践することの第一歩であることをいう。〔論語-学而〕

❷ もととする。主要・中心となる。

【本営(ホンエイ)】総大将、総指揮官のいる軍営。本陣。

【本紀(ホンギ)】紀伝体の歴史書で、帝王一代ずつの事跡を書いた部分。↕列伝

【本拠(ホンキョ)】よりどころとなるものや場所。『本拠地』

【本家(ホンケ)】分かれ出た流派や商家などのもととなる家。↕分家。『本家本元(ホンもと)』『総本家』

【本山(ホンザン)】①一宗一派の長として末寺を統轄する寺。本寺。②①から転じて、物事の統轄をする中心。もとじめ。『総本山』『大本山』

【本州(ホンシュウ)】[国]日本列島の主要部をなす最大の島。

【本職(ホンショク)】①主たる職業、職務。↕兼職。②[国]それを専門とする人。専門家。『本職はだし』

【本陣(ホンジン)】①陣営で、総大将のいる所。本営。②[国]江戸時代、宿駅で大名や貴人などが宿泊した公的な宿。

【本籍(ホンセキ)】その人の戸籍のある場所。『本籍地』

【本膳(ホンゼン)】[国]①正式の日本料理で、主となる膳。客の正面に据える。②「本膳料理」の略。正式の日本料理で、本膳・二の膳・三の膳から成る。

【本尊(ホンゾン)】①中央にまつられ、信仰、祈りの主な対象となる仏像。②[国]物事の中心となる人物、もの。

【本体(ホンタイ)】[国]①中心となる部分。『カメラの本体』②神社の神体。また、寺院の本尊。

【本殿(ホンデン)】[国]神社の社殿のうち、神霊を安置した中心の建物。正殿。↕列殿

【本土(ホンド)】一国のうちで中心となる国土。↓❶

【本堂(ホンドウ)】寺院の建物の中心となる堂で、本尊を安置した所。↕庫裏(クリ)

【本部(ホンブ)】団体・組織などの中心となる部局。活動の中枢となる部。『捜査本部』

【本文(ホンモン|ホンブン)】①注釈などのもととなる原本の文章。『本文校訂』②書物で主になっている部分の記述。

【本流(ホンリュウ)】①川などの根幹をなす主流。↕支流・傍流。②主な流儀、流派。中心をなす系統。↕傍流

❸ 正式の。ほんものの。

【本格(ホンカク)】①正しい格式、法則。②本来そうあるべき方式。『本格派』

【本官(ホンカン)】①その人の本務の官職。②[国]正式の官職。

【本字(ホンジ)】①本来の正式な漢字の字体。②ある漢字の字体のもとになった字体。③[国]仮名に対して、漢字。

【本式(ホンシキ)】正当な本来の形式。↕略式

【本当(ホントウ)】事実、実際であること。

【本名(ホンミョウ|ホンメイ)】筆名、芸名、偽名などに対して、正式の名。実名。

❹ 自分の。わが。また、この。当の。

【本日(ホンジツ)】「きょう」の改まった言い方。『本日休業』

【本朝(ホンチョウ)】国我が国の朝廷。転じて、我が国。↕異朝
【本人(ホンニン)】当事者。当人。『本人次第』
【本年(ホンネン)】「ことし」の改まった言い方。
【本邦(ホンポウ)】我が国。『本邦初演』

❺ 書物。文書。

下接 一本・異本・印本・院本・絵本・円本・艶本・合本・刊本・完本・官本・贋本・校本・脚本・旧本・教本・献本・原本・古本・写本・春本・正本・抄本・証本・新本・製本・石本・善本・装本・蔵本・俗本・素本・台本・種本・珍本・定本・底本・手本・殿本・唐本・謄本・読本・納本・配本・版本・秘本・美本・坊本・訳本・洋本・藍本・猥本・和本

❻ 植物。

下接 草本・木本

【本草(ホンゾウ)】①植物。②薬草。転じて、薬用となる植物、動物、鉱物。❤「草を本とす」の意といわれる。【本草学(ホンゾウガク)】中国の薬物学で、薬用とする植物、動物、鉱物につき、その形態、効能などを研究するもの。古来の民間での経験が発展したもので、明の李時珍により集大成され、日本でも江戸時代に隆盛をきわめた。

❽ その他。書名など。

【本因坊(ホンインボウ)】国囲碁の本因坊戦の優勝者に与えられる称号。❤江戸幕府碁所の家元、算砂が居住した京都寂光寺の僧坊、本因坊の名から。

【本草綱目(ホンゾウコウモク)】中国の本草書。五二巻。明の李時珍撰。万暦六年(一五七八)成立。薬の正名を綱とし、釈名を目として薬となる品目一八〇〇余種を分類し、産地・形状・処方などを記した書。

【本朝文粋(ホンチョウモンズイ)】漢詩文集。一四巻。藤原明衡撰。一一世紀半ばごろの成立。嵯峨天皇から後一条天皇時代までの詩文四二七編を、「文選」の体裁にならって三九項に分類して収める。主な作者は、大江匡衡・菅原道真・慶滋保胤・兼明親王・都良香など。

難読地名 本庄市(秋田) 本渡市(熊本) 本栖湖(山梨) 本荘市(秋田) 本庄市(埼玉) 本匠村(大分)

難読姓氏 本江 本望 本居 本告

3299 【末】 4386 4B76 9696 木－1 常 マチ呉・マツ呉・バツ漢／mò／すえ・うら・うれ

筆順 

字解 指事。木にその上部のこずえをさししめす一線を加えて、こずえの意。一般に、すえの意を表す。

篆文 

同属字 茉・抹・沫・秣・靺・韎

参考 万葉仮名では音を借りて「ま」。平仮名「ま」、片仮名「マ」の字源。

意味 ❶すえ。うれ。物のはし。また転じて、つまらない。大切でない。↕本。『枝葉末節』『末席』『末端』『瑣末』❷すえ。おわり。あとの方。↕始。『末裔』『期末』❸細かいもの。くず。粉。『粉末』❹なし。ない。「無」に同じ。＊論語-衛霊公「吾末ニ如レ之何一也已矣」〔=私はどうすることもできない〕⇓〔本〕(3298)の表

❶ すえ。はし。また、つまらない。

下接 毫末・些末・瑣末・錐末・粗末・端末・木末・本末転倒／野末・葉末・場末

【末位(マツイ)】いちばん下の地位。すえの地位。
【末学(マツガク)】①未熟な学問。また、未熟な学者。②学者が自分のことをへりくだっていう語。浅学。
【末梢(マッショウ)】枝の先。転じて、些細なこと。『末梢神経』
【末席(マッセキ／バッセキ)】下位の席。しもざ。↕上席。『末席を汚す〔=自分がその場にいることを謙遜していう〕』
【末節(マッセツ)】物事の本質的でない部分。つまらない事柄。〔礼記-楽記〕『枝葉末節』
【末端(マッタン)】①物のはし。②中枢から最も遠い部分。『末端価格〔=小売価格〕』
【末輩(マッパイ)】国身分や地位の低い者。また、技術などの劣っている者。末派。

❷ すえ。おわり。あとの方。

下接 巻末・期末・結末・月末・語末・歳末・始末・終末・週末・像末・顚末・年末・幕末・世紀末

【末裔(マツエイ)】子孫。後裔。

【末期(マッキ／マツゴ)】①(マッキ)終わりの時期。↕初期・中期。『近世末期』②(マツゴ)国死にぎわ。臨終。『末期の水』

【末日(マツジツ)】一定期間の終わりの日。最後の日。

【末世(マッセ)】仏教で、釈尊の入滅後、仏法が衰え、修行もすたれた末の世。末法の世。末法の世の中。

【末孫(マッソン／バッソン)】遠い子孫。後裔。

【末代(マツダイ)】①遠い先の世。後の時代。『末代物』②＝末法。

【末年(マツネン)】すえの年。『明治の末年』

【末尾(マツビ)】すえ。終わり。↕起首・冒頭
【末筆(マッピツ)】手紙などの末尾に書く文言。

【末文(マツブン)】①文章の終わりの部分。②書簡文の終わりの文章。「まずは右御礼まで」など。

【末法(マッポウ)】仏語。仏滅後を三時に分けて、仏の教えがすたれ教法だけが残る最後の一万年間をいう。

【末葉(マツヨウ／バツヨウ)】①(マツヨウ)ある区切りの終わりのころ。『二〇世紀末葉』②末孫。

【末流(マツリュウ)】①血筋のすえ。子孫。②流派のすえ。末派。

【末路(マツロ)】①旅の最後の道程。②転じて、王朝の末期。また、生涯のみじめな最後。

3300 【未】 4404 4C24 96A2 木－1 常 ミ呉・ビ漢／wèi／まだ・いまだ・ひつじ

筆順 

字解 象形。若い枝が出た木に象り、わかい意。借りていまだの意、また、十二支の第八位に用いる。

甲骨文 
金文 
篆文 

同属字 味・妹・昧・眛・寐・魅

参考 万葉仮名では音を借りて「み乙」。

意味 ❶まだ。いまだに。↕既。㋑いまだ…ず。まだ…しない。まだ…したことがない。再読文字。まだ動作・状態が現実化しない意を示す。『未完成』『未知』『未来』＊唐詩紀事「引レ手作ニ推敲之勢一、未レ決」

心(⺗・忄)戈戸(戸)手(扌)支攴(攵) 4画 文斗斤方无(旡・无)日曰月木欠止歹(歺)殳毋比毛氏气水(氺・氵)火(灬)爪(爫)父爻(㸚)爿(丬)片牙(牙)牛犬(犭)

ずせ〔＝手をのばして推お したり敲たた いたりの身ぶりをしてみたが、まだ決まらない〕」 ㋺いまだし。まだである。まだない。否定を示す。＊論語‐季氏「対曰、未也こたえていわく、いまだしと〔＝お答えした、まだです、と〕」 ㋩いまだしや。まだか。まだであるか。疑問を示す。＊王維‐雑詩「寒梅着花未カンバイはなをつけしやいまだしや〔＝寒梅はもう花をつけたか、まだか〕」

❷ひつじ。十二支の第八番目。年月日に用いるほか、方角では南南西、時刻では午後二時ごろ、また、その前後二時間。『丁未テイビ｜ひのとひつじ』

❶まだ。いまだに。

【未央ミオウ｜ビオウ】 ①まだなかばにならないこと。〔詩経‐小雅・庭燎〕 ②まだつきないこと。 ③「未央宮ビオウキュウ」の略。中国、漢の宮殿名。陝西センセイ省長安にあった。

【未開ミカイ】 ①まだ開拓、開発されていないこと。『未開地』 ②まだ文明が開けていないこと。『未開社会』

【未完ミカン】 まだ出来上がっていないこと。未完成。

【未決ミケツ】 ①まだ決定しないこと。↕既決。 ②まだ判決が確定していないこと。↕既決。『未決囚』

【未熟ミジュク】 ①まだ熟していないこと。↕完熟。 ②発育が不十分なこと。↕成熟。『未熟児』 ③まだ熟達していないこと。

【未詳ミショウ】 まだ、はっきりとわかっていないこと。『作者未詳』

【未遂ミスイ】 やりかけて、しとげないこと。『自殺未遂』

【未成年ミセイネン】 国まだ成年に達していないこと。また、その人。↕成人・成年。『未成年者』

【未然ミゼン】 事がまだ起こらないでいること。

【未曾有ミゾウ】 (梵 adbhuta の訳語) 仏語。 ①いまだかってなかったこと。 ②仏やその他の神秘なこと。また、十二分経の一。神秘な功徳を記した経典。

【未知ミチ】 まだ知らないこと。まだ知られていないこと。↕既知。『未知数』

【未定ミテイ】 まだ決まっていないこと。↕既定

【未到ミトウ】 まだ到達しないこと。『前人未到』

【未踏ミトウ】 まだ足を踏み入れたことがないこと。『人跡未踏』

【未納ミノウ】 まだ納めていないこと。『授業料未納』

【未必ミヒツ】 必ずしも…でない。『未必の故意〔＝行為者が、自分の行為から場合によっては犯罪事実の発生する可能性を予期しつつ、なおその行為に及ぶときの意識〕』

【未萌ミボウ】 ①草木がまだ芽を出さないこと。 ②まだ、物事のきざしがないこと。

【未亡人ミボウジン】 夫に死なれた婦人。後家ゴケ。❤もとは夫に先立たれた女の自称。「夫とともに死ぬべきなのにいまだ死なずにいる身」という意。〔左伝‐荘公二八年〕

【未満ミマン】 ある一定の数に達しないこと。

【未明ミメイ】 夜がまだすっかり明けきらないとき。

【未聞ミモン｜ミブン】 聞いたことがないこと。『前代未聞』

【未来ミライ】 ①仏教で、のちの世。来世。 ②現在のあとに来る時期。将来。『未来永劫エイゴウ〔＝未来にわたる非常に長い年月〕』

【未了ミリョウ】 まだ終わらないこと。『審議未了』

【未練ミレン】 国 ①まだ熟練していないこと。 ②思い切りの悪いこと。『未練が残る』『未練がましい』

3301 【朿】 5919 5B33 9E52 木－2 シ㊥/cì

字解 象形。先がとがった木(枝)の形に象り、とげの意。

甲骨文 金文 篆文

同属字 策・刺

意味 とげ。のぎ(芒)。いが。

3302 【朱】 2875 3C6B 8EE9 木－2 常 シュ㊥/zhū/あか・あけ

筆順

字解 指事。木にその中ほどを切ったことを示す一線を加えて、木の切り口のしんがあかいことを示す。別に、赤いたまを三つよりのひもで上下からひいているさまともいう。一般に、あかい意を表す。

甲骨文 金文 篆文

同属字 茱・侏・姝・洙・株・殊・珠・蛛・誅・銖

意味 ❶あか。黄味を帯びたあか。南方の正色とする。五行説で、五色の赤を表し、南方の正色とする。『朱雀』『朱塗シュぬり』『丹朱』 ❷短小な人。「侏」に同じ。『朱儒シュジュ』 ❸国江戸時代の貨幣の単位。一両の一六分の一。 ❹あて字、固有名詞など。『朱欒ザボン』『朱子』

❶あか。黄味を帯びたあか。

下接 銀朱ギンシュ・錆朱さびシュ・丹朱タンシュ・堆朱ツイシュ

【朱印シュイン】 朱色で押された印判。また、その印判のある文書。御朱印。『朱印状』『朱印船〔＝日本で、近世初期、朱印状によって外国貿易を許されていた船〕』

【朱夏シュカ】 夏の異称。❤五行思想で、赤色を夏に配するところから。

【朱顔シュガン】 ①あかいかお。酒を飲んだときのようなあから顔。 ②若々しくて色つやのよい顔。紅顔。

【朱闕シュケツ】 ①朱塗りの宮門。朱門。 ②皇居。

【朱軒シュケン】 朱塗りの車。高位高官の人が乗った。

【朱紫シシ】 ①赤とむらさき。 ②正と邪。善人と悪人。朱はまじりけのない色(正色)、紫はまじりあった色(間色)であるところからいう。 ③(衣服などの色が赤や紫であったところから) 高位高官の人。

【朱雀シュジャク｜スジャク｜スザク】 ①南方の神。中国、漢代のころ、東方の青竜、西方の白虎、北方の玄武とともに四方に配した四神の一。朱鳥。➡〔四神〕の図二四七頁。 ②朱雀を描いた旗。四神旗の一。 ③中国の天文学で二十八宿のうち、南方にあたる七宿の総称。南方七宿の星が全体として鳥形であると考えたところから、この名を生じたという。朱鳥。 ④宮城の南にある門や街路の名。

【朱唇皓歯シュシンコウシ】 赤いくちびると白い歯。美人の形容にいう。〔楚辞‐大招〕

【朱邸シュテイ】 ＝朱門シュモン②

【近朱者赤、近墨者黒シュにちかづくものはあかく、ボクにちかづくものはくろし】 人は交際する仲間によって善にも悪にもなるというたとえ。〔傅玄フゲン‐太子少傅箴シン〕

【朱筆シュヒツ】 朱墨で書き入れるのに使う筆。また、朱墨による書き入れ。

【朱墨シュボク】 ①朱をにかわで練り固めた墨。しゅずみ。 ②朱色と墨色。物事を区別するたとえ。 ③朱で帳簿に記す。転じて、役所の事務をとること。また、公文書の意。 ④詩文に手を加えること。添削。

【朱明シュメイ｜シュミン】 ㊀(シュメイ) ①(気が赤く光が明らかな季節の意) 夏の異称。 ②太陽。日。 ③祝融(火の神)。 ㊁(シュミン) 中国、明ミンの王朝。天子の姓が朱であるところからいう。

【朱門シュモン】 ①朱塗りの門。赤門。 ②(多く門を朱で塗

ったところから）富貴の人の家。朱邸。

❹ あて字、固有名詞など。

【朱欒（ザボン）】（ポルトガル zamboa から）ミカン科の常緑高木。果実は柑橘（カンキツ）類中最大。文旦（ブンタン）。ザンボア。

【朱熹（シュキ）】＝朱子（シュシ）

【朱元璋（シュゲンショウ）】中国、明朝の初代皇帝。字（あざな）は国瑞。廟号は太祖。諡（おくりな）は高皇帝。在位年号により洪武帝とも。里甲制を施行。（一三二八～九八）

【朱子（シュシ）】中国、南宋の儒者。名は熹。字（あざな）は元晦（ゲンカイ）・仲晦。号は晦庵・晦翁・雲谷老人など。宋学の大成者。宇宙には理と気の二元があるとし、その実践綱目として居敬・窮理の二大綱を提挙した。主著に「近思録」「資治通鑑綱目」「四書集注」「朱子語類」など。（一一三〇～一二〇〇）

【朱子学（シュシガク）】中国、宋代に始まり朱子に至って大成した儒教の学説。格物致知をもととする実践道徳を唱えた。日本では、江戸時代、官学として保護を受けた。

【朱子語類（シュシゴルイ）】中国の儒家書。一四〇巻。中国、宋代の黎靖徳（レイセイトク）編。一二七〇年成立。朱子と門人との問答を二五門に分類編集した。

【朱舜水（シュシュンスイ）】日本へ帰化した明末、清初の儒者。名は之瑜（シユ）。水戸光圀に招かれ、水戸学に影響を与えた。著に「舜水先生文集」「舜水朱氏談綺」「泊舟稿」などがある。（一六〇〇～八二）

【朱全忠（シュゼンチュウ）】中国、五代、梁の太祖。名は温。諡（おくりな）は神武帝。初め黄巣の将であったが唐に降り、功をあげて梁王に封ぜられた。後、九〇七年、哀帝を殺して国を梁と号し、名を晃と改め、汴州（ベンシュウ）（河南省開封）に都した。（八五二～九一二）

【朱頓（シュトン）】中国、春秋時代の二人の大富豪、越の陶朱公と、魯（ロ）の猗頓（イトン）のこと。転じて、大金持ちのこと。

【朱買臣（シュバイシン）】中国、前漢の政治家。字（あざな）は翁子。貧困のため薪を売って暮らし、独学した。武帝の時、厳助の推薦で会稽太守となり、丞相長史まで出世したが、後、事に座して殺された。「朱買臣五十富貴」といって、大器晩成、立身出世のたとえにされる。（？～前一一五）

3303 【耒】 二一 木-2

ライ 「来」（3305）の異体字

【凩】 ⇩569

3304 【束】 3411 422B 91A9 木-3 [常]4

ソク[呉]・ショク[漢] /shù/ たば・たばねる・つか・つかねる

[筆順] 束 束 束 束 束 束 束

[字解] 象形。しばったたきぎに象り、たばねる意。

甲骨文  金文  篆文 

[同属字] 敕（勅）・欶・悚・速（速）・竦・鯟

[意味] ❶たば。つか。たばねる。つかねる。かたくしばる。「束縛」「約束」❷そく。たばを数える語。稲十把（バ）、紙十帖（ジョウ）など、一〇個のたばを一束として数える。「二束三文（ニソクサンモン）」❸[国]つか。㋑矢の長さをはかる単位。指を四本並べた幅。「矢束（やつか）」㋺紙をたばねたものの厚さ。㋩短い時間。「束の間」

❶ たば。つか。たばねる。

[下接] 羈束ソクキ・結束ケッソク・検束ケンソク・拘束コウソク・収束シュウソク・集束シュウソク・装束ショウゾク・縛束バクソク・約束ヤクソク／札束さつたば・花束はなたば

【束ニ高閣一（コウカクにつかぬ）】書物などを束ねて高い棚にのせたままで、利用しないさま。〔晋書-庾翼（ユヨク）伝〕[♥]中国、東晋の庾翼が当時才名の高い杜乂（トガイ）と殷浩（インコウ）を重んじないで、その書を高閣に束ね、天下が泰平になってから二人の任を論議すると語ったという故事から。

【束手（ソクシュ）】手をしばられること。手をつかねること。抵抗せずに服従する、また、手出しをせず、傍観すること。

【束脩（ソクシュウ）】入門するときにあいさつのしるしとして持参する金品。〔論語-述而〕[♥]元来は、束ねた干し肉の意。古く中国で、初めて師をおとずれるとき、贈り物として持参したことから。

【束身（ソクシン）】行いをつつしむこと。

【束帯（ソクタイ）】[国]律令制以降の天皇および文武百官の朝服。「衣冠束帯」

【束帛（ソクハク）】たばねた絹。礼物として使用したもの。

【束縛（ソクバク）】行動に制限を加えて自由をうばうこと。

【束髪（ソクハツ）】髪をたばねて結うこと。特に日本で、明治以降、女性の間に流行した髪の結い方。

3305 【来】 4572 4D68 9788 木-3 [常]2

(133)【來】 4852 5054 98D2 人-6 旧字[人]

(3303)【耒】 二一 木-2

ライ[呉][漢] /lái/ くる・きたる・きたす

[筆順] 来 来 来 来 来 来 来

[字解] 来は來の略体。來は象形。のぎのあるむぎの形に象る。天より下されてきた恵みの穀物より、借りて、くる意に用いる。

甲骨文  金文  篆文 

[同属字] 賚・萊・勑・徠

[参考] 万葉仮名では訓を借りて「き(甲)」「く」。

[意味] ❶くる。きたる。こちらへ近づき、至る。↔往・去。「来客」「来場」「来日（ライニチ）」「来訪」「到来」「舶来」[♥]漢文の訓読では「きたる」を用いる。❷きたる。この次の。「来月」「来春」「来年」＊鶡冠子-近迭「欲レ知ニ来者一察レ往（ライをしらんとほっするものは、オウをサッす）」〔＝将来を知ろうとする者は、過去について考察し、判断のもとにする〕❸このかた。ある時点より以降、ずっと。「古来」「生来」＊白居易-琵琶行「去来江口守ニ空船一（さりてよりこのかたコウコウにクウセンをまもる）」〔＝(夫が)出かけて以来、川のほとりで夫のいない船を守っている〕❹漢文の文末に付いて、語勢を強める。訓読では、特定の読み方があるとき以外は読まない。＊陶潜-帰去来辞「帰去来兮（かえりなんいざ）」〔＝さあ帰ろう〕

❶ くる。こちらへ近づき、至る。

[下接] 往来オウライ・外来ガイライ・去来キョライ・帰来キライ・光来コウライ・後来コウライ・再来サイライ・襲来シュウライ・出来シュッタイ・入来ジュライ／ニュウライ・招来ショウライ・将来ショウライ・請来ショウライ・神来シンライ・新来シンライ・天来テンライ・伝来デンライ・到来トウライ・渡来トライ・舶来ハクライ・飛来ヒライ・未来ミライ・由来ユライ・捲土重来ケンドチョウライ・千客万来センキャクバンライ

【来意（ライイ）】訪問した理由。

【来賀（ライガ）】来て祝いを述べること。

【来駕（ライガ）】[国]人が訪問することを敬っていう語。

【来格（ライカク）】来りいたること。特に、祭祀などの場に神霊が降りてくること。

【来簡・来翰（ライカン）】他から送ってくる手紙。来信。

心(小・忄)戈戸(戸)手(扌)支攴(攵) 4画 文斗斤方无(旡・旡)日曰月木欠止歹(歺)殳毋比毛氏气水(氺・氵)火(灬)爪(爫・爫)父爻(爻)爿(丬)片牙(牙)牛犬(犭)

【来観ライカン】来て見ること。見物に来ること。

【来帰ライキ】①帰って来ること。やって来ること。〔詩経-小雅・六月〕②女が離縁されて実家へもどること。〔左伝-荘公二七年〕

【来儀ライギ】①鳳凰(ホウオウ)が太平の世に出現すること。また、鳳凰のこと。②来ることを敬っていう語。

【来客ライキャク|ライカク】訪れてくる客。

【来迎ライゲイ|ライゴウ】㊀(ライゲイ)迎えに来ること。㊁(ライゴウ|ライコウ)①念仏者の臨終に、阿弥陀仏(アミダブツ)が迎えに来て、浄土に連れて行くこと。御来迎。②国高山で拝む日の出。また、日の出や日没のときに、日を背にして立つと、自分の影が、前面の霧に光背を負った弥陀のような形で現れる現象。

【来光ライコウ】国日の出。特に高山で見る日の出をいう。『御ゴ来光』

【来貢ライコウ】外国から来朝して貢物(みつぎもの)を献上すること。

【来寇ライコウ】よそから敵が攻めて来ること。

【来示ライジ|ライシ】書状の内容を敬意を持っていう語。

【来襲ライシュウ】激しく襲いかかってくること。襲来。

【来書ライショ】よそから来た手紙。来信。

【来信ライシン】＝来書ライショ
【来尋・来訊ライジン】たずねて来ること。来訪。

【来朝ライチョウ】①諸侯が朝廷へ来ること。入朝。②国外国人が我が国に来ること。来日。

【来聴ライチョウ】やってきて人の話を聞くこと。

【来賓ライヒン】①遠方からやって来た客。②国式や会に招待されて来訪した人。

【来付ライフ】つき従うこと。来服。

【来服ライフク】＝来付ライフ
【来復ライフク】一度去ったものがもとに戻ってくること。

【来聘ライヘイ】礼物を持っておとずれること。外国から使節が来朝して、礼物・貢物を献上すること。

【来訪ライホウ】訪ねて来ること。↔往訪オウホウ
【来命ライメイ】ある人を敬って、その人が手紙などで言ってよこした事柄をいう語。仰せ。

【来由ライユ】物事の現在に至った理由。いわれ。由来。

【来遊ライユウ】遊びに来ること。

【来臨ライリン】人がある場所へ来ることを敬っていう語。

【来歴ライレキ】それまで経過してきた事の次第。由来。『故事来歴』

【来者不レ拒(きたるものはこばまず)】こちらの行動や考え方などに共鳴して従って来ようとする者がいれば、その人の意志のままにさせて拒絶しない。〔孟子-尽心下〕

❷ きたる。この次の。

【来裔ライエイ】子孫。

【来歳・来載ライサイ】来年。

【来事ライジ】未来・将来のこと。

【来茲ライジ】(「茲」は年の意) 来年。

【来日ライジツ】①今より後に来る日。〔礼記-曲礼上〕②あす。翌日。③過ぎ去った日。過去。

【来者ライシャ】①後から生まれてくる人。*論語-子罕「後生可レ畏。焉知二来者之不レ如レ今也(コウセイおそるべし。いずくんぞライシャのいまにしかざるをしらん)」〔＝後から生まれてくる者は畏敬しなければならない。どうしてこれからの人が現在のわたしたちに及ばないとわかろうか〕②これから先のこと。未来。【来者可レ追(ライシャはおうべし)】未来のことは追うことができる。過去のことは今さらどうしようもないが、将来のことはその気になればどうにでもできるということ。〔論語-微子〕

【来世ライセ】仏教で、死後の世界。未来世。後世ゴセ。↔前世・現世。『来世を信ずる』

【来孫ライソン】自分から五代目の孫。

【来哲ライテツ】未来に現れる哲人。後世の賢者。〔潘岳-西征賦〕

【来葉ライヨウ】のちの世。来世。

【来来ライライ】国今から数えて次の次に当たるその時。翌々。『来々週』『来々学年』

❸ このかた。ある時点より以降、ずっと。

下接 以来イライ・已来イライ・元来ガンライ・旧来キュウライ・向来キョウライ・近来キンライ・月来ゲツライ・原来ゲンライ・古来コライ・在来ザイライ・従来ジュウライ・爾来ジライ・生来セイライ・性来セイライ・朝来チョウライ・年来ネンライ・別来ベツライ・本来ホンライ・夜来ヤライ・老来ロウライ／日来ひごろ

難読姓氏 来間くりま|くるま 来栖くるす

[困] ⇩ 1228

3306 【東】 3776 456C 938C 木-4 常2 トウ(呉)(漢)/dōng/ひがし・ひんがし・あずま

筆順 東 東 東 東 東 東

字解 象形。袋の上下の口をしばった形に象る。借りて、ひがしの意に用いる。一説に、東は動に通じ、万物を動かす太陽の出る方角、ひがしの意を表すともいう。

甲骨文 金文 篆文

同属字 凍・棟

参考 「練」(5991)「錬」(8458)などの東は柬の省略体。

意味 ❶ひがし。日の出る方角。↔西。『東西南北』『東欧』『東洋』❷はる。五行思想で、東は四季の春にあたる。『東君』『東皇』❸固有名詞。『東海道』『東京』

❶ ひがし。あずま。日の出る方角。

下接 以東イトウ・海東カイトウ・河東カトウ・関東カントウ・極東キョクトウ・近東キントウ・泰東タイトウ・中東チュウトウ・南東ナントウ・坂東バンドウ・北東ホクトウ・墨東ボクトウ・濹東ボクトウ・洛東ラクトウ・中近東チュウキントウ・西高東低セイコウトウテイ

【東夷トウイ】中国で、東方に住む未開の異民族を指した語。〔孟子-離婁下〕『東夷、西戎セイジュウ、南蛮、北狄ホクテキ』
【東雲トウウン|しののめ】①(トウウン)東方の雲。東の雲。②(しののめ)明け方。
【東瀛トウエイ】東の方の海。東海。
【東家トウカ】①東どなりの家。近所の家。②家の主人。
【東宮トウグウ】(皇居の東にあるところから。また、東は五行説の春にあたって万物生成の意をふくみ、易では長男を意味する震シンにあたるところから) 皇太子の住む宮殿。転じて、皇太子の称。♥「春宮」とも書かれる。
【東君トウクン】日。太陽。日輪。→❷
【東郊トウコウ】都城の東方の野。東の郊外。→❷
【東皐トウコウ】東の丘。*陶潜-帰去来辞「登二東皐一以舒嘯(トウコウにのぼりてもっておもむろにうそぶく)」〔＝東の丘に登って、のどかに歌う〕
【東西トウザイ】①東と西。また、東部と西部、東洋と西洋など。↔南北。②あちらやこちら。あらゆる方向。『古今東西』【無二東西一(トウザイなし)】東とも西とも方向が定まらず、雑然としていること。*杜甫-兵車行「禾生二隴畝一無二東西一(カはロウホにショウじてトウザイなし)」〔＝穀物はうねやあぜにはえてしまい、西も東もわからず雑然としている〕【東西南北之人(トウザイナンボクのひと)】定まった住居がなく、各地を流浪する人。また、国家のために東奔西走する人。〔礼記-檀弓ダングウ下〕♥孔子が自分をたとえて言った語。

【東山(トウザン)】①東方の山。②中国山東省にある蒙山(モウザン)をいう。昔、孔子が登ったという。③中国浙江(セッコウ)省にある山の名。晋の謝安が隠れ住んだ。

【東上(トウジョウ)】国西の地方から東京へ行くこと。↕西下

【東城(トウジョウ)】町の東側。城東。＊李白-送二友人一「青山横二北郭一、白水遶二東城一(セイザンホッカクによこたわり、ハクスイトウジョウをめぐる)〔=青い山々が町の北側に横たわり、清らかな川が町の東側をとりまいて流れている〕」→❸

【東垂・東陲(トウスイ)】〔「垂」「陲」はともに辺境の意〕東の果て。また、国の東の果て。

【東遷(トウセン)】東の方へ移動すること。

【東漸(トウゼン)】勢力が次第次第に東方へと移り進むこと。

【東天紅(トウテンコウ)】①朝、東の空があからむこと。②暁に鳴くニワトリの声。

【東都(トウト)】東方のみやこ。洛陽(ラクヨウ)のこと。日本では、京都に対して、江戸または東京。

【東土(トウド)】①東方の地。東方の国。②〔中国、インドを基準として〕特に、日本の国をさす。

【東堂(トウドウ)】①家の東側の建物。②〔中国、晋の郤詵(ゲキセン)が試験を受けた宮殿の名から〕試験場。③禅宗で、先代の住職の室、また、その人。

【東道(トウドウ)】①東の方の道。②主人となって、客の世話や案内をすること。【東道之主(トウドウのシュ)】主人となって、客の世話や案内をする者。〔左伝-僖(キ)公三十年〕♥中国、春秋時代、秦と晋(シン)の両国に攻め囲まれた鄭(テイ)の国が秦に使いして、鄭を滅ぼして晋を強くするより、許して東方への道案内をする主人にでもしたほうが、秦のためであろうと申し出て囲みを解かせたという故事から。

【東風(トウフウ|こち)】東から吹く風。『馬耳東風(バジトウフウ)〔=人の意見や批評などを聞き流すこと〕』→❷

【東方(トウホウ)】東の方角。東の方面。↕西方

【東奔西走(トウホンセイソウ)】目的を遂げるために、あちらこちらと忙しくかけ回ること。

【東溟(トウメイ)】〔「溟」は海の意〕東の方の海。東海。

【東洋(トウヨウ)】アジアの東部および南部。↕西洋

【東籬(トウリ)】建物の東側にあるまがき。＊陶潜-飲酒「採二菊東籬下一、悠然見二南山一(キクをとるトウリのもと、ユウゼンとしてナンザンをみる)〔=菊の花を東のかきねのそばで摘みとって(ふと目をあげると)、はるか南の方の山の姿が望まれた〕」

❷ はる。

【東君(トウクン)】春。また、春の神。→❶

【東皇(トウコウ)】春の神。また、春。

【東郊(トウコウ)】春の野。♥中国、古代、都城の東の野で春の祭りを行ったところからいう。→❶

【東作(トウサク)】春の耕作。田づくり。耕作。農作。

【東風(トウフウ)】①春の風。〔礼記-月令〕②草の名。春になると生えるところからいう。〔左思-呉都賦〕→❶

❸ 固有名詞。

【東海道(トウカイドウ)】国①古く、七道の一。伊賀(いが)・伊勢・尾張・甲斐・伊豆・安房(あわ)・常陸(ひたち)などの一五か国。②①の諸国を結ぶ道。五街道の一。京都と江戸を結ぶ街道。

【東岳・東嶽(トウガク)】①中国の五岳の一、泰山の異称。②国〔京都の東にあるところからいう〕比叡山。

【東漢(トウカン)】中国、後漢の別称。首都の洛陽が、前漢の首都の長安の東方に位置するために呼ばれる。

【東京(トウキョウ|トウケイ|トウキン)】㊀(トウキョウ)日本国の首都。明治維新のときに江戸を東京に改称。はじめ、「トウケイ」とも。㊁(トウケイ)①洛陽の異称。中国、前漢の都長安に対し、後漢の都洛陽を、また、唐の首都長安(西京)に対し、副都洛陽をいう。②中国、北宋の都、開封の異称。③中国、遼・金の遼陽の異称。現在の遼寧省遼陽県。④中国、唐代、渤海(ボッカイ)の竜原府の異称。⑤新羅の首都、慶州。㊂(トンキン)インドシナ半島の北東部、ベトナム社会主義共和国の大部分を占めるソンコイ川流域の地方。

【東山道(トウサンドウ|トウセンドウ)】国七道の一。近江(おうみ)・美濃(みの)・飛驒(ひだ)・信濃(しなの)・上野(こうずけ)・下野(しもつけ)・陸奥(むつ)・出羽の八か国。

【東周(トウシュウ)】中国、古代の王朝(前七七一～前二五六)。周の平王が犬戎(ケンジュウ)の侵入によって首都鎬京(コウケイ)を捨て、東方の洛陽に遷都したので、以後を東周という。

【東城(トウジョウ)】中国の秦から漢代に、現在の安徽省中部の定安県東南の地に置かれた県名。紀元前二〇二年、項羽が垓下で漢の高祖に敗れ、逃げてきた所。→❶

【東晋(トウシン)】中国の王朝(三一七～四一九)。南北朝時代の南朝の一国。洛陽を都とした晋が滅びた翌年、王族の司馬叡(シバエイ)が建業(南京)で即位、再興した王朝。

【東潜夫論(トウセンプロン)】江戸後期の経世論。三巻。帆足万里(ほあしばんり)著。弘化元年(一八四四)成立か。宮廷・幕府・諸藩の諸制度・政策を批判し、改革案を提唱する。題名は、日本の「潜夫論」(後漢末の経世書)の意。

【東岱(トウタイ)】①〔「岱」は泰山のこと〕中国の泰山の別称。五岳中、東方にあるところからいう。②〔中国で人が死ぬと、その魂魄が泰山に還るとされていたところから〕墓地のある山。魂のさまようところ。

【東坡(トウバ)】中国、宋代の文人、蘇軾(ソショク)の号。

【東方朔(トウボウサク)】中国、前漢の文人。諧謔、風刺の才にすぐれ武帝に寵愛(チョウアイ)された。西王母の仙桃を盗んで食べた話など数々の逸話で知られる。(前一五四頃～前九三頃)

難読地名 東平安名(あがりへんな)岬(沖縄) 東風平(こちんだ)町(沖縄) 東金(とうがね)市(千葉) 東浅井(ひがしあざい)郡(滋賀) 東置賜(ひがしおきたま)郡(山形) 東神楽(ひがしかぐら)町(北海道) 東蒲原(ひがしかんばら)郡(新潟) 東串良(ひがしくしら)町(鹿児島) 東国東(ひがしくにさき)郡(大分) 東頸城(ひがしくびき)郡(新潟) 東彼杵(ひがしそのぎ)郡・町(長崎) 東礪波(ひがしとなみ)郡(富山) 東牟婁(ひがしむろ)郡(和歌山) 東諸県(ひがしもろかた)郡(宮崎)

難読姓氏 東江(あがりえ) 東海林・東海枝(しょうじ) 東木(とうのき)

［來］⇩133

3307 【東】 5943 5B4B 9E6A 木-5 カン㊥/jiǎn

字解 会意。東(たばねたふくろ)+八(わける・わけたもの)。たばねたものの中からわけてとり出す、えらぶ意。一説に象形字とも。

金文

篆文
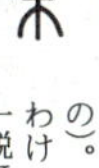

同属字 闌・揀・楝・煉・練(練)・諫

3308 【棘】 5989 5B79 9E99 木-8 コク㊉・キョク㊥/jí/いばら・とげ

字解 会意。朿+朿(とげのある木の象形)。とげのある木の意。

意味 ❶いばら。うばら。とげのある低木の総称。また、こなつめ。クロウメモドキ科の落葉高木。棗(なつめ)に似る。『棘田』『棘心』『枳棘(キキョク)』『荊棘(ケイキョク)』❷とげ。『棘皮(キョクヒ)動物』❸ほこ。武器の一種。『棘門』❹とげとげしい。つらい。『棘人』❺公卿(コウケイ)の位。昔、中国で、宮廷の左右にそれぞれ九種ずつの棘(いばら)を植えて九卿の位置を示したことから。『三槐九棘(サンカイキュウキョク)』『槐棘(カイキョク)』

【棘田(キョクイ)】近代以前の中国での進士の試験場。その周

囲を戟などで囲み、やたらと人が出入りできないようにしてあったところからいう。

【棘心】いばらの木の心シ。育てるのに苦労する幼児をたとえていう語。また、苦労して育てる親の心をいう。〔詩経-邶風・凱風〕

【棘人】（つらくて嘆き悲しんでいる人の意）父母の喪に服している人の自称。〔詩経-檜風・素冠〕

【棘門】戟や槍などを並べた門。軍門。

3309 【棗】 6007 5C27 9EA5 木－8 ソウ（サウ）漢/zǎo/なつめ

字解 会意。朿＋朿（とげの多い木の象形）。とげの多い木、なつめの意。

意味 ❶なつめ。クロウメモドキ科の落葉小高木。『棗栗』『火棗』『羊棗』『梨棗』 ❷国なつめ。抹茶を入れる茶器。形がなつめの実に似る。

【棗栗】なつめと栗。♥昔、女性が人を訪ねるとき手土産にした。

3310 【棥】 ＊3608 木－8 ボン呉・ハン漢

字解 会意。林（多くの木）＋爻（交差する）。多くの木を交差させつなぐ、まがきの意。

同属字 樊・[illegible]

3311 【楙】 6030 5C3E 9EBC 木－9 ボウ漢/mào

字解 形声。林＋矛声。草木がさかんにしげる意。茂の異体字。

甲骨文   金文  篆文 

木 ３

3312 【杏】 1641 3049 88C7 木－3 人 コウ（カウ）漢・アン唐・キョウ（キャウ）慣/xìng

字解 形声。木＋向省声。あんずの意。

甲骨文  篆文 

意味 ❶あんず。バラ科の落葉高木。『杏子』 ❷「銀杏」は、イチョウの実。

【杏園】中国、唐の都、長安の曲江の西にあった園。進士に及第した者の祝宴が行われた。

【杏花・杏華】アンズの花。

【杏壇】孔子の旧居跡に築いた壇。周囲にアンズを植えた。転じて、学問所。講堂。

【杏仁】アンズの核中の胚ハイを乾燥したもの。薬用。

【杏林】①アンズの林。②医者の異称。〔神仙伝-董奉〕♥中国、三国時代、呉の董奉が、病気をなおした礼として患者に杏の木を植えさせたところ、数年で立派な杏の林ができたという故事から。

3313 【李】 4591 4D7B 979B 木－3 人 リ呉漢/lǐ/すもも

字解 会意。木＋子。すももの意。

意味 ❶すもも。バラ科の落葉小高木。『李花』『桃李』 ❷裁判官。獄官。また、おさめる。「理」に同じ。 ❸つかい。使者。『行李』 ❹固有名詞。『張三李四』『李部』『李白』

❶ すもも。バラ科の落葉小高木。

【李下】スモモの木の下。〔李下不正冠〕（李下に冠を正さず）実をとるのではないかと疑われるおそれがあるから、スモモの木の下では冠をなおしたりしない。疑いを受けるような行為はすべきでないといういましめ。〔古楽府-君子行〕

【李花】スモモの花。

❷ 裁判官。また、おさめる。「理」に同じ。

【李部】①中国の役所の名。官吏の任免および功績の考査、勲爵の賜与をつかさどるところ。清末に廃止。②国式部省の唐名。また、そこの職員。

❹ 固有名詞。

【李延年】中国、漢の武帝の李夫人の兄。音楽に通じ、武帝に信任されて楽府の長官になったが、夫人の死後殺された。

【李華】中国、盛唐の文人。字は遐叔。監察御史・右補闕を歴任したが、安禄山の乱の際に偽官を受けたため、乱後に左遷。古文に長じ、「古戦場を弔う文」は特に有名。著に「李遐叔文集」がある。（七一五～七六六）

【李賀】中国、唐代の詩人。字は長吉。唐の宗室の出身と自称。中国詩史の中で孤立した位置を占め、鬼才と評される。詩集に「李賀歌詩篇」がある。（七九一～八一七）

【李嶠】中国、唐の詩人。字は巨山。初唐の近体詩の創始者の一人。「李嶠雑詠」が有名。（六四五～七一四頃）

【李広】中国、漢代の武将。李陵の祖父。匈奴を討って功を立て、飛将軍といって恐れられた。

【李翱】中国、唐代の文人。字は習之。韓愈に古文を学ぶ。唐宋十六家の一人。「復性書」は、宋代の性理学の先駆。他に「李文公集」がある。生没年未詳。

【李公佐】中国、唐末の伝奇作家。著に「謝小娥伝」「南柯太守伝」などがある。

【李鴻章】中国、清末の政治家。太平天国の乱の際、江蘇巡撫として淮軍を組織、太平天国軍や捻軍と戦った。日清戦争の敗北で失脚。下関条約、義和団事件など重要外交案件のすべてにかかわった。（一八二三～一九〇一）

【李斯】中国、秦の政治家。韓非子とともに荀子の門下で、法家思想による中央集権政治を主張。始皇帝の丞相として、郡県制の実施、文字・度量衡の統一、外征の立案など、統一帝国の確立に貢献した。始皇帝の死後、趙高の讒言によって失脚。紀元前二一〇年処刑された。

【李自成】中国、明末、農民反乱の指導者。駅卒から身を起こして反乱軍の首領となり、新順王と称して大順国をたてた。一六四四年、明を滅ぼしたが、呉三桂らの先導する満州軍に敗れ湖北で自殺。（一六〇六～四五）

【李商隠】中国、晩唐の詩人。字は義山。号は玉谿生。「李義山詩集」が有名。（八一二～八五八）

【李太白】＝李白

【李卓吾】中国、明末の思想家、文人。名は贄、卓吾は字。王陽明の主観的な心学を極度におしすすめた結果、あらゆる世俗の権威を否定し、ついに孔子の権威をも否定して儒家の外に出た。著「李氏焚書」「李氏遺書」など。（一五二七～一六〇二）

【李朝】①朝鮮の統一王朝（一三九二～一九一〇）。李成桂が高麗を倒して建国。漢城（ソウル）に都した。一九一〇年、日本に併合された。李氏朝鮮。②ベトナムの王朝（一〇〇九～一二二五）。前黎朝の部将李公蘊が自立して建てた国。都はハノイ。九代二一六年で外戚の陳氏に滅ぼされた。仏教が栄え、また、中国文化を積極的に受容。

心(小・忄)戈戶(戸)手(扌)支攴(攵) 4画 文斗斤方旡(旡・无)日曰月木欠止歹(歺)殳毋比毛氏气水(氺・氵)火(灬)爪(爫・爫)父爻(爻)爿(丬)片牙(牙)牛犬(犭)

【李唐(リトウ)】（唐の君主の姓が李であったところから）中国の唐代をいう。

【李白(リハク)】中国、唐代の詩人。字は太白、号は青蓮居士。若くして四方を漫遊し、のち出仕したが、安禄山の乱などで不遇であった。玄宗と楊貴妃の牡丹の宴で「清平調」三首を作った話は有名。詩聖杜甫に対して詩仙と称される。詩文集に「李太白集」がある。（七〇一～七六二）

【李攀竜(リハンリョウ)】中国、明代の文人。字は于鱗、号は滄溟。王世貞とともに古文辞を重視し、「文は秦漢、詩は盛唐」をその主張とした。著に「古今詩刪(ココンシサン)」「李滄溟集」がある。（一五一四～一五七〇）

【李夫人(リフジン)】中国、漢代の武帝の夫人。絶世の美人で舞がうまく、寵愛(チョウアイ)された。

【李夢陽(リボウヨウ)】中国、明代の詩人。字は献吉。号は空同子。師の李東陽の格調説を拡大し、古文辞派と呼ばれる一派を形成。文壇に大きな勢力をもった。著に「空同子集」がある。（一四七二～一五二九）

【李密(リミツ)】中国、西晋の詩人。字は令伯。武帝の時、太子洗馬となり、後に漢中太守となった。「陳情表」が有名。（二二三～？）

【李陵(リリョウ)】中国、前漢の武将。字は少卿。李広の孫。武帝の騎都尉として匈奴討伐の兵を率いたが投降し、紀元前七四年に病没するまで、その地で過ごした。

3314 【杢】 4461 4C5D 96DB 木－3 もく

字解 国字。会意。木＋工。もく、大工の意。

3315 【杰】 5931 5B3F 9E5E 木－4 ケツ漢／jié

字解 傑の通俗体。中国では傑の簡体字。

3316 【枩】 5932 5B40 9E5F 木－4 ショウ「松」(3422)の異体字

3317 【杳】 5866 5A62 9DE0 木－4 ヨウ(エウ)漢／yǎo／くらい・はるか

字解 会意。木＋日。日が木の下にあり、くらい意。

意味 ❶くらい。また、奥深い。はっきりしない。『行方は杳として知れない』『杳靄』『杳冥』『杳杳』❷はるか。とおい。『杳渺』『杳茫』

【杳靄(ヨウアイ)】深いもや。

【杳然(ヨウゼン)】はるかに遠いさま。また、深くかすかなさま。＊李白－山中問答「桃花流水杳然去(トウカリュウスイヨウゼンとしてさる)［＝桃の花が美しく咲き、(花びらを浮かべた)谷川の水は、はるか行くえも知れず流れ去る］」

【杳渺・杳眇(ヨウビョウ)】はるかに遠いさま。

【杳茫(ヨウボウ)】はるかなさま。深く遠いさま。

【杳冥(ヨウメイ)】奥深く暗いさま。はっきりしないさま。

【杳杳(ヨウヨウ)】深く暗いさま。また、遠くはるかなさま。

3318 【査】 2626 3A3A 8DB8 木－5 常5 (3319)【査】 木－5

サ漢／chá／しらべる

筆順 査 査 査 査 査 査

字解 形声。木＋且(つみ重ね合わせる)声。木を組み合わせてつくったいかだの意。楂・槎の原字。また、察に通じ、しらべる意に用いる。

同属字 渣・楂

意味 ❶いかだ。『星査(セイサ)』❷しらべる。考え調べる。⇒［検］(3577)の表

❷ しらべる。

下接 監査(カンサ)・鑑査(カンサ)・稽査(ケイサ)・検査(ケンサ)・考査(コウサ)・主査(シュサ)・巡査(ジュンサ)・照査(ショウサ)・審査(シンサ)・精査(セイサ)・走査(ソウサ)・捜査(ソウサ)・探査(タンサ)・調査(チョウサ)・踏査(トウサ)

【査閲(サエツ)】実地に調べてみること。

【査験(サケン)】調べて明らかにすること。検査。

【査察(ササツ)】状況を視察すること。

【査収(サシュウ)】よく調べて受け取ること。

【査定(サテイ)】審査や調査をして決定すること。

【査問(サモン)】取り調べて問いただすこと。『査問委員会』

3320 【柰】 ＊3537 木－5 ナ「奈」(1513)の異体字

3321 【桼】 ＊3574 木－7 シツ漢／qī／うるし

字解 象形。うるしの木の幹にきずをつけ、そこから樹液がしたたるさまに象り、うるしの意。漆の原字。

同属字 漆・膝

3322 【梵】 5980 5B70 9E90 木－7 ボン呉・ハン漢／fàn

字解 形声。林＋凡(↓風、かぜ)声。木に風がふく意。のち、梵 brahman の音訳字に用いる。

意味 ❶（梵 brahman を音訳した梵摩、梵嵐摩などの略）バラモン教の最高原理で、世界創造の根源。ブラフマン。また、バラモン。インドの貴族。バラモン教の聖職者。❷インド(天竺)のこと。また、インドのサンスクリット語のこと。『梵語』❸仏教守護の梵天をいう。色界の初禅天に住するとされた。また、仏教、仏僧に関することを表す。『梵宇』『梵妻』『梵鐘』

❶ ブラフマン。世界創造の根源。

【梵天(ボンテン)】①（「梵天王」の略）インドの古代宗教で、世界の創造主とされた神。仏教に入って色界に住する仏教護持の神となった。帝釈天(タイシャクテン)と対をなす。②インドをいう。③国 修験道で、祈禱(キトウ)に用いる幣束。

❷ サンスクリット語。

【梵語(ボンゴ)】古代インドの文章語、サンスクリットの別称。その起源が造物神ブラフマン(梵天)にあるとされているところからいい、多く、仏教語に用いられる。

【梵字(ボンジ)】梵語(ボンゴ)を記すのに用いる文字。

❸ 仏教、仏僧に関すること。

【梵宇(ボンウ)】てら。寺院。

【梵行(ボンギョウ)】淫欲を断つ清浄な行為。仏道の修行。

【梵妻(ボンサイ)】僧の妻。だいこく。梵嫂(ボンソウ)。

【梵鐘(ボンショウ)】寺院の鐘楼の釣り鐘。

【梵刹(ボンセツ・ボンサツ)】寺院。てら。

【梵唄(ボンバイ)】仏徳を賛嘆するために、曲調にのせて経文などをとなえるもの。

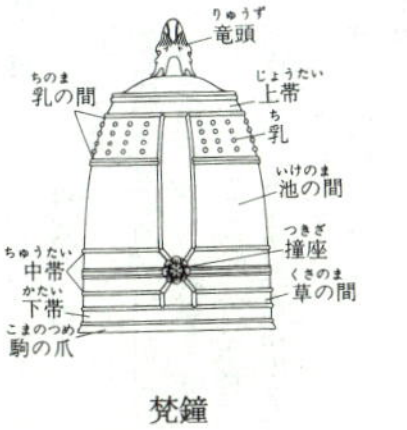

梵鐘

声明（ショウミョウ）。

3323【梺】 5982 5B72 9E92 木－7 ふもと

字解 国字。会意。林＋下。山すそのふもとの意。麓の通俗体。

［埜］⇩1278

［梦］⇩1490

［棼］⇩1559

［焚］⇩4442

3324【楚】 3331 413F 915E 木－9 ソ㊥㊥/chǔ/いばら・しもと・すわえ

字解 形声。林（群生する木）＋疋（→酢、刺激がある）㊥。むらがって生えるとげのある木の意。

甲骨文

金文

篆文

同属字 礎

意味 ❶いばら。とげのある低木の総称。また、にんじんぼく。クマツヅラ科の落葉低木。❷しもと。すわえ。むち。『楚撻』『夏楚（カソ）』❸いたむ。かなしむ。『楚痛（ソツウ）』『苦楚（クソ）』『酸楚（サンソ）』『辛楚（シンソ）』『痛楚（ツウソ）』❹ほっそりしたさま。すっきりしたさま。『楚楚』『清楚（セイソ）』❺中国の国名。㋑戦国七雄の一。長江中流域を領有し、戦国中期まで斉や秦などの諸国と覇を争った。のち本拠を東に移したが、紀元前二二三年、秦に滅ぼされた。戦国末の「楚辞」は地方色を示す文学作品として知られる。㋺隋末唐初の六一七年、林士弘が江南・嶺南地方に建てた国。六二二年、唐に滅ぼされた。㋩五代十国の一。長沙を中心に湖南に拠った政権。許州の人、馬殷が後梁から楚王に封ぜられて九〇七年に建国。九五一年、六世で南唐に滅ぼされた。㊁北宋滅亡後の一一二七年、金が宋の旧領に建てた国。一か月余で滅亡。

❶ いばら。とげのある低木の総称。

【楚楚（ソソ）】いばらの茂るさま。〔詩経-小雅・楚茨〕↓❹

❷ しもと。むち。

【楚撻（ソタツ）】①むちうつこと。②はげますこと。鞭撻（ベンタツ）。

❹ ほっそりしたさま。すっきりしたさま。

【楚楚（ソソ）】清らかで美しいさま。〔詩経-曹風・蜉蝣〕↓❶

❺ 中国の国名。

【楚越（ソエツ）】中国、戦国時代の楚国と越国。仲の悪いもののたとえにいう。

【楚歌（ソカ）】中国で、楚の国の人の歌。『四面楚歌』

【楚興接輿（ソキョウセツヨ）】中国、春秋時代、孔子と同時代の楚の隠者。名（一説に字（あざな））は接輿という。いつわって狂人となり、世を避けていた。

【楚江（ソコウ）】長江の別称。洞庭湖付近の流れをさす。

【楚山（ソザン）】①中国の湖北省襄陽県の西南にある山。馬鞍山、望楚山ともいう。②中国江蘇省、鎮江市の北、長江の対岸のあたりの山をいう。

【楚辞（ソジ）】中国の書。漢の劉向（リュウキョウ）編と伝える。戦国末の楚の屈原の作を中心とする古代の辞賦の集。それらは、楚地方の文学で巫史（フシ）の歌唱に起源を持ち、屈原によって文学的に高められ、集大成されたものと推定される。特に「離騒」は屈原の代表作。

【楚囚（ソシュウ）】（とらわれた楚の人の意から）囚人。とりこ。〔左伝-成公九年〕

【楚竹（ソチク）】しの竹。楚の地方に多く産するのでいう。＊柳宗元-漁翁「暁汲清湘然楚竹（あかつきにセイショウをくんでソチクをたく）〔＝明け方清らかな湘水の水をくみ、しの竹を燃やす〕」

【楚懐王（ソのカイオウ）】①中国、戦国時代の楚の王。名は熊槐（ユウカイ）。おろかな君主で、忠臣屈原を退け、ついに秦（シン）にとらわれ殺された。（前三六～前二九九）②楚の懐王の孫。名は心。項梁（コウリョウ）に立てられ楚王となり、項羽によって義帝とされたが、のちに殺された。

【楚腰（ソヨウ）】美人の細い腰。また、腰の細い美人。〔荀子-君道〕▽中国、戦国時代、楚の霊王が腰の細い美人を好んだため、寵（チョウ）を争って絶食し、餓死するものが多く出たという故事から。

［禁］⇩5372

3325【樊】 6072 5C68 9EE6 木－11 ハン㊥/fán/とりかご・まがき

字解 形声。大（両手）＋棥（木をくみあわせたかこい）㊥。両手でかこいの中にとじこめる、とりかごの意。

意味 ❶とりかご。『樊籠』❷まがき。かきね。また、かこむ。かこい。『樊籬』❸かたわら。ほとり。❹みだれるさま。❺固有名詞。『樊噲』『樊川』

【樊噲（ハンカイ）】中国、漢の高祖劉邦の功臣。沛（ハイ）人。紀元前二〇六年、楚王項羽と劉邦とが鴻門に会した際、謀殺されそうになった劉邦を機転で救った。紀元前一八九年没。

【樊川（ハンセン）】①中国陝西（センセイ）省西安市の南を流れる川の名。秦川（シンセン）の別名。②晩唐の詩人杜牧（トボク）の号。

【樊籬（ハンリ）】①まがき。かきね。②転じて、学術・文章などが初歩の段階であること。

【樊籠（ハンロウ）】とりかご。転じて、自由を束縛されること。

［麓］⇩9559

3326【樷】 ＊3702 木－12 ソウ 「叢」(883)の異体字

3327【欝】 1721 3135 8954 木－21 ウツ 「鬱」(9225)の異体字

3328【欝】 ―― 木－22 ウツ 「鬱」(9225)の異体字

［鬱］⇩9225

木 2画

3329【朶】 5920 5B34 9E53 木－2 タ㊥・ダ㊥/duǒ/えだ

字解 会意。乃（たるみゆるんだ弓）＋木。木がたるむ、しだれる意。

同属字 垜・躱

意味 木のえだ。花のついた枝。また、しだれる。たれさがる。『朶雲』『一朶（イチダ）』『万朶（バンダ）』『耳朶（ジダ）（みみたぶ）』

【朶頤（ダイ）】あごをたれ下げて物を食べようとするさま。

【朶雲（ダウン）】他人からの手紙を敬っていう語。〔唐書-韋陟伝〕▽中国、唐の韋陟（イチョク）の署名が、たれ下がった雲のようだと称せられたという故事から。

3330【条】3082 3E72 8FF0 木－3 常5　(3839)【條】5974 5B6A 9E8A 木－7 旧字 人
ジョウ(デウ)呉・チョウ(テウ)漢/tiáo/えだ・くだり・すじ

筆順 条条条条条条条

字解 条は條の略体。條は形声。木＋攸(人の背中に細長い水の流れをかけて洗う)声。細長いえだの意。同属字 滌

甲骨文  篆文 

意味 ❶えだ。小さいえだ。『枝条』『垂条』『柳条』❷すじ。みちすじ。すじみち。また、細長いものを数える語。『条痕』『条理』『軌条』❸くだり。一くだりずつ書き分けた文。また、それぞれのことがら。『金科玉条』『条件』『条文』『箇条』『教条』『信条』❹のびる。のびのびする。『条達』『条暢』❺『蕭条』は、ものさびしいさま。❻国じょう。ゆえに。よって。書簡文の用法。『…に候条』

❷すじ。みちすじ。

下接 一条・煙条・軌条・作条・索条・線条・繊条・鉄条

【条貫】物事の道理。すじみち。条理。

【条痕】①すじめ。②弾丸が発射される際にその銃砲の腔線によってつけられたすじめ。

【条幅】書画で、画仙紙を縦に半分にした半切を軸物にしたもの。

【条里】碁盤目状の市街区画。『条里制』

【条理】物事のすじみち。道理。『不条理』

❸くだり。一くだりずつ書いた文。

下接 科条・個条・箇条・教条・玉条・章条・信条・制条・逐条・別条・金科玉条・九条錫杖

【条件】約束や契約などの箇条、項目。また、物事を限定・制約する事柄。決められた約束の事柄。

【条項】箇条書きの項目。条目。箇条。

【条条】一つ一つの箇条。個個。

【条目】箇条書きになっている一つ一つの項目。

【条約】国家間で結ばれる、国際上の権利、義務を取り決めた約束。『講和条約』

【条例】①箇条書きにされた法令。②国地方公共団体の議会の議決によって制定する法。『公安条例』

❹のびる。のびのびする。

【条達】①木の枝が分かれるように、四方に通達すること。②のびのびしていること。また、すじみちがはっきりしていること。

【条暢】のびやかなこと。

【条風】北東より吹いて来る春の風。♥万物をのばし育てるのでいう。

難読姓氏 条原

【呆】⇩926

3331【果】1844 324C 89CA 木－4 常4
カ(クヮ)呉漢/guǒ/はたす・はてる・はて・はたして

筆順 果果果果果果果果

字解 象形。木に実がなったさまで、木の実の意。同属字 菓・窠・夥・顆・倮・猓・裸・蜾・踝・課

甲骨文  金文  篆文 

意味 ❶くだもの。草木の実。『菓』に同じ。『果実』『果樹』『青果』❷はたす。また、はて。物事のおわり。結末。㋑木が実を結ぶように仕上がる。なしとげる。また、仕上がり。できばえ。『結果』『成果』㋺仏教で、前世の因縁によって生ずる報い。『因果応報』『果然』『果報』『善果』❸思い切ってやる。思い切りがよい。『果敢』『果断』❹はたして。思ったとおり。『果然』＊十八史略-春秋戦国「追者果至、而不及（おうものはたしていたるも、およばず）」〔＝追っ手の者が思ったとおりやって来たが、間に合わなかった〕

❶くだもの。草木の実。

下接 液果・花果・核果・乾果・球果・毬果・蒴果・山果・残果・秋果・漿果・青果・選果・蔬果・摘果・美果・苹果・落果／無花果・斉墩果

【果実】植物の実。『果実酒』

【果樹】食用となる果実がなる木本植物。リンゴ、ミカン、クリなど。『果樹園』

❷はたす。また、はて。物事のおわり。

下接 悪果・因果・感果・結果・効果・成果・戦果・善果・釣果・道果・得果・美果・仏果・満果・妙果

【果然】満腹のさま。あきたりるさま。＊荘子-逍遥遊「適莽蒼者、三飡而反、腹猶果然（もうそうにゆくものは、さんさんしてかえるも、はらなおかぜんたり）」〔＝郊外に出かけるものは、三度の食事を持っていって家に帰ってきたときは、まだ満腹である〕→❹

【果報】①仏教で、前世での所為の結果として現世で受ける種々の報い。②国幸運。しあわせ。『果報は寝て待て』『果報者』

❸思い切ってやる。思い切りがよい。

【果鋭】決断力があり気性がするどいこと。

【果敢】決断力に富んでいるさま。『勇猛果敢』

【果毅】決断がよく、意志の強いこと。

【果決】決断の速いこと。

【果断】思い切って物事を行うさま。

❹はたして。思ったとおり。

【果然】予期していたとおり。あんのじょう。→❷

3332【采】2651 3A53 8DD1 木－4 人　(3333)【㭐】木－4 旧字
サイ呉漢/cǎi・cài/とる・うね

字解 会意。爪(て)＋木。手で木の実をとる意から、一般にとる意。採の原字。

甲骨文  金文  篆文 

意味 ❶とる。手にとる。えらびとる。『採』に同じ。『采詩』『采薪』『納采』❷いろどり。あや。もよう。『彩』に同じ。『采帛』『五采』『色采』『文采』❸すがた。ようす。『神采』『風采』❹領地。知行所。『采地』『采邑』『食采』❺さい。さいころ。

心(⺗・忄)戈戸(戸)手(扌)支攴(攵) 4画 文斗斤方无(旡・旡)日曰月木欠止歹(歺)殳毋比毛氏气水(氺・氵)火(灬)爪(爫)父爻(爻)爿(丬)片牙(牙)牛犬(犭)

「賽」に同じ。『喝采(カッサイ)』

❶ とる。手にとる。

【采芹(サイキン)】学校のまわりの水辺でセリを取ること。転じて、学校にはいること。〔詩経-魯頌・泮水〕

【采詩(サイシ)】施政の参考にするために天下をめぐり、民間に行われている歌詩をとり集めること。

【采女(サイジョ|うねめ)】①(サイジョ)(民間から選んで採用した女子の意)漢代、宮中に奉仕する女官。②(うねめ)奈良・平安時代の宮中女官の一。天皇の日常の雑役に従事した。

【采薪(サイシン)】たきぎ拾い。【采薪之憂(サイシンのうれい)】病んでたきぎ拾いに行けない憂い。自分の病気をへり下っていう語。〔孟子-公孫丑下〕

【采椽(サイテン)】屋根のたる木。

【采配・采幣(サイハイ)】国大将が兵を指揮するのに用いた道具。転じて、指図。指揮。

【采薇歌(サイビのうた)】中国、周の武王が殷(イン)をたおした際、伯夷(ハクイ)と叔斉(シュクセイ)の兄弟が周の粟(ゾク)を食(は)むことを恥とし、首陽山に隠れて、薇(=野草の一種)を食べてほそぼそと生活していたが、ついには餓死した。その臨終のときに作ったとされる歌。〔史記-伯夷伝〕

❷ いろどり。あや。もよう。

【采采(サイサイ)】①いろいろの事がら。②たくさんあるさま。

【采帛(サイハク)】美しい綾のあるきぬ。綵帛。

❹ 領地。知行所。

【采地(サイチ)】領地。知行所。食邑(ショクユウ)。

【采邑(サイユウ)】(「邑」は村の意)領地。知行所。食邑。

3334【枀】 ━━ 木-4 ショウ「松」(3422)の異体字

3335【罙】 ━━ 木-4 タン㊥・イン㊥・シン㊥

字解 もと突。会意。穴(あな)+火(ひ)+求(もとめる)省。あなの中深く火をかざしさがし求める意。転じて、ふかい意を表す。

篆文 

同属字 探・深

【杲】⇩3123

3336【栄】 1741 3149 8968 木-5 常4 (3366)〔榮〕6038 5C46 9EC4 木-10 旧字

ヨウ(ヤウ)㊐・エイ(ヱイ)㊥/róng/さかえる・はえ・はえる

筆順 栄 栄 栄 栄 栄 栄

字解 栄は榮の略体。榮は形声。木+熒(かがり火をめぐらす)省㊥。さかんにもえるかがり火でとりかこむことから、さかえる意を表す。

金文 

篆文 

同属字 嶸・蠑

意味 ❶さかえる。↔枯。㋑草木がしげる。花が開く。『栄華』『栄枯』＊陶潜-帰去来辞「木欣欣以向ㇾ栄(きはキンキンとしてもってエイにむかう)〔=木はいきいきとして花を開きはじめる〕」㋺さかんになる。繁昌する。また、出世する。『栄達』『栄転』❷さかえ。ほまれ。名誉ある。『栄光』『虚栄(キョエイ)』

❶ さかえる。さかんになる。

下接 共栄(キョウエイ)・顕栄(ケンエイ)・枯栄(コエイ)・春栄(シュンエイ)・清栄(セイエイ)・尊栄(ソンエイ)・繁栄(ハンエイ)

【栄華・栄花(エイガ)】①草木がしげり花が開くこと。②転じて、華やかに栄えること。

【栄顕(エイケン)】身がさかえて、出世すること。

【栄枯(エイコ)】①草木がしげることと、枯れること。②転じて、栄えることと、衰えること。【栄枯盛衰(エイコセイスイ)】栄えたり衰えたりすること。

【栄進(エイシン)】上級の地位や職に昇ること。

【栄達(エイタツ)】高い官位に進むこと。出世すること。

【栄適(エイテキ)】栄えて心のままに楽しむこと。

【栄転(エイテン)】今までよりもよい地位に転任すること。栄進。

【栄養(エイヨウ)】①出世して親を有名にし、孝養をつくすこと。②生物が体外から物質をとり入れて、生命を保ち、体を発育させる働き。また、そのための成分。

【栄耀(エイヨウ|エイヨウ)】栄えて、ぜいたくな暮らしをすること。

【栄落(エイラク)】①葉や花などが、茂ることとしぼみ落ちること。②人生などの栄えることとおちぶれること。

❷ さかえ。ほまれ。名誉ある。

下接 虚栄(キョエイ)・光栄(コウエイ)・世栄(セイエイ)・余栄(ヨエイ)/見栄(みえ)

【栄位(エイイ)】光栄ある地位。高位。

【栄冠(エイカン)】名誉や勝利のしるしの冠。転じて、栄誉。

【栄勲(エイクン)】名誉ある勲功、手柄。

【栄光(エイコウ)】輝かしい誉れ。

【栄爵(エイシャク)】名誉ある爵位。

【栄辱(エイジョク)】名誉と恥辱。＊管子-牧民「衣食足則知ニ栄辱一(イショクたればすなわちエイジョクをしる)〔=衣食に不足がなくなって、はじめて栄誉と恥辱の区別がわかるようになる〕」

【栄典(エイテン)】①栄誉ある、めでたい儀式。②国名誉を表彰するために与える位階・勲章・褒章など。

【栄名(エイメイ)】名誉。

【栄誉(エイヨ)】栄えあるほまれ。名誉。

【栄利(エイリ)】名誉と利益。＊陶潜-五柳先生伝「不ㇾ慕ニ栄利一(エイリをしたわず)〔=名誉や利益をほしがらない〕」

【栄禄(エイロク)】名誉ある官職と俸禄。

難読姓氏 栄久庵(えくあん)

3337【架】 1845 324D 89CB 木-5 常

カ㊥/jià/かける・かかる・たな

筆順 架 架 架 架 架 架

字解 形声。木+加(くわえのせる)㊥。木をわたし、ものをのせるたなの意。

参考 万葉仮名では音を借りて「か」。

意味 ❶たな。ころもかけ。物をのせたり、かけたりするもの。『架蔵』『書架』『担架』❷かける。かけわたす。『架空』『架設』＊顔氏家訓-序致「屋下架ㇾ屋(オッカにオクをカす)〔=屋根の下に屋根を作る〕」

❶ たな。ころもかけ。

下接 衣架(イカ)・開架(カイカ)・画架(ガカ)・間架(カンカ)・橋架(キョウカ)・高架(コウカ)・後架(コウカ)・銃架(ジュウカ)・書架(ショカ)・船架(センカ)・挿架(ソウカ)・担架(タンカ)・藤架(トウカ)・筆架(ヒッカ)・砲架(ホウカ)

【架蔵(カゾウ)】書物などを棚にしまっておくこと。

❷ かける。かけわたす。

【架空(カクウ)】①空中にかけわたすこと。『架空送電線』②

想像によること。『架空の登場人物』
【架設カセツ】電線、橋などをかけわたすこと。『架設工事』

3338【枲】*3519 木－5 シ㊥/xǐ/からむし
字解 形声。木(=朩、麻の繊維をはぎとる)+台㊥。からむし。イラクサ科の多年草。茎の繊維は織物に用いる。

3339【桼】*3531 木－5 シチ㊐・シツ㊥/qī
字解 漆の別体。うるしの意。
参考 金額を記す場合、改竄を防ぐため「七」にかえて用いる。

3340【柔】2932 3D40 8F5F 木－5 常 ニュウ(ニウ)㊐・ジュウ(ジウ)㊥/róu/やわらか・やわらかい・やわ・やわい・やわら・にこ
筆順 柔 柔 柔 柔 柔 柔
字解 会意。矛(ほこ)+木。ほこの柄となる弾力のある木の意から転じて、やわらかい意を表す。
同属字 猱・揉・糅・蹂・鞣
意味 ❶やわらかい。しなやか。↔剛。『柔軟』『剛柔』❷やさしい。おとなしい。『柔順』『柔和』❸よわよわしい。よわい。『柔弱』『柔懦』❹やわらげる。てなずける。したがう。『懐柔カイジュウ』❺国やわら。日本古来の武術の一。『柔術』『柔道』⇒〔剛〕(653)の表

❶やわらかい。しなやか。
下接 剛柔ゴウジュウ・輯柔シュウジュウ・繊柔センジュウ・内柔外剛ナイジュウガイゴウ
【柔滑ジュウカツ】柔らかくなめらかなさま。
【柔弱ジュウジャク】ぐにゃぐにゃとしているさま。*老子-七六「人之生也柔弱、其死也堅強ひとのうまるるやジュウジャク、そのしするやケンキョウなり〔=人が生まれ出るとき、その身体は柔らかく弱々しいが、死ぬとこわばるものである〕」→❸
【柔条ジュウジョウ】柔らかな枝。
【柔靭ジュウジン】しなやかで強いさま。
【柔脆ジュウゼイ】柔らかくもろいさま。
【柔軟ジュウナン(ニュウナン)】①やわらかく、しなやかであるさま。『柔軟体操』②順応性に富むさま。↔強硬
【柔能制レ剛ジュウよくゴウをセイす】柔らかくしなやかなものが、かえって剛強なものに勝つ。〔三略-上略〕

❷やさしい。おとなしい。
下接 韋柔イジュウ・温柔オンジュウ・善柔ゼンジュウ・優柔ユウジュウ
【柔順ジュウジュン】ものやわらかでやさしく、素直なこと。

【柔情ジュウジョウ】おだやかでやさしい心。

【柔佞ジュウネイ】性質が柔軟で、周囲によく適合するさま。たおやかなこと。また、こびへつらうさま。

【柔媚ジュウビ】性質や態度などが優しくて柔らかなさま。

【柔和ニュウワ】『柔和な顔だち』【柔和忍辱ニュウワニンニク】仏語。仏の教えに帰依し、柔順温和で、外からの恥辱や危害をよくたえ忍ぶこと。

❸よわよわしい。よわい。
【柔懦ジュウダ】心弱く気が小さいこと。臆病であること。

【柔弱ニュウジャク(ジュウジャク)】体や精神が弱々しいこと。→❶

❺(日本語で)やわら。
【柔術ジュウジュツ】国武器を用いないで、突く、投げる、絞めるなどして相手を攻撃し、または防御する日本古来の武術。やわら。

【柔道ジュウドウ】国日本古来の柔術から分かれ、明治になって嘉納治五郎により創始された体術。

3341【染】3287 4077 90F5 木－5 常6 ゼン㊥・セン㊞/rǎn/そめる・そめ・そまる・しみる・しみ
筆順 染 染 染 染 染 染
字解 会意。氿(穴から出る液体)+木。草木などからとった汁でそめる意。
意味 ❶そめる。ひたす。つける。『染色』『染料』『媒染』❷そまる。しみこむ。うつる。よごれる。『染汚』『汚染』『感染』

❶そめる。ひたす。つける。
下接 浸染シンセン・捺染ナッセン・媒染バイセン・抜染バッセン/摺染すりぞめ
【染衣ゼンエ】黒く染めた、僧の着る衣。法衣。また、それを着ること。出家すること。
【染化センカ】感化すること。
【染指センシ】①なめるために指をごちそうにつっこむ。転じて、過分の利を得ようとすること。〔左伝-宣公四年〕②着手すること。関係すること。
【染色センショク】染料を用いて布、糸などを染めること。
【染筆センピツ】筆に墨や絵の具を含ませて書画をかくこと。書画を制作すること。潤筆。『染筆料』
【染料センリョウ】繊維などを染める色素となる物質。

❷そまる。しみこむ。うつる。よごれる。
下接 汚染オセン・感染カンセン・旧染キュウセン・薫染クンセン・習染シュウセン・濡染ジュセン・漸染ゼンセン・雑染ゾウセン・伝染デンセン・不染フセン
【染汚ゼンマ(ゼンナ)(ゼンオ)】仏語。煩悩のこと。または煩悩によって心がけがれること。

3342【某】4331 4B3F 965E 木－5 常 ム㊐・ボウ㊥・バイ㊥/mǒu/それがし・なにがし
筆順 某 某 某 某 某 某
字解 会意。甘(=日、口に含む、また、祈りのことば)+木。妊婦が好んで口にするからとも、子宝に恵まれるようにと祈りを捧げる木であるからともいう。うめの木の意。楳(=梅)の原字。借りて代名詞に用いる。
金文

篆文

同属字 媒・楳・煤
意味 ❶なにがし。ある。はっきりしないものや人を表す。『某月某日』『某氏』『都内某所』*論語-衛霊公「某在レ斯ボウはここにあり〔=だれそれは、ここにいる〕」❷それがし。自己の謙称として用いる代名詞。わたくし。
下接 誰某たれがし・だれそれ・たれボウ・何某なにがし・なにボウ
【某甲ボウコウ】だれそれ。また、わたくし。『弟子某甲』
【某某ボウボウ】名前が分からなかったり、はっきり示すのをさし控えたりするときなどに用いる語。だれそれ。

3343【枼】*3522 木－5 ヨウ(エフ)㊥/yè/は
字解 象形。木に生じたはに象り、薄く平らな木のはの意。葉の原字。
篆文

同属字 葉・喋・堞・渫・牒・蝶・諜・鰈

3344 【案】 アン(呉)(漢)\àn\つくえ　1638 3046 88C4　木－6 常4　(3492)〔桉〕二二 木－6

筆順 案 案 案 案 案 案

字解 形声。木＋安(安定している)(声)。安定したすわりのつくえの意。

意味 ❶つくえ。台。「案上」❷かんがえる。考え。あらかじめ考えたこと。予想。また、しらべる。取り調べる。「案外」❸あん。書類。公文書。❹(国)あん。文書などの下書き。草稿。「文案」「法案」❺(国)あんずる。心配する。

❶つくえ。台。

下接 几案(キアン)・机案(キアン)・経案(キョウアン)・玉案(ギョクアン)・香案(コウアン)・書案(ショアン)・雪案(セツアン)・重案(チョウアン)

【案下】(アンカ) 手紙のあて名の脇に書いて、敬意を表す脇付けの一つ。♥机の下の意から、その人のそばの意。

【案山子】(アンザンシ／かかし) 田畑に立てて、鳥獣をおどし、その害を防ぐ人形。♥「案山」は、机のように平たい山で、山田を守る主の意という。

【案上】(アンジョウ) 机の上。案頭。

【案頭】(アントウ) ＝案上(アンジョウ)

❷かんがえる。考え。また、取り調べる。

下接 一案(イチアン)・改案(カイアン)・劾案(ガイアン)・勘案(カンアン)・起案(キアン)・議案(ギアン)・教案(キョウアン)・愚案(グアン)・検案(ケンアン)・原案(ゲンアン)・公案(コウアン)・考案(コウアン)・私案(シアン)・思案(シアン)・試案(シアン)・新案(シンアン)・図案(ズアン)・成案(セイアン)・素案(ソアン)・奏案(ソウアン)・創案(ソウアン)・対案(タイアン)・代案(ダイアン)・断案(ダンアン)・提案(テイアン)・答案(トウアン)・廃案(ハイアン)・発案(ハツアン)・腹案(フクアン)・方案(ホウアン)・翻案(ホンアン)・妙案(ミョウアン)・名案(メイアン)・立案(リツアン)・良案(リョウアン)

【案外】(アンガイ) (国)予想と食い違うこと。思いのほか。「案外楽にできた」

【案件】(アンケン) ①問題になっている事柄。「重要案件」②訴訟の箇条。訴訟事件。

【案行】(アンコウ) ①調べ歩くこと。按行。②隊列をきちんとすること。

【案者】(アンジャ) ①思慮分別に富む人。②博識家。

【案出】(アンシュツ) 考え出すこと。♥書き換え「按出→案出」。

【案牘】(アントク) 調査を要する書類。特に公文書。

【案配】(アンバイ) (国)①程あいを加減すること。②物事の具合、様子、格好。

【案分】(アンブン) (国)ある数量を、与えられた比をなすいくつかの部分に配分すること。♥書き換え「按分→案分」。

❸書類。公文書。

下接 改案(カイアン)・書案(ショアン)・草案(ソウアン)・重案(チョウアン)

【案内】(アンナイ) ①知らせ。通知。「案内状」②(国)導いて連れて行くこと。また、見せて歩くこと。「水先案内」③(国)取り次ぐこと。♥もと、書類の内容の意。転じて、内情を知らせる意となった。

3345 【栞】 カン(漢)\kān\しおり　5957 5B59 9E78　木－6 人

字解 形声。木＋幵(きりそろえる)(声)。木を切ったり折ったりしてつくった道しるべ、しおりの意。

意味 ❶しおり。山林を歩く際、木の枝を折って目印とするもの。❷(国)しおり。読みかけの本の間にはさんで目印とするもの。また、案内書や手引。

3346 【桀】 ケツ(漢)\jié\はりつけ　5960 5B5C 9E7B　木－6

字解 会意。舛(左右のあし)＋木。高く木の上に左右のあしをおく意。転じて、はりつけの意を表す。

同属字 傑(傑)

意味 ❶はりつけ。刑罰の一種。❷とまりぎ。鶏のねぐら。❸すぐれる。ひいでる。「傑」に同じ。❹わるがしこい。あらっぽい。「桀黠」「桀驁」❺人名。(イ)中国、夏の末代の王。名は癸。暴虐無道の王で、殷の湯王に滅ぼされた。殷の紂王と並んで暴君の代表とされる。「桀紂」(ロ)「桀溺(ケツデキ)」は、中国、春秋時代、孔子と同時代の隠者。

【桀黠】(ケッカツ) わるがしこいこと。

【桀驁】(ケツゴウ) 人に馴れない荒馬。転じて、服従しない凶暴な者のたとえ。

【桀紂】(ケッチュウ) 夏(カ)の桀王と殷(イン)の紂王。ともに中国の暴君。転じて、暴君をいう。

3347 【栽】 サイ(呉)(漢)\zāi\うえる　2647 3A4F 8DCD　木－6 常

筆順 栽 栽 栽 栽 栽 栽

字解 形声。木＋𢦏(＝戈、ほこで切って流れの中にくいをたてる)(声)。木をうえる意。一説に、𢦏はきる意で、栽は、枝をきりととのえる、または、牆をつくるときの板が原義であるとも。

意味 ❶うえる。草木などを植える。「栽植」「栽培」❷うえこみ。にわ。「前栽(センザイ)」「盆栽(ボンサイ)」

【栽培】(サイバイ) 種をまいたり、苗を植えたりして植物を育てること。「温室栽培」「水栽培」

3348 【柴】 サイ(漢)\chái\しば　2838 3C46 8EC4　木－6

字解 形声。木＋此(声)。

参考 万葉仮名では音を借りて「さ」。

意味 ❶しば。山野にはえる雑木の小さいもの。「柴門(サイモン)」❷かきね。「鹿柴(ロクサイ)」❸人名。「柴野栗山」

❶しば。山野にはえる雑木の小さいもの。

下接 郊柴(コウサイ)・新柴(シンサイ)・燔柴(ハンサイ)・茅柴(ボウサイ)

【柴扃】(サイケイ) ＝柴戸(サイコ)

【柴荊】(サイケイ) ①しばやいばらの雑木。②みすぼらしいすまい。

【柴戸】(サイコ) しばで作った戸。転じて、粗末なすまい。

【柴扉】(サイヒ) しばで作ったとびら。柴門。また、わびしいすみか。

【柴望】(サイボウ) しばをたいて天をまつり、山川を望んでその神をまつること。

【柴門】(サイモン) ①しばで編んだ門。草庵の門。柴扉(サイヒ)。②しばを積んで門を閉じること。外部と交わらないこと。

❸人名。

【柴野栗山】(しばのリツザン) 江戸中期の朱子学者。讃岐(さぬき)高松の人。名は邦彦(くにひこ)、字(あざな)は彦輔(ゲンポ)。老中松平定信に登用され、「寛政異学の禁」を建議。寛政の三博士の一人。著に「国鑑」「資治概言」「栗山堂文集」など多数ある。

難読姓氏 柴生田(しぼうた)

3349 【桑】 2312 372C 8C4B　木－6 常　(3350)〔桒〕二二 木－6 †

ソウ（サウ）㊵㊶/sāng/くわ

筆順 桑 桑 桑 桑 桑 桑

字解 会意。木＋叒。甲骨文は、やわらかい葉をつけたくわの木の形に象る。くわの意。

甲骨文 

篆文 

意味 ❶くわ。クワ科の落葉高木。『桑田』 ❷その他。固有名詞など。『桑林』『桑門』『扶桑』

❶ くわ。クワ科の落葉高木。

下接 蚕桑・滄桑・農桑・苞桑

【桑海（ソウカイ）】（桑田変じて海となるの意）世の中の移り変わりの激しいこと。桑田碧海。

【桑戸（ソウコ）】クワの木で作った戸。転じて、貧者の家。

【桑弧蓬矢（ソウコホウシ）】クワの木の弓と、ヨモギの矢。昔、中国で男子が生まれたとき、これで四方を射て将来の雄飛を願った。転じて、男子が志を立てること。桑蓬の志。〔礼記-内則〕

【桑梓（ソウシ）】①クワの木とアズサの木。②昔、中国で垣にクワと梓とを植え、養蚕や器具用として子孫に残したところから、父母の恩愛を敬う意。転じて、ふるさと。故郷。〔詩経-小雅・小弁〕

【桑竹（ソウチク）】クワとタケ。＊陶潜-桃花源記「有二良田美池桑竹之属一（＝よく肥えた田畑や美しい池、桑や竹のたぐいがある）」

【桑中（ソウチュウ）】クワの林の中。また、男女の不義の楽しみ。

【桑田（ソウデン）】クワを植えた畑。くわばたけ。

【桑田変成レ海（ソウデンへんじてうみとなる）】今まで桑畑であったところが、いつか海となってしまう。世の中の移り変わりの激しいことをいう。滄桑の変。桑田碧海。桑海。〔劉希夷-代下悲二白頭一翁上〕

【桑年（ソウネン）】（「桑」は「桒」とも書き、分解すると十の字四つと、八の字一つとなるところから）四八歳の異称。

【桑野（ソウヤ）】①クワを植えた野原。②東方の果ての地。八紘の一。

【桑楡（ソウユ）】①クワとニレの木。また、一般に樹木。②西日の影が樹木の上にかかっていること。夕方の日影。③転じて、人生の晩年や死期のたとえ。

❷ その他。固有名詞など。

【桑乾（ソウカン）】中国、山西省北部から出て、河北省に流れる川の名。永定河の別名。

【桑弘羊（ソウコウヨウ）】中国、前漢の政治家。武帝の時、塩の専売、均輸・平準法を行い財政を豊かにした。（～前八〇）

【桑門（ソウモン）】僧侶。沙門。♥梵語の音訳からという。

【桑林（ソウリン）】①中国、殷の湯王が雨乞いをした場所。②殷の王の用いた音楽。

難読地名 桑折町（福島）

3351 【桌】 ＊3559 木－6 タク 「卓」（798）の異体字

3352 【栾】 ―― 木－6 ラン 「欒」（3387）の異体字

3353 【栗】 2310 372A 8C49 木－6 人 リチ㊵・リツ㊶/lì/くり

字解 会意。木＋覀（＝卣）。くりの木の意。甲骨文・金文は、いががついたくりの実の形。

甲骨文 

金文 

篆文 

同属字 篥・慄

意味 ❶くり。ブナ科の落葉高木。『甘栗』『勝栗』 ❷くりの実のような色。『栗毛』 ❸おそれる。おののく。ふるえる。「慄」に同じ。『栗栗』『栗烈』『股栗』 ❹その他、あて字など。『栗鼠』『片栗』『縮栗』『団栗』

【栗鼠（リッソ・リス）】リス科の哺乳類。きねずみ。

【栗栗（リツリツ）】①おそれおののくさま。②寒さにふるえるさま。

【栗烈（リツレツ）】寒さのきびしいさま。

難読地名 栗源町（千葉） 栗田湾（京都）

3354 【梟】 5970 5B66 9E86 木－7 キョウ（ケウ）㊵㊶/xiāo/ふくろう・たける

字解 会意。鳥省＋木。鳥を木の先につきさしてさらす意。また、ふくろうの意。ふくろうは、不孝の鳥として、みせしめにさらしたという。

意味 ❶ふくろう。フクロウ科の鳥。『鴟梟』 ❷つよい。たけだけしい。わるづよい。たける。『梟悪』『梟雄』 ❸さらす。さらし首にする。『梟首』『梟木』

❷ つよい。たけだけしい。

【梟悪（キョウアク）】人道にそむいた極悪な行い。

【梟将（キョウショウ）】残忍で勇猛な大将。

【梟臣（キョウシン）】勢力のある悪い臣。

【梟帥（キョウスイ）】勇猛な大将。異民族の首領。梟将。

【梟名（キョウメイ）】強豪だという評判。勇猛のうわさ。

【梟雄（キョウユウ）】残忍だが勇猛である人物。

❸ さらす。さらし首にする。

【梟首（キョウシュ）】斬罪に処した罪人の首を木にかけてさらすこと。さらし首。

【梟木（キョウボク）】さらし首をかける木。獄門台。

3355 【巣】 3367 4163 9183 木－7 常4 (2005)【巢】 ―― 巛－8 旧字 人 ソウ（サウ）㊶/cháo/す

筆順 巣 巣 巣 巣 巣 巣 巣

字解 象形。木の上につくった鳥のすの形に象り、すの意。

金文 

篆文 

同属字 剿・勦・樔

意味 ❶す。鳥のす。動物のすみか。また、すをつくる。すくう。『巣林一枝』『巣穴』『営巣』『燕巣』『帰巣』『鳩巣』『蜂巣』＊文選-古詩十九首「越鳥巣二南枝一（＝越から飛んできた鳥は、南の枝に巣をかける）」 ❷人の集まるところ。たまりば。かくれが。すみか。『巣窟』『賊巣』 ❸あつまる。むらがる。『精巣』『病巣』『卵巣』

【巣居（ソウキョ）】①木の上に巣を作ってすむこと。②住居。

【巣窟（ソウクツ）】盗賊、悪党などのすみか。ねじろ。

【巣穴（ソウケツ）】①禽獣の巣。②樹上の住居と土中の住居。転じて、敵対する者や盗賊などのかくれが。

【巣林一枝（ソウリンイッシ）】鳥が巣をかけるには林の中のたった一本の枝で足りることから、小さな家に満足するたとえ。〔荘子-逍遥遊〕

3356【梨】 4592 4D7C 979C 木－7 人 (3362)〔棃〕 ―― 木－8

リ㊉㊇／lí／なし

字解 形声。木＋利(＝犁)㊀。

参考 万葉仮名では音を借りて「り」。

意味 ❶なし。バラ科の落葉高木。『梨園』『洋梨(ヨウなし)』❷その他、あて字など。『阿闍梨(アジャリ)』『浜梨(はまなす)』

❶ なし。バラ科の落葉高木。

【梨雲(リウン)】ナシの花が白雲のように咲いているさま。

【梨園(リエン)】中国、唐の玄宗が宮中の梨の木を植えた園に設けた楽人の養成所。後世、演劇界をいう。＊白居易－長恨歌「梨園弟子白髪新(リエンのテイシハクハツあらたなり)〔＝かつての梨園の教習生たちも白髪が目だつ〕」

【梨花(リカ)】ナシの花。『梨花一枝春帯ㇾ雨(リカイッシはるあめをおぶ)』〔白いナシの花の咲いた小枝が春雨にぬれている意から〕美人の涙するさまにたとえる。〔白居易－長恨歌〕

【梨雪(リセツ)】雪のように白いナシの花。

【梨棗(リソウ)】ナシとナツメ。版木に用いられるところから、版木。

3357【梁】 4634 4E42 97C0 木－7

リョウ(リャウ)㊇㊉／liáng／うつばり・はり・やな

字解 会意。水＋刅(やなの象形)＋木。川にしかける、木でつくったやなの意。また、刅は、もろ刃の刀の象形、音は両と同系で、全体で川の両側にかけわたすはしの意を表すともいう。

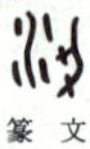
金文 篆文

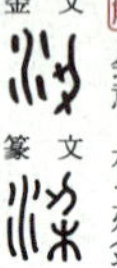

意味 ❶はし。かけはし。『橋梁(キョウリョウ)』❷うつばり。はり。柱の上に渡し、家の棟をささえる横木。『梁上』『棟梁(トウリョウ)』❸やな。川の中に木を並べて水をせきとめ、魚を捕らえる仕掛け。『魚梁(ギョリョウ)』『沢梁(タクリョウ)』❹つよい。『強梁(キョウリョウ)』❺国名、中国の王朝名。㋑戦国時代の魏が、紀元前三六二年に大梁(開封)に遷都した以後の国号。㋺南北朝の南朝第三の王朝(五〇二～五五七)。蕭衍(武帝)が斉の禅譲を受けて建国。南朝文化の最盛期を現出したが、六代で陳に滅ぼされた。㋩五代最初の王朝(九〇七～九二三)。通称は後梁。朱全忠(太祖)が唐を滅ぼして建国。二代で後唐に滅ぼされた。首都は開封。❻固有名詞。『梁山泊』

❷ うつばり。はり。

下接 屋梁(オクリョウ)・繞梁(ジョウリョウ)・脊梁(セキリョウ)・柱梁(チュウリョウ)・跳梁(チョウリョウ)・棟梁(トウリョウ)・鼻梁(ビリョウ)・陸梁(リクリョウ)

【梁材(リョウザイ)】はりに用いる材木。転じて、すぐれた人材。

【梁上(リョウジョウ)】うつばりの上。【梁上君子(リョウジョウのクンシ)】①どろぼう。盗人。〔後漢書－陳寔伝〕②ネズミ。♥①は、中国、後漢の陳寔(チンショク)が、梁(はり)の上にどろぼうがひそんでいるのに気付き、子や孫を集めて、「初めからの悪人はいない」と諭したところ、どろぼうは驚いて梁から飛びおり、謝罪したという故事から。

【梁塵(リョウジン)】①梁(うつばり)の上につもっているちり。②歌謡・音楽。すぐれた音楽。〔成公綏－嘯賦〕♥中国、漢代、美声で知られた魯の虞公が歌うと梁の上のちりまで動いたという伝説から。後白河院編の歌謡集「梁塵秘抄」の名はこの故事による。

【梁棟(リョウトウ)】うつばりとむなぎ。転じて、すぐれた人材。

〖梁木壊(リョウボクやぶる)〗はりの木が折れる。転じて、偉人が死ぬこと。〔礼記－檀弓上〕

【梁間(はりま)】梁のわたしてある方向の長さ。↕桁行(けたゆき)

❻ 固有名詞。

【梁園・梁苑(リョウエン)】中国、漢代に、文帝の子、梁の孝王が現在の河南省商丘県の東に築いた庭園。修竹園。兎園(トエン)。

【梁啓超(リョウケイチョウ)】中国、清末民国初期の政治家・思想家。広東の人。号は任公。戊戌(ボジュツ)の改革を行ったが失敗、日本に亡命した。孫文らの同盟会に対抗して保皇会を作った。(一八七三～一九二九)

【梁山伯(リョウザンパク)】中国、晋代の人。病死したのち、山伯に求婚されたがすでに婚約済みだった美人の祝英台が、とつぎに行く途中その墓前で泣き悲しむと、地が裂けてともに葬られ、蝶になったという。

【梁山泊(リョウザンパク)】中国山東省の梁山の南麓にあった沼池の名。天険の地として知られ、北宋末期に盗賊の宋江一味がここにたてこもった。それが「水滸伝(スイコデン)」に取り入れられ、以来一般に、豪傑や豪傑気どりの野心家などの集まる所をいうようになった。

【梁書(リョウショ)】中国の正史の一。二十五史の一。五六巻。唐の太宗の時、姚思廉等奉勅撰。六二九年完成。本紀六巻・列伝五〇巻からなる。南朝梁の歴史を記したもの。

【梁父・梁甫(リョウホ)】中国山東省泰安県の南にある、泰山の続きの山。♥昔、天子は泰山で天帝を祭り、梁父で地神を祭った。【梁父吟(リョウホギン)】梁甫の山に死者を葬るときの挽歌。楽府の一。蜀の諸葛亮(ショカツリョウ)の作という。

【梁川星巌(やながわセイガン)】江戸後期の漢詩人。美濃国(みののくに)(岐阜県)の人。名は孟緯(モウイ)。古賀精里、山本北山に学び、尊王攘夷を唱えた。著に「星巌集」など。(一七八九～一八五八)

3358【棊】 5987 5B77 9E97 木－8

キ 「棋」(3575)の異体字

3359【棄】 ―― 木－8

キ 「棄」(3364)の旧字

3360【棨】 ＊3609 木－8

ケイ㊇／qǐ

字解 形声。木＋啓(ひらく)省㊀。木製のわりふの意。

3361【棠】 6011 5C2B 9EA9 木－8

ドウ(ダウ)㊉・トウ(タウ)㊇／táng

字解 形声。木＋尚㊀。

意味 ❶やまなし。からなし。こりんご。『甘棠(カントウ)』❷「海棠(カイドウ)」は、バラ科の落葉低木。❸「沙棠(サトウ)」は、果樹の名。材は舟を造るのに用いる。

【棠棣(トウテイ)】ニワウメ(庭梅)の異名。

3362【棃】 ―― 木－8

リ 「梨」(3356)の異体字

〔渠〕⇩4204 〔閑〕⇩8576 〔集〕⇩8719

3363【楽】 1958 335A 8A79 木－9 常2 (3373)〔樂〕 6059 5C5B 9ED9 木－11 旧字 人

ガク㊉㊇・ラク㊉㊇・ギョウ(ゲウ)㊉・ゴウ(ガウ)㊇／yuè・lè・yào／たのしい・たのしむ

筆順  楽

字解 象形。くぬぎ(櫟)の形、または、これに似た楽器に象り、音楽の意。派生して、たのしい意を表す。

同属字 藥(薬)・櫟・爍・皪・礫・鑠

甲骨文 金文 篆文

参考 万葉仮名では音を借りて「ら」。

意味 ❶（ガク）おんがく。音をかなでる。また、鳴り物。『管弦楽』『楽器』『楽譜』『声楽(セイガク)』 ❷（ラク）たのしい。たのしむ。苦しみがなくこころよい。また、日本語で、たやすい。簡単である。『喜怒哀楽(キドアイラク)』『楽園』『楽観』『快楽』『娯楽』 ⇒〔苦〕(6591)の表 ❸（ギョウ｜ゴウ）このむ。願い求める。『楽欲(ギョウヨク)』『愛楽(アイギョウ)』 ❹その他。固有名詞、あて字など。『楽浪(ラクロウ)』『楽焼(ラクやき)』

❶ おんがく。音をかなでる。また、鳴り物。

下接 宴楽(エンガク)・音楽(オンガク)・雅楽(ガガク)・器楽(キガク)・伎楽(ギガク)・妓楽(ギガク)・軍楽(グンガク)・弦楽(ゲンガク)・絃楽(ゲンガク)・古楽(コガク)・申楽(さるガク)・猿楽(さるガク)・散楽(サンガク)・声楽(セイガク)・奏楽(ソウガク)・田楽(デンガク)・能楽(ノウガク)・舞楽(ブガク)・邦楽(ホウガク)・洋楽(ヨウガク)・礼楽(レイガク)・管弦楽(カンゲンガク)・室内楽(シツナイガク)・吹奏楽(スイソウガク)

【楽音(ガクオン)】 楽器で発せられる音のように、規則正しい振動を持続する音。↔噪音(ソウオン)

【楽士・楽師(ガクシ)】 音楽を演奏する人。楽人。

【楽人(ガクジン)】 音楽を演奏する人。→❷(ラクジン)

【楽聖(ガクセイ)】 偉大な音楽家に対する敬称。

【楽団(ガクダン)】 音楽を合奏する団体。バンド。『管弦楽団』

【楽壇(ガクダン)】 音楽活動に携わる人々が構成している社会。音楽界。

【楽譜(ガクフ)】 歌曲や楽曲を一定の約束に従い、記号で視覚的に書き表したもの。

【楽屋(ガクや)】 ①雅楽で、楽人が演奏する所。②出演者が準備したりする、舞台の裏手の部屋。③比喩(ヒユ)的に、内情、内幕。

【楽器(ガッキ)】 音楽演奏のために用いる器具。弦楽器、管楽器、打楽器など。『金管楽器』

【楽工(ガッコウ)】 音楽を奏する人。また、楽器を作る人。

【楽府(ガフ)】 （「ガクフ」の変化した語）①中国、秦に始まる音楽の役所。前漢の武帝は、官の音楽演奏のほか、民間歌謡を採集する役所とした。日本では、雅楽寮の別称。②（①で民謡を集めたところから）主として民間で歌われた歌謡をさし、詩と区別した名称。③中国、唐の白居易が新しい題でつくった「新楽府」をさす。

❷ たのしい。たのしむ。また、たやすい。

下接 哀楽(アイラク)・安楽(アンラク)・一楽(イチラク)・逸楽(イツラク)・佚楽(イツラク)・淫楽(インラク)・悦楽(エツラク)・宴楽(エンラク)・快楽(カイラク)・偕楽(カイラク)・歓楽(カンラク)・享楽(キョウラク)・気楽(キラク)・苦楽(クラク)・行楽(コウラク)・後楽(コウラク)・極楽(ゴクラク)・娯楽(ゴラク)・三楽(サンラク)・耽楽(タンラク)・道楽(ドウラク)・貧楽(ヒンラク)・法楽(ホウラク)・豊楽(ホウラク)・遊楽(ユウラク)・愉楽(ユラク)・後生楽(ゴショウラク)・太平楽(タイヘイラク)・喜怒哀楽(キドアイラク)・苦爪楽髪(くづめラクがみ)・先憂後楽(センユウコウラク)

【楽易(ラクイ)】 心が安らかであること。

【楽逸・楽佚・楽軼(ラクイツ)】 楽しみ遊ぶこと。

【楽園(ラクエン)】 苦しみのない安楽に暮らせる所。

【楽歳(ラクサイ)】 五穀豊饒で楽しい年。豊年。

【楽事(ラクジ)】 たのしいこと。*李白-春夜宴二桃李園一序「序二天倫之楽事一(テンリンのラクジをジョす)」〔=親類同士の楽しみをくりひろげる〕

【楽日(ラクジツ)】 安楽な日。

【楽人(ラクジン)】 国 気楽な人。→❶(ガクジン)

【楽天(ラクテン)】 国 人生を楽観すること。のんきなこと。『楽天家』 ♥「ラテン」にあてることもある。→❹

【楽土(ラクド)】 楽しい土地。安楽な地。楽地。楽園。

【楽楽(ラクラク)】 国 ①気楽、安楽であるさま。②たやすく物事ができるさま。

【楽観(ラッカン)】 成り行きをよい方に考えること。↔悲観。『楽観的』『楽観論』

【楽境・楽郷(ラッキョウ)】 楽しい境涯。安楽な境地。

【楽国(ラッコク)】 楽しい国。安楽に暮らせる土地。

❸ このむ。願い求める。

下接 愛楽(アイギョウ)・意楽(イギョウ)・願楽(ガンギョウ)・三楽(サンゴウ)・信楽(シンギョウ)・益者三楽(エキシャサンゴウ)・損者三楽(ソンシャサンゴウ)

【楽欲(ギョウヨク)】 仏語。願い求めること。

【楽思(ゴウシ)】 恋い慕うこと。*史記-高祖本紀「吾魂魄猶楽二思沛一(わがコンパクはなおハイをゴウシせん)」〔=私の魂はやはりこの沛の地を恋い慕うだろう〕

❹ その他。固有名詞、あて字、熟字訓など。

下接 神楽(かぐら)・独楽(こま)・車楽(だんじり)・伯楽(ハクラク｜バクロウ)・文楽(ブンラク)・我楽多(ガラクタ)

【楽毅(ガッキ)】 中国、戦国時代、燕(エン)の将軍。昭王のとき斉(セイ)を討って功をたてたが、恵王のとき、趙(チョウ)に亡命。観津(カンシン)に封ぜられて望諸君と号した。

【楽経(ガッケイ)】 儒教の六経の一。秦(シン)の始皇帝の焚書(フンショ)でほろびたとも、最初から存在しなかったともいわれる。

【楽天(ラクテン)】 白楽天(ハクラクテン)のこと。→❷

【楽焼(ラクやき)】 ①手でこね、低い火度で焼いた陶器。②素焼きの陶器に絵付けをして焼く簡便な陶器。♥①は、京都の長次郎が千利休の指導を得て創始した茶器。豊臣秀吉から「楽」の印を賜り、家号としてこれを用いる。

【楽遊原(ラクユウゲン)】 中国、唐代、長安城内南部にあった丘。城内を一目に見渡せる遊楽地となっていた。楽遊苑。

【楽浪(ラクロウ)】 中国、前漢の武帝が朝鮮に置いた四郡の一。朝鮮半島の西部、平壌(ピョンヤン)を中心とした地域。

3364 【棄】 2094 347E 8AFC 木-9 常

(2189)〔弃〕 5517 5731 9C50 廾-4

(3359)〔棄〕 木-8 旧字

キ 呉漢 /qì/ すてる

筆順 

字解 会意。𠫓(=子、生まれたばかりの赤ん坊)+其(=箕、ごみとり)+廾(両手)。生まれたばかりの子を箕に入れてすてる風習から、すてる意を表す。

甲骨文 金文 篆文 重文

参考 万葉仮名では音を借りて「き甲」。

意味 すてる。うっちゃる。しりぞける。また、うちすててかえりみない。みすてる。かまわない。『棄却』『棄民』 *孟子-梁恵王上「棄レ甲曳レ兵而走(コウをすてヘイをひきてにぐ)」〔=よろいを投げ捨て、武器をひきずって逃げる〕

下接 委棄(イキ)・遺棄(イキ)・捐棄(エンキ)・厭棄(エンキ)・遐棄(カキ)・自棄(ジキ)・唾棄(ダキ)・投棄(トウキ)・排棄(ハイキ)・廃棄(ハイキ)・破棄(ハキ)・擯棄(ヒンキ)・蔑棄(ベッキ)・放棄(ホウキ)・自暴自棄(ジボウジキ)

【棄捐(キエン)】 ①見捨てること。かえりみないこと。*文選-古詩十九首「棄捐勿二復道一(キエンせらるるもまたいうことなし)」〔=あなたに見捨てられたことについて、私はもうぐちを申すまい〕 ②私財を投げ出して他に恩恵を施すこと。

【棄却(キキャク)】 ①すてて取り上げないこと。②訴えや上訴申し立てを理由がないとして排斥する裁判。↓却下。

心(小・忄)戈戸(戶)手(扌)支攴(攵) 4画 文斗斤方无(旡・旡)日曰月木欠止歹(歺)殳毋比毛氏气水(氺・氵)火(灬)爪(爫・⺤)父爻(㸚)爿(丬)片牙(牙)牛犬(犭)

『控訴棄却』

【棄権(キケン)】 投票、議決、参加などの権利を捨てて使わないこと。

【棄才(キサイ)】 才能がありながら世に用いられない人。棄材。

【棄市(キシ)】 中国、周代以来の刑罰の一。公衆の面前で斬罪に処し、その死体を市中にさらすこと。＊史記-高祖本紀「偶語者棄市(グウゴするものはキシせらる)〔=向かい合って話す者は、死骸を市中にさらされた〕」

【棄世(キセイ)】 1俗世での富貴栄誉を超越し、自己本来の理想の境涯に生きること。2死ぬこと。

【棄民(キミン)】 戦乱、災害などの難民を国家が救済せずに見捨てること。また、その人々。『棄民政策』

【棄養(キヨウ)】 父母の死。親に孝養をつくせなくなる意。

【棄老(キロウ)】 国としよりを捨てること。昔、老人などを山中に捨てた習俗。『棄老伝説』

3365 【業】 2240 3648 8BC6 木-9 常3 ゴウ(ゴフ)呉・ギョウ(ゲフ)漢 \yè\ わざ

筆順 

字解 象形。ぎざぎざのかざりのついた、鐘や磬などの楽器をかける板の形に象り、かざり板を作るの意。また、楽器をかけるわざから、一般に仕事、学問のわざの意を表す。

同属字 鄴

意味 ❶(ギョウ) わざ。しわざ。つとめ。㋑仕事。職業。『業績』『業務』『工業』『産業』＊陶潜-桃花源記「捕ㇾ魚為ㇾ業(うおをとらうるをギョウとなす)〔=魚をとるのを仕事にする〕」㋺学問。『課業』『授業』『卒業』㋩てがら。いさお。また、いとなみ。『功業』❷(ゴウ) 仏教で、善悪の報いの因となるすべての行為。『業果』『業苦』『業報』『因業』『宿業(シュクゴウ)』❸(ギョウ) すでに。もはや。『業已(すでに)』『已業(イギョウ)』❹「別業(ベツギョウ)」は、しもやしき。別宅。

❶ わざ。しわざ。つとめ。

下接 悪業・医業・偉業・遺業・肄業・営業・王業・開業・家業・稼業・課業・画業・学業・官業・勧業・企業・起業・機業・休業・協業・虚業・漁業・近業・兼業・現業・工業・功業・行業・洪業・鉱業・興業・鴻業・作業・座業・三業・蚕業・産業・残業・始業・斯業・事業・失業・実業・終業・就業・醜業・従業・受業・授業・術業・巡業・商業・所業・職業・世業・正業・生業・盛業・聖業・専業・賤業・創業・操業・祖業・卒業・大業・怠業・定業・帝業・適業・転業・田業・同業・乳業・農業・廃業・覇業・罷業・副業・分業・閉業・別業・本業・夜業・窯業・余業／足業(あしわざ)・神業(かみわざ)・仕業(しわざ)・力業(ちからわざ)・寝業(ねわざ)・早業(はやわざ)

【業績(ギョウセキ)】 事業や研究などの成果。できばえ。

【業務(ギョウム)】 職業や事業などに関して、継続して行う仕事。『業務上過失』『業務日誌』

【業余(ギョウヨ)】 本職以外の仕事。

❷ 仏教で、善悪の報いの因となる行為。

下接 悪業(アクゴウ)・引業(インゴウ)・因業(インゴウ)・罪業(ザイゴウ)・宿業(シュクゴウ)・前業(ゼンゴウ)・非業(ヒゴウ)・自業自得(ジゴウジトク)

【業因(ゴウイン)】 未来に苦楽の果報を招く因となる善悪の行為。

【業火(ゴウカ)】 人の悪業を火にたとえた語。また、地獄で罪人を焼くという猛火。転じて、激しい火。

【業果(ゴウカ)】 前世の行いによって現世で受ける報い。業報。

【業苦(ゴウク)】 前世の悪業のために、現世で受ける苦しみ。

【業病(ゴウビョウ)】 前世の悪業の報いによって起こるとされた病気。転じて、難病。

【業報(ゴウホウ)】 =業果(ゴウカ)

【業魔(ゴウマ)】 悪業が正道を妨げて、智慧を失わせることを魔にたとえていう語。

3366 【㯳】 6038 5C46 9EC4 木-10 エイ 「栄」(3336)の旧字

3367 【槀】 ―― 木-10 コウ 「槁」(3679)の異体字

3368 【槊】 6046 5C4E 9ECC 木-10 サク漢 \shuò\ ほこ

字解 形声。木＋朔(逆にむきさからう)声。敵をむかえうつための木製の武器、ほこの意。

意味 ❶ほこ。武器の一種。❷双六(すごろく)。双六の盤。

【横ㇾ槊賦ㇾ詩(ほこをよこたえてシをフす)】 英雄は戦場でも風流を忘れないことのたとえ。〔蘇軾-前赤壁賦〕中国、三国時代、魏の曹操が戦場でも詩を作ったという故事から。

3369 【槖】 ＊3672 木-10 タク 「橐」(3377)の異体字

3370 【槃】 6049 5C51 9ECF 木-10 バン呉・ハン漢 \pán\ たらい

字解 形声。木＋般(大きいふね)声。大きくたいらなたらい、また、はちの意。

甲骨文 金文 金文 篆文

金文は、木ではなく、皿と金に従う。盤に同じ。

意味 ❶たらい。ひらたい鉢。❷たのしむ。また、たのしみ。『考槃(コウハン)』❸たちもとおる。とどまって進まないさま。❹「涅槃(ネハン)」は、梵 nirvāṇa の音訳。迷いや悩みを離れた悟りの境地。

3371 【槩】 ―― 木-11 ガイ 「概」(3672)の異体字

3372 【槪】 ―― 木-11 ガイ 「概」(3672)の異体字

3373 【樂】 6059 5C5B 9ED9 木-11 ガク 「楽」(3363)の旧字

3374 【槧】 6065 5C61 9EDF 木-11 ゼン呉・セン漢・ザン慣 \qiàn\

字解 形声。木＋斬(きる)声。文字を刻むための木のふだの意。

3375 【橛】 ―― 木-12 ケツ 「橛」(3756)の異体字

3376【橤】＊3717 木-12
ズイ(漢)/ruǐ/しべ
字解 形声。木+惢(声)という。たれる、また、花のしべの意。蕊・蘂に同じ。

3377【橐】＊3711 木-12 (3369)【槖】＊3672 木-10
タク(漢)/tuó/ふくろ・つわぶき
字解 形声。橐(ふくろ)省+石(そのつまった中身)(声)。中にものを入れ、上下両端をしばったふくろの意。
意味 ❶ふくろ。小さいふくろ。『橐駝』❷ふいごう。『橐籥』❸「橐吾(つわぶき)」は、キク科の常緑多年草。
【橐駝(タクダ)】①駱駝(ラクダ)の異名。背のこぶを袋とみていう。②植木職人の異称。橐駝師。〔柳宗元-種樹郭橐駝伝〕
【橐籥(タクヤク)】(「籥」は内側にある管)鍛冶屋が火をおこすのに用いる鞴(ふいごう)。

【築】⇩5701 【簗】⇩5706

3378【檃】＊3724 木-13 (3384)【櫽】＊3760 木-17
イン(漢)/yǐn/ためぎ
字解 形声。木+隱(かくしおさえる)省(声)。おさえて曲がりをただす、ためぎの意。
意味 ためぎ。木材の曲がりを直す道具。
【檃栝・檃括(インカツ)】曲がった木をまっすぐにする道具の木。また、曲がった木をためて直すこと。

3379【檠】6091 5C7B 9EF9 木-13
ケイ(漢)/qíng/ゆだめ
字解 形声。木+敬(つつしみひきしめる)(声)。弓をひきしめる、ゆだめの意。
意味 ❶ゆだめ。弓の曲がりをため直す具。また、ためる。❷ともしび。ともしび立て。『短檠(タンケイ)』『灯檠(トウケイ)』

3380【檗】6101 5D21 9F40 木-13 (3386)【蘗】6102 5D22 9F41 木-17 (3795)【檘】—— 木-13
ハク(漢)・バク(慣)/bò/きはだ
字解 形声。木+辟(→劈、ひきはなす)(声)。樹皮をはいで薬用・染料とする木、きはだの意。
意味 きはだ。ミカン科の落葉高木。『黄檗(オウバク)』

3381【櫜】＊3751 木-15
コウ(カウ)(漢)/gāo/ふくろ
字解 形声。㯻(豚を入れたふくろ)省+咎(とがめる)(声)。武器類を入れておくふくろの意。

3382【櫱】＊3757 木-16 (3385)【蘖】6117 5D31 9F50 木-17
ゲツ(漢)/niè/ひこばえ
字解 形声。木+辥(きりたってけわしい山)(声)。切ってもそこから生える切り株の芽、ひこばえの意から、一般にもののはじめの意。櫱は篆文「欁」の重文の一。
甲骨文

篆文

重文

意味 ひこばえ。なばえ。きりかぶから生じた芽。『分櫱(ブンゲツ)』『萌櫱(ホウゲツ)』『余櫱(ヨゲツ)』

3383【龒】—— 木-16
ロウ 「櫳」(3824)の異体字

【蘂】⇩6964

3384【櫽】＊3760 木-17
イン 「檃」(3378)の異体字

3385【蘖】6117 5D31 9F50 木-17
ゲツ 「櫱」(3382)の異体字

3386【蘗】6102 5D22 9F41 木-17
ハク 「檗」(3380)の異体字

3387【欒】6119 5D33 9F52 木-19 (3352)【栾】—— 木-6
ラン(漢)/luán/おうち
字解 形声。木+䜌(声)。金文は、䜌のみの形。木の名。おうち。せんだん。楝に同じ。「朱欒(シュラン)」は、ザボン。ミカン科の常緑高木。
金文

篆文

木

3388【札】2705 3B25 8E44 木-1 常4
サツ(漢)/zhá/ふだ・さね
筆順 札 札 札 札 札
字解 会意。木+乚(削る道具)。木をうすく削った木のふだ、また、かきものの意。
意味 ❶ふだ。うすい木や紙などのふだ。『札所(ふだショ)』『表札』『名札』❷かきつけ。書いた紙。また、手紙。『札記』『鑑札』『入札』❸「札札(サツサツ)」は、㋑機(はた)を織る音、虫の鳴く声などを表す語。＊文選-古詩十九首「札札弄二機杼一(サツサツとしてキチョをロウす)〔=カタカタと機の杼を動かしている〕」㋺風や雨の音を表す語。颯颯。❹わかじに。『夭札(ヨウサツ)』❺国紙幣。『札束(さつたば)』『藩札』❻国入場券・乗車券など。『改札(カイサツ)』『検札(ケンサツ)』『出札(シュッサツ)』❼国よろいのさね。
下接 ①簡札(カンサツ)・金札(キンサツ)・禁札(キンサツ)・高札(コウサツ)・制札(セイサツ)・表札(ヒョウサツ)・標札(ヒョウサツ)・門札(モンサツ)／赤札(あかふだ)・御札(おふだ)・質札(しちふだ)・正札(ショウふだ)・席札(セキふだ)・辻札(つじふだ)・手札(てふだ)・富札(とみふだ)・名札(なふだ)・荷札(にふだ)・値札(ねふだ) ②一札(イッサツ)・緘札(カンサツ)・翰札(カンサツ)・簡札(カンサツ)・鑑札(カンサツ)・貴札(キサツ)・玉札(ギョクサツ)・使札(シサツ)・書札(ショサツ)・短札(タンサツ)・入札(ニュウサツ)・飛札(ヒサツ)・筆札(ヒッサツ)・芳札(ホウサツ)・来札(ライサツ)・落札(ラクサツ) ⑤贋札(ガンサツ／にせサツ)・紙札(シサツ)・大札(タイサツ)・偽札(にせサツ)・藩札(ハンサツ)
【札記(サッキ)】本を読んでの感想などを箇条書きに記したもの。
【札所(ふだショ)】巡礼者が参詣の印として札を受ける仏教の霊場。

3389【机】2089 3479 8AF7 木-2 常6
キ(呉)(漢)/jī/つくえ
筆順 机 机 机 机 机 机
字解 形声。木+几(つくえ)(声)。つくえの意。のちに木を加えた。几に同じ。
意味 つくえ。物を書いたり、本を読んだりするときなどの台。

下接 床机ショウキ・浄机ジョウキ・書机ショキ／経机キョウづくえ・文机ふづくえ

【机案（キアン）】（「案」もつくえの意）つくえ。

【机下（キカ）】手紙の脇付わきづけとして用いる語。相手の机の下に差し出すの意。

【机上（キジョウ）】机の上。『机上の空論』

3390【朽】2164 3560 8B80 木－2 常 ク㊤・キュウ（キウ）㊥／xiǔ／くちる

筆順 

字解 形声。木＋丂（伸び悩み曲がる）㊥。くさって曲がった木の意。

意味 くちる。くさる。衰える。

下接 壊朽カイキュウ・枯朽コキュウ・若朽ジャッキュウ・衰朽スイキュウ・不朽フキュウ・腐朽フキュウ・老朽ロウキュウ

【朽壊（キュウカイ）】＝朽廃キュウハイ

【朽索（キュウサク）】腐ったなわ。

【朽廃（キュウハイ）・朽敗（キュウハイ）】腐って崩れること。腐って役立たなくなること。朽壊。

【朽木（キュウボク）】朽ちた木。くちき。［朽木不レ可レ雕也キュウボクはほるべからず］腐った木には彫刻のしようがない。怠惰な人間には教育する値打ちがないというたとえ。朽木糞牆キュウボクフンショウ。朽木糞土。＊論語－公冶長「朽木不レ可レ雕也。糞土之牆、不レ可レ杇也キュウボクはほるべからず、フンドのショウはぬるべからず」（＝腐った木は彫刻のしようがない。はきだめのぼろぼろの土の土べいは上塗りのしようもない）」

【朽老（キュウロウ）】年老いて気力が衰えること。また、その人。

3391【杒】5923 5B37 9E56 木－2 トウ（タウ）㊥

字解 形声。木＋刀㊥。木の心シンの意。

3392【朳】＊3486 木－2 ハツ㊥・ハチ㊤／えぶり・えんぶり

字解 形声。木＋八㊥。歯のない熊手の意。

意味 えぶり。土をならしたりする農具の一種。

3393【朴】4349 4B51 9670 木－2 常 ハク㊥・ホク㊥・ボク㊤／pò・pū／ほお・えのき・すなお

筆順 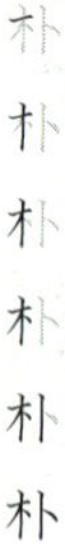

字解 形声。木＋卜㊥。木の皮の意。樸に通じ、すなおの意に用いる。

意味 ❶木の皮。❷うわべを飾らない。すなお。「樸」に同じ。「朴訥」❸むち。または、むちでうつ。『敲朴コウボク』❹国ほお。モクレン科の落葉高木。日本特産。材は、げた、版木、鉛筆などに用いる。

❷うわべを飾らない。すなお。

下接 簡朴カンボク・質朴シツボク・純朴ジュンボク・淳朴ジュンボク・醇朴ジュンボク・素朴ソボク・粗朴ソボク・敦朴トンボク

【朴実（ボクジツ）】かざりけがなくまじめなこと。朴質。樸実。

【朴直（ボクチョク）】かざりけがなく正直なこと。樸直。

【朴訥（ボクトツ）】かざりけがなく無口なこと。木訥。樸訥。

【朴念仁（ボクネンジン）】無口で愛想のない人。人情の分からない者、気の利かない者の蔑称。

【朴陋（ボクロウ）】行儀作法などの洗練されていないさま。また、かざりけがなく粗末なさま。樸陋。

3394【朸】5922 5B36 9E55 木－2 ロク㊥・リョク㊥／lè・lì／おうご・おうこ

字解 形声。木＋力（→理、すじ）㊥。木のすじめの意。

意味 ❶もくめ。木の年輪。❷国おうご。てんびん棒。

3395【杁】5921 5B35 9E54 木－2 いり

字解 国字。「圦」に同じ。「杁ヶ島いりがしま」は愛知県の地名。

3396【杇】＊3489 木－3 オ（ヲ）㊥／wū／こて・ぬる

字解 形声。木（木製）＋亏㊥。土壁を塗る道具。

篆文 

意味 こて。壁をぬる道具。こてで壁をぬる。＊論語－公冶長「糞土之牆、不レ可レ杇也フンドのショウは、ぬるべからざるなり」（＝ぼろぼろの土のへいは、上塗りのしようもない）」

3397【杆】5924 5B38 9E57 木－3 カン㊥／gān／まゆみ

字解 形声。木＋干（たての形）㊥。木の名、まゆみ。

意味 てこ（梃）。また、たて（盾）。『槓杆コウカン』『槍杆ソウカン』

3398【杞】5925 5B39 9E58 木－3 キ㊥・コ㊤／qǐ／おうち

字解 形声。木＋己㊥。

甲骨文 

金文 

篆文 

意味 ❶木の名。おうち。くこ。かわやなぎ。『杞梓キシ』『杞柳』『枸杞クコ』❷中国、周代の国の名。『杞憂キユウ』

【杞梓（キシ）】おうちとあずさの木。ともに良材として器物を作るのに用いる。転じて、有用の材。

【杞憂（キユウ）】無用の心配。取り越し苦労。〔列子－天瑞〕昔、中国の杞の国の人が、天の崩れ落ちることを憂えて寝食をとらなかったという故事から。

【杞柳（キリュウ）】かわやなぎ。こりやなぎ。

3399【杠】5926 5B3A 9E59 木－3 コウ（カウ）㊤㊥／gāng／はし

字解 形声。木＋工㊥。

金文 

篆文

意味 ❶小さな橋。『杠梁』『石杠セッコウ』❷はたざお。❸「杠秤コウショウ」は、ちきり。さおばかり。❹国木の名。ゆずりは（交譲木）。

【杠梁（コウリョウ）】橋のこと。

3400【杌】＊3491 木－3 ゴツ㊥・ゲツ㊥／wù

字解 形声。木＋兀㊥。

意味 ❶枝のない木。木の切り株。くいぜ。❷あやういさま。不安なさま。❸

3401【杈】＊3490 木－3 サ㊥／chā・chà／やす・さらえ・さすまた

字解 形声。木＋叉（はさむ）㊥。さすまたの意。

意味 ❶またになった枝。❷さすまた。先がまたになった武器の一種。また、物を高い所にかける道具。❸やす。魚を刺す漁具。❹さらえ。農具の一種。❺やらい。木や竹で作った柵サク。

3402 【材】 2664 3A60 8DDE 木－3 常4 ザイ(呉)・サイ(漢)/cái

筆順 材 材 材 材 材 材 材

字解 形声。木＋才(流れをせきとめるためにきった木)(声)。切った木、木材の意。また、切ればいろいろに用いることができるので、材料の意を表す。

意味 ❶き。まるた。あらき。転じて、原料となるもの。㋑原料となる木。『材木』『角材』『建材』『製材』㋺広く、ものを作るもととなるもの。『材料』『画材』『資材』『題材』 ❷才能。はたらき。「才」に同じ。『材士』『材能』 ＊韓愈-雑説「不レ能レ尽ニ其材一(そのザイをつくさしむるあたわず)」〔＝その才能を十分発揮させることができない〕」

❶ き。まるた。転じて、原料となるもの。

下接 遺材(イザイ)・印材(インザイ)・角材(カクザイ)・花材(カザイ)・画材(ガザイ)・器材(キザイ)・機材(キザイ)・教材(キョウザイ)・巨材(キョザイ)・建材(ケンザイ)・硯材(ケンザイ)・鋼材(コウザイ)・骨材(コツザイ)・梓材(シザイ)・資材(シザイ)・集材(シュウザイ)・取材(シュザイ)・心材(シンザイ)・身材(シンザイ)・製材(セイザイ)・石材(セキザイ)・素材(ソザイ)・礎材(ソザイ)・題材(ダイザイ)・樗材(チョザイ)・鉄材(テツザイ)・廃材(ハイザイ)・媒材(バイザイ)・木材(モクザイ)・用材(ヨウザイ)・溶材(ヨウザイ)・良材(リョウザイ)・肋材(ロクザイ)

【材質(ザイシツ)】①木材の性質。②材料の性質。

【材木(ザイモク)】建築などの材料にする木。木材。

【材料(ザイリョウ)】①原料。②もととなる資料や素材。

❷ 才能。はたらき。

下接 育材(イクザイ)・偉材(イザイ)・遺材(イザイ)・逸材(イツザイ)・巨材(キョザイ)・高材(コウザイ)・人材(ジンザイ)・楚材(ソザイ)・択材(タクザイ)・適材(テキザイ)・駑材(ドザイ)・不材(フサイ)・別材(ベッサイ)・雄材(ユウザイ)・庸材(ヨウザイ)

【材幹(サイカン)】物事を処理する能力。うでまえ。

【材士(サイシ)】①才知のすぐれた人。②武力のすぐれた人。

【材能(ザイノウ|サイノウ)】人間のもっている本質的な能力。才能。＊史記-張儀伝「以ニ子之材能一、乃自令ニ困辱一至レ此(シのサイノウをもって、すなわちみずからコンジョクせしむることここにいたる)〔＝お前は才能をもち合わせながらも、身から出たさびで、行き詰まってしまい、このような辱めを受けるようになってしまったのだ〕」

【材武(ザイブ)】才能があり、武勇のあること。

【材力(サイリョク)】才能と能力。

3403 【杉】 3189 3F79 9099 木－3 常 サン(漢)/shān・shā/すぎ

筆順 杉 杉 杉 杉 杉 杉 杉

字解 形声。木＋彡(声)。

意味 すぎ。スギ科の常緑高木。日本特産。葉は小さな針状をして密生する。『老杉(ロウサン)』『糸杉(いとすぎ)』

【杉風(サンプウ)】スギの木に吹く風。

3404 【杓】 2861 3C5D 8EDB 木－3 ヒョウ(ヘウ)(漢)・シャク(漢)/biāo・sháo/ひしゃく

字解 形声。木＋勺(ひしゃく)(声)。ひしゃくの柄の意。

意味 ❶ひしゃく。水をくむ道具。また、ひしゃくの柄。『杓手』『茶杓(チャシャク)』『柄杓(ヒシャク)』 ❷北斗七星の柄にあたる第五・六・七星。

【杓子定規(シャクシジョウギ)】国 決まりきった考えや形式にとらわれて、応用、融通の利かないこと。もと、柄の曲がった杓子を定規にする意で、誤った基準で物をはかること。

3405 【杓】 ── 木－3 シャク(漢)

字解 杓の誤字。ひしゃくの柄の意。

3406 【杖】 3083 3E73 8FF1 木－3 ジョウ(ヂャウ)(呉)・チョウ(チャウ)(漢)/zhàng/つえ

字解 形声。木＋丈(長い木の棒を手にもつ)(声)。長い木の棒の意。

意味 ❶つえ。また、つえをつく。『杖家』『杖履』 ❷昔の令制の五刑の一。杖で罪人の臀(しり)をうつ刑罰。

❶ つえ。また、つえをつく。

下接 戒杖(カイジョウ)・几杖(キジョウ)・毬杖(ギッチョウ)・鳩杖(キュウジョウ)・玉杖(ギョクジョウ)・錫杖(シャクジョウ)・笞杖(チジョウ)・鞭杖(ベンジョウ)・藜杖(レイジョウ)／側杖(そばづえ)・頬杖(ほおづえ)・弓杖(ゆんづえ)

【杖家(ジョウカ)】(家の中でつえをつく意)五〇歳のこと。

【杖屨(ジョウク)】＝杖履(ジョウリ)

【杖策(ジョウサク)】馬のむちをつえにつくこと。手にむちを持つこと。

【杖履(ジョウリ)】①つえと、はきもの。老人の外出に必要な道具。②目上の人を敬っていう語。

【杖藜(ジョウレイ)】アカザのつえ。

3407 【村】 3428 423C 91BA 木－3 常1 ジュン(呉)・ソン(呉)(漢)/cūn/むら

筆順 村 村 村 村 村 村 村

字解 形声。木＋寸(声)。邨に同じ。

意味 ❶むら。㋑むらざと。また、いなか。いなかびている。『村夫子』『村落(ソンラク)』『寒村』『漁村』『山村』㋺国地方公共団体の一。『市町村』『村長』 ❷あて字。『村時雨(むらしぐれ)』『村雲(むらくも)』『村雨(むらさめ)』

下接 遠村(エンソン)・寒村(カンソン)・帰村(キソン)・漁村(ギョソン)・江村(コウソン)・孤村(コソン)・山村(サンソン)・散村(サンソン)・集村(シュウソン)・水村(スイソン)・他村(タソン)・町村(チョウソン)・農村(ノウソン)・廃村(ハイソン)・貧村(ヒンソン)・分村(ブンソン)・僻村(ヘキソン)・民村(ミンソン)・離村(リソン)・隣村(リンソン)・市町村(シチョウソン)・千村万落(センソンバンラク)

【村塢(ソンオ)】(「塢」は土手の意)村のまわりを囲んだ土手。転じて、村。

【村翁(ソンオウ)】村の老人。田舎のおやじ。

【村墟(ソンキョ)】むらざと。村落。

【村巷(ソンコウ)】村里のちまた。また、村里。

【村墅(ソンショ)】村里の別荘。

【村笛(ソンテキ)】村びとが吹く笛。＊白居易-琵琶行「豈無ニ山歌与ニ村笛一(あにサンカとソンテキとなからんや)〔＝きこりの歌や、農夫の笛がないわけではない〕」

【村夫子(ソンプウシ)】①村の物知り。いなかの学者。また、見識のせまい学者の蔑称。②国いなかのおやじ。

【村閭(ソンリョ)】①村の入り口の門。②むらざと。

難読姓氏 村主(すぐり)・村主(むらぬし)

3408 【杕】 ＊3493 木－3 テイ(漢)・タ(漢)/dì・duò

字解 形声。木＋大(立つひとの象形)(声)。木が一本たつさま。

3409 【杜】 3746 454E 936D 木－3 人 ズ(ヅ)(呉)・ト(漢)/dù/もり

字解 形声。木＋土(声)。ふさぐ意。日本では、「社」の示を木に代え「もり」の意とする。

金文  篆文 

参考 万葉仮名では音を借りて「と甲」。

意味 ❶ふさぐ。とじる。『杜門』 ❷国もり。神社の森。❸人名、熟字訓など。『杜撰』『杜氏』『杜甫』『杜若』

❶ ふさぐ。とじる。

【杜口(トコウ)】 口をとざすこと。口をとじること。
【杜絶(トゼツ)】 とだえること。途絶。
【杜塞(トソク)】 ふさがること。ふさぐこと。
【杜門(トモン)】 門をとじること。

❸ 人名、熟字訓など。

【杜撰(ズサン)】 ①詩文などで、典拠の正確でないさま。②ぞんざいで手落ちが多いさま。いいかげんなさま。❤中国、宋の詩人杜黙の作詩が多く律に合わなかったという故事から。〔野客叢書〕
【杜漏(ズロウ)】 (杜撰・脱漏の意) ぞんざいで、手ぬかりがあること。
【杜宇(トウ)】 ホトトギスの別名。杜鵑。❤中国の蜀王、杜宇が死後ホトトギスに化したという伝説から。〔華陽国志〕
【杜氏(トウジ)】 国酒つくりの職人。❤中国で酒を初めてつくったとされる「杜康」の姓から。
【杜鵑(トケン|ほととぎす)】 ①ホトトギス科の鳥。杜宇。＊白居易-琵琶行「杜鵑啼血猿哀鳴」〔=ホトトギスは血を吐いて鳴き、猿は悲しげに鳴いている〕 ②(トケン) さつき。ツツジの一種。ホトトギスの鳴くころに咲く。杜鵑花。
【杜康(トコウ)】 (中国で、初めて酒を造ったと伝えられる人の名から) 酒の異称。
【杜工部(トコウブ)】 ＝杜甫
【杜子春(トシシュン)】 ①中国、後漢の学者。前漢の末に劉歆から「周礼」を学び、後漢の明帝のとき、九〇歳で鄭衆・賈逵らに「周礼」を教えた。②中国、唐代、鄭還古撰の伝奇小説「杜子春伝」の主人公。
【杜子美(トシビ)】 ＝杜甫
【杜若(トジャク|かきつばた)】 ①(トジャク) やぶみょうが。ツユクサ科の多年草。湿地に群生する。葉はアヤメより広く剣状で、先がとがる。燕子花。②(かきつばた) アヤメ科の多年草。
【杜少陵(トショウリョウ)】 ＝杜甫
【杜如晦(トジョカイ)】 中国、唐の創業の名臣。字は克明。玄房齢とともに太宗に仕え、房杜と併称された。
【杜審言(トシンゲン)】 中国、初唐の詩人。字は必簡。晋の名将杜預の後裔で、杜甫の祖父にあたる。則天武后朝の宮廷詩人として活躍した。(六四六～七〇八?)
【杜甫(トホ)】 中国、盛唐の詩人。字は子美。少陵と号し、工部、老杜、または大杜などと呼ばれる。晋の杜預を遠祖とし、祖父は初唐の詩人杜審言。中年には安禄山の乱に遭って幽閉されるなど波乱の生涯を送った。後世、李白の詩仙に対して、詩聖と呼ばれ、また、李杜と並び称される。詩文集に「杜工部集」。(七一二～七七〇)
【杜牧(トボク)】 中国、晩唐の詩人。字は牧之。号は樊川。杜佑の孫。感傷と頽廃の色濃い詩風で、絶句にすぐれ、杜甫の老杜または大杜に対し小杜と呼ばれる。「樊川集」がある。(八〇三～八五二)
【杜佑(トユウ)】 中国、唐代の政治家。字は君卿。諡は安簡。憲宗の時、司徒となり信任をうけた。学者としてもすぐれる。著に「通典」など。(七三五～八一二)
【杜預(トヨ|トド)】 中国、西晋の武将・学者。字は元凱。匈奴の乱を鎮定、呉を平定して当陽県侯に封ぜられた。また、学者としてもすぐれ、「春秋左氏経伝集解」「釈例」などがある。(二二二～二八四)
【杜松(ねず)】 ヒノキ科の常緑低木。材は建築用などにする。❤「ねずみさし」の略で、葉がネズミを刺して防ぐということによる。

3410 【杙】 5927 5B3B 9E5A 木-3 ヨク漢/yì/くい・くいぜ

字解 形声。木＋弋(くい)声。くいの意。のちに木を加えて、その字義をより明確にした。

金文  篆文 

意味 くい。くいぜ。『棒杙』『乱杙』

3411 【枚】 ＊3501 木-3 すぎ

字解 国字。すぎの意に用いる。

意味 木の名。すぎ。「杉」に同じ。

3412 【杣】 5928 5B3C 9E5B 木-3 そま

字解 国字。会意。木＋山。木をとる山の意。

意味 そま。木材を切り出す山。

【杣人(そまびと)】 きこり。

3413 【杤】 5929 5B3D 9E5C 木-3 とち

「栃」(3490)の異体字

3414 【枉】 5930 5B3E 9E5D 木-4 オウ(ワウ)呉漢/wǎng/まげる

字解 形声。木＋王(＝㞷→迋、すねがまがる)声。一般に、まがる意。

意味 ❶まげる。まがる。ゆがめる。ゆがむ。『枉屈』『枉道』『矯枉』 ❷無実の罪。無実の罪におとしいれる。『怨枉』『冤枉』『誣枉』

❶ まげる。まがる。また、心がゆがむ。

【枉駕(オウガ)】 相手の来訪を敬っていう語。『枉駕の栄に浴す』❤乗り物(駕)の方向をまげてわざわざ立ち寄る意。
【枉逆(オウギャク)】 わがままで、道理に反すること。横暴。
【枉屈(オウクツ)】 ①正当な理由もなくまげること。②身をかがめ、へりくだること。③押さえつけること。
【枉顧(オウコ)】 (わざわざ身をまげてかえりみる意) 人の来訪を敬っていう語。枉駕。
【枉死(オウシ)】 不慮の出来事で命を失うこと。
【枉車(オウシャ)】 (車の道順をまげて寄る意) 貴人の来訪を敬っていう語。枉駕。枉顧。
【枉道(オウドウ)】 ①正しい道をまげること。②まわり道をすること。
【枉法(オウホウ)】 ①私意によって法をまげて適用すること。②役人が賄賂を受け、法をまげて処理すること。

3415 【枒】 ―― 木-4 ガ漢/yā・yá

字解 形声。木＋牙声。

意味 ❶ヤシの木。❷木の枝がふぞろいにでているさま。『槎枒』

3416【杴】＊3504　木－4
ケン㊥/xiān/くわ・すき
字解 形声。木＋欠㊥。くわ、すきの類。

3417【枅】5939 5B47 9E66　木－4
ケイ「枅」(3506)の異体字

3418【杭】2526 393A 8D59　木－4
コウ(カウ)㊥/háng/くい・くいぜ
字解 形声。木＋亢㊥。わたる意。
意味 ❶わたる。船でわたる。また、舟、渡し舟。「航」に同じ。❷国くい。地中に打ち込んで、支柱や目印などにする棒。『棒杭（ボウぐい）』『乱杭（ランぐい）』『艪杭（ロぐい）』❸地名。『杭州』

【杭州（コウシュウ）】中国浙江省の省都。省北部、銭塘江の下流、大運河の南端に位置する。隋代に州が置かれてから港町として発展。五代の呉・越の都、南宋の行在（アンザイ）府(臨安)となり、六大古都の一つに数えられる。

3419【枝】2762 3B5E 8E7D　木－4　常5
シ㊥・キ㊥/zhī・qí/えだ・え
筆順 枝 枝 枝 枝 枝 枝
字解 形声。木＋支(木のえだ)㊥。木のえだの意。のちに木を加えた。
参考 万葉仮名では訓を借りて「え(や行)」。

甲骨文　篆文

意味 ❶木のえだ。また、そのような形。『枝葉』❷もとから分かれ出たもの。また、分かれる。『瓊枝玉葉（ケイシギョクヨウ）』『枝族』『孫枝（ソンシ）』❸その他。熟字訓など。『金雀枝（シキンジャク｜えにしだ）』『茘枝（レイシ）』『三枝（さえぐさ）』

❶ 木のえだ。また、そのような形。

下接 一枝（イッシ）・幹枝（カンシ）・折枝（セッシ）・竹枝（チクシ）・南枝（ナンシ）・風枝（フウシ）・匐枝（フクシ）・芳枝（ホウシ）・北枝（ホクシ）・麤枝大葉（ソシタイヨウ）

【枝柯（シカ）】(「柯」も、えだの意)えだのこと。

【枝幹（シカン）】①枝と幹。②手足と胴体。転じて、本と末。③支干。十二支と十干。

【枝梧・枝捂（シゴ）】①ささえること。②逆らうこと。＊史記-項羽本紀「諸将皆慴服、莫三敢枝梧一（ショショウみなショウフクし、あえてシゴするなし）(＝諸将は皆恐れ入って、さからう者はいなかった)」

【枝条（シジョウ）】えだ。樹枝。

【枝葉（シヨウ｜えだは）】枝と葉。転じて、主体に付随した重要でない部分。【枝葉末節（シヨウマッセツ）】中心から外れたつまらない細かな事柄。『枝葉末節にこだわる』

❷ 分かれ出たもの。また、分かれる。

【枝胤（シイン）】血すじの分かれ。子孫。

【枝院（シイン）】本寺に付属する小寺。塔頭（タッチュウ）、また、末寺。

【枝族（ソク）】一族のうちから分かれ出た血族。支族。

難読地名 枝幸（えさし）郡・町(北海道)

3420【柹】＊3524　木－4
シ「柿」(3461)の異体字

3421【杵】2147 354F 8B6E　木－4
ショ㊥/chǔ/き・きね
字解 形声。木＋午(きね)㊥。きねの意。もと、午だけでこの字義を表したが、午が、借りて十二支の第七位に用いられるようになったため、木を加えて原義を明確にした。
参考 万葉仮名では訓を借りて「き(甲)」。
意味 ❶きね。臼（うす）の中に入れた穀物をついたり、餅（もち）をついたりするのに用いる木製の道具。『杵柄（きねづか）』❷つち。物をつく道具。『砧杵（チンショ）』

【杵臼之交（ショキュウのまじわり）】身分の差を問題にしない交際。〔後漢書-呉祐伝〕中国、漢代の公孫穆（コウソンボク）が、呉祐にやとわれてうすをついているうちに親友になったという故事から。
難読地名 杵島（きしま）郡(佐賀)　杵築（きつき）市(大分)

3422【松】3030 3E3E 8FBC　木－4　常4
(3316)【枩】5932 5B40 9E5F　木－4
(3334)【枀】——　木－4
(3466)【柗】＊3532　木－5
ショウ㊥/sōng/まつ
筆順 松 松 松 松 松 松
字解 形声。木＋公㊥。
同属字 崧・淞
意味 ❶まつ。マツ科の常緑の針葉樹。『松竹梅』『松籟』『松露』『青松』❷固有名詞、熟字訓など。『松子』『水松（みる）』『海松（みる）』『杜松（ねず）』

❶ 木の名。まつ。常緑の針葉樹。

下接 寒松（カンショウ）・喬松（キョウショウ）・古松（コショウ）・孤松（コショウ）・青松（セイショウ）・霜松（ソウショウ）・長松（チョウショウ）・貞松（テイショウ）・廟松（ビョウショウ）・老松（ロウショウ｜おいまつ）／赤松（あかまつ）・男松（おまつ）・雄松（おまつ）・門松（かどまつ）・唐松（からまつ）・黒松（くろまつ）・小松（こまつ）・椴松（とどまつ）・這松（はいまつ）・姫松（ひめまつ）・女松（めまつ）・雌松（めまつ）・若松（わかまつ）・蝦夷松（えぞまつ）・落葉松（からまつ）

【松筠（ショウイン）】松と竹。変わることのない節操のたとえ。

【松韻（ショウイン）】松にあたる風の音。松籟（ショウライ）。

【松煙（ショウエン）】①松を燃やすときに立ちのぼる煙。②たいまつの煙。③墨（すみ）の異称。

【松炬（ショウキョ）】＝松明（たいまつ）

【松子（ショウシ）】まつかさ。まつぼっくり。→❷
【松竹梅（ショウチクバイ）】松と竹と梅。また、三種類、もしくは三等級を示すのにも用いる。

【松濤（ショウトウ）】松に吹く風の音を波の音にたとえていう語。松韻。松籟（ショウライ）。

【松柏（ショウハク）】①緑を保つ松とコノテガシワ。転じて、常磐木（ときわぎ）。『松柏の緑』＊論語-子罕「歳寒、然後知二松柏之後一レ凋也（としさむくして、しかるのちにショウハクのしぼむにおくるるをしるなり）(＝寒い季節になって、松やコノテガシワがしおれないでいるのがわかる)」②かたく節を守ることのたとえ。〔南史-楽預伝〕『松柏の操』【松柏摧為レ薪（ショウハクくだかれてたきぎとなる）】松やコノテガシワも、やがては切られてたきぎとなってしまう。人生の無常をいう。〔文選-古詩十九首〕

【松明（ショウメイ｜たいまつ）】マツ、アシなどを束ね、火を点じて照明に用いたもの。松火。

【松籟（ショウライ）】①松に吹く風。松風。②国茶釜（ちゃがま）の湯が煮えたぎる音。松風（まつかぜ）。

【松露（ショウロ）】①松の葉に置く露。②国担子菌類ショウロ科のキノコ。海辺の松林の砂中に生じる。食用。

❷ 固有名詞。

【松喬（ショウキョウ）】古代中国の、伝説上の赤松子（セキショウシ）と周の王子喬の二人の仙人の称。転じて、二人に似て、長寿を保つことのたとえ。

心(小・忄)戈戸(戸)手(扌)支攴(攵) 4画 文斗斤方旡(旡・无)日曰月木欠止歹(歺)殳毋比毛氏气水(氺・氵)火(灬)爪(爫・⺤)父爻(㸚)爿(丬)片牙(牙)牛犬(犭)

【松江】ショウコウ 中国、呉淞ウ江の異称。太湖に発する。
【松子】ショウシ 中国、漢代の仙人、赤松子のこと。→❶
難読地名 松前まさき町(愛媛) 松任まっとう市(石川) 松橋まつばせ町(熊本) 難読姓氏 松任谷まっとうや 松用まつもち

3423【枢】 シュ漢・スウ慣/shū/くるる・とぼそ・とまら 3185 3F75 9095 木-4 常 (3732)【樞】 6068 5C64 9EE2 木-11 旧字

筆順 枢 枢 枢 枢 枢 枢 枢

字解 枢は樞の略体。樞は形声。木+區(こまごまとした)声。細工をして開閉に便利なようにした、扉の回転軸の意。

意味 ❶とぼそ。くるる。開き戸の回転軸。『枢軸』『戸枢コスウ』『門枢モンスウ』 ❷かなめ。物事の大切なところ。『枢密院』『枢機』『枢要』『中枢チュウスウ』 ❸北斗七星の第一星。『枢星スウセイ』

❶ とぼそ。くるる。

【枢軸】スウジク とぼそ。転じて、活動の中心となる所。特に政治、権力の中心。『枢軸国』

❷ かなめ。

【枢機】スウキ ①物事の肝心なところ。枢要。〔易経-繋辞伝上〕②国家の重要な政務や機関。【枢機卿】スウキケイ|スウキキョウ カトリック教会で教皇につぐ最高位の聖職者。
【枢密】スウミツ 政治上の重要な秘密。機密。【枢密院】スウミツイン ①中国で唐・五代・宋の軍政、機密をつかさどった官署。枢密。②国旧憲法下で、天皇の政務上の最高顧問府として、重要な国務に関し、天皇の諮問に答えるのを主な任務とした合議機関。
【枢務】スウム 機密の事務。重要な事務。
【枢要】スウヨウ 中枢。物事の中心となる大切な所。

3424【枘】* 3514 木-4 ゼイ漢/ruì/ほぞ

字解 形声。木+内(うちにいれる)声。ほぞの意。

意味 ほぞ。木を組み合わせるときに、一方の材の端に作る突起物。『鑿枘サクゼイ』『方枘ホウゼイ』

【枘鑿】ゼイサク (「方枘円鑿」の略) 四角い枘ほぞ(方枘)と円い穴(円鑿)。転じて、物事がたがいにくいちがって合わないことのたとえ。

3425【析】 3247 404F 90CD 木-4 常 セキ漢/xī/さく・わる

筆順 析 析 析 析 析 析 析 析

字解 会意。木+斤(おの)。おので木をさきわる意。

甲骨文 金文 篆文

意味 さく。木をわる。また、わける。わかつ。分解して明らかにする。

下接 開析カイセキ・解析カイセキ・透析トウセキ・蕩析トウセキ・分析ブンセキ・弁析ベンセキ・剖析ボウセキ

3426【枏】* 3510 木-4 ゼン 「柟」(3470)の異体字

3427【枛】* 3516 木-4 ソウ(サウ)漢/つま・とげ

字解 国字。木+爪(つま)声の形声字か。つま、木のとげの意。「枛手つまで」は、荒削りの材木。役に立たない木片。

3428【杻】* 3506 木-4 ジュウ(ヂウ)漢・チュウ(チウ)呉漢/niǔ・chǒu/かせ

字解 形声。木+丑声。手かせ、また、もちの木の意。

3429【杼】 5933 5B41 9E60 木-4 チョ漢・ショ漢・ジョ(ヂョ)慣/zhù・shù/ひ・とち

字解 形声。木+予(ひ)声。機織りで横糸を通すための道具、ひの意。のちに木を加えた。

参考 万葉仮名では音を借りて「ど乙」。

意味 ❶ひ。機織りで横糸を巻き付ける道具。『機杼キチョ』 ❷どんぐり。とち。つるばみ。クヌギの実。

3430【枕】 4377 4B6D 968D 木-4 シン呉漢・ジン(ヂン)呉・チン漢/zhěn/まくら

字解 形声。木+冘(頭をしずめるさま、または、まくらする)声。頭をしずめあてるまくらの意。

意味 ❶まくら。㋑寝るときに頭をのせる寝具。また、ねどこ。まくらもと。『枕上』『枕席』 ㋺転じて、物の下に敷く木や台。『枕木まくらぎ』『陶枕トウチン』 ㋩国前置きになることば。『枕詞まくらことば』『歌枕うたまくら』 ❷まくらとする。まくらにして横になる。やどる。『草枕』『旅枕』 *論語-述而「飯疏食、飲水、曲肱而枕之ソシをくらいみずをのみ、ひじをまげてこれをまくらとす」〔=粗末な食事をとり、ただの水をのみものとし、ひじを曲げて枕とする〕 ❸書名。『枕中記』

❶ まくら。また、そのようなもの。

下接 開枕カイチン・角枕カクチン・警枕ケイチン・高枕コウチン・たかまくら・孤枕コチン・陶枕トウチン・手枕てまくら・波枕なみまくら・夢枕ゆめまくら

【枕骸】チンガイ 重なり合った死体。
【枕藉】チンシャ 重なりあって寝ること。*蘇軾-前赤壁賦「相与枕藉乎舟中あいともにシュウチュウにチンシャす」〔=その舟の中に重なりあってごろ寝をする〕
【枕上】チンジョウ ①寝ている人の頭の周辺。まくらもと。②床についていること。
【枕席】チンセキ ねどこ。『枕席に侍はべる』
【枕簟】チンテン まくらと、竹であんだむしろ。寝具のこと。
【枕頭】チントウ まくらもと。『枕頭の書〔=愛読書〕』
【枕詞】まくらことば 和歌の修辞法の一。五音で、一定の語句の上に固定的に付いて、これを修飾する。
【攲枕】まくらをそばだつ 寝たまま枕を斜めにする。*白居易-香炉峰下、新卜山居、草堂初成、偶題東壁「遺愛寺鐘攲枕聴イアイジのかねはまくらをそばだててきく」〔=遺愛寺の鐘の音は、枕を斜めにたてて聞く〕

❸ 書名。

【枕中記】チンチュウキ 中国の伝奇小説。唐の沈既済撰。李泌撰と題するものもある。故事「邯鄲カンタン一炊の夢」を題材にしたもの。

3431【枓】* 3512 木-4 トウ漢・シュ漢/dǒu・zhǔ/ますがた・とがた

字解 形声。木+斗(柄のあるますやひしゃく)声。木でできたひしゃくの意。

意味 ひしゃく。また、ますがた。とがた。

【枓栱】トキョウ 建物の柱の上にあって軒を支える組み木。斗ますと肘木ひじきからなる。斗栱トキョウ。

3432 【杷】 3939 4747 9466 木－4 ハ[漢]・ワ[慣]／pá・bà／さらい・さらえ

[字解] 形声。木＋巴(平らにのばす)[声]。地面を平らにするための柄のついた農具、さらい、さらえの意。また、つかの意。

3433 【杯】 3953 4755 9474 木－4 [常] (3557)〔桮〕＊3565 木－7 ハイ[漢]／bēi／さかずき・つき

[筆順] 杯杯杯杯杯杯

[字解] 形声。木＋不[声]。盃は異体字。

[参考] 万葉仮名では音を借りて「へ[乙]」。

[意味] ❶さかずき。酒をのむ器。「盃」に同じ。『杯觴』『乾杯』『祝杯』 ❷[国][イ]器に入れた液体の量を数える語。『コップ一杯の水』 [ロ]舟、イカ、タコなどを数える語。

[下接] 乾杯(カンパイ)・玉杯(ギョクハイ)・金杯(キンパイ)・銀杯(ギンパイ)・苦杯(クハイ)・献杯(ケンパイ)・残杯(ザンパイ)・賜杯(シハイ)・祝杯(シュクハイ)・酒杯(シュハイ)・寿杯(ジュハイ)・賞杯(ショウハイ)・罰杯(バッパイ)・返杯(ヘンパイ)・満杯(マンパイ)・木杯(モクハイ)／床杯(とこさかずき)・水杯(みずさかずき)

杯❶〔陝西省博物館蔵〕

【杯杓(ハイシャク)】[1]さかずきと、酒をくむひしゃく。[2]酒を飲むこと。＊史記-項羽本紀「沛公不ㇾ勝ニ杯杓ー(ハイコウハイシャクにたえず)〔＝沛公は酒の量に限界がきた〕」

【杯觴(ハイショウ)】さかずき。

【杯水(ハイスイ)】さかずき一杯の水。わずかな水。

【杯洗(ハイセン)】酒宴の席で、さかずきを洗いすすぐために水を入れておく器。

【杯中蛇影(ハイチュウのダエイ)】疑えば、些細(ササイ)なことまでが神経を悩ますもとになるということ。〔風俗通-怪神〕♥中国、漢の杜宣が酒を飲んでいて杯中に映った弓の影を蛇と見誤り、蛇を飲んだと思って病気になったという故事から。

【杯中物(ハイチュウのもの)】さかずきの中のもの。酒のこと。＊陶潜-責ㇾ子「天運苟如ㇾ此、且進ニ杯中物ー(テンウンいやしくもかくのごとくんば、しばらくハイチュウのものをすすめん)〔＝こんなさだめなのなら、ともかくも酒でも飲もう〕」

【杯盤(ハイバン)】さかずきと皿鉢。

【杯盤狼藉(ハイバンロウゼキ)】酒宴の後、杯や皿鉢などが席上に散乱しているさまをいう。〔蘇軾-前赤壁賦〕

3434 【柹】＊3503 木－4 (3435)〔柿〕ー－ー 木－4 ハイ[漢]／fèi／こけら

[字解] 柹は、もと柹。柹は形声。木＋朩(＝米、左右にわかれる)[声]。木を削ってできたくずの意。

[参考] 「柿」(3461)とは別字。

[意味] こけら。こっぱ。削りくずの木片。『柹おとし』

3436 【板】 4036 4844 94C2 木－4 [常]3 ハン[呉][漢]・バン[慣]／bǎn／いた

[筆順] 板板板板板板

[字解] 形声。木＋反[声]。版の別体。

[参考] 「意味❷」の熟語は「版」(4599)を見よ。

[意味] ❶いた。[イ]木材を薄く平らにしたもの。また、そのようなもの。ふだ。『黒板』 [ロ]寺院で、合図にたたいて鳴らす板。[ハ]野球で「投手板(プレート)」の略。『降板』『登板』 ❷印刷のために字などを彫ったいた。「版」に同じ。『板画』『板本』『官板(カンパン)』『木板』 ❸そむく。みだれる。『板蕩』『板板』

❶いた。また、そのようなもの。

[下接] 印板(インバン)・画板(ガバン)・看板(カンバン)・甲板(カンパン)・乾板(カンパン)・響板(キョウバン)・原板(ゲンバン)・合板(ゴウハン)・黒板(コクバン)・石板(セキバン)・単板(タンバン)・鉄板(テッパン)・銅板(ドウバン)・拍板(ハクハン／びんざさら)・平板(ヘイバン)

【板木(バンギ)】たたいて合図するための板。

【板金(バンキン／いたがね)】[1]金属を板のように薄く打ちのばしたもの。[2]金属板を加工すること。

【板書(バンショ)】[国]学校の授業で黒板に書くこと。

❸そむく。みだれる。

【板蕩(ハントウ)】政治が乱れること。乱世。♥「詩経-大雅」の中の「板」と「蕩」の二編が政治の乱れを譏(そし)る歌と解されているところからいう。

【板板(ハンハン)】そむくこと。道理に反すること。

3437 【枇】 4090 487A 94F8 木－4 ビ[呉]・ヒ[漢]／pí

[字解] 形声。木＋比[声]。「枇杷(ビワ)」は、バラ科の常緑高木。夏に黄赤色の実を付ける。実は食用。

3438 【杪】 5934 5B42 9E61 木－4 ショウ(セウ)[呉]・ビョウ(ベウ)[漢]／miǎo／すわえ

[字解] 形声。木＋少(小さく細い)[声]。木の細い部分、こずえの意。

[意味] こずえ。木の先。すわえ。転じて、すえ。

【杪春(ショウシュン／ビョウシュン)】春の末。陰暦では三月をいう。晩春。

3439 【枌】 5935 5B43 9E62 木－4 フン[漢]／fēn／そぎ

[字解] 形声。木＋分[声]。

[意味] ❶木の名。ニレの一種。『枌楡』 ❷そぎ。木を薄くそぎけずって作った板。屋根などをふくのに用いる。『枌板(そぎいた)』

【枌楡(フンユ)】[1]ニレの木。[2]やしろ。神社。神域。転じて、上皇の御所。また、故郷。〔事物異名録〕♥中国、漢の高祖が郷里から都に移して父の心を慰めた社の名とその祭神がこの木であるところから。

3440 【枋】 5936 5B44 9E63 木－4 ホウ(ハウ)[漢]・ヘイ[漢]／fāng・bìng

[字解] 形声。木＋方(ならべる)[声]。いかだ、また、ふしづけの意。

[意味] ❶木の名。マユミ(檀)の一種。『楡枋(ユボウ)』 ❷「蘇枋(スオウ)」はマメ科の落葉小高木。心材を赤および紫系の染料に用いた。

3441 【枚】 4371 4B67 9687 木－4 [常]6 マイ[呉]・バイ[漢]／méi／ひら

[筆順] 枚枚枚枚枚枚

[字解] 会意。木＋攵(＝攴、手に棒をもちうつ)。むちの意。また、それを数えるときの単位に用いる。

金文 篆文

[意味] ❶一つ一つ数えること。『枚挙』 ❷薄いものなどを数えるのに添える語。『一枚岩(イチマイいわ)』『大枚(タイマイ)』 ❸夜襲の際、声を出さないためにくわえた木片。『銜枚(ガンバイ)』 ❹人名。『枚乗(バイジョウ)』

【枚乗バイジョウ】中国、前漢の文人。字あざなは叔。はじめ呉王に仕えたが、のち、梁の孝王や景帝に仕え、武帝に召されて赴任中病死した。文章にすぐれ、代表作「七発シチハツ」は有名。生没年未詳。

【枚挙マイキョ】一つ一つ数え上げること。『枚挙に遑いとまがない〔=数え上げられないほど多い〕』

難読地名 枚方ひらかた市(大阪)

3442【枦】5937 5B45 9E64 木−4
ロ「櫨」(3823)の異体字

3443【枡】5938 5B46 9E65 木−4 (3532)〔桝〕4381 4B71 9691 木−6

字解 国字。会意。木+升(ます)。

意味 ます。物の容量を量る正方形の道具。また、そのような形のもの。

3444【枠】4740 4F48 9867 木−4 常 わく

筆順 枠 枠 枠 枠 枠 枠

字解 国字。会意。木+卆(糸を巻きつける道具)。

意味 わく。㋑細い材などで物の周囲をかこったもの。『障子の枠』『枠組み』『窓枠まどわく』㋺定まった型。また、範囲。限界。制限。『予算の枠』『枠外ガイ』『枠内ナイ』

3445【枻】*3521 木−5 エイ漢yì/かい・たな

字解 形声。木+世声。栧は異体字。

意味 ❶かい。舟を漕ぐ道具。*屈原−漁父辞「漁父莞爾而笑、鼓ㇾ枻而去カンジとしてわらい、エイをコしてさる〔=漁師はにっこりと笑い、かいの音をたてて去った〕」❷国たな。和船の船側板の総称。

難読姓氏 枻川かいかわ

3446【枷】5940 5B48 9E67 木−5 カ呉漢jiā/からざお・かせ

字解 形声。木+加(上にのせてつける)声。柄の先に棒がついたさお、また、人の首につけるかせの意。

意味 ❶からざお。イネ、ムギなどの穂を打って、もみを落とす農具。「連枷レンカ」❷かせ。くびかせ。罪人の首にかけて自由を奪うもの。転じて、行動の妨げとなるもの。『枷鎖カサ』『足枷あしかせ』『首枷くびかせ』『手枷てかせ』

【枷鎖カサ】1かせとくさり。2禅宗で、「我見」などの無形の束縛のことをいう。

3447【柯】5941 5B49 9E68 木−5 カ漢kē/え・えだ

字解 形声。木+可(かぎ型に曲がる)声。かぎ型に曲がってついている柄やえだの意。

金文 篆文

参考 万葉仮名では音を借りて「か」。

意味 え。斧おのの柄。また、えだ。木の枝。『庭柯テイカ』『斧柯フカ』『爛柯ランカ』

【柯亭カテイ】(中国、後漢の人、蔡邕サイヨウが、柯亭の椽たるきの竹で笛を作ったという故事から)蔡邕が作ったという笛の名器。転じて、笛のこと。

3448【枴】5942 5B4A 9E69 木−5 (3449)〔柺〕― ― ― 木−5
カイ(クヮイ)漢guǎi

字解 形声。木+另声。つえの意。

3450【柑】2027 343B 8AB9 木−5 カン漢gān

字解 形声。木+甘声。

意味 みかん。こうじ。ミカン科の落葉小高木。

下接 金柑キンカン・蜜柑ミカン・三宝柑サンボウカン

【柑橘類カンキツルイ】ミカン、レモン、ザボンなど、ミカン科の果樹の総称。

【柑子コウジ】ミカン科の落葉小高木。普通のミカンより小さくてすっぱい。▼「カンシ」の変化した語。

3451【枳】5944 5B4C 9E6B 木−5 キ呉漢・シ漢zhǐ/からたち

字解 形声。木+只声。

参考 万葉仮名では音を借りて「き甲」。

意味 からたち。ミカン科の落葉低木。

【枳棘キキョク】カラタチとイバラ。おどろ。荊棘ケイキョク。転じて、心にとげのある悪人、邪魔者のたとえ。

【枳殻キコク】カラタチ。また、柑橘類の薬用未熟果。

3452【柩】5945 5B4D 9E6C 木−5 キュウ(キウ)漢jiù/ひつぎ

字解 形声。木+匛(ひつぎ)声。いつまでも人の死体を入れておくひつぎの意。のちに木を加えた。

意味 ひつぎ。死体を入れる箱。『殯柩ヒンキュウ』・霊柩車。

【柩車キュウシャ】遺体を入れた棺を運ぶ車。霊柩車。

3453【枸】5946 5B4E 9E6D 木−5 ク呉漢・コウ漢jǔ・gǒu

字解 形声。木+句(小さく曲がる)声。小さく曲がった木の意。

意味 ❶小さく曲がった木。また、曲がる。『枸木コウボク』❷「枸櫞クエン」は、ミカン科の常緑低木。まるぶしゅかん。❸「枸橘クキツ」は、カラタチのこと。❹「枸杞クコ」は、ナス科の落葉小低木。乾燥した果実や茎葉は薬用。

3454【枯】2447 384F 8CCD 木−5 常 コ呉漢kū/かれる・からす

筆順 枯 枯 枯 枯 枯 枯

字解 形声。木+古(かたい)声。木がかれてかたくなる意。

参考 万葉仮名では音を借りて「こ甲」。

意味 かれる。水分がなくなる。また、おとろえる。『栄枯盛衰エイコセイスイ』『枯渇』『蒼枯ソウコ』

【枯栄コエイ】勢い、威力などが衰えることと栄えること。

【枯渇コカツ】1かわいて水分がなくなること。2物が尽きてなくなること。▼書き換え「涸渇→枯渇」。

【枯朽コキュウ】枯れて腐ること。

【枯槁ココウ】(「槁」も枯れる意)1水けがなくなって枯れるさま。*老子−七六「草木之生也柔脆、其死也枯槁ソウモクのショウずるやジュウゼイ、そのシするやココウなり〔=草木が生え出るときは、柔らかく弱々しいが、枯れ死んだときには、水気がなく堅くなるのである〕」2枯れ木のように、ひどくやせこけること。やせ衰えて生気のない様子。*屈原−漁父辞「顔色憔悴、形容枯槁ガンショクショウスイ、ケイヨウココウす〔=顔つきはやつれて黒ずみ、姿かたちもやせ細ってしまっていた〕」

【枯痩コソウ】生気がなくやせ細っていること。

心(小・忄)戈戶(戸)手(扌)支攴(攵) 4画 文斗斤方无(旡・旡)日曰月木欠止歹(歺)殳毋比毛氏气水(氺・氵)火(灬)爪(⺥・⺤)父爻(㸚)爿(丬)片牙(牙)牛犬(犭)

【枯燥（コソウ）】①枯れて乾くこと。②生気が乏しいこと。

【枯淡（コタン）】俗世間の名声や利益などにとらわれず、あっさりしていること。『枯淡の心境』

【枯腸（コチョウ）】①飢えた腹。②詩文の才能の乏しいこと。

【枯木死灰（コボクシカイ）】枯れた木とさめた灰。情熱や活気がないこと、世俗から離れていることなどにたとえる。

【枯落（コラク）】①枯れ落ちること。②落ちぶれること。

3455 【柧】 5955 5B57 9E76 木－5 コ漢\gū
字解 形声。木＋瓜（ひさご）声。さかずきの意。

3456 【柙】 ＊3533 木－5 コウ（カフ）漢\xiá\おり
字解 形声。木＋甲（かぶせおおう）声。おりの意。

3457 【柤】 5947 5B4F 9E6E 木－5 サ漢\zhā
字解 形声。木＋且声。てすりの意。

3458 【柵】 2684 3A74 8DF2 木－5 （3459）〔柵〕 木－5
サク漢・サン漢\zhà\やらい・しがらみ・とりで・き
字解 形声。木＋冊（＝冊、木や竹のふだでならべて編んだもの）声。木や竹を立て並べたかきねの意。甲骨文は、象形。

甲骨文

篆文

意味 ❶さく。やらい。竹や木などを立て並べて造った囲い。『鉄柵（テッサク）』『木柵（モクサク）』『馬柵（ませ）』❷しがらみ。水流をせき止めるために、川の中に杭（くい）を打ち並べ、両側から柴（しば）や竹などをからみつけたもの。❸とりで。き。さく。木を立て並べて要害とした陣地。小規模の城。『城柵（ジョウサク）』

難読地名 柵原（やなはら）町（岡山）

3460 【柞】 5948 5B50 9E6F 木－5 サク漢\zuò・zé\ははそ・いす・いすのき・なら
字解 形声。木＋乍（さっときる）声。草木をきる意。

金文

篆文

意味 ❶ははそ。コナラ、クヌギの類の総称。『柞蚕』❷切る。木を切る。❸せまい。

【柞蚕（サクサン）】ヤママユガ科のガ。幼虫はクヌギ、ナラなどの葉を食べる。繭から上質の絹糸がとれる。

3461 【柿】 1933 3341 8A60 木－5 （3420）〔柹〕 ＊3524 木－4
シ漢\shì\かき
字解 柿は、柹の通俗体。柹は形声。木＋㫃声。
参考 「杮」（3434）は別字。
意味 かき。カキノキ科の落葉高木。また、その果実。『柿色（かきいろ）』
下接 熟柿（ジュクシ）／串柿（くしがき）・転柿（ころがき）・渋柿（しぶがき）・干柿（ほしがき）

3462 【柘】 3651 4453 92D1 木－5 シャ漢\zhè
字解 形声。木＋石声。
意味 やまぐわ。桑の一種。『桑柘（ソウシャ）』

【柘榴（ザクロ）】ザクロ科の落葉小高木。果実は熟すと裂ける。元来は「石榴（ザクロ）」と書いたが、のち「柘」が用いられるようになった。

【柘植（つげ）】ツゲ科の常緑小高木。黄楊（つげ）。

3463 【柊】 4102 4922 9541 木－5 人 （3464）〔柊〕 木－5 旧字
シュウ（シウ）漢\zhōng\ひいらぎ
字解 形声。木＋冬声。木の名。
意味 ❶「柊葉（シュウヨウ）」は、バショウに似た草の名。❷国ひいらぎ。モクセイ科の常緑小高木。葉は堅く、縁にとげを持つ。
難読姓氏 柊平（くいびら）

3465 【柷】 ＊3540 木－5 シュク漢\zhù
字解 形声。木＋祝省声。
意味 楽器の名。木製で箱形。音楽を始める合図に鳴らすもの。

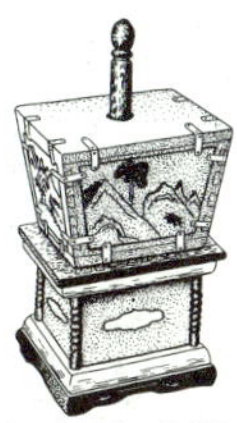
柷〔旧季王家蔵〕

3466 【枀】 ＊3532 木－5 ショウ 「松」（3422）の異体字

3467 【柁】 3440 4248 91C6 木－5 （3468）〔柂〕 ＊3526 木－5
ダ呉・タ漢\duò・tuó\かじ
字解 形声。木＋它声。かじ。舵に同じ。

3469 【柝】 5949 5B51 9E70 木－5 タク漢\tuò\さく・わける
字解 形声。木＋斥（＝㡿、しりぞけあける）声。木をさく意。

金文

篆文

意味 ❶わける。さく。ひらく。❷ひょうしぎ。き。打ち合わせて鳴らす方柱形の木。『抱関撃柝（ホウカンゲキタク）』『寒柝（カンタク）』『金柝（キンタク）』

【柝声（タクセイ）】拍子木の音。

3470 【柟】 木－5 （3426）〔枏〕 ＊3510 木－4
ダン漢\nán
字解 柟は、枏の通俗体。枏は形声。木＋冄声。うめ、また、くすのきの意。

3471 【柱】 3576 436C 928C 木－5 常3 （3472）〔柱〕 木－5 旧字
ジュウ（ヂウ）呉・チュウ（チウ）呉漢\zhù\はしら・じ・ことじ

筆順 柱 柱 柱 柱 柱

字解 形声。木＋主（じっとしている）声。じっとしていてうごかないはしらの意。
意味 ❶はしら。はしらのように立てたものや、はしらのように支えるもの。『柱石』『円柱』❷じ。ことじ。琴の弦を支える具。『雁柱（ガンチュウ）』『膠柱（コウチュウ）』『琴柱（ことじ）』❸国はしら。神仏や遺骨などを数えるのに用いる語。
下接 ❶はしら。 円柱（エンチュウ）・角柱（カクチュウ）・玉柱（ギョクチュウ）・蛤柱（コウチュウ）・主柱（シュチュウ）

心（⺗・忄）戈戸（戶）手（扌）支攴（攵） 4画 文斗斤方无（旡・旡）日曰月木欠止歹（歺）殳毋比毛氏气水（氺・氵）火（灬）爪（⺥・爫）父爻（⺧）爿（丬）片牙（牙）牛犬（犭）

・石柱(セキチュウ)・脊柱(セキチュウ)・鉄柱(テッチュウ)・天柱(テンチュウ)・電柱(デンチュウ)・銅柱(ドウチュウ)・氷柱(ヒョウチュウ・つらら)・標柱(ヒョウチュウ)・門柱(モンチュウ)／貝柱(かいばしら)・霜柱(しもばしら)・茶柱(ちゃばしら)・人柱(ひとばしら)・火柱(ひばしら)・水柱(みずばしら)

【柱下史(チュウカシ)】①（図書が宮殿の柱の下にあったところから）中国、周代の、蔵書室のかかりの役人。漢代の侍御史にあたる。②老子の別称。

【柱国(チュウコク)】①国をささえる重要な人物、土地。②中国、戦国時代の楚の官名。武功を賞して与えられた大臣級の官。のち、名誉職となる。

【柱石(チュウセキ)】①柱と土台石。②柱とも礎(いしずえ)とも頼む人。

【柱頭(チュウトウ)】①柱の上端。②被子植物の雌しべの先端部分。花粉のつくところ。

【柱聯(チュウレン)】詩文などを書いて柱にかけるもの。

【膠ㇾ柱鼓ㇾ瑟(ことじににかわしてシツをこす)】（琴柱を動かせないように膠でとめると、調子を変えることができないところから）物事にこだわって臨機応変の才のないことのたとえ。「膠柱(コウチュウ)」とも。〔史記-廉頗藺相如伝〕

3473【柢】 5950 5B52 9E71 木－5 テイ漢/dǐ/ね

字解 形声。木＋氐(ひくい)声。木のひくい部分、ねもとの意。

意味 木の根。物事の根本。「根柢(コンテイ)」

3474【柮】 5951 5B53 9E72 木－5 トツ漢/duò/ほた

字解 形声。木＋出声。材木のたちあまりの意。

意味 ほた。たきぎ。「榾柮(コットツ)」

3475【柏】 3980 4770 9490 木－5 (3528)【栢】 1992 337C 8A9C 木－6

ハク漢/bǎi・bó/かしわ

字解 形声。木＋白声。

意味 ❶ヒノキ・サワラ・コノテガシワなどの常緑樹の総称。葉が冬でも色を変えないところから、松とともに節操の堅いことにたとえられる。「柏酒」「柏台」「柏梁台」「松柏(ショウハク)」❷国 かしわ。ブナ科の落葉高木。「柏餅(かしわもち)」は、餡(アン)入りのカシワの葉で包んだもち。端午の節句などに供する。❸その他。「柏手」

【柏手(かしわで)】国 神を拝するときに、両手を打ち合わせて鳴らすこと。「柏手を打つ」♥「拍手」の書き誤り。

【柏酒(ハクシュ)】コノテガシワの葉をひたして造った酒。邪気をはらうため元旦に飲むもの。

【柏台(ハクダイ)】御史台の別称。柏府。♥中国、漢代、御史府にコノテガシワが植えてあったところから。

【柏梁体(ハクリョウタイ)】漢詩の一体で、句ごとに押韻する七言古詩。♥中国、漢の武帝が柏梁台の落成を祝って宴を催したとき、群臣二五人に詔して毎句押韻の七言連句を一人一句ずつ作らせて成った「柏梁台詩」の詩体に依る。

【柏梁台(ハクリョウダイ)】中国、漢の武帝が長安の西北に築いた楼台。♥梁(はり)に香柏を用いたところからいう。

難読地名 柏原(かいばら)町(兵庫) 柏原(かしわら)市(大阪)

3476【柈】 * 3529 木－5 バン呉・ハン漢/pán

字解 形声。木＋半声。盤の通俗体。うつわ、はち、たらいの意。

3477【柀】 * 3525 木－5 ヒ漢/bǐ/まき

字解 形声。木＋皮声。すぎ(杉)、また、まき(槙)の意。

3478【柲】 * 3538 木－5 ヒツ漢・ヒ漢/bì

字解 形声。木＋必(しっかりしめつける)声。しっかりつけられた柄の意。

3479【柎】 5953 5B55 9E74 木－5 フ漢/fū

字解 形声。木＋付(つきそう)声。花ぶさ、がく、うてなの意。また、器物の足、弓のつかの意。

3480【柄】 4233 4A41 95BF 木－5 常 (3481)【柄】 木－5 旧字

ヘイ漢/bǐng・bìng/がら・え・つか

筆順 柄 柄 柄 柄 柄 柄

字解 形声。木＋丙(はり出す)声。張り出したとって、その意。

意味 ❶え。つか。器物に取り付けた棒の部分。「柄杓(ひしゃく)」❷いきおい。権力。政治上の権力。「柄臣」「横柄」「権柄」＊史記-張儀伝「能用二秦柄一者、独張儀可耳(よくシンのヘイをもちうるものは、ひとりチョウギカなるのみ)」〔＝秦の国の権力を自由にあやつれる人物といえば、ただ張儀のみである〕❸材料。たね。「辞柄(ジヘイ)」「笑柄(ショウヘイ)」「談柄(ダンペイ)」「話柄(ワヘイ)」❹国 がら。㋑体つき。「柄の大きい人」㋺性質。性格。また、品格。「柄にもないことを言う」「柄の悪い人」「仕事柄」「人柄」㋩模様。「派手な柄」

❶ え。つか。

下接 花柄(カヘイ)・斗柄(トヘイ)・葉柄(ヨウヘイ)／長柄(ながえ)

【柄杓(ひしゃく)】湯、水などをくむための具。♥「ひさご」の古形「ひさこ」の変化。「柄杓」はあて字。

❷ いきおい。権力。

下接 横柄(オウヘイ)・権柄(ケンペイ)・国柄(コクヘイ)・執柄(シッペイ)・朝柄(チョウヘイ)

【柄臣(ヘイシン)】政権をにぎっている臣。権臣。

【柄用(ヘイヨウ)】重用されて権力をにぎること。

❹ （日本語で）がら。

下接 間柄(あいだがら)・家柄(いえがら)・色柄(いろがら)・歌柄(うたがら)・絵柄(えがら)・大柄(おおがら)・句柄(クがら)・国柄(くにがら)・小柄(こがら)・心柄(こころがら)・事柄(ことがら)・作柄(サクがら)・品柄(しながら)・縞柄(しまがら)・新柄(シンがら)・図柄(ズがら)・総柄(ソウがら)・続柄(つづきがら)・手柄(てがら)・所柄(ところがら)・日柄(ひがら)・人柄(ひとがら)・身柄(みがら)・銘柄(メイがら)・役柄(ヤクがら)・訳柄(わけがら)

3482【枰】 * 3517 木－5 ヘイ漢/píng

字解 形声。木＋平(たいら)声。表面がたいらな台、ごばん、すごろくのばんの意。

3483【枹】 5952 5B54 9E73 木－5 フ漢・ホウ(ハウ)漢/fú・bāo/ばち・なら

字解 形声。木＋包声。

意味 ❶ばち。太鼓などのばち。「枹鼓」❷なら。木の名。「楢」に同じ。

【枹鼓(ホウコ)】ばちと太鼓。転じて、陣地。

3484【柚】 4514 4D2E 974D 木－5 人 ユ呉・ユウ(イウ)漢・チク漢/yòu・zhú/ゆず

字解 形声。木＋由声。

心(小・忄)戈戸(戸)手(扌)支攴(攵) 4画 文斗斤方无(旡・旡)日曰月木欠止歹(歺)殳毋比毛氏气水(氺・氵)火(灬)爪(爫・爫)父爻(㸚)爿(丬)片牙(牙)牛犬(犭)

心(㣺・忄)戈戸(戸)手(扌)支攴(攵) 4画 文斗斤方无(旡・无)日曰月木欠止歹(歺)殳毋比毛氏气水(氺・氵)火(灬)爪(爫)父爻(㸚)爿(丬)片牙(牙)牛犬(犭)

意味 ゆず。ミカン科の常緑小高木。『橘柚(キツユウ)』

3485 【柳】 4488 4C78 96F6 木－5 常 (3566)〔桺〕 *3572 木－7 (3486)〔栁〕 二一 木－5 † リュウ(リウ)漢/liŭ/やなぎ・やぎ

筆順 柳 柳 柳 柳 柳 柳

字解 形声。木＋卯(＝丣→流、ながれる)声。枝がながれるようなやなぎの意。

甲骨文  金文  篆文 

意味 ❶やなぎ。ヤナギ科の落葉高木。主に、シダレヤナギ。また、そのように、細くしなやかなもの。『柳条』『楊柳』 ❷二十八宿の一。うみへび座の東部。『柳宿(リュウシュク)』 ❸固有名詞など。『柳宗元』

❶ やなぎ。また、細くしなやかなもの。

下接 花柳(カリュウ)・杞柳(キリュウ)・枯柳(コリュウ)・五柳(ゴリュウ)・細柳(サイリュウ)・川柳(センリュウ)・垂柳(スイリュウ)・翠柳(スイリュウ)・蒲柳(ホリュウ)・門柳(モンリュウ)・楡柳(ユリュウ)・楊柳(ヨウリュウ)・緑柳(リョクリュウ)／青柳(あおやぎ)・糸柳(いとやなぎ)

【柳暗花明(リュウアンカメイ)】 ①柳が茂ってほの暗く、花が咲いて明るいこと。春の野の美しい景色にいう。〔陸游‐遊山西村〕 ②花柳(カリュウ)街。色里。

【柳意(リュウイ)】 詩人が柳に託して言うことば。

【柳巷(リュウコウ)】 柳のあるまち。特に遊郭。『花街(カガイ)柳巷』

【柳糸(リュウシ)】 柳の枝を糸にたとえていった語。

【柳絮(リュウジョ)】 ①柳の花が咲いた後、白い綿毛のある種子が散るさま。②降る雪を形容していう語。

【柳条(リュウジョウ)】 (「条」は、枝の意) 柳のえだ。

【柳色(リュウショク)】 青々とした柳の色。＊王維‐送元二使安西「客舎青青柳色新(カクシャセイセイリュウショクあらたなり)」〔＝旅館のあたりは青々とした柳の色が一際鮮やかである〕

【柳態(リュウタイ)】 柳の枝ぶり。しなやかな姿のたとえ。

【柳塘(リュウトウ)】 柳の植えてある堤。柳堤。

【柳陌(リュウハク)】 (「陌」はあぜ道の意) ①柳の生えている道。②(色町に柳が多かったところから) 花柳街。

【柳眉(リュウビ)】 柳の葉のように細くて美しい眉。美人の眉のたとえ。『柳眉を逆立(さかだ)てる』

【柳腰(リュウヨウ／やなぎごし)】 女性の細いしなやかな腰。

【柳緑花紅(リュウリョクカコウ／やなぎはみどりにはなはくれないなり)】 柳は緑色であり、花は紅色である。自然のまま、ありのままの姿をいう。

❸ 固有名詞など。

【柳営(リュウエイ)】 ①出征中の将軍の陣営。〔漢書‐周亜夫伝〕 ②国将軍。将軍家。また、幕府の所在地。♥中国、漢の将軍周亜夫が匈奴(キョウド)征討の時に細柳という地に陣し、軍規が正しく威令がよく行われたという故事から。

【柳宗元(リュウソウゲン)】 中国、唐代の文人。字(あざな)は子厚。唐宋八大家の一人。韓愈とともに古文復興を唱え「封建論」や「永州八記」などを書いた。詩文集に「柳河東集」がある。〔七七三～八一九〕

【柳葉魚(ししやも)】 (アイヌ susam) キュウリウオ科の海魚。背が暗黄色で腹は銀白色。♥アイヌの伝説では、散りゆく柳の葉を神が哀れんで魚にしたという。

難読地名 柳井(やない)市(山口) 柳津(やないづ)町(福島) 柳津(やないづ)町(岐阜) 柳川(やながわ)市(福岡) 柳谷(やなだに)村(愛媛)

難読姓氏 柳生(やぎゅう)

3487 【柃】 *3527 木－5 レイ漢/líng/ひさかき

字解 形声。木＋令声。

意味 ひさかき。ツバキ科の常緑小高木。

3488 【柆】 5954 5B56 9E75 木－5 ロウ(ラフ)漢

字解 形声。木＋立声。おれ、ひしがれた木の意。

3489 【栂】 3646 444E 92CC 木－5 つが・とが

字解 国字。会意。木＋母。

意味 つが。とが。マツ科の常緑高木。

難読地名 栂池(つがいけ)高原(長野) 栂尾(とがのお)(京都・富山)

3490 【栃】 3842 464A 93C8 木－5 (3413)〔杤〕 5929 5B3D 9E5C 木－3 とち・とちのき

字解 国字。杤を櫔の略字とし、さらに櫔をあてて、厂を加えたものか。

意味 とち。トチノキ科の落葉高木。

3491 【柾】 4379 4B6F 968F 木－5 人 まさ・まさき

字解 国字。会意。木＋正(まっすぐ)。木目がまっすぐでただしい意。別に、中国では柩に同じとする。

意味 ❶まさ。まさめ。木材の木目がまっすぐに通っているもの。❷まさき。ニシキギ科の常緑低木。

【相】 ⇩ 5246

3492 【桉】 二一 木－6 アン 「案」(3344)の異体字

3493 【栧】 *3547 木－6 エイ 「枻」(3445)の異体字

3494 【桜】 2689 3A79 8DF7 木－6 常5 (3825)〔櫻〕 6115 5D2F 9F4E 木－17 旧字 人 オウ(アウ)漢/yīng/さくら

筆順 桜 桜 桜 桜 桜 桜

字解 桜は、櫻の略体。櫻は形声。木＋嬰(首飾りの玉)声。首飾りの玉のような実のなる木、ゆすらうめの意。

意味 花木の名。㋑ゆすらうめ。バラ科の落葉低木。『桜桃』 ㋺国さくら。バラ科の落葉高木。サクラ属のうちの一群。野生種、園芸種など品種が多い。また、サクラのような色・形のもの。『桜花』

下接 観桜(カンオウ)・残桜(ザンオウ)／徒桜(あだざくら)・姥桜(うばざくら)・葛桜(くずざくら)・芝桜(しばざくら)・葉桜(はざくら)・山桜(やまざくら)・夜桜(よざくら)・緋寒桜(ヒカンざくら)・美女桜(ビジョざくら)・深山桜(みやまざくら)・八重桜(やえざくら)・吉野桜(よしのざくら)

【桜花(オウカ)】 国サクラの花。『桜花爛漫(ランマン)』

【桜桃(オウトウ)】 ①元来、中国産のミザクラの漢名。今日わが国では、セイヨウミザクラ、また、その実を指す。さくらんぼう。②ユスラウメ(英桃)の異名。

3495 【桧】 4116 4930 954F 木－6 カイ 「檜」(3782)の異体字

3496 【格】 1942 334A 8A69 木－6 常5 カク漢・コウ(カウ)慣/gé/いたる・ただす

筆順 格格格格格格

字解 形声。木＋各(いたる)(声)。木がのびいたる、つきでる意。

甲骨文 金文 金文 篆文

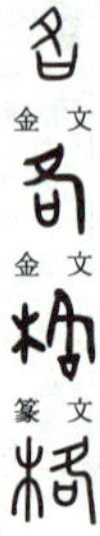

意味 ❶いたる。いたす。また、ただす。きちんとする。『厳格ゲンカク』＊論語‐為政「有レ恥且格はじありてかついたる」(＝(人民は)恥を知るようになり、さらに善に到達する)」❷方形にきちんと組み合わせたもの。骨組み。『格子』『骨格コッカク』❸のり。おきて。法則。基準。『格言』『格式』『規格』『性格』❹人や物などのがら。品等。程度。『格差』『資格』❺うつ。なぐる。「挌」に同じ。『格闘』『手格シュカク』❻はばむ。そむく。食い違う。『扞格カンカク』『戦格センカク』『阻格ソカク』❼文法で、文中のある語が他の語に対する関係。『格助詞カクジョシ』『目的格モクテキカク』『主格シュカク』

❶いたる。いたす。また、ただす。

【格心カクシン】心を正しくすること。また、正しい心。

【格致カクチ】＝格物致知カクブツチチ

【格納カクノウ】きちんと入れ納めること。『格納庫』

【格物カクブツ】理想的な政治をするための修養実践の第一段階。「大学」に説く八条目、格物・致知・誠意・正心・修身・斉家・治国・平天下の第一。❤朱子によれば、「物に格いたる」と訓じ、個々の事物についての道理を徹底的に究明すること。〔大学章句〕王陽明によれば、「物を格ただす」と訓じ、対象に向かう心の動きを正しくすること。〔伝習録〕

【格物致知カクブツチチ】修養の最初の二段階。❤「致知」とは、朱子によれば、自分の知識を極限にまで推し広めること。〔大学章句〕王陽明によれば、自然な心情、本来的な心の働きを徹底的に発現させること。〔伝習録〕

❷方形に組み合わせたもの。骨組み。

【格子コウシ】①細い木や竹などを縦横に組んだもの。②「格子縞じま」の略。縦横に筋を出した文様。③「格子戸」の略。細長い木や竹を格子に組んだ戸。

❸のり。おきて。法則。基準。

【格天井ゴウテンジョウ】国格子コウシの上に板を張った天井。

下接 歌格カカク・規格キカク・欠格ケッカク・合格ゴウカク・古格コカク・詩格シカク・失格シッカク・正格セイカク・適格テキカク・破格ハカク・変格ヘンカク・本格ホンカク

【格外カクガイ】ある標準に合わないこと。

【格言カクゲン】処世の訓戒となるような簡潔な言葉。金言。

【格式カクシキ】国身分や家格。また、そのきまり。

【格律カクリツ・格率カクリツ】行為の基準。また、準則。

❹人や物などのがら。品等。程度。

下接 価格カカク・家格カカク・歌格カカク・降格コウカク・資格シカク・詩格シカク・寺格ジカク・社格シャカク・出格シュッカク・昇格ショウカク・神格シンカク・人格ジンカク・性格セイカク・体格タイカク・同格ドウカク・品格ヒンカク・風格フウカク・文格ブンカク・別格ベッカク

【格差カクサ】国価格、等級などの格付け上の差。

【格段カクダン】国程度の差が、甚だしいさま。『格段の相違』

【格調カクチョウ】芸術作品などが持つ品格、風格。

【格別カクベツ】国とりわけ。特別に。

【格好カッコウ】国姿。形。体裁。「恰好」に同じ。

❺うつ。なぐる。

【格技カクギ】剣道、空手、ボクシングなどのように、格闘する競技。格闘技。

【格殺カクサツ】なぐり殺すこと。古代、死刑の一。

【格闘カクトウ】互いに組み合ったり、なぐり合ったりして争うこと。❤書き換え「挌闘→格闘」。

3497 【核】 1943 334B 8A6A 木－6 常 (3498)【核】二二 木－6 旧字

カク(漢)\hé\さね

筆順 核核核核核核

字解 形声。木＋亥(声)。木の実の堅い部分、さねの意。

意味 ❶さね。たね。果実の中心部にあるもの。❷物事の中心。大切なところ。かなめ。『核になる人』『核心』『中核』❸一般に、生体や物体の中心にあるかたまり。『結核』『地核』❹細胞の中心にある小体。細胞核。『核酸』❺正す。あきらかにする。『綜核ソウカク』❻国原子の中心となる粒子。原子核。また、核兵器。『核実験』『核反応』『核融合』『反核』

【核酸カクサン】生物の健康維持、増殖、遺伝などの現象に重要な働きをする高分子有機化合物。『デオキシリボ核酸』

【核心カクシン】物事の中心、本質をなしている大切な部分。『核心にせまる』

【核果カッカ】モモ、ウメなどのように、外果皮が薄く、中果皮が多肉で水分が多く、内果皮が厚く堅くなる果実。

3499 【栝】 ＊3544 木－6 テン(漢)・カツ(クヮツ)(漢)\tiàn・guā

字解 形声。木＋舌(声)。

意味 ❶びゃくしん。ヒノキ科の常緑高木。❷ためぎ。物の曲がりを正す器具。❸矢はず。

3500 【桓】 2028 343C 8ABA 木－6 カン(クヮン)(呉)(漢)\huán

字解 形声。木＋亘(めぐる)(声)。四すみをめぐってとりまいた木の意。

意味 ❶「桓桓カンカン」は、強く勇ましいさま。❷「盤桓バンカン」は、ぐるぐる巡るさま。❸人名。『桓公』

【桓温カンオン】中国、東晋の武将。字あざなは元子。簡文帝をたて、禅譲を迫ろうとして失敗し、病没。(三一二～三七三)

【桓公カンコウ】中国、春秋時代の斉セイの一五代の王。名は小白。管仲を登用して、富国強兵策を推進。春秋五覇の第一として覇業を完成した。(～前六四三)

【桓魋カンタイ】中国、春秋時代の宋の大夫向魋ショウタイの別名。

【桓文カンブン】中国、春秋時代、斉セイの桓公と、晋シンの文公。それぞれ五覇のひとり。

【桓霊カンレイ】中国、後漢の桓帝と霊帝。暗君の代表。

3501 【桔】 2143 354B 8B6A 木－6 ケツ(漢)・キツ(慣)\jié

字解 形声。木＋吉(声)。草の名。

意味 桔梗キキョウは、キキョウ科の多年草。八～九月、青紫色の花を開く。秋の七草の一。

3502 【栱】 ＊3552 木－6 キョウ(漢)\gǒng\ますがた

字解 形声。木＋共(声)。

意味 柱の上の四角な木。ますがた。『斗栱トキョウ』

3503 【框】 5958 5B5A 9E79 木－6 キョウ(キャウ)(漢)\kuàng\かまち

字解 形声。木＋匡(声)。

意味 かまち。部屋の入口、床、窓などの横木。また、戸や障子などのわく。『上がり框(がまち)』

3504 【栩】 5959 5B5B 9E7A 木－6 ク漢/xǔ/くぬぎ・とち

字解 形声。木＋羽(はね)声。羽のように葉がおちる落葉樹の意。

意味 ❶木の名。くぬぎ。また、とち。落葉高木。❷羽のように葉が舞い落ちるさま。『栩栩然(くくぜん)』

【栩栩然(くくぜん)】ひらひらと飛ぶさま。＊荘子－斉物論「昔者荘周、夢為ニ胡蝶一。栩栩然胡蝶也(むかしソウシュウ、ゆめにコチョウとなる。ククゼンとしてコチョウなり)」〔＝あるとき、荘周は夢の中で蝶になった。ひらひらと飛びまわり、まさに蝶そのものであった〕

3505 【桂】 2343 374B 8C6A 木－6 人 ケイ呉漢/guì/かつら

字解 形声。木＋圭声。

意味 ❶かつら。㋑肉桂(ニッケイ)・木犀(モクセイ)などクスノキ科、モクセイ科などの香木の総称。『桂舟』㋺中国の伝説で、月に生えているという木。月桂樹。転じて、月の別称。『桂月(ケイゲツ)』㋩国かつら。カツラ科の落葉高木。❷国「桂馬(ケイマ)」は、将棋の駒の名。

【桂花・桂華(ケイカ)】①(桂の木が月にはえているということから)月。または、その桂。②木犀(モクセイ)のこと。

【桂冠(ケイカン)】月桂冠(ゲッケイカン)。【桂冠詩人(ケイカンシジン)】(英 poet laureate の訳語)桂冠を与えられるのにふさわしいすぐれた詩人。特に、イギリスの王室詩人。

【桂宮(ケイキュウ)】①カツラの木で作った美しい宮殿。②月の中にあるという宮殿。転じて、月。

【桂舟(ケイシュウ)】カツラの木で作った美しい舟。

【桂秋(ケイシュウ)】秋の異称。♥秋に、木犀(モクセイ)の花が咲くところから。

【桂櫂(ケイトウ)】カツラのさお。桂の木でつくった舟のろ。＊蘇軾－前赤壁賦「桂櫂兮蘭槳、撃ニ空明一兮泝ニ流光一(かつらのさお、ランのかじ、クウメイにうち、リュウコウにさかのぼる)」〔＝桂のかいに蘭のろ、水に映る月の光にさおさして、月光にきらめく水面をさかのぼる〕

【桂皮(ケイヒ)】肉桂の樹皮を乾燥させたもの。シナモン。

【桂林(ケイリン)】①カツラの林。転じて、美しい林。②文官または文人のなかま。③中国、広西壮族自治区北東部の都市。華中と華南を結ぶ交通の要地。灕江(リコウ)に臨み、周辺には景勝地が多い。【桂林一枝(ケイリンのイッシ)】(カツラの林の中のひと枝の意から)①進士の試験に合格したことの謙称。〔晋書－郤詵(ゲキシン)伝〕②卑俗でなく、りっぱであることのたとえ。

3506 【枅】 ── 木－6 (3417)【枅】 5939 5B47 9E66 木－4 ケイ漢・ケン漢/ますがた

字解 形声。木＋幵声。柱の上部におく、ますがた、また、ひじきの意。

3507 【桍】 5961 5B5D 9E7C 木－6 コ漢

字解 未詳。木の名。

3508 【校】 2527 393B 8D5A 木－6 常1 キョウ(ケウ)呉・コウ(カウ)漢/xiào・jiào/あぜ・くらべる

筆順 

字解 形声。木＋交(交差する)声。木を組み合わせたものの意。また校に通じて、くらべる意に、学に通じて、まなびやの意に用いる。

意味 ❶木を組んでつくった、かきねや、さく。『校倉(あぜくら)』❷陣営で指揮官のいるところに設けたさく。転じて、指揮官。『校尉』『軍校(グンコウ)』『将校(ショウコウ)』❸くらべる。しらべる。㋑見くらべる。また、考える。『校閲』『勘校(カンコウ)』㋺「校正」の略。『校了(コウリョウ)』『再校』『出校』⇒【勘】(714)の表 ❹まなびや。生徒、学生が授業を受けるところ。『校歌』『校舎』『校庭』『学校』

❶ 木を組んでつくった、かきねや、さく。

【校人(コウジン)】①池や沼などを監理する下級の役人。②王の馬をつかさどる役人の長。

【校猟(コウリョウ)】鳥や獣が逃げ出さないように埒(ラチ)を作って狩をすること。挍猟。

【校倉(あぜくら)】木材を井桁(いげた)に積み上げて壁にした、耐湿性のすぐれた倉。『校倉造(づく)り』♥東大寺の正倉院などが知られる。

❷ 指揮官。

【校尉(コウイ)】宮城の防衛や西域鎮撫にあたった武官。

❸ くらべる。

下接 ㋑勘校(カンコウ)・計校(ケイコウ)・検校(ケンギョウ／ケンコウ)・讎校(シュウコウ)・商校(ショウコウ)・覆校(フッコウ) ㋺再校(サイコウ)・出校(シュッコウ)・初校(ショコウ)

【校合(キョウゴウ／コウゴウ)】異本を基準とする本と照らし合わせて本文の異同などを検討すること。『諸本を校合する』

【校異(コウイ)】同一の書に異なった写本や版本がある場合、その異同を比べ合わせること。

【校閲(コウエツ)】原稿、印刷物などを調べ訂正すること。

【校覈(コウカク)】〔「覈」は考究の意〕考え調べること。

【校勘(コウカン)】本文の異同を比較検討すること。校合。

【校讎(コウシュウ)】校合。♥二人が相対して、ひとりが一本を読み、もうひとりが他本と引き合わせるさまがかたき同士のように見えるので「讎」をあてたという。

【校書(コウショ)】①書物を見くらべて、正誤異同を調べること。②妓女の異称。♥②は、唐代の名妓、薛濤(セットウ)がその文才によって女校書の称があったことから。

【校正(コウセイ)】①字句を比べ合わせ、誤りを正すこと。校合。②ゲラ刷りを原稿と照合して、誤りを正すこと。

【校注・校註(コウチュウ)】校訂(コウテイ)して、注釈を加えること。また、その注釈。

【校訂・校定(コウテイ)】古典の異本を比べ合わせて誤りを訂正すること。

【校田(コウデン)】国奈良・平安時代、朝廷から役人を諸国に派遣して、田地の状態を調査させたこと。

【校本(コウホン)】伝本を校合して、本文の異同を示した本。

❹ まなびや。

下接 愛校(アイコウ)・開校(カイコウ)・学校(ガッコウ)・帰校(キコウ)・休校(キュウコウ)・郷校(キョウコウ)・下校(ゲコウ)・高校(コウコウ)・在校(ザイコウ)・全校(ゼンコウ)・村校(ソンコウ)・退校(タイコウ)・他校(タコウ)・転校(テンコウ)・登校(トウコウ)・廃校(ハイコウ)・藩校(ハンコウ)・分校(ブンコウ)・放校(ホウコウ)・母校(ボコウ)・本校(ホンコウ)・来校(ライコウ)・予備校(ヨビコウ)

【校舎(コウシャ)】学校の建物。

【校則(コウソク)】学校の規則。校規。『校則に反する』

【校長(コウチョウ)】国小・中・高等学校などで、校務を総括し、教職員を監督する責任者。

【校風(コウフウ)】その学校に特有な気風。

【校友(コウユウ)】①学校側から卒業生を呼ぶ称。②同じ学校に学ぶ友。

3509 【桁】 2369 3765 8C85 木－6 コウ(カウ)㊥漢/héng・háng・hàng/けた

字解 形声。木＋行㊥。

意味 ❶けた。横木をかけ渡したもの。『衣桁(イコウ)』『井桁(いげた)』『橋桁(はしげた)』『帆桁(ほげた)』 ❷国けた。そろばんの玉を貫く縦の棒。また、数の位どり。『桁違い』

3510 【栲】 5962 5B5E 9E7D 木－6 コウ(カウ)漢/kǎo/たえ

(3511) 〔栲〕 ─ ─ 木－6

字解 形声。木＋考㊥。

意味 ❶ぬるで。ウルシ科の落葉小高木。❷国たえ。梶(かじ)や楮(こうぞ)などの木の皮の繊維で織った綿布。『白栲(しろたえ)』

3512 【根】 2612 3A2C 8DAA 木－6 常3 コン呉漢/gēn/ね

筆順 木 朩 朩 根 根 根

字解 形声。木＋艮(とどまってはなれない)㊥。木が大地にとどまるところのねの意。

参考 万葉仮名では訓を借りて「ね」。

意味 ❶ね。㋑植物のね。『根茎』『大根』㋺物のつけね。『歯根』『舌根』❷物事の根ざすところ。おおもと。おこり。『根拠』『禍根』❸身体に根ざす力。㋑物事をなし続ける気力。また、持って生まれた性質。『根負け』『根気』『根性』『気根』『性根』『精根』㋺仏教で、感覚器官のはたらき。性質。『機根』『上根』『利根』『六根』❹国数学の方程式で、未知数がとるべき値。また、何乗かした数のもと。『平方根(ヘイホウコン)』『立方根(リッポウコン)』❺国化学反応で、分解しないで他の化合物に移ることの多い原子団。基。❻あて字など。『尾根(おね)』『高根(たかね)』『羽根(はね)』『屋根(やね)』

⇒表

根(コン)	本(ホン)
根本	
根拠 根源 根性 根幹 根底 根蔕 ものの生じるみなもと。	本拠 本源 本性 本幹 基本 本領 物事の中心。もと。かなめ。

❶ ね。また、つけね。

下接 ㋑塊根(カイコン)・気根(キコン)・球根(キュウコン)・菜根(サイコン)・紫根(シコン)・草根(ソウコン)・大根(ダイコン)・蓮根(レンコン)㋺歯根(シコン)・舌根(ゼッコン)/垣根(かきね)

【根幹(コンカン)】 根と幹。↓❷

【根茎(コンケイ)】 1根と茎。2根のように見える茎。地下茎の一種。ハス、タケなどに見られる。

【根蔕(コンタイ)】 根とへた。↓❷

❷ おおもと。おこり。

下接 雲根(ウンコン)・禍根(カコン)・語根(ゴコン)・宿根(シュクコン)・心根(シンコン)・善根(ゼンコン)・男根(ダンコン)・同根(ドウコン)・病根(ビョウコン)・本根(ホンコン)・無根(ムコン)

【根幹(コンカン)】 物事の大もと。根本。↓❶

【根拠(コンキョ)】 1もとになる理由。より所。2根城。本拠。

【根源・根元(コンゲン)】 物事の大もと。『諸悪の根源』

【根治(コンジ・コンチ)】 病気などを根本から治すこと。また、完治すること。

【根絶(コンゼツ)】 根本からすっかりなくしてしまうこと。ねだやし。

【根蔕(コンタイ)】 物事の土台やよりどころ。↓❶

【根底・根柢(コンテイ)】 (「柢」は根もとの意) 物事の根本。基礎。書き換え「根柢→根底」。

【根本(コンポン)】 物事を成り立たせている、大もとの事柄。物事の起こり。根底。『根本的な改革』

❸ 気力。また、性質。

下接 気根(キコン)・機根(キコン)・下根(ゲコン)・上根(ジョウコン)・身根(シンコン)・精根(セイコン)・鈍根(ドンコン)・利根(リコン)・六根(ロッコン)/性根(ショウね)

【根気(コンキ)】 物事を飽きずに我慢強く続ける気力。こん。

【根性(コンジョウ)】 1生まれつきの性質。しょうね。『島国根性』 2国強い意志力。『根性がある』

難読地名 根上(ねあがり)町(石川) 根羽(ねば)村(長野)

難読姓氏 根生(ねい)

3513 【桟】 2723 3B37 8E56 木－6 常 サン漢/zhàn/かけはし

(3584) 〔棧〕 6002 5C22 9EA0 木－8 旧字

筆順 木 朩 栈 桟 桟 桟

字解 桟は、棧の略体。棧は形声。木＋戔(うすく小さい)㊥。木を小さく切ってつくったはしの意。

意味 ❶かけはし。けわしいところなどにかけ渡した橋。『桟道』『桟橋』『危桟(キサン)』 ❷国戸や障子の横木。また、床板を張るための横木。『桟敷(さじき)』『行桟(コウサン)』『帯桟(おびザン)』 ❸あて字。『桟留(サントメ)』

【桟雲(サンウン)】 かけはしのように、高く険しい山中にかかっている雲。また、その雲の中を行くような高い山道。

【桟道(サンドウ)】 崖(がけ)などに沿って棚のように張り出して作った、橋のような道。

【桟留(サントメ)】 しま柄の綿織物の一種。唐桟(トウザン)。ポルトガル São Thomé のあて字。「聖トマス」の意。聖トマスが布教に来たという、インドのコロマンデル地方の異名で、その地から渡来した綿布の意。

【桟橋(サンばし)】 港で、人の乗り降りや荷物の上げ下ろしのために、水上に突き出して造った橋状のもの。

【桟敷(さじき)】 一段高く作られた観覧席。『天井桟敷』

3514 【栭】 * 3549 木－6 ジ漢/ér/たたら・つか

字解 形声。木＋而㊥。たたら。高欄や柱の束(つか)。

3515 【桎】 5963 5B5F 9E7E 木－6 シツ漢/zhì/あしかせ

字解 形声。木＋至(→窒、ふさぐ)㊥。足の自由をうばってしめつけるかせの意。

意味 あしかせ。罪人の足にはめて自由を奪う刑具。また、自由を奪う、自由がきかない。『梏桎(コクシツ)』

【桎檻(シッカン)】 足かせをして牢獄に入れること。

【桎梏(シッコク)】 足かせと手かせ。転じて、自由を束縛するもの。梏桎。*孟子-尽心上「桎梏死者、非正命也(シッコクしてシするものは、セイメイにあらざるなり)」〔＝罪を犯して自由を束縛されて死んでしまうのは、正しい天命とはいえない〕」

3516 【株】 1984 3374 8A94 木－6 常6 シュ漢/zhū/かぶ・くいぜ

筆順 木 朩 株 株 株 株

字解 形声。木＋朱(切り口が赤い)㊥。切り口が赤い切りかぶの意。

意味 ❶きりかぶ。くいぜ。また、樹木などを数える語。

『守株』❷国かぶ。㋑日本の近世、職業、営業上での特権、地位、資格、役職をいった。その権利が売買、譲渡の対象になった。㋺株式・株券などの略。『株が暴落する』

❶ きりかぶ。くいぜ。

下接 一株イッシュ・枯株コシュ・根株コンシュ・守株シュシュ・雌雄異株シユウイシュ

【株連蔓引シュレンマンイン】かぶを連ね、つるを引くように、いもづる式に罪人の関係者を罰すること。株蔓。〔蘇轍-乞誅竄呂恵卿状〕

【守レ株かぶをまもる・くいぜをまもる】【シュシュ】古い習慣を守ることに固執し、時の情勢に対応できないこと。〔韓非子-五蠹〕❤株を守って兎を待つ。宋の農夫が、兎が木の株につきあたって死んだのを手に入れてから、また兎が得られるかと、農具を捨てて株を見守っていたという話から。

❷ (日本語で)かぶ。

下接 親株おやかぶ・旧株キュウかぶ・空株クウかぶ・子株こかぶ・新株シンかぶ

【株券かぶケン】株主である地位を表示する有価証券。株式。

【株式かぶシキ】①株式会社の資本の構成単位。また、株主としての権利、義務の単位。②＝株券かぶケン

【株主かぶぬし】株式会社の株式の所有者。

3517 【栬】＊3548 木－6 もみじ

字解 国字。会意。木＋色。木の葉が色づく意。

3518 【栖】 3220 4034 90B2 木－6 セイ㊥/xī・qī/す・すむ

字解 形声。木＋西㊥。木の上の鳥の巣。また、すむ意。棲に同じ。

参考 (1)万葉仮名では訓を借りて「す」、音を借りて「せ」。(2)熟語は、「棲」(3590)を見よ。

3519 【栓】 3282 4072 90F0 木－6 常 (3520)〔栓〕 木－6 旧字

セン㊥/shuān/せんのき

筆順 栓 栓 栓 栓 栓 栓

字解 形声。木＋全㊥。

意味 ❶管やあな、びんなどの口を閉じるもの。『栓塞』❷国せんのき。ウコギ科の落葉高木。

下接 活栓カッセン・血栓ケッセン・水栓スイセン・密栓ミッセン・元栓もとセン・消火栓ショウカセン

【栓塞センソク】凝結や空気、脂肪などが血管の細い部分を閉塞すること。塞栓。

3521 【栴】 3283 4073 90F1 木－6 (3691)〔⿰木旃〕 木－10

セン㊋㊥/zhān

字解 形声。木＋旃省㊥。

意味 ❶せんだん。白檀ビャクダンの別称。ビャクダン科の常緑高木。❷国せんだん。センダン科の落葉高木。おうち。

【栴檀センダン】(梵candanaの音訳)①ビャクダンの別称。②国センダン科の落葉高木。材は建築・家具用。おうち。【栴檀従二葉一香センダンはふたばよりかんばし】大成する人は幼時からすぐれていることのたとえ。

3522 【梳】 5964 5B60 9E80 木－6 ソ㊥/shū/くし・くしけずる・すく

字解 形声。木＋疏(別々にわけて通す)省㊥。からんだ毛をすくくしの意。

意味 ❶くしけずる。髪をすく。『梳髪』『櫛梳シッソ』『粧梳ショウソ』❷くし。目のあらいくし。『釵梳サイソ』

【梳洗ソセン】くしで髪をすき、顔を洗うこと。化粧すること。

【梳髪ソハツ】髪をくしけずること。

【梳毛ソモウ】羊毛などの獣毛をすいて長繊維だけを平行にそろえること。↔紡毛。『梳毛糸』

3523 【栫】 5965 5B61 9E81 木－6 ソン㊥・セン㊥/jiàn/かこい

字解 形声。木＋存(保存する)㊥。魚を捕らえて入れておくしかけの意。

3524 【桃】 3777 456D 938D 木－6 常 トウ(タウ)㊥/táo/もも

筆順 桃 桃 桃 桃 桃 桃

字解 形声。木＋兆(卜占の時にできるわれめ)㊥。二つにわれる木の実、ももの意。

意味 ❶もも。バラ科の落葉小高木。『桃仁』『桃符』『桃李』❷固有名詞。『桃花源記』『桃源』

❶ もも。

下接 桜桃オウトウ・紅桃コウトウ・山桃サントウ・白桃ハクトウ・蟠桃ハントウ・夭桃ヨウトウ・扁桃腺ヘントウセン・夾竹桃キョウチクトウ／胡桃くるみ・苔桃こけもも・酸桃すもも・梅桃ゆすらうめ

【桃花源トウカゲン】桃の花が美しく咲いている水源地。「武陵桃源」「桃源郷」ともいう。転じて、別天地の意に用いる。〔陶潜-桃花源記〕→❷桃源トウゲン

【桃花水トウカスイ】桃の花の咲く三月ごろ、雪・氷が解けてあふれるばかりに流れる川の水。

【桃仁トウニン】桃の種子。薬用として特に漢方で使われ、浄血薬として月経不順などに用いる。

【桃符トウフ】中国で、元旦などに門戸につけた魔よけの札。桃の木で作り、吉祥の文字を記したもの。

【桃夭トウヨウ】よめいりどき。婚期。〔詩経-周南・桃夭〕

【桃李トウリ】①モモと、スモモ。②門下生、門人のたとえ。③美しい顔色のたとえ。【桃李不レ言、下自成レ蹊トウリものいわざれども、したおのずからケイをなす】モモやスモモは何も言わないが、花の美しさにひかれた人が大勢来るので、自然に道ができる。徳のある人のもとには自然に人が慕い集まってくることをいう。〔史記-李将軍伝・賛〕

【桃茢トウレツ】モモの木とアシの穂でつくった、邪気をはらうほうき。

❷ 固有名詞。

【桃花源記トウカゲンキ】中国の伝奇小説。東晋の陶潜撰。武陵の漁夫が道に迷い、桃林の奥に秦の戦乱を避けた人々の平和郷を発見、手厚くもてなされるが、帰宅後再び探しても見出せなかったという。

【桃源トウゲン】①中国の洞庭湖の西方、湖南省桃源県の西南の山中にある地名。「桃花源記」の題材となった。秦人洞。②俗世間を離れた安楽な世界。仙境。「桃花源」「武陵桃源」「桃源郷」ともいう。③「桃花源記」の略。

難読地名 桃生ものう郡・町(宮城)

3525 【桐】 2245 364D 8BCB 木－6 人 トウ㊥・ドウ㊧慣/tóng/きり

字解 形声。木＋同(→筒、中がうつろになっている)㊥。

心(⺗・忄)戈戸(戸)手(扌)支支(攵) 4画 文斗斤方无(旡・无)日曰月木欠止歹(歺)殳毋比毛氏气水(氺・氵)火(灬)爪(爫・⺥)父爻(㸚)爿(丬)片牙(牙)牛犬(犭)

金文  篆文 

中が筒のように空になっている木、きりの意。

[意味] ❶きり。㋑ゴマノハグサ科の落葉高木。『桐君』㋺アオギリ科の落葉高木。『梧桐ゴドウ』❷地名。『桐城』

【桐君ドウクン】[1]琴のこと。桐で胴をつくるところから。[2]薬草を多く集めたという、黄帝時代の人。

【桐城トウジョウ】中国、安徽アンキ省の県名。清シンの乾隆ケンリュウ帝のころ、古文家が多くこの地から出た。『桐城派』

[難読地名] 桐生きりゅう市(群馬)

3526 【档】 5967 5B63 9E83 木−6
トウ 「檔」(3794)の異体字

3527 【梅】 3963 475F 947E 木−6 [常]4 (3559)【梅】 二一 木−7 旧字 [人]
バイ[漢]/méi/うめ・むめ・め

[筆順] 

[字解] 梅は梅の略体。梅は形声。木+毎[声]。うめの意。楳に同じ。

金文  篆文 

[参考] 万葉仮名では音を借りて「め[乙]」「も」。

[意味] ❶うめ。バラ科の落葉高木。『梅花』『観梅』❷つゆ。ウメの実の熟す季節に降る長雨。『梅雨』『入梅ニュウバイ』❸その他。固有名詞など。『梅尭臣』『梅毒』

❶うめ。

[下接] 塩梅アンバイ・エン・寒梅カンバイ・観梅カンバイ・紅梅コウバイ・黄梅コウバイ・青梅セイバイ・早梅ソウバイ・探梅タンバイ・白梅ハクバイ・摽梅ヒョウバイ・野梅ヤバイ・落梅ラクバイ・老梅ロウバイ・蠟梅ロウバイ・松竹梅ショウチクバイ

【梅園・梅苑バイエン】ウメの木を数多く植えた庭園。

【梅花バイカ】ウメの花。『梅花粧バイカソウ』『梅花文様』

【梅子バイシ】ウメの果実。

【梅林バイリン】ウメの林。梅園。

【梅桃ゆすらうめ】バラ科の落葉低木。春、ウメに似た花を開く。果実は食用。

❷つゆ。

【梅雨バイウ・つゆ】夏至の前後、六月から七月にかけての雨季。また、そのころの雨。『梅雨ついりに入る』『梅雨バイウ前線』
♥(1)ウメの実の熟す季節であるところから。(2)「黴雨」とも書く。

【梅霖バイリン】(「霖」は長雨の意)つゆ。さみだれ。

❸その他。固有名詞など。

【梅尭臣バイギョウシン】中国、北宋の詩人。字あざなは聖兪セイユ。盛唐の詩風を範とし、宋詩の革新を行った。著「宛陵先生集」など。(一〇〇二〜六〇)

【梅毒バイドク】性病の一。スピロヘータパリダという菌の感染による慢性伝染病。黴毒バイドク。

[難読姓氏] 梅千野ほやの

3528 【栢】 1992 337C 8A9C 木−6
ハク 「柏」(3475)の異体字

3529 【栰】 * 3551 木−6
ハツ[漢]・バツ[慣]/fá/いかだ
[字解] 形声。木+伐[声]。いかだの意。筏の別体。

3530 【桙】 5966 5B62 9E82 木−6
ウ[漢]・ボウ[漢]/wū/ほこ
[字解] 形声。木+牟[声]。ほこの意。

3531 【桛】 * 3563 木−6
かせ
[字解] 国字。会意。木+卡。かせの意。つむに取った糸をかけてたばねる具。かせぎ。

3532 【桝】 4381 4B71 9691 木−6
ます 「枡」(3443)の異体字

3533 【械】 1903 3323 8A42 木−7 [常]4
カイ[漢]/xiè/かせ

[筆順] 

[字解] 形声。木+戒(いましめる)[声]。木製の刑具の意。

[意味] ❶かせ。手かせ。足かせ。罪人の手足にはめて自由を奪う刑具。『械繫カイケイ』『手械シュカイ』❷しかけ。からくり。また、うつわ。道具。『器械キカイ』『機械キカイ』

【械繫カイケイ】罪人にかせをはめて、牢屋につなぐこと。

3534 【桷】 5968 5B64 9E84 木−7
カク[漢]/jué/たるき・ずみ
[字解] 形声。木+角(かどばっている)[声]。角張った材木でできた垂木の意。
[意味] ❶たるき。屋根板をささえるためにわたす角材。❷[国]ずみ。バラ科の落葉小高木。

3535 【桿】 5969 5B65 9E85 木−7
カン[漢]/gǎn/さお
[字解] 形声。木+旱[声]。杆の通俗体。
[意味] 船のさお。かい。また、木の棒。棒状のもの。
[下接] 槓桿コウカン・操縦桿ソウジュウカン

【桿菌カンキン】棒状または円筒状の細菌の総称。結核菌、大腸菌、赤痢菌など。

3536 【梂】 * 3575 木−7
キュウ(キウ)[漢]/qiú/いが
[字解] 形声。木+求(→球、たま)[声]。球状の実のなる木の意。また、栗の実の外皮、いが、かさの意。

3537 【桾】 5985 5B75 9E95 木−7
クン[漢]/さるがき
[字解] 形声。木+君[声]。木の名。さるがき。日本では、くぬぎ。

3538 【梧】 2472 3868 8CE6 木−7 [人]
ゴ[漢]/wú・wù・yǔ/あおぎり
[字解] 形声。木+吾[声]。
[意味] ❶あおぎり。アオギリ科の落葉高木。『梧桐』❷アオギリで作った琴や机。『梧下』『梧右』❸大きいさま。壮大なさま。『魁梧カイゴ』❹さからう。『枝梧シゴ』『抵梧テイゴ』❺地名。『梧岫』

【梧下ゴカ】=梧右ゴユウ

【梧岫ゴシュウ】(「梧」は中国の伝説上の聖王、舜シュンが葬られた蒼梧ソウゴの地。「岫」は山の洞穴)先帝の墓所。

【梧桐ゴドウ】アオギリの別名。＊白居易・長恨歌「春風桃李花開日、秋雨梧桐葉落時シュンプウトウリはなひらくのひ、シュウウゴドウはおつるのとき」(=悲しみがつのるのは春の風にモモやスモモの花開く日、秋の雨にアオギリの大きな葉の落ちる時)」【梧桐一葉ゴドウイチヨウ】アオギリの葉が一枚落ちるのを見て、秋を知ること。転じて、もののおとろえるきざし。
【梧右(ゴユウ)】手紙の脇付(わきづけ)に用いる語。机下。梧下。

3539 【梗】 2528 393C 8D5B 木−7 コウ(カウ)漢/gěng/やまにれ・おおよそ
字解 形声。木＋更(＝㪅、かたい)声。硬い刺のある木の意。
意味 ❶やまにれ。ニレ科の落葉高木。❷かたい。「硬」に同じ。「頑梗(ガンコウ)」❸おおよそ。だいたい。「梗概」❹ふさぐ。ふさがる。「梗塞」❺人形。「土梗(ドコウ)」❻木の枝。「花梗(カコウ)」❼「桔梗(キキョウ)」は秋草の一種。
【梗概(コウガイ)】小説や戯曲などのあらまし。あらすじ。
【梗塞(コウソク)】ふさがって通じないこと。「心筋梗塞」「脳梗塞」

3540 【梏】 5971 5B67 9E87 木−7 コク漢/gù/てかせ
字解 形声。木＋告(牛の角に棒をつけ動けなくしたさま)声。しっかりしめつけて動けなくする木製の刑具、かせの意。甲骨文は、てかせをされたさま。
甲骨文

篆文

意味 てかせ。手にはめて自由を奪う刑具。「桎梏(シッコク)」
【梏桎(コクシツ)】(「桎」は足かせ)手かせ足かせ。転じて、拘束すること。桎梏(シッコク)。
【梏亡(コクボウ)】1利欲がてかせとなり、善心を乱しほろぼすこと。2抑制して次第になくすこと。

3541 【梱】 2613 3A2D 8DAB 木−7 コン漢/kǔn/しきみ・こうり・こり
字解 形声。木＋困(とじこめる)声。とじこめて出入りができないようにするための木、しきみの意。
意味 ❶しきみ。門や部屋のしきり。❷しばる。「梱包」❸国こうり。こうり。㋑竹や柳の枝で編んだかご。㋺包装した荷物。また、それを数える語。
【梱外之任(コンガイのニン)】将軍の任務。▶宮門のしきみより外の任務の意。
【梱包(コンポウ)】包装し、縄などをかけて荷造りすること。

3542 【梭】 5972 5B68 9E88 木−7 サ漢・シュン漢/suō/ひ
字解 形声。木＋夋声。
意味 ❶ひ。はた織りで横糸を通す道具。「梭杼(サチョ)」「鶯梭(オウサ)」❷「梭子魚(かます)」は、カマス科カマス属の海魚。「魳」とも書く。
【梭杼(サチョ)】はた織りをするときに使うひ。

3543 【桫】 ＊3564 木−7 サ漢/suō/へご
字解 形声。木＋沙声。
意味 へご。ヘゴ科の常緑木生シダ。「桫欏(へご)」

3544 【梓】 1620 3034 88B2 木−7 人 シ漢/zǐ/あずさ・きささげ
字解 形声。木＋宰省声。
意味 ❶あずさ。ノウゼンカズラ科の落葉高木。また、きささげとも。「梓材」「梓人」「梓里」「桑梓(ソウシ)」❷(アズサが多く版木に用いられるところから)版木。また、出版。「梓行」「上梓(ジョウシ)」
【梓行(シコウ)】版木を彫って書物を刊行すること。刊行。
【梓材(シザイ)】1アズサの材。2(アズサが有用の材であるところから)すぐれた人材。
【梓人(シジン)】大工のかしら。▶もと、中国、周代の官名。梓の木を工作する人の意。
【梓里(シリ)】ふるさと。▶父母の植えた梓の木の生えている所の意。

3545 【梔】 5973 5B69 9E89 木−7 シ漢/zhī/くちなし
字解 形声。木＋巵声。
意味 くちなし。アカネ科の常緑低木。
【梔子(シシ)】クチナシの実。染料などに用いる。

3546 【梢】 3031 3E3F 8FBD 木−7 人 ショウ(セウ)呉・ソウ(サウ)漢/shāo/こずえ
(3547)【梢】 木−7 旧字
字解 形声。木＋肖(ちいさい)声。こずえの意。
意味 ❶こずえ。えだの先。「枝梢(シショウ)」❷物の末端。「末梢神経(マッショウシンケイ)」❸舟のかじ。
【梢梢(ショウショウ)】1風に吹かれて鳴る木の音のさま。2少し。わずか。小さい。3枝が長く伸びているさま。また、長くたれるさま。

3548 【梣】 ＊3584 木−7 シン漢/とねりこ
字解 形声。木＋岑声。
意味 とねりこ。モクセイ科の落葉高木。

3549 【桵】 ＊3570 木−7 ズイ漢/ruí/たら
字解 形声。木＋妥声。
意味 たら。ウコギ科の落葉小高木。

3550 【梲】 ＊3589 木−7 セツ漢・タツ漢/zhuō・tuō/うだつ・うだち
字解 形声。木＋兌(ぬけ出る)声。家の梁(はり)の上にでた短い支柱、うだつの意。
意味 ❶うだつ。うだち。梁(はり)の上に立てて棟木を支える柱。「梲(うだつ)が上がらない〔＝良い境遇に恵まれず、ぱっとしない〕」❷つえ。大きなつえ。

3551 【梍】 5984 5B74 9E94 木−7 ソウ(サウ)漢/さいかち
字解 木の名。さいかち。

3552 【梛】 5975 5B6B 9E8B 木−7 ダ漢・ナ慣/nuó/なぎ
字解 形声。木＋那声。
意味 ❶「枸梛(クナ)」は木の名。❷国なぎ。マキ科の常緑高木。竹柏。

3553 【梯】 3684 4474 92F2 木−7 タイ呉・テイ漢/tī/はしご・かけはし
字解 形声。木＋弟(おとうと、ひくい)声。下の低いところから上へのぼるはしごの意。
意味 ❶はしご。高い所へのぼるのに用いる道具。「梯子」「梯航」「梯索」「舷梯」→下接。❷順序立てた区分。「梯団」「階梯(カイテイ)」
下接 雲梯(ウンテイ)・舷梯(ゲンテイ)・鉤梯(コウテイ)・桟梯(サンテイ)・突梯(トッテイ)
【梯航(テイコウ)】山を越え海を渡ること。▶はしごで山を登り、船で海を渡る意。
【梯索(テイサク)】(「索」はつなの意)なわばしご。
【梯団(テイダン)】大兵団が行軍などの際、便宜上数個の部隊に分けたときの各部隊。

3554 【梃】 5976 5B6C 9E8C 木－7 テイ[漢]・チョウ[慣]/tǐng/てこ
[字解] 形声。木＋廷（まっすぐのびる）[声]。まっすぐのびた杖（つえ）の意。
[意味] ❶まっすぐな丸い棒。つえ。また、てこ。❷棒状の長いものを数える語。「挺」に同じ。
【梃子（てこ）】 支点を中心として自由に回転し得る棒。小さい力を大きい力に変えることができる。「梃子でも動かない」

3555 【桶】 1819 3233 89B1 木－7 トウ[漢]・ヨウ[漢]/tǒng/おけ
[字解] 形声。木＋甬（中が筒状で貫通している）[声]。中が筒のように空になっている木の器、おけの意。
[意味] おけ。水などを汲むための円筒形の木の器。
[下接] 漆桶（シッツウ）・鉄桶（テットウ）・面桶（メンツウ）・湯桶（ゆトウ）／棺桶（カンおけ）・首桶（くびおけ）・肥桶（こえおけ｜こえたご）・鮨桶（すしおけ）・溜桶（ためおけ）・手桶（ておけ）・火桶（ひおけ）・水桶（みずおけ）・風呂桶（ふろおけ）

3556 【梼】 3778 456E 938E 木－7 トウ 「檮」(3802)の異体字

3557 【桮】 ＊3565 木－7 ハイ 「杯」(3433)の異体字

3558 【梖】 ＊3579 木－7 ハイ[漢]・バイ[慣]/bèi
[字解] 形声。木＋貝[声]。木の名。ばいたら。梵 pattra の音訳、梖多羅から。

3559 【梅】 ＝＝ 木－7 バイ 「梅」(3527)の旧字

3560 【梚】 ＊3581 木－7 バン[漢]
[字解] 形声。木＋免[声]。木の名。

3561 【梶】 1965 3361 8A81 木－7 ビ[漢]/wěi/かじ
[字解] 形声。木＋尾（短いしっぽ）[声]。こずえの意。
[意味] ❶こずえ。❷[国]かじ。㋑かじのき。クワ科の落葉高木。㋺車の前にあって手を掛けて車を引くところ。㋩舟の後尾につけて方向を左右するもの。舵（かじ）。「梶棒（かじボウ）」

3562 【梹】 5978 5B6E 9E8E 木－7 ヒン 「檳」(3804)の異体字

3563 【桴】 5979 5B6F 9E8F 木－7 フ[漢]・フウ[漢]/fú/いかだ・ばち
[字解] 形声。木＋孚（→浮、うく）[声]。水に浮く木でつくったいかだの意。
[意味] ❶（フ）いかだ。＊論語－公冶長「道不レ行、乗レ桴浮二于海一（みちおこなわれず、いかだにのりてうみにうかばん）」［＝道が行われていないから、いかだに乗って海に浮かんで行こう］❷むね。棟木。❸ばち。太鼓などを打つ棒。

3564 【桲】 ＊3569 木－7 ボツ[漢]/bō/つえ
[字解] 形声。木＋孛[声]。
[意味] ❶からざお。つえ。❷「榅桲（オツボツ）」は、マルメロの意。

3565 【梛】 ＝＝ 木－7 ヤ 「椰」(3652)の異体字

3566 【桺】 ＊3572 木－7 リュウ 「柳」(3485)の異体字

3567 【梠】 5981 5B71 9E91 木－7 リョ[呉][漢]/lǚ/のきすけ
[字解] 形声。木＋呂[声]。
[意味] ❶垂木（たるき）の先端におく横木。のきすけ。❷「棕梠（シュロ）」は、ヤシ科の常緑高木。

3568 【梻】 ＊3590 木－7 しきみ
[字解] 国字。会意。木＋佛（ほとけ）。仏前に供える木、しきみの意。

【彬】⇩2265

3569 【椏】 5983 5B73 9E93 木－8 ア[漢]/yā
[字解] 形声。木＋亞[声]。木のまたの意。「三椏（みつまた）」は、ジンチョウゲ科の落葉低木。

3570 【椅】 1656 3058 88D6 木－8 イ[呉][漢]/yǐ・yī/はし
[字解] 形声。木＋奇（→寄、よる）[声]。よりかかることができるいすの意。
[意味] ❶いいぎり。イイギリ科の落葉高木。梓や桐に似ている。❷こしかけ。「椅几」「椅子」❸[国]はし。猗（石橋）のイを木に代えたもの。
【椅几（イキ）】 寄りかかる台。ひじかけ。
【椅子（イス）】 [1]腰掛け。「車椅子（くるまイス）」「座椅子」[2][国]役職または地位。ポスト。「大臣の椅子」

3571 【棭】 ＊3613 木－8 エキ[漢]
[字解] 形声。木＋夜[声]。木の名。日本で、ねむのき。

3572 【椢】 5990 5B7A 9E9A 木－8 カイ 「槶」(3714)の異体字

3573 【椁】 5986 5B76 9E96 木－8 カク（クヮク）[漢]/guǒ/ひつぎ
(3717)【槨】 6058 5C5A 9ED8 木－11
[字解] 形声。木＋享（＝亯→郭、外をかこむ）[声]。木製で外まわりをとりかこむもの、ひつぎの意。

3574 【棺】 2029 343D 8ABB 木－8 [常] カン（クヮン）[漢]/guān/ひつぎ
[筆順]

[字解] 形声。木＋官（→垣、かこいをめぐらす）[声]。死体をおさめる、ひつぎの意。
[意味] ひつぎ。かんおけ。死体を納める箱。また、死体をひつぎに納めること。
[下接] 座棺（ザカン）・出棺（シュッカン）・石棺（セッカン）・入棺（ニュウカン）・納棺（ノウカン）
【棺桶（カンおけ）】 遺体を入れる木のおけ。
【棺椁・棺槨（カンカク）】 （「棺」は内棺、「椁」「槨」は外棺の意）死体をおさめる箱。ひつぎ。

【蓋レ棺事定カンをおおいてことさだまる】その人の真価は死んだあとに定まる。生きている間は公平な判断ができない。＊杜甫・君不レ見簡ニ蘇徯一「丈夫蓋レ棺事始定ジョウフカンをおおいてことはじめてさだまる」（＝男子の評価は、死んではじめて定まるものだ）

3575 【棋】 2093 347D 8AFB 木−8 常 (3358)【棊】 5987 5B77 9E97 木−8

キ 漢 /qí/ご

筆順 棋 棋 棋 棋 棋 棋

字解 形声。木＋其（整然とした方形の箕み）声。整然と縦横の線をひいた、碁ゴや将棋の盤の意。

甲骨文 篆文

意味 碁や将棋の盤。将棋のこま。ごいし。囲碁、将棋のこと。「奕棋エキ」「琴棋キンキ」

【棋客キカク】囲碁、将棋をする人。棋士。

【棋士キシ】碁、または将棋を専門の職業とする人。

【棋峙キジ】碁盤の碁石のように、群雄などが割拠して相対していること。

【棋布キフ】碁石を置いたように点々と散らばっていること。

3576 【椈】 5988 5B78 9E98 木−8

キク 漢 /jú/ぶな

字解 形声。木＋匊声。木の名。柏の類。日本で、ぶな。

3577 【検】 2401 3821 8C9F 木−8 常5 (3788)【檢】 6093 5C7D 9EFB 木−13 旧字 人

ケン 呉漢 /jiǎn/しらべる

筆順 検 検 検 検 検 検 検

字解 検は、檢の略体。檢は形声。木＋僉（あつめる）声。書類などをまとめて入れておく木のはこの意。一説に、証言をつきあわせる間、はめておく手かせの意であるともいう。

意味 ❶とりしらべる。㋐しらべる。あらためる。また、はかる。考える。「検査」「検証」「探検」㋺とりしまる。しめくくる。「検束」⇒表 ❷国「検察庁」の略。「送検ソウケン」「地検チケン」

下接 按検アンケン・引検インケン・勘検カンケン・勾検コウケン・考検コウケン・再検サイケン・実検ジッケン・車検シャケン・受検ジュケン・巡検ジュンケン・縄検ジョウケン・審検シンケン・探検タンケン・点検テンケン・剖検ボウケン・臨検リンケン

	検査						
検ケン	とりしらべる。	検察	検証	検定	検問	検閲	探検
査サ	しらべる。	査察	査証	査定	査問	査閲	探査

【検非違使ケビイシ】国平安初期におかれた令外の官。京中の犯人検挙や風俗取り締まりなどを職務とした。

【検案ケンアン】①形跡、状況などを調べただすこと。②死亡の事実を医学的に確認すること。「検案書」

【検疫ケンエキ】伝染病の病原体の有無を検査すること。

【検閲ケンエツ】新聞、書籍、放送、演劇、郵便信書などの表現内容を権力のある機関が強制的に検査すること。

【検覈ケンカク】（「覈」も調べる意）調べて明らかにすること。検考。検校。

【検挙ケンキョ】捜査機関が犯罪の被疑者として取り調べの対象とすること。

【検校ケンコウ・ケンギョウ】①物事を点検し、誤りを正すこと。また、寺社や荘園等におかれた監督。②（ケンギョウ）国中世以来、盲人に与えられた最高位の官名。

【検査ケンサ】基準に合っているか、異状がないかを調べること。「血液検査」「検査結果」

【検索ケンサク】特定の項目について、主として書物や辞書からその記述をさがし出すこと。「情報検索」

【検察ケンサツ】証拠を集めて、犯罪の事実を明らかにすること。「検察官」「検察庁」

【検死・検屍ケンシ】変死者の死体を検査すること。検視。

【検使ケンシ】事実を見届けるために派遣される使者。

【検視ケンシ】①事実の取り調べをすること。②検死ケンシ。

【検字ケンジ】漢字の字書の索引で、漢字を総画数で配列し、その所属するところを示したもの。

【検事ケンジ】国①検察官の官名の一種。一級、二級の別がある。「検事正」②「検察官」の旧称。

【検出ケンシュツ】検査して見つけ出すこと。「指紋の検出」

【検証ケンショウ】国①調査して、事実を証明すること。②裁判官が、直接現場の状況などを実検する証拠調べ。

【検束ケンソク】①行動を制限して自由にさせないこと。厳しく抑制すること。②国旧行政執行法で、警察官が人の身体の自由を一時的に拘束し、一定の場所に連行し留置したこと。

【検地ケンチ】国田畑を測量し、石高コクだかなどを定めること。

【検知ケンチ】国①現状について調査すること。②敵の下級武士の首級をあらためること。首実検。

【検定ケンテイ】国検査をして、品質、合否などを決めること。

【検討ケントウ】よく調べて、吟味すること。

【検番ケンバン】国芸者などの取次、玉代ギョクダイの勘定などを取り扱う所。

【検分ケンブン】国立ち会ってしらべて見届けること。

【検問ケンモン】疑わしい点がないか、問いただすこと。

【検見けみ・ケンミ】日本で、中・近世、イネの刈入れ前に、役人が作柄を検査し、その年の年貢高を定めたこと。毛見。

3578 【棬】 ＊3612 木−8

ケン 漢 /quān/まげもの・さすえ

字解 形声。木＋卷（まげる）声。木の薄板をまげてつくった器、まげものの意。

3579 【椢】 ＊3607 木−8

コ 漢

字解 形声。木＋固声。ねずみをとる道具の意。

3580 【棡】 5992 5B7C 9E9C 木−8

コウ（カウ）漢 /gāng

字解 形声。木＋岡声。土塀の横木の意。

3581 【椌】 5993 5B7D 9E9D 木−8

コウ 漢・コウ（カウ）漢 /qiāng

字解 形声。木＋空声。柷シュク（楽器）の小さなもの、また、むなしい意。

3582 【棔】 6001 5C21 9E9F 木−8

コン 漢 /hūn

字解 形声。木＋昏声。「合棔ゴウコン」は、ネムノキの意。

3583 【棍】 5994 5B7E 9E9E 木−8

コン 漢 /gùn

字解 形声。木＋昆声。

意味 ❶木の棒。「棍棒」❷わるもの。「棍徒」

【棍棒コンボウ】①太く長い棒。②体操に用いる、木製で徳利

心(⺗・忄)戈戸(戶)手(扌)支攴(攵) 4画 文斗斤方无(旡・旡)日曰月木欠止歹(歺)殳毋比毛氏气水(氺・氵)火(灬)爪(爫・⺥)父爻(㸚)爿(丬)片牙(牙)牛犬(犭)

形の棒。『棍棒体操』

3584 【棧】 6002 5C22 9EA0 木－8 サン 「桟」(3513)の旧字

3585 【棕】 6003 5C23 9EA1 木－8 ソウ㊥・シュ㊞\zōng

字解 形声。木＋宗㊇。椶に同じ。「棕櫚」は、ヤシ科の常緑高木。

3586 【椒】 6005 5C25 9EA3 木－8 ショウ(セウ)㊥\jiāo\はじかみ

字解 形声。木＋叔㊇。

意味 ❶さんしょう。はじかみ。ミカン科の落葉低木。葉と実に香気と辛味がある。『胡椒』『山椒』❷かぐわしい。かおりがよい。❸みね。山のいただき。

【椒酒】山椒と柏の葉を調合した酒。元日に飲むと長生きするといわれた。

【椒壁】山椒の実を塗りこめたかべ。昔、中国で皇后の御座所などに用いた。転じて、高貴な婦人の居室。

【椒房】(「椒壁の房室」の意) ①皇后の御所。後宮。＊白居易‐長恨歌「椒房阿監青娥老〔＝後宮の女官であった、黒く描いた美しい眉の人も老いてしまった〕」②皇后の称。

【椒蘭】サンショウとラン。香りのよいたきもの。

3587 【植】 3102 3F22 9041 木－8 常3 シキ㊒・ショク㊥・チ㊥\zhí\うえる・うわる

筆順 木 植 植 植 植 植

字解 形声。木＋直(まっすぐ)㊇。まっすぐたった木、また、まっすぐうえる意。

意味 ❶うえる。うえつける。㋑植物の根を土中に埋める。『植樹』『移植』㋺活字を組む。『植字』『誤植』㋩開拓などのために他の地に移住・定着させる。『植民』『拓植』『入植』❷地に生えているもの。『植生』『植物』『腐植』❸熟字訓。『柘植』

❶うえる。うえつける。

下接 ㋑移植・仮植・芸植・耕植・墾植・栽植・種植・定植・培植・播植・扶植・列植 ㋺誤植・写植

【植字】国活版印刷で、活字を原稿どおりに並べ組むこと。『植字工』

【植樹】樹木を植えること。『記念植樹』『植樹祭』

【植民】本国以外の土地に移住し、開拓したりすること。【植民地】移住者によって経済的に開発され、新領土となって本国に従属する地域。

【植林】国山に苗木を植えて林に育てること。

【植木】庭や鉢などに植えてある木。また、植えるための木。『植木市』『植木鉢』『植木屋』

❷地に生えているもの。

【植生】国植物が集合して生育しているとき、その集団をいう。『植生図』

【植物】生物を二大別したときの一群。草木・藻・菌類など。『観葉植物』『帰化植物』

3588 【棯】 6012 5C2C 9EAA 木－8 ジン㊥・デン㊥・シン㊥\うつぎ

字解 形声。木＋念㊇。木の名。日本で、うつぎ。

3589 【棰】 ＊3614 木－8 スイ㊥\chuí\むち・たるき

字解 形声。木＋垂㊇。

意味 ❶つえ。また、むち。むちうつ。『棰楚』❷国たるき。屋根の棟から桁へ渡す長い木材。

【棰楚】罪人を打つむち。

3590 【棲】 3219 4033 90B1 木－8 セイ㊥\xī・qī\すむ

字解 形声。木＋妻㊇。

意味 すむ。すまう。すみか。また、いこう。やすむ。「栖」に同じ。

下接 隠棲・共棲・群棲・山棲・水棲・双棲・同棲・幽棲・陸棲・両棲類

【棲隠】世をのがれてかくれ住むこと。隠棲。

【棲宿】鳥などが木にやどること。また、すむこと。

【棲棲】忙しいこと。落ち着かないさま。

【棲息】住んでいこうこと。また、生物がある場所で繁殖して生きること。生息。

【棲遅】①ゆっくりと心静かに住むこと。②世俗を離れて田野に住んでいること。官に仕えず、民間にあること。閑居すること。また、その人の家。

3591 【椄】 6006 5C26 9EA4 木－8 ショウ(セフ)㊥・セツ㊞\jiē\つぐ

字解 形声。木＋妾(そばにつく)㊇。木を接ぐ、接ぎ木の意。

3592 【楤】 ――― 木－8 ソウ 「楤」(3636)の異体字

3593 【椎】 3639 4447 92C5 木－8 人 ツイ㊒㊥・スイ㊥\chuí・zhuī\しい・つち

字解 形声。木＋隹㊇。

意味 ❶つち。物を打つ道具。また、つちで打つ。打ちたたく。「槌」「鎚」に同じ。『椎髻』『椎埋』『鉄椎』❷せぼね。『椎間板』『椎骨』『胸椎』『頸椎』『脊椎』『腰椎』❸かざりがない。『椎輪』❹おろか。にぶい。❺(スイ)しい。ブナ科の常緑高木。『椎茸』

【椎間板】脊椎骨の間にある軟骨を中心とした繊維性の円板。

【椎髻】髷の一種。頭髪を後方に垂らし、その先端をつち状に髻とする結い方。

【椎骨】脊柱を構成する一つ一つの骨。間に椎間板を挟んで連なる。

【椎埋】打ち殺して埋めること。

【椎輪】竹や木の材のままで飾りのない車。転じて、物事のはじめで不完全なもののたとえ。

3594 【棣】 6008 5C28 9EA6 木－8 テイ㊥\dì\さくら

字解 形声。木＋隶㊇。

意味 ❶にわざくら。バラ科ニワウメの一種。『棠棣』❷「唐棣」は、すももの一種。

【棣鄂・棣萼】ニワウメの花。その花の萼が寄りそって咲くところから、兄弟のたとえ。

3595 【棟】 3779 456F 938F 木－8 常 トウ㊒㊥\dòng\むね・むな

筆順 棟棟棟棟棟棟

字解 形声。木＋東（→重、おもい）声。家の中で最も重要なところ、むねの意。一説に、通に通じ、屋根にはりわたすむなぎの意ともいう。

意味 ❶むね。屋根の最も高い所。また、むねに用いる木。むなぎ。『棟宇』『棟梁』『汗牛充棟』 ❷国 長いむねの建物。また、建物を数える語。『研究棟』『病棟』『別棟』

【棟宇】（トウウ） 家屋のむねと軒の。屋根。

【棟幹】（トウカン） むな木としての用にたえる材。転じて、すぐれた才能。

【棟梁】（トウリョウ） 1かしら。首領。2国特に、大工のかしら。♥建物の「棟」や「梁」のように、全体をひきいて重要な役割を持つ人の意。〔荘子-人間世〕

3596 【棹】 6010 5C2A 9EA8 木－8 トウ（タウ）漢・タク漢／zhào・zhuō／さお・かい

字解 形声。木＋卓声。

意味 ❶さお。かい。水底をついて舟を進める道具。また、さおさす。『棹歌』『棹郎』＊陶潜-帰去来辞「或命巾車、或棹孤舟（あるいはキンシャをメイじ、あるいはコシュウにさおさす）」〔＝車の支度をさせたり、あるいはまた、一そうの舟に乗ったりして出かけていく〕」 ❷国 さお。竹ざお、三味線の柄など。また、たんす、羊羹や旗など細長いものを数える語。『竹棹』

【棹歌】（トウカ） 船頭などのうたう歌。ふなうた。櫂歌。

【棹郎】（トウロウ） 船頭のこと。

3597 【棖】 ＊3604 木－8 トウ（タウ）漢／chéng／ほこだち

字解 形声。木＋長（ながい）声。ながい木、柱の意。

意味 門の両側に、扉の納まりをよくするために立てた小柱。ほこだち。ほうだて。

3598 【椑】 ＊3625 木－8 ヘイ漢・ヒ漢・ヘキ漢／pí・bēi・pì

字解 形声。木＋卑（背たけが低く、小さい）声。小さな木のたるの意。

3599 【棚】 3510 432A 9249 木－8 常 （3600）〔棚〕 ── 木－8 旧字 ホウ（ハウ）漢／pēng／たな

筆順 棚棚棚棚棚棚

字解 形声。木＋朋声。

意味 たな。板を渡して物を載せるようにした台。また、そのようなもの。

下接 網棚・神棚・蚕棚・書棚・茶棚・戸棚と・本棚・大陸棚

【棚機】（たなばた） 1たなばたまつり。七夕。2織女星。たなばたつめ。♥日本で、「たな」は水の上にかけ出した棚の意で、まれびと神を迎えるため、棚作りして処女が機を織りながら待つ儀礼だったのが、後に七夕の星神の信仰と結びついたという。

3601 【棓】 ＊3603 木－8 ホウ（ハウ）漢／bàng

字解 形声。木＋音声。ぼうの意。棒に同じ。

3602 【棒】 4332 4B40 965F 木－8 常6 ボウ（バウ）呉・ホウ（ハウ）漢／bàng

筆順 棒棒棒棒棒棒

字解 形声。木＋奉（ささげもつ）声。手にもつ木片の意。棓が正字、棒が通俗体ともいう。

意味 ❶ぼう。手に持つことができるくらいの細長い木片。『棒喝』『棍棒』→下接。❷国 ぼうのようにまっすぐである。また、変化がないこと。『棒グラフ』『棒暗記』『棒縞』 ❸あて字。『辛棒』『泥棒』

下接 相棒・後棒・舵棒・片棒・金棒・警棒・棍棒・先棒・心棒・打棒・痛棒・鉄棒・乳棒・綿棒・天秤棒・橡麺棒・平行棒・用心棒・針小棒大

【棒喝】（ボウカツ） 禅の修行で、悟りを開かぬ者をしかって棒で打つこと。

3603 【棉】 4441 4C49 96C7 木－8 メン呉・ベン漢／mián／わた

字解 会意。木＋帛（しろぎぬ）。しろい布をつくるための木の意。

参考 熟語は「綿」（5983）を見よ。

意味 ❶わた。アオイ科の一年草。わたのき。「綿」に同じ。❷きわた。パンヤ。パンヤ科の常緑高木。

3604 【棫】 ＊3611 木－8 ヨク漢・イキ慣／yù

金文

篆文

字解 形声。木＋或声。タラノキの意。

3605 【椋】 4426 4C3A 96B8 木－8 人 リョウ（リャウ）漢／liáng／むく

字解 形声。木＋京声。

意味 ❶ちしゃのき。ムラサキ科の落葉高木。❷国 むく。むくのき。ニレ科の落葉高木。材は床柱、野球のバットなどに用いられる。『椋鳥』

【椋鳥】（むくどり） ムクドリ科の鳥。全体に黒色で、顔と腰が白く、嘴と脚は黄色。白頭翁。♥椋の木の果実を好むところからいう。

3606 【棱】 ＊3615 木－8 ロウ漢・リョウ漢／léng／かど

字解 形声。木＋夌（つき出る）声。角材のかどの意。

3607 【棆】 6018 5C32 9EB0 木－8 リン漢／lún

字解 形声。木＋侖声。クスの類。

3608 【棙】 ＊3605 木－8 レイ漢／lì／ばち・ねじ

字解 形声。木＋戾声。ばち、また、ねじの意。

3609 【椂】 ── 木－8 ロク漢

字解 形声。木＋彔声。木の名。

3610 【椀】 4748 4F50 986F 木－8 ワン漢／wǎn／まり・もい

字解 形声。木＋宛声。わんの意。碗・盌に同じ。

意味 わん。こばち。食べ物を盛る小さな器。まり。もい。また日本で、水や酒を盛る器。わんに盛った料理。

下接 玉椀・汁椀・茶椀・平椀・茗椀

心（⺌・⺗）戈戸（戶）手（扌）支攴（攵） 4画 文斗斤方无（旡・旡）日曰月木欠止歹（歺）殳毋比毛氏气水（氺・氵）火（灬）爪（⺥・⺤）父爻（⺘）爿（丬）片牙（牙）牛犬（犭）

【椀飯(オウバン)】(椀に盛ってすすめる飯の意) 国正月に大名が将軍に祝いの食事を献じたこと。ごちそう。『椀飯ぶるまい』 ▶「オウ」は「ワン」の転。

3611【椚】6015 5C2F 9EAD 木-8 くぬぎ
字解 国字。くぬぎ。ブナ科の落葉高木。「櫟」に同じ。

3612【椪】6014 5C2E 9EAC 木-8 (3662)〔椪〕 木-9
字解 音訓字義未詳。「椪柑(ポンカン)」は、ミカン科の常緑低木。果実は紅橙(コウトウ)色で、芳香と甘味に富む。

3613【椡】6017 5C31 9EAF 木-8 くぬぎ
字解 国字。木の名。くぬぎ。櫟に同じ。「三椡(みつくぬぎ)」は、新潟県の地名。

3614【椣】6016 5C30 9EAE 木-8 しで
字解 国字。木の名。しで。シラカバ科の落葉高木。「椣原(しではら)」は、奈良県の地名。

3615【椙】3190 3F7A 909A 木-8 すぎ
字解 国字。杉の通俗体として用いられる。

3616【椨】6013 5C2D 9EAB 木-8 たぶ・たぶのき
字解 国字。木の名。たぶ。

3617【椥】6009 5C29 9EA7 木-8 なぎ
字解 国字。木の名。なぎ。「梛」に同じ。

3618【椛】1981 3371 8A91 木-8 もみじ
字解 国字。会意。木+花。木の葉が花のように赤くなるもみじの意。また、かば。「樺」に同じ。

3619【椦】5991 5B7B 9E9B 木-8 音訓字義未詳
難読姓氏 椦田(かばた) 椦島(かばしま)

3620【椷】*3649 木-9 イ(ヰ)㊥/ひ・いい
字解 形声。木+咸㊥。
意味 ❶ひ。便器。小便を受ける器。❷ひ。かけひ。いい。水を導く樋(とい)。

3621【楹】6019 5C33 9EB1 木-9 エイ㊥/yíng/はしら
字解 形声。木+盈(いっぱいにみちる)㊥。天井と床の間に立てた丸く太い柱の意。
意味 はしら。太く丸いはしら。『楹棟』『欄楹(エンエイ)』『軒楹(ケンエイ)』

【楹書(エイショ)】遺書。▶中国、春秋時代の斉(セイ)の晏子(アンシ)が、柱の穴の中に遺書を入れておいたという故事から。

【楹棟(エイトウ)】柱とむな木。転じて最も重要な人物。棟梁。

3622【榲】 木-9 オツ 「榲」(3668)の異体字

3623【楷】6020 5C34 9EB2 木-9 カイ㊥/kǎi・jiē
字解 形声。木+皆(そろう)㊥。枝がそろった木、かいの意。
意味 ❶かい。ウルシ科の落葉高木。孔子の墓域に植えられ、弟子の子貢の手植えと伝える。❷のり。てほん。『楷模』『楷法』『模楷(モカイ)』 ❸漢字の書体の一。隷書を受け、六朝時代に普及した。点画をくずさずに正しく書く法。『楷書』『楷行草(カイギョウソウ)』

【楷書(カイショ)】漢字の書体の一。点画をくずさない書き方。真書。行書・草書の順にくずした書き方となる。

【楷模(カイボ)】手本。模範。

【楷法(カイホウ)】楷書の書法。

3624【楑】 木-9 キ㊥
字解 形声。木+癸㊥。木の名、また、はかる意。

3625【極】2243 364B 8BC9 木-9 常4 ゴク㊥・キョク㊥/jí/きわめる・きわまる・きわめて・きわみ・きまる・きめる

筆順 木 朾 朾 柯 極 極

字解 形声。木+亟(きわまる)㊥。家屋の最も高くきわだったところにある棟で、最高の意。

意味 ❶きわみ。はて。㋑この上ないところ。限界。『極限』『極点』『究極』 ㋺地軸・磁石の両端。また、電気の出入りするところ。『極光』『磁極』『南極』 ㋩この上もない徳。中正の徳。*十八史略-五帝「莫レ匪ニ爾極一(なんじのキョクにあらざるなし)〔=あなたのこの上もない徳によらない点は一つもない〕」 ❷きわめ尽くす。きわめる。『極意』『極力』 ❸きわめて。甚だしいさま。非常に。『極左』『極大』『極端』 *陶潜-桃花源記「初極狭、纔通レ人(はじめはきわめてせまく、わずかにひとをツウずるのみ)〔=初めはたいそうせまく、やっと人を一人通すだけであった〕」 ❹国きめる。決定する。また、とりきめ。約束。『極印』『月極(つきぎめ)』 ⇒〔至〕(6458)の表

❶ きわみ。はて。

下接 ㋑究極(キュウキョク)・最極(サイキョク)・紫極(シキョク)・至極(シキョク)―(ゴクシ)・終極(シュウキョク)・大極(タイキョク)・太極(タイキョク)・底極(テイキョク)・定極(テイキョク) ㋺陰極(インキョク)・三極(サンキョク)・磁極(ジキョク)・消極(ショウキョク)・正極(セイキョク)・積極(セッキョク)・電極(デンキョク)・南極(ナンキョク)・二極(ニキョク)・北極(ホッキョク)・陽極(ヨウキョク)・両極(リョウキョク) ㋩建極(ケンキョク)・皇極(コウキョク)・民極(ミンキョク)・立極(リッキョク)

【極限(キョクゲン)】物事の限度ぎりぎりのところ。『極限状況』

【極地(キョクチ)】さいはての地。特に、地球の南極、北極の両地方。『極地観測』『極地探検』

【極点(キョクテン)】①到達できる究極の点。行き着く所。②北極点および南極点。

【極東(キョクトウ)】東方のはて。アジアの最も東方の地域の称。日本、中国、シベリアなど。

【極浦(キョクホ)】浦のつきようとするところ。

【極北(キョクホク)】①北のはて。②物事が限界にまで達した地点、状態。

【極光(キョッコウ)】南極や北極で起きる、種々の光線模様が描かれる大気中の発光現象。オーロラ。

【極月(ゴクゲツ)】国十二月の異称。▶年の極まる月の意。

❷ きわめ尽くす。きわめる。

【極言(キョクゲン)】言葉を尽くして言うこと。また、極端な言い方をすること。

【極致(キョクチ)】それ以上にはない、きわめた状態。

【極目キョクモク】目のとどく限り。見わたす限り。
【極力キョクリョク】力をきわめて。あらん限りの力を出すさま。『極力努力する』『極力避ける』
【極論キョクロン】①論じ尽くすこと。②極端な言い方をすること。極言。『極論すれば』
【極諫キョッカン】言葉を尽くして、厳しくいさめること。
【極意ゴクイ】国学問や芸事などで最も深い境地。奥義。
【極道ゴクドウ】国放蕩ホウトウや道楽をきわめること。獄道。
【極楽ゴクラク】「極楽浄土」の略。阿弥陀アミダ仏の浄土。また、この上もなく楽しい状態や場所などのたとえ。↔地獄。【極楽往生ゴクラクオウジョウ】①死んで極楽浄土に生まれること。②安らかに死ぬこと。

❸ きわめて。非常に。
【極右キョクウ】極端に右翼的な思想。↔極左
【極刑キョクケイ（キョッケイ）】この上なく重い刑罰。死刑。
【極左キョクサ】極端に左翼的な思想。↔極右
【極小キョクショウ】きわめて小さいこと。『極小値』↔極大
【極少キョクショウ】きわめて少ないこと。
【極大キョクダイ】きわめて大きいこと。『極大値』↔極小
【極端キョクタン】はしのはし。また、非常に偏るさま。
【極度キョクド】物事の程度が限界のところ。『極度の緊張』
【極悪ゴクアク】きわめて悪いこと。『極悪非道』
【極寒ゴッカン（ゴクカン）】きわめて寒いこと。
【極上ゴクジョウ】きわめて上等なこと。最上。『極上品』
【極熱ゴクネツ】炎熱のきわめて厳しいこと。『極熱地獄』
【極秘ゴクヒ】国きわめて秘密にすべきこと。『極秘文書』
【極貧ゴクヒン】きわめて貧しいこと。

❹（日本語で）きめる。また、とりきめ。
【極印ゴクイン】国昔、貨幣や器物などの品質を保証したり、偽造を防いだりするために打った印。転じて、動かしがたい証拠。刻印。『裏切り者の極印を押される』

3626【楛】＊3639 木－9 コ㊥/hù·kǔ
字解 形声。木＋苦㊥。木の名、また、わるい意。

3627【楜】6021 5C35 9EB3 木－9 コ㊥
字解 形声。木＋胡（胡椒コショウ）㊥。こしょうの木の意。のちに木を加えた。

3628【楂】＊3634 木－9 サ㊥/chá·zhā/いかだ
字解 形声。木＋査㊥。
意味 ❶いかだ。「査・槎」に同じ。❷木の名。さんざし。「樝」に同じ。

3629【楒】―― 木－9 シ㊥/sī/つし
字解 形声。木＋思㊥。
意味 つし。とうあずき。マメ科の常緑低木。

3630【楉】＊3636 木－9 ジャク㊥/ruò/しもと・すわえ
字解 形声。木＋若㊥。
意味 ❶「楉榴ジャクリュウ」は、ざくろ。❷国しもと。すわえ。枝のよく茂った若い木立。

3631【椶】6004 5C24 9EA2 木－9 ソウ㊥・シュ㊵/zōng
字解 形声。木＋㚇㊥。「椶櫚」は「棕櫚」に同じで、シュロ。ヤシ科の常緑高木。

3632【楸】6022 5C36 9EB4 木－9 シュウ（シウ）㊥/qiū/ひさぎ
字解 形声。木＋秋㊥。
意味 ひさぎ。きささげ。ノウゼンカズラ科の落葉高木。

3633【楫】6023 5C37 9EB5 木－9 （3790）【檝】＊3731 木－13 ショウ（セフ）㊥・シュウ（シフ）㊥/jí/かじ
字解 形声。木＋咠（よせあつめる）㊥。水をかけてよせあつめ舟を進ませる、かじの意。
意味 かじ。かい。こいで舟を進める道具。『舟楫シュウ』
【楫師シュウシ】舟のかじをとり、こいで進める人。船頭。

3634【楯】2961 3D5D 8F7C 木－9 ジュン㊥・シュン㊥/shǔn/たて
字解 形声。木＋盾㊥。欄干の意。また、盾と同じで、たての意。
意味 ❶てすり。欄干。❷たて。矢やりなどを防ぐもの。「盾」に同じ。『矛楯ムジュン』

3635【楔】6024 5C38 9EB6 木－9 ケツ㊥・セツ㊥/xiē/くさび・ほこだち
字解 形声。木＋契（刻みめを入れる）㊥。刻みめを入れてそこにはめこむ、くさびの意。
意味 ❶くさび。二つの材木などを継ぎ合わせたり、継ぎ合わせたものが抜けないようにさしこむもの。『楔形文字』『楔子』❷ほこだち。門の両側の小柱。❸ゆすらうめ。バラ科の落葉低木。
【楔子セッシ】①くさび。②中国の元曲で、序幕や幕合いにはさむ幕（間幕）。③中国で、長編小説のまくら。
【楔形文字くさびがたモジ・セッケイモジ・ケッケイモジ】オリエント一帯で紀元前数世紀まで用いられたくさびの形に似た文字。楔状文字ケツジョウモジ。

3636【楤】＊3641 木－9 （3735）【樬】―― 木－11 （3592）【棇】―― 木－8 ソウ㊥/たら
字解 形声。木＋怱㊥。
意味 たら。たらのき。ウコギ科の落葉小高木。若芽は食用。

3637【椯】―― 木－9 セン㊥・タ㊥・スイ㊥
字解 形声。木＋耑㊥。むちの意。また、揣に通じ、はかる意。

3638【楕】3442 424A 91C8 木－9 ダ
「橢」（3765）の異体字

3639【椴】3846 464E 93CC 木－9 タン㊥・ダン㊵/duàn/とどまつ
字解 形声。木＋段㊥。
意味 木の名。❶白楊はこやなぎに似た木。❷むくげ。「槿」に同じ。❸国とどまつ。マツ科の常緑高木。

3640【楮】6026 5C3A 9EB8 木－9 チョ[漢]/chǔ/こうぞ

[字解] 形声。木＋者（→著、つける）[声]。文字を書きつけるための紙の原料となる木、こうぞの意。

[意味] ❶こうぞ。クワ科の落葉低木。高さ二～五メートル。果実は六月ごろ赤く熟し、甘味がある。樹皮は和紙をつくる重要な原料。❷かみ。転じて、手紙、紙幣など。『毫楮ゴウチョ』『寸楮スンチョ』『尺楮セキチョ』『片楮ヘンチョ』

3641【椿】3656 4458 92D6 木－9 [人] チュン[漢]・チン[慣]/chūn/つばき

[字解] 形声。木＋春[声]。

[意味] ❶ちゃんちん。中国原産の木の名。センダン科の落葉高木。❷太古にあったという伝説上の大木。転じて、長寿のたとえ。『椿萱』『椿寿』『大椿タイチン』❸[国]つばき。ツバキ科の常緑高木。『寒椿かんつばき』『夏椿なつつばき』❹[国]不意のこと。変わったこと。『椿事』

❷ 伝説上の大木。転じて、長寿のたとえ。

【椿萱チンケン】椿堂と萱堂。転じて、父と母。▼「椿」は長寿の木で父にたとえ、「萱わすれぐさ」は主婦のいる部屋近くに植えるので母にたとえる。

【椿寿チンジュ】人が長生きをすること。長寿。〔荘子-逍遥遊〕▼椿にとってはひと春が八千年にあたるという。

【椿庭チンテイ】父のこと。椿堂。▼父の寿を祝い、椿になぞらえていう。→椿萱

【椿堂チンドウ】＝椿庭チンテイ

❹（日本語で）不意のこと。変わったこと。

【椿事チンジ】[国]①めずらしい出来事。珍事チンジ。②思いがけない重大な出来事。一大事。『奇怪至極の椿事』

【椿説チンセツ】[国]めずらしい、興味深い話。珍説チンセツ。

3642【椹】6027 5C3B 9EB9 木－9 チン[漢]・シン[漢]・ジン[慣]/zhēn・shèn/さわら

[字解] 形声。木＋甚[声]。あてぎ、また、くわのみの意。

[意味] ❶あてぎ。木などを切り割るときに下にあてる台。❷桑の実。❸[国]さわら。ヒノキ科の常緑高木。ヒノキに似ているが樹形はより鋭い円錐エンスイ形。

3643【槌】3640 4448 92C6 木－9 ツチ「槌」(3693)の異体字

3644【楨】*3644 木－9 テイ[漢]/zhēn・zhēng

[字解] 形声。木＋貞[声]。ねずみもち、また、へいの両端にたてる木の意。

3645【楴】6028 5C3C 9EBA 木－9 テイ[漢]・シ[漢]

[字解] 形声。木＋帝[声]。木の名。また、かんざしの意。

3646【椽】6029 5C3D 9EBB 木－9 テン[漢]/chuán/たるき

[字解] 形声。木＋彖[声]。

[意味] たるき。家の棟から軒にわたした横木。

【椽大之筆テンダイのふで】たるきのような大きな筆。転じて、立派な文章。〔晋書-王珣伝〕

3647【楠】3879 466F 93ED 木－9 [人] ナン[呉]・ダン[漢]/nán/くす・くすのき

[字解] 形声。木＋南[声]。木の名。

[意味] ❶木の名。常緑高木の一種。❷[国]くすのき。くす。クスノキ科の常緑高木。樟と別であるが、同科で芳香があり、幹、根、葉から樟脳ショウノウを採る。材は建築、船舶、家具などに用いる。

3648【楳】3964 4760 9480 木－9 バイ[漢]/méi/うめ

[字解] 形声。木＋某（うめ）[声]。うめの意。梅に同じ。

3649【楣】*3640 木－9 ビ[漢]/méi/まぐさ

[字解] 形声。木＋眉（目の上のまゆ）[声]。まゆのように上にかかる木の意。

[意味] ❶のき。ひさし。❷まぐさ。門の上にかかる横木。『門楣モンビ』

3650【楓】4186 4976 9596 木－9 [人] フウ[漢]/fēng/かえで

[字解] 形声。木＋風（かぜ）[声]。風で種子のとぶ木、かえでの意。

[意味] ❶ふう。中国原産のマンサク科の落葉高木。秋に紅葉する。『楓樹』『楓宸』『楓林』『錦楓キンプウ』『霜楓ソウフウ』❷[国]かえで。カエデ科カエデ属植物の総称。葉は掌てのひら形で、秋に紅葉する。もみじ。「かえで」の読みは、葉の形を蛙かえるの手に見立てた「かえるで」から。❸固有名詞。『楓橋フウキョウ』

【楓樹フウジュ】楓フウの木。*杜甫-秋興「玉露凋傷楓樹林ギョクロチョウショウすフウジュのはやし」〔＝白露がおりて、しぼんでいたんだ楓の木々〕

【楓宸フウシン】（漢の宮殿に多くの楓フウが植えられていたところからいう）天子の住居。皇居。帝居。

【楓葉フウヨウ】紅葉した楓フウの葉。*白居易-琵琶行「楓葉荻花秋索索フウヨウテキカあきサクサクたり」〔＝黄ばんだ楓の葉、白く咲く荻の花、秋の景色はもの寂しい〕

【楓林フウリン】楓フウの林。*杜牧-山行「停車坐愛楓林晩くるまをとどめてそぞろにアイすフウリンのくれ」〔＝車をとめて、何とはなしに夕暮れ時の楓林の美しさを味わう〕

【楓橋フウキョウ】中国江蘇省蘇州市の西郊を流れる楓江にかけられた橋の名。もと封橋という。中唐の詩人、張継チョウケイの詩「楓橋夜泊フウキョウヤハク」で名高い。

3651【木冒】―― 木－9 ボウ[漢]/mào

[字解] 形声。木＋冒[声]。ねずばしり・とかみの意。

3652【椰】6031 5C3F 9EBD 木－9 [人] ヤ[呉][漢]/yē
(3565)【梛】―― 木－7

[字解] 形声。木＋耶[声]。

[参考] 万葉仮名では音を借りて「や」。

[意味] やし。ヤシ科の落葉高木の総称。熱帯地方に自生する。やしの木。やしの実。『椰子やし』

3653【楡】6032 5C40 9EBE 木－9 ユ[呉][漢]/yú/にれ

[字解] 形声。木＋兪[声]。

[意味] にれ。ニレ科の落葉高木。材質は固く建築、器具などに用いる。『星楡セイユ』『桑楡ソウユ』『枌楡フンユ』

【楡枋ユボウ】ニレの木とマユミの木。

【楡柳ユリュウ】ニレとヤナギ。楡の木や柳の木。

3654【楢】二二 木－9 (3655)〔楢〕3874 466A 93E8 木－9 †
ユ呉・ユウ(イウ)漢/yóu/なら
字解 形声。木＋酋声。
意味 なら。ブナ科の落葉高木。カシワの一種。

3656【楊】4544 4D4C 976B 木－9 人 ヨウ(ヤウ)呉漢/yáng/やなぎ
字解 形声。木＋昜(あがる)声。上に長くのびる木の意。
参考 万葉仮名では音を借りて「や」。
意味 ❶やなぎ。ヤナギ科の落葉低木。『楊弓』『楊柳』『黄楊コウつげ』『白楊ハクヨウ』 ❷人名など。『楊貴妃』

❶やなぎ。
【楊花ヨウカ】ヤナギの花。また、なよやかな美女をたとえていう。

【楊弓ヨウキュウ】遊戯に用いる二尺八寸(約八五センチメートル)ほどの小さな弓。座って矢を射る。江戸時代流行した。

【楊枝・楊子ヨウジ】歯を清める具。また、つまようじ。もと、ヤナギの細い枝端をかんで用いたもの。

【楊梅ヨウバイ】①植物「ヤマモモ(山桃)」の漢名。②「楊梅瘡ヨウバイソウ」の略。顔面に出る梅毒の古名。

【楊柳ヨウリュウ】①やなぎ。②「折楊柳」という別れの曲。中国では、別離に際して、ヤナギの枝を折り、旅立つ人にはなむけとする風習があり、それに基づいて送別の曲が作られた。＊王之渙-涼州詞「羌笛何須怨楊柳キョウテキなんぞもちいんヨウリュウをうらむを」[=羌人の吹く笛の調べ、笛の音よ、折楊柳の曲を奏でることはいらないのだ]」

❷人名など。
【楊貴妃ヨウキヒ】中国、唐の玄宗皇帝の妃。玄宗の皇子、寿王瑁ボウの妃であったが、玄宗にみいだされ女道士になり、貴妃となった。舞や音楽にすぐれ、玄宗の寵愛チョウアイを一身に集めた。後、安禄山の乱の際殺された。(七一九～七五六)
【楊堅ヨウケン】中国、隋の初代皇帝文帝の名。
【楊国忠ヨウコクチュウ】中国、唐の政治家。楊貴妃の一族で、玄宗の時宰相となったが、安禄山の乱の際、楊貴妃とともに殺された。
【楊朱ヨウシュ】中国、戦国時代の思想家。孔子以後、孟子以前の人。その説は為我説(個人主義)と快楽説が中心で、墨子の兼愛説(博愛主義)と対立した。生没年未詳。
【楊守敬ヨウシュケイ】中国、清シン末の学者。字あざなは惺悟セイゴ。一八七九年来日し、日本に残存する漢籍を研究した。(一八四〇～一九一四)
【楊震ヨウシン】中国、後漢の政治家・学者。字あざなは伯起。博学で関西(函谷関より西)の孔子と言われた。(五四～一二四)
【楊万里ヨウバンリ】中国、南宋の学者・詩人。字あざなは廷秀。号は誠斎。江西詩派に属し、晩年には誠斎体といわれる一派をおこした。(一一二四～一二〇六)
【楊墨ヨウボク】中国、戦国時代の思想家の楊朱と墨翟ボクテキのこと。いずれも孟子により異端とされた。
難読姓氏 楊井やぎい・やない

3657【楪】6036 5C44 9EC2 木－9 ヨウ(エフ)漢・チョウ(テフ)漢・チャ慣/yè・dié
字解 形声。木＋枼声。まど(窓)の意。日本で、ゆずりは。

3658【楞】6033 5C41 9EBF 木－9 ロウ漢・リョウ慣/léng
字解 棱に同じ。
意味 ❶四角い材木。また、かど。「稜」に同じ。❷「楞伽経リョウガキョウ」は大乗経典の一。禅家で重んじられる。

3659【楝】6034 5C42 9EC0 木－9 レン漢/liàn/おうち・せんだん
字解 形声。木＋柬声。
意味 おうち。せんだん。センダン科の落葉高木。

3660【楼】4716 4F30 984F 木－9 常 (3746)〔樓〕6076 5C6C 9EEA 木－11 旧字
ル呉・ロウ漢/lóu/たかどの
筆順

字解 楼は、樓の略体。樓は形声。木＋婁(次々に重なる)声。層が重なって上へのびた建物の意。
参考 万葉仮名では音を借りて「る」「ろ甲」。
意味 ❶たかどの。高い建物。また、やぐら。ものみやぐら。『楼閣』『楼月』❷茶屋。料理屋。遊女屋。『妓楼ギロウ』『酒楼シュロウ』『登楼』❸地名など。『楼蘭』

❶たかどの。
下接 海楼カイロウ・画楼ガロウ・玉楼ギョクロウ・江楼コウロウ・紅楼コウロウ・高楼コウロウ・山楼サンロウ・鐘楼ショウロウ・書楼ショロウ・寺楼ジロウ・水楼スイロウ・翠楼スイロウ・石楼セキロウ・層楼ソウロウ・登楼トウロウ・南楼ナンロウ・牌楼ハイロウ・飛楼ヒロウ・鳳楼ホウロウ・望楼ボウロウ・門楼モンロウ・竜楼リュウロウ・摩天楼マテンロウ
【楼閣ロウカク】高層の建物。たかどの。楼台。楼闕ロウケツ。「空中楼閣」＊白居易-長恨歌「楼閣玲瓏五雲起ロウカクレイロウとしてゴウンおこる」[=たかどのは玉のように輝き、五色の雲がわきたつ]」

【楼闕ロウケツ】二階造りの門。楼門。

【楼月ロウゲツ】たかどのから見る月。

【楼船ロウセン】屋形を設けた船。

【楼台ロウダイ】たかどの。楼閣。＊杜牧-江南春「南朝四百八十寺、多少楼台煙雨中シヒャクハッシンジ、タショウのロウダイエンウのうち」[=南朝時代には、四八〇もの寺々があったという。その寺々のたくさんの堂塔が、けぶる春雨の中に望まれる]」

❸地名など。
【楼煩ロウハン】中国山西省北西部の古地名。春秋時代、北狄ホクテキの地で、漢代に県が置かれ、雁門郡の中心地となった。

【楼蘭ロウラン】中央アジアのタリム盆地東端、ロプノール湖の北方に紀元前二世紀以前から繁栄した商業都市。シルクロードの要衝に位置し、漢文化との深いつながりが知られた。四世紀に湖の移動により衰え、七世紀初頭には廃墟と化した。一九〇〇年ヘディンが発見。

3661【榔】4717 4F31 9850 木－9 ロウ 「榔」(3707)の異体字

3662【椪】二二 木－9 「椪」(3612)の異体字

3663【楿】＊3652 木－9 かつら
字解 国字。会意。木＋香。香木であるかつら(桂)の意に用いる。
意味 木の名。かつら。「桂」に同じ。

心(⺗・⺗)戈戶(戸)手(扌)支攴(攵) 4画 文斗斤方无(旡・无)日曰月木欠止歹(歺)殳毋比毛氏气水(氺・氵)火(灬)爪(⺤・爫)父爻(㐅)爿(丬)片牙(牙)牛犬(犭)

心(⺗・忄)戈戸(戶)手(扌)支攴(攵) 4画 文斗斤方无(旡・旡)日曰月木欠止歹(歺)殳毋比毛氏气水(氺・氵)火(灬)爪(爫・⺤)父爻(⺥)爿(丬)片牙(牙)牛犬(犭)

3664 【榀】 ＊3653 木－9 こまい

字解 国字。こまいの意に用いる。

意味 こまい。垂木の上に横に渡した細長い板。また、壁の下地にする、割り竹を縦横に編みつけたもの。小舞（こまい）。木舞（こまい）。

3665 【榊】 2671 3A67 8DE5 木－9 さかき 「榊」(3710)の異体字

3666 【椂】 6025 5C39 9EB7 木－9 はんぞう

字解 国字。会意。木＋泉(いずみ)。はんぞう(半挿・匜)の意。柄から水を通す水つぎの道具。また、左右に耳のあるたらい。

3667 【椌】 6035 5C43 9EC1 木－9 むろ

字解 国字。形声。木＋室(むろ)㊄。むろ。

3668 【榲】 6037 5C45 9EC3 木－10 (3622)〔榅〕 木－9

オツ(ヲツ)㊥・オン(ヲン)㊦㊥/wēn

字解 形声。木＋昷㊄。

【榲桲（オツ ボツ／マルメロ）】（ポルトガル marmelo）バラ科の落葉高木または低木。果実は芳香があり食用。

3669 【榎】 1761 315D 897C 木－10 カ㊥/jiǎ/え・えのき

字解 形声。木＋夏㊄。

参考 万葉仮名では訓を借りて「え」。

意味 ❶ひさぎ。ノウゼンカズラ科の落葉高木。けやきに似る。❷国えのき。ニレ科の落葉高木。春、淡黄色の小さな花を開き、果実は秋にだいだい色に熟す。

3670 【樺】 1982 3372 8A92 木－10 人 (3751)〔樺〕 木－12 旧字

カ(クヮ)㊥/huà/かば・かんば

字解 形声。木＋華㊄。

意味 ❶かんば。かば。カバノキ科の落葉高木の総称。『樺燭』『白樺（しらかば）』❷国かばいろ。赤味を帯びた黄色。

【樺燭（カショク）】カバの木の皮で蠟（ロウ）を巻いたあかり。

3671 【槐】 6039 5C47 9EC5 木－10 カイ(クヮイ)㊥/huái/えんじゅ

字解 形声。木＋鬼(大きな頭部のあるおに)㊄。幹にこぶのある木の意。

意味 ❶えんじゅ。中国原産のマメ科の落葉高木。『槐安』『槐市』❷三公。中国の周代、三公の座位として朝廷の庭に三本の槐を植えたことからいう。『槐位』『槐宸』『槐門』『亜槐（アカイ）』『三槐（サンカイ）』『台槐（タイカイ）』

【槐安（カイアン）】中国、唐の李公佐の伝奇小説「南柯太守伝」に書かれた槐（えんじゅ）の木の下にあるという想像上の蟻の国。槐安国。【槐安夢（カイアンのゆめ）】夢のこと。また、はかないことのたとえにいう。南柯（ナンカ）の夢。槐夢（カイム）。〔南柯太守伝〕♥中国、唐の淳于棼（ジュンウフン）が自宅の槐（えんじゅ）の木の下で酔って寝ていたところ、夢に二人の使者の迎えをうけて、槐安国に行き、国王の娘をめとって、南柯郡の太守となり二〇年を経たが、さめてみれば、槐安国とは、槐の木の下の穴にいる蟻の国であり、南柯郡とは、その木の南向きの枝であったという故事から。

【槐位（カイイ）】大臣の家柄、また、大臣の異称。槐門。

【槐棘（カイキョク）】(三公は三槐に、九卿（キュウケイ）は九棘に面して座したことから）三槐と九棘。三公と九卿。公卿（コウケイ）。

【槐市（カイシ）】中国、漢代、長安城外の槐（えんじゅ）並木の中で開かれたという私設の市場。

【槐宸（カイシン）】天子の宮殿。禁中。

【槐門（カイモン）】大臣の家柄、また大臣の異称。槐位。

3672 【概】 1921 3335 8A54 木－10 常 (3715)〔槪〕 木－11 旧字 (3716)〔槩〕 木－11 (3371)〔槩〕 木－11 (3372)〔槩〕 木－11

カイ㊥・ガイ㊦/gài/とかき・おおむね

筆順 村 桿 根 概 概 概

字解 概は、槪の略体。槪は形声。木＋既(いっぱいにもる)㊄。ますで物を量るとき、盛り上った上方を平らにするための棒の意。ひいて、おおむねの意を表す。

意味 ❶とかき。ますに盛った穀物を平らにならす棒。『量概（リョウガイ）』❷おおむね。おおよそ。あらまし。ほぼ。だいたい。『概説』『概念』『梗概（コウガイ）』『大概（タイガイ）』❸おもむき。様子。心持ち。『英雄豪傑の概あり』『気概（キガイ）』『勝概（ショウガイ）』『風概（フウガイ）』

❷ おおむね。おおよそ。あらまし。

【概括（ガイカツ）】あらまし。要点などをまとめること。

【概観（ガイカン）】大体の有様をずっと見渡すこと。

【概況（ガイキョウ）】だいたいの様子。あらまし。『天気概況』

【概説（ガイセツ）】物事の内容の大体を説明すること。また、その説明。↔詳説

【概則（ガイソク）】大筋の決まり。大体の規則。

【概念（ガイネン）】（ドイツ Begriff の訳語）個々の事物から抽象される共通の性質や一般的性質についての表象。また、単語の意味する大体の内容。『概念を規定する』『概念図』『概念的』

【概要（ガイヨウ）】要点をかいつまんだあらまし。大要。

【概容（ガイヨウ）】内容のあらまし。『計画の概容を説明する』

【概略（ガイリャク）】物事の大体のところ。あらまし。概要。

【概論（ガイロン）】全体の内容や方法を要約して論じること。また、その論じたもの。『言語学概論』

3673 【榷】 ＊3665 木－10 カク㊥/què

字解 形声。木＋隺㊄。まるきばしの意。

3674 【榼】 木－10 カツ㊥/くさび

字解 形声。木＋害㊄。「荷榼（にくさび）」は、和船の上棚上部に船首から船尾にかけて覆うしとみ。

3675 【榿】 6040 5C48 9EC6 木－10 キ㊥・カイ㊥・ガイ㊦/qī/はり・はんのき

字解 形声。木＋豈㊄。木の名。はり。はんのき。

3676 【槗】 ＊3673 木－10 キョウ 「橋」(3755)の異体字

3677 【構】 2529 393D 8D5C 木－10 常5 (3678)〔構〕 木－10 旧字

コウ漢/gòu/かまえる・かまう・かまえ

筆順 構 構 構 構 構 構

字解 形声。木＋冓（組み合わせる）声。木を組み合わせかまえる意。

意味 ❶かまえる。組み立てる。つくる。また、仕組み。『構成』『構造』『機構』『虚構』 ❷建物のかまえ。かこい。『構内』『遺構（イコウ）』『入構（ニュウコウ）』 ❸国かまう。かかわる。世話をする。気をつかう。

下接 仮構（カコウ）・機構（キコウ）・虚構（キョコウ）・結構（ケッコウ）・讒構（ザンコウ）

【構怨（コウエン）】仲が悪くなること。恨みあうこと。

【構会（コウカイ）】讒言（ザンゲン）し、人を罪におとし入れること。罪をでっちあげること。

【構陥（コウカン）】事実をまげたり偽ったりして人を悪く言い、罪におとしいれること。

【構図（コウズ）】絵画、写真などで、素材の構成・配置。

【構成（コウセイ）】各部分が集まって全体を組み立てること。『構成要素』『誌面構成』

【構想（コウソウ）】考えを組み立て、まとめること。

【構造（コウゾウ）】1全体を成り立たせる、内部の組み立て。仕組み。『二重構造』『構造的欠陥』 2ものごとを成り立たせているもの同士の機能的連関。『構造主義』

【構築（コウチク）】組み立て築くこと。『構築物』

【構文（コウブン）】形式面から見た文の構成。

【構兵（コウヘイ）】兵をかまえること。戦争をすること。

3679【槁】6041 5C49 9EC7 木-10 (3367)【槀】二一 木-10

コウ（カウ）呉漢/gǎo/かれる

字解 形声。木＋高（→確、かたくなる）声。木がかたくなって枯れる意。

意味 かれる。からす。また、枯れ木。『灰槁（カイコウ）』『枯槁（ココウ）』

【槁梧（コウゴ）】琴。♥琴が、枯れたアオギリでつくられるところから。

【槁暴（コウバク）】枯れて、かわくこと。♥「暴」は、日にさらしてかわかすの意。

【槁木死灰（コウボクシカイ）】体は枯れ木、心は冷えた灰のようであること。心身に活気、生気のないことのたとえ。〔荘子-斉物論〕

3680【槓】6042 5C4A 9EC8 木-10 コウ（カウ）漢/gàng/てこ

字解 形声。木＋貢声。杠に同じ。

意味 てこ。重い物を動かすのに用いる道具。

【槓杆・槓桿（コウカン）】梃（てこ）およびその原理を応用した装置。

3681【榼】*3668 木-10 コウ（カフ）漢/kē/たる・こが

字解 形声。木＋盍（おおう）声。ふた、おおいのある木の器、さかだるの意。

3682【榖】*3656 木-10 コク呉漢/gǔ

字解 形声。木＋殻（かたいから）声。樹皮がかたい楮（こうぞ）の意。

3683【榾】6043 5C4B 9EC9 木-10 コツ漢/gǔ/ほた

字解 形声。木＋骨声。

意味 ほた。切り株。木の切れはし。『榾火（ほたび・ほだび）』

【榾柮（コットツ）】木の切れはし。ほた。

3684【槎】6044 5C4C 9ECA 木-10 サ漢/chá/いかだ

字解 形声。木＋差（ふぞろい）声。ふぞろいの木を編んでつくったいかだの意。

意味 ❶いかだ。木を組んで水に浮かべるもの。『乗槎（ジョウサ）』『浮槎（フサ）』 ❷きる。木をななめに切る。『槎枒』

【槎枒・槎牙（サガ）】木の枝がそいだようにごつごつとして入りくんでいるさま。

3685【榨】*3661 木-10 サ漢・サク慣/zhà

字解 形声。木＋窄（せまくする）声。しぼりとる木製の道具の意。

3686【榰】二一 木-10 シ漢/zhī/すけ

字解 形声。木＋耆（→支、ささえる）声。柱をささえる土台の意。

3687【榭】*3663 木-10 ジャ呉・シャ漢/xiè/うてな

字解 形声。木＋射（矢がまっすぐにとぶ）声。まっすぐに高くのびた、うてなの意。

意味 うてな。盛り土の上にたてた屋根と柱の建物。『高榭（コウシャ）』『水榭（スイシャ）』『台榭（ダイシャ）』『亭榭（テイシャ）』

3688【樹】二一 木-10 ジュ 「樹」(3758)の異体字

3689【榛】3126 3F3A 9059 木-10 人 シン漢/zhēn/はしばみ・はり・はん・はんのき

字解 形声。木＋秦声。

意味 ❶はしばみ。カバノキ科の落葉高木。 ❷雑木や草木がむらがり生えること。雑木林。「蓁」に同じ。 ❸国はり。はんのき。カバノキ科の落葉高木。

【榛薉（シンアイ・シンワイ）】1雑草が生いしげること。2転じて、悪習やけがれた政治をいう。

【榛荊（シンケイ）】いばら。生いしげったいばら。

【榛蕪（シンブ）】1雑木や草木が生いしげること。2乱雑なこと。未開。

【榛莽（シンボウ・シンモウ）】（「莽」は、くさむらの意で、群がり生えるところから）群がりしげった草木。

難読地名 榛東（しんとう）村（群馬） 榛原（はいばら）郡・町（静岡） 榛原（はいばら）町（奈良） 榛名（はるな）町（群馬）

難読姓氏 榛沢（はんざわ） 榛野（はんの） 榛木（はんのき）

3690【榱】6067 5C63 9EE1 木-10 スイ漢/cuī/たるき

字解 形声。木＋衰声。

意味 たるき。棟から軒に渡す横木。垂木（たるき）。

【榱椽（スイエン）】（「椽」は丸いたるき）たるき。

【榱桷（スイカク）】（「桷」は四角いたるき）たるき。

【榱題（スイダイ）】たるきの端。

3691【[illegible]】二一 木-10 セン 「栴」(3521)の異体字

3692【槍】3368 4164 9184 木-10 ソウ（サウ）漢/qiāng/やり

字解 形声。木＋倉(→創、きずつける)声。きずつけるやりの意。
意味 やり。棒の先に刃物をつけた武器。
下接 火槍カソウ・真槍シンソウ・長槍チョウソウ／竹槍たけやり・横槍よこやり
【槍杆・槍竿・槍桿・槍幹ソウカン】やりの柄。槍柲ソウヒ。
【槍術ソウジュツ】やりを使う武術。
【槍塁ソウルイ】木をやりのようにとがらして立てたとりで。

3693 【槌】 — — 木-10 (3643)【槌】 3640 4448 92C6 木-9 †
ツイ漢／chuí／つち
字解 形声。木＋追声。木づちの意。
意味 つち。物をたたく道具。また、打つ。
下接 石槌セキツイ・鉄槌テッツイ／相槌あいづち・大槌おおづち・木槌きづち・小槌こづち・才槌サイづち・才槌頭サイづちあたま

3694 【槇】 4374 4B6A 968A 木-10 人 (3695)【槇】 8402 7422 EAA0 木-10
シン漢・テン漢／diān・zhēn／まき
字解 形声。木＋眞声。逆さに倒れた木の意。日本で真木まきにあてる。
意味 ❶こずえ。樹木のいただき。❷国 まき。マキ科の常緑高木。

3696 【榻】 6048 5C50 9ECE 木-10
トウ(タフ)呉漢／tà／しじ
字解 形声。木＋𦐇声。
意味 ❶こしかけ。ながいす。細長い寝台。『榻下』『榻牀』『石榻セキトウ』『禅榻ゼントウ』❷国 しじ。とまっている牛車のながえをささえる具。
【榻下トウカ】①こしかけにすわっている人のあしもと。②書簡の脇付わきづけの一。宛名の脇に書いて、敬意を表すことば。僧などにあてる手紙に用いる。
【榻牀トウショウ】こしかけ。寝台。
【榻布トウフ】きめが粗くて厚い布。

3697 【樋】 4085 4875 94F3 木-10
トウ 「樋」(3738)の異体字

3698 【榧】 6050 5C52 9ED0 木-10
ヒ漢／fěi／かや
字解 形声。木＋匪声。
意味 かや。イチイ科の常緑高木。胚乳ハイニュウを食用とする。材は建築用とし、特に碁盤、将棋盤に用いる。

3699 【榌】 — — 木-10
ヒ漢・ヘイ漢／のきすけ
字解 形声。木＋毘声。たるきの端につけた横木、のきすけの意。梠に同じ。

3700 【榑】 6052 5C54 9ED2 木-10
フ漢／fú／くれ
字解 形声。木＋尃声。
参考 「槫タン」(3736)は別字。
意味 ❶「榑桑フソウ」は、東方の日の出るところにある神木。扶桑。❷国 くれ。板材。また、屋根をふくへぎいた。丸太を四つ割りにして心部を取り去ったもの。また、丸太を製材した残り。

3701 【模】 4447 4C4F 96CD 木-10 常6 (3741)【模】 — — 木-11 旧字
モ呉・ボ漢／mó・mú／かた・かたどる
筆順
字解 形声。木＋莫(→摹、さぐりもとめる)声。同じ形のものをつくるための木型、手本の意。
参考 (1)熟語の多くは「摸」(2931)の書き換え字である。(2)万葉仮名では音を借りて「む」「も」。
意味 ❶かた。ひながた。のり。『模型』『模範』『楷模カイボ』『規模キボ』❷かたどる。手本としてまねる。のっとる。また、にせる。なぞらえる。「摸」に同じ。『模造』『臨模リンボ』❸手さぐりする。なでる。こする。また、あいまいなこと。「摸」に同じ。『模索』

❶ かた。ひながた。のり。
【模楷モカイ｜ボカイ】模範。手本。
【模型モケイ】①同形のものを作るためのかた。いがた。②事物の形をまねて作ったもの。ひながた。『飛行機の模型を作る』
【模範モハン】見習うべき手本。規範。『模範演技』
【模様モヨウ】①模範。手本。②かたち。ありさま。ようす。『事故の模様』『荒れ模様』『空模様』③織物、工芸品などにほどこされた絵や図案。紋様。『水玉模様』

❷ かたどる。まねる。にせる。
【模擬モギ】なぞらえ似せること。『模擬試験』『模擬店』 ♥書き換え「摸擬→模擬」。
【模刻モコク】原本通りに版木を彫ること。模勒モロク。
【模写モシャ｜ボシャ】まねてうつすこと。『名画を模写する』 ♥書き換え「摸写→模写」。
【模造モゾウ】他の形にまねて作ること。『模造ダイヤ』『模造紙』 ♥書き換え「摸造→模造」。
【模倣モホウ】まねること。似せること。↔創造。『他社の製品を模倣した品』 ♥書き換え「摸倣→模倣」。
【模本モホン】①原本を模写して作った本。摸本。②習字・図画などの手本。臨本。

❸ 手さぐりする。また、あいまいな。
【模糊モコ】ぼんやりしていること。糢糊。『曖昧アイマイ模糊としている』
【模索モサク】手さぐりでたずね探すこと。『解決の道を模索する』『暗中模索』 ♥書き換え「摸索→模索」。
【模稜モリョウ】事を明白にしないこと。あいまいにしておくこと。摸稜。 ♥中国、唐の蘇味道が宰相の時、事を決めるのに、自分の信ずる所を言わず、ただ自分の席の稜を手でさすっているだけであったところから。

3702 【榜】 6054 5C56 9ED4 木-10
ホウ(ハウ)漢・ボウ(バウ)慣／bēng・bàng／こぐ・ふだ
字解 形声。木＋旁(両わき)声。弓の両わきにそえて曲がりをなおすゆだめの意。
意味 ❶ゆだめ。弓のゆがみを直す道具。❷むち。むち打つ。『榜笞』『榜掠』❸かい。舟をこぐ道具。また、舟をこぐ。『榜歌』『榜人』『金榜キンボウ』❹たてふだ。かんばん。きふだ。また、かかげ示す。「牓」に同じ。『榜眼』『榜示』『標榜ヒョウボウ』『黄榜コウボウ』『虎榜コボウ』
【榜歌ボウカ】ふな歌。
【榜眼ボウガン】科挙の進士科の試験に、二番の成績で合格した人。 ♥「榜」は中国の科挙の合格者名を発表する掲示板の意。「眼」は二の隠語。
【榜示ボウジ｜ホウジ】領地など、土地の境界を示すために立てる、杭、石、札など。榜示ボウジ。

【榜人ボウジン】かこ。船頭。舫人。

【榜笞ボウチ】むちで打つこと。

【榜掠ボウリャク】むちうって取り調べること。

3703 【榠】 6053 5C55 9ED3 木-10 ベイ㊥

字解 形声。木＋冥㊥。「榠樝ベイサ」は、かりん。バラ科の落葉高木。

3704 【榕】 6055 5C57 9ED5 木-10 ヨウ㊥/róng

字解 形声。木＋容㊥。

意味 熱帯産のクワ科の常緑高木。枝が垂れ下がり、地につき、根を生じる。がじゅまる。榕樹ヨウジュ。

3705 【様】 4545 4D4D 976C 木-10 常3 (3744)【樣】 6075 5C6B 9EE9 木-11 旧字 人 (3773)【樣】 二二 木-12

ヨウ(ヤウ)呉漢/yàng/さま・ざま

筆順 …

字解 様は、樣の略体。樣は形声。木＋羕㊥。もと、橡(とちのみ)の異体字。像に通じ、さま・かたちの意に用いる。

意味 ❶さま。かたち。ようす。ありさま。『様子』『様態』『一様』『文様』❷決まった形式。かた。また、手本。やり方。『様式』『今様』『別様』❸国さま。姓名や代名詞などの下に添えて敬意を表す。『鈴木様』『貴様キさま』『神様かみさま』❹国よう。「…の通り」「…の如く」の意を表す。『もみじの様な手』

❶ さま。ようす。ありさま。

下接 一様イチヨウ・異様イヨウ・大様おおヨウ・各様カクヨウ・斯様かヨウ・然様さヨウ・左様さヨウ・態様タイヨウ・多様タヨウ・同様ドウヨウ・文様モンヨウ・両様リョウヨウ・如何様いかヨウ／有様ありさま・逆様さかさま・不様ぶざま・無様ぶざま

【様子ヨウス】国①ありさま。形勢。状況。『様子を探る』②姿かたち。容姿。『だらしのない様子』③事情。子細。『様子ありげ』④気配。そぶり。『様子が変だ』

【様相ヨウソウ】ありさま。状態。

【様態ヨウタイ】物の存在や行動の様子。『様態の助動詞』

❷ 決まった形式。また、手本。やり方。

下接 厚様あつヨウ・今様いまヨウ・薄様うすヨウ・唐様からヨウ・官様カンヨウ・旧様キュウヨウ・仕様シヨウ・別様ベツヨウ・和様ワヨウ

【様式ヨウシキ】①ある型や方法。また、一定の形式。『文書の様式』『生活様式』②芸術の分野で、内面的な特性を形象に表す個性的な方式または類型。『様式美』

【様本ヨウホン】みほん。

❸ (日本語で)さま。敬意を表す語。

下接 上様うえさま・神様かみさま・貴様キさま・先様さきさま・殿様とのさま・何様なにさま・人様ひとさま・皆様みなさま・若様わかさま・御互様おたがいさま・御酉様おとりさま・御姫様おひめさま・御前様ゴゼンさま・他人様タニンさま

3706 【榴】 6056 5C58 9ED6 木-10 リュウ(リウ)漢/liú

字解 形声。木＋留㊥。

意味 ざくろ。ザクロ科の落葉小高木。石榴セキリュウ(ざくろ)。

【榴火リュウカ】ザクロの花の赤い色を火に例えていう語。

3707 【榔】 二二 木-10 (3661)【榔】 4717 4F31 9850 木-9 †

ロウ(ラウ)漢/láng

字解 形声。木＋郎㊥。「檳榔樹ビンロウジュ」は、ヤシ科の常緑高木。その果実を「檳榔子ビンロウジ」といい、薬用や染料とする。

3708 【槞】 6057 5C59 9ED7 木-10 ロウ

「櫳」(3824)の異体字

3709 【槝】 6047 5C4F 9ECD 木-10 かし

字解 国字。かし。かしの木。

3710 【榊】 二二 木-10 (3665)【榊】 2671 3A67 8DE5 木-9 †

さかき

字解 国字。会意。木＋神。神前にそなえる木の意。

意味 さかき。ツバキ科の常緑小高木。古くから神木とされ、枝、葉を神前に供える。

3711 【樮】 6051 5C53 9ED1 木-10

字解 国字。「樮川ほくそがわ」は、和歌山県の地名。

3712 【槥】 ＊3675 木-11 エイ(ヱイ)漢・セイ漢/huì/ひつぎ

字解 形声。木＋彗㊥。ひつぎの小さなもの。

篆文 

意味 ひつぎ。小さい棺おけ。

3713 【横】 1803 3223 89A1 木-11 常3 (3750)【橫】 二二 木-12 旧字 人

オウ(ワウ)呉・コウ(クヮウ)漢/héng・hèng/よこ

筆順 …

字解 横は、橫の略体。橫は形声。木＋黄(→衡、よこぎ)㊥。門を閉じるためのよこぎ、かんぬきの意。

意味 ❶よこ。左右、東西、水平の方向。また、よこたわる。よこたえる。『横臥』『横転』❷わくをはみ出る。㋑よこしま。無法。道理に従わない。勝手気まま。ほしいまま。『横行』『横柄』『横暴』『専横センオウ』『暴横ボウオウ』㋺思いがけない。ふつうでない。『横禍』『横死』㋩あふれる。勢いが盛んであるさま。『横溢』『横生』

❶ よこ。また、よこたわる。よこたえる。

【横臥オウガ】横向きに寝ること。また、体を横たえること。↔仰臥

【横行オウコウ】横ざまに行くこと。『横行の介子カイシ』〔=カニのこと〕→❷

【横槊オウサク】〔ほこをよこたえる〕ほこを横たえること。ほこをそばに置くこと。＊蘇軾-前赤壁賦「横レ槊賦レ詩ほこをよこたえてシをふす」〔=ほこをそばに置いて詩をつくった〕

【横斜オウシャ】傾いていること。ななめ。

【横生オウセイ】横になって生きているもの。人以外のもの。万物。→❷

【横絶オウゼツ】①横切ること。横断。②横に断ち切って一つの区切りをつけること。

【横断オウダン】①横に断ち切ること。↔縦断。『横断面』②横切ること。↔縦断。『横断歩道』
【横笛オウテキ|よこぶえ】①(オウテキ) 雅楽の唐楽に用いる笛の一種。一名、竜笛リュウテキ。②(よこぶえ) 横にかまえて吹く笛の総称。
【横紙よこがみ】すき目を横にして紙を用いること。また、すき目を横にした紙。『横紙破り〔=物事を無理に押し通すこと〕』
【横雲よこぐも】たなびく雲。多く明け方、東の空にたなびく雲についていう。棚雲。
【横綱よこづな】①相撲の最高位の者が土俵入りの際に締める太い綱。②①を締めることができる相撲力士の最高位の階級。③その類の中で、最も力や技量のあるもの。

❷わくをはみ出る。
【横逸オウイツ】勝手なふるまいをすること。

【横溢オウイツ】気力などがあふれるほど盛んなこと。

【横禍オウカ】思いがけない災難。

【横議オウギ】勝手に論議すること。

【横逆オウギャク】わがままで、道理に反すること。

【横行オウコウ】勝手気ままにふるまう。＊史記-伯夷伝「横₂行天下₁、竟以₂寿終₁テンカにオウコウするも、ついにジュをもっておわる〔=世の中を思いのままに荒らしまわったけれども、最後には寿命を尽くして死んだ〕」→❶
【横死オウシ】殺害されたり、不慮の災難などで死ぬこと。

【横恣オウシ】勝手気ままなこと。

【横生オウセイ】表面にあふれ出ること。さかんに起こること。→❶
【横政オウセイ】横暴な政治。

【横塞オウソク】みちふさがること。

【横奪オウダツ】無理に奪い取ること。強奪。

【横着オウチャク】国ずうずうしくてずるいこと。また、すべきことを怠けること。『横着な態度』

【横道オウドウ】人としての道からはずれること。また、不正と知りながら行うこと。『横道者』

【横柄オウヘイ】国偉そうに人を見下げる態度で、無礼であること。『横柄な口の利きよう』

【横暴オウボウ】わがままをしたり、乱暴をしたりすること。

【横民オウミン】邪悪な民。法を守らぬ人。

【横流オウリュウ】①水が勝手な方向に流れること。②転じて、物事が勝手な方向に進んで行くこと。

【横領オウリョウ】国人の物を不法に自分の物とすること。『公金横領』

3714【槶】二二 木-11 (3572)〔椢〕5990 5B7A 9E9A 木-8
カイ(クヮイ)漢
字解 形声。木+國声。箱の底の意。日本で、くぬぎ。

3715【槪】二二 木-11 ガイ「概」(3672)の旧字

3716【槪】二二 木-11 ガイ「概」(3672)の異体字

3717【槨】6058 5C5A 9ED8 木-11 カク「椁」(3573)の異体字

3718【樌】6078 5C6E 9EEC 木-11 カン(クヮン)漢
字解 形声。木+貫声。木が群がり生える意。

3719【槵】＊3680 木-11 カン(クヮン)漢/huàn
字解 形声。木+患声。
意味 むくろじ。ムクロジ科の落葉高木。無患子むくろじ。

3720【槻】3648 4450 92CE 木-11 人 キ漢/guī/つき
字解 形声。木+規声。
意味 つき。ニレ科の落葉高木。ケヤキの一種。

3721【樛】6060 5C5C 9EDA 木-11 キュウ(キウ)漢/jiū
字解 形声。木+翏声。まがる意。
意味 ❶木の枝がまがっていること。『樛木キュウボク』❷国木の名。つきのき。また、つが。

3722【槗】二二 木-11 キョウ「橋」(3755)の異体字

3723【槿】6061 5C5D 9EDB 木-11 キン漢/jǐn/むくげ
字解 形声。木+堇声。
意味 むくげ。アオイ科の落葉低木。夏から秋にかけ、淡紅、白、淡紫色などの花が朝咲き、夜にはしぼむ。木槿。もと「あさがお」と読んだ。『朝槿チョウキン』
【槿花キンカ】①ムクゲの花。②国アサガオの花の異称。
【槿花一日栄キンカイチジツのエイ】栄華のはかないことのたとえ。ムクゲの花は朝開き夕方にはしぼむことから。〔白居易-放言五首〕

3724【権】2402 3822 8CA0 木-11 常6 (3831)〔權〕6062 5C5E 9EDC 木-18 旧字
ゴン呉・ケン漢/quán/はかる・はかり・かり
筆順
字解 権は、權の略体。權は形声。木+雚声。もと、木の名。のちに、縣に通じ、分銅を加減して量る意を表す。また、派生して権力の意に用いる。
意味 ❶はかる。重さを量る。はかりの分銅。また、はかり。『権衡』『権輿』❷ちから。いきおい。威力。『権利』『権力』『実権』『政権』❸かり。かりそめ。まにあわせ。臨機応変。また、正に対する副的なもの。『権謀術数』『権大納言ゴンダイナゴン』『権化』『権現』

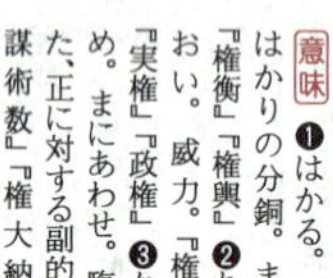
権❶〔陝西省博物館蔵〕

❶はかる。また、はかり。
【権衡ケンコウ】①はかりの重りとさお。はかり。②つりあい。均衡。

【権度ケンド】①はかりとものさし。②法則。規則。③つりあい。権衡。

【権輿ケンヨ】事の始まり。事の起こり。発端。濫觴ランショウ。〔詩経-秦風・権輿〕中国で、はかりはおもり(権)から、車は物を乗せる部分(輿)から作り始めるところから。

【権量ケンリョウ】①はかりとます。②比較すること。

❷ちから。いきおい。威力。
下接 越権エッケン・王権オウケン・官権カンケン・強権キョウケン・教権キョウケン・金権キンケン・公権コウケン・国権コッケン・三権サンケン・執権シッケン・実権ジッケン・集権

心(⺌・忄)戈戸(戶)手(扌)支攴(攵) 4画 文斗斤方旡(无・旡)日曰月木欠止歹(歺)殳毋比毛氏气水(氺・氵)火(灬)爪(⺤・⺥)父爻(㸚)爿(丬)片牙(牙)牛犬(犭)

主権(シュケン)・神権(シンケン)・政権(セイケン)・専権(センケン)・大権(タイケン)・覇権(ハケン)・兵権(ヘイケン)・棄権(キケン)／債権(サイケン)・私権(シケン)・失権(シッケン)・商権(ショウケン)・女権(ジョケン)・職権(ショッケン)・親権(シンケン)・人権(ジンケン)・全権(ゼンケン)・同権(ドウケン)・特権(トッケン)・版権(ハンケン)・夫権(フケン)・父権(フケン)・復権(フッケン)・物権(ブッケン)・分権(ブンケン)・母権(ボケン)・民権(ミンケン)・利権(リケン)・市民権(シミンケン)・所有権(ショユウケン)・選挙権(センキョケン)・著作権(チョサクケン)・優先権(ユウセンケン)・入会権(いりあいケン)

【権威(ケンイ)】①権力と威力。強制し服従させる威力。「権威を笠に着る」②技芸・学問などで、すぐれた専門家。オーソリティー。「その道の権威」「最高権威」

【権益(ケンエキ)】権利と利益。多く、ある国が他国の領土内で得たものをいう。「権益を争う」

【権官(ケンカン)】権勢のある官職。→❸

【権貴(ケンキ)】権力や勢力を持ち、身分が高いこと。

【権限(ケンゲン)】①法人の機関や代理人などが、法令や契約に基づいて、有効に行うことのできる行為の範囲。「裁判所の権限」②その立場のものの持つ権力、権利などの範囲。

【権臣(ケンシン)】権勢、権力を持った家来。

【権勢(ケンセイ)】権力を持ち、勢力があること。

【権能(ケンノウ)】権利を主張し、行使することができる能力。権限。「天皇は国政に関する権能を有しない」

【権柄(ケンペイ)】他を支配する権力。権勢。また、権勢で人をおさえつけること。「権柄面(ケンペイづら)」〔=権柄を誇示する顔〕「権柄ずく」〔=権勢にまかせて事を行うさま〕

【権門(ケンモン)】官位が高く権勢のある家柄。

【権要(ケンヨウ)】権力があり、その地位が重要であること。

【権利(ケンリ)】①他人に当然主張し要求することのできる資格。⇔義務。②自己の利益を主張したり、これを受けたりすることのできる法律上の力。

【権力(ケンリョク)】他人を強制し服従させる力。また、法律に基づく他への強制力。「権力をふるう」「権力を握る」

❸ かり。かりそめ。正に対する副的なもの。

【権官(ケンカン)】本官の外に他の官を兼ねること。兼官。↓❷

【権宜(ケンギ)】その場に応じた処置。臨機のはからい。

【権詐(ケンサ)】人をだますはかりごと。たくらみ。詭計(キケイ)。

【権術(ケンジュツ)】「権謀術数(ケンボウジュッスウ)」の略。

【権知(ケンチ)】仮にその事に関係すること。

【権道(ケンドウ)】目的を達するためにとる臨機応変の手段。

【権変(ケンペン)】変に応じて臨機の処置をすること。

【権謀(ケンボウ)】その場その場に応じた策略。【権謀術数(ケンボウジュッスウ)】相手を巧みにあざむくはかりごと。

【権化(ゴンゲ)】①仏や菩薩(ボサツ)が衆生を救済するために、仮に人間に姿を変えて、この世に現れること。権現。②国ある特性が著しい人。「悪の権化」

【権現(ゴンゲン)】①=権化(ゴンゲ)①②国仏・菩薩(ボサツ)の化身である日本の神。「蔵王(ザオウ)権現」③国徳川家康の特称。

難読姓氏 権守(ごんのかみ・ごんもり)

3725【橰】6063 5C5F 9EDD 木-11 コウ(カウ)漢／gāo

字解 形声。木＋皋(=臯)声。「桔橰(ケッコウ)」は、はねつるべの意。

3726【槲】6064 5C60 9EDE 木-11 コク漢／hú／かしわ

字解 形声。木＋斛声。

意味 かしわ。ブナ科の落葉高木。柏。

3727【樝】＊3689 木-11 サ漢・シャ慣／zhā

字解 形声。木＋虘声。「樝子(サシ)」は、木の名。くさぼけ。「山樝(サンシ)」は、木の名。さんざし。

3728【槭】6069 5C65 9EE3 木-11 シュク漢・サク漢・セキ慣／qī・cù・sè／かえで

字解 形声。木＋戚声。

意味 かえで。カエデ科の落葉高木の総称。

3729【樟】3032 3E40 8FBE 木-11 ショウ(シャウ)漢／zhāng／くす・くすのき

字解 形声。木＋章声。

意味 くす。くすのき。クスノキ科の常緑高木。台湾、その他南方諸地方では、主としてこの木から樟脳をとる。別に、タブ、クヌギにあてる。

【樟脳(ショウノウ)】クスノキから作る板状の結晶。特異な芳香があり、防虫剤などに用いる。

3730【樅】6066 5C62 9EE0 木-11 ショウ漢／cōng／もみ

字解 形声。木＋従(→縦、たて、まっすぐ)声。まっすぐにのびる木、もみの意。

意味 もみ。マツ科の常緑高木。葉は密生し、線形。若木はクリスマスツリーに用いる。

3731【槮】＊3676 木-11 シン漢／sēn・shēn／ふしづけ

字解 形声。木＋參(いりみだれ、まじわる)声。木が長く伸び、枝がまじわるほどしげっている意。

意味 ❶木の長いさま。木のしげるさま。❷ふしづけ。柴などを水中に沈めて魚を捕らえるしかけ。

3732【樞】6068 5C64 9EE2 木-11 スウ 「枢」(3423)の旧字

3733【槽】3369 4165 9185 木-11 常 ソウ(サウ)漢／cáo／かいばおけ・おけ・ふね

筆順 

字解 形声。木＋曹声。

意味 ❶かいばおけ。牛馬などのえさを入れるおけ。「槽櫪」「馬槽(バソウ)」❷おけ。ふね。水や酒などを入れる器。「酒槽(シュソウ)」「水槽(スイソウ)」「浴槽(ヨクソウ)」❸周囲が高く、中が低くなっているもの。おけの形をしたもの。「歯槽(シソウ)」

【槽櫪(ソウレキ)】馬のかいばおけ。転じて、馬小屋。＊韓愈－雑説「駢二死於槽櫪之間一、不下以二千里一称上也(ソウレキのカンにベンシして、センリをもってショウせられざるなり)」〔=馬小屋の中で(他の馬と)一緒に死んでしまい、千里の馬としての名声を受けるには至らない〕

3734【樔】6070 5C66 9EE4 木-11 ソウ(サウ)漢／cháo

字解 形声。木＋巣(とりのす)声。沢中の看守小屋。

参考 万葉仮名では訓を借りて「す」。

3735【樬】－－ 木-11 ソウ 「楤」(3636)の異体字

3736【槫】6071 5C67 9EE5 木-11 タン漢

字解 形声。木＋専声。ひつぎ車の意。

参考 「榑(フ)」(3700)は別字。

心(⺗・忄)戈戸(戸)手(扌)支攴(攵) 4画 文斗斤方无(旡・无)日曰月木欠止歹(歺)殳毋比毛氏气水(氺・氵)火(灬)爪(爫・⺥)父爻(丬)片牙(牙)牛犬(犭)

3737【樗】3584 4374 9294 木-11 チョ[漢]・ト[漢]/chū/ごんずい・おうち

[字解] 形声。木＋雩[声]。

[意味] ❶ごんずい。ミツバウツギ科の落葉小高木。ウルシに似て葉に臭気がある。材は役に立たない。『樗材』『樗散』『樗櫟』 ❷ぬるで。ウルシ科の落葉小高木。❸[国]おうち。センダン科の落葉高木。

【樗材(チョザイ)】役に立たない材木。転じて、役に立たない才能・人材。

【樗散(チョサン)】(「樗櫟散木(チョレキサンボク)」の略。「散木」も役に立たない材木の意) 役に立たないこと。

【樗蒲(チョボ)】中国、後漢以後に流行した一種のさいころの遊戯。のち、一個のさいころで、出る目を予測し合う賭博(トバク)の一種。転じて、博奕(バクチ)のこと。ちょぼいち。

「樗」「蒲(カワヤナギ)」ともにさいころの材。

【樗櫟(チョレキ)】ゴンズイもクヌギもともに役に立たない木。使い道のない材。転じて、役に立たないもののたとえ。『樗櫟散木』

3738【樋】4085 4875 94F3 木-11 (3697)【樋】木-10 †

トウ[漢]/tōng/とい・ひ

[字解] 形声。木＋通[声]。木の名。

[参考] 万葉仮名では訓を借りて「ひ[乙]」。

[意味] ❶木の名。❷[国]ひ。とい。竹や木で造った、水を導き送るもの。『雨樋(あまどい)』『懸樋(かけひ)』『水樋(スイひ)』

3739【樘】木-11 トウ 「樘」(3768)の異体字

3740【標】4124 4938 9557 木-11 [常]4 ヒョウ(ヘウ)[呉][漢]/biāo/しめ・しるし・しるべ

[筆順] 標 標 標 標 標 標

[字解] 形声。木＋票(＝爂、火の粉が高くまいあがる)[声]。木の高いところの意。また、目印の意を表す。

[意味] しるし。めじるし。めあて。また、しるす。高くかかげる。目につくようにあらわす。

[下接] 座標(ザヒョウ)・指標(シヒョウ)・商標(ショウヒョウ)・徴標(チョウヒョウ)・灯標(トウヒョウ)・道標(ドウヒョウ)・みちしるべ・風標(フウヒョウ)・浮標(フヒョウ)・墓標(ボヒョウ)・目標(モクヒョウ)・門標(モンピョウ)／合標(あいじるし)・旗標(はたじるし)

【標格(ヒョウカク)】目標にすべき品格。すぐれた品格。

【標記(ヒョウキ)】[1]印を付けること。また、その文字や符号。[2]標題として書くこと。また、その事柄。

【標挙(ヒョウキョ)】[1]高くあげ示すこと。[2]ぬきんでること。

【標語(ヒョウゴ)】主義、主張などを簡潔に表した語句。スローガン。モットー。『今週の標語』

【標高(ヒョウコウ)】[1]きわだって高いこと。[2]ある地点の平均水面からの高さ。海抜。『標高千メートル』『標高差』

【標示(ヒョウジ)】目印として文字、絵などで示すこと。

【標識(ヒョウシキ)】目につくように示した目印。『道路標識』

【標準(ヒョウジュン)】[1]判断、行動などのよりどころ。基準。『標準語』[2]平均的な度合い。並み。『標準以下の体重』

【標題(ヒョウダイ)】書物や文章、講演、演劇などの題。

【標致(ヒョウチ)】[1]趣(おもむき)をあらわし示すこと。[2]容貌の美しいこと。美人。きりょうよし。

【標徴(ヒョウチョウ)】[1]外面にあらわれた印。標識。[2]象徴。「表徴」とも書く。

【標榜(ヒョウボウ)】(「榜」は立て札の意) [1]人の善行をほめたたえ、その事実を札に記し衆人に示すこと。善行を世に知らせること。[2]主義主張などを公然と表すこと。

【標本(ヒョウホン)】[1]実物の形状、性質などを示すために、実物に似せて作ったもの。[2]研究に必要な資料として保存した実物のもの。『蝶の標本』[3]見本。型。

【標縄(しめなわ)】神事の場に張り、神聖な場所を区別する縄。注連縄(しめなわ)。七五三縄(しめなわ)。

[難読地名] 標茶(しべちゃ)町(北海道) 標津(しべつ)郡・町(北海道)

3741【模】木-11 ボ 「模」(3701)の旧字

3742【樒】6073 5C69 9EE7 木-11 (3807)【櫁】6074 5C6A 9EE8 木-14

ミツ[呉]・ビツ[漢]/mì/しきみ

[字解] 形声。木＋密[声]。

[意味] ❶じんこう。熱帯産のジンチョウゲ科の高木。❷[国]しきみ。モクレン科の常緑小高木。全体に香気があり、枝を仏前に供え、葉から抹香や線香をつくる。しきび。仏前草。「梻」とも書く。

3743【鳪】6088 5C78 9EF6 木-11 ボク[漢]/つた

[字解] 形声。鳥＋木[声]。つた。蔦に同じ。また、鳥の名。

3744【樣】6075 5C6B 9EE9 木-11 ヨウ 「様」(3705)の旧字

3745【樏】*3685 木-11 ルイ[漢]/わりご・かんじき

[字解] 形声。木＋累[声]。

[意味] ❶わりご。中仕切りのある平べったいはち。❷かんじき。深い雪の中に足を踏み込まないように、履物の下に付ける道具。木、蔓などで丸く作ったもの。

3746【樓】6076 5C6C 9EEA 木-11 ロウ 「楼」(3660)の旧字

3747【樫】1963 335F 8A7E 木-11 かし

[字解] 国字。会意。木＋堅。木質の堅い木、かしの意。

[意味] かし。ブナ科の常緑高木の総称。果実はどんぐり状。材は堅く、建築材または炭材などにする。

3748【橒】*3713 木-12 ウン[漢]/yún/きさ

[字解] 形声。木＋雲[声]。

[意味] きさ。木目(もくめ)。木目のあや。

3749【樾】*3704 木-12 エツ(ヱツ)[漢]/yuè/こかげ・こむら

[字解] 形声。木＋越[声]。

[意味] こかげ。こむら。樹陰。また、並木。『清樾(セイエツ)』

3750【橫】木-12 オウ 「横」(3713)の旧字

3751【樺】木-12 カ 「樺」(3670)の旧字

3752【橄】6077 5C6D 9EEB 木-12 カン[漢]/gǎn

字解 形声。木＋敢㊟。
意味 「橄欖(カンラン)」は、㋑カンラン科の常緑高木。種子は食用、薬用など。㋺モクセイ科の常緑高木。オリーブ。

3753 【機】 2101 3521 8B40 木-12 常4 キ㊥/jī/はた・おり

筆順 機 機 機 機 機 機

字解 形声。木＋幾(こまかい)㊟。こまかなしくみの器具の意。

参考 万葉仮名では音を借りて「き㊚」。

意味 ❶はた。布を織るしかけ。『機織』『錦機(キンキ)』『断機(ダンキ)』『棚機(たなばた)』❷からくり。しかけ。こまかなしくみ。『機械』『機関』『電機』❸「飛行機」の略。『機長(キチョウ)』『敵機(テッキ)』『僚機(リョウキ)』❹かなめ。大事な部分。『機密』『軍機』『枢機』❺はずみ。きっかけ。おり。しおどき。『機が熟する』『機運』『機会』『危機』『好機』❻細かいはたらき。物の発動する原因である能力。㋑心や物事の細かいはたらき。また、機に応じた素早いうごき。『機知』『機転』『機能』㋺特に仏教で、悟りに通ずるための資質。『機根』『心機』

❶ はた。布を織るしかけ。

【機業(キギョウ)】絹、木綿などの布を織る事業。

【機織(キショク|はたおり)】①はたで布を織ること。②(はたおり) キリギリスの古名。また、ショウリョウバッタの異名。

【機杼(キチョ)】①はたを織る機具。杼(ひ)。*文選-古詩十九首「札札弄二機杼一(サツサツとしてキチョをロウす)〔=カタカタとはたの杼を動かしている〕」②詩文などに新体を案出すること。

❷ からくり。しかけ。

下接 造機(ゾウキ)・舵機(ダキ)・電機(デンキ)・起重機(キジュウキ)・計算機(ケイサンキ)・原動機(ゲンドウキ)・削岩機(サクガンキ)・鑿岩機(サクガンキ)・写真機(シャシンキ)・扇風機(センプウキ)・端末機(タンマツキ)・蓄音機(チクオンキ)・電算機(デンサンキ)・発動機(ハツドウキ)・飛行機(ヒコウキ)・輪転機(リンテンキ)

【機械(キカイ)】動力装置をつけて作業をする道具。『工作機械』『機械文明』▶原動、伝導、作業の三機構を備えたものを「機械」とし、一機構を欠いたものを「器械」とすることもあるが、一般的には前者は規模の大きいもの、後者は「医療器械」「光学器械」など、規模の小さいものを指していうことが多い。

【機関(キカン)】①火力、電力などのエネルギーを機械的エネルギーに変えて他へ送る機械装置。『蒸気機関』『機関車(キカンシャ)』②ある目的を達成するためにつくられた組織。『報道機関』『機関紙』③法人や団体などの意思を決定したり、実行したりするもの。『執行機関』

【機具(キグ)】機械および器具。『農機具』

【機巧(キコウ)】①たくみなしかけ。からくり。②いろいろ知恵をはたらかせること。巧知。

【機構(キコウ)】①しくみ。『人体の機構』②社会的な仕事をする組織。『国連の機構』

【機材(キザイ)】機械類や材料。『録音機材』

【機銃(キジュウ)】「機関銃」の略。連続して自動的に弾丸が発射される銃。

【機制(キセイ)】しくみ。機構。

❹ かなめ。大事な部分。

下接 軍機(グンキ)・事機(ジキ)・枢機(スウキ)・戦機(センキ)・天機(テンキ)・万機(バンキ)

【機軸(キジク)】①活動の中心。『政党の機軸となって活躍する』②方法。工夫。『新機軸を打ち出す』

【機枢(キスウ)】物事の大切な所。重要な政務。枢機。

【機密(キミツ)】非常に重要な秘密の事柄。政治上、軍事上の秘密。『機密文書』▶枢機に関する秘密の意。

【機要(キヨウ)】物事の中心の、最も重要なこと。枢要。

❺ はずみ。きっかけ。おり。

下接 逸機(イッキ)・応機(オウキ)・禍機(カキ)・危機(キキ)・契機(ケイキ)・好機(コウキ)・転機(テンキ)・投機(トウキ)・動機(ドウキ)・兵機(ヘイキ)・臨機(リンキ)・散機(サンキ)・事機(ジキ)・時機(ジキ)・商機(ショウキ)・勝機(ショウキ)・待機(タイキ)

【機運(キウン)】あることを行うのによい状態。時の巡り合わせ。『飛躍の機運が熟する』

【機縁(キエン)】①仏教で、正しい教えを求める資質が、教えを説くための縁になること。②きっかけ。機会。

【機会(キカイ)】ちょうどよい時機。チャンス。おり。

【機宜(キギ)】あることをするのに適した時機。

【機先(キセン)】物事がまさに起ころうとするその直前。やさき。『機先を制する』

❻ 細かいはたらき。物の発動する能力。

下接 春機(シュンキ)・心機(シンキ)・神機(シンキ)・無機(ムキ)・有機(ユウキ)

【機警(キケイ)】機知があってかしこいこと。

【機嫌(キゲン)】国①気分のよしあし。『機嫌を取る』②気分のよいさま。『不機嫌』③他人の安否。『機嫌を伺う』▶もと仏語で、「譏嫌」と書き、そしりきらう意。転じて、その時に判断される状況のよしあし。

【機根(キコン)】すべての人が持っている、仏の教えを受けて発動する能力、資質。

【機才(キサイ)】機敏に働く才知。『機才が利く』

【機心(キシン)】機を見て活動しようと思う心。また、たくらみのある心。

【機知・機智(キチ)】時に応じて素早く働く才知。ウイット。『機知に富む人』▶書き換え「機智→機知」。

【機転(キテン)】時に応じて素早く才知が働くこと。『機転が利く』

【機動(キドウ)】時に応じて素早く活動すること。『機動力』

【機能(キノウ)】物事の目的に応じて、細かく分化した働き。

【機微(キビ)】表面には現れない、微妙な事情、様子。

【機敏(キビン)】時に応じて、心や体を素早く働かせるさま。

【機変(キヘン)】時機に応じて変化すること。臨機応変。また、策略を用いること。

【機鋒(キホウ)】機敏に相手を攻めるほこ先。転じて、鋭い攻撃。『機鋒を折られる』

【機略(キリャク)】臨機応変の計略、はかりごと。『機略縦横』

3754 【橘】 2144 354C 8B6B 木-12 人 キツ㊥/jú/たちばな

字解 形声。木＋矞㊟。

意味 ❶ミカン科の常緑低木。日本では、たちばな。小さなとげがある。実はミカンに似て酸味が強く、観賞用。『橘柚』『柑橘』❷国たちばな。四姓の一。『源平藤橘(ゲンペイトウキツ)』

下接 柑橘(カンキツ)・香橘(コウキツ)／枸橘(からたち|クキツ)・酢橘(すだち)

【橘柚(キツユウ)】ミカンとユズ。ミカンの類。

〔橘化為レ枳(たちばなカしてからたちとなる)〕長江の南方に産する橘を、江北に移植すれば枳になる。場所や状況によって、同じ人間でも性質が変化するということのたとえ。江南の橘化して枳となる。

3755 【橋】 2222 3636 8BB4 木-12 常3

(3676) 〔槗〕 *3673 木-10

(3722)〔橋〕 木-11 † キョウ(ケウ)漢/qiáo/はし

筆順 木 橋 橋 橋 橋 橋

字解 形声。木＋喬(たかい)声。川などに高くかけられた、はしの意。

意味 はし。川などの上にかけ渡して通路とするもの。

下接 架橋(カキョウ)・艦橋(カンキョウ)・神橋(シンキョウ)・船橋(センキョウ)・鉄橋(テッキョウ)・浮橋(フキョウ)(うきはし)・法橋(ホウキョウ)・陸橋(リッキョウ)・跨線橋(コセンキョウ)・歩道橋(ホドウキョウ)/石橋(いしばし)・懸橋(かけはし)・掛橋(かけはし)・桟橋(サンばし)・土橋(ドばし)

【橋頭(キョウトウ)】①橋のたもと。【橋頭堡(キョウトウホ)】①橋の両岸を固めて橋を守る陣地。②川、海などを渡ったところに築く、攻撃の足場となる陣地。

【橋梁(キョウリョウ)】川や線路などの上に架け渡す構築物。橋。

3756【橛】 *3716 木-12 (3375)〔橜〕 木-12

ケツ漢/juē/くい・こじがた

字解 形声。木＋厥声。

意味 ❶くい。棒くい。『乾屎橛(カンシケツ)』❷こじがた。とあたり。門の中央に立てておく低いくい。

3757【樶】 6080 5C70 9EEE 木-12 サイ漢

字解 形声。木＋最声。木のふしの意。

3758【樹】 2889 3C79 8EF7 木-12 常6 (3688)〔樹〕 木-10

ジュ呉・シュ漢/shù/き・うえる・たてる

筆順 木 樹 樹 樹 樹 樹

字解 形声。木＋尌(たてる)声。木や作物をたてる、うえる意。

甲骨文  篆文 

参考 万葉仮名では訓を借りて「き乙」。

意味 ❶き。立ち木。『樹海』『樹氷』『果樹』『大樹』❷木を植える。たてる。うちたてる。『樹芸』『樹立』

❶ き。立ち木。

下接 雲樹(ウンジュ)・煙樹(エンジュ)・果樹(カジュ)・琪樹(キジュ)・巨樹(キョジュ)・瓊樹(ケイジュ)・国樹(コクジュ)・雑樹(ザツジュ)・種樹(シュジュ)・植樹(ショクジュ)・双樹(ソウジュ)・大樹(タイジュ)・風樹(フウジュ)・碧樹(ヘキジュ)・芳樹(ホウジュ)・榕樹(ヨウジュ)・緑樹(リョクジュ)・老樹(ロウジュ)・広葉樹(コウヨウジュ)・常緑樹(ジョウリョクジュ)・針葉樹(シンヨウジュ)・菩提樹(ボダイジュ)・落葉樹(ラクヨウジュ)

【樹影(ジュエイ)】樹木の姿かたち。木立のかげ。*賈島-泥陽館「樹影掃二青苔一(ジュエイセイタイをはく)〔＝木立の影は青い苔を掃くように揺れている〕」

【樹海(ジュカイ)】広範囲に森林が繁茂し、高所から見下ろすと緑の海原のように見える所。

【樹下石上(ジュカセキジョウ)】山野、路傍などに宿ること。出家や雲水の境涯を象徴したもの。

【樹子(ジュシ)】①木の実。②諸侯の嫡子。

【樹脂(ジュシ)】樹皮から分泌される粘着性の液体が固化した物質。有機合成によって類似したものがつくられる。『合成樹脂』『天然樹脂』

【樹氷(ジュヒョウ)】冷却した霧が樹枝などに凍りついて白く見えるもの。霧氷の一種。

〖樹欲レ静而風不レ止(きしずかならんとほっすれどもかぜやまず)〗木が静かになろうと思っても、風がやまないうちはどうにもならない。親の生きているうちに孝行せよの意。また、思うようにならないことのたとえ。風樹の嘆。〔韓詩外伝〕

❷ 木を植える。たてる。うちたてる。

【樹芸(ジュゲイ)】作物や草木を植え付けること。種芸。

【樹畜(ジュチク)】(ジュキク) 作物を植えたり、家畜を飼ったりすること。

【樹立(ジュリツ)】しっかりとうち立てること。動きのないものにすること。『連合政権の樹立』『新記録を樹立する』

3759【樵】 3033 3E41 8FBF 木-12 ショウ(セウ)漢/qiáo/きこり・きこる

字解 形声。木＋焦(やく)声。火にくべてやくたきぎ、また、たきぎをとる意。

意味 たきぎ。たきぎをとる。きこる。また、それを業とする人。きこり。『漁樵(ギョショウ)』『薪樵(シンショウ)』

【樵歌(ショウカ)】きこりのうたう歌。

【樵漁(ショウギョ)】木を切ることと魚をとること。また、きこりと漁夫。

【樵径(ショウケイ)】＝樵路(ショウロ)

【樵蘇(ショウソ)】木を切ることと草を刈ること。

【樵夫(ショウフ)】きこり。樵父。

【樵牧(ショウボク)】木を切ることと牧畜を営むこと。

【樵路(ショウロ)】きこりなどの通る山中の小路。樵径。

3760【橡】 3843 464B 93C9 木-12 ショウ(シャウ)漢・ゾウ(ザウ)慣/xiàng/とち・とちのき・くぬぎ・どんぐり・つるばみ

字解 形声。木＋象声。

意味 ❶とち。トチノキ科の落葉高木。庭木や街路樹とする。種子は食用。材は器具用。❷くぬぎ。また、その実。どんぐり。ブナ科の落葉高木。材は薪炭用、およびシイタケの培養原木用。❸つるばみ。㋑ドングリの古称。㋺ドングリの殻を煮た汁で染めた色。特に、濃いねずみ色。㋩喪服の色。墨染めの色。

3761【樴】 *3701 木-12 ショク漢/zhí

字解 形声。木＋戠(→弋、くい)声。くいの意。

3762【橇】 6082 5C72 9EF0 木-12 キョウ(ケウ)漢・セイ漢・ゼイ慣/qiāo・cuì/そり・かんじき

字解 形声。木＋毳声。

意味 ❶そり。雪や氷の上をすべらせて、人や荷物などの運搬をするのに用いるもの。『馬橇(バそり)』❷かんじき。深い雪の中に足を踏み込まないように、履物の下に付ける道具。「檋」「梮」とも書く。

3763【樽】 木-12 (3764)〔樽〕 3514 432E 924D 木-12 †

ソン漢/zūn/たる

字解 形声。木＋尊(酒つぼ)声。酒つぼのような形のたるの意。

意味 さかだる。酒をたくわえる円筒形、木製の大型容器。「尊」に同じ。また日本で、一般にたる。

下接 一樽(イッソン)・金樽(キンソン)・琴樽(キンソン)・酒樽(シュソン)(さかだる)・芳樽(ホウソン)・匏樽(ホウソン)/角樽(つのだる)・柳樽(やなぎだる)

【樽酒(ソンシュ)】(たるざけ) 樽にはいっている酒。尊酒。

【樽俎(ソンソ)】酒樽(さかだる)と肴(さかな)を載せる台。転じて、宴会の席。尊俎。【樽俎折衝(ソンソセッショウ)】酒席の談笑の中で平和的に交渉を進め、相手方の気勢をかわして有利に交渉すること。転じて、相手方との交渉のかけひき。尊俎折

衡。〔新序-雑事〕

【樽罍ソンライ】（「罍」は雷雲を描いたたる）さかだる。

3765【橢】6083 5C73 9EF1 木-12 (3638)〔楕〕3442 424A 91C8 木-9 ダ㊥・タ㊦/tuǒ

字解 形声。木+隋㊥。車にそなえおく器の意。

意味 小判形。細長くまるみのある形。長円形。

【橢円・楕円ダエン】細長い円。数学では、円錐曲線の一。二定点からの距離の和が一定な点の軌跡。長円。

3766【橙】6084 5C74 9EF2 木-12 トウ（タウ）㊦/chéng・chén・dèng/だいだい

字解 形声。木+登（上にのぼす）㊥。からだをのせるだい、いすの意。

意味 ❶だいだい。ミカン科の常緑小高木。あべたちばな。果実は、薬用、食用。「代々」にかけて、正月の飾りなどに用いる。❷だいだいいろ。赤みがかった黄色。

【橙黄橘緑時トウコウキツリョクのとき】ダイダイが黄色になり、ミカンが緑色になるとき。初冬のころ。

3767【橦】6085 5C75 9EF3 木-12 トウ㊦・ショウ㊦・トウ（タウ）㊦/tóng・chōng・chuáng/はたほこ

字解 形声。木+童（→撞・衝、つく）㊥。帳とばりの柱の意。

意味 幢幡トウハンのはしら。はたほこ。はたざお。ほばしら。

3768【橖】* 3715 木-12 (3769)〔橕〕* 3714 木-12

(3739)〔樘〕—— 木-11 トウ（タウ）㊦

字解 形声。木+棠㊥。車どめ、また、ささえる意。

3770【橈】6086 5C76 9EF4 木-12 ドウ（ダウ）㊦/náo・rǎo/たわむ

字解 形声。木+堯（→弱、しなやか）㊥。しなやかに曲がった木、転じて、たわむ意。

意味 ❶まがる。たわむ。「逗橈トウドウ」❷しなやか。❸みだす。みだれる。「橈敗ドウハイ」

【橈敗ドウハイ】みだれ敗れること。

3771【橅】* 3706 木-12 ボ㊦/ぶな

字解 形声。木+無㊥。かた・のりの意。模に同じ。

意味 ❶かた。てほん。❷国ぶな。ブナ科の落葉高木。材は家具、パルプ、船舶に用いる。

3772【樸】6087 5C77 9EF5 木-12 ハク㊦・ホク㊦・ボク㊥/pú・pǒ

字解 形声。木+菐㊥。切り出したままで細工をしない木地の意。

意味 ❶切り出したままの木材。きじ。あらき。❷ありのまま。飾り気がない。素直である。「朴」に同じ。「質樸」「素樸」

❷ありのまま。飾り気がない。

下接 質樸シツボク・純樸ジュンボク・素樸ソボク・粗樸ソボク・敦樸トンボク

【樸学ボクガク】①地味な学問。朴学。②漢学のうち、古文の考証を主とするもの。特に、中国、清代、恵棟らが中心となった考証学。

【樸実ボクジツ】かざりけがなくまじめなこと。朴実。

【樸素ボクソ】飾りけのないこと。

【樸直ボクチョク】かざりけがなく正直なこと。朴直。

【樸訥ボクトツ】無骨でかざりけがないこと。木訥。朴訥。

【樸陋ボクロウ】かざりけがなく粗末なさま。朴陋。

【樸厚ボクコウ】かざりけがなく情に厚いこと。樸淳ボクジュン。

3773【樣】—— 木-12 ヨウ「様」(3705)の異体字

3774【橑】* 3712 木-12 ロウ（ラウ）㊦・リョウ（レウ）㊦/lǎo・liáo

字解 形声。木+尞（つらなる）㊥。たるきの意。

3775【橉】* 3708 木-12 リン㊦/lìn

字解 形声。木+粦㊥。木の名。

3776【橸】6081 5C71 9EEF 木-12

字解 国字。まさ。「柾」に同じ。

3777【橲】6079 5C6F 9EED 木-12 じさ・ずさ

字解 国字。じさ。ずさ。「橲原じさばら」は、福島県の地名。

3778【橳】* 3721 木-12 ぬで・ぬるで

字解 国字。ぬで。「白膠木ぬるで」に同じ。「橳島ぬでじま」は、群馬県の地名。

3779【檐】6089 5C79 9EF7 木-13 エン㊦・タン㊦/yán・dàn/のき

字解 形声。木+詹（ひさし）㊥。ひさしのようにおおう木、のきの意。

意味 のき。屋根のふきおろしの端で、壁や柱から外に張り出した部分。ひさし。『屋檐オクエン』『笠檐リュウエン』

【檐宇エンウ】のき。ひさし。

【檐間エンカン】軒のあたり。のきば。

【檐溜エンリュウ】軒先からしたたる雨だれ。檐滴エンテキ。

【檐鈴エンレイ】軒にかけた鈴。風鈴フウリン。

3780【檟】* 3733 木-13 カ㊦/jiǎ/ひさぎ

字解 形声。木+賈㊥。

意味 ひさぎ。ノウゼンカズラ科の落葉高木。

【檟楚カソ】ヒサギやイバラの木でつくったむち。

3781【檞】* 3732 木-13 カイ㊦/jiě/かしわ

字解 形声。木+解㊥。

意味 ❶まつやに（松脂）。❷国（槲と混じて）かしわ。ブナ科の落葉高木。柏。また、おおとちのき。

3782【檜】5956 5B58 9E77 木-13 (3495)〔桧〕4116 4930 954F 木-6 † カイ（クヮイ）㊦・カツ（クヮツ）㊦/guì・kuài/ひ・ひのき

字解 形声。木+會㊥。

参考 万葉仮名では訓を借りて「ひ㊥」。

意味 ❶いぶき。いぶきびゃくしん。ヒノキ科の常緑高木。❷国ひのき。日本特産のヒノキ科の常緑高木。『老檜ロウカイ』『翌檜あすなろ』

心（⺗・忄）戈戸（戶）手（扌）支攴（攵） 4画 文斗斤方无（旡・无）日曰月木欠止歹（歺）殳毋比毛氏气水（氺・氵）火（灬）爪（爫・爫）父爻（爻）爿（丬）片牙（牙）牛犬（犭）

難読地名 檜枝岐ひのえまた村（福島）

3783【檥】＊3734 木-13 ギ[漢]/yǐ

字解 形声。木+義[声]。船出の用意をする。艤に同じ。

3784【橿】1964 3360 8A80 木-13 キョウ（キャウ）[漢]/jiāng/かし・もち・もちのき

字解 形声。木+畺（→彊・硬、かたくてつよい）[声]。かたい木質の意。

意味 ❶もちのき。モチノキ科の常緑小高木。材質は堅く、樹皮から鳥もちをつくる。❷[国]かし。ブナ科の常緑樹。「樫」に同じ。『白橿しらかし』

3785【檋】＊3728 木-13 キョク[漢]/jú/かんじき

字解 形声。木+輂[声]。かんじき。

意味 かんじきの類。くつの下につけて、山行を容易にするもの。

3786【檄】6092 5C7C 9EFA 木-13 ケキ[漢]・ゲキ[慣]/xí/ふれぶみ・めしぶみ

字解 形声。木+敫[声]。人に衝撃を与えるようなふみ、さとしぶみの意。

意味 触れぶみ。召しぶみ。木札に書いて使者に持たせた通告または召集の文書。また、自分の信義を述べて人々に同意をもとめ、あるいは決起をうながす文書。げき。『檄を飛ばす』『羽檄うげき』『飛檄ひげき』

【檄召げきしょう】触れぶみで、人を呼び集めること。

【檄文げきぶん】檄を書いた文章。ふれぶみ。檄羽。檄書。

3787【檎】2473 3869 8CE7 木-13 キン[漢]・ゴ[慣]/qín

字解 形声。木+禽[声]。「林檎リンゴ」はバラ科の落葉高木。また、その果実。

3788【檢】6093 5C7D 9EFB 木-13 ケン「検」(3577)の旧字

3789【櫛】2291 367B 8BF9 木-13 シツ「櫛」(3810)の異体字

3790【檝】＊3731 木-13 シュウ「楫」(3633)の異体字

3791【檣】6094 5C7E 9EFC 木-13 ショウ（シャウ）[漢]/qiáng/ほばしら

字解 形声。木+嗇[声]。

意味 ほばしら。船のマスト。『船檣せんしょう』『連檣れんしょう』

⬇［船］の図一〇〇八頁

【檣竿しょうかん】帆柱。マスト。

【檣頭しょうとう】帆柱の先。

【檣楼しょうろう】軍艦のマストの上部にある物見やぐら。

3792【檀】3541 4349 9268 木-13 [人] ダン[呉]・タン[漢]・セン[漢]/tán/まゆみ

字解 形声。木+亶[声]。

意味 ❶木の名。まゆみ。中国では車、日本では弓をつくるのに用いる。『檀弓』『檀紙』『檀車』❷センダン（栴檀）の類。白檀・黒檀などの香木の総称。『檀香』『檀林』❸（梵 dāna の音訳）ほどこし。布施。『檀家』『檀徒』『檀那』❹書名。「檀弓だんぐう」は「礼記らいき」の篇の名。❺檀君だんくん。古代朝鮮の伝説上の始祖。

❶ まゆみ。

【檀弓だんきゅう】マユミの木で作った弓。また、マユミ。

【檀紙だんし・たんし】[国]マユミの樹皮で作られた上質の紙。

【檀車だんしゃ】（車の輻やを、マユミで作ったところから）戦争用の荷車。

【檀板だんぱん】楽器の名。マユミで作った拍子をとる板。

❷ センダンの類。

下接 黒檀コクタン・紫檀シタン・栴檀センダン・白檀ビャクダン

【檀香だんこう】センダンの木のこと。

【檀林だんりん】（「栴檀林センダンリン」の略。僧徒の集まりを栴檀の林にたとえたもの）①寺の異称。②[国]室町末期におこった、僧徒の学問修養の道場。僧林。③[国]江戸時代の俳諧の流派。ふつう「談林」と書く。談林風。談林派。

❸ ほどこし。布施。

【檀家だんか】その寺に墓地を持ち、布施などによって寺を援助する家。檀那だんな。

【檀徒だんと】檀家の人々。

【檀那だんな】①布施などによって寺を援助する信者。檀家。施主。②[国]旦那だんな。男の主人。

3793【檉】＊3727 木-13 テイ[漢]/chēng

字解 形声。木+聖[声]。木の名。かわやなぎの意。

3794【檔】—— 木-13 トウ（タウ）[漢]/dàng （3526）【档】5967 5B63 9E83 木-6

字解 形声。木+當[声]。かまち、なげしの意。

3795【檘】—— 木-13 ハク「檗」(3380)の異体字

3796【檍】6090 5C7A 9EF8 木-13 ヨク[漢]・イ[漢]/yì

字解 形声。木+意[声]。木の名。もちのき。

3797【檪】6112 5D2C 9F4B 木-13 レキ「櫟」(3816)の異体字

3798【檻】6103 5D23 9F42 木-14 カン[漢]/jiàn・kǎn/おり

字解 形声。木+監（じっとみてとりしまる）[声]。罪人、猛獣などを中に入れて監視するおりの意。

意味 ❶おり。罪人や獣を入れておくところ。『檻輿』『桎檻しっかん』❷てすり。おばしま。欄干らんかん。『朱檻しゅかん』『折檻せっかん』

❶ おり。

【檻猿かんえん】おりの中のサル。自由のないもののたとえ。

【檻車かんしゃ】罪人や捕虜をのせて運ぶ、おりのついた車。

【檻穽かんせい】おりと落とし穴。わな。

【檻送かんそう】罪人、囚人などをおりに入れて送ること。檻致かんち。

【檻輿かんよ】四方を板で囲んだ、罪人を護送するために用いる粗末な輿こし。

心（小・忄）戈戸（戸）手（扌）支攴（攵） 4画 文斗斤方无（旡・旡）日曰月木欠止歹（歺）殳毋比毛氏气水（氺・氵）火（灬）爪（爫・⺥）父爻（⺝）爿（丬）片牙（牙）牛犬（犭）

3799【櫃】 6104 5D24 9F43 木-14 キ㊥/guì/ひつ

字解 形声。木+匱(はこ)声。ひつの意。

意味 ひつ。上に向かってふたの開く大形の箱。また、日本で飯櫃。おひつ。『米櫃(こめびつ)』『炭櫃(すびつ)』

3800【檫】 ＊3735 木-14 サツ㊥/chā

字解 形声。木+察声。木の名。

意味 ❶アズサの一種。❷仏塔の中心の柱。

3801【櫂】 6105 5D25 9F44 木-14 トウ(タウ)㊥・タク㊥/zhào・zhuō/かい

字解 形声。木+翟(ぬきだす)声。水中からぬきあげてはこぐ、船のかいの意。

意味 かい。かじ。オール。また、かいで舟をこぐ。「棹」に同じ。『櫓櫂(ロかい)』

【櫂歌(トウカ)】舟をこぐときにうたう歌。

【櫂舟(トウシュウ)】かいで舟をこぐこと。

3802【檮】 5977 5B6D 9E8D 木-14 (3556)〔梼〕 3778 456E 938E 木-7 †

トウ(タウ)㊥/táo

字解 形声。木+壽声。きりかぶの意。

難読地名 檮原(ゆすはら)町(高知)

3803【檸】 6106 5D26 9F45 木-14 ドウ(ダウ)㊥・ネイ㊝/níng

字解 形声。木+寧声。

意味 「檸檬(ドウモウ)」は、レモンの意。英 lemon の音訳。ミカン科の常緑低木。果実は香りがよく、酸味が強い。

3804【檳】 6107 5D27 9F46 木-14 (3562)〔梹〕 5978 5B6E 9E8E 木-7

(3805)〔槟〕―― 木-14 ヒン㊥・ビン㊝/bīn・bīng

字解 形声。木+賓声。

意味 「檳榔(ビンロウ)」「檳榔樹(ビンロウジュ)」は、ヤシ科の常緑高木。

【檳榔子(ビンロウジ)】①ヤシ科の常緑高木の果実。薬や染料として用いる。びろうじ。②①で染めた暗黒色の染色。

3806【檬】 6108 5D28 9F47 木-14 ボウ㊥・モウ㊝/méng

字解 形声。木+蒙声。「檸檬(ドウモウ)」は、レモン。

3807【櫁】 6074 5C6A 9EE8 木-14 ミツ「樒」(3742)の異体字

3808【櫋】 ＊3737 木-14 ベン㊥・メン㊝/mián/もめん

字解 形声。木+綿(しろいわた)声。もめんの意。

3809【櫞】 6109 5D29 9F48 木-15 エン㊥/yuán

字解 形声。木+緣声。「枸櫞(クエン)」は果実の名。

3810【櫛】 ―― 木-15 (3811)〔櫛〕―― 木-15 (3789)〔櫛〕 2291 367B 8BF9 木-13 † シツ㊥/zhì・jié/くし

字解 形声。木+節(きちんと並んだたけのふし)声。

意味 ❶くし。髪の毛をとかすもの。また、くしけずる。『櫛梳』『櫛風沐雨』『巾櫛(キンシツ)』❷くしの歯のように並ぶ。『櫛櫛』『櫛比』

【櫛櫛(シツシツ)】くしの歯のようにすきまなく立ち並ぶさま。

【櫛梳(シツソ)】髪の毛をくしですくこと。

【櫛比(シッピ)】くしの歯のように、すきまなく並ぶこと。

【櫛風沐雨(シップウモクウ)】風で髪をくしけずり、雨で体を洗うこと。転じて、苦難の中を奔走し活動すること。〔荘子-天下〕

難読姓氏 櫛笥(くしげ)

3812【櫝】 ＊3752 木-15 トク㊥/dú/ひつ

字解 形声。木+賣(ものをとどめおく)声。とどめおくための木製のはこ、また、ひつぎの意。

意味 ❶ひつ。ふたのついたはこ。また、はこにしまう。❷ひつぎ。棺。

3813【櫑】 6110 5D2A 9F49 木-15 ライ㊥/léi・lěi

字解 形声。木+畾(雷が重なったさま)声。雷の形をほりつけた酒だる(祭器)の意。罍の本字。

3814【櫚】 6113 5D2D 9F4C 木-15 ロ㊡・リョ㊥/lǘ

字解 形声。木+閭声。

意味 ❶かりん。バラ科の落葉高木。❷「棕櫚(シュロ)」は、ヤシ科の常緑高木。

3815【櫔】 ＊3748 木-15 レイ㊥

字解 形声。木+厲声。木の名。

3816【櫟】 6111 5D2B 9F4A 木-15 (3797)〔栎〕 6112 5D2C 9F4B 木-13

レキ㊥・ヤク㊥・ロウ(ラウ)㊥/lǎo・lì・yuè/くぬぎ・いちい

字解 形声。木+樂(くぬぎ)声。くぬぎの意。もと、樂だけで、くぬぎの意を表したが、楽しいなどの意を派生したので、のちに、木を加えた。

意味 ❶(レキ)木の名。㋑くぬぎ。ブナ科の落葉高木。どんぐりの木。役に立たない木や人にたとえる。『樗櫟(チョレキ)』㋺国いちい。イチイ科の常緑高木。高さ二〇メートルに達する。葉は線形、実は食用。材は淡赤褐色で建築、家具、彫刻材とする。日本で、昔、笏(シャク)の材料としたことから、「一位」とも書く。❷(ロウ)こすって音をたてる。『櫟釜』

【櫟釜(ロウフ)】(何もないことを示すため)釜の底をこすって鳴らすこと。

3817【櫓】 4706 4F26 9845 木-15 ロ㊥/lǔ/ろ・やぐら

字解 形声。木+魯声。大型の盾の意。

意味 ❶ろ。舟をこぐ道具。「艪」に同じ。『櫓拍子』『櫓声』『柔櫓(ジュウロ)』➡〔船〕の図一〇〇八頁。❷やぐら。㋑物見やぐら。望楼。『櫓(やぐら)太鼓』㋺国木を枠に組んだもの。『炬燵櫓(コタツやぐら)』

【櫓声(ロセイ)】櫓をこぐ音。

【櫓櫂(ロトウ)】①舟の櫓と櫂(かい)。②舟をこぐ道具の総称。

【櫓拍子(ロビョウシ)】櫓を操る拍子。また、櫓をこぐときの掛け声の調子。

3818【櫧】 *3754 木-16 ショ㊥/zhū/かし
字解 形声。木＋諸㊥。
意味 かし。いちいがし。ブナ科の常緑樹。

3819【櫬】 *3755 木-16 シン㊥/chèn/ひつぎ
字解 形声。木＋親㊥。
意味 ひつぎ。なきがらを直接納める内側のひつぎ。『輿櫬ヨシン』

3820【欄】 4583 4D73 9793 木-16 常 (3828)〔欄〕 木-17 旧字 人
ラン㊥㊦/lán/てすり・おばしま・わく
筆順 (欄の筆順)
字解 形声。木＋闌㊥。
意味 ❶てすり。おばしま。『欄干』『勾欄コウラン』『高欄コウラン』『朱欄シュラン』 ❷かこい。わく。しきり。『欄間ランま』 ㋑印刷物で、線で囲まれた部分。『空欄クウラン』 ㋺新聞や雑誌などの紙面の区分。『広告欄』『投書欄』
【欄干ランカン】 ①橋や階段などのふちに木を渡したもの。てすり。②涙がはらはらと落ちるさま。*白居易-長恨歌「玉容寂寞涙欄干ギョクヨウセキバクなみだランカン〔=美しい顔はものさびしげで、はらはらと涙が流れ落ちる〕」
【欄間ランま】 天井と鴨居かもいまたはなげしとの間に設けた開口部。採光・通風のために設け、普通は組子くみこや透かし彫りの板などで飾る。

3821【欖】 ―― 木-16 ラン 「欖」(3835)の異体字

3822【櫪】 6114 5D2E 9F4D 木-16 レキ㊥/lì/くぬぎ・かいおけ
字解 形声。木＋歴㊥。
意味 ❶くぬぎ。ブナ科の落葉高木。「櫟」に同じ。❷かいおけ。かいばおけ。また、うまやの床下にわたす横木。また、うまや。『櫪馬』『槽櫪ソウレキ』『伏櫪フクレキ』
【櫪馬レキバ】 馬小屋につながれている馬。束縛される身などをたとえていう。

3823【櫨】 4007 4827 94A5 木-16 (3442)〔枦〕 5937 5B45 9E64 木-4
ロ㊥/lú/はぜ・はぜのき
字解 形声。木＋盧㊥。
意味 ❶ますかた。柱の上に用いる四角い材木。❷国はぜ。ウルシ科の落葉小高木。黄櫨はぜ。
難読姓氏 枦本はぜもと

3824【櫳】 ―― 木-16 (3383)〔龒〕 ―― 木-16 (3708)〔槞〕 6057 5C59 9ED7 木-10
ロウ㊥/lóng
字解 形声。木＋龍（→籠、つめこむかご）㊥。おり、また、連子窓レンジまどの意。

3825【櫻】 6115 5D2F 9F4E 木-17 オウ 「桜」(3494)の旧字

3826【欅】 6116 5D30 9F4F 木-17 キョ㊥/jǔ/けやき
字解 形声。木＋擧㊥。
意味 ❶けやき。ニレ科の落葉高木。材はかたく、木目も美しい。建築・器材用など。❷サワグルミの類。中国原産、クルミ科の落葉大高木。❸カワヤナギの類。杞柳キリュウ。ヤナギ科の落葉低木。
難読姓氏 欅田くにぎだ｜くぬきだ｜けやきだ

3827【欛】 ―― 木-17 ハ 「欛」(3834)の異体字

3828【欄】 ―― 木-17 ラン 「欄」(3820)の旧字

3829【櫺】 6118 5D32 9F51 木-17 (3837)〔欞〕 *3771 木-24
レイ㊥/líng
字解 形声。木＋霝㊥。
意味 ❶れんじ。窓や欄間などにとりつけた格子。連子。『窓櫺ソウレイ』❷てすり。欄干。

3830【欋】 ―― 木-18 ク㊥/qú/さらい・さらえ
字解 形声。木＋瞿㊥。農具の一。土地をならしたりするもの。さらい。さらえ。

3831【權】 6062 5C5E 9EDC 木-18 ケン 「権」(3724)の旧字

3832【欛】 ―― 木-19 ハ 「欛」(3834)の異体字

3833【欏】 *3766 木-19 ラ㊥/luó
字解 形声。木＋羅㊥。「桫欏へご」は、ヘゴ科の常緑木生シダ。

3834【欛】 *3770 木-21 (3827)〔欛〕 ―― 木-17 (3832)〔欛〕 ―― 木-19
ハ㊥/bà/つか
字解 形声。木＋霸㊥。
意味 つか。刀などの手で握る部分。『刀欛トウハ』

3835【欖】 6120 5D34 9F53 木-21 (3821)〔欖〕 ―― 木-16
ラン㊥㊦/lǎn
字解 形声。木＋覽㊥。「橄欖カンラン」は、カンラン科の常緑高木。また、オリーブの誤称。

3836【欙】 ―― 木-21 ルイ㊥/léi/かんじき
字解 形声。木＋纍（重なる）㊥。くつの下にかさねてつけるかんじきの意。「樏」に同じ。

3837【欞】 *3771 木-24 レイ 「櫺」(3829)の異体字

3838【欟】 6122 5D36 9F55 木-25
字解 国字。木の名。ツキ（槻）。

木

[沭]⇩4031　[牀]⇩4594

3839【條】5974 5B6A 9E8A 木－7
ジョウ　「条」(3330)の旧字

3840【榦】＊3660 木－10
カン　「幹」(2103)の異体字

3841【榺】＊3667 木－10
ショウ㊥/ちきり

字解 形声。木＋朕(=朕)㊟。機(はた)のたていとをまく部分の意。ちきり。

76 欠部　かける　あくび

甲骨文　篆文

欠は、ひざまずいた人が口を開いているさまで、口をあけて息を出すこと(ケン)を表す。欠部に属する字は、口を通して息や食物を出し入れすることに関係する。字源上、旡部(71)と対照的な形である。

欠◆ 欠
欠▯ ②次 次 ④欧 欣 ⑥欬 ⑦欸 欵
欷 欶 欲 ⑧欹 款 欺 欽 歇 ⑨歇 歃
⑩歌 歉 歎 ⑪歐 歓 歔 歎 歒 ⑫歙
歔 ⑬歛 歟 ⑮歠 ⑱歡

欠 ◆

3842【欠】2371 3767 8C87 欠－0 常4　(6108)【缺】6994 657E E39E 缶－4
ケチ㊥・ケツ㊥・ケン㊥/quē・qiàn/かける・かく・あくび

筆順 欠 欠 欠 欠

字解 部首解説を参照。なお、常用漢字では、欠を缺(ケツ)に代用する。缺は形声。缶＋夬(えぐる)㊟。かめがかける意。欠は、本来、缺と別字で、音はケン㊥。拼音は、欠は、qiàn 缺は、quē。

缺の篆文

意味 ❶かく。かける。あるべきものがない。たりない。『欠陥』『欠落』『補欠』❷やすむ。予定のあるものをやめる。また、「欠席」の意。『欠航』『欠席』『出欠』❸あくび。あくびをする。『欠伸(あくび)』『呵欠(カケン)』

❶ かく。かける。たりない。

下接 開欠カイケツ・虧欠キケツ・金欠キンケツ・酸欠サンケツ・残欠ザンケツ・兎欠トケツ・廃欠ハイケツ・補欠ホケツ・無欠ムケツ・不可欠フカケツ

【欠遺】ケツイ　欠け、落とされていること。
【欠画】ケッカク　漢字の筆画を省くこと。中国で、天子、貴人、祖先の名と同一文字を書くのを避ける避諱(ヒキ)の方法の一。「丘」を「丘」、「玄」を「玄」と書く類。欠筆。
【欠陥】ケッカン　欠けて足りない、不備な点。『欠陥商品』
【欠欠】ケッケツ　不足なさま。
【欠字】ケツジ　①文章などで、あるべき文字の欠けていること。脱字。②文章中に、天皇の名などが出たとき、敬意を表して、上を一または二字分ほどあけたこと。闕字ケツジ。
【欠失】ケッシツ　①欠け失せること。②必要な、欠いてはならない物事を欠くこと。欠陥。あやまち。おちど。
【欠如】ケツジョ　必要な事柄が欠けていて、足りないこと。
【欠損】ケッソン　①欠けてなくなること。『部品の欠損』②金銭上の損失。『欠損が重なる』
【欠点】ケッテン　①不十分な所。短所。↔美点。②落第点。
【欠乏】ケツボウ　不足すること。『物資が欠乏する』
【欠落】ケツラク　必要なある部分が欠け落ちること。
【欠漏】ケツロウ　入れるはずのものがもれること。また、そのもれたもの。不足な点。

❷ やすむ。予定のあるものをやめる。

下接 間欠カンケツ・出欠シュッケツ・長欠チョウケツ・病欠ビョウケツ

【欠航】ケッコウ　定期便の船舶や航空機が運行を休むこと。
【欠席】ケッセキ　出ることになっている会合などに出ないこと。また、生徒や学生が学校を休むこと。↔出席

難読姓氏 欠畑(かけはた)

欠

3843【次】2801 3C21 8E9F 欠－2 常3　(3844)【次】二一 欠－2 旧字
シ㊥・ジ㊥/cì/つぐ・つぎ・ついで・なみ・やどる

筆順

字解 象形。人が息をつくさま。二(二)は口から出た息を示す。止まって休む、宿る意。また、つぎつぎと続く、整える意を表す。

甲骨文　金文　篆文

同属字 咨・姿・恣・瓷・粢・資・茨・趑

参考 万葉仮名では音を借りて「し」。

意味 ❶やどる。とまる。また、やど。『東海道五十三次(つぎ)』『次舎』❷つぐ。続く。また、つぎ。二番目。『次席』『漸次』『逐次』❸順序。順序をつける。『次序』❹ついでに。また、途中。『途次(トジ)』『路次(ロジ)』❺たび。ごと。また、回数・度数を表す語。『年次』

❶ やどる。また、やど。

下接 胸次キョウジ・歳次サイジ・水次スイジ・亭次テイジ・旅次リョジ

【次舎】ジシャ　①宮中の詰め所。②やどる。また、とどまる。③軍隊がとどまって宿営すること。

❷ つぐ。つぎ。二番目。

下接 漸次ゼンジ・逐次チクジ・逓次テイジ・累次ルイジ・屢次ルジ

【次官】ジカン【すけ】　国①(ジカン) 日本の各省で、大臣または長官を補佐する次位の者。『事務次官』②(すけ) 律令制で、四等官の第二番目。長官(かみ)を補佐し、代理もする。
【次席】ジセキ　首席に対し、席次が二番目であること。
【次善】ジゼン　最善ではないが、それに代えられるもの。『次善の策』
【次点】ジテン　①最高点に次ぐ点数。②選挙などで当選者に次ぐ点数。
【次男】ジナン　二番目に生まれた息子。二男。

❸ 順序。順序をつける。

下接 位次イジ・越次エツジ・階次カイジ・高次コウジ・式次シキジ・歯次シジ・

心(⺗・忄)戈戸(戶)手(扌)支攴(攵) 4画 文斗斤方无(旡・旡)日曰月木欠止歹(歺)殳毋比毛氏气水(氺・氵)火(灬)爪(爫・爫)父爻(㸚)爿(丬)片牙(牙)牛犬(犭)

順次ジュン・序次ジョ・席次セキ・低次テイ・目次モク・類次ルイジ

【次元ジゲン】[1]数学で、一般的な空間の広がりの度合いを表す数。一次元が直線、二次元が平面。「四次元の世界」[2]ある物事を考えたり行ったりするときの立場。「低い次元の話」

【次序・次叙ジジョ】順序をつけること。また、その順序。

【次第シダイ】[1]順序。順。「式次第」[2][国]順を追って少しずつ。徐々に。「次第によくなる」[3][国]一部始終。事情。理由。「次第書き」[4][国]…のいかんによる。「金次第」[5][国]…がすんだら直ちに。「着き次第連絡する」

❺ 回数・度数を表す語。

[下接] 月次ゲツジ|つきなみ・今次コンジ・数次スウジ・日次ニチジ|ひなみ・年次ネンジ・毎次マイジ・両次リョウジ

3845【欧】1804 3224 89A2 欠－4 [常] (3863)【歐】6131 5D3F 9F5E 欠－11 旧字

ウ[呉]・オウ[漢]/ōu・ǒu/はく

[筆順] 欧

[字解] 欧は、歐の略体。歐は形声。欠＋區(こまかくくぎる)[声]。口から細かく消化されたものを出す、はく意。

[意味] ❶はく。もどす。あげる。「嘔」に同じ。「欧血」「欧吐」❷「欧羅巴ヨーロッパ」の略。転じて、広く西洋。「欧州」「西欧」❸人名。「欧陽脩」

❶ はく。もどす。あげる。

【欧血オウケツ】血をはくこと。吐血。嘔血。

【欧吐オウト】へどをはくこと。嘔吐。

❷ 「欧羅巴」の略。西洋。

[下接] 在欧ザイオウ・西欧セイオウ・中欧チュウオウ・東欧トウオウ・訪欧ホウオウ

【欧州オウシュウ】ヨーロッパ。ユーラシア大陸の西部。

【欧文オウブン】欧米諸国で使われる文字。「欧文活字」

【欧米オウベイ】ヨーロッパとアメリカ。「欧米諸国」

❸ 人名。

【欧陽脩オウヨウシュウ】中国、宋代の政治家、学者。字あざなは永叔。号は酔翁、のち六一居士。諡おくりなは文忠。廬陵ロリョウの人。王安石の新法に反対し、退官。詩文にすぐれ、唐宋八大家の一人に数えられた。著「新唐書」「新五代史」「毛詩本義」「帰田録」など。(一〇〇七～七二)

【欧陽詢オウヨウジュン】中国、唐代の書家。字あざなは信本。瀟湘(湖南省)の人。初唐三大家の一人。王羲之の流れをくみ、書風は楷書の模範とされる。代表作は「皇甫誕碑」「九成宮醴泉銘」など。(五五七～六四一)

3846【欣】2253 3655 8BD3 欠－4 [人]

ゴン[呉]・キン[漢]/xīn/よろこぶ・よろこび

[字解] 形声。欠＋斤[声]。

[意味] よろこぶ。よろこぶさま。たのしむ。「歓欣カンキン」

【欣悦・欣説キンエツ】喜ぶこと。喜悦。

【欣快キンカイ】喜ばしく気持ちのよいこと。愉快。喜び。

【欣喜雀躍キンキジャクヤク】こおどりして喜ぶこと。

【欣欣キンキン】喜ぶさま。また、草木のいきいきするさま。＊陶潜-帰去来辞「木欣欣以向レ栄きはキンキンとしてエイにむかう」[＝木々はいきいきとして花を開き始める]」

【欣欣然キンキンゼン】いかにも喜ばしそうなさま。

【欣幸キンコウ】心から喜び、幸せに思うこと。

【欣然キンゼン】喜ぶさま。＊陶潜-桃花源記「聞レ之、欣然規レ往これをきき、キンゼンとしてゆかんことをはかる[＝この話を聞き、喜んで行くことを計画した]」

【欣慕キンボ】喜びしたうこと。

【欣求浄土ゴングジョウド】仏語。極楽浄土を心から願い求めること。

【杴】⇨3416
【炊】⇨4453

3847【欬】＊3775 欠－6

アイ[漢]・カイ[呉][漢]・ガイ[慣]/kě・kài/せき

[字解] 形声。欠＋亥[声]。

甲骨文

篆文

[意味] せき。せきばらいする。「咳」に同じ。「謦欬ケイガイ」

3848【欸】6123 5D37 9F56 欠－7

アイ[漢]・カイ[漢]/ǎi・ái・ēi/なげく・ああ

[字解] 形声。欠＋矣(ゆきづまり悩む)[声]。なげく意。一説に、矣は、なげく時の語気を表す擬声語という。

[意味] なげく。なげく声。また、歌う声。ああ。

【欸乃アイダイ|アイナイ】[1]船に棹さおさす時に掛ける声。転じて、船頭歌。船歌。＊柳宗元-漁翁「欸乃一声山水緑アイダイイッセイサンスイみどりなり[＝船歌の声が聞こえてくる、あたりは山も川もすべて緑の世界である]」[2]木こりのうたう歌。

3849【欵】＊3777 欠－7

カン(クヮン)[漢]/kuǎn

[字解] 款(3854)の通俗体。

3850【欷】6124 5D38 9F57 欠－7

キ[漢]/xī/なく

[字解] 形声。欠＋希[声]。一説に、希は、なく声を表す擬声語という。

[意味] なく。なげく。むせびなく。「歔欷キョキ」

【欷歔キキョ】すすりなくこと。歔欷。

3851【欶】＊3778 欠－7

サク[漢]・シュク[漢]・ソク[漢]/すする

[字解] 形声。欠＋束(小さくたばねる)[声]。口を小さくすぼめてすする、すう意。

[同属字] 嗽・漱

3852【欲】4563 4D5F 977E 欠－7 [常]6

ヨク[呉][漢]/yù/ほっする・ほしい・ほる

[筆順] 欲

[字解] 形声。欠＋谷(山に口をあけたようなたに)[声]。ものを口に入れ食べようとする、ほっする意。慾の原字。

[参考] 万葉仮名では音を借りて「よ[甲]」。

[意味] ❶ほっする。ほしいと思う。㋑のぞむ。ねがいもとめる。「欲望」「欲求」㋺ほしがる心。むさぼる心。「欲が深い」「愛欲」「禁欲」❷ほっする。「将」に同じ。㋑…しようとする。意志を示す。＊王翰-涼州詞「欲レ飲琵琶馬上催のまんとほっすればビワバジョウにもよおす[＝いましも飲もうとしたところ、だれかが馬上で弾く琵琶の音がさあ飲めと促してきた]」㋺…しそうだ。もうすぐ…になる。動作の進行を示す。＊岑参-胡笳歌、送二顔真卿使赴一河隴「崑崙山南月欲レ斜コンロンサンナンつきなめならんとほっす[＝崑崙山の南に月が傾きかける]」

[下接] 愛欲アイヨク・意欲イヨク・淫欲インヨク・寡欲カヨク・我欲ガヨク・禁欲キンヨク

ヨク・強欲ゴウヨク・財欲ザイヨク・色欲シキヨク・邪欲ジャヨク・獣欲ジュウヨク・少欲ショウヨク・情欲ジョウヨク・私欲シヨク・嗜欲シヨク・食欲ショクヨク・制欲セイヨク・性欲セイヨク・節欲セツヨク・大欲タイヨク・多欲タヨク・貪欲ドンヨク・肉欲ニクヨク・物欲ブツヨク・無欲ムヨク・利欲リヨク

【欲悪(ヨクアク)】欲心と悪心。また、欲望とにくしみ。

【欲情(ヨクジョウ)】①物を欲しがる心。欲心。②色欲の情。

【欲塵(ヨクジン)】仏語。欲情を塵埃(ジンアイ)にたとえていう語。煩悩のこと。また、その煩悩にけがれた俗世。

【欲得(ヨクトク)】貪欲(ドンヨク)と利得。『欲得抜きの親切』

【欲望(ヨクボウ)】不足を感じてこれを充足させようと望む心。

【欲火(ヨッカ)】欲情の盛んなことを火にたとえていう語。

【欲求(ヨッキュウ)】強く欲しがり求めること。『欲求不満』

【軟】⇩7937

3853【欹】6126 5D3A 9F59 欠－8 イ(漢)・キ(漢)/yī/ああ・そばだてる

字解 形声。欠＋奇(声)。攲に同じ。

意味 ああと嘆息する。また、かたむく。そばだてる。

【欹歔(キキョ)】嘆息し、むせび泣くこと。

【欹レ枕(まくらをそばだつ)】枕を傾けて頭を寄せかけ、耳がよく聞こえるようにする。

3854【款】2030 343E 8ABC 欠－8 常 カン(クヮン)(漢)・キン(漢)/kuǎn/まこと

筆順 款

字解 もと歀。会意。欠(となえる)＋祟(たたり)。たたりをさけるべく真実を口にする、まことの意。

意味 ❶まこと。まごころ。また、心からうちとける。よしみ。よろこび。『款待』『交款』❷きざむ。しるす。また、たたく。『款識』『落款(ラッカン)』❸法令や規約、証書などの箇条書き。また、項目。『款項』『借款』『定款』

❶まこと。まごころ。心からうちとける。

下接 愚款グカン・交款コウカン・悃款コンカン・懇款コンカン・情款ジョウカン・誠款セイカン・通款ツウカン・納款ノウカン

【款款(カンカン)】①忠実なさま。純一なさま。②ゆっくりとしたさま。のどかなさま。

【款曲(カンキョク)】①こみ入った事情。委細。②うちとけて交わること。慇懃(インギン)。

【款語(カンゴ)】うちとけて語り合うこと。款談。款話。

【款狎(カンコウ)】親しみなれること。うちとけること。

【款洽(カンコウ)】心からうちとけて親しくすること。

【款然(カンゼン)】うちとけて人に接するさま。

【款待(カンタイ)】手厚く待遇すること。歓待(カンタイ)。

【款服(カンプク)】心から服従すること。

【通レ款(カンをツウず)】①親しく交わる。②敵に内通する。

❷きざむ。また、たたく。

【款識(カンシ)】鐘、鼎(かなえ)、灯籠などに文字を刻むこと。

【款冬(カントウ)】(冬の氷をたたき破る意)①フキ(蕗)の異名。②国 槖吾(つわぶき)の異名。③国 山吹(やまぶき)の異名。

❸法令や証書などの箇条書き。項目。

下接 科款カカン・借款シャッカン・定款テイカン・付款フカン・約款ヤッカン

【款項(カンコウ)】項目を大小関係によって段階づける名称。

3855【欺】2129 353D 8B5C 欠－8 常 ゴ(呉)・キ(漢)・ギ(慣)/qī/あざむく・だます・いつわり

筆順 欺

字解 形声。欠＋其(声)。

意味 あざむく。だます。人を期待させて裏切る。いつわり。『詐欺(サギ)』『誕欺(タンギ)』『詆欺(テイギ)』『謾欺(マンギ)』＊史記-廉頗藺相如伝「徒見レ欺(いたずらにあざむかれん)」〔＝ただだまされるだけだろう〕」

【欺誑(ギキョウ)】ごまかしたぶらかすこと。欺瞞。

【欺詐(ギサ)】あざむきだますこと。

【欺負(ギフ)】人をあざむくこと。

【欺誣(ギフ)】あざむくこと。たぶらかすこと。だますこと。

【欺慢(ギマン)】あざむきあなどること。だますこと。

【欺瞞(ギマン)】あざむきだますこと。瞞着(マンチャク)。

【欺惑(ギワク)】あざむきまどわすこと。

3856【欽】2254 3656 8BD4 欠－8 人 キン(漢)/qīn/つつしむ

字解 形声。欠＋金(声)。

意味 ❶つつしむ。うやまう。おそれうやまう。『欽仰』『欽慕』❷天子に関する事柄に添えて敬意を表す語。『欽差』『欽定』❸『欽欽(キンキン)』は、㋑鐘の音が鳴るさま。㋺うれえて気分が晴れないさま。㋩かしこまるさま。

❶つつしむ。うやまう。

【欽仰(キンギョウ/キンゴウ)】仰ぎとうとぶこと。仰ぎ慕うこと。

【欽羨(キンセン)】ほめうらやむこと。

【欽天監(キンテンカン)】中国、明代および清代におかれた役所。暦の作成、天体の観測などを行った。♥「欽天」は「書経-堯典」の「欽若昊天(つつしんでコウテンにしたがう)」による語。

【欽慕(キンボ)】敬いしたうこと。敬慕。仰慕。

【欽明(キンメイ)】つつしみ深く、物事の道理に明らかなこと。

❷天子に関する事柄に添えて敬意を表す語。

【欽差(キンサ)】天子や天皇の命により、使者としてさしつかわすこと。勅使。

【欽定(キンテイ)】君主の命により定めること。『欽定憲法』

3857【歇】── 欠－8 ケツ「歇」(3858)の異体字

【飲】⇩8999

3858【歇】6128 5D3C 9F5B 欠－9 (3857)【歇】── 欠－8 ケツ(漢)・カイ(漢)・カツ(漢)/xiē/つきる・やむ・やめる

字解 形声。欠＋曷(とどめる)(声)。やっていることをやめてやすむ、いこう意。

意味 やむ。やめる。つきる。なくなる。また、やすむ。いこう。『間歇(カンケツ)』＊白居易-琵琶行「凝絶不レ通声暫歇(ギョウゼツしてツウぜずこえしばらくやむ)」〔＝凝結してとぎれ、通じなくなって、音はしばしやんだ〕」

【歇後(ケツゴ)】語句の後半を省いて、残った前半でその語句全体の意味をもたせること。たとえば、「書経-五子之歌」の「貽厥子孫(そのシソンにのこす)」の句に基づいて、「貽厥(イケツ)」といって子孫に残す、また子孫の意とする類。

【歇息(ケッソク)】やすむこと。いこうこと。

3859【歃】6129 5D3D 9F5C 欠－9 ソウ(サフ)(漢)/shà/すする

字解 形声。欠＋臿(声)。

意味 ❶すする。㋑吸って飲む。㋺いけにえを殺し、その血を吸って、あるいは口に塗ってちかう。「歃血」❷さしこむ。さしはさむ。「挿」に同じ。

【歃血】ソウケツ 中国の春秋時代、盟約をする時に、いけにえの血をともにすすった(一説に、口にぬった)こと。

3860【歌】1846 324E 89CC 欠-10 常2 (7572)【謌】7572 6B68 E688 言-10

カ(呉)(漢)/gē/うた・うたう

筆順 歌 歌 歌 歌 歌 歌

字解 形声。欠＋哥(大きな声を出す)(声)。人が大きな口をあけ、うたう意。

甲骨文 文 篆

参考 万葉仮名では音を借りて「か」。

意味 ❶うた。うたう。声に節をつけて言葉を唱える。「詩歌シイカ」「歌劇」「歌手」「演歌」❷(国)和歌。やまとうた。「秀歌」

❶うた。うたう。

下接 哀歌アイ・演歌エン・艶歌エン・謳歌オウ・凱歌ガイ・雅歌ガ・漁歌ギョ・琴歌キン|こと・軍歌グン・弦歌ゲン・校歌コウ・高歌コウ・国歌コッ・賛歌サン・唱歌ショウ・頌歌ショウ・聖歌セイ・楚歌ソ・俗歌ゾッ・棹歌トウ・踏歌トウ・悲歌ヒ・放歌ホウ・牧歌ボッ・俚歌リ・寮歌リョウ・四面楚歌シメンソカ／地歌うた・鼻歌うた・童歌わらべ

【歌詠】カエイ 声を長くのばしてうたうこと。また、その声。

【歌謳】カオウ (「謳」もうたう意)うたうこと。歌謡。

【歌楽】ガク|ラク ①(ガク)歌と音楽。②(ラク)うたい楽しむこと。

【歌管】カカン 歌と楽器の音。歌のはいった音楽。＊蘇軾−春夜「歌管楼台声寂寂カカンロウダイこえセキセキ」〔＝歌や音楽でにぎやかだった楼台もいまはもうひっそりとしている〕

【歌妓】カギ 宴席などで歌をうたって興をそえる女。うたひめ。芸妓。

【歌曲】カキョク 歌。声楽曲。「ドイツ歌曲」

【歌劇】カゲキ (イタリopera の訳語)管弦楽の伴奏による歌唱を中心とした舞台劇。オペラ。「喜歌劇」

【歌哭】カコク 吉事には楽しんでうたい、凶事には悲しんで泣くこと。

【歌手】カシュ 歌をうたうことを職業とする人。歌い手。

【歌唱】カショウ 歌をうたうこと。「歌唱指導」「歌唱力」

【歌頌】カショウ てがらや徳をほめたたえてうたうこと。また、その歌。

【歌吹】カスイ 歌をうたい、笛などを吹いて遊ぶこと。

【歌舞】カブ 歌と舞。うたったり舞ったりすること。「歌舞音曲オンギョク」【歌舞伎】かぶき (国)①歌舞を演奏すること。②江戸時代に発生、発達したわが国固有の演劇。慶長八年(一六〇三)ごろ、出雲大社の巫女みこ、阿国おくにが京都で念仏踊りを興行したのが初めといわれる。歌舞妓。◆②は、動詞「かぶく(傾)」の名詞化したもの。

【歌謡】カヨウ ①節ふしを付けてうたう歌の総称。「国民歌謡」②韻文形式の文学の総称。【歌謡曲】カヨウキョク (国)大衆に広まることを目的とした日本独特の歌曲。流行歌。

【歌楼】カロウ 歌を楽しむ高殿たかどの。転じて妓楼。

【倚レ歌】うたによる 歌に合わせる。＊蘇軾−前赤壁賦「客有下吹二洞簫一者上倚レ歌而和レ之キャクにドウショウをふくものありうたによりてこれにワす」〔＝客人に洞簫を吹く人がいて、(私の)歌に合わせて吹いてくれた〕

❷(日本語で)和歌。やまとうた。

下接 詠歌エイ・雅歌ガ・狂歌キョウ・古歌コ・作歌サッ・詩歌シイ・秀歌シュウ・選歌セン・雑歌ゾウ・長歌チョウ・道歌ドウ・反歌ハン・挽歌バン・返歌ヘン・本歌ホン・類歌ルイ・連歌レン・和歌ワ・旋頭歌セドウ／東歌あずま・恋歌こい・元歌もと

【歌格】カカク (国)①和歌の法則、きまり。②和歌の風格。うたがら。歌のととのい方。

【歌什】カジュウ (国)(「什」は詩編の意)和歌の作品。

【歌人】カジン|うたびと (国)和歌を巧みに作る人。歌詠み。

【歌聖】カセイ (国)きわめてすぐれた歌人。歌のひじり。

【歌仙】カセン (国)①和歌にすぐれた人。「三十六歌仙」②連歌、連句の形式の一。三十六歌仙に由来し、三十六句からなる。

【歌道】カドウ (国)和歌の道。和歌の作法、技術。

【歌病】カビョウ|カヘイ (国)和歌の修辞上の欠陥。和歌の評価基準を、中国の詩病シヘイの考えをとり入れて設定した。

3861【歉】6130 5D3E 9F5D 欠-10

ケン(漢)/qiàn

字解 形声。欠(たりない)＋兼(声)。食べたりない意。

意味 ❶食いたりない。すくない。まずしい。また、ききん。「歉歳」「歉敝」❷あきたりない。「自歉ジケン」

【歉歳】ケンサイ 飢饉キキンの年。凶作の年。

【歉敝・歉弊】ケンペイ 凶作で穀物が実らず、人々が疲弊すること。

3862【歎】3523 4337 9256 欠-10

タン 「歎」(3866)の異体字

【嗽】⇨1150

【漱】⇨4298

3863【歐】6131 5D3F 9F5E 欠-11

オウ 「欧」(3845)の旧字

3864【歓】2031 343F 8ABD 欠-11 常 (3873)【歡】6136 5D44 9F63 欠-18 旧字

カン(クヮン)(呉)(漢)/huān/よろこぶ・よろこび

筆順 歓 歓 歓 歓 歓 歓

字解 歓は、歡の略体。歡は形声。欠＋雚(→喚、さけぶ)(声)。口を大きくあけて叫び喜ぶ意。

意味 よろこぶ。なごやかに楽しむ。喜び。また、めでる。愛する。よしみ。親しみ。「哀歓アイカン」「旧歓キュウカン」「結歓ケッカン」「交歓コウカン」「合歓ゴウカン|ねむ」「悲歓ヒカン」＊白居易−琵琶行「酔不レ成レ歓惨将レ別ようてカンをなさずサンとしてまさにわかれんとす」〔＝酔いはしたもののいっこうに楽しくはなく、気の晴れぬままに別れを告げようとする〕⇒〔喜〕(984)の表

【歓悦】カンエツ 態度にあらわしてよろこぶこと。懽悦。

【歓会】カンカイ 会ってよろこびを交わすこと。楽しい会合。

【歓喜】カンキ|カンギ 非常によろこぶこと。「歓喜の声」【歓喜天】カンギテン 仏教の守護神。頭は象、体は人間の形をする。単身と双身の像がある。夫婦和合、子宝、除難などの功徳があるとされる。聖天ショウデン。

【歓謔】カンギャク 楽しんだりふざけたりすること。

【歓欣】カンキン よろこぶこと。歓喜。

【歓迎】カンゲイ よろこび迎えること。↔歓送。「新入生を歓迎する」「歓迎会」＊陶潜−帰去来辞「僮僕歓迎、稚子候レ門ドウボクよろこびむかえ、チシモンにまつ」〔＝下男たちも喜んで迎えに来るし、小さい子供たちは門の所で私を待っている〕

心(小・忄)戈戸(戸)手(扌)支攴(攵) 4画 文斗斤方无(旡・无)日曰月木欠止歹(歺)殳毋比毛氏气水(氺・氵)火(灬)爪(爫・⺥)父爻(㸚)爿(丬)片牙(牙)牛犬(犭)

【歓呼】カンコ よろこびのあまり声をあげること。
【歓娯】カンゴ よろこび楽しむこと。娯楽。
【歓狎】カンコウ よろこんでなれ親しむこと。
【歓洽】カンコウ 楽しくうちとけあうこと。
【歓心】カンシン 人の心をよろこばせること。『歓心を買う』[=人の機嫌をとる]』
【歓戚】カンセキ よろこびと悲しみ。
【歓然】カンゼン よろこぶさま。
【歓待】カンタイ よろこんで手厚く待遇すること。款待カンタイ。『歓待を受ける』
【歓談】カンダン うちとけて楽しく話し合うこと。
【歓暢】カンチョウ のびのびと楽しむこと。
【歓天喜地】カンテンキチ 大いによろこぶこと。♥天に向かって歓よろこび、地に向かって喜ぶ意。
【歓騰】カントウ よろこんで躍り上がること。歓躍。
【歓服】カンプク よろこんで従うこと。
【歓楽】カンラク 物質的なよろこびや楽しみ。『歓楽街』＊漢武帝-秋風辞「歓楽極兮哀情多カンラクきわまってアイジョウおおし」[=よろこびや楽しみが極め尽くされたあとは、ただむなしく悲しい気持ちがふとわき起こるものである]」

3865【歔】ニ二 欠-11
キョ「歔」(3869)の異体字

3866【歎】ニ二 欠-11 (3862)【歎】3523 4337 9256 欠-10 †
タン 呉漢 \tàn\なげく・なげき・たたえる
字解 形声。欠＋鸛省声。うたう、また、なげく意。
参考 歎と嘆は同音で、説文では別義とするが、通じて用いられる。熟語は「嘆」(1141)をも見よ。
意味 ❶なげく。悲しむ。なげき。「嘆」に同じ。『歎願タンガン』『歎息タンソク』❷感心する。ほめたたえる。『歎服』

❶なげく。なげき。
下接 慨歎ガイタン・嗟歎サタン・愁歎シュウタン・痛歎ツウタン・悲歎ヒタン
【歎嗟】タンサ なげくこと。嗟嘆。
【歎惜】タンセキ なげき、おしむこと。嘆惜。

❷感心する。ほめたたえる。
下接 詠歎エイタン・感歎カンタン・驚歎キョウタン・三歎サンタン・讃歎サンタン
【歎称】タンショウ 感心してほめたたえること。嘆賞。
【歎服】タンプク 感嘆して心から従うこと。感服。嘆服。
【歎惋】タンワン 感心してため息をつくこと。＊陶潜-桃花源記「此人一一為具言ν所ν聞。皆歎惋このひとイチイチためにつぶさにきくところをいう。みなタンワンす」[=この男は、いちいち聞き知っていることを話した。それを聞いた人はみな感心してため息をついた]」

3867【敵】＊3784 欠-11
テキ「敵」(3052)の異体字

3868【歙】6132 5D40 9F5F 欠-12
キュウ(キフ)漢・ショウ(セフ)漢・キョウ漢 \xī・shè\すう
字解 形声。欠＋翕(羽をあわせる)声。鼻を縮めあわせて、息を吸い込む意。
意味 ❶鼻をちぢめる。ちぢめる。❷すう。息をすいこむ。❸そびやかす。「脅」に同じ。『歙肩』❹あう。一致する。『歙然』❺中国、安徽省の県名。硯で有名。
【歙肩】キュウケン 肩をそびやかすこと。
【歙然】キュウゼン 一致するさま。あつまるさま。
【歙歙】キュウキュウ｜キョウキョウ ①(キョウキョウ) おそれるさま。②(キュウキュウ) 一致するさま。そろうさま。

3869【歔】6133 5D41 9F60 欠-12 (3865)【歔】ニ二 欠-11
キョ漢 \xū\すすりなく
字解 形声。欠＋虚声。
意味 すすり泣く。むせび泣く。『歔欷キョキ』
【歔欷】キョキ すすり泣くこと。むせび泣くこと。欷歔キキョ。

3870【歛】6134 5D42 9F61 欠-13
カン漢
字解 形声。欠＋僉声。
意味 ❶のぞむ。ねがう。❷あたえる。

3871【歟】6135 5D43 9F62 欠-13
ヨ漢 \yú\か・や
字解 形声。欠＋與声。
意味 ❶やすらか。❷…か。…や。文末につけて疑問・反語を示す。「与」「乎」に同じ。＊十八史略-五帝「天下治歟、不ν治歟テンカおさまるか、おさまらざるか」[=天下が治まっているのか、治まっていないのか]」

3872【歠】＊3788 欠-15
セツ漢 \chuò\すする
字解 形声。歙(のむ)省＋叕(つづる)声。すする意。
意味 ❶すする。飲む。❷飲み物。

3873【歡】6136 5D44 9F63 欠-18
カン「歓」(3864)の旧字

77 止部 とめる

甲骨文 金文 篆文

止は、足跡の象形とも、足首から先の象形ともいう。あし、ひとところに足をとめていること、また、ゆくことを表す。止の原形は、疋部(103)走部(156)足部(157)辵部(162)等の構成要素にもなっているが、それらはそれぞれに別部をなす。止部には、足部等に属するもの以外で、足のとまること、動くことに関する字を収める。

止◆ 止 歮
止 ③歩 ④歨 歩 ⑨歳 歳
止 ①正 ④武 ⑤歪 ⑩歰 歴 ⑫歴
止 ②此 ⑧埽 ⑭歸

止 ◆

3874【止】2763 3B5F 8E7E 止-0 常2
シ呉漢 \zhǐ\とまる・とめる・とめ・さす・とどまる・とどめる・とどめ・やむ・やめる
筆順 止止止止
字解 部首解説を参照。
同属字 企・芷・址・沚・阯・祉・趾・徙
参考 万葉仮名では訓を借りて「と㋙」。平仮名「と」、片仮名「ト」の字源。
意味 ❶とまる。とどまる。『止息』『休止』＊孟子-梁恵王上「或百歩而後止、或五十歩而後止あるいはヒャッポにしてのちとどまり、あるいは

〔=ある人は百歩逃げてから止まり、またある人は五十歩逃げてから止まった〕」❷とめる。とどめる。『止血』『禁止』『防止』＊史記-廉頗藺相如伝「藺相如固止レ之」〔=藺相如はきつく引き止めた〕」❸やめる。なくする。すてさせる。『止揚』『中止』『廃止』＊論語-子罕「未レ成二一簣一、止吾止也」〔=あともっこ一杯というところで完成しないのも、やめたのは自分がやめたのである〕」❹ふるまい。姿。『挙止』『容止』❺あて字など。『笑止』『丁丁(打打)発止』『乎古(己)止点』

❶とまる。とどまる。

下接 訶止・休止・終止・静止・底止・停止・閉止・黙止・戻止

【止舎】泊まってやすむこと。宿ること。

【止住】住むこと。居住。

【止宿】宿に泊まること。また、下宿すること。

【止水】1とどまって流れない水。↔流水。2心が静まり、乱れていないことをいう。『明鏡止水』

【止足】とどまることと足ることとを知って、分に満足すること。〔老子-四四〕

【止息】とどまってやすむこと。

【知レ止】1至善(最高の善)の境地にとどまるべきことをさとること。〔大学〕2自分の分をさとり、度を越さないこと。〔老子-三二〕

❷とめる。とどめる。

下接 遏止・諫止・禁止・遮止・制止・阻止・停止・防止・抑止

【止戈】ほこをとどめること。戦争をやめること。♥武の字を分解して、戈を止めるのが本意とする。

❸やめる。なくする。

【止血】出血を止めること。血止め。『止血剤』

【止揚】弁証法で低次の段階での矛盾を、より高い段階で統一すること。揚棄。アウフヘーベン。♥ドイツ aufheben の訳語。

3875【歮】＊3791 止-8 シュウ「蹤」(3884)の異体字

止

3876【步】 止-3 ホ「歩」(3878)の旧字

3877【𣥂】 止-4 シュウ「蹤」(3884)の異体字

3878【歩】 4266 4A62 95E0 止-4 常 (3876)【步】 止-3 旧字 人

ブ(呉)・ホ(漢)・フ(慣)/bù/あるく・あゆむ・あゆみ・ありく

筆順 歩 歩 歩 歩 歩 歩 歩

字解 象形。左右交互に出した足に象り、あるく意。歩は、旧字の字画を一画増したものによる。

甲骨文 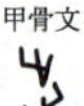 篆文 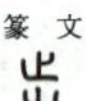

同属字 捗・渉(涉)・陟

参考 万葉仮名では音を借りて「ぶ」。

意味 ❶あるく。あゆむ。『歩調』『歩道』❷物事のなりゆき。進み具合。『初歩』『進歩』『日進月歩』❸運命。境遇。めぐりあわせ。『国歩』『地歩』『天歩』❹長さの単位。一歩は、左右の足を進めたふたあしの長さ。六尺。❺土地の面積の単位。六尺四方。一坪。約三・三平方メートル。❻国町、段などの単位に付けて、端数のないことを表す語。『段歩』『町歩』❼国ぶ。割合。利率。または割合の単位。一割の十分の一。『減歩』『日歩』❽国ふ。将棋のこまの名。『歩兵』

❶あるく。あゆむ。

下接 安歩・運歩・闊歩・閑歩・緩歩・牛歩・競歩・玉歩・巨歩・矩歩・行歩・虎歩・散歩・譲歩・酔歩・寸歩・速歩・独歩・徒歩・漫歩・遊歩

【歩騎】歩兵と騎兵。

【歩月】月の美しい晩に外を歩くこと。

【歩行】歩くこと。『歩行困難』

【歩驟】1歩くことと走ること。2物事の緩急。

【歩哨】軍隊で、警戒や見張りの役。

【歩趨】1歩くことと小走りに走ること。転じて、物事の進み行く様子。したがうこと。2他人の歩いたり走ったりするのに合わせること。

【歩卒】徒歩で従軍する身分の兵卒。足軽。

【歩武】足どり。歩み。『歩武堂々の行進』

【歩揺】(歩くたびに揺れるの意)婦人の髪飾り。簪の類。＊白居易-長恨歌「雲鬢花顔金歩揺」〔=雲をなす豊かな黒髪、花の美貌、揺れる金の髪飾り〕」

歩揺
〔漢朝服装図様資料〕

【歩輦】貴人が乗る手車。

【学二歩於邯鄲一】本来のものを捨てて他のものを得ようとすると、両方とも失ってしまうこと。〔荘子-秋水〕♥中国、燕の少年が邯鄲に行き、歩き方を学ぼうとしたがうまくいかず、本来の歩き方も忘れてしまい、腹ばいになって帰ったという故事から。

❼(日本語で)ぶ。割合。利率。

【歩合】1ある数量の他の数量に対する比率、割合。『公定歩合』2取引の金額や数量に対する手数料または報酬の比率、割合。『歩合制』

【肯】⇩6295

3879【歳】 2648 3A50 8DCE 止-9 常 (3880)【歲】 止-9 旧字

サイ(呉)・セイ(漢)/suì/とし・とせ

筆順 歳 歳 歳 歳 歳 歳

字解 歳は、歳の字形を変形したものによる。歳は形声。歩(めぐりあゆむ)＋戌(いけにえを裂くまさかり)(声)。収穫時にいけにえをささげまつる儀式から儀式までの一めぐりの間、としの意。甲骨文は、その儀式を表す。

甲骨文  金文  篆文 

同属字 穢

参考 年齢の意では、略字として「才」を代用することがある。同音による代用。また、「歳」の省略形で、右下部の「戈」の変形とも。

意味 ❶みのり。収穫。また、豊作。『凶歳』『豊歳』❷とし。㋑一か年。『歳出』『歳暮(セイボ)』㋺つきひ。『歳月』❸よわい。年齢。また、年齢を数える語。『満一歳』『芳歳(ホウサイ)』❹星の名。木星のこと。『歳星』『太歳(タイサイ)』

❷ とし。一か年。また、つきひ。

下接 客歳(カクサイ)・飢歳(キサイ)・去歳(キョサイ)・荒歳(コウサイ)・首歳(シュサイ)・新歳(シンサイ)・千歳(センザイ)・当歳(トウサイ)・年歳(ネンサイ)・富歳(フサイ)・豊歳(ホウサイ)・暮歳(ボサイ)・毎歳(マイサイ)

【歳陰(サイイン)】①干支(えと)で年を表すときの十二支のこと。↕歳陽。②年のくれ。

【歳華(サイカ)】①年月。歳月。②春。春の景色。

【歳寒(サイカン)】寒い季節。冬。【歳寒松柏(サイカンショウハク)】（寒い冬でもマツやカシワの葉が緑を保っていることから）他の者がくじけてしまうような逆境でも、なお節操を固く守ることをいう。〔論語‐子罕〕【歳寒三友(サイカンサンユウ)】東洋画の画題の一。冬の寒さに堪える三種の植物で、松・竹・梅、または竹・梅・水仙をいう。

【歳月(サイゲツ)】年月。としつき。【歳月不ㇾ待ㇾ人(サイゲツひとをまたず)】年月のたつのは速く、人を待ってはいない。＊陶潜‐雑詩「及ㇾ時当ニ勉励一、歳月不ㇾ待ㇾ人(ときにおよんでまさにベンレイすべし、サイゲツひとをまたず)」〔=時をのがさず大いに（酒を飲んで）楽しむべきだ、歳月の過ぎ去るのは速く、人を待ってはくれないから〕♥もとの詩では、時機をのがさず楽しむべきだという意。転じて、若いうちに勉学に励めという意に用いている。

【歳功(サイコウ)】①一年の時が順序正しくなっていること。また、それによって万物が正しく生成すること。②一年中の農事。また、その収穫。

【歳歳(サイサイ)】としどし。毎年。＊劉希夷‐代下悲二白頭一翁上「年年歳歳花相似、歳歳年年人不ㇾ同(ネンネンサイサイはなあいにたり、サイサイネンネンひとおなじからず)」〔=としどしに花は変わることなく咲くけれど、その花を見る人は同じではありえないのだ〕

【歳事(サイジ)】一年間の仕事。年中行事。

【歳時(サイジ)】①年とき。一年と季節。②一年中のおりおり。一年の四季。【歳時記(サイジキ)】①四季の行事などを解説した書。②国俳句の季語を分類、解説し、例句を載せた本。季寄せ。

【歳出(サイシュツ)】国家または地方公共団体の一会計年度内の支出。↕歳入

【歳序(サイジョ)】年まわり。歳次(サイジ)。

【歳除(サイジョ)】一年の最後の一日。大晦日(おおみそか)。おおつごもり。除歳。♥歳末の除日(ジョジツ)の意。

【歳旦(サイタン)】一月一日の朝。

【歳入(サイニュウ)】国家または地方公共団体の一会計年度内の収入。↕歳出

【歳余(サイヨ)】一年あまり。

【歳陽(サイヨウ)】干支(えと)で年を表すときの十干のこと。↕歳陰

【歳暮(サイボ|セイボ)】①年の暮れ。年末。②国年末の贈り物。

❹ 星の名。木星のこと。

【歳次(サイジ)】歳星（木星）が宿ること。また、その年度に宿る場所。転じて、年めぐり、年まわりの意。

【歳星(サイセイ)】木星の漢名。一二年で天を一周するため、中国では木星の位置でその年の名をきめたことからいう。

止　1画

3881 【正】

3221 4035 90B3　止‐1　常1

ショウ（シャウ）呉・セイ漢／zhèng・zhēng／ただしい・ただす・まさ・まさに・ただし・かみ

筆順 正正正正正

字解 会意。一（目標）＋止（あし）。目標にまっすぐ向かっていく意。派生して、ただしい意を表す。甲骨文は、口（領域・国）＋止（あし）で、他国にまっすぐ進撃する意。征の原字として用いられる。

甲骨文　金文　篆文

同属字 症・整・政・征・怔・証・鉦

意味 ❶ただしい。道理にかなった。↕邪。『正解』『適正』＊論語‐子路「其身正、不ㇾ令而行(そのみただしければ、レイせずしておこなわる)」〔=（為政者）自身が正しければ、命令しなくても行われる〕⇩表 ❷ただす。㋑改める。『改正』『訂正』＊論語‐子路「必也正ㇾ名乎(かならずやなをただささんか)」〔=しいて言えば、名を正しくすることから始めるとしよう〕㋺おさめる。また、政治。「政」に同じ。『正衙(セイガ)』＊論語‐顔淵「政者正也(セイはセイなり)」〔=政治とは、人を正しくすることである〕❸予期する。ちょうど。『正午』『時正(ジショウ)』❹まさに。まさしく。㋑まさに。まさしく。ちょうど。＊杜甫‐羌村「群鶏正乱叫(グンケイまさにランキョウす)」〔=ちょうどその時、一群の鶏が鳴き叫んでいた〕㋺まと。まん中。中央。『正鵠(セイコク)』❺本来の。まともの。㋑本式の。本来の。主なる。『正規』『正式』㋺本当の。『正価(セイカ)』『正札(ショウふだ)』㋩数学で零より大きい数。また、二つの電荷のうち負荷に対するもの。プラス。『正数(セイスウ)』『正極(セイキョク)』❻かみ。長官。長。最上官の位。『火正(カセイ)』『楽正(ガクセイ)』『僧正(ソウジョウ)』『保正(ホセイ)』『里正(リセイ)』❼年のはじめ。正月。『正朔(セイサク)』❽あて字など。『正麩(ショウフ)』〔=小麦粉のでんぷん〕

❶ ただしい。道理にかなった。

下接 奇正(キセイ)・厳正(ゲンセイ)・公正(コウセイ)・実正(ジッショウ)・純正(ジュンセイ)・真正(シンセイ)・端正(タンセイ)・中正(チュウセイ)・貞正(テイセイ)・適正(テキセイ)・不正(フセイ)・方正(ホウセイ)

正邪							
正(セイ)	ただしい。	正道	正教	正心	正義	正直	正気
邪(ジャ)	よこしま。	邪道	邪教	邪心	邪悪	邪見	邪念

【正覚(ショウガク)】仏教で、一切の妄想を断ち切って得た正しい悟り。

【正直(ショウジキ|セイチョク)】うそやごまかしのないこと。

【正解(セイカイ)】正しく解釈・解答すること。

【正確(セイカク)】正しく確実なさま。『不正確』

【正諫(セイカン)】正しい意見をもっていさめること。

【正気(セイキ)】①広く天地人の間にみなぎっている正しくて大きな根本の力。天地の元気。②正しい心。↓❺（ショウキ）【正気歌(セイキのうた)】中国、宋の文天祥が元軍に捕らわれた獄中で、感慨をうたった詩。

【正義(セイギ)】①人として行うべき正しい道義。『正義漢』②正しい解釈。

【正経(セイケイ)】①正しい儒学道を伝えた書物。②正しい道理。筋道。③行動の正しいこと。

【正座(セイザ)】脚を折り重ねきちんとすわること。端座。↓❺（ショウザ）

【正始(セイシ)】①はじめを正しくすること。また、正しいはじめ。②古代の正しい始まりの音楽。古い格調にかなった音調。〔詩経‐関雎序〕

【正邪(セイジャ)】正しいこととよこしまなこと。『正邪曲直』
【正常(セイジョウ)】正しい状態にあること。普通であるさま。
【正正(セイセイ)】正しく整っているさま。また、勢いの盛んなさま。『正正堂堂(セイセイドウドウ)』
【正体(セイタイ)】[1]正しい姿。本体。[2]血筋の正しいもの。長子、または太子などをいう。〔儀礼-喪服〕→❺(ショウタイ)
【正大(セイダイ)】正しくて堂々としているさま。『公明正大』
【正定(セイテイ)】正しく定めること。
【正当(セイトウ)】道理にかなっていること。↕失当・不当
【正風(セイフウ)】[1]正しい姿・風俗。[2]「詩経」の国風のうち、王道が正しく行われている時の作、周南・召南の二五編をいう。
【正法(セイホウ|ショウボウ)】[1](セイホウ)正しいおきて。また、正しいやりかた。[2](ショウボウ)仏語。正しい教え。仏の教え。
【正法眼蔵(ショウボウゲンゾウ)】[1](「眼」は照らすこと、「蔵」は含蔵の意)仏語。一切を照らし、包んで、あますところのない無上の法、すなわち仏法のこと。[2]中国、宋代の宗杲大慧(ソウコウダイエ)の法語を侍者沖密慧然(エネン)が集録した書。[3]日本曹洞宗の開祖道元の主著。
【正命(セイメイ)】[1]正しい寿命。天が与えた人間の寿命。〔孟子-尽心上〕[2]天が与えた万物の性質。天性。
【正路(セイロ)】[1]正しい方法。正道。しょうろ。[2]正規の道路。広い道。本道。

❷ ただす。

[下接] 改正(カイセイ)・諫正(カンセイ)・規正(キセイ)・糾正(キュウセイ)・匡正(キョウセイ)・更正(コウセイ)・校正(コウセイ)・較正(コウセイ)・叱正(シッセイ)・修正(シュウセイ)・粛正(シュクセイ)・縄正(ジョウセイ)・是正(ゼセイ)・訂正(テイセイ)・駁正(バクセイ)・批正(ヒセイ)・斧正(フセイ)・補正(ホセイ)

【正衙(セイガ)】天子が臣下と謁見し、政治を行うところ。

【正襟(セイキン)】えりをただし、服装をきちんとすること。

【正立(セイリツ)】[1]姿勢をただしてまっすぐ立つこと。直立すること。[2]直角に位置すること。

❹ まさしく。まんなか。

【正午(ショウゴ)】昼の一二時。♥十二支の午(うま)の刻の中央点の意。

【正鵠(セイコク|セイコウ)】[1]的のまんなかにある黒点。くろぼし。『正鵠を射る』[2]転じて、物事のかんじんな部分。急所。〔中庸〕♥「せいこう」は慣用読み。

【正中(セイチュウ)】[1]物の中心。『正中線』[2]天体がある地点の天の子午線上にくること。

【正陽(セイヨウ)】陰暦四月の異称。陽気に満ち、まだ陰気のきざしがない月の意。

❺ 本来の。本当の。まともの。

【正気(ショウキ)】[国]気が確かなこと。通常の意識。本気。↕狂気。『正気を失う』→❶(セイキ)
【正客(ショウキャク)】[1]おもだった客。主賓。[2][国]茶会での上席の客。
【正座(ショウザ)】[国]正客が座る、正面の座席。→❶(セイザ)
【正真(ショウシン)】本物、真実であること。『正真正銘』
【正体(ショウタイ)】[国][1]そのものの実際の姿。本体。『正体不明』[2]正気(ショウキ)。『正体を失う』→❶(セイタイ)
【正面(ショウメン)】[1]まっすぐ前に向いていること。[2]前面。建造物などの表の側。↕背面。『正面玄関』[3]まとも、または直接に対すること。『正面きって反対する』
【正音(セイオン)】[国]奈良・平安時代に、中国から伝えられた漢音を、古い伝承の和音に対していう語。
【正格(セイカク)】本来の格式や規則にあてはまること。↕変格
【正眼(セイガン)】[1]まともに見ること。[2][国]剣術の構えで、刀の切っ先を相手の眼に向けて、中段に構えるもの。
【正規(セイキ)】正式に決められていること。正式の規定。
【正史(セイシ)】[1]国家、政府などで編修した歴史。↕外史・野史。[2]中国の古代から明までの各時代の、最も正統と認められた紀伝体の歴史書。
【正字(セイジ)】俗字に対し、点画を略したり変えたりしない字。「円」に対する「圓」の類。↕俗字・略字
【正式(セイシキ)】簡略化しない規定どおりのやり方。本式。
【正室(セイシツ)】身分のある人などの正妻。本妻。↕側室
【正閏(セイジュン)】平年と閏年(うるうどし)。正統とそうでないもの。
【正書(セイショ)】漢字の書体の一。楷書(カイショ)をいう。
【正色(セイショク)】[1]まじりけのない色。昔、中国では、青・黄・赤・白・黒の五色をいった。[2]そのもの自身の色。もちまえの色彩。[3]改まった顔つきになること。
【正装(セイソウ)】改まった場所などに着て行く正式な服装。↕略装
【正嫡・正適(セイテキ)】[1]本妻。[2]本妻から生まれた長子。嫡子(チャクシ)。[3]宗家。本家。
【正殿(セイデン|ショウデン)】[1]宮殿の中心となる表御殿。[2]神社の本殿。
【正統(セイトウ)】[1]主流をなす系統、血筋。[2]始祖の教義、学説などを忠実に受け継いでいること。主流派。↕異端
【正編・正篇(セイヘン)】書物の主要部分として編まれたもの。また、続編に対して最初に編まれた書籍や映画など。
【正房(セイボウ)】[1]本妻。正妻。[2]家の正面に位置する建物。もっとも奥にあり家長が住む。
【正本(セイホン|ショウホン)】[一](セイホン)[1]転写あるいは副書したものの原本。↕副本。[2]戸籍の原本。[3]法令の規定に基づいて、作成された謄本で、原本と同じ効力を有するもの。[二](ショウホン)[国][1]芝居の台本。[2]浄瑠璃(ジョウルリ)などの、省略のない完全な本。丸本。
【正味(セイミ|ショウミ)】[1](セイミ)本当の味。本来の味。[2](ショウミ)[国]本当の中身。実際、実質上の数量。

❼ 正月。年のはじめ。

[下接] 元正(ゲンセイ)・三正(サンセイ)・新正(シンセイ)

【正月(ショウガツ)】[1]一年の初めの月。睦月(むつき)。一月。[2]新年の祝い。[3]喜ばしく楽しいこと。『目の正月』
【正歳(セイサイ)】夏暦(カレキ)(中国、夏王朝の暦法)の正月のこと。
【正朔(セイサク)】[1]一月一日のこと。[2]暦のこと。[3](古代中国で、新しく王が立つと暦を改めたところから)天子の支配。王化。また、王統。〔礼記-大伝〕
【奉二正朔一(セイサクをホウず)】天子に従って臣民となること。諸侯が天子の定めた暦を用いて統治したことからいう。

[難読姓氏] 正親(おおぎ|おおぎみ)

3882 【武】 4180 4970 9590 止-4 [常]5 ム[呉]・ブ[漢]/wǔ/たけし・たけ

[筆順] 武 武 武 武 武 武

[字解] 会意。止(あし)+戈(ほこ)。武器を手に戦いにいく意。

甲骨文

金文

篆文
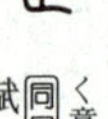

[同属字] 鵡・賦・錻

[参考] 万葉仮名では音を借りて「む」。平仮名「む」の字源。

[意味] ❶たけし。たけだけしい。いさましい。つよい。また、しのぐ。超える。『武勲』『威武(イブ)』『勇武(ユウブ)』❷い

くさ。いくさに関すること。軍事。↔文。㋑いくさ。戦争。『武装』『武力』㋺もののふ。つわもの。さむらい。『武家』『武将』㋩軍事に携わる役人。武官。『武挙』㊁戦術。兵法。また、武芸。武道。『武徳』『武辺』㋭兵器。武器。『武庫』❸ひとまたぎ。長さの単位。一歩ブ(六尺)の半分。『歩武堂堂ホブドウドウ』❹あと。足あと。また、事業のあと。『祖武ソブ』❺国「武蔵国むさしのくに」の略。東海道一五か国の一。今の埼玉県、東京都、神奈川県にわたる。『武州ブシュウ』『西武セイブ』『総武ソウブ』『東武トウブ』❻固有名詞。『武漢』『武帝』

❶ たけだけしい。つよい。

【武威ブイ】たけだけしい威力。武力による威勢。

【武勲ブクン】いさましい手柄。戦争で立てた手柄。武功。

【武功ブコウ】＝武勲ブクン

【武名ブメイ】武勇のほまれ。武人としての功名。

【武勇ブユウ】たけく勇ましいこと。『武勇伝』

【武烈ブレツ】勇ましい手柄。戦場の手柄。武勲。武功。

❷ いくさ。いくさに関すること。

下接 英武エイブ・演武エンブ・公武コウブ・講武コウブ・材武ザイブ・尚武ショウブ・文武ブンブ・右武ユウブ・練武レンブ

【武運ブウン】戦いの勝敗の運命。

【武衛ブエイ】①天子のそば近くにいて守護する武官。また、将軍。②国兵衛府ヒョウエフの唐名。

【武官ブカン】軍事に携わる官吏。↔文官

【武器ブキ】①戦争に使う道具。兵器。『武器弾薬』②立ち向かうための有効な手段。

【武挙ブキョ】武官の貢挙。武官の候補者を官吏登用試験の受験者として推薦すること。また、試験などで、武芸の能力を発揮すること。

【武家ブケ】国武士の家筋。また、将軍家などに仕える武士。

【武芸ブゲイ】剣術、弓術、馬術など、武士に必要な技芸。

【武庫ブコ】①武器をおさめる蔵。武器庫。兵庫。②国兵庫寮ヒョウゴリョウの唐名。

【武士ブシ・もののふ】武芸を習い、主として軍事に携わった者。さむらい。軍人。『武士道』『古武士』

【武術ブジュツ】剣術、馬術など、武士に必要な技術。

【武将ブショウ】武士、軍人の大将。また、武道、軍事にすぐれた大将。

【武装ブソウ】戦闘のための装備をすること。『核武装』

【武断ブダン】武力をもって政務を断行する、また、事を行うこと。↔文治。『武断政治』

【武道ブドウ】国①武士の守るべき道。武士道。②武術、武芸に関する道。『武道家』

【武備ブビ】戦いに対する備え。軍備。兵備。

【武夫ブフ】①武士。武人。もののふ。②玉のように美しい石。

【武辺・武篇ブヘン】武術、武芸に関すること。

【武弁ブベン】武官。武士。

【武門ブモン】武士の家筋。武家。

【武略ブリャク】軍事上のはかりごと。

【武旅ブリョ】(「旅」も軍隊の意)軍隊。軍勢。

【武者ムシャ】国①さむらい。武士。『影武者』②鎧よろい、兜かぶとを身に着けた武士。『武者行列』

❻ 固有名詞。

【武王ブオウ】中国、周の初代の王。姓は姫キ、名は発。西伯(文王)の長子。殷インを破り、天下統一に成功。鎬京コウケイを都とし、中国の封建制度を創設。生没年未詳。

【武漢ブカン】中国湖北省の省都。長江と漢水の合流点に位置する。

【武昌ブショウ】①中国湖北省武漢市の一地区。武漢三鎮の一。一九一一年民国革命勃発の地で、人民共和国成立後、漢陽・漢口とともに武漢市を構成。②中国三国時代の呉および唐代に、現在の湖北省武漢市の東、鄂城ガクジョウ県に置かれた県の名。

【武帝ブテイ】①中国、前漢第七代の皇帝(在位前一四一～前八七年)。廟号は世宗セイソウ。匈奴を撃破し、張騫チョウケンなどを西域につかわして東西交通の道を開いた。儒学を国学とした(前一五六～前八七)。②中国、南朝梁の初代皇帝(在位五〇二～五四九年)。姓名は蕭衍ショウエン。廟号は高祖。斉王朝を滅ぼして即位。晩年は、仏教の黄金時代を築いた(四六四～五四九)。

【武陵ブリョウ】中国、漢代に、現在の湖南省北西部地域に置かれた郡名。【武陵桃源ブリョウトウゲン】陶潜の「桃花源記」に見える、武陵の漁夫が見たという架空の地。秦の乱を避けた人々の子孫が住んでいたという、俗世間をはなれた楽天地。転じて、別天地、理想郷。桃源。

難読地名 武石たけし村(長野) 武生たけふ市(福井) 武尊ほたか山(群馬) 武川むかわ村(山梨) 武儀むぎ郡・町(岐阜) 武芸川むげがわ町(岐阜) 武庫川むこがわ(兵庫) 難読姓氏 武塙たけはな

3883 【歪】 4736 4F44 9863 止－5 エ(ヱ)呉・ワイ漢/wāi/ゆがむ・ゆがめる・ひずむ・いびつ

字解 会意。不＋正。正しくない・よこしまの意。

意味 ❶ゆがむ。ひずむ。まがる。まげる。『歪曲』❷正しくない。よこしまな。

【歪曲ワイキョク】事実などを偽りゆがめること。

3884 【𨀗】 *3792 止－10

(3875) 【歮】 *3791 止－8

(3877) 【𣥂】 止－4 シュウ(シフ)呉漢

字解 会意。刃(進むあしの逆形)二つ＋止(進むあし)二つ。進もうとして進まぬ足から、とどこおりしぶる意。これを省略したものが歮・𣥂。

同属字 澁(渋)

3885 【歴】 4682 4E72 97F0 止－10 常4 (3886)【歷】 止－12 旧字人

リャク呉・レキ漢/lì/へる・わたる

筆順 歴 歴 歴 歴 歴 歴

字解 歴は、歷の略体。歷は形声。止＋厤(屋内にならべられたイネ)声。一定の間隔で並ぶものを次々にめぐりあるく意。

同属字 靂・瀝・櫪・轣

甲骨文 金文 篆文

参考 万葉仮名では訓を借りて「ふ」。

意味 ❶へる。すごす。経過する。また、経過した事柄。『歴史』『履歴リレキ』❷こえる。とびこえる。『歴階』❸まじる。みだれる。『歴乱』❹わたる。めぐる。また、順を追ってつぎつぎと。一つ一つ。ことごとく。『歴代』『巡歴』『遍歴』❺はっきりと。ありありと。『歴とした事実』❻こよみ。「暦」に同じ。『歴日』❼固有名詞。

❶ へる。経過する。また、経過した事柄。

下接 閲歴エツレキ・学歴ガクレキ・句歴クレキ・経歴ケイレキ・語歴ゴレキ・実歴ジツレキ・社歴シャレキ・職歴ショクレキ・戦歴センレキ・前歴ゼンレキ・病歴ビョウレキ・来歴

来歴(ライレキ)・略歴(リャクレキ)・履歴(リレキ)
【歴史(レキシ)】人間社会の時間による変化のあと。また、ある個人や事物の時間による変遷。
【歴日(レキジツ)】日数のたつこと。→❻
【歴程(レキテイ)】経てきた道筋。
【歴年(レキネン)】年を経ること。『歴年の功』

❷ こえる。とびこえる。

【歴階(レキカイ)】階段を、左右の足で交互に一段ずつのぼること。急いで階をのぼること。

❸ まじる。みだれる。

【歴落(レキラク)】等しくないさま。入りまじり並ぶさま。→❹
【歴乱(レキラン)】入り乱れるさま。特に、花が咲き乱れるさま。

❹ わたる。めぐる。つぎつぎと。

[下接] 周歴(シュウレキ)・巡歴(ジュンレキ)・渉歴(ショウレキ)・践歴(センレキ)・遍歴(ヘンレキ)・綿歴(メンレキ)・遊歴(ユウレキ)

【歴挙(レキキョ)】一つ一つ残らずあげて指摘すること。

【歴仕(レキシ)】代々の君主に継続して仕えること。

【歴世(レキセイ)】幾代もたつ間。歴代。代々。

【歴代(レキダイ)】古くから何代も続いていること。代々。

【歴朝(レキチョウ)】代々の朝廷、天子。

【歴落(レキラク)】音声の絶え間なく続くさま。→❸
【歴覧(レキラン)】[1]見てまわること。[2]いちいち目を通すこと。

❺ はっきりと。ありありと。

【歴然(レキゼン)】はっきりしているさま。『証拠歴然』
【歴歴(レキレキ)】[1]はっきりと分かるさま。＊崔顥-黄鶴楼「晴川歴歴漢陽樹(セイセンレキレキたりカンヨウのジュ)〔=晴れた日の長江の向こう岸に、くっきりと漢陽の町の樹が眺められる〕」[2][国]（「お歴歴」の形で）身分や地位・家柄などが高い人々。

❻ こよみ。

【歴日(レキジツ)】こよみ。暦日。→❶

❼ 固有名詞。

【歴山(レキザン)】中国、古代の皇帝、舜(シュン)がそのふもとで耕作したと伝えられる山。

【歴山王(レキザンオウ)】アレキサンダー大王の音訳。前四世紀のマケドニアの王。歴山大王。亜歴山大。

止

3887 【此】 2601 3A21 8D9F 止-2 シ㊉㊇/cǐ/かく・こ・こう・こ・この・これ

[字解] 会意。止(あし)+匕(ならぶ)。足をならべそろえてとまる意。主として、借りて、指示代名詞(ここ・これ)に用いる。あるいは、匕は人で、人の止まるところの意か。

甲骨文 金文 篆文

[同属字] 呰・柴・紫・觜・貲・訾・玼・疵・眦・齜
[参考] 万葉仮名では音を借りて「し」。
[意味] これ。この。ここ。かく。『此奴(こいつ)』『此処(所)(ここ)』『此方(こちら)(こなた)』『彼此(あれこれ)(かれこれ)』＊史記-項羽本紀「此項王也(これコウオウなり)〔=これが項王だ〕」
【此岸(シガン)】仏教で、悩み多い現実世界。この世。↔彼岸
【此君(シクン)】タケ(竹)の異名。〔晋書-王徽之伝(オウキシデン)〕♥中国、晋の王徽之が竹を好み、竹を指して「何可三一日無二此君一邪(なんぞイチニチもシクンなかるべけんや)〔=一日として此の君なくしておれようか〕」と言った故事から。
【如レ此・若レ此(かくのごとし)】このようである。＊呂氏春秋-察今「求レ剣若レ此、不二亦惑一乎(ケンをもとむることかくのごときは、またまどいならずや)〔=剣を捜すのにこんな具合では、なんと見当違いではないか〕」
[難読地名] 此花(このはな)区(大阪)

3888 【㱕】 止-8 キ 「帰」(2092)の異体字

3889 【歸】 6137 5D45 9F64 止-14 キ 「帰」(2092)の旧字

78 歹(歺) 部 いちた

甲骨文 篆文

歹は、骨のばらばらになったさまで、死骸の骨(ガツ)を表す。歹部の字は、死ぬこと、尽きることに関係する。部首名は「一」と「タ」から。

歹 歹 ①歺 歺
歹 ②死 ④歿 殁 殀 ⑤殂 殆 殄 殃
⑥残 殊 殉 ⑦殍 ⑧殘 殖 殕 ⑨殛
⑩殞 ⑪殤 ⑫殪 殫 ⑬殭 殮 ⑭殯
⑮殲 ⑰殲

歹

3890 【歹】 6138 5D46 9F65 歹-0 ガツ㊇・タイ㊇/è・dǎi

(3891) 〖歺〗 歹-1

(3892) 〖歺〗 歹-1

[字解] 部首解説を参照。
[意味] ❶骨。ばらばらになった骨のかけら。❷悪い。

歹

3893 【死】 2764 3B60 8E80 歹-2 [常]3 シ㊉㊇/sǐ/しぬ

[筆順]

[字解] 会意。歺+匕(ひと)。人が死んで骨となる、しぬ意。甲骨文は、その多くは死んで横たわる人に象るものによるが、骨を前にしてひざまずく人に象るものもあり、金文以降これによる。

甲骨文 甲骨文 金文 篆文

[同属字] 斃・薨
[参考] 万葉仮名では音を借りて「し」。
[意味] ❶しぬ。しす。命がつきる。↔生。『死後』『戦死』♥漢文の訓読では「しす」を用いる。❷活力・活気

がなくなる。活動をやめる。または、活力・活気のおよばない所。『死蔵』❸しにものぐるい。命がけ。『死守』『死闘』『決死（ケッシ）』『必死（ヒッシ）』❹あぶない。命にかかわるほど危険である。『死地』『死病』

❶ しぬ。命がつきる。

[下接] 圧死（アッシ）・縊死（イシ）・壊死（エシ）・枉死（オウシ）・横死（オウシ）・怪死（カイシ）・客死（カクシ）・仮死（カシ）・餓死（ガシ）・諫死（カンシ）・起死（キシ）・九死（キュウシ）・急死（キュウシ）・窮死（キュウシ）・刑死（ケイシ）・検死（ケンシ）・獄死（ゴクシ）・枯死（コシ）・罪死（ザイシ）・惨死（ザンシ）・殉死（ジュンシ）・焼死（ショウシ）・情死（ジョウシ）・水死（スイシ）・垂死（スイシ）・生死（セイシ）・戦死（センシ）・即死（ソクシ）・致死（チシ）・墜死（ツイシ）・溺死（デキシ）・凍死（トウシ）・毒死（ドクシ）・徒死（トシ）・頓死（トンシ）・脳死（ノウシ）・爆死（バクシ）・万死（バンシ）・病死（ビョウシ）・瀕死（ヒンシ）・不死（フシ）・憤死（フンシ）・斃死（ヘイシ）・変死（ヘンシ）・暴死（ボウシ）・夢死（ムシ）・悶死（モンシ）・夭死（ヨウシ）・轢死（レキシ）・老死（ロウシ）・牢死（ロウシ）・安楽死（アンラクシ）・半死半生（ハンシハンショウ）・酔生夢死（スイセイムシ）・不老不死（フロウフシ）／討死（うちじに）

【死活（シカツ）】 死ぬことと生きること。死ぬか生きるか。

【死肌（シキ）】 血液の通わなくなった皮膚。＊柳宗元－捕レ蛇者説「去二死肌一（シキをさる）〔＝血液の通わなくなった皮膚をきれいになおす〕」

【死去（シキョ）】 人が死ぬこと。逝去。死亡。

【死刑（シケイ）】 罪人の生命を絶つ刑。死罪。

【死罪（シザイ）】 [1]死刑。また、死刑に処せられるべき犯罪。→死刑。[2]手紙や上表文などの冒頭や終わりに書く語。死に相当するの意で、失礼をわびる気持ちを表す。

【死屍（シシ）】 しかばね。死体。死骸（シガイ）。【鞭二死屍一（シシにむちうつ）】 死んだ人の言動、行為を非難する。〔史記－伍子胥伝〕 [故事] 中国の春秋時代、伍子胥が父兄の仇、楚の平王の死体を鞭打ったという故事から。

【死而後已（シしてのちやむ）】 死んではじめてやめるの意。命のある限り努力し続ける気持ちを表す。〔論語－泰伯〕

【死者（シシャ）】 死んだ人。死人。↕生者

【死所・死処（シショ）】 死にがいのある場所。死にどころ。

【死且不レ朽（シすともかつくちず）】 死んでのちも、名声は後世まで滅びずに残ること。〔左伝－僖公三三年〕

【死生（シセイ）】 生き死に。死ぬことと生きること。＊論語－顔淵「死生有レ命、富貴在レ天（シセイメイあり、フウキテンにあり）〔＝生死は天命によるものであり、富貴も天命によるものであり、人の力ではどうすることもできない〕」

【死諸葛走二生仲達一（シせるショカツいけるチュウタツをはしらす）】 中国、三国時代の五丈原の戦いにおいて、魏の司馬仲達が敵軍の蜀の諸葛孔明の病死を聞き攻撃に出るが、蜀軍が反撃する勢いを示すと、孔明の死がいつわりだったと思い退去したという故事。「死せる孔明生ける仲達を走らす」とも。〔蜀志－諸葛亮伝・注〕

【死相（シソウ）】 [1]死期が近いと思わせる人相。[2]死に顔。

【死体（シタイ）】 死んだ人や動物のからだ。なきがら。しかばね。↕生体。[書き換え]「屍体→死体」。

【当レ死（シにあたる）】 死罪に相当する。＊説苑「汝罪当レ死（なんじのつみシにあたる）〔＝おまえの罪は死に相当する〕」

【死人（シニン｜しびと）】 死んだ人。死者。『死人（シニン）に口なし』

【死或重二於太山一、或軽二於鴻毛一（シはあるいはタイザンよりおもく、あるいはコウモウよりかろし）】 命を捨てることには、場合によって、軽重がある。死ぬべきでない場合と、義によって潔く命を捨てるべき場合とがある。〔司馬遷－報二任少卿一書〕 [故事]「太山」は泰山。山東省にある名山。「鴻毛」はオオトリの羽毛。

【買二死馬骨一（シバのほねをかう）】 すぐれたものを集めるために、つまらないものでも優遇することのたとえ。〔戦国策－燕〕 [故事] 中国の戦国時代、日に千里を駆ける名馬を求めに出た家来が、死んだ名馬の骨を五百金で買って帰ってきた。怒る王に家来は「死馬の骨にすら五百金を投じたといううわさを聞けば、必ず生きた名馬を持って来るものが現れましょう」と答えたが、はたして望み通りの名馬が三頭も集まったという故事から。

【死別（シベツ）】 死に別れること。↕生別

【死亡（シボウ）】 死ぬこと。死没。↕出生。『死亡率』

【死没・死歿（シボツ）】 死ぬこと。死亡。[書き換え]「死歿→死没」。

【死命（シメイ）】 死と生。死ぬか生きるかの大事なところ。

【制二死命一（シメイをセイす）】 その人の運命や事の成り行きを自分の手ににぎる。〔史記－留侯世家〕

【死滅（シメツ）】 死んで滅びること。絶滅。

【死霊（シリョウ｜シレイ）】 [国]死者の魂。また、怨霊（オンリョウ）。

【生レ死肉レ骨（シをいかしてほねにニクす）】 死者を生き返らせて、白骨に再び肉をつける。窮地に立つ者を救い、恩恵を与えることをいう。〔左伝－襄公二二年〕

【視レ死若レ帰（シをみることキするがごとし）】 死ぬことを家に帰ることのように思って、少しもおそれない。〔大戴礼－曾子制言上〕

❷ 活力がなくなる。活力の及ばない所。

【死灰（シカイ）】 火の気がなくなって冷たくなった灰。転じて、生気のないもののたとえ。『槁木死灰（コウボクシカイ）』『枯木死灰（コボクシカイ）』【死灰復然（シカイまたもゆ）】 火の気がなくなった灰が、再び燃え始める。勢力を失った者が再び勢いを盛り返すことをいう。〔史記－韓長孺伝〕

【死角（シカク）】 [1]銃砲の射程にありながら、障害物などの関係で、照準が合わせられない範囲。[2]ある位置からは見通しの利かない範囲。『死角に入る』

【死語（シゴ）】 以前は使用されていたが現在では全く用いられなくなったことば。

【死蔵（シゾウ）】 物を活用せずにしまい込んでおくこと。

【死魄・死覇（シハク）】 （「魄」は月が欠けて光のない部分）陰暦のついたち。月に全く光のない状態。また、その日。↕生魄

❸ しにものぐるい。命がけ。

【死諫（シカン）】 命を捨てて、主君をいさめること。死を覚悟して主君をいさめること。

【死交（シコウ）】 死を共にすると誓いあうほどの深い交わり。

【死士（シシ）】 死を決して行動する人。

【死守（シシュ）】 必死で守ること。

【死闘（シトウ）】 死力を尽くしてたたかうこと。

【死力（シリョク）】 死んでもよいという覚悟で出す力。

❹ あぶない。命にかかわるほど危険である。

【死地（シチ）】 死ぬか生きるかの、危険な場所、境遇。窮地。

【死中求レ活（シチュウにカツをもとむ）】 死を待つよりほかない絶望的な状態の中でも、なお生きるべき道を探し求める。死中に生を求む。〔晋書－呂光載記〕

【死病（シビョウ）】 かかったら助かる見込みのない病気。

3894 【歿】 6139 5D47 9F66 歹－4

(3895) 〔殁〕 二一 歹－4

モチ[呉]・モツ[呉]・ボツ[漢]／mò

[字解] 形声。歺＋殳[声]。しぬ意。没に同じ。

[参考] 熟語は「没」(4029)を見よ。

[意味] 死ぬ。「没」に同じ。『死歿（シボツ）』『病歿（ビョウボツ）』

3896 【殀】 6140 5D48 9F67 歹－4

ヨウ（エウ）[呉][漢]／yāo・yǎo／わかじに

心(小・忄)戈戸(戸)手(扌)支攴(攵) 4画 文斗斤方旡(旡・无)日曰月木欠止歹(歺)殳毋比毛氏气水(氺・氵)火(灬)爪(⺤・爫)父爻(㸚)爿(丬)片牙(牙)牛犬(犭)

3897 【殂】 *3802 歹－5 ソ㊥/cú/しぬ

字解 形声。歺＋且(↓徂、ゆく)㊥。死後の世界へいく、死ぬ、逝去する意。死を忌避したいい方。

意味 死ぬ。特に身分の高い人が死ぬ。『崩殂(ホウソ)』

【殂落(ソラク)】 1死ぬこと。特に、天子の死去すること。崩御。2しぼみおちること。凋落(チョウラク)。

3898 【殆】 4356 4B58 9677 歹－5 タイ㊥/dài/ほとんど・ほとほと・あやうい

字解 形声。歺＋台(↓胎・始、はじめ)㊥。死の兆候がみえ危険が近づく、あやうい意。また、ほとんどの意。

意味 ❶ほとんど。おおかた。＊孟子-梁恵王上「殆有ㇾ甚ㇾ焉(ほとんどこれよりはなはだしきあり)」〔=おそらく、それよりもっとはなはだしいことがあるだろう〕」❷あやうい。あぶない。『危殆(キタイ)』『疑殆(ギタイ)』＊論語-為政「思而不ㇾ学、則殆(おもうてまなばざれば、すなわちあやうし)〔=思索するだけで学ぶことをしなければ、道理にはずれて危険である〕」

3899 【殄】 6141 5D49 9F68 歹－5 テン㊥/tiǎn/つきる・つくす・やむ

字解 形声。歺＋㐱㊥。

意味 ❶つきる。つくす。絶やす。『殄滅』『勦殄(ソウテン)』『暴殄(ボウテン)』『撲殄(ボクテン)』❷病む。死ぬ。『殄瘁』

【殄瘁(テンスイ)】 病み疲れること。

【殄滅(テンメツ)】 残らずほろぶこと。

3900 【殃】 6142 5D4A 9F69 歹－5 オウ(アウ)㊥・ヨウ(ヤウ)㊥/yāng/わざわい

字解 形声。歺＋央(人にくびかせをしたさま)㊥。わざわいの意。

意味 わざわい。神のとがめ。災難。天罰。

下接 禍殃(カオウ)・咎殃(キュウオウ)・災殃(サイオウ)・積殃(セキオウ)・余殃(ヨオウ)

【殃禍(オウカ)】 わざわい。災難。災禍。

【殃咎(オウキュウ)】 わざわいととがめ。

【殃及池魚(わざわいチギョにおよぶ)】 理由なく災難のとばっちりを受けること。池魚の殃(わざわい)。❤昔、中国で、宋の城門が焼けたとき、池の水を汲み火を消したら、池の魚が多く死んだ故事から〔太平広記-水族〕。また、水を汲んだのは池に沈んだ宝珠を得るためとも〔呂氏春秋-必己〕。

3901 【残】 2736 3B44 8E63 歹－6 常4 (3905)【殘】 6144 5D4C 9F6B 歹－8 旧字

ザン㊥・サン㊥/cán/のこる・のこす・のこり・そこなう・むごい

筆順 残 残 残 残 残 残

字解 残は、殘の略体。殘は形声。歺＋戔(細かく切る)㊥。細かくきる、そこなう意。また、のこりの意。

意味 ❶のこる。のこす。また、のこり。㋑のこりの。あまった。『残額』『残飯』㋺のこり少ない。おわりに近い。衰えかけた。『残色』『残夜』❷そこなう。きずつける。こわす。『残壊』『衰残』❸むごい。しいたげる。『残虐』『残暴』『凶残(キョウザン)』『無残(ムザン)』

❶のこる。のこす。また、のこり。

下接 焼残(ショウザン)・敗残(ハイザン)・老残(ロウザン)／名残(なごり)

【残鶯(ザンオウ)】 春が過ぎてもまだ鳴いているウグイス。

【残骸(ザンガイ)】 1捨て置かれた死体。死骸。2国破壊されて残っているもの。

【残額(ザンガク)】 残りの金額。

【残簡(ザンカン)】 一部残っている書き物。断簡。

【残暉(ザンキ)】 入り日のかがやき。残照。

【残菊(ザンギク)】 秋の終わりごろの菊の花。霜にうたれた菊。

【残響(ザンキョウ)】 ある音が鳴り終わったあとに残る音響。

【残金(ザンキン)】 国1残りの金銭。2未払いになっている金。

【残月(ザンゲツ)】 明け方の空に残っている月。有明の月。

【残更(ザンコウ)】 夜の明け方。戊夜(ボヤ)。五更。

【残肴(ザンコウ)】 酒宴のあとの残り物。

【残紅(ザンコウ)】 散り残っている赤い花。

【残膏剰馥・残膏賸馥(ザンコウジョウフク)】 残されたあぶらやにおい。前人の残した風韻情致のたとえ。

【残痕(ザンコン)】 残っているあと。痕跡(コンセキ)。

【残渣(ザンサ)】 残りかす。残滓(ザンシ)。

【残滓(ザンシ・ザンサイ)】 あとに残ったかす。❤「ザンサイ」は慣用読み。

【残日(ザンジツ)】 1夕日。残陽。2残りの日数。余日。

【残春(ザンシュン)】 残り少なくなった春。晩春。

【残暑(ザンショ)】 立秋後の暑さ。秋に入っての暑さ。↔余寒

【残照(ザンショウ)】 日が沈んだあと空に残っている光。

【残色(ザンショク)】 花、容色などの、盛りが過ぎて衰えた色。

【残生(ザンセイ)】 残り少ない人生。余生。

【残星(ザンセイ)】 明けの明星。

【残雪(ザンセツ)】 消え残っている雪。

【残蟬(ザンセン)】 秋深くになってもまだ残っている蟬(せみ)。

【残賊(ザンゾク)】 生き残りの賊徒。↓❷

【残存(ザンソン・ザンゾン)】 残っていること。生き残ること。

【残灯(ザントウ)】 消えないで残っているともしび。＊白居易-夜雨「残灯滅又明(ザントウメッシてまたメイ)〔=油の残り少なくなったともしびが消えかかってはまた明るく輝く〕」

【残党(ザントウ)】 戦いに敗れ、討ちもらされて残った人々。

【残年(ザンネン)】 死ぬまでの、残りの年齢。また、死期の迫った年齢。＊韓愈-左遷至二藍関一示二姪孫湘一「肯将二衰朽一惜二残年一(あえてスイキュウをもってザンネンをおしまんや)〔=年老いて衰えはてたこの身で、いまさら残り少ない寿命を惜しんだりはしない〕」

【残念(ザンネン)】 国心残りなさま。くやしく思うさま。遺憾。『残念な結果に終わる』

【残杯・残盃(ザンパイ)】 杯に飲み残した酒。

【残飯(ザンパン)】 食べ残しの飯や料理。

【残片(ザンペン)】 ちりぢりになった残りのかけら。

【残氓(ザンボウ)】 ほろぼされて生き残った民。

【残夢(ザンム)】 目がさめても、なおつづく夢心地。

【残夜(ザンヤ)】 明け方近いころ。しののめ。

【残余(ザンヨ)】 残り。あまり。剰余。

【残陽(ザンヨウ)】 沈もうとする太陽。

【残留(ザンリュウ)】 あとに残ること。『残留農薬』

【残溜(ザンリュウ)】 あとに残ってたまったもの。

【残瀝(ザンレキ)】 残りのしずく。残滴。

❷そこなう。きずつける。こわす。

下接 摧残(サイザン)・焼残(ショウザン)・衰残(スイザン)・殫残(タンザン)・凋残(チョウザン)

【残壊(ザンカイ)】 こわれること。また、こわすこと。残毀(ザンキ)。

【残害(ザンガイ)】 傷つけ殺すこと。

【残欠・残闕(ザンケツ)】 一部分が欠けてそこなわれること。また、一部分が欠けていて、不完全なもの。

【残賊(ザンゾク)】 (「賊」も、そこなう意) 世の中を害するこ

心(⺗・⺖)戈戸(戶)手(扌)支攴(攵) 4画 文斗斤方无(旡・旡)日曰月木欠止歹(歺)殳毋比毛氏气水(氺・氵)火(灬)爪(爫・⺥)父爻(㸗)爿(丬)片牙(牙)牛犬(犭)

と。また、人をそこない傷つけること。＊荀子-性悪「生而有二疾悪一焉。順レ之、故残賊生、而忠信亡焉（うまれながらにしてシツオすることあり。これにしたがう、ゆえにザンゾクショウじて、チュウシンほろぶ）」〔=(人には)生まれながらに、人をねたんだり憎んだりする心がある。この本性に従って行動すると、そのために人をそこなったり、傷つけたりすることが起こり、誠の心を尽くし、言葉に偽りがないということがなくなってしまう〕

【残破（ザンパ）】すっかりこわしてしまうこと。＊史記-項羽本紀「項王見二秦宮室皆以焼残破一（コウオウシンのキュウシツみなすでにやかれてザンパするをみる）」〔=項王は、秦の宮殿がすべてすでに焼かれて破壊されているのを見た〕→❶

【残戮（ザンリク）】そこない殺すこと。

【残掠（ザンリャク）】人を害し、物を奪い取ること。

❸ むごい。しいたげる。

【残虐（ザンギャク）】ひどく苦しめたりいじめたりすること。

【残酷（ザンコク）・残刻（ザンコク）】非常にむごたらしいこと。

【残殺（ザンサツ）】むごたらしい殺し方をすること。

【残忍（ザンニン）】残酷で無慈悲なこと。

【残暴（ザンボウ）】残酷で乱暴なこと。むごくて荒々しいさま。

3902【殊】 2876 3C6C 8EEA 歹－6 [常] ジュ㊥・シュ㊤/shū/こと・ことに

[筆順] 殊 殊 殊 殊 殊 殊

[字解] 形声。歹＋朱(木をきる)㊟。ころす意。また、ことなる意に用いる。

[参考] 万葉仮名では音を借りて「す」。

[意味] ❶ころす。断つ。死罪にする。また、決定する。『殊死』❷ことなる。ことにする。㋑普通とことなる。特別の。『殊異』『特殊（トクシュ）』㋺すぐれた。『殊功』『殊績』『殊勲』㋩よその。ほかの。『殊域』『殊裔』❸ことに。ことさらに。とりわけ。＊韓愈-落歯「落勢殊未レ已（ラクセイことにいまだやまず）」〔=(歯の)抜ける勢いは、いっこうに止まらない〕❹音訳字など。『文殊（モンジュ）』

❶ ころす。また、決める。

【殊死（シュシ）】[1]死を決して行動すること。[2]死刑。

❷ ことなる。ことにする。

【殊位（シュイ）】特にとうとい位。

【殊異（シュイ）】普通一般と特に違うこと。特異。

【殊域（シュイキ）】よその国。外国。

【殊裔（シュエイ）】(「裔」は辺境の意)遠い果ての国。

【殊恩（シュオン）】特別に受けた厚い恩恵。

【殊遇（シュグウ）】特別な待遇。

【殊勲（シュクン）】きわだってすぐれた手柄。抜群の勲功。

【殊功（シュコウ）】抜群の功績。殊勲。

【殊勝（シュショウ）】[1]特にすぐれていること。[2][国]心がけがしっかりしていること。けなげなさま。

【殊績（シュセキ）】すぐれた功績。殊勲。

【殊絶（シュゼツ）】特にすぐれていること。秀絶。

【殊致（シュチ）】[1]おもむきが異なること。[2]すぐれた景色。

【殊寵（シュチョウ）】特別にかわいがること。

【殊途（シュト）】道を異にすること。『殊途同帰』

【殊能（シュノウ）】特別な才能。すぐれた能力。

【殊類（シュルイ）】[1]種類が異なること。または、異なった種類。[2]鬼神など、特別な存在。

3903【殉】 2962 3D5E 8F7D 歹－6 [常] ジュン㊥・シュン㊤/xùn/したがう

[筆順] 殉 殉 殉 殉 殉 殉 殉 殉 殉 殉

[字解] 形声。歹＋旬(→徇、したがう)㊟。死者のあとにしたがう意。

[意味] ❶したがう。「徇」に同じ。㋑死者のあとを追って死ぬ。『殉死』『殉葬』㋺(ある目的のために)命をなげうつ。命を犠牲にして行う。『殉教』『殉職』『殉難』❷もとめる。むさぼる。

【殉教（ジュンキョウ）】信ずる宗教のために、生命を犠牲にすること。『殉教者』

【殉死（ジュンシ）】主君、主人の死後、臣下があとを追って自殺すること。追い腹。

【殉職（ジュンショク）】職務のために死ぬこと。

【殉節（ジュンセツ）】節義のために命を捨てること。

【殉葬（ジュンソウ）】死者の供として一緒に墓に葬られること。

【殉道（ジュンドウ）（みちにしたがう）】正義のために生命を投げ出すこと。

【殉難（ジュンナン）】国難のために一身を犠牲にすること。

【殉名（ジュンメイ）】名誉のために死ぬこと。

【殉利（ジュンリ）】利益のために命を投げ出すこと。

3904【殍】 6143 5D4B 9F6A 歹－7 ヒョウ(ヘウ)㊤/piǎo/うえじに

[字解] 形声。歹＋孚㊟。

[意味] ❶うえじに。餓死（ガシ）。❷草や木が枯れ、しぼむ。

3905【殘】 6144 5D4C 9F6B 歹－8 ザン 「残」(3901)の旧字

3906【殖】 3103 3F23 9042 歹－8 [常] シキ㊥・ショク㊤・シ㊤/zhí/ふえる・ふやす・うえる

[筆順] 殖 殖 殖 殖 殖

[字解] 形声。歹＋直(→止、とどめたくわえる)㊟。久しく用いなかった脂膏がくさる、また、くさるまで貯える意。一説に、直はまっすぐ見るで、殖は、のびふえる意とも。

[意味] ❶ふえる。ふやす。また、そのふえたもの。たくわえ。『殖産』『学殖』『増殖』❷うえる。㋑植物を移しうえる。『殖林』㋺外国、あるいは未開地などへ移住させて開拓させる。『殖民』『拓殖（タクショク）』

❶ ふえる。ふやす。

[下接] 学殖（ガクショク）・貨殖（カショク）・産殖（サンショク）・生殖（セイショク）・増殖（ゾウショク）・繁殖（ハンショク）・養殖（ヨウショク）・利殖（リショク）

【殖財（ショクザイ）】財産をふやすこと。

【殖産（ショクサン）】[1]財産をふやすこと。[2][国]産業を盛んにし、生産をふやすこと。『殖産興業』

❷ うえる。移しうえる。

[下接] 移殖（イショク）・耕殖（コウショク）・種殖（シュショク）・培殖（バイショク）・播殖（ハショク）

【殖民（ショクミン）】本国以外の領土に自国民を移住させ、土地の開拓を行うこと。また、その移民。植民。

3907【殕】 6145 5D4D 9F6C 歹－8 フウ㊤・ホク㊤/bó

[字解] 形声。歹＋音㊟。くさる意。また、たおれる意。

3908【殛】 ＊3805 歹－9 キョク㊤/jí/ころす

[字解] 形声。歹＋亟(ひとをせきたて問いつめる)㊟。罪

を問いつめ、責めころす意。
意味 ころす。罪を責めころす。『誅殛(チュウキョク)』

［飧］⇩9068

3909 【殞】 6146 5D4E 9F6D 歹-10 イン(ヰン)漢・ウン漢/yǔn/おちる・しぬ
字解 形声。歹+員声。命をおとす、死ぬ意。
意味 ❶落ちる。落とす。「隕」に同じ。❷死ぬ。命を落とす。『殞斃』『殞命』
【殞斃(インヘイ)】たおれること。死ぬこと。
【殞命(インメイ)】命を落とすこと。死ぬこと。落命。

3910 【殤】 6147 5D4F 9F6E 歹-11 ショウ(シャウ)漢/shāng/わかじに
字解 形声。歹+傷(そこないきずつける)省声。生をそこない若死にする意。
意味 ❶若死に。二〇歳前に死ぬこと。儀礼では、年齢により長殤(一六～一九歳)、中殤(一二～一五歳)、下殤(八～一一歳)、無服の殤(七歳以下)にわけて呼ぶ。『彭殤(ホウショウ)』『夭殤(ヨウショウ)』❷とむらう者のいない霊魂。無縁仏(ムエンぼとけ)。また、国のために死んだ人の霊。『国殤(コクショウ)』

3911 【殪】 6148 5D50 9F6F 歹-12 エイ漢/yì/たおす・たおれる
字解 形声。歹+壹(専一)声。一気にころす、つくす、たおす意。
意味 ❶たおす。たおれる。しぬ。『殪仆(エイフ)』❷つくす。つきる。

3912 【殫】 6149 5D51 9F70 歹-12 タン漢/dān/つきる・つくす
字解 形声。歹+單(たいら)声。たいらげる、つくす意。
意味 つきる。つくす。または、つくして。すっかり。ことごとく。『殫見洽聞』
【殫極(タンキョク)】つき果てること。すり切れること。
【殫見洽聞(タンケンコウブン)】あまねく見聞すること。学問や知識が広いこと。〔班固-西都賦〕
【殫残(タンザン)】ことごとく滅ぼすこと。
【殫亡(タンボウ)】つきてすっかりなくなること。

3913 【殭】 *3813 歹-13 キョウ(キャウ)漢/jiāng/たおれる
字解 形声。歹+畺(→硬、かたい)声。死んでかたくなる意。
意味 たおれる。死んで体が硬直する。

3914 【殮】 *3814 歹-13 レン漢/liàn
字解 形声。歹+僉(あつめおさめる)声。死体をおさめる意。斂に同じ。
意味 なきがらに衣を着せ、棺におさめる。埋葬する前に死体を棺に入れて安置する。かりもがり。『殯殮(ヒンレン)』

3915 【殯】 6150 5D52 9F71 歹-14 ヒン漢/bìn/かりもがり・もがり・あらき
字解 形声。歹+賓(賓客・まろうど)声。かりもがりする意。
意味 かりもがり。あらき。葬るまでの間、遺体を棺に入れて安置する。また、葬る。埋葬する。
【殯柩(ヒンキュウ)】遺体を納めた棺。
【殯宮(ヒンキュウ|あらきのみや)】天子のひつぎを陵墓に葬る日までしばらく仮に安置しておく御殿。もがりのみや。
【殯葬(ヒンソウ)】死者をほうむること。
【殯斂・殯殮(ヒンレン)】死者を納棺し、しばらく安置してまつること。かりもがり。

3916 【殱】 6152 5D54 9F73 歹-15 セン 「殲」(3917)の異体字

3917 【殲】 6151 5D53 9F72 歹-17 センジ漢/jiān/つくす・ほろぼす (3916)【殱】 6152 5D54 9F73 歹-15
字解 形声。歹+韱声。もと、𢦏で、二人の人+戈(ほこ)。人がわずかになるまで殺しつくす意。のち、韱声とし、歹を加えた。
意味 つくす。みなごろしにする。ほろぼす。
【殲撲(センボク)】全滅させること。
【殲滅(センメツ)】残りなく滅ぼすこと。皆殺しにすること。『敵を殲滅する』

79 殳部 るまた

甲骨文 金文 篆文

殳は、ほこの形と又(手)とから成り、兵器のほこ、また杖(シュ)を表す。殳部に属する字は、うつ、たたく等攻撃的な力を加える意味を表すものが多い。類似の形に攴があり、両者を区別するため、わが国では「とまた」「るまた」とよぶ。「る」は片仮名のルにこじつけたものであるが、ルの頭は、もともとは離れない。往々、ルを々とも書いた。

殳 ◆ 殳
殳 ▯ ④ 殴 ⑤ 段 ⑥ 殷 殸 殺 ⑦ 殹 殼
殽 殺 ⑧ 殻 殽 ⑨ 毀 毀 毄 殿 ⑩ 轂
⑪ 毆 毅

殳 ◆

3918 【殳】 6153 5D55 9F74 殳-0 シュ漢/shū/ほこ・るまた
字解 部首解説を参照。

殳 ▯

［役］⇩199
［役］⇩2271
［投］⇩2726

3919 【殴】 1805 3225 89A3 殳-4 常 オウ漢・ク漢/ōu/なぐる・うつ (3935)【毆】 6156 5D58 9F77 殳-11 旧字
筆順

字解 殴は、毆の略体。毆は形声。殳+區声。うつ・なぐる意。

文 金 篆 文

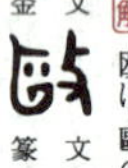

意味 ❶(ウオ)なぐる。うつ。たたく。『殴殺』『殴打』

❷(ク) 馬をかる。かりたてる。「駆」に通じる。

【殴撃(オウゲキ)】相手をなぐって攻撃すること。
【殴殺(オウサツ)】なぐりころすこと。
【殴打(オウダ)】なぐること。
【殴縛(オウバク)】うちたたき、しばること。

［股］⇩6322

3920【段】 3542 434A 9269 殳－5 常6 ダン呉・タン漢／duàn／きざはし・きだ

筆順 段 段 段 段 段 段

字解 会意。殳(手を加える)＋⺷(きざみをつけて上り下りのできるようにしただん)。手を加えてつくった石段・階段などの段の意という。

金文  篆文 

同属字 椴・緞・鍛

意味 ❶だん。きざはし。きだ。高さに差をつけた、のぼりおりする台。『石段(いしダン)』『階段』❷区切れ。切れ目。わかち。しきり。特に文章中で、意味のまとまりの区切れ。『段落』❸方法。てだて。『算段』『手段』❹どんす。絹織物。「緞」に同じ。❺国腕前、技量を示す等級。『段位』『初段』❻国(タン) 単位の一。㋑布の長さ。一人分の衣料に必要な布。幅九寸で、三丈ないし三丈二尺。「反」に同じ。㋺田畑の面積。一段は三〇〇歩(ブ)。約一〇アール。㋩距離の単位。一段は六間(ケン)ほどで、約一一メートル。❼人名、あて字など。『段玉裁』『段通』

❶ だん。きざはし。

【段丘(ダンキュウ)】川、海などの岸沿いの階段状の地形。
【段差(ダンサ)】道路面などにできた、段のような高さのずれ。→❺
【段段(ダンダン)】①階段。②一つ一つの次第。『失礼の段々、御容赦ください』③次第次第に。『段々よくなる』
【段幕(ダンマク)】紅白や黒白などの布を、交互に横に幾段も縫い合わせた幕。

❷ 区切れ。切れ目。

下接 下段(ゲダン)・後段(コウダン)・章段(ショウダン)・上段(ジョウダン)・全段(ゼンダン)・前段(ゼンダン)・中段(チュウダン)・値段(ねダン)・分段(ブンダン)・別段(ベツダン)・両段(リョウダン)

【段階(ダンカイ)】物事の進行に応じた区切り。物事の順序。
【段落(ダンラク)】①長い文章などの意味上の一区切り。段。②物事の区切り。切れ目。

❺ (日本語で)腕前、技量を示す等級。

下接 格段(カクダン)・高段(コウダン)・昇段(ショウダン)・数段(スウダン)・有段(ユウダン)

【段位(ダンイ)】国武道、将棋、囲碁などで、技量の等級を表すもの。級の上に当たる。
【段差(ダンサ)】国段位の違いによる能力差。→❶

❼ 人名、あて字など。

【段干木(ダンカンボク)】中国、戦国時代の魏(ギ)の賢者。孔子の弟子、子夏(シカ)の門人。仕官せず、魏の文侯の礼遇をうけた。
【段玉裁(ダンギョクサイ)】中国、清の言語学者。「説文」研究にすぐれた業績があり、その著「説文解字注」は「段注」といわれる。(一七三五～一八一五)
【段通(ダンツウ)】敷物に使う厚い織物。緞通。▼中国語「ダンツ(毯子)」のあて字。
【段平(ダンびら)】刀身の幅の広い刀。また、単に、刀。▼「だびらひろ」の略「だびら」の転という。

3921【殷】 6154 5D56 9F75 殳－6 イン漢・アン漢／yīn・yǐn・yān／さかん

字解 会意。殳(させる)＋⺼(身の裏返しの形)。子をみごもらせ腹を大きくさせる意という。

金文  篆文 

同属字 慇

意味 ❶さかん。大きい。㋑さかん。ゆたか。『殷実』『殷賑』『殷盛』『殷富』㋺音が大きい。『殷殷』『殷雷』㋩きわめて。大いに。深い。『殷勤』『殷憂』❷(アン) 赤黒い。『殷紅(アンコウ)』❸中国の王朝名。紀元前一〇二七年(諸説あり)まで黄河下流域に栄えた中国最古の王朝。王都の名から商ともいう。伝説上の夏王朝、次の周王朝とともに三代と総称される。

❶ さかん。大きい。また、きわめて。

【殷殷(インイン)】音が大きく鳴りひびくさま。
【殷勤(インギン)】きわめて丁寧なこと。慇懃。
【殷実(インジツ)】人々の生活が満ち足り豊かなこと。
【殷賑(インシン)】にぎやかで活気に満ちていること。『殷賑を極める』
【殷盛(インセイ)】たいへん盛んなこと。繁盛すること。
【殷富(インプ)】富み栄えること。豊かなこと。
【殷憂(インユウ)】深いうれい。
【殷雷(インライ)】盛んに鳴りひびく雷。

❷ 赤黒い。

【殷紅(アンコウ)】黒みを帯びた、くれない。暗紅色。

❸ 中国の王朝名。

〖殷鑑不遠(インカンとおからず)〗(殷の国民の鑑(かがみ)とすべきものは遠くに求めなくても、前代の夏(カ)の滅亡がよい戒めであるという意から) 戒めとすべき失敗の前例は手近なところにあることをいう。〔詩経-大雅・蕩〕
【殷墟(インキョ)】中国河南省安陽県小屯村にある殷王朝の都の遺跡。

3922【㱿】 ―― 殳－6 カク漢・コク漢

字解 形声。殳＋青(上に飾りのついた中空のとばり、または楽器)声。中が空のものをうつ、または、からの意。殻の本字。

同属字 㲄・穀・轂(轂)・觳・轂・轂

3923【殺】 2706 3B26 8E45 殳－6 常4 (3927)〖殺〗 ―― 殳－7 旧字 (4560)〖煞〗 *4193 火－9 セチ呉・セツ呉・サイ漢・サツ漢／shā・shài／ころす・ころし・そぐ・そげる

筆順 殺 殺 殺 殺 殺 殺

字解 殺は、殺の略体。殺は会意。殳＋杀(祟りをする長毛の獣)。祟りをする獣をうってたたりの力をそこなう、ころす意。煞・煞は通俗体。

意味 ❶ころす。あやめる。『殺害』『殺傷』『殺人』『暗殺』『自殺』❷そこなう。なくす。のぞく。のける。『殺風景』『抹殺(マッサツ)』❸(サイ) そぐ。けずる。へらす。『減殺(ゲンサイ)』『相殺(ソウサイ)』❹他の語に添えて程度が甚だしいことや、意味を強める語。『殺到』『悩殺』『忙殺』 *岑参-胡

心(⺗・⺘)戈戸(戸)手(扌)支攴(攵) 4画 文斗斤方无(旡・无)日曰月木欠止歹(歺)殳毋比毛氏气水(氺・氵)火(灬)爪(⺥・⺦)父爻(㐅)爿(丬)片牙(牙)牛犬(犭)

笳歌送₌顔真卿使赴₌河隴₋「愁殺楼蘭征戍児(シュウサツすロウランセイジュじの)〔＝楼蘭を守備する若者たちをひどく悲しませる〕」 ❺野球で、アウトにすること。『挟殺(キョウサツ)』『重殺(ジュウサツ)』『封殺(フウサツ)』『併殺(ヘイサツ)』 ❻熟字訓。『殺陣(たて)〔＝演劇の立ちまわり〕』

❶ころす。あやめる。

下接 圧殺(アッサツ)・暗殺(アンサツ)・縊殺(イサツ)・殴殺(オウサツ)・活殺(カッサツ)・虐殺(ギャクサツ)・撃殺(ゲキサツ)・絞殺(コウサツ)・故殺(コサツ)・残殺(ザンサツ)・惨殺(ザンサツ)・斬殺(ザンサツ)・刺殺(シサツ)・自殺(ジサツ)・射殺(シャサツ)・銃殺(ジュウサツ)・賊殺(ゾクサツ)・他殺(タサツ)・誅殺(チュウサツ)・毒殺(ドクサツ)・屠殺(トサツ)・必殺(ヒッサツ)・謀殺(ボウサツ)・撲殺(ボクサツ)・密殺(ミッサツ)・扼殺(ヤクサツ)・薬殺(ヤクサツ)・轢殺(レキサツ)・一殺多生(イッサツタショウ)・生殺与奪(セイサツヨダツ)

【殺意(サツイ)】人を殺そうとする意思。『殺意を抱く』

【殺害(サツガイ|セツガイ)】人を殺すこと。

【殺気(サッキ)】人を殺そうとするようなはりつめた気配。

【殺生(サッショウ|サッセイ|セッショウ)】㊀(サッショウ|サッセイ) 殺すことと生かすこと。㊁(セッショウ) ①生き物を殺すこと。②国むごいこと。残酷なさま。【殺生之柄(サッセイのヘイ)】人を殺したり生かしたりする権力。〔韓非子‐定法〕

【殺傷(サッショウ)】殺したり、傷つけたりすること。

【殺人(サツジン)】人を殺すこと。『殺人罪』

【殺虫(サッチュウ)】害虫を殺すこと。『殺虫剤』

【殺伐(サツバツ)】①人を殺すこと。②うるおいやあたたかみのないさま。『殺伐とした雰囲気』

【殺戮(サツリク)】多くの人をむごたらしく殺すこと。

【殺略・殺掠(サツリャク)】人を殺し、財物などをうばうこと。

❷そこなう。なくす。のぞく。

【殺青(サッセイ)】①竹を火にあぶって青みをとること。②(昔、中国で、紙のない時代に油や青みをとった青竹に文字を記したところから)史書。また、書籍の異称。

【殺節(サッセツ)】草木を枯らす、秋・冬の寒い季節。

【殺風景(サップウケイ)】趣がないさま。無風流なさま。

❹他の語に添えて意味を強める語。

下接 驚殺(キョウサツ)・恨殺(コンサツ)・愁殺(シュウサツ)・笑殺(ショウサツ)・蕭殺(ショウサツ)・酔殺(スイサツ)・悩殺(ノウサツ)・忙殺(ボウサツ)・黙殺(モクサツ)

【殺到(サットウ)】多くの人、物事が一度に押し寄せること。

3924【殹】＊3817 殳－7 エイ㊥／yì

字解 形声。殳(動作)＋医㊥。うちあいで、思わず出す声。うめき声。

金文  篆文 

同属字 翳・醫

3925【殻】1944 334C 8A6B 殳－7 常 (3928)【殼】6155 5D57 9F76 殳－8 旧字

カク㊥・コク㊥／ké・qiào／から

筆順 殻 殻 殻 殻 殻 殻

字解 殻は殼の省略形。殼は、もと㲄。形声。殳＋㱿(楽器またはテント)㊥。中空のものの外皮をうつ、または、からの意。のちに几を加えた。

甲骨文  篆文 

意味 ❶から。固いから。外側をおおっているもの。『甲殻』→下接。❷あて字など。『枳殻(からたち)』『紅殻(ベンガラ)』

下接 亀殻(キカク)・甲殻(コウカク)・耳殻(ジカク)・地殻(チカク)・卵殻(ランカク)／苧殻(おがら)・貝殻(かいがら)・籾殻(もみがら)

3926【㱿】＊3816 殳－7 ケイ㊥

字解 会意。殳(うつ)＋声(つるされた、への字形の石製打楽器)。石製の楽器磬(ケイ)をうつ、磬の意。磬の原字。

同属字 磬・罄・聲(声)・謦・馨

3927【殺】――― 殳－7 サツ 「殺」(3923)の旧字

3928【殼】6155 5D57 9F76 殳－8 カク 「殻」(3925)の旧字

3929【殽】＊3818 殳－8 コウ(カウ)㊥／yáo・xiáo／まじる

字解 形声。殳(動作)＋肴(→交、まじる)㊥。

意味 ❶まじる。いりまじる。みだれる。『殽乱』❷骨付きの肉。『殽核』❸盛り物。肴。❹地名。『殽函』

【殽核(コウカク)】骨付きの肉と木の実。酒のさかな。

【殽函(コウカン)】殽山と函谷関。ともに中国、秦代の要害の地。

【殽乱(コウラン)】入り乱れること。混乱。

3930【毀】5244 544C 9ACA 殳－9 (3931)【毁】――― 殳－9

キ㊥㊥／huǐ／こわす・こわれる・そしる

字解 形声。土＋毇(臼で米をつく)省㊥。土をつきくずす、こわす意。

意味 ❶こわす。こわれる。また、欠く。欠ける。『毀損』『破毀(ハキ)』❷そしる。けなす。『毀誉』『讒毀(ザンキ)』『排毀(ハイキ)』

❶こわす。こわれる。

【毀壊(キカイ)】こわして役に立たなくすること。

【毀歯(キシ)】子の歯が抜けかわること。また、その年頃。

【毀傷(キショウ)】いため傷つけること。損傷。＊孝経‐開宗明義章「身体髪膚、受₌之父母₋。不₌敢毀傷₋、孝之始也(タイハップこれをフボにうく。あえてキショウせざるはコウのはじめなり)〔＝人の体、髪も皮膚も、これらはすべて父母からいただいたものである。これをあえていためたり傷つけたりしないのが孝行の始めである〕」

【毀瘠(キセキ)】悲しみなどで、体をこわしやせ衰えること。

【毀損(キソン)】①こわすこと。『名誉毀損』▶「棄損」を当てることもある。②物の効用、価値をそこなうこと。

❷そしる。けなす。

【毀言(キゲン)】人をそしる言葉。悪口。誹謗(ヒボウ)。

【毀訾(キシ)】そしること。非難すること。

【毀謗(キボウ)】人を非難すること。そしること。誹謗。

【毀誉(キヨ)】そしることとほめること。悪口と称賛。【毀誉褒貶(キヨホウヘン)】ほめることと悪口を言うこと。▶「褒」はほめる、「貶」はけなすの意。

3932【毇】――― 殳－9 ケイ 「毇」(3934)の異体字

3933【殿】3734 4542 9361 殳－9 常 デン㊥・テン㊥／diàn／との・どの・しんがり

筆順 殿 殿 殿 殿 殿 殿

字解 形声。もと殿。殳＋展（しりを台にのせた人のさま）(声)。しりをうつ、しり。転じて、しりのようにどっしりした、高殿(たかどの)の意を表す。
同属字 臀・澱
参考 万葉仮名では音を借りて「で」。
意味 ❶大きな建物。貴人の住まい。『殿堂』『宮殿』『御殿』 ❷しんがり。最後。行軍で最後につく部隊。『殿軍』『殿後』 ❸との。貴人・君主の尊称。❹国 人の敬称。『貴殿(キデン)』 ㋑婦人が男子を言う尊称。『殿方(とのがた)』『殿御(とのご)』 ㋺どの。人名、官職名などに付けて敬意を表す。❺「沈殿(チンデン)」は「沈澱」の書き換え。

❶ 大きな建物。貴人の住まい。

下接 宮殿(キュウデン)・玉殿(ギョクデン)・金殿(キンデン)・御殿(ゴデン)・祭殿(サイデン)・参殿(サンデン)・社殿(シャデン)・昇殿(ショウデン)・神殿(シンデン)・寝殿(シンデン)・正殿(セイデン)・拝殿(ハイデン)・仏殿(ブツデン)・宝殿(ホウデン)・本殿(ホンデン)・浴殿(ヨクデン)・霊殿(レイデン)・紫宸殿(シシンデン)・森羅殿(シンラデン)・伏魔殿(フクマデン)／大殿(おおとの)・高殿(たかどの)・湯殿(ゆどの)

【殿閣(デンカク)】①宮殿と楼閣。②中国、朝廷の蔵書庫。その大学士や学士などは高官の兼官。転じて、宰相の称。

【殿試(デンシ)】中国、科挙の最終試験。会試及第者を殿中に招き天子臨御のもとに行ったもの。その及第者を進士、首席を状元という。宋代に始まる。

【殿舎(デンシャ)】御殿。殿堂。やかた。

【殿上(テンジョウ)】①宮殿、または殿堂の上。特に日本で、殿上人の詰所である殿上の間。②国 殿上の間に昇ることを許されること。昇殿。【殿上人(テンジョウびと)】昇殿を許された人。四位、五位で許された人、および六位の蔵人(くろうど)など。⇔地下(ジゲ)

【殿中(デンチュウ)】①御殿の中。②国 江戸時代、将軍の居所。

【殿堂(デンドウ)】広壮な建物。神仏などをまつる建物。また、ある分野の中枢となる建物、施設。

【殿廡(デンブ)】宮殿の廊下。御殿の軒下。

【殿本(デンポン)】「武英殿本」の略。中国、清代、武英殿で出版された本。「殿版」とも。

❷ しんがり。最後。

【殿軍(デングン)】しんがりの軍隊。あとぞなえの兵。後軍。

【殿後(デンゴ)】①軍隊のしんがり。あとおさえ。②最も末であること。最下等。

【殿最(デンサイ)】（「最」は上功の意）すぐれた功績とそれほどでもない功績。功績の優劣席次を定めること。

❸ との。貴人・君主の尊称。

【殿下(デンカ)】三后、皇太子、皇族などに対する敬称。

【彀】⇩2232

3934 【毄】 * 3821 殳-10 (3932)【毄】――― 殳-9
ケイ(漢)・カイ(漢)・ケキ(漢)・ゲキ(慣)/jī·jì/
字解 会意。殳（うつ）＋軎（車軸のさき）。車軸がぶつかりあう意。
同属字 擊（撃）・繫

【榖】⇩3682 【穀】⇩5486

3935 【毆】 6156 5D58 9F77 殳-11
オウ 「殴」(3919)の旧字

3936 【毅】 2103 3523 8B42 殳-11 人
ギ(漢)・キ(慣)/yì/つよい・つよし・たけし
字解 形声。殳＋豙（毛をたてたイノシシ）(声)。なぐってイノシシを怒らせる、怒る意。また、さかんに怒ることから、つよい意を表す。
意味 ❶いかる。おおいにいかる。❷しっかりしているさま。動じないさま。意志のつよいさま。『毅然』『毅勇』『剛毅』→下接。
下接 果毅(カキ)・剛毅(ゴウキ)・豪毅(ゴウキ)・沈毅(チンキ)・猛毅(モウキ)・勇毅(ユウキ)
【毅然(キゼン)】意志が強く動じないさま。
【毅勇(キユウ)】強くて勇気があること。

【穀】⇩5493 【糓】⇩5831 【縠】⇩6026
【觳】⇩7403 【轂】⇩7977

80 毋（母）部 なかれ（はは）

毋は、もと母と同形で、篆書以来両点が一になった。借りて、無の意に用いる。毋部には、母毋のほか毋の形をもつものを収めるが、これらは禁止の意にはかかわらない。

金文

篆文

毋◆ 毋 毌 ① 母
毋▬ ② 毎 ③ 毎 ④ 毒
毋▌ ⑨ 毓
毋 ◆

3937 【毋】 6157 5D59 9F78 毋-0
ム(呉)・ブ(漢)/wú/なかれ・ない・なし
字解 部首解説を参照。
意味 ❶なかれ。…してはいけない。禁止を示す。「無」「勿」「莫」に同じ。*論語-先進「以吾一日長乎爾、毋吾以也（わがイチジツなんじよりチョウぜるをもって、われをもってするなかれ）」（＝私がおまえたちよりいくらか年長だからといって、遠慮することはない）」 ❷なし。ない。否定を示す。「無」に同じ。*論語-子罕「毋意、毋必、毋固、毋我（イなく、ヒツなく、コなく、ガなし）」（＝（孔子は）私意で物事を推し測る、無理押しする、固執する、我を張るの四つをすっかりなくされていた）」
【毋望之福(ブボウのフク)】望みもしなかった幸福。もっけの幸い。

3938 【毌】 * 3823 毋-0
カン（クヮン）(漢)/guàn/
字解 象形。穴をあけてひもなどをつらぬき通したさまに象り、つらぬく意。貫の原字。甲骨文でたてにつらぬいたのが、篆文以後、横になった。

甲骨文

金文

篆文

3939 【母】 4276 4A6C 95EA 毋-1 常2
モ(呉)・ボ(漢)/mǔ/はは・おかあさん
筆順 母 母 母 母 母
字解 象形。乳房のある女性、子を生み育てるははの意。もと毋（なかれ）と同じであったが、区別のため母は両点

心（⺗・忄）戈戸（戸）手（扌）支攴（攵）
4画
文斗斤方无（旡・无）日曰月木欠止歹（歺）殳毋比毛氏气水（氺・氵）火（灬）爪（⺥・爫）父爻（㸚）爿（丬）片牙（牙）牛犬（犭）

心(⺗・忄)戈戸(戶)手(扌)支攴(攵) 4画 文斗斤方旡(无・旡)日曰月木欠止歹(歺)殳毋比毛氏气水(氺・氵)火(灬)爪(爫・⺥)父爻(㸚)爿(丬)片牙(牙)牛犬(犭)

甲骨文

金文

篆文

を保存した。また隷書以来、女と同様、上体を立てたもとの形が横になった。

[同属字] 毎(毎)・苺・姆・拇

[参考] 万葉仮名では音を借りて「も」。

[意味] ❶はは。㋑ははおや。『母系』『母性』『実母』㋺親族で母親に近い年輩の女性。『季母』『伯母』㋩老女。『漂母(ヒョウボ)』❷もと。㋑物事のもととなるもの。『母音』『酵母(コウボ)』㋺帰るべきところ。本拠。『母港』『空母』㋩生まれ育ったところ。㋥出身。『母校』『母国』㋭もとで。元金。『母銭』❸おやゆび。母指。❹あて字、熟字訓など。『母衣(ほろ)』『雲母』

❶ はは。

[下接] ㋑亜母(アボ)・阿母(アボ)・異母(イボ)・王母(オウボ)・義母(ギボ)・継母(ケイボ—ままはは)・賢母(ケンボ)・後母(コウボ)・国母(コクモ)・実母(ジツボ)・慈母(ジボ)・丈母(ジョウボ)・庶母(ショボ)・生母(セイボ)・聖母(セイボ)・祖母(ソボ)・嫡母(チャクボ)・同母(ドウボ)・仏母(ブツモ)・父母(フボ)・保母(ホボ)・養母(ヨウボ)・孟母三遷(モウボサンセン)／乳母(うば—めのと) ㋺季母(キボ)・従母(ジュウボ)・叔母(シュクボ—おば)・伯母(ハクボ—おば)

【母儀(ボギ)】①母たるものの手本。②ははぎみ。母堂。

【母兄(ボケイ)】同じ母から生まれた兄。同腹の兄。

【母系(ボケイ)】母の血統。母方(ははかた)。また、家系が母方の系統で相続されること。↔父系。『母系家族』

【母権(ボケン)】①母の権利。↔父権。②家庭内での母の支配権。また、母系の家族制度。↔父権

【母后(ボコウ)】皇太后。天子の母である先帝の皇后。

【母子(ボシ)】母と子。母児。『母子家庭』

【母氏(ボシ)】母を敬っていう語。母上。

【母性(ボセイ)】母親としての本能的な性質。↔父性

【母体(ボタイ)】母親の身体。↓❷

【母胎(ボタイ)】母親の胎内。↓❷

【母弟(ボテイ)】同じ母から生まれた弟。同腹の弟。

【母党(ボトウ)】母方の親類。

【母堂(ボドウ)】他人の母親の敬称。母上。母君。

❷ もと。

[下接] 空母(クウボ)・酵母(コウボ)・字母(ジボ)・仏母(ブツモ)・分母(ブンボ)

【母音(ボイン—ボオン)】呼気が声帯でふるえを帯び、口腔(コウコウ)の形によって変化して生ずる音。現代日本語では、ア・イ・ウ・エ・オの五つが区別される。↔子音(シイン)

【母語(ボゴ)】[国]①幼児期に最初に獲得した言語。母国語。②同じ系統の諸言語の源である言語。祖語。

【母校(ボコウ)】自分が学び、卒業した学校。出身校。

【母国(ボコク)】自分が生まれた国。主として海外にいて自分の本国を指して用いる。祖国。

【母川(ボセン)】海から川にさかのぼって産卵する魚が、産卵の場所とする河川。

【母銭(ボセン)】①もときん。元金。②銭貨を鋳造するに当たり、鋳型を作るときに用いる銭貨の模型。

【母胎・母体(ボタイ)】分かれた組織、思考などのもととなるもの。↓❶

【母斑(ボハン)】先天的に皮膚にある斑紋の総称。ほくろ、そばかす、あざなど。

❹ あて字、熟字訓など。

[下接] 雲母(ウンモ—きら)・水母(スイボ—くらげ)・九年母(クネンボ)・頼母子(たのもし)・蚊母鳥(よたか)・安母尼亜(アンモニア)・鬼子母神(キシモジン—キシボジン)

【母子草(ははこぐさ)】キク科の越年草。春の七草の一。ごぎょう。

【母衣(ほろ)】昔、軍陣で、よろいの背にかけて用いた袋状の布。流れ矢を防ぎ、存在明示の標識にもした。

[難読地名] 母衣月山(ほろづきやま)(北海道)

毌

【貫】⇩7690

毋

3940 【毎】 4372 4B68 9688 毋－2 [常]2　(3941)【毎】 毋－3 旧字[人]

マイ(呉)・バイ(漢)/měi/ごと・つね

[筆順] ノ 毎 毎 毎 毎 毎

[字解] 毎は、毎の略体。毎は象形。髪飾りをつけた女性のさまに象る。借りて、「つねに」の意に用いる。

甲骨文

金文

篆文

[同属字] 苺・敏(敏)・侮(侮)・悔(悔)・海(海)・晦・梅(梅)・誨

[参考] 万葉仮名では音を借りて「べ[乙]」「め[乙]」。

[意味] ❶つねに。いつも。*十八史略-東漢「毎自比二管仲・楽毅一(つねにみずからカンチュウ・ガクキにヒす)〔=(諸葛亮は)常々自分を管仲や楽毅になぞらえていた〕」❷ごとに。たびごとに。*史記-廉頗藺相如伝「相如毎二朝時一、常称レ病、不レ欲下与二廉頗一争上レ列(ショウジョ チョウするときごとに、つねにやまいとショウして、レンパとレッをあらそうことをほっせず)〔=藺相如は朝廷に出仕するたびに、いつも病気といつわって、廉頗と朝廷での席次を争うことを避けた〕」

【毎次(マイジ)】そのたびごと。毎回。

【毎事(マイジ)】すべての事柄。また、事のあるたび。

【毎度(マイド)】①そのたびそのたび。②いつも。

【毎日(マイニチ)】日ごと。ひび。

【毎毎(マイマイ)】①そのたびそのたび。いつも。②暗いさま。

3942 【毒】 3839 4647 93C5 毋－4 [常]4

ドク(呉)・トク(漢)/dú・dǔ

[筆順] 毒 毒 毒 毒 毒 毒

[字解] 会意。もと、屮(くさ)＋毐(淫(みだ)ら、または人の行いをそこなうもの)。人をそこなう植物から、どく・そこなう意。

[同属字] 纛

[意味] ❶どく。肉体を害し、生命を危うくするもの。『毒殺』『毒草』*柳宗元-捕蛇者説「安敢毒耶(いずくんぞあえてドクとせんや)〔=どうして苦痛だなどと思ったりしようか〕」❷そこなう。相手を傷つける。わるい。また、災い。『毒舌』『惨毒(サンドク)』❸ひどい。たいへん。『毒悪』『毒暑』❹にくむ。うらむ。『怨毒(エンドク)』❺そだつ。そだてる。『亭毒(テイドク)』

❶ どく。

[下接] 炎毒(エンドク)・煙毒(エンドク)・害毒(ガイドク)・劇毒(ゲキドク)・解毒(ゲドク)・鉱毒(コウドク)・蠱毒(コドク)・死毒(シドク)・消毒(ショウドク)・胎毒(タイドク)・丹毒(タンドク)・中毒(チュウドク)・鴆毒(チンドク)・蠹毒(トドク)・梅毒(バイドク)・黴毒(バイドク)・病毒(ビョウドク)・服毒(フクドク)・防毒(ボウドク)・無毒(ムドク)・猛毒(モウドク)・薬毒(ヤクドク)・有毒(ユウドク)・余毒(ヨドク)

【毒牙(ドクガ)】毒液を分泌する毒蛇などのきば。↓❷

【毒害(ドクガイ)】毒を飲ませて殺すこと。毒殺。

【毒気(ドクケ—ドッケ—ドッキ)】毒を含んだ気。↓❷

【毒殺（ドクサツ）】毒物、毒薬を使って殺すこと。

【毒死（ドクシ）】毒物によって死ぬこと。

【毒蛇（ドクジャ|ドクへび）】毒腺（ドクセン）、毒牙などを持つヘビの総称。マムシ、ハブ、コブラなど。

【毒酒（ドクシュ）】毒を入れた酒。

【毒瘴（ドクショウ）】悪い病気を起こす山川の悪気。

【毒腺（ドクセン）】ヘビ、サソリなどの、毒液を分泌する外分泌腺の総称。

【毒素（ドクソ）】細菌などの働きでできる毒性の高い物質。

【毒薬（ドクヤク）】生命の危険を招く薬剤。

【毒竜（ドクリョウ|ドクリュウ）】毒をもった竜。

【毒癘（ドクレイ）】人を害する悪い空気。毒気。＊柳宗元－捕蛇者説「呼二嘘毒癘一（ドクレイをコキョす）」〔＝毒気を吸い込む〕

〖以レ毒制レ毒（ドクをもってドクをセイす）〗悪を除くのに悪を利用することをたとえていう。〔普灯録〕

❷ そこなう。相手を傷つける。
【毒牙（ドクガ）】悪辣（アクラツ）な手段。→❶
【毒虐（ドクギャク）】人をそこないしいたげること。
【毒気（ドクケ|ドッケ）】わるぎ。『毒気を含んだ言い方』→❶
【毒手（ドクシュ）】①人を殺そうとする行為。②悪辣（アクラツ）な手段。
【毒刃（ドクジン）】害悪を行う者の持つ刃物。凶刃。
【毒舌（ドクゼツ）】ひどく意地の悪い皮肉。辛辣（シンラツ）な悪口。
【毒婦（ドクフ）】腹黒く、無慈悲なことをする女。

❸ ひどい。たいへん。
【毒悪（ドクアク）】たいへん悪い。凶悪。

【毒暑（ドクショ）】ひどい暑さ。酷暑。

難読姓氏 毒島（ぶすじま）

毋

3943【毓】6158 5D5A 9F79 毋－9
イク「育」(6292)の異体字

81 比部 くらべる

比は、右むきの人を並べた形で、ならぶ、くらべるの意（ヒ）を表す。康熙字典で比部に属するものは少数で、かつ比の意味とは関係のない、図形をもつだけのものである。比の形は鹿部(198)にも脚として現れる。なお、左向きの人を並べた从はしたがうの意味で、人部(9)に属する。

甲骨文

金文
篆文

比 比　⑬ 毚
比 ⑤ 毘　⑥ 毞
比 ⑤ 毗　⑥ 毙

比

3944【比】4070 4866 94E4 比－0 常5
ビ㊥・ヒ㊦／bǐ・bì／くらべる・たぐう・なぞらえる・よそえる・ころ

筆順 比 比 比 比

字解 部首解説を参照。

同属字 屁・庇・昆・毘・琵・妣・批・枇・砒・秕・粃・紕・蚍・豼

参考 万葉仮名では音を借りて「ひ㊙」。平仮名「ひ」、片仮名「ヒ」の字源。

意味 ❶くらべる。たぐえる。㋑ならべてつきあわせる。『比較』『対比』㋺きそう。『比況』『比隆』㋩たとえる。他とくらべて、なぞらえる。『比喩』＊十八史略－東漢「毎自比二管仲・楽毅一（つねにみずからカンチュウ・ガクキにヒす）」〔＝諸葛亮は常々自分を管仲や楽毅になぞらえていた〕㋥「詩経」の六義の一。他の事柄にたとえて気持ちを表現すること。その詩体。❷ならべる。ならぶ。『比肩』『櫛比（シッピ）』『排比（ハイヒ）』❸二つのものをくらべたときの割合。『比重』『比率』『比例』❹同類、同例のもの。仲間。また、親しむ。『比周』『諸比（ショヒ）』『親比（シンピ）』❺ころ。ころおい。このごろ。また、およぶ。およんで。…する時になって。『比年』『比来』＊孟子－梁恵王下「比二其反一也、則凍二餒其妻子一（そのかえるにおよびてや、すなわちそのサイシをトウタイせしむ）」〔＝帰ってくると、（世話を頼んでおいた人が）妻子を凍え飢えさせていた〕❻皮。『皐比（コウヒ）』❼六十四卦の一。䷇。❽「比律賓（フィリピン）」は国名。また、その略。『日比関係』❾人名、あて字など。『比干』『比丘』

❶ くらべる。たとえる。

下接 対比（タイヒ）・方比（ホウヒ）・無比（ムヒ）・類比（ルイヒ）

【比較（ヒカク）】互いにくらべ合わせること。

【比擬（ヒギ）】ひきくらべて、なぞらえること。

【比況（ヒキョウ）】他と比べて、それにたとえること。

【比興（ヒキョウ）】物にたとえて、おもしろく言うこと。比喩（ヒユ）。転じて、おもしろいこと。興あるさま。→❾
【比定（ヒテイ）】他の類似のものと比較して、推定すること。

【比方（ヒホウ）】くらべること。また、たとえること。比喩。

【比喩（ヒユ）】物事の説明に他の物事を借りて表現すること。

【比類（ヒルイ）】くらべ得るたぐい。『比類ない体験』

❷ ならべる。ならぶ。
【比屋（ヒオク）】家が立ち並んでいること。やなみ。
【比肩（ヒケン）】肩を並べること。同等なこと。
【比比（ヒヒ）】どれもこれも。『比々皆是なり』
【比目（ヒモク）】①目を並べること。ひぼく。②（目が一つしかなく、二匹並んで初めて泳ぐことができる魚の意から）カレイ・ヒラメの異名。比目魚。
【比翼（ヒヨク）】①翼を並べること。②「比翼鳥（ヒヨクのとり）」の略。【比翼塚（ヒヨクづか）】情死や後追い心中をした男女を一緒に埋葬した塚。めおとづか。【比翼鳥（ヒヨクのとり）】雌雄がそれぞれ一目一翼で、常に二羽合して飛ぶという想像上の鳥。愛情の深い夫婦にたとえる。〔爾雅－釈地〕→次項。【比翼連理（ヒヨクレンリ）】比翼の鳥と連理の枝。男女が仲むつまじいことのたとえ。男女の深い契り。＊白居易－長恨歌「在レ天願作二比翼鳥一、在レ地願為二連理枝一（テンにありてはねがわくはヒヨクのとりとなり、チにありてはねがわくはレンリのえだとならんと）」〔＝天上にあっては比翼の鳥となり、地上にあっては連理の枝となっていたいものだ〕
【比隣（ヒリン）】軒を並べる隣家。近隣。＊杜甫－兵車行「生レ女猶得レ嫁二比隣一、生レ男埋二没随百草一（ジョをうまばなおヒリンにカせしむるをうるも、ダンをうまばマイボツしてヒャクソウにしたがう）」〔＝女の子を生めば隣近所に嫁にやれましょうが、男の子を生んだりしたら、地中に埋めて、草のはえてくる所にくちはてるだけだ〕

❸ 二つのものをくらべたときの割合。

下接 逆比（ギャクヒ）・等比（トウヒ）・三角比（サンカクヒ）・百分比（ヒャクブンヒ）

心（小・忄）戈戶（戸）手（扌）支攴（攵） 4画 文斗斤方无（旡・无）日曰月木欠止歹（歺）殳毋比毛氏气水（氺・氵）火（灬）爪（爫・⺤）父爻（㸚）爿（丬）片牙（牙）牛犬（犭）

【比重】ジュウ 1ある物質の質量と、それと同体積の標準物の質量との比。2他と比較したときの、重要さや占める大きさの程度。
【比熱】ネツ ある物質一グラムの温度を摂氏一度上げるのに要する熱量。
【比率】リツ 二つ以上のものを比べた割合。比。
【比例】レイ 1二つの数・量の割合が、他の二つの数・量の割合に等しいこと。2一方の量などの変化に応じて、他方の量などが変化すること。『正比例』『比例代表制』

❹ 同類、同例のもの。仲間。また、親しむ。

【比周】シュウ 1私心ある友情と真の友情。＊論語-為政「君子周而不ㇾ比、小人比而不ㇾ周（クンシはシュウしてヒせず、ショウジンはヒしてシュウせず）」〔＝君子は人々とあまねく公平に親しむが、利害や感情によって都合のよいものとだけ親しむことはない。小人は都合のよいものとだけ親しむが、あまねく親しむことはない〕」2（1が、悪い方の意味に使われることが多いところから）悪い目的をもってぐるになること。
【比附】フ つき従うこと。また、近づき親しむこと。

❺ ころ。このごろ。

【比年】ネン としどし。年々。毎年。比歳。
【比来】ライ このごろ。ちかごろ。近来。

❾ 人名、あて字など。

下接 恵比須(えびす)・甲比丹(カピタン)・金比羅(コンピラ)

【比干】カン 中国、殷の紂王の父方のおじ。紂王の淫暴をいさめたために心臓を裂かれて殺された。箕子・微子とともに殷の三仁といわれる。生没年不詳。
【比興】キョウ 1とんでもないこと。不都合なこと。2あさましいこと。みっともないさま。3とるに足りないこと。そまつなさま。▽❶での意を反語としたもの。→❶
【比丘】ク（梵 bhikṣu の音訳）仏教で、出家して具足戒を受けた男子。転じて、僧をいう。
【比丘尼】クニ（梵 bhikṣuṇī の音訳）出家して具足戒を受けた女子。尼。

難読地名 比布(ぴっぷ)町（北海道）

3945 【毚】＊3825 比-13 サン漢・ザン慣/chán

字解 会意。龟（ウサギに似た青色で大きな獣の象形）＋兔（ウサギの象形）。二羽のウサギが一緒に目もくらむほどすばしっこく走る、すばしっこいウサギの意。

同属字 巉・攙・纔・讒・饞

比 【皆】⇩5097

比 【屁】⇩1855 【庇】⇩2119 【昆】⇩3125

3946 【毘】 4091 487B 94F9 比-5
(3947) 【毘】 比-6
(3948) 【毗】 比-5
(3949) 【毗】 比-6
ビ呉・ヒ漢/pí

字解 毘は毗に同じ。毗は形声。田（＝囟、通気口）＋比（声）。へその意。比に通じて、たすける意に用いる。

参考 「毘」は、万葉仮名では音を借りて「び(甲)」「ぴ(甲)」。

意味 ❶たすける。❷音訳字。『毘沙門天』『毘盧遮那仏』『荼毘(ダビ)』『金毘羅(コンピラ)』

【毘沙門天】ビシャモンテン（毘沙門は、梵 Vaiśravaṇa の音訳）仏教で、四天王の一。北方の守護神。怒りの相を現す。仏法守護、福徳の善神。日本で七福神の一。多聞天(タモンテン)。
【毘盧遮那仏】ビルシャナブツ（毘盧遮那は、梵 Vairocana の音訳）あまねく全宇宙を照らすとされる仏。盧遮那仏。

比 【琵】⇩4756

3948 【毗】 比-5 ヒ「毘」(3946)の異体字

3949 【毗】 比-6 ヒ「毘」(3946)の異体字

82 毛部 け

金文

篆文

毛は、けがむらがって生えているさまで、毛そのものを表す。毛部に属する字は、毛の様子、毛で作ったものなどを表す。

毛 毛 毳
毛 ④ 毟 ⑦ 毫 ⑪ 氂 ⑫ 氅
毛 ⑦ 毬 ⑧ 毱 毯 ⑬ 氈
毛 ⑪ 毵 ⑬ 氈

毛

3950 【毛】 4451 4C53 96D1 毛-0 常2 モウ呉・ボウ漢/máo/け

筆順

字解 部首解説を参照。

同属字 耄・髦・旄・耗

参考 万葉仮名では音を借りて「も」、訓を借りて「け(乙)」。平仮名「も」「ん」、片仮名「モ」の字源。

意味 ❶け。哺乳類(ホニュウルイ)の皮膚をおおう細い糸状のもの。また、けもの。『純毛』『毛皮(けがわ)』❷草木が生えること。生育すること。『二毛作(ニモウサク)』『土毛(ドモウ)』『不毛(フモウ)』❸毛のように、ごく小さく、細いこと。かるい。ごくわずか。『毫毛(ゴウモウ)』❹もう。数の名。㋑長さでは寸の千分の一。㋺重さでは匁の千分の一。㋩比率では割の千分の一。㊁金銭では円の一万分の一。❺国「毛野国(けののくに)」の略。上下に分かれ「上野国(こうずけのくに)」〔＝群馬県〕「下野国(しもつけのくに)」〔＝栃木県〕となった。『上毛高原(ジョウモウコウゲン)』『両毛線』❻人名など。『毛沢東』

❶ け。また、けもの。

下接 陰毛(インモウ)・羽毛(ウモウ)・燕毛(エンモウ)・鵝毛(ガモウ)・換毛(カンモウ)・牛毛(ギュウモウ)・紅毛(コウモウ)・鴻毛(コウモウ)・剛毛(ゴウモウ)・毫毛(ゴウモウ)・根毛(コンモウ)・純毛(ジュンモウ)・植毛(ショクモウ)・吹毛(スイモウ)・旋毛(センモウ)・繊毛(センモウ)・体毛(タイモウ)・脱毛

（ダツモウ）・多毛・短毛・恥毛・発毛・鞭毛・羊毛・鱗毛・亀毛兎角／葦毛・産毛・枝毛・鹿毛・癖毛・栗毛・逆毛・和毛・刷毛・鼻毛・睫毛・眉毛・尨毛・胸毛・腋毛・綿毛

【毛衣（モウイ）】①哺乳動物の体表をおおう毛の総称。②動物の毛皮で作った衣服。けごろも。③鳥の羽毛。

【毛羽（モウウ）】獣の毛と鳥の羽。

【毛穎（モウエイ）】（「穎」は、ほさきの意）筆の異称。

【毛錐（モウスイ）】（錐に似るところから）筆の異称。毛錐子。

【毛毳（モウゼイ）】鳥獣の細くやわらかい毛。にこげ。

【毛氈（モウセン）】獣毛の繊維などを広げ延ばしてフェルトにし、敷物にしたもの。『緋毛氈』

【毛虫（モウチュウ・けむし）】①（モウチュウ）けもの。獣類。②（けむし）鱗翅目に属する昆虫の幼虫で、毛の多いものの俗称。

【毛髪（モウハツ）】人体の毛の総称。特に、髪の毛。

【毛病（モウヘイ）】①馬の毛に悪いくせのあること。②欠点。

〔吹レ毛求レ疵（けをふいてきずをもとむ）〕①小さな過ちも許さず、きびしく探すことのたとえ。〔韓非子-大体〕②物事をあらだてて、そのためにかえって自分の具合が悪くなること。「吹毛の求」ともいう。

❸ ごく小さく、細い。

【毛挙（モウキョ）】①細かいことまで、一つ一つ数えあげること。②重いものを軽く取り扱うこと。〔不レ遑二毛挙一（モウキョにいとまあらず）〕あまりにたくさんあるので細かいことまでいちいち数えきれない。

【毛細血管（モウサイケッカン）】全身にあみのように分布している最も細い血管。

【毛頭（モウトウ）】国毛の先ほども。少しも。いささかも。

❻ 人名など。

【毛奇齢（モウキレイ）】中国、明末・清初の儒学者。字は大可。西河先生と称す。著に「西河全集」。（一六二三～一七一六）

【毛詩（モウシ）】「詩経」の別称。中国、漢初に、「詩経」を毛亨が伝えた毛詩詁訓伝だけが後に伝わったので、この呼称ができた。

【毛嬙（モウショウ）】古代中国で、西施と並び称された美人の名。

【毛沢東（モウタクトウ）】中国の政治家、思想家。湖南省出身。中国共産党の代表的指導者。主な論文に「矛盾論」「実践論」がある。（一八九三～一九七六）

難読地名 毛呂山町（埼玉） 内毛利 難読姓氏 毛馬内

3951 【毳】 6162 5D5E 9F7D 毛－8 セイ漢・ゼイ慣／cuì／むくげ・にこげ・けば

字解 会意。毛＋毛＋毛。多くの密生した毛、むくげの意。

金文 

篆文 

意味 むくげ。にこげ。柔らかい毛。また、それで織った織物。『氈毳』

【毳衣（ゼイイ）】①大夫の着た毛織りの服。②匈奴の着た毛織りの服。

【毳幕（ゼイバク）】匈奴の用いた毛織りの幕。

【毳冕（ゼイベン）】中国、周代、天子が四方の山川の神を祭るとき着用した冠と衣服。

【毳毛（ゼイモウ）】細くて柔らかい毛。にこげ。また、鳥の腹部の柔らかな毛。

毛 8画

［尾］⇩1856

3952 【㲋】 6159 5D5B 9F7A 毛－4 むしる

字解 国字。会意。毛＋少。毛を少なくする、むしる意。

［笔］⇩5601 ［耄］⇩6214

3953 【毫】 6161 5D5D 9F7C 毛－7 ゴウ（ガウ）呉・コウ（カウ）漢／hāo／わずか・すこし

字解 形声。毛＋高省声。細毛の意。

意味 ❶け。細い毛。また、ごくわずかのもの。すこし。『毫末』『毫毛』『一毫』『光毫』『白毫』 ❷筆の穂。筆。『毫楮』『揮毫』『健毫』『短毫』

【毫光（ゴウコウ）】仏の眉間の白毫から発する光線。

【毫端（ゴウタン）】毛のさき。きわめて微細なもののたとえ。

【毫楮（ゴウチョ）】筆と紙。転じて、書くこと。

【毫芒（ゴウボウ）】毛と、のぎ。微細なもの。

【毫末（ゴウマツ）】毛のさき。転じて、きわめて小さいこと、微細なこと。『毫末の疑いもない』

【毫毛（ゴウモウ）】①細い毛。②転じて、きわめてわずかなこと。＊史記-項羽本紀「毫毛不二敢有一レ所レ近（ゴウモウもあえてちかづくるところあらず）」〔＝ほんの少しばかりのものも身に近づけて自分の所有にしようとはしていない〕

【毫釐・毫厘（ゴウリ）】（「釐」「厘」も、ともに細く少ないの意）ごくわずかなこと。〔失二之毫釐一差以二千里一（これをゴウリにしっすればたがうにセンリをもってす）〕最初はわずかの違いでも、終わりには大きな違いとなる。〔史記-太史公自序〕

［髦］⇩9193

3954 【氂】 ＊3835 毛－11 リ漢・ボウ漢・モウ（マウ）慣／lí・máo／こぐま

字解 形声。毛＋犛（からうし）省声。または犛（からうし）＋毛声とも。

意味 ❶ヤクの尾。黒熊。旗、槍などの飾り物とした。❷「氂牛」は「犛牛」に同じ。ヤクのこと。

［麾］⇩9583

3955 【氅】 ＊3837 毛－12 ショウ（シャウ）漢／chǎng

字解 形声。毛＋敞声。旗のはねかざり、また、旗の意。

意味 ❶鳥の羽毛。『鶴氅』 ❷鳥の毛を旗などにつけて飾ったもの。❸鳥の羽毛でできた毛衣。

毛 7画

3956 【毬】 6160 5D5C 9F7B 毛－7 人 キュウ（キウ）漢／qiú／まり・いが・かさ

筆順 

字解 形声。毛＋求（→球、まるいたま）声。毛まりの意。

意味 ❶けまり。まり。『毬杖』『毬子』『打毬』 ❷まりのように丸いもの。『毬果』 ❸いが。木の実を包む、とげの集まった外皮。『毬栗』『松毬』

【毬杖(ギッチョウ)・毬打(ギッチョウ)】 槌の形状の杖に、色糸を加えて飾った玩具。正月の遊戯にこれで毬(まり)を打つ。ぎちょう。ぎっちょうぶりぶり。

【毬果(キュウカ)】 マツやスギなどの球形をした果実。

【毬子(キュウシ)】 けまり。まり。

【毬灯(キュウトウ)】 球形のちょうちん。丸く小さいちょうちん。ほおずきぢょうちん。

3957【毱】 *3831 毛－8 キク㊥/jú/まり
字解 形声。毛＋匊㊥。まり、けまりの意。鞠の通俗体。

3958【毯】 6163 5D5F 9F7E 毛－8 タン㊥/tǎn
字解 形声。毛＋炎㊥。毛織りの敷物。『絨毯(ジュウタン)』

3959【氈】 ━━ 毛－13 セン「氈」(3961)の異体字

毛
［毦］⇩4873 ［毧］⇩5576 ［氂］⇩4631
［毹］⇩5799 ［毵］⇩6229

3960【毿】 *3834 毛－11 サン㊥/sān
字解 形声。毛＋參㊥。毛の長いさま。
【毿毿(サンサン)】 1毛などのふさふさとして長いさま。2細い枝などの垂れ下がるさま。

3961【氈】 6165 5D61 9F81 毛－13 (3959)【氊】 ━━ 毛－13
セン㊤㊥/zhān
字解 形声。毛＋亶(→展、しきのべる)㊥。しきのべる毛のむしろの意。

意味 ❶毛織りの敷物。けむしろ。『氈幄』『毛氈(モウセン)』❷「氈鹿(かもしか)」は動物の名。羚羊(かもしか)。

【氈幄(センアク)】 毛氈(モウセン)のとばり。また、それを張りめぐらした家。転じて、匈奴(キョウド)をさす。氈帳。

【氈褐(センカツ)】 毛織物でつくった衣服。

【氈裘(センキュウ)】 1毛織物と動物の皮でできた衣服。2匈奴(キョウド)。

【氈車(センシャ)】 毛氈(モウセン)をはりまわした車。

【氈城(センセイ・センジョウ)】 (毛氈(モウセン)のとばりを張りめぐらしたもの の意)陣営。また、辺境の城。あるいは遊牧民族の天幕。また、その集落。

83 氏部 うじ

甲骨文 金文 篆文

氏は、柄のついたさじの象形で、一さじ一さじ食物をとりわけるところから、人民の中の個別の血族集団(シ)を表すことになったか。氏部には氏のほか類型の民を収める。

氏◆ 氏 ① 氐 民
氏▮ ④ 氓
氏 ◆

3962【氏】 2765 3B61 8E81 氏－0 常4 シ㊤㊥・ジ㊤・シ㊥/shì・zhī/うじ
筆順 氏 氏 氏 氏
字解 部首解説を参照。
同属字 祇・紙・舐
意味 うじ。㋑古代における、同じ血族、あるいは、擬制血縁の集団。『氏族』『姓氏』㋺家柄、家系。『氏(うじ)より育ち』『源氏(ゲンジ)』㋩姓。名字。『氏名』㋥国名、王朝名の下につける語。『月氏(ゲッシ)』㋭官職名の下につける語。『媒氏(バイシ)』㋬国名字などの下に添えて敬意を表す語。また、単独で代名詞的にも用いる。『氏(シ)の説明によれば』『無名氏』
下接 梓氏(カシ)・舅氏(キュウシ)・算氏(サンシ)・慈氏(ジシ)・諸氏(ショシ)・姓氏(セイシ)・杜氏(トジ・トウジ)・某氏(ボウシ)・母氏(ボシ)・無名氏(ムメイシ)
【氏族(シゾク)】 同じ祖先から出た一族。一つの氏(うじ)に属する人々。うから。やから。『氏族社会』
【氏閥(シバツ)】 家柄。門閥。
【氏名(シメイ)】 名字(ミョウジ)と名。姓と名。名前。

3963【氐】 *3841 氏－1 テイ㊥/dǐ・dī/いたる・たいら
字解 指事。氏(さじ、または刃物)＋一。氏の下部が平面に当たることから、いたる・たいら・低くする意。𢎘は筆法の変化による異体字。
同属字 底・邸・鴟・低・彽・抵・柢・牴・胝・祗・砥・舐・羝・觝・詆
参考 万葉仮名では音を借りて「て」。

3964【民】 4417 4C31 96AF 氏－1 常4 ミン㊤・ビン㊥/mín/たみ
筆順 民 民 民 民 民
字解 象形。針でさした目に象り、目をつぶされた奴隷、支配されたたみの意。
金文 篆文

同属字 罠・岷・泯・眠・緡・愍
参考 万葉仮名では音を借りて「み㊙」。
意味 たみ。一般の人々。統治される人。官位を持たない者。また、道義にくらく学問・教養のない人々。『民間』
*孟子−梁恵王上「若レ民則無二恒産一、因無二恒心一(たみのごときはすなわちコウサンなければ、よりてコウシンなし)」〔=民衆においては、きまった生業がないと、いつも変わらぬ良心を持つことはできないものだ〕
下接 愛民(アイミン)・安民(アンミン)・逸民(イツミン)・佚民(イツミン)・移民(イミン)・遺民(イミン)・下民(カミン)・官民(カンミン)・棄民(キミン)・義民(ギミン)・丘民(キュウミン)・救民(キュウミン)・窮民(キュウミン)・居民(キョミン)・漁民(ギョミン)・愚民(グミン)・県民(ケンミン)・公民(コウミン)・国民(コクミン)・済民(サイミン・セイミン)・細民(サイミン)・在民(ザイミン)・士民(シミン)・市民(シミン)・住民(ジュウミン)・常民(ジョウミン)・烝民(ジョウミン)・植民(ショクミン)・庶民(ショミン)・臣民(シンミン)・人民(ジンミン)・生民(セイミン)・賤民(センミン)・選民(センミン)・賊民(ゾクミン)・村民(ソンミン)・兆民(チョウミン)・町民(チョウミン)・天民(テンミン)・島民(トウミン)・土民(ドミン)・難民(ナンミン)・農民(ノウミン)・万民(バンミン)・貧民(ヒンミン)・富民(フミン)・文民(ブンミン)・平民(ヘイミン)・暴民(ボウミン)・牧民(ボクミン)・遊民(ユウミン)・吏民(リミン)・流民(リュウミン)・良民(リョウミン)・黎民(レイミン)
【民意(ミンイ)】 人民の意志。国民の意見。
【民彝(ミンイ)】 (「彝」は常の道)人の守るべき道。常道。
【民隠(ミンイン)】 (「隠」は痛の意)人民の苦しみ。
【民間(ミンカン)】 1一般庶民の社会。2国公の機関に属さないこと。『民間企業』
【民居ミンキョ】人民の住居。
【民極ミンキョク】人民の守るべき中庸の道。
【民具ミング】国庶民が作り、庶民が日常使った道具。
【民芸ミンゲイ】国庶民の生活の中から発生、伝承された、その地方特有の芸術、工芸。『民芸品』
【民権ミンケン】人民の身体、財産などを保持する権利。また、人民の政治に参与する権利。『自由民権運動』【民権主義ミンケンシュギ】①民権の拡張を目的とする主義。②孫文の唱えた三民主義を構成する一。政治権力の根本は人民にあるとして、政治的平等を説くもの。
【民事ミンジ】①人民のする仕事。農業。〔孟子-滕文公上〕②人民の生活に関すること。③私法上の法律関係に関する事項。↔刑事。『民事訴訟』
【民時ミンジ】人民が農業をする時。農繁期。
【民主ミンシュ】一国の主権が人民にあること。『民主主義』
【民需ミンジュ】民間の需要。↔官需・軍需
【民衆ミンシュウ】一般の人々。庶民。一般大衆。
【民庶ミンショ】人民。多く、一般庶民をいう。
【民情ミンジョウ】①民衆の心情。民心。②国民の実情。
【民心ミンシン】民衆の考えや気持ち。民情。
【民人ミンジン】国家社会を形作っている人々。人民。
【民生ミンセイ】国民の生活、生計。【民生主義ミンセイシュギ】孫文の唱えた三民主義を構成する一。経済的不平等の是正を目的として、社会的平等を説くもの。
【民声ミンセイ】人民の声。社会の世論。
【民政ミンセイ】①人民のための政治。②文官による政治。↔軍政。『民政移管』
【民選ミンセン】国国民が選出すること。↔官選
【民俗ミンゾク】民間の風俗、習慣。民間伝承。『民俗学』
【民族ミンゾク】同じ文化を共有し、生活様態を一にする人間集団。『民族主義』『日本民族』
【民度ミンド】人民の生活の貧富や文明の進歩の程度。
【民徳ミントク】人民の道徳、徳義。
【民表ミンピョウ】人民の規範。手本。
【民部ミンブ】①中国で、後周に設けられた、土地・戸籍・財政等をつかさどる官。唐以後、戸部とする。②国「民部省」の略。令制の八省の一。
【民風ミンプウ】人民の風俗。民間のならわし。
【民福ミンプク】人民の幸福。

【民母ミンボ】①父の正妻。嫡母。②皇后。人民の母の意。

【民氓ミンボウ】人民。♥「民」は土着の民。「氓」は他国からの移民の意。

【民望ミンボウ】世間の人望。世上の人気。衆望。

【民法ミンポウ】①六法の一。私権に関する法の総称。②国明治三一年に施行された、私法の基本法典。民法典。

【民本主義ミンポンシュギ】国「デモクラシー」の訳語の一。大正デモクラシーの指導原理。

【民有ミンユウ】国民間の所有。↔国有・官有・公有
【民謡ミンヨウ】民衆の間から生まれ、生活や感情を盛り込んで歌われる歌。俗謡。俚謡リヨウ。

【民力ミンリョク】人民の経済力や労力。

【民之義たみのギ】人間として当然行うべき道。一説に、民を感化する道理の意とする。＊論語-雍也「務二民之義一、敬二鬼神一而遠レ之たみのぎをつとめ、キシンをケイしてこれをとおざく」〔＝人間として当然行うべき道を行い、祖先の神々を尊敬してあまり深入りしないようにする〕」

【民可レ使レ由レ之、不レ可レ使レ知たみはこれによらしむべし、しらしむべからず】人民は、指導して従わせることはできるが、その道理を説いて理解させることは難しい。また、人民は命令によって従わせればよく、説明する必要はない。〔論語-泰伯〕

【罔レ民たみをあみす】（「罔」は、網に同じ）人民をわざわざ法律の網にかける。＊孟子-梁恵王上「及レ陥二於罪一、然後従而刑レ之、是罔レ民也つみにおちいるにおよびて、しかるのちしたがいてこれをケイするは、これたみをあみするなり」〔＝罪を犯さざるをえないようにしておいて、人民が罪を犯すやいなや罰するのは、民衆をわなにかけているようなものだ〕」

氏

【昬】⇩2038 【昏】⇩3158

氏

3965 【氓】 6166 5D62 9F82 氏-4 ボウ（バウ）漢/méng・máng/たみ

字解 形声。民＋亡（ない、または逃げる）声。愚かなたみ、または他所から逃げてきたたみの意。
意味 たみ。㋑移住民。『民氓ミンボウ』『流氓リュウボウ』㋺庶民。『蒼氓ソウボウ』『村氓ソンボウ』
【氓俗ボウゾク】人民のならわし。民俗。
【氓隷ボウレイ】身分の低い民。賤民。

【祇】⇩5385 【紙】⇩5894 【舐】⇩6483

84 气部 きがまえ

甲骨文 金文 篆文

气は、もと上下二つの水平線の間に一線をおいて、空気または息の流れるさまを象った。後に水蒸気の立ちのぼるさまと解して、気息・水蒸気（キ）を表す。气部には、気を部標として大気の動き、状態などに関するものを収める。

气 气

气 ②気 ④氛 ⑥氤 氣 ⑨氳 ⑩氳

气

3966 【气】 6167 5D63 9F83 气-0 ケ呉・キ漢/qì

字解 部首解説を参照。

气

3967 【気】 2104 3524 8B43 气-2 常1 (3970)【氣】 6170 5D66 9F86 气-6 旧字人
ケ呉・キ漢/qì

筆順

字解 気は、氣の略体。氣は形声。米＋气（水蒸気がたちのぼる形）声。水蒸気・いきの意。もと、气。
同属字 愾・餼
参考 万葉仮名では音を借りて「き㋞」「け㋞」。
意味 ❶空気。水蒸気。気体。また、いき。呼吸。におい。『気圧』『気体』『大気』＊列子-天瑞「亡二処亡一レ気ところとしてキなきはなし」〔＝空気のない所はどこにもない〕」❷天地間に

生じる自然現象。また、そのもとになるもの。万物生成のもととなるもの。また、陰暦で一年を二四分した一期間（一五日）。『気運』『気候』『気象』『磁気』❸様子。けはい。おもむき。『雰囲気』『気色（ケシキ）』『気品』『気風』『活気』❹心や精神のはたらき。㋑意識。感情。きもち。『気苦労』『気丈』『気絶』『正気（ショウキ）』㋺生まれつき持っている性質。『気質』『気性（キショウ）』『短気』㋩心身を動かす根源のはたらき。『気迫』『気力』『元気』『精気』

❶ 空気。気体。いき。におい。

下接 噯気（アイキ・おくび）・噫気（アイキ）・悪気（アッキ）・一気（イッキ）・温気（オンキ）・海気（カイキ）・外気（ガイキ）・換気（カンキ）・寒気（カンキ）・吸気（キュウキ）・空気（クウキ）・口気（コウキ）・香気（コウキ）・呼気（コキ）・山気（サンキ）・湿気（シッキ・シッケ）・臭気（シュウキ）・酒気（シュキ）・蒸気（ジョウキ）・大気（タイキ）・暖気（ダンキ）・地気（チキ）・通気（ツウキ）・熱気（ネッキ）・排気（ハイキ）・風気（フウキ）・浮気（フキ）・噴気（フンキ）・夜気（ヤキ）・嵐気（ランキ）・涼気（リョウキ）・冷気（レイキ）・蜃気楼（シンキロウ）／潮気（しおけ）・湯気（ゆげ）

【気圧（キアツ）】大気の圧力。『高気圧』『低気圧』
【気温（キオン）】大気の温度。『最高気温』
【気化（キカ）】液体が熱を受けて沸騰、蒸発して気体に変化すること。『気化熱』
【気圏（キケン）】地球をとりまく大気が存在する範囲。高度一〇〇〇キロメートルぐらいまでをいう。
【気孔（キコウ）】植物の葉などの表皮にある小さなあな。空気や水蒸気の通路。
【気根（キコン）】茎や幹の部分から生え、空気中に露出している根。→❹
【気息（キソク）】いき。呼吸。→❹【気息奄奄（キソクエンエン）】息も絶え絶えなさま。〔李密-陳情表〕
【気体（キタイ）】流動性があって一定の形を持たない物質。空気、ガスなど。↔固体・液体。『気体燃料』
【気泡（キホウ）】液体または固体中にできた気体のあわ。
【気胞（キホウ）】魚のうきぶくろ。
【気密（キミツ）】外部との気体の流通を防ぎ、気圧の変化の影響を受けないようにすること。『気密室』
【気流（キリュウ）】大気の流れ。『乱気流』

❷ 天地間の自然現象のもとになるもの。

下接 陰気（インキ）・磁気（ジキ）・正気（セイキ）・地気（チキ）・天気（テンキ）・電気（デンキ）・風気（フウキ）・無気（ムキ）・陽気（ヨウキ）・理気（リキ）

【気運（キウン）】気数と運命。時世の成り行き。時勢。
【気候（キコウ）】①一年の季節の推移を示すための期間の単位。時候。気は一年（陰暦）の二四分の一、一五日間。候は七二分の一、五日間。②ある土地の、平均した気温、降水量などの状態。▼数日、数か月といった期間の気象の状態については「天候」、更に短い期間や、ある日、ある時刻の状態については「天気」と言う。
【気象（キショウ）】大気中に生じる物理的な変化や、天気の状態。寒暖、晴雨など天候の状態。『気象庁』→❹
【気数（キスウ）】めぐり合わせ。運命。運勢。
【気節（キセツ）】時節の単位。気候。時候。→❹
【気品（キヒン）】天地間の万物。→❸
【気類（キルイ）】①物と物との間にはたらく目に見えない力の類。②万物。人と物との総称。③似かよった仲間。また、気のあう友。

❸ 様子。けはい。おもむき。

下接 悪気（アッキ）・安気（アンキ）・陰気（インキ）・雨気（ウキ）・運気（ウンキ）・雲気（ウンキ）・快気（カイキ）・怪気（カイキ）・火気（カキ）・活気（カッキ）・奇気（キキ）・鬼気（キキ）・景気（ケイキ）・口気（コウキ）・語気（ゴキ）・殺気（サッキ）・邪気（ジャキ）・秋気（シュウキ）・瘴気（ショウキ）・神気（シンキ）・人気（ジンキ・ひとケ）・瑞気（ズイキ）・疝気（センキ）・素気（ソキ）・俗気（ゾッキ）・稚気（チキ）・風気（フウキ）・氛気（フンキ）・兵気（ヘイキ）・望気（ボウキ）・夜気（ヤキ）・妖気（ヨウキ）・陽気（ヨウキ）・余気（ヨキ）・霊気（レイキ）・和気（ワキ）・雰囲気（フンイキ）

【気韻（キイン）】気品のあるおもむき。風雅なおもむき。風韻。【気韻生動（キインセイドウ）】絵や書などの気品、風格が生き生きと感じられること。画の六法の一つでその第一。古来東洋画の神髄を表すものといわれる。
【気品（キヒン）】国上品な様子。→❷
【気風（キフウ）】ある集団に共通しているおもむき。
【気分（キブン）】国様子。感じ。おもむき。雰囲気。→❹
【気味（キミ）】国そのような様子。傾向。気配。『疲れ気味（ギミ）』→❹
【気色（ケシキ）】国①顔に表れた表情。顔つき。②きざし。兆候。→❹（キショク）
【気配（ケハイ・キハイ）】国①漠然と感覚によってとらえられる物事の様子。②市場の景気や相場の状態。

❹ 心や精神の働き。

下接 意気（イキ）・陰気（インキ）・鬱気（ウッキ）・英気（エイキ）・鋭気（エイキ）・客気（カッキ）・勘気（カンキ）・義気（ギキ）・狂気（キョウキ）・侠気（キョウキ）・驕気（キョウキ）・血気（ケッキ）・元気（ゲンキ）・衒気（ゲンキ）・豪気（ゴウキ）・剛気（ゴウキ）・根気（コンキ）・才気（サイキ）・士気（シキ）・志気（シキ）・正気（ショウキ）・上気（ジョウキ）・辛気（シンキ）・盛気（セイキ）・壮気（ソウキ）・爽気（ソウキ）・体気（タイキ）・惰気（ダキ）・短気（タンキ）・同気（ドウキ）・怒気（ドキ）・人気（ニンキ）・覇気（ハキ）・風気（フウキ）・浮気（フキ・うわキ）・平気（ヘイキ）・本気（ホンキ）・勇気（ユウキ）・陽気（ヨウキ）・悋気（リンキ）・一本気（イッポンギ）・無邪気（ムジャキ）／幼気（いたいけ）・嫌気（いやキ・いやケ）・内気（うちキ）・男気（おとこギ）・堅気（かたギ）・健気（けなげ）・強気（つよキ）・呑気（のんキ）・弱気（よわキ）・悪気（わるギ）

【気宇（キウ・ケウ）】心の広さ。心意気。『気宇壮大』
【気鬱（キウツ）】気がふさぐこと。憂鬱。『気鬱症』
【気鋭（キエイ）】意気込みが鋭いこと。『新進気鋭』
【気炎・気焔（キエン）】盛んな意気。『気炎を上げる』『怪気炎』▼書き換え「気焔→気炎」。
【気概（キガイ）】困難にくじけない強い意志。『必勝の気概』
【気侠（キキョウ）】おとこだて。侠気。
【気位（キぐらい）】自分の品位を保とうとする気持ち。
【気心（キごころ）】その人本来の性質や考え方。
【気骨（キコツ）】信念を貫き通そうとする強い心。気概。
【気根（キコン）】根気。気力。→❶
【気障（キざ）】身なりや言動などが気どっていて嫌みであるさま。▼「きざわり（気障）」の略。
【気質（キシツ・かたぎ）】①（キシツ）気だて。気性。②（かたぎ）職業、環境などに特有の、類型的な気性。『職人気質』『昔気質』【気質之性（キシツのセイ）】朱子学の説で、理念的な純粋至善な性格に対して、個人差、優劣のある現実の性格。〔朱子語類〕
【気性・気象（キショウ）】生まれつきの性質。気立て。
【気丈（キジョウ）】心がしっかりしているさま。
【気丈夫（キジョウブ）】国①気が強くしっかりしている様子。気丈。②心配がないさま。心丈夫。
【気色（キショク）】表に現れた心の内面の様子。また日本語で、気分。『気色をうかがう』『気色が悪い』→❸（ケシキ）
【気随（キズイ）】国自分の気持ち、気分のままに振る舞うさま。【気随気儘（キズイきまま）】わがまま勝手。
【気勢（キセイ）】意気込んでいる気持ち。『気勢をあげる』
【気節（キセツ）】気概と節操のあること。気骨（キコツ）。→❷
【気絶（キゼツ）】国一時的に気を失うこと。
【気息（キソク）】気持ち。気質（キシツ）。→❶
【気迫・気魄（キハク）】激しい気力。強い精神力。
〖気蓋レ世（キはよをおおう）〗意気は世をおおい尽くすほどである。

気力の充実したさま。抜山蓋世バツザンガイセイ。＊史記－項羽本紀「力抜ㇾ山兮気蓋ㇾ世、時不ㇾ利兮騅不ㇾ逝ちからはやまをぬきキはよをおおう、ときリあらずスイゆかず」〔＝私の力は山をも引き抜くほどであり、私の意気は世界をおおい尽くすほどである。しかし時運は私に不利で、愛馬の騅も進もうとしない〕」

【気稟キヒン】人が生まれつき持っている気質。天稟テンピン。
【気分キブン】国心持ち。心地。『気分屋』↓❸
【気味キミ】国感じ。気持ち。『気味が悪い』↓❸
【気脈キミャク】①血液の通う筋道。②気持ちのつながり。『気脈を通じる〔＝ひそかに相互間の連絡を取り合う〕』
【気楽キラク】国苦労や心配がないさま。のんきなさま。『気楽な身分』
【気力キリョク】物事を成し遂げようとする精神の力。気魄キハク。『無気力』
難読地名 気仙けせん郡（岩手）　気仙沼けせんぬま市（宮城）　気高けたか郡・町（鳥取）

3968 【氛】 6168 5D64 9F84 气－4 フン漢／fēn

字解 形声。气＋分（分散する）声。分散する雲気、きの意。

意味 き。㋑空中にただようもの。大気。『氛囲気』『氛埃』『塵氛ジンプン』㋺けはい。特に、不吉なけはい。『氛気』『氛祥』『妖氛ヨウフン』

【氛埃フンアイ】ほこり。
【氛囲気フンイキ】①大気。②場所や人々が作り出している、ある感じ。雰囲気。
【氛氳フンウン】気の盛んなさま。
【氛翳フンエイ】不吉の気。
【氛気フンキ】①雲。もや。②わざわいの気配。悪い気。
【氛祥フンショウ】不吉な気配とめでたい気配。

3969 【氤】 6169 5D65 9F85 气－6 イン漢／yīn

字解 形声。气＋因声。

意味 天地の気の盛んなさま。

【氤氳インウン】万物生成の根源をなす気が盛んなさま。

3970 【氣】 6170 5D66 9F86 气－6 キ 「気」（3967）の旧字

3971 【氳】 ―― 气－9 ウン 「氳」（3972）の異体字

3972 【氳】 ＊3850 气－10 （3971）〔氳〕 ―― 气－9

ウン呉漢／yūn

字解 形声。气＋盈（こもる）声。

意味 気がいっぱいにこもり盛んなさま。『氤氳インウン』

85 水（氺・氵）部 みず

甲骨文

金文

篆文

水は、水の流れるさまを流れのすじとその両側の二つずつの単線または点で象って水（スイ）を表す。水部に属するものは主として、川の名、海、流れのさま、流動する液体、その性質状態等に関する。水の字形は、隷書のころから、中のたて画をはさんで両側の二画がそれぞれ接合するようになり、楷書では全体が四画となった。ただし、字の下部をなすものは、氺のように五画の形を有するものがあり、これを「したみず」とよぶ。また字の左部に用いられるものは、隷書以来氵の三点の形をとるのが例となった。これを「さんずい」とよんで冫部の「にすい」と区別するが、往々両者で混用される字がある。行草では彳とまがうことがある。なお「したみず」は⺗（したごころ）と誤られやすい。

水 水淼①永氷
水 ④沓
水 ②汞③汞⑤泉⑪漿
水 ⑪潁
氺 ②求⑤泰
氺 ⑩滕
氵 ②汁汀氾③汚汚汗汗汔江
汕汜汝汐池汎汢④㳂汪汽沂
汲決沅沍沆汨沙沚沁汭汰沢
沖沈沉沌沛泛汾汶汩汴汳没
沒沐沃沕⑤泆泳沿泱泓河泔
泣況泫沽泗泅沮沼泄泝沱沲
治注注泥沾沺波泊泌泯沸法
泫泙泡泡沫油泪泠⑥洟洩洿
海洄活洎洶洫洪洽洸洚洒洙
洲洵洳浹浄津浅洗浊洮洞派
派洦洋洛流洌洼⑦海浣洽涇
涓浯浤浩浩浚消消浹涉浸浸
洿浙涎涕涂涛涜涅涅浜浮浮
浦浥涌浴浬涖流涙浪⑧淫液
淹淵淵淤涯渇涵淦淇渓淍淆
混淬済淄渋淑淳渚渉淞淌淨
深清清淒淅淺淙涿淡添添淀
淟淘淠淝淼淕涼淩淪淋淚淮
⑨渥渭湮湲淵温渦渮渴渙渠
減湖港港湟渾渣滋湿湫湑渚
湘渫渲湶湊測湛湍渟渧渡湯
湃浇渺渤湓満湎渝游湧湧湔
湾⑩溢溢滃溫滙滑漢溱溪源
溝溝溘滉滈溷滓滋溲準溽溲
溯滄滞溺溺滇滔溏漠溥滂溟
滅溶溜漣滝⑪漪演漚漑漑漢
潅滬滸滾滻漬漆漳滲漸漕漱
滯漲滴滴滌漠漂漫滿漾漓漁
漣滷漏漉漥⑫潰潤澗潟潝澆

心(⺗・⺗)戈戸(戸)手(扌)支攴(攵) 4画 文斗斤方无(旡・无)日曰月木欠止歹(歺)殳毋比毛氏气水(氺・氵)火(灬)爪(爫・爫)父爻(㸚)爿(丬)片牙(牙)牛犬(犭)

潔 潔 潢 潸 澌 澍 澁 潤 潯 潟 潺 潜
潛 潭 潭 潴 澄 澂 潮 潮 澈 潼 潑 潘
澎 澑 潦 澇 ⑬ 澳 澮 澥 激 澠 澡 澤
濁 澹 澱 濃 濆 澪 濂 濊 ⑭ 濶 濠 濟
濕 濡 澀 濬 瀞 濯 濯 濔 濤 濘 濱 濵
濮 濛 ⑮ 瀉 瀋 濺 瀦 瀆 瀑 瀍 瀁 濫
瀏 濾 ⑯ 瀛 瀅 瀚 瀞 濳 瀦 瀕 瀬 瀨
瀝 瀘 瀧 ⑰ 瀟 瀰 瀕 瀹 瀾 瀲 ⑱ 灌
灘 瀼 ⑲ 灔 灕 灑 灘 ㉑ 灝 灞 ㉒ 灣
㉓ 灩 灤 ㉘ 灩

3973

【水】

水 [常]1 スイ[呉][漢]／shuǐ／みず・み・み な

3169 3F65 9085 水－0

[筆順] 水 水 水 水

[字解] 部首解説を参照。

[参考] 万葉仮名では訓を借りて「み[甲]」。

[意味] ❶みず。㋑物質としての水。『水圧』『水洗』『水分』『温水』『節水』 ㋺水状のもの。液体一般。『水銀』『水晶』『香水』『羊水』 ㋩水のような形質のもの。『水鉛』『水晶』 ㊁元素の一。水素。『水爆』 ❷自然の中にある(大量の)水。また、川、湖、海など水の多くある所。㋑おおみず。『水害』『洪水』 ㋺水の多くあるところ。川、湖、海など。『行雲流水』『水域』『水運』『水郷』 ㋩中国で、川の名。『渭水』『易水』『湘水』 ⇓[表] ❸五行の一。方位では北、四季では冬、五音では羽、五星では辰星(水星)、十干では、壬と癸。また、日本で七曜の一。『水星』『水徳』『水曜』 ❹書名。『水経』『水滸伝』 ❺あて字、熟字訓など。『水母』『水引』

❶みず。みずのようなもの。水状のもの。

[下接] 悪水・一水・引水・淫水・雨水―あまみず・塩水―しおみず・汚水・温水・海水・火水・活水・汽水・吸水・汲水・給水・供水・胸水・行水・経水・軽水・下水・原水・香水・硬水・鉱水・散水・重水・純水・小水・上水・浄水・薪水・沈水・神水・井水・清水―しみず・尺水・節水・耐水・脱水・炭水・淡水・断水・注水・貯水・泥水・天水・導水・軟水・配水・排水・廃水・白水・破水・氷水―こおりみず・瓶水・放水・風水・腹水・覆水・噴水・法水・豊水・防水・無水・名水・湧水・用水・羊水・利水・緑水・冷水・霊水・漏水・昇汞水・蒸留水・曹達水・地下水・竜吐水・我田引水／添水・手水・礬水・主水など

【水圧】スイアツ 水が、水中の物質に及ぼす圧力。

【水衣】スイイ [国]1 水くみや水仕事のとき着る衣。2 紗などの薄地を用いた直垂の一種。みずごろも。↓❷

【水盂】スイウ 水を入れる容器。水入れ。

【水鉛】スイエン 金属元素の一。記号Mo モリブデン。

【水甕】スイオウ―みずがめ 飲み水などを貯えておくかめ。

【水火】スイカ 1 水と火。2 非常に仲が悪いたとえ。↓❷

【赴二水火一】スイカにおもむく 水や火に向かって進む。危険をおかすことのたとえ。〔史記-孫子呉起伝〕

【水干】スイカン [国]1 水張りにして干した絹。2 1で作った狩衣の一種。

【水銀】スイギン 常温で液状の唯一の金属。元素記号Hg 有毒。『水銀寒暖計』『水銀柱』

【水耕】スイコウ 土の代わりに養分を溶かした水溶液を使って植物を育てること。

【水彩】スイサイ 水で溶く絵の具で彩色すること。『水彩画』

【水質】スイシツ 水に含まれる物質の質的および量的な性質。

【水腫】スイシュ 体の組織のすきまや体腔中に組織液、リンパ液が多量にたまっている状態。

【水準】スイジュン 1 水を使って、土地が平らかどうかを測る道具。水準器。2 標準。レベル。『文化水準』

【水晶・水精】スイショウ 透明な石英の結晶。普通六角柱状で、ガラス光沢を持つ。【水晶体】スイショウタイ 瞳孔および虹彩のすぐ後方にある凸レンズ状の透明体。

【水漿】スイショウ 飲用とするもの。飲料。*白居易-琵琶行「銀瓶乍破水漿迸(ギンペイたちまちやぶれてスイショウほとばしる)〔=突然、銀のかめがわれてその中の液体がほとばしる〕」

【水蒸気】スイジョウキ 水が蒸発してできた気体。蒸気。

【水性】スイセイ 水に溶けやすい性質。水溶性。

【水洗】スイセン 水で洗うこと。水で洗い流すこと。

【水素】スイソ 最も軽い気体元素。元素記号H 無色、無味、無臭の気体。

【水大】スイダイ 仏語。万物を構成する元素である四大または五大の一。

【水滴】スイテキ 1 水のしずく。2 すずりに使う水を入れておく容器。水さし。

【水痘】スイトウ ウイルスによって起こる子供の感染症。全身に小さな水疱が多数でる。みずぼうそう。

【水道】スイドウ 飲料水、または下水を引く道・施設。↓❷

【水嚢】スイノウ 1 水をきるための篩。みずぶるい。みずこし。2 ズック製の携帯用バケツ。

【水爆】スイバク [国]「水素爆弾」の略。水素の熱核融合を起こさせ、そのとき発生するエネルギーを用いた爆弾。

【水盤】スイバン 盆石、生け花などに用いる、底が平らで浅い陶製または金属製の器。

【水肥】スイヒ―みずごえ 液状の肥料。液肥。

【水分】スイブン 含有する水の量。みずけ。

【水泡】スイホウ―みなわ 1 水のあわ。水沫。2 (スイホウ) 実質がないこと、はかないことのたとえ。『水泡に帰する〔=努力がむだになる〕』

【水疱】スイホウ 表皮の下にできる、漿液を含む発疹。

【水墨】スイボク 1 水と墨。2「水墨画」の略。主として墨の濃淡によって描く絵。

【水沫】スイマツ 1 水のあわ。2 みずしぶき。飛沫。

【水蜜】スイミツ モモの一品種。甘くて水分の多いモモ。

【水脈】スイミャク 地下水の流れる道筋。↓❷

【水溶】スイヨウ 水に溶けること。『水溶液』

【水力】スイリョク 水のエネルギーを利用して得られる動力。

【水輪】スイリン 仏語。1 四輪の一。大地の下にあって世界を支えているという四個の大輪の一つ。世界地層の下底。2 物質構成の要素である地、水、火、風、空の五大を円輪に擬していう、五輪の一。

【水冷】スイレイ 機械などを水で冷却すること。↔空冷

【水漏】スイロウ 水時計。

【水随二方円器一】みずはホウエンのうつわにしたがう 水は、容器の形体によって変形する。人民が善良であるか否かは、君主の善悪に左右されることのたとえ。また、友人の善悪に人

は左右されやすいことのたとえ。〔実語教〕

【以ㇾ水投ㇾ石（みずをもっていしにトウず）】水を石にかける。少しの効果もないことのたとえ。〔李康‐運命論〕

❷ 自然の中にある（大量の）水。

下接 ㋑㋺溢水（イッスイ）・雲水（ウンスイ）・淵水（エンスイ）・遠水（エンスイ）・河水（カスイ）・渇水（カッスイ）・冠水（カンスイ）・潤水（カンスイ）・灌水（カンスイ）・喫水（キッスイ）・曲水（キョクスイ）・渠水（キョスイ）・決水（ケッスイ）・行水（コウスイ）・江水（コウスイ）・洪水（コウズイ）・湖水（コスイ）・山水（サンスイ）・止水（シスイ）・秋水（シュウスイ）・入水（ジュスイ）・出水（シュッスイ）・春水（シュンスイ）・浸水（シンスイ）・進水（シンスイ）・静水（セイスイ）・積水（セキスイ）・泉水（センスイ）・潜水（センスイ）・送水（ソウスイ）・増水（ゾウスイ）・疎水（ソスイ）・大水（タイスイ—おおみず）・濁水（ダクスイ）・池水（チスイ）・治水（チスイ）・着水（チャクスイ）・潮水（チョウスイ）・天水（テンスイ）・背水（ハイスイ）・分水（ブンスイ）・碧水（ヘキスイ）・離水（リスイ）・流水（リュウスイ）・領水（リョウスイ）・分水嶺（ブンスイレイ）・明山紫水明（サンシスイメイ）・一衣帯水（イチイタイスイ）・行雲流水（コウウンリュウスイ）・明鏡止水（メイキョウシスイ） ㋩渭水（イスイ）・潁水（エイスイ）・易水（エキスイ）・漢水（カンスイ）・涇水（ケイスイ）・泗水（シスイ）・洙水（シュスイ）・湘水（ショウスイ）・漳水（ショウスイ）・瀟水（ショウスイ）・済水（セイスイ）・汜水（ハンスイ）・淝水（ヒスイ）・濮水（ボクスイ）・洛水（ラクスイ）・雒水（ラクスイ）・藍水（ランスイ）・淮水（ワイスイ）

水（スイ）	川（セン）	河（カ・ガ）	江（コウ）
河水	川水	河川	江河
川やみずうみ。 水流 水上 水源 泉水 山水 大水	かわ。 川流 川上 川源 川沢 山川 大川	大きな川や水路。また特に、黄河。 河流 河上 河源 河海 山河 大河	大きな川。また特に、長江。 江流 江上 溯江 江海 江山 大江

【水衣（スイイ）】水藻（みずも）。また、青いこけ。青苔（セイタイ）。→❶

【水位（スイイ）】川、ダムなどの水面の基準面からの高さ。

【水域（スイイキ）】水面上の区域。『危険水域』

【水陰（スイイン）】川の南岸。▽川の南を陰、北を陽とする。

【水運（スイウン）】水路による交通または運送。↔陸運

【水雲（スイウン）】①水と雲。転じて、大自然。②流水や雲のように漂泊すること。行脚（アンギャ）すること。雲水。→❺（もずく）

【水泳（スイエイ）】水の中を泳ぐこと。

【水駅（スイエキ）】水上交通の宿場。ふなつきば。

【水煙・水烟（スイエン）】①水面にたちこめる霧。②塔の九輪の上部にある火炎形の装飾。▽②は火の形を忌み、同時に火を調伏する縁起からいう。

【水火（スイカ）】洪水と火災。水におぼれ、火に焼かれるようなひどい苦しみ。→❶

【水花（スイカ）】①うき草。②ハスの花の別称。水華。

【水禍（スイカ）】洪水などによる災害。また、水におぼれて死んだりするわざわい。

【水涯（スイガイ）】水のほとり。みずぎわ。

【水客（スイカク）】①船頭。漁夫。水夫。②水路を行く旅客。

【水閣（スイカク）】水辺の高殿（たかどの）。

【水旱（スイカン）】洪水と日照り。

【水患（スイカン）】洪水による災害。水害。

【水檻（スイカン）】池や湖などの水に臨んだ欄干（ランカン）。

【水脚（スイキャク）】①水運の費用。②船体が水中に沈む深さ。船あし。

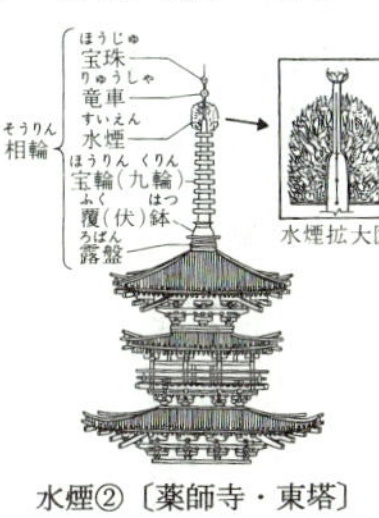

水煙②〔薬師寺・東塔〕

【水牛（スイギュウ）】ウシ科の哺乳（ホニュウ）類。角（つの）は三日月形で大きい。水浴を好む。

【水魚（スイギョ）】水と魚。【水魚之交（スイギョのまじわり）】水と魚のようにきってもきれない親密な交際のたとえ。＊蜀志‐諸葛亮伝「孤之有二孔明一、猶二魚之有一ㇾ水也（コのコウメイあるは、なおうおのみずあるがごときなり）〔＝私（劉備）に諸葛孔明がいるのは、ちょうど魚に水があるようなものだ〕」

【水郷（スイキョウ—スイゴウ）】①水のほとりにある里。②国湖や川の美しい地帯。

【水鏡（スイキョウ）】①水面に物の影が映って見えること。②（水がありのままに物の姿を映すところから）物事をよく観察し、その真状を見抜き、人の模範となること。③月の異称。〔謝荘‐月賦〕

【水曲（スイキョク）】①水の流れのまがったところ。②水ぎわ。

【水禽（スイキン）】水辺で生活する鳥類の総称。みずとり。

【水軍（スイグン）】水上での戦いをする軍隊。

【水系（スイケイ）】その川の流れの系統。『利根川水系』

【水鶏（スイケイ）】かじか。カエルの一種。→❺（くいな）

【水月（スイゲツ）】①水と月。②水面に映る月影。また、万物には実体がなく、空であることのたとえにも用いる。

【水源（スイゲン）】川などの水が流れ出てくるもと。＊陶潜‐桃花源記「林尽二水源一、便得二一山一（はやしスイゲンにつき、すなわちイチザンをえたり）〔＝林が水源で尽きると、一つの山があった〕」

【水光（スイコウ）】水面のひかり。＊蘇軾‐前赤壁賦「水光接ㇾ天（スイコウテンにセッす）〔＝月光に輝く水面は大空に接して一色となっている〕」

【水行（スイコウ）】①水上をわたること。舟で進むこと。②水の流れ。

【水閘（スイコウ）】①用水の水量を調節する弁に類似した設備。②潮汐差による水面の上下を遮断する水門。③運河、河川などで水位差のある水域を結ぶときに設ける水門。

【水国（スイコク）】水辺の土地。また、川や湖などの多い国。

【水根（スイコン）】水生植物が水中に出す根。

【水災（スイサイ）】①洪水など水による災害。水害。②仏語。世界の破滅するときに起こる大三災の一。大水害によって第二禅天まで流出するという。

【水際（スイサイ—みずぎわ—みぎわ）】①陸地が海や川などの水に接する所。②物事が本格的に始まる直前。

【水産（スイサン）】海、川、湖、沼などの水中から産すること。

【水死（スイシ）】水におぼれて死ぬこと。溺死（デキシ）。『水死者』

【水師（スイシ）】①水上で戦う軍隊。水軍。②船頭。水手（かこ）。

【水次（スイジ）】水路の宿駅。水駅。

【水榭（スイシャ）】水辺に構えた高殿（たかどの）。水亭。

【水手（スイシュ—かこ）】船を操る人。船乗り。水夫。

【水宿（スイシュク）】①舟の停泊する所。水駅。②舟の中に宿ること。また、水辺に宿ること。③水中に住むこと。

【水上（スイジョウ—みなかみ）】㊀（スイジョウ）①水のほとり。水辺。②水のうえ。水の表面。↔陸上。㊁（みなかみ）川の上流。

【水色（スイショク）】海、川、湖などの景色。『水色山容』

【水食・水蝕（スイショク）】雨水や流水が、地盤や岩石などを次第に削ってゆくこと。▽書き換え「水蝕→水食」。

【水心（スイシン—みずごころ）】㊀（スイシン）河や湖の中央の部分。㊁（みずごころ）①水泳の心得。②「魚心（うおごころ）あれば水心」は、相手の態度によってこちらの態度も決まることをいう。▽㊁②は「魚、心あれば水、心あり」が正しい形。

【水神（スイジン）】水をつかさどる神。水の神。

【水生・水棲（スイセイ）】水中に生えること。水中に棲息（セイソク）すること。↔陸生。『水生植物』

【水勢（スイセイ）】水の流れる勢い。

【水精（スイセイ）】水の精。月をいう。→❶（スイショウ）

【水仙（スイセン）】①水中の仙人。水の神。②ヒガンバナ科の

多年草。早春、花をつける。
【水草】スイソウ/みずくさ 水中または水辺に生える草。
【水葬】スイソウ 死体を、河や海の水中に葬ること。↔土葬
【水族】スイゾク 水中にすむ動物の総称。水生動物。
【水村】スイソン 水辺の村。水郷地帯の村。＊杜牧-江南春「水村山郭酒旗風スイソンサンカクシュキのかぜ」（＝水辺の村にも山ぞいの村にも、酒屋ののぼりが春風にはためいている）」
【水損】スイソン 水害によってこうむる損失。
【水沢】スイタク 低地に水がたまり、水草が生えている湿地。
【水獺】スイダツ 「カワウソ（獺）」の漢名。
【水鳥】スイチョウ/みずとり 水上や水辺で生活するとり。水禽スイキン。
【水亭】スイテイ 水上または水ぎわに設けたあずまや。
【水程】スイテイ 水路の行程。船路ふなじ。
【水天】スイテン ①水と天。また、水に映る天。②仏語。密教で、十二天・八方天の一。水をつかさどる竜神で、西方を守護する神。【水天彷彿・水天髣髴スイテンホウフツ】沖合の水面と空とが、ひと続きになって水平線の見分けがつかないこと。〔頼山陽-泊二天草洋一〕
【水田】スイデン/みずた 水を引き入れてイネなどをつくる耕地。
【水殿】スイデン 水辺に建てられた御殿。
【水道】スイドウ ①水が流れる道筋。水路。②海峡。「豊後ブンゴ水道」↓❶
【水難】スイナン 洪水、難船など、水を原因とする災難。
【水伯】スイハク 水をつかさどる神。川の神。水神。
【水豹】スイヒョウ 「アザラシ（海豹）」の異名。
【水浜】スイヒン 水のほとり。みずぎわ。
【水蘋】スイヒン 水面に浮かんで生えている草。うきくさ。
【水夫】スイフ/かこ 船乗り。↔水手スイシュ
【水府】スイフ ①水神が住んでいるという想像上の都。水中の都。②国日本の茨城県水戸市の別名。↓❸
【水複】スイフク 川の流れが複雑に入り組むこと。＊陸游-遊二山西村一「山重水複疑レ無レ路サンチョウスイフクみちなきかとうたがう」（＝山が重なりあい、川の流れが複雑で道が行き止まりになっているかと思うほどだ）」
【水平】スイヘイ ①水面のように平らなこと。「水平線」②地球の重力の方向と直角な方向。↔垂直。「水平飛行」
【水兵】スイヘイ 海軍の兵士。「水兵服」
【水辺】スイヘン/みずべ 水のほとり。みずぎわ。
【水防】スイボウ 水害を防御し、被害を少なくすること。
【水脈】スイミャク/みお 国船の通り道。↓❶

【水明】スイメイ 清らかな水が日の光などではっきりと澄んで見えること。「山紫水明」
【水門】スイモン/みなと ①（スイモン）水量を調節するために、川や貯水池などに設けた門。②（みなと）河海の水の出入り口。
【水利】スイリ ①灌漑カンガイ、飲用などに水を利用すること。「水利権」②水上運送に便利なこと。
【水陸】スイリク 水上と陸上。「水陸両用」
【水流】スイリュウ 水が流れること。川。
【水竜】スイリュウ ①水の中に住む竜。転じて、水の神。②戦船いくさぶねをいう。
【水練】スイレン 水泳の練習。「畳の上の水練（＝実際の役には立たないことのたとえ）」
【水簾】スイレン （水の簾すだれの意）滝。
【水路】スイロ ①用水を送るみち。送水路。②船の通るみち。航路。
【水楼】スイロウ 水辺の楼閣。水ぎわに建てられている高殿。
【水潦】スイロウ ①大雨。大水。②みずたまり。
【水清無二大魚一みずきよければタイギョなし】水があまり澄んでいると、隠れ場所がなくて魚はそこにすまない。人もあまり厳格すぎると、かえって人はなつかないというたとえ。水清ければ魚棲すまず。〔後漢書-班超伝〕
【水無月】みなづき/みなつき 陰暦六月の異称。♥「な」は本来「の」の意で、「水の月（田に水を引く月）」の意という。

❸ 五行の一。また、日本で七曜の一。
【水星】スイセイ 太陽に最も近い惑星。小惑星を除いた九惑星中最も小さい。辰星シンセイ。
【水徳】スイトク 五行の中の水に応じた王者の徳。
【水府】スイフ 星の名。オリオン座にある星。↓❷
【水曜】スイヨウ 国一週間に七曜を割り当てた、日曜から数えて第四番目の日。水曜日。

❹ 書名。
【水経】スイケイ 中国の地理書。撰者未詳。一説に漢の桑欽、または、晋の郭璞撰。三国時代（三世紀）頃の成立。
【水滸伝】スイコデン 中国の通俗小説。撰者は明ミンの羅貫中、あるいは元末の施耐菴シタイアン等と伝えるが未詳。現存のものは元末明初頃の成立。中国小説四大奇書の一。

❺ あて字、熟字訓など。
【水綿】あおみどろ 沼などに生じる緑藻類。青味泥あおみどろ。
【水黽・水馬】あめんぼ アメンボ科の昆虫。脚が長く、水面を滑走し、小昆虫を捕食。
【水蠟】いぼた ①（「水蠟樹いぼたのき」の略）モクセイ科の半落葉低木。②（「水蠟蠟いぼたロウ」の略）イボタノキに寄生するイボタロウムシの分泌する蠟ロウ。蠟燭ロウソクなどの原料。③（「水蠟虫いぼたむし」の略）イボタロウカタカイガラムシの俗称。イボタノキなどの樹皮に寄生。
【水鶏】くいな クイナ科の鳥の総称。水辺にすむ。↓❷（スイケイ）
【水母】くらげ/スイボ 腔腸コウチョウ動物のハチクラゲ類とヒドロ虫類の浮遊世代の個体の通称。食用にするものもある。
【水葱】なぎ カヤツリグサ科の多年草。太藺ふとい。
【水蚤】みじんこ ミジンコ科の節足動物。微塵子ミジンコ。
【水茎】みずぐき 筆。また、筆跡。
【水松】みる 緑藻類ミル科の海藻。海松みる。
【水雲】もずく 褐藻類モズク科の海藻。食用。↓❷（スイウン）
【水蠆】やご トンボ類の幼虫。
難読地名 水原すいばら町（新潟）水窪みさくぼ町（静岡）水海道みつかいどう市（茨城）水戸みと市（茨城）水縄みのう山地（福岡）水内みのち川（広島）水納みんな島（沖縄）

3974 【淼】＊3970 水-8
ビョウ（ベウ）漢/miǎo/ひろい
字解 会意。水＋水＋水。多くてひろがりのある水の意。
意味 ひろい。ひろびろと広がる水。
【淼茫】ビョウボウ 水などの広々としたさま。淼淼ビョウビョウ。
【淼漫】ビョウマン 水面などの果てしなく広いさま。

3975 【永】1742 314A 8969 水-1 常5 (3978)【𣱵】二 水-2
ヨウ（ヤウ）呉・エイ漢/yǒng/ながい・なが・とこしえ
筆順

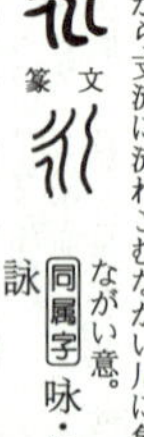

字解 象形。本流から支流に流れこむながい川に象り、ながい意。
同属字 咏・泳・詠
意味 ❶ながい。㋑ながい時間、年月。「永続」「永年」

『日永ひなが』 ㊐とこしえに。とわに。限りなくいつまでも。『永遠』『永久』『永劫ゴウ』 ❷固有名詞。『雋永センエイ』
⇒〔久〕(57)の表

❶ ながい時間、年月。とこしえに。とわに。

【永永エイエイ】永久に。ながながと。

【永遠エイエン/とこしえ/とわ】1 時間が果てしなく続くこと。永久。2 時間を超越して存在すること。

【永久エイキュウ/とこしえ/とわ】時間的に無限に続くこと。永遠。

【永訣エイケツ】永久に別れること。死別をいう。永別。

【永巷エイコウ】(「巷」は通り道の意) 1 中国の宮中の長廊下。宮仕えの女官のいる所。また、その女官。2 宮女の罪ある者を幽閉した後宮の獄。

【永劫エイゴウ/ヨウゴウ】非常にながい年月。『未来永劫』

【永日エイジツ】日中のながい春の日。

【永字八法エイジハッポウ】書道で、「永」の字が備えもっている、すべての文字の基本となる八種の筆法。

永字八法〔三才図会〕

【永寿エイジュ】命がながいこと。
【永住エイジュウ】ある土地に死ぬまで住むこと。
【永世エイセイ】限りなく続く年月。将来いつまでも。永久。
【永生エイセイ】長生き。また、永遠の生命。
【永逝エイセイ】死ぬこと。永眠。
【永続エイゾク】ながく続くこと。『永続性』『永続的』
【永代エイタイ】永世。永久。
【永嘆エイタン】ながくため息をして嘆くこと。
【永図エイト】永遠のはかりごと。
【永年エイネン/ながねん】ながい年月。『永年勤続』
【永別エイベツ】永久に別れること。死別すること。永訣。
【永眠エイミン】死ぬこと。永ながの眠り。
【永夜エイヤ】夜の間がながいこと。ながよ。よなが。

❷ 固有名詞。

【永嘉エイカ】中国、晋シン以降の郡名。現在の浙江省永嘉県地方にあたる。温州とも。【永嘉学派エイカガクハ】中国、南宋の永嘉地方で盛んになった儒学の一学派。朱熹シュキの友人、呂祖謙リョソケンにはじまり、薛季宣セッキセン、葉適ショウテキによって大成された。礼楽制度を主とし、経済、実用の功利による治国を目標とした。

【永州エイシュウ】中国湖南省零陵を中心とした地名。隋、唐代に州が置かれた。

【永楽銭エイラクセン】中国、明の永楽帝のときに造られた銭。永楽通宝。

【永楽大典エイラクタイテン】中国、明代の類書。二二九三七巻、目録六〇巻。永楽五年(一四〇七)成立。永楽帝の勅命によって解縉カイシンらが編集した。明代末期および清代末期の戦乱でほとんど焼失し、約八〇〇巻が現存。

【永楽帝エイラクテイ】中国、明朝の第三代皇帝(在位一四〇二〜一四二四年)。洪武帝の第四子。姓は朱、名は棣テイ。洪武帝没後、靖難セイナンの変を起こして、自ら帝位につき、年号を永楽と改め、北京に遷都。「永楽大典」など大部な図書を編集させ、学術を奨励した。太宗。成祖。(一三六〇〜一四二四)

難読 姓氏 永海ながうみ/ながみ 永仮ながかり 永地ながち/ながとち

3976 【氷】 4125 4939 9558 水-1 常3 (543)〔冰〕 4954 5156 9975 冫-4

ヒョウ㊥㊃・ゴウ㊥・ギョウ㊃/bīng・níng/こおり・ひ・こおる

筆順

字解 もと冰。形声。水+冫(こおり)㊥。のちに水を加えた。氷はその略体によるもの。こおりの意。

参考 万葉仮名では訓を借りて「ひ㊙」。

意味 こおり。こおる。*荀子-勧学「冰水為之、而寒於水こおりはみずこれをなして、みずよりもつめたし」[=氷は水からできるが、もとの水よりも冷たい]

下接 雨氷ウヒョウ・解氷カイヒョウ・結氷ケッピョウ・堅氷ケンピョウ・砕氷サイヒョウ・樹氷ジュヒョウ・製氷セイヒョウ・着氷チャクヒョウ・薄氷ハクヒョウ/うすらい・浮氷フヒョウ・霧氷ムヒョウ・流氷リュウヒョウ・鏤氷ロウヒョウ/初氷はつごおり・花氷はなごおり

【氷夷ヒョウイ】川の神。馮夷ヒョウイ。
【氷河ヒョウガ】万年雪が圧縮されて氷塊となり、その重みで徐々に低い方へ流動するもの。『氷河時代』
【氷海ヒョウカイ】氷結している海。
【氷塊ヒョウカイ】氷のかたまり。
【氷解ヒョウカイ】氷が解けるように、疑問、疑惑などがすっかりとけること。
【氷肌ヒョウキ】1 氷のように清らかな肌はだ。氷膚。2 (冬の寒気の中に白い花を開くところから) 梅の花。
【氷魚ヒョウギョ/ひお/ひうお】1 (ヒョウギョ) 氷の下にいる魚。2 (ひお/ひうお) アユの稚魚。
【氷鏡ヒョウキョウ】1 月。2 澄んだ鏡。澄んだ心。
【氷結ヒョウケツ】凍ること。池や湖が一面に凍りつくこと。
【氷原ヒョウゲン】氷によって覆われている野原。
【氷壺ヒョウコ】氷を入れる玉のつぼ。非常に冷たいことのたとえ。また、心が純潔であること。清廉潔白。
【氷山ヒョウザン】海上を浮遊する巨大な氷塊。『氷山の一角イッカク』[=大きなもののほんの一部分であること]
【氷室ヒョウシツ/ひむろ】真冬に取った天然の氷を夏までたくわえておくための部屋または穴。
【氷釈ヒョウシャク】1 氷がとけること。2 =氷解ヒョウカイ
【氷心ヒョウシン】氷のような清らかな心。美しい心。*王昌齢-芙蓉楼送辛漸「洛陽親友如相問、一片氷心在玉壺ラクヨウのシンユウもしあいとわば、イッペンのヒョウシン ギョッコにありと」[=洛陽にいる親友たちが私のことをもしもたずねたならば、彼の心持ちは、一片の氷が玉壺にあるかのようで、きわめてきよらかであると伝えてほしい]
【氷人ヒョウジン】婚礼の媒酌人。なこうど。『月下氷人』▶中国、晋の令狐策が、氷上に立って氷の下にいる人と話をした夢を見たところ、索紞が、陽である氷上から陰である氷下に語ったのだから、仲人をするだろうといって、その通りになったという故事から。〔晋書-芸術伝・索紞〕
【氷刃ヒョウジン】氷のような鋭い刃。また、鋭くとがった氷。
【氷雪ヒョウセツ】氷と雪。
【氷霜ヒョウソウ】氷と霜。節操が固いこと、また、厳格なことのたとえ。
【氷炭ヒョウタン】氷と炭火。はなはだしく相違することや相容いれないことをたとえていう語。【氷炭不相並ヒョウタンあいならばず】氷と火のように、性質が反対で合わないたとえ。「氷炭相容いれず」とも。〔楚辞-東方朔・七諫〕
【氷柱ヒョウチュウ/つらら】1 軒などに、したたり落ちる水が凍って長く垂れ下がったもの。2 (ヒョウチュウ) 冷房に用いるこおりばしら。
【氷轍ヒョウテツ】凍った道についた車輪のあと。*白居易-売炭翁「暁駕炭車輾氷轍あかつきにタンシャにガして ヒョウテツをきしらしむ」[=明け方早く、炭の車に牛をつなぎ、凍った道を苦労しながら運んでゆく]
【氷点ヒョウテン】水が結氷、あるいは融解し始める温度。摂

心(小・忄)戈戶(戸)手(扌)支攴(攵) 4画 文斗斤方旡(无・旡)日曰月木欠止歹(歺)殳毋比毛氏气水(氺・氵)火(灬)爪(爫・爫)父爻(㸚)爿(丬)片牙(牙)牛犬(犭)

氏零度。『氷点下二〇度』

【氷輪(ヒョウリン)】凍ったように輝く月。冷たい感じの月。

【氷雨(ひさめ)】晩秋に降るつめたい雨。また、雹(ヒョウ)。霰(あられ)。みぞれ。

難読地名 氷見(ひみ)市(富山) 氷ノ山(ひょうのせん)(兵庫・鳥取)

水

3977【沓】2303 3723 8C42 水-4 トウ(タフ)漢\tà・dá\くつ

字解 会意。水＋曰(くちで言う)。立て板に水を流すように重ねてしゃべる、重なる意。

同属字 踏・鞜

意味 ❶かさなりあう。こみあう。『沓雑』『沓至』『雑沓(ザットウ)』『蹙沓(シュクトウ)』『紛沓(フントウ)』 ❷しゃべりまくるさま。『沓沓』 ❸国くつ。履き物のくつ。『革沓(かわぐつ)』『藁沓(わらぐつ)』

【沓雑(トウザツ)】こみあうこと。雑沓。

【沓至(トウシ)】続々とやってくること。

【沓沓(トウトウ)】①饒舌(ジョウゼツ)なさま。②ゆるむさま。たるむさま。③速いさま。

【盥】⇩5150

水

3978【[illegible]】— — — 水-2 エイ 「永」(3975)の異体字

3979【汞】6171 5D67 9F87 水-3 コウ漢\gǒng・hòng\みずがね

字解 形声。水＋工(声)。

意味 みずがね。水銀。『昇汞(ショウコウ)』

【尿】⇩1854

3980【泉】3284 4074 90F2 水-5 常6 セン呉漢\quán\いずみ

筆順 泉 泉 泉 泉 泉 泉

字解 象形。丸い岩穴から水が湧いて流れ出しているさま。いずみの意。

甲骨文 篆文

同属字 湶・腺・線

意味 ❶いずみ。地中から湧き出る水。『泉水』『温泉』『源泉(ゲンセン)』 ❷地下の世界。冥土。『泉下』『泉壌』『黄泉(コウセン)』 ❸ぜに。貨幣。泉の水のようにゆきわたるものの意という。『泉貨』 ❹国「和泉国(いずみのくに)」の略。『泉北(センボク)丘陵』『泉州(センシュウ)』

❶いずみ。地中から湧き出る水。

下接 淵泉(エンセン)・温泉(オンセン)・甘泉(カンセン)・岩泉(ガンセン)・原泉(ゲンセン)・源泉(ゲンセン)・鉱泉(コウセン)・酒泉(シュセン)・井泉(セイセン)・清泉(セイセン)・石泉(セキセン)・重泉(チョウセン)・盗泉(トウセン)・瀑泉(バクセン)・飛泉(ヒセン)・噴泉(フンセン)・幽泉(ユウセン)・涌泉(ユウセン)・湧泉(ユウセン)・流泉(リュウセン)・林泉(リンセン)・冷泉(レイセン)・霊泉(レイセン)・醴泉(レイセン)

【泉水(センスイ)】①泉の水。②国庭に作られた池。

【泉声(センセイ)】泉の水の流れ出る音。

【泉石(センセキ)】泉水と庭石。

【泉脈(センミャク)】地中の水脈。地下水の流れ。

【泉流(センリュウ)】泉の流れ。＊白居易‐琵琶行「幽咽泉流氷下難(ユウエツするセンリュウヒョウカになやめり)」〔＝(絃の音は)氷の下をかすかにむせぶがごとくに流れる水のように滞りがちになる〕

❷地下の世界。冥土。

【泉下(センカ)】黄泉(コウセン)の下。死後、人の行く所。あの世。

【泉壌(センジョウ)】冥土(メイド)。泉下。

【泉路(センロ)】死出の旅路。

❸ぜに。貨幣。

【泉貨(センカ)】ぜに。かね。銭貨。

【泉布(センプ)】流通貨幣のこと。金銭。

【泉府(センプ)】「周礼(シュライ)」に見える官名。物価の調節をつかさどった。

3981【漿】6289 5E79 9FF7 水-11 ショウ(シャウ)漢\jiāng\こんず・つくりみず

字解 形声。水＋將(声)。

意味 ❶こんず。はやず。酢。『鉄漿(おはぐろ・かね)』 ❷どろりとしたもの。『漿麩』『岩漿(ガンショウ)』『血漿(ケッショウ)』『脳漿(ノウショウ)』 ❸しる。物の汁。『漿液』『漿果』『酪漿(ラクショウ)』 ❹湯ざまし。つくりみず。 ❺のみもの。『箪食瓢漿(タンシコショウ)』 ❻熟字訓。『酢漿草(かたばみ)』『酸漿(ほおずき)』

【漿液(ショウエキ)】粘性物質を含まない分泌液。唾液(ダエキ)など。

【漿果(ショウカ)】外果皮は薄く、果肉は水分が多く、その中に種子のある果実。トマト、ブドウなど。↔堅果

【漿麩(ショウフ)】小麦の粉のでんぷん。正麩(ショウフ)。

水

3982【潁】6283 5E73 9FF1 水-11 エイ漢\yǐng

字解 形声。水＋頃(声)。

意味 川の名。中国河南省、鄭州(テイシュウ)付近に源を発し、南東流して淮河(ワイガ)に注ぐ。古代、尭帝に召された許由(キョユウ)がその栄達を望まず、耳の汚れとしてこの川の水で洗い清めた故事が伝えられ、以来、高い地位や世間の俗事を顧みないことに、この川の名が用いられる。潁水。

水

3983【求】2165 3561 8B81 水-2 常4 グ呉・キュウ(キウ)漢\qiú\もとめる・もとめ

筆順 求 求 求 求 求 求

字解 象形。割き開いた毛皮の形に象り、かわごろもの意。裘の原字。借りて、もとめる意に用いる。

甲骨文 金文 金文 篆文 重文

同属字 裘・救・捄・球・毬・逑

参考 万葉仮名では音を借りて「ぐ」。

意味 ❶もとめる。さがしもとめる。ねがいもとめる。ほしがる。＊白居易‐長恨歌「御宇多年求不得(ギョウタネンもとむれどもえず)」〔＝位についてから長年(美人を)さがしたが、見つからなかった〕 ❷国「求肥(ギュウヒ)」は、和菓子の一種。

下接 希求(キキュウ)・誅求(チュウキュウ)・冀求(キキュウ)・購求(コウキュウ)・欣求(ゴング)・請求(セイキュウ)・探求(タンキュウ)・追求(ツイキュウ)・要求(ヨウキュウ)・欲求(ヨッキュウ)・

【求愛(キュウアイ)】異性の愛を求めること。

【求解(キュウカイ)】①言い訳や弁護をたのむこと。②解釈をた

のむこと。

【求刑（キュウケイ）】検察官が被告人に対する一定の刑を裁判官に請求すること。

【求婚（キュウコン）】自分と結婚してほしいと申し込むこと。

【求索（キュウサク）】求めさがすこと。

【求志（キュウシ）】【こころざしをもとむ】志を遂げようとすること。

【求心（キュウシン）】中心に向かって近づこうとすること。↔遠心。【求心力（キュウシンリョク）】物体が円運動をするとき、円の中心に向かって働く力。↔遠心力

【求人（キュウジン）】働き手を探し求めること。『求人難』

【求全之毀（キュウゼンのそしり）】【ぜんをもとむるのそしり】行いを完全なものにしようと努力しているにもかかわらず、かえって他人から思いがけず受ける非難。〔孟子-離婁上〕

【求道（キュウドウ・グドウ）】①真理の道を求めて修行すること。『求道者』②（グドウ）仏道を求めること。

【求念（グネン）】ひとえに求めて心に念ずること。

【求法（グホウ）】仏語。仏の教えを求めること。

【录】⇩2243

3984【泰】3457 4259 91D7 水－5 常 タイ㊉㊇／tài／やすい・やすらか・やす

筆順 

字解 形声。もと、収（両手）＋水＋大（のびのびと立つ人）㊥。両手で水をすくってからだを洗う意から、やすらかの意。もと、水＋大㊥。汱（＝汱、よなげる）と同字という。

甲骨文 　篆文 

意味 ❶やすい。やすらか。おちついている。『泰然』『泰平』『安泰』『静泰』❷大きい。はなはだしい。きわめて。または、きわみ。果て。「太」に同じ。『泰一』『泰西』『泰東』❸おごる。おおらかすぎてつつしみのないさま。「太」に同じ。『泰侈』『驕泰』❹易の六十四卦の一。☷☰。安らかなさまを表す。❺その他。固有名詞など。『否泰』『泰山』

❶やすい。やすらか。

【泰運（タイウン）】天下が治まって平和な気運。

【泰然（タイゼン）】落ち着いてゆったりとしているさま。【泰然自若（タイゼンジジャク）】どっしりと構えていて、物事に動じないさま。

【泰平（タイヘイ）】世の中が静かで平和に治まっていること。

❷大きい。きわめて。また、きわみ。

【泰一（タイイツ）】昔、最も尊ばれた天の神の名。太一。

【泰西（タイセイ）】西の果て。西洋諸国の称。

【泰東（タイトウ）】東の果て。東洋諸国の称。

❸おごる。

【泰侈（タイシ）】身分不相応なぜいたくをすること。

❺その他。固有名詞など。

【泰山（タイザン）】①中国山東省にある名山。五岳の一。昔、天子が即位すると、この山で天地をまつる儀式を行った。太山。②妻の父。岳父。❤中国、唐の玄宗のとき、泰山での天地をまつる儀式の際に、妻の父の力で昇進したのに泰山の霊力によって昇格したといった男の故事から。【泰山頽梁木壊（タイザンくずれリョウボクやぶる）】泰山がくずれ、建物の中で一番重要な梁が折れる。賢人の死のたとえ。〔礼記-檀弓上〕【泰山鴻毛（タイザンコウモウ）】重いものと軽いもののたとえ。＊司馬遷-報任少卿書「死或重於泰山、或軽於鴻毛（シはあるいはタイザンよりおもく、あるいはコウモウよりかろし）」（＝死は、立派に死んだときには泰山より重く、つまらないことで死んだときには鴻毛より軽い）【泰山不譲土壌（タイザンはドジョウをゆずらず）】度量の広い人は、どんな小さな意見もよく取り入れて、大をなすことのたとえ。〔李斯-上書秦始皇書〕❤泰山が大きな山となったのは、小さな土くれでも受け入れたからであるの意。【泰山北斗（タイザンホクト）】泰山と北斗星。転じて、ある分野で最も高く仰ぎ尊ばれる人。泰斗。〔唐書-韓愈伝-賛〕

【泰山木（タイサンボク）】モクレン科の常緑高木。初夏、白い大輪の花が咲く。

【泰斗（タイト）】（「泰山北斗」の略）ある方面で世間から尊ばれる権威者。『物理学の泰斗』

難読地名 泰阜（やすおか）村（長野）

【桼】⇩3321　【黍】⇩9589　【暴】⇩3152

氺

3985【滕】6278 5E6E 9FEC 水－10 トウ㊇／téng

字解 形声。水＋朕（＝𦨶、もちあげる）㊥。水がわきあがる意。

金文 　篆文 

意味 ❶わく。水がわきあがる。❷中国、春秋戦国時代の国の名。今の山東省滕県のあたり。❸「滕王閣」は、建物の名。

【滕王閣（トウオウカク）】中国の唐代、太宗の弟の滕王李元嬰（リゲンエイ）が、洪州（江南省南昌）の西南に建てた高殿の名。

氵

【衍】⇩7210

氵

3986【汁】2933 3D41 8F60 水－2 常 シュウ（シフ）㊇・ジュウ（ジフ）㊉／zhī／しる・つゆ

筆順 

字解 形声。水＋十㊥。

意味 ❶しる。中からしみ出る液。『汁液』『汁滓』『果汁（カジュウ）』→下接。❷つゆ。吸い物。『一汁一菜（イチジュウイッサイ）』『味噌汁（ミソしる）』『出汁（だし）』

下接 液汁（エキジュウ）・灰汁（カイジュウ／あく）・果汁（カジュウ）・苦汁（クジュウ／にがり）・煎汁（センジュウ）・胆汁（タンジュウ）・肉汁（ニクジュウ）・乳汁（ニュウジュウ）・膿汁（ノウジュウ）・墨汁（ボクジュウ）／鹵汁（にがり）・鼻汁（はなじる）

【汁液（ジュウエキ）】しみ出したり、搾り取ったりした液。

【汁滓（ジュウシ）】しるとかす。また、しるのかす。

3987【汀】3685 4475 92F3 水－2 人 チョウ（チャウ）㊉・テイ㊇／tīng／なぎさ・みぎわ

字解 形声。水＋丁（うって安定させる）㊥。水がたいらかになる、みぎわの意。また、波が岸をうつところの意か。

意味 みぎわ。なぎさ。波打ち際。『長汀チョウテイ』

【汀曲テイキョク】 みぎわの曲がりこんだところ。

【汀沙テイサ[テイシャ]】 みぎわの砂原。浜。

【汀洲テイシュウ】 海・川・湖沼などで、水が浅く、土砂の現れた所。中洲なかす。また、なぎさと中洲。

【汀渚テイショ】 水ぎわ。なぎさ。

【汀線テイセン】 海面、湖面と陸地とが接する線。なぎさ線。

【汀濘テイネイ】 みぎわのぬかるみ。

【汀蘭テイラン】 水ぎわに生えた蘭ラン。『岸芷汀蘭ガンシテイラン』

3988 【氾】 4037 4845 94C3 水－2 ハン㊥漢/fàn/あふれる

字解 形声。水＋㔾(↓凡、ひろがる)㊥。水が広がりはびこる意。

参考 熟語は「汎」(4000)をも見よ。

意味 ❶あふれる。はびこる。『氾濫』 ❷ひろい。「汎」に同じ。『氾論』 ❸ただよう。ゆれうごく。『氾氾』

【氾氾ハンハン】 水にうかんでゆれるさま。泛泛ハンハン。

【氾濫ハンラン】 ①河川の水などが、常の河道からあふれ出ること。『大雨で川が氾濫する』 ②物事が多量にはびこること。『低俗なコマーシャルの氾濫』

【氾論ハンロン】 広く全体を論じること。汎論。

3989 【汚】 1788 3178 8998 水－3 常 (3990)【汚】 旧字 水－3 (3991)【汙】 * 3862 水－3

ワ㊐漢・オ(ヲ)㊐漢/wū・wù・wā/けがす・けがれる・けがれ・けがらわしい・よごす・よごれる・よごれ・きたない・きたならしい

筆順 汚 汚 汚 汚 汚 汚

字解 形声。水＋亏(まがりくぼむ)㊥。くぼみにたまった水の意。派生して、けがす意を表す。汙は異体字。

参考 「汙」は、万葉仮名では音を借りて「う」。

意味 ❶ひくい。土地や地位がひくい。また、くぼ地のたまり水。『汚下』『隆汚リュウオ』 ❷けがす。よごす。けがれる。よごれる。けがれ。よごれ。きたない。『汚染』『汚物』＊白居易-琵琶行「血色羅裙翻ㇾ酒汙ケッショクのラクン さけをひるがえしてけがる」〔=まっ赤なうす絹のスカートに酒をこぼして汚す〕」 ❸不正な。神聖なものをけがす。『汚職』

❶ひくい。土地や地位がひくい。

【汚下オカ】 低い土地。また、土地が低いこと。

【汚池オチ】 水たまり。洿池オチ。

【汚隆オリュウ】 土地の低いことと高いこと。転じて、衰えることと盛んになること。盛衰。

❷よごす。よごれ。きたない。

【汚垢オコウ】 よごれたあか。けがれ。

【汚染オセン】 けがれに染まること。特に、空気、水などが工場などの廃棄物によってよごれること。『大気汚染』

【汚損オソン】 物をよごしたり、傷めたりすること。

【汚濁オダク】 よごれ濁ること。♥仏教語では「オジョク」と読む。

【汚泥オデイ】 どろ。どぶ。

【汚点オテン】 よごれ。しみ。→❸

【汚瀆オトク】 ①よごれた溝みぞ。②けがすこと。

【汚物オブツ】 きたない物。特に、排泄ハイセツ物。

【汚漫オマン】 けがれ。けがれたこと。

【汚穢オワイ[オアイ]】 ①けがれ。よごれていること。②大小便。糞尿フンニョウ。

❸神聖なものをけがす。不正な。

【汚行オコウ】 不道徳な行い。悪行。

【汚職オショク】 国官吏などが、職権や地位を利用して不正な行いをすること。瀆職トクショク。

【汚辱オジョク】 恥をかかせること。はずかしめ。恥辱。

【汚点オテン】 不名誉な点、傷。『汚点を残す』→❷

【汚名オメイ】 不名誉な評判。『汚名を返上する』

【汚吏オリ】 不正なことをして私利を求める官吏。

3992 【汗】 2032 3440 8ABE 水－3 常 カン㊥漢/hàn・hán/あせ

筆順 汗 汗 汗 汗 汗 汗

字解 形声。水＋干(↓旱、ひでり)㊥。あせの意。

参考 万葉仮名では音を借りて「か」。

意味 ❶あせ。あせする。あせをかく。『汗腺』『発汗』 ❷水の広々としたさま。『汗漫』『浩汗コウカン』『瀾汗ランカン』 ❸モンゴル・トルコ族の王の尊称。可汗カカン。『成吉思汗ジンギスカン』

下接 浩汗コウカン・慚汗ザンカン・赭汗シャカン・盗汗トウカン|ねあせ・発汗ハッカン・瀾汗ランカン・流汗リュウカン・冷汗レイカン|ひやあせ/脂汗あぶらあせ・寝汗ねあせ

❶あせ。あせをかく。

【汗簡カンカン】 文字を書くための竹の札。転じて、ながく後世に伝えられる文書や書籍。汗青。簡汗。

【汗顔カンガン】 顔に汗をかくほど、恥ずかしく感じること。赤面。〔書言故事大全〕『汗顔の至り』

【汗牛充棟カンギュウジュウトウ】 蔵書が非常に多いことのたとえ。♥引くには牛馬が汗をかき、積めば家の棟木に届く意。〔柳宗元-陸文通先生墓表〕

【汗血カンケツ】 ①あせと血。また、血のような汗をだすこと。非常な苦労のたとえ。②(駿馬が走るとき、血のような汗を流すとされるところから)駿馬のこと。【汗血馬カンケツバ】 ①西域地方に産した名馬。血のような汗をかく。②転じて、才能の非凡な人。

【汗衫カンサン[かざみ]】 ①(カンサン)汗取りの一重の下着。②(かざみ)日本の平安時代以後、後宮奉仕の童女の正装。

【汗疹カンシン】 あせも。

【汗青カンセイ】 ＝汗簡カンカン

【汗腺カンセン】 哺乳類ホニュウルイの皮膚にある汗を分泌する腺。

【汗馬カンバ】 馬を走らせて汗をかかせること。【汗馬之労カンバのロウ】 戦場で活躍した功労。〔韓非子-五蠹〕

❷水の広々としたさま。

【汗漫カンマン】 ①広々としたさま。②しまりのないさま。

3993 【汔】 * 3861 水－3 キツ㊥漢/qì/かれる

字解 形声。水＋乞㊥。

意味 ❶水がかれる。「汽」に同じ。❷涙がながれる。❸近い。ほとんど。「幾」に同じ。

3994 【江】 2530 393E 8D5D 水－3 常 コウ(カウ)㊐漢・ゴウ(ガウ)慣/jiāng/え

筆順 江 江 江 江 江 江

字解 形声。水(かわ)＋工(↓孔、おおきい)㊥。大きい川の意。主として長江(揚子江)をさす。

同属字 鴻

参考 万葉仮名では訓を借りて「え（や行）」。片仮名「エ」の字源。

意味 ❶川の名。長江。転じて、大きな川。『江湖』『江東』『江南』❷え。海や湖などの陸地にはいり込んだ所。入り江。⇒〔水〕（3973）の表 ❸国「近江国（おうみのくに）」の略。東山道の一国。今の滋賀県。『江州』

下接 寒江（カンコウ）・峡江（キョウコウ）・遡江（ソコウ）・大江（タイコウ）・長江（チョウコウ）

【江煙（コウエン）】水上にたなびくもや。

【江花（コウカ）】川べり、特に長江の岸辺に咲いている花。

【江夏（コウカ）】中国の地名。今の湖北省武漢市付近。

【江霞（コウカ）】水上にたなびく霞（かすみ）。

【江河（コウガ）】①長江と黄河。②大きな川。

【江海（コウカイ）】①川と海。入り江と海。＊老子-六六「江海所以能為百谷王者、以其善下之（コウカイのよくヒャッコクのオウたるゆえんのものは、そのよくくだるをもってなり）」〔＝大きな川や海が多くの谷川の王となっているわけは、それがよく多くの谷川よりも低い位置にあるからである〕②俗世間から離れた場所。③量が莫大なことのたとえ。

【江外（コウガイ）】長江の南部の地。江表。

【江漢（コウカン）】長江と漢水との併称。

【江魚（コウギョ）】①大きな川にすむ魚。＊屈原-漁父辞「葬於江魚之腹中（コウギョのフクチュウにほうむらる）」〔＝川魚のえじきになってしまう〕②入り江にすむ魚。

【江月（コウゲツ）】①江上の月。②川に映っている月。

【江湖（コウコ）】①大きい川と湖。②世の中。世間。『江湖の批判を求める』＊白居易-琵琶行「今漂淪憔悴、転徙於江湖間（いまはヒョウリンショウスイ、コウコのカンにテンシす）」〔＝今はおちぶれてやつれはて、世間をあちらへこちらへと移り住む身である〕③（政府・朝廷に対して）民間。

【江口（コウコウ）】河川が海に注ぎこむ所。河口。＊白居易-琵琶行「去来江口守空船（さりてよりこのかたコウコウにクウセンをまもれる）」〔＝夫が出かけてから今日まで、河口にあたるこの地で、主人のいない船の留守をしている〕

【江皐（コウコウ）】①川と沢。②川のほとり。

【江左（コウサ）】①入り江や大川の左岸。②中国で、長江下流の南岸の地をいう。

【江山（コウザン）】川と山。山川。山水。

【江州（コウシュウ）】①（コウシュウ）中国、東晋代に予章（ヨショウ）（現在の江西省南昌県）を中心に置かれた州名。のち政庁所在地は武昌（湖北省武漢）に、さらに尋陽（ジンヨウ）（江西省九江）に移る。②（ゴウシュウ）国「近江国（おうみのくに）」をいう。

【江渚（コウショ）】水辺。水辺の地域。＊蘇軾-前赤壁賦「吾与子、漁樵於江渚之上（われとシとは、コウショのほとりにギョショウす）」〔＝わたしとあなたとは、この川岸で魚をとったり木こりのまねごとをしたりして生活している〕

【江上（コウジョウ）】長江のほとり。また、大河や入り江などのほとり。＊高啓-尋胡隠君「春風江上路、不覚到君家（シュンプウコウジョウのみち、おぼえずきみがいえにいたる）」〔＝春風のわたる江のほとりの路、いつのまにか君の家に来てしまった〕

【江城（コウジョウ）】川のほとりにある町。

【江心（コウシン）】川のまん中。または、川の底。＊白居易-琵琶行「唯見江心秋月白（ただみるコウシンにシュウゲツのしろきを）」〔＝ただ江のまん中に秋の月が白く輝いているのが見えるだけである〕

【江津（コウシン）】渡し場。

【江水（コウスイ）】大河の水。特に長江の水。

【江西（コウセイ）】中国の省の一。長江中流の南に位置し、鄱陽湖の集水区域で四周は山に囲まれる。省都南昌。

【江声（コウセイ）】①長江など大きな川の流れの音。②中国、清代の学者。「尚書集注音疏」を著し、疑偽古文の学を集大成した。（一七二一～九九）

【江雪（コウセツ）】川や入り江のほとりの雪。水ぎわの雪。

【江船（コウセン）】長江を上下する船。

【江蘇（コウソ）】中国の省の一。黄海に面し、長江・淮河下流の沖積平野を占める。省都南京のほか、上海・無錫・蘇州・徐州・揚州などの都市がある。蘇。

【江村（コウソン）】川辺の村。＊司空曙-江村即事「江村月落正堪眠（コウソンつきおちてまさにねむるにたえたり）」〔＝川辺の村は月も落ちて、ちょうど眠るのによいころおい〕

【江潭（コウタン）】川のふち。川岸。＊屈原-漁父辞「屈原既放、遊於江潭、行吟沢畔（クツゲンすでにはなたれて、コウタンにあそび、ゆくゆくタクハンにギンず）」〔＝屈原が追放されてからのこと、湘江のふちをさまよい歩き、沼沢地のほとりで詩をくちずさみながら歩いていた〕

【江天（コウテン）】川に接し、その上にひろがっている空。また、川の水と大空。

【江都（コウト）】①中国、隋代の郡名。今の江蘇省揚州市。②国「江戸（えど）」の異称。

【江東（コウトウ）】①中国の長江下流南岸の地方をいう。江左。②国東京、隅田川東側の地区の総称。また、特別区の一。

【江頭（コウトウ）】川のほとり。入り江のそば。＊杜甫-哀江頭「江頭宮殿鎖千門（コウトウのキュウデンセンモンをとざす）」〔＝曲江のほとりの宮殿は、その多くの門を閉ざしたままになっている〕

【江南（コウナン）】河の南。特に中国で、長江の南の地方。【江南橘化為枳（コウナンのたちばなカしてからたちとなる）】長江以南に産する橘を、長江以北に移植すれば枳となる。所や状況によって、人の性質も変化するというたとえ。橘化して枳と為る。〔韓詩外伝〕【江南春（コウナンのはる）】中国、晩唐の詩人杜牧の詩。七言絶句。「三体詩」所収。

【江風（コウフウ）】川の上を吹く風。

【江楓（コウフウ）】川辺の楓。＊張継-楓橋夜泊「江楓漁火対愁眠（コウフウギョカシュウミンにタイす）」〔＝川岸の楓や漁船のいさり火が、旅愁のため浅い眠りしかできない私の目に焼きついてくる〕

【江北（コウホク）】①大きな川の北側。中国では長江以北の総称。②（「江」は隅田川）国江戸時代、新吉原をいう。

【江右（コウユウ）】長江中流の南岸の地方。今の江西省。

【江流（コウリュウ）】大きな川の流れ。長江の流れ。

【江陵（コウリョウ）】中国湖北省中南部の長江北岸に臨む都市。交通、軍事上の要衝。

【江楼（コウロウ）】水辺のたかどの。

【江淮（コウワイ）】①長江と淮水（ワイスイ）。②中国の江蘇省・安徽省一帯。

【江戸（えど）】東京の旧称。▼川が海に臨む江の門（戸）、または入り江のある所の意。

難読地名 江津（ごうつ）市（島根）

3995 【汕】 6172 5D68 9F88 水－3 サン㊥ /shàn

字解 形声。水＋山㊥。

意味 ❶魚のおよぐさま。また、魚をすくうあみ。❷「汕頭（スワトウ）」は、広東省にある都市の名。

3996 【汜】 ＊3864 水－3 シ㊥ /sì

字解 形声。水（かわ）＋巳㊥。本流から離れ再び本流にもどる川の意。

甲骨文

篆文

意味 ❶本流から分かれて、また本流にそそぐ川。❷行

きどまりになっている川。❸きし（岸）。❹「汜水（シスイ）」は、河南省を流れる川の名。

3997【汝】3882 4672 93F0 水－3 ニョ㊀・ジョ㊁/rǔ/な・なれ・なんじ・いまし

字解 形声。水（かわ）＋女㊉。川の名。借りて二人称の代名詞に用いる。

甲骨文
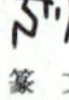
篆文

意味 ❶川の名。中国河南省を流れて淮水（ワイスイ）にそそぐ。汝水（ジョスイ）。「汝南」「汝窯」❷なんじ。おまえ。「女」「若」「爾」に同じ。「汝曹」「爾汝（ジジョ）」

【汝曹】ジョソウ（なんじがともがら） （「曹」は複数を示す）おまえたち。おまえら。汝輩（ジョハイ）。

【汝南】ジョナン ①中国河南省南東部の県名。②漢代に、現在の汝南の東、平興県を中心におかれた郡名。蔡州。

【汝窯】ジョヨウ 中国河南省臨汝県地方にあった窯。宋の時代、青磁を産出した名窯として知られる。

3998【汐】2814 3C2E 8EAC 水－3 人 セキ㊁/xī·xì/しお・うしお

字解 形声。水＋夕（ゆうがた）㊉。夕方におこる潮の満ち引きの意。

意味 うしお。ゆうしお。ひきしお。朝の干満は「潮」という。日本で、しお。海の水。「潮汐（チョウセキ）」

3999【池】3551 4353 9272 水－3 常2 チ㊀㊁・タ㊁/chí·tuó/いけ

筆順 池 池 池 池 池 池

字解 形声。水＋也（→迆、まがりくねる）㊉。川が曲がりくねってできる水たまり、一般にいけの意。

参考 万葉仮名では音を借りて「ち」。

意味 いけ。水などをたたえておくところ。⇒〔沢〕(4017)の表

下接 印池（インチ）・園池（エンチ）・玉池（ギョクチ）・硯池（ケンチ）・古池（コチ／ふるいけ）・沼池（ショウチ）・天池（テンチ）・電池（デンチ）・湯池（トウチ）・銅池（ドウチ）・肉池（ニクチ）・墨池（ボクチ）・臨池（リンチ）・金城湯池（キンジョウトウチ）・酒池肉林（シュチニクリン）／溜池（ためいけ）

【池苑・池園】チエン 池と庭園。池のある庭園。園池。＊白居易－長恨歌「帰来池苑皆依レ旧（かえりきたればチエンみなキュウによる）」〔＝都にもどってみれば宮中の池も庭も昔のままのたたずまい〕」

【池魚】チギョ 池の中の魚。池に飼われている魚。＊陶潜－帰二園田居一「池魚思二故淵一（チギョはコエンをおもう）」〔＝池で飼われている魚は生まれた淵瀬をなつかしむ〕」【池魚之殃（チギョのわざわい）】思いがけない災難にまきこまれること。特に、火事で類焼にあうこと。殃（わざわ）い池魚に及ぶ。〔呂氏春秋－必己〕♥池中の宝珠を得ようと池をさらったため、魚がすべて死んだとも、城門の火事を消すために、池の水を汲み干して池の魚が死んだともいう。

【池隍】チコウ （「隍」は水のない堀）城壁のまわりの堀。

【池沼】チショウ いけやぬま。

【池上】チジョウ ①池の水面。②池のほとり。池頭。

【池台】チダイ 池のほとりの高殿（たかどの）。

【池中】チチュウ 池のなか。【非二池中物一（チチュウのものにあらず）】竜は池の中にいつまでもじっとしているものではない。竜が天に昇るように、やがて大活躍する能力をもった人物であることのたとえ。〔呉志－周瑜伝〕

【池亭】チテイ 池のほとりのあずまや。池榭（チシャ）。

【池塘】チトウ ①池の堤（つつみ）。②池。ため池。【池塘春草夢（チトウシュンソウのゆめ）】池の堤の春草の上でまどろんだ少年時代の夢。若い日の楽しみのうつろいやすさ、はかなさのたとえ。〔朱熹－偶成〕

【池頭】チトウ 池のほとり。

【池畔】チハン 池のほとり。池のはた。

4000【汎】4038 4846 94C4 水－3 ハン㊁・フウ㊁・ホウ（ハフ）㊁/fàn/うかぶ・ただよう・ひろい

字解 形声。水＋凡（→風、かぜ）㊉。風のように水にうかぶ、ただよう意。

意味 ❶うかぶ。うかべる。ただよう。「汎舟」「汎汎」❷ひろい。広くゆきわたる。また、あふれる。「氾」に同じ。㋑あまねく。広くゆきわたっている。「汎称」「汎用」「広汎（コウハン）」㋺ギリシア語起源のpanにあてる。すべての。全体にわたる。「汎太平洋」「汎神論」

❶ うかぶ。うかべる。ただよう。

【汎舟】ハンシュウ 舟を浮かべること。また、浮かんでいる舟。

【汎汎】ハンハン／ハンパン ①浮かびただようさま。②河水などの広々と流れるさま。③かるがるしいさま。凡庸なさま。

❷ ひろい。広くゆきわたる。また、あふれる。

【汎愛】ハンアイ 広く平等に愛すること。博愛。「汎愛主義」

【汎溢】ハンイツ 水がみなぎりあふれること。また、氾濫。

【汎称】ハンショウ 広くひっくるめて言うこと。また、その名称。総称。

【汎渉】ハンショウ ①広くわたりあるくこと。②転じて、物事に広く通じていること。

【汎神論】ハンシンロン （英 pantheism の訳語）哲学で、宇宙または宇宙の諸力、法則が神であり、神の具現したものが宇宙の万物であるという考え方。

【汎用】ハンヨウ 国広くいろいろの方面に用いること。

【汎濫】ハンラン ①水があふれること。氾濫（ハンラン）。②広くゆきわたること。〔韓愈－柳子厚墓誌銘〕【汎濫停蓄（ハンランテイチク）】教養が広くて深いこと。

【汎論】ハンロン 全般にわたって論ずること。また、その議論。

4001【汢】6173 5D69 9F89 水－3

字解 国字。湿気の多い土地「ぬた」の意。

4002【㳂】―― 水－4 エン 「沿」(4036)の異体字

4003【汪】6174 5D6A 9F8A 水－4 オウ（ワウ）㊁/wāng

字解 形声。水＋王（＝㞷、広大・さかん）㊉。水が広く深い意。

金文

篆文

意味 ❶水の深く、広いこと。広大なさま。ゆたかなさま。「汪汪」「汪然」「汪洋」❷人名。「汪琬」「汪兆銘」

【汪琬】オウエン 中国、清の文学者。字（あざな）は苕文（チョウブン）。号は鈍翁・尭峰（ギョウホウ）。著に「尭峰文鈔」「詩文類稿」などがある。（一六二四～一六九〇）

【汪汪】オウオウ 水が広くおおって深い様子。転じて、人の度量の広いさま。

【汪然】オウゼン ①深く広いさま。②涙の盛んに流れるさま。

＊柳宗元-捕ㇾ蛇者説「蔣氏大戚、汪然出ㇾ涕ショウシおおいにいたみ、オウゼンとしてなみだをいだす〔=蔣氏はいっそう悲しげな表情をして、涙をはらはらと流した〕」

【汪兆銘オウチョウメイ】中国の政治家。字あざなは精衛。孫文を助けて革命運動に活躍し、国民党の要職を歴任。日中戦争中、妥協を唱えて抗戦派と対立し、一九四〇年日本の傀儡カイライ政権の南京政府主席となる。（一八八三～一九四四）

【汪洋オウヨウ】[1]水が豊かで、水面が広々としているさま。[2]大きく、ゆったりとしたようす。汪汪。

4004 【汽】 2105 3525 8B44 水-4 [常]2 （4249）【滊】＊ 4023 水-10

キ[漢]/qì

[筆順] 汽 汽 汽 汽 汽 汽

[字解] 形声。水＋气（たちのぼる気体・蒸気）[声]。水が蒸発してできる水蒸気の意。

[参考]「滊」は、川の名。あるいは塩池。日本で、汽と混用された。

[意味] ❶ゆげ。水蒸気。また、水蒸気の力で動かすこと。『汽缶』『汽車』『汽船』『汽笛』 ❷「汽水キスイ」は、海水と淡水が混じり合った低塩分の水。『汽水湖』

【汽缶・汽鑵・汽罐キカン】ボイラー。蒸気罐。

【汽車キシャ】[国]蒸気機関車で牽引する列車。また、電車に対して、特に長距離列車。『夜汽車』

【汽船キセン】蒸気機関を動力とする大型の船舶。

【汽笛キテキ】蒸気を噴出する力で音を出す笛。

4005 【沂】 6175 5D6B 9F8B 水-4

ギ[漢]・ギン[漢]/yí・yín

[字解] 形声。水（かわ）＋斤[声]。

[意味] ❶川の名。中国山東省の東南部を南流して江蘇省で大運河に注ぐ。❷水のほとり。「鴨沂オウギン」は、日本で鴨川のほとりの意。

4006 【汲】 2166 3562 8B82 水-4

キュウ（キフ）[呉][漢]/jí/くむ

[字解] 形声。水＋及（→吸、すいこむ）[声]。水をくむ意。

[意味] ❶くむ。水などをくみ上げる。『汲引』『汲水』 ❷いそがしい。せわしい。『汲汲』 ❸固有名詞。『汲古閣』『汲冢書』『汲黯』

【汲黯キュウアン】中国、前漢の諫臣カンシン。字あざなは長孺チョウジュ。武帝に「社稷シャショクの臣」といわせた。

【汲引キュウイン】水を汲み上げること。転じて、人の地位を引き上げ重用すること。推挙。

【汲汲キュウキュウ】あくせく努め、ゆとりのないさま。『金もうけに汲々としている』＊陶潜-五柳先生伝「不ㇾ汲ㇾ汲於富貴フウキにキュウキュウたらず〔=富貴であることにもあくせくしたりしない〕」

【汲古閣キュウコカク】中国、明末・清初の蔵書家毛晋の書斎名。蔵書は八万部余といわれ、その善本を刻したものは汲古閣本として名高い。

【汲水キュウスイ】水を汲むこと。

【汲冢書キュウチョウショ】中国、晋代、汲郡（今の河南省）の不準が魏の襄王の墓を採掘した際、出土した先秦の古書。竹書紀年・穆天子伝等がある。

4007 【決】 2372 3768 8C88 水-4 [常]3 （538）【决】 4951 5153 9972 冫-4

ケチ[呉]・ケツ[漢]/jué/きめる・きめ・きまる・きまり・しゃくる・しゃくれる

[筆順] 決 決 決 決 決 決 決

[字解] 形声。水＋夬（えぐりとる）[声]。堤防が水にえぐりとられる意。転じて、きめる意を表す。

[意味] ❶さける。ひらく。やぶれる。わかれる。堤防がきれて水が流れ出る。『決壊』『決裂』『潰決カイケツ』『齒決シケツ』 ❷きめる。きまる。きっぱりと定める。可否をきめる。『決をとる』『決心』『決定』『解決』＊史記-項羽本紀「楚漢久相持未ㇾ決ソカンひさしくあいジしていまだケッせず〔=楚と漢とは久しく持久戦を続けて、まだ決着がつかない〕」⇓[表] ❸わかれる。「訣」に同じ。『決別ケツベツ』

❶ さける。ひらく。やぶれる。

【決河ケッカ】洪水のため、河水が堤防を切ること。

【決河之勢ケッカのいきおい】堤防が切れて水があふれ出るような勢い。〔淮南子-兵略訓〕

【決壊・決潰ケッカイ】堤防などが、切れて崩れること。[書]き換え「決潰→決壊」。

【決決ケッケツ】水の流れるさま。

【決裂ケツレツ】会議や交渉などで、意見が合わず物別れになること。『交渉決裂』

❷ きめる。きまる。

[下接] 一決イッケツ・引決インケツ・解決カイケツ・可決カケツ・既決キケツ・議決ギケツ・採決サイケツ・裁決サイケツ・自決ジケツ・処決ショケツ・先決センケツ・専決センケツ・即決ソッケツ・対決タイケツ・判決ハンケツ・否決ヒケツ・表決ヒョウケツ・票決ヒョウケツ・評決ヒョウケツ・未決ミケツ・論決ロンケツ

決ケツ	断ダン
決断	
きっぱりときめる。	ずばりときめる。
決定	断定
決行	断行
決然	断然
判決	判断
即決	即断
裁決	英断

【決意ケツイ】自分の考えをはっきり決めること。

【決議ケツギ】会議で、物事を取り決めること。『決議案』

【決起ケッキ】決然として物事を始めること。『決起集会』[書]き換え「蹶起→決起」。

【決行ケッコウ】障害があっても、決めたことを行うこと。

【決獄ケツゴク】裁判によって罪を決めること。

【決済ケッサイ】[国]代金の授受、現物の受け渡しなどを行って売買取引を終了させること。

【決裁ケッサイ】[国]権限のある者が部下の出した案の可否を決めること。『決裁を仰ぐ』

【決算ケッサン】金銭の出入をまとめること。一定の会計期間の収支の総計算。『粉飾決算』『総決算』

【決死ケッシ】死を決意すること。『決死の覚悟』『決死隊』

【決勝ケッショウ】最後の勝敗を決めること。『決勝戦』

【決心ケッシン】考えを決めて覚悟すること。

【決絶ケツゼツ】たち切ること。また、縁を切ること。

【決然ケツゼン】心に強く決心したさま。思いきったさま。

【決戦ケッセン】勝敗を決定するための戦い。

【決選ケッセン】[国]「決定選挙」の略。選出された上位数人の中から、更にある者を選挙で選ぶこと。『決選投票』

【決断ケツダン】心をはっきりと決めること。『決断を下くだす』

【決着ケッチャク】きまりがつくこと。落着。『決着をつける』

【決定ケッテイ・ケツジョウ・ケチジョウ】[一]はっきりと決めること。あることが定まって動かないこと。[二]（ケツジョウ・ケチジョウ）[1]仏の教えをかたく信じること。[2][国]きっと。かならず。

【決闘ケットウ】遺恨や論争に決着をつけるために、時、所、方法を取り決めて闘うこと。果たし合い。

心（⺗・⺗）戈戸（戸）手（扌）支攴（攵） 4画 文斗斤方无（旡・旡）日曰月木欠止歹（歺）殳毋比毛氏气水（氺・氵）火（灬）爪（爫・爫）父爻（㸚）爿（丬）片牙（牙）牛犬（犭）

4008 【沅】 *3873 水－4 ゲン㊥/yuán

字解 形声。水（かわ）＋元㊥。「沅江」は、中国貴州省に発し、湖南省を流れて洞庭湖に注ぐ川。

4009 【沍】 6176 5D6C 9F8C 水－4 コ㊥・ゴ㊥/hù/かれる・こおる

字解 形声。水＋互㊥。

意味 ❶水がかれる。❷水がこおる。「冱」に同じ。「沍陰」「寒沍」❸ふさがる。ふさぐ。

【沍陰】寒さがきびしく、凍りつくこと。

4010 【沆】 *3874 水－4 コウ（カウ）㊥/hàng

字解 形声。水＋亢㊥。ひろい水沢の意。

意味 ❶ひろい。ひろびろとしたさま。「沆茫」❷「沆瀣」は、露の降りた清い大気。また、露。

4011 【汩】 水－4 イツ㊥・コツ㊥/yù・gǔ/しずむ

字解 形声。水＋曰（いのりとなえる）㊥。水をおさめる、おさめる意。

参考 「汨」（4026）は別字だが混用される。

意味 ❶おさめる。水をおさめる。❷みだす。みだれる。❸流れる。速く流れる。「汩汩」❹しずむ。「汩没」

【汩汩】①水の速く流れるさま。②流水の音。また、波の音。③休みなく進むさま。④不安定なさま。

【汩没】①沈んで隠れること。②おちぶれること。

4012 【沙】 2627 3A3B 8DB9 水－4 人 シャ㊥・サ㊥/shā・shà/すな・いさご・よなげる

金文　篆文

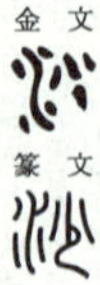

字解 会意。水＋少（小さい）。水の中の小さな粒、すなの意。

同属字 娑・桬・莎・粆

参考 (1)万葉仮名では音を借りて「さ」。(2)その他の熟語は「砂」(5288)をも見よ。

意味 ❶すな。いさご。「砂」に同じ。㋑砂原。さばく。『沙塵』㋺細かくておいしいものに冠する語。『沙糖』㋩よなげる。細かいものを選り分ける。『沙汰』❷梵語の音訳字。『沙羅双樹』『曼珠沙華』❸あて字、熟字訓など。『沙翁』『沙蚕』

❶ すな。いさご。

下接 驚沙・黄沙・辰沙・塵沙・晴沙・長沙・汀沙・泥沙・熱沙・白沙・風沙・平沙・流沙・恒河沙

【沙鷗】砂浜のカモメ。＊杜甫・旅夜書懐「飄飄何所似、天地一沙鷗（＝このさすらいのわが身はいったい何に似ているかと言えば、天と地のはてしない間に漂う、一羽の砂浜のカモメなのだ）」

【沙塞】砂漠の中に設けられたとりで。

【沙觜・沙嘴】（「觜・嘴」はくちばしの意）沿岸流の運ぶ砂が次第に沈積してできたみさき。砂嘴。

【沙場】砂漠。また、戦場。＊王翰・涼州詞「酔臥沙場君莫笑（＝酔って砂漠の砂の上に寝こんでしまったが、どうか笑わないでくれ）」

【沙塵】すなぼこり。砂塵。

【沙磧】①砂漠。②砂の川原。

【沙草】砂地にはえている草。

【沙汰】国①是非や善悪を論じて決定すること。『地獄の沙汰も金次第』②決裁されたことについての指令。③たより。うわさ。『音沙汰』『無沙汰』④話題になるような事件。『心中沙汰』『刃傷沙汰』『表沙汰』⑤おこない。『正気の沙汰ではない』♥もと、水で洗ってより分ける意。

【沙汀】中州の砂原。州浜。

【沙棠】棠に似た木。材は造船に用いる。

【沙頭】砂浜。海岸や河原の砂の上。砂頭。

【沙漠】砂や小石ばかりの広大な地。砂漠。

【沙礫】砂や小石。砂礫。

【沙鹵】塩を含んだ砂地。

❷ 梵語の音訳字。

【沙羅】（梵 śāla の音訳）①さらのき。フタバガキ科の常緑高木。インドの代表的有用材。沙羅双樹。②国ナツツバキの異名。【沙羅双樹】沙羅①②の異名。もと、釈尊入滅の床の四方に二本ずつあったというサラノキのこと。

【沙弥】（梵 śrāmaṇera の音訳）仏門に入ったばかりで、比丘となる前の僧。女性は「沙弥尼」という。

【沙門】（梵 śramaṇa の音訳。善をすすめ悪をやめる意）出家の総称。僧侶。

❸ あて字、熟字訓など。

【沙翁】イギリスの文豪、シェークスピアのこと。「沙」は英 Shakespeare の音訳「沙吉比亜」の略。

【沙蚕】ゴカイ科の環形動物。釣りの餌に用いる。

【沙魚】ハゼ科に属する魚の総称。鯊。

難読地名 沙流郡（北海道）

4013 【沚】 6177 5D6D 9F8D 水－4 シ㊥/zhǐ

甲骨文　金文　篆文

字解 形声。水＋止（とどまる）㊥。みぎわ・または中洲の意。

4014 【沁】 6178 5D6E 9F8E 水－4 シン㊥/qìn・shèn/しみる・しみこむ

字解 形声。水＋心（←侵、次第に入りこむ）㊥。水がしみこむ意。

意味 ❶しみる。しみ込む。❷「沁水」は、川の名。中国山西省沁源県に発し、黄河に注ぐ。

4015 【汭】 *3866 水－4 ゼイ㊥/ruì

字解 形声。水＋内（うちにはいりこむ）㊥。水が入りこんだ入り江の意。

4016 【汰】 3433 4241 91BF 水－4 人 タイ㊥・タ㊥/tài/よなげる

字解 形声。水＋太（＝大、ゆったりとたつ人）㊥。水をかけ汚れを洗いとる、よなげる意。

意味 ❶えらびわける。よなげる。『沙汰』『淘汰』❷おごる。分をすぎたぜいたくをする。「泰」に同じ。『汰侈』

【汰侈】身分不相応のぜいたく。

4017 【沢】 3484 4274 91F2 水－4 常　(4356)【澤】 6323 5F37 E056 水－13 旧字

心(小・忄)戈戸(戸)手(扌)支攴(攵) 4画 文斗斤方无(旡・无)日曰月木欠止歹(歺)殳毋比毛氏气水(氺・氵)火(灬)爪(爫)父爻(㸚)爿(丬)片牙(牙)牛犬(犭)

タク[呉][漢]/zé/さわ・うるおい・つや

[筆順] 沢沢沢沢沢沢沢

[字解] 沢は、澤の略体。澤は形声。水＋睪（つながりつづく）[声]。湿気がつく、うるおう意。また、さわの意。

[意味] ❶さわ。水が浅くたまったところ。「沢畔」⇒[表] ❷うるおう。㋑豊富にある。「沢山」「潤沢」「贅沢」㋺うるおい。めぐみ。「恩沢」「余沢」 ❸つや。かがやき。「滑沢（カッタク）」「光沢（コウタク）」「色沢（シキタク｜ショクタク）」「手沢（シュタク）」 ❹[国]「沢庵（タクアン）」は、ダイコンを糠（ぬか）と塩で漬けたもの。江戸初期の沢庵和尚が始めたという。

[下接] ❶さわ。水が浅くたまったところ。
山沢（サンタク）・沼沢（ショウタク）・水沢（スイタク）・藪沢（ソウタク）・麗沢（レイタク）

◎沢・沼・池・湖―水をたたえる所の呼称

沢（タク）	沼沢	さわ。点々と並ぶ水たまり。「沢に居して水に苦しむ」
沼（ショウ）	池沼	ぬま。ふちが弧状の水たまり。「沼上の風」
池（チ）	湖沼	いけ。ひろがりのあるためいけ。「酒池肉林」
湖（コ）	湖沢	みずうみ。大きく水をたたえた所。「湖畔の美人」

【沢瀉（タクシャ｜おもだか）】オモダカ科の多年草。水田、池、沼などに生える。茎は薬用。

【沢雉（タクチ）】沢のほとりに棲息する雉（きじ）。

【沢畔（タクハン）】沢のほとり。さわべ。*屈原-漁父辞「行吟二沢畔一（ゆくゆくタクハンにギンず）〔＝沼沢地のほとりを詩を口ずさみながら歩いていた〕」

【沢梁（タクリョウ）】魚を捕るしかけ。やな。

【沢国（タッコク）】池や沢の多い地方。

❷うるおう。うるおい。めぐみ。

[下接] 遺沢（イタク）・王沢（オウタク）・恩沢（オンタク）・恵沢（ケイタク）・膏沢（コウタク）・潤沢（ジュンタク）・仁沢（ジンタク）・贅沢（ゼイタク）・徳沢（トクタク）・福沢（フクタク）・余沢（ヨタク）

【沢雨（タクウ）】めぐみの雨。慈雨。

【沢山（タクサン）】[国] 1 多数。多量。2 十分なさま。また、それ以上は要らないさま。

[難読姓氏] 沢登（さわのぼり｜とさわ）

4018【沖】1813 322D 89AB 水－4 [常] (542)【冲】4953 5155 9974 冫－4

チュウ（チウ）[漢]/chōng/おき

[筆順] 沖沖沖沖沖沖沖

[字解] 形声。水＋中（なか）[声]。ふかい、むなしい意。

甲骨文

篆文

[意味] ❶わく。水がわき動く。水がそそぐ。「沖積」 ❷むなしい。また、ふかい。「沖虚」「沖沖」 ❸やわらぐ。おだやか。また、ととのう。「沖澹」「沖和」「虚沖（キョチュウ）」 ❹おさない。いとけない。「沖人」「沖幼」「幼沖（ヨウチュウ）」 ❺とびあがる。高くのぼる。「沖天」「飛沖（ヒチュウ）」 ❻[国]おき。海などの岸から遠く離れた水上。「沖合（おきあい）」「沖仲士（おきなかシ）」

【沖虚（チュウキョ）】1 むなしいこと。2 雑念を去って心をむなしくすること。❤列子の称号を「沖虚真人」といい、その書を「沖虚真経」といった。

【沖人（チュウジン）】1 年少者。2 天子が自分をいう謙称。

【沖積（チュウセキ）】流水のために土砂などが積み重なること。「沖積平野」「沖積土」

【沖淡・沖澹（チュウタン）】おだやかでさっぱりしていること。

【沖沖（チュウチュウ）】1 中に何もないさま。空虚なさま。2 垂れさがるさま。〔詩経-小雅・蓼蕭〕

【沖天（チュウテン）】天にのぼること。空高くあがること。

【沖幼（チュウヨウ）】おさないこと。

【沖和（チュウワ）】おだやかにやわらぐこと。

4019【沈】3632 4440 92BE 水－4 [常] (4020)【沉】*3876 水－4

ジン（ヂン）[呉]・チン[漢]・シン[漢]/chén・shěn/しずむ・しずめる

[筆順] 沈沈沈沈沈沈沈

[字解] 形声。水＋冘（人が頭を枕にあてるさま）[声]。水中にしずむ意。甲骨文は牛・羊など犠牲を沈めて川沢を祭るさまに象る。

甲骨文

金文

篆文

[意味] ❶しずむ。しずめる。↕浮。「沈下」「沈降」「沈没」「撃沈」「不沈」 ❷気持ちがしずむ。気持ちがふさぐ。「意気消沈（イキショウチン）」「沈鬱」「沈痛」 ❸しずかである。落ち着いている。奥深い。「沈着」「沈黙」「深沈（シンチン）」 ❹とどこおる。とどまる。また、年ひさしい。「沈滞」 ❺ある事に夢中になる。特に、酒色にふける。「沈荒」「沈酔」 ❻その他。人名など。⇒〔浮〕(4133)の[表]

❶しずむ。しずめる。

[下接] 撃沈（ゲキチン）・血沈（ケッチン）・轟沈（ゴウチン）・自沈（ジチン）・升沈（ショウチン）・昇沈（ショウチン）・赤沈（セキチン）・爆沈（バクチン）・不沈（フチン）・浮沈（フチン）・陸沈（リクチン）

【沈香（ジンコウ｜チンコウ）】1 ジンチョウゲ科の落葉高木。材は香木として珍重される。2 ①から製した天然香料。「沈香も焚（た）かず屁（へ）もひらず〔＝可もなく不可もなく平々凡々なことのたとえ〕」❤木の芯の重くて水に沈んだ部分が香料となるところからの名。

【沈丁花（ジンチョウゲ｜チンチョウゲ）】[国]ジンチョウゲ科の常緑低木。花の芳香を沈香（ジンコウ）と丁子（チョウジ）の香りにたとえた名。

【沈下（チンカ）】沈み下がること。沈降。「地盤沈下」

【沈魚落雁（チンギョラクガン）】美人の形容。女性の美しさに圧倒されて魚は水中にしずみかくれ、雁は地上におりてかくれる。〔荘子-斉物論〕❤「絶世の美女を見ても、魚はおそれて水中に沈み、鳥は高く飛び去る」という「荘子」の記事を、後世逆の意味に用いたもの。

【沈金（チンキン）】漆（うるし）塗りの面に模様を彫り、金箔（キンパク）や金粉を押し込んだもの。沈金塗り。

【沈降（チンコウ）】1 沈み下がること。沈下。「沈降海岸」2 しずみよどむこと。沈殿。「赤血球沈降速度」

【沈鐘（チンショウ）】湖や沼の底に沈んでいるという鐘。

【沈潜（チンセン）】水底に沈みかくれること。→❸
【沈溺（チンデキ）】1 水にしずみおぼれること。2 水におぼれたような苦しみ。→❺
【沈殿・沈澱（チンデン）】液体中の混じり物が底にしずんでたまること。「沈殿物」❤書き換え「沈澱→沈殿」。

【沈没（チンボツ）】水中に沈むこと。

【沈淪（チンリン）】深く沈むこと。また、おちぶれること。

❷気持ちがしずむ。

【沈鬱（チンウツ）】気がめいりふさぎ込むこと。「沈鬱な表情」

【沈愁チンシュウ】うれいにしずむこと。深いうれい。

【沈痛チンツウ】深い悲しみに沈んで、胸を痛めること。『沈痛な面持ち』

❸ しずかである。落ち着いている。

【沈毅チンキ】沈着で剛毅なこと。

【沈吟チンギン】①静かに口ずさむこと。②思いにふけること。＊白居易－琵琶行「沈吟放レ撥挿ニ絃中一（チンギンしてばちをはなってゲンチュウにさしはさむ）」[＝思いにふけり、ばちをはなして、絃にはさむ]

【沈思チンシ】深く考え込むこと。『沈思黙考』

【沈深チンシン】沈着で思慮深いこと。

【沈静チンセイ】落ち着いて静かなこと。

【沈潜チンセン】気を落ち着けて深く思索、または、没入すること。→❶

【沈着チンチャク】落ち着いて動じないこと。『冷静沈着』

【沈沈チンチン】①静まりかえったさま。『雲海沈沈』②夜がふけてひっそりしたさま。静かに時が過ぎてゆくさま。＊蘇軾－春夜「鞦韆院落夜沈沈（シュウセンインラクよるチンチン）」[＝ぶらんこのある中庭も、静まりかえって夜はしんしんとふけてゆく]『沈々と夜が更ける』

【沈黙チンモク】口をきかないこと。だまり込むこと。『沈黙を破る』

【沈勇チンユウ】沈着で勇敢なこと。

❹ とどこおる。とどまる。

【沈痾チンア】いつまでも全快の見込みのない病気。

【沈雲チンウン】かさなりあった雲。

【沈痼チンコ】①＝沈痾チンア。②長年の悪習。

【沈滞チンタイ】物事に活気がなく、動きが見られないこと。

❺ 夢中になる。特に、酒色にふける。

【沈荒チンコウ】酒色におぼれ、すさむこと。

【沈酔チンスイ】酒にひどく酔うこと。

【沈溺チンデキ】ある物事にふけり夢中になること。耽溺タンデキ。惑溺。→❶

【沈湎チンメン】飲酒にふけりすさんだ生活をすること。

❻ その他。人名など。

【沈括シンカツ】中国、北宋の政治家、学者。字あざなは存中。号は夢渓翁。著書「夢渓筆談」「長興集」。（一〇三一～九五）

【沈周シンシュウ】中国、明の人。字あざなは啓南。号は石田。博学で詩を得意とし、画では明の四家の一人。

【沈徳潜シントクセン】中国、清代の詩人。陳群と共に「東南の二老」と称された。「古詩源」「唐宋八家読本」などの選者として知られる。（一六七三～一七六九）

【沈南蘋シンナンピン】中国、清の画家。名は銓セン。享保一六年（一七三一）長崎に渡来。二年滞在し、日本の花鳥画に大きな影響を与えた。長崎派の祖。

【沈約シンヤク】中国、梁の学者。宋・斉・梁に仕える。著に「四声譜」「晋書」「宋書」「宋文章志」「沈隠侯集」などがある。（四四一～五一三）

【沈香亭チンコウテイ】中国、唐代、宮中にあった亭の名。

4021【沌】3857 4659 93D7 水－4 トン漢・テン漢／dùn・tún・zhuàn／ふさがる

字解 形声。水＋屯（たむろする）声。水が通らない、ふさがる意。

意味 ❶ふさがる。水が開通しない。❷物のけじめのつかないさま。『混沌コントン』『渾沌コントン』

4022【沛】6179 5D6F 9F8F 水－4 ハイ漢／pèi／さかん

字解 形声。水＋市（＝巿、さかんなさま）声。水が豊かに勢いよく流れる意。

参考 万葉仮名では音を借りて「へ㊁」。

意味 ❶さかんなさま。多いさま。豊かなさま。㋑水や雨の勢いがよいさま。『沛沛』『滂沛ボウハイ』㋺勢いのあるさま。りっぱなさま。『沛艾』㋩さわ。湿地帯。『沛沢』❷たおれる。『造次顛沛ゾウジテンパイ』❸地名。現在の中国江蘇省沛県。漢の高祖（劉邦リュウホウ）の出身地。『沛公』

【沛艾ハイガイ】馬の性質が荒くはね狂うこと。

【沛然ハイゼン】雨の一時に盛んに降るさま。『沛然として驟雨シュウウ来る』

【沛沢ハイタク】①草木の茂る湿地帯。②大雨のうるおい。大きな恵み。霈沢ハイタク。③中国、江蘇省にある沛邑の水沢。漢の高祖が天命を受ける祥として、ここで秦の象徴である白蛇を斬ったといわれる。

【沛沛ハイハイ】水の勢いよく流れるさま。

【沛公ハイコウ】中国、漢の高祖（劉邦リュウホウ）が帝位につく前の称。沛の地で秦に反旗を翻したのでこう呼ばれた。

4023【泛】6202 5E22 9FA0 水－4 ハン漢・ホウ漢／fàn・fěng／うかぶ・うかべる

字解 形声。水＋乏声。うかぶ意。また、汎に通じ、ひろい意。

参考 熟語は「汎」(4000)をも見よ。

意味 ❶うかぶ。うかべる。「汎」に同じ。『泛舟』『泛然』『泛泛』『飄泛ヒョウハン』『浮泛フハン』『遊泛ユウハン』❷ひろい。あふれる。「汎」に同じ。『泛称』『泛論』

【泛愛ハンアイ】わけへだてなく広く愛すること。

【泛舟ハンシュウ】舟を浮かべること。汎舟。＊蘇軾－前赤壁賦「蘇子与レ客泛レ舟、遊ニ於赤壁之下一（ソシキャクとふねをうかべて、セキヘキのもとにあそぶ）」[＝私は客人と舟を出して赤壁の近くに遊んだ]

【泛称ハンショウ】広くひっくるめていう名称。汎称。

【泛然ハンゼン】①浮かびただようさま。②ぼんやりとして曖昧なさま。大ざっぱなさま。汎然。

【泛泛ハンハン】①浮かびただようさま。②河水などの広々と流れるさま。また、満ちて流れるさま。③かるがるしいさま。凡庸なさま。♥「汎汎」「氾氾」とも。

【泛論ハンロン】広く全般にわたる論議。汎論。

4024【汾】6180 5D70 9F90 水－4 フン漢／fén

字解 形声。水＋分声。

意味 川の名。中国山西省の中央部を太原を経て南流し、末に西に流れて黄河にそそぐ。汾水フンスイ。

4025【汶】＊3869 水－4 モン呉・ブン漢・ビン漢／mén・wèn／けがれ

字解 形声。水（川）＋文声。川の名。

篆文 

意味 ❶（モン）けがれ。はずかしめ。また、暗い。道理に暗い。『汶汶』❷（ブン）川の名。「汶水」は、中国山東省に源を発し、黄河に注ぐ川。

【汶汶モンモン】①けがれたさま。＊屈原－漁父辞「安能以ニ身之察察一、受ニ物之汶汶者一乎（いずくんぞよくみのサッサツたるをもって、もののモンモンたるものをうけんや）」[＝どうして、私自身の潔白なからだに、汚れきったものをつけられようか]②道理に暗いさま。

心(⺗・忄)戈戸(戶)手(扌)支攴(攵) 4画 文斗斤方旡(无・旡)日曰月木欠止歹(歺)殳毋比毛氏气水(氺・氵)火(灬)爪(爫・⺥)父爻(㸚)爿(丬)片牙(牙)牛犬(犭)

4026【汨】 6181 5D71 9F91 水－4

ベキ漢・コツ漢/mì/しずむ

字解 形声。水(かわ)＋冥省声。川の名。

参考 「汨」(4011)は別字だが混用される。

意味 ❶しずむ。没する。「汨」に同じ。❷川の名。汨水(ベキスイ)。「汨羅」

【汨羅(ベキラ)】中国湖南省北部を流れる湘江の支流。江西省から西流した汨水が湖南省北部で羅水と合流して汨羅江となり、湘江にそそぐ。【汨羅之鬼(ベキラのキ)】屈原の霊。転じて、水死した人。♥中国、戦国時代、楚の詩人、屈原が汨羅に投身自殺して果てたことから。

4027【汴】* 3868 水－4　(4028)【汳】 6182 5D72 9F92 水－4

ベン呉・ヘン漢/biàn

字解 形声。水＋卞声。もと汳。

意味 ❶川の名。汴水(ベンスイ)。中国、河南省開封付近から出た黄河の分流。今はない。❷地名。河南省開封市。

【汴京(ベンケイ)】中国、五代の後梁・後晋・後漢・後周および北宋の都。現在の河南省開封市。東京(トウケイ)とも。

【汴州(ベンシュウ)】中国、北周の代に現在の河南省開封市に置かれた州名。

【汴梁(ベンリョウ)】中国、河南省開封市。戦国時代の魏の都で大梁といい、のち、東魏がここに梁州を置き、隋・唐の時代に汴州と呼ばれたことに由来する。

4029【没】 4355 4B57 9676 水－4 常　(4030)【沒】 6183 5D73 9F93 水－4 旧字

モチ呉・モツ呉・ボツ漢/mò・méi/しずむ

筆順 没 没 没 没 没 没 没

字解 没は沒の変形による。沒は形声。水＋殳(＝㲻、手でうずまく水中からものをとる)声。うずまく水中からものをさぐり取り出す意。転じて、しずむ意。

意味 ❶しずむ。おぼれる。㋑水中に深くしずむ。しずんで見えなくなる。「没入」「水没」㋺深くはまり込む。熱中する。「没頭」❷なくする。なくなる。うしなう。また、つきる。ほろびる。「没我」「没却」「没落」❸死ぬ。「歿」に同じ。「没年」「戦没」❹なし。ない。打ち消しのことば。⇔有。「没義道(モギドウ)」「没交渉」「没有(メイヨウ)」❺取り上げる。「没収」「没官(モッカン)」

❶ しずむ。また、深くはまりこむ。

下接 陥没カンボツ・汨没コツボツ・出没シュツボツ・水没スイボツ・潜没センボツ・沈没チンボツ・溺没デキボツ・日没ニチボツ・覆没フクボツ・蕪没ブボツ・埋没マイボツ・淪没リンボツ・神出鬼没シンシュツキボツ

【没人(ボツジン)】潜水夫。あま。

【没頭(ボットウ)】国一つの事に熱中すること。没入。「仕事に没頭する」

【没入(ボツニュウ)】①すっかり沈むこと。「海中に没入する」②＝没頭(ボットウ)

❷ なくする。なくなる。また、つきる。

下接 湮没インボツ・隠没インボツ・顚没テンボツ・覆没フクボツ・滅没メツボツ

【没我(ボツガ)】熱中して、自己を没却すること。

【没却(ボッキャク)】国なくすこと。無視すること。また、すっかり忘れること。「自己を没却する」

【没死(ボッシ)】死をかえりみないこと。上書の際に用いることば。♥自分の言うことに誤りがあるなら、死んでわびるの意。

【没歯(ボッシ)】①よわい(歯)のつきるまで。一生涯。終身。②歯のはえかわる年齢。男八歳・女七歳をいう。

【没書(ボッショ)】新聞、雑誌などが投書、投稿を採用しないこと。没。

【没世(ボッセイ)】①世を終わること。死ぬこと。②世を終えるまでの間。一生。③世が終わるまでの間。永久。

【没落(ボツラク)】栄えていたものが衰え滅びること。落ちぶれること。

❸ 死ぬ。

下接 死没シボツ・陣没ジンボツ・生没セイボツ・戦没センボツ・病没ビョウボツ

【没後(ボツゴ)】死んだ後。♥書き換え「歿後→没後」。

【没前(ボツゼン)】死ぬ前。♥書き換え「歿前→没前」。

【没年(ボツネン)】①死んだ時の年齢。行年(ギョウネン)。享年(キョウネン)。②死んだ時の年次、年号。⇔生年。♥書き換え「歿年→没年」。

❹ ない。打ち消しのことば。

【没交渉(ボツコウショウ)】交渉のないこと。

【没有(メイヨウ)】中国語で、ない。持っていない。

❺ 取り上げる。

【没取(ボッシュ)】取り上げること。特に、行政処分や裁判所の処分によって個人の所有権を取り上げること。

【没収(ボッシュウ)】財産や権利などを取り上げること。収没。「供託金の没収」

【没官(モッカン)】犯罪人およびその親類縁者の資財などを官に没収して国有財産とすること。

4031【沐】 6184 5D74 9F94 水－4

モク呉・ボク漢/mù/あらう・ゆあみ

字解 形声。水＋木(→蒙、かぶる)声。水で髪を洗う意。

意味 ❶あらう。水をあびる。髪をあらう。ゆあみする。「沐浴」「沐露」「沐猴」「櫛風沐雨」→下接。❷うるおう。めぐみをうける。「沐恩」

下接 帰沐キモク・休沐キュウモク・斎沐サイモク・洗沐センモク・湯沐トウモク

【沐恩(モクオン)】恩恵をこうむること。

【沐浴(モクヨク)】湯や水を浴びて、体を洗い清めること。湯あみ。「斎戒沐浴」

【沐露(モクロ)】露にぬれること。苦労して勉強すること。

【沐猴(モッコウ)】サル(猿)のこと。♥サルの顔をぬぐう動作が、人間の顔をふくようすに似ていることから。【沐猴而冠(モッコウにしてカンす)】猿のくせに冠をかぶっている。心のいやしい人間が外見だけ飾っていることのたとえ。項羽をあざけっていったことば。〔史記-項羽本紀〕

【沐雨櫛風(あめにかみあらいかぜにくしけずる)】風雨にさらされて奔走し苦労するたとえ。櫛風沐雨(シップウモクウ)。風櫛雨沐(フウシツウモク)。〔荘子-天下〕

4032【沃】 4564 4D60 9780 水－4

オク漢・ヨク慣/wò/こえる・こやす

字解 形声。水＋夭(＝芺、生産力があり豊かな女性)声。豊かに実らせる、肥える意。一説に、水をそそぐが原義で、水をそそぎ作物を実らせることから、沃は肥える意であるともいう。

意味 ❶そそぐ。水をかける。「沃灌」「啓沃(ケイヨク)」❷こえる。地味が豊かである。「沃地」「沃土」「沃野」「饒沃(ジョウヨク)」「肥沃(ヒヨク)」「豊沃(ホウヨク)」❸みずみずしい。若くて美しい。「沃若」❹(ヨードJodの音訳から)ヨウ。元素の名。

『沃素ヨウソ』『沃度ヨウド』

❶ そそぐ。水をかける。

【沃灌ヨッカン】水をそそぐこと。

❷ こえる。地味が豊かである。

【沃壌ヨクジョウ】＝沃土ヨクド

【沃饒ヨクジョウ】地味が肥えていて作物がよくできること。

【沃瘠ヨクセキ】地味が肥えていることと瘠ヤせていること。

【沃地ヨクチ】＝沃土ヨクド

【沃土ヨクド】地味が肥えた土地。沃地。沃壌ヨクジョウ。

【沃野ヨクヤ】地味のよく肥えた平野。『沃野千里』

❸ みずみずしい。若くて美しい。

【沃若ヨクジャク】みずみずしくつやつやしているさま。

❹ 元素の名。

【沃素ヨウソ】ハロゲン元素の一。元素記号I　澱粉デンプンと作用して青紫色になる。医薬品用。沃度。

【沃度ヨウド】（ドイJodの音訳）①微量ではあるけれども、人体成分として必要な無機質。生体内では大部分が甲状腺にとりこまれ、甲状腺ホルモンとなって発育や新陳代謝に関係する。②＝沃素ヨウソ。『沃度丁幾ヨードチンキ』

4033
【汈】
――　水－4　リョウ（リャウ）漢　\liáng\

字解　会意。水（水流）＋刅。一説に、刅は物の両側を示すと考えられることから、汈は、しかけれぱ流れがその両側で異なる梁ヤな、または、流れの両方にかけわたす（はしの）意であるともいう。

文　金文　篆文

同属字　梁・粱

4034
【泆】
＊3887　水－5　イツ漢　\yì\

字解　形声。水＋失（ぬけ出てそれる）声。水が流れをそれ出てあふれる意。

4035
【泳】
1743　314B　896A　水－5　常3　エイ漢　\yǒng\　およぐ・およぎ

筆順　泳泳泳泳泳泳泳泳

字解　形声。水＋永（ながい川）声。流れにそっておよぐ意。金文で止（足）を加え、篆隷で水を明らかにした。

甲骨文　金文　篆文

意味　およぐ。およぎ。手足を動かして水中、水面を進むこと。

下接　遠泳エンエイ・完泳カンエイ・涵泳カンエイ・競泳キョウエイ・継泳ケイエイ・水泳スイエイ・独泳ドクエイ・背泳ハイエイ・遊泳ユウエイ・力泳リキエイ

4036
【沿】
1772　3168　8988　水－5　常6　（4002）【㳂】――　水－4　エン呉漢　\yán・yàn\　そう

筆順　沿沿沿沿沿沿沿

字解　形声。水＋㕣（→縁、ふち）声。川のふち、また、そう意。

意味　ふち。へり。また、そう。つきしたがう。

【沿海エンカイ】①海に沿った陸地の部分。②陸地に沿った海の部分。『沿海漁業』

【沿革エンカク】物事の移り変わり。『わが学園の沿革』　「沿」は前に因って変わらないこと。「革」は旧を改めて新たにすること。

【沿岸エンガン】①海、湖、川などに沿った陸地の部分。②海、湖、川などの岸に沿った水域。

【沿習・沿襲エンシュウ】昔から行ってきた習慣。また、それに従うこと。

【沿泝エンソ】流れを下ることと上ること。

【沿道エンドウ】道に沿った所。『沿道の群衆』

【沿辺エンペン】国や郡県のはずれの土地。

4037
【泱】
6186　5D76　9F96　水－5　オウ（アウ）漢・エイ漢　\yāng\

字解　形声。水＋央声。川の流れるさま、または水の広々としたさま。雲のおこるさま。

4038
【泓】
6187　5D77　9F97　水－5　オウ（ワウ）漢・コウ（クヮウ）漢　\hóng\　ふかい

字解　形声。水＋弘（広がりがある）声。水がふかい意。

意味　ふかい。清い。また、水たまり。水のふかい所。

【泓泓オウオウ】水の深いさま。

【泓澄オウチョウ】水の深く澄んでいるさま。

4039
【河】
1847　324F　89CD　水－5　常5　ガ呉・カ漢　\hé\　かわ

筆順　河河河河河河河

字解　形声。水（かわ）＋可（まがる）声。かぎ形に曲がって流れる北方のかわ、黄河の意。のち、一般に、かわの意を表す。

甲骨文　金文　篆文

参考　万葉仮名では音を借りて「か」「が」。

意味　❶川の名。「黄河」のこと。転じて、大きな川。また、天の川のこともいう。⇒［水］（3973）の表　❷国「河内国かわちのくに」の略。畿内五国の一。今の大阪府南東部。『河州カシュウ』

下接　運河ウンガ・銀河ギンガ・決河ケッカ・懸河ケンガ・江河コウガ・山河サンガ・星河セイガ・大河タイガ・長河チョウガ・天河テンガ・渡河トカ・氷河ヒョウガ・飲河満腹インガマンプク・暴虎馮河ボウコヒョウガ

【河陰カイン】①黄河の南。また、川の南岸。↔河陽。②中国、唐代の県名。現在の河南省滎陽ケイヨウ県のあたり。

【河海不択細流カカイはサイリュウをえらばず】大人物は度量が広くてよく人を容いれることにいう。黄河や海がどんな支流や小川の水をも差別なく受け入れるの意から。〔史記－李斯伝〕

【河岳カガク】黄河と五岳。また、大河と高山。

【河漢カカン】①黄河と漢水。黄河と漢水の流れが、まったく別系統のものであるところから、非常に区別のはっきりしているもののたとえにいうことがある。②あまのがわ。銀河。＊文選－古詩十九首「河漢清且浅カカンはきよくかつあさし〔＝天の川はきよらかで浅い〕」【河漢之言カカンのゲン】（天の川が天空はるかに果てしなく続いているところから）人の言葉の、漠然としてとらえどころのないこと。〔荘子－逍遥遊〕【河漢女カカンのジョ】織女星。＊文選－古詩十九首「迢迢牽牛星、皎皎河漢女チョウチョウたるケンギュウセイ、コウコウたるカカンのジョ〔＝はるか遠く輝くひこ星、キラキラ輝くおりひめ星〕」

【河岸カガン・かわぎし・かし】㊀（カガン・かわぎし）川の両側の土地。川岸。㊁（かし）①川岸の、特に舟から人や荷物の上げ下ろしをする所。②川岸に立つ市場。特に魚市場。魚河岸。

【河渠(カキョ)】 川と掘割(ほりわり)。水路。

【河源(カゲン)】 黄河の発源地。また、川のみなもと。

【河口(カコウ／かわぐち)】 河の、海または湖に流れ込む部分。

【河公(カコウ)】 水の神。河伯。

【河港(カコウ)】 河口、河岸にある港。↕海港

【河湟(カコウ)】 黄河と湟水。また、その流域。西戎(セイジュウ)の地。

【河床(カショウ／かわどこ)】 河底の地盤。

【河上(カジョウ)】 川の水面。また、川のほとり。黄河のほとり。

【河食・河蝕(カショク)】 河水の流動による浸食作用。♥書き換え「河蝕→河食」。

【河津(カシン)】 黄河、または川の船着き場。河港(カコウ)。

【俟₌河清₋(カセイをまつ)】 黄河の水の澄むのを待つように、いつまで待っても実現のあてのないこと。河の清(す)むを俟つ。〔左伝-襄公八年〕

【河川(カセン)】 大小さまざまの「かわ」の総称。かわ。『一級河川』『中小河川』【河川敷(カセンしき)】 河川法によって河川の一部と規定された、河岸にある敷地。

【河図(カト)】 中国で、昔、黄河から現れた竜馬の背上の旋毛(つむじ)にかたどったという図。易の卦(カ)のもととなり、これで天地の変化を占った。河図洛書(ラクショ)。〔易経-繫辞伝上〕

【河東(カトウ)】 ①川の東方。②中国、陝西(センセイ)・山西の省境を南流する黄河の東岸地方。山西省西南部、また山西全省をいう。

【河豚(カトン／ふぐ)】 マフグ科に属する海魚の総称。肉は淡泊で美味。肝臓などに猛毒を持つ。

【河南(カナン)】 黄河南方地域の総称。

【河馬(カバ)】 カバ科の哺乳(ホニュウ)類。体は肥大し、四肢は短く、皮膚は厚い。アフリカのサハラ砂漠以南の川や湖の付近にすむ。かわうま。

【河伯(カハク)】 ①黄河の神。川の神。②国河童(かっぱ)。

【河畔(カハン)】 川のほとり。河岸。

【河浜(カヒン)】 川のほとり。黄河のほとり。

【河北(カホク)】 黄河北方地域の総称。

【河陽(カヨウ)】 ①黄河北側の地域の通称。↕河陰。②中国河南省新郷市西方の孟県西部の地。春秋時代は晋の邑(ユウ)で漢代に県が置かれた。

【河梁(カリョウ)】 河にかけた橋。

【河童(かっぱ)】 水にすむ想像上の動物。頭には少量の水のたまった皿があり、その水がなくなると死ぬという。♥「かはわらは」の変化した語。

難読地名 河芸(かわげ)町(三重)

4040 【泔】 *3893 水－5 カン㊥/gān/ゆする

字解 形声。水＋甘㊟。

意味 ❶米のとぎ汁。❷煮る。❸ゆする。頭髪を洗い、くしけずること。古くは米のとぎ汁を用いた。

4041 【泣】 2167 3563 8B83 水－5 常4 キュウ(キフ)㊐㊥/qì/なく・なき

筆順 泣 泣 泣 泣 泣 泣

字解 会意。水＋立(大地にたつ人)。人がながす水、なみだの意。一般に、なく意を表す。

意味 なく。涙をながしてなく。また、なみだ。＊史記-項羽本紀「項王泣数行下(なみだスウコウくだる)」〔＝項王はいく筋もの涙を流した〕」

下接 哀泣(アイキュウ)・感泣(カンキュウ)・号泣(ゴウキュウ)・哭泣(コクキュウ)・垂泣(スイキュウ)・涕泣(テイキュウ)・啼泣(テイキュウ)・悲泣(ヒキュウ)

【泣諫(キュウカン)】 泣いていさめること。

【泣血(キュウケツ)】 血が出ると思われるほど涙を流して泣くこと。非常に悲しみ泣くこと。血の涙。

【泣訴(キュウソ)】 泣いて窮状を訴えること。

【泣涕(キュウテイ)】 涙を流して泣くこと。涕泣。＊文選-古詩十九首「泣涕零如₌雨(キュウテイおつることあめのごとし)」〔＝なみだがポロポロ雨のように流れてくる〕」

【泣斬₌馬謖₋(ないてバショクをきる)】 私情において忍びないが、規律を保つために、たとえ愛する者でもやむを得ず処罰する。〔蜀志-馬謖伝〕♥中国、三国時代、蜀の諸葛孔明(ショカツコウメイ)の臣下の馬謖(バショク)が、命に背いて大敗を招いたとき、孔明はその責任を追及して斬ったという故事から。

4042 【況】 2223 3637 8BB5 水－5 常 (544)【况】 4955 5157 9976 冫－5 キョウ(キャウ)㊐㊥/kuàng/いわんや・まして

筆順 況 況 況 況 況 況

字解 形声。水＋兄㊟。借りて、助字に用いる。

意味 ❶いわんや。まして。「況…乎(哉)(いわんや…をや)」という形で、「まして…はなおさらである」の意。抑揚形。＊戦国策-燕「死馬且買₌之五百金₋、況生馬乎(しバすらかつこれをゴヒャッキンにてかう、いわんやセイバをや)」〔＝死んだ馬でさえ五百金を出して買ったのだから、生きている馬ならなおさら高く買うだろう〕」❷おもむき。ありさま。ようす。『概況』『実況』『盛況』→下接。❸たとえる。『比況(ヒキョウ)』❹たまう。

下接 意況(イキョウ)・概況(ガイキョウ)・活況(カッキョウ)・漁況(ギョキョウ)・近況(キンキョウ)・景況(ケイキョウ)・現況(ゲンキョウ)・好況(コウキョウ)・作況(サッキョウ)・市況(シキョウ)・事況(ジキョウ)・実況(ジッキョウ)・商況(ショウキョウ)・状況(ジョウキョウ)・情況(ジョウキョウ)・政況(セイキョウ)・盛況(セイキョウ)・戦況(センキョウ)・不況(フキョウ)・旅況(リョキョウ)
『嘉況(カキョウ)』『臨況(リンキョウ)』

4043 【泫】 *3906 水－5 ケン㊥・ゲン㊜/xuàn

字解 形声。水＋玄(おくぶかい)㊟。水がかくれて流れる意。

意味 ながれる。したたる。『泫然』

【泫然(ゲンゼン)】 涙をこぼして泣くさま。

4044 【沽】 6188 5D78 9F98 水－5 ク㊐・コ㊥/gū・gǔ/うる

字解 形声。水＋古㊟。原義未詳。一説に川の名とも。

金文

篆文

意味 うる。あきなう。あきない。また、かう。『沽券』『沽酒』『商沽(ショウコ)』＊論語-子罕「求₌善賈₋而沽₌諸(ゼンカをもとめてこれをうらんか)」〔＝よい値で買う人をさがして売ったものだろうか〕」

【沽券(コケン)】 ①売り値。②国品位。体面。信用。『沽券にかかわる〔＝品位や体面に差し支える〕』♥もと、土地、家屋などの売買証文のこと。

【沽酒(コシュ)】 店売りの酒。また、買った酒。

4045 【泗】 6189 5D79 9F99 水－5 シ㊥/sì

字解 形声。水＋四㊟。川の名。

意味 ❶川の名。泗水。泗河。中国山東省、曲阜を経て

心(⺗・⺖)戈戸(戶)手(扌)支攴(攵) 4画 文斗斤方无(旡・旡)日曰月木欠止歹(歺)殳毋比毛氏气水(氺・氵)火(灬)爪(爫・⺥)父爻(爻)爿(丬)片牙(牙)牛犬(犭)

大運河に入る。『泗洙』『泗上』❷はなじる。また、なみだ。『涕泗（テイシ）』

【泗洙（シシュ）】[1]泗水と洙水。ともに孔子の故郷を流れる川。[2]転じて、孔子の学問。儒学。洙泗。

【泗上（シジョウ）】[1]泗水のほとり。[2]（孔子が①で教育したことから）孔子の学派。

4046 【泗】 6190 5D7A 9F9A 水－5　シュウ（シウ）[漢]／qiū

[字解] 形声。水＋囚[声]。水にうかぶ、およぐ意。

4047 【沮】 6192 5D7C 9F9C 水－5　ソ[呉]・ショ[漢]／jǔ・jù・jū／はばむ

[字解] 形声。水＋且（つみ重なる）[声]。湿気の多いところの意。また、阻に通じ、はばむ意。金文は水に従わない。

甲骨文　金文　篆文

[参考] 熟語は「阻」(8637)をも見よ。

[意味] ❶はばむ。さまたげる。「阻」に同じ。『沮遏』『沮喪』『沮廃』❷湿気の多い土地。『沮洳』

【沮遏（ソアツ・ショアツ）】さえぎりとどめること。妨害すること。

【沮洳（ソジョ・ショジョ）】土地が低くて水にひたりやすく、湿気の多いこと。

【沮喪（ソソウ）】くじける。阻喪。『意気沮喪』

【沮廃（ソハイ）】[1]じゃまをしてできないようにすること。[2]勢いがなくなること。くじけること。

4048 【沼】 3034 3E42 8FC0 水－5 [常]　ショウ（セウ）[呉][漢]／zhǎo／ぬま・ぬ

[筆順] 沼 沼 沼 沼 沼 沼

[字解] 形声。水＋召[声]。

[参考] 万葉仮名では訓を借りて「ぬ」。

[意味] ぬま。水の浅くどろの多い池。『沼沢』『湖沼（コショウ）』『池沼（チショウ）』『霊沼（レイショウ）』『泥沼（どろぬま）』 ⇒〔沢〕(4017)の[表]

【沼沢（ショウタク）】沼（ぬま）と沢（さわ）。『沼沢地』

【沼池（ショウチ）】沼（ぬま）と池（いけ）。

[難読地名] 沼田（ぬた）川（広島）

4049 【泄】 6185 5D75 9F95 水－5　セツ[漢]・エイ[漢]／xiè・yì／もる・もれる・もらす

[字解] 形声。水＋世（→洩、もらす）[声]。洩に同じ。

[意味] ❶もる。もれる。もらす。『漏泄（ロウセツ）』❷のぞき去る。『排泄（ハイセツ）』❸げり。『泄利』❹＝泄泄（エイエイ）

【泄泄（エイエイ）】[1]鳥のはばたくさま。[2]ゆったりとしたさま。[3]人の多いさま。[4]多言するさま。

【泄利・泄痢（セツリ）】病気の一種。下痢。

4050 【泝】 6191 5D7B 9F9B 水－5　ソ[呉][漢]／sù／さかのぼる

[字解] 形声。水＋斥（さかさまになる）[声]。水が逆もどりする、さかのぼる意。溯、遡に同じ。

[参考] 万葉仮名では音を借りて「そ[甲]」。

[意味] さかのぼる。流れにさからってのぼってゆく。『沿泝（エンソ）』

4051 【沱】 6193 5D7D 9F9D 水－5　タ[漢]・ダ[慣]／tuó

[字解] 形声。水＋它（曲がりくねったヘビ）[声]。曲がりくねって流れる水の意。

甲骨文　金文　篆文

[意味] なみだの流れるさま。『滂沱（ボウダ）』

(4052) 〔沲〕 ＊3884 水－5

4053 【治】 2803 3C23 8EA1 水－5 [常]4　ジ（ヂ）[呉]・チ[漢]／zhì／おさめる・おさまる・なおる・なおす・はる

[筆順] 治 治 治 治 治 治

[字解] 形声。水＋台[声]。水をおさめる、おさめる意。

[参考] 万葉仮名では音を借りて「ぢ」。

[意味] ❶おさめる。おさまる。とりしきる。とりしまる。『治安』『治水』『政治（セイジ）』『統治（トウチ）』＊論語－衛霊公「無為而治者、其舜也与（ムイにしておさむるものは、それシュンなるかな）〔＝何もしないでいてうまく治めたのは、舜帝であろうか〕」❷病気をなおす。なおる。『治癒』『治療』『完治（カンチ）』

❶ おさめる。おさまる。とりしきる。

[下接] 自治（ジチ）・修治（シュウジ）・政治（セイジ）・善治（ゼンチ）・退治（タイジ）・統治（トウチ）・民治（ミンチ）・徳治（トクチ）・内治（ナイチ）・文治（ブンチ）・平治（ヘイチ／ヘイジ）・法治（ホウチ）

【治安（チアン）】世の中が治まって安らかなこと。『治安維持』『治安立法』

【治下（チカ）】支配下。統治下。

【治化（チカ）】人民を治めみちびくこと。

【治外法権（チガイホウケン）】特定の外国人が、所在国の法律の制約を受けない権利。

【治具（チグ）】[1]準備をすること。接待などの仕度をすること。[2]国を治めるための道具、手段。法令をいう。

【治国（チコク）】国を治めること。【治国平天下（チコクヘイテンカ）】国を治め天下を平らかにすること。「大学」の八条目のうちの最後の二条目。

【治獄（チゴク）】裁判をすること。

【治罪（チザイ）】犯罪を調べ、さばくこと。

【治山（チサン）】植林などをして山を整備すること。

【治産（チサン）】自分の財産を自ら管理、処分すること。

【治者（チシャ）】国を治める人。統治者。

【治所（チショ）】政務を取り扱う場所。政庁。

【治人（チジン）】[1]人民を治めること。[2]人民を治める人。

【治水（チスイ）】水害を防いだり水路の整備、改良などを行うこと。『治山治水事業』

【治世（チセイ）】[1]よく治まっている世の中。↕乱世。[2]統治者として世を治めること。

【治政（チセイ）】世を治めるまつりごと。政治。

【治績（チセキ）】政治上の功績。

【治朝（チチョウ）】三朝の一。天子が政治をつかさどる御殿。

【治道（チドウ）】国を治める方法。

〖治而不忘乱（チにしてランをわすれず／おさまりてランをわすれず）〗平和な世の中であっても、つねに戦乱の時を忘れないで、武を練ることを怠らない。治に居て乱を忘れず。〔易経－繋辞伝下〕

【治任（チニン）】（「任」は荷物の意）旅行の準備をすること。

【治平（チヘイ）】[1]世の中が治まって平穏なこと。[2]政治が立派なこと。

【治兵（チヘイ）】出陣に際して兵士が勢ぞろいすること。

【治要（チヨウ）】国を統治する要点。

【治乱（チラン）】世の中の治まることと乱れること。【治乱興亡（チランコウボウ）】世の中の治まることと乱れること。盛んになることと滅びること。〔欧陽脩－朋党論〕

❷病気をなおす。なおる。

下接 医治・完治・灸治・根治・全治・湯治・難治・不治・療治・主治医

【治験】 ＝治効

【治効】 治療の効きめ。治験。『治効が現れる』

【治癒】 病気、けがなどがなおること。

【治療】 病気やけがをなおすこと。療治。『治療費』

難読姓氏 治田(はるた)

4054 【注】 3577 436D 928D 水－5 常3 (4055)【注】 水－5 旧字

シュ(漢)・チュウ(チウ)(慣)\zhù\そそぐ・さす・つぐ

筆順 注注注注注注注注

字解 形声。水＋主(→属、つづきつらなる)(声)。水をたて続けにそそぐ意。

意味 ❶そそぐ。つぐ。さす。『注入』『流注』❷目や心などを一点にあつめる。『注意』『傾注』『集注』❸書き記す。また、あつらえる。『註』に同じ。『注進』『注文』❹詳しく解きあかす。また、本文や、分かりにくい語句、文章を詳しく説明したもの。『註』に同じ。『注記』『脚注』❺なげる。『投』に同じ。『孤注』

❶そそぐ。つぐ。さす。

下接 雨注

【注射】 注射針で液状の薬剤を直接体内に注入すること。『予防注射』『注射器』

【注入】 そそぎ入れること。

【注連】 神聖な場所で、不浄の立ち入りを禁ずることを示すしるし。標(しめ)。『注連飾』『注連縄』 ▼水を注いで清め、連ね張るなわの意。

❷目や心などを一点にあつめる。

【注意】 ①気をつけること。用心すること。『注意人物』②気をつけさせること。忠告。『注意を受ける』

【注視】 集中してじっと見ること。

【注目】 注意してよく見ること。注視。『注目の的』

❸書き記す。また、あつらえる。

下接 外注・記注・転注・特注・発注・起居注

【注音字母】 一九一八年に制定された中国語の発音記号。のち、注音符号と改称された。

【注進】 国事件の内容を急いで報告すること。

【注文】 国①あつらえること。購入のため、製作や発送などを依頼すること。②希望や条件を出すこと。▼書き換え「註文→注文」。→❹(チュウブン)

❹詳しく解きあかす。

下接 脚注・訓注・原注・校注・自注・傍注・集注・箋注・頭注・評注・付注・補注・訳注

【注解】 注を加えて本文の意味を説明すること。▼書き換え「註解→注解」。

【注記】 注を書き記すこと。『欄外注記』

【注脚】 本文の意義の解釈として本文の間に入れた注釈。本文の間に二行書きにつけるところからいう。

【注釈】 本文の中の語句をとりあげて、その意味を解説すること。注解。▼書き換え「註釈→注釈」。

【注疏】 本文の詳しい解釈や説明。

【注文】 本文につけた注の文。→❸(チュウモン)

4056 【泥】 3705 4525 9344 水－5 常

デイ(漢)\ní·nì\どろ・ひじ・なずむ

筆順 泥泥泥泥泥泥泥泥

字解 形声。水＋尼(したしみつく)(声)。粘りつくどろの意。

参考 万葉仮名では音を借りて「ぢ」「で」「ね」。

意味 ❶どろ。水を含んで軟らかい土。『泥土』『汚泥』❷どろ状のもの。どろに似たもの。『泥金』『泥炭』❸なずむ。こだわる。『拘泥』❹『泥泥』は、葉のやわらかなさま、露に濡れるさまなどを表す。❺あて字、熟字訓など。『泥障』『泥棒』

❶どろ。水を含んで軟らかい土。

下接 雲泥・汚泥・淤泥・砂泥・春泥

【泥行】 どろ道を行く旅。

【泥沙・泥砂】 ①どろとすな。どろ。泥土。②価値のないものをたとえていう。〔杜牧-阿房宮賦〕

【泥水】 どろのまじった濁り水。よごれた世界のたとえにもいう。

【泥中蓮】 汚れた境遇のなかにあっても、清浄を保っているもののたとえ。〔周敦頤-愛蓮説〕

【泥塗】 ①どろまみれになること。②いやしい地位、または境遇。

【泥土】 水に溶けた、細かい土。

【泥濘】 ぬかっている所。

【濁二其泥一而揚二其波一】(そのどろをにごして、そのなみをあぐ) 同じ泥を濁して、同じ濁った波をたてる。世俗に同調することのたとえ。〔屈原-漁父辞〕

❷どろ状のもの。どろに似たもの。

下接 金泥・銀泥・朱泥／青味泥(あおみどろ)

【泥金】 金の粉末をにかわで溶いた彩色用の顔料。金泥。

【泥剤】 医薬品の粉末を多量に含む泥状の外用薬。

【泥酔】 正体をなくすほどひどく酒に酔うこと。▼一説に、「泥」は南海にすむ骨のない虫で、水がないと酔ってどろのようになるところからという。

【泥炭】 生成年代が新しく、石炭化度が低い石炭。

❺あて字、熟字訓など。

【泥障】 泥が飛びはねるのを防ぐため、鞍の両側にたらす馬具。障泥(あおり)。

【泥鰌】 ドジョウ科の淡水魚。体は細長く、ぬるぬるしている。食用となる。

【泥縄】 事が起こってからあわてて準備すること。▼泥棒を捕らえてから縄をなう意。

【泥棒・泥坊】 他人の物を盗み取る者。ぬすびと。▼語源については、「どろ」は取、「ボウ」は坊で卑称、また「とりうばう」の中略など諸説ある。

難読姓氏 泥谷(ひじや)

4057 【沾】 6194 5D7E 9F9E 水－5

テン(漢)・セン(漢)\tiān·zhān\ぬれる・うるおう

字解 形声。水＋占(ある場所をしめる)(声)。水がつき、うるおう意。

意味 ぬれる。ぬらす。うるおう。また、あふれる。

心(⺖・⺗)戈戸(戸)手(扌)支攴(攵) 4画 文斗斤方无(旡・无)日曰月木欠止歹(歺)殳毋比毛氏气水(氺・氵)火(灬)爪(⺥・爫)父爻(㐅)爿(丬)片牙(牙)牛犬(犭)

[沾衣テン―イ セン―イ] 着物をぬらすこと。
[沾洽テン―コウ セン―コウ] ①あまねくうるおうこと。また、広く行きわたること。②みちあふれること。
[沾湿テン―シツ セン―シュウ] しっとりとぬれること。うるおうこと。霑湿。＊杜甫―茅屋為秋風所破歌「長夜沾湿何由徹(チョウヤテンシツしてはなにによりてかてっせん)」(＝この長い夜、着物をぬらしたままでは、どうやって夜を明かしてよいかわからない)

4058 【沺】 6201 5E21 9F9F 水－5 テン漢・デン慣/tián

字解 形声。水＋田(声)。

意味 「沺沺」は、水が勢いよく広大なさまをいう。

4059 【波】 3940 4748 9467 水－5 常3 ハ呉漢/bō/なみ

筆順 波 波 波 波 波

字解 形声。水＋皮(声)。

参考 万葉仮名では音を借りて「は」。平仮名「は」の字源。

意味 ❶なみ。波浪。また、形、様子などがそのようなもの。『波頭』『波紋』『波浪』『余波』⇒表 ❷なみのような動きや形をとる物理現象。『波長』『音波』 ❸あて字、音訳字など。『波斯ペルシア』『波蘭・波蘭土ポーランド』

❶なみ。波浪。

下接 一波イッパ・煙波エンパ・海波カイハ・驚波キョウハ・金波キンパ・銀波ギンパ・鯨波ゲイハ・秋波シュウハ・水波スイハ・滄波ソウハ・蒼波ソウハ・白波ハクハ・しらなみ・風波フウハ・奔波ホンパ・翻波ホンパ・余波ヨハ・なごり・防波堤ボウハテイ・千波万波センパバンパ／大波おおなみ・男波おなみ・小波こなみ・さざなみ・逆波さかなみ・細波さざなみ・高波たかなみ・津波つなみ・年波としなみ・人波ひとなみ・藤波ふじなみ・穂波ほなみ・女波めなみ

	波浪	
ハ 波	水面の上下するなみ。	波声 波流 波頭 波風 波濤ハトウ 碧波ヘキハ
ロウ 浪	清らかななみ。	浪声 浪水 浪頭 会浪 高浪 滄浪ソウロウ

[波間ハ―カン なみ―ま] 波のうねりとうねりとの間。また、打ち寄せる波の絶え間。
[波及ハ―キュウ] 影響の及ぶ範囲が広がってゆくこと。『波及効果』
[波状ハ―ジョウ] ①波の起伏するような形状。②一定の間隔で同じことを繰り返すこと。『波状攻撃』
[波食・波蝕ハ―ショク] 波が陸地を浸食すること。海食。書き換え「波蝕→波食」。
[波心ハ―シン] 水面に広がる波のまんなか。水心。
[波臣ハ―シン] (波の家臣の意から)魚の異名。
[波声ハ―セイ] 波の音。濤声トウセイ。
[波線ハ―セン] 波状にうねった線。
[波頭ハ―トウ なみ―がしら] 波の高く盛り上がった先の所。
[波紋・波文ハ―モン] ①水面に石などを投げたときにできる波の模様。②国 変化や反応。影響。『波紋をよぶ』
[波瀾・波乱ハ―ラン] ①大小の波。②物事に、変化や曲折があること。また、もめごと。[波瀾万丈ハランバンジョウ] 激しい変化に富んでいること。『波瀾万丈の人生』
[波浪ハ―ロウ] なみ。また、大なみ。『波浪警報』

❷なみのような動きや形をとる物理現象。

下接 音波オンパ・寒波カンパ・検波ケンパ・光波コウハ・周波シュウハ・短波タンパ・中波チュウハ・長波チョウハ・電波デンパ・脳波ノウハ

[波長ハ―チョウ] ①波動の山から次の山まで、または谷から次の谷までの距離。②他人との意志の通じ具合。
[波動ハ―ドウ] ①波のような周期的な揺れ。②物理学で、媒質の一点に生じた変化が、媒質中を次々に伝わっていく現象。

❸あて字など。

下接 以呂波いろは・伊呂波いろは・多羅波蟹たらばがに・弖爾乎波てにをは・手爾遠波てにをは

[波羅蜜ハラ―ミツ] (梵 pāramitā の音訳) 仏になるために菩薩が行う修行。波羅蜜多ハラミッタ。
[波斯ペルシア] (Persiaの音訳) イランの旧称。
[波蘭・波蘭土ポーランド] (Polandの音訳) ヨーロッパ中央部、バルト海に面する共和国。
[波布はぶ] クサリヘビ科の毒蛇。奄美あまみ諸島・沖縄諸島の特産。

4060 【泊】 3981 4771 9491 水－5 常 (4101)【洦】＊3919 水－6 ハク漢/bó・pō/とまる・とまり・とめる・はてる

筆順 泊 泊 泊 泊 泊

字解 形声。水＋白(→迫、ぴったりせまりつく)(声)。舟がとまる水辺、とまる意。

参考 万葉仮名では音を借りて「は」。

意味 ❶船がとまること。『泊船』『停泊テイハク』＊杜牧―泊秦淮「夜泊秦淮近酒家(よるシンワイにハクしシュカにちかし)」(＝こよい秦淮河に舟をとめると、そこは酒楼に近い) ❷家を出て他の場所にとまること。『宿泊』→下接。❸静かな。また、うすいこと。『泊如』『淡泊タンパク』

下接 一泊イッパク・外泊ガイハク・仮泊カハク・宿泊シュクハク・漂泊ヒョウハク・旅泊リョハク

[泊如ハク―ジョ] ①心が静かで私欲のないさま。②水の広いさま。
[泊船ハク―セン] 船をとめさせる。とまっている船。

難読地名 泊瀬はつせ(奈良)

4061 【泌】 4071 4867 94E5 水－5 常 ヒ漢・ヒツ漢/mì・bì

筆順 泌 泌 泌 泌 泌

字解 形声。水＋必(→閉、とじる)(声)。閉じ合わせたすきまからもれ出る意。

意味 ❶泉の流れるさま。軽快に流れるさま。❷にじむ。にじみ出る。『泌尿器』『溢泌イッピ』『分泌ブンピ ブンピツ』

[泌尿器ヒニョウ―キ] 尿を生成し排出する器官系。膀胱ボウコウ、尿道などから成る。

4062 【泯】 6203 5E23 9FA1 水－5 ミン呉・ビン漢・メン呉・ベン漢/mǐn/ほろびる

字解 形声。水＋民(目がみえない)(声)。ほろびなくなる意。

意味 ほろびる。消えてなくなる。『泯滅』

[泯絶ビン―ゼツ] ほろびたえること。
[泯然ビン―ゼン] ①ほろびるさま。②はっきりしないさま。
[泯泯ビン―ビン ミン―ミン] ①沈むように消えていくこと。②ほろびるさま。③おろかなさま。④みだれるさま。⑤豊かなさま。⑥水の清らかに流れるさま。
[泯滅ビン―メツ] ほろんで、まったくなくなってしまうこと。
[泯乱ビン―ラン] ほろびみだれること。社会が乱れること。

4063 【沸】 4208 4A28 95A6 水－5 常 ヒ漢・フツ慣／fèi／わく・わかす・たぎる

筆順 沸 沸 沸 沸 沸 沸 沸 沸

字解 形声。水＋弗（↓噴、ふきだす）声。水がふき出す、わく意。

意味 わく。わかす。㋑にえたつ。たぎる。『沸鼎』『沸点』『沸湯』『煮沸（シャフツ）』㋺わき出るさま。さかんにおこるさま。また、さわぎたてる。熱狂する。『沸湧』『鼎沸（テイフツ）』『靡沸（ビフツ）』

【沸声（フッセイ）】わきあがる声。わきたつ声。

【沸鼎（フッテイ）】湯のわきかえるかなえ。湯鑊（トウカク）。

【沸点（フッテン）】液体が沸騰し始めるときの温度。

【沸湯（フットウ）】にえたぎっている湯。にえゆ。

【沸騰（フットウ）】1煮えたつこと。『沸騰点』2騒然となるほど、盛り上がること。『人気沸騰』

【沸沸（フツフツ）】1物が煮えたぎるさま。2水などがわき出るさま。

【沸湧・沸涌（フツヨウ）】さかんにわきおこること。

4064 【法】 4301 4B21 9640 水－5 常4 ホウ（ホフ）呉・ホウ（ハフ）漢・ハッ慣・ホッ慣／fǎ／のり・フラン

(4413)〔灋〕＊4128 水－18

(4065)〔浤〕―― 水－5

筆順 法 法 法 法 法 法 法 法

字解 法は、灋の略体。灋は会意。水（一説に標準となる水という）＋廌（古代の裁判に用いた神獣）＋去（さる）。神獣の力によって裁判を決し、悪をとりさる意から、のりの意。法は重文による。

文 金 文 篆 文 重

意味 ❶のり。きまり。おきて。さだめ。『法律』『憲法（ケンポウ）』❷手本。基準。また、のっとる。『法書』『法帖』❸しきたり。礼儀。『儀法（ギホウ）』『作法（サホウ）』『礼法（レイホウ）』❹やりかた。しかた。『法式』『戦法（センポウ）』『方法（ホウホウ）』❺仏のおしえ。仏教に関すること。仏教。『法師』『説法（セッポウ）』❻フランスの音訳「法郎西」の略。『法国（ホウコク）』❼フラン。フランス・ベルギー・スイスなどの貨幣単位。❽その他、固有名詞など。『法言』『法然』

❶ のり。きまり。おきて。さだめ。

下接 悪法・違法・遺法・王法・枉法・加法・苛法・家法・旧法・軍法・刑法・憲法・減法・公法・合法・国法・語法・護法・算法・司法・私法・師法・順法・遵法・商法・乗法・常法・除法・新法・寸法・税法・旋法・宗法・相法・大法・脱法・適法・不法・文法・変法・本法・民法・無法・明法・立法・理法・暦法・六法

【法度（ハット）】国おきて。法律。また、禁ずること。

【法案（ホウアン）】国法律の草案。

【法科（ホウカ）】法律に関する学科。また、大学の法学部。

【法家（ホウカ）】1法律家。2中国古代の諸子百家の一。厳しい法律による政治を主張した一派。韓非子（カンピシ）など。

【法貨（ホウカ）】「法定貨幣」の略。国法によって強制的な通用力を与えられた貨幣。

【法外（ホウガイ）】1のりを越えること。2国著しく程度を越えること。『法外な値段』

【法学（ホウガク）】法に関する学問の総称。法律学。

【法官（ホウカン）】司法の役人。裁判官。

【法規（ホウキ）】法律と規則。特に、法律上の規定。

【法義（ホウギ）】法の意義。また、法則として守るべき道義。

【法儀（ホウギ）】法と儀礼。また、法則。法度。

【法禁（ホウキン）】法令や禁止令。また、法で禁ずること。

【法三章（ホウサンショウ）】中国、漢の高祖が制定した、殺人、傷害、盗みだけを処罰するという三章からなる法。転じて、法律がきわめて簡略なこと。〔史記‐高祖本紀〕

【法術（ホウジュツ）】法律によって国を治める手だて。法家の唱えた政治の術。

【法人（ホウジン）】国法律上、自然人以外で権利・義務の主体となる資格を持っているもの。『財団法人』

【法制（ホウセイ）】法律と制度。法律で定められた各種の制度。

【法政（ホウセイ）】1法律と政治。2司法行政。

【法曹（ホウソウ）】1司法官。2国法律の事務に従事する人。特に、裁判官、検察官、弁護士など。『法曹界』

【法則（ホウソク）】1守らなければならないきまり。おきて。2一定の条件のもとで、必然的に成立する事物相互の関係。『法則性』

【法治（ホウチ）】法にしたがって治めること。『法治国家』

【法治主義（ホウチシュギ）】人の本性を悪と考え、法によって人民を治めようとする主義。韓非子など法家の主張した立場で、儒家の徳治主義に対する。→法家

【法廷・法庭（ホウテイ）】裁判所が審理、裁判を行う場所。

【法定（ホウテイ）】法令によって定めること。法律で規定されていること。『法定相続人』

【法的（ホウテキ）】法律の立場に立つさま。法律に関するさま。法律的。『法的根拠』

【法典（ホウテン）】1おきて。のり。2特定の法規を体系的に組織だててまとめたもの。

【法服（ホウフク）】裁判官が法廷で着る制服。→❺

【法文（ホウブン）】法令の文章。→❺（モン）

【法務（ホウム）】法律に関する事務。司法関係の事務。→❺

【法網（ホウモウ）】法律。法の制裁を精密な網にたとえた語。

【法理（ホウリ）】法律の原理。

【法律（ホウリツ）】国会の議決を経て制定される成文法の一形式。『法律家』

【法令（ホウレイ）】法律と命令。

【法例（ホウレイ）】法規の適用に関する諸原則を定めた規定。

❷ 手本。基準。

【法言（ホウゲン）】範として従うべきことば。手本となる正しいことば。法語。→❽

【法効（ホウコウ）】のっとること。手本としてまねること。

【法書（ホウショ）】臨書の模範となるべき書物。手本。法帖。

【法帖（ホウジョウ）】先人のすぐれた筆跡を習字の手本や鑑賞用に石ずりにして、折り本に仕立てたもの。

❹ やりかた。しかた。方法。

下接 罨法・一法・泳法・画法・技法・漁法・句法・剣法・拳法・工法・航法・骨法・作法・仕法・師法・詩法・諭法・手法・皴法・商法・定法・常法・書法・叙法・正法・製法・戦法・走法・奏法・打法・調法・忍法・筆法・秘法・描法・兵法・別法・便法・方法・魔法・用法・療法・論法・話法・遠近法・正

心(小・忄)戈戶(戸)手(扌)支攴(攵) 4画 文斗斤方无(旡・无)日曰月木欠止歹(歺)殳毋比毛氏气水(氺・氵)火(灬)爪(爫・爫)父爻(㸚)爿(丬)片牙(牙)牛犬(犭)

攻法（セイコウホウ）

【法式（ホウシキ）】儀式や礼儀などのやり方のきまり。作法。

❺ 仏のおしえ。仏教に関すること。

下接 観法（カンボウ）・教法（キョウホウ）・弘法（グホウ）・求法（グホウ）・外法（ゲホウ）・護法（ゴホウ）・宗法（シュウホウ）・修法（シュホウ）・呪法（ジュホウ）・正法（ショウボウ）・説法（セッポウ）・懺法（センボウ）・像法（ゾウボウ）・大法（ダイホウ）・調法（チョウホウ）・伝法（デンボウ）・如法（ニョホウ）・仏法（ブッポウ）・末法（マッポウ）・妙法（ミョウホウ）・滅法（メッポウ）

【法印（ホウイン）】①仏法が真実で不動不変であることを示す真理のしるし。②「法印大和尚位（ホウインダイオショウイ）」の略。僧の最高位。③国中世以降、僧の称号に準じて、儒者、仏師、医師、連歌師、画工などに授けられた称号。④国山伏の異称。

【法雨（ホウウ）】仏法があまねく衆生を救うのを雨が万物を潤すのにたとえていう語。のりのあめ。

【法会（ホウエ）】①人々を集めて仏を供養し、仏法を説く行事。②死者の追善供養をする儀式。法要。

【法衣（ホウエ｜ホウイ）】僧の着る衣服。僧服。法服。

【法悦（ホウエツ）】仏法を聞いて心に起こる喜び。転じて、うっとりするような喜び。

【法筵（ホウエン）】仏語。仏法を説く所。また、法事の席。

【法王（ホウオウ）】仏法界の王。すなわち、仏の称。↓❽

【法皇（ホウオウ）】国仏門に入った上皇の尊称。太上法皇。

【法界（ホウカイ｜ホッカイ）】①大乗仏教で、宇宙万物の本体。②国自分には無縁であること。【法界悋気（ホウカイリンキ）】国自分に関係のないことに嫉妬すること。おかやき。

【法器（ホウキ）】①仏法を受けるに足る能力。また、それを備えた人。②仏具。

【法橋（ホウキョウ｜ホッキョウ）】㊀（ホウキョウ）仏語。仏法を、衆生を導き彼岸へ渡す橋にたとえていう語。法（のり）の橋。㊁（ホッキョウ）国①「法橋上人位（ホウキョウショウニンイ）」の略。僧位の一つで、法眼（ホウゲン）の次位。②武家時代、僧に準じて、医師・連歌師などに与えた称号。

【法眼（ホウゲン）】①「法眼和尚位（ホウゲンカショウイ）」の略。法印に次ぐ僧位。②国中世以後、医師、仏師、連歌師など法体の者に授けられた位。

【法語（ホウゴ）】国仏の教えを分かりやすく説き示した言葉、文章。『仮名法語』

【法号（ホウゴウ）】①出家して受戒するとき、師から授けられる称号。②戒名。

【法師（ホウシ｜ボウシ）】①僧侶（ソウリョ）。②（ボウシ）国ある語に添えて「人」の意を表す語。『一寸法師』『影法師』

【法嗣（ホウシ）】師から仏法の奥義を伝えられた弟子。▼禅宗では、普通「ハッス」と読む。

【法事（ホウジ）】追善供養のために故人の忌日などに行う仏事。法要。

【法主（ホウシュ｜ホッス）】①一宗派の長。特に、浄土真宗で管長。②法会（ホウエ）の主宰者。

【法城（ホウジョウ）】仏法。堅固で諸悪を防ぐというところから城にたとえていう語。

【法水（ホウスイ｜ホッスイ）】仏の教え。仏の教えが衆生の煩悩を洗い清めることを水にたとえていう。法雨。

【法施（ホウセ｜ホッセ）】①三施の一。人に仏法を説いて聞かせること。②神仏に対して経を読み、法文を唱えること。

【法蔵（ホウゾウ）】①仏の説いた教え。仏法の経典。②真理の蔵。仏法の奥義。③仏のそなえる一切の功徳のこと。

【法俗（ホウゾク）】仏法と世俗。僧と俗人。

【法談（ホウダン）】仏法の要義を説き聞かせること。また、その談話。

【法弟（ホウテイ）】仏法修行の上で教えを受ける弟子（デシ）。

【法敵（ホウテキ）】①仏法に敵対するもの。仏敵。②宗派の敵。

【法灯（ホウトウ）】①迷いを救う仏法。②仏前に供える灯火。

【法統（ホウトウ）】仏法の伝統。また、仏法の流派。法流。

【法難（ホウナン）】仏法を広める際に受ける迫害。

【法然（ホウネン）】おのずから真理を体持しているさま。また、自然の定まりどおり。本来あるがまま。法爾（ホウニ）。自然（ジネン）。↓❽

【法服（ホウフク）】僧の着用する衣。法衣（ホウエ）。↓❶

【法味（ホウミ）】①仏法を聞いて受ける甘露の味わいを食物の美味にたとえた語。②講経・読経などの儀式・法要。

【法脈（ホウミャク）】法義が師から弟子へと順次継承されて伝わること。

【法名（ホウミョウ）】出家したとき、また死後に授けられる名。戒名。↕俗名

【法務（ホウム）】①仏法に関する事務。②寺院の事務。↓❶

【法文（ホウモン）】経典の文。↓❶（ホウブン）

【法門（ホウモン）】仏法の教え。仏門。

【法問（ホウモン）】仏法についての問答。

【法要（ホウヨウ）】仏教で死者を弔うための儀式。法会（ホウエ）。

【法楽（ホウラク）】①仏の教えを信じる喜び。②国読経、奏楽などによって神仏を楽しませること。③国慰み。楽しみ。

【法力（ホウリキ）】仏法の功徳。仏法の威力。

【法流（ホウリュウ）】①仏法の伝統。仏法の流派。②仏の教え、また、その教えを流布すること。

【法輪（ホウリン）】仏の教え。仏法。

【法臘（ホウロウ）】法の上の年齢。具足戒を受けて比丘・比丘尼となったその後の年数。

【法論（ホウロン）】仏教で、教義についての議論。

【法話（ホウワ）】仏教の趣旨を分かりやすく説く話。

【法華（ホッケ｜ホケ）】①「法華宗」の略。②法華経を講説する法会。法華講。法華会。【法華経（ホケキョウ）】妙法蓮華経（ミョウホウレンゲキョウ）。大乗仏教の重要経典の一。【法華三昧（ホッケザンマイ）】天台宗で、法華経を読んで一心にその真理を思い続けること。【法華宗（ホッケシュウ）】法華経を根本の経典とする宗旨。天台宗、また、日蓮（ニチレン）宗をいう。

【法性（ホッショウ）】一切の存在、現象の真の本性、万有の本体。

【法身（ホッシン）】①仏の説いた教法や、仏の成就した十力などの功徳の法。仏の生身（ショウジン）に対していう。②法・報・応の三身の一。真如の理体をいう。真理そのもの、永遠の理法としての仏。③法体となった身。僧侶の身。

【法数（ホッスウ）】定型化された仏教の教理を、数によってまとめたもの。三界・四諦・五蘊（ゴウン）・六道・八正道・十二因縁・百法など数で分類し、説明した教義。

【法相（ホッソウ）】①一切の存在の現象的な差別のすがた。②現象的存在のありのままのすがた。【法相宗（ホッソウシュウ）】南都六宗の一。万有は仮の存在にすぎず、識以外の実在はないとし、万法の諸相（法相）を分析的・分類的に説くもの。元興寺の道昭以後伝えられ、現在は興福寺、薬師寺を大本山とする。唯識宗。

【法体（ホッタイ｜ホウタイ）】剃髪（テイハツ）し、法衣をまとう僧の姿。僧形（ソウギョウ）。↕俗体

【法螺（ホラ｜ホウラ）】①法螺貝。巻貝を吹奏楽器としたもの。②国話を誇張して、うそを言うこと。『法螺吹き』

❽ その他、固有名詞など。

【法王（ホウオウ）】ローマ-カトリック教会の最高の聖職。教皇。『法王庁』↓❺

【法言（ホウゲン）】中国の儒学書。一三巻。前漢の揚雄撰。「論語」の体裁を模して聖人を尊び王道を論じたもの。↓❷

【法然（ホウネン）】平安末期から鎌倉初期の僧。浄土宗の開祖。

諱(いみな)は源空、号は法然房、勅諡(チョクシ)は円光大師、明照大師など。法然上人、黒谷上人、吉水上人などと尊称する。著「選択本願念仏集」など。(一一三三～一二一二)→❺

難読姓氏 法月(のりつき) 法師人(ほうしと)

4066【泙】 6204 5E24 9FA2 水－5 ヘイ漢・ホウ(ハウ)漢／pēng

字解 形声。水＋平声。

意味 ❶「泙湃(ホウハイ)」は、水の勢いの盛んなさま。❷なぐ。波や風が静まる。

4067【泡】 4302 4B22 9641 水－5 常 (4068)【泡】 水－5 旧字

ホウ(ハウ)漢／pào・pāo／あわ・あぶく

筆順 泡 泡 泡 泡 泡 泡

字解 形声。水＋包(つつむ)声。空気を包んでふくれた水、あわの意。

意味 ❶あわ。あぶく。「泡沫」「気泡(キホウ)」「水泡(スイホウ)」「発泡(ハッポウ)」❷国「泡盛(あわもり)」は、アワや米を原料とするアルコール分の強い沖縄特産の蒸留酒。

【泡影】(ホウエイ／ホウヨウ) 水のあわと物の影。はかなくとりとめのない物事のたとえ。

【泡泡】(ホウホウ) 水のわき出るさま。

【泡沫】(ホウマツ／うたかた) あわ。あぶく。また、はかないもののたとえ。「泡沫(ホウマツ)候補」

4069【沫】 4387 4B77 9697 水－5 マチ呉・マツ呉・バツ漢／mò／あわ・しぶき

字解 形声。水＋末(木ずえ)声。飛び散った水のさき、しぶきの意。

意味 ❶あわ。あわぶく。「水沫(スイマツ／みなわ)」「浮沫(フマツ)」「泡沫(ホウマツ)」❷みずたま。みずのほとばしり。「跳沫(チョウマツ)」「飛沫(ヒマツ／しぶき)」

4070【油】 4493 4C7D 96FB 水－5 常3 ユ呉・ユウ(イウ)漢／yóu／あぶら

筆順 油 油 油 油 油 油

字解 形声。水＋由声。

参考 万葉仮名では音を借りて「ゆ」。

意味 ❶あぶら。また、あぶらのような液体。「油脂」「油田」「石油」⇒表 ❷その他。「油然(ユウゼン)」「油油(ユウユウ)」

❶ あぶら。また、あぶらのような液体。

下接 肝油・給油・魚油・軽油・鯨油・原油・香油・鉱油・膏油・採油・搾油・脂油・終油・重油・醤油・精油・製油・石油・注油・灯油・桐油・辣油／豆油・米油・椿油・糠油・胡麻油

◎油・脂・膏―「あぶら」のいろいろ

油(ユ)	脂(シ)	膏(コウ)
油脂	油脂／脂膏	脂膏
液状のあぶら。	動植物のあぶら。	肉のあぶら。
石油・香油・灯油・油煙	獣脂・樹脂・凝脂・脂燭	膏血・膏火・膏薬・軟膏

【油脂】(ユシ) 油と脂肪。「植物性油脂」

【油井】(ユセイ) 石油を採るために掘った井戸。

【油単】(ユタン) ひとえの布や紙に油をしみ込ませたもの。調度品の覆いや敷物に用いた。

【油田】(ユデン) 石油を産出する区域。「海底油田」

❷ その他。

【油然】(ユウゼン／ユゼン) [1]雲がさかんに起こるさま。[2]ある思いや感情が突き上げるように起こるさま。

【油油】(ユウユウ) [1]つややかと美しいさま。[2]水が静かに流れるさま。[3]ゆったりとして落ち着いているさま。

【油断】(ユダン) 気を許すこと。不注意。「油断大敵」〔涅槃経〕♥ある王が家来に油の入った鉢を持って歩かせ、一滴でもこぼしたら命を絶つと言ったという故事から。

難読地名 油木(ゆき)町(広島) 油谷(ゆや)町(山口)

難読姓氏 油口(ゆぐち)

4071【泪】 6205 5E25 9FA3 水－5 ルイ呉漢／lèi／なみだ

字解 涙に同じ。

4072【泠】 * 3903 水－5 リョウ(リャウ)呉・レイ漢／líng／すむ

字解 形声。水＋令(→冷、すがすがしい)声。清らかの意。

意味 ❶澄んだ。清らかな。「泠然」❷おだやかな。「泠風」

【泠然】(レイゼン) [1]軽妙なさま。また、涼しいさま。[2]ひややかなさま。また、清らかなさま。

【泠風】(レイフウ) そよ風。微風。

4073【洟】 6206 5E26 9FA4 水－6 イ漢・テイ漢／yí・tì／はなじる・はな

字解 形声。水＋夷(低くたれる)声。鼻からたれ出るみずの意。

意味 はなじる。はなみず。「洟垂(はなた)れ小僧」

4074【洩】 1744 314C 896B 水－6 エイ漢・セツ漢／yì・xiè／もる・もれる・もらす

字解 形声。水＋曳(ひく)声。水がのび出てあふれる、もれる意。

意味 ❶もれる。もらす。「泄」に通じる。「洩漏(エイロウ／セツロウ)」「漏洩(ロウエイ／ロウセツ)」「木洩(こもれ)日」❷のびる。「洩洩(エイエイ)」

【洩洩】(エイエイ) 延び広まるさま。

【洩漏】(エイロウ／セツロウ) もらすこと。もれること。漏洩。

4075【洿】 * 3928 水－6 ワ呉・オ(ヲ)漢／wū／くぼみ

字解 形声。水＋夸(まがりくぼむ)声。くぼみにたまったみずの意。

意味 ❶くぼみ。くぼむ。また、くぼみにたまった水。「洿下」「洿池」「洿隆」❷けがす。けがれる。

【洿下】(オカ) [1]土地がくぼんで低いこと。[2]地位・身分が低いこと。

【洿池】(オチ) みずたまり。ためいけ。

【洿隆】(オリュウ) おとろえることとさかんになること。

4076【海】 1904 3324 8A43 水－6 常2 (4107)【海】 水－7 旧字 人

カイ呉漢／hǎi／うみ・み・わた・わたつみ

筆順 海 海 海 海 海 海

字解 海は海の略体。海は形声。水(うみ)＋毎(くらい、

心(小・忄)戈戸(戸)手(扌)支攴(攵) 4画 文斗斤方无(旡・无)日曰月木欠止歹(歺)殳毋比毛氏气水(氺・氵)火(灬)爪(爫・爫)父爻(爻)爿(丬)片牙(牙)牛犬(犭)

心(小・忄)戈戸(戸)手(扌)支攴(攵) 4画 文斗斤方无(旡・无)日曰月木欠止歹(歺)殳毋比毛氏气水(氺・氵)火(灬)爪(爫・爫)父爻(爻)爿(丬)片牙(牙)牛犬(犭)

また、さかん(声)。くろぐろと深く大きいうみの意。

金文 

篆文 

意味 ❶うみ。↕陸。㋑うみ。わたつみ。『海岸』『海峡』『海洋』『航海』㋺みずうみ。『カスピ海』『青海』⇓表 ❷海に関するものに冠する語。㋑海に産するもの。『海豹(あざらし)』『海豚(いるか)』『海老(えび)』『海苔(のり)』㋺海外から来たもの。『海芋』 ❸うみのように広いさま。㋑海のように広く、多くのものが集まるさま。『雲海』『樹海』㋺広く大きいさま。『海恕』 ❹固有名詞。『海岱(カイタイ)』

❶うみ。

下接 瀛海(エイカイ)・沿海(エンカイ)・遠海(エンカイ)・縁海(エンカイ)・外海(ガイカイ|そとうみ)・環海(カンカイ)・近海(キンカイ)・公海(コウカイ)・荒海(コウカイ|あらうみ)・航海(コウカイ)・西海(サイカイ|セイカイ)・山海(サンカイ)・四海(シカイ)・深海(シンカイ)・青海(セイカイ)・絶海(ゼッカイ)・浅海(センカイ)・桑海(ソウカイ)・掃海(ソウカイ)・滄海(ソウカイ)・蒼海(ソウカイ)・大海(タイカイ)・東海(トウカイ)・渡海(トカイ)・内海(ナイカイ|うちうみ)・南海(ナンカイ)・氷海(ヒョウカイ)・浜海(ヒンカイ)・碧海(ヘキカイ)・北海(ホッカイ)・溟海(メイカイ)・陸海(リクカイ)・領海(リョウカイ)・臨海(リンカイ)

	海陸					
海(カイ)	海上(うみ。)	海路	海行	海運	海軍	海産
陸(リク)	陸上(りく。)	陸路	陸行	陸運	陸軍	陸産

【海域(カイイキ)】ある区切られた中の海面。ある範囲の海。
【海運(カイウン)】船で旅客や貨物を海上運送すること。
【海王星(カイオウセイ)】太陽系第八番目の惑星。♥ネプチューン(Neptune)の訳語。
【海外(カイガイ)】海を隔てた外国。『海外渡航』
【海角(カイカク)】陸地が海に突き出た、先端の部分。みさき。
【海客(カイカク)】①海をわたって旅をする人。②普通の客。③海辺を散歩している人。
【海岳(カイガク)】海と山。恩恵などの深大なことのたとえ。
【海関(カイカン)】①海辺に設けた関所。②開港場に設けた税関。もと、中国の清代のものをいった。
【海岸(カイガン)】陸が海と接する地帯。海辺。『隆起海岸』
【海峡(カイキョウ)】陸地に挟まれて、幅が狭くなっている海。『津軽海峡』
【海曲(カイキョク)】①海が陸地に入りこんだところ。②島。
【海隅(カイグウ)】海のほとり。*王維-終南山「連山到二海隅一(レンザンカイグウにいたる)」〔＝連なる山なみは、東海のほとりまでもとどいている」〕
【海軍(カイグン)】海上の戦闘を主な任務とする軍隊。↕陸軍・空軍
【海月(カイゲツ)】①海上の空に見える月。②海に映っている月の影。→❷(くらげ)
【海賈(カイコ)】船で海外へ渡り商売をする商人。海估(カイコ)。
【海溝(カイコウ)】大洋底にある細長く溝状にくぼんでいる所。
【海士(カイシ|あま)】漁夫。海人。
【海市(カイシ)】蜃気楼(シンキロウ)。
【海事(カイジ)】海上の活動に関する事柄。『海事審判』
【海日(カイジツ)】海上に出る朝日。
【海若(カイジャク|カイニャ)】中国の伝説上の海神の名。
【海獣(カイジュウ)】海にすむ哺乳(ホニュウ)動物の総称。オットセイ、クジラなど。
【海女(カイジョ|あま)】国海にもぐって貝類や海藻を採るのを業とする女性。♥「あま」は古くは女性に限らず、漁師一般をも指した。
【海嘯(カイショウ)】①満潮の際、暴風や海底の火山活動のために海水が逆流して起こる高波。②津波(つなみ)をいう。
【海上(カイジョウ)】海面。海。『海上保安庁』
【海食・海蝕(カイショク)】波、海流などで海岸が浸食されること。海岸浸食。♥書き換え「海蝕→海食」。
【海人(カイジン|あま)】漁師。漁夫。海士。
【海神(カイジン|わたつみ)】①海の神。②(わたつみ)海。海原。
【海水(カイスイ)】①海の塩分を含む水。『海水浴(カイスイヨク)』②量が多いことのたとえ。*杜甫-兵車行「辺庭流血成二海水一(ヘンテイのリュウケツカイスイをなす)」〔＝辺境の兵士たちの流血が海水のように多い〕」
【海戦(カイセン)】海上の戦闘。『レパントの海戦』
【海賊(カイゾク)】海上を横行して、船舶などを襲う盗賊。
【海内(カイダイ)】(「四海の内」の略)国中。また、天下。*史記-高祖本紀「威加二海内一兮帰二故郷一(イはカイダイにくわわりてコキョウにかえる)」〔＝わたしの威光は全土を圧して故郷へ帰ることができた〕」
【海中(カイチュウ)】海面下。また、海の真ん中。『海中公園』
【海潮音(カイチョウオン)】①遠くから打ち寄せる海の波の音。②仏語。仏、菩薩の、時をたがえず衆生を導き恵みを与えることを、海水の干満にたとえた語。
【海天(カイテン)】①海と空。水平線のかなた。②海上の空。
【海甸(カイデン)】海に面した地方。
【海童(カイドウ)】海の神。わたつみ。
【海道(カイドウ)】海沿いの街道。日本では特に東海道をいう。
【海難(カイナン)】航海中の事故。『海難救助』
【海抜(カイバツ)】平均海水面からの高さ。標高。
【海畔(カイハン)】海のほとり。海辺。海岸。
【海表(カイヒョウ)】海のかなた。海の外。海外。
【海浜(カイヒン)】はまべ。うみべ。『海浜公園』
【海風(カイフウ)】①海上を吹く風。②昼間、海上から陸地に吹く風。海軟風。↕陸風
【海防(カイボウ)】国の沿岸などを防備すること。海の守り。
【海面(カイメン)】海の表面。海上。
【海門(カイモン)】陸地にはさまれて海がせまくなっている所。海峡。瀬戸。
【海洋(カイヨウ)】広い海。大洋。『海洋性気候』
【海里(カイリ)】海上里程の単位。一海里は緯度約一分の長さで、一八五二メートル。
【海流(カイリュウ)】常に一定の方向に流れる海水の流れ。暖流と寒流とがある。『日本海流』
【海路(カイロ|うみじ)】海上の、船の通る道。また、海上を行くこと。↕陸路・空路
【海楼(カイロウ)】海に臨んだ高い建物。

❷うみに関するもの。

下接 煎(熬)海鼠(いりこ)・金海鼠(きんこ)・干海鼠(ほしこ)・赤海鷂魚(あかえい)

【海芋(カイウ)】サトイモ科の多年草。切り花用。漏斗(ロウト)状の白い苞(ホウ)に包まれた花を付ける。南アフリカ原産。

【海狗腎(カイクジン)】オットセイ(膃肭臍)の異名。

【海鼠(カイソ|なまこ)】ナマコ類に属する棘皮(キョクヒ)動物の総称。

【海藻(カイソウ|うみも)】海中に生える藻類の総称。

【海象(カイゾウ|セイウチ)】セイウチ科の哺乳類。体長約三メートルにも達する。♥「セイウチ」はロシア sivucから。

【海苔(カイタイ|のり)】紅藻類、緑藻類、藍(ラン)藻類などで水中の岩石上に付着しているもの。食用。

【海鳥(カイチョウ|うみどり)】カモメ、アホウドリなど海岸にすむ鳥。

【海棠(カイドウ)】バラ科の落葉低木。観賞用。紅色の五弁花を開く。中国原産。『秋海棠』

【海人草・海仁草(カイジンソウ|まくり)】紅藻類フジマツモ科の海藻。回虫などの駆除薬に用いる。

【海馬(カイバ|とど)】㊀(カイバ)①タツノオトシゴの異名。②セイウチの異名。㊁(とど)アシカ科の哺乳類。体はアシカに似るがはるかに大きい。

【海綿カイメン】①海綿動物の総称。②海綿動物の骨格を乾燥した製品。スポンジ。

【海狸カイリ】ビーバーの異名。

【海驢カイロ｜あしか】アシカ科の動物。葦鹿あしか。

【海老カイロウ｜えび】甲殻類十脚目に属する長尾類の総称。体は甲羅でおおわれている。『伊勢海老いせえび』『甘海老あまえび』

【海獺ラッコ】イタチ科の哺乳類。猟虎ラッコ。

【海豹あざらし】哺乳類アザラシ科の動物の総称。オットセイに似る。

【海鰻あなご】アナゴ科の海魚の総称。形はウナギに似る。穴子あなご。

【海参いりこ】ナマコのはらわたを除いて煮て干したもの。薬用、食用。きんこ。

【海豚いるか】哺乳類クジラ目に属し、体長約五メートル以下のハクジラの総称。また、特にマイルカをいう。

【海胆うに】棘皮キョクヒ動物、ウニ類の総称。殻の表面に多くのとげがある。海中の岩間にすむ。

【海猫うみねこ】カモメ科の海鳥。鳴き声がネコに似る。

【海蛇うみへび】①海生のヘビ類の総称。②ウミヘビ科の海魚の総称。

【海髪おご】紅藻類オゴノリ科の海藻。於胡おご。

【海月くらげ】腔腸コウチョウ動物のハチクラゲ類とヒドロ虫類の浮遊世代の個体の通称。「水母」とも書く。→❶(カイゲツ)

【海蠃ばい】エゾバイ科の巻き貝。貝バイ。

【海星・海盤車ひとで】ヒトデ類に属する棘皮キョクヒ動物の総称。体は扁平ヘンペイで星形。

【海蘿ふのり】紅藻類フノリ科の海藻の総称。布海苔ふのり。

【海鞘ほや】ホヤ目に属する原索動物の総称。

【海松みる】緑藻類ミル科の海藻。食用。

【海蘊もずく】褐藻類モズク科の海藻。水雲もずく。

❸ うみのように広いさま。

下接 雲海ウンカイ・学海ガッカイ・苦海クカイ・詞海シカイ・樹海ジュカイ・人海ジンカイ・筆海ヒッカイ・仏海ブッカイ・法海ホウカイ

【海恕カイジョ】海のように広い心で、ゆるすこと。海容。

【海容カイヨウ】＝海恕カイジョ

❹ 固有名詞。

【海岱カイタイ】中国、舜帝の時代の十二州の一。東海から泰山までの間の地。現在の山東省。

難読地名 海士あま町(島根) 海部あま郡(愛知) 海部かいふ郡・町(徳島) 海馬とど島(青森) 海驢とど島(北海道) 海山みやま町(三重)

4077 【洄】 *3911 水－6 カイ(クヮイ)漢 huí

字解 形声。水＋回(めぐる)声。水がめぐり流れるさま。

意味 ❶さかのぼる。❷水のめぐり流れるさま。『洄洄』『洄注』❸くらい。おろか。

【洄洄カイカイ】①水が渦をまきながら流れるさま。②惑い乱れるさま。

【洄注カイチュウ】水がうずまいて流れこむこと。

4078 【活】 1972 3368 8A88 水－6 常2 カチ(クヮチ)呉・カツ(クヮツ)漢 huó いきる・いき・いかす・いける・いけ

筆順 活 活 活 活 活 活

字解 形声。水＋舌(＝昏)声。水がいきおいよく流れる、いきいきしている、いきる意。

意味 ❶水が勢いよく流れる。『活活』『活水』❷いきいきとしている。勢いがある。『活気』『活発』『快活』❸いきる。いかす。また、くらす。『死中に活を求める』『活仏』『活用』『生活』❹取りはずしがきく。自由に動かす。『活字』『活版』❺国かつ。気絶した人の息を吹き返させる柔道などの術。転じて、刺激を与えて元気づけること。『活を入れる』❻熟字訓。『独活うど』

❶ 水が勢いよく流れる。

【活活カツカツ】水のさかんに流れるさま。

【活水カッスイ】よどむことなく流れ動いている水。

❷ いきいきとしている。勢いがある。

下接 快活カイカツ・敏活ビンカツ・肺活量ハイカツリョウ

【活眼カツガン】生き生きとした目。物の道理を見抜く見識。

【活気カッキ】生き生きとした気分、様子。

【活況カッキョウ】商取引などで、生き生きとして景気のよい様子。『活況を呈する』

【活句カック】生き生きとしたことば。

【活写カッシャ】生き生きと描き出すこと。

【活発・活潑カッパツ】生き生きとしているさま。元気で勢いのよいさま。❤書き換え「活潑→活発」。【活発発地・活潑潑地カッパッパッチ｜カッパツハッチ】魚がはねるようにきわめて勢いのよいさま。

【活躍カツヤク】目覚ましい活動をすること。

【活力カツリョク】活動のもとになる力。『活力旺盛』

❸ いきる。いかす。くらす。

下接 過活カカツ・死活シカツ・自活ジカツ・生活セイカツ・復活フッカツ

【活火山カッカザン】噴火活動が断続または継続している火山。↔休火山・死火山
【活計カッケイ｜たずき】生活すること。生計。

【活殺カッサツ】生かすことと殺すこと。【活殺自在カッサツジザイ】他を自分の思うがままにあやつること。

【活社会カッシャカイ】活動している実際の社会。実社会。

【活人カツジン】①生きている人。生命ある人。『活人画』②人命を助けること。治癒チユ。【活人剣カツジンケン】人をいかす剣。また、その剣の道。

【活性カッセイ】物質が化学反応を起こしやすくなっている性質。『活性化』『活性剤』

【活脱カツダツ】(「脱」は本物からぬけ出したようなの意)非常によく似ていること。生き写し。

【活動カツドウ】①活発に動き働くこと。『政治活動』②国「活動写真」の略。「映画」の旧称。

【活仏カツブツ】①仏を思わせるような高徳の僧。いきぼとけ。②ラマ教の首長。

【活物カツブツ】生きて活動しているもの。

【活用カツヨウ】①いかして用いること。②文法で、用言、助動詞が組織的に語形を変化させること。

【活路カツロ】窮地から逃れ出る方法。生き延びるみち。

❹ 取りはずしがきく。自由に動かす。

【活字カツジ】活版印刷に用いる金属でつくった字型。

【活版カッパン】活字を組んでつくった印刷版。また、それで印刷する方式。『活版印刷』

4079 【洎】 *3914 水－6 キ漢 jì

字解 形声。水＋自声。

意味 ❶そそぐ。❷およぶ。❸あて字。「洎夫藍サフラン」は アヤメ科の多年草。南ヨーロッパ原産の薬用植物。

4080 【洶】 6208 5E28 9FA6 水－6 キョウ漢/xiōng/わく

字解 形声。水+匈(声)。

意味 ❶わく。水が勢いよくわき出る。また、水の勢い。「洶涌」❷さわぐ。どよめく。「洶洶」

【洶洶キョウキョウ】①水の音などのさわがしいさま。また、どよめくさま。②おそれおののくさま。びくびく。

【洶涌・洶湧キョウユウ|キョウヨウ】波がさかまくこと。水が勢いよくわき出ること。

4081 【洫】 6209 5E29 9FA7 水－6 キョク漢・イツ漢/xù

字解 形声。水+血(声)。水がめぐる田間のみぞの意。

意味 田間の小水路。「溝洫コウキョク」

4082 【洪】 2531 393F 8D5E 水－6 常 コウ漢/hóng/おおみず

筆順 

字解 形声。水+共(→孔、おおきい)(声)。おおみずの意。

意味 ❶おおみず。増水して川や湖が氾濫すること。「洪水」❷大きい。おおらか。すぐれた。「鴻」に同じ。「洪恩」「洪儒」❸あて字、固有名詞など。「洪牙利ハンガリー」

❶ おおみず。

【洪水コウズイ】大雨などで、河川の水が増加し、あふれ出ること。おおみず。

【洪積世コウセキセイ】地質時代の区分の一。約二〇〇万年前から一万年前まで。初めて人類が出現した。氷河時代。
♥かつては、大洪水による土砂の堆積で地層が作られたと考えられた。現在、国際的には「更新世」を用いる。

❷ 大きい。おおらか。すぐれた。

【洪恩コウオン】大きなめぐみ。大恩。鴻恩。

【洪基コウキ】大きな事業の基礎。鴻基。

【洪鈞コウキン】(「鈞」は陶器を形づくる轆轤ロクロで、造物主の意) 造化のはたらき。造物主。

【洪勲コウクン】りっぱな手がら。偉勲。鴻勲。

【洪荒コウコウ】非常に遠いむかし。

【洪才コウサイ】大きい才能。すぐれた才能。鴻才。

【洪大コウダイ】非常に大きいさま。鴻大。

【洪図コウト】大きなはかりごと。鴻図。

【洪濤コウトウ】大きな波、大波。巨濤。

【洪範コウハン】手本となる大きな範のり。鴻範。→❸

【洪量コウリョウ】非常に大きな度量。

【洪烈コウレツ】非常に大きなてがら。鴻烈。

❸ あて字。固有名詞。

【洪秀全コウシュウゼン】中国、清末の太平天国の指導者。キリスト教と民間信仰とを混合した宗教結社、拝上帝会を発展させて太平天国を樹立した。天京(南京)を国都としたが、清朝の反撃にあい、天京で自殺した。(一八一四～六四)

【洪範コウハン】書経、周書の編名。→❷

【洪武帝コウブテイ】中国、明の第一代の皇帝。明の太祖・朱元璋シュゲンショウのこと。

【洪牙利ハンガリー】(Hungaryの音訳) ヨーロッパの中央部、ドナウ川中流域の盆地にある共和国。

4083 【洽】 6210 5E2A 9FA8 水－6 ゴウ(ガウ)呉・コウ(カフ)漢/xiá・qià/うるおう・うるおす・あまねし

字解 形声。水+合(あう)(声)。水が合流する意。

意味 ❶うるおう。うるおす。「洽汗」❷あまねし。広く行きわたる。広範な。「洽博」「洽聞」「化洽カコウ」「浹洽ショウコウ」「博洽ハッコウ」❸やわらぐ。「款洽カンコウ」「歓洽カンコウ」

【洽汗コウカン】びっしょりと汗をかくこと。

【洽博コウハク】広々としていること。また、広く行きわたっているさま。

【洽聞コウブン】見聞や知識などが広いこと。「博物ハク洽聞」

【洽覧コウラン】あまねく書物を読むこと。

4084 【洸】 6211 5E2B 9FA9 水－6 人 コウ(クヮウ)漢/guāng

字解 形声。水+光(ひかる)(声)。水がわいてひかる意。

意味 ❶水がわいてひかる。「洸洸」❷水が広がって深い。深遠である。「洸洋」❸ほのか。かすか。ぼうっとしている。「恍」に同じ。

【洸洸コウコウ】水の盛んにわくさま。

【洸洋コウヨウ】ひろびろとして、はてしないさま。また、議論や学説などがひろく深いさま。潢洋。

4085 【洚】 *3918 水－6 コウ(カウ)漢・コウ漢/jiàng・hóng/おおみず

字解 形声。水+夅(→公、おおきい)(声)。大水の意。

意味 ❶おおみず。「洚水」❷くだる。「降」に同じ。

【洚水コウズイ】おおみず。洪水。

4086 【洒】 6215 5E2F 9FAD 水－6 セイ漢・セン漢・サイ漢・シャ慣/sǎ・xǐ・xiǎn/あらう・そそぐ・すすぐ

甲骨文 篆文 

字解 形声。水+西(=囪、ものを洗うための竹ざる)(声)。水をかけ、あらい清める意。

意味 ❶あらう。そそぐ。すすぐ。「洒掃」「洒水」「掃洒ソウサイ」❷さっぱりとする。「洒脱」「洒落」「瀟洒ショウシャ」

【洒掃サイソウ】水をそそぎ塵をはらうこと。掃除すること。

【洒洒落落シャシャラクラク】物事にこだわらないさま。♥「洒落シャラク」を強めていう語。

【洒水シャスイ】①水をそそぐこと。②仏語。真言宗で、清めのために香水コウズイをそそぐこと。また、その儀式、香水。

【洒脱シャダツ】俗気が抜けて、さっぱりしていること。あか抜けしていること。「軽妙洒脱」

【洒落シャラク|しゃれ】㊀(シャラク)気質や振る舞いがさっぱりしていること。㊁(しゃれ)①気の利いていること。「洒落者」②華やかに装うこと。③言語表現のおもしろさを目的とした文句。地口じぐち、かけ言葉など。「駄洒落」【洒落本しゃれボン】日本の近世後期小説の一様式。遊里の様子などを描写した。

4087 【洙】 6212 5E2C 9FAA 水－6 シュ漢/zhū

字解 形声。水+朱(声)。

意味 川の名。「洙水シュスイ」は中国山東省西部を流れる泗水シスイの支流。

【洙泗シュシ】①泗水シスイと洙水シュスイの併称。その流域は、孔子の生・没地で、弟子に道を講じた所。泗洙。②(転じて) 孔子の学問、学統をいう。 泗洙。

4088 【洲】 2907 3D27 8F46 水－6 人 ス(呉)・シュウ(シウ)(漢)/zhōu/しま

字解 形声。水＋州(なかす)(声)。なかすの意。のち水を加えてその字義を明確にした。

参考 (1)万葉仮名では音を借りて「す」。(2)「州」に同じ。熟語は「州」(2001)をも見よ。

意味 ❶す。なかす。水流に運ばれた土砂がつもってできた島。『洲嶼(シュウショ)』『洲汀(シュウテイ)』『砂洲(サス)』 ❷しま。くに。大陸。『欧洲(オウシュウ)』『神洲(シンシュウ)』『秋津洲(あきつしま)』

[洲嶼(シュウショ)] 州(す)と島。また、小さい島。

[洲汀(シュウテイ)] 中州のなぎさ。

4089 【洵】 6213 5E2D 9FAB 水－6 人 シュン(漢)・ジュン(慣)/xún/まことに

字解 形声。水＋旬(とりまきめぐる)(声)。水がめぐってできるうずまきの意。

意味 まことに。ほんとうに。「恂」に同じ。

4090 【洳】 6214 5E2E 9FAC 水－6 ジョ(漢)/rù

字解 形声。水＋如(声)。

意味 ひたる。うるおう。『沮洳(ソジョ)』『漣洳(レンジョ)』

4091 【浹】 ―― 水－6 ショウ 「浹」(4119)の異体字

4092 【浄】 3084 3E74 8FF2 水－6 常 (4169)【淨】 6238 5E46 9FC4 水－8 旧字 人

ジョウ(ジャウ)(呉)・セイ(漢)/jìng/きよい・きよし・きよまる・きよめる・きよらか

筆順 浄 浄 浄 浄 浄 浄

字解 形声。水＋爭(声)。古くから瀞の略体として用いられ、清い意。浄はその通俗体。

意味 きよい。きよらか。きよめる。⇒〔清〕(4171)の表

下接 潔浄(ケツジョウ)・厳浄(ゴンジョウ)・自浄(ジジョウ)・清浄(セイジョウ)・洗浄(センジョウ)・染浄(センジョウ)・不浄(フジョウ)・明浄(メイジョウ)・六根清浄(ロッコンショウジョウ)

[浄域(ジョウイキ)] ①神社、寺院の境内。②極楽浄土。

[浄衣(ジョウエ)] 神事、祭祀(サイシ)、法会などの参加者が着用する衣服。

[浄化(ジョウカ)] 汚れを除去して清浄にすること。『浄化装置』『政界の浄化』

[浄火(ジョウカ)] 神聖な火。神前にささげる清浄な火。

[浄戒(ジョウカイ)] 仏語。清浄な戒。本来、悪を制する清浄なものである行動規範。五戒・十戒など。

[浄界(ジョウカイ)] ①清浄な地域。寺院・霊地などをいう。浄域。②清浄な世界。浄土。

[浄机・浄几(ジョウキ)] 清らかな机。『明窓浄机』

[浄財(ジョウザイ)] 国寺院や慈善・社会事業などのために寄付する金銭。

[浄罪(ジョウザイ)] 罪をきよめること。

[浄書(ジョウショ)] 下書きをきれいに書き直すこと。清書。

[浄水(ジョウスイ)] ①清浄な水。②水を清浄にすること。

[浄土(ジョウド)] 仏の住む清浄な国土。狭義では阿弥陀(アミダ)仏の極楽浄土をいう。↔穢土(エド)。[浄土宗(ジョウドシュウ)] 平安末期、法然(ホウネン)が開いた仏教の一宗派。念仏宗。[浄土真宗(ジョウドシンシュウ)] 浄土宗の一分派。親鸞(シンラン)の創始。真宗。一向宗。

[浄玻璃(ジョウハリ)] ①曇りのない清らかな水晶、ガラス。②国「浄玻璃の鏡」の略。地獄の閻魔(エンマ)王庁にあって死者の生前の行いを映し出すという鏡。転じて、物事を見抜く澄みきった眼識。

[浄福(ジョウフク)] 仏教を信ずることで得られる幸福。

[浄瑠璃(ジョウルリ)] ①清く透きとおった瑠璃。汚れのないもののたとえ。②国平曲、謡曲などを源流とする音曲語り物。『人形浄瑠璃』

4093 【津】 3637 4445 92C3 水－6 常 シン(呉)(漢)/jīn/つ

筆順 津 津 津 津 津 津

字解 形声。水＋聿(＝肀→進、すすむ)(声)。船が水を進んで渡るためのわたし場の意。金文は、水＋舟＋進省(声)に従う。

金文 

篆文 

参考 万葉仮名では訓を借りて「つ」。

意味 ❶つ。わたし場。ふなつき場。また、重要なところ。『津梁(シンリョウ)』『渡津(トシン)』 ＊陶潜-桃花源記「後遂無二問レ津者一(のちつひにシンをとうものなし)」〔＝その後、(桃源への)渡し場を尋ねる者はいない〕」 ❷しる。つば。また、しみでる。あふれる。『津液(シンエキ)』『津津(シンシン)』 ❸国格助詞「の」の意の「つ」にあてられる。『沖津(おきつ)』『奥津城(おくつき)』

下接 河津(カシン)・江津(コウシン)・渡津(トシン)・問津(モンシン)・要津(ヨウシン)

❶ つ。わたし場。また、重要なところ。

[津涯(シンガイ)] 水ぎわ。船つき。

[津人(シンジン)] 渡し舟の船頭。わたしもり。

[津逮(シンタイ)] 渡し場を渡ってむこう岸へ行くこと。転じて、橋渡し。

[津頭(シントウ)] 渡し場。渡し。

[津筏(シンバツ)] 渡しのいかだ。転じて、手引き。

[津要(シンヨウ)] 重要な地点、地位。

[津梁(シンリョウ)] ①渡しと橋。転じて、物事の橋渡しとなるもの。頼りとなるもの。手段。つて。②仏語。仏または仏の教えをたとえた語。衆生を救って彼岸にいたらせるところからいう。

【問レ津(シンをとう)】 渡し場のありかをたずねる。転じて、道をたずねること。また、学問などの手引きをたずねることにもいう。＊論語-微子「孔子過レ之、使三子路問二津焉一(コウシこれをよぎり、シロをしてシンをとわしむ)」〔＝孔子がそこを通りかかり、子路に渡し場の所在をたずねさせた〕」

❷ しる。つば。また、しみでる。あふれる。

[津液(シンエキ)] ①つばき。唾液。②生物の体内の液体や中からしみ出る液。

[津津(シンシン)] 絶えずわき出るさま。『興味津々』

4094 【浅】 3285 4075 90F3 水－6 常 (4175)【淺】 6241 5E49 9FC7 水－8 旧字

セン(呉)(漢)/qiǎn・jiān/あさい・あさ

筆順 浅 浅 浅 浅 浅 浅

字解 形声。水＋戔(うすっぺらな)(声)。水がうすい、あさい意。

意味 ❶あさい。深くない。表面や外面から奥や底までの距離が短い。↔深。『浅海』『深浅(シンセン)』 ❷色がうすい。『浅絳』『浅葱(あさぎ)』 ❸あさはか。学識などが乏しく奥行きがない。『浅学』『浅慮』『浮浅(フセン)』『膚浅(フセン)』 ❹少し

ばかり。あっさりとした。『浅酌』❺国『浅蜊（あさり）』は、マルスダレガイ科の二枚貝。海浜の砂地に多く、食用。

❶ あさい。深くない。

【浅海（センカイ）】①浅い海。②海岸から大陸棚の外縁までの海。↔深海

【浅浅（センセン）】浅い水の速く流れるさま。

【浅瀬（あさせ）】川や海の浅い所。

❷ 色がうすい。

【浅絳（センコウ）】（「絳」は赤）うすい赤色。

【浅葱（あさぎ｜あさつき）】①（あさぎ）緑がかった薄い藍色。『浅葱幕』『水浅葱』②（あさつき）ユリ科の多年草。鱗茎（リンケイ）は食用。せんぼんわけぎ。♥①は、薄いネギの葉の色の意。

❸ あさはか。

【浅学（センガク）】未熟な学問。また、自分の学識の謙称。薄学。『浅学菲才（ヒサイ）』

【浅近（センキン）】あさはかなさま。

【浅見（センケン）】あさはかな見識。また、自分の見識の謙称。

【浅才（センサイ）】あさはかな知恵、才能。菲才（ヒサイ）。

【浅識（センシキ）】知識があさはかなこと。

【浅短（センタン）】あさはかであること。未熟であるさま。

【浅知・浅智（センチ）】あさはかな知恵。

【浅薄（センパク）】思慮や知識が浅いさま。あさはか。

【浅聞（センブン）】見聞がせまいこと。

【浅謀（センボウ）】あさはかなはかりごと。

【浅慮（センリョ）】考えの浅いこと。あさはかな思慮。↔深慮

【浅劣（センレツ）】才知があさはかでおとっていること。

【浅陋（センロウ）】学問や考えなどが浅くて狭いさま。

❹ 少しばかり。あっさりとした。

【浅酌（センシャク）】ほどよく酒を飲むこと。小宴を催すこと。

【浅酌低唱（センシャクテイショウ）】ほどよく酒を飲み、小声で詩歌を吟じること。

【浅笑（センショウ）】かすかに笑うこと。

難読地名 浅茅（あそう）湾（長崎） 難読姓氏 浅水（あさみ）

4095 【洗】 3286 4076 90F4 水－6 常6 セン㊤㊥/xǐ/あらう・あらい

筆順 洗洗洗洗洗洗洗

字解 形声。水＋先㊥。みずであらう意。一説に、足をあらう意であるともいう。

意味 あらう。すすぐ。あらいきよめる。

下接 受洗（ジュ）・水洗（スイ）・杯洗（ハイ）・盃洗（ハイ）・筆洗（ヒッ）

【洗剤（センザイ）】衣類や食器などを洗浄するための薬剤。

【洗耳（センジ）】①俗世の汚れたことを聞いた耳を洗いきよめること。〔高士伝〕②傾聴すること。♥①は、昔中国で、許由という人が、尭帝から位を譲ろうとの話を聞いたとき、耳を洗ったという故事から。

【洗浄（センジョウ）】①洗いきよめること。②洗いすすぐこと。『患部を洗浄する』♥②は「洗滌（センデキ｜センジョウ）」の書き換え。

【洗心（センシン）】心のけがれや悪心を洗いきよめること。改心すること。

【洗雪（センセツ）】恥辱などをそそぎきよめること。雪辱。

【洗足（センソク）】足を湯水などで洗うこと。また、それに用いる湯水。すすぎ。

【洗濯（センタク）】衣類を洗い、きれいにすること。『洗濯機』

【洗滌（センデキ｜センジョウ）】洗いすすぐこと。♥書き換え「洗滌→洗浄」。「センジョウ」は慣用読み。

【洗脳（センノウ）】国主義、思想を根本的に改造すること。

【洗馬（センバ）】①馬の体を洗うこと。②中国の官名。王の外出のとき、行列の先駆をする役。漢代以降は、皇太子の属官となること。

【洗兵（センペイ）】（兵器を洗って納める意）戦いをやめること。

【洗面（センメン）】顔を洗いきよめること。『洗面器』

【洗沐（センモク）】①湯水で身を洗いきよめること。また、ものを洗いきよめること。②古代中国で、官吏の休暇。

【洗礼（センレイ）】キリスト教で、信者となるための儀式。

【洗練・洗煉（センレン）】磨き上げて、よりすぐれたものにすること。

4096 【浊】 ━━ 水－6 ダク「濁」(4357)の異体字

4097 【洮】 *3923 水－6 トウ（タウ）㊥/táo

字解 形声。水＋兆㊥。洗い清める意。

4098 【洞】 3822 4636 93B4 水－6 常 トウ㊥・ドウ慣/dòng/ほら・うつろ・うろ

筆順 洞洞洞洞洞洞

字解 形声。水＋同（↓筒、つつぬけ）㊥。水が通り抜けるほらあなの意。

意味 ❶ほら。ほらあな。うつろ。また、深い。奥深い。『鍾乳洞（ショウニュウドウ）』『洞窟』『洞門』❷つらぬく。つきぬける。また、見抜く。『洞見』『洞察』❸からりと開ける。あきらか。ほがらか。『洞開』『洞照』❹地名。『洞庭湖』

❶ ほら。ほらあな。うつろ。深い。

下接 空洞（クウ）・雪洞（セッ｜ぼんぼり）・仙洞（セン）・風洞（フウ）

【洞壑（ドウガク）】①ほらあなと谷。②深い谷。

【洞窟（ドウクツ）】がけや岩石などの中に生じた空洞。ほらあな。『洞窟遺跡』『洞窟探検』

【洞穴（ドウケツ｜ほらあな）】がけ、大岩や大木などにできる、中がうつろな穴。ほら。

【洞戸（ドウコ）】①ほらあなの入り口。洞門。②婦人の部屋の入り口。

【洞然（ドウゼン）】①ほらあななど、奥深いところから聞こえてくる音のさま。②慎み深いさま。↓❸

【洞洞（トウトウ）】慎み深いさま。また、まじめなさま。↓❸

【洞房（ドウボウ）】①奥深いところにある部屋。②婦人の部屋。

【洞房花燭（ドウボウカショク）】①婦人の部屋に美しく輝いている灯。②転じて、結婚式の夜。新婚。〔庾信‐和詠舞〕

【洞門（ドウモン）】ほらあなの入り口。また、そこに作った門。

❷ つらぬく。つきぬける。また、見抜く。

【洞貫（ドウカン）】①つらぬくこと。②知りぬいていること。

【洞見（ドウケン）】物事を見通すこと。洞察。

【洞察（ドウサツ）】物事を見抜くこと。『洞察力』

【洞簫（ドウショウ）】尺八に似た竹製の管楽器の名。

【洞徹（ドウテツ）】①うがち通ること。②明らかに知ること。

【洞天（ドウテン）】①天に通じること。②転じて、仙人のいるところ。【洞天福地（ドウテンフクチ）】①仙人のいるところ。②転じて、天下の名山景勝の地。

❸ からりと開ける。あきらか。ほがらか。

【洞開(ドウカイ)】開放すること。
【洞照(ドウショウ)】明るく照らすこと。
【洞然(ドウゼン)】①からりと開けて広いさま。②あきらかなさま。→❶
【洞洞(トウトウ)】穴などがぽっかりと開くさま。→❶

❹ 地名。

【洞庭湖(ドウテイコ)】中国湖南省北東部にある湖。湘江、資水、沅(ゲン)江などが流れ込む。また、運河によって、長江とも通じている。湖中には君山や岳陽楼などがある。

4099 【派】 3941 4749 9468 水－6 常6
(4100)【〔派〕】 水－6 旧字
ハイ㊥・ハ㊥/pài/わかれる

筆順 派派派派派派派派派

字解 形声。水＋𠂢(水の流れが枝わかれしている)㊥。水がわかれる、支流の意。甲骨文は、水に従わない。

甲骨文 篆文

意味 ❶わかれ出る。わかれ出たもの。わかれ。『派生』『派閥』『学派』『流派』 ❷つかわす。人を行かせる。『派遣』『派出』『派兵』『急派(キュウハ)』『特派(トクハ)』 ❸あて字。『派手(はで)』『立派(リッパ)』

❶ わかれ出る。わかれ出たもの。
下接 一派(イッパ)・右派(ウハ)・学派(ガクハ)・旧派(キュウハ)・教派(キョウハ)・硬派(コウハ)・左派(サハ)・支派(シハ)・枝派(シハ)・宗派(シュウハ)・諸派(ショハ)・新派(シンパ)・政派(セイハ)・鷹派(たかハ)・党派(トウハ)・軟派(ナンパ)・鳩派(はとハ)・分派(ブンパ)・別派(ベッパ)・末派(マッパ)・門派(モンパ)・流派(リュウハ)

【派生(ハセイ)】ある源から別の物事が分かれ出ること。
【派閥(ハバツ)】国縁故、学歴、利害関係などによって結ばれ、排他的な傾向をもつ人々の集団。
【派別(ハベツ)】分派してわかれること。

❷ つかわす。人を行かせる。

【派遣(ハケン)】命じて、ある場所へ出張させること。『使節の派遣』『派遣社員』
【派出(ハシュツ)】ある任務のため人を出張させること。『派出所』『派出婦』
【派兵(ハヘイ)】軍隊を派遣すること。

❸ あて字。

【派手(はで)】目立ってはなやかであること。♥三味線の弾き方の「はで(破手)」から転じた語ともいう。

4101 【洦】 ＊3919 水－6
ハク 「泊」(4060)の異体字

4102 【洋】 4546 4D4E 976D 水－6 常3
ヨウ(ヤウ)㊥㊥・ショウ(シャウ)㊥/yáng/なだ・ひろい・ひろし

筆順 洋洋洋洋洋洋洋洋洋

字解 形声。水＋羊㊥。大きく広いうみの意。甲骨文は、古くから洋に比定されるが、あるいは、犠牲を水に沈め流し祭るさまか。

甲骨文 篆文

意味 ❶大きなうみ。広いうみ。なだ。『洋上』『海洋』『遠洋』 ❷世界を東西に二分したそれぞれ。『洋の東西を問わず』『西洋』『東洋』 ❸外国。外国の。特に西洋のこと。『洋食』『洋服』『和魂洋才(ワコンヨウサイ)』『和洋折衷(ワヨウセッチュウ)』 ❹ひろい。ひろびろとしたさま。『洋溢(ヨウイツ)』『洋洋』『洸洋(コウヨウ)』『茫洋(ボウヨウ)』『滂洋(ボウヨウ)』

❶ 大きなうみ。広いうみ。なだ。
下接 遠洋(エンヨウ)・汪洋(オウヨウ)・海洋(カイヨウ)・外洋(ガイヨウ)・浩洋(コウヨウ)・大洋(タイヨウ)・渡洋(トヨウ)・内洋(ナイヨウ)・南洋(ナンヨウ)・北洋(ホクヨウ)

【洋上(ヨウジョウ)】海洋の上。海上。『洋上会談』

❸ 外国。特に西洋。西洋の。

【洋夷(ヨウイ)】西洋人をいやしめていう語。
【洋画(ヨウガ)】①西洋で発達した技法によって描かれた絵画。『洋画家』②欧米の映画。↕邦画
【洋学(ヨウガク)】国西洋の学問。♥幕末以降の称。
【洋弓(ヨウキュウ)】西洋式の弓。アーチェリー。
【洋琴(ヨウキン)】ピアノのこと。
【洋銀(ヨウギン)】銅、ニッケル、亜鉛から成る合金。装飾品や食器などに用いる。
【洋語(ヨウゴ)】西洋諸国の言葉。また、西洋からの外来語。
【洋行(ヨウコウ)】①中国にある外国人経営の商店。②国欧米に渡航、留学すること。
【洋裁(ヨウサイ)】国洋服を裁ったり、縫ったり、デザインを考えたりすること。↕和裁。『洋裁学校』
【洋式(ヨウシキ)】西洋のやり方や様式。西洋風。↕和式・日本式。『洋式トイレ』
【洋食(ヨウショク)】西洋風の料理。↕和食
【洋装(ヨウソウ)】①西洋風に装うこと。↕和装。②書籍を洋式で装丁すること。洋とじ。↕和装。『洋装本』
【洋品(ヨウヒン)】洋風の衣類とその付属品。『洋品店』
【洋舞(ヨウブ)】西洋で発達した舞踊。モダンダンスやバレエなど。↕日舞・邦舞
【洋風(ヨウフウ)】西洋的な様式、形式であること。西洋風。↕和風。『洋風建築』
【洋服(ヨウフク)】洋風の衣服。↕和服

❹ ひろい。ひろびろとしたさま。

【洋溢(ヨウイツ)】満ちあふれること。
【洋洋(ヨウヨウ)】①水が満ちあふれるさま。また、広々と限りないさま。②希望に満ちているさま。『前途洋々』

4103 【洛】 4576 4D6C 978C 水－6
ラク㊥㊥/luò/みやこ

字解 形声。水(かわ)＋各㊥。川の名。

甲骨文 金文 篆文

意味 ❶川の名「洛水(ラクスイ)」のこと。『洛神』『伊洛(イラク)』 ❷地名「洛陽(ラクヨウ)」のこと。もと「雒」。転じて、みやこ。日本では特に京都。『洛外』『洛中』

❶ 川の名「洛水」のこと。

【洛書(ラクショ)】中国古代、禹が洪水を治めたとき、洛水から現れた神亀の背にあったといわれる九つの模様。「書経」の洪範九疇(コウハンキュウチュウ)はこれに基づくという。河図洛書(カトラクショ)。〔易経-繋辞伝上〕
【洛神(ラクシン)】洛水の神。宓妃(フクヒ)のこと。洛女。洛妃。〔宋玉-洛神賦〕
【洛水(ラクスイ)】中国河南省西部を流れる黄河の支流。陝西省南東部の華山南方にある冢嶺(チョウレイ)山に源を発し、洛陽

の南側を通って黄河に注ぐ。洛川。

❷「洛陽」のこと。みやこ。日本では京都。

下接 京洛・帰洛・入洛・上洛

【洛花】ボタン(牡丹)の別名。洛陽花。

【洛外】洛陽・都の外。また、日本で京都の市街地の外側。

【洛学】宋学の一派。性命・理気の説を主とした。▶中国、宋代の程顥・程頤兄弟の学派を、その出身地が洛陽であるところからいう。

【洛京】洛陽のこと。転じて、都。

【洛城】①洛陽の別称。＊李白-春夜洛城聞レ笛「誰家玉笛暗飛レ声、散入ニ春風ニ満ニ洛城ニ」〔=どこからこの美しい笛の音が聞こえてくるのだろう、春風にのって夜更けの洛陽のまちに響きわたる〕②国日本の京都の別称。

【洛西】洛陽・都の西。また、日本で京都の西の郊外。

【洛中】洛陽・都の中。また、日本で京都の市街地の中。

【洛東】洛陽・都の東。また、日本で京都の鴨川以東。

【洛南】洛陽・都の南。また、日本で京都の南の郊外。

【洛閩之学】程朱の学。すなわち宋学をさしていう。▶中国、宋代の性理学者、程顥と程頤は洛陽、朱熹は閩中の人であったところから。

【洛北】洛陽・都の北。また、日本で京都市街地の北部から北山までの一帯。

【洛邑】洛陽の前身。雒邑。

【洛陽】①中国の古都。現在の河南省洛陽市。洛水の北岸(陽)に位置する。前一一世紀、周の成王が当時の雒邑に王城を築いたのに始まり、後漢・西晋・北魏などの首都となった。隋・唐代には西の長安に対し東都として栄えた。②みやこ。首都。③国京都をいう。【洛陽紙価貴】著書がもてはやされ、よく売れるたとえ。〔晋書-文苑伝・左思〕▶中国、晋の左思の作った「三都賦」が傑作だったので、洛陽の人々が争って書き写し、紙の値段が上がったという故事から。

4104 【流】 ―― 水-6 リュウ 「流」(4141)の旧字

4105 【洌】 6216 5E30 9FAE 水-6 レツ㊥\liè\きよい

字解 形声。水＋列㊥。

意味 ❶きよい。『清洌』❷つめたい。さむい。「冽」に同じ。

4106 【洼】 ＊3927 水-6 ワ㊥・ケイ㊥\wā・guī

字解 形声。水＋圭(→窐、くぼみ)㊥。深い池の意。

4107 【海】 ―― 水-7 カイ 「海」(4076)の旧字

4108 【浣】 6217 5E31 9FAF 水-7 カン(クヮン)㊥\huàn・huǎn\あらう・すすぐ

字解 形声。水＋完㊥。

意味 ❶あらう。すすぐ。『浣衣』『浣雪』『外浣』❷一〇日間。唐代、官吏に一〇日に一度、沐浴の休暇を与えたことから。『上浣』『中浣』『下浣』❸「浣花渓」は谷川の名。❹「火浣布」は、石綿。

【浣衣】衣服を洗うこと。また、その洗った衣服。

【浣花渓】中国四川省成都市の西部を流れる谷川。唐代の詩人・杜甫がそのほとりに浣花草堂を構えた。

【浣雪】罪や負いめをすすぎさること。

【浣濯】洗いすすぐこと。洗濯。

【浣腸】便通を促したりするために、肛門から薬を注入すること。注腸。

4109 【洽】 ―― 水-7 カン㊥\hán\あか・みずあか

字解 形声。水＋含(ふくむ)㊥。船の底にたまる水、あか。淦に同じ。

4110 【涇】 ＊3939 水-7 ケイ㊥\jīng

字解 形声。水＋巠(まっすぐ)㊥。川すじの意。

金文

篆文

意味 ❶川の名。『涇水』❷川の流れ。川すじ。

【涇渭】涇水と渭水。涇水は濁り、渭水は澄んでいることから、清濁、善悪などの区別のはっきりしていることにたとえる。〔詩経-邶風・谷風〕

【涇水】中国、甘粛省東部から陝西省西部を流れ、西安の東北方で渭水に注ぐ川。涇河。

4111 【涓】 6218 5E32 9FB0 水-7 ケン㊥\juān\しずく

字解 形声。水＋肙㊥。一説に、肙は体を丸めた小さいボウフラで、涓は、小さくうずまいて流れる水の意という。

意味 ❶しずく。水滴。『涓埃』『涓滴』❷小さい流れ。『涓涓』『涓流』❸きよい。きよめる。『涓潔』『涓人』『中涓』

【涓埃】しずくとちり。転じて、きわめてわずかな物のたとえ。涓塵。

【涓潔】清く、さっぱりしていること。

【涓涓】小川などの水がちょろちょろと流れるさま。＊陶潜-帰去来辞「泉涓涓而始流」〔=寒さに凍っていた泉の水は、ちょろちょろと流れ出したところである〕

【涓人】宮中で、天子の側に仕えて掃除や取次を行う者。謁者。多くは宦官であった。＊戦国策-燕「涓人言ニ於君ニ曰、請求レ之」〔=お側に仕える者が言った、私に(千里の馬を)探させて下さい、と〕

【涓滴】水のしずく。したたり。『涓滴岩を穿つ』

【涓流】小さな流れ。

4112 【浯】 ＊3935 水-7 ゴ㊥\wú

字解 形声。水＋吾㊥。

意味 川の名。㋑「浯渓」は、中国湖南省を流れる川。㋺「浯江」は、福建省を流れる川。㋩「浯水(河)」は、山東省を流れる川。

4113 【浤】 6219 5E33 9FB1 水-7 コウ(クヮウ)㊥\hōng

字解 形声。水＋宏㊥。

意味 水のわき広がるさま。

【浤浤】水が勢いよく広がるさま。

4114 【浩】 2532 3940 8D5F 水－7 人　(4115)〔浩〕 水－7 旧字

コウ(カウ)漢/hào/ひろい・おおきい・ひろし

字解 形声。水＋告㊞。

意味 広々としている。広くて大きい。また、ゆたかな、さかんな。

【浩飲(コウイン)】 痛飲すること。

【浩恩(コウオン)】 大きな恩恵。

【浩歌(コウカ)】 大きな声で歌うこと。浩唱。

【浩汗(コウカン)】 1広くかぎりのないさま。水の広大なさま。2物が多く、ゆたかなさま。

【浩瀚(コウカン)】 書物の量の多いさま。また、書物が大部であるさま。『浩瀚な蔵書』

【浩気(コウキ)】 ＝浩然之気(コウゼンのキ)

【浩浩(コウコウ)】 空間的に広々としたさま。特に水のみなぎり広がっているさま。【浩浩乎(コウコウコ)】 広々としたさま。＊蘇軾‐前赤壁賦「浩浩乎如ニ馮レ虚御レ風、而不レ知ニ其所レ止」(コウコウコとしてキョによりかぜにギョして、そのとどまるところをしらざるがごとし)〔＝あまりの広さに大きな気持ちになり、まるで、大空に身を浮かばせて風に乗って止まることなく進むかのようである〕 【浩浩湯湯(コウコウショウショウ)】 水が広々として流れるさま。

【浩劫(コウゴウ)】 1仏語。きわめて長い時間。また、人間の大きな災い。2宮殿の階段。塔。

【浩笑(コウショウ)】 大いに笑うこと。

【浩然(コウゼン)】 心が広くゆったりとしているさま。【浩然之気(コウゼンのキ)】 天地の間に満ちている至大至剛(＝この上なく大きくてかつ強い)の気のこと。この気が人間に宿ると、何ものにも負けない道徳的勇気になるという。〔孟子‐公孫丑上〕

【浩嘆・浩歎(コウタン)】 大いになげくこと。

【浩蕩(コウトウ)】 1広く大きなさま。ゆったりとして豊かなさま。2水の広々としたさま。水が豊かに流れるさま。3志の奔放なさま。

【浩渺(コウビョウ)】 さえぎる物もなく広々としているさま。

【浩洋(コウヨウ)】 水の限りなくひろがっているさま。転じて、学問、学識などの広いさま。

4116 【浚】 6220 5E34 9FB2 水－7

シュン漢/jùn/さらう・さらえる

字解 形声。水＋夋㊞。

意味 ❶ふかい。水のふかいこと。『浚急』 ❷さらう。川の底にたまっている土砂などを除き去る。『浚渫』

【浚急(シュンキュウ)】 深くて速い流れ。

【浚渫(シュンセツ)】 河川や港湾の水底の土砂をさらうこと。『浚渫船』

4117 【消】 3035 3E43 8FC1 水－7 常3　(4118)〔消〕 水－7 旧字

ショウ(セウ)呉漢/xiāo/きえる・けす

筆順 消 消 消 消 消 消 消

字解 形声。水＋肖(小さく少ない)㊞。水が少なくなる、なくなる意。

参考 万葉仮名では訓を借りて「け㊆」。

意味 ❶きえる。なくなる。ほろびる。おとろえる。『消失』『消沈』『消滅』『解消』 ❷けす。なくす。使いつくす。ほろぼす。『消火』『消毒』『消費』『抹消』 ❸しのぐ。よける。もと「銷」。『消夏』『消暑』 ❹ひかえめ。『消極的』 ❺「消揺(ショウヨウ)」は「逍遥」に同じ。そぞろ歩き。❻「芒消(ボウショウ)」は、天然の硫酸ナトリウム。

❶ きえる。なくなる。

下接 解消(カイショウ)・支消(シショウ)・雲散霧消(ウンサンムショウ)

【消散(ショウサン)】 消えてなくなること。

【消失(ショウシツ)】 消えてなくなること。

【消息(ショウソク)】 1変化する物事のその時その時のありさま。動静。『消息不明』 2手紙。『消息文』

【消長(ショウチョウ)】 衰えることと盛んになること。＊蘇軾‐前赤壁賦「盈虚者如レ彼、而卒莫ニ消長一也」(エイキョするものはかのごとくなれども、ついにショウチョウすることなきなり)〔＝月はあのように満ちたり欠けたりするけれども、結局は月そのものが消失したり生長したりはしないのである〕

【消沈(ショウチン)】 消えうせること。気力が衰えること。『意気消沈』 書き換え「銷沈→消沈」。

【消滅(ショウメツ)】 消えて無くなること。『自然消滅』

❷ けす。なくす。使いつくす。

下接 私消(シショウ)・費消(ヒショウ)・抹消(マッショウ)

【消炎(ショウエン)】 患部の炎症を消すこと。『消炎剤』

【消音(ショウオン)】 音を消すこと。音が外に聞こえないようにすること。『消音装置』

【消化(ショウカ)】 1生体が体内で食物を吸収しやすい形に変化させること。『消化不良』『消化器』 2国十分に理解して、自分の知識とすること。3国残さずに、始末、処理すること。『消化試合』『日程を消化する』

【消火(ショウカ)】 火を消しとめること。『消火器』

【消渇(ショウカチ|ショウカツ)】 1のどがかわいて、小便の通じなくなる病気。2国婦人の淋病。

【消閑(ショウカン)】 ひまをつぶすこと。退屈しのぎ。

【消却(ショウキャク)】 消し去ること。書き換え「銷却→消却」。

【消去(ショウキョ)】 消し去ること。『消去法』

【消光(ショウコウ)】 月日を過ごすこと。暮らすこと。

【消魂(ショウコン)】 1悲しみにうち沈むこと。2びっくりすること。3われを忘れて感動にひたりきること。

【消尽(ショウジン)】 消耗しつくすこと。

【消毒(ショウドク)】 薬物や煮沸、日光などで病原菌を殺すこと。

【消費(ショウヒ)】 使ってなくすこと。費消。『消費者』

【消防(ショウボウ)】 火災を消したり、火災の発生を予防、警戒したりすること。『消防車』『消防署』『消防団』

【消磨(ショウマ)】 すりへらすこと。

【消耗(ショウモウ|ショウコウ)】 使ってなくすこと。『消耗品』

❸ しのぐ。よける。

【消夏(ショウカ)】 夏の暑さをしのぐこと。あつさしのぎ。『消夏法』 書き換え「銷夏→消夏」。

【消寒(ショウカン)】 冬の寒さをしのぐこと。

【消遣(ショウケン)】 心のうさをはらすこと。消憂。

【消暑(ショウショ)】 夏の暑さをしのぐこと。消夏。書き換え「銷暑→消暑」。

【消憂(ショウユウ|うれいをけす)】 うさをはらすこと。気散じ。気ばらし。＊陶潜‐帰去来辞「悦ニ親戚之情話一、楽ニ琴書一、以消レ憂」(シンセキのジョウワをよろこび、キンシヨをたのしんで、もってうれいをけす)〔＝身内の人々との心のこもった話を喜び、琴や書物を楽しんで、心の憂いを晴らす〕

❹ ひかえめ。

【消極(ショウキョク)】 進んで対象に働きかけようとしないこと。↔積極。『消極策』『消極的』

心(⺗・⺗)戈戸(戸)手(扌)支攴(攵) 4画 文斗斤方无(旡・无)日曰月木欠止歹(歺)殳毋比毛氏气水(氺・氵)火(灬)爪(爫・⺤)父爻(㸚)爿(丬)片牙(牙)牛犬(犭)

心(小・忄)戈戸(戸)手(扌)支攴(攵) 4画 文斗斤方旡(无・旡)日曰月木欠止歹(歺)殳毋比毛氏气水(氺・氵)火(灬)爪(爫・爫)父爻(㸚)爿(丬)片牙(牙)牛犬(犭)

4119【浹】6221 5E35 9FB3 水－7 (4091)〔浃〕—— 水－6

ショウ(セフ)(呉)(漢)/jiā・jiá/あまねく

字解 形声。水＋夾(はさんであわせもつ)(声)。広くゆき渡る意。

意味 ❶広くゆき渡る。『浹洽』『霑浹(チョウショウ)』 ❷めぐる。ひとめぐりする。『浹日』『浹辰』

【浹洽(ショウコウ)】①すみずみまで行きわたること。②心がうちとけること。むつまじいこと。

【浹日(ショウジツ)】一〇日間。▼十干をひとめぐりする意。

【浹辰(ショウシン)】一二日間。▼十二支をひとめぐりする意。

4120【涉】—— 水－7

ショウ「渉」(4166)の旧字

4121【浸】3127 3F3B 905A 水－7 常 (4122)〔浸〕—— 水－7 旧字 (4263)〔濅〕—— 水－10

シン(呉)(漢)/jìn・qīn/ひたす・ひたる・しみる

筆順 浸 浸 浸 浸 浸 浸

字解 形声。水＋𠬶(＝寖、しだいに入りこむ)(声)。水がしだいに入りこんで来てひたる意。

意味 ひたる。ひたす。しみる。しみこむ。また、ようやく。やや。少しずつ。『漬浸(シシン)』 *白居易-琵琶行「別時茫茫江浸レ月(わかるるときボウボウとしてコウはつきをひたす)」〔＝別れの時、果てしなく広がる川の水面に月影が映っていた〕」

【浸淫(シンイン)】①次第にしみこむこと。だんだん進行すること。②次第に親しみがますこと。

【浸漬(シンシ)】①ひたすこと。つけること。②流言や教化などが次第に浸透していくこと。

【浸出(シンシュツ)】固体を液体にひたし、ある成分を液体中に取り出すこと。『浸出液』

【浸潤(シンジュン)】①液体がしみ込んでぬれること。②結核菌、がん細胞などが組織内に侵入しておかすこと。『肺浸潤』【浸潤之譖(シンジュンのそしり)】水がしみこんでいくように、徐々に信じられていくそしり。〔論語-顔淵〕

【浸食・浸蝕(シンショク)】水、風などが、物や土をすりへらしたり崩したりすること。侵食。『浸食作用』『浸食谷』▼書き換え「浸蝕→浸食」。

【浸水(シンスイ)】水につかること。水びたしになること。

【浸染(シンセン)】①染液にひたして染め上げること。②次第に感化されること。

【浸漸(シンゼン)】①ひたしうるおすこと。また、しみこむこと。②次第にその程度、状態が進むこと。

【浸透(シントウ)】①液体がしみとおること。『浸透圧』②思想、風潮などが次第にしみ込むこと。▼書き換え「滲透→浸透」。

【浸入(シンニュウ)】建物や土地に水が入り込むこと。

【浸礼(シンレイ)】キリスト教で、洗礼の一種。全身を水にひたす儀式。バプテスマ。

4123【涔】*3942 水－7

シン(漢)/cén/ひたす

字解 形声。水＋岑(声)。水につける。ひたす。

篆文

意味 ❶たまり水。❷なが雨。大水。『涔旱(シンカン)』

【涔旱(シンカン)】なが雨と日照り。大雨と旱魃(カンバツ)。

4124【浙】6222 5E36 9FB4 水－7

セツ(漢)/zhè

字解 形声。水＋折(おれ曲がる)(声)。曲折して流れる川の名。

意味 中国の川の名。また、地方の称。→浙江(セッコウ)

【浙江(セッコウ)】①中国浙江省を東流し、杭州(コウシュウ)を経て杭州湾に注ぐ川の名。銭塘江(セントウコウ)。屈曲が多いところから浙江といい、また曲江ともいう。②中国の省の一。南東部の東シナ海岸に位置する。省都杭州。古代の越の地。

【浙江潮(セッコウのうしお)】杭州湾の満潮時に、海水が浙江に逆流しておこる大波。陰暦九月九日ごろが壮観とされる。

4125【涎】6223 5E37 9FB5 水－7

エン(呉)(漢)・ゼン(呉)・セン(漢)/yàn・xián/よだれ

字解 形声。水＋延(のびる)(声)。のびて流れるよだれの意。もと次で会意。水＋欠(口をあけた人)。口の中から流れ出る水、よだれの意。

意味 ❶よだれ。また、ねばりけのある液体。『竜涎香(リュウゼンコウ)』『垂涎(スイゼン)』『流涎(リュウゼン)』 ❷「涎涎(エンエン)」は、光沢のあるさま。また、水が長々と流れるさま。

4126【涕】6224 5E38 9FB6 水－7

タイ(呉)・テイ(漢)/tì/なみだ

字解 形声。水＋弟(次第にくだる)(声)。流れ下るなみだの意。

意味 なみだ。また、なみだを流して泣く。『泣涕(キュウテイ)』『流涕(リュウテイ)』

【涕洟(テイイ)】なみだと鼻汁。涕泗(テイシ)。

【涕泣(テイキュウ)】なみだを流して泣くこと。*史記-刺客伝「士皆垂レ涙涕泣(シみななみだをたれてテイキュウす)」〔＝士はみな涙を流しすすり泣いた〕」

【涕泗(テイシ)】なみだと鼻汁。また、涙。涕洟(テイイ)。*杜甫-登二岳陽楼一「憑レ軒涕泗流(ケンによりてテイシながる)」〔＝楼のてすりにもたれていると、涙が流れてくる〕」

【涕涙(テイルイ)】なみだ。

4127【涂】*3938 水－7

ト(漢)・チョ(漢)/tú・chú

字解 形声。水＋余(→途、みち)(声)。田畑の用水溝にそったみちの意。

4128【涛】3783 4573 9393 水－7

トウ「濤」(4376)の異体字

4129【涜】3834 4642 93C0 水－7

トク「瀆」(4386)の異体字

4130【涅】6226 5E3A 9FB8 水－7 (4131)〔湼〕—— 水－7

ネチ(呉)・ネツ(呉)・デツ(漢)・ネ(慣)/niè

字解 形声。水＋土＋日(声)。くろいどろの意。水＋土は水中の黒いどろの意。

参考 万葉仮名では音を借りて「で」「ね」。

意味 ❶くろつち。水中にある黒土。❷くろくそめる。『涅歯』❸音訳字。『涅槃』

【涅歯(デッシ)】歯を黒くそめること。また、そめた歯。

【涅而不レ緇(デッすれどもくろまず)】いくら黒い土で染めても黒くならない。悪い環境に影響されないたとえ。〔論語-陽貨〕

【涅槃(ネハン)】(梵 nirvāṇa の音訳)①すべての煩悩(ボンノウ)を解

脱(ダッ)(ゲ)した悟りの境地。②聖者、特に釈尊の死。【涅槃会(ネハンエ)】二月一五日、釈尊の入滅の日に行う法会(ホウエ)。

4132 【浜】 4145 494D 956C 水－7 常 (4378)〔濱〕 6332 5F40 E05F 水－14 (4379)〔濵〕 *4106 水－14 † ヒン 呉漢 \bīn・bāng\ はま

筆順 浜 浜 浜 浜 浜

字解 常用漢字では、浜は、濱の通俗体。濱は形声。水＋賓(→頻、しわがよる)声。波で砂にしわが出来るはまの意。もと、浜は濱とは別字で形声。水＋兵声。船を引き入れるみぞの意。音は、ホウ(ハウ)漢。拼音は、浜は bāng 濱は bīn。

意味 ❶はま。水ぎわ。『浜涯』『海浜』 ❷せまる。「瀕」に同じ。『浜死』 ❸国「横浜」の略。『京浜(ケイヒン)工業地帯』

❶ はま。水ぎわ。

下接 海浜(カイヒン)・河浜(カヒン)・水浜(スイヒン)／砂浜(すなはま)・州浜(すはま)

【浜海(ヒンカイ)】海に沿っている所。海浜。

【浜涯(ヒンガイ)】はまべ。みぎわ。

【浜木綿(はまゆう)】ヒガンバナ科の常緑多年草。文珠蘭(モンジュラン)。

❷ せまる。

【浜死(ヒンシ)】今にも死にそうな状態にあること。瀕死。

4133 【浮】 4166 4962 9582 水－7 常 (4134)〔浮〕 二二 水－7 旧字 フ 慣 \fú\ うく・うき・うかれる・うかぶ・うかべる・うわつく

筆順 浮 浮 浮 浮 浮

字解 形声。水＋孚(手で子を包むようにおおう)声。

金文 篆文 

参考 万葉仮名では音を借りて「ふ」。

意味 ❶うく。うかす。うかぶ。うかべる。↕沈。『浮上』『浮沈』『浮遊』 ❷よりどころがない。根拠がない。はかない。『浮生』『浮説』『浮浪』『虚浮(キョフ)』 ❸うわつく。うわべの。軽々しい。『浮薄』『軽浮(ケイフ)』『陽浮(ヨウフ)』 ❹あて字など。『浮塵子(うんか)』『浮屠(フト)』 ⇓表

浮(フ)	沈(チン)
浮沈	
浮上(うかぶ。) 浮揚 浮遊 浮動 浮薄 軽浮	沈下(しずむ。) 沈降 沈殿 沈滞 沈着 深沈

❶ うく。うかす。うかぶ。うかべる。

【浮雲(フウン)(うきぐも)】①空中に浮かび漂う雲。②定まらないことのたとえ。*李白‐送友人「浮雲遊子意(フウンユウシのイ)〔＝浮かびただよう雲は旅人の心であろうか〕」③はかないこと、とりとめのないことのたとえ。*論語‐述而「不義而富且貴、於我如浮雲(フギにしてとみかつとうときは、われにおいてフウンのごとし)〔＝不正なことをして金持ちになったり身分が高くなったりするのは、わたしにとっては浮き雲のようにはかないものだ〕」④自分とは遠く隔たった存在のたとえ。⑤(雲が太陽を隠すところから)明らかな判断・悟りの妨げとなるもののたとえ。また、邪悪なこと、奸臣のたとえ。

【浮漚(フオウ)】①水面にうかんだあわ。うたかた。②人生のはかなさのたとえ。

【浮気(フキ)】空にただよっている気。かげろう。→❸
【浮蟻(フギ)】もろみの上に浮いたかす。転じて、酒の異称。

【浮橋(フキョウ)(うきはし)】水上に船やいかだを並べて、渡れるようにしたもの。浮橋船。船橋。

【浮光(フコウ)】水面にうつった光。

【浮子(フシ)】釣りに用いるうき。

【浮腫(フシュ)】水分が体内に過剰に蓄積した状態。むくみ。

【浮上(フジョウ)】浮かび上がること。

【浮沈(フチン)】浮き沈み。栄えることと衰えること。

【浮動(フドウ)】固定しないであちこちと移動すること。『浮動株』『浮動票』

【浮嚢(フノウ)】①うきぶくろ。②褐藻類のホンダワラ、スギモク類に見られる枝や葉の一部についた気胞。

【浮標(フヒョウ)】①港湾などの水面に浮かべる標識。ブイ。②網、漁具などの浮き。

【浮木(フボク)】水に浮かんだ木材、木片。『盲亀(モウキ)浮木』

【浮沫(フマツ)】水に浮かんでいるあわ。

【浮遊・浮游(フユウ)】浮かび漂うこと。『浮遊物』

【浮揚(フヨウ)】浮かびあがること。

【浮流(フリュウ)】浮かんで流れること。『浮流機雷』

【浮梁(フリョウ)】①うき橋。②地名。中国江西省景徳鎮市の一部。茶の産地として有名。

❷ よりどころがない。はかない。

【浮栄(フエイ)】浮世のはかない栄誉。世俗の栄華。虚栄。

【浮客(フカク)】あてどもなくさすらう旅人。

【浮寄(フキ)】一定のよりどころのないこと。はかなく、たよりにならないこと。

【浮言(フゲン)】根拠のないうわさ。流言。飛語(ヒゴ)。

【浮生・浮世(フセイ)】はかない人生。*李白‐春夜宴桃李園序「而浮生若夢(しかしてフセイはゆめのごとし)〔＝そしてわれわれの人生は、はかない夢のようなものである〕」

【浮説(フセツ)】根拠のない話。また、うわさ。風説。

【浮名(フメイ)】実質以上の名目や評判。分不相応な名誉。虚名。

【浮誉(フヨ)】うわべだけで実の伴わない栄誉。

【浮浪(フロウ)】一定の住所がなく、さまよい歩くこと。

【浮世(うきよ)】①はかないこの世。また、単に、世の中。世間。②当世風。当代流行の風俗。『浮世絵』 ◆元来は「憂き世」。

❸ うわつく。うわべの。軽々しい。

【浮華・浮花(フカ)】うわべは華やかだが実質のないこと。

【浮気(フキ)(うわき)】①移り気。②(うわき)気まぐれに異性から異性へと心を移すこと。→❶
【浮誇(フコ)】実がなく、うわついて大げさなこと。

【浮詞(フシ)】うわべだけを飾ることば。

【浮浅(フセン)】あさはかなこと。

【浮躁(フソウ)】うわついてせっかちなこと。

【浮薄(フハク)】あさはかで軽々しいこと。軽薄。

【浮靡(フビ)】うわべのみ華やかで、実質の伴わないこと。

【浮文(フブン)】うわべだけりっぱで内容のない文章。

❹ あて字など。

【浮屠・浮図(フト)】(梵 Buddha の音訳)仏陀(ブッダ)。仏。また僧侶(ソウリョ)。

【浮塵子(うんか)】半翅(ハンシ)目ウンカ科の昆虫の総称。イネの害虫。

難読姓氏 浮気(うき)(うきき)

4135【浦】 1726 313A 8959 水－7 常 ホ漢/pǔ/うら

筆順 浦 浦 浦 浦 浦

字解 形声。水＋甫声。

意味 うら。㋑みずべ。うみべ。『浦漵』『浦風(うらかぜ)』『浦里(うらざと)』『遠浦(エンポ)』『海浦(カイホ)』『曲浦(キョクホ)』『極浦(キョクホ)』㋺国海や湖が陸地に入り込んだところ。『津津浦浦(つつうらうら)』

【浦漵(ホジョ)】 うみべ。

4136【浥】 ＊3933 水－7 ユウ(イフ)漢・オウ(オフ)慣/yì・yà/うるおう

字解 形声。水＋邑声。

意味 ❶うるおう。うるおす。＊王維-送元二使安西「渭城朝雨浥軽塵(イジョウのチョウウケイジンをうるおす)〔＝渭城の朝の雨は、軽い土ぼこりをしっとりと湿らせた〕」❷ひたる。ひたす。

4137【涌】 4516 4D30 974F 水－7 ユ呉・ヨウ漢・ユウ慣/yǒng/わく・わかす

字解 形声。水＋甬(↓用、あげもちいる)声。水がもちあがるようにわく意。湧に同じ。

難読地名 涌谷(わくや)町(宮城)

4138【浴】 4565 4D61 9781 水－7 常4 ヨク呉漢/yù/あびる・あびせる・あむ

筆順 浴 浴 浴 浴 浴

字解 形声。水＋谷(水が流れ出るくぼんだたに)声。水を流しかけあびる意。

意味 ❶あびる。あびせる。特に、水や湯にひたる。『海水浴』『浴槽』『入浴』❷こうむる。受ける。『浴恩』

❶あびる。あびせる。水や湯にひたる。

下接 温浴(オンヨク)・開浴(カイヨク)・混浴(コンヨク)・座浴(ザヨク)・水浴(スイヨク)・澡浴(ソウヨク)・入浴(ニュウヨク)・沐浴(モクヨク)・海水浴(カイスイヨク)・冷水浴(レイスイヨク)

【浴衣(ヨクイ｜ゆかた)】 国木綿の夏の単(ひとえ)物。♥「ゆかた」は「ゆかたびら(湯帷子)」の略で、「浴衣」はあて字。

【浴客(ヨクカク｜ヨクキャク)】 入浴に来る客。温泉に入りに来る客。

【浴室(ヨクシツ)】 風呂場(フロば)。湯殿。

【浴日(ヨクジツ)】 ①日光を浴びること。②水を照らす太陽。特に朝日の光を水面にうけること。〔淮南子-天文訓〕

【浴場(ヨクジョウ)】 ①風呂場(フロば)。②銭湯。『公衆浴場』

【浴槽(ヨクソウ)】 湯ぶね。風呂桶(フロおけ)。

【浴湯(ヨクトウ)】 湯をあびること。また、その湯。

【浴仏(ヨクブツ)】 仏像に甘茶、香水(コウズイ)をそそぎかけること。また、その法会。灌仏(カンブツ)。

❷こうむる。受ける。

【浴恩(ヨクオン)】 恩に浴すること。恩義をこうむること。

4139【浬】 1929 333D 8A5C 水－7 リ漢/lǐ

字解 会意。水(うみ)＋里(みちのり)。海里の意。古くはペルシャの酋長の名(泥浬)の音訳として用いた。

意味 かいり(海里)。緯度一分の長さで海上の距離を表す単位。一浬は、一・八五二キロメートル。

4140【涖】 ＊3943 水－7 リ漢・レイ漢/lì/のぞむ

字解 会意。水＋位(位置する)。水にのぞむ、のぞむ意。

意味 ❶のぞむ(臨)。場所・立場に身を置く。たずさわる。『涖政』『臨涖(リンリ)』❷みる(視)。❸「涖涖(リリ)」は、瀬を水が流れる音。

【涖政(リセイ)】 君主が政治を行うこと。

4141【流】 4614 4E2E 97AC 水－7 常3 (4104)【㳅】 旧字 水－6 ル呉・リュウ(リウ)漢/liú/ながれる・ながれ・ながす・ながし

筆順 流 流 流 流 流

字解 会意。水＋㐬(さかさの子、生まれた赤子)。赤子がながれで、生まれる意から、ながれる意。また、赤子を水に流す儀式から、ながす意を表すとも。

参考 万葉仮名では音を借りて「る」。片仮名「ル」の字源。

甲骨文  篆文
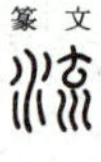

意味 ❶ながれる。ながす。ながれ。また、ながれるようなさま。『流出』『流星』『流麗』❷血筋。系統。派。やり方。階層。または、仲間。『流派』『流輩』❸わかれ広まる。ゆきわたる。およぶ。および残る。『流言』『流布(ルフ)』❹さすらう。さまよう。おちぶれる。『流浪』❺それる。そらす。『流矢』❻成りたたずに終わる。形を成さずに終わる。『流産』❼刑罰として遠方へ移す。『流罪(ルザイ)』『遠流(オンル)』『配流(ハイル)』❽辺地。都の周囲千里以遠の地。❾熟字訓。『流鏑馬(やぶさめ)』

❶ながれる。ながす。ながれ。

下接 暗流(アンリュウ)・回流(カイリュウ)・海流(カイリュウ)・下流(カリュウ)・貫流(カンリュウ)・寒流(カンリュウ)・還流(カンリュウ)・環流(カンリュウ)・逆流(ギャクリュウ)・急流(キュウリュウ)・気流(キリュウ)・渓流(ケイリュウ)・激流(ゲキリュウ)・源流(ゲンリュウ)・交流(コウリュウ)・江流(コウリュウ)・合流(ゴウリュウ)・細流(サイリュウ)・周流(シュウリュウ)・主流(シュリュウ)・小流(ショウリュウ)・上流(ジョウリュウ)・支流(シリュウ)・時流(ジリュウ)・水流(スイリュウ)・清流(セイリュウ)・整流(セイリュウ)・対流(タイリュウ)・濁流(ダクリュウ)・暖流(ダンリュウ)・中流(チュウリュウ)・長流(チョウリュウ)・潮流(チョウリュウ)・直流(チョクリュウ)・底流(テイリュウ)・電流(デンリュウ)・同流(ドウリュウ)・漂流(ヒョウリュウ)・飛流(ヒリュウ)・伏流(フクリュウ)・浮流(フリュウ)・分流(ブンリュウ)・放流(ホウリュウ)・傍流(ボウリュウ)・本流(ホンリュウ)・奔流(ホンリュウ)・末流(マツリュウ)・行雲流水(コウウンリュウスイ)

【流域(リュウイキ)】 川の流れに沿った両側の区域。

【流英(リュウエイ)】 水に流れる花びら。

【流下(リュウカ)】 流れくだること。流しくだすこと。

【流火(リュウカ)】 ①〔「火」はさそり座の主星アンタレスのこと〕アンタレスが西の地平線に近づくこと。また、その秋に入る季節。陰暦七月の異称。②地上近く飛ぶ箒星(ほうきぼし)をいう。

【流霞(リュウカ)】 ①たなびき動く靄(もや)。②仙人が飲むという酒。

【流汗(リュウカン)】 あせを流すこと。また、流れ出る汗。『流汗淋漓(リンリ)〔＝汗がしたたり落ちるさま〕』

【流金鑠石(リュウキンシャクセキ)】 金が溶け流れ、石がとろけること。すさまじい暑さをいう。

【流景(リュウケイ)】 落日の光、けしき。

【流血(リュウケツ)】 血を流すこと。『流血の惨事』【流血成二海水一(リュウケツカイスイとなる)】 戦死者の流す血が海水のごとく多くある。戦死者の多いたとえ。〔杜甫-兵車行〕【流血成レ川(リュウケツかわをなす)】 戦乱などで血の川ができること。死傷者がはなはだしいことのたとえ。〔戦国策-秦〕【流血漂レ杵(リュウケツショをただよわす)】 流れ出る血が重い杵(きね)をも漂いながすこと。戦争で死傷者が多いこと。〔書経-武成〕

【流光】(リュウコウ) 1月日のたつこと。2流れ出る光。月や夕日などの光がさすのをたとえていう。＊蘇軾-前赤壁賦「撃ニ空明一分泝ニ流光一(クウメイにうちリュウコウにさかのぼる)（＝水に映る月の光にさおさして、月光にきらめく水面をさかのぼる）」3水の流れにうつる月光。波間にただよう光。4徳を後世に伝えること。〔穀梁伝-僖公一五年〕

【流砂・流沙】(リュウサ|リュウシャ|ルサ) 1水に流された砂。2砂漠。3中国北西部のゴビ砂漠およびタクラマカン砂漠をいう。▼2、3は砂が風に流されて移動するのでいう。

【流失】(リュウシツ) 流れてなくなること。

【流出】(リュウシュツ) 外へ流れ出ること。↔流入

【流觴曲水】(リュウショウキョクスイ) 折れ曲がっている水の流れに杯を浮かべ、その杯が自分の前に流れて来ないうちに詩を作ることを競う風流の遊び。中国、晋の王羲之(オウギシ)が三月三日に会稽山の蘭亭で行ったのにはじまるという。流觴。〔王羲之-蘭亭記〕

【流水】(リュウスイ) 流れる水。川。↔静水・止水。『行雲流水』＊李白-山中問答「桃花流水杳然去(トウカリュウスイヨウゼンとしてさる)（＝桃の花が美しく咲き、谷川の水ははるかゆくえも知れず流れ去る）」

【流声】(リュウセイ) 1流れのたてる音。2声の流れ。

【流星】(リュウセイ) 地球の大気圏に突入した宇宙塵が空気との摩擦により加熱され発光するもの。ながれぼし。【流星光底】(リュウセイコウテイ) 切りおろした剣の光が流星のようにきらめくこと。〔頼山陽-題ニ不識庵撃ニ機山一図上〕

【流石】(リュウセキ|さすが) 一(リュウセキ) 1流れる石。2石を溶かし、流すこと。二(さすが)(日本語の用法) 1そういってもやはり。2いかにもやはり。▼二の漢字表記「流石」は、中国、晋の孫楚(ソンソ)が「流れに漱(くちすす)ぎ石に枕す」を、「石に漱ぎ流れに枕す」と言いまちがえ、石に漱ぐのは歯をみがくためで、流れに枕するのは耳を洗うためだ、と弁じたという故事(世説新語)により、「さすがによくこじつけた」という意から当てた、といわれる。

【流歠】(リュウセツ) 流し飲みすること。

【流涎】(リュウゼン|リュウセン) 食欲を催して、涎(よだれ)を流すこと。

【流線型・流線形】(リュウセンケイ) 液体や気体の中を運動する際に受ける抵抗が最も小さくなるような流線に近い形。

【流蘇】(リュウソ) 糸や毛などで組んだ飾りのふさ。▼水が流れ落ちるような形を成すところからいう。

【流体】(リュウタイ) 気体と液体の総称。流動体。『流体力学』

【流滞】(リュウタイ) ながれることととどこおること。

【流暢】(リュウチョウ) 言葉がなめらかでよどみのないこと。

【流涕】(リュウテイ) 涙を流すこと。

【流通】(リュウツウ) 流れ通ること。→❸

【流電】(リュウデン) 1いなずま。転じて、物事の非常に速いことのたとえ。2電気の流れ。電流。

【流灯】(リュウトウ) 国盂蘭盆(ウラボン)の灯籠流し。

【流動】(リュウドウ) ながれうごくこと。『流動食』『流動的』

【流入】(リュウニュウ) 流れ込むこと。↔流出

【流波】(リュウハ) 1流水。2ながし目。

【流杯】(リュウハイ) 流觴曲水(リュウショウキョクスイ)で流すさかずき。

【流氷】(リュウヒョウ) 海面を覆う氷が割れて浮遊するもの。

【流風】(リュウフウ) 流れ伝わってくる風。そよそよと吹いてくる風。また、音などが風に乗って伝わること。→❷❸

【流眄】(リュウベン|リュウメン) 横目で見ること。流し目。

【流木】(リュウボク) 1海や川に漂っている木。ながれぎ。2山から伐り出し、川を流し下す材木。

【流目】(リュウモク|ながしめ) 1(リュウモク) 視線をあちこちに移して見ること。2(ながしめ) 横目。横目で見ること。流眄。

【流量】(リュウリョウ) 一定時間に流れる流体の分量。流水量。

【流麗】(リュウレイ) 詩、文などがよどみなく美しいこと。

【流連】(リュウレン) 1しきりに涙を流すこと。2楽曲などを続けて演奏すること。「留連」とも。→❹

【流露】(リュウロ) 流れ出て現れること。気持ちなどが残るところなく現れること。

❷ 血筋。系統。派。また、やり方。

下接 亜流(アリュウ)・一流(イチリュウ)・学流(ガクリュウ)・我流(ガリュウ)・古流(コリュウ)・雑流(ザツリュウ)・者流(シャリュウ)・庶流(ショリュウ)・女流(ジョリュウ)・士流(シリュウ)・俗流(ゾクリュウ)・他流(タリュウ)・嫡流(チャクリュウ)・中流(チュウリュウ)・当流(トウリュウ)・同流(ドウリュウ)・等流(トウル)・二流(ニリュウ)・輩流(ハイリュウ)・品流(ヒンリュウ)・風流(フウリュウ)・法流(ホウリュウ|ボウル)・凡流(ボンリュウ)・庸流(ヨウリュウ)・自己流(ジコリュウ)

【流裔】(リュウエイ) 遠い子孫。末流。末裔。

【流儀】(リュウギ) 1やりかた。しきたり。2技芸などで、古くからの手法、様式。

【流派】(リュウハ) 芸術、武道などで、流儀などの相違によるそれぞれの系統。

【流輩】(リュウハイ) 同じ仲間。同輩。

【流風】(リュウフウ) 流派独特の風(フウ)。また、一般に趣。→❶❸

❸ わかれ広まる。ゆきわたる。

【流感】(リュウカン) 「流行性感冒」の略。インフルエンザ。

【流言】(リュウゲン) 根拠のないうわさ。流説。デマ。【流言飛語・流言蜚語】(リュウゲンヒゴ) 世間にひろがる根も葉もないうわさ。デマ。

【流行】(リュウコウ) 一時的に広く世間にひろがること。はやり。『流行性感冒』『流行語』『流行目(はやりめ)』

【流恨】(リュウコン) いつまでもつきずに残る恨み。

【流俗】(リュウゾク) 1世間一般のならわし。風俗。2俗世間。また、俗人。

【流通】(リュウツウ) 1貨幣などが広く社会で通用すること。『流通貨幣』2商品が、生産者から消費者へ、さまざまな人の手を経てわたること。『流通機構』→❶

【流伝】(リュウデン|ルデン) 広く伝聞すること。また、その伝聞。

【流毒】(リュウドク) 害毒をながすこと。社会に害となること。

【流風】(リュウフウ) 1感化の及ぶこと。また、風潮が広まること。流行の風潮。2先人ののこした美風。→❶❷

【流弊】(リュウヘイ) 以前から伝わってきた弊害。

【流芳】(リュウホウ) 名を後世に残すこと。また、伝わり残った名声。

【流説】(リュウセツ|ルセツ) ＝流言(リュウゲン)

【流布】(ルフ) 世間に広まること。世間に知れわたること。

❹ あてどなく歩く。さすらう。

【流鶯】(リュウオウ) 木から木へと飛び移って鳴くウグイス。

【流寓】(リュウグウ) 放浪して他国に住むこと。

【流憩】(リュウケイ) あっちへ行って休み、こっちへ行って休みしつつ、めぐり歩くこと。＊陶潜-帰去来辞「策扶レ老以流憩(つえをつきてロウをたすけもってリュウケイす)（＝つえをつきながらあちこちと歩き回る）」

【流黄】(リュウコウ) 1玉虫色の絹布。2玉の一種。3硫黄(イオウ)。

【流竄】(リュウザン) 遠地をさすらうこと。流浪。→❼(ルザン)

【流人】(リュウジン) 故郷を離れ、各地をさすらう人。流民。→❼(ルニン)

【流賊】(リュウゾク) 諸方に出没して悪事をはたらく盗賊。

【流漂】(リュウヒョウ) さすらい歩くこと。

【流亡】(リュウボウ) 定住せず、さまよいさすらうこと。

【流氓】(リュウボウ) ＝流民(リュウミン)

【流民】(リュウミン) 故郷や故国を離れ、各地をさすらう人々。

【流落リュウラク】他国に流浪し、おちぶれること。

【流覧リュウラン】あちこちと見渡すこと。あまねく目を通し見ること。

【流離リュウリ】故郷を離れて遠くさすらうこと。流浪ルロウ。

【流連リュウレン】①遊びや楽しみにふけって家に帰るのを忘れること。流連荒亡。〔孟子-梁恵王下〕②①から、一所に長くとどまること。いつづけ。③夢中になること。♥「流」も「連」も流れにまかせて舟遊びにふけること。→❶
【流転ルテン|リュウテン】①川の水の流れのように、状態・境遇などがたえず移り変わること。②(ルテン) 仏語。六道四生ロクドウシショウの迷いの生死を繰り返すこと。輪廻リンネ。『生生流転ショウジョウルテン』

❺ 成り立たずに終わる。
【流浪ルロウ】あてもなくさまようこと。『流浪の民たみ』
【流会リュウカイ】会合が成立しないで取りやめになること。
【流産リュウザン】①妊娠七か月未満で胎児が死んで生まれること。②計画などが途中でだめになり実現しないこと。

❻ それる。そらす。
【流矢リュウシ】①ながれ矢。②飛んでくる矢。

【流弾リュウダン】ながれだま。

【流用リュウヨウ】定まった使途以外のことに用いること。

❼ 刑罰として遠方へ移す。ながす。
【流刑リュウケイ|ルケイ】罪人を辺地に追放する刑。流罪ルザイ。
【流配リュウハイ|ルハイ】流罪に処すること。罪人を遠国、離島に移すこと。配流。
【流罪ルザイ】＝流刑リュウケイ
【流竄リュウザン|ルザン】罪によって遠地に追放すること。→❹
【流謫リュウタク|タク】罪によって官位をおとされて、遠方に流されること。『流謫の地』
【流人ルニン|リュウジン】流罪ルザイに処せられた人。→❹(リュウジン)

❾ 熟字訓。
【流鏑馬やぶさめ】馬を走らせながら馬上から鏑矢かぶらやで的を射る競技。

4142【涙】4662 4E5E 97DC 水-7 常 (4192)【淚】水-8 旧字 人
ルイ呉漢・レイ漢/lèi・lì/なみだ

筆順 涙 涙 涙 涙 涙 涙

字解 涙は淚の略体。淚は形声。水+戾声。
意味 なみだ。なみだする。たれる。したたる。
下接 暗涙アンルイ・感涙カンルイ・血涙ケツルイ・紅涙コウルイ・催涙サイルイ・粧涙ショウルイ・声涙セイルイ・熱涙ネツルイ・悲涙ヒルイ・別涙ベツルイ・落涙ラクルイ

【涙河ルイガ】なみだが河のようにたくさん流れること。
【涙痕ルイコン】なみだの流れたあと。＊杜甫-月夜「何日倚虚幌、双照涙痕乾いずれのひかキョコウによりソウショウしてルイコンかわかん」(＝いつになったらカーテンをさげた窓によりかかり、二人で月光に照らされて、なみだのあとをかわかすことができるのだろうか)
【涙腺ルイセン】国なみだを分泌する腺セン。

4143【浪】4718 4F32 9851 水-7 常
ロウ(ラウ)呉漢・ラン唐/làng・láng/なみ・みだりに

筆順 浪 浪 浪 浪 浪 浪

字解 形声。水+良声。
参考 万葉仮名では音を借りて「ら」。
意味 ❶なみ。おおなみ。『浪華』『逆浪』『波浪』(波)(4059)の表 ❷さすらう。さまよう。『浪人』『浮浪』『放浪』 ❸みだりに。しまりがない。気まま。でたらめ。『浪費』『孟浪モウロウ』 ❹あて字など。『浪漫』

❶ なみ。おおなみ。
下接 煙浪エンロウ・逆浪ギャクロウ|ゲキロウ・激浪ゲキロウ・蒼浪ソウロウ・濁浪ダクロウ・白浪ハクロウ|しらなみ・麦浪バクロウ・波浪ハロウ・風浪フウロウ・碧浪ヘキロウ・崩浪ホウロウ・淋浪リンロウ／荒浪あらなみ・男浪おなみ・津浪つなみ・藤浪ふじなみ
【浪華・浪花ロウカ】砕けて白い花のように見える波。なみのはな。→❹(なにわ)

❷ さすらう。さまよう。
下接 浮浪フロウ・放浪ホウロウ・漫浪マンロウ・聊浪リョウロウ・流浪ルロウ
【浪士ロウシ】国主家を離れ、禄ロクを失った武士。浪人。

【浪跡・浪迹ロウセキ】あちこちと流浪すること。また、跡をくらますこと。

【浪人ロウニン】国①浪士。②職につけないでいる者。失業者。③入学試験に失敗し、翌年の試験に備えている人。

【浪遊ロウユウ】ぶらぶらして遊ぶこと。

【浪浪ロウロウ】さまよい歩くこと。さすらうこと。『浪々の身(＝一定の職がない身)』

❸ みだりに。しまりがない。
【浪語ロウゴ】むだぐち。または、でたらめな言葉。

【浪死ロウシ】むだに死ぬこと。犬死に。

【浪費ロウヒ】金銭や時間などをむだな事に費やすこと。むだづかい。『浪費家』『浪費癖』

❹ あて字など。
【浪漫ロマン】(ソスラ roman の音訳) 主情的ないし理想的に物事をとらえる傾向。また、そのような世界。『浪漫主義』
【浪華・浪花・浪速なにわ】大阪市の上町台地以東の地域の古称。また、一般に大阪をいう。難波なにわ。→❶(ロウカ)

【酒】⇩8331

4144【淫】1692 307C 88FA 水-8
イン呉漢/yín/みだら

字解 形声。水+㸒(むりに手を近づけもとめる)声。むりに水に手を入れひたす意。転じて、はなはだしい意。
意味 ❶うるおす。ひたす。また、うるおう。あふれる。『淫淫』『浸淫シンイン』 ❷度を越す。深入りする。おぼれる。また、みだりに。『淫雨』『淫刑』『酒淫シュイン』『書淫ショイン』『貪淫タンイン』 ❸みだら。ほしいまま。「婬」に同じ。また、みだす。みだれる。まどわす。㋑男女関係が不純である。色欲におぼれる。『淫蕩』『淫売』『姦淫』 ㋺よこしま。いかがわしい。『淫祠』

❶ うるおす。ひたす。また、あふれる。
【淫淫インイン】①さかんに流れ下るさま。②増進するさま。③往来するさま。④遠く去り行くさま。

【淫水インスイ】①川からあふれた水。②男女交接のときに性器から出る液。

❷ 度を越す。おぼれる。

【淫雨】インウ 降り続く雨。ながあめ。淫霖インリン。
【淫刑】インケイ みだりに行う刑罰。不当な刑罰。
【淫巧】インコウ みだりに技巧をこらすこと。
【淫酒】インシュ 飲酒にふけること。
【淫靡】インビ 度をこした遊びやぜいたく。→❸
【淫費】インピ 金銭をみだりに費やすこと。むだづかい。
【淫霖】インリン 長い間降り続く雨。ながあめ。淫雨。

❸ みだら。また、みだれる。

下接 姦淫カンイン・荒淫コウイン・邪淫ジャイン・手淫シュイン・売淫バイイン

【淫佚・淫逸】インイツ 男女がみだらな関係にふけること。
【淫楽】インガク・インラク ①(インガク) みだらで下品な音楽。淫声。②(インラク) 肉欲による快楽。
【淫虐】インギャク ①行いがみだらで、そのうえ残虐なこと。②肉欲にふけること。
【淫驕】インキョウ ほしいままで、おごりたかぶること。
【淫行】インコウ みだらな行い。
【淫荒】インコウ 正道を離れること。色欲にふけること。
【淫祀】インシ 祭るべからざる神を祭ること。
【淫祠】インシ いかがわしい神を祭った社やしろ。「淫祠邪教」
【淫視】インシ 横目をつかう。流し目で見る。
【淫辞】インジ みだらな話。でたらめな言葉。
【淫声】インセイ みだらで下品な音楽。
【淫蕩】イントウ 酒色など、みだらな享楽にふけるさま。
【淫売】インバイ 女性が肉体的快楽を男性に売ること。「淫売婦」
【淫靡】インビ みだらな感じがするさま。→❷
【淫風】インプウ 性に関するみだらな風習や傾向。
【淫奔】インポン 性関係にだらしがないさま。淫乱。
【淫欲・淫慾】インヨク みだりに異性の肉体を求める欲望。
【淫乱】インラン 情欲のため、みだらな行為をほしいままにするさま。道に外れ、節制のないさま。＊荀子-性悪「淫乱生、而礼義文理亡焉インランショウじて、レイギブンリほろぶ」〔=道に外れた行いが生じて、礼義や物事の筋目が失われてしまう〕
【淫猥】インワイ 情欲を刺激するようなみだらなさま。卑猥。

4145 【液】 1753 3155 8974 水-8 常5 エキ㊥ yè しる・つゆ

筆順 液 液 液 液 液 液

字解 形声。水+夜(→驛、一つ一つ続く)㊥。一滴一滴したたりおちる水、しるの意。

意味 ❶しる。つゆ。水状のもの。「液剤」「液汁」「液体」❷わき。「腋」「掖」に同じ。

❶ しる。つゆ。

下接 胃液イエキ・血液ケツエキ・樹液ジュエキ・漿液ショウエキ・津液シンエキ・精液セイエキ・体液タイエキ・唾液ダエキ・丹液タンエキ・毒液ドクエキ・乳液ニュウエキ・粘液ネンエキ・廃液ハイエキ・薬液ヤクエキ・溶液ヨウエキ・霊液レイエキ

【液化】エキカ 気体や固体が液体になること。「液化ガス」
【液剤】エキザイ 液状の薬剤。
【液汁】エキジュウ しみ出た、また、しぼり取った液。しる。
【液晶】エキショウ 液体と結晶の中間状態にある物質。時計、パソコン、テレビなどの画面表示に用いる。
【液体】エキタイ 一定の体積はあるが一定の形のない物質の状態。↔気体・固体。「液体燃料」
【液肥】エキヒ 液状の肥料。水ごえ。

4146 【淹】 6227 5E3B 9FB9 水-8 エン㊥㊤ yān ひたす

字解 形声。水+奄(おおう)㊥。水でおおう、ひたす意。

意味 ❶おおう。ひたす。水につける。つかる。また、いれる。茶をいれる。❷とどまる。久しくとどまる。とどこおる。また、久しい。おそい。「淹宿」「淹滞」「久淹キュウエン」「滞淹タイエン」❸ひろい。「淹該」「淹博」

❷ とどまる。また、久しい。

【淹久】エンキュウ 長く滞在すること。淹留。
【淹月】エンゲツ 一か月にわたること。
【淹歳】エンサイ ①久しい年月。②一年にわたること。
【淹宿】エンシュク とどまって一夜をすごすこと。よいごし。
【淹滞】エンタイ ①とどこおる。とどまる。②才能をもちながら下位にとどまっていること。また、その人。
【淹留】エンリュウ ＝淹久エンキュウ

❸ ひろい。

【淹該】エンガイ (「該」は兼ねるの意) 広く通じること。
【淹博】エンパク ひろい。学識が深く広いこと。

4147 【渊】 6229 5E3D 9FBB 水-8 エン 「淵」(4198)の異体字

4148 【渕】 6228 5E3C 9FBA 水-8 エン 「淵」(4198)の異体字

4149 【淤】 6243 5E4B 9FC9 水-8 オ㊥・ヨ㊤ yū どろ・おり

字解 形声。水+於㊥。

参考 万葉仮名では音を借りて「お」。

意味 ❶どろ。水などの底に沈んだかす。おり。「淤閼」「淤泥」❷州す。泥砂がたまってできたしま。❸とどこおる。ふさがる。❹あきる。

【淤閼】オアツ どろがつまってたまること。淤塞オソク。
【淤泥】オデイ どろ。ぬかるみ。汚泥。＊周敦頤-愛蓮説「蓮之出二於淤泥一而不レ染はすのオデイよりいでてそまらず」〔=ハスの花は泥の中から生えて咲くのであるが、それでいて泥の汚れにそまることはない〕

4150 【涯】 1922 3336 8A55 水-8 常 ガイ㊤ yá みぎわ・きし・はて

筆順 涯 涯 涯 涯 涯 涯

字解 形声。水+厓(がけ)㊥。みずぎわの意。

意味 みぎわ。きし。ほとり。また、はて。きわみ。

下接 一涯イチガイ・境涯キョウガイ・際涯サイガイ・生涯ショウガイ・津涯シンガイ・水涯スイガイ・蒼涯ソウガイ・天涯テンガイ・浜涯ヒンガイ・辺涯ヘンガイ

【涯岸】ガイガン ＝涯涘ガイシ
【涯際】ガイサイ 物事のゆきどまりになる終わりのところ。はて。際涯。
【涯涘】ガイシ ①波うちぎわ。みぎわ。②かぎり。はて。
【涯分】ガイブン・ガイフン ①自分の身の程。分際。身分に相応したこと。②(「身分相応に」の意から転じて) 自分の力の及ぶ限り。せいいっぱい。

4151 【渇】 1973 3369 8A89 水-8 常 (4202)【渴】 水-9 旧字 人 カチ㊥・カツ㊤ kě かわく・かわき

筆順 渇 渇 渇 渇 渇 渇

字解 渇は、渴の略体。渴は形声。水＋曷(おしとどめる)㊟。水がなくなる意。
意味 ❶かれる。水がなくなる。『渇水』『枯渇(コカツ)』 ❷かわく。のどがかわく。また、かつえる。非常にほしがる。『渇愛』『渇望』『飢渇(キカツ)』『酒渇(シュカツ)』

【渇水(カッスイ)】雨が降らないために水がかれること。
❶かれる。水がなくなる。
❷かわく。のどがかわく。また、かつえる。

【渇愛(カツアイ)】のどが渇いて水を欲しがるように、凡夫が五欲に愛着すること。また、甚だしい愛情。

【渇仰(カツゴウ)】①仏を深く信じ仰ぐこと。②尊び敬うこと。あこがれ慕うこと。

【渇者易ㇾ為ㇾ飲(カッするものはインをなしやすし)】のどが渇いている者は何でも喜んで飲む。日ごろ虐待されている者はわずかな恩恵にも喜ぶことをいう。〔孟子-公孫丑上〕

【渇不ㇾ飲二盗泉水一(カッすれどもトウセンのみずをのまず)】いくら苦しく困っていても、不正、不義に汚れることを嫌い、身を慎むこと。〔陸機-猛虎行〕❤孔子が盗泉という所を通ったとき、のどが渇いていたが、その地名の悪さを嫌ってそこの水を飲まなかったという故事から。

【渇望(カツボウ)】切実に希望すること。切望。『自由な生活を渇望する』

4152
【涵】
6230 5E3E 9FBC 水－8
カン㊥／hán／ひたす

字解 形声。水＋函(はこの中に含む)㊟。水を含む意。
意味 ひたす。ひたる。うるおす。うるおう。

【涵泳(カンエイ)】水中にもぐって泳ぐこと。転じて、深く親しみ、恩恵をうけること。

【涵煦(カンク)】うるおし暖めること。めぐみ養うこと。

【涵濡(カンジュ)】(徳、教えなどに)ひたしうるおすこと。

【涵養(カンヨウ)】水がしみ込むように、徐々になじませて養い育てること。

4153
【淦】
6232 5E40 9FBE 水－8
カン㊥／gàn／あか

字解 形声。水＋金(↓含)㊟。たまる水あかの意。
意味 あか。船底にたまる水。水あか。垢。

4154
【淇】
6231 5E3F 9FBD 水－8
キ㊥／qí

字解 形声。水＋其㊟。
意味 川の名。淇水。中国河南省北部。もと黄河に入ったが、今は北流して衛河の支流。

【淇奥(キイク)】淇水が湾曲している地。

4155
【渓】
2344 374C 8C6B 水－8 常
(4250)
【溪】
6268 5E64 9FE2 水－10 旧字

ケイ㊥／xī／たに

筆順 渓 渓 渓 渓 渓 渓

字解 渓は溪の略体。溪は形声。水＋奚(糸がつながる)㊟。川に注ぎこむ小さな流れ、たにの意。
意味 たに。たにみず。たにがわ。「谿」に同じ。＊陶潜-桃花源記「縁ㇾ渓行、忘二路之遠近一(たにによりてゆき、みちのエンキンをわする)〔=谷川に沿って行き、どれほど来たかわからなくなってしまった〕」

下接 深渓(シンケイ)・清渓(セイケイ)・雪渓(セッケイ)・碧渓(ヘキケイ)・幽渓(ユウケイ)

【渓壑(ケイガク)】①深い谷。渓谷。②欲が深くて飽くことを知らないことのたとえ。

【渓澗(ケイカン)】たにがわ。たに。渓谷。

【渓谷(ケイコク)】山に挟まれた川。谷。谷川。渓流。

【渓声(ケイセイ)】谷川の流れの音。

【渓嵐(ケイラン)】谷あいにたちこめるもや。

【渓流(ケイリュウ)】谷川の流れ。谷川。渓谷。

4156
【涸】
6233 5E41 9FBF 水－8
カク㊥・コ㊞／hé・hào／かれる・からす・ひる

字解 形声。水＋固(かれてかたくなる)㊟。
意味 かれる。水が尽きてなくなる。ひる。

【涸陰(コイン)】水気もかれるようなきびしい寒さ。
【涸渇(コカツ)】水がかれてなくなる。転じて、物が尽きてなくなること。枯渇。
【涸轍(コテツ)】たまっていた水の干上がった、車のわだち。「涸轍鮒魚(コテツのフギョ)」から、苦しい境遇のたとえ。【涸轍鮒魚(コテツのフギョ)】涸轍にいるフナ。非常に困窮した状態にいる者のたとえ。涸鮒。〔荘子-外物〕
【涸鮒(コフ)】＝涸轍鮒魚(コテツのフギョ)

難読地名 涸ひ沼(茨城)

4157
【淆】
6234 5E42 9FC0 水－8
コウ(カウ)㊥／xiáo・yáo／まじる

字解 形声。水＋肴(↓交、まじる)㊟。
意味 まじる。いりまじる。にごる。みだす。みだれる。『玉石混淆(ギョクセキコンコウ)』『溷淆(コンコウ)』『紛淆(フンコウ)』

4158
【混】
2614 3A2E 8DAC 水－8 常5
コン㊥／hǔn・hùn／まじる・まざる・まぜる

筆順 混 混 混 混 混

字解 形声。水＋昆(多くあつまりあう)㊟。水があわさりまじる意。
意味 ❶まじる。まざる。まぜる。また、まざって区別のつかないさま。濁って暗くぼんやりしたさま。＊孟浩-臨二洞庭一「涵ㇾ虚混二太清一(キョをひたしてタイセイにコンず)〔=虚空を水中に浸し、空と水とが一つにまざりあっている〕」⇒〔交〕(110)の表 ❷「混混(コンコン)」は、水が豊かに流れるさま。

【混一(コンイツ)】まぜて一つにすること。

【混血(コンケツ)】人種の違う者の結婚により、その子供に両方の特徴がまじること。↕純血。『混血児』

【混元(コンゲン)】宇宙が混沌としているその根本になる気。

【混交・混淆(コンコウ)】異質なものが入りまじること。『玉石混交』❤書き換え「混淆→混交」。

【混合(コンゴウ)】性質の違うものがまじり合うこと。

【混在(コンザイ)】入りまじって存在すること。

【混作(コンサク)】同じ耕作地に二種類以上の作物を同時に栽培すること。↕単作。『コムギとダイズの混作』

【混雑(コンザツ)】ごたごたと人や物がたくさん入りまじること。こみ合うこと。

【混食(コンショク)】①動物性・植物性食物を両方とも食べること。雑食。『混食動物』②米に雑穀をまぜて食べること。

【混信(コンシン)】電信、放送などで、他の発信局の送信がまじって受信されること。

【混生(コンセイ)】植物などが色々入りまじって生えること。

【混成(コンセイ)】出所の違うものを混合して組織すること。

【混声(コンセイ)】男声と女声の混合によって歌うこと。

【混戦(コンセン)】敵味方入り乱れて戦うこと。乱戦。

【混線(コンセン)】①電話などで、他の通信や通話がまじり合う

心(⺗・忄)戈戸(戶)手(扌)支攴(攵) 4画 文斗斤方无(旡・无)日曰月木欠止歹(歺)殳毋比毛氏气水(氺・氵)火(灬)爪(爫・爫)父爻(㐅)爿(丬)片牙(牙)牛犬(犭)

こと。[2]いくつかの話が入りまじってもつれること。

【混濁(コンダク)】[1]異質のものが入りまじって透明でなくなること。[2]意識がはっきりしないこと。

【混同(コンドウ)】異なるものを同一のものと間違えること。

【混沌(コントン)】入りまじって区別がはっきりしないこと。天地、陰陽がまだ分かれていなかった原始の状態。

【混入(コンニュウ)】まぜ入れること。まじって入ること。

【混紡(コンボウ)】二種以上の繊維をまぜて糸を紡ぐこと。

【混茫(コンボウ)】入りまじって区別がつかないこと。混沌。

【混迷(コンメイ)】[1]混乱して見通しがつかないこと。[2][国]道理に暗くて、心が迷うこと。書き換え「昏迷→混迷」。

【混冥(コンメイ)】[1]うす暗くぼんやりしているさま。[2]物事が奥深くはかり知れないさま。

【混用(コンヨウ)】まぜて使うこと。混同して使用すること。

【混浴(コンヨク)】男女が同じ浴場で入浴すること。

【混乱(コンラン)】入り乱れて秩序がなくなること。

【混淪(コンリン|コンロン)】(一)(コンリン)[1]天地がまだ分かれる前の、万物がまじり合った状態。[2]めぐり行くさま。(二)(コンロン)崑崙山(コンロンサン)のこと。中国西方の伝説的な霊山。

【混和(コンワ)】よくまじり合っていること。『混和物』

4159 【淬】 6235 5E43 9FC1 水－8

サイ㊥/cuì/にらぐ

[字解] 形声。水＋卒(つきおわる)㊥。熱した刀をきたえるために水に入れ熱をとる意。

[意味] にらぐ。刀を赤熱させて水に入れて鍛える。焼きを入れる。転じて、物事につとめはげむこと。「焠」に同じ。

【淬励(サイレイ)】物事につとめはげむこと。淬勉。

【淬礪(サイレイ)】[1]刃物をとぎみがくこと。[2]転じて、学業などにつとめはげみ、深く研究すること。

4160 【済】 2649 3A51 8DCF 水－8 [常]6 (4367)【濟】 6327 5F3B E05A 水－14 旧字

サイ㊥・セイ㊥/jì・jǐ/すむ・すます・すくう・なす・わたる・わたす

[筆順] 済 済 済 済 済 済

[字解] 済は、濟の略体。濟は形声。水＋齊㊥。

[意味] ❶わたる。わたす。川を渡る。わたり。❷たすける。すくう。『経世済民』『救済』❸なす。なしとげる。また、すむ。すませる。『済美』『決済』『返済』❹数が多く盛んなさま。『多士済済』❺「済水(セイスイ)」は川の名。中国の河南省西北部を流れる黄河の支流。古代には、黄河、淮(ワイ)水、長江とともに四大河の一。❻[国]すむ。物事が終わる。まにあう。

❷ たすける。すくう。

[下接] 救済(キュウサイ)・匡済(キョウサイ)・共済(キョウサイ)・経済(ケイザイ)・弘済(コウサイ)

【済化(サイカ|セイカ)】民を救い、教化すること。

【済世(サイセイ|セイセイ)】世の人を救い助けること。『済世救民』

【済度(サイド)】仏が、人々を迷いや苦しみから救って彼岸に導くこと。『衆生済度』

【済民(サイミン|セイミン)】民の苦しみを救うこと。『経世(ケイセイ)済民』

【済時才(サイジの|セイジの サイ)】世を救う才能。

❸ なす。また、すむ。すませる。

[下接] 開済(カイサイ)・皆済(カイサイ)・完済(カンサイ)・勘済(カンサイ)・既済(キサイ)・究済(キュウサイ)・決済(ケッサイ)・内済(ナイサイ)・返済(ヘンサイ)・弁済(ベンサイ)・未済(ミサイ)

【済美(サイビ|セイビ|ビをなす)】(美事をなしとげる意)祖先の事業を受け継ぎ立派になしとげること。〔左伝－文公一八年〕

❹ 数が多く盛んなさま。

【済済(セイセイ|サイサイ)】多いさま。勢いの盛んなさま。また、とのいそろって美しいさま。『多士済済』

4161 【淄】 *3953 水－8

シ㊥㊥/zī

[字解] 形声。水＋甾㊥。

[意味] ❶くろ。黒く染まる。❷川の名。中国山東省北部萊蕪(ライブ)県に発して東流し萊州湾に入る。戦国時代の斉の都、臨淄(リンシ)はこの川に臨むことから名づけられた。

4162 【渋】 2934 3D42 8F61 水－8 [常] (4328)【澁】 6307 5F27 E046 水－12 旧字[人] (4370)【澀】 6308 5F28 E047 水－14

シュウ(シフ)㊥㊥・ジュウ(ジフ)[慣]/sè/しぶ・しぶい・しぶる

[筆順] 渋 渋 渋 渋 渋 渋

[字解] 形声。もと、澀。水＋歰(歩みがとどこおる)㊥。水がとどこおり流れにくい意。旧字澁は澀を省略した形であり、渋は、更にそれを省略した形。

[意味] ❶しぶい。(イ)(柿などの味が)しぶい。日本語で、しぶ。『渋柿(しぶがき)』(ロ)[国]不満そうな。苦りきった。『渋面』『苦渋(クジュウ)』(ハ)[国]しぶい。華美ではなく、地味で落ち着いた趣がある。❷しぶる。すらすらと事が運ばない。とどこおる。『渋滞』『渋難』『晦渋(カイジュウ)』『羞渋(シュウジュウ)』『難渋(ナンジュウ)』

【渋面(ジュウメン)】にがにがしい顔。しかめっつら。『渋面をつくる』

【渋滞(ジュウタイ)】[1]物事がすらすらとはかどらないこと。[2]道路が混雑してなかなか先へ進めないこと。

【渋難(ジュウナン)】[1]険難で歩きにくいこと。転じて、困ること。[2]文章などが、とどこおりがちでむずかしいこと。

4163 【淑】 2942 3D4A 8F69 水－8 [常]

シュク㊥/shū・shú/よい・よし・しとやか

[筆順] 淑 淑 淑 淑 淑 淑

[字解] 形声。水＋叔(よい)㊥。きよくたたえる水の意。また、俶に通じ、人柄が善良の意。金文は、水に従わず、弔に同じ。

金文

篆文

[意味] ❶よい。しとやか。上品。また、美しい。きよい。『淑女』『淑徳』『貞淑(テイシュク)』『不淑(フシュク)』❷よくする。修養する。『淑艾』『私淑(シシュク)』

❶ よい。しとやか。また、きよい。

【淑気(シュクキ)】新春のめでたい気。春ののどかな気配。

【淑均(シュクキン)】善良で公平であること。

【淑景(シュクケイ)】[1]春の、めでたい、よい景色。[2]春の光。

【淑質(シュクシツ)】やさしい性質。しとやかな気質。

【淑女(シュクジョ)】しとやかで、品位のある女性。↕紳士

【淑真(シュクシン)】しとやかで善良なこと。

【淑人(シュクジン)】[1]道徳にかなったよい行いをする人。君子。[2]美人。

【淑徳(シュクトク)】婦人の上品でしとやかな美徳。

【淑問(シュクブン|シュクモン)】[1](シュクブン)よい評判。淑聞。[2](シュクモン)すぐれた裁判。

❷よくする。修養する。
【淑艾シュクガイ】君子の教えに従い、修養につとめること。

4164 【淳】 2963 3D5F 8F7E 水－8 人
ジュン呉・シュン漢/chún/あつい・あつし
字解 形声。水＋享(＝𦎫、じっくり煮る)声。水を豊かにそそぐ、あつい意。
意味 ❶あつい。人情があつい。「惇」に同じ。「淳厚」「淳風」❷すなお。ありのまま。飾りけがない。「純」「醇」に同じ。「淳朴」「淳良」❸大きい。「敦」に同じ。

❶あつい。人情があつい。
【淳厚ジュンコウ】風俗や人柄などが人情に厚いこと。

【淳風ジュンプウ】人情のあつい風習。

【淳和ジュンワ】人情があつくなごやかなこと。→❷

❷すなお。ありのまま。
【淳化ジュンカ】すなおにすること。すなおになること。

【淳朴ジュンボク】飾りけがなくすなおなさま。純朴。

【淳良ジュンリョウ】素朴で、善良であるさま。

【淳和ジュンワ】すなおでおだやかなさま。→❶

4165 【渚】 2977 3D6D 8F8D 水－8 人 (4216)【渚】 水－9 旧字 人
ショ漢/zhǔ/なぎさ
字解 渚は、渚の略体。渚は形声。水＋者(あつまる)声。小石や砂が川の中にあつまってできるなかすの意。
参考 万葉仮名では訓を借りて「す」。
意味 ❶す。中州なかす。水中に土砂が堆積して水面上に現れた所。❷なぎさ。波打ちぎわ。「渚宮」「汀渚テイショ」
【渚宮ショキュウ】①水辺に建つ宮殿。②中国、春秋時代の楚ソの宮殿の名。

4166 【渉】 3036 3E44 8FC2 水－8 常 (4120)【涉】 水－7 旧字 人
ショウ(セフ)漢・チョウ(テフ)漢/shè・dié/わたる
筆順 渉 渉 渉 渉 渉 渉
字解 渉は渉の変形による。渉は会意。水＋歩(あるく)。水中をあるく、わたる意。派生して、時間をわたり、経過する意を表す。

甲骨文 金文 篆文

意味 ❶わたる。川などを歩いてわたる。また、川などを舟でわたる。「渉禽類」「徒渉トショウ」「跋渉バッショウ」❷歩き回る。へめぐる。また、広く見聞する。「渉猟」「渉歴」「経渉ケイショウ」❸かかわる。関係する。「渉外」「干渉カンショウ」「交渉コウショウ」

【渉外ショウガイ】外部との連絡、交渉。

【渉禽ショウキン】水辺にいて水生動植物を食物とする鳥類の総称。サギ、ツルなど。「渉禽類」

【渉猟ショウリョウ】広くあちこちをわたり歩いて、あさること。転じて、広く書物を読みあさること。

【渉歴ショウレキ】①経ること。経過すること。②書物を広く読みあさること。

4167 【淞】 6236 5E44 9FC2 水－8
ショウ漢/sōng
字解 形声。水＋松声。
意味 川の名。淞江、呉淞スン江の古名。中国江蘇コウソ省太湖に源を発し、上海市を通って黄浦江に注ぐ。

4168 【淌】 6237 5E45 9FC3 水－8
ショウ(シャウ)漢・トウ(タウ)漢/tǎng
字解 形声。水＋尚(高い)声。おおなみの意。
意味 ❶おおなみ。❷水の流れるさま。

4169 【淨】 6238 5E46 9FC4 水－8
ジョウ「浄」(4092)の旧字

4170 【深】 3128 3F3C 905B 水－8 常3
ジン呉・シン漢/shēn/ふかい・ふかまる・ふかめる・み
筆順 深 深 深 深 深 深
字解 形声。水＋罙(＝突、穴の奥に手を入れさぐる)声。水がおくふかい、ふかい意。
意味 ❶ふかい。底がふかい。ふかさ。↔浅。「深淵」「深雪」「深部」❷奥ぶかい。奥ぶかくひっそりとしている。「深意」「深奥」「深宮」❸程度がふかい。㋑ふかい。大きい。はなはだしい。「深呼吸」「深憂」㋺厚い。ねんごろな。「深言」「深交」「深厚」㋩さかんである。たけなわである。ふけている。「深更」「深夜」㊁(色が)濃い。「深紅」「深緑」㋭きびしい。むごい。「深刑」

❶ふかい。ふかさ。
下接 最深サイシン・水深スイシン・測深ソクシン・潭深タンシン/目深まぶか
【深衣シンイ】古代中国の制服の一。上着ともすそを続けて仕立てたもので、諸侯の士大夫が夕方に着用した。
【深淵シンエン】深いふち。深潭シンタン。→❷
【深渓・深谿シンケイ】深い谷。深く切り立った谷あい。
【深雪シンセツ・みゆき】深く積もった雪。
【深潭シンタン】深く水をたたえたふち。深淵。

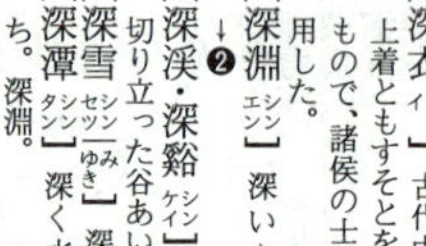

深衣〔深衣考誤〕

❷奥ぶかい。
下接 淵深エンシン・沈深チンシン・幽深ユウシン・雄深ユウシン
【深意シンイ】内にこめられた深い意味。

【深院シンイン】奥深い所にある中庭。奥深くにある寺院。

【深淵シンエン】きわめて深いもの。精神の内奥。→❶
【深遠シンエン】非常に奥深いさま。深奥。「深遠な理論」

【深奥シンオウ】きわめて奥深いさま。深遠。

【深穏シンオン】奥深く静かなさま。

【深間シンカン】間者。スパイ。ひそかにうかがう者の意。

【深閑シンカン】ひっそりと静まりかえっているさま。森閑。

【深宮シンキュウ】奥深い宮殿。奥まった御殿。

【深閨シンケイ】家の奥深くにあるねや。婦女の寝室。＊白居易‐長恨歌「養在深閨人未識やしなわれてシンケイにありひといまだしらず(＝深窓で育てられていたのでだれもその美しさに気づかない)」

【深巷シンコウ】奥深くいりこんだまち。＊陶潜‐帰園田居「狗吠深巷中いぬはほゆシンコウのうち(＝犬が奥深い路地でほえている)」

【深山シンザン・みやま】奥深い山。「深山幽谷シンザンユウコク」

【深識シンシキ】深く知ること。また、深い見識、知識。

【深室シンシツ】奥深い部屋。また、囚人を閉じこめる部屋。

【深深シンシン】ひっそりと静まりかえっているさま。→❸
【深邃シンスイ】奥深いさま。「深邃の境に遊ぶ」


心(⺗・忄)戈戸(户)手(扌)支攴(攵) 4画 文斗斤方无(旡・旡)日曰月木欠止歹(歺)殳毋比毛氏气水(氺・氵)火(灬)爪(爫・⺤)父爻(㸚)爿(丬)片牙(牙)牛犬(犭)

【深窓(シンソウ)】家の中の奥深い部屋。『深窓の令嬢』
【深層(シンソウ)】深い層。奥深く隠れた部分。↕表層
【深造(シンゾウ)】(「造」は、いたる意)奥深くきわめること。奥義を会得すること。〔孟子-離婁下〕
【深蔵(シンゾウ)】奥深くかくすこと。また、かくれること。
【深長(シンチョウ)】奥深く含蓄のあるさま。『意味深長』
【深沈(シンチン)】①落ち着いて物事に動じないさま。『深沈大度』②夜が静かにふけてゆくさま。
【深林(シンリン)】樹木が茂った奥深い林。＊王維-竹里館「深林人不レ知(シンリンひとしらず)〔=深い林の味わいを人は知らない〕」

❸ 程度がふかい。

【深紅(シンク)】(「ク」は慣用音)濃い紅色。真紅。

【深刑(シンケイ)】きびしい刑罰。酷刑。

【深交(シンコウ)】深い交際。

【深更(シンコウ)】夜のふけわたるころ。真夜中。夜ふけ。

【深厚(シンコウ)】心情や意味、内容がきわめて深く厚いこと。

【深刻(シンコク)】深く心に刻みつけられるように切実なさま。事態が切迫し、重大なさま。

【深謝(シンシャ)】①心から感謝すること。②国丁寧にあやまること。

【深情(シンジョウ)】深い思いやり。＊白居易-長恨歌「唯将二旧物一表二深情一(ただキュウブツをもってシンジョウをあらわす)〔=いまはただ思い出の品をさしあげて、私の深い心をお見せする〕」

【深深(シンシン)】寒さなどが深くしみとおるさま。↓❷
【深甚(ジンジン)】気持ちが非常に深いさま。

【深省(シンセイ)】心中に深くかえりみること。

【深切(シンセツ)】きわめて丁寧なこと。親切。

【深謀遠慮(シンボウエンリョ)】はるか先のことまで深く考えて計画を立てること。〔賈誼-過秦論〕

【深墨(シンボク)】真っ黒。顔色の黒ずんださま。喪に服し、悲しみで顔につやがないさま。

【深夜(シンヤ)】夜ふけ。まよなか。深更。↕白昼・早朝
【深憂(シンユウ)】大きな心配。

【深慮(シンリョ)】深く考えること。↕浅慮。『深慮遠謀』

4171【清】3222 4036 90B4 水-8 常 (4172)【淸】 水-8 旧字

ショウ(シャウ)呉・セイ漢・シン唐／qīng／きよい・きよまる・きよめる・きよらか・さやか・さやけし・すがしい・すむ・すます

筆順 清 清 清 清 清 清

字解 形声。水＋青(澄みきっている)声。水がよく澄んでいる、きよい意。

意味 ❶きよい。きよらか。㋑すんでいる。濁りがない。↕濁。『清明』『清流』『清冽』『河清』＊左伝-襄公八年「俟二河之清一(カのすむをまつ)〔=黄河の水の澄むのを待つ〕」㋺(心持ちや行動が)きよらか。けがれがない。俗でない。また、いさぎよい。『清潔』『清純』『清廉』㋩りっぱな。高貴な。『清門』❷きよめる。きれいにさっぱりとする。整理する。『清算』『清掃』『廓清(カクセイ)』『粛清(シュクセイ)』❸すがすがしい。さわやか。『清風』『清涼』❹相手の行為や状態などを敬ったり、祝ったりする語。『清栄』『清祥』❺(シ)一六一六年からほぼ三〇〇年続いた中国最後の王朝名。建州女真出身のヌルハチ(太祖)が満州族を統一、子の太宗が一六三六年に国号を清とした。一九一一年の辛亥革命により翌一二年宣統帝が退位して滅びた。『日清(ニッシン)戦争』『清朝』❻その他。『清白(すずしろ)』⇓表

清(セイ)	浄(ジョウ)
清浄	
すんでいてうつくしい。 清潔 清流 清廉 清書 明清 鏡清	けがれがなくきれいである。 浄潔 浄水 浄妙 浄写 明浄 鏡浄

❶ きよい。きよらか。

下接 河清(カセイ)・血清(ケッセイ)・全清(ゼンセイ)・澄清(チョウセイ)

【清韻(セイイン)】清らかなひびき。

【清影(セイエイ)】①清らかな姿。②清く澄んだ月光。

【清怨(セイエン)】清らかなもののあわれ。

【清婉・清艶(セイエン)】清らかであでやかなこと。しとやかでなまめかしいさま。

【清音(セイオン)】①中国語で、無声子音の韻。②国日本語で、濁音符、半濁音符を付けない仮名で表される音節。ガ・ザ・ダ・バ(パ)に対するカ・サ・タ・ハなど。↕濁音
【清化(セイカ)】清らかな徳化。

【清歌(セイカ)】清らかな声で歌うこと。管弦の伴奏なしに歌うこと。また、その歌。

【清華(セイガ)】①文章などの清くはなやかなこと。また、それを書く才能のある人。②貴い家柄。③国「清華家(セイガケ)」の略。公家の家格の一。摂家(セッケ)につぐ名門。

【清雅(セイガ)】清らかで上品なこと。

【清介(セイカイ)】(清廉狷介(セイレンケンカイ)の意)潔癖すぎて度量が狭く、人と相いれないこと。

【清客(セイカク)】①風雅な客人。②ウメ(梅)の異名。

【清官(セイカン)】①地位は高いが雑務はない、ひまな官。②清廉潔白の官吏。

【清閑(セイカン)】俗事にわずらわされず静かなこと。

【清漢(セイカン)】天の川。

【清貴(セイキ)】=清顕(セイケン)

【清輝・清暉(セイキ)】清らかな光。＊杜甫-月夜「清輝玉臂寒(セイキギョクヒさむからん)〔=美しい月光に照らされ、(妻の)白く美しいひじは寒々としていることだろう〕」

【清虚(セイキョ)】清らかで私心がないこと。

【清狂(セイキョウ)】①言行が常軌を逸していて狂人に似ているさま。②潔癖すぎて常軌を逸するさま。また、その人。

【清興(セイキョウ)】上品な楽しみ。風雅な遊び。↓❹
【清教徒(セイキョウト)】一六世紀後半、英国教会に反対して起こった、イギリス宗教改革派の人々。ピューリタン。

【清渓・清谿(セイケイ)】清らかな谷川。

【清潔(セイケツ)】きれいで汚れのないこと。↕不潔
【清顕(セイケン)】清くたっとい地位。清貴。

【清光(セイコウ)】清らかな光。特に月の光をいう。

【清高(セイコウ)】清らかですぐれているさま。

【清酒(セイシュ)】①神にささげる清らかな酒。②澄んだ酒。↕濁酒。③国米から製する、日本特有の漉(こ)した醸造酒。日本酒。

【清秀(セイシュウ)】清くひいでているさま。

【清秋(セイシュウ)】①清らかに澄んだ秋。②陰暦八月の異称。

【清純(セイジュン)】清らかで純粋なさま。『清純派』

【清醇(セイジュン)】清くまじりけのないこと。また、その酒。

【清商(セイショウ)】①五音の一つで、清く澄んだ商の音。②清らかな秋。また、秋の涼風。

【清湘(セイショウ)】清らかな湘江の水。湘江は、中国湖南省を北流して洞庭湖に注ぐ川。＊柳宗元-漁翁「暁汲二清湘一燃二楚竹一(あかつきにセイショウをくんでソチクをたく)〔=明け方、清く澄んだ湘江の水をくんで、しの竹をもやし、朝飯のしたくをする〕」

【清浄(セイジョウ|ショウジョウ)】①清らかで汚れのないこと。『清浄無垢(ムク)』②(ショウジョウ)仏教で、煩悩や悪行がなく、心身の清らかなこと。『六根清浄』

心(⺗・忄)戈戸(戶)手(扌)支攴(攵) 4画 文斗斤方无(旡・无)日曰月木欠止歹(歺)殳毋比毛氏气水(氺・氵)火(灬)爪(爫・⺤)父爻(㸚)爿(丬)片牙(牙)牛犬(犭)

心(⺗・忄)戈戸(戸)手(扌)支攴(攵) 4画 文斗斤方旡(旡・无)日曰月木欠止歹(歺)殳毋比毛氏气水(氺・氵)火(灬)爪(爫・爫)父爻(㸚)爿(丬)片牙(牙)牛犬(犭)

【清水(セイスイ・しみず)】 ①清らかな水。↕濁水。『清水(セイスイ)に魚棲(す)まず』 ②(しみず) 清らかなわき水。

【清世(セイセイ)】 清らかによく治まっている世。太平の世。

【清切(セイセツ)】 (「切」は、甚だしいの意) ①きわめて清らかなこと。②さびしくいたましいこと。③きびしいこと。

【清絶(セイゼツ)】 非常に清らかなこと。

【清楚(セイソ)】 清らかで飾りけがないさま。

【清濁(セイダク)】 ①清いことと濁っていること。また、善人と悪人。賢人と愚人。『清濁あわせ呑(の)む〔=善も悪もあるがままに受け入れる〕』 ②清音と濁音。

【清淡(セイタン)】 清くさっぱりしていること。

【清談(セイダン)】 ①俗世間を離れた風流な話や学問についての高尚な話。②中国の魏晋南北朝時代の知識人の間に流行した、老荘および易に関する議論。不安定な政情のもとで、権力者から身をまもるため、抽象的な形而上学の議論に逃避したもの。「竹林の七賢」は、代表的な清談家。

【清澄(セイチョウ)】 きれいに澄みきっているさま。〔晋書-王衍(オウエン)伝〕

【清徹(セイテツ)】 清く明らかなこと。

【清寧(セイネイ)】 清く安らかなこと。

【清白(セイハク)】 汚れなく清らかなこと。↓❻(すずしろ)

【清貧(セイヒン)】 貧乏だが、心が清く行いが潔白であること。

【清福(セイフク)】 清らかな幸福。↓❹
【清芬(セイフン)】 清らかな香り。また、すがすがしい人がら。

【清穆(セイボク)】 清らかで平安なこと。↓❹
【清明(セイメイ)】 ①清く明らかなこと。②二十四節気の一。四月五、六日ごろに当たる。清明節。

【清門(セイモン)】 りっぱな家柄。名門。

【清約(セイヤク)】 心が清らかでつつましいこと。

【清遊(セイユウ)】 風流な遊び。『清遊の地』↓❹
【清流(セイリュウ)】 澄んだ水の流れ。↕濁流。＊陶潜-帰去来辞「臨₂清流₁而賦レ詩(セイリュウにのぞみてシをフす)〔=清らかな流れにのぞんで詩を作る〕」

【清亮(セイリョウ)】 汚れがなくさわやかなこと。

【清冷(セイレイ)】 清らかで、汚れのないこと。

【清冽(セイレツ)】 清らかに澄んで冷たいさま。

【清廉(セイレン)】 心が清く私欲のないこと。『清廉潔白』

【清漣(セイレン)】 清らかなさざなみ。

【清朗(セイロウ)】 晴れてうららかなさま。空が晴れて物の形がはっきりするさま。


【清和(セイワ)】 ①空が晴れてなごやかなこと。転じて、春の時候。②陰暦四月朔日の異称。また、陰暦四月の称。③世の中がしずかでおだやかなこと。

【清話(セイワ)】 世俗を離れた風流な話。

❷ きよめる。きれいにさっぱりとする。

【清夷(セイイ)】 賊を平らげてその地を平和にすること。

【清算(セイサン)】 ①相互間の貸し借りを計算して、きまりをつけること。②過去の関係にきまりをつけること。

【清書(セイショ)】 きれいに書き直すこと。浄書。

【清掃(セイソウ)】 きれいに掃除すること。『清掃車』

【清蹕(セイヒツ)】 先払いすること。先払いの声。転じて、天子の行幸。また、その行列。

❸ すがすがしい。さわやか。

【清陰(セイイン)】 涼しいものかげ。涼しい木かげ。

【清香(セイキョウ)】 すがすがしいかおり。＊蘇軾-春夜「花有₂清香₁月有レ陰(はなにセイキョウあり つきにかげあり)〔=花にはすがすがしいかおりがあり、月にはかすんだような雲がかかっている〕」

【清晨(セイシン)】 すがすがしい朝。

【清新(セイシン)】 新しくてすがすがしいこと。

【清清(セイセイ)】 心に何のわだかまりもなく快いさま。

【清爽(セイソウ)】 清くさわやかなこと。

【清風(セイフウ)】 すず風。涼しい風。＊蘇軾-前赤壁賦「清風徐来、水波不レ興(セイフウおもむろにきたり、スイハおこらず)〔=すがすがしい風が静かに吹きわたり、波一つ立たない〕」

【清夜(セイヤ)】 涼しくさわやかな夜。

【清涼(セイリョウ)】 冷たくさわやかなさま。『清涼飲料』『清涼剤』

【清涼殿(セイリョウデン)】 ①中国、漢代の宮殿の名。②国平安京内裏および里内裏の殿舎の一。平安中期から室町末期まで天皇の日常の御殿であった。

❹ 相手の行為や状態などを敬っていう語。

【清栄(セイエイ)】 手紙で、相手の健在、繁栄などを祝う言葉。
【清興(セイキョウ)】 他人の楽しみの尊称。↓❶
【清祥(セイショウ)・清勝(セイショウ)】 手紙で、相手が健康で幸福に暮らしていることを喜ぶ語。『ますます御清祥の段』
【清聴(セイチョウ)】 他人が自分の話などを聞くことを敬っていう語。『御清聴ありがとうございました』
【清適(セイテキ)】 手紙で、相手の無事、健康を祝う語。
【清福(セイフク)】 手紙で、相手の幸福を祝う語。↓❶
【清穆(セイボク)】 手紙で、相手の無事、健康を祝う語。↓❶
【清遊(セイユウ)】 人の遊び、旅行などをいう敬語。↓❶
【清覧(セイラン)】 手紙などで、相手が見ることをいう敬語。

❻ その他。

【清白(すずしろ)】 ダイコンの異名。春の七草の一。↓❶(セイハク)

4173 【凄】 6239 5E47 9FC5 水－8 セイ漢・サイ慣/qī/さむい・すさまじい・すごい

字解 形声。水＋妻声。淒の異体字。
参考 熟語は「凄」(552)を見よ。
意味 ❶風雨のおこるさま。❷さむい。つめたい。『淒然(セイゼン)』 ❸すさまじい。『淒惨(セイサン)』 ❹国すごい。程度がはなはだしい。

4174 【淅】 6240 5E48 9FC6 水－8 セキ漢/xī/よなげる

字解 形声。水＋析(ときほぐす)声。水に入れてときほぐす、よなげる意。
意味 ❶よなげる。米をとぐ。❷さびしいさま。また、さびしげな音の形容。『淅淅』『淅瀝(セキレキ)』
【淅淅(セキセキ)】 風の音のするさま。析析。
【淅瀝(セキレキ)】 雨や雪など、もの寂しい音の形容。

4175 【淺】 6241 5E49 9FC7 水－8 セン 「浅」(4094)の旧字

4176 【淙】 6242 5E4A 9FC8 水－8 ソウ漢/cóng

字解 形声。水＋宗声。水が流れるさま。また、その音。

4177 【涿】 ＊3952 水－8 タク漢/zhuō

字解 形声。水＋豖声。「涿鹿(タクロク)」は、中国河北省桑干河にある地名。北京の西北。黄帝が蚩尤(シユウ)と戦った地と伝えられる。

4178 【淡】 3524 4338 9257 水－8 常 タン漢・エン漢/dàn/あわい・うすい

甲骨文

篆文
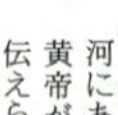

筆順 淡淡淡淡淡淡

字解 形声。水＋炎㊥。
甲骨文  篆文 

意味 ❶あわい。うすい。色や味などがうすい。↔濃。『淡黄色』『淡彩』『淡味』『濃淡』❷気持ちがさっぱりしている。こだわらない。『淡淡』『枯淡』『恬淡テンタン』『冷淡』＊荘子-山木「君子交、淡若水クンシのまじわりは、あわきことみずのごとし（＝君子の交際は、水のようにあっさりしている）」❸塩分を含まないこと。↔鹹。『淡湖』『淡水』❹国「淡路あわじ国」の略。南海道六か国の一。瀬戸内海東部にある淡路島全体をいう。『紀淡海峡キタンカイキョウ』『淡州タンシュウ』❺人名。『淡海三船おうみのみふね』 ⇒［濃］(4360)の表

❶ あわい。うすい。

下接 黯淡アンタン・惨淡サンタン・濃淡ノウタン

【淡煙タンエン】水蒸気や水などが細かくとびちって煙のようにぼんやりとみえるもの。うすけむり。
【淡彩タンサイ】あっさりした薄い彩色。また、その絵画。
【淡粧タンショウ】あっさりとしたよそおい。薄化粧。
【淡泊・淡白タンパク】味があっさりしているさま。→❷
【淡墨タンボク】うすい色の墨。うすずみ。また、その色。
【淡味タンミ】あっさりした味わい、趣味。

❷ さっぱりしている。こだわらない。

下接 枯淡コタン・恬淡テンタン・平淡ヘイタン・冷淡レイタン

【淡雅タンガ】あっさりしていて品があるさま。
【淡交タンコウ】あっさりした交際。また、君子の交際を評していう語。澹交タンコウ。淡水の交わり。〔荘子-山木〕
【淡如タンジョ】さっぱりとしているさま。
【淡淡タンタン】あっさりしているさま。こだわらないさま。
【淡泊・淡白タンパク】さっぱりとしているさま。「淡泊な性格」→❶

❸ 塩分を含まないこと。

【淡湖タンコ】淡水の湖。↔鹹湖カンコ
【淡水タンスイ】塩分をほとんど含まない水。まみず。↔鹹水カンスイ。『淡水魚』『淡水湖』

❺ 人名。

【淡海三船おうみのみふね】奈良前期の漢詩人、漢学者。大学頭、文章モンジョウ博士、刑部卿。著「唐大和上東征伝」。「懐風藻」の撰者ともいわれる。（七二二～七八五）

4179【添】 3726 453A 9359 水－8 常 (4180)【添】 ——— 水－8

テン㊥㊦/tiān/そう・そえる

筆順 添添添添添添

字解 形声。水＋忝㊥。そえる意。沾の通俗体。

意味 そえる。そう。つけくわえる。

【添加テンカ】そえ加えること。『食品添加物』
【添景テンケイ】風景画などで、おもむきを出すために添える人や物。点景テンケイ。
【添削テンサク】他人の文章、答案などを加えたり削ったりして改め直すこと。『添削指導』
【添書テンショ】①使者や贈り物などに添えて書き送る書状。②書類などに注意などを書き添えること。
【添乗テンジョウ】団体旅行などで、旅行社の職員などが付き添うこと。『添乗員』
【添丁テンテイ】男の子を生むこと。
【添付・添附テンプ】書類などに、参考、補いとなるものを添えること。『添付資料』
【添水そうず】竹筒に水を受け、たまるとその重みで水が流れ出し、はね返って、音を出す装置。ししおどし。

4181【淀】 4568 4D64 9784 水－8 デン㊥・テン㊦/diàn/よど・よどみ・よどむ

字解 形声。水＋定（じっととどまる）㊥。水がたまりとどまる、よどむ意。

意味 ❶よど。よどみ。水が流れずにいる所。『川淀かわよど』❷国よどむ。❸国よど。京都市の地名。宇治・加茂・桂三川の合流点。『淀江』

【淀江デンコウ】国大阪の淀川よどがわの別称。澱江。

4182【淟】＊3961 水－8 テン㊦/tiǎn

字解 形声。水＋典㊥。

意味 ❶にごる。汚れる。❷汚れ。あか。❸しずむ。

4183【淘】 3781 4571 9391 水－8 トウ（タウ）㊦/táo/よなげる・よりわける

字解 形声。水＋匋（土をこね土器をつくる）㊥。

意味 よなげる。水中でゆすってよりわける。また、よいものを取り、わるいものをすてる。

【淘金トウキン/ゆりがね】砂金を水でより分けること。
【淘汰トウタ】よいものを選び残すこと。特に、生物集団で、適者が残り不適者は死滅する現象。『自然淘汰』『人為淘汰』

4184【淠】＊3962 水－8 ヒ㊦・ハイ㊦/pì・pèi

字解 形声。水＋畀㊥。川の名。中国河南省東部で北流し淮河ワイに入る。また、旗の翻るさま。
金文  篆文 

4185【淝】＊3960 水－8 ヒ㊦/féi

字解 形声。水＋肥㊥。

意味 「淝水ヒスイ」は、中国安徽省の中部を流れる二つの川の名。一方は東流して巣湖に注ぎ、一方は北流して瓦埠ガフ湖にはいってさらに淮河ワイに注ぐ。肥水。

4186【⿰氵弥】 ——— 水－8 ビ 「瀰」(4406)の異体字

4187【淕】 6244 5E4C 9FCA 水－8 リク㊦

字解 形声。水＋坴㊥。沢の名。

4188【涼】 4635 4E43 97C1 水－8 常 (557)【凉】 4958 515A 9979 冫－8

リョウ（リャウ）㊥㊦/liáng・liàng/すずしい・すずむ

筆順 涼涼涼涼涼涼

字解 形声。水＋京（→良、よい）㊥。すみきった水の意。転じて、すずしい意。

意味 ❶すずしい。ひややかで快い。また、すずしさ。

『涼を取る』『涼雨』『清涼』『納涼』 ⇒〔冷〕(548)の[表]
❷うすい。少ない。低い。また、さびしい。荒れはてている。『涼徳』『荒涼（コウリョウ）』『凄涼（セイリョウ）』 ❸[国]すずしい。清らかですがすがしい。❹地名。『涼州』

❶ すずしい。すずしさ。

[下接] 陰涼（インリョウ）・炎涼（エンリョウ）・秋涼（シュウリョウ）・初涼（ショリョウ）・新涼（シンリョウ）・清涼（セイリョウ）・爽涼（ソウリョウ）・逐涼（チクリョウ）・納涼（ノウリョウ）・曝涼（バクリョウ）・晩涼（バンリョウ）・微涼（ビリョウ）・冷涼（レイリョウ）

【涼意（リョウイ）】涼しい思い。涼しい感じ。
【涼陰・涼蔭（リョウイン）】涼しい木かげ。
【涼雨（リョウウ）】夏などに、涼しさをもたらす雨。
【涼気（リョウキ）】涼しい空気。
【涼月（リョウゲツ）】涼しく感じさせる月の光。また、陰暦七月の異称。
【涼秋（リョウシュウ）】①涼しい秋。②陰暦九月の異称。
【涼風（リョウフウ・すずかぜ）】涼しい風。
【涼味（リョウミ）】涼しい感じ。『涼味満点』
【涼夜（リョウヤ）】涼しい夜。
【涼涼（リョウリョウ）】ひえびえするさま。→❷

❷ うすい。また、さびしい。

【涼徳（リョウトク）】うすい人徳。低い徳。また、よくない徳。

【涼涼（リョウリョウ）】人情のうすいさま。→❶

❹ 地名。

【涼州（リョウシュウ）】中国の漢代、現在の甘粛省中部の武威地方に置かれた州名。清代には涼州府となった。五胡十六国時代の前涼、後涼、南涼、北涼、西涼はこの地に拠った。

【涼州詞（リョウシュウシ）】中国、唐の玄宗の開元年間に西方から伝えられた歌曲に合わせて作った歌詞。唐詩には同題の作品が多い。

4189
【淩】 *3965 水－8 リョウ[漢]/líng/しのぐ
[字解] 形声。水＋夌（こえしのぐ）[声]。しのぐ意。
[参考] 熟語は「凌」(556)を見よ。

4190
【淪】 6245 5E4D 9FCB 水－8 リン[漢]/lún/しずむ
[字解] 形声。水＋侖[声]。
金文
篆文

[意味] ❶さざなみ。小さい波。『淪漪』 ❷しずむ。また、おちぶれる。『淪棄』『淪暮』『淪没』『淪滅』『淪落』『沈淪（チンリン）』 ❸まざる。『鶻淪（コツリン）』『混淪（コンリン）』

【淪漪・淪猗（リンイ）】さざ波。風に起こる水紋。*柳宗元－南澗中題「寒藻舞二淪漪一（カンソウリンイにまう）〔＝寂しげな水草がさざ波に踊っている〕」

【淪棄（リンキ）】しずみ隠れて、世からすておかれる。

【淪暮（リンボ）】落ちぶれて年をとること。

【淪没（リンボツ）】水中などに落ちて沈むこと。沈没。

【淪滅（リンメツ）】沈みほろぶこと。ほろびなくなること。

【淪落（リンラク）】うらぶれること。*白居易－琵琶行「同是天涯淪落人（おなじくこれテンガイリンラクのひと）〔＝私もこの人も、ともに地の果てにうらぶれている身の上だ〕」

4191
【淋】 4652 4E54 97D2 水－8 リン[漢]/lín/さびしい・そそぐ
[字解] 形声。水＋林[声]。
[意味] ❶そそぐ。水が絶えずしたたる。『淋雨』『淋漓』『淋浪』 ❷性病の一。「痳」に同じ。『淋菌』『淋病』 ❸[国]さびしい。❹音訳字。『淋巴（リンパ）』

❶ そそぐ。水が絶えずしたたる。

【淋雨（リンウ）】ながあめ。霖雨（リンウ）。
【淋漓（リンリ）】①水、汗、血などがしたたり落ちるさま。『鮮血淋漓』 ②勢いのあふれているさま。『墨痕（ボッコン）淋漓』
【淋淋（リンリン）】水のしたたるさま。
【淋浪（リンロウ）】①水の流れ下るさま。②みだれるさま。

❷ 性病の一。

【淋菌（リンキン）】淋病の病原菌。

【淋毒（リンドク）】淋菌の毒。

【淋病（リンビョウ）】淋菌によって発病する性病。トリッペル。

❹ 音訳字。

【淋巴（リンパ）】（ﾗﾃﾝ lympha の音訳）高等動物の体液の一。栄養物の運搬、免疫抗体の輸送などを行う。『淋巴節』『淋巴腺（リンパセン）』

4192
【淚】 ―― 水－8 ルイ「涙」(4142)の旧字

4193
【淮】 6246 5E4E 9FCC 水－8 エ(ヱ)[呉]・カイ(クヮイ)[漢]・ワイ[慣]/huái
[字解] 形声。水＋隹[声]。
甲骨文
金文
篆文

[意味] 中国の川の名。『淮水』

【淮南子（エナンジ）】①古代中国、前漢の学者。姓は劉（リュウ）。名は安。高祖の孫で、淮南（ワイナン）王に封ぜられた。前一二二年没。②劉安の編で、一種の思想全書。現存するもの二一巻。正式の書名は「淮南鴻烈」。

【淮陰（ワイイン）】中国の江蘇省北部、洪沢湖の東で大運河に沿う都市。漢代の淮陰県の地。清江浦。前漢の韓信（カンシン）が淮陰侯として封ぜられた。

【淮水（ワイスイ）】中国東部、黄河と長江の間を東に流れる川。河南省南端の桐柏山に発し、安徽省から江蘇省の洪沢湖に入り、主流は高郵湖を経て長江に入る。淮河（ワイガ）。

【淮南（ワイナン）】①中国、淮水の南の地方。淮水以南、長江以北の地をさす。②中国安徽省中部の鉱工業都市。

4194
【渥】 1615 302F 88AD 水－9 [人] アク[漢]/wò/あつい
[字解] 形声。水＋屋（やね）[声]。上から水でおおう意。
[意味] ❶あつい。『渥恩』『優渥（ユウアク）』 ❷うるおう。うるおい。つや。『渥然』『渥美』

【渥恩（アクオン）】手厚い恩恵。

【渥然（アクゼン）】顔色につやのあるさま。

【渥美（アクビ）】つやがあって美しいさま。

[難読地名] 渥美（あつみ）半島（愛知）

4195
【渭】 6247 5E4F 9FCD 水－9 イ[漢]/wèi
[字解] 形声。水＋胃[声]。
[意味] 中国の川の名。『渭水』

【渭城（イジョウ）】中国、咸陽（カンヨウ）のこと。西安の西北。

【渭水（イスイ）】中国、黄河の大支流。甘粛省南東部に発し、陝西省を東流して、潼関（ドウカン）付近で黄河に注ぐ。渭河。

【渭浜器】イヒンのキ 将相となるべき大人物をいう。▼渭水のほとりで釣りをしていた太公望が、周の文王に見いだされて、宰相となったという故事から。

【渭陽】イヨウ 渭水の北。▼「陽」は、川の北の意。

4196【湮】6248 5E50 9FCE 水－9 イン（漢）・エン（漢）/yīn·yān/しずむ・ふさぐ

字解 形声。水＋垔（ふさぐ）（声）。水にふさがれて中にしずむ意。

意味 ❶しずむ。うずもれる。また、ほろびる。なくなる。「湮没」「湮滅」❷ふさぐ。ふさがる。とどこおる。「湮鬱」「湮厄」

【湮鬱】インウツ 心がふさぐこと。

【湮没】インボツ あとかたなく消えてなくなること。

【湮滅】インメツ あとかたもなく消えうせること。また、消してしまうこと。隠滅（インメツ）。「証拠湮滅」

【湮厄】インヤク ふさがること。

4197【湲】6251 5E53 9FD1 水－9 エン（ヱン）（漢）・カン（クヮン）（漢）/yuán

字解 形声。水＋爰（声）。「潺湲（センカン）」は、水の流れる音。また、清い流れのさま。

4198【淵】4205 4A25 95A3 水－9 (4148)【渕】6228 5E3C 9FBA 水－8 † (4147)【渊】6229 5E3D 9FBB 水－8 エン（ヱン）（呉）（漢）/yuān/ふち

字解 形声。水＋𣶒（ふち）（声）。ふちの意。甲骨文は、𣶒だけで、金文以後、水を加えた。

甲骨文 金文 篆文

意味 ❶ふち。水が深く集まっている所。また、ものが多く集まっている所。「淵源」「海淵」「深淵」❷奥深い。また、もの静かである。「淵雅」「淵博」「静淵（セイエン）」

❶ふち。

下接 海淵カイエン・玉淵ギョクエン・深淵シンエン・天淵テンエン・竜淵リョウエン

【淵海】エンカイ ふちと、うみ。深く広いもののたとえ。

【淵源】エンゲン みなもと。物事の起こり基づくところ。

【淵泉】エンセン ふちと、いずみ。徳や思慮の深いたとえ。

【淵然】エンゼン 水が深くて静かなさま。

【淵藪・淵叢】エンソウ 物事の寄り集まる所。

❷奥深い。もの静かである。

【淵淵】エンエン ①奥深く静かなさま。②鼓の音の形容。

【淵雅】エンガ 落ちついていて、みやびやかなこと。

【淵玄】エンゲン 奥深いこと。

【淵静】エンセイ 奥深くて静かであること。

【淵塞】エンソク 思慮深く誠実であること。

【淵博】エンパク 学問教養が広く、奥深いこと。

【淵黙】エンモク 口を開かず静かにしていること。

4199【温】1825 3239 89B7 水－9 常3 (4245)【溫】水－10 旧字 人

オン（ヲン）（呉）（漢）・ウン（漢）/wēn·yùn/あたたか・あたたかい・あたたまる・あたためる・ぬくい・ぬくまる・ぬくめる・ぬくもる・ぬるい・ぬるむ・ぬるめる・たずねる・あつし

筆順

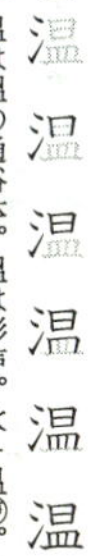

字解 温は溫の通俗体。溫は形声。水＋昷（声）。もと川の名。昷に同じく、あたたかい意に用いる。

意味 ❶あたたかい。あたたかさ。あたたかさの度合い。「温泉」「温帯」「温度」「保温」❷性格などがおだやか。やさしい。「温厚」「温情」❸ならう。たずねる。復習をする。「温故知新」「温習」❹固有名詞。「温州」

❶あたたかい。

下接 寒温カンオン・気温キオン・検温ケンオン・恒温コウオン・高温コウオン・室温シツオン・常温ジョウオン・水温スイオン・体温タイオン・地温チオン・低温テイオン・定温テイオン・適温テキオン・等温トウオン・微温ビオン・保温ホオン・三寒四温サンカンシオン

【温気】ウンキ 暑さ。熱気。特に、蒸し暑さ。

【温温】オンオン あたたかいさま。→❷

【温灸】オンキュウ 器にモグサを入れて火をつけ、間接的に患部を加熱する灸。

【温室】オンシツ ①あたたかい部屋。②植物の栽培、保護のために、内部の温度を外部より高く保つようにした建物。「温室栽培」

【温順】オンジュン 気候が穏やかなこと。→❷

【温潤】オンジュン あたたかでうるおいのあること。

【温床】オンショウ ①苗などを早く育てるために、床土をあたたかにしてある苗床（なえどこ）。フレーム。②ある結果を生み出し育てるもととなるもの。「悪の温床」

【温色】オンショク あたたかい感じを与える色。暖色。↔寒色

【温凊】オンセイ 父母によく仕えて孝行すること。温凊定省。〔礼記－曲礼上〕▼寒い冬には温かくし、暑い夏には凊（すず）しくするというところから。

【温泉】オンセン 自然の地熱で熱せられて摂氏二五度以上でわき出る湯。いでゆ。「温泉郷」

【温存】オンゾン 使わないで、大切に保存しておくこと。「戦力を温存する」

【温帯】オンタイ 寒帯と熱帯との間の気候温順な地帯。

【温暖】オンダン あたたかいこと。気候などが穏やかなこと。↔寒冷。「温暖前線」

【温度】オンド あたたかさや熱さ、冷たさの度合い。

【温突】オンドル 〔「オン」「ドル」は朝鮮漢字音〕朝鮮、中国東北地方などで、床下と壁の中に溝を設けて、たき口で火をたき、煙を通して床を熱する暖房装置。

【温飽】オンポウ あたたかい衣類を着、十分に飽食すること。安逸な生活のたとえ。暖衣飽食。

【温浴】オンヨク 湯に入ること。

【温和】オンワ（－カ） 気候があたたかで穏やかなこと。→❷

❷性格などがおだやか。やさしい。

【温温】オンオン 性質の優しく、おとなしいさま。→❶

【温雅】オンガ 穏やかで上品なこと。「温雅な人物」

【温顔】オンガン 優しく穏やかな顔つき。温容。

【温恭】オンキョウ 穏やかでつつしみ深いこと。

【温厚】オンコウ 穏やかで情け深いこと。「温厚篤実」

【温柔】オンジュウ 穏やかで、優しいこと。「温柔な人柄」

【温順】オンジュン 穏やかで、素直なこと。→❶

【温恕】オンジョ 心が穏やかで思いやりの深いこと。

【温情】オンジョウ 穏やかで情け深い心。「温情主義」

【温容】オンヨウ 穏やかで優しい顔つき。温顔。

【温良】オンリョウ 人柄が穏やかで、素直なこと。

【温和】オンワ（－カ） 性質などが穏やかで優しいこと。→❶

❸ならう。たずねる。復習をする。

【温故知新】オンコチシン 昔のことを研究して、新しい知識や道

理を見つけ出すこと。＊論語-為政「温レ故而知レ新（ふるきをたずねてあたらしきをしる）」〔＝古いことをじっくりと学び、そこから新しい道理を発見する〕」

【温習（オンシュウ）】繰り返し練習すること。おさらい。

❹ 固有名詞。

【温州（オンシュウ―ウンシュウ）】①中国浙江省南部の都市。甌江（オウコウ）の下流の港市。茶、柑橘類の集散地として知られる。②（ウンシュウ）国ウンシュウミカンのこと。

【温庭筠（オンテイイン）】中国、晩唐期の詩人。清らかで華美な詩風をもち、李商隠と共に温李と称される。また、歌曲の詞にもすぐれた。「温飛卿詩集」がある。（八一二頃～八七〇）

難読地名 温海（あつみ）町（山形） 温泉津（ゆのつ）町（島根）

難読姓氏 温井（ぬくい）

4200【渦】1718 3132 8951 水－9 常 カ（クヮ）漢/wō・guō/うず

筆順 渦 渦 渦 渦 渦 渦

字解 形声。水＋咼声。まるくうずまく水、うずの意。咼は、声符になると、しばしばまるい意を表す。

意味 ❶うず。うずまき。らせん状に巻き込んでゆく水の流れ。また、うずまく。『渦状』『渦旋』『渦中』『渦動』『渦紋』『戦渦（センカ）』 ❷「渦水（カスイ）」は、川の名。河南省から安徽省を東南に流れて淮水（ワイスイ）に注ぐ。

【渦状（カジョウ）】うずまきのようなありさま。うずまき形。

【渦旋（カセン）】うずまくこと。

【渦中（カチュウ）】うずまきの中。転じて、物事が混乱している中。【入ニ渦中一（カチュウにいる）】うずまきの中に身を投ずる。紛争にまきこまれること。〔朱熹-答ニ呂子約一書〕

【渦動（カドウ）】うずまき形の運動状態。

【渦紋（カモン）】うずまき模様。『渦紋を描く』

4201【渮】6249 5E51 9FCF 水－9 カ漢

字解 形声。水＋苛声。川の名。古く済水（セイスイ）の分流としてあった。

4202【渴】 水－9 カツ 「渇」（4151）の旧字

4203【渙】6250 5E52 9FD0 水－9 カン（クヮン）漢/huàn/とける

字解 形声。水＋奐（とりだす）声。

意味 ❶とける。ときはなつ。また、水のさかんに流れるさま。『渙汗』『渙渙』『渙然』『渙発』『散渙（サンカン）』 ❷易の六十四卦（カ）の一。☵☴（坎下巽上（カンカソンショウ））。物の離れ散るかたち。

【渙汗（カンカン）】①流布するさま。②天子が詔勅や勅命を発すること。♥一度出た汗がもとにもどらぬように、詔勅は一度出したら取り消せないの意。

【渙渙（カンカン）】水がさかんに流れるさま。

【渙然（カンゼン）】疑問、迷いなどが解けるさま。【渙然氷釈（カンゼンヒョウシャク）】氷がとけるように疑惑や迷いが解けること。

【渙発（カンパツ）】①水がさかんに流れ広まること。②勅令などを広く天下に発布すること。

4204【渠】2184 3574 8B94 水－9 コ呉・キョ漢/qú・jù/みぞ・かれ・いずくんぞ・なんぞ

字解 形声。水＋榘声。大きいあな、みぞの意。借りて、代名詞・助字に用いる。

参考 万葉仮名では音を借りて「こ乙」。

意味 ❶みぞ。ほりわり。『暗渠（アンキョ）』『溝渠（コウキョ）』『船渠（センキョ）』 ❷広い。おおきい。また、かしら。『渠魁』『渠渠』『渠帥』 ❸かれ。三人称の代名詞。❹いずくんぞ。なんぞ。疑問・反語を示す。多く「何渠」の形で用いる。

【渠魁（キョカイ）】かしら。親玉。主に悪者にいう。巨魁（キョカイ）。

【渠渠（キョキョ）】①深くて広いさま。②さかんなさま。③落ち着かないさま。

【渠帥・渠率（キョスイ）】賊、反逆者などのかしら。首謀者。

4205【減】2426 383A 8CB8 水－9 常5 (558)【减】＊1902 冫－9 ゲン呉・カン漢/jiǎn/へる・へらす

筆順 減 減 減 減 減 減

字解 形声。水＋咸（みな・つきる）声。水が出つくす、へる意。

意味 へる。へらす。さしひく。また、引き算。↕増・加。⇒〔増〕（1418）の表

下接 加減（カゲン）・軽減（ケイゲン）・激減（ゲキゲン）・裁減（サイゲン）・削減（サクゲン）・殺減（サツゲン）・縮減（シュクゲン）・節減（セツゲン）・漸減（ゼンゲン）・増減（ゾウゲン）・損減（ソンゲン）・退減（タイゲン）・低減（テイゲン）・逓減（テイゲン）・半減（ハンゲン）・耗減（モウゲン）・累減（ルイゲン）

【減圧（ゲンアツ）】圧力をさげること。圧力がさがること。

【減員（ゲンイン）】人員を減らすこと。↕増員

【減価（ゲンカ）】①定価から割り引くこと。②価格を安くすること。【減価償却（ゲンカショウキャク）】固定資産の価値の減少を算定し、それに相当する金額を決算期ごとに控除し、損金の額に算入すること。

【減額（ゲンガク）】金銭の高を減らすこと。↕増額

【減却（ゲンキャク）】へること。減少。減退。＊杜甫-曲江「一片花飛減ニ却春一（イッペンのはなとびてはるをゲンキャクす）」〔＝ひとひらの花が散って、それだけでも春がまたひとつ消えてゆく気がする〕」

【減給（ゲンキュウ）】給料の額を減らすこと。↕昇給

【減刑（ゲンケイ）】裁判で一度決まった刑を軽くすること。

【減軽（ゲンケイ）】重さや負担などを減らして軽くすること。

【減耗（ゲンコウ―ゲンモウ）】減ること。減らすこと。

【減石（ゲンコク）】酒の醸造量を減らすこと。↕増石

【減殺（ゲンサイ）】減らすこと。また、減ること。

【減産（ゲンサン）】生産量を減らすこと。↕増産

【減算（ゲンザン）】引き算。減法。↕加算

【減資（ゲンシ）】資本金を減らすこと。↕増資

【減収（ゲンシュウ）】収入や収穫が少なくなること。↕増収

【減少（ゲンショウ）】減って少なくなること。↕増加

【減食（ゲンショク）】食事の量や回数を減らすこと。

【減水（ゲンスイ）】水量が減ること。↕増水

【減税（ゲンゼイ）】税金を今までより安くすること。↕増税

【減速（ゲンソク）】運動の速度を落とすこと。↕加速

【減損（ゲンソン）】減ること。減らすこと。

【減退（ゲンタイ）】減り衰えること。↕増進。『食欲減退』

【減反・減段（ゲンタン）】作付け面積を減らすこと。↕増反。『減反政策』

【減点（ゲンテン）】評価上、不出来として点数を差し引くこと。

【減法（ゲンポウ）】引き算。減算。↕加法

【減俸（ゲンポウ）】俸給を減らすこと。『減俸処分』

【減摩（ゲンマ）】①すり減ること。②摩擦の影響を減らすこと。『減摩剤』『減摩油』

【減免（ゲンメン）】軽減したり、免除したりすること。

【減量（ゲンリョウ）】①分量が減ること。また、分量を減らすこと。↕増量。②体重を減らすこと。

心(小・忄)戈戶(戸)手(扌)支攴(攵) 4画 文斗斤方旡(旡・无)日曰月木欠止歹(歺)殳毋比毛氏气水(氺・氵)火(灬)爪(爫・⺤)父爻(㸚)爿(丬)片牙(牙)牛犬(犭)

4206 【湖】 2448 3850 8CCE 水－9 常

コ(漢)/hú/みずうみ・うみ

筆順 湖 湖 湖 湖 湖 湖 湖

字解 形声。水＋胡(→巨、おおきい)(声)。大きなみずたまり、みずうみの意。金文は、沽と同形。

金文 篆文

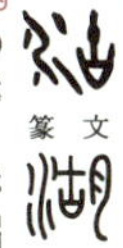

意味 ❶みずうみ。「湖沼」「湖水」「湖畔」「鹹湖」⇒〔沢〕(4017)の(表) ❷地名。「湖州」「湖南」

❶みずうみ。

下接 塩湖(エンコ)・鹹湖(カンコ)・淡湖(タンコ)・火口湖(カコウコ)・汽水湖(キスイコ)・人工湖(ジンコウコ)・堰止湖(せきとめこ)

【湖煙(コエン)】湖上にたちこめたもや。

【湖海(コカイ)】①みずうみと海。②民間。世間。【湖海之士(コカイのシ)】民間にあって雄大な気性をもった人物。

【湖沼(コショウ)】みずうみと、ぬまや池。「湖沼学」

【湖上(コジョウ)】みずうみの上。また、みずうみのほとり。

【湖心(コシン)】湖面の真ん中。

【湖水(コスイ)】みずうみ。また、みずうみの水。

【湖畔(コハン)】みずうみのほとり。「湖畔の村」

❷地名。

【湖州(コシュウ)】中国浙江省北西部、太湖の南岸にある都市、呉興の旧称。

【湖南(コナン)】中国の省の一。洞庭湖を北端にいだき、湘江(ショウコウ)・沅江(ゲンコウ)の流域の大部分を占める。省都長沙。

【湖北(コホク)】中国の省の一。洞庭湖の北方で、南部を長江が東西に貫流し、これに漢水が西北から入る。省都武漢。

4207 【港】 2533 3941 8D60 水－9 常 (4208)【港】 水－9 旧字

コウ(カウ)(呉)(漢)/gǎng/みなと

筆順 港 港 港 港 港 港

字解 形声。水＋巷(村中のみち)(声)。船が通る水上のみちの意。転じて、みなとの意を表す。

意味 みなと。船が停泊し、旅客の乗降や貨物の積み下ろしなどができるように整えた所。

下接 海港(カイコウ)・開港(カイコウ)・外港(ガイコウ)・河港(カコウ)・帰港(キコウ)・寄港(キコウ)・漁港(ギョコウ)・空港(クウコウ)・軍港(グンコウ)・湖港(ココウ)・鎖港(サコウ)・出港(シュッコウ)・商港(ショウコウ)・築港(チクコウ)・着港(チャッコウ)・入港(ニュウコウ)・母港(ボコウ)・要港(ヨウコウ)・良港(リョウコウ)・河口港(カコウコウ)・不凍港(フトウコウ)

【港口(コウコウ)】港の外海への出入り口。

【港湾(コウワン)】船の停泊、客の乗降、貨物の上げ下ろしなどに必要な設備のある水域。「特定重要港湾」

4209 【湟】 6252 5E54 9FD2 水－9

コウ(クヮウ)(漢)/huáng

字解 形声。水＋皇(声)。ほり。城のほりわり。

4210 【渾】 6253 5E55 9FD3 水－9

コン(漢)/hún・hùn/にごる・すべて

字解 形声。水＋軍(声)。水がさかんにながれる意。また、混に通じて、用いられる。

意味 ❶水のわき出る音。水がさかんに流れるさま。「渾渾」「雄渾(ユウコン)」 ❷にごる。まじる。まじりあう。「混」に同じ。「渾然一体(コンゼンイッタイ)」「渾一」「渾沌」 ❸すべて。まったく。また、まるい。「渾身」「渾碧」 ＊杜甫-春望「白頭掻更短、渾欲不勝簪(ハクトウかけばさらにみじかく、すべてシンにたえざらんとほっす)」〔=白くなった髪はかきむしると前よりも短くなったように感じられ、まったく冠をとめるかんざしもさせなくなりそうである〕 ❹「渾名(コンメイ・あだな)」は、本名とは別に他人を親しむなどの気持ちからつけた名。

❷にごる。まじる。まじりあう。

【渾一(コンイツ)】物が溶け合って一つにまとまる。

【渾殽・渾淆(コンコウ)】入りまじること。混交。

【渾然(コンゼン)】別々のものが、一つにとけ合って区別がつかないさま。「渾然一体」

【渾沌(コントン)】天地や万物がまだ分化していない原始の状態。混沌。＊荘子-応帝王「中央之帝為渾沌(チュウオウのテイをコントンとなす)」〔=中央の天帝を渾沌という〕

❸すべて。まったく。まるい。

【渾円(コンエン)】まんまるいこと。角やくぼみがないこと。

【渾元(コンゲン)】自然の気。天地広大の気。また天地。

【渾厚(コンコウ)】大きくてどっしりしていること。

【渾身(コンシン)】からだ全体。全身。満身。「渾身の力」

【渾天(コンテン)】球形をなしている天。

【渾天儀(コンテンギ)】中国、漢代から用いられた天体の運行を観測するための器械。

【渾碧(コンペキ)】見わたすかぎり青いさま。

渾天儀
〔和漢三才図会〕

4211 【渣】 6254 5E56 9FD4 水－9

サ(漢)/zhā/おり

字解 形声。水＋査(声)。

意味 おり。かす。「渣滓」「残渣(ザンサ)」「腐渣(フサ)」

【渣滓(サシ)】液体の底に沈んでいるかす。沈殿物。

4212 【滋】 2802 3C22 8EA0 水－9 常 (4259)【滋】 水－10 旧字

シ(呉)(漢)・ジ(慣)/zī/しげる・ますます

筆順 滋 滋 滋 滋 滋 滋

字解 形声。水＋茲(ふえる)(声)。ふえる意。

甲骨文 篆文

意味 ❶しげる。そだつ。うるおす。栄養がある。「滋雨」「滋味」「滋養」 ❷「滋滋(シシ)」は、つとめはげますさま。「孜孜(シシ)」に同じ。 ❸ますます。いよいよ。「滋曼」

【滋雨(ジウ)】草木をうるおし育てる、めぐみの雨。

【滋曼(ジマン)】草木がしげりはびこること。転じて、権勢などがいよいよ強大になること。

【滋味(ジミ)】うまい味わい。また、栄養になる食べ物。

【滋養(ジヨウ)】体の栄養となること。「滋養をとる」

4213 【湿】 2830 3C3E 8EBC 水－9 常 (4368)【濕】 6328 5F3C E05B 水－14 旧字 (人)

シュウ(シフ)(呉)(漢)・トウ(タフ)(漢)・シツ(慣)/shī/しめる・しめす・うるおう

筆順 湿 湿 湿 湿 湿 湿

字解 湿は濕の略体。濕は、もと溼。さらに古くは、㬎。㬎は会意。水＋㬎(束ねた糸)。束ねた糸を水につけ、しめらす意。

甲骨文 金文 篆文

意味 ❶しめる。うるおう。ぬれる。しめりけ。しめらす。↔乾。『湿潤』『陰湿』＊白居易-琵琶行「江州司馬青衫湿(＝江州の司馬(である私)の青い上衣は、涙のためにしとどにぬれた)」❷「湿婆」は、梵Sivaの音訳。破壊、創造をつかさどるとされる、ヒンドゥー教の神。

下接 陰湿・乾湿・潤湿・除湿・燥湿・耐湿・多湿・低湿・卑湿・防湿

【湿気】しめりけ。

【湿原】湿気の多い草原。『湿原植物』

【湿潤】湿気を帯びていること。『湿潤の地』

【湿疹】皮膚の表層にできる湿性の炎症。

【湿性】湿った、また、湿りやすい性質。↔乾性

【湿舌】南方から日本列島に舌状の形で入る湿った気流。

【湿地】湿気が多くてじめじめした土地。

【湿田】常に多湿な状態の水田。↔乾田

【湿度】空気の乾湿の度合い。『湿度計』

【湿布】国炎症を鎮めるために湯や薬液に浸した布を患部に当てがうこと。また、その当てる物。『温湿布』

4214 【湫】 6255 5E57 9FD5 水－9 シュウ(シウ)(漢)・ショウ(セウ)(漢)/qiū・jiǎo/くて・くで

字解 形声。水＋秋(声)。水たまり、または土地が低くてじめっている意。

意味 ❶いけ。水たまり。また、土地が低く湿っている。『湫隘』❷「湫湫」は、うれえ悲しむさま。❸国くて。くで。沼や沢のように、じめじめした土地。

【湫隘】土地が低くて狭いこと。

4215 【湑】 ＊3987 水－9 ショ(漢)/xǔ・xū/したむ

字解 形声。水＋胥(声)。

意味 ❶したむ。酒をこす。酒をしぼる。❷「湑湑」は、枝葉のしげりあっているさま。

4216 【渚】 ―――― 水－9 ショ 「渚」(4165)の旧字

4217 【湘】 3037 3E45 8FC3 水－9 ショウ(シャウ)(漢)/xiāng

字解 形声。水＋相(声)。

意味 川の名。中国の湖南省を貫流する川。広西チワン族自治区北東部の興安県にある海陽山に源を発し、北流して洞庭湖に注ぐ。『湘江』『湘水』

【湘娥】＝湘君

【湘君】湘水の女神。また、美人。湘妃。♥古代中国で、舜帝の二妃が、舜の死後、湘水に身を投じたという伝説からいう。

【湘竹】湘水のほとりに産する竹。特に、斑文のある竹。〔博物志-史補〕♥古代中国の舜帝の妃、湘君が舜の死を悲しんで泣いた涙で竹が斑になったという伝説から。

【湘南】①中国の湖南省を流れる湘江の南部をいう。②国(相模国の「相」を①にちなんで「湘」とし、「湘南」で相模国南部の意とした)神奈川県南部の海岸地帯をいう。

【湘妃】＝湘君

4218 【渫】 6256 5E58 9FD6 水－9 セツ(漢)・チョウ(テフ)(漢)/xiè・diē/さらう・さらえる

字解 形声。水＋枼(声)。

意味 ❶さらう。水底のどろや沈殿物を除き去る。『浚渫』❷もらす。外へもらし散らす。「泄」に同じ。

4219 【渲】 ＊3976 水－9 セン(漢)/xuàn/ぼかす

字解 形声。水＋宣(声)。ぼかし。『暈渲式』

4220 【湶】 6257 5E59 9FD7 水－9 セン(漢)

字解 泉に同じ。日本で、あわら。水のわきやすい低地、じめじめしている湿地の意。

4221 【湊】 4411 4C2B 96A9 水－9 ソウ(漢)/còu/みなと

字解 形声。水＋奏(まとめあつめる)(声)。水の流れがあつまるところ、みなとの意。

意味 ❶みなと。ふなつきば。『湊泊』❷あつまる。あつめる。「輳」に同じ。『輻湊』

【湊泊】①港に泊まること。②物事が集まること。

4222 【測】 3412 422C 91AA 水－9 常5 シキ(呉)・ショク(漢)・ソク(慣)/cè/はかる

筆順 氵 氵 汨 泪 浿 測

字解 形声。水＋則(ものさしとなるのり)(声)。ものさしで水の深さをはかる意。

意味 ❶はかる。物の長さ、広さ、高さ、深さなどをはかる。『測定』『測量』『観測』⇒表 ❷思いはかる。おしはかる。『測揆』『推測』『不測』『予測』

❶はかる。

下接 観測・計測・算測・実測・探測・天測・歩測・目測

◎「はかる」こと―度量衡について

	はかる	測る	量る	測定	測量	主な単位
度・尺度（長さ＝寸法、広さ＝面積）	度・量	○	―	○	○	寸・尺・丈・歩・畝・里
量・斗量（かさ＝体積）	量	―	○	○	○	合・升・斗
衡・権衡（重さ＝重量）	秤・称	―	○	○	○（計量）（秤量）（称量）	銖・両・斤

【測鉛】綱の先端に鉛をつけ、水深をはかる器具。

【測深】水面から水底までの深さをはかること。

【測地】土地を測量すること。『測地学』

【測定】ある方法で、量・重さ・長さ・速さなどをはかること。『血圧測定』

【測度】度数、尺度をはかること。計測。→❷(ソクタク)

【測量】地表の高低、位置、方向、距離などをはかること。また、それを図示すること。『三角測量』『測量図』

【測候所】国気象庁の地方機関。気象観測や、地震などの観測、通報をする。

❷思いはかる。おしはかる。

下接 窺測(キソク)・推測(スイソク)・不測(フソク)・予測(ヨソク)・蠡測(レイソク)

【測揆(ソッキ)】おしはかること。揆度(キタク)。

【測度(ソクタク)】あれこれとおしはかること。→❶(ソクド)

4223【湛】3525 4339 9258 水－9 タン漢・チン漢/zhàn・dān・chēn/しずむ・たたえる

字解 形声。水＋甚(ふかくはいりこむ)声。ふかくしずむ意。

金文 篆文

意味 ❶しずむ。「沈」に同じ。❷たたえる。水が満ちている。ゆたか。多い。深い。厚い。『湛然』『湛湛』『湛露』『凝湛(ギョウタン)』❸ふける。たのしむ。心を奪われる。『湛溺』『湛湎』

【湛然(タンゼン|タンネン)】水などを十分にたたえたさま。静かで動かないさま。

【湛湛(タンタン)】①水などが深く満ちたたえられているさま。②転じて、内容がゆたかで落ち着いたさま。重厚なさま。

【湛溺(タンデキ)】物事にふけること。耽溺(タンデキ)。

【湛湎(タンメン|チンメン)】ふけりおぼれること。沈湎(チンメン)。

【湛露(タンロ)】①しげく置く露。繁露。②うるおい豊かな恩恵。特に主君の恩の深いことをたとえていう。

4224【湍】6258 5E5A 9FD8 水－9 タン漢/tuān/せ・はやせ

字解 形声。水＋耑(↓遄、はやい)声。はやい水の流れ、はやせの意。

参考 万葉仮名では訓を借りて「せ」。

意味 せ。はやせ。また、はやい。たぎる。

下接 急湍(キュウタン)・驚湍(キョウタン)・激湍(ゲキタン)・飛湍(ヒタン)・奔湍(ホンタン)

【湍激(タンゲキ)】水の流れが急で激しいこと。

【湍水(タンスイ)】流れの急な水。早瀬の水。＊孟子－告子上「性猶湍水也(セイはなおタンスイのごときなり)」〔＝人間の本性はちょうど急流の水のようなものだ〕」

【湍瀬(タンライ)】はやせ。

4225【渟】6259 5E5B 9FD9 水－9 テイ漢/tíng/とどまる・とどめる

字解 形声。水＋亭(じっととどまりたつあずまや)声。水がとどまる意。

参考 万葉仮名では訓を借りて「ぬ」。

意味 水をたたえる。たまる。とどまる。とどめる。また、たまり水。ぬま。

【渟膏湛碧(テイコウヘキをたたう)】あぶらをたたえたように水がよどんでいる。

【渟水(テイスイ)】たまり水。

【渟蓄(テイチク)】水がたまること。学問の深く広いこと。

【渟渟(テイテイ)】水のたまっているさま。

【渟泊(テイハク)】船が港にとまること。停泊。碇泊。

4226【渧】＊3975 水－9 タイ呉・テイ漢

字解 形声。水＋帝声。泣くさま、また、しずくの意。

4227【渡】3747 454F 936E 水－9 常 ト呉漢/dù/わたる・わたす・わたり・わたし

筆順 渡 渡 渡 渡 渡

字解 形声。水＋度(ものさしをわたしてはかる)声。水をわたる意。

参考 万葉仮名では音を借りて「と甲」「ど甲」。

意味 ❶わたる。あちら側へ行く。また、わたり。わたし。『渡航』『渡来』❷国わたす。ゆずる。『譲渡(ジョウト)』

❶わたる。あちら側へ行く。

下接 古渡(コト|コわたり)・津渡(シント)・野渡(ヤト)・過渡期(カトキ)

【渡河(トカ)】河川を渡ること。『渡河地点』『敵前渡河』

【渡海(トカイ)】船で海を渡ること。渡航。

【渡御(トギョ)】国①天皇、皇后などが出掛けること。おでまし。②神輿(みこし)が神社から出ること。

【渡口(トコウ)】渡しの船の発着場。渡し場。

【渡航(トコウ)】外国へ行くこと。『渡航手続き』

【渡渉(トショウ)】歩いて川を渡ること。徒渉(トショウ)。

【渡津(トシン)】渡し船でむこう岸に渡す所。

【渡世(トセイ)】国世渡り。生業。稼業。『渡世人〔＝やくざ〕』

【渡頭(トトウ)】渡し場のほとり。

【渡来(トライ)】国外国からもたらされること。舶来。

難読地名 渡島(おしま)支庁(北海道) 渡嘉敷(とかしき)村(沖縄) 渡名喜(となき)村(沖縄)

難読姓氏 渡井(わたい|わたらい) 渡良瀬(わたらせ)川(栃木・群馬・埼玉・茨城)

4228【湯】3782 4572 9392 水－9 常3 トウ(タウ)呉漢・ショウ(シャウ)漢・タン唐/tāng・shāng・tǎng/ゆ

筆順 湯 湯 湯 湯 湯

字解 形声。水＋昜(上にあがる)声。水蒸気が上がるわかしたゆの意。

金文 篆文

参考 万葉仮名では訓を借りて「ゆ」。

意味 ❶ゆ。水を沸かして熱くしたもの。また、スープ。『湯薬』『給湯』『熱湯』❷「湯湯(ショウショウ)」は、水勢のはげしいさま。❸国ふろ。温泉。『湯治』❹人名。『湯王(トウオウ)』

❶ゆ。また、スープ。

下接 温湯(オントウ)・給湯(キュウトウ)・茶湯(サトウ|チャトウ)・探湯(タントウ|くがたち)・熱湯(ネットウ)・沸湯(フットウ)・薬湯(ヤクトウ)・葛根湯(カッコントウ)・独参湯(ドクジントウ)・般若湯(ハンニャトウ)/白湯(さゆ)

【湯麺(タンメン)】(中国語から)野菜などを入れた、塩味のスープの中華そば。

【湯火(トウカ)】熱湯と猛火。非常な苦難のたとえに用いる。

【湯鑊(トウカク)】昔の刑具で、湯を煮たてて罪人を煮殺すのに用いた大きな鼎(かなえ)。

【湯池(トウチ)】①熱湯の池。防備のしっかりした城のほりのたとえ。『金城湯池』②温泉。

【湯沐(トウモク)】湯で体を洗って清めること。ゆあみ。【湯沐邑(トウモクのユウ)】個人に直属する領地。本来は、個人の入浴など日常の経費に充てるため、租税を取り立てる領地のこと。＊史記－高祖本紀「其以沛為朕湯沐邑(それハイをもってチンがトウモクのユウとなさん)」〔＝そこで沛をわたしの直轄領としよう〕」

【湯薬(トウヤク)】①煎じ薬。②仏語。禅家の僧職の一。禅院の住持の飲食のことをつかさどる役。湯薬侍者。

【湯湯婆(タンポ|ゆたんぽ)】中に温湯を入れ、寝床で暖を取る容器。

【湯桶・湯筒(ゆトウ)】食後に飲む湯や茶などを入れる漆器。

【湯桶読(ゆトウよみ)】漢字二字で書く熟語の上の字を訓で、下の字を音で読むこと。「手本」を「てホン」、「野宿」を「のジュク」と読む類。訓音読み。↕重箱読

❸（日本語で）ふろ。温泉。
[下接] 銭湯・入湯・秘湯・浴湯

【湯治】[国]温泉などに入って、病気を療養すること。「湯治場」

【湯女】①温泉宿で、客の接待などをする女。②近世、風呂屋にいた私娼。

❹人名。

【湯王】中国、殷王朝の創始者。河南地方に都し、名臣伊尹を用いて諸部族を討伐し、夏の桀王を滅ぼし、殷王朝を開いたという。成湯。生没年未詳。

【湯顕祖】中国、明代の劇作家。字は義仍。号は若士。書斎を玉茗堂という。「紫釵記」「還魂記」「南柯記」「邯鄲記」は特に有名で、臨川の四夢と呼ばれる。（一五五〇～一六一七）

【湯武】中国、殷の湯王と周の武王。ともに暴君をたおし、善政をしいた。

[難読地名] 湯河原町（神奈川） 湯来町（広島） 湯津上村（栃木） 湯前町（熊本） 湯布院町（大分）

[難読姓氏] 湯目

4229 【湃】 6260 5E5C 9FDA 水－9

ハイ[漢]/pài

[字解] 形声。水＋拜[声]。波などが激しい勢いでぶつかりあうさま。「澎湃」

4230 【溌】 4014 482E 94AC 水－9

ハツ 「潑」(4344)の異体字

4231 【渺】 6261 5E5D 9FDB 水－9

ビョウ(ベウ)[漢]/miǎo/はるか

[字解] 形声。水＋眇[声]。

[意味] はるか。果てしないさま。また、はっきりと見えないさま。「浩渺」「縹渺」

【渺然】広々として果てしないさま。

【渺渺】遠くはるかなさま。「渺々たる大海原」 *薛濤-春望詞「佳期猶渺渺」〔＝(あなたと会える)うれしい日はまだはるか先のこと〕」

【渺茫】遠く隔たっているさま。*白居易-長恨歌「一別音容両渺茫」〔＝お別れしてからは、お声もお顔もともにはるかなものとなった〕」

【渺漫】水面などの限りなく広いさま。

4232 【渤】 6263 5E5F 9FDD 水－9

ホツ[漢]・ボツ[慣]/bó

[字解] 形声。水＋勃[声]。

[意味] ❶水のわきたつさま。❷固有名詞。「渤海」

【渤海】①七世紀末から一〇世紀初期まで、中国東北地方から朝鮮半島北部を領域とした靺鞨族の国（六九八～九二六）。初め震と称したが、七一三年唐から渤海郡王に封ぜられて渤海と改称。唐に朝貢して文化を発展させた。九二六年契丹（遼）に滅ぼされた。②黄海に連なり、遼東、山東両半島に囲まれた内海。渤海湾。

4233 【湓】 *3989 — 水－9

ホン[漢]・フン[漢]・ボン[慣]/pén/あふれる

[字解] 形声。水＋盆[声]。水がみちあふれる。

[意味] 中国の川の名。湓江。湓水。江西省九江市付近を流れて長江に注ぐ。

【湓浦口】湓江が長江に流れこむ河口一帯のこと。湓口。

4234 【満】 4394 4B7E 969E 水－9 [常]4 (4307)【滿】 6264 5E60 9FDE 水－11 旧字

マン[呉]・バン[漢]/mǎn/みちる・みたす・みつる

[筆順] 満 満 満 満 満 満

[字解] 満は滿の略体。滿は形声。水＋㒼(→曼、のびひろがる)[声]。水が一杯にみちる意。

[参考] 万葉仮名では音を借りて「ま」。

[意味] ❶みちる。みたす。(イ)いっぱいになる。十分になる。「満を持する」「満開」「満月」「満腹」「充満」(ロ)一定の標準・期限に達する。「満期」「満点」「満了」「未満」(ハ)すべて。全体。「満天下」「満山」「満身」「満面」(ニ)みちたりる。ゆたか。「満作」「満足」「不満」(ホ)潮がみちる。↔干。「満潮」「干満」(ヘ)正味。まるまる。「満で六〇歳になる」「満年齢」 ⇒[充](455)の[表] ❷「満州」の略。「満文」「満蒙」 ❸あて字など。「満俺」「満天星」

❶みちる。みたす。いっぱいになる。

[下接] 引満・干満・充満・小満・脹満・腸満・肥満・不満・遍満・豊満・飽満・未満・金満家・順風満帆

【満溢】いっぱいになってあふれること。

【満引】なみなみとついだ酒をぐっと飲むこと。

【満員】定員に達すること。また、人がいっぱいに入っている状態。「満員電車」

【満院】庭じゅう。また、家や建物などに人が満ちること。

【満盈】満ちあふれること。十分に満ちること。

【満悦】満足して喜ぶこと。「御満悦」

【満開】花が十分に開くこと。花盛り。

【満貫・満款】マージャンで、上がりの点数が多くなりすぎないように、一定の限度に制限した点数。

【満願】日数を定めて毎日神仏に祈願して、その日数が満ちること。結願。

【満艦飾】艦艇が観艦式などに、旗、電灯などで飾り立てること。また、装身具などで全身を飾ったり、洗濯物をいっぱいに干し並べたりしたようすのたとえ。

【満期】一定の期日に達すること。

【満喫】心ゆくまで味わうこと。

【満月】欠けるところがなく、まんまるに輝いて見える月。もちづき。十五夜の月。

【満腔】体じゅう。満身。「満腔の敬意」

【満座】その場にいる者すべて。*白居易-琵琶行「満座重聞皆掩泣」〔＝座の人々はみな、再び演奏を聞き、涙を手でおおいかくした〕」

【満載】①車や船に、荷物をいっぱいに積み載せること。②記事などをいっぱい載せること。

【満作】穀物がよく実ること。豊作。「豊年満作」

【満山】山全体。「満山の紅葉」

【満酌】杯いっぱいに酒をつぐこと。

【満場】場所いっぱい。また、その場にいる人すべて。「満場一致」

【満身】からだ全体。「満身創痍」

【満水】水がいっぱいになること。

【満足】満ち足りること。欠け目がないこと。望みや条件などに十分かなっていること。「自己満足」

【満担】マンタン 肩いっぱいにかついだ荷物。
【満地】マンチ 地面に満ちていること。地上一面。
【満潮】マンチョウ 潮が満ちて、海面が一番高くなった状態。みちしお。↔干潮
【満点】マンテン ①規定の最高点。『百点満点』②申し分のないこと。『栄養満点』
【満天】マンテン 空に満ちていること。『満天の星』
【満天下】マンテンカ この世の中全体。全世界。
【満都】マント 都に住む人のすべて。都全体。
【満堂】マンドウ 堂の中に満ちていること。また、堂の中の人すべて。『満堂の拍手』『金玉満堂』
【満年齢】マンネンレイ 生まれてから一年を零歳とし、誕生日ごとに一つ加える、年齢の数え方。
【満招レ損謙受レ益】マンはソンをまねきケンはエキをうく 満足しておごり高ぶる者は損失を招き、謙虚な者は利益をうける。〔書経‐大禹謨〕
【満帆】マンパン 帆をいっぱいに張ること。『順風満帆』
【満幅】マンプク 全体に及ぶこと。『満幅の信頼を置く』
【満腹】マンプク 腹がいっぱいになること。↔空腹
【満遍】マンペン ゆきわたること。「万遍」とも。『満遍なく〔=くまなく〕』
【満満】マンマン 満ちあふれているさま。『自信満満』
【満面】マンメン 顔じゅう。『得意満面』＊白居易‐売炭翁「満面塵灰煙火色マンメンのジンカイエンカのいろ〔=(炭売りのじいさんは)顔じゅう炭の粉でまっ黒にすすけている〕」
【満目】マンモク 見渡す限り。『満目荒涼たる原野』
【満了】マンリョウ 定められた期間が終わること。『任期満了』
【満塁】マンルイ 野球で、一・二・三塁のすべてに走者がいること。フルベース。『二死満塁』
【持レ満】マンをジす 十分な準備をして機会を待つ。〔史記‐李将軍伝〕
【引レ満】マンをひく ①弓を十分に引きしぼる。②酒をなみなみとついだ杯をとって飲む。

❷「満州マンシュウ」の略。
【満州】マンシュウ 中国の東北地方の旧通称。清初女真の代用語として用いられ、その居住地域をもさしたもの。
【満文】マンブン 満州語の文字。一七世紀に蒙古文字を改良して作られた音素文字。満州文字。
【満蒙】マンモウ 満州と蒙古の併称。『満蒙開拓団』

❸あて字など。
【満俺】マンガン (オランダmangaanの音訳) 金属元素の一。原子番号二五の元素。
【満天星】どうだんつつじ ツツジ科の落葉低木。白い壺形の花をつける。灯台躑躅どうだんつつじ。
難読地名 満奇洞まきどう(岡山) 難読姓氏 満留みつどめ

4235【湎】 6262 5E5E 9FDC 水‐9 メン(呉)・ベン(漢)/miǎn/おぼれる
字解 形声。水＋面(かお)(声)。かおまで水や酒がおよぶ、おぼれる意。
金文

篆文

意味 おぼれる。好ましくないことにおぼれること。『淫湎インメン』『耽湎タンメン』『沈湎チンメン』

4236【渝】 6265 5E61 9FDF 水‐9 ユ(呉)(漢)/yú/かわる・かえる
字解 形声。水＋俞(ぬけでる)(声)。かわる意。
意味 ❶かわる。かえる。変化する。あらためる。『渝替』『渝盟』❷地名。中国の隋・唐代、現在の四川省重慶市の南、巴県を中心に置かれた州名。『渝州』
【渝替】ユタイ かわり衰えること。
【渝盟】ユメイ ちかいをかえること。盟約にそむくこと。

4237【游】 6266 5E62 9FE0 水‐9 ユウ(イウ)(漢)/yóu/およぐ・あそぶ
字解 形声。水＋斿(ながれをおよぐ)(声)。およぐ意。篆文で水を加えた。一説に、㫃＋汓(声)であるとも。
甲骨文

金文

篆文

参考 熟語は「遊」(8151)をも見よ。
意味 ❶およぐ。うかぶ。「遊」に同じ。『游泳』『游魚』『遡游ソユウ』❷あそぶ。たのしむ。「遊」に同じ。㋑ぶらぶらする。出かける。出歩く。『游子』『游説』＊十八史略‐五帝「微服游ニ於康衢一ビフクしてコウクにあそぶ〔=しのび姿でにぎやかな大通りに出かけた〕」㋺交際する。『交游コウユウ』＊史記‐管晏伝「少時常与ニ鮑叔牙一游わかきときつねにホウシュクガとあそぶ〔=(管仲は)若い時、いつも鮑叔牙と交際していた〕」

❶およぐ。うかぶ。
【游泳】ユウエイ およぐこと。
【游魚】ユウギョ 水中をおよぐ魚。
【游禽】ユウキン 水面に浮かんで休息または餌えを取る鳥類の総称。カモ、カモメ、ウミスズメ、ウなど。
【游鱗】ユウリン 遊泳する魚。

❷あそぶ。たのしむ。
【游宴・游燕・游讌】ユウエン 遊び楽しむこと。酒もり。
【游観】ユウカン 四方をながめること。＊陶潜‐帰去来辞「時矯ニ首而游観一ときにこうべをあげてユウカンす〔=時おり頭をあげてはあたりのけしきを見回す〕」
【游侠】ユウキョウ 男だて。遊侠。
【游子】ユウシ 故郷を離れ、他郷にある人。＊史記‐高祖本紀「游子悲ニ故郷一ユウシはコキョウをかなしむ〔=旅人は故郷を恋しがるものだ〕」
【游説】ユウゼイ 諸方を巡って自説を説いて歩くこと。＊史記‐張儀伝「張儀已学而游ニ説諸侯一チョウギすでにまなびてショコウにユウゼイす〔=張儀は学業を終えると、諸侯に遊説して回った〕」
【游予】ユウヨ あそびたのしむこと。
【游必有レ方】あそべばかならずホウあり (「方」は、方角の意) 父母の在世中は、遠方へ旅行せず、やむを得ず旅行しても、行き先をはっきりさせておくべきである。〔論語‐里仁〕

4238【湧】 4515 4D2F 974E 水‐9 人 ユ(呉)・ヨウ(漢)・ユウ(慣)/yǒng/わく・わかす
(4137)【涌】 4516 4D30 974F 水‐7
(4239)【湧】 二二 水‐9
字解 形声。水＋勇(声)。
意味 わく。水がわき出る。『沸湧フツユウ』＊杜甫‐旅夜書懐「月湧大江流つきわいてタイコウながる〔=大江は月を映しながら悠々と流れる〕」
【湧溢】ユウイツ 水がわき出てあふれること。
【湧出】ユウシュツ・ユシュツ 液体がわき出ること。『湧出量』
【湧泉】ユウセン・ヨウセン わき出るいずみ。

4240【溂】 6267 5E63 9FE1 水‐9 ラツ(漢)
字解 形声。水＋剌(声)。『潑溂ハツラツ』は元気のよいさま。

心(⺗・忄)戈戶(戸)手(扌)支攴(攵) 4画 文斗斤方无(旡・无)日曰月木欠止歹(歺)殳毋比毛氏气水(氺・氵)火(灬)爪(⺤・爫)父爻(㸚)爿(丬)片牙(牙)牛犬(犭)

4241【湾】4749 4F51 9870 水-9 常 (4420)【灣】6352 5F54 E073 水-22 旧字

ワン(漢)/wān/のたれ

筆順 湾 湾 湾 湾 湾 湾 湾

字解 湾は、灣の略体。灣は形声。水＋彎(まがる)(声)。海水が曲がって入りこむ入り江、わんの意。

意味 ❶いりえ。入り海。「湾口」「湾頭」「峡湾キョウワン」「港湾コウワン」「湾入」❷弓なりに曲がる。「彎」に同じ。「湾曲」❸のたれ。刃文モンの一。波がうねる形のもの。

【湾口ワンコウ】湾の入り口。

【湾頭ワントウ】湾の付近。湾のほとり。

【湾曲ワンキョク】弓なりに曲がること。「湾曲した海岸線」❤書き換え「彎曲→湾曲」。

【湾入ワンニュウ】海や湖が弓なりに陸地に入り込んでいること。❤書き換え「彎入→湾入」。

【湌】⇩9066

4242【溢】二二 水-10 (4243)【溢】1678 306E 88EC 水-10 †

イチ(呉)・イツ(漢)/yì/あふれる・こぼれる・こぼす

字解 会意。水＋益(皿に水があふれる)。あふれる意。

意味 ❶あふれる。こぼれる。「溢血」「充溢」❷度がすぎる。度をこす。「溢美」

❶ あふれる。こぼれる。

下接 充溢ジュウイツ・満溢マンイツ・湧溢ユウイツ・流溢リュウイツ

【溢溢イツイツ】①みちあふれるさま。②鳥の鳴き声の形容。

【溢血イッケツ】点状、またはそれよりいくぶん大きい程度の内出血。「脳溢血」

【溢水イッスイ】水があふれ出ること。出水。

❷ 度がすぎる。度をこす。

【溢喜イッキ】度をこした喜び。

【溢美イツビ】ほめ過ぎること。過賞。

【溢誉イツヨ】過度の名誉。ほめすぎ。

【溢利イツリ】余分の利益。

4244【滃】*4020 水-10 オウ(ヲウ)(漢)/wěng

字解 形声。水＋翁(声)。

意味 ❶雲や霧などがわきおこるさま。❷大水のさま。

4245【溫】二二 水-10 オン「温」(4199)の旧字

4246【滙】二二 水-10 カイ「匯」(775)の異体字

4247【滑】1974 336A 8A8A 水-10 常

カツ(クヮツ)(漢)・コツ(漢)/huá·gǔ/すべる・なめらか・ぬめる

筆順 滑 滑 滑 滑 滑 滑 滑

字解 形声。水＋骨(→回、自由にめぐる)(声)。なめらかの意。

意味 ❶(カツ)すべる。「滑降」「滑車」「滑走」❷(カツ)なめらか。ぬめる。また、ぬめり。「滑沢」「滑脱」「円滑」❸(コツ)みだす。みだれる。「滑稽」「頡滑ケッコツ」

❶ すべる。

【滑空カックウ】発動機を使わずに上昇気流などを利用して空を飛ぶこと。空中滑走。「滑空機(=グライダー)」

【滑降カッコウ】スキーなどですべりおりること。「直滑降」

【滑車カッシャ】綱などをかけて回転できるようにしたみぞのある車。

【滑翔カッショウ】羽を止めて、すべるように空を飛ぶこと。

【滑走カッソウ】①すべるように進むこと。②飛行機が離着陸(水)のときに、地上、水上を走ること。「滑走路」

【滑落カツラク】登山で、足を踏み外したりして、急斜面をすべり落ちること。「滑落停止技術」

❷ なめらか。ぬめり。

下接 円滑エンカツ・柔滑ジュウカツ・潤滑ジュンカツ・平滑ヘイカツ・流滑リュウカツ

【滑剤カツザイ】すべりをよくするための機械油、滑石など。

【滑石カッセキ】含水珪酸ケイサンマグネシウムを主成分とする、柔らかくて光沢のある鉱物。タルク。

【滑沢カッタク】なめらかで、つやのあること。

【滑脱カツダツ】とどこおらずなめらかで、自由自在に変化するさま。「円転滑脱」

【滑子なめこ】担子菌類モエギタケ科のキノコ。食用。

❸ みだす。みだれる。

【滑稽コッケイ】おもしろおかしいこと。また、いかにもばかばかしいこと。❤「稽」は「同」で、異同を混乱させることからという。【滑稽本コッケイボン】国近世、滑稽みを主眼とし、題材を日常生活に求めた小説。「東海道中膝栗毛ひざくりげ」や「浮世風呂」など。

難読地名 滑川なめがわ町(埼玉) 滑床なめとこ渓谷(愛媛) 滑川なめりかわ市(富山)

4248【漢】2033 3441 8ABF 水-10 常3 (4286)【漢】二二 水-11 旧字 (人)

カン(呉)(漢)/hàn/から・あや・おとこ

筆順 漢 漢 漢 漢 漢 漢 漢

字解 漢は、漢の略体。漢は形声。水＋𦰩(声)。川の名。

金文 篆文

意味 ❶中国の川の名。漢水。長江の大支流。陝西省に発し、湖北省襄陽、沔陽ベンヨウを経て、漢口で長江と合する。古来より重要な交通路。漢江。漢川。❷天の河のこと。「銀漢」「天漢」❸おとこ。男子。「悪漢」「好漢」「酔漢」❹中国に関する事柄。から。あや。(イ)中国の王朝の名。高祖の前漢(西漢)、光武帝が再興した後漢(東漢)、劉備の起こした蜀漢などがある。「炎漢」(ロ)中国。特に、日本から見た中国。「漢語」「漢字」「漢文」「和漢ワカン」❺書名。「漢書カンジョ」

❶ 中国の川の名。

【漢口カンコウ】中国湖北省武漢市の一地区。漢水が長江へ合流する地点の北岸に位置する。武漢三鎮の一。

【漢中カンチュウ】中国、陝西省南部の秦嶺山脈と大巴山脈に囲まれ、漢水が東西に貫流する盆地状の地域。北は渭水盆地、南は四川盆地に通じる。漢の全国支配の拠点で、三国時代には魏、蜀の争奪の地となった。

【漢陽(カンヨウ)】 中国湖北省の武漢市を形成する武漢三鎮の一。漢水の長江への流入口の南側に位置する。

❷ 天の河のこと。

下接 雲漢(ウンカン)・河漢(カカン)・金漢(キンカン)・銀漢(ギンカン)・星漢(セイカン)・清漢(セイカン)・天漢(テンカン)・碧漢(ヘキカン)

❸ おとこ。男子。

下接 悪漢(アッカン)・怪漢(カイカン)・瞎漢(カッカン)・凶漢(キョウカン)・兇漢(キョウカン)・巨漢(キョカン)・好漢(コウカン)・酔漢(スイカン)・大漢(タイカン)・痴漢(チカン)・鈍漢(ドンカン)・暴漢(ボウカン)・老漢(ロウカン)・硬骨漢(コウコツカン)・門外漢(モンガイカン)

❹ 中国に関する事柄。から。あや。

【漢音(カンオン)】 国日本での、漢字音の一種。唐代の長安(今の西安)地方の音にならったもの。「力」の「リョク」、「鈴」の「レイ」など。→呉音・唐音

【漢家(カンカ)】 1漢朝の帝室。2国中国から伝わった医術による医者。漢方医。3国中国のこと。

【漢画(カンガ)】 1漢の時代の絵画。また、広く中国の絵画の総称。2国大和絵(やまとえ)に対し、鎌倉時代以後に中国から伝わった宋・元系の画風。如拙、雪舟などの絵。

【漢学(カンガク)】 1中国漢代の、また唐代に復興した、訓詁(クンコ)を主とする学問。2国中国の儒学を中心とする伝統的な学術、文化を対象とする学問。『漢学者』

【漢奸(カンカン)】 中国で、敵側に通ずる者。スパイ。

【漢語(カンゴ)】 1漢民族の言語。中国語。2国日本語の中で、漢字音で読む語。字音語。↔和語

【漢皇(カンコウ)】 漢の天子。＊白居易－長恨歌「漢皇重レ色思ニ傾国一(カンコウいろをおもんじてケイコクをおもう)〔＝漢の天子は女の美しさを重んじて、絶世の美人を得たいと思った〕」❤「長恨歌」では唐代のことを漢代のことに置き換えて歌っている。

【漢才(カンサイ｜カンザイ)】 国中国の学問を身につけた才能。『和魂漢才』

【漢詩(カンシ)】 1中国、漢代の詩。2国中国の古典的な詩法による詩。平仄(ヒョウソク)、脚韻を踏むのが普通。からうた。

【漢字(カンジ)】 中国で発明された表意文字。その形式にならって、日本で作ったものを含む。まな。おとこもじ。

【漢室(カンシツ)】 漢の朝廷、皇室。漢庭。

【漢儒(カンジュ)】 1中国、漢代の儒学者。2国儒学者。

【漢書(カンショ)】 国中国の書物。漢籍。からぶみ。→❺(カンジョ)

【漢人(カンジン)】 1中国本土在来の種族。漢民族。漢族。2国日本の上代の、中国系と称する帰化人。あやひと。

【漢籍(カンセキ)】 国中国の書物。からぶみ。漢書(カンショ)。

【漢節(カンセツ)】 漢の天子から使者のしるしとして授けられた旗印。＊漢書－蘇武伝「杖ニ漢節一牧レ羊(カンセツをつえつきてひつじをボクす)〔＝漢の使者の旗印をつえにして羊を放牧した〕」

【漢楚(カンソ)】 中国で、秦を滅ぼしたあと天下を争った劉邦の漢と項羽の楚との二国。『漢楚の興亡』

【漢土(カンド)】 国中国のこと。

【漢文(カンブン)】 1漢代の文章。2国古い中国の文語による文章。また、その文体にならった日本の文章。↔和文。『漢文調の文体』

【漢方(カンポウ)】 国中国から伝わり、日本で独自の発展を遂げた医術。『漢方医』『漢方薬』

【漢和(カンワ)】 国1中国と日本。和漢。2中国語と日本語。『漢和辞典』

【漢心・漢意(からごころ)】 漢籍などを学んで、中国風の発想にとらわれた心。↔大和心(やまとごころ)

❺ 書名。

【漢書(カンジョ)】 中国の歴史書。正史の一。一〇〇巻。後漢の班固著。高祖から平帝までの二三一年間の史実を紀伝体で記した書。司馬遷の「史記」とともに中国の史書を代表する。前漢書。→❹(カンショ)

4249 【瀛】 ＊ 4023 水－10

キ 「汽」(4004)の異体字

4250 【溪】 6268 5E64 9FE2 水－10

ケイ 「渓」(4155)の旧字

4251 【源】 2427 383B 8CB9 水－10 常6

ゲン 漢/yuán/みなもと

筆順 源 源 源 源 源 源

字解 形声。水＋原(みなもと)声。みなもとの意。原がはらっぱの意を表すようになったため、のちに水を加えて本義を明らかにした。

意味 ❶みなもと。水の流れ出るもと。物事のおおもと。『源泉』『起源』『根源』 ❷国人名。「源(みなもと)」の姓の音読。『源氏』『源平』

❶ みなもと。物事のおおもと。

下接 淵源(エンゲン)・起源(キゲン)・給源(キュウゲン)・光源(コウゲン)・語源(ゴゲン)・根源(コンゲン)・財源(ザイゲン)・資源(シゲン)・字源(ジゲン)・震源(シンゲン)・水源(スイゲン)・税源(ゼイゲン)・塞源(ソクゲン)・溯源(ソゲン｜サクゲン)・電源(デンゲン)・桃源(トウゲン)・熱源(ネツゲン)・発源(ハツゲン)・病源(ビョウゲン)・本源(ホンゲン)

【源委(ゲンイ)】 もととすえ。本末。

【源泉(ゲンセン)】 1水のわき出るみなもと。2物事の生ずるもと。『源泉徴収』

【源流(ゲンリュウ)】 1水の流れ出るみなもと。2物事の起こり。起源。

❷ 「源(みなもと)」の姓の音読。

【源氏(ゲンジ)】 国1源(みなもと)の姓を持つ氏族。2「源氏物語」の略。また、その主人公、光源氏。

【源平(ゲンペイ)】 国1源氏と平氏。2(源氏は白旗、平氏は赤旗を用いたところから)白と紅。『源平餅(もち)』

4252 【溝】 2534 3942 8D61 水－10 常

(4253)【溝】 二二一 水－10 旧字

コウ 呉漢/gōu/みぞ

筆順 溝 溝 溝 溝 溝 溝

字解 形声。水＋冓(組み合わせてつくる)声。水路の意。

意味 みぞ。ほり。地を細長く掘って水を通す所。

下接 海溝(カイコウ)・側溝(ソッコウ)・地溝(チコウ)・鼻溝(ビコウ)

【溝澮(コウカイ)】 ＝溝洫(コウキョク)

【溝壑(コウガク)】 みぞや谷間。貧困などのために路傍で倒れて死ぬ場合などに用いる。

【溝渠(コウキョ)】 水を流すためのみぞ。

【溝洫(コウキョク)】 (「洫」もみぞの意)田畑の間にあるみぞ。

【溝池(コウチ)】 みぞと池。水が流れている所と、たまっている所。また、単にみぞ。水路。

【溝中瘠(コウチュウのセキ)】 困窮ののち、みぞに埋もれた死体。

【溝瀆(コウトク)】 みぞ。どぶ。

4254 【溘】 6269 5E65 9FE3 水－10

コウ(カフ) 漢/kè/にわかに

字解 形声。水＋盍(声)。

意味 にわかに。たちまち。

【溘溘(コウコウ)】 [1]水の流れる音のさま。[2]水などを勢いよく飲むさま。

【溘死(コウシ)】 にわかに死ぬこと。急死。

【溘然(コウゼン)】 にわかなさま。突然であるさま。主として、人の死をいうのに用いる。忽然。溘焉(コウエン)。

4255 【滉】 6270 5E66 9FE4 水-10 人 コウ(クヮウ)(漢)/huàng

字解 形声。水＋晃(声)。水の広く深いさま。
【滉瀁(コウヨウ)】 湖や海洋などで、水面が広々としていて底の深そうなさま。滉蕩(コウトウ)。

4256 【滈】 *4022 水-10 コウ(カウ)(漢)/hào

字解 形声。水＋高(たかい)(声)。水位が高くなる長雨・大雨の意。

4257 【溷】 6271 5E67 9FE5 水-10 コン(漢)/hùn/みだれる・にごる・かわや

字解 形声。水＋圂(豚小屋、また、かわや)(声)。水がよごれてにごる意。

意味 ❶乱れる。いりまじる。『溷淆』 ❷にごる。にごり。『溷濁』 ❸かわや。『溷廁』

【溷淆・溷殽(コンコウ)】 ごちゃごちゃになること。

【溷廁(コンシ)】 かわや。便所。

【溷濁(コンダク)】 まじってにごること。混濁。

4258 【滓】 6272 5E68 9FE6 水-10 シ(漢)・サイ(慣)/zǐ/かす・おり

字解 形声。水＋宰(声)。
意味 かす。おり。水中の沈殿物。また、汚れ。
下接 魚滓(ギョシ)・鉱滓(コウシ・コウサイ)・垢滓(コウシ)・渣滓(サシ)・残滓(ザンシ|ザンサイ)

4259 【滋】 ―― 水-10 ジ 「滋」(4212)の旧字

4260 【溲】 6276 5E6C 9FEA 水-10 シュウ(シウ)(漢)・ソウ(慣)/sōu/いばり・ゆばり

字解 形声。水＋叟(声)。
意味 ❶こねる。水で粉をこねる。ひたす。そそぐ。❷いばり。ゆばり。小便。『溲瓶(シビン)』
【溲瓶(シビン|シュビン)】 病人などが寝たまま排尿するのに用いる尿器。➡「尿瓶」とも書く。

4261 【準】 2964 3D60 8F80 水-10 常5 (534)〔凖〕 5037 5245 99C3 冫-10 シュン(呉)(漢)・セツ(漢)・ジュン(慣)/zhǔn/みずもり・のり・なぞらえる

筆順 準 準 準 準 準 準

字解 形声。水＋隼(声)。
意味 ❶みずもり。水平をはかる器。転じて、めやす。手本。のり。法則。「准」に同じ。『基準』『標準』➡〔規矩準縄〕の図一〇九九頁。❷なぞらえる。のっとる。『以下これに準ずる』『準拠』『準備』❸本式、正式のものに次ぐ地位にある意を表す。『準決勝』『準星』❹はなすじ。鼻梁。『隆準(リュウセツ|リュウジュン)』

❶ みずもり。めやす。手本。
下接 基準(キジュン)・規準(キジュン)・照準(ショウジュン)・水準(スイジュン|みずもり)・定準(テイジュン)・標準(ヒョウジュン)・平準(ヘイジュン)
【準縄(ジュンジョウ)】 水平を定める水盛りと、直線を引く墨縄(みずなわ)。転じて、規則。『規矩(キク)準縄』
【準的(ジュンテキ)】 標準にすること。まと。めあて。

❷ なぞらえる。のっとる。
【準拠(ジュンキョ)】 よりどころとしてそれに従うこと。『教科書準拠の問題集』
【準則(ジュンソク)】 規則にのっとること。また、のっとるべき規則。『準則主義』
【準備(ジュンビ)】 (それにのっとって)前もって用意をすること。備え。『準備万端ととのう』『準備体操』
【準用(ジュンヨウ)】 ある事柄に関する規定を、それに準ずる他のものに用いること。

❸ 本式、正式のものに次ぐ。
【準急(ジュンキュウ)】 国「準急行列車」の略。急行に準ずるもので、急行よりは停車駅が多い。

【準星(ジュンセイ)】 望遠鏡の観測では星のように見えるが、実際は銀河と考えられる天体。クエーサー。

4262 【溽】 6273 5E69 9FE7 水-10 ジョク(漢)/rù

字解 形声。水＋辱(声)。むし暑い。湿度が高く暑い。

4263 【溱】 ―― 水-10 シン 「浸」(4121)の異体字

4264 【溯】 6274 5E6A 9FE8 水-10 ソ(漢)・サク(慣)/sù/さかのぼる

字解 形声。水＋朔(声)。泝・遡に同じ。

意味 さかのぼる。㋑流れにさからってのぼる。『溯行』㋺物事の根源や古い事柄にさかのぼる。『溯及』

【溯洄(ソカイ)】 川の流れにさからってのぼること。また、過去にさかのぼること。

【溯及(ソキュウ|サッキュウ)】 過去にさかのぼること。さかのぼって効力を及ぼすこと。遡及。

【溯源(ソゲン|サクゲン)】 流れのみなもとにさかのぼること。また、物事の根本をきわめること。遡源。

【溯行(ソコウ)】 川の流れをさかのぼっていくこと。遡行。

【溯游(ソユウ)】 流れに従ってくだること。

4265 【滄】 6275 5E6B 9FE9 水-10 ソウ(サウ)(漢)/cāng

字解 形声。水＋倉(→蒼、あおい)(声)。
意味 あおあおとしているさま。あおあおとして広いさま。「蒼」に同じ。
【滄海(ソウカイ)】 青々とした海。*王維‐送₂秘書晁監還₁日本国₁「安知滄海東(いずくんぞしらんソウカイのひがし)〔=どうして大海原のさらに東(にあるという君の故国)を知り得よう〕」
【滄海遺珠(ソウカイのイシュ)】 大海中にとり残された珠(たま)。世にその名を知られていない賢者のたとえ。〔唐書‐狄仁傑伝〕
【滄海之一粟(ソウカイのイチゾク)】 大海に浮かんでいる一粒の粟。広大なものの中のきわめて小さいもののたとえ。〔蘇軾‐前赤壁賦〕
【滄海変成₂桑田₁(ソウカイヘンじてソウデンとなる)】 =滄桑之変(ソウソウのヘン)
【滄州(ソウシュウ)】 [1]水の青い州浜。人里離れた片田舎の池や川。[2]仙人や隠者の住む所。
【滄滄(ソウソウ)】 [1]冷たいさま。[2]天空の青々として果てし

心(小・⺗)戈戸(戸)手(扌)支攴(攵) 4画 文斗斤方旡(无・旡)日曰月木欠止歹(歺)殳毋比毛氏气水(氺・氵)火(灬)爪(爫・爫)父爻(㸚)爿(丬)片牙(牙)牛犬(犭)

ないさま。

【滄桑之変（ソウソウのヘン）】（「滄」は、滄海。大海原の意）桑畑が大海と変じ、大海が干上がって桑畑となるような世の中の激しい転変。〔神仙伝-麻姑〕

【滄茫（ソウボウ）】海や川の果てしなく広々としているさま。

【滄溟（ソウメイ）】広く青々とした海。青海原。滄海。

【滄浪（ソウロウ）】①青々とした浪。②中国湖北省を流れる漢水の一部分の別称。【滄浪之水清兮、可三以濯二吾纓一、滄浪之水濁兮、可三以濯二吾足一】（ソウロウのみずすまば、もってわがエイをあらうべし、ソウロウのみずにごらば、もってわがあしをあらうべし）滄浪の水が澄んだら、私の冠のひもでも洗おう。滄浪の水が濁ったら、私の足でも洗おう。社会のなりゆきに応じて、自己の出処進退を決めることのたとえ。〔屈原-漁父辞〕♥この歌は「滄浪歌」と呼ばれ、「孟子」離婁上にもとられている。

4266 【滞】 3458 425A 91D8 水-10 常 （4299）【滯】 6292 5E7C 9FFA 水-11 旧字 人

テイ漢・タイ慣／zhì／とどこおる

筆順 滞 滞 滞 滞 滞 滞

字解 滞は、滯の略体。滯は形声。水＋帶（衣を体にとめるおび）声。水がとどまり流れない意。

意味 とどこおる。また、はかどらない。

下接 延滞エンタイ・淹滞エンタイ・凝滞ギョウタイ・結滞ケッタイ・渋滞ジュウタイ・濡滞ジュタイ・遅滞チタイ・沈滞チンタイ・壅滞ヨウタイ・留滞リュウタイ・流滞リュウタイ

【滞淹（タイエン）】とどこおりとどまること。転じて、賢才が長く野にいること。

【滞貨（タイカ）】売れ残りや未発送などによって貨物や商品がたまること。

【滞礙（タイガイ）】とどこおること。さまたげ。

【滞空（タイクウ）】航空機などが空中を飛び続けること。「滞空時間」「滞空記録」

【滞在（タイザイ）】よその土地で、ある期間宿泊を続けること。

【滞思（タイシ）】とどこおった思い。胸にふさがった思い。

【滞穂（タイスイ）】とり残された穂。落ち穂。

【滞積（タイセキ）】貨物の輸送や問題の審議などが、はかどらないでたまること。

【滞納（タイノウ）】納付すべき金銭または物品を期限が過ぎても納めないこと。

【滞留（タイリュウ）】①進行、移動しないでとどまること。②旅先にしばらくとどまること。滞在。

4267 【溺】 —— 水-10 （4268）【溺】 3714 452E 934D 水-10 †

デキ漢・ジョウ（デウ）漢／nì・niào／おぼれる

字解 形声。水＋弱（よわる）声。力が尽きて水中におぼれる意。

意味 ❶（デキ）おぼれる。→下接。㋑水におぼれる。「溺死」「溺没」㋺物事におぼれる。心をうばわれる。度をこして夢中になる。「溺愛」「耽溺」「惑溺」❷（ジョウ）いばり。ゆばり。小便。「尿」に同じ。

下接 ㋑陥溺カンデキ・饑溺キデキ・沈溺チンデキ・漂溺ヒョウデキ・覆溺フクデキ・没溺ボツデキ ㋺私溺シデキ・耽溺タンデキ・湛溺タンデキ・迷溺メイデキ・惑溺ワクデキ

【溺愛（デキアイ）】むやみにかわいがること。

【溺死（デキシ）】水におぼれて死ぬこと。水死。おぼれ死に。

【溺没（デキボツ）】おぼれしずむこと。おぼれ死ぬこと。

4269 【滇】 * 4021 水-10

テン漢／diān

字解 形声。水＋眞声。

意味 ❶中国雲南地方の名。また、中国、漢代にその地に居住した異民族の名。❷「滇池テンチ」は、雲南省昆明の西にある湖水。昆明池。❸「滇滇」は、盛んなさま。

4270 【滔】 6277 5E6D 9FEB 水-10

トウ呉・トウ（タウ）漢／tāo／みなぎる

字解 形声。水＋舀声。

意味 ❶はびこる。水がみなぎり広がる。また、広く大きいさま。「滔天」❷水が盛んに流れる。「滔滔」

【滔天（トウテン）】天までみなぎること。また、たいへん勢いが盛んなこと。

【滔滔（トウトウ）】水が盛んに流れるさま。また、勢いがとどまることのないさま。「滔滔と述べる」

4271 【溏】 6279 5E6F 9FED 水-10

トウ（タウ）漢／táng

字解 形声。水＋唐声。池、池のつつみの意。塘に同じ。

4272 【漠】 3989 4779 9499 水-10 常 （4304）【漠】 —— 水-11 旧字

マク呉・バク漢／mò

筆順 漠 漠 漠 漠 漠 漠

字解 形声。水＋莫（ない）声。水のないところの意。

意味 ❶すなはら。果てしない砂原。「漠南」「漠北」「砂漠サバク」「大漠タイバク」❷転じて、広く、果てしない、とりとめのないさま。「漠然」「漠漠」「広漠」→下接。

下接 空漠クウバク・広漠コウバク・荒漠コウバク・索漠サクバク・茫漠ボウバク

【漠南（バクナン）】ゴビ砂漠の南方の地。内蒙古ナイモウコ。

【漠北（バクホク）】ゴビ砂漠の北方の地。外蒙古ガイモウコ。

【漠然（バクゼン）】ぼんやりとしてはっきりしないさま。

【漠漠（バクバク）】広々として果てしのないさま。とりとめがなくぼんやりとしたさま。「空空漠漠」

4273 【溥】 6280 5E70 9FEE 水-10

ホ漢・フ漢・ハク漢／pǔ・fū

字解 形声。水＋尃（しきひろげる）声。水があまねく広がる意。

意味 広い。大きい。広くゆきわたる。

【溥洽（フコウ）】あまねくゆきわたること。普洽。

【溥天（フテン）】広い天。天下。普天。

4274 【滂】 6281 5E71 9FEF 水-10

ホウ（ハウ）漢・ボウ（バウ）慣／pāng

字解 形声。水＋旁（両側に張り出す）声。水がひろがる意。

金文 篆文

意味 盛んに流れるさま。また、ひろいさま。

【滂沱（ボウダ）】とめどなく流れ落ちるさま。

【滂湃（ホウハイ）】水勢のさかんなさま。澎湃ホウハイ。

【滂沛・滂霈（ボウハイ）】①水の豊かで広いさま。②大雨の降るさま。③大きくさかんなさま。④ゆきわたるさま。

【滂洋（ホウヨウ・ボウヨウ）】豊かで広いさま。盛大なさま。

4275 【溟】 6282 5E72 9FF0 水-10

ミョウ（ミャウ）呉・メイ漢／míng／くらい・うみ

字解 形声。水＋冥（くらい）声。雨がふってくらい意。

意味 ❶くらい。薄暗い。「冥」に同じ。「溟溟」「溟濛」「窈溟ヨウメイ」❷うみ。大海。「溟海」「滄溟ソウメイ」「南溟ナンメイ」

【溟海（メイカイ）】大海。あおうなばら。

心(忄・⺗)戈戸(戸)手(扌)支攴(攵) 4画 文斗斤方无(旡・无)日曰月木欠止歹(歺)殳毋比毛氏气水(氺・氵)火(灬)爪(爫・⺤)父爻(㸚)爿(丬)片牙(牙)牛犬(犭)

【溟溟(メイメイ)】 ①薄暗いさま。②奥深く、知りがたいさま。

【溟濛(メイモウ)】 雨などが降っていて薄暗いこと。

4276 【滅】 4439 4C47 96C5 水-10 常 メチ(呉)・メツ(呉)・ベツ(漢)/miè/ほろびる・ほろぼす

筆順 滅滅滅滅滅滅

字解 形声。水＋烕(火が消える)(声)。水がなくなりつきる、ほろびる意。

意味 ❶ほろびる。ほろぼす。なくなる。なくす。つきる。たやす。『滅却』『滅亡』『絶滅』＊柳宗元-江雪「万径人蹤滅(バンケイジンショウメッす)〔=道という道、どこを見ても人の歩いた足跡はまるでない〕」❷明かりなどをけす。きえる。『点滅(テンメツ)』『電滅(デンメツ)』『明滅(メイメツ)』❸釈尊や高僧の死。また、悟りの境地。『滅度』『寂滅(ジャクメツ)』『非滅(ヒメツ)』『仏滅(ブツメツ)』❹あて字。『滅多』

❶ ほろびる。ほろぼす。なくなる。なくす。

下接 夷滅(イメツ)・湮滅(インメツ)・隠滅(インメツ)・灰滅(カイメツ)・壊滅(カイメツ)・潰滅(カイメツ)・撃滅(ゲキメツ)・幻滅(ゲンメツ)・死滅(シメツ)・自滅(ジメツ)・生滅(ショウメツ)・消滅(ショウメツ)・衰滅(スイメツ)・絶滅(ゼツメツ)・殲滅(センメツ)・全滅(ゼンメツ)・剿滅(ソウメツ)・破滅(ハメツ)・必滅(ヒツメツ)・泯滅(ビンメツ)・不滅(フメツ)・法滅(ホウメツ)・撲滅(ボクメツ)・磨滅(マメツ)・生者必滅(ショウジャヒツメツ)

【滅却(メッキャク)】 滅ぼしてなくすこと。「滅ニ却心頭一火亦涼シ(シントウをメッキャクすればひもまたすずし)〔=雑念をなくせば火も涼しく感じられる。日本の甲斐の恵林寺(エリンジ)の僧、快川禅師の言葉という〕」

【滅菌(メッキン)】 細菌を死滅させること。『滅菌ガーゼ』

【滅口(メッコウ・くちをメッす)】 証言されぬよう証人を殺すこと。転じて、口止めすること。

【滅罪(メツザイ)】 懺悔(ザンゲ)や修善(シュゼン)などによって罪悪を消滅させること。罪ほろぼし。『滅罪生善(ショウゼン)』

【滅私(メッシ)】 私心を捨てること。『滅私奉公』

【滅尽(メツジン)】 ことごとく滅びる、また、滅ぼすこと。

【滅相(メッソウ)】 国あるはずのないこと。とんでもないさま。『滅相もない』♥元来、仏教の四相(生・住・異・滅)の一。

【滅亡(メツボウ)】 滅びること。『平家の滅亡』

【滅法(メッポウ)】 国非常に。はなはだしく。『滅法足が速い』♥本来は仏語で、因縁でできたのではないものの意。

【滅裂(メツレツ)】 破けさけて形を失うこと。『支離滅裂』

❸ 釈尊や高僧の死。また、悟りの境地。

【滅後(メツゴ)】 釈尊の死後。

【滅度(メツド)】 ①仏教で、生死の迷いを超越した悟りの境地。涅槃(ネハン)。『滅度を得る』②釈尊の死。

❹ あて字。

【滅茶(めちゃ)】 道理に合わないこと。『滅茶苦茶(めちゃくちゃ)』

【滅金(めっき)】 ①他の金属で表面を覆うこと。また、その覆った膜。『銀滅金』②飾ったうわべ。『滅金がはげる』

【滅多(めった)】 むやみやたらであるさま。『滅多矢鱈(めったやたら)』

4277 【溶】 4547 4D4F 976E 水-10 常 ヨウ(漢)/róng/とける・とかす・とく

筆順 溶溶溶溶溶溶

字解 形声。水＋容(たっぷり受け入れる)(声)。水がさかんでゆたかな意。

参考 もと、液体の状態になること。「溶」は混合によるもの、「鎔・熔」は熱によるものと区別されたが、今はすべて「溶」を用いる。

意味 ❶水がさかんでゆたかなさま。転じて、ゆったりしたさま。『溶溶』『溶漾』❷とける。とかす。『溶液』『溶解』『可溶(カヨウ)』『水溶(スイヨウ)』 ⇓表

❶ ゆったりしたさま。

【溶然(ヨウゼン)】 余裕があって落ち着いたさま。悠然。

【溶溶(ヨウヨウ)】 ①水の広々としてしずかに流れるさま。②心の広々としたさま。

【溶漾(ヨウヨウ)】 波のゆらゆれるさま。

❷ とける。とかす。

溶（ヨウ）	融（ユウ）
溶融	
水など液体にとける。	固体がとけて液体になる。
溶解 溶剤 溶液 溶和 溶接 溶鉱	融解 融剤 融液 融和 融合 融雪

【溶暗(ヨウアン)】 画面や舞台が次第に暗くなること。フェードアウト。↕溶明

【溶液(ヨウエキ)】 二種以上の物質が混じり合って均質になっている液体。『飽和溶液』

【溶解(ヨウカイ)】 ①物質が液体に溶け込んで、均一な液体になること。②金属が熱せられて溶けること。また、溶かすこと。♥②は書き換え「鎔解→溶解」。

【溶岩(ヨウガン)】 溶融状態のマグマが噴火によって地上に流れ出たもの。『溶岩台地』『溶岩流』♥書き換え「熔岩→溶岩」。

【溶鉱炉(ヨウコウロ)】 金属鉱石を溶かして精錬するための炉。♥書き換え「鎔鉱炉→溶鉱炉」。

【溶剤・溶材(ヨウザイ)】 物質を溶かすのに用いる液体状のもの。アルコール、揮発油など。

【溶質(ヨウシツ)】 溶液中に溶けている物質。

【溶接(ヨウセツ)】 金属やガラスなどを溶融して接合すること。『溶接工』『電気溶接』♥書き換え「熔接→溶接」。

【溶銑(ヨウセン)】 銑鉄を加熱して溶かすこと。♥書き換え「熔銑→溶銑」。

【溶媒(ヨウバイ)】 溶液で、溶質を溶かしている媒質。

【溶明(ヨウメイ)】 画面や舞台が次第に明るくなること。フェードイン。↕溶暗

【溶融(ヨウユウ)】 固体が加熱されて液体になること。融解。♥書き換え「熔融→溶融」。

4278 【溜】 4615 4E2F 97AD 水-10 (4347)【霤】 6317 5F31 E050 水-12

リュウ(リウ)(漢)/liù・liū/たまる・ためる・たまり・ため

字解 形声。水＋留(=畱)(声)。川の名。また、流に通じて、流れおちる・したたる意に用いる。

意味 ❶したたる。しずくがたれ落ちる。また、しずく。『寒溜(カンリュウ)』『残溜(ザンリュウ)』❷蒸発分を冷却して成分を分解精製する。「留」で代用される。『乾溜(カンリュウ)』『蒸溜(ジョウリュウ)』『分溜(ブンリュウ)』❸国たまる。ためる。集まる。また、たまり。ため。『溜飲(リュウイン)』『溜息(ためいき)』

【溜飲(リュウイン)】 国胃の機能が低下し、すっぱい液がのどもとにあがってくること。『溜飲が下がる〔=不平、不満が解消する〕』

【溜息(ためいき)】 落胆したときや緊張がとけたときなどに思わず長く吐く息。『溜息をつく』

4279 【漣】 4690 4E7A 97F8 水-10

レン 「漣」(4311)の異体字

4280 【滝】 3476 426C 91EA 水-10 常
(4404)〔瀧〕 3477 426D 91EB 水-16 旧字
ロウ(漢)・ロウ(ラウ)(漢)・ソウ(サウ)(漢)/lōng・shuāng/たき

筆順 滝 滝 滝 滝 滝 滝

字解 滝は、瀧の略体。瀧は形声。水＋龍(→籠、こめる)(声)。雨がふりこめる、ふりしきるさま。また、中国南方の方言で急流をいうという。日本では、たきの意。

甲骨文  篆文 

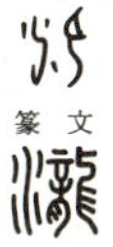

意味 ❶雨のふりしきるさま。❷はやせ。急流。❸国たき。高い所から急な勢いで流れ落ちる水。

下接 男滝(おだき)・雄滝(おだき)・白滝(しらたき)・女滝(めだき)・雌滝(めだき)

4281 【漪】 ＊4044 水-11
イ(漢)/yī

字解 形声。水＋猗(声)。さざなみの意。『淪漪(リンイ)』

4282 【演】 1773 3169 8989 水-11 常5
エン(呉)(漢)/yǎn/のべる

筆順 演 演 演 演 演 演

字解 形声。水＋寅(矢をひきのばす)(声)。水をひく意から、一般にのばす意。甲骨文は、矢に従う。

甲骨文  篆文 

意味 ❶ながれる。しみこむ。❷のべる。のべとく。ひろめる。『演繹』『演説』『講演(コウエン)』『推演(スイエン)』❸おこなう。くりひろげる。㋑音楽、劇などを行う。『演劇』『演奏』㋺実地にやってみる。あてはめて行う。『演習』❹「演漾(エンヨウ)」は、ゆらゆらとただようさま。

❷ のべる。のべとく。ひろめる。

【演繹(エンエキ)】前提から、論理的に正しい推論を重ねて結論をひき出すこと。↔帰納

【演歌(エンカ)】国①(演説歌の意)明治一〇年代、演説を歌に変えたもの。のちには、街頭で、手風琴、バイオリンなどに合わせ、人情物をうたった歌。②日本的心情を歌う流行歌。艶歌(エンカ)。

【演義(エンギ)】①事実をわかりやすく述べること。②史実を興味深く平易な文で書いた通俗小説。『三国志演義』

【演説(エンゼツ)】多くの人の前で自分の主義、主張を述べること。『立会演説会』

【演題(エンダイ)】演説、講演などの題目。

【演壇(エンダン)】演説者、講演者が立つように作った場所。

❸ おこなう。くりひろげる。

下接 開演(カイエン)・客演(キャクエン)・休演(キュウエン)・共演(キョウエン)・競演(キョウエン)・口演(コウエン)・公演(コウエン)・好演(コウエン)・再演(サイエン)・試演(シエン)・実演(ジツエン)・終演(シュウエン)・主演(シュエン)・出演(シュツエン)・巡演(ジュンエン)・上演(ジョウエン)・初演(ショエン)・助演(ジョエン)・独演(ドクエン)・熱演(ネツエン)・来演(ライエン)・力演(リキエン)

【演技(エンギ)】①観客の前で、芝居、歌舞などを演じること。②転じて、本心を隠した見せかけの態度。

【演芸(エンゲイ)】公衆の前で演じる芸。劇、落語、浪曲など。

【演劇(エンゲキ)】俳優が舞台で、脚本に従って体の動きと言葉で表現する芸術。芝居。『軽演劇』

【演算(エンザン)】計算すること。運算。

【演者(エンジャ)】出演する人。また、演ずる人。

【演習(エンシュウ)】①実況を想定して行う練習。『合同演習』②国大学で指導教官のもとで学生が研究発表や討議を行うこと。ゼミナール。セミナー。ゼミ。

【演出(エンシュツ)】①演劇、映画などで、台本に基づき、演技、照明、音楽などを総合的に指導し、まとめること。『演出家』②式や集会などで、進行を工夫し、まとめること。

【演奏(エンソウ)】楽器で音楽をかなでること。『演奏会』

【演武(エンブ)】武芸を演ずること。『演武場』

【演舞(エンブ)】舞を演ずること。『演舞場』

【演目(エンモク)】上演される演劇などの題名。

4283 【漚】 ＊4040 水-11
オウ(漢)/òu・ōu

字解 形声。水＋區(細かくわける)(声)。繊維をとりやすくするためにながく水につける、ひたす意。

意味 ❶水にひたす。❷あわ。『浮漚(フオウ)』

4284 【漑】 ── 水-11
(4285)〔漑〕 6284 5E74 9FF2 水-11
カイ(漢)・ガイ(慣)/gài/そそぐ

字解 形声。水＋既(一杯にする)(声)。水を一杯注ぐ意。

意味 ❶そそぐ。水をかける。『灌漑(カンガイ)』❷すすぐ。洗い清める。

4286 【漢】 ── 水-11
カン 「漢」(4248)の旧字

4287 【潅】 2035 3443 8AC1 水-11
カン 「灌」(4411)の異体字

4288 【滬】 6286 5E76 9FF4 水-11
コ(漢)/hù

字解 形声。水＋扈(声)。

意味 ①川の名。中国上海(シャンハイ)の北東を流れる呉淞江(ウースンコウ)の古称。また、上海市の別称。②えり。あじろ。魚をとる仕掛けの一種。

4289 【滸】 6287 5E77 9FF5 水-11
コ(漢)/hǔ・xǔ/ほとり

字解 形声。水＋許(声)。ほとり、みぎわの意。

4290 【滾】 6288 5E78 9FF6 水-11
コン(漢)/gǔn/たぎつ・たぎる

字解 形声。水＋袞(声)。さかんに流れる意。

意味 ❶水が盛んにわき出て、流れる。たぎつ。たぎる。『滾滾(コンコン)』❷にえたつ。❸ころがる。

【滾滾(コンコン)】川波のわきかえるさま。水が盛んに流れるさま。たぎるさま。＊杜甫-登高「不尽長江滾滾来(フジンのチョウコウはコンコンとしてきたる)」〔＝永遠に尽きることのない長江の流れは、わきかえり流れてくる〕

4291 【滻】 ＊4031 水-11
サン(漢)/chǎn

字解 形声。水＋產(声)。

意味 ❶泣く。❷多い。❸「滻水(サンスイ)」は川の名。中国西安の東方を流れ渭水(イスイ)にそそぐ。

4292 【漬】 3650 4452 92D0 水-11 常
シ(漢)/zì/つかる・つける・ひたす・ひたる

筆順 漬 漬 漬 漬 漬 漬

字解 形声。水＋責（→積、重ねおく）(声)。水にひたす意。
意味 ❶ひたす。ひたる。水につかる。つける。「漬浸」「浸漬（シンシ）」❷つける。つけものにする。「漬物（つけもの）」
【漬浸（シシン）】 ひたすこと。ひたること。浸漬。

4293 【漆】 2831 3C3F 8EBD 水-11 常 シチ(呉)・シツ(呉)(漢)・セツ(漢)・シ(漢)\qī\うるし
筆順 漆 漆 漆 漆 漆 漆
字解 形声。水＋桼(声)。川の名。またうるしの意。本来、桼がうるしの意。漆は、川の名を表すために水を加えたものだが、のち、うるしの意をも表すようになった。
意味 ❶中国、周の発祥地の川の名。陝西（センセイ）省、渭水（イスイ）の支流。❷うるし。ウルシ科の落葉高木。また、うるしからとった塗料。「漆園」「漆器」「漆宅」「乾漆（カンシツ）」「膠漆（コウシツ）」❸うるしのように黒い。「漆黒」❹あて字など。「漆喰」「仮漆（ニス）」
【漆園（シツエン）】 ①ウルシの木を植えてあるところ。②（漆園の役人であったところから）荘子の別称。
【漆器（シッキ）】 うるし塗りのうつわ。塗り物。
【漆喰（シックイ）】 国消石灰などに、ふのりなどを練り合わせたもの。壁や天井などの塗料として用いる。❤「石灰」の唐宋音「シックイ」にあてたもの。
【漆黒（シッコク）】 黒漆を塗ったように黒くてつやのあること。まっくろ。「漆黒の闇（やみ）」
【漆宅（シッタク）】 ひつぎ。❤うるしを塗るのでいう。
難読姓氏 漆間（うるしま）

4294 【漳】 *4047 水-11 ショウ（シャウ）(漢)\zhāng
字解 形声。水＋章(声)。「漳水（ショウスイ）」は川の名。中国山西省東部から河北省と河南省の境を流れて衛河に入る。

4295 【滲】 6290 5E7A 9FF8 水-11 シン(漢)\shèn・qìn\しみる・にじむ
字解 形声。水＋參（間に入りこみまじる）(声)。水が少しずつ入りこむ、しみる意。

意味 しみる。にじむ。液体がものにしみこむ。

【滲出（シンシュツ）】 液体などが外へにじみでること。

【滲泄（シンセツ）】 しみてもれること。

【滲透（シントウ）】 しみとおること。しみこむこと。❤書き換え「滲透→浸透」。

【滲漏（シンロウ）】 ①しみもれること。②とりこぼし。遺漏。

4296 【漸】 3318 4132 9151 水-11 常 ゼン(呉)・セン(漢)\jiān・jiàn\すすむ・ようやく・ようよう
筆順 漸 漸 漸 漸 漸 漸
字解 形声。水＋斬(声)。
意味 ❶すすむ。徐々に進む。「西漸（セイゼン）」「東漸（トウゼン）」❷ようやく。徐々に。次第次第に。おもむろに。やっと。「漸を追って（＝少しずつ）」「漸次」「漸進」「積漸（セキゼン）」❸そそぐ。うるおす。「浸漸（シンゼン）」❹易の六十四卦（カ）の一。䷴

❷ ようやく。徐々に。おもむろに。やっと。

【漸減（ゼンゲン）】 少しずつ減ること。↔漸増
【漸次（ゼンジ）】 次第に。だんだんに。
【漸進（ゼンシン）】 順を追ってだんだんに進むこと。↔急進
【漸染（ゼンセン）】 だんだんにそまること。感化を次第にうけること。〔楚辞-東方朔・七諫〕
【漸漸（ゼンゼン）】 ①次第に進みゆくさま。段々と。徐々に。②岩石のけわしいさま。③涙が流れるさま。
【漸増（ゼンゾウ）】 少しずつ次第にふえること。↔漸減
【漸入佳境（ようやくカキョウにいる）】 段々よいところへいく。転じて、次第に興味深いところにはいる、段々と面白くなるの意にもいう。〔晋書-文苑伝・顧愷之伝〕❤中国、晋の顧愷之（コガイシ）が甘蔗（カンショ）（サトウキビ）を食べるとき、いつも先から甘い根元の方へと食べた。それを不思議に思った人が訳をたずねたのに対して答えた言葉から。

4297 【漕】 3370 4166 9186 水-11 ソウ（サウ）(漢)\cáo\こぐ
字解 形声。水＋曹（二つのものが並ぶ）(声)。力を合わせて船でものを運ぶ、また、船をこぐ意。

意味 ❶はこぶ。船で物を運ぶ。「漕運」「漕渠」「漕転」「運漕（ウンソウ）」「回漕（カイソウ）」「転漕（テンソウ）」❷こぐ。船をこぐ。「漕手」「漕艇」「競漕（キョウソウ）」「力漕（リキソウ）」

【漕運（ソウウン）】 船で物を運ぶこと。水上の運送。

【漕渠（ソウキョ）】 船で輸送するために掘られたみぞ。運河。

【漕手（ソウシュ）】 ①船のこぎて。②漕艇で、オールをこぐ人。

【漕艇（ソウテイ）】 （特に競技用の）ボートをこぐこと。

【漕転（ソウテン）】 船で輸送すること。

4298 【漱】 6291 5E7B 9FF9 水-11 人 ソウ(漢)・シュウ（シウ）(漢)\shù・sòu\すすぐ
字解 形声。水＋欶（すう）(声)。水をすって口をすすぐ意。欶に同じ。
意味 すすぐ。㋑口をすすぐ。うがいをする。「漱石（ソウセキ）」「盥漱（カンソウ）」「含漱（ガンソウ）」㋺あらう。「漱玉」
【漱玉（ソウギョク）】 玉をすすぎ洗うこと。水しぶきの飛び散るさまのたとえ。
【漱石枕流（ソウセキチンリュウ）（いしにくちすすぎながれにまくらす）】 負け惜しみ。屁理屈の言いのがれ。また、君子の隠居生活をいうとも。〔晋書-孫楚（ソンソ）伝〕❤中国、晋の孫楚が隠遁の境地を表す「石に枕し流れに漱ぐ」を「石に漱ぎ流れに枕す」と言い誤ったのを、「石に漱ぐ」は歯を磨くため、「流れに枕す」は耳を洗うためだとこじつけて弁解したという故事から。日本の作家、夏目漱石の号もこの故事による。

4299 【滯】 6292 5E7C 9FFA 水-11 タイ 「滞」（4266）の旧字

4300 【漲】 6293 5E7D 9FFB 水-11 チョウ（チャウ）(漢)\zhǎng\みなぎる
字解 形声。水＋張（はる）(声)。水が張りつめる、みなぎる意。
意味 みなぎる。みちあふれる。「暴漲（ボウチョウ）」
【漲溢（チョウイツ）】 みなぎりあふれること。
【漲天（チョウテン）】 天いっぱいに広がること。

4301 【滴】 3709 4529 9348 水-11 常 チャク(呉)・テキ(漢)\dī\しずく・したたる・したたり
(4302)【滴】 ―― 水-11 旧字
筆順 滴 滴 滴 滴 滴 滴
字解 形声。水＋啇（＝啻、あつまりむすぶ）(声)。しずくの意。
意味 したたる。また、しずく。したたり。
下接 一滴（イッテキ）・雨滴（ウテキ）・涓滴（ケンテキ）・硯滴（ケンテキ）・水滴（スイテキ）・点滴（テンテキ）・余滴（ヨテキ）・瀝滴（レキテキ）

【滴下（テキカ）】しずくとなって落ちること。また、したたらせて落とすこと。

【滴滴（テキテキ）】水のしずくなどが、したたり落ちるさま。

【滴瀝（テキレキ）】①水などがしたたり落ちること。また、そのしずく。②酒を飲んで乱れること。

【滴露（テキロ）】露がしたたり落ちること。また、その露。

4303【滌】6294 5E7E 9FFC 水-11
テキ漢・ジョウ(デウ)慣/dí/あらう・すすぐ
字解 形声。水＋條(水を背中にすじのようにかけてあらう)声。あらう意。
意味 ❶あらう。すすぐ。『滌蕩』『洗滌（センデキ／センジョウ）』『蠲滌（ケンデキ）』❷ぬぐい去る。『掃滌（ソウデキ）』
【滌蕩（テキトウ）】洗いすすぐこと。けがれを洗い清めること。

4304【漠】 ― 水-11
バク「漠」(4272)の旧字

4305【漠】
4305【漂】4126 493A 9559 水-11 常
ヒョウ(ヘウ)呉漢/piāo・piào・piǎo/ただよう・さらす
筆順 漂 漂 漂 漂 漂 漂
字解 形声。水＋票(＝奥、火の粉が舞い上がる)声。水にうき、ただよう意。
意味 ❶ただよう。流れのままにする。『漂泊』『漂流』❷さらす。水で白くする。『漂白』

❶ ただよう。

【漂寓（ヒョウグウ）】放浪して定まった家を持たないこと。

【漂失（ヒョウシツ）】水に漂ってなくなること。流失。

【漂説（ヒョウセツ）】根拠のない話。流説。

【漂着（ヒョウチャク）】流れ漂って岸に着くこと。

【漂蕩（ヒョウトウ）】①水に漂うこと。②風でゆれ動くこと。転じて、さすらうこと。漂泊。飄蕩（ヒョウトウ）。

【漂泊（ヒョウハク）】流れ漂うこと。また、さすらい歩くこと。

【漂漂（ヒョウヒョウ）】ただようさま。ただよい飛ぶさま。

【漂揺（ヒョウヨウ）】ただよいゆれること。

【漂流（ヒョウリュウ）】風波に任せて海上を流れ漂うこと。

【漂淪（ヒョウリン）】おちぶれること。＊白居易‐琵琶行・序「今漂淪憔悴、転ｺ徙於江湖之間ｰ（いまはヒョウリンショウスイし、コウコのカンにテンシす）」〔＝今は流浪し落ちぶれて、地方を転々と移動している〕」

【漂浪（ヒョウロウ）】波にただようこと。さまようこと。

❷ さらす。

【漂白（ヒョウハク）】さらしたり、薬品を使ったりして白くすること。『漂白剤』
【漂母（ヒョウボ）】水中で布をさらしている老婆。転じて、食を恵む老婆。また、不遇の士に食を恵むこと。〔史記‐淮陰侯伝〕▶中国、漢代の韓信が不遇な時代に食にも困っているのを、水に布をさらすのを業としていた老婆が見て、食事を与えたという故事から。

4306【漫】4401 4C21 969F 水-11 常
マン呉・バン漢/màn・mán/ひろい・そぞろ・すずろ・みだりに
筆順 漫 漫 漫 漫 漫 漫
字解 形声。水＋曼(のび広がる)声。水がのび広がる意。派生して、とりとめのない意を表す。
意味 ❶ひろい。広々としているさま。『漫漫』『瀰漫（ビマン）』『渺漫（ビョウマン）』❷とりとめのないさま。これという目的のないさま。そぞろ。また、みだりに。むやみに。『漫画』『漫然』『散漫』『冗漫』

❶ ひろい。広々としているさま。

【漫延・漫衍（マンエン）】①きわまりなく広遠なさま。②一面に広がるさま。③盛大なさま。④混雑しているさま。

【漫漫（マンマン）】遠くひろびろとしたさま。長く遠いさま。

❷ とりとめのないさま。また、みだりに。

下接 散漫（サンマン）・冗漫（ジョウマン）・放漫（ホウマン）・爛漫（ランマン）

【漫画（マンガ）】滑稽（コッケイ）、風刺などを主眼とした絵。また、絵とせりふによって物語を描いたもの。

【漫言（マンゲン）】深く考えないで言うこと。漫語。

【漫才（マンザイ）】国二人の芸人が滑稽（コッケイ）な言葉や軽口でやりとりする演芸。『漫才師』▶もと、「万歳」から出た語。

【漫然（マンゼン）】とりとめのないさま。『漫然と日を送る』

【漫罵（マンバ）】みだりに相手をののしること。

【漫筆（マンピツ）】気ままにあれこれと書きつづること。随筆。

【漫評（マンピョウ）】思いつくままに述べた、気ままな批評。

【漫歩（マンポ）】あてもなく歩くこと。そぞろ歩き。

【漫遊（マンユウ）】気の向くままに諸方を遊び巡ること。

【漫浪（マンロウ）】定職を持たず、さまよい歩くこと。

【漫録（マンロク）】筆のおもむくままに書くこと。漫筆。

4307【滿】6264 5E60 9FDE 水-11
マン「満」(4234)の旧字

4308【漾】6301 5F21 E040 水-11
ヨウ(ヤウ)呉漢/yàng/ただよう
字解 形声。水(かわ)＋羕声。川の名。
意味 ❶川の名。漢水の上流。❷ただよう。『漾漾』『揺漾（ヨウヨウ）』『溶漾（ヨウヨウ）』
【漾漾（ヨウヨウ）】①水のゆれ動くさま。②水が満ちあふれるさま。広々としたさま。洋洋。

4309【漓】6302 5F22 E041 水-11
リ漢/lí
字解 形声。水＋离声。
意味 ❶うすい。❷したたる。しみこむ。『淋漓（リンリ）』

(4415)【灕】＊4130 水-19

4310【漁】2189 3579 8B99 水-11 常4
ギョ呉漢・リョウ(レフ)慣/yú/すなどる・いさる・あさる
筆順 漁 漁 漁 漁 漁 漁
字解 形声。水＋魚(さかな)声。水中の魚をとる意。
甲骨文
金文
篆文

参考 慣用音の「リョウ」は、猟の音をうつしたもの。
意味 ❶すなどる。いさる。魚介をとる。すなどり。『漁業』『漁船』『漁師』『大漁（タイリョウ）』❷あさる。むさぼり求める。『漁色』『漁利』❸地名。『漁陽』

❶ すなどる。いさる。すなどり。

下接 禁漁（キンリョウ）・出漁（シュツリョウ）・樵漁（ショウギョ）・大漁（タイリョウ）・佃漁（デンギョ）・入漁（ニュウリョウ）・不漁（フリョウ）・豊漁（ホウリョウ）・密漁（ミツリョウ）
【漁翁（ギョオウ）】年老いた漁夫。漁夫のおやじ。
【漁火（ギョカ／いさりび）】夜、魚を誘い集めるために船上でたく火。漁船のともしび。＊張継-楓橋夜泊「江楓漁火対レ愁眠ニ(コウフウギョカシュウミンにタイす)」〔＝川岸の楓や漁船のいさり火が、旅愁のため浅い眠りしかできない私の目に焼き付いてくる〕

【漁歌ギョカ】漁夫のうたう歌。

【漁獲ギョカク】水産物をとること。『漁獲高』『漁獲量』

【漁期ギョキ｜リョウキ】魚介のとれる時期。

【漁業ギョギョウ】魚介や海藻をとったり養殖したりして収入を得る仕事。『沿岸漁業』『遠洋漁業』

【漁師ギョシ｜リョウシ】魚介をとって生活している人。漁夫。

【漁樵ギョショウ】魚をとったり、きこりをしたりすること。＊蘇軾-前赤壁賦「漁₂樵於江渚之上₁(コウショのほとりにギョショウす)」〔＝川岸で魚をとったり、きこりのまねごとをしたりして生活する〕

【漁礁ギョショウ】水面下が岩場で、魚が多く集まる所。

【漁場ギョジョウ｜ギョば｜リョウば】漁業を行う水域。

【漁船ギョセン｜いさりぶね】漁業をするための船。

【漁村ギョソン】漁民が住む海辺の村。

【漁釣ギョチョウ】魚を釣ること。魚釣り。釣魚。

【漁灯ギョトウ｜いさりび】＝漁火。

【漁父ギョホ｜ギョフ】漁師。漁夫。【漁父之利ギョフのリ】当事者同士が争っている間に、第三者が利益を横取りすること。鷸蚌イツボウの争い。〔戦国策-燕〕シギ(鷸)とハマグリ(蚌)とが争っている間に、漁父が労せずして両者を捕らえてしまったという故事から。

【漁法ギョホウ】魚介類などをとる方法。

【漁民ギョミン】漁業を生業とする人々。漁師。

【漁猟ギョリョウ】①漁業と狩猟。②漁業のこと。

【漁労・漁撈ギョロウ】漁をすること。水産物をとること。『漁労長』書き換え「漁撈→漁労」。

❷ あさる。むさぼり求める。

【漁色ギョショク｜リョウショク】欲情のため、見めよい女性を求めまわること。『漁色家』

【漁利ギョリ】利益をむさぼり求めること。

❸ 地名。

【漁陽ギョヨウ】①中国、秦代に置かれた郡、県名。現在の北京市密雲県の西南。②中国、隋代に置かれた郡、県名。現在の河北省薊県の地で北京の東北方に当たる。唐代、安禄山が反乱の兵を挙げた所。＊白居易-長恨歌「漁陽鼙鼓動レ地来(ギョヨウのヘイコチをうごかしてきたる)」〔＝漁陽を発した反乱軍の打ちならす攻め太鼓が、地をゆり動かして迫って来る〕

4311 【漣】 水-11 (4279)【漣】 4690 4E7A 97F8 水-10 †

レン(漢)/lián/さざなみ

字解 形声。水＋連(つらなる)(声)。つらなる小さな波、さざなみの意。

意味 ❶さざなみ。さざなみが起こる。波だつ。『漣漪』『清漣セイレン』❷さめざめと泣く様子。『漣如』

【漣漪・漣猗レンイ】さざなみ。さざなみの立つさま。

【漣如レンジョ】涙が流れるさま。漣然レンゼン。

4312 【滷】 6303 5F23 E042 水-11 ロ(漢)/lǔ

字解 会意。水＋鹵(しおの結晶)。塩分を含んだ塩からい水の意。

意味 ❶塩からい水。にがり。❷塩分を含んだ土。

4313 【漏】 4719 4F33 9852 水-11 常 ロ(呉)・ロウ(漢)/lòu/もる・もれる・もらす・もれ

筆順 漏 漏 漏 漏 漏 漏

字解 形声。水＋屚(雨が屋根からもれおちる)(声)。水時計の意。

参考 万葉仮名では音を借りて「る」「ろ(甲)」。

意味 ❶もる。もれる。(イ)水、光などが、すき間や穴からもれ出る。『漏水』『漏電』『耳漏ジロウ』(ロ)抜け落ちる。『漏脱』『遺漏イロウ』『欠漏ケツロウ』(ハ)秘密などがもれる。『漏洩』❷水時計。また、とき。時刻。『漏刻』❸仏語。煩悩ボンノウ。『有漏ウロ』『無漏ムロ』

❶ もる。もれる。

下接 遺漏イロウ・屋漏オクロウ・罅漏カロウ・欠漏ケツロウ・耳漏ジロウ・洩漏セツロウ・早漏ソウロウ・疎漏ソロウ・脱漏ダツロウ・歯槽膿漏シソウノウロウ

【漏洩・漏泄ロウエイ｜ロウセツ】秘密などのもれること、また、もらすこと。「ロウエイ」は慣用読み。

【漏屋ロウオク】雨のもる家。あばらや。

【漏電ロウデン】電気がもれ出ること。

【漏斗ロウト｜じょうご】上が広く、下がすぼまった、液体を注ぎ入れる用具。

❷ 水時計。また、とき。時刻。

下接 玉漏ギョクロウ・刻漏コクロウ・鐘漏ショウロウ・水漏スイロウ

【漏壺ロウコ】漏刻に用いる器具。水時計。

【漏鼓ロウコ】時刻を知らせる太鼓。また、その音。

【漏刻・漏剋ロウコク】昔、水を用いて時刻を計った時計。水時計。また、その目盛り。

【漏声ロウセイ】水時計の水がしたたる音。時計の音。

【漏箭ロウセン】水時計の壺の中にある、時刻を示す矢。

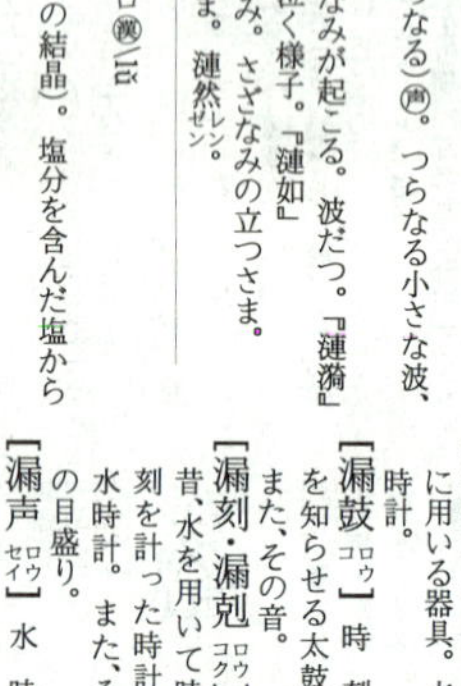

漏刻〔古今図書集成〕

4314 【漉】 2587 3977 8D97 水-11 ロク(漢)/lù/こす・すく

字解 形声。水＋鹿(→彔、したたる)(声)。液体をしたたらせてこす意。

意味 ❶したたる。したたらす。『漉漉ロクロク』❷こす。水などをこす。『漉酒巾』❸さらう。すくう。❹(国)すく。紙をすく。『手漉すき』

【漉酒巾ロクシュキン】酒を漉こす布。〔南史-陶潜伝〕中国、晋の陶淵明は酒を好み、かぶっている四角な頭巾でいつも酒を漉し、漉し終わるとまたかぶったという故事から。

4315 【漥】 水-11 ワ「窪」(5547)の異体字

4316 【潰】 3657 4459 92D7 水-12 カイ(クヮイ)(漢)/kuì/くえる・ついえる・ついやす・つぶす・つぶれる

字解 形声。水＋貴(→壞、こわれる)(声)。ついえる意。

意味 ❶ついえる。くえる。くずれる。つぶれる。(イ)堤防がくずれる。『決潰』(ロ)建物や組織などがやぶれこわれる。『潰滅』『潰瘍』『倒潰(トウカイ)』❷敗れる。負けてちりぢりになる。『潰走』『潰乱』『奔潰(ホンカイ)』

❶ついえる。くずれる。つぶれる。

下接 決潰(ケッカイ)・全潰(ゼンカイ)・倒潰(トウカイ)・破潰(ハカイ)・崩潰(ホウカイ)

【潰決(カイケツ)】堤防などがくずれること。決潰。

【潰滅(カイメツ)】物の形や組織などが、ひどくこわれてだめになる。書き換え「潰滅→壊滅」。

【潰瘍(カイヨウ)】皮膚、粘膜などの組織がこわれて、深部まで欠損する状態。『胃潰瘍』

❷敗れる。負けてちりぢりになる。

【潰散(カイサン)】争いやいくさなどに負けてちりぢりになること。また、そのようにさせること。

【潰走(カイソウ)】戦いに敗れて逃げること。壊走。

【潰乱(カイラン)】戦いに敗れ、軍隊が乱れること。書き換え「潰乱→壊乱」。

4317【澗】 ⼀⼀ 水-12 ケン㊥・カン㊦/jiàn/たに・たにみず

(4318)〔澗〕 2034 3442 8AC0 水-12 †

(5348)〔磵〕* 4822 石-12

字解 形声。水＋閒(あいだ)㊟。山あいの谷川の意。

意味 たに。たにみず。たにがわ。『山澗(サンカン)』『幽澗(ユウカン)』

【澗渓・澗谿(カンケイ)】谷川。渓流。澗壑(カンガク)。澗谷(カンコク)。

【澗戸(カンコ)】谷あいにある家。

【澗水(カンスイ)】谷の水。谷川の水。

【澗声(カンセイ)】谷川の水の流れる音。澗籟(カンライ)。

【澗石(カンセキ)】谷川の石。＊韓愈−山石「当ㇾ流赤足蹋ニ澗石一(ながれにあたりセキソクにしてカンセキをふむ)〔＝谷川の流れにぶつかり、はだしで流れの石を踏んで渡る〕」

【澗籟(カンライ)】＝澗声(カンセイ)

4319【潙】* 4057 水-12 キ㊦・イ㊦/guī・wéi

字解 形声。水＋爲㊟。

意味 川の名。㋑中国山西省永済県の歴山に発し、黄河に入る。潙水(キスイ)。㋺中国湖南省寧郷県の大潙山に発し、湘水に入る。

4320【潝】* 4059 水-12 キュウ(キフ)㊦/xì

字解 形声。水＋翕㊟。速く流れる音。

4321【澆】 6304 5F24 E043 水-12 キョウ(ケウ)㊦・ギョウ(ゲウ)㊥/jiāo/そそぐ

字解 形声。水＋堯(高い)㊟。高い所から水を注ぐ意。

意味 ❶そそぐ。水を上からかける。『澆灌』❷うすい。人情がうすい。かるがるしい。『澆季』『澆薄』

【澆灌(ギョウカン)】田や畑に水をかける。灌漑(カンガイ)。

【澆季(ギョウキ)】道徳の薄れた、人情の軽薄な末の世。末世。『澆季溷濁(コンダク)の世〔＝人情薄く、乱れた世〕』

【澆薄(ギョウハク)】道徳が衰え、人情が希薄になること。

4322【潔】 2373 3769 8C89 水-12 常5 ケチ㊥・ケツ㊦/jié/いさぎよい・きよい・きよし

(4323)〔潔〕 ⼀⼀ 水-12 旧字

筆順 潔 潔 潔 潔 潔 潔

字解 形声。水＋絜(けがれない・清い)㊟。水で清める意。また、いさぎよい意を表す。

意味 いさぎよい。きよい。けがれがない。きっぱりとしている。また、いさぎよくする。

下接 簡潔(カンケツ)・涓潔(ケンケツ)・高潔(コウケツ)・純潔(ジュンケツ)・浄潔(ジョウケツ)・清潔(セイケツ)・鮮潔(センケツ)・貞潔(テイケツ)・不潔(フケツ)・廉潔(レンケツ)

【潔斎(ケッサイ)】神事などの前に、身を清めること。

【潔浄(ケツジョウ)】清らかで、けがれのないこと。

【潔白(ケッパク)】心が清く、正しい様子。『清廉潔白』

【潔癖(ケッペキ)】不潔、不正をひどく嫌う性質。

【潔廉(ケツレン)】いさぎよくて私欲のないこと。

4324【潢】* 4062 水-12 コウ(クヮウ)㊦/huáng・huàng/みずたまり

字解 形声。水＋黃㊟。みずたまりの意。

甲骨文 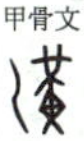
篆文 

意味 ❶みずたまり。池。『潢汚』『潢池』『潢潦』❷水が深く、広いさま。『潢洋』❸紙を染める。表装する。『装潢(ソウコウ)』❹「天潢(テンコウ)」は、星座の名。馭者(ギョシャ)座の五星をさす。

【潢汚(コウオ)】たまり水。

【潢池(コウチ)】①池。くぼ地に水がたまった所。②せまい土地のたとえ。

【潢洋(コウヨウ)】深く広いさま。水がひろびろと広がるさま。

【潢潦(コウロウ)】地面にたまった雨水。

4325【潸】 6306 5F26 E045 水-12 サン㊦/shān

字解 形声。水＋散(＝散、ばらばらになる)省㊟。はらはらと流れおちる涙の意。

意味 涙の流れるさま。また、雨の降るさま。

【潸潸(サンサン)】①涙の流れるさま。②雨の降るさま。

【潸然(サンゼン)】さめざめと涙を流して泣くさま。潸焉(サンエン)。

4326【澌】* 4071 水-12 シ㊦/sī/つきる

字解 形声。水＋斯㊟。

意味 ❶つきる。水がつきる。『澌尽』❷「澌澌(シシ)」は雨や雪の降る音。または風の吹く音。

【澌尽(シジン)】水がつきてなくなること。『澌尽灰滅(カイメツ)』『澌尽礱磨(ロウマ)〔＝尽きて消滅していくこと〕』

4327【澍】* 4072 水-12 ジュ㊥・シュ㊦/shù

字解 形声。水＋尌(たてる)㊟。万物をいきいきとさせる、ほどよい時にふる雨の意。

意味 ❶そそぐ。❷うるおす。❸めぐみの雨。

4328【澁】 6307 5F27 E046 水-12 ジュウ 「渋」(4162)の旧字

4329【潤】 2965 3D61 8F81 水-12 常 ニン㊥・ジュン㊦/rùn/うるおう・うるおす・うるむ・うるおい

筆順 潤 潤 潤 潤 潤 潤

字解 形声。水＋閏(たっぷりある)㊟。水でたっぷりうるおう意。

意味 ❶うるおう。うるおす。うるむ。㋑水がしみこむ。『潤滑』『潤沢』『湿潤』→下接。㋺うるおい。めぐみ。もうけ。『潤益』『利潤（リジュン）』❷つや。つやがある。かざる。立派にする。『瑩潤（エイジュン）』

❶うるおう。うるおす。うるむ。

下接 温潤（オンジュン）・湿潤（シツジュン）・浸潤（シンジュン）・滲潤（シンジュン）・蒼潤（ソウジュン）

【潤益（ジュンエキ）】もうけ。利益。

【潤滑（ジュンカツ）】うるおいを帯びていて、なめらかなさま。

【潤湿（ジュンシツ）】しめっていること。湿潤。

【潤沢（ジュンタク）】うるおっているさま。物がたくさんあるさま。『潤沢な資金』→❷
【潤筆（ジュンピツ）】筆をぬらすこと。転じて、書画などをかくこと。『潤筆料〔=揮毫（キゴウ）料〕』

❷つや。つやがある。また、かざる。

【潤屋（ジュンオク）—オクをうるおす】家を立派にすること。また、富豪の家。＊大学「富潤レ屋、徳潤レ身（とみはオクをうるおし、トクはみをうるおす）〔=富は家を豊かにするが、徳はその人を豊かにする〕」

【潤色（ジュンショク）】①色つやをつけること。②事実を誇張したり、話をおもしろく作り替えたりすること。

【潤飾（ジュンショク）】かざりつけをすること。

【潤沢（ジュンタク）】つや。つやがあること。→❶

4330【潯】6309 5F29 E048 水-12 シン㊥・ジン㊧/xún

字解 形声。水＋尋（長さの単位）㊟。尋（両手を広げた長さ）で測るような深いふちの意。

意味 ❶ふち。岸辺の、水を深くたたえた所。みぎわ。岸。❷地名。『潯陽（ジンヨウ）』

【潯陽（ジンヨウ）】①中国の唐代、現在の江西省北部・長江南岸の九江に置かれた郡および県の名。漢・晋代には「尋陽」の字を用いた。②潯陽江（ジンヨウコウ）のこと。【潯陽江（ジンヨウコウ）】中国江西省北部の九江付近を流れる長江の異称。白居易が「琵琶行（ビワコウ）」の詩を作ったことで有名。

4331【潟】1967 3363 8A83 水-12 常 セキ㊥/xì/かた

筆順 潟 潟 潟 潟 潟 潟

字解 形声。水（うみ）＋舄㊟。しおち・ひがたの意。

意味 ❶かた。干がた。遠浅の海岸で、潮の干満によって隠れたり現れたりする地。❷国かた。砂丘などによって外海から隔てられ細い水路で海につながっている湖。また、湾や浜の呼称。『八郎潟（ハチロウがた）』

4332【潺】6305 5F25 E044 水-12 セン㊥・サン㊥/chán

字解 形声。水＋孱㊟。水がさらさらと流れる音。孱は流れる水の音を表す擬声語という。

意味 水がさらさらと流れるさま。涙が流れるさま。

【潺湲（センカン）】水が清くさらさらと流れるさま。

【潺潺（センセン）】浅い水がよどみなく流れるさま。

4333【潜】3288 4078 90F6 水-12 常 (4334)【潛】6310 5F2A E049 水-12 旧字 (4397)【濳】6311 5F2B E04A 水-16 セン㊥/qián/ひそむ・もぐる・かずく・くぐる・ひそかに

筆順 潜 潜 潜 潜 潜 潜

字解 潜は、潛の略体。潛は形声。水＋朁（かんざしを差し込むように中に入り込む）㊟。水の中に入り込む意。

意味 ❶もぐる。くぐる。また、ひそむ。ひそか。㋑水中にもぐる。水中にひそむ。『潜水艦』『潜竜』㋺ひそむ。かくれる。ひそかに。『潜在』『潜伏』㋩「潜水艦」の略。『対潜哨戒機（タイセンショウカイキ）』『原潜（ゲンセン）』❷ひそめる。心を静かに落ち着ける。『潜思』『沈潜（チンセン）』❸書名。

❶もぐる。また、ひそむ。ひそか。

【潜行（センコウ）】①水中をもぐって行くこと。②独りで、人目をさけてこっそりと行くこと。微行。＊杜甫-哀二江頭一「春日潜行曲江曲（シュンジツセンコウすキョクコウのくま）〔=春の日に、曲江の曲がりくねったあたりに独りでひっそりと来てみた〕」③官憲の目を避けて内密に活動を行うこと。
【潜航（センコウ）】①ひそかに航行すること。②潜水艦が水中を航行すること。『潜航艇』
【潜蛟（センコウ）】水中に潜んでいるみずち。竜の一種。＊蘇軾-前赤壁賦「舞二幽壑之潜蛟一、泣二孤舟之嫠婦一（ユウガクのセンコウをまわしめ、コシュウのリフをなかしむ）〔=（洞簫の音色は）深い谷に住むみずちも舞い出させ、小舟に住む身寄りのないやもめを泣かせる〕」
【潜在（センザイ）】内にひそんで存在すること。↔顕在。『潜在意識』『潜在能力』『潜在的』
【潜竄（センザン）】（「竄」はにげるの意）かくれのがれること。
【潜水（センスイ）】水中にもぐること。『潜水艦』『潜水病』
【潜匿（セントク）】人知れずかくれること。また、かくすこと。
【潜熱（センネツ）】内部に潜んで外にあらわれない熱。
【潜伏（センプク）】①ひそかに隠れていること。②感染しているが、症状が外部に現れないこと。『潜伏期間』
【潜没（センボツ）】水中にもぐり隠れること。
【潜竜（センリュウ—センリョウ）】水中にひそむ昇天する前の竜。転じて、まだ帝位についていない天子や、まだ世に出る機会を得ていない英雄、豪傑。【潜竜勿レ用（センリョウもちいることなかれ）】水中にひそんでいる竜は活動してはならない。どんなにすぐれた人物も機会がおとずれるまではあせって無理に活動すべきではないということ。〔易経-乾〕
【潜鱗（センリン）】水中に深くひそみ隠れている魚。

❷ひそめる。心を静かに落ち着ける。

【潜志（センシ）】心を落ち着けて一心に研究すること。
【潜思（センシ）】心を落ち着けて深く考えること。潜心。
【潜心（センシン）】=潜思（センシ）
【潜夫（センプ）】俗世を捨てて、ひそみ隠れる人。世捨て人。

❸書名。

【潜夫論（センプロン）】中国の儒家書。一〇巻。後漢の王符（オウフ）撰。桓帝時代（一四七～一六七）ごろ成立。儒家思想の立場から時政世風を批判論述した三六編からなる。

難読地名 潜戸（くけど）鼻（島根）

4335【潭】6312 5F2C E04B 水-12 (4336)【潭】水-12 タン㊥・シン㊥/tán・xún/ふち

字解 形声。水＋覃（→湛、ふかい）㊟。深いふちの意。

意味 ふち（淵）。深く水をたたえた所。また、深い。

下接 江潭（コウタン）・澄潭（チョウタン）・碧潭（ヘキタン）・緑潭（リョクタン）

【潭思（タンシ）】深く思うこと。また、深い考え。

【潭湫（タンシュウ）】（「湫」は池の意）深い池。

【潭心（タンシン）】深い淵の底。水底。

【潭深（タンシン）】淵が深いこと。転じて、学問が深いこと。

【潭潭（タンタン）】水などが深くたたえられているさま。また、奥深いさま。湛湛。

【潭府ブタン】[1]深い淵。[2]奥深く近寄りがたい所のたとえ。役所や役人の邸宅、他人の邸宅をさしていう。

4337【潴】6344 5F4C E06B 水-12 チョ 「瀦」(4398)の異体字

4338【澄】3201 4021 909F 水-12 [常] (4339)【澂】6313 5F2D E04C 水-12
チョウ[漢]/chéng・dèng/すむ・すます
[筆順] 澄澄澄澄澄澄
[字解] 形声。水＋登[声]。もと澂。澂は形声。水＋徵省[声]。

[意味] すむ。すます。㋑水や空気など濁りがなく清い。「清澄セイチョウ」「明澄メイチョウ」㋺音がよく響き通る。さえる。㋩邪念がなく、心が集中する。

【澄瑩チョウエイ】すみきって明るいさま。

【澄高チョウコウ】[1]月が高く、すみわたって明るいさま。[2]けだかく気品のあるたとえ。

【澄心チョウシン】[1]心をすますこと。[2]清らかですんだ心。

【澄清チョウセイ】[1]すんで清いこと。曇りもなく晴れわたっていること。[2]世の中が清らかで平穏に治まること。

【澄潭チョウタン】清くすみきった淵。

【澄徹チョウテツ】すんですきとおること。

【澄碧チョウヘキ】水がすんで、こい緑色をしていること。

【澄明チョウメイ】水、空気などがすみきっていること。「秋の澄明な気」

4340【潮】3612 442C 92AA 水-12 [常]6 (4341)【潮】二一 水-12 旧字
チョウ(テウ)[漢]/cháo/しお・うしお
[筆順] 潮潮潮潮潮潮
[字解] 形声。水(うみ)＋朝[声]。あさのあげしお、うしおの意。もと、水＋車(＝朝、日がのぼる朝)の会意字で朝に同じく「あさ」の意。朝が「あさ」の意に用いられたため、潮が朝夕の「うしお」の意を表すようになった。
金文

篆文

[意味] ❶しお。うしお。海水。㋑海水の干満。「潮位」「潮汐」「満潮」㋺海水。また、その流れ。「潮流」❷さす。あらわれでる。色めく。❸[国]時の流れ。動き。傾向。「最高潮」「思潮シチョウ」「主潮シュチョウ」「風潮フウチョウ」

❶しお。うしお。
[下接] 暗潮アンチョウ・海潮カイチョウ・干潮カンチョウ・帰潮キチョウ・逆潮ギャクチョウ・急潮キュウチョウ・紅潮コウチョウ・高潮コウチョウ／たかしお・秋潮シュウチョウ・春潮シュンチョウ・初潮ショチョウ・大潮タイチョウ／おおしお・退潮タイチョウ・晩潮バンチョウ・防潮ボウチョウ・暮潮ボチョウ・満潮マンチョウ・落潮ラクチョウ／赤潮あかしお・朝潮あさしお・渦潮うずしお・親潮おやしお・黒潮くろしお・血潮ちしお・出潮でしお

【潮位チョウイ】基準面から測定する海面の高さ。潮高。

【潮音チョウオン】海の波がうち寄せる音。潮声。海潮音。

【潮候チョウコウ】海水の満ち引きする時刻。しおどき。

【潮信チョウシン】海水の満ち引きする時刻。しおどき。

【潮汐チョウセキ】満ちしおと引きしお。

【潮流チョウリュウ】[1]海水の流れ。[2]時勢の動き。

【潮騒しおさい】潮の満ちてくるときに、海面が細かく波立って一帯に音を立てること。その響き。

[難読地名] 潮来いたこ町(茨城) 潮岬しおのみさき(和歌山)

4342【澈】＊4069 水-12 デチ[呉]・テツ[漢]/chè/きよい・とおる
[字解] 形声。水＋徹省[声]。きよい意。
[意味] ❶きよい。水がきよくすんでいるさま。「澄澈チョウテツ」❷とおる。つきぬける。「徹」に同じ。

4343【潼】6314 5F2E E04D 水-12 トウ[漢]・ドウ[慣]/tóng
[字解] 形声。水(かわ)＋童[声]。
[意味] ❶川の名。㋑「潼江ドウコウ」は、中国四川盆地を東南流して重慶付近で長江に入る。㋺「潼水ドウスイ」は、中国陝西セイ省潼関付近を流れて黄河に入る。❷「潼潼ドウドウ」は、高いさま。

4344【潑】＊4053 水-12 (4230)【溌】4014 482E 94AC 水-9 †
ハツ[漢]/pō/はじく
[字解] 形声。水＋發[声]。
[意味] ❶そそぐ。水を落とす。水を注ぐ。「潑墨」❷はじく。また、勢いのよいさま。「潑剌」「活潑カッパツ」
【潑墨ハツボク】墨を紙面に落とし、筆を補助的に用いるだけで描く水墨山水画の技法。
【潑剌・潑溂ハツラツ】生き生きとして元気のよいさま。「生気潑剌」

4345【潘】6315 5F2F E04E 水-12 ハン[漢]/pān・fān
[字解] 形声。水＋番[声]。
[意味] ❶しろ水。米のとぎ汁。❷うずまき。うずまく水。❸あふれる。あふれる水。❹人名。「潘岳」
【潘岳ハンガク】中国、晋の文人。字あざなは安仁。亡妻を悼んだ「悼亡詩」は有名。また、美男であった。(二四七～三〇〇)

4346【澎】6316 5F30 E04F 水-12 ホウ(ハウ)[漢]/pēng
[字解] 形声。水＋彭[声]。
[意味] 水のみなぎるさま。水のぶつかりあうさま。
【澎湃ホウハイ】水や波がみなぎり、さかまくさま。転じて、物事が盛んな勢いで起こり広がるさま。

4347【澑】6317 5F31 E050 水-12 リュウ 「溜」(4278)の異体字

4348【潦】6319 5F33 E052 水-12 ロウ(ラウ)[漢]/lǎo・lào・liáo/にわたずみ
[字解] 形声。水＋尞[声]。長雨ながあめの意。
[意味] ❶にわたずみ。雨のあと地上を流れる水。たまり水。「潦水」「行潦コウロウ」❷おおみず。「水潦スイロウ」❸おおあめ。ながあめ。「旱潦カンロウ」「霖潦リンロウ」❹「潦草ロウソウ」は不注意なこと。❺＝潦倒ロウトウ
【潦水ロウスイ】たまり水。にわたずみ。
【潦倒ロウトウ】[1]老いぼれたさま。老衰し落ちぶれたさま。＊杜甫・登高「潦倒新停濁酒杯ロウトウあらたにとどむダクシュのハイ(＝老いて病む身は、にごり酒のさかずきまで、手にすることをやめてしまった)」[2]態度や姿がおだやかで奥ゆかしいこと。物事にこせつかないこと。

4349【澇】＊4068 水-12 ロウ(ラウ)[漢]/lào
[字解] 形声。水＋勞[声]。
[意味] ❶おおなみ。❷ながあめ。「旱澇カンロウ」❸あらう。さらう。❹ひたす。

心(小・忄)戈戶(戸)手(扌)支攴(攵) 4画 文斗斤方无(旡・无)日曰月木欠止歹(歺)殳毋比毛氏气水(氺・氵)火(灬)爪(爫・爫)父爻(㸚)爿(丬)片牙(牙)牛犬(犭)

4350 【澳】 6320 5F34 E053 水-13 イク漢・オウ(アウ)漢/yù·ào/くま・おき

字解 形声。水＋奥(おく)声。水が奥まで入りこんだところ、くまの意。

意味 ❶くま。湾曲した流れの内側。水の陸に湾入したところ。「隈澳ワイイク」❷ふかい。❸国おき。海や湖などの陸地から遠い所。❹地名。「澳門マカオ」

【澳門マカオ】(Macao) 中国広東省の南岸にある地域。珠江河口のマカオ半島とタイパ島・コロワン島から成る。もとポルトガル領。

4351 【澮】* 4085 水-13 カイ(クヮイ)漢/kuài

字解 形声。水＋會声。みぞ・小川の意。

意味 ❶みぞ。耕地の用水路。「溝澮コウカイ」❷おがわ。❸川の名。中国、山西省東南で西流して汾水フンスイに注ぐ。

4352 【澣】 6321 5F35 E054 水-13 カン(クヮン)漢/huàn·huǎn

字解 形声。水＋幹声。

意味 ❶あらう。すすぐ。「浣」に同じ。❷旬ジュン。一〇日間。「浣」に同じ。「上澣」「中澣」「下澣」「三澣」

4353 【激】 2367 3763 8C83 水-13 常6 キョウ(ケウ)漢・ケキ漢・ゲキ慣/jī/はげしい・たぎつ

筆順 激 激 激 激 激

字解 形声。水＋敫(→敲、強くうつ・たたく)声。水が岩石などに激しくうちあたる意。

意味 ❶はげしい。はなはだしい。きびしい。勢いが強い。たぎつ。また、強くぶつかる。「激痛」「激流」「激烈」「過激」「急激」⇒〔烈〕(4550)の表 ❷はげます。ふるいたたせる。また、感情が高ぶる。ふるいたつ。「激昂」「激励」「感激」「憤激」＊史記-張儀伝「召辱レ之、以激ニ其意一めしてこれをはずかしめ、もってそのイをゲキす」〔＝招き寄せて辱め、それによって彼の心を発憤させたのである〕」

❶ はげしい。はなはだしい。きびしい。

下接 過激カゲキ・急激キュウゲキ・矯激キョウゲキ・衝激ショウゲキ

【激化カゲキ】激しくなること。

【激激ゲキゲキ】激しく音をたてるさま。＊韓愈-山石「水声激激風生レ衣スイセイゲキゲキとしてかぜイにショウず」〔＝水の音が激しくわき立ち、涼しい風が衣服のあたりに吹きおこる〕」

【激暑ゲキショ】激しい暑さ。酷暑。

【激賞ゲキショウ】非常に褒めたたえること。

【激職ゲキショク】多忙で激しい職務。

【激甚ゲキジン】非常に激しいさま。はなはだしいさま。

【激切ゲキセツ】非常に激しくきびしいさま。→❷
【激戦ゲキセン】激しく戦うこと。「激戦地」

【激湍ゲキタン】激しく流れる早瀬。

【激痛ゲキツウ】激しい痛み。ひどい痛み。

【激怒ゲキド】激しく怒ること。

【激闘ゲキトウ】激しく戦うこと。激戦。

【激動ゲキドウ】激しく揺れ動くこと。

【激突ゲキトツ】激しくぶつかり合うこと。

【激発ゲキハツ】事件などが次々に起きること。→❷
【激変ゲキヘン】事態が急に大きく変わること。

【激務ゲキム】激しく多忙な務め。

【激流ゲキリュウ】激しく流れること。また、その流れ。

【激烈ゲキレツ】非常に激しいさま。「激烈な競争」

【激論ゲキロン】激しく議論すること。

❷ はげます。また、感情が高ぶる。

下接 感激カンゲキ・刺激シゲキ・憤激フンゲキ・奮激フンゲキ

【激越ゲキエツ】感情が激しく高ぶって荒々しいさま。
【激語ゲキゴ】興奮して、激しい口調で言うこと。激言。
【激昂・激高ゲキコウ】いきり立つこと。
【激情ゲキジョウ】理性でおさえきれない興奮した感情。
【激切ゲキセツ】おたがいに励ましあうこと。または、強く心を動かすこと。→❶
【激発ゲキハツ】感情が激しい勢いで起こること。→❶
【激励ゲキレイ】励まし元気づけること。奮起させること。

4354 【澠】* 4080 水-13 ショウ漢・メン呉・ベン漢・ジョウ慣/shéng·miǎn

字解 形声。水＋繩省声。

意味 ❶川の名。(イ)中国山東省北部を流れる。澠水ジョウスイ。(ロ)中国河南省を流れる。❷「澠池ベンチ(メンチ)」は、中国河南省の西北、洛陽の西方にある県。戦国時代、藺相如リンショウジョが趙王を助け秦王と会見して国威を高めた所。

4355 【澡】 6322 5F36 E055 水-13 ソウ(サウ)呉漢/zǎo/あらう

字解 形声。水＋喿声。あらう、すすぐ、きよめる意。

【澡雪ソウセツ】あらいすすぐこと。

【澡浴ソウヨク】体の垢あかを洗い去ること。入浴。

4356 【澤】 6323 5F37 E056 水-13 タク 「沢」(4017)の旧字

4357 【濁】 3489 4279 91F7 水-13 常 (4096)【浊】 二二 水-6 ジョク(ヂョク)呉・タク漢・ダク慣/zhuó/にごる・にごす・にごり

筆順 濁 濁 濁 濁 濁

字解 形声。水＋蜀声。

意味 にごる。けがれる。みだれる。⇔清

下接 黄濁オウダク・汚濁オダク・混濁コンダク・溷濁コンダク・重濁ジュウダク・清濁セイダク・沈濁チンダク・白濁ハクダク・連濁レンダク

【濁音ダクオン】[1]中国語で、有声子音の類。[2]国日本語で、濁点をつけた仮名で表される音節。カ行、サ行、タ行、ハ行の各音節に対するガ行、ザ行、ダ行、バ行の各音節。⇔清音
【濁酒ダクシュ|にごりざけ】滓かすをこし取らない白色ににごった酒。どぶろく。⇔清酒。＊杜甫-登高「潦倒新停濁酒杯ロウトウあらたにとどむダクシュのハイ」〔＝老いて病む身は、にごり酒のさかずきまで手にすることを、やめてしまった〕」
【濁水ダクスイ】にごった水。にごり水。⇔清水
【濁世ダクセイ|ジョクセ】[1](ダクセイ)道徳や政治の乱れた世の中。[2](ジョクセ)仏教で、にごり汚れた人間の世。この世。
【濁点ダクテン】国日本語で、濁音であることを示すため、仮名の右肩に打つ二つの点。濁音符。
【濁流ダクリュウ】にごっている水の大きな流れ。⇔清流
【濁浪ダクロウ】にごった波。
【濁醪ダクロウ】＝濁酒ダクシュ

4358 【澹】 6324 5F38 E057 水-13 タン漢・セン漢/dàn·shàn/ゆれる・たゆたう

字解 形声。水＋詹声。

意味 ❶たゆたう。水がゆるやかにゆれ動くさま。また、静かで安らかなさま。『澹然』『澹淡』『澹蕩』 ❷あわい。あっさりとしている。「淡」に同じ。『澹如』『澹澹』『沖澹(チュウタン)』 ❸「澹台滅明(タンダイメツメイ)」は、人名。孔子の弟子。字(あざな)は子羽。公正で徳行にすぐれた。

【澹如(タンジョ)】あっさりしていること。執着しないこと。

【澹然(タンゼン)】静かでおだやかなさま。

【澹淡(タンタン)】①水がたゆたうさま。②風や波などにただようさま。

【澹澹(タンタン)】①水のゆれ動くさま。②心の静かなさま。③あっさりしたさま。淡淡。

【澹蕩(タントウ)】ゆったりしてのどかなこと。

4359 【澱】 3735 4543 9362 水-13 テン[漢]・デン[慣]/diàn/おり・よど・よどむ・よどみ

[字解] 形声。水＋殿(しりのようにおちつく)[声]。おちつく水、おりの意。

[意味] ❶よどむ。水がとどこおって流れない。「淀」に同じ。❷水底にかすがたまる。また、おり。かす。『沈澱(チンデン)』

【澱江(デンコウ)】[国]大阪の淀川(よどがわ)の別称。淀江(デンコウ)。

【澱粉(デンプン)】多糖類の一。無味無臭の白色粉末の炭水化物。❤水中で沈澱する意。

4360 【濃】 3927 473B 945A 水-13 [常] ジョウ(ヂョウ)[漢]・ノウ[慣]/nóng/こい・こまやか

[筆順] 濃 濃 濃 濃 濃

[字解] 形声。水＋農[声]。こい意。農は一説に、ねばり強さを求める意を表すという。

[参考] 万葉仮名では音を借りて「ぬ」。

[意味] ❶こい。色、味などがこい。密度が高い。また、こまやか。こまかい。↕淡。『濃厚』『濃縮』『濃密』 ⇓[表] ❷[国]「美濃国(みののくに)」の略。東山道八か国の一。現在の岐阜県南部。『濃尾平野(ノウビヘイヤ)』『濃州(ノウシュウ)』

濃(ノウ)	淡(タン)
濃淡	
こい。こってりしている。	あわい。あっさりしている。
濃香	淡香
濃粧	淡粧
濃緑	淡緑
濃艶	淡薄
濃厚	淡泊
濃濃	淡淡

【濃艶(ノウエン)】こってりとあでやかで美しいこと。

【濃厚(ノウコウ)】①きわめて濃いさま。↕淡泊。『濃厚な味付け』②兆候や傾向が強く感じられるさま。↕希薄。『敗色濃厚』

【濃紺(ノウコン)】濃い紺色。『濃紺の制服』

【濃縮(ノウシュク)】液の濃度を高めること。『濃縮ジュース』

【濃粧(ノウショウ|ジョウソウ)】きらびやかにかざったよそおい。

【濃淡(ノウタン)】色や味の濃いことと薄いこと。

【濃度(ノウド)】液体や混合気体などの組成成分の割合。

【濃抹(ノウマツ)】濃く化粧すること。厚化粧。

【濃密(ノウミツ)】密度が濃いさま。濃くてこまやかなさま。

【濃霧(ノウム)】濃い霧。深い霧。

【濃緑(ノウリョク|こみどり)】濃い緑色。

4361 【濆】 6325 5F39 E058 水-13 フン[漢]・ホン[漢]/fùn・fēn・pēn/わく

[字解] 形声。水＋賁(大いにさかん)[声]。水がわく、またみぎわの意。

[意味] ❶水がわく。わき上がる。❷みぎわ。きし。❸まつわる。からみあう。

4362 【澪】 6326 5F3A E059 水-13 [人] レイ[漢]/líng/みお

[字解] 形声。水＋零[声]。

[意味] ❶川の名。❷[国]みお(水脈・水緒)。川などで船の通れるみちすじ。

【澪標(レイヒョウ|みおつくし)】河口などで、水脈や水深を知らせるために目印として立てる杭。❤「水脈(みお)の杭」の意。

4363 【濂】 6318 5F32 E051 水-13 レン[漢]/lián

[字解] 形声。水＋廉[声]。

[意味] ❶大きな川から流れ出た細い支流。絶え絶えな川。❷うすい。❸「濂渓」は川の名。

【濂渓(レンケイ)】①川の名。中国湖南省南部、湘江の主流瀟水(ショウスイ)に注ぐ。②中国、宋の周敦頤(シュウトンイ)のこと。濂渓の付近に住んで濂渓先生と呼ばれた。

【濂洛関閩(レンラクカンビン)】濂渓にいた周敦頤、洛陽(ラクヨウ)にいた程顥(テイコウ)・程頤(テイイ)、関中(今の陝西(センセイ)省)にいた張載、閩中(今の福建省)にいた朱熹(シュキ)をいう。宋学の中心人物として「宋学の五子」と呼ばれ、五人の唱えた学を「濂洛関閩の学」という。

4364 【濊】 *4094 水-13 カイ(クヮイ)[漢]・ワイ[漢]・カツ(クヮツ)[漢]/huì・wèi・huò

[字解] 形声。水＋歳[声]。

[意味] ❶水の深く広いさま。『汪濊(オウワイ)』 ❷けがれる。にごる。❸網を打つ音の形容。『濊濊(カツカツ)』

4365 【濶】 7973 6F69 E889 水-14 カツ 「闊」(8609)の異体字

4366 【濠】 2574 396A 8D8A 水-14 ゴウ(ガウ)[呉]・コウ(カウ)[漢]/háo/ほり

[字解] 形声。水＋豪[声]。

[意味] ❶ほり。城の周囲にめぐらした池。『内濠(うちぼり)』『外濠(そとぼり)』 ❷川の名。中国、安徽(アンキ)省北東部を北流して淮河(ワイガ)に入る。濠水。『濠梁』 ❸[国]「濠太剌利(オーストラリア)」の略。『濠州(ゴウシュウ)』

【濠梁之楽(ゴウリョウのたのしみ)】世俗を離れた境地。そこに遊ぶ楽しみ。〔荘子-秋水〕❤「梁」は橋で、荘子が恵子とともに濠梁に遊んだという故事から。

4367 【濟】 6327 5F3B E05A 水-14 サイ 「済」(4160)の旧字

4368 【濕】 6328 5F3C E05B 水-14 シツ 「湿」(4213)の旧字

4369 【濡】 3908 4728 9447 水-14 ジュ[漢]/rú/ぬれる・ぬらす・うるおう

[字解] 形声。水＋需(ぬれてやわらかい)[声]。水にぬれてやわらかくなる、ぬれる意。のちに水を加えた。

[意味] ❶ぬれる。ぬらす。そぼつ。うるおう。『濡染』『霑濡(テンジュ)』 ❷ぐずつく。とどこおる。『濡滞』

【濡染(ジュセン)】①うるおいそまること。②筆を墨でぬらすこと。ある物事にすっかりなじむこと。

【濡滞(ジュタイ)】とどこおること。おくれること。

4370 【澀】 6308 5F28 E047 水-14 ジュウ 「渋」(4162)の異体字

4371 【濬】 6329 5F3D E05C 水-14 シュン㊥/jùn

字解 会意。水＋叡(物事に深く通じる)省。ふかい意。

意味 ❶さらう。泥などをさらって水底を深くする。「浚」に同じ。❷深い。奥深い。『濬哲』

【濬池(シュンチ)】(深い池の意)海。

【濬哲(シュンテツ)】深い知恵のあること。また、その人。

4372 【瀞】 3852 4654 93D2 水-14 セイ 「瀞」(4396)の異体字

4373 【濯】 3485 4275 91F3 水-14 常 (4374)【濯】 水-14 旧字

タク㊥・トウ(タウ)㊥/zhuó・zhào/あらう・すすぐ・そそぐ・ゆすぐ

筆順 濯 濯 濯 濯 濯 濯

字解 形声。水＋翟(高くあげる)㊥。水中より布をひきあげあらう意。

意味 ❶あらう。すすぐ。きよめる。潔白にする。『浣濯(カンタク)』『洗濯(センタク)』❷＝濯濯(タクタク)

【濯纓(タクエイ)】冠のひも(纓)をあらうこと。世俗を超越し、節操を高く保つことをたとえていう。〔孟子-離婁上〕

【濯盥(タクカン)】手足をあらうこと。

【濯足(タクソク)】[1]足をあらう。世俗を超越することをたとえていう。[2]遠い旅からもどった者を招くこと。

【濯濯(タクタク)】[1]美しい光沢を放っているさま。〔詩経-大雅・崧高〕[2]山野の荒廃したさま。〔孟子-告子上〕

4375 【瀰】 6330 5F3E E05D 水-14 デイ㊥・ビ㊥/mí・mǐ

字解 形声。水＋爾(さかん)㊥。水がみちる意。

意味 ❶水がみちる。みちる。❷平らに連なるさま。❸「瀰瀰(デイデイ)」は、水の流れるさま。

4376 【濤】 6225 5E39 9FB7 水-14 (4128)【涛】 3783 4573 9393 水-7 †

トウ(タウ)㊥/tāo/なみ

字解 形声。水＋壽㊥。おおなみの意。

意味 なみ。おおなみ。なみだつ。

甲骨文

下接 狂濤(キョウトウ)・松濤(ショウトウ)・怒濤(ドトウ)・波濤(ハトウ)・風濤(フウトウ)

4377 【濘】 6331 5F3F E05E 水-14 ネイ㊥/níng/ぬかる・ぬかるみ

字解 形声。水＋寧㊥。小さな流れ、また、ぬかるみの意。

甲骨文

篆文

意味 ❶小さな流れ。小川。❷ぬかる。ぬかるみ。どろ。『汀濘(テイネイ)』『泥濘(デイネイ)(ぬかるみ)』

4378 【濵】 6332 5F40 E05F 水-14 ヒン 「浜」(4132)の異体字

4379 【濱】 ＊4106 水-14 ヒン 「浜」(4132)の異体字

4380 【濮】 6333 5F41 E060 水-14 ホク㊥・ボク㊥/pú

字解 形声。水＋僕㊥。

意味 川の名。濮水。㋑中国山東省西部、濮県と荷沢県の間を流れる川の名。㋺中国河南省延津・滑二県の境を流れていた川の名。もと黄河の分流。

【濮上之音(ボクジョウのオン)】みだらな音楽。中国古代、殷の滅亡をまねいたといわれる音楽。〔礼記-楽記〕❤春秋時代、衛(エイ)の霊公が晋(シン)に行く途中に濮水のほとりで聞いたことからいう。

4381 【濛】 6334 5F42 E061 水-14 ボウ㊥・モウ㊥/méng

字解 形声。水(気象)＋蒙(おおわれて暗い)㊥。ぼんやりとおおうように降るきりさめの意。

意味 ❶こさめ。きりさめ。『濛雨』『空濛(クウモウ)』❷くらい。うすぐらい。『昏濛(コンモウ)』『冥濛(メイモウ)』

【濛雨(モウウ)】濛々と空をかき曇らせて降る小雨。

【濛濛(モウモウ)】霧や小雨などであたりが薄暗いさま。また、煙やほこりなどの立ちこめるさま。

［鴻］⇩9467

4382 【瀉】 6335 5F43 E062 水-15 シャ㊥/xiè/そそぐ・はく

字解 形声。水＋寫㊥。

意味 ❶そそぐ。水をそそぎ流す。のぞく。水を取り去る。『一瀉千里(イッシャセンリ)』『瀉血』『瀉出』『瀉瓶』❷はく。食べたものをはき出す。また、腹を下す。『瀉下』『瀉剤』『瀉痢』『水瀉(スイシャ)』『吐瀉(トシャ)』❸「瀉土(シャド)」は、しおっち。塩分を含んだ土。❹熟字訓。『沢瀉(おもだか)』

❶ そそぐ。水をそそぎ流す。のぞく。

【瀉血(シャケツ)】高血圧症、脳出血などの治療の目的で、血液の一定量を除去すること。

【瀉出(シャシュツ)】流れ出ること。

【瀉瓶(シャビョウ)】仏語。師から弟子へ仏の教えの奥義(オウギ)をあますところなく伝授すること。❤「瓶」はつぼ。一つの瓶から他の瓶に水をそそぎ入れるという意。

❷ はく。また、腹を下す。

【瀉下(シャカ)】はらくだし。下痢。

【瀉剤(シャザイ)】下剤。

【瀉痢(シャリ)】はらくだし。下痢。

4383 【瀋】 6336 5F44 E063 水-15 シン㊥/shěn

字解 形声。水＋審㊥。

意味 ❶しる。液汁。❷地名。「瀋水(シンスイ)」は、中国遼寧省瀋陽市の南を流れる川の名。

【瀋陽(シンヨウ)】中国東北部、遼寧省の省都。省中央部、遼河の支流渾河(コンガ)に臨む。旧名奉天。

4384 【濺】 6337 5F45 E064 水-15 セン㊥/jiàn・jiān/そそぐ

字解 形声。水＋賤㊥。

意味 ❶そそぐ。水をそそぎかける。＊杜甫-春望「感時花濺涙(ときにカンじてははなにもなみだをそそぐ)〔＝この嘆かわしい時勢を思うと、美しい花を見ても涙を注ぐ〕」❷「濺濺(センセン)」は、水のはやく流れるさま。また、涙の流れ落ちるさま。

4385【瀦】 3585 4375 9295 水-15
チョ 「瀦」(4398)の異体字

4386【瀆】* 4112 水-15 (4129)【渎】 3834 4642 93C0 水-7
トク(漢)・トウ(漢)/dú・dòu/みぞ・けがす・けがれる
字解 形声。水＋賣(声)。
意味 ❶みぞ。どぶ。「汚瀆(オトク)」「溝瀆(コウトク)」 ❷けがす。よごす。けがれる。けがれ。「瀆告」「瀆職」「瀆神」「自瀆(ジトク)」「冒瀆(ボウトク)」 ❸大きな川。「四瀆(シトク)」は、中国の長江・黄河・淮(ワイ)水・済水の四つの川をいう。
【瀆告】(トクコク) ①くどくどと言うこと。②貴人に申し上げることの謙称。♥お耳をけがして申し上げるの意。
【瀆職】(トクショク) 役人が私利私欲のために不正な行為をして職をけがすこと。汚職。
【瀆神】(トクシン) 神の神聖をけがすこと。

4387【瀑】 6338 5F46 E065 水-15
ボウ(呉)・ホウ(漢)・ホク(呉)・ボク(漢)・バク(慣)/bào・pù/たき
字解 形声。水＋暴(あらい・はやい)(声)。にわか雨、または、たきの意。
意味 ❶たき。「瀑泉」「瀑布」「懸瀑(ケンバク)」「飛瀑(ヒバク)」 ❷にわか雨。はげしい雨。
【瀑泉】(バクセン) (「泉」は滝の意)滝。瀑布。
【瀑布】(バクフ) 直下する水の流れ。滝。

4388【濹】* 4107 水-15
ボク(慣)
字解 国字。墨田川(隅田川)を中国流に墨水と呼び、さらに一字にしたもの。
【濹東】(ボクトウ) 広く東京都区部の隅田川以東の地域をいう。一般には墨田、江東の二区を指す。

4389【瀁】 6339 5F47 E066 水-15
ヨウ(ヤウ)(漢)/yǎng
字解 形声。水＋養(声)。水があふれ広がるさま。果てないさま。

4390【濫】 4584 4D74 9794 水-15 常
ラン(呉)(漢)/làn/あふれる・みだれる・みだりに
筆順

字解 形声。水＋監(声)。
意味 ❶あふれる。水が広がる。「氾濫(ハンラン)」 ❷うかべる。 ❸みだれる。度を越す。みだりに。むやみに。「濫吹」「濫造」「濫読」「濫用」

❷ うかべる。
【濫觴】(ランショウ) 流れの源。転じて、物事の始まり。起源。〔荀子-子道〕♥長江も源にさかのぼれば、觴(さかずき)を濫(うか)べるほどの細流であったということから。

❸ みだりに。むやみに。
【濫獲】(ランカク) 魚、鳥獣などをむやみにとること。
【濫挙】(ランキョ) むやみに人をあげ用いること。
【濫巾】(ランキン) にせの隠者。♥「巾」は隠者の頭巾。隠者でないのに、みだりに隠者の頭巾をかぶるの意。
【濫吹】(ランスイ) 無能の者が才能のあるように装うこと。実力がなくて、その位にいること。濫竽(ランウ)。〔韓非子-内儲説上〕♥中国、戦国時代、斉の宣王が竽(ウ)(笛の一種)を好み、三〇〇人の合奏団を形成したとき、一人の楽士が吹く技能をもたないままに、その合奏団に紛れ込んでいたところ、宣王没後、湣王(ビンオウ)が即位して、一人一人に吹かせてみると、その楽士はついに逃げ出したという故事から。
【濫造】(ランゾウ) むやみに多くつくること。「粗製濫造」
【濫読】(ランドク) 書物を手当たりしだいに読むこと。↔精読
【濫伐】(ランバツ) むやみに山林などの木を伐採すること。
【濫発】(ランパツ) むやみに発布または発行すること。「手形を濫発する」
【濫費】(ランピ) むやみに費やすこと。むだづかい。
【濫用】(ランヨウ) みだりに用いること。乱用。「職権濫用」

4391【瀏】 6340 5F48 E067 水-15
リュウ(リウ)(漢)/liú/きよい
字解 形声。水＋劉(声)。
意味 ❶きよい。あきらか。きよくあきらかなさま。また、すずしいさま。風の速いさま。「瀏瀏」「瀏亮」 ❷ながれる。ながす。「流」に同じ。「瀏覧」
【瀏覧】(リュウラン) ①目を通すこと。②他人を敬って、その人が閲覧することをいう語。
【瀏瀏】(リュウリュウ) ①風が速いさま。②清く明らかなさま。
【瀏亮】(リュウリョウ) 清らかなさま。清く明らかなさま。また、音がさえて響くさま。瀏喨。

4392【濾】 6341 5F49 E068 水-15
ロ(呉)・リョ(漢)/lǜ/こす
字解 形声。水＋慮(声)。
参考 「瀘(ロ)」(4403)は別字。
意味 こす。液体を布などの目を通して混ざり物などを取る。
【濾過】(ロカ) 液体や気体をこして固体粒を取り除くこと。
【濾紙】(ロシ) 液体の濾過(ロカ)に用いる、多孔質で灰分の少ない紙。濾過紙。

4393【瀛】 6342 5F4A E069 水-16
エイ(漢)/yíng/うみ
字解 形声。水＋嬴(みちる)(声)。大海の意。
意味 ❶うみ。大海。「瀛海」「瀛表」 ❷池。沢。沼。 ❸地名。「瀛州」「東瀛(トウエイ)」「蓬瀛(ホウエイ)」
【瀛海】(エイカイ) 大海。
【瀛州】(エイシュウ) 中国で、蓬萊、方丈とともに三神山とされたものの一。東海中にあって神仙がすむという海島。
【瀛表】(エイヒョウ) 海の向こう。海外。

4394【瀣】* 4117 水-16
カイ(漢)/xiè
字解 形声。水＋韰(声)。「沆瀣(コウカイ)」は、露の降りた清い大気。また、露。

4395【瀚】 6343 5F4B E06A 水-16
カン(漢)/hàn/ひろい
字解 形声。水＋翰(声)。
意味 ひろい。広大なさま。「浩瀚(コウカン)」
【瀚海】(カンカイ) ①広大な砂漠。特にゴビ砂漠をさす。一説に、バイカル湖をさすという。②中国、唐代の都護府の名。ゴビ砂漠以北を管轄した。

4396【瀞】 ―― 水-16 (4372)【瀞】 3852 4654 93D2 水-14 †
セイ(漢)/jìng/とろ
字解 形声。水＋靜(きよい)(声)。

[意味] ❶しずか。また、きよい。❷[国]とろ。川の流れが静かで水の深いところ。

4397 【潛】 6311 5F2B E04A 水-16 セン 「潛」(4333)の異体字

4398 【瀦】 ── 水-16 (4385)〔瀦〕 3585 4375 9295 水-15 † (4337)〔潴〕 6344 5F4C E06B 水-12 チョ[漢]\zhū

[字解] 形声。水＋豬[声]。水が一か所に集まったところ、水たまりの意。

[意味] ❶水たまり。ため池。❷ためる。たまる。

4399 【瀕】 ── 水-16 (4407)〔瀕〕 4146 494E 956D 水-17 †

ヒン[呉][漢]\bīn・pīn

[字解] 会意。涉(水ぎわまで歩いていってわたる)＋頁(かお)。顔にしわをよせる意。

文 金 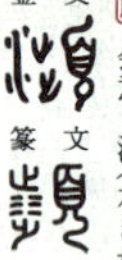 文 篆

[意味] ❶ほとり。みぎわ。『海瀕(カイヒン)』❷せまる。近づく。のぞむ。『危機に瀕する』『瀕海』『瀕死』

【瀕海(ヒンカイ)】 海に面していること。臨海。

【瀕死(ヒンシ)】 今にも死にそうな状態にあること。『瀕死の病人』

4400 【瀬】 3205 4025 90A3 水-16 [常] (4401)〔瀨〕 ── 水-16 旧字 [人]

ライ[漢]\lài\せ

[筆順] 氵 洓 涑 涑 瀬 瀬

[字解] 形声。水＋賴(→刺・厲、はげしい)[声]。水が激しくくだけて流れるはやせの意。

[参考] 万葉仮名では訓を借りて「せ」。

[意味] せ。㋑あさせ。はやせ。川の流れの速く浅いところ。↔淵(ふち)。『高瀬舟』『滝つ瀬』㋺[国]立場。場所。また、場合。『立つ瀬がない』『逢瀬(おうせ)』

[下接] 迅瀬(ジンライ)・石瀬(セキライ)・湍瀬(タンライ)／浅瀬(あさせ)・川瀬(かわせ)・潮瀬(しおせ)・早瀬(はやせ)・淵瀬(ふちせ)

【瀬戸(せと)】 ①両方から陸地が迫っている小さな海峡。また、川の瀬の幅が狭くなった所。『瀬戸際(せとぎわ)』〔=勝敗、成否などの重大な分岐点〕 ②「瀬戸物」の略。瀬戸焼。転じて、陶磁器の総称。愛知県瀬戸市およびその付近から産するのでいう。

4402 【瀝】 6345 5F4D E06C 水-16 レキ[漢]\lì\したたる

[字解] 形声。水＋歷(一つ一つすすむ)[声]。一滴ずつしたたる意。

[意味] ❶こす。液体をこして下にしずくをたらす。『瀝青』❷したたる。したたり。『瀝滴』『残瀝(ザンレキ)』『披瀝(ヒレキ)』『余瀝(ヨレキ)』❸「瀝瀝(レキレキ)」は、風や波などが音をたてるさま。

【瀝青(レキセイ)】 樹木、泥炭などからベンゼンなどの有機溶剤で抽出される炭化水素化合物の総称。『瀝青炭』

【瀝滴(レキテキ)】 したたること。したたり。また、しずく。

4403 【瀘】 6346 5F4E E06D 水-16 ロ[漢]\lú

[字解] 形声。水(かわ)＋盧[声]。川の名。瀘水。中国の、長江の上流金沙江が、四川省西部の山地を南流し、支流雅礱江を合わせたあたりという。

文 金 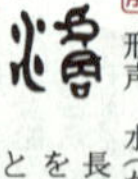

4404 【瀧】 3477 426D 91EB 水-16 ロウ 「滝」(4280)の旧字

[参考] 「瀘(ロ)」(4392)は別字。

4405 【瀟】 6347 5F4F E06E 水-17 ショウ(セウ)[漢]\xiāo\きよい

[字解] 形声。水＋蕭[声]。

[意味] ❶きよい。清く深い。また、ものさびしいさま。『瀟洒(ショウシャ)』❷＝瀟瀟(ショウショウ)。❸川の名。中国湖南省南部、寧遠県の九疑山に発し、北流して零陵県付近で湘江に注ぐ。古名、冷水。泥江。『瀟湘』

【瀟洒・瀟灑(ショウシャ)】 すっきりして、あか抜けしているさま。さっぱりと清らかなさま。

【瀟湘(ショウショウ)】 中国の湖南省の川の瀟水と湘水。合流して洞庭湖に注ぐ。また、瀟水を入れた中流以下の湘水の別称。

【瀟湘八景(ショウショウハッケイ)】 瀟水と湘水の付近にある、八つの佳景。平沙落雁、遠浦帰帆、山市晴嵐、江天暮雪、洞庭秋月、瀟湘夜雨、煙寺晩鐘、漁村夕照の八景。

【瀟瀟(ショウショウ)】 ①風雨のはげしいさま。②雨がさびしげに降るさま。また、風がさびしげにふくさま。

4406 【瀰】 6348 5F50 E06F 水-17 (4186)〔㳽〕 ── 水-8

ミ[呉]・ビ[漢]\mí

[字解] 形声。水＋彌[声]。

[参考] 万葉仮名では音を借りて「み[甲]」。

[意味] ❶水が満ちあふれるさま。広がりみちるさま。『瀰瀰』❷はてしなく広がるさま。『瀰漫』

【瀰瀰(ビビ)】 水が一面に流れるさま。

【瀰漫(ビマン)】 広がりはびこること。弥漫。

4407 【瀕】 4146 494E 956D 水-17 ヒン 「瀕」(4399)の異体字

4408 【瀹】 *4121 水-17 ヤク[漢]\yuè\ひたす・ゆがく

[字解] 形声。水＋龠[声]。

[意味] ❶ひたす。湯につける。❷ゆでる。ゆがく。❸あらう。すすぐ。❹水を治める。治水工事をする。

4409 【瀾】 6349 5F51 E070 水-17 ラン[漢]\lán\なみ

[字解] 形声。水＋闌(→連、つらなる)[声]。波頭が連なったなみの意。

[意味] ❶なみ。㋑おおなみ。『回瀾(カイラン)』『狂瀾(キョウラン)』『波瀾(ハラン)』㋺さざなみ。「漣(レン)」に同じ。㋩なみだつ。『瀾汗』❷水がしたたり落ちること。涙が流れる。

【瀾汗(ランカン)】 波のうねりおこるさま。

4410 【瀲】 6350 5F52 E071 水-17 レン[漢]\liàn

[字解] 形声。水＋斂[声]。

[意味] ❶水が満ちあふれるさま。また、水がゆれ動くさま。さざなみがたち連なるさま。『瀲灩』❷うかぶ。波間にうかぶ。❸みぎわ。なぎさ。

【瀲灩(レンエン)】 さざなみが立ち、光りきらめくさま。また、水が満ちあふれて静かにゆれ動くさま。瀲瀲(レンレン)。

4411 【灌】 6285 5E75 9FF3 水-18　(4287)【潅】 2035 3443 8AC1 水-11 †

カン(クヮン)呉漢/guàn/そそぐ

字解 形声。水＋雚(声)。

意味 ❶そそぐ。㋑水をつぎこむ。『灌漑』『灌頂』『灌水』㋺すすぐ。あらう。『湯灌(ゆカン)』❷むらがり生える。『灌木』『灌莽』

❶ そそぐ。

【灌漑(カンガイ)】田畑に水を人工的に引き、土地を潤すこと。『灌漑用水』

【灌頂(カンジョウ)】仏語。①菩薩が仏に成ることを約束されることを証する作法。②真言密教では、修行の段階に応じて、儀式として大きく分けて伝法、学法、結縁の三つがある。梵 abhiṣecana, abhiṣeka の訳語。水を頂に灌(そそ)ぐの意。昔、インドで国王の即位や立太子の時、水をその頭の頂に注ぎかけた儀式から転じた。

【灌水(カンスイ)】水を注ぐこと。『灌水浴』

【灌仏(カンブツ)】①仏像に香水(コウズイ)を注ぎかけること。②「灌仏会(カンブツエ)」の略。【灌仏会(カンブツエ)】釈尊の誕生日の四月八日に、誕生仏の像に甘茶をかける行事。花祭り。

❷ むらがり生える。

【灌木(カンボク)】幹が発達しない、丈の低い木本植物。「低木」の古い言い方。↔喬木(キョウボク)

【灌莽(カンモウ)】(「莽」は草が深く茂るの意) 草木が生い茂ること。

4412 【灘】 3871 4667 93E5 水-18　タン「灘」(4417)の異体字

4413 【灋】 * 4128 水-18　ホウ「法」(4064)の異体字

4414 【灔】 * 4129 水-19　エン「灩」(4423)の異体字

4415 【灕】 * 4130 水-19　リ「漓」(4309)の異体字

4416 【灑】 6351 5F53 E072 水-19

シャ呉・サイ漢/sǎ/そそぐ

字解 会意。水＋麗(整然と並んで美しい)。水をそそいできれいにする意。洒に同じ。

意味 ❶水をそそぐ、あらう。「洒」に同じ。『灑掃』❷散る。散らす。『灑灑』❸物事にこだわらず、さっぱりしたさま。きよらかでさっぱりしたさま。『灑落』

【灑灑(サイサイ)】①水のそそぎ落ちるさま。②木の葉、花などの散り落ちるさま。

【灑掃(サイソウ)】水をそそぎ塵をはらうこと。掃除すること。

【灑落(サイラク|シャラク)】①そそぎ落ちるさま。さらっと落ちるさま。②さっぱりしていて、物事にこだわらないさま。洒落(シャラク)。

4417 【灘】 二二 水-19　(4412)【灘】 3871 4667 93E5 水-18 †

タン漢・ダン呉・カン漢/tān/なだ

字解 形声。水＋難(声)。

意味 ❶せ。はやせ。水が浅く、流れが急で、かつ岩石が多い場所。舟行きがむずかしい所。❷国なだ。潮流が強く波の荒い海。『玄界(ゲンカイ)灘』

4418 【灝】 * 4131 水-21

コウ(カウ)漢/hào

字解 形声。水＋顥(白くおおきい)(声)。

意味 ❶ひろい。大きい。水が果てなく広がるさま。『灝気』❷豆を煮た汁。

【灝気(コウキ)】ひろびろとして清らかな大気。

4419 【灞】 * 4132 水-21

ハ漢/bà

字解 形声。水(かわ)＋霸(声)。

意味 川の名。灞水(ハスイ)。中国陝西(センセイ)省秦嶺に発して、西安の付近で渭水(イスイ)に注ぐ。

【灞橋(ハキョウ)】中国陝西(センセイ)省西安市の東にある、灞水にかかる橋の名。故事 昔、長安の人が東行の人をこの橋まで見送って、別れに、折った柳の枝を贈った。

4420 【灣】 6352 5F54 E073 水-22　ワン「湾」(4241)の旧字

4421 【灎】 * 4133 水-23　エン「灩」(4423)の異体字

4422 【灤】 * 4134 水-23

ラン漢/luán

字解 形声。水＋欒(声)。もれる意。

4423 【灩】 二二 水-28　(4414)【灔】 * 4129 水-19　(4421)【灎】 * 4133 水-23

エン漢/yàn

字解 形声。水＋豔(声)。ただよう意。豊は豐の略体。

意味 水がゆたかに満ちてただよう。『瀲灩(レンエン)』

【灩灩(エンエン)】①水のなみなみと満ちるさま。②月光が水に映えて光るさま。

86 火(灬)部 ひ

甲骨文

篆文

火は、燃えあがるほのおを象り、火(ものが光を出して燃えたり焼けたりすること)に関して、その状態、作用、また光や熱の類を表す。字形の左部にあるものを「ひへん」という。また下部にあるものは漢代の隷書以降多く灬の形をとり、これを列火(れっか・れんが)また四つ点とよぶ。赤・黒の下の四画も、起源としては火であるが、それぞれ別に、赤部(155)、黒部(203)をなす。なお、燕の四つ点は、もとつばめの尾のさまであるが、火の形に類化し、火部に属することになっている。

火◆ 火 炎

火(上) ⑥ 𤇾 ⑨ [illegible] ⑩ [illegible] ⑬ 營 燮 爕

火(下) ② 灰 灰 ③ 灸 災 灾 灵 ④ 炙 ⑤

炭 炭 ⑥ 烖 ⑧ 焚 ⑩ 熒 ⑪ 熨 [illegible] ⑫

燙 ⑭ [illegible] ㉕ [illegible]

火(左) ② 灯 ③ 灼 灶 ④ 炕 炊 炒 [illegible] 炉

心(⺗・忄)戈戸(戶)手(扌)支攴(攵) 4画 文斗斤方无(旡・无)日曰月木欠止歹(歺)殳毋比毛氏气水(氺・氵)火(灬)爪(爫・⺥)父爻(爻)爿(丬)片牙(牙)牛犬(犭)

⑤炯炬炫炸炷烁炻炲炳炮⑥烟烘烙⑦焔烱烽⑧焰焮焜焠焼焙煉⑨煒煜熅煙煙煆煥煇煌煖煐焴煤煩煬煠煉煨⑩熅熉熇煽煸熄熔⑪熯熛熢熮⑫熾燋燒燂燂燈燉燃燔燁燗燗燎燐⑬燠燬燦燭燧燥燵⑭爀燻燼燿燿⑮爍爋爋爆⑯爓爐⑰爛⑱爝

火 ⑦倐⑫燄

灬 ⑤為点⑥烏烋烝烈⑦焉焄烹⑧煮焦然無⑨煕煦煞煮照煎⑩熙熈熏熊⑪勳熬熟熱黙⑫燕熹⑭燾

火

4424【火】 1848 3250 89CE 火－0 常1 カ(クヮ)呉漢・コ唐／huǒ／ひ・ほ

筆順 火火火火

字解 部首解説を参照。

参考 万葉仮名では訓を借りて「ひ乙」「ほ」。

意味 ❶ひ。また、やく。やける。㋑ほのお。もやす。もえる。『火災』『火山』『火事』『火薬』『消火』『点火』 ㋺火が燃え上がるように、急なさま。また、激しいさま。『火急』『情火』『心火』『欲火』 ❷ともしび。あかり。『漁火』『蛍火』『灯火』 ❸五行の一。方角では南、四季では夏、惑星では火星、十干では丙・丁、十二支では寅と。また、日本で、七曜の一。火曜。『水火』 ❹中国、唐代の兵制で一〇人一組みの称。「火長」は、その隊長。

下接 ❶ ひ。ほのお。また、やく。やける。
㋑行火・引火・煙火・怪火・近火・劫火・業火・残火・自火・失火・銃火・出火・消火・浄火・神火・水火・燧火・聖火・戦火・大火・耐火・着火・鎮火・鉄火・天火・点火・湯火・発火・噴火・兵火・烽火・放火・砲火・防火・猛火・野火・雷火・類火・烈火・弄火・狼火・導火線・電光石火／熾火・燠火・鑽火・口火・下火・天火・花火・不審火 ㋺情火・心火・痰火・欲火

【火炎・火焔(カエン)】燃え立つ火。ほのお。『火炎太鼓』 ▼書き換え「火焔→火炎」。

【火浣布(カカンプ)】石綿を織って作った燃えない布。

【火気(カキ)】①火の気ケ。『火気厳禁』 ②火の勢い。

【火器(カキ)】①火を入れる器具。②銃砲。『自動火器』

【火急(カキュウ)】火がついたように、事態が差し迫っていること。『火急の用件』

【火牛之計(カギュウのケイ)】兵法の一。中国の戦国時代の奇計で、牛の角に刀を束ね、尾に葦あしを結び付けて点火し、夜陰に乗じて敵陣に放つもの。〔史記-田単伝〕

【火刑(カケイ)】火あぶりの刑。

【火口(カコウ|ひぐち|ほくち)】㊀(カコウ) 溶岩や火山ガスなどの噴出口。噴火口。『火口丘カコウキュウ』『火口湖』 ㊁(ひぐち) ①火事の火の燃え口。②点火する口。燃やし口。㊂(ほくち) 火打ち石で打ち出した火を移し取るもの。ほくそ。

【火候(カコウ)】①火のかげん。②丹薬の練りかげん。③修養・努力の程度。

【火災(カサイ)】火によって受ける災難。火事。『火災保険』

【火山(カザン)】マグマやその生成物が地上に噴出してできた山。噴火山。『火山帯』『火山灰』『活火山』『死火山』

【火事(カジ)】建物、山林、船などが焼けること。

【火車(カシャ)】①火攻めに用いる車。②仏語。悪事を犯した罪人を乗せて地獄に運ぶという火のついた車。また、地獄で罪人を乗せて責める火の車。

【火酒(カシュ)】ウオッカ、ウイスキー、ジンなど、アルコール分の多い蒸留酒。▼火をつけると燃えるところから。

【火傷(カショウ|やけど)】火などに触れて皮膚がただれること。

【火定(カジョウ)】仏道修行者が、生身を火の中に投じて成仏を期すること。

【火縄(カジョウ|ひなわ)】火持ちをよくした点火用の縄。

【火食(カショク)】物を煮たり焼いたりして食べること。

【火燼(カジン)】もえのこり。もえかす。

【火勢(カセイ)】火の燃える勢い。火気。『火勢が衰える』

【火成岩(カセイガン)】マグマが冷却してできた岩石。主に石英、長石、雲母などから成る。花崗岩カコウガン、安山岩など。

【火箭(カセン)】(「箭」は矢のこと) 火をつけて射る矢。敵の物資などを焼いたり、味方との信号に用いる。

【火線(カセン)】直接敵と銃火や砲火を交える戦闘の最前線。

【火葬(カソウ)】遺体を焼き、骨を収めて葬ること。茶毘ダビ。

【火槍(カソウ)】銃砲をいう。

【火宅(カタク)】仏教で、この世。現世。娑婆シャバ。『三界の火宅』〔法華経-譬喩品〕▼三界が汚濁オジョクと苦悩に悩まされて安住できないことを、燃えさかる家にたとえた語。

【火中(カチュウ)】火の中。『火中の栗くりを拾う〔=他人の利益のために危険を冒すことのたとえ〕』

【火田(カデン)】①(「田」は田猟で、狩りのこと) 田畑の草木を焼いて、狩りをすること。②朝鮮で行われる焼き畑をいう。

【火遁(カトン)】仙術の五遁(金遁・木遁・水遁・火遁・土遁)の一つで、火を利用して身を隠し、逃れる幻術。

【火難(カナン)】火で起こる災難。『火難の相』

【火兵(カヘイ)】(「兵」は武器の意) 小銃、大砲など、火薬の力で、弾丸を遠くへ発射する装置の兵器。火器。

【火砲(カホウ)】大砲などの火器。

【火薬(カヤク)】熱や衝撃によって発火・爆発する薬品。

【火力(カリョク)】①火のちから。火の強さや勢い。『火力発電所』 ②鉄砲などの火器の威力。

【火輪(カリン)】①火が輪のように見えるもの。②(火の輪の意から) 太陽の異称。日輪。

【火炉(カロ)】①火を入れて暖をとるもの。火ばち、いろりなど。②香をたくのに用いる器。

【火燵(コタツ)】国熱源をやぐらでおおい、その上にふとんをかけて暖をとるもの。炬燵コタツ。

【火焼眉毛(ひビモウをやく)】眉毛が焼けるほどに火が迫っている。事態が切迫しているたとえ。焦眉ショウビの急。〔五灯会元〕

【火屋(ほや)】香炉、手あぶりなどのふた。→❷

下接 ❷ ともしび。あかり。
陰火・鬼火・炬火・挙火・漁火・松

【火屋ほや】ランプなどの火を覆うガラス製の筒。→❶（火ショウ・灯火トウカ／ともしび・燐火リンカ／狐火きつねび・不知火しらぬい）

❸ 五行の一。また、七曜の一。

【火雲カウン】夏の雲。雷雲。

【火正カセイ】古代中国の官名。火星をまつり、火に関する政務をつかさどる。火官。

【火星カセイ】太陽系中、太陽から四番目、地球のすぐ外側の惑星。

【火徳カトク】五行思想による五徳の一。漢王朝の象徴とされる。

【火曜カヨウ】国 一週間に七曜を割り当てた、日曜から数えて第三番目の日。火曜日。

4425 【炎】 1774 316A 898A 火－4 常 エン呉漢／yán／ほのお・ほむら・もえる

筆順 炎炎炎炎炎炎

字解 会意。火＋火。燃えさかるほのおの意。

甲骨文

金文

篆文

同属字 痰・剡・淡・啖・毯・琰・談・緂・餤

意味 ❶ほのお。火。燃え上がる火。「焔」に同じ。また、もえる。燃え上がる。『炎上』『火炎』『気炎』❷あつい。燃えるように暑い。『炎夏』『炎暑』『炎天』❸体の一部に痛みや熱を生じること。『炎症』『胃炎』

❶ ほのお。また、もえる。

下接 火炎カエン・気炎キエン・情炎ジョウエン・陽炎ヨウエン／かげろう・余炎ヨエン

【炎炎エンエン】火のさかんに燃え上がるさま。

【炎火エンカ】さかんに燃え上がる火。

【炎漢エンカン】中国、漢王朝の別称。♥漢は火の徳で王となったことから。

【炎上エンジョウ】①火が大きく燃え上がること。②国 殿舎・堂宇などの火災。

❷ あつい。

【炎夏エンカ】暑い夏。

【炎旱エンカン】日照りが強く、暑気のはなはだしいこと。

【炎暑エンショ】真夏の燃えるような暑さ。

【炎精エンセイ】①太陽。②火徳の神。また、火徳の運。

【炎帝エンテイ】夏をつかさどる神。また、太陽。

【炎天エンテン】燃えるように暑い盛夏の空。炎日。

【炎毒エンドク】暑さの苦しみ。炎虐エンギャク。

【炎熱エンネツ】夏の厳しい暑さ。炎暑。また、火の強い熱気。↔酷寒。『炎熱地獄』

【炎風エンプウ】日照りで熱くなった風。熱風。

【炎涼エンリョウ】暑さと涼しさ。気候の移り変わり。歳月。

❸ 体の一部に痛みや熱を生じること。

下接 胃炎イエン・肝炎カンエン・筋炎キンエン・消炎ショウエン・腎炎ジンエン・腸炎チョウエン・脳炎ノウエン・肺炎ハイエン・鼻炎ビエン

【炎症エンショウ】体の一部に赤み、はれ、熱等を起こすこと。

火

4426 【𤇾】 —— 火－6 ケイ漢・エイ漢／yíng

字解 熒の略体。声符となると、營の意に近く、火をめぐらす、火のひかりの意を表すことが多い。

同属字 勞・塋・煢・榮・犖・瑩・螢・縈・營・鶯

【勞】⇩692

4427 【煢】 6373 5F69 E089 火－9 ケイ漢／qióng

字解 形声。卂（はやくとぶ）＋營（ぐるりとめぐる）省声。一羽の鳥が速くとびめぐる意。

意味 ひとり。ひとり者。また、やもめ。「惸」に同じ。

【煢煢ケイケイ】孤独な気持ちでいるさま。

【煢独ケイドク】困窮してたよる人もいない人間。

【塋】⇩1285

4428 【[illegible]】 —— 火－10 リン「粦」(5778)の異体字

【犖】⇩4621 【瑩】⇩4759 【螢】⇩7032

4429 【營】 5159 535B 9A7A 火－13 エイ「営」(983)の旧字

4430 【燮】 5057 5259 99D7 火－13 ショウ（セフ）漢／xiè

字解 会意。炎＋言＋又。やわらげる意。

金文

篆文

意味 やわらぐ。やわらげる。調和する。

【燮理ショウリ】①陰陽をやわらげととのえること。②国を治めること。

【燮和ショウワ】世の中をおだやかに治めること。

(4431) 【爕】 —— 火－13

火

4432 【灰】 1905 3325 8A44 火－2 常6 カイ（クヮイ）漢／huī／はい

(4433) 【灰】 —— 火－2 旧字

筆順 灰灰灰灰灰灰

字解 灰は、灰の通俗体。灰は形声。火＋ナ（＝又、て）声。手に持てる火、もえかす、はいの意という。

同属字 恢・詼

意味 ❶はい。物の燃え尽きたあとに残る粉状の物質。㋑もえがら。『灰汁』『灰燼』㋺はいいろ。黒と白の中間色。『灰白色』㋩はいにする。はいになる。焼きつくす。ほろびる。『灰滅』❷活気のないさま。また、静かなさま。『灰槁』『灰心』

❶ はい。もえがら。また、はいいろ。

下接 降灰コウカイ・骨灰コッカイ・塵灰ジンカイ・石灰セッカイ・土灰ドカイ

【灰汁カイジュウ／あく】㊀灰を水につけてできた上澄みの水。㊁（あく）①植物に含まれる渋みのある成分。『灰汁抜き』②強い個性。『灰汁が強い』

【灰塵カイジン】①灰と、ちり。②価値のないことのたとえ。

【灰燼カイジン】灰と燃えさし。『灰燼に帰する（＝燃えて跡形もなくなる）』

【灰白カイハク】灰色がかった白色。灰白色。

【灰分カイブン】①はい。②栄養学で、鉱物質をいう語。

【灰滅カイメツ】灰となって滅亡すること。跡形もなく、ほろびること。

【飲灰洗胃】灰を飲んで胃を洗い清める。改心して善にうつるたとえ。〔南史-荀伯玉伝〕

❷活気のないさま。また、静かなさま。

【灰心】1無欲で平静な心。2元気をなくした心。

【灰槁】（「槁」は枯れるの意）生気のないもののたとえ。

下接 寒灰・死灰・心灰・冷灰

4434【灸】
2168 3564 8B84 火－3 キュウ（キウ）漢 jiǔ/やいと

字解 形声。火＋久（人にきゅうをする）声。やいとの意。のちに、火を加えて、その字義を明確にした。

意味 きゅう。やいと。もぐさを体の一部に置き、火をつけ、その熱で病気をなおす方法。『灸をすえる』（＝比喩的に、戒めのため処罰する）』『温灸』『鍼灸』

【灸穴】人の体で、症状に応じ、灸をすえるのに適した所。つぼ。灸点。

【灸刺】灸とはり。灸鍼。

【灸鍼】＝灸刺

【灸点】灸をすえる所に、墨で書く点。また、灸をすえることを。

4435【災】
2650 3A52 8DD0 火－3 常5 (4436)【灾】＊4140 火－3

サイ呉漢 zāi/わざわい

筆順

字解 会意。火＋巛（＝巛、わざわい）。火によるわざわいから、一般にわざわいの意。もと、巛・烖と同じ。篆文は烖（烖）。災・灾は重文による。

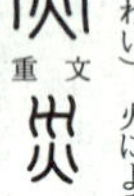

意味 わざわい。よくないできごと。

下接 火災・旱災・攘災・震災・人災・水災・戦災・息災・天災・被災・風災・変災・防災・罹災 ⇒表

【災異】非常の変災。わざわい。天災地変。

災（サイ）	禍（カ）
災禍	
自然におこる災難。災害 災難 災祥 戦災 変災 火災	ふしあわせ。禍害 禍難 禍福 戦禍 奇禍 水禍

【災禍】天災や事故によって受けるわざわい。

【災害】天災、火災、事故などによるわざわい。

【災咎】天の戒めとして下すわざわい。

【災祥】わざわいとさいわい。禍福。

【災難】突然身にふりかかるわざわい。

【災厄】わざわい。災難。災禍。

【災厲】（厲は疠病）わざわい。災害と流行病。

4437【灵】
＊4138 火－3 リョウ（リャウ）呉・レイ漢/líng

字解 靈の通俗体。中国では簡体字。

4438【炙】
6353 5F55 E074 火－4 シャ漢・セキ漢 zhì/あぶる

字解 会意。火＋夕（＝肉、にく）。肉を火であぶる意。

意味 ❶あぶる。火でやく。『炙輠』『炙背』❷あぶり肉。焼き肉。『膾炙』❸親しみ近づく。『親炙』

【炙輠】（「輠」は車の油をさす所）輠をあぶると、油が流れ出てつきないところから、知恵や弁舌のつきないことのたとえ。〔晋書-儒林伝・賛〕

【炙背】1背中に日光をうけること。気持ちのよいこと。2背中に火をつけること。苦しいことのたとえ。

4439【炭】
3526 433A 9259 火－5 常3 (4440)【炭】二二 火－5 旧字

タン呉漢 tàn/すみ

筆順

字解 炭は、炭の通俗体。炭は会意。火＋屵（けずりたったがけ）。山中から切り出される石炭の意。

意味 ❶すみ。木が焼けて黒く残ったもの。『炭薪』『炭団』『木炭』『練炭』❷「石炭」の意。地中からとれる化石燃料。『炭坑』『炭田』『採炭』『泥炭』❸「炭素」の略。『炭水化物』『炭酸』

❶すみ。

下接 助炭・薪炭・塗炭・呑炭・氷炭・豆炭・木炭・練炭

【炭団】国木炭の粉末を球状に固め、乾燥させた燃料。火鉢、あんかなどに用いる。♥「タドン」は「炭団」の唐宋音「タントン」からとも。

【炭薪】すみとたきぎ。燃料。薪炭。

❷「石炭」の意。

下接 亜炭・褐炭・採炭・獣炭・出炭・選炭・増炭・貯炭・泥炭・粉炭

【炭坑】石炭を掘り出す坑。石炭坑。また、炭鉱。

【炭鉱・炭礦】石炭を採掘する鉱山。♥書き換え「炭礦→炭鉱」。

【炭田】地下に炭層が存在し、石炭が豊富に埋蔵されている地域。

【炭肺】炭塵を吸い込むことによって起こる慢性の呼吸器疾患。

❸「炭素」の略。

【炭化】有機物が加熱などによってそのほとんどが炭素に変化すること。

【炭酸】二酸化炭素が水に溶けて生じるきわめて弱い二塩基酸。『炭酸水』

【炭水化物】炭素、水素、酸素から成る有機化合物。含水炭素。

【炭素】元素の一。元素記号C。二酸化炭素として気圏、水圏に、有機化合物として生物界に広く存在する。

4441【烖】
＊4161 火－6 サイ呉漢 zāi

字解 形声。火＋𢦏（＝𢦏、わざわい）声。火によるわざわいから、一般に、わざわいの意。災の本字。

4442【焚】
4218 4A32 95B0 火－8 フン漢 fén/やく・たく

字解 会意。火＋林（はやし）。林を火でやく意。

意味 やく。やける。たく。もやす。もえる。＊論語-郷党「廐焚（うまややけたり）」（＝うまやが火事になった）」

【焚毀】焼き払うこと。焼けくずれること。

【焚灼】1焼くこと。2火あぶり。3非常に暑いこ

心（小・忄）戈戸（戸）手（扌）支攴（攵） 4画 文斗斤方无（旡・无）日曰月木欠止歹（歺）殳毋比毛氏气水（氺・氵）火（灬）爪（爫）父爻（爻）爿（丬）片牙（牙）牛犬（犭）

と。4ひどく心を苦しめること。

【焚舟フンシュウ】舟を焼くこと。川を渡った後その舟を焼き払い、二度ともどらないという決死の覚悟を示す。〔左伝‐文公三年〕

【焚書フンショ】学問や言論を圧迫する手段として書物を焼きすてること。【焚書坑儒フンショコウジュ】中国、秦の始皇帝が紀元前二一三～二一二年に行った、主に儒家に対する言論統制政策。医学・卜筮ボクゼイ・農事などの実用書以外の書物を焼き、儒生四六〇余人を咸陽で穴うめにしたといわれる事件。転じて、学問・思想を弾圧すること。

【焚如フンジョ】1火が勢いよく燃えるさま。2火事。

【焚燼フンジン】もえかす。もえのこり。

【焚滅フンメツ】焼きほろぼすこと。焼けほろびること。

4443【熒】＊4207 火‐10 ケイ㊥・エイ㊥/xíng
字解 形声。火三つ＋冖(＝冂、めぐらしとりかこむ)㊥。多くの火をめぐらす、ともしびの意。
金文 篆文
意味 ❶ひかり。ともしび。ひかりかがやく。「熒熒」「熒煌」「青熒セイ」❷まどわす。「熒惑」「聴熒チョウエイ」
【熒熒ケイケイ】光り輝くさま。
【熒煌ケイコウ】火の光の輝くさま。
【熒惑ケイワク・ケイコク】1まどわすこと。2(「熒惑星」の略)火星の異名。

4444【熨】6381 5F71 E091 火‐11 イ㊥・ウツ㊥/yù・yùn/のす・のし
字解 形声。火＋尉(火のしをかける)㊥。火のしをあてる意。尉が別義に用いられるようになったため、のちに火を加えて区別した。
意味 ❶のす。のばす。熱を加えてのばす。「湯熨ゆのし」❷ひのし。アイロン。「熨斗」
【熨斗ウツト・のし】㊀(ウツト)ひのし。㊁(のし)1のしあわび。2祝儀などの進物にそえる紙製のもの。折りたたんで、中にのしあわびを小さく切ってはさむ。

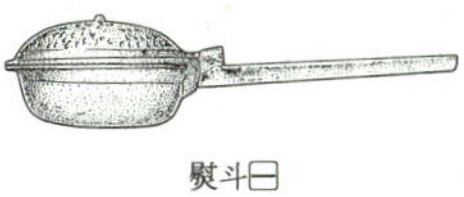
熨斗㊀

4445【熢】―― 火‐11 ホウ「烽」(4472)の異体字

4446【燙】＊4225 火‐12 トウ(タウ)㊥/tàng
字解 形声。火＋湯(ゆ)㊥。あたためる意。

4447【燹】6401 6021 E09F 火‐14 セン㊥/xiǎn
字解 形声。火＋豩㊥。ひ、野火の意。
金文 篆文
意味 のび。また、兵火。「兵燹ヘイセン」

4448【爨】6406 6026 E0A4 火‐25 サン㊥/cuàn/かしぐ
字解 会意。𦥑(煮たき用の道具を両手でもつ)＋冖(かまどの口)＋林(たきぎ)＋大(＝廾、両手)＋火。かまどに木をくべる、かしぐ、かまどの意。
意味 ❶かしぐ。飯をたく。「爨婦」「煙爨エンサン」「炊爨スイサン」「朝爨チョウサン」❷かまど。❸国さん。おさん。飯たき女。「お爨どん」
【爨婦サンプ】炊事をする女。

火

4449【灯】3784 4574 9394 火‐2 常4 トウ㊥㊥・トン㊥/dēng/ひ・ともしび・あかし・ともす・ともる
(4514)【燈】3785 4575 9395 火‐12 人
筆順 灯灯灯灯灯灯
字解 常用漢字では、灯は燈の通俗体。燈は形声。火＋登(祭器をあげる)㊥。油を入れる器をかざし、よく見えるようにするともしびの意。もと、灯は燈とは別字で形声。火＋丁㊥。はげしい火の意。音は、テイ㊥・チン㊥。

意味 ひ。㋑ともしび。あかり。「灯台」「灯油」「街灯」「消灯」→下接。㋺仏教で、世の中の暗を照らすもの。仏法。「伝灯デントウ」「仏灯ブットウ」「法灯ホウトウ」「無尽灯ムジントウ」

下接 行灯アンドン・外灯ガイトウ・街灯ガイトウ・角灯カクトウ・漁灯ギョトウ・軒灯ケントウ・献灯ケントウ・幻灯ゲントウ・舷灯ゲントウ・紅灯コウトウ・孤灯コトウ・残灯ザントウ・消灯ショウトウ・掌灯ショウトウ・常灯ジョウトウ・神灯シントウ・青灯セイトウ・石灯セキトウ・窓灯ソウトウ・提灯チョウチン・点灯テントウ・電灯デントウ・尾灯ビトウ・万灯マントウ・無灯ムトウ・門灯モントウ・流灯リュウトウ・竜灯リュウトウ
【灯影トウエイ】ともしびや電灯などの光。ほかげ。

【灯下トウカ】ともしびの下の場所。明かりの側。

【灯火トウカ・ともしび】あかり。【灯火稍可レ親トウカようやくしたしむべし】灯火の下で読書するのに適している。初秋の季節をいう。〔韓愈‐符読二書城南一〕

【灯花トウカ】灯心の先に生じる燃えかすのかたまり。

【灯檠トウケイ】灯火をのせておく台。燭台。

【灯燭トウショク】ともしび。灯火。

【灯心・灯芯トウシン】あんどんなどの心シン。

【灯台トウダイ】1昔の室内照明具。灯明台。「灯台下もと暗し」(＝身近なことはかえって分かりにくい)2夜間、灯火の標識を出して航海の安全をはかる施設。

【灯標トウヒョウ】灯火を用いた航路標識の総称。灯浮標。

【灯明トウメイ・トウミョウ】1(トウメイ)あかり。2(トウミョウ)神仏に供える灯火。みあかし。

【灯油トウユ】1灯火用の油。2石油製品の一。ストーブなどの燃料用。「白灯油ハクトウユ」

【灯籠トウロウ】石や金属、木などでつくった灯火用具。戸外に設けたり、軒先につるしたりする。「石灯籠」

4450【灼】2862 3C5E 8EDC 火‐3 シャク㊥/zhuó/やく・やける・かがやく
字解 形声。火＋勺㊥。
意味 ❶やく。あぶる。熱い。「灼熱」「灼爛」「焼灼ショウシャク」❷光りかがやくさま。あきらかなさま。「灼灼」「灼然」「赫灼カクシャク」
【灼灼シャクシャク】明るく照り輝くさま。爍爍シャクシャク。＊詩経‐周南・桃夭「桃之夭夭、灼灼其華ももはようようたる、シャクシャクたりそのはな」(＝若々しい桃の木に、明るく照り輝くような花が咲いた)
【灼然シャクゼン】1あきらかでいちじるしいさま。2かがやくさま。
【灼熱シャクネツ】焼けるようにあついこと。「灼熱の太陽」
【灼爛シャクラン】あかく焼けただれること。

4451【灶】＊4139 火‐3 ソウ「竈」(5562)の異体字

心(小・忄)戈戶(戸)手(扌)支攴(攵) 4画 文斗斤方旡(无・旡)日曰月木欠止歹(歺)殳毋比毛氏气水(氺・氵)火(灬)爪(爫・爫)父爻(㸚)爿(丬)片牙(牙)牛犬(犭)

4452 【炕】 * 4145 火－4 コウ(カウ)漢 \kàng

字解 形声。火＋亢㊥。あぶる意。

4453 【炊】 3170 3F66 9086 火－4 常 スイ呉漢 \chuī\たく・かしぐ

筆順

字解 形声。火＋吹(ふく)省㊥。火をふいてたく意。

意味 ❶たく。かしぐ。飯をたく。『炊煙』『炊事』『自炊』『雑炊』 ＊十八史略・春秋戦国「嫂不為炊(あによめはためにかしがず)」〔＝あによめは食事の支度をしなかった〕 ❷ふく。「吹」に同じ。『炊累』

下接 自炊ジスイ・晨炊シンスイ・雑炊ゾウスイ・晩炊バンスイ

【炊煙・炊烟】スイエン 飯をたくかまどのけむり。

【炊金饌玉】スイキンセンギョク 金をたき、珠玉を食べ物とすること。ぜいたくな食事のたとえ。〔駱賓王－帝京篇〕

【炊桂】スイケイ 高価な桂の木で炊事すること。日常必要な薪が桂よりも貴重に思われる苦しい生活をいう。桂玉の艱カン。〔戦国策－楚策・威王〕

【炊爨】スイサン 飯をたくこと。炊事。『飯盒ハンゴウ炊爨』

【炊事】スイジ 食べ物を煮たきして調理すること。『炊事当番』『炊事場』

【炊累】スイルイ ちりやほこりの舞い上がるさま。

4454 【炒】 6354 5F56 E075 火－4 ソウ(サウ)漢・ショウ(セウ)慣 \chǎo\いる・いためる

字解 形声。火＋少㊥。

意味 いる。あぶりこがす。いためる。

【炒飯】チャーハン 米飯と野菜や卵などを油でいため、調味した中華料理。焼き飯。♥読みは中国音から。

4455 【炍】 ── 火－4 ホン 「叛」(892)の異体字

4456 【炉】 4707 4F27 9846 火－4 常 (4540)【爐】 6404 6024 E0A2 火－16 ロ呉漢 \lú\いろり

筆順

字解 炉は、爐の通俗体。爐は形声。火＋盧(とりかこむ)㊥。ろの意。

意味 ❶いろり。ろ。床を掘ったり仕切ったりして火をたくわえておく所。『炉辺』『夏炉冬扇カロトウセン』『香炉コウロ』『煖炉ダンロ』 ❷火を入れて燃やし続ける耐火性の装置。『溶鉱炉ヨウコウロ』『懐炉カイロ』『焜炉コンロ』『風炉フウロ・フロ』

【炉辺】ロヘン 囲炉裏いろりのそば。ろばた。『炉辺談話』

【畑】 ⇩ 4963

4457 【炯】 6355 5F57 E076 火－5 (4471)【烱】 6356 5F58 E077 火－7 ケイ漢 \jiǒng\あきらか

字解 形声。火＋冋(はっきりくぎる)㊥。

意味 あきらか。光りかがやくさま。

【炯眼】ケイガン 鋭く光った目つき。また、物の本質を見抜く眼力。『炯眼人を射る』

【炯炯】ケイケイ 目などが鋭く光るさま。『眼光炯炯』

【炯然】ケイゼン 光りかがやくさま。

4458 【炬】 6357 5F59 E078 火－5 コ呉・キョ漢 \jù\かがりび・たいまつ・たく

字解 形声。火＋巨(手にもつ)㊥。たいまつの意。

意味 ❶かがり火。たいまつ。『炬火』『炬燵』『松炬ショウキョ』『蠟炬ロウキョ』 ❷やく。たく。❸するどい。するどく光る。『炬眼』

【炬火】キョカ 松明たいまつ。かがりび。

【炬眼】キョガン 物事をよく見分ける能力。

【炬燵】コタツ 国床に炉を設け、上にやぐらを置き、布団を掛けて暖をとるもの。『置き炬燵』『掘り炬燵』

4459 【炫】 * 4151 火－5 ケン漢・ゲン慣 \xuàn\かがやく

字解 形声。火＋玄(かがやく)㊥。まぶしく輝く意。

意味 かがやく。ひかる。また、まばゆい。まぶしい。

【炫目】ゲンモク 目をくらますこと。まばゆいこと。

4460 【炸】 6358 5F5A E079 火－5 サ漢・サク漢 \zhà・zhā\はじける

字解 形声。火＋乍㊥。

意味 はじける。火薬で爆発させる。

【炸薬】サクヤク 砲弾や爆弾などに詰めて炸裂させる火薬。

【炸裂】サクレツ 爆弾、砲弾などが破裂すること。

4461 【炷】 * 4155 火－5 シュ漢 \zhù\たく

字解 形声。火＋主(灯心)㊥。灯心(油にひたしてあかりをつけるもの)の意。のちに火を加えた。

意味 ❶灯心。❷たく。香をたく。『炷物たきもの』〔＝薫物〕

4462 【⿰火禾】 ── 火－5 シュウ 「秋」(5453)の異体字

4463 【炻】 ── 火－5 セキ慣

字解 国字。「炻器セッキ」は、吸水性のほとんどない、素地の焼けしまった焼き物。↔陶器・磁器

4464 【炲】 ── 火－5 タイ漢・ダイ慣 \tái\すす

字解 形声。火＋台㊥。すすの意。

4465 【炳】 6359 5F5B E07A 火－5 ヘイ漢 \bǐng\あきらか

字解 形声。火＋丙(はり出しひろがる)㊥。火が広がってあきらかな意。

意味 あきらか。はっきりしている。

【炳焉】ヘイエン 明らかなさま。いちじるしいさま。

【炳乎】ヘイコ きわめて明らかなさま。光り輝くさま。

4466 【炮】 6360 5F5C E07B 火－5 ホウ(ハウ)漢 \páo・pào・bāo\あぶる

字解 形声。火＋包(つつむ)㊥。外側をつつんだままやく、丸やきの意。

意味 ❶あぶる。やく。『炮烙』 ❷柴しばを焼いて神を祭る。❸おおづつ。大砲。『鉄炮テッポウ』

【炮烙】ホウラク・ホウロク 一(ホウラク) 1あぶり焼くこと。2中国、古代に殷の紂チュウ王が行った火あぶりの刑。銅柱に油を塗り、それを炭火の上にかけて罪人を渡らせ、火中に落とした。二(ホウロク) 国素焼きの平たい土なべ。食品をいるのに用いる。焙烙ホウロク。

4467 【烟】 6361 5F5D E07C 火－6
エン「煙」(4483)の異体字

4468 【烘】 ＊4162 火－6
コウ(漢)\hōng
字解 形声。火＋共(声)。かがり火の意。

4469 【烙】 6364 5F60 E080 火－6
ラク(漢)・カク(漢)\luò・lào・gē\やく
字解 形声。火＋各(声)。からだにやきを入れる意。
意味 ❶やく。鉄などを熱して焼きつける。『烙印』『炮烙ホウロク』『焙烙ホウロク』 ❷焼きがね。焼き針。
【烙印ラクイン】物にしるしを焼きつけるための鉄製の印。また、そのしるし。

4470 【焔】 1775 316B 898B 火－7
エン「焰」(4473)の異体字

4471 【烱】 6356 5F58 E077 火－7
ケイ「炯」(4457)の異体字

4472 【烽】 6366 5F62 E082 火－7 (4445)〔逢/火〕—— 火－11 (4507)〔熢〕 ＊4211 火－11
ホウ(漢)\fēng\のろし・とぶひ
字解 形声。火＋夆(みね)(声)。みねのように高く上るのろしの意。
意味 のろし。とぶひ。合図のために火をたいて高く煙をあげること。『烽火』『燧烽スイホウ』
【烽煙・烽烟ホウエン】のろしの煙。のろし。
【烽火ホウカ】のろし。敵の来襲など急変を告げるために燃やす火。＊杜甫-春望「烽火連三月ホウカサンゲツにつらなる」〔＝のろしの火は三か月もの間上げ続けられている〕
【烽警ホウケイ】のろしを上げて警戒すること。

4473 【焰】 ＊4179 火－8 (4470)〔焔〕 1775 316B 898B 火－7 †
エン(呉)(漢)\yàn・yǎn\ほのお・ほむら
字解 形声。火＋臽(声)。
参考 熟語は「炎」(4425)をも見よ。
意味 ほのお。ほむら。もえあがる。「炎」に同じ。『火焰カエン』『気焰キエン』
【焰硝エンショウ】火薬。煙硝エンショウ。

4474 【焮】 —— 火－8
キン(漢)\xìn
字解 形声。火＋欣(声)。やく意。

4475 【焜】 6367 5F63 E083 火－8
コン(漢)\kūn\かがやく
字解 形声。火＋昆(声)。
意味 ❶かがやく。ひかる。『焜燿』 ❷国『焜炉コンロ』は、炊事などに用いる鉄または土製の小さな炉。
【焜燿コンヨウ】ひかりかがやくこと。

4476 【焠】 ＊4175 火－8
サイ(漢)\cuì\にらぐ
字解 形声。火＋卒(おわる)(声)。火で焼いた刀を水に入れ熱をとる、にらぐ意。淬に同じ。
意味 ❶にらぐ。なます。焼いた刀剣の刃を水に入れて固くする。❷焼く。『焠掌』 ❸そめる。ぬりつける。
【焠掌サイショウ】非常に苦労して努力すること。〔荀子-解蔽〕♥孔子の弟子の有若ユウジャクが、手のひらを焼いて眠けをさまして学問したという故事から。

4477 【焼】 3038 3E46 8FC4 火－8 常4 (4511)〔燒〕 6386 5F76 E096 火－12 旧字 人
ショウ(セウ)(呉)(漢)\shāo\やく・やける・やき
筆順 焼焼焼焼焼焼焼焼
字解 焼は、燒の略体。燒は形声。火＋堯(高い)(声)。炎を高くあげてやく意。
意味 やく。やける。燃える。『焼却』『焼失』
下接 延焼エンショウ・自焼ジショウ・全焼ゼンショウ・燃焼ネンショウ・半焼ハンショウ・焚焼フンショウ・類焼ルイショウ
【焼売シューマイ】中華料理の一。ひき肉と野菜のみじん切りなどを小麦粉をねってのばした皮で包み、蒸したもの。♥読みは中国音から。
【焼夷ショウイ】焼きはらうこと。『焼夷弾』
【焼却ショウキャク】焼き捨てること。『焼却炉』
【焼香ショウコウ】仏前や霊前で香をたいて回向すること。
【焼死ショウシ】焼け死ぬこと。やけじに。『焼死者』
【焼失ショウシツ】焼けてなくなってしまうこと。『焼失家屋』
【焼灼ショウシャク】電気や薬品で、病組織を焼いて破壊すること。
【焼身ショウシン】自分の体を火で焼くこと。『焼身自殺』
【焼尽ショウジン】すっかり焼きつくすこと。
【焼酎ショウチュウ】国穀類、芋類などを発酵させ蒸留した酒。『芋いも焼酎』
【焼眉之急ショウビのキュウ】さし迫った急なこと。焦眉の急。
【焼亡ショウボウ・ショウモウ】焼けてなくなること。焼失。
難読地名 焼津やいづ市(静岡) 焼額やけびたい山(長野) 焼尻やぎしり島(北海道)

4478 【焙】 6368 5F64 E084 火－8
ハイ(漢)・ホイ(唐)・バイ(慣)・ホウ(ハウ)(慣)\bèi\あぶる
字解 形声。火＋音(声)。
意味 あぶる。火にかざして熱し、水分をとり去る。
【焙煎バイセン】ほうじて煎いること。『焙煎コーヒー』
【焙炉ホイロ】国火にかざして茶の葉や海苔のりなどを乾燥させる道具。
【焙烙ホウロク】国素焼きの平たい土なべ。食品を炒いるのに用いる。炮烙ホウロク。

4479 【煉】 4691 4E7B 97F9 火－8
レン「煉」(4496)の異体字

4480 【煒】 ＊4189 火－9
イ(漢)・キ(漢)\wěi・huī
字解 形声。火＋韋(↓偉、並はずれて目立つ)(声)。目立って輝く意。
意味 あきらかなさま。ひかりかがやくさま。さかんなさま。『煒煌イコウ』
【煒煌イコウ】明らかに輝くさま。
【煒曄イヨウ】①光り輝くさま。②物事がさかんなさま。

4481 【煜】 ＊4192 火－9
イク(漢)\yù
字解 形声。火＋昱(あきらか)(声)。火が光り輝く意。

4482 【煴】 —— 火－9
ウン「熅」(4498)の異体字

4483 【煙】 1776 316C 898C 火－9 常　(4484)〖煙〗 火－9 旧字　(4467)〖烟〗 6361 5F5D E07C 火－6

エン 呉漢 \yān\ けむる・けむい・けむり・けぶる・けぶり

筆順 火 炉 炉 煙 煙 煙 煙

字解 形声。火＋垔（香炉からけむりがたちのぼる）声。香炉からたちのぼるけむりの意。のちに、火を加えてその字義を明確にした。烟は形声。火＋因声。

金文　篆文　重文

意味 ❶けむり。けぶり。『煙幕』『炊煙』『煤煙』 ❷「けむり」のようなもの。かすみ。もや。『煙雨』『煙霞』 ＊柳宗元－漁翁「煙銷日出不レ見レ人（けむりきえひいでてひとをみず）〔＝朝もやが晴れ、日が出ると、人影は見えない〕」 ❸「タバコ」の意。『煙管』『喫煙』『禁煙』『嫌煙』 ❹国けむる。けぶる。けむい。けむたい。

❶ けむり。けぶり。

下接 雲煙（ウンエン）・燻煙（クンエン）・香煙（コウエン）・硝煙（ショウエン）・炊煙（スイエン）・煤煙（バイエン）・白煙（ハクエン）・発煙（ハツエン）・噴煙（フンエン）・砲煙（ホウエン）・烽煙（ホウエン）・無煙（ムエン）・油煙（ユエン）・余煙（ヨエン）・狼煙（ロウエン）｜のろし

【煙焰（エンエン）・煙炎（エンエン）】 ①けむりと炎。②消えかかった火。

【煙火（エンカ）】 ①けむりと火。また、すす。煤煙。＊白居易－売炭翁「満面塵灰煙火色（マンメンのジンカイ エンカのいろ）〔＝（炭売りのじいさんの）顔はどこもかしこも炭の粉でまっ黒で、すっかりすすけている〕」 ②炊事のけむり。人煙。炊煙。③のろし。烽火（ホウカ）。④花火。

【煙硝（エンショウ）】 ①硝酸カリウム。硝石（ショウセキ）。②爆発の際、黒煙を発する火薬。有煙火薬。

【煙塵（エンジン）】 ①けむりと、ちり。転じて、心や世のけがれをたとえていう。②戦場に巻き上がる砂塵。戦乱。戦塵。＊白居易－長恨歌「九重城闕煙塵生（キュウチョウのジョウケツ エンジンショウず）〔＝宮城にも煙塵が立ちのぼった〕」

【煙燼（エンジン）】 けむりや燃え残り。

【煙毒（エンドク）】 工場などから出るけむりに含まれる有毒物。

【煙幕（エンマク）】 味方の行動を隠すために拡散させる人工のけむり。また、人を迷わせる言動。『煙幕を張る』

【煙霧（エンム）】 ①けむりと霧。大気中に浮遊している状態。②国スモッグ。煤煙などが大気中に浮遊している状態。

【煙滅（エンメツ）】 けむりが消えうせること。けむりのように消えてなくなること。

❷ かすみ。もや。

下接 寒煙（カンエン）・湖煙（コエン）・春煙（シュンエン）・水煙（スイエン）・翠煙（スイエン）・淡煙（タンエン）・風煙（フウエン）・緑煙（リョクエン）・雲煙過眼（ウンエンカガン）

【煙雨（エンウ）】 煙るように降る雨。きりさめ。ぬかあめ。細雨。＊杜牧－江南春「多少楼台煙雨中（タショウのロウダイ エンウのうち）〔＝多くの堂や塔が、けぶる春雨の中にうかんでいる〕」

【煙花（エンカ）】 かすみと花。また、春の花にかすみが立ちこめている風景。春げしき。＊李白－黄鶴楼送孟浩然之広陵「煙花三月下揚州（エンカサンガツ ヨウシュウにくだる）〔＝春げしきの三月、揚州へと下って行った〕」

【煙霞（エンカ）】 もやや、かすみ。転じて、自然の景色。【煙霞痼疾（エンカのコシツ）】 深く自然を愛する習性。煙霞の癖（へキ）。〔唐書－田游巌伝〕

【煙景（エンケイ）】 かすみたなびく春景色。＊李白－春夜宴桃李園序「況陽春召レ我以煙景、大塊仮レ我以文章（いわんやヨウシュンわれをまねくにエンケイをもってし、タイカイわれにカすにブンショウをもってするをや）〔＝まして、うららかな春が、かすみたなびく春景色で私に誘いかけ、造化（ゾウカ）の神が私に詩文を作る才能を貸し与えてくれるのだからなおさらのこと〕」

【煙月（エンゲツ）】 煙ったようにかすんでいる月。

【煙樹（エンジュ）】 もやにつつまれた木。＊杜牧－題宣州開元寺水閣「参差煙樹五湖東（シンシたるエンジュ ゴコのひがし）〔＝五湖の東には、ただ高く低く木々がかすんでいる〕」

【煙波（エンパ）】 もやの立ち込めた水面。また、煙って見えるような波の連なり。『煙波縹緲（ヒョウビョウ）』 ＊崔顥（サイコウ）－黄鶴楼「煙波江上使人愁（エンパコウジョウ ひとをしてうれえしむ）〔＝夕ぐれのもやが水面に立ち込め、そのながめが私の愁いをかきたてる〕」

【煙霏（エンピ）】 かすみともや。また、たなびくさま。

【煙嵐（エンラン）】 山中にかかった霧と、もや。嵐気。

❸ 「タバコ」の意。

下接 喫煙（キツエン）・禁煙（キンエン）・嫌煙（ケンエン）・紫煙（シエン）・節煙（セツエン）

【煙管（エンカン｜キセル）】 国刻みタバコを吸う道具。❤「キセル」はカンボジア khsier「管」の意。

【煙草（タバコ）】（ポルトガル tabaco, tabacco） ①ナス科の一年草。葉はニコチンを含み、喫煙に用いる。莨（タバコ）。②①の葉を干して発酵させて作った嗜好品。

4485 【煆】 ＊4184 火－9

カ 漢 \xià・xiā

字解 形声。火＋叚声。あつい・かがやく意。

意味 あつい。火気がつよい。

【煆煉（カレン）】 心をつくすこと。修行を重ねること。

4486 【焕】 6369 5F65 E085 火－9

カン（クヮン）漢 \huàn\ あきらか

字解 形声。火＋奐（広く開く）声。燃えひろがった火の光の意。

意味 あきらか。光り輝くさま。『焕発』

【焕乎（カンコ）】 ①明らかなさま。輝かしいさま。②文章のあざやかなさま。

【焕発（カンパツ）】 火が燃えるように、外に輝き現れること。『才気焕発』

4487 【煇】 ＊4185 火－9

キ 漢・コン 漢・ウン 漢 \huī・xūn・yùn\ かがやく

字解 形声。火＋軍声。

意味 ❶かがやく。「輝」に同じ。❷ひかり。❸赤いいろ。❹やく。「熏」に同じ。❺かさ。太陽や月のまわりに生ずる白色の光の環（わ）。「暈」に同じ。

4488 【煌】 6374 5F6A E08A 火－9

コウ（クヮウ）漢 \huáng\ かがやく・きらめく

字解 形声。火＋皇（日が光をはなつ）声。火がかがやく意。

意味 かがやく。きらめく。きらきら光る。『熒煌（ケイコウ）』

【煌煌（コウコウ）】 まぶしいほどに光り輝くさま。

4489 【煖】 6375 5F6B E08B 火－9　(4490)〖煗〗 ＊4190 火－9

ケン 漢・ナン 呉・ダン 漢 \xuǎn・nuǎn\ あたたか・あたたかい・あたためる

字解 形声。火＋爰（ひく）声。火をひき寄せあたためる意。

参考 熟語は「暖」(3219)を見よ。

意味 あたたかい。あたためる。「暖」に同じ。『煖衣飽食(ダンイホウショク)』『煖房(ダンボウ)』『煖炉(ダンロ)』『軽煖(ケイダン)』

4491 【焇】 ―― 火－9 ハイ[漢]/たで
[字解] 焙の別体。あぶる意。

4492 【煤】 3965 4761 9481 火－9 バイ[漢]/méi/すす・すすける
[字解] 形声。火＋某(↓墨、黒いすみ)[声]。黒いすすの意。
[意味] すす。煙の中に含まれる黒い炭素の微粒子。また、すすける。『煤煙(バイエン)』
【煤埃(バイアイ)】すすやほこり。すすの混じったほこり。
【煤煙(バイエン)】燃料を燃やしたときに出るすすと煙。

4493 【煩】 4049 4851 94CF 火－9 [常] ボン[呉]・ハン[漢]/fán/わずらう・わずらい・わずらわしい・わずらわす・うるさい
[筆順] 煩 煩 煩 煩 煩 煩
[字解] 会意。火＋頁(あたま)。熱があって頭痛がする、わずらう意。
[参考] 万葉仮名では音を借りて「ぼ」。
[意味] ❶わずらう。思いわずらう。なやむ。『煩悶』『煩悩』❷わずらわしい。面倒くさい。また、うるさい。口やかましい。『煩瑣』『煩雑』『絮煩(ジョハン)』『労煩(ロウハン)』

❶ 思いわずらう。なやむ。
【煩冤(ハンエン)】もだえ恨むこと。＊杜甫‐兵車行「新鬼煩冤旧鬼哭(シンキはハンエンしキュウキはコクす)〔＝死んだばかりの霊はもだえ恨み、白骨になった霊は大声で泣く〕」
【煩悶(ハンモン)】深く思いわずらい、悩むこと。
【煩憂(ハンユウ)】苦しみうれえること。心配すること。また、わずらわしい心配ごと。
【煩労(ハンロウ)】心をわずらわし身を疲れさせること。
【煩悩(ボンノウ)】仏教で、心をわずらわし、身を悩ます一切の欲望。『煩悩即菩提(ボンノウソクボダイ)』『子煩悩(こボンノウ)』

❷ わずらわしい。また、うるさい。
【煩簡(ハンカン)】[1]煩雑なことと簡易なこと。[2]多忙と閑暇。
【煩囂(ハンゴウ)】わずらわしくて、やかましいこと。
【煩瑣(ハンサ)】こまごまとしてわずらわしいこと。
【煩雑(ハンザツ)】事柄が入り混じってわずらわしいこと。『煩雑な手続き』
【煩擾(ハンジョウ)】わずらわしいほどに乱れること。
【煩多(ハンタ)】わずらわしいほどに多いこと。
【煩文(ハンブン)】ごたごたした文章。繁文。
【煩乱(ハンラン)】[1]乱雑なこと。[2]心が乱れること。
【煩累(ハンルイ)】わずらわしくうるさい、面倒なこと。
【煩礼(ハンレイ)】わずらわしい礼儀作法。繁礼。

4494 【煬】 6376 5F6C E08C 火－9 ヨウ(ヤウ)[呉][漢]/yàng・yáng/あぶる
[字解] 形声。火＋昜(日があがる)[声]。火をさかんに燃し、あぶる意。
[意味] ❶あぶる。あぶりかわかす。❷火をもやす。また、金属をとかす。❸人名。『煬帝(ヨウダイ)』
【煬帝(ヨウダイ)】中国、隋第二代皇帝(在位六〇四～六一八年)。姓名楊広。父の文帝、兄の皇太子を殺して即位。豪華を好み、宮殿や大運河の建設で、国費の欠乏をきたした。三度に及ぶ高句麗遠征に失敗して群雄の蜂起を招き、軍中で殺された。(五六九～六一八)

4495 【煠】 ＊4194 火－9 ヨウ(エフ)[漢]・ソウ(サフ)[漢]/yè・zhá/ゆでる・ゆだる
[字解] 形声。火＋枼[声]。やく、また、ゆでる意。

4496 【煉】 ―― 火－9 (4479)〔煉〕 4691 4E7B 97F9 火－8 †
レン[漢]/liàn/ねる・ねれる
[字解] 形声。火＋柬[声]。
[意味] ❶ねる。㋑金属をとかしてきたえる。「錬」に同じ。『精煉(セイレン)』『鍛煉(タンレン)』㋺転じて、心身をきたえる。『煉獄(レンゴク)』『修煉(シュウレン)』『煆煉(カレン)』❷こねる。粉状のものをねり合わせる。「練」に同じ。『煉瓦(レンガ)』
【煉瓦(レンガ)】粘土に砂や石灰などを加えて練り固めて焼いたもの。『耐火煉瓦』
【煉獄(レンゴク)】天国と地獄との間にある所。ローマ‐カトリック教で、死者の霊魂が浄化される所。

4497 【煨】 ＊4201 火－9 ワイ[漢]/wēi/うずみび・おき
[字解] 形声。火＋畏(↓𥁕、うちにこもってあたたかい)[声]。埋み火、また、埋み火でやく意。

4498 【熅】 ＊4204 火－10 (4482)〔煴〕 ―― 火－9
ウン[漢]/yūn/うずみび
[字解] 形声。火＋𥁕(うちにこもってあたたかい)[声]。
[意味] ❶うずみ火。おき。❷あたたか。あつい。熱気をおびる。いきる。いきれる。

4499 【熕】 6380 5F70 E090 火－10 コウ[慣]
[字解] 国字。形声。火＋貢(大砲の発砲する音)[声]。おおづつの意。「砲熕(ホウコウ)」は、大砲。

4500 【熇】 ＊4205 火－10 コク[漢]・カク[漢]/hè
[字解] 形声。火＋高(たかい)[声]。火がさかんにもえて、あつい意。

4501 【煽】 ―― 火－10 (4502)〔煽〕 3290 407A 90F8 火－10 †
セン[漢]/shān・shàn/あおる・あおり・おだてる
[字解] 形声。火＋扇(あおぐ)[声]。あおいで火をさかんにする、あおる意。
[意味] あおる。㋑あおいで火をおこす。㋺おだてる。そそのかす。「扇」に同じ。『煽情』『煽動』
【煽情(センジョウ)】情欲をあおること。扇情。
【煽動(センドウ)】人々をそそのかして事をやらせること。アジテーション。扇動。

4503 【熄】 6379 5F6F E08F 火－10 ソク[漢]/xī/きえる・やむ・おき
[字解] 形声。火＋息(やすむ)[声]。火が、きえる意。
[意味] ❶やむ。きえる。けす。「息」に同じ。『熄滅』『終熄(シュウソク)』❷おき。うずみ火。灰の中に埋めてある火。
【熄滅(ソクメツ)】きえてなくなること。消滅。

4504 【熔】 4548 4D50 976F 火－10 ヨウ[漢]/róng/いがた・とかす・とける
[字解] 形声。火＋容[声]。いがたの意。鎔の通俗体。

心(小・忄)戈戸(戸)手(扌)支攴(攵) 4画 文斗斤方旡(无・旡)日曰月木欠止歹(歺)殳毋比毛氏气水(氺・氵)火(灬)爪(爫・爫)父爻(爻)爿(丬)片牙(牙)牛犬(犭)

参考 熟語は「溶」(4277)「鎔」(8497)を見よ。
意味 いがた。また、金属をとかして、いがたに入れる。とかす。とける。

4505 【熯】 * 4212 火-11 ゼン漢・カン漢\hàn

字解 形声。火＋𦰩(＝堇、やく)声。火でやく、かわかす、かわく意。のちに火を加えて、その字義を明確にした。甲骨文は、いけにえ(人か)を下から焼き、雨乞いをする祭りのさまか。

甲骨文

篆文
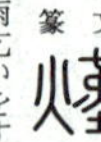

4506 【熛】 * 4209 火-11 ヒョウ(ヘウ)漢\biāo

字解 形声。火＋票(＝㶾、舞い上がり飛ぶ火の粉のさま)声。火の粉が飛ぶ意。のちに火を加えて、その字義を明確にした。

意味 ❶火の粉がとぶ。飛び火する。また、火の粉。『熛起』❷はやい。はげしい。『熛風』

【熛起 ヒョウキ】火の粉が飛ぶように速くおこること。
【熛怒 ヒョウド】火がさかんに燃えるさま。
【熛風 ヒョウフウ】はげしい風。飄風ヒョウフウ。

4507 【熢】 * 4211 火-11 ホウ「烽」(4472)の異体字

4508 【熮】 ―― 火-11 リュウ(リウ)漢

字解 形声。火＋翏声。火のさま。焼く、ただれる意。

4509 【熾】 6385 5F75 E095 火-12 シ呉漢\chì\さかん・おき・おこす・おこる

字解 形声。火＋戠声。火の勢いがさかんなさま。

金文

篆文

意味 ❶さかん。盛んにする。火の勢いが強い。また、物事の勢いが盛んであること。『熾盛』『熾烈』❷国おき。燃えて赤くなった炭。「燠」とも書く。『熾火おきび』

【熾盛 シセイ】燃えあがるように勢いが盛んであること。
【熾烈 シレツ】勢いが盛んで激しいさま。『熾烈な戦い』

4510 【燋】 * 4221 火-12 ショウ(セウ)漢\jiāo\こげる・こがれる

字解 形声。火＋焦(こげる・もえる)声。火をつけてもやすためのたいまつの意。

意味 ❶火つけの木。また、たいまつ。❷こげる。こがす。こがれる。『燋心』『燋爛』❸やつれる。

【燋心 ショウシン】心をこがすこと。焦心。
【燋爛 ショウラン】焼けただれること。

4511 【燒】 6386 5F76 E096 火-12 ショウ「焼」(4477)の旧字

4512 【燂】 ―― 火-12 (4513)【燂】 ―― 火-12 セン漢・シン漢\qián・xún

字解 形声。火＋覃(奥までふかくゆきわたる)声。火が奥までゆきわたる、熱する、あたためる意。

4514 【燈】 3785 4575 9395 火-12 トウ「灯」(4449)の異体字

4515 【燉】 6387 5F77 E097 火-12 トン漢\dùn・dūn

字解 形声。火＋敦(あつい)声。火がさかんなさま。

意味 ❶火のさかんなさま。また、明らかなさま。❷「燉煌トンコウ」は、中国、甘粛省の西端にある都市。敦煌。

4516 【燃】 3919 4733 9452 火-12 常5 ネン呉・ゼン漢\rán\もえる・もやす・もす

筆順

字解 形声。火＋然(やく)声。火でやく意。然が別義に用いられるようになったため、のちに火を加えて、その字義を明確にした。

意味 もえる。もやす。焼く。『燃焼』

下接 可燃カネン・再燃サイネン・内燃ナイネン・不燃フネン

【燃犀 ネンサイ】物を十分に見抜くこと。燃犀の見。〔晋書-温嶠伝〕❤中国、東晋の、温嶠オンキョウがサイの角を燃やして、牛渚磯ギュウショキという深淵を照らし、水中の異類の姿を見たという故事から。
【燃焼 ネンショウ】1燃えること。『不完全燃焼』2情熱や肉体のすべてを傾けて事に当たること。
【燃眉 ネンビ】眉が燃えるほど火に近づいていること。危険が迫っていることのたとえ。焦眉。〔故事必読成語考〕
【燃費 ネンピ】国ある仕事量をこなすのに要する燃料の量。
【燃料 ネンリョウ】燃やして熱や光などを得る材料。

4517 【燔】 6388 5F78 E098 火-12 ハン漢\fán\やく

字解 形声。火＋番(種をまく)声。火の粉をまきちらしながらやく意。

意味 ❶やく。あぶる。『燔柴』『燔炙』『燔肉』❷ひもろぎ。あぶった肉。祭りにそなえる肉。

【燔柴 ハンサイ】柴しばの上に玉帛ギョクハクやいけにえを置き、その柴を焼いて天を祭ること。また、その儀式。燔燎ハンリョウ。
【燔炙 ハンシャ・ハンセキ】1焼きあぶること。2あぶった肉。
【燔肉 ハンニク】ひもろぎの一つで、焼いて神前に供える肉。

4518 【燁】 * 4219 火-12 ヨウ(エフ)漢\yè

字解 会意。火＋華(はなやか)。大いにかがやく意。

4519 【燗】 6383 5F73 E093 火-12 (4520)【燗】 ―― 火-12 ラン漢\làn\かん

字解 形声。火＋閒声。くずれるまで煮る意。日本では、酒を温めるかんの意に用いる。燗は爛の通俗体。

意味 ❶煮る。ただれる。❷国かん。酒をほどよい温度に温めること。『燗酒かんざけ』『燗鍋かんなべ』

4521 【燎】 6389 5F79 E099 火-12 人 リョウ(レウ)漢\liáo・liǎo\かがりび・やく

字解 形声。火＋尞(＝㶫、かがりび)声。かがり火、また、かがり火でやく意。のちに火を加えて、その字義を明確にした。甲骨文は、象形。

甲骨文

篆文

意味 ❶かがり火。『燎火』『庭燎テイリョウ』❷焼く。もやす。もえる。『燎原』

【燎火 リョウカ】かがり火。
【燎原之火 リョウゲンのひ】火の勢いが盛んで防ぎとめられないこと。また、甚だしい勢いで広がってゆくさまのたとえ。

とえ。火の原を燎(や)くが如し。〔書経-盤庚〕

4522 【燐】 4653 4E55 97D3 火-12 リン(呉)(漢)/lín
字解 形声。火＋粦(おにび)(声)。鬼火の意。のちに火を加えて、その字義を明確にした。
意味 ❶おにび。きつねび。ひだま。動物の死体から出る青白い光。『燐火』『燐寸』『青燐(セイリン)』 ❷非金属元素の一。元素記号P。『燐光』『燐寸』『黄燐(オウリン)』『赤燐(セキリン)』
【燐火(リンカ)】墓地や山野沼沢で、燃えて空中を浮遊する青白い火。鬼火(おにび)。狐火(きつねび)。
【燐光(リンコウ)】①黄燐(オウリン)が空気中で酸化するとき発する青白い光。また、それに似た、夜光虫やホタルなどの光。②ある物質に光を当てたあとに、発光作用が残る現象。
【燐寸(リンスン)(マッチ)】国軸木に付けた火薬を摩擦して火をつける道具。

4523 【燠】 6390 5F7A E09A 火-13 オウ(アウ)(呉)(漢)・ウ(漢)・イク(漢)/yù·ào/あたたかい・おき
字解 形声。火＋奥(たいまつを手にする)(声)。あたたかい意。
意味 ❶あたたかい。むしあつい。あたためる。『寒燠(カンイク)』『涼燠(リョウイク)』 ❷苦しむ声。また、それをなぐさめる声。『燠休(ウキュウ)』 ❸国おき。おきび。「熾」とも書く。『燠火(おきび)』
【燠休(ウキュウ)】なぐさめる声。

4524 【燬】 6391 5F7B E09B 火-13 キ(漢)/huǐ
字解 形声。火＋毀(こぼつ)(声)。やきつくす意。

4525 【燦】 2724 3B38 8E57 火-13 人 サン(漢)/càn/あきらか
字解 形声。火＋粲(あざやか)(声)。火の光が、あきらか・あざやかの意。
意味 あざやか。きらきらと光り輝くさま。「粲」に同じ。『燦たる功勲』『光燦(コウサン)』『明燦(メイサン)』
【燦燦(サンサン)】きらきらと輝いて美しいさま。粲粲。
【燦然(サンゼン)】きらきらと光り輝くさま。粲然。『燦然と輝く』
【燦爛(サンラン)】光り輝くさま。きらびやかなさま。粲爛。

4526 【燭】 3104 3F24 9043 火-13 ソク(呉)・ショク(漢)/zhú/ともしび・ともす
字解 形声。火＋蜀(声)。
意味 ともしび。あかり。『燭光(ショッコウ)』『蠟燭(ロウソク)』
下接 華燭(カショク)・銀燭(ギンショク)・紅燭(コウショク)・紙燭(シソク)・脂燭(シソク)・手燭(シュショク)・秉燭(ヘイショク)・蠟燭(ロウソク)
【燭影(ショクエイ)】灯でうつし出されるかげ。また、灯火の光。
【秉燭夜遊(ショクをとりてよるあそぶ)】灯をともして夜まで遊び興ずる。＊李白-春夜宴桃李園序「古人秉燭夜遊、良有以也(コジンショクをとりてよるあそぶ、まことにゆえあるなり)〔＝昔の人があかりを持って夜まで遊んだというのは、本当にもっともなことである〕」
【燭花(ショッカ)】ともしびの炎。
【燭光(ショッコウ)】①ともしび。②光度単位の一。以前に使われていた単位で、現在はカンデラ。

4527 【燧】 6392 5F7C E09C 火-13 スイ(漢)/suì/ひうち・ひきり・のろし・とぶひ
字解 形声。火＋遂(なしとげる)(声)。火打ちの意。
意味 ❶ひうち。火をつける道具。『燧火』『燧人氏』『燧石』『鑽燧(サンスイ)』 ❷のろし。合図の火。『燧烽』
【燧火(スイカ)】①火打ち石で打ち出した火。②火急の際の合図としてあげる煙。のろし。
【燧人氏(スイジンシ)】中国古代の伝説上の帝王。三皇の一人とも。人民に初めて木を摩擦して火をとり、食物を調理することを教えたという。
【燧石(スイセキ)】火打ち石。
【燧烽(スイホウ)】のろし。烽火(ホウカ)。

4528 【燥】 3371 4167 9187 火-13 常 ソウ(サウ)(呉)(漢)/zào/かわく・かわかす
筆順

字解 形声。火＋喿(声)。かわく意。
意味 かわく。かわかす。また、こげる。『燥湿』『乾燥(カンソウ)』『高燥(コウソウ)』『枯燥(コソウ)』『焦燥(ショウソウ)』
【燥湿(ソウシツ)】かわくことと、しめること。そうしゅう。

4529 【燵】 6393 5F7D E09D 火-13 タツ(慣)
字解 国字。形声。火＋達(声)。「炬燵・火燵(コタツ)」は日本で、暖をとるための道具。

4530 【爀】 ＊4230 火-14 カク(漢)
字解 形声。火＋赫(声)。火の盛んにもえるさま。

4531 【燻】 6378 5F6E E08E 火-14 クン 「熏」(4566)の異体字

4532 【燼】 6394 5F7E E09E 火-14 ジン(呉)・シン(漢)/jìn/もえくい・やけくい
字解 形声。火＋盡(つきる)(声)。もえのこりの意。甲骨文は、もえさしを手にしたさまを表す。
甲骨文 篆文

意味 もえくい。もえのこり。『灰燼(カイジン)』『余燼(ヨジン)』
【燼滅(ジンメツ)】①燃えてなくなること。焼き尽くすこと。②あとかたもなく滅びること。

4533 【燿】 6402 6022 E0A0 火-14 人 ヨウ(エウ)(漢)/yào/かがやく
(4534)【燿】 ―― 火-14 旧字
字解 形声。火＋翟(高くあげる)(声)。火が高くかがやく意。
参考 熟語は「曜」(3239)「耀」(6210)を見よ。
意味 かがやく。また、ひかり。『霊燿(レイヨウ)』

4535 【爍】 6403 6023 E0A1 火-15 シャク(漢)/shuò/とかす
字解 形声。火＋樂(声)。金属をとかす意。
意味 ❶ひかる。かがやく。❷とかす。金属をとかす。「鑠」に同じ。『爍金(シャクキン)』 ❸とける。きえる。

4536 【⿰火節】 ―― 火-15
(4537)【⿰火節】 ―― 火-15
セツ(漢)/ほくそ
字解 形声。火＋節(声)。蠟燭(ロウソク)の燃えかす、ほくその意。

4538 【爆】 3990 477A 949A 火-15 常 ホウ(ハウ)(漢)・ハク(漢)・バク(慣)/bào·bó/はじける・はぜ

心(小・忄)戈戸(戸)手(扌)支攴(攵) 4画 文斗斤方旡(无・旡)日曰月木欠止歹(歺)殳毋比毛氏气水(氺・氵)火(灬)爪(爫・爫)父爻(爻)爿(丬)片牙(牙)牛犬(犭)

る

筆順 爆 爆 爆 爆 爆 爆

字解 形声。火＋暴（あれる）㊥。火がはじける意。

意味 はじける。㋑破裂する。熱・光・音をともなって飛び散る。『爆発』『爆裂』『起爆』『空爆』『自爆』㋺国特に、「爆弾」の略。『原爆ゲンバク』『水爆スイバク』

下接 起爆キバク・空爆クウバク・自爆ジバク・被爆ヒバク・盲爆モウバク・猛爆モウバク・誘爆ユウバク

【爆音バクオン】①爆発したときの音。②発動機のガソリンが燃焼するときの音。

【爆撃バクゲキ】飛行機から爆弾などを投下して敵を攻撃すること。『絨毯ジュウタン爆撃』『爆撃機』

【爆死バクシ】爆弾、火薬の爆発などによって死ぬこと。

【爆笑バクショウ】国大勢でどっと笑うこと。

【爆心バクシン】爆発のあった被害地域の中心。『爆心地』

【爆弾バクダン】爆薬を詰め、起爆装置で爆発させる兵器。

【爆竹バクチク】小さい筒に火薬を詰め、たくさんつないで爆発させ、音を出すもの。

【爆破バクハ】火薬を爆発させて物を破壊すること。

【爆発バクハツ】急激な化学反応により、生成ガスの体積が瞬間的に増大し、熱や爆鳴音などを生じること。比喩ヒユ的にも用いる。『ガス爆発』『怒りが爆発する』

【爆風バクフウ】爆発によって起こる風。

【爆薬バクヤク】物を破壊するのに用いる火薬の類。

【爆雷バクライ】水中に投下し、一定深度に達すると爆発する、潜水艦攻撃用の爆弾。

【爆裂バクレツ】爆発して破裂すること。『爆裂音』

4539【爓】＊4234 火-16 エン㊁㊂\yàn・yǎn

字解 形声。火＋閻㊥。ほのおの意。焔に同じ。

4540【爐】6404 6024 E0A2 火-16 ロ「炉」(4456)の異体字

4541【爛】6405 6025 E0A3 火-17 ラン㊂\làn\ただれる

字解 形声。火＋闌（長い間とじこめる）㊥。くずれるまで煮る意。

意味 ❶ただれる。煮すぎたりくさったりして、形がくずれる。『爛柯』『糜爛ビラン』『腐爛フラン』❷まっさかりをすぎる。ほどよい程度、ころあいを越える。『爛熟』『爛酔』『老爛ロウラン』❸あざやか。はなやか。ひかりかがやくさま。『爛漫』『絢爛ケンラン』『燦爛サンラン』

❶ ただれる。形がくずれる。

下接 潰爛カイラン・壊爛カイラン・灼爛シャクラン・熟爛ジュクラン・焦爛ショウラン・燋爛ショウラン・糜爛ビラン・腐爛フラン

【爛柯ランカ】囲碁の別称。また、囲碁にふけって、時のたつのを忘れること。〔述異記〕中国の晋代、王質というきこりが森で童子たちの碁を打つのを見て時を忘れ、気がついてみるとそばに置いた斧おのの柯はくさり、帰ってみれば当時の人は誰もいなかったという故事から。

【爛脱ランダツ】書物の紙がいたんで、字句や文脈が通じなくなること。行文の序次が混乱して文意が通じないこと。

❷ まっさかりをすぎる。

【爛熟ランジュク】①果実が熟しすぎること。②物事が十分に発達し、成熟しきっていること。『町人文化の爛熟期』

【爛酔ランスイ】はなはだしく酒に酔うこと。

❸ あざやか。はなやか。かがやくさま。

【爛然ランゼン】光りかがやくさま。あざやかなさま。

【爛発ランパツ】あざやかに現れること。

【爛漫ランマン】①花の咲き乱れているさま。さかんで、あふれるさま。『春爛漫』②美しく照り映えるさま。光りかがやくさま。『天真爛漫』＊韓愈-山石「山紅澗碧紛爛漫サンコウカンペキフンとしてランマン」〔＝山の花々の紅と谷川の青みどりとが入り混じって美しく映えている〕」

【爛爛ランラン】光りかがやくさま。また、鋭く光るさま。『爛々たる眼光』

4542【爝】＊4237 火-18 シャク㊂\jué・jiào

字解 形声。火＋爵㊥。

意味 かがりび。また、照る。照らす。『爝火シャッカ』

火

【狄】⇩4662 【秋】⇩5453 【耿】⇩6252

4543【倏】＊1748 火-7 シュク「倐」(4647)の異体字

4544【燄】＊4220 火-12 エン㊁㊂\yàn・yǎn

字解 形声。炎＋臽㊥。ほのおの意。焔に同じ。

灬

【杰】⇩3315

4545【為】1657 3059 88D7 火-5 常 (4581)【爲】6410 602A E0A8 爪-8 旧字 人

イ（ヰ）㊁㊂\wéi・wèi\なす・なる・す・する・ため

筆順 為 為 為 為 為 為

字解 為は、爲の略体。爲は会意。もと、爪（手）＋象（ぞう）。手で象をてなずける意から、人為的にする、なす意。また、借りて助字に用いる。

甲骨文 金文 篆文

参考 万葉仮名では音を借りて「ゐ」、訓を借りて「し」。平仮名「ゐ」の字源。

意味 ❶なす。㋑おこなう。する。おこない。しわざ。『為政』『営為エイ』『所為ショイ』『当為トウイ』＊史記-項羽本紀「何辞為なんぞじするをなさん」〔＝どうして別れのあいさつを述べる必要があろうか〕」㋺つくる。「作」に同じ。『作為サクイ』『人為ジンイ』＊論語-子罕「譬如為山たとえばやまをつくるがごとし」〔＝たとえて言えば、山をつくってゆくようなものである〕」㋩おさめる。また、まなぶ。＊老子-四八「為道日損みちをおさむるものはひびにそんず」〔＝自然と一体化する道を修得すれば、日に日に知識は減っていく〕」㊁…（と）なす。…とする。＊論語-為政「知之為知之、不知為不知これをしるをこれをしるとなし、しらざるをしらずとなせ」〔＝自分の知っていることは知っているとし、知らないことは知らないとせよ〕」㋭（「以二…一為二…一」の形で）…を…（と）もって…（と）なす。…を…と思う。…と考える。『以為』 ＊史記-管晏伝「鮑叔不₌以ㇾ我為ㇾ貪」〔＝鮑叔はわたしのことを欲張りと考えなかった〕 ❷なる。また、たり。なり。㋑…(と)なる。…になる。＊史記-廉頗藺相如伝「我為₌趙将₋」〔＝私は趙国の将軍となった〕 ㋺…となる。…される。受身を示す。＊韓非子-五蠹「身為₌宋国笑₋」〔＝自身は宋の国のもの笑いとなった〕 ㋩(「為₌一所ㇾ一」の形で)…の…するところとなる。…に…される。受身を示す。＊史記-項羽本紀「先即制ㇾ人、後則為₌人所ㇾ制」〔＝先に行えば、相手をおさえつけることができるが、遅れると相手におさえつけられる〕 ㊁たり。なり。…である。断定を示す。＊史記-項羽本紀「如今、人方為₌刀俎₋、我為₌魚肉₋」〔＝現在、彼らはちょうど包丁とまな板のようなものであり、われわれは魚や肉のようなものである〕 ❸ため。ために。ためにする。『為我』 ㋑…(の)ために。…によって。原因・理由を示す。＊十八史略-三国「百姓為ㇾ之諺」〔＝人々はそのためにことわざを作った〕 ㋺…(の)ために。(ある利益)を目的として。目的を示す。＊史記-項羽本紀「窃為₌大王₋不ㇾ取也」〔＝私の考えからすれば、大王のために賛成いたしかねます〕 ㋩…(の)ために。…に向かって。対象を示す。＊陶潜-桃花源記「不ㇾ足ㇾ為₌外人₋道ㇾ也」〔＝外部の人に言うほどのことはない〕 ❹その他。あて字、熟字訓など。『為替』『為体』『外為〔＝外国為替の略〕』

下接 云為・営為・敢為・行為・作為・所為・人為・当為・無為・有為

【為我】 自分の利益のみを考え行動すること。

【為政】 政治を行うこと。『為政者』 ＊論語-為政「為ㇾ政以ㇾ徳」〔＝政治を行うのに道徳を根本とする〕

【為体】 (あまりよくない)様子、ありさま、状態。

【為替】 手形、小切手などの信用手段により、債権、債務を決済する方法。『外国為替』『郵便為替』『為替手形』 ♥「かわせ」は「交わし」の転。

【為ㇾ人】 性格。人柄。また、からだつき。＊史記-項羽本紀「君王為ㇾ人不ㇾ忍」〔＝わが主君は、その性格が情にもろい〕

難読姓氏 為我井

4546 【点】 3732 4540 935F 火－5 常2

(9604) 〔點〕 8358 735A EA79 黑－5 旧字

テン 呉 漢 /diǎn/ともす・ともる・さす・たてる

筆順 点 点 点 点 点 点

字解 点は、點の略体。點は形声。黑(くろ)＋占(特定の場所をしめる)声。小さくくろいほしの意。

意味 ❶ぽち。ほし。てん。ちょぼ。㋑小さなしみのような形。『点画』『点在』『点線』『斑点』 ㋺しるし。特に、文章の区切りや読み方を示すしるし。『句読点』『返り点』『訓点』『濁点』 ㋩図形や目盛りの上の位置。『発火点』『原点』『地点』 ㊁とり立てて指し示す事柄や箇所。ある部分。『観点』『欠点』『要点』 ❷批評する。また、批評のしるし。日本語で、数量化した評価の値や、相手から奪ったポイント。『点がからい』『平均点』『得点』『評点』『満点』 ❸てんずる。点を打つ。しるしを付ける。また、ちょっとした動作をいう。㋑ともす。明かりや火をつける。『点火』『点滅』 ㋺たてる。茶をいれる。『一服点ずる』『点茶』『点前』『野点』 ㋩さす。そそぐ。ちょっと入れる。『点滴』『点薬』 ㊁ちょっと動かすこと。『点頭』 ㋭しらべる。一つ一つしるしを付けて調べる。『点鬼簿』『点検』『点呼』 ❹国品物の数を数える語。『数点』

❶ ぽち。ほし。てん。また、しるし。

下接 ㋑一点・汚点・光点・黒点・散点・斑点 ㋺句点・訓点・圏点・濁点・読点・傍点・無点 ㋩起点・基点・灸点・極点・拠点・原点・交点・時点・終点・焦点・接点・地点・中点・頂点・痛点・定点・氷点・沸点・融点・力点・露点 ㊁観点・疑点・欠点・指点・視点・弱点・重点・主点・争点・難点・批点・美点・盲点・要点・利点・論点

【点画】 漢字を構成する点と線。

【点在】 あちこちに散らばって存在すること。散在。

【点字】 盲人用の文字や記号。横二点縦三点の六つの凸点の組み合わせで文字を構成し、指先で読み取る。

【点染】 よごれ。また、しみ。→❸

【点線】 多くの点を線状に連ねたもの。

【点綴】 ①物が程よく散らばっていること。②程よく配列すること。♥「テンテツ」は慣用読み。

【点滴】 しずく。また、雨だれ。→❸

【点点】 ①点を打ったように、あちこちに散在すること。②しずくのしたたるさま。

【点本】 国訓点がつけてある漢文の本。

【点訳】 文字を点字に直すこと。『点訳本』

❷ 批評する。日本語で、数量化した評価の値。

下接 合点・減点・採点・失点・次点・同点・得点・批点・評点・満点・零点

【点者】 国和歌、俳諧、雑俳などで、作品の優劣を判じて評点をつける人。判者。

【点数】 国評点、得点の数。数で表した評価。

❸ てんずる。

【点火】 火や明かりをつけること。

【点額】 ①額に字を書くこと。②試験に落第すること。♥竜門を登り得た鯉は竜となり、そうでないものは額に傷をつけて帰るという故事から。〔水経注-河水〕

【点眼】 目に薬液を注ぎ入れること。『点眼薬』

【点鬼簿】 死者の名前を書き記した名簿。過去帳。

【点景】 風景画などで、全体の趣を出すために描き添えられる人や物。『点景人物』

【点検】 誤りや異状などを一つ一つ調べること。

【点呼】 ひとりひとり名を呼んで、人員がそろっているかどうかを調べること。『点呼をとる』

【点行】 兵隊を徴発すること。「点」は、戸籍帳の人名の上に筆で点をつけること。「行」は、兵士の列。＊杜甫-兵車行「行人但云点行頻」〔＝兵士はただ、徴兵がしきりに行われている、という〕

【点竄】 文章などの字句を一つ一つ改めなおすこと。

【点心】 茶に添えて食べる菓子や漬け物など。茶うけ。♥胸腹の間に少しの食物をさし入れる意。

【点睛】 欠くことのできない重要な点を最後に加えて、物事を完成すること。『画竜点睛』 ♥竜を描き、最後にひとみを描き入れると竜が天に飛び去ったという「歴代名画記-七」の故事から。

【点染】 ①そめつけること。②画家が彩りをつけ

心(小・忄)戈戸(戸)手(扌)支攴(攵) 4画 文斗斤方无(旡・旡)日曰月木欠止歹(歺)殳毋比毛氏气水(氺・氵)火(灬)爪(爫・爫)父爻(㐅)爿(丬)片牙(牙)牛犬(犭)

て描くこと。文章に潤色すること。→❶
【点茶（テンチャ）】抹茶をたてること。
【点定（テンテイ）】文章を改めなおすこと。
【点滴（テンテキ）】（「点滴注射」の略）[国]栄養分や薬剤などを、静脈内に長時間かけて少しずつ注入すること。→❶
【点灯（テントウ）】灯をともすこと。明かりをつけること。点火。↔消灯
【点頭（テントウ）】うなずくこと。感心または承知すること。
【点描（テンビョウ）】[1]色の点を並べてかたちを描く絵画の表現技法。『点描画』[2][国]人物や事物の特徴的な点を部分的に描写すること。スケッチ。『人物点描』
【点滅（テンメツ）】明かりをつけたり消したりすること。
【点薬（テンヤク）】目薬をさすこと。また、目薬。
【点前（てまえ・たてまえ）】茶道で、抹茶を点（た）てる作法。お手前。

4547 【烏】 1708 3128 8947 火－6 ウ[呉]・オ(ヲ)[漢]\wū\からす・いずくんぞ

[字解] 象形。全身が黒くて目がどこにあるかわからない鳥の形に象る。からすの意。借りて、助字に用いる。

金文  篆文  重文 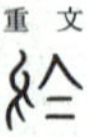

[同属字] 鳴・塢
[参考] 万葉仮名では音を借りて「う」「を」。
[意味] ❶からす。カラス科の鳥のうち、全身黒色で大形の陸鳥の総称。『烏合』『烏兎』『寒烏（カンウ）』『金烏（キンウ）』❷（カラスの羽のように）くろい。『烏帽子（エボシ）』『烏鷺（ウロ）』❸ああ。おお。感嘆、嘆息を示す。『烏乎（あぁ）』『烏呼（あぁ）』❹いずくんぞ。なんぞ。どうして…か。疑問・反語を示す。「安」「悪」に同じ。『烏有（ウユウ）』❺その他。あて字、固有名詞など。『烏江（ウコウ）』『烏滸（おこ）』

❶ からす。

[下接] 屋烏（オクウ）・寒烏（カンウ）・金烏（キンウ）・慈烏（ジウ）・青烏（セイウ）・晩烏（バンウ）・陽烏（ヨウウ）・霊烏（レイウ）・何首烏（カシュウ）

【烏喙（ウカイ）】カラスのようなくちばし。欲深い人相のたとえ。『長頸（チョウケイ）烏喙』
【烏合（ウゴウ）】カラスのように規律も統一もなく寄り集まること。【烏合之衆（ウゴウのシュウ）】規律も統制もない人々の寄り集まりのたとえ。〔後漢書－耿弇（コウエン）伝〕
【烏鵲（ウジャク）】[1]カササギの別称。[2]カラスとカササギ。【烏鵲橋（ウジャクキョウ）】七夕の夜、カササギが翼を広げて天の川に渡すといわれる橋。
【烏集（ウシュウ）】カラスが群れ集まること。また、そのように人がとりとめなくにわかに集まること。『瓦合烏集』
【烏賊（ウゾク・いか）】海にすむ十本足の軟体動物。烏賊魚（ウゾクギョ）。
【烏鳥私情（ウチョウのシジョウ）】カラスが親鳥に恩返しをするように、子が親に孝養を尽くそうとする心。〔李密－陳情表〕
【烏兎（ウト）】太陽と月。転じて、歳月。月日。『烏兎匆匆（ソウソウ）』〔＝月日のたつことの早いさま〕』 ♥中国で、太陽にカラス、月にウサギの形があるとして、太陽を「金烏（キンウ）」、月を「玉兎（ギョクト）」と言ったところから。〔左思－呉都賦〕
【烏有二反哺之孝一（からすにハンポのコウあり）】カラスは親鳥に養われた恩を親鳥の口に餌をふくませて返す。鳥獣さえも養育の恩に報いることのたとえ。

❷ くろい。

【烏衣（ウイ）】[1]黒い着物。[2]ツバメ（燕）の異名。

【烏犀角（ウサイカク）】サイの黒色の角（つの）。漢方で、子供の解熱剤に用いる。

【烏頭（ウトウ・ウズ）】[一]（ウズ）毒草の名。[二]（ウトウ）[1]黒髪の頭。[2]水草の名。オニバス。トリカブト。

【烏鷺（ウロ）】（カラスとサギの意から転じて）[1]黒と白。[2][国]囲碁の異称。『烏鷺の争い』

【烏帽子（エボシ）】[国]元服した男子、成人の男子が用いた冠り物。♥烏塗（くろぬ）りの帽子の意。

❹ いずくんぞ。なんぞ。どうして。

【烏有（ウユウ）】何もないこと。『烏有に帰す〔＝すっかりなくなる。特に、火災で滅びる〕』♥「烏（いずく）んぞ有らんや」の意。

❺ その他。あて字、固有名詞など。

【烏竜茶（ウーロンチャ）】生葉を半発酵させて製する茶。中国や台湾の特産。♥読みは、中国音から。

【烏焉成レ馬（ウエンうまとなる）】（「烏」「焉」「馬」の三字は字形が似ていて誤りやすいところから）似た字に誤写することをいう。〔事物異名録〕

【烏江（ウコウ）】[1]中国、長江の支流の一。貴州省西部に発して東流し、重慶の東で長江に注ぐ。全長一〇一八キロメートル。[2]中国、安徽省東端の長江岸にある地名。項羽が漢の高祖と戦い、自ら首をはねた所。

【烏孫（ウソン）】中国、漢代から南北朝初期にかけて、天山山脈北方にいたトルコ系遊牧民。【烏孫公主（ウソンコウシュ）】中国、漢の江都王劉建の娘。名は細君。漢の烏孫懐柔策の犠牲となって烏孫王昆莫（コンバク）に嫁した。慣れぬ異国の生活に、漢土を懐かしんでうたった「悲愁歌」は有名。

【烏滸（おこ）】おろかなこと。ばかげたさま。痴。『烏滸の沙汰（サタ）』♥「烏滸」はあて字で、「尾籠」とも書く。

4548 【烋】 6362 5F5E E07D 火－6 コウ(カウ)[漢]・キュウ(キウ)[漢]\xiāo・xiū

[字解] 形声。火＋休[声]。
[意味] ❶気の強いさま。『烋休（ホウコウ）』❷美しい。よい。さいわい。❸かすか。

4549 【烝】 6363 5F5F E07E 火－6 ショウ[漢]・ジョウ[慣]\zhēng\むす

[字解] 形声。火＋丞（下から上へもちあげる）[声]。熱気がのぼる、むす意。甲骨文は、穀物を盛った祭器（豆）を両手でささげるさま。

甲骨文  金文  篆文 

[同属字] 蒸
[意味] ❶むす。ふかす。むれる。「蒸」に同じ。『烝矯』❷数が多いさま。もろもろ。『烝庶』『烝民』❸勢いがさかんなさま。『烝烝』

【烝矯（ジョウキョウ）】曲がった木をむして、まっすぐに直すこと。

【烝庶（ジョウショ）】民衆。庶民。

【烝烝（ジョウジョウ）】[1]盛んに起こるさま。[2]徐々に進んで行くさま。[3]蒸気の立ちのぼるさま。[4]志を得ないさま。

【烝民（ジョウミン）】万民。＊十八史略－五帝「立二我烝民一、莫レ匪二爾極一（わがジョウミンをたつるは、なんじのキョクにあらざるなし）〔＝われわれ万民の暮らしの立ってゆくのは、あなたのこの上もない徳によらない点は一つもない〕」

4550 【烈】 4685 4E75 97F3 火－6 [常] レチ[呉]・レッ[漢]\liè\はげしい

[筆順] 

[字解] 形声。火＋列（＝劉→刺・厲、はげしい）[声]。火の勢

金文 篆文

いがはげしい意。**参考** 万葉仮名では音を借りて「れ」。

意味 ❶はげしい。勢いがはげしい。『烈火』『強烈』『熾烈（シレツ）』 ⇓表 ❷気性や信念などがはげしい。『烈女』『義烈（ギレツ）』 ❸てがら。いさおし。『烈祖』『遺烈』

❶ はげしい。勢いがはげしい。

下接 威烈（イレツ）・苛烈（カレツ）・強烈（キョウレツ）・劇烈（ゲキレツ）・激烈（ゲキレツ）・酷烈（コクレツ）・惨烈（サンレツ）・峻烈（シュンレツ）・熾烈（シレツ）・鮮烈（センレツ）・壮烈（ソウレツ）・痛烈（ツウレツ）・熱烈（ネツレツ）・芳烈（ホウレツ）・猛烈（モウレツ）・余烈（ヨレツ）・凜烈（リンレツ）

烈（レツ）	はげしい（元来は、火力が）。また、気性がはげしい。 烈暑 烈震 烈火 烈風 壮烈 猛烈
激烈	
激（ゲキ）	いきおいがはげしい（元来は、水力にいった）。 激暑 激震 激雷 激流 衝激 過激

【烈火（レッカ）】激しく燃える火。『烈火のごとく怒る』
【烈日（レツジツ）】激しく照りつける太陽。『秋霜烈日』
【烈震（レッシン）】国強い地震。山崩れや地割れが生じ、多くの人々が立っていられない程度。震度6。
【烈風（レップウ）】激しく吹く風。
【烈烈（レツレツ）】勢いが激しく盛んなさま。『烈々たる闘志』

❷ 気性や信念などがはげしい。

下接 英烈（エイレツ）・義烈（ギレツ）・誠烈（セイレツ）・忠烈（チュウレツ）・貞烈（テイレツ）

【烈士（レッシ）】節義の高い男。信念を貫く強い男。
【烈女（レツジョ）】節義の高い女。また気性が激しい女。烈婦。
【烈婦（レップ）】＝烈女（レツジョ）

❸ てがら。いさおし。

下接 偉烈（イレツ）・遺烈（イレツ）・英烈（エイレツ）・功烈（コウレツ）・光烈（コウレツ）・洪烈（コウレツ）・前烈（ゼンレツ）・武烈（ブレツ）・余烈（ヨレツ）

【烈祖（レッソ）】大きな功績のある先祖。

［羔］⇩ 6153

4551 【焉】 6365 5F61 E081 火－7 エン㊁㊇\yān\いずくにか・いずくんぞ・ここ・これ

字解 象形。鳥の形に象る。黄色い鳥の名。借りて、助字に用いる。

同属字 嫣

意味 ❶疑問・反語を示す。㋑いずくんぞ。どうして…か。反語を示す。「安」に同じ。＊論語-陽貨「割ㇾ鶏焉用ニ牛刀ー（にわとりをさくにいずくんぞギュウトウをもちいん）」〔＝小さな鶏を料理するのに、どうして大きな牛切り包丁の必要があろうか〕 ㋺いずくにか。どこに。だれに。疑問を示す。「安」に同じ。＊論語-子張「仲尼焉学（チュウジはいずくにかまなべる）」〔＝仲尼はどこで誰に学んだのか〕 ㋩なに。なにを。なにをか。どうして…しようか。疑問・反語を示す。＊陶潜-帰去来辞「復駕言兮焉求（またガしてここになにをかもとめん）」〔＝二度と世間に出て、何を要求したりしようか〕 ❷状態を表す語に添える。「然（ゼン）」「如（ジョ）」に同じ。『慊焉（ケンエン）』『忽焉（コツエン）』『終焉（シュウエン）』 ＊論語-子罕「忽焉在ㇾ後（コツエンとしてしりえにあり）」〔＝たちまち後ろにいる〕 ❸近称の指示詞。ここ。これ。「是」「之」に同じ。＊大学「心不ㇾ在ㇾ焉、視而不ㇾ見（こころここにあらざれば、みれどもみえず）」〔＝心が他のことにとらわれていれば、たとえ目がそちらに向いていても目にははいらない〕 ❹文末にそえて語調を整える。また、文末・句末に置かれ、強い断定の語気を示す。訓読しない。＊論語-公冶長「必有ニ忠信如ㇾ丘者ー焉（かならずチュウシンキュウのごときものあらん）」〔＝真心を尽くし、言行が一致する点で、私ぐらいの人はきっといるにちがいない〕 ⇓〔矣〕(5256)の表

【焉馬之誤（エンバのあやまり）】文字の誤り。「焉」と「馬」は字形が似通っていて誤りやすいところから。

4552 【焄】 *4167 火－7 クン㊇\xūn・hūn

字解 形声。火＋君㊟。いぶす、ふすべる、かおりの意。

4553 【烹】 4303 4B23 9642 火－7 ホウ（ハウ）㊇\pēng\にる

字解 形声。火＋亨（＝亯、にる）㊟。よくにる意。のちに火を加えた。

意味 にる。料理をする。『割烹（カッポウ）』

【烹醢（ホウカイ）】煮たり塩漬けにしたりすること。残虐な方法で人を殺すことのたとえ。
【烹宰（ホウサイ）】食物を料理すること。烹調（ホウチョウ）。
【烹鮮（ホウセン）】（「鮮」は、小魚の意）民を治めること。国政を処理すること。＊老子-六〇「治ニ大国ー、若ㇾ烹ニ小鮮ー（タイコクをおさむるは、ショウセンをにるがごとくす）」〔＝大国を治めるには、小魚を煮る時のようにする〕 政治を行うには、小魚を料理するときのように煩瑣（ハンサ）な手段は避け、無為自然に治めるべきであるの意。

［庶］⇩ 2137

［黒］⇩ 9593

4554 【煮】 2849 3C51 8ECF 火－8 常 (4561)〔煮〕 火－9 旧字 ㊀ ショ㊁㊇・シャ㊐\zhǔ**にる・にえる・にやす**

筆順

字解 煮は、煮の略体。煮は形声。火＋者（多くのものをあつめる）㊟。いろいろなものを一緒ににこむ意。

参考 万葉仮名では訓を借りて「に」。

意味 にる。あるものを水などの中に入れ、火にかけて熱を通す。また、にえる。

下接 甘煮（あまに）・飴煮（あめに）・粗煮（あらに）・潮煮（うしおに）・旨煮（うまに）・塩煮（しおに）・下煮（したに）・白煮（しろに）・雑煮（ゾウに）・佃煮（つくだに）・水煮（みずに）

【煮沸（シャフツ）】煮えたぎらせること。『煮沸消毒』
【煮麺（にゅうメン）】ゆでたそうめんを醤油（ショウユ）などで煮たもの。「にメン」の転。

4555 【焦】 3039 3E47 8FC5 火－8 常 ショウ（セウ）㊁㊇\jiāo**こげる・こがす・こがれる・あせる・あせり**・いる・じらす・じれる

筆順

字解 形声。火＋隹（＝雥、多くのとり）㊟。とりを火でやく、こがす意。

同属字 蕉・顦・鷦・憔・樵・燋・礁・譙・醮

意味 ❶こげる。こがす。やく。『焦土』『焦熱』 ❷あせる。じれる。いらいらする。気をもむ。思いわずらう。やつれる。『焦慮』『焦瘁（ショウスイ）』

❶ こげる。こがす。やく。

【焦点（ショウテン）】①平行な入射光線がレンズや球面鏡で屈折して集中する点。太陽光線が単レンズを通って一点に集中し、そこに黒紙を置くと焦げるところからいう。『焦点距離』 ②注意や関心などが集中する点。
【焦土（ショウド）】焼けこげて黒くなった土。また、建物や草

木などが焼けてしまった土地。『焦土と化す』

【焦熱】こげるように熱いこと。【焦熱地獄】仏語。八大地獄の一。殺生、偸盗、邪婬、妄語、飲酒、邪見の者がおちる地獄。罪人は熱鉄や鉄のかまの上に置かれて身をやかれ苦しめられるという。焦熱。

【焦眉之急】危険が迫っていること。事態が切迫していること。焼眉之急。燃眉之急。

【焦爛】焼けただれること。

❷ あせる。じれる。いらいらする。

【焦心】心をいらだたせること。

【焦瘁】疲労や心労のためにやつれること。

【焦燥・焦躁】いらだちあせること。『焦燥感』 書き換え「焦躁→焦燥」。

【焦慮】あせって気をもむこと。

4556 【然】 3319 4133 9152 火－8 常4 ネン㊥・ゼン㊦／rán／さ・さる・しか・しかし・しかして・しかも・しからば・しかれば・しかり・しかる・しかるに

筆順 然 然 然 然 然 然

字解 会意。火＋犬＋肉。犠牲の犬の肉を火でやく意。燃の原字。借りて助字に用いる。

同属字 燃

意味 ❶もえる。火をあげてもえあがる。「燃」に同じ。『頭然』『洞然』 ＊杜甫‐絶句「山青花欲ㇾ然」〔＝山はさ緑で、花はもえるばかりに赤い〕」 ❷しかり。㋑そう。そうである。そのとおり。肯定や同意を示す。『然諾』『然否』 ＊史記‐項羽本紀「果然」〔＝やはりそのとおりであった〕」 ㋺（「如(若)二—一然」の形で）…のごとくしかり。…のようなものである。㋩そのままである。『自然』『天然』『本然』 ㊁そうする。そうなる。『偶然』『当然』『必然』 ＊論語‐子罕「顔淵喟然歎」〔＝顔淵はほっとため息をついた〕」 ❸状態を示す形容の語をつくる。『断然』『突然』『平然』 ❹接続を示す。㋑しかして。そして。㋺しからば。それならば。しかれば。それだから。㋩しかるに。しかれども。しかし。そうではあるが。 ＊十八史略‐唐「然創業之難、往矣」〔＝しかし、創業の困難はもうすでに過ぎ去った〕」 ㊁しかも。その上。

❷ しかり。そのとおり。そうなる。

下接 已然・蓋然・果然・偶然・自然—ジネン・天然・当然・必然・本然—ホンネン・未然

【然諾】うけあうこと。引き受けること。〖重二然諾一〗いったん承諾したことは必ず実行する。

【然否】その通りであることとそうでないことと。

❸ 状態を示す形容の語をつくる。

下接 藹然・靄然・啞然・安然—アンネン・暗然・黯然・已然・依然・隠然・鬱然・宛然・婉然・嫣然・汪然・慨然・画然・赫然・確然・愕然・果然・俄然・戛然・豁然・莞然・渙然・敢然・間然・煥然・喟然・毅然・巍然・屹然・翕然・遽然・欣然・炯然・決然・蹶然・顕然・泫然・厳然・儼然・公然・昂然・浩然・傲然・轟然・忽然—コツネン・渾然・混然・索然・雑然・粲然・潸然・燦然・嶄然・灼然・釈然・綽然・倏然・粛然・純然・悄然・悚然・竦然・聳然・蕭然・粋然・萃然・井然・凄然・整然・寂然—ジャクネン・戚然・截然—サイゼン・全然・蒼然・騒然・卒然・泰然・卓然・淡然・赧然・端然・断然・悵然・超然・的然・倜然・惕然・適然・恬然・蕩然・陶然・同然・徒然・突然・沛然・斐然・靡然・飄然・愍然・憫然・憮然・怫然・紛然・憤然・平然・芒然・呆然・茫然・勃然・翻然・漫然・猛然・悠然・融然・油然・杳然・窅然・慄然・了然・亮然・瞭然・凜然・冷然・歴然・朗然

❹ しかして。しからば。しかるに。

【然則】それならば。そうだとすれば。 ＊論語‐先進「然則師愈与」〔＝それでは師(＝子張)のほうがまさっているのか〕」

【然而】そのようにして。そうではあるが。 ＊孟子‐梁恵王「然而不ㇾ王者、未二之有一也」〔＝このようにしていながら王者とならなかった者は、今まで一人もいない〕」

【然後】そうしてのち。そこで初めて。 ＊孟子‐離婁上「夫人必自侮、然後人侮ㇾ之」〔＝そもそも人は、きまって自分を侮るようなことをするから、そこで初めて、他人が自分を侮るようになるのだ〕」

4557 【無】 4421 4C35 96B3 火－8 常4 ム㊥・ブ㊦／wú・mó／ない・なくす・なくなる・なみする

筆順 無 無 無 無 無 無

字解 象形。もと舞に同じ。借りて、ない意に用いる。篆文には、亾(＝亡)を加えて、ない意を明らかにしたものがある。隷書では簡略化して一般に無字となった。また、篆文以前から无字が代用されている。

甲骨文
金文
篆文

同属字 舞・蕪・嫵・嘸・憮・撫

参考 万葉仮名では音を借りて「む」。

意味 ❶なし。なかれ。なみす。㋑ない。存在しない。⇔有。『無縁』『無形』『無力』『有無』『皆無』『虚無』『絶無』 ㋺…しない。…でない。…できない。否定を示す。『無器用』『無数』『無量』 ㋩（「無二復—一」の形で）また…なし。もはや…ない。「復」は、軽く添えられた語。 ＊劉希夷‐代下悲二白頭一翁上「古人無二復洛城東一」〔＝洛陽の東の町に、昔の人々はもういない〕」 ㊁（「無ㇾ不二—一」の形で）…ざる(こと)なし。…しないことはない。否定をさらに打ち消す二重否定形で、強い肯定を示す。 ＊韓非子‐難「吾矛之利、於ㇾ物無ㇾ不ㇾ陥也」〔＝わたしの矛の鋭利なことといったら、どんなものでも突き破ってしまう〕」 ㋭なかれ。…するな。禁止を示す。「勿」「毋」に同じ。 ＊論語‐学而「無ㇾ友二不ㇾ如ㇾ己者一」〔＝自分より劣っている者を友としてはならない〕」 ㋬（「無ㇾ—無ㇾ—」の形で）…となく…となく。…であろうが、…であろうが。 ＊韓愈‐師説「無ㇾ貴無ㇾ賤、無ㇾ長無ㇾ少、道之所ㇾ存、師之所ㇾ存也」〔＝身分の上下に関係なく、年齢の高低にも関係なく、道のあるところには師が存在する〕」 ㋣なみする。ないがしろにする。『好意を無にする』『無視』 ＊孟子‐滕文公下「無ㇾ父、無ㇾ君、是禽獣也」〔＝父を無視したり、主君を無視したりするのは、鳥や獣のやり方である」」⇩〔不〕(16)の[表] ❷その他。あて字、熟字訓など。『無駄』『無花果（いちじく）』

❶ない。なかれ。なみする。

【無愛想（ブアイソウ）】[国]愛想がよくないこと。
【無器用（ブキヨウ）】[国]器用でないこと。不器用（ブキヨウ）。
【無沙汰（ブサタ）】[国]訪問や音信などをしないでいること。
【無作法（ブサホウ）】[国]礼儀作法をわきまえないこと。
【無事（ブジ）】①何事もないこと。かわりないこと。②意識や知恵を働かさないこと。一見何もしていないように見えるところからいう。〔老子-四八〕
【無精・無性（ブショウ）】[国]面倒くさがってなまけること。不精。『無精髭（ぶしょうひげ）』『筆（ふで）無精』
【無粋（ブスイ）】[国]人情の裏表、特に男女間の情の微妙さがわからないこと。やぼ。
【無勢（ブゼイ）】[国]戦うのに人数が少ないこと。『多勢に無勢』
【無調法（ブチョウホウ）】[国]①手ぎわが悪いこと。気がきかないこと。②酒などをたしなまないこと。
【無難（ブナン）】[国]まちがいなく安全なこと。また、特にすぐれてもいないが欠点もないこと。『無難な出来』
【無頼（ブライ）】一定の職業を持たず、無法なことをすること。『無頼の徒』『無頼漢』
【無聊（ブリョウ）】（「聊」は、楽しむ意）①心配ごとがあって楽しくないこと。②することがなくひまであること。『無聊を慰める』
【無礼（ブレイ）】礼儀にはずれること。失礼。『無礼講〔=日本語で、身分の別なく、礼儀ぬきでする宴会〕』
【無位（ムイ）】位階を授けられていないこと。『無位無官』
【無為（ムイ）】①自然に任せて作為のないこと。無知・無意識の状態で大自然の運行に身を任せること。〔老子-四八〕②仏教で、因縁による生滅変化を離れた存在。↕有為（ウイ）。③何もしないこと。『無為に日を送る』『無為無策』
【無為而化（ムイにしてカす）】作為を弄しないで、おのずから万物・人民が教化せられ、よく治まる。〔老子-五七〕
【無意識（ムイシキ）】①意識を失うこと。『無意識状態』②はっきりした意識なしで行動するさま。
【無一物（ムイチモツ｜ムイチブツ）】何も持っていないこと。『人間本来無一物』

【無一文（ムイチモン）】[国]金銭を全然持っていないこと。
【無意味（ムイミ）】意味や価値のないこと。ナンセンス。
【無韻（ムイン）】詩文で韻をふまないこと。
【無益（ムエキ｜ムヤク）】役に立たないこと。無駄。
【無援（ムエン）】助けてくれる者のいないこと。『孤立無援』
【無縁（ムエン）】①死後を弔う縁者のないこと。『無縁仏（ぼとけ）』②縁のないこと。『庶民には無縁の話』
【無音（ムオン｜ブイン）】①（ムオン）音がしないこと。②（ブイン）[国]久しく便りをしないこと。
【無価（ムカ）】①価をつけられないほど貴重なこと。②代価のないこと。ただ。
【無我（ムガ）】①我（われ）というとらわれを離れること。②我意のないこと。無心。『無我の境地』【無我夢中（ムガムチュウ）】[国]ある物事に熱中して、自分を忘れること。
【無害（ムガイ）】害のないこと。害を加えないこと。↕有害
【無蓋（ムガイ）】ふたや覆いのないこと。↕有蓋
【無何有之郷（ムカウの｜ムカユウのキョウ）】何もない世界。自然のままで人為の加えられていない理想郷。〔荘子-逍遥遊〕
【無学（ムガク）】①学問のないこと。『無学な人』②仏教で、もはや学ぶべきものがなくなった人。
【無官（ムカン）】官職についていないこと。『無位無官』
【無冠（ムカン）】位冠のないこと。無位。『無冠の帝王』
【無関心（ムカンシン）】気にかけないこと。関心のないこと。
【無季（ムキ）】[国]俳句で、季語を含まないこと。
【無幾（ムキ）】①ほどなく。まもなく。②いくらもない。ほとんどない。③望んではいけない。望むなかれ。
【無機（ムキ）】①生活機能がないこと。②「無機化合物」の略。炭素以外のすべての元素の化合物。↕有機
【無軌道（ムキドウ）】[国]①軌道のないこと。『無軌道電車』②常識に外れた行動をするさま。『無軌道な生活』
【無休（ムキュウ）】休業しないこと。『年中無休』
【無給（ムキュウ）】給料が支払われないこと。↕有給
【無窮（ムキュウ）】極まりのないこと。果てのないこと。無限。無疆（ムキョウ）。『無窮の天』
【無疆（ムキョウ）】=無窮（ムキュウ）
【無垢（ムク）】①煩悩のないこと。『無垢の浄土』②けがれのないこと。『無垢な心』『純真無垢』③まざりけがなく純粋であること。『金無垢』④布地が全部無地で同色であること。多く、白にいう。
【無下・無気（ムゲ）】[国]①それ以外の何ものでもないこと。②問題にしようもないこと。論外なこと。卑しいこと。③役にも立たないこと。
【無碍・無礙（ムゲ｜ムガイ）】障害がなく自由であること。『融通無碍（ユウズウムゲ）』
【無形（ムケイ）】形のないこと。形に現れないこと。↕有形
【無稽（ムケイ）】根拠のないこと。でたらめ。『荒唐（コウトウ）無稽』
【無芸（ムゲイ）】芸の心得がないこと。『無芸大食』
【無欠・無闕（ムケツ）】欠けたところのないこと。『完全無欠』『金甌（キンオウ）無欠』
【無血（ムケツ）】血を流さないこと。『無血革命』
【無月（ムゲツ）】陰暦八月の十五夜に、曇りのため名月が姿を見せないこと。『中秋無月』
【無限（ムゲン）】かぎりないこと。制限や限界のないこと。↕有限。＊李商隠-楽遊原「夕陽無限好（セキヨウムゲンによし）〔=夕日は、かぎりない美しさに輝いている〕」
【無間地獄（ムケンジゴク）】（「無間」は梵avici（阿鼻）の訳。苦しみに絶え間のない意）仏語。八熱地獄の第八番目、最下底の地獄。阿鼻（アビ）地獄。
【無故（ムコ）】①理由がないこと。②事故がないこと。
【無辜（ムコ）】（「辜」は罪の意）罪がないこと。『無辜の民』
【無行（ムコウ）】①列がないこと。乱れること。②実行が伴わないこと。③節操がないこと。④品行が悪いこと。
【無効（ムコウ）】効力、効果のないこと。↕有効
【無告（ムコク）】自分の苦しみをだれにも告げ訴えることができないこと。『無告の民（たみ）』
【無骨（ムコツ｜ブコツ）】㊀（ムコツ）①からだに骨がないこと。②支離滅裂の文章。㊁（ブコツ）[国]洗練されていないさま。無風流なさま。武骨。
【無根（ムコン）】事実とする根拠を持たないこと。根も葉もないこと。『事実無根』
【無言（ムゴン）】物を言わないこと。沈黙を守ること。
【無才（ムサイ｜ムザイ）】才能のないこと。無知。無学。
【無罪（ムザイ）】罪のないこと。判決により、刑罰の科されないことが明らかになること。↕有罪。『無罪放免』
【無策（ムサク）】適当な方策や対策を立てていないこと。
【無作為（ムサクイ）】①作為のないこと。②特別な意図、判断をほどこさないこと。任意。『無作為抽出』
【無雑（ムザツ｜ムゾウ）】混じりけがないこと。
【無産（ムサン）】資産を持たないこと。↕有産。『無産者』
【無慙・無慚・無残・無惨（ムザン）】①悪いことをして自分

の心に恥じないこと。②国残酷な状態にあって、深く同情すべきさま。③国乱暴なさま。むごたらしいさま。
【無私（ムシ）】私心のないこと。『公平無私』
【無始（ムシ）】はじめとするときがないこと。天地未分化の状態。混沌。太初。
【無視（ムシ）】存在や価値を認めないこと。『信号無視』
【無地（ムジ）】国全体が同じ色で模様がないこと。↕柄物
【無実（ムジツ）】①実質がないこと。『有名無実』②国罪がないのに罪があるとされること。ぬれぎぬ。『無実の罪』
【無慈悲（ムジヒ）】慈悲心のないこと。思いやりのないこと。
【無邪気（ムジャキ）】①素直で悪気のないこと。あどけなく、かわいいこと。②深い考えのないこと。
【無臭（ムシュウ）】臭みがないこと。『無味無臭』
【無住（ムジュウ）】寺院に住職のいないこと。
【無宿（ムシュク）】①住む家のないこと。②国罪のためにその地の人別（ニンベツ）から戸籍を除かれたこと。『無宿者（もの）』
【無性（ムショウ｜ムセイ）】㊀（ムショウ）①（実体がないこと、正体のないことから転じて）分別のないさま。道理のわからないこと。②国その行為・状態が前後の脈絡もなく激しく行われるさま。むやみやたら。㊁（ムセイ）雌雄の性別のないこと。『無性生殖』
【無償（ムショウ）】報償がないこと。また、代価を払わないこと。無料。ただ。↕有償
【無上（ムジョウ）】この上もないこと。『無上の喜び』
【無状（ムジョウ｜ブジョウ）】①取り立てていうほどのよい行いがないこと。②よくない行い。また、礼儀がないこと。無礼。無作法。亡状（ボウジョウ）。③手ぬかり。失態。
【無常（ムジョウ）】現世におけるすべてのものが移り変わり、同じ状態にとどまらないこと。また、人の世のはかないこと。↕常住。『無常迅速』『諸行無常』
【無情（ムジョウ）】①人情や思いやりがないこと。薄情。②心の働きを持たないこと。↕有情（ウジョウ）。【無情遊（ムジョウのユウ）】俗世の人情を超越した交わり。＊李白‐月下独酌「永結二無情遊一（ながくムジョウのユウをむすび）〔＝（月と）世間離れした、あっさりした交友を永遠に結んだ〕」
【無色（ムショク）】①色が付いていないこと。『無色透明』②意見や思想などが一方に偏っていないこと。
【無職（ムショク）】一定の職業のないこと。
【無心（ムシン）】①邪念や雑念のないこと。虚心。＊陶潜‐帰去来辞「雲無心以出レ岫（くもはムシンにしてもってシュウをいず）〔＝雲は無心に山の岩穴からわき起こる〕」②国遠慮なく金品をねだること。『親に無心する』③国中世の文芸、特に韻文で、滑稽（コッケイ）、卑俗をねらったもの。↕有心（ウシン）。『無心連歌』
【無人（ムジン｜ムニン｜ブニン）】①人のいないこと。人が住んでいないこと。↕有人。『無人（ムジン）島』②（ブニン｜ムニン）国人数の少ないこと。人手のないこと。
【無尽（ムジン）】①尽きることのないこと。『縦横（ジュウオウ）無尽』②国頼母子講（たのもしコウ）。『無尽講』【無尽蔵（ムジンゾウ）】無限にあること。〔大乗義章〕
【無神経（ムシンケイ）】国恥や外聞を気にしないこと。また、人の感情などを気にかけないこと。
【無神論（ムシンロン）】神の存在を否定する哲学上、宗教上の立場。↕有神論。『無神論者』
【無数（ムスウ）】数えきれないほど多いこと。
【無声（ムセイ）】①声がないこと。↕有声。『無声映画』②声帯の振動を伴わない音声。↕有声。『無声音』
【無政府（ムセイフ）】政府の存しないこと。無秩序であること。『無政府状態』『無政府主義〔＝政治権力を否定し、個人の自由を絶対化する思想。アナーキズム〕』
【無生物（ムセイブツ）】水や石などのように、生命がなく生活機能を持たないもの。↕生物
【無籍（ムセキ）】国籍、戸籍、学籍などを持たないこと。
【無銭（ムセン）】金銭を持たないこと。金銭を支払わないこと。『無銭飲食』『無銭旅行』
【無線（ムセン）】電線を架設しないこと。特に、電波を利用して行う通信方式をいう。↕有線。『無線電話』
【無双（ムソウ）】①比べるものがないこと。二つとないこと。無二。無類。『国士無双』『天下無双』②国衣服などが表裏とも同じ素材・体裁でできていること。『無双羽織』
【無想（ムソウ）】心の中に、何も考えないこと。『無念無想』
【無造作・無雑作（ムゾウサ）】国簡単で手軽であること。神経を使わず丁寧でないこと。
【無体（ムタイ）】実体がないこと。形がないこと。→❷
【無題（ムダイ）】作品などに題がないこと。
【無断（ムダン）】国断りをしないこと。相手の了解をとらないこと。『無断欠勤』
【無知・無智（ムチ）】知識、知恵のないこと。『無知蒙昧（モウマイ）』
♥書き換え「無智→無知」。
【無恥（ムチ）】恥を恥と思わないこと。恥を知らないこと。『厚顔無恥』＊史記‐管晏伝「鮑叔不三以レ我為二無恥一（ホウシュクわれをもってムチとなさず）〔＝鮑叔はわたしのことを、恥知らずの、ずうずうしい人間であるとは考えなかった〕」
【無腸（ムチョウ）】腹がすわっていないこと。
【無賃（ムチン）】国賃金、料金を払わないこと。また、要らないこと。ただ。『無賃乗車』
【無敵（ムテキ）】相手になる敵がいないほど強いこと。
【無道（ムドウ｜ブドウ）】考え、行動などが道理に外れていること。道徳心のない者。悪人。『悪逆（アクギャク）無道』＊論語‐顔淵「如殺二無道一、以就二有道一、何如（もしムドウをころして、もってユウドウにつかば、いかん）〔＝もし道徳心のない者を殺し、学徳ある人につき従うようにしたら、どうだろうか〕」
【無頓着（ムトンチャク｜ムトンジャク）】国頓着しないこと。気にかけないこと。
【無二（ムニ）】またとないこと。無比。『無二の親友』【無二無三（ムニムサン）】（「無二亦無三（ムニヤクムサン）」の略）①仏語。成仏の道はただ一つ一乗にあるのみで二乗や三乗にはないということ。〔法華経‐方便品〕②ただ一つで、他には類のないこと。③一途になること。一心不乱。
【無念（ムネン）】①無我の境地に入って何事も思わないこと。『無念無想』②国くやしいこと。残念。『無念の涙』
【無能（ムノウ）】能力のないこと。才能のないこと。↕有能
【無比（ムヒ）】他に比べるものがないこと。たぐいないこと。『正確無比』『当代無比』
【無筆（ムヒツ）】国読み書きができないこと。文盲。
【無病（ムビョウ）】病気にかからないでいること。『無病息災』
【無風（ムフウ）】風がないこと。転じて、波乱が全くないこと。『無風選挙区』『無風地帯』
【無分別（ムフンベツ）】分別のないこと。後先を考えないこと。『無分別な振る舞い』
【無辺（ムヘン）】どこまでも果てしもないこと。無辺際。『広大無辺』＊杜甫‐登高「無辺落木蕭蕭下（ムヘンのラクボクショウショウとしておつ）〔＝果てしもない落ち葉は、ざわざわと散る〕」
【無方（ムホウ）】仏語。①方位の制限がなく、際限がないこと。②法則に拘泥しない、自由自在の妙用をいう。
【無法（ムホウ）】①道理に外れていること。非道。『無法者（もの）』②法律が無視されていること。『無法地帯』
【無謀（ムボウ）】成功する見込みもないのに行動するさま。
【無味（ムミ）】①味（あじ）がないこと。『無味無臭』②おもしろみがないこと。『無味乾燥』
【無明（ムミョウ）】仏教で、真理にくらい無知のこと。最も根

本的な煩悩(ボンノウ)。

【無名(ムメイ)】[1]名を記さないこと。無記名。[2]名が知れていないこと。↔有名。『無名の作家』[3]名が分からないこと。『無名戦士』『無名指〔＝薬指のこと〕』

【無銘(ムメイ)】書画、刀剣などに、製作者の名が入っていないこと。↔在銘

【無文・無紋(ムモン)】模様がないこと。飾りのないこと。

【無役(ムヤク)】[1]役目のないこと。[2]課役のないこと。

【無用(ムヨウ)】[1]役に立たないこと。↔有用。[2][国]してはならないこと。『問答無用』『天地無用』[3][国]用事がないこと。【無用之長物(ムヨウのチョウブツ)】あっても役に立たないどころか、かえってじゃまになるもの。【無用之用(ムヨウのヨウ)】役に立たないとされているものが、かえって非常に大切な役をすること。＊荘子-人間世「人皆知ニ有用之用一、而莫レ知ニ無用之用一也(ひとみなユウヨウのヨウをしれども、ムヨウのヨウをしることなきなり)」〔＝人はみな有用の用は知っているが、無用の用は知らない〕

【無恙(ムヨウ|つつがなし)】つつがないこと。無事。

【無欲・無慾(ムヨク)】欲のないこと。↔貪欲(ドンヨク)。『無欲の勝利』『無欲恬淡(テンタン)』♥書き換え「無慾→無欲」。

【無理(ムリ)】[1]道理に反すること。非道。『無理が通れば道理引っ込む』[2]強引に事を成すこと。[3][国]行い難いこと。『子供には無理な仕事』【無理往生・無理圧状(ムリオウジョウ)】[国]無理やりに承知させてしまうこと。【無理無体(ムリムタイ)】[国]相手の意向に構わず強いて物事を行うこと。

【無慮(ムリョ)】おおよそ。ざっと。『無慮数万の人々』♥多数のときに用いる語。

【無料(ムリョウ)】料金を要しないこと。ただ。↔有料

【無量(ムリョウ)】[1]分量を決めないこと。[2]はかり知れなく大きいこと。限りもなく多いこと。『感慨無量』

【無力(ムリョク)】能力、勢力などのないこと。↔有力

【無類(ムルイ)】たぐいのないこと。比べるもののないこと。

【無漏(ムロ)】(「漏」は煩悩の意)仏教で、煩悩を離れ、解脱(ゲダツ)した境地。↔有漏(ウロ)

【無禄(ムロク)】知行(チギョウ)、給与のないこと。

【無論(ムロン|ロンなし)】論ずるまでもないこと。言うまでもないさま。勿論(モチロン)。＊陶潜-桃花源記「乃不レ知レ有レ漢、無レ論ニ魏・晋一(すなわちカンあるをしらず、ギ・シンにロンなし)」〔＝なんとまあ、漢があったことも知らず、もちろん魏や晋を知らない〕

【無ニ遠慮一、必有ニ近憂一(とおきおもんぱかりなければ、かならずちかきうれいあり)】将来のことをよく考えないで目先のことだけに追われていると、近いうちに必ず困ることが起こる。〔論語-衛霊公〕

❷その他。あて字、熟字訓など。

【無射(ブエキ)】[1]中国音楽一二律の一。基音の黄鐘(コウショウ)から一一番目の音。[2](一二律の無射を九月に当てるところから)陰暦九月の異称。

【無花果(ムカ|いちじく)】クワ科の落葉小高木。花嚢(カノウ)は中に無数の白い小さな花をもち、食用となる。映日果。

【無体・無代・無台(ムタイ)】[国]無理なこと。無法なこと。『無体な要求』『無理無体』♥「ないがしろ(無代)」の音読ともいう。→❶

【無鉄砲(ムテッポウ)】[国]理非や前後を考えないで事を行うこと。向こう見ず。♥「むてんぽう(無点法)」の変化とも、「むてほう(無手法)」の変化ともいう。

【無患子(むくろじ)】ムクロジ科の落葉高木。種子を羽根つきの羽根の球に使う。

【無駄(むだ)】行っただけの効果がないこと。無益なこと。『無駄骨折り』『無駄話』♥「むな(空)」の変化とも擬態語からともいう。

【無茶(むちゃ)】[1]筋道がたたないこと。[2]程度が普通でないこと。『無茶苦茶』

〔爲〕⇩4581 〔舄〕⇩6466 〔舃〕⇩6467

4558【熈】6370 5F66 E086 火－9
キ「熙」(4564)の異体字

4559【煦】6372 5F68 E088 火－9
ク(漢)xù・xǔ／あたためる

[字解]形声。火＋昫(あたたかい)(声)。火や太陽であたためる意。

[意味]❶あたためる。めぐむ。『煦育』『煦嫗』『温煦(オンク)』『涵煦(カンク)』『和煦(ワク)』❷日光。

【煦育(クイク)】恵み育てること。

【煦嫗(クウ)】あたため育てること。

4560【煞】＊4193 火－9
サツ「殺」(3923)の異体字

4561【煮】— 火－9
シャ「煮」(4554)の旧字

4562【照】3040 3E48 8FC6 火－9 [常]4
ショウ(セウ)(呉)(漢)／zhào／てる・てらす・てれる

[筆順]
[字解]形声。火＋昭(あきらか)(声)。火が明るくてらす、てらす意。

金文 篆文
[意味]❶てる。てらす。てりかがやく。また、日の光。『照明』『残照』『日照』❷てらし合わせる。見くらべる。『照会』『照合』『照準』『対照』❸写真にとる。写真。『照影』『小照(ショウショウ)』

❶てる。てらす。また、日の光。

[下接]観照(カンショウ)・残照(ザンショウ)・自照(ジショウ)・夕照(セキショウ)・日照(ニッショウ)・反照(ハンショウ)・晩照(バンショウ)・返照(ヘンショウ)・遍照(ヘンジョウ)・落照(ラクショウ)

【照射(ショウシャ)】[1]光線をあてて照らすこと。『X線の照射』[2]日光などが照りつけること。『照射量』

【照度(ショウド)】光に照らされた面の明るさの度合い。単位はルクス、またはフォト。

【照破(ショウハ)】知恵の光で無明の闇を照らし見通すこと。

【照明(ショウメイ)】光で照らして明るくすること。『照明器具』

【照耀・照曜(ショウヨウ)】てりかがやくこと。

【照覧(ショウラン)】[1]あきらかに見ること。[2]神仏が御覧になること。『神々も照覧あれ』

【照臨(ショウリン)】[1]日月が下方を照らすこと。また、神仏などが天上から下界をごらんになること。[2]君主が、国土や人民をおさめること。[3]貴人などが来訪すること。

❷てらし合わせる。見くらべる。

[下接]遺照(イショウ)・引照(インショウ)・写照(シャショウ)・対照(タイショウ)

【照応(ショウオウ)】二つのものが互いに対応すること。

【照会(ショウカイ)】問い合わせること。『照会状』

【照合(ショウゴウ)】原物や原文などと照らし合わせること。

【照査(ショウサ)】照合して調査すること。照驗。

【照尺(ショウシャク)】銃身の手前に取り付けて、銃口の照星と対

心(小・忄)戈戶(戸)手(扌)支攴(攵) 4画 文斗斤方无(旡・无)日曰月木欠止歹(歺)殳毋比毛氏气水(氺・氵)火(灬)爪(爫・⺤)父爻(㸚)爿(丬)片牙(牙)牛犬(犭)

し、銃角の角度を目標との距離に応じさせる装置。

【照準ジュン】弾丸が目標に命中するように定めたねらい。比喩ヒユ的にもいう。「照準を合わせる」

【照星ショウセイ】照準を定めるため、銃身の先端近くに固着させた突起。

❸写真にとる。写真。

【照影ショウエイ】肖像画。肖像写真。

4563 【煎】 3289 4079 90F7 火－9 セン㊥/jiān/いる

字解 形声。火＋前㊥。

意味 ❶いる。やく。火の上であぶる。「煎餅」「香煎コウセン」「焙煎バイセン」 ❷せんじる。煮出す。につめる。「煎茶」「煎薬」「煎剤」 ❸熟字訓。「煎海鼠いりこ」

【煎剤センザイ】＝煎薬センヤク

【煎茶センチャ】1葉茶を湯で煎じて飲む喫茶の方式。また、その葉茶。2国玉露や番茶に対して、中級の緑茶。

【煎餅センベイ】国菓子の一。水でこねた米の粉や小麦粉などをのばして焼いたもの。

【煎薬センヤク】煎じ出して服用する漢方薬。煎じぐすり。

4564 【煕】 8406 7426 EAA4 火－10 人 (4565)【熈】 6371 5F67 E087 火－10 (4558)【熙】 6370 5F66 E086 火－9 キ㊥/xī/かがやく・よろこぶ

筆順 煕 煕 煕 煕 煕 煕

字解 形声。火＋配(＝煕)㊥。

意味 ❶かがやく。ひかる。ひかり。「光煕コウキ」 ❷おこる。❸ひろい。❹やわらぐ。「煕怡」「煕朝」 ❺よろこぶ。たのしむ。「煕煕」「煕笑」

【煕怡キイ】なごやかに楽しむさま。

【煕煕キキ】やわらぎ喜ぶさま。＊柳宗元‐捕ㇾ蛇者説「其余則煕煕而楽そのヨはすなわちキキとしてたのしむ」[＝そのほかはいつも心楽しく暮らしている]

【煕笑キショウ】よろこんで笑うこと。

【煕朝キチョウ】よく治まったみ代。盛世。

4566 【熏】 6377 5F6D E08D 火－10 (4531)【燻】 6378 5F6E E08E 火－14

クン㊥㊥/xūn/いぶす・いぶる・くすぶる・くすべる・くゆらす・くゆる・ふすべる

字解 会意。中(たちのぼる煙)＋黒(くろくする)。煙でいぶしてくろくする意。燻は形声。火＋熏㊥。火を加え、その字義を明確にした。

金文 篆文

同属字 薫(薰)・勲(勳)・醺

意味 ❶いぶす。くすべる。ふすべる。煙をこもらせて黒くすすけさせる。また、くゆらす。煙やにおいなどを立ち昇らせる。「熏灼」「熏蒸」「熏製」 ❷「熏夕クンセキ」は、くれ方、夕方の意。曛夕クンセキ。

【熏灼クンシャク】1くすぶり焼くこと。転じて、苦しめ悩ますこと。2勢力がさかんなこと。

【熏蒸クンジョウ】害虫などを殺すため薬剤などでいぶすこと。「輸入果実を熏蒸する」「熏蒸剤」

【熏製クンセイ】獣や魚の肉を塩漬けにして、煙でいぶして乾燥させた食品。♥書き換え「燻製→薫製」

4567 【熊】 2307 3727 8C46 火－10 人 ユウ㊥/xióng/くま

字解 字源未詳。能はくまの象形か。

意味 ❶くま。クマ科の哺乳ニュウ動物。「熊虎」「熊掌」「赤熊シャグマ」 ❷国クマのように大きい。強い。「熊樫くまがし」「熊蟬くまぜみ」「熊蜂くまばち」 ❸人名など。「熊沢蕃山」

❶くま。

【熊虎ユウコ】クマとトラ。武勇の士、勇猛なことのたとえ。

【熊掌ユウショウ】クマのてのひら。中国で、最も美味なものとして珍重された。熊蹯ユウハン。

【熊軾ユウショク】車のしきみ(前方にある横木)の一種。クマを描いたものともいい、クマの伏した形をしたものともいう。中国の漢、六朝時代、郡県の公侯・刺史などが使用した車についていた。

【熊胆ユウタン(くまのい)】クマの胆嚢タンノウを干したもの。胃腸薬として用いる。

【熊蹯ユウハン】クマのてのひら。熊掌ユウショウ。

【熊羆ユウヒ】クマとヒグマ。勇気あるもののたとえ。

❸人名など。

【熊沢蕃山くまざわバンザン】江戸前期の陽明学者。名は伯継。字あざなは了介。京都の人。中江藤樹に師事。岡山藩に招かれ、藩政に治績をあげる。著に「集義和書」など。

【熊襲くまそ】古く、九州南部で、クマとかソとか呼ばれた地域。また、その地域に居住したと伝えられる種族。

難読地名 熊谷くまがや市(埼玉)

【㬎】⇩3151

4568 【勲】 2314 372E 8C4D 火－11 常 (728)【勳】 5014 522E 99AC 力－14 旧字 人 (720)【勛】＊1978 力－10 クン㊥/xūn/いさお・いさおし

筆順 勲 勲 勲 勲 勲 勲

字解 勲は、勳の略体。勳は形声。力＋熏(香をたく、よいかおり)㊥。かぐわしい努力の成果、いさおの意。勛は古字。

意味 いさお。てがら。また、日本で、「勲章」「勲位」の略。「勲一等」

下接 位勲イクン・偉勲イクン・元勲ゲンクン・洪勲コウクン・策勲サックン・殊勲シュクン・受勲ジュクン・賞勲ショウクン・叙勲ジョクン・大勲タイクン・武勲ブクン

【勲位クンイ】国勲功に応じて与えられる栄典。律令制の位階の一種。主として武功ある地方豪族に与えられた。

【勲記クンキ】国勲章と共に、叙勲者に与えられる証書。

【勲旧クンキュウ】手柄のある古い家。

【勲業クンギョウ】国家や君主のために尽くす事業。

【勲功クンコウ】国家や君主に尽くした功労。名誉や手柄。

【勲章クンショウ】国家や文化などに対する勲功、功労を表彰して授けられる記章。「文化勲章」

【勲臣クンシン】勲功のある臣下。功臣。

【勲等クントウ】勲功に対して与えられる栄典の等級。「位階勲等」

【勲閥・勲伐クンバツ】手柄・功績のある家柄。

【勲労クンロウ】国家や主君などに対して功労のあること。勲功。

4569 【熬】 6382 5F72 E092 火－11 ゴウ(ガウ)㊥/áo・āo/いる

字解 形声。火＋敖（勝手気ままにする）㊣。勝手気ままに火でいる意。

金文 篆文

意味 ❶いる。いりつける。『熬煎』『焦熬（ショウゴウ）』『煎熬（センゴウ）』『炮熬（ホウゴウ）』 ❷熟字訓。『熬海鼠（いりこ）』

【熬煎（ゴウセン）】いること。いって煮ること。

4570 【熟】 2947 3D4F 8F6E 火－11 常6 ジュク㊉・シュク㊊／shú・shóu／うれる・うむ・こなす・こなれる・なれる・つらつら・にぎ

筆順

字解 形声。火＋孰（にる）㊣。よくにる意。孰が別義に用いられるようになったのち、火を加え区別したもの。

意味 ❶にる。火にかけてよく煮る。『半熟（ハンジュク）』 ❷うれる。なれる。㋑みのる。そだつ。『熟柿』『爛熟（ランジュク）』 ㋺こなれる。物事が十分な状態になる。また、よく慣れてうまくなる。『機が熟する』『熟語』『熟達』『熟練』『円熟（エンジュク）』『習熟（シュウジュク）』 ❸よくよく。つらつら。十分に。『熟考』『熟読』 ❹国にぎ。やわらかい。また、こまかい。「和（にぎ）」に同じ。 ❺熟字訓。『熟寝（うまい）』

❶ にる。火にかけてよく煮る。

【熟食（ジュクショク）】よく煮た食物。また、それを食べること。

【熟烹（ジュクホウ）】よく煮ること。

❷ うれる。みのる。また、なれる。

下接 円熟（エンジュク）・黄熟（オウジュク）・完熟（カンジュク）・慣熟（カンジュク）・習熟（シュウジュク）・成熟（セイジュク）・精熟（セイジュク）・早熟（ソウジュク）・晩熟（バンジュク）・豊熟（ホウジュク）・未熟（ミジュク）・爛熟（ランジュク）・練熟（レンジュク）・老熟（ロウジュク）

【熟語（ジュクゴ）】国①二つ以上の単語が結合して一つの単語となったもの。②特定の意味に慣用される語句。成句。

【熟柿（ジュクシ）】よく熟したカキの実。

【熟字（ジュクジ）】国一まとまりの意味を表す二字以上の漢字の結合。漢字による熟語。【熟字訓（ジュクジクン）】国熟字を訓読みすること。「五月雨（さみだれ）」、「山車（だし）」の類。

【熟成（ジュクセイ）】十分にでき上がること。成熟。

【熟達（ジュクタツ）】熟練して上達すること。

【熟田（ジュクデン）】よく耕作してある肥えた田畑。

【熟練（ジュクレン）】物事によくなれて、巧みなこと。『熟練工』

❸ よくよく。つらつら。

【熟議（ジュクギ）】十分に評議すること。

【熟計（ジュクケイ｜ジュッケイ）】十分にはかりごとを考えること。

【熟考（ジュクコウ｜ジュッコウ）】十分に考えること。熟思。熟慮。

【熟察（ジュクサツ）】よくよく考え判断すること。

【熟思（ジュクシ）】深く考えること。熟考。熟慮。

【熟視（ジュクシ）】じっと見つめること。凝視。

【熟睡（ジュクスイ）】ぐっすり眠ること。

【熟談（ジュクダン）】納得のいくまでよく話し合うこと。

【熟知（ジュクチ）】よく知っていること。熟識。

【熟読（ジュクドク）】文章の意味を考えてよく読むこと。↔卒読。『熟読玩味（ガンミ）』

【熟眠（ジュクミン）】よく眠ること。

【熟覧（ジュクラン）】念入りに見ること。

【熟慮（ジュクリョ）】よく考えること。熟考。熟思。『熟慮断行』

4571 【熱】 3914 472E 944D 火－11 常4 ネチ㊉・ネツ㊉・ゼツ㊊／rè／あつい・いきる・いきれる

筆順

字解 形声。火＋埶㊣。火でやく意。もと、埶は藝に同じ。然に通じて、やく意。のちに火を加えて、もえてあつい意に用いる。

意味 ❶あつい。また、あつさ。ねつ。㋑温度が高い。『熱射病』『熱帯』『熱湯』『熱風』『炎熱』『酷熱』 ㋺ねつ。体のあつさ。体温。『熱にうなされる』『熱病』『解熱（ゲネツ）』『微熱』 ㋩温度を高める力。エネルギー。『熱量』『比熱』 ⇓表 ❷あつくする。また、あつくなる。『水を熱する』『頭寒足熱（ズカンソクネツ）』 ❸一つのことに心を打ち込む。一所懸命。また、夢中になる。興奮する。『熱意』『熱心』『情熱（ジョウネツ）』『白熱（ハクネツ）』

❶ あつい。温度が高い。また、あつさ。

下接 ㋑炎熱（エンネツ）・過熱（カネツ）・苦熱（クネツ）・酷熱（コクネツ）・極熱（ゴクネツ）・午熱（ゴネツ）・灼熱（シャクネツ）・焦熱（ショウネツ）・暑熱（ショネツ）・赤熱（セキネツ）・白熱（ハクネツ）・冷熱（レイネツ） ㋺黄熱（オウネツ）・解熱（ゲネツ）・高熱（コウネツ）・潜熱（センネツ）・体熱（タイネツ）・内熱（ナイネツ）・発熱（ハツネツ）・微熱（ビネツ）・平熱（ヘイネツ）・猩紅熱（ショウコウネツ） ㋩温熱（オンネツ）・火熱（カネツ）・加熱（カネツ）・光熱（コウネツ）・地熱（ジネツ）・耐熱（タイネツ）・断熱（ダンネツ）・電熱（デンネツ）・比熱（ヒネツ）・放熱（ホウネツ）・余熱（ヨネツ）・気化熱（キカネツ）・融解熱（ユウカイネツ）

熱（ネツ）	暑（ショ）
熱暑	暑熱
あつい。	気候があつい。
熱気	暑気
酷熱	酷暑
炎熱	炎暑
焦熱	焦暑
余熱	残暑
断熱	避暑

【熱気（ネッキ｜ネッケ）】①（ネッキ）高熱の空気、気体。②（ネッケ）体温が普通より高い感じ。→❸

【熱源（ネツゲン）】熱を供給するもと。

【熱砂・熱沙（ネッサ｜ネッシャ）】日に焼けた砂漠などの熱い砂。

【熱射病（ネッシャビョウ）】高温多湿の環境下で、体温が上昇して突然意識障害を起こす病気。

【熱線（ネッセン）】赤外線。

【熱帯（ネッタイ）】赤道を中心として南回帰線と北回帰線に挟まれた地帯。↔寒帯。『熱帯植物』『亜熱帯』

【熱湯（ネットウ）】煮えたっている湯。煮え湯。『熱湯消毒』

【熱病（ネツビョウ）】体温が異常に高くなる病気の総称。マラリア、肺炎などの類。

【熱風（ネップウ）】熱気を含む風。

【熱雷（ネツライ）】夏季、強い日射で地面が過熱され、それによる上昇気流で生じた雷雨。

【熱量（ネツリョウ）】熱をエネルギーの量として表したもの。単位はジュール。もと、カロリー。

【熱燗（あつカン）】酒の燗の熱いこと。また、その酒。

❸ 一所懸命。夢中になる。興奮する。

【熱愛（ネツアイ）】熱烈に愛すること。

【熱意（ネツイ）】熱心な気持ち。『熱意を示す』

【熱演（ネツエン）】演劇などで熱をこめて演ずること。

【熱願（ネツガン）】熱心に願うこと。

【熱気（ネッキ）】興奮している意気込みや気配。→❶

【熱狂（ネッキョウ）】狂ったと思われるほど熱中すること。

【熱血（ネッケツ）】血がわきかえるような熱烈な精神、意気。激しい情熱。『熱血漢』

【熱情（ネツジョウ）】激しい感情。熱心な気持ち。情熱。

【熱心（ネッシン）】物事にいちずなさま。一生懸命なさま。

【熱誠（ネッセイ）】熱情からの誠意。また、それが強いさま。

【熱戦（ネッセン）】熱のこもった勝負、試合。

【熱中ネッチュウ】ある物事に夢中になること。

【熱腸ネッチョウ】①物事を熱心に思いつめること。②怒りや悲しみで、にえくりかえっている心中。

【熱鬧ネットウ】人が混み合って騒がしいこと。雑踏。

【熱弁・熱辯ネツベン】熱のこもった弁舌。

【熱望ネツボウ】熱心に希望すること。

【熱涙ネツルイ】あつい涙。非常に感動して思わず流す涙。

【熱烈ネツレツ】感情が高まって激しいさま。『熱烈な恋愛』

【熱論ネツロン】熱のこもった議論。

難読地名 熱海あたみ市(静岡)

4572【黙】4459 4C5B 96D9 火-11 常 (9602)【默】6452 6054 E0D2 黒-4 旧字 ㊇

モク㊥・ボク㊇/mò/だまる・もだ・もだす

筆順 

字解 黙は、默の略体。默は形声。犬+黒(くらくてしずか)㊥。犬がしずかにする意から、一般にだまる意。

意味 だまる。だまっている。また、しずか。

下接 暗黙アンモク・寡黙カモク・緘黙カンモク・恭黙キョウモク・沈黙チンモク

【黙過モッカ】黙って見逃すこと。

【黙許モッキョ】何も言わずに許したことにすること。

【黙吟モクギン】声に出さずに詩歌をよむこと。

【黙契モッケイ】無言のうちに合意すること。

【黙劇モクゲキ】無言劇。パントマイム。

【黙考モッコウ】黙って深く考えること。『沈思黙考』

【黙稿モッコウ】詩文の腹案。心の中に立てている構想。

【黙座・黙坐モクザ】黙ったまますわっていること。

【黙殺モクサツ】問題にしないで無視すること。

【黙止モクシ】口をつぐんでそのままにしておくこと。

【黙示モクジ・モクシ】暗黙のうちに意思を表示すること。特にキリスト教で、人が測り知ることのできないことを、神が特別の方法によって示すこと。『黙示録』

【黙視モクシ】黙って見ていること。傍観すること。

【黙識モクシキ・モクシ】心の中におぼえておくこと。

【黙誦モクショウ】①暗誦すること。②黙読すること。

【黙然モクゼン・モクネン】黙っているさま。

【黙想モクソウ】黙って考えにふけること。

【黙諾モクダク】暗黙のうちに承諾の意を表すこと。

【黙禱モクトウ】無言のまま、心の中で祈禱すること。

【黙読モクドク】声に出さないで、目だけで読むこと。↔音読
【黙認モクニン】暗黙のうちに認め許すこと。

【黙秘モクヒ】黙っていて何も言わないこと。『黙秘権』

【黙黙モクモク】黙っているさま。また、黙って励むさま。

【黙約モクヤク】公式のものではない、暗黙の了解、約束。

【黙礼モクレイ】黙って敬礼をすること。

［窯］⇨5550 ［麃］⇨9547

4573【燕】1777 316D 898D 火-12

エン㊇/yàn・yān/つばめ・つばくら・つばくらめ・つばくろ

字解 象形。飛ぶつばめに象り、つばめの意。借りて、さかもり、やすんずる意に用いる。

甲骨文 篆文

同属字 嚥・臙・醼・讌・鷰

意味 ❶つばめ。ツバメ科の渡り鳥。『燕雀』『海燕カイエン』『帰燕キエン』『飛燕ヒエン』❷「宴」に通じる。さかもり。さかもりをする。「讌」に同じ。『飲燕インエン』❸やすんずる。くつろぐ。たのしむ。やすむ。『燕居』『燕服』❹中国の国名。㋑春秋戦国時代の国。戦国七雄の一。周の武王が弟の召公奭ショウコウセキを薊ケイに封じたのに始まり、河北省北部から遼寧省、朝鮮北部一帯を領し約八〇〇年続いたが、紀元前二二二年秦により滅ぼされた。㋺五胡十六国時代の国。鮮卑の慕容部の建てた前燕(三三七〜三七〇)、後燕(三八四〜四〇七)、南燕(三九八〜四一〇)と、漢人で後燕の将軍であった馮跋フウバツが建てた北燕(四〇九〜四三六)との四か国がある。❺熟字訓。『燕子花かきつばた』

❶ つばめ。

【燕窩エンカ】中国料理に用いるアナツバメの巣。険しい場所にあるため採取が困難で、珍重される。燕巣エンソウ。
【燕頷虎頸エンガンコケイ】ツバメのようなあごとトラのような頭をした人相。貴人の相で、遠国で封侯ホウコウとなる相をいう。〔後漢書-班超伝〕
【燕語エンゴ】ツバメのさえずる声。
【燕子エンシ】ツバメ。また、ツバメの子。【燕子花エンシカ・かきつばた】アヤメ科の多年草。葉は剣状でアヤメより広い。杜若かきつばた。❤葉がツバメの翼の形に似る。
【燕雀エンジャク】ツバメやスズメ。小人物のたとえ。【燕雀安知二鴻鵠之志一哉エンジャクいずくんぞコウコクのこころざしをしらんや】(「鴻鵠」はオオトリとクグイで大人物のたとえ)小人物は大人物の大志を悟ることができない。〔史記-陳渉世家〕
【燕巣エンソウ】=燕窩エンカ
【燕麦エンバク】イネ科の一年草。実は飼料にするほか、オートミールとして食用ともなる。❤小穂がツバメの翼の形に似るところからいう。
【燕尾服エンビフク】洋装の男子礼服の一。背後の下部をツバメの尾のようにしたもの。

❷ さかもり。さかもりをする。

【燕飲エンイン】酒盛りをすること。

【燕毛エンモウ】宴会の席順を、毛髪の色で長幼を分けて決めること。年齢順で席順を定めること。

❸ やすんずる。くつろぐ。

【燕居エンキョ】家にくつろいでいること。閑居。＊論語-述而「子之燕居、申申如也シのエンキョするや、シンシンジョたり」(=先生が朝廷から退出した後での私生活は、いかにもくつろいだ様子であった)」

【燕寝エンシン】ふだんやすむ座敷。

【燕服エンプク】ふだん着。讌服エンプク。

❹ 中国の国名。

【燕京エンケイ・エンキン】中国、北京の古称。五代、後晋のとき置かれ、明代に北京に改めた。

【燕支・燕脂エンジ】黒みのある濃紅色の顔料。❤燕国の産ということからの名。普通、「臙脂」と書く。

【燕石エンセキ】①燕山から出る、玉ギョクに似て玉でない石。まがいもの。②価値のない物を宝として誇ること。小才の者が慢心するたとえ。燕石を玉とす。〔太平御覧〕❤中国、宋の愚人が燕石をたいせつにしたという故事から。

難読地名 燕つばくろ岳(長野)

4574【熹】6384 5F74 E094 火-12

キ㊇/xī/あぶる・よろこぶ

字解 形声。火+喜㊥。あぶる意。甲骨文は、壴(祭器、または楽器)に従い、なにかの祭りの意を表すか。

甲骨文 篆文

意味 ❶あぶる。やく。❷日光のかすかなさま。「熹微」❸よろこぶ。❹中国、南宋の儒学者、朱子のいみ名。

【熹微】ビキ 日光のかすかなさま。＊陶潜-帰去来辞「恨ニ晨光之熹微一シンコウのキビなるをうらむ」〔＝朝日の光がかすかにしか照らさぬことを残念に思う〕

4575 【燾】＊4229 火−14 トウ(タウ)漢 \dào・tāo

字解 形声。火＋壽(つらなりつづく)声。あまねくおおいてらす意。

〔罷〕⇩6143 〔黨〕⇩9597 〔黶〕⇩9600

87 爪(爫・⺤)部 つめ

金文 篆文

爪は、手先を下に向けてものをつかもうとするさまを象り、指先のつめ(ソウ)を表す。爪部の字は爪を字の上部として、手でつかみとる、ひっぱるなどの意を表すものが少数ある。印の左部も、もと爪であるが、卩部に属する。

爪 爪
爪 ④ 㸒 爭 ⑤ 爰 䍃 ⑧ 爲 𤔔 ⑬ 爵
⑭ 爵
爪 ④ 爬
爪

4576 【爪】 3662 445E 92DC 爪−0 ソウ(サウ)呉漢 \zhǎo・zhuǎ\ つめ・つま

字解 部首解説を参照。

同属字 爭(争)・笊・抓

意味 ❶つめ。㋑指の先に生じる角質物で、表皮がかたく変わったもの。「爪印」「牙爪ガソウ」㋺国 琴を弾くために指先にはめる爪状のもの。琴爪ことづめ。㋩国 物をつったり、ひっかけたりして留める仕掛けの道具や装置。こはぜ、鉤かぎの類。❷「爪哇ジャワ」は、Java の音訳。インドネシア共和国の西部にある島。

【爪印】ソウイン(つめイン) ①(ソウイン)つめあと。②(つめイン)花押カオウや印章の代わりに指先に印肉をつけて指紋を押すこと。

【爪牙】ソウガ ①つめときば。比喩ヒユ的に悪人の策略、魔手の意に用いる。「爪牙にかかる」②主人の手足となって働く家臣。「爪牙の臣」

【爪角】ソウカク ①つめとつの。②自らを守るもののたとえ。

【爪痕】ソウコン(つめあと) つめでかいた傷のあと。また、比喩ヒユ的に、災害や事件などが残した被害や影響。

爪

〔妥〕⇩1546 〔孚〕⇩1700 〔乎〕⇩1806

4577 【㸒】 —— 爪−4 イン漢

字解 会意。爫(＝爪、つめでひっかきとる)＋壬(子をはらむ、おめでたい)。むやみやたらに幸を求める意。

同属字 婬・淫

4578 【爭】 6407 6027 E0A5 爪−4 ソウ 「争」(83)の旧字

〔受〕⇩879 〔采〕⇩3332

4579 【爰】 6409 6029 E0A7 爪−5 エン(ヱン)漢 \yuán\ ここ

字解 象形。ものの両端をもってひくさまに象り、ひく意。借りて助字に用いる。援の原字。

甲骨文 金文 篆文

同属字 媛・援(援)・猨・湲・暖(暖)・煖・緩(緩)

意味 ❶ここ。ここに。ここにおいて。「爰許ここもと」〔＝こちら。わが方〕＊史記-伯夷伝「父死不レ葬、爰及ニ干戈一ちちシしてほうむらず、ここにカンカにおよぶ」〔＝父が死んで、まだ葬儀を終えていない。(それなのに)ここで戦争までしようとする〕❷ゆるやかなさま。『爰爰エンエン』❸「爰書エンショ」は、罪人の供述を写しとった取り調べ書。

4580 【䍃】 —— 爪−5 ヨウ 「䍃」(6101)の異体字

〔覓〕⇩7368

4581 【爲】 6410 602A E0A8 爪−8 イ 「為」(4545)の旧字

4582 【𤔔】 —— 爪−8 ラン漢

字解 象形。糸巻きにかけた糸に手をかける形に象る。みだす、また、おさめる意。亂に同じ。

金文 篆文

〔愛〕⇩2322 〔舜〕⇩6491 〔急〕⇩2390

4583 【爵】 2863 3C5F 8EDD 爪−13 常 シャク漢 \jué\ さかずき・すずめ

筆順 爵 爵 爵 爵 爵 爵

字解 会意。スズメを象ったという盃の形の変形＋鬯(酒)の簡略形＋寸(＝又、て)。酒の入ったスズメ形のさかずきをもつ、さかずきの意。甲骨文では、酒器(儀礼用)の象形のみ。のちに手や酒のしるしが加わった。

甲骨文 金文 篆文

意味 ❶さかずき。古代中国で祭礼に用いたスズメ形のさかずき。また、一般にさかずきの総称。『羽爵ウシャク』『罰爵バツシャク』❷貴族の身分の等級を表す語。

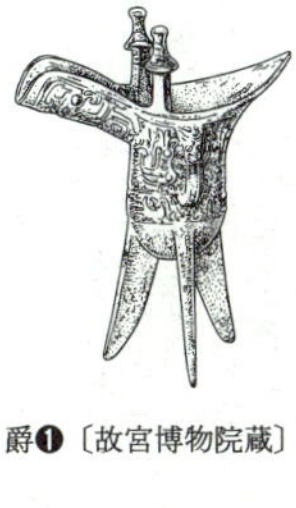

爵❶〔故宮博物院蔵〕

(4584) 〔爵〕 —— 爪−14 旧字

心(小・忄)戈戸(戸)手(扌)支攴(攵) 4画 文斗斤方无(旡・旡)日曰月木欠止歹(歺)殳毋比毛氏气水(氺・氵)火(灬)爪(爫・爫)父爻(爻)爿(丬)片牙(牙)牛犬(犭)

位。『爵位』『爵服』『爵禄』『伯爵』→下接。❸すずめ。「雀」に同じ。『爵羅』

下接 栄爵・官爵・勲爵・公爵・侯爵・五爵・子爵・襲爵・授爵・叙爵・人爵・男爵・天爵・伯爵・封爵

【爵位（シャクイ）】貴族の階級。日本では公・侯・伯・子・男爵の五階級があった。

【爵服（シャクフク）】爵位とそれに相応する服装。

【爵羅（シャクラ）】スズメをとらえる網。雀羅。

【爵禄（シャクロク）】爵位と俸禄。位と俸給。

爪

［笊］⇩5598

爪

4585 【爬】 6408 6028 E0A6 爪－4 ハ㊥/pá/かく

字解 形声。爪＋巴㊒。かく意。把に同じ。

意味 ❶かく。ひっかく。『爬羅剔抉』『掻爬』 ❷（大きな爪のある四肢で）はって歩く。『爬虫類』『爬行』

【爬行（ハコウ）】はって行くこと。

【爬虫類（ハチュウルイ）】脊椎動物門、羊膜亜門の一綱。鱗があり、変温動物。カメ、ヘビ、ワニなどの類。

【爬羅剔抉（ハラテッケツ）】①かき集めほじり出すこと。②かくれた人材を探し出して用いること。③人の欠点をあばき出すこと。〔韓愈－進学解〕

88 父部 ちち

甲骨文 金文 篆文

父は、手にむち、おの、または何らかのしるしのものをもった形で、家族をひきいるちち（フ）を表す。父を部標とするものは、父に関係するが、少数である。もと手の先にあるものは一個であったが、隷書のころから左右に均斉の形をとるようになった。

父 父 父 ⑥爹 ⑨爺

4586 【父】 4167 4963 9583 父－0 常2 ブ㊉・フ㊥・ホ㊝/fù・fǔ/ちち・おとうさん・てて・とと

筆順

字解 部首解説を参照。

同属字 斧・釜

参考 万葉仮名では音を借りて「ぶ」。

意味 ❶ちち。㋑ちちおや。両親のうちの男の方。『父兄』『父母』『厳父』『尊父』『養父』 ㋺ちちのような人。『国父』『神父』 ❷おじ。父親と同世代の親族の男性。『叔父』『伯父』 ❸おきな。年をとった男の人。『父老』『漁父』

❶ ちち。ちちおや。

下接 ㋑亜父・阿父・異父・王父・岳父・家父・義父・愚父・君父・継父・厳父・実父・慈父・親父・先父・祖父・尊父・大父・亡父・養父・老父 ㋺教父・国父・師父・神父・天父

【父君（フクン｜ちちぎみ）】主に他人の父の敬称。↔母君

【父兄（フケイ）】父と兄。父や兄。『父兄参観日』 ＊史記－項羽本紀「縦江東父兄憐而王レ我、我何面目見レ之（たといコウトウのフケイあわれみてわれをオウとすとも、われなんのメンモクありてこれにまみえん）」〔＝たとい江東の父兄たちが哀れんで私を王とするとしても、私はどの面さげて彼らに会うことができようか〕

【父系（フケイ）】①父の血統に属していること。父方。↔母系。②家系が父方の系統で相続されること。↔母系

【父権（フケン）】①父方が持つ家長権。↔母権。②父としての親権。↔母権

【父子（フシ）】父と子。親子。〖父子有レ親（フシシンあり）〗五倫の一。親は子をいとおしみ、子は親に孝をつくす。親子の守るべき道。〔孟子－滕文公上〕

【父師（フシ）】①父と先生。②天子の指導者。太師。③大夫で七〇歳になって退官したもの。

【父事（フジ）】他人に対して、父につかえるのと同じようにつかえること。

【父執（フシツ｜フシュウ）】（「執」は友の意）父の友人。＊杜甫－贈衛八処士「怡然敬父執（イゼンとしてフシツをケイす）」〔＝にこにこして、父の友人を大事にした〕

【父性（フセイ）】父親として持つ性質。↔母性。『父性愛』

【父祖（フソ）】父と祖父。また、先祖。『父祖伝来の地』

【父道（フドウ）】①父の行った道。②父として守るべき道。

【父母（フボ）】父と母。両親。『父母会』〖父母之年、不レ可レ不レ知也（フボのとしは、しらざるべからざるなり）〗父母の年齢は覚えていなければならない。〔論語－里仁〕〖父母唯其疾之憂（フボはただそのやまいをこれうれう）〗親は子供が病気になることを一番心配している。だから、子供は病気にかからぬようにしなければならない。〔論語－為政〕❤他にも次のような解釈がある。㋑（フボにはただそのやまいをこれうれえよ）子は親の病気をとくに心配すべきである。㋺（フボにはただそのやまいをこれうれえしめよ）子は、親には病気以外の心配はさせてはならない。

〖父在観二其志一（ちちいませばそのこころざしをみる）〗孝子は、父親の存命中は父が何を考えているかを観察し、父親の没後はその一生の行動を観察する。また一説に、子が真に親孝行かどうかは、父親の存命中は、子の志を、没後は、子の行動を見きわめて判断するの意とする。〔論語－学而〕

〖父之讎、弗二与共戴一レ天（ちちのあだはともにテンをいただかず）〗子たる者は父の仇と同じ世に生きることをよしとしない。父の仇敵は必ず討ち取って報いる。〔礼記－曲礼上〕

〖父為レ子隠、子為レ父隠（ちちはこのためにかくし、こはちちのためにかくす）〗父は子のためにその罪悪をかばい隠し、子は父のためにその罪悪をかばい隠す。〔論語－子路〕

〖無レ父（ちちをなみす）〗父親を無視する。自分の父を父と思わないことをいう。〔孟子－滕文公下〕

❸ おきな。

【父老（フロウ）】①年取った男子の敬称。老翁。老人。②一村一郷のおもだった老人。特に、古代中国で、郷村の自治に重要な役割を果たした指導者。長老。

難読姓氏 父母（たらち）

父

[斧] ⇩ 3074

4587【爹】 *4244 父-6 タ漢/diē

字解 形声。父＋多声。ちちの意。

[釜] ⇩ 8342

4588【爺】 4476 4C6C 96EA 父-9 ヤ漢/yé/じい・じじ・じじい

字解 形声。父＋耶声。ちちの意。

意味 ❶父の俗称。「阿爺アヤ」「親爺おやじ」 ❷国老人の尊称。「好好爺コウコウヤ」「老爺ロウヤ」 ❸国年寄り。「爺婆じじばば」

89 爻(㐅)部 こう めめ

爻は左右まじわった形を二つ重ねて、まじわる、くみあわせる意(コウ)を表す。爻部の字は少数で、また単に類形からここに所属させるものだけである。

爻 ⑦ 爽 ⑩ 爾

爻 ⑤ 爼

4589【爻】 6411 602B E0A9 爻-0 コウ(カウ)漢/yáo・xiáo/まじわる

字解 部首解説を参照。

同属字 肴・教

意味 ❶まじわる。❷易の卦を構成する横画。陽爻ヨウコウ ⚊ と陰爻 ⚋ の二種がある。

4590【爽】 3354 4156 9175 爻-7 人 ソウ(サウ)漢/shuǎng/さわやか・さやけし・さやか

筆順 爽爽爽爽爽爽

字解 会意。大(立った人)＋叕(左右の袖または入れ墨)。袖または入れ墨が明らかな意から、あきらかの意という。また、両側に別れていることから、たがう意を表すという。

金文　篆文

意味 ❶あきらか。夜が明けて明るい。「爽旦」「昧爽マイソウ」 ❷さわやか。すがすがしい。「爽快」「爽秋」「爽涼」「豪爽ゴウソウ」「颯爽サッソウ」「清爽セイソウ」 ❸たがう。あやまる。違反する。

【爽快ソウカイ】さわやかで気持ちのよいさま。「気分爽快」

【爽秋ソウシュウ】空気がさわやかで心地のよい秋。

【爽旦ソウタン】夜明け。早旦。

【爽徳ソウトク】誤った行為。悪い徳。

【爽涼ソウリョウ】外気がさわやかですずしいこと。

[楙] ⇩ 3310　[鹵] ⇩ 6477

4591【爾】 2804 3C24 8EA2 爻-10 人 ニ呉・ジ漢/ěr/なんじ・しか・しかり・その・それ・のみ

(1835)【尓】 5385 5575 9B95 小-2

(1836)【尒】 二二 小-2

筆順 爾爾爾爾爾

字解 一説に象形。美しく咲く花の形で、花が盛んで美しい意であるという。借りて助字に用いる。簡略体の尒(のちの尓)は、秦以前に現れるが、本来別義の字。

金文　篆文

同属字 璽(玺)・邇(迩)・彌(弥)・禰(祢)

参考 万葉仮名では音を借りて「じ」「に」。

意味 ❶なんじ。おまえ。あなた。「汝」「女」「若」「而」などに同じ。↔我。「爾汝」「爾曹」 *論語-子路「挙二爾所一レ知なんじのしるところをあげよ」(=おまえの知っている者を抜擢せよ) ❷その。それ。この。これ。「爾後」「爾来」 ❸形容詞・副詞などの下に添え、そのようである、そのとおりであるの意。「莞爾カンジ」「卒爾ソツジ」「徒爾トジ」「聊爾リョウジ」 ❹しかり。その通り。そのように。そうして。「然ゼン」に同じ。*陶潜-飲酒「問二君何能爾一きみにとうなんぞよくしかると」(=どうしてそのようにしていられるのか) ❺しか。そのように。そんなに。「云爾しかいう」 ❻のみ。それだけ。…だけ。…なのだ。限定・強意を示す。「耳」に同じ。*柳宗元-捕レ蛇者説「非二死則徙爾一しせるにあらずんばすなわちうつれるのみ」(=死に絶えたのでなければ、転住してしまったのである) ⇒表 ❼書名。「爾雅ジガ」

◎爾・已・耳―「…のみ」と限定・強調を示す

爾ジ	自不レ弁爾(自ら弁ぜざるのみ)
已イ	(而已) 如レ斯而已(斯くのごときのみ)
耳ジ	此亡秦之続耳(此れ亡秦の続のみ)(亡んだ秦の二の舞にすぎない)

【爾雅ジガ】中国の字書。十三経の一。最古の字書で、経書の訓詁解釈の貴重な史料。

【爾後ジゴ】ある物事があって、そののち。以後。自後。

【爾汝ジジョ】親しんだりして「おまえ」「きさま」と呼ぶこと。「爾汝の交わり(=親密な交際)」

【爾曹ジソウ】なんじら。おまえたち。

【爾来ジライ】①それ以来。それ以後。自来。②近ごろ。

爻

4592【爼】 6412 602C E0AA 爻-5 ソ

「俎」(136)の異体字

90 爿(丬)部 しょうへん

爿は、脚のある長い台の象形という。片が木を割った右片とすれば、爿はその左片とも見られるが、その関係は証せられない。爿部に属する字は、爿の形を左部にもつが、牀牆などのほかは統一した原義が得にくい。他の部で爿を音標とするものは多くある。爿の形は、略して丬とし、常用漢字はこれをとる。

甲骨文　篆文

爿 爿

爿 ④ 牀 ⑤ 牁 ⑬ 牆

爿

4593【爿】6413 602D E0AB 爿－0
ショウ(シャウ)㊥/qiáng

字解 部首解説を参照。

爿 ▯

[壮]⇩1467 [壯]⇩1468 [妝]⇩1689

4594【牀】6414 602E E0AC 爿－4
ショウ(シャウ)㊁・ソウ(サウ)㊥/chuáng/ゆか・とこ

字解 形声。木＋爿(寝台)㊥。寝台の意。のちに木を加え、その字義を明確にした。

参考 「床」に同じ。熟語は「床」(2118)をも見よ。

意味 ❶ねどこ。ねだい。『牀褥』『牀前』『牀頭』『起牀』❷ゆか。とこ。❸こしかけ。『牀几』『胡牀』『病牀』『縄牀』『禅牀』❹物を置く台。『銃牀』『筆牀』

【牀几】折りたたみ式の腰掛け。床几。

【牀褥・牀蓐】ねどこ。しとね。

【牀前】ねどこのあたり。＊李白-静夜思「牀前看ニ月光一〔＝ふと見ると、寝床のあたりに月光が白く光っている〕」

【牀榻】寝台。また、こしかけ。

【牀頭】枕もと。

[戕]⇩2643 [状]⇩4645 [狀]⇩4646

[将]⇩1824 [將]⇩1826 [臧]⇩6449

4595【牁】＊4245 爿－5
カ㊥/kē

字解 形声。爿＋可㊥。「牂牁」は、舟をつなぎとめるくい。

4596【牆】6415 602F E0AD 爿－13
ショウ(シャウ)㊥/qiáng/かき

字解 形声。嗇(穀物をしまう倉)＋爿(細長い板)㊥。倉などの周りをかこうへいの意。

金文 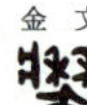

篆文 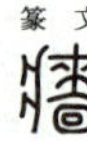

意味 かき。かきね。また、へい。さかい。『築牆』

下接 垣牆・宮牆・女牆・門牆

【牆衣】土べいの上の苔。

【牆垣】かき。かきね。

【牆壁】どべい。また、へだて。境界。障壁。

【牆面】へいに面して立つこと。先が何も見えないことから、無学・無能な者のたとえ。〔書経-周官〕

【牆籬】かきね。まがき。

〖牆耳レ有〗土べいにも耳があって聞いている。秘密の話のもれやすいたとえ。〔管子-君臣下〕

91 片部 かた

甲骨文 

篆文 

片は、木の象形をたて二つ割りにした右半分で、木片、板きれを示す。片部に属する字は、意標として左部に片(かたへん)をもち、板、札などの類を表す。

片◆ 片 片

片▯ ④版 ⑧牋 牌 ⑨牒 ⑩牓 ⑪牕
牖 牗 ⑮牘

片 ◆

4597【片】4250 4A52 95D0 片－0 常6　(4598)【片】二二 片－0
ヘン㊁㊥/piàn・piān/かた・きれ・ひら・ペンス

筆順 片 片 片 片

字解 部首解説を参照。

意味 ❶かたいっぽう。かたわれ。また、一方に偏した。かたよった。『片月』『片道』❷きれ。きれはし。また、ひら。薄くて平らなもの。『片雲』『一片』『断片』『破片』❸わずか。すこし。また、不完全な。『片影』『片言隻語』❹中国の音訳字。『阿片』『鴉片』❺(英penceの音訳)ペンス。イギリスの貨幣単位。

❶ かたいっぽう。かたわれ。

【片雨】通り雨。ある地域の一方にだけ降る雨。

【片月】半分、またはそれ以上かけた月。かたわれ月。弓張月。弦月。

❷ きれ。きれはし。薄くて平らなもの。

下接 一片・一片・萼片・花片・花片・骨片・砕片・細片・残片・紙片・小片・切片・雪片・断片・肉片・剝片・薄片・破片・半片・氷片・木片・鱗片

【片雲】一片の雲。小さな雲。

【片簡】書き物の断片。断簡。

【片楮】紙のきれはし。また、ごく簡単な手紙。

【片鱗】(一片のうろこの意)全体のごくわずかな部分。『天才の片鱗』

❸ わずか。すこし。また、不完全な。

【片影】わずかに見えた、物の姿。

【片言】①ただ一言。わずかな言葉。『片言隻語』〔＝ちょっとした短い言葉〕②小児などの未発達でたどたどしい言葉。『片言の英語』

【片時】一時の半分。ちょっとの間。

片 ▯

4599【版】4039 4847 94C5 片－4 常5
ハン㊥・バン㊁/bǎn

筆順 版 版 版 版 版 版 版 版

字解 形声。片＋反㊥。板に同じ。

意味 ❶いた。平たい板。『版築』❷印刷で、インキを紙面につける仲だちとなるもの。『版画』『版本』『活版』『製版』『凸版』❸印刷すること。刊行。出版。『版権』『初版』❹ふだ。文字を書くふだ。また、人口や土地などを記した帳簿。戸籍。『版籍』

❶ いた。平たい板。

【版築】①板と板との間に土を入れ、杵で土をたたき固めること。また、その牆板と杵。②建築物の基壇、土壁などの築造法。土を薄い層状につき固めて重ね築いていく方法。「板築」とも。

❷ インキを紙面につける仲だちとなるもの。

[下接] 凹版ハン・活版カッパン・下版ゲハン・原版ゲンパン・孔版コウハン・古版コハン・図版ズハン・製版セイハン・石版セキハン・凸版トッパン・平版ヘイハン・木版モクハン

【版画ハンガ】図柄を描刻した版で刷った絵。

【版木ハンぎ】文字や図画などを彫った木版用の刷り板。

【版下ハンした】①木版、印判などの版木にはる書画。②凸版、網版などの製版用の原稿。『版下書き』

【版本ハンポン】版木を彫って、それで印刷した書物。木版本。↔写本

❸ 印刷すること。刊行。出版。

[下接] 改版カイハン・官版カンパン・旧版キュウハン・再版サイハン・私版シハン・重版ジュウハン・出版シュッパン・初版ショハン・新版シンパン・絶版ゼッパン

【版権ハンケン】著作物を複製し、発売頒布することのできる排他的財産権。『版権を取る』

【版行ハンコウ】文書、図書などを印刷して発行すること。刊行。出版。

【版式ハンシキ】印刷版の様式。

【版元ハンもと】本の発行所、出版元。

❹ ふだ。また、戸籍。

【版籍ハンセキ】領地と戸籍。土地と人民。

【版図ハント】一国の領域。領土。『版図を拡大する』

4600 【牋】 6416 6030 E0AE 片－8 セン㊥/jiān

[字解] 形声。片＋戔㊖。ふだの意。箋の別体。

4601 【牌】 3955 4757 9476 片－8 ハイ㊥/pái/ふだ

[字解] 形声。片＋卑㊖。

[意味] ❶ふだ。文字を書いて掲げる札。『牌子』『牌牓』『牌楼』『位牌イハイ』『招牌ショウハイ』『門牌モンパイ』 ❷ふだ。遊びや勝負ごとに使う札。『牙牌ガハイ』『骨牌コッパイ－カルタ』 ❸メダル。『賞牌ショウハイ』『金牌キンパイ』『銀牌ギンパイ』

【牌子ハイシ】①看板。商標。②切符。鑑札。③位はい。④カルタ。

【牌牓ハイボウ】かけふだ。看板。

【牌楼ハイロウ】市街にたてたやぐら門。上に額をかかげる。

4602 【牒】 3613 442D 92AB 片－9 チョウ(テフ)㊥/dié/ふだ

[字解] 形声。片＋枼(葉のようにうすい)㊖。うすく平たいふだの意。

[意味] ふだ。文書を書きしるすふだ。また、公文書。

[下接] 移牒イチョウ・戒牒カイチョウ・通牒ツウチョウ・符牒フチョウ

【牒状チョウジョウ】①二人以上の宛名人に順次に回覧し、用件を伝える書状。②国の元首が、その国の名をもって他国に遣わす国書。③国古文書の様式の一。たがいに所管・被管関係のない官司などの間でとりかわす文書。

4603 【牓】 *4252 片－10 ホウ(ハウ)㊥・ボウ(バウ)㊝/bǎng/たてふだ

[字解] 形声。片＋旁㊖。

[意味] たてふだ。かけふだ。『牌牓ハイボウ』

【牓示ホウジ－ボウジ】領地など、土地の境界を示すために立てる杭くい、札など。また、物を書きつけた立て札。榜木。

【牓子ボウシ】①名刺。名札。②身分の高い人に謁見するときに差し出す書きつけ。

4604 【牕】 *4253 片－11 ソウ(サウ)㊐㊥/chuāng

[字解] 形声。片＋悤㊖。まどの意。窻(＝窓)の別体。

4605 【牖】 *4254 片－11 ユ㊐・ユウ(イウ)㊥/yǒu/まど

(4606) 〖牗〗 片－11

[字解] 会意。片(木片)＋戸(まど)＋甫(未詳)。壁を抜いて作った窓の意。

[意味] まど。れんじまど。『戸牖コユウ』『甕牖オウユウ』

【牖戸ユウコ】窓の戸。また、窓と戸。出入口。〔綢繆牖戸チュウビュウユウコを〕窓や戸を修理する。災いを未然にふせぐこと。〔詩経－豳風・鴟鴞〕

4607 【牘】 6417 6031 E0AF 片－15 トク㊥/dú/ふだ

[字解] 形声。片＋賣㊖。

[意味] ふだ。かきもの。文書。てがみ。『簡牘カントク』『尺牘セキトク』

92 牙(牙) 部 きば

金文

篆文

牙は、たがいちがいに向きあったさまに象り、きば(ガ)を表す。牙を部標として牙部に属するものはごく少ない。

牙　牙　牙

牙　⑧ 牚

牙　⑨ 犗

牙

4608 【牙】 牙－0 ゲ㊐・ガ㊥/yá/きば

(4609) 〖牙〗 1871 3267 89E5 牙－0

[字解] 部首解説を参照。

[同属字] 芽(芽)・邪(邪)・雅(雅)・鴉・呀・枒・砑・訝・谺

[参考] 万葉仮名では音を借りて「げ㊙」。

[意味] ❶きば。哺乳ホニュウ動物の歯の一部が特に大きく鋭く発達したもの。『牙爪』『歯牙シガ』『象牙ゾウゲ』 ❷象牙で飾った天子、大将の旗。『牙旗』『牙門』『大牙タイガ』 ❸さいとり。商品の売買の間に立って手数料をとるもの。『牙人』『牙銭』 ❹「牙音ガオン」は中国の古代の音韻学の用語で五音の一。今日でいう軟口蓋音ナンコウガイオンにあたる。

❶ きば。

[下接] 贅牙ゴウガ・歯牙シガ・爪牙ソウガ・象牙ゾウゲ・毒牙ドクガ

【牙籤ガセン】①象牙製の小札。書名を書いて、棚に積んだ書籍などにはさむ。②書物の帙チツを閉じるためにこはぜかけにかけて用いる象牙製の爪形のもの。

【牙爪ガソウ】きばとつめ。転じて、防御のための道具。

【牙籌ガチュウ】①古く、中国で計算の具に用いた象牙製の数とり。②そろばん。

【牙牌ガハイ】①象牙で作ったふだ。②カルタ。

❷象牙で飾った天子、大将の旗。

【牙営ガエイ】陣中で、大将のいる所。本営。▼牙旗ガキを立てる陣営の意。

【牙旗ガキ】天子や大将軍の陣地に立てる旗。大将旗。▼昔、中国で、大将の旗は猛獣が牙きばで身を守るさまをかたどり、さおの先に象の牙を飾ったところから。

【牙璋ガショウ】出征のさい、天子から将軍に賜る印の玉。

【牙城ガジョウ】①城内で大将のいる所。城の本丸。②根拠地。根城ねじろ。『保守の牙城』

【牙纛ガトウ】大将軍の旗。

【牙兵ガヘイ】大将の本陣にいる兵。はたもと。

【牙門ガモン】①牙旗を立てた門。本陣。②役所。衙門ガモン。

❸さいとり。

【牙行ガコウ】中国で、売主と買主の間に立って、売買の斡旋、仲介を職業とする者。

【牙人ガジン】中国で、商取引の仲介人。

【牙銭ガセン】牙行ガコウが受け取る仲買の手数料。口銭。

牙 8画

【芽】⇨6588

4610 【牚】 *4255 牙－8 トウ(タウ)漢／chēng

字解 形声。牙＋尚声。

意味 ❶ささえる。❷ささえ柱。支柱。

牙 9画

【邪】⇨8221 【雅】⇨8735

4611 【⿰牙禹】 牙－9 ク漢・ソ慣／qǔ

字解 形声。牙＋禹声。むしばの意。「齲」に同じ。

【鴉】⇨9452

93 牛部 うし

甲骨文

金文

篆文

牛は、二本の角のある獣の体のさまに象り、うし(ギュウ)を表す。牛部に属するものは、うし、うしに似た獣の類、またうしを使う作業などに関係がある。字の左部に用いるものは、「うしへん」といい、楷書等では下の横画を第四画として右にはねあげるように書くのが常で、ことに手書きの習慣では第三画のたて画の末を左にはねる。

牛 0画 牛 犇

牛 下部 ②牟 ③牢 ⑦牽 犂 ⑧犀 犁 ⑨犎 ⑩犖 ⑪犛

牛 左部 ②牝 ③牡 ④牧 物 ⑤牲 牴 ⑥牷 特 ⿰牛宅 ⑦牾 ⿰牛孚 ⑨犍 ⑩犒 ⑬犠 ⑮犢 ⑯犧

牛 0画

4612 【牛】 2177 356D 8B8D 牛－0 常2 ゴ呉・ギュウ(ギウ)漢／niú うし

筆順

字解 部首解説を参照。

意味 ❶うし。ウシ科の哺乳ホニュウ動物。『牛車』『牛歩』『汗牛充棟カンギュウジュウトウ』❷星の名。㋐ひこぼし。牽牛星。わし座のアルタイル。『牛郎』㋺二十八宿の一。やぎ座の西辺。『牛女』『斗牛トギュウ』❸地名、あて字、熟字訓など。『牛山』『牛蒡ゴボウ』

❶うし。

下接 役牛エキギュウ・火牛カギュウ・九牛キュウギュウ・黄牛コウギュウ—あめうし・水牛スイギュウ・鉄牛テツギュウ・闘牛トウギュウ・屠牛トギュウ・土牛ドギュウ・肉牛ニクギュウ・乳牛ニュウギュウ・旄牛ボウギュウ・野牛ヤギュウ・犂牛リギュウ・和牛ワギュウ

【牛飲馬食ギュウインバショク】牛馬のように多量に飲んだり食べたりすること。

【牛驥同皁ギュウキドウソウ】(「皁」は、かいばおけの意)遅いウシと速いウマを同じかいばおけで飼う。賢者も愚者も同一に待遇するたとえ。〔鄒陽-獄中上書自明〕

【牛後ギュウゴ】強大なものに従い、使われる者。組織の中で低い地位にとどまる者。牛尾ギュウビ。＊史記-蘇秦伝「寧為鶏口、無為牛後むしろケイコウとなるも、ギュウゴとなるなかれ」〔＝牛のような大きな団体のうしろにつくより、鶏のような小さな団体でもそのかしらとなるほうがよい〕」

【牛車ギュウシャ】①(ギュウシャ)ウシの引く車。②(ギッシャ)昔、ウシにひかせた貴人乗用の車。

【牛舎ギュウシャ】牛小屋うしごや。

【執牛耳ギュウジをとる】盟主となる。転じて団体、党派などの中心人物となる。〔左伝-定公八年〕▼中国の春秋戦国時代、諸侯が盟約するときに、盟主がウシの耳をとってこれを裂き、その血をすすって誓い合ったという故事による。

【牛喘ギュウゼン】ウシが暑熱に苦しんであえぐこと。

【牛刀ギュウトウ】ウシを切り裂くのに使う大きな刀。＊論語-陽貨「割鶏焉用牛刀にわとりをさくにいずくんぞギュウトウをもちいん〔＝ニワトリを料理するのに、牛刀など必要があろうか〕」【牛刀割鶏ギュウトウにわとりをさく】大げさな手段を用いることの例え。

【牛痘ギュウトウ】ウシの痘瘡トウソウ。その痘毒は種痘に用いる。

【牛頭ギュウトウ—ゴズ】㊀(ギュウトウ)①ウシのあたま。②書法で、点「、」のかどばったもの。㊁(ゴズ)頭がウシ、体は人間の形をしているという地獄の獄卒。『牛頭馬頭ゴズメズ』

【牛肉ギュウニク】食用となるウシの肉。

【牛乳ギュウニュウ】ウシの乳。ミルク。

【牛馬ギュウバ】ウシとウマ。『牛馬走ソウ〔＝牛や馬の世話をするしもべの意から〕自分のことを謙遜していう語〕』

【牛歩ギュウホ】ウシの歩み。転じて、進むのが遅いこと。

【牛毛ギュウモウ】①ウシの毛。②たくさんある物のたとえ。

【牛酪ギュウラク】牛乳から分離した脂肪をかため、塩を加えて練成した食品。バター。

【牛郎ギュウロウ】牛飼い。→❷

❷星の名。

【牛女ギュウジョ】牽牛ケンギュウ星と織女星。また、牛宿と女宿。

【牛斗ギュウトギュウ】牛宿と斗宿。また、牽牛ケンギュウ星と北斗星。

【牛郎ギュウロウ】ひこぼし。牽牛星ケンギュウセイ。→❶

❸ 地名、あて字、熟字訓など。

下接 蝸牛カギュウ・かたつむり・天牛かみきりむし・犛牛ヤク

【牛山ギュウザン】中国、山東省臨淄県の南。春秋戦国時代の斉の都の南東にあたり、都への木材供給のため常に禿山であったという。【牛山之木ギュウザンのき】牛山に生えている木。転じて、人間の性質も、耳目の欲にひかれて本性を忘れると悪くなってしまうことのたとえ。〔孟子-告子上〕♥人は牛山を、昔から禿山だと思っているが、そんな山などあろうはずがないというところから。

【牛蒡・牛房ゴボウ】キク科の二年草。野菜として畑に植える。食用。『金平キンぴら牛蒡』『牛蒡抜き』

【牛膝いのこずち】ヒユ科の多年草。根は薬用。

【牛尾魚こち】コチ科の海魚。食用。鯒こち。

難読姓氏 牛腸ごちょう

4613 【犇】 6422 6036 E0B4 牛－8 ホン㊥/bēn/ひしめく

字解 会意。牛+牛+牛。多くの牛が驚き走る意。

意味 ❶はしる。牛が驚いて走る。「奔」に同じ。『犇走ホンソウ』❷国ひしめく。押し合って騒ぐ。

牛

4614 【牟】 4422 4C36 96B4 牛－2 ム㊉・ボウ㊥/móu

字解 会意。牛+ム(牛の口から出る声のさま)。牛のなき声の意。

同属字 侔・眸・蛑・鉾

参考 万葉仮名では音を借りて「む」。片仮名「ム」の字源。

意味 ❶牛の鳴き声。『牟然』❷むさぼる。もとめ奪う。『牟食』『牟利』❸ます。ふえる。❹大きい。多い。❺大麦。❻ひとみ。「眸」に同じ。❼音訳字。『牟尼』

【牟食ボウショク】むさぼり食うこと。

【牟然ボウゼン】牛の鳴く声。

【牟利ボウリ】利益をむさぼり求めること。

【牟尼ムニ】(梵 muni の音訳)①仏語。インドで沈黙の行を修する行者をいう。②特に、釈迦の尊称。釈迦牟尼。

難読地名 牟岐むぎ町(徳島) 牟礼むれ町(香川) 牟礼むれ村(長野) 牟呂むろ町(愛知)

4615 【牢】 4720 4F34 9853 牛－3 ロウ(ラウ)㊉㊥/láo/ひとや

字解 象形。牛を囲いに入れた形に象り、おりに入れたいけにえ、牛を囲むおりの意。篆文は、牛+冬省。

甲骨文

金文

篆文

同属字 哰

意味 ❶いけにえ。㋑おりに入れたいけにえ。『牢牲』㋺ごちそう。中国で天子が社稷シャショクをまつるときの供物で、牛・羊・豚の三つが備わったものを「大牢タイロウ」といい、羊・豚の二つは「少牢ショウロウ」という。㋩くいぶち。扶持米。『牢稟』❷ひとや。罪人をとじ込めておく所。また、とじ込める。とり込める。『牢獄』『牢籠』『入牢ニュウロウ』❸かたい。しっかりした。『牢として抜きがたい』『牢固』『堅牢ケンロウ』❹さびしい。うつろな。また、うれい。苦労。『牢愁』『牢落』

❶ いけにえ。ごちそう。また、くいぶち。

【牢牲ロウセイ】いけにえ。犠牲。

【牢稟ロウリン】扶持米フチマイ。俸禄。

❷ ひとや。牢屋。また、とじ込める。

【牢獄ロウゴク】牢屋。獄舎。『牢獄につながれる』

【牢死ロウシ】牢の中で死ぬこと。獄死。

【牢番ロウバン】国牢屋の番人。監獄の看守。

【牢籠ロウロウ】ひとまとめにしてとじこめること。転じて、他人を自分の意のままにすること。

❸ かたい。しっかりした。

【牢記ロウキ】しっかり記憶すること。

【牢乎ロウコ】かたくしっかりして動かないさま。

【牢固ロウコ】しっかりして頑丈なさま。

❹ さびしい。うつろな。

【牢愁ロウシュウ】うれえること。

【牢騒ロウソウ】思いどおりにならず不平なさま。

【牢落ロウラク】まばらなこと。また、おちぶれること。

4616 【牽】 2403 3823 8CA1 牛－7 ケン㊉㊥/qiān/ひく

字解 形声。篆文は、牛+冖(つな)+玄(つな)㊥。牛をひくつな、ひく意。

篆文

意味 ひく。ひっぱる。ひきつける。または、ひきづな。ひきづなをつけて自由を拘束すること。

【牽引ケンイン】①引くこと。引き寄せること。『牽引車』

【牽牛ケンギュウ】①牛をひくこと。牛飼い。②星の名。ひこ星。七夕たなばたの夜、天の川をわたって織女星と会うという伝説がある。③朝顔のこと。牽牛子。牽牛花。♥③は、昔、高価な薬草とされたため、牛一頭をひいて交換したというところから。

【牽強ケンキョウ】無理にこじつけること。こじつけ。【牽強附会ケンキョウフカイ】(「附会」はつけ合わせること)道理に合わないことを、自分につごうのいいように無理にこじつけること。

【牽制ケンセイ】ある行動によって相手の注意をひきつけ、自由な行動をおさえること。

【牽攣乖隔ケンレンカイカク】互いに心はひかれながら、遠く隔てられている身の上をいう。

4617 【犁】 6421 6035 E0B3 牛－7 リ 「犂」(4619)の異体字

4618 【犀】 2652 3A54 8DD2 牛－8 サイ㊉・セイ㊥/xī

字解 会意。牛+尾。水牛に似た動物、さいの意。

金文

篆文

同属字 墀・稺・遲(遅)

意味 ❶さい。サイ科に属する哺乳ホニュウ類の総称。『犀角』『犀甲』❷かたい。また、するどい。『犀利』❸「木犀モクセイ」は、モクセイ科の常緑小高木。

【犀角サイカク】①サイのつの。魔除けなどのまじないや、座敷の飾りに用いられた。②インドサイの鼻づのの先端部を粉にしたもの。解熱や、消毒の薬用とした。

【犀甲サイコウ】サイの皮でつくったよろい。かたいよろい。

【犀利 サイリ】文章や才知などが鋭いさま。『明敏犀利』

4619【犂】 6420 6034 E0B2 牛－8 (4617)〔犁〕 6421 6035 E0B3 牛－7

リ呉・レイ漢/lí/からすき・すき

字解 形声。牛＋𥝢(するどい刃物・すき)声。牛にすきをひかせて耕す、すく意。

意味 ❶からすき。田畑を耕す農具の一。『犂鋤』 ❷すく。たがやす。❸まだらうし。『犂牛』 ❹黒い。薄暗い。『犂旦』 ❺しみ。肌にできる薄黒いはん点。『犂老』 ❻ころおい。❼おののく。おそれふるえる。『犂然』

【犂牛之子 リギュウのこ】(「犂牛」は、まだらうしの意) 名門の出でなくとも、才能、力量さえあれば必ず用いられるというたとえ。〔論語-雍也〕▶微賤の出身である仲弓について孔子が、まだら牛の子でも、毛色が赤く角の形さえよかったら、いけにえとして神に供えることができるといったという故事から。

【犂鋤 リジョ】からすきやくわなどの農具。また、すきやくわで耕地をたがやすこと。

【犂然 リゼン】おそれふるえるさま。おののくさま。

【犂老 リロウ】肌にしみのできた老人。また、広く老人。

【犂旦 レイタン】夜の明けがた。よあけ。黎明レイメイ。黎旦レイタン。

4620【犎】 * 4273 牛－9

ホウ漢/fēng

字解 形声。牛＋封声。こぶのある野牛の意。

4621【犖】 6424 6038 E0B6 牛－10

ラク漢/luò/まだらうし

字解 形声。牛＋勞省声。

意味 ❶まだらうし。毛色のまだらな牛。❷(模様などが)あきらか。一つ一つがはっきりしているさま。『犖确』

【犖确 ラクカク】石がごろごろとして、山の険しいさま。＊韓愈-山石「山石犖确行径微サンセキラクカクとしてコウケイかすかなり〔＝山の石がごろごろとして、険しい山路があるかなしかに続いている〕」

4622【犛】 * 4275 牛－11

リ呉漢・ミョウ(メウ)呉・ボウ(バウ)漢/lí·máo/からうし

字解 形声。牛＋𠩺声。

意味 からうし。ヤク。ウシ科の哺乳類ホニュウルイ。ウシに似ているが、毛が長く湾曲した角を持つ。チベット地方などに住む。『犛牛ギュウ|リ|やく』

牛

4623【牝】 4438 4C46 96C4 牛－2

ヒン漢/pìn/めす・め

字解 形声。牛＋匕(女性)声。めすの牛の意から、一般にめすの意。

甲骨文

篆文

意味 ❶めす。め。鳥獣のめす。雌。↔牡。『牝鶏』『牝馬』『牝牡』 ❷かぎ穴。穴。❸たに。渓谷。

【牝鶏之晨 ヒンケイのシン】めんどりがおんどりに先んじて朝の時を告げる。女が男に代わって権勢をふるい、災いを招くたとえ。牝鶏晨あしたに鳴く。〔書経-牧誓〕

【牝馬之貞 ヒンバのテイ】めす馬のように、従順で忍耐強く、分をまもるという徳。〔易経-坤〕

【牝牡 ヒンボ】めすとおす。雌雄。

4624【牡】 1820 3234 89B2 牛－3

ボウ漢・ボ慣/mǔ/おす・お

字解 会意。牛＋土(おすの性器)。おすの牛の意から、一般に、おすの意。

甲骨文

篆文

意味 ❶おす。お。鳥獣のおす。雄。↔牝。『牝牡ヒンボ』『牡鹿おじか』 ❷かぎ。かぎ穴に入れる方のかぎ。❸その他。『牡丹』『牡蠣』

【牡丹 ボタン】①キンポウゲ科の落葉低木。大形の重弁花を付ける。②国イノシシの肉の異称。

【牡蠣 ボレイ|かき】イタボガキ科に属する二枚貝。寒い時期のものを食用とする。

4625【牧】 4350 4B52 9671 牛－4 常4

モク呉・ボク漢/mù/まき

筆順

字解 会意。牛＋攵(＝攴、むちでうつ)。うしかいの意。

甲骨文

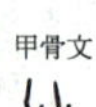

金文

篆文

意味 ❶牛飼い。また、まき。牛・馬・羊などを放し飼いにする。『牧場』『牧畜』『放牧』『遊牧』 ❷やしなう。みちびく。おさめる。また、つかさ。『牧師』『牧民』

下接 耕牧コウボク・芻牧スウボク・放牧ホウボク・遊牧ユウボク

❶ 牛飼い。また、まき。

【牧歌 ボッカ|ボクカ】①牧夫や牧童のうたう歌。②牧夫や農夫の田園の生活を主題とする詩歌、また、楽曲。

【牧牛 ボクギュウ】牛を放し飼いすること。放し飼いの牛。

【牧圉 ボクギョ】(「圉」は馬を飼う人の意) 牛馬を飼う人。また、その牧場。

【牧舎 ボクシャ】牧場で飼っている家畜を入れる建物。

【牧場 ボクジョウ|まきば】牛馬や羊などを放牧する設備のある場所。

【牧神 ボクシン】ギリシア神話中の、山野および牧羊をつかさどる半人半獣の神。牧羊神。パン。

【牧人 ボクジン】①中国、周代、牧畜をつかさどった役人。②牧場で家畜を飼育する人。牧夫。

【牧草 ボクソウ】家畜の飼料用の植物。『牧草地帯』

【牧畜 ボクチク】牧場で、家畜を飼い養って繁殖させること。

【牧笛 ボクテキ】家畜への合図に牧童が吹く笛。

【牧童 ボクドウ】牧場で家畜の世話をする少年。

【牧夫 ボクフ】牧場で家畜を飼育する男。牧人。牧童。

【牧野 ボクヤ】家畜を放牧する野原。

【牧羊 ボクヨウ】羊ひつじを飼養すること。また、その羊。

❷ やしなう。みちびく。また、つかさ。

下接 群牧グンボク・司牧シボク・州牧シュウボク・人牧ジンボク

【牧師 ボクシ】プロテスタントのキリスト教会で、伝道の責任者として教会をつかさどる者。

【牧守 ボクシュ】地方の長官。▶古代中国で、州の長官を牧、郡の長官を守といったところから。

【牧伯 ボクハク】諸侯、もしくは地方の長官。

【牧民 ボクミン】①人民を治めること。②地方長官をいう。『牧民官』

【牧養 ボクヨウ】人民を治め養うこと。

4626【物】4210 4A2A 95A8 牛－4 常3 モチ呉・モツ呉・ブツ漢/wù/もの

筆順 物 牛 牛 物 物 物 物

字解 会意。牛＋勿(はもの)。刃物で切ったいけにえの牛、転じて、ものの意。また、勿は、さまざまな色の意で、物は、さまざまなものの意とも。

甲骨文 
篆文 

意味 ❶もの。㋑なんらかの形をそなえた存在一般をいう。『物価』『物質』『物体』『器物』『生物』『万物』㋺ことがら。事態。状況。また、考え。『禁物(キンモツ)』❷ひと。ひとがら。また、世間。『物議』『物情』『人物』『俗物』❸その他。㋑見る。さがす。うかがう。『物色』㋺死ぬ。『物故』㋩国もの…。「なんとなく」「いかにも」の意を表す接頭語。『物静(ものしず)か』『物足(ものた)りない』『物騒(ブッソウ)』㊁あて字。『物相(モッソウ)』

❶もの。また、ことがら。

下接 一物(イチモツ|イチブツ)・逸物(イチモツ|イツブツ)・異物(イブツ)・遺物(イブツ)・音物(インモツ)・詠物(エイブツ)・汚物(オブツ)・怪物(カイブツ)・格物(カクブツ)・貨物(カモツ)・乾物(カンブツ)・換物(カンブツ)・玩物(ガンブツ)・贋物(ガンブツ|にせもの)・器物(キブツ)・偽物(ギブツ|にせもの)・旧物(キュウブツ)・御物(ギョブツ|ゴモツ|ギョモツ)・禁物(キンモツ)・供物(クモツ)・景物(ケイブツ)・見物(ケンブツ)・原物(ゲンブツ)・現物(ゲンブツ)・献物(ケンモツ)・好物(コウブツ)・鉱物(コウブツ)・穀物(コクモツ)・古物(コブツ)・個物(コブツ)・財物(ザイブツ)・作物(サクモツ|サクブツ)・雑物(ザツブツ)・雑物(ゾウモツ)・産物(サンブツ)・残物(ザンブツ)・質物(シチモツ)・実物(ジツブツ)・死物(シブツ)・私物(シブツ)・事物(ジブツ)・什物(ジュウモツ)・呪物(ジュブツ)・腫物(シュモツ)・抄物(ショウモツ)・植物(ショクブツ)・食物(ショクモツ)・庶物(ショブツ)・書物(ショモツ)・進物(シンモツ)・生物(セイブツ)・静物(セイブツ)・贅物(ゼイブツ)・造物(ゾウブツ)・贓物(ゾウブツ)・臓物(ゾウモツ)・代物(ダイブツ|ダイモツ)・地物(チブツ)・長物(チョウブツ)・珍物(チンブツ)・天物(テンブツ)・唐物(トウブツ)・動物(ドウブツ)・毒物(ドクブツ)・荷物(にモツ)・廃物(ハイブツ)・万物(バンブツ)・風物(フウブツ)・文物(ブンブツ)・幣物(ヘイモツ)・宝物(ホウモツ)・名物(メイブツ)・薬物(ヤクブツ)・唯物(ユイブツ)・尤物(ユウブツ)・利物(リモツ)・礼物(レイブツ|レイモツ)／鋳物(いもの)・金物(かなもの)・果物(くだもの)・品物(しなもの)・反物(タンもの)・刃物(はもの)・本物(ホンもの)・魔物(マもの)

【物我(ブツガ)】外界一切の物と自分自身。客観と主観。

【物化(ブッカ)】①物が変化すること。物が造化の妙と合一すること。万物の変化の相。〔荘子-斉物論〕②天命を終えて死ぬこと。物故。

【物価(ブッカ)】売買する品物の値段。諸商品の価格を総合的にみたもの。『消費者物価』『物価指数』

【物華・物花(ブッカ)】景色。風物。

【物怪(ブッカイ|もののけ|モッケ)】①あやしい物。怪物。②(もののけ)国思いもかけないこと。勿怪。

【物件(ブッケン)】①物品。品物。『証拠物件』②国法律上の物。物品などの動産と、土地・建物などの不動産。

【物候(ブッコウ)】景物や気候。風光。

【物産(ブッサン)】その土地から産出する品物。産物。

【物資(ブッシ)】食糧、衣料など生活のもとになる品物。

【物質(ブッシツ)】①自然界の構成要素の一。空間の一部を占め、質量を持つもの。↔精神。『物質文明』②物体を作り上げている実質。『有毒物質』

【物証(ブッショウ)】物的証拠。↔書証

【物象(ブッショウ)】物の姿や形。また、自然の姿。

【物色(ブッショク)】①物の色と形。②いけにえの動物の毛の色。③ありさま。形状。↓❸

【物神(ブッシン)】神の力が宿ると考えられ、崇拝の対象となる物体。偶像。『物神崇拝』

【物性(ブッセイ)】物質の有する性質。『物性論』

【物体(ブッタイ)】具体的な形をもって存在しているもの。

【物納(ブツノウ)】国小作料や租税などを物品で納めること。

【物品(ブッピン)】品物。物。特に不動産を除く形ある物。

【物欲・物慾(ブツヨク)】金銭や物品を対象とする欲望。書き換え「物慾→物欲」。

【物理(ブツリ)】①物の道理。②「物理学」の略。自然科学の一部門。自然現象を観察、測定し、その結果から諸現象を支配する法則を導き、また、その法則を理論的に説明しようとする学問。

【物量(ブツリョウ)】物の分量。また物質の多さ。『物量攻撃』

【物累(ブツルイ)】物質的なものから受けるわずらわしさ。

【有レ物有レ則(ものあればのりあり)】物事には一定の法則がある。〔詩経-大雅・烝民〕

【物語(ものがたり)】①ある話題について話すこと。また、その話。②語り伝えられている話。③日本の文学形態の一。人物、事件について人に語る形で叙述した作品。『歌物語』④一般に、作られた話の筋。また、その作品。

【物換星移(ものかわりほしうつる)】物事はかわり、月日が過ぎる。世の中が移りかわること。〔王勃-滕王閣序〕

【物盛則衰(ものさかんなればすなわちおとろう)】物事は盛りに達すれば必ず衰え始める。〔戦国策-秦〕

【於レ物(ものにおいて)】(「於」は、対象を示す)どんなものに対しても。＊韓非子-難「吾矛之利、於レ物無レ不レ陥也(わがほこのときこと、ものにおいてとおさざるなきなり)〔=私の矛の鋭利なことといったら、どんなものでも突き破ってしまう〕」

❷ひと。また、世間。

下接 怪物(カイブツ)・奸物(カンブツ)・愚物(グブツ)・傑物(ケツブツ)・才物(サイブツ)・人物(ジンブツ)・俗物(ゾクブツ)・鈍物(ドンブツ)・難物(ナンブツ)・変物(ヘンブツ)

【物外(ブツガイ)】世事を離れた所。

【物議(ブツギ)】世間の議論、批評。『物議を醸(かも)す』

【物情(ブツジョウ)】世間の有様。人心。『物情騒然』

【物論(ブツロン)】人々の論議。世人の評論。物議。

❸その他。

【物故(ブッコ)】人が死ぬこと。死去。また、鬼となる意という。一説に、「物」は「歿」に通じ、死ぬ意。

【物色(ブッショク)】適当なものを捜すこと。↓❶

【物騒・物忩・物怱(ブッソウ)】国何か悪い事が起こりそうで危ないさま。「ものさわがし(物騒)」の音読から。

【物相(モッソウ)】国(「相」は木型の意)飯を押し込んで型に抜く円筒形の器。盛相。『物相飯(めし)〔=物相で抜いた飯〕』

4627【牲】3223 4037 90B5 牛－5 常 セイ漢/shēng/いけにえ

筆順 牲 牲 牲 牲 牲

字解 形声。牛＋生(いきいきする)声。いきたままのいけにえのうし、いけにえの意。

金文 
篆文 

意味 いけにえ。祭りのとき、神に供える家畜類。『犠牲(ギセイ)』『特牲(トクセイ)』

【牲殺(セイサツ)】いけにえ。殺してそなえることから。

【牲牷(セイセン)】まつりに用いるいけにえ。「牷」は毛色が一色で、体が完全ないけにえの意。

4628【牴】6418 6032 E0B0 牛－5 テイ漢/dǐ/ふれる

字解 形声。牛＋氐(あたる)声。牛の角(つの)と角があた

心（⺗・⺍）戈戸（戶）手（扌）支攴（攵） 4画 文斗斤方无（旡・旡）日曰月木欠止歹（歺）殳毋比毛氏气水（氺・氵）火（灬）爪（⺥・⺤）父爻（㐅）爿（丬）片牙（牙）牛犬（犭）

る、ふれる意。

意味 あたる。ふれる。さしさわる。「抵」に同じ。

【牴牾（テイゴ）】（「牾」はさからうの意）さからい突きあたること。互いにあいいれないこと。

【牴触（テイショク）】ふれること。特にきまりや制限に触れること。さしさわること。抵触。

4629 【牷】 *4265 牛－6 セン㊥・ゼン㊞／quán／いけにえ

字解 形声。牛＋全（まったい）㊥。毛の色が一色で完全なうしの意。

意味 いけにえ。毛色がそろい、体が完全ないけにえ。

4630 【特】 3835 4643 93C1 牛－6 常4 ドク㊥・トク㊥／tè／おうし・ひとり・ことに・ただ

筆順 特 特 特 特 特 特

字解 形声。牛＋寺（→直、まっすぐ）㊥。まっすぐに立って目立つ、おすの牛の意。転じて、単独・ひとりの意。

参考 万葉仮名では音を借りて「ど㊤」。

意味 ❶おうし。他から抜きんでて目立つ種牛。また、供え用に特に選ばれたおうし。『特牲（トクセイ）』❷ひとり。ひとつ。他にたよらない。『孤特（コトク）』❸ことに。とくに。とりわけ。他とちがっている。すぐれている。『この夏は特に暑い』『特殊』『特別』『特有』『奇特（キトク）』『独特（ドクトク）』❹ただ。それだけ。わずか。＊史記‐廉頗藺相如伝「相如度秦王特以詐詳為予趙城、実不可得（オウのただサヨウをもってチョウにしろをあたうるまねして、ジツはうべからざるをはかる）」〔＝藺相如は、秦王がただいつわりで趙に都市を譲るふりをするだけで、実際には手に入れることはできないと推測した〕

❶おうし。

【特牲（トクセイ）】いけにえのため特別選ばれた一匹のおうし。

❷ひとり。ひとつ。他にたよらない。

【特操（トクソウ）】他に左右されない固いみさお。固く守って変わらない志。

【特立（トクリツ）】他にたよったりせず自立していること。『特立独行』→❸

❸ことに。とくに。とりわけ。

【特異（トクイ）】はっきり他と違っていること。『特異体質』

【特技（トクギ）】特に上手で自信のある技芸、技術、能力。

【特産（トクサン）】特に、その地方で産出、生産されること。

【特使（トクシ）】特別の任務をもった使者。

【特質（トクシツ）】そのものが持つ特別な性質。特性。

【特赦（トクシャ）】恩赦の一。服役中の特定の者に対して、その刑を免除すること。

【特殊（トクシュ）】普通と異なること。特別。『特殊性』

【特種（トクシュ｜トクだね）】①（トクシュ）特別な種類。②（トクだね）新聞などの記事で、その社だけが入手した特別の大きな情報。

【特需（トクジュ）】戦争や災害などで生じる特別な需要。

【特集・特輯（トクシュウ）】特定の話題、問題を中心にして報道や編集をすること。❤書き換え「特輯→特集」。

【特色（トクショク）】他と特に異なってすぐれている点。

【特進（トクシン）】①特別に昇進すること。②漢代、諸侯のうちで特に功労のある者に与えられた官。三公に次ぐ。

【特性（トクセイ）】そのものに特有の性質。特質。

【特製（トクセイ）】特に念入りに製造すること。

【特設（トクセツ）】特別の目的のために設備、設置すること。

【特選・特撰（トクセン）】①特に念入りに作ること。②優れたものを特に選び出すこと。また、特に推薦すること。

【特待（トクタイ）】特別の待遇をすること。『特待生』

【特段（トクダン）】国特別。とりわけ。『特段の措置』

【特地（トクチ）】（「地」は助字）特別に。格別。

【特長（トクチョウ）】特にすぐれた所。『特長を生かす』

【特徴（トクチョウ）】他と異なって、特に目立つ点。

【特定（トクテイ）】特にそれと指定すること。特に定まっていること。『犯人を特定する』『不特定多数』

【特典（トクテン）】特別の待遇や恩典。

【特認（トクニン）】特別に承認すること。『特認事項』

【特派（トクハ）】特別に派遣すること。『特派員』

【特売（トクバイ）】商品を特別に安い値で売ること。

【特筆（トクヒツ）】特に取り立てて書き記すこと。『特筆大書』

【特別（トクベツ）】普通一般と違う様子。格別。とりわけ。

【特報（トクホウ）】特別に報道、報告すること。

【特務（トクム）】特別の任務。『特務機関』

【特命（トクメイ）】特別の命令、任命。

【特約（トクヤク）】特別の利益や条件を伴う約束、契約。

【特有（トクユウ）】そのものだけに特徴的に備わっていること。

【特立（トクリツ）】衆にぬきんで出て目立つこと。→❷

【特例（トクレイ）】特に設けた例外。

【特価（トッカ）】特別に付けた安い値段。『特価品』

【特記（トッキ）】特別に書き記すこと。特筆。『特記事項』

【特急（トッキュウ）】国①特に急ぐこと。②「特別急行列車」「特別急行電車」などの略。『特急券』

【特級（トッキュウ）】特別の等級。一般に、一級の上。『特級酒』

【特許（トッキョ）】①特定人のために能力、資格、権利、法律関係を新たに設定する行政処分。②産業上利用できる新たな発明を独占的に支配する権利。特許権。

【特恵（トッケイ）】特別の恩恵。『特恵関税』

【特権（トッケン）】特定の人々に限って与えられる権利。

【特効（トッコウ）】特に著しい効きめ。『特効薬』

難読地名 特牛（こっとい）浦（山口）

4631 【牦】 ―― 牛－6 ボウ㊥／máo・mào

字解 旄に同じ。毛のながい意。「牦牛（ボウギュウ）」は、ヤク。

4632 【牾】 6419 6033 E0B1 牛－7 ゴ㊥／wǔ

字解 形声。牛＋吾㊥。獣の名。また、啎・忤に同じ。

意味 さからう。そむく。『左支右牾（サシユウゴ）』『牴牾（テイゴ）』

4633 【⿰牛孚】 ―― 牛－7 フ㊥／うなめ

字解 形声。牛＋孚㊥。うなめ、めすの牛の意。

［⿰牛角］⇩ 7408

4634 【犍】 *4272 牛－9 ケン㊥／jiān・qián

字解 形声。牛＋建㊥。

意味 ❶去勢した牛。❷去勢する。

4635 【犒】 6423 6037 E0B5 牛－10 コウ（カウ）㊥／kào／ねぎらう

字解 形声。牛＋高㊥。

意味 ねぎらう。労苦をいたわる。飲食物を贈って兵士の労苦をねぎらう。または、その飲食物。『給犒（キュウコウ）』

【犒師（コウシ）】飲食物を贈って陣中の兵士をねぎらうこと。

【犒労（コウロウ）】人の労に対して感謝し、いたわること。

4636 【犠】 2130 353E 8B5D 牛－13 常 (4638)〔犧〕 6426 603A E0B8 牛－16 旧字
キ㊁㊀・ギ㊃/xī/いけにえ

筆順 犠 犠 犠 犠 犠 犠

字解 犠は、犧の略体。犧は形声。牛＋義（いけにえの羊を神にささげるために調える）㊄。いけにえの牛の意。

意味 いけにえ。また、他のために身を捨てること。

【犠牛（ギギュウ）】いけにえとして神にささげる牛。

【犠牲（ギセイ）】①生きたまま供える神への供え物。生贄（いけにえ）。②ある目的のために、身命その他貴重な事物をささげること。『犠牲を払う』③国特に、天災など不測の災難で生命をむなしく奪われること。『犠牲者』

【犠尊・犠樽（ギソン）】祭りに用いた酒だる。

4637 【犢】 6425 6039 E0B7 牛－15
トク㊀/dú/こうし

字解 形声。牛＋賣㊄。

意味 こうし。牛の子。

【犢車（トクシャ）】子牛にひかせる車。

【犢鼻褌（トクビコン）】短い下ばき。ふんどし。

〔舐レ犢（トクをなむ）〕親牛が子牛を愛してなめる。→舐犢（シトク）

4638 【犧】 6426 603A E0B8 牛－16
ギ 「犠」（4636）の旧字

94 犬（犭）部 いぬ

甲骨文 金文 篆文

犬は、四足獣を横から見たさまを象り、犬（ケン）を表した。甲骨文では豕や豸とよく似ているが、篆文では犬は頭部が後に点になるように、また豕は一になるように強調されて、明らかに異化された。犬部に属するものは、犬の種類や性情など、また犬のほかの四足獣の類、さらには異民族を表す。隷書以来字の左部をなす犬は、犬とは程遠い、むしろ豸に似た犭の形をとるようになり、往々にして豸犭が相通じて用いられる字がある。この左部にある犭を「けものへん」とよぶ。

犬◆ 犬 猋 ① 犮
犬▬ ⑪ 獒 獎 ⑫ 獘
犬▮ ③ 状 ④ 狀 ⑦ 條 ⑧ 猒 ⑨ 献 猷
猷 ⑫ 獣 ⑮ 獸 ⑯ 獻
犭▮ ② 犰 犯 ③ 犲 ④ 犺 狂 狃 狆 狄
犻 犹 ⑤ 狗 狐 狎 狙 狛 狒 ⑥ 狢 狟
㹨 狭 狷 狡 狠 狩 狥 独 ⑦ 狹 狺 狷
狻 狽 狴 狳 狸 狼 ⑧ 猗 猓 猊 猜 猖
猝 猪 猻 猫 猛 猟 ⑨ 猬 猨 猲 猢 猴
猩 猯 猪 猱 猫 猶 猶 猥 ⑩ 猿 猿 猾
獅 猻 猽 ⑪ 獄 獐 獏 ⑫ 獡 獗 獞 獠
⑬ 獪 獲 獦 獫 獨 獩 ⑭ 獲 獯 獰 獱
獵 ⑮ 獵 ⑯ 獺 ⑰ 獼 ⑱ 獾 ⑳ 玃 玁

犬◆

4639 【犬】 2404 3824 8CA2 犬－0 常1
ケン㊁㊀/quǎn/いぬ

筆順 犬 犬 犬 犬

字解 部首解説を参照。

同属字 伏・吠・献

意味 いぬ。㋑イヌ科の動物。『犬猿（ケンエン）の仲』『猟犬』㋺つまらないもののたとえ。相手をいやしめたり自分を卑下したりしていう。『犬馬之労』㋩国まわし者。スパイ。『幕府の犬』㊁国むだなこと。『犬死（いぬじ）に』

下接 愛犬（アイケン）・狂犬（キョウケン）・鶏犬（ケイケン）・雑犬（ザッケン）・駄犬（ダケン）・畜犬（チクケン）・忠犬（チュウケン）・闘犬（トウケン）・豚犬（トンケン）・番犬（バンケン）・名犬（メイケン）・猛犬（モウケン）・野犬（ヤケン）・洋犬（ヨウケン）・鷹犬（ヨウケン）・猟犬（リョウケン）・老犬（ロウケン）

【犬猿（ケンエン）】イヌとサル。仲の悪いもののたとえ。

【犬歯（ケンシ）】人の歯で、イヌの牙に相当する歯。門歯と臼歯（キュウシ）との間にある。糸切り歯。

【犬儒（ケンジュ）】ギリシア哲学の一派の名。ギリシア kynikos（犬のような）の訳語。禁欲主義の貧しい生活を犬のような生活と言ったことによる。

【犬戎（ケンジュウ）】古代中国の異民族、西戎（セイジュウ）の一種族。殷、周および春秋の各時代にわたって中国の北西部陝西（センセイ）省付近に住み勢力をふるった。

【犬彘（ケンテイ）】イヌとブタ。また、卑しいもののたとえ。

【犬馬（ケンバ）】イヌやウマのようにつまらないものの意で、自分に関することをへりくだっていう語。【犬馬之心（ケンバのこころ）】臣下が、主君のために忠義をつくし、その恩に報いようとする心。〔史記－三王世家〕【犬馬之養（ケンバのやしない）】父母を養うのにただ衣食を与えるだけで、敬う気持ちのないことのたとえ。〔論語－為政〕【犬馬之歯（ケンバのよわい）】自分の年齢をへりくだっていう語。馬歯。〔漢書－趙充国伝〕【犬馬之労（ケンバのロウ）】主君や他人のために力を尽くすことをへりくだっていう語。汗馬の労。

【犬羊（ケンヨウ）】イヌとヒツジ。また、いやしい者ども。＊論語－顔淵「虎豹之鞟、猶二犬羊之鞟一（コヒョウのカクは、なおケンヨウのカクのごとし）〔＝トラやヒョウのなめし皮は、イヌやヒツジのなめし皮と同じでたいして価値がない〕」【犬羊之質（ケンヨウのシツ）】才能のない者のたとえ。

難読地名 犬吠（いぬぼう）埼（千葉）

4640 【猋】 ＊4306 犬－8
ヒョウ（ヘウ）㊀/biāo

字解 会意。犬＋犬＋犬。多くの犬が群がり走るさま。また、つむじかぜ。

4641 【犮】 ＊4278 犬－1
ハツ㊀/bá

字解 象形。犬をいけにえとしてはりつけにしたさま。犬によって災いをとりのぞく、はらう意。祓の原字。

同属字 盋・茇・髮（髪）・拔（抜）・祓・跋・鈸・魃・黻

［器］⇩910

犬▬

［戻］⇩2663 ［突］⇩5530 ［哭］⇩930

【臭】⇩6455

4642【獒】* 4327 犬-11 ゴウ(ガウ)㊥\áo
字解 形声。犬+敖(大きくはり出す)㊥。大きな犬の意。

4643【獎】6450 6052 E0D0 犬-11 ショウ「奨」(1536)の異体字

4644【獘】* 4329 犬-12 ヘイ「弊」(2195)の異体字

犬

4645【状】3085 3E75 8FF3 犬-3 常5 (4646)【狀】 犬-4 旧字 ㊇
ジョウ(ジャウ)㊕・ソウ(サウ)㊥\zhuàng\かたち・さま・なり

筆順 丨 状 状 状 状 状

字解 状は狀の略体。狀は形声。犬+爿(↓像、すがた)㊥。犬のすがた、転じて、一般にかたちの意。

意味 ❶かたち。すがた。なり。外に見えるかたち。『状貌』『形状』 ❷ようす。ありさま。事のなりゆき。『状況』『実状』 ❸文書。手紙。『紹介状(ショウカイジョウ)』『賀状』『賞状』 ❹その他。『状元』『状頭』

❶かたち。すがた。なり。外に見えるかたち。

下接 羽状(ウジョウ)・液状(エキジョウ)・塊状(カイジョウ)・冠状(カンジョウ)・環状(カンジョウ)・弓状(キュウジョウ)・球状(キュウジョウ)・形状(ケイジョウ)・楔状(ケツジョウ)・膠状(コウジョウ)・弧状(コジョウ)・舌状(ゼツジョウ)・扇状(センジョウ)・層状(ソウジョウ)・総状(ソウジョウ)・柱状(チュウジョウ)・乳状(ニュウジョウ)・波状(ハジョウ)・棒状(ボウジョウ)・無状(ムジョウ)・網状(モウジョウ)・油状(ユジョウ)・粒状(リュウジョウ)・輪状(リンジョウ)・鱗状(リンジョウ)・連状(レンジョウ)

【状貌(ジョウボウ)】 もののすがた、かたち。多くの人の容姿・容貌についていう。みめかたち。

❷ようす。ありさま。

下接 異状(イジョウ)・窮状(キュウジョウ)・凶状(キョウジョウ)・行状(ギョウジョウ)・近状(キンジョウ)・原状(ゲンジョウ)・現状(ゲンジョウ)・国状(コクジョウ)・罪状(ザイジョウ)・惨状(サンジョウ)・実状(ジツジョウ)・醜状(シュウジョウ)・症状(ショウジョウ)・情状(ジョウジョウ)・性状(セイジョウ)・敵状(テキジョウ)・内状(ナイジョウ)・白状(ハクジョウ)・万状(バンジョウ)・病状(ビョウジョウ)・別状(ベツジョウ)・暴状(ボウジョウ)・無状(ムジョウ|ブジョウ)・名状(メイジョウ)

【状況(ジョウキョウ)】 ある物事が、時と共に推移していく、その時々の様子。『状況報告』

【状景(ジョウケイ)】 人の心に何かを感じさせる景色や場面。

【状勢(ジョウセイ)】 その時々の物事の変化していくさま。

【状態(ジョウタイ)】 移り変わってゆく人や物事の、ある時期における有様。『心理状態』『仮死状態』

❸文書。手紙。

下接 回状(カイジョウ)・劾状(ガイジョウ)・過状(カジョウ)・賀状(ガジョウ)・感状(カンジョウ)・挙状(キョジョウ)・口状(コウジョウ)・借状(シャクジョウ)・赦状(シャジョウ)・賞状(ショウジョウ)・書状(ショジョウ)・奏状(ソウジョウ)・訴状(ソジョウ)・牒状(チョウジョウ)・報状(ホウジョウ)・褒状(ホウジョウ)・免状(メンジョウ)・令状(レイジョウ)・礼状(レイジョウ)・連判状(レンパンジョウ)

❹その他。

【状元(ジョウゲン)】 =状頭(ジョウトウ)

【状頭(ジョウトウ)】 科挙の殿試(廷試)に第一等で及第した者。

【昳】⇩4942

4647【倏】6439 6047 E0C5 犬-7 (4543)【儵】* 1748 火-7
シュク㊥\shū・shù

字解 形声。犬+攸㊥。倏は別体。

意味 ❶たちまち。すみやか。にわか。❷光るさま。

4648【猒】* 4308 犬-8 エン㊥\yàn

字解 会意。犬(いけにえ)+日(=口、いのる)+月(=肉)。そなえものが十分ある意から、あきる・たる意。

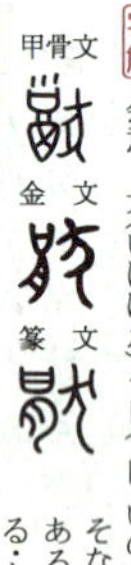
甲骨文 金文 篆文

同属字 厭

4649【献】2405 3825 8CA3 犬-9 常 (4654)【獻】6459 605B E0D9 犬-16 旧字
コン㊕・ケン㊥\xiàn\たてまつる・まつる

筆順 十 献 南 献 献 献

字解 献は獻の略体、宋以来の俗用。獻は形声。犬+鬳(こしき)㊥。いけにえを神にささげる、たてまつる意。

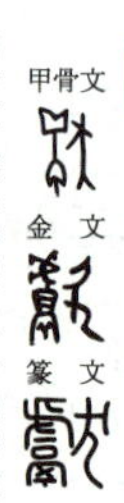
甲骨文 金文 篆文

甲骨文・金文は、いけにえと鼎の会意。

意味 ❶たてまつる。まつる。㋑ささげる。さしあげる。また、すすめる。『献上』『献身』『貢献』 ㋺酒をすすめる。また、日本で、杯をさす回数。『一献(イッコン)』『九献(クコン)』 ❷かしこい人。賢人。「賢」に通じる。『文献(ブンケン)』

❶たてまつる。まつる。

下接 芹献(キンケン)・貢献(コウケン)・進献(シンケン)・靖献(セイケン)・奉献(ホウケン)

【献花(ケンカ)】 神前や霊前などに花を捧(ささ)げ供えること。

【献饗・献享(ケンキョウ)】 ごちそうしてもてなすこと。

【献芹(ケンキン)】 君主に物品を奉ること。また、進上物をへりくだっていうのにも用いる。粗品。寸志。〔列子-楊朱〕

【献金(ケンキン)】 金銭を献上すること。『政治献金』

【献血(ケンケツ)】 血液を輸血用に無料で提供すること。

【献言(ケンゲン)】 意見を申し上げること。『献言書』

【献功(ケンコウ)】 [1]公務にはげむこと。[2]物をささげること。(年をすすめる意) 新年。正月のこと。

【献歳(ケンサイ)】 (年をすすめる意) 新年。正月のこと。

【献策(ケンサク)】 計画、計略などを申し上げること。建策。

【献詞(ケンシ)】 本の著者や発行者などが、その本を他に贈るときに書く言葉。献辞。献題。

【献酬(ケンシュウ)】 酒杯をやりとりすること。

【献上(ケンジョウ)】 物を、主君や貴人などに差し上げること。

【献身(ケンシン)】 自分の利害をかえりみず、そのことに力を尽くすこと。『献身的な看護』

【献替(ケンタイ)】 主君をたすけて、善をすすめ悪を捨てさせること。

【献呈(ケンテイ)】 さしあげること。贈ること。進呈。

【献納(ケンノウ)】 寺社や国などに物品を差し上げること。

【献杯(ケンパイ)】 敬意を表して、杯を相手に差し出すこと。

【献本(ケンポン)】 書籍を進呈すること。また、その書籍。

【献物(ケンモツ)】 献上品。献上物。『献物帳』

【献立(コンだて)】 食卓に出す料理の、種類や組み合わせ。

4650【猷】 犬-9 (4651)【猶】4518 4D32 9751 犬-9 †
ユ㊕・ユウ(イウ)㊥\yóu\はかる

【字解】形声。犬＋酋㊥。はかる意。もと、猶の別体。
【意味】はかる。はかりごと。『皇猷』『聖猷』

【獄】⇩4720

4652 【獣】 2935 3D43 8F62 犬-12 常
シュ㊉・シュウ(シウ)㊇・ジュウ(ジウ)㊍ /shòu/ けもの・けだもの・しし

(4653) 【獸】 6457 6059 E0D7 犬-15 旧字 ㊅

【筆順】獣 獣 獣 獣 獣 獣

【字解】獣は獸の略体。獸は会意。犬＋嘼(=單、はじきゆみ・武器)。犬と武器とで獣をかる意から、かりをして得たえもの・けものの意。

甲骨文 
金文 
篆文 

【意味】けもの。けだもの。また、ほした肉。
【下接】怪獣・海獣・奇獣・禽獣・仁獣・瑞獣・聖獣・鳥獣・珍獣・百獣・猛獣・野獣・雷獣・霊獣

【獣医】家畜の病気を診る医師。
【獣疫】獣類の疫病。特に、家畜の伝染病。
【獣畜】①けもののように養うこと。かわいがるだけで尊敬しないこと。〔孟子-尽心上〕❤「畜」は養う意。②けもの。けだもの。
【獣行】けだもののような、みだらな行い。
【獣心】けだもののように、道理をわきまえない残忍卑劣な心。『人面獣心』
【獣身】①けだもののように逞しいからだ。②首から下が獣の姿をしていること。『人面獣身』
【獣欲】人間の動物的な欲情。

4654 【獻】 6459 605B E0D9 犬-16
ケン 「献」(4649)の旧字

犭

4655 【犰】 ── 犬-2
キュウ(キウ)㊇ /qiú/
【字解】形声。犬＋九㊥。「犰狳」は獣の名。

4656 【犯】 4040 4848 94C6 犬-2 常5
ボン㊉・ハン㊇ /fàn/ おかす

【筆順】犯 犯 犯 犯 犯

【字解】形声。犬＋㔾(→氾、枠をこえてはびこる)㊥。犬が枠をこえ行動する、おかす意。
【意味】おかす。そむく。㋑法やおきてを破る。『犯行』『犯罪』『違犯』『共犯』『戦犯』 ㋺つみ。また、つみのある人。『前科三犯』
【下接】⇓表 ㋑違犯・干犯・虞犯・触犯・侵犯・女犯・不犯 ㋺共犯・再犯・事犯・重犯・従犯・主犯・初犯・正犯・戦犯・盗犯・防犯・累犯

◎犯・冒・侵―「おかす」ことのいろいろ

ハン 犯	侵犯	犯罪＝罪をおかす。	犯行　犯逆　犯禁
シン 侵	侵冒	侵入＝領分をおかす。	侵攻　侵害　侵略
ボウ 冒		冒険＝危険をおかす。	冒進　冒瀆　冒禁

【犯意】国刑法上、罪をおかす意思をいう。
【犯科】とが(法律)をおかすこと。
【犯顔】君主がいやな顔をしても、かまわずにいさめること。
【犯逆】法律や社会道徳をおかして逆らうこと。
【犯禁】禁制をおかすこと。
【犯闕】宮中に押し入ること。
【犯行】国犯罪となる行為。犯罪行為。
【犯罪】罪をおかすこと。また、その罪。『犯罪者』『完全犯罪』
【犯人】罪をおかした人。犯罪人。
【犯蹕】天子の行幸の道をおかすこと。
【犯分】他の分野を乱しおかすこと。
【犯分乱理】分際を越え、秩序を乱すこと。〔荀子-性悪〕

4657 【犲】 6428 603C E0BA 犬-3
サイ㊇ /chái/
【字解】形声。犬＋才㊥。やまいぬの意。豺の別体。

4658 【狁】 *4282 犬-4
イン㊇ /yǔn/
【字解】形声。犬＋允㊥。「獫狁」「玁狁」は、北方の異民族、匈奴。

4659 【狂】 2224 3638 8BB6 犬-4 常
キョウ(キャウ)㊇・オウ(ワウ)㊍ /kuáng/ くるう・くるい・くるおしい・くるわせる・ふれる

【筆順】狂 狂 狂 狂 狂 狂 狂

【字解】形声。犬＋王(=㞷→往、大いにいく)㊥。むやみに歩き回る犬の意から、くるう意。

甲骨文 
篆文 

【同属字】誑

【意味】❶くるう。気がちがう。『狂気』『狂犬』『発狂』 ❷くるったような。㋑マニア。異常に熱中する人。『蒐集狂』『競馬狂』 ㋺常軌を逸した。異常に激しい。『狂信』『躁狂』『頓狂』『熱狂』 ❸こっけい。おどけ。きままなふるまい。たわむれ遊ぶ。『狂歌』『狂言』『酔狂』『粋狂』『風狂』 ❹おごりたかぶる。❺おろか。おろかな人。

❶くるう。気がちがう。

【下接】顛狂・発狂・物狂・佯狂・陽狂

【狂気】①気がちがうこと。②普通でない心。↕正気。『狂気の沙汰』
【狂犬】やたらに人にかみつくイヌ。『狂犬病』
【狂死】気がちがって死ぬこと。狂い死に。
【狂疾】狂気のやまい。精神病。
【狂者】＝狂人
【狂人】発狂した人。狂者。
【狂夫】①言動のおかしな人。②妻が自分の夫のことをへりくだっていう語。
【狂暴】気がちがったようにあばれること。常識はずれに乱暴であるさま。
【狂薬】酒のこと。❤飲めば気の狂う薬の意。
【狂乱】気がちがって常態を失うこと。『半狂乱』

❷くるったような。常軌を逸した。

【狂簡(キョウカン)】(「簡」は、おおまかの意) 志は大きいが、行為が粗雑であること。〔論語-公冶長〕
【狂喜(キョウキ)】気が狂わんばかりに喜ぶこと。『狂喜乱舞』
【狂狷・狂狷(キョウケン)】志が高く、意志の堅固なこと。並はずれて、自己を高く持すること。〔論語-子路〕
【狂号(キョウゴウ)】もの狂おしく泣きさけぶこと。
【狂信(キョウシン)】理性を失って激しく信じ込むこと。
【狂騒・狂躁・狂譟(キョウソウ)】気が狂ったように騒ぐこと。
【狂態・狂体(キョウタイ)】正気とは思われない行動や有様。
【狂濤(キョウトウ)】荒れ狂う波。怒濤。狂瀾(キョウラン)。
【狂悖(キョウハイ)】非常識で道義にそむく言動をすること。
【狂風(キョウフウ)】荒れ狂う風。
【狂奔(キョウホン)】あることに夢中になって奔走すること。
【狂瀾(キョウラン)】荒れ狂う波。狂濤(キョウトウ)。『狂瀾怒濤(ドトウ)』
【廻二狂瀾於既倒一(キョウランをキトウにめぐらす)】倒れかけた荒れ狂う大波を来た方向へ押し返す。傾きかけた形態を再びもとの状態へひきもどすたとえ。〔韓愈-進学解〕

❸ こっけい。おどけ。

【狂歌(キョウカ)】国滑稽(コッケイ)、風刺を盛りこんだ短歌。

【狂言(キョウゲン)】1道理に合わない言葉。常識はずれな物言い。2国室町時代に発達した笑劇。能楽で、能と能の間に演じる。能狂言。『狂言師』3国歌舞伎(かぶき)の出し物。歌舞伎狂言。4国人をだますために仕組んだ事柄。『狂言自殺』【狂言綺語(キョウゲンキギョ)】道理に合わない言葉と巧みに飾った言葉。仏教や儒教の立場から見た小説、物語の類。

【狂文(キョウブン)】国滑稽(コッケイ)、風刺、しゃれを主とする文章。江戸後期に流行。

4660【狃】6429 603D E0BB 犬-4 ジュウ(ヂウ)漢/niǔ/なれる
字解 形声。犬+丑(指をひねる)声。犬がからだをひねりすりよる、なれる意。

4661【狆】6430 603E E0BC 犬-4 チュウ(チウ)漢/chōng/ちん
字解 形声。犬(異民族)+中声。
意味 ❶中国、貴州・雲南地方に住む異民族の名。❷国ちん。愛玩用の小さい犬の一種。

4662【狄】6431 603F E0BD 犬-4 テキ漢/dí/えびす
字解 形声。犬(異民族)+亦省声。

金文

篆文

意味 ❶えびす。中国で、北方の異民族を卑んでいう語。『夷狄(イテキ)』『戎狄(ジュウテキ)』『北狄(ホクテキ)』❷また、広く野蛮人。身分の低い役人。

4663【狉】―― 犬-4 ヒ漢/pī
字解 形声。犬+比声。虎や豹(ヒョウ)に似た猛獣の意。

4664【犹】6427 603B E0B9 犬-4 ユウ(イウ)漢/yóu
字解 形声。犬+尤声。猶の通俗体。

4665【狗】2273 3669 8BE7 犬-5 ク呉・コウ漢/gǒu/いぬ・えのこ
字解 形声。犬+句(小さくまるくなる)声。こいぬの意。
意味 ❶いぬ。こいぬ。また、いやしいもののたとえ。『羊頭狗肉(ヨウトウクニク)』『走狗(ソウク)』『良狗(リョウク)』❷「天狗(テング)」は、想像上の怪物。⬇〔天狗〕の図三〇二頁

【狗鼠(クソ|コウソ)】イヌとネズミ。卑しい人のたとえ。

【狗彘(クテイ|コウテイ)】イヌとブタ。卑しいことや人のたとえ。転じて、人をののしることば。

【狗屠(クト)】イヌを殺すこと。イヌを殺す人。

【狗盗(クトウ)】(イヌのように物を盗む意から) こそどろ。*史記-孟嘗君伝「最下坐有二能為二狗盗一者上(サイカのザによくクトウをなすものあり)〔=末席に、こそどろの得意な者がいた〕」

【狗肉(クニク)】イヌの肉。*無門関「懸二羊頭一売二狗肉一(ヨウトウをかけてクニクをうる)〔=羊の頭をぶらさげておき、犬の肉を売る〕」

【狗馬(クバ)】イヌとウマ。また、臣下が主君に対し、自らをへりくだっていう語。犬馬(ケンバ)。

【狗尾続貂(クビゾクチョウ|コウビゾクチョウ)】つまらない者が高官に列すること。劣った者がすぐれた者のあとに続くことのたとえ。▼中国、西晋の趙王司馬倫が、一味の者を高位高官につけた。そのため朝廷には貂蟬(チョウゼン)の冠(貂(テン)の尾で飾った冠)をつけた高官がむやみに多くなり、当時の人が悪口に「貂不レ足狗尾続(チョウたらずしてクビつづく)〔=冠にかざる貂の尾が足りないので、犬のしっぽの冠がそれに続く〕」と言ったという故事から。〔晋書-趙王倫伝〕

【狗吠(コウハイ|クハイ)】イヌがほえること。また、その声。

4666【狐】2449 3851 8CCF 犬-5 コ呉漢/hú/きつね
字解 形声。犬+瓜声。きつねの意。甲骨文は、長い尾をもつきつねの象形。

甲骨文

篆文

意味 きつね。イヌ科の野獣。また、疑い深くてずるがしこいもののたとえにいうことがある。
下接 稷狐(ショッコ)・白狐(ビャッコ)・野狐(ヤコ)・妖狐(ヨウコ)

【狐貉(コカク)】キツネとムジナ。また、その皮でつくった衣服。かわごろも。

【狐疑(コギ)】相手のことをあれこれと疑うこと。『狐疑逡巡(シュンジュン)〔=疑ってためらうさま〕』▼キツネは用心深いと言われているところから。

【狐臭(コシュウ)】(キツネのにおいの意) わきが。

【狐鼠(コソ)】1キツネとネズミ。2小人。こそどろ。

【狐白裘(コハクキュウ)】キツネの脇(わき)の下の白毛皮でつくった皮衣。上等なものとして珍重された。狐裘。*十八史略-春秋戦国「願得二君狐白裘一(ねがわくはきみのコハクキュウをえん)〔=あなたの狐白裘をいただきたい〕」

【狐媚(コビ)】1キツネが人をたぶらかすこと。2巧みに媚びへつらって人を惑わすこと。

【狐尾衣(コビイ)】中国、漢代の服装の一。袖(そで)が大きく、裾(すそ)はキツネの尾のように長い単衣(ひとえ)。都の婦人の間で流行した。

狐尾衣

【狐狸(コリ)】キツネとタヌキ。共に人をばかすと信じられていたもの。『狐狸のしわざ』
【狐狼(コロウ)】キツネとオオカミ。ずるくて害心ある者をたとえていう語。『狐狼のすみか』
【狐惑(コワク)】疑いまどうこと。

【狐死首丘】キツネは死ぬときも首を自分の住んでいた丘の方に向けて死ぬ。もとを忘れないことのたとえ。また、故郷を思うたとえ。〔礼記−檀弓上〕
【狐仮虎威】他の権勢や威光をかりて、いばりちらすたとえ。↓仮二虎威一

4667 【狎】 6432 6040 E0BE 犬−5 キョウ(ケフ)呉・コウ(カフ)漢/xiá/なれる
字解 形声。犬+甲(おおいおさえる)声。動物をおさえてかいならす意。

意味 なれる。なれなれしくする。なれ親しむ。また、ならす。てなずける。＊論語−郷党「見二斉衰者一、雖レ狎必変〔=喪服を着た人に会うと、親密な間がらであっても必ず居ずまいを正した〕」

下接 恩狎・歓狎・昵狎・親狎・褻狎
【狎客】①近くにあって親しく仕える者。また、たいこもち。男芸者。②なじみの客。

【狎玩・狎翫】もてあそぶこと。

【狎近】＝狎昵
【狎昵】なれ親しむこと。狎近。

【狎邪】なれなれしくてよこしまなこと。

【狎臣】気に入りの家来。

【狎弄】なれたわむれること。

4668 【狙】 3332 4140 915F 犬−5 ショ漢・ソ慣/jū/ねらう
字解 形声。犬+且声。
意味 ❶さる(猿)。てながざる。「狙公」❷ねらう。うかがう。「狙撃」♥サルがずる賢く物をねらうさまから。
❶ さる。てながざる。
【狙公】猿回しのこと。＊列子−黄帝「宋有二狙公者一〔=宋の国に猿回しがいた〕」

【狙猴】サルの異名。
❷ ねらう。うかがう。
【狙撃】ねらいをつけて銃などをうつこと。

【狙候】ねらいうかがうこと。

【狙詐】すきをねらい、だますこと。

【狙伺】ひそかにうかがいねらうこと。

4669 【狛】 2593 397D 8D9D 犬−5 ハク漢/bó/こま
字解 形声。犬+白声。
意味 ❶けものの名。狼に似たけものの一種。❷国こま。こまいぬ。
【狛犬】昔、高麗から伝来したと言われる獅子に似た獣の像。神社の前などに一対置き、魔よけとした。

4670 【狒】 6433 6041 E0BF 犬−5 ヒ漢/fèi/
字解 形声。犬+弗声。「狒狒」はサルの一種。

4671 【狢】 6434 6042 E0C0 犬−6 カク漢/hé・háo/むじな
字解 形声。犬+各声。
意味 むじな。タヌキに似た獣の名。「貉」に同じ。

4672 【狟】 *4289 犬−6 カン(クヮン)漢・ケン漢/huán/·xuān
字解 形声。犬+亘声。むじなの意。貆に同じ。

4673 【[犭+休]】 二二 犬−6 キュウ(キウ)漢/xiū/
字解 形声。犬+休声。貅の別体。猛獣の名。勇猛な兵士にたとえる。

4674 【狭】 2225 3639 8BB7 犬−6 常 (4681)【狹】 6437 6045 E0C3 犬−7 旧字 人
キョウ(ケフ)呉・コウ(カフ)漢/xiá/せまい・せばまる・せばめる・さ・せ・はざ
筆順 狭 狭 狭 狭 狭 狭
字解 狭は狹の略体。狹は形声。犬+夾声。せまい意。陝の通俗体。
参考 万葉仮名では訓を借りて「さ」「せ」。
意味 ❶せまい。心がせまい。また、せばまる。せばめる。↔広。「狭隘」「狷狭」「広狭」「偏狭」⇒〔広〕(2113)の表 ❷国さ。語調を調える接頭語。「狭衣」「狭霧」
【狭隘】面積または度量などがせまいさま。
【狭義】一つの言葉の持つ意味のうち、指す範囲のせまい方の意味。↔広義
【狭巷】せまい町。路地。
【狭窄】そこだけすぼまってせまいこと。
【狭斜】花柳街。遊里。色里。♥中国・唐の都長安で、遊里があった道幅のせまい街の名から。
【狭小】せまくて小さいさま。↔広大
【狭量】度量のせまいこと。↔広量
【狭陋】せまくてきたないこと。

4675 【狷】 二二 犬−6 ケン 「狷」(4683)の異体字

4676 【狡】 6436 6044 E0C2 犬−6 コウ(カウ)漢/jiǎo/ずるい
字解 形声。犬+交声。ずるい意。交はまじわりの意で、狡は動物的なまじわりの意であるとも。

意味 ずるい。わるがしこい。また、すばしこい。狡猾。

【狡獪】ずるがしこいこと。

【狡猾・狡黠】悪賢くてずるいさま。「狡猾な手段」

【狡詐】悪賢く、いつわりの多いこと。

【狡知・狡智】ずるい考え。悪賢い知恵。

【狡兎】すばしこいウサギ。

【狡兎死走狗烹】狡兎が死ねば、猟犬は不用となり、煮て食われる。敵国が滅びれば、功のあった謀臣は邪魔にされて殺される。狡兎死して良狗烹らる。〔史記−越王勾践世家〕

【狡童】①悪賢い子ども。②意地悪な人。好きな相手を、軽くののしったりしていう語。

【狡吏】悪賢い官吏。

4677 【狠】 6435 6043 E0C1 犬−6 コン漢・ガン(グヮン)漢・ギン漢/hěn・yín
字解 形声。犬+艮声。
意味 ❶犬のかみあう声。❷性質がねじけている。「狠恣」
【狠恣】心がねじけて、気ままなこと。

4678 【狩】 2877 3C6D 8EEB 犬−6 常 シュ呉・シュウ(シウ)漢/shòu/かる・かり
筆順 狩 狩 狩 狩 狩 狩
字解 形声。犬+守声。甲骨文は、犬と干(ほこ、武器)と

甲骨文  篆文 

の会意だったが、篆隷以後、干が音符守にかわり形声となった。かりをする意。

意味 ❶かり。かりをする。かる。『狩人』『狩田』『狩猟』『出狩(シュッシュ)』 ❷諸侯の封地。『巡狩(ジュンシュ)』 ❸国かり。求めに行く。さがし求める。『潮干狩(しおひがり)』『桜狩(さくらがり)』 ❹人名。『狩谷棭斎(かりやエキサイ)』

【狩人(シュジン・かりゅうど)】狩りを職業とする人。猟師。

【狩田(シュデン)】(「田」も、かりの意) 狩り。狩猟。

【狩猟(シュリョウ)】野生の鳥獣を捕獲すること。狩り。猟。

【狩衣(かりぎぬ)】公家が常用した、まるえりの略服。のち、武家の礼服となる。♥もと、狩りのときに着用された。

【狩谷棭斎(かりやエキサイ)】江戸後期の国学者。江戸の人。本姓高橋。名は望之。通称三右衛門。漢学に精通し、日本古典の本文考証と注釈を行う。(一七七五～一八三五)

難読地名 狩野(かの)川(静岡) 狩生(かりう)鍾乳洞(大分)

4679 【徇】 ＊4290 犬－6

ジュン 「徇」(2286)の異体字

4680 【独】 3840 4648 93C6 犬－6 常5 (4731)【獨】 6455 6057 E0D5 犬－13 旧字

ドク呉・トク漢/dú/ひとり

筆順 独 独 独 独 独 独

字解 独は獨の略体。獨は形声。犬＋蜀声。一説に、蜀は不快なむしを表し、獨は、いやな犬で人々にいやがられることから、ひとりの意を表すとも。

意味 ❶ひとり。ひとつ。相手や対になるものがない。また、ただそれだけ。もっぱら。『独創』『独特』『独立』『孤独』 ＊史記-伯夷伝「仲尼独薦顔淵為ㇾ好ㇾ学(チュウジひとりすすめてガンエンのみガクをこのむとなす)〔＝孔子は〕顔回だけを学問を好む者として推薦した〕」 ❷(「独―哉(乎)」の形で)ひとり…や。どうして…か。反語を示す。＊史記-項羽本紀「縦彼不ㇾ言、籍独不ㇾ愧二於心一乎(たといかれいわずとも、セキひとりこころにはじざらんや)〔＝もしかりに彼らが口に出して言わないとしても、私自身心中恥じずにいられようか〕」 ❸国「独逸(ドイツ)」の略。『日独伊』 ❹熟字訓。『独活(うど)』『独楽(こま)』 ⇒〔単〕(800)の表

❶ ひとり。ひとつ。また、もっぱら。

下接 惸独(ケイドク)・煢独(ケイドク)・孤独(コドク)・慎独(シンドク)・単独(タンドク)

【独演(ドクエン)】共演者なしで、演ずること。『独演会』

【独往(ドクオウ)】他に頼らないで自主的に進むこと。

【独学(ドクガク)】師につかずに、独力で学ぶこと。

【独眼(ドクガン)】片目。隻眼(セキガン)。【独眼竜(ドクガンリュウ)】独眼の英雄。〔五代史-唐紀〕♥中国、五代、唐の李克用(リコクヨウ)、また、日本では、特に、伊達政宗(だてまさむね)の通称。

【独吟(ドクギン)】①一人で詩歌や謡曲を吟ずること。②国連句や連歌を一人でよむこと。『独吟百句』

【独語(ドクゴ)】ひとりごと。→❸

【独坐・独座(ドクザ)】ただ一人ですわっていること。

【独裁(ドクサイ)】絶対的権力を持つ個人または特定の集団が、物事を裁決、支配すること。『独裁政治』『独裁者』

【独自(ドクジ)】①自分ひとり。『独自に調査する』②他と違い、そのものだけにあるさま。『独自な立場』

【独酌(ドクシャク)】相手なしに、一人で酒を飲むこと。

【独修(ドクシュウ)】一人で修業し、身に付けること。

【独唱(ドクショウ)】一人で歌うこと。ソロ。↔合唱・重唱

【独身(ドクシン)】配偶者のないこと。また、その人。

【独占(ドクセン)】ひとり占めにすること。『独占欲』

【独擅(ドクセン)】自分の思いのままにふるまうこと。【独擅場(ドクセンジョウ)】「独壇場(ドクダンジョウ)」の本来の言い方。→独壇場

【独善(ドクゼン)】客観性がなく自分だけが正しいと考えること。ひとりよがり。『独善的』

【独走(ドクソウ)】①単独で走ること。②競走相手を大きく引き離して走ること。③一人だけ勝手に行動すること。

【独奏(ドクソウ)】一人で楽器を演奏すること。ソロ。↔合奏。『独奏曲』

【独創(ドクソウ)】模倣によらず、独自につくり出すこと。

【独尊(ドクソン)】(「天上天下唯我独尊」の語を略したもの)仏語。釈迦誕生のとき、一切衆生を救済することを示した宣言のことば。自分一人が他の一切のものよりすぐれて尊いとすること。

【独断(ドクダン)】①勝手に、自分一人の考えで決めること。ひとり決め。『独断専行』②(ドイツ Dogmaの訳語)証拠もなく研究もしていないのにかってに判断を下すこと。

【独壇場(ドクダンジョウ)】国その人だけが思いのままに振る舞うことができる場所、場面。独擅場(ドクセンジョウ)。♥本来の「独擅場」の「擅」を「壇」に誤り、「ひとり舞台」の意味にひかれてできた語。今日では「独壇場」のほうが一般化している。

【独特・独得(ドクトク)】そのものだけが特別に持っているさま。『独特の味』

【独白(ドクハク)】劇で、相手なしに、一人でせりふを言うこと。転じて、ひとりごと。

【独夫(ドクフ)】①独身のおとこ。ひとり身のおとこ。②悪政を行って、国民から見はなされた君主。

【独房(ドクボウ)】受刑者一人だけを孤立して拘禁する監房。独居房。

【独夜(ドクヤ)】ひとり眠らずにいる夜。＊杜甫-旅夜書ㇾ懐「危檣独夜舟(キショウドクヤのふね)〔＝帆柱が高くそびえた舟に私は独り眠れず夜を過ごす〕」

【独楽(ドクラク)】一人で楽しむこと。→❹(こま)

【独立(ドクリツ)】①他に束縛されたり、支配されたりせずに自力でやっていくこと。↔従属。『独立運動』②他とはっきり別になっていること。『独立した部屋』【独立自尊(ドクリツジソン)】独力で事を行い、自己の尊厳を保つこと。【独立独歩(ドクリツドッポ)】独立して自分の判断に従って事を行うこと。独立独行。【独立不羈(ドクリツフキ)】他から制御されないで自己の所信で事を処すること。

【独力(ドクリョク)】自分一人の力。自力。

【独話(ドクワ)】ひとりごと。独語。また、多人数を相手に一人で話すこと。

【独覚(ドッカク)】(梵 pratyeka-buddhaの意訳)仏語。三乗の一。仏の教えによらないで自力で悟りをひらき、静かに孤独を楽しんで、利他のための説法をしない聖者。縁覚。

【独居(ドッキョ)】一人で住んでいること。

【独鈷・独古・独股(トッコ・ドッコ)】真言密教の修法に用いる金剛杵(コンゴウショ)で、両端が分かれていないもの。煩悩(ボンノウ)を破るとされる。⬇〔鈷〕の図一二四二頁

【独行(ドッコウ)】①一人で道を行くこと。②独力で行うこと。『独立独行』

【独歩(ドッポ)】①一人で歩くこと。また、独立して事を行うこと。『独立独歩』②比べるもののないほど優れていること。『古今独歩』

❸ (日本語で)「独逸(ドイツ)」の略。

【独語(ドクゴ)】国ドイツ語。→❶

【独文(ドクブン)】国①ドイツ語の文章。『独文和訳』②ドイツ文学。『独文学』『独文科』

❹ 熟字訓。
【独活(うど)】ウコギ科の多年草。若い芽は食用。
【独楽(こま)】木や鉄などで円形に作り、中心にさした心棒を軸にして回して遊ぶ玩具(ガング)。→❶(ドク)(ラク)

4681【狹】6437 6045 E0C3 犬－7 キョウ 「狭」(4674)の旧字

4682【狺】＊4293 犬－7 ギン(漢)/yín
字解 形声。犬＋言(声)。犬がかみあう、ほえる意。
金文 

4683【狷】6438 6046 E0C4 犬－7 (4675)【狷】——— 犬－6
ケン(漢)/juàn
字解 形声。犬(異常な性情)＋肙(小さくまるくなる)(声)。
意味 心がせまい。気がみじかい。片意地。がんこ。
【狷介(ケンカイ)】(「介」は堅いの意) 自分の意志をかたくなに守って、他と妥協しないさま。片意地。「狷介孤高」
【狷急(ケンキュウ)】せっかち。
【狷狭(ケンキョウ)】気が短く、心がせまいこと。狷隘(ケンアイ)。
【狷者(ケンシャ)】かたく志を守るが、心のせまい者。
【狷忿・狷憤(ケンフン)】短気なこと。

4684【狻】＊4294 犬－7 サン(漢)・シュン(漢)/suān
字解 形声。犬＋夋(声)。ししの意。
【狻猊(サンゲイ)(シュンゲイ)】(「猊」も獅子の意) 獅子。また、玉をもった唐獅子のほりもの。

4685【狽】3966 4762 9482 犬－7 ハイ(漢)・バイ(慣)/bèi
字解 形声。犬＋貝(声)。獣の名。狼と常に一緒に行動し離れると倒れることから、事がうまくいかずうろたえることを「狼狽(ロウバイ)」という。
甲骨文 
金文 

4686【狴】＊4292 犬－7 ヘイ(漢)/bì
字解 形声。犬＋坒(声)。「狴犴(ヘイカン)」は獣の名。

4687【狳】＊4291 犬－7 ヨ(漢)/yú
字解 形声。犬＋余(声)。「犰狳(キュウヨ)」は獣の名。

4688【狸】3512 432C 924B 犬－7 リ(呉)(漢)/lí/たぬき
字解 形声。犬＋里(声)。貍に同じ。中国で、野猫。ネコ科。日本で、たぬき。イヌ科。
意味 ❶たぬき。イヌ科の哺乳類。昔話や伝説では、人を化かすとされた。「狐狸(コリ)」 ❷「狸奴(リド)」は、ネコの別名。 ❸「海狸(カイリ)」は、ビーバーの別名。

4689【狼】4721 4F35 9854 犬－7 ロウ(ラウ)(呉)(漢)/láng/おおかみ
字解 形声。犬＋良(声)。獣の名。
意味 ❶おおかみ。イヌ科の哺乳類。また、おおかみのように凶悪なもの。「狼狽」「虎狼(コロウ)」「豺狼(サイロウ)」 ❷みだれる。「狼疾」「狼藉」

❶ おおかみ。
下接 餓狼(ガロウ)・虎狼(コロウ)・狐狼(コロウ)・豺狼(サイロウ)
【狼煙(ロウエン)(のろし)】昔、戦時や非常の時の緊急連絡のために上げた煙。転じて、合図。♥昔、中国で、狼の糞を混ぜて燃やすと煙が直上するといって用いたことから。
【狼火(ロウカ)】＝狼煙(ロウエン)
【狼虎(ロウコ)】狼と虎。また、きわめて残忍なもの、むさぼって飽くことを知らないもののたとえ。虎狼。
【狼顧(ロウコ)】狼のように危ぶみ恐れて常に後ろをふりかえってみること。思い返すこと。
【狼子野心(ロウシヤシン)】すきあらば人に危害を加えようとする心。〔左伝－宣公四年〕♥狼の子は人に飼われてもいつまでも野性の気質を失わず、なつかないという意から。
【狼心(ロウシン)】狼のように残忍な心。
【狼狽(ロウバイ)】あわてふためき、まごまごすること。「周章狼狽する」♥「狽」も狼の一種。狼は前足が長く後足が短いのに対して、狽はその逆なので、常に狼の背に前足をのせて歩き、離れれば倒れて、あわててうろたえるところからいうとする。〔酉陽雑俎〕
【狼戻(ロウレイ)】①狼のように欲深く、道理にもとること。②散り乱れること。狼藉。

❷ みだれる。
【狼疾(ロウシツ)】病気で心が乱れていること。
【狼藉(ロウゼキ)】(「藉」は乱雑なさまの意) ①多くの物が秩序なく入り乱れていること。「落花狼藉」 ＊蘇軾－前赤壁賦「肴核既尽、杯盤狼藉(コウカクすでにつきて、ハイバンロウゼキたり)」〔＝魚や肉や果物は、今ではすっかりなくなってしまい、杯や皿小鉢の類があたりに散らばっている〕 ②無法な態度や行為をすること。「乱暴狼藉」♥一説に、オオカミが草を藉(し)いて寝たあとの乱れているさまによるともいう。

4690【猗】6440 6048 E0C6 犬－8 イ(漢)/yī
字解 形声。犬＋奇(異常)(声)。去勢した犬の意。
意味 ❶去勢した犬。❷ああ。感嘆して発する声。❸うるわしい。なよなよとしているさま。また、長く伸びているさま。「猗靡(イビ)」❹よる。よりかかる。しなだれかかる。また、くわわる。「猗違(イイ)」❺人名。「猗頓(イトン)」
【猗違(イイ)】どっちつかずなさま。依違。
【猗頓(イトン)】中国、春秋時代、または戦国時代の大富豪。河東で製塩業を営んだと伝えられる。一説には、魯の貧窮の士であったが、陶朱(トウシュ)公(越王勾践(コウセン)の臣、范蠡(ハンレイ)の後の名)に教えられて西河に牛や羊を牧畜し、富を築いたという。生没年不詳。【猗頓之富(イトンのとみ)】莫大な財産。巨万の富。陶朱猗頓の富。〔史記－貨殖伝〕
【猗靡(イビ)】しなやかで美しいさま。また、従いなびくさま。よりそうさま。

4691【猓】＊4309 犬－8 カ(クヮ)(漢)/guǒ
字解 形声。犬＋果(声)。「猓然(カゼン)・猓[犭+然](カゼン)」は、おながざる。

4692【猊】6441 6049 E0C7 犬－8 ゲイ(漢)/ní

[字解] 形声。犬＋兒(声)。
[意味] ❶しし。唐獅子。『狻猊(サンゲイ)』『獅猊(シゲイ)』 ❷仏のすわる座。転じて、高僧の座。『猊下(ゲイカ)』『猊座(ゲイザ)』
【猊下(ゲイカ)】[1]高僧、碩学(セキガク)に対する敬称。[2]手紙を僧に送る場合、脇付(わきづけ)に用いる言葉。
【猊座(ゲイザ)】仏菩薩のすわる座。転じて、高僧のすわる座。獅子座。

4693【猜】6442 604A E0C8 犬－8 サイ(漢)\cāi\そねむ・ねたむ・うたがう
[字解] 会意。犬＋青。青黒い犬の意。転じて、うたぐりぶかく、ねたむ意。
[意味] そねむ。ねたむ。また、うたがう。
【猜忌(サイキ)】ねたましく思って嫌うこと。
【猜疑(サイギ)】相手を信用せず、真意を陰険に疑うこと。
【猜険(サイケン)】疑い深く陰険なこと。
【猜忍(サイニン)】疑い深くて残忍なこと。

4694【猖】6443 604B E0C9 犬－8 ショウ(シャウ)(漢)\chāng
[字解] 形声。犬＋昌(声)。
[意味] たけり狂う。あばれる。ほしいままにする。
【猖狂(ショウキョウ)】たけり狂うこと。
【猖獗(ショウケツ)】盛んに荒れ狂うこと。多く、有害なものが猛威をふるうことに言う。『猖獗を極める』

4695【猝】6444 604C E0CA 犬－8 ソツ(漢)\cù\にわか
[字解] 形声。犬＋卒(にわかに)(声)。犬がだしぬけにとび出る、にわかにの意。
[意味] にわか。だしぬけ。はやい。すみやか。
【猝嗟(ソッサ)】にわかに発する怒声。
【猝然(ソツゼン)】にわかに。不意に。

4696【猪】3586 4376 9296 犬－8 [人] (4708)【猪】二二 犬－9 旧字[人]
チョ(呉)(漢)\zhū\い・いのしし・いのこ・しし
[字解] 形声。犬＋者(声)。豬の通俗体。
[参考] 万葉仮名では訓を借りて「ゐ」。
[意味] ❶いのしし。イノシシ科の哺乳類。ブタの原種。十二支で、亥にあてる。『猪突』『猪首』『野猪(ヤチョ)』 ❷あて字など。『猪口(チョク)』『豪猪(やまあらし)』
【猪口(チョク)(チョコ)】[国][1]酒を注ぎ入れて飲む小さな陶器。[2]そばつゆを入れる容器や、酢の物などを盛る小さくて深い陶器。
【猪口才(チョコザイ)】[国]小才があって生意気なこと。
【猪突(チョトツ)】イノシシのように向こう見ずに進むこと。『猪突猛進』

4697【猕】二二 犬－8 ビ「獼」(4740)の異体字

4698【猫】3913 472D 944C 犬－8 [常] (4710)【猫】二二 犬－9 旧字
ミョウ(メウ)(呉)・ビョウ(ベウ)(漢)・ボウ(バウ)(漢)\māo\ねこ
[筆順] 猫 猫 猫 猫 猫 猫
[字解] 形声。犬＋苗(声)。ねこの意。苗はねこの鳴き声を表すとも。
[意味] ねこ。ネコ科の哺乳類。また、ネコの姿や様子にたとえた語。『愛猫(アイビョウ)』『斑猫(ハンミョウ)』
【猫額(ビョウガク)】ネコのひたい。また、そのように狭いこと。
【猫糞(ねこばば)】拾い物などを、黙って自分のものとすること。❤ネコは自分の糞に砂をかけて隠すところから。

4699【猛】4452 4C54 96D2 犬－8 [常] ミョウ(ミャウ)(呉)・モウ(マウ)(漢)\měng\たけし・たける
[筆順] 猛 猛 猛 猛 猛 猛
[字解] 形声。犬＋孟(声)。はげしい犬から、一般に、たけだけしい意。
[意味] たけし。たけだけしい。つよい。はげしい。
[下接] 威猛(イモウ)・寛猛(カンモウ)・凶猛(キョウモウ)・驍猛(ギョウモウ)・剛猛(ゴウモウ)・豪猛(ゴウモウ)・獰猛(ドウモウ|ネイモウ)・勇猛(ユウモウ)
【猛悪(モウアク)】たけだけしく凶悪なさま。
【猛威(モウイ)】激しい勢い。『猛威をふるう』
【猛雨(モウウ)】激しく降る雨。
【猛火(モウカ)】激しく燃える火。『猛火に包まれる』
【猛悍(モウカン)】強く荒々しいさま。
【猛禽(モウキン)】鳥獣類を主食とする大型の鳥類の総称。ワシ、タカ、フクロウなど。猛鳥。
【猛虎(モウコ)】性質の荒い虎。
【猛攻(モウコウ)】激しく攻め立てること。猛撃。
【猛士(モウシ)】力強く、たくましい戦士。ますらお。
【猛襲(モウシュウ)】激しく襲いかかること。猛烈な襲撃。
【猛獣(モウジュウ)】性質が勇猛な大型の肉食獣。
【猛暑(モウショ)】激しい暑さ。酷暑。
【猛将(モウショウ)】勇猛な武将。
【猛捷(モウショウ)】たけだけしくすばやいこと。
【猛進(モウシン)】激しい勢いで進むこと。『猪突(チョトツ)猛進』
【猛省(モウセイ)】強く反省すること。『猛省を促す』
【猛然(モウゼン)】勢いの激しいさま。『猛然と襲いかかる』
【猛追(モウツイ)】激しく追いかけること。
【猛毒(モウドク)】毒性の強い毒。
【猛勇(モウユウ)】たけだけしく、いさましいこと。勇猛。
【猛烈(モウレツ)】物事の程度が甚だしいさま。
【猛者(モサ)】勇敢で気力にすぐれている人。

4700【猟】4636 4E44 97C2 犬－8 [常] (4738)【獵】6458 605A E0D8 犬－15 旧字 (4737)【獵】二二 犬－14
リョウ(レフ)(呉)(漢)\liè\かり・かる・あさる
[筆順] 猟 猟 猟 猟 猟 猟
[字解] 猟は獵の略体。獵は形声。犬＋巤(たてがみのある獣)(声)。犬を使いかりをする意。
[意味] ❶かり。鳥獣をかる。『猟犬』『狩猟(シュリョウ)』 ❷あさる。さがしもとめる。『猟奇』『渉猟(ショウリョウ)』 ❸『猟猟(リョウリョウ)』は、風の吹くさま。ひるがえるさま。また、風の吹く音。❹『猟虎(ラッコ)』は、イタチ科の海獣の名。アイヌ語のあて字。

❶かり。鳥獣をかる。
[下接] 漁猟(ギョリョウ)・禁猟(キンリョウ)・射猟(シャリョウ)・蒐猟(シュウリョウ)・出猟(シュツリョウ)・狩猟(シュリョウ)・大猟(タイリョウ)・田猟(デンリョウ)・不猟(フリョウ)・捕猟(ホリョウ)・密猟(ミツリョウ)・遊猟(ユウリョウ)・弋猟(ヨクリョウ)
【猟期(リョウキ)】狩猟が許可されている時期。狩猟期。
【猟区(リョウク)】狩猟をすることができる区域。
【猟犬(リョウケン)】狩猟に用いる犬。猟狗(リョウク)。

【猟戸(リョウコ)】猟師の家。また、猟師。
【猟較(リョウコウ)】猟をしてその獲物の多寡を比べること。
【猟師(リョウシ)】鳥獣を捕らえて生活している人。猟夫。
【猟銃(リョウジュウ)】狩猟に用いる銃。
【猟場(リョウば)】狩りをするのに適した場所。狩り場。
【猟夫(リョウフ)】狩りをする人。

❷あさる。さがしもとめる。

【猟官(リョウカン)】官職を得ようとして、多くの人が争うこと。『猟官運動』
【猟奇(リョウキ)】奇怪なもの、異常なものを好み求めること。
【猟渉(リョウショウ)】1あちこち歩きまわること。2多くの書物を見て調べること。▶「渉猟」に同じ。

4701【猬】＊4317 犬－9 イ(ヰ)漢/wèi
字解 形声。犬＋胃声。はりねずみの意。蝟の別体。

4702【猨】＊4316 犬－9 エン(ヱン)漢/yuán/さる
字解 形声。犬＋爰声。さるの意。爰は手でひく意で、猨はてながざるの意とも。

4703【猲】＊4319 犬－9 (4729)【獦】＊4334 犬－13
カツ漢・ケツ漢・キョウ(ケフ)漢/xiē
字解 形声。犬＋曷声。「猲獢(カッキョウ)」は口の短い犬。

4704【猢】＊4313 犬－9 コ漢/hú
字解 形声。犬＋胡声。「猢猻(コソン)」はサルの一種。

4705【猴】6445 604D E0CB 犬－9 コウ漢/hóu/さる
字解 形声。犬＋侯声。
意味 さる。『狙猴(ソコウ)』『獼猴(ビコウ)』

4706【猩】6447 604F E0CD 犬－9 ショウ(シャウ)呉・セイ漢/xīng
字解 形声。犬＋星声。
意味 サルに似た想像上の動物。

【猩紅(ショウコウ)】猩猩緋(ショウジョウヒ)の色。黒みを帯びた鮮やかなくれない色。『猩紅熱』
【猩猩(ショウジョウ)】1想像上の動物。サルに似て体は朱紅色の長毛で覆われ、顔は人間に似て、人語を解し酒を好むという。『猩猩緋』2オランウータンの別名。
【猩血(セイケツ)】1猩猩(ショウジョウ)の血。2赤い色のたとえ。

4707【猯】6446 604E E0CC 犬－9 タン漢/tuān/まみ・み
字解 形声。犬＋耑声。まみの意。貒の別体。

4708【猪】― ― 犬－9 チョ 「猪」(4696)の旧字

4709【猱】＊4318 犬－9 ドウ(ダウ)漢・ジュウ(ジウ)漢/náo/さる
字解 形声。犬＋柔声。獣の名。サルの一種。

4710【猫】― ― 犬－9 ビョウ 「猫」(4698)の旧字

4711【猶】4517 4D31 9750 犬－9 常 (4712)【猶】― ― 犬－9 旧字
ユ呉・ユウ(イウ)漢/yóu/なお

筆順 猶 猶 猶 猶 猶 猶

字解 形声。犬＋酋(酒壺)声。犬と酒とを犠牲にそなえて、神の前ではかりごとをする意。

甲骨文　金文　篆文

意味 ❶はかる。はかりごと。方法。❷まどう。ためらう。実行をのばす。『猶予』❸ゆったりする。『猶然』❹似る。ひとしい。さながら。『猶子』『猶父』❺なお。㋑やはり。さらに。まったく。＊柳宗元-捕蛇者説「今以蔣氏観之、猶信(いまショウシをもってこれをみれば、なおシンなり)〔＝今、蔣氏の実情に照らして、この言葉を考えてみるに、まったくそのとおりである〕」㋺それでもなお。それでもまだ。＊論語-泰伯「学如不及、猶恐失之(ガクはおよばざるがごとくするも、なおこれをうしなわんことをおそる)〔＝学問は、逃げる者を追いかけて追いつけないときのように怠りなく続けて、それでもなおそれを見失いはしないかと心配するようでなければならない〕」㋩すら。さえも。＊論語-雍也「尭舜其猶病諸(ギョウシュンもそれなおこれをやめり)〔＝尭帝や舜帝でさえもこのことで苦労されたのだ〕」❻なお…ごとし。ちょうど…のようである。あたかも…と同じである。再読文字。「由」に同じ。＊論語-先進「過猶不及(すぎたるはなおおよばざるがごとし)〔＝ほどよさを越えたものは、ほどよさに達しないものと同じである〕」❼音訳字。『猶太(ユダヤ)』

【猶子(ユウシ|ユウジ)】1おい。めい。2国他の人の子を自分の子としたもの。相続を目的としない、仮の親子関係の子の称。厳密には、養子と区別される。
【猶父(ユウフ)】父と同様に仕えること。転じて、先生。〔論語-先進〕
【猶予・猶与(ユウヨ)】1ぐずぐずしていて、決定、実行しないこと。2国日時を延ばすこと。『執行猶予』
【猶太(ユダヤ)】(ラテン Judaeaの音訳) 旧約聖書創世記二九章三五節に出るユダの名前に由来し、パレスチナ南部のユダ王国、その民族、その地域をさす言葉になり、さらにはこの王国滅亡後も旧約のトーラー(律法)を信奉する世界各地の民族集団をさす。
【猶且(なおかつ)】それでもなお。＊韓愈-師説「猶且従師而問焉(なおかつシにしたがいてとえり)〔＝それでもなお、師について質問をしたのである〕」

4713【猥】6448 6050 E0CE 犬－9 ワイ漢/wěi/みだり・みだら
字解 形声。犬＋畏声。犬がほえる声から、一般にみだらの意を表す。畏は、犬のなき声を表すとも。
意味 ❶みだり。みだりに。また、みだれる。みだす。ちらかす。『猥雑』『猥多』❷みだら。けがらわしい。いやらしい。『猥褻』『淫猥(インワイ)』『醜猥(シュウワイ)』『卑猥(ヒワイ)』

【猥雑(ワイザツ)】乱れてごたごたしているさま。
【猥褻(ワイセツ)】下品でみだらなこと。特に、性に関することを不健全な方法、態度で扱うこと。『猥褻罪』
【猥多(ワイタ)】やたらに多いこと。
【猥談(ワイダン)】国猥褻(ワイセツ)な話。

4714【猿】1778 316E 898E 犬－10 常 (4715)【猨】― ― 犬－10
エン(ヱン)漢/yuán/さる・ましら

筆順 猿 猿 猿 猿 猿 猿

字解 形声。犬＋袁(声)。さるの意。猨に同じ。
意味 さる。ましら。『意馬心猿(イバシンエン)』
下接 犬猿(ケンエン)・夜猿(ヤエン)・野猿(ヤエン)・類人猿(ルイジンエン)

【猿猴(エンコウ)】 サル類の総称。古くはテナガザルのこと。

【猿嘯(エンショウ)】 猿の鳴き声。「嘯」は、口をすぼめて、声を細く長く出すこと。＊杜甫-登高「風急天高猿嘯哀(かぜキュウにテンたかくしてエンショウかなし)く流れる)」〔＝風が激しく、空は高く、猿の鳴き声が悲しく流れる〕」

【猿人(エンジン)】 最も原始的な化石人類の総称。『直立猿人』

【猿声(エンセイ)】 猿の鳴き声。＊李白-早発-白帝城「両岸猿声啼不ﾚ住(リョウガンのエンセイないてやまず)」〔＝両岸で鳴く猿の声がとぎれない〕」

【猿臂(エンピ)】 猿のひじ。転じて、そのように長いひじ。猨臂。『猿臂を伸ばす』

難読地名 猿島(さしま)郡・町(茨城) 難読姓氏 猿田(さるた・ました) 猿渡(さるわたり・さわたり)

4716 【猾】 6449 6051 E0CF 犬-10 カツ(クヮツ)(漢)\huá\ずるい

字解 形声。犬＋骨(声)。
意味 ❶わるがしこい。ずるい。『猾賊』『猾民』『猾吏』『奸猾(カンカツ)』『狡猾(コウカツ)』 ❷みだれる。みだす。

【猾賊(カツゾク)】 ①悪がしこい賊徒。②悪がしこく、残酷なことを平気で行う性質であるさま。

【猾民(カツミン)】 悪がしこい民。

【猾吏(カツリ)】 悪がしこい役人。

4717 【獅】 2766 3B62 8E82 犬-10 シ(呉)(漢)\shī

字解 形声。犬＋師(声)。
意味 しし。ライオン。獅子。

【獅子(シシ)】 ①ライオン。②東アジアで、①をもとにして考えられた想像上の動物。『唐獅子』 【獅子吼(シシク)】 熱弁をふるって正論を説くこと。〔法華経-勧持品〕 【獅子座(シシザ)】 ①(獅子は百獣の王であるように、仏は人中でもっとも尊いものであるところから)仏の座席。また、高徳の僧などのすわるところ。②北天の星座。黄道第五の星座。ギリシア神話でヘラクレスに退治された怪獣に見立てる。【獅子身中虫(シシシンチュウのむし)】(「獅子身中の虫獅子を食う」から)仏の教えの恩恵を受けながら、仏教に害を与える者。転じて、恩を仇(あだ)で返す者。〔梵網経〕【獅子奮迅(シシフンジン)】 物事に対処する勢いのはなはだ激しいことのたとえ。〔大般若経〕

4718 【猻】 ＊4322 犬-10 ソン(漢)\sūn

字解 形声。犬＋孫(声)。「猴猻(コウソン)」は、さる。

4719 【猽】 ＊4323 犬-10 メイ(漢)

字解 形声。犬＋冥(声)。小さいぶたの意。

4720 【獄】 2586 3976 8D96 犬-11 常 ゴク(呉)・ギョク(漢)\yù\ひとや

筆順 獄 獄 獄 獄 獄 獄

字解 会意。㹜(二匹の犬があらそう)＋言(うったえる)。うったえあらそう意から、ひとやの意。㹜は番犬が見はる、言は誓う意であるとも。

金文 篆文
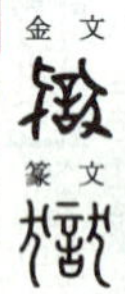

意味 ❶うったえ。うったえる。また、裁判。訴訟。判決。『獄辞』『疑獄』 ❷ろうや。ひとや。『獄舎』『牢獄』

❶ うったえ。うったえる。また、裁判。
下接 疑獄(ギゴク)・決獄(ケツゴク)・大獄(タイゴク)・断獄(ダンゴク)・治獄(チゴク)

【獄辞(ゴクジ)】 ①法廷で被告が自白したことば。②判決文。

【獄訟(ゴクショウ)】 うったえ。訴訟。

【獄成(ゴクセイ)】 裁判で犯罪事実を明白なものにすること。

❷ ろうや。ひとや。
下接 冤獄(エンゴク)・監獄(カンゴク)・禁獄(キンゴク)・繫獄(ケイゴク)・下獄(ゲゴク)・地獄(ジゴク)・囚獄(シュウゴク)・出獄(シュツゴク)・脱獄(ダツゴク)・典獄(テンゴク)・投獄(トウゴク)・入獄(ニュウゴク)・破獄(ハゴク)・煉獄(レンゴク)・牢獄(ロウゴク)

【獄衣(ゴクイ)】 服役中の囚人が着る衣服。

【獄掾(ゴクエン)】 監獄の役人。

【獄死(ゴクシ)】 牢獄(ロウゴク)の中で死ぬこと。獄中死。牢死。

【獄舎(ゴクシャ)】 囚人を閉じ込めておく所。牢獄(ロウゴク)。

【獄囚(ゴクシュウ)】 牢獄(ロウゴク)に入れられている人。囚人。

【獄窓(ゴクソウ)】 牢獄(ロウゴク)の窓。また、牢獄の中。

【獄卒(ゴクソツ)】 ①もと、囚人を取り扱った下級役人。②地獄で亡者の罪を責めたてる鬼。地獄の鬼。

【獄房(ゴクボウ)】 牢屋の中の罪人のいる部屋。

【獄門(ゴクモン)】 ①牢獄(ロウゴク)の門。②国昔、斬罪(ザンザイ)に処した囚人の首を牢獄の門などにさらしたこと。さらし首。梟首(キョウシュ)。『獄門台』

【獄吏(ゴクリ)】 監獄の役人。

4721 【獐】 ＊4326 犬-11 ショウ(シャウ)(漢)\zhāng

字解 形声。犬＋章(声)。のろの意。麞に同じ。

4722 【獏】 6451 6053 E0D1 犬-11 バク 「貘」(7679)の異体字

4723 【㺔】 ― ― ― 犬-12 キ(漢)・カイ(漢)

字解 形声。犬＋爲(声)。おけざる。猿に似た獣の名か。

4724 【獗】 6453 6055 E0D3 犬-12 ケツ(漢)\jué

字解 形声。犬＋厥(声)。
意味 くるう意。『猖獗(ショウケツ)』

4725 【獞】 ＊4331 犬-12 トウ(漢)\tóng・zhuàng

字解 形声。犬＋童(声)。
意味 ❶犬の名。❷中国南部の民族の名。現在の壮族。

4726 【獠】 ＊4333 犬-12 リョウ(レウ)(漢)\liāo・lǎo

字解 形声。犬＋尞(火をつらねた、たいまつ)(声)。火をともし犬をつかってする、夜のかりの意。

4727 【獪】 6454 6056 E0D4 犬-13 カイ(クヮイ)(漢)\kuài\ずるい

字解 形声。犬＋會(声)。
意味 わるがしこい。ずるい。『黠獪(カッカイ)』『狡獪(コウカイ)』『老獪(ロウカイ)』

4728 【獲】 1945 334D 8A6C 犬-13 常 (4733)【獲】 ― ― ― 犬-14 旧字

ワク(呉)・ギャク(呉)・カク(クヮク)(漢)/huò/える

筆順 獲 獲 獲 獲 獲 獲

字解 形声。犬+蒦(とりを手でとる)(声)。犬をつかって鳥獣をとる意。

甲骨文  篆文 

意味 ❶える。手に入れる。つかまえる。奪い取る。「獲得」「捕獲」⇒〔獲〕(5512)の表 ❷とらえてめしつかいにした女。「臧獲」

下接 漁獲・斬獲・拿獲・俘獲・捕獲・乱獲・濫獲・鹵獲

❶える。手に入れる。

【獲罪】カクザイ 罪を得ること。罪人になること。

【獲得】カクトク 手に入れること。「政権獲得」

【獲麟】カクリン 物事の終わり。また、絶筆。転じて、臨終、辞世。〔左伝-哀公一四年〕孔子の著した「春秋」が、「西狩獲レ麟(にしにかりしてりんをえたり)」〔=西方に狩りをして麒麟を得た〕」の句で終わっているところから。

【獲物】えもの 漁猟でとった魚や鳥獣など。また、奪ったり捕らえたりして自分のものにしたもの。

4729 【獦】 ＊4334 犬-13 カツ 「猲」(4703)の異体字

4730 【獫】 ＊4337 犬-13 ケン(漢)/xiǎn

字解 形声。犬+僉(先があうようにとがる)(声)。口先の長い犬。また、「獫狁」は、匈奴の別称。玁に同じ。

4731 【獨】 6455 6057 E0D5 犬-13 ドク 「独」(4680)の旧字

4732 【獩】 ＊4336 犬-13 ワイ(漢)/huì

字解 形声。犬(異民族)+歳(声)。「獩貊」は、中国、東北部から朝鮮半島北部の民族の名。濊貊。

4733 【獲】 ─── 犬-14 カク 「獲」(4728)の旧字

4734 【獯】 ＊4340 犬-14 クン(漢)/xūn

字解 形声。犬+熏(声)。「獯鬻」は、異民族の名。中国の唐代以後、匈奴と呼ばれた。

4735 【獰】 6456 6058 E0D6 犬-14 ドウ(ダウ)(漢)/níng

字解 形声。犬(異常な性情)+寧(声)。

意味 わるい。にくにくしい。凶悪。

【獰悪】ドウアク 凶悪で荒々しいこと。

【獰猛】ドウモウ 残忍で乱暴なこと。♥「ネイモウ」は誤読。

4736 【獱】 ＊4341 犬-14 ヒン(漢)/bīn

字解 形声。犬+賓(声)。「獱獺」は、かわうそ。

4737 【獵】 ─── 犬-14 リョウ 「猟」(4700)の異体字

4738 【獵】 6458 605A E0D8 犬-15 リョウ 「猟」(4700)の旧字

4739 【獺】 6460 605C E0DA 犬-16 タツ(漢)・ダツ(慣)/tǎ/かわうそ・うそ

字解 形声。犬+賴(→瀬、川のせ)(声)。かわうその意。

意味 ❶かわうそ。イタチ科の哺乳類。「獺祭」「水獺」「猵獺」「川獺」 ❷「獺虎」「海獺」は、イタチ科の海獣の名。カワウソに似るが、大きい。アイヌ語のあて字。

【獺祭】ダッサイ ①かわうそが、とらえた魚を食べる前にならべておくのを、魚を祭ると見ていう語。獺祭魚。〔礼記-月令〕 ②詩文を作るときに、多くの参考書をならべひろげること。また、詩文に故事を数多く引用すること。♥②は、中国、唐の李商隠が、その詩に非常に多くの典故を用いたのを①にたとえたことから。

4740 【獼】 ＊4344 犬-17 ビ(漢)/mí/さる

字解 形声。犬+彌(声)。おおざるの意。猕は略体。

【獼猴】ビコウ さる(猿)。おおざる。

4741 【⿰犭瞿】 ─── 犬-18 カク 「玃」(4742)の異体字

4742 【玃】 ＊4347 犬-20 カク(クヮク)(呉)・キャク(漢)/jué

字解 形声。犬+矍(声)。おおざるの意。

(4741)【⿰犭瞿】 ─── 犬-18

4743 【玁】 ＊4346 犬-20 ケン(漢)/xiǎn

字解 形声。犬+嚴(声)。「玁狁」は、匈奴の別称。

95 玄部 げん

金文  篆文 

玄は、微細なくろい糸の象形といい、篆文以後、おおいの下に微細な糸がかくれているさまとなった。くらい・おくぶかい・くろい等の意を表す。玄部の字は多くない。

玄 玄 玆
玄 ⑥ 率
玄 ④ 妙
玄

4744 【玄】 2428 383C 8CBA 玄-0 常 ゲン(呉)・ケン(漢)/xuán/くろ・くろい

筆順 玄 玄 玄 玄 玄

字解 部首解説を参照。

同属字 痃・呟・弦・衒・泫・炫・眩・絃・舷・鉉・牽

意味 ❶くろ。くろい。㋑黒い色。赤みがかった黒。「玄黄」「玄米」 ㋺(五行説から)天の色。天。「玄象」「玄兎」 ㋩(五行説から)北。北向き。北方。「玄冬」「玄武」 ❷ふかい。㋑静かで奥深い。「玄奥」「玄妙」 ㋺奥深い道理。特に、老荘の説いた哲理。形も神仙も何もなく、空間・時間を超越して存在し、天地万象の根源となるもの。『玄虚』『玄同』❸はるか。とおい。『玄孫』❹その他。固有名詞など。『玄奘』『玄都』

❶ くろ。くろい。

[下接] 上玄ジョウゲン・青玄セイゲン・素玄ソゲン・陳玄チンゲン

【玄英ゲンエイ】冬の異称。玄冬。

【玄猿ゲンエン】黒いテナガザル。

【玄鶴ゲンカク】二千年を経て黒色に変色したという鶴。

【玄冠ゲンカン】中国、周代、吉事の際に使用した黒い布のついた冠。

【玄間ゲンカン】大空。空間。

【玄黄ゲンコウ】[1]天の黒い色と地の黄色。また、天と地。[2]黒色と黄色の幣帛ヘイハク。[3]（黒色の馬が病気になると黄色になるという説から）病気の馬。

【玄珠ゲンシュ】黒い珠玉。道家で、道の本体、幽玄な真理のたとえにいう。〔荘子-天地〕

【玄酒ゲンシュ】祭りにそなえる水の別名。〔礼記-礼運〕

【玄象ゲンショウ】天の物象。日月星辰の類。

【玄裳縞衣ゲンショウコウイ】黒色の下衣と白色の上衣。転じて、鶴のたとえ。〔蘇軾-後赤壁賦〕

【玄端ゲンタン】中国、周代の礼服。麻製で黒色。

【玄鳥ゲンチョウ】ツバメ（燕）の異名。

【玄兎ゲント】月の異称。

【玄冬ゲントウ】冬の異称。玄英。

【玄武ゲンブ】[1]北方の神。中国、漢代のころ四方に配した、東方の青竜・西方の白虎・南方の朱雀シュジャクとともに四神の一。亀と蛇を一つにした形とも亀の形ともいわれる。➡〔四神〕の[図]二四七頁。[2]北方にあるものの名称。特に家相で、家の北方の岡のあるところ。

【玄冕ゲンベン】昔、中国で小さい祭礼に用いた、黒地に刺繡シシュウをほどこした服と冠。

【玄米ゲンマイ】精白していない米。↕白米

【玄冥ゲンメイ】刑殺をつかさどる、大陰、冬、北方の神。転じて、冬の異称。また、水の神。雨の神。→❷

❷ ふかい。

[下接] 淵玄エンゲン・鉤玄コウゲン・太玄タイゲン・談玄ダンゲン・幽玄ユウゲン

【玄奥ゲンオウ】奥深くてはかり知れないこと。

【玄学ゲンガク】老荘の学などの幽玄な学問。転じて、学問を修学する者。

【玄関ゲンカン】[国]建物の正面の人の出入りする所。❤もと、玄妙な道、奥深い所へ入る関門の意で、禅寺の門、寺の書院の入り口などを言った。

【玄鑑・玄鑒ゲンカン】[1]先の事まで見通す心の働き。[2][国]神仏の深遠なまいしめ。

【玄義ゲンギ】奥深い道理。経論の注釈で、根本的な要旨の説明。

【玄虚ゲンキョ】奥深くてうかがうことができないさま。また、そこに存する道理。老荘の虚無の学をいう。

【玄玄ゲンゲン】非常に奥深いこと。

【玄旨ゲンシ】奥深い味わいを持つ内容。玄趣。

【玄聖ゲンセイ】非常にすぐれた聖人。孔子または老子をさしていう。

【玄静ゲンセイ】奥深く静かであること。玄寂。

【玄同ゲンドウ】玄妙な道に同化した境地。人知を超越して無為自然の境地に到達すること。＊老子-五六「塞$_{二}$其兌$_{一}$、閉$_{二}$其門$_{一}$、挫$_{二}$其鋭$_{一}$、解$_{二}$其紛$_{一}$、和$_{二}$其光$_{一}$、同$_{二}$其塵$_{一}$。是謂$_{二}$玄同$_{一}$（そのあなをふさぎ、そのモンをとじ、そのエイをくじき、そのフンをとき、そのひかりをやわらげ、そのちりにドウず。これをゲンドウという）」〔＝自己の耳・目・口・鼻などの穴をふさいで、知識の入り口を閉じ、自分の気性の鋭さをくじき弱めて、もつれを解きほぐし、自己の知恵の輝きをやわらげて、世の中の汚れに身をおくようにする。このようになることを道と一体になった境地というのである〕」

【玄徳ゲントク】[1]深遠な徳。[2]中国の三国時代、蜀の昭烈帝劉備の字あざな。

【玄牝ゲンピン】万物を生成するもと。根元。〔老子-六〕

【玄妙ゲンミョウ】趣が深くすぐれているさま。

【玄冥ゲンメイ】奥深くかすかなこと。→❶

【玄黙ゲンモク】もの静かにだまっていること。

【玄覧ゲンラン】奥深く理を見きわめること。多く、天子が見ることを敬っていう。

【玄理ゲンリ】奥深い道理。

❸ はるか。とおい。

【玄孫ゲンソン｜やしゃご】孫の孫。ひまごの子。

❹ その他。固有名詞など。

【玄奘ゲンジョウ】中国、唐初の僧。姓は陳。俗名は褘。六二九年（または六二七年）単身、長安を出発、苦難を克服してインドにはいる。六四五年帰国。太宗の命により経典を訳出し、七五部一三〇〇余巻におよび、訳経史上、玄奘以前を旧訳ヤク、以後を新訳と称する。玄奘三蔵と呼ばれた。旅行記を「大唐西域記」という。三蔵法師。

【玄宗ゲンソウ】中国、唐第六代の帝。姓名は李隆基。諡おくりなは明皇。「開元の治」と呼ばれる太平の世を現出させたが、のち、楊貴妃を寵愛し、李林甫、楊国忠などの臣を用いて、「安史の乱」を招いた。（六八五～七六二）

【玄菟ゲント】中国、漢の武帝が朝鮮北部に置いた郡の名。

【玄都ゲント】[1]中国、太古の国名。[2]神山の住むと言われる場所。

【玄武岩ゲンブガン】火山岩の一種。灰黒色から黒色の、細粒の岩石。斑状を呈することが多い。❤兵庫県豊岡市の玄武洞に産したところから。

【玄圃ゲンポ】中国の崑崙コンロン山の頂上にあって神仙の住むといわれる伝説上の場所。県圃。

4745
【茲】
＊4349 玄-5 シ[漢]・ゲン[呉]・ケン[漢]／zī・xuán

[字解] 会意。玄（いと）が二つより、ふえる・しげる意。

金文

篆文
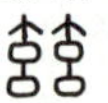

[参考] 茲は別字であるが古くから混用する。

【衒】⇩7211

玄 6画

【畜】⇩4929

4746
【率】
4608 4E28 97A6 玄-6 [常]5
スイ[呉][漢]・リチ[呉]・リツ[漢]・シュツ[漢]・ソツ[慣]／shuài・lǜ／
ひきいる・いる・おおむね

[筆順]

[字解] 象形。湿った糸をしぼるさまに象り、しめる、まとめてひきいる意。また、まとめることから、おおむね

甲骨文

金文

篆文

の意を表す。

意味 ❶（リツ）おおむね。だいたい。すべて。❷（リツ）わりあい。ぶあい。また、区分。一定のきまり。『比率』『確率』❸（ソツ）ひきいる。みちびく。つれだつ。『率先』『引率（インソツ）』『統率（トウソツ）』❹（ソツ）したがう。まもりおこなう。ならう。『率性』『表率（ヒョウソツ）』❺（ソツ）出し抜けに。突然。かるはずみに。また、はやい。「卒」に同じ。『率然』『軽率（ケイソツ）』❻（ソツ）ありのまま。自然の。まっすぐの。こだわらずあっさりした。『率直』『真率（シンソツ）』❼（スイ）おさ。長。「帥」に同じ。

❷ わりあい。ぶあい。

下接 確率（カクリツ）・効率（コウリツ）・高率（コウリツ）・勝率（ショウリツ）・税率（ゼイリツ）・打率（ダリツ）・低率（テイリツ）・定率（テイリツ）・同率（ドウリツ）・年率（ネンリツ）・能率（ノウリツ）・倍率（バイリツ）・比率（ヒリツ）・利率（リリツ）・円周率（エンシュウリツ）・建蔽率（ケンペイリツ）・視聴率（シチョウリツ）・百分率（ヒャクブンリツ）

❸ ひきいる。みちびく。つれだつ。

【率先（ソッセン）】先に立って物事をすること。

【率舞（ソツブ）】多数のものが、連れだって舞うこと。

【率服（ソップク）】多数のものが、連れだって服従すること。

【率励（ソツレイ）】みずから先頭に立って多くの人々をひきい、目的をとげるようにはげますこと。

❹ したがう。ならう。

【率性（ソッセイ）】天性にしたがい行動すること。
【率土之浜（ソットのヒン）】（「浜」は果ての意）陸地にそって行ったはてまで。天下中。〔詩経-小雅・北山〕
【率由（ソツユウ）】物事を、前例にしたがってとり行うこと。
【率履（ソツリ）】国法にしたがって事をとり行うこと。

❺ 出し抜けに。突然。また、はやい。

【率爾（ソツジ）】突然起こるさま。また、軽々しく失礼なさま。卒爾。

【率然（ソツゼン）】にわかなさま。急なさま。突然。卒然。

❻ ありのまま。こだわらずあっさりした。

【率直（ソッチョク）】飾りけがなく正直なこと。

［牽］⇨4616

玄

4747 【玅】 *4348 玄－4

ミョウ「妙」(1582)の異体字

96 玉(王)部 たま

甲骨文 金文 篆文

玉は、たまを重ねてひもを通した象形。後に隷書楷書で一般に点を加えるようになった。しかし玉部に属するもののうち、意標を左部におくものは点のない王の形をとり、これを「たまへん」とよぶ。玉の部の字は、権威の象徴である宝玉の様相や種類、装飾品の意を表すが、形の類似から帝王の王の字をも合わせている。

玉 玉 王 王 王 ① 玊 ⑥ 班
玉 ⑧ 琴 琶 琵 ⑨ 瑟
玉 ⑤ 玺 ⑩ 瑩 ⑬ 璧 ⑭ 璽
玉 ③ 玕 玖 玔 ④ 玩 玦 玫 玢 ⑤ 珂
珈 珊 玳 珍 珎 玻 珀 珐 玲 ⑥ 珪 珩
珖 珥 珠 珮 珧 珱 珞 琉 ⑦ 球 現 珸
琁 琢 理 琉 琅 ⑧ 琪 琬 琰 琦 琥 琮
琢 琱 琲 琺 琳 ⑨ 瑛 瑗 瑕 瑚 琿 瑞
瑇 瑙 瑁 瑜 瑶 ⑩ 瑰 瑣 瑣 瑳 瑲 瑫
瑪 瑤 瑠 瑯 ⑪ 璆 瑾 璋 璇 璁 璅 璃
璉 ⑫ 璣 璜 璞 璠 ⑬ 環 環 璫 璵 ⑭
璿 ⑮ 瓊 瓉 瓈 ⑯ 瓌 瓏 ⑰ 瓔 ⑲ 瓚

玉

4748 【玉】 2244 364C 8BCA 玉－0 常1 (4749)【王】 二一 玉－0

ゴク呉・ギョク漢 yù／たま

筆順 玉 玉 玉 玉 玉

字解 部首解説を参照。

意味 ❶たま。㋑中国で、ぎょく。おだやかな光沢をもった美しい石。また、それを加工したもの。『玉杯』『玉楼』『珠玉（シュギョク）』『宝玉（ホウギョク）』㋺国たま。美しい石などを比較的小さな球形その他に加工したもの。❷美しいもの、高価なもの、すぐれたものにつける美称。相手や他人を敬って、彼らに関するものにもつける。『玉案下』『玉音』『玉稿』❸特に、天子に関するものにつける美称。『玉座』❹国㋑将棋の駒の一。『玉将（ギョクショウ）』『居玉（いぎょく）』㋺芸者。芸妓。娼妓。『玉代（ギョクダイ）』『半玉（ハンギョク）』㋩取引所で、売買の約定をした商品や証券。ぎょく。㋥ひと。また、ひとをののしって言う語。『悪玉（あくだま）』『親玉（おやだま）』❺固有名詞、熟字訓など。『玉篇』『玉蜀黍（とうもろこし）』

❶ たま。ぎょく。また、球状のもの。

下接 黄玉（オウギョク）・寒玉（カンギョク）・亀玉（キギョク）・金玉（キンギョク）・攻玉（コウギョク）・紅玉（コウギョク）・鋼玉（コウギョク）・硬玉（コウギョク）・珠玉（シュギョク）・翠玉（スイギョク）・双玉（ソウギョク）・漱玉（ソウギョク）・白玉（ハクギョク）・佩玉（ハイギョク）・璞玉（ハクギョク）・美玉（ビギョク）・碧玉（ヘキギョク）・璧玉（ヘキギョク）・片玉（ヘンギョク）・宝玉（ホウギョク）・藍玉（ランギョク）／飴玉（あめだま）・新玉（あらたま）・粗玉（あらたま）・薬玉（くすだま）・毛玉（けだま）・剣玉（けんだま）・白玉（しらたま）・手玉（てだま）・火玉（ひだま）・勾玉（まがたま）・曲玉（まがたま）・水玉（みずたま）・目玉（めだま）・矢玉（やだま）・槍玉（やりだま）・湯玉（ゆだま）・繭玉（まゆだま）

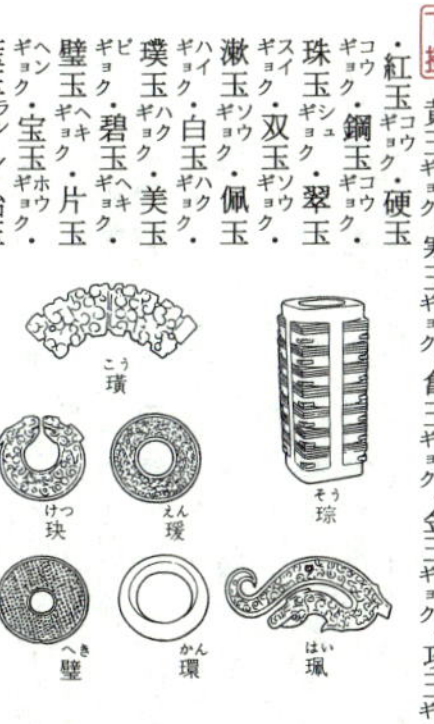

玉

【玉英（ギョクエイ）】表面がなめらかで光沢があり、物の影がよく映る石。鏡石。

【玉珂（ギョクカ）】くつわにつけた玉の飾りもの。

【玉階（ギョクカイ）】玉をちりばめた階段。美しい階段。

5画 玄玉(王)瓜瓦甘生用田疋(正)疒癶白皮皿目(罒)矛矢石示(ネ)内禾穴立

宮中または神社の階段。御階。みはし。

【玉環（ギョクカン｜ギョッカン）】①玉の輪。腰につける飾り。また、宝石のついた指輪。②月をたとえていう語。

【玉肌（ギョクキ｜ギョッキ）】美しいはだ。玉のはだ。

【玉扃（ギョクケイ｜ギョッケイ）】玉で飾った門戸。美しい門戸。＊白居易-長恨歌「金闕西廂叩二玉扃一〔=黄金造りの宮殿の西の離れの、玉で造った扉をたたいて案内をこう〕」

【玉玦（ギョクケツ｜ギョッケツ）】環状で少し欠けたところのある佩玉。＊史記-項羽本紀「挙二所レ佩玉玦一、以示レ之者三〔=腰につけていた玉玦を持ちあげて項王に三回も合図を送った〕」

【玉闕（ギョクケツ｜ギョッケツ）】玉で飾った美しい宮殿。玉殿。

【玉壺（ギョクコ｜ギョッコ）】玉で作った壺。美しい壺。＊王昌齢-芙蓉楼送二辛漸一「洛陽親友如相問、一片氷心在二玉壺一〔=もし洛陽の親友が私のことをたずねたら、氷のように澄みきった一つの心が、美しい玉の壺の中にあるようなものだ（と伝えて欲しい）〕」

【玉壺氷（ギョッコのこおり）】玉壺の中の氷。高潔な心のたとえ。〔鮑照-白頭吟〕

【玉工（ギョクコウ｜ギョッコウ）】玉に細工を施す人。玉人。

【玉衡（ギョクコウ｜ギョッコウ）】①玉で飾った天文観測器。『璇璣（センキ）玉衡』②星の名。北斗七星の五番目の星。

【玉砕（ギョクサイ）】名誉、忠節などを守り潔く死ぬこと。〔北斉書-元景安伝〕↔瓦全。♥玉のように美しく砕け散る意。

【玉釵（ギョクサイ）】玉で作った、また玉をちりばめたかんざし。

【玉巵（ギョクシ）】玉で作った美しいさかずき。玉杯。

【玉巵無レ当（ギョクシにトウなし）】玉で作った杯の底がぬけている。折角の宝が役にたたないこと。〔韓非子-外儲説右上〕

【玉人（ギョクジン）】①玉で作った人形。②=玉工（ギョクコウ）。→❷

【玉髄（ギョクズイ）】石英の一種。繊維状の結晶集合体で、白、灰、青、黒などの透明ないし半透明の脂肪光沢を持つ。

【玉成（ギョクセイ）】玉のように立派にみがき上げること。

【玉石（ギョクセキ）】玉と石。転じて、玉のようにすぐれたものと、ただの石のようにつまらないもの。【玉石混淆（ギョクセキコンコウ）】良いものと悪いものとが混ざり合っていること。〔抱朴子-尚博〕【玉石俱焚（ギョクセキともにやく）】良いものも悪いものも共に滅びる。〔書経-胤征〕

【玉折（ギョクセツ）】玉が砕けこわれること。転じて立派な死に方や、すぐれた人が若死することにいう。

【玉搔頭（ギョクソウトウ）】玉で作ったこうがい。＊白居易-長恨歌「翠翹金雀玉搔頭〔=カワセミの羽の髪飾りと、スズメの形をした黄金の作りの髪飾りと、そして玉のこうがいと〕」

【玉墀（ギョクチ）】玉をしいた宮殿の石だたみ。

【玉斗（ギョクト）】①玉で作ったひしゃく。②北斗七星の美称。

【玉佩（ギョクハイ）】おびだま。金銅の花形の盤に五色の玉を貫いた五筋の組糸を垂らしたもの。

【玉杯・玉盃（ギョクハイ）】玉で作った杯。杯の美称。

【玉帛（ギョクハク）】たまときぬ。特に、昔、中国で諸侯が朝覲（チョウキン）、聘問（ヘイモン）、会盟の際に礼物として用いたもの。

【玉璞（ギョクハク）】掘り出したままの、みがいていない玉。

【玉盤（ギョクバン）】玉で飾って作った大きな皿やたらい。美しい皿。＊白居易-琵琶行「大珠小珠落二玉盤一〔=大粒の真珠と小粒の真珠とが、玉で作った皿に落ちるかのようである〕」→❷

【玉門（ギョクモン）】①玉で飾った、美しく立派な門。②陰門。

【玉竜（ギョクリョウ｜ギョクリュウ）】①玉で作った竜。②剣をいう。

【玉楼（ギョクロウ）】珠玉をちりばめた美しい高殿（たかどの）。立派な御殿。＊白居易-長恨歌「玉楼宴罷酔和レ春〔=玉のように美しい高殿では酒宴が終わり、ほんのり酔いごこちで春の気分に溶けこんでいく〕」

【玉漏（ギョクロウ）】玉で飾った水時計。宮中の水時計をいう。

【玉椀（ギョクワン）】珠玉でつくった椀。

【玉匣（ギョッコウ）】宝玉で装飾した箱。たまくしげ。玉手箱。

【如二玉杯無一レ底（たまのさかずきそこなきがごとし）】外見がきわめて美しく立派なものに、最も肝心な部分のかけることのたとえ。〔韓非子-外儲説右上〕

【玉不レ琢不レ成レ器（たまみがかざればキをなさず）】玉もみがかなければ宝器とはならない。どんなにすばらしい才能や素質を持っていたとしても、学問を積んで努力し、自己を練磨しなければその真価を発揮することはできないというたとえ。〔礼記-学記〕

【玉不レ磨無レ光（たまみがかざればひかりなし）】どんな玉でもみがかなければ光は出ない。いくら素質があっても、練磨しなければ立派な人間とはならないことのたとえ。〔実語教〕

【懐レ玉其罪（たまをいだいてそれつみあり）】もともとは何の罪もない凡人も、持ちつけない財宝を手にしたばかりに罪科を招く。身分不相応なものを持ったり、不相応なことをしたりすると、とかく災いを招きやすいというたとえ。璧を懐いて其れ罪あり。〔左伝-桓公一〇年〕

❷ 美しいものにつける美称。

【玉案（ギョクアン）】机の美称。他人の机の敬称。『玉案下（カ）〔=手紙の脇付（わきづけ）として用いる語〕』

【玉韻（ギョクイン）】立派な詩。相手の詩を敬っていう語。

【玉宇（ギョクウ）】①美しく飾った御殿。②九星で、月の中にあるとする神の名。この神がつかさどる日は、普請・結婚・招客などによいという。→❸

【玉詠（ギョクエイ）】相手の詩歌を敬っていう語。玉什（ギョクジュウ）。

【玉液（ギョクエキ）】①美しい液体。茶や酒などの形容。②道家（ドウカ）で、飲めば長生きするという液。

【玉音（ギョクオン｜ギョクイン）】①清く、美しい音。②相手を敬って、その書信や音信をいう語。→❸

【玉顔（ギョクガン）】玉のように美しい顔。美人の顔。＊白居易-長恨歌「不レ見二玉顔一空死処〔=玉のように美しい顔は見られず、（その人の）死んだ場所だけがむなしく残っているだけである〕」→❸

【玉稿（ギョクコウ｜ギョッコウ）】相手を敬ってその原稿をいう語。

【玉骨（ギョクコツ｜ギョッコツ）】①貴人または美人の骨。②（玉のように美しい骨の意から）梅の幹枝にたとえていう語。

【玉札（ギョクサツ）】相手を敬って、その書簡をいう語。

【玉山（ギョクザン）】①容姿のきよらかなさま。②雪が積もっている山。→❺【玉山崩（ギョクザンくずる）】酒に酔いつぶれることのたとえ。〔世説新語-容止〕

【玉質（ギョクシツ）】玉のようにうるわしい性質。麗質。

【玉樹（ギョクジュ）】①美しい木。②高潔な風姿の人のたとえ。③植物「エンジュ（槐）」の異名。

【玉什（ギョクジュウ）】（「什」は詩の意）立派な詩歌。玉詠。

【玉女（ギョクジョ）】①美しい女。②仙女。天女。

【玉章（ギョクショウ）】美しい詩文。相手の手紙を敬っていう語。

【玉条（ギョクジョウ）】①美しい枝。②尊重し守るべき法律、規則。『金科玉条』

【玉燭（ギョクショク）】（四季が調和すれば、万物が玉の燭のように輝くの意から）春夏秋冬の四季の気候。

【玉人（ギョクジン）】姿の美しい人。人格の立派な人。→❶

【玉塵（ギョクジン）】美しい塵（ちり）。雪の異名。

【玉雪（ギョクセツ）】美しい雪。

【玉蟾（ギョクセン）】月の異称。♥月の中に三つ足の蟾（がま）がいるという伝説から。

【玉台（ギョクダイ）】 美しい楼台。玉のうてな。→❸

【玉池（ギョクチ）】 ①美しい池。②巻物の表装で、綾絹を貼った部分。贉。

【玉帳（ギョクチョウ）】 ①美しいとばり。②将軍のいる陣屋。

【玉牒（ギョクチョウ）】 ①帝王や皇室の系図。②仏教の経典の称。

【玉笛（ギョクテキ）】 美しくつくりあげた笛。音色の美しい笛。＊李白-春夜洛城聞ﾚ笛「誰家玉笛暗飛ﾚ声」〔=誰が吹く笛だろうか、どこからともなく美しい音色が聞こえてくる〕」

【玉兎（ギョクト）】 (月の中に兎が住むという伝説に基づいて) 月の異称。

【玉堂（ギョクドウ）】 ①美しい宮殿。②他人の家の敬称。③中国、漢代に臣下が詔を待った所。のち、翰林院の異称。

【玉盤（ギョクバン）】 月の異称。→❶

【玉臂（ギョクヒ）】 美しいひじ、かいな。美人のひじの形容。＊杜甫-月夜「清輝玉臂寒」〔=さえた月の光に玉のように美しい腕は冷たく光っていよう〕」

【玉輿（ギョクヨ）】 貴人の用いるりっぱな輿。たまのこし。

【玉容（ギョクヨウ）】 美しい顔だち。玉貌。＊白居易-長恨歌「玉容寂寞涙欄干」〔=美しい顔はもの寂しげではらはらと涙が流れている〕」

【玉葉（ギョクヨウ）】 ①美しい葉。②相手の手紙の敬称。→❸

【玉露（ギョクロ）】 ①玉のように美しい露。＊杜甫-秋興「玉露凋傷楓樹林」〔=玉のような白露が、かえでの林をしぼませ枯らす〕」 ②国 最上の煎茶。

❸ 特に、天子に関するものにつける美称。

【玉扆（ギョクイ）】 天子の御座所の背後に立てる屏風。「扆」は、斧のぬいとりをした屏風。

【玉宇（ギョクウ）】 天子の御座所。玉座。→❷

【玉音（ギョクオン）】 天子の声、ことば。『玉音放送』→❷

【玉顔（ギョクガン）】 天子の顔。竜顔。→❷

【玉座（ギョクザ）】 天子の座る所。

【玉趾（ギョクシ）】 天子や君主などの足。

【玉璽（ギョクジ）】 天子の印。御璽。

【玉体（ギョクタイ）】 天子の体。

【玉台（ギョクダイ）】 天子の座。天子の宮殿。→❷

【玉歩（ギョクホ）】 天子、皇族などの歩くことをいう語。

【玉葉（ギョクヨウ）】 天子の一族をいう尊敬語。金枝玉葉。→❷

【玉鑾・玉鸞（ギョクラン）】 天子の車につける鈴。転じて、天子の車。

【玉輦（ギョクレン）】 天子が乗る玉で飾った車。

❺ 固有名詞、熟字訓など。

【玉関（ギョクカン）】 =玉門関。玉門関の夫を思う妻の情。玉門関のかなたへ出征している夫をはるかに思いやる妻の心。

【玉関情（ギョクカンのジョウ）】 ＊李白-子夜呉歌「秋風吹不ﾚ尽、総是玉関情」〔=秋風はあとからあとからと、尽きるともなく吹き渡って来る。それらは結局のところ、遠い西方の玉門関への思いをかきたてる〕」

【玉山（ギョクザン）】 中国、陝西省西安市の東南方、藍田県の東南にある山。→❷

【玉台新詠（ギョクダイシンエイ）】 中国、六朝時代の詩の選集。一〇巻。陳の徐陵の編。漢から梁までの詩から艶麗なものを多く集めてある。

【玉篇（ギョクヘン）】 中国の字書。三〇巻。梁の顧野王撰。五四三年成る。約一万七千字を五四二部門に分類し、経書やその注釈書類をもとにして意味を明らかにしたもの。中国では原本は早く失せ、宋代に陳彭年らの増補による「大広益会玉篇」が刊行された。

【玉門関（ギョクモンカン）】 (西域の玉を漢土に持って来るときに通る関の意) 中国、漢代、万里の長城の西端に置かれた関所。陽関と共に西域への要衝。現在甘粛省敦煌県の西の地。玉関。

【玉蜀黍（とうもろこし）】 イネ科の一年草。高さ一・五～三メートル。果実は食用、また飼料にする。とうきび。コーン。

難読地名 玉城（たまき）町（三重） 玉城（たまぐすく）村（沖縄） 玉里（たまり）村（茨城） 難読姓氏 玉置（たまき） 玉置（たまおき） 玉貫（たまぬき）

4750 【王】 1806 3226 89A4 玉-0 常1 (4751)〖王〗 玉-0

オウ（ワウ）呉漢 \wáng・wàng\ きみ・おおきみ・みこ

甲骨文 金文 篆文

筆順 

字解 象形。まさかり（古く、中国で権力の象徴とされた）の形に象るという。支配者・きみの意。

意味 ❶きみ。天子、君主、諸侯、皇族など。㋑古くは、天子のことをいったが、のちには諸侯や皇族、重臣などにも用いた。徳をもって天下を統治する人の意で、武力による統治の覇と対をなす。㋺王国の君主。王の身分を世襲して国を統治する人。『王政』『王朝』『帝王』 ❷仏教で、諸天の統率者。『仁王』『明王』 ❸その世界、ものごとでの第一人者。かしら。おさ。『百獣の王』『蜂王』『薬王』『王水』 ❹強力である。非常に強い。また、さかんである。 ❺ゆく。「往」に同じ。 ❻国 将棋の駒の一。『王将』『王手』 ❼人名。『王陽明』『王維』

下接 勤王・君王・賢王・侯王・降王・国王・諸王・女王・親王・聖王・先王・素王・尊王・大王・追王・帝王・天王・人王・覇王・法王・名王・明王

❶ きみ。天子、君主、諸侯、皇族など。

【王威（オウイ）】 帝王の威光、威厳。御稜威。

【王化（オウカ）】 王の徳によって人民を感化し、世の中を良くすること。

【王気（オウキ）】 ①帝王を出現させる地から発する気。王を出す兆しのある地気。②王者らしい気品。

【王畿（オウキ）】 王城の周囲の方千里の地。帝王の直接治めている地。畿内。

【王業（オウギョウ）】 帝王が国を統治する事業。

【王公（オウコウ）】 王と三公。身分の特に高い人々。

【王侯（オウコウ）】 王と諸侯。『王侯貴族』〖王侯将相寧有ﾚ種乎（オウコウショウショウいずくんぞシュあらんや）〗 王、諸侯、将軍、宰相になるのは家系や血統によるのでなく、才能、努力などによるのである。〔史記-陳渉世家〕

【王国（オウコク）】 ①王が支配する国。②国 一つのものが大きな勢力を持って栄えている地域や団体。『動物王国』

【王佐（オウサ）】 帝王のたすけとなること。〖王佐才（オウサのサイ）〗 (「王佐材」とも) 帝王を補佐するにふさわしい才能。また、その人。

【王座（オウザ）】 王の座席。また、王位。→❸

【王師（オウシ）】 ①王の軍勢。②王の師範、先生。

【王子（オウジ）】 ①王の男の子。②国 もと、親王宣下のない皇族の男子。

【王事（オウジ）】 王、王室に関すること。〖王事靡ﾚ盬（オウジもろきことなし）〗 国王の関与することは堅固であって、もろく敗れることはない。また、帝王の事業は堅牢でなければならないから、なおざりにしないで、一身の限りを尽くすべきである。〔詩経-唐風・鴇羽〕

【王者(オウジャ|オウシャ)】①王である人。②王道により天下を治める者。→❸

【王女(オウジョ)】①王の娘。②[国]もと、内親王宣下(センゲ)のない皇族の女子。

【王城(オウジョウ)】①王の住む城。皇居。②王の都。帝都。

【王臣蹇蹇、匪二躬之故一(オウシンケンケン、みのゆえにあらず)】(「蹇蹇」は、忠義を尽くすさま)臣下が、わが身の利害を忘れて、君王に忠義を尽くすこと。また、そのようでなければならないという理念。蹇蹇匪躬(ケンケンヒキュウ)。〔易経-蹇〕

【王孫(オウソン)】帝王の子孫。また、貴族の子弟。貴公子。

【王沢(オウタク)】帝王の恵み。皇沢(コウタク)。

【王朝(オウチョウ)】①帝王が政治を執り行う所。②ある王家の一系列。また、ある王が支配している時期。『ルイ王朝』③「王朝時代」の略。帝王、天皇が統治する時代。日本では奈良・平安時代。特に、平安時代を指す。

【王土(オウド)】天子の支配する領土。

【王統(オウトウ)】帝王の血筋。皇統。

【王道(オウドウ)】①儒教で説く、王が徳によって国を治めること。↔覇道。②[国]安易な方法。『学問に王道なし』

【王覇(オウハ)】仁徳をもって政治を行う王道と、武力をもって国を治める覇道。

【王妃(オウヒ)】①王の妻。②[国]皇族で、王の称号を持つ者の配偶者。

【王父(オウフ)】①帝王の父。②死んだ祖父を尊んでいう呼び名。

【王母(オウボ)】①帝王の母。②死んだ祖母を尊んでいう呼び名。③中国の仙女、西王母(セイオウボ)。

【王法(オウボウ|オウホウ)】仏教で、出世間の仏法に対して、俗世間で王のとるべき道。また、王の施す法令や政治。

❷ 仏教で、諸天の統率者。

下接 医王(イオウ)・覚王(カクオウ)・牛王(ゴオウ)・心王(シンノウ)・神王(シンノウ)・仁王(ニオウ)・二王(ニオウ)・梵王(ボンオウ)・魔王(マオウ)・明王(ミョウオウ)・竜王(リュウオウ)・輪王(リンオウ)・四天王(シテンノウ)

❸ その世界での第一人者。

下接 三冠王(サンカンオウ)・打点王(ダテンオウ)・発明王(ハツメイオウ)

【王座(オウザ)】第一人者の地位。第一位。→❶

【王者(オウジャ)】[国]ある集団で最も力のある者。→❶

❹ 強力である。非常に強い。

【王水(オウスイ)】濃塩酸と濃硝酸との混合液。酸化溶解性が強く、金、白金をも溶かす。

❼ 人名。

【王安石(オウアンセキ)】中国、宋代の政治家、文学者。字(あざな)は介甫(カイホ)。号は半山。神宗のとき宰相となり、いわゆる「新法」を強行し、急激な改革を図ったが失敗。唐宋八大家の一人で、主著は詩文集「臨川集」。(一〇二一～八六)

【王維(オウイ)】中国、唐代の詩人、画家。字(あざな)は摩詰(マキツ)。官は尚書右丞に進む。中国自然詩の完成者といわれ、また、水墨を主とした山水画、人物画をよくして、南宗画(文人画)の祖とされる。(七〇一頃～六一)

【王引之(オウインシ)】中国、清代の学者。父、念孫の学問を継ぎ、訓詁学上、大きな業績を残した。著「経伝釈詞」「経義述聞」。(一七六六～一八三四)

【王学(オウガク)】中国、明代の王陽明の学。陽明学。陸象山の学と合わせて「陸王の学」などという。

【王翰(オウカン)】中国、盛唐期の詩人。豪放な性格で、そのため不遇に終わった。「葡萄の美酒、夜光杯」で始まる七言絶句の傑作「涼州詞」で知られる。生没年不詳。

【王羲之(オウギシ)】中国、晋代の書家。字(あざな)は逸少。琅邪(ロウヤ)(=山東省)の人。官名によって王右軍ともいわれる。楷、行、草三体の書体を芸術的完成の域にまで高め、「書聖」といわれ、子の王献之と共に「二王」と呼ばれる。作品には「蘭亭序」「黄庭経」「楽毅論」など。(三〇七～三六五)

【王建(オウケン)】中国、中唐の詩人。字(あざな)は仲初。韓愈の門に学び、張籍とともに王張と称せられる。楽府(ガフ)に長じ、また宮廷の秘事や遺聞を詠じた「宮詞百首」の作者としても有名。(?～八三〇?)

【王国維(オウコクイ)】中国、清末の文学者、史学者。青年時代は西欧近代芸術理論による文学評論に先駆的業績をあげ、辛亥(シンガイ)革命の際日本に亡命してからはしだいに考証学的な古代史学に進み、甲骨、金石文の研究などに没頭した。著「宋元戯曲史」「観堂集林」など。(一八七七～一九二七)

【王粲(オウサン)】中国、三国時代の魏の詩人。字(あざな)は仲宣。建安七子の第一人者とされる。代表作は「七哀詩」「従軍詩」。(一七七～二一七)

【王之渙(オウシカン)】中国、盛唐の詩人。青年時代任俠を好み飲酒にふけったが、中年以後文学に励み名声をあげた。代表作「涼州詞」。(六八八～七四二)

【王子喬(オウシキョウ)】中国、周代の仙人。名は晋。霊王の太子といわれる。白い鶴に乗り、笙(ショウ)を吹きながら空中を飛翔したという。

【王士禎(オウシテイ)】中国、清代の詩人。もと士禛(シシン)。字(あざな)は貽上(イジョウ)。号は漁洋山人。詩における神韻説の首唱者。詩文集「帯経堂集」。(一六三四～一七一一)

【王充(オウジュウ)】中国、後漢の思想家。字(あざな)は仲任。神秘的思想や俗信、儒教的な権威を批判した「論衡」を著し、古代唯物論者といわれる。(二七頃～一〇〇頃)

【王戎(オウジュウ)】中国、晋の人。字(あざな)は濬沖(エイチュウ)。竹林七賢の一人。政治に失敗し、厭世的自然主義に走り、蓄財を事としたといわれる。(二三四～三〇五)

【王粛(オウシュク)】中国、三国時代魏の学者。字(あざな)は子雍(シヨウ)。鄭玄(ジョウゲン)の学説に反対して、多くの経書の注釈書を作り、「孔子家語」などを偽作した。二五六年没。

【王昭君(オウショウクン)】中国、前漢の元帝の宮女。名は嬙(ショウ)。昭君は字(あざな)。紀元前三三年匈奴(キョウド)との和親のため、呼韓邪単于(コカンヤゼンウ)に嫁し、その地で没した。生没年不詳。

【王昌齢(オウショウレイ)】中国、盛唐期の詩人。字(あざな)は少伯。七言絶句に秀で、李白と並び称された。代表作は「出塞」「芙蓉楼送辛漸」。(七〇〇頃～七五五頃)

【王弼(オウヒツ)】中国、三国魏の学者。字(あざな)は輔嗣(ホシ)。山陽の人。儒学と道家の学に精通した。著「周易注」「老子注」。(二二六～二四九)

【王符(オウフ)】中国、後漢末期の学者。字(あざな)は節信。「潜夫論」で知られる。生没年不詳。

【王夫之(オウフウシ)】中国、明代末期から清代初期の学者。字(あざな)は而農(ジノウ)。号は薑斎(キョウサイ)。通称、船山先生。華夷弁別の思想を強調して、清代末期の革命思想に大きな刺激を与えたといわれる。(一六一九～九二)

【王勃(オウボツ)】中国、初唐の詩人。字(あざな)は子安。山西竜門の人。楊炯(ヨウケイ)らとともに「初唐の四傑」とよばれた。特に「滕王閣序(トウオウカクジョ)」は有名。(六四七～六七四)

【王莽(オウモウ)】中国、前漢末期の政治家。字(あざな)は巨君。平帝を毒殺し、やがて自ら帝位を得、国号を新と改める。漢の劉秀(後漢の光武帝)に攻められ殺された。在位一五年。

（前四五〜後一二）

【王融（オウユウ）】中国、南北朝時代南斉の文人。特に「曲水詩序」は知られる。（四六七〜四九三）

【王陽明（オウヨウメイ）】中国、明代の儒学者、政治家。名は守仁。字（あざな）は伯安。諡（おくりな）は文成。陽明は号。浙江省余姚（ヨヨウ）の人。二八歳で進士に合格。竜場の山中で心即理の立場を確立し、この原理の上に知行合一、致良知の説を唱えた。その一門を陽明学派という。主著「伝習録」三巻、「王文成全書」三八巻。（一四七二〜一五二八）

【王仁（ワニ）】応神天皇のとき、百済から呼びよせた帰化人。論語、千字文を日本に伝えたとされる。書首（ふみのおびと）らの祖。

4752
【王】
二一一　玉－1　シュク㊥・キュウ（キウ）㊥／xiù

字解 指事。王（たま）に、を付し、きずのあるたまの意。また、玉に細工する職人の意。

意味 ❶傷のある玉。❷玉を細工する職人。＊韓非子－和氏「厲王使二王人相一レ之（レイオウキュウジンをしてこれをソウせしむ）〔＝厲王は玉細工の職人に鑑定させた〕」

［匡］⇩762

4753
【班】
4041
4849
94C7
玉－6　常6　ハン㊥／bān／わける・わかつ・まだら

筆順 班 班 班 班 班 班

字解 会意。玨（二つに分けた玉）＋刀。きりわける、わける意。

金文 班　篆文 班

意味 ❶わける。わかつ。㋑分け与える。分配する。『班田収授（ハンデンシュウジュ）』㋺群れからわかれる。離れる。『班馬（ハンバ）』㋩人を組み分けしたもの。グループ。『救護班（キュウゴハン）』『研究班（ケンキュウハン）』『班長（ハンチョウ）』❷席次。地位。『班位（ハンイ）』『首班（シュハン）』❸かえす。かえる。また、わかれる。『班師（ハンシ）』❹しく。しきのべる。❺まじる。また、まだら。「斑」に同じ。『班白』『班班』❻人名など。『班固』

❶ わける。わかつ。

【班田（ハンデン）】班田収授の法により、口分田を与えること。また、その口分田。【班田収授（ハンデンシュウジュ）】土地を国家の公有とし、一定の規則によって田地を公民に分け与え、死後にそれを返させた制度。中国では北魏以来、均田法があり、唐の制度が日本の班田収授の法の参考となった。日本では大化改新から平安初期まで実施された。

【班馬（ハンバ）】仲間から離れた馬。＊李白－送二友人一「蕭蕭班馬鳴（ショウショウとしてハンバいななく）〔＝別れを惜しんで進みかねている馬が悲しげにいないた〕」→❻

❷ 席次。地位。

下接 官班（カンパン）・首班（シュハン）・崇班（スウハン）・清班（セイハン）・朝班（チョウハン）

【班位（ハンイ）】①くらい。階級。②順位。順序。

【班資（ハンシ）】地位の俸給。

【班次（ハンジ）】くらいの順序。位次。

❸ かえす。かえる。また、わかれる。

【班師（ハンシ）】軍隊をひきもどすこと。帰ってくること。

❺ まじる。また、まだら。

【班白（ハンパク）】白髪まじり。また、そのような老人。斑白。

【班班（ハンハン）】①まだらであるさま。斑斑。②はっきりしているさま。③車の音の形容。

❻ 人名など。

【班固（ハンコ）】中国、後漢の歴史学者。字（あざな）は孟堅。班超の兄。父の意志を継いで「漢書」を編集し、また、白虎観で五経を論じ、「白虎通」を著した。（三二〜九二）

【班昭（ハンショウ）】中国、後漢の女性。字（あざな）は恵姫。班固、班超の妹。兄班固の志をついで「漢書」を完成させた。著に「女誡」。生没年未詳。

【班婕妤（ハンショウヨ）】中国、前漢の成帝の女官。婕妤はその階級の名。賢明で詩歌にすぐれ、「自悼賦」「擣素賦」などの作品がある。生没年未詳。

【班超（ハンチョウ）】中国、後漢の政治家。字（あざな）は仲升。班固の弟。明帝、和帝に仕えて西域を征し、五〇余国を従えたので、その功により定遠侯に封ぜられた。（三二〜一〇二）

【班馬（ハンバ）】「漢書」を著した班固と、「史記」を著した司馬遷との併称。また、「史記」と「漢書」。→❶

［斑］⇩3059　［噩］⇩909

玉

［弄］⇩2190

4754
【琴】
2255
3657
8BD5
玉－8　常　ゴン㊉・キン㊥／qín／こと

筆順 琴 琴 琴 琴 琴 琴

字解 形声。玨（＝珡、ことじの断面）＋今（うちにこもる）㊉。本来、珡だけでこの字義を表したが、のちに音符今を加えた。

意味 こと。きん。横たえて弾ずる五弦または七弦の楽器。また一般に、弦楽器。

下接 雅琴（ガキン）・鶴琴（カッキン）・月琴（ゲッキン）・胡琴（コキン）・素琴（ソキン）・大琴（タイキン）・断琴（ダンキン）・弾琴（ダンキン）・提琴（テイキン）・風琴（フウキン）・鳳琴（ホウキン）・鳴琴（メイキン）・木琴（モッキン）・洋琴（ヨウキン）・和琴（ワゴン）／竪琴（たてごと）・爪琴（つまごと）・妻琴（つまごと）・倭琴（やまとごと）

琴〔宮妓聴琴図巻〕

【琴鶴（キンカク）】琴（こと）とツル。世捨て人が隠者の友とするもの。

【琴棋・琴碁（キンキ）】琴（こと）と碁（ご）。風雅な遊びの意に用いる。風流韻事。【琴棋書画（キンキショガ）】琴と碁と書と画。昔、中国においてこれを四芸と称し、士君子の余技として尊ばれた。〔何延之－蘭亭始末記〕

【琴曲（キンキョク）】琴（こと）で演奏する曲。箏曲（ソウキョク）。

【琴瑟（キンシツ）】①琴（こと）と瑟（おおごと）。②夫婦、または夫婦愛についてのたとえ。【琴瑟相和（キンシツあいワす）】夫婦が仲むつまじいこと。〔詩経－小雅・常棣〕【琴瑟不レ調（キンシツととのわず）】夫婦が和合しないことのたとえ。〔漢書－董仲舒伝〕

【琴書（キンショ）】音楽と読書。＊陶潜－帰去来辞「楽二琴書一以消レ憂（キンショをたのしみてもってうれいをけす）〔＝音楽と読書とを楽しんで心の憂

5画
玄玉(王)瓜瓦甘生用田疋(⺪)疒癶白皮皿目(罒)矛矢石示(ネ)内禾穴立

いを晴らすことにしよう」」

【琴心(キンシン)】琴(こと)をひいて相手に心をかよわせること。

【琴線(キンセン)】[1]琴(こと)の糸。[2]比喩(ヒユ)的に、人間の心の奥深くにある感じやすい心情。『心の琴線に触れる』

【琴樽(キンソン)】琴(こと)と酒樽(さかだる)。楽しく遊ぶこと。

4755【琶】3942 474A 9469 玉－8　ハ[呉][漢]/pá

[字解] 形声。玨(＝玨、弦楽器)＋巴[声]。「琵琶(ビワ)」は、弦楽器。

4756【琵】4092 487C 94FA 玉－8　ビ[呉]・ヒ[漢]/pí

[字解] 形声。玨(＝玨、弦楽器)＋比[声]。

[意味] 「琵琶(ビワ)」は、弦楽器の一種。インドから西域を経て中国に伝わり、日本へは奈良時代に入った。円形の胴から頸にかけて四本または五本の弦を張り、横またはたてに抱いて、ばちで弾奏する。『琵琶法師』

【琵琶記(ビワキ)】中国、元代の詞曲。四二幕。古くからある民間伝承に取材した伝奇作品で、南曲の傑作と評され、北曲の「西廂(セイソウ)記」と併称される。

【琵琶行(ビワコウ)】中国の詩編の名。新楽府。七言古詩八八句。唐の白居易撰。八一六年成立。左遷された作者がある月夜、もと都の名妓がひく琵琶の音に同じ流謫(ルタク)のわが身を思い感動して作ったもの。琵琶引。

4757【瑟】6478 606E E0EC 玉－9　シチ[呉]・シツ[漢]/sè/おおごと

[字解] 形声。玨(＝玨、弦楽器)＋必(ぴったりとくっつく)[声]。多くの弦がくっつき並んだおおごとの意。

[意味] ❶おおごと。琴の大型のもの。弦の数が一五・一九・二三・二五・二七・五〇のものなどがあり、種類が多い。『琴瑟(キンシツ)』＊史記－廉頗藺相如伝「請奏レ瑟(こうシツをソウせよ)〔＝瑟をひいていただきたい〕」❷さびしいさま。また、寒いさま。『瑟瑟』『瑟縮』『蕭瑟(ショウシツ)』

【瑟瑟(シツシツ)】[1]風の静かに寂しく吹くさま。[2]波の立つさま。

【瑟縮(シツシュク)】ちぢこまって伸びないさま。

玉

4758【玺】一一 玉－5　ジ「璽」(4761)の異体字

[皇]⇩5093　[閏]⇩8578

4759【瑩】6482 6072 E0F0 玉－10　エイ[漢]/yíng/あきらか

[字解] 形声。玉＋熒(あきらかにかがやく)省[声]。玉がかがやく意。

[意味] ❶美しい石の名。❷あきらか。あざやか。美しい。『澄瑩(チョウエイ)』

【瑩潤(エイジュン)】[1]光沢のあること。[2]にぶく光ること。

【瑩徹(エイテツ)】明らかで、すきとおっていること。

4760【璧】6490 607A E0F8 玉－13　ヘキ[漢]/bì/たま

[字解] 形声。玉＋辟[声]。辟はきみ(天子)また、天子が祭祀に用いるものという。

金文

篆文

[意味] 玉。平らな輪の形で、中央が円形にぬけている。まるい穴あき銭の形で、大きい。また、玉のようにりっぱなもの。『完璧(カンペキ)』『双璧(ソウヘキ)』＊史記－廉頗藺相如伝「臣請完レ璧帰レ趙(シンこうたまをまっとうしてチョウにかえらん)〔＝私は璧を無事に趙に持ち帰りましょう〕」⬇〔玉〕の[図]七八一頁

【懐レ璧其罪(たまをいだいてそれつみあり)】身分不相応のものを持ったり、不相応のことをしたりすると、とかくわざわいを招きやすいことをたとえていう。〔左伝－桓公一〇年〕

4761【璽】2805 3C25 8EA3 玉－14 [常]　シ[漢]・ジ[慣]/xǐ/しるし・たま

[筆順]

[字解] 形声。玉＋爾(大きくさかん)[声]。玉製の立派な天子の印の意。

[参考] 万葉仮名では音を借りて「し」。

[意味] ❶しるし。おしで。天子の印。玉製の印。『印璽』『御璽』『国璽』→下接。❷[国]たま。三種の神器のうちの八坂瓊勾玉(やさかにのまがたま)をいう。『剣璽(ケンジ)』

(4758)【玺】一一 玉－5

[下接] 印璽(インジ)・玉璽(ギョクジ)・御璽(ギョジ)・国璽(コクジ)・神璽(シンジ)・符璽(フジ)・宝璽(ホウジ)

【璽綬(ジジュ)】印とそれを佩(お)びる組みひも。

【璽書(ジショ)】天子の御璽の押してある文書。

【璽符(ジフ)】天子の印章。印璽(インジ)。

玉

4762【玕】＊4353 玉－3　カン[漢]/gān

[字解] 形声。玉＋干[声]。「琅玕(ロウカン)」は、美玉の意。

4763【玖】2274 366A 8BE8 玉－3 [人]　キュウ(キウ)[漢]/jiǔ

[字解] 形声。玉＋久[声]。

[参考] 万葉仮名では音を借りて「く」。

[意味] ❶美しい黒の石。『玖璇(キュウセン)(＝黒い玉)』❷「九」の代字。

[難読地名] 玖珂(くが)郡・町(山口)　玖珠(くす)郡・町(大分)

4764【玔】一一 玉－3　セン[漢]

[字解] 形声。玉＋川[声]。たまき、たまくしろの意。釧に同じ。

4765【玩】2065 3461 8ADF 玉－4　ガン(グヮン)[呉][漢]/wán/もてあそぶ

[字解] 形声。玉＋元(まるいあたま)[声]。手をまるめ玉をその中でころがす、玉をもてあそぶ意。翫に通じる。

[意味] ❶もてあそぶ。めずらしがる。めでる。また、なぐさみものにする。なぶる。『玩具』『愛玩(アイガン)』❷深く味わう。『玩味』『賞玩(ショウガン)』❸むさぼる。ふける。

❶もてあそぶ。めずらしがる。めでる。

【玩具(ガング)】子供の遊び道具。おもちゃ。

【玩好(ガンコウ)】好んで、手にとったりして楽しむこと。

【玩物(ガンブツ)】[1]物をもてあそぶこと。珍奇なものを愛玩すること。[2]もてあそびもの。おもちゃ。【玩物喪志(ガンブツソウシ)】珍奇な物をもてあそんで、それにおぼれ、大切な志を失うこと。〔書経－旅獒〕

【玩弄ガンロウ】人をばかにして慰みものにすること。

❷深く味わう。

【玩索ガンサク】研究してその真意をさぐること。

【玩味ガンミ】①食べ物を噛かみ分けて味わうこと。②表現の意味内容を理解し味わうこと。『熟読玩味する』

4766【抉】＊4362 玉－4 ケツ漢/jué/たま

字解 形声。玉＋夬(かける)声。おびだまの意。甲骨文は、これを手にもつさま。腰におびる玉の一種。環状であるが、一部がきれているもの。

甲骨文  篆文 

『玉抉ギョクケツ』➡〔玉〕の図七八一頁

4767【玫】＊4364 玉－4 マイ呉・バイ漢/méi/たま

字解 形声。玉＋枚省声。「玫瑰バイカイ/マイカイ」は美しい玉、また、はまなすの意。

甲骨文  篆文 

4768【玢】＊4360 玉－4 ヒン漢・フン漢/bīn・fēn

字解 形声。玉＋分声。玉のあやもようの意。

4769【珂】1849 3251 89CF 玉－5 カ呉漢/kē

字解 形声。玉＋可声。

参考 万葉仮名では音を借りて「か」。

意味 ❶しろめのう。宝石の一種。❷くつわ貝。また、くつわ貝でかざった馬のくつわ。『玉珂ギョクカ』『鳴珂メイカ』

4770【珈】6461 605D E0DB 玉－5 カ漢/jiā

字解 形声。玉＋加(くわえる)声。

意味 ❶婦人の髪飾りの一種。❷「珈琲コーヒー」は、英 coffee の音訳。コーヒー豆を炒いった、焦げ茶色の飲料。

4771【珊】2725 3B39 8E58 玉－5 サン呉漢/shān/サンチ

字解 形声。玉＋刪(けずりとる)省声。珊は別体。

意味 ❶「珊瑚サンゴ」は、花虫類サンゴ科に属する腔腸コウチョウ動物の総称。個体が死んで残った骨軸を加工して装飾品を作る。「珊瑚礁サンゴショウ」❷「珊珊サンサン」は、身につけた佩玉ハイギョクなどの鳴る音を表す語。❸国サンチ。長さの単位。フランス centimètre「サンチメートル」の略音訳。

4772【玳】6462 605E E0DC 玉－5 タイ漢/dài

字解 形声。玉(宝玉)＋代声。瑇に同じ。

意味 「玳瑁タイマイ」はウミガメ科のカメ。背甲を鼈甲ベッコウ細工の材料とする。

【玳皮盞タイヒサン】天目茶碗テンモクヂャワンの一種。鉄質の天目釉テンモクユウの茶碗で、中国江西省吉州窯の産。名称は玳皮(＝鼈甲ベッコウ)風の釉の調子による。

4773【珍】3633 4441 92BF 玉－5 常 チン呉漢/zhēn/めずらしい

(4774)【珎】6463 605F E0DD 玉－5

筆順 

字解 形声。玉＋㐱(→塡、充実する)声。欠けたところがない立派な玉、貴重な玉の意から、めずらしい意。

甲骨文  篆文 

意味 ❶たから。転じて、めずらしい。たやすくは得られない。美しい。貴重な。『袖珍本シュウチンボン』『珍重』『七珍シッチン』❷かわっている。異様な。また、こっけいな。『珍問奇問』『珍無類チンムルイ』『珍芸チンゲイ』『珍説チンセツ』❸あて字。『頓珍漢トンチンカン』

❶めずらしい。貴重な。

【珍愛チンアイ】①めずらしいものとして愛すること。②愛すること。大切にすること。

【珍異チンイ】めずらしいこと。めずらしい物。貴重な物。また、季節のはじめの、めずらしい食べ物。

【珍玩チンガン/チンカン】①めずらしい愛玩物。②珍重してもてあそぶこと。

【珍羞チンシュウ】めずらしくておいしい食物。

【珍什チンジュウ】めずらしい器物。珍器。

【珍蔵チンゾウ】めずらしくて、大切にしまわれていること。

【珍重チンチョウ】①めずらしいものとして大切にすること。『高級食品として珍重される』②めでたいこと。③禅僧の別れのあいさつ。自愛せよ、お大事にの意。

【珍投チントウ】めずらしい贈り物。

【珍品チンピン】めったにないめずらしい品物。

【珍宝チンポウ】めずらしい宝物。

【珍味チンミ】めずらしい味。めったに味わえないよい味。また、その食べ物。『山海の珍味』

❷かわっている。異様な。こっけいな。

【珍奇チンキ】普通と変わっていて奇妙なこと。また、そのもの。『珍奇な風習』『珍奇を好む』

【珍事チンジ】普段とは変わった出来事。また、思いがけない重大な出来事。変事。椿事。『前代未聞の珍事』

【珍妙チンミョウ】国変わっていておかしいさま。

4775【玻】6464 6060 E0DE 玉－5 ハ呉漢/bō

字解 形声。玉(宝玉)＋皮声。

意味 「玻璃ハリ・玻瓈ハリ」は梵 sphaṭika の音訳。七宝シッポウの一。現在の水晶を指す。浄玻璃。または、ガラスの別称。

4776【珀】6465 6061 E0DF 玉－5 ハク呉漢/pò

字解 形声。玉(宝玉)＋白声。「琥珀コハク」は、古代の樹脂類が地中に埋没して石化したもの。

4777【珐】―― 玉－5 ホウ 「琺」(4806)の異体字

4778【玲】4672 4E68 97E6 玉－5 人 レイ漢/líng

字解 形声。玉＋令(玉のなる音)声。

意味 玉が触れあって鳴る音。また、冴えてあざやかなさま。透き通るように美しいさま。『瓏玲ロウレイ』

【玲玲レイレイ】①音がすずがしく響き渡るさま。②光のうるわしいさま。光り輝くさま。

【玲瓏レイロウ】金属や玉などが触れ合って鳴るさわやかな音。また、玉のように透きとおって光り輝くさま。『八面玲瓏』＊白居易-長恨歌「楼閣玲瓏五雲起ロウカクレイロウとしてゴウンおこる」

〔=御殿は玉のように光り輝き、五色の雲が起こる〕」

4779 【珪】 2330 373E 8C5D 玉－6 ケイ[漢]/guī/たま

[字解] 形声。玉＋圭[声]。圭は瑞玉。のちにさらに玉を加えた。

[意味] ❶めでたい玉。「圭」に同じ。熟語は「圭」(1256)を見よ。❷非金属元素の一。珪素(シリコン)、記号 Si をさす。『珪酸(ケイサン)』

4780 【珩】 *4387 玉－6 コウ(カウ)[漢]/héng/たま

[字解] 形声。玉＋行(↓衡、よこ)[声]。横にかけわたしたおびだまの意。

[意味] おびだま。横にかけわたしてさらに飾りの玉をさげる、装身用の玉。佩玉(ハイギョク)の一。『葱珩(ソウコウ)』

4781 【珖】 *4380 玉－6 コウ(クヮウ)[呉][漢]

[字解] 形声。玉＋光[声]。玉の名。また、玉で作った笛。

4782 【珥】 6466 6062 E0E0 玉－6 ジ[漢]/ěr/みみだま

[字解] 形声。玉＋耳(みみ)[声]。みみにかざるたまの意。

[参考] 万葉仮名では音を借りて「じ」「に」。

[意味] みみだま。耳につけて飾りにする玉。➡〔歩揺〕の[図]六五〇頁

【珥瑺(ジトウ)】 みみだま。耳飾りの玉。耳瑺(ジトウ)。

4783 【珠】 2878 3C6E 8EEC 玉－6 [常] シュ[呉][漢]/zhū/たま

[筆順] 珠 珠 珠 珠 珠 珠

[字解] 形声。玉＋朱[声]。

[参考] 万葉仮名では音を借りて「す」。

[意味] ❶たま。貝が体内につくるたま。真珠。美しい玉。また、そのように美しいもの。『珠玉』『真珠』『宝珠』 ❷まるいたま。『珠算』『数珠』『連珠』 ❸川の名。『珠江(シュコウ)』

❶ たま。また、そのように美しいもの。

[下接] 金珠(キンシュ)・玄珠(ゲンシュ)・真珠(シンジュ)・双珠(ソウシュ)・宝珠(ホウジュ)・蚌珠(ボウシュ)・明珠(メイシュ)・驪珠(リシュ)・露珠(ロシュ)

【珠瓔(シュエイ)】 真珠の首飾り。

【珠纓(シュエイ)】 真珠をあしらった冠のひも。

【珠璣(シュキ)】 まるい玉と角ばった玉。大小様々の美玉。

【珠玉(シュギョク)】 [1]海や山から産する玉。真珠と玉。『金銀珠玉』 [2]美しいもの、立派なものをほめていう語。特に、詩や短い文章などにいう。

【珠翠(シュスイ)】 真珠とひすい。女性の髪の飾りに用いるところから、転じて、髪飾り。

【珠唾(シュダ)】 真珠のようなつばき。美しい言辞のたとえ。

【珠箔(シュハク)】 真珠のすだれ。美しいすだれ。珠簾。＊白居易-長恨歌「珠箔銀屏邐迤開(シュハクギンペイリイとしてひらく)〔=珠のすだれや銀のびょうぶが次々と開く〕」

【珠履(シュリ)】 珠玉で飾った上等なはきもの。

【珠簾(シュレン)】 ＝珠箔(シュハク)

【珠楼(シュロウ)】 真珠で飾ったりっぱな宮殿。珠閣。珠殿。

❷ まるいたま。

[下接] 貫珠(カンジュ)・数珠(ジュズ)・念珠(ネンジュ)・胚珠(ハイシュ)・連珠(レンジュ)

【珠算(シュザン)】〔たまザン〕 そろばんを使ってする計算。

【珠数(ジュズ)】 仏を拝んだりするときに使う、まるい玉を糸に通したもの。数珠(ジュズ)。

❸ 川の名。

【珠江(シュコウ)】 中国の南部を流れる大水系。本流は西江で雲南省南部に発し、南シナ海に注ぐ。狭義には広州市より下流の河口の湾をいう。

[難読地名] 珠洲(すず)市・郡(石川)

4784 【珮】 6467 6063 E0E1 玉－6 ハイ[漢]/pèi/おびだま

[字解] 形声。玉＋凧(おびだまをつける)[声]。おびだまの意。佩に同じ。➡〔玉〕の[図]七八一頁

[参考] 万葉仮名では音を借りて「へ[乙]」。

4785 【珧】 *4386 玉－6 ヨウ(エウ)[漢]/yáo

[字解] 形声。玉(装飾品)＋兆[声]。貝の名。たいらぎ、また、その殻の意。装飾に用いる。

4786 【瑤】 6494 607E E0FC 玉－6 ヨウ 「瑶」(4851)の異体字

4787 【珞】 6468 6064 E0E2 玉－6 ラク[呉][漢]/luò

[字解] 形声。玉＋各[声]。

[意味] 「瓔珞(ヨウラク)」は、玉をつないで作った首かざり。

4788 【琉】 ―― 玉－6 リュウ 「琉」(4795)の旧字。

4789 【球】 2169 3565 8B85 玉－7 [常]3 キュウ(キウ)[漢]/qiú/たま

[筆順] 球 球 球 球 球 球

[字解] 形声。玉＋求(一点にまるく集中する)[声]。まるい玉の意。

[意味] ❶たま。まるい形をしたもの。『球菌』『球根』『地球』『電球』 ❷まり。ボール。ボールを用いる競技。日本で特に、野球のこと。『球技』『球場』『球団』『卓球』『野球』

❶ たま。まるい形をしたもの。

[下接] 割球(カッキュウ)・眼球(ガンキュウ)・気球(キキュウ)・血球(ケッキュウ)・結球(ケッキュウ)・地球(チキュウ)・天球(テンキュウ)・電球(デンキュウ)・半球(ハンキュウ)

【球茎(キュウケイ)】 サトイモ、クワイなどの地下茎。基部にでんぷんなど多量の養分を蓄え、球形になったもの。

【球根(キュウコン)】 ユリ、ダリアなど多年生植物の地下にある根、茎、葉などが養分を蓄えて球状となったもの。

【球体(キュウタイ)】 球形の物体。

【球琳(キュウリン)】 [1]美しい玉。[2]能力のある人物のたとえ。

❷ まり。ボール。日本で特に、野球。

[下接] 逸球(イッキュウ)・鎧球(ガイキュウ)・硬球(コウキュウ)・剛球(ゴウキュウ)・蹴球(シュウキュウ)・水球(スイキュウ)・送球(ソウキュウ)・速球(ソッキュウ)・打球(ダキュウ)・卓球(タッキュウ)・直球(チョッキュウ)・庭球(テイキュウ)・投球(トウキュウ)・撞球(ドウキュウ)・軟球(ナンキュウ)・排球(ハイキュウ)・白球(ハッキュウ)・飛球(ヒキュウ)・返球(ヘンキュウ)・捕球(ホキュウ)・野球(ヤキュウ)・落球(ラッキュウ)・籠球(ロウキュウ)

【球威(キュウイ)】 [国]野球で、投手の投げる球の威力。

【球界】キュウカイ 国野球に関係する人々の世界。

【球技】キュウギ 国ボールを使って行う競技。野球、庭球、サッカーなど。『球技大会』

【球戯】キュウギ ①球を用いて行う遊戯。たまあそび。②玉突き。撞球ドウキュウ。

【球児】キュウジ 国野球に打ち込む青少年。

【球場】キュウジョウ 国野球場。『甲子園球場』

【球審】キュウシン 国野球で、捕手の後ろにいる審判者。主審。チーフアンパイア。↔塁審ルイシン

【球団】キュウダン 国プロ野球のチームを持ち、試合を見せることを事業としている団体。

難読地名 球磨くま郡・村(熊本)

4790 【現】 2429 383D 8CBB 玉-7 常5 ゲン(呉)・ケン(漢)\xiàn\あらわれる・あらわれ・あらわす・うつつ

筆順 現 現 現 現 現 現

字解 形声。玉＋見(みる)(声)。玉の光がみえる、あらわれる意。のちに玉を加えた。

意味 ❶あらわす。姿があらわれる。『現象』『実現』『出現』『表現』⇓表 ❷実際の。いまの。『現在』『現実』『考現学コウゲンガク』『過現未カゲンミ』 ❸国うつつ。夢でない。『夢現ゆめうつつ』

❶ あらわす。姿があらわれる。

下接 隠現インゲン・応現オウゲン・活現カツゲン・具現グゲン・化現ケゲン・顕現ケンゲン・権現ゴンゲン・再現サイゲン・示現ジゲン・実現ジツゲン・出現シュツゲン・体現タイゲン・発現ハツゲン・表現ヒョウゲン

	表現
現ゲン	おもてにあらわれる。 現象 現出 現示 現像 発現 顕現
表ヒョウ	おもてだって人にしらせる。 表象 表出 表示 表音 発表 公表

【現出】ゲンシュツ 現れ出ること。また、現し出すこと。

【現象】ゲンショウ ①直接、知覚することのできる自然界、人間界の出来事。『自然現象』②哲学で、時間・空間の中に現れる対象。本体や物自体に対していう。『現象学』

【現像】ゲンゾウ 撮影したフィルムをもとに、映像を現し出すこと。『現像室』

❷ 実際の。いまの。

【現役】ゲンエキ ①ある地位または職務について実際に活動していること。また、その者。②国高校などで、卒業年度に上の学校の入試にのぞむ者。↔浪人

【現況】ゲンキョウ 現在の状況。現状。『事故の現況報告』

【現業】ゲンギョウ 管理や事務ではなく、現場の仕事。日本では、国が行う事業のうち、郵政、国有林野、印刷、造幣の四つの官公庁をいう。地方公共団体では、水道、電気事業など。

【現金】ゲンキン ①小切手や手形に対して、現実に通用する貨幣。現なま。キャッシュ。②国目先の利害によって、態度や主張などをがらっと変えるさま。『現金な奴やつ』

【現行】ゲンコウ ①(法律などが)現在行われていること。『現行法』②犯罪を目の前で行うこと。『現行犯』

【現今】ゲンコン 今の時代。『現今の世相』

【現在】ゲンザイ ①過去と未来の境目。今。②変動するものの状態をある時点で記述する際、その時点を示す語。『一月一日現在』③文法で、ある動作が、今まさに行われていることを示す語法。『三人称単数現在』④仏教で、三世の一。現に生を受けているこの世。現在世。現世。

【現実】ゲンジツ 事実として目の前に現れている動かしがたい事柄。実際。↔理想。『現実的な対応』『現実性』

【現状】ゲンジョウ 現在の状態。今の有様。『現状維持』

【現世】ゲンセ｜ゲンゼ｜ゲンセイ｜うつしよ 現在の世の中。生を受けている現実の世。仏教では三世の一つで、前世、来世に対する。『現世の苦しみ』『現世安穏』『現世利益』

【現前】ゲンゼン 目前にあること。目前に現れること。

【現存】ゲンソン｜ゲンゾン 現在、実際に存在していること。

【現代】ゲンダイ ①今の世。当世。現今。『現代人』②歴史の時代区分の一。日本では第二次世界大戦後。広義には明治維新以後。『現代文学』『現代史』

【現地】ゲンチ あることが実際に行われている、また、行われる土地、場所。『現地採用』

【現場】ゲンば｜ゲンジョウ 物事や作業が実際に起こったり、行われたりしているその場面や場所。『現場監督』『事故現場』

【現物】ゲンブツ 国①現にある物品。金銭に対して、物品。『現物支給』②取引市場で、すでに実在している株式、債券、品物などの物品。③「現物取引」の略。売買契約の成立後、一定期限までに現品と代金の決済を行う取引。

【現有】ゲンユウ 現在、所有していること。『現有勢力』

4791 【珸】 6473 6069 E0E7 玉-7 ゴ(漢)\wú\

字解 形声。玉＋吾(声)。「琨珸コンゴ」は山の名。また、その山に産する美しい石。

4792 【琁】 *4403 玉-7 セン 「璇」(4832)の異体字

4793 【琢】 3486 4276 91F4 玉-7 人 (4803)【琢】 玉-8 旧字 人 タク(漢)\zhuó\みがく

字解 琢は、琢の簡略体。琢は形声。玉＋豖(玉を刻むときの音)(声)。玉をきざむ、みがく意。

意味 きざむ。玉の形を整える。転じて、みがく。『琢磨』『彫琢チョウタク』『追琢ツイタク』

【琢玉】タクギョク 玉をみがくこと。攻玉。

【琢句】タクク 字句をあれこれ推敲すること。

【琢磨】タクマ といだりみがいたりすること。転じて、きたえ励むこと。『切磋セッ琢磨』

4794 【理】 4593 4D7D 979D 玉-7 常2 リ(呉)(漢)\lǐ\ことわり・おさめる・きめ

筆順 理 理 理 理 理 理

字解 形声。玉＋里(きっちりすじめをつける)(声)。玉のすじ目の意。また、すじめをつけるようにおさめる意。

参考 万葉仮名では音を借りて「り」。

意味 ❶すじめ。きめ。もよう。『肌理』『節理』『連理』 ❷ことわり。物事のすじみち。『理の当然』『理解』『理想』『理論』『道理』『論理』 ❸自然科学。『理科』『理学』『理数スウ』『文理ブン』 ❹おさめる。さばく。処置する。『理事』『理容』『管理』『料理』

❶ すじめ。きめ。もよう。

下接 肌理キリ｜きめ・縦理ジュウリ・節理セツリ・腠理ソウリ・膚理フリ・文理ブンリ・密理ミツリ・木理モクリ・紋理モンリ・連理レンリ

❷ ことわり。物事のすじみち。

下接 一理・学理・逆理・究理・窮理・教理・義理・空理・玄理・原理・公理・合理・実理・純理・条理・情理・事理・心理・真理・審理・人理・推理・生理・性理・摂理・大理・地理・通理・定理・哲理・天理・道理・背理・病理・非理・仏理・物理・不理・文理・法理・脈理・妙理・無理・薬理・要理・倫理・論理

【理会(リカイ)】物事の道理をさとりのみこむこと。♥「理解会得」から出た語。

【理解(リカイ)】1内容、意味などを抵抗なくうけ入れること。わかること。『理解しにくい文章』2相手の気持ちや立場に立って思いやること。『理解者』

【理学(リガク)】中国、宋代の理気を説いた学。→❸

【理気(リキ)】理と気。中国、宋代の儒学で唱えられた哲学説で、宇宙は根本原理である理と、万物の質料となる気との二元からなり、この両者が相伴って万物をなすと考えられた。

【理義(リギ)】道理と正義。

【理屈・理窟(リクツ)】1もっともな論理。すじの通ったわけ。道理。2国無理につじつまを合わせた条理。「屁(へ)理屈」♥書き換え「理窟→理屈」。

【理趣(リシュ)】正しいことへのすじみち。事の次第。道理。

【理性(リセイ)】道理に基づいて考えたり判断したりする能力。↔感性・感情。『理性を失う』『理性的』

【理想(リソウ)】こうでありたい、またそうあるべきだと思いえがく、完全な状態での姿。↔現実。『理想主義』

【理知・理智(リチ)】理性と知性。知識、論理に基づいて考える能力。『理知的な顔』♥書き換え「理智→理知」。

【理念(リネン)】考え得る、根本的、理想的概念。また、物事の本来あるべき状態。イデア。イデー。

【理非(リヒ)】道理に合っていることと合っていないこと。是非。『理非曲直(キョクチョク)』

【理不尽(リフジン)】国道理に合わないこと。無理を通すこと。

【理法(リホウ)】のっとるべき道理。法則。

【理由(リユウ)】1物事がそのようになったわけ。いわれ。『一身上の理由』『反対理由』2いいわけ。口実。

【理路(リロ)】物事の道筋。

【理論(リロン)】原理、法則をよりどころとして筋道を立てて考えた認識の体系。また、実践に対応する純粋な論理的知識。『理論家』

【失レ理(リをうしなう)】道理をふみはずす。節制を失う。

❸ 自然科学。

【理科(リカ)】国1小、中学校で、自然科学を内容とする教科。2大学で自然科学を研究する部門。↔文科

【理学(リガク)】国自然科学。数学を含めていう。明治時代初期には物理学をさした。『理学博士』→❷

❹ おさめる。さばく。処置する。

下接 営理・管理・監理・経理・修理・受理・掌理・処理・申理・政理・整理・総理・代理・調理・弁理・料理

【理官(リカン)】裁判官。

【理国(リコク)】国を治めること。

【理財(リザイ)】金銭財物を有利に運用すること。経済。

【理事(リジ)】国法人や団体などを代表し、その事務を行う機関や役。『理事会』『理事者』

【理容(リヨウ)】整髪や髭(ひげ)そりなど男子の頭部、顔面の手入れをすること。『理容師』

【理乱(リラン)】世の中の治まることと乱れること。治乱。

4795 【琉】 4616 4E30 97AE 玉－7 人 (4788)【琉】旧字 玉－6

ル(呉)・リュウ(リウ)(漢)/liú

字解 形声。玉+㐬(声)。瑠に同じ。

参考 万葉仮名では音を借りて「る」。

意味 ❶「琉璃(ルリ)」は青い玉の名。七宝の一。また、そのような色。多く、「瑠璃」と書く。❷「琉球(リュウキュウ)」は沖縄の異称。『琉金』

【琉金(リュウキン)】1(もと琉球から渡来したところからいう)真鍮(シンチュウ)のこと。2キンギョの一品種。

【琉璃脆(ルリもろし)】美しいものやすぐれたものは、傷つきやすくこわれやすい。〔白居易-簡簡吟〕

4796 【琅】 6470 6066 E0E4 玉－7 (4828)【瑯】 6471 6067 E0E5 玉－10

ロウ(ラウ)(漢)/láng/たま

字解 形声。玉+良(美しくよい)(声)。

意味 ❶美しい石や玉。また、清らかであること。「琅玕」「琳琅(リンロウ)」❷金や玉の鳴る音。「琅然」「琅璫」「琅琅」❸地名。「琅邪」

【琅玕(ロウカン)】碧玉(ヘキギョク)に似た美しい宝石。普通、濃緑色の硬玉の勾玉(まがたま)を指す。

【琅然(ロウゼン)】玉が互いにふれて鳴る音の美しいさま。また、美しい水音や声などを玉の鳴る音にたとえる語。

【琅当・琅璫(ロウトウ)】1玉がふれあって鳴る音の形容。2転じて、鈴。3罪人をしばる鎖。

【琅邪・琅琊(ロウヤ)】1山の名。中国山東省東南部、膠南県の東南にある山。黄海に臨み、山東の名山として古来有名。2中国、秦代、現在の山東省東南部、膠南県の西北、琅邪の地を中心に置かれた郡。♥「瑯邪」とも書く。

【琅琅(ロウロウ)】1金石のふれあって鳴るさま。転じて、美しい音の形容。2鳥の鳴くさま。

4797 【瑛】 1745 314D 896C 玉－8 人 (4808)【瑛】旧字 玉－9

エイ(漢)/yīng

字解 形声。玉+英(↑影、美しいひかり)(声)。たまの光、または透明な美玉の意。

4798 【琬】 * 4416 玉－8

エン(ヱン)(漢)・ワン(漢)/wǎn

字解 形声。玉+宛(まるくえぐる)(声)。とがっていない圭の意。

意味 上部がとがっていない圭。王使の印とされた。

【琬琰(エンエン)】琬圭と琰圭。共に美しい宝玉の名。また、文章や徳の美しいさま。

4799 【琰】 * 4420 玉－8

エン(漢)/yǎn/たま

字解 形声。玉+炎(光るほのお)(声)。光沢のある美しいたまの意。

意味 ❶玉をみがく。❷先をとがらせた圭。❸「琰琰(エンエン)」は光沢のあるさま。❹「琰魔(エンマ)」は、あて字。閻魔。

4800 【琦】 * 4411 玉－8

キ(漢)/qí

字解 形声。玉+奇(普通でない)(声)。珍しいたまの意。

意味 めずらしいさま。不思議なさま。また、すぐれて

いる。「瑰意琦行カイイキコウ」

4801 【琥】 6472 6068 E0E6 玉−8 ク呉・コ漢\hǔ

字解 形声。玉＋虎(とら)声。虎の形をした玉の意。

意味 ❶虎の形につくった玉のうつわ。❷＝琥珀コハク

【琥珀コハク】古代の樹脂類が地中で石化したもの。普通黄色を帯び、透明または半透明。装飾、電気絶縁材などにする。また、そのような金茶色。「琥珀色」

4802 【琮】* 4418 玉−8 ソウ漢\cóng

字解 形声。玉＋宗声。瑞玉の一種。八角形で中央に丸い穴があいているという。⬇〔玉〕の図七八一頁

4803 【琢】 ―― 玉−8 タク 「琢」(4793)の旧字

4804 【琱】* 4421 玉−8 チョウ(テウ)漢\diāo\ほる

字解 形声。玉＋周声。玉をみがいてほる、きざむ意。彫・雕に同じ。

金文

篆文

4805 【琲】 6474 606A E0E8 玉−8 ハイ漢\bèi

字解 形声。玉＋非(→排、ならべる)声。たまを貫きならべてつくった飾りの意。

意味 ❶玉をつないだ飾り。❷あて字。「珈琲コーヒー」

4806 【琺】 6475 606B E0E9 玉−8 (4777)【珐】 ―― 玉−5 ホウ(ハウ)漢\fǎ

字解 形声。玉(装飾品)＋法声。

【琺琅ホウロウ】ガラス質の釉薬うわぐすりを、金属表面に焼きつけたもの。また、その釉薬。

4807 【琳】 4654 4E56 97D4 玉−8 人 リン漢\lín

字解 形声。玉＋林声。玉の鳴る音。林は玉のふれてなる音を表す擬声語。

意味 ❶美しい玉の名。「琳宇」「琳琅」「球琳キュウリン」❷国「尾形光琳(江戸中期の画家)」の略。「琳派リンパ」

【琳宇リンウ】①玉で飾った家。②道教の寺。琳宮リンキュウ。

【琳琅・琳瑯リンロウ】①美しい玉。また、英才や美しい詩文をたとえていう語。②玉や金属が触れ合って美しい音で鳴り響くさま。

4808 【瑛】 ―― 玉−9 エイ 「瑛」(4797)の旧字

4809 【瑗】* 4432 玉−9 エン(ヱン)呉漢\yuàn\たま

字解 形声。玉＋爰(ひく)声。璧玉ヘキギョクの一種。環状の玉で、穴の直径が周辺の幅より大きいもの。昔、人を召すのに君子が用いたという。⬇〔玉〕の図七八一頁

4810 【瑕】 6476 606C E0EA 玉−9 ケ呉・カ漢\xiá\きず

字解 形声。玉＋叚(かり、いつわり)声。きずのある玉の意。

意味 きず。欠点。あやまち。また、欠落。*史記−廉頗藺相如伝「璧有レ瑕たまにきずあり」〔＝璧にきずがある〕

下接 細瑕サイカ・疵瑕シカ・小瑕ショウカ・微瑕ビカ

【瑕瑾カキン】玉のきず。欠点。短所。♥瑕きずと瑾(美しい玉)、きずのある美玉の意から転じた。一説に、本来は「瑕釁」で、「釁」はすきまの意という。

【瑕疵カシ】①きず。欠点。また、過ち。②国法律で、通常あるべき品質を欠いていること。

【瑕瑜カユ】(「瑜」は玉の美しい光の意)長所と短所。

4811 【瑚】 2474 386A 8CE8 玉−9 人 ゴ呉・コ漢\hú

字解 形声。玉＋胡声。

意味 ❶祭器の名。「瑚璉」❷「珊瑚サンゴ」は、花虫類サンゴ科に属する腔腸動物の総称。

【瑚璉コレン】①五穀を盛って神前に供える器。②高貴な人格。〔論語−公冶長〕

4812 【琿】 6477 606D E0EB 玉−9 コン漢・グン慣\hūn・huī

字解 形声。玉＋軍声。

意味 ❶玉の名。❷「愛琿アイグン」は、中国黒竜江省東北の地名。現在名は「愛輝」。

4813 【瑞】 3180 3F70 9090 玉−9 人 ズイ呉・スイ漢\ruì\しるし・みず

字解 形声。玉＋耑(もののはじめ)声。ものごとのはじめにあらわれるしるし、しるしとする玉の意。

意味 ❶めでたい。めでたいしるし。「瑞兆」「奇瑞キズイ」「祥瑞ショウズイ」❷国みず。みずみずしい。善美である。「瑞国」「瑞穂みずほ」❸音訳字。「瑞典スウェーデン」「瑞西スイス」

❶めでたい。めでたいしるし。

【瑞異ズイイ】めでたくて珍しいこと。不思議な吉兆。

【瑞雲ズイウン】吉兆を示す雲。

【瑞応ズイオウ】めでたいしるし。

【瑞気ズイキ】瑞祥の気配。めでたくおごそかな雰囲気。

【瑞験ズイゲン】めでたいしるし。瑞兆。

【瑞光ズイコウ】めでたいことの起こる前兆、きざし。

【瑞獣ズイジュウ】めでたいしるしとして現れるけもの。麒麟キリンや白虎ビャッコなど。

【瑞祥・瑞象ズイショウ】めでたいきざし、前兆。吉兆。

【瑞相ズイソウ】①めでたいしるし。吉兆。②福々しい人相。

【瑞兆・瑞徴ズイチョウ】めでたい前兆。吉兆。瑞祥ズイショウ。

【瑞典ズイテン】①めでたいしるし。②めでたい儀式。

【瑞夢ズイム】めでたい夢。よい夢。

【瑞命ズイメイ】天から与えられためでたい命令。

❷(日本語で)みず。みずみずしい。

【瑞国ズイコク】国(「ズイ」は「瑞穂みずほ」の「穂」を略して音読みにしたもの)よく実った穂を産する国。日本の国をほめていうのに用いる。みずほのくに。

【瑞穂みずほ】みずみずしいイネの穂。「瑞穂の国(＝日本国の美称)」

難読地名 瑞浪みずなみ市(岐阜)

4814 【瑇】 ―― 玉−9 タイ漢\dài

字解 形声。玉(宝玉)＋毒声。玳に同じ。「瑇瑁タイマイ」は、ウミガメ科のカメ。

5画 玄玉(王)瓜瓦甘生用田疋(⺪)疒癶白皮皿目(罒)矛矢石示(ネ)内禾穴立

4815【瑙】6479 606F E0ED 玉－9 ノウ(ナウ)呉・ドウ(ダウ)漢/nǎo

字解 形声。玉＋𡿺声。「瑪瑙(メノウ)」は、宝石の名。

4816【瑁】6480 6070 E0EE 玉－9 バイ漢・ボウ(バウ)漢・マイ慣/mèi・mào

字解 形声。玉＋冒(おおいかぶせる)声。

金文 篆文

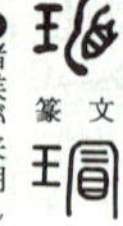

意味 ❶諸侯が来朝した時さし出す圭の上部に、天子がかぶせる玉。❷「瑇瑁・玳瑁(タイマイ)」は、ウミガメの一種。

4817【瑜】6481 6071 E0EF 玉－9 ユ呉漢/yú

字解 形声。玉＋俞声。

意味 ❶美玉の名。❷玉の光。❸音訳字。『瑜伽』

【瑜伽(ユガ)】(梵 yoga の音訳、「相応」と訳す) 仏語。呼吸を調えるなどの方法によって心を統一し、絶対永遠の理法と相応すること。

4818【瑶】6486 6076 E0F4 玉－9 人 (4826)〔瑤〕8404 7424 EAA2 玉－10 旧字

ヨウ(エウ)呉漢/yáo/たま

字解 瑶は、瑤の略体。瑤は形声。玉＋䍃声。

意味 ❶たま。美しい玉。『瑶珠』『瑶觴』『瓊瑶(ケイヨウ)』❷玉のように美しい。『瑶林瓊樹』『瑶函』『瑶圃』❸地名。『瑶池(ヨウチ)』

❶ たま。美しい玉。

【瑶階(ヨウカイ)】①玉をちりばめた、美しい階段。②雪の積もった階段。〔謝恵連‐雪賦〕

【瑶珠(ヨウシュ)】美しい玉。美しい石。

【瑶觴(ヨウショウ)】玉でできた杯。杯の美称。瑶杯(ヨウハイ)。

【瑶台(ヨウダイ)】①玉をちりばめた立派な高殿。②月の異称。

❷ 玉のように美しい。

【瑶函・瑶翰・瑶緘(ヨウカン)】他人の手紙の美称。

【瑶圃(ヨウホ)】①仙人の住むところ。玄圃(ゲンポ)。②美しい庭園。美しい畑。

【瑶林瓊樹(ヨウリンケイジュ)】玉のように美しい木や林。気高くすぐれた人物のたとえ。〔晋書‐王戎伝〕

❸ 地名。

【瑶池(ヨウチ)】崑崙(コンロン)山中にあるという美しい池。周の穆王(ボクオウ)がこの池のほとりで西王母に会ったと伝える。

難読姓氏 瑶樹(たまき)

〔瑣〕⇩8907

4819【瑰】6483 6073 E0F1 玉－10 (4849)〔瓌〕＊4476 玉－16

エ(ヱ)呉・カイ(クヮイ)漢/guī

字解 形声。玉＋鬼(尋常でない)声。

意味 ❶玉の名。また、めずらしい。転じて、すぐれている。おおきい。『瑰瑋』『瑰岸』『瑰奇』『玫瑰(バイカイ―マイカイ)』❷熟字訓。『玫瑰(はまなす)』

【瑰瑋・瑰偉(カイイ)】①すぐれていてりっぱであること。②物事にこだわらないこと。

【瑰岸(カイガン)】人相などがすぐれていること。

【瑰奇・瑰琦(カイキ)】珍しく、かつすぐれていること。

4820【瑣】6484 6074 E0F2 玉－10 (4821)〔瑣〕——— 玉－10

サ呉漢/suǒ/こまかい

字解 形声。玉＋貨(小さい)声。玉のくずの意。また、玉のかすかに鳴る音とも。

意味 ❶ちいさい。こまかい。くだくだしい。『瑣細』『瑣末』『委瑣(イサ)』『煩瑣(ハンサ)』❷つらなる。また、くさり。くさり形。「鎖」に同じ。『青瑣(セイサ)』『連瑣(レンサ)』

❶ ちいさい。こまかい。

【瑣瑣(ササ)】こまかいさま。また、くだくだしいさま。

【瑣砕(ササイ)】①こまかいこと。②わずらわしいこと。

【瑣細(ササイ)】小さく、わずかなさま。些細。

【瑣事(サジ)】ささいなこと。些事。

【瑣少(サショウ)】数量や程度がわずかなこと。些少。

【瑣末(サマツ)】重要でなく、取るに足りないことであるさま。些末。『瑣末な事柄』

4822【瑳】2628 3A3C 8DBA 玉－10 人 サ呉漢/cuō

字解 形声。玉＋差(でこぼこがありふぞろい)声。でこぼこのある玉をやすりでみがき、それをあざやかにする意。転じて、玉の色があざやかな意。磋に同じ。

参考 万葉仮名では音を借りて「さ」。

意味 玉の色が白くあざやかなさま。また、みがく。『切瑳琢磨(セッサタクマ)』

4823【瑲】＊4442 玉－10 ショウ(シャウ)漢・ソウ(サウ)慣/qiāng

字解 形声。玉＋倉(玉の鳴る音)声。

意味 玉が触れあって鳴る音。楽器の音。

【瑲瑲(ソウソウ)】玉や楽器が鳴るさまにいう語。

4824【瑫】＊4438 玉－10 トウ(タウ)漢

字解 形声。玉＋舀声。

意味 ❶美しい玉の名。❷玉で飾った剣。

4825【瑪】6485 6075 E0F3 玉－10 メ呉・バ漢/mǎ

字解 形声。玉＋馬声。「瑪瑙(メノウ)」は宝石の名。七宝の一。赤、白などの縞(しま)のある玉髄(ギョクズイ)。

4826【瑤】8404 7424 EAA2 玉－10 ヨウ「瑶」(4818)の旧字

4827【瑠】4660 4E5C 97DA 玉－10 人 (4840)〔璢〕6469 6065 E0E3 玉－12

ル呉・リュウ(リウ)漢/liú

字解 形声。玉＋留(＝畱)声。琉の別体。

参考 万葉仮名では音を借りて「る」。

【瑠璃(ルリ)】(梵 vaidūrya の音訳「吠瑠璃(ベイルリ)」の略) ①古代インド、中国などで珍重した青色の宝石。七宝の一。②古くガラスをいった。③紫がかった紺色。瑠璃色。④ツグミ科のオオルリ、コルリの俗称。瑠璃鳥。

4828【瑯】6471 6067 E0E5 玉－10 ロウ「琅」(4796)の異体字

4829【璆】＊4446 玉-11 キュウ(キウ)漢\qiú\たま
字解 形声。玉＋翏(声)。
意味 ❶美しい玉。磬(ケイ)を作るために用いる。「球」に同じ。❷玉がふれあって鳴る音。「璆鏘」
【璆鏘(キュウソウ)】玉や金属が触れあって美しく鳴り響くさま。詩や歌の美しい旋律を形容するのに用いる。

4830【瑾】6487 6077 E0F5 玉-11 キン漢\jǐn\きず
字解 形声。玉＋堇(＝墐)(声)。美しい玉の意。誤って玉のきず、欠点の意とする。金文は玉に従わない。
金文 
篆文 
意味 赤い美しい玉。「瑕瑾(カキン)」「細瑾(サイキン)」

4831【璋】6488 6078 E0F6 玉-11 ショウ(シャウ)漢\zhāng\たま
字解 形声。玉＋章(模様などがあざやかである)(声)。圭をたて半分に割った玉製の笏(シャク)の意。金文は玉に従わない。
金文 
篆文 
意味 たま。圭をたて半分に割った玉製の笏。

4832【璇】＊4447 玉-11 (4792)【琁】＊4403 玉-7
セン漢\xuán\たま
字解 形声。玉＋旋(声)。
意味 ❶美しい玉。❷星の名。北斗七星の第二星。
【璇璣(センキ)】①(「璣」は北斗七星の第三星)天文観測の器。渾天儀(コンテンギ)。璿璣。「璇璣玉衡(ギョクコウ)」②(古く、天子が天の運行を見て政治を行ったところから)政治をいう。③北斗七星の柄の先にある四星をいう。

4833【璁】＊4444 玉-11 ソウ漢\cōng
字解 形声。玉＋悤(明るく通る)(声)。美しいたまの意。

4834【璅】＊4445 玉-11 サ漢・ソウ(サウ)漢\suǒ
字解 形声。玉＋巣(声)。
意味 ❶玉に似た石。❷玉の鳴る音。「瑣」に同じ。❸小さい。「瑣」に同じ。「璅璅」
【璅璅(ササ/ソウソウ)】とるにたりないほど、小さいさま。

4835【璃】4594 4D7E 979E 玉-11 人 リ呉漢\lí
字解 形声。玉＋离(声)。「琉璃・瑠璃(ルリ)」は玉の名。

4836【璉】＊4448 玉-11 レン漢\liǎn
字解 形声。玉＋連(声)。「瑚璉(コレン)」は祭器の名。

4837【璣】＊4460 玉-12 キ漢\jī\たま
字解 形声。玉＋幾(声)。
意味 ❶たま。まるくない玉。「珠璣(シュキ)」❷北斗七星の第三星。「璇璣(センキ)」❸天文を見る機械。「璇璣(センキ)」

4838【璜】＊4456 玉-12 オウ(ワウ)呉・コウ(クヮウ)漢\huáng\たま
字解 形声。玉＋黃(おびだま)(声)。璧を半分に割ったかたちの玉。金文以後、玉を加えた。⬇〔玉〕の図七八一頁
甲骨文 
金文 
金文 
篆文 

4839【璞】6489 6079 E0F7 玉-12 ハク漢\pú\あらたま
字解 形声。玉＋菐(→僕、手を加えてない自然のまま)(声)。掘り出したままでみがいていないあら玉の意。
意味 あらたま。「璞玉」＊韓非子-和氏「特帝王之璞、未レ献耳(ただテイオウのハク、いまだケンぜられざるのみ)」〔＝ただ帝王のあらたまともいうべきものが、まだ献上されずにいるからにすぎないのである〕
【璞玉(ハクギョク)】みがいてない玉。加工してない宝石。あらたま。【璞玉渾金(ハクギョクコンキン)】あらたまとあらがね。純朴で飾らない人のたとえ。

4840【璢】6469 6065 E0E3 玉-12 ル「瑠」(4827)の異体字

4841【環】2036 3444 8AC2 玉-13 常 (4842)【環】玉-13 旧字
カン(クヮン)漢\huán\たま・わ・めぐる・めぐらす
筆順 環 環 環 環 環 環
字解 形声。玉＋睘(＝瞏、目をまるくしてみる)(声)。輪状の玉の意。
金文 
篆文 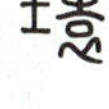
意味 ❶たまき。輪の形をした玉。「環佩」「芋環(おだまき)」⬇〔玉〕の図七八一頁。❷わ。かん。まるくとりまく形。「環座」「環中」「一環」「金環」「連環」❸めぐらす。まわりをとりまく。「環海」「環境」「環視」❹まわる。めぐる。「環流(カンリュウ)」「回環(カイカン)」「循環(ジュンカン)」

❶たまき。
【環佩・環珮(カンパイ)】古代の服飾の一つ。礼服に着用するたま。

❷わ。まるくとりまく形。
下接 一環(イッカン)・玉環(ギョクカン)・金環(キンカン)・耳環(ジカン/みみわ)・色環(シキカン)・連環(レンカン)／吊環(つりわ)・花環(はなわ)・指環(ゆびわ)
【環座(カンザ)】①輪の形に何人かの人がすわること。まどい。②いくつかの点が、同じ一つの円周上にあること。
【環礁(カンショウ)】海面上に環状をなす珊瑚(サンゴ)礁。
【環状(カンジョウ)】輪のような形。「環状道路」
【環中(カンチュウ)】(「環」は戸の回転軸である枢(とぼそ)をうけるまるい穴。枢が環にはまって、扉が自由に動くところから)対立や矛盾を超越して、あらゆる現象に対応する絶対境。〔荘子-斉物論〕

❸めぐらす。まわりをとりまく。
【環海(カンカイ)】四方を海によって取り囲まれていること。また、その海。「四面環海の国」
【環境(カンキョウ)】人間や生物を取り巻き、直接、間接の影響を与える外界。「環境保全」「環境衛生」
【環視(カンシ)】大勢の者が周囲を取り巻いて見ること。
【環繞(カンジョウ)】まわりを取り巻くこと。
【環翠(カンスイ)】まわりに竹や木をめぐらすこと。

［環堵カントカ］ 1家のまわりの塀。垣。2せまい家。

4843【璫】＊ 4465 玉-13 トウ(タウ)漢/dāng/みみだま・みみぐさり
字解 形声。玉＋當声。
意味 ❶耳かざりの玉。『珥璫ジトウ』❷玉や鈴の音。『琅璫ロウトウ』

4844【璵】＊ 4470 玉-13 ヨ漢/yú
字解 形声。玉＋與声。『璵璠ヨハン』は玉の名。

4845【璿】＊ 4473 玉-14 セン漢・ケイ漢・エイ漢/xuán
字解 形声。玉＋睿(すぐれる)声。美しいたまの意。璇に同じ。

4846【瓊】 6491 607B E0F9 玉-15 ケイ漢/qióng/たま・に
字解 形声。玉＋夐声。たまの意。瓗に同じ。
参考 万葉仮名では訓を借りて「に」。
意味 たま。に。美しい玉や赤色の玉。また、玉のように美しい。『瓊筵』『瓊瑶』『八尺瓊やさかに』
［瓊筵ケイエン］ 玉を編んで作ったような美しいむしろ。宴席をいう。＊李白-春夜宴桃李園序「開二瓊筵一以坐レ華ケイエンをひらきてもってはなにざす」〔＝玉のような美しいむしろを敷いて花に向かって座る〕
［瓊音ケイオン］ 玉の音。転じて、美しい音。
［瓊姿ケイシ］ 玉のように美しい姿。
［瓊枝玉葉ケイシギョクヨウ］ 皇室の子孫のたとえ。金枝玉葉。
［瓊樹ケイジュ］ 玉のように美しい樹。玉樹。
［瓊瑶ケイヨウ］ 美しい玉。

4847【瓉】＊ 4475 玉-15 サン 「瓚」(4852)の異体字

4848【瓈】＊ 4474 玉-15 レイ漢・リ慣/lí
字解 形声。玉＋黎声。
意味 「玻瓈ハリ」は七宝の一。現在の水晶。また、ガラス。ビードロ。

4849【瓌】＊ 4476 玉-16 カイ 「瑰」(4819)の異体字

4850【瓏】 6492 607C E0FA 玉-16 ロウ漢・リョウ漢/lóng
字解 形声。玉＋龍(りゅう)声。降雨の神である竜の模様のある、雨ごいに用いる玉の名。
意味 玉がふれあって鳴る音。『玲瓏レイロウ』
［瓏玲ロウレイ］ 1玉や金属などの鳴る音のさま。2かがやくさま。

4851【瓔】 6493 607D E0FB 玉-17 (4786)【珱】 6494 607E E0FC 玉-6 ヨウ(ヤウ)呉・エイ漢/yīng
字解 形声。玉＋嬰(貝をつらねたくびかざり)声。
意味 ひもでつないだ玉の飾り。『珠瓔シュエイ』『鈿瓔テンエイ』
［瓔珞ヨウラク］ 珠玉や貴金属を編んで、仏像や天蓋テンガイなどにかけた飾り。

4852【瓚】＊ 4480 玉-19 (4847)【瓉】＊ 4475 玉-15 サン漢/zàn/たま
字解 形声。玉＋贊声。
意味 ❶たま。❷祭器の一。宗廟の祭の時に酒を注ぐひしゃく。

玉
［尪］⇩1844 ［⿸厂王］⇩1845 ［⿱冖王］⇩1843
［旺］⇩3183 ［枉］⇩3414

97 瓜部 うり

瓜は、つるにさがっているうりの実のさまで、うりを表す。瓜部には、瓜を字の右部としてうりの種類を示す字少数が収められている。

篆文

5画 玄玉(王)瓜瓦甘生用田疋(正)疒癶白皮皿目(罒)矛矢石示(ネ)内禾穴立

瓜 瓜 ⑥瓠 ⑪瓢 ⑰瓤

瓜

4853【瓜】 1727 313B 895A 瓜-0 カ(クヮ)漢/guā/うり
字解 部首解説を参照。
同属字 苽・窊・孤・弧・狐・觚
意味 うり。ウリ科のつる性草本。また、その果実。
下接 西瓜スイカ・冬瓜トウガン・破瓜ハカ・天瓜粉テンカフン／南瓜カボチャ・烏瓜からすうり・胡瓜きゅうり・糸瓜へちま・木瓜ぼけ・甜瓜まくわうり
［瓜葛カカツ］ (ウリのつるのように互いにからみ合う意)血すじ。親類。縁者。〔魏明帝-種瓜篇〕
［瓜期カキ］ 1ウリの熟する時期。瓜時。瓜代。2任期の満了すること。任務交替の時期。〔左伝-荘公八年〕❤2は、中国の春秋時代、斉の襄公が、瓜の熟する陰暦七月の頃を、守備隊の任期の変わり目にしたという故事から。
［瓜田カデン］ ウリ畑。［瓜田不レ納レ履カデンにくつをいれず］ ウリ畑では、ウリを盗むのではないかと疑われるのでかがんでくつを履き直すなの意から、疑われやすい行為はするなというたとえ。李下に冠を正さず。〔文選-君子行〕
［瓜分カブン］ ウリを切るように土地を分割すること。
難読地名 瓜連うりづら町(茨城) 難読姓氏 瓜生うりゅう

瓜
［瓣］⇩7998

瓜
［苽］⇩6594 ［窊］⇩5534

瓜

4854【瓠】 6501 6121 E140 瓜-6 コ漢・カク(クヮク)漢/hù・huò/ひさご・ふくべ
字解 形声。瓜＋夸(湾曲している)声。湾曲しているひさごの意。
意味 ひさご。ふくべ。㋑ヒョウタン。ウリ科の一年草。また、その果実。⊡ヒョウタンの中身を取り去り、乾燥させて作った、酒などを入れる容器。『瓠瓢(ココヒョウ)』

【瓠犀(コサイ)】ひさごのたね。まっ白にそろった美人の歯をたとえていう語。

【瓠尊(コソン)】ひさご型の酒つぼ。

4855【瓢】4127 493B 955A 瓜-11 ヒョウ(ヘウ)漢/piáo/ひさご・ふくべ

字解 形声。瓜＋票(=爂、火の粉がまいあがる)声。乾燥して水や酒を入れる、または水に浮かべ浮き袋とするひさごの意。

意味 ひさご。ふくべ。ヒョウタン。また、それを乾かして作った容器。→瓢箪(ヒョウタン)。『干(乾)瓢(カンピョウ)』『酒瓢(シュヒョウ)』『箪瓢(タンピョウ)』＊論語-雍也「一箪食一瓢飲(イッタンのシイッピョウのイン)」(=わりご一杯の飯とひさご一杯の飲み物)」

【瓢箪(ヒョウタン)】国1ウリ科のつる性一年草。2①の熟した果実の、中身を取り去って乾燥させたもの。ひさご。

4856【瓤】＊4484 瓜-17 ジョウ(ジャウ)漢/ráng

字解 形声。瓜＋襄(ふところにいれる)声。うりわた(瓜の中の実を包んでいるもの)の意。

98 瓦部 かわら

篆文 

瓦は、粘土をひらたくのしたさまを象り、かわら(ガ)を表す。瓦部の字は、粘土を成形して焼いた、かわら、かめの類を表す。上部の一をはった形は、漢以後の隷楷書で見られる。楷書の通例は五画であるが、四画とする筆法もある。

瓦◆ 瓦

瓦▬ ④瓮 瓫 ⑥瓷 ⑨甆 甃 ⑩甆 ⑪
甍 ⑬甕 甓 ⑭甖

瓦▮ ②瓧 ③瓩 ④瓨 瓲 瓰 瓱 ⑥瓸
⑦瓺 瓼 ⑨甅 甈

瓦▮ ⑥瓶 ⑦瓻 ⑧甁 瓿 ⑨甄 ⑪甌
甈 甑 ⑫甑 ⑯甗

瓦◆

4857【瓦】2004 3424 8AA2 瓦-0 ガ(グヮ)呉漢/wǎ・wà/かわら・グラム

字解 部首解説を参照。

意味 ❶かわら。かわらけ。粘土を一定の形に固め、かまで焼いたもの。屋根にふくもの。『瓦解』『瓦礫』『煉瓦(レンガ)』❷粘土を焼いてつくった糸巻き。『弄瓦(ロウガ)』❸(英 gram のあて字)国グラム。メートル法の質量および重さの単位。❹音訳字など。『瓦斯(ガス)』『瓦落多(がらくた)』

❶かわら。かわらけ。

【瓦解(ガカイ)】組織的な物事が、部分から全体へと壊れていくこと。◆屋根瓦(やねがわら)の一部が落ちれば、次々に他の瓦も崩れ落ちることから。【瓦解土崩(ガカイドホウ)】瓦(かわら)がくだけ、土がくずれるように、くずれてつぶれてしまうこと。土崩瓦解。〔淮南子-泰族訓〕

【瓦合烏集(ガゴウウシュウ)】規律も統一もなく集まること。烏合(ウゴウ)。

【瓦石(ガセキ)】かわらと石。転じて、価値のないもの。

【瓦全(ガゼン)】(瓦(かわら)のようにつまらないものが完全に保存されることの意から)無為に生命を保つこと。↔玉砕

【瓦釜雷鳴(ガフライメイ)】素焼きのかまが、雷のような大きな音をたてること。賢者がいなくなると、愚者の意見が幅を利かせるようになるたとえ。〔屈原-卜居〕

【瓦甓(ガヘキ)】かわら。

【瓦縫(ガホウ)】屋根がわらのふき合わせ。

【瓦礫(ガレキ)】かわらと小石。転じて、価値のないもの。

❹音訳字。

【瓦斯(ガス)】(オランダ・英 gas の音訳)気体状の物質。特に、燃料用ガス。

瓦▬

4858【瓮】6505 6125 E144 瓦-4 オウ(ヲウ)漢/wèng/かめ・もたい

字解 形声。瓦＋公(大きく広い)声。口の大きなかめ、もたいの意。

4859【瓫】＊4487 瓦-4 ボン呉・ホン漢

字解 形声。瓦＋分声。盆に同じ。

4860【瓷】6510 612A E149 瓦-6 シ漢・ジ慣/cí/かめ

字解 形声。瓦＋次声。

意味 いしやき。質がかたく、きめが細かいやきもの。また、かめ。「磁」に同じ。『青瓷(セイジ)』『白瓷(ハクジ)』

【瓷瓶(ジヘイ)】磁器のかめ。磁瓶。

4861【甆】—— 瓦-9 シ「甆」(4863)の異体字

4862【甃】6512 612C E14B 瓦-9 シュウ(シウ)漢/zhòu/いしだたみ

字解 形声。瓦＋秋声。

意味 しきがわら。また、石だたみ。

【甃砌(シュウセイ)】(砌も石だたみ)しきがわら。石だたみ。

4863【甆】＊4494 瓦-10 シ漢・ジ慣/cí/かめ (4861)【甆】—— 瓦-9

字解 形声。瓦＋茲声。瓷に同じ。かめの意。

4864【甍】6516 6130 E14F 瓦-11 ボウ(バウ)漢・モウ(マウ)漢/méng/いらか

字解 形声。瓦＋夢(おおわれてくらい)省声。屋根の棟をおおうかわらの意。

意味 いらか。かわらぶきの屋根を持った家屋。

【甍宇(ボウウ)】かわらぶきの屋根。

4865【甕】6517 6131 E150 瓦-13 オウ(ヲウ)漢・ヨウ漢/wèng/かめ・みか・もたい (6104)【罋】—— 缶-13

字解 形声。瓦＋雍声。

意味 かめ。みか。もたい。液体(または酒)を入れる大きな容器。『醸甕(ジョウオウ)』『水甕(スイオウ)』

【甕天(オウテン)】かめの中の天地。見識の狭いことのたとえ。

【甕頭オウトウ】その年で最初にできた新酒。

【甕牖オウユウ】(「牖」は窓の意)こわれた甕(かめ)の口を壁にはめこんで作った窓。一説に甕の口のように円い窓。貧しい家のさまにいう。

【甕裏醯鶏オウリのケイケイ】かめの中にわく小虫。見識の狭い人物のたとえ。〔荘子-田子方〕

4866【甓】6518 6132 E151 瓦-13 ヘキ㊥・ハク㊥/pì/かわら

字解 形声。瓦+辟(ひらたい)㊥。平らにしきのべたかわら、しきがわらの意。

4867【甖】*4502 瓦-14 エイ㊥・オウ(アウ)㊥/yīng/かめ

字解 形声。瓦+賏㊥。かめの意。罌に同じ。

瓦

4868【瓧】6503 6123 E142 瓦-2 デカグラム

字解 国字。会意。瓦(グラム)+十(一〇倍)。デカグラムの意。重さの単位。一〇グラム。

4869【瓩】6504 6124 E143 瓦-3 キログラム

字解 国字。会意。瓦(グラム)+千(一〇〇〇倍)、キログラムの意。重さの単位。一〇〇〇グラム。

4870【⿰瓦王】―― 瓦-4

字解 国字。みか。甕に同じ。

4871【瓲】6506 6126 E145 瓦-4 トン

字解 国字。形声。瓦+屯㊥。メートル法の重量の単位、tonの音訳。一〇〇〇キログラム。

4872【瓰】6507 6127 E146 瓦-4 デシグラム

字解 国字。会意。瓦(グラム)+分(一〇分の一)。デシグラムの意。重さの単位。一〇分の一グラム。

4873【瓱】6508 6128 E147 瓦-4 ミリグラム

字解 国字。会意。瓦(グラム)+毛(一〇〇〇分の一)。ミリグラムの意。重さの単位。一〇〇〇分の一グラム。

4874【瓸】6509 6129 E148 瓦-6 ヘクトグラム

字解 国字。会意。瓦(グラム)+百(一〇〇倍)。ヘクトグラムの意。重さの単位。一〇〇グラム。

4875【⿰瓦镸】―― 瓦-7

「瓺」(4880)の異体字

4876【⿰瓦里】*4492 瓦-7 さらけ

字解 国字。さらけ。底の浅いかめ。

4877【甅】6513 612D E14C 瓦-9 センチグラム

字解 国字。会意。瓦(グラム)+厘(一〇〇分の一)。センチグラムの意。重さの単位。一〇〇分の一グラム。

4878【⿰瓦泉】―― 瓦-9 はぞう・はんぞう

字解 国字。はぞう。はんぞう。溝のついた柄から湯や水を注ぐ器。

瓦

4879【瓶】4151 4953 9572 瓦-6 常 (4881)【甁】―― 瓦-8 旧字

ビョウ(ビャウ)㊥・ヘイ㊥・ビン㊥/píng/かめ

筆順

字解 形声。瓦+幷㊥。

意味 かめ。日本で、びん。液体を入れる容器。

下接 花瓶カビン・金瓶キンペイ・銀瓶ギンペイ・尿(溲)瓶シビン・瓷瓶ジヘイ・磁瓶ジヘイ・写瓶シャビョウ・瀉瓶シャビョウ・酒瓶シュヘイ・茶瓶チャビン・鉄瓶テツビン・土瓶ドビン・魔法瓶マホウビン／釣瓶つるべ・水瓶みずがめ

【瓶子ヘイシ】①かめ。②国酒を入れて注ぐのに用いる器。形は細長で、上部がふくれ、口が小さい。へいじ。

【瓶水ヘイスイ・ビョウスイ】かめの中の水。【見二瓶水之氷一知二天下之寒一(ヘイスイのこおるをみてテンカのさむきをしる)】つるべの水が凍ったのを見て、季節が冬になったことを知る。微細なことから大きなことの道理を悟るたとえ。〔呂氏春秋-察今〕

【缾】⇩6109

4880【瓺】*4490 瓦-7 (4875)【⿰瓦镸】―― 瓦-7

チョウ(チャウ)㊥/かめ

字解 形声。瓦+長㊥。かめの意。

4881【甁】―― 瓦-8 ビン

「瓶」(4879)の旧字

4882【瓿】*4493 瓦-8 ホウ㊥/pǒu/かめ

字解 形声。瓦+音㊥。ふっくらした、小さなかめの意。

4883【甄】6511 612B E14A 瓦-9 ケン㊥㊥・シン㊥㊥/zhēn/すえ

字解 形声。瓦+垔(かまどでやく)㊥。やきものの意。

金文 篆文
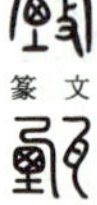
金文は、窯の中で焼くさま。

意味 ❶すえ。やきもの。また、陶器をつくる。「甄陶」❷よく見る。見分ける。「甄抜」「甄別」

【甄陶ケントウ】土をこねて陶器をつくること。転じて、万物を形づくること。教育すること。

【甄抜ケンバツ】多くの中からよいものを選ぶこと。選抜。

【甄別ケンベツ】よく調べて区別すること。

4884【甌】6514 612E E14D 瓦-11 オウ㊥/ōu/かめ

字解 形声。瓦+區(小さく区切る)㊥。小さい容器。

意味 ❶ほとぎ。小さいかめ。「金甌無欠キンオウムケツ」❷＝甌脱オウダツ

【甌脱オウダツ】中国で、北方民族が敵の偵察のためにつくった、土のあなぐら。

4885【甎】6515 612F E14E 瓦-11
セン㊉㊌\zhuān\かわら
字解 形声。瓦＋專㊒。
意味 かわら。しきがわら。「塼・磚」に同じ。
【甎仏(センブツ)】仏像を粘土に型でうち出して素焼きにしたもの。

4886【甑】2589 3979 8D99 瓦-11
ソウ 「甑」(4887)の異体字

4887【甑】―― 瓦-12　(4886)【甑】2589 3979 8D99 瓦-11 †
ソウ㊉・ショウ㊌\zèng\こしき
字解 形声。瓦＋曾㊒。本来こしきの意の曾に、のち、瓦を加えてその字義を明確にした。
意味 こしき。米や豆などを蒸すのに用いた円形で瓦(かわら)製の炊事道具。底に湯気を通す小穴があり、底の下の器に水を入れて沸かす。
【甑中生レ塵(ソウチュウちりをショウず)】こしきを長い間使わないので、中にごみがたまる。非常に貧乏なことのたとえ。〔後漢書-范冉伝〕
【坐レ甑(ソウにザす)】こしきの中にすわる。酷暑のたとえ。

4888【甗】＊4503 瓦-16
ゲン㊌\yǎn\
字解 形声。瓦＋鬳㊒。本来、こしきの象形の、鬳に、のちに瓦を加えてその字義を明確にした。甲骨文は、三足または四足の鼎(かなえ)に似た器の上に両耳のこしきをおいた形。
甲骨文　金文　篆文

甗〔遼寧省博物館蔵〕

99 甘部 あまい

甲骨文　篆文

甘は、口の中にうまいものを入れたさまで、味わいのうまいこと、うまさを味わうことを表す。甘部の字は、味わいに関係する。もとの口の形が廿のようになったのは、隷書以後である。

甘　甘
甘　④甚
甘　⑥甜

甘

4889【甘】2037 3445 8AC3 甘-0 常
カン㊉㊌\gān\あまい・あまえる・あまやかす・あまんずる・うまい
筆順 一 十 廿 廿 甘
字解 部首解説を参照。
同属字 疳・邯・坩・拑・柑・紺・酣・鉗・嵌
意味 ❶あまい。うまい。おいしい。また、ここちよい。「甘言」「甘露」「旨甘(シカン)」「肥甘(ヒカン)」 ❷あまんずる。満足する。また、好む。好ましく思う。「甘受」「甘心」 ❸あまい。また、食べられる植物の名に用いる。「甘蔗」「甘藷」 ❹国あまい。だらしがない。鋭くない。また、程度が浅い。弱い。「判断が甘い」

❶あまい。うまい。また、ここちよい。
【甘雨(カンウ)】草木をうるおし、生長を助ける雨。

【甘苦(カンク)】あまさと苦さ。転じて、楽しみと苦しみ。

【甘言(カンゲン)】相手をつるためのあまい言葉。↔苦言
【甘酸(カンサン)】あまい味と酸っぱい味。楽しみと苦しみ。

【甘旨(カンシ)】あまくうまい味。うまいもの。

【甘酒(カンシュ・あまざけ)】米をかゆ状に炊き、麴(こうじ)を混ぜ合わせ、発酵以前に飲む飲料。ひとよざけ。↓❷
【甘脆・甘毳(カンゼイ)】うまくてやわらかいこと。また、そのような食物。

【甘井先竭(カンセイまずつく)】味のよい水がわき出る井戸は、利用者が多くてすぐに水がかれる。才能のある者は、早くその才能を使いはたして衰退するたとえ。〔荘子-山木〕

【甘泉(カンセン)】うまい水がわき出る泉。

【甘美(カンビ)】①あまくて味のよいさま。②感覚にあまく快く感じるさま。「甘美な旋律」

【甘味(カンミ・あまみ)】①あまい味。あまさ。↔辛み。②あまい味のもの。特に菓子。「甘味処」「甘味料」

【甘眠(カンミン)】ここちよく眠ること。ぐっすり眠ること。

【甘露(カンロ)】①天から与えられる不老不死のあまい霊薬。②国おいしいこと。あまくて美味なさま。

❷あまんずる。また好む。好ましく思う。
【甘酒(カンシュ)】酒を好むこと。↑❶
【甘受(カンジュ)】与えられたものを、仕方がないとして、甘んじて受け入れること。♥もとは、快く受け入れる意。
【甘食(カンショク)】おいしく食べること。＊柳宗元-捕レ蛇者説「退而甘ニ食其土之有一(しりぞきてそのドのユウをカンショクす)」〔＝家にもどってその土地に産するものをおいしく食べる〕
【甘心(カンシン)】快く思うこと。満足すること。

❸あまい、また、食べられる植物の名。
【甘橘(カンキツ)】ミカン科の果樹の総称。柑橘。

【甘蔗(カンショ・カンシャ)】サトウキビの異名。♥「カンショ」は慣用読み。

【甘藷・甘薯(カンショ)】サツマイモの異名。

【甘草(カンゾウ)】マメ科の多年草。根を甘味料、薬用に利用。あまき。あまくさ。

【甘棠(カントウ)】ズミ(棠梨)の異名。【甘棠之詠(カントウのエイ)】人々が為政者の徳をたたえること。〔詩経-召南・甘棠〕♥中国、周の宰相召公奭が甘棠樹の下で民の訴訟を聞き、公平に裁断したので、民が召公の徳を慕い甘棠の詩を作り歌ったという故事から。

【甘藍(カンラン)】①ハボタンの異名。②キャベツの異名。

難読地名 甘楽(かんら)郡・町(群馬)

甘

4890【甚】3151 3F53 9072 甘-4 常
ジン㊉・シン㊌\shèn・shēn\はなはだ・はなはだしい・いたく・なんぞ
筆順 甚 甚 甚 甚 甚 甚
字解 象形。上にものをのせたかまどに象り、かまどの意。煁の原字。また、深・沈に通じ、程度がはなはだしい意に用いる。

金文

篆文

同属字 勘・戡・斟・堪・湛・碪

意味 ❶はなはだしい。はなはだ。非常に。いたく。いと。度を越しているようす。『甚雨』『甚大』『幸甚（コウジン）』＊史記-項羽本紀「甚急（はなはだキュウなり）〔＝（事態は）たいへん切迫している〕」❷なに。なんぞ。なんの。どれ。『甚麼（ソモ／インモ）』❸あて字など。『甚句』『甚六』

❶ はなはだしい。はなはだ。

下接 已甚（イジン）・劇甚（ゲキジン）・激甚（ゲキジン）・幸甚（コウジン）・蝕甚（ショクジン）・深甚（シンジン）・籍甚（セキジン）・太甚（タイジン）

【甚雨（ジンウ）】激しく降る雨。大雨。

【甚大（ジンダイ）】物事の程度がはなはだしく大きいさま。

【不求甚解（はなはだしくはカイすることをもとめず｜ジンカイをもとめず）】すみずみまで全部理解しようとはしない。読書に際して、おおまかなところを理解しようとする態度。〔陶潜-五柳先生伝〕

❸ あて字など。

【甚句（ジンク）】主に、七・七・七・五の四句形式の民謡の一種。越後（エチゴ）甚句、相撲甚句など。

【甚平・甚兵衛（ジンベイ｜ジンベエ）】筒袖で、丈の短い男子の夏衣。

【甚六（ジンロク）】ぼんやりしている長男をあざけっていう。『総領の甚六』

難読地名 甚目寺（じもくじ）町（愛知）

甘
【甞】⇩932

甘

4891【甜】3728 453C 935B 甘－6
テン㊥／tián／あまい

字解 会意。甘（あまい）＋舌（した）。舌にあまい意。
意味 あまい。また、うまい。味がよい。『甜瓜』
【甜瓜（テンカ）】マクワウリ（真桑瓜）の漢名。
【甜言蜜語（テンゲンミツゴ）】あまい言葉。
【甜菜（テンサイ）】サトウダイコン（砂糖大根）の異名。

100 生部 うまれる

甲骨文

金文

篆文

生は、地面から草木が生い立つさまを象り、うまれる、いきる等の意（セイ）を表す。生部の字は、生命や生長に関係する。

生　⓪ 生
生　⑥ 産　産
生　⑦ 甥
生　⑦ 甦　⑨ 甦

生

4892【生】3224 4038 90B6 生－0 常1
ショウ（シャウ）㊥・セイ㊥・サン㊥／shēng／いきる・いかす・いける・うまれる・うむ・おう・はえる・はやす・き・なま・なる・ある・うぶ

筆順 

字解 部首解説を参照。

同属字 星・産（産）・笙・甥・姓・性・牲・旌・隆（隆）・鮏・鼪

意味 ❶はえる。草木がはえる。『生長』『群生』『野生』❷うまれる。うむ。㋑子がうまれる。子をうむ。『生殖』『生誕』『出生』㋺うまれながら。うまれつき。『生得』『生来』＊荀子-性悪「人之性、生而有ㇾ好ㇾ利（ひとのセイ、うまれながらにしてリをこのむことあり）〔＝人間の本性として、生まれつき利益を好む心がある〕」㋩物を作り出す。また、物事が発生する。『生起』『生産』『生成』『再生』『派生』＊荀子-性悪「争奪生而辞譲亡焉（ソウダツショウじてジジョウほろぶ）〔＝争いごとや奪い合いが起こり、遠慮し譲る心がなくなる〕」❸いきる。いかす。↕死・殺。㋑命がある。命を保つ。『生還』『生息』『生存』＊史記-廉頗藺相如伝「其勢不ニ倶生一（そのいきおいともにはいきざらん）〔＝なりゆきとして、共存はできないだろう〕」㋺いきもの。また、ひとびと。『生類（ショウルイ）』『衆生』㋩いのち。また、生きている間。『生（セイ）を受ける』『生涯』『一生』『今生』『人生』㊁くらし。『生業（セイギョウ）』『生計』『共生』『民生』㋭いきいきとしている。『生彩』『生鮮』❹なま。㋑熟していない。手を加えていない。『生薬（ショウヤク）』『生食（セイショク）』＊史記-項羽本紀「与ニ一生彘肩一（イッのセイテイケンをあたう）〔＝一きれのなまの豚の肩肉を与えた〕」㋺国き。純粋な。まじりけのない。『酒を生（き）で飲む』『生蕎麦（きそば）』『生糸（きいと）』❺（勉強や読書をしている）ひと。『研究生』『生徒』『学生』❻男性が自分を謙遜していう語。『佐藤生』『迂生（ウセイ）』『愚生（グセイ）』『小生（ショウセイ）』❼あて字、熟字訓など。『生憎（あいにく）』『埴生（はにゅう）』『弥生（やよい）』

⇓表

生（セイ・ショウ）	産（サン）
生産	
この世にうまれる。いきてゆく。	うむ。また、ものがうまれる。
生育	産育
生地	産地
生業	産業
発生	産出
出生	出産
水生	水産

❶ はえる。

下接 群生（グンセイ）・原生（ゲンセイ）・互生（ゴセイ）・混生（コンセイ）・自生（ジセイ）・水生（スイセイ）・蒼生（ソウセイ）・簇生（ソウセイ）・叢生（ソウセイ）・族生（ゾクセイ）・対生（タイセイ）・倒生（トウセイ）・蔓生（マンセイ）・実生（みショウ）・密生（ミッセイ）・野生（ヤセイ）・陸生（リクセイ）／相生（あいおい）・晩生（おくて）・蓬生（よもぎう）・早生（わせ）

【生歯（セイシ）】歯が生えかわること。

【生蕃（セイバン）】（「蕃」は、しげる、多いの意）草木などが、おいしげること。→❹

❷ うまれる。うむ。また、うまれながら。

下接 化生（ケショウ）・更生（コウセイ）・後生（ゴショウ｜コウセイ）・瘡生（ゴセイ）・再生（サイセイ）・七生（シチショウ｜シチセイ）・出生（シュッショウ｜シュッセイ）・初生（ショセイ）・新生（シンセイ）・素生（スジョウ）・先生（センセイ）・前生（ゼンセイ）・相生（ソウジョウ｜ソウセイ）・胎生（タイセイ）・多生（タショウ）・誕生（タンジョウ）・天生（テンセイ）・転生（テンショウ｜テンセイ）・同生（ドウセイ）・派生（ハセイ）・発生（ハッセイ）・晩生（バンセイ）・未生（ミショウ）・卵生（ランセイ）

【生死（ショウジ）】仏教で、生まれ変わり死に変わりして輪廻（リンネ）すること。『生死流転（ルテン）』→❸（セイシ）
【生者（ショウジャ｜セイジャ）】生きているもの。いのちあるもの。
【生者必滅（ショウジャヒツメツ）】仏語。生命あるものは必ず死ぬときがあるということ。人生の無常をいう語。
【生得（ショウトク｜セイトク）】生まれつき。天性。『生得の才』
【生年（ショウネン｜セイネン）】㊀（ショウネン）生まれてから経過した年数。年齢。『生年十歳にして…』㊁（セイネン）①生まれた年。↔没年。『生年月日』②生きていられる年数。寿命。

【生滅（ショウメツ）】生まれることと死ぬこと。生死。

【生育（セイイク）】生まれ育つこと。また、育てること。育成。

【生孩（セイガイ）】生後まもない子。

【生起（セイキ）】事件や現象が現れ起こること。

【生産（セイサン）】生活に直接、間接に必要な物資を作り出すこと。↔消費。『生産性の向上』『国民総生産』『再生産』

【生聚（セイシュウ）】人口をふやし、物資をあつめること。戦力・国力を富ますこと。＊十八史略-春秋戦国「越十年生聚、十年教訓（エツジュウネンセイシュウし、ジュウネンキョウクンす）」〔＝越は、十年間は人民を増やし物資を豊かにし、次の十年間は人民の教育と訓練につとめた〕」

【生殖（セイショク）】生物が自己と同じ種類の個体をつくりだすこと。『生殖器官』

【生辰（セイシン）】誕生日。

【生生（セイセイ｜ショウジョウ）】生まれ育つこと。また、常に変化し続けていること。『生生流転（ショウジョウルテン）』

【生成（セイセイ）】物が生じること。また、物を生じさせること。『火山の生成』

【生誕（セイタン）】生まれること。誕生（タンジョウ）。『生誕百年祭』

【生地（セイチ）】生まれた土地。→❸❹

【生知安行（セイチアンコウ）】生まれながら道理に通じ、安んじてこれを実行すること。〔中庸〕

【生長（セイチョウ）】生まれ育つこと。特に、植物が育つこと。

【生来（セイライ）】①生まれつき。性来。『生来の臆病者』②生まれてこのかた。『生来父の顔を知らない』

【生而（うまれながらにして）】生まれながらに。先天的に。＊論語-述而「我非生而知之者（われはうまれながらにしてこれをしるものにあらず）」〔＝私は先天的に知っていたものではない〕」

❸ いきる。いかす。いのち。

下接 一生・永生・衛生・往生・回生・寄生・共生・幸生・厚生・後生・孤生・今生・残生・死生・写生・終生・衆生・一生・諸生・人生・殺生・摂生・前生・蘇生・甦生・存生・他生・畜生・着生・長生・半生・畢生・浮生・腐生・平生・放生・民生・有生・優生・養生・余生・両生・酔生夢死・一蓮托生・半死半生

【生害（ショウガイ）】国自害。自刃。

【生涯（ショウガイ）】一生の間。終生。『生涯教育』『一生涯』

【生意（セイイ）】①いきいきとした様子。②生きながらえようとする心。生きている心もち。③なりわい。商売。

【生花（セイカ｜いけばな）】①（セイカ）自然の生きた花。↔造花。②（いけばな）木の枝や草花などを切りととのえ、花器に差すこと。また、華道（カドウ）。

【生活（セイカツ）】①生きて活動すること。『生活反応』②世の中に暮らしてゆくこと。『私生活』

【生還（セイカン）】①死なずに戻って来ること。②国野球で、走者が本塁にかえって得点すること。『二者生還』

【生気（セイキ）】いきいきした気力。活気。『生気のない顔』

【生擒・生禽（セイキン）】生けどりにすること。

【生計（セイケイ）】暮らしを立ててゆくための方法や手段。『生計をたてる』

【生口（セイコウ）】①捕虜。②家畜。

【生彩（セイサイ）】いきいきした表情、様子。精彩（セイサイ）。

【生殺与奪（セイサツヨダツ）】生かしたり殺したり、与えたり奪ったりすること。すべて思いのままにすること。

【生死（セイシ）】①生きることと死ぬこと。『生死の境』②生きているか死んでいるか。『生死不明』→❷（ショウジ）

【生祠（セイシ）】その人の生存中に、徳を慕って神としてまつるやしろ。

【生色（セイショク）】いきいきとした顔色。『生色を取り戻す』

【生人（セイジン）】①生きている人。②人民。国民。→❹

【生鮮（セイセン）】魚や肉類、野菜などが新しくいきいきしていること。『生鮮食料品』

【生息（セイソク）】生活すること。生物が繁殖して生きること。『生息地』書き換え「棲息・栖息→生息」。

【生存（セイゾン）】生きていること。また、生き残ること。『生存競争』『適者生存』『生存者』

【生態（セイタイ）】生物が自然界で自然に生活している状態。

【生地（セイチ）】（死地に対して）生きて帰ることのできる土地。また、生命をまっとうできる状況。→❷❹

【生致（セイチ）】生けどりにして送り届けること。

【生動（セイドウ）】いきいきとしていること。書画などにいう。『気韻生動』『筆彩生動』

【生物（セイブツ｜いきもの）】生きて活動する物。動植物の総称。

【生民（セイミン）】①たみ。人民。国民。②たみを育て教えること。たみに生を遂げさせること。

【生命（セイメイ｜いのち）】①生物が生存するためのおおもとの力。また、寿命。②ある分野で活動し続けてゆくための力。『政治生命』③一番大切なところ。神髄。

【生面（セイメン）】①新しい方面。新生面。新面目。②初めて会うこと。

【生理（セイリ）】①生物の生命維持の現象や機能、原理。『生理学』『生理現象』②国月経。『生理休暇』

【生霊（セイレイ｜いきりょう）】㊀（セイレイ）①生物の霊長。人類。②生命。いのち。㊁（いきりょう）生きている人の怨霊（オンリョウ）。

【生路（セイロ）】①人生のみち。生活のみち。②いのちの助かりうる逃げみち。活路。→❹

❹ なま。また日本語で、き。純粋な。

【生硬（セイコウ）】未熟でかたい感じのすること。『生硬な文章』

【生熟（セイジュク）】①なまであることと熟していること。②物事に未熟なことと熟練していること。

【生人（セイジン）】初対面の人。→❸

【生地（セイチ｜きジ）】㊀（セイチ）知らない土地。また、初めて来た土地。㊁（きジ）①自然のままの性質、状態。②加工していない状態の織物。③陶磁器で、うわぐすりをかけない素地。→❷❸

【生蕃（セイバン）】教化に服さない蕃人。→❶

【生兵（セイヘイ）】①まだ戦っていない兵士。②まだ訓練をうけていない兵士。未熟な兵士。

【生路（セイロ）】初めて通るよく知らない道。→❸

❺ 勉強、読書をしている人。

下接 医生・学生・寒生・監生・麹生・教生・一生・史生・塾生・儒生・書生・筆生・貧生・門生・友生・寮生

【生員（セイイン）】学生。生徒。

【生徒（セイト）】①学校で教えを受ける者。②国高等学校、中学校で教えを受ける者。

❼ あて字など。

【生薑・生姜（ショウガ）】ショウガ科の多年草。地中の根茎は、香辛料などに用いる。『紅生姜（べにショウガ）』

【生憎（あいにく）】都合の悪いさま。『生憎の天候』▶「あやにく」の変化した語。「生憎」はあて字。

難読地名 生月（いきつき）町（長崎）　生名（いきな）村（愛媛）　生坂（いくさか）

村(長野)　生田原(いくたはら)町(北海道)　生駒(いこま)市・郡(奈良)

難読姓氏　生方(いくかた・うぶかた)　生川(いくかわ・おいかわ・なるかわ)　生原(いくはら・はいばら)　生地(おいじ・おいち・めた)　生出(おいで)　生沼(おいぬま)　生越(おごし・おごせ)　生天目(なばため・なまため)

生　6画

〔眚〕⇩5173

生　7画

〔星〕⇩3133

4893【産】2726 3B3A 8E59　生－6　常4　(4894)〔產〕生－6　旧字

セン(呉)・サン(漢)\chǎn\うむ・うまれる・うぶ

筆順　産産産産産産

字解　会意。生＋彥(いれずみ・模様)省。うむ意。一説に、うむ意は、顔料で模様を施す儀式を生まれた子に対しても行ったことからという。

同属字　鏟・薩

意味　❶うむ。うまれる。子をうむ。「産気」「産褥」「出産」＊史記-高祖本紀「遂産二高祖一(ついにコウソをうむ)」〔=かくて高祖を生んだ〕　❷物をうみだす。つくり出す。つくり出されたもの。「産業」「産地」「生産」「特産」＊柳宗元-捕蛇者説「永州之野産二異蛇一(エイシュウのやにイダをサンす)」〔=永州の野に珍しい不思議なヘビがいた〕　❸もとで。身代。財産。「産を傾ける」「資産」「倒産」　⇒〔生〕(4892)の表

❶うむ。うまれる。子をうむ。

下接　後産(あとザン・のちザン)・安産(アンザン)・逆産(ギャクザン)・死産(シザン)・出産(シュッサン)・初産(ういザン・ショザン)・助産(ジョサン)・早産(ソウザン)・多産(タサン)・遅産(チサン)・同産(ドウサン)・難産(ナンザン)・流産(リュウザン)

【産育】(サンイク) 産み育てること。

【産気】(サンケ) 出産の気配。産の気。「産気づく」

【産褥】(サンジョク) 出産のとき、産婦の用いる寝床。

【産卵】(サンラン) 卵を生むこと。「産卵期」「産卵管」

【産声】(うぶごえ) 赤ん坊が生まれたとき、最初に上げる泣き声。呱々(ここ)の声。「産声を上げる」

【産土・産神】(うぶすな) 1人の出生の地。2「産土神(うぶすながみ)」の略。生まれた土地の守護神。鎮守神。

❷物をうみだす。つくり出す。

下接　海産(カイサン)・月産(ゲッサン)・原産(ゲンサン)・減産(ゲンサン)・鉱産(コウサン)・国産(コクサン)・殖産(ショクサン)・所産(ショサン)・水産(スイサン)・生産(セイサン)・増産(ゾウサン)・単産(タンサン)・畜産(チクサン)・天産(テンサン)・特産(トクサン)・土産(ドサン・みやげ)・日産(ニッサン)・年産(ネンサン)・農産(ノウサン)・物産(ブッサン)・米産(ベイサン)・名産(メイサン)・陸産(リクサン)・量産(リョウサン)・林産(リンサン)

【産業】(サンギョウ) 1なりわい。人間が、生活を営むための仕事。2国近代における生産を目的とする事業。「産業革命」

【産出】(サンシュツ) 産物がとれたり、物を産み出したりすること。「原油産出量」「産出高」

【産物】(サンブツ) その土地から産出する物。転じて、ある物事の結果として得られるもの。「時代の産物」「副産物」

❸もとで。身代。財産。

下接　遺産(イサン)・家産(カサン)・共産(キョウサン)・巨産(キョサン)・恒産(コウサン)・財産(ザイサン)・私産(シサン)・資産(シサン)・治産(チサン)・倒産(トウサン)・動産(ドウサン)・破産(ハサン)・無産(ムサン)・有産(ユウサン)

生

4895【甥】1789 3179 8999　生－7

セイ(漢)\shēng\おい

字解　形声。男(おとこ)＋生(うむ)(声)。女きょうだいの生んだ男子、おいの意。

意味　❶おい。姉妹の生んだ子。日本では、兄弟姉妹の生んだ男の子。「甥舅」「甥姪」「外甥(ガイセイ)」　❷むこ。むすめの夫。「甥舅」

【甥舅】(セイキュウ) 1女系のおいとおじの関係。姉妹の子と母の兄弟。2婿としゅうと。娘の夫と妻の父。

【甥姪】(セイテツ) 1姉妹の子供と兄弟の子供。2おいとめい。

生

4896【甦】6520 6134 E153　生－7　(4897)〔甦〕生－9

ソ(漢)\sū\よみがえる

字解　会意。生＋更(あらたまる)。よみがえる意。穌の通俗体。

意味　よみがえる。生き返る。

【甦生】(ソセイ) よみがえること。生き返ること。蘇生(ソセイ)。♥「コウセイ」とも読み、現代表記では「更生」と書き換える。

101 用部 もちいる

甲骨文　金文　篆文

用は諸説あるが、両壁にかけわたした物にうらかた(卜兆)を添えた形で、卜占によって物のはたらきが現れることから、物をもちいること、物のはたらきなどの意(ヨウ)とする。用部の字は少なく、類形で部をなす。第二画の始めが第一画に接するのは漢隷以後である。

用　用
用　②甫甬　⑤葡　⑥葡

用

4898【用】4549 4D51 9770　用－0　常2

ヨウ(呉)(漢)\yòng\もちいる

筆順　用用用用用

字解　部首解説を参照。

同属字　甬

参考　万葉仮名では音を借りて「よ甲」。

意味　❶もちいる。つかう。役だてる。はたらかせる。「用語」「用心」「採用」「登用」　❷はたらき。ききめ。役に立つこと。↔体。「用言」「効用」「作用」　❸しなければならない仕事。「用件」「用務」「急用」「商用」　❹㋐ある用途にあてる。「用具」「軍用」「薬用」　㋑必要とする金品。もとで。「用度」「費用」「路用」　❺もって。「以」に同じ。＊荀子-性悪「用レ此観レ之、然則人之性悪明矣(これをもってこれをみるに、しからばすなわちひとのセイはアクなることあきらかなり)」〔=このように考察してみると、つまり人の本性が悪であることは、明らかである〕

❻国大、小便をすること。『用を足す』『用便』『小用(ショウヨウ／こヨウ)』

❶もちいる。つかう。はたらかせる。

下接 愛用・悪用・移用・引用・運用・役用・援用・応用・活用・仮用・家用・慣用・雇用・逆用・共用・挙用・兼用・功用・誤用・混用・採用・財用・算用・実用・借用・収用・充用・重用・需用・準用・使用・施用・試用・自用・常用・叙用・信用・占用・専用・善用・俗用・耐用・代用・着用・徴用・通用・適用・擢用・転用・当用・盗用・登用・日用・入用・任用・佩用・汎用・繁用・必用・服用・併用・柄用・聘用・無用・乱用・濫用・流用・留用・利用・両用・連用

【用意】①深い心遣いのあること。『不用意』②国準備。支度。『用意周到』
【用益】使用と収益。『用益物権』
【用間】間諜を使うこと。まわしものを放つこと。
【用語】使用する言語。『業界用語』『専門用語』
【用字】使用する文字。また、文字の用い方。
【用舎・用捨】採用することとしないこと。取捨。
【用舎行蔵】(「舎」は、「捨」に同じ)用いられれば世に出て道を行い、捨てられれば世から退いて隠れる。出処進退を明らかにすること。之を用うれば則ち行い、之を舎つれば則ち蔵る。〔論語-述而〕
【用心】気をつけること。注意を払うこと。『火の用心』『用心棒』『不用心』
【用途】使いみち。『用途が広い商品』
【用兵】①戦争をすること。＊孫子-謀攻「用レ兵之法、全レ国為レ上(へいをもちうるのほう、くにをまっとうするをジョウとなす)」〔＝戦争を行う場合の原則として、自国に損傷を与えずに勝つのが上策である〕②国戦で兵を動かすこと。また、その動かし方。
【用法】使用の方法。用い方。
【用例】実際に使用されている例。用い方の例。
【用レ之則行、舎レ之則蔵】(これをもちうればすなわちおこない、これをすつればすなわちかくる)＝用舎行蔵

❷はたらき。ききめ。役に立つこと。

下接 器用・効用・作用・受用・体用・徳用・得用・妙用・有用

【用役】社会に役立つ働き。特に、経済学で、財と対立的に考えられているもの。
【用言】国日本語で自立語のうち、活用があり、事物について、その動作、存在、性質、状態を叙述する働きを持つもの。動詞、形容詞、形容動詞をいう。↔体言

❸しなければならない仕事。

下接 急用・公用・御用・雑用・社用・主用・私用・自用・小用・商用・所用・俗用・尊用・他用・多用・要用・野暮用

【用件】国なすべき事柄。また、その内容。
【用事】しなければならない事柄。
【用務】なすべき務め。課せられた仕事。
【用命】国用事を言いつけること。

❹ある用途にあてる。また、もとで。

下接 飲用・外用・学用・客用・軍用・乗用・食用・節用・内用・費用・薬用・浴用・冷用・路用

【用具】ある物事をするのに用いる器具。
【用度】①要する費用。②国官庁、会社などで、事務用品などの供給に関すること。
【用品】ある用途にあてる品。『スポーツ用品』

❻(日本語で)大、小便をすること。

【用便】国大小便をすること。『用便をすます』

難読地名 用瀬(もちがせ)町(鳥取)

用

4899【甫】4267 4A63 95E1 用－2 人 フ漢・ホ慣／fǔ／はじめ

字解 会意。もと、田＋屮(苗)。広い田一面に苗を植えるさまの意。転じて、物事のはじめ、また借りて、男子の美称とする。また、圃の原字。日本で輔の略として「すけ」と読む。

甲骨文 金文 篆文

同属字 圃・逋・匍・哺・埔・捕・浦・脯・逋・補・輔・鋪・舗(舖)・餔・黼

参考 万葉仮名では音を借りて「ふ」。

意味 ❶広く平らなさま。大きいさま。❷畑。野菜畑。「圃」に同じ。❸男子を敬って呼ぶときにつける語。「父」に同じ。『尼甫(ジホ)〔＝孔子のこと〕』❹はじめ。物事のはじまり。はじめて。

4900【甬】6521 6135 E154 用－2 ヨウ漢・トウ漢／yǒng

字解 象形。柄のついた鐘の形とも、風で鳴るふえを先につけたさおの形とも。鐘の柄の意という。

金文 篆文

同属字 勇・痛・筩・俑・涌・桶・通(通)・蛹・踊・誦

4901【𤰈】―― 用－5　(4902)〔𤰇〕―― 用－6

ヒ漢・ビ慣／bèi

字解 𤰈は𤰇の略体。𤰇は象形。えびら(矢を入れて背負い身につける道具)の形に象り、そなえつける意。

甲骨文 金文 篆文

同属字 備

〔甯〕⇨1775

102 田部 た

田は、区画を設けたさまで、耕地の意(デン)を表す。田部には、主として耕地や区画された土地、領地、それに関する作業などに関する字が属する。なお、雷、累また思細などの田は、同形であるが起源は別である。

甲骨文 金文 篆文

田 田 畕 ⓪ 甲 申 由 ③ 画 甾 ⑦ 畫 ⑧ 畵 畺
田 ② 男 甼 甹 ④ 畏 界 ⑥ 異 畢 畧

田 ⑦異畳⑪疊⑰疊曡

田 ②甸③甾④畐⑤畜畚留畠

⑦番畬畱⑧當⑩畿

田 ②町③甽畖④畍畎畊畋畉

畆⑤畛畔畔畝畞⑥畦畤略畩

⑦畴畭⑧畸畸畯⑨畻⑭疇

田 ④畑⑭疆

田

4903 【田】 3736 4544 9363 田－0 常1 デン㊥・テン㊦/tián/た

筆順 田田田田田

字解 部首解説を参照。

参考 万葉仮名では音を借りて「で」、訓を借りて「た」。

意味 ❶た。たはた。平らな耕地。畑。日本では、主として水田。『田園』『新田』『水田』＊韓非子－五蠹「宋人有ニ耕レ田者一（ソウひとにデンをたがやすものあり）〔＝宋の国の人で、畑を耕作している者があった〕」 ❷田畑のように、物を産出する地域。『塩田』『炭田』『票田』『油田』 ❸かり。かりをする。「畋」に同じ。『田猟』『蒐田』『狩田』 ❹『田田』は、大きな音のさま、蓮などの葉が水に浮かんでいるさま、物の連なり続いているさまの意。 ❺固有名詞、あて字など。『田斉』『田虫』

下接 ❶た。たはた。平らな耕地。

位田・隠田・火田・瓜田・乾田・帰田・均田・下田・公田・耕田・墾田・湿田・熟田・上田・乗田・神田・新田・水田・井田・籍田・桑田・治田・屯田・薄田・班田・本田・名田・沃田・力田・陸田・我田引水

【田園（デンエン）】①田と畑。たはた。②草木の豊かな郊外。いなか。『田園都市』『田園風景』＊陶潜－帰去来辞「帰去来兮、田園将レ蕪（かえりなんいざ、デンエンまさにあれんとす）〔＝さあ帰ろう、田畑は今や荒れ果てようとしている〕」

【田翁（デンオウ）】いなかの老人。田叟。

【田楽（デンガク）】国①平安時代、田植えの際、田の神をまつるために歌い舞ったもの。鎌倉、室町時代にかけて、田楽能という芸能に発展した。『田楽法師』②野菜、魚などを串に刺し、味噌を塗って焼いた料理。▼②は、田楽の高足の芸のさまに似ているところから。

【田業（デンギョウ）】①農作業。②たはた。

【田舎（デンシャ－いなか）】①都会から離れた土地、地方。『片田舎』②（いなか）生まれ故郷。郷里。③（いなか）洗練されない、素朴、野卑などのさま。『田舎芝居』▼田畑と家屋、田畑のなかの家屋がもとの意。

【田疇（デンチュウ）】（「疇」は麻をうえた田、うねの意）たはた。また、田のあぜ。

【田夫（デンプ－デンブ）】①農夫。百姓。②国田舎者。【田夫野人（デンプヤジン）】教養のない粗野な人。田父野老。

【田圃（デンポ－たんぼ）】㊀（デンポ－デンボ）①田と畑。②郊外。㊁（たんぼ）田になっている土地。田。

【田畝（デンポ－デンボ）】①田のうね。②田と畑。田圃。

【田野（デンヤ）】①田畑と野原。また、耕作地。②いなか。

【田里（デンリ）】①田と居宅。②いなか。転じて、故郷。

【田廬（デンロ）】田に囲まれた小さな家。いなかの家。

❸かり。かりをする。

【田猟（デンリョウ）】野に出て狩りをすること。

❺固有名詞、あて字など。

下接 魚田／島田・半田

【田斉（デンセイ）】中国で、戦国七雄の一（前三八六～前二二一）。周初以来の斉を、田氏が奪って建国。山東を領有。

【田駢（デンペイ）】中国、戦国時代の斉の学者。稷下の学者の一人。著に「田子」二五編がある。

【田鶴（たず）】鶴。▼多く歌語として用いる。

【田螺（たにし）】タニシ科に属する淡水産巻き貝の総称。肉は食用。▼田にすむ巻き貝の意。

【田虫（たむし）】白癬の俗称。銭瘡。銭虫。

難読地名 田舎館（いなかだて）村（青森）田代平（たしろたい）（青森）田子（たっこ）町（青森）田光（たっぴ）沼（青森）田布施（たぶせ）町（山口）田万川（たまがわ）町（山口）田部（たなべ－たべ）

難読姓氏 田名網（たなあみ－たなも）田頭（たがしら－でんどう）田子（たご）田路（たじ－とうじ）田母神（たもがみ）

4904 【畾】 ＊4534 田－10 ライ㊦

字解 会意。田＋田＋田。いくつもの田畑の間の土地の意。また、壘（とりで）の意。

同属字 壘（塁）・罍・纍・壨・靁・儡・櫑

参考 本来、畾（同一のものを重ねる）であったものが畾と混用され、また、のち省略されて一つの田だけとなったものがある。畳・累など。

4905 【甲】 2535 3943 8D62 田－0 常 コウ（カフ）㊥㊦・カン㊪/jiǎ/かぶと・よろい・きのえ

筆順 甲甲甲甲甲

字解 象形。亀のこうら、または殻をかぶった種子など、殻をかぶっておおわれているさまに象り、から・おおいの意。借りて十干の第一位に用いる。

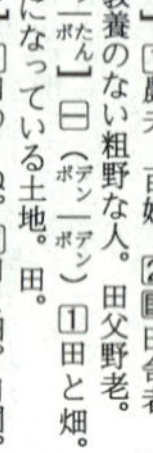

同属字 匣・鴨・呷・岬・押・狎・柙

参考 万葉仮名では音を借りて「か」。

意味 ❶から。こうら。また、物の外側をおおう堅いもの。『甲殻』『亀甲』 ❷よろい。日本で、頭部につけるかぶとにも用いる。『甲冑』『装甲車』＊孟子－梁恵王上「棄レ甲曳レ兵而走（コウをすててヘイをひきてはしる）〔＝よろいを脱ぎ捨て、武器をひきずって逃げた〕」➡〔騎兵〕の図一三四五頁。 ❸きのえ。十干の第一番目。転じて、物事の等級の第一位や、序列の最初をいう。また、りっぱだ、すぐれている。『甲乙』『華甲』 ❹国手や足の上の方の面。『甲高』『足の甲』『手甲』 ❺国かん。声の調子が高いこと。『甲高い声』 ❻国「甲斐の国」の略。東海道の一国。今の山梨県。『甲州』『武甲』『甲信越』 ❼あて字など。『甲比丹』『甲斐性』『乙甲』

下接 ❶から。こうら。物をおおう堅いもの。

蟹甲・亀甲・鼈甲・鱗甲・肩甲骨・穿山甲

【甲板（カンパン－コウハン）】船の上部の、木または鉄板を一面に敷き渡した広く平らな床。デッキ。

【甲殻(コウカク)】エビ、カニなどの体表を覆う堅い外皮。甲羅。甲。『甲殻類』
【甲骨文(コウコツブン)】亀甲や獣骨に刻まれた古体の漢字。甲骨文字。❤中国、殷時代の卜占に用いた造物に見られる。
【甲虫(コウチュウ│かぶとむし)】①(コウチュウ)体が堅い昆虫の総称。カブトムシ、コガネムシなど。②(かぶとむし)コガネムシ科の昆虫。兜虫。
【甲羅(コウら)】(「羅」は、あて字)カメ、カニなどの体の外側を覆っている堅い殻。『甲羅を経る〔=年功を積む〕』

❷ よろい。かぶと。

下接 鎧甲(ガイコウ)・機甲(キコウ)・堅甲(ケンコウ)・首甲(シュコウ)・装甲(ソウコウ)・帯甲(イタコウ)・鉄甲(テッコウ)・兵甲(ヘイコウ)

【甲冑(カッチュウ)】よろいと、かぶと。具足。『甲冑をつける』

【甲士(コウシ)】武装した兵。甲卒。

【甲首(コウシュ│かぶとくび)】よろいを着ていた者の首。武将の首。雑兵(ゾウヒョウ)の首と区別するためにいう語。

【甲仗(コウジョウ)】①甲冑(カッチュウ)と剣、鉾(ほこ)などの武器。②武装している兵士。

【甲状腺(コウジョウセン)】甲状腺ホルモンを分泌して身体の成熟を促進させる内分泌腺。❤たて、またはよろいの形をした甲状軟骨の近くにある。

【甲兵(コウヘイ)】①(「兵」は兵器・武器の意)よろいや刀剣などの武具。＊老子-八〇「雖レ有二甲兵一、無レ所レ陳レ之(ヘイありといえども、これをつらぬるところなし)〔=よろいや刀剣などの武具があっても、(いくさがないので)それを並べる必要もない)〕」②武装した兵士。③戦争。

❸ きのえ。

下接 魁甲(カイコウ)・華甲(カコウ)・芽甲(ガコウ)・上甲(ジョウコウ)・同甲(ドウコウ)

【甲乙(コウオツ)】十干(ジッカン)の甲と乙。転じて、優劣。『甲乙を付け難い〔=優劣を判断することが難しい〕』
【甲科(コウカ)】中国で科挙に合格した者の成績の第一等級。乙科の上。のち進士の科をいう。甲第。
【甲子(コウシ│カッシ│きのえね)】干支(えと)の第一番目。十干(ジッカン)の「甲(きのえ)」と十二支の「子(ね)」に当たる年、日。
【甲族(コウゾク)】高貴の家柄。門閥家。貴族。
【甲第(コウダイ)】①立派な邸宅。特に、本邸をいう。上屋敷(かみやしき)。甲宅。②=甲科(コウカ)
【甲夜(コウヤ)】昔、夜を五つに分けた際の、第一番目の時間。

【甲論乙駁(コウロンオツバク)】互いに論じ反駁し合って議論がまとまらないこと。

❼ あて字など。

【甲比丹・甲必丹(カピタン)】(ポルトガル capitão の音訳)①江戸時代、オランダ商館の館長。②江戸時代、来日したヨーロッパ船の船長。

【甲斐(かい)】ききめ。効果。はりあい。『生き甲斐』『頼り甲斐』『年甲斐』【甲斐性(かいショウ)】仕事をする気力。また、働きがあって頼もしい気性。『甲斐性のない男』

難読地名 甲奴(こうぬ)郡・町(広島) 甲武信(こぶし)ヶ岳(長野・埼玉・山梨)
難読姓氏 甲藤(かいとう│かっとう) 甲地(かっち) 甲谷(かんがい│こうたに│こうや)

4906 【申】 3129 3F3D 905C 田−0 常3 シン(呉)(漢)/shēn/もうす・さる

筆順 申 申 申 申 申

字解 象形。もと、いなびかりが屈曲してはしるさまに象り、のびる・のべる、また、天神の意。借りて十二支の第九位に用いる。

甲骨文

金文

篆文

同属字 曳・電・暢・伸・呻・神(神)・紳

意味 ❶のびる。のばす。また、くつろぐさま。「伸」に同じ。『申申』❷かさねる。くりかえす。『申厳』『申命』❸もうす。のべる。もうしのべる。『申告』『申請』『上申』『答申』❹さる。十二支の第九番目。方角では西南西、時刻では午後四時ごろ、また、その前後二時間の呼び名。『庚申(コウシン)』『壬申(ジンシン)』❺人名など。『申韓法(シンカンの)』『申不害(シンフガイ)』

❶ のびる。のばす。また、くつろぐさま。

【申申(シンシン)】①のびのびとして和らいでいるさま。②いつまでも繰り返すさま。③整っているさま。【申申如(シンシンジョ)】心がくつろぐさま。＊論語-述而「子之燕居、申申如也(シのエンキョするや、シンシンジョたり)〔=先生が朝廷から退出したあとでの私生活は、いかにも心のくつろいだ様子であった〕」

❷ かさねる。くりかえす。

【申厳(シンゲン)】念を入れていましめること。

【申命(シンメイ)】繰り返して念入りに命令する。

❸ もうす。のべる。もうしのべる。

下接 具申(グシン)・上申(ジョウシン)・追申(ツイシン)・答申(トウシン)・内申(ナイシン)

【申告(シンコク)】届け出ること。特に、日本で、国民が法令の規定により、行政官庁に申し出ること。『確定申告』『青色申告』

【申請(シンセイ)】公の機関に、認可、許可などを求めること。

【申奏(シンソウ)】天子に申し上げること。奏上。

【申達(シンタツ)】通知すること。上から下へ文書で命令すること。

【申理(シンリ)】(「理」は治める意)無実の罪を申し開きすること。

❺ 人名など。

【申韓法(シンカンのホウ)】中国の戦国時代の法家、申不害と韓非子の主張した法。厳しい法律と刑罰で国を治める法。

【申不害(シンフガイ)】中国、戦国時代の法家の思想家。刑名の学を説く。著に「申子」がある。前三三七年没。

4907 【由】 4519 4D33 9752 田−0 常3 ユ(呉)・ユウ(イウ)(漢)・ユイ(慣)/yóu/よし・よる

筆順 由 由 由 由 由

字解 象形。酒つぼ(祭器)の形に象り、卣に同じという。借りて、よるの意に用いる。

同属字 冑・胄・宙・笛・迪・油・岫・迪(迪)・柚・袖・紬・舳・蚰・釉・軸・鼬

参考 万葉仮名では音を借りて「ゆ」。平仮名「ゆ」、片仮名「ユ」の字源。

意味 ❶よる。もとづく。また、…より。…から。『由緒』『由縁』『由来』『経由』＊論語-泰伯「民可レ使レ由レ之(たみはこれによらしむべし)〔=人民というものは、指導して従わせることはできる〕」⇒〔自〕(6453)の表 ❷わけ。よし。『事由』『理由』❸なお…のごとし。ちょうど…と同じだ。再読文字。「猶」に同じ。＊孟子-梁恵王上「由二水之就一レ下沛然(なおみずのひくきにつきてハイゼンたるがごとし)〔=ちょうど水が低い方へ勢いよく流れてゆくようなものだ〕」❹国よし。伝え聞いた事柄を示す。『お元気の由(よし)』⇒〔因〕(1219)の表

5画 玄玉(王)瓜瓦甘生用田疋(⺪)疒癶白皮皿目(罒)矛矢石示(ネ)内禾穴立

【下接】①経由ケイユ・自由ジユウ・率由ソツユウ ②因由インユ・縁由エンユ・事由ジユウ・所由ショユウ・来由ライユウ・理由リユウ／故由ゆえよし

【由緒ユイショ】物事のそもそもの起こり。また、今に至るゆえん。来歴。いわれ。『由緒ある家柄』

【由縁ユエン】①なんらかのかかわりあい。②由来。わけ。

【由来ユライ】①物事が、それをもとにして現れ出ること。また、来歴。いわれ。②元来。もともと。

【難読姓氏】由井ゆい／よしい　由水ゆすい／よしみず　由谷ゆたに／よしや

4908【画】 ― ― 田－3 カク「画」(582)の異体字

4909【叀】 ― ― 田－3 セン 漢 zhuān

字解 象形。糸をまきつけて一つに集める形に象り、もっぱら・まわる意。専の原字。また、幺(=糸)省＋田＋屮(小さい)声で、心を砕いてつつしむ意、牛＋幺(=糸、つな)で牛に綱をかけるさまであるとも。

甲骨文 金文 篆文

同属字 專(専)

4910【畫】 6533 6141 E160 田－7 カク「画」(582)の旧字

4911【畵】 ― ― 田－8 カク「画」(582)の異体字

4912【畺】 ＊4530 田－8 キョウ「疆」(4964)の異体字

田

4913【男】 3543 434B 926A 田－2 常1 ナン 呉・ダン 漢 nán／おとこ・おのこ・お

筆順 男男男男男男男

字解 会意。田＋力(ちからづよいうで)。耕地の仕事に任じる働き手、おとこの意。

甲骨文 金文 篆文

同属字 舅・甥・嬲・嫐

参考 万葉仮名では訓を借りて「を」。

意味 ❶おとこ。↔女。㋑男子。『男尊女卑』『男児』『男女』『美男』＊白居易－長恨歌「遂令天下父母心、不重生男重生女ついにテンカのフボのこころをして、おとこをうむをおもんぜず、おんなをうむをおもんぜしむ」〔=かくて天下の父母に、男を生むのはつまらない、女を生むのがよいと思わせるようになった〕 ㋺わかもの。『丁男』 ㋩両親に子が用いる自称。 ㋥むすこ。『嫡男』『長男』 ❷五等爵(公・侯・伯・子・男)の第五位。『男爵ダンシャク』 ❸国お。おとこ。勇ましい、力強いなどの連想を伴うものに付ける。『男坂おとこざか』『男波おなみ』『男松おまつ』

下接 下男ゲナン・次男ジナン・善男ゼンナン・息男ソクナン・嫡男チャクナン・長男チョウナン・丁男テイナン・童男ドウナン・美男ビナン・女尊男卑ジョソンダンピ／東男あずまおとこ・雨男あめおとこ・色男いろおとこ・小男こおとこ・作男さくおとこ・寺男てらおとこ・年男としおとこ・歳男としおとこ・醜男ぶおとこ・間男まおとこ・密男まおとこ・優男やさおとこ・山男やまおとこ・寡男やもお・益荒男ますらお

【男子ダンシ】①男の子。男児。↔女子。『男子出生』 ②男。男性。また、一人前の男。『美男子』

【男児ダンジ】①男の子。男子。↔女児。②成人の男。一人前の男。『日本男児』『快男児』

【男女ダンジョ|ナンニョ】男と女。『男女ジョ同権』『老若男女ロウニャクナンニョ』 【男女有レ別ダンジョベツあり】礼儀、交際などで、男女のけじめをしっかりとつける。〔礼記－郊特牲〕

【男性ダンセイ】男。男子。↔女性。『男性的』『男性美』

【男尊女卑ダンソンジョヒ】男性を尊重し女性を軽視する考えや慣習。↔女尊男卑

難読地名 男鹿おが市(秋田) 男鹿たん島(兵庫) 男体なんたい山(栃木) 難読姓氏 男松おま

4914【甼】 6522 6136 E155 田－2 チョウ「町」(4938)の異体字

4915【甹】 ＊4512 田－2 ヘイ 漢 pīng

字解 もと甹。会意。𠙵(並んだ口のすぼまったつぼ)＋丂(抑圧されたものが曲がりながら伸びようとするさま)。匹敵する相手を求めることから、めとる・とう意。

金文 篆文

同属字 娉・聘

4916【畏】 1658 305A 88D8 田－4 イ(ヰ) 呉 漢 wèi／おそれる・おそれ・かしこ・かしこし・かしこまる・かしこ・かしく

字解 会意。もと、鬼(ふつうでない)＋卜(むち)。大きな顔をもつおにがむちをもつことから、おそれる意。

甲骨文 篆文

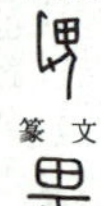

同属字 猥・隈・煨

意味 ❶おそれる。おそれおののく。『施無畏セムイ』『畏縮』『畏怖』『無畏ムイ』＊論語－子罕「子畏於匡シキョウにいす」〔=孔子が、匡の地で人々に取り囲まれ、生命の危険にさらされたことがあった〕 ❷おそれうやまう。かしこまる。おそれおおい。『畏敬』『畏友』＊論語－子罕「後生可畏コウセイおそるべし」〔=自分より後から生まれてくる者は、おそれうやまうに値する〕

❶おそれる。おそれおののく。

【畏忌イキ】いみおそれること。

【畏懼イク】勢い、強さなどをおそれること。はばかりおそれること。恐懼キョウク。

【畏日イジツ】夏の日。暑さのひどい夏の日。〔左伝－文公七年〕

【畏縮イシュク】おそれて体や気持ちが小さくなること。

【畏憚イタン】おそれて遠慮すること。

【畏途イト】けわしく恐ろしい道。恐ろしい前途。

【畏怖イフ】おそれおののくこと。

【畏服・畏伏イフク】おそれ従うこと。

【畏約イヤク】おそれて体を小さくすること。

❷おそれうやまう。おそれおおい。

【畏愛イアイ】尊敬して親しむこと。敬愛。

【畏敬イケイ】おそれうやまうこと。『畏敬の念を抱く』

【畏友イユウ】尊敬している友人。友達に対する敬称。

4917【界】 1906 3326 8A45 田－4 常3 カイ 呉 漢 jiè／さかい

(4941)【畍】 6524 6138 E157 田－4

筆順 界界界界界界界界界

字解 形声。田＋介(分け入り区切る)声。田と田のさか

5画

玄玉(王)瓜瓦甘生用田疋(𤴔)疒癶白皮皿目(罒)矛矢石示(礻)内禾穴立

いの意。

意味 ❶さかい。くぎり。さかいめ。『界限』『界雷』『界隈』『境界』『結界』❷さかいの中。範囲。社会。『学界』『業界』『財界』『世界』❸仏教で、境域、世界。また、世界や人間存在の構成要素。『塵界』『俗界』『天界』

下接 ①境界・経界・結界・限界・国界・上界・辺界・分界・臨界 ②外界・角界・各界・学界・楽界・官界・眼界・球界・業界・公界・芸界・下界・劇界・財界・視界・斯界・詩界・磁界・人界・政界・世界・仙界・租界・他界・電界・内界・肉界・二界 ③境界・苦界・三界・色界・浄界・塵界・人界・俗界・天界・仏界・辺界・遍界・宝界・法界・法界・魔界・迷界・冥界・幽界・欲界・両界・霊界

【界限(カイゲン)】さかい。くぎり。限界。限度。

【界雷(カイライ)】寒冷前線付近の上昇気流がもとで発生するかみなり。春雷など。

【界隈(カイワイ)】国そのあたりの地域。『新宿界隈』

［思］⇩2342 ［毘］⇩3946 ［胃］⇩6298 ［畟］⇩1478

4918 【異】 1659 305B 88D9 田−6 常6 (4921)〔異〕二一 田−7 旧字 (1526)〔㚤〕二一 大−3

イ㊁㊀\yì\こと・ことなる・あだし・けし

筆順 異 異 異 異 異 異

字解 象形。お面をかぶり両手をあげ神懸りの状態にある人のさま。普通の人とことなる意から、一般にことなる意。

甲骨文

金文

篆文

同属字 冀・翼(翼)・戴

参考 万葉仮名では音を借りて「い」、訓を借りて「け甲」。

意味 ❶ことなる。ことにする。ちがう。別の。よその。⇔同。『異口同音』『大同小異』『異国』『差異』

表 ＊論語‐子路「吾党直者、異二於是一〔わがトウのなおきものは、これにことなり〕」〔=私たちの仲間で正直者というのは、それとはちがう〕」

❷ふつうでない。㋑かわった。ふしぎな。『異常』『異様』『怪異』『驚異』㋺他とことなりすぐれている。『異才』『異彩』㋩正しくない。正統でない。『異端』❸あやしむ。不審に思う。『異意』『異心』

＊孟子‐公孫丑上「雖二由レ此覇王一、不レ異矣〔これによりてハオウたらしむといえども、あやしまず〕」〔=あなたの力で覇者にも王者にもすることができるが、だれもそれを不思議に思わない〕」

❶ ことなる。ことにする。

下接 乖異・考異・校異・差異・殊異・小異・他異・別異・変異・大同小異

	差―	―相―	―種	―説	―国	―反	―和
異イ	○	△	○	○	○	—	—
違イ	○	○	—	—	—	○	○

〔為二異域之鬼一(イイキのキとなる)〕外国で死ぬこと。〔李陵‐答二蘇武一書〕

【異学(イガク)】①自流と相いれない学派、宗派。また、正統でない学問。②国江戸時代、幕府が正学と認めた朱子学以外の儒学。『寛政異学の禁』

【異義(イギ)】意味が違うこと。ことなった意味。⇔同義。『同音異義』

【異議(イギ)】他と違った意見や議論。また、ある意見と反対の意思を表すこと。『異議を唱える』『異議なし』

【異客(イキャク|イカク)】故郷を遠く離れた土地や、外国で暮らす人。また、そこを旅する人。＊王維‐九月九日憶二山東兄弟一「独在二異郷一為二異客一〔ひとりイキョウにありてイカクとなる〕」〔=私はただ一人他郷にあって旅暮らしをしている〕」

【異郷(イキョウ)】故郷や母国を遠く離れた、よその土地。

【異境(イキョウ)】故郷でない土地。他国。外国。

【異曲(イキョク)】①曲を異にすること。また、その曲。②技法や趣などが他と異なっていること。【異曲同工(イキョクドウコウ)】くふう、趣は違うようだが、出来ばえは同じであること。違っているようで、実は大体同じであること。大同小異。同工異曲。

【異口同音(イクドウオン)】多くの人がみな、同じ事を言うこと。〔宋書‐庾炳之伝〕『異口同音にとなえる』

【異訓(イクン)】別のよみ方。漢字で書かれた語句について、普通の訓以外の訓。おもに漢文の訓点についていう。別訓。⇔同訓

【異国(イコク)】よそのくに。外国。『異国情緒』

【異時(イジ)】今以外の時。ほかの時。他日。

【異質(イシツ)】性質が違っていること。⇔同質

【異種(イシュ)】種類が違っていること。異なった種類や種族。⇔同種。『異種交配』

【異称(イショウ)】別の呼び名。別称。

【異人(イジン)】①ほかの人。別人。『同名異人』②国外国人。外人。『異人さん』

【異性(イセイ)】雄と雌の性が違っていること。特に、男性について女性、女性について男性をいう。『異性関係』

【異存(イゾン)】他人とは違った、または、反対の意見、考え。不服。『別に異存はない』

【異体(イタイ)】同一でない体。『異体同心』→❷

【異朝(イチョウ)】外国。異国。日本で、古く中国を指した。

【異土(イド)】異国の土地。異国。異郷。

【異同(イドウ)】異なっていること。相違点。

【異動(イドウ)】地位、勤務などが変わること。『人事異動』

【異版・異板(イハン)】同一の内容で、部分的に字句に違いのある出版物。出版物としての異本。

【異文(イブン)】異本で、他の本と違いのある本文。

【異邦(イホウ)】外国。異国。『異邦人』

【異本(イホン)】元来同一の書物であるが、文字や文句に違った部分のある本。『平家物語には異本が多い』→❷

【異名(イミョウ|イメイ)】①本名、または、本来の呼び方以外の名称。別名。異称。②あだな。『今牛若と異名をとる』

【異路(イロ)】違ったみち。別のみち。【異路同帰(イロドウキ)】途中の道は違っても、行き着くところは同じであること。方法は違っても結果は同じというたとえ。

【異論(イロン)】異なる意見、議論。『異論を唱える』

❷ ふつうでない。

下接 穎異・怪異・奇異・詭異・驚異・災異・俊異・儁異・神異・瑞異・絶異・卓異・地異・珍異・特異・尤異・妖異・霊異・天変地異

【異意(イイ)】むほんの心。ふたごころ。異志。
【異観(イカン)】珍しい眺め。変わったみもの。
【異教(イキョウ)】自分たちの信じるものと異なる宗教。日本で、特にキリスト教で、キリスト教以外の宗教。『異教徒』
【異形(イギョウ)】普通とは違った形。あやしい姿。
【異才(イサイ)】特にすぐれた才能。偉才(イサイ)。
【異彩(イサイ)】普通と異なったきわだったおもむき。『異彩を放つ』
【異志(イシ)】[1]むほんの心。陰謀や野心。異心。[2]普通の人とは違うすぐれたこころざし。すぐれた考え。
【異趣(イシュ)】普通と異なったおもむき。特異なおもむき。
【異状(イジョウ)】普通とは異なった状況、様子。『胃に異状が見られる』『異状無し』
【異常(イジョウ)】普通と異なっていること。↕正常。『異常な性格』『異常気象』『染色体異常』
【異色(イショク)】普通とは異なった特色のあること。
【異心(イシン)】人を裏切ろうとする心。『異心を抱く』
【異数(イスウ)】他に例のないこと。異例。『異数の昇進』
【異説(イセツ)】既に出されている説や、一般の通説とは違う説。『異説を立てる』
【異俗(イゾク)】[1]珍しい風俗。異風。[2]悪い習わし。悪習。
【異蛇(イダ)】普通とは異なった珍しい蛇。＊柳宗元-捕レ蛇者説「永州之野産ニ異蛇一(エイシュウのヤにイダをサンす)〔=永州の野に珍しい不思議な蛇がいた〕」
【異体(イタイ)】[1]かたち、事柄などが普通と異なること。いてい。[2]標準の字体とは違う字体。『異体字』↓❶
【異端(イタン)】正統なものとは異なった、思想、信仰、学説など。〔論語-為政〕↕正統。『異端視される』『異端者』
【異端邪説(イタンジャセツ)】本筋から離れたよこしまな学説。〔宋史-程顥(テイコウ)伝〕
【異図(イト)】異心を抱いて計画すること。むほんの企て。
【異等(イトウ)】才能などが普通の人よりぬきんでてすぐれていること。
【異風(イフウ)】普通とは違った風体、風習。異俗。異体。
【異物(イブツ)】体外から入ってきた変なもの。また、体内に発生する異常な組織。
【異聞(イブン)】珍しい話。奇聞。特別に聞いたこと。＊論語-季氏「子亦有ニ異聞一乎(シもまたイブンあるか)〔=あなたもやはり、(先生から)特別に聞いた教えがありますか〕」
【異変(イヘン)】[1]普通と異なった事情。変事。『暖冬異変』[2]平常と変わること。変化。『病状に異変はない』
【異本(イホン)】珍しい本。↓❶
【異様(イヨウ)】普通と違ったありさま。『異様な風体の男』
【異例(イレイ)】普通の例と異なること。前例のないこと。

4919 【畢】 4113 492D 954C 田-6 ヒチ[呉]・ヒツ[漢]/bì/おわる・おえる・おわんぬ

[字解] 形声。田(かり)+𠦒(猟に用いるあみ)[声]。かりに用いるあみに、金文で、田を加えたもの。甲骨文は、そのあみの形。また、閉に通じ、おわる意を表す。

甲骨文

金文

篆文

[同属字] 蓽・篳・蹕・饆

[意味] ❶おわる。おえる。おわり。『畢竟』『畢生』『畢命』＊史記-項羽本紀「寿畢、請ニ以レ剣舞一、因撃ニ沛公於坐一殺レ之(ジュおわらば、ケンをもってまわんことをこい、よりてハイコウをザにうちてこれをころせ)〔=祝いごとが終わったならば、剣舞を演じることを願い出て、それにこと寄せて、沛公をその場に討って殺してしまえ〕」❷ことごとく。みな。すべて。❸星の名。二十八宿の一。おうし座のアルデバランを主とする八星がV型のあみの形をするもの。あめふり星。

【畢竟(ヒッキョウ)】つまるところ。つまり。結局。
【畢生(ヒッセイ)】命の終わるまでの間。一生涯。一生。終生。『畢生の大作』
【畢命(ヒツメイ)】死ぬこと。

4920 【畧】 6532 6140 E15F 田-6 リャク 「略」(4954)の異体字

【累】⇩5858

4921 【異】 田-7 イ 「異」(4918)の旧字

4922 【畳】 3086 3E76 8FF4 田-7 [常]
(4923)【疊】 6540 6148 E167 田-17 旧字[人]
(4924)【曡】 6542 614A E169 田-11
(4925)【㬪】 6541 6149 E168 田-17
ジョウ(デフ)[呉]・チョウ(テフ)[漢]/dié/たたむ・たたみ・かさねる・かさなる

[筆順]

[字解] 畳は、疊の略体。疊は会意。晶(=晶、かさなる)+宜(=宜、まな板の上の食べもの)。美食を重ねる・たたむ意という。

[意味] ❶たたむ。重ねる。重なる。つみ重ねる。『畳語』『重畳』❷[国]たたみ。また、たたみの数、たたみ敷きの部屋の広さを表す。『四畳半(よジョウハン)』『半畳(ハンジョウ)』

[下接] ❶たたむ。かさねる。つみかさねる。
三畳(サンジョウ)・積畳(セキジョウ)・層畳(ソウジョウ)・稠畳(チュウジョウ)・重畳(チョウジョウ)

【畳韻(ジョウイン)】同じ韻を持つ二字の漢字から成る熟語。「艱難(カンナン)」「滅裂(メツレツ)」などの類。
【畳語(ジョウゴ)】同一の単語を重ねて一語とした複合語。「人々」「よくよく」の類。
【畳字(ジョウジ)】同じかな、漢字を繰り返すこと。また、そのときに用いる「々」などの記号。踊り字。
【畳嶂(ジョウショウ)】かさなり連なる山。畳峰。
【畳濤(ジョウトウ)】おりかさなって寄せる波。畳浪(ジョウロウ)。
【畳用(ジョウヨウ)】たびかさねて使用すること。

【𤳳】⇩1284

【壘】⇩1313

【罍】⇩6106

田

4926 【甸】 5020 5234 99B2 田-2 デン[呉]・テン[漢]/diàn・tiān

[字解] 形声。勹(つつむ)+田(耕地・領地)[声]。都城をとりまく田野の意。

金文

篆文

[意味] ❶中国、周代、王畿(都城を含む方千里の地)の外、さらに四方へ五百里外千里以内の地。『甸服』『畿甸(キデン)』❷郊外。都の外、百里以外二百里以内の地。『海甸(カイデン)』『郊甸(コウデン)』『邦甸(ホウデン)』❸農作物。❹かり。かりをする。

【甸服(デンプク)】中国、周代の、観念的な領土区分の一。王城の周囲を五百里ごとに区切った地域のうちの一つ。

4927 【甾】 6523 6137 E156 田－3

リュウ 「留」(4931)の異体字

4928 【畐】 ＊4521 田－4

フク[漢]/fú

[字解] 象形。中ほどがふっくらした酒つぼの形に象り、ゆたかにみちる意。

金文  篆文 

[同属字] 逼・富・副・幅・福(福)・蝠・輻・逼・匐

4929 【畜】 3560 435C 927B 田－5 [常]

チク[呉][漢]・キク[漢]・キュウ(キウ)[漢]/chù・xù/やしなう・たくわえる

[筆順] 畜 畜 畜 畜 畜 畜

[字解] 会意。田＋茲(ふえる)省。耕作に励みたくわえをふやす意。一説に、首にひもをつけ獣を飼い養うさまの象形字という。

甲骨文  篆文 

[同属字] 蓄

[意味] ❶やしなう。動物を飼育する。『畜産』『樹畜(ジュチク)』『牧畜(ボクチク)』❷人に飼われる動物。『畜舎』『畜生』『家畜』『鬼畜』❸たくわえる。「蓄」に同じ。『畜積』

❶ やしなう。動物を飼育する。

【畜産(チクサン)】 家畜を飼い、生活に有用な物を生産する産業。畜産業。『畜産物』

【畜牧(チクボク)】 家畜を野で飼うこと。

❷ 人に飼われる動物。

[下接] 役畜(エキチク)・家畜(カチク)・鬼畜(キチク)・獣畜(ジュウチク)・人畜(ジンチク)

【畜舎(チクシャ)】 家畜を飼う小屋。

【畜生(チクショウ|チキショウ)】 [1]鳥、獣、虫、魚などの総称。[2]人をののしったり憎んだりしていう語。「こん畜生」

【畜生道(チクショウドウ)】 [1]仏教の六道の一。悪業の報いによって導かれた畜生の世界。また、その境遇。[2]道徳上許しがたい色情。『畜生道に堕(お)ちる』

❸ たくわえる。

【畜積(チクシ|チクセキ)】 [1](チクシ) たくわえ。[2](チクセキ) つみ、たくわえること。蓄積。

4930 【畚】 6529 613D E15C 田－5

ホン[漢]/běn/ふご・もっこ

[字解] 形声。田(＝由、かご)＋弁(両手であげる)[声]。ものを盛り運ぶかごの意。

[意味] ふご。もっこ。穀物や野菜など、また、土を盛って運ぶ、わらなどを編んだかご。

4931 【留】 4617 4E31 97AF 田－5 [常]5

(4927)【甾】 6523 6137 E156 田－3

(4935)【畱】 ＊4528 田－7

ル[呉]・リュウ(リウ)[漢]/liú/とまる・とめる・とどまる・とどめる

[筆順] 留 留 留 留 留 留

[字解] 形声。田(場所)＋卯(＝丣、閉じた門)[声]。とどまる意。

[同属字] 瘤・溜・榴・瑠・餾・騮・鰡・籀

[参考] 万葉仮名では、音を借りて「る」。平仮名「る」の字源。

[意味] ❶とまる。とどまる。同じところにいる。『留学』『留守(ルス)』『寄留』『滞留』❷とめる。とどめる。『留置』『留保』『慰留』『拘留』＊史記-項羽本紀「項王即日、因留ニ沛公一与飲(コウオウソクジツ、よりてハイコウをとどめてともにインす)」〔＝項王はその日、そのまま沛公を引き止めて、いっしょに酒盛りをした〕❸(オランダ oebel の音訳) ルーブル。ロシア連邦などの貨幣の単位。

❶ とまる。とどまる。

[下接] 淹留(エンリュウ)・去留(キョリュウ)・居留(キョリュウ)・寄留(キリュウ)・残留(ザンリュウ)・滞留(タイリュウ)・駐留(チュウリュウ)・逗留(トウリュウ)

【留学(リュウガク)】 外国へ行って学問、技術などを学ぶこと。

【留滞(リュウタイ)】 同じ所に、とどまること。また、同じ状態のままとどまって進展しないこと。

【留任(リュウニン)】 今までの役職にとどまること。

【留年(リュウネン)】 [国]学生が進級、卒業に必要な単位を取得できないで、原級にとどまること。

【留別(リュウベツ)】 旅立つ人が後に残る人に別れを告げること。↕送別

【留守・留主(ルス)】 [国][1]主人や家人が外出したとき、そこにとどまって家を守ること。『留守居』『留守番』[2]不在になること。『留守宅』[3]あることに心を奪われて、別のことに気がまわらないこと。『手もとがお留守になる』

❷ とめる。とどめる。

[下接] 慰留(イリュウ)・遺留(イリュウ)・押留(オウリュウ)・繫留(ケイリュウ)・拘留(コウリュウ)・保留(ホリュウ)・抑留(ヨクリュウ)

【留意(リュウイ)】 気をつけること。注意。『留意点』

【留置(リュウチ)】 人や物を一定の支配のもとにとどめおくこと。『留置場』

【留保(リュウホ)】 [1]一時差しひかえておくこと。保留。[2]法律で、権利、義務の一部を残留、保持すること。

【留用(リュウヨウ)】 外国人を自国にとどめておいて使うこと。

[難読地名] 留寿都(るすつ)村(北海道) 留辺蘂(るべしべ)町(北海道) 留萌(るもい)市・郡・支庁(北海道)

4932 【畠】 4011 482B 94A9 田－5

ハク[慣]/はた・はたけ

[字解] 国字。会意。田＋白。白田(水田でない耕地)の合字。はたけの意。

[意味] はた。はたけ。「畑」に同じ。『田畠(デンバク|デンぱた)』

【畐】 ⇩ 528

4933 【番】 4054 4856 94D4 田－7 [常]2

ホン[呉]・ボン[呉]・ハン[呉]・ハ[漢]・バン[慣]/fān・bō・pān/つがう・つがえる・つがい

[筆順] 番 番 番 番 番 番

[字解] 形声。田＋釆(わかれひろがる)[声]。田畑に種をまく意。播の原字。借りて、かわるがわるの意に用いる。

金文  篆文 

[同属字] 藩・鄱・翻(飜)・飜・幡・播・潘・燔・旛・蟠

[参考] 万葉仮名では音を借りて「ほ」。

[意味] ❶かわるがわる。順序を決めて交替に行うこと。『自分の番(バン)』『番匠』『週番』『順番』『当番』❷順序、等級などを表す。『番組(バンぐみ)』『番号』『欠番』『本番』❸え

5画 玄玉(王)瓜瓦甘生用田疋(⺪)疒癶白皮皿目(罒)矛矢石示(礻)内禾穴立

びす。未開人。異民族。外国の。外国のもの。「蕃」に同じ。『番語』❹国ばん。見張り。見張りをする。『寝ずの番(バン)』『番犬(バンケン)』『交番』『門番』❺国そまつな、または、常用する。『番傘』『番茶』❻国つがう。つがえる。つがい。㋑対になるもの。『蝶番(チョウつがい)』『丁番(チョウバン)』㋺勝負の組み合わせ。『本日の大一番』

❶かわるがわる。交替に。

下接 下番(カバン)・勤番(キンバン)・週番(シュウバン)・順番(ジュンバン)・上番(ジョウバン)・出番(でバン)・当番(トウバン)・非番(ヒバン)・輪番(リンバン)

【番匠(バンショウ)】国大工(ダイク)。『番匠箱』❤むかし、大和・飛驒などから交替で京に上り、宮廷の営繕に従事した大工のことをいった。

❷順序、等級などを表す。

下接 一番(イチバン)・角番(かどバン)・局番(キョクバン)・欠番(ケツバン)・先番(センバン)・地番(チバン)・本番(ホンバン)・連番(レンバン)

【番外(バンガイ)】定められた番数、番組、正式の委員・議員などのほかのもの。また、予定、予想以外のもの。『番外編』

【番号(バンゴウ)】順番を示す符号。ナンバー。『電話番号』

【番地(バンチ)】国居住地を明示するために、市町村、大字、字などを更に区分して付けた番号。

❸えびす。未開人。

【番語(バンゴ)】異民族の言語。外国語。蕃語。

❹(日本語で)見張り。見張りをする。

下接 大番(おおバン)・結番(ケツバン)・見番(ケンバン)・検番(ケンバン)・交番(コウバン)・更番(コウバン)・店番(みせバン)・門番(モンバン)・山番(やまバン)・夜番(よバン)・牢番(ロウバン)

【番台(バンダイ)】国ふろ屋の入り口に高く作ってある見張りの台。また、そこに座っている人。

【番長(バンチョウ)】国非行少年のかしら。❤もと、諸衛府に属し、兵士の長として内裏の諸門を警護した職員。

【番頭(バントウ)】国商家の使用人のかしらで、店の万事を預かるもの。『大番頭』

【番兵(バンペイ)】国見張りをする兵士。歩哨(ホショウ)。

❺(日本語で)そまつな、または、常用する。

【番傘(バンがさ)】紙を貼(は)り油をひいた粗末な雨傘。

【番茶(バンチャ)】国摘み残りの荒葉などでつくった品質の劣る茶。『番茶も出花(でばな)〔=番茶も入れたてはおいしい〕』

❻(日本語で)つがう。つがい。組み合わせ。

【番組(バンぐみ)】①勝負事、放送などの組み合わせ、順番などをきめたもの。プログラム。②放送などの編成を構成する個々の内容。『裏番組』

【番付(バンづけ)】芝居、相撲などの番組や役目。また、それにならって順序づけて名前などを記したもの。『長者番付』

難読姓氏 番井(つがい)・一番(いちばん)

4934 【畬】 二一一 田－7 (4957)【畭】 6534 6142 E161 田－7

ヨ漢・シャ漢/yú·shē

字解 形声。田＋余声。新たに開いて三年目の田。

4935 【畱】 *4528 田－7 リュウ「留」(4931)の異体字

【畐】⇩1778

4936 【當】 6536 6144 E163 田－8 トウ「当」(1832)の旧字

4937 【畿】 2106 3526 8B45 田－10 キ漢/jī

字解 形声。田＋幾(ちかい)省声。天子のいる所に近い土地の意。

意味 みやこ。首都。王城を中心として方千里の、天子の直轄地。日本では京都を中心とした地域。『畿内(キナイ)』

下接 王畿(オウキ)・近畿(キンキ)・京畿(ケイキ)・帝畿(テイキ)・邦畿(ホウキ)

【畿内(キナイ)】①古代、中国で、王都を中心として方千里、四方へ五百里の天子直属の地のこと。王城付近の地。②国京都に近い五か国、すなわち、山城(やましろ)(京都府)、大和(やまと)(奈良県)、河内(かわち)(大阪府)、和泉(いずみ)(大阪府)、摂津(せっつ)(大阪府と兵庫県の一部)のことをいう。五畿内(ゴキナイ)。

【奮】⇩1523

田

4938 【町】 3614 442E 92AC 田－2 常1 (4914)【甼】 6522 6136 E155 田－2

チョウ(チャウ)呉・テイ漢/tǐng/まち

筆順

字解 形声。田＋丁声。田を区切るあぜ道の意。

意味 ❶あぜ。田のさかい。また、さかい。『町畦』❷国まち。㋑地方自治体の一。『町長』『町民』㋺市や区を構成する一区分。『千代田区神田神保町』㋩市街地。『町家』❸国単位の名。㋑面積の単位。一町は一〇反。約九九・一八アール。『町歩』㋺距離の単位。一町は六〇間。約一〇九メートル。「丁」とも書く。『町場』

❶あぜ。また、さかい。

【町畦(チョウケイ/テイケイ)】田のあぜ。転じて、境界、けじめ。

❷(日本語で)まち。

下接 横町(よこチョウ)／色町(いろまち)・裏町(うらまち)・下町(したまち)・花町(はなまち)

【町家(チョウカ/まちや)】国①町の中にある家。②商人の家。商家。

【町長(チョウチョウ)】国地方公共団体としての町の長。

【町人(チョウニン)】国江戸時代の身分階級の一。商人や職人。『町人文化』

【町民(チョウミン)】国町の住民。『町民センター』

❸(日本語で)単位の名。

【町場(チョウば)】①運送、道普請などの受け持ち区域。②宿場と宿場との間。↓長丁場(ながチョウば)

【町歩(チョウブ)】国田畑や山林などの面積を、町(チョウ)を単位として数えるのに用いる語。

4939 【甽】 *4513 田－3 (4940)【[illegible]】 二一一 田－3

ケン漢/quǎn

字解 形声。田＋川声。田の中の小さな川、用水路の意。畎の古字。

4941 【畍】 6524 6138 E157 田－4 カイ「界」(4917)の異体字

4942【甽】 *4520 田－4 ケン(漢)/quǎn/みぞ
字解 形声。田＋犬(←川、小さなみぞ)(声)。耕作地の間を流れる用水路の意。
意味 みぞ。用水路。
【甽畝（ケンボ）】①田のみぞとあぜ。②都から離れたところ。田園。いなか。

4943【畊】 6525 6139 E158 田－4 コウ 「耕」(6227)の異体字

4944【畋】 5834 5A42 9DC0 田－4 デン(呉)・テン(漢)/tián/かり
字解 形声。攴(する)＋田(耕地、狩り)(声)。耕作する、また狩りをする意。
甲骨文

篆文

意味 たつくる。耕作する。また、かり。狩りをする。
【畋遊（テンユウ―デンユウ）】狩りをして回ること。

4945【畉】 6526 613A E159 田－4 フ(漢)
字解 形声。田＋夫(声)。たがやす意。

4946【畆】 6528 613C E15B 田－4 ボウ 「畝」(4950)の異体字

[毗] ⇨ 3948

4947【畛】 6527 613B E15A 田－5 シン(漢)/zhěn/あぜ
字解 形声。田＋㐱(声)。
意味 あぜ。耕地の間のみち。また、さかい。境界。
【畛域（シンイキ）】①田と田との間の境。田のあぜ。②境界。

4948【畔】 4042 484A 94C8 田－5 常 ハン(漢)/pàn/あぜ・くろ・ほとり
(4949)〖畔〗 田－5 旧字
筆順

字解 形声。田＋半(わける)(声)。耕地の境のあぜの意。
意味 ❶あぜ。くろ。田と田の境。『畔岸』『譲畔（ジョウハン）』❷ある場所のかたわら。ほとり。水ぎわ。『河畔（カハン）』『橋畔（キョウハン）』『径畔（ケイハン）』『湖畔（コハン）』『池畔（チハン）』『墓畔（ボハン）』❸そむく。「叛」に同じ。『畔逆』
【畔岸（ハンガン）】①田のあぜと川の岸。転じて、物事のはし、さかいめ。②へだて。人をへだてて近づけないこと。偏屈で勝手気ままなこと。
【畔逆（ハンギャク）】そむくこと。謀叛。反逆。叛逆。

4950【畝】 3206 4026 90A4 田－5 常 ボウ(漢)・ホ(慣)/mǔ/うね・せ
(4951)〖畞〗 *4524 田－5
(4946)〖畆〗 6528 613C E15B 田－4
筆順

字解 形声。もと晦。田＋毎(声)。あぜの意。
金文

篆文

重文

参考 万葉仮名では音を借りて「も」。
意味 ❶うね。畑のうね。『畎畝（ケンボ）』『田畝（デンボ）』❷土地の面積の単位。㋑中国、周代、一〇〇歩(一歩は六尺平方)を一畝とした。約一・八二アール。㋺国せ。一畝は一反（タン）の一〇分の一。三〇歩。約一アール。

4952【畦】 2345 374D 8C6C 田－6 ケイ(漢)/qí・xī/あぜ・うね・くろ
字解 形声。田＋圭(←畫、区切る)(声)。耕作地の区切りの意。
意味 くぎり。さかい。また、あぜ。『圃畦（ホケイ）』
【畦丁（ケイテイ）】農夫。作男（さくおとこ）。

4953【畤】 6531 613F E15E 田－6 シ(漢)・ジ(慣)/zhì
字解 形声。田(区切られた場所)＋寺(←止、とどまる)(声)。天帝の霊をとどめまつるための場所の意。

4954【略】 4612 4E2C 97AA 田－6 常5 リャク(呉)(漢)/lüè/うばう・ほぼ
(4920)〖畧〗 6532 6140 E15F 田－6
筆順

字解 形声。田＋各(いたる)(声)。耕作地にいたる、土地を区切り取る意。また、はかる、大まかにうばいとる意を表す。
意味 ❶おさめる。『経略（ケイリャク）』❷はかりごと。たくらみ。計画。『計略』『戦略』❸うばいとる。かすめとる。おかす。「掠」に同じ。『略奪』『攻略』『侵略』❹はぶく。簡単にする。また、あらまし。ほぼ。およそ。大体の。『略図』『略歴』『概略』『省略』*史記-項羽本紀「略知₂其意₁（ほぼそのイをしる）〔=その大体のところがわかる〕」

❷はかりごと。
下接 遠略（エンリャク）・器略（キリャク）・機略（キリャク）・軍略（グンリャク）・計略（ケイリャク）・権略（ケンリャク）・才略（サイリャク）・策略（サクリャク）・商略（ショウリャク）・政略（セイリャク）・戦略（センリャク）・胆略（タンリャク）・籌略（チュウリャク）・知略（チリャク）・治略（チリャク）・党略（トウリャク）・廟略（ビョウリャク）・武略（ブリャク）・兵略（ヘイリャク）・方略（ホウリャク）・謀略（ボウリャク）・勇略（ユウリャク）・雄略（ユウリャク）

❸うばいとる。
下接 劫略（キョウリャク―ゴウリャク）・駆略（クリャク）・攻略（コウリャク）・殺略（サツリャク）・抄略（ショウリャク）・鈔略（ショウリャク）・侵略（シンリャク）・奪略（ダツリャク）・剽略（ヒョウリャク）
【略取（リャクシュ）】①奪い取ること。②暴行、脅迫を用いて、人を連れ去ること。
【略奪（リャクダツ）】暴力で奪い取ること。『金品を略奪する』『略奪品』▶書き換え「掠奪→略奪」。
【略地（リャクチ―リャクジ）】土地を奪い取ること。また、奪い取った土地。
【略定（リャクテイ）】攻略し平定すること。

❹はぶく。また、あらまし。大体の。
下接 概略（ガイリャク）・下略（カリャク）・簡略（カンリャク）・後略（コウリャク）・較略（コウリャク）・疎略（ソリャク）・忽略（コツリャク）・省略（ショウリャク）・史略（シリャク）・節略（セツリャク）・前略（ゼンリャク）・粗略（ソリャク）・大略（タイリャク）・中略（チュウリャク）・朴略（ボクリャク）・要略（ヨウリャク）
【略儀（リャクギ）】略式の儀礼。
【略言（リャクゲン）】おおまかに、要点だけを言うこと。
【略史（リャクシ）】歴史の概略を簡単に述べたもの。
【略字（リャクジ）】漢字の点画を省略し、筆法を簡易にして、字形を簡単にしたもの。「聲」を「声」、「盡」を「尽」にするなどの類。↔正字

5画
玄玉(王)瓜瓦甘生用田疋(正)疒癶白皮皿目(罒)矛矢石示(礻)内禾穴立

【略式】リャクシキ 正式の手続きを省いて簡単にした方式。
【略綬】リャクジュ 正式の勲章、褒章の代わりに付ける略式のひも。
【略述】リャクジュツ あらましを述べること。↔詳述
【略称】リャクショウ 名称を省略して呼ぶこと。「家庭裁判所」を「家裁」と呼ぶ類。
【略章】リャクショウ 略式の勲章、記章など。
【略図】リャクズ あらましを書いた図。
【略装】リャクソウ 略式の服装。↔正装
【略体】リャクタイ 簡略にした形のもの。↔正体。「略体字」
【略伝】リャクデン 簡略な伝記。↔詳伝
【略筆】リャクヒツ ①要点以外を省略して書くこと。②略字。
【略服】リャクフク 略式の衣服。
【略歴】リャクレキ だいたいの経歴。「著者略歴」
【略解】リャクカイ・リャッカイ おおまかに解釈すること。また、その書。

4955【畩】 6530 613E E15D 田－6
字解 国字。田のあぜのように布をつづったところも、袈裟ケサの意。

4956【畴】 6539 6147 E166 田－7
チュウ「疇」(4962)の異体字

4957【畭】 6534 6142 E161 田－7
ヨ「畬」(4934)の異体字

4958【畸】 6535 6143 E162 田－8
キ㊥/jī
字解 形声。田＋奇(曲がって普通でない、はんぱ)㊥。井田法で区画しきれずにのこった、はしたの土地の意。
参考 現代表記では「奇」に書き換える。熟語は「奇」(1512)をも見よ。
意味 ❶井田セイデンに区切れない、余分の田、残りの田。❷余分。あまり。はんぱ。❸めずらしい。普通と変わっている。「畸人」❹体の一部に欠陥のあること。「畸形」
【畸形・畸型】キケイ 生物が、先天的に、また障害などのために、異常・不整の形をしていること。奇形。▼書き換え「畸形→奇形」。
【畸人】キジン 変わり者。奇人。

4959【⿰甾宁】 ―― 田－8
チョ㊥/たて
字解 形声。甾(かご)＋宁(たくわえる)㊥。入れてたくわえるための器の意。
意味 たて。米、また、茶や綿などを入れる俵。

4960【畷】 3877 466D 93EB 田－8
テツ㊥/zhuó/なわて
字解 形声。田＋叕(つづる)㊥。つづり合わせたようなたんぼの間のみちの意。
意味 なわて。あぜみち。たんぼ道。

4961【畻】 *4531 田－9
ショウ㊥/chéng
字解 塍の通俗体。水田のあぜの意。

【鴫】⇩9464

4962【疇】 6538 6146 E165 田－14
(4956)【畴】 6539 6147 E166 田－7
チュウ(チウ)㊥/chóu/うね・たぐい
字解 形声。田＋壽(うね)㊥。うねうねと連なる耕地のうねの意。甲骨文は、𠷎で、連なるうねのさま。のちに田を加えた。

甲骨文 篆文

意味 ❶連なる田のうね。転じて、田畑。耕作地。「疇隴」「西疇セイチュウ」「田疇デンチュウ」❷人の連なり。なかま。たぐい。部類。配偶者。「儔」に同じ。「疇人」「疇匹」「範疇ハンチュウ」❸さきの。以前の。昔。「疇日」「疇昔」
【疇日】チュウジツ ①きのう。昨日。②過日。
【疇人】チュウジン ①家業を代々伝える人。②同類の人。③天文暦算の学者。
【疇昔】チュウセキ ①過去のある日。昔。また、昨日。②ゆうべ。昨夜。疇夕チュウセキ。
【疇匹】チュウヒツ 自分と同じたぐいの者。仲間。
【疇隴】チュウロウ 田のうね。転じて、田畑。

【佃】⇩222

4963【畑】 4010 482A 94A8 田－4 常3
はた・はたけ
筆順

字解 国字。会意。田＋火。山野を焼いて開墾した土地、焼き畑の意。
意味 はた。はたけ。「畠」に同じ。「畑作はたサク」「畑地はたチ」「田畑デンぱた」

【細】⇩5910
【鈿】⇩8397
【彊】⇩2236

4964【疆】 6537 6145 E164 田－14
(4912)【畺】 *4530 田－8
キョウ(キャウ)㊥/jiāng/さかい
字解 形声。土＋畺(＝畺、さかい)㊥。土地の境の意。もと、畺で、田としきりを表す三つの一から成る会意字。

甲骨文 金文 金文 篆文 重文

同属字 薑・僵・彊・橿
意味 さかい。境界。また、かぎり。はて。「境」に同じ。「地疆チキョウ」「邦疆ホウキョウ」「無疆ムキョウ」
【疆宇】キョウウ 国土。領土。
【疆場】キョウエキ (「場」は小界の意) ①田地のさかい。あぜ。②国のさかい。国境。
【疆土】キョウド その国の統治権の及ぶ区域。また、国境。

103 疋(⺪)部 ひき

篆文

疋は、足の字と同じく足の象形で、上の一の部分はふくらはぎを示すという。疋部に属するものは、疋または⺪を部分にもつが、必ずしも意標とは言いがたい。

田 疋 疋

疋⑨疐 ⑩疐
疋⑥疏 ⑦疎
疋⑨疑

疋

4965【疋】 4105 4925 9544 疋－0

ショ呉・ソ漢・ガ漢・ヒツ漢／shū・yǎ・pǐ／あし・ひき

字解 部首解説を参照。

参考 雅の略体に誤り雅の意にも用いられる。また、匹のあて字にも用いられる。

意味 ❶あし。❷ただしい。「雅」に同じ。❸布、また動物を数える語。「匹」に同じ。

疋

[胥]⇩6300 [蛋]⇩7019

疋

[是]⇩3132 [楚]⇩3324

4966【疐】 *4537 疋－9

チ 「疐」(4967)の異体字

4967【疐】 ―― 疋－10 (4966)〔疐〕 *4537 疋－9

チ漢・シ漢・テイ漢／zhì・dì

字解 会意。叀(上からおさえひきとめる)＋止(とどめる)。さまたげてゆかせない意。

甲骨文

金文

篆文

同属字 嚔・懥

疋

4968【疏】 3333 4141 9160 疋－6 (7839)〔疏〕 ―― 足－6

ショ呉・ソ漢／shū・shù／とおる・うとい・まばら

字解 形声。流(ながれる)省＋疋(あしでゆく)声。流れが通じる、とおる意。派生して遠い意を表す。

同属字 蔬

参考 熟語は「疎」(4969)をも見よ。

意味 ❶とおる。とおす。水が通じ流れる。物事を通じさせる。「疎」に同じ。『疏水(ソスイ)』『弁疏(ベンソ)』 ❷うとい。うとむ。親しくない。「疎」に同じ。『疏外(ソガイ)』『疏隔(ソカク)』 ❸まばら。あらい。おおまか。そまつ。「疎」に同じ。『疏食』 ❹箇条書き。箇条書きにする。『疏奏』『上疏(ジョウソ)』 ❺詳しい注釈を加える。詳注。『疏注』『義疏(ギショ)』『注疏(チュウソ)』

【疏記(ソキ)】 箇条書きにする。疎記。

【疏食(ソシ)】 そまつな食事。また、そまつな穀物で作った飯。疎食(ソシ)。＊論語－述而「飯二疏食一、飲レ水、曲レ肱而枕レ之(ソシをくらい、みずをのみ、ひじをまげてこれをまくらとす)〔＝そまつな食事をとり、ただの水を飲み物とし、ひじを曲げて枕の代わりとする〕」

【疏奏(ソソウ)】 箇条書きにして申しあげること。疎奏。

【疏注・疏註(ソチュウ)】 本文の注と疏。注疏。疎注。

4969【疎】 3334 4142 9161 疋－7 常 (7843)〔疎〕 7683 6C73 E6F1 足－7

ショ呉・ソ漢／shū／うとい・うとむ・とおる・おろか・おろそか・まばら

筆順 

字解 形声。束＋疋声。疏の通俗体。

意味 ❶とおる。とおす。水が流れ通じる。物事を通じさせる。「疏」に同じ。『疎水』『疎通』 ❷遠ざける。うとむ。うとい。親しくない。「疏」に同じ。↔親。『疎遠』『疎外』『迂疎(ウソ)』『親疎(シンソ)』『生疎(セイソ)』 ❸まばら。あらい。おおまか。おろそか。そまつ。「疏・粗」に同じ。↔密。『疎開』『疎漏』『過疎(カソ)』『空疎(クウソ)』『精疎(セイソ)』 ⇒〔粗〕(5803)の表

❶ とおる。とおす。

【疎水(ソスイ)】 給水、発電などのために土地を切り開いて設けた水路。書き換え「疏水→疎水」。

【疎通(ソツウ)】 意志などが相手に支障なくとおること。『意志の疎通を欠く』書き換え「疏通→疎通」。

【疎明(ソメイ)】 ①いいわけをすること。②国 裁判官に、確信とまでは至らないが、一応確からしいと思わせる程度の説明をすること。書き換え「疏明→疎明」。

❷ うとむ。親しくない。

【疎意(ソイ)】 嫌って遠ざける心。隔意。疏意。

【疎遠(ソエン)】 遠ざかって親しくないこと。疏遠。↔親密

【疎外(ソガイ)】 ①のけものにすること。疏外。『疎外感』②哲学で、人間が、主体的な自己を失うこと。『自己疎外』

【疎隔(ソカク)】 嫌って遠ざけること。また、へだてが生じること。疏隔。

【疎斥(ソセキ)】 嫌って遠ざけること。疏斥。

【疎属(ソゾク)】 遠縁の親類。疏属。

❸ まばら。あらい。おおまか。

【疎音(ソイン)】 長い間、便りをしないこと。ごぶさたすること。疏音。

【疎開(ソカイ)】 国 空襲などの被害を少なくするため、都市の住民などを地方に分散すること。『学童疎開』

【疎闊(ソカツ)】 ①久しく会わないこと。疏闊。②おおまかなこと。

【疎狂(ソキョウ)】 心に細やかさがなく、常識にはずれていること。疏狂。

【疎豪(ソゴウ)】 あらっぽくたけだけしいこと。疏豪。

【疎雑(ソザツ)】 大ざっぱでいい加減。粗雑。疏雑。

【疎食(ソシ)】 粗末な食物。粗食。疏食(ソシ)。

【疎疎(ソソ)】 まばらなさま。疏疏。

【疎灯(ソトウ)】 粗末なともしび。疏灯。

【疎宕(ソトウ)】 気性があらくおおまかなこと。細かなことに拘泥しないこと。疏宕。

【疎蕪(ソブ)】 住む人がまばらで土地が荒廃すること。疏蕪。

【疎放(ソホウ)】 大ざっぱでいい加減なさま。粗放。疏放。

【疎密(ソミツ)】 あらいことと細やかであること。疏密。

【疎野(ソヤ)】 言葉や振る舞いが荒々しいこと。粗野。疏野。

【疎慵(ソヨウ)】 おろそかにしてなまけること。疏慵。

【疎籬(ソリ)】 まばらにゆってある垣根。疏籬。

【疎略(ソリャク)】 おろそかに扱うさま。疏略。↔丁重(テイチョウ)

【疎糲(ソレイ)】 (「糲」は、玄米) 粗末な食事。粗糲。疏糲。＊韓愈－山石「疏糲亦足レ飽二我飢一(ソレイまたわがうえをあかしむるにたる)〔＝粗末な食事ではあるが、私のすいた腹を満たすのには十分である〕」

【疎漏(ソロウ)】 おろそかで手ぬかりのあること。疏漏。

疋 9画

4970 【疑】 2131 353F 8B5E 疋－9 常6

ギ(呉)(漢)/yí/うたがう・うたがい・うたがわしい・うたぐる

筆順 疑 疑 疑 疑 疑

字解 形声。子＋止＋矣(行き悩み立ちどまる)(声)。進みがたい意から、思い悩む、うたがうの意。甲骨文は、立ちどまり思い悩む人に象る象形字。

甲骨文 
金文 
篆文 

同属字 嶷・癡(痴)・凝・擬・礙

参考 万葉仮名では音を借りて「ぎ(乙)」。

意味 うたがう。うたがい。うたがわしい。＊李白‐静夜思「疑是地上霜うたごうらくはこれチジョウのしもかと」〔＝地面に降りた霜ではないかと疑われるほどであった〕

⇒表

下接 懐疑カイギ・危疑キギ・嫌疑ケンギ・狐疑コギ・猜疑サイギ・質疑シツギ・遅疑チギ・難疑ナンギ・容疑ヨウギ・半信半疑ハンシンハンギ

信シン	疑ギ
信疑	
いつわりがない。疑わない。	うたがう。
信心 信念 信頼 信服 背信 不信	疑心 疑念 疑惑 疑懼ギク 容疑 懐疑

【疑義ギギ】意味や内容などがはっきりせず、疑問に思われる事柄。〔後漢書‐鄭玄伝〕『疑義をただす』

【疑懼・疑惧ギク】疑って心配すること。

【疑獄ギゴク】①罪跡がはっきりせず、有罪無罪の決定しがたい裁判事件。②国大規模な贈収賄事件。

【疑弐ギジ】疑うこと。また、疑って、そむくこと。

【疑似ギジ】見掛け、症状などが、よく似ていること。〔呂氏春秋‐疑似〕『疑似症』

【疑心ギシン】疑いの心。〖疑心生二暗鬼一ギシンアンキをショウず〗疑心があるために、何でもないつまらないことまで、恐ろしく感じたり疑ったりすること。疑心暗鬼。〔列子鬳斎口義‐説符〕

【疑殆ギタイ】疑いおそれること。

【疑団ギダン】心の中にしこりとなっている疑惑の塊。

【疑難ギナン】疑問と非難。

【疑念ギネン】あることが本当かどうかと疑う心。

【疑問ギモン】疑って問うこと。疑わしいこと。『疑問符』

【疑慮ギリョ】さまざまに疑い、思いめぐらすこと。

【疑惑ギワク】本当であるかどうか疑うこと。

104 疒部 やまいだれ

甲骨文 
篆文 

疒は、もと寝台(脚のある長い台、爿部の部首の形)に人を添えた形で、病気で寝ていることを表す。単体では普通用いられず、音標を左上から包んだ形で、病気や傷害の種類、性質などを表す字が疒部をなす。「やまいだれ」が今日のような形になったのは隷楷以後である。

疒 疒

疒 ② 疔 ③ 疚 疝 ④ 疫 疥 疩 疢 疣
疴 痂 疳 痀 痃 痁 疾 疽 症 疹 疸
疼 疲 疿 病 疱 ⑥ 痍 痎 痕 疵 痔 痊
痒 ⑦ 痙 痤 痣 痟 痩 痛 痘 痞 痢 ⑧
痾 瘂 痿 痼 瘁 痰 痴 瘃 痹 痱 痺 痳
瘀 痲 ⑨ 瘖 瘟 瘕 瘑 瘧 瘙 瘇 瘋 瘈
瘉 瘍 ⑩ 瘞 瘟 瘠 瘡 瘦 瘙 瘢 瘤 ⑪
瘴 瘭 瘰 瘻 ⑫ 癒 癇 癎 癌 癉 癈 癁
癃 癅 療 癆 ⑬ 癜 癖 癒 癒 癰 癘 ⑭
癡 ⑮ 癤 癤 癥 癢 ⑯ 癨 癪 癩 癧 ⑰
癮 癭 癬 ⑱ 癯 癰 ⑲ 癱 癲

疒 0画

4971 【疒】 ＊4538 疒－0

ソウ(サウ)(漢)・ダク(漢)/chuáng

字解 部首解説を参照。

疒 2~4画

4972 【疔】 6543 614B E16A 疒－2

チョウ(チャウ)(呉)・テイ(漢)/dīng

字解 形声。疒＋丁(声)。

意味 かさ。できもの。多くは、面部にできる悪性のはれもの。『面疔メンチョウ』

4973 【疚】 6544 614C E16B 疒－3

キュウ(キウ)(漢)/jiù/やむ・やましい

字解 形声。疒＋久(声)。

意味 ❶やむ。病気をする。また、長びく病気。ながわずらい。❷やましい。気がとがめる。後ろめたい。＊論語‐顔淵「内省不レ疚、夫何憂何懼うちにかえりみてやましからずんば、それなにをかうれえなにをかおそれん」〔＝心のうちを反省して良心にとがめることがなければ、何を心配し、何をおそれおののくことがあろうか〕

4974 【疝】 6545 614D E16C 疒－3

セン(呉)・サン(漢)/shàn

字解 形声。疒＋山(声)。

意味 せんきの病。漢方で、主として下腹痛を伴う疾患。疝気。

【疝痛センツウ】内臓の病気に伴って、発作的に起こるはげしい腹痛。

4975 【疫】 1754 3156 8975 疒－4 常

ヤク(呉)・エキ(漢)/yì/えやみ

筆順 疫 疫 疫 疫 疫

字解 形声。疒＋役省(声)。はやりやまいの意。また、役は人を苦しませる仕事の意という。

意味 えやみ。はやりやまい。流行病。伝染病。

下接 悪疫アクエキ・瘟疫ウンエキ|オンエキ・検疫ケンエキ・疾疫シツエキ・獣疫ジュウエキ・防疫ボウエキ・免疫メンエキ

【疫気エキキ】伝染し、流行する病。

【疫鬼エキキ】疫病を流行させるという悪神。

【疫病エキビョウ|ヤクビョウ】悪性の伝染病。はやりやまい。えやみ。疫癘エキレイ。『疫病神ヤクビョウがみ』

【疫癘エキレイ】＝疫病エキビョウ

4976 【疥】 6546 614E E16D 疒－4

カイ(漢)/jiè/はたけ

字解 形声。疒+介(声)。
意味 ❶ひぜん。はたけ。しつ。患部が非常にかゆい皮膚病。『疥癬カイセン』 ❷おこり。マラリア。

4977 【疩】 ―― 疒-4 スイ
「瘁」(5016)の異体字

4978 【疢】 *4543 疒-4 チン(漢)\chèn\やまい
字解 会意。火(熱)+疒。熱に苦しむ病。
篆文 
意味 ❶やむ。やまい。熱病。『疢疾』 ❷うまい食物。
【疢疾チンシツ】 1熱病。高熱を発する病気。 2わざわい。災難。

4979 【疣】 6547 614F E16E 疒-4 ユウ(イウ)(漢)\yóu\いぼ
字解 形声。疒+尤(声)。肬に同じ。
意味 ❶いぼ。皮膚や物の表面にできる小さな肉の突起。『疣贅ユウゼイ』『懸疣ケンユウ』 ❷熟字訓。『疣取木いぼたのき』『汗疣あせも』
【疣贅ユウゼイ】 いぼとこぶ。無用なものにたとえる。

4980 【疴】 *4545 疒-5 ア(漢)・カ(漢)\ē·kē
字解 形声。疒+阿省(声)。やまいの意。痾に同じ。

4981 【痂】 6548 6150 E16F 疒-5 カ(漢)\jiā\かさぶた
字解 形声。疒+加(くわわる)(声)。皮膚の傷などが治るにつれて表面が乾いて傷をおおうもの、かさぶたの意。

4982 【疳】 6549 6151 E170 疒-5 カン(漢)\gān
字解 形声。疒+甘(声)。
意味 ❶小児の慢性胃腸病。からだがやせて腹がふくれる。『脾疳ヒカン』 ❷性病の一。『下疳ゲカン』 ❸(国)かん。子供などの病的症状の一。神経過敏で興奮しやすい性質。「癇」に同じ。『疳カンの虫』『疳性カンショウ』

4983 【痀】 *4548 疒-5 ク(漢)\jū
字解 形声。疒+句(くるっと曲がる)(声)。背骨が曲がる病気の意。
意味 背骨の曲がる病気。
【痀瘻クル】 くる病にかかった人。佝僂。『痀瘻病』

4984 【痃】 6550 6152 E171 疒-5 ゲン(呉)・ケン(漢)\xián
字解 形声。疒+玄(声)。
意味 ❶筋肉のひきつる病気。『痃癖』 ❷「横痃オウゲン(よこね)」は性病の一。
【痃癖ケンペキ】 首筋から肩の筋がひきつる病気。肩癖ケンペキ。

4985 【疒+古】 ―― 疒-5 コ
「痼」(5015)の異体字

4986 【疾】 2832 3C40 8EBE 疒-5 (常) シチ(呉)・シツ(漢)\jí\やまい・やむ・やましい・にくむ・はやい・とく

筆順 

字解 形声。疒+矢(や)(声)。人が矢に当たって傷つくことから、一般にやむ意。甲骨文・金文は、大(ひと)+矢の会意で、のちに疒を加えた。借りて、はやい意に用いる。

甲骨文 
金文 
篆文 

参考 万葉仮名では訓を借りて「と(甲)」。
意味 ❶やまい。わずらい。病気。『疾患』『疾病』 *論語-陽貨「孔子辞以ㇾ疾コウシジするにやまいをもってす」〔=孔子は病気といって(面会を)断った〕 ❷やむ。くるしむ。なやむ。『疾苦』『疾首』 ❸にくむ。ねたむ。うらむ。『疾悪』『疾視』『冒疾ボウシツ』 ❹はやい。すばやい。とく。『疾駆』『疾走』『疾風』 *孫子-軍争「其疾如ㇾ風そのはやきことかぜのごとし」〔=(軍の進退は)風のようにはやい〕

❶やまい。わずらい。病気。
下接 悪疾アクシツ・寒疾カンシツ・軽疾ケイシツ・固疾コシツ・痼疾コシツ・錮疾コシツ・耳疾ジシツ・痔疾ジシツ・重疾ジュウシツ・宿疾シュクシツ・篤疾トクシツ・肺疾ハイシツ・廃疾ハイシツ・腹疾フクシツ・老疾ロウシツ

【疾患シッカン】 病気。『胸部疾患』
【疾病シッペイ】 1病気。やまい。『疾病保険』 2病気の重いこと。 *論語-述而「子疾病シやまいへいなり」〔=先生が危篤になった〕

❷やむ。くるしむ。なやむ。

【疾苦シック】 なやみ苦しむこと。多く、人民のわずらい、苦しみをいう。〔史記-蕭相国世家〕
【疾首シッシュ】 頭をいためること。心配すること。

❸にくむ。ねたむ。うらむ。

【疾悪シツアク|シツオ】 1(シツアク)悪人、悪事をにくむこと。 2(シツオ)憎悪。ねたみにくむこと。 *荀子-性悪「生而有ㇾ疾悪焉うまれながらにしてシツオするあり」〔=(人には)生まれながらに、人をねたんだり、にくんだりする心がある〕
【疾視シッシ】 にくんで見ること。〔孟子-梁恵王下〕

❹はやい。すばやい。とく。
下接 勁疾ケイシツ・捷疾ショウシツ・剽疾ヒョウシツ・飄疾ヒョウシツ

【疾駆シック】 速く走らせること。
【疾言シツゲン】 口早にものを言うこと。〔論語-郷党〕
【疾言遽色シツゲンキョショク】 言語や態度が落ち着かないさま。早口にものを言ったり、感情をすぐ顔色に出したりすること。〔後漢書-劉寛伝〕
【疾呼シッコ】 あわただしく早口に呼ぶこと。
【疾戦シッセン】 すばやく戦うこと。速戦。また、はげしく戦うこと。〔孫子-九地〕
【疾走シッソウ】 非常に速く走ること。疾駆。『全力疾走』
【疾風シップウ|はやて】 勢いよく速く吹く風。『疾風怒濤シップウドトウ』
【疾風迅雷シップウジンライ】 強い風とはげしい雷。また、非常にすばやくすさまじいこと。〔礼記-玉藻〕
【疾風知ㇾ勁草シップウにケイソウをしる】 はげしい風が吹いてはじめて強い草が見分けられる。転じて、苦難や事変に遭遇してはじめてその人の節操の固さや意志の強さなどがわかる。〔後漢書-王覇伝〕
【疾雷シツライ】 急激に鳴る雷。〔荘子-斉物論〕
【疾雷不ㇾ及ㇾ掩ㇾ耳シツライみみをおおうにおよばず】 相手の行動が急激で防ぐいとまがないさまをたとえていう。〔六韜-竜韜-軍勢〕

5画
玄玉(王)瓜瓦甘生用田疋(⺪)疒癶白皮皿目(罒)矛矢石示(ネ)内禾穴立

4987 【疽】 6552 6154 E173 疒－5

ソ呉・ショ漢/jū

字解 形声。疒＋且（つみ重なる）声。できものの意。

意味 悪性のできもの。『壊疽（エソ）』『癰疽（ヨウソ）』 *史記－孫子呉起伝「卒有ニ病レ疽者一、起為吮レ之（ソツにソをやむものあり、キためにこれをすう）」〔＝兵卒に疽を病んだ者があり、呉起はその膿を吸い出してやった〕」

4988 【症】 3041 3E49 8FC7 疒－5 常

ショウ（シャウ）呉/zhèng

筆順 症 症 症 症 症 症

字解 形声。疒＋正（↓証、しるし）声。

意味 病気が現れたしるし。病気の徴候、状態、性質。

下接 悪症（アクショウ）・陰症（インショウ）・炎症（エンショウ）・癇症（カンショウ）・軽症（ケイショウ）・重症（ジュウショウ）・真症（シンショウ）・難症（ナンショウ）・発症（ハッショウ）・病症（ビョウショウ）・目症（モクショウ）・既往症（キオウショウ）・狭心症（キョウシンショウ）・健忘症（ケンボウショウ）

【症候（ショウコウ）】心身に現れた病的変化。【症候群（ショウコウグン）】いくつかの症候が、常に相伴って認められる状態を、病名に準じて用いる医学用語。シンドローム。

【症状（ショウジョウ）】病気や傷の状態。病状。『自覚症状』

4989 【疹】 3130 3F3E 905D 疒－5

シン漢・チン漢/zhěn・chèn

字解 形声。疒＋㐱（皮膚病）声。のち疒を付した。

意味 皮膚に小さな吹き出物のでる病気。また、その吹き出物。『蕁麻疹（ジンマシン）』『疹疾』『湿疹（シッシン）』『発疹（ハッシン）』『風疹（フウシン）』『麻疹（マシン｜はしか）』

【疹疾（シンシツ）】吹き出物の出る病気にかかること。

4990 【疸】 6553 6155 E174 疒－5

タン漢/dǎn

字解 形声。疒＋旦（↓膽、きも）声。胆汁が影響しておこる病気の意。

4991 【疼】 6554 6156 E175 疒－5

トウ漢/téng/うずく・いたむ

字解 形声。疒＋冬声。

意味 ❶うずく。ずきずき痛む。『疼痛』 ❷国「疼木（ひいらぎ）」は木の名。モクセイ科の常緑小高木。

【疼痛（トウツウ）】ずきずきうずくような痛み。

4992 【疲】 4072 4868 94E6 疒－5 常

ヒ呉漢/pí/つかれる・つからす

筆順 疲 疲 疲 疲 疲 疲

字解 形声。疒＋皮声。

意味 つかれる。くたびれる。おとろえる。

【疲倦（ヒケン）】つかれてあきること。罷倦。

【疲困（ヒコン）】つかれはてること。罷困。

【疲憊（ヒハイ）】つかれて弱ること。罷憊。

【疲弊（ヒヘイ）】①心身がつかれ弱ること。②費用がかさみ、窮乏すること。『国力が疲弊する』

【疲民（ヒミン）】生活に疲弊した民。生活に困窮する民。

【疲羸（ヒルイ）】（「羸」もつかれる、弱いの意）つかれやつれること。つかれ弱ること。

【疲労（ヒロウ）】①疲れること。『疲労困憊（コンパイ）』『眼精疲労』②使い過ぎて性能や材質が悪化すること。『金属疲労』

4993 【疿】 *4547 疒－5

ヒ漢/fèi/こがさ

字解 形声。疒＋弗声。あせも、発疹の意。

4994 【病】 4134 4942 9561 疒－5 常3

ビョウ（ビャウ）呉・ヘイ漢/bìng/やむ・やまい・いたずき・いたつき

筆順 病 病 病 病 病 病

字解 形声。疒＋丙（ひろがる）声。病気が重くなる意。

意味 やむ。わずらう。やまい。わずらい。㋑体を悪くする。『病院』『病気』『病人（ビョウニン）』『看病』『熱病』㋺病気が重くなる。*論語－述而「子疾病（シのやまいヘイなり）」〔＝先生が危篤になった〕」㋩欠点。短所。悪い点。『病根』『病弊』㊁なやむ。思いわずらう。*論語－憲問「尭舜其猶病レ諸（ギョウシュンもそれなおこれをやめるか）」〔＝尭舜のような聖天子さえも悩みとするところであった〕」 ⇓表

下接 鬱病（ウツビョウ）・疫病（エキビョウ）・臆病（オクビョウ）・歌病（カビョウ｜カヘイ）・臥病（ガビョウ）・看病（カンビョウ）・奇病（キビョウ）・久病（キュウビョウ）・急病（キュウビョウ）・虚病（キョビョウ）・仮病（ケビョウ）・業病（ゴウビョウ）・詐病（サビョウ）・疾病（シッペイ）・死病（シビョウ）・詩病（シビョウ）・持病（ジビョウ）・時病（ジビョウ）・重病（ジュウビョウ）・傷病（ショウビョウ）・性病（セイビョウ）・大病（タイビョウ）・多病（タビョウ）・闘病（トウビョウ）・同病（ドウビョウ）・難病（ナンビョウ）・熱病（ネツビョウ）・発病（ハツビョウ）・貧病（ヒンビョウ）・風病（フウビョウ）・万病（マンビョウ）・無病（ムビョウ）・毛病（モウヘイ）・疫病（ヤクビョウ）・伴病（ヨウビョウ）・余病（ヨビョウ）・罹病（リビョウ）・療病（リョウビョウ）・淋病（リンビョウ）・老病（ロウビョウ）

病（ビョウ／ヘイ）	患（カン）
病患	
やむ。やまい。	やまいにかかること。わずらい。
病者	患者
病巣	患部
大病	大患
重病	重患
急病	急患
疾病（シッペイ）	疾患

【病痾（ビョウア）】ながい病気。宿痾（シュクア）。

【病院（ビョウイン）】医師が患者の治療をするための施設で、病室を有するもの。

【病家（ビョウカ）】病人のいる家。

【病臥（ビョウガ）】病気で床につくこと。

【病客（ビョウカク｜ヘイカク）】病んでいる客。病気の人。病人。疲れた客。

【病間（ビョウカン）】①病気にかかっている間。病中。②病気が少しよくなっているとき。

【病気（ビョウキ）】①体に異常が起こり、正常に機能しなくなる状態。②国悪い癖や行状。

【病苦（ビョウク）】病気による苦痛。

【病軀（ビョウク）】病気の体。

【病原・病源（ビョウゲン）】病気の原因、もと。『病原菌』

【病根（ビョウコン）】病気の原因。また、よくない事の根本原因。

【病識（ビョウシキ）】自分が病気であるということの認識。

【病弱（ビョウジャク）】体が弱くて、病気がちであること。

【病床・病牀（ビョウショウ）】病人のねどこ。

【病身（ビョウシン）】病気にかかった体。また、病弱な体。

【病勢（ビョウセイ）】病気の勢い。病気の進み具合。

【病巣・病竈（ビョウソウ）】体の病的変化が起こっている部分。

【病体（ビョウタイ）】病気にかかっている体。

【病態（ビョウタイ）】病気の状態。病状。容態（ヨウダイ）。

【病的（ビョウテキ）】肉体や精神、言語、動作などが異常なさま。

【病難（ビョウナン）】病気による災難。

【病弊（ビョウヘイ）】物事の内部にひそむ弊害。

【病癖（ビョウヘキ）】病的なくせ。なかなか直らない悪癖。

【病変（ビョウヘン）】病気のために現れる体や精神の変化。

【病没・病歿（ビョウボツ）】病死。▶書き換え「病歿→病没」。

【病魔（ビョウマ）】病気をひき起こすという魔物。

【病入ニ膏肓一（やまいコウコウにいる）】不治の病気にかかる。また、

病気が重くなり治る見込みがなくなる。〔左伝‐成公一〇年〕中国、春秋時代、晋の景公が病気になった時、病気の精が二人の子供になって、膏（心臓の下の部分）と肓（横隔膜の上の部分）に逃げこんだので、病気が治らなかったという故事から。コウモウは、「肓」を「盲」と読み誤った慣用読み。

【病従ㇾ口入、禍従ㇾ口出】（やまいはくちよりいり、わざわいはくちよりいず）からだの病気は、口から入る食物がもとで、身の上の災いは、口から出ることばがもとである。〔傅玄‐口銘〕

【病葉】（わくらば）夏のころ、紅葉のように赤または黄白色に色づいて朽ちた葉。

4995 【疱】 6555 6157 E176 疒‐5 ホウ（ハウ）漢/pào/もがさ・いも

字解 形声。疒＋包（→泡、水泡）声。

意味 ❶もがさ。いも。ほうそう。『疱瘡』❷とびひ。水疱ができる皮膚病。『疱疹』『水疱』『膿疱』

【疱疹】ヘルペス。ウイルスによって皮膚に粟粒ほどの水疱ができる病気。

【疱瘡】①「天然痘」の別称。②種痘。植え疱瘡。

4996 【痍】 6556 6158 E177 疒‐6 イ漢/yí/きず

字解 形声。疒＋夷（矢できずつく）声。

意味 きずつく。きず。『傷痍』『創痍』『瘡痍』

4997 【痎】 * 4553 疒‐6 カイ漢/jiē

字解 形声。疒＋亥声。おこりの意。

4998 【痕】 2615 3A2F 8DAD 疒‐6 コン漢/hén/あと

字解 形声。疒＋艮（とどまる）声。きずあとの意。

意味 きずあと。あとかた。物事のあと。『爪痕』

下接 雨痕・血痕・残痕・焼痕・傷痕・条痕・創痕・弾痕・刀痕・痘痕・瘢痕・墨痕・涙痕

【痕跡・痕迹】ある物事が過去にあったことを示す、かすかなあと。『痕跡をとどめる』

4999 【疵】 6551 6153 E172 疒‐6 シ呉漢/cī/きず

字解 形声。疒＋此（わずかにひらく）声。わずかに開いたきずの意。

意味 ❶きず。きずあと。あやまち。欠点。欠陥。「傷」に同じ。『疵瑕』『瑕疵』『細疵』『小疵』❷やまい。病気。『疵厲』❸そしる。悪口をいう。『毀疵』

【疵瑕】（「瑕」は玉のきず）①欠点。また、あやまち。②不運。不幸。

【疵病】①きず。②欠点。

【疵厲】病気。また、わざわい。

5000 【痔】 2806 3C26 8EA4 疒‐6 ジ（ヂ）呉・チ漢/zhì

字解 形声。疒＋寺声。

意味 じ。肛門、またはその周辺の病気。

【痔核】いぼじ。肛門部の静脈がふくらんでこぶのようになる痔疾。

【痔疾】肛門およびその周辺に生じる疾患の総称。

【痔瘻】あなじ。肛門のあたりに穴が開き、うみが出る悪性の痔疾。

5001 【痊】 6557 6159 E178 疒‐6 セン漢/quán

字解 形声。疒＋全（まったい）声。病が全治する意。

5002 【痒】 6558 615A E179 疒‐6 ヨウ（ヤウ）漢/yáng・yǎng/かゆい

字解 形声。疒＋羊声。

意味 ❶かさ。できもの。❷かゆい。「癢」に同じ。『痒疹』『痛痒』『隔靴掻痒』

【痒疹】触ると分かる程度の小結節を生じ、強度のかゆみを伴う発疹。

5003 【痙】 6559 615B E17A 疒‐7 ケイ漢/jìng/ひきつる

字解 形声。疒＋巠（たてにまっすぐ張る）声。

意味 ひきつる。筋肉がひきつる。『痙攣』『書痙』『鎮痙剤』

【痙攣】（「攣」もひきつる意）筋肉がひきつること。また、それに伴う震え。ひきつり。『胃痙攣』

5004 【痤】 * 4560 疒‐7 ザ呉・サ漢/cuó/はれもの・にきび

字解 形声。疒＋坐（そこにいすわる）声。はれもの。また、にきびの意。

5005 【痣】 6560 615C E17B 疒‐7 シ漢/zhì/あざ・ほくろ

字解 形声。疒＋志（しるす・しるし）声。皮膚にしるしのようについたあざ・ほくろの意。皮膚にできる赤、青、紫などの変色部分。

5006 【痟】 * 4557 疒‐7 ショウ（セウ）呉漢/xiāo

字解 形声。疒＋肖（→梢、先端）声。からだの先、頭が痛む意。

意味 ❶頭痛。❷＝痟渇

【痟渇】①のどがかわいて、小便の通じなくなる病気。②婦人の淋病。▶「消渇」とも書く。

5007 【痩】 3373 4169 9189 疒‐7 ソウ 「痩」（5041）の異体字

5008 【痛】 3643 444B 92C9 疒‐7 常6 ツウ呉・トウ漢/tòng/いたい・いたましい・いたむ・いたみ・いためる

筆順 痛 痛 痛 痛 痛

字解 形声。疒＋甬（→通、つきぬける）声。からだをつきぬけるようないたみの意。

意味 ❶いたむ。いためる。いたい。いたみ。『鎮痛剤』『痛風』『苦痛』『腰痛』❷心がいたむ。苦しむ。なやむ。いたましい。『痛恨』『心痛』『沈痛』『悲痛』❸いたく。ひどく。非常に。はなはだしい。『痛飲』『痛感』『痛切』『痛烈』

❶いたむ。いためる。いたい。いたみ。

下接 胃痛・胸痛・苦痛・激痛・劇痛・産痛・酸痛・止痛・歯痛・疾痛・陣痛・頭痛・疝痛・創痛・足痛・楚痛・大痛・鎮痛

・疼痛（トウツウ）・鈍痛（ドンツウ）・腹痛（フクツウ）・無痛（ムツウ）・腰痛（ヨウツウ）

【痛楚（ツウソ）】ひどく痛み苦しむこと。

【痛風（ツウフウ）】足の親指や手足の関節が腫（は）れて、激しく痛む病気。痛疾風。

【痛棒（ツウボウ）】座禅のとき、心の定まらない者を打ちすえる棒。転じて、手痛い叱責（シッセキ）。痛烈な打撃。『痛棒を食らわす』

【痛痒・痛癢（ツウヨウ）】痛みとかゆみ。また、さしさわり、不都合。『痛痒を感じない〔＝平気である〕』

❷ 心がいたむ。くるしむ。いたましい。

下接 愁痛（シュウツウ）・心痛（シンツウ）・沈痛（チンツウ）・悼痛（トウツウ）・悲痛（ヒツウ）

【痛恨（ツウコン）】大変に残念であること。『痛恨の極み』

【痛心（ツウシン）】心を痛めること。心痛。

【痛惜（ツウセキ）】非常に残念に思うこと。

❸ いたく。ひどく。非常に。はなはだしい。

【痛飲（ツウイン）】大いに酒を飲むこと。

【痛快（ツウカイ）】非常に気持ちがいいさま。『痛快事』

【痛感（ツウカン）】心に強く感じること。『責任を痛感する』

【痛撃（ツウゲキ）】相手にひどい攻撃を加えること。また、手ひどい打撃。

【痛言（ツウゲン）】耳に痛いほどの直言。厳しく言うこと。

【痛哭（ツウコク）】ひどく泣き、非常に嘆き悲しむこと。

【痛切（ツウセツ）】①強く身にしみるさま。〔漢書‐劉向伝〕②悲しく、痛ましいさま。〔呉質‐答魏太子牋〕

【痛嘆・痛歎（ツウタン）】ひどく嘆き悲しむこと。

【痛罵（ツウバ）】手ひどくののしること。

【痛憤（ツウフン）】大いに腹を立てること。

【痛烈（ツウレツ）】刺激や働きかけが非常に激しいさま。『痛烈に批判する』『痛烈な当たり』

5009 【痘】 3787 4577 9397 疒－7 常 トウ㊥/dòu/もがさ

筆順 痘 痘 痘 痘 痘 痘

字解 形声。疒＋豆（まめ）㊥。

意味 もがさ。ほうそう。天然痘。高熱とともに発疹、膿疱を生じて、あとがあばたになる病気。『種痘（シュトウ）』『水痘（スイトウ）』

【痘瘡（トウソウ）】天然痘。

5010 【痞】 6561 615D E17C 疒－7 ヒ㊥/pǐ/つかえ

字解 形声。疒＋否（ふさがる）㊥。胸や腹がふさがるような病気、つかえの意。

5011 【痢】 4601 4E21 979F 疒－7 常 リ㊥/lì

筆順 痢 痢 痢 痢 痢 痢

字解 形声。疒＋利㊥。はらくだしの意。

意味 げり。はらくだし。

下接 疫痢（エキリ）・下痢（ゲリ）・瀉痢（シャリ）・赤痢（セキリ）・泄痢（セツリ）

【痢病（リビョウ）】激しい腹痛を伴う下痢をする病気。今日の赤痢の類。

5012 【痾】 6562 615E E17D 疒－8 ア㊥/ē·kē/やまい

字解 形声。疒＋阿㊥。

意味 やまい。長びく病気。「疴」に同じ。『宿痾（シュクア）』『沈痾（チンア）』

5013 【瘂】 ＊4568 疒－8 ア 「啞」（1081）の異体字

5014 【痿】 6563 615F E17E 疒－8 イ（ヰ）㊥・ワイ㊥/wěi/なえる

字解 形声。疒＋委（→萎、なえる）㊥。

意味 なえる。しびれる。弱くなる。また、足なえ。

5015 【痼】 6564 6160 E180 疒－8 （4985）【（疒＋古）】 二二 疒－5 コ㊥/gù/しこる

字解 形声。疒＋固（頑固）㊥。頑固で治らない病気。

意味 ながわずらい。長い間治らない病気。転じて、一つのことにこりかたまること。『沈痼（チンコ）』

【痼疾（コシツ）】①長く治らない病気。持病。〔後漢書‐周章伝〕②なかなか治らない癖や嗜好。『煙霞（エンカ）の痼疾〔＝深く自然を愛する習性を、治らない病気にたとえていう。「旧唐書‐田遊巌伝」から〕』

5016 【瘁】 6565 6161 E181 疒－8 （4977）【（疒＋卆）】 二二 疒－4 スイ㊥/cuì/やむ

字解 形声。疒＋卒㊥。

意味 やむ。病気をして、やせる。また、つかれる。苦しみおとろえる。「悴」に同じ。『憔瘁（ショウスイ）』『殄瘁（テンスイ）』

5017 【痰】 6566 6162 E182 疒－8 タン㊥/tán

字解 形声。疒＋炎㊥。たんの意。

意味 たん。気管からの分泌物。『咳痰（ガイタン）』『喀痰（カクタン）』『去痰（キョタン）』『血痰（ケッタン）』

5018 【痴】 3552 4354 9273 疒－8 常 （5066）【癡】 6587 6177 E197 疒－14 旧字

チ㊥㊥/chī/おろか・おこ・しれ・しれる・たわけ

筆順 痴 痴 痴 痴 痴 痴

字解 痴は、癡の略体。癡は形声。疒＋疑（立ち止まってためらう）㊥。うまく事に対処できない、おろかの意。

意味 ❶おろか。ぬけている。しれ。おこ。『痴呆症』『痴鈍（チドン）』『音痴（オンチ）』『愚痴（グチ）』『白痴（ハクチ）』❷物事に執着して夢中になること。男女間の色情に関していうことが多い。『痴情』『痴話』『書痴（ショチ）』❸仏教で、三毒の一。煩悩の起こるもと。

❶ おろか。ぬけている。

【痴漢（チカン）】おろか者。→❷

【痴愚（チグ）】おろかなこと。ばか。

【痴人（チジン）】おろかな人。【対痴人説夢（チジンにタイしてゆめをとく）】おろかな者にとりとめのない夢の話をして聞かせる。まったくばかばかしいことをするたとえ。〔冷斎夜話〕

【痴態（チタイ）】ばかげた振る舞い。おろかな姿。

【痴鈍（チドン）】おろかでにぶいこと。〔顔氏家訓‐音辞〕

【痴呆（チホウ）】知能が著しく欠けていること。『痴呆症』

❷ 男女間の色情。

【痴漢（チカン）】国女性にみだらないたずらをする男。→❶

【痴情(チジョウ)】色情におぼれ理性を失ったおろかな心。
【痴話(チワ)】国情人同士のまともでない対話。『痴話喧嘩』

5019 【瘃】* 4569 疒-8 チョク漢・ショク漢/zhú/ひび
字解 形声。疒+豖声。しもやけ・凍傷の意。

5020 【痹】* 4566 疒-8 ヒ呉漢/bì
字解 形声。疒+畀声。しびれるの意。

5021 【痱】* 4565 疒-8 ヒ漢/féi·fèi/やむ・しびる・ちびる
字解 形声。疒+非声。
意味 ❶病む。❷あせもの類。❸中風。中気。

5022 【痺】 6567 6163 E183 疒-8 ヒ呉漢/bì/しびれる
字解 形声。疒+卑声。ウズラのめすの意。俗に痹と混用され、しびれるの意に用いられる。
意味 しびれる。しびれ。『風痺(フウヒ)』『麻痺(マヒ)』『痲痺(マヒ)』

5023 【痲】 6568 6164 E184 疒-8 マ呉・バ漢/má/しびれる
字解 形声。疒+林声。痳は別字。
参考 熟語は「麻」(9579)を見よ。
意味 ❶しびれる。しびれ。「麻」に同じ。『痲酔(マスイ)』『痲痺(マヒ)』❷『痲疹(シシン)』は、はしか。

5024 【瘀】* 4567 疒-8 ヨ漢/yū
字解 形声。疒+於(→淤、とどこおる)声。血液の循環が悪くなっておこる病気、鬱血の意。

5025 【痳】 6569 6165 E185 疒-8 リン漢/lín
字解 形声。疒+林声。痲は別字。
意味 ❶「淋」に同じ。『痳病(リンビョウ)』は性病の一。淋病。❷せんき。腹や腰が痛む病気。

5026 【瘖】* 4579 疒-9 オン呉・イン漢/yīn/おし
字解 形声。疒+音(内にこもるおと)声。ことばが話せない病気。
意味 音声で話ができないこと。おし。
【瘖瘂・瘖唖(インア)】聞くことや話すことのできないこと。

5027 【瘟】 ―― 疒-9 オン 「瘟」(5038)の異体字

5028 【瘕】* 4578 疒-9 カ漢/jiǎ
字解 形声。疒+叚声。
意味 ❶『癥瘕(チョウカ)』は、腹がふくれあがる病気。❷きず。「瑕」に同じ。『瘕疵(カシ)』

5029 【⿸疒曷】 ―― 疒-9 カツ漢
字解 形声。疒+曷声。暑さにあたった病気の意。暍に同じ。『痟⿸疒曷(ショウカチ|ショウカツ)』は病気の名。

5030 【瘧】 6574 616A E18A 疒-9 ギャク漢/nüè·yào/おこり・わらわやみ
字解 形声。疒+虐(ひどい・はげしい)声。
意味 おこり。わらわやみ。マラリア。

5031 【⿸疒皇】 ―― 疒-9 コウ(クヮウ)漢
字解 形声。疒+皇声。おうだんの意。

5032 【瘇】* 4571 疒-9 ショウ漢・シュ慣/zhǒng
字解 形声。疒+重声。足がはれる病気の意。
意味 ❶足がはれる病気。❷『血瘇(ケッシュ)』は、体内の一部に出血の血がたまってできるこぶ。「腫」に同じ。

5033 【瘋】 6570 6166 E186 疒-9 フウ漢/fēng
字解 形声。疒+風声。
意味 ❶頭が痛むこと。頭痛。❷気がちがうこと。狂人。『瘋癲』
【瘋癲(フウテン)】①精神病の俗称。②国定職を持たず、ぶらぶらと暮らしている人をいう。

5034 【瘐】 ―― 疒-9 ユ漢/yǔ
字解 形声。疒+臾声。やむ、病気になる、また、囚人が飢寒で死ぬ意。

5035 【瘉】 6572 6168 E188 疒-9 ユ 「癒」(5062)の異体字

5036 【瘍】 6571 6167 E187 疒-9 ヨウ(ヤウ)漢/yáng/できもの・かさ
字解 形声。疒+昜(上にあがりあらわれる)声。
意味 できもの。また、かさ。『潰瘍(カイヨウ)』『腫瘍(シュヨウ)』

5037 【瘞】* 4584 疒-10 エイ漢/yì/うずめる
字解 形声。土+㾜(呼吸困難)声。息がとだえた者を土中にうずめる意。
意味 地にうずめる。また、墓。

5038 【瘟】 6573 6169 E189 疒-10 (5027)【瘟】 ―― 疒-9
オン(ヲン)漢・ウン慣/wēn/えやみ
字解 形声。疒+𥁕声。
意味 ❶えやみ。はやりやまい。『瘟疫』『瘟鬼』『瘟疾』❷『瘟⿸疒皇日(ウンコウニチ)』は、陰陽道での吉日の一。
【瘟疫(ウンエキ|オンエキ)】はやりやまい。
【瘟鬼(オンキ)】伝染病を流行させるという悪神。疫病神。
【瘟疾(オンシツ)】流行の熱病。瘟疫。

5039 【瘠】 6575 616B E18B 疒-10 セキ漢/jí/やせる
字解 形声。疒+脊声。
意味 ❶やせる。からだが細くなる。❷地味が悪い。土地がやせる。『瘠地』『瘠土』『瘠薄』『沃瘠(ヨクセキ)』
【瘠地(セキチ)】地味のやせている土地。
【瘠土(セキド)】作物がよく育たない土地。
【瘠薄(セキハク)】地味のやせていること。

5040 【瘡】 6576 616C E18C 疒-10 ソウ(サウ)漢/chuāng/かさ・くさ・きず

字解 形声。疒＋倉(声)。
意味 ❶かさ。くさ。はれもの。できもの。皮膚病の総称。「痘瘡」「疱瘡」 ❷きず。きりきず。「創」に同じ。「瘡痕」「刀瘡」

❶かさ。くさ。はれもの。できもの。
下接 悪瘡(アクソウ)・汗瘡(カンソウ|あせも)・雁瘡(ガンソウ|がさ)・痤瘡(ザソウ)・湿瘡(シッソウ)・漆瘡(シッソウ)・褥瘡(ジョクソウ)・凍瘡(トウソウ)・痘瘡(トウソウ)・疱瘡(ホウソウ)
【瘡腫(ソウシュ)】皮膚がはれてうみをもったもの。
【瘡毒(ソウドク)】梅毒(バイドク)。

❷きず。きりきず。
下接 金瘡(キンソウ)・刀瘡(トウソウ)・瘢瘡(ハンソウ)
【瘡夷・瘡痍(ソウイ)】きずあと。
【瘡痕(ソウコン)】きずあと。創痕(ソウコン)。
【瘡瘢(ソウハン)】きずあと。瘡痕。

5041 【瘦】* 4587 疒-10 (5007)【痩】 3373 4169 9189 疒-7 †
シュ(呉)・シュウ(シウ)(漢)・ソウ(慣)/shòu/やせる・こける
字解 形声。疒＋叟(→縮、ちぢむ)(声)。やせる意。
意味 ❶やせる。こける。からだがやせ細る。「痩軀」「痩身」「枯痩(コソウ)」「衰痩(スイソウ)」「肥痩(ヒソウ)」 ❷土地がやせる。地味が悪い。「痩地」「肥痩(ヒソウ)」

❶やせる。こける。からだがやせ細る。
【痩軀(ソウク)】やせた体。痩身。「長身痩軀」
【痩懼(ソウク)】心配事でやせること。
【痩骨(ソウコツ)】やせほそった体。
【痩身(ソウシン)】やせた体。痩軀(ソウク)。
【痩羸(ソウルイ)】やせおとろえること。やせつかれること。

❷地味が悪い。土地がやせる。
【痩地(ソウチ|やせチ)】地味がやせていて、作物や草木の育ちにくい土地。

5042 【瘙】* 4580 疒-10 ソウ(サウ)(漢)/sāo
字解 形声。疒＋蚤(かゆいむし)(声)。ひぜんの意。

5043 【瘢】 6577 616D E18D 疒-10 ハン(漢)/bān/きず・きずあと
字解 形声。疒＋般(声)。
意味 きず。きずあと。「紫瘢(シハン)」「創瘢(ソウハン)」「瘡瘢(ソウハン)」
【瘢痕(ハンコン)】傷が治ったあとに残る跡。きずあと。
【瘢瘡・瘢創(ハンソウ)】きずあと。瘢痕。瘡痕。

5044 【瘤】 6578 616E E18E 疒-10 (5057)【癅】* 4608 疒-12
リュウ(リウ)(漢)/liú/こぶ
字解 形声。疒＋留(=畱、止まる・しこる)(声)。しこってもりあがってできた、こぶの意。
意味 こぶ。肉のかたまり。「動脈瘤(ドウミャクリュウ)」「贅瘤(ゼイリュウ)」「力瘤(ちからこぶ)」

5045 【瘴】 6579 616F E18F 疒-11 ショウ(シャウ)(漢)/zhàng
字解 形声。疒＋章(声)。
意味 山川に生じる毒気。また、それによっておこる病気。特に、中国、華南地方の高温多湿によって生ずる風土病をいう。「煙瘴(エンショウ)」「毒瘴(ドクショウ)」「霧瘴(ムショウ)」
【瘴煙・瘴烟(ショウエン)】瘴気を含む靄(もや)。
【瘴気(ショウキ)】熱病を起こすという蒸気。
【瘴江(ショウコウ)】瘴気が立ちこめている川。＊韓愈-左遷至藍関示姪孫湘「好収吾骨瘴江辺(よくわがほねをおさめよショウコウのほとり)」〔=私の骨を、瘴気の立ちこめる大川のほとりでとり収めてくれ〕
【瘴癘(ショウレイ)】特殊な気候や風土によって起こる伝染性の病気。風土病。「瘴癘の地」

5046 【瘭】* 4589 疒-11 ヒョウ(ヘウ)(漢)/biāo
字解 形声。疒＋票(声)。
意味 病気の名。「瘭疽(ヒョウソ|ヒョウ)」は、手足の指の末節の急性化膿性炎症。

5047 【瘰】 6580 6170 E190 疒-11 ラ(漢)・ルイ(慣)/luǒ
字解 形声。疒＋累(声)。
意味 病気の名。「瘰癧(ルイレキ)」は、首にできる慢性のリンパ節炎。瘤(こぶ)状をなし、その多くは結核性。

5048 【瘻】 6581 6171 E191 疒-11 ロウ(漢)・ル(漢)/lòu・lǘ
字解 形声。疒＋婁(小さなかたまりがつらなる)(声)。
意味 ❶首のまわりにできるはれもの。かさ。 ❷背骨の曲がる病気。「痀瘻病(クルビョウ)」 ❸穴があく。もれる。「漏」に通じる。「痔瘻(ジロウ)」「瘻管(ロウカン)」

5049 【癋】* 4610 疒-12 カク(漢)
字解 形声。疒＋悪(声)。
意味 ❶胸の病気。 ❷国「癋見(べしみ)」は、能面の一で、下あごに力をこめ、唇を強く結び、眉をしかめた表情。「大癋見(おおべしみ)」「小癋見(こべしみ)」「癋面(べしメン)」

5050 【癇】 6582 6172 E192 疒-12 (5051)【癎】 二二 疒-12
カン(漢)/xián
字解 形声。疒＋閒(あいだ)(声)。間をおいておこるひきつけの意。
意味 ❶ひきつけ。驚風。筋肉がひきつり、気持ちがいらだつ小児の病気。 ❷「癲癇(テンカン)」は、急にひきつけを起こして気絶し、口から泡を出す病気。 ❸国かん。神経が過敏なこと。「癇にさわる」「癇癪」「癇症」「癇癖」
【癇癪(カンシャク)】国激怒しやすい性質。また、その発作。「癇癪を起こす」「癇癪持ち」「癇癪玉(だま)」
【癇性・癇症(カンショウ)】国感情が強すぎて激しやすい性質。また、神経質なこと。
【癇癖(カンペキ)】国怒りっぽい性質。癇癪(カンシャク)。

5052 【癌】 2066 3462 8AE0 疒-12 ガン(漢)/ái・yán
字解 形声。疒＋嵒(岩石のような塊)(声)。がんの意。
意味 がん。体内や皮膚にできる悪性の腫瘍。

5053 【癉】* 4609 疒-12 タン(漢)/dàn・dān
字解 形声。疒＋單(声)。
意味 ❶病む。 ❷黄疸(オウダン)。 ❸つかれる。 ❹「癉疽(タンソ)」は、悪性のかさ。

5054 【癈】 6583 6173 E193 疒-12 ハイ漢/fèi/すたれる
字解 形声。疒+發(→廢、やぶれてだめになる)声。不治の病の意。
参考 熟語は「廃」(2141)を見よ。
意味 すたれる。おとろえる。だめになる。「廃」に同じ。「癈疾(ハイシツ)」「癈人(ハイジン)」

5055 【癁】* 4605 疒-12 フク漢/やむ
字解 形声。疒+復声。
意味 ❶病む。❷病気が再発する。ぶりかえす。

5056 【癃】* 4606 疒-12 リュウ(リウ)漢/lóng
字解 形声。疒+隆(もりあがってしこる)声。やみつかれてしこる意。

5057 【癅】* 4608 疒-12 リュウ 「瘤」(5044)の異体字

5058 【療】 4637 4E45 97C3 疒-12 常 リョウ(レウ)呉漢/liáo/いやす
筆順 療 療 療 療 療 療
字解 形声。疒+尞(→料・了、おさめる)声。病気を治めなおす意。
意味 いやす。いえる。病気をなおす。
下接 医療(イリョウ)・加療(カリョウ)・救療(キュウリョウ)・祈療(キリョウ)・診療(シンリョウ)・施療(セリョウ)・治療(チリョウ)・物療(ブツリョウ)
【療治】(リョウジ) 病気をなおすこと。「荒(あら)療治」
【療法】(リョウホウ) 治療の方法。「化学療法」
【療養】(リョウヨウ) 病気の手当てをし、体を休めること。

5059 【癆】 6584 6174 E194 疒-12 ロウ(ラウ)漢/láo
字解 形声。疒+勞声。
意味 おとろえやせること。また、その病。
【癆痎】(ロウガイ) 肺病。肺結核。労咳(ロウガイ)。
【癆瘵】(ロウサイ) ①肺病。労咳。②一種の神経病で、気鬱症や恋の病などの類。

5060 【癜】 6585 6175 E195 疒-13 テン漢/diàn/なまず
字解 形声。疒+殿声。
意味 なまず。白、または紫のまだらができる皮膚病。

5061 【癖】 4242 4A4A 95C8 疒-13 常 ヘキ漢/pǐ/くせ
筆順 癖 癖 癖 癖 癖 癖
字解 形声。疒+辟(わきへよる)声。からだのバランスがくずれてなる病気の意。今日では主としてかたよった傾向、くせの意に用いる。
意味 ❶食物不消化の病気。また、一般に、病気。やまい。「肩癖(ケンペキ)」「痃癖(ケンペキ)」❷くせ。常習となっている好みやしぐさ、習性などがかたよる傾向。「放浪の癖(へき)」「癖好」「悪癖(アクヘキ)」「性癖(セイヘキ)」↓下接。
下接 悪癖(アクヘキ)・一癖(イッペキ/ひとくせ)・癇癖(カンペキ)・奇癖(キヘキ)・潔癖(ケッペキ)・詩癖(シヘキ)・習癖(シュウヘキ)・書癖(ショヘキ)・性癖(セイヘキ)・銭癖(センペキ)・盗癖(トウヘキ)・病癖(ビョウヘキ)／女癖(おんなぐせ)・口癖(くちぐせ)・酒癖(さけぐせ)・手癖(てくせ)
【癖好】(ヘキコウ) 偏って好むこと。執着して興味を持つこと。

5062 【癒】 4494 4C7E 96FC 疒-13 常 (5063)【癒】 ― ― 疒-13 旧字 (5035)【瘉】 6572 6168 E188 疒-9 ユ漢/yù/いえる・いやす
筆順 癒 癒 癒 癒 癒 癒
字解 形声。疒+愈(=兪、ぬけ出る)声。病がなおる意。
意味 ❶いえる。いやす。病気がなおる。「癒合」「快癒(カイユ)」「全癒(ゼンユ)」「治癒(チユ)」「平癒(ヘイユ)」❷やむ。病気になる。また、なやむ。「癒着」
【癒合】(ユゴウ) 傷口が治って、ふさがること。
【癒着】(ユチャク) ①離れている皮膚や膜などが炎症などのためにくっつくこと。②国互いに深い関係にあって、強く結びついていること。「政財界の癒着」

5064 【癕】* 4611 疒-13 ヨウ 「癰」(5079)の異体字

5065 【癘】 6586 6176 E196 疒-13 レイ漢・ライ漢/lì
字解 形声。疒+萬(サソリ)声。サソリにさされたような強い痛みのある病気。一説に、萬は厲の略体で、はげしい意とも。
意味 ❶(レイ) えやみ。悪性の流行病。「疫癘(エキレイ)」「瘴癘(ショウレイ)」「毒癘(ドクレイ)」❷(ライ) ハンセン病。「癩」に同じ。

5066 【癡】 6587 6177 E197 疒-14 チ 「痴」(5018)の旧字

5067 【癤】* 4614 疒-15 セツ漢/jiē/かたね (5068)【癤】 ― ― 疒-15
字解 形声。疒+節声。
意味 はれものの一種。かたね。ねぶと。皮膚が赤くはれて固くなり、中心部が化膿して痛みがひどい。

5069 【癥】* 4615 疒-15 チョウ漢/zhēng
字解 形声。疒+徴声。
意味 「癥瘕(チョウカ)」は、腹にしこりができること。

5070 【癢】 6588 6178 E198 疒-15 ヨウ(ヤウ)漢/yǎng/かゆい
字解 形声。疒+養声。
意味 かゆい。また、はがゆい。「痒」に同じ。「技癢(ギヨウ)」[=自分の腕前を示したくてうずうずすること]

5071 【癨】 6589 6179 E199 疒-16 カク(クヮク)漢
字解 形声。疒+霍声。
意味 「癨乱(カクラン)」は、暑気あたり。霍乱。

5072 【癪】 6591 617B E19B 疒-16 シャク慣
字解 国字。形声。疒+積声。
意味 ❶しゃく。さしこみ。胸や腹が急に痛み、けいれんを起こす病気。「癪気(シャッキ)」❷腹がたつこと。気にさわること。「癪にさわる」「癇癪(カンシャク)」「小癪(こシャク)」

5073【癩】6590 617A E19A 疒-16 ライ呉漢・ラツ漢/lài·là
字解 形声。疒＋賴声。
意味 ハンセン病。

5074【癧】6592 617C E19C 疒-16 レキ漢/lì
字解 形声。疒＋歴声。
意味 「瘰癧ルイレキ」は、慢性のリンパ節炎。多く頸部に生じてこぶ状をなす。

5075【癮】＊4617 疒-17 イン漢/yǐn
字解 形声。疒＋隱声。
意味 ❶かざほろし。熱による発疹。❷「癮者インジャ」は、酒、煙草、アヘンなどの中毒者。

5076【癭】＊4616 疒-17 エイ漢/yǐng/こぶ
字解 形声。疒＋嬰(くびかざり)声。首まわりにできる病気の意。
意味 ❶こぶ。「瘤」に同じ。㋑皮膚の一部がうずたかく固まっているもの。㋺木のこぶ。「虫癭チュウエイ」㋩ひも、縄などの固むすび。❷口がきけないこと。

5077【癬】6593 617D E19D 疒-17 セン呉漢/xuǎn·xiǎn/くも
字解 形声。疒＋鮮(→遷、うつる)声。
意味 たむしの類の皮膚病。「疥癬カイセン」「皮癬ヒゼン」

5078【癯】＊4618 疒-18 ク漢/qú/やせる
字解 形声。疒＋瞿声。やせる、体が細くなる意。臞に同じ。「清癯セイク」

5079【癰】6594 617E E19E 疒-18 (5064)〔癕〕＊4611 疒-13
オウ呉・ヨウ漢/yōng
字解 形声。疒＋雝(→壅、ふさがる)声。
意味 できもの。悪性のはれもの。

【癰腫ヨウシュ】はれもの。悪性のできもの。
【癰疽ヨウソ】癰(浅くて大きなできもの)と、疽(深くて悪性のできもの)。悪瘡。毒瘡。

5080【癱】＊4619 疒-19 タン漢/tān
字解 形声。疒＋難声。筋肉が痲痺ヒマする病気の意。

5081【癲】6601 6221 E19F 疒-19 テン漢/diān
字解 形声。疒＋顚声。
意味 ❶気がくるう。気がふれる。「癲狂」「瘋癲フウテン」❷「癲癇テンカン」は、急にひきつけを起こし、口から泡をふいて倒れる病気。

【癲狂テンキョウ】気が狂うこと。狂気。

105 癶部 はつがしら

文 篆 

癶は、左右に少し開いた両足の形に象り、そむく意を表す。癶部には癶の形を字の上部にもつ字を収める。發(発)(ハツ)の字によって部標を「はつがしら」という。癶は単体としては用いられないが、登の場合は足を示す止を左右に相対させた形で隷書から今日のような形に簡略化され、また発が篆文以来この類に同化した。

癶 ④ 癸 発 ⑦ 登 發

5082【癶】6602 6222 E1A0 癶-0 ハツ漢
字解 部首解説を参照。

5083【癸】6603 6223 E1A1 癶-4 キ漢/guǐ/みずのと
字解 象形。武器に似た木を十字に組み合わせた形に象るという。はかる意を表す。借りて、十干の第十位に用いる。

同属字 葵・揆・睽
意味 ❶みずのと。十干の第十番目。水の弟の意。❷「天癸テンキ」は、月経の意。

5084【発】4015 482F 94AD 癶-4 常3 (5086)〔發〕6604 6224 E1A2 癶-7 旧字
ホチ呉・ホツ呉・ハツ漢/fā/はなつ・おこす・おこる・たつ・あばく・ひらく

筆順 

字解 発は、發の略体。發は形声。弓(ゆみ)＋癹(左右に足をひらく)声。足を開きふんばり弓矢を射る意。
同属字 廢(廃)・癈・撥・潑・醱
意味 ❶はなつ。矢や鉄砲などを放つ。「百発百中」「発射」「発砲」「乱発」「連発」❷でかける。いでたつ。また、送り出す。つかわす。↕着。「東京駅発の新幹線」「使者を発する」「発車」「発進」「発送」「始発」「出発」＊李白-峨眉山月歌「夜発ニ清渓一向ニ三峡一よるセイケイをハッしてサンキョウにむかう〔=夜、清渓を舟出して三峡に向かった〕」❸でる。生じる。起こる。また、だす。起こす。「奇声を発する」「発煙ハツエン」「発音」「発芽ハツガ」「発生」「発作ホッサ」「偶発」「自発」「突発」❹のびる。のばす。さかんにする。「発育」「発展」❺あける。ひらく。㋑あきらかにする。あかるみに出す。また、あらわす。あらわれる。「発覚」「発掘」「発見」「発表」「開発」㋺助けて、言えるようにする。＊論語-述而「不レ悱不レ発ヒせざればハッせず〔=(学問する者が)理解しながらも、ことばに出せずにもどかしがるようにならなければ、助けて言えるようにしてやらない〕」❻その他。あて字、書き換え字。「丁丁発止チョウチョウハッシ」「発酵ハッコウ」「活発カッパツ」「反発ハンパツ」

❶はなつ。矢や鉄砲などを放つ。
下接 虚発キョハツ・空発クウハツ・撃発ゲキハツ・散発サンパツ・不発フハツ・暴発ボウハツ・乱発ランパツ・連発レンパツ・百発百中ヒャッパツヒャクチュウ

【発射ハッシャ】①矢や弾丸などを撃ち出すこと。「ロケット発射台」②電波を出すこと。

5画 玄玉(王)瓜瓦甘生用田疋(正)疒癶白皮皿目(罒)矛矢石示(ネ)内禾穴立

【発砲】(ハッポウ) 銃や大砲を撃つこと。

❷でかける。また、送りだす。

下接 延発・後発・始発・終発・出発・進発・先発・増発・遅発

【発引】(ハツイン) (「引」は、柩車の前方の引き綱の意) 葬式のとき、棺を墓地へ送り出すこと。

【発遣】(ハッケン) 送りつかわすこと。さしむけること。

【発車】(ハッシャ) 電車、自動車などが出発すること。↔停車

【発信】(ハッシン) 電波・郵便物などを送り出すこと。↔受信

【発進】(ハッシン) 飛行機・軍艦などが出発し、進むこと。

【発送】(ハッソウ) 物を送り出すこと。

【発注・発註】(ハッチュウ) 注文を出すこと。↔受注

【発程】(ハッテイ) 出発すること。たびだち。

【発伝】(ハツデン) 宿つぎの車を出すこと。*十八史略-春秋戦国「鶏尽鳴。遂発レ伝〈にわとりことごとくなく。ついにデンをハッす〉」〔=鶏が一斉に鳴き出した。そこで(関所の役人は)乗り継ぎの駅馬車を出発させた〕

【発途】(ハット) 出発すること。かどで。出立。

【発足】(ホッソク|ハッソク) 旅立つこと。出発すること。→❸

❸でる。生じる。また、だす。起こす。

下接 映発・渙発・揮発・偶発・群発・激発・原発・再発・自発・蒸発・触発・初発・双発・即発・続発・多発・単発・挑発・特発・突発・爆発・頻発・風発・憤発・奮発・併発・勃発・未発・誘発

【発案】(ハツアン) ①新しい案を考え出すこと。②議案を提出すること。『発案権』

【発意】(ハツイ|ホツイ) ①(ハツイ) 思いつくこと。考えだすこと。②(ホツイ) 仏語。菩提心を起こすこと。発心。ほっち。

【発音】(ハツオン) 音、特に、言語の音声を発すること。

【発議】(ハツギ|ホツギ) ①議論、意見などを言い出すこと。②国議案を提出すること。

【発狂】(ハッキョウ) 精神に異常をきたすこと。気が狂うこと。

【発句】(ホック|ハック) 一(ハック) 漢詩で、絶句の第一句と律詩の第一・二句をいう。起句。二(ホック) 国①連歌や俳諧の連句で、最初の五・七・五からなる句。②俳句。

【発源】(ハツゲン) ①水が湧き出ること。河水がみなもとから発すること。②転じて、物事のもとをなすこと。起源。

【発語】(ハツゴ) 文章や談話で、最初に用いる言葉。「さて」「そもそも」などの類。

【発興】(ハッコウ) ①軍隊を発すること。兵を動かすこと。〔漢書-酈助伝〕②初めて起こること。発生。

【発散】(ハッサン) ①外へ散らすこと。『熱を発散させる』②光線などが広がりながら進むこと。↔集束

【発情】(ハツジョウ) 成熟した哺乳類が時期的に性的興奮状態になること。『発情期』

【発祥】(ハッショウ) 物事が起こり現れること。『文明発祥の地』

【発疹】(ハッシン|ホッシン) 皮膚にできる小さい吹き出物。

【発生】(ハッセイ) ①はえ出ること。生じること。また、物事の起こること。『事故発生の報』②生物学で、個体における形態形成の初期過程。

【発声】(ハッセイ) ①声を出すこと。『発声法』②多数の人を前に音頭をとること。

【発迹】(ハッセキ) 出世すること。〔史記-司馬相如伝〕

【発電】(ハツデン) 水力、火力、原子力などによって電気を発生させること。『発電所』

【発動】(ハツドウ) ①ふるいたって行動すること。②活動を始めること。③国法的権限を行使すること。『強権発動』④国動力を起こすこと。『発動機』

【発難】(ハツナン) ①兵乱を起こしはじめること。〔左伝-定公一四年〕②問いつめ、なじること。

【発熱】(ハツネツ) ①熱を発生すること。『発熱量』②体温が平常時より高くなること。

【発破】(ハッパ) 土木工事などで、仕掛けて爆破させる火薬。『発破をかける』

【発病】(ハツビョウ) 病気になること。

【発憤・発奮】(ハップン) ①心をふるい起こすこと。〔論語-述而〕②憤懣を発すること。〔史記-太史公自序〕

【発起・発企】(ホッキ) ①思い立って始めること。『発起人』②仏門に入ること。発心。『一念発起する』

【発作】(ホッサ) 急に物事が起こること。特に、病気の突発的な症状。

【発心】(ホッシン) ①菩提心を発すること。発意。発起。②思い立ってある物事を始めること。発起。

【発足】(ホッソク|ハッソク) 団体や会などが設けられ、活動しはじめること。『委員会が発足する』→❷

【発端】(ホッタン) 物事の初め。いとぐち。『事件の発端』

❹のびる。のばす。さかんにする。

【発育】(ハツイク) 育って大きくなること。成長。

【発達】(ハッタツ) ①発育、成長すること。『心身の健全な発達』②進歩発展すること。『交通網の発達』③規模が次第に大きくなること。『発達中の低気圧』

【発展】(ハッテン) ①物事の勢いや力などが進み広がること。『都市の急速な発展』②あちこちに手を伸ばすこと。

❺あける。ひらく。また、あらわす。

下接 英発・開発・感発・煥発・啓発・警発・圏発・興発・告発・秀発・俊発・徴発・摘発・表発・爛発・利発

【発覚】(ハッカク) 秘密や罪悪、陰謀などがあらわれること。露顕。

【発揮】(ハッキ) 力や特性などを外へあらわし出すこと。『効果を発揮する』『実力発揮の場』

【発禁】(ハッキン) 国発売禁止の略。書籍、雑誌などの発売について官庁が禁止すること。

【発掘】(ハックツ) ①土中にあるものを掘り出すこと。『発掘調査』②すぐれたものを探し出すこと。『人材の発掘』

【発言】(ハツゲン) 口頭で意見を述べること。『発言権』

【発現】(ハツゲン) あらわれ出ること。あらわし出すこと。

【発見】(ハッケン) 知られていなかったものを初めて知識とすること。『新大陸の発見』

【発行】(ハッコウ) 図書、新聞などを印刷、出版すること。紙幣、切手などを作って出すこと。『発行所』『発行枚数』

【発倉】(ハッソウ) 倉を開くこと。また、倉を開いて穀物などを出し、貧困者などに施すこと。

【発想】(ハッソウ) ①思想や詩情などを表現すること。②ある考えが浮かぶこと。また、その考え。『面白い発想』

【発売】(ハツバイ) 品物を売り出すこと。『発売中』『新発売』

【発凡】(ハッパン) 書物の記述の要領。また、凡例。

【発表】(ハッピョウ) 表向きに知らせること。多くの人々に明らかにすること。『発表会』『新聞発表』

【発布】(ハップ) 新しい法などを世の中に広く告げ知らせること。公布。『憲法発布』

【発明】(ハツメイ) ①新しい物、技術を考え出し、作り出すこと。『発明家』②国賢いこと。聡明。利発。

【発蒙】(ハツモウ) ①道理に暗い人をよくわかるよ

5画 玄玉(王)瓜瓦甘生用田疋(⺪)疒癶白皮皿目(罒)矛矢石示(ネ)内禾穴立

うにすること。〔易経-蒙〕②物のおおいを取り去ること。甚だ容易であることのたとえ。〔漢書-淮南王安伝〕

【発揚 ハツヨウ】高くあらわすこと。また、奮い立たせること。『国威発揚』

【発露 ハツロ】心のうちが、行動、態度など具体的な形をとってあらわれること。『友情の発露』

❻ その他。

【発酵 ハッコウ】酵母、細菌などの微生物が有機物を分解または酸化還元すること。酒、味噌ミソ、パンの製造などに利用。♥書き換え「醱酵→発酵」。「醱」は酒をかもす意。「酵」はコウジカビの意。

【発条 ハツジョウ|ぜんまい|ばね】鋼はがねなどを巻いたり曲げたりして、強い弾力性を持たせたもの。弾機。スプリング。

【発発 ハツハツ】①風が速く吹くさま。〔詩経-小雅-蓼莪〕②魚がいきいきとはねるさま。〔詩経-衛風-碩人〕

5085【登】3748 4550 936F 癶-7 常3 トウ(呉)(漢)・ト(慣)/dēng/のぼる

筆順 登 登 登 登 登 登

字解 形声。癶(両足)+豆(祭器をささげあげる)(声)。祭器をささげて階をのぼる意。甲骨文は、豆を両手でささげる形。

甲骨文
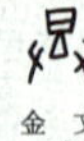
金文

篆文

同属字 嶝・橙・燈(灯)・磴・證(証)・鐙

参考 万葉仮名では音を借りて「と㋴」

意味 ❶のぼる。高い所にあがる。『登降』『登楼』『遐登カトウ』 *白居易-長恨歌「雲桟縈紆登剣閣(ウンサンエイウしてケンカクにのぼる)」[=雲のかけはしをめぐりめぐって、剣閣を登る]」 ❷でかける。仕事などに行く。現れる。『登校』『登場』 ❸高い位につく、つける。人をあげ用いる。また、合格する。『登第』『登用』 ❹のぼす。書類などに書きのせる。記録する。『登記』『登録』 ❺みのる。成熟する。『登歳』 ❻「登時トウジ」は、その時すぐ、即座にの意。

❶ のぼる。高い所にあがる。

【登仮・登遐 トウカ】(遠い天へ登るの意)天子が死ぬこと。崩御ホウギョ。〔礼記-曲礼下〕

【登降 トウコウ】①ふえることとへること。増減。〔左伝-桓公二年〕②尊いことと卑しいこと。〔墨子-非儒〕

【登高 トウコウ】①高い所に登ること。②陰暦九月九日の重陽チョウヨウの節句に、小高い山に登って頭に茱萸シュユをさし、菊酒を飲んで遊ぶという風習。悪気をさけ、疫病を防ぐとされる。〔続斉諧記〕③陰暦正月七日、または一五日に山や丘に登る行事。

【登仙 トウセン】天に登って仙人となること。また、仙人。*蘇軾-前赤壁賦「如遺世独立、羽化而登仙(よをわすれてドクリツし、ウカしてトウセンするがごとし)」[=俗世間を忘れ去ってただ一人となり、羽がはえて仙人となり、天に登って行くような感じである]

【登登 トウトウ】①次第に登って行くさま。②さまざまな音を形容する語。㋑土をとんとんと固める音。また、力をいれるためのかけ声を形容した語。〔詩経-大雅-緜〕㋺物をたたく音。

【登攀 トウハン|トハン】険しい山などをよじ登ること。

【登竜門 トウリュウモン|トリュウモン】立身出世につながる難しい関門。〔後漢書-党錮伝・李膺〕『文壇への登竜門』♥中国の黄河上流の急流「竜門」を登った鯉こいは竜に化するという言い伝えからいう。

【登臨 トウリン】高い所に登って、下をながめわたすこと。景勝の中で遊覧することをいう。→❸

【登楼 トウロウ】①たかどのに登ること。②妓楼ギロウにあがって遊興すること。

【登山 トザン】山に登ること。山登り。↔下山。『登山家』

【登レ高自レ卑 たかきにのぼるはひくきよりす】物事の進行には順序があり、手近な所から始めなければならない。〔中庸〕

❷ でかける。仕事などに行く。現れる。

【登校 トウコウ】国学校に行くこと。『登校拒否』

【登城 トジョウ|トウジョウ】国城に参上すること。↔下城

【登場 トウジョウ】①舞台や、小説などの場面に現れること。↔退場。②新しい人物、新製品などが現れること。

【登庁 トウチョウ】役所に出勤すること。『初登庁』

【登板 トウバン】国①野球で、投手がマウンドに立つこと。②転じて、重要な役を担ってその役職につくこと。

❸ 高い位につく、つける。また、合格する。

【登瀛州 トウエイシュウ】名誉ある地位に進むことのたとえ。〔唐書-褚亮伝〕♥「瀛州」は仙人のいる所、仙界の意。

【登科 トウカ】科挙に合格すること。登第。

【登極 トウキョク】即位のこと。

【登祚 トウソ】天子・天皇の位に登ること。

【登第 トウダイ】試験に合格すること。及第。

【登用・登庸 トウヨウ】人を高い地位などに引き上げて用いること。〔史記-夏本紀〕『人材を登用する』

【登臨 トウリン】君主の位について民を治めること。→❶

❹ 書類などに書きのせる。記録する。

【登記 トウキ】国私法上の権利に関する事項を、広く社会に公示するために、公簿に記載すること。『登記所』

【登録 トウロク】国一定の事項を公証するために、特定の公簿に記載すること。『登録商標』『住民登録』

❺ みのる。成熟する。

【登歳 トウサイ】穀物のよく実る年。豊年。

【登熟 トウジュク】穀類などが、出穂のあと成熟していくこと。

難読地名 登米とめ郡(宮城) 登米とよま町(宮城)

5086【發】6604 6224 E1A2 癶-7 ハツ 「発」(5084)の旧字

106 白部 しろ

甲骨文

金文

篆文

白は、字源に確説がない。あるいは日の光といい、あるいはどんぐり又はその他の穀類の実の形で、中身の白いことを示すともいう。白部に属する字は、白いこと、明らかなさまに関するものが多いが、白の形をもちながら起源を異にするものもいくらかある。なお皀は、食物を台に盛った形で、それにおいをかけた食は、食部(184)の部首として、食物、たべること、やしなうことを表す。

白 白
白 ② 皁 皂 皀 皃 皃 ④ 皇 ⑤ 皋 ⑥ 皐
白 ① 百 ④ 皆 ⑧ 皙

白 ③的 的 ④皈 ⑥皎 ⑦皖 皓 皓 ⑩皚 皜 皞 ⑪皡 ⑫皥 ⑬皦 ⑮皪

白

5087 【白】 3982 4772 9492 白－0 常1 ビャク(呉)・ハク(漢)\bái・bó\しろ・しろい・しら・しらける・しらむ・いう・せりふ・もうす

筆順 白 白 白 白 白

字解 部首解説を参照。

同属字 帛・魄・伯・帕・怕・拍・泊・柏・珀・迫(廹)・粕・粨・舶

意味 ❶しろ。しろい。しろくする。㋑しろい色。また、色がしろい。『白砂青松』『白銀』『白鳥』『白髪』『白墨』『紅白』『純白』㋺しらげる。しろくする。『精白』『漂白』㋩五行の一。秋・西・金などにあてる。『白蔵』『白帝』❷あかるい。あきらか。はっきりしている。㋑あかるい。かがやく。『白日』『白昼』『白夜』㋺あきらか。また、清い。けがれがない。『潔白』『明白』❸なにもない。なにも書いてない。また、むなしい。『白紙撤回』『白文』『空白』『余白』❹もうす。いう。告げる。また、芝居などのせりふ。『白状』『白話』『建白』『告白』⇓表 ❺さかずき。『挙白』❻人名、書名、地名など。『白居易』『白帝城』❼その他。あて字、熟字訓など。『白膠木』『白朮』 ⇓〔青〕(8799)の表

❶ しろ。しろい。

下接 鉛白・灰白・紅白・黄白・黒白・純白・上白・垂白・粋白・衰白・精白・雪白・鮮白・蒼白・戴白・蛋白・半白・斑白・漂白・粉白・諸白・余白・卵白

【白衣 ハクイ｜ビャクエ】 白い衣服。『白衣の天使〔=日本で看護婦のこと〕』❤仏教で、(出家に対する)在俗の人の服装。また俗人のこと。↕黒衣・緇衣

【白衣冠 ハクイカン】 喪服のいでたち。*史記-刺客伝「太子及賓客知二其事一者、皆白衣冠以送レ之〔=太子やその食客の中で事情を知っている者は、みな白装束で見送った〕」

【白雲郷 ハクウンのキョウ】 神仙のいるという所。〔荘子-天地〕

【白屋 ハクオク】 ①白い茅で屋根をふいた貧しい人の家。②庶民。平民。

【白眼 ハクガン】 ①目の白い部分。しろめ。②しろめで見ること。気に入らないものを見る冷たい目つき。白眼視。〔晋書-阮籍伝〕↕青眼。❤②は、中国、東晋の阮籍が、気に入らない人には白い目で対したという故事から。

【白玉楼 ハクギョクロウ】 文人が死後に行くという楼閣。〔唐詩紀事〕『白玉楼中の人となる〔=文人が死ぬ〕』❤中国、唐代の詩人李賀が臨終の際に、白玉楼が完成したから来るようにとの天帝の使いを夢に見たという故事から。

【白銀 ハクギン｜しろがね】 ①銀。②雪の美称。

【白衫 ハクサン】 古代中国で用いられた平常服。後、喪服として用いる。白い上着。

【白粲 ハクサン】 ①白米。精米。②中国、漢代の制度で、婦女が罪を犯したときに科する刑。二年間、米粒の整っているのを選び取らせるもの。

【白磁・白瓷 ハクジ】 純白の磁器。

【白砂・白沙 ハクシャ｜ハクサ】 白い砂。『白砂青松〔=日本で、海岸などの美しい景色をいう語〕』

【白首 ハクシュ】 しらがあたま。白頭。老人。

【白書 ハクショ】 国(英 white paper の訳語)政府が、政治・経済などの実情を国民に知らせる報告書。『経済白書』

【白章 ハクショウ】 白い模様。白い斑紋。*柳宗元-捕レ蛇者説「黒質而白章〔=黒地に白の斑がある〕」

【白晳 ハクセキ】 皮膚の色の白いこと。色白。〔左伝-昭公二六年〕『白晳の美青年』

【白蔵 ハクゾウ】 秋の異称。❤「蔵」は、五穀の収蔵をいう。

【白濁 ハクダク】 白く濁ること。『眼球が白濁する』

【白帝 ハクテイ】 五天帝の一。西方をつかさどる神。また、秋をつかさどる天帝。転じて、秋の異称。

【白兎 ハクト】 ①白い毛のウサギ。②(月に白ウサギがいるというところから)月の異称。〔白居易-勧酒〕

【白頭 ハクトウ】 しらがあたま。*杜甫-春望「白頭搔更短、渾欲レ不レ勝レ簪〔=白くなった髪はかきむしると前よりも短くなったように感じられ、全然冠をとめるかんざしをさせなくなりそうである〕」【白頭如レ新 ハクトウあらたなるがごとし】 互いに髪が白くなるまで交際しても、心が通じ合わなければ新しく知り合ったと同じである、という意。〔史記-魯仲連鄒陽伝〕【白頭翁 ハクトウオウ】 ①白髪の老人。*劉希夷-代下悲二白頭一翁上「応レ憐半死白頭翁〔=老い先短い白頭の翁こそ同情に値するものだ〕」②ムクドリ(椋鳥)、ヒヨドリ(鵯)の異名。③オキナグサ(翁草)の漢名。

【白波 ハクハ｜しらなみ】 ①白い波。白くくだける波。②盗賊。盗人。〔後漢書-董卓伝〕❤中国、後漢の末、黄巾の賊が西河の白波谷にこもって掠奪を働いたのを、時の人が白波賊と呼んだという故事から。

【白馬 ハクバ｜しろうま｜あおうま】 ①毛色の白いウマ。②(あおうま)毛が白くて青みがかったウマ。『白馬の節会〔=日本の奈良時代から行われた朝廷での年中行事の一〕』【白馬非馬論 ハクバヒバロン】 中国、戦国時代末の公孫竜の説。「白馬」は「馬」ではないとする論理。つまり、「白馬」は色(白)と形(馬)の二概念であり、「馬」は一概念であるから、両者は同じではないという。〔公孫竜子-白馬論〕

❷

【白白 ハクハク】 色の白いさま。白く輝いて美しいさま。↓

【白髪 ハクハツ｜しらが】 白くなった頭髪。銀髪。【白髪三千丈 ハクハツサンゼンジョウ】 白髪が非常に長く伸びることを誇張していった語。心配事や悲嘆の積もることの形容にいう。*李白-秋浦歌「白髪三千丈、縁レ愁似レ箇長〔=私の白髪は三千丈もあるだろうか。悩みのためにこのように長くのびてしまったのだろう〕」

【白眉 ハクビ】 ①白いまゆ毛。②多くのなかで最もすぐれているもの。〔蜀志-馬良伝〕❤②は、中国、三国時代、蜀の馬良が、秀才の五人兄弟中特にすぐれた人物で、その眉毛に白毛があったという故事から。

【白璧微瑕 ハクヘキのビカ】 白く美しい玉にわずかなきずがあること。ほとんど完全なものに少しの欠点があることのたとえ。玉に瑕。〔梁昭明太子-陶淵明集序〕

【白墨 ハクボク】 黒板に書くための筆記具。チョーク。

【白麻 ハクマ】 ①白い麻の布。②中国、唐代、天子の詔書を記した、染めてない白色の麻紙。転じて、詔勅。③紙の異称。

【白面 ハクメン】 ①顔色の白いこと。②年が若くて経験が足りないこと。→❸ 【白面郎 ハクメンロウ】 ①色の白い青年。②年少で未熟な男。③中国、唐代、貴人の子弟をいった。〔杜甫-少年行〕【白面書生 ハクメンショセイ】 年少で未熟な書生。〔宋書-沈慶之伝〕

【白楊 ハクヨウ】 ヤナギの一種。ハコヤナギ。

【白竜魚服（ハクリョウギョフク）】高貴な人が微行して災難にあうこと。♥霊力ある白竜が魚に化していて、予且という漁師に射られたというたとえ話から。〔説苑-正諫〕

【白露（ハクロ｜しらつゆ）】①白く光る露。露の美称。②（ハクロ）二十四節気の一。秋分前の一五日で、九月七日ごろ。

【白狼（ハクロウ）】白い狼（おおかみ）。王者が仁徳あるときあらわれるとされた。

【白駒（ハック）】①毛色の白い馬。白馬。②月日。歳月。隙駒（ゲキク）。〔荘子-知北遊〕♥②は、人の一生を白い馬が壁のすきまを通り過ぎるくらいの長さにすぎないとたとえたことから。【白駒過レ隙（ハックゲキをすぐ）】時の経過の速いことのたとえ。〔荘子-知北遊〕

【白圭（ハッケイ）】白く清らかな玉。〔詩経-大雅・抑〕

【白虹（ハッコウ）】霧やぬか雨などのとき見られる白色の虹（にじ）。武器、また兵乱の象とされた。霧虹。【白虹貫レ日（ハッコウひをつらぬく）】白色の虹が太陽の面を貫いてかかる。中国で昔、白虹は武器、日は君主の象とされ、臣下が反乱して君主を犯す前兆とした。〔戦国策-魏〕

【白毫（ビャクゴウ）】仏の眉間（ミケン）にあって光を放ち、世の中を照らすという白い巻き毛。仏像では額（ひたい）に珠玉をちりばめてあらわす。⬇〔螺髪〕の図一〇七二頁

【白檀（ビャクダン）】ビャクダン科の常緑高木。材は黄白色で芳香がある。

【白蓮（ビャクレン｜ハクレン）】白いハスの花。

【白狐（ビャッコ）】毛の白いキツネ。古代中国で、めでたいことのしるしとされた。

【白虎（ビャッコ）】①西方の守護神。虎形の神で、白は五行説で西方をさす色。中国、漢代のころ四方に配した四神の一。⬇〔四神〕の図二四七頁。②（「白虎旗（ビャッコキ）」の略）宮中の儀式や行幸の祭に用いる旗の名。③地相、家相で、理想的な地形として、家の右方（西）に大道のあることをいう。④白色の虎。情深く、君主に徳がある時にあらわれるとされる霊獣。騶虞（スウグ）。⑤中国の天文学で、二十八宿のうち、西方に当たる七宿の総称。⑥陰陽家のいう凶神の一。子年（ねどし）には申（西南西）方、丑年には酉（西）方、寅年には戌（西北西）方というように、毎年居所をかえ、その年その方位を犯すことを忌む。白虎神。

❷ あきらか。はっきりしている。

下接 潔白（ケッパク）・清白（セイハク）・明白（メイハク）

【白日（ハクジツ）】①照り輝く太陽。また、まひる。白昼。「白日のもとにさらす（＝暴露する）」「青天白日」②月日の流れ。歳月。〔王符-潜夫論〕【白日夢（ハクジツム）】＝白昼夢（ハクチュウム）

【白刃（ハクジン｜しらは）】さやから抜いた刀。刀の抜き身。

【白水（ハクスイ）】清く澄んだ水。＊李白-送二友人一「白水遶二東城一（ハクスイトウジョウをめぐる）（＝清らかな川が町の東をとりまいている）」

【白昼（ハクチュウ）】まひる。日中。白日。【白昼夢（ハクチュウム）】昼間見る夢。転じて、非現実的な空想。白日夢。

【白白（ハクハク）】（多く「明明白白」の形で用いて）明らかでくもりのないさま。疑いもなく正しいさま。→❶

【白兵（ハクヘイ）】抜き身の刀。剣、槍などの総称。白刃。【白兵戦（ハクヘイセン）】刀や剣などの白刃のついた武器を交えて戦うこと。

【白夜（ビャクヤ｜ハクヤ）】高緯度地方で、夏、日没から日の出までの間、薄明るい状態であること。

❸ なにもない。なにも書いてない。

【白紙（ハクシ）】①何も書いていない紙。②国先入観などのない状態のたとえ。「白紙で臨む」③国何もなかった、もとの状態のたとえ。「白紙に戻す」「白紙撤回」

【白地（ハクチ）】①家や樹木のない土地。さらち。②わけもなく。なんとなく。みだりに。〔李白-越女詞〕

【白痴・白癡（ハクチ）】脳の障害や疾患のため、発達が阻止され、知能程度がきわめて低い者。

【白丁（ハクテイ）】①まだ訓練を終えていない兵丁。まだ物事に慣れていない者。②国日本の律令制で、平民のこと。庶民。無位無官の民。口分田（クブンデン）を班給されて租を納め、庸・調・雑徭（ゾウヨウ）などの課役を負担する農民。

【白文（ハクブン）】句読点や、返り点、送り仮名などの付いていない漢文。

【白面（ハクメン）】素顔。→❶

❹ もうす。いう。また、せりふ。

下接 開白（カイビャク）・科白（カハク｜せりふ）・関白（カンパク）・啓白（ケイハク）・敬白（ケイハク）・建白（ケンパク）・堅白（ケンパク）・告白（コクハク）・自白（ジハク）・粛白（シュクハク）・独白（ドクハク）・表白（ヒョウハク｜ヒョウビャク）・復白（フクハク）・弁白（ベンパク）・傍白（ボウハク）

【白状（ハクジョウ）】隠さないですべてを申し述べること。

【白奏（ハクソウ）】申し上げること。上奏。

白（ハク）	申し述べる。	白状	白奏	表白	建白	告白	独白	敬白
言（ゲン・ゴン）	ことばにしていう。	言明	言上	公言	建言	証言	独言	謹言

【白話（ハクワ）】中国で、口語体のこと。↔文言。「白話小説」

❻ 人名、書名、地名など。

【白居易（ハクキョイ）】中国、中唐の詩人。字（あざな）は楽天。号は香山居士。その詩は平易通俗なことばに巧みに風刺をもりこみ、代表作「新楽府」「長恨歌」「琵琶行」などは多くの愛読者をもった。日本では、「文選」とともに、もっとも広く読まれた。（七七二〜八四六）

【白氏文集（ハクシモンジュウ）】中国の詩文集。七一巻。もと七五巻。唐の白居易（楽天）の作品集。前集五〇巻は長慶集、白氏長慶集ともいい、唐の元稹編。後集二〇巻、続後集五巻（後半散逸）は自撰。前集は長慶四年（八二四）成立。全巻成立は会昌五年（八四五）。

【白帝城（ハクテイジョウ）】①中国四川省東端、奉節県の東の長江北岸にあった城。三国時代に蜀の劉備が呉に敗れて崩じた所。②日本の愛知県犬山市にある犬山城の別名。

【白馬寺（ハクバジ）】中国河南省洛陽県にある仏寺。後漢の明帝の時に建てられた。迦葉摩騰（カショウマトウ）・竺法蘭（ジクホウラン）が西域から仏典を白馬に乗せてきたことにちなむ名で、中国の最初の寺と伝えられる。

【白楽天（ハクラクテン）】＝白居易（ハクキョイ）

【白鹿（ハクロク）】①中国の地名。長安の東にある原。白鹿原。②中国の地名。廬山のふもとにあり、唐代、李渤兄弟が隠れて読書に耽った地で、後に学校が設けられた。

【白鷺洲（ハクロシュウ）】中国の江蘇省南京市西南の長江中にある中州の名。

【白虎通義（ビャッコツウギ）】中国、後漢の班固らの撰。四巻。後漢の章帝の建初四年に学者を北宮の白虎観に集め、経書の文字や解釈の異同について論議させた結果を記録編集したもの。

❼ その他。あて字、熟字訓など。

下接 大白（タイハク）・淡白（タンパク）・腕白（ワンパク）・飛白（かすり）・清白（すずしろ）

【白寿（ハクジュ）】国九九歳。また、その祝い。♥「白」の字は、百から一をとったものであるところから。

【白水郎（ハクスイロウ）】 海人（あま）。漁師。▼「白水」は中国の地名。その地に水にもぐるのが上手な者がいたという。

【白朮（おけら）】 キク科の多年草。朮（おけら）。

【白粉（おしろい）】 顔や肌に塗って色白に見せる化粧品。▼「御白い」から。

【白湯（さゆ）】 沸かしただけの何もまぜない湯。素湯。

【白膠木（ぬるで）】 ウルシ科の落葉小高木。

難読地名 白老（しらおい）郡・町（北海道） 白州（はくしゅう）町（山梨）

難読姓氏 白神（しらが） 白髪（しらがみ） 白水（しらみず・しろうず・しろず・しろみず）

白

5088 【皁】 * 4621 白－2 (5089)〔皂〕 ―― 白－2

ソウ（サウ）㊥/zào/くろ・しもべ

字解 象形。小枝に実がなっているさまに象る。

意味 ❶どんぐり。トチ・クヌギなどの実。❷くろ。くろい。『皁衣（ソウイ）』 ❸しもべ。けらい。『皁隷（ソウレイ）』 ❹しいな。実のみのらない穀物。❺かいばおけ。うまや。うまを飼う人。『牛驥同皁（ギュウキドウソウ）』

【皁衣（ソウイ）】 黒色の衣服。喪服の一種。

【皁隷（ソウレイ）】 身分のいやしい者。召し使い。

【皁莢（さいかち）】 マメ科の落葉高木。果実は漢方薬や石鹸（セッケン）の代用にする。

5090 【皀】 6605 6225 E1A3 白－2

キョウ（キャウ）㊥・ヒュウ（ヒフ）㊥/bī

字解 会意。白（からに入った穀物）＋匕（さじ）。さじで穀物をすくうときにする、よい香りの意。甲骨文は、簋に象る。

甲骨文  篆文 

同属字 卿・鄕（郷）・卽（即）・旣（既）

5091 【皃】 ―― 白－2

ボウ 「貌」(7673)の異体字

5092 【皃】 6606 6226 E1A4 白－2

ボウ 「貌」(7673)の異体字

〔帛〕 ⇩2042

5093 【皇】 2536 3944 8D63 白－4 常6

オウ（ワウ）㊥・コウ（クヮウ）㊥/huáng/きみ・おおきみ・すべ・すべら・すべらぎ・すべろぎ・すめ・すめら・すめらぎ・すめろぎ

筆順 皇

字解 形声。白（日が輝く）＋王（おおきみ）㊥。日に光り輝く、または、きみの意。

金文  篆文 

同属字 凰・篁・徨・惶・湟・隍・煌・遑・蝗・鰉

意味 ❶きみ。天子。日本で、天皇。天下、国家を支配する偉大な王。また、天子・天皇に関する事柄に添える語。『皇位』『皇居』『皇族』『皇帝』『教皇』『天皇』 ❷かみ。天帝。万物の主宰者。❸大きい。広い。偉大である。『張皇（チョウコウ）』 ❹死んだ父母、祖先などにつける敬称。『皇考（コウコウ）』 ❺さまよう。あてがない。「惶」の書き換え字。『倉皇（ソウコウ）』

下接 ❶きみ。天子。 教皇（キョウコウ）・勤皇（キンノウ）・上皇（ジョウコウ）・人皇（ジンコウ―ニンノウ）・聖皇（セイコウ）・尊皇（ソンノウ）・天皇（テンノウ）・法皇（ホウオウ）

【皇位（コウイ）】 天子の位。『皇位継承』

【皇胤（コウイン）】 天子の子孫。天皇の血すじ。皇統。

【皇紀（コウキ）】 国 日本書紀に記された神武天皇即位の年（前六六〇年）を元年とする紀元。

【皇居（コウキョ）】 天子の住居。皇宮。宮城。

【皇極（コウキョク）】 1政治の根本である、かたよりのない広大中正の道。2天子の位。帝位。

【皇考（コウコウ）】 天子が、亡くなった先帝をいう語。▼中国で、死んだ父の敬称。また、曾祖父をもいった。

【皇后（コウゴウ）】 天子の正妻。きさき。

【皇国（コウコク）】 国 天皇が統治する国。『皇国史観』

【皇子（コウシ―オウジ―みこ）】 天子の子。また、特に親王（シンノウ）。

【皇室（コウシツ）】 天子の一家。天子および皇族。帝室。

【皇女（コウジョ―こうじょう―みこ）】 天子の娘。

【皇祖（コウソ）】 天子の先祖。

【皇宗（コウソウ）】 天子の代々の先祖。また、第二代以後、当代までの歴代の天皇。

【皇族（コウゾク）】 天子の一族。

【皇太后（コウタイゴウ）】 天子の生母で、先帝の皇后。

【皇太子（コウタイシ）】 皇位を継承すべき皇子。東宮（トウグウ）。

【皇沢（コウタク）】 天子の恩沢。天皇のめぐみ。皇恩。

【皇儲（コウチョ）】 天子の世継ぎ。

【皇帝（コウテイ）】 帝国の君主。帝王。天子。『始皇帝』

【皇図（コウト）】 天子のはかりごと。天皇の計画。

【皇道（コウドウ）】 1帝王の道。天子が仁徳をもって国を治める政道。2中国の三皇五帝が行った政道。

【皇妃（コウヒ）】 きさき。皇后。后妃（コウヒ）。

【皇妣（コウヒ）】 天子が、亡くなった先代の皇后をいう語。▼中国で、死んだ母の敬称。

【皇猷（コウユウ）】 （「猷」ははかりごとの意）天子の国を治める計画。

〔泉〕 ⇩3980

5094 【皋】 6608 6228 E1A6 白－5

コウ 「皐」(5095)の異体字

〔畠〕 ⇩4932

5095 【皐】 2709 3B29 8E48 白－6 人 (6456)〔臯〕 ―― 自－6 (5094)〔皋〕 6608 6228 E1A6 白－5

コウ（カウ）㊥㊥/gāo

筆順 皐

字解 会意。もと、皋。白＋夲（はやくすすむ）。気が白くたちのぼることから、しろくかがやく意という。ひいて、さわの意に用いる。

意味 ❶さわ。沼地。❷きし。水ぎわ。❸高い。『皐門』 ❹ああと叫ぶ声。大声を発するさま。「嘷」に同じ。『皐比』 ❺五月の別称。『皐月』

【皐月（コウゲツ―さつき）】 陰暦五月の異称。

【皐比（コウヒ）】 （「比」は皮の意）虎の皮。転じて、それを敷く将軍や学者。▼虎が大声で叫ぶことからという。

【皐門（コウモン）】 城の外郭にある高い門。〔詩経-大雅・綿〕

［兜］⇩475

白

5096【百】 4120 4934 9553 白-1 [常]1 **ヒャク**[呉]・ハク[漢]/bǎi・bó/も

[筆順] 百

[字解] 形声。一（数のはじめ）＋白（↓伯・博、ひろく大きい）[声]。ひゃくの意。

甲骨文 金文 篆文

[同属字] 陌・栢・貊

[意味] ❶数の名。一〇の一〇倍。『百分率』『百日』『数百』 ❷たくさんの。数が多い。いろいろの。『百も承知』『百花繚乱』『百害（ヒャクガイ）』『百獣』『百代』『凡百（ボンピャク）』 ❸国名、民族名など。『百済（クダラ）』 ❹あて字、熟字訓など。『百日紅（さるすべり）』『百合（ゆり）』

❶ 数の名。一〇の一〇倍。

【百歳之後（ヒャクサイののち）】人の死後。死を忌みはばかって遠回しに言った語。万歳（バンザイ）の後。〔詩経-唐風・葛生〕

【百尺竿頭（ヒャクシャクカントウ）】一〇〇尺もあるさおの先端。転じて、到達できる極点。【百尺竿頭進二一歩一（ヒャクシャクカントウイッポをすすむ）】到達した極点より、さらに努力して先に進む。〔伝灯録〕

【百乗之家（ヒャクジョウのいえ）】領地内から戦車一〇〇台を徴発し得る家。卿大夫（ケイタイフ）をいう。〔孟子-梁恵王上〕

【百千（ヒャクセン）】百も千も。数の多いこと。『百千万』

【百日（ヒャクニチ）】一〇〇の日。また、多くの日時。

【百年俟二河清一（ヒャクネンカセイをまつ）】常に濁っている黄河の水の澄むのを一〇〇年もかかって待つの意。いつまで待っていても実現のあてのないことをいう。

【百八煩悩（ヒャクハチボンノウ）】仏教で、人間の持つ一〇八種の煩悩。〔大智度論〕

【百聞不レ如二一見一（ヒャクブンはイッケンにしかず）】一〇〇回聞くより一回見るほうがよくわかる。何度もくりかえし聞いても、一度実際に見ることには及ばない。〔漢書-趙充国伝〕

【百里（ヒャクリ）】[1]一里の一〇〇倍の距離。また、遠い距離。[2]中国で、一〇〇里四方の国。諸侯の国。のち、一県の地、また、その長官をいう。【百里之命（ヒャクリのメイ）】一〇〇里四方の国の運命。一国の運命。〔論語-泰伯〕

【行二百里一者半二於九十一（ヒャクリをゆくものはキュウジュウをなかばとする）】一〇〇里の道を行く者は、九〇里来てようやく半分に達したと心得るべきである。何事も残り少しという所が最も困難で失敗も多いから、終わりが近づいても油断は禁物であるということ。〔戦国策-秦〕

❷ たくさんの。いろいろの。

【百爾（ヒャクジ）】（「爾」は、強意の助字）あらゆること。もろもろ。凡百。〔詩経-邶風・雄雉〕

【百舎重繭・百舎重趼（ヒャクシャチョウケン）】一〇〇日も泊まり、または一〇〇里歩いて泊まり、足にはまめができるような長旅を強行すること。〔荘子-天道〕

【百獣（ヒャクジュウ）】獣たち。あらゆる獣。＊戦国策-楚「虎求二百獣一而食レ之（とらヒャクジュウをもとめてこれをくらう）〔＝あるトラが獣たちを捜し出しては食べていた〕」

【百出（ヒャクシュツ）】いろいろ様々に出ること。『議論百出』

【百姓（ヒャクセイ｜ヒャクショウ）】[1]（ヒャクセイ）すべての民。人民。＊論語-憲問「修レ己以安二百姓一（おのれをおさめてもってヒャクセイをやすんず）〔＝自分の修養をして、天下の人々を安心させる〕」[2]（ヒャクショウ）国農民。♥元来、あらゆる姓氏を有する公民の意。

【百世之師（ヒャクセイのシ）】のちの世まで人の師とあおがれる人。〔孟子-尽心下〕

【百折不撓（ヒャクセツフトウ）】何度くじけても志をまげないこと。

【百戦（ヒャクセン）】多くの戦い。『百戦錬磨〔＝何度も戦って鍛えられること〕』＊孫子-謀攻「知レ彼知レ己、百戦不レ殆（かれをしり、おのれをしらば、ヒャクセンあやうからず）〔＝彼我の情勢をよく知った上で戦えば、何度戦っても敗れることはない〕」

【百川学レ海而至二于海一（ヒャクセンうみにまなんでうみにいたる）】すべての川は海を目標として流れ、ついには海に達する。学問も人格もすぐれた人を目標に一つ所にとどまらず進歩を重ねれば、自らも大となるというたとえ。〔揚子法言-学行〕

【百代（ヒャクダイ｜ハクタイ）】多くの年代。永遠。＊李白-春夜宴二桃李園一序「夫天地者万物之逆旅、光陰者百代之過客（それテンチはバンブツのゲキリョにして、コウインはヒャクダイのカカクなり）〔＝そもそも天地は万物を迎えては送る旅館であり、歳月は永遠に旅を続ける旅人である〕」

【百媚（ヒャクビ）】さまざまのなまめかしい姿態、様子。＊白居易-長恨歌「回レ眸一笑百媚生（ひとみをめぐらしてイッショウすればヒャクビショウず）〔＝ひとみをめぐらしてにっこり笑うと、なまめかしさがあふれ出る〕」

【百物（ヒャクブツ）】多くの物。自然界の万物。＊論語-陽貨「四時行焉、百物生焉（シジおこなわれ、ヒャクブツショウず）〔＝四季はたゆみなく運行し、万物はりっぱに生育している〕」

【百辟（ヒャクヘキ）】（「辟」は君、侯の意）諸侯。百官。

【百薬之長（ヒャクヤクのチョウ）】あらゆる薬の中で、もっともすぐれたもの。酒をたたえていう。〔漢書-食貨志下〕

【百葉（ヒャクヨウ）】[1]多くの葉。また、多くの枚数。[2]多くの年月。百代。[3]牛や羊の胃。ひだが多いからいう。

【百僚（ヒャクリョウ）】多くの官吏。官職にあるすべての人々。

【百礼（ヒャクレイ）】多くの礼式。各種の儀式。

【百錬（ヒャクレン）】何度も鍛えること。『百錬の鉄』【百錬鏡（ヒャクレンキョウ）】幾回もみがきあげた鏡。光り輝くさまや、明白なさまのたとえにも用いる。

【百禄（ヒャクロク）】多くの幸福。百祥（ヒャクショウ）。

【百科（ヒャッカ）】いろいろの学科。あらゆる科目。特に、春秋・戦国時代の多くの学派のこと。『百科事典』

【百家（ヒャッカ）】多くの学者。『諸子百家』【百家争鳴（ヒャッカソウメイ）】多くの学者・文化人などの活発な論争。

【百花繚乱・百花撩乱（ヒャッカリョウラン）】種々の花が咲き乱れること。すぐれた業績や人物が一時期に多く現れることのたとえ。

【百官（ヒャッカン）】数多くの官。中央、地方の多くの役人。

【百感（ヒャッカン）】種々の感想。いろいろなおもい。万感。

【百鬼（ヒャッキ）】種々の妖怪（ヨウカイ）。【百鬼夜行（ヒャッキヤギョウ｜ヒャッキヤコウ）】[1]いろいろな妖怪が夜出て歩くこと。[2]多くの悪人がわがもの顔に振る舞うこと。

【百揆（ヒャッキ）】百官。また、百官を統率する地位。

【百禽（ヒャッキン）】いろいろの鳥。多くの鳥。

【百計（ヒャッケイ）】いろいろのはかりごと。

【百行（ヒャッコウ）】あらゆる行い。『孝は百行の基』

【百谷王（ヒャッコクのオウ）】たくさんの谷川を集めるもの。長江や海のこと。＊老子-六六「江海所三以能為二百谷王一者、以二其善下一之（コウカイのよくヒャッコクのオウたるゆえんのものは、そのよくこれにくだるをもってなり）〔＝大きな川や海が多くの谷川の王となっているわけは、それが多くの谷川よりも低い位置にあるからである〕」

【百発百中（ヒャッパツヒャクチュウ）】発射すると必ず命中すること。

転じて、計画や予想などが、すべてうまく運ぶさま。〔史記-周本紀〕
【百般 ヒャッパン】さまざまな方面。『武芸百般』
❸国名、民族名など。
【百済 クダラ|ヒャクサイ】朝鮮の三国時代、半島西南部の国。四世紀初の馬韓から起こる。日本に仏教などの大陸文化を伝える。六六〇年、新羅・唐連合軍に滅ぼされた。
【百越・百粤 ヒャクエツ】中国南部に住んでいた民族の総称。於越・南越・閩越などの種族に分かれていた。越。
❹あて字、熟字訓など。
【百日紅 さるすべり】ミソハギ科の落葉高木。観賞用に庭木や盆栽にされる。
【百足 むかで|ヒャクソク】[1]唇脚類の節足動物のうちゲジ類を除いたものの総称。体は細長く多数の歩脚をもち、口に毒腺がある。[2](ヒャクソク)やすで。倍脚類の節足動物。
【百舌 もず|ヒャクゼツ】モズ科の鳥。トカゲ、カエルなどを捕え、木の枝などに突き刺しえさとする。
【百合 ゆり|ヒャクゴウ】ユリ科ユリ属の植物の総称。六個の花被片から成る大きな花が咲き、多く観賞用に栽培。
[難読地名] 百石いしもも町(青森) [難読姓氏] 百々どうど|どど|もも 百目鬼どうめき 百留ひゃくどめ 百足むかで|ももたり 百井もい

5097 【皆】 1907 3327 8A46 白-4 [常] カイ(呉)(漢)/jiē/みな
[筆順] 皆 皆 皆 皆 皆 皆
[字解] 会意。比(人が並ぶ)+白(いう)。人々が声をそろえていう意から、みなの意。
金文  篆文 
[同属字] 偕・喈・階・楷・諧
[意味] ❶みな。すべて。ことごとく。全部。残らず。『皆勤』『皆伝』『皆兵』『皆無』『皆目』『悉皆シッカイ』 *史記-項羽本紀「天下皆叛レ之テンカみなこれにそむく」(=天下はみなそむいてしまった)」 ❷人名。『皆川淇園みながわキエン』
【皆勤 カイキン】一回も休まず、出席・出勤すること。
【皆伝 カイデン】[国]師匠から奥義をすべて伝えられること。『免許皆伝』
【皆兵 カイヘイ】[国]国民が全部兵役に服する義務を持つこと。
【皆無 カイム】[国]まったくないこと。一つもないさま。『財産は皆無に等しい』『同情すべき点は皆無だ』
【皆目 カイモク】[国]まったく。全然。『皆目見当もつかない』
【皆川淇園 みながわキエン】江戸中期の儒者。京都の人。名は愿。字は伯恭。古学四大家の一人。私塾弘道館をたて後進を育成。著『欧蘇文弾』『荘子繹解』など。(一七三四～一八〇七)

【習】⇩6175

5098 【晳】 6612 622C E1AA 白-8 セキ(漢)/xī/しろい
[字解] 形声。白+析(明確にわける)(声)。
[参考] 「晳せき」(3168)は別字。
[意味] しろい。きわだって白い。『白晳ハクセキ』

白

5099 【的】 3710 452A 9349 白-3 [常]4 テキ(漢)/dì·dí/まと・あきらか
(5100)【的】 白-3 旧字
[筆順] 的 的 的 的 的 的
[字解] 形声。白+勺(多くの中から一部をとり出すひやく)(声)。きわだたせる、明らかの意。
[意味] ❶まと。めあて。間違いのないさま。『的中』『目的』 ❷明らかなさま。鮮かなさま。『的確』『端的タンテキ』 *柳宗元-送薛存義序「其為不虚取直也的そのむなしくチョクをとらざるなや あきらかなり」(=あなたが人民からの俸給をただ取りしていないことは、明白なことである)」 ❸[国]そのような性質、状態、傾向であることを表す。『古典的』『論理的』『知的』『美的』 ❹[国]『的屋テキや』は、香具師やし、大道商人。
❶まと。めあて。
[下接] 儀的ギテキ・金的キンテキ・鵠的コクテキ・射的シャテキ・準的ジュンテキ・表的ヒョウテキ・標的ヒョウテキ・目的モクテキ
【的中 テキチュウ】[1]まとに当たること。命中。[2]予想、予言などが当たること。
❷明らかなさま。
【的確 テキカク|テッカク】まとをはずれず間違いのないさま。ぴったり。適確。『的確な判断』
【的然 テキゼン】はっきりとしたさま。明らかなさま。〔淮南子-説林訓〕
【的的 テキテキ】明白なさま。
【的皪 テキレキ】物があざやかに白く光りかがやくさま。
❸(日本語で)そのような性質、状態の。
[下接] 外的ガイテキ・狂的キョウテキ・劇的ゲキテキ・公的コウテキ・質的シッテキ・史的シテキ・私的シテキ・詩的シテキ・心的シンテキ・人的ジンテキ・性的セイテキ・静的セイテキ・全的ゼンテキ・知的チテキ・動的ドウテキ・内的ナイテキ・美的ビテキ・病的ビョウテキ・物的ブッテキ・法的ホウテキ・科学的カガクテキ・基本的キホンテキ・計画的ケイカクテキ・人間的ニンゲンテキ・抜本的バッポンテキ・本質的ホンシツテキ
[難読地名] 的山あづち大島(長崎)

5101 【皈】 6607 6227 E1A5 白-4 キ 「帰」(2092)の異体字

5102 【皎】 6609 6229 E1A7 白-6 キョウ(ケウ)(漢)・コウ(カウ)(慣)/jiǎo/しろい・きよい
[字解] 形声。白+交(声)。
[意味] 白いさま。白く光るさま。白く清いさま。
【皎皎 キョウキョウ|コウコウ】まっ白いさま。明るいさま。また、潔白なさま。皓皓。*文選-古詩十九首「皎皎河漢女コウコウたるカカンのジョ」(=白々と光り輝く織女星)」
【皎月 コウゲツ】明るく照り輝く月。白月。明月。皓月。
【皎然 キョウゼン|コウゼン】明るく輝くさま。皓然。

5103 【皖】 6610 622A E1A8 白-7 カン(クヮン)(漢)/wǎn·huǎn
[字解] 形声。白+完(声)。中国、春秋時代の国名。今の安徽アンキ省にあった。また、安徽省の別名。

5104 【皓】 6611 622B E1A9 白-7 [人] コウ(カウ)(漢)/hào/しろい
(5105)【皓】 白-7 旧字
[字解] 形声。白+告(声)。
[意味] 白いさま。白く光るさま。あきらかなさま。
【皓月 コウゲツ】明るく照り輝く月。明月。皎月。【皓月千里 コウゲツセンリ】月が遠くまで輝くさま。〔范仲淹-岳陽楼記〕
【皓皓 コウコウ】[1]白白と光り輝くさま。まっ白に光って見えるさま。皎皎。〔詩経-唐風・揚之水〕『月が皓々と照

5画
玄玉(王)瓜瓦甘生用田疋(⺪)疒癶白皮皿目(罒)矛矢石示(礻)内禾穴立

る』②潔白なさま。＊屈原-漁父辞「安能以二皓皓之白一、而蒙二世俗之塵埃一乎（いずくんぞよくコウコウのしろきをもって、セゾクのジンアイをこうむらんや）」（＝どうしてまっ白な潔白な身に、俗世間のちりほこりを受けることができようか）」

【皓歯】コウシ 白くきれいな歯。＊杜甫-哀二江頭一「明眸皓歯今何在（メイボウコウシいまいずくにかある）」（＝あの明るく澄んだ瞳と美しい白い歯のお方は、今どこにおられるのだろう）」

【皓首】コウシュ ①白髪の頭。②老人。老年。

【皓然】コウゼン 白く光るさま。明るく輝くさま。また、はっきりしているさま。皎然。

5106【皚】6613 622D E1AB 白-10 ガイ㊥/ái/しろい

字解 形声。白＋豈㊥。

参考 万葉仮名では音を借りて「げ㊚」。

意味 ❶白い。『皚皚』❷いさぎよいさま。

【皚皚】ガイガイ 雪などが一面に白く見えるさま。『白皚皚』

5107【皜】＊4627 白-10 コウ(カウ)㊥/hào/しろい

字解 形声。白＋高㊥。

意味 しろい。白くきよらかなさま。「皓」に同じ。『皜皜』

5108【皞】二二 白-10 (5109)【皡】二二 白-11

(5110)【皥】＊4634 白-12 コウ(カウ)㊥/hào/しろい

字解 形声。白＋皋(白く輝く)㊥。白い意。

［皝］⇩9248

5111【皦】＊4635 白-13 キョウ(ケウ)㊥/jiǎo/しろい

字解 形声。白＋敫(白く輝く太陽光)㊥。石や玉が白い。

意味 しろい。また、あきらか。

【皦日】キョウジツ 光り輝く太陽。白日。

【皦如】キョウジョ 音などがはっきりしているさま。

5112【皪】＊4638 白-15 レキ㊥/lì/しろい

字解 形声。白＋樂㊥。くっきりとしろい意。

107 皮部 ひのかわ けがわ

字解 金文 篆文

皮は、けものの皮を手ではぐさまで、体表をおおうかわ(ヒ)を表す。皮部の字は、皮層の状態に関係する。金文では、けものの体に手を加える形が見られるが、隷書でいちじるしく変わって、今日の形に近くなった。

皮 皮

皮 ⑤皰 ⑨皹

皮 ⑦皴 ⑨皸 皶 ⑩皺 ⑪皻

皮

5113【皮】4073 4869 94E7 皮-0 常3 ヒ㊥/pí/かわ

筆順

字解 部首解説を参照。

同属字 疲・頗・坡・帔・彼・波・陂・玻・破・被・詖・簸

意味 ❶かわ。動物のかわ。けがわ。『皮革』『皮膚』『牛皮』❷物の表面を覆うもの。また、物事の表面。『皮相』『外皮』❸その他。あて字、熟字訓など。『雁皮』『爪皮』『秦皮』 ⇒表

皮(ヒ)	皮革	動物・植物の表面を覆うかわ。皮質 皮裘 皮幣 牛皮 真皮 脱皮
革(カク)		動物のかわをなめしたもの。革質 革嚢 兵革 牛革 擬革 製革

❶かわ。けがわ。

下接 牛皮・原皮・皐皮・脱皮・麗皮・儷皮／毛皮・敷皮・背皮

【皮下】カヒ 表皮の下。皮下組織。『皮下脂肪』『皮下注射』

【皮革】ヒカク 生皮をなめしたもの。また、動物のかわ類の総称。『皮革製品』

【皮裘】ヒキュウ 毛皮で作った衣。かわごろも。かわぎぬ。

【皮肉】ヒニク ①皮と肉。転じて、うわべ。表面。〔伝灯録〕②国あてこすり。反対のことを言ったり、遠回しに意地悪を言ったりすること。また、そのことば。『皮肉を言う』『皮肉屋』③国思いどおりにならず、都合の悪いこと。『皮肉なめぐり合わせ』

【皮膚】ヒフ 脊椎動物の表面をおおっている組織。肌。『皮膚病』

【皮幣】ヒヘイ ①皮と帛。贈答用に用いたもの。②白いシカの皮で作った貨幣。

【皮弁】ヒベン 白鹿の皮でつくったかんむり。古く中国で、朝廷の常服として用いられた。

皮弁〔三礼図〕

【皮膜】ヒマク ①皮膚と粘膜。②皮のような膜。

❷物の表面を覆うもの。また、物事の表面。

下接 外皮・果皮・桂皮・種皮・樹皮・真皮・靭皮・地皮・表皮・包皮・面皮・木皮

【皮相】ヒソウ うわべ。うわっつら。また、表面だけで判断すること。〔史記-酈生陸賈伝〕『皮相な見方』

【皮裏之陽秋・皮裡之陽秋】ヒリのヨウシュウ 心中の批判。言葉に出さなくとも心の中できびしく是非善悪を判断すること。〔晋書-外戚伝・褚裒伝〕♥中国、晋の桓彝が褚裒の人となりを評した言葉から。

皮

5114【皰】6614 622E E1AC 皮-5 ホウ(ハウ)㊥/pào/にきび

字解 形声。皮＋包(→泡、あわ)㊥。小さい吹き出物、にきびの意。『面皰』

皮

5115【皹】6617 6231 E1AF 皮-9 クン 「皸」(5117)の異体字

5116【皴】6615 622F E1AD 皮－7 シュン㊉㊅／cūn／ひび・あかぎれ・しわ
字解 形声。皮＋夋㊀。
意味 ❶ひび。あかぎれ。❷しわ。『石皴（セキシュン）』❸「皴法（シュンポウ）」は、東洋画で山や崖（がけ）などの屈曲したさまを描く画法。

5117【皸】6616 6230 E1AE 皮－9 (5115)〖皹〗6617 6231 E1AF 皮－9 クン㊅／jūn／ひび・あかぎれ・あかがり
字解 形声。皮＋軍㊀。ひびが切れる、あかぎれの意。

5118【皻】―― 皮－9 サ 「皻」(5120)の異体字

［皷］⇩9627

5119【皺】6618 6232 E1B0 皮－10 シュ㊉・シュウ（シウ）㊅・スウ㊈／zhòu／しわ・しぼ
字解 形声。皮＋芻（草を束ね集めとる）㊀。しわの意。
意味 しわ。しぼ。皮膚、布などにできる細い起伏のすじ。『小皺（こじわ）』『縮緬皺（ちりメンじわ）』
【皺月（シュウゲツ）】しわのよった月。波に映った月をいう。
【皺襞（シュウヘキ）】ひだ。衣服のしわ、山のひだなど。
【皺面（シュウメン）】しわのよった顔。

5120【皻】―― 皮－11 (5118)〖皻〗―― 皮－9 サ㊅／zhā
字解 形声。皮＋虘㊀。にきびの意。

［皶］⇩9569

108 皿部 さら

甲骨文  金文  篆文 

皿は、上の開いた容器に台のついたものを横から見たさまで、さら（ベイ）を表す。皿部に属するものは、部標の皿を字の下部におき、さら形の容器に関して、その種類、用法などを表す。もと台の脚は縦二線で描かれたが、外縁の部分に添えられた線が、隷書のころに下の基線に達して、基線の上に物を盛ったように見える今日の形になった。なお、血は別部(143)をなす。

皿 皿
皿 ③ 盂 ④ 盈 昷 盃 盄 盆 ⑤ 益 益
盋 盌 盍 盇 盎 盒 盔 盖 盒 盛 盗
⑦ 盛 盗 盙 ⑧ 盞 盟 盟 ⑨ 盡 ⑩ 監
盤 ⑪ 盥 盧 ⑫ 盪 ⑬ 盬

皿

5121【皿】2714 3B2E 8E4D 皿－0 常3 メイ㊅・ベイ㊅／mǐn・mǐng／さら
筆順 皿 皿 皿 皿 皿
字解 部首解説を参照。
意味 さら。食物などを盛る平たい器。
下接 器皿（キベイ）／額皿（ガクざら）・壺皿（つぼざら）・灰皿（はいざら）・火皿（ひざら）

皿

5122【盂】6619 6233 E1B1 皿－3 ウ㊉㊅／yú／はち
字解 形声。皿＋于（＝亏、大きく曲がる）㊀。食物を盛る曲がりへこんだ大きな器、はちの意。

甲骨文  金文  篆文 

意味 ❶はち。わん。飲食物を盛る丸い器。また、はち形のもの。『腎盂（ジンウ）』『水盂（スイウ）』『鉢盂（ハチウ）』❷音訳字。『盂蘭盆（ウラボン）』
【盂蘭盆（ウラボン）】（梵 ullambana の音訳）陰暦七月一五日に行われる仏事。日本では、祖先の霊を自宅に迎え、供物をそなえる。もと、死者の冥界での辛苦を救うための供養の行事。精霊会（ショウリョウエ）。おぼん。ぼん。

盂❶〔遼寧省喀左出土〕

［孟］⇩1694

5123【盈】1746 314E 896D 皿－4 ヨウ（ヤウ）㊉・エイ㊅／yíng／みちる
字解 会意。皿＋乃（伸びた）＋又（手）。たっぷりと皿に食物を盛る、みたす意。
意味 みちる。みちていっぱいになる。また、みちあふれる。いっぱいになってこぼれる。『盈溢』『盈満』
下接 衍盈（エンエイ）・貫盈（カンエイ）・虧盈（キエイ）・充盈（ジュウエイ）・満盈（マンエイ）
【盈溢（エイイツ）】満ちあふれること。
【盈盈（エイエイ）】①満ちるさま。ものが非常に多量にあるさま。〔文選－古詩十九詩〕②女の容姿の美しくしなやかなさま。〔文選－古詩十九詩〕
【盈科（エイカ）】あなに一みつ一あなをみたす】水の流れがあな（科）に満ちてから先の方に流れていくように、学問をするにも順序を踏んで進むべきであることのたとえ。〔孟子－離婁下〕
【盈虧（エイキ）】＝盈虚（エイキョ）
【盈虚（エイキョ）】月の満ち欠け。また、比喩（ヒユ）的に、栄えることと衰えること。盈虧。＊蘇軾－前赤壁賦「盈虚者如ㇾ彼、而卒莫ㇾ消長ㇾ也（エイキョするものはかのごとくなれども、ついにショウチョウすることなきなり）」〔＝月はあのように満ちたり欠けたりするけれども、結局は月そのものが消失したり生長したりはしない〕」
【盈月（エイゲツ）】満月。望月。
【盈縮（エイシュク）】満ちることと、ちぢむこと。伸縮。
【盈満（エイマン）】物事が満ち満ちること。【盈満之咎（エイマンのとが）】物事が満ち足りているときは、かえって災いが生じやすいということ。〔後漢書－方術伝・折像〕

5124【昷】＊3416 皿－4 オン 「昷」(5131)の異体字

5125【盇】―― 皿－4 コウ 「盍」(5133)の異体字

5126【盃】3954 4756 9475 皿－4 ハイ㊉㊅／bēi／さかずき
字解 形声。皿＋不㊀。さかずきの意。杯の通俗体。

5画
玄玉(王)瓜瓦甘生用田疋(⺪)疒癶白皮皿目(罒)矛矢石示(ネ)内禾穴立

5127【盆】4363 4B5F 967E 皿－4 常 ボン㊐・ホン㊥/pén

筆順 

字解 形声。皿＋分(↓墳、土を高く盛り上げて作った丸味のある墓)㊟。伏せると墳墓のように丸みのある器、はちの意。

意味 ❶はち。酒などを入れる瓦の器。『盆栽』『盆地』『覆盆(フクボン)』＊史記‐廉頗藺相如伝「請奉二盆缻秦王一、以相娯楽(ボンプをシンオウにホウじ、もってあいゴラクせん)〔＝はちとほとぎを秦王にささげたてまつり、一緒に楽しみ合いたいものだ〕」❷国食器、茶器などをのせる平らな、ふちの浅い器。『茶盆(チャボン)』『丸盆(まるボン)』『円盆(まるボン)』❸国「盂蘭盆会(ウラボンエ)」の略。七月一五日に行われる仏事。また、その前々日からの称。『旧盆(キュウボン)』『新盆(にいボン)』

【盆栽(ボンサイ)】国鉢などに植え、手入れをして観賞する草木。

【盆地(ボンチ)】山または台地に囲まれた平地。

〔戴レ盆望レ天(ボンをいただきてテンをのぞむ)〕盆を頭にのせると天を仰ぎ見ることができず、天を見ようとすれば盆をのせることができないように、一度に二つのことを行うのは困難であるというたとえ。〔司馬遷‐報二任少卿一書〕

5128【益】1755 3157 8976 皿－5 常5 (5129)〔益〕 皿－5 旧字

ヤク㊐・エキ㊥/yì/ます・ますます

筆順 

字解 象形。皿にもの(水、または犠牲)があふれんばかりに盛られているさま。あふれる・ます意。溢の原字。

甲骨文

金文

篆文

同属字 鷁・溢・隘・縊・謚・鎰

参考 万葉仮名では音を借りて「や」。

意味 ❶ます。ふえる。ふやす。『増益』❷ためになる。役に立つ。『益者』『益鳥(エキチョウ)』『有益』＊論語‐衛霊公「吾嘗終日不レ食、終夜不レ寝、以思。無レ益(われかつてシュウジツくらわず、シュウヤいねず、もっておもう。エキなし)〔＝私は以前に、一日中食事もせず、一晩中寝もしないで考えたことがあるが、むだだった〕」❸もうけ。↔損。『収益』『純益』❹ますます。いよいよ。＊漢書‐韓信伝「多多益弁耳(タタますますベンずるのみ)〔＝多ければ多いほどうまくやれる〕」❺周易の六十四卦の一。☴☳。増える意。❻「益州(エキシュウ)」は、中国、漢代に置かれた州。唐以後成都府と改められた。今の四川省にあたる。❼「益荒男(ますらお)」は、あて字。立派な、強く勇ましい男子の意。

下接 ①潤益(ジュンエキ)・請益(ショウエキ|セイエキ|ショウヤク)・饒益(ジョウエキ)・増益(ゾウエキ)・附益(フエキ)②共益(キョウエキ)・匡益(キョウエキ)・広益(コウエキ)・資益(シエキ)・実益(ジツエキ)・大益(タイエキ)・裨益(ヒエキ)・便益(ベンエキ)・無益(ムエキ)・有益(ユウエキ)③巨益(キョエキ)・権益(ケンエキ)・減益(ゲンエキ)・公益(コウエキ)・国益(コクエキ)・差益(サエキ)・私益(シエキ)・収益(シュウエキ)・受益(ジュエキ)・純益(ジュンエキ)・損益(ソンエキ)・用益(ヨウエキ)・利益(リエキ)

【益者(エキシャ)】ためになること。【益者三楽(エキシャサンゴウ)】益を得る三つの好み。礼楽を節すること、人の善をいうこと、賢友の多いこと、の三。〔論語‐季氏〕【益者三友(エキシャサンユウ)】交際して益になる三種類の人。直(正直な人)、諒(リョウ)(誠実な人)、多聞(物知りの人)の三者。〔論語‐季氏〕

【益寿(エキジュ)】寿命をのばすこと。長生きすること。

【益友(エキユウ)】交際してためになる友人。↔損友。〔論語‐季氏〕❤「益者三友」による語。

5130【盎】＊4646 皿－5 オウ(アウ)㊐㊥/àng/あふれる

字解 形声。皿＋央㊟。

意味 ❶口が小さく腹の大きくふくれたかめ。❷あふれる。みちあふれる。

【盎然(オウゼン)】盛んにあふれ出るさま。

5131【昷】＊3416 皿－5 (5124)〔昷〕 皿－4

オン(ヲン)㊥

字解 会意。囚(煮物)＋皿(さら)。さらの中の暖かい煮物の意から、あたたかい意を表す。熅の原字。

5132【盉】＊4643 皿－5 カ(クヮ)㊥/hé

字解 皿＋禾(↓和、ととのえる)㊟。味をととのえるために用いる器から、味をととのえる意。

金文

篆文

5133【盇】6620 6234 E1B2 皿－5 (5125)〔盍〕 皿－4

コウ(カフ)㊥・カツ㊥/hé/おおう・なんぞ…ざる

字解 象形。ものを皿に盛ってふたをしたさま。おおう意。借りて、助字に用いる。

同属字 蓋・溘

意味 ❶おおう。ふたをする。❷あう。より集まる。『盍簪』❸なんぞ…ざる。どうして…しないのか。再読文字。勧誘を示す。「何不」が一音につまったもので「蓋」に同じ。＊史記‐伯夷伝「盍二往帰一焉(なんぞゆきてキせざる)〔＝どうしてそこに出向いて終生の居所と定めずにいられようか〕」❹なんぞ。どうして。なぜ。疑問・反語を示す。「何」に同じ。＊戦国策‐秦「盍可レ忽乎哉(なんぞゆるがせにすべけんや)〔＝どうしていい加減にしてよいことがあろうか〕」

【盍簪(コウシン)】友人同士が寄り集まること。

5134【盋】＊4644 皿－5 ハチ㊐・ハツ㊥/bō

字解 形声。皿＋犮㊟。はち・わんの意。鉢の別体。

5135【盌】＊4645 皿－5 ワン㊥/wǎn

字解 形声。皿＋夗(まるくまがる)㊟。丸くくぼんだ器、わんの意。碗に同じ。

5136【盔】＊4647 皿－6 カイ(クヮイ)㊥/kuī

字解 形声。皿＋灰㊟。はち、わんの意。また、かぶと。『盔甲(カイコウ)』➡〔騎兵〕の図一三四五頁

5137【盖】6621 6235 E1B3 皿－6 ガイ 「蓋」(6795)の異体字

5138【盒】6622 6236 E1B4 皿－6 コウ(カフ)㊥・ゴウ(ガフ)㊫/hé

字解 形声。皿＋合(ふたをあわせる)㊟。ふたのある容器の意。

意味 ❶ふた付きの容器。ふたもの。『飯盒(ハンゴウ)』❷さら。はち。

【盒子(ゴウシ)】①ふた付きの小型容器の総称。②国茶道で

いう建水（ケンスイ）の一様式。❤「合子」とも書く。

5139【盛】 3225 4039 90B7 皿－6 [常]6 (5141)【盛】二一 皿－7 旧字

ジョウ（ジャウ）[呉]・セイ[漢]／chéng・shèng／もる・もり・さかる・さかり・さかん

[筆順] 盛盛盛盛盛盛盛

[字解] 盛は、盛の略体。盛は形声。皿＋成[声]。皿にもり上げたそなえものから、もる、さかんの意。金文は皿に従わない。

金文  篆文 

[意味] ❶もる。㋑器に物をいっぱいにする。『大盛（おおもり）』『山盛（やまもり）』『粢盛（シセイ）』＊十八史略－春秋戦国「夫差取二其尸一、盛以二鴟夷一（フサそのシをとり、もるにシイをもってす）〔＝夫差は死骸を馬の皮で作った袋に詰め込んだ〕」㋺高く積み上げる。『盛り土』㋩[国]薬を調合する。㋥[国]めもりをつける。❷さかん。さかり。勢いが盛んなこと。また、広く大きい。手厚い。立派な。『盛運』『盛夏』『盛会』『盛況』『盛大』『繁盛』『隆盛』 ⇒[表]

❷ さかん。さかり。

[下接] 殷盛（インセイ）・旺盛（オウセイ）・強盛（キョウセイ）・最盛（サイセイ）・熾盛（シセイ）・昌盛（ショウセイ）・全盛（ゼンセイ）・壮盛（ソウセイ）・鼎盛（テイセイ）・繁盛（ハンジョウ）・富盛（フセイ）・豊盛（ホウセイ）・茂盛（モセイ）・隆盛（リュウセイ）

盛壮		
盛（セイ）	まっさかりである。	盛大　盛烈　盛麗　盛観　盛挙　盛年
壮（ソウ）	気力にみちてたくましい。	壮大　壮烈　壮麗　壮観　壮挙　壮年

【盛者必衰（ジョウシャヒッスイ）】勢いの盛んな者は必ず衰える。この世の無常であることを示したもの。〔仁王経－下〕

【盛意（セイイ）】[1]親切の心。厚意。[2]多数を占める意見。

【盛運（セイウン）】栄える運命。↔衰運

【盛宴（セイエン）・盛讌・盛筵（セイエン）】盛大な宴会。

【盛夏（セイカ）】夏の盛りの時期。真夏。↔初夏・晩夏

【盛会（セイカイ）】盛んな集会。盛大でにぎやかな会合。

【盛観（セイカン）】立派で素晴らしいみもの。壮観。

【盛気（セイキ）】[1]気力を盛んにすること。盛んな気力。〔礼記－玉藻〕[2]怒りを内に含むこと。〔戦国策－趙〕

【盛儀（セイギ）】盛大な儀式。

【盛挙（セイキョ）】大きな計画。盛んな事業。

【盛況（セイキョウ）】催し物などが盛んである状態。

【盛行（セイコウ）】盛んに流行すること。

【盛事（セイジ）】規模が大きく盛んな行事、事業。＊曹丕－典論論文「文章経国之大業、不朽之盛事（ブンショウはケイコクのタイギョウにして、フキュウのセイジなり）〔＝文章は国を治める上での大事な仕事であり、朽ち果てることのない偉大な事業である〕」

【盛時（セイジ）】若く血気盛んな時。勢いが盛んな時期。

【盛暑（セイショ）】夏の最も暑い盛り。

【盛色（セイショク）】美しい顔色。また、美人。

【盛衰（セイスイ）】盛んになることと衰えること。『栄枯盛衰』

【盛世（セイセイ）】国運の栄えている太平な時代。盛時。

【盛饌（セイセン）】りっぱな料理。すばらしいごちそう。

【盛壮（セイソウ）】[1]血気盛んで勇壮なこと。年が若くて元気なさま。〔韓非子－外儲説左上〕[2]月の満ちること。〔史記－匈奴伝〕

【盛大（セイダイ）】事業や集会などが、盛んで大規模に行われるさま。

【盛代（セイダイ）】国の勢いが盛んな時代。

【盛典（セイテン）】盛大な儀式。盛儀。

【盛唐（セイトウ）】中国、唐代を初・盛・中・晩の四期に区分したその第二期。通常、玄宗の先天元年（七一二）から代宗の永泰元年（七六五）までをさす。王維・元結・杜甫・孟浩・李白らが出て、唐詩の黄金期とされる。

【盛徳（セイトク）】すぐれてりっぱな徳。

【盛年（セイネン）】若い盛りの年ごろ。元気の盛んな年ごろ。

【盛年不二重来一（セイネンかさねてきたらず）】元気盛んな年ごろは、二度と来ない。〔陶潜－雑詩〕

【盛服（セイフク）】立派な衣服を身につけること。

【盛名（セイメイ）】盛んな名声。立派な評判。『盛名を馳（は）せる』

【盛茂（セイモ）】盛んに茂ること。

5140【盗】 3780 4570 9390 皿－6 [常] (5142)【盜】 6125 5D39 9F58 皿－7 旧字[人]

トウ（タウ）[呉][漢]／dào／ぬすむ・ぬすみ

[筆順] 盗盗盗盗盗盗

[字解] 盗は盜の略体。盜は会意。皿＋次（うらやましげによだれを流す）。皿の食物を見て欲しく思う、ぬすむ意。甲骨文は、盤に従う。

甲骨文  篆文 

[意味] ぬすむ。人のものをかすめとる。ぬすみ。また、ぬすびと。

[下接] 怪盗（カイトウ）・奸盗（カントウ）・侠盗（キョウトウ）・狗盗（クトウ）・群盗（グントウ）・寇盗（コウトウ）・強盗（ゴウトウ）・重盗（ジュウトウ）・小盗（ショウトウ）・鈔盗（ショウトウ）・窃盗（セットウ）・賊盗（ゾクトウ）・鼠盗（ソトウ）・大盗（ダイトウ）・偸盗（チュウトウ・トウトウ）・夜盗（ヤトウ）

【盗汗（トウカン・ねあせ）】寝ているうちにかく汗。寝汗（ねあせ）。

【盗掘（トウクツ）】埋蔵物などを、土地の持ち主の許可がないのに掘ってとること。

【盗作（トウサク）】無断で他人の作品を自分の作として発表すること。剽窃（ヒョウセツ）。

【盗心（トウシン）】盗賊のような悪心。どろぼう根性。

【盗跖（トウセキ）・盗蹠】中国古代の大泥棒の名。春秋時代の魯の人とも、黄帝の頃の人とも、また秦代の人ともいう。

【盗窃（トウセツ）・盗竊】他人の財物をこっそりぬすむこと。ぬすみ。窃盗。

【盗泉（トウセン）】中国の山東省にあった泉の名。孔子がその名を嫌って飲まなかったという故事で知られる。＊陸機－猛虎行「渇不レ飲二盗泉之水一（カッすれどもトウセンのみずをのまず）〔＝のどがかわいていても、盗泉の水は飲まない〕」

【盗聴（トウチョウ）】公開されない他人の会話、会議の内容などを、ひそかにぬすみ聞きすること。『電話を盗聴する』

【盗難（トウナン）】金品をぬすまれること。『盗難車』

【齎二盗糧一（トウにリョウをもたらす）】盗人に食物を持ってきてやる。敵を助けて、かえって自分に災いをもたらすことのたとえ。〔荀子－大略〕

【盗不レ過二五女門一（トウもゴジョのモンをよぎらず）】盗人も女子の多い家はねらわないの意で、女子が多いと出費がかさんでその家が貧しくなるということ。〔後漢書－陳蕃伝〕

【盗用（トウヨウ）】ぬすんで使うこと。

5141【盛】 二一 皿－7 セイ 「盛」(5139)の旧字

5142【盜】 6125 5D39 9F58 皿－7 トウ 「盗」(5140)の旧字

5143【盙】 ＊4648 皿－7 フ[漢]・ホ[慣]／fǔ

字解 形声。皿＋甫（→薄、うすく広げる）声。簠の本字。

5144 【盞】 6623 6237 E1B5 皿－8

サン漢/zhǎn/さかずき

字解 形声。皿＋戔（うすく小さい）声。小さい器、さかずきの意。「酒盞」

5145 【盟】 4433 4C41 96BF 皿－8 常6 (5146)【盟】 二二 皿－8 旧字

メイ漢/míng・méng/ちかう・ちかい

筆順 盟 盟 盟 盟 盟 盟

字解 形声。皿または血（皿に血を盛ったさま）＋明（＝明、あきらかにする）声。

甲骨文 金文 篆文 重文

神にささげたいけにえの血をすすり合い約束をあきらかにする、ちかう意。

意味 ❶ちかう。固く約束する。ちかい。また、約束した仲間。「盟主」「盟邦」「盟友」「同盟」「連盟」❷「盟津」は、地名。

下接 鷗盟・会盟・加盟・旧盟・血盟・私盟・尋盟・訂盟・締盟・同盟・連盟

【盟主】同盟の主宰者。仲間のうちで中心となる人物や国。

【盟誓】＝盟約

【盟約】固く誓って約束すること。盟誓。

【盟友】固い約束を結んだ友。同志。

【盟津】中国河南省洛陽の北東、孟県の南岸にある黄河の渡しの名。「孟津」に同じ。♥周の武王が紂を討ったとき、諸侯とここに会し、盟ったので「盟津」とも書き「孟津」と同音によむ。

【盋】⇩6750

5147 【盡】 6624 6238 E1B6 皿－9

ジン「尽」(537)の旧字

【蓋】⇩6795

5148 【監】 2038 3446 8AC4 皿－10 常

ケン呉・カン漢/jiān・jiàn/みる・かんがみる

筆順 監 監 監 監 監 監

字解 会意。皿（水の入ったたらい）＋臣（目）＋𠂉（人の変形）。人が水のはいったたらいをのぞきこむさまから、水かがみをみる意。

甲骨文 金文 篆文

同属字 擥・覽（覧）・藍（藍）・鑑・濫・檻・襤・繿・艦・轞・鑑

意味 ❶みる。上から見おろしてよく見る。㋑見張る。とりしまる。「監視」「監督」「統監」㋺めつけ役。とりしまり。「学監」「舎監」㋩かんがみる。照らし合わせて見きわめる。❷ろうや。ろうごく。「監獄」「監房」「収監」❸宦官。宮中に仕える去勢された役人。「太監」❹国げん。㋑奈良時代、離宮の所在地におかれた特別の行政区画。また、その職員。㋺大宰府の三等官。

❶みる。見張る。また、かんがみる。

下接 阿監・学監・技監・後監・舎監・統監・臨監・国子監

【監禁】見張りをつけて、一定の場所から脱出できないようにすること。

【監軍】軍隊を監督すること。いくさめつけ。軍監。

【監国】（国政を監督する意）皇太子が天子の代わりに政治をとること。

【監査】監督し検査すること。「会計監査」「監査役」

【監察】監督、検査すること。「監察官」【監察御史】中国、隋以後の官名。官吏の功過や一般政務の可否を取り調べ、行政の監視にあたったもの。

【監視】注意して人の動きを見張ること。

【監事】①公益法人の財産、業務を監査する役。②団体の庶務をつかさどる役。

【監守】監督し、守ること。また、刑務所の看守。

【監修】著述、編集などを責任者として監督すること。「辞典の監修」

【監寺】（「ス」は「寺」の唐音）禅宗で、一寺を監督して衆僧を統率する役名。監院。

【監生】中国の学制で、国子監に属する大学の学生。官僚予備軍として、官吏につく特権を与えられた。

【監督】見張ったり、指図をしたりして取り締まること。また、総括し指揮する人。「現場監督」「舞台監督」

【監本】中国で、国子監で校訂刊行された書物。

【監門】①門衛。門番。②国左右の衛門府の唐名。

【監理】監督し、処理すること。取り締まること。

【監物】国日本の令制で、中務省に属して、大蔵・内蔵などの出納および諸庫の監察、管理をした官職。

❷ろうや。ろうごく。

下接 移監・在監・収監

【監獄】法によって人を拘禁しておく施設。「刑務所」「拘置所」の総称。

【監房】刑務所で囚人を入れておく部屋。

5149 【盤】 4055 4857 94D5 皿－10 常

バン呉・ハン漢/pán/さら

筆順 盤 盤 盤 盤 盤 盤

字解 形声。皿＋般（大きな船）声。大きな船のような平たい器の意。古くは、儀礼・祭祀に用いた。もと、舟、または般のみで、この意を表した。

意味 ❶さら。はち。㋑大皿。また、そのような形をしたもの。「盤台」「円盤」㋺国特に、台状の道具、機械など。「碁盤」「旋盤」❷大きな石。「磐」に同じ。「盤石」「岩盤」❸わだかまる。ぐるぐるまがりくねる。また、めぐる。「盤屈」「盤根」❹その他。固有名詞など。「盤詰」「盤古」「盤谷（＝タイの首都）」

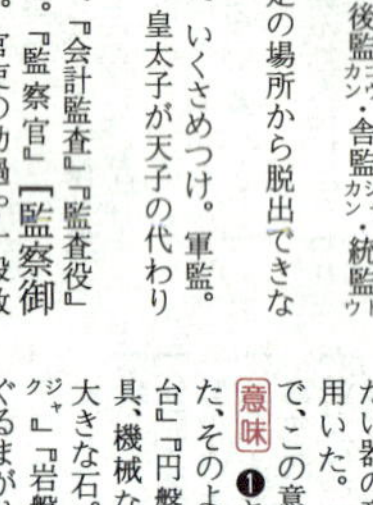

盤❶〔中国歴史博物館蔵〕

❶さら。また、そのような形をしたもの。

下接 ㋑円盤・音盤・吸盤・玉盤・銀盤・原盤・骨盤・水盤・胎盤・銅盤・杯盤・廃盤・平盤・名盤・洋盤 ㋺鍵盤・碁盤・終盤・序盤・旋盤・算盤・珠盤・中盤・鑪盤

【盤盂(バンウ)】飲食物を盛るさらやはち。

【盤峙(バンジ)】山などが盆をふせた形にそびえたつこと。

【盤饌(バンセン)】大皿に盛った食べ物。

【盤台(バンダイ)】国魚屋が用いる浅く広い長円形のたらい。
❷大きな石。
下接 岩盤(ガンバン)・基盤(キバン)・地盤(ジバン)・常盤(ジョウバン)・落盤(ラクバン)・路盤(ロバン)・露盤(ロバン)
【盤石(バンジャク)】大きな石。大きな岩。転じて、非常に堅固で動じないことのたとえ。磐石。『盤石の構え』
❸わだかまる。ぐるぐるまがりくねる。
【盤紆(バンウ)】めぐりまわること。曲折の多いこと。屈曲。

【盤回・盤徊(バンカイ)】うねりまわること。盤旋。盤曲。

【盤桓(バンカン)】めぐること。ぐるぐると歩きまわったまま、先へ進まないこと。＊陶潜-帰去来辞「撫二孤松一而盤桓(コショウをブしてバンカンす)」〔＝一本松の幹をなでながら、その場を去りがてにする〕

【盤踞(バンキョ)】①わだかまること。根をはること。②広い土地を占めて勢力をふるうこと。

【盤屈(バンクツ)】①まがりくねること。屈曲。②気持ちや考えが心の中にわだかまっていること。

【盤根(バンコン)】①わだかまった根。②込み入って処理するのに困難な事件。【盤根錯節(バンコンサクセツ)】込み入って処理しにくい事柄。〔後漢書-虞詡(グク)伝〕♥わだかまった根と、入り組んだ節(ふし)の意。

【盤錯(バンサク)】①入り組みまじわること。交錯すること。②(「盤根錯節(バンコンサクセツ)」の略)込み入って処理するのに困難な事柄。

【盤散・盤跚・盤姍・盤珊(バンサン)】①よろめき歩くさま。②踊るさま。

【盤旋(バンセン)】ぐるぐる回ること。めぐり歩くこと。また、立ち居ふるまい。

【盤陀(バンダ)】①石がわだかまっていて平らでないさま。②馬のくら。

【盤盤(バンバン)】高くなったり低くなったりして続いているさま。うねうね。

【盤遊(バンユウ)】方々をめぐりあそぶこと。
❹その他。
【盤詰(バンキツ)】問いただすこと。詰問すること。

【盤古(バンコ)】天地を創造した、中国神話の神の名前。

5150【盥】6625 6239 E1B7 皿-11 カン(クヮン)漢/guàn/たらい

字解 会意。皿+臼(両手)+水。たらいから水を両手ですくってあらう意。また、その器・たらいの意。

甲骨文  篆文 

意味 たらい。手足などを洗う器。また、あらう。すすぐ。手足などをあらう。『盥洗』『盥浴』

【盥洗(カンセン)】手足や器物を洗うこと。

【盥漱(カンソウ)】手を洗い口をすすいで身を清めること。

【盥濯(カンタク)】洗いすすぐこと。洗うこと。

【盥沐(カンモク)】手や髪を洗うこと。また、ゆあみ。

【盥浴(カンヨク)】ゆあみ。行水。

5151【盧】6626 623A E1B8 皿-11 ロ呉漢/lú/ひつ

字解 形声。皿+虘(竹を曲げてつくったまるいかご)声。めしびつの意。

甲骨文  篆文 

同属字 廬・蘆・顱・鸕・瀘・櫨・爐(炉)・臚・纑・艫・轤・鑪・驢・鱸

参考 万葉仮名では音を借りて「る」「ろ甲」。

意味 ❶めしびつ。❷火入れ。すびつ。❸黒い。黒いもの。黒いひとみ。❹酒を売る所。❺「盧胡(ロコ)」は、笑うこと。笑われること。『胡盧(コロ)』❻アシ。「蘆」に同じ。『蒲盧(ホロ)』❼人名。『盧照鄰』『盧生之夢』❽音訳字。『賓頭盧(ビンズル)』『盧遮那仏(ルシャナブツ)』
【盧遮那仏・盧舎那仏(ルシャナブツ)】「毘盧遮那如来(ビルシャナニョライ)」の略称。あまねく全宇宙を照らすとされる仏。「毘盧遮那」は梵 Vairocana の音訳。
【盧照鄰(ロショウリン)】中国、初唐の詩人。字(あざな)は昇之。号は幽憂子。病苦のため自殺した。「初唐の四傑」の一人。著に「盧昇之集」がある。(六三七?～六八九?)
【盧生之夢(ロセイのゆめ)】盧生という青年が見た、はかない栄華の夢。人の世の栄枯盛衰のはかないたとえ。邯鄲(カンタン)の夢。〔枕中記〕

5152【盪】6627 623B E1B9 皿-12 トウ(タウ)漢/dàng/あらう・とろかす・とろける
(6981)【蘯】6628 623C E1BA 艸-17

字解 形声。皿+湯声。器に水や瓦石などを入れ、ゆりうごかしてあらう意。一説に湯は、ゆれうごく意とも。

意味 ❶うごく。うごかす。また、ゆれる。ゆらす。『盪撃』『鼓盪(コトウ)』『震盪(シントウ)』『推盪(スイトウ)』❷あらう。あらいすすぐ。あらいきよめる。『盪夷』『盪尽』『盪滌』❸ほしいままにする。『放盪(ホウトウ)』❹＝盪盪(トウトウ)

【盪夷(トウイ)】討ち平らげること。

【盪撃(トウゲキ)】水と水がぶつかりあうこと。

【盪尽(トウジン)】すっかりなくなること。蕩尽。

【盪滌(トウデキ)】あらいすすぐこと。蕩滌。

【盪盪(トウトウ)】①広大なさま。②むなしくとりとめのないさま。③制度などがやぶれくずれるさま。

【簋】⇩5710

5153【盬】＊4652 皿-13 コ漢/gǔ

字解 形声。鹽(しお)省+古(→苦、にがい)声。未精製の苦いしおの意。

【篕】⇩5735 【籃】⇩5750 【蘯】⇩6981
【蠱】⇩7011 【鹽】⇩9540

109 目(罒)部 め

甲骨文  金文  篆文 

人の目の象形。篆文でたてに角形に書くようになった。字体部分としては左部に「めへん」として用いられることが多い。目部に属する字は、目に関して、その働き、状態などを表す。「見」も目の派生形であるが、別部(147)をなす。貝部(154)、頁部(181)、首部(185)などは、異源。

目◆目 ③直 ⑤真 眞 ⑲矗

目 ③昊④県⑬瞿⑮矍
目 ②旬③盲盲④看盾省眉冒
冒⑤看眚⑥眷眥着⑦着⑧督
⑨睿⑪瞢⑫瞥瞥⑬瞽
目 ③盱④盻眈盼眇眄眊⑤眤
眨眩眛眠⑥眱眼眶眴眵眦眺
眯眸⑦睆睞睇⑧睚睢睨睠睫
睡睛睜睥睤睦睩⑨睽睺睹⑩
瞎瞋瞑⑪瞔瞠瞙瞟瞞⑫瞰瞯
瞶瞤瞩瞳瞳瞭⑬瞹瞼瞬瞻⑭
矇⑯矓㉑矚
目 ④相
罒 ⑥罘⑧睪睘⑨睾⑩瞏

目

5154 【目】 4460 4C5C 96DA 目－0 常1 モク(呉)・ボク(漢)/mù/め・ま・さかん

筆順 目 目 目 目 目

字解 部首解説を参照。

参考 万葉仮名では訓を借りて「ま」「め(乙)」。

意味 ❶め。まなこ。㋑めだま。『目睫の間』『目前』『目下』『刮目(カツモク)』『衆目』 ㋺もくする。目で見る。目くばせする。目あてにする。また、見なす。『目撃』『目測』『目礼』『一目』 ＊史記-項羽本紀「范増数目＝項王＿(ハンゾウしばしばコウオウにモクす)」〔＝范増は何回も項羽に目くばせした〕」 ❷かなめ。㋑要点。目を付けるべき大切なところ。『眼目』『要目』 ㋺かしら。おもだった人。『頭目』 ❸(目だつようにした)箇条。㋑見出し。なまえ。標題。『目次』『目録』『書目』『題目』『品目』 ㋺分類の小分け。『項目』『綱目』『細目』『条目』 ＊論語-顔淵「請問＝其目＿(こうそのモクをとわん)」〔＝どうかその細目をお聞かせください〕」 ❹国め。㋑物事の状態、様子。『憂き目』『負い目』『落ち目』『金目(かねめ)』 ㋺さかい。すじ。連続した物と物の隙間。『継ぎ目』『折り目』『櫛目(くしめ)』『板目』『裏目』『木目(もくめ)』 ㋩めもり。また、重量や容量。『目減り』『目一杯』『七分目』 ㊁物事の順番。『一番目』 ❺国もく。㋑律令制で、国司の第四等官。さかん。㋺囲碁で碁盤のめを数えるのに用いる。『駄目(ダめ)』 ❻あて字など。『目論見(モクロみ)』『羽目(はめ)』『役目(ヤクめ)』

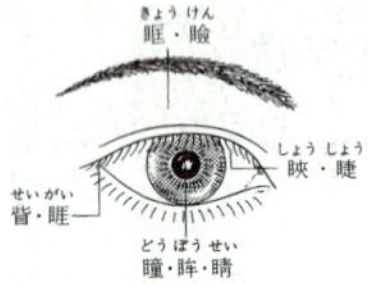

目❶

❶ め。まなこ。また、もくする。目で見る。

下接 一目(イチモク|ひとめ)・皆目(カイモク)・刮目(カツモク)・驚目(キョウモク)・極目(キョクモク)・魚目(ギョモク)・寓目(グウモク)・衆目(シュウモク)・十目(ジュウモク)・瞬目(シュンボク)・拭目(ショクモク)・触目(ショクモク)・嘱目(ショクモク)・心目(シンモク)・瞋目(シンモク)・着目(チャクモク)・注目(チュウモク)・張目(チョウモク)・鳥目(チョウモク|とりめ)・瞠目(ドウモク)・反目(ハンモク)・万目(バンモク)・美目(ビモク)・眉目(ビモク)・眇目(ビョウモク)・蔽目(ヘイモク)・満目(マンモク)・瞑目(メイモク)・面目(メンボク|メンモク)・盲目(モウモク)/色目(いろめ)・薄目(うすめ)・上目(うわめ)・片目(かため)・尻目(しりめ)・遠目(とおめ)・横目(よこめ)・夜目(よめ)・脇目(わきめ)

【目逆(モクゲキ|めむかう)】目で迎えること。目迎。↔目送

【目撃(モクゲキ)】直接、目で見ること。現場にいあわせて実際に見ること。『目撃者』

【目語(モクゴ)】目づかいで互いに意志を通じあうこと。

【目算(モクサン)】国①見積もること。②見込み。予測とそれに基づく計画。『目算がはずれる』

【目指・目使(モクシ)】目でさしずすること。

【目眥・目眦(モクシ|モクセイ)】まなじり。めじり。＊史記-項羽本紀「頭髪上指、目眥尽裂(トウハツジョウシし、モクシことごとくさく)〔＝(樊噲の)頭髪はさか立ち、まなじりも裂けんばかりであった〕」

【目笑(モクショウ)】①目つきに笑う気持ちをあらわすこと。②目と目を見合わせて笑うこと。

【目睫(モクショウ)】目とまつげ。転じて、きわめて近い所。目前。〔後漢書-班固伝論〕『目睫の間(カン)』

【目睛・目精(モクセイ)】ひとみ。眼睛(ガンセイ)。

【目前(モクゼン)】①目のまえ。眼前。②時間的にきわめて近いこと。『試験が目前に迫る』

【目送(モクソウ)】過ぎ行くものを目を離さずに見送ること。

【目測(モクソク)】おおよその長さ、高さ、深さなどを、目で見てはかること。『目測を誤る』

【目的(モクテキ)】めざす事柄。めざす所。めあて。

【目途(モクト|めど)】めあて。目的。『目途(めど)が立つ』

【目睹(モクト)】目で見ること。目撃(モクゲキ)。

【目標(モクヒョウ)】目印。めあて。『販売目標額』

【目礼(モクレイ)】目つきで会釈をすること。

【目論(モクロン)】目は小さな物まで見えるが、自分のまつげを見ることはできない。他人の短所はわかっても自分の短所はわからないような考え方をいう。

【目下(モッカ)】目の前。転じて、現在。『目下旅行中』

【目耕(モッコウ)】読書することを、田を耕すことにたとえていった語。〔世説新語-言語〕

【目今(モッコン)】さしあたり。ただいま。現今。

〖瞋レ目(めをいからす)〗目をかっと見ひらく。＊史記-刺客伝「士皆瞋レ目、髪尽上指レ冠(シみなめをいからし、かみことごとくあがりかんむりをさす)〔＝男たちはみな目を見ひらき、頭髪はことごとく逆立ち、冠をつく勢いであった〕」

❸ 箇条。見出し。なまえ。標題。

下接 韻目(インモク)・演目(エンモク)・科目(カモク)・課目(カモク)・曲目(キョクモク)・項目(コウモク)・綱目(コウモク)・細目(サイモク)・式目(シキモク)・色目(シキモク)・種目(シュモク)・条目(ジョウモク)・書目(ショモク)・税目(ゼイモク)・節目(セツモク)・総目(ソウモク)・題目(ダイモク)・地目(チモク)・徳目(トクモク)・品目(ヒンモク)・編目(ヘンモク)・篇目(ヘンモク)・名目(メイモク)

【目次(モクジ)】項目、題目などの順序。また、書物の内容の見出しを順序に従って配列したもの。

【目録(モクロク)】①書物、文書の題目を集めて記したもの。②国贈り物の品目などを書き並べたもの。③国師が弟子(デシ)に芸道、武術を伝授するとき、式目などを記して与える文書。

❻ あて字など。

【目利安(メリヤス)】(ポルトガル meias から)綿糸、毛糸などを機械で編んだ伸縮性、柔軟性に富む布。莫大小(メリヤス)。

【目論見(モクロみ)】もくろむこと。計画。企て。

【目茶(めちゃ)】道理に合わないこと。度がはずれていること。滅茶(めちゃ)。『目茶苦茶』

難読姓氏 目(さかん|さっか)

5155 【直】 3630 443E 92BC 目－3 常2 ジキ(ヂキ)(呉)・チョク(漢)・チ(漢)/zhí/ただちに・なおす・なおる・あたる・あたい・ね・じか・すぐ・ただ・ひた

5画 玄玉(王)瓜瓦甘生用田疋(⺪)疒癶白皮皿目(罒)矛矢石示(ネ)禸禾穴立

筆順 直

字解 指事。甲骨文は直線のついた目に象る。まっすぐに見る、まっすぐの意。一説に象形とも。

甲骨文  金文  篆文 

同属字 矗・悳・置・値・植・殖・稙

参考 万葉仮名では訓を借りて「て」。

意味 ❶なおし。まっすぐである。㋑曲がっていない。『直進(チョクシン)』『直線』『鉛直(エンチョク)』『垂直(スイチョク)』㋺なおくする。曲がっているものをまっすぐにする。日本語で、なおす。また、なおる。❷なおし。すなおである。ごまかしがない。正しい。『直言』『実直(ジッチョク)』『率直(ソッチョク)』 *論語-子路「吾党直者、異ニ於是ー(わがトウのなおきものは、これにことなり)」〔＝私たちの仲間で正直者というのは、それとはちがう〕❸ただちに。すぐに。じかに。間に他のものを置かない。『直(ジキ)に帰ります』『直訴(ジキソ)』『直接』『直截』『直通』❹あたる。番にあたる。とのい。『直衛』『宿直(シュクチョク)』『日直(ニッチョク)』❺あたい。ねだん。ねうち。「値」に同じ。『安直(アンチョク)』『下直(カチョク)』『高直(コウジキ)』 *蘇軾-春夜「春宵一刻直千金(シュンショウイッコクあたいセンキン)」〔＝春の夜のひとときは、千金にも相当する値うちがある〕❻ただ。ただ…だけ。「只」に同じ。 *孟子-梁恵王「直不ニ百歩ー耳(ただヒャッポならざるのみ)」〔＝ただ百歩は逃げなかったというだけだ〕❼ひた。ひたむき。ひたすら。『直(ひた)押し』『直隠し』❽熟字訓など。『直会(なおらい)』『直垂(ひたたれ)』 ⇒〔曲〕(3252)の表

❶ なおし。まっすぐである。

下接 鉛直(エンチョク)・強直(キョウチョク)・曲直(キョクチョク)・伉直(コウチョク)・硬直(コウチョク)・垂直(スイチョク)・平直(ヘイチョク)

【直往(チョクオウ)】まっすぐに行くこと。また、ただちに行くこと。直進。『直往邁進(マイシン)』

【直線(チョクセン)】まっすぐな線。二点を結ぶ最短の線。⇔曲線。『直線距離』

【直読(チョクドク)】国 漢文などを、返り読みせず、そのまま上から下へまっすぐ音読すること。

【直筆(チョクヒツ)】用筆法の一。筆管をまっすぐに立てて書くこと。『懸腕直筆』→❷・❸(ジキヒツ)

〖直木先伐(チョクボクはまずきらる)〗才能のある人が、かえって人にねたまれて災いを受けること。 *荘子-山木「直木先伐、甘井先竭(チョクボクはまずきられ、カンセイはまずつく)」〔＝まっすぐの木はまっさきに切り倒され、うまい水の出る井戸はまっさきに飲み尽くされてしまう〕

【直流(チョクリュウ)】①まっすぐな流れ。②大きさと方向が時間的に変化しない電流。⇔交流

【直列(チョクレツ)】電源などを一列につなぐこと。⇔並列

【直角(チョッカク)】二直線の交わる角が九〇度であること。

【直径(チョッケイ)】円の中心を通る線分。さしわたし。

❷ なおし。ごまかしがない。また、正しい。

下接 易直(イチョク)・遺直(イチョク)・謹直(キンチョク)・愚直(グチョク)・勁直(ケイチョク)・鯁直(コウチョク)・剛直(ゴウチョク)・司直(シチョク)・実直(ジッチョク)・正直(ショウジキ|セイチョク)・誠直(セイチョク)・率直(ソッチョク)・端直(タンチョク)・忠直(チュウチョク)・不直(フチョク)・朴直(ボクチョク)・樸直(ボクチョク)・廉直(レンチョク)

【直言(チョクゲン)】正しいと思っていることを相手にはっきりと言うこと。

【直士(チョクシ)】行いの正しい男。

【直視(チョクシ)】対象から目をそらさずに見ること。また、物事をありのままに見ること。『事態を直視する』

【直叙(チョクジョ)】飾らないで、ありのままに述べること。

【直情(チョクジョウ)】偽りや飾りのないありのままの感情。【直情径行(チョクジョウケイコウ)】感情をいつわらないで思うとおりに行動すること。〔礼記-檀弓下〕

【直臣(チョクシン)】正しいことを遠慮せずに言う家臣。⇔佞臣

【直筆(チョクヒツ)】事実をありのままに書き記すこと。⇔曲筆。→❶・❸(ジキヒツ)

【直方(チョクホウ)】正しい。正直。

【直諫(チョッカン)】遠慮なく率直にいさめること。⇔諷諫(フウカン)

【直行(チョッコウ)】①思うとおりに行うこと。②正しい行いをすること。『直行の士』→❸

〖以レ直報レ怨(なおきをもってうらみにむくゆ)〗うらみのある者に対しても、公平無私な態度で接する。〔論語-憲問〕

❸ ただちに。すぐに。じかに。

【直直(ジキジキ)】国 他人を経ないで直接するさま。直接。じかに。『直々に訴える』

【直書(ジキショ)】国 その人が直接書くこと。『主君の直書』

【直訴(ジキソ)】国 一定の手続きを経ずに、直接、最高位者に訴えること。直奏。

【直奏(ジキソウ)】＝直訴(ジキソ)

【直弟子(ジキデシ)】国 その師からじかに教えを受けた弟子。

【直伝(ジキデン)】国 直接に伝授を受けること。

【直綴・直裰(ジキトツ)】上衣に裳をとじつけて着用を簡便にした略儀の僧服。

【直納(ジキノウ)】国 直接に納めること。

【直披(ジキヒ|チョクヒ)】国 封書などの表に書いて、あて名人が自身で直接開封することを求めるもの。親展。

【直筆(ジキヒツ)】国 その人が直接に筆を執って書くこと。⇔代筆。→❶・❷(チョクヒツ)

【直門(ジキモン)】国 先生から直接教えを受けること。また、その弟子。直弟子。

【直覧(ジキラン)】国 手紙などの上書きに書いて、直接に御覧いただきたいとの意を添えるもの。

【直営(チョクエイ)】本社が直接に経営すること。

【直撃(チョクゲキ)】直接に攻撃をすること。また、爆弾、弾丸などが直接に当たること。『直撃弾』

【直後(チョクゴ)】すぐあと。すぐうしろ。⇔直前

【直裁(チョクサイ)】①ただちに裁決すること。②自分自身で裁決すること。

【直射(チョクシャ)】光などがじかにそそぐこと。『直射日光』

【直接(チョクセツ)】中間に他のものを挟まないで、じかに接すること。⇔間接。『直接選挙』『直接税』

【直截(チョクセツ|チョクサイ)】①ただちに決裁すること。②きっぱりと言い切ること。♥「チョクサイ」は慣用読み。

【直前(チョクゼン)】すぐまえ。⇔直後

【直属(チョクゾク)】直接、支配下、指揮下などにあること。

【直通(チョクツウ)】乗り換えや中継なしに目的地や相手に通ずること。『直通列車』『直通電話』

【直答(チョクトウ|ジキトウ)】①すぐその場で答えること。②人を介さないで相手に直接に答えること。

【直入(チョクニュウ)】直接核心に入りこむこと。『単刀直入』

【直面(チョクメン)】直接に物事に対すること。

【直喩(チョクユ)】「直喩法」の略。「例えば」「ような」などの語を添えて、一つのものを、他のものの性質・内容のたとえに用いる修辞法。「雪のような肌」など。⇔隠喩

【直隷(チョクレイ)】直接に天子や中央官庁に従属すること。

【直覚(チョッカク)】直観的にさとること。

【直轄(チョッカツ)】直接に管轄すること。『幕府の直轄地』

【直感(チョッカン)】ただちに心で感じ取ること。直観。

【直観(チョッカン)】論理的思考によらないで事態をそのまま直

接に了解すること。『直観的』

【直系チョッケイ】①血筋が父祖から子孫へと一直線につながる関係。↔傍系。『直系の孫』②師弟関係などで、直接に受け継がれる系統。↔傍系

【直結チョッケツ】直接結びつくこと。『中央に直結した政治』

【直行チョッコウ】国寄り道をしないで行くこと。→②

【直講チョッコウ】博士や助教を助けて経書を教えた者。

❹ あたる。番にあたる。とのい。

下接 寓直グウチョク・宿直シュクチョク・当直トウチョク・日直ニッチョク

【直衛チョクエイ】宿直して守ること。また、その人。

【直日チョクジツ】宿直の日。当直の日。とのいの日。

【直夜チョクヤ】宿直の夜。当直の夜。

❽ 熟字訓など。

【直会なおらい】神事のあと、神前にささげた神酒、供物をおろして行う宴会。

【直衣のうし】①平常服の総称。②公卿の日常服。直衣の御衣おんぞ。直衣の衣ころも。▼直ただの衣の意。

【直垂ひたたれ】闕腋ケッテキ（わきの下が縫い合わせてないこと）の肩衣かたぎぬに袖そでを付けた衣服。平安末期から武士の常服となり、江戸時代には長袴で武家の礼服となった。

難読地名 直入なおいり郡・町（大分） 直方のおがた市（福岡）

5156 【真】 3131 3F3F 905E 目－5 常3 (5157)【眞】 6635 6243 E1C1 目－5 旧字 人

シン㊥㊤／zhēn／ま・まこと・まさ・さな・さね

筆順 真 真 直 真 真 真

字解 真は眞の略体。眞は会意。匕（さじ）＋県（＝鼎、かなえ）。鼎にさじでものをつめる意から、つめる意。また、信に通じて、まことの意を表す。

同属字 寘・顛・嗔・填・慎・滇・槙・瞋・鎮

参考 万葉仮名では訓を借りて「ま」。

意味 ❶まこと。まことに。しんに。ほんとうの。ほんもの。↔偽。『真善美』『真実』『真理』『迫真』 *韓愈-雑説「嗚呼、其真無レ馬邪ああ、それシンにうまなきか（＝ああ、ほんとうによい馬がいないのか）」⇒表 ❷ありのまま。自然のまま。まじりけのない。また、まったくの。『天真爛漫テンシンランマン』『純真ジュンシン』『葆真ホウシン』『養真ヨウシン』 ❸書体の一。楷書。『真字』『真書』 ❹国ま。まっ。まん。接頭語。㋑完全な、まじめな、純粋な、まさにその状態、そのものであることを表す。『真人間まにんげん』『真っ黒』『真四角ましかく』『真ん丸』 ㋺動植物名につけて、その種の中で標準である意を表す。『真鯛まだい』『真竹まだけ』 ❺あて字、固有名詞など。『真宗』『真似まね』

❶ まこと。ほんとうの。ほんもの。

下接 帰真キシン・写真シャシン・淑真シュクシン・正真ショウシン・迫真ハクシン

真シン	真実	ほんとう。まちがいがない。	真意	真情	真相	真宰	正真	真偽
実ジツ	誠実	なかみがたしかである。	実意	実情	実体	実直	忠実	実偽
誠セイ		うそいつわりのないこころ。	誠意	誠情	誠質	誠心	忠誠	誠偽

【真意シンイ】①本当の心、意向。②真実の意義。人生の真理。*陶潜-飲酒「此中有二真意一このうちにシンイあり（＝この中にこそ人生の真理があるのだ）」

【真因シンイン】本当の原因。『真因を探る』

【真価シンカ】本当の値打ち。真の価値。『真価を問う』

【真贋シンガン】本物とにせ物。『真贋を見分ける』

【真偽シンギ】まことといつわり。まことかうそか。

【真義シンギ】本当の意義。『仏教の真義』

【真君シンクン】①真正の君。万物の主宰者。真宰シンサイ。②神仙の尊称。

【真訣シンケツ】まことのみち。まことのさとり。真理。

【真剣シンケン】①本物の刀剣。『真剣勝負』②国本気であること。まじめであるさま。『真剣な表情』

【真個・真箇シンコ】まことであること。本当であること。

【真骨頂・真骨張シンコッチョウ】国本来持っているありのままの姿。真価。『真骨頂を発揮する』

【真言シンゴン】仏菩薩ボサツなどの、偽りのない真実の言葉。陀羅尼ダラニ。→❺

【真宰シンサイ】宇宙の主宰者。天帝。真君。

【真摯シンシ】まじめでひたむきなさま。『真摯な態度』

【真実シンジツ】①うそでないこと。本当。↔虚偽キョギ。『真実を記録する』②本当に。確かに。『真実恐れ入る』

【真宗シンシュウ】教えのまことの意味。→❺

【真書シンショ】①真実の事柄を書きしるした文書。事実を書いた書物。②貴人または敬愛する人が手ずから書いたものであることが確かな文書、あるいは書物。→❸

【真情シンジョウ】①偽りのない気持ち。『真情を吐露トロする』②真実の状態。実情。

【真心シンシン】①迷いや疑いのない真実の心。また、純真無垢な心。②仏語。真実の信心シンジン。

【真人シンジン】①真理を悟った人。②仏や仙人の別称。

【真髄シンズイ】その道の奥義。物事の本質。

【真正シンセイ】真実で正しいこと。偽りでないこと。

【真成・真誠シンセイ】偽りやごまかしのない本当のこと。

【真性シンセイ】ほんものであること。『真性コレラ』→❷

【真跡・真蹟シンセキ】その人の本当の筆跡。真筆。↔偽筆。
▼書き換え「真蹟→真跡」。

【真詮シンセン】①真理をあらわした文句。②本当の意味。

【真善美シンゼンビ】認識上の真と、倫理上の善と、審美上の美。人間の最高の理想とするもの。

【真相シンソウ】本当の事情や内容。『真相究明』

【真率シンソツ】正直でかざりけのないさま。『真率な人柄』

【真諦シンタイ｜シンテイ】①（シンタイ）仏語。出世間の仏教の真理。仏教の真理に目ざめた人のみが知っている事柄。第一義諦。実相。真如シンニョ。↔俗諦。②（シンテイ）真の道理。思想、芸術その他物事の根本義。奥義。

【真知・真智シンチ】真の知識。また、真の道を体得した人の知恵。

【真如シンニョ】仏教で、一切のもののありのままの姿。永久不変の真理。『真如の月』

【真筆シンピツ】その人が本当に書いた筆跡。真跡。↔偽筆

【真面目シンメンモク｜まじめ】①（シンメンモク）本来のありさまや姿。真価。②（まじめ）本気であること。真剣。また、誠実であること。

【真理シンリ】①まことの道理。『真理を追究する』②哲学で、いかなる場合にも通用する不変の知識や判断。

❷ まじりけのない。まったくの。

【真空シンクウ】①空気などの物質が全く存在しない空間。②転じて、働きや活動が停止した空白の状態。

【真性シンセイ】①生まれつきの性質。天性。『人間の真性』②純真な性質。→❶

❸ 書体の一。楷書。

【真行草(シンギョウソウ)】漢字書体の真書・行書・草書の総称。
【真字(シンジ)】楷書。真書。
【真書(シンショ)】(真体の文字の意) 漢字を楷書体で書くこと。また、その書体。→❶
【真体(シンタイ)】漢字の書体の一。草体・行体のようにくずした書体ではなく、一画一画を正確に記した楷書の字体。

❺ あて字、固有名詞など。

【真言(シンゴン)】「真言宗」の略。仏教宗派の一。高野山を開いた空海を祖とする。→❶
【真珠(シンジュ)】アコヤガイなどの体内にできる球。パール。
【真宗(シンシュウ)】「浄土真宗(ジョウドシンシュウ)」のこと。→❶
【真似(まね)】①他と同じようなことを言ったりしたりすること。『物真似』②行動。『ばかな真似をするな』

難読地名 真田(さなだ)町(長野) 真狩(まっかり)村(北海道) 真鶴(まなつる)町(神奈川) 真岡(もおか)市(栃木) 難読姓氏 真砂(まさご・まなご) 真子(まなご) 真部(まなべ・まべ) 真仁田(まにだ)

5158【矗】6664 6260 E1DE 目-19 チク漢・シュク漢/chù
字解 形声。直(まっすぐ)+直+直声。草木がさかんにのびる、なおい意。

5159【具】一一 目-3 グ 「具」(495)の異体字

目 ▬

5160【県】2409 3829 8CA7 目-4 常3 (6096)【縣】6949 6551 E370 糸-10 旧字 人
ケン漢/xuǎn・xiàn/あがた・かける・かかる
筆順 県 県 県 県 県 県
字解 県は縣の略体。縣は会意。系(ひもでさげる)+県(=県、さかさのくび)。木に首をひもなどでつりさげる意から、かける意。また、借りて地方行政区画の県の意を表す。

金 文

篆 文

意味 ❶かける。ひっかける。かかる。つるす。つりさげる。また、かけはなれる。「懸」に同じ。『県磬』『県疣』❷中国での地方行政区画。かつては、郡の下、現在は、省の下に置く。日本では、都・道・府とならぶ地方公共団体。『廃藩置県(ハイハンチケン)』❸国あがた。大化改新以前の地方組織。国造(くにのみやつこ)の統治する地域の下部組織とも皇室の直轄領ともいう。「県主(あがたぬし)」はその長。のちに、国司の任国。転じて、いなか。地方。❹国賀茂真淵の屋号「県居(あがたい)」の略。「県門(ケンモン)」は真淵門下の意。

❶ かける。ひっかける。つるす。

【県磬(ケンケイ)】(「磬」は「罄(ケイ)」に同じ。「ヘ」の字形の楽器「磬」を懸けたように、屋根と柱だけがあって中ががらっぽの意) 室内に何もないこと。無一物。

【県疣(ケンユウ)】①いぼ。②無用のもの。贅物(ゼイブツ)。

❷ 中国や日本での地方行政区画。

【県官(ケンカン)】①県の役人。*杜甫-兵車行「県官急索レ租(ケンカンキュウにソをもとむ)〔=県の役人は急に租税をとりたてる〕」②中国で、天子また朝廷の異称。

【県廷・県庭(ケンテイ)】県の役所。県庁。

【県邑(ケンユウ)】県のこと。また、県内の町や村。

【県吏(ケンリ)】県の役人。

【県令(ケンレイ)】県の長官の称。県知事。

5161【瞿】6658 625A E1D8 目-13 ク呉漢/qū・jù/みる・おそれる
字解 会意。䀠(両目)+隹(はやぶさ)。猛鳥が見張る意。また、猛鳥に見られるとおそろしいことから、おそれる意を表す。
意味 ❶みる。驚いてみる。❷驚くさま。また、恐れるさま。『瞿瞿』『瞿然』❸その他。固有名詞、熟字訓など。『瞿唐峡(クトウキョウ)』『瞿曇弥(クドンミ)』『瞿麦(なでしこ)』

❷ 驚くさま。また、恐れるさま。

【瞿瞿(クク)】驚きあわてるさま。

【瞿然(クゼン)】驚いて見るさま。驚いて顔色を変えるさま。

❸ その他。固有名詞、熟字訓など。

【瞿唐峡(クトウキョウ)】中国四川省東端の奉節県の東にある長江の峡谷。三峡の一つでその最上流の門口にあたる。
【瞿曇(クドン)】=瞿曇弥(クドンミ)
【瞿曇弥(クドンミ)】(梵 Gautamaの音訳) 釈尊の出家前の本姓、「瞿曇」の漢語による正しい表記。ゴータマ。転じて、釈尊をさしていう語。
【瞿麦(クバク・なでしこ)】①(クバク) セキチク(石竹)の漢名。②(なでしこ) ナデシコ科の多年草。秋の七草の一。撫子。

5162【矍】6663 625F E1DD 目-15 カク(クヮク)漢/jué
字解 形声。䀠(両目)+隻(手に鳥をもつ)声。手につかまった鳥が、おどろいてきょろきょろみまわす意。
意味 ❶あわてる。驚いて見る。きょろきょろする。「瞿」に同じ。❷いさむ。はやる。元気である。『矍鑠』
【矍鑠(カクシャク)】老年になっても、心身共に元気の良いさま。

目 ▬

5163【旬】一一 目-2 ケン 「眴」(5199)の異体字

5164【盲】4453 4C55 96D3 目-3 常 (5165)【盲】一一 目-3 旧字
モウ(マウ)呉漢・ボウ漢/máng/めしい
筆順 盲 盲 盲 盲 盲
字解 形声。目+亡(なくなる)声。
意味 ❶目が見えない状態・人。また、それに似た状態。『盲点』『色盲』『雪盲』❷道理がわからない。判断がつかない。また、むやみに。『盲愛』『盲従』『文盲(モンモウ)』❸一端がふさがっている。行き止まりの。『盲管』『盲腸』

❶ 目が見えない状態、人。

下接 色盲(シキモウ)・雀盲(ジャクモウ)・青盲(セイモウ)・雪盲(セツモウ)・聾盲(ロウモウ)

【盲亀(モウキ)】盲目の亀(かめ)。【盲亀浮木(モウキのフボク)】極めて得がたい機会に巡り合うことのたとえ。「浮き木に会える亀」とも。〔雑阿含経〕♥百年に一度だけ浮上して頭を出すという盲亀が、海上に漂流している穴のある浮き木に会い、その穴に頭を入れるという仏教の説話から。

【盲人(モウジン)】視覚に障害があって物を見ることができない人。盲者。

【盲点(モウテン)】①光覚を起こさない網膜の視神経乳頭の部

分。また、一般に視野の中にあって視覚を失っている領域。②人の気づかない点。

【盲目（モウモク）】目が見えないこと。
❷ 道理がわからない。また、むやみに。
【盲愛（モウアイ）】むやみにかわいがること。溺愛（デキアイ）。

【盲従（モウジュウ）】是非、善悪の判断なしに服従すること。

【盲信（モウシン）】わけも分からずに信じること。

【盲動（モウドウ）】無分別に事を起こすこと。妄動。『軽挙盲動』
❸ 一端がふさがっている。行き止まりの。
【盲管銃創（モウカンジュウソウ）】弾が突き抜けないで、体内にとどまっている傷。

【盲腸（モウチョウ）】①大腸と小腸の接続部分。また、盲腸に付属する虫垂。②「盲腸炎」の略。

5166 【看】 2039 3447 8AC5 目－4 常6 (5172)【〔看〕】 目－5
カン㊉㊊/kàn・kān/みる
筆順 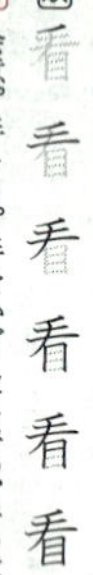
字解 会意。手＋目。手をかざしてみる、みる意。
意味 ❶みる。㋑注意してよくみる。みまもる。じっとみる。『看過』『看護』『回看（カイカン）』『好看（コウカン）』『参看（サンカン）』＊杜甫-月夜「今夜鄜州月、閨中只独看（コンヤフシュウのつき、ケイチュウただひとりみん）」〔＝こよい鄜州の空をも照らすこの月を、(妻は)へやの中からただひとりながめていることだろう〕 ㋺応対する。相手をする。もてなす。＊杜甫-石壕吏「老翁踰ㇾ牆走、老婦出ㇾ門看（ロウオウかきをこえてはしり、ロウフモンをいでてみる）」〔＝じいさんは土べいを越えて逃げ、ばあさんが門口に出て、(役人と)やりとりをしている〕 ⇒〔見〕(7367)の表 ❷みすみす。見るまに。＊杜甫-絶句「今春看又過（コンシュンみすみすまたすぐ）」〔＝今年の春も見るまにまた過ぎ去ろうとしている〕
❶ みる。みまもる。
【看過（カンカ）】見過ごすこと。『看過できない問題』

【看貫（カンカン）】①目方を量ること。また、目方。②台秤（だいばかり）。また、竿秤（さおばかり）。

【看経（カンキン）】経文を読むこと。♥「キン」は唐音。

【看護（カンゴ）】けが人や病人の手当てや世話をすること。

【看視（カンシ）】注意して見張ること。監視（カンシ）。

【看破（カンパ）】真相を見やぶること。見抜くこと。

【看板（カンバン）】国①商店や劇場などで、屋号、商品、また、出演者名、演芸題目などを書いて掲げたもの。『立て看板』『看板娘』②飲食店などで、その日の営業を終えること。♥②は、閉店時に看板をしまうところから。

【看病（カンビョウ）】病人を看護すること。

5167 【盾】 2966 3D62 8F82 目－4 常
ジュン㊉・シュン㊊・トン㊊/shǔn・dùn/たて
筆順 
字解 象形。身を守り、目をおおうためのたての形に象り、たての意。金文は、それを手に防御するさまか。
金文 
篆文 
同属字 循・楯
意味 たて。矢ややりなどを防ぐ武具。「楯」に同じ。『矛盾（ムジュン）』

5168 【省】 3042 3E4A 8FC8 目－4 常4
ショウ(シャウ)㊉・セイ㊊・セン㊊/xǐng・shěng/かえりみる・はぶく・つかさ
筆順 
字解 形声。目＋少(＝生→清、すみきってあきらか)㊥。あきらかによくみる意。また、視察する役所の意。省は、眚を誤ったもので、主として、よくみる、また、はぶく(少の故か?)意に用いるようになった。
甲骨文 
金文 
篆文 
意味 ❶みる。視察する。❷かえりみる。㋑よくみる。注意してみる。調べる。明らかにする。『省察』㋺自分の心をかえりみる。『自省』『反省』＊論語-学而「吾日三省二吾身一（われひにみたびわがみをかえりみる）」〔＝私は毎日何度となく自分のことを反省してみる〕 ❸みまう。安否を問う。『省問』 ❹はぶく。へらす。『省略』『帰省（キセイ）』『晨省（シンセイ）』『定省（テイセイ）』『冠省（カンショウ）』『約省（ヤクショウ）』 ❺中央の役所。中央官庁。『省試』『本省（ホンショウ）』『財務省（ザイムショウ）』 ❻中国の行政区画。『広東省（カントンショウ）』『陝西省（センセイショウ）』
❷ かえりみる。自分の言動をふりかえる。
下接 倹省（ケンセイ）・三省（サンセイ）・参省（サンセイ）・自省（ジセイ）・深省（シンセイ）・内省（ナイセイ）・反省（ハンセイ）・猛省（モウセイ）・人事不省（ジンジフセイ）
【省悟（セイゴ）】反省して過（あやま）ちを悟ること。
【省察（セイサツ）】自らかえりみて、善悪是非を考えること。
【省視（セイシ）】かえりみること。→❸
【省風（セイフウ）】風俗をかえりみること。
❸ みまう。安否を問う。
【省視（セイシ）】親の安否を見舞うこと。→❷
【省問（セイモン）】親もとに帰って、親の安否を問うこと。
❹ はぶく。へらす。
【省筆（ショウヒツ｜セイヒツ）】①文中の語句を省略すること。②文字の点画を省略すること。
【省略（ショウリャク）】一部をはぶくこと。『以下省略』
【省文（セイブン）】①文字や文句を省略した文章。②字画を省略した漢字。
【省約（セイヤク）】簡単にすること。省略。
❺ 中央の役所。中央官庁。つかさ。
【省試（ショウシ）】①中国、唐・宋時代に行われた官吏登用試験。地方から推挙された者を、尚書省の礼部で試験し、及第者を貢士（コウシ）とした。のちの会試にあたる。②国律令的官制の下で、式部省が大学・国学などから推挙された官吏候補者に行った試験。

5169 【眉】 4093 487D 94FB 目－4 人
ミ㊉・ビ㊊/méi/まゆ・まよ
字解 象形。目とその上のまゆを強調した形に象り、まゆの意。
甲骨文  
金文  
篆文 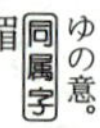
同属字 媚・嵋・楣
参考 万葉仮名では音を借りて「び㋥」。
意味 ❶まゆ。まゆげ。『眉目』『眉間（ミケン）』『焦眉（ショウビ）』『白眉』＊白居易-長恨歌「芙蓉如ㇾ面柳如ㇾ眉（フヨウはおもてのごとくやなぎはまゆのごとし）」〔＝ハスの花は(その人の)顔のようだし、ヤナギは眉のよう〕 ❷その他。地名、熟字訓など。『眉山』

5画 玄玉(王)瓜瓦甘生用田疋(⺪)疒癶白皮皿目(罒)矛矢石示(ネ)内禾穴立

❶まゆ。まゆげ。

下接 開眉・画眉・蛾眉・芝眉・秀眉・愁眉・蹙眉・須眉・鬚眉・焦眉・伸眉・斉眉・赤眉・霜眉・黛眉・展眉・燃眉・拝眉・白眉・柳眉・曲眉豊頬・老眉皓髪

【眉宇】眉のあたり。

【眉寿】眉毛が長く白くなるほどの長寿。長寿を祝っていう語。

【眉睫】眉とまつげ。非常に近い所のたとえ。

【眉雪】眉毛が雪のように白いこと。老人の形容。

【眉黛】まゆずみ。まゆずみをひいた眉。

【眉目】①(ビモク)眉と目。また、顔かたち。「眉目秀麗」②(みめ)見た目。外観。見目。

【眉間】眉と眉との間の部分。また、額の中央。

❷地名。

【眉山】中国四川省成都の南にある県の名。眉州の中心で、蘇軾父子の出身地。

5170【冒】4333 4B41 9660 目-4 常 (5171)【冐】目-4 旧字

モウ呉・ボウ漢・ボク漢・マイ慣/mào・mò・mèi/おかす・おおう

筆順 冒 冒 冒 冒 冒 冒

字解 形声。目+日(=冃、おおう)声。目をおおう意。また、矛に通じて、押し切ってする、おかす意。冐は異体字。

金文  篆文 

同属字 媢・帽(帽)・瑁

意味 ❶おおう。かぶる。かぶりもの。「冒頭」❷おかす。㋑無理をする。筋道でないことをする。「冒険」「冒瀆」「感冒」㋺むさぼる。「冒色」⇒〔犯〕(4656)の表 ❸ねたむ。「冒疾」❹人名。「冒頓単于」

❶おおう。かぶる。

【冒頭】①文章、談話の発端の部分。②物事の初め。

❷おかす。また、むさぼる。

下接 仮冒・感冒・触冒・瀆冒

【冒険】危険を冒して行うこと。「冒険家」

【冒色】女色をむさぼること。

【冒進】むこうみずに進むこと。

【冒瀆】神聖なものを冒しけがすこと。

【冒昧】無謀なこと。深い考えなしに行うこと。

❸ねたむ。

【冒疾】ねたむこと。うらやむこと。

❹人名。

【冒頓単于】中国、前漢の頃の匈奴王(在位前二〇九～前一七四年)。東胡・月氏を破り、漢の高祖を白登山に包囲したため、漢は和親策をとった。紀元前一七四年没。

5172【看】目-5

カン「看」(5166)の異体字

5173【眚】*4667 目-5

セイ漢/shěng

字解 形声。目+生声。目に翳が生じる(くもる、かすむ)病の意。本来、眚は省と同形であったが、のちに、区別して主としてわざわい・あやまちの意に用いる。

甲骨文  篆文 

【眢】⇩5532

5174【眷】6639 6247 E1C5 目-6

ケン呉漢/juàn/かえりみる

字解 形声。目+失(=豢、まきかえす)声。ふりかえってみる意。

意味 ❶かえりみる。㋑目をかける。いつくしむ。「眷愛」「眷遇」「眷顧」㋺恋いしたう。「眷恋」❷身うち。親族。また、なかま。「眷属」「学眷」「親眷」

❶目をかける。いつくしむ。恋いしたう。

下接 恩眷・顧眷・思眷・親眷・天眷

【眷愛】かわいがること。

【眷遇】目をかけてもてなすこと。

【眷眷】①恋い慕うさま。また、ひたすら執着するさま。②憐れんで目をかけるさま。ひいきすること。

【眷顧】特に目をかけること。ひいきすること。

【眷眄】目をかけること。

【眷恋】恋いこがれるさま。「眷恋の情」

❷身うち。親族。また、なかま。

【眷属・眷族】①血のつながっている一族。②国配下の者。郎党。

5175【眥】6636 6244 E1C2 目-6 (5201)【眦】6637 6245 E1C3 目-6

サイ漢・セイ漢・シ漢/zì/まなじり・めじり

字解 形声。目+此(わずかにひらく)声。両まぶたの間のわずかに開いたあたり、まなじりの意。

意味 ❶まなじり。めじり。「睚眥」「眶眥」「目眥」「裂眥」⬇〔目〕の図八三四頁。❷えり。衣服のえりのあわせ。❸にらむ。うらみ見る。

【決レ眥】(「決す」は裂く意)大きく目を見ひらく。怒りなどで目をいっぱいに見はる。

5176【着】目-6

チャク「着」(5177)の旧字

5177【着】3569 4365 9285 目-7 常3 (5176)【着】目-6 旧字

ジャク(チャク)呉・チャク漢/zhuó・zhāo・zháo/きる・きせる・つく・つける

筆順 着 着 着 着 着 着

字解 もと、著の略体の通俗体であった。今日では、著と区別して、主としてきる、つく意に用いる。

意味 ❶きる。㋑衣服などを身につける。↕脱。「着衣」「着用」「試着」㋺衣服。また、日本で、衣服を数える単位。「背広二着」❷つく。㋑くっつく。ぴったりとついて離れない。「着席」「接着」「粘着」㋺関心を断つことができない。「執着」「恋着」❸つく。ゆきつく。㋑たどりつく。とどく。「着任」「到着」「発着」㋺国到着した順位を数える単位。「第一着」❹きまりがつく。おちつく。安定している。「着実」「決着」「落着」❺つける。くっつける。また、とりかかる。「着眼」「着手」❻碁の石をうつ。また、その手。「一着」「敗着」❼動

詞の後に付いて、動作がゆきつく意を示す。『逢着(ホウチャク)』『悶着(モンチャク)』 ⇓表

着(チャク)	付(フ)
付着	
くっつけてはなれないようにする。 着衣　着色　着服　着用　密着　粘着	ある物に他の物をつける。 付箋(フセン)　付記　付加　付属　添付　貼付

❶ きる。身につける。

下接 巾着・試着・装着／厚着(あつぎ)・雨着(あまぎ)・古着(ふるぎ)・薄着(うすぎ)・産着(うぶぎ)・上着(うわぎ)・下着(したぎ)・胴着(ドウぎ)・肌着(はだぎ)・水着(みずぎ)・夜着(よぎ)・寝間着(ねまき)

【着衣(チャクイ)】 衣服を身につけること。身につけている衣服。↔脱衣

【着服(チャクフク)】 ①衣服を着ること。着衣。②国 金品を不正に自分のものにすること。『公金を着服する』

【着用(チャクヨウ)】 衣服などを身につけること。『ネクタイ着用のこと』

❷ つく。くっつく。

下接 愛着・吸着・凝着・膠着・固着・執着・接着・土着・頓着・粘着・付着・密着・癒着・恋着

【着席(チャクセキ)】 席につくこと。着座。↔起立

【着地(チャクチ)】 ①着陸。②スキーのジャンプ、体操競技などで、雪面や床に降り立つこと。

【着陸(チャクリク)】 航空機などが地上に降りつくこと。着地。↔離陸

❸ つく。ゆきつく。

下接 安着・延着・帰着・近着・参着・祝着・終着・新着・先着・早着・弾着・到着・同着・撞着・発着・必着・漂着・未着・来着

【着到(チャクトウ)】 ①目的の場所にいたりつくこと。急いでやってきてつくこと。到着。②国 公武の政庁で、諸番の宿直に出勤した者が氏名を記入する帳簿。出勤簿。

【着任(チャクニン)】 任地へつき、その職務に就くこと。↔離任

❹ きまりがつく。おちつく。

下接 決着・沈着・定着・落着

【着実(チャクジツ)】 落ち着いていて、危なげのないさま。確実で手堅いさま。

【着着(チャクチャク)】 順序どおり手ぎわよくはかどるさま。『準備が着々と進む』

❺ つける。くっつける。

【着意(チャクイ)】 気をつけること。また、思いつくこと。

【着眼(チャクガン)】 ある点に目をつけること。着目。『着眼点』

【着手(チャクシュ)】 手をつけること。とりかかること。

【着色(チャクショク)】 色をつけること。彩色。『人工着色』

【着想(チャクソウ)】 工夫。思いつき。

【着目(チャクモク)】 ある点に目をつけること。着眼。

【着工(チャッコウ)】 工事に着手すること。↔完工・竣工

5178 【督】 3836 4644 93C2 目－8 常 トク 呉 漢 /dū/ただす

筆順 督 督 督 督 督 督

字解 形声。目＋叔声。よくみる、また、よくみてとりしまる人の意。

意味 ❶見はる。よく見る。とりしまる。ただす。ひきいる。『督励』『監督』『総督』❷うながす。せめる。『督促』❸家を継ぐ人。『家督(カトク)』❹国 日本の律令制で、衛門府・兵衛府の長官。かみ。❺あて字。『基督(キリスト)』

❶ 見はる。よく見る。とりしまる。

下接 監督・総督・提督・董督・都督

【督学(トクガク)】 学事を監督すること。

【督戦(トクセン)】 ①部下を監督激励して戦わせること。②後方にいて、前線の友軍を監視すること。『督戦隊』

【督郵(トクユウ)】 中国で漢代から唐代まで置かれた官の名。郡の長官の補佐役で、所属する県の行政を監督する役。

【督励・督厲(トクレイ)】 監督して励ますこと。

❷ うながす。せめる。

【督責(トクセキ)】 厳しく督促すること。

【督促(トクソク)】 せき立てること。特に借金返済や納税を催促すること。『督促状』

【督過(トッカ)】 過失をとがめること。＊史記－項羽本紀「聞₌大王有₎意₌督₌過之₋(ダイオウのこれをトッカするにイありときく)」〔＝大王にはあやまちをとがめる気持ちがあると聞く〕

5179 【睿】 6647 624F E1CD 目－9

エイ 「叡」(894)の異体字

5180 【瞢】 ＊4720 目－11

(5244) 〖矇〗 目－16

ボウ 漢 /mēng/くらい

字解 会意。苜(目が正常でない)＋旬(まばたきする)。目がはっきりみえない意から、くらい意。

5181 【瞥】 目－12

(5182) 〖瞥〗 4245 4A4D 95CB 目－12 †

ヘツ 漢・ベツ 慣 /piē

字解 形声。目＋敝声。

意味 ちらっと見る。『一瞥(イチベツ)』

【瞥見(ベッケン)】 ちらっと見ること。一瞥。

【瞥然(ベツゼン)】 ちらっと見るさま。また、ひらめくさま。

【瞥瞥(ベツベツ)】 ちらっと見えるさま。

5183 【瞽】 6660 625C E1DA 目－13

コ 漢 /gǔ

字解 形声。目＋鼓声。盲人の意。鼓はつづみの意で、古く中国では楽人は盲人であったことからとも。

意味 ❶目が見えない。盲目。『瞽女』『瞽瞍』❷道理がわからない。『瞽言』❸古代の、音楽を奏する官。楽官。

【瞽言(コゲン)】 道理にはずれたことば。

【瞽女(コジョ)】 国「ごぜ」 三味線を弾き、唄(うた)を歌って、門付けをした盲目の女芸人。「ごぜ」はもとは「御前」とも。

【瞽瞍・瞽叟(コソウ)】 ①盲目の老人。②中国の舜帝の父の名。愚かで道理にくらかったところからの名という。

目

5184 【盱】 ＊4654 目－3

ク 漢 /xū

字解 形声。目＋于(大きい)声。目を見はる意。

5185 【盻】 6629 623D E1BB 目－4

ケイ 漢 /xì

字解 形声。目＋分声。うらみ見る意。

5186 【眈】 6630 623E E1BC 目－4 タン漢/dān/にらむ

字解 形声。目＋冘（しずむ）声。専心して見る、みつめる意。

意味 にらむ。見つめる。ねらい見る。『眈眈』

【眈眈タンタン】目を鋭く光らせて狙ねらうさま。転じて、野心を持ってじっと狙っているさま。『虎視眈眈コシタンタン』

5187 【盼】 *4657 目－4 ハン漢・フン漢/pàn

字解 形声。目＋分（わかれる）声。目の白黒がはっきりしていて美しい意。また、ふり返って見る意。

5188 【眇】 6631 623F E1BD 目－4 ミョウ（メウ）呉・ビョウ（ベウ）漢/miǎo・miào/すがめる

字解 会意。目＋少。片目が小さい意。一般に小さい意を表す。

意味 ❶片方の目が小さい。または、見えない。『眇目』 ❷すがめる。片目を細くしてみる。 ❸小さい。はるか。かすかな。『眇然ビョウゼン』『眇眇ビョウビョウ』

❶ 片方の目が見えない。

【眇目ビョウモク】片方の目が見えないこと。また、片方の目が小さいこと。隻眼セキガン。独眼。

❸ 小さい。はるか。かすかな。

下接 微眇ビビョウ・飄眇ヒョウビョウ・幽眇ユウビョウ・杳眇ヨウビョウ・窅眇ヨウビョウ

【眇小ビョウショウ】小さいこと。とるに足りないさま。

【眇身ビョウシン】小さいからだ。また、天子が自分をへりくだっていうときに用いる語。眇軀ビョウク。

【眇然ビョウゼン】小さいさま。とるに足りないさま。

【眇眇ビョウビョウ】①微小なさま。とるに足りないさま。②広くはてしないさま。渺渺。

5189 【眄】 6632 6240 E1BE 目－4 ベン漢/miàn・miǎn/よこめ

字解 形声。目＋丏（おおわれてくらい）声。目が覆われていて見えない、覆いの下から横目で見る意。

意味 ❶みる。よこ目でみる。『一眄イチベン』『流眄リュウベン』 *陶潜‐帰去来辞「眄ニ庭柯一以怡レ顔テイカをみてもってかおをよろこばす」〔＝庭木の枝ぶりを見て顔をほころばす〕 ❷かえりみる。『右顧左眄ウコサベン』『眷眄ケンベン』『顧眄コベン』

5190 【眊】 *4660 目－4 ボウ漢・バク漢・モウ慣・/mào/くらい・くらむ

字解 形声。目＋毛声。くらくてはっきり見えない。

篆文 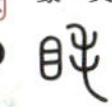

意味 ❶くらい。くらくてよく見えない。また、目がくらむ。『眊眩ボウゲン』 ❷おいぼれ。老人。「耄」に同じ。

【眊眩ボウゲン】目がくらむこと。

5191 【眤】 6634 6242 E1C0 目－5 イ「眱」(5196)の異体字

5192 【⿰目𡰥】 ── 目－5 イ「眱」(5196)の異体字

5193 【眩】 6633 6241 E1BF 目－5 ゲン呉・ケン漢/xuàn/くらむ・くるめく・まばゆい・まぶしい・めまい

字解 形声。目＋玄（くらい・かすか）声。目がくらむ意。

意味 くらむ。目がくらむ。㋑めまい。めまいがする。『眩暈』『目眩めまい』 ㋺くらます。まどわす。『眩惑』『震眩シンゲン』 ㋩まばゆい。まぶしい。『眩燿』

【眩暈ゲンウン・めまい】目がくらむこと。外界が動揺、回転しているような感覚を覚えること。

【眩燿・眩耀・眩曜ゲンヨウ】まばゆいほどひかりかがやくこと。また、目をくらましまどわすこと。

【眩惑ゲンワク】目がくらんでまどうこと。まどわすこと。

5194 【眛】 6638 6246 E1C4 目－5 マイ呉・バイ漢/mèi

字解 形声。目＋未声。目がよく見えない意。

5195 【眠】 4418 4C32 96B0 目－5 常 メン呉・ベン漢・ミン慣/mián/ねむる・ねむい・ねむり

筆順 眠 眠 眠 眠 眠 眠

字解 形声。目＋民（みえない）声。目を閉じねむる意。

意味 ねむる。ねむり。また、ねむい。『睡眠』⇒〔睡〕(5213)の表

下接 安眠アンミン・永眠エイミン・快眠カイミン・仮眠カミン・甘眠カンミン・閑眠カンミン・休眠キュウミン・高眠コウミン・催眠サイミン・嗜眠シミン・就眠シュウミン・熟眠ジュクミン・春眠シュンミン・睡眠スイミン・惰眠ダミン・冬眠トウミン・不眠フミン

【眠食ミンショク】眠ることと食べること。転じて、日常の動作全般をいう。

5196 【眱】 ── 目－6

(5191)〔眤〕 6634 6242 E1C0 目－5 イ漢/yí

(5192)〔⿰目𡰥〕 ── 目－5

字解 形声。目＋夷声。ちょっとみる意。

5197 【眼】 2067 3463 8AE1 目－6 常5 ゲン呉・ガン漢/yǎn/まなこ・め

筆順 眼 眼 眼 眼 眼 眼

字解 形声。目＋艮（強調しため）声。めの意。

参考 万葉仮名では訓を借りて「め㊇」。

意味 ❶め。まなこ。めのたま。また、めつき。まなざし。『眼球』『開眼』『近眼』 ❷目のようについている、物の穴。『鵝眼ガガン』『銃眼ジュウガン』『方眼ホウガン』 ❸物事を見分ける力。見抜く力。『眼識』『具眼グガン』『炯眼ケイガン』 ❹目のつけどころ。大事な点。かなめ。要点。『眼目』『主眼シュガン』 ❺「象眼ゾウガン」は「象嵌ゾウガン」の書き換え。

❶ め。まなこ。また、めつき。

下接 開眼カイガン・カイゲン・刮眼カツガン・魚眼ギョガン・近眼キンガン・検眼ケンガン・慈眼ジガン・ジゲン・斜眼シャガン・酔眼スイガン・正眼セイガン・青眼セイガン・晴眼セイガン・隻眼セキガン・洗眼センガン・双眼ソウガン・俗眼ゾクガン・単眼タンガン・着眼チャクガン・点眼テンガン・天眼テンガン・テンゲン・独眼ドクガン・肉眼ニクガン・白眼ハクガン・半眼ハンガン・風眼フウガン・複眼フクガン・碧眼ヘキガン・望眼ボウガン・明眼メイガン・裸眼ラガン・両眼リョウガン・緑眼リョクガン・涙眼ルイガン・老眼ロウガン

【眼下ガンカ】目の下。高い所から下を見たあたり一帯。『眼下に広がる光景』

【眼窩・眼窠ガンカ】眼球の入っている穴。

【眼界ガンカイ】目に見える範囲。視界。→❸
【眼球ガンキュウ】脊椎セキツイ動物の視覚器。めだま。
【眼鏡ガンキョウ／めがね】視力を調整したり目を保護したりするための器具。
【眼孔ガンコウ】眼球のある穴。転じて、物を見通す範囲。
【眼光ガンコウ】目の光。『眼光炯炯ケイケイ』→❸
【眼精・眼睛ガンセイ】①ひとみ。くろめ。めだま。まなこ。目睛。瞳子ドウシ。『眼精疲労』②目つき。目の光。眼色。眼勢。→❹
【眼前ガンゼン】目の前。『眼前の光景』
【眼中ガンチュウ】目の中。転じて、関心、意識の範囲内。『眼中にない』【眼中釘ガンチュウのくぎ】自分のなかにあって障害となるもののたとえ。内から災いを生じさせるもの。〔五代史-趙在礼伝〕【眼中人ガンチュウのひと】以前に見たことのある人。知人。常に思って心にかかっている人。〔陸運-答㆓張士然㆒〕
【眼福ガンプク】珍しいものや素晴らしいものを見ることのできた幸福。『眼福にあずかる』
【眼目ガンモク】目。まなこ。→❹
【眼力ガンリキ／ガンリョク】目で物を見る力。視力。→❸

❸ 物事を見分ける力。見抜く力。
下接 活眼カツガン・炬眼キョガン・具眼グガン・炯眼ケイガン・慧眼ケイガン／エゲン・詩眼シガン・心眼シンガン・達眼タツガン・仏眼ブツガン／ブツゲン・法眼ホウガン／ホウゲン・凡眼ボンガン・明眼ミョウゲン・天眼通テンゲンツウ
【眼界ガンカイ】考えの及ぶ範囲。『眼界が狭い』→❶
【眼光ガンコウ】物事を見分ける力。洞察力。眼力。→❶
【眼光徹㆓紙背㆒ガンコウシハイにテッす】書物を読んで、字句の解釈だけでなく、その深意までもつかみとる。読解力がするどいこと。
【眼識ガンシキ】物事の良否、真偽などを見分ける力。
【眼力ガンリキ】真偽、善悪などを見分ける能力。→❶

❹ 大事な点。かなめ。要点。
下接 句眼クガン・詩眼シガン・字眼ジガン・主眼シュガン・扇眼センガン
【眼精・眼睛ガンセイ】物事の重要なところ。眼目。→❶
【眼目ガンモク】肝要な点。要点。主眼。『改革の眼目』→❶

5198【眶】＊4676 目－6 キョウ(キャウ)漢／kuàng／まぶた
字解 形声。目＋匡声。
意味 目のふち。まぶた。⬇〔目〕の図八三四頁

5199【眴】＊4674 目－6 (5163)【旬】二一 目－2 ケン漢・シュン漢／xuàn·shùn／めくばせ
字解 形声。目＋旬(まわる)声。目がまわる、また、めくばせする意。もと、旬(目＋旬省声)。
金文 篆文 重文

意味 ❶目がくらむ。❷目くばせする。❸またたく。

5200【眵】＊4675 目－6 シ漢／chī／めやに
字解 形声。目＋多声。目やにの意。

5201【眦】6637 6245 E1C3 目－6 シ 「眥」(5175)の異体字

5202【眺】3615 442F 92AD 目－6 常 チョウ(テウ)呉漢／tiào／ながめる・ながめ
筆順
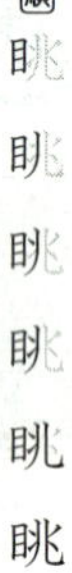
字解 形声。目＋兆(左右に分かれる)声。視線を左右に及ぼし遠くを見る、ながめる意。
意味 ながめる。遠くを見やる。ながめ。『眺望』
【眺矚チョウショク】ながめみること。眺望。
【眺望チョウボウ】遠く見渡すこと。また、見渡したおもむき。見晴らし。

5203【眯】＊4673 目－6 ベイ漢・ビ漢／mǐ·mì
字解 形声。目＋米(小さなつぶ)声。目にごみが入り、くらむ意。

5204【眸】6640 6248 E1C6 目－6 人 ム呉・ボウ漢／móu／ひとみ
字解 形声。目＋牟声。
意味 ひとみ。眼球の黒い部分。⬇〔目〕の図八三四頁
下接 一眸イチボウ・吟眸ギンボウ・寸眸スンボウ・双眸ソウボウ・明眸メイボウ
【眸子ボウシ】ひとみ。

5205【睆】＊4682 目－7 カン(クヮン)漢／huǎn
字解 形声。目＋完(→環、まるくめぐる)声。まるく大きな目の意。

5206【䀹】二一 目－7 ショウ(セフ)呉漢・コウ(カフ)漢／jiē·jiā／まつげ
字解 形声。目＋夾声。
意味 ❶まつげ。⬇〔目〕の図八三四頁。❷まつげが動く。目をつぶる。❸すがめ。「眇」に同じ。

5207【睇】6641 6249 E1C7 目－7 テイ漢／dì／みる
字解 形声。目＋弟声。
意味 見る。流し目で見る。ながしめ。
【睇視テイシ】目を細めて見ること。

5208【睚】6642 624A E1C8 目－8 ガイ漢／yá·yái／まなじり
字解 形声。目＋厓(きわ)声。目のふち、まぶたの意。
意味 ❶まなじり。まぶた。⬇〔目〕の図八三四頁。❷にらむ。『睚眦』
【睚眦ガイサイ／ガイシ】にらみつけること。【睚眦之怨ガイサイのうらみ】ちょっとにらまれたくらいのわずかなうらみ。〔史記-范雎蔡沢伝〕

5209【睢】＊4694 目－8 キ漢・スイ漢／suī
字解 形声。目＋隹声。見上げる意。また、川の名。
参考 「雎」(8736)は別字。

5210【睨】6643 624B E1C9 目－8 ゲイ漢／nì／にらむ・ねめる
字解 形声。目＋兒声。
意味 ❶にらむ。ななめに見る。また、のぞき見る。『一睨イチゲイ』『傲睨ゴウゲイ』『睥睨ヘイゲイ』❷日が西にかたむく。

5211【睠】＊4693 目－8 ケン呉漢／juàn
字解 形声。目＋卷声。かえりみる意。眷に同じ。

5212【睫】6644 624C E1CA 目－8 ショウ(セフ)漢/jié/まつげ

字解 形声。目＋疌声。

意味 まつげ。まぶたにはえている毛。『目睫(モクショウ)』『睫毛(まつげ)』⬇〔目〕の図八三四頁

5213【睡】3171 3F67 9087 目－8 常 スイ呉漢/shuì/ねむる・ねむり・ねむい

筆順 睡 睡 睡 睡 睡 睡

字解 形声。目＋垂(たれる)声。まぶたをたれてねむる意。

意味 ねむる。ねむり。ねむい。＊白居易-長恨歌「雲鬢半偏新睡覚(ウンピンなかばかたむきあらたにねむりさめたり)〔=雲なす豊かな髪もいささか寝乱れて、今しも眠りからさめたばかり〕」⇩表

下接 一睡(イッスイ)・仮睡(カスイ)・鼾睡(カンスイ)・午睡(ゴスイ)・困睡(コンスイ)・昏睡(コンスイ)・熟睡(ジュクスイ)・春睡(シュンスイ)・疲睡(ヒスイ)・微睡(ビスイ)

睡眠

	うたたねする。		ぐっすりとねむる。			
スイ 睡	仮睡	午睡	熟睡	就睡	鼾睡(カンスイ)	昏睡
ミン 眠	仮眠	午眠	熟眠	就眠	快眠	永眠

【睡郷(スイキョウ)】夢の中で魂が通うという里。

【睡魔(スイマ)】眠気を催すことを、悪魔の力にたとえた語。『睡魔に襲われる』

【睡眠(スイミン)】眠ること。眠り。『睡眠不足』

【睡余(スイヨ)】眠りからさめたあと。

【睡蓮(スイレン)】スイレン科の水生多年草の総称。葉、花は水面、あるいは水上で開く。♥その名は、夜は眠るように花が閉じ、また、ハスに似るところから。

5214【睛】6645 624D E1CB 目－8 セイ漢/jīng/ひとみ

字解 形声。目＋青声。ひとみの意。

意味 ひとみ。『画竜点睛(ガリョウテンセイ)』『眼睛(ガンセイ)』『目睛(モクセイ)』⬇〔目〕の図八三四頁

5215【睜】＊4690 目－8 セイ漢/zhēng

字解 形声。目＋爭声。よろこばない目つきの意。

5216【睥】6646 624E E1CC 目－8 ヘイ漢/bì/にらむ

(5217)〔睤〕＊4701 目－8

字解 形声。目＋卑(→辟、わきへよる)声。横目でみる意。

意味 にらむ。ねめつける。また、流し目に見る。

【睥睨(ヘイゲイ)】横目でにらむこと。また、にらみつけて威勢を示すこと。

5218【睦】4351 4B53 9672 目－8 人 ボク漢/mù/むつ・むつむ・むつまじい・むつぶ

字解 金文  篆文  形声。目＋坴(→穆、やわらぐ)声。やわらいだ目つき、むつまじい意。

意味 ❶むつむ。むつまじい。仲よくする。『睦言(むつごと)』→下接。❷国「睦月(むつき)」は、一月の異称。

下接 輯睦(シュウボク)・親睦(シンボク)・友睦(ユウボク)・雍睦(ヨウボク)・和睦(ワボク)

【睦親(ボクシン)】①むつみしたしむこと。②近い親族。

5219【睩】―― 目－8 リョク漢・ロク慣/lù

字解 形声。目＋彔声。つつしんで見る意。

5220【睽】＊4710 目－9 キ漢・ケイ漢/kuí/そむく

字解 金文  篆文  形声。目＋癸声。

意味 ❶目をそむける。❷目をみはる。❸そむく。はなれる。『睽離(ケイリ)』『乖睽(カイケイ)』❹易の六十四卦の一。䷥ 物事のうまく運ばないこと。

【睽離(ケイリ)】互いにわかれわかれになること。また、そむき離れること。

5221【睺】＊4709 目－9 コウ漢/hóu

字解 形声。目＋侯声。片目の意。

5222【睹】6649 6251 E1CF 目－9 ト漢/dǔ/みる

字解 形声。目＋者(あつめあわせる)声。視線を一点にあつめてみる意。

意味 みる。『目睹(モクト)』『逆睹(ギャクト)』

5223【瞎】6650 6252 E1D0 目－10 カツ漢/xiā

字解 形声。目＋害(そこなう)声。

意味 ❶目が見えない。『瞎漢(カッカン)』❷片目。

【瞎漢(カッカン)】①目が見えない男。②愚かな僧。

5224【瞋】6651 6253 E1D1 目－10 シン呉漢/chēn/いかる

字解 形声。目＋眞(いっぱいにする)声。目をむく意。

意味 ❶いかる。目をいからせる。『瞋恚』『瞋目』❷仏教で、三毒の一。『貪瞋痴(トンジンチ)』

【瞋恚(シンイ|シンニ)】仏教で、十悪の一。自分の心に違(たが)うものを怒りうらむこと。転じて、一般に、怒り。

【瞋目(シンモク|めをいからす)】目をいからすこと。＊史記-項羽本紀「瞋レ目視二項王一(めをいからしてコウオウをみる)〔=目をむいて項羽をにらみつけた〕」

5225【瞑】6652 6254 E1D2 目－10 ミョウ(ミャウ)呉・メイ漢・メン呉・ベン漢/míng・miǎn・mián/つむる・くらい・めまい

字解 形声。目＋冥(おおう)声。目をつぶる意。

意味 ❶目を閉じる。目をつむる。『瞑想』『瞑目』❷くらい。よく見えない。『瞑色』『瞑然』『瞑瞑』❸目がくらむ。めまいがする。『瞑眩』

【瞑眩(メイゲン|メンゲン)】目がくらむこと。目まいがすること。

【瞑色(メイショク)】闇の迫ったほの暗い色。暮色。

【瞑然(メイゼン)】くらいさま。もやもやとしてよく見えないさま。また、目を閉じて死んでいくさま。

【瞑想(メイソウ)】目を閉じて静かに物事を考えること。『瞑想にふける』

【瞑瞑(メイメイ)】はっきりと見えないさま。冥冥(メイメイ)。

【瞑目(メイモク)】目を閉じること。また、安らかに目をつむって、死ぬこと。

5226 【瞔】 ＊4715 目－11 サク㊥
字解 形声。目＋責㊥。目を見張る意。

5227 【瞠】 6653 6255 E1D3 目－11 トウ（タウ）㊥・ドウ（ダウ）㊞／chēng／みはる
字解 形声。目＋堂㊥。
意味 みはる。目を見張る。驚いて見る。みつめる。
【瞠若（ドウジャク）】驚いて目を見はること。
【瞠然（ドウゼン）】驚きあきれて見つめるさま。
【瞠目（ドウモク）】目を見はること。『瞠目すべき業績』

5228 【瞙】 ―― 目－11 マク㊐・バク㊥
字解 形声。目＋莫（暗い夜）㊥。目がよく見えない意。

5229 【瞟】 ＊4719 目－11 ヒョウ（ヘウ）㊥／piǎo
字解 形声。目＋票（＝熛、あきらか）㊥。よく見る、また、横目で見る意。

5230 【瞞】 6654 6256 E1D4 目－11 マン㊐・バン㊥・ボン㊥／mán・mān／だます・あざむく
字解 形声。目＋㒼㊥。
意味 ❶くらい。はっきり見えない。❷だます。あざむく。『瞞着』『欺瞞（ギマン）』❸はじる。はじらう。
【瞞着（マンチャク）】（「着」は強調のために添えた助字）欺くこと。だますこと。

5231 【瞰】 6655 6257 E1D5 目－12 カン㊥／kàn／みる
字解 形声。目＋敢㊥。
意味 みる。見おろす。『鳥瞰（チョウカン）』『俯瞰（フカン）』
【瞰下（カンカ）】見おろすこと。見おろされる場所。眼下。
【瞰臨（カンリン）】上から見おろすこと。

5232 【瞯】 ＊4724 目－12 カン㊥／xián・jiàn
字解 形声。目＋閒（あいだ）㊥。間からのぞきみする、うかがう意。

5233 【瞶】 6656 6258 E1D6 目－12 キ㊥・イ（ヰ）㊥／guì
字解 形声。目＋貴㊥。
意味 ❶みつめる。目をこらす。❷眼の病気。

5234 【瞬】 ―― 目－12 シュン「瞬」（5241）の旧字

5235 【瞩】 ―― 目－12 ショク「矚」（5245）の異体字

5236 【瞳】 3823 4637 93B5 目－12 人 （5237）【瞳】 ―― 目－12 旧字
トウ㊥・ドウ㊞／tóng／ひとみ
字解 形声。目＋童㊥。ひとみの意。また、童に通じて、無心無知のさま。
意味 ❶ひとみ。『瞳孔』『瞳子』➡〔目〕の図八三四頁。❷無心に見るさま。また、無知なさま。『瞳矇』
【瞳孔（ドウコウ）】眼球の中央部で虹彩（コウサイ）に囲まれた部分。ひとみ。『瞳孔が開く』
【瞳子（ドウシ）】眼球の黒い部分。ひとみ。黒目。
【瞳矇（ドウモウ）】道理に暗いこと。また、その人。

5238 【瞭】 4638 4E46 97C4 目－12 人 リョウ（レウ）㊐㊥／liǎo・liào／あきらか
字解 形声。目＋尞（かがり火をたいてあかるい）㊥。あきらかの意。
意味 ❶あきらか。はっきりしている。『瞭然』『明瞭（メイリョウ）』❷はるか。
【瞭然（リョウゼン）】はっきりとしていて、明らかなさま。『一目瞭然（イチモクリョウゼン）』

5239 【瞹】 6657 6259 E1D7 目－13 アイ㊥
字解 形声。目＋愛㊥。
意味 ❶かくれる。❷『瞹瞹（アイアイ）』は、暗いさま。

5240 【瞼】 6659 625B E1D9 目－13 ケン㊥／jiǎn／まぶた
字解 形声。目＋僉（あつめあわせる）㊥。上下をあつめあわせるまぶたの意。
意味 まぶた。『花瞼（カケン）』『眼瞼（ガンケン）』➡〔目〕の図八三四頁

5241 【瞬】 2954 3D56 8F75 目－13 常 （5234）【瞬】 ―― 目－12 旧字
シュン㊐㊥／shùn／またたく・まばたく・まばたき・しばたく・しばたたく
筆順

字解 形声。目＋舜㊥。
意味 またたく。まばたきする。まじろぐ。また、まばたきするほどの短い時間。『一瞬（イッシュン）』『転瞬（テンシュン）』
【瞬間（シュンカン）】まばたきをする間ほどの、ごく短い時間。瞬時。『決定的瞬間』『瞬間的』
【瞬時（シュンジ）】まばたきをする間ほどの、わずかの時間。
【瞬目（シュンボク）】まばたきすること。転じて、ちょっとの間。

5242 【瞻】 6661 625D E1DB 目－13 セン㊐㊥／zhān／みる
字解 形声。目＋詹㊥。
意味 見る。㋑あおぎみる。『瞻依』『瞻仰』『具瞻（グセン）』㋺見やる。ながめる。『瞻視』『瞻望』
【瞻依（センイ）】とうとびしたうこと。
【瞻仰（センギョウ・センゴウ）】①見上げること。②敬いしたうこと。
【瞻視（センシ）】見ること。また、その目つき。
【瞻望（センボウ）】望み見ること。遠く見渡すこと。

5243 【矇】 6662 625E E1DC 目－14 モウ㊐・ボウ㊥／méng・mēng／くらい
字解 形声。目＋蒙（おおわれてくらい）㊥。目が覆われて見えない意。
意味 ❶目が見えない。❷くらい。特に、道理にくらい。おろか。「蒙」に同じ。『瞳矇（ドウモウ）』

5244 【矒】 ―― 目－16 ボウ「瞢」（5180）の異体字

5245 【矚】 6665 6261 E1DF 目－21 （5235）【瞩】 ―― 目－12 ショク㊥／zhǔ／みる

[字解] 形声。目＋屬（つづく）㊥。引き続き見つめる意。
[意味] みる。じっとみる。目をつける。『眺矚（チョウショク）』
【矚望（ショクボウ）】前途や将来に大きな望みをかける。嘱望。
【矚目（ショクモク）】その人の将来を期待して見守る。嘱目。

目

［泪］⇩4071

5246 【相】 3374 416A 918A 目－4 常3 ソウ（サウ）㊤・ショウ（シャウ）㊦／xiāng・xiàng／あい・みる・たすける

[筆順] 相 相 相 相 相 相

[字解] 会意。木＋目。木のすがたかたちをよくみる意。古人は、木などの自然をみることによって、そのものの持つ力を獲得できると考えていたという。

甲骨文  篆文 

[同属字] 想・廂・箱・霜・湘

[意味] ❶みる。よく見て定める。うらなう。『馬を相（ソウ）する』『相者』『占相（センソウ）』❷かたち。すがた。ありさま。また、外にあらわされた形。『相好』『家相（カソウ）』『瑞相（ズイソウ）』❸助ける。また、大臣（ダイジン）。『外相（ガイショウ）』『首相（シュショウ）』❹あい。㋑たがいに。ともに。二つの物事が関係しあう。『相関関係』『相互』『相談』＊史記‐廉頗藺相如伝「相与驩、為刎頸之交（あいともによろこびて、フンケイのまじわりをなせり）」〔＝互いに親しみ合って、刎頸の交わりを結んだ〕㋺動作に対象があることを示す。「お互いに」ではない。＊王維‐竹里館「明月来相照（メイゲツきたりてあいてらす）」〔＝明るい月がさしのぼって、私を照らしてくれる〕❺うけつぐ。前に従う。『相承』『相続』❻国あい。語調を整えたり、語勢を強めたりする接頭語。『相済みません』『相変わらず』❼国「相模国（さがみのくに）」の略。東海道一五か国の一。今の神奈川県の西南部。『相州（ソウシュウ）』『武相（ブソウ）』

❶ 見る。うらなう。

【相者（ショウシャ｜ソウジャ）】人相や家相などを占う人。人相見。

【相術（ソウジュツ）】人相や家相などを見て占う術。

【相人（ソウジン）】①人相を見る人。②土や木で作った人形。でく。

【相法（ソウホウ）】人相、家相、地相などを見て、その吉凶、運命などを占う法。

【相輪（ソウリン）】塔の先端部におかれる尖塔（セントウ）。九輪（クリン）。◆「相」はあおぎ見る意。⬇〔水煙〕の図六七一頁

❷ かたち。すがた。ありさま。

[下接] 悪相（アクソウ）・位相（イソウ）・異相（イソウ）・家相（カソウ）・観相（カンソウ）・奇相（キソウ）・吉相（キッソウ）・形相（ギョウソウ）・血相（ケッソウ）・険相（ケンソウ）・骨相（コッソウ）・山相（サンソウ）・色相（シキソウ）・死相（シソウ）・事相（ジソウ）・実相（ジッソウ）・諸相（ショソウ）・真相（シンソウ）・瑞相（ズイソウ）・世相（セソウ）・粗相（ソソウ）・地相（チソウ）・手相（てソウ）・人相（ニンソウ）・寝相（ねゾウ）・皮相（ヒソウ）・貧相（ヒンソウ）・福相（フクソウ）・変相（ヘンソウ）・方相（ホウソウ）・無相（ムソウ）・滅相（メッソウ）・面相（メンソウ）・様相（ヨウソウ）

【相好（ソウゴウ）】①（仏身についていう「三十二相八十種好（ユシコウ）」による語）仏身にそなわる立派な特徴。②国顔つき。表情。『相好を崩（くず）す〔＝喜びが表情に現れ、にこにこする〕』→❹（ソウコウ）
【相貌（ソウボウ）】顔かたち。容貌。また、様子。

❸ 助ける。また、大臣。

[下接] 右相（ウショウ）・外相（ガイショウ）・卿相（ケイショウ）・賢相（ケンショウ）・厚相（コウショウ）・宰相（サイショウ）・左相（サショウ）・首相（シュショウ）・丞相（ジョウショウ）・蔵相（ゾウショウ）・内相（ナイショウ）・文相（ブンショウ）・輔相（ホショウ）・名相（メイショウ）・良相（リョウショウ）

【相印（ショウイン）】大臣のはんこ。

【相君（ショウクン）】宰相・大臣の敬称。

【相公（ショウコウ）】①（中国で、相に拝せられる者は、必ず公に封ぜられたところから）宰相の敬称。②国参議の唐名。

【相国（ショウコク）】①中国で、宰相の称。②国太政（ダイジョウ）大臣、また、左大臣、右大臣の唐名。

【相事（ショウジ）】宰相がおこなう仕事。

【相府（ショウフ）】①中国の宰相の役所。また、その人。②国大臣の唐名。

【相門（ショウモン）】大臣、宰相の家柄。

❹ あい。たがいに。ともに。

【相伴（ショウバン）】①正客（ショウキャク）の相手をし、自分ももてなしを受けること。②他とのつり合いや行きがかり上、利益を受けること。『お相伴にあずかる』
【相違（ソウイ）】二つの間に違いがあること。差異。
【相応（ソウオウ）】つり合っていて、ふさわしいこと。
【相関（ソウカン）】相互に関係し合っていること。『相関関係』
【相互（ソウゴ）】たがいに。かわるがわる。『相互理解』
【相好（ソウコウ）】互いに愛し合うこと。仲がよいこと。また、ともだち。→❷（ソウゴウ）
【相克・相剋（ソウコク）】五行説で、木は土に、土は水に、水は火に、火は金に、金は木に剋（か）つこと。転じて、互いに争うこと。↔相生（ソウジョウ）。◆書き換え「相剋→相克」。
【相殺（ソウサイ）】①互いに差し引きされてゼロになること。②似た特徴を持つ二つがぶつかり合って、効果を失うこと。◆「ソウサツ」は誤読。
【相似（ソウジ）】①形、姿などが、よく似ていること。『相似点がない』②二つの図形で、一方を拡大または縮小すると他方と合同になる関係。『相似形』
【相識（ソウシキ）】知り合い。＊白居易‐琵琶行「相逢何必曾相識（あいあうなんぞかならずしもかつてソウシキならん）」〔＝こうして二人がめぐり合ってみれば、以前からの知り合いでなくても、互いに感情が通じ合うものだ〕
【相称（ソウショウ）】二つのものがつり合って照応していること。『左右相称』
【相生（ソウジョウ｜ソウセイ｜あいおい）】㊀（ソウジョウ｜ソウセイ）五行説で、木から火、火から土、土から金、金から水、水から木を生じること。↔相克。㊁（あいおい）①一つの根元から幹が分かれて生えること。『相生の松』②夫婦が共に長生きすること。
【相乗（ソウジョウ）】二個以上の数を掛け合わせること。『相乗効果』『相乗平均』『相乗作用〔＝個々に働くときの作用の和よりも多くの効力を表す作用〕』
【相即（ソウソク）】二つのものが区別できないほど、一つに融け合っていること。『相即不離の関係』
【相対（ソウタイ）】あい対すること。他との関係において在ること。↔絶対。『相対運動』『相対概念』
【相談（ソウダン）】話し合ったり、意見を述べてもらうこと。
【相知（ソウチ｜あいしる）】①（ソウチ）互いに知り合っていること。②（あいしる）親しくなる。恋仲となる。＊古詩賞析‐上邪「我欲与君相知、長命無絶衰（われきみとあいしりしより、チョウメイゼッスイすることなからんとほっす）」〔＝私は君と親しく知り合う仲となり、永久にこの関係の消滅することのないようにさせたいと望む〕
【相当（ソウトウ）】①力が互いにつり合うこと。②国それに当てはまること。また、ふさわしいこと。相応。『一万円相当の品』③国かなり。随分。『相当な出費』

5画 玄玉(王)瓜瓦甘生用田疋(⺪)疒癶白皮皿目(罒)矛矢石示(ネ)内禾穴立

【相補ソウホ】互いに補い合うこと。『相補関係』
【相撲ソウボク｜すもう】①（ソウボク）なぐりあうこと。②（すもう）二人の力士が土俵の中で取り組み、勝敗を争う競技。
【相送あいおくる】（「相」は動作に対象があることを示す語）見送る。＊杜甫-兵車行「耶嬢妻子走相送ヤジョウサイシはしりてあいおくる」〔＝父母や妻子は走りながら見送る〕」
【相藉あいしく】重なりあう。続出する。＊柳宗元-捕レ蛇者説「往往而死者相藉也オウオウにしてシするものあいしけり」〔＝死者が重なりあうほどのこともたびたびあった〕」
【相与あいともに】連れ立って。＊陶潜-飲酒「飛鳥相与還ヒチョウあいともにかえる」〔＝鳥が連れ立ってねぐらへと帰って行く〕」

❺ うけつぐ。前に従う。

【相承ソウショウ】学問や技芸などを受け継ぐこと。
【相続ソウゾク】受け継ぐこと。特に、遺産、組織などを受け継ぐこと。『相続権』『相続税』『相続人』
【相伝ソウデン】代々受け継いでゆくこと。『一子相伝』

難読地名 相生あいおい市（兵庫）相生あいおい町（徳島）相知おうち町（佐賀）相良さがら町（静岡）相良さがら村（熊本）

難読姓氏 相賀あいが｜おうが｜おおが 相楽さがら

罒 （九五六頁下段をも見よ）

5247 【罘】 目－6
シュウ「衆」（7204）の異体字

5248 【睪】 ＊4703 目－8
エキ㊥・ジョウ（デフ）㊥・タク㊥\yì·zé

字解 会意。目＋幸（＝㚔、手かせをされた罪人の象形）。次々と面通しして罪人をえらびだす意。

参考 「睾」（5250）は別字。

同属字 斁・懌・擇（択）・澤（沢）・繹・釋（釈）・譯（訳）・鐸・驛（駅）

5249 【罥】 目－8
ケイ「瞏」（5251）の異体字

5250 【睾】 6648 6250 E1CE 目－9
コウ（カウ）㊥\gāo

字解 もと、皐の通俗体。櫜に通じ、男子のこうがんの意を表す。

参考 「睪」（5248）は別字。

意味 ❶きんたま。外腎。『睾丸』 ❷「睾睾コウコウ」は、広く大きいさま。

【睾丸コウガン】哺乳ホニュウ類の雄の生殖腺。精子をつくり内分泌をつかさどる。きんたま。

5251 【瞏】 目－10 （5249）〔罥〕 目－8
ケイ㊥・セン㊥\qióng

金文  篆文 

字解 形声。目＋袁（遠く長い）㊥。遠い地を行く者はたよるところがないため、何事にも目をみはりみまわしみる意。

同属字 寰・鬟・擐・環・還・轘・鐶・圜

110 矛部 ほこ

甲骨文  金文  篆文 

矛は、長い柄の先に鋭い刃のついたほこの形に象り、ほこの意を表す。矛部には、矛を部標として、武器のほこに関する意をもつ字を収める。

矛 矛
矛 ⑦ 矞
矛 ④ 矜

矛

5252 【矛】 4423 4C37 96B5 矛－0 常
ム㊥・ボウ㊥\máo\ほこ

筆順 矛 矛 矛 矛 矛

字解 部首解説を参照。

同属字 茅・袤・敄

参考 万葉仮名では音を借りて「ぶ」。

意味 ほこ。両刃の剣を長い柄の先につけた武器。

【矛戈ボウカ】（「戈」は一つの枝のあるほこ）ほこ。
【矛戟ボウゲキ】（「戟」は矛と戈を合体させた形態をもつほこ）ほこ。
【矛叉ボウサ】さすまた。先端がふたまたに分かれたほこ。
【矛槊ボウサク】（「槊」は柄の長いほこ）ほこ。
【矛盾・矛楯ムジュン】①ほことたて。②二つの事柄が食い違って、つじつまが合わないこと。〔韓非子-難〕『自己矛盾』▼中国、春秋時代、矛ほこと盾たてを売る人が、「この盾はどんなものもはね返す。また、この矛はどんなものも突き通す」と言ったところ、聞いていた人に、「その矛でその盾を突いたらどうなるか」と言われ、答えに窮したという故事から。

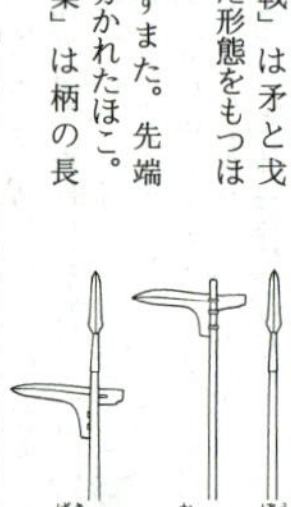

〔楙〕 ⇩ 3311

矛

〔柔〕 ⇩ 3340

5253 【矞】 ＊4734 矛－7
イツ㊥・シュツ㊥・ケツ㊥\yù·xù·jué

字解 象形。台に矛ほこをつき立てた形に象り、うがつ意。転じて、美しく盛んなさま、おどろきあわてるさま。また、いつわること。

同属字 鷸・橘・譎

矛

5254 【矜】 6666 6262 E1E0 矛－4
コウ㊥・キン㊥・キョウ㊥・カン（クヮン）㊥・ケイ㊥\qín·jīn·guān\あわれむ・ほこる

字解 形声。矛＋今㊥。ほこの柄の意。また、敬に通じて、つつしむ意に用いる。

意味 ❶あわれむ。いたむ。『矜憐』『哀矜アイキョウ』 ❷つつしむ。うやまう。『矜厳』『矜式』 ❸ほこる。自負する。おごる。『矜恃』『矜大』『自矜ジキョウ』 ❹やもお。老いて妻のない男。鰥。『矜寡カンカ｜キンカ』

5画 玄玉(王)瓜瓦甘生用田疋(⺪)疒癶白皮皿目(罒)矛矢石示(ネ)内禾穴立

❶あわれむ。いたむ。
[矜育(キョウイク)] あわれんで育てること。

[矜恤(キョウジュツ|キンジュツ)] あわれみ、めぐむこと。

[矜愍(キョウビン)・矜憫(キョウビン)] あわれむこと。矜憐(キョウレン)。

[矜憐(キョウレン)] あわれむこと。矜愍(キョウビン)。

[矜人(キンジン)] 貧しくあわれな人。
❷つつしむ。うやまう。
[矜厳(キョウゲン)] つつしみ深くおごそかなこと。

[矜式(キョウショク)] つつしんで手本とすること。
❸ほこる。自負する。おごる。
[矜貴(キョウキ)] 誇りたかぶること。

[矜驕(キョウキョウ)] 誇りたかぶること。驕矜。

[矜持・矜恃(キョウジ|キンジ)] 自分をすぐれたものとして、他に誇ること。誇り。♥「キンジ」は慣用読み。

[矜大(キョウダイ)] おごりたかぶること。尊大。

[矜伐(キョウバツ)] おごりたかぶること。矜慢。
❹やもお。
[矜寡(カンカ|キンカ)] (「寡」は夫をなくした女) 老いて妻のない男と老いて夫のない女。鰥寡(カンカ)。

[矝] ⇩ 3025 [務] ⇩ 717

111 矢部 や

甲骨文
金文
篆文
矢は、やじりを上にしてやばね、やはずまでを示した形で、やを表す。矢部には、矢を部標として矢の形、状態などに関する字を収める。篆文以来、やはずの部分が強調される形になった。

矢 [0画] 矢
矢 [2~4画] ② 矣 𠤕 𥎦 ④ 矦
矢 [3画] ③ 知 ④ 矧 ⑤ 矩 矩 ⑥ 矪 ⑦ 矬 ⑧ 矮 ⑫ 矯 矰

矢 [0画]

5255 【矢】 4480 4C70 96EE 矢－0 [常]2 シ [呉][漢]\shǐ\や

[筆順] 矢 矢 矢 矢 矢

[字解] 部首解説を参照。

[同属字] 知・雉・疾

[参考] 万葉仮名では音を借りて「し」、訓を借りて「や」。

[意味] ❶や。やに似た形のもの。『矢人』『矢石』『矢鏃』『嚆矢』→下接。❷まっすぐ。正しい。また、誓う。『矢言』『矢口』❸つらねる。ならべる。❹くそ。ふん。「屎」に同じ。『遺矢(イシ)』『鼠矢(ソシ)』❺その他。あて字など。『無理矢理(ムリやり)』『矢来(やらい)』

[下接] 一矢(イッシ)・弓矢(キュウシ)・蒿矢(コウシ)・嚆矢(コウシ)・乗矢(ジョウシ)・蓬矢(ホウシ)・鋒矢(ホウシ)・流矢(リュウシ)／乙矢(おとや)・鏑矢(かぶらや)・毒矢(ドクや)・甲矢(はや)・兄矢(はや)・早矢(はや)・火矢(ひや)・弓矢(ゆみや)・破魔矢(ハマや)

[矢言(シゲン)] 誓いのことば。また、正しいことば。

[矢口(シコウ|くちにシす)] ことばを正すこと。または、ずばりと言うこと。

[矢人(シジン)] 矢を作る職人。やはぎ。矢師。

[矢石(シセキ)] 弓の矢と、弩(いしゆみ)の石。転じて、矢や石が飛びかうこと。戦場。

[矢鏃(シゾク)] 矢柄の先端の突き刺さるようになっている部分。やじり。

[難読地名] 矢ノ川(やのこ)峠(三重) [難読姓氏] 矢後(やごう|やご) 矢作(やはぎ|やさく) 矢筈野(やはずの)

矢 [2~4画]

5256 【矣】 6667 6263 E1E1 矢－2 イ [呉][漢]\yǐ

[字解] 形声。矢＋厶(＝目)[声]という。原義未詳。文末の助字に用いる。

[同属字] 欸・俟・唉・埃・挨・竢・騃

[意味] ❶句末に用い、断定や推量を示す。特に訓読しない。㋑…である。断定を示す。「焉」に同じ。*唐詩紀事「敲字佳矣(コウのジよし)〔＝敲の字がよかろう〕」㋺きっと…だろう。推量を示す。*十八史略‐春秋戦国「秦必破矣(シンかならずやぶれん)〔＝秦はきっとやぶれるにちがいない〕」❷や。か。…であろうか。疑問・反語を示す。*論語‐季氏「焉用二彼相一矣(いずくんぞかのショウをもちいんや)〔＝どうして宰相が必要になるというのか〕」❸かな。…だなあ。感嘆を示す。「矣乎」「矣哉」「矣夫」と熟しても用いられる。*論語‐述而「甚矣、吾衰也(はなはだしいかな、わがおとろえたるや)〔＝私もずいぶんと年をとり衰えたことだなあ〕」*論語‐雍也「中庸之為レ徳也、其至矣乎(チュウヨウのトクたるや、それいたれるかな)〔＝中庸という道徳は、人間の最上至極の道徳であることだ〕」 ⇓[表]

◎矣・焉―文末にあって断定・強調・詠嘆などを示し、訓読では一般には読まれない置き字

矣(イ)	焉(エン)
朝聞レ道、夕死可矣 (朝に道を聞かば、夕に死すとも可なり) 秦必破矣 (秦必ず破れん)	衆悪レ之必察焉 (衆之を悪(にく)むも必ず察す) 来二此絶境一不二復出一焉 (此の絶境に来たりて復た出でず)

5257 【𠤕】 ― ― 矢－2 ギ [漢]\yí

[字解] 象形。立ったまま決めかね行きなやむ人の形に象り、うたがう意。疑の原字。

[同属字] 欵・疑

5258 【𥎦】 ― ― 矢－2 コウ 「侯」(268)の異体字

5259 【矦】 *4738 矢－4 コウ 「侯」(268)の異体字

[疾] ⇩ 4986 [[illegible]] ⇩ 2247

矢 [3画]

5260 【知】 3546 434E 926D 矢－3 [常]2 チ [呉][漢]\zhī・zhì\しる・とも

[筆順] 知 知 知 知 知

[字解] 会意。矢(儀礼用)＋口(いのりのことば)。矢をそ

5画
玄玉(王)瓜瓦甘生用田疋(⺪)疒癶白皮皿目(罒)矛矢石示(礻)禸禾穴立

なえて神にいのり神意をうける意から、しる意。

参考 万葉仮名では音を借りて「ち」。平仮名「ち」の字源。

同属字 智・痴・蜘

意味 ❶しる。しらせる。㋑さとる。わかる。おぼえる。『知覚』『知見』『熟知』『未知』 ㋺しらせる。しらせ。『告知』『通知』『報知』 ＊論語‐為政「知ㇾ之為ㇾ知ㇾ之、不ㇾ知為ㇾ不ㇾ知。是知也（これをしるをこれをしるとなし、しらざるをしらずとなす。これしるなり）」〔＝知ったことを知ったこととし、知らないことを知らないこととする。これが知るということである〕 ❷よくしっている。つきあいのある。しりあい。『知己』『知人』『旧知』 ❸つかさどる。おさめる。『知県』『知事』 ❹ちえ。知る働き。また、かしこい。「智」に同じ。『知識』『知性』『英知』『才知』 ＊論語‐雍也「務ニ民之義一、敬ニ鬼神一而遠ㇾ之。可ㇾ謂ㇾ知矣（たみのギをつとめ、キシンをケイしてこれをとおざく。チというべし）」〔＝人間として当然行うべき道を行い、祖先の神々を尊敬してあまり深入りしないようにする。これが知というものである〕 ⇒表

	知識					
知（はっきりとする。）	知慮	知遇	旧知	認知	英知	良知
識（しってみわける。）	識慮	識遇	旧識	認識	博識	良識

❶ しる。しらせる。

下接 ㋑覚知・感知・関知・既知・暁知・見知・検知・権知・公知・察知・悉知・周知・習知・熟知・承知・心知・推知・存知・探知・独知・不知・聞知・弁知・未知・与知・予知・了知・良知・温故知新 ㋺下知・告知・通知・報知

【知覚】感じ取ること。特に、感覚器官を通して外部の物事を判別し、意識する働き。視覚、聴覚、嗅覚など。

【知暁】明らかに悟ること。

【知見】実際に見て知ること。そうして得た知識。『知見を広める』

【知悉】すべて知っていること。知り尽くすこと。

【知足】足ることを知ること。自分の持ち分に満足し安んじて、欲張らないこと。

【知得】知って自分のものとすること。

【知命】五〇歳の異称。＊論語‐為政「五十而知ニ天命一（ゴジュウにしてテンメイをしる）」〔＝五〇歳になって天命を自覚した〕

【知ㇾ之為ㇾ知ㇾ之、不ㇾ知為ㇾ不ㇾ知（これをしるをこれをしるとなし、しらざるをしらずとなせ）】自分の知っていることは知っているとし、知らないことは知らないとせよ。既知と未知とを謙虚に区別してごまかさないことの大切さをいう。〔論語‐為政〕

❷ よくしっている。つきあいのある。

下接 旧知・辱知・新知・親知・相知

【知音】心の通じ合った無二の親友。また、知り合い。知人。〔列子‐湯問〕 ▼中国、春秋時代の琴の名手の伯牙が、琴をかなでながらある事を思い描くと、友人の鍾子期が音色から伯牙の心を言い当てたという故事から。

【知己】①自分の気持ちや考えをよく理解してくれる人。〔史記‐刺客伝〕 ②国 知人。しりあい。 ▼中国、戦国時代、晋の予譲が、自分を尊重してくれた智伯に感謝して述べた言葉から。

【知遇】人格や能力などを認められて、手厚く遇されること。『氏の知遇を得る』

【知人】知り合い。→❹

【知友】互いに深く心を知り合っている友。

❸ つかさどる。治める。

下接 先知・本知・領知

【知行】国 江戸時代、幕府・藩が家臣に支給した土地。また、その代用の俸禄や扶持。→❹(チコウ)

【知県】①中国の官名で、県の長官。宋代に始まり、清代まで行われた。②転じて、一般に県の長官、県知事。

【知事】①中国で、州・県などの地方の長官。②国 都道府県を統轄し、これを代表する長。

【知制誥】中国、唐代の官名。詔勅の作成をつかさどった。

❹ ちえ。知る働き。また、かしこい。

下接 有知・英知・叡知・奸知・奇知・機知・賢知・広知・巧知・狡知・故知・才知・至知・邪知・衆知・主知・術知・小知・上知・神知・真知・新知・人知・仁知・世知・浅知・全知・早知・聡知・頓知・鈍知・無知・明知・理知・霊知・格物致知

【知恵】物事の道理を悟り、是非、善悪をわきまえる心の働き。物事を考え、処理していく能力。『猿知恵』『悪知恵』 ▼書き換え「智慧→知恵」。

【知行】知識と行為。知ることと行うこと。→❸(チギョウ)

【知行合一】人間の知(認識)は、行(行為)の一部であって分けることはできないとする陽明学の学説。朱子学の先知後行説に対して、道徳的実践や体験による知識の確認を重視したもの。〔伝習録〕

【知歯】親知らず。第三大臼歯。知恵歯。 ▼書き換え「智歯→知歯」。

【知識】①ある事柄に対する明確な理解、認識。また、その内容。『知識階級』『知識人』 ②知人。友人。 ③徳の高い僧。高僧。善知識。

【知者】知恵のすぐれた人。また、道理に精通した立派な人。 ▼書き換え「智者→知者」。

【知者不ㇾ惑（チシャはまどわず）】知者は道理をわきまえているので、あれこれ迷わない。〔論語‐子罕〕

【知者楽ㇾ水、仁者楽ㇾ山（チシャはみずをたのしみ、ジンシャはやまをたのしむ）】知者は絶えず変化する水を好み、仁者はいつまでも変化することのない山を好む。〔論語‐雍也〕

【知人】知恵のある人。→❷

【知性】物事を知り、考え、判断する能力。『知性人』『知性的』

【知的】知識に関するさま。また、知識のあるさま、知性の感じられるさま。理知的。『知的好奇心』

【知徳】知と徳。知識と道徳。『知徳を磨く』

【知能】頭の知的な働き。物事を正しく判断する能力。『知能が高い』 ▼書き換え「智能→知能」。

【知謀】知恵のあるはかりごと。 ▼書き換え「智謀→知謀」。

【知勇】知恵と勇気。『知勇に富む』 ▼書き換え「智勇→知勇」。

【知略】才知に富んだ計略。知謀。 ▼書き換え「智略→知略」。

【知者不ㇾ言（しるものはいわず）】ほんとうに物事の理を悟った人間は、それを口に出して言わない。＊老子‐五六「知者不ㇾ言、言者不ㇾ知（しるものはいわず、いうものはしらず）」〔＝真理を知っている者は、それを言葉に言い表さないのであり、あれこれ言葉に表現する者は、真に知っていないのである〕

難読地名 知内（しりうち）町（北海道） 知床（しれとこ）岬（北海道） 知名

なち町（鹿児島） 知夫（ちぶ）村（島根） 知立（ちりゅう）市（愛知）

5261【矤】3974 476A 948A 矢－4 シン㊉/shěn/いわんや・はぐ

字解 形声。矢＋引㊉。一説に、弓に矢をつがえて次々に引くように、つけくわえる意ともいう。

意味 ❶いわんや。まして。「況」に同じ。❷歯ぐき。❸国はぐ。竹にはねをつけて矢を作る。

5262【矩】2275 366B 8BE9 矢－5 人 (5263)【榘】二二 矢－5 旧字

ク㊉㊉/jŭ/かねざし・のり

字解 形声。矢（＝大、ひと）＋巨（とってのあるさしがね）㊉。大工の棟梁のもつ定規、さしがねの意。

参考 万葉仮名では音を借りて「く」。

意味 ❶かねざし。かねじゃく。直角に折れ曲がった定規。『矩形』『規矩（キク）』⬇〔規矩準縄〕の図一〇九九頁。❷のり。おきて。きまり。『矩度』＊論語‐為政「七十而従₂心所₁欲、不ᵣ踰ᵣ矩（シチジュウにしてこころのほっするところにしたがいてのりをこえず）」〔＝七十歳になっては、自分の思うがままに行動して、きまりを踏み越えることがなくなった〕」

❶ かねざし。

下接 印矩（インク）・規矩（キク）・鉤矩（コウク）・縄矩（ジョウク）／裏矩（うらがね）

【矩形】（クケイ）それぞれの角が直角である、正方形を除く四辺形。長方形。

【矩縄】（クジョウ）かねざしとすみなわ。物事の規範をいう。

【矩矱】（クワク）かねざしとものさし。転じて、尺度。法則。

❷ のり。おきて。きまり。

【矩度】（クド）きまり。節度。

【矩歩】（クホ）歩行が規則にかなうこと。

5264【舯】＊4739 矢－6 チュウ（チウ）㊉/くるり

字解 形声。矢＋舟㊉。水鳥や魚を射る矢、くるりの意。「舯矢（くるりや）」は、桐または檜（ひのき）で小さな目無鏑（めなしかぶら）をつくり、その先端に半月形の雁股（かりまた）をつけた矢。

【欸】⇩3848 【欵】⇩3849

5265【矬】＊4740 矢－7 ザ㊉・サ㊉/cuó

字解 形声。矢＋坐㊉。背の低い人の意。

5266【短】3527 433B 925A 矢－7 常3 タン㊉㊉/duǎn/みじかい

筆順 短 短 短 短 短 短

字解 会意。矢（や）＋豆（たかつき）。矢や器の類で比較的みじかいものを合わせたという。みじかい意を表す。

意味 ❶みじかい。㋑長さや時間がみじかい。↕長。『短歌』『短期』『最短』㋺わかじに。『短折』❷たりない。つたない。おとる。また、欠点。あやまち。↕長。『短所』『短慮』❸そしる。欠点をあげて悪く言う。『護短（ゴタン）』⇒〔長〕(8564)の表

❶ みじかい。

下接 最短（サイタン）・操短（ソウタン）・長短（チョウタン）・一長一短（イッチョウイッタン）

【短歌】（タンカ）国五・七・五・七・七の五句、三一音から成る形式の詩。みそひともじ。

【短歌行】（タンカコウ）中国で、楽府題（ガフダイ）の一。「長歌行」とともに、人生の短さを嘆き詠じたところからの名。一説に、歌う声の長短によるという。漢代に始まり、最古の作は、魏の曹操のもの。

【短褐】（タンカツ）たけの短い粗服。卑しい者が着る衣服。

【短気】（タンキ）気が短いこと。すぐに腹を立てること。

【短晷】（タンキ）（「晷」は日かげ、日ざしの意）わずかな日ざし。短い日。ふつう、冬の日をさす。短日。

【短期】（タンキ）短い期間。↕長期。『短期大学』

【短軀】（タンク）背の低い体。↕長軀

【短檠】（タンケイ）たけの低い燭台。

【短剣】（タンケン）短い剣。短刀。

【短冊・短尺】（タンザク）国①和歌や俳句などを書くための細長い紙。②短冊のような細長い形。

【短札】（タンサツ）短い手紙。転じて、自分の書いた手紙をへりくだっていう語。短紙。

【短銃】（タンジュウ）ピストル。拳銃（ケンジュウ）。

【短縮】（タンシュク）短く縮めること。↕延長。『短縮授業』

【短書】（タンショ）短い手紙。

【短小】（タンショウ）長さや形が、短く、小さいこと。↕長大

【短牆】（タンショウ）たけの低い垣。

【短折】（タンセツ）早死にすること。短命。夭折。早世。

【短長】（タンチョウ）短いことと長いこと。→❷

【短刀】（タントウ）短い刀。短剣。

【短文】（タンブン）短い文章。↕長文

【短兵】（タンペイ）短い武器。弓矢に対する刀剣などをさす。＊史記‐項羽本紀「令₂騎皆下ᵣ馬歩行₁、持₂短兵₁接戦（みなうまをくだりてホコウせしめ、タンペイをジしてセッセンす）」〔＝騎馬の兵に命じて、すべて馬から降りて歩かせ、刀剣を取って白兵戦を行わせた〕

【短兵急】（タンペイキュウ）だしぬけ。いきなり。❤短い武器で敵を急に攻めるさまから。

【短編・短篇】（タンペン）小説、映画などで、比較的長さが短い作品。↕中編・長編。❤書き換え「短篇→短編」。

【短命】（タンメイ）寿命の短いさま。↕長命。＊論語‐雍也「不幸短命死矣（フコウタンメイにしてシせり）」〔＝（顔淵は）不幸にも若死にした〕」

【短絡】（タンラク）①電気がショートすること。②物事のすじ道を考えず、単純に結び付けること。『短絡的な考え』

【短慮】（タンリョ）気みじかなこと。『短慮を起こす』→❷

❷ たりない。つたない。また、欠点。

【短欠】（タンケツ）不足すること。不足。

【短見】（タンケン）目先だけの浅い見識。浅見。

【短毫】（タンゴウ）まずい筆跡。「短毫及びがたし」などの形で、思うところをじゅうぶんに文章に表現できないことをいう。短筆。

【短才】（タンサイ）才能の劣っていること。自分の才能の謙称。

【短所】（タンショ）劣っている点。足りない点。欠点。↕長所

【短浅】（タンセン）思慮が及ばず浅はかなこと。

【短長】（タンチョウ）短所と長所。劣っている点とすぐれている点。＊呉子‐励士「人有₂短長₁（ひとにタンチョウあり）」〔＝人間には短所と長所がある〕」→❶

【短筆】（タンピツ）文章や文字のへたなこと。拙筆。短毫。

【短慮】（タンリョ）思慮が足りないこと。浅はかな考え。→❶

5267【矮】6668 6264 E1E2 矢－8 アイ㊉・ワイ㊉/ǎi/みじかい

字解 形声。矢＋委（低い）㊉。短い矢の意から、一般にみじかい意。

5画 玄玉(王)瓜瓦甘生用田疋(⺪)疒癶白皮皿目(罒)矛矢石示(ネ)内禾穴立

意味 みじかい。背たけなどが低い。低くて小さい。

【矮屋（ワイオク）】低く小さい家屋。

【矮軀（ワイク）】背たけの低い体。短身。

【矮小（ワイショウ）】①たけが低くて小さいこと。②国比喩（ヒユ）的に、規模が小さいこと。『問題を矮小化する』

【矮陋（ワイロウ）】①身長が低くて醜いこと。②家や場所などが、せまくてむさくるしいこと。

［肄］⇩6279　［雉］⇩8737　［疑］⇩4970

5268
【矯】 2226 363A 8BB8 矢－12 常 キョウ（ケウ）呉漢／jiǎo／ためる

筆順 矯 矯 矯 矯 矯 矯

字解 形声。矢＋喬（たかい）声。曲がった矢をまっすぐにしてたけを高くする、ためる意。

意味 ❶ためる。ただす。ただしくする。まっすぐにする。『矯正』『矯風』❷いつわる。だます。かこつける。『矯情（キョウジョウ）』『矯飾』❸はげしい。強い。勇ましい。極端である。『矯激』『奇矯（キキョウ）』

❶ ためる。ただす。ただしくする。

【矯枉過正（キョウオウカセイ）－オウをためてセイをすぐ】曲がったものをただそうとして、度をこし、正しいところを過ぎること。〔後漢書－仲長統伝〕
【矯首（キョウシュ）】首をまっすぐにすること。首をあげて見ること。＊陶潜－帰去来辞「時矯ᴸ首而游観（ときにこうべをあげてユウカンす）」〔＝ときおり、頭をあげてはあたりの景色を見回す〕」
【矯揉・矯輮（キョウジュウ）】ためなおすこと。
【矯正（キョウセイ）】欠点などを正しくなおすこと。『風俗矯正』
【矯俗（キョウゾク）】①悪い風俗をためなおすこと。矯風。②わざと、世間の風俗と違ったことをすること。
【矯風（キョウフウ）】悪い風習を改めさせること。矯弊。
【矯励（キョウレイ）】欠点をなおし、つとめはげむこと。

❷ いつわる。だます。かこつける。

【矯殺（キョウサツ）】君主の命令といつわって殺すこと。

【矯飾（キョウショク）】うわべをいつわり飾ること。

【矯制（キョウセイ）】勅命に仮託して事を行うこと。

【矯託（キョウタク）】うその言いわけをすること。

【矯誣（キョウフ）】いつわり、こじつけること。

❸ はげしい。強い。勇ましい。

【矯矯（キョウキョウ）】勇壮なさま。勇ましい様子。

【矯激（キョウゲキ）】言動が過激であること。

【矯亢（キョウコウ）】ことさらにおごりたかぶること。

5269
【矰】 ＊4741 矢－12 ソウ漢／zēng／いぐるみ

字解 形声。矢＋曾（加える・重ねる）声。糸がつけ加わった矢の意。

意味 いぐるみ。矢に糸や網をつけ、射た獲物がからまるように工夫した狩猟道具。
【矰繳（ソウシャク）】（「繳」は矢につけた糸）いぐるみ。
【矰繳之説（ソウシャクのセツ）】いぐるみで鳥をとるように、まぐれあたりを期待して人に説くこと。〔韓非子－五蠹〕
【矰弋（ソウヨク）】（「弋」もいぐるみの意）いぐるみ。

112 石部 いし

甲骨文　金文　篆文

石は、がけ（地表の急斜面）と口（くち、または小さな物体）とから成り、いわ、いし（セキ）を表す。石部の字は、石を部標として、岩石、また宝石の類、状態、あらい鉱物、石を使ったもの、石を扱うことなど、石に関係する。字の左部にある部標を「いしへん」という。

石◆ 石 磊
石▬ ⑥ 砦 ⑧ 碁 碆 ⑨ 碧 ⑩ 磐 ⑪ 磬
磨 磨 ⑬ 礐 ⑮ 礬 ⑯ 礱
石▌ ② 矴 ③ 矼 矻 ④ 砑 研 砂 砕 砌
砒 砭 ⑤ 砰 砿 砥 砠 砧 破 砲 砲 砰
砺 ⑥ 硅 硎 研 硇 硫 ⑦ 确 硯 硬 硨
硝 硝 硫 硲 ⑧ 碍 碕 碎 碓 碇 碚 碑
硼 碌 碗 硴 ⑨ 碣 磁 碩 碪 碯 碑 碵
⑩ 磤 磈 磑 確 磆 磋 磁 磔 碾 碼 磅
⑪ 磧 磚 磠 ⑫ 磵 磯 磲 磽 磺 礁 磴
磷 ⑬ 礇 礒 礎 礑 礌 ⑭ 礙 ⑮ 礦 礧
礪 礫 ⑯ 礮 ⑰ 礴

石◆

5270
【石】 3248 4050 90CE 石－0 常1 シャク呉・セキ漢・タン漢・コク慣／shí·dàn／いし・いわ

筆順 石 石 石 石 石

字解 部首解説を参照。

同属字 拓・柘・跖

参考 万葉仮名では訓を借りて「し」。

意味 ❶いし。いわ。石でできた。石のような。『石碑』『岩石』『宝石』❷碁石のこと。『布石（フセキ）』『定石（ジョウセキ）』❸中国での単位。㋑容量。一〇斗。「斛」に同じ。㋺重さ。一二〇斤。❹国こく。㋑尺貫法の容積。斗の一〇倍。約一八〇リットル（ﾄﾘｯ）に当たる。㋺和船の大きさを積載量で示す単位。一〇立方尺。『千石船（センゴクぶね）』㋩材木などの容積。一〇立方尺。㊁大名、武家の知行高を表す。「斛」の代用字。『加賀百万石』❺動植物名。『草石蚕（ちょろぎ）』『石楠花（シャクナゲ）』『石榴（ザクロ）』❻国「石見国（いわみのくに）」の略。山陰道八か国の一。現在の島根県の西半部。『石州瓦（セキシュウがわら）』❼人名、熟字訓など。『流石（さすが）』

❶ いし。いわ。

下接 一石（イッセキ）・隕石（インセキ）・燕石（エンセキ）・温石（オンセキ）｜オンジャク・懐石（カイセキ）・化石（カセキ）・瓦石（ガセキ）・滑石（カッセキ）・岩石（ガンセキ）・奇石（キセキ）・輝石（キセキ）・玉石（ギョクセキ）｜たまいし・巨石（キョセキ）・金石（キンセキ）・珪石（ケイセキ）・結石（ケッセキ）・原石（ゲンセキ）・鉱石（コウセキ）・刻石（コクセキ）・砕石（サイセキ）・採石（サイセキ）・矢石（シセキ）・紫石（シセキ）・歯石（シセキ）・磁石（ジセキ）｜ジシャク・硝石（ショウセキ）・鍼石（シンセキ）・燧石（スイセキ）・泉石（センセキ）・礎石（ソセキ）・苔石（タイセキ）・堆石（タイセキ）・胆石（タンセキ）・柱石（チュウセキ）・長石（チョウセキ）・貞石（テイセキ）・鉄石（テッセキ）・転石（テンセキ）・投石（トウセキ）・土石（ドセキ）・磐石（バンセキ）｜バンジャク・碑石（ヒセキ）・布石（フセキ）・浮石（フセキ）・宝石（ホウセキ）・木石（ボクセキ）・墓石（ボセキ）｜はかいし・盆石（ボンセキ）・薬石（ヤクセキ）・落石（ラクセキ）・流石（リュウセキ）・蠟石（ロウセキ）・黒曜石（コクヨウセキ）・試金石（シキンセキ）・大理石（ダイリセキ）・誕生石（タンジョウセキ）

セキジョウ／重石おもし・砥石といし

【石印セキイン】①石に彫った印。②石版を用いる平版印刷。『石印本』

【石英セキエイ】天然に産する、二酸化珪素ケイソからなる鉱物。ガラス、陶器の原料などに用いる。

【石龕セキガン】岩石にほりこまれた室。石で作られた厨子。

【石敢当セキカントウ】(「敢当」は、向かうところに敵がないの意。一説に、中国、五代のころ、晋の力士の名とも) 丁字路の突き当たりや辻に立てる魔よけの石。〔急就篇〕

【石桟セキサン】石のかけはし。石を組んだがけ道。

【石室セキシツ|いしむろ|いわむろ】①石を積んで造った小屋。②(セキシツ) 古墳内部の石で造った墓室。

【石甃セキシュウ】石だたみ。敷石。

【石絨セキジュウ】=石綿セキメン

【石獣セキジュウ】中国の帝王・貴人の墓、祖廟、宮殿などの前に守護、装飾として造り設けた獣形の大きな石像。

【石皴セキシュン】岩石のひだ。

【石牀セキショウ】石で造った寝台。

【石心セキシン】石のように堅固な志。『鉄腸石心』

【石人セキジン】①墓道などに立てる石彫の人物像。『石人石馬』②無知な人のたとえ。

【石泉セキセン】岩や石の間からわき出る泉。

【石造セキゾウ】石材で建築したり製作したりすること。

【石鏃セキゾク】石器時代に用いた石のやじり。

【石黛セキタイ】石墨などのまゆずみ。

【石炭セキタン】地中に埋もれた植物が長い年月に変質して生じた、可燃性の堆積タイセキ岩。

【石壇セキダン|いしダン】石をたたみあげて造った壇。

【石腸セキチョウ】堅固で容易に動かない心。『鉄心石腸』

【石塔セキトウ】①石で造った塔。②石で造った墓標。墓碑。

【石榻セキトウ】石の腰掛け。また、石の寝台。

【石馬セキバ】石で造った馬。多く墓前に並べた。

【石版セキバン】石版石に脂肪性の材料で図を描き、油性インクで刷る平版印刷法。リトグラフ。『石版画』

【石盤・石板セキバン】粘板岩などの薄い板に石筆で文字、絵などを書いては消す練習用の学用品。

【石碑セキヒ】①石に文字を刻んで立てたもの。いしぶみ。②墓標の石。墓石。墓碑。

【石筆セキヒツ】①黒または赤の粘土を固め、書画を書くのに用いるもの。②蠟石ロウセキなどを棒状につくった、石盤用の筆記具。

【石斧セキフ】斧おのの形をした石器。

【石婦セキフ】①妻が夫との別離を悲しみ、夫を慕い望んで化したと伝えられる石。望夫石。また、貞淑な妻の姿を彫刻したという石像。②=石女うまずめ

【石仏セキブツ|いしぼとけ】石を材料とした仏像。独立した仏像と、磨崖仏マガイブツとがある。

【石本セキホン】石ずりの書籍。石に刻まれた文字などを油墨などで紙に写しとったもの。いしずり。拓本。

【石綿セキメン|いしわた】蛇紋石、透角閃石の繊維状集合体。耐火・保温材に使用。アスベスト。

【石油セキユ】炭化水素を主成分とする天然に産する液状の混合物。燃料や化学工業用。

【石瀬セキライ】川が浅くなっていて流れの速い所。はやせ。

【石梁セキリョウ】石で造った橋。また、飛び石。

【石林セキリン】①石が林のように立ち並んだところ。または林立する石。②中国の伝説上の石の林。南方にあり、ものを言う猩猩ショウジョウが住んでいるという。

【石塁セキルイ】石のとりで。岩石で築いた城塁。

【石楼セキロウ】石で築いた高い建物。

【石火セッカ】①石や金属などが、はげしく触れ合っておこる火。いしのひ。②きわめて短い時間、非常にすばやい動作などをたとえていう語。『電光石火』

【石灰セッカイ|いしばい】生石灰(酸化カルシウム)。また、消石灰(水酸化カルシウム)。

【石階セッカイ】石で造った階段。

【石椁・石槨セッカク】棺を納めるために石で築かれた、古墳内部の施設。

【石澗セッカン】岩石の多い谷。谷川。

【石器セッキ】石造りの器具。特に、石器時代人の造った遺物。石鏃セキゾク、石斧セキフなど。

【石級セッキュウ】石で造った階段。

【石窟セックツ】いわや。岩石をくり抜いたほらあな。

【石径・石逕セッケイ】山道などの石の多い小道。また、石だたみの小道。＊杜牧-山行「遠上二寒山一石径斜とおくカンザンにのぼればセッケイななめなり」〔=はるばると遠く、ひっそりと寂しい山を登ると、石の小道が坂になって続いている〕

【石経セッケイ】中国で、経典を刻んだ石碑。また、その経典。経書の正しいテキストを伝えるためのもの。

【石磬セッケイ】石で作った平板の打楽器。中国石器時代からある古楽器で、中国の雅楽に鐘と併用。

【石碣セッケツ】円形の石碑。

【石鹸セッケン】高級脂肪酸の金属塩の総称。油脂を、水酸化ナトリウム溶液で鹸化して作った洗剤。

【石工セッコウ|いしく】石を切り出し刻んで細工する職人。

【石交セッコウ】いつまでも変わらない堅固な交際。

【石矼・石杠セッコウ】流水を渡るために飛び飛びに置いた踏み石。一説に、石をわたした橋。

【石膏セッコウ】硫酸カルシウムと水を成分とする鉱物。セメント、顔料などの原料。

【石刻セッコク】①石に彫刻すること。また、その彫刻したもの。②石版にして印刷したもの。

【中レ石没レ鏃いしにあたりてやじりをボッす】心をこめて事を行えば、不可能なことはないというたとえ。石に立つ矢。〔史記-李将軍伝〕♥中国、前漢の将軍、李広が石を虎と思って矢を放ったところ、本当に矢が射通ったという故事から。

【漱レ石枕レ流いしにくちすすぎながれにまくらす】負け惜しみの強いことのたとえ。〔晋書-孫楚伝〕♥中国、晋の孫楚ソンソが「石に枕し流れに漱ぐ」と言うべきところを、「石に漱ぎ流れに枕す」と言い誤ったので、友人の王済がからかうと、孫楚は「石に漱ぐのは石で歯をみがくため、流れに枕するのは耳を洗うため」と強弁したという故事から。夏目漱石の雅号は、これからとったもの。

【浮レ石沈レ木いしをうかべきをしずむ】物事が道理と逆になっているたとえ。〔新語-弁惑〕

❺動植物名。

【石榴ザクロ】ザクロ科の落葉小高木。果実は球状で熟すと裂け、食用。庭園樹。

【石楠花・石南・石南花シャクナゲ】ツツジ科シャクナゲ亜属の常緑低木。初夏、薄赤色の花を開く。

【石蒜セキサン|まんじゅしゃげ】ヒガンバナの異名。曼珠沙華。

【石竹セキチク】ナデシコ科の多年草。観賞用。イセナデシコ、トコナツなど多数の園芸品種がある。

【石斛セッコク】ラン科の常緑多年草。観賞用に栽培される。高さ五〜二〇センチメートル。

【石蓴あおさ】緑藻類アオサ科の海藻。食用また飼料用。

【石持・石首魚いしもち】ニベ科の海魚。ぐち。

【石蕗つわぶき】キク科の常緑多年草。葉は薬用。橐吾つわぶき。

【石竜子とかげ】トカゲ科の爬虫類。蜥蜴。

⑦ 人名、熟字訓など。

【石介(セキカイ)】 中国、北宋の学者。字(あざな)は守道。徂徠(ソライ)山のふもとにいたところから徂徠先生と呼ばれた。

【石崇(セキスウ)】 中国、晋(シン)の詩人。字(あざな)は季倫。荊州(ケイシュウ)刺史となり、巨富を得た。

【石女(うまずめ)】 妊娠できない女。子を産めない女。

難読地名 石和(いさわ)町(山梨) 石廊(いろう)崎(静岡) 石神井(しゃくじい)川(東京)

難読姓氏 石禾(いさわ) 石城(いしがき|いしき) 石河(いしかわ|いしこ) 石榑(いしくれ|いしぐれ)

5271 【磊】 6693 627D E1FB 石-10 ライ㊥/lěi

字解 会意。石＋石＋石。石がごろごろと重なりあう意。

意味 ❶石がごろごろしているさま。『磊塊』『磊砢』『磊磊』 ❷小事にこだわらず大らかなさま。『磊落』

【磊塊・磊嵬・磊磈(ライカイ)】 ①多くの石が積み重なっていること。山などが高大なこと。②胸中に積もっている悲憤慷慨の気持ち。③心にわだかまりのあること。

【磊砢(ライラ)】 ①石などが多く重なっているさま。②木はだなどが節くれだっているさま。③人の性質、体格などがすぐれているさま。

【磊磊(ライライ)】 ①石が多く積み重なって集まっているさま。②心が広く、小事にこだわらないさま。磊落。

【磊落(ライラク)】 心が広く、細かなことにこだわらないさま。『豪放磊落』

石

[宕]⇩1740 [岩]⇩1897

5272 【砦】 2654 3A56 8DD4 石-6 サイ㊥/zhài/とりで

字解 形声。石＋此㊥。

意味 とりで。敵を防ぐために築いたもの。

下接 山砦(サンサイ)・城砦(ジョウサイ)・堡砦(ホウサイ)・塁砦(ルイサイ)・鹿砦(ロクサイ)

5273 【碁】 2475 386B 8CE9 石-8 常 ゴ㊥・キ㊥/qí

筆順 碁 碁 碁 碁 碁 碁

字解 形声。石＋其(整然とした・方形)㊥。整然と引かれた方形のます目の上で石を動かし遊ぶ、ごの意。

参考 万葉仮名では音を借りて「ご㊦」。

意味 ご。ごいし。また、ごを打つこと。『琴碁(キンキ)』『囲碁(イゴ)』『持碁(ジゴ)』

【碁譜(キフ|ゴフ)】 碁の対局の記録で、打った石の位置と順を図に示したもの。

【碁盤(ゴバン)】 碁を打つ平面方形の盤。縦横各一九本の等間隔平行線が描かれている。『碁盤目状の市街(＝碁盤のような直交道路網によって形成された市街)』

5274 【碆】 6678 626E E1EC 石-8 ハ㊥/bō

字解 形声。石＋波㊥。いぐるみにつける石の意。磻に同じ。

5275 【碧】 4243 4A4B 95C9 石-9 人 ヘキ㊥/bì/あお・みどり

字解 形声。石＋王(＝玉)＋白㊥。半透明のあおい玉、またその色の意。

意味 ❶あおいし。青色の美しい石。『碧玉』 ❷あお。みどり。あおみどり。『碧海』『一碧(イッペキ)』『紺碧(コンペキ)』『藍碧(ランペキ)』 ＊杜甫－絶句「江碧鳥逾白(コウはみどりにしてとりいよいよしろし)」〔＝川の水はあおみどりで、鳥はひときわ白く見える〕 ⇓表

	碧(ヘキ)	紺(コン)	青(セイ)	藍(ラン)
	緑がかった深い青。青緑。	深みのある青。特に糸の色。	澄みきった青。基本五色の一。	あざやかな青。アイの染色。
	紺碧	紺青	藍碧	
	緑碧 深碧 碧眼	紫紺 濃紺 紺珠	緑青 深青 青玉	青藍 蔚藍(ウツラン) 藍玉

❶ あおいし。

【碧玉(ヘキギョク)】 緑または青色の玉。

【碧瑠璃・碧琉璃(ヘキルリ)】 ①濃く澄んだ青色の瑠璃。②青々と澄んだ水や空のたとえにいう語。

❷ あお。みどり。あおみどり。

下接 一碧(イッペキ)・金碧(キンペキ)・紺碧(コンペキ)・丹碧(タンペキ)・藍碧(ランペキ)

【碧雲(ヘキウン)】 青みがかった色の雲。青雲。

【碧海(ヘキカイ)】 青い海。青海原。

【碧漢(ヘキカン)】 青空と天の川。天を指していう。

【碧澗(ヘキカン)】 緑色に澄んでいる谷川。

【碧眼(ヘキガン)】 青い目。転じて、欧米人。『紅毛碧眼』

【碧巌(ヘキガン)】 緑色のいわ。【碧巌録(ヘキガンロク)】 中国、宋代の、禅の修行上の指南書。一〇巻。碧巌集。

【碧空(ヘキクウ)】 青く晴れた空。青空。＊李白－黄鶴楼送孟浩然之広陵「孤帆遠影碧空尽(コハンのエンエイヘキクウにつく)」〔＝たった一つの舟の帆がしだいに遠ざかり、とうとうその影が青空に吸い込まれるように消えてしまった〕

【碧渓(ヘキケイ)】 青く澄んだ水の流れる谷。

【碧山(ヘキザン)】 木が青々と茂った山。深山。＊李白－山中問答「問余何意棲碧山(ヨにとうなんのイかヘキザンにすむと)」〔＝私に尋ねた、どういうつもりでこんな緑深い山に住んでいるのか、と〕

【碧紗(ヘキシャ)】 緑色のうすぎぬ。

【碧樹(ヘキジュ)】 緑色に葉の茂った樹木。緑樹。

【碧霄(ヘキショウ)】 ＝碧空(へきくう)

【碧水(ヘキスイ)】 青緑色の水。

【碧青(ヘキセイ)】 銅から作られる青色の絵の具。碌青(ロクショウ)。

【碧鮮(ヘキセン)】 青々とした苔。青苔。

【碧窓(ヘキソウ)】 緑色のうすぎぬをかけたまど。

【碧苔(ヘキタイ)】 緑色のこけ。あおごけ。

【碧潭(ヘキタン)】 青緑色の水をたたえた深い淵(ふち)。

【碧波(ヘキハ)】 青い色の波。青々とした波。

【碧羅(ヘキラ)】 ①緑色のうすぎぬ。『碧羅綾』 ②青空や緑の山のたとえにいう。

【碧蘿(ヘキラ)】 緑色のつたかずら。青々としたかずら。

【碧落(ヘキラク)】 青空。大空。＊白居易－長恨歌「上窮碧落下黄泉(かみはヘキラクをきわめしもはコウセン)」〔＝上は大空の果てまで、下は黄泉(よみ)の国までも(捜し回った)〕

5276 【磐】 4056 4858 94D6 石-10 バン㊥・ハン㊥/pán/いわ・いわお

字解 形声。石＋般(おおきい)㊥。大きな石の意。

意味 ❶大きないわ。いわお。『磐石』『落磐(ラクバン)』『常磐

5画 玄玉(王)瓜瓦甘生用田疋(⺪)疒癶白皮皿目(罒)矛矢石示(ネ)禸禾穴立

わ」❷わだかまる。とぐろを巻く。❸国「磐城（いわき）の国」の略。東山道十三か国の一。現在の福島県東部から宮城県南部。「常磐線（ジョウバンセン）」

【磐石（バンジャク）】①大きな石。大きな岩。②非常に堅固で動じないこと。「磐石の構え」

難読地名 磐窟（いわや）渓（岡山） 磐梯山（ばんだいさん）（福島）

5277【磬】 6694 627E E1FC 石-11 ケイ漢／qìng

字解 形声。石＋殸（けい）声。石の楽器、けいの意。甲骨文は、磬をたたくさま。のちに石を加えて、その字義を明確にした。

甲骨文 篆文

意味 ❶けい。打ち石。枠の中にへの字形の石板をつり下げて、角製の槌（つち）で打ち鳴らした古代中国の打楽器。日本では仏具として用いた。→下接。「磬鐘」❷馬を走らせる。「磬控」❸体を折り曲げて礼をする。「磬屈」「磬折」

下接 寒磬（カンケイ）・懸磬（ケンケイ）・鐘磬（ショウケイ）・石磬（セッケイ）・編磬（ヘンケイ）

【磬屈（ケイクツ）】首を垂れてかしこまること。また、腰を曲げて敬礼すること。磬折。

【磬控（ケイコウ）】（「控」は馬をとめること）馬を速く走らせたり、とどめたりする。馬を自由に乗りこなすこと。

【磬鐘（ケイショウ）】打ち石とつり鐘。奏楽の基本になるもの。

【磬折（ケイセツ）】立ったままで磬の形のように腰を深く折り曲げて礼をするさま。謹んで礼をするさま。磬屈。

磬❶〔銅象嵌宴楽水陸攻戦文壺・四川省博物館蔵〕

5278【磨】 4365 4B61 9681 石-11 常 (5279)【磨】 石-11 旧字

マ呉・バ漢／mó・mò／みがく・する・すれる・とぐ

筆順 磨 磨 磨 磨 磨 磨

字解 形声。石＋麻（＝靡の省、こまかく砕く）声。すりつぶすための石、うすの意。また、みがく意。

参考 万葉仮名では音を借りて「ば」「ま」。

意味 ❶みがく。とぐ。こする。「磨厲」「研磨」❷する。すりへる。「磨滅」「不磨（フマ）」❸音訳字。「羯磨（カツマ）」「達磨（ダルマ）」

❶みがく。とぐ。こする。

下接 揩磨（カイマ）・研磨（ケンマ）・切磨（セツマ）・琢磨（タクマ）・練磨（レンマ）

【磨淬（マサイ）】刀剣などをみがいたりといだりすること。

【磨厲・磨礪（マレイ）】とぎみがくこと。また、学問や技芸を鍛錬すること。

【磨励自彊（マレイジキョウ）】学問や修養などのために、みずからつとめはげむこと。

❷する。すりへる。

下接 消磨（ショウマ）・鈍磨（ドンマ）・不磨（フマ）

【磨崖（マガイ）】自然の岩壁に彫刻すること。「磨崖仏」

【磨滅（マメツ）】すりへってなくなる。摩滅。

【磨耗（マモウ）】すりへること。摩耗。

5280【礜】 * 4832 石-13 ヨ漢／yù

字解 形声。石＋與声。砒素（ヒソ）を含んだ毒石。

5281【礬】 6709 6329 E248 石-15 ハン漢・バン慣／fán

字解 形声。石＋樊声。

意味 硫酸を含んだ鉱物の一種。「明礬（ミョウバン）」

【礬水（バンスイ／ドウサ）】明礬（ミョウバン）の水溶液に膠（にかわ）を混ぜたもの。すみ、インクなどのにじむのを防ぐ。陶砂。

【礬石（バンセキ）】明礬（ミョウバン）のこと。

5282【礱】 * 4840 石-16 ロウ漢／lóng／うす・みがく

字解 形声。石＋龍声。

意味 すりうす。また、する。みがく。

【礱斲（ロウタク）】みがくことと切ること。

【礱磨（ロウマ）】といしでみがくこと。

【礱厲（ロウレイ）】①といし。②みがくこと。

石

5283【矴】 * 4743 石-2 テイ漢／dìng／いかり

字解 形声。石＋丁（とどめ安定させる）声。舟をとどめるいかりの意。碇に同じ。

5284【矼】 6669 6265 E1E3 石-3 コウ（カウ）漢／gāng・jiāng／とびいし

字解 形声。石＋工声。

意味 飛び石。また、いしばし。「石矼（セッコウ）」

5285【矻】 * 4745 石-3 コツ漢／kū

字解 形声。石＋乞声。「矻矻（コツコツ）」は、よく働くさま。また、転じて疲れるさま。

5286【砑】 * 4751 石-4 ガ漢／yà／する

字解 形声。石＋牙声。すりみがく意。

5287【研】 2406 3826 8CA4 石-4 常3 (5305)【硏】 石-6 旧字

ゲン呉・ケン慣／yán・yàn／とぐ・みがく

筆順 研 研 研 研 研 研

字解 研は硏の通俗体。硏は形声。石＋幵（平らにそろう）声。石でものをけずりみがく意。

意味 ❶とぐ。みがく。「研摩」「薬研（ヤゲン）」❷きわめる。物事の道理をきわめる。調べ明らかにする。「研究」「研精」❸すずり。「硯」に同じ。「研北」「筆研（ヒッケン）」

❶とぐ。みがく。

【研修（ケンシュウ）】国知識や技能を身に付けるため、特別に勉強、実習すること。また、そのための講習。「新入社員の研修」

【研摩・研磨（ケンマ）】とぎみがくこと。「研摩剤」

❷きわめる。調べ明らかにする。

【研覈（ケンカク）】事実を調査し明らかにすること。研究。

【研詰（ケンキツ）】するどく問い詰めること。

【研究（ケンキュウ）】深く考え、くわしく調べ、事実や理論や方法を明らかにすること。『研究発表』『研究会』

【研校】(ケンコウ) 調べてくらべること。

【研鑽】(ケンサン) 学問などを深く究めること。地道に研究することをいう。『研鑽を積む』

【研精】(ケンセイ) くわしく研究すること。

❸ すずり。

【研屛】(ケンビョウ) 硯すずりのそばに立てて、ほこりなどを防ぐ小さい衝立ついたてふうのもの。硯屛ケンビョウ。

【研北】(ケンボク) 手紙のあて名の左わきに書き添えて、敬意を表す語。硯北ケンボク。

5288 【砂】 2629 3A3D 8DBB 石－4 常6 シャ㊇・サ㊈/shā/すな・いさご

筆順 砂

字解 会意。石＋少。すなの意。沙の通俗体。

意味 ❶すな。すなに似たもの。『砂丘』『砂糖』『土砂ドシャ』 ❷「砂鉢サハチ」は、皿の形をした、浅くて大きな鉢。

下接 金砂キンシャ・珪砂ケイシャ・黄砂コウサ・辰砂シンシャ・晴砂セイサ・丹砂タンシャ・泥砂デイサ・陶砂ドウサ・土砂ドシャ・熱砂ネッシャ・白砂ハクシャ・防砂ボウサ・流砂リュウサ／真砂まさご

【砂岩】(サガン) 石英、岩石片などの砂粒が水中に沈み固まってできた堆積岩。

【砂丘】(サキュウ) 風で運ばれた砂が堆積してできた丘。『鳥取砂丘』

【砂金】(サキン) 金鉱脈が浸食されて、金が砂粒となったもの。

【砂嘴】(サシ) 沿岸流で運ばれた砂や小石が堆積して、海中に細長く堤状をなす地形。三保の松原、天の橋立など。

【砂塵】(サジン) すなぼこり。

【砂州・砂洲】(サス) 海岸や湖岸や河口付近に、砂や小石が堆積してあらわれた砂地。

【砂堤】(サテイ) ①砂のつつみ。②海岸に生じた砂嘴サシで、島と陸地とが連絡するもの。潮ノ岬、男鹿おが半島など。

【砂糖】(サトウ) 蔗糖ショトウを主成分とする甘味料。サトウキビ、サトウダイコンからつくる。『角砂糖』

【砂嚢】(サノウ／すなぶくろ) ①砂を入れた袋。②鳥類の胃の一部分。飲み込んだ砂粒などを蓄え、食物を細かく砕く。

【砂漠】(サバク) 雨が非常に少なく、植物などがほとんど見られない、不毛の土地。『サハラ砂漠』

【砂防】(サボウ) 国土砂の崩壊、流出を防止すること。

【砂礫】(サレキ) 砂と小石。つぶて。

難読地名 砂原さわら町(北海道) 砂子田いさごだ－すなごだ 砂子すなご－まなご 難読姓氏 砂岡いさおか－すなおか

5289 【砕】 2653 3A55 8DD3 石－4 常 (5318)【碎】 6676 626C E1EA 石－8 旧字 人

サイ㊈/suì/くだく・くだける

筆順 砕

字解 砕は碎の略体。碎は形声。石＋卒(おわる・つきる)声。石を石でなくする意。

意味 ❶くだく。くだける。『砕石』『砕氷』『玉砕ギョクサイ』『粉砕フンサイ』 ❷細かい。くだくだしい。わずらわしい。『砕辞』『砕務』『零砕レイサイ』

❶ くだく。くだける。

下接 圧砕アッサイ・玉砕ギョクサイ・撃砕ゲキサイ・瑣砕サイ・爆砕バクサイ・破砕ハサイ・粉砕フンサイ・劈砕ヘキサイ・零砕レイサイ・粉骨砕身フンコツサイシン

【砕金】(サイキン) ①打ちくだいた黄金。②美しい詩文の字句をたとえる語。また、そのようにきらきらと光るもの。

【砕身】(サイシン) 身をくだくほど献身的につとめること。献身的に働くこと。『粉骨砕身』

【砕石】(サイセキ) 岩石を細かくくだくこと。くだけた石。『砕石機』

【砕氷】(サイヒョウ) 氷をくだくこと。『砕氷船』

❷ くだくだしい。わずらわしい。

【砕辞】(サイジ) くだくだしいことば。

【砕務】(サイム) こまごましたつとめ。

5290 【砌】 6670 6266 E1E4 石－4 サイ㊇・セイ㊈/qì/みぎり

字解 形声。石＋切(きる)声。石などを切ってつくった石だたみ、みぎりの意。

意味 ❶石だたみ。みぎり。石を切って敷きつめたところ。『砌下』『玉砌ギョクセイ』 ❷石をつみかさねる。 ❸国みぎり。おり。そのとき。『幼少の砌』

【砌下】(セイカ) ①雨だれが落ちる軒下で、石などを敷いた所。②手紙の、あて名に添えて書く脇付の語。

5291 【砒】 6671 6267 E1E5 石－4 ヒ㊇・ヘイ㊈/pī

字解 形声。石＋比声。

意味 化学元素の一。また、それを含む有毒の鉱物。

【砒素】(ヒソ) 窒素族元素の一。元素記号As 毒性が強い。農薬、医薬などに用いる。

5292 【砭】 *4756 石－4 ヘン㊈/biān/いしばり

字解 形声。石＋乏声。石針をさしこんで治療する意。

意味 いしばり。『鍼砭シンペン』

【砭灸】(ヘンキュウ) 石針とお灸。

【斫】 ⇩3077

5293 【⿰石甲】 ―― 石－5 コウ(カフ)㊈

字解 形声。石＋甲声。

意味 ❶山のかたわら、また、はざま。 ❷「岬」に同じ。

5294 【砿】 2560 395C 8D7B 石－5 コウ 「礦」(5362)の異体字

5295 【砥】 3754 4556 9375 石－5 シ㊇・テイ㊈/zhǐ・dǐ/と・といし

字解 形声。石＋氐(平ら・けずる)声。とぐための平らないし、といしの意。

参考 (1)「砥」はきめの細かい砥石。「礪」はきめの粗い砥石。(2)万葉仮名では訓を借りて「と(甲)」。

意味 ❶と。といし。また、といしでとぐ。みがく。『砥石』『砥礪』『粗砥あらと』『革砥かわと』 ❷たいら。たいらか。たいらにする。『砥平』

【砥矢】(シシ) といしと矢。平らでまっすぐなもののたとえ。

【砥石】(シセキ／といし) 物をとぎ、みがくための石。

【砥平】(シヘイ) といしの面のように平らなこと。

【砥礪】(シレイ) ①といし。②とぎみがくこと。学問や品性などを高めようと努力すること。

難読地名 砥部とべ町(愛媛) 砥用ともち町(熊本)

5296 【砠】 6673 6269 E1E7 石－5 ショ漢・ソ慣／jū

字解 形声。石＋且(のせ重ねる)声。石をいただく山、または、土をいただく山の意。岨に同じ。

5297 【砧】 2146 354E 8B6D 石－5 チン漢／zhēn／きぬた

字解 形声。石＋占声。
意味 きぬた。布地や糸などを打つときに使う台。「碪」に同じ。『稿砧』『暮砧』『鉄砧』

【砧杵チンショ】きぬたとそれを打つつち。

【砧声チンセイ】きぬたを打つ音。砧響。

【砧斧チンプ】人を切る台とおの。

5298 【破】 3943 474B 946A 石－5 常5 ハ呉漢／pò／やぶる・やぶれる・やれる・われる

筆順 破 破 破 破 破

字解 形声。石＋皮声。
参考 万葉仮名では音を借りて「は」。
意味 ❶やぶる。やぶれる。こわす。こわれる。㋐物をこわす。物がこわれる。『破壊』『爆破』㋺物事がだめになる。だめにする。また、取り消す。『破局』『破談』『破廉恥』『破格』『驚破』 ❸まかす。うちまかす。うちやぶる。『破邪』『撃破』『論破』 ❹つきぬける。しとげる。ひらく。また、強意の助字。『看破』『読破』 ❺国は。雅楽や謡曲の構成を三部に分けた中間の部分。序を受けて展開部となる。『序破急』 ❻その他。あて字など。『破風』『破子』
表 ❷やぶる。一定のわくやきまりからはずれる。

❶ やぶる。やぶれる。こわす。こわれる。

下接 棄破・摧破・残破・小破・大破・難破・爆破・発破

破ハ	壊カイ
破壊	
うちこわれる。 破滅 破棄 破却 破損 破綻 爆破	ばらばらにくずれる。 壊滅 壊毀 壊敗 損壊 崩壊 決壊

【破瓜ハカ】①（「瓜」の字を縦に二分すると「八」の字が二つになるところから）女子一六歳の称。また、男子六四歳の称。②性交によって処女膜が破れること。
【破潰ハカイ】こわれくずれること。やぶりくずすこと。
【破壊ハカイ】壊すこと。また、破れ壊れること。↔建設
【破顔ハガン】顔をほころばせること。『破顔一笑』
【破棄・破毀ハキ】①破り捨てること。契約や約束事などを取り消すこと。『婚約破棄』②上級の裁判所が原裁判所の判決を取り消すこと。書き換え「破毀→破棄」。
【破却ハキャク】すっかりこわすこと。破壊。→❸
【破鏡ハキョウ】割れた鏡。転じて、夫婦が離縁をすることのたとえ。『破鏡の嘆』
【破局ハキョク】事がまとまらないで、破れること。悲劇的な結末。『破局を迎える』
【破砕・破摧ハサイ】砕きこわすこと。また、こわれ砕けること。書き換え「破摧→破砕」。
【破産ハサン】財産をすべて失うこと。『破産管財人』
【破線ハセン】等間隔に断続している線。↔実線
【破損ハソン】破れ損ずること。こわれること。
【破胆ハタン】きもをつぶすこと。ぎょっとすること。
【破綻ハタン】物事や関係がうまくいかなくなること。
【破談ハダン】①約束や相談を取り消すこと。②縁談を取りやめること。『破談になる』
【破竹ハチク】竹を割ること。【破竹之勢いきおい】（竹は、一節割れ目を入れると、次々に割れて行くところから）猛烈な勢いで進むこと。〔晋書-杜預伝〕
【破廟ハビョウ】荒れ果てた墓所や霊廟。
【破片ハヘン】砕けたもののかけら。
【破滅ハメツ】破れ滅びること。成り立たなくなること。
【破門ハモン】①師が弟子に対して師弟の関係を断ち、門人の列から除くこと。②信徒を宗門から除名すること。
【破約ハヤク】約束を履行しないこと。また、契約を取り消すこと。
【破落戸ハラクコ・ごろつき】一定の住所、職業を持たないならず者。無頼漢。〔咸淳臨安志〕もとは、おちぶれた家、またその子弟をいった。
【破裂ハレツ】①内部から破れ裂けること。『水道管が破裂する』『破裂音』②交渉がまとまらないこと。

❷ やぶる。わくからはずれる。

【破戒ハカイ】僧が戒律を破ること。〔行事鈔〕『破戒無慙』↔持戒
【破格ハカク】従来の方式や決まりなどを破ること。

【破調ハチョウ】調子が、普通とくらべてずれていること。

【破倫ハリン】人の守るべき道に背くこと。不倫。

【破廉恥ハレンチ】恥を恥とも思わないこと。人倫、道徳などに反するさま。『破廉恥罪』

❸ まかす。うちやぶる。

下接 喝破・撃破・打破・連破・論破

【破却ハキャク】打ち破って追いしりぞけること。→❶
【破邪ハジャ】仏教で、邪悪を打ち破ること。『破邪顕正』

❹ つきぬける。しとげる。ひらく。

下接 看破・勘破・翔破・照破・走破・踏破・読破

【破天荒ハテンコウ】だれも行い得なかったことを成し遂げること。〔北夢瑣言〕『破天荒の計画』天地未開の混沌とした状態を切り開く意から。

❻ その他。あて字など。

【破風ハフ】国屋根の切妻に付いている山形の板。『破風造り』『唐破風』
【破子・破籠わりご】折箱のように作り、内部に仕切りを設け、かぶせ蓋にした容器。

5299 【砲】 4304 4B24 9643 石－5 常 ホウ(ハウ)漢／pào／いしゆみ・つつ
(5300) 【礮】 — 石－5 旧字

筆順 砲 砲 砲 砲 砲 砲

字解 形声。石＋包声。
意味 ❶いしゆみ。古代の武器で、石をはじきとばして敵にあてるもの。❷つつ。おおづつ。火薬で大型の弾丸をうち出す兵器。『砲撃』『号砲』『大砲』

❷ つつ。おおづつ。

下接 火砲・艦砲・臼砲・巨砲・空砲・号砲・午砲・山砲・重砲・銃砲・祝砲・主砲

砲主(ホウシュ)・大砲(タイホウ)・弔砲(チョウホウ)・鉄砲(テッポウ)・発砲(ハッポウ)・野砲(ヤホウ)・礼砲(レイホウ)

【砲煙・砲烟(ホウエン)】大砲を発射したときに出る煙。『砲煙弾雨〔=激しい戦闘の形容〕』

【砲火(ホウカ)】発砲したときに出る火。『集中砲火』『砲火を交える〔=戦いを始める〕』

【砲丸(ホウガン)】①大砲のたま。砲弾。②砲丸投げの競技に用いる金属製の球。

【砲金(ホウキン)】錫(すず)を約一〇パーセント含む銅合金。▼古く、大砲の製造に用いられたところから。

【砲撃(ホウゲキ)】大砲で攻撃すること。

【砲術(ホウジュツ)】大砲を操作する術。

【砲身(ホウシン)】大砲の弾丸を込めて発射する円筒状の部分。

【砲声(ホウセイ)】大砲を撃つ音。

【砲弾(ホウダン)】大砲の弾丸。

【砲兵(ホウヘイ)】火砲で攻撃することを任務とする兵士。

【砲門(ホウモン)】砲身の筒口。火砲の筒先。

5301【砰】* 4758 石－5 ホウ(ハウ)漢\pēng\ずり

字解 形声。石＋平声。

意味 ❶大きな音のさま。『砰然』『砰湃』『砰砰』❷国ずり。㋑土木工事で掘り出した土や岩石。㋺炭鉱で掘り出されたくず石炭や岩石。▼(1)「硑」とも書く。(2)㋺は北海道での言い方で、九州では「ぼた」と言う。

【砰然(ホウゼン)】音声がとどろき、ひびくさま。

【砰湃(ホウハイ)】①波がはげしくぶつかりあうさま。②音がはげしく鳴りひびくさま。

【砰砰(ホウホウ)】つづみの音の鳴りひびくさま。

5302【砺】3755 4557 9376 石－5 レイ「礪」(5364)の異体字

5303【硅】6675 626B E1E9 石－6 カク漢・ケイ慣\guī

字解 形声。石＋圭声。

意味 ❶破る。❷非金属元素の一。日本で「珪」に通じて、使われたもの。『硅素(ケイソ)』『硅酸(ケイサン)』

5304【硎】* 4766 石－6 ケイ漢\xíng・kēng\とぐ

字解 形声。石＋刑声。とぐこと。また、といしの意。

5305【硏】二一 石－6 ケン「研」(5287)の旧字

5306【硇】* 4763 石－6 ドウ(ダウ)漢\náo

字解 会意。石＋囟。囟は鹵(しお)の変形か。一説に形声字とも。

意味 「硇砂(ドウシャ)」は、塩化アンモニウムの古称。磠砂(ロシャ)のこと。染色、去痰、利尿に用いる。

5307【硫】二一 石－6 リュウ「硫」(5314)の旧字

5308【确】* 4776 石－7 カク漢\què

字解 形声。石＋角(かたいつの)声。かたい石の意。

意味 ❶かたい石。『犖确(ラッカク)』❷少ない。『豊确(ホウカク)』❸国そね。石の多いやせ地。

5309【硯】2407 3827 8CA5 石－7 ゲン呉漢・ケン慣\yàn\すずり

字解 形声。石＋見(→研、みがく)声。墨をすりみがくための石、すずりの意。

意味 すずり。墨を水ですりおろすのに用いる道具。『硯北』『筆硯(ヒッケン)』

【硯材(ケンザイ)】すずりに使われる石材。

【同ニ硯席一(ケンセキをおなじゅうす)】同じ師について勉強する。同門である。▼「硯席」は学問をする席。

【硯池(ケンチ)】すずりの、墨汁をためるへこんだ所。

【硯滴(ケンテキ)】①すずりに垂らす水のしずく。すずりの水。②すずりの水入れ。

【硯屏(ケンビョウ)】すずりのそばに立てて、ほこりなどを防ぐ小さい衝立(ついたて)ふうのもの。

【硯北(ケンボク)】手紙の宛名(あてな)の左下に書いて敬意を表す語。▼机を南向きに置くと、人の位置がすずりの北にあたるところから。「研北」とも書く。

5310【硬】2537 3945 8D64 石－7 常 ゴウ(ガウ)漢・コウ(カウ)慣\yìng\かたい

筆順 硬硬硬硬硬硬

字解 形声。石＋更(かたくてつよい)声。

意味 かたい。かたくてつよい。⇔軟。『頑硬(ガンコウ)』『強硬(キョウコウ)』『生硬(セイコウ)』⇒表

硬軟		
コウ 硬	かたい。	硬球 硬水 硬骨 硬派 生硬 強硬
ナン 軟	やわらかい。	軟球 軟水 軟骨 軟派 柔軟 軟弱

【硬化(コウカ)】①物がかたくなること。⇔軟化。『動脈硬化』②意見や態度が強硬になること。『態度を硬化させる』

【硬貨(コウカ)】金属で鋳造した貨幣。⇔紙幣。『百円硬貨』

【硬玉(コウギョク)】かたい玉。ふつう、翡翠(ヒスイ)をいう。

【硬骨(コウコツ)】①脊椎(セキツイ)動物の骨のうち、かたい骨。⇔軟骨。『硬骨魚類』②意志や信念が強いこと。『硬骨の士』『硬骨漢』▼書き換え「鯁骨→硬骨」。

【硬磁(コウジ)】高温で焼き上げた磁器。色が白く緻密。

【硬質(コウシツ)】物の質がかたいこと。かたい性質。⇔軟質。

【硬渋(コウジュウ)】かたくてなめらかでないこと。生硬。

【硬水(コウスイ)】カルシウム塩類、およびマグネシウム塩類を多く含む天然水。⇔軟水。▼英hard waterの訳語。

【硬直(コウチョク)】①こわばって自由に動かなくなること。『死後硬直』②態度、方針などに柔軟性がなくなること。

【硬度(コウド)】①金属、鉱物の硬軟の程度。②水がカルシウム、マグネシウムなどの塩類を含む度合い。

【硬派(コウハ)】①自分の意見や主義を強く主張する一派。②国男らしさなどをひけらかす青少年の一派。⇔軟派

5311【硨】* 4774 石－7 シャ呉漢\chē

字解 形声。石(宝石)＋車声。

意味 「硨磲(シャコ)」は、インド産の美しい二枚貝の名。七宝の一。また、玉に次ぐ宝石の一。

5312【硝】3043 3E4B 8FC9 石－7 常 ショウ(セウ)呉漢\xiāo

(5313)【硝】二一 石－7 旧字

筆順 硝硝硝硝硝硝

字解 形声。石＋肖(声)。
意味 鉱石の名。水に溶け、燃えやすい。火薬やガラスの原料。「硝酸」「煙硝（エンショウ）」「芒硝（ボウショウ）」
【硝煙（ショウエン）】火薬の煙。「硝煙弾雨」
【硝酸（ショウサン）】窒素の酸素酸の一。吸湿性、発煙性が強い。医薬品、酸化剤などに用いる。「硝酸塩」
【硝子（ショウシ｜ガラス）】（ガラスは蘭glas）通常、珪砂（ケイシャ）、炭酸ソーダ、石灰などをまぜて高熱で溶かし、急に冷やして作った透明な物質。建築材や器具など、用途は広い。
【硝石（ショウセキ）】天然に産出する硝酸カリウム。火薬、カリ肥料などに用いる。
【硝薬（ショウヤク）】火薬。

5314【硫】4618 4E32 97B0 石－7 (常)　(5307)【硫】二二 石－6 旧字
ル(呉)・リュウ（リウ）(漢)/liú
筆順 硫 硫 硫 硫 硫 硫
字解 形声。石＋流（ながれでる）省(声)。火山噴火の際の流出物に伴う鉱物の意。
意味 いおう。火山地帯に多く産する黄色の鉱物。
【硫化（リュウカ）】硫黄と化合すること。「硫化亜鉛」
【硫酸（リュウサン）】無機酸の一種。無色で粘り気のある重い液体。酸性がきわめて強い。「亜硫酸」「希硫酸」
【硫黄（リュウオウ｜いおう）】非金属元素の一。黄色、無臭の結晶体。火薬、マッチなどに用いる。元素記号S。「硫黄泉」♥「湯泡（ゆあわ）」から「ゆわ」、黄の字音にひかれて「ゆわう」「いわう」と変化した。

5315【硲】4003 4823 94A1 石－7 はざま・さと・たに
字解 国字。谷あいの意。はざま。さと。

5316【碍】1923 3337 8A56 石－8 ゲ(呉)・ガイ(漢)・ギ(漢)/ài/さまたげる
字解 形声。石＋导（とどめる）(声)。礙(5361)は異体字。
意味 さまたげる。ふせぐ。また、さまたげ。
下接 障碍（ショウガイ）・阻碍（ソガイ）・滞碍（タイガイ）・妨碍（ボウガイ）・無碍（ムガイ｜ムゲ）
【碍子（ガイシ）】送配電用の電線を支持するための陶磁器製や合成樹脂製の絶縁器具。

5317【碕】2676 3A6C 8DEA 石－8 キ(漢)/qí/さき・みさき
字解 形声。石＋奇（まがる）(声)。曲がった岸の意。
意味 ❶つき出た岸。湾曲した岸。みさき。「埼」「崎」に同じ。❷長い岸辺。

5318【碎】6676 626C E1EA 石－8 サイ「砕」(5289)の旧字

5319【碓】1716 3130 894F 石－8 タイ(漢)/duì/うす・からうす
字解 形声。石＋隹(声)。石うすの意。
意味 うす。からうす。足の力や水力できねを上下に動かし、米や麦などをつく道具。
【碓声（タイセイ）】うすでつく音。
【碓擣（タイトウ）】うすでつくこと。碓舂（タイショウ）。
難読地名 碓氷（うすい）郡（群馬）

碓〔三才図会〕

5320【碇】3686 4476 92F4 石－8 テイ(漢)/dìng/いかり
字解 形声。石＋定（ひとところにとめておく）(声)。船を流されないようにするためのおもりの石、いかりの石の意。
意味 いかり。また、いかりをおろす。「矴」に同じ。
【碇泊（テイハク）】船がいかりをおろしてとまること。♥書き換え「碇泊→停泊」。

5321【碚】6680 6270 E1EE 石－8 ハイ(漢)/bèi
字解 形声。石＋咅(声)。「碚礧（ハイライ）」は、つぼみの意。

5322【碑】二二 石－8 ヒ「碑」(5332)の旧字

5323【硼】6679 626F E1ED 石－8 ホウ（ハウ）(漢)/péng
字解 形声。石＋朋(声)。
意味 ❶石が打ち合う音。❷非金属元素の一。「硼酸」「硼素」
【硼酸（ホウサン）】硼素を含む無機酸で、つやのあるうろこ状の結晶または粉末。消毒、洗浄等に用いる。「硼酸水」
【硼素（ホウソ）】非金属元素の一。元素記号B。黒褐色の固体。無水硼酸や硼酸の原料。

5324【碌】6681 6271 E1EF 石－8 ロク(漢)・リョク(漢)/lù·liù
字解 形声。石＋彔(声)。
意味 ❶石の青い色。❷小さな石の多いさま。転じて、役に立たないさま。「碌碌」「耄碌（モウロク）」「労碌（ロウロク）」❸国 物の面が水平であること。陸（ロク）のあて字。転じて、ふつう。まとも。正常。「碌（ロク）でなし」「碌碌」
【碌碌（ロクロク）】①平凡なさま。役に立たないさま。②小さな石が多くあるさま。③車が走って音をたてるさま。轆轆（ロクロク）。④国 ろくに。満足に。陸陸（ロクロク）。「碌々挨拶（アイサツ）もしない」

5325【碗】4750 4F52 9871 石－8 ワン(呉)(漢)/wǎn
字解 形声。石＋宛（まるくかがまる）(声)。丸くくぼんだ器、わんの意。盌の通俗体。こばち。主として陶磁製のものをいう。「茶碗（チャワン）」

5326【硴】6677 626D E1EB 石－8 かき
字解 国字。かき。石＋花の合字。イボタガキ科の二枚貝。また、「硴江（かきのえ）」は、熊本県の地名。

5327【碣】6682 6272 E1F0 石－9 ケツ(漢)/jié/いしぶみ
字解 形声。石＋曷（→掲・傑、高くぬきんでる）(声)。きわだって高く立っている石の意。
意味 ❶つき立っている石。❷山が特立するさま。❸たていし。いしぶみ。文字を刻んだ円形の石。「石碣（セッケツ）」「碑碣（ヒケツ）」「墓碣（ボケツ）」
【碣石（ケツセキ）】中国の山名。古代の名で、河北省の東境とされるが特定しがたい。中国北辺を象徴して用いられることが多い。

5328【磁】2807 3C27 8EA5 石－9 常6 (5340)【磁】旧字 石－10

ジ(呉)・シ(漢)/cí

筆順 石 磁 磁 磁 磁 磁 磁

字解 形声。石＋茲(＝玆、つながりふえる)(声)。物をひきつける鉱物の意。

意味 ❶じしゃく。鉄分を引きつけ、南北をさす性質を持つ鉱物。「磁石」「電磁(デンジ)」❷せともの。やきもの。「瓷」に同じ。「磁器」「硬磁(コウジ)」「青磁(セイジ)」「白磁(ハクジ)」

❶じしゃく。

【磁気(ジキ)】磁気力の根源となるもの。「磁気嵐(ジキあらし)」

【磁石(ジシャク)】①磁気を帯びていて、鉄をひきつける性質をもつ物体。マグネット。「電磁石」②磁針の南北を指す性質を利用した方位測定の用具。

【磁場(ジジョウ/ジば)】磁石や電流のまわりに生じる磁気力の作用する場所。磁界。

【磁性(ジセイ)】磁気を帯びた物体が示す種々の性質。

【磁力(ジリョク)】磁石の磁極の間に働く力。「磁力線」

❷せともの。やきもの。

【磁器(ジキ)】ガラス質で白色・半透明、金属的な音を発する硬質の焼き物。日本では、有田焼、九谷焼などの類。

5329【碩】3257 4059 90D7 石－9 人

セキ(漢)/shuò·shí/おおきい

字解 形声。頁(あたま)＋石(声)。あたまが石のように充実している意から、大きい意。

金文
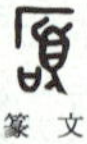
篆文
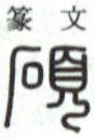

意味 大きい。すぐれている。りっぱ。「博碩(ハクセキ)」

【碩学(セキガク)】学問が広く、深いこと。また、その人。

【碩言(セキゲン)】すぐれたことば。

【碩士(セキシ)】りっぱな人。すぐれた人。

【碩師(セキシ)】大学者。

【碩儒(セキジュ)】広く深い学問を身につけた学者。

【碩人(セキジン)】①徳のそなわったりっぱな人。②美人。〔詩経-碩人〕

【碩鼠(セキソ)】①大鼠のこと。「詩経-魏風」の編名。君主が重税をとりたてるのを大きな鼠にたとえて歌ったもの。②ケラ(螻蛄)の異名。

【碩大(セキダイ)】容姿がりっぱで、徳のそなわった人。

【碩徳(セキトク)】徳の高い人。学徳ともにすぐれた僧にいうことが多い。

【碩茂(セキモ)】①草木が大きくなり、しげること。②子孫が繁栄すること。③学徳のすぐれた大人物。

5330【碪】6684 6274 E1F2 石－9

チン(漢)/zhēn/きぬた

字解 形声。石＋甚(声)。きぬたの意。砧の別体。

意味 ❶きぬた。「砧」に同じ。❷山のそびえるさま。

5331【碯】6685 6275 E1F3 石－9

ノウ(ナウ)(呉)・ドウ(ダウ)(漢)/nǎo

字解 形声。石＋𡿺(声)。「碼碯(メノウ)」は、赤、白、緑などの縞のある玉髄(ギョクズイ)。

5332【碑】4074 486A 94E8 石－9 常 (5322)【碑】旧字 石－8 人

ヒ(呉)(漢)/bēi/いしぶみ

筆順 石 碑 碑 碑 碑 碑 碑

字解 形声。石＋卑(声)。

意味 ❶たていし。(イ)昔、その日かげで時刻をみた石柱。(ロ)昔、棺を墓穴におろすための縄をしばるために立てた石。「豊碑」(ハ)いけにえをつないだ石柱。❷いしぶみ。文字を刻んだ四角い石。「碑文」「碑銘」「石碑」

❷いしぶみ。

下接 板碑(いたビ)・歌碑(カヒ)・句碑(クヒ)・建碑(ケンピ)・口碑(コウヒ)・詩碑(シヒ)・石碑(セキヒ)・苔碑(タイヒ)・断碑(ダンピ)・豊碑(ホウヒ)・墓碑(ボヒ)・記念碑(キネンヒ)

【碑陰(ヒイン)】石碑の背面。碑背。

【碑碣(ヒケツ)】(「碣」は円形のたていし) 石碑。また、それに刻した文章。碑文。いしぶみ。

【碑誌(ヒシ)】いしぶみに刻む文章。碑文。

【碑帖(ヒジョウ)】いしぶみを刷り写したもの。また、それを本にしたもの。

【碑石(ヒセキ)】①石碑の材料にする石。②石碑。いしぶみ。

【碑文(ヒブン)】石碑に彫り付けた文章。

【碑銘(ヒメイ)】＝碑文(ヒブン)

5333【碵】6683 6273 E1F1 石－9

つみいし。〔伊呂波字類抄〕

5334【磤】*4813 石－10

イン(漢)/yǐn

字解 形声。石＋殷(大きくさかん)(声)。雷などの大きな音。

5335【磈】*4805 石－10

カイ(クヮイ)(漢)/kuǐ

字解 形声。石＋鬼(声)。

意味 ❶石が多く、たいらでない。「磈磊」❷高くけわしいさま。

【磈磊(カイライ)】①石がたくさん積み重なっているさま。ごろごろ、でこぼこしているさま。②不平なさま。

5336【磑】6686 6276 E1F4 石－10

ガイ(グヮイ)(漢)/wèi·wéi·ái/うす・いしうす

字解 形声。石＋豈(声)。

意味 ❶うす。上下の石をこすり合わせてする石うす。ひきうす。すりうす。また、うすでひく。「磑磨」「碾磑(テンガイ)」❷高く積み重なるさま。

【磑磑(ガイガイ)】高く積み重なるさま。

【磑磨(ガイマ)】石うすでひくこと。

5337【確】1946 334E 8A6D 石－10 常5

カク(呉)(漢)/què/たしか・たしかめる・かたい・しかと・しっかり

筆順 石 確 確 確 確 確 確

字解 形声。石＋隺(→槁、かたい)(声)。かたい石の意から、一般にかたい、たしかの意。

意味 ❶かたい。しっかりしていてうごかない。「確乎(カクコ)たる信念」「確立」❷たしか。はっきりしている。まちがいがない。また、たしかめる。「確(カク)たる証拠」「確実」「確率」「的確(テキカク)」

❶かたい。しっかりしていてうごかない。

【確志(カクシ)】しっかりしていて動揺しないこころざし。
【確執(カクシツ)】互いに自分の意見を主張して譲らないこと。また、そのために生じる不和。『嫁と姑との確執』
【確信(カクシン)】たしかであると固く信じること。
【確定(カクテイ)】はっきりと決まること。また、決めること。
【確保(カクホ)】手に入れて、しっかりと維持すること。『人員の確保』
【確立(カクリツ)】物事の基礎、内容などをしっかりと打ち立てること。『制度を確立する』
【確固・確乎(カッコ)】しっかりしていて、動揺しないさま。

❷たしか。また、たしかめる。

下接 正確(セイカク)・精確(セイカク)・的確(テキカク)・適確(テキカク)・明確(メイカク)

【確言(カクゲン)】はっきりと言いきること。
【確実(カクジツ)】たしかなこと。間違いのないこと。
【確然(カクゼン)】物事がたしかで、しっかりとしているさま。
【確認(カクニン)】はっきりと認めること。確かめること。
【確聞(カクブン)】たしかに聞くこと。
【確報(カクホウ)】たしかな報告、報道。
【確率(カクリツ)】ある事象が起こるたしからしさの度合い。また、その数値。▶英probabilityの訳語。

5338【磆】6687 6277 E1F5 石−10 カツ(クヮツ)漢/なめらか

字解 形声。石＋骨声。なめらかの意。滑に同じ。

5339【磋】6688 6278 E1F6 石−10 サ漢/cuō/みがく

字解 形声。石＋差声。みがく意。また、はげみつとめる意。瑳に同じ。
参考 万葉仮名では音を借りて「さ」。
意味 みがく。はげみつとめる。『切磋琢磨(セッサタクマ)』

5340【磁】—— 石−10 ジ「磁」(5328)の旧字

5341【磔】6689 6279 E1F7 石−10 タク漢/zhé/はりつけ

字解 形声。桀(はりつけ)＋石(→折、さく)声。はりつけにして裂き殺す意。
意味 ❶さく。罪人の体を車裂きにし、また、死体をさらした、古代の刑罰。また日本で、体を柱などにしばりつけて突き殺した刑罰。『磔罪』『磔刑』『磔殺』『車磔(シャタク)』❷永字八法の一。「永」の最終画のように、右下へはらうこと。⇨〔永字八法〕の図六七三頁

【磔罪(タクザイ)】はりつけの刑に相当する罪。
【磔殺(タクサツ)】からだを引き裂いて殺すこと。
【磔刑(タッケイ)】はりつけの刑。はりつけ。

5342【碾】6690 627A E1F8 石−10 デン漢・テン慣/niǎn/うす・ひく

字解 形声。石＋展(平らにのばす)声。うすの上下の石の間でする意。
意味 うす。ひきうす。また、うすでひく。『碾磑』『碾臼(ひきうす)』『碾茶(ひきチャ)』

【碾磑(テンガイ)】水車によって動かす臼(うす)。みずうす。

5343【碼】6691 627B E1F9 石−10 メ呉・バ漢・マ慣/mǎ/ヤード

字解 形声。石＋馬声。
意味 ❶はかりのおもり。❷(英yardのあて字)ヤード。ヤードポンド法の長さの基本単位。一ヤードは三フィート(約九一・四四センチメートル)。主にイギリスやアメリカで用いる。❸「号碼(ゴウマ)」は、番号の意。

5344【磅】6692 627C E1FA 石−10 ホウ(ハウ)漢/pāng・bàng・bèng/ポンド

字解 形声。石＋旁声。
意味 ❶石の落ちる音。❷＝磅礴(ホウハク)。❸(英poundの音訳)ポンド。㋑ヤードポンド法の重さの基本単位。一ポンドは一六オンス(約四五三・五九グラム)。㋺イギリスの貨幣単位。一ポンドは一〇〇ペンス。

【磅礴(ホウハク)】1まじりあって一つになること。混合すること。2広く満ちふさがること。広々としていること。

5345【磧】6701 6321 E240 石−11 セキ漢/qì/かわら

字解 形声。石＋責(→積、つみかさなる)声。石が重なったところの意。
意味 ❶かわら。水ぎわの石の多いところ。『磧沙』『磧礫』『沙磧(サセキ)』❷すなはら。砂漠。『磧中』『磧裏』

【磧沙(セキサ)】かわらのすな。
【磧中(セキチュウ)】砂漠のなか。磧裏。
【磧裏(セキリ)】＝磧中(セキチュウ)
【磧礫・磧歴(セキレキ)】かわらの小石。

5346【磚】6702 6322 E241 石−11 セン呉漢・ダン呉・タン漢/zhuān/かわら

字解 形声。石＋専声。かわらの意。甎の通俗体。
意味 かわら。しきがわら。

【磚茶(ダンチャ・タンチャ・センチャ)】シベリア、モンゴル地方で用いる、薄い板状にかためた茶。

5347【磠】＊4816 石−11 ロ漢/lǔ

字解 形声。石＋鹵(塩類)声。「磠砂(ロシャ)」は、塩化アンモニウムの意。

5348【磵】＊4822 石−12 カン「澗」(4317)の異体字

5349【磯】1675 306B 88E9 石−12 人 キ漢/jī/いそ

字解 形声。石＋幾声。
参考 万葉仮名では訓を借りて「し」。
意味 ❶岩に水が激しくあたる。❷国いそ。岸辺で石や岩に水が打ち寄せるところ。『荒磯(ありそ)』『磯辺(いそべ)』❸国「磯城島(しきしま)」は敷島。大和(やまと)、また日本の異称。
難読地名 磯城(しき)郡(奈良)

5350【磲】＊4820 石−12 コ呉・キョ漢/qú

字解 形声。石＋渠声。「硨磲(シャコ)」はシャコガイ科の二枚貝の総称。肉は食用。

5351【磽】6703 6323 E242 石−12 コウ(カウ)漢・ギョウ(ゲウ)慣/qiāo

字解 形声。石＋堯声。かたい石の意。また、石が多くやせた土地の意。墝に同じ。
意味 土地がやせて石が多いこと。土地がやせていること。『肥磽(ヒコウ)』

【磽确(コウカク)】石が多く、土地がやせていること。
【磽瘠(コウセキ)】石が多く地味のやせている土地。
【磽薄(コウハク)】地味のやせていること。また、その土地。

5352 【磺】 *4825 石-12 コウ(クヮウ)漢/kuàng・gǒng・huáng

字解 形声。石＋黃(こがねいろ)声。黄金色に代表されるような鉱物を含む原石の意。

5353 【礁】 3044 3E4C 8FCA 石-12 常 ショウ(セウ)漢/jiāo

筆順

字解 形声。石＋焦声。

意味 水中にあってみえかくれする岩場。

下接 暗礁アンショウ・環礁カンショウ・岩礁ガンショウ・危礁キショウ・魚礁ギョショウ・漁礁ギョショウ・坐礁ザショウ・座礁ザショウ・堡礁ホウショウ・離礁リショウ・珊瑚礁サンゴショウ

5354 【磴】 6704 6324 E243 石-12 トウ漢/dèng

字解 形声。石＋登(のぼる)声。いしだんの意。

意味 ❶石坂。石段。『磴桟』『磴道』『回磴カイトウ』『石磴セキトウ』『風磴フウトウ』 ❷石橋。『石磴セキトウ』『風磴フウトウ』

【磴桟】トウサン 石のかけはし。

【磴道】トウドウ 石段のある道。

5355 【磷】 *4824 石-12 リン漢・ロウ(ラウ)漢/lín・lìn・lǐng

字解 形声。石＋粦声。

意味 ❶うすらぐ。石がすりへって薄くなる。❷薄い石。きらら。❸小石。❹＝磷磷リンリン

【磷磷】リンリン ①玉、石、金属などの美しく輝くさま。②水がすきとおって石の見えるさま。粼粼リンリン。

5356 【礇】 6705 6325 E244 石-13 イク漢

字解 形声。石＋奧声。玉に似た石の名。

5357 【礒】 6706 6326 E245 石-13 ギ漢/yǐ/いそ

字解 形声。石＋義(ゴツゴツ)声。

意味 ❶いわ。いわお。❷国「磯」(5349)に通じて用いる。いそ。石の多い海岸。

5358 【礎】 3335 4143 9162 石-13 常 ソ漢/chǔ/いしずえ

筆順

字解 形声。石＋楚声。

意味 いしずえ。土台の石。『礎石』『基礎キソ』『断礎ダンソ』『柱礎チュウソ』『定礎テイソ』

【礎業】ソギョウ 基礎となる仕事。

【礎石】ソセキ ①建物の柱の下の基礎の石。②物事の基礎。

5359 【礑】 6707 6327 E246 石-13 トウ(タウ)漢/dāng/はたと

字解 形声。石＋當声。

意味 ❶器物の底。❷国石が物にあたったさま。はたと。はったと。

5360 【礌】 *4829 石-13 (5363)【礧】 *4837 石-15 ライ漢/léi・lèi・lěi

字解 形声。石＋雷声。

意味 ❶石をころがし落とす。❷石が多いさま。「磊」に同じ。『礌礌ライライ』

5361 【礙】 6708 6328 E247 石-14 ゲ呉・ガイ漢・ギ漢/ài

字解 形声。石＋疑(人が思いまよいたちどまる)声。石を前に思いまよい足をとどめる意から、さまたげる意。碍(5316)に同じ。

参考 万葉仮名では音を借りて「げ乙」。

5362 【礦】 6672 6268 E1E6 石-15 (5294)【砿】 2560 395C 8D7B 石-5 コウ(クヮウ)呉漢/kuàng/あらがね

字解 形声。石＋廣(＝黄)声。あらがねの意。鑛(8549)の別体。

意味 あらがね。地中から掘り出して精錬していない金属。「鉱」に同じ。

5363 【礧】 *4837 石-15 ライ 「礌」(5360)の異体字

5364 【礪】 6674 626A E1E8 石-15 (5302)【砺】 3755 4557 9376 石-5 † レイ漢/lì/あらと・とぐ

字解 形声。石＋厲(はげしくこする)声。といしの意。

参考 (1)「礪」はきめの粗い砥石。「砥」はきめの細かい砥石。(2)万葉仮名では訓を借りて「と甲」。

意味 ❶といし。あらと。きめの粗いといし。『砥礪シレイ』 ❷とぐ。みがく。『礪行』『磨礪マレイ』

【礪行】レイコウ 行いをみがくこと。

難読地名 礪波となみ市(富山)

5365 【礫】 6710 632A E249 石-15 リャク呉・レキ漢/lì/こいし・つぶて

字解 形声。石＋樂声。

意味 こいし。いしころ。つぶて。『紙礫かみつぶて』

下接 瓦礫ガレキ・砂礫サレキ・石礫セキレキ・磧礫セキレキ・飛礫ヒレキ・つぶて

【礫岩】レキガン 堆積岩タイセキガンの一種。砂、粘土などを伴って礫が堆積・固結したもの。

【礫土】レキド 小石まじりの土。

5366 【礮】 石-16 ホウ(ハウ)漢/pào

字解 形声。石＋駮声。いしゆみの意。砲に同じ。

5367 【礴】 *4841 石-17 ハク漢/bó

字解 形声。石＋薄声。「旁礴ボウハク」は、広くおおう意。

113 示(ネ)部 しめす

甲骨文 篆文

示は、神にささげるいけにえをのせる台の形に象り、神の意を表す。示部には、示を部標として、かみ(上天)、かみの下す力、かみに対する祭りなど、かみに関する事柄を表す字を収める。ただし、票のように、火の変形したものがある。字の左部に用いられる部標(しめすへん)は、楷書に至ってネの形が現れ(常用漢字、中国簡体字はこの形をとる)、また行草では、ネともなった。また往々禾部(115)ののぎへんと混用される例が

5画 玄玉(王)瓜瓦甘生用田疋(⻊)疒癶白皮皿目(罒)矛矢石示(ネ)禸禾穴立

ある。

示 ◆ 示
示 ▬ ⑤ 祟 ⑥ 祭 票 ⑧ 禁 禀 ⑪ 禦
示 ▮ ① 礼 礼 ③ 祁 祁 祀 社 社 礿 ④
祈 祈 祇 祇 祆 祉 祉 祅 ⑤ 祛 祜 祠
祗 祝 祝 神 神 祖 祖 祚 祢 祕 祔 祓
祓 祐 祐 ⑥ 祥 祥 ⑦ 祷 ⑧ 祺 禄 祿
⑨ 禍 禍 禊 禅 禎 禎 禘 福 福 ⑩ 禝
⑪ 禛 ⑫ 禧 禩 禪 ⑬ 禮 ⑭ 禰 禱 ⑰
禳 禴

示 ◆

5368 【示】 2808 3C28 8EA6 示－0 常5 ジ㊐・シ㊥・キ㊥／shì・qí／しめす・しめし

筆順

字解 部首解説を参照。

意味 しめす。さししめす。しめしおしえる。⇒〔指〕(2786)の表

下接 暗示・回示・開示・教示・訓示・啓示・掲示・顕示・公示・告示・誇示・指示・垂示・図示・説示・呈示・提示・展示・内示・表示・標示・明示・黙示・例示

【示威】(ジイ) 威力や気勢の盛んなさまを示すこと。〔左伝－文公七年〕『示威行進』『示威運動〈＝デモ〉』

【示教】(ジキョウ・シキョウ) どうすべきかを教えること。教示。

【示現】(ジゲン) ①仏菩薩が身を変えてこの世に現れること。②神仏が霊験を現すこと。

【示唆】(シサ・ジサ) それとなく示すこと。『示唆に富む』

【示寂】(ジジャク) 高僧などの死をいう。入寂。

【示談】(ジダン) 話し合うこと。特に日本で、紛争を当事者間の話し合いで解決すること。『示談ですます』

示 ▬

［奈］⇩1513 ［宗］⇩1737 ［柰］⇩3320

5369 【祟】 6714 632E E24D 示－5 スイ㊥／suì／たたる・たたり

字解 形声。示＋出(だす)㊥。神が人の戒めにあらわし出すわざわいの意。

参考 「祟(スウ)」(1910)は別字。

5370 【祭】 2655 3A57 8DD5 示－6 常3 サイ㊐㊥・セイ㊥／jì／まつる・まつり

筆順

字解 会意。示＋肉(にく)＋又(手)。犠牲の肉をささげて神をまつる意。甲骨文は、血のしたたるいけにえを手にする象形字。のちに示を加えた。

甲骨文

金文

篆文

同属字 察・蔡・際

意味 まつる。まつり。㋑神や祖先をまつる。『冠婚葬祭』『地鎮祭』『祭祀』『祭壇』『祭典』『司祭』『例祭』 ㋺国人が多く集まるにぎやかな催し。『芸術祭』『前夜祭』

下接 享祭・供祭・血祭・郊祭・合祭・司祭・主祭・助祭・神祭・親祭・聖祭・喪祭・葬祭・村祭・大祭・獺祭・弔祭・年祭・報祭・望祭・墓祭・例祭・地鎮祭・謝肉祭・聖誕祭・前夜祭・復活祭・文化祭・例大祭・冠婚葬祭

【祭儀】(サイギ) 祭りの儀式。『祭儀を執り行う』

【祭司】(サイシ) 祭儀を執り行う神官。

【祭祀】(サイシ) 神や祖先をまつること。祭り。

【祭粢】(サイシ) 祭りの際に、神に供える穀物。黍稷(きび)。

【祭日】(サイジツ) 祭りを行う日。神社の祭典が催される日。

【祭主】(サイシュ) 祭りを行うとき、その中心となる人。

【祭酒】(サイシュ) ①昔、中国で、宴会の席上、身分の尊い人が酒を供えて地の神をまつること。〔史記－孟子荀卿伝〕②昔、中国で、学政の長官。③国大学の頭(かみ)の唐名。

【祭場】(サイジョウ) 神仏をまつり、礼拝する清浄な地。斎場。

【祭神】(サイジン) その神社にまつってある神。

【祭典】(サイテン) ①祭りの儀式。祭り。②国にぎやかな催し。フェスティバル。『歌の祭典』

【祭服】(サイフク) 国神事のときに祭主や神主が着用する衣服。

【祭文】(サイモン) 国①祭りのときに、神仏の霊に告げる言葉。②江戸時代の俗曲の一種。山伏が、神仏の霊験を語ったのに始まり、後には市井の事件や風物もうたいこんだ。歌祭文(うたざいもん)。

【祭礼】(サイレイ) 祭りの儀式。祭り。祭典。

5371 【票】 4128 493C 955B 示－6 常4 ヒョウ(ヘウ)㊐㊥／piào／ふだ

筆順

字解 もと㷰。会意。示(＝火、火の粉)＋覀(＝舁の省、手でものを高くかかげる)。火の粉が高く舞い上がる意。熛の原字。転じて、ふだの意を表す。

篆文

同属字 熛・剽・瓢・飄・僄・嫖・標・漂・標・摽・瞟・縹・鰾・驃

意味 ❶火の粉がかるく飛び散るさま。転じて、かるい。かるくあがるさま。『票軽』『票然』 ❷てがた。ふだ。物事の証とする紙片。『軍票』『証票』『伝票』 ❸選挙や採決などに用いる紙片。また、それを数える語。『票決』『票田』『開票』『投票』『得票』

❶ かるい。かるくあがるさま。

【票軽】(ヒョウケイ) すばしこいこと。剽軽。

【票然】(ヒョウゼン) 軽く上がるさま。飄然。

❸ 選挙や採決などに用いる紙片。

下接 遺票・開票・散票・死票・集票・青票・投票・得票・白票・満票

【票決】(ヒョウケツ) 国投票による決定。

【票田】(ヒョウデン) 国選挙で、ある候補者や政党への大量の得票が予想される地域。『大票田』

［斎］⇩9650

5372 【禁】 2256 3658 8BD6 示－8 常5 キン㊐㊥・ゴン㊞／jìn・jīn／とどめる・いむ

5画
玄玉(王)瓜瓦甘生用田疋(⺪)疒癶白皮皿目(罒)矛矢石示(ネ)内禾穴立

筆順 禁 禁 禁 禁 禁 禁

字解 会意。示＋林(はやし)。聖域としての林の意。

同属字 噤・襟

意味 ❶さしとめる。とどめる。やめさせる。おさえる。また、いましめ。おきて。『外出を禁ずる』『禁を犯す』『禁煙』『禁止』『禁欲（キンヨク）』『解禁』『厳禁』＊韓非子−和氏「禁二群臣士民之私邪一（グンシンシミンのシジャをキンず）〔＝臣下や人民の私利私欲の行動を禁止する〕」❷とじこめる。牢に入れる。また、牢屋。『禁固』『禁獄』『監禁』『軟禁』❸いみさける。『禁忌』『禁句』❹宮中。天子の居所。『禁中』『宮禁（キュウキン）』『紫禁（シキン）』❺のろい。まじない。『禁厭』『禁呪』『呪禁（ジュゴン）』❻ひみつ。ひそか。『禁方』

❶ さしとめる。おさえる。また、いましめ。

下接 戒禁（カイキン）・解禁（カイキン）・呵禁（カキン）・圉禁（ギョキン）・厳禁（ゲンキン）・国禁（コッキン）・失禁（シッキン）・大禁（タイキン）・発禁（ハッキン）・犯禁（ハンキン）・法禁（ホウキン）

【禁圧（キンアツ）】 権力や威力で、無理にある行為を禁止すること。『民主化運動を禁圧する』

【禁遏（キンアツ）】 禁じてやめさせること。禁止。

【禁煙・禁烟（キンエン）】 タバコをのむことを禁止すること。また、やめること。『禁煙車』

【禁火（キンカ）】 火を使うことを禁止すること。昔の中国で、冬至から一〇五日目は風雨が激しいとして、火を使わないで食事をする風習があった。寒食。

【禁戒（キンカイ｜ゴンカイ）】 禁じいましめること。戒め。おきて。

【禁教（キンキョウ）】 ある宗教を布教したり信仰したりすることを禁じること。

【禁止（キンシ）】 人がある行為をしないようにとめること。『外出禁止』『駐車禁止』

【禁書（キンショ）】 法律や命令で、特定の書物の刊行、閲覧、所持を禁止すること。

【禁制（キンセイ）】 ある行為を禁ずること。法度（ハット）。『禁制品』

【禁絶（キンゼツ）】 禁じて根絶やしにすること。

【禁阻（キンソ）】 とどめること。禁止すること。

【禁足（キンソク）】 一定の場所に居させて、外出や旅行を禁止すること。『禁足を食う』

【禁断（キンダン）】 ある行為を厳重に禁止すること。禁制。『禁断の木の実』『禁断症状』

【禁治産（キンチサン｜キンジサン）】 国 常に心神喪失の状況にある者に対して後見人を付け、法律で保護する制度。『禁治産者』

【禁鳥（キンチョウ）】 国 狩猟法により捕獲を禁止されている鳥。保護鳥。

【禁物（キンブツ｜キンモツ）】 1 （キンブツ） 製造・売買を禁止された品物。2 （キンモツ） 国 してはならない、しないほうがよい物事。『油断は禁物だ』

【禁輸（キンユ）】 輸出入を差し止めること。『禁輸品』

【禁猟（キンリョウ）】 鳥獣をとることを法律で禁止すること。『禁猟区』

【禁漁（キンリョウ）】 一定の期間、または区域内で、漁業、釣りを禁止すること。『禁漁期』

【禁令（キンレイ）】 ある一定の行為を禁止する法令。

❷ とじこめる。牢に入れる。また、牢屋。

下接 監禁（カンキン）・拘禁（コウキン）・囚禁（シュウキン）・軟禁（ナンキン）・幽禁（ユウキン）

【禁固・禁錮（キンコ）】 国 一室内に閉じこめて外出を禁ずること。特に、自由刑の一種で、監獄に拘置するが定役を科さないもの。

【禁獄（キンゴク）】 獄中に拘禁すること。

【禁卒（キンソツ）】 牢屋の番人。

❸ いみさける。

【禁忌（キンキ）】 ある物事を凶事としていみ嫌うこと。日月・方位・食物などについていう。タブー。

【禁句（キンク）】 国 1 和歌、俳諧（ハイカイ）などで、使ってはならない語句。止め句。2 避けるべき言葉や話題。タブー。

❹ 宮中。天子の居所。

【禁闈・禁囲（キンイ）】 宮中の小門。転じて、宮中。皇居。

【禁衛（キンエイ）】 宮中の守護。

【禁掖（キンエキ）】 （「掖」は宮城の小門） 宮中。宮城。禁中。

【禁園・禁苑（キンエン）】 一般の人が入るのを禁じている庭園。宮中や貴人の庭園。

【禁闕（キンケツ）】 宮中の門。禁門。また、宮中。宮城。禁中。

【禁溝（キンコウ）】 宮中のほり。

【禁城（キンジョウ）】 宮中。宮城。皇城。禁闕。

【禁中（キンチュウ）】 宮中。宮城。

【禁庭・禁廷（キンテイ）】 宮中。宮城。禁裏。

【禁兵（キンペイ）】 禁裏を守る兵。親兵。近衛兵（このえヘイ）。

【禁門（キンモン）】 宮中の門。転じて、宮中。禁裏。

【禁裏・禁裡（キンリ）】 宮中。宮城。禁門。

【禁林（キンリン）】 1 宮中にある林。2 翰林院（カンリンイン）の別称。

❺ のろい。まじない。

【禁厭（キンエン｜キンヨウ）】 まじないで、病気や災害を防ぐこと。

【禁呪（キンジュ）】 まじない。禁厭（キンエン｜キンヨウ）。禁術。

❻ ひみつ。ひそか。

【禁方（キンボウ）】 秘密にして簡単には教えない術。多く薬剤の処方についていう。秘伝。

5373 【禀】 6741 6349 E268 示−8 ヒン 「稟」(5446)の異体字

5374 【禦】 2190 357A 8B9A 示−11 ギョ 漢 /yù/ ふせぐ

字解 形声。示＋御(→啎、さまたげる)声。災いをふせぐ祭祀から、ふせぐ意。

同属字 籞

意味 ふせぐ。ふせぎ守る。拒んで入れない。「御」に同じ。『禦侮』『制禦（セイギョ）』『防禦（ボウギョ）』

【禦侮（ギョブ）】 相手にあなどられないように心がけること。

[齋] ⇩ 9651

[禴] ⇩ 5760

示 1画

5375 【礼】 4673 4E69 97E7 示−1 常3 ライ 呉・レイ 漢 /lǐ/ うやまう・あや

(5429) 〔禮〕 6725 6339 E258 示−13 旧字

(5376) 〔礼〕 — 示−1

筆順 礼 礼 礼 礼 礼

字解 礼は禮の重文(古文)の変形。禮は形声。示＋豊(＝豊、儀式に用いる神酒)声。神酒をそなえて行う儀式の意。一説に、履に通じ、人のふみおこなうべき儀礼の意とも。甲骨文・金文は

5画 玄玉(王)瓜瓦甘生用田疋(⺪)疒癶白皮皿目(罒)矛矢石示(ネ)内禾穴立

豊のみ。

参考 万葉仮名では音を借りて「れ」。平仮名「れ」、片仮名「レ」の字源。

意味 ❶社会の秩序を保ち、人間相互の交際を全うするための礼儀作法・制度・儀式・文物など。『礼にかなう』『礼を尽くす』『礼儀』『礼節』『礼法(レイホウ)』『婚礼(コンレイ)』『無礼(ブレイ)』 *論語-李氏「不レ学レ礼、無ニ以立一(レイをまなばずんば、もってたつことなし)」〔=礼を学ばないと、世に処してゆくことができない〕 ❷うやまう。敬意を表す。おじぎをする。『礼賛(ライサン)』『礼拝(ライハイ)』『一礼(イチレイ)』『目礼(モクレイ)』 ❸感謝の気持ちを表すこと。また、その金品。『礼を言う』『礼金』『礼状』『謝礼(シャレイ)』 ❹書名。『礼記(ライキ)』

❶ 社会の秩序を保つためのしきたり。

下接 割礼(カツレイ)・嘉礼(カレイ)・冠礼(カンレイ)・虚礼(キョレイ)・儀礼(ギレイ|ギライ)・欠礼(ケツレイ)・婚礼(コンレイ)・祭礼(サイレイ)・失礼(シツレイ)・縟礼(ジョクレイ)・浸礼(シンレイ)・洗礼(センレイ)・葬礼(ソウレイ)・喪礼(ソウレイ)・大礼(タイレイ)・朝礼(チョウレイ)・典礼(テンレイ)・繁礼(ハンレイ)・非礼(ヒレイ)・復礼(フクレイ)・無礼(ブレイ)・聘礼(ヘイレイ)・約礼(ヤクレイ)

【礼意(レイイ)】 礼の精神。礼儀の真意。→❷

【礼闈(レイイ)】 (「闈」は宮中の門の意) 中国で、漢代では尚書省、唐以後は礼部(レイホウ)の別名。

【礼楽(レイガク)】 礼と楽。礼儀と音楽。「礼」は社会の秩序を定め、「楽」は人心を感化するものとして、古代中国の儒家によって尊重された。転じて、文化。 *論語-子路「礼楽不レ興、則刑罰不レ中(レイガクおこらざれば、すなわちケイバツあたらず)」〔=礼儀と音楽が盛んでなければ、刑罰も妥当でなくなる〕

【礼器(レイキ)】 祭りや賓客の応接などの礼式に用いる器。

【礼義(レイギ)】 社会の秩序と、人間の守るべき正しい道。 *荀子-性悪「淫乱生而礼義文理亡焉(インランショウじてレイギブンリほろぶ)」〔=人の道にはずれた行いが起こり、礼義や物事の筋道がなくなってしまう〕

【礼儀(レイギ)】 社会の交際上の動作や作法。『礼儀作法』

【礼教(レイキョウ)】 礼儀に関する教え。

【礼遇(レイグウ)】 礼儀を尽くし、手厚く待遇すること。

【礼式(レイシキ)】 礼儀を行う法式。礼法。→❸

【礼譲(レイジョウ)】 礼儀を尽くして、へりくだること。 *論語-里仁「能以ニ礼譲一為レ国乎、何有(よくレイジョウをもってくにをおさめんか、なにかあらん)」〔=もし礼譲によって国家を治めるとしたら、国家を治めるのになんのむずかしいことがあろう〕

【礼数(レイスウ)】 その人の名声や地位にふさわしい礼儀。

【礼節(レイセツ)】 礼儀と節度。 *管子-牧民「倉廩実而知ニ礼節一(ソウリンみちてレイセツをしる)」〔=人間は米倉がいっぱいになって、はじめて礼儀や節操を重んじるようになる〕

【礼装(レイソウ)】 礼服を着用すること。

【礼俗(レイゾク)】 礼儀作法や風俗習慣。

【礼典(レイテン)】 礼儀に関するきまり。それを記した書物。

〔礼与ニ其奢一也寧倹(レイはそのおごらんよりはむしろケンせよ)〕 儀礼は、はでにやるよりも控えめにするのがよい。〔論語-八佾〕

【礼服(レイフク)】 儀式の時に着用する衣服。↔平服

【礼物(レイブツ)】 ①礼儀と文物。典礼と文物。②儀式に用いる品物。→❸(レイモツ)

【礼聘(レイヘイ)】 礼儀を尽くして人を招き迎えること。

【礼砲(レイホウ)】 軍隊で儀礼として発射する空砲。

【礼部(レイホウ)】 ①中国、隋以後、六部の一。礼式・祭祀・貢挙などをつかさどった役所。②国 治部省(ジブショウ)の唐名。

【礼貌(レイボウ)】 礼儀を正し、容貌を整えること。礼儀正しい容貌。〔孟子-告子下〕

【礼容(レイヨウ)】 礼儀正しい態度。また、礼儀にかなった法式。〔史記-孔子世家〕

❷ うやまう。おじぎをする。

下接 一礼(イチレイ)・敬礼(ケイレイ)・伉礼(コウレイ)・巡礼(ジュンレイ)・順礼(ジュンレイ)・頂礼(チョウライ)・答礼(トウレイ)・拝礼(ハイレイ)・目礼(モクレイ)・黙礼(モクレイ)

【礼賛・礼讃(ライサン)】 ①仏教で、三宝を礼拝して、その功徳をたたえること。②ありがたいことや偉大さなどを褒めたたえること。

【礼堂(ライドウ)】 寺院で、礼拝・読経のために設けた本堂内前面の一画、または本堂と別に設けられた小堂。

【礼拝(ライハイ|レイハイ)】 ①(ライハイ) 仏を拝むこと。『本尊を礼拝する』②(レイハイ) キリスト教で、神を拝むこと。『礼拝堂』

【礼盤(ライバン)】 仏語。本尊の前にあって、導師が仏を礼拝し、誦経するために上る座。

【礼意(レイイ)】 うやまいへりくだる気持ち。敬意。→❶

❸ 感謝を表すこと。また、その金品。

下接 回礼(カイレイ)・恩礼(オンレイ)・謝礼(シャレイ)・返礼(ヘンレイ)・薬礼(ヤクレイ)

【礼金(レイキン)】 謝礼として出す金銭。

【礼式(レイシキ)】 感謝や敬意を表すために贈る金品。→❶

【礼状(レイジョウ)】 謝礼の手紙。

【礼物(レイモツ)】 お礼の気持ちを表して贈る金品。→❶(レイブツ)

❹ 書名。

【礼記(ライキ)】 古代中国の経書。五経の一。周末から秦、漢にかけての古礼に関する諸説を整理編集したもの。周礼(シュライ)・儀礼(ギライ)とともに三礼(サンライ)と呼ばれる。

難読地名 礼文(れぶん)郡・町(北海道)

5377 【祁】 示-3 (5378)〔祁〕 2323 3737 8C56 示-3 †

キ㊥/qí

字解 形声。阝(=邑)+示㊥。

参考 万葉仮名では音を借りて「き㊥」「け㊥」。

意味 ❶さかん。おおいに。『祁寒』 ❷「祁山(キザン)」は、山の名。中国甘粛省天水市西南方にある山。三国時代、蜀の諸葛孔明が六度にわたり魏を攻撃した所。

【祁寒(キカン)】 きびしい寒さ。大寒。厳寒。

難読地名 祁答院(けどういん)町(鹿児島)

5379 【祀】 6711 632B E24A 示-3 (5427)〔禩〕 *4877 示-12

シ㊥/sì/まつる

字解 形声。示+巳(神の化身と考えられたへび)㊥。神としてまつる意。

甲骨文 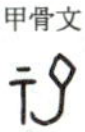 金文  篆文 

意味 ❶まつる。神としてまつる。まつり。『祀典』『合祀(ゴウシ)』『祭祀(サイシ)』『奉祀(ホウシ)』 ❷とし。中国で、殷代の年の称。夏代は歳、周代は年といった。『載祀(サイシ)』

【祀典(シテン)】 ①祭祀の儀式。②祭祀されるべきものを書き記した書籍。

5380 【社】 2850 3C52 8ED0 示-3 常2 (5381)〔社〕 示-3 旧字㊇

シャ㊥/shè/やしろ・こそ

筆順 社 社 社 社 社 社

字解 形声。示+土(一集団が祭る農耕地の神)㊥。土地の神の意。転じて、団体・集団の意に用いる。のちに示を加えて、その字義を明確にした。

甲骨文  篆文 

参考 万葉仮名では音を借りて「ざ」。

【意味】❶土地の神。また、それをまつるほこら。やしろ。『社稷』『社日』『神社』❷人々の集まり。くみあい。団体。『社団法人』『社会』『会社』『結社』『講社』❸国「会社」の略。『わが社(シャ)の経営理念は…』『社員』『社説』『社長』『商社』『入社』❹国こそ。多くの中から一つだけ取り出して強調する語。

❶ 土地の神。また、それをまつるやしろ。

【下接】官社(カンシャ)・県社(ケンシャ)・郷社(ゴウシャ)・寺社(ジシャ)・神社(ジンジャ)・摂社(セッシャ)・千社(センジャ)・宗社(ソウシャ)・村社(ソンシャ)・大社(タイシャ)・廟社(ビョウシャ)

【社家(シャケ)】国世襲の神職の家柄。

【社祠(シャシ)】やしろ。ほこら。

【社稷(シャショク)】①古代の中国で、建国のとき、君主が壇を築いてまつる土地の神(社)と五穀の神(稷)。国家の最も重要な守り神とした。②国家の尊崇する神霊。転じて、国家。朝廷。【社稷之臣(シャショクのシン)】国家の安危、存亡を一身に負う臣。国を守る重臣。〔礼記-檀弓(ダングウ)下〕

【社鼠(シャソ)】人が手を出すことのできない神社に巣くうネズミ。主君の側にいる奸臣。〔韓非子-外儲説右上〕『社鼠城狐(ジョウコ)』

【社倉(シャソウ)】①飢饉などのときの窮民救済に備えて米穀をたくわえる倉、またはその制度。②やしろ。

【社壇(シャダン)】①中国で、土地の神をまつる壇場として、土を盛りあげ上を平らにしたところ。②＝社殿(シャデン)

【社殿(シャデン)】国神社の神体をまつってある建物。

【社頭(シャトウ)】国社殿の付近。社前。

【社日(シャジツ|シャニチ)】春分と秋分に最も近い、その前後の戊(つちのえ)の日。土地の神をまつる。

【社務(シャム)】国神社の事務。『社務所』

❷ 人々の集まり。くみあい。団体。

【下接】会社(カイシャ)・吟社(ギンシャ)・結社(ケッシャ)・講社(コウシャ)・詩社(シシャ)

【社会(シャカイ)】①人々が集まって共同生活をする形態。『地域社会』②世の中。世間。『社会人』『社会に出る』③ある特定の仲間。『画家の社会』

【社交(シャコウ)】人と人との付き合い。社会での交際。世間の付き合い。『社交辞令』『社交家』『社交界』

【社団(シャダン)】国ある目的のために組織された団体で、社会上一個の単一体として存在し活動するもの。『社団法人』

【社中(シャチュウ)】国詩歌、邦楽などの同門。連中。また、組合や結社などの仲間。

❸ (日本語で)「会社」の略。

【下接】貴社(キシャ)・公社(コウシャ)・在社(ザイシャ)・支社(シシャ)・出社(シュッシャ)・小社(ショウシャ)・商社(ショウシャ)・全社(ゼンシャ)・退社(タイシャ)・入社(ニュウシャ)・弊社(ヘイシャ)・本社(ホンシャ)・来社(ライシャ)

【社員(シャイン)】国会社の一員として勤務している人。

【社運(シャウン)】国会社の運命。『社運を賭(ト)した事業』

【社屋(シャオク)】国会社の建物。『新社屋』

【社債(シャサイ)】国株式会社が、一般公衆から資金調達のために発行する有価証券。

【社説(シャセツ)】国新聞や雑誌が、その社の責任において表明する意見や主張。『社説欄』

【社宅(シャタク)】国会社が所有し管理する、社員用の住宅。

【社長(シャチョウ)】国会社の業務執行の最高責任者。

【社友(シャユウ)】国①同じ結社や会社の一員。②その会社との関係が密接で、社員同様に扱われている人。

5382 【礿】 *4845 示-3 ヤク(漢)/yuè

【字解】形声。示＋勺(声)。まつりの意。春の祭りとも夏の祭りとも。

5383 【祈】 2107 3527 8B46 示-4 常 (5384)〔祈〕 示-4 旧字 人

キ(漢)/qí/いのる・いのり

【筆順】祈 祈 祈 祈 祈 祈

【字解】形声。示＋斤(→近、ちかづく)(声)。幸福に近づくことを神に願う、いのる意。甲骨文・金文は、單・旗に従う。

甲骨文 金 文 篆 文

【意味】いのる。いのり。神仏に請い願う。

【祈雨(キウ)】降雨を神仏に祈ること。あまごい。

【祈願(キガン)】神仏などに祈り願うこと。願をかけること。

【祈誓・祈請(キセイ)】神仏に誓って、その加護を祈ること。

【祈禱(キトウ)】神仏に祈ること。

【祈年(キネン)】その年の豊作を神に祈ること。

【祈念(キネン)】神仏に、願いがかなうよう祈ること。

5385 【祇】 示-4 (5386)〔祇〕 2132 3540 8B5F 示-4 †

ギ(呉)・キ(漢)・シ(漢)/qí・zhī/ただ・まさに

【字解】形声。示＋氏(うじ)(声)。うじの神の意。

【参考】(1)万葉仮名では音を借りて「き(甲)」「ぎ(甲)」。(2)「祇(シ)」(5394)は別字。

【意味】❶土地のかみ。くにつかみ。また、神。『天神地祇(テンシンチギ)』『神祇(ジンギ)』❷(シ)ただ。ひたすら。まさに。「只」に同じ。❸固有名詞など。『祇園』『祇樹』

【祇園(ギオン)】①「祇樹給孤独園(ギジュギッコドクオン)」の略。祇園精舎(ショウジャ)。須達(スダツ)長者が、釈迦(シャカ)のために建立した寺院。〔北本涅槃(ネハン)経〕②国京都の八坂神社および付近の地。

【祇樹(ギジュ)】祇陀(ギダ)太子の林苑。ここに、祇園精舎(ギオンショウジャ)が設けられた。転じて、寺院の境内の樹木。

5387 【祆】 *4848 示-4 ケン(漢)・テン(漢)/xiān

【字解】形声。示＋天(声)。天・神の意。「祆教(ケンキョウ)」はゾロアスター教のこと。祅は別字。

5388 【祉】 2767 3B63 8E83 示-4 常 (5389)〔祉〕 示-4 旧字 人

チ(漢)・シ(慣)/zhǐ/さいわい

【筆順】祉 祉 祉 祉 祉 祉

【字解】形声。示＋止(とどまる)(声)。神がとどまって幸福である意。

【意味】さいわい。しあわせ。『福祉(フクシ)』

5390 【祅】 *4847 示-4 ヨウ(エウ)(漢)/yāo/わざわい

【字解】形声。示＋夭(声)。わざわいの意。夭は若い巫女の象形で、祅は巫女を通して下される神意、特に、わざわいの意を表すという。

【意味】わざわい。まがごと。「妖」に同じ。

【祅怪(ヨウカイ)】①ふしぎなできごと。②化け物。妖怪。

5391 【祛】 *4855 示-5 キョ(漢)/qū/はらう

【字解】形声。示＋去(とりさる)(声)。はらう意。「祛祛(キョ

玄玉(王)瓜瓦甘生用田疋(⺪)疒癶白皮皿目(罒)矛矢石示(礻)内禾穴立

5画

」は、強健なさま。

5392 【祜】＊4856 示－5
コ(漢)\hù\さいわい
[字解] 形声。示＋古(声)。神の下す確かなさいわいの意。[参考] 万葉仮名では音を借りて「こ(甲)」。
甲骨文 金文 篆文

5393 【祠】 6712 632C E24B 示－5
シ(漢)\cí\まつる・ほこら
[字解] 形声。示＋司(ことばによって神をまつる)(声)。神をまつる意。のちに示を加えて、その字義を明確にした。
甲骨文 篆文
[意味] ❶まつる。いのりまつる。まつり。「祠官」「祠祀」「合祠」「奉祠」❷ほこら。やしろ。また、たまや。神や先祖の霊をまつる所。「祠宇」「淫祠」「小祠」＊十八史略-春秋戦国「呉人憐レ之、立ニ祠江上一(ゴひとこれをあわれみ、ほこらをコウジョウにたつ)」〔=呉の人々は(伍子胥を)あわれに思い、江のほとりにほこらを建てた〕

❶まつる。いのりまつる。まつり。
[下接] 合祠ゴウシ・仁祠ジンシ・奉祠ホウシ・望祠ボウシ
【祠官シカン】神社に仕える人の通称。神官。
【祠祀シシ】神仏をうやまって、まつること。

❷ほこら。やしろ。また、たまや。
[下接] 淫祠インシ・社祠シャシ・小祠ショウシ・神祠シンシ・叢祠ソウシ
【祠宇シウ】神をまつる殿舎。やしろ。
【祠堂シドウ】[1]ほこら。やしろ。[2]家内や庭内などにしつらえた祖先をまつる堂。
【祠廟シビョウ】やしろとおたまや。また、やしろ。

5394 【祗】 6713 632D E24C 示－5
シ(漢)\zhī\つつしむ・ただ
[字解] 形声。示＋氐(→慎、つつしむ)(声)。つつしむ意。[参考]「祇」(5385)は別字。
篆文
[意味] ❶つつしむ。うやまう。「祗畏」「祗役」「祗候」❷ただ。まさに。「只・祇」に同じ。
【祗畏シイ】つつしみおそれること。
【祗役シエキ】つつしんで君主の命令にしたがうこと。
【祗候シコウ】貴人のそば近くに仕えること。また、御機嫌伺いをすること。伺候シコウ。

5395 【祝】 2943 3D4B 8F6A 示－5 [常]4 (5396)【祝】 一一 示－5 旧字[人]
シュウ(シウ)(呉)(漢)・シュク(呉)(漢)\zhòu・zhù\いわう・いわい・のる・のり・はふり・ほぐ
[筆順] 祝祝祝祝祝祝
[字解] 会意。示＋口(のりと)＋儿(ひざまずいた人)。神にいのる人・いのる意。甲骨文・金文は、神の前にひざまずきいのる人の象形。
甲骨文 金文 篆文
[意味] ❶かんぬし。神にいのる人。「尸祝シシュク」「巫祝フシュク」❷いわう。ことほぐ。いわい。「祝言シュウゲン」「慶祝ケイシュク」「奉祝ホウシュク」⇒[表]❸のる。いのる。いのり。また、神に告げることば。のりと。「祝禱」「祝詞」❹たつ。たちきる。「祝髪」❺人名、また、神の名。「祝融」

❷いわう。ことほぐ。いわい。

		祝賀
祝シュク	いわう。ことほぐ。	祝詞 祝宴 祝寿 祝福 慶祝 奉祝
賀ガ	よろこんで祝福する。	賀詞 賀宴 寿賀 賀頌 慶賀 奉賀

【祝儀シュウギ】[国][1]祝いの儀式。特に婚礼。[2]祝意。また、祝意を表して贈る金品。[3]心づけ。チップ。

【祝言シュウゲン】[国]結婚式。婚礼。

【祝着シュウチャク】[国]祝い喜ぶこと。満足に思うこと。

【祝賀シュクガ】祝い喜ぶこと。祝慶。「祝賀会」

【祝祭シュクサイ】[1]物事を祝ってまつりをすること。また、そのまつり。[2][国]祝日と祭日。

【祝詞シュクシ】祝賀の意を述べること。祝辞。→❸(のりと)

【祝辞シュクジ】祝いの気持ちを述べる言葉。祝詞。

【祝日シュクジツ】祝い事のある日。国で定めた祝いの日。

【祝勝・祝捷シュクショウ】勝利を祝うこと。「祝勝会」

【祝典シュクテン】祝いの儀式。

【祝杯・祝盃シュクハイ】祝いの酒杯。「祝杯をあげる」

【祝砲シュクホウ】祝意を表すために放つ空砲。礼砲。

❸のる。いのる。いのり。
【祝史シュクシ】神をまつることを職業とする人。みこ。

【祝禱シュクトウ】神に祈ること。おいのり。祈禱。

【祝福シュクフク】[1]幸福を祈ること。また、祝うこと。[2]キリスト教で、神に恵みを授けられること。

【祝詞のりと】神道の儀式で神に奏上する言葉。→❷(シュクシ)

❹たつ。たちきる。
【祝髪シュクハツ・シュクハチ】髪をそって仏門に入ること。剃髪。

❺人名。また、神の名。
【祝允明シュクインメイ】中国、明代の学者。字あざなは希哲。号は枝山。詩文に長じ、書は特に草書にすぐれていた。

【祝融シュクユウ】[1]中国で、火をつかさどる神。また、夏の神、南方の神。[2]火事をいう。

5397 【神】 3132 3F40 905F 示－5 [常]3 (5398)【神】 一一 示－5 旧字[人]
ジン(呉)・シン(漢)\shén\かみ・かん・こう・み
[筆順] 神神神神神神
[字解] 形声。示＋申(いなびかり)(声)。天神の意。一般に、かみの意。金文には、申のみの形のものもある。
金文 金文 篆文
[意味] ❶かみ。かみさま。霊妙な力を持つ存在。また、山川の神。「神社」「神殿」「神話」「天神テンジン」❷人知ではかり知れない霊妙なはたらき。神のようにすぐれているさま。「神技」「神秘」「神妙」❸こころ。たましい。「神経」「失神」「精神」❹[国]「神戸こうべ」の略。「阪神ハンシン」❺[国]「神馬藻ジンバソウ(ほんだわら)」は、褐藻類の海藻の名。❻人名。「神宗シンソウ」「神農シンノウ」

❶かみ。かみさま。

下接 海神カイジン・火神カジン・軍神グンシン・敬神ケイシン・見神ケンシン・降神コウシン・荒神コウジン・祭神サイジン・邪神ジャシン・主神シュシン・酒神シュシン・女神ジョシン|めがみ・水神スイジン・天神テンジン・瀆神トクシン・美神ビシン・風神フウジン・武神ブシン・魔神マジン・明神ミョウジン・雷神ライジン・竜神リュウジン

【神威 シンイ】神の権威、力。
【神意 シンイ】神の心。神の意志。
【神域 シンイキ】国神社の境内ケイダイ。
【神化 シンカ】神の資格を備えること。神にすること。
【神火 シンカ】国神社などでたく清浄な火。→❷
【神階 シンカイ】国昔、朝廷が神社に奉った位階。
【神格 シンカク】神の格式。神としての資格。『神格化』
【神学 シンガク】キリスト教の真理について、信仰の立場から理論的に研究する学問。
【神官 シンカン】国神事に携わる人。神主。神職。
【神祇 シンギ】天の神と地の神。天地の神々。天神地祇チ。
【神器 シンキ|ジンギ】①神から受け伝えた宝器。神聖な貴いもの。〔老子-二九〕②天子の位。帝位。③国歴代の天皇が受け継ぐ三つの宝物。八咫鏡やたのかがみ・草薙剣くさなぎのつるぎ・八尺瓊曲玉やさかにのまがたまの三つをいう。三種の神器。
【神宮 ジングウ】国神殿。特に格式の高い神社。『明治神宮』
【神権 シンケン】①神の権威。神の権力。②神から与えられた神聖な権力。『帝王神権説』
【神国 シンコク】国神が開き、神が守護する国。日本で自国を誇っていった。神州。『神国日本』
【神事 シンジ】国神をまつる儀礼。神社で行われる祭儀。
【神社 ジンジャ】①神をまつるやしろ。②国日本人固有の信仰対象としての神をまつる礼拝施設。『八坂やさか神社』
【神主 シンシュ|かんぬし】㊀(シンシュ)①ものの霊。ぬし。②儒葬で死者の官位・姓名を書き祠堂に安置する霊牌。㊁(かんぬし)神社に仕え、神をまつるのを仕事とする人。神官。
【神酒 シンシュ|みき】国神に供える酒。
【神授 シンジュ】神から授かること。『王権神授説』
【神州・神洲 シンシュウ】①神国。日本、中国で、それぞれ自国を誇っていった。②神仙のいる所。仙洞セントウ。
【神出鬼没 シンシュツキボツ】鬼神のように自由自在に出没するさま。〔淮南子-兵略訓〕
【神女 シンジョ】女性の神。天女テンニョ。〔宋玉-神女賦〕
【神助 シンジョ】神の霊力によるたすけ。『天佑テンユウ神助』
【神将 シンショウ】天・地・兵・陰・陽・月・日・四時の主である八神のこと。→❷

【神嘗祭 シンジョウサイ|かんなめさい】国日本で、毎年一〇月一七日に、その年の新穀を伊勢いせ神宮に奉る宮中の祭儀。
【神人 シンジン|ジニン|ジンニン】①(シンジン)神と人。②(ジニン|ジンニン)国神社の雑役に従った者。→❷
【神饌 シンセン】国神前に供える酒食。
【神体 シンタイ】国神の霊の宿るものとしてまつるもの。鏡、剣、石など。『御ゴ神体』
【神代 ジンダイ|かみよ】国神武天皇即位前の、神々が支配したという時代。
【神託 シンタク】神のお告げ。
【神典 シンテン】国神の事跡や神代の出来事などを記した書物。また、神道の聖典。
【神殿 シンデン】国神をまつる殿堂。神社の本殿。
【神道 シントウ】国日本固有の多神教的宗教。神を敬い、祖先を尊び、祭祀サイシを行うもの。かんながらの道。
【神徳 シントク】神の功徳。神の威徳。神威。
【神罰 シンバツ】神がくだす罰。『神罰が下る』
【神父 シンプ】ローマ-カトリック教会の司祭。
【神仏 シンブツ】神と仏。また、神道シントウと仏教。『神仏習合』
【神兵 シンペイ】①神のつかわした兵。また、神の加護のある軍隊。②神のごとく勇猛果敢な兵士。〔陸機-弁亡論〕
【神木 シンボク】国神霊の宿っているという木。
【神馬 シンメ|ジンメ】国神社に奉納した馬。♥神の乗用に供する馬の意。
【神明 シンメイ】①神。天地の神々。〔易経-説卦〕『天地神明に誓う』②神のようなすぐれた明知。〔韓非子-内儲説〕
【神佑・神祐 シンユウ】神の助け。神助。『神佑天助』
【神輿 シンヨ|みこし】国神霊を奉安した輿こし。おみこし。
【神慮 シンリョ】①＝神意イ。②天子のみこころ。
【神力 シンリキ|シンリョク】神の威力。神の通力。→❷
【神霊 シンレイ】神。また、その神のすぐれた徳。→❸
【神話 シンワ】①古代人などによって伝えられた、多少とも神聖さを帯びた物語。『ギリシア神話』②一般には絶対的なものと考えられているが、根拠のない考え方や事柄。『不敗の神話』
【神楽 かぐら】①神を祭るために神前で奏する舞楽。『里神楽さとかぐら』②歌舞伎かぶきの囃子はやしの一。♥「かむくら(神座)」の変化。
【神無月 かんなづき|かみなづき】陰暦一〇月の異称。♥俗説には、全国の神々が出雲いずも大社に集まり、諸国が「神無しになる月」の意とした。

❷人知でははかり知れない霊妙なはたらき。

【神異 シンイ】人間のわざでない、不思議なこと。
【神韻 シンイン】芸術作品などで、人間わざとは思われないすぐれた趣。『神韻縹渺ヒョウビョウ』
【神火 シンカ】怪しく不思議な火。→❶
【神怪 シンカイ】人為をこえた不思議なこと。
【神気 シンキ】①万物を生成する、神のような力をもった気。〔礼記-孔子間居〕②霊妙、不可思議な気。→❸
【神奇 シンキ】なんとも不思議なこと。
【神亀 シンキ】①めでたいことが起こるしるしといわれる不思議な亀かめ。②占いに用いる亀。
【神技 シンギ】人間離れしたきわめてすぐれたわざ。非凡な技術。
【神君 シンクン】①神のようにすぐれた君主。②国徳川家康の死後の敬称。『東照トウショウ神君』
【神験 シンケン】人間の想像をこえた霊妙不可思議な現象。
【神工 シンコウ】神が作ったと思われるほど霊妙な製作。
【神功 シンコウ】神のように霊妙な功績。
【神効 シンコウ】すぐれたききめ。霊験。
【神策 シンサク】①霊妙なはかりごと。②うらないに用いる蓍めどぎ。筮竹ゼイチク。
【神算 シンサン】巧みなはかりごと。神策。妙計。『神算鬼謀(＝人間が考えたとは思えないすぐれた計略。)』
【神呪・神咒 ジンジュ|シンジュ】霊妙な呪文。
【神術 シンジュツ】人間わざをこえた不思議な術。霊妙な術。
【神将 シンショウ】神のようにすぐれた将軍。→❶
【神人 シンジン】神のように気高い人。また、神通力を得た人。→❶
【神髄 シンズイ】その道の奥義。物事の本質。
【神通 ジンズウ|ジンツウ】仏語。霊妙ではかり知れず、自由自在にどんなこともなし得る働きや力。神通力ジンズウリキ。〔法華経-従地湧出品〕
【神聖 シンセイ】①厳かでおかしがたいこと。〔荘子-天道〕②帝王の尊称。
【神仙・神僊 シンセン】仙人。修行して神通力を得た人。
【神速 シンソク】神わざかと思われるほど速いこと。〔史記-酷吏伝〕
【神知・神智 シンチ】神の持つような霊妙な知恵。霊智。

【神童シンドウ】非凡な才知の子供。
【神秘シンピ】人の知恵でははかり知れない、霊妙不思議な秘密。『生命の神秘』『神秘主義』『神秘的』
【神品シンピン】並外れてすぐれた芸術作品。
【神武シンブ】この上もなくすぐれた武徳。神のような不思議な武徳。〔易経-繋辞伝上〕
【神変シンペン】人間の知恵でははかり知ることのできない、不思議な変化。『神変不可思議』
【神謀シンボウ】神わざのような巧妙なはかりごと。神算。
【神妙シンミョウ】①霊妙不可思議なさま。『神妙不可思議』②国殊勝なこと。おとなしいこと。『神妙な顔つき』
【神来シンライ】神霊を吹きこまれたかのように急に霊妙な感興を得ること。インスピレーション。
【神籟シンライ】霊妙ですぐれた音やひびき。
【神力シンリキ|ジンリキ】霊妙不可思議な力。神通力。→❶

❸こころ。たましい。

下接 休神キュウ・形神ケイ・魂神コン・失神シッ・心神シン・精神セイ・喪神ソウ・存神ソン・放神ホウ・乱神ラン

【神気シンキ】気力。精神。〔荘子-田子方〕→❷
【神経シンケイ】①体の各部と中枢との間の刺激伝達の経路となる器官の総称。『中枢神経』②心の働き。精神。『処遇に神経を使う』『無神経』♥江戸時代、杉田玄白が「神気の経脈」の意で「解体新書」の中で用いた語。

【神魂シンコン】精神。こころ。心魂。

【神采・神彩シンサイ】精神と風采。また、すぐれた風采。

【神情シンジョウ】こころ。

【神色シンショク】精神と顔色。また、顔色。様子。〔後漢書-劉寛伝〕『神色自若ジジャク』

【神遊シンユウ】①からだは動かないで、心だけ飛んで行って楽しむこと。②死を婉曲にいう語。

【神霊シンレイ】人の魂。霊魂。→❶

❻人名。

【神宗シンソウ】中国、北宋第六代の皇帝(在位一〇六七～八五年)。王安石の新法を採用し、制度・教育・科挙などの改革を行った。(一〇四八～八五)
【神農シンノウ】中国古代伝説中の帝王。三皇の一。五行の火の徳によって王となったので炎帝ともいう。人身牛首で、人民に耕作を教え、初めて医薬を作り、五弦の瑟を作り、八卦を重ねて六四爻コウを作ったという。

難読地名 神威かむい岬(北海道) 神室かむろ山(秋田・山形) 神恵内かもえない村(北海道) 神戸かんど川(島根) 神流かんな川(群馬) 神辺かんなべ町(広島) 神崎こうざき町(千葉) 神津島こうづしま村(東京) 神戸ごうど町(岐阜) 神戸こうべ市(兵庫) 神西じんざい湖(島根)

難読姓氏 神代かしろ|くましろ|こうじろ|じんだい 神奈かな|かんな 神谷かみたに|かみや|こうや|みたに 神山かみやま|こうやま 神吉かみよし|かんき 坂神さかかみ|さかこう 神門かんど|ごうど 神鳥かんどり 神野志こうのし 神達かんだつ

5399【祖】3336 4144 9163 示-5 常5

(5400)〔祖〕 二一 示-5 旧字 人

ソ(呉)(漢)\zǔ\おや・じじ・もと

筆順 祖祖祖祖祖祖祖

字解 形声。示+且(重なる)(声)。先祖の意。一説に、祖は、いく重にも重なった代々の先祖の意を表すとも。

甲骨文 金文 篆文

参考 万葉仮名では音を借りて「そ(甲)」。

意味 ❶じじ。父または母の親。『祖父母』❷血筋、家系などのもと。また、それ以後の代々。『祖国』『祖先』❸もと。また、もととする。(イ)おおもと。物事を始めた人。『開祖』『始祖』(ロ)もととしてならう。のっとる。『祖構』『祖述』❹行路の安全を守る神。また、旅に出るときに、その神をまつり、旅の平安を祈ること。『道祖神ドウソジン』*史記-刺客伝「至易水之上、既祖、取道(=易水エキスイのほとりにいたり、すでにソして、みちをとる)〔=易水のほとりに到着し、道中の安全を祈願して旅路についた〕」❺その他。『祖生之鞭ソセイのむち』

❶じじ。父または母の親。

下接 外祖ガイ・家祖カ・曾祖ソウ・父祖フ/従祖父おおおじ

【祖考ソコウ】すでに亡くなっている祖父と父。→❷
【祖妣ソヒ】すでに亡くなっている祖母。→❷
【祖父ソフ|じじ|じい|じじい】父母の父。おじいさん。↔祖母
【祖母ソボ|ばば|ばあ|ばば】父母の母。おばあさん。↔祖父

❷血筋、家系などのもと。

下接 遠祖エン・家祖カ・皇祖コウ・高祖コウ・神祖シン・世祖セイ・聖祖セイ・先祖セン・太祖タイ・鼻祖ビ・列祖レッ

【祖業ソギョウ】祖先の始めた事業。また、祖先から伝えられた事業。『祖業をつぐ』
【祖考ソコウ】遠い先祖。→❶
【祖国ソコク】①祖先からずっと住んできた国。自分の生まれた国。②諸民族の分かれ出たもとの国。
【祖先ソセン】ある血統、家系で、初代の人。また、それ以後、先代以前の人々。先祖。↔子孫
【祖妣ソヒ】先祖とその妻。→❶
【祖廟ソビョウ】祖先をまつる、みたまや。
【祖武ソブ】祖先の業績、事業。〔詩経-大雅・下武〕

❸もと。また、もととする。

下接 開祖カイ・元祖ガン・教祖キョウ・始祖シ・仏祖ブッ

【祖構ソコウ】おおもとにのっとり、それにあわせること。
【祖師ソシ】①学問の一派を開いた先生。②一宗一派を開いた僧。開祖。
【祖述ソジュツ】先人の説を受け継いで、それを補い述べること。〔中庸〕
【祖宗ソソウ】始祖と中興の祖。初代とそれを継いできた先祖代々。また、歴代の君主やある系統を伝える人。

❹行路の安全を守る神。

【祖宴ソエン】送別の宴。

【祖餞ソセン】旅立つ人への宴や贈り物。餞別。

【祖帳ソチョウ】送別の宴の席にはりめぐらす幕。転じて、送別の宴のこと。

【祖道ソドウ】旅立ちに際して、道祖神をまつり、道中の安全を祈ること。旅立つ人を宴を設けて送ること。

❺その他。

【祖生之鞭ソセイのむち】先鞭センベンをつけること。♥中国、晋の祖逖ソテキが官に任用されたのを聞いた友人の劉琨リュウコンが、祖生(=祖逖)が先に手柄を立てて先鞭をつけてしまうのが心配だと言った故事による。〔晋書-劉琨伝〕

難読地名 祖谷いや川・渓(徳島) 祖父江そぶえ町(愛知) 祖母谷ばばだに(富山)

5401【祚】6715 632F E24E 示-5

ソ(漢)\zuò\さいわい・くらい

字解 形声。示+乍(声)。

意味 ❶さいわい。しあわせ。『祚胤』『福祚フクソ』❷く

5画 玄玉(王)瓜瓦甘生用田疋(⺪)疒癶白皮皿目(罒)矛矢石示(ネ)内禾穴立

らい。天子の位。『皇祚コウソ』『聖祚セイソ』『践祚センソ』『重祚チョウソ』『天祚テンソ』『登祚トウソ』
【祚胤ソイン】よい子孫。♥幸福なあとつぎの意。

5402【祢】3910 472A 9449 示－5
ネ「禰」(5430)の異体字

5403【祕】6716 6330 E24F 示－5
ヒ「秘」(5463)の異体字

5404【祔】＊4853 示－5
フ[漢]/fù
[字解] 形声。示＋付(つけあわせる)[声]。あわせ祭る意。
[意味] あわせまつる。合葬する。
【祔葬フソウ】同じ場所に二体以上の遺骸を埋葬すること。

5405【祓】6717 6331 E250 示－5　(5406)〔祓〕一二 示－5
ハイ[漢]・フツ[漢]/fú/はらう・はらい・はらえ
[字解] 形声。示＋犮(はらう)[声]。犠牲をそなえて災いをはらう意。
[意味] はらう。はらい。はらい清める。神に祈って災いなどを除き去る。『修祓シュウフツ』『天祓テンフツ』
【祓禊フッケイ】身のけがれをはらい清める行事。三月上巳ジョウシに行われた。
【祓除フツジョ】けがれや災いなどをはらいのぞくこと。
【祓飾フッショク】古くなった物を除き、新しく飾ること。

5407【祐】4520 4D34 9753 示－5 [人]　(5408)〔祐〕一二 示－5 旧字[人]
ユウ(イウ)[漢]/yòu/たすける・たすけ
[字解] 形声。示＋右(たすける)[声]。神のたすけの意。
甲骨文 金文 篆文

[意味] たすける。神がたすける。たすけ。「右」「佑」に同じ。『嘉祐カユウ』『神祐シンユウ』『天祐テンユウ』
【祐助ユウジョ】助けること。
【祐筆ユウヒツ】国筆をとること。また、文章に長じた人。多く、武家社会で、主君に仕えて文書の執筆、作成に当たった職。右筆。

[難読姓氏] 祐川すけがわ

5409【祥】3045 3E4D 8FCB 示－6 [常]　(5410)〔祥〕一二 示－6 旧字[人]
ショウ(シャウ)[漢]/xiáng/さいわい・さち・きざし
[筆順]

[字解] 形声。示＋羊[声]。よろこばしいこと、さいわいの意。羊は、立派な犠牲として用いられたひつじで、よいことを表すか。
[意味] ❶さいわい。さち。よろこび。めでたい。また、きざし。しるし。特に、吉事のきざし。『祥気』『祥瑞』『吉祥』『不祥』❷喪明けの祭り。『祥月ショウつき命日』

❶さいわい。めでたい。また、きざし。
[下接] 嘉祥カショウ・吉祥キッショウ・キチジョウ・休祥キュウショウ・災祥サイショウ・瑞祥ズイショウ・清祥セイショウ・善祥ゼンショウ・発祥ハッショウ・不祥フショウ
【祥応ショウオウ】めでたいしるし。

【祥気ショウキ】めでたいけはい。

【祥瑞ショウズイ】めでたいしるし。吉祥。

【祥氛ショウフン】めでたい気。瑞気。

❷喪明けの祭り。
[下接] 小祥ショウショウ・大祥タイショウ
【祥月ショウつき】人の死後一周忌以降の、死去した月と同じ月。【祥月命日ショウつきメイニチ】人が死んだ月日と同じ月日。正忌。忌辰キシン。

5411【祷】3788 4578 9398 示－7
トウ「禱」(5431)の異体字

〔視〕⇩7375

5412【祺】6718 6332 E251 示－8
キ[漢]/qí
[字解] 形声。示＋其[声]。さいわい、めでたい、よい、吉兆の意。また、心やすらかなさま。

5413【禄】4729 4F3D 985C 示－8 [人]　(5414)〔祿〕6719 6333 E252 示－8 旧字[人]
ロク[漢]/lù/さいわい・ふち
[字解] 形声。示＋彔(神水をふりかけるための器)[声]。天からうけるさいわいの意。派生して官吏の俸給の意に用いる。のちに示を加えて、字義を明確にした。
甲骨文 金文 篆文
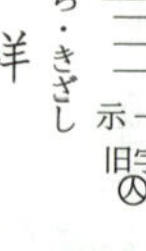
[意味] ❶さいわい。よろこび。『天禄テンロク』『百禄ヒャクロク』『福禄フクロク』❷扶持フチ。役人の給料。俸給。『禄ロクを食はむ(=俸給を受けて生活する)』『禄位』『禄爵』『高禄』『俸禄』＊論語−為政「言寡レ尤、行寡レ悔、禄在ニ其中一矣ゲンにとがめすくなく、おこないにくいすくなければ、ロクそのうちにあり(=言葉にあやまちが少なく、行動に悔いが少なければ、俸給は自然にそこから生まれる)」❸「回禄カイロク」は火の神、また、火事。❹[国]「元禄ゲンロク」は、江戸時代の元号(一六八八～一七〇四)。

❷ふち。役人の給料。俸給。
[下接] 位禄イロク・恩禄オンロク・家禄カロク・貫禄カンロク・高禄コウロク・爵禄シャクロク・食禄ショクロク・世禄セイロク・大禄タイロク・秩禄チツロク・薄禄ハクロク・美禄ビロク・微禄ビロク・俸禄ホウロク・無禄ムロク・余禄ヨロク
【禄位ロクイ】俸禄と官位。

【禄仕ロクシ】仕官して俸禄を得ること。

【禄賜ロクシ】①禄(官職に対して支給される一定の報酬)と賜(功績に対して臨時に支給される賞与)。②主君が臣下に俸給を下し与えること。

【禄爵ロクシャク】俸禄と爵位。

【禄食ロクショク】官吏が俸給を受けて生活すること。

【禄秩ロクチツ】上から賜る俸給。扶持フチ。秩禄。

【禄命ロクメイ】①貴賤、貧富や運命。人の運命。②[国]陰陽道で、忌むべき日。

5415【禍】1850 3252 89D0 示－9 [常]　(5416)〔禍〕一二 示－9 旧字[人]
カ(クヮ)[漢]/huò/わざわい・まが
[筆順]
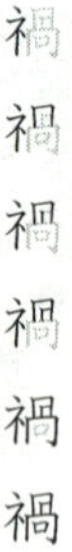
[字解] 形声。示＋咼(けずられてゆがむ)[声]。わざわいの意。甲骨文は、亀甲・獣骨に刻んで占うさま。
甲骨文 篆文

[意味] わざわい。不幸。災難。凶事。↔福。『禍根』

5画 玄玉(王)瓜瓦甘生用田疋(⺪)疒癶白皮皿目(罒)矛矢石示(ネ)禸禾穴立

＊淮南子-人間訓「禍之来也、人自生ㇾ之(カのきたるや、ひとみずからこれをショウず)」〔＝わざわいというものは、人の行いから生まれるものである〕 ⇒〔災〕(4435)の表 〔福〕(5422)の表

下接 殃禍オウ・患禍カン・奇禍キカ・黄禍コウ・災禍サイ・惨禍サンカ・水禍スイ・赤禍セッ・舌禍ゼッ・戦禍セン・筆禍ヒッ・輪禍リンカ

【禍殃カオウ】病気、天災などの不幸な出来事。災禍。

【禍害カガイ】わざわい。災難。

【禍患カカン】わざわい。不幸。苦難。

【禍機カキ】わざわいのきざし。わざわいの生ずる機会。

【禍根カコン】わざわいの生ずる原因や源もと。禍源。〔漢書-匈奴伝〕『禍根を残す』『禍根を断つ』

【禍災カサイ】わざわい。思いがけない事故。

【禍心カシン】わざわいを加えようとする心。邪心。

【禍胎カタイ】わざわいの生ずるところ。

【禍福カフク】災禍と幸福。【禍福如ニ糾纆一(カフクはあざなえるなわのごとし)】禍福は縄をよりあわせたように表裏をなすものだ。〔漢書-賈誼伝〕【禍福無ㇾ門(カフクもンなし)】禍福が入ってくる門は前々から定まっているわけではない、結局は人が招くものだ。〔左伝-襄公二三年〕

【禍乱カラン】災難が起こって世が乱れること。＊十八史略-唐「禍乱生ニ於所ㇾ忽(カランはゆるがせにするところにショウず)」〔＝世の乱れは物事をなおざりにするところから生ずる〕

【禍従ㇾ口生(わざわいはくちよりショウず)】わざわいは口から出ることばによって起こることが多い。物を言うときには慎重な配慮が必要であるという戒め。

【転ㇾ禍為ㇾ福(わざわいをテンじてフクとなす)】わざわいをうまく変えて幸福になるように取り計らう。〔史記-蘇秦伝〕

5417 【禊】 6720 6334 E253 示-9
ケイ漢 xì/みそぎ・はらえ

字解 形声。示＋契(→潔、きよめる)声。汚れをはらうみそぎの意。

意味 みそぎ。みそぎをする。水で身を洗い清める。『禊宴』『禊事』『祓禊フッケイ』

【禊宴ケイエン】みそぎの日に行う酒宴。禊飲ケイイン。

【禊事ケイジ】身をはらい清めること。みそぎ。

5418 【禅】 3321 4135 9154 示-9 常 (5428)【[禪]】 6724 6338 E257 示-12 旧字 人
ゼン呉・セン漢 shàn・chán/ゆずる・しずか

筆順

字解 禅は禪の略体。禪は形声。示＋單(→壇、たいらな台地)声。天子が平らな壇を築いて行う天のまつりの意。借りて梵語 dhyāna (禅那)の音訳字として用いる。

意味 ❶天子が山川の神をまつること。『封禅ホウゼン』❷ゆずる。天子が位を譲ること。『禅位』『禅譲』『受禅ジュゼン』❸(梵 dhyāna の音訳「禅那」の略)仏語。㋑精神を統一し、真理を悟ること。『禅心』『参禅サンゼン』『野狐禅ヤコゼン』㋺座禅のこと。『禅床』『禅席ゼンセキ』㋩禅宗のこと。『禅問答』『禅家』『禅林』『逃禅トウゼン』❹国「友禅ユウゼン」は染めの一種。創案者の名から。

❷ ゆずる。天子が位を譲ること。

【禅位ゼンイ】天子が位をゆずること。譲位。

【禅譲ゼンジョウ】①中国で、帝王がその位を子孫に伝えないで有徳者に譲ること。尭ギョウが舜シュンに帝位を譲った類。↔放伐ホウバツ。②権力の座を話し合いで譲り渡すこと。

❸ 「禅那」の略。また、禅宗・座禅のこと。

【禅家ゼンケ—ゼンカ】禅寺。また、禅宗の僧侶ソウリョ。禅僧。

【禅語ゼンゴ】禅家独特の言葉。

【禅刹ゼンサツ】禅宗の寺院。禅寺。

【禅師ゼンジ】高徳の禅僧に天子から賜る称号。

【禅室ゼンシツ】①座禅をする部屋。②禅宗で、住持の室。転じて、住持。③出家した貴人の敬称。

【禅宗ゼンシュウ】座禅によって仏道をきわめようとする仏教の宗派。◆日本では臨済宗、曹洞ソウトウ宗、黄檗オウバク宗の三宗派がある。

【禅床・禅牀ゼンショウ】座禅をする場所。座禅をするこしかけ。僧堂の座位。

【禅定ゼンジョウ】仏教で、絶対の境地に達するための瞑想メイソウ。『禅定に入る』

【禅心ゼンシン】禅定ゼンジョウの心。心を一つの対象に集中して乱れない状態をいう。

【禅祖ゼンソ】禅宗の始祖。達磨ダルマ大師をさしていう。

【禅榻ゼントウ】禅定ゼンジョウを修するときに用いる腰かけ。座禅をするときに用いる腰かけ。

【禅尼ゼンニ】仏門に入った在家ザイケの女子。禅定尼ゼンジョウニ。↔禅門
【禅法ゼンポウ—ゼンボウ】仏語。禅定ゼンジョウ修行の道。自分の内心を観照する仏道修行の方法。また、特に禅宗の座禅の法。祖師が心から心へ、仏の心印を伝える法。

【禅味ゼンミ】禅的な味わい。俗気を離れた枯淡な風趣。

【禅門ゼンモン】①禅宗の宗門。また、禅宗。②仏門に入った在家ザイケの男子。↔禅尼ゼンニ
【禅問答ゼンモンドウ】修行者が疑問を問い、師がこれに答える禅の修行法。転じて、わかりにくい問答。

【禅林ゼンリン】禅宗の寺院。禅寺。

5419 【禎】 3687 4477 92F5 示-9 人 (5420)【[禎]】 一一 示-9 旧字 人
テイ漢 zhēn/さいわい・よい・ただしい・さだ

字解 形声。示＋貞(うらなう)声。占いで得た、めでたいしるしの意。

意味 ❶めでたいしるし。よろこび。さいわい。『禎祥』❷ただしい。「貞」に同じ。

【禎祥テイショウ】めでたいしるし。瑞祥。

5421 【禘】 ＊4872 示-9
テイ漢 dì/まつり

字解 形声。示＋帝(天帝、神)声。天帝をまつる大祭の意。甲骨文・金文は、帝のみの形。

甲骨文 金文 篆文

意味 まつり。大祭。『郊禘コウテイ』

【禘祫テイコウ】祖先をあわせまつる祭り。

【禘嘗テイショウ】天子が祖先の霊廟に新穀を奉る祭り。

5422 【福】 4201 4A21 959F 示-9 常3 (5423)【[福]】 一一 示-9 旧字 人
フク呉漢 fú/さいわい

筆順

字解 形声。示＋畐(神にささげる酒がたる一杯に満ちている)声。神のめぐみが十分で、しあわせな意。

甲骨文 金文 篆文

意味 ❶ひもろぎ。祭りのとき神に供える酒肉。❷さいわい。しあわせ。めでたいこと。『福祉』『幸福』＊淮南子-人間訓「福之来也、人自成ㇾ之(フクのきたるや、ひとみずからこれをなす)」〔＝しあ

5画 玄玉(王)瓜瓦甘生用田疋(⺪)疒癶白皮皿目(罒)矛矢石示(ネ)内禾穴立

わせというものは、人がみずから作り出すものである」

⇒表〔幸〕(2102)の表 ❸地名。『福建(フッケン)』

❷さいわい。しあわせ。めでたいこと。

下接 艶福(エンプク)・眼福(ガンプク)・幸福(コウフク)・七福(シチフク)・至福(シフク)・祝福(シュクフク)・寿福(ジュフク)・浄福(ジョウフク)・清福(セイフク)・内福(ナイフク)・万福(バンプク・マンプク)・百福(ヒャクフク)・冥福(メイフク)・裕福(ユウフク)

福 フク	さいわい。	福運 福徳 福禄 福祐 幸福 万福
	禍福	
禍 カ	わざわい。	禍機 禍害 禍難 禍根 災禍 大禍

【福音(フクイン)】①喜ばしい知らせ。②キリスト教で、イエス・キリストによってもたらされた、喜びの訪れ。

【福運(フクウン)】幸福をもたらすよい巡り合わせ。

【福祉(フクシ)】幸福。特に、社会の成員の物的、経済的な充足。『社会福祉』『老人福祉』

【福寿(フクジュ)】しあわせで長命なこと。幸福と長寿。

【福沢(フクタク)】幸福で物質的にめぐまれていること。

【福地(フクチ・フクジ)】①神仙のすむ地。天上界。極楽。②すぐれた地。福相をもった地。

【福田(フクデン)】①(梵puṇya-kṣetraの訳。福を生ずる田の意)仏語。福徳の報いをもたらすもととなる善行を、田が物を生ずるのにたとえていう。②転じて、善事を行うこと。

【福徳(フクトク)】幸福と利益。福利。

【福利(フクリ)】幸福と利益。落ち着いた生活をもたらすような利益。『福利厚生』

【福禄(フクロク)】①福と禄。また、幸福。〔詩経-小雅・鴛鴦〕②(「福鹿(フクロク)」とも)獣の名。形はラバに似て、黒白の斑紋(ハンモン)がある。

【福禄寿(フクロクジュ)】①幸福と俸禄と寿命。②国七福神の一。背が低く、長い頭とひげを持つ。福と禄と寿命の三徳をそなえるといわれる。

❸地名。

【福建(フッケン)】中国の南東部にある省。台湾海峡に面する。省都福州市。

難読地名 福栄(ふくえ)村(山口) 福田(ふくで)町(静岡) 福生(ふっさ)市(東京) 難読姓氏 福家(ふくけ・ふけ)

5424【禝】6721 6335 E254 示-10 ショク(漢)

字解 形声。示+畟(耕作する)(声)。五穀の神。稷に通じて用いる。

5425【頴】1748 3150 896F 示-11 エイ(漢)\yǐng

字解 形声。示+頃(かたむく)(声)。ほさきの意。穎の通俗体。

難読地名 頴娃(えい)町(鹿児島) 頴田(かいた)町(福岡)

5426【禧】6722 6336 E255 示-12 キ(漢)\xǐ・xī

字解 形声。示+喜(よろこぶ)(声)。礼を行って得られたさいわいの意。

5427【禩】* 4877 示-12 シ 「祀」(5379)の異体字

5428【禪】6724 6338 E257 示-12 ゼン 「禅」(5418)の旧字

5429【禮】6725 6339 E258 示-13 レイ 「礼」(5375)の旧字

5430【禰】3909 4729 9448 示-14 (5402)〔祢〕3910 472A 9449 示-5 †

ネイ(呉)・デイ(漢)・ネ(慣)\nǐ・mí

字解 形声。示+爾(ちかい)(声)。身近な父の廟の意。

参考 万葉仮名では音を借りて「ね」。平仮名「ね」、片仮名「ネ」の字源。

意味 ❶父をまつる廟。❷あて字。『禰宜(ねぎ)』『宿禰(すくね)』

【禰祖(デイソ)】父と祖先のおたまや。

【禰宜(ねぎ)】昔、各神社に奉仕した神職。また神職の総称。

♥「禰宜」はあて字。元来、神の心をやすめる者の意。

5431【禱】* 4880 示-14 (5411)〔祷〕3788 4578 9398 示-7 †

トウ(タウ)(呉)(漢)\dǎo\いのる・いのり

字解 形声。示+壽(声)。いのる意。壽は長い意で、禱は長々と神にいのる意を表すという。また、壽は長命の意で、長命をいのる意とも。

意味 ❶いのる。いのり。神に告げて幸いを求める。『祈禱(キトウ)』『祝禱(シュクトウ)』『黙禱(モクトウ)』 *論語-述而「子路請レ禱(しろいのらんとこう)〔=子路は、病気の平癒を神にお祈りしたいと願い出た〕」❷まつる。『禱祀』

【禱祀(トウシ)】いのりまつること。

5432【禳】6726 633A E259 示-17 ジョウ(ジャウ)(漢)\ráng\はらう

字解 形声。示+襄(→攘、はらいのぞく)(声)。神をまつり災いをはらう意。

意味 はらう。災いをはらいのぞく。『禳禱』

【禳禱(ジョウトウ)】神をまつって災いをはらい、福を祈ること。

5433【禴】* 4881 示-17 ヤク(漢)・ヨウ(ヤウ)(漢)\yuè

字解 形声。示+龠(声)。宗廟のまつりの意。礿に同じ。

114 禸部 ぐうのあし

篆文

禸は、尾をたらした獣が後ろ足で地をふみつけ立つ形に象り、足あと、ふむ意(ジュウ)を表す。禸部には、字形の上で禸が目印になるものを収める。禸は、単体としては用いられないが、その形は篆書では𠘧で、乚は尾、冂は不明。隷書では、禸のように左上を交差する形が久しく行われた。

禸 禸

禸 ④禹 禺 ⑥离 ⑧禽

禸

5434【禸】* 4882 禸-0 ニュ(呉)・ジュウ(ヂウ)(漢)\róu

字解 部首解説を参照。

意味 獣の足あと。

禸

5435
【禹】
6727
633B
E25A
内－4
ウ㊥/yǔ

字解 象形。爬虫類の一種(へび?)の形に象る。水神の意。また、聖王の名とする。もと厹に作る。

金文 篆文

同属字 㺄・齲

参考 万葉仮名では音を借りて「う」。

意味 中国古代の伝説上の聖王。夏王朝の始祖。姓、姒ジ。別名、文命。中国全土をまわって帝舜に仕えて治水に功を立て、舜から帝位を譲られた。

【禹域ウイキ】＝禹甸ウデン

【禹穴ウケツ】中国浙江省紹興県の会稽山にある洞窟。禹王の墓とも、また、蔵書所ともいう。禹井ウセイ。

【禹行舜趨ウコウシュンスウ】中国古代の王、禹や舜の表面上の動作のまねをするだけで、聖人としての実質を持たないこと。禹歩舜趨ウホシュンスウ。

【禹迹ウセキ】1中国全土。〔左伝－襄公四年〕♥地方を巡行した禹王の足あとが、中国全土におよんだことから。2禹王の業績。

【禹甸ウデン】(「甸」は天子直属の地)中国のこと。禹王のおさめた地の意。禹域。〔詩経－小雅・信南山〕

5436
【禺】
6728
633C
E25B
内－4
グ㊥・グウ㊣/yù

字解 象形。大きな頭部と尾をもつサルの一種に象るという。

同属字 愚・寓・顒・偶・嵎・喁・隅・遇・耦

意味 ❶おながざる。また、ナマケモノ。❷昔、太陽が入ると考えられていた場所。「禺中グチュウ」は、巳みの刻。今の午前十時ごろ。

5437
【离】
＊
4883
内－6
チ㊥・リ㊥/chī・lí

字解 会意。山(やま)＋凶(大きな口をあけた頭)＋内(垂れた尾)。大きな獣のような山の神の意。

同属字 離・漓・璃・螭・醨・魑・黐

5438
【禽】
2257
3659
8BD7
内－8
キン㊣㊥/qín/とり・とりこ

字解 形声。金文は、畢(あみ)＋今(→含、ふくむ)㊤。鳥をあみでとらえる、また、とらえられた虜とりこの意。

金文 篆文

同属字 擒・檎

意味 ❶とり。鳥類の総称。『禽獣』『禽鳥』『家禽カキン』❷鳥獣の総称。❸とらえる。とりこにする。とりこ。「擒」に同じ。『禽獲』『禽荒』『生禽セイキン』

❶ とり。鳥類の総称。

下接 家禽カキン・小禽ショウキン・水禽スイキン・珍禽チンキン・飛禽ヒキン・百禽ヒャッキン・猛禽モウキン・夜禽ヤキン・野禽ヤキン・良禽リョウキン

【禽語キンゴ】鳥のさえずる声。

【禽獣キンジュウ】鳥とけもの。また、恩義、道理をわきまえない人のたとえ。

【禽鳥キンチョウ】鳥。鳥類。

❸ とらえる。とりこにする。とりこ。

【禽獲キンカク】とらえること。とりこにすること。擒獲。

【禽荒キンコウ】狩猟に遊びふけること。〔書経－五子之歌〕

【禽困覆レ車キンもくるしめばくるまをくつがえす】生けどりにした鳥獣も苦しめば、車をひっくり返す。弱者も死に物狂いになれば、意外な力を発揮することのたとえ。〔史記－樗里子甘茂伝〕

115 禾部 のぎ

甲骨文 金文 篆文

禾は、穂を垂れた穀類の植物の象形。禾部に属するものは、神への供えもの、人の食料となる禾本カホン科の植物、その状態、農作などに関する。意標として字の左部をなすものを「のぎへん」という。もとは木の頭を曲げた形であったが、隷楷では丿と木との結合した形になった。行草体では、丿からすぐ木の縦画につづける形も行われる。往々「しめすへん」と混じることがある。なお、黍は同源であるが別部(202)をなし、また類形として釆部(165)がある。

禾 ②秀禿③秊
禾 ⑤秦⑧稟⑩稾
禾 ②私③秇秎④科秔秋秕秒⑤秧秬秭称秤租秩秘秡秣⑥移秳⑦稈稀稌稉稍税稅程程⑧稃稘稔稚稠稙稗稜⑨稭穀⑩種稱稲稼稽稿穀稷稹穂稺⑪稻穆穃⑪穎穏穅穇穐積穆⑫穂穉⑬穢穭穫穣穠穡⑭穩穫⑮穬穭⑯穮穐⑰穰

禾

5439
【禾】
1851
3253
89D1
禾－0
カ(クヮ)㊥/hé/いね・のぎ

字解 部首解説を参照。

意味 ❶アワ。また、イネ、ムギなど穂を出す穀物の総称。『禾穀』『禾黍』『嘉禾カカ』＊杜甫－兵車行「禾生二隴畝一無二東西一カはロウホにショウじてトウザイなし〔＝穀物はうねやあぜにはえて、西も東もわからず雑然としてしまう〕」❷国のぎ。金箔や銀箔を細く切ったもの。絵画や装丁の飾りに用いる。穀類の「芒のぎ」から転じた語。「禾」はあて字。

【禾穎カエイ】イネのほ。いなほ。禾穂。

【禾稼カカ】穀物。

【禾穀カコク】イネ、ムギ、アワ、キビなどの総称。

【禾黍カショ】アワやキビ。＊耿湋コウイ－秋日「秋風動二禾黍一シュウフウカショをうごかす〔＝秋風がアワやキビの穂をそよがせる〕」

【禾穂カスイ】イネのほ。いなほ。禾穎。

【禾苗カビョウ】イネのなえ。また、穀物のなえ。

5440
【秉】
6729
633D
E25C
禾－3
ヘイ㊥・ヒン㊣/bǐng/とる

字解 会意。禾＋ヨ(＝又、て)。イネを手でにぎる意から、とる意。

甲骨文 金文 篆文

5画
玄玉(王)瓜瓦甘生用田疋(⺪)疒癶白皮皿目(罒)矛矢石示(礻)内禾穴立
禾 禾③秉⑤秉

意味 ❶とる。もつ。㋑手ににぎり持つ。『秉炬』『秉燭』㋺心にかたく守りもつ。『秉彝』『秉公』『秉心』❷いねたば。ひとにぎりのいねたば。または穀物をはかる単位。一六斛コクにあたる。『遺秉イヘイ』❸え。また、権柄、権勢。「柄」に同じ。『国秉コクヘイ』

【秉炬ヘイコ】禅宗で、火葬のとき、棺に火をつける儀式。下火アコ。▼炬たいまつを持って火をつけることから。

【秉払ヒンポツ】禅院で、首座が住持に代わって払子ホッスをとり、説法すること。

【秉彝ヘイイ】(「彝」は、不変の道の意) 人間としての常道に基づいて行動すること。〔詩経-大雅・烝民〕

【秉公ヘイコウ】公平を守ること。

【秉燭ヘイショク】①手に灯火を持つこと。＊李白-春夜宴二桃李園一序「古人秉レ燭夜遊、良有レ以也コジンショクをとりてよるあそぶ、まことにゆえあるなり」〔=昔の人があかりを手にして夜まで遊んだというのは、まことにもっともなことである〕②(燭を秉とる時刻の意) 火ともしごろ。ゆうがた。ひんそく。

【秉心ヘイシン】正しい心をもち続けること。

5441 【兼】 禾-5 ケン 「兼」(488)の異体字

禾

5442 【秀】 2908 3D28 8F47 禾-2 常 シュウ(シウ)漢/xiù/ひいでる・ひで・ほ

筆順 

字解 会意。禾+乃(のびた弓)。イネの穂がのびる、ひいでる意。

同属字 莠・透・誘・銹

参考 万葉仮名では音を借りて「す」。

意味 のびる。穂が出る。ひいでる。すぐれる。才能、勢いなどがさかんにのび育つ。＊論語-子罕「秀而不レ実者有矣夫ひいでてみのらざるものあり」〔=穂を出しながら、実らない人もいる〕 ⇒表 [俊](270)の表

下接 閨秀ケイシュウ・俊秀シュンシュウ・清秀セイシュウ・優秀ユウシュウ・霊秀レイシュウ

【秀異シュウイ】他のものより非常にすぐれているさま。

【秀逸シュウイツ】他のものに比べてぬきんでてすぐれていること。『秀逸な作品』

◎秀・優・良・可――この順で序列を表す

秀シュウ	特にひいでている。	秀絶 秀逸 秀抜 眉目秀麗
優ユウ	すぐれている。	優秀 優良 優等 優勝劣敗
良リョウ	よい。悪くない。	最良 佳良 良好 良知良能
可カ	よろしい。まあよい。	許可 認可 無レ可無二不可一カもなくフカもなし

【秀英シュウエイ】才能がすぐれていること。

【秀穎シュウエイ】穀物の穂が高くのびていること。転じて、才能が他にぬきんでてすぐれていること。

【秀外而恵中シュウガイにしてケイチュウ】容姿がすぐれ、内面もひいでて賢いこと。〔韓愈-送二李愿帰一盤谷一序〕

【秀気シュウキ】①純粋ですぐれた気。②すぐれた景色。

【秀才シュウサイ】①学識、才芸などのすぐれた人。〔管子-小匡〕②古く、中国で行われた官吏登用試験科目。中唐以後廃絶。のち、科挙に応ずるものを一般に称した。

【秀士シュウシ】徳行才芸のすぐれた人。〔呂氏春秋-懐寵〕

【秀出シュウシュツ】他より一段とすぐれること。

【秀絶シュウゼツ】比較すべきものがないほどひいでること。〔国語-斉語〕

【秀発シュウハツ】①才知・容姿や文芸などが、他にぬきんでてすぐれていること。②花や実が美しく盛んなこと。

【秀抜シュウバツ】他にぬきんでてすぐれているさま。抜群。

【秀眉シュウビ】①長いまゆ毛。長寿の相とされた。②形のよく整った美しいまゆ。主として男性についていう語。

【秀茂シュウモ】①草木がさかんにおい茂ること。②文章などの才能にすぐれていること。

【秀麗シュウレイ】すぐれてうるわしいさま。『眉目ビモク秀麗』

5443 【禿】 3837 4645 93C3 禾-2 トク漢/tū/はげ・はげる・かぶろ・かむろ

字解 会意。禾(まるいつぶの穀物)+儿(ひと)。丸坊主・はげの意。

意味 ❶はげ。はげる。㋑頭髪がぬけ落ちる。頭髪がない。『禿翁』『禿頭』『愚禿グトク』㋺山などに樹木がなくなる。㋩筆先の毛がすり切れる。ちびる。❷国かぶろ。かむろ。㋑昔の子供の髪形。肩の上で切りそろえて結ばない髪。㋺遊女に仕える少女。❸熟字訓。『白禿瘡しらくも』

【禿翁トクオウ】はげた頭の老人。禿老トクロウ。

【禿頭トクトウ・はげあたま】毛髪のぬけ落ちた頭。また、頭のはげた人。はげ。

【禿筆トクヒツ】使い古されて穂先がすり切れた筆。

5444 【秊】 *4888 禾-3 ネン 「年」(2099)の異体字

[委]⇨1548 [季]⇨1703 [香]⇨9072
[黎]⇨3362 [犂]⇨4619 [黍]⇨9589

禾

5445 【秦】 3133 3F41 9060 禾-5 人 シン漢/qín/はた

字解 会意。禾+舂(きねをふりあげうすでつく)省。穀物がのび生長する意。甲骨文・金文は、両手で杵をもち穀物をつくさま。

同属字 蓁・榛・臻

意味 ❶中国古代の王朝名。また、転じて中国の通称。㋑中国最初の統一王朝。はじめ甘粛省東部にあって、周の諸侯となり、春秋の五覇、戦国の七雄として勢力を伸長。前二五六年周を滅ぼし、始皇帝のとき韓・趙・魏・楚・燕・斉を滅ぼして天下を統一した(前二二一年)。㋺五胡十六国の一(三五一～三九四)。氐族の苻健が長安に都して建国。前秦。㋩五胡十六国の一(三八四～四一七)。羌族の姚萇ヨウチョウが長安に都して建国。東晋の劉裕の北伐により滅んだ。後秦。姚秦ヨウシン。㊁五胡十六国の一(三八五～四三一)。鮮卑の乞伏キップク国仁が苑川エンセン(甘粛)に都して建国。夏に滅ぼされた。西秦。❷地名、人名など。『秦檜』❸国はた。日本古代の有力帰化系氏族の姓。「太秦」は、うずまさ。

下接 ❶中国古代王朝の名。
後秦コウシン・三秦サンシン・西秦セイシン・先秦センシン・前秦ゼンシン

【秦火シンカ】秦の始皇帝が、国中の儒書および諸子百家の書籍を集めて焼き捨てたこと。焚書フンショ。

【秦政シンセイ】①秦朝の政治。②（「政」は始皇の名）秦の始皇帝のこと。
【秦楚之路シンソのみち】（「楚」も中国、戦国時代の強国の名）（秦と楚の）二国が遠く隔たっていたことから、距離の遠いことのたとえ。「秦楚」ともいう。〔孟子-告子上〕
【秦中シンチュウ】今の陝西省中部の地。戦国時代、秦に属したことからいう。関中。
【秦庭之哭シンテイのコク】中国、春秋時代、楚ソの申包胥シンホウショが秦に援軍をもとめにいき、宮殿の庭で泣きすがった末、ついに援軍を得たという故事。転じて、人に援軍をたのむことのたとえ。〔左伝-定公四年〕
【秦篆シンテン】漢字の書体の一。小篆ショウテンのこと。❤秦代に籀文チュウブン（大篆）を略してつくられたという。
【秦陵シンリョウ】秦の始皇帝の陵。中国陝西センセイ省咸陽カンヨウ県の驪山リザンにある。
【秦隷シンレイ】秦代に程邈テイバクが小篆ショウテンをさらに簡略にしてつくった書体の名。

❷ 地名、人名など。

【秦檜シンカイ】中国、南宋時代の政治家。字あざなは会之。諡おくりなは忠献、または繆醜。金の南宋侵入後は穏健派として金との講和に尽くし、抗戦派の将軍岳飛らを殺すなどしたため、死後売国奴の汚名がある。（一〇九〇～一一五五）
【秦嶺シンレイ】①中国陝西セン セイ省西安市の東南にある終南山の異称。②中国陝西セイ省の太白山から、河南省の伏牛山脈まで、渭水と漢水の間を東西に走る山地の名。広義には甘粛省南部の岷山から、安徽省中部の大別山脈までをさし、東方の淮河とともに華北・華中の境界となっている。
【秦淮シンワイ】中国江蘇省の南京市の近くを流れる川の名。秦代に開かれた運河で、長江に注ぐ。

5446 【稟】 6740 6348 E267 禾－8 (5373)【禀】 6741 6349 E268 示－8

ホン呉・ヒン漢・リン漢／bǐng・lǐn／うける

字解 会意。禾＋亩（こめぐら）。こめぐらの意。

金文

篆文

同属字 廩・凜・壈・懍

意味 ❶ふち。給料として貰う米。「稟給」「牢稟ロウヒン」❷うける。天からさずかる。また、生まれながらの。「稟性」「気稟キヒン」「資稟シヒン」「天稟テンピン」❸命令を受ける。また、命令を受けて、申し上げる。「稟議」「咨稟シヒン」

❶ ふち。給料として貰う米。

【稟給ヒンキュウ】ふち。俸給。

❷ うける。天からさずかる。また、天性。

【稟質ヒンシツ】＝稟性ヒンセイ
【稟受ヒンジュ】①うけること。②天性。生まれながらの。
【稟性ヒンセイ】天からうけた性質。天性。
【稟賦ヒンプ】＝稟性ヒンセイ
【稟命ヒンメイ】生まれつきの性質。天性。→❸

❸ 命令を受ける。また、申しあげる。

【稟議ヒンギ｜リンギ】①（ヒンギ）命令を受けて討議すること。②（リンギ）国会議を開くほどではない事項について、関係者に議案を回して承認を受けること。「稟議書」
【稟請ヒンセイ｜リンセイ】上長に申し出て請求すること。
【稟奏ヒンソウ】天子の命令を受けて、意見を述べること。
【稟命ヒンメイ】命令を受けること。→❷

5447 【稾】 6744 634C E26B 禾－10

コウ「稿」(5492)の異体字

禾

5448 【私】 2768 3B64 8E84 禾－2 常6

シ呉漢／sī／わたくし・わたし・ひそかに

筆順 私私私私私私

字解 形声。禾＋厶（かこって自分のものとする）声。自分のものとした穀物から、わたくしする意。

意味 ❶わたくし。㋑自分。個人。または、身うち。↔公。「私生活」「私見」「私事」「陰私インシ」「宴私エンシ」「公私コウシ」「滅私メッシ」⇒表 ㋺国自称の代名詞に用いる。わたくし。わたし。「私ども」❷わたくしする。㋑利己的な。公共を無視した。「公平無私コウヘイムシ」「私曲」「私欲」㋺かたよった。不公平な。「私阿」「私愛」「偏私ヘンシ」❸ひそかに。また、公に認められない。「私語」「私淑」「私娼」❹小便。小便する。❺陰部。

❶ わたくし。自分。個人。

公コウ	私シ
公私	
みんなと共にすること。おおやけ。 公人 公用 公法 公論 公立 公費	自分ひとりのこと。わたくし。 私人 私用 私法 私論 私立 私費

【私営シエイ】国個人、民間会社が経営すること。↔公営
【私謁シエツ】天子などに私事のために謁見すること。
【私怨シエン】個人的なうらみ。私憾。私恨。私讎シシュウ。
【私家シカ】①自分の家。私宅。また、大夫以下の臣下の家。②（公に対して）民間人。③個人。「私家集」→❷
【私議シギ】私的な考え。→❸
【私見シケン】個人的な意見。
【私交シコウ】個人的な交際。
【私行シコウ】①官吏が君命によらず、私用でよそへ行くこと。〔礼記-曲礼下〕②個人としての私的な行為。
【私財シザイ】個人の所有する財産。「私財をなげうつ」
【私産シサン】個人の財産。私有財産。私財。
【私史シシ】個人的立場で書かれた歴史書。野史。↔正史
【私事シジ｜わたくしごと】①一身上の事柄。「私事にわたる」②個人的な秘密。
【私室シシツ】個人用の部屋。
【私讎シシュウ】個人的なうらみ。私怨。＊史記-廉頗藺相如伝「先国家之急、而後私讎」〔国家の危急を優先し、個人的なうらみを二の次にする〕
【私書シショ】個人的な手紙。「私書箱」
【私乗シジョウ】（「乗」は記録の意）私人の著した歴史。
【私小説シショウセツ｜わたくしショウセツ】国作者自身の生活体験を素材とし、作者の心境や感懐を吐露する小説。
【私信シシン】私用の手紙。「私信の公開」
【私人シジン】①王や卿大夫などの家臣。〔詩経-大雅・崧高〕②公共的な立場を離れた一個人。↔公人
【私生活シセイカツ】その人の、個人としての生活。
【私設シセツ】個人や民間で設立運営すること。↔公設
【私撰シセン】国文集、詩歌集などを、民間または個人が撰定し編集すること。↔勅撰。「私撰集」
【私属シゾク】召し使いの者。〔左伝-宣公一七年〕
【私知・私智シチ】①一個人の知恵、工夫。②一個人のせまい考え。また、自分だけが正しいと思うような知恵。

5画
玄玉(王)瓜瓦甘生用田疋(⺪)疒癶白皮皿目(罒)矛矢石示(礻)内禾穴立

【私的】シテキ 個人に関係がある様子。↔公的

【私覿】シテキ 役人が個人的な資格で上役などに面会すること。〔論語‐郷党〕

【私鉄】シテツ 国私営の鉄道。民間の企業で経営する鉄道。

【私闘】シトウ 個人的な恨み・利益などによる闘争。けんか。〔史記‐商君伝〕

【私道】シドウ 私有地に設けられた道路。↔公道

【私費】シヒ 個人が負担、支出する費用。↔公費

【私服】シフク 国①制服や官服に対して、個人の立場で着る衣服。②「私服刑事」の略。私服で勤務する刑事巡査。

【私物】シブツ 個人が所有している物。『私物化』

【私憤】シフン 私事に関するいきどおり。↔義憤・公憤

【私兵】シヘイ 個人が養成している兵。

【私法】シホウ 私人相互の権利関係を規定した法の総称。民法、商法など。↔公法

【私門】シモン ①個人の家。また、臣下の家。特に、権力を持った家。権門。②自分の一家。

【私有】シユウ 個人や私的団体が所有すること。↔公有

【私用】シヨウ 個人的な用事。↔公用。『私用電話』

【私立】シリツ|わたくしリツ 国個人や民間団体が設立し維持すること。↔公立。『私立大学』

❷ 利己的な。また、かたよった。

【私阿】シア えこひいき。不公平に扱うこと。

【私愛】シアイ かたよって公平でない愛情。

【私意】シイ ①自分だけの意見。②私心。〔管子‐明法〕

【私家】シカ 自分の家の利益のためにすること。→❶

【私回】シカイ よこしまなこと。私曲。

【私曲】シキョク 自分の利益だけを考えて不正な行いをすること。よこしまな行為。〔管子‐五輔〕

【私刑】シケイ 法律によらないで、個人や集団が犯罪者などに勝手に加える制裁。リンチ。

【私昵・私暱】シジツ 個人的に特に目をかけているもの。

【私情】シジョウ 個人的な感情。また、利己的な考え。

【私心】シシン ①個人的な気持ち。私意。〔司馬遷‐報任少卿書〕②利己心。〔管子‐任法〕『私心を去る』

【私腹】シフク 自分の利益、財産。『私腹を肥やす』

【私欲・私慾】シヨク 自分の利益だけをはかろうとする欲望。〔左伝‐昭公一三年〕『私利私欲』

【私利】シリ 自分のためだけの利益。個人的な利益。〔史記‐日者伝〕『私利私欲』

❸ ひそかに。また、公に認められない。

【私議】シギ かげで、あれこれ言うこと。→❶

【私語】シゴ|ささめごと ひそひそとささやくこと。＊白居易‐琵琶行「小絃切切如私語（小絃はか細くて、ひそひそとささやくことばを聞くようである）」

【私淑】シシュク ひそかに尊敬し、模範として学ぶこと。＊孟子‐離婁下「予私淑諸人也（私は孔子の学問・人格を、それを伝え聞いている人々からひそかに学んでいる）」

【私娼】シショウ 国売春禁止法以前の、公の許可を受けていない売春婦。↔公娼。『私娼窟』

【私生児】シセイジ 国旧民法で、正式な婚姻によらないで生まれ、父親の認知が得られない子。私生子。

【私通】シツウ ひそかに他と通ずること。また、男女がひそかに情を通ずること。密通。

5449 【秇】 ＊4886 禾－3 ゲイ㊥

字解 藝の古字。

5450 【𥝢】 禾－3 リ㊦㊥/lì

字解 会意。禾＋刀（刃物）。穀物を耕す鋭い刃物から、するどい意。𥝢（利の古形）の略体。

【利】⇩629 【和】⇩1211

5451 【科】 1842 324A 89C8 禾－4 常2 カ（クヮ）㊦㊥/kē しな・とが

筆順 科 科 科 科 科 科

字解 形声。斗（ます）＋禾（穀物）㊥。穀物をはかる意。転じて、区分する意。

同属字 蝌

意味 ❶しな。品定めされた分類。等級。㋑分類された区分。『科目』『教科』『百科』㋺中国で行われていた科目ごとの官吏登用試験。『科挙』『科第』㋩生物の分類学上の一段階。目（モク）の下。属（ゾク）の上。『マメ科』❷法律の箇条。分類して配列した条文。『金科玉条（キンカギョクジョウ）』『科条』❸とが。等級をつけた罪。また、罪や税などを割りあてる。『懲役五年を科（カ）する』『科料』『前科』❹あな。まるいくぼみ。また、まるいもの。『科頭』❺しぐさ。役者のしぐさ。『科白』❻その他。『科斗』

❶ しな。品定めされた分類。等級。種類。

下接 医科イカ・学科ガッカ・眼科ガンカ・教科キョウカ・外科ゲカ・歯科シカ・実科ジッカ・商科ショウカ・正科セイカ・専科センカ・選科センカ・内科ナイカ・農科ノウカ・百科ヒャッカ・分科ブンカ・文科ブンカ・兵科ヘイカ・法科ホウカ・本科ホンカ・予科ヨカ・理科リカ

【科学】カガク 普遍的真理や法則の発見を目的とした体系的知識。狭義には、自然科学を指す。『科学者』

【科挙】カキョ 中国で行われていた官吏登用試験。隋・唐代に始まり、清代の末期に廃止。唐では、秀才、明経、進士などの六科に分かれていたが、宋以後は、特に進士の科が重んじられた。

【科甲】カコウ ①合格者に、甲乙などの区別があったことから、科挙の別名。②科挙に優等で合格したもの。

【科第】カダイ ①試験をして優劣の順序を定めること。②中国の官吏登用試験。科挙。

【科名】カメイ 科挙の合格者に与える称呼。進士・明経の類。

【科目】カモク ①ある事柄を、項目や種目に区分したもの。項目。『勘定科目』②学問の種目。『選択科目』

❷ 法律の箇条。

【科款】カカン 法律、法令、規則などの箇条書。科条。

【科条】カジョウ ①法律。また、その条目。②罪状。

❸ とが。また、罪や税などを割りあてる。

下接 功科コウカ・罪科ザイカ・重科ジュウカ・前科ゼンカ・併科ヘイカ

【科役】カエキ 租税と夫役。

【科料】カリョウ 国刑法で財産刑の一。軽微な犯罪に対して科せられ、罰金よりも軽い。とがりょう。

❹ あな。また、まるいもの。

【科頭】カトウ かぶり物をつけていない頭。

❺ しぐさ。

【科白(カハク|せりふ)】①(カハク)俳優のしぐさとせりふ。特にせりふ。②(せりふ)役者が劇中で言う言葉。

❻ その他。

【科斗(カト)】①オタマジャクシの異名。蝌蚪(カト)の略式表記。②中国の古体篆字(テンジ)。竹簡に漆で文字を書いたため、粘って文字の形がオタマジャクシに似たところから。

5452 【秔】 *4890 禾－4

コウ(カウ)㊥\jīng

字解 形声。禾＋亢㊥。うるちの意。粳の本字。

5453 【秋】 2909 3D29 8F48 禾－4 常2

(4462)〔烁〕 ── ── 火－5

(5520)〔龝〕 6752 6354 E273 禾－16

(5505)〔穐〕 1612 302C 88AA 禾－11 †

シュウ(シウ)㊥\qiū\あき・とし・とき

筆順 秋 秋 秋 秋 秋

字解 会意。甲骨文は、禾＋龜(かめ)＋火。あきの意。その腹甲を火にあぶり占いに用いる亀は秋に捕らえられ、また、同じころ穀物も収穫されるので、両者を合わせて、あきの意を表したという。

甲骨文 篆文 重文

同属字 愁・甃・鍫・萩・啾・愀・楸・鍬・鰍・鞦

意味 ❶あき。四季の一。陰暦ではほぼ七月から九月、今日ではほぼ九月から一一月まで、天文学的には秋分から冬至まで、二十四節気では立秋から立冬までをいう。色では白、方角では西に当たる。『秋霜烈日』『秋季』『秋分』『立秋』❷とし。としつき。『春秋(シュンジュウ)』『千秋(センシュウ)』❸とき。たいせつなとき。『危急存亡の秋(とき)』❹固有名詞、熟字訓など。『秋津島(あきつしま)』『秋刀魚(さんま)』

❶ あき。四季の一。

下接 九秋(キュウシュウ)・三秋(サンシュウ)・初秋(ショシュウ)・新秋(シンシュウ)・清秋(セイシュウ)・早秋(ソウシュウ)・爽秋(ソウシュウ)・素秋(ソシュウ)・仲秋(チュウシュウ)・麦秋(バクシュウ)・晩秋(バンシュウ)・悲秋(ヒシュウ)・暮秋(ボシュウ)・孟秋(モウシュウ)・立秋(リッシュウ)

【秋意(シュウイ)】秋の気配。

【秋陰(シュウイン)】秋のくもり。

【秋雨(シュウウ|あきさめ)】秋に降る長雨。↕春雨

【秋稼(シュウカ)】秋のとりいれ。秋の収穫。

【秋河(シュウガ)】秋の夜の天の川。

【秋気(シュウキ)】秋の気配。秋らしいもの寂しい感じ。〔呂氏春秋-仲秋〕『爽涼(ソウリョウ)の秋気』

【秋季(シュウキ)】①秋の季節。②秋の末。季秋。

【秋暉(シュウキ)】秋の日の光。

【秋興(シュウキョウ)】秋の感興。秋の遊びの興趣。

【秋月(シュウゲツ)】①秋の夜の月。②秋の季節。

【秋光(シュウコウ)】秋の景色。また、秋の日ざし。

【秋高(シュウコウ)】秋の空が澄みきって高く見えること。

【秋毫(シュウゴウ)】秋に生えかわったばかりの、細くて先端の鋭い獣類の毛。転じて、きわめて微細なこと。わずかなこと。〔孟子-梁恵王上〕【折二秋毫一(シュウゴウをわかつ)】細かい計算をすること。〔史記-平準書〕

【秋蚕(シュウサン|あきご)】七月下旬から晩秋にかけて飼う蚕。

【秋思(シュウシ)】秋に感じるもの寂しい思い。↕春愁

【秋収(シュウシュウ)】秋の農作物のとりいれをすること。

【秋色(シュウショク)】秋の気配。秋の様子。また、秋の景色。

【秋水(シュウスイ)】秋のころの澄みきった水。転じて、比喩的に、研ぎ澄ました刀や鏡にたとえる。『三尺の秋水』

【秋成(シュウセイ)】秋に穀物などが実ること。

【秋声(シュウセイ)】秋の気配を感じさせる音。

【秋霽(シュウセイ)】秋雨がやんで晴れわたること。

【秋千(シュウセン)】ぶらんこ。鞦韆(シュウセン)。

【秋扇(シュウセン|あきのおうぎ)】①秋になり、不用となった扇。捨て扇。②男の愛を失った女のたとえ。〔班婕妤-怨歌行〕❤②は、中国、漢の成帝の宮女、班婕妤(ハンショウヨ)が、その詩「怨歌行」に、君寵の衰えたわが身を秋の扇にたとえた故事から。

【秋蟬(シュウセン)】秋のセミ。秋に鳴くセミ。

【秋霜(シュウソウ)】①秋の霜(しも)。比喩的に、白髪や刀剣にいうこともある。〔史記-李斯伝〕②刑罰、権威、志操などのきびしいこと。〔申鑒-雑言〕【秋霜烈日(シュウソウレツジツ)】権威、刑罰などがきびしいことのたとえ。

【秋波(シュウハ)】女性のこびを表す色っぽい目つき。流し目。〔蘇軾-百歩洪・其二〕❤もと、秋の澄みわたった波の意で、美人の涼しげな美しい目元を形容したことから。

【秋旻(シュウビン)】(「旻」は空、特に秋の空の意)秋の澄みわたった空。

【秋風(シュウフウ|あきかぜ)】秋に吹く風。『秋風(シュウフウ)索莫〔＝勢いの衰えが感じられて、もの寂しい心地のするさま〕』＊漢武帝-秋風辞「秋風起兮白雲飛、草木黄落兮鴈南帰(シュウフウおこりてハクウンとび、ソウモクきばみおちてガンはみなみへかえる)〔＝秋風が吹き起こって白雲が空に飛び、草木の葉が黄ばみ散って、雁は南へ帰る〕」

【秋分(シュウブン)】二十四節気の一。秋の彼岸の中日で九月二三日ごろに当たり、昼夜はほぼ同時間。↕春分

【秋芳(シュウホウ)】秋に咲く花。特に、キク(菊)のこと。

【秋望(シュウボウ)】秋のながめ。秋の景色。

【秋陽(シュウヨウ)】秋の太陽。秋の日ざし。

【秋涼(シュウリョウ)】①秋のすずしさ。秋の涼風。『秋涼の候』②陰暦八月の異称。

【秋霖(シュウリン)】秋に降る長雨。

【秋冷(シュウレイ)】秋のひややかさ。また、その気候。↕春暖。『秋冷の気』

【秋斂(シュウレン)】秋に農作物をとりいれること。また、秋の収穫期に租税を取り立てること。

【秋潦(シュウロウ)】秋の大雨。

❹ 固有名詞、熟字訓など。

【秋海棠(シュウカイドウ)】シュウカイドウ科の多年草。秋、淡紅色の小さな花が咲く。

【秋蛩(シュウキョウ)】コオロギ(蟋蟀)の異名。

【秋娘(シュウジョウ)】(中国、唐代の謝秋娘、杜秋娘という美人の名から)美人。＊白居易-琵琶行「粧成毎被二秋娘妬一(よそおいなりてはつねにシュウジョウにねたまる)〔＝化粧が仕上がると、いつも杜秋娘のような美しい方にもねたまれる〕」

【秋津島・秋津洲(あきつしま|あきづしま)】大和の国、また、広く日本の国の古称。あきつしまね。

【秋刀魚・秋光魚(さんま)】サンマ科の海魚。体は細長く、刀状。暗青色で腹部は白く、体側に銀白色の光った太い線が走る。

難読地名 秋穂(あいお)町(山口) 秋保(あきう)温泉(宮城)

5454 【秕】 6730 633E E25D 禾－4

ヒ㊥\bǐ\しいな

字解 形声。禾＋比(ならぶ)㊥。殻と殻とがくっついた、しいなの意。粃は異体字。

意味 ❶しいな。殻(から)ばかりで実のない籾(もみ)。『秕糠』『糠秕(コウヒ)』❷役に立たない。悪い。『秕政』

【秕糠（ヒコウ）】しいなとぬか。転じて、役に立たない残り物、屑をいう。〔荘子-逍遥遊〕
【秕政（ヒセイ）】実績のあがらない悪い政治。粃政。

5455 【秒】 4135 4943 9562 禾－4 常3 ビョウ（ベウ）漢/miǎo/のぎ

筆順

字解 形声。禾＋少（細く小さい）声。穀物の穂の細く小さい先の意。

意味 ❶のぎ。稲などの穂先。❷きわめてわずかなもの。かすか。わずか。❸時間と角度の単位。一秒は一分の六〇分の一。『秒針』『秒速』『寸秒（スンビョウ）』

【秒針（ビョウシン）】時計の秒を示す針。↔分針・時針
【秒速（ビョウソク）】一秒間に進む距離で表した速さ。

5456 【秧】 6731 633F E25E 禾－5 オウ（アウ）呉・ヨウ（ヤウ）漢/yāng/なえ

字解 形声。禾＋央声。

意味 ❶なえ。イネのなえ。草木のなえ。また、なえを植える。『秧歌』『秧田』『秧稲（オウトウ）』『秧馬』『新秧（シンオウ）』『挿秧（ソウオウ）』❷魚の子。幼魚。❸熟字訓。『秧鶏』

【秧歌（オウカ）】もと、中国農村の田植え歌。
【秧田（オウデン）】イネの苗を育てる田。苗代。
【秧馬（オウバ）】昔、中国で用いた農具の一。植え付けのとき、泥の上に浮かべて乗った。
【秧鶏（くいな）】クイナ科の水鳥の総称。体長約三〇センチメートル。シギに似て、水辺の草むらにすむ。水鶏（くいな）。

秧馬〔三才図会〕

5457 【秬】 6732 6340 E25F 禾－5 キョ漢/jù

字解 形声。禾＋巨声。

意味 くろきび。実が黒いきび。

【秬鬯（キョチョウ）】（「鬯」は香草の一種）くろきびで醸造し、香草を加えてつくった酒。

5458 【秭】 *4906 禾－5 シ漢/zǐ

字解 形声。禾＋𠂔声。イネの容量をはかる単位。 金文  篆文

意味 ❶容量の単位。一秭は二〇〇秉（ヘイ）。三二〇〇斛（コク）。❷数の単位。億の一万倍。

5459 【称】 3046 3E4E 8FCC 禾－5 常 （5488）【稱】 6742 634A E269 禾－9 旧字
ショウ呉漢/chēng・chèng・chèn/はかる・はかり・となえる・たたえる

筆順

字解 称は稱の略体。稱は形声。禾＋爯（手でものを持ち上げる）声。穀物を持ち上げてはかる意。 甲骨文  金文  篆文

意味 ❶はかる。目方をはかる。また、はかり。『称量』❷つりあう。かなう。対応する。『相称（ソウショウ）』『対称（タイショウ）』❸となえる。名付ける。また、呼び名。『病気と称して休む』『称号』『愛称』『通称』『美称』❹たたえる。『称賛』『称揚』『推称』『嘆称（タンショウ）』 ⇓表

❶ はかる。また、はかり。

【称量（ショウリョウ）】はかりにかけて目方をはかること。

❸ となえる。名付ける。また、呼び名。

下接 愛称（アイショウ）・異称（イショウ）・改称（カイショウ）・仮称（カショウ）・旧称（キュウショウ）・近称（キンショウ）・敬称（ケイショウ）・公称（コウショウ）・古称（コショウ）・呼称（コショウ）・詐称（サショウ）・自称（ジショウ）・賤称（センショウ）・僭称（センショウ）・総称（ソウショウ）・俗称（ゾクショウ）・尊称（ソンショウ）・通称（ツウショウ）・人称（ニンショウ）・汎称（ハンショウ）・泛称（ハンショウ）・卑称（ヒショウ）・美称（ビショウ）・併称（ヘイショウ）・並称（ヘイショウ）・別称（ベッショウ）・蔑称（ベッショウ）・名称（メイショウ）・略称（リャクショウ）

【称謂（ショウイ）】①呼び名。名称。②言葉を述べること。
【称呼（ショウコ）】①呼び名。呼称。②名前を呼ぶこと。
【称号（ショウゴウ）】①そのものを呼ぶ名。〔史記-平津侯主父伝〕②資格などを表す名称。肩書き。
【称首（ショウシュ）】第一番目に呼び上げられること。最もすぐれていること。
【称道（ショウドウ）】言葉に出してほめること。〔韓非子-説疑〕
【称名（ショウミョウ）】仏菩薩の名をとなえること。念仏。

❹ たたえる。もちあげてほめる。

下接 過称（カショウ）・賛称（サンショウ）・推称（スイショウ）・嘆称（タンショウ）・褒称（ホウショウ）

称（ショウ）	わいわいと大いにほめあげる。	称賛	称美 称揚 称辞
賛（サン）	まわりをとりまいてほめたたえる。	賞賛	賛美 賛揚 賛辞
賞（ショウ）	功労のむくいとしてほめたたえる。	褒賞	賞美 賞揚 賞詞
褒（ホウ）	善行や功績にむくいてほめる。	称頌	褒美 褒揚 褒詞
頌（ショウ）	徳や功績をことばでたたえる。		頌美 頌述 頌辞

【称引（ショウイン）】引き合いに出すこと。また、引き合いに出して人柄や行いをほめること。〔史記-孟子荀卿伝〕
【称挙（ショウキョ）】人を推薦して採用すること。
【称賛・称讃（ショウサン）】ほめたたえること。『称賛の的（まと）』
書き換え「称讃→称賛」
【称嘆・称歎（ショウタン）】感心してほめたたえること。
【称美（ショウビ）】ほめたたえること。『景観を称美する』
【称誉（ショウヨ）】ほめたたえること。称賛。
【称揚（ショウヨウ）】ほめたたえること。ほめそやすこと。

5460 【秤】 3973 4769 9489 禾－5 ショウ呉漢・ビン慣/chèng/はかる・はかり

字解 会意。禾＋平（たいら）。てんびんばかりの棒を平らにして穀物をはかる意。稱の通俗体。

意味 はかる。物の重さを計量する。また、はかり。『秤量』『天秤（テンビン）』

【秤量（ショウリョウ・ヒョウリョウ）】国①はかりで重さを量ること。②そのはかりで計量できる最大重量。▼「ヒョウリョウ」は慣用読み。

5461 【租】 3337 4145 9164 禾－5 常 ソ呉漢/zū/みつぎ

[筆順] 租 租 租 租 租 租

[字解] 形声。禾＋且[声]。且は積み上げてたてまつる意で、租は、収穫に課せられる年貢の意とも。

[意味] ❶みつぎ。税金。年貢。『租税』『地租』『免租』❷お金を払って借りる。借り賃。『租界』『租借』

❶ みつぎ。税金。年貢。

[下接] 官租(カンソ)・輸租(シュソ)・地租(チソ)・田租(デンソ)・負租(フソ)・免租(メンソ)

【租課(ソカ)】 割りあてた年貢。また、租税の割りあて。

【租税(ソゼイ)】 [1]ねんぐ。みつぎ。[2]国家や地方公共団体が住民などから強制的に徴収する金銭。税。税金。

【租入(ソニュウ)】 [1]租税による収入。[2]租税を納めること。

【租賦(ソフ)】 ねんぐ。みつぎ。

【租徭(ソヨウ)】 (「徭」は、人夫を徴発して労役させる意) 租税と徭役。

【租庸調(ソヨウチョウ)】 [1]中国、唐代の均田制下の税法。年ごとに、租は粟二石、庸は平年二〇日の労役または代納、調は絹二丈と綿三両など穀物以外の現物税で、給田を受けた丁男(二一～五九歳)に課した。のち均田制の崩壊とともに両税法に代わる。[2][国]大化改新以降の律令制での税法。班田収授法を背景に唐制を日本の実情に合わせ改変した。◆租は、収穫に応じて課され、諸国の正倉に納めて正税(ショウゼイ)と呼び、その国の経費とされた。

❷ お金を払って借りる。借り賃。

【租界(ソカイ)】 もと、中国で、開港都市に設けられた治外法権の外国の租借地区。

【租借(ソシャク)】 他の国の領土の一部を、一定の期間を限って借りること。『租借権』『租借地』

5462 【秩】 3565 4361 9281 禾－5 [常] チツ[漢]/zhì/ついで・くらい

[筆順] 秩 秩 秩 秩 秩 秩

[字解] 形声。禾＋失(→實、つめる)[声]。穀物を順序よくつめる、つむ意。

[意味] ❶ついで。物事の順序。また、順序立てる。『秩序』『秩然』❷くらい。地位。官職。また、位に応じた役人の俸給。『秩叙』『秩禄』❸「秩秩(チツチツ)」は、㋑流れ行くさま。㋺知識のあるさま。㋩秩序あるさま。㊁清らかなさま。また、美しいさま。

❶ ついで。物事の順序。次第。

【秩序(チツジョ)】 [1]物事の正しい順序、筋道。[2]特に、社会生活上の決まり。『安寧秩序』

【秩然(チツゼン)】 物事の順序が正しく整っているさま。

【秩宗(チツソウ)】 神々の等級を定め、その祭祀(サイシ)をつかさどること。

❷ くらい。地位。官職。また、俸給。

[下接] 官秩(カンチツ)・厚秩(コウチツ)・品秩(ヒンチツ)・俸秩(ホウチツ)・禄秩(ロクチツ)

【秩叙(チツジョ)】 (「叙」は能力によって地位を定める意) 給与や位を順に従って決めること。

【秩禄(チツロク)】 官職の位・職種などによって賜る俸給。

[難読地名] 秩父(ちちぶ)市・郡(埼玉) 秩父別(ちっぷべつ)町(北海道)

5463 【秘】 4075 486B 94E9 禾－5 [常]6 (5403) 〔祕〕 6716 6330 E24F 示－5 [人] ヒ[呉][漢]/mì・bì/ひめる・かくす・ひそか

[筆順] 秘 秘 秘 秘 秘 秘

[字解] 秘は祕の示を禾に誤ったもの。祕は形声。示(かみ)＋必(→閉、かたくとじる)[声]。人が入りこめぬよう閉じられた神の世界の意から、ひめる意。

[参考] 万葉仮名では音を借りて「ひ㋚」。

[意味] ひめる。㋑かくす。人に見せない。また、ひそか。『秘中(ヒチュウ)の秘(ヒ)』『秘策』『秘密』『厳秘(ゲンピ)』『極秘(ゴクヒ)』『黙秘(モクヒ)』㋺奥深くて人知でははかり知れない。『秘境』『秘奥』『神秘(シンピ)』㋩つまる。とじる。『秘結』『便秘(ベンピ)』⇒〔密〕(1767)の[表]

【秘奥(ヒオウ)】 容易に知りにくい物事の奥底。深遠な道理。

【秘閣(ヒカク)】 書物を蔵する宮中の書庫。また、それを管理する役所。御書所(みふみどころ)。秘館。

【秘境(ヒキョウ)】 外部の人が足を踏み入れたことがほとんどなく、世間に知られていない土地。

【秘曲(ヒキョク)】 秘伝の楽曲。

【秘計(ヒケイ)】 秘密の計略。

【秘経(ヒケイ｜ヒキョウ)】 [一](ヒケイ) [1]ひめかくされた書物。[2]緯書のこと。漢代、経書に仮託して孔子の作と伝えられた偽書。[二](ヒキョウ) 真言秘密の法を説いた経典の総称。

【秘訣(ヒケツ)】 技芸などの深奥な方法。極意。

【秘結(ヒケツ)】 便秘(ベンピ)すること。

【秘校(ヒコウ)】 進士の試験に合格し、新しく任官した人。◆多く秘書省の校書郎になったことから。

【秘策(ヒサク)】 秘密のはかりごと。

【秘史(ヒシ)】 人の知らない秘密の歴史。

【秘術(ヒジュツ)】 他に秘密にして知らせない術。奥の手。

【秘書(ヒショ)】 [1]秘して、人に見せない書物。[2][国]要職にある人について、機密の文書や事務を取り扱う役の人。

【秘書省(ヒショショウ)】 [1]中国の官署。宮中の図書秘籍を管理する役所。[2][国]図書寮(ズショリョウ)の唐名。

【秘蹟・秘跡(ヒセキ)】 カトリックで、信徒に神の恩寵を与える七つの儀式。サクラメント。

【秘蔵(ヒゾウ)】 大切にしまっておくこと。『秘蔵っ子』

【秘色(ヒソク)】 [国]中国の越国産といわれた青磁器の一種。◆中国、唐代、臣下、庶民の使用が禁じられたとしていう。

【秘伝(ヒデン)】 秘密にして、たやすく人に伝えない奥義。

【秘匿(ヒトク)】 秘密にして隠しておくこと。

【秘府(ヒフ)】 貴重品を保管しておく倉。宮中の公文書や書物などを保管しておく倉。秘庫。秘閣。

【秘宝(ヒホウ)】 人に見せず、大切にしておく宝。

【秘法(ヒホウ)】 [1]秘密の方法。[2]真言密教の秘密の祈禱(キトウ)。

【秘本(ヒホン)】 大切に所蔵して人に見せない本。秘蔵本。

【秘密(ヒミツ)】 隠して他に教えないこと。公開しないこと。

【秘薬(ヒヤク)】 処方などを秘密にして知らせない薬。

【秘鑰(ヒヤク)】 (「鑰」は、かぎの意) 秘密、本質などを解明する隠された手がかり。

【秘録(ヒロク)】 秘密の記録。また、一般に公開されない大事な記録。『戦中秘録』

【秘話(ヒワ)】 世の人に秘められた話。『終戦秘話』

5464 【秡】 6733 6341 E260 禾－5 バチ[呉]・ハツ[漢]

[字解] 形声。禾＋犮[声]。穀物がいたむ意。

5465 【秣】 6734 6342 E261 禾－5 バツ[漢]・マツ[慣]/mò/まぐさ

[字解] 形声。禾＋末[声]。

[意味] まぐさ。かいば。牛馬を養う飼料。また、まぐさ

5画 玄玉(王)瓜瓦甘生用田疋(⺪)疒癶白皮皿目(罒)矛矢石示(礻)内禾穴立

を与えて牛馬を飼う。『糧秣リョウマツ』

【秣粟マツゾク】穀物をかいばに用いること。また、そのかいば。

5466 【移】 1660 305C 88DA 禾-6 常5 イ呉漢 /yí・yì/ うつる・うつす

筆順 移移移移移移移移移移移

字解 形声。禾＋多（→它、波うつ）声。稲穂がゆれうごく意から一般に、うつる意。

参考 万葉仮名では音を借りて「い」「や」。

意味 ❶うつる。うつす。㋑位置・場所が変わる。また、変える。『移住』『移籍』『転移』 *孟子-梁恵王上「河内凶、則移二其民於河東一、移二其粟於河内一（カダイキョウなれば、すなわちそのたみをカトウにうつし、そのゾクをカダイにうつす）」（=河内が凶作になると、その地方の人民を河東に移住させ、(河東の)穀物を河内に送る）㋺時間・状態が変わる。また、変える。『移時』『移調』『推移』 ❷まわしぶみ。回覧する文書。『移牒イチョウ』『文移ブンイ』

❶うつる。うつす。

下接 推移スイイ・遷移センイ・転移テンイ・変移ヘンイ

【移易イエキ】うつし、かえること。うつりかわること。

【移管イカン】管轄をほかへ移し替えること。

【移行イコウ】ある状態から他の状態へ移って行くこと。

【移徙イシ】①移ること。また、移すこと。②転居すること。とのうつり。やうつり。わたまし。

【移時イジ】しばらく時がうつること。しばらく時間がたつこと。〔魏志-武帝紀〕

【移住イジュウ】ほかの土地へ移り住むこと。

【移譲イジョウ】ほかへ移しゆずること。

【移植・移殖イショク】①植物を移し植えること。②からだの、健康な一部分を、他の場所に移しかえること。③外国の文物、制度などを自国に移して用いること。

【移籍イセキ】本籍、所属を他へ移すこと。

【移送イソウ】他の場所へ移し送ること。『犯人の移送』

【移奪イダツ】うばいとること。

【移調イチョウ】一つの楽曲の曲形式を変えずに、音域を移し変える操作。

【移転イテン】場所、所在を移すこと。『移転通知』

【移動イドウ】移り動くこと。また、移し動かすこと。

【移入イニュウ】①移し入れること。『感情移入』②貨物を国内の他所から送り込むこと。「輸入」と区別していう。

【移風易俗イフウエキゾク】風俗を移し変えて世の中をよくすること。〔荀子-楽論〕

【移木之信イボクのシン】人に信まことを示すこと。〔史記-商君伝〕❤中国、秦の商鞅オウが、新法施行のためまず国民に自分を信じさせる手段として、都の南門の前に立てた木を北門に移した者に五十金を与えるという布告をし、約束どおり金を与えて信を示したという故事から。

【移民イミン】他郷に移って住むこと。特に、労働する目的で外国に移り住むこと。また、その人。→移住

❷まわしぶみ。回覧する文書。

【移檄イゲキ】ふれを回すこと。

【移牒イチョウ】一つの官庁から管轄の違う他の官庁に通知すること。また、その文書。

【移文イブン】管轄関係のない官司間でとりかわされる文書。また、その文書を送ること。また、回状。

5467 【秳】 二一 禾-6 カツ（クヮツ）漢

字解 形声。禾＋舌（=𠯑）声。穀物をついてもつぶれない意。米の中で、まだ籾もみのままで残っているもの。

5468 【稈】 6735 6343 E262 禾-7 カン漢 /gǎn/ わら

字解 形声。禾＋旱（→幹、みき）声。穀物の茎、わらの意。

意味 わら。イネ、ムギなどの茎。『麦稈バッカン・むぎわら』

5469 【稀】 2109 3529 8B48 禾-7 人 ケ呉・キ漢 /xī/ まれ

字解 形声。禾＋希（まれ）声。穀物がまばら、まれの意。

参考 現代表記では「希」に書き換える。熟語は「希」(2037)をも見よ。

意味 ❶まれ。少ない。めずらしい。「希」に同じ。『稀覯本キコウボン』『稀少キショウ』『稀有ケウ』『依稀イキ』 *杜甫-曲江「人生七十古来稀ジンセイシチジュウコライまれなり」（=人生は短くて、七十まで生きた人はめったにいない）❤この句から、七〇歳を「古稀」という。❷うすい。↔濃。『稀塩酸』『稀釈キシャク』

【稀覯キコウ】（「覯」は見る意）滅多に見られないこと。珍しいこと。『稀覯本』

5470 【稭】 二一 禾-7 ケイ 「秸」(1938)の異体字

5471 【稉】 *4913 禾-7 コウ 「粳」(5813)の異体字

5472 【稍】 6736 6344 E263 禾-7 ショウ（セウ）呉・ソウ（サウ）漢 /shāo/ やや・ようやく

字解 形声。禾＋肖（小さい）声。芽ばえたばかりの小さい穀物の意。一般に、ややの意に用いられる。

意味 ❶やや。㋑少しばかり。『稍事』㋺ようやく。しだいに。*柳宗元-南澗中題「稍深遂忘疲（ややふかくしてついにつかれをわする）」（=しだいに深く分け入るにつれて疲れも忘れてしまった）❷すくない。小さい。❸俸給。『稍食』

【稍事ショウジ】小さな事柄。わずかな暇。また、その時に酒を飲むこと。

【稍稍ショウショウ・やや】①すこしばかり。わずか。②しだいに。だんだん。*史記-張儀伝「与同二宿舎一、稍稍近就レ之（ともにシュクシャをおなじくし、ややちかづきてこれにつく）」（=一緒に同じ宿舎に泊まり、だんだんと接近して近づきになった）

【稍食ショウショク】官吏の俸給。扶持米フチマイ。〔周礼-天官〕

5473 【税】 3239 4047 90C5 禾-7 常5　(5474)【稅】 二一 禾-7 旧字

セイ漢・タツ漢・ゼイ慣・ダツ慣 /shuì/ みつぎ・ちから

筆順 税税税税税税

字解 形声。禾＋兌（ぬきとる・ぬけおちる）声。年間の収穫の中から一部を抜き取っておさめるイネ、みつぎの意。

意味 ❶みつぎ。ねんぐ。ちから。政府が国民から徴収するもの。また、年貢をとりたてる。❤収穫の一部をとりたてる租に対して、主として工商等の利からとるものをいうことがある。『税金』『税収』『脱税』『納税』❷とく。ときはなつ。『税駕』

❶みつぎ。また、年貢をとりたてる。

下接 印税インゼイ・苛税カゼイ・課税カゼイ・関税カンゼイ・血税ケツゼイ・減税ゲンゼイ

・国税・重税・増税・租税・脱税・納税・無税・免税・有税

【税権(ゼイケン)】税をとりたて、利益を独占すること。

【税関(ゼイカン)】[国]開港場、税関空港などで、関税の徴収、輸出入貨物の取り締まりなどの事務を扱う官庁。

【税金(ゼイキン)】国家または地方公共団体に租税として納める金銭。

【税収(ゼイシュウ)】税金を徴収して得る収入。

【税制(ゼイセイ)】租税に関する制度。『税制改革』

【税務(ゼイム)】租税の徴収などに関する行政事務。

【税斂(ゼイレン)】租税をとりたてること。収税。

❷ とく。ときはなつ。

【税駕(ゼイガ)】馬を車からときはなつこと。転じて、気持ちを解放し、休息すること。〔史記-李斯伝〕

【税冕(ダツベン/ベンをぬぐ)】冠をぬぐこと。転じて、官職をやめること。脱冕。

5475【程】3688 4478 92F6 禾-7 [常]5 (5476)〖程〗二二 禾-7 旧字

テイ[漢]/chēng/ほど・のり

[筆順] 程 程 程 程 程 程

[字解] 形声。禾+呈(まっすぐのびる)[声]。穀物の伸びぐあい、ほどの意。また、標準の意。

[意味] ❶ほど。ほどあい。また、のり。きまり。規則。標準。『程式』『程度』『音程(オンテイ)』『規程(キテイ)』 ❷みち。㋑みちのり。へだたり。『過程(カテイ)』『行程(コウテイ)』『道程(ドウテイ)』 ㋺みちすじ。一定の順序に区切ったみちすじ。また、わりあて。わりあてる。『方程式(ホウテイシキ)』『課程(カテイ)』『教程(キョウテイ)』『日程(ニッテイ)』 ❸人名。『程頤』『程顥』

❶ ほど。ほどあい。また、のり。きまり。

【程限(テイゲン)】ほど。かぎり。程度。限度。

【程式(テイシキ)】模範とする型。のり。方式。

【程度(テイド)】[1]性質や値打ちなどの度合い。『程度問題』[2]許容される限度。[3]…ほど。…くらい。

【程文(テイブン)】科挙の試験場で書く、一定の方式の文章。

❷ みち。みちのり。へだたり。みちすじ。

[下接] 駅程(エキテイ)・過程(カテイ)・課程(カテイ)・教程(キョウテイ)・工程(コウテイ)・行程(コウテイ)・航程(コウテイ)・視程(シテイ)・射程(シャテイ)・前程(ゼンテイ)・道程(ドウテイ)・日程(ニッテイ)・方程(ホウテイ)・里程(リテイ)・旅程(リョテイ)・歴程(レキテイ)・路程(ロテイ)

【倦レ程(テイにうむ)】歩きくたびれる。旅程にあきること。

❸ 人名。

【程頤(テイイ)】中国、北宋の儒学者。字(あざな)は正叔。号は伊川。兄の程顥(テイコウ)とともに二程子と称され、天理と人性との関連を論じた性理学の基礎を築いた。（一〇三三〜一一〇七）

【程顥(テイコウ)】中国、北宋の儒学者。字(あざな)は伯淳、号は明道。程頤(テイイ)の兄。性理学の基礎を築いた。（一〇三二〜八五）

【程朱(テイシュ)】中国、宋代の儒学者、北宋の程顥(テイコウ)、程頤(テイイ)と南宋の朱熹(シュキ)をいう。『程朱之学(テイシュのガク)〔=朱子学〕』

【程邈(テイバク)】中国、秦代の人。字(あざな)は元岑(ゲンシン)。獄中にあって隷書を作ったと伝えられる。生没年不詳。

5477【稃】＊4911 禾-7

フ[漢]/fū/かい

[字解] 形声。禾+孚(おおい包みはぐくむ)[声]。穀物の実をおおいつつむ外皮、もみがらの意。

5478【稘】6737 6345 E264 禾-8

キ[漢]/jī

[字解] 形声。禾+其[声]。年のひとまわりの意。

5479【稔】4413 4C2D 96AB 禾-8 [人]

ジン[漢]・ネン[慣]/rěn/みのる・みのり

[字解] 形声。禾+念(ふくむ)[声]。穀物がつまってふくらむ、みのる意。

[意味] ❶みのる。みのり。穀物が熟する。『稔歳』『稔熟』『豊稔(ホウジン)』 ❷(経験などが)つみかさなる。熟達する。『稔聞』 ❸とし。穀物が一度みのる期間。

【稔歳(ジンサイ)】豊年。穀物のみのり多い年。

【稔熟(ジンジュク)】[1]穀物がよくみのること。[2]物事が充実すること。熟すること。

【稔聞(ジンブン)】じゅうぶん聞きなれること。

5480【稚】3553 4355 9274 禾-8 [常]

チ[漢][呉]/zhì/おさない・いとけない・わかい

[筆順] 稚 稚 稚 稚 稚 稚

[字解] 会意。禾+隹(小さい鳥)。まだ小さい穀物の意から一般に、おさない意。穉の通俗体。

[意味] ❶おさない。いとけない。若い。おさない子供。『稚魚』『稚拙』『鮐稚(タイチ)』『丁稚(デッチ)』『童稚(ドウチ)』『幼稚(ヨウチ)』 ⇒〔幼〕(2111)の[表] ❷おくて。成熟が遅いイネ。

【稚気(チキ)】子供っぽい様子。幼稚な気分。

【稚魚(チギョ)】卵からかえって間もない魚。↕成魚

【稚子(チシ)】幼い子供。ちご。＊陶潜-帰去来辞「僮僕歓迎、稚子候レ門(ドウボクよろこびむかえ、チシモンにまつ)〔=下男たちは喜んで迎えに出て来るし、小さい子供は門の所で待っている〕」

【稚歯(チシ)】幼い年齢。また、年少者。〔列子-楊朱〕

【稚拙(チセツ)】子供っぽくて、つたないさま。また、素朴でととのっていないさま。↕老巧

【稚児(チジ/ちご)】[1]童児。小児。[2](ちご)寺院や武家などに召し使われた少年。男色の対象となる場合があったところから、一般に男色の対象となる少年をもいう。おちご。

[難読地名] 稚内(わっかない)市(北海道)

5481【稠】6739 6347 E266 禾-8

チュウ(チウ)[呉][漢]・チョウ(テウ)[漢]/chóu・tiáo/しげる・おおい

[字解] 形声。禾+周(あまねくゆきわたる)[声]。穀物がしげっている意。また、おおい意。

[意味] 生いしげる。密生している。多い。豊か。

【稠畳(チュウジョウ)】多くかさなること。重畳。

【稠人(チュウジン)】寄り集まっている人々。『稠人広衆』

【稠密(チュウミツ)】びっしりと集まっていること。

5482【稙】6738 6346 E265 禾-8

チョク[漢]・ショク[漢]/zhī

[字解] 形声。禾+直[声]。はやまきの穀物の意。

5483【稗】4103 4923 9542 禾-8

ハイ[漢]・ヒ[漢]/bài/ひえ

[字解] 形声。禾+卑(低くいやしい)[声]。イネより小さく劣っているヒエの意。また、小さい意を表す。

[意味] ❶ひえ。イネ科の一年草の穀物の名。 ❷小さい。こまかい。『稗官』『稗史』

【稗官(ハイカン)】[1]中国で、古代にあったとされる官。王者が世情風俗を知るため、民間の伝説、物語を探り、それを書

きとめて奏上させた小役人。ひいて下級官吏。〔漢書-芸文志〕②民間の物語。伝説。また、小説を卑しめて呼ぶ語。稗史。「稗官小説」

【稗史】（「正史」に対して）公認されない歴史。また、民間の歴史物語。伝説。

難読地名 稗貫郡（岩手）

5484 【稜】 4639 4E47 97C5 禾－8 人 ロウ㊥・リョウ㊞/léng/かど

字解 形声。禾＋夌㊥。棱の通俗体。

参考 万葉仮名では音を借りて「ろ㋳」。

意味 ❶かど。すみ。「稜線」「五稜郭」「觚稜」「山稜」「模稜」 ❷かどだつ。かどだってきびしい。「稜稜」 ❸いきおい。威光。「稜威」

【稜威】みいつ。神聖ではげしい力のあること。尊厳な威光。天子の威光。〔魏志-武帝紀〕

【稜線】国峰から峰へつづく線。尾根すじ。

【稜稜】①かど立ってきびしいさま。〔世説新語-容止〕②寒気のきびしいさま。

5485 【稭】 ＊4923 禾－9 カイ㊥/jiē/しべ

字解 形声。禾＋皆（そろいととのえる）㊥。穀物の皮をとり去り、きれいにととのえて編んだ、むしろの意。また、その皮をとり去った、わらの意。

意味 しべ。わらしべ。わらのくず。

5486 【穀】 2582 3972 8D92 禾－9 常6 (5493)【穀】 禾－10 旧字 人

(5831)【穀】 ＊5132 米－10 コク㊥㊥/gǔ/もみ

筆順 穀 穀 穀 穀 穀 穀 穀

字解 穀は穀の略体。穀は形声。禾＋殻（から）㊥。からをかぶったもみの意。一般に、穀物の総称として用いる。

意味 ❶こくもつ。人間が常食とする、米・麦・豆・粟などの類。「穀雨」「穀類」 ❷よい。「穀日」「穀旦」 ❸その他。書名など。「穀梁伝」「穀穀」「布穀」

下接 禾穀・九穀・旧穀・五穀・雑穀・新穀・脱穀・年穀・米穀・六穀

【穀雨】二十四節気の一。四月二一日ごろ。穀物をうるおす春雨の意。

【穀穀】鳥の鳴く声。

【穀日】よい日。めでたい日。吉日。

【穀倉】①穀物を入れて蓄えておく倉。②比喩的に、穀物を多く産する地域。「穀倉地帯」

【穀旦】天気のよい朝。また、穀日。

【穀帛】穀類と布帛。

【穀物】人類が主食とする農作物。イネ、ムギ、アワ、ヒエ、マメなど。穀類。

【穀梁伝】「春秋穀梁伝」の略称。春秋三伝の一。孔子の門人の弟子、穀梁赤の著とされる。「春秋」を解釈し、問答体で述べたもの。

【穀類】食糧としての穀物。

5487 【種】 2879 3C6F 8EED 禾－9 常4 シュ㊥・ショウ㊥/zhǒng・zhòng/たね・うえる・くさ

筆順 種 種 種 種 種 種 種

字解 形声。禾＋重㊥。重は上から下へ重みをかけ、つく意で、種は、たねをうえるが原義という。

意味 ❶たね。草木のたね。また、物事の発生するもと。「種子」「種皮」「採種」「断種」「播種」 ❷うえる。たねをまく。「種樹」「種痘」「耕種」「接種」「芒種」 ❸くさ。たぐい。部類わけ。また、生物学で分類上の単位。「種目」「種類」「雑種」「人種」

＊史記-陳渉世家「王侯将相寧有種乎」〔＝一国の王や諸侯、将軍、宰相になるのは、家系や血統によるのだろうか〕 ❹あて字。「仕種」

❶ たね。草木のたね。物事の発生するもと。

【種子】①（シュ）種子植物の胚珠が受精後成熟したもの。たね。②（ジ）仏語。密教で、仏菩薩などの諸尊を標示する梵字をいう。

【種姓】うじ。氏。素性。〔史記-匈奴伝〕

【種畜】繁殖や品種改良などのための雄の家畜。

【種皮】植物の種子を包む皮。

【種苗】種と苗。「種苗店」

❷ うえる。たねをまく。

【種芸】作物や草木を植えつけること。

【種作】果樹・穀物などを植えて耕作すること。耕作。＊陶潜-桃花源記「其中往来種作〔＝その中に人々は行き来し、種をまき耕作している〕」

【種樹】草木を植えること。また、植木屋。

【種痘】天然痘の予防に、痘苗を人体の皮膚に接種すること。

❸ たぐい。部類分け。なかま。

下接 亜種・一種・各種・貴種・業種・甲種・雑種・職種・新種・人種・多種・珍種・同種・特種・品種・別種・変種

【種種】①さまざま。「種種雑多」②純朴なさま。愚直なさま。〔荘子-胠篋〕

【種族】人種、民族などの人類集団の分類単位。部族。

【種目】種類によって分けた項目。「種目別」

【種落】同じ種族の人が集まっている所。〔魏志-夏侯淵伝〕

【種類】性質などの共通している個体または、事物をまとめたもの。

難読地名 種子島（鹿児島） 種差海岸（青森）

難読姓氏 種田

5488 【稱】 6742 634A E269 禾－9 ショウ 「称」(5459)の旧字

5489 【稲】 1680 3070 88EE 禾－9 常 (5498)【稻】 6743 634B E26A 禾－10 旧字 人 トウ（タウ）㊥㊥/dào/いね・いな

筆順 稲 稲 稲 稲 稲 稲

字解 稲は稻の略体。稻は形声。禾＋舀（臼からとり出す）㊥。臼でつくと、ねばる穀物の意。甲骨文は、器に米を蓄える形。

甲骨文 金文 篆文

意味 いね。イネ科の植物の名。

下接 粳稲・水稲・晩稲・陸稲／早稲

【稲畦】＝稲田

【稲田(トウデン|いなだ)】 イネを栽培する耕作地。たんぼ。

【稲粱(トウリョウ)】 イネとアワ。転じて、穀物の総称。

【稲妻(いなずま)】 雷放電によってひらめく電光。いなびかり。

❤イネが雷電によって霊的なものと結合し、穂を実らせるとの古代信仰から。

【稲荷(いなり)】 ①五穀の神宇賀御魂命(うかのみたまのみこと)。また、それを祭った社(やしろ)。②(キツネが稲荷明神の使いと信じられたことから)キツネの異名。③「稲荷鮨(いなりずし)」の略。煮つけた油揚げの中にすし飯を詰めたもの。

【稲熱病(トウネツビョウ|いもちビョウ)】 イネに発生する病害。

難読地名 稲城(いなぎ)市(東京) 稲築(いなつき)町(福岡) 稲武(いなぶ)町(愛知) 難読姓氏 稲生(いなう|いのう|いのお)

5490
【稼】 1852 3254 89D2 禾-10 常
ケ(呉)・カ(漢)\jià\かせぐ・かせぎ

筆順 稼 稼 稼 稼 稼 稼

字解 形声。禾＋家(声)。

意味 ❶うえる。穀物をうえる。『稼穡』『耕稼(コウカ)』 ❷みのり。みのった稲穂。『禾稼(カカ)』『秋稼(シュウカ)』 ❸国かせぐ。はたらく。かせぎ。『稼業』『稼働』

【稼業(カギョウ)】 ①農業。②国生計をたてるための職業。

【稼穡(カショク)】 (「穡」は収める意)①穀物の植えつけとり入れ。農業。②植えつけた農作物。

【稼働・稼動(カドウ)】 国①かせぎはたらくこと。②機械などを動かして働かせること。『稼働時間』

5491
【稽】 2346 374E 8C6D 禾-10
ケ(呉)・ケイ(漢)\jī・qǐ\とどまる・とどめる・かんがえる

字解 形声。禾＋尤(手でおさえとがめる)＋旨(→詣、いたる)(声)。穀物の成長がいたりつき、とまる、とどまる意。また、かんがえる意を表す。
参考 万葉仮名では音を借りて「け(甲)」。
意味 ❶とどまる。とどめる。一か所にとどこおる。『稽留』 ❷くらべて考える。『荒唐無稽(コウトウムケイ)』 ❸ぬかずく。頭を長く地につけて礼をする。『稽首』 ❹口のよくまわること。多弁。『滑稽(コッケイ)』 ❺地名。『会稽(カイケイ)』

❶ とどまる。とどめる。

【稽緩(ケイカン)】 とどこおっていてゆっくりしていること。

【稽留(ケイリュウ)】 とどまること。滞留。

❷ くらべて考える。

【稽古(ケイコ)】 ①昔のことを考え調べること。〔書経－尭典〕②国武術、芸能などの修業、練習。『寒稽古』
【稽査(ケイサ)】 考え調べること。考査。調査。
【稽式(ケイシキ)】 法則。法式。〔老子－六五〕❤考えくらべるための手本の意。

❸ ぬかずく。

【稽首(ケイシュ)】 ①仏語。頭を深くたれて地につけること。うやうやしく礼をすること。②書簡の末尾に用いて、相手に敬意を表す語。頓首。

【稽顙(ケイソウ)】 額を地につけて敬礼すること。古代中国の丁重な喪の礼。〔礼記－檀弓上〕

5492
【稿】 2538 3946 8D65 禾-10 常
(5447)
〖稾〗 6744 634C E26B 禾-10
コウ(カウ)(呉)(漢)\gǎo\わら

筆順 稿 稿 稿 稿 稿 稿

字解 形声。禾＋高(→槁、かれてかたい)(声)。枯れて固いイネの茎、わらの意。
意味 ❶わら。イネやムギなどの枯れた茎。『稿人』 ❷詩文などの下書き。『稿を脱す』『稿本』『稿料』『遺稿』

❶ わら。

【稿人(コウジン)】 わら人形。

【稿砧(コウチン)】 わらを打つ台石。また、斬罪の処刑台で、鈇(ふ)(まさかり)で罪人の胴を断ったことから、鈇と夫をかけて、妻からいう夫の隠語とする。

❷ したがき。

下接 遺稿(イコウ)・改稿(カイコウ)・歌稿(カコウ)・画稿(ガコウ)・起稿(キコウ)・寄稿(キコウ)・玉稿(ギョクコウ)・原稿(ゲンコウ)・成稿(セイコウ)・拙稿(セッコウ)・草稿(ソウコウ)・脱稿(ダッコウ)・底稿(テイコウ)・投稿(トウコウ)・入稿(ニュウコウ)・腹稿(フクコウ)

【稿本(コウホン)】 下書き。草稿。↔定本

5493
【穀】 二一 禾-10
コク 「穀」(5486)の旧字

5494
【稷】 6745 634D E26C 禾-10
ショク(漢)\jì\きび

字解 形声。禾＋畟(人が田畑を耕作する)(声)。耕してつくるアワ、キビの意。中国では、キビの栽培が穀物のうち最も早くから行われたという。

意味 ❶アワ、キビの類。イネ科の一年草の穀類の名。また、五穀の総称。『黍稷(ショショク)』 ❷五穀の神。また、それをまつる所。『稷正』『稷狐』『社稷(シャショク)』 ❸たおさ。農事をつかさどる役人。『后稷(コウショク)』 ❹地名。『稷下』

【稷下(ショクカ)】 中国、戦国時代の斉の都臨淄(リンシ)にあった学者街。孟子、荀子などが居住したという。

【稷正(ショクセイ)】 穀物の神。

【稷狐(ショッコ)】 穀物の神をまつる社(やしろ)に住んでいるきつね。君主のそばに仕える悪臣をいう。

5495
【稹】 ＊4929 禾-10
シン(漢)\zhěn

字解 形声。禾＋眞(一杯につめる)(声)。群がり茂る意。
意味 ❶むらがる。しげる。❷こまか。こまかい。

5496
【穂】 4270 4A66 95E4 禾-10 常
(5508)
〖穗〗 6747 634F E26E 禾-12 旧字(人)
スイ(漢)\suì\ほ

筆順 穂 穂 穂 穂 穂 穂

字解 穂は穗の略体。穗は形声。禾＋惠(声)。采(⺥＋禾の会意)の通俗体。
参考 万葉仮名では訓を借りて「ほ」。
意味 ほ。穀物の茎の先の実をつけるところ。また、そのような形をしたもの。『稲穂(いなほ)』
下接 禾穂(カスイ)・花穂(カスイ)・出穂(シュッスイ)／空穂(うつぼ)・瑞穂(みずほ)

5497
【稺】 ＊4930 禾-10
(5509)
〖穉〗 6748 6350 E26F 禾-12
チ(漢)\zhì

字解 形声。禾＋屖(声)。おさない意。稚に同じ。

5498
【稻】 6743 634B E26A 禾-10
トウ 「稲」(5489)の旧字

5499【穆】 ―― ―― 禾-10 ボク 「穆」(5507)の異体字

5500【䅵】 6746 634E E26D 禾-10 音訓字義未詳

5501【穎】 1747 314F 896E 禾-11 エイ㊥/yǐng/ほさき

字解 形声。禾＋頃(かたむく)㊟。いねの先のかたむくところ、ほさきの意。

意味 ❶ほさき。イネなどの穂先。のぎ。また、そのように先のとがったもの。『禾穎(カエイ)』『毛穎(モウエイ)』 ❷すぐれている。才能がある。『穎悟(エイゴ)』『才穎(サイエイ)』『俊穎(シュンエイ)』

❷ すぐれている。才能がある。

【穎異(エイイ)】 人に抜きんでてすぐれていること。

【穎悟(エイゴ)】 賢くて悟りのはやいこと。

【穎才(エイサイ)】 すぐれた才能のある人。英才。

【穎脱(エイダツ)】 才能が、群を抜いてすぐれていること。〔史記-平原君虞卿伝〕

【穎敏(エイビン)】 すぐれて賢いこと。

5502【穏】 1826 323A 89B8 禾-11 常 (5516)【穩】 6751 6353 E272 禾-14 旧字

オン(ヲン)㊐㊥/wěn/おだやか

筆順 穏 穏 穏 穏 穏 穏

字解 穏は穩の略体。穩は、会意。禾＋㥯(両手でものをつつむ)。もみを足でふみあつめる意。温に通じて、おだやかの意を表す。一説に形声字とも。

意味 おだやか。やすらかなさま。

下接 安穏(アンノン)・深穏(シンオン)・静穏(セイオン)・不穏(フオン)・平穏(ヘイオン)

【穏穏(オンオン)】 おだやかなさま。

【穏健(オンケン)】 性格、思想などが、おだやかで健全なこと。

【穏座(オンザ)】 ①くつろぎ、落ち着くこと。また、安心できる場所。②食事の最後に出る食べ物。③②から転じて、物の盛りの過ぎたもの。特に、果物、野菜など。

【穏当(オントウ)】 おだやかで無理のないこと。『不穏当』

【穏便(オンビン)】 国①角立たず、おだやかなこと。尋常であること。②簡単なこと。③内証にすること。

【穏和(オンワ)｜(オンカ)】 ①(気候が)暖かくのどかなこと。温和。②(性質、態度などが)おとなしくてやさしいこと。

5503【穅】 *4932 禾-11 コウ(カウ)㊥/kāng

字解 形声。禾＋康(もみをおとす)㊟。もみがらの意。のちに禾を加えた。糠は異体字。

5504【穇】 *4933 禾-11 サン㊥/cǎn

字解 形声。禾＋參㊟。いぬきびの意。「穇穇(レンサン)」は、穂の実らないもの。

5505【穐】 1612 302C 88AA 禾-11 シュウ 「秋」(5453)の異体字

5506【積】 3249 4051 90CF 禾-11 常4 シャク㊐・セキ㊥・シ㊐㊥/jī/つむ・つもる

筆順 積 積 積 積 積 積

字解 形声。禾＋責(→冊、かさねあわせる)㊟。つむ意。

参考 万葉仮名では音を借りて「さ」。

意味 ❶つむ。つもる。高くつむ。つみ重なる。つもりつもった。『積載』『積年』『集積(シュウセキ)』『蓄積(チクセキ)』 *史記-伯夷伝「積ㇾ仁絜ㇾ行如ㇾ此(ジンをつみおこないをきよくすることかくのごとし)」〔＝仁徳を積み、行いを潔白にすることはこのようであった〕 ❷㋑二つ以上の数を掛け合わせて得た数値。↔商。『相乗積(ソウジョウセキ)』 ㋺平面や立体の大きさ。広さ。『体積(タイセキ)』『面積(メンセキ)』『容積(ヨウセキ)』 ❸(シ)たくわえること。

❶ つむ。つもる。つもりつもった。

下接 鬱積(ウッセキ)・山積(サンセキ)・集積(シュウセキ)・充積(ジュウセキ)・堆積(タイセキ)・滞積(タイセキ)・蓄積(チクセキ)・沖積(チュウセキ)・累積(ルイセキ)

【積痾(セキア)】 長い間なおらない病気。持病。

【積悪(セキアク)】 悪事を重ねること。↔積善。【積悪余殃(セキアクのヨオウ)】 悪事をつみ重ねた結果として子孫まで報いが及ぶこと。→積不善家必有二余殃一

【積陰(セキイン)】 ①陰の気がつもりつもること。また、その陰気。転じて、寒気の激しい季節。冬。②曇りの日が続くこと。また、その天候。

【積羽(セキウ)】 つみ重ねた鳥の羽。〖積羽沈ㇾ舟(セキウふねをしずむ)〗 羽のように軽いものも、多く積もれば重くなって舟を沈めるようになる。転じて、小事も積もれば大事になることのたとえ。〔史記-張儀伝〕

【積雨(セキウ)】 連日、降り続く雨。ながあめ。

【積鬱(セキウツ)】 ①うっとうしい天候が長く続くこと。②苦しく辛い気持ちがつもり重なること。③長く続く沈滞。

【積雲(セキウン)】 底は平らで上が丸い塊状の雲。

【積怨(セキエン)】 つもり重なる恨み。

【積慶(セキケイ)】 めでたいことが重なること。重なる喜び。

【積載(セキサイ)】 つみのせること。船や車などに荷物をつむこと。『最大積載量』

【積算(セキサン)】 数を次々に加えて計算すること。累計。

【積日(セキジツ)】 多くの日数を経ること。また、つもる年月。

【積習(セキシュウ)】 長い間の習慣となること。昔から続いているしきたりや習わし。

【積畳(セキジョウ)】 幾重にもつみ重なること。多くつみ重ねること。

【積薪(セキシン)】 たきぎをつむこと。また、多くつみ上げたたきぎ。【積薪之嘆(セキシンのタン)】 あとから来た者が重く用いられ、前からいる者が下積みになってなかなか用いられないこと。

【積水(セキスイ)】 ①あつまりたまった水。湖沼、海などをいう。*王維-送三秘書晁監還二日本国一「積水不ㇾ可ㇾ極(セキスイきわむべからず)」〔＝広々と広がる海の果ては、きわめることができない〕 ②星の名。

【積翠(セキスイ)】 つみ重なったみどり。青空、青山、青海などの一面のみどり(青)を形容していう語。

【積雪(セキセツ)】 地面に降りつもった雪。『積雪量』

【積善(セキゼン)】 よい行いを重ねること。↔積悪。〖積善家必有二余慶一(セキゼンのいえにはかならずヨケイあり)〗 善行を積み重ねた家には、必ず思いがけないよい事が起こり、幸福になる。積善余慶(セキゼンのヨケイ)。〔易経-坤・文言伝〕

【積漸(セキゼン)】 だんだんにつみ重なっていくこと。

【積素(セキソ)】 つもった雪。

【積著(セキチョ)】 (「著」はたくわえるの意) つみ蓄えること。

【積徳(セキトク)】 善行をつみ重ねること。

【積年(セキネン)】 年のつもり重なること。長い年月。

〖積不善家必有二余殃一(セキフゼンのいえにはかならずヨオウあり)〗 悪事を積み重ねた家には、その報いとして必ず災いがやってくる。

積悪余殃（セキアクヨオウ）。〔易経－坤・文言伝〕

【積分（セキブン）】微分すると、与えられた関数 $f(x)$ に等しくなるような関数の、$f(x)$ に対する称。

【積弊（セキヘイ）】長い間につもり重なった弊害。

【積乱雲（セキランウン）】山のような頂をもつ入道雲。夕立雲。

【積累（セキルイ）】物事をつみ重ねること。しゃくるい。

〔積毀銷レ骨（セッキほねをとかす）〕悪口もつみ重なればかたい骨をも溶かす。世間のうわさの恐ろしいことのたとえ。〔史記－張儀伝〕

【積極（セッキョク）】①進んで対象に働きかけようとすること。↔消極。『積極的』②電気や磁気の陽極。プラス。

難読地名 積丹（しゃこたん）郡・町（北海道）

5507【穆】4352 4B54 9673 禾－11 (5499)〔穆〕―― 禾－10

ボク漢/mù/おだやか・しずか

字解 会意。稈（イネが豊かに実り、穂が垂れたさま）＋彡（かざり・美しい）。豊かで美しい意。また、やわらぐ意。甲骨文は象形。

甲骨文　金文　篆文

意味 ❶おだやかな。やわらいだ。静かな。また、てあつい。ていねいな。つつしみ深い。『穆清』『穆然』『穆穆』『粛穆（シュクボク）』『和穆（ワボク）』❷宗廟（ソウビョウ）の順位の一。父の位（昭）に対して子の位。『昭穆（ショウボク）』

【穆清（ボクセイ）】世の中がおだやかで清らかなさま。また、天子が清和の徳により世を治めること。

【穆然（ボクゼン）】①静かなさま。沈黙するさま。②音がかすかなさま。③おだやかでつつしみ深いさま。

【穆穆（ボクボク）】①むつまじいさま。②うやうやしいさま。③美しく威儀のあるさま。④静かなさま。

5508【穗】6747 634F E26E 禾－12

スイ「穂」(5496)の旧字

5509【稺】6748 6350 E26F 禾－12

チ「稚」(5497)の異体字

5510【穢】6750 6352 E271 禾－13

エ（ヱ）呉・ワイ漢・アイ慣/huì/きたない・けがす・けがれる・けがらわしい・けがれ

字解 形声。禾＋歳声。雑草がしげりあれる意。

参考 万葉仮名では音を借りて「ゑ」。

意味 けがれ。けがれる。けがらわしい。また、わるい。『汚穢（オワイ）』『垢穢（クエ）』『産穢（サンエ）』

【穢行（アイコウ・エギョウ）】不道徳な行為。けがれた行い。

【穢草（アイソウ・ワイソウ）】わるい雑草。悪草。

【穢濁（アイダク・ワイダク）】けがれにごること。

【穢土（エド）】仏語。煩悩にけがれた者が住む迷いの世界。娑婆（シャバ）。この世。↔浄土（ジョウド）。『厭離（エンリ・オンリ）穢土』

5511【穭】―― 禾－13

カイ（クヮイ）漢/すくも

字解 形声。禾＋會声。すくも。もみがら。もみぬか。

5512【穫】1947 334F 8A6E 禾－13 常 (5517)〔穫〕―― 禾－14 旧字

カク（クヮク）漢/huò/かる・とりいれる

筆順

字解 形声。禾＋蒦（獲物を手でつかまえる）声。穀物をとり入れる意。

意味 かる。とりいれる。かりとる。おさめる。『収穫（シュウカク）』『秋穫（シュウカク）』⇓表

	収―	多―	漁―	補―	乱―	―得
穫（カク） 穀物をとり入れる。	○	○	－	－	－	－
獲（カク） 動物をとらえる。	△	△	○	○	○	○

5513【穣】3087 3E77 8FF5 禾－13 人 (5521)〔穰〕6753 6355 E274 禾－17 旧字 人

ジョウ（ジャウ）漢/rǎng/きび

字解 穣は穰の略体。穰は形声。禾＋襄（中にとりこむ）声。イネの穂がふくらんで、ゆたかの意。

意味 ❶きび。わら。イネの茎。❷ゆたか。ゆたかに実った。さかん。『穣歳』『穣穣』

【穣歳（ジョウサイ）】穀物のみのりのよい年。

【穣穣（ジョウジョウ）】①穀物が豊かにみのるさま。②多くて盛んなさま。

5514【穠】＊4942 禾－13

ジョウ（ヂョウ）漢/nóng/しげる・さかん

字解 形声。禾＋農（→濃、こい）声。草木がしげる意。

意味 しげる。花や木がさかんにしげるさま。

【穠華（ジョウカ）】①さかんに咲いた花。②花のように美しい女性のたとえ。

【穠緑（ジョウリョク）】こんもりとしげって緑が濃いこと。

5515【穡】6749 6351 E270 禾－13

ショク漢/sè/とりいれる・おしむ

字解 形声。禾＋嗇（とり入れ）声。とり入れの意。のちに禾を加えて、その字義を明確にした。

意味 ❶とり入れる。穀物を収穫する。また、収穫物。『稼穡（カショク）』『農穡（ノウショク）』❷農業。『穡人』❸おしむ。ものおしみする。「嗇」に同じ。

【穡人（ショクジン）】農夫。農民。

5516【穩】6751 6353 E272 禾－14

オン「穏」(5502)の旧字

5517【穫】―― 禾－14

カク「穫」(5512)の旧字

5518【穬】―― 禾－15

コウ（クヮウ）漢/kuàng

字解 形声。禾＋廣（広大）声。おおあわの意。

5519【穭】＊4946 禾－15

リョ漢/lǚ/ひつじ

字解 形声。禾＋魯声。ひつじばえ、苅った後の株から出た芽の意。

5520【穐】6752 6354 E273 禾－16

シュウ「秋」(5453)の異体字

5521【穰】6753 6355 E274 禾－17

ジョウ「穣」(5513)の旧字

［酥］⇩8280 ［穌］⇩9695

116 穴部 あな

篆文

穴は指事。屋根のようにおおうものの下を分け入るさまで、土中の空所を示す。穴部に属するものは、あな、深く入ること、かくれて見えないことなどに関する。これらはすべて穴を上部にもつ。上部にある穴を「あなかんむり」という。明朝体では、八を儿のように作る。

穴 0画 穴

穴 2~3画 ②究 ③穹空突 ④穽窃穿突 ⑤窄窅窈窊 ⑥窓窒窕窑 ⑦窖窗 ⑧窠窟 ⑨窩窪窬窪 ⑩窮 窾窯窰 ⑪窺窶窻窼 ⑫窿竃 ⑬ 竅竄 ⑭竆 ⑮竇 ⑯竈 ⑰竊

穴 0画

5522 【穴】 2374 376A 8C8A 穴－0 常6 ケチ呉・ケツ漢／xué／あな

筆順 穴穴穴穴穴

字解 部首解説を参照。

意味 あな。㋑表面が、低くまた奥深くくぼんだ所。『穴居』『虎穴』㋺人体の急所。鍼や灸のつぼ。『灸穴』㋩国欠けたためにできた空白状態。欠陥や損失。『借金の穴埋め』㋭国勝負の番狂わせ。『大穴』㊁国人に知られていない格好の所や物事。『穴場』

下接 岩穴・虎穴・巣穴・洞穴・風穴／かざあな・墓穴／はかあな・偕老同穴／鍵穴

【穴居】(ケッキョ) 洞穴に住むこと。『穴居人』『穴居生活』

【穴隙】(ケツゲキ) あな。すきま。

【穴見】(ケッケン) 穴からのぞき見ること。見識の狭いこと。

【使₌穴可₋入】(あなをしているべからしむ) 穴があったら、そこに隠れてしまいたいほど恥ずかしい。〔新書-審微〕

穴 2~3画

5523 【究】 2170 3566 8B86 穴－2 常3 ク呉・キュウ(キウ)漢／jiū／きわめる・きわまる

筆順 究究究究究究究

字解 形声。穴＋九(曲がりくねってきわまる)声。曲がりくねったあなの最後までいたる、きわめる意。

意味 きわめる。きわまる。最後までつきつめる。

下接 学究・研究・考究・講究・精究・探究・追究・討究・論究

【究覈】(キュウカク) 深く調べること。

【究詰】(キュウキツ) 最後まで問いつめること。窮詰。

【究究】(キュウキュウ) ①どこまでも憎み合うさま。②とめどもないさま。

【究竟】(キュウキョウ／クキョウ／キッキョウ) ㊀(キュウキョウ) ①物事の、きわめて究極に達したところ。②つまるところ。畢竟。㊁(クキョウ／クッキョウ) ①仏語。物事の究極に達すること、また、達したところ。②国力や技術などが非常にすぐれていること。③国非常につごうが良いこと。絶好の機会。

【究極】(キュウキョク) 物事を押しつめて最後に到達する所。『究極の目標』

【究察】(キュウサツ) 本質、奥義をきわめ、深く見通すこと。

【究悉】(キュウシツ) きわめつくすこと。

【究明】(キュウメイ) 物事を徹底的に追究して、はっきりさせること。『真相究明』

【究問】(キュウモン) 問いつめること。

【究理】(キュウリ) 物事の道理、法則をきわめること。窮理。

5524 【穹】 6754 6356 E275 穴－3 キュウ(キウ)漢／qiōng・qióng／そら

字解 形声。穴＋弓(ゆみ)声。弓形になった天井のあるあなの意。

意味 ❶弓形。アーチ形。『穹窿』『穹廬』❷そら。大空。天。『穹蒼』『青穹』『蒼穹』❸きわめる。きわまる。『窮』に同じ。『穹谷』

【穹谷】(キュウコク) 奥深い谷。

【穹蒼】(キュウソウ) (弓形で青々している意から) 青空。大空。

【穹窿】(キュウリュウ) ①アーチ形。また、ドーム。②弓形に見える大空。天空。蒼穹。

【穹廬】(キュウロ) 北方の遊牧民が住む半球形の天幕。＊古詩賞析-勅勒歌「天似₌穹廬₋、籠₌蓋四野₋(テンはキュウロににて、シヤをロウガイす)〔=大空は円形の天幕のように、四方の平野におおいかぶさっている〕」

5525 【空】 2285 3675 8BF3 穴－3 常1 クウ呉・コウ漢／kōng・kǒng・kòng／そら・あく・あける・から・すく・むなしい

筆順 空空空空空空空空

字解 形声。穴＋工(のみでつらぬく)声。つらぬき通したあなの意。また、むなしい意。一般に、そらの意を表す。

同属字 箜・鵼・倥・崆・悾・控・腔・椌・鞚

意味 ❶あながあいている。『空竅』『空洞』『中空』❷むなしい。㋑何もない。からっぽ。『空虚』『真空』㋺根拠がない。実在しない。事実でない。『空想』『架空』㋩仏語。仏教で、天地間の一切の事物はすべて因縁より起こるものであって、その実体も自性もないとする考え。『色即是空』㊁ひとけのない。ひっそりとしている。『空谷』『空山』㋭とぼしい。尽きる。一文なしになる。『空乏』＊論語-先進「回也其庶乎。屢空(カイやそれちかきか。しばしばむなし)〔=顔回は完全に近い。(だが、)しょっちゅう貧乏をしている〕」㋬むだ。役に立たない。『空費』『空論』⇒表 ❸大きい。ひろい。『空闊』『空曠』❹そら。大空。また、大気。『空気』『空軍』『空港』『天空』『防空』❺人名。『空海』『空也』

❶ あながあいている。

【空竅】(クウキョウ) 耳・目・鼻・口など、体のあな。

【空洞】(クウドウ) 穴があいてうつろになっていること。

❷ むなしい。何もない。根拠がない。むだ。

【空位】(クウイ) 定められた地位にだれも就いていないこと。

【空懐】(クウカイ) むなしい思い。

【空間】(クウカン) ①物が何も存在しない、あいている所。『空間を利用する』『宇宙空間』②哲学で、時間と共に物体を

5画 玄玉(王)瓜瓦甘生用田疋(正)疒癶白皮皿目(罒)矛矢石示(ネ)内禾穴立

空 クウ	虚 キョ	偽 ギ
空虚		
	虚偽	
むなしい。内容がない。 空言 空説 空名 空想 空文 空理	むなしい。実がともなわない。 虚言 虚説 虚名 虚像 虚辞 虚飾	うそ。いつわり。 偽言 偽説 偽名 偽装 偽書 偽善

成立させる基礎的な概念。物体のすべての中身を取り去ったあとに残される場。

【空居 クウキョ】①むなしく暮らすこと。②あきや。

【空虚 クウキョ】物事に実質的な内容や価値のないさま。また、むなしいさま。

【空曲 クウキョク】人けのない山の隅。

【空空 クウクウ】①何もないさま。虚心なさま。〔論語-子罕〕②執着のないさま。煩悩のないさま。『空空寂寂』

【空閨 クウケイ】夫または妻がいない、ひとり寝のさびしい寝室。孤閨。『空閨を守る』

【空隙 クウゲキ】①すきま。②ひまな時。

【空拳 クウケン】①手に何も持っていないこと。また、人の援助を受けずに事に当たること。空手(クウシュ)。素手(すで)。〔塩鉄論-険固〕『徒手(トシュ)空拳』②＝空弮(クウケン)

【空弮 クウケン】射つくして、射るべき矢のない弓。空拳。

【空言 クウゲン|そらごと】①根拠のないうわさ。虚言。〔呂氏春秋-知度〕②言うだけで実行しそうもない言葉。＊史記-廉頗藺相如伝「以₂空言₁求₂璧₁(クウゲンをもってたまをもとむ)〔＝口先だけの言葉で璧を求める〕」

【空谷 クウコク】人けのない、寂しい谷。【空谷跫音(クウコクのキョウオン)】人のいない寂しい谷に聞こえる足音。孤独を感じているときに同情者を得た喜びなどのたとえ。空谷足音(クウコクのソクオン)。〔荘子-徐無鬼〕

【空山 クウザン】ひっそりとした山。人の気配のない山。＊王維-鹿柴「空山不₂見₁人(クウザンひとをみず)〔＝もの寂しい山は人かげも見えない〕」

【空車 クウシャ|からぐるま】営業用の自動車で客や貨物をのせていない車。↔実車

【空寂 クウジャク】①ひっそりと寂しい様子。②仏語。この世のものはすべて実体がなく、空(クウ)であるということ。

【空手 クウシュ|からて】①手に何も持たないこと。素手(すで)。てぶら。②(からて) 琉球(リュウキュウ)から伝わった拳法(ケンポウ)。武器を持たずに戦う。唐手。

【空城 クウジョウ】ひっそりとした町。＊賈島-泥陽館「空城寒雨来(クウジョウにカンウきたる)〔＝さびれてひっそりした町には、冷たい雨が降りはじめた〕」

【空席 クウセキ】①あいている座席。②欠員になっている職や地位。

【空船 クウセン】主のいない船。＊白居易-琵琶行「去来江口守₂空船₁(さりてよりこのかたコウコウにクウセンをまもる)〔＝(夫が)出かけてから今日まで、河口のこの地で、主人のいない船の留守をしている〕」

【空前 クウゼン】それより以前には例がないこと。『空前の大作』『空前絶後』

【空疎 クウソ】見せかけだけで内容のないさま。

【空想 クウソウ】実際にはありえないこと、実現しそうもないことを想像すること。『空想科学小説』『空想家』

【空即是色 クウソクゼシキ】仏教で、宇宙間のあらゆる事物は実体がなく空であるが、その空と見られる、実体のないということが、そのまま一切の事物(＝色)なのである、ということ。〔般若心経〕

【空談 クウダン】①＝空論(クウロン)。②無駄な話。

【空転 クウテン】①車輪や機関などが無駄に回転すること。②何の成果もなく、物事が進行すること。空回り。

【空髑髏 クウドクロ】肉が欠け落ち、白くなったしゃれこうべ。＊荘子-至楽「荘子之₂楚。見₂空髑髏₁(ソウジ ソにゆく。クウドクロをみる)〔＝荘子が楚の国へ出かけて行った。(途中で)しゃれこうべを見つけた〕」

【空白 クウハク】あるべき部分が欠けていること。何もないこと。ブランク。

【空漠 クウバク】①何物もなく広いさま。②漠然としてつかみどころがないさま。

【空発 クウハツ】①無駄に爆発すること。②ねらいを定めないうちに発射されること。

【空費 クウヒ】金や時間などを無駄に使うこと。

【空腹 クウフク】腹が減ること。すき腹。↔満腹

【空文 クウブン】実際の役に立たない文章。規定や法律の条文にいう。

【空包 クウホウ】発射音だけ出るようにした演習用の弾丸。↔実包・実弾

【空砲 クウホウ】実弾を込めてない銃砲。また、空包を発射して音だけ出すこと。

【空乏 クウボウ】蓄えがなかったり乏しかったりすること。

【空房 クウボウ】①人のいないへや。②夫または妻が、ひとりで寂しく寝ているへや。空閨(クウケイ)。

【空名 クウメイ】実際の価値にそぐわない名声。虚名。

【空理 クウリ】実際の役に立たない理論。『空理空論』

【空林 クウリン】人けがなく、ひっそりした林。

【空論 クウロン】現実離れした、役に立たない議論や理論。空理。『机上の空論』

【空蟬 うつせみ】①セミのぬけがら。また、セミ。②この世に生きている人。また、現世。この世。現身。

【空穂 うつぼ】矢を入れる筒型の道具。靫(うつぼ)。

❸ 大きい。ひろい。

【空闊・空豁 クウカツ】ひろびろとひろがっているさま。

【空曠 クウコウ】何もなくてひろびろとしていること。

❹ そら。大空。また、大気。

下接 滑空(カックウ)・高空(コウクウ)・虚空(コクウ)・時空(ジクウ)・上空(ジョウクウ)・青空(セイクウ|あおぞら)・大空(タイクウ|おおぞら)・滞空(タイクウ)・中空(チュウクウ|なかぞら)・低空(テイクウ)・領空(リョウクウ)・陸海空(リクカイクウ)／雨空(あまぞら)・寒空(さむぞら)

【空気 クウキ】①地球の大気の下層部分を構成する気体。酸素と窒素を主成分とする混合気体。『空気銃』②あたりの気分や状態、雰囲気。『気まずい空気』

【空軍 クウグン】航空機によって、空中から攻撃や防御などをする軍隊。↔陸軍・海軍

【空港 クウコウ】飛行機の定期発着する飛行場。

【空際 クウサイ】天と地の接する所。天際。

【空襲 クウシュウ】航空機で地上を襲撃すること。

【空翠 クウスイ】①深山の木立のみどりの間にたちこめる山気のしずく。②空にそびえている木立のみどり。

【空青 クウセイ】①青空。大空。②鉱石の一。銅鉱の中から産出するもので、薬用、また顔料などの原料とした。

【空中楼閣 クウチュウロウカク】①空中に楼閣を築くような、空想的で現実性のない物事。〔通俗編-居処〕②蜃気楼(シンキロウ)。

【空爆 クウバク】「空中爆撃」の略。航空機による爆撃。

【空母 クウボ】「航空母艦」の略。『原子力空母』

【空明 クウメイ】①空中。②月光が水に映ること。＊蘇軾-前赤壁賦「撃₂空明₁兮泝₂流行₁(クウメイをうちリュウコウにさかのぼる)〔＝水に映る月の光にさおさして、きらめく水面をさかのぼる〕」

【空冥 クウメイ】大空。虚空(コクウ)。天。

【空濛 クウモウ】小雨や霧などのために、空の薄暗いさま。

【空輸 クウユ】「空中輸送」の略。航空機で輸送すること。

【空路(クウロ)】①航空機の定まった飛行経路。②航空機に乗って行くこと。↔海路・陸路

❺人名。

【空海(クウカイ)】平安初期の僧。真言宗の開祖。幼名真魚(まお)。諡号(シゴウ)弘法大師。俗姓佐伯。讃岐(さぬき)の人。延暦二三年入唐して長安青竜寺の恵果(ケイカ)に真言密教を学ぶ。大同元年帰国、高野山に金剛峰寺を建立。書にすぐれ、三筆の一人といわれる。著に「三教指帰(サンゴウシイキ)」「文鏡秘府論」「性霊集」など。(七七四〜八三五)

【空也(クウヤ)(コウヤ)】平安中期の僧。踊り念仏の祖。出自は不明。尾張国分寺で得度し、空也と称して、諸国を勧進して歩いた。(九〇三〜九七二)【空也念仏(クウヤネンブツ)】空也上人が始めた踊り念仏。弥陀(ミダ)の名号(ミョウゴウ)を唱え、鉦(かね)をたたき、踊り歩く。

5526 【突】 3845 464D 93CB 穴－3 常 (5530)〔突〕二一 穴－4 旧字 ㊇

トツ(漢)/tū/つく・つき

筆順 突 突 突 突 突 突

字解 突は突の略体。突は会意。穴＋犬(いぬ)。穴から犬が急にとび出す、つき出る意。

甲骨文 篆文

参考 万葉仮名では音を借りて「つ」。

意味 ❶つく。つきあたる。ぶつかる。「突撃」「突入(トツニュウ)」「追突」❷つきでる。つきでたもの。「曲突徙薪(キョクトツシシン)」「突起」「煙突(エントツ)」❸だしぬけに。にわかに。「突如」「突然」「唐突(トウトツ)」❹国下の動詞の意を強める接頭語。「突っ走る」「突っ伏す」❺固有名詞。「突厥(トッケツ)」

⇒「衝」(7216)の表

❶つく。つきあたる。ぶつかる。

下接 驀突(バクトツ)・激突(ゲキトツ)・剣突(ケントツ)・刺突(シトツ)・衝突(ショウトツ)・触突(ショクトツ)・馳突(チトツ)・猪突(チョトツ)・追突(ツイトツ)

【突貫(トッカン)】①ときの声をあげて敵陣へ突き進むこと。②国一気に仕事を完成させること。「突貫工事」

【突撃(トツゲキ)】激しく突き進んで攻撃を加えること。

【突破(トッパ)】激しい勢いで突き破ること。「強行突破」

❷つきでる。つきだす。つきでたもの。

【突起(トッキ)】高く突き出ること。でっぱり。「突起物」

【突兀(トッコツ)】高く突き出たさま。

【突端(トッタン)】物、場所などの突き出た端。「岬の突端」

【突梯(トッテイ)】(「梯」は低いの意)①かどだてず、世俗に逆らわないさま。②とらえどころがなく曖昧(アイマイ)なさま。

❸だしぬけに。にわかに。

【突如(トツジョ)】急に。不意に。突然。

【突然(トツゼン)】急に。不意に。突如。【突然変異(トツゼンヘンイ)】親の形質と異なった形質が現れる遺伝的変異の一。

【突発(トッパツ)】思いがけないときに事件などが起こること。「突発事故」

【突風(トップウ)】急に強く吹き出して短時間のうちにやむ風。

❺固有名詞。

【突厥(トッケツ)】六世紀中頃から、約二世紀間、蒙古・中央アジアを支配した遊牧トルコ人。また、その国家。六世紀末、東西に分裂。東突厥はオルホン川流域を本拠に蒙古地方を支配し、唐をおびやかした。六三〇年、唐に滅ぼされ、七世紀末に再興したが、七四四年滅亡した。

5527 【穽】 6755 6357 E276 穴－4

セイ(漢)/jǐng/おとしあな

字解 形声。穴＋井(いど)(声)。おとしあなの意。

意味 おとしあな。「坎穽(カンセイ)」「陥穽(カンセイ)」「檻穽(カンセイ)」

5528 【窃】 3264 4060 90DE 穴－4 常 (5563)〔竊〕 6770 6366 E286 穴－17

セツ(漢)/qiè/ひそかに・ぬすむ

筆順 窃 窃 窃 窃 窃

字解 形声。穴＋切(声)。竊の通俗体。竊は会意。穴＋米＋廿(はやい)＋禼(虫)。穴にしまった米を虫がいつのまにか食い荒らすことから、ひそかにとる意という。

意味 ひそかに取る。㋑ぬすむ。「窃位」「窃取」「窃盗」「窃鈇」「剽窃(ヒョウセツ)」㋺ひそかに。そっと。「窃笑(セッショウ)」

*論語-述而「窃比二我於老彭一(ひそかにわれをロウホウにヒす)」〔＝心ひそかに自分自身を老彭になぞらえている〕

下接 強窃(ゴウセツ)・攘窃(ジョウセツ)・僭窃(センセツ)・草窃(ソウセツ)・盗窃(トウセツ)

【窃位(セツイ)】くらいをぬすむこと。高い位にありながら、その職責を果たさないこと。

【窃取(セッシュ)】他人のものをぬすみ取ること。

【窃窃(セツセツ)】①(人の知識をぬすんで)知ったかぶりをするさま。②こそこそと話すさま。

【窃盗(セットウ)】すきをうかがい他人の財物をぬすむこと。

【窃鈇(セップ)】天下の大権をぬすみ取ること。〔漢書-諸侯王表〕❤「鈇」は刑罰の道具で、天子の権威の象徴。

5529 【穿】 3292 407C 90FA 穴－4

セン(呉)(漢)/chuān/うがつ・ほる・ほじる

字解 会意。穴＋牙(きば)。きばで穴をあける意。

意味 ①うがつ。ほる。「穿孔」「穿鑿」②国はく。ズボン、靴などを身につける。「草鞋穿(わらじばき)」

【穿孔(センコウ)】穴をあけること。穴のあくこと。「穿孔機」

【穿鑿(センサク)】穴をうがち掘ること。転じて、細かいところまでさぐり調べること。

【穿刺(センシ)】薬物注入などのために、体に中空の針を刺し入れること。

【穿鼻(センビ)】①鼻に穴をあけること。また、そのような風習を持つ異民族。②鼻に穴をあけられひもをつけられて引かれる牛のように、他人に引きずられるばかりで主体性のないことのたとえ。

【穿敝(センペイ)】穴があいて破れること。

【穿窬(センユ)(ゼンユ)】壁に穴をあけ、または垣根などを越えて他人の家に忍び入ること。また、その盗人。〔論語-陽貨〕「穿窬の盗」

【穿楊(センヨウ)】柳の葉を射抜くほど、弓術にたくみなこと。〔戦国策-西周〕❤中国、戦国時代の養由基(ヨウユウキ)が百歩へだてて、柳の葉を射抜いたという故事による。

5530 【突】 二一 穴－4

トツ 「突」(5526)の旧字

5531 【窄】 2685 3A75 8DF3 穴－5

サク(漢)/zhǎi・zé/せまい・せばまる・すぼまる・すぼむ・すぼめる・つぼまる・つぼむ・つぼめる

字解 形声。穴＋乍(声)。

意味 せまい。せばまる。すぼまる。すぼめる。「狭窄

5画 玄玉(王)瓜瓦甘生用田疋(⺪)疒癶白皮皿目(罒)矛矢石示(ネ)内禾穴立

【窄衫（サクサン）】つつそで。また、その衣服。

5532【窅】＊4952 穴－5 ヨウ（エウ）[漢]・オウ（アウ）[漢]・ベン[漢]／yǎo／ふかい
[字解] 会意。穴＋目（め）。穴のように深くくぼんだ目から、奥深い意。
[意味] ❶くぼんだ目。❷奥深いさま。また、はるかなさま。『窅然』『窅窕』❸（ベン）なげきうらむさま。
【窅然（ヨウゼン／ベンゼン）】[1]（ヨウゼン）はるかなさま。＊李白－山中問答「桃花流水窅然去（トウカリュウスイヨウゼンとしてさる）〔＝桃の花が美しく咲き、花びらを浮かべた谷川の水は、はるか行くえも知れず流れ去る〕」[2]（ベンゼン）なげいてぼんやりするさま。
【窅窕（ヨウチョウ）】奥深いさま。
【窅眇（ヨウビョウ）】奥深くはるかなさま。

5533【窈】6756 6358 E277 穴－5 ヨウ（エウ）[漢]／yǎo／ふかい
[字解] 形声。穴＋幼（↓幽、かすか・くらい）[声]。穴が暗くて深い意。

[意味] 奥深い。うす暗い。また、奥ゆかしい。しとやか。美しい。

【窈糾（ヨウキュウ）】女性の姿の、のびのびとして美しいさま。

【窈然（ヨウゼン）】奥深くて暗いさま。

【窈窕（ヨウチョウ）】[1]奥深いさま。＊陶潜－帰去来辞「既窈窕以尋レ壑、亦崎嶇而経レ丘（すでにヨウチョウとしてもってたにをたずね、またキクとしておかをふ）〔＝奥深く谷をたずね入ったり、また険しい坂道を越えつつ丘を登って行った〕」[2]しとやかで美しく、上品なさま。＊詩経－周南・関雎「窈窕淑女、君子好逑（ヨウチョウたるシュクジョは、クンシのコウキュウ）〔＝しとやかなおとめは、立派な青年の良き連れ合い〕」

【窈冥・窈溟（ヨウメイ）】奥深く暗いこと。奥深くてはかり知ることのできないこと。また、そのさま。

【窈窈（ヨウヨウ）】奥深くて遠いさま。また、暗いさま。

5534【窊】＊4954 穴－5 ワ[漢]／wā／くぼむ
[字解] 形声。穴＋瓜[声]。くぼむ意。窪に同じ。

5535【窓】3375 416B 918B 穴－6 [常]6 (5541)【〔窗〕】6757 6359 E278 穴－7 (5545)【〔窻〕】二一 穴－9 (5555)【〔窗〕】＊4966 穴－11
ソウ[呉]・ソウ（サウ）[漢]／chuāng／まど
[筆順] 窓 窓 窓 窓 窓 窓
[字解] 窓は窻の略体。窻は形声。穴＋悤（↓囪、まど）[声]。てんまどの意。
[意味] まど。あかりとり。
[下接] 円窓（エンソウ／まるまど）・学窓（ガクソウ）・閑窓（カンソウ）・客窓（キャクソウ）・獄窓（ゴクソウ）・紙窓（シソウ）・車窓（シャソウ）・深窓（シンソウ）・船窓（センソウ）・鉄窓（テッソウ）・同窓（ドウソウ）・破窓（ハソウ）・病窓（ビョウソウ）・夜窓（ヤソウ）・幽窓（ユウソウ）・緑窓（リョクソウ）・明窓浄机（メイソウジョウキ）／風窓（かざまど）・出窓（でまど）
【窓紗（ソウサ）】窓にかけるうすぎぬ。
【窓前草不レ除（ソウゼンのくさのぞかず）】自然のままの状態をたのしむさま。〔程氏遺書〕♥中国、宋の周敦頤（シュウトンイ）が、窓さきに生えた草を伸びるにまかせたという故事による。
【窓牖（ソウユウ）】家のまど。まど。
【窓櫺（ソウレイ）】窓につけた格子（コウシ）。また、格子をつけた窓。

5536【窒】3566 4362 9282 穴－6 [常] チツ[漢]／zhì／ふさぐ・ふさがる
[筆順] 窒 窒 窒 窒 窒 窒
[字解] 形声。穴＋至（↓實、いっぱいにつめる）[声]。穴の中がいっぱいになる、ふさがる意。
[意味] ❶ふさぐ。ふさがる。『窒礙（チツガイ）』『窒息』❷元素名。『窒素』❸「窒相（チッソウ）」は、陰暦七月の異称。
【窒礙（チツガイ）】ふさぎさまたげること。障害。
【窒素（チッソ）】窒素族元素の一。元素記号N。無味、無臭の気体。空気の体積の約五分の四を占める。
【窒息（チッソク）】呼吸ができなくなること。『窒息死』

5537【窕】6758 635A E279 穴－6 チョウ（テウ）[漢]・ヨウ（エウ）[漢]／tiǎo・yǎo／ふかい
[字解] 形声。穴＋兆[声]。
[意味] ❶奥深い。『窅窕（ヨウチョウ）』❷奥ゆかしい。しとやか。『窈窕（ヨウチョウ）』

5538【窑】＊4957 穴－6 ヨウ「窯」(5550)の異体字

5539【窘】6759 635B E27A 穴－7 キン[漢]／jiǒng／くるしむ・たしなめる
[字解] 形声。穴＋君（↓困、とじこめられて苦しむ）[声]。とじこめられる意。

[意味] ❶くるしむ。きわまる。ゆきづまる。『窘急』『窘窮』『窘迫』『窘厄』❷あわただしい。急ぐ。『窘歩』❸[国]たしなめる。注意を与える。

【窘急（キンキュウ）】非常に貧しくてせっぱつまっていること。

【窘窮（キンキュウ）】苦しみ困ること。窮迫。

【窘迫（キンパク）】困ること。苦しむこと。

【窘歩（キンポ）】[1]急いで歩くこと。[2]苦しみながら歩くこと。

【窘厄（キンヤク）】苦しみ。苦難。

5540【窖】6760 635C E27B 穴－7 コウ（カウ）[漢]／jiào／あなぐら
[字解] 形声。穴＋告（↓牿、おりにとらえる）[声]。穀物を集めて入れておく地下のあなぐらの意。
[意味] あなぐら。『地窖（チコウ）』

5541【窗】6757 6359 E278 穴－7 ソウ「窓」(5535)の異体字

5542【窠】＊4960 穴－8 カ（クヮ）[漢]／kē／す・あな
[字解] 形声。穴＋果[声]。あな、鳥の巣の意。
[意味] ❶す。とりのす。『窠臼（カキュウ）』『蜂窠（ホウカ）』❷あな。穴。❸部屋。家。

5543【窟】2302 3722 8C41 穴－8 クツ[呉]・コツ[漢]／kū／いわや
[字解] 形声。穴＋屈[声]。
[意味] ❶いわや。ほらあな。あなぐら。『窟穴』『窟宅』『山窟（サンクツ）』『石窟（セックツ）』『洞窟（ドウクツ）』❷すみか。物事や人が多く集まるところ。『巣窟（ソウクツ）』『偏窟（ヘンクツ）』『理窟（リクツ）』
[下接] 営窟（エイクツ）・岩窟（ガンクツ）・鬼窟（キクツ）・山窟（サンクツ）・石窟（セックツ）・仙窟（センクツ）・洞窟（ドウクツ）・土窟（ドクツ）・魔窟（マクツ）
【窟穴（クッケツ）】ほらあな。洞窟。
【窟室（クッシツ）】岩屋。つちむろ。
【窟宅（クッタク）】岩や土を掘ってすみかとすること。

5544 【窩】 6761 635D E27C 穴－9

ワ[漢]・カ(クヮ)[慣]\wō\あな

[字解] 形声。穴＋咼(けずる)[声]。あなの意。

[意味] ❶あな。いわや。『眼窩』→下接。❷かくす。『窩蔵』

[下接] 腋窩(エキカ)・燕窩(エンカ)・眼窩(ガンカ)・山窩(サンカ)・心窩(シンカ)

【窩蔵(カゾウ)】 盗賊をかくまったり、盗品を隠したりすること。

5545 【窻】 ―― 穴－9

ソウ 「窓」(5535)の異体字

5546 【窬】 *4962 穴－9

ユ[漢]・トウ[漢]\yú・dòu

[字解] 形声。穴＋兪(ぬきとる)[声]。門の傍らに壁をくりぬいて作ったくぐり戸の意。

[意味] ❶うがつ。くりぬく。『窺窬(キユ)』『穿窬(センユ)』❷くぐり戸。❸のりこえる。

5547 【窪】 2306 3726 8C45 穴－9 (4315)〔漥〕―― 水－11

ワ[漢]\wā\くぼ・くぼむ・くぼみ

[字解] 形声。水＋窐(ふかいくぼみ)[声]。くぼんだところから出るみず、また、くぼみの意。一説に、穴＋洼(ふかい)[声]ともいう。

[意味] くぼむ。くぼみ。『笑窪(えくぼ)』『窪地(くぼチ)』

【窪下(ワカ)】 くぼんで低いこと。

5548 【窮】 2171 3567 8B87 穴－10 [常] (5560)〔竆〕 *4968 穴－14

グ[呉]・キュウ(キウ)[漢]\qióng\きわめる・きわまる

[筆順] 窮 窮 窮 窮 窮 窮

[字解] 形声。穴＋躬(＝躳)[声]。穴の中での身動きについていう。

[意味] ❶きわめる。きわまる。ゆきつく。『窮陰』『窮極』『窮理』 *史記-刺客伝「図窮而匕首見(ズきわまりてヒシュあらわる)〔＝地図を広げ終わると、(隠しておいた)あいくちが現れた〕」❷行きづまって困る。苦しむ。動きがとれなくなる。『返事に窮(キュウ)する』『窮屈』『窮鼠』『窮地』 *論語-衛霊公「君子固窮(クンシもとよりキュウす)〔＝君子ももちろん困窮することがある〕」

❶ きわめる。きわまる。ゆきつく。

[下接] 学窮(ガッキュウ)・究窮(キュウキュウ)・推窮(スイキュウ)・追窮(ツイキュウ)・無窮(ムキュウ)

【窮陰(キュウイン)】 (陰気の窮極の意)陰暦一二月。窮冬。

【窮裔(キュウエイ)】 (「裔」は衣服のすそで、辺地の意)きわめて遠方の土地。

【窮海(キュウカイ)】 [1]遠い海。また、海のはて。[2]海のはてまで行くこと。

【窮期(キュウキ)】 きわまる時期。終わり。際限。

【窮竟(キュウキョウ)】 [1]きわめつくすこと。[2]つまり。結局。

【窮極(キュウキョク)】 物事を押しつめて最後に到達するところ。

【窮谷(キュウコク)】 [1]深い谷。ゆきづまった谷。[2]ゆきづまりの状態。

【窮尽(キュウジン)】 きわめつくすこと。究尽。

【窮尋(キュウジン)】 つきつめて調べること。

【窮泉(キュウセン)】 地下の果ての水。転じて、墓の中。

【窮冬(キュウトウ)】 冬もおしせまった時期。陰暦一二月。

【窮理(キュウリ)】 物事の道理、法則をきわめること。朱子学の眼目。〔易経-説卦〕【窮理学(キュウリガク)】 [国]江戸時代から明治初期にかけての物理学の称。

【窮閭(キュウリョ)】 へんぴな村里。

【窮臘(キュウロウ)】 (「臘」は陰暦一二月)おしつまった年の暮れ。

❷ 行きづまって困る。動きがとれなくなる。

[下接] 詰窮(キッキュウ)・救窮(キュウキュウ)・窘窮(キンキュウ)・困窮(コンキュウ)・振窮(シンキュウ)・賑窮(シンキュウ)・送窮(ソウキュウ)・通窮(ツウキュウ)・貧窮(ヒンキュウ)

【窮居(キュウキョ)】 貧乏ぐらしをすること。わびずまい。

【窮境(キュウキョウ)】 苦しい境遇。苦しい立場。

【窮窘(キュウキン)】 行きづまり苦しむこと。窘窮。

【窮屈(キュウクツ)】 [国][1]きっちりしていて体が不自由なさま。『窮屈な服』[2]気詰まりに感じるさま。『窮屈な思い』[3]融通がきかずゆとりのないさま。『生活が窮屈になる』

【窮蹇(キュウケン)】 貧しく苦しみ悩むこと。

【窮孤(キュウコ)】 貧乏で身寄りのないこと。

【窮巷(キュウコウ)】 行きどまりになっている路地。むさくるしいちまた。貧乏人の住んでいるまち。陋巷(ロウコウ)。

【窮荒(キュウコウ)】 [1]凶作で苦しむこと。[2]荒れはてた辺地。

〖窮寇勿ㇾ迫(キュウコウはせまることなかれ)〗 追いつめられて窮地に立った敵は、必死に抵抗してきて、思わぬ損害をうけるので、深追いするな。窮寇は追うことなかれ。〔孫子-軍争〕

【窮困(キュウコン)】 [1]困難な状況におかれて苦しむこと。貧乏で困ること。困窮。[2]極度の疲労。

【窮死(キュウシ)】 生活難や病苦などで死ぬこと。『陋巷(ロウコウ)に窮死する』

【窮愁(キュウシュウ)】 苦しみうれえること。困窮の悲しみ。

【窮蹙(キュウシュク)】 (生活難、病苦などが)さし迫ってきて苦しむこと。

【窮状(キュウジョウ)】 困り果てている様子。『窮状を訴える』

〖窮必通(キュウすればかならずツウず)〗 どうにもならないところまで来てみると、案外打開の道があるものである。〔易経-困・注〕

【窮措大(キュウソダイ)】 貧乏な学者や書生。❤「措大」は大事を挙措(キョソ)する意から学者、書生の意。

〖窮鼠嚙ㇾ猫(キュウソねこをかむ)〗 必死になれば、弱者も強者を苦しめるたとえ。〔塩鉄論-詔聖〕

【窮達(キュウタツ)】 困窮と栄達。貧賤と富貴。零落と出世。

【窮地(キュウチ)】 追いつめられて苦しい状態。窮境。

【窮鳥(キュウチョウ)】 追いつめられた鳥。〖窮鳥入ㇾ懐(キュウチョウふところにいる)〗 追いつめられた者が救いを求めるたとえ。「窮鳥懐に入らば、猟師も撃たず」とも。〔顔氏家訓-省事〕

【窮追(キュウツイ)】 追いつめること。また、問いつめること。

【窮途(キュウト)】 行きづまりになった道。転じて、困窮している境遇。

【窮迫(キュウハク)】 追いつめられて、どうにもならなくなること。特に、金銭がなくなり、困り果てること。困窮。『窮迫した生活』

【窮髪(キュウハツ)】 (「髪」は草木の意)北方の地のはての不毛の地。はるかな辺地。

【窮弊・窮敝(キュウヘイ)】 非常に貧しくて、生活に苦しみ疲れること。

【窮乏(キュウボウ)】 生活が非常に困窮すること。『窮乏生活』

【窮民(キュウミン)】 生活に苦しんでいる人民。

【窮厄(キュウヤク)】 災難や大きな困難にあって苦しむこと。

【窮余(キュウヨ)】 追いつめられて、困りきったあげくの果て。苦しまぎれ。『窮余の一策』

【窮路(キュウロ)】 行きづまりの道。転じて、苦境。窮地。

【窮廬(キュウロ)】 まずしい家。

【窮老(キュウロウ)】 生活に困窮している上に、体力や気力も衰

えていること。また、その人。

5549【窊】* 4963 穴-10 ユ(漢)/yǔ/くぼむ

字解 形声。穴＋胍(声)。うりのように曲がりくぼんだ穴、くぼむ意。

意味 くぼむ。また、ゆがむ。「苦窊クユ」

5550【窯】4550 4D52 9771 穴-10 常 ヨウ(エウ)(漢)/yáo/かま

(5551)【窰】6763 635F E27E 穴-10

(5538)【窑】* 4957 穴-6

筆順 

字解 形声。穴＋羔(こひつじをやく)(声)。土器を焼く穴、かまの意。

意味 ❶かま。かまど。また、陶磁器の生産。「窯業」「窯場かまば」「窯元かまもと」「陶窯トウヨウ」❷陶器。すえもの。❸陶磁器の産地をさす語。「建窯ケンヨウ」

【窯業ヨウギョウ】窯かまで粘土を焼いて陶磁器、瓦などを製造する工業。♥広義には、ガラス・セメント工業も含む。

5552【窺】1714 312E 894D 穴-11 キ(呉)(漢)/kuī/うかがう・のぞく

字解 形声。穴＋規(コンパスではかる)(声)。穴の中をうかがう意から、一般にうかがう意。

意味 うかがう。人知れず見る。のぞく。ねらう。

【窺管キカン】くだをのぞく くだを通して天をのぞくこと。視野・見識のせまいたとえ。

【窺測キソク】うかがいはかること。

【窺知キチ】うかがい知ること。

【窺窬キユ】隙をうかがいねらうこと。

5553【窶】6764 6360 E280 穴-11 ク 「寠」(1784)の異体字

5554【窼】* 4967 穴-11 ソウ(サウ)(漢)/す

字解 形声。穴＋巣(とりのす)(声)。穴の中の鳥の巣の意。

5555【窻】* 4966 穴-11 ソウ 「窓」(5535)の異体字

5556【竃】1986 3376 8A96 穴-12 ソウ 「竈」(5562)の異体字

5557【窿】6767 6363 E283 穴-12 リュウ(リウ)(漢)/lóng

字解 隆の通俗体。「穹窿キュウリュウ」は、天空の弓形ゆみなりにそっているさま。

5558【竅】6765 6361 E281 穴-13 キョウ(ケウ)(漢)/qiào/あな

字解 形声。穴＋敫(声)。

意味 あな。「空竅クウキョウ」〔＝目・鼻・口などの人体の穴〕「九竅キュウキョウ」

5559【竄】6766 6362 E282 穴-13 サン(呉)(漢)・ザン(慣)/cuàn/かくれる・かくす・のがれる

字解 会意。穴＋鼠(ねずみ)。ねずみが穴にかくれる意から一般に、かくれる意。

意味 ❶かくれる。かくす。また、のがれる。「竄匿」「竄伏」❷はなつ。追放する。「竄逐」「竄貶」❸あらためる。かえる。「竄窃」「改竄カイザン」「点竄テンザン」

❶ かくれる。かくす。また、のがれる。

下接 遠竄エンザン・潜竄センザン・鼠竄ソザン・遁竄トンザン・奔竄ホンザン

【竄匿ザントク】逃げかくれること。

【竄入ザンニュウ】逃げこむこと。また、まぎれ込むこと。

【竄伏ザンプク】逃げかくれて、出てこないこと。

【竄奔ザンポン】逃げ走ること。

❷ はなつ。追放する。

下接 遠竄エンザン・貶竄ヘンザン・流竄ルザン

【竄謫ザンタク】官位を下げて、遠地に移すこと。

【竄逐ザンチク】罪人を遠方へ放逐すること。

【竄貶ザンペン】官位をおとして、遠地へ流罪にすること。

❸ あらためる。かえる。

【竄窃ザンセツ】他人の詩歌、文章などを盗みとって自分のものとすること。剽窃。

5560【竆】* 4968 穴-14 キュウ 「窮」(5548)の異体字

5561【竇】6769 6365 E285 穴-15 トウ(漢)/dòu

字解 形声。穴＋賣(声)。

意味 ❶あな。また、くぐり戸。「圭竇ケイトウ」「石竇セキトウ」❷みぞ。「水竇スイトウ」

5562【竈】6762 635E E27D 穴-16 ソウ(サウ)(漢)/zào/かま・かまど・くど・へっつい

(5556)【竃】1986 3376 8A96 穴-12 †

(4451)【灶】* 4139 火-3

字解 会意。穴＋土＋黽。もと、穴＋黽。一説に、黽はカエルの一種の象形で、竈は、カエルのように足をふんばった形のかまどの意という。

意味 ❶かまど。へっつい。塩や炭を焼くさま。「竈戸」「病竈ビョウソウ」❷国「七竈ななかまど」は植物名。

下接 病竈ビョウソウ・釜竈フソウ／塩竈しおがま・炭竈すみがま

【竈戸ソウコ】中国の元、明、清代、製塩または塩販売業者の称。唐の時代には亭戸と称した。

【竈突未黔ソウトツいまだくろまず】かまどの煙突がまだ黒くならないこと。新居に移ってまだ何日もたっていないこと。

【媚於竈かまどにこぶ】かまどの神にこびへつらうこと。主権者(奥)よりも、実力者(竈)にこびへつらうことのたとえ。〔論語－八佾〕

5563【竊】6770 6366 E286 穴-17 セツ 「窃」(5528)の異体字

117 立部 たつ

甲骨文　金文　篆文

立は、地上に人が両手をひろげて立っている象形。立部には、立を意標として、立つことに関するもののほか、辛から出た部分が立と同形になったもの、また、メートル

5画 玄玉(王)瓜瓦甘生用田疋(𤴔)疒癶白皮皿目(罒)矛矢石示(ネ)内禾穴立

法での体積の単位を示すものを含む。

立 立 竝
立 ④ 竒 ⑥ 竟 章 竦 ⑦ 童 童
立 ⑧ 竪
立 ② 竍 ③ 竏 ④ 竕 竓 ⑤ 站 竚 ⑥
竡 ⑦ 竢 竣 竦 ⑨ 竭 端 竰

立

5564 【立】 4609 4E29 97A7 立－0 常1 リュウ(リフ)呉漢・リツ慣／たつ・たてる・リットル

筆順 立 立 立 立 立

字解 部首解説を参照。

意味 ❶たつ。たてる。㋑おきあがる。『起立』 ㋺まっすぐ立つ。『直立』 ㋩たったまま。『立食』『立拝』 ㋥位置を定めてたてる。『建立』 ㋭自立する。特に、学徳が身に備わって、自分の立場が確立することをいう。＊論語‐為政「三十而立」〔＝三十歳になって、自己の立場が確立した〕 ❷たてる。さだめる。樹立する。なりたつ。はじまる。『立春』『立党』『確立』『成立』 ＊史記‐伯夷伝「国人立二其中子一」〔＝人々は、真ん中の息子を後継ぎとして立てた〕 ❸たちどころに。即座に。すぐに。＊史記‐刺客伝「人無下不二立死一者上」〔＝たちまちのうちに死なない者はなかった〕 ❹㋑たて・よこ・奥行きをもつこと。『立体』『立方』 ㋺立方、三乗に関するさま。『立米』『開立』 ❺国（フランスlitreにあてた「立突」の略）リットル。メートル法で、容積、体積の単位。

❶ たつ。たてる。位置を定めてたてる。

下接 屹立・起立・孑立・兀立・孤立・建立・―而立・自立・存立・対立・中立・直立・佇立・鼎立・倒立・特立・独立・並立・乱立・両立・林立・連立／木立・出立

【立花・立華(リッカ)】 国マツやウメなどの花木を立て生けにするもの。たてばな。

【立車(リッシャ)】 ①立って手すりにつかまって乗る車。↔安車。②車を止めること。

【立錐(リッスイ)】 錐を立てること。錐を立てるような、ごく狭い土地。【立錐之地(リッスイのチ)】〔史記‐留侯世家〕

【立纓(リュウエイ)】 国天皇の冠。纓が上を向いて立ったもの。

❷ たてる。さだめる。なりたつ。はじまる。

下接 安立・王立・確立・官立・共立・県立・公立・国立・冊立・樹立・市立・私立・成立・設立・双立・創立・定立・都立・廃立・分立・擁立

【立案(リツアン)】 実行に先立って計画を立てること。

【立夏(リッカ)】 二十四節気の一。五月五日ごろ。暦の上ではこの日から夏に入る。

【立願(リツガン|リュウガン)】 神仏に願をかけること。

【立極(リッキョク|キョクをたつ)】 ①中正の道を定め示すこと。②皇位を定めること。

【立言(リツゲン)】 意見を述べること。

【立憲(リッケン)】 憲法を制定すること。【立憲政治(リッケンセイジ)】 三権分立を定めた憲法に基づいて行われる政治。

【立号(リツゴウ)】 ①天子の称号を立てること。②号令すること。

【立后(リッコウ)】 三后（皇后・皇太后・太皇太后）を公式に定めること。

【立候補(リッコウホ)】 候補者として届け、名乗り出ること。

【立国(リッコク)】 ①国をたてること。建国。②ある方針や計画のもとに、国の存立、発展を図ること。『産油立国』

【立志(リッシ)】 志を立てること。目的を定めて、それをなし遂げようとすること。『立志伝』

【立秋(リッシュウ)】 二十四節気の一。八月七日ごろ。暦の上ではこの日から秋に入る。

【立春(リッシュン)】 二十四節気の一。二月五日ごろ。暦の上ではこの日から春に入る。

【立証・立證(リッショウ)】 証拠を示して明らかにすること。

【立身(リッシン)】 ①修養して立派な人物になること。＊孝経‐開宗明義章「立レ身行レ道、揚二名於後世一」〔＝立派な人物となり、正しい道を実践し、名を後世にまで残す〕 ②国高い地位、身分につくこと。『立身出世』

【立太子(リッタイシ)】 公式に皇太子を定めること。

【立儲(リッチョ)】 （「儲」はあとつぎの意）公式に皇太子と定めること。立太子。

【立冬(リットウ)】 二十四節気の一。十一月七日ごろ。暦の上ではこの日から冬に入る。

【立派(リッパ)】 ①一派を立てること。②国すぐれているさま。見事なさま。『立派な家具』

【立法(リッポウ)】 法律を制定すること。司法、行政に対するもの。『立法府』

【立命(リツメイ|リュウメイ)】 天命に任せて心静かにしていること。『安心立命』

【立坊(リツボウ|リュウボウ)】 公式に皇太子を立てること。立太子。

❹ 三次元・三乗に関するさま。

【立体(リッタイ)】 平面や曲面によって囲まれた空間的広がりをもつもの。↔平面。『立体交差』『立体映画』

【立方(リッポウ)】 ①ある数を三回掛け合わせること。三乗。②体積の単位を表す語。『一立方メートル』 ③長さを表す語の後に付けて、その長さを一辺とする立方体の体積を表す語。『一メートル立方』 【立方体(リッポウタイ)】 平行六面体のうち六つの面がすべて正方形であるもの。

難読地名 立科町(長野) 立石寺(山形)

5565 【竝】 6777 636D E28D 立－5 ヘイ 「並」(29)の異体字

立

【产】 ⇩ 111

5566 【竒】 5284 5474 9AF2 立－4 キ 「奇」(1512)の異体字

【彥】 ⇩ 2254

【竜】 ⇩ 9682

5567 【竟】 8079 706F E8ED 立－6 キョウ(キャウ)呉・ケイ漢／jìng／おわる・ついに・さかい

字解 会意。音(音楽)＋儿(ひと)。彊に通じて、音楽の区切りの意から、おわる意。

同属字 境・鏡

意味 ❶おわる。つきる。おわり。『竟宴』『竟日』『竟夕』『終竟(シュウキョウ)』❷ついに。結局。最終的な結果としては。『究竟(キュウキョウ)』『畢竟(ヒッキョウ)』『必竟(ヒッキョウ)』＊史記-伯夷伝「竟以レ寿終(ついにジュをもっておわる)〔=最後には寿命を尽くして死んだ〕」❸「境」に同じ。さかい。『竟場(キョウエキ)』『竟内(ケイダイ)』

❶おわる。つきる。おわり。

【竟宴(キョウエン)】国宮中で、祭事や書物の講義や編集などが終わった後で開く宴会。

【竟日(キョウジツ)】終日。一日中。ひねもす。

【竟夕(キョウセキ)】一晩中。夜どおし。よもすがら。

❸さかい。

【竟場(キョウエキ)】さかい。境界。また、国境。

5568 【章】 3047 3E4F 8FCD 立-6 常3 (5569)〔章〕 立-6 旧字

ショウ(シャウ)呉漢 \zhāng\ しるし・あや・あきら・あきらか

筆順 章 章 章 章 章 章

字解 象形。入れ墨をするための大きな針の形に象り、あや・しるしの意。

金文  篆文 

同属字 瘴・麞・彰(彰)・嶂・漳・獐・障(障)・樟・璋

意味 ❶しるし。あや。もよう。はん。『章服』『勲章(クンショウ)』『紋章(モンショウ)』❷ふみ。文書。また、おきて。『章奏』『憲章』『文章』❸詩文・音楽などの一区切り。『章節』『楽章』❹あきらか。あきらかにする。『章章』『表章(ヒョウショウ)』❺「周章(シュウショウ)」は、あわてふためくの意。もと、双声の擬態語。❻その他。あて字、固有名詞など。『章魚(ショウギョ|たこ)』『章草』『章台』

❶しるし。あや。もよう。はん。

下接 印章(インショウ)・記章(キショウ)・徽章(キショウ)・金章(キンショウ)・勲章(クンショウ)・校章(コウショウ)・市章(シショウ)・社章(シャショウ)・受章(ジュショウ)・授章(ジュショウ)・標章(ヒョウショウ)・褒章(ホウショウ)・帽章(ボウショウ)・喪章(もショウ)・紋章(モンショウ)・略章(リャクショウ)・竜章(リュウショウ)・腕章(ワンショウ)

【章表(ショウヒョウ)】①しるし。②あらわすこと。表章。

【章服(ショウフク)】①あやのある服。また、縁どりや肩章などの標識のある服。②罪人に着せる特殊な色の服。

❷ふみ。文書。また、おきて。のり。

下接 旧章(キュウショウ)・玉章(ギョクショウ)・憲章(ケンショウ)・詞章(シショウ)・短章(タンショウ)・断章(ダンショウ)・朝章(チョウショウ)・典章(テンショウ)・文章(ブンショウ)

【章疏(ショウソ)】天子にたてまつる書面。

【章奏(ショウソウ)】天子にたてまつる文書。

【章程(ショウテイ)】①おきて。規則。②事務執行の細則。

❸詩文・音楽などの一区切り。

下接 楽章(ガクショウ)・辞章(ジショウ)・終章(シュウショウ)・首章(シュショウ)・序章(ジョショウ)

【章句(ショウク)】①文章の章と句。②章を分け、句を切り、句読を正して注解を施すこと。

【章節(ショウセツ)】論文など長い文章の、章や節の区切り。

❹あきらか。あきらかにする。

【章章(ショウショウ)】あきらかなさま。はっきりしているさま。

【章甫(ショウホ)】中国、殷(イン)代の儀式用の冠の名。孔子がかぶったので、儒者が多く用いた。♥「甫」は、立派な男子、「章」は、これをあきらかに示す、の意。

❻その他。あて字、固有名詞など。

【章学誠(ショウガクセイ)】中国、清の学者。字(あざな)は実斎。清代史学の方法論を確立した人。著に「文史通義」、「校讐通義」などを収めた「章氏遺書」がある。(一七三八〜一八〇一)

【章魚(ショウギョ|たこ)】頭足類八腕目に属する軟体動物。蛸(たこ)。

【章草(ショウソウ)】漢字の書体の一種。隷書(レイショ)から草書への過渡的な書体で、毎字独立して続け書きがない。章は、後漢の章帝が好んだからとも、史游が漢字の学習書「急就章」に用いたからともいう。

【章草之誤(ショウソウのあやまり)】文字の誤り。♥「章」と「草」の字形が似通っていて誤りやすいところから。

【章台(ショウダイ)】①中国、長安の西南隅にあった楼台の名。戦国時代、秦王の創建という。②(中国、漢代、長安の章台の下にあった花柳街の名から)にぎやかな街。遊郭。

【章帝(ショウテイ)】中国、後漢第三代の皇帝(在位七五〜八八年)。姓名は劉炟(リュウタツ)。儒学者を集めて五経の異同を議せしめ、班超を遣わして西域経略の歩を進めた。(五六〜八八)

〔産〕⇩4893

5570 【童】 3824 4638 93B6 立-7 常3 (5571)〔童〕 立-7 旧字

ドウ呉・トウ漢 \tóng\ わらべ・わらわ

筆順 童 童 童 童 童 童

字解 形声。金文は、目(め)+辛(いれずみ用の針)+重(おもい)声。目の上のひたいに入れ墨をされ重労働をさせられるどれいの意。借りて、わらべの意に用いる。

金文  篆文 

同属字 僮・幢・撞・憧(憧)・潼・曈・艟・瞳(瞳)・鐘(鐘)

意味 ❶わらべ。こども。『童顔(ドウガン)』『童謡』❷はげる。また、山に草木がなくなる。『童土』❸「童童(ドウドウ)」は㋑木がこんもりと茂っておおっているさま。㋺木に枝のないさま。㋩きよらかに光っているさま。

❶わらべ。こども。

下接 悪童(アクドウ)・怪童(カイドウ)・孩童(ガイドウ)・学童(ガクドウ)・児童(ジドウ)・侍童(ジドウ)・慈童(ジドウ)・小童(ショウドウ)・少童(ショウドウ)・神童(シンドウ)・仙童(センドウ)・村童(ソンドウ)・美童(ビドウ)・牧童(ボクドウ)・幼童(ヨウドウ)／河童(かっぱ)

【童牙(ドウガ)】幼い子ども。幼少。

【童丱(ドウカン)】子ども。♥「丱」は総角(あげまき)。

【童形(ドウギョウ)】まだ結髪していない子ども。あるいはその姿。また、元服前の称。

【童詩(ドウシ)】①児童が作った詩。②子ども向きの詩。

【童子・童児(ドウジ)】幼い子。児童。また、寺院で、有髪の侍者。

【童豎・童孺(ドウジュ)】子ども。また、子どもの召し使い。

【童稚(ドウチ)】おさなご。わらべ。子ども。

【童貞(ドウテイ)】まだ性交の経験がないこと。主として男性についていう。↕処女
【童僕(ドウボク)】召し使いの少年。

【童蒙(ドウモウ)】まだ幼くて、物の道理に暗い子ども。

【童幼(ドウヨウ)】五、六歳前後の幼い子ども。

【童謡(ドウヨウ)】①子ども向けに作られた歌曲。②わらべ歌。

【童話(ドウワ)】子供のために作られた物語。「グリム童話」

❷はげる。頭の毛や山の草木がなくなる。

【童土(ドウド)】草木の生えていない荒れ地。

［競］⇩446

立

［昱］⇩3129 ［竝］⇩5618 ［翌］⇩6178

5572 【竪】 3508 4328 9247 立－8 ジュ[呉]・シュ[漢]\shù\たて

[字解] 会意。立＋臤。しっかり立つ意。豎の通俗体。

[意味] たつ。たてる。また、たて。縦。

【竪起(ジュキ)】①立つこと。立てること。②たかまること。

【竪立(ジュリツ)】まっすぐに立つこと。また、しっかり定めること。

立

5573 【竍】 6771 6367 E287 立－2 デカリットル

[字解] 国字。会意。立(リットル)＋十(十倍)。デカリットルの意。

5574 【竏】 6772 6368 E288 立－3 キロリットル

[字解] 国字。会意。立(リットル)＋千(千倍)。キロリットルの意。

5575 【竕】 6773 6369 E289 立－4 デシリットル

[字解] 国字。会意。立(リットル)＋分(十分の一)。デシリットルの意。

5576 【竓】 6774 636A E28A 立－4 ミリリットル

[字解] 国字。会意。立(リットル)＋毛(千分の一)。ミリリットルの意。

5577 【站】 6775 636B E28B 立－5 タン[漢]\zhàn

[字解] 形声。立＋占(ある位置をしめ、じっとする)[声]。立つ意。

[意味] ❶たつ。たちどまる。❷うまつぎ。宿駅。宿場。「駅站(エキタン)」「車站(シャタン)」「兵站(ヘイタン)」

5578 【竚】 6776 636C E28C 立－5 チョ[漢]\zhù

[字解] 形声。立＋宁[声]。たたずむ意。佇に同じ。

5579 【竡】 6778 636E E28E 立－6 ヘクトリットル

[字解] 国字。会意。立(リットル)＋百(百倍)。ヘクトリットルの意。

［翊］⇩6197

5580 【竢】 6779 636F E28F 立－7 シ[漢]\sì\まつ

[字解] 形声。立＋矣(行きなやみ、じっと立つ)[声]。立って待つ意。俟に同じ。

5581 【竣】 2955 3D57 8F76 立－7 [人] シュン[漢]\jùn\おえる・おわる

[字解] 形声。立＋夋(高くたつ)[声]。とどまる意。

[意味] ❶おえる。おわる。仕事を成しおえる。「竣工」「竣成」❷とどまる。とどめる。

【竣工・竣功(シュンコウ)】工事が完了して建造物ができ上がること。落成。竣成。↔着工・起工。「竣工式」

【竣成(シュンセイ)】工事などが成就すること。落成。竣工。

5582 【竦】 6780 6370 E290 立－7 ショウ[漢]\sǒng\つつしむ・おそれる・すくむ

[字解] 形声。立＋束(ひきしめる)[声]。ひきしめて立つ、つつしむ意。

[意味] ❶つつしむ。かしこまる。また、おそれる。「竦懼」「竦動」「恐竦(キョウショウ)」「蹙竦(シュクショウ)」「戦竦(センショウ)」❷そばだつ。そびえる。「竦企」「竦峙」「竦竦」

❶つつしむ。かしこまる。また、おそれる。

【竦懼(ショウク)】おそれおののくこと。

【竦動(ショウドウ)】つつしみかしこまること。また、恐怖のために身がちぢまること。

❷そばだつ。そびえる。

【竦企(ショウキ)】足をつまだてて待ち望むこと。

【竦峙(ショウジ)】高くそびえること。

【竦竦(ショウショウ)】高くそびえるさま。

［靖］⇩8805

5583 【竭】 6781 6371 E291 立－9 カチ[呉]・カツ[呉]・ケツ[漢]\jié\つきる・つくす

[字解] 形声。立＋曷[声]。背負いあげる意。曷は掲に通じて、あげる意とも。

[意味] つきる。また、つくす。なくす。「匱竭(キケツ)」

【竭蹶(ケッケツ)】①つまずいて倒れること。②足りない力をふりしぼって努力するさま。

【竭尽(ケツジン)】なくなること。また、力を尽くすこと。

【竭誠(ケッセイ)】まごころを尽くすこと。

【竭力(ケツリョク)】力を尽くすこと。尽力。

5584 【端】 3528 433C 925B 立－9 [常] タン[呉][漢]\duān\はし・はた・は・はした・はじめ・はな・つま

[筆順] 端 端 端 端 端 端

[字解] 形声。立＋耑[声]。まっすぐに立つ、まっすぐの意。

[意味] ❶ただしい。まっすぐ。かたよらない。きちんとして整っている。「端座」「端正」「端的」「端麗」「異端(イタン)」❷はし。はた。さき。ふち。へり。「端子(タンシ)」「端末」「極端」「先端」＊孟子-公孫丑上「惻隠之心、仁之端也(ソクインのこころは、ジンのタンなり)」〔＝人の不幸をいたみあわれむ心は、仁のいとぐちである〕❸はじめ。いとぐち。てがかり。きっかけ。「端を開く」「端境期(はざかいキ)」「端緒」「発端(ホッタン)」❹[国]はんぱ。はした。重要でない。「端唄(はうた)」「端金(はしたがね)」「半端(ハンパ)」❺布類の長さの単位。㋑中国、周代の一端は二丈。㋺[国]日本では鯨尺で、幅九寸、長さは二

丈八尺。反タン。❻その他。地名など。『端渓タンケイ』

❶ ただしい。まっすぐである。

【端愨タンカク】心が正しく誠実なこと。

【端居タンキョ】①端然とした態度でいること。②平常。ふだん。③何もしないでじっとしていること。「閑居」に同じ。＊孟浩然‐臨洞庭「端居恥聖明タンキョセイメイにはず」〔＝何もせずにじっとしていては、天子の明徳に対して申し訳ない〕→❷

【端拱タンキョウ】（「拱」は腕を組むの意）端然とした態度で、腕組みをすること。多く、君主が無為に天下を治めていることのたとえに用いられる。

【端言タンゲン】正しく言うこと。また、そのことば。

【端厳タンゲン|タンゴン】きちんと整って威厳のあること。

【端厚タンコウ】（「端正温厚」の意）誠実でおとなしいこと。礼儀正しく温和なこと。

【端座・端坐タンザ】正しい姿勢で座ること。正座。「端座して説法を聞く」▶書き換え「端坐→端座」。

【端粛タンシュク】形や行動などが正しくておごそかなこと。

【端章甫タンショウホ】礼式用の衣服と冠。

【端正・端整タンセイ】容姿や動作などが、整っていること。

【端然タンゼン】姿などが乱れずに、きちんとしているさま。『端然と座する』

【端直タンチョク】心や行いが正しくまっすぐなこと。

【端的タンテキ】①てっとり早く急所をつくさま。『端的に言えば』②明白なさま。

【端麗タンレイ】姿かたちが整っていて美しいこと。『容姿端麗』

❷ はし。はた。さき。ふち。へり。

下接 一端イッタン・下端カタン・極端キョクタン・上端ジョウタン・舌端ゼッタン・先端センタン・尖端センタン・争端ソウタン・途端トタン・突端トッタン・筆端ヒッタン・末端マッタン・両端リョウタン／片端かたはし・川端かわばた・軒端のきば・船端ふなばた・目端めはし・炉端ろばた・井戸端いどばた

【端居タンキョ|はしい】国縁先や縁台など家の端近くに座っていること。→❶

【端末タンマツ】①はし。②コンピュータなどで、入出力を受け持つ部分。『端末装置』

❸ はじめ。いとぐち。てがかり。

下接 毫端ゴウタン・事端ジタン・戦端センタン・兵端ヘイタン・発端ホッタン

【端倪タンゲイ】推測すること。『端倪すべからず』の形で、はかり知れないの意に用いる。

【端月タンゲツ】正月の異称。古代中国で、「正月」の「正」が秦シンの始皇帝の諱いみなの政と同音であることをはばかって端といったことによる。

【端午タンゴ】五月五日。男子の節句。『端午の節句』▶「端」は初め、「午」は五番目。陰暦五月の意。

【端首タンシュ】物事のはじめの部分。いとぐち。端緒。

【端緒タンショ|タンチョ】物事の手掛かり。いとぐち。▶「タンチョ」は慣用読み。

❻ その他。地名など。

【端渓タンケイ】中国、端渓地方に産する良質のすずり用の石。また、そのすずり。『端渓硯タンケイケン』

【無端はしなく(も)】思いがけなく。はからずも。ふと。＊賈島‐度桑乾「無端更渡桑乾水はしなくもさらにわたるソウカンのみず」〔＝はからずも桑乾の流れを渡ることになった〕

5585 【竰】 6782 6372 E292 立－9 センチリットル

字解 国字。会意。立（リットル）＋厘（百分の一）。センチリットルの意。

【颯】⇩8978 【鴗】⇩9462

118 竹部 たけ

竹は、竹のならんで生えているさまで、タケ（チク）を表す。竹部に属する字は、竹、ささの類の名、竹の状態、竹製の器具、また、筆記具、書籍などを表す。みな、字の上部に竹をもち、これを「たけかんむり」とよぶ。隷書以来、往々「くさかんむり」の形をとり、艸部(140)の字と混ずる。

文 篆

竹◆ 竹

竹▭ ②竺 ③竽竿笂 ④笈笄笏笇 笋笑笶笊[illegible]笆笔[illegible] ⑤笳笻笛 笧笑笥笙笘第笞笛笯笵符笨 笠笭笹 ⑥筈筐筇筋筓筕策筍 筎[illegible]筌筅筝筑筑等答筒筏筆 ⑦筠筵筦筥筴筺筧[illegible]筰筭筱 筲筬筮節筩筟 ⑧箇管箍箕箘 箟箍箜箚算箠箋箒箏箎箸箪 箔箙箆 ⑨篏篋篁篊篌箴節節 箒箭箱箄箸篆範篇箯 ⑩篝篙 簑篡篩篪築築篖篤篦篥篭篗 ⑪篶篕篬簑簎簀簒簁篠簇篴 篳篷簍簏簓簗 ⑫簡簡簣簧簨 簪簞簟簟簠簱 ⑬簷簳簫簽籀 簸簿簿簾簶 ⑭籍籍籌籃籆籏 ⑮籑籖籔籒籐籓[illegible] ⑯籜籘籟 籠籙籛 ⑰籤籥籢 ⑱籖 ⑲籭籩 籮籬 ⑳籰

竹 ◆

5586 【竹】 3561 435D 927C 竹－0 常1 チク㈺㈹/zhú/たけ・たか

筆順 竹竹竹竹竹竹

字解 部首解説を参照。

同属字 竺・筑・築（築）

意味 ❶たけ。イネ科の常緑多年草。『竹簡』『竹帛』『爆竹』『破竹』❷ふえ。管楽器。『糸竹シチク|いとたけ』❸あて字、熟字訓など。『竹篦シッペイ』『竹麦魚ほうぼう』

❶ たけ。

下接 銀竹ギンチク・苦竹クチク・虎竹コチク・孤竹コチク・柴竹シチク・湘竹ショウチク・成竹セイチク・筮竹ゼイチク・石竹セキチク・疎竹ソチク・爆竹バクチク・破竹ハ

竹米糸缶网(罒・⺳・四)羊羽(羽)老(耂)而耒耳聿肉(月) 6画 臣自至臼(臼)舌舛(舛)舟艮色艸(艹・艹・艹)虍虫血行衣(衤)襾(覀・西)

チク・淡竹はチク・斑竹ハンチク・墨竹ボクチク・松竹梅ショウチクバイ・棕櫚竹シュロチク・孟宗竹モウソウチク／青竹あおだけ・唐竹からたけ・呉竹くれたけ・竿竹さおだけ・篠竹しのだけ・真竹まだけ・雌竹めだけ・若竹わかたけ

【竹院(チクイン)】竹の植え込みで囲んだ屋敷。

【竹園(チクエン)】①竹やぶ。竹の植えられた庭園。②天子の血統、一族。中国、前漢時代の梁孝王(文帝の子)が庭に竹を植えた故事による。竹の園生そのう。〔地道志〕

【竹簡(チクカン／チッカン)】中国古代、紙の発明以前に使用された文書の記録材。竹の節と節の間を縦割りにして札とし、一枚ごとに、また並べて糸で編んだものに文書を記録した。

【竹枝(チクシ)】①竹のえだ。②楽府題の一。もと蜀(四川省)の民歌で、唐の劉禹錫が蜀に赴任したとき、その曲にその地の風俗、人情を詠じた歌詞をつけたのにはじまる。③転じて、その土地特有の風俗や人情をもとにしてできた民謡などをいう。

【竹紙(チクシ)】①竹の幹の中の薄い皮。②竹を原料とする手すき紙。唐紙トウシ。

【竹素(チクソ)】(「素」は絹の意)＝竹帛チクハク

【竹頭木屑(チクトウボクセツ)】(「竹頭」は竹のきれはし、「木屑」は木のくずの意)細かなこともおろそかにしないたとえ。〔晋書-陶侃伝〕▶中国、晋の将軍陶侃が、船を造ったときに木や竹のくずをとっておき、後になってそれぞれ役立てたという故事から。

【竹馬(チクバ／たけうま)】①(チクバ)竹の棒を馬に見たて、またにはさんで走り回る遊び。②(たけうま)二本の竹にそれぞれ足がかりを付け、その上に乗って歩く遊び道具。【竹馬之友(チクバのとも)】ともに竹馬に乗って遊んだ友人。おさなともだち。〔晋書-殷浩伝〕

【竹牌(チクハイ)】矢や銃丸を防ぐ楯として用いた竹のたば。

【竹帛(チクハク)】書物。また、歴史書。『竹帛の功〔＝歴史に残る偉大な功績〕』▶古く、中国で竹簡や布帛に文字を記したところからいう。【垂二於竹帛一(チクハクにたる)】功名や手柄が書きのせられて後世にまで伝わる。名を竹帛に垂る。〔後漢書-鄧禹伝〕

【竹葉(チクヨウ)】①竹の葉。②酒の異称。

【竹里館(チクリカン)】(竹林の中に建てられていたところからいう)中国、唐代の詩人・王維の別荘にあった離れ。

【竹林(チクリン)】竹の林。【竹林之七賢(チクリンのシチケン)】中国の晋の時代に、俗世間をさけて竹の林に集まり、清談にふけった七人の隠者。阮籍ゲンセキ・嵇康ケイコウ・山濤サントウ・向秀ショウシュウ・劉伶リュウレイ・阮咸ゲンカン・王戎オウジュウの称。

【竹之園生(たけのそのう)】皇族をいう。竹園。〔史記-梁孝王世家〕▶中国、前漢の文帝の皇子、梁の孝王が庭園に竹を多く植えた故事から。

❸ あて字、熟字訓など。

【竹篦(シッペイ／シッペ)】①竹製の杖。普通、禅宗で参禅者を教導するために用いる法具。②国人差し指と中指をそろえてはじき打つこと。『竹篦返し〔＝すぐに仕返しをすること〕』▶漆を塗った篦の「漆篦」からという。

【竹刀(しない)】剣道のけいこなどに用いる、割り竹をたばねて作った刀。▶「撓竹しないだけ」の意。

【竹麦魚(ほうぼう)】ホウボウ科の海魚。魴鮄。

難読地名 竹生ちくぶ島(滋賀) 難読姓氏 竹萬ちくま

竹 2画

5587 【竺】 2819 3C33 8EB1 竹－2 チク漢・トク漢・ジク(ヂク)慣 /zhú·dǔ/

字解 形声。二(重ねる)＋竹声。あつい意。借りて、天竺の意に用いる。

意味 ❶(トク)あつい。ぶあつい。「篤」に同じ。❷(チク)「天竺テンジク」は、インドの古称。『竺学』❸(チク)たけ(竹)。

【竺学(ジクガク)】天竺の学問。仏教の学問。

5588 【竽】 *4981 竹－3 ウ漢 /yú/ ふえ

字解 形声。竹＋于(息がまがる)声。ふえの意。

意味 ふえ。笙ショウの一種。古くは三十六管あったが、後世、一九管となった。

5589 【竿】 2040 3448 8AC6 竹－3 カン漢 /gān/ さお

字解 形声。竹＋干(→幹、みき)声。たけざおの意。

意味 ❶さお。また、さおのように直立するさま。『竿頭』『竿秤さおばかり』『竹竿チッカン/たけざお』❷竹のふだ。『竿牘カントク』

【竿頭(カントウ)】さおの先。

【竿牘(カントク)】(「牘」は木札に書いた文)①竹簡や木簡に書いた歴史などの文書。書札。②手紙。書簡。書牘ショトク。

5590 【笂】 6783 6373 E293 竹－3 うつぼ

字解 国字。うつぼ(靫)、また川にしかけて魚を捕る具という。「笂井うつぼい」は、群馬県の地名。

5591 【笈】 2172 3568 8B88 竹－4 キュウ(キフ)漢 /jí/ おい・ふばこ・ふみばこ

字解 形声。竹＋及声。

意味 おい。竹を編んだせおいばこ。書物、衣服、食器などを入れて背負うはこ。『笈摺おいずり』『書笈ショキュウ』

【負レ笈(キュウをおう)】(笈を背負って旅をする意から)遠方に遊学する。〔晋書-孝友伝・王裒オウホウ〕

5592 【笄】 6802 6422 E2A0 竹－4 ケイ 「笄」(5625)の異体字

5593 【笏】 6784 6374 E294 竹－4 コツ漢・シャク慣 /hù/

字解 形声。竹＋勿(→忽、ぼんやりする)声。備忘のために書き留める板、しゃくの意。

参考 日本で、「笏」の音「コツ」が「骨」に通じるのを忌み、その長さ一尺にちなんで「シャク」といった。

意味 しゃく。束帯ソクタイを着用のとき、右手に持つ細長く薄い板。『玉笏ギョクシャク』

5594 【笇】 *4983 竹－4 サン漢 /suàn/ かぞえる

字解 算に同じ。かぞえる意。

5595 【笋】 6804 6424 E2A2 竹－4 シュン漢・ジュン慣 /sǔn/ たけのこ・たかんな

字解 筍の別体。たけのこの意。

5596 【笑】 3048 3E50 8FCE 竹－4 常4 (5597)【笶】 竹－4

ショウ(セウ)呉漢 /xiào/ わらう・わらい・えむ・えみ・え

筆順 笑 笑 笑 笑 笑 笑

字解 もと咲。形声。口＋芺声。口をあけて笑う意。笑は髪の長い若い女性がわらうさまとも。のちに誤って笑となった。笑うように花が開く意にも用いる。咲ももと咲で、笑と同字。

意味 ❶わらう。えむ。わらい。えみ。『笑声（ショウセイ）』『笑談（ショウダン）』『爆笑』『微笑』『冷笑』＊孟子－梁恵王上「以₂五十歩₁笑₂百歩₁、則何如（ゴジッポをもってヒャッポをわらわば、すなわちいかん）〔＝五十歩しか逃げなかったということで、百歩逃げた者を笑ったとしたら、どうだろう〕」❷相手にある行為を望むときの謙譲語。笑って…して下さいの意。『笑納』『笑覧』❸書名。『笑府』『笑林』

❶ わらう。えむ。わらい。えみ。

下接 一笑（イッショウ）・艶笑（エンショウ）・歓笑（カンショウ）・嘻笑（キショウ）・嬉笑（キショウ）・嬌笑（キョウショウ）・苦笑（クショウ）・巧笑（コウショウ）・哄笑（コウショウ）・浩笑（コウショウ）・嗤笑（シショウ）・失笑（シッショウ）・浅笑（センショウ）・大笑（タイショウ）・談笑（ダンショウ）・嘲笑（チョウショウ）・調笑（チョウショウ）・爆笑（バクショウ）・微笑（ビショウ）・顰笑（ヒンショウ）・憫笑（ビンショウ）・愍笑（ビンショウ）・冷笑（レイショウ）

【笑謔（ショウギャク）】笑って冗談を言うこと。

【笑語（ショウゴ）】①笑いながら話をすること。談笑。②おもしろい話。笑話。

【笑傲（ショウゴウ）】大声であざわらうこと。

【笑止（ショウシ）】国ばかばかしくて、笑うべきこと。おかしなこと。『笑止の沙汰（サタ）』『笑止千万』♥世にも珍しい異常な出来事の意の「勝事（ショウシ）」から転じた語ともいう。

【笑話（ショウワ）】滑稽（コッケイ）な内容の話。笑い話。『笑話集』

❷ 相手にある行為を望むときの謙譲語。

【笑納（ショウノウ）】国自分の贈り物を受け取ってもらうときの謙譲語。『御笑納下さい』

【笑覧（ショウラン）】国自分の作品などを見てもらうことの謙譲語。『御笑覧下さい』

❸ 書名。

【笑府（ショウフ）】書名。中国、明の墨憨斎（ボクカンサイ）（本名は馮夢竜（フウボウリュウ））の著。一三巻。笑話を集大成したもの。

【笑林（ショウリン）】書名。中国、魏（ギ）の邯鄲淳（カンタンジュン）の著。中国最古の笑話集。

5598 【笊】 6785 6375 E295 竹－4 ソウ（サウ）㊥／zhào／ざる・いかき

字解 形声。竹＋爪㊥。

意味 ざる。いかき。竹かご。

【笊籬（ソウリ）】小さな竹かご。いかき。

5599 【笹】 ――― 竹－4 トン㊥／dùn／かご

字解 形声。竹＋屯（あつまる）㊥。ものを集めて入れるかごの意。

5600 【笆】 6786 6376 E296 竹－4 ハ㊥／bā

字解 形声。竹＋巴（四川省の旧名）㊥。四川省でとれる竹の意。

意味 いばらだけ。とげのある竹。また、竹の生け垣。

【笆籬（ハリ）】竹がき。まがき。

5601 【笔】 ＊4984 竹－4 ヒツ㊥／bǐ／たけ

字解 筆の通俗体。中国では簡体字。

5602 【笂】 ――― 竹－4

字解 国字。「墨笂（すみさし）」は、墨壺に添えて、木材・石材などにしるしをつけ、字を書くのに用いる竹筆。

5603 【笳】 6787 6377 E297 竹－5 カ㊥／jiā／あしぶえ

字解 形声。竹＋加㊥。

意味 あしぶえ。あしの葉を巻いてつくった笛。『胡笳（コカ）』『悲笳（ヒカ）』

5604 【笻】 ――― 竹－5 キョウ 「筇」（5623）の異体字

5605 【笴】 ――― 竹－5 コウ 「箇」（5648）の異体字

5606 【笧】 ＊4987 竹－5 サク㊥／cè／しがらみ

字解 形声。竹＋冊（木、木片などを立てならべたもの）㊥。冊または策に同じ。

意味 しがらみ。水をせき止める、竹などをからめた杭。「柵」に同じ。

5607 【笶】 6793 637D E29D 竹－5 シ㊥／の・や

字解 形声。竹＋矢（や）㊥。竹製の矢の意。

5608 【笥】 3158 3F5A 9079 竹－5 シ㊥・ス㊤／sì／はこ・け

字解 形声。竹＋司（整理しおさめる）㊥。衣類などを整理してしまう竹製のはこの意。

参考 万葉仮名では訓を借りて「け㊚」。

意味 はこ。竹製のはこ。『筐笥（キョウシ）』『箪笥（タンス）』

5609 【笙】 6789 6379 E299 竹－5 人 ショウ（シャウ）㊥・セイ㊥／shēng

字解 形声。竹＋生（はえる）㊥。竹管が一九、または一三はえ揃った形の笛の意。

意味 しょう。雅楽に用いる管楽器の一。一九、または一三本の長短の竹管を立てたもの。一つの口から吹いたり吸ったりして管の簧（した）を振動させて鳴らす。『鳳笙（ホウショウ）』

笙

【笙鼓（ショウコ）】笙とつづみ。

5610 【笘】 6788 6378 E298 竹－5 セン㊥・サン㊥・チョウ（テフ）㊥／shān／むち・とま

字解 形声。竹＋占㊥。

意味 竹のむち。日本では、竹を編んだ、とま。苫に通じ用いる。

5611 【第】 3472 4268 91E6 竹－5 常3 ダイ㊥・テイ㊥／dì／ついで・やしき・いえ・ただ

筆順 第 第 第 第 第 第

字解 形声。竹＋弟（順序）省㊥。順序よく重ねた竹簡（たけのふだ）の意から、一般に、順序の意。

意味 ❶ついで。しだい。物事の順序。また、順序を表す数詞の上に付ける語。『次第（シダイ）』『上第（ジョウダイ）』『譜第（フダイ）』『品第（ホンダイ）』『第一』❷やしき。『聚楽第（ジュラクダイ）』『第館』『邸第（テイダイ）』『里第（リテイ）』❸官吏の試験。また広く、試験。『及第キュウダイ』『落第ラクダイ』❹ただ。ひたすら。しばらく。かりに。

❶ついで。しだい。物事の順序。

【第一ダイイチ】①一番初めであること。最初。『第一印象』『第一楽章』②最も大切なこと。『安全第一』③他のことはともかくとして、まず。まずもって。『第一金がない』

【第六感ダイロッカン】五感以外にあるとされる、物事を直感する感覚。勘カン。インスピレーション。

❷やしき。

【第館ダイカン】やしき。邸宅。

【第舎ダイシャ】やしき。邸宅。邸第。

【第観テイカン】やしきと物見やぐら。

【就レ第テイにつく】官職を退いて自分のやしきにもどる。

❸官吏の試験。また広く、試験。

下接 乙第イツダイ・科第カダイ・及第キュウダイ・甲第コウダイ・高第コウダイ・登第トウダイ・不第フダイ・落第ラクダイ

5612【笞】6790 637A E29A 竹－5 チ㊥/chī/むち・しもと

字解 形声。竹＋台㊥。

参考 万葉仮名では音を借りて「ち」。

意味 むち。しもと。また、むちで打つ。『笞刑』『鞭笞ベンチ』『掠笞リョウチ』

【笞刑チケイ】中国の隋・唐代、および日本の律令制で、五刑の一。最も軽い刑で、細い木の棒で罪人を打つ。笞罪。

【笞杖チジョウ】①むちとつえ。②中国、隋・唐、および日本の律に規定された五刑のうちの、笞刑と杖刑。

【笞辱チジョク】むちで打って、はずかしめること。

【笞撻チタツ】むちで打つこと。鞭撻ベンタツ。

5613【笛】3711 452B 934A 竹－5 常3 ジャク(ヂャク)㊐・テキ㊥/dí/ふえ

筆順 笛 笛 笛 笛 笛 笛

字解 形声。竹＋由(小口の深い酒つぼ)㊥。穴のあるふえの意。

意味 ふえ。吹いて鳴らす楽器の一種。

下接 横笛オウテキ/よこぶえ・汽笛キテキ・玉笛ギョクテキ・警笛ケイテキ・号笛ゴウテキ・鼓笛コテキ・吹笛スイテキ・牧笛ボクテキ・霧笛ムテキ・竜笛リュウテキ・蘆笛ロテキ／葦笛あしぶえ・草笛くさぶえ・口笛くちぶえ・角笛つのぶえ・喉笛のどぶえ・鳩笛はとぶえ

【笛伶テキレイ】笛をふく楽人。

5614【笯】＊4993 竹－5 ド㊥/nú

字解 形声。竹＋奴(とりこのどれい)㊥。とりかご。

5615【笵】6791 637B E29B 竹－5 ハン㊥/fàn/かた・のり

字解 形声。竹＋氾(水がいっぱいに広がる)㊥。わくとなる竹製のかたの意。一般にわく、のりの意を表す。范・範に同じ。

5616【符】4168 4964 9584 竹－5 常 ブ㊐・フ㊥/fú/わりふ・あう

筆順 符 符 符 符 符 符

字解 形声。竹＋付(あわせつける)㊥。両片を合わせて証拠とするわりふの意。

参考 万葉仮名では音を借りて「ふ」。

意味 ❶わりふ。証明の書きつけ。証拠の印。また、わりふを合わせたようにぴったり合うこと。『勘合符カンゴウフ』『符合』『符節』『割符わりフ』❷しるし。記号。『符号』『符丁』『音符』『休符』❸神仏のおふだ。『護符』❹きざし。天の意志をあらわすしるし。めでたいしるし。また、未来を予言して書いたもの。『符瑞』『符籙』『祥符ショウフ』❺約束ごとを記したふだ。『切符きっぷ』

❶わりふ。

下接 印符インプ・陰符インプ・官符カンプ・魚符ギョフ・合符ゴウフ・虎符コフ・璽符ジフ・任符ニンプ・剖符ホウフ・割符わりフ・勘合符カンゴウフ

【符応フオウ】ぴったりと合うこと。合致。→❹

【符契フケイ】わりふ。あいふだ。

【符験フケン】わりふをもって証拠とすること。また、そのしるし。証拠。転じて、ききめ。効験。

【符合フゴウ】二つ以上の事柄がぴったり合うこと。

【符璽フジ】天子の印章。印璽。璽符。

【符信フシン】しるし。証拠。また、わりふの類。符節。

【符節フセツ】わりふ。『符節を合するがごとし〔＝ぴったり双方が一致するさま〕』

【符伝フデン】関所の通行証。道中手形。

❷しるし。記号。

下接 音符オンプ・休符キュウフ・感嘆符カンタンフ・疑問符ギモンフ・終止符シュウシフ

【符号フゴウ】①文字以外の記号。②特に、相互の関連を突き合わせるためや、心覚えとして付ける目印。

【符丁・符帳・符牒フチョウ】①商人が、商品に付けて値段を示す印や符号。②合い言葉。隠語。『符丁で話す』書き換え「符牒→符丁」。

❸神仏のおふだ。

下接 護符ゴフ・呪符ジュフ・神符シンプ・桃符トウフ・霊符レイフ

❹きざし。しるし。

【符運フウン】天運。天命。

【符応フオウ】天が天子に下す命のあらわれとしての事象。→❶

【符瑞フズイ】めでたいことを示す事象。よろこばしいきざし。瑞祥。瑞相。

【符命フメイ】①天の神が、天子にしようとする人に示す特別の事象。②文章様式の一。天の神がくだしためでたいしるしの事象を述べて、天子の徳をたたえる文。

【符籙フロク】道家の秘文。未来を予言して書かれたもの。

5617【笨】6792 637C E29C 竹－5 ホン㊥/bèn/あらい

字解 形声。竹＋本㊥。

意味 そまつな。あらい。『粗笨ソホン』

【笨拙ホンセツ】粗末でへたなこと。

5618【笠】1962 335E 8A7D 竹－5 リュウ(リフ)㊥/lì/かさ

字解 形声。竹＋立㊥。柄のない、かさの意。

意味 かさ。かぶりがさ。

下接 編笠あみがさ・衣笠きぬがさ・陣笠ジンがさ・菅笠すげがさ・花笠はながさ

【笠檐リュウエン】かさのひさし。

難読地名 笠置かさぎ町(京都) 笠沙かささ町(鹿児島)

5619【笭】* 4991 竹－5 レイ㊥/líng/かご・すのこ

字解 形声。竹＋令㊦。

金文

篆文

意味 ❶竹かご。魚などを入れるかご。❷すのこ。舟の底に敷くゆか。

5620【笹】2691 3A7B 8DF9 竹－5 人 ささ

字解 国字。会意。竹＋世(葉の略体)。竹の葉・小さな竹の意。

意味 ❶ささ。細く小さな竹の総称。また、その葉。『笹竹(ささだけ)』『笹舟(ささぶね)』『隈笹(くまざさ)』❷ささの葉のような形状のもの。また、小さいものを形容して付ける語。『笹栗(ささぐり)』『笹子(ささご)』『笹身(ささみ)』❸酒の別称。

5621【筈】4006 4826 94A4 竹－6 カツ(クヮツ)㊥/guā/はず

字解 形声。竹＋舌(＝昏)㊦。

意味 ❶はず。㋑矢はず。矢の先のつるを受けるところ。㋺国ゆはず。弓の両端のつるをかけるところ。❷国はず。当然の筋道。道理。また、予定。『そんな筈はない』『間に合う筈だ』『手筈(てはず)』

5622【筐】6794 637E E29E 竹－6 (5646)【筺】6801 6421 E29F 竹－7 キョウ(キャウ)㊥/kuāng/かご・はこ・かたみ

字解 形声。竹＋匡(はこ)㊦。竹を編んだはこの意。

意味 ❶かご。はこ。かたみ。竹製の四角いかご。『筐筥』『筐篋』『花筐(カキョウ/はながたみ)』『頃筐(ケイキョウ)』『書筐(ショキョウ)』❷とこ。ねだい。『筐筥』

【筐筥(キョウ)】竹を編んで作った箱。かたみ。
【筐篋(キョウキョウ)】竹製の本箱。
【筐笥(キョウシ)】竹を編んで作ったかご。手元におく箱。
【筐底(キョウテイ)】箱の底。箱の中。篋底。『筐底に秘する』

5623【笻】* 5007 竹－6 (5604)【筇】―― 竹－5 キョウ㊥/qióng

字解 形声。竹＋邛(四川省にある杖の産地)㊦。四川産の杖に適する竹の一種、また、杖の意。

5624【筋】2258 365A 8BD8 竹－6 常6 コン㊂・キン㊥/jīn/すじ

筆順 筋 筋 筋 筋 筋 筋

字解 会意。竹＋肉＋力(ちからこぶの盛り上がった腕)。竹の中と同様に肉の中にあるすじの意。

意味 ❶すじ。㋑動物体の運動を起こす、すじ状の組織。『筋骨』『筋肉』『心筋(シンキン)』『背筋(ハイキン)』『腹筋(フッキン)』㋺物の中心に入れて強くさせるすじ状のもの。『筋金(すじがね)』『鉄筋(テッキン)』❷国すじ。細長いもの。また、それを数える語。『筋子(すじこ)』『青筋(あおすじ)』『道筋(みちすじ)』❸国すじ。㋑道理。根拠。『筋道(すじみち)』『本筋(ホンすじ)』㋺あらまし。しくみ。『筋書(すじがき)』『粗筋(あらすじ)』『大筋(おおすじ)』❹国すじ。㋑血統。家系。『家筋(いえすじ)』『血筋(ちすじ)』㋺素質。『手筋(てすじ)』㋩物事の、その方面。むき。『消息筋(ショウソクすじ)』『粋筋(いきすじ)』『客筋(キャクすじ)』❺熟字訓。『筋斗返(とんぼがえ)り〔＝宙返り〕』『玉筋魚(いかなご)』『翻筋斗(もんどり)』

【筋炎(キンエン)】筋肉の炎症。普通、化膿性(カノウセイ)筋炎を指す。
【筋骨(キンコツ)】①筋肉と骨格。転じて、体つき。『筋骨隆隆(キンコツリュウリュウ)』②(すじぼね)軟骨。
【筋肉(キンニク)】能動的な収縮性を特性とする動物特有の運動器官。筋。『筋肉注射』
【筋力(キンリョク)】筋肉の力。

5625【笄】―― 竹－6 (5592)【筓】6802 6422 E2A0 竹－4 ケイ㊥/jī/こうがい

字解 形声。竹＋幵(髪にさすかんざしの象形)㊦。竹製のかんざし、こうがいの意。

意味 こうがい。かんざし。昔、髪をかき上げたりとめたりするのに用いた細長い具。また、日本髪の髷(まげ)に横にさす、女性用の髪飾り。

【笄年(ケイネン)】女子が、はじめてかんざしをさす年。一五歳をいう。また、女性の結婚適齢期。

5626【笐】* 5009 竹－6 コウ(カウ)㊥/háng

字解 形声。竹＋行㊦。

意味 「笐箸(コウトウ)」は、竹で編んだ敷物。また、アンペラにあてる。アンペラは、草の名。カヤツリグサ科の多年草。茎で敷物、袋、帽子などを編む。ポルトガル ampero の音訳。もとマレーあたりの語という。

5627【策】2686 3A76 8DF4 竹－6 常6 シャク㊂・サク㊥/cè/むち・つえ・はかりごと・ふだ

筆順 策 策 策 策 策 策

字解 形声。竹＋朿(とげ、さして責めるもの)㊦。馬をせめるむちの意。

意味 ❶むち。むちうつ。また、つえ。つえをつく。『策励』『散策(サンサク)』*韓愈-雑説「策ㇾ之不ㇾ以二其道一(これにむちうつにそのみちをもってせず)〔＝馬を調教するのに、その馬にふさわしいやり方をしない〕」*陶潜-帰去来辞「策扶ㇾ以流憩(つえもてたすけもってリュウケイす)〔＝つえをついて老体を助け、あちこち歩いたり休んだりする〕」❷はかりごと。はかりごとをめぐらす。『策を弄(ロウ)する』『策略』『画策』『政策』❸ふだ。物を書きつけた竹の札。かきつけ。文書。また、命令書。王命を伝えるもの。『策命』『書策(ショサク)』❹(竹の札に書きつけるところから)官吏登用試験の問題。また、その答え。『策問』『対策(タイサク)』❺「策策(サクサク)」は、木の葉の落ちる音、秋風の音、竹のすれ合う音などを形容する語。❻永字八法の一。➡〔永字八法〕の図六七三頁

❶ むち。むちうつ。また、つえ。

下接 警策(ケイサク)・散策(サンサク)・杖策(ジョウサク)・長策(チョウサク)・鞭策(ベンサク)

【策馬(サクバ)】馬にむちうつこと。
【策励(サクレイ)】むちうって励ますこと。大いに励ますこと。

❷ はかりごと。はかりごとをめぐらす。

下接 遺策(イサク)・一策(イッサク)・画策(カクサク)・奸策(カンサク)・奇策(キサク)・金策(キンサク)・愚策(グサク)・下策(ゲサク)・建策(ケンサク)・献策(ケンサク)・国策(コクサク)・施策(シサク)・失策(シッサク)・術策(ジュッサク)・上策(ジョウサク)・政策(セイサク)・拙策(セッサク)・籌策(チュウサク)・得策(トクサク)・万策(バンサク)・秘策(ヒサク)・方策(ホウサク)・妙策(ミョウサク)・無策(ムサク)・良策(リョウサク)・論策(ロンサク)

【策応(サクオウ)】しめし合わせること。
【策士(サクシ)】はかりごとを巧みにする人。
【策定(サクテイ)】あれこれ考えて定めること。

竹米糸缶网(罒・冂・四)羊羽(羽)老(耂)而耒耳聿肉(月) 6画 臣自至臼(臼)舌舛(舛)舟艮色艸(艹・艹・艹)虍虫血行衣(衤)襾(覀・西)

【策動サクドウ】ひそかに策をめぐらし行動すること。
【策謀サクボウ】相手をだまそうとひそかにたくらむはかりごと。『策謀をめぐらす』
【策略サクリャク】相手を自分の望む事態に陥らせるためのはかりごと。『策略を用いる』

❸ ふだ。かきつけ。文書。

下接 簡策カンサク・警策ケイサク・書策ショサク

【策書サクショ】官吏を任命する辞令書。
【策命サクメイ】天子が諸公、卿ケイ、大夫タイフに下す文書。
【策免サクメン】天子の命令で免職されること。
【策勲サククン】国家・主君に尽くした功労者を文書に書き記すこと。

❹ 官吏登用試験の問題。

【策試サクシ】＝策問サクモン
【策問サクモン】昔、中国で、官吏登用試験の際に、経義や政治についての試問をすること。策試。

5628 【筍】 6803 6423 E2A1 竹－6 シュン㊥・ジュン㊝/sǔn/たけのこ・たかんな

字解 形声。竹＋旬㊥。

金文 篆文

意味 たけのこ。竹の根茎の節から生じる若芽。『春筍シュンジュン』『石筍セキジュン』

【筍席ジュンセキ】たけのこの皮で作ったむしろ。

5629 【筎】 ＊5008 竹－6 ジョ㊥

字解 形声。竹＋如㊥。

意味 竹の皮。また、まきはだ。舟に水がしみ込むのをふせぐもの。日本では、槙まきの木の皮を用いる。

5630 【䇮】 ―― 竹－6 ジン㊥・ニン㊝

字解 衽に同じ。ひとえに編んだ寝床の敷物の意。

5631 【筌】 6805 6425 E2A3 竹－6 セン㊥/quán/うえ・うけ

字解 形声。竹＋全㊥。

意味 うえ。うけ。川の流れなどに仕掛けて、魚を捕る道具。割り竹をかご状に編んだもの。『蹄筌テイセン』

【筌蹄センテイ】①魚をとるうえと兎うさぎをとらえるわな。ものを捕らえる道具で、目的を達したあとは不必要となるもの。目的のために利用する手段。〔荘子－外物〕②転じて、物事の手ほどきとなるもの。手びき。

5632 【筅】 6806 6426 E2A4 竹－6 セン㊥/xiǎn/ささら

字解 形声。竹＋先㊥。ささらの意。箲に同じ。

5633 【筝】 6824 6438 E2B6 竹－6 ソウ 「箏」(5671)の異体字

5634 【筑】 ―― 竹－6 チク㊥㊝/zhú

(5635)【筑】 3562 435E 927D 竹－6

字解 形声。巩（ひざまずき、両手で動作をする）＋竹㊥。竹でうちならす楽器の意。

同属字 築（築）

意味 ❶ちく。楽器の名。琴に似る。❷国「筑紫つくし」の略。古く、九州地方の称。『筑後チクゴ』『筑前チクゼン』

難読地名 筑紫野ちくしの市（福岡） 筑波つくば郡（茨城）

5636 【等】 3789 4579 9399 竹－6 常3 トウ㊥㊝/děng/ひとしい・ひとし・など・ら

筆順

字解 形声。竹（竹簡）＋寺（→治、おさめる）㊥。竹簡（たけのふだ）を整理する意より、ひとしくする・ひとしい意。

参考 万葉仮名では音を借りて「と㊇」。

意味 ❶ひとしい。おなじ。また、ひとしくする。同じものをそろえてととのえる。『等質』『等分』『均等』『平等』❷くらい。順序。段階。階級。『等外』『等級』『上等』❸なかま。ともがら。など。ら。同類の多数のものを表す語。『等輩トウハイ』『郎等』＊史記－廉頗藺相如伝「臣等不肖シンらフショウなり〔＝私たちは愚か者である〕」

❶ ひとしい。ひとしくする。

下接 異等イトウ・均等キントウ・対等タイトウ・同等ドウトウ・平等ビョウドウ

【等位トウイ】等しい等級。階級の等しい段階。→❷
【等間トウカン】①＝等閑トウカン。②同じく。同様に。
【等閑トウカン】深く心にとめないさま。おろそか。なおざり。『等閑に付する』『等閑視』＊白居易－琵琶行「秋月春風等閑度シュウゲツシュンプウトウカンにわたる〔＝秋の月や春の風も、うかうかと見過ごしてきた〕」◆同じように閑却する意。
【等号トウゴウ】二つの数、式などが互いに等しい関係にあることを示す符号。イコール。「＝」。↔不等号
【等差トウサ】差が等しいこと。『等差級数』→❷
【等質トウシツ】質が同じであること。
【等身トウシン】人の身長と等しい高さ。『等身大』
【等比トウヒ】①等しいこと。同じであること。同等であること。②比が等しいこと。
【等分トウブン】ある数量などを等しく分けること。
【等量トウリョウ】等しい分量。『等量の水と米』
【等類トウルイ】同等の種類。→❸
【等列トウレツ】同じ列であること。また、同じ程度・待遇であること。

❷ くらい。順序。段階。階級。

下接 一等イットウ・下等カトウ・官等カントウ・勲等クントウ・減等ゲントウ・高等コウトウ・差等サトウ・三等サントウ・昇等ショウトウ・上等ジョウトウ・初等ショトウ・親等シントウ・中等チュウトウ・特等トクトウ・品等ヒントウ・優等ユウトウ・劣等レットウ

【等位トウイ】等級。位階。くらい。→❶
【等外トウガイ】定められた等級、順位の中に入らないこと。『等外官』『等外品』
【等級トウキュウ】①上下の段階。くらい。ランク。②天体の光度を示す階級。
【等差トウサ】等級の差別。ちがい。差等。→❶

❸ なかま。ともがら。ら。

下接 学等ガクトウ・郎等ロウドウ|ロウトウ／彼等かれら・奴等やつら・我等われら

【等夷トウイ】同じ仲間。同輩。同僚。
【等倫トウリン】同じ程度の仲間。同輩。
【等類トウルイ】同じ仲間。→❶

難読地名 等々力とどろき渓谷（東京）

5637 【答】 3790 457A 939A 竹－6 常2 トウ（タフ）㊥㊝/dá・dā/こたえ・こたえる・いらう・いらえ

竹米糸缶网(⺲・罒・罓)羊羽(𦏲)老(耂)而耒耳聿肉(月) 6画 臣自至臼(𦥑)舌舛(舛)舟艮色艸(艹・艹・艹)虍虫血行衣(衤)襾(覀・西)

[筆順] 答 答 答 答 答 答

[字解] 会意。竹+合(あう)。竹ふだがあう意から、一般に、こたえる意。

[同属字] 劄・搭

[意味] こたえ。こたえる。問いかけに対して返事をする。『一問一答』『答案』『解答』 *論語-憲問「夫子不レ答(フウシこたえず)〔=先生は答えなかった〕」

[下接] 応答(オウトウ)・解答(カイトウ)・確答(カクトウ)・愚答(グトウ)・口答(コウトウ)・誤答(ゴトウ)・自答(ジトウ)・正答(セイトウ)・贈答(ゾウトウ)・即答(ソクトウ)・速答(ソクトウ)・対答(タイトウ)・直答(チョクトウ)・勅答(チョクトウ)・拝答(ハイトウ)・筆答(ヒットウ)・批答(ヒトウ)・表答(ヒョウトウ)・返答(ヘントウ)・報答(ホウトウ)・明答(メイトウ)・迷答(メイトウ)・問答(モンドウ)

【答案(トウアン)】試験、試問などにこたえる文章。答え。

【答賽(トウサイ)】神仏にお礼参りすること。

【答辞(トウジ)】返答の言葉。特に、送辞、祝辞などに答えるあいさつの言葉。

【答申(トウシン)】[国]諮問機関が意見をまとめて述べること。

【答拝(トウハイ)】[1]先方の拝礼に答えて拝礼すること。また、その拝礼。[2]手厚くもてなすこと。また、そのもてなし。

【答弁・答辯(トウベン)】質問に答えて弁明すること。

5638 【筒】 3791 457B 939B 竹-6 [常] トウ(漢)/tǒng/つつ

[筆順] 筒 筒 筒 筒 筒 筒

[字解] 形声。竹+同(→通、つきぬける)(声)。竹のつつの意。

[意味] ❶つつ。つつ状のもの。『水筒』『封筒』→下接。❷[国]つつ。銃身。砲身。『擲弾筒(テキダントウ)』『筒音(つつおと)』『大筒(おおづつ)』❸[国]どう。双六(すごろく)や博打(バクち)で賽(サイ)を入れて振り出すつつ。胴。『筒元(ドウもと)』

[下接] 円筒(エントウ)・気筒(キトウ)・水筒(スイトウ)・喞筒(ソクトウ)－ポンプ・筆筒(ヒットウ)－ふでづつ・封筒(フウトウ)・発煙筒(ハツエントウ)／井筒(いづつ)・竹筒(たけづつ)・茶筒(チャづつ)

5639 【筏】 4021 4835 94B3 竹-6 ハツ(漢)・バツ(慣)/fá/いかだ

[字解] 形声。竹+伐(声)。

[意味] いかだ。横に並べた木材や竹をつなぎ合わせて、水に浮かべ流すもの。木材の運送に用い、また、舟の代用ともする。『舟筏(シュウバツ)』『津筏(シンバツ)』『馬筏(うまいかだ)』

5640 【筆】 4114 492E 954D 竹-6 [常]3 ヒチ(呉)・ヒツ(漢)/bǐ/ふで

[筆順] 筆 筆 筆 筆 筆 筆

[字解] 会意。竹+聿(手でふでを持つさま)。ふでの意。

[意味] ❶ふで。文や絵などを書く用具。『万年筆』『筆硯』『筆紙』『筆墨』『執筆』『毛筆』 ❷かく。かきしるす。文字や絵をかくこと。また、書かれたもの。『筆記』『筆者』『筆順』『悪筆』『随筆』『達筆』

❶ふで。文や絵などを書く用具。

[下接] 運筆(ウンピツ)・鉛筆(エンピツ)・擱筆(カクヒツ)・下筆(カヒツ)・画筆(ガヒツ)・起筆(キヒツ)・硬筆(コウヒツ)・細筆(サイヒツ)・執筆(シッピツ)・紙筆(シヒツ)・朱筆(シュヒツ)・潤筆(ジュンピツ)・水筆(スイヒツ)・石筆(セキヒツ)・染筆(センピツ)・走筆(ソウヒツ)・鉄筆(テッピツ)・刀筆(トウヒツ)・禿筆(トクヒツ)・土筆(ドヒツ)－つくし・木筆(ボクヒツ)・毛筆(モウヒツ)・用筆(ヨウヒツ)・落筆(ラクヒツ)・万年筆(マンネンヒツ)／絵筆(えふで)・藁筆(わらふで)

【筆管(ヒッカン)】筆の軸。筆柄(ふでづか)。

【筆翰(ヒッカン)】筆。また、文字・文章を書くこと。

【筆硯(ヒッケン)】[1]筆と硯(すずり)。転じて、文章を書くこと。[2][国]文筆家の生活のたとえ。『筆硯益々御清適の段』

【筆札(ヒッサツ)】筆と紙。筆牘(ヒットク)。筆紙。→❷

【筆紙(ヒッシ)】筆と紙。『筆紙に尽くしがたい〔=文章に書き表すことが難しい〕』

【筆舌(ヒツゼツ)】筆と舌。文章と言語。『筆舌に尽くしがたい〔=文章や言葉ではとても表現できない〕』

【筆洗(ヒッセン)】筆の穂先を洗う容器。ふであらい。

【筆頭(ヒットウ)】筆の穂先。『筆頭菜(=土筆(つくし))』→❷

【筆鋒(ヒッポウ)】筆の穂先。転じて、筆の運び方や文筆の勢い。筆勢。『筆鋒鋭く論評する』

【筆墨(ヒツボク)】筆と墨。また、それを用いて記したもの。

【呵レ筆(ふでをカす)】凍った筆に息を吹きかけて書く。寒いときに文章を書くこと。

❷かく。かきしるす。また、書かれたもの。

[下接] 悪筆(アクヒツ)・一筆(イッピツ)・遺筆(イヒツ)・加筆(カヒツ)・偽筆(ギヒツ)・曲筆(キョクヒツ)・健筆(ケンピツ)・古筆(コヒツ)・才筆(サイヒツ)・雑筆(ザッピツ)・直筆(ジキヒツ)・史筆(シヒツ)・試筆(シヒツ)・自筆(ジヒツ)・主筆(シュヒツ)・省筆(ショウヒツ)－セイヒツ・宸筆(シンピツ)・真筆(シンピツ)・親筆(シンピツ)・酔筆(スイヒツ)・随筆(ズイヒツ)・拙筆(セッピツ)・絶筆(ゼッピツ)・速筆(ソクヒツ)・俗筆(ゾクヒツ)・代筆(ダイヒツ)・達筆(タッピツ)・短筆(タンピツ)・遅筆(チヒツ)・同筆(ドウヒツ)・特筆(トクヒツ)・肉筆(ニクヒツ)・能筆(ノウヒツ)・分筆(ブンピツ)・文筆(ブンピツ)・補筆(ホヒツ)・末筆(マッピツ)・漫筆(マンピツ)・無筆(ムヒツ)・名筆(メイヒツ)・右筆(ユウヒツ)・祐筆(ユウヒツ)・乱筆(ランピツ)・略筆(リャクヒツ)・麗筆(レイヒツ)・弄筆(ロウヒツ)

【筆意(ヒツイ)】書画や文章の趣や味わい。

【筆禍(ヒッカ)】著書や発表した記事などが、忌諱(キキ)にふれて制裁を受けること。

【筆画(ヒッカク)】文字の画(カク)。字画。

【筆記(ヒッキ)】書き記すこと。『筆記具』

【筆耕(ヒッコウ)】書写によって生活すること。また、文筆で生活すること。↔舌耕。『筆耕料』

【筆才(ヒッサイ)】文章を書く才能。文才。

【筆削(ヒッサク)】書くべきところは書き、削るべきところは削ること。添削(テンサク)。

【筆札(ヒッサツ)】筆跡。手跡。また、手紙。→❶

【筆写(ヒッシャ)】書き写すこと。書写。

【筆者(ヒッシャ)】その文章や書を書いた人。

【筆順(ヒツジュン)】文字、特に漢字を書くときの筆運びの順序。

【筆陣(ヒツジン)】文章をもって論戦すること。論陣。

【筆生(ヒッセイ)】筆写を役目とする人。書記。

【筆跡・筆蹟・筆迹(ヒッセキ)】筆の跡。書かれた文字。また、その有り様。『筆跡鑑定』 書き換え「筆蹟→筆跡」。

【筆談(ヒツダン)】口で話す代わりに、紙などに文字や文章を書いて意思を伝え合うこと。

【筆端(ヒッタン)】筆の運び。書画や文章の勢い。

【筆致(ヒッチ)】書きぶり。筆つき。『軽妙な筆致』

【筆誅(ヒッチュウ)】罪悪や過失などを書きたてて責めること。

【筆答(ヒットウ)】質問に対して、書いて答えること。↔口答

【筆頭(ヒットウ)】連名の中で第一番目の人。また、最も主だった人。『前頭(まえがしら)筆頭』『筆頭株主』→❶

【筆法(ヒッポウ)】[1]筆の運び方。書法。[2]文の書き方。文章の作り方。『春秋の筆法』[3][国]やり方。手段。

5641 【筠】 *5010 竹-7 イン(漢)/yún/たけ

[字解] 形声。竹+均(ひとしい)(声)。まんべんなくとり囲んだ竹の皮の意。

[意味] たけ(竹)。タケの青い皮。『松筠(ショウイン)』

【筠篁(インコウ)】タケ。竹。

【筠心(インシン)】竹のようにまっすぐなこころ。

【筠籠(インロウ)】まるい竹かご。筠籃(インラン)。

5642【筵】6807 6427 E2A5 竹－7 エン[呉][漢]\yán/むしろ

[字解] 形声。竹＋延(ひきのばす)[声]。しきのべて用いる竹製のむしろの意。

[意味] むしろ。竹を編んだ敷物。転じて、座。座席。

[下接] 開筵(カイエン)・賀筵(ガエン)・綺筵(キエン)・経筵(ケイエン)・講筵(コウエン)

【筵席(エンセキ)】むしろ。敷物。転じて、宴会の席。

【筵道(エンドウ)】[国]天皇が徒歩で歩く時や、神事に祭神が遷御する時の道に敷く筵(むしろ)。

5643【筦】＊5012 竹－7 カン(クヮン)[漢]\guǎn/おさ

[字解] 形声。竹＋完(↓環、ぐるりととりまく)[声]。機(はた)の糸をまく道具の意。

[意味] はたおりの道具。横糸を巻いておくくだ。

5644【筥】6808 6428 E2A6 竹－7 キョ[漢]\jǔ/はこ

[字解] 形声。竹＋呂[声]。

[意味] ❶はこ。丸いはこ。『筐筥(キョウキョ)』『硯筥(すずりばこ)』 ❷稲のたば。

5645【筴】6809 6429 E2A7 竹－7 サク[漢]・キョウ(ケフ)[漢]\cè・jiā/めどぎ

[字解] 形声。竹＋夾[声]。めどぎの意。占いに用いる竹の細い棒。

5646【筺】6801 6421 E29F 竹－7 キョウ「筐」(5622)の異体字

5647【筧】6810 642A E2A8 竹－7 ケン[漢]\jiǎn/かけい・かけひ

[字解] 形声。竹＋見[声]。

[意味] かけい。地上に架け渡して、水を導く樋(とい)。節を抜いた竹などで作る。『竹筧(チッケン)』

5648【筪】＊5014 竹－7 (5605)〔笚〕ーー 竹－5

ゴウ(ガフ)[呉]・コウ(カフ)[漢]\xiá

[字解] 形声。竹＋匣(はこ)[声]。竹の名。

5649【筰】6811 642B E2A9 竹－7 サク[漢]\zuó/なわ

[字解] 形声。竹＋作(↓索、なわ)[声]。舟をひくために用いる竹製の縄の意。

5650【筭】＊5015 竹－7 サン[漢]\suàn

[字解] 会意。竹＋弄。両手で算木(サンぎ)を持ち、数をかぞえる、算木の意。算の本字。

5651【筱】6812 642C E2AA 竹－7 ショウ「篠」(5717)の異体字

5652【筲】＊5017 竹－7 ソウ(サウ)[漢]・ショウ(セウ)[慣]\shāo

[字解] 形声。竹＋肖[声]。

[意味] 竹製のめしびつ。『斗筲(トソウ)』〔＝わずかの量〕』かご、ふごの意。

5653【筬】6813 642D E2AB 竹－7 セイ[漢]/おさ

[字解] 形声。竹＋成[声]。

[意味] はたおりの道具。おさ。竹片などを櫛(くし)形に連ねて、長方形の框(わく)に入れたもの。縦糸をそろえ、通した横糸をおさえる。

5654【筮】6814 642E E2AC 竹－7 ゼイ[呉]・セイ[漢]\shì/めどぎ・うらなう

[字解] 会意。竹＋巫(＝巽、巫の古文で、みこ)。みこが用いるめどぎの意。金文は、その道具を手にする形。

金文

篆文

[参考] 万葉仮名では音を借りて「ぜ」。

[意味] めどぎ。易で、占筮(センゼイ)に用いる五〇本の細い棒のこと。また、うらなう。うらない。

[下接] 易筮(エキゼイ)・亀筮(キゼイ)・蓍筮(シゼイ)・占筮(センゼイ)・卜筮(ボクゼイ)

【筮仕(ゼイシ)】(古代中国で、初めて仕官するとき、その吉凶をうらなったところから) 初めて仕官すること。

【筮竹(ゼイチク)】うらないに用いる竹製の細い棒。普通、五〇本で行う。

【筮卜(ゼイボク)】筮竹(ゼイチク)を用いて運勢、吉凶をうらなうこと。

5655【節】3265 4061 90DF 竹－7 [常]4 (5684)〔節〕ーー 竹－9 旧字[人]

(5685)〔節〕ーー 竹－9

セチ[呉]・セツ[漢]\jié/ふし・ふ・よ・とき・ノット

[筆順] 節 節 節 節 節 節

[字解] 節は節の通俗体。節は形声。竹＋即(ひざまずくさま、ひざ)[声]。竹のふしの意。

[意味] ❶ふし。竹や草木などのふし。また、からだのふし。二つの物が結びつくところ。『節目』『関節』 ❷ふし。詩文・音楽などの一区切り。また、音楽のしらべ。ふしまわし。『節奏(セッソウ)』『楽節』『章節』『文節』 ❸みさお。主義などを固く守ること。『節(セツ)を曲げない』『節操』『忠節』 ❹ほどよい。ほどよくする。ひかえめにする。また、そのためのさだめ。きまり。規則。『酒を節する』『節制』『節度』『礼節』 ＊論語－微子「長幼之節、不レ可レ廃也(チョウヨウのセツは、ハイすべからざるなり)」〔＝長幼の礼節は、捨て去ることはできない〕」 ❺とき。おり。ころ。また、気候のかわりめ。また、そのころに行われる祭り。『お節(セチ)料理』『節句』『節分』『時節』『当節』 ❻わりふ。てがた。また、君主の命をうけたしるし。特に、大将や使者に賜る、旄牛(からうし)の尾で作られたはたじるし。⬇〔旗〕の[図]五五二頁。 ❼易の六十四卦の一。䷻。節度、節約を尊ぶ意。 ❽楽器の名。『撃節(ゲキセツ)』 ❾[国](英 knot の訳語)ノット。船舶の速度の単位。一ノットは一時間に一海里(約一八五二メートル)進む速度。「浬」ともあてる。 ❿[国]かつおぶし。『亀節(かめぶし)』『背節(せぶし)』『生節(なまりぶし)』『本節(ホンぶし)』

❶ ふし。竹や草木、からだなどのふし。

[下接] 関節(カンセツ)・環節(カンセツ)・勁節(ケイセツ)・結節(ケッセツ)・骨節(コッセツ)・跗節(フセツ)・末節(マッセツ)・盤根錯節(バンコンサクセツ)／一節切(ひとよぎり)

【節所(セッショ)】峠や山道などの難所。

【節目(セツもく／ふしめ)】[国]竹、材木などの節のある所。また、比喩(ヒユ)的に、ある物事の区切り。→❹

❷ 詩文・音楽などの区切り。ふしまわし。

[下接] 一節(イッセツ)・音節(オンセツ)・楽節(ガクセツ)・曲節(キョクセツ)・後節(コウセツ)・小節(ショウセツ／こぶし)・章節(ショウセツ)・前節(ゼンセツ)・文節(ブンセツ)

❸ みさお。主義などを固く守ること。

【節概（セツガイ）】節操と気概。節を固く守って曲げず、意気地のあること。

下接 気節セッキ・苦節クセツ・屈節クッセツ・抗節コウセツ・高節コウセツ・守節シュセツ・殉節ジュンセツ・小節ショウセツ・臣節シンセツ・清節セイセツ・操節ソウセツ・大節タイセツ・忠節チュウセツ・貞節テイセツ・晩節バンセツ・変節ヘンセツ・名節メイセツ

【節義（セツギ）】人としての正しい道を守りとおすこと。
【節侠（セッキョウ）】おとこだて。任侠。義侠。
【節操（セッソウ）】主義、意見、考えなどを堅固に保持すること。
【節婦（セップ）】貞節な女性。『節婦孝子』
【節廉（セツレン）】節義を守って潔白であること。

❹ ほどよい。ほどよくする。

下接 調節チョウセツ・礼節レイセツ

【節減（セツゲン）】金品の使用量をきりつめてへらすこと。

【節倹（セッケン）】出費を少なくして質素にすること。節約。『節倹を旨とする』＊史記－管晏伝「以節倹力行重於斉（セッケンリョッコウをもってセイにおもんぜらる）」〔＝(晏子は)倹約で、実行に努力する人として、斉の国で重んじられた〕

【節制（セッセイ）】度を越さないように控えめにすること。

【節鎮（セッチン）】節度使がいる役所。その地区。

【節度（セツド）】①きまり。規則。のり。②さしず。指令。③言行などの、度を越さない適当なほどあい。『節度のある行動』『節度を失う』【節度使（セツドシ）】①中国の唐、五代に設置された軍団の長官。初め外民族の侵入を警備する辺境守備隊の司令官として発生、七一〇年の河西節度使を創始とする。②国奈良時代、天平四年（七三二）および天平宝字五年（七六一）の二度設置された職。軍隊の訓練、軍備充実の役割を果たした。

【節文（セツブン）】きちんとした節度を保ったり、ほどよく飾ったりすること。

【節目（セツモク）】規則の箇条や細目。→❶
【節約（セツヤク）】無駄を省いて、切りつめること。

【節用（セツヨウ）】費用や労力を節約すること。【節用集（セツヨウシュウ）】国室町中期以降作られた実用的な国語辞書。

【節欲（セツヨク）】欲望をおさえること。

【節略（セツリャク）】適当に省いて減らすこと。

【節録（セツロク）】ほどよく取捨して書きしるすこと。抄録。

❺ とき。おり。また、気候のかわりめ。

下接 佳節カセツ・夏節カセツ・嘉節カセツ・季節キセツ・今節コンセツ・殺節サッセツ・雑節ザッセツ・時節ジセツ・秋節シュウセツ・聖節セイセツ・爽節ソウセツ・素節ソセツ・大節タイセツ・当節トウセツ・農節ノウセツ／折節おりふし

【節会（セッカイ｜セチエ）】朝廷の儀式のときに開く宴会。
【節気（セッキ）】黄道を二四等分し、太陽がその位置に来たときの季節を示したもの。『二十四節気』
【節季（セッキ）】①季節の終わり。②国年の末。年末。③国掛け売買の決算期。盆前と年末の二期が普通。『節季払い』
【節句・節供（セック）】国人日ジンジツ（一月七日）・上巳ジョウシ（三月三日）・端午タンゴ（五月五日）・七夕たなばた（七月七日）・重陽チョウヨウ（九月九日）の五つの節句。五節句。現在では特に、三月三日の桃の節句、五月五日の端午の節句をいう。
【節序（セツジョ）】季節のうつりかわってゆく次第。
【節分（セツブン）】①季節の変わり目。立春、立夏等の前日。②国特に、立春の前日。二月三日ごろ。この夜、追儺ツイナ・鬼やらいの行事を行う。

❻ わりふ。てがた。しるし。

下接 漢節カンセツ・使節シセツ・持節ジセツ・旌節セイセツ・符節フセツ

【節刀（セットウ）】国奈良時代、天皇から遣唐使や出征の将軍に下賜され、その任命の標とした刀。♥符節のかわりの刀の意。

【節旄（セツボウ）】昔、中国で、天子から任命のしるしとして征将、使節に与えられた旗。旄牛からうしの尾の毛を竿の先につけたもの。＊漢書－蘇武伝「杖漢節牧羊、臥起操持、節旄尽落（カンセツをつえつき、ひつじをかい、ガキソウジし、セツボウことごとくおつ）」〔＝(蘇武は)漢の使者のしるしの節をつえにして、羊を放牧し、一日中手から離さずに持ち続けていたので、節の飾りの毛がすっかり落ちてなくなるほどだった〕

5656 【筩】＊5013 竹－7 ヨウ漢・トウ漢／tǒng

字解 形声。竹＋甬（中空の風筒）声。楽器、または筒の意。のちに竹を加えた。

5657 【筟】 竹－7 フ漢／fū／くだ

字解 形声。竹＋孚声。

意味 くだ。糸繰り車の紡錘つむに挟んで糸を巻き付ける小さな軸。

5658 【箇】 1853 3255 89D3 竹－8 常 カ呉漢・コ唐／gè

筆順 箇 箇 箇 箇 箇 箇

字解 形声。竹＋固（かたい・独立している）声。竹を数えることばより、一般にものを数えるときに用いる。

参考 (1)万葉仮名では音を借りて「か」。(2)个を略字とし、日本ではケを用いる。

意味 ❶物を数えるときに添える語。「個」に同じ。『五箇条』『三箇所』❷この。これ。あの。あれ。物事を一つ一つ指し示す語。『好箇コウコ』

❶ 物を数えるときに添える語。

【箇所（カショ）】場所の数を示す語。→❷
【箇条（カジョウ）】項目を数えるときに付ける語。『五箇条の御誓文』→❷

❷ この。これ。

下接 好箇コウコ・這箇シャコ・真箇シンコ・別箇ベッコ

【箇所（カショ）】特定の所。その場所。『不審の箇所』→❶
【箇条（カジョウ）】いくつかに分けて述べたときのそれぞれの事柄。条項。項目。『箇条書き』→❶
【箇箇（ココ）】一つ一つ。一人一人。個個。
【箇中人（コチュウのひと）】ある物事について、深くその中に入ってその道理や事情をよく知っている人。

5659 【管】 2041 3449 8AC7 竹－8 常4 カン（クヮン）呉漢／guǎn／くだ・つつ・ふえ

筆順 管 管 管 管 管

字解 形声。竹＋官（→環、まるい）声。竹の笛、また、くだの意。

意味 ❶くだ。細長いつつ状のもの。また、狭いわく。『管見』『気管』『血管』❷ふえ。また、吹き鳴らすつつ状の楽器。『管楽器』『管弦』『木管』❸つかさどる。おさめる。わくをはめた中のものをとりしまる。『管理』『移管』『保管』❹人名。『管仲（カンチュウ）』❺あて字など。『手管（てくだ）』『只管（ひたすら）』

❶ くだ。細長いつつ状のもの。

下接 鉛管（エンカン）・気管（キカン）・血管（ケッカン）・鋼管（コウカン）・彩管（サイカン）・細管（サイカン）・信管（シンカン）・吹管（スイカン）・鉄管（テッカン）・導管（ドウカン）・土管（ドカン）・配管（ハイカン）・筆管（ヒッカン）・毛管（モウカン）・木管（モッカン）・雷管（ライカン）／煙管（キセル）

【管窺（カンキ）】＝管見（カンケン）

【管見（カンケン）】見識が狭いこと。自分の知識などの謙称。管窺（カンキ）。〔晋書‐陸雲伝〕▼竹の管を通して見る意から。

【管城子（カンジョウシ）】筆の異称。〔韓愈‐毛穎伝〕▼中国、唐代の韓愈が筆（ふで）を擬人化して毛穎（モウエイ）と名づけ、架空の「毛穎伝」を作り、その中で毛穎が秦の始皇帝によって管城に封ぜられ、管城子と号したと述べたことによる。毛穎（毛の先）が束ねられ、管（筆の軸）に入れられて筆になる意を寓したもの。

〖以ㇾ管窺ㇾ天（カンをもってテンをうかがう）〗管を通して空を見るように、見識のせまいことのたとえ。管見。〔荘子‐秋水〕

❷ ふえ。また、吹き鳴らす楽器。

下接 歌管（カカン）・金管（キンカン）・弦管（ゲンカン）・糸管（シカン）・木管（モッカン）

【管弦・管絃（カンゲン）】管楽器と弦楽器。転じて、音楽。『詩歌管弦』＊白居易‐琵琶行「挙ㇾ酒欲ㇾ飲無二管絃一（さけをあげてのまんとほっするにカンゲンなし）〔＝杯をあげ別れの酒を飲もうとしたが、ここには座に興を添える音楽もない〕」【管弦楽・管絃楽（カンゲンガク）】国①雅楽で、舞なしに楽器だけを合奏すること。管弦。②管楽器、弦楽器、打楽器による大合奏。オーケストラ。▼書き換え「管絃楽→管弦楽」。

【管籥・管鑰（カンヤク）】①笛の一種。②鍵をいう。

❸ つかさどる。おさめる。

下接 移管（イカン）・主管（シュカン）・掌管（ショウカン）・照管（ショウカン）・所管（ショカン）・専管（センカン）・保管（ホカン）

【管下（カンカ）】管轄の範囲内にあること。

【管轄（カンカツ）】権限をもって支配すること。『管轄官庁』

【管掌（カンショウ）】自分の管轄の仕事として、取り扱うこと。

【管制（カンセイ）】①国家が、ある事柄を強制的に管理、制限すること。『報道管制』②航空機の離着陸の許可、航路の指示などをすること。『管制塔』

【管理（カンリ）】①とりしきること。『管理人』②法律上、財産を保存し、その利用、改良を図ること。

【管領（カンリョウ｜カンレイ）】①自分のものとして、完全に対象を掌握すること。②管理、支配すること。③国土地や人間を管理、支配する人。頭領。④国室町幕府の職名。将軍を補佐した重職。

❹ 人名。

【管子（カンシ）】①中国、春秋時代、斉の宰相管仲（カンチュウ）の敬称。②中国、古代の政治論の書。二四巻。春秋時代の管仲の著とされるが、実際は戦国時代末から漢代にかけてまとめられたもの。

【管仲（カンチュウ）】中国、春秋時代の斉の宰相。安徽省の人。名は夷吾。親友鮑叔（ホウシュク）の勧めで桓公（カンコウ）に仕え、富国強兵策を推進。斉を強国とし、桓公を中原の覇者とした。「管子」二四巻の著者とされる。管子。（?～前六四五）

【管鮑之交（カンポウのまじわり）】深く理解し合った親密な交わり、仲むつまじい交際をいう。〔史記‐管晏伝〕▼中国の春秋時代、斉（セイ）の管仲（カンチュウ）と鮑叔（ホウシュク）とは非常に仲がよく、いつも親密に交わったという故事から。

5660 【箝】 6815 642F E2AD 竹－8

ケン(漢)・カン(慣)/qián/はさむ・すげる・くびかせ

字解 形声。竹＋拑（はさむ）(声)。竹ではさむ意。

意味 ❶はさむ。竹ではさむ。すげる。❷くびかせ。くびかせをはめて自由をうばう。『箝制』❸とざす。木を口にふくませて声を出させない。『箝口』

【箝口（カンコウ）】①口をつぐんで言葉を発しないこと。②ものを言わせないようにすること。『箝口令』▼「緘口」とも当てる。

【箝制（カンセイ）】自由を奪うこと。束縛。

5661 【箕】 4407 4C27 96A5 竹－8

キ(漢)/jī/み

字解 形声。竹＋其（み）(声)。箕（み）の意。のちに竹を加えた。

参考 万葉仮名では訓を借りて「み(乙)」。

意味 ❶み。穀物の殻やそこにまじったごみなどをより分ける道具。また、ちりとり。『箕帚』❷みぼし。星の名。二十八宿の一。風のことをつかさどるとされた。射手座の西端部。『箕伯（キハク）』『箕風（キフウ）』❸固有名詞。㋑国名。箕子（キシ）の封ぜられた国。中国山西省大谷県の東。㋺地名。『箕山』

❶ み。また、ちりとり。

【箕裘（キキュウ）】父の遺業。また、父の業をつぐこと。〔礼記‐学記〕▼鍛冶屋の子は、裘（かわごろも）を作るのを学び、弓作りの子は箕（み）を作るのを学ぶという「礼記」の記事による語。

【箕踞（キキョ）】両足をなげ出してすわること。箕座（キザ）。▼そのかっこうが箕（み）の形に似ているところから。

【箕帚・箕箒（キソウ）】①ちりとりとほうき。②臣下として仕えること。また、それを用いて清掃すること。③妻妾となって仕えること。【箕帚之妾（キソウのショウ）】人妻となることを謙遜していうことば。

【箕斂（キレン）】箕（み）ですくいとるように税を取り立てること。箕賦。

❷ みぼし。二十八宿の一。

【箕伯（キハク）】風の神。

【箕風（キフウ）】風のことをいう。

❸ 固有名詞。

【箕山（キザン）】中国河北省行唐県の西北にある山。また、河南省登封県の東南にある山。ともに許由が堯の譲位の申し出を断って隠れ住んだと伝えられる。【箕山之志（キザンのこころざし）】天子の位を退けて、箕山に隠れ住んだという許由の節操。節操を守り、官途につかないこと。〔曹丕‐与二呉質一書〕

【箕子（キシ）】中国、殷（イン）の紂（チュウ）王の叔父。箕の国に封ぜられたので箕子という。名は胥余（ショヨ）。紂王の無道をいさめたが、きき入れられず、周の武王が殷を滅ぼした時、朝鮮に封ぜられた。のち、周に入朝する途中、殷の廃都を過ぎ、「麦秀歌」を作って嘆いたという。

難読地名 箕郷（みさと）町（群馬）　箕面（みのお）市（大阪）　箕輪（みのわ）町（長野）

5662 【箘】 6816 6430 E2AE 竹－8

キン(漢)/jùn/しのだけ

字解 形声。竹＋囷(声)。しのだけの意。

(5663) 〖篦〗 6817 6431 E2AF 竹－8

5664 【箍】 6818 6432 E2B0 竹－8
コ[漢]／gū／たが
[字解] 会意。竹＋手(て)＋匝(めぐらす)。まきめぐらす竹、たがの意。
[意味] たが。桶(おけ)や樽(たる)などの外側を堅く締める、竹や金属などで作った輪。また、たがをかけること。

5665 【箜】 6819 6433 E2B1 竹－8
ク[呉]・クウ[呉]・コウ[漢]／kōng
[字解] 形声。竹＋空[声]。
[意味] 「箜篌(クゴ／コウコウ)」は、弦楽器の名。くだら琴。ハープに似ていて、二三弦。

箜篌〔正倉院蔵〕

5666 【劄】 6820 6434 E2B2 竹－8
トウ(タフ)[漢]・サツ[慣]／zhā／さす
[字解] 形声。刀＋荅[声]。さす意。
[参考] サツの音は、「札」の音を転用したもの。
[意味] ❶さす(刺)。『劄青(トウセイ)』 ❷もうしぶみ。臣下が君主に奏上する文書。また、上から下にくだす通達書。文書事務を処理すること。『劄子』『劄付』 ❸書きしるすふだ。「札」に同じ。『劄記』
【劄記(サッキ)】読書したときの感想・意見などを、書き記したもの。随想録。札記。
【劄子(サッシ)】中国の宋代、臣下から天子に奏上した書状。また、官省相互間で発せられた公文書。
【劄付(サップ)】まわし文。牒状(チョウジョウ)。
【劄青(トウセイ)】鍼(はり)を体に刺して入れ墨をすること。刺青。

5667 【算】 2727 3B3B 8E5A 竹－8 [常]2
サン[呉][漢]／suàn／かず・かぞえる
[筆順] 算 算 算 算 算 算
[字解] 会意。竹＋具(そろえる)。数をかぞえる竹の棒をそろえて、かぞえる意。
[意味] ❶かず。かぞえる。また、数をかぞえる方法。数学。『算術』『算数』『計算』『予算』 ＊論語－子路「何足算也(なんぞかぞうるにたらんや)〔＝取り上げるまでもないことだ〕」 ⇓〔計〕(7428)の[表] ❷計算したり、占ったりするのに用いる道具。㋑数取り棒、また、そろばん。そろばんの術。『御破算(ゴハサン)』『珠算(シュザン)』 ㋺さんぎ。易に用いる用具。『算を置く』『算勘』 ❸はかる。はかりごと。『算段』『誤算』

❶ かず。かぞえる。数をかぞえる方法。

[下接] 暗算(アンザン)・一算(イッサン)・演算(エンザン)・概算(ガイサン)・加算(カサン)・合算(ガッサン)・換算(カンサン|カンザン)・起算(キサン)・逆算(ギャクサン)・計算(ケイサン)・決算(ケッサン)・験算(ケンザン)・検算(ケンザン)・減算(ゲンザン)・採算(サイサン)・試算(シサン)・乗算(ジョウザン)・除算(ジョザン)・推算(スイサン)・清算(セイサン)・精算(セイサン)・積算(セキサン)・速算(ソクサン)・打算(ダサン)・通算(ツウサン)・電算(デンサン)・筆算(ヒッサン)・目算(モクサン)・洋算(ヨウサン)・予算(ヨサン)・余算(ヨサン)・累算(ルイサン)・歴算(レキサン)・暦算(レキサン)・和算(ワサン)

【算経(サンケイ)】中国および和算で数学書をいう。

【算子(サンシ)】(「子」は助字) 算術に用いる道具。そろばんや算木(サンぎ)など。

【算氏(サンシ)】算術の達人。

【算出(サンシュツ)】計算して数値を出すこと。

【算術(サンジュツ)】①計算の方法。②[国]小学校の算数の旧教科名。

【算数(サンスウ)】①かぞえること。計算。②[国]小学校の教科の一。数量や図形に関する基礎的能力を育てる。

【算測(サンソク)】数量をかぞえはかること。

【算道(サンドウ)】①令制の大学寮で教授した、算術を修める学問。また、それを学ぶ者。②数を計算する法。また、算術を業とする者。

【算入(サンニュウ)】かぞえ入れること。計算に加えること。

❷ そろばん。また、さんぎ。

【算易(サンエキ)】そろばんの玉の数で吉凶を判断する占い。

【算勘(サンカン)】①算木などを用いて占い考えること。②勘定すること。また、その能力。

【算木(サンボク|サンぎ)】①易占で卦(ケ)を示すために用いる木の道具。算。②[国]木製の小さな角棒で、和算で使われた中国伝来の計算用具。算。

【算盤(サンバン|そろバン)】計算器具の一。長方形の枠(わく)の中にたてにくしざしにした玉を上下させて計算をする。

❸ はかる。はかりごと。

[下接] 違算(イサン)・遺算(イサン)・公算(コウサン)・誤算(ゴサン)・勝算(ショウサン)・心算(シンサン)・神算(シンサン)・成算(セイサン)・聖算(セイサン)・妙算(ミョウサン)・無算(ムサン)

【算段(サンダン)】工夫すること。金銭の都合をつけること。

5668 【箠】 ＊5028 竹－8
ツイ[漢]・スイ[漢]／chuí／むち
[字解] 形声。竹＋垂(↓捶、うつ)[声]。竹のむち、またはそれで打つ意。
[意味] むち。また、むちうつ。
【箠策(スイサク)】馬を打つむち。
【箠楚(スイソ)】むち。また、むちで打つ刑罰。

5669 【箋】 6821 6435 E2B3 竹－8
セン[呉][漢]／jiān／ふだ・はりふだ
[字解] 形声。竹＋戔(うすく小さい)[声]。うすい竹片、ふだの意。
[意味] ❶ふだ。書きつけて書物にはる紙。『付箋(フセン)』 ❷転じて、注釈。『箋注』 ❸手紙や文章などを書くときに用いる紙。『処方箋(ショホウセン)』『便箋(ビンセン)』『用箋(ヨウセン)』
【箋注・箋註(センチュウ)】付箋に記した注釈。本文の注釈。

5670 【箒】 6822 6436 E2B4 竹－8
シュウ(シウ)[漢]・ソウ(サウ)[慣]／zhǒu／ほうき・ははき
[字解] 形声。竹＋帚(ほうき)[声]。竹ぼうきの意。帚の通俗体。のちに竹を加えた。
[意味] ほうき。ごみなどを掃く道具。また、はく。はらう。『弊箒(ヘイソウ)』
[下接] 草箒(くさぼうき)・竹箒(たけぼうき)・玉箒(たまははき)・手箒(てぼうき)・羽箒(はねぼうき)

5671 【箏】 6823 6437 E2B5 竹－8 (5633)〔筝〕 6824 6438 E2B6 竹－6
ショウ(シャウ)[呉]・ソウ(サウ)[漢]／zhēng／こと
[字解] 形声。竹＋争(両方に引きあう)[声]。弦を胴の上で張った琴(こと)の意。
[意味] ❶こと。箏(ソウ)の琴。キリで作った中空の胴の上に弦を張り、指につけた三本の爪(つめ)で弾く楽器。古くは五弦、のち、一三弦。『箏曲』 ❷「風箏(フウソウ)」は、軒先につるす風鈴。
【箏曲(ソウキョク)】[国]邦楽の一。箏を主とする器楽曲、および箏を主な伴奏楽器とする声楽曲。

5672 【箎】 ＊5022 竹－8
チ 「篪」(5700)の異体字

5673【箸】4004 4824 94A2 竹－8 チョ 「箸」(5690)の異体字

5674【箪】—— 竹－8 トウ(タウ)㊥
字解 竹＋卓㊣。罩に同じ。魚をとるかごの意。

5675【箔】3983 4773 9493 竹－8 ハク㊥\bó\すだれ
字解 形声。竹＋泊(↓薄、うすい)㊣。
意味 ❶すだれ。『珠箔(シュハク)』『簾箔(レンパク)』❷はく。金属をたたいて薄くのばしたもの。『箔を押す』『金箔(キンパク)』『銀箔(ギンパク)』❸まぶし。養蚕に用いる薄いすのこ。

5676【箙】6825 6439 E2B7 竹－8 フク㊥\fú\えびら
字解 形声。竹＋服(つける)㊣。えびらの意。甲骨・金文は、葡(＝備)で象形。篆隷以後、新たに形声字が用いられた。
甲骨文 金文 篆文

意味 えびら。やなぐい。矢を差し入れて背負う箱形の武具。

5677【篦】4247 4A4F 95CD 竹－8 ヘイ 「篦」(5705)の異体字

5678【篏】6829 643D E2BB 竹－9 カン㊥\qiàn
字解 形声。竹＋欣㊣。
意味 ❶はめる。「嵌」に同じ。❷「箝」の異体字。

5679【篋】6826 643A E2B8 竹－9 キョウ(ケフ)㊉㊥\qiè\はこ
字解 形声。竹＋匧(はさむ)㊣。ものをはさんでしまう竹製のはこの意。のち竹を付したもの。
意味 はこ。長方形のはこ。『筐篋(キョウキョウ)』『書篋(ショキョウ)』
【篋笥(キョウシ)】書物や衣服を入れる箱。
【篋中(キョウチュウ)】箱の中。筐裏(キョウリ)。
【篋底(キョウテイ)】箱の底。箱の中。筐底(キョウテイ)。

5680【篁】6827 643B E2B9 竹－9 コウ(クヮウ)㊥\huáng\たかむら
字解 形声。竹＋皇(大きく広い)㊣。竹叢(たかむら)の意。
意味 ❶たけ。節が短く、質のかたい竹。❷たかむら(竹叢)。たけやぶ。『幽篁(ユウコウ)』

5681【篊】＊5043 竹－9 コウ㊥\hóng\ひび
字解 形声。竹＋洪㊣。
意味 ひび。漁具の一。浅海に柴(しば)や竹簀(すだけ)などを立て並べ、満潮時に入った魚が干潮時に出られないようにして捕らえるもの。また、ノリやカキを付着させるため海中に立てておく粗朶(ソダ)。

5682【篌】6828 643C E2BA 竹－9 ゴ㊉・コウ㊥\hóu
字解 形声。竹＋侯㊣。「箜篌(クゴ・コウコウ)」は弦楽器の名。

5683【箴】6830 643E E2BC 竹－9 シン㊥\zhēn\はり・いましめる・いましめ
字解 形声。竹＋咸(とじる・あつめる)㊣。竹製の針の意。
意味 ❶はり。裁縫用のはり。また、いしばり。治療用のはり。『箴石』『箴砭』❷いましめる。いましめ。いましめの文章。『箴誡』『箴諫』『箴規』『箴言』『指箴(シシン)』
【箴誡(シンカイ)】よくない点を指摘して注意すること。
【箴諫(シンカン)】よくない点を指摘していさめること。
【箴規(シンキ)】戒めて正しい方向を示すこと。
【箴言(シンゲン)】教訓や、戒めとなる短い言葉。金言。
【箴石(シンセキ)】昔、はり治療に用いた石のはり。
【箴砭(シンペン)】石ばり。転じて、いましめ。

5684【節】—— 竹－9 セツ 「節」(5655)の旧字

5685【節】—— 竹－9 セツ 「節」(5655)の異体字

5686【篅】＊5041 竹－9 セン㊥・テン㊥\chuán

字解 形声。竹＋耑㊣。
意味 竹で作ったいれもの。

5687【箭】3293 407D 90FB 竹－9 セン㊉㊥\jiàn\や
字解 形声。竹＋前(すすむ)㊣。飛ぶ矢の意。
参考 万葉仮名では訓を借りて「や」。
意味 やだけ。しのだけ。幹がまっすぐで堅く、矢を作るのに用いる。また、矢。弓の矢。
下接 火箭(カセン・ひや)・弓箭(キュウセン)・響箭(キョウセン)・銀箭(ギンセン)・勁箭(ケイセン)・飛箭(ヒセン)・漏箭(ロウセン)／征箭(そや)
【箭幹(センカン)】矢の幹。やがら。
【箭眼(センガン)】城中から外部の敵に矢を放つために、櫓(やぐら)にあけてある小窓。
【箭書(センショ)】矢に結びつけて送る文書。矢ぶみ。
【箭窓(センソウ)】矢を射るために城楼などに設けた窓。
【箭鏃(センゾク)】やじり。

5688【箱】4002 4822 94A0 竹－9 常3 ソウ(サウ)㊉・ショウ(シャウ)㊥\xiāng\はこ
筆順

字解 形声。竹＋相(↓倉、しまっておく)㊣。ものをしまう竹製のはこの意。
意味 はこ。物を入れる四角い器。『箱庭』『箱枕(はこまくら)』
下接 暗箱(アンばこ)・折箱(おりばこ)・香箱(コウばこ)・骨箱(コツばこ)・先箱(さきばこ)・重箱(ジュウばこ)・状箱(ジョウばこ)・巣箱(すばこ)・茶箱(チャばこ)・手箱(てばこ)・箸箱(はしばこ)・針箱(はりばこ)・豚箱(ぶたばこ)・筆箱(ふでばこ)・文箱(ふばこ)・本箱(ホンばこ)
【箱筥(ソウキョ)】(「筥」は丸い形のはこ) はこ。

5689【箪】3529 433D 925C 竹－9 タン 「簞」(5732)の異体字

5690【箸】—— 竹－9 (5673)【箸】4004 4824 94A2 竹－8 † チョ㊥\zhù\はし
字解 形声。竹＋者(あつめる)㊣。食物を集め取る竹製のはしの意。
意味 ❶はし。食べ物をはさみ取る二本の棒。『象箸(ゾウチョ)』『匕箸(ヒチョ)』『菜箸(サイばし)』『火箸(ひばし)』❷いちじるしい。あきらか。「著」に同じ。❸着る。つける。また、つく。

ねばりつく。「著」「着」に同じ。

5691 【篆】 6831 643F E2BD 竹－9 テン㊥/zhuàn

[字解] 形声。竹＋彖(→轉、まるくまわる)[声]。
[意味] 古代の漢字の書体の一。→篆書テンショ。『小篆ショウテン』『大篆ダイテン』『鳥篆チョウテン』
【篆額テンガク】石碑などの上部に篆字で書いた題字。
【篆刻テンコク】木、石などに、文字を彫り付けること。印刻。『彫虫篆刻チョウチュウテンコク』『篆刻家』❤多く、篆書の文字が用いられたところからいう。
【篆字テンジ】篆書の文字。篆文。
【篆書テンショ】漢字の一体で、隷書、楷書カイショのもとになったもの。印章や碑銘などに用いる。篆。篆文。『篆書体』
【篆文テンブン】＝篆書テンショ
【篆隷テンレイ】篆書と隷書。

5692 【範】 4047 484F 94CD 竹－9 [常] ハン[漢]/fàn/のり

[筆順] 範 範 範 範 範 範
[字解] 形声。車＋笵(てほん)省[声]。車を作るための手本、のりの意。笵は范に同じ。また、笵は犯に通じて、おかす意で、範は、犬を車でひき殺し神に祭る出立の祭りの意が原義であるとの説もある。
[意味] ❶のり。てほん。きまり。『範を垂れる』『範例』『規範キハン』『模範モハン』 ❷くぎり。しきり。わく。『範囲』『範疇ハンチュウ』『広範コウハン』 ❸かた。鋳型いがた。『鎔範ヨウハン』
❶のり。てほん。きまり。
[下接] 遺範イハン・家範カハン・軌範キハン・規範キハン・儀範ギハン・教範キョウハン・師範シハン・垂範スイハン・典範テンパン・文範ブンパン・模範モハン
【範式ハンシキ】手本。規範。
【範例ハンレイ】例示して模範とするもの。手本。
❷くぎり。しきり。わく。
【範囲ハンイ】一定のきまった広がり。限られた領域。
【範疇ハンチュウ】分類や認識のもととなる基本的な枠組み。範囲。部門。カテゴリー。

5693 【篇】 4251 4A53 95D1 竹－9 ヘン[呉][漢]/piān/ふみ

[字解] 形声。竹＋扁(ふだ)[声]。文字を書きつける竹のふだ、ふだを編み連ねたものの意から、一般に、書物の意。
[参考] 「編」が書き換え字。熟語は編(6015)をも見よ。
[意味] ❶書きもの。書物。また、ひとまとまりになった詩歌や文章。『篇什』『篇帙』『短篇』『名篇』 ❷書物の部分け。「編」に同じ。『篇目』『続篇』
❶書物。ひとまとまりの詩歌や文章。
[下接] 巨篇キョヘン・詩篇シヘン・小篇ショウヘン・掌篇ショウヘン・全篇ゼンペン・短篇タンペン・断篇ダンペン・中篇チュウヘン・長篇チョウヘン・名篇メイヘン・雄篇ユウヘン
【篇簡・篇翰ヘンカン】文書。書物。
【篇什ヘンジュウ】詩を集めたもの。詩編。詩文。また、詩。❤「什」は十の意で、「詩経」の雅と頌とが十編で一巻となっているところから詩の意味に転じたもの。
【篇籍ヘンセキ】書物。書籍。
【篇帙ヘンチツ】①書物をおおう帙。巻帙。②転じて、書物。
❷書物の部分け。
[下接] 外篇ガイヘン・後篇コウヘン・正篇セイヘン・前篇ゼンペン・続篇ゾクヘン
【篇章ヘンショウ】詩文の篇と章。転じて、詩文・文章のこと。
【篇目ヘンモク】書物などの篇や章の題目。編目ヘンモク。

5694 【箯】 *5031 竹－9 ヘン[漢]・ベン[慣]/biān/こし

[字解] 形声。竹＋便[声]。
[意味] 竹製のこし。
【箯輿ベンヨ】編んだ竹で周囲をかこった輿こし。たけごし。

5695 【篝】 6832 6440 E2BE 竹－10 コウ[漢]/gōu/ふせご・かがり

[字解] 形声。竹＋冓(材を上下に組み合わせたもの)[声]。竹を組んだかごの意。
[意味] ❶ふせご。火の上に覆いかけるかご。その上で衣服を乾かしたり、香を焚き込めたりする。❷かがり。火を焚く鉄製のかご。『篝灯コウトウ』『篝火かがりび』
【篝灯コウトウ】かがり火。夜、照明用に燃やす火。

5696 【篙】 *5047 竹－10 コウ(カウ)[漢]/gāo/さお

[字解] 形声。竹＋高[声]。長い竹のさおの意。
[意味] さお。船をこぐさお。⬇〔船〕の図一〇〇八頁
【篙工コウコウ】舟を操るのに巧みな者。船頭。
【篙師コウシ】船頭。篙工。

5697 【簑】 6834 6442 E2C0 竹－10 (5712)【簔】 6835 6443 E2C1 竹－11 サ[漢]・サイ[漢]/suō・suī/みの

[字解] 形声。竹＋衰(みの)[声]。みのの意。蓑に同じ。

5698 【簒】 ―― 竹－10 (5715)【簒】 5053 5255 99D3 竹－11 セン[呉]・サン[漢]/cuàn/うばう

[字解] 形声。ム(自分のものとする)＋算(はかる)[声]。たくらんで自分のものとする、うばう意。
[意味] うばう。うばいとる。『簒位』『簒奪』
【簒位サンイ】帝位を奪い取ること。簒奪サンダツ。
【簒逆サンギャク】臣下が君主にそむいたり、位を奪ったりすること。
【簒弑サンシ・サンシイ】君主を殺して、その位を奪うこと。
【簒奪サンダツ】帝王の位、また政治権力を奪い取ること。

5699 【篩】 6833 6441 E2BF 竹－10 シ[漢]・サイ[漢]/shāi/ふるう・ふるい

[字解] 形声。竹＋師[声]。
[意味] ふるい。ふるう。ふるいにかける。『絹篩きぬぶるい』

5700 【篪】 *5051 竹－10 (5672)【箎】 *5022 竹－8 チ[漢]/chí

[字解] 形声。竹＋虒[声]。横笛の一。ちの笛の意。

5701 【築】 3559 435B 927A 竹－10 [常]5 (5702)【築】 ―― 竹－10 旧字 チク[呉][漢]/zhù/きずく・つく・つき

[筆順] 築 築 築 築 築 築
[字解] 形声。木＋筑(工具を手に土を厚く盛り、つき固める)[声]。土をつき固めるきね、またきずく意。
[意味] きね。土をきねでつき固める。つく。転じて、きずく。建造する。うちたてる。
[下接] 移築イチク・改築カイチク・建築ケンチク・構築コウチク・再築サイチク・修築シュウチク

ウチク・新築シンチク・増築ゾウチク・版築ハンチク

【築山チクザン・つきやま】①（チクザン）土を盛り固めて山を造ること。②（つきやま）庭園などで、土や石を盛って山のように造ったもの。

【築造チクゾウ】建物や堤防などを、築き造ること。

難読地名 築城ついき町（福岡） 築館つきだて町（宮城）

5703【篖】* 5045 竹-10 ドウ（ダウ）呉・トウ（タウ）漢／tāng

字解「筕篖コウトウ」は、竹で編んだ敷物。また、アンペラにあてる。アンペラはポルトガル ampero の音訳。カヤツリグサ科の多年草の名。

5704【篤】3838 4646 93C4 竹-10 常 トク呉漢／dǔ／あつい・あつし

筆順

字解 形声。馬＋竹声。もと、馬がゆっくり歩く意。竺に通じて、あつい意に用いる。

意味 ❶あつい。手あつくする。誠意がある。熱心である。『篤実』『篤行』『懇篤コントク』 *論語-泰伯「篤信好学あつくシンじてガクをこのむ〔＝深く信じて学問をこのむ〕」 ⇒表 ❷病気が重い。『危篤キトク』

❶ あつい。誠意がある。熱心である。

下接 謹篤キントク・懇篤コントク・悃篤コントク・純篤ジュントク・仁篤ジントク

トク 篤	篤厚	人情があつい。 篤志 篤実 篤孝 篤密 仁篤 懇篤
コウ 厚		ねんごろ。 厚志 厚情 厚誼 厚遇 仁厚 親厚

【篤学トクガク】学問に忠実で熱心なこと。『篤学の士』

【篤志トクシ】社会事業、公共の仕事などに心を寄せ、協力援助する気持ち。『篤志家』

【篤実トクジツ】人情にあつく実直なこと。誠実で親切なこと。『温厚篤実な人』

【篤信トクシン】信仰心のあついこと。『篤信家』

【篤恭トッキョウ】誠実で慎み深いこと。

【篤敬トッケイ】篤実で恭敬なこと。

【篤行トッコウ】真心のこもった誠実な行為。

【篤孝トッコウ】真心をもって尽くす孝行。

【篤厚トッコウ】人情にあつく誠実なこと。『篤厚な紳士』

5705【篦】6836 6444 E2C2 竹-10 (5677)【箆】4247 4A4F 95CD 竹-8 ヘイ漢・ヒ漢／pí・bì／へら・の

字解 形声。竹＋毘（＝毗、ならびたすける）声。歯が並んだ竹製のくしの意。

参考 万葉仮名では訓を借りて「の（乙）」。

意味 ❶くし。けすじたて。❷へら。割り竹の細長いへら。『金篦キンペイ』『竹篦シッペイ』『靴篦くつべら』 ❸の。矢だけ。矢がら。矢に用いる竹。❹あて字。『篦棒べらボウ』

5706【篥】6837 6445 E2C3 竹-10 リツ漢・リキ慣／lì

字解 形声。竹＋栗声。

意味 ❶竹の一種。❷「篳篥ヒチリキ（ヒツリツ）」は、管楽器の名。竹管でできた笛。日本では雅楽に用いる。

5707【篭】4722 4F36 9855 竹-10 ロウ「籠」(5763)の異体字

5708【篗】* 5046 竹-10 ワク漢／yuè

字解 籰に同じ。いとわくの意。

5709【篶】6846 644E E2CC 竹-11 エン漢／すず

字解 形声。竹＋焉声。くろい竹の意。

意味 国細い竹。すずたけ。

5710【簋】* 5066 竹-11 キ漢／guǐ

字解 会意。竹＋皀（食器に盛った食物）＋皿（さら）。祭りに用いる穀物を盛る円形の器の意。金文は、𣪘で、手にしたさじで食物を盛る意を表した。

金文 篆文

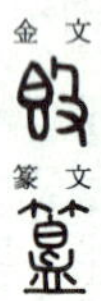

簋〔上海博物館蔵〕

意味 神前に供える祭器の一。穀物を盛る。『土簋ドキ』『簠簋ホキ』

5711【簄】* 5063 竹-11 コ漢／えり

字解 竹＋扈声。槴・滬に同じ。竹を海中に並べて立てて魚を捕る漁法。えり。

5712【簑】6835 6443 E2C1 竹-11 サ「蓑」(5697)の異体字

5713【簎】* 5068 竹-11 サク漢・シャク慣／やす

字解 形声。手＋籍省声。

意味 やす。魚を刺して捕らえる漁具の一。

5714【簀】6839 6447 E2C5 竹-11 サク漢／zé／す・すのこ

字解 形声。竹＋責（→冊、ひもであむ）声。竹を編んで作ったすのこの意。

参考 万葉仮名では訓を借りて「す」。

意味 す。すのこ。すだれ。竹や木で編んで作った敷物、垂れ幕。『易簀エキサク』『簀子すのこ』『葦簀よしず』『葭簀よしず』

【易簀サクをかう エキサク】学徳の高い人や高貴な人が死ぬことを敬っていう語。〔礼記-檀弓上〕 ♥孔子の弟子の曾子が、病床で大夫用の寝台の敷物を身分不相応だとして易かえさせて死んだという故事から。

5715【簒】5053 5255 99D3 竹-11 サン「篡」(5698)の異体字

5716【簁】* 5060 竹-11 シ呉漢／shāi／とおし

字解 形声。竹＋徙（うつす）声。動かして用いるふるいの意。とおし。

5717【篠】2836 3C44 8EC2 竹-11 (5651)【筱】6812 642C E2AA 竹-7 ショウ（セウ）呉漢／xiǎo／しの・ささ・すず

字解 形声。竹＋條（細長い枝）声。しのだけの意。

意味 ❶しの。しのだけ。ささ。幹は細く、矢を作るのに用いる。『篠竹（しのだけ）』『篠原（しのはら）』『篠笛（しのぶえ）』❷国「篠竹（すずたけ）」の略。イネ科の多年草。各地の森林の下草として群生する。『篠懸（すずかけ）』

難読地名 篠山（ささやま）町（兵庫）　難読姓氏 篠井（ささい）

5718【簇】6840 6448 E2C6 竹-11　ソウ漢・ソク漢・ゾウ慣/cù・còu/むらがる・しんし

字解 形声。竹＋族（あつまる）声。

意味 ❶むらがる。あつまる。『簇出』『簇生』『簇簇』『攢簇（サンソウ）』❷しんし（伸子）。布の洗い張りや染色をするときに用いる、両端に針のついた竹製の細い串。❸やじり。矢先。矢の根。❹「大簇（タイソウ）」は、中国音楽十二律の第三律。また、陰暦一月の異称。

【簇出（ソウシュツ・ゾクシュツ）】むらがり出ること。

【簇生（ソウセイ・ゾクセイ）】草木などがむらがりはえること。叢生。

【簇簇（ソウソウ）】むらがり集まるさま。ぞくぞく。

5719【篴】＊5053 竹-11　テキ漢/dí/ふえ

字解 形声。竹＋逐声。笛に同じ。ふえの意。

5720【篳】6842 644A E2C8 竹-11　ヒチ呉・ヒツ漢/bì/まがき

字解 形声。竹＋畢（→閉、ぴったりとしてすきまがない）声。竹をすきまなく編んで作ったかきね、まがきの意。

意味 ❶まがき。竹やいばらなどで編んだ垣。『篳門』❷しば。いばら。『篳路藍縷』❸「篳篥（ヒツリツ・ヒチリキ）」は、管楽器の名。日本では雅楽に用いる。長さ六寸（約一八センチメートル）の竹管で、八孔、歌口に蘆（あし）の舌（した）を用いる。

【篳門（ヒツモン）】しばや竹などの枝折戸（しおりど）。貧者の住居にいう。『篳門圭竇（ヒツモンケイトウ）』

【篳路藍縷（ヒツロランル）】しばで作った粗末な車とぼろの着物。苦境の中で働くこと。また、苦労して事を創始すること。〔左伝-昭公三年〕

5721【篷】6843 644B E2C9 竹-11　ホウ漢/péng/とま

字解 形声。竹＋逢声。

意味 とま。竹などで編んだ、舟や車のおおい。また、転じて、小舟。『船篷（センボウ）』➡〔船〕の図一〇〇八頁

【篷窓（ホウソウ）】とまぶきの小舟の窓。

【篷底（ホウテイ）】舟の中。また、ふなぞこ。

5722【簍】6845 644D E2CB 竹-11　ル漢・ロウ漢・ク漢/lǒu

字解 形声。竹＋婁（つらなりつづく）声。竹で編んだかごの意。

5723【簏】＊5069 竹-11　ロク漢/lù/はこ

字解 形声。竹＋鹿声。高いはこの意。

意味 竹製の高いはこ。『書簏（ショロク）』

5724【簓】6841 6449 E2C7 竹-11　セン慣/ささら

字解 国字。会意。竹＋彫（きざむ）。ささらの意。

意味 ささら。竹の先を細かく割って束ねたもの。器物を洗いみがく具、また、田楽、説経などの楽器。すりざさら。びんざさら。

5725【簗】6844 644C E2CA 竹-11　やな

字解 国字。会意。竹＋梁（やな）。

意味 やな。川の瀬に杭（くい）を打ち並べて水をせきとめ、一か所をあけて簀（す）を張り、魚をそこに受けて捕る仕掛け。『魚簗（ギョリョウ）』

5726【簡】2042 344A 8AC8 竹-12 常6　(5727)【簡】竹-12 旧字

ケン呉・カン漢/jiǎn/ふだ・ふみ・えらぶ

筆順 簡 簡 簡 簡 簡 簡

字解 形声。竹＋閒声。竹をけずって文字を書き、つづり合わせたふだの意。

意味 ❶ふだ。文字を書きつけたふだ。転じて、ふみ。てがみ。文書。『簡策』『書簡』『木簡』❷手軽な。単純な。はぶいた。㋑飾りけがなく、つつましやかなさま。『簡素』㋺単純なさま。おおまかで手間をかけないさま。『簡単』『簡便』『簡明』『簡略』㋩ゆとりがあって、のんびりしたさま。『簡簡』❸えらぶ。えりぬく。『簡択』『了簡（リョウケン）』

❶ ふだ。転じて、ふみ。てがみ。

下接 汗簡（カンカン）・貴簡（キカン）・錯簡（サッカン）・残簡（ザンカン）・手簡（シュカン）・書簡（ショカン）・折簡（セッカン）・素簡（ソカン）・尊簡（ソンカン）・断簡（ダンカン）・竹簡（チッカン）・片簡（ヘンカン）・編簡（ヘンカン）・木簡（モッカン）

【簡策（カンサク）】①昔、文字を書きつけるのに用いた竹のふだ。②手紙。書物。

【簡札（カンサツ）】手紙。簡牘（カントク）。

【簡書（カンショ）】命令書。または、手紙のこと。

【簡牘（カントク・カンドク）】（「牘」は木札に書いた文）①竹札や木札に書いた歴史などの文書。書札。②手紙。書牘（ショトク）。

【簡編（カンペン）】書物。本。

❷ 手軽な。単純な。はぶいた。

下接 易簡（イカン）・狂簡（キョウカン）・大簡（タイカン）・煩簡（ハンカン）・繁簡（ハンカン）

【簡易（カンイ）】簡単であること。手軽なさま。『簡易書留』

【簡簡（カンカン）】ゆとりがあってのんびりとしたさま。

【簡勁（カンケイ）】簡潔で、しかも力強いこと。

【簡潔（カンケツ）】簡略で要領よくまとまっていること。『簡潔な表現』

【簡古（カンコ）】詩文などが簡素で古めかしいこと。

【簡捷（カンショウ）】簡単で手早く事がはこぶこと。

【簡素（カンソ）】無駄や飾りけがなく質素なこと。

【簡率（カンソツ）】飾りけがなく率直なこと。

【簡体字（カンタイジ）】中華人民共和国の文字改革によって簡略化された字体の漢字。簡化字。儿（児）、飞（飛）など。↕繁体字。

【簡単（カンタン）】①単純でわかりやすいこと。『簡単な構造』②手数のかからないこと。『簡単に解決する』

【簡便（カンベン）】手軽で便利なこと。手っとり早いこと。『簡便な方法』

【簡朴・簡樸（カンボク）】簡略にして素朴であること。簡素。

【簡慢（カンマン）】事を怠り、人をあなどること。転じて、接待の行き届かないことを謙遜していう。怠慢。簡悔。

【簡明（カンメイ）】簡単で、はっきりしていること。簡単明瞭（メイリョウ）。『簡明に答える』

【簡要（カンヨウ）】簡単で要領を得ていること。

【簡略（カンリャク）】手軽で簡単なこと。簡便。『簡略化』

❸ えらぶ。えりぬく。

竹米糸缶网(罒・冂・㓁)羊羽(羽)老(耂)而耒耳聿肉(月)　6画　臣自至臼(臼)舌舛(舛)舟艮色艸(艹・艹・艹)虍虫血行衣(衤)襾(覀・西)

【簡択 カンタク・ケンジャク】選ぶこと。えり抜くこと。
【簡抜 カンバツ】大勢の中から選んで用いること。
【簡練 カンレン】選抜して訓練すること。

5728【簣】6847 644F E2CD 竹-12 キ[漢]/kuì/あじか・ふご
[字解] 形声。竹+貴[声]。
[意味] あじか。もっこ。ふご。土を運ぶための竹のかご。「一簣イッキ」

5729【簧】6848 6450 E2CE 竹-12 コウ(クヮウ)[漢]/huáng/した
[字解] 形声。竹+黄[声]。笛のしたの意。

金文 篆文
[意味] ❶ふえのした。ふえを吹くと振動して音を出す。❷ふえ。笙ショウや竽ウの類。

5730【簨】*5075 竹-12 シュン[漢]・サン[漢]/sŭn
[字解] 形声。竹+巽(そなえおく)[声]。鐘・鼓などをかける横木の意。

5731【簪】6849 6451 E2CF 竹-12 サン[漢]・シン[漢]/zān/かんざし
[字解] 形声。竹+朁[声]。本来、先。後ろを向いて口を開けた人の象形で、見えないところでいう意。のちに曰(いう)が加わり、転じて髪にさしてかくれて見えないかんざしの意で竹を加えたものであろう。
[意味] ❶かんざし。こうがい。また、かんざしをさす。㋑中国では、男が冠をかぶったとき、髪にさして冠を固定させるもの。『簪影』『簪纓』『簪裾』『簪笏』『玉簪ギョクシン』＊杜甫-春望「白頭掻更短、渾欲不勝簪ハクトウかけばさらにみじかく、すべてシンにたえざらんとほっす」[=白くなった頭はかきむしると前よりも短くなったように感じられ、まったくかんざしもさせなくなりそうだ]㋺のち、女性の髪飾り。⇩〔歩揺〕の[図]六五〇頁。❷速い。『盍簪コウシン』
【簪影 サンエイ】かんざしのかげ。転じて、着飾った人の姿。
【簪纓 シンエイ】かんざしと冠の紐。転じて、高位高官。
【簪裾 シンキョ】冠をとめるかんざしと、衣服のすそ。転じて、高位高官の服装。または、高位高官。
【簪笏 シンコツ】冠をとめるかんざしと手にもつ笏シャク。転じて、高位高官の服装。また、高位高官。

5732【簞】—|— 竹-12 (5689)【箪】3529 433D 925C 竹-9 †
タン[漢]/dān/はこ・ひつ・ひさご
[字解] 形声。竹+單[声]。竹製の丸く平らなはこの意。
[意味] ❶竹で編んだ丸い飯びつ。『簞食』『簞笥』『簞瓢』❷「瓢簞ヒョウタン」は「瓢」と「簞」。転じて、ひさごの意。
【簞食 タンシ】竹製の器に入れた飯。弁当。【簞食瓠漿・簞食壺漿 タンシコショウ】飯を竹の器に盛り、飲み物をつぼに入れてささげる。転じて、軍隊を歓迎すること。〔孟子-梁恵王下〕【簞食瓢飲 タンシヒョウイン】竹器に盛った飯と、ひさごに入れた飲み物。簡素な飲食物。清貧に安んずることをいう。簞瓢。一簞の食一瓢の飲。孔子が弟子の顔淵の清貧を賞めた言葉による。〔論語-雍也〕▼
【簞笥 タンシ・タンス】①(タンシ)飯などの食べ物を盛る竹の器。②(タンス)[国]引き出しや開き戸があり、衣類や茶器などを入れる木製の箱状の家具。
【簞瓢 タンピョウ】①飯を盛る器と水を入れる器。②「簞食瓢飲タンシヒョウイン」の略。清貧に安んずること。

5733【簟】—|— 竹-12 (5734)【簟】6850 6452 E2D0 竹-12
テン[漢]/diàn/たかむしろ
[字解] 形声。竹+覃[声]。竹で編んだむしろの意。

金文 篆文
[意味] ❶たかむしろ。竹で編んだむしろ。『枕簟チンテン』❷竹の一種。

5735【簠】*5072 竹-12 (764)【匥】—|— 匚-4 (768)【⿷匚古】—|— 匚-5
フ[漢]・ホ[慣]/fŭ
[字解] 形声。竹+皿+甫(うすくつく)[声]。きびを盛って神に供える方形の祭器の意。

甲骨文 篆文
[意味] 祭器の一。穀物を盛って神前に供える底の浅い器。
【簠簋 ホキ】中国で祭事に用いる器。神前に供える黍や米などを盛る。外側が方形のものを簠、円形のものを簋という。
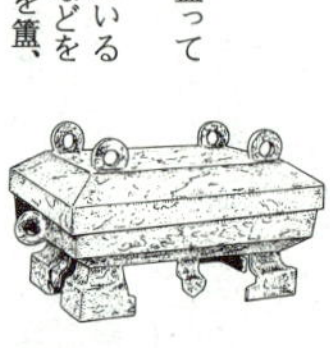
簠〔中山国王墓出土〕

5736【籏】*5077 竹-12 はた「旗」(5752)の異体字

5737【簷】6851 6453 E2D1 竹-13 エン[呉][漢]/yán/のき
[字解] 形声。竹+詹[声]。のき、ひさしの意。檐に同じ。

5738【簳】*5078 竹-13 カン[漢]/gǎn/やがら
[字解] 形声。竹+幹[声]。
[意味] ❶矢がら。矢の幹。❷しのだけ。矢を作る竹。

5739【簫】6852 6454 E2D2 竹-13 ショウ(セウ)[呉][漢]/xiāo/ふえ
[字解] 形声。竹+肅(小さくちぢむ)[声]。口をすぼませてふくふえの意。
[意味] ❶ふえの一種。長さの違うたて吹きの竹管一三〜二四本を横に並べ、上端を吹くもの。のち、単管のたてぶえを称す。しょうのふえ。『玉簫ギョクショウ』❷ゆはず。ゆみはず。弓の両端の弦をかけるところ。
【簫鼓 ショウコ】簫とつづみ。笛と太鼓。
【簫韶 ショウショウ】中国古代の伝説上の天子、舜シュンのつくったという音楽の名。

簫❶〔信西古楽図〕

5740【簽】6853 6455 E2D3 竹-13 セン[漢]/qiān/ふだ

[字解] 形声。竹＋僉[声]。ふだの意。
[意味] ❶ふだ。標題などを書いてつけるふだ。つけふだ。『題簽（ダイセン）』 ❷署名する。名をしるす。『簽押』『簽書』 ❸かご。竹のかご。
【簽押（センオウ）】署名して捺印（ナツイン）すること。
【簽書（センショ）】[1]署名すること。[2]中国、宋（ソウ）代の官名。枢密院の属官。

5741 【籀】 6858 645A E2D8 竹-13 (5756)〔籒〕* 5087 竹-15
チュウ(チウ)[漢]\zhòu
[字解] 籀は籒の通俗体。籒は形声。竹(竹簡・書物)＋擂(→抽、ぬきとる)[声]。書物にしるされていることをぬきとる、よむ意。

5742 【簸】 4086 4876 94F4 竹-13 ハ[呉][漢]\bǒ・bò\ひる
[字解] 形声。箕(み)＋皮(→波、なみうたせる)[声]。みを波のようにあおって、ちりなどを除く、ひる意。
[参考] 万葉仮名では音を借りて「は」、訓を借りて「ひ(乙)」。
[意味] ❶ひる。箕（み）で穀物の屑（くず）を除く。『簸蕩』『簸揚』 ❷あおる。あおりあげる。おだてる。
【簸蕩（ハトウ）】あおったようにゆらゆらとゆれ動くこと。
【簸揚（ハヨウ）】箕（み）で米をあおって、屑（くず）を取り去ること。
【簸弄（ハロウ）】もてあそぶこと。おだてること。

5743 【簿】 4277 4A6D 95EB 竹-13 [常] (5744)〔簿〕 竹-13 旧字
ボ[呉]・ホ[漢]・ハク[漢]\bù・bó
[筆順] 簿 簿 簿 簿 簿 簿
[字解] 形声。竹＋溥(うすく平らに広がる)[声]。竹をうすく平らに削ったふだの意。
[意味] ❶(ホ|ボ) 帳面。文書。物事を書き込むために紙をとじたもの。『簿書』『帳簿』 ❷(ハク) 蚕（かいこ）を入れて繭（まゆ）をつくらせるかご。えびら。まぶし。
[下接] ❶ 帳面。文書。 鬼簿（キボ）・原簿（ゲンボ）・主簿（シュボ）・帳簿（チョウボ）・兵簿（ヘイボ）・名簿（メイボ）・鹵簿（ロボ）・通信簿（ツウシンボ）・点鬼簿（テンキボ）
【簿記（ボキ）】資産、資本、負債の増減などを記録し、計算、整理して、明瞭にする計算法。『複式簿記』
【簿書（ボショ）】帳面。帳簿。
【簿正（ボセイ）】帳簿によって数を正しく直すこと。
【簿責（ボセキ）】帳簿や文書を証拠として責任を問うこと。
【簿領（ボリョウ）】帳簿にしるすこと。また、文書。
【簿斂（ボレン）】罪人の家財や盗品などを帳簿にしるして没収すること。

5745 【簾】 4692 4E7C 97FA 竹-13 レン[呉][漢]\lián\すだれ・す
[字解] 形声。竹＋廉[声]。
[意味] すだれ。す。竹などで編んだとばり。*白居易-香炉峰下、新卜二山居一、草堂初成、偶題二東壁一「香炉峰雪撥レ簾看（コウロホウのゆきはすだれをかかげてみる）〔＝香炉峰に積もる雪は、すだれをおしあげてながめる〕」
[下接] 玉簾（ギョクレン）・湘簾（ショウレン）・鋤簾（ジョレン）・水簾（スイレン）・垂簾（スイレン）・翠簾（スイレン）・疎簾（ソレン）・暖簾（ノレン）・撥簾（ハツレン）・馬簾（バレン）・蘆簾（ロレン）
【簾帷（レンイ）】すだれとひき幕。
【簾鉤（レンコウ）】すだれを引っかけて留めるためのかぎ。
【簾中（レンチュウ）】すだれの中。また、部屋の奥。転じて、高貴な家の婦人。また、貴人の妻の敬称。
[難読姓氏] 簾藤（すどう）

5746 【簶】 * 5080 竹-13 ロク[漢]
[字解] 竹＋祿[声]。「胡簶（コロク）」は、やなぐいの意。

5747 【籍】 3250 4052 90D0 竹-14 [常] (5748)〔籍〕 竹-14 旧字
ジャク[呉]・セキ[漢]\jí\ふみ
[筆順] 籍 籍 籍 籍 籍 籍
[字解] 形声。竹＋耤(つみ重ねる)[声]。ふだ・ふみ、またはそれを重ね編んだ書物の意。
[意味] ❶ふみ。かきもの。文書。書物。『書籍』『典籍』 ❷戸別、人別などを記入した帳簿。『籍を入れる』『戸籍』 ❸しるす。書きつける。また、帳簿に記入する。(帳簿に記入して)税をとる、財産を没収する。『籍没』『籍斂』 ❹ふむ。足でふむ。ふみしだく。「藉」に同じ。 ❺すく。たがやす。『籍田』 ❻「籍籍（セキセキ）」は、物事が乱れているさま、口々にやかましいさま。藉藉（セキセキ）。
[下接] ❶ ふみ。かきもの。文書。書物。 遺籍（イセキ）・漢籍（カンセキ）・史籍（シセキ）・書籍（ショセキ|ショジャク）・図籍（ズセキ|トセキ）・属籍（ゾクセキ）・典籍（テンセキ）・文籍（ブンセキ|モンジャク）・篇籍（ヘンセキ）
[下接] ❷ 戸別、人別などを記入した帳簿。 移籍（イセキ）・貫籍（カンセキ）・学籍（ガクセキ）・鬼籍（キセキ）・軍籍（グンセキ）・原籍（ゲンセキ）・国籍（コクセキ）・戸籍（コセキ）・在籍（ザイセキ）・削籍（サクセキ）・死籍（シセキ）・除籍（ジョセキ）・臣籍（シンセキ）・図籍（ズセキ|トセキ）・送籍（ソウセキ）・僧籍（ソウセキ）・属籍（ゾクセキ）・脱籍（ダッセキ）・地籍（チセキ）・転籍（テンセキ）・入籍（ニュウセキ）・版籍（ハンセキ）・復籍（フクセキ）・兵籍（ヘイセキ）・本籍（ホンセキ）・無籍（ムセキ）・名籍（メイセキ）・落籍（ラクセキ）・離籍（リセキ）
【籍甚（セキジン）】(戸籍のある故郷で)評判が高いこと。名声が非常に世にひろがること。藉甚。
❸ 帳簿に記入する。税をとる。
【籍没（セキボツ）】犯罪者の財産を帳簿に記して官府がとりあげること。没収。
【籍斂（セキレン）】年貢（ネング）をとりたてること。→❺
❺ すく。たがやす。
【籍田（セキデン）】古代中国で、宗廟に供える祭祀用の穀物を天子みずから耕作した儀式。また、その田。
【籍斂（セキレン）】籍田の穀物をとり入れること。→❸

5749 【籌】 6854 6456 E2D4 竹-14 チュウ(チウ)[呉][漢]\chóu\かずとり・はかる
[字解] 形声。竹＋壽(長くつらなる)[声]。数をかぞえる竹の棒から、はかりごとの意。
[意味] ❶かずとり。数をかぞえるときに用いる竹の棒。また、投壺（トウコ）の矢。壺（つぼ）の中に投げ入れて数を競う。『牙籌（ガチュウ）』『觥籌（コウチュウ）』『一籌（イッチュウ）』『運籌（ウンチュウ）』 ❷はかる。(イ)かぞえる。計算する。(ロ)考える。相談する。『籌議』『籌策』『籌度』
【籌議（チュウギ）】はかること。相談すること。
【籌策（チュウサク）】[1]はかりごと。計略。策略。[2]両者をとりもつために、仲に立つこと。仲介。
【籌算（チュウサン）】[1]数をかぞえること。計算すること。また、その計算法。[2]はかりごと。計画。

【籌度（チュウタク）】①はかること。計算すること。②はかりごと。計略。籌謀。籌略。

5750 【籃】 6855 6457 E2D5 竹-14 ラン漢\lán\かご
字解 形声。竹＋監（上からみおろす）声。上から物をおおいかぶせるかごの意。
意味 かご。竹かご。㋑とってのついたかご。かたみ。㋺大きいかご。あじろかご。『籃輿』『揺籃（ヨウラン）』㋩ふせかご。物の上にかぶせるかご。
【籃輿（ランヨ）】山道などで用いる、竹で編み、屋根は網代（あじろ）に作ったそまつなかご。

5751 【籰】 ＊5083 竹-14 ワク漢\yuè
字解 形声。竹＋蒦声。糸をまきつけるいとわくの意。籰の別体。

5752 【籏】 6857 6459 E2D7 竹-14 (5736)【籏】＊5077 竹-12 はた
字解 国字。会意。竹＋旗。はたの意。

［纂］⇩5875

5753 【籑】 ＊5086 竹-15 セン漢
字解 撰・僎に同じ。

5754 【籖】 6863 645F E2DD 竹-15 セン 「籤」（5766）の異体字

5755 【籔】 6856 6458 E2D6 竹-15 ソウ呉漢\sǒu\やぶ
字解 形声。竹＋數声。藪に同じ。

5756 【籀】 ＊5087 竹-15 チュウ 「籒」（5741）の異体字

5757 【籐】 6859 645B E2D9 竹-15 (5761)【籘】 6860 645C E2DA 竹-16 トウ漢\téng
字解 形声。竹＋滕声。
意味 とう。ヤシ科のつる性植物。また、その茎でつくった家具や器物。『籐椅子（トウイス）』

5758 【籓】 ＊5088 竹-15 ハン漢\fān
字解 形声。竹＋潘（ちらばりながらうずをまく）声。ゆすってごみなどをちらす大きな箕（み）の意。

5759 【籂】 ― 竹-15 たが
字解 国字。会意。竹＋輪（わ）。たがの意。
意味 たが。桶（おけ）や樽（たる）などの外側を堅く締める、竹や金属などで作った輪。

5760 【籞】 ＊5094 竹-16 ギョ漢\yù
字解 形声。竹＋禦（さまたげる）声。
意味 古代の天子の禁園。また、いけす。『池籞（チギョ）』

5761 【籘】 6860 645C E2DA 竹-16 トウ 「籐」（5757）の異体字

5762 【籟】 6861 645D E2DB 竹-16 ライ漢\lài\ふえ
字解 形声。竹＋頼声。三つの孔のあるふえの意。
意味 ❶ふえ。『人籟（ジンライ）』❷ひびき。音。→下接
下接 山籟（サンライ）・松籟（ショウライ）・神籟（シンライ）・清籟（セイライ）・地籟（チライ）・万籟（バンライ）・風籟（フウライ）

5763 【籠】 6838 6446 E2C4 竹-16 (5707)【篭】 4722 4F36 9855 竹-10 † ロウ漢\lóng・lǒng\かご・かたみ・こ・こめる・こもる
字解 形声。竹＋龍（→蒙、おおいつつむ）声。ものをつめこむ竹製のかごの意。
参考 万葉仮名では訓を借りて「こ甲」。
意味 ❶かご。かたみ。竹などで作った物などを入れるかご。また、日本で、のりものかご。『印籠』❷こめる。かごの中に入れる。とりこむ。とりこめる。まるめこむ。『籠絡』❸国こもる。屋内に居て外へ出ない。ひきこもる。また、特に神仏に祈るために寺社にこもる。『籠居』『参籠（サンロウ）』❹あて字。『尾籠（ビロウ）』

❶かご。かたみ。
下接 印籠（インロウ）・薫籠（クンロウ）・鎖籠（サロウ）・蒸籠（セイロウ）・灯籠（トウロウ）・樊籠（ハンロウ）・薬籠（ヤクロウ）・牢籠（ロウロウ）／懸籠（かけご）・駕籠（かご）・皮籠（かわご）・革籠（かわご）・屑籠（くずかご）・葛籠（つづら）・旅籠（はたご）・魚籠（びく）・破籠（わりご）
【籠鶯（ロウオウ）】籠に入れられたウグイス。転じて、自由を奪われた身のたとえ。
【籠球（ロウキュウ）】国バスケットボール。
【籠鳥（ロウチョウ）】籠の中の鳥。転じて、拘束されて自由にならないことのたとえ。＊白居易‐与微之書「籠鳥檻猿倶未死（ロウチョウカンエンともにいまだシせず）〔＝籠の中の鳥、おりに入れられたサル（のように自由を奪われた身）で、二人ともまだ死んではいない〕」

❷こめる。中に入れる。
【籠蓋（ロウガイ）】かぶさりおおう。すっぽり包むようにかぶさる。＊古詩賞析‐勅勒歌「天似穹廬、籠蓋四野（テンはキュウロににて、シヤをロウガイす）〔＝大空は円形の天幕のように、四方の平野におおいかぶさっている〕」
【籠絆（ロウハン）】閉じこめて拘束すること。
【籠屋（ロウや）】囚人を拘禁しておく所。牢。牢屋。
【籠絡（ロウラク）】巧みに言いくるめて、人を思い通りにあやつること。〔宋史‐胡安国伝〕

❸（日本語で）こもる。ひきこもる。
【籠居（ロウキョ）】国家の中にひきこもっていること。
【籠城（ロウジョウ）】国敵に囲まれて城などにたてこもること。転じて、閉じこもって外出しないこと。

5764 【籙】 ＊5089 竹-16 リョク漢・ロク慣\lù
字解 形声。竹＋錄（書き記されたもの）声。
意味 ❶書かれたもの。「録」に同じ。『符籙（フロク）』❷「胡籙（コロク）」は、やなぐい。

5765 【籢】 ＊5101 竹-16 しんし
字解 国字。会意。竹＋撿（ただす）。しんしの意。

意味 しんし(伸子)。布の洗い張りに用いる竹のくし。

5766【籤】6862 645E E2DC 竹-17 (5754)〔籖〕6863 645F E2DD 竹-15
セン㊥/qiān/くじ・かずとり・ひご
字解 形声。竹+韱(細い)㊥。竹のくし、細い竹でかすかな神意を問うくじの意。
意味 ❶くじ。くじびき。占いのふだ。『抽籤(チュウセン)』『当籤(トウセン)』 ❷かずとり。ものを数えるときの竹の棒。

5767【籥】6864 6460 E2DE 竹-17
ヤク㊥/yuè/ふえ
字解 形声。竹+龠(ふえ)㊥。竹製のふえの意。のちに竹を加えた。
意味 ふえ。『管籥(カンヤク)』

5768【籢】― ― 竹-17
レン㊥/lián/はこ
字解 形声。竹+斂(おさめる)㊥。
意味 はこ。こばこ。小物をおさめる化粧箱。鏡ばこ。「匳」「奩」に同じ。

5769【籤】― ― 竹-18
セン㊥/ひご
字解 籤の通俗体。細くけずった竹、竹ひごの意。

5770【籭】* 5105 竹-19
シ㊥/とおし
字解 会意。竹+麗(整然とならぶ)。つぶを揃えるための竹製のふるいの意。とおし。

5771【籩】* 5104 竹-19
ヘン㊥/biān/たかつき
字解 形声。竹+邊(ふち)㊥。竹をあんでつくった、藤のふちがある器、たかつきの意。
【籩豆(ヘントウ)】(「豆」は肉類を盛る木製の器) ①祭祀のとき、食物を盛って供えた器。豆籩。②礼儀。礼節。

5772【籮】* 5106 竹-19
ラ㊥/luó/ふご・したみ
字解 形声。竹+羅㊥。ふご。み。ざるやかごの類。

5773【籬】6865 6461 E2DF 竹-19
リ㊥/lí/まがき・かき・ませ
字解 形声。竹+離㊥。まがきの意。
意味 まがき。ませがき。竹や柴などをあらく編んでつくったかき。
下接 垣籬(エンリ)・牆籬(ショウリ)・短籬(タンリ)・竹籬(チクリ)・東籬(トウリ)
【籬鷃(リアン)】 垣根に遊ぶミソサザイ。転じて、見識の狭いもののたとえ。
【籬垣(リエン)】 まがき。かきね。
【籬菊(リキク)】 まがきの下の菊。◆特に、中国、晋代の陶潜の「飲酒」の「采レ菊東籬下、悠然見ニ南山一(キクをとるトウリのもと、ユウゼンとしてナンザンをみる)〔=菊の花を東のかきねのそばで摘みとって、(ふと目をあげると)はるか南の方の山の姿が望まれた〕」を意識して使われることが多い。
【籬辺(リヘン)】 まがきのそば。籬畔。
【籬落(リラク)】 まがき。ませがき。

5774【籰】* 5107 竹-20
ワク㊥/yuè
字解 形声。竹+矍(つかまえる)㊥。糸をまきつけるいとわくの意。
意味 わく。かせ糸を巻き返す道具。枠。籰。

119 米部 こめ

甲骨文  篆文 

米は、穂の両側に実のあるさまを、横一画の上下それぞれ三点で表した。篆書以後、十の四方に四点をおく形になり、隷書では下二点が木のように書かれることになった。字の左部に用いられるものを「こめへん」という。米部には、米(ベイ)を部首として、穀類の実の性質、それを加工した食品などを表す字が収められる。類形に釆部(165)があるが、意味上直接の関係はない。

米◆ 米 ⑥ 粤 粥
米▭ ⑥ 粦 ⑪ 糞

米▭ ② 籴 ③ 籸 ⑤ 粜 ⑥ 粢 粟 ⑦ 粲
粱 ⑪ 糜 ⑯ 糵 ⑰ 糱
米▯ ② 籵 ③ 籹 籽 籾 ④ 粃 粋 粃
粉 粍 粏 粐 ⑤ 粔 粗 粘 粕 粒 ⑥ 粠
粧 粡 粭 粨 粫 ⑦ 粳 粮 ⑧ 粿 粹 精
精 粽 糀 糀 ⑨ 糊 糅 糈 糂 糉 糎
⑩ 糗 糕 糓 糠 糒 糖 糖 糒 糘 ⑪ 糠
糝 糟 糙 糢 ⑫ 糧 ⑬ 糫 ⑭ 糯 ⑮ 糲
⑯ 糴 ⑲ 糶

米◆

5775【米】4238 4A46 95C4 米-0 常2
マイ㊥・ベイ㊥・メ㊥/mǐ/こめ・よな・よね・よ・メートル
筆順 米 米 米 米 米 米
字解 部首解説を参照。
同属字 迷(迷)・眯・麋
参考 万葉仮名では音を借りて「め㊁」。
意味 ❶こめ。よね。稲の実。『米穀』『玄米』 ❷メートル。長さの単位。ソフラス mètre の音訳「米突」の略。『立米(リュウベイ)』『粁米(リッポウメートル)』 ❸国アメリカのあて字「亜米利加」の略。『南米』 ❹その他、固有名詞など。『米寿』『米芾(ベイフツ)』

❶こめ。よね。稲の実。
下接 外米(ガイマイ)・供米(キョウマイ)・玄米(ゲンマイ)・古米(コマイ)・産米(サンマイ)・散米(サンマイ)・春米(ショウマイ)・上米(ジョウマイ)・新米(シンマイ)・籾米(スウベイ)・精米(セイマイ)・節米(セツマイ)・施米(セマイ)・洗米(センマイ)・饌米(センマイ)・倉米(ソウベイ)・粟米(ゾクベイ)・租米(ソマイ)・斗米(トベイ)・白米(ハクマイ)・飯米(ハンマイ)・糧米(リョウマイ)・禄米(ロクマイ)
【米塩(ベイエン)】 ①生活必需品としての米と塩。②細かすぎることのたとえ。【米塩博弁(ベイエンハクベン)】 細かい事がらをもらさず話すこと。
【米穀(ベイコク)】 こめ。また、穀類の総称。『米穀商』
【米薪(ベイシン)】 米とたきぎ。暮らしを立てるために必要なもの。

竹米糸缶网(⺲・罒・罓)羊羽(⺷)老(耂)而耒耳聿肉(月) 6画 臣自至臼(臼)舌舛(舛)舟艮色艸(艹・艹・艹)虍虫血行衣(衤)襾(覀・西)

【米粟(ベイゾク)】米とアワ。穀物を総称していう語。
【米麦(ベイバク)】米とムギ。また、広く穀物のこと。
【米飯(ベイハン)】米のめし。『米飯給食』
【米粒(ベイリュウ｜こめつぶ)】米のつぶ。

❸(日本語で)「亜米利加」の略。

【米国(ベイコク)】国「アメリカ合衆国」の別称。
【米利堅(メリケン)】国(英 American の音訳)アメリカ。アメリカ人。

❹その他。

【米寿(ベイジュ)】国八八歳。また、その祝い。米年。❤「米」の字が八十八と分解されるところから。
【米芾(ベイフツ)】(一〇五一～一一〇七)中国の北宋の書家・画家。字は元章。号は海岳外史。

難読地名 米良(めら)川(宮崎) 米子(よなご)市(鳥取) 米水津(よのうづ)村(大分) 難読姓氏 米内(よない)

5776【粤】 6869 6465 E2E3 米－6 エツ(ヱツ)㊇\yuè

字解 会意。宷(つまびらか)＋亏。助字に用いる。また、越に通じて、広東・広西両省一帯の意で用いる。

甲骨文

金文

篆文

意味 ❶ここに。発語のことば。❷ああ。嘆息のことば。❸「百粤(ヒャクエツ)」は、中国広東・広西両省の地に住んでいた民族の総称。

5777【粥】 2001 3421 8A9F 米－6 シュク㊇・イク㊇\zhōu・zhù・yù\かゆ

字解 もと鬻。会意。米＋鬲(かまでよく煮る)。かまでよく煮た米、かゆの意。のちに省略して粥となった。

意味 ❶(シュク)かゆ。米を柔らかくたいたもの。『豆粥(トウジュク)』『糜粥(ビジュク)』『茗粥(メイジュク)』❷(イク)売る。ひさぐ。❸＝粥粥

【粥粥(イクイク｜シュクシュク)】㊀(イクイク)へりくだったさま。こびを売って敬うさま。㊁(シュクシュク)①しんがなくて弱々しいさま。②鶏が鳴き合うさま。

[奥] ⇩1533

米

[娄] ⇩1554

5778【粦】 *5118 米－6 (4428)【炎＋舛】―― 火－10 リン㊇／おにび

字解 粦は、炎＋舛の通俗体。炎＋舛は会意。炎(ほのお)＋舛(左右にそむきあう足)。あちこちさまようほのお、鬼火の意。

金文

篆文
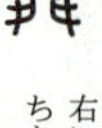

同属字 憐・隣(隣)・燐・磷・轔・鱗・麟

[粪] ⇩6245

5779【糞】 4221 4A35 95B3 米－11 フン㊉㊇\fèn\くそ・ばば

字解 会意。米(＝釆、まく)＋異(𠦒＋廾、柄のあるちりとりを手にもつさま)。散らばったごみ・汚穢をちりとりでとる、掃除する意。

意味 ❶くそ。大便。ばば。『糞尿』❷けがれ。不浄。また、けがれを払いのける。『糞土』❸国「珍糞漢糞(チンプンカンプン)」は、わけのわからないこと。

❶くそ。大便。

下接 鶏糞(ケイフン)・嘗糞(ショウフン)・人糞(ジンプン)・鼠糞(ソフン)・脱糞(ダップン)・馬糞(バフン)／猫糞(ねこばば)

【糞虫(フンチュウ)】糞壺(くそつぼ)・糞溜(くそだめ)の中に生息する虫。
【糞尿(フンニョウ)】糞と尿。大便と小便。
【糞便(フンベン)】くそ。大便。

❷けがれ。不浄。

【糞壌(フンジョウ)】①腐った土。②土地に肥料をやること。
【糞土(フンド)】①腐った土。②転じて、きたないもののたとえ。【糞土之牆、不レ可レ杇(フンドのショウはぬるべからず)】はきだめのぼろぼろの土の土べいは上塗りのしようもない。怠惰な人間には教育する値打ちがない。〔論語-公冶長〕

米

5780【籴】 ―― 米－2 テキ「糴」(5847)の異体字

[米＋刂] ⇩747

5781【粂】 2309 3729 8C48 米－3 くめ

字解 国字。久米(くめ)の合字。姓名や地名などに用いる。

[屎] ⇩1863
[氣] ⇩3970

5782【粜】 ―― 米－5 チョウ「糶」(5848)の異体字

5783【粢】 6871 6467 E2E5 米－6 シ㊇\zī\きび・しとぎ

字解 形声。米＋次㊥。

意味 ❶きび。穀物の一種。また、穀類の総称。『粢糲』❷神に供える穀物。『祭粢(サイシ)』❸もち。米のもち。❹国しとぎ。神に供える卵形の餅(もち)。多く、米の粉でつくる。

【粢盛(シセイ)】神に供える物品。❤「盛」は器に盛る意。
【粢糲(シレイ)】きびでつくったもち。また、そまつな食事。

5784【粟】 1632 3040 88BE 米－6 ソク㊉・ショク㊇・ゾク㊥\sù\あわ

字解 会意。覀(＝鹵、実のなったさま)＋米。鹵は、隷書以来覀に変じた。穀物の実の意。

甲骨文

篆文

意味 ❶もみ。もみ米。米の外側の皮をまだとっていないもの。❷穀物。五穀の総称。『粟帛』『金粟(キンゾク)』❸俸禄(ホウロク)。主君から支給される食糧。*史記-伯夷伝「伯夷・叔斉恥レ之、義不レ食二周粟一(ハクイ・シュクセイこれをはじ、ギとしてシュウのゾクをくらわず)」〔＝伯夷と叔斉はこれをはずかしいと思い、自分の意見の正しさを主張して、周の王から支給される食物を食わなかった〕」❹ⓘあわ。イネ科の一年草の穀物。『粟粒』『粟米』ⓡアワのように小さいもののたとえ。『粟散』『粟膚』

「鶯粟オウゾク」❺「罌粟オウゾク|ケシ」は、植物名。ケシ科の一、二年草。

【粟散ゾクサン】粟粒のように、細かく散ること。【粟散国ゾクサンコク】粟粒を散らしたように点在する小さな国。

【粟帛ゾクハク】(税として納める)穀物と絹織物。

【粟膚ゾクフ】寒さなどで、粟粒状のものが生じた肌はだ。とりはだ。

【粟米ゾクベイ】アワとコメ。転じて、穀物のこと。

【粟粒ゾクリュウ】アワの穀粒。あわつぶ。また、粟粒のように小さいもの。

難読地名 粟国あぐに村(沖縄) 難読姓氏 粟飯原あいはら 粟生あお 粟生田あおた

5785【粲】6876 646C E2EA 米－7 サン漢\càn\あきらか

字解 形声。米＋𣦼(骨をとる)声。余分なものを除いたこめ、白米の意。

同属字 燦

意味 ❶しらげよね。よくついて白くした米。「白粲ハクサン」❷あきらか。あざやか。「粲粲」「粲然」❸きよらか。いさぎよい。❹笑うさま。「一粲イッサン」「笑粲ショウサン」

【粲粲サンサン】きらきらと輝いて美しいさま。燦燦。

【粲然サンゼン】きらきらと光り輝くさま。燦然。

5786【粱】6877 646D E2EB 米－7 リョウ(リャウ)漢\liáng\あわ

字解 形声。米＋梁(↓良、よい)省声。上等の穀物の意。

金文  篆文 

意味 ❶あわ。おおあわ。イネ科の一年草の穀物で粒が粟よりも大きい。「高粱コウリョウ」「膏粱コウリョウ」「稲粱トウリョウ」❷最も質のよい米。「粱肉」

【粱肉リョウニク】よい米と肉。転じて、うまい食物。

5787【糜】6886 6476 E2F4 米－11 ビ漢\mí\かゆ・ただれる

字解 形声。米＋麻(↓磨、つぶれる)声。つぶれたこめの意。

意味 ❶かゆ。「糜粥」「糜沸」❷ただれる。煮くずれてどろどろになる。また、ほろびる。ほろぼす。ついやす。ついえる。「糜散」「糜費」「糜爛」

【糜散ビサン】ついやすこと。また、消滅すること。

【糜粥ビジュク】かゆ。

【糜費ヒビ】奢おごりにまかせて費やすこと。

【糜沸ビフツ】かゆが煮えくりかえるようにいり乱れること。

【糜爛ビラン】ただれ崩れること。人民が疲弊すること。また、皮膚や粘膜の表層が脱落した状態。

【糜】⇩9550

5788【糵】—— 米－16 (5789)【蘗】*5142 米－17 ゲツ漢\niè

字解 形声。米＋辥声。もやし、また、こうじの意。

米 2画

5790【籵】6866 6462 E2E0 米－2 デカメートル

字解 国字。会意。米(メートル)＋十。デカメートルの意。

5791【䊆】—— 米－3 (5807)【粠】*5117 米－6 コウ漢

字解 形声。米＋工声。古くてにおう米の意。

意味 ❶腐って赤くなった米。❷赤米。

5792【籹】*5109 米－3 ジョ(ヂョ)漢\nǚ

字解 形声。米＋女声。「粔籹キョジョ」は、おこしの類。

5793【粁】2246 364E 8BCC 米－3 キロメートル

字解 国字。会意。米(メートル)＋千。キロメートルの意。

5794【籾】4466 4C62 96E0 米－3 もみ

字解 国字。会意。米＋刅(刃のは)。刃のようにとがった穀物、もみの意。

意味 もみ。㋑穀物の実を包む皮。「籾殻もみがら」㋺もみがらがついたままの米。「籾米もみごめ」「種籾たねもみ」

5795【粇】*5113 米－4 コウ(カウ)呉漢\kāng

字解 形声。米＋亢声。ぬかの意。糠に同じ。

5796【粋】3172 3F68 9088 米－4 常 (5816)【粹】6879 646F E2ED 米－8 旧字人

スイ呉漢・サイ漢\cuì\いき

筆順 粋 粋 粋 粋 粋 粋

字解 粋は粹の通俗体。粹は形声。米＋卒(おわる)声。精米しおわった米の意から、一般に、まじりけがない意。

意味 ❶まじりけがない。質がよい。すぐれた。また、その部分。「科学の粋スイを集める」「精粋」「抜粋」❷国いき。すい。容姿、身なり、気風などが洗練されていて、しゃれていること。また、人情に通じ物わかりがよいこと。「不粋ブスイ」「無粋ブスイ」

❶まじりけがない。また、質がよい。

下接 温粋オンスイ・生粋きっスイ・国粋コクスイ・純粋ジュンスイ・真粋シンスイ・精粋セイスイ・抜粋バッスイ

【粋然スイゼン】まじりけのないさま。純粋なさま。

【粋白スイハク】①まっ白。②まじりけのないこと。

【粋美スイビ】まじりけがなく美しいこと。

❷(日本語で)いき。すい。

【粋狂スイキョウ】国 一風変わったことを好んでするこ と。酔狂。

【粋人スイジン】国①風流風雅を好む人。②人情の表裏によく通じ、物分かりのよい人。↔野暮天

5797【粃】6867 6463 E2E1 米－4 ヒ漢\bǐ

字解 形声。米＋比(ならびつく)声。皮がくっつき実がない穀物、しいなの意。秕に同じ。

5798【粉】4220 4A34 95B2 米－4 常4 フン呉漢\fěn\こ・こな

竹米糸缶网(罒・冂・皿)羊羽(羽)老(耂)而耒耳聿肉(月) 6画 臣自至臼(臼)舌舛(舛)舟艮色艸(艹・艹・艹)虍虫血行衣(衤)襾(覀・西)

竹米糸缶网(罒・冂・皿)羊羽(羽)老(耂)而耒耳聿肉(月) 6画 臣自至臼(臼)舌舛(舛)舟艮色艸(艹・艹・艹)虍虫血行衣(衤)襾(覀・西)

筆順 粉粉粉粉粉粉

字解 形声。米＋分(わける)㊣。米をくだきわけたこなの意。

参考 万葉仮名では訓を借りて「こ(甲)」。

意味 ❶こな。こ。砕いたり砕けたりしたきわめて微細な粒。また、その粒の集まり。『粉末』『花粉』 ❷こなごなにする。こなにする。くだく。『粉砕』 ❸おしろい。㋑顔や肌に塗って色白に見せる化粧品。『粉黛フンタイ』『香粉コウフン』『紅粉コウフン』『脂粉シフン』『白粉おしろい』 ㋺しろい。『粉壁』 ㋩彩る。『粉絵』 ㋥かざる。うわべをかざる。『粉飾』 ❹デシメートル。一メートルの一〇分の一。一〇センチメートル。

❶こな。こ。

下接 花粉カフン・魚粉ギョフン・金粉キンプン・軽粉ケイフン・血粉ケップン・穀粉コクフン・骨粉コップン・胡粉ゴフン・受粉ジュフン・製粉セイフン・鉄粉テップン・澱粉デンプン・肉粉ニクフン・微粉ビフン・米粉ベイフン・鱗粉リンプン

【粉塵フンジン】粉状の細かい塵ちり。『粉塵公害』
【粉乳フンニュウ】粉ミルク。『脱脂粉乳』
【粉本フンポン】①東洋画で、絵の下書き。下絵。②国研究や制作の参考として模写した絵画。③国手本。模範。
①は、昔は下絵を胡粉ゴフンで描いたことから。
【粉末フンマツ】砕いて細かにしたもの。こな。

❷こなごなにする。こなにする。くだく。

【粉骨フンコツ】(骨を粉にする意)力の限り骨折ること。心身のつづく限り尽力すること。【粉骨砕身フンコツサイシン】心身のつづく限り努力すること。〔禅林類纂〕
【粉砕フンサイ】こなごなに砕くこと。転じて、敵を徹底的に打ち破ること。

❸おしろい。また、うわべをかざる。

【粉絵フンカイ】彩りをつけて絵をかくこと。また、彩色画。
【粉飾フンショク】①べに、おしろいなどで化粧すること。②うわべを立派にみせかけること。『粉飾決算』
【粉黛フンタイ】①おしろいとまゆずみ。化粧。粉墨。②化粧をこらした美人。＊白居易-長恨歌「六宮粉黛無二顔色一リクキュウのフンタイガンショクなし〔=化粧をこらした後宮の美女たちも、その美しさを失うほどであった〕」
【粉白黛黒フンパクタイコク】美人がおしろいをつけ、まゆずみをつけて化粧すること。
【粉壁フンペキ】白い壁。しらかべ。
【粉墨フンボク】①おしろいとまゆずみ。粉黛フンタイ。また、美しく装うこと。②物事を美化したり修飾したりすること。
【粉面フンメン】おしろいをぬった顔。

難読地名 粉河こかわ町(和歌山)

5799 【粍】 4416 4C30 96AE 米－4 ミリメートル

字解 国字。会意。米(メートル)＋毛。ミリメートルの意。

5800 【粏】 ＊5114 米－4 タ(慣)

字解 国字。「糂粏ジンダ」は、ぬかみその意。

5801 【粐】 6868 6464 E2E2 米－4 音訓字義未詳

[料]⇨3067
[米斤]⇨3078

5802 【粔】 ＊5115 米－5 キョ㊥ jù

字解 形声。米＋巨㊣。

意味 「粔籹」は、おこし。蒸したもち米を乾かし、炒って、ゴマやクルミなどを加え、水あめや砂糖などでまぶして固めた菓子。

5803 【粗】 3338 4146 9165 米－5 常 ソ㊥㊥/cū/あらい・あら・ざら・ほぼ

筆順 粗粗粗粗粗粗

字解 形声。米＋且(→疏、バラバラ離れる)㊣。ねばりけのない米の意から一般に、あらい意。

意味 ❶あらい。↔精。㋑細かくない。くわしくない。ざつな。『粗密』『精粗セイソ』『細粗サイソ』『粗目ざらめ』 ㋺大ざっぱな。『粗忽』『粗雑』 ㋩あらあらしい。『粗暴』『粗野』 ㋥そまつな。『粗食』 ㋭まだ十分に手を加えていない。『粗鋼』⇒表 ❷ほぼ。あらかた。あらまし。『粗方あらかた』 ❸国他人に贈る品物の名に添えて謙譲の意を表す。「そまつな…」の意から。『粗菓』『粗品』『粗酒』

	粗ソ	疎ソ
—密	○	○
—略	○	○
—野	○	○
—悪	○	−
—雑	○	−
精—	○	○
稀—	−	○
—雨	−	○

❶あらい。大ざっぱな。そまつな。

【粗悪ソアク】粗末で質が悪いこと。『粗悪品』
【粗衣ソイ】粗末な衣服。粗服。『粗衣粗食』
【粗忽ソコツ】国そそっかしく不注意なこと。『粗忽者もの』
【粗雑ソザツ】大ざっぱで、いいかげんなこと。
【粗食ソショク】粗末な食物。↔美食。『粗衣粗食』
【粗製ソセイ】つくり方が粗雑なこと。『粗製濫造』
【粗相ソソウ】国そそっかしく軽率な過ち。しくじり。転じて、大・小便をもらすこと。
【粗率ソソツ】大ざっぱでそそっかしいこと。
【粗朶ソダ】国切り捨てられた木の枝。
【粗糖ソトウ】精製してない砂糖。↔精糖
【粗鄙・粗卑ソヒ】粗野でいやしいこと。
【粗描ソビョウ】大ざっぱに描写すること。
【粗放ソホウ】大ざっぱなこと。いいかげんなこと。
【粗暴ソボウ】動作が荒々しく、乱暴であること。
【粗樸・粗朴ソボク】粗末で、飾りけがないこと。
【粗末ソマツ】国①作りが雑であること。品質が劣っていること。粗雑。『お粗末な出来ばえ』②おろそかに取り扱うこと。『金を粗末にする』
【粗慢ソマン】いいかげんなこと。おろそか。ゆるがせ。
【粗密ソミツ】あらいことと細やかであること。疎密。
【粗野ソヤ】言葉や振る舞いなどが荒々しいこと。
【粗略ソリャク】十分に手を尽くさないこと。疎略。
【粗糲ソレイ】精白してない、粗末なくろごめ。麤糲ソレイ。
【粗漏ソロウ】おろそかで手ぬかりのあること。疎漏。

❸(日本語で)謙譲を表す。

【粗肴ソコウ】国人にすすめる料理の謙称。
【粗餐ソサン】国人にすすめる食事の謙称。
【粗酒ソシュ】国人にすすめる酒の謙称。『粗酒粗肴ソコウ』
【粗茶ソチャ】国人にすすめる茶の謙称。

【粗品】国人に贈る品物の謙称。

5804 【粘】 3920 4734 9453 米－5 常 (9591)〔黏〕 8354 7356 EA75 黍－5

ネン呉・デン漢／nián／ねばる・ねば・ねばい

筆順 粘粘粘粘粘

字解 粘は黏に同じ。黏は形声。黍＋占（ある位置をしめる、つく）声。ねばり気のある穀物から、ねばる意。

意味 ねばる。ねばりけがある。ねばねばする。

【粘液】ねばり気のある液体。
【粘性】ねばる性質。ねばっこさ。
【粘着】ねばりつくこと。『粘着力』
【粘土】主に粘土鉱物によって構成される微細粒子の集合体。水を含むと可塑性、粘着性を生ずる。陶磁器の原料。『粘土細工』『紙粘土』
【粘膜】消化器管、気道など、粘液を分泌する内壁を覆う上皮。

5805 【粕】 3984 4774 9494 米－5

ハク漢／pò／かす

字解 形声。米＋白（しろ）声。酒かすの意。

意味 かす。酒のしぼりかす。

下接 糟粕・油粕・酒粕

5806 【粒】 4619 4E33 97B1 米－5 常

リュウ（リフ）呉漢／lì／つぶ

筆順 粒粒粒粒粒

字解 形声。米＋立（独立している）声。

意味 つぶ。米つぶ。また、つぶ状のもの。

下接 一粒・顆粒・根粒・絶粒・粟粒・米粒

【粒子】物質を構成している微細なつぶ。『素粒子』
【粒状】つぶになった状態。『粒状の薬』
【粒食】穀物を粉にせず、つぶのまま食べること。
【粒粒辛苦】米の一粒一粒が辛苦の結晶であるということ。転じて、苦労を積むこと。〔李紳－憫農〕

5807 【粠】 * 5117 米－6

コウ「[米工]」(5791)の異体字

5808 【粧】 3049 3E51 8FCF 米－6 常

ショウ（シャウ）呉・ソウ（サウ）漢／zhuāng／よそおう・よそおい・よそう

筆順 粧粧粧粧粧

字解 本字は糚。庄は壯の変形。糚は、形声。米＋庄（→装、よそおう）声。よそおうためのこな、おしろいの意。妝に同じ。

意味 よそおう。つくろう。よそおい。

下接 化粧・仮粧・紅粧・行粧・新粧・晨粧・盛粧・靚粧・淡粧・啼粧・濃粧・美粧・時世粧・梅花粧

【粧鏡】化粧用の大きな鏡。すがたみ。
【粧飾】よそおい飾ること。
【粧梳】化粧し、髪をとくこと。また、その様子。
【粧点】よそおって飾ること。

5809 【粡】 6873 6469 E2E7 米－6

トウ漢

字解 形声。米＋同声。ちまき、あらづきの米の意。

5810 【粭】 6870 6466 E2E4 米－6

すくも

字解 国字。すくもの意。もみがら。もみぬか。

5811 【粨】 6874 646A E2E8 米－6

ヘクトメートル

字解 国字。会意。米（メートル）＋百。ヘクトメートルの意。

5812 【粫】 6872 6468 E2E6 米－6

音訓字義未詳

5813 【粳】 6875 646B E2E9 米－7 (5471)〔稉〕 * 4913 禾－7

コウ（カウ）漢／jīng／うるち・ぬか

字解 形声。米＋更（→硬、かたい）声。かたくねばりけのないこめの意。

意味 うるち。ねばりけのない普通の米。また、ぬか。

【粳稲】うるちのイネ。

5814 【粮】 6878 646E E2EC 米－7

ロウ（ラウ）呉・リョウ（リャウ）漢／liáng／かて

字解 形声。米＋良声。糧に同じ。

意味 かて。旅行・貯蔵用などの食料。『兵粮』

5815 【粿】 * 5125 米－8

カ（クヮ）漢／guǒ

字解 形声。米＋果声。きよい米の意。「粿米」は、神仏に供えるために水で洗い清めた白米。

5816 【粹】 6879 646F E2ED 米－8

スイ「粋」(5796)の旧字

5817 【精】 3226 403A 90B8 米－8 常5 (5818)〔精〕 ― ― 米－8 旧字

ショウ（シャウ）呉・セイ漢／jīng／しらげる・くわしい・こまかい

筆順 精精精精精

字解 形声。米＋青（→清、きよくすみきっている）声。きれいについた米の意。

意味 ❶しらげる。米などを白くする。また、白い。『精白』『精米』❷まじりけがない。きよい。あきらか。純粋。また、よりすぐったまじりけのないもの。最もすぐれたもの。『精鋭』『精髄』『酒精』❸くわしい。こまかい。念入りである。↔粗。『精密』『研精』『専精』⇓表 ❹こころ。たましい。㋑生命・存在の大もととなるもの。元気。また、まごころ。『精神』『強精』『丹精』㋺精を出す。懸命にはげむ。もっぱらにする。『精進』『精勤』『精励』㋩もののけ。山や川の神。『精霊』『妖精』❺生殖のもととなる雄性のもの。『精子』『受精』❻その他。『精衛』

❶ しらげる。米などを白くする。

【精白】穀物をついて皮をとり、白くすること。
【精米】玄米をついて外皮をとり、白くすること。

❷ まじりけがない。きよい。純粋。

【精一】純粋で専一なこと。

竹米糸缶网(罒・冂・皿)羊羽(羽)老(耂)而耒耳聿肉(月) 6画 臣自至臼(臼)舌舛(舛)舟艮色艸(艹・艹・艹)虍虫血行衣(衤)襾(覀・西)

【精鋭(セイエイ)】勢いが強くて鋭い力があること。

【精華(セイカ)】最もすぐれているもの。真価となるべきところ。『古代彫刻の精華』

【精騎(セイキ)】えりすぐった騎兵。すぐれた軍隊。

【精強(セイキョウ)】強くすぐれていること。

【精勁(セイケイ)】①(「勁」は強いの意)すぐれて強いこと。②筆勢の鋭いこと。

【精甲(セイコウ)】精鋭の鎧武者(よろいムシャ)。

【精光(セイコウ)】あざやかな光。また、すぐれたほまれ。

【精髄(セイズイ)】物事の最も奥深い大切なところ。神髄。

【精誠(セイセイ)】純粋で誠実なこと。

【精製(セイセイ)】原料や粗製品を純良なものに作り上げること。『石油精製所』『精製品』→❸
【精爽(セイソウ)】きよくて、さわやかなこと。転じて、精神。魂魄。たましい。

【精卒(セイソツ)】＝精兵(セイヘイ)

【精忠(セイチュウ)】私心をまじえない純粋の忠義。

【精肉(セイニク)】よく選んだ上質の肉。『精肉店』

【精分(セイブン)】純粋の成分。エッセンス。→❹
【精兵(セイヘイ)】よりぬきの、すぐれた兵士。精鋭。

【精良(セイリョウ)】すぐれてよいこと。一番よいもの。

【精錬・精煉(セイレン)】原料鉱石から必要とする金属を抽出する操作。『銅の精錬所』

❸ くわしい。こまかい。念入りである。

精(セイ)	詳(ショウ)
精詳	
くわしくこまかなさま。	つまびらかなさま。
精細	詳細
精密	詳密
精察	詳察
精解	詳解
精通	詳悉(ショウシツ)
精読	詳覧

【精解(セイカイ)】詳しく解釈すること。詳しく理解すること。

【精核(セイカク)】①詳しく調べ、細かく考察すること。精覈(セイカク)。②詳しくて正確なこと。

【精確(セイカク)】精密で正確なこと。『精確な資料』

【精義(セイギ)】正確な意義。くわしい講義。

【精究・精求(セイキュウ)】詳しく調べきわめること。また、精神を尽くして求めること。

【精巧(セイコウ)】細工などが細かくて巧みであること。

【精好(セイコウ)】①作り方が細かくてよいこと。できばえの美しいこと。②細かな点にまで注意して工夫をこらし、よい結果やよいできばえのものにすること。

【精査(セイサ)】細かい点まで詳しく調べること。

【精細(セイサイ)】詳しく細かいこと。詳細。『精細な調査』

【精察(セイサツ)】細かく観察すること。

【精算(セイサン)】細かく金銭などを計算し直すこと。

【精思(セイシ)】詳しく考えること。

【精熟(セイジュク)】物事に詳しくて熟練していること。

【精粋(セイスイ)】緻密(チミツ)で美しく、まじりけのないもの。

【精製(セイセイ)】念を入れて作ること。→❷
【精選(セイセン)】念を入れてすぐれたものを選び抜くこと。

【精粗・精疎・精麤(セイソ)】細かいことと粗いこと。詳しいことと大まかなこと。

【精緻(セイチ)】きわめてくわしくて細かいこと。

【精通(セイツウ)】詳しくよく知っていること。熟知。

【精度(セイド)】精確さの度合い。『精度が落ちる』

【精到(セイトウ)】緻密(チミツ)でゆきとどいていること。

【精討(セイトウ)】詳しく検討すること。

【精読(セイドク)】細かな点まで注意深く読むこと。熟読。

【精博(セイハク)】くわしく広いこと。

【精美(セイビ)】精巧で美しいこと。

【精微(セイビ)】詳しくて緻密(チミツ)であること。精緻(セイチ)。

【精密(セイミツ)】詳しく細かいこと。『精密検査』『精密機械』

【精妙(セイミョウ)】細かい点まですぐれて巧みなこと。

【精明(セイメイ)】詳しく明らかなこと。

❹ こころ。たましい。

下接 息精(いきセイ)・陰精(インセイ)・炎精(エンセイ)・眼精(ガンセイ)・強精(キョウセイ)・金精(キンセイ)・山精(サンセイ)・出精(シュッセイ)・水精(スイセイ)・専精(センセイ)・丹精(タンセイ)・日精(ニッセイ)・不精(ブショウ)・無精(ブショウ)・木精(モクセイ|こだま)・目精(モクセイ)・妖精(ヨウセイ)・陽精(ヨウセイ)・励精(レイセイ)・厲精(レイセイ)

【精舎(ショウジャ)】僧が仏道修行する所。『祇園(ギオン)精舎』
【精進(ショウジン)】①仏道修行に励むこと。②身をきよめて不浄を避けること。『精進潔斎』③魚や肉を食べず菜食すること。『精進料理』④国一生懸命に努力すること。
【精霊(ショウリョウ|セイレイ)】①(ショウリョウ)死者の霊魂。みたま。『精霊会(ショウリョウエ)』②(セイレイ)国山川草木、無生物などの種々の物に宿るとされる神霊。
【精悍(セイカン)】動作や顔つきが鋭くたくましいさま。
【精気(セイキ)】天地万物を生成する根元の力。また、生命の根源となる力。『万物の精気』
【精勤(セイキン)】仕事や学業に熱心に励むこと。『精勤手当』
【精根(セイコン)】国物事を持続する体力と精神力。『精根尽きる』
【精魂(セイコン)】物事にうちこむ精神。『精魂を傾ける』
【精彩(セイサイ)】生き生きとした表情、様子。『精彩を欠く』
【精神(セイシン)】①こころ。たましい。知的な働きをする実体としての心。また、心の働きや心の持ち方。↔肉体・物質。『精神衛生』『精神力』②物事を支えている根本的なもの。『法の精神』【精神一到、何事不ㇾ成(セイシンイットウ、なにごとかならざらん)】精神を集中すれば、どんな難事も成し遂げられることのたとえ。〔朱子語類〕
【精精(セイゼイ)】国①力の及ぶ限り。できるだけ。②どんなに多く見積もっても。
【精農(セイノウ)】よく働く農民。
【精分(セイブン)】精力のもと。スタミナ。→❷
【精力(セイリョク)】心身の活動力。『精力絶倫』
【精励(セイレイ)】一生懸命につとめはげむこと。『刻苦精励』
【精練(セイレン)】よく訓練すること。よく鍛えること。

❺ 生殖のもととなる雄性のもの。

下接 遺精(イセイ)・射精(シャセイ)・受精(ジュセイ)・授精(ジュセイ)・夢精(ムセイ)

【精液(セイエキ)】人間の成人男子、動物の雄が生殖器から分泌する精子を含んだ液体。精水。

【精子(セイシ)】雄性の生殖細胞。卵子と結合すると、個体発生のもととなる。精虫。

【精巣(セイソウ)】雄の生殖巣。

【精虫(セイチュウ)】＝精子(セイシ)

❻ その他。

【精衛(セイエイ)】古代中国の想像上の鳥。夏をつかさどる炎帝の娘が東海に溺(おぼ)れて化した、白いくちばしと赤い足をもった鳥。常に西山の木石をくわえて東海を埋めようとしたが、果たせなかったという。【精衛塡ㇾ海(セイエイうみをうずむ)】及ばないことを企て、徒労に終わることのたとえ。〔山海経-北山経〕

5819
【粽】 6880 6470 E2EE 米-8 ソウ㊥\zòng\ちまき

字解 形声。米＋宗㊥。糉に同じ。
意味 ちまき。もちごめを笹(ささ)や茅(ち)の葉で包んで蒸した食品。

5820 【粶】 *5120 米－8 ロク漢/はぜ
字解 形声。米＋彔声。
意味 はぜ。糯米(もちごめ)を煎(い)ってはぜさせたもの。

5821 【糀】 6881 6471 E2EF 米－8 こうじ
字解 国字。会意。米＋花。花が咲いたようになった米、こうじかびの意。
意味 蒸した穀類、ぬかなどにこうじかびを繁殖させたもの。淡緑色で甘味がある。酒、甘酒、醤油(ショウユ)、味噌(ミソ)などを作るのに用いる。

5822 【糊】 2450 3852 8CD0 米－9 ゴ呉・コ漢/hú・hū・hù/のり・かゆ
字解 形声。米＋胡声。
意味 ❶のり。でんぷん質の物に水を加え、熱してつくる接着剤。また、のりではる。❷あいまいにする。ごまかす。ぼんやりとさせる。『糊塗』『含糊(ガンコ)』『模糊(モコ)』 ❸かゆ。かゆをすする。転じて、くちすぎ。くちすぎをする。くらす。『口を糊(のり)する』『糊口』
【糊口(ココウ)】暮らしを立てること。くちすぎ。〔左伝-照公七年〕『糊口を凌(しの)ぐ〔＝やっと暮らしを立てる〕』
【糊塗(コト)】曖昧(アイマイ)にその場を取りつくろうこと。

5823 【糅】 6882 6472 E2F0 米－9 ジュウ(ヂウ)漢/róu/まじる・かて
字解 形声。米＋柔声。雑穀のまじったこめの意。
意味 ❶いりまじる。まじえる。「揉」に同じ。『糅然』『雑糅(ザツジュウ)』『紛糅(フンジュウ)』 ❷かて。量をふやすために、米に混ぜ物をして炊いた飯。かてめし。❸「糅(か)てて加えて」は、更にその上に、おまけに、の意。
【糅然(ジュウゼン)】まじるさま。ごちゃごちゃしているさま。

5824 【糈】 *5128 米－9 ショ漢/xǔ/かて
字解 形声。米＋胥(→疏、わける)声。雑物をわけ除いたこめの意。
意味 ❶かて。食糧。❷神に供える白米。また、神に供える卵形の餅(もち)。しとぎ。多く、米の粉でつくる。

5825 【糂】 6883 6473 E2F1 米－9 サン漢・ジン慣/sǎn/こなかき
字解 形声。米＋甚声。米の粉と汁とをまぜたもの、こなかきの意。
意味 こなかき。羹(あつもの)に米の粉をまぜて煮立てたもの。「糝」に同じ。
【糂汰(ジンダ)】国 ①米糠(こめぬか)に塩を加えて発酵させたもの。糠味噌(ぬかみそ)。糂汰味噌。②ゆでた枝豆をすりつぶして調味したもの。あえ衣などに用いる。

5826 【糉】 *5129 米－9 ソウ漢/zòng/ちまき
字解 形声。米＋㚇(ちぢめあわせる)声。ちまきの意。粽に同じ。

5827 【糄】 *5126 米－9 ヘン漢/やきごめ
字解 形声。米＋扁声。
意味 ❶稲を焼いて米をとること。また、やきごめ。新米を籾(もみ)のまま炒(い)り、搗(つ)いて平たくし、殻をとりさったもの。❷国「糄䊂(ひめ)」「糄䊂飯(ひめいい)」は、釜で炊いた飯。甑(こしき)でむした強飯(こわいい)に対していう。

5828 【糎】 3324 4138 9157 米－9 センチメートル
字解 国字。会意。米(メートル)＋厘。メートル法の長さの単位。一センチ(メートル)は一(メートル)の一〇〇分の一。

5829 【糗】 *5135 米－10 キュウ(キウ)漢/qiǔ/いりごめ・ほしいい・はったい
字解 形声。米＋臭(におい)声。香ばしいにおいのいりごめの意。
意味 ❶いりごめ。いった米。❷ほしいい。ほした飯。『糗糒』 ❸国はったい。新米や麦の新穀などをいり、粉にひいたもの。はったいこ。こがし。
【糗糒(キュウビ)】ほしいい(乾飯)。糗糧(キュウリョウ)。

5830 【糕】 *5134 米－10 コウ(カウ)漢/gāo
字解 形声。米＋羔声。こなもちの意。餻に同じ。

5831 【糓】 *5132 米－10 コク 「穀」(5486)の異体字

5832 【䊂】 ―― 米－10 サク漢
字解 形声。米＋索声。
意味 ❶水を多く入れて炊いた後、水洗いして粘り気をとり再び蒸した飯。ゆとりめし。❷国「糄䊂(ひめ)」「糄䊂飯(ひめいい)」は、釜でたいた飯。

5833 【糏】 *5131 米－10 セツ漢
字解 形声。米＋屑(こまかいくず)声。くだけごめの意。

5834 【糖】 3792 457C 939C 米－10 常6 トウ(タウ)漢/táng/あめ
(5835)〔糖〕 ―― 米－10 旧字

筆順 

字解 形声。米＋唐声。
意味 ❶あめ。また、さとう。『糖蜜』『砂糖』 ❷炭水化物のうち、水にとけ、甘いもの。『果糖』『乳糖』

❶ あめ。また、さとう。
下接 砂糖(サトウ)・精糖(セイトウ)・製糖(セイトウ)・粗糖(ソトウ)
【糖衣(トウイ)】薬剤の外側を砂糖で覆ったもの。『糖衣錠』
【糖霜(トウソウ)】白砂糖。
【糖蜜(トウミツ)】①蜜のようになっている砂糖液。②糖液を蒸発濃縮して蔗糖(ショトウ)を製造するときの副産物。

❷ 炭水化物のうち、水にとけ、甘いもの。
下接 果糖(カトウ)・血糖(ケットウ)・蔗糖(ショトウ)・乳糖(ニュウトウ)
【糖質(トウシツ)】糖分を含む物質。
【糖度(トウド)】缶詰や果物などに含まれる蔗糖(ショトウ)の量を百分率で表したもの。
【糖尿(トウニョウ)】①ぶどう糖が異常に多く含まれている尿。②(「糖尿病」の略)血液中のぶどう糖値が高くなり、尿中にも糖が排泄(ハイセツ)される疾患。

【糖分トウブン】物質に含まれる、糖類の成分。また、甘味。

5836 【糒】 6885 6475 E2F3 米-10 ヒ(漢)・ビ(慣)/bèi/ほしいい・ほしい
字解 形声。米＋𤰈(そなえおく)(声)。保存しておく乾燥した飯の意。
意味 ❶ほしいい。米をむして乾燥させた保存食。『糗糒キュウビ』❷かて。食糧。

5837 【糘】 6884 6474 E2F2 米-10 すくも
字解 国字。すくも。もみがらの意。

5838 【糠】 2539 3947 8D66 米-11 コウ(カウ)(呉)(漢)/kāng/ぬか
字解 形声。米＋康(もみをおとす)(声)。穅に同じ。
意味 ❶ぬか。玄米を精白するときに出る粉。『糠に釘くぎ』〔=手ごたえや効きめのないたとえ〕『糠喜び』〔=一時的なよろこび〕『糠秕』『糟糠ソウコウ』❷(国)ぬかのように細かいもののたとえ。『糠雨ぬかあめ』
【糠秕コウヒ】米のぬかとしいな。転じて、粗末な食事。また、つまらないもの。ぬかかす。糠秕。

5839 【糝】 * 5138 米-11 シン(漢)・サン(漢)/sǎn/こなかき・みそうず
字解 形声。米＋參(声)。こなかきの意。
意味 ❶こなかき。米の粉をねってつくった食品。「糂」に同じ。『糝粉』『糝薯』❷まじる。まじえる。❸こめつぶ。飯つぶ。❹みそうず。味噌を加えて煮た雑炊。
【糝粉シンコ】白米を乾燥してひいた粉。また、それを水でこね、蒸してついた餅。しんこもち。
【糝薯シンジョ】(国)魚や鳥肉のすり身に、すった山の芋とうどん粉を加え、蒸した食品。

5840 【糟】 3376 416C 918C 米-11 ソウ(サウ)(呉)(漢)/zāo/かす
字解 形声。米＋曹(二つのものが相対する)(声)。酒のかすと精とが分かれないでいるもろみの意。
意味 ❶かす。さけかす。『糟糠』『糟粕』『焦糟ショウソウ』❷もろみ。にごりざけ。どぶろく。
【糟丘・糟邱ソウキュウ】酒かすでつくった丘。飲酒にふけることのたとえ。❤中国、夏カの桀ケツ王が酒かすの丘をつくって遠くを眺めたという故事から。
【糟糠ソウコウ】酒かすと米ぬか。粗末な食べ物。*史記-伯夷伝「糟糠不厭、而卒蚤夭ソウコウにもあかずして、ついにはやくヨウセツす」〔=顔回は粗末な食べ物さえも十分に食べることができずに、最後には早死にした〕」【糟糠之妻ソウコウのつま】貧しいときからつれそって苦労をともにしてきた妻。糟粕ソウハクの妻。
【糟糠之妻不下堂ソウコウのつまはドウよりくださず】貧しいときから苦労をともにしてきた妻は、表座敷から下に降ろさないほど大事にしなければならない。〔後漢書-宋弘伝〕
【糟粕ソウハク】酒のかす。『古人の糟粕をなめる』〔=古人の説を繰り返すことのたとえ〕
【餔其糟而歠其醨そのかすをくらいてそのしるをすする】同じ酒かすを食べ、同じ薄酒をすする。世俗に同調し、俗塵にまみれることのたとえ。〔屈原-漁父辞〕

5841 【糙】 * 5136 米-11 ソウ(サウ)(漢)・ゾウ(ザウ)(慣)/cāo
字解 形声。米＋造(声)。手をかけていないあらごめ、かちしねの意。

5842 【糢】 6887 6477 E2F5 米-11 モ(漢)・ボ(慣)/mó
字解 形声。米＋莫(声)。「糢糊モコ」はぼんやりしたさま。

5843 【糧】 4640 4E48 97C6 米-12 常 ロウ(ラウ)(呉)・リョウ(リャウ)(漢)/liáng/かて
筆順 糧 糧 糧 糧 糧 糧
字解 形声。米＋量(声)。食糧の意。量は、はかって用いる意か。粮に同じ。
意味 ❶かて。旅行・貯蔵・行軍用の食料品。『糧米』『兵糧』*論語-衛霊公「在陳絶糧チンにありてリョウをたつ」〔=陳の国で、食料が絶えてしまった〕」❷ねんぐ。租税。
下接 ❶かて。衣糧イリョウ・軍糧グンリョウ・口糧コウリョウ・餽糧キリョウ・食糧ショクリョウ・資糧シリョウ・斗糧トリョウ・馬糧バリョウ・兵糧ヒョウロウ
【糧運リョウウン】糧食をはこぶこと。
【糧仗リョウジョウ】兵糧と武器。
【糧食リョウショク】貯蔵したり携行したりする食糧。
【糧道リョウドウ】軍隊の食糧を運ぶ道。『糧道を絶たれる』
【糧米リョウマイ】食糧としての米。
【糧秣リョウマツ】兵員の食糧と軍馬のまぐさ。

5844 【糫】 * 5141 米-13 カン(クヮン)(漢)/まがり
字解 形声。米＋瞏(声)。米や麦の粉をねり、紐状にして種々の形に曲げ、油で揚げた菓子。まがりもち。まがり。

5845 【糯】 6889 6479 E2F7 米-14 ダ(漢)/nuò/もち
字解 形声。米＋需(声)。稬に同じ。
意味 もちごめ。粘り気が多く、もち・赤飯・菓子などの原料となる米。『糯米もちごめ』
【糯餈シダ】(「餈」は餅もちの意)餅のこと。

5846 【糲】 6890 647A E2F8 米-15 ラツ(漢)・レイ(漢)/lì/ひらしらげ
字解 形声。米＋厲(声)。
意味 精白していない米。くろごめ。玄米。転じて、あらいさま。粗末なさま。『粗糲ソレイ』『疏糲ソレイ』
【糲粢レイシ】玄米ときび。粗末な食物をいう。

5847 【糴】 6891 647B E2F9 米-16 テキ(漢)/dí/かいよね (5780)【籴】——米-2
字解 形声。入＋⿰米翟(こめ)(声)。⿰米翟は、売買される穀物。入を加えて買い入れの意を明らかにした。一説に、会意とも。
意味 かいよね。買い入れた穀物。また、買い入れる。『糴糶』『市糴シテキ』『和糴ワテキ』
【糴糶テキチョウ】米を売買すること。

5848 【糶】 6892 647C E2FA 米-19 チョウ(テウ)(漢)/tiào/うる・うりよね・せり (5782)【粜】——米-5
字解 形声。出＋⿰米翟(こめ)(声)。米を売り出す意。糴に対して出を加えた。一説に会意とも。
意味 ❶うる。米を売りだす。また、売る穀物。うりよね。『糴糶テキチョウ』❷(国)せり。競売。『糶市せりいち』

【糶市（いちせり）】競り売りをする市。

120 糸部 いと

甲骨文 金文  篆文

糸は、いとすじが長くよりあわされているさまで、まゆからとった細い生糸のすじ（ベキ）を表す。糸部に属する字は、いと、いとのように長くよりあわせたものの種類、状態、それを使って作ったもの等を表す。字の左部にあるものを「いとへん」という。中国では、糹の形に簡化する。なお、幺（52）、玄（95）は別部をなす。

糸◆ 糸 絲 ⑭ 辮

糸 ① 系 ④ 索 紮 素 紊 ⑤ 紮 累 ⑥ 絜 紫 絮 紮 ⑧ 綦 緊 ⑨ 緊 ⑩ 縈 繁 ⑪ 繋 縶 繁 縻 ⑫ 繭 ⑬ 繫 繭 ⑭ 纂 ⑮ 纍 ⑱ 纛

糸 ① 糺 ② 糾 ③ 紆 紈 紀 級 糾 紅 紇 紂 約 約 ④ 紜 級 紘 紗 紙 純 紝 紐 納 納 紕 紛 紡 紋 ⑤ 絇 経 絅 絃 紘 紺 細 絁 終 終 紹 紳 紲 組 紽 紿 紬 絀 紵 紾 統 絈 絆 ⑥ 絓 絵 給 結 絢 絹 絝 絞 絳 絖 絎 絨 絍 絏 絶 絶 絰 統 絣 絡 絧 ⑦ 継 經 綗 綌 絹 綆 綉 綃 綏 綂 綈 綈 綛 絽 綛 ⑧ 維 綺 綣 綱 綵 緇 綽 綬 緒 綫 綫 綜 綻 綟 綢 綴 綯 緋 緋 綳 綿 網 網 綾 緑 線 綸 綟 練 綰 綪 ⑨ 緯 縁 縁 縕 緩 緩 緘 緇 緝 緒 緗 縄 緤 線 總 緞 緻 締 締 緲 緡 編 編 緥 緬 練 緘 ⑩ 緯 縊 縕 縑 縞 縠 縡 縒 縦 縟 縉 緻 縋 縛 縛 縫 縨 ⑪ 繈 繍 縱 縮 縅 縿 績 繊 總 繆 縹 繃 縫 縵 縷 縲 縺 ⑫ 繧 繝 繖 繞 織 織 繕 繒 繙 繚 ⑬ 繹 繪 繳 繡 繩 繰 繴 ⑭ 纆 繼 繻 繽 繿 纃 ⑮ 纈 纇 纉 纘 纎 續 纏 纇 ⑯ 纓 纜 纑 ⑰ 纓 纔 纖 ⑲ 纘 ㉑ 纜

糸 ⑦ 條 ⑨ 緜 ⑩ 縣 縢 ⑪ 繇

糸◆

5849【糸】 2769 3B65 8E85 糸－0 常1

シ㊉㊤／mì・sī／いと

筆順 糸糸糸糸糸糸

字解 糸（ベキ㊤）は、部首解説を参照。なお、常用漢字では、糸は絲の通俗体として代用する。絲は会意。糸＋糸。蚕が続いて吐き出すいとの意。拼音は、糸はmì、絲はsī。

甲骨文 金文  篆文

意味 ❶いと。きぬいと。また、いとのように細いもののたとえ。『糸帛』『絹糸』『撚糸』❷糸を張って鳴らす楽器。弦楽器。『糸竹』『弾糸（ダンシ）』❸一の一万分の一。転じて、少ない。かすか。ごくわずか。『糸毫』

❶ いと。また、いとのように細いもの。

下接 一糸（イッシ）・願糸（ガンシ）・金糸（キンシ）・菌糸（キンシ）・銀糸（ギンシ）・絹糸（ケンシ・きぬいと）・繭糸（ケンシ）・原糸（ゲンシ）・紅糸（コウシ）・蚕糸（サンシ）・青糸（セイシ）・製糸（セイシ）・単糸（タンシ）・撚糸（ネンシ）・抜糸（バッシ）・紡糸（ボウシ）・綿糸（メンシ）・遊糸（ユウシ）・柳糸（リュウシ）・練糸（レンシ）

【糸雨（シウ）】糸のように細い雨。

【糸瓜（シカ・へちま）】ウリ科のつる性一年草。

【糸事（シジ）】糸を扱う仕事。紡績や裁縫の仕事。

【糸帛（シハク）】（「帛」は絹布の意）絹糸と絹織物。

【糸髪（シハツ）】ごくわずかなことのたとえ。

【糸履（シリ）】糸（絹糸）で編んだくつ。

【糸綸（シリン）】みことのり。天子のことば。〔礼記‐緇衣〕

【糸路（シロ）】①細い道。②墨子（ボクシ）が染め方しだいで、黄にも黒にもなる練り糸を見て泣き、楊朱（ヨウシュ）が、北へも南へも行ける分かれ道を見て泣いたという故事。もとが同じであるのに末が異なるのを悲しむ意。〔淮南子‐説林訓〕

【糸偏（いとへん）】漢字の偏の一。「紅」「絹」などの「糸」の部分。

❷ 糸を張って鳴らす楽器。弦楽器。

【糸管（シカン）】弦楽器と管楽器。転じて、音楽の総称。
【糸竹（シチク・いとたけ）】弦楽器と管楽器の総称。また、それらを演奏すること。＊白居易‐琵琶行「終歳不レ聞二糸竹声一（シチクのこえをきかず）」〔＝一年中、音楽を耳にしたことがない〕
【凝二糸竹一（シチクをこらす）】音楽の妙を尽くす。＊白居易‐長恨歌「緩歌慢舞凝二糸竹一（カンカマンブシチクをこらす）」〔＝ゆるやかなテンポの歌声ともの静かな舞踊、それに合わせて管弦の妙を尽くす〕
【糸桐（シトウ）】「琴（こと）」の異称。琴の胴体は桐の木で作るところから。

❸ 少ない。かすか。ごくわずか。

【糸毫（シゴウ）】（「毫」は細い毛の意）きわめてわずかなこと。糸毫。

難読地名 糸魚川（いといがわ）市（新潟） 糸貫（いとぬき）町（岐阜） 糸満（いとまん）市（沖縄）

（5850）【絲】 6915 652F E34E 糸－6

【絲】⇨7410

糸

5851【辮】 6980 6570 E390 糸－14

ヘン㊤・ベン㊥／biàn／あむ

字解 形声。糸＋辡（ならべる）㊥。糸をならべあわせてあむ意。

意味 あむ。くむ。糸を編む。『辮髪』

【辮髪（ベンパツ）】男の結髪の一種。頭髪の周囲は剃り、中央に残った髪を編んで長く後ろに垂らしたもの。満州人の習俗で、清朝時代には中国全域に強制された。

5852
【系】 2347 374F 8C6E 糸－1 常6 ケイ漢／xì／つなぐ・つながり

筆順 系 系 系 系 系 系 系

字解 象形。物にかかり下にさがる糸のさまに象り、かける意。金文は、手でかけるさま。

金文 篆文

同属字 係・孫・緜・縣(県)

意味 かける。つなぐ。また、つながり。㋑つらなり。つづき。すじ。『系統』㋺一定のつながりで分類したときにできる一まとまり。『大系』『体系』

下接 異系(イケイ)・一系(イッケイ)・河系(カケイ)・家系(カケイ)・山系(サンケイ)・支系(シケイ)・純系(ジュンケイ)・女系(ジョケイ)・水系(スイケイ)・世系(セイケイ)・姓系(セイケイ)・宗系(ソウケイ)・男系(ダンケイ)・直系(チョッケイ)・日系(ニッケイ)・父系(フケイ)・譜系(フケイ)・傍系(ボウケイ)・母系(ボケイ)・銀河系(ギンガケイ)・太陽系(タイヨウケイ)

【系図(ケイズ)】その家の先祖から代々の系統を書き記した図表。系譜。『徳川家の系図』
【系統(ケイトウ)】①順を追って続いている、統一あるつながり。②国血筋。③国同じ方面、種類に属していること。
【系譜(ケイフ)】①血縁などのつながりを示す図表。系図。②国影響関係による物事のつながり。系統。
【系列(ケイレツ)】①系統立てられた物事や数の配列。②生産、販売、資本、人材などによる企業の結合。『系列会社』

5853
【索】 2687 3A77 8DF5 糸－4 常 シャク呉・サク漢／suǒ／なわ・さがす

筆順 索 索 索 索 索 索 索

字解 会意。もと、糸＋宀(屋内)＋廾(両手)。屋内で手でなわをなう・なわの意。また、なわをたぐり寄せるように、もとめる意をも表す。

意味 ❶なわ。大きななわ。太いなわ。つな。『索条』『鋼索』❷さがす。もとめさがす。『索引』『検索』『捜索』❸ちる。ちらす。はなればなれ。さびしいさま。

❶ なわ。つな。

下接 朽索(キュウサク)・羂索(ケンサク)・弦索(ゲンサク)・絃索(ゲンサク)・鋼索(コウサク)・縄索(ジョウサク)・脊索(セキサク)・梯索(テイサク)・鉄索(テッサク)・連索(レンサク)

【索条(サクジョウ)】細い針金をより合わせて作った綱。

【索虜(サクリョ)】中国の南北朝(三九六～五八二)のころ、南朝から北朝の魏人を軽蔑して呼んだ語。❤髪を縄で編んで後ろへ垂らす辮髪(ベンパツ)にしていたところから。

【索麺(ソウメン)】国小麦粉をこねて細く伸ばし、日に干した、ごく細いうどん状の麺。素麺。❤「サクメン」の転。

❷ さがす。もとめさがす。

下接 玩索(ガンサク)・求索(キュウサク)・検索(ケンサク)・考索(コウサク)・鉤索(コウサク)・思索(シサク)・詮索(センサク)・捜索(ソウサク|シュウサク)・探索(タンサク)・模索(モサク)

【索引(サクイン)】書中の語句や事項などを一定の順序に配列し、所在を記した表。インデックス。

【索隠(サクイン)】①隠れた理義をさがし求めること。②索引のこと。③「史記」の注釈の名。唐の司馬貞撰。

【索敵(サクテキ)】敵の所在や兵力の状況などを探り求めること。『索敵行動』

❸ ちる。はなればなれ。さびしいさま。

【索索(サクサク)】①もの寂しいさま。＊白居易‐琵琶行「楓葉荻花秋索索(フウヨウテキカあきサクサク)〔＝楓の葉は黄ばみ、荻の花は白く咲きこぼれ、秋の景色はもの寂しい〕」②心の安んじないさま。③風や琴などの音のひびくさま。

【索然(サクゼン)】ちりぢりになるさま。空虚なさま。趣がないさま。

【索莫・索漠・索寞(サクバク)】①荒涼として、気のめいるようなさま。②うらぶれたこと。元気のないこと。＊柳宗元‐南澗中題「索莫竟何事(サクバクついになにごとぞ)〔＝このうらぶれはてた身は、いったい何をしたらよいというのか〕」

5854
【紮】 ―― 糸－4 サツ「紮」(5857)の異体字

5855
【素】 3339 4147 9166 糸－4 常5 ス呉・ソ呉漢／sù／き・さ・しら・しろ・す・もと

筆順 素 素 素 素 素 素 素 素 素 素

字解 形声。糸＋昔(＝糸省)省声。繭からとり出したばかりの白糸から、もと・しろいいとの意。

金文 篆文

同属字 嗉

参考 万葉仮名では音を借りて「す」「そ甲」。

意味 ❶しろぎぬ。織ったままの絹。また、しろ。白い。『素衣』『緇素(シソ)』❷生地のまま。ありのまま。㋑持って生まれたまま。手を加えていない。まこと。『素質』㋺かざりけがない。そまつな。簡単な。『素描』『簡素』㋩むなしい。位がない。実質が伴わない。『素王』『素餐(ソサン)』❸もと。はじめ。もとになるもの。㋑根本をなすもの。本来のもの。『素因』『素子』㋺化学で「元素」の名に付ける語。『酸素』『水素』『炭素』❹もとより。以前から。つねづね。『素懐』『素行』『平素』＊史記‐廉頗藺相如伝「相如素賤人(ショウジョはもとセンジンなり)〔＝藺相如はもともと卑賤の出である〕」❺その他。㋑国す。すっ。下に付く語の程度のはなはだしいさまを表す。「素早い」「素っ頓狂(トンキョウ)」。㋺あて字、熟字訓など。『素麺(ソウメン)』『素人(しろうと)』㋩書名。『素問』

❶ しろぎぬ。織ったままの絹。また、白い。

下接 絵素(カイソ)・紈素(ガンソ)・絹素(ケンソ)・後素(コウソ)・縞素(コウソ)・左素(サソ)・緇素(シソ)・細素(ショウソ)・尺素(セキソ)・竹素(チクソ)・鯉素(リソ)

【素衣(ソイ)】色も模様もない白い衣服。

【素娥・素鵝(ソガ)】月の宮に住むという伝説上の仙女。転じて、月の異称。姮娥(コウガ)。❤色が白いことからいう。

【素気(ソキ)】秋のけはい。秋気。❤五行説で秋に白を配するところから。→❺(げす)

【素馨(ソケイ)】モクセイ科の常緑低木。夏、枝先に白色の花を数個ずつつけ、夜間に開く。花は芳香があり香油をとる。ジャスミン。

【素月(ソゲツ)】①白く光のさえた月。②陰暦八月の異称。

【素絹(ソケン)】綾(あや)や紋のない生絹(すずし)の類。

【素光(ソコウ)】白い光。月などの光にいう。

【素紗・素沙(ソサ|ソシャ)】白い薄ぎぬ。

【素車白馬(ソシャハクバ)】白木の車と白い馬。葬式など凶事に用いる。〔史記‐高祖本紀〕

【素手(ソシュ)】白い手。美人の手をいう。＊文選‐古詩十九首「繊繊擢二素手一(センセンとしてソシュをあぐ)〔＝ほっそりとした白い手をさしだす〕」

【素秋(ソシュウ)】秋の異称。❤五行説で、秋に五色の白を配するところからいう。

【素書(ソショ)】手紙。❤昔、白絹に書いたところから。

【素節(ソセツ)】①(「素」は白で、秋のこと)秋の季節。②

清らかな心。いさぎよい操。→❹

【素波(ソハ)】白い波。しらなみ。

【素服(ソフク)】染めない素地のままの衣服。また、儀礼用でない、普通の衣服。

【素練(ソレン)】白い練絹(ねりぎぬ)。

❷ 生地のまま。ありのまま。そまつな。

下接 寒素(カンソ)・閑素(カンソ)・簡素(カンソ)・倹素(ケンソ)・質素(シッソ)・情素(ジョウソ)・清素(セイソ)・貧素(ヒンソ)・朴素(ボクソ)

【素性・素姓・素生(スジョウ)】国①人の生育した境遇。育ち。『氏素姓』②由緒(ユイショ)。伝来。♥「種姓」が本来の形とされる。

【素謁(ソエツ)】清貧な人々が会合して語り合うこと。または、その知らせ。

【素王(ソオウ)】王の位や財産はないが人格そのものが王者の器をもつ人。儒家では孔子、道家では老子をいう。

【素官(ソカン)】地位の低い官職。

【素顔(ソガン｜すがお)】化粧しない顔。また、髯(ひげ)のない顔。

【素琴(ソキン)】胴に装飾、上塗りがほどこされていない木地のままの琴。

【素材(ソザイ)】①手を加える前のもととなる材料。原料。②芸術作品の主題となる材料。③原木(ゲンボク)。白木(しらき)。

【素餐・素飡(ソサン)】功労や才能がないのに、いたずらに禄を受けること。尸位(シイ)素餐。〔詩経-魏風・伐檀〕

【素士(ソシ)】官職についていない人。

【素地(ソジ｜きジ)】㊀(ソジ)手を加える前の物事の基礎。土台。㊁(きジ)①自然のままの性質。②織物の地質。
♥㊁は、ふつう「生地」と書く。

【素質(ソシツ)】生まれつき備えている性質。また、将来発展するもととなる性質や能力。

【素情(ソジョウ)】汚れのないありのままの気持ち。→❹

【素食(ソショク)】①何の働きもなくて食うこと。②ぜいたくでない質素な食物。また、菜食のこと。

【素心(ソシン)】純粋で汚れていない人間本来の心。→❹

【素族(ソゾク)】身分の低い家がら。平民。

【素読(ソドク)】国漢籍などの教授で、意味に立ち入らずに、文字づらを声を出して追うこと。すよみ。『論語の素読』

【素描(ソビョウ)】木炭・鉛筆などを用い、対象をあらく描く画法。また、その画法で描かれた絵画。デッサン。

【素封(ソホウ)】位や領地がなくても諸侯に等しい富を持っていること。大きな資産を持っている人。財産家。〔史記-貨殖伝〕『素封家』

【素朴・素樸(ソボク)】①あまり手を加えられないで、自然に近い姿や味わいのさま。②性質、言動、表現などが、ありのままで飾りけのないこと。質朴。

【素本(ソホン｜スホン)】国本文だけで、注釈などを加えてない本。漢文の白文の本など、訓点、送り仮名などのつけてない本など。

【素門(ソモン)】身分の低い家がら。素流。

【素肌(すはだ)】何もつけない肌。

❸ もと。はじめ。もとになるもの。

下接 絵素(エソ)・塩素(エンソ)・音素(オンソ)・画素(ガソ)・珪素(ケイソ)・硅素(ケイソ)・元素(ゲンソ)・酵素(コウソ)・酸素(サンソ)・色素(シキソ)・臭素(シュウソ)・水素(スイソ)・炭素(タンソ)・窒素(チッソ)・毒素(ドクソ)・尿素(ニョウソ)・砒素(ヒソ)・弗素(フッソ)・硼素(ホウソ)・沃素(ヨウソ)・要素(ヨウソ)

【素案(ソアン)】原案より前の、大もとになる考え。

【素因(ソイン)】①根本的な原因。もと。②ある病気に対してかかりやすい性状。

【素数(ソスウ)】1より大きい整数で、1とその数自身以外に約数をもたないもの。2、3、5、7、11など。

❹ もとより。以前から。つねづね。

【素意(ソイ)】かねてからの願い。『素意を達す』

【素懐(ソカイ)】以前からの願い。特に、出家しようとするかねてからの願い。『素懐をとげる』

【素願(ソガン)】平素からの願い。素懐。

【素交(ソコウ)】日ごろの交際。

【素行(ソコウ)】平素の行状。平生の品行。『素行調査』

【素志(ソシ)】平素の志。平生から思い続けていた志。宿志。

【素情(ソジョウ)】平素からの感情。→❷

【素心(ソシン)】平生心にいだいている考え。素志。→❷

【素節(ソセツ)】平素の行い。→❶

【素望(ソボウ｜ソモウ)】平素の望み。宿願。

【素養(ソヨウ)】平素から養いたくわえている教養や技術。

❺ その他。あて字、熟字訓、書名など。

【素麺(ソウメン)】国小麦粉をこねて細く引き伸ばし、日に干したごく細いうどん状の麺。索麺(ソウメン)。

【素問(ソモン)】中国最古の医書。二四巻。秦・漢のころの人が黄帝に名を借りて撰したと伝えられる。陰陽五行・鍼灸・脈などについて、黄帝とその臣の名医岐伯との問答体で書かれている。

【素人(しろうと)】技芸などに熟達していない人。また、そのことを職業・専門としていない人。↕玄人(くろうと)

【素気(すげ｜すけ｜そっけ)】面白み。あいそ。『素気ない』→❶(ソキ)

【素的・素敵(すテキ)】非常にすぐれているさま。素晴らしいさま。♥「すばらしい」の「す」に「テキ(的)」の付いたものという。

5856 【紊】 6904 6524 E343 糸－4 ブン㊥・ビン慣/wěn/みだす・みだれる

字解 形声。糸＋文(模様)㊥。模様がいりみだれている、みだれる意。

意味 みだれる。みだす。

【紊乱(ビンラン｜ブンラン)】道徳、秩序などを乱すこと。乱れること。『風俗紊乱』

5857 【紮】 6907 6527 E346 糸－5 (5854)【紥】 糸－4 サツ㊥/zhā・zā/からげる・しばる

字解 形声。糸＋札㊥。

意味 ❶たばねる。からげる。しばる。『結紮(ケッサツ)』❷とどまる。駐屯(チュウトン)する。

5858 【累】 4663 4E5F 97DD 糸－5 常 (5876)【纍】* 5268 糸－15 (5862)【絫】 糸－6 ルイ㊥㊥/lěi・lěi・lèi/かさねる・かさなる・かさね・しきりに

筆順 累 累 累 累 累 累

字解 累は纍の通俗体。纍は形声。糸＋畾(かさなり、からみあう)㊥。糸をつなぐ意。

同属字 瘰・縲・螺・騾

意味 ❶つなぐ。しばる。とらえる。「縲」に同じ。『累囚』❷かさねる。かさなる。また、かさねて。しだいに。しきりに。『累計』『累積』❸かかわり合いになる。足手まとい。また、わずらい。心配。苦労。『累を及ぼす』『係累』＊荘子-至楽「皆生人之累也(みなセイジンのルイなり)〔=皆生きている人間のわずらいである〕」

竹米糸缶网(罒・冂・㓁)羊羽(⺷)老(耂)而耒耳聿肉(月)
6画
臣自至臼(臼)舌舛(舛)舟艮色艸(艹・艹・艹)虍虫血行衣(衤)襾(覀・西)

❶ つなぐ。しばる。とらえる。

【累囚ルイシュウ】捕らえられた人。めしうど。

【累紲ルイセツ】(「紲」はつなぐ意) 縄目にかかること。罪人として捕縛されること。また、罪人を縛る縄。縲紲。

【累息ルイソク】①息をころすこと。②ため息をつくこと。♥息をつなぎ止めておく意から。

❷ かさねる。かさねて。しきりに。

[下接] 積累セキルイ・層累ソウルイ・積徳累善セキトクルイゼン

【累加ルイカ】重なり加わること。また、重ね加えること。

【累計ルイケイ】小計した数に更に次第に数を加えること。また、それらの合計数。累算。

【累月ルイゲツ】数か月にわたること。

【累減ルイゲン】順次に減らすこと。また、減ること。

【累算ルイサン】＝累計ルイケイ

【累次ルイジ】重なり続くこと。しばしばあること。たびたび。「累次にわたる災難」

【累時ルイジ】しばしば。時を重ねて。

【累日ルイジツ】幾日も続くこと。積日。連日。

【累乗ルイジョウ】ある数を次々と何回か掛けること。

【累進ルイシン】①地位などがだんだんと上がっていくこと。②[国] 数量や価格が増加するにつれて、それに対する割合も増加すること。「累進課税」

【累世ルイセイ】何代にもわたって長期間。＊史記-伯夷伝「富厚累世不ㇾ絶フコウルイセイにしてたえず〔＝金や財産をたくさん持ち、何代にもわたってその家柄が絶えない〕」

【累積ルイセキ】上へ上へ重なりつもること。また、次々と積み重ねること。「累積赤字」

【累遷ルイセン】官職がどんどん進みのぼること。累進。

【累増ルイゾウ】しだいにふやすこと。しだいにふえること。

【累代ルイダイ】代を重ねること。代々。累世。「累代の墓」

【累土ルイド】土を積み重ねること。また、積み重ねた土。

【累徳ルイトク】①徳を積み重ねること。重ねた徳行。積徳。②徳の妨げになるもの。善行の邪魔となるもの。悪行。

【累年ルイネン】年を重ねること。また、長い年月。

【累犯ルイハン】重ねて罪を犯すこと。「累犯加重」

【累卵ルイラン】卵を積み重ねること。きわめて不安定で危険な状態のたとえ。累卵の危うき。〔戦国策-秦〕

【累累ルイルイ】重なりあうさま。また、つらなり続くさま。「累々たる死屍シシ」

❸ かかわり合いになる。足手まとい。

[下接] 家累カルイ・係累ケイルイ・繋累ケイルイ・擾累ジョウルイ・塵累ジンルイ・世累セイルイ・俗累ゾクルイ・煩累ハンルイ・物累ブツルイ・連累レンルイ

【累重ルイチョウ】妻や子など、足手まといになるもの。

【挈ㇾ累ルイをたずさう】妻や子など、足手まといになるものを連れること。

5859 【絜】 ＊5172 糸-6 ケツ[漢]・ケイ[漢]/jié・xié/くくる

[字解] 形声。糸(麻いと)＋㓞(きざむ)[声]。麻糸でくくり一束としたものをきちんと切りととのえる意。

[同属字] 潔(潔)

[意味] ❶くくる。たばねる。❷ととのえる。ととのえ、はかる。また、推しはかる。❸きよい。「潔」に同じ。

【絜矩之道ケックのみち】(「矩」はさしがねの意) 自分の心をものさしにして、他人の心をおしはかること。思いやり。〔大学〕

5860 【紫】 2771 3B67 8E87 糸-6 [常] シ[呉][漢]/zǐ/むらさき

[筆順] 紫紫紫紫紫紫

[字解] 形声。糸＋此[声]。

[参考] 万葉仮名では音を借りて「し」。

[意味] ❶むらさき。赤と青をあわせた色。「紫雲」「紅紫コウシ」❷神仙の色。帝や仙人についていう。「紫宸殿」「紫微垣」「紫禁」❸[国] 平安時代の女流物語作者、紫式部のこと。「紫史」「紫文」❹あて字、熟字訓、植物名など。「紫陽花あじさい」「紫雲英げんげ」「紫蘇シソ」

❶ むらさき。

[下接] 亀紫キシ・九紫キュウシ・金紫キンシ・紅紫コウシ・青紫セイシ・山紫水明サンシスイメイ・千紫万紅センシバンコウ

【紫雲シウン】めでたいしるしとされる、むらさき色の雲。

【紫衣シエ・シイ】むらさき色の僧衣。♥古くは勅許によって着用が許された。

【紫煙・紫烟シエン】①むらさき色の煙。むらさき色のもや。②[国] タバコの煙をいう。

【紫霞シカ】仙宮にたなびくむらさき色のかすみ。転じて、仙人の住む宮殿をいう。

【紫蓋シガイ】むらさき色のきぬがさ。特に、山の様子のたとえ。

【紫閣シカク】①むらさき色の御殿。美しい宮殿。②神仙のいるところ。また、隠者のすまい。

【紫気シキ】大気などが、むらさき色に見えるもの。

【紫毫シゴウ】兎うさぎの毛のむらさき色のもの。特に、その毛で作った筆をさしていう。

【紫根シコン】①むらさき色の染料に用いるムラサキソウの根。②①で染めた色。また、そのようなむらさき色。

【紫紺シコン】むらさきがかった紺色。「紫紺の優勝旗」

【紫霄シショウ】大空。天上。転じて、王宮。♥太陽や月の光によってむらさき色に染まるところから。

【紫石シセキ】①紫水晶のこと。②すずりの別名。

【紫髯緑眼シゼンリョクガン】赤むらさき色のひげと青い目。西域の異民族をいう。

【紫泥シデイ】むらさき色の印泥。天子が詔書を封じるのに用いた。

【紫電シデン】①むらさき色をした電光。「紫電一閃イッセン」②とぎすました刃などの鋭い光。

【紫瘢シハン】傷が治ったあと残るむらさき色の痕あと。

【紫騮シリュウ】赤栗毛の馬。すぐれた馬という。

【紫奪ㇾ朱むらさきシュをうばう】間色のむらさきが正色の朱より重んじられること。転じて、小人が君子よりも重用されること。〔論語-陽貨〕

❷ 帝や仙人についていう。

【紫宮シキュウ】＝紫微垣シビエン

【紫極シキョク】天子の居所。♥天帝のいる所といわれる紫微垣シビエンから。

【紫禁シキン】(禁は天子の居所) 王宮、宮城の異称。

【紫禁城シキンジョウ】①中国の北京にある明・清代の宮城。②中国、明初、南京に洪武帝が築いた宮城。

【紫宸シシン】(「宸」は天子の居所の意) 天子の御殿。

【紫宸殿シシンデン・シシイデン】[国] 内裏ダイリの正殿。昔、朝賀・節会セチエなどの公式の儀式を行った。南殿。

【紫台シダイ】仙人の住む所。または天子の居所。

【紫闥シタツ】(「闥」は宮中の小門の意) 宮中の門。また転じて、宮中をいう。

【紫庭シテイ】宮中の庭。また、宮中。

【紫陌シハク】都の道路。◆「陌」は道の意。天帝は紫微星にいるとされ、天子の宮殿をそれになぞらえるところから。

【紫微垣シビエン】古代中国の天文学で、天を三垣エン、二十八宿に分けた三垣の一。天帝の住居であるといわれ、転じて、天子・天位・宮廷などにたとえる。紫微宮。紫宮。

【紫微宮シビキュウ】＝紫微垣シビエン
❸（日本語で）紫式部のこと。
【紫氏シシ】国紫式部をいう。紫女シジョ。

【紫史シシ】国「源氏物語」の異称。
❹あて字、熟字訓、植物名など。
【紫雲英シウンエイ—げんげ】レンゲの異名。翹揺ゲンゲ。

【紫苑シオン・紫菀シオン】キク科の多年草。秋、淡紫色の小さな花を多数つける。

【紫蘇シソ】シソ科の一年草。全体に芳香があり、食用。

【紫檀シタン】マメ科の常緑高木。建築・家具・器具材。

【紫竹シチク】ハチクの栽培品種クロチクの色素がやや薄いもの。

【紫薇シビ】サルスベリ（猿滑）の漢名。

【紫陽花カショウ—あじさい】ユキノシタ科の落葉低木。開花後、花弁状のがく片の色が変化する。てまりばな。

【紫蘭シラン】ラン科の多年草。初夏、紅紫色、まれには白色の花が咲く。根は、薬用にする。

難読地名 紫波しわ郡・町（岩手）

5861【絮】6917 6531 E350 糸－6 ショ漢・チョ漢・ジョ（ヂョ）漢 \xù·qù\ わた・くどい
字解 形声。糸＋如（→女、しなやかでやわらかい）声。しなやかで柔らかいわたの意。
意味 ❶わた。まわた。㋑やわらかいわた。ふるわた。『絮衣』『軽絮ケイジョ』『敗絮ハイジョ』㋺やなぎの種子のわた毛や雪片のたとえにも使う。『飛絮ヒジョ』『柳絮リュウジョ』『蘆絮ロジョ』❷くりかえして。くどい。くだくだしい。『絮絮』『絮説』『絮煩』
❶わた。まわた。
【絮衣ジョイ】わたいれの着物。

【絮纊ジョコウ】（「纊」も、わたの意）わた。
❷くりかえして。くどい。
【絮絮ジョジョ】長く続いて絶えないさま。

【絮説ジョセツ】くどくどと説くこと。

【絮煩ジョハン】くだくだしいこと。くどくて、わずらわしいこと。

5862【絫】ー 糸－6 ルイ「累」（5858）の異体字

5863【綦】＊5202 糸－8 キ漢 \qí\ きぬ・あやぎぬ
字解 形声。糸＋其声。綨の或体。そのあおさがよもぎのようである色（青いが黒に近い）のきぬおりもの。古くは未婚の女性がきるもの。
篆文  綨の重文 
意味 ❶あやぎぬ。美しい模様の絹。『綦綺』❷もえぎ色。『綦巾』❸もと。もとい。「基」に同じ。❹くつのひも。❺きわまる。きわめる。きわめて。「極」に同じ。
【綦綺キキ】（「綺」もあやぎぬの意）美しい模様のある絹織物。
【綦巾キキン】もえぎ色の服。中国で昔、未婚女性が着た。

5864【綮】6927 653B E35A 糸－8 ケイ漢 \qǐ·qìng\
字解 形声。糸＋啓省声。
意味 ❶ほこのさや。❷筋肉と骨との結合するところ。『肯綮コウケイ』

5865【緊】2259 365B 8BD9 糸－9 常 キン呉漢 \jǐn\ しまる・しめる
筆順 
字解 形声。糸＋臤（かたい）声。糸できつくしめる意。
意味 ❶きつくしめる。ひきしまる。ちぢむ。ちぢまる。『緊縮』『緊密』❷さしせまる。きびしい。『緊急』『緊迫』『喫緊キッキン』
❶きつくしめる。ひきしまる。ちぢむ。
【緊褌キンコン】褌ふんどしをきつく締めること。『緊褌一番〔＝日本語で、心を引き締めて事に臨もうとすること〕』
【緊縮キンシュク】固く引き締めること。引き締まること。
【緊切キンセツ】ぴったり付くこと。→❷
【緊張キンチョウ】ゆるみなく引き締まること。→❷
【緊縛キンバク】かたくしばること。
【緊密キンミツ】物事の関係が密接なこと。
❷さしせまる。きびしい。
【緊急キンキュウ】事が重大で、急ぐ必要のあること。
【緊切キンセツ】差し迫って大切なこと。『緊切な用件』→❶
【緊張キンチョウ】差し迫った状況。両者の間柄が悪くなり、今にも争いが起こりそうな状態。『緊張緩和』→❶
【緊迫キンパク】情勢が緊張し、切迫すること。
【緊要キンヨウ】きわめて重要なこと。肝心なさま。肝要。

5866【縈】＊5231 糸－10 エイ漢 \yíng\ めぐる
字解 形声。糸＋熒（かがり火をめぐらす）省声。糸をめぐらす、からむ意。
金文  篆文 
意味 めぐる。周囲をぐるりとめぐる。とりまく。
【縈紆エイウ】ぐるぐるめぐること。からみつくこと。
＊白居易－長恨歌「雲桟縈紆ウンサンエイウ登二剣閣一ケンカクにのぼる〔＝雲のかけ橋をめぐりめぐって剣閣の難所を登る〕」
【縈回エイカイ】①ぐるぐるめぐること。②とりまくこと。

【縈青繚白エイセイリョウハク】まわりを緑の山に囲まれ、清らかに川の水がめぐり流れているさま。

【縈帯エイタイ】①身につけている帯。②とりまくこと。

5867【繁】4043 484B 94C9 糸－10 常 ハン漢 \fán·pán\ しげる・しげし・しげ・しじ
（5870）【繁】ー 糸－11 旧字 人
筆順 
字解 形声。攴＋緐声。もと緐で、会意。糸（かざりのひも）＋毎（髪かざりをつけた女）。馬のたてがみのかざりの意。
意味 ❶しげる。草木が生い茂る。生物がふえていく。転じて、さかんになる。↔簡。『繁栄』『繁茂』❷しげし。

竹米糸缶网（罒・⺳・⺲）羊羽（羽）老（耂）而耒耳聿肉（月） 6画 臣自至臼（臼）舌舛（舛）舟艮色艸（艹・艹・艹）虍虫血行衣（衤）襾（西・覀）

㋑回数が多い。『繁繁』『浩繁コウハン』『頻繁ヒンパン』 ㋺わずらわしい。くだくだしい。うるさいほど多い。「煩」に同じ。『繁文縟礼』『労繁ロウハン』 ㋩忙しい。『繁忙』『繁劇』
❸熟字訓。『繁吹』『繁縷』

❶ しげる。ふえる。さかんになる。

【繁陰ハンイン】 生い茂った木のかげ。
【繁栄ハンエイ】 栄えること。『繁栄する国家』
【繁衍ハンエン】 茂りはびこること。繁殖すること。蕃衍。
【繁華ハンカ】 人が多くにぎわうこと。『繁華街』【繁華子ハンカシ】 容姿や生活がはなやかな人。
【繁盛・繁昌ハンジョウ】 にぎわい栄えること。『商売繁盛』
【繁殖ハンショク】 生物が生まれてふえてゆくこと。生殖によって個体がふえること。❤書き換え「蕃殖→繁殖」。
【繁蕪ハンブ】 雑草などが生い茂ること。繁茂。→❷
【繁茂ハンモ】 草木が盛んに生い茂ること。

❷ しげし。回数が多い。わずらわしい。

【繁苛ハンカ】 法律や規律がきびしくわずらわしいこと。
【繁簡ハンカン】 繁雑と簡略。『繁簡宜よろしきを得ず』
【繁劇ハンゲキ】 非常に忙しいこと。『繁劇な任務』
【繁細ハンサイ】 わずらわしくこまごましていること。繁砕。
【繁雑ハンザツ】 ごたごたと入りまじること。転じて、わずらわしいこと。煩雑ハンザツ。
【繁縟ハンジョク】 「繁文縟礼ハンブンジョクレイ」の略。
【繁説ハンセツ】 くどくどと述べること。
【繁霜ハンソウ】 ①たくさん降りた霜。厳霜。②まっ白な髪のたとえ。＊杜甫-登高「艱難苦恨繁霜鬢カンナンはなはだうらむハンソウのビン〔=あいつぐ難儀のためにびんの毛が霜のようにすっかり白くなったことがとてもうらめしく思われる〕」
【繁多ハンタ】 ①物事がごたごた多く、わずらわしいこと。②用事が多くて忙しいこと。煩多ハンタ。『御用繁多』
【繁体字ハンタイジ】 中華人民共和国の文字改革で、簡略化された漢字のもとの字体の漢字。↔簡体字
【繁蕪ハンブ】 繁雑なこと。また、文章がくだくだしいこと。→❶
【繁文ハンブン】 ①ごてごてとうるさい飾り。②こまごまとしてわずらわしいこと。【繁文縟礼ハンブンジョクレイ】 こまごまとしてわずらわしい規則や礼儀作法。虚礼。
【繁忙ハンボウ】 用事が多くて忙しいこと。
【繁用ハンヨウ】 ①しげく用いること。②用事の多いこと。忙しいこと。
【繁乱ハンラン】 多くのものが乱れ入りまじること。
【繁礼ハンレイ】 わずらわしい儀礼。
【繁露ハンロ】 ①しげく置く露。多くの露。②玉をつづった飾り。

❸ 熟字訓。

【繁吹しぶき】 こまかく飛び散る水滴。飛沫。
【繁縷はこべ】 ナデシコ科の越年草。早春、白い小さな花が多数開く。春の七草の一。はこべら。

5868 【繫】 2350 3752 8C71 糸-11 ケイ 「繫」(5873)の異体字

5869 【縶】 ＊5245 糸-11 チュウ(チフ)㊊\zhí\しばる
字解 形声。糸＋執(とらえる)㊫。ひもでとらえる、しばる、またそのものの意。

5870 【繁】 ―― 糸-11 ハン 「繁」(5867)の旧字

5871 【縻】 6959 655B E37A 糸-11 ビ㊊\mí\はなづな
字解 形声。糸＋麻(あさ)㊫。牛などをつなぐ、丈夫なつなの意。
参考 万葉仮名では音を借りて「ば」「び(乙)」。
意味 つな。きずな。『羈縻キビ』

5872 【繭】 4390 4B7A 969A 糸-12 常 (5874)【繭】 ―― 糸-13 旧字
ケン㊊\jiǎn\まゆ・まよ
筆順 繭 繭 繭 繭 繭 繭
字解 会意。糸＋虫＋芇。蚕が糸を吐いてつくる、まゆの意。芇については、よくわからない。
意味 まゆ。まゆから取った絹糸。『繭糸』『糸繭シケン』
【繭糸ケンシ】 繭と糸。また、繭からとった糸。
【繭紬ケンチュウ】 やままゆの糸で織った織物。淡褐色を帯びて節がある。絹紬ケンチュウ。
【繭栗ケンリツ】 子牛の異称。❤生まれたての子牛の角が、繭や栗の形に似ていることから。

5873 【繫】 ＊5258 糸-13 (5868)【繫】 2350 3752 8C71 糸-11 †
ケ㊒・ケイ㊊\jì·xì\つなぐ・つながる・つなげる・つなぎ・かける・かかる
字解 形声。糸＋毄㊫。つなぐ意。一説に、毄は車同士がつながるようにぶつかる意であるともいう。
参考 熟語については「係」(265)をも見よ。
意味 つなぐ。つらねる。つながる。また、かける。かかる。かかわる。「係」に同じ。『繫争ケイソウ』『繫留ケイリュウ』
下接 械繫カイケイ・拘繫コウケイ・収繫シュウケイ・囚繫シュウケイ・連繫レンケイ
【繫獄ケイゴク】 牢獄につなぐこと。また、つながれること。
【繫辞ケイジ】 ①(ラテン copula の訳語) 論理学、言語学の用語。命題の主辞と賓辞とを連結して否定または肯定を表す語。「吾輩わがハイは猫である」の「である」の類。連辞。②「繫辞伝」の略。中国の易書。易経の十翼の一。撰者未詳。孔子の作と伝えるが、宋の欧陽脩により否定されている。文王の易の言葉をつなぎあわせて解説したもの。
【繫囚ケイシュウ】 牢獄につながれること。
【繫泊ケイハク】 艦船をつなぎとめること。
【繫縛ケイバク|ケバク】 ①つなぎしばること。また、そのためのもの。ほだし。『繫縛を解く』②(ケバク) 仏語。迷いの世界につなぎとめて、逃れさせないこと。煩悩ボンノウによってしばられること。

5874 【繭】 ―― 糸-13 ケン 「繭」(5872)の旧字

5875 【纂】 2728 3B3C 8E5B 糸-14 サン㊊\zuǎn\あむ・あつめる
字解 形声。糸＋算(そろえる)㊫。書物などをあむ意。
意味 あつめる。あつめまとめる。
下接 雑纂ザッサン・参纂サンサン・編纂ヘンサン・論纂ロンサン ⇓表

纂サン	集シュウ
纂集	
あつめて順序をつける。	よせあつめる。
纂録 纂述 纂修 編纂 論纂 雑纂	集録 集解 集成 編集 論集 雑集

【纂修(サンシュウ)】①材料を集めて書物をつくること。編纂。②ととのえ修めること。

【纂輯(サンシュウ)】資料を集めて書物を作ること。編集。

【纂述(サンジュツ)】資料を集めて著述すること。

【纂録(サンロク)】集めて書きしるすこと。また、そのもの。

5876【纍】＊5268 糸-15 ルイ 「累」(5858)の異体字

5877【纛】6991 657B E39B 糸-18 トウ(タウ)㊥・トク㊥・ドク㊥/dào・dú/おにがしら
字解 形声。縣＋毒㊤。
意味 はた。さおの先に旄牛(ボウギュウ)(からうし)の尾やキジの羽根をつるし飾った旗。おにがしら。㋑葬式で、棺を引く人の指揮に用いる旗。㋺舞踊に用いる旗。㋩軍旗や天子の馬車の飾りに立てる旗。『牙纛(ガトウ)』『左纛(サトウ)』

糸

5878【糺】6893 647D E2FB 糸-1 キュウ 「糾」(5884)の異体字

5879【糾】— — — 糸-2 キュウ 「糾」(5884)の旧字

5880【紆】6894 647E E2FC 糸-3 ウ㊥/yū/まがる・まげる・めぐる
字解 形声。糸＋于(まがる)㊤。まがる意。

参考 万葉仮名では音を借りて「う」。

意味 まがる。まげる。㋑川や道などがまがりくねって続く。めぐりまわる。「迂」に同じ。『紆余曲折』『紆回』『盤紆(バンウ)』㋺まつわる。からまる。まとう。『紆徐』㋩気がふさぐ。心がむすぼれる。『紆鬱』

【紆鬱(ウウツ)】①山道などが曲がりくねって奥深いさま。②気持ちがふさぐこと。

【紆回(ウカイ)】まわり道をすること。迂回(ウカイ)。

【紆曲(ウキョク)】うねり曲がること。また、遠回りすること。

【紆徐(ウジョ)】①ゆっくり歩むこと。②だらりと垂れ下がるさま。

【紆軫(ウシン)】①地形が曲がりくねったさま。②(「軫」はいたむ意)気がふさぎ胸がいたむこと。


【紆余(ウヨ)】①うねり曲がること。②余裕があって、のびのびしていること。③「紆余曲折(ウヨキョクセツ)」の意。【紆余曲折(ウヨキョクセツ)】道などが曲がりくねっていること。転じて、事情が込み入っていて、いろいろと変化すること。『紆余曲折を経る』

5881【紈】＊5145 糸-3 カン(クヮン)㊥・ガン(グヮン)㊥/wán
字解 形声。糸＋丸(まるい)㊤。まるみがあり、なめらかな糸の意。

意味 しろぎぬ。白い練り絹。

【紈綺(ガンキ)】しろぎぬとあやぎぬ。転じて、美しい衣服。貴人の服装。

【紈袴(ガンコ)】①白の練り絹で作った袴(はかま)。昔、中国で貴族の子弟が用いた。②転じて、貴族の子弟。特に、柔弱な貴族の子弟。紈袴子。紈袴公子。

【紈扇(ガンセン)】白い練り絹を張ったうちわ。

【紈素(ガンソ)】白く美しい光沢のある練り絹。

5882【紀】2110 352A 8B49 糸-3 常4 キ㊥㊥/jì/のり・おさめる・とし・しるす
筆順 紀 紀 紀 紀 紀 紀 紀
字解 形声。糸＋己(糸まきの糸のはじめが目立つさま)㊤。いとのはじめをはっきりさせる意。派生して、のり・おさめる意を表す。のちに糸を加えた。
金文

篆文

参考 万葉仮名では音を借りて「き㋚」。
意味 ❶のり。きまり。筋道。また、おさめる。物事のはじめを定め、秩序を正す。『紀律』『軍紀』『校紀』『風紀』❷とし。歳月。年代。㋑十二支のひとめぐり一二年間のこと。㋺道家で、一九年を章、四章を蔀(ホウ)、二〇蔀を紀とする。すなわち、一紀は一五二〇年。㋩百年間。『世紀』㊁地質学で、地質時代の区分の一。代を細分したもの。『ジュラ紀』❸しるす。記録する。筋道を立てて書きしるす。『紀行』『紀要』『実紀』⇒〔記〕(7431)の表 ❹国「日本書紀」の略。『記紀』❺国「紀伊国(きいのくに)」の略。南海道の一国。現在の和歌山県、および三重県の南部にあたる。『紀州』『紀勢(キセイ)本線』❻人名。『紀淑望(きのよしもち)』『紀昀(キイン)』

❶のり。きまり。
下接 官紀(カンキ)・軍紀(グンキ)・経紀(ケイキ)・校紀(コウキ)・綱紀(コウキ)・国紀(コッキ)・帝紀(テイキ)・天紀(テンキ)・党紀(トウキ)・統紀(トウキ)・風紀(フウキ)・本紀(ホンギ)・倫紀(リンキ)
【紀綱(キコウ)】①政治を行う上で、根本となる重要な制度や規則。制度典章。綱紀。法度。②国を治めること。取り締まること。
【紀律(キリツ)】人の行為の規準になるもの。おきて。また、一定の秩序。規律。

❷とし。年代。
下接 皇紀(コウキ)・世紀(セイキ)・西紀(セイキ)・喪紀(ソウキ)・芳紀(ホウキ)
【紀元(キゲン)】歴史上の年数を数えるときの基準。また、基準となる最初の年。
【紀年(キネン)】紀元から数えた年数。

❸しるす。記録する。
下接 国紀(コッキ)・実紀(ジッキ)・帝紀(テイキ)・年紀(ネンキ)・本紀(ホンギ)
【紀行(キコウ)】旅行の見聞、印象などを書きつづったもの。
【紀事(キジ)】事実の経過を書くこと。また、その文章。記事。【紀事本末体(キジホンマツタイ)】歴史記述の一体裁。人物の伝記、または年代の順序によらないで、一事件ごとにその本末を書き集めるもの。紀事本末。
【紀伝(キデン)】①人物の伝記を記録すること。記伝。②「紀伝体」の略。【紀伝体(キデンタイ)】歴史書記述の一体裁。個人の伝記を重ねて、一代の歴史を構成するもの。↓編年体
【紀念(キネン)】後日の思い出として心にしるし、残しておくこと。記念。
【紀要(キヨウ)】国大学や研究所などから出す研究論文を収載した刊行物。

❻人名。
【紀昀(キイン)】中国、清代の学者。乾隆帝の命によって「四庫全書」の編纂に中心的役割を果たした。(一七二四～一八〇五)
【紀淑望(きのよしもち)】平安前期の漢学者・歌人。古今集の漢文の序の筆者とされる。(?～九一九)
難読姓氏 紀陸(きろく)

竹米糸缶网(⺳・罒・罓)羊羽(羽)老(耂)而耒耳聿肉(月) 6画 臣自至臼(臼)舌舛(舛)舟艮色艸(⺿・艹・艹)虍虫血行衣(衤)襾(覀・西)

5883 【級】 2173 3569 8B89 糸－3 常3 (5891)〔級〕 糸－4 旧字

キュウ(キフ)㊉㊉/jí/しな・きざはし

筆順 級 級 級 級 級 級

字解 形声。糸＋及(おいつく)㊉。前の糸に後の糸がつづくように、機を織る意。一般に、順序がある・順序の意。

意味 ❶しな。順序。段階。次第。『級数』『階級』『初級』 ❷だん。きざはし。階段。『石級（セッキュウ）』 ❸首。討ち取った首。中国、秦（シ）代では、敵の首を一つ斬るごとに爵位が一つずつ上がった。『首級（シュキュウ）』『俘級（フキュウ）』 ❹国学年。組。クラス。『級友』『学級（ガッキュウ）』『進級（シンキュウ）』

下接 ❶しな。順序。段階。次第。
雲級（ウンキュウ）・栄級（エイキュウ）・階級（カイキュウ）・下級（カキュウ）・加級（カキュウ）・降級（コウキュウ）・高級（コウキュウ）・昇級（ショウキュウ）・上級（ジョウキュウ）・初級（ショキュウ）・職級（ショッキュウ）・審級（シンキュウ）・節級（セッキュウ）・船級（センキュウ）・中級（チュウキュウ）・低級（テイキュウ）・等級（トウキュウ）・同級（ドウキュウ）・特級（トッキュウ）・一線級（イッセンキュウ）・超弩級（チョウドキュウ）

【級数（キュウスウ）】 ①㋑数列の項を加法記号で順次に結合して得られる式。㋺特に、無限級数（ムゲンキュウスウ）のこと。②等級を示す数。

❹（日本語で）学年。組。クラス。

【級長（キュウチョウ）】 国主に、旧制度の小中学校において、学級を代表する児童、生徒。

【級友（キュウユウ）】 国学校で同じ級の友達。同級生。

5884 【糾】 2174 356A 8B8A 糸－3 常 (5879)〔糾〕 糸－2 旧字 (5878)〔糺〕 6893 647D E2FB 糸－1

キュウ(キウ)㊉/jiū/あざなう・よる・ただす

筆順 糾 糾 糾 糾 糾 糾

字解 形声。糸＋丩(からみあう)㊉。糸をよりあわせる、あざなう意。

意味 ❶あざなう。よる。㋑よりあつめる。あわせる。『糾合』㋺まつわる。からみつく。もつれる。『糾糾』『紛糾（フンキュウ）』 ＊漢書－賈誼伝「禍之与レ福兮、何異二糾纆一（カフクとは、なんぞあざなえるなわにことならん）」〔＝禍と福とは、よじり合わせて作った縄のようなものだ〕 ❷ただす。しらべる。ただししらべる。『糾弾』『糾明』『弾糾（ダンキュウ）』

❶あざなう。よる。あわせる。まつわる。

【糾糾（キュウキュウ）】 ①もつれあうさま。また、物が古くたびれたさま。②いさましいさま。赳赳（キュウキュウ）。

【糾合（キュウゴウ）】 ある目的のもとに人々を呼び集めること。九合。

【糾纆（キュウテン）】 ①よりあわせた縄。②縄のようにまつわり、からみあうこと。

【糾紛（キュウフン）】 ①もつれ乱れること。紛糾。②山や丘などの重なりあっているさま。

❷ただす。しらべる。ただししらべる。

【糾案・糾按（キュウアン）】 ただししらべること。

【糾決（キュウケツ）】 物事の正邪をただしさだめること。

【糾察（キュウサツ）】 罪状などを問いただして明らかにすること。吟味。尋問。

【糾正（キュウセイ）】 とりしらべて、正邪をはっきりさせること。

【糾奏（キュウソウ）】 罪をただして、天子に申し上げること。

【糾弾（キュウダン）】 罪状や失敗などを問いただして、とがめること。▶書き換え「糺弾→糾弾」。

【糾明（キュウメイ）】 罪、不正などを問いただし、明らかにすること。『悪事を糾明する』▶書き換え「糺明→糾明」。

【糾問（キュウモン）】 悪事や罪状を厳しく問いただすこと。

5885 【紅】 2540 3948 8D67 糸－3 常6

グ㊉・コウ㊉・ク㊉/hóng/べに・くれない・あかい・あか・もみ

筆順 紅 紅 紅 紅 紅 紅

字解 形声。糸＋工㊉。

意味 ❶くれない。べに。㋑あかいいろ。また、そのいろをおびること。『紅梅』『真紅（シンク）』㋺べに。べに花からとった赤い顔料。化粧用のべに。『紅脂』『紅粉』㋩女性。美しい女性。『紅閨』 ❷「工・功」に通じて、しごと。はたおり。工作。『女紅（ジョコウ）』 ❸あて字、熟字訓、固有名詞など。『紅楼夢（コウロウム）』『紅殻（ベンガラ）』

❶くれない。べに。

下接 殷紅（アンコウ）・暗紅（アンコウ）・残紅（ザンコウ）・猩紅（ショウコウ）・真紅（シンク）・深紅（シンコウ）・鮮紅（センコウ）・退紅（タイコウ）・褪紅（タイコウ）・淡紅（タンコウ）・洋紅（ヨウコウ）・千紫万紅（センシバンコウ）

【紅蓮（グレン）】 ①真っ赤な蓮（はす）の花。②真っ赤な色。特に、猛火の炎のたとえ。『紅蓮の炎』『紅蓮地獄』

【紅衣（コウイ）】 ①くれないの衣。転じて、婦人の華麗な衣服。②蓮（はす）の赤い花。また、その花びら。

【紅一点（コウイッテン）】 男性の群れにまじった、ただ一人の女性。〔書言故事大全〕▶一面緑の中の一輪の紅い花の意の「万緑叢中（ソウチュウ）紅一点」の句から。

【紅雲（コウウン）】 紅色の雲。

【紅艶（コウエン）】 赤く色つやのよいこと。

【紅於（コウオ）】 紅葉のこと。また、カエデの異名。＊杜牧－山行「霜葉紅二於二月花一（ソウヨウはジゲツのはなよりもくれないなり）」〔＝霜にうたれ色づいたカエデの葉は、春の桃の花よりも赤く美しい〕

【紅顔（コウガン）】 年若い人の血色のよい顔。＊劉希夷－代下悲二白頭一翁上「伊昔紅顔美少年（これむかしコウガンのビショウネン）」〔＝これでも昔は紅顔の美少年だったときもあるのだ〕

【紅玉（コウギョク）】 ①赤い玉。『紅玉石〔＝ルビー〕』②国リンゴの栽培品種。表皮は真紅色。

【紅巾（コウキン）】 紅色の布。特に中国、元代末期の紅巾の乱で農民がまとった紅色の頭巾をいう。『紅巾賊（コウキンのゾク）』

【紅裙（コウクン）】 ①くれないの着物のすそ。②美人、または芸妓をいう。

【紅軍（コウグン）】 ①競技試合などで、紅・白二つの組に分かれて戦ううちの赤組。②中国共産党軍の総称。

【紅閨（コウケイ）】 婦人の寝室。美人のねや。

【紅脂（コウシ）】 紅（べに）と脂粉。紅粉。

【紅紫（コウシ）】 くれないとむらさき。転じて、さまざまな色、色彩の美しさのたとえ。

【紅日（コウジツ）】 赤く輝く太陽。多く朝日をさしていう。

【紅樹（コウジュ）】 ①紅葉した樹木。②春、赤い花が咲いている樹木。花の盛りの樹木。③オヒルギ、メヒルギなどのヒルギ科の常緑樹の総称。

【紅熟（コウジュク）】 果実などが、真っ赤に熟すこと。

【紅粧・紅妝（コウショウ）】 ①紅（べに）とおしろい。装い。＊杜甫－新婚別「対レ君洗二紅粧一（きみにタイしてコウショウをあらわん）」〔＝あなたの前で、お化粧も洗いおとします〕②化粧した美人。

【紅綃】紅色の、つや出しをしない絹。また、その絹で作ったハンカチ。*白居易-琵琶行「一曲紅綃不レ知レ数」〔=一曲終わるごとに贈り物の紅い絹は数えきれないほどだった〕

【紅燭】くれないのともしび。

【紅唇・紅脣】紅べにをさした赤いくちびる。また、美人のくちびる。

【紅塵】①空が紅色になるほど立ちこめる赤土のほこり。市街地に立つ土ぼこりなどにもいう。②浮世のちり。俗世のわずらわしさ。俗塵。③香の名。

【紅雪】①寒帯地方などで、赤色の下等な藻類が繁殖したために、紅色または朱色に見える雪。赤雪。②ほとばしり出る血潮のたとえ。③桃やその花をいう語。

【紅茶】茶の若葉を摘み取り、発酵させて作った茶。♥煎じた汁が紅褐色であるところから。

【紅潮】顔がほてって赤みを帯びてくること。

【紅灯・紅燈】①赤い、はなやかな灯火。『紅灯の巷ちまた〔=花柳界〕』②ほおずき提灯チョウチン。

【紅葩】赤い花びら。あかね色の花。

【紅梅】濃い桃色の花が咲くウメ。また、その花のような色。

【紅粉】①赤い色の花粉。②紅べにとおしろい。また、化粧。

【紅毛】①赤い髪の毛。②国江戸時代、オランダまたはオランダ人の異称。また、西洋人。

【紅友】酒の異称。

【紅葉】①落葉樹の葉が秋に紅色に変わること。また、その葉。②(もみじ)カエデ、またはカエデの葉。

【紅藍】①紅色と青色。また、紫色。②アカネ(茜)の異名。③ベニバナ(紅花)の異名。

【紅梨】りんご。

【紅涙】①血の涙。悲嘆の涙をいう。『紅涙に沈む』②美人の涙。女の涙。〔太平広記〕

【紅炉】火が真っ赤におこっている囲炉裏。

【紅楼】朱塗りのたかどの。妓楼など、美人のいる家をさすことが多い。

❸あて字、熟字訓、固有名詞など。

下接 海紅豆カイコウズ／落霜紅うめもどき／ラクソウコウ・百日紅さるすべり／ヒャクジツコウ・雁来紅はげいとう／ガンライコウ・吾亦紅われもこう／クジツ

【紅海】(英 Red Sea の訳語) アラビア半島とアフリカ大陸にはさまれた細長い海。北はスエズ運河で地中海、南はアデン湾に続く。

【紅楼夢】中国の通俗小説。清の曹雪芹ソウセッキンと高蘭墅コウランショの作という。一七九二年刊。大貴族の栄華と没落を背景に、賈宝玉と従妹林黛玉リンタイギョクの悲恋を中心に描く。

5886 【紇】* 5144 糸－3 コツ 漢 hé・gē

字解 形声。糸＋乞(まがりくねっている)声。なめらかでなく、質のよくない糸の意。

意味 ❶質のよくない糸。❷「回紇カイコツ」は、外モンゴリア原住のウイグル族の漢名。❸「叔梁紇シュクリョウコツ」は、孔子の父の名。

5887 【紂】 6901 6521 E340 糸－3 チュウ(チウ) 漢 \zhòu

字解 形声。糸＋肘省声。

意味 ❶しりがい。牛や馬のしりにかけるひも。❷中国、殷王朝最後の王。名は辛シン。紂は諡おくりな。夏の桀ケツとならんで悪王の代表とされる。愛妃の妲己ダッキにおぼれ、酒池肉林の宴にふけり、民を苦しめたという。後に牧野ボクヤで周の武王に討たれ、殷王朝は滅びた。

5888 【約】 4483 4C73 96F1 糸－3 常4 (5889)【約】 糸－3 旧字

ヤク 呉漢 \yuē\ まとめる・つづめる・ちかう・およそ

筆順 約 約 約 約 約 約 約

字解 形声。糸＋勺(→要、ひきしめる)声。糸でひきしめる、まとめる意。また、簡単にする意。

同属字 葯

意味 ❶しばる。ひきしめる。つづめる。㋑ちぢめる。短くする。また、簡略にする。『約言』『縮約』『要約』㋺つづまやかにする。ひかえめ。また、貧窮、くるしみ。『倹約』『節約』*論語-里仁「不仁者不レ可ニ以久処レ約」〔=不仁の者は、長く窮乏の状態に我慢していることはできない〕㋩数学で、整数でわりきること。『公約数』『約分』『通約』❷ちかう。とりきめる。ちかい。とりきめ。『再会を約す』『約束』『契約』『婚約』❸およそ。ほぼ。『約三万人』『約一週間』❹しなやかで美しいさま。『綽約シャクヤク』

❶しばる。ひきしめる。つづめる。

下接 依約イヤク・括約カツヤク・可約カヤク・簡約カンヤク・倹約ケンヤク・集約シュウヤク・縮約シュクヤク・処約ショヤク・省約セイヤク・清約セイヤク・節約セツヤク・大約タイヤク・通約ツウヤク・豊約ホウヤク・要約ヨウヤク・博文約礼ハクブンヤクレイ

【約音】連続する二個の音節が、一個の音節に縮約する現象。「おほまします」が「おはします」となる類。約言。

【約言】①要約して言うこと。②＝約音

【約説】要約して述べること。

【約礼】礼法によって、行いをひきしめること。*論語-雍也「君子博学ニ於文一、約レ之以レ礼」〔=君子は幅広く古典や聖賢の教えを学んで、これを実践できるように礼によって要約する〕

❷ちかう。とりきめる。ちかい。

下接 違約イヤク・隠約インヤク・解約カイヤク・確約カクヤク・規約キヤク・期約キヤク・旧約キュウヤク・郷約キョウヤク・協約キョウヤク・契約ケイヤク・結約ケツヤク・口約コウヤク・公約コウヤク・婚約コンヤク・私約シヤク・条約ジョウヤク・新約シンヤク・成約セイヤク・制約セイヤク・誓約セイヤク・先約センヤク・前約ゼンヤク・締約テイヤク・特約トクヤク・内約ナイヤク・背約ハイヤク・売約バイヤク・破約ハヤク・変約ヘンヤク・密約ミツヤク・盟約メイヤク・黙約モクヤク・予約ヨヤク・履約リヤク・和約ワヤク

【約契】約束すること。契約。

【約定】約束して定めること。取り決め。

【約信】信義を約すること。約束。

【約束】①ある物事に関して取り決め、将来それを変えないことを誓うこと。『口ち約束』②規則。規定。③国前から定まっている運命。宿命。『前世の約束』

【約諾】約束して承諾すること。

【約法】協議して定めた規則。

【約盟】約束し、誓うこと。盟約。

【約款】国条約、契約などで取り決めた、一つ一つの条項。『保険約款』

5890 【紜】 6902 6522 E341 糸－4 ウン 漢 \yún\ みだれる・もつれる

字解 形声。糸＋云声。みだれる意。

意味 入り乱れるさま。もつれるさま。また、盛んなさま。多いさま。『紛紜フンウン』

5891 【級】 ― 糸－4

キュウ 「級」(5883)の旧字

5892 【紘】 2541 3949 8D68 糸－4 人

コウ(クヮウ)漢\hōng\ひも

筆順 紘 紘 紘 紘 紘 紘

字解 形声。糸＋厷声。かんむりのひもの意。

意味 ❶ひも。つな。なわ。転じて、なわばり。境界。はて。『八紘一宇ハッコウイチウ』 ❷ひろい。「弘・宏」に同じ。

5893 【紗】 2851 3C53 8ED1 糸－4 人

シャ呉・サ漢\shā\うすぎぬ

字解 会意。糸＋少。

参考 (1)万葉仮名では音を借りて「さ」。(2)ミョウ(メウ)・ビョウ(ベウ)の音で、「眇・緲」に通じ、かすかの意に用いることがある。

意味 ❶うすぎぬ。❷国しゃ。地の薄い、目の粗い織物。『袱紗フクサ』 ❸あて字。『更紗サラサ』『羅紗ラシャ』

下接 金紗キンシャ・錦紗キンシャ・絳紗コウシャ・蟬紗センサ・素紗ソサ・窓紗ソウサ・袱紗フクサ・服紗フクサ・帛紗フクサ・碧紗ヘキシャ・紋紗モンシャ・寒冷紗カンレイシャ

【紗巾サキン】 うすぎぬのずきん。

【紗窓サソウ】 うすぎぬを張ったまど。

【紗帽サボウ】 うすぎぬでつくった帽子。

【紗籠サロウ】 うすぎぬを張った灯籠。紗灯。

難読地名 紗那しゃな郡・村(北海道)

5894 【紙】 2770 3B66 8E86 糸－4 常2 (2038)【帋】 5467 5663 9BE1 巾－4

シ呉漢\zhǐ\かみ

筆順 紙 紙 紙 紙 紙 紙 紙

字解 形声。糸＋氏(→砥、たいら)声。繊維をたいらにのばしてつくるかみの意。

意味 ❶かみ。植物繊維を水中で絡み合わせ、薄くすき上げて乾燥させたもの。物を書いたり、また、包んだりするのに使う。『紙幣』『製紙』 ❷国「新聞紙」の略。『紙面』『全国紙ゼンコクシ』

❶かみ。

下接 印紙インシ・界紙カイシ・懐紙カイシ|ふところがみ・外紙ガイシ・局紙キョクシ・罫紙ケイシ・繭紙ケンシ・原紙ゲンシ・故紙コシ・黄紙コウシ・蚕紙サンシ・色紙シキシ・抄紙ショウシ・証紙ショウシ・寸紙スンシ・生紙セイシ・製紙セイシ・誓紙セイシ・全紙ゼンシ・草紙ソウシ・双紙ソウシ・檀紙ダンシ・竹紙チクシ・鎮紙チンシ・唐紙トウシ|からかみ・撚紙ネンシ・敗紙ハイシ・廃紙ハイシ・白紙ハクシ・半紙ハンシ・筆紙ヒッシ・表紙ヒョウシ・別紙ベッシ・麻紙マシ・油紙ユシ・用紙ヨウシ・洋紙ヨウシ・料紙リョウシ・濾紙ロシ・和紙ワシ

【紙鳶シエン】 凧たこ。いかのぼり。

【紙花シカ|かみばな】 紙でつくった花。特に葬儀に用いる造花。

【紙価カシ】 紙の価格、相場。『洛陽ラクヨウの紙価を高める〔＝著書がもてはやされ、よく売れるたとえ〕』

【紙器シキ】 紙箱や段ボール箱など、紙で作った容器。

【紙魚シギョ|しみ】 総尾目シミ科に属する昆虫の総称。本や衣類などを食う。❤「衣魚」「蠹魚」とも書く。

【紙燭シショク|シソク】 国小型の照明具。紙や布を細く巻いてよった上に蠟ろうを塗ったもの。

【紙銭シセン】 ①紙を銭の形に切ったもの。神をまつるときに用いられる。かみぜに。②紙幣。さつ。

【紙塑シソ】 粘土に故紙をねりまぜ、それを材料として造形したもの。『紙塑人形』

【紙帳シチョウ】 紙を張り合わせて作った蚊帳かや。冬には防寒用とした。

【紙背シハイ】 紙の裏面。転じて、文章の奥に含まれている深い意味。『眼光紙背に徹す』

【紙筆シヒツ】 ①紙と筆。②文章のこと。『紙筆に上のぼせる』

【紙幅シフク】 紙のはば。転じて、原稿などの、定められた分量。『紙幅が尽きる』

【紙幣シヘイ】 紙製の貨幣。紙券。↕硬貨

【紙片シヘン】 かみきれ。

【紙本シホン】 紙地にかいた書や画。また、その紙地。

【紙面シメン】 紙に書いた文書の類。また、その文面。↓❷

❷(日本語で)「新聞紙」の略。

【紙誌シシ】 国新聞と雑誌。

【紙上シジョウ】 国新聞などの記事面。紙面。

【紙面シメン】 国新聞などの記事の載っている面。↓❶

5895 【純】 2967 3D63 8F83 糸－4 常6

ジュン呉・シュン漢・トン漢\chún・zhǔn・tún\すむ・すみ

筆順 純 純 純 純 純 純 純

字解 形声。糸＋屯声。金文は、屯のみでのち糸を加えた。一般に、生糸、まじりけのない意に用いる。また、縁・惇に通じて用いる。

金文

篆文

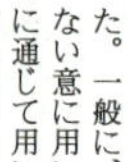

意味 まじりけがない。いつわりやかざりけがない。すむ。すんでいる。あつい。よい。美しい。おだやか。やわらぐ。また、もっぱら。『純な心』『純粋』『不純』

下接 温純オンジュン・至純シジュン・清純セイジュン・単純タンジュン・不純フジュン

【純愛ジュンアイ】 純粋な、ひたむきな愛。

【純一ジュンイツ】 まじりけのないこと。純粋。『純一無雑〔＝偽りやまじりけのないさま〕』

【純益ジュンエキ】 総収益から総費用を引いた純粋の利益。

【純化ジュンカ】 ①手厚く教えて感化すること。②国まざりものを取り去って、純粋にすること。醇化。

【純金ジュンキン】 まじりけのない金。金無垢キンムク。

【純血ジュンケツ】 異なった種族の血がまじらない純粋の血統。『純血種』

【純潔ジュンケツ】 ①心にけがれがなく清らかなこと。②国異性との性的な交わりがないこと。

【純乎ジュンコ】 ＝純然ジュンゼン

【純孝ジュンコウ】 まごころを尽くして孝行すること。至孝。

【純厚ジュンコウ】 手厚いこと。親切なこと。

【純実ジュンジツ】 飾らなくてまごころのあること。

【純如ジュンジョ】 やわらいで、調和するさま。

【純情ジュンジョウ】 純真でけがれのない心。また、そのさま。

【純真ジュンシン】 ①まじりけのないこと。けがれのないこと。②人をだましたり、疑ったりする気持ちが全くないこと。『純真無垢』

【純粋ジュンスイ】 ①ほかの要素が何もまじっていないこと。②邪念や私欲が全くなく、ひたむきであること。

【純正ジュンセイ】 ①純粋で正しいこと。『純正中立』②応用面は考えずに、もっぱら理論を追究すること。

【純然ジュンゼン】 他の要素がなく、まさしくそれに違いないさま。純乎。

【純白ジュンパク】 純粋な白色。また、真っ白で清らかなこと。

【純朴・純樸(ジュンボク)】すなおで、偽りや飾りけのないこと。
【純明(ジュンメイ)】すなおで賢明なこと。
【純利(ジュンリ)】＝純益(ジュンエキ)
【純理(ジュンリ)】純粋な理論。
【純良(ジュンリョウ)】まじりけがなく質がよいこと。
【純量(ジュンリョウ)】正味の目方。

5896 【紝】＊5152 糸－4 (5939)【絍】＊5166 糸－6
ジン漢／rèn／いと
字解 形声。糸＋壬(いとまき)声。はたいとの意。『織紝(ショクジン)』

5897 【紐】4119 4933 9552 糸－4
ジュウ(ヂウ)漢・チュウ(チウ)慣／niǔ／ひも
字解 形声。糸＋丑(ひねってまげる)声。ひねってむすぶひもの意。
意味 ❶ひも。むすぶ。むすびめ。『紐帯』『亀紐(キチュウ)』『枢紐(スウチュウ)』❷音訳字。『紐育』
【紐帯(チュウタイ)】ひもとおび。転じて、いくつかのものを結びつける大切なもの。
【紐育(ニューヨーク)】(New York の音訳) アメリカ合衆国の北東部、大西洋岸にある大都市。

5898 【納】3928 473C 945B 糸－4 常6 (5899)【納】二一 糸－4
ノウ(ナフ)呉・ドウ(ダフ)漢・トウ(タフ)慣・ナン慣・ナッ慣・ナ慣／nà／おさめる・おさまる
筆順 納 納 納 納 納 納 納
字解 形声。糸＋内(いれる)声。糸を水に入れてしめらせるの意から、一般にいれる意。金文は、宀＋入で、内に入れる意を表す。
金文 
篆文 
意味 ❶いれる。取り込む。受け入れる。『納受』『笑納(ショウノウ)』『出納(スイトウ)』❷おさめる。しまう。しまい込む。『納棺』『格納』『収納』❸おさめる。支払う。贈る。官に差し出す。『納税』『滞納』『奉納』❹国おさめる。おわる。しめくくる。『納会』『納盃』⇒表

収納		
納(ノウ)	ものをおさめいれる。	納受 格納 納金 納税 納入 納付
収(シュウ)	とりいれてしまっておく。	収受 収蔵 収金 収税 徴収 没収

❶ いれる。取り込む。受け入れる。
下接 嘉納(カノウ)・採納(サイノウ)・察納(サツノウ)・受納(ジュノウ)・笑納(ショウノウ)・出納(スイトウ)・接納(セツノウ)・聴納(チョウノウ)・吐納(トノウ)

【納得(ナットク)】国他人の考え、行動などを理解して受け入れること。承知。同意。『納得ずく』

【納屋(なや)】物をしまっておく小屋。

【納戸(なんど)】①屋内の物置き小屋。②「納戸色」の略。ねずみ色がかった藍色。

【納款(ノウカン)】よしみをいれること。敵に内通すること。

【納吉(ノウキツ)】中国、周代、結婚の六礼(リクレイ)の一。男子の方で嫁にむかえる女子の良否を占い、吉兆を得てから女子の家に申し込むこと。

【納言(ノウゲン|ナゴン)】㊀(ノウゲン)①天子や主君などが、臣下の諫言(カンゲン)を受け入れること。②中国、舜(シュン)の時の官名。上の言を下に宣布し、下の言を上に伝えることをつかさどる。周の内史、秦漢の尚書の職にあたる。㊁(ナゴン)国令制で、大納言・中納言・少納言の総称。

【納受(ノウジュ)】受け入れること。また、神仏が祈願を受け入れること。

【納納(ノウノウ)】①物を包み入れるさま。②うるおいしめるさま。

【納履(ノウリ)】①くつをはくこと。②踏み入れること。

【納涼(ノウリョウ)】暑さを避けて涼しさを味わうこと。涼み。

❷ おさめる。しまう。しまい込む。
下接 格納(カクノウ)・帰納(キノウ)・収納(シュウノウ)
【納所(ナッショ)】国寺院で、施物(セモツ)・金銭・年貢などの出納事務を執る所。また、その役職や役僧。『納所坊主』
【納豆(ナットウ)】国ダイズを発酵させた加工食品。
【納棺(ノウカン)】死体を棺におさめること。入棺。
【納骨(ノウコツ)】火葬にした遺骨を墓などに納めること。

❸ おさめる。支払う。贈る。
下接 延納(エンノウ)・捐納(エンノウ)・皆納(カイノウ)・完納(カンノウ)・金納(キンノウ)・献納(ケンノウ)・後納(コウノウ)・直納(ジキノウ)・上納(ジョウノウ)・折納(セツノウ)・全納(ゼンノウ)・前納(ゼンノウ)・即納(ソクノウ)・怠納(タイノウ)・滞納(タイノウ)・代納(ダイノウ)・徴納(チョウノウ)・追納(ツイノウ)・物納(ブツノウ)・不納(フノウ)・分納(ブンノウ)・別納(ベツノウ)・返納(ヘンノウ)・奉納(ホウノウ)・未納(ミノウ)・結納(ゆいノウ)・予納(ヨノウ)
【納経(ノウキョウ)】国祈願や追善供養などのために、経文を写して寺社に納めること。『平家納経』
【納金(ノウキン)】金銭を納めること。また、その金銭。
【納貢(ノウコウ)】みつぎものを納めること。
【納采(ノウサイ)】結納(ゆいノウ)をとりかわすこと。中国、周代の結婚の六礼の一。日本では、皇族の場合などにいう。
【納税(ノウゼイ)】税金を納めること。『納税通知書』
【納入(ノウニュウ)】金銭や品物を納めること。
【納幣(ノウヘイ)】①結納(ゆいノウ)を取り交わすこと。納采(ノウサイ)。②国神仏に幣帛(ヘイハク)や供物を納めること。奉幣。

❹ (日本語で)おさめる。おわる。しめくくる。
【納会(ノウカイ)】国①その年の最後にしめくくりとして催す会。②取引市場で、その月の最後の立会日。一二月の場合は、大納会という。↔初会・発表
【納杯・納盃(ノウハイ)】国酒宴の終わりに飲む杯。おさめのさかずき。転じて、酒宴の終わり。
難読地名 納沙布(のさっぷ)岬(北海道)
難読姓氏 納谷(なや|のうたに)・納富(のうどみ)

5900 【紕】6903 6523 E342 糸－4
ヒ漢／pī・pí・bì
字解 形声。糸＋比(ならべる)声。糸をならべて組む意。
意味 もつれる。みだれる。まがう。転じて、あやまり。
【紕繆(ヒビュウ)】まちがい。あやまり。誤謬。

5901 【紛】4222 4A36 95B4 糸－4 常
フン呉漢／fēn／まぎれる・まぎらす・まぎらわす・まぎらわしい・まがう・まぐれ・みだれる
筆順 紛 紛 紛 紛 紛 紛 紛
字解 形声。糸＋分(わかれる)声。糸がわかれてまとまりがない、みだれる意。
意味 ❶みだれる。もつれる。入り乱れる。ごたごたする。『紛糾』『紛争』『内紛』⇒[乱](75)の表 ❷まぎれる。まぎらわしい。入り混じる。また、多いさま。盛んなさま。『紛郁』『紛失』＊韓愈-山石「山紅澗碧紛爛漫

〔=山の花々の紅と谷川の青みどりとが入り混じって美しく映えている〕」

❶ みだれる。もつれる。ごたごたする。

下接 糾紛キュウ・世紛セイ・内紛ナイ・繽紛ヒン

【紛紜フンウン】入り乱れるさま。事がもつれるさま。また、もめごと。紛擾フンジュウ。→❷
【紛衍フンエン】乱れ茂るさま。

【紛起フンキ】乱れおこること。盛んにおこること。

【紛議フンギ】議論がもつれること。

【紛糾フンキュウ】乱れもつれること。ごたごたすること。

【紛劇フンゲキ】わずらわしく、忙しいこと。

【紛喧フンケン】やかましいこと。かまびすしいこと。

【紛更フンコウ】かき乱し改めること。

【紛訌フンコウ】(「訌」は乱れる意)うちわもめ。内訌。

【紛錯フンサク】入り乱れること。紛雑。

【紛雑フンザツ】＝紛錯フンサク
【紛糅フンジュウ】入り乱れもつれること。

【紛擾フンジョウ】乱れもつれること。ごたごた。

【紛然フンゼン】入りまじってごたごたしているさま。

【紛争フンソウ】事がこみ入って争うこと。もめごと。

【紛沓フントウ】こみあうこと。混雑すること。雑沓。

【紛鬧フンドウ】あれやこれやと騒がしいこと。

【紛如レ雪フンとしてゆきのごとし】雪のように、乱れ飛び散る様子。

【紛葩フンパ】①乱れ咲く花。また、乱れ散る花。②入り乱れた声。→❷
【紛披フンピ】①花が乱れ咲くさま。②ちりぢりに乱れるさま。③やわらいでゆったりしているさま。→❷
【紛紛フンプン】入りまじって乱れるさま。「諸説紛紛」

【紛乱フンラン】入り乱れること。入り乱すこと。混乱。

【紛綸フンリン】乱れるさま。→❷

❷ まぎれる。また、多い。盛んなさま。

【紛郁フンイク】①美しくさかんなさま。②香気がさかんなさま。
【紛紜フンウン】多いさま。さかんなさま。→❶
【紛華・紛花フンカ】飾られていてはなやかなこと。
【紛失フンシツ】どこかにまぎれてなくなること。また、なくすこと。「紛失届とどけ」
【紛奢フンシャ】はなやかでおごること。はでで贅沢。
【紛葩フンパ】さかんなさま。→❶
【紛披フンピ】多いさま。→❶
【紛綸フンリン】多いさま。また、広大なさま。→❶

5902 【紡】 4334 4B42 9661 糸－4 常 ホウ(ハウ)漢・ボウ(バウ)慣 \fǎng/ つむぐ・つむぎ

筆順 紡 紡 紡 紡 紡 紡

字解 形声。糸＋方(→幷、あわせる)声。糸をよりあわせてつむぐ意。

意味 つむぐ。うむ。綿、繭を錘つむにかけて繊維を引き出し、よりをかけて糸にする。「紡績」「混紡コンボウ」

【紡車ボウシャ】糸を紡ぐ車。いとくりぐるま。

【紡織ボウショク】糸を紡ぐことと、機はたを織ること。

【紡錘ボウスイ・つむ】糸を紡ぐ機械の付属具。「紡錘形〔=円柱の両端をとがらせたような形〕」

【紡績ボウセキ】糸を紡ぐこと。「紡績工場」

紡車〔三才図会〕

5903 【紋】 4470 4C66 96E4 糸－4 常 モン呉・ブン漢 \wén/ あや

筆順 紋 紋 紋 紋 紋 紋

字解 形声。糸＋文(あや)声。織物にあらわしたあやもようの意。

意味 ❶あや。もよう。図柄。「文」に同じ。「紋様」「斑紋ハンモン」❷国もん。家や団体によって定まっているしるし。「葵あおいの紋」「紋所もんどころ」

❶ あや。もよう。図柄。

下接 衣紋エモン・有紋ユウモン・花紋カモン・渦紋カモン・小紋こモン・指紋シモン・地紋ジモン・蛇紋ジャモン・掌紋ショウモン・水紋スイモン・声紋セイモン・足紋ソクモン・波紋ハモン・斑紋ハンモン・豹紋ヒョウモン・風紋フウモン・無紋ムモン

【紋紗モンシャ】紋様を織り出した紗。顕紋紗など。

【紋様モンヨウ】絵画、工芸などに装飾として施された図象。模様。▼「文様」とも書く。

【紋理モンリ】手足のすじ。

❷ (日本語で)もん。家や団体を表すしるし。

下接 家紋カモン・陰紋かげモン・金紋キンモン・定紋ジョウモン

【紋章モンショウ】国氏族・家・組・国・団体などが、自己を表すしるしとして定めた、動植物・器物・文字などを図案化したもの。紋。「菊の御紋章〔=皇室の紋章〕」

【紋帳・紋帖モンチョウ】国紋所の見本を集めた本。紋本。

【紋付モンつき】国紋所が付いていること。また、紋服モンプク。

【紋所モンどころ】国家々で定めて用いる紋章。紋。

【紋服モンプク】国紋所の付いた着物。家紋を付けた着物。紋付。

5904 【絇】 *5164 糸－5 ク漢 \qú/

字解 形声。糸＋句声。くつの飾りの意。

5905 【経】 2348 3750 8C6F 糸－5 常5 (5949)【經】 6920 6534 E353 糸－7 旧字 キョウ(キャウ)呉・ケイ漢・キン唐 \jīng/ へる・たて・たていと・つね・ふみ

筆順 経 経 経 経 経 経

字解 経は經の略体。經は形声。糸＋巠(機にまっすぐに張ったたて糸の象形)声。たていとの意。派生して、つねの意を表す。のちに糸を加えて、字義を明確にした。

金文 篆文

参考 万葉仮名では訓を借りて「ふ」「へ乙」。

意味 ❶たていと。織物のたて糸。また、たて。南北。↔緯。「経緯」「東経トウケイ」❷すじ。すじみち。また、すじをひく。境をつける。「経絡」❸つね。変わらないもの。また、のり。法則。「経費」「常経ジョウケイ」「天経テンケイ」「不経フケイ」❹はかる。治める。管理する。いとなむ。「経営」「経済」❺へる。ある場所を通りすぎる。月日がたつ。「経過」「経験」*陶潜-帰去来辞「亦崎嶇而経レ丘またキクとしておかをふ〔=また険しい坂道を越えつつ、丘を登っていった〕」❻ふみ。書物。特に儒教で、聖人が書いた書物。また、聖人の言行や教えを記した書物。「経学」「経書」「五経」❼ふみ。仏教で、仏の言行や教えを書いたもの。また、その教え。『経文』『写経(シャキョウ)』❽首をくくる。「縊(イ)」に同じ。『雉経(チケイ)』❾女子の月のもの。『経水(ケイスイ)』『月経(ゲッケイ)』『初経(ショケイ)』『閉経(ヘイケイ)』❿すでに。かつて。『曾経(ソウケイ)―かつて―すでに』⓫書名。『経国集』

❶たていと。また、たて。南北。

【経緯(ケイイ)】①たて糸とよこ糸。②縦と横。③東西と南北。④経線と緯線。経度と緯度。⑤物事の筋道。いきさつ。顚末(テンマツ)。

【経線(ケイセン)】経度を表す線。両極を通り、地球の周囲を囲む大円。子午線。↔緯線

【経度(ケイド)】地球上の位置を表す座標の一。グリニッジ子午線を零度として、東西にそれぞれ一八〇度ずつの東経、西経に分ける。↔緯度

【経文緯武(ケイブンイブ)】文を経(たて)とし、武を緯(よこ)とする意。文武両道をかねそなえること。緯武経文。

❷すじ。すじみち。また、すじをひく。

下接 神経(シンケイ)・正経(セイケイ)・大経(タイケイ)・六経(リッケイ)

【経界(ケイカイ)】地所などの、さかい。しきり。境界。

【経穴(ケイケツ)】灸(キュウ)を据え、鍼(はり)をうつ箇所。つぼ。

【経絡(ケイラク)】①鍼灸(シンキュウ)で、つぼ(経穴)とつぼを結び連ねる筋道。②物事の筋道。脈絡。

❸つね。変わらないもの。また、のり。

【経紀(ケイキ)】①治国の大法。秩序や法則。綱紀。②とりしきること。③商人。特に、旅あきんど。

【経業(ケイギョウ)】いつもきまっている仕事。→❻

【経常(ケイジョウ)】常に一定して変わらないこと。普段。平常。↔臨時。『経常費』『経常利益』

【経費(ケイヒ)】①一定してかかる平常の費用。②ある物事を行うのに必要な費用。『必要経費』

❹はかる。治める。管理する。

【経営(ケイエイ)】①会社・商店・機関など、主として営利的・経済的目的のために設置された組織体を管理運営すること。『経営不振』『経営陣』②国政治や公的な儀式などについて、その運営を計画し実行すること。

【経国(ケイコク)】国家を経営すること。【経国済民(ケイコクサイミン)】国を治めて、民衆の生活をすくうこと。

【経済(ケイザイ)】①人間が共同生活を営むために必要な、物質的財貨の生産、分配、消費の活動。また、それらを通じて形成される社会関係。『経済大国』『経済学』②金銭のやりくりをすること。③国費用や手間のかからないさま。

❤「経国済民」「経世済民」を略した語。

【経始(ケイシ)】①土地をはかって、家屋を建てはじめること。②物事を始めること。経営に着手すること。

【経世(ケイセイ)】世の中を治めること。『経世家』【経世済民(ケイセイサイミン)】世を治め、人民をすくうこと。

【経理(ケイリ)】国会計、給与に関する事務。また、その処理。

【経略(ケイリャク)】国を治め、敵地を攻め支配すること。

【経綸(ケイリン)】国家を治めととのえること。その施策。

❺へる。通り過ぎる。月日がたつ。

【経過(ケイカ)】①ある場所、段階などを通りすぎること。②時間がすぎてゆくこと。『一時間経過』③物事が移り変わってゆくこと。成り行き。『病後の経過をみる』

【経験(ケイケン)】実際に見たり、聞いたり、行ったりすること。また、それによって得た知識や技能。『人生経験』

【経口(ケイコウ)】口を通ること。薬などを、口から飲むこと。

【経商(ケイショウ)】各地を巡りながら商業を営むこと。旅商。旅商人。行商人。

【経渉(ケイショウ)】通り過ぎること。

【経年(ケイネン―としをふ)】年を経ること。幾年もたつこと。

【経由(ケイユ)】ある地点、ある機関を経ること。『新潟経由』

【経歴(ケイレキ)】今までに経験してきた学業、仕事、身分、地位などの事柄。履歴。閲歴。

【経路(ケイロ)】①通り道。『旅行の経路』②物事がたどってきた筋道。『入手の経路』

❻ふみ。儒教で、聖人が書いた書物。

下接 群経(グンケイ)・五経(ゴキョウ)・三経(サンキョウ)・算経(サンケイ)・正経(セイケイ)・聖経(セイケイ)・石経(セッケイ)・大経(タイケイ)・秘経(ヒケイ)・明経(メイケイ)

【経筵(ケイエン)】経書を講義する席。また、君主が経書の講義をきく席。宮中の学問所。

【経学(ケイガク)】「四書五経」などの経書を研究する学問。

【経義(ケイギ)】経書の意義。経書の説く道。また、一般に、道理、ことわり。

【経業(ケイギョウ)】経書を学んで修業すること。→❸

【経師(ケイシ)】①中国で漢、六朝時代に、経書を教えた教師。②徳行がなく、ただ経書の字句を講義するだけの教師。

【経史子集(ケイシシシュウ)】経書と歴史書と諸子と詩文集。昔の中国の書物の分類法。

【経術(ケイジュツ)】「四書五経」を研究する学問。経学。

【経書(ケイショ)】儒教の基本的な書物。「四書五経」の類。

【経説(ケイセツ)】①経書の中に説かれている説。②経書の意義などに関する解説や学説。

【経典(ケイテン)】古代中国の聖人・賢人の著した「四書五経」など、儒教の書物。経書。→❼(キョウテン)

【経伝(ケイデン)】経書とその解釈書。

❼ふみ。仏の言行や教えを書いたもの。

下接 戒経(カイキョウ)・契経(カイキョウ)・看経(カンキン)・偽経(ギキョウ)・古経(コキョウ)・講経(コウキョウ)・三経(サンキョウ)・持経(ジキョウ)・写経(シャキョウ)・誦経(ジュキョウ―ズキョウ)・心経(シンギョウ)・石経(セッキョウ)・説経(セッキョウ)・蔵経(ゾウキョウ)・大経(ダイキョウ)・転経(テンギョウ)・読経(ドキョウ)・納経(ノウキョウ)・秘経(ヒキョウ)・仏経(ブッキョウ)・本経(ホンギョウ)・枕経(まくらギョウ)・明経(ミョウギョウ)・法華経(ホケキョウ)

【経帷子(キョウかたびら)】仏式の葬儀で、死者に着せる衣。

【経巻(キョウカン)】経文を記した巻き物。経典。

【経蔵(キョウゾウ)】①仏語。三蔵の一。釈尊の説いた教えの総称。経。論蔵。②＝経堂(キョウドウ)

【経典(キョウテン)】①仏の説いた教えの言葉。また、それを記した書籍。仏典。経文。②一般に宗教で、その教徒の守るべき教えや決まりを示した神聖な書。聖典。→❻(ケイテン)

【経堂(キョウドウ)】寺院の中で、一切経などの経典を納めておく建物。経蔵。

【経文(キョウモン)】仏教で、経典の文章。また、経典。

【経論(キョウロン)】仏典の三蔵のうち釈尊の説法を記した経蔵と、仏法についての研究、注釈をした論蔵。

⓫書名。

【経国集(ケイコクシュウ)】平安前期の勅撰漢詩文集。二〇巻。現存六巻。淳和天皇の勅命を受け、良岑安世(よしみねのやすよ)が、滋野貞主(しげののさだぬし)らと編纂。天長四年(八二七)ごろ成立。詩は六朝詩、唐詩の影響が強い。

【経籍籑詁(ケイセキセンコ)】中国の字書。一〇六巻。清の阮元(ゲンゲン)撰。一七九八年成立。「佩文韻府(ハイブンインプ)」にならって漢字を韻別に分類し、漢以後唐初までの経伝や随筆にみえる諸解釈を整理し、原義および派生義を示したもの。

【経典釈文(ケイテンシャクモン)】中国の文字音義書。三〇巻。唐の

陸徳明撰。「論語」「老子」「荘子」などの経書の訓詁(クンコ)と反切(ハンセツ)について、漢・魏・六朝の学者二三〇人の解釈の相違や諸本の異同を記したもの。

5906 【絅】 6905 6525 E344 糸－5　(5950)〔絅〕＊5193 糸－7

ケイ㊥/jiǒng/きびしい

字解 形声。糸(絹織物)＋冋㊥。着物の上にかける一重のうすぎぬの意。

金文　篆文

意味 ひとえのうすぎぬ。また、きびしい。ひきしめる。

5907 【絃】 2430 383E 8CBC 糸－5 人

ゲン㊦・ケン㊥/xián/いと・つる

字解 形声。糸＋玄㊥。楽器に張ったいとの意。

参考 熟語は「弦」(2218)を見よ。

意味 つる。つるいと。楽器に張った糸。「弦」に同じ。『絃楽器(ゲンガッキ)』『管絃(カンゲン)』『断絃(ダンゲン)』

5908 【紘】 6906 6526 E345 糸－5

コウ 「纊」(6080)の異体字

5909 【紺】 2616 3A30 8DAE 糸－5 常

コン㊦・カン㊥/gàn

筆順 紺 紺 紺 紺 紺 紺

字解 形声。糸＋甘㊥。

意味 こん。こんいろ。青と紫をあわせた色。⇒〔碧〕(5275)の表『紫紺(シコン)』『濃紺(ノウコン)』

【紺珠(カンジュ)】手でなでると、記憶を呼び起こすという紺色の宝珠。唐の張説(チョウエツ)が持っていたという。

【紺紙金泥(コンシコンデイ)】紺色の紙に金泥で経文や仏画をかいたもの。『紺紙金泥の経』

【紺青(コンジョウ)】鮮やかな青色の顔料。また、その色。プルシャンブルー。『紺青の空』

【紺碧(コンペキ)】黒みがかった紺色。『紺碧の海』

【紺屋(コンや|コウや)】染め物屋。『紺屋の明後日(あさって)』『紺屋の白袴(しろばかま)〔=他人のことで忙しく自分のことには手が回らないことのたとえ〕』▶「コウや」は「コンや」の変化した語。もとは藍染屋を言った。

5910 【細】 2657 3A59 8DD7 糸－5 常2

サイ㊦・セイ㊥/xì/ほそい・ほそる・こまか・こまかい・くわしい・ささ

筆順 細 細 細 細 細 細 細 細

字解 形声。糸＋田(=囟、ひよめき)㊥。ほそい糸の意から、一般にほそい意。

参考 万葉仮名では音を借りて「せ」。

意味 ❶ほそい。『毛細管(モウサイカン)』『細腰』『極細(ゴクぼそ)』『繊細』❷こまかい。小さい。わずか。『細工』『細心』『些細』『委細』『詳細』❹とるに足りない。つまらない。また、いやしい。まずしい。『細君』『細民』『零細(レイサイ)』❺熟字訓。『細螺(きさご)』⇒表

細(サイ)	大(ダイ/タイ)
細大	
こまかい。くわしい。細意 細心 細密 詳細 微細 些細(サイ)	おおまか。大意 大胆 大略 大体 巨大 莫大(バクダイ)

❶ほそい。

【細管(サイカン)】①細いくだ。②細い笛。

【細草(サイソウ)】かぼそい草。たけの低い草。＊杜甫-旅夜書レ懐「細草微風岸、危檣独夜舟(サイソウビフウのきし、キショウドクヤのふね)〔=かぼそい草がかすかな風になびいている岸辺、帆柱が高くそびえた舟に私はひとり眠られず夜を過ごす〕」

【細馬(サイバ)】よい馬。骨格がひきしまってすぐれた馬。

【細腰(サイヨウ)】女の腰の細くしなやかなこと。また、腰の細いすらりとした美人。＊韓非子-二柄「楚霊王好二細腰一、而国中多二餓人一(ソのレイオウサイヨウをこのみて、コクチュウにガジンおおし)〔=楚の霊王が腰の細い美人を好んだところ、(やせるために絶食して)飢え死にする者が都にたくさん出た〕」

【細柳(サイリュウ)】若葉が出たばかりで、枝が細く見えるヤナギ。＊杜甫-哀二江頭一「細柳新蒲為レ誰緑(サイリュウシンポたがためにかみどりなる)〔=細いヤナギの枝や新しく芽を出したガマはだれのためにその新緑の色を見せているのか〕」

【細流(サイリュウ)】細い流れ。小川。

❷こまかい。小さい。わずか。

下接 苛細(カサイ)・巨細(キョサイ|コサイ)・些細(ササイ)・繊細(センサイ)・粗細(ソサイ)・繁細(ハンサイ)・微細(ビサイ)

【細雨(サイウ)】霧雨。こさめ。

【細瑕(サイカ)】こまかいきず。わずかな欠点。

【細綺(サイキ)】目のこまかいあやぎぬ。

【細菌(サイキン)】顕微鏡的な大きさの単細胞の微生物。各種の病原体になるものもあり、食品加工、有機物の分解等に利用されるものもある。バクテリア。

【細瑾(サイキン)】小さなきず、欠点。わずかな過失。▶「瑕瑾(カキン)」にひかれ、「細謹」を誤記したもの。

【細工(サイク)】国①木工、彫金など手先を利かせてこまかいものを作ること。また、その仕事、作られたもの。『紙細工(かみザイク)』②細部に工夫をほどこしたり、ごまかしをたくらんだりすること。『帳簿に細工する』『小細工(こザイク)』

【細細(サイサイ)】こまかいさま。わずかなさま。かすかなさま。＊蘇軾-春夜「歌管楼台声細細(カカンロウダイこえサイサイ)〔=先ほどまでにぎやかに歌や楽器の音の聞こえていた建物も、今はほそぼそとかすかになってしまった〕」

【細作(サイサク)】忍んで敵の様子をさぐる者。間者(カンジャ)。

【細弱(サイジャク)】①かよわいさま。②妻子。

【細書(サイショ)】こまかい字で書くこと。

【細小(サイショウ)】こまかく小さいこと。微小。

【細心(サイシン)】注意深く、細部にまで心を配ること。

【細雪(サイセツ|ささめゆき)】こまかに降る雪。

【細則(サイソク)】総則、通則などに基づく、こまかい事柄を決めた規則。

【細大(サイダイ)】こまかいことと大きいこと。巨細(コサイ)。『細大漏らさず書きとめる』

【細緻(サイチ)】こまかく念入りであること。緻密。

【細微(サイビ)】きわめてこまかいこと。微細。

【細部(サイブ)】こまかい部分。『細部に拘泥する』

【細分(サイブン)】こまかく分けること。『細分化』

【細別(サイベツ)】こまかく区別すること。↔大別

【細胞(サイボウ|サイホウ)】生物体を組成する基本単位。その主体となるのは生命現象を行う原形質で、細胞核と細胞質とに区分される。『細胞分裂』『神経細胞』『単細胞』

【細密(サイミツ)】きわめてこまかいこと。『細密画』

【細目(サイモク)】こまかな項目。

【細鱗(サイリン)】こまかい鱗(うろこ)。または、小さい魚。

❸くわしい。

【細見(サイケン)】 国①詳しく見ること。②地図、案内書など、詳細に作って示したもの。
【細説(サイセツ)】 詳細に説き明かすこと。詳説。→❹
【細読(サイドク)】 詳しく読むこと。精読。
【細論(サイロン)】 きめこまかに論ずること。詳論。

❹ とるに足りない。つまらない。

【細謹(サイキン)】 つまらない礼式。また、それにとらわれること。＊史記-項羽本紀「大行不レ顧二細謹一」〔=大事を行う場合は、こまかな気遣いはしていられない〕」

【細君(サイクン)】 (「細」は、小。小君の意) 他人に対して自分の妻をいう語。後には、他人の妻にも用いるようになった。妻君。〔漢書-東方朔伝〕

【細故(サイコ)】 ささいなこと。つまらないこと。

【細行(サイコウ)】 小さくて取るに足りない行い。

【細事(サイジ)】 ささいなこと。ちょっとした事柄。

【細人(サイジン)】 ①心のせまい人。つまらない人。小人。②官位の低い人。

【細説(サイセツ)】 つまらない意見。小人の言うこと。＊史記-項羽本紀「聴二細説一、欲レ誅二有功之人一」〔=つまらぬ者の言うことを聞き入れて、功績ある人を殺そうとしている〕」→❸
【細民(サイミン)】 下層階級の人々。貧しい人々。『細民救済』

❺ 熟字訓。

【細螺(きさご・きしゃご)】 ニシキウズガイ科の巻き貝。貝細工の材料とし、昔はおはじきなどにした。ぜぜがい。

【細蟹(ささがに)】 クモの異名。

【細波(さざなみ)】 こまかく小さな波。さざれなみ。小波。

【細魚(さより)】 サヨリ科の海魚。下あごが著しく長く、体形はサンマに似て細長い。食用。

5911 【絁】 ＊5163 糸-5

シ㊥/shī/あしぎぬ・きぬ

字解 形声。糸＋缶㊥。粗いつむぎの意。
参考 万葉仮名では音を借りて「し」。

5912 【終】 2910 3D2A 8F49 糸-5 常3

(5913)〘終〙 糸-5 旧字

ジュウ㊥・シュウ㊥/zhōng/おわる・おえる・おわり・しまう・しまい・ついに

筆順 終 終 終 終 終 終

字解 形声。糸＋冬㊥。一般に、おわる意。甲骨文・金文は、糸の両端を結んだ形に象り、糸の結びどめの意。

甲骨文

金文

篆文

意味 ❶おわる。おえる。果てる。↔始。『終焉』『終業』『終了』 ＊史記-伯夷伝「竟以レ寿終」〔=最後には寿命を尽くして死んだ〕」 ❷おわり。おしまい。いちばんあと。最後。↔始・初・序。『終曲』『最終』『有終』『臨終』 ❸おわりまで。おわるまで。『終日』『終身』『終生』 ❹ついに。最後まで。結局。＊史記-管晏伝「鮑叔終善遇レ之、不二以為一レ言」〔=鮑叔は最後までよく管仲を待遇し、あれこれと批判しなかった〕」 ❺地名。『終南山』⇒〔初〕(602)の表

❶ おわる。おえる。

【終焉(シュウエン)】 生命が終わること。また、その時。臨終。
【終演(シュウエン)】 上演が終わること。↔開演。『終演時間』
【終竟(シュウキョウ)】 (「竟」もおわる意) おわること。また、おわり。終畢(シュウヒツ)。
【終業(シュウギョウ)】 ①業務を終わりにすること。↔始業。②学校で、一日、一学期間、または一学年間の授業が終わること。↔始業。『終業式』
【終局(シュウキョク)】 ①碁、将棋などを打ち終わること。②事が終わること。終結。『終局を告げる』
【終結(シュウケツ)】 物事が終わること。決着がつくこと。
【終止(シュウシ)】 終わること。終わり。『終止形』『終止符』
【終戦(シュウセン)】 戦争が終結すること。↔開戦
【終息・終熄(シュウソク)】 続いていたことが、やっと終わること。やむこと。書き換え「終熄→終息」。
【終幕(シュウマク)】 劇の終わること。閉幕。また、ある物事が終わること。↔開幕。→❷
【終了(シュウリョウ)】 すっかり終わること。また、すべてし終えること。↔開始。『試合終了時刻』

❷ おわり。おしまい。最後。

下接 最終(サイシュウ)・歳終(サイシュウ)・始終(シジュウ)・有終(ユウシュウ)・臨終(リンジュウ)

【終曲(シュウキョク)】 ソナタ形式の曲の最後の楽章。また、オペラの幕切れを飾る最後の曲。フィナーレ。↔序曲
【終極(シュウキョク)】 物事の行きつく果て。究極。
【終車(シュウシャ)】 その日運行される最後の電車、バスなど。
【終審(シュウシン)】 審級制度で、最終の審級の裁判。
【終着(シュウチャク)】 最後の所に到着すること。終点に着くこと。↔始発。『終着駅』
【終点(シュウテン)】 いちばん終わりの所。特に、列車・バスなどが、最後に行き着く停留所や駅。↔起点・始点
【終電(シュウデン)】 「終電車」の略。その日最後の電車。
【終発(シュウハツ)】 最後に出発すること。その日の最終に発車する列車・電車・バスなど。↔始発
【終盤(シュウバン)】 将棋や囲碁で、中盤の戦いがすんでから終局までをいう。寄せ。また、一般に物事の進行の最終段階。↔序盤・中盤。『終盤戦』
【終幕(シュウマク)】 演劇の最後の一幕。↔序幕。→❶
【終末(シュウマツ)】 終わり。しまい。『終末論』
【終油(シュウユ)】 ローマ-カトリック教会で、臨終の人に香油を塗る儀式。『終油礼』

❸ おわりまで。おわるまで。

【終古(シュウコ)】 ①歳月のきわまりない遠い昔。②遠い未来。③つねに。平常。

【終歳(シュウサイ)】 ①一年中。＊白居易-琵琶行「終歳不レ聞二糸竹声一」〔=一年中、音楽を耳にしたことがない〕」 ②一生涯。

【終始(シュウシ)】 ①終わりと始め。②始めから終わりまで。『終始一貫』 ③同じ態度・行動・状態などが始めから終わりまで続くこと。『水掛け論に終始する』

【終日(シュウジツ)】 朝から晩まで。まる一日。ひねもす。＊論語-衛霊公「吾嘗終日不レ食、終夜不レ寝、以思」〔=私は以前に一日中食事もとらず、一晩中眠らずに、思索しつづけた〕」

【終宵(シュウショウ)】 夜もすがら。終夜。

【終食之間(シュウショクのカン)】 食事を終えるまでの短い時間。＊論語-里仁「君子無二終食之間違一レ仁」〔=道に志した人は食事を終えるまでの短い時間も仁にはずれた行動はしないものである〕」

【終身(シュウシン)】 一生。死ぬまで。終生。＊論語-衛霊公

「有下一言而可二以終身行一レ之者上乎（イチゲンにしてもってシュウシンこれをおこなうべきものありや）〔＝たったひとことで、一生行っていく価値のあることばがあるだろうか〕」

【終生(シュウセイ)・終世(シュウセイ)】生命の終わるまでの間。一生。

【終天(シュウテン)】この世の終わりまでの長い時間。

【終夜(シュウヤ)】夕方から明け方までの間。一晩中。

【終養(シュウヨウ)】親への孝養を最後までやりとげること。

❺ 地名。

【終南山(シュウナンザン)】中国陝西(センセイ)省西安市の東南に横たわる名山の名。南山、秦嶺(シンレイ)、秦山などともいう。

5914 【紹】 3050 3E52 8FD0 糸－5 常 ジョウ(ゼウ)㊉・ショウ(セウ)㊊\shào\つぐ

筆順 紹 紹 紹 紹 紹 紹

字解 形声。糸＋召(よびよせる)㊟。寄せ合わせ、つなぐ、つぐ意。甲骨文は、糸と刀に従う。

甲骨文  篆文 

意味 ❶つぐ。うけつぐ。㋑前の事業をうけつぐ。『紹恢』『紹述』『紹復』『継紹(ケイショウ)』 ㋺とりもつ。ひきあわせる。『紹介』 ❷地名。人名。『紹興』『袁紹(エンショウ)』

【紹介(ショウカイ)】面識のない人同士を、引き合わせること。また、未知のものを解説して知らせること。『紹介状』『自己紹介』『新刊紹介』

【紹恢(ショウカイ)】事業をうけついで、更に大きくすること。

【紹興(ショウコウ)】中国浙江省北東部杭州湾南岸の都市。市内外に水路の通じる水郷で、農産物の集散地。魯迅の生地。紹興酒の主要産地。春秋時代の、会稽の地。

【紹述(ショウジュツ)】前人の業をうけついで物事を行い、その精神を明らかにすること。

【紹復(ショウフク)】事業などをうけついで復興すること。

5915 【紳】 3134 3F42 9061 糸－5 常 シン㊊\shēn

筆順 紳 紳 紳 紳 紳 紳

字解 形声。糸＋申(のびる)㊟。皮革の上に結んで端をたらした大きな帯の意。

意味 ❶おおおび。高位の人の礼装の帯。『紳笏』『書紳』 ❷身分、教養、人格の備わった人。『紳衿』『紳士』『紳商』『搢紳(シンシン)』『貴紳(キシン)』『朝紳(チョウシン)』『田紳(デンシン)』

【紳衿(シンキン)】(「衿」は青衿より士大夫の意) その土地の有力者、上流階級。紳士。

【紳笏(シンコツ)】おおおびとしゃく。転じて、官吏の礼装。

【紳士(シンシ)】①性行が正しくて礼儀に厚く、学徳・気品を備えた人。ジェントルマン。↔淑女。『紳士録』 ②国成人の男性。『紳士服』 ❤「搢紳(シンシン)の士」の意。

【紳商(シンショウ)】教養があり、品位を備えた一流の商人。

【書レ紳(シンにしょす)】言葉などを忘れぬために紳に書きつけておく。〔論語-衛霊公〕

5916 【紲】 6908 6528 E347 糸－5 セツ㊊\xiè\きずな

字解 形声。糸＋世(↓抴、ひっぱる)㊟。引っぱるためのつなの意。

意味 きずな。つなぐ。しばる。牛馬や罪人などをつなぐつな。『羈紲(キセツ)』『縲紲(ルイセツ)』

5917 【組】 3340 4148 9167 糸－5 常2 ソ㊉㊊\zǔ\くむ・くみ・ひも

筆順 組 組 組 組 組 組

字解 形声。糸＋且(つみ重ねる)㊟。糸を重ねてくむ、くみひもの意。一般に、くむ意を表す。

金文 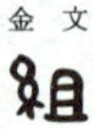 篆文 

意味 ❶くみひも。冠や印などに付ける綬(ジュ)の類。『組甲』『綵組(サイソ)』 ❷くむ。くみ立てる。くみ合わせる。『組織』『改組(カイソ)』『番組(バンぐみ)』 ❸くみ。人々の集まり。仲間。団体。学級。❹国「組合」の略。『労組(ロウソ)』

❶ くみひも。

【組纓(ソエイ)】冠のくみひも。

【組甲(ソコウ)】くみ糸でつづった鎧(よろい)。それを着た軍兵。

【組綬(ソジュ)】玉佩(ギョクハイ)、勲章、記章、官印などを身につけるためのくみひも。

【組練(ソレン)】組甲と被練(＝絹ひもでつづったよろい)。よろい。転じて、軍隊。

❷ くむ。くみ立てる。編成する。

【組閣(ソカク)】国内閣を組織すること。

【組織(ソシキ)】①織物の、たて糸とよこ糸との関係。②一定の目標があり、成員の地位と役割と相互関係が決められているような人々の集合体。また、それを組み立てること。『組織化』 ③生物体を構成する一単位で、ほぼ同じ形や働きを持った細胞の集まり。『細胞組織』

【組成(ソセイ)】いくつかの要素、成分から組み立てること。

【組合(くみあい)】①二人以上の者が協力して、特定の共同目的の遂行のために、事業を営む団体。『協同組合』『共済組合』 ②「労働組合」の略。『組合運動』

5918 【紽】 ＊5160 糸－5 タ㊊・ダ㊝\tuó\ひびろ

字解 形声。糸＋它㊟。

意味 ひびろ。紡績糸を綛(かせ)作りするために、一定の長さの糸を巻いたもの。

5919 【紿】 6909 6529 E348 糸－5 タイ㊊\dài

字解 形声。糸＋台(↓怠、ゆるむ)㊟。

意味 糸がよわる。また、あざむく。いつわる。

5920 【紬】 3661 445D 92DB 糸－5 人 チュウ(チウ)㊊\chōu・chōu\つむぎ

字解 形声。糸＋由㊟。

意味 つむぎ。つむいだ糸で織ったあらい絹布。また、つむぐ。引き出す。『繭紬(ケンチュウ)』『絹紬(ケンチュウ)』

【紬繹(チュウエキ)】糸口を見つけて引き出すこと。

【紬績(チュウセキ)】糸をつむぐこと。紬緝(チュウシュウ)。

5921 【絀】 ＊5162 糸－5 チュツ㊊\chù\ぬう

字解 形声。糸＋出㊟。

意味 ❶ぬう。また、縫いめ。❷しりぞける。「黜(チュツ)」に同じ。『絀陟』

【絀陟(チュッチョク)】官位を下げることと上げること。

5922 【紵】 6910 652A E349 糸－5 チョ㊊\zhù\いちび

5923【紾】＊5161 糸－5 シン㊥・テン㊥\zhěn

字解 形声。糸＋㐱㊟。ねじる、めぐる、まつわるの意。

5924【紞】— — 糸－5 トウ 「統」(5944)の旧字

5925【絈】＊5165 糸－5 バク㊥

字解 形声。糸＋白㊟。ずきん、はちまきの意。

5926【絆】6911 652B E34A 糸－5 ハン㊥・バン㊥\bàn\きずな・ほだし・ほだす

字解 形声。糸＋半(→攀、ひく)㊟。つなぎとめるつな、きずなの意。

参考 万葉仮名では音を借りて「は」。

意味 ❶きずな。牛馬などをつなぐつな。また、一般に物をつなぎとめるもの。ほだし。『羈絆(キハン)』『脚絆(キャハン)』❷つなぎとめる。ほだす。『絆創膏』『籠絆(ロウハン)』

【絆創膏(バンソウコウ)】粘着剤をつけた布や紙。傷口を覆ったり包帯をとめたりする医療用品。

5927【絓】＊5168 糸－6 カイ(クヮイ)㊥・カ(クヮ)㊥\guà\しけ

字解 形声。糸＋圭(かどだつ)㊟。繭からとり出したばかりで、まだひっかかるところがある糸の意。

意味 しけ。しけいと。繭の外側から引き出したままのあらい糸。『絓糸(しけいと)』

5928【絵】1908 3328 8A47 糸－6 常2 エ(ヱ)㊣・カイ(クヮイ)㊥\huì (6066)【繪】6973 6569 E389 糸－13 旧字

筆順 絵 絵 絵 絵 絵 絵

字解 絵は繪の通俗体。繪は形声。糸＋會(あわせる)㊟。五彩色の糸をあわせてししゅうする意。派生して、えの意を表す。

意味 え。平面上に、線や色で物のすがたや心象を描いたもの。いろどり。もよう。また、えがく。いろどりえがく。『絵の具』『絵本』『絵画』『油絵』

下接 油絵(あぶらエ)・影絵(かげエ)・口絵(くちエ)・図絵(ズエ)・藻絵(ソウカイ)・錦絵(にしきエ)・蒔絵(まきエ)

【絵師(エシ)】国絵かき。画家。

【絵図(エズ―カイズ)】①絵。画像。②絵図面。土地、家屋、庭園などの平面図。

【絵像(エゾウ―カイゾウ)】絵にかいた肖像。画像。

【絵本(エホン)】絵を主にした子供向きの本。

【絵馬(エマ)】国祈願または報謝のために、社寺に奉納する、絵を描いた額。❤本来は馬の絵だったが、のちには馬以外の絵も描くようになった。

【絵画(カイガ)】線や色彩などを用いて、ある形象を平面上に描き出したもの。絵。

【絵事(カイジ)】絵をかくこと。絵画に関する事柄。

〔絵事後ﾚ素(カイジはソをのちにす)〕絵をかくときは、白色を最後に加え、全体をひきしめ完成させる。人間も教養を積んだ上に礼を学べば、それまでの教養が引き立って人格が完成する意。❤一説に、「素より後にす」と読んで、下地を十分にした上で絵をかく意という。〔論語－八佾〕

【絵素(カイソ)】絵画。絵。→絵事後ﾚ素(カイジはソをのちにす)

【絵塑(カイソ)】色彩をほどこした土人形。

5929【給】2175 356B 8B8B 糸－6 常4 キュウ(キフ)㊣㊥・キョウ(ケフ)㊥\gěi・jǐ\たまう・たまわる・たぶ

筆順 給 給 給 給 給 給

字解 形声。糸＋合(あわせる)㊟。糸をつむぐとき、切れかかった糸に他の糸をたし合わせる意。

意味 ❶たす。足りるようにする。㋑そなえる。あてがう。くばる。与える。『給食』『給油』『供給』『配給』㋺たりる。十分にある。そなわる。『自給自足』『給足』❷たまう。たまわる。目上の者から目下の者に金品を与える。『給費』『給付』『官給』『支給(シキュウ)』❸てあて。雇い主が支払う勤労の報酬。たまもの。『給金』『給料』『月給』『俸給』❹世話をする。『給事』『女給(ジョキュウ)』❺すみやか。はやい。また、口ばやに言う。『口給(コウキュウ)』『捷給(ショウキュウ)』『敏給(ビンキュウ)』❻国尊敬を示す補助動詞「たまう」にあてる。『見給う』

❶ あてがう。くばる。与える。

下接 供給(キョウキュウ―グキュウ)・資給(シキュウ)・自給(ジキュウ)・受給(ジュキュウ)・需給(ジュキュウ)・配給(ハイキュウ)・発給(ハッキュウ)

【給源・給原(キュウゲン)】供給するみなもと。

【給犒(キュウコウ)】物をあたえてねぎらうこと。

【給食(キュウショク)】集団の全員に一様の食事を供すること。また、その食事。『学校給食』

【給水(キュウスイ)】水、特に上水を供給すること。『給水制限』

【給足(キュウソク)】十分にたりること。

【給油(キュウユ)】①燃料油を補給・供給すること。『給油所』②機械類に潤滑油を注入すること。

【給養(キュウヨウ)】物をあてがって養うこと。特に、軍隊で、人や馬に衣食などを供給すること。

❷ たまう。たまわる。目下の者に与える。

【給費(キュウヒ)】国や団体から費用、特に学費を与えること。『給費生』

【給付(キュウフ)】金品を支給、交付すること。『現物給付』

【給与(キュウヨ)】金品を与えること。支給すること。『制服が給与される』→❸

❸ てあて。

下接 恩給(オンキュウ)・加給(カキュウ)・月給(ゲッキュウ)・減給(ゲンキュウ)・高給(コウキュウ)・時給(ジキュウ)・週給(シュウキュウ)・昇給(ショウキュウ)・追給(ツイキュウ)・日給(ニッキュウ)・薄給(ハッキュウ)・稟給(ヒンキュウ)・俸給(ホウキュウ)・有給(ユウキュウ)

【給金(キュウキン)】給料として渡される金銭。給料。

【給与(キュウヨ)】給料。特に、官公庁、会社などで、勤務する者に支給する給料や諸手当。『給与所得』→❷

【給料(キュウリョウ)】従業者に支払われる報酬。賃金。給与。

❹ 世話をする。

【給仕・給事・給侍(キュウジ)】国貴人に侍し、雑用をすること。あるいは、食堂などで、食事の世話をすること。また、その人。

【給事中(キュウジチュウ)】①中国の古い官名。秦、漢時代には、宮中に給仕する下級職であったが、唐以後は王命を下官に伝える重臣となった。②国少納言(ショウナゴン)の唐名。

5930 【結】 2375 376B 8C8B 糸－6 [常]4 ケチ(呉)・ケツ(漢)・ケイ(漢)／jié・jiē・jì／むすぶ・ゆう・ゆわえる

[筆順] 結 結 結 結 結 結

[字解] 形声。糸＋吉(↓緊、かたくしめる)(声)。糸をかたくむすびあわせる意。

[参考] 万葉仮名では音を借りて「け(甲)」。

[意味] ❶むすびつける。ゆわえる。たばねる。『結合』『結束』『連結』 ❷こりかたまる。一つのものになる。実をむすぶ。『結果』『結晶』『凝結』『凍結』 ❸約束して結びつく。仲間になる。『結婚』『交結(コウケツ)』『団結(ダンケツ)』 ❹かまえる。組み立てて作る。『結構』『結成』 ❺しめくくる。まっとうする。また、むすび。『起承転結』『結末』『完結』『終結』 ❻[国]「結城(ゆうき)」は、茨城(いばらき)県西部の結城地方で作られる織物。

❶ むすびつける。ゆわえる。たばねる。

[下接] 増結(ゾウケツ)・集結(シュウケツ)・直結(チョッケツ)・併結(ヘイケツ)・連結(レンケツ)

【結合(ケツゴウ)】 結び合わさって一つになること。

【結紮(ケッサツ)】 主として止血のために、血管や組織のある部分を糸などでしばること。

【結綬(ケツジュ／ジュをむすぶ)】 官職につくこと。綬を佩(お)ぶ。

【結縄(ケツジョウ)】 古く、文字がなかった時代に、縄の結び方で互いに意を通じあい、記憶の便としたこと。

【結節(ケッセツ)】 つなぎめを結び合わせること。↓❷

【結草(ケッソウ)】 [1]草を結ぶこと。[2]恩にむくいること。♥中国、春秋時代、晋(シン)の魏顆(ギカ)が、父の死に際して、その妾を殉死させず、他に嫁がせたところ、秦(シン)との戦に、妾の父の霊が現れ、草を結び、敵将をつまずかせ、魏顆に手柄を立てさせたという故事から。〔左伝‐宣公一五年〕↓❹

【結束(ケッソク)】 [1]物を紐(ひも)や縄などでたばねること。[2][国]志を同じくするものが互いにかたく結合すること。

【結腸(ケッチョウ)】 大腸のうち、下端の直腸を除く部分。大腸の大部分であり、主に水分を吸収する。

【結締組織(ケッテイソシキ)】 動物体の組織や器官の間を満たし、それらを結合し、支持する組織。

【結髪(ケッパツ)】 髪を結うこと。元服して成人となること。♥男子の二〇歳、女子の一五歳をいう。その年ごろ。

【結膜(ケツマク)】 眼球の上面を覆っている無色透明の粘膜。

❷ こりかたまる。また、実をむすぶ。

[下接] 鬱結(ウッケツ)・凝結(ギョウケツ)・凍結(トウケツ)・秘結(ヒケツ)・氷結(ヒョウケツ)

【結怨(ケツエン)】 [1]うらむこと。うらまれること。[2]いつまでも残るうらみ。しこり。

【結果(ケッカ)】 [1]植物が実を結ぶこと。結実。[2]あることが原因になって生じたある事態。↔原因。[3]ある行為が完了・終了した状態。

【結核(ケッカク)】 結核菌の感染によって起こる慢性の伝染病。

【結球(ケッキュウ)】 キャベツなどで、葉が互いに重なりあって球状となること。

【結実(ケツジツ)】 [1]草木が実を結ぶこと。[2]努力の効果が現れて、良い結果が得られること。

【結集(ケッシュウ／ケツジュウ)】 [1]（ケッシュウ）多くのものを一つに集めてまとめること。[2]（ケツジュウ）釈尊の入滅後、弟子たちがその教えを編纂したこと。

【結晶(ケッショウ)】 [1]原子、分子などが、対称的、周期的に規則正しく配列し、いくつかの限られた平面によってできた多面体をなしている固体。『雪の結晶』[2]愛、努力などの結果が、他のある形となって現れたもの。

【結節(ケッセツ)】 結ばれたようにかたまってできる節(ふし)。↓❶

【結滞(ケッタイ)】 正常な脈搏(ミャクハク)が乱れること。

【結氷(ケッピョウ)】 氷がはること。また、はった氷。↔解氷

【結露(ケツロ)】 温度差によって水蒸気が凝結し、物の表面に水滴ができる現象。

❸ 約束して結びつく。仲間になる。

【結縁(ケツエン／ケチエン)】 仏道に縁を結ぶこと。未来に成仏する機縁を作ること。

【結歓(ケッカン)】 よしみを結ぶこと。仲よくなること。

【結婚(ケッコン)】 男性と女性が正式に夫婦となること。婚姻。

【結社(ケッシャ)】 共通の目的を遂行するために組織される継続的な団体。『政治結社』『秘密結社』

【結託(ケッタク)】 互いに心を通じ合わせて、事を行うこと。日本では多く、よくないことについていう。

【結団(ケツダン)】 団体を結成すること。↔解団。『結団式』

【結党(ケットウ)】 党派、政党を結成すること。

【結納(ケツノウ／ゆいノウ)】 [1]（ケツノウ）気心を通じ合って力を合わせること。[2]（ゆいノウ）婚約のあかしとして男女双方で金品をとりかわすこと。『結納(ゆいノウ)を交わす』『結納金(ゆいノウキン)』

❹ かまえる。組み立て作る。

【結宇(ケツウ)】 家を建てること。

【結界(ケッカイ)】 [1]仏教で、区域を制限すること。修行の障害となるものの入るのを許さないこと。また、その場所。『女人結界』『七里結界』[2][国]商家で帳場の境として立てる三つ折りの格子。結界格子。

【結跏趺座・結跏趺坐(ケッカフザ)】 左右の足の甲でそれぞれ反対側の足のももを上からおさえる形に足を組んだ座り方。♥「跏」は足の裏、「趺」は足の甲。

【結夏(ケツゲ)】 仏語。夏安居(ゲアンゴ)の初日。陰暦で、四月中旬ごろ。

【結構(ケッコウ)】 [1]構築物など、もののこしらえ。[2][国]（①から転じて）すぐれているさま。立派なさま。満足なさま。婉曲(エンキョク)に断る場合にもいう。[3][国]十分なさま。

【結成(ケッセイ)】 会、団体などを組織すること。

【結草(ケッソウ)】 草庵を作ること。↓❶

【結廬(ケツロ／ロをむすぶ)】 いおりを作って住むこと。＊陶潜‐飲酒「結廬在人境(ロをむすんでジンキョウにあり)〔＝そまつな家を人里に構えて住んでいる〕」

❺ しめくくる。また、むすび。

[下接] 開結(カイケツ)・完結(カンケツ)・帰結(キケツ)・終結(シュウケツ)・妥結(ダケツ)・締結(テイケツ)・論結(ロンケツ)・起承転結(キショウテンケツ)

【結願(ケチガン)】 願掛けを終結すること。満願。

【結局(ケッキョク)】 [国]最後には。つまるところ。結句。

【結句(ケック)】 [1]詩歌の最後の句。結びの句。[2][国]結局。

【結語(ケツゴ)】 文章や話などの結びの言葉。

【結審(ケッシン)】 審理を打ち切ること。口頭弁論の終結。

【結尾(ケツビ)】 終わり。むすび。結末。

【結末(ケツマツ)】 最後のしめくくり。最終的な結果。終局。

【結了(ケツリョウ)】 すべて終わること。終結。終了。

【結論(ケツロン)】 論じつめた結果、最後に決定した判断。また、推論の結果導き出された判断。

[難読地名] 結城(ゆうき)市・郡(茨城)

5931 【絢】 1628 303C 88BA 糸－6 [人] ケン(漢)／xuàn／あや

[字解] 形声。糸＋旬(声)。

竹米糸缶网(罒・冂・㓁)羊羽(⺷)老(耂)而耒耳聿肉(月) 6画 臣自至臼(臼)舌舛(舛)舟艮色艸(艹・艹・艹)虍虫血行衣(衤)襾(覀・西)

意味 ❶あや。織物の美しいもよう。また、あやがあって美しい。『素絢(ソケン)』❷はやい。

【絢爛(ケンラン)】きらびやかで美しいさま。『豪華絢爛』

5932【絹】ニ― 糸－6 ケン 「絹」(5952)の異体字

5933【絝】＊5173 糸－6 コ㊥\kù

字解 形声。糸＋夸㊟。はかまの意。

5934【絞】2542 394A 8D69 糸－6 常 キョウ(ケウ)㊣・コウ(カウ)㊥\jiǎo/しぼる・しぼり・しめる・しまる・くびる

筆順 絞 絞 絞 絞 絞 絞

字解 形声。糸＋交(交差させる)㊟。糸などでしめる意。

意味 ❶くびる。首をしめて殺す。『絞罪』『絞殺』『絞首』❷国㋑しぼる。しぼりとる。また、小さくする。縮める。㋺しぼり。しぼり染め。『鹿(か)の子絞り』

【絞罪(コウザイ)】首をしめて殺す刑。絞首刑。

【絞殺(コウサツ)】首をしめて殺すこと。『絞殺死体』

【絞首(コウシュ)】首をしめて死に至らしめること。『絞首刑』

5935【絳】6912 652C E34B 糸－6 コウ(カウ)㊥\jiàng/あか・あかい

字解 形声。糸＋夅㊟。

意味 ❶あか。あかい。深紅色。『絳裙』『絳闕』『絳唇』『絳帳』❷「絳河(コウカ)」は、天、また、天の川。銀河。❸地名。中国、春秋時代の晋(シン)の都。今の山西省にある。

【絳裙(コウクン)】赤いもすそ。転じて、芸妓(ゲイギ)のこと。

【絳闕(コウケツ)】赤い色の門。転じて、宮城の門。

【絳唇・絳脣(コウシン)】赤いくちびる。紅唇。

【絳帳(コウチョウ)】①赤いとばり。②師の席。♥中国、後漢の馬融が、赤いとばりをたれ、その前に生徒を置いて教えた故事から。〔後漢書－馬融伝〕

5936【絖】6913 652D E34C 糸－6 コウ(クヮウ)㊥\kuàng/わた・ぬめ

字解 形声。糸＋光㊟。

意味 ❶きぬわた。わた。❷国ぬめ。薄地で滑らかな絹布で、画布、造花などに用いるもの。『綜絖(ソウコウ)』

5937【絎】6914 652E E34D 糸－6 コウ(カウ)㊥\háng/ぬう・くける

字解 形声。糸＋行㊟。

意味 ❶ぬう。❷国くける。糸目を表に表さないように縫う。『平絎(ひらぐけ)』

5938【絨】6916 6530 E34F 糸－6 ジュウ㊥\róng

字解 形声。糸＋戎㊟。

意味 ❶厚地のやわらかい毛織物。『絨毯』『絨毛』『製絨(セイジュウ)』❷「石絨(セキジュウ)」は、いしわた。❸あて字。『天鵞絨(ビロード)』

【絨毯・絨緞(ジュウタン)】厚い毛織物の一種。床(ゆか)の敷物として用いる。カーペット。『絨毯爆撃〔＝絨毯を敷きつめるように、一定地域をすきまなく爆撃すること〕』

【絨毛(ジュウモウ)】小腸などの粘膜上にある毛状の小さな突起。養分の吸収などを助ける。

5939【紝】＊5166 糸－6 ジン 「紝」(5896)の異体字

5940【絏】6918 6532 E351 糸－6 セツ㊥\xiè/きずな

字解 形声。糸＋曳(ひく)㊟。きずなの意。

意味 きずな。なわ。また、しばる。つなぐ。『縲絏(ルイセツ)』

5941【絶】3268 4064 90E2 糸－6 常5 (5942)【絕】ニ― 糸－6 旧字 ゼチ㊣・ゼツ㊣・セツ㊥\jué/たえる・たやす・たつ・たえて

筆順 絶 絶 絶 絶 絶 絶

甲骨文

篆文

字解 会意。糸＋刀(刃物)＋卩(＝巳、膝をおった人)。膝をおるように刃物で糸をきる意。甲骨文は、糸を横線でたつさま。

意味 ❶たつ。途中でたちきる。うちきる。『絶食』『断絶』『中絶』❷たえる。たやす。また、たえて。㋑うしなう。なくなる。ほろびる。『絶体絶命』『絶筆』『絶望』『根絶』『廃絶』＊岑参－磧中作「平沙万里絶二人煙一(ヘイサバンリジンエンたゆ)〔＝砂漠ははてしなく続き、人家の煙さえ見えない〕」㋺たえて。けっして。『絶無』❸こばむ。ことわる。『義絶(ギゼツ)』『拒絶(キョゼツ)』『謝絶(シャゼツ)』❹へだたる。かけはなれる。遠くはなれる。『想像を絶する』『絶海』『隔絶』❺けわしい。『絶壁』『峭絶(ショウゼツ)』❻こえる。まさる。きわまる。㋑この上なくすぐれている。『絶景』『絶妙』『卓絶』『超絶』㋺はなはだ。非常に。きわめて。『絶賛』『凄絶』『壮絶』❼「絶句」の略。『五絶(ゴゼツ)』⇒〔断〕(3080)の表

下接 ❶たつ。たちきる。うちきる。 禁絶(キンゼツ)・決絶(ケツゼツ)・断絶(ダンゼツ)・中絶(チュウゼツ)・杜絶(トゼツ)・途絶(トゼツ)・離絶(リゼツ)・韋編三絶(イヘンサンゼツ)

【絶縁(ゼツエン)】①縁をたち切ること。『絶縁状』②電荷の流れまたは熱の伝導を遮断すること。『絶縁体』

【絶学(ゼツガク)】学問をやめること。途中で中絶した学問。

【絶句(ゼック)】①漢詩の形式で、起・承・転・結の四句から成るもの。句の字数によって五言(ゴゴン)絶句、七言(シチゴン)絶句という。②国話している途中で、言葉がつまること。

【絶弦・絶絃(ゼツゲン)】なれ親しんだもの、人、行為と決別すること。〔呂氏春秋－本味〕♥中国古代の琴の名人伯牙(ハクガ)が自分の技量をもっとも理解してくれた鍾子期(ショウシキ)に死別してから愛用の琴の弦をたち、二度と琴をひかなかったという故事から。

【絶交(ゼッコウ)】交際をたつこと。

【絶四(ゼッシ)〔シをたつ〕】孔子の克服した四つの悪い性質。＊論語－子罕「子絶レ四。毋レ意、毋レ必、毋レ固、毋レ我(シシをたつ。イなく、ヒツなく、コなく、ガなし)〔＝先生は、私意で物事を推し測ること、無理押しすること、固執すること、我を張ること、これら四つのものを絶ち切っておられた〕」

【絶食(ゼッショク)】食物を全くとらないでいること。断食(ダンジキ)。

【絶塵(ゼツジン)】①世俗との交渉をたつこと。脱俗。②ちりもたたぬくらい早く走ること。転じて、徳行、人格が人の追随を許さぬ境地にあること。〔荘子－田子方〕

【絶跡・絶迹(ゼッセキ)】①跡をたつこと。絶滅。②人跡のたえた所。さいはて。

【絶俗(ゼツゾク)】①世間の雑事にかかわりをもたないこと。②世間よりもはるかにすぐれていること。脱俗。

【絶版】ゼッパン その本の出版を打ち切ること。

【絶筆】ゼッピツ ①書くことをやめること。②その人が生前、最後に書き残した筆跡や作品など。

【絶粒】ゼツリュウ 穀物を食べるのをやめること。また、食事をとらないこと。→❷

❷ たえる。たやす。うしなう。

下接 気絶キゼツ・凝絶ギョウゼツ・根絶コンゼツ・廃絶ハイゼツ・悶絶モンゼツ

【絶響】ゼッキョウ 芸術や芸能などがたえてしまうこと。〔晋書‐嵆康伝〕❤中国、晋シンの嵆康ケイコウが死刑になるとき、琴の名曲、広陵散も自分の死によって絶えてしまうだろうと嘆いた故事。

【絶家】ゼッケ〔ゼッカ〕 家系がたえること。

【絶後】ゼツゴ ①それ以後に決して同じようなためしがないこと。『空前絶後』②息がたえた後。死後。

【絶息】ゼッソク 息のたえること。絶命。

【絶体絶命】ゼッタイゼツメイ 国どうしてものがれようのないせっぱ詰まった場合や立場にある状態。❤「絶体」「絶命」は共に九星占いでいう凶星の名。

【絶倒】ゼットウ 笑いころげること。『捧腹ホウフク絶倒』❤もと、気絶して倒れる意。

【絶望】ゼツボウ 希望や期待が全く失われること。『絶望的』

【絶無】ゼツム たえてないこと。全くないこと。

【絶滅】ゼツメツ ほろびたえること。『絶滅の危機』

【絶粒】ゼツリュウ 食糧がたえること。→❶

❹ へだたる。かけはなれる。

下接 横絶オウゼツ・隔絶カクゼツ・懸絶ケンゼツ・孤絶コゼツ

【絶域】ゼツイキ 遠く隔たった地。外国。

【絶遠】ゼツエン この上もなく遠いこと。

【絶海】ゼッカイ 陸地からはるか離れた海。

【絶境】ゼッキョウ 世間と隔絶した土地。＊陶潜‐桃花源記「来二此絶境一、不二復出一焉(このゼッキョウにきたり、またいでず)」〔=この人里遠く離れた土地にやって来て、二度と出ることをしなかった〕

【絶国】ゼッコク 遠く離れた土地、国。

【絶地】ゼッチ 人里離れた所。

【絶島】ゼットウ 絶海の孤島。はなれじま。

❺ けわしい。

【絶崖】ゼツガイ きりたったようにそびえる岸。がけ。

【絶澗】ゼッカン 深く険しい谷。また、山奥の谷。

【絶壁】ゼッペキ 切りたった険しいがけ。絶崖。『断崖絶壁』

❻ こえる。まさる。きわまる。

下接 艶絶エンゼツ・冠絶カンゼツ・奇絶キゼツ・殊絶シュゼツ・秀絶シュウゼツ・峻絶シュンゼツ・凄絶セイゼツ・清絶セイゼツ・壮絶ソウゼツ・卓絶タクゼツ・超絶チョウゼツ

【絶異】ゼツイ 他とかけはなれてすぐれていること。

【絶佳】ゼッカ 非常にすぐれていること。すぐれて美しいこと。

【絶技】ゼツギ きわめてすぐれた技術、技芸。

【絶叫】ゼッキョウ 声を限りに叫ぶこと。また、その叫び。

【絶景】ゼッケイ 非常に美しい景色。

【絶好】ゼッコウ この上なくよいこと。『絶好の機会』

【絶賛・絶讃】ゼッサン 口をきわめて称賛すること。❤書き換え「絶讃→絶賛」。

【絶唱】ゼッショウ ①この上もなくすぐれたよい詩や歌。②感情をこめてみごとに歌うこと。

【絶勝】ゼッショウ きわめて景色のすぐれた地。

【絶色】ゼッショク 他にぬきんでた、すばらしい容姿。

【絶世】ゼッセイ 世にまたとないほどすぐれていること。『絶世の美人』

【絶大】ゼツダイ きわめて大きいさま。『絶大なる声援』

【絶代】ゼツダイ ①その時代に並ぶものがないこと。古今を通じてまれなこと。②遠く離れた時代。

【絶対】ゼッタイ ①なにものにも制限や拘束をされないで、それ自体としてあること。↔相対。『絶対者』②国決して。断じて。どういう場合でも必ず。『絶対反対』

【絶頂】ゼッチョウ ①山の最も高い所。頂上。②物事の最高度に位置する所。頂点。『得意の絶頂』『人気絶頂』

【絶美】ゼツビ この上もなく美しいさま。絶佳。

【絶品】ゼッピン きわめてすぐれた品物や作品。

【絶妙】ゼツミョウ きわめて巧みであるさま。『絶妙の演技』

【絶倫】ゼツリン (「倫」は同類の意) 人なみはずれて、すぐれていること。抜群。『精力絶倫』

5943 【絰】＊5177 糸‐6 テツ漢／dié

字解 形声。糸+至声。

意味 喪服を着るとき、首や腰に巻きつける麻ひも。『衰絰サイテツ』『苴絰ショテツ』

5944 【統】 3793 457D 939D 糸‐6 常5 (5924)【統】 二一 糸‐5 旧字

トウ漢／tǒng／すべる・すじ

筆順 

字解 形声。糸+充(みたす)声。糸を集め合わせて一本の糸として満たす、すべる意。また、すじの意。

意味 ❶すべる。一つにまとめる。また、おさめる。『統一』『統計』『統治』『総統ソウトウ』 ⇒〔総〕(5973)の表 ❷すじ。おおすじ。ひとすじのつながり。『系統』『正統』

❶ すべる。おさめる。

下接 総統ソウトウ・大統ダイトウ・天統テントウ

【統一】トウイツ 一つの組織・系統のもとに整えること。統合。↔分裂。『統一見解』『統一的』『不統一』

【統覚】トウカク 哲学で、経験や認識を自己の意識として統一する作用。『統覚作用』

【統括】トウカツ 一つにまとめてくくること。

【統轄】トウカツ 統一して管轄すること。

【統監】トウカン 政治・軍事などを統轄、監督すること。また、その人。

【統御・統馭】トウギョ 全体を支配し、とりしきること。

【統計】トウケイ ①一つにまとめて計算すること。②集団の個々の要素が持つ数値の分布や、その分布の特徴を示す数値の総体。

【統合】トウゴウ 二つ以上のものを一つにまとめること。

【統裁・統宰】トウサイ 統率し裁断すること。

【統帥】トウスイ 軍隊をすべ率いること。統率。『統帥権』

【統制】トウセイ ①多くの物事を一つにまとめおさめること。『統制のとれた集団』②国ある方針の下に制限・規制すること。『言論統制』

【統率】トウソツ 集団をまとめ率いること。『統率力』

【統治】トウチ 主権者が国土・人民を治めること。

【統領】トウリョウ 支配者として全体をまとめること。また、その人。

❷ すじ。おおすじ。ひとすじのつながり。

下接 一統イットウ・王統オウトウ・学統ガクトウ・系統ケイトウ・継統ケイトウ・血統ケットウ

ト・皇統・垂統・世統・正統・聖統・伝統・道統・法統・両統

5945
【絣】 6919 6533 E352 糸－6
ホウ 「絣」(5981)の異体字

5946
【絡】 4577 4D6D 978D 糸－6 常
ラク 呉漢 \luò\ からむ・からまる・まとう
筆順 絡 絡 絡 絡 絡 絡
字解 形声。糸＋各声。糸をめぐらし、からます意。
意味 ❶からむ。まとう。からめる。まつわる。『纓絡』『籠絡』 ❷つながる。つなぐ。つづく。『絡繹』『連絡』『短絡』 ❸すじ。細かいすじ。また、すじみち。『経絡』『刺絡』『脈絡』
【絡繹】人馬や車の往来が絶え間なく続くこと。

5947
【絮】 糸－6
ジョ 漢・ニョ 漢
字解 形声。糸＋如声。まきはだの意。槙の木の皮をやわらかくしたもの。船の充塡材。袽に同じ。

5948
【継】 2349 3751 8C70 糸－7 常
(6073)【繼】 6975 656B E38B 糸－14 旧字
(2106)【㡭】 幺－11
ケイ 呉漢 \jì\ つぐ・まま
筆順 継 継 継 継 継 継
字解 継は繼の略体。繼は形声。糸＋㡭(糸をつなぐ)声。つぐ意。のちに糸を加えて、字義を明確にした。
意味 ❶つぐ。つなぐ。つづける。うけつぐ。あとを受ける。『継起』『継承』 ❷まま。親子関係はあるが、血のつながりがない。『継子』『継母』
下接 後継・襲継・承継・紹継・中継

❶うけつぐ。あとを受ける。
【継起】相次いで起こること。
【継妻】＝継室
【継嗣】相続人。あとつぎ。継子。
【継室】後妻。のちぞいの妻。継妻。
【継承】前の人の身分、仕事、財産などをうけつぐこと。承継。
【継踵・継蹤】あとをうけて続けること。
【継続】引き続いて行われること。続けて行うこと。『継続審議』
【継体】君主の位をうけつぐこと。あとつぎ。

❷まま。血のつながりがない。
【継子】①血のつながりのない子。②(まま) 仲間外れにされる者。
【継父】血のつながりのない父。
【継母】血のつながりのない母。

5949
【經】 6920 6534 E353 糸－7
ケイ 「経」(5905)の旧字

5950
【絅】 *5193 糸－7
ケイ 「絅」(5906)の異体字

5951
【綌】 *5189 糸－7
ケキ 漢・ゲキ 慣 \xì\
字解 形声。糸＋谷(→隙、すきま)声。葛の繊維で織った、目があらく、すきまのある布の意。

5952
【絹】 2408 3828 8CA6 糸－7 常6
(5932)【絹】 糸－6
ケン 呉漢 \juàn\ きぬ
筆順 絹 絹 絹 絹 絹 絹
字解 形声。糸＋肙(細く小さい)声。きぬいとの意。
意味 きぬ。きぬいと。カイコの繭からとった繊維。
下接 純絹・正絹・人絹・素絹／薄絹・絵絹・生絹・紅絹
【絹雲】国 まきぐも。巻雲。
【絹糸】カイコの繭からとった糸。
【絹積雲】国 いわし雲。巻積雲。
【絹素】白色の絹布。素絹。
【絹層雲】国 うす雲。巻層雲。
【絹紬】作蚕の糸で織った織物。繭紬。
【絹帛】絹織物。
【絹布】絹糸で織った織物。絹織物。
【絹本】書画用の絹地。また、絹地にかかれた書画。

5953
【綆】 *5186 糸－7
コウ(カウ) 漢 \gěng\
字解 形声。糸＋更声。つるべなわの意。

5954
【綉】 6921 6535 E354 糸－7
シュウ(シウ) 漢・トウ 漢 \xiù\ ぬいとり
字解 糸＋秀声。ぬいとり。繡に同じ。

5955
【綃】 *5184 糸－7
ショウ(セウ) 漢・ソウ(サウ) 漢 \xiāo\ いと・あやぎぬ
篆文

字解 形声。糸＋肖声。きいと。
意味 ❶きぎぬ。つや出しをしていない絹。『紅綃』(＝紅色のきぎぬ) ❷あやぎぬ。美しい模様の絹。『綃帳』 ❸うすぎぬ。細い糸で織った絹。
【綃帳】あやぎぬで作ったとばり。

5956
【綏】 6923 6537 E356 糸－7
スイ 漢 \suí\ やすい
字解 形声。糸＋妥(手でおさえる)声。車の乗り降りの際につかまるひもの意。また、安んじる意に用いる。
甲骨文
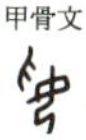
金文

篆文

意味 やすい。やすらか。やすんじる。『靖綏』
【綏安】やすんじること。やすらかにすること。
【綏遠】①遠い地方をおさめて静めること。②中国の旧省名。現在は、内モンゴル自治区に併合。
【綏懐】やすんじ手なずけること。
【綏綏】①やすらかなさま。②連れだって行くさま。③雨や雪が降りそそぐさま。
【綏靖・綏静】＝綏安
【綏撫】人々が安心するようにしずめおさめること。

5957
【続】 3419 4233 91B1 糸－7 常4
(6083)【續】 6984 6574 E394 糸－15 旧字
ゾク 呉・ショク 漢 \xù\ つづく・つづき・つづける・つぐ

竹米糸缶网(罒・罓・⺳)羊羽(羽)老(耂)而耒耳聿肉(月)
6画
臣自至臼(臼)舌舛(舛)舟艮色艸(艹・艹・艹)虍虫血行衣(衤)襾(西・覀)

筆順 続続続続続続

字解 続は續の略体。續は形声。糸＋賣(↓屬、つづく)声。糸がつづく、つぐ意。

甲骨文  篆文 

意味 つぐ。つづく。つなぐ。また、つづき。＊史記-項羽本紀「此亡秦之続耳(これボウシンのゾクのみ)〔＝これでは滅亡した秦の二の舞いにほかならない〕」

下接 永続(エイゾク)・勤続(キンゾク)・継続(ケイゾク)・後続(コウゾク)・持続(ジゾク)・接続(セツゾク)・相続(ソウゾク)・存続(ソンゾク)・断続(ダンゾク)・連続(レンゾク)

【続飯(ソクイ)】飯粒をねって作ったのり。

【続演(ゾクエン)】①予定の興行期間を延長して上演すること。②前の出し物にひきつづいて上演すること。

【続柄(ゾクがら｜つづきがら)】親族としての関係。親子、夫婦、兄弟などのつながり。

【続弦・続絃(ゾクゲン)】琴の切れた糸をつなぐこと。転じて、再び妻をめとること。〔通俗編-婦女・続弦〕▼琴瑟(キンシツ)が夫婦の和の象徴とされ、その糸の切れたのをつなぐところから転じていう。

【続載(ゾクサイ)】つづけて掲載、記載すること。

【続出(ゾクシュツ)】同じようなことが次々と現れること。

【続続(ゾクゾク)】ひきつづいて絶えないさま。＊白居易-琵琶行「低眉信手続続弾(まゆをたれてにまかせてゾクゾクとダンず)〔＝伏し目がちに手の動くままに次から次へと弾いてゆく〕」

【続貂(ゾクチョウ)】つまらない人間がすぐれた者のあとに続くこと。謙遜(ケンソン)していう。〔晋書-趙王倫伝〕▼「貂」は、動物のテンの尾で作った冠の飾り。「冠に飾る貂(てん)の尾が足りなくなって犬の尾を飾った者が続く」の意。

【続発(ゾクハツ)】ひきつづいて起こること。

【続編・続篇(ゾクヘン)】書物や映画、演劇などで本編や正編などのつづきである編。

【続報(ゾクホウ)】前の報告や報道のつづき。

【続行(ゾッコウ)】つづけて行うこと。

5958【絺】＊5179 糸-7 チ(漢)/chī

字解 形声。糸＋希(こまかいおりめ)声。葛(くず)の細い織維で織った布で、綌(ゲキ)より目が細かいものの意。

意味 ほそぬの。また、葛(くず)で織った衣服。

【絺衣(チイ)】細い糸で織った衣。

【絺綌(チゲキ)】葛(くず)の繊維で織った布。

5959【綈】＊5187 糸-7 テイ(漢)/tí/あつぎぬ

字解 形声。糸＋弟声。厚くて丈夫なきぬおりもの。

篆文 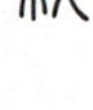

意味 あつぎぬ。太い糸で織った絹。つむぎ。

【綈袍(テイホウ)】あつぎぬで作った綿入れ。どてら。

5960【絽】6924 6538 E357 糸-7 リョ(漢)・ロ(慣)/lǚ

字解 形声。糸＋呂声。しまおりの意。

意味 ❶無地の絹織物。❷国ろ。織り目の透いたうすい絹織物。『絽刺(ロざし)』『絽縮緬(ロちりメン)』

5961【綛】6925 6539 E358 糸-7 かせ

字解 国字。

意味 ❶かすり。「絣」に同じ。❷かせ。一定の大きさの枠に、一定の長さの糸を巻いたもの。

5962【維】1661 305D 88DB 糸-8 常 ユイ(呉)・イ(井)(漢)/wéi/つな・つなぐ・これ・ただ

筆順 維維維維維維

字解 形声。糸＋隹声。つなの意。借りて助字に用いる。金文は、隻(とりをつかまえる)に従う。

金文  篆文 

意味 ❶つな。㋑糸すじ。すじ。『維管束(イカンソク)』『繊維(センイ)』㋺おおづな。おおもと。『維綱』『国維(コクイ)』㋩天地の四隅をつなぐというおおづな。転じて、すみ。はて。『四維(シイ)』『地維(チイ)』❷つなぐ。結びつける。『維持』❸これ。また、ただ。発語を示す。「惟(これ)」「唯(ただ)」に同じ。『維新』❹音訳字。『維納(ウィーン)』『維摩(ユイマ)』

【維綱(イコウ)】おおづな。おおもと。根本基準。

【維持(イジ)】物事をその状態のままに保ちつづけること。

【維新(イシン｜これあらたなり)】すべてが改まり、新しくなること。特に政治や社会の革新。日本では明治維新を指すことが多い。▼「詩経-大雅・大王」の「周雖旧邦、其命維新(シュウはキュウホウといえども、そのメイこれあらたなり)」から。

【維納(ウィーン)】(Wienの音訳)オーストリア共和国の首都。

【維摩(ユイマ)】(梵 Vimalakīrti(毘摩羅詰利帝)の音訳、「維摩詰」の略)維摩経に登場する主人公で、古代インドの毘舎離(ビシャリ)城の大富豪。釈尊の弟子としてその教化(キョウケ)を助けたといわれる。

5963【綺】6926 653A E359 糸-8 人 キ(漢)/qǐ/あや・かんはた

字解 形声。糸＋奇(普通でなく、目だつ)声。目をひく美しいきぬの意。

参考 万葉仮名では音を借りて「き㋛」。

意味 あや織りの絹。あやぎぬ。あや。転じて、美しい。はなやかである。また、ことばが巧みで飾りがある。日本では、特に、かんはた。絹織物の一種。

下接 紈綺(ガンキ)・錦綺(キンキ)・羅綺(ラキ)・綾綺(リョウキ)

【綺雲(キウン)】あやぎぬのように美しい雲。

【綺筵(キエン)】美しい敷物。綺席。

【綺紈(キガン)】あやぎぬとねりぎぬ。転じて、美しい衣服、貴人の衣服の美称。

【綺語(キゴ)】巧みに飾って表現した言葉。『狂言綺語』▼仏教で十悪の一つとする。

【綺縠(キコク)】綾(あや)のあるうすぎぬ。

【綺疎(キソ)】美しい模様の彫刻。

【綺窓(キソウ)】飾り窓。

【綺談(キダン)】ことば巧みに面白くこしらえた話。▼書き換え「綺談→奇談」。

【綺靡(キビ)】はなやかで美しいこと。

【綺羅(キラ)】①あやぎぬとうすぎぬ。美しい衣服。②国華やかであること。『綺羅を飾る』『綺羅星(ぼし)』

【綺麗(キレイ)】①姿・形や音などが整っていて美しく、目や耳に快いさま。華やかでうるわしいさま。②国清らかなさま。汚れのないさま。③国物事が残りなく行われるさま。『綺麗にたいらげる』▼「奇麗」とも書く。

5964【綣】6928 653C E35B 糸-8 ケン(漢)・カン(クヮン)(慣)/quǎn/まく・まきつく

字解 形声。糸＋卷(まく)声。まきつく意。

意味 まく。まきつく。まとわりつく。「繾綣(ケンケン)」は、ねんごろ。つきまとって離れないこと。

5965 【綱】 2543 394B 8D6A 糸－8 常 コウ(カウ)呉漢/gāng/つな

筆順 糹 綱 綱 綱 綱 綱 綱

字解 形声。糸＋岡(→剛・強、つよい)声。太くて強いつなの意。

意味 ❶つな。㋑おおづな。網をしめくくるもとづな。『綱維』『命綱(いのちづな)』『手綱(たづな)』『艫綱(ともづな)』㋺はえなわ。綱に多くの針をつけ魚をとること。＊論語-述而「子釣而不レ綱(つりしてコウせず)〔=孔子は釣りはしたが、はえなわで多くの魚を一度にとることはなかった〕」❷おおもと。かなめ。㋑物事の根本。根本のきまり。『綱紀』『綱要』『綱領』『大綱(タイコウ)』『要綱(ヨウコウ)』㋺人の守るべき道。『綱常』❸しめくくる。すべる。『僧綱(ソウゴウ)』❹大分類。生物学の分類で、門の下、目の上。『哺乳綱(ホニュウコウ)』『綱目』

【綱維(コウイ)】①大づなでつなぎとめること。転じて、物事のおおすじ。②国家のおきて。③仏語。寺で一般の僧を監督、指導する僧の総称。寺主、上座、維那など。

【綱紀(コウキ)】(「紀」は小づなの意) 国家を治める大法と細則。『綱紀粛正』

【綱常(コウジョウ)】三綱と五常。人のふみ行うべき道。

【綱目(コウモク)】①物事の大分けと小分け。②編年体の史書の記述法。大要の見出しとその細注。

【綱要(コウヨウ)】基本となる肝要な所。『物理学綱要』

【綱領(コウリョウ)】①物事の主要な所。要点。『哲学綱領』②政党などで、その主張・政策などを示したもの。

5966 【綵】 6929 653D E35C 糸－8 サイ漢/cǎi/あや・あやぎぬ

字解 形声。糸＋采(→彩、美しい色どり)声。美しい色どりのあやぎぬの意。

意味 あや。美しい色どりの絹織物。あやぎぬ。また、色どり。模様。

【綵衣(サイイ)】さまざまに色どり、模様を施した衣。

【綵雲(サイウン)】朝日や夕日などに映えて美しい雲。

【綵花(サイカ)】つくりばな。造花。

【綵組(サイソ)】美しい色の組みひも。

【綵帳(サイチョウ)】美しい色絹のとばり。

【綵房(サイボウ)】美しく色どった部屋。

5967 【緇】 6930 653E E35D 糸－8 (6001)【緇】ーー 糸－9 シ呉漢/zī/くろ・くろい

字解 形声。糸＋甾(=甾)声。

意味 くろぎぬ。転じて、くろ。黒い。黒くそめる。黒くそまる。また、黒衣を着た僧。僧侶。

【緇衣(シエ｜シイ)】鼠(ねずみ)色がかった黒の僧の衣。黒衣。転じて、僧侶のこと。

【緇塵(シジン)】世俗の塵埃(ジンアイ)によごれること。

【緇素(シソ)】僧と俗人。❤「素」は白衣で俗人の着る服。

【緇徒(シト)】僧侶(ソウリョ)の異称。緇流。緇侶。

【緇門(シモン)】僧侶の一門。また、僧侶。

5968 【綽】 6931 653F E35E 糸－8 シャク漢/chuò/ゆるやか

金文  篆文 重文

字解 形声。糸＋卓声。綽は、重文から。

意味 ❶ゆったりとしたさま。ゆるやか。たおやか。『綽然(シャクゼン)』『綽約(シャクヤク)』❷「綽号(シャクゴウ)」「綽名(シャクメイ)」は、あだ名。呼び名。

【綽綽(シャクシャク)】ゆったりとして、ゆとりのあるさま。綽然。『余裕綽綽』

【綽然(シャクゼン)】=綽綽(シャクシャク)

【綽約(シャクヤク)】すがたのたおやかでやさしいさま。婥約。＊白居易-長恨歌「其中綽約多二仙子一(そのうちシャクヤクとしてセンシおおし)〔=そこにはたおやかな仙女がたくさん住んでいる〕」

5969 【綬】 2890 3C7A 8EF8 糸－8 ジュ呉・シュウ(シウ)漢/shòu/ひも

金文  篆文

字解 形声。糸＋受(うけわたしをする)声。ひもの意。

意味 ひも。くみひも。特に、官職の印として帯びる官印や佩玉(ハイギョク)のひも。令制の礼服にたらすくみおび。また、勲章、記章などを身につけるためのひもかざり。『紫綬褒章(シジュホウショウ)』『印綬(インジュ)』『組綬(ソジュ)』『略綬(リャクジュ)』『大綬(タイジュ)』『中綬(チュウジュ)』『小綬(ショウジュ)』

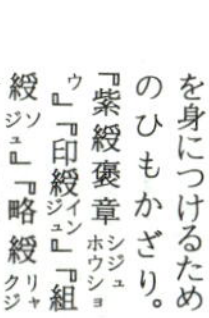
綬〔周公輔成王像・嘉祥蔡氏園出土〕

【解レ綬(ジュをとく)】官職をやめる。

【結レ綬(ジュをむすぶ)】官職につく。

5970 【緒】 2979 3D6F 8F8F 糸－8 常 (6003)【緖】ーー 糸－9 旧字 人 ショ漢・チョ慣/xù/お・ひも・いとぐち

筆順 糹 緒 緒 緒 緒 緒 緒

字解 緒は緖の略体。緖は形声。糸＋者声。

参考 万葉仮名では訓を借りて「を」。

意味 ❶いとぐち。物事の起こり始め。『緒(ショ｜チョ)に就く〔=事が始まる〕』『緒言』『緒戦』『緒論』『端緒(タンショ｜タンチョ)』❷糸。すじ。㋑つづき。つながりのあるもの。『緒余』『一緒(イッショ)』『由緒(ユイショ)』㋺心のすじ。心。『情緒(ジョウショ｜ジョウチョ)』『心緒(シンショ｜シンチョ)』❸仕事。事業。『遺緒(イショ)』『前緒(ゼンショ)』❹国お。ひも。『鼻緒(はなお)』❺あて字。『内緒(ナイショ)』

【緒言(ショゲン｜チョゲン)】はしがき。序文。

【緒戦(ショセン｜チョセン)】①一連の戦いや試合のうち第一回目のもの。『緒戦を飾る』②一つの戦いや試合の初めの部分。

【緒余(ショヨ)】残されたもの。あまり。重大でないもの。

【緒論(ショロン｜チョロン)】本論に入る前の、概略的な、また手掛りを示す論。↕本論

5971 【緌】 ＊5214 糸－8 ズイ漢/ruí/おいかけ・ほおすけ

字解 形声。糸＋委(たれる)声。冠のたれひもの意。

意味 ❶冠の垂れひも。❷旄牛(ボウギュウ)の尾をつけた旗。❸国おいかけ。ほおすけ。武官の正装で、かんむりの両耳のあたりに付けた飾り毛。

5972 【綫】 6932 6540 E35F 糸－8 セン漢/xiàn

字解 形声。糸＋戔(うすくほそい)声。細い糸の意。

竹米糸缶网(罒・罓・⺲)羊羽(羽)老(耂)而耒耳聿肉(月)
6画
臣自至臼(臼)舌舛(舛)舟艮色艸(艹・艹・艹)虍虫血行衣(衤)襾(覀・西)

5973 【総】 3377 416D 918D 糸－8 常5
(6008) 〔緫〕＊5224 糸－9
(6046) 〔總〕 6933 6541 E360 糸－11 旧字

ソウ㊥漢 \zǒng/ふさ・すべる・すべて

筆順 糸 糸 総 総 総 総 総 総

字解 総は總の通俗体。總は形声。糸＋悤(→束、たばねる)㊥声。多くの糸をたばねたふさ、すべる意。

意味 ❶ふさ。糸や毛で組んだひもの先をばらばらに散らしたもの。房。『総髪』『玉総（たまぶさ）』❷すべる。ひとつにまとめる。『総（ソウ）じて結果は良好だ』『総括』『総合』❸すべる。とりしまる。支配する。治める。『総裁』『総統』❹すべて。全員そろって。全体を通じて。全部をひっくるめて。『総動員』『総力』＊李白-子夜呉歌「総是玉関情（すべてこれギョクカンのジョウ）〔=どれもこれも結局のところ玉関への思いをかきたてる〕」❺国ふさのくに。「上総（かずさ）(千葉県中部)」「下総（しもうさ）(千葉県北部と茨城県南部)」の略。『総州』『総武』『房総（ボウソウ）』❻あて字、熟字訓など。『総角（あげまき）』

⇓表 〔全〕(149)の表

ソウ 総	総統	多数のものを一つにまとめる。 総括 総計 総合 総領 総監 総帥
トウ 統		すべくくる。 統括 統計 統合 統領 統監 統帥

❶ ふさ。

【総状（ソウジョウ）】ふさのような形。『総状花序』

【総髪（ソウハツ｜ソウごう）】国昔の男の髪形の一。月代（さかやき）をそらず、のばした髪全体を頂で束ねて結った髪形。江戸時代、医者・儒者・山伏などが多く結った。❤「ソウごう」の読みは、「ソウがみ」の変化したもの。

❷ すべる。ひとつにまとめる。

【総括（ソウカツ）】全体をひとまとめにすること。また、しめくくりをつけること。『総括質問』

【総記（ソウキ）】①全体を総括した記述。②図書分類法で、特定の分野に属さず全体にわたる部門。

【総合（ソウゴウ）】さまざまのものを一つに合わせまとめること。↔分析。『総合病院』❤書き換え「綜合→総合」。

【総説（ソウセツ）】全体について概括して説くこと。

【総門（ソウモン）】外構えの大門。総構えの第一の正門。

【総覧（ソウラン）】①全体を通して見ること。②関係事項を一まとめに整理分類した書物。『法令総覧』

【総論（ソウロン）】全体をまとめて論ずること。概要を述べた論。↔各論。『総論賛成、各論反対』『法学総論』

❸ すべる。とりしまる。支配する。

【総轄（ソウカツ）】全体をまとめて取り締まること。

【総監（ソウカン）】全体を監督すること。また、その人。『警視総監』

【総裁（ソウサイ）】①全体をつかさどること。②銀行・政党などの長。『日銀総裁』

【総帥（ソウスイ）】全軍を率いる人。団体、集団を率いる長。

【総摂（ソウセツ）】統治すること。

【総長（ソウチョウ）】全体を統轄する長。『事務総長』

【総統（ソウトウ）】全体をすべること。また、その役職。特に、国家主席などに用いた称号。

【総督（ソウトク）】植民地などの政務、軍務を統轄すること。また、その長官。『総督府』

【総弁・総辦（ソウベン）】ある事をすべて処理すること。また、その職。

【総本山（ソウホンザン）】本山の上で、その宗派を統括する寺。

【総務（ソウム）】組織全体の事務をまとめ、処理すること。また、その職、あるいは人。『総務省』『総務部』

【総攬（ソウラン）】一手ににぎり収めること。統合し掌握すること。『国政を総攬する』

【総理（ソウリ）】①全体を統合し、管理すること。②国「内閣総理大臣」の略称。内閣の首長。首相。

【総領（ソウリョウ）】国①家名を受け継ぐ子。嗣子。②長男、長女、または兄弟中の最年長者をいう。『総領息子』

❹ すべて。全員そろって。全体を通じて。

【総意（ソウイ）】すべての人の意思。『国民の総意に基づく』

【総員（ソウイン）】全体の人員。全部の人。全員。

【総会（ソウカイ）】団体の構成員全員によってその団体の意思を決定する会合。『生徒会総会』『株主総会』

【総画（ソウカク）】一つの漢字の初画から終画までの画数。『総画索引』

【総額（ソウガク）】全体の合計額。全額。

【総計（ソウケイ）】すべてをひっくるめて合計すること。また、その合計。↔小計

【総見（ソウケン）】国芝居・相撲などを、後援団体または関係者が、そろって見ること。

【総持（ソウジ）】仏語。陀羅尼（ダラニ）。よく総（すべ）てのものをおさめ持（たも）って忘れ去らないものという意。すべてを記憶する力、また、修行者を守護する力のある章句。

【総集（ソウシュウ）】すべて集まること。また、すべてを集めること。湊集（ソウシュウ）。『総集編』

【総称（ソウショウ）】ある範囲・種類のもの全体をまとめて呼ぶこと。また、その呼び名。

【総身（ソウシン｜ソウみ）】国からだ全体。全身。『大男総身（ソウみ）に知恵がまわりかね』

【総数（ソウスウ）】すべての数。全体の数。

【総勢（ソウゼイ）】その一団の全部の人数。『総勢三百余名』

【総選挙（ソウセンキョ）】国議員の任期満了または議会の解散により定数全員について行われる選挙。普通、衆議院議員の選挙についていう。

【総則（ソウソク）】全体の事柄に共通する法則。細則に対して基本となる決まり。『民法総則』

【総体（ソウタイ）】①あるものの全体。『総体を考える』②国大体において。一体に。総じて。『総体私の好みではない』

【総代（ソウダイ）】関係者全員を代表する人。『卒業生総代』

【総点（ソウテン）】得点の合計。全部の得点。

【総評（ソウヒョウ）】全体にわたっての批評。概評。

【総別（ソウベツ）】総じて。概して。『総別そのようなものだ』

【総目（ソウモク）】全体の目録。全部の項目。総目録。

【総量（ソウリョウ）】全体の重量、または分量。

【総力（ソウリョク）】ある限りの力。全力。総体の力。『総力戦』

【総和（ソウワ）】すべてを合わせたもの。総計。

❻ あて字、熟字訓など。

【総菜（ソウザイ）】飯のおかず。副食物。『総菜料理』❤書き換え「惣菜→総菜」。

【総角（あげまき｜チョンガー）】①(あげまき) 髪を中央から左右に分け、両耳の上に巻いて輪を作り、角のようにつき上げたもの。揚巻。また、髪をあげまきに結った少年やその年ごろ。②(チョンガー)(朝鮮 coŋ-gag) 独身者の髪型から、独身男子の俗称。

5974【綜】3378 416E 918E 糸－8 人 ソウ漢\zèng・zōng\へ・おさ・すべる

字解 形声。糸＋宗(まとめ、ととのえる)声。機(はた)を織るとき、糸をととのえるための、への意。

参考 ⑴万葉仮名では訓を借りて「へ乙」。⑵熟語は「総」(5973)をも見よ。

意味 ❶へ。おさ。縦糸を通して整える、機織の器具。『綜絖(ソウコウ)』❷すべる。すべくくる。また、すべおさめる。「総」に同じ。『綜覈』『綜括』『綜合』『綜覧』『錯綜(サクソウ)』

【綜覈・綜核(ソウカク)】すべてを調べあきらかにすること。

5975【綻】3530 433E 925D 糸－8 タン漢\zhàn\ほころびる・ほころび

字解 形声。糸＋定声。

意味 ほころびる。また、ほころび。㋑衣服などの縫いめの糸がほどける。『補綻(ホタン)』㋺蕾(つぼみ)がひらき始める。㋩事が破れる。『破綻(ハタン)』

5976【緂】＊5209 糸－8 タン漢\tiǎn\だん

字解 形声。糸＋炎(ひかりかがやく)声。衣服の色があざやかな意。

意味 ❶色があざやかなさま。❷国だん。種々の色を交互に配した色彩の名。紐や織物などの配色の名。

5977【綢】6934 6542 E361 糸－8 チュウ(チウ)漢・トウ(タウ)漢\chóu・tāo\まとう・こまかい

字解 形声。糸＋周(すきまなくゆきわたる)声。糸がびっしりとまつわりつく、まつわる意。

意味 ❶まとう。まつわりつく。『綢繆』❷こまかい。びっしりと多い。「稠」に同じ。『綢直』

【綢直(チュウチョク)】心がこまやかで行いが正しいこと。稠直。

【綢繆(チュウビュウ)】①からみつくこと。また、むすぶこと。②なれしたしむこと。

【綢密(チュウミツ)】びっしりとこみあう。稠密。

5978【綴】3654 4456 92D4 糸－8 テイ漢・テツ漢\zhuì・chuò\つづる・つづり・つづれ・とじる・とじ

字解 形声。糸＋叕(つづる)声。糸をつなぎあわせる、つづる意。のちに糸を加えて、字義を明確にした。

意味 つづる。つなぐ。つくろう。つらねる。また、とじる。糸で縫いつける。

下接 原綴(ゲンテツ)・緝綴(シュウテイ)・点綴(テンテイ)・補綴(ホテイ)・連綴(レンテイ)

【綴字(テイジ・テツジ)】言語の音声を表音文字で書き表すこと。また、その文字。

【綴緝・綴輯・綴集(テイシュウ)】つづり集めること。

難読地名 綴喜(つづき)郡(京都)

5979【綯】6935 6543 E362 糸－8 トウ(タウ)漢\táo\なう

字解 形声。糸＋匋声。

意味 よる。糸をよる。また、なう。縄をなう。

5980【緋】4076 486C 94EA 糸－8 人 ヒ漢\fēi\あか

字解 形声。糸＋非声。

意味 赤い絹。あか。濃い赤。『猩猩緋(ショウジョウヒ)』

【緋威・緋縅(ヒおどし)】緋に染めた革や組み糸を用いて、鎧(よろい)の札(さね)をつづったもの。また、その鎧。

5981【絣】二二 糸－8 (5945)【絣】6919 6533 E352 糸－6 ホウ(ハウ)漢・ヘイ漢\bēng・bìng\かすり

字解 形声。糸＋幷(あわせる)声。異色の糸を合わせ織った布の意。

意味 ❶しま模様の織物。❷国かすり。所々、一定の順序に従ってかすったようにして置いた模様。また、その模様の織物、染物。

5982【繃】＊5205 糸－8 ホウ 「繃」(6049)の異体字

5983【綿】4442 4C4A 96C8 糸－8 常5 (6095)【緜】6936 6544 E363 糸－9 メン呉・ベン漢\mián\わた

筆順 綿 綿 綿 綿 綿 綿

字解 会意。糸(＝系、つなぐ)＋帛(きぬ)。糸をつないできぬをつくる、つづく意。

参考 万葉仮名では音を借りて「め甲」。

意味 ❶つらなる。長く続く。また、遠い。はるか。『綿綿』『纏綿(テンメン)』『連綿(レンメン)』❷こまかい。小さい。かよわい。『綿弱』『綿密』❸わた。まわた。もめんわた。『綿花』『綿糸』『木綿(モメン)』❹その他。あて字、熟字訓など。『綿津見(わたつみ)』『浜木綿(はまゆう)』『水綿(あおみどろ)』

❶ つらなる。長く続く。

【綿延(メンエン)】長く連なり延びること。

【綿亙・綿亘(メンコウ)】長く連なり続くこと。連亙(レンコウ)。

【綿邈(メンバク)】年代や場所がはるかに遠いこと。

【綿綿(メンメン)】長く続くさま。＊白居易－長恨歌「此恨綿綿無二尽期一(このうらみはメンメンとしてつくるときなからん)」〔＝このせつない思いは永遠に続き、尽きる時がないであろう〕

【綿歴(メンレキ)】長く続くこと。

【綿連(メンレン)】長く続くさま。綿綿。連連。連綿。

❷ こまかい。小さい。かよわい。

【綿弱(メンジャク)】かよわいさま。きゃしゃ。

【綿惙(メンテツ)】病気などで、弱っていること。

【綿密(メンミツ)】注意がすみずみまで行き届いて、手抜かりがないこと。『綿密な計画』

【綿力(メンリョク)】力が弱いこと。

❸ わた。まわた。

下接 海綿(カイメン)・純綿(ジュンメン)・石綿(セキメン・いしわた)・木綿(モメン・きわた)

【綿花(メンカ)】ワタの種子を包む白色または淡黒褐色の繊維。書き換え「棉花→綿花」。

【綿糸(メンシ)】もめん糸。また、木綿(モメン)と糸。

【綿布(メンプ)】木綿(メン)糸で織った布。綿織物。

【綿棒(メンボウ)】耳、鼻などに薬を塗る時などに用いる、先に綿を巻きつけた細い棒。

【綿羊(メンヨウ)】ウシ科の哺乳類。毛は羊毛と呼ばれ毛織物の原料になる。ひつじ。緬羊。

❹ その他。

【綿蛮(メンバン)】①鳥のさえずる声を表す語。②あやの模様のあるさま。

【綿津見(わたつみ)】海の神。転じて、海。海原。「海(わた)つ霊(み)」の意。「つ」は「の」の意の格助詞。表記はあて字。

5984【網】4454 4C56 96D4 糸－8 常 (5985)〔網〕 糸－8 旧字

モウ(マウ)呉・ボウ(バウ)漢/wǎng/あみ

筆順 網 網 網 網 網 網

字解 形声。糸＋罔(あみでおおいかくす)声。

意味 ❶あみ。糸、ひも、鉄線などで編んだもの。魚や鳥獣などを捕らえる道具。餅などを焼く、防御、囲いなどの目的でも使用される。また、あみする。あみで捕らえる。「罔」に同じ。『一網打尽』『網膜』『網羅』『魚網』❷連絡がとれるように張りめぐらした組織。ネットワーク。『通信網』『鉄道網』

❶ あみ。また、あみする。

下接 魚網・塵網・天網・法網・密網／金網・投網

【網罟(モウコ)】魚や獣を捕らえるあみ。

【網虫(モウチュウ)】クモ(蜘蛛)の異名。

【網膜(モウマク)】眼球の内面を覆う膜。ここに光の感受装置があり、この刺激が脳に伝わって物体の像となる。

【網密(モウミツ)】①あみの目がこまかいこと。②法律がこまかく厳しいことのたとえ。

【網目(モウモク|あみめ)】①あみの目。②法律の条項をいう。

【網羅(モウラ)】残らずとり入れること。『日記、書簡まで網羅した全集』▼「網」は魚をとるあみ、「羅」は鳥をとるあみのこと。

【網代(あじろ)】①川の瀬に設ける魚とりの設備。杭を打ち、その間を木や柴で編んだもの。②檜皮、タケ、アシなどを薄く細く削り、交差させながら編んだもの。▼「あじろ」は「あみしろ〔＝網の代わり〕」の変化。

【網漏二呑舟之魚一(あみドンシュウのうおをもらす)】法の規定が大まかなたとえ。〔史記-酷吏伝・序〕▼網の目があらいために、舟を呑むほどの大魚までものがすの意から。

難読地名 網走市・郡(北海道)　難読姓氏 網代・網干

5986【綾】1629 303D 88BB 糸－8 人

リョウ漢・リン唐/líng/あや

字解 形声。糸＋夌声。

意味 あや。あやぎぬ。糸の交差がななめに表れるようにして、もようを織り出した美しい絹織物。『羅綾』また、その衣服。

【綾紈(リョウガン)】あや織りの白いねり絹。また、その衣服。

【綾綺(リョウキ)】あやぎぬ。また、その着物。

【綾羅(リョウラ)】あやぎぬとうすぎぬ。羅綾。

【綾子(リンズ)】国繻子地に裏組織で文様を織り出した高級な絹織物。▼「綸子」とも書く。

5987【緑】4648 4E50 97CE 糸－8 常3 (5988)〔綠〕 糸－8 旧字 人

ロク呉・リョク漢/lǜ・lù/みどり

筆順 緑 緑 緑 緑 緑 緑

字解 形声。糸＋彔声。みどりいろの糸の意。一説に、彔は、汲みあげた水のすんだ色を表すという。

甲骨文 篆文

意味 みどり。みどりいろ。緑色に茂った草木。また、髪の、つやのある黒色をいう。＊杜牧-江南春「千里鶯啼緑映レ紅〔＝広々とした野のここかしこ、ウグイスが鳴き、木々の緑が花の紅に映えている〕」

下接 暗緑・黄緑・常緑・新緑・深緑・黛緑・淡緑・嫩緑・濃緑・万緑・野緑

【緑衣(リョクイ)】緑色の衣服。また、鸚鵡の羽のたとえ。

【緑陰・緑蔭(リョクイン)】青葉の茂った木かげ。

【緑雨(リョクウ)】新緑のころに降る雨。

【緑雲(リョクウン)】①みどり色のくも。②女性の髪の黒くて多いことの形容。

【緑煙(リョクエン)】①みどり色のけむり。夕方のもや。②若葉にただようもや。

【緑化(リョクカ|リョッカ)】防災などのため、樹木を植えて緑を増やすこと。

【緑眼(リョクガン)】みどり色のまなこ。碧眼。

【緑字(リョクジ)】①漆黒の文字。②みどり色の文字。神のお告げの文字。

【緑酒(リョクシュ)】みどり色の酒。うまい酒の色とされる。

【緑樹(リョクジュ)】みどりの葉の茂った樹木。

【緑縟(リョクジョク)】草がみどり色によく茂っているさまを縟にに例えた語。

【緑水(リョクスイ)】深い淵や緑樹の映ったみどり色の水。

【緑窓(リョクソウ)】①貧しい女性の家。②女性の部屋のまど。▼①は、富貴の女性の家の意の「紅楼」の対。

【緑苔(リョクタイ)】みどり色のこけ。青苔。

【緑黛(リョクタイ)】みどりの黛。

【緑潭(リョクタン)】みどり色に水をたたえた深い淵。

【緑地(リョクチ)】草木のおい茂っている土地。

【緑茶(リョクチャ)】茶の若葉を蒸し、火にかけて乾かしながら揉んだもの。日本茶。

【緑土(リョクド)】草木の茂った土地、国土。

【緑内障(リョクナイショウ)】眼圧が異常に高まる病気。ひとみが散大して緑色にみえるところからの名。あおそこひ。

【緑髪(リョクハツ)】①黒くてつやのある頭髪。みどりのくろかみ。②国僧尼をいう忌詞。

【緑礬(リョクバン|ロクバン)】硫酸第一鉄の俗称。

【緑肥(リョクヒ)】ゲンゲ、ウマゴヤシなど、田畑に犂き込んで肥料とする植物。

【緑蕪(リョクブ)】みどりの雑草。青々と茂る草。

【緑風(リョクフウ)】青葉を吹く、初夏の風。薫風。

【緑野(リョクヤ)】草木の青々と茂った野原。

【緑蘿(リョクラ)】青々としたツタカズラ。

【緑林(リョクリン)】①青々とした林。②(山の名から)盗賊。

【緑青(ロクショウ)】銅に生じるみどり色のさびの総称。

【緑児(みどりご)】三歳ぐらいまでの子供。特に、大宝律令では三歳以下の男児。▼新芽のように生まれたばかりの子の意。「嬰児」とも書く。

5989【綸】6937 6545 E364 糸－8 人

リン漢・カン(クヮン)漢/lún・guān/いと

字解 形声。糸＋侖声。

意味 ❶いと。ひも。太い糸。また、つり糸。『綸子』『糸綸』『垂綸』『釣綸』❷すじを通して治める。『経綸』❸天子のことば。『綸言』『綸旨』『綸綍』

【綸言(リンゲン)】天子の仰せごと。みことのり。綸綍。〔礼記-緇衣〕【綸言如レ汗(リンゲンあせのごとし)】汗が体に戻らないように、天子の言葉は、取り消せない。〔漢書-劉向伝〕

【綸旨(リンジ|リンシ)】①天子などの命令。②国古文書の様式の一。勅旨を受けて蔵人から出す文書。

【綸子(リンズ)】国繻子地に裏組織で文様を織り出した高級な絹織物。『綸子の着物』▼「綾子」とも書く。

【綸綍(リンフツ)】天子の言葉。詔勅。綸言。

5990 【綟】 6938 6546 E365 糸－8

レイ[漢]/lì/もじ・もじり

[字解] 形声。糸＋戾[声]。

[意味] ❶もえぎ。もえぎ色。また、その色の絹。❷[国]もじ。もじり。もじおり。目のあらい麻の布。二本の、また、たて糸よこ糸の一越しごとによじれ合う織り方。

5991 【練】 4693 4E7D 97FB 糸－8 [常]3 (6019)【練】――― 糸－9 旧字[人]

レン[呉][漢]/liàn/ねる

[筆順] 練 練 練 練 練 練

[字解] 練は練の略体。練は形声。糸＋柬(→爛、柔らかくなるように煮る)[声]。よく煮て柔らかくした練り絹の意。

[意味] ❶ねりぎぬ。また、絹糸をねる。『練絹』『練糸』『組練(ソレン)』❷ねる。みがく。きたえる。推敲する。また、ねれる。なれる。「錬」「煉」に同じ。『練習』『練達』『訓練』『試練』❸熱を加えて、ねり固める。液体とまぜてこねる。「煉」の書き換え。『練炭』『練乳』❹「練実(レンジツ)」は、竹の実。❺喪服の名。白いねりぎぬで作り、一周忌に着る。

❶ ねりぎぬ。絹糸をねる。

【練絹(レンケン/ねりぎぬ)】生織物(きおりもの)を精練して柔軟性と光沢を持たせた絹布。↔生絹

【練糸(レンシ/ねりいと)】生糸の膠質(コウシツ)を除去して、特有の光沢と手触りを出した絹糸。↔生糸。【悲二練糸一(レンシをかなしむ)】墨翟(ボクテキ)が、練糸が種々の色に染まるのを見て、人間も環境などによって善人にもなれば悪人にもなることを悲しんだ故事。〔淮南子-説林訓〕

【練嚢(レンノウ)】ねりぎぬで作った袋。

❷ ねる。みがく。きたえる。

[下接] 教練(キョウレン)・訓練(クンレン)・修練(シュウレン)・習練(シュウレン)・熟練(ジュクレン)・手練(シュレン/てレン/てだれ)・試練(シレン)・水練(スイレン)・精練(セイレン)・洗練(センレン)・操練(ソウレン)・鍛練(タンレン)・調練(チョウレン)・未練(ミレン)・老練(ロウレン)

【練士(レンシ)】柔剣道で、師範となる位。錬士。

【練習(レンシュウ)】技能や技芸などの動作を繰り返して上達をはかること。けいこ。

【練熟(レンジュク)】慣れて巧みに行うこと。熟練。

【練達(レンタツ)】習熟して、それによく通じていること。熟達。練熟。『練達の士』

【練武(レンブ)】武芸の練習をすること。

【練兵(レンペイ)】兵士を訓練すること。『練兵場』

【練磨(レンマ)】肉体、精神、技能などを、鍛えみがくこと。『心身を練磨する』『百戦練磨の士』

❸ ねり固める。液体とまぜてこねる。

【練丹(レンタン)】[1]古代、中国で、道士が辰砂(シンシャ)をねって不老不死の妙薬を作ったこと。また、その薬。[2]心気を丹田(タンデン)に集中して、心身を修練する方法。[3]ねり固めた薬。

【練炭(レンタン)】木炭・石炭の粉をねり固めてつくった燃料。
♥書き換え「煉炭→練炭」。

【練乳(レンニュウ)】牛乳を濃縮したもの。コンデンスミルク。『加糖練乳』♥書き換え「煉乳→練乳」。

[難読地名] 練馬(ねりま)区(東京)

5992 【綰】 6939 6547 E366 糸－8

ワン[漢]/wǎn/たがねる・わがねる・たくる

[字解] 形声。糸＋官[声]。

[意味] ❶すべくくる。また、つなぐ。結ぶ。❷わがねる。たがねる。曲げて輪にする。❸[国]たくる。たぐる。

5993 【綪】 6978 656E E38E 糸－8

かすり「絣」(6077)の異体字

5994 【緯】――― 糸－9

イ「緯」(6021)の旧字

5995 【縁】 1779 316F 898F 糸－9 [常] (5996)【緣】――― 糸－9 旧字[人]

エン[呉][漢]/yuán/ふち・へり・えにし・ゆかり・よすが・よる

[筆順] 縁 縁 縁 縁 縁 縁

[字解] 形声。糸＋彖(→沿、へりにそう)[声]。織った衣のふちかざりから、ふちの意。

[意味] ❶ふち。へり。㋑物の周辺部分。『縁海』『縁辺』『外縁(ガイエン)』『周縁(シュウエン)』㋺[国]えんがわ。座敷の外側に作りつけた細長い板敷き。『縁の下の力持ち』『縁側』『縁台』『竹縁(たけエン)』❷よる。ちなむ。また、よすが。えにし。ゆかり。㋑関係がある。人間関係のつながり。婚姻関係。『縁を切る』『縁故』『縁者』『縁談』『血縁』『無縁』*孟子-梁恵王下「縁レ木而求レ魚(きによりてうおをもとむ)」〔＝木に登って魚を探す〕㋺仏教で、めぐりあわせ。原因をたすけて結果を生じさせる作用。『縁なき衆生』『前世の縁』『縁覚』『縁起』『縁日』『因縁』『機縁』

❶ ふち。へり。

【縁海(エンカイ)】大陸の外縁にあって島や半島で不完全に区画され、大陸棚を覆う比較的浅い海。

【縁飾(エンショク)】外面をかざること。とりつくろうこと。

【縁台(エンダイ)】[国]戸外などで用いる、簡単に移動できる細長い腰掛け台。『縁台将棋』

【縁辺(エンペン)】物の周縁部。→❷

❷ よる。ちなむ。また、えにし。ゆかり。

[下接] ㋑外縁(ガイエン)・奇縁(キエン)・旧縁(キュウエン)・血縁(ケツエン)・再縁(サイエン)・重縁(ジュウエン)・所縁(ショエン)・絶縁(ゼツエン)・前縁(ゼンエン)・俗縁(ゾクエン)・地縁(チエン)・内縁(ナイエン)・不縁(フエン)・復縁(フクエン)・無縁(ムエン)・離縁(リエン)・良縁(リョウエン)・類縁(ルイエン) ㋺悪縁(アクエン)・因縁(インネン)・有縁(ウエン)・機縁(キエン)・逆縁(ギャクエン)・結縁(ケチエン/ケツエン)・宿縁(シュクエン)・順縁(ジュンエン)・塵縁(ジンエン)・仏縁(ブツエン)

【縁家(エンカ)】親類。特に、婚姻関係のある家。姻族。

【縁覚(エンガク)】([梵] pratyeka-buddha「各自にさとった者」の訳語)仏語。仏の教えによらないで、みずから道をさとった聖者。独覚。

【縁起(エンギ)】[1]事物の起源、沿革や由来。[2][国]社寺、仏像などの由来、霊験(レイゲン)などの伝説。また、それを記した文書。『大安寺縁起』[3][国]物事の吉凶の兆候。きざし。前兆。『縁起を担ぐ』『縁起でもない〔＝不吉なものを感じて幸先が悪い〕』

【縁故(エンコ)】[国][1]血縁や姻戚(インセキ)などの関係によるつながり。縁。『縁故者』[2]何がしかの事由によるつながり。よしみ。縁。コネ。『縁故採用』

【縁語(エンゴ)】[国]和歌や古文の修辞法の一。ある語と意味上密接に関連する語を、他の箇所に使用して、表現のあやを付けること。また、その言葉。

【縁座・縁坐(エンザ)】[国]重い犯罪について、犯罪人の親類縁者の責任まで追及する刑罰制度。

【縁者(エンジャ)】親戚(シンセキ)関係でつながっている者。親類。みより。『親類縁者』
【縁戚(エンセキ)】縁続き。親戚。親類。
【縁談(エンダン)】縁組みの相談。結婚ばなし。
【縁辺(エンペン)】縁故のある人。縁続きの人。縁家。→❶
【縁由(エンユウ)】①つながりや関係があること。②物事がそうなったわけ。理由。
【縁類(エンルイ)】結婚、縁組みなどによって、または同じ主君を持つことなどによってつながっている一族。

5997 【縕】 二一 糸－9 オン 「縕」(6023)の異体字

5998 【緩】 2043 344B 8AC9 糸－9 常 (5999)【緩】 二一 糸－9 旧字
カン(クヮン)漢/huǎn/ゆるい・ゆるやか・ゆるむ・ゆるめる・ゆるみ
筆順
字解 形声。糸＋爰(→寛、ゆるやか)声。ひもをゆるく結ぶ、ゆるい意。
意味 ゆるい。ゆるやか。また、ゆるむ。ゆるめる。『弛緩(シカン)』『舒緩(ジョカン)』『遅緩(チカン)』 ⇓表

緩急

緩(カン)	ゆるむ。ゆるやかである。	緩行	緩歩	緩慢	弛緩	徐緩	遅緩
急(キュウ)	いそぐ。さしせまっている。	急行	急歩	急速	緊急	性急	早急

【緩歌(カンカ)】ゆっくり歌うこと。また、その歌。＊白居易－長恨歌「緩歌慢舞凝ニ糸竹一(カンカマンブシチクをこらす)〔=ゆるやかなテンポの歌声ともの静かな舞踊、それに合わせて管弦の妙を尽くす〕」

【緩解(カンカイ)】病気の症状の度合いが軽くなること。

【緩緩(カンカン)】ゆっくりとしたさま。のどかなさま。款款。

【緩急(カンキュウ)】①ゆるやかなことと急なこと。遅いことと速いこと。『緩急自在』②危急の場合。『一旦(イッタン)緩急あれば』▶②の「緩」は語調を整えるだけのもの。

【緩頬(カンキョウ)】顔色を和らげること。転じて、おだやかに話す、婉曲に話すこと。

【緩行(カンコウ)】ゆっくり進むこと。徐行。

【緩衝(カンショウ)】対立する物の間にあって、それらの衝突を和らげること。『緩衝地帯』

【緩怠(カンタイ)】①なまけ怠ること。また、過失。②不作法。無礼。『緩怠千万』

【緩帯(カンタイ)】帯をゆるめること。くつろぐこと。

【緩歩(カンポ)】ゆっくりと歩くこと。緩行。

【緩慢(カンマン)】①ゆるやかで遅いさま。『緩慢なプレー』②手ぬるいさま。いい加減なさま。

【緩和(カンワ)】物事の状態の厳しさや激しさの程度をやわらげること。また、やわらぐこと。『規制緩和』

6000 【緘】 6940 6548 E367 糸－9 カン漢/jiān/とじる
字解 形声。糸＋咸(おわる・とじる)声。とじ、しばるひもの意。
金文 篆文
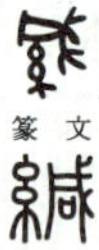
意味 とじる。口をふさぐ。手紙などに封をする。また、その手紙。『三緘(サンカン)』『封緘(フウカン)』
【緘口(カンコウ)】口をつぐんで物をいわないこと。口外しないこと。箝口。『緘口令』
【緘札(カンサツ)】封をした手紙。緘書(カンショ)。緘翰(カンカン)。
【緘愁(カンシュウ)】うれいや悲しみを手紙に書いて封をして送ること。
【緘秘(カンピ)】ひめかくすこと。緘密(カンミツ)。
【緘封(カンプウ)】手紙を入れる封筒などに封をすること。
【緘黙(カンモク)】しゃべらないこと。

6001 【緇】 二一 糸－9 シ 「緇」(5967)の異体字

6002 【緝】 6941 6549 E368 糸－9 シュウ(シフ)漢/jī・qī/つむぐ・あつめる
字解 形声。糸＋咠(あつめよせる)声。糸と糸とを寄せあわせ、つむぐ意。
意味 ❶つむぐ。つなぐ。続ける。❷あつめる。あつまる。『緝綴』❸とりおさえる。『緝捕』❹やわらげる。やわらぐ。『緝穆』❺ひかる。かがやく。『緝熙』
【緝熙(シュウキ)】ひかりかがやくこと。ひかり。光明。
【緝綴(シュウテイ)】文を作る、集めてつづること。輯綴(シュウテイ)。
【緝捕(シュウホ)】犯罪者をとらえること。その役目の人。
【緝穆(シュウボク)】やわらげること。また、むつまじくすること。輯穆(シュウボク)。

6003 【緒】 二一 糸－9 ショ 「緒」(5970)の旧字

6004 【緗】 ＊5217 糸－9 ショウ(シャウ)漢/xiāng/あさぎ
字解 形声。糸＋相声。
意味 あさぎ。浅葱色(あさぎいろ)。また、浅葱色の織物。
【緗綺(ショウキ)】①浅葱色のあやぎぬ。
【緗素(ショウソ)】①浅葱色の絹。②(①が多く書物のおおいに使われたことから)書物。
【緗縹(ショウヒョウ)】①浅葱色の衣服。②浅葱色の絹で作った書物のおおい。

6005 【縄】 3876 466C 93EA 糸－9 常 (6069)【繩】 6974 656A E38A 糸－13 旧字
ジョウ呉・ショウ漢・ビン漢/shéng・mǐn/なわ
筆順
字解 縄は繩の通俗体。繩は形声。糸＋蠅省声。
意味 ❶なわ。植物の茎や繊維などをより合わせて細長くしたひも。『自縄自縛(ジジョウジバク)』『結縄(ケツジョウ)』『捕縄(ホジョウ)』❷すみなわ。大工道具の一。線を引くのに用いる。転じて、規準、のり。また、ただす。『縄尺』『縄墨』『規縄』『準縄』➡〔規矩準縄〕の図一〇九九頁

❶なわ。
【縄索(ジョウサク)】なわ。つな。

【縄牀・縄床(ジョウショウ)】なわを張ってつくった腰掛け。

【縄縄(ジョウジョウ)】①長く続いて絶えないさま。②多いさま。③つつしむさま。

【縄枢(ジョウスウ)】なわでつくった戸。転じて、貧しい家。

【縄文(ジョウモン)】国古代の土器に見られる、なわ、ひもを押しつけてつくった縄目模様。『縄文式土器』『縄文時代』

❷すみなわ。また、規準。のり。
下接 規縄(キジョウ)・準縄(ジュンジョウ)／間縄(ケンなわ)・墨縄(すみなわ)

【縄規（ジョウキ）】すみなわと、ぶんまわし。転じて、のり。さだめ。きまり。規則。

【縄矩（ジョウク）】すみなわと、さしがね。転じて、規律。標準。▶「縄規」ともいう。

【縄検（ジョウケン）】ただして、ひきしめること。

【縄尺（ジョウシャク）】すみなわと、ものさし。転じて、きまり。規則。縄規。

【縄正（ジョウセイ）】すみなわでまっすぐにただすこと。転じて、規律によってただすこと。

【縄墨（ジョウボク）】①すみなわ。②のり。規則。軌範。標準。

6006 【緤】 6942 654A E369 糸－9 セツ㊥\xiè\きずな
字解 形声。糸＋枼㊟。きずなの意。紲に同じ。

6007 【線】 3294 407E 90FC 糸－9 常2 セン㊣㊥\xiàn\いと・すじ
筆順 線 線 線 線 線 線
字解 形声。糸＋泉(細くしたたる水)㊟。細い糸の意。
意味 ❶いと。糸すじ。すじ。㋑糸のように細く長いもの。『線香』『光線』『電線』『銅線』㋺特に、「電話線」のこと。『回線』『混線』❷すじみち。みちすじ。㋑決められたすじみち。すじ立て。『その線でやろう』㋺交通機関のみちすじ。経路。『東海道線』『二車線』『線路』『幹線』❸平面上にひいたすじ。幾何学で、点が移動した跡として、また、二つの面の交わりとしてできる図形。『線描』『線分』『曲線』❹さかいめ。二つのものが相接するところ。境界。『温暖前線』『稜線』『死線』『戦線』

❶いと。すじ。糸のように細く長いもの。
下接 ㋑暗線（アンセン）・輝線（キセン）・琴線（キンセン）・光線（コウセン）・鋼線（コウセン）・視線（シセン）・針線（シンセン）・断線（ダンセン）・鉄線（テッセン）・伝線（デンセン）・電線（デンセン）・銅線（ドウセン）・導線（ドウセン）・熱線（ネッセン）・配線（ハイセン）・紫外線（シガイセン）・三味線（シャミセン）・赤外線（セキガイセン）・放射線（ホウシャセン）㋺回線（カイセン）・外線（ガイセン）・架線（カセン）・局線（キョクセン）・混線（コンセン）・内線（ナイセン）・無線（ムセン）・有線（ユウセン）

【線香（センコウ）】さまざまな香料の粉末を松やになどで練り固めて線状に作ったもの。火を点じて仏前に供える。

【線量（センリョウ）】物質や生物が受けた放射線の量。

【線縷（センル）】細長くつづく糸。いとすじ。

❷すじみち。みちすじ。
下接 沿線（エンセン）・幹線（カンセン）・支線（シセン）・社線（シャセン）・車線（シャセン）・省線（ショウセン）・全線（ゼンセン）・側線（ソクセン）・脱線（ダッセン）・単線（タンセン）・入線（ニュウセン）・廃線（ハイセン）・番線（バンセン）・複線（フクセン）・保線（ホセン）・本線（ホンセン）・路線（ロセン）

【線路（センロ）】鉄道の道筋。鉄道の軌道。また、レール。

❸平面上にひいたすじ。
下接 緯線（イセン）・横線（オウセン）・割線（カッセン）・基線（キセン）・曲線（キョクセン）・経線（ケイセン）・罫線（ケイセン）・弧線（コセン）・五線（ゴセン）・実線（ジッセン）・斜線（シャセン）・垂線（スイセン）・接線（セッセン）・直線（チョクセン）・点線（テンセン）・導線（ドウセン）・白線（ハクセン）・波線（ハセン）・破線（ハセン）・傍線（ボウセン）・母線（ボセン）・流線（リュウセン）・回帰線（カイキセン）

【線画（センガ）】線だけで描写した絵。線描の絵。

【線条（センジョウ）】線。すじ。

【線審（センシン）】庭球・野球・サッカーなどで、ボールが線外に出たかどうかを判定する審判員。

【線描（センビョウ）】物の形を線だけで描くこと。線がき。

【線分（センブン）】直線の、二点で限られた部分。

❹さかいめ。境界。区切り。
下接 一線（イッセン）・火線（カセン）・界線（カイセン）・死線（シセン）・雪線（セッセン）・戦線（センセン）・前線（ゼンセン）・汀線（テイセン）・稜線（リョウセン）・海岸線（カイガンセン）・水平線（スイヘイセン）・生命線（セイメイセン）・地平線（チヘイセン）

6008 【緫】 ＊5224 糸－9 ソウ 「総」(5973)の異体字

6009 【緞】 6943 654B E36A 糸－9 ダン㊣・タン㊥・ドン㊟\duàn
字解 形声。糸＋段㊟。
意味 地の厚い織物。『絨緞（ジュウタン）』
【緞子（ドンス）】練り糸で製し、地が厚くつやのある絹織物。
【緞帳（ドンチョウ）】国厚地の織物でつくった舞台の垂れ幕。引き幕に対する。

6010 【緻】 ―― 糸－9 チ 「緻」(6032)の異体字

6011 【締】 3689 4479 92F7 糸－9 常 テイ㊥\dì\しまる・しめる・むすぶ
(6012) 〖締〗 ―― 糸－9 旧字
筆順 締 締 締 締 締 締
字解 形声。糸＋帝(一つにしめまとめる)㊟。ひもでかたく結び、しめる意。
意味 むすぶ。㋑かたく結ぶ。また、しめる。しめくくる。『結締組織（ケッテイソシキ）』『締切（しめきり）』『戸締（とじまり）』『取締（とりしまり）』㋺とりきめる。約束する。『締姻』『締結』『締交』『締盟』『締約』
【締姻（テイイン）】夫婦の縁組みを結ぶこと。
【締結（テイケツ）】条約や契約を取り結ぶこと。
【締交（テイコウ）】交際をはじめること。訂交。
【締盟（テイメイ）】同盟し、条約を結ぶこと。
【締約（テイヤク）】条約、契約などを結ぶこと。『締約国』

6013 【緲】 6945 654D E36C 糸－9 ビョウ(ベウ)㊥\miǎo
字解 形声。糸＋眇(小さい)㊟。紗に同じ。
意味 かすかなさま。また、はるかなさま。『縹緲（ヒョウビョウ）』

6014 【緡】 6946 654E E36D 糸－9 ビン㊥\mín\いと・さし
字解 形声。糸＋昏㊟。
意味 ❶いと。釣り糸。また、なわ。特に、銭さしのなわ。さし。『銭緡（ぜにさし）』❷「緡緡（ビンビン）」は、無知なさま。
【緡銭（ビンセン）】①緡（さし）に貫いた銭。②孔のある銭。

6015 【編】 4252 4A54 95D2 糸－9 常5 ヘン㊣㊥\biān\あむ
(6016) 〖編〗 ―― 糸－9 旧字
筆順 編 編 編 編 編 編
字解 形声。糸＋扁(竹簡)㊟。糸で竹簡をあむ意。
甲骨文

篆文

意味 ❶あむ。糸をあむ。糸でとじる。また、組む。組み合わせる。『編鐘』❷あむ。文を集めて一つにする。書物を作る。『編纂』『編集』『新編』❸とじいと。書物をとじる糸。『韋編三絶（イヘンサンゼツ）』❹文章。文章がまとまった作品。また、それを数えるのに使う。「篇」に同じ。

「千編一律(センペンイチリツ)」「編目」「詩編(シヘン)」❺あむ。順序づける。順次組み入れる。組織だてる。「編成」「再編」

❶あむ。また、組む。

【編磬(ヘンケイ)】中国古代の打楽器の一。音の高さに応じて、磬を上下段各八個、計一六個並列して架にかけたもの。

【編鐘(ヘンショウ)】中国古代の打楽器の一。銅製の鐘で、一三〜三二鐘を音階に従って架にさげたもの。

【編木(びんざさら)】田楽、民俗芸能などに使う楽器。短冊型の薄板数十枚をひもでつづり、両端を持って伸縮させて音を出す。▼「拍板」とも書く。

❷あむ。文を集めて一つにする。

下接 改編(カイヘン)・共編(キョウヘン)・新編(シンペン)・類編(ルイヘン)

【編簡(ヘンカン)】ほん。書籍。

【編纂(ヘンサン)】（「纂」は集める意）いろいろの材料を集めて整理し、書物にすること。

【編者(ヘンシャ|ヘンジャ)】書物などを編纂(ヘンサン)する人。

【編修(ヘンシュウ)】資料を集め、それに基づいて記述をととのえ、書物の形にすること。史書、実録などについていう。

【編集・編輯(ヘンシュウ)】原稿、資料などを整理して書籍、新聞、雑誌などの形にまとめあげること。また、フィルムやテープなどを整理し、再構成すること。▼書き換え「編輯→編集」

【編述(ヘンジュツ)】文書をまとめつづること。

【編著(ヘンチョ)】編者また著者として書物を出すこと。また、その書物。

❹文章。文章がまとまった作品。

下接 遺編(イヘン)・一編(イッペン)・外編(ガイヘン)・佳編(カヘン)・簡編(カンペン)・巨編(キョヘン)・後編(コウヘン)・詩編(シヘン)・小編(ショウヘン)・掌編(ショウヘン)・正編(セイヘン)・全編(ゼンペン)・前編(ゼンペン)・続編(ゾクヘン)・短編(タンペン)・断編(ダンペン)・中編(チュウヘン)・長編(チョウヘン)・名編(メイヘン)・雄編(ユウヘン)・千編一律(センペンイチリツ)

【編目(ヘンモク)】書物などの編、章の題目。また、その表題。

❺あむ。順序づける。組織だてる。

【編曲(ヘンキョク)】ある楽曲を、楽器や形式を変えて演奏するために書き直すこと。

【編戸(ヘンコ)】戸主と戸口で戸を編成し、戸籍に編入させること。公民として登録されること。

【編次(ヘンジ)】順序をおって並べること。

【編成(ヘンセイ)】個々のものを集めて、組織のあるまとまりとすること。「六両編成」「予算編成」

【編制(ヘンセイ)】全体を分割して系統的な単位として組織すること。

【編隊(ヘンタイ)】二機以上の飛行機が隊形を組むこと。

【編入(ヘンニュウ)】すでに結成されたものに、途中から組み込むこと。「編入試験」

【編年(ヘンネン)】年月の順をおって編むこと。「編年体」

【編列(ヘンレツ)】順序立てて並べること。

6017【緥】＊5221 糸−9 ホウ(呉)(漢)/bǎo

字解 形声。糸(着物)+保(乳児をだきたもつ)(声)。褓の本字。

6018【緬】4443 4C4B 96C9 糸−9 メン(呉)・ベン(漢)/miǎn

字解 形声。糸+面(声)。

意味 ❶細い糸。「緬羊」「縮緬(ちりめん)」❷はるか。遠い。「緬思」「緬然」「緬邈」❸もの思うさま。「懐緬(カイメン)」❹「緬甸(メンデン)」はビルマ(=ミャンマー)のこと。緬想(メンソウ)。

【緬思(メンシ)】はるかに思いやること。

【緬然(メンゼン)】①はるかなさま。②遠く思いやるさま。「緬焉(メンエン)」とも。

【緬邈(メンバク)】年代や場所がはるかに遠いさま。

【緬羊(メンヨウ)】ヒツジのこと。ウシ科の哺乳類(ホニュウルイ)。「綿羊」とも書く。

6019【練】糸−9 レン「練」(5991)の旧字

6020【縅】6947 654F E36E 糸−9 おどす・おどし

字解 国字。会意。糸+威(おどす)。よろいの札(さね)を革やひもでつづりあわせる、おどす意。

意味 おどす。よろいの札(さね)をつづり合わせる。また、それに用いる紐や革。おどし。「緋縅(ひおどし)」

6021【緯】1662 305E 88DC 糸−10 常 (5994)【緯】糸−9 旧字

イ(ヰ)(呉)(漢)/wěi/よこ・よこいと・ぬき

筆順 

字解 形声。糸+韋(めぐる)(声)。機織りの、たて糸のまわりをめぐるよこいとの意。

意味 ❶よこいと。ぬき。織物の横糸。また、よこ。前後に対し、左右の方向。また、南北に対し、東西の方向。↔経。「緯武経文」「緯線」「緯度」「経緯(ケイイ)」「北緯(ホクイ)」❷未来記。予言書。「緯書」「讖緯(シンイ)」「図緯(トイ)」

❶よこいと。よこ。

【緯線(イセン)】赤道に平行に南北両極まで等距離の地点を結んだ仮想の線。↔経線

【緯度(イド)】地球の表面を測る、赤道に平行な座標。赤道を〇度として南北九〇度ずつに分ける。↔経度

【緯武経文(イブケイブン)】文武両道を重んじ国家を治めること。経文緯武。▼武を緯(よこいと)、文を経(たていと)として織る意。

❷未来記。予言書。

【緯書(イショ)】中国、前漢末から後漢にかけて、詩、書、礼、楽、易、春秋、孝経の七経に付随するものとして作られた書物。儒教の経義にかこつけて、禍福、吉凶、符瑞などの神秘を説き大いに流行した。南朝宋以後禁書となり、逸文のみ伝わる。

6022【縊】6948 6550 E36F 糸−10 イ(漢)/yì/くくる・くびる・くびれる

字解 形声。糸+益(↓戹、くるしくさせる、しめる)(声)。ひもで首をしめる意。

意味 くびれる。首をくくる。また、人の首を締める。

【縊殺(イサツ)】首をしめて殺すこと。くびり殺すこと。

【縊死(イシ)】首をくくって死ぬこと。

6023【縕】＊5234 糸−10 (5997)【縕】糸−9

ウン(呉)・オン(ヲン)(漢)/yūn・yùn・wēn

字解 形声。糸+昷(声)。

意味 ふるわた。古い綿。

【縕袍(オンポウ|どてら)】①(オンポウ)綿を入れた衣服。②(どてら)綿入れの着物。

6024【縑】＊5233 糸-10 ケン㊇/jiān/かとり

字解 形声。糸＋兼(かねあわせる)㊟。より合わせた糸をかたく織ったきぬの意。

意味 かとり。細い糸で目をこまかく固く織った薄い絹布。『素縑(ソケン)』

【縑素(ケンソ)】書画を書くための、白いかとりぎぬ。

【縑帛(ケンパク)】かとりぎぬ。また、絹織物。

6025【縞】2842 3C4A 8EC8 糸-10 コウ(カウ)㊇/gǎo/しま

字解 形声。糸＋高㊟。

意味 ❶しろぎぬ。白い絹。『縞衣』『縞素』『縞紵』『魯縞(ロコウ)』 ❷国しま。しまがら。二種以上の色糸で、織り出した筋状の模様。また、そのがらの織物。

【縞衣綦巾(コウイキキン)】白い衣服と萌黄色の巾。中国、周代の身分の低い女性の服装。転じて、自分の妻の謙称。〔詩経-鄭風・出其東門〕

【縞素(コウソ)】白い絹地。白い衣服。また、白色の喪服。

【縞紵(コウチョ)】友人同士の贈り物。〔左伝-襄公二九年〕中国、春秋時代、呉の季札が鄭の子産に白絹の帯を送り、子産は麻の着物を贈った故事から。

6026【縠】＊5238 糸-10 コク㊇/hú/こめ

字解 形声。糸＋㱿㊟。しわ模様のあるちりめんの意。

意味 ❶うすぎぬ。ちりめん。『綺縠(キコク)』 ❷国織り目がもみ米状の透き通った絹織物。こめ。縠綾(こめあや)。縠織。

6027【縡】6950 6552 E371 糸-10 サイ㊇/zǎi/こと・いき

字解 形声。糸＋宰㊟。

意味 ❶こと。はた織りや布を縫う仕事。❷国こと。人生の事が落着する。死ぬ。息。生命。『縡(こと)切れる〔＝息がたえる〕』

6028【縒】6951 6553 E372 糸-10 シ㊇/cī/よる・より

字解 形声。糸＋差(ふぞろい)㊟。糸がふぞろいのさま、また、みだれる意。

意味 ❶糸のふぞろいのさま。『参縒(シンシ)』 ❷国よる。糸や糸状のもの何本かをより合わせて一本にする。『縒糸(よりいと)』『紙縒(こより)』

6029【縦】2936 3D44 8F63 糸-10 常6 (6040)【縱】6952 6554 E373 糸-11 旧字 人

ショウ㊇・ソウ㊇・ジュウ㊇/zòng・zǒng・cōng/たて・たとい・たとえ・ほしいまま・ゆるす

筆順 縦 縦 縦 縦 縦 縦

字解 縦は縱の略体。縱は形声。糸＋從(列をなしてたてにしたがう)㊟。たて糸から、たての意。また、派生して、ほしいままの意を表す。

意味 ❶たて。たての方向。水平に対して垂直の方向。また、東西に対して南北の方向。↕横。『縦横無尽(ジュウオウムジン)』『縦貫』 ❷ほしいまま。思うままにする。また、ゆるす。はなつ。逃がす。放免する。『縦囚』『縦覧』『操縦』 ❸たとい。たとえ。かりに。仮定を示す。「縦令」「縦使」とも書く。＊史記-項羽本紀「縦彼不レ言、籍独不レ愧二於心一乎(たといかれいわずとも、セキひとりこころにはじざらんや)〔＝もしかりに彼らが口に出して言わないとしても、私自身心中恥じずにいられようか〕」

❶ たて。たての方向。

【縦横(ジュウオウ)】①たてとよこ。南北と東西。たてよこ。②自由自在であること。『縦横に論ずる』【縦横家(ジュウオウカ)】①中国の戦国時代に、国と国を連合させようと策をはかった人。合従(ガッショウ)策の蘇秦(ソシン)、連衡(レンコウ)策の張儀など。②両者の間に立って策謀をめぐらす人。策士。

【縦横無尽(ジュウオウムジン)】自由自在であるさま。

【縦貫(ジュウカン)】たてに貫くこと。また、南北に通じること。

【縦走(ジュウソウ)】①たてに貫くこと。たてに長く連なっていること。②尾根伝いに、幾つかの山頂を踏破すること。

【縦隊(ジュウタイ)】縦列に並んだ隊形。↕横隊。『一列縦隊』

【縦断(ジュウダン)】たてに断ち切ること。また、細長いものを、縦方向、特に、南北の方向に通り抜けること。↕横断。『大陸縦断旅行』

【縦目(ジュウモク)】たてに並んでいる目。→❷(ショウモク)

【縦列(ジュウレツ)】互いに前後して、たてに長く並ぶこと。『縦列駐車』

❷ ほしいまま。また、ゆるす。はなつ。

下接 擒縦(キンショウ)・恣縦(シショウ)・弛縦(シショウ)・操縦(ソウジュウ)・天縦(テンショウ)・放縦(ホウショウ)

【縦覧(ジュウラン)】思うままに自由に見ること。『縦覧随意』

【縦逸・縦佚・縦溢(ショウイツ)】ほしいままにするさま。

【縦恣(ショウシ)】勝手気ままにふるまうこと。

【縦囚(ショウシュウ)】囚人を釈放すること。

【縦適(ショウテキ)】心のおもむくままにする。

【縦放(ショウホウ)】①わがまま。勝手。②しほうだい。自由自在。③勝手にさせること。放任すること。

【縦目(ショウモク)】思う存分にながめること。→❶(ジュウモク)

【縦欲(ショウヨク)】欲望をほしいままにすること。

6030【縟】6953 6555 E374 糸-10 ジョク㊇/rù

字解 形声。糸＋辱(↓蓐、草を刈り重ねる)㊟。色々な彩りの重なったかざりの意。

意味 かざり。手のこんだかざり。転じて、しげる。わずらわしい。『煩縟(ハンジョク)』『緑縟(リョクジョク)』

【縟礼(ジョクレイ)】細かいことにまでわたる、わずらわしい礼儀。『繁文縟礼』

6031【縉】6954 6556 E375 糸-10 シン㊇/jìn/はさむ

字解 形声。糸＋晉(↓搢、さしはさむ)㊟。さしはさむ意。

意味 はさむ。さしこむ。「搢」に同じ。

【縉紳(シンシン)】(「紳」は大帯の意)礼装の際、笏(シャク)を大帯にさしはさむところから、官位が高く身分のある人。

6032【緻】6944 654C E36B 糸-10 (6010)【緻】――― 糸-9

チ㊇/zhì/こまかい

字解 形声。糸＋致(＝致、細かいところまできわめつくす)㊟。糸のめが細かいことから、こまかい意。

意味 きめこまかい。また、くわしい。⇓表

下接 工緻(コウチ)・巧緻(コウチ)・細緻(サイチ)・精緻(セイチ)

【緻密(チミツ)】①きめの細かいさま。②詳細にわたり、ゆき届いているさま。

竹米糸缶网(罒・冂・皿)羊羽(⺷)老(耂)而耒耳聿肉(月)

6画

臣自至臼(臼)舌舛(舛)舟艮色艸(艹・艹・艹)虍虫血行衣(衤)襾(覀・西)

6033 【縋】 6955 6557 E376 糸-10 ツイ[漢]/zhuì/すがる

[字解] 形声。糸+追[声]。なわをかけてたらす意。一説に追は墜に通じ、たらす意という。

[意味] ❶かける。下げる。また、上からたらし下げた縄。❷[国]すがる。たよる。

緻 チ	密 ミツ
緻密	
きめがこまかい。	すきまがない。
細緻	細密
周緻	周密
詳緻	詳密
精緻	精密
堅緻	厳密
巧緻	稠密ミチュウ

6034 【縛】 3991 477B 949B 糸-10 [常] (6035)【縛】 糸-10 旧字

バク[呉]・ハク[漢]/fù/しばる

[筆順]

[字解] 形声。糸+専(いねを手にぎゅっとにぎる)[声]。くくる・しばる意。

[意味] しばる。縄をかけてしばる。いましめる。自由を奪う。『縛に就く(=罪人としてしばられる)』

[下接] 殴縛オウバク・緊縛キンバク・苦縛クバク・繫縛ケイバク|ケバク・自縛ジバク・就縛シュウバク・呪縛ジュバク・束縛ソクバク・反縛ハンバク・捕縛ホバク・面縛メンバク

【縛紲バクセツ】しばったなわ。

【縛束バクソク】しばりたばねること。自由を拘束すること。

6036 【縫】 4305 4B25 9644 糸-10 [常] (6050)【縫】 糸-11 旧字

ホウ[漢]/féng・fèng/ぬう

[筆順]

[字解] 形声。糸+逢(あう)[声]。糸でぬいあわせる意。

[意味] ぬう。ぬい合わせる。とりつくろう。また、ぬいめ。『天衣無縫テンイムホウ』『裁縫サイホウ』『織縫ショクホウ』『弥縫ビホウ』

【縫腋・縫掖ホウエキ】①衣服の両わきの下をぬい合わせた服。②[国]令制で官人の朝服の上衣の一種。文官が束帯・衣冠・直衣の際につける。闕腋ケッテキに対する。

【縫罅ホウカ】①ぬいめ。あわせめ。②すきま。

【縫合ホウゴウ】ぬい合わせること。『傷口を縫合する』

6037 【縨】 *5240 糸-10 ほろ

[字解] 国字。幌に同じ。

6038 【繦】 6958 655A E379 糸-11 キョウ(キャウ)[漢]/qiǎng/ぜに・さし・さし・むつき

[字解] 形声。糸+強(丈夫で大きい)[声]。あらい、ふしのあるいとの意。

[意味] ❶ふし糸。ふしのある糸。❷銭さし。さし。貨幣を通して束にするひも。❸子供を背負う帯。また、産衣。むつき。おむつ。『繦緥』

【繦緥・繦保キョウホウ】①子供を背負う帯と、おむつ。②幼少時代。❤「襁褓」とも書く。

6039 【繍】 2911 3D2B 8F4A 糸-11 シュウ 「繡」(6068)の異体字

6040 【縱】 6952 6554 E373 糸-11 ジュウ 「縦」(6029)の旧字

6041 【縮】 2944 3D4C 8F6B 糸-11 [常]6 シュク[呉][漢]/sù・suō/ちぢむ・ちぢまる・ちぢめる・ちぢれる・ちぢらす

[筆順]

[字解] 形声。糸+宿(→粛、ちぢむ)[声]。糸がちぢむ意。

[意味] ちぢむ。ちぢめる。また、ちぢれる。ちぢらせる。㋑小さくなる。しわが寄る。しわを寄せる。↔伸。『縮尺』『縮図』『圧縮』『短縮』㋺恐れや、寒さでちぢこまる。『萎縮』『恐縮』 ⇒[伸](216)の[表]

[下接] 圧縮アッシュク・畏縮イシュク・萎縮イシュク・恐縮キョウシュク・凝縮ギョウシュク・緊縮キンシュク・軍縮グンシュク・収縮シュウシュク・伸縮シンシュク・退縮タイシュク・短縮タンシュク・濃縮ノウシュク・防縮ボウシュク

【縮頞シュクアツ】不愉快に感じて、鼻すじをしかめること。

【縮写シュクシャ】一定の割合で小さく写すこと。

【縮小シュクショウ】ちぢまって小さくなること。また、ちぢめて小さくすること。↔拡大。『軍備縮小』『縮小コピー』

【縮図シュクズ】①原形を一定の割合でちぢめて描いた図。②ある物事の様相を、規模を小さくして端的に表したもの。『社会の縮図』

【縮地補天シュクチホテン】地をちぢめて天を補う意。天子が政治上の大改革をするたとえ。〔旧唐書-音楽志〕

【縮栗シュクリツ】①おそれてちぢこまること。②草木が枯れてちぢまること。

6042 【縬】 *5241 糸-11 シュク[漢]

[字解] 形声。糸+戚[声]。ちぢみの模様の意。

6043 【縧】 ―― 糸-11 ジョウ 「絛」(6094)の異体字

6044 【績】 3251 4053 90D1 糸-11 [常]5 セキ[漢]/jī/うむ・つむぐ・いさお

[筆順]

[字解] 形声。糸+責(→積、つみ重ねる)[声]。糸を重ねてつむぐ意。

[意味] ❶うむ。つむぐ。麻などの繊維をよりつないで糸にする。『績女』『績文』『紡績ボウセキ』❷いさお。てがら。また、仕事の成果。『績効』『績用』『功績』

❶ うむ。つむぐ。

【績女セキジョ】糸をつむぐ女性。

【績文セキブン】文章をつづること。

❷ いさお。てがら。

[下接] 偉績イセキ・学績ガクセキ・業績ギョウセキ・勲績クンセキ・功績コウセキ・事績ジセキ・実績ジッセキ・成績セイセキ・戦績センセキ・治績チセキ

【績効セキコウ】てがら。功績。績用。

【績用セキヨウ】てがら。功績。績効。

6045 【繊】 3301 4121 9140 糸-11 [常] (6091)【纖】 6989 6579 E399 糸-17 旧字[人] (6082)【纎】 6990 657A E39A 糸-15 か

セン[呉][漢]/xiān/ほそい・しなやか

[筆順]

[字解] 繊は纖の略体。纖は形声。糸+韱(細くこまかい)[声]。ほそい糸の意。

意味 ❶ほそい。うすい。小さい。わずか。『繊維』『繊細』『洪繊（コウセン）』 ❷かぼそい。しなやか。たおやか。かよわい。美しい。『繊婉』『繊手』 ❸「繊維」の略。『化繊（カセン）』 ❹小数の単位。一の一〇〇〇万分の一。

❶ ほそい。うすい。小さい。

【繊埃（センアイ）】 ①こまかいほこり。②わずかなこと。

【繊維（センイ）】 ①非常に細長く比較的遊離状態にある生物体の構成物。『神経繊維』 ②生物や合成物質から得られる細い糸状の物質。織物や紙などの原材料となる。

【繊翳（センエイ）】 わずかのくもり。ちょっとしたかげ。

【繊介（センカイ）】 小さいこと。こまかいこと。わずかなこと。

【繊芥（センカイ）】 ①こまかいごみ。転じて、量や程度がわずかなこと。②心中にわだかまるごくわずかのこと。

【繊月（センゲツ）】 細い形の月。三日月などをさす。

【繊巧（センコウ）】 繊細で巧緻（コウチ）なこと。こまかく巧みなさま。

【繊毫（センゴウ）】 こまかい毛。きわめてわずかなこと、ささいなことのたとえとされる。

【繊細（センサイ）】 ①物の形が細く小さいこと。②国細々とたおやかなさま。③国感情などがこまやかなさま。『繊細な人』

【繊悉（センシツ）】 こまごまとして詳しいこと。細かいところまで行き届いていること。

【繊弱（センジャク）】 弱々しいこと。かよわいこと。

【繊嗇（センショク）】 けちくさいこと。吝嗇（リンショク）。

【繊人（センジン）】 ①性質の弱い人。②つまらない人。小人。

【繊微（センビ）】 非常にこまかいこと。ごくわずかなさま。

【繊羅（センラ）】 うすい着物。うすぎぬ。

❷ かぼそい。しなやか。たおやか。

【繊婉（センエン）】 ほっそりとしてあでやかなこと。

【繊妍（センケン）】 容姿が、ほっそりとしていて美しいこと。あでやかであるさま。

【繊柔（センジュウ）】 ①しなやかなこと。②かよわいこと。

【繊繊（センセン）】 ほっそりとしてしなやかなさま。多く、月や女性の指にいう。＊文選-古詩十九首「繊繊擢二素手一（センセンとしてソシュをあぐ）〔＝ほっそりとした白い手をさしだす〕」

【繊美・繊靡（センビ）】 ＝繊麗（センレイ）

【繊腰（センヨウ）】 細く、なよなよとした腰。特に美人の腰。

【繊麗（センレイ）】 しなやかでうるわしいこと。

6046【總】 6933 6541 E360 糸-11

ソウ 「総」(5973)の旧字

6047【繆】 6957 6559 E378 糸-11

ボウ㊥・ビュウ（ビウ）㊥・キュウ（キウ）㊥・リョウ（レウ）㊥・ボク㊥／móu・jiū・miào・miù・liǎo／まつわる・まとう・あやまる・あやまり・もとる

字解 形声。糸＋翏（翼と尾とをつらねあわせる）㊥。糸がまつわる意。

意味 ❶まつわる。まとう。からまる。『繆繞』『繆繆（リョウリョウ）』 ❷あやまる。たがう。もとる。また、いつわる。『繆巧』『繆説』『錯繆（サクビュウ）』『紕繆（ヒビュウ）』 ❸やわらぐ。「穆」に同じ。『繆繆（ボクボク）』

【繆巧（ビュウコウ）】 たくみなはかりごと。

【繆説（ビュウセツ）】 あやまった説。謬説（ビュウセツ）。

【繆繆（ボクボク／リョウリョウ）】 ①（ボクボク）やわらいで美しいさま。穆穆（ボクボク）。②（リョウリョウ）糸のもつれたさま。

【繆繞（リョウジョウ）】 まといつくこと。

6048【縹】 6961 655D E37C 糸-11

ヒョウ（ヘウ）㊥／piǎo・piāo／はなだ

字解 形声。糸＋票（＝㶾）㊥。

意味 ❶はなだ。明るい藍色。また、その色の絹。『縹帙』『青縹（セイヒョウ）』 ❷遠くはるかなさま。『縹渺』 ❸軽くひるがえるさま。「飄」に同じ。『縹縹』

【縹帙（ヒョウチツ）】 （「帙」は書物を包むもの）はなだ色の本づつみ。また、書巻。

【縹縹（ヒョウヒョウ）】 軽く舞い上がるさま。ひるがえるさま。

【縹渺・縹緲（ヒョウビョウ）】 ①かすかなさま。『神韻縹渺』 ②広くて果てしないさま。

6049【繃】 6962 655E E37D 糸-11 (5982)〔綳〕＊5205 糸-8

ホウ（ハウ）㊥／bēng

字解 形声。糸＋崩㊥。幼児をつつみせおうおびの意。崩は包に通じ、つつむ意であるとも。

意味 つかねる。まいて包む。また、背負い帯。

【繃帯（ホウタイ）】 傷口などを包むガーゼや木綿の細長い布。
▼書き換え「繃帯→包帯」。

6050【縫】 ── 糸-11

ホウ 「縫」(6036)の旧字

6051【縵】 6960 655C E37B 糸-11

マン㊥・バン㊥／màn／ゆるい

字解 形声。糸＋曼㊥。

意味 ❶無地の絹。また、模様のないもの。❷つれびき。他人のひく楽器にまじえて奏すること。❸ゆるやか。ゆるい。「慢」に同じ。『縵縵』

【縵縵（マンマン）】 ①広がりのびているさま。②ゆったりとしているさま。

6052【縷】 6963 655F E37E 糸-11

ル㊥㊥・ロウ㊥／lǚ／いと・ぼろ

字解 形声。糸＋婁（細長くつながる）㊥。長くつづくいとの意。

意味 ❶いと。糸のように細く長いもの。『一縷（イチル）』『煙縷（エンル）』『金縷（キンル）』『線縷（センル）』＊蘇軾-前赤壁賦「余音嫋嫋、不レ絶如レ縷（ヨインジョウジョウとして、たえざることルのごとし）〔＝余韻は細く長く尾を引いて、一本のいとすじのように続く〕」 ❷くわしい。こまかい。『縷述』『縷切』『縷説』『縷縷』 ❸ぼろ。やぶれごろも。「褸」に通じる。『襤縷（ランル）』『羅縷（ラル）』 ❹「繁縷（はこべ）」はナデシコ科の一年草。春の七草の一。

【縷述（ルジュツ）】 こまごまと述べること。

【縷切（ルセツ）】 細かく糸のように切ること。

【縷説（ルセツ）】 細かに説明すること。

【縷縷（ルル）】 ①（糸のように）途切れることなく、細く長く続くさま。②こと細かく話すさま。『縷々説明する』

6053【縲】 6964 6560 E380 糸-11

ルイ㊥／léi／しばる

字解 形声。糸＋累㊥。しばりつなぐ意。纍の別体。

意味 しばる。しばり。つなぐ。また、そのなわ。

【縲紲・縲絏（ルイセツ）】 罪人をしばること。なわめにかかること。〔論語-公冶長〕

6054【縺】 6965 6561 E381 糸-11

レン㊥／liān／もつれる

字解 形声。糸＋連㊥。

意味 もつれる。からまって解けなくなる。もつれ。

6055【縜】6966 6562 E382 糸-12 ウン(慣)
字解 国字。形声。糸＋雲(くも)(声)。雲のようなぼかし模様の織物。
意味 「縜繝(ウンゲン)」は、彩色の方法で、同じ色を、だんだん薄くしてゆくもの。また、そのような織物。『縜繝錦(にしき)』

6056【繝】6967 6563 E383 糸-12 ケン(呉)・カン(漢)/jiàn
字解 形声。糸＋閒(声)。
意味 「縜繝・暈繝(ウンゲン)」は、彩色の方法で、濃い色からだんだんに薄くしてゆくもの。

6057【繖】6968 6564 E384 糸-12 サン(漢)/sǎn/かさ
字解 形声。糸＋散(四方に広がる)(声)。きぬを上と四方に張ったかさの意。傘に同じ。
意味 かさ。きぬがさ。また、からかさ。
【繖蓋(サンガイ)】きぬがさ。
【繖形花序(サンケイカジョ)】茎への花のつき方の一。花軸の先端部から花柄を持った花が多数放射状につくもの。

6058【繞】6969 6565 E385 糸-12 ニョウ(ネウ)(呉)・ジョウ(ゼウ)(漢)/rǎo・rào/まとう・めぐる・めぐらす
字解 形声。糸＋堯(声)。
意味 ❶まとう。まつわる。また、めぐる。めぐらす。かこむ。『繞梁』『繞繚』『繞乱』『囲繞(イニョウ)』『纏繞(テンジョウ)』『繚繞(リョウジョウ)』 ＊白居易-琵琶行「黄蘆苦竹繞(ヲめぐりて)宅生(コウロクチクタクショウず)」〔＝黄色いアシと苦竹が、家を取り巻いて生えている〕」 ❷国にょう。にゅう。漢字の字形の構成部分のうち下部を左から右に囲みめぐるもの。「辶(辶)」「辶(邊)」の「辶(辶)」など。『之繞(シンニョウ)』『シンニュウ』
【繞梁(ジョウリョウ)】歌声が梁(はり)にまつわりめぐるように美しく、余韻の続くこと。〔列子-湯問〕
【繞繚(ジョウリョウ)】まとわりつくこと。
【繞乱(ニョウラン)】あれこれとなやんで乱れること。

6059【織】3105 3F25 9044 糸-12 常5 (6060)【織】 糸-12 旧字
シキ(呉)・ショク(漢)・シ(漢)/zhī・zhì/おる・おり
筆順 織 織 織 織 織 織
字解 形声。糸＋戠(互い違いにくみあわせる)(声)。機をおる意。金文は、戠のみの形。

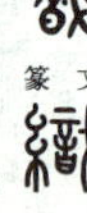

意味 ❶おる。布を織る。はたおり。おりもの。『織機』『染織』 ❷くみたてる。くみあわせる。『組織(ソシキ)』
下接 機織(キショク)—(はたおり)・交織(コウショク)・耕織(コウショク)・染織(センショク)・促織(ソクショク)・紡織(ボウショク)／綾織(あやおり)・唐織(からおり)・羽織(はおり)
❶おる。また、はたおり。おりもの。
【織女(ショクジョ・シジョ)】①機(はた)を織る女性。おりひめ。たなばたひめ。②「織女星」の略。琴座のアルファ星ベガ。七夕祭の伝説で名高い。
【織紝(ショクジン)】機(はた)を織ること。
【織成(ショクセイ)】糸で織物を作ること。また、その織物。
【織文(ショクブン)】織りなした模様。また、その織物。
【織縫(ショクホウ)】はたおりと針仕事。
【織絡(ショクラク)】はたおりの手さばきのように、人がさかんに往来すること。また、その者。

6061【繕】3322 4136 9155 糸-12 常 ゼン(呉)・セン(漢)/shàn/つくろう
筆順 繕 繕 繕 繕 繕 繕
字解 形声。糸＋善(よい・よくする)(声)。つくろう意。
意味 つくろう。なおす。おぎなう。『営繕(エイゼン)』『修繕(シュウゼン)』『補繕(ホゼン)』
【繕修(ゼンシュウ)】つくろいなおすこと。修繕。
【繕造(ゼンゾウ)】つくろい造ること。

6062【繒】＊5252 糸-12 ゾウ(呉)・ソウ(漢)・ショウ(漢)/zēng/きぬ
字解 形声。糸＋曾(かさねる)(声)。絹糸を重ね合わせて織った織物の総称の意。
意味 ❶きぬ。絹布。『繒纊』『繒綵』『繒帛』 ❷いぐるみ。矢に糸をつけて鳥を射るもの。「矰」に同じ。『繒繳』
【繒纊(ソウコウ)】絹と綿。繒絮(ソウジョ)。
【繒綵(ソウサイ)】いろどった絹織物。あやを織り出したきぬ。
【繒繳(ソウシャク)】いぐるみの糸。矰繳(ソウシャク)。
【繒帛(ソウハク)】絹。絹地。

6063【繙】6970 6566 E386 糸-12 ホン(呉)・ハン(漢)/fān/ひもとく
字解 形声。糸＋番(ちらばり広がる)(声)。糸をときひろげる意。
意味 ❶ひもとく。結んであるひもを解く。また、書物をひらいて読む。『繙閲』『繙読』 ❷ひるがえる。ひるがえす。「翻」に同じ。『繽繙(ヒンパン)』 ❸ほんやくする。「翻」に同じ。『繙訳』
【繙閲(ハンエツ)】書物を読み調べること。
【繙読(ハンドク)】書物を読むこと。繙読。

6064【繚】6971 6567 E387 糸-12 リョウ(レウ)(呉)(漢)/liáo/めぐる・まつわる
字解 形声。糸＋尞(声)。
意味 めぐる。めぐらす。また、まつわる。もつれる。もつれ乱れる。『繞繚(ジョウリョウ)』
【繚垣(リョウエン)】囲いめぐらしたかき。
【繚繞(リョウジョウ)】①まつわりつくること。②袖の長いさま。
【繚乱(リョウラン)】花などが咲きみだれること。『百花繚乱』

6065【繹】6972 6568 E388 糸-13 ヤク(呉)・エキ(漢)/yì/ひく・たずねる
字解 形声。糸＋睪(→驛、次々につづく)(声)。糸をひく意。
意味 ❶ひく。引き出す。『演繹(エンエキ)』『紬繹(チュウエキ)』 ❷つらなる。つらねる。『繹繹』『繹如』『繹騒』『絡繹(ラクエキ)』 ❸たずねる。きわめる。『尋繹(ジンエキ)』
【繹繹(エキエキ)】①連なって絶えないさま。②よく走るさま。③さかんなさま。
【繹如(エキジョ)】続いて絶えないさま。
【繹騒(エキソウ)】絶え間なく騒がしいこと。

6066【繪】6973 6569 E389 糸-13 カイ 「絵」(5928)の旧字

6067【繳】＊5261 糸-13 シャク(漢)・キョウ(ケウ)(漢)/zhuó・jiǎo/いと・まといつく

竹米糸缶网(罒・冂・四)羊羽(羽)老(耂)而耒耳聿肉(月) 6画 臣自至臼(臼)舌舛(舛)舟艮色艸(艹・艹・艹)虍虫血行衣(衤)襾(覀・西)

字解 形声。糸＋敫㊟。
意味 ❶（シャク）㋑いと。㋺いぐるみ。『矰繳（ソウシャク）』『緍繳（ジキョウ）』❷（キョウ）㋑かえす。おさめる。㋺まといつく。
【繳繞（キョウジョウ）】まといつくこと。転じて、こだわること。

6068 【繡】 ＊5255 糸-13 (6039)〔綉〕 2911 3D2B 8F4A 糸-11 †

シュウ（シウ）㊥／xiù／ぬいとり
字解 形声。糸＋肅㊟。

意味 ぬいとり。布地などに種々の色糸で模様をぬい表すこと。ししゅう。また、美しく飾られた。美しい。『錦心繡口（キンシンシュウコウ）』『錦心繡腸（キンシンシュウチョウ）』『刺繡（シシュウ）』

【繡衣（シュウイ）】刺繡（シシュウ）のある衣服。

【繡衾（シュウキン）】錦（にしき）の豪華な夜具。

【繡戸（シュウコ）】美しくかざった部屋。女性の部屋。繡房。

【繡錯（シュウサク）】①種々の色糸をまぜて刺繡（シシュウ）をすること。②ぬいとりのように入り交わること。

【繡段（シュウダン）】美しくぬいとりをした織物。美しい詩文。

【繡帳（シュウチョウ）】刺繡（シシュウ）のしてあるたれぎぬ、とばり。

【繡面（シュウメン）】①入れ墨をした顔。②化粧した顔。

【繡羅（シュウラ）】ぬいとりした薄絹。

〔衣レ繡夜行（シュウをきてよるゆく）〕きれいな衣服を着て夜行く。出世しても故郷の人や知人に会う機会がなく、晴れがましさを味わえない不本意さをいう。〔史記-項羽本紀〕

6069 【繩】 6974 656A E38A 糸-13
ジョウ 「縄」(6005)の旧字

6070 【繰】 2311 372B 8C4A 糸-13 常
ソウ（サウ）㊤㊥／zǎo・sāo／くる
筆順 繰 繰 繰 繰 繰 繰
字解 形声。糸＋喿㊟。こん色のきぬの意。主として、繭から糸をひきだす、くる意に用いられる。
意味 ❶くる。たぐる。つまぐる。❷国順に送る。順に数える。『手繰（たぐ）る』『繰上（くりあげ）』『繰越（くりこし）』『綿繰（わたくり）』

6071 【繴】 ―― 糸-13
ヘキ㊥／からくみ
字解 形声。糸＋辟㊟。組紐（くみひも）の名。からくみ。太目のより糸を菱目（ひしめ）に組んだ幅広の緒。

6072 【繢】 ―― 糸-14
キ㊥／しね
字解 績に同じ。織りあまりの糸、しねの意。

6073 【繼】 6975 656B E38B 糸-14
ケイ 「継」(5948)の旧字

6074 【繻】 6976 656C E38C 糸-14
シュ㊥・ジュ㊥／xū・rú／うすぎぬ
字解 形声。糸＋需㊟。
意味 うすぎぬ。目の細かいうすぎぬ。
【繻子（シュス）】国絹織物の一種。たて糸、よこ糸のいずれかを表面に長く浮かせた織り方で、つやがある。サテン。
【繻珍（シュチン―シチン―シッチン）】国繻子（シュス）地に紋様を浮き織りした布地。▼中国語「七糸緞」、また、ポルトガル語からという。

6075 【繽】 6979 656F E38F 糸-14
ヒン㊤㊥／bīn
字解 形声。糸＋賓㊟。
意味 多くさかんなさま。入り乱れるさま。
【繽紛（ヒンプン）】①もつれて乱れるさま。②花などが乱れ散るさま。＊陶潜-桃花源記「芳草鮮美、落英繽紛（ホウソウセンビにして、ラクエイヒンプンたり）〔＝かおりのよい草が色あざやかで、落花がはらはらと乱れ散っていた〕」③旗などが風にひるがえるさま。④たくみに舞うさま。⑤さかんで美しいさま。

6076 【繿】 6981 6571 E391 糸-14
ラン㊥／lán
字解 形声。糸＋監㊟。襤に同じ。

6077 【繽】 6977 656D E38D 糸-14 (5993)〔緕〕 6978 656E E38E 糸-8
かすり
字解 国字。かすりの意。

6078 【纈】 6982 6572 E392 糸-15
ケチ㊤・ケツ㊥／xié／しぼり
字解 形声。糸＋頡㊟。しぼりぞめの意。
意味 「夾纈（キョウケチ―コウケチ）」は、染色法の一。文様をほりぬいた板の間に布をはさんで染める染め方。

6079 【纐】 6986 6576 E396 糸-15
コウ（カウ）㊐
字解 国字。形声。糸＋纐㊟。
意味 くくりぞめ。しぼりぞめ。
【纐纈（コウケチ―コウケツ）】絞り染め。くくり染め。板締め絞り。

6080 【纊】 ＊5267 糸-15 (5908)〔絋〕 6906 6526 E345 糸-5
コウ（クヮウ）㊤㊥／kuàng／わた
字解 形声。糸＋廣㊟。新しいわたの意。
意味 「縉纊（ソウコウ）」は、きぬとわた、また、それらで作った衣服の意。

6081 【纉】 6983 6573 E393 糸-15
サン 「纘」(6092)の異体字

6082 【纎】 6990 657A E39A 糸-15
セン 「纖」(6045)の異体字

6083 【續】 6984 6574 E394 糸-15
ゾク 「続」(5957)の旧字

6084 【纏】 3727 453B 935A 糸-15 (6086)〔纒〕 6985 6575 E395 糸-16
デン㊤・テン㊥／chán／まとう・まとい・まつわる・まとめる
字解 形声。糸＋廛㊟。
意味 ❶まとう。まといつく。まつわる。からまる。まきつける。くるむ。しばる。『纏足』『纏綿』『半纏』❷まとめる。㋑個々のものを一つにくくる。一つに集める。㋺一つのものとして完成させる。㋩懸案や紛争などを解決させる。❸国まとい。㋑戦陣で、主将の本営の印として立てるもの。㋺江戸時代、町方の火消しの各組が組の印として用いたもの。

❶まとう。まつわる。からまる。くくる。

下接 糾纏（キュウテン）・牽纏（ケンテン）・半纏（ハンテン）・蔓纏（マンテン）

【纏繞テンジョウ】つる草などがまといつくこと。からまりつくこと。『纏繞茎ケイ』
【纏足テンソク】中国、五代ごろからの俗習。小さく形よい足にするとして、幼女の足指に布を堅く巻きつけて発育を抑制したこと。
【纏頭テントウ｜テンドウ】①歌舞・演芸をした者に、褒美として金銭や品物を与えること。また、その品物。もと衣類を受けた時、頭にまとったところからいう。＊白居易-琵琶行「五陵年少争纏頭ゴリョウのネンショウあらそってテントウす〔＝五陵の若者たちは、あらそって贈り物をしてくれた〕」②祝儀として与える金銭。③いそがしいこと。また、あわてること。
【纏綿テンメン】①物がまつわりつくこと。複雑にからみつくこと。②心にまつわりついて離れがたいこと。情緒の深いさま。『情緒纏綿』

6085【纇】＊5266 糸-15 ライ(呉)(漢)\lèi
字解 形声。糸＋頪(こめつぶ)(声)。米粒のようないとのふしの意。「纇節ライセツ」は、生糸に生じるこぶ状の節。

6086【纒】6985 6575 E395 糸-16 テン「纏」(6084)の異体字

6087【纜】―― 糸-16 ラン「纜」(6093)の異体字

6088【纑】＊5269 糸-16 ロ(漢)\lú\おがせ
字解 形声。糸＋盧(声)。あさいとの意。

6089【纓】6987 6577 E397 糸-17 ヨウ(ヤウ)(呉)・エイ(漢)\yīng\ひも・まとう
字解 形声。糸＋嬰(首かざりをめぐらす)(声)。あごの下でむすぶかんむりのひも、かざりひもの意。
意味 ひも。また、ひもで結んでまとう。(イ)中国で、冠を固定するために、あごの下で結ぶひも。＊屈原-漁父辞「滄浪之水清兮、可三以濯二吾纓一ソウロウのみずすまば、もってわがエイをあらうべし〔＝滄浪の水がすんでいるときは、私の冠のひもでも洗おう〕」(ロ)国冠の後ろに垂れるひも状の装飾具。
下接 衣纓イエイ・細纓サイエイ・珠纓シュエイ・簪纓シンエイ・組纓ソエイ・長纓チョウエイ・立纓リュウエイ
【纓冠エイカン】かんむりのひもを結ぶこと。
【纓紳エイシン】かんむりのひもと大帯。転じて、貴族や高官のこと。
【纓絡ヨウラク】珠玉を編んで作った装身具。頭、首、胸などにかける。

6090【纔】6988 6578 E398 糸-17 サイ(漢)・サン(漢)\cái\わずか
難読姓氏 纔方おがた
字解 形声。糸＋毚(はいりこみまじる)(声)。色のまじった(雀色、一説に、青みがかった黒)きぬの意。借りて助字に用いる。
意味 ❶赤みがかった黒、または青みがかった黒の色の絹。❷わずかに。やっと。すこし。「才」に同じ。＊陶潜-桃花源記「初極狭、纔通レ人はじめはきわめてせまく、わずかにひとをツウずるのみ〔＝初めはたいそう狭く、やっと人一人を通すだけだった〕」

6091【纖】6989 6579 E399 糸-17 セン「繊」(6045)の旧字

6092【纘】＊5271 糸-19 (6081)【纉】6983 6573 E393 糸-15 サン(漢)\zuǎn\つぐ
字解 形声。糸＋贊(たたえる)(声)。先人のなしたことをたたえひきつづき行う、つぐ意。
意味 つぐ。受け継ぐ。続ける。纘続サンゾク。
【纘継サンケイ】受け継ぐこと。
【纘緒サンショ】前の事業を受け継ぐこと。纘業サンギョウ。

6093【纜】6992 657C E39C 糸-21 (6087)【纜】―― 糸-16 ラン(呉)(漢)\lǎn\ともづな
字解 形声。糸＋覽(声)。
意味 ともづな。船をつなぎとめておく綱。纑綱。『解纜カイラン』『電纜デンラン』⬇〔船〕の図一〇〇八頁

糸

6094【絛】6922 6536 E355 糸-7 (6043)【縧】―― 糸-11 トウ(タウ)(漢)・ジョウ(デウ)(慣)\tāo\さなだ
字解 形声。糸＋攸(声)。
意味 さなだ。ひらうちのひも。『馬絛バトウ』

6095【緜】6936 6544 E363 糸-9 メン「綿」(5983)の異体字

6096【縣】6949 6551 E370 糸-10 ケン「県」(5160)の旧字

6097【縢】6956 6558 E377 糸-10 トウ(漢)\téng\かがる・かな
字解 形声。糸＋朕(＝朕)(声)。
参考 万葉仮名では音を借りて「と(乙)」「ど(乙)」。
意味 ❶かがる。しばる。からげる。たばねる。とじる。❷なわ。ひも。❸むかばき。きゃはん。乗馬や狩猟の際、足にまきつける毛皮の類。『行縢コウトウ(むかばき)』❹四本のたて糸を一本にまとめた織糸。かな。

6098【繇】＊5249 糸-11 ヨウ(エウ)(漢)\yáo・yóu・zhòu\えだち・うた
字解 形声。系(つづく)＋䍃(＝舎→由、より従う)(声)。したがう意。
意味 ❶えだち。夫役。「徭」に同じ。❷うた。「謡」に同じ。『繇俗』❸＝繇繇ヨウヨウ
【繇俗ヨウゾク】それぞれの土地の歌謡と風俗。
【繇繇ヨウヨウ】①はるかに遠いさま。②ゆるやかなさま。

121 缶部 ほとぎ

甲骨文
金文
篆文

缶は、口が小さく腹のふくれたふたつきの土器の形で、酒を入れるほとぎの意を表す。缶部には、缶を部標として、腹のふくらんだ土器の類に関する字を収める。字の左部に用いられる場合、俗に缶と書かれることがあるが、卸の左部や御の中部などとは関係がない。

缶 缶
缶 ②匋 ④䍃 ⑥窑 ⑪罄 ⑬罋 ⑭

罌⑮罍
缶 ③缸 ④缺 ⑤瓿 ⑥缾 ⑧缾 ⑪
罅 ⑫罇 ⑯罎 ⑱罐

缶

6099【缶】2044 344C 8ACA 缶－0 常 (6115)〔罐〕7005 6625 E3A3 缶－18 旧字

フ㊥・カン(クヮン)㊥/guàn・fǒu/ほとぎ・かま

筆順 缶 缶 缶 午 缶 缶

字解 缶(フ㊥)は部首解説を参照。なお、常用漢字では罐(カン)の略体として代用する。罐は形声。缶＋雚㊟。水を入れるかめ。または、つるべの意。拼音は、缶はfǒu、罐はguàn。

意味 ❶(フ)ほとぎ。もたい。口のつぼんだ素焼きの容器。罐。瓿。『撃缶(ゲキフ)』❷(カン)かん。㋑かま。金属製の湯わかし。「鑵」に同じ。『汽缶(キカン)』『薬缶(ヤカン)』㋺(英canのあて字)国ブリキ製の入れ物。『缶詰』

缶❶
〔湖北省江陵出土〕

缶

6100【匋】＊1994 缶－2

トウ(タウ)㊥・ヨウ(エウ)㊥/táo

字解 会意。缶(やきもの)＋勹(人がつつみだく)。やきものをつくる意。陶の原字。

金文 篆文

同属字 萄・掏・淘・陶・綯

6101【䍃】二一 缶－4 (4580)〔䍃〕二一 爪－5

ユウ(イウ)㊥・ヨウ(エウ)㊥

字解 会意。缶＋肉。やきものの意。今日、䍃を部分としてもつ字には、本来、全く別系統の字義を有する䍃と、混同されているものがある。

同属字 窰・繇・飄・鷂・傜・徭・搖(揺)・瑤(瑶)・謠(謡)・遙(遥)

6102【瓷】二一 缶－6

シ㊥/cí

字解 形声。缶＋次㊟。瓷の別体。

〔窯〕⇩5551

6103【罄】＊5281 缶－11

ケイ㊥/qìng/むなしい・つきる

字解 形声。缶＋殸(軽快な音が出る古代の楽器、けい)㊟。中が空で軽く高い音が出る土器の意。一般に、から・つきる意を表す。

意味 むなしい。うつろ。また、つきる。なくなる。

【罄尽(ケイジン)】なくなること。つきること。罄竭(ケイケツ)。

6104【罋】二一 缶－13

オウ「甕」(4865)の異体字

6105【罌】7002 6622 E3A0 缶－14

オウ(アウ)㊥・エイ㊥/yīng/かめ・もたい

字解 形声。缶＋賏㊟。

意味 ❶かめ。腹が大きく口のつぼんだ器。もたい。ほとぎ。❷「罌粟(オウゾク)」は、ケシ科の一、二年草。未熟な果実から、阿片(アヘン)の原料になる乳液を採る。芥子(ケシ)。

6106【罍】7003 6623 E3A1 缶－15

ライ㊥/léi/かめ

字解 形声。缶＋畾(かみなり)㊟。雷雲の模様の入った、酒を入れるかめの意。櫑に同じ。

意味 さかだる。さかがめ。『樽罍(ソンライ)』

【罍洗(ライセン)】大きな酒だる。

【罍尊・罍樽(ライソン)】雷雲の模様の入った酒だる。樽罍。

【罍恥(ライチ)】酒だるで用意した酒が尽きて困ること。〔詩経－小雅・蓼莪〕

罍〔故宮博物院蔵〕

缶

6107【缸】6993 657D E39D 缶－3

コウ(カウ)㊥/gāng

字解 形声。缶＋工(大きい)㊟。大きなかめの意。

6108【缺】6994 657E E39E 缶－4

ケツ「欠」(3842)の異体字

6109【瓿】＊5276 缶－5

フ㊒㊥・カン(クヮン)㊥/fǒu

字解 缶の別体。ほとぎの意。

6110【缾】＊5278 缶－6

ヘイ「缾」(6111)の異体字

6111【缾】二一 缶－8 (6110)〔缾〕＊5278 缶－6

ヘイ㊥/píng/かめ

字解 形声。缶＋幷㊟。

意味 ❶かめ。みずがめ。❷つるべ。水をくみ上げるおけ。

6112【罅】7001 6621 E39F 缶－11

カ㊥/xià/ひび

字解 形声。缶＋虖(→呼、息がぬけ出る)㊟。気がぬけるように土器にひびがはいる意。

意味 ひび。また、ひびがはいる。割れる。『縫罅(ホウカ)』

【罅隙(カゲキ)】すきま。欠けたすきま。

【罅漏(カロウ)】＝罅隙(カゲキ)

6113【罇】＊5282 缶－12

ソン㊥/zūn

字解 形声。缶＋尊(たる)㊟。

意味 酒を貯蔵する容器。さかだる。さかがめ。『罇酒(ソンシュ)』『罇前』

6114【罎】7004 6624 E3A2 缶－16

ドン㊒・タン㊥/tán

字解 形声。缶＋曇㊟。❶酒を入れるかめ。❷国びん。

6115【罐】7005 6625 E3A3 缶－18

カン「缶」(6099)の旧字

122 网(⺲・罓・罒) 部　あみがしら

甲骨文 
篆文 
重文 

网は、あみの形に象り、あみの意を表す。网部には、网またその変形⺲、罓、罒を部標として、あみ、わな、おしかぶせることなどに関する字を収める。複体の部標としては、常に字の上部にあり、これを「あみがしら」という。罒の形は隷書のころからあり、楷書では罒が正しいとされてきた。別に目を表す罒がある。これを特に「よこめ」ということもある。

网　网 ⺲ 罓 罒
网 ③ 罕
⺲ ③ 罕
罓 ③ 罔
罒 ③ 罕 ④ 罘 ⑤ 罟 罠 ⑥ 罣 ⑧ 罨 罫 罪 署 罧 置 罩 ⑨ 署 罰 ⑩ 罵 罸 罷 ⑪ 罹 ⑫ 罽 ⑬ 羂 ⑭ 羆 羃 羅 ⑰ 羇 ⑲ 羈

网

6116 【网】 7006 6626 E3A4 网－0
(6117)〔⺲〕 网－0
(6118)〔罓〕 网－0
(6119)〔罒〕 *5284 网－0
ボウ(バウ)漢/wǎng/あみ
字解 部首解説を参照。

网

6120 【罕】 网－3
カン「罕」(6121)の異体字

⺲

6121 【罕】 7007 6627 E3A5 网－3
(6120)〔罕〕 网－3
(6123)〔罕〕 网－3
カン漢/hǎn/まれ
字解 形声。网＋干(長い柄のついた棒)声。あみのついた柄のある棒、鳥あみの意。
意味 ❶鳥あみ。❷まれに。めったに…しない。*論語-子罕「子罕言ニ利与レ命与ニ仁(シまれにリとメイとジンとをいう)」〔＝孔子は、利益と天命と仁とについては、ごくまれにしか口にしなかった〕」

〔罙〕⇩3335

罓

6122 【罔】 7008 6628 E3A6 网－3
モウ(マウ)呉・ボウ(バウ)漢・ム慣/wǎng/あみ・しいる・くらい・ない・なかれ
字解 形声。网＋亡(かくす)声。あみの意。亡に通じ、ない意に用いられる。
同属字 惘・網・輞・魍
意味 ❶あみ。鳥獣などを捕らえるあみ。また、あみする。あみで捕らえる。「網」に同じ。『罔罟』*孟子-梁恵王上「焉有ニ仁人在レ位、罔レ民而可レ為也(いずくんぞジンジンくらいにあるありて、たみをあみするをなすべけんや)」〔＝どうして仁を身につけた人が位についていながら、人民を法の網にかけるようなことをしてよいのだろうか〕」❷しいる。こじつける。あざむく。『欺罔(キモウ)』『誣罔(ブモウ)』❸くらい。物事の道理に暗い。ぼんやりとして、はっきりしない。『罔然』『惝罔(ショウモウ)』『勿罔(ブツモウ)』『迷罔(メイモウ)』*論語-為政「学而不レ思、則罔(まなんでおもわざれば、すなわちくらし)」〔＝学ぶだけで、思いめぐらすことをしなければ、物事の道理に暗いこととなってしまう〕」❹なし。なかれ。また、なみする。「無・莫」に同じ。『罔極』*史記-秦始皇本紀「罔レ不ニ賓服(ヒンプクせざるものなし)」〔＝服従しない者はなかった〕」

❶ あみ。また、あみする。
【罔罟(モウコ)】魚や獣を捕らえるあみ。
【罔羅(モウラ)】残らずとり入れること。網羅。

❸ 暗い。ぼんやりとして、はっきりしない。
【罔然(ボウゼン)】ぼんやりしたさま。また、おろかなさま。
【罔象(モウショウ)】①ただようさま。転じて、虚無。②水中にすむという怪物。
【罔両(モウリョウ)】①陰影のふちに生じるぼんやりした影。②山や川の精。魍魎(モウリョウ)。③よりどころがないさま。

❹ なし。なかれ。また、なみする。
【罔極(モウキョク|ムキョク)】この上もないこと。無上。無窮。また、極悪。中正でないこと。

〔岡〕⇩1934

罒 (八四六頁上段をも見よ)

6123 【罕】 网－3
カン「罕」(6121)の異体字

6124 【罘】 7009 6629 E3A7 网－4
フ漢・ヒ漢/fú/あみ
字解 形声。网＋不声。うさぎをとるあみの意。
意味 ❶あみ。うさぎをとるあみ。また、鹿をとるあみ。❷かさねる。❸「罘罳(フシ)」は、宮門の内にある塀。

6125 【罟】 7010 662A E3A8 网－5
コ漢/gǔ/あみ
字解 形声。网＋古(→固、かたくとじこめる)声。
意味 あみ。魚をとるあみ。網の総称。また、あみする。あみを張ってとる。『罔罟(モウコ)』
【罟擭(コカク)】鳥獣をとらえる、あみとわなと落とし穴。
【罟師(コシ)】漁師。また、猟師。

6126 【罠】 7011 662B E3A9 网－5
ビン漢・ミン慣/mín/あみ・わな
字解 形声。网＋民声。
意味 ❶あみ。うさぎをとるあみ。また、鹿をとるあみ。❷国 わな。㋑鳥獣をおびき寄せて捕らえるための仕掛け。㋺他人をおとし入れるための計略。陥穽(カンセイ)。

6127【罣】＊5290 网－6 カイ(クヮイ)漢・ケイ漢/guà/かける・さまたげる

字解 形声。网＋圭声。

意味 ❶かける。かかる。絓・挂に同じ。❷さまたげる。『罣礙』

【罣礙(ケゲ・ケイゲ)】さまたげ。じゃま。心をさまたげるもの。

［罛］⇩5247 ［罜］⇩7413 ［買］⇩7701

6128【罨】7012 662C E3AA 网－8 エン漢・アン慣/yǎn/あみ

字解 形声。网＋奄(おおう)声。おおいかぶせて鳥や魚をとるあみの意。

意味 ❶あみ。❷おおう。おおいかぶせる。『罨法』

【罨法(アンポウ)】湿布(シップ)をすること。また、その療法。

6129【罫】2351 3753 8C72 网－8 カイ漢・カイ(クヮイ)漢・ケイ慣/huà・guà/め

字解 形声。网＋卦(かかる)声。あみにかかる、ひっかかる意。

意味 ❶め。筋目。方眼。格子形の線。❷けい。文字をまっすぐに書くために引いた線。『罫を引く』『罫紙』

【罫紙(ケイシ)】罫の引いてある紙。

6130【罪】2665 3A61 8DDF 网－8 常5 ザイ呉・サイ漢/zuì/つみ

筆順 罪 罪 罪 罪 罪 罪

字解 会意。网＋非(悪いこと)。悪事を働いた人をあみにかける、つみする意。もと、辠。

意味 ❶つみする。刑罰に処する。刑罰。『死罪』『流罪』❷つみ。罰を蒙るべき行為。悪事やあやまち。『罪悪』『功罪』『犯罪』＊孟子－梁恵王上「及ㇾ陥ニ於罪一、然後従刑ㇾ之(つみにおちいるにおよんで、しかるのちにしたがいてこれをケイす)〔=罪を犯す段になって、あとを追いかけるようにして刑罰に処す〕」

下接 ❶つみする。刑罰に処する。
冤罪・斬罪・死罪・首罪・断罪・治罪・免罪・流罪

❷つみ。悪事やあやまち。
逆罪・原罪・功罪・謝罪・重罪・宿罪・贖罪・大罪・多罪・堕罪・同罪・犯罪・微罪・無罪・有罪・余罪

【罪悪(ザイアク)】道徳、法律、宗教などに背く行為。つみ。

【罪科(ザイカ)】①道徳、法律、宗教などのおきてや規定を破って犯した罪。②罪に対する処罰。

【罪過(ザイカ)】罪やあやまち。

【罪咎(ザイキュウ)】つみとが。罪科。

【罪業(ザイゴウ)】罪となる行い。道理に背いた行為。

【罪障(ザイショウ)】仏語。極楽に行く妨げとなる悪行。

【罪状(ザイジョウ)】罪を犯した有様。犯罪の具体的な事実。

【罪人(ザイニン・つみびと)】①罪を犯した人。②(つみびと)キリスト教で、原罪を持つ人間。

【罪戻(ザイレイ)】(「戻」も罪の意)つみ。罪過。

【罪隷(ザイレイ)】罪を犯して、役所で奴隷として使われる者。

【罪不ㇾ容ニ於死一(つみシにいれず)】罪が重くて、死んでもなお許すに足りない。〔孟子－離婁上〕

6131【署】2980 3D70 8F90 网－8 常6 (6135)【署】网－9 旧字 人 ショ漢/shǔ/しるす

筆順 署 署 署 署 署 署

字解 署は、署の略体。署は形声。网＋者(あつめる)声。こまごまとわけられた仕事をまとめるところ、また役割の意。

同属字 曙

意味 ❶わりあてる。てわけする。わりあて。『部署(ブショ)』❷役割の定められた役所。『消防署』『署長』❸書きしるす。所定のところに書きしるす。『署名』『連署』

下接 ②官署・公署・支署・分署・本署・警察署・消防署・税務署 ③位署・自署・親署・代署・連署

【署長(ショチョウ)】警察署、消防署など、「署」と名の付く役所の長。

【署名(ショメイ)】自分の氏名を自分で文書に書きしるすこと。また、その書かれた氏名。『署名運動』

6132【罧】7014 662E E3AC 网－8 シン漢/shēn/しのづけ

字解 形声。网＋林(木が多い)声。柴などを水中に沢山積み上げ、魚をとらえるしかけ、しのづけの意。

6133【置】3554 4356 9275 网－8 常4 チ呉漢/zhì/おく

筆順 置 置 置 置 置 置

字解 形声。网＋直(まっすぐに立つ)声。あみをまっすぐにたてておくことから、おく意。

意味 ❶おく。すえる。もうける。『置換』『位置』＊史記－項羽本紀「項王則受ㇾ璧、置ニ之坐上一(コウオウすなわちたまをうけ、これをザジョウにおく)〔=項王は璧を受け取ると、それを自分の席のそばに置いた〕」❷うまつぎ。宿場。宿駅。また、宿場の馬。『郵置(ユウチ)』

下接 ❶おく。すえる。もうける。
安置・位置・拘置・常置・処置・設置・装置・増置・措置・存置・対置・代置・定置・転置・倒置・配置・廃置・付置・布置・併置・変置・放置・留置

【置換(チカン)】物の位置や順序を入れ換えること。

【置酒(チシュ)】酒宴を開くこと。

【置錐之地(チスイのチ)】きりを立てるほどの狭い土地。立錐之地(リッスイのチ)。〔荘子－盗跖〕

【置対(チタイ)】あい対して論議すること。

❷うまつぎ。宿場。

【置亭(チテイ)】宿場。宿駅。

【置郵(チユウ)】①宿場。宿駅。②駅馬車などで、物や文書を送り継ぐこと。置伝。

難読地名 置戸(おけと)町(北海道)

6134【罩】7013 662D E3AB 网－8 トウ(タウ)漢・タク漢/zhào

字解 形声。网＋卓声。水に沈め魚をとる竹かごの意。

［罫］⇩5248 ［罠］⇩5249 ［蜀］⇩7023

竹米糸缶网(罒・円・⺲)羊羽(羽)老(耂)而耒耳聿肉(月)
6画
臣自至臼(臼)舌舛(舛)舟艮色艸(艹・艹・艹)虍虫血行衣(衤)襾(西・西)

6135【署】 二一 网-9
ショ 「署」(6131)の旧字

6136【罰】 4019 4833 94B1 网-9 常
(6138)〔罸〕 7015 662F E3AD 网-10
バチ㊒・バツ㊒・ハツ㊅/fá/しおき
筆順 
字解 会意。もと、詈(ののしる)+刀(刃物)。刃物でおどしながらののしる、とがめる意。
金文 篆文

意味 しおき。とがめ。悪事に対するこらしめ。また、しおきする。『罰(バチ)があたる』『罰金』『刑罰』『天罰』
＊李白-春夜宴＝桃李園＝序「如詩不ㇾ成、罰依＝金谷酒数＝(もしシならずんば、バツはキンコクのシュスウによらん)〔＝もし詩ができあがらないようだったら、金谷園の故事にならって、罰として酒を大杯で飲ませることにしよう〕」
下接 刑罰(ケイバツ)・厳罰(ゲンバツ)・重罰(ジュウバツ)・賞罰(ショウバツ)・処罰(ショバツ)・神罰(シンバツ)・体罰(タイバツ)・誅罰(チュウバツ)・黜罰(チュツバツ)・懲罰(チョウバツ)・天罰(テンバツ)・仏罰(ブツバツ)・褒罰(ホウバツ)・乱罰(ランバツ)・濫罰(ランバツ)

【罰金(バッキン)】 ①罰として出させる金銭。②刑法の規定する財産刑。罰金刑。

【罰爵(バッシャク)】 昔、酒宴の席で、失礼なふるまいをした者に罰として酒を飲ませたこと。また、勝負などに負けた者に罰として飲ませる酒。罰酒。罰杯。

【罰則(バッソク)】 刑罰または行政罰を定めた規定。

【罰杯・罰盃(バッパイ)】 ＝罰爵(バッシャク)

［睪］⇩5250

6137【罵】 3945 474D 946C 网-10
メ㊒・バ㊅/mà/ののしる
字解 形声。网(おおいかぶせる)+馬㊟。いかりを相手にかぶせる、ののしる意。一説に馬はいかった声の意、また、幕に通じ、かぶせる意ともいう。
意味 ののしる。大声で非難する。
下接 悪罵(アクバ)・詬罵(コウバ)・唾罵(ダバ)・嘲罵(チョウバ)・痛罵(ツウバ)・漫罵(マンバ)・慢罵(マンバ)・面罵(メンバ)・冷罵(レイバ)
【罵言(バゲン)】 相手をののしる言葉。悪口。
【罵声(バセイ)】 声高く悪口を言う声。
【罵倒(バトウ)】 激しくののしり、やっつけること。
【罵詈(バリ)】 相手に悪口をあびせること。『罵詈雑言(ゾウゴン)』

6138【罸】 7015 662F E3AD 网-10
バツ 「罰」(6136)の異体字

6139【罷】 4077 486D 94EB 网-10 常
ハイ㊅・ヒ㊅/bà・pí/やめる・つかれる・まかる
筆順 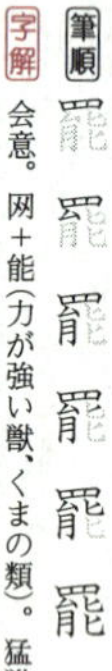
字解 会意。网+能(力が強い獣、くまの類)。猛獣を網でとらえる、しりぞける・のぞく意。また、疲に通じてつかれる意にも用いる。
意味 ❶やめる。中止する。やすむ。『罷業』『罷市』
＊史記-廉頗藺相如伝「既罷帰ㇾ国(すでにやめてくににかえる)〔＝(会談を)終えて帰国した〕」❷やめさせる。しりぞける。『罷黜』『罷免』❸つかれる。くたびれる。「疲」に同じ。『罷馬』『罷弊』❹国まかる。退出する。行く。死ぬ。転じて、謙遜の意をそえる。

❶やめる。中止する。やすむ。
【罷業(ヒギョウ)】 仕事を休むこと。『同盟罷業〔＝ストライキ〕』
【罷市(ヒシ)】 ①市場を開くのをやめること。商売をやめること。②近代の中国で、都市の商人が同盟を結んでいっせいに商売を中止すること。♥中国、晋の羊祜が荊州の都督に在任中死んだ時、人々が追慕して市場も開かれなかったという故事から。〔晋書-羊祜伝〕

❷やめさせる。しりぞける。
【罷黜(ヒチュツ)】 官職から退けること。

【罷免(ヒメン)】 職務をやめさせること。免職。『罷免権』

❸つかれる。くたびれる。
【罷極(ヒキョク)】 つかれきること。

【罷散之卒(ヒサンのソツ)】 つかれて役に立たない兵士。

【罷士(ヒシ)】 ①つかれた兵士。②才能のおとった人。

【罷駑(ヒド)】 つかれはてた馬。転じて、役立たずの鈍才。

【罷憊(ヒハイ)】 つかれて弱ること。疲憊。

【罷弊(ヒヘイ)】 つかれること。疲弊。

［罠］⇩5251

6140【罹】 5677 586D 9CEB 网-11
リ㊅/lí/かかる
字解 一説に、形声で、心+羅省㊟という。
意味 かかる。病気にかかる。災害などにあう。
【罹患(リカン)】 病気にかかること。『罹患率』
【罹災(リサイ)】 火事、水害などの災害にあうこと。
【罹病(リビョウ)】 病気にかかること。『罹病率』

6141【罽】 ＊5302 网-12
ケイ㊅/jì
字解 形声。网+罽㊟。うおあみ(魚網)の意。

6142【羂】 7016 6630 E3AE 网-13
ケン㊒㊅/juàn/わな
字解 形声。网+絹㊟。
意味 わな。あみ。わなにかけてとる。また、くくる。つなぐ。
【羂索(ケンサク・ケンジャク)】 ①鳥獣を捕らえるわな。②仏語。仏菩薩の、衆生を救い取る働きを象徴する索。色糸を撚(よ)り合わせ、一端に鐶、一端に独鈷(ドッコ)の半形をつける。

6143【羆】 7017 6631 E3AF 网-14
ヒ㊅/pí/ひぐま
字解 会意。网+熊(くま)。網で捕らえるくまの意。
意味 ひぐま。クマ科の哺乳類(ホニュウルイ)。体毛は、灰褐色、赤褐色など。日本では北海道に生息。『熊羆(ユウヒ)』

6144【羃】 7018 6632 E3B0 网-14
ベキ 「冪」(532)の異体字

6145【羅】 4569 4D65 9785 网-14 常
ラ㊒㊅/luó/あみ・つらねる・うすもの・うすぎぬ
筆順 
字解 会意。网+維(つなぐ)。あみをつなぎつらねることから、あみの意。甲骨文は、あみで鳥を捕らえる形。

甲骨文  篆文 

[意味] ❶あみ。鳥を捕らえるあみ。また、あみする。あみで捕らえる。『網羅モウラ』 ❷つらなる。ならべる。また、めぐる。『羅列』『森羅シンラ』『包羅ホウラ』 ❸うすもの。うすぎぬの織物。『羅襦』『羅幕』『綺羅キラ』 ❹音訳字、固有名詞など。『羅紗ラシャ』『羅甸ラテン』『羅馬ローマ』

[参考] 万葉仮名では音を借りて「ら」。

❶ あみ。また、あみする。

[下接] 爵羅シャクラ・捜羅ソウラ・鳥羅チョウラ・苞羅ホウラ・網羅モウラ

【羅致】ラチ 鳥を網で捕らえるように、広く人材を捕らえ集めること。また、捕らえて連れていくこと。

【羅絡】ララク からめること。くるめること。

❷ つらなる。ならべる。また、めぐる。

【羅城】ラジョウ 城のそとぐるわ。外郭。【羅城門・羅生門】ラジョウモン｜ラショウモン [国]平城京・平安京などの都城の正門。朱雀大路の南端にあって、はるかに朱雀門に対する。

【羅生】ラセイ ならんで生じること。

【羅拝】ラハイ ならんでおがむこと。

【羅布】ラフ 連なり並ぶこと。あまねく行きわたること。

【羅列】ラレツ 連なり並ぶこと。また、連ね並べること。『数字を羅列しただけの報告書』

❸ うすもの。うすぎぬの織物。

[下接] 綺羅キラ・軽羅ケイラ・繡羅シュウラ・繊羅センラ・碧羅ヘキラ・綾羅リョウラ・一張羅イッチョウラ

【羅衣】ライ うすもので仕立てた衣。

【羅帷】ライ うすぎぬのとばり。

【羅綺】ラキ うすぎぬとあやぎぬ。美しい衣服。

【羅裙】ラクン うすもののすそ。うすぎぬのスカート。＊白居易-琵琶行「血色羅裙翻レ酒汚ケッショクのラクンさけをひるがえしてけがる」〔＝真っ赤なうすぎぬのスカートに酒をこぼして汚してしまった〕」

【羅襦】ラジュ うすぎぬのはだぎ。

【羅文】ラブン｜ラモン ①うすぎぬに織り出した文様。また、水や雲などのつくるそのような模様。②硯すずりの、①に似た模様のあるもの。③(ラモン)[国]戸や立てじとみなどの上の木をななめに打ちたがえたかざり。連子窓。

【羅韈】ラベツ うすぎぬのたび。

【羅綾】ラリョウ うすぎぬとあやおり。上等の美しい衣服。

❹ 音訳字、固有名詞など。

[下接] 伽羅キャラ・甲羅コウラ・呉羅ゴロ・娑羅サラ｜シャラ・暹羅シャム・修羅シュラ・新羅シンラ｜しらぎ・汨羅ベキラ・魔羅マラ・阿修羅アシュラ・金毘羅コンピラ・天麩羅テンプラ・婆羅門バラモン・曼陀羅マンダラ・倶利迦羅クリカラ

【羅宇】ラウ｜ラオ キセルの竹の管。◆ラオス産の竹を用いたところから。

【羅漢】ラカン 「阿羅漢アラカン」の略。『五百羅漢』『十六羅漢』

【羅貫中】ラカンチュウ 中国、元末・明初の文人。名は本、貫中は字あざな。「三国志演義」「隋唐演義」「平妖伝」などの通俗小説や戯曲などを多く書き、また、「水滸伝」の作者にも擬せられている。生没年不詳。

【羅紗】ラシャ (ポルトガル raxa の音訳) 紡毛織物の一種。織ってから縮む加工をし、毛羽けばをたてた、織り目が現れない厚地のもの。『羅紗紙ラシャがみ』

【羅振玉】ラシンギョク 中国、清末・民初の学者。字あざなは叔蘊。金石文、甲骨文の研究家。著は「殷墟書契考釈」など多数。(一八六六～一九四〇)

【羅刹】ラセツ (梵 rākṣasa の音訳) 仏教で、人をたぶらかして食うという悪鬼。後に仏教の守護神となる。

【羅浮】ラフ 中国、広東省広州市の東、増城・博羅の県界にある山の名。

6146 【羇】 7020 6634 E3B2 网-17 (7365)〔覉〕＊6104 襾-17

キ[呉][漢]/jī/おもがい

[字解] 形声。网＋革＋奇(声)。羈の通俗体。馬具の一。おもがい。または、たびびとの意。

6147 【羈】 7019 6633 E3B1 网-19 (7366)〔覊〕 7511 6B2B E64A 襾-19

キ[呉][漢]/jī/おもがい・たび

[字解] 会意。网(おおう)＋馬＋革。馬の頭部におおいつけるかわひも、おもがいの意。

[意味] ❶おもがい。くつわを固定するために馬の顔にかける緒。たづな。また、つなぐ。つなぎとめる。『羈束』『羈絆』『不羈フキ』 ➡〔馬具〕の図一三三九頁。 ❷たび。旅ずまい。『羈旅』

❶ おもがい。また、つなぐ。

【羈紲・羈絏】キセツ たづな。転じて、つなぎとめること。

【負羈紲】キセツをおう 君主に付きしたがって旅をする。〔左伝-僖公二四年〕

【羈束】キソク 縛り付けること。自由を束縛すること。拘束。『羈束力』◆今日では「拘束」と言い替える。

【羈馽】キチュウ おもがいと、足をつなぎとめるつな。

【羈絆】キハン つなぎとめるもの。足手まといになるもの。

【羈縻】キビ (「縻」は、牛の鼻につけて引く綱) つなぎとめること。つながれること。また、その綱。羈絆。

【羈留】キリュウ つなぎとめること。

❷ たび。旅ずまい。

【羈客】キカク 旅人。旅客。

【羈禽】キキン 群れを離れた鳥。また、すみかを離れた旅の鳥。＊柳宗元-南澗中題「羈禽響幽谷キキンユウコクにひびく」〔＝はぐれ鳥の鳴き声が奥深い谷に響く〕」

【羈寓】キグウ 旅先での住まい。客寓。

【羈孤】キコ ひとり旅。

【羈思】キシ 旅人のうれい。羈愁キシュウ。

【羈愁】キシュウ 旅のうれい。旅のわびしさ。旅愁。

【羈鳥恋旧林、池魚思故淵】キチョウキュウリンをこい、チギョコエンをおもう 旅する鳥も古巣のある林を恋しく思い、池で飼われる魚は、もと住んでいた淵をなつかしく感じる。故郷を恋しく思うことのたとえ。〔陶潜-帰園田居〕

【羈旅】キリョ 旅をすること。旅行。『羈旅歌』

123 羊部 ひつじ

甲骨文  金文  篆文 

羊は、曲がった角が二本ある獣の体のさまで、ひつじ(ヨウ)を表す。羊部に属するものは、ひつじの類、その利用価値に関する。字の上部をなすものは、隷楷等では普通たて画の末を下の横一画より下に出さない。

羊 羊 羴

羊 ② 羌 ③ 美 ④ 羗 羔 ⑤ 羞 ⑦ 義

竹米糸缶网（⺳・冂・罒）羊羽（羽）老（耂）而耒耳聿肉（月） 6画 臣自至臼（臼）舌舛（舛）舟艮色艸（艹・艹・艹）虍虫血行衣（衤）襾（覀・西）

羊⑦羨⑨羹⑩羲羲⑬羹⑭譱
羊⑦羣⑬羸⑮羼
羊④羖⑤羝羚⑨羯⑬羶
羊⑦群

羊

6148【羊】4551 4D53 9772 羊－0 常3 ヨウ（ヤウ）呉漢／yáng／ひつじ

筆順 羊 羊 羊 羊 羊 羊

字解 部首解説を参照。

意味 ❶ひつじ。家畜の一種。『羊頭狗肉』『緜羊』 ❷その他。熟字訓など。『羊栖菜（ひじき）』『羚羊（レイヨウ｜かもしか）』

❶ ひつじ。

下接 羝羊（キヨウ）・群羊（グンヨウ）・犬羊（ケンヨウ）・亡羊（ボウヨウ）・望羊（ボウヨウ）・牧羊（ボクヨウ）・綿羊（メンヨウ）・緬羊（メンヨウ）

【羊角（ヨウカク）】①ヒツジのつの。②①のように曲がって吹く風。旋風。③ナツメ（棗）の異名。

【羊羹（ヨウカン）】国あんに寒天を混ぜて固めた和菓子。❤(1)中国の羊肉のあつものを原形とする。(2)「カン」は「羹」の唐音。

【羊質虎皮（ヨウシツコヒ）】外面はトラで、中身はヒツジ。見かけだおしのこと。〔揚子法言-吾子〕

【羊水（ヨウスイ）】胎盤の中で羊膜腔（ヨウマクコウ）を満たし、胎児を保護する液体。

【羊腸（ヨウチョウ）】ヒツジの腸のように、細い道が曲がりくねっているさま。つづらおり。

【羊頭狗肉（ヨウトウクニク）】看板に羊の頭を出しておいて犬の肉を売ること。見かけは立派でも内実が伴わないこと。〔無門関-六則〕❤「羊頭を懸けて狗肉を売る」の略。

【羊膜（ヨウマク）】子宮の中で、胎児をつつんでいる膜。

【羊毛（ヨウモウ）】ヒツジの毛。ウール。

❷ その他。熟字訓など。

下接 羚羊（レイヨウ｜かもしか）／山羊（やぎ）・野羊（やぎ）・淫羊藿（いかりそう）

【羊歯（ヨウシ｜しだ）】胞子でふえる、ワラビ、ウラジロなどシダ類に属する植物の総称。

【羊棗（ヨウソウ）】木の名。なつめ。クロウメモドキ科の落葉高木。

【羊栖菜（ひじき）】褐藻類ホンダワラ科の海藻。

6149【羴】＊5319 羊－12 セン呉漢／shān

字解 会意。羊＋羊＋羊。いけにえに用いられる羊が多く集まる意から、なまぐさい意。羶の異体字。

羊

6150【羌】7021 6635 E3B3 羊－2 キョウ（キャウ）漢／qiāng／えびす

(6152)【羗】＊5312 羊－4

字解 形声。儿（ひと）＋羊（ひつじ）声。羊を飼う西方の異民族の意。姜に同じ。

甲骨文

金文

篆文

意味 えびす。中国西部にいた異民族の名。

【羌笛（キョウテキ）】羌人の吹く笛。

6151【美】4094 487E 94FC 羊－3 常3 ミ呉・ビ漢／měi／うつくしい・うまい・うるわしい・よし

筆順 美 美 美 美 美 美

字解 会意。羊＋大（おおきい、りっぱ）。犠牲として捧げる大きくて立派なひつじの意。転じて、よい・うつくしい意。

甲骨文

金文

篆文

同属字 媄

参考 万葉仮名では音を借りて「み甲」。平仮名「み」の字源。

意味 ❶うまい。おいしい。味がよい。『美食』『美味』『甘美（カンビ）』 ❷よい。すぐれている。立派な。内容のよい。『美技』『美徳』 ❸うつくしい。きれい。また、うつくしくする。うつくしさ。↔醜。『有終の美（ビ）を飾る』『美容』『華美』『優美』 ❹よしとする。ほめる。たたえる。『美称』『讃美（サンビ）』 ❺「美国」は、「阿美利加（アメリカ）」または「美利堅（メリケン）」の略。❻国「美濃（みの）」は、東山道八か国の一。今の岐阜県の南部。濃州。❼国「美作（みまさか）」は、山陽道八か国の一。今の岡山県北部。作州。⇓表
⇓〔悪〕(2360)の表

美（ビ）	醜（シュウ）	悪（アク）
美醜	醜悪	
うつくしい。	みにくい。	いやな。みにくい。
美人	醜婦	悪人
美女	醜女	悪女
美行	醜行	悪行
美名	醜名	悪名
美声	醜声	悪声
美称	醜聞	悪評

❶ うまい。味がよい。

【美酒（ビシュ）】味のよい酒。うまい酒。『勝利の美酒』

【美食（ビショク）】うまい食物。また、ぜいたくな物を食べること。↔粗食。『美食家』

【美味（ミビ）】味がいいこと。また、うまい食べ物。

❷ よい。すぐれている。

【美質（ビシツ）】生まれつき備わったすぐれた性質。

【美俗（ビゾク）】よいならわし。うるわしい風俗。↔悪俗

【美談（ビダン）】ほめるべき立派な話。

【美点（ビテン）】すぐれた所。長所。↔欠点

【美田（ビデン）】土地が肥えたよい田地。良田。＊西郷隆盛-偶感「不下為二児孫一買中美田上（ジソンのためにビデンをかわず）」〔=子や孫のために肥えた田地を買って残すことはしない〕

【美徳（ビトク）】道徳にかなった立派な行い。↔悪徳

【美風（ビフウ）】よいならわし。↔悪風・弊風

【美禄（ビロク）】よい俸禄、給与。↓❹

❸ うつくしい。また、うつくしくする。

下接 渥美（アクビ）・艶美（エンビ）・華美（カビ）・秀美（シュウビ）・醜美（シュウビ）・淳美（ジュンビ）・醇美（ジュンビ）・審美（シンビ）・粋美（スイビ）・精美（セイビ）・絶美（ゼツビ）・鮮美（センビ）・荘美（ソウビ）・耽美（タンビ）・優美（ユウビ）・妖美（ヨウビ）

【美学（ビガク）】自然や芸術における美的な感性的認識や芸術の創造、享受などについて研究する学問。

【美姫（ビキ）】美女。美人。

【美言（ビゲン）】たくみに飾った言葉。うまい言葉。甘言。

【美言不レ信（ビゲンはシンならず）】美しく飾った言葉にはまことがない。〔老子-八一〕

竹米糸缶网(罒・冂・皿)羊羽(羽)老(耂)而耒耳聿肉(月)
6画
臣自至臼(臼)舌舛(舛)舟艮色艸(艹・艹・艹)虍虫血行衣(衤)襾(覀・西)

【美辞(ビジ)】美しい言葉。たくみな文句。【美辞麗句(ビジレイク)】美しい言葉で飾りたてた文句。

【美術(ビジュツ)】美を表現する芸術。特に、絵画、彫刻、建築、写真などをいう。『造形美術』『美術館』『古美術』

【美女(ビジョ)】容姿の美しい女。↕悪女・醜女

【美粧(ビショウ)】美しく着飾ること。美しく化粧すること。

【美色(ビショク)】①美しい色。きれいな色彩。②美しい顔立ち。また、その女性。

【美人(ビジン)】①顔かたちの美しい女。美女。『美人薄命』『八方美人』②女官の位。＊史記-項羽本紀「有₂美人₁、名虞、常幸従(ビジンあり、なはグ、つねにコウせられてしたがう)」〔=名を虞という美人がおり、いつも愛されて側に従っていた〕【美人局(ビジンキョク)】(つつもたせ) 男女が共謀して、女が他の男を誘惑し、男がそれに言いがかりをつけて、金銭などをゆすり取ること。「美人局」は、娼妓を妻妾といつわって少年をだましたという、中国、元代の詐欺の称。

【美髯(ビゼン)】美しく立派なほおひげ。

【美池(ビチ)】美しい池。＊陶潜-桃花源記「有₂良田美池桑竹之属₁(リョウデンビチソウチクのゾクあり)」〔=よく肥えた田畑や美しい池、桑や竹のたぐいがある〕

【美男(ビナン)】顔かたちの美しい男。美男子。『美男美女』

【美服(ビフク)】美しい衣服。

【美文(ビブン)】美しい語句や、修辞をたくみに用いた文章。『美文調』内容より技巧を重視した文の意味で用いられることもある。

【美貌(ビボウ)】美しい顔かたち。

【美妙(ビミョウ)】言いようもなく美しくすぐれていること。

【美目(ビモク)】美しい目。美しい目もと。

【美容(ビヨウ)】容姿を美しく整えること。『美容体操』

【美麗(ビレイ)】うるわしくあでやかなこと。

❹ よしとする。ほめる。たたえる。

下接 溢美(イツビ)・賛美(サンビ)・讃美(サンビ)・称美(ショウビ)・嘆美(タンビ)・追美(ツイビ)・褒美(ホウビ)

【美称(ビショウ)】ほめて言う呼び方。

【美名(ビメイ)】すぐれた名声。立派な名目。↕悪名

【美禄(ビロク)】「天(テン)の美禄」の形で、酒の美称。→❷

難読地名 美唄(びばい)市(北海道) 美甘(みかも)村(岡山) 美郷(みさと)村(徳島) 美浦(みほ)村(茨城) 美馬(みま)郡・町(徳島) 美作(みまさか)町(岡山)

難読姓氏 美土路(みどろ) 美水(よしみず)

6152
【羗】
＊
5312
羊－4
キョウ「羌」(6150)の異体字

6153
【羔】
7022
6636
E3B4
羊－4
コウ(カウ)㊅/gāo

字解 会意。羊＋火。火であぶった羊の肉の意。また、これには小羊を用いたことから、こひつじの意を表す。

金文 
篆文 

同属字 羹・羹・窯・糕・餻

意味 こひつじ。ひつじの子。

【羔雁(コウガン)】(こひつじと、がんの意) 中国で、卿大夫(ケイタイフ)が面会する際に、手みやげとして持参する礼物。転じて、一般に贈り物や手みやげをいう。

【羔裘(コウキュウ)】こひつじの皮でつくった衣服。

［差］⇩2016 ［恙］⇩2357

6154
【羞】
7023
6637
E3B5
羊－5
シュウ(シウ)㊅/xiū/すすめる・はじ・はじる・はずかしい

字解 形声。羊＋丑(手でつかみすすめる)㊟。羊をすすめてそなえる意。借りて、恥の意に用いる。

甲骨文 
金文 
篆文 

意味 ❶すすめる。食物をすすめ供える。また、供えもの。ごちそう。『羞饌』『羞膳』『薦羞(センシュウ)』『膳羞(ゼンシュウ)』『珍羞(チンシュウ)』❷はじる。はじらう。はずかしい。はじ。『羞悪』『羞恥』『含羞(ガンシュウ)』『嬌羞(キョウシュウ)』『慙羞(ザンシュウ)』＊史記-廉頗藺相如伝「吾羞、不₂忍為₁之下₁(われはじて、これがしもたるにしのびず)」〔=私は恥ずかしくて、(藺相如の)下位にいることにがまんできない〕

❶ 食物をすすめ供える。また、供えもの。

【羞饌(シュウセン)】すすめて供えるごちそう。羞膳(シュウゼン)。

【羞膳(シュウゼン)】=羞饌(シュウセン)

❷ はじ。はじる。はずかしい。

【羞悪(シュウオ)】(「悪」はにくむ意) 自分の欠点を恥じ、他人の悪い点をにくむこと。【羞悪之心(シュウオのこころ)】不義不善を恥じにくむ心。＊孟子-公孫丑上「羞悪之心、義之端也(シュウオのこころは、ギのタンなり)」〔=自分の不善を恥じ、人の不善をにくむ心は、義の糸口である〕

【羞愧(シュウキ)】恥ずかしがること。羞恥。

【羞慚(シュウザン)】恥じること。羞恥。

【羞色(シュウショク)】恥ずかしそうなようす。

【羞辱(シュウジョク)】恥ずかしめること。また、恥ずかしい目にあうこと。

【羞赧(シュウタン)】赤面すること。羞紅(シュウコウ)。

【羞恥(シュウチ)】恥ずかしく感じること。恥じること。はじらい。『羞恥心』

【羞面(シュウメン)】恥じらいを含んだ顔。

［盖］⇩5137 ［着］⇩5176 ［着］⇩5177

6155
【義】
2133
3541
8B60
羊－7
常5
ギ㊇㊅/yì/よい・よし・のり・わけ

筆順 

字解 形声。羊＋我(のこぎりのような刃物)㊟。いけにえの羊に刃をあてる際の、礼にかなった行いの意を表す。一般に、正しいみちの意を表す。

甲骨文  
金文 
篆文 

同属字 羲・儀・檥・曦・犠・礒・蟻・艤・議

参考 万葉仮名では音を借りて「ぎ㊚」「げ㊚」。

意味 ❶よい。正しい。道にかなった。また、のり。みち。㋑物事の真理に従って人として正しい道をふみ行うこと。他人に対して守るべき正しい道。五常の一。『義務』『義理』『信義(シンギ)』『道義(ドウギ)』＊孟子-告子上「仁人心也。義人路也(ジンはひとのこころなり。ギはひとのみちなり)」〔=仁は人の本来身に備わっている心である。義は人のふみ進むべき正道である〕㋺条理を守る。利害を離れすじを通す。『義捐(ギエン)』『義侠』❷わけ。いみ。すじみち。『義解(ギゲ)』『意義』❸かり。実物の代わり。↕実。『義兄弟』『義兄』『義母』❹その他。固有名詞など。『義太夫(ギダユウ)』『義和団(ギワダン)』

❶ よい。正しい。また、のり。みち。

下接 衍義(エンギ)・恩義(オンギ)・起義(キギ)・公義(コウギ)・高義(コウギ)・情義(ジョウギ)

ギ・信義シンギ・仁義ジンギ・正義セイギ・節義セツギ・大義タイギ・忠義チュウギ・通義ツウギ・蹈義トウギ・道義ドウギ・徳義トクギ・不義フギ・法義ホウギ・理義リギ・律義リチギ|リツギ・礼義レイギ

【義捐・義援ギエン】慈善や公益、災害に対する救済などのために金品を出すこと。『義捐金』❤「義援」は新聞などでの書き換え。

【義気ギキ】正義を守ろうとする心。義侠心ギキョウシン。

【義挙ギキョ】正義のために事を起こすこと。

【義侠ギキョウ】正義を守り、弱い者を助けること。男気。

【義心ギシン】正義や忠義のために尽くす心。義侠心。

【義臣ギシン】忠義心のあつい家来。

【義人ギジン】①正しい人間。人としてふみ行うべき道を守っている人。＊史記-伯夷伝「太公曰、此義人也タイコウいわく、これギジンなりと」(＝太公望呂尚は言った、この二人は道を守る正義の人である、と)②一身の利害を顧みず自分が正しいと信じたことをやりぬく人。『義人伝』

【義倉ギソウ】飢饉に備えるための貯穀。また、それを納めた倉。

【義賊ギゾク】国金持ちから金品を盗んで貧乏人に分け与える盗賊。

【義田ギデン】一族の共有として、その生産を救貧などに利用した農地。義荘ギソウ。

【義憤ギフン】正義に外れたことに対して憤慨すること。公憤。↔私憤

【義方ギホウ】義を守って、行動などを正しく保つこと。親が子に教訓するときにいう。

【義民ギミン】国庶民の中で、社会正義のために命を懸けて尽くす人。特に近世、農民のために闘った人。

【義務ギム】人が、法律上または道徳上、その立場や職分に応じて、しなければならないこと。↔権利。『納税の義務』『義務教育』

【義勇ギユウ】①正義に基づいて発する勇気。②進んで国や主君のため、力を尽くすこと。『義勇軍』『義勇兵』

【義理ギリ】①物事の正しい道筋。道理。②国世間的な付き合いの上で、仕方なしにする行為や言葉。→❸

【義理之学ギリのガク】経書の解釈にこだわらず聖人の精神を探究する学問。宋学。理学。性理学。

【義烈ギレツ】正義の心、義を守る心が非常に強いこと。

【見レ義不レ為、無レ勇也ギをみてせざるはユウなきなり】人として当然行うべき正義と知りながら実行しないのは勇気がないからである。〔論語-為政〕

❷わけ。いみ。すじみち。

下接 異義イギ・意義イギ・演義エンギ・奥義オウギ・音義オンギ・疑義ギギ・狭義キョウギ・教義キョウギ・訓義クンギ・原義ゲンギ・広義コウギ・講義コウギ・古義コギ・語義ゴギ・字義ジギ・辞義ジギ・釈義シャクギ・宗義シュウギ・主義シュギ・勝義ショウギ・真義シンギ・精義セイギ・詮義センギ・対義タイギ・多義タギ・談義ダンギ・定義テイギ・転義テンギ・同義ドウギ・別義ベツギ・本義ホンギ・名義メイギ・六義リクギ・両義リョウギ・類義ルイギ・論義ロンギ

【義解ギゲ】文字、単語、文章などの意味をときあかすこと。ぎかい。『令義解』

【義疏ギショ|ギソ】経典、経論の意義、内容を解説した書物。

❸かり。実物の代わり。

【義眼ギガン】ガラスなどで作った人工の眼球。

【義兄弟・義姉妹ギキョウダイ・ギシマイ】①約束を交わして兄弟姉妹のように交わる人。②自分の配偶者の兄弟姉妹。また自分の兄弟姉妹の配偶者。

【義肢ギシ】義手と義足。

【義歯ギシ】人造の歯。入れ歯。

【義手ギシュ】切断された手を補うための人工の手。木、ゴム、金属、皮革などで作る。

【義絶ギゼツ】縁を切ること。特に、親族関係を絶つこと。

【義足ギソク】足の切断部分を補うためにつける人工の足。

【義帝ギテイ】かりの天子。

【義父ギフ】義理の父親。継父、養父、配偶者の父など。↕実父

【義母ギボ】義理の母親。継母、養母、配偶者の母など。↕実母・生母

【義理ギリ】国血縁関係のない者が血縁と同じ関係にあること。→❶

❹その他。固有名詞など。

【義太夫ギダユウ】国「義太夫節」の略。江戸時代、竹本義太夫によって創始された浄瑠璃ジョウルリの代表的流派。

【義和団ギワダン】中国、清朝末期の秘密結社の一。宗教的に白蓮ビャクレン教の流れをくみ、拳術、棒術など武術に習熟した。山東地方に起こり、その排外運動が一八九九年、義和団の乱を引き起こした。拳匪。団匪。

難読姓氏 義煎よしいり

6156【羨】3302 4122 9141 羊-7 セン漢・エン呉漢・ゼン慣／xiàn／うらやましい・うらやむ・ともしい・ともしむ

字解 形声。羊(羊などのごちそう)＋次(あいた口から流れ出るよだれ)声。ごちそうを見てよだれを流す、うらやむ意。

意味 ❶(セン)うらやむ。ほしがる。したう。『羨慕』『羨望』❷(セン)あふれる。あまる。『羨溢』『羨余』『贏羨エイセン』❸(エン)はかみち。墓の入り口から玄室までの道。『羨門』

❶うらやむ。ほしがる。したう。

【羨殺センサツ】非常にうらやましく思うこと。

【羨慕センボ|ゼンボ】うらやみ、したうこと。

【羨望センボウ】うらやましく思うこと。『羨望の的まと』

❷あふれる。あまる。

【羨溢センイツ】あまり、あふれること。

【羨余センヨ】あまりもの。

❸はかみち。

【羨道エンドウ】羨門からひつぎの置いてある所へ通じる道。

【羨門エンモン】古墳の横穴式石室の羨道の入り口。

6157【羮】7030 663E E3BC 羊-9 コウ 「羹」(6160)の異体字

【養】⇩8987

6158【羲】7028 663C E3BA 羊-10 キ漢・ギ慣／xī／ (6159)【羲】一一 羊-10

字解 形声。義(いけにえの羊を殺す)＋丂(＝兮、気がたちのぼる)声。いけにえから気がたちのぼる意という。

意味 人の姓名。特に「王羲之オウギシ」「伏羲フッキ」の略称。

6160【羹】7029 663D E3BB 羊-13 コウ(カウ)漢・カン唐／gēng／あつもの (6157)【羮】7030 663E E3BC 羊-9

6161【譱】7033 6641 E3BF 羊-14
ゼン 「善」(987)の異体字

羊

6162【羣】7026 663A E3B8 羊-7
グン 「群」(6170)の異体字

6163【羸】7032 6640 E3BE 羊-13
ルイ㊉㊥/léi/つかれる・よわい

字解 形声。羊＋羸(はだかで何もないなめくじ)㊟。やせたヒツジの意。転じて、やせる意を表す。

意味 やせる。やせて弱る。つかれる。『老羸(ロウルイ)』

[羸師(ルイシ)] つかれて弱った軍隊。

[羸弱(ルイジャク)] 身体が弱いこと。

[羸瘠(ルイセキ)] つかれてやせること。

[羸痩(ルイソウ)] つかれやせること。やせ衰えること。

[羸馬(ルイバ)] やせてつかれた馬。

[羸兵(ルイヘイ)] つかれ弱った兵。つかれきった兵。

[羸老(ルイロウ)] 老い衰えること。また、弱り衰えた老人。

6164【羼】* 5320 羊-15
セン㊉・サン㊥/chàn/まじる

字解 会意。尸(へや)＋三匹の羊。多くの羊が入りみだれることから、まじる意。

羊

6165【羖】* 5311 羊-4
コ㊥/gǔ

字解 形声。羊＋殳㊟。黒いおひつじの意。

6166【羝】7024 6638 E3B6 羊-5
テイ㊥/dī

字解 形声。羊＋氐㊟。おひつじの意。

金文

篆文

意味 おひつじ。牡羊。おすのヒツジ。

6167【羚】7025 6639 E3B7 羊-5
レイ㊥/líng/かもしか

字解 形声。羊＋令㊟。
[羚羊(レイヨウ|かもしか)] ①(レイヨウ)哺乳類偶蹄目ウシ科に属し、体形がシカに似て、四肢の細長い種類の総称。アフリカ・インドの草原に分布。②(かもしか)ウシ科の哺乳類。体形がシカに似る、日本の特産種。体毛は毛氈(モウセン)などを織るのに用いたところから、氈(かも)を織るのに用いる鹿の意で、かもしかと呼ぶ。

[翔] ⇩ 6199

6168【羯】7027 663B E3B9 羊-9
ケチ㊉・ケツ㊥・カツ㊝/jié/えびす

字解 形声。羊＋曷(→割、切断する)㊟。去勢したひつじの意。
意味 ❶去勢した羊。❷えびす。中国の異民族の名。五胡の一。『羯鼓』❸梵語の音訳字。『羯磨』
[羯鼓(カッコ)] ①雅楽の打楽器。台の上に据え、桴(ばち)を両手に持って打ち鳴らす。②㊀能楽で、革に彩色を施した小鼓(こつづみ)。また、それを、打ちながら舞う舞。▼羯の人が用いたつづみの意。
[羯磨(カツマ)] (梵Karmaの音訳)仏教で、儀式、作法。

6169【羶】7031 663F E3BD 羊-13
セン㊉㊥/shān/なまぐさい

字解 形声。羊＋亶㊟。
意味 羊の生肉。転じて、なまぐさい。
[羶血(センケツ)] なまぐさい血。また、肉のにおい。
[羶肉(センニク)] なまぐさい肉。また、羊の肉。

羊

[佯] ⇩ 261
[徉] ⇩ 2288
[洋] ⇩ 4102
[祥] ⇩ 5409
[祥] ⇩ 5410

6170【群】2318 3732 8C51 羊-7 常5
(6162)【羣】7026 663A E3B8 羊-7
グン㊉・クン㊥/qún/むれ・むれる・むら・むらがる

筆順
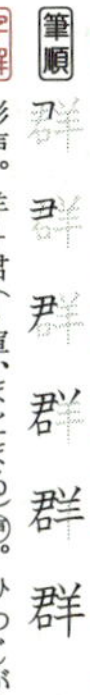

字解 形声。羊＋君(→軍、まとまる)㊟。ひつじがむらがる、むれの意。

参考 万葉仮名では音を借りて「く」。

意味 むらがる。むれ。また、たくさんの。多くの。

下接 魚群(ギョグン)・抜群(バツグン)・離群(リグン)

[群下(グンカ)] 多くの家臣。群臣。

[群季(グンキ)] (「季」は、すえ、弟の意)おおぜいの年少者たち。＊李白-春夜宴二桃李園一序「群季俊秀、皆為二恵連一(グンキのシュンシュウは、みなケイレンたり)〔=多くの若者たちは、みなあの謝恵連を思わせるほどの才能の持ち主である〕」

[群議(グンギ)] 多くの人が議論すること。

[群居(グンキョ)] 人民が群れをなして生活すること。

[群衆(グンシュウ)] 群がり集まった多くの人々。

[群集・群聚(グンシュウ)] ①人が多く群がり集まること。また、その集まり。『群集心理』②生態学で、群れをなして生活または生育する生物の集団。

[群小(グンショウ)] 多くの小さいもの。多くのつまらぬもの。

[群青(グンジョウ)] 鮮やかな青色の鉱物性顔料。また、その色。

[群情(グンジョウ)] 多くの人々の心。群心。

[群臣(グンシン)] 多くの家臣。群下。＊史記-廉頗藺相如伝「辱二其群臣一(そのグンシンをはずかしむ)〔=家臣たちに恥辱を与えた〕」

[群生(グンセイ)] ㊀(グンセイ)①植物が群がって生えていること。②多くの人民。㊁(グンジョウ)仏教で、すべての生き物。

[群棲(グンセイ)] 動物が群れをなして生活すること。

[群盗(グントウ)] 集団をなす盗賊。

[群芳(グンボウ)] ①多くの芳香のある美しい草木の花。群英。②多くの賢人や美人。

[群牧(グンボク)] (「牧」はつかさの意)多くの地方長官。


竹米糸缶网(罒・円・⺲)羊羽(羽)老(耂)而耒耳聿肉(月) 6画 臣自至臼(臼)舌舛(舛)舟艮色艸(艹・艹・艹)虍虫血行衣(衤)襾(西・西)

〖群盲撫象〗 多くの盲人が象のからだの一部をなでて、それが象の全体だと思って意見をのべる。ものの一部のみを見て全体の把握ができないことのたとえ。群盲象を評す。群盲象を模す。〔北本涅槃経〕

【群雄】 多くの英雄。『群雄割拠〔=群雄が各地に勢力をふるって対立すること〕』

【群落】 ①一つの場所に群がって生えている植物の集まり。植物群落。②数多くの村落。

【群類】 多くの生き物。

【群黎】 もろもろの民。庶民。群民。人民。黎民。

［詳］⇩7489

124 羽(羽)部　はね

甲骨文　篆文

羽は、鳥のはねのならんでいるさまを象り、はね、つばさ(ウ)を表す。羽部に属する字は、鳥や昆虫のはね、その色、動き、はねでとぶことなどに関係する。中の彡の形は、〻または丫などに転じ、楷書では羽がならいとなった。常用漢字は、羽の形をとる。

羽 羽 羽 ③ 羿 ④ 翆 ⑤ 習 習 翌 翌 翏 ⑧ 翠 翠 翟 ⑪ 翼 ⑫ 翼 ④ 翁 翁 扇 ⑥ 翕 ⑧ 翥 翡 ⑨ 翦 翦 ⑪ 翳 ⑨ 翫 翫 ④ 翅 ⑤ 翊 翎 ⑥ 翔 翔 ⑨ 翩 ⑩ 翮 翰 翰 ⑫ 翹 翺 翻 翻 ⑭ 翿 耀 耀

羽

6171 【羽】 1709 3129 8948　羽-0　常2　ウ 呉 漢 \yǔ\ は・はね

(6172)〖羽〗　羽-0　旧字

筆順　羽 羽 羽 羽 羽 羽

字解 部首解説を参照。

参考 万葉仮名では音を借りて「う」、訓を借りて「は」。

意味 ❶はね。つばさ。鳥や昆虫などのはね。また、やばね。『羽毛』『羽翼』❷五音の一。古代中国の五音階で、最も高い澄んだ音。『羽声』❸国鳥やウサギを数える語。『一羽・二羽』❹国「出羽国」の略。東山道八か国の一。現在の山形県と秋田県。『羽前』『羽後』『奥羽』❺その他。人名。あて字など。『項羽』『羽織』『羽目』

❶ はね。つばさ。

下接 翠羽・積羽・毛羽／尾羽・白羽

【羽衣】 鳥の羽で作った衣。仙人、天女などが着て、空を飛ぶといわれる。あまのはごろも。

【羽客】 ①仙人。仙客。②道教を修めた人。道士。

【羽化登仙】 中国の神仙思想で、仙人となって仙界に登ること。転じて、酒に酔った時の良い気分などにたとえる。＊蘇軾-前赤壁賦「飄飄乎、如二遺レ世独立、羽化而登仙一〔=ふわりふわりとして俗世間を忘れ去ってただ一人となり、羽がはえて仙人となり、天に登って行くような感じである〕」

【羽儀】 ①コウノトリの飛ぶさまを堂々たるものとしてほめていう語。②人の模範となること。③服装を整えて堂々とした姿で朝廷に出仕すること。④天子の行列のときに指揮などをする旗。

【羽檄】 国家に非常事態が発生して急に兵を徴集するときなどに発せられる文書。飛檄。羽書。▼昔、中国で、文書に鳥の羽を付けて至急のしるしにしたところから。

【羽爵】 (「爵」はさかずきの意) =羽觴

【羽書】 =羽檄

【羽觴】 (「觴」はさかずきの意) さかずき。酒杯。羽爵。羽杯。＊李白-春夜宴二桃李園一序「飛二羽觴一而酔レ月〔=羽を広げた形の杯を盛んにやりとりして、月の下に酔う〕」▼もと、雀の形に作って、頭、尾、羽翼を備えた酒杯の意。

【羽節】 使者などが天子から授かる、羽でかざったしるし。

【羽旄】 雉の羽と旄牛の尾とを、さおの先に飾りつけた幢。

【羽民】 羽根のある、人間に似た想像上の生きもの。

【羽毛】 鳥の羽。特にその柔らかいものをいう。

【羽翼】 ①鳥のつばさ。②天子などを助けること。補佐。

【羽鱗】 鳥類と魚類。

羽民〔和漢三才図会〕

❷ 五音の一。

【羽声】 音楽の調子の名。五音の羽の音。激した調子。＊史記-刺客伝「復為二羽声一忼慨〔=さらに、激しい声調の羽声で心を高ぶらせて歌った〕」

❺ その他。あて字など。

下接 合羽・毛羽・切羽

【羽林】 ①星の名前。二十八宿の虚宿南西方の衆星。天宮で大将軍の地位にあたり、天軍をつかさどるという。羽林星。②天子の親衛。漢の武帝がはじめてこれを設けた。日本では、近衛府の唐名。

【羽目】 ①建物の壁に板をはめこんであるところ。『羽目板』②好ましくない事態。『落第する羽目になる』

難読地名 羽咋市・郡(石川) 羽豆岬(愛知) 羽生市(埼玉) 羽曳野市(大阪) 羽茂町(新潟) 羽合町(鳥取)

難読姓氏 羽仁 羽生 羽生

羽

6173 【羿】 ＊5321　羽-3　ゲイ 漢 \yì\

字解 会意。もと、羽＋幵(平らにそろえる)。羽を平らに広げ勢いよくはばたき、風に乗じて空にとびあがる意。

6174 【翆】 7035 6643 E3C1　羽-4　スイ「翠」(6180)の異体字

6175 【習】 2912 3D2C 8F4B　羽-5　常3

(6176)〖習〗　羽-5　旧字

シュウ(シフ)㊉㊋/xí/ならう・ならい・ならわし

筆順 習 習 習 習 習 習

字解 会意。羽(重なったはね)+白(=曰、いう)。ひな鳥が何度もはばたいて飛ぶ練習をするように、くりかえしてならう意。

甲骨文

篆文

同属字 慴・摺

意味 ❶ならう。㋑くりかえしまねておぼえる。『習得』『学習』＊論語-学而「伝不習乎(ならわざるをつたえしか)〔=まだ自分の身についていないことを、他人に教えはしなかっただろうか〕」㋺なれる。なれ親しむ。『習熟』❷ならわし。ならい。しきたり。習慣。『習性』『風習』＊論語-陽貨「習相遠也(ならいあいとおきなり)〔=人間の天性に大差はなく〕後天的な習慣によって差ができて、互いに遠く離れていくのである〕」❸かさなる。かさねる。『習合』❹「習習(シュウシュウ)」は、風のそよそよと吹くさま。❺「習坎(シュウカン)」は、易の六十四卦ヵの一。☵☵。

❶ ならう。また、なれる。

下接 演習(エンシュウ)・温習(オンシュウ)・学習(ガクシュウ)・既習(キシュウ)・教習(キョウシュウ)・講習(コウシュウ)・自習(ジシュウ)・時習(ジシュウ)・実習(ジッシュウ)・積習(セキシュウ)・独習(ドクシュウ)・復習(フクシュウ)・補習(ホシュウ)・予習(ヨシュウ)・練習(レンシュウ)

【習作(シュウサク)】練習のためにつくった芸術作品。

【習字(シュウジ)】文字を、正しく、美しく書くための学習。

【習熟(シュウジュク)】繰り返しけいこをして巧みになること。

【習得(シュウトク)】習い、身につけること。

【習練(シュウレン)】繰り返し習って技を練ること。練習。

❷ ならわし。しきたり。

下接 悪習(アクシュウ)・遺習(イシュウ)・因習(インシュウ)・慣習(カンシュウ)・奇習(キシュウ)・旧習(キュウシュウ)・時習(ジシュウ)・常習(ジョウシュウ)・積習(セキシュウ)・俗習(ゾクシュウ)・伝習(デンシュウ)・蛮習(バンシュウ)・風習(フウシュウ)・弊習(ヘイシュウ)・陋習(ロウシュウ)

【習慣(シュウカン)】①長い間行われて、決まりのようになった事柄。慣習。②ある国、地方の中の人々の間で普通に行われている事柄、やり方など。ならわし。

【習性(シュウセイ)】①習慣によってできた性質。②動物の、ある種類に共通する特有な性質。『猿の習性』

【習染(シュウセン|シュウゼン)】習慣となり、身にしみつくこと。

【習俗(シュウゾク)】ある時代や社会の習慣や風俗。風習。

【習弊(シュウヘイ)】従来行われてきた悪いならわし。旧弊。

【習癖(シュウヘキ)】無意識のうちに身についた(悪い)くせ。

【習与レ性成(ならいセイとなる)】習慣がついには天性となる。〔書経-太甲上〕

❸ かさなる。かさねる。

【習合(シュウゴウ)】相異なる諸種の教理学説を折衷すること。

6177
【翌】4566 4D62 9782 羽-5 常6
(6178)
〔翌〕羽-5 旧字

ヨク㊋/yì

筆順 翌 翌 翌 翌 翌 翌

字解 会意。羽+立。次の日、あくる日の意。もと、翊と同字。

意味 あくる日。また、あくる。次の。『翌月』『翌年』
【翌檜(あすなろ)】ヒノキ科の常緑高木。「明日(あす)は檜(ひのき)になろう」の意からという。

6179
【翏】＊5326 羽-5

リュウ(リウ)㊋・リョウ(レウ)㊋/liù・liú

字解 会意。羽+㐱。鳥が飛び立とうとして翼をととのえつらねるより、高くとぶ意。㐱は、新たに羽を生じて飛ぶさまをいう。

金文

篆文

同属字 寥・蓼・廖・繆・鏐・飂

6180
【翠】3173 3F69 9089 羽-8 人
(6181)
〔翠〕羽-8 旧字
(6174)
〔翆〕7035 6643 E3C1 羽-4

スイ㊉㊋/cuì/かわせみ・みどり

字解 形声。羽+卒㊥。

意味 ❶かわせみ。鳥の名。カワセミの雌。雄は「翡」。『翠羽』『翡翠(ヒスイ)』❷みどり。カワセミの羽の色。『翠色』『翠黛』『翠柳』

❶ かわせみ。

【翠羽(スイウ)】カワセミの羽。

【翠花・翠華(スイカ)】天子の旗。＊白居易-長恨歌「翠華揺揺行復止(スイカヨウヨウとしてゆきてまたとどまる)〔=みかどの旗は、ゆらぎゆらぎしつつ、進んだかと思うとじっと止まって動かない〕」❤天子の旗はカワセミの羽で飾ったところから。

【翠翹(スイギョウ)】カワセミのみどり色をした羽毛。また、その羽毛で作った女性の髪飾り。＊白居易-長恨歌「翠翹金雀玉搔頭(スイギョウキンジャクギョクソウトウ)〔=カワセミの羽の髪飾りも、スズメの形をした黄金造りの髪飾りも、そして玉のこうがいも(地に捨てられたまま)〕」

❷ みどり。

【翠靄(スイアイ)】みどり色のもや。

【翠帷(スイイ)】みどり色のとばり。翠帳。

【翠陰(スイイン)】青葉のかげ。緑陰。

【翠雨(スイウ)】草木の青葉に降りかかる雨。

【翠煙・翠烟(スイエン)】みどり色に見えるけむり。また、はるか遠く緑樹などにかかるかすみ。

【翠蛾(スイガ)】みどり色のまゆ。美人のまゆ。

【翠鬟(スイカン)】①みどりの黒髪。美しい髪のさまにいう語。②山の青々としたさま。万緑の山。

【翠玉(スイギョク)】エメラルド。宝石の一。

【翠嶂(スイショウ)】みどり色の峰。

【翠苔(スイタイ)】みどり色のこけ。青いこけ。翠蘚(スイセン)。

【翠黛(スイタイ)】①みどりのまゆずみ。また、それで描いた美しいまゆ。『紅顔翠黛』②みどりにかすむ山のたとえ。

【翠帳紅閨(スイチョウコウケイ)】貴婦人の寝室。❤みどりのとばりと紅いねやの意。

【翠髪(スイハツ)】みどりの髪。つややかな髪。

【翠微(スイビ)】①うすみどり色の山気。また、遠方に青くかすむ山。②山頂を少し降りたところ。山の中腹。

【翠屏(スイヘイ)】①みどり色のついたて。②草木が生い茂ったり、苔むしたりしてみどり色に見える崖(がけ)。

【翠巒(スイラン)】みどり色に見える連山。『白雲翠巒』

【翠柳(スイリュウ)】青々としたヤナギ。翠楊(スイヨウ)。『紅花翠柳』

【翠簾(スイレン)】みどり色のすだれ。あおすだれ。翠箔(スイハク)。

【翠楼(スイロウ)】①みどり色に塗った高殿。②(昔の中国で、多くみどり色に塗ったところから)妓楼。遊女屋。

6182
【翟】＊5328 羽-8

テキ㊋・タク㊋/dí・zhái/きじ

字解 会意。羽+隹(とり)。ひときわ目をひく長い尾羽

竹米糸缶网(罒・冂・㓁)羊羽(羽)老(耂)而耒耳聿肉(月)
6画
臣自至臼(𦥑)舌舛(舛)舟艮色艸(艹・艹・艹)虍虫血行衣(衤)襾(覀・西)

をもつ鳥、きじの意。

金文  篆文 

同属字 擢・濯・曜・櫂・燿・耀・躍・糴・糶

意味 ❶きじ。キジのはね。❷えびす。異民族。「狄」に同じ。『戎翟(ジュウテキ)』❸人名。『墨翟(ボクテキ)』

6183 【翼】 4567 4D63 9783 羽-11 常 (6184)〔翼〕 羽-12 旧字

ヨク㊥/yì/つばさ・たすける

筆順 翼 翼 翼 翼 翼

字解 形声。羽＋異㊥。鳥の左右のはね、つばさの意、また、たすける意を表す。金文は、異に同じで、仮面をかぶって両手をあげた人の象形。

金文  篆文 

意味 ❶つばさ。㋑鳥や飛行機などのはね。『翼下』『羽翼(ウヨク)』㋺左右にはり出しているもの。また、左右の部隊。『右翼(ウヨク)』『左翼(サヨク)』『鼻翼(ビヨク)』❷たすける。補佐。『翼賛』❸人名。『趙翼(チョウヨク)』

❶ つばさ。

下接 右翼(ウヨク)・羽翼(ウヨク)・鶴翼(カクヨク)・銀翼(ギンヨク)・左翼(サヨク)・主翼(シュヨク)・翅翼(シヨク)・双翼(ソウヨク)・比翼(ヒヨク)・尾翼(ビヨク)・鵬翼(ホウヨク)

【翼如(ヨクジョ)】鳥がつばさを張るように、腕を組んで両ひじを張るさま。

【翼然(ヨクゼン)】①鳥がつばさをひろげたようなさま。②形がととのったさま。

【翼蔽(ヨクヘイ)】親鳥がつばさでひなをおおい隠すように、おおってかばうこと。＊史記-項羽本紀「常以₂身翼₁蔽沛公₁(つねにみをもってハイコウをヨクヘイす)〔＝いつも自分のからだで沛公をおおってかばった〕」

【翼翼(ヨクヨク)】①敬い慎むさま。また、びくびくするさま。『小心翼翼』②整って美しいさま。③物事のさかんなさま。❤もと、親鳥がひな鳥を翼でかばうさま。

【翼卵(ヨクラン)】鳥が卵を翼でおおって、ひなをかえすこと。子をはぐくみ育てること。

【翼下(ヨッカ)】①鳥や飛行機のつばさの下。②勢力または保護の範囲内。傘下。『翼下に入る』

❷ たすける。補佐。

下接 羽翼(ウヨク)・扶翼(フヨク)・補翼(ホヨク)・輔翼(ホヨク)

【翼賛(ヨクサン)】力を添えて助けること。特に、天皇の政治を助けること。『大政翼賛』

【翼成(ヨクセイ)】力を添えて成就させること。

羽

6185 【翁】 1807 3227 89A5 羽－4 常 (6186)〔翁〕 羽－4 旧字

オウ(ヲウ)㊥/wēng/おきな

筆順 翁 翁 翁 翁 翁

字解 形声。羽＋公(→項、くび)㊥。鳥の首の羽の意。また、公に通じて、老人の尊称に用いる。

同属字 蓊・滃

意味 ❶おきな。㋑男の老人。また、男の老人の敬称。『芭蕉翁(バショウオウ)』『翁媼』『阿翁(アオウ)』『沙翁(サオウ)』〔＝シェークスピア〕』『村翁(ソンオウ)』＊柳宗元-江雪「孤舟蓑笠翁、独釣₂寒江雪₁(コシュウサリュウのオウ、ひとりカンコウのゆきにつる)〔＝たった一そうの小舟に、みのと笠をつけた老人が、ひとりぽつねんと、雪に包まれて寒々とした冬の川で釣り糸をたれている〕」㋺国老人の顔に似せて作った能面。❷父親。『翁主』『乃翁(ダイオウ)』『婦翁(フオウ)』❸熟字訓、あて字など。『玄翁(ゲンノウ)』『信天翁(あほうどり)』『不倒翁(おきあがりこぼし)』

【翁媼(オウオウ)】おきなと、おうな。じいさんと、ばあさん。

【翁主(オウシュ)】中国、漢代、諸王のむすめで臣下にとついだ者。❤父がみずから婚主となるところからいう。

6187 【昜】 羽－4 トウ(タフ)㊥

字解 会意。日(＝曰、おおいかぶせる)＋羽(はね)。おおうように翼を広げて勢いよくとぶ意から、おおいかぶせる意を表す。

同属字 搨・榻

〔扇〕⇩ 2667

6188 【翕】 7037 6645 E3C3 羽－6 キュウ(キフ)㊥/xī

字解 形声。羽＋合(あう)㊥。鳥が羽を合わせて飛びたつ態勢をとる意。

意味 多くのものがいっせいにおこる。また、集まる。

【翕赫(キュウカク)】物事のさかんなさま。

【翕合(キュウゴウ)】合わせ集めること。集まること。糾合。

【翕習(キュウシュウ)】①勢いがさかんなさま。②風がさかんに吹くさま。③勢いよく飛び立つさま。④音楽のゆるやかなさま。⑤集まって慣れ親しむさま。

【翕如(キュウジョ)】①多くのものが一つに集まりあうさま。翕然。②音楽の声調、音律などのよく合うさま。

【翕然(キュウゼン)】多くのものが集まるさま。

6189 【翿】 羽－8 トウ(タウ)㊥・ドク㊦・トク㊥/dào・dú

字解 形声。羽＋毒㊥。纛に同じ。さおの先にキジの羽や尾、また牦牛(ボウギュウ)(からうし)の尾をつるし飾った旗。

6190 【翡】 7039 6647 E3C5 羽－8 ヒ㊥/fěi/かわせみ・みどり

字解 形声。羽＋非㊥。

意味 ❶かわせみ。鳥の名。カワセミの雄。雌は「翠」。❷みどり。カワセミの羽の色。

【翡翠(ヒスイ|かわせみ)】①カワセミ科の鳥。頭部は暗緑色、背面は美しい空色。和名は、「川蟬(かわせみ)」の意。②(ヒスイ)宝石の一種。緑色、半透明でガラス光沢のある硬玉。

【翡翠衾(ヒスイのふすま)】カワセミの羽を縫い取りした夜具。＊白居易-長恨歌「翡翠衾寒誰与共(ヒスイのふすまさむうしてたれとともにかせん)〔＝カワセミの羽の夜具は寒く、ともに寝る人もいない〕」

6191 【翥】 ＊5330 羽－9 ショ㊥/zhù

字解 形声。羽＋者㊥。とびあがる意。

6192 【翦】 7040 6648 E3C6 羽－9 セン㊥/jiǎn/きる

字解 形声。羽＋前(きりそろえる)㊥。羽をきりそろえる意。

意味 きる。たちきる。きりそろえる。また、ほろぼす。殺す。「剪」に同じ。『翦断(センダン)』『翦滅(センメツ)』

6193 【翳】 7042 664A E3C8 羽－11 エイ㊥/yì/かげ・かげる・かざす・かすむ

竹米糸缶网(罒・冈・罓)羊羽(羽)老(耂)而耒耳聿肉(月) 6画 臣自至臼(臼)舌舛(舛)舟艮色艸(艹・艹・艹)虍虫血行衣(衤)襾(覀・西)

竹米糸缶网(罒・冂・㓁)羊羽(羽)老(耂)而耒耳聿肉(月) 6画 臣自至臼(臼)舌舛(舛)舟艮色艸(艹・艹・艹)虍虫血行衣(衤)襾(覀・西)

字解 形声。羽＋殹(おおう)声。羽でおおいかざったかさの意。
意味 ❶絹のかさ。絹のおおい。❷おおう。かざす。『翳薈』『蒙翳』❸かげ。かげり。かげにする。暗くする。影。『翳翳』『暗翳』『陰翳』❹かすむ。目がはっきり見えなくなる。『底翳』
【翳翳】日の陰るさま。＊陶潜-帰去来辞「景翳翳以将ㇾ入」(かげはエイエイとしてもってまさにいらんとす)〔=日が陰りつつ、沈んでいこうとする〕
【翳薈】草木がしげり、おおいかぶさるさま。

羽

6194【翫】 羽－9 (6195)【〔翫〕】 2069 3465 8AE3 羽－9 †
ガン(グヮン)呉漢\wǎn・wàn\もてあそぶ
字解 形声。習(なれしたしむ)＋元(→玩、もてあそぶ)声。もてあそぶ意。
参考 熟語は「玩」(4765)を見よ。
意味 もてあそぶ。よろこぶ。また、深く味わう。「玩」に同じ。『翫味』『翫弄』『賞翫』

【欵】⇨3868

羽

6196【翅】 7034 6642 E3C0 羽－4
シ漢\chì\はね
字解 形声。羽＋支(えだ)声。鳥や虫のはねの意。
意味 ❶はね。鳥や虫のはね。つばさ。羽。『鱗翅目』『翅翼』『双翅』『展翅』❷ただ。ただに。「啻」に同じ。
【翅翼】鳥などのはね。つばさ。

【栩】⇨3504

6197【翊】 7036 6644 E3C2 羽－5
ヨク漢・ユウ(イフ)漢\yì
字解 会意。羽＋立(たてる)。羽を立ててとびたつ意。

翼に同じ。また、甲骨文・金文は、昱・翌に同じで、あくる日の意に用いる。

6198【翎】 ＊5325 羽－5
レイ漢\líng
字解 形声。羽＋令声。「花翎」は、中国清代の勲章の一種。

6199【翔】 7038 6646 E3C4 羽－6 人 (6200)【〔翔〕】 羽－6 旧字
ショウ(シャウ)漢\xiáng\とぶ・かける
字解 形声。羽＋羊声。

意味 とぶ。かける。とびめぐる。

【翔禽】空を飛ぶ鳥。飛鳥。翔鳥。

【翔翱】飛びめぐること。翱翔。

【翔翔】①礼儀正しくつつしみ深いさま。②羽を広げたようにゆったりとしたさま。また、心配のないさま。

【翔羊・翔佯・翔徉】あちこちさまようこと。

6201【翩】 7041 6649 E3C7 羽－9
ヘン漢\piān\ひるがえる
字解 形声。羽＋扁(薄くて平ら)声。鳥が速くとぶ意。
意味 ひるがえる。ひらひらする。『翩翻』『連翩』
【翩然】ひるがえるさま。
【翩翩】①ひるがえるさま。鳥が身軽に飛ぶさま。また、馬が威勢よく駆けるさま。＊白居易-売炭翁「翩翩両騎来是誰」(ヘンペンたるリョウキきたるはこれたれぞ)〔=馬に乗り飛ぶように走って来た二人はだれであろうか〕②軽々しくて落ち着きのないさま。③才気のすぐれたさま。風流なさま。
【翩翻】旗などがひるがえるさま。

6202【翮】 ＊5333 羽－10
カク漢\hé
字解 形声。羽＋鬲(へだてる)声。別々についているはねのねもとの意。
意味 「羽翮」は鳥のつばさの意。

6203【翰】 羽－10 (6204)【〔翰〕】 2045 344D 8ACB 羽－10 †
カン漢\hàn\ふで・ふみ
字解 形声。倝(木のみき)＋羽声。羽毛を木につけてつくったふでの意。
意味 ❶ふで。筆の毛。また、筆で書くこと。『翰墨』『筆翰』『弄翰』❷手紙。また、文章。文学。文人。『翰札』『書翰』❸とぶ。高くはやく飛ぶ。また、はね。『翰飛』『藻翰』❹みき。はしら。『藩翰』

❶ ふで。筆の毛。また、筆で書くこと。

【翰墨】①筆と墨。②書画をかくこと。詩文を草すること。

❷ 手紙。また、文章。文学。文人。

下接 雲翰・華翰・貴翰・手翰・書翰・宸翰・尺翰・尊翰・篇翰・芳翰・来翰

【翰苑】①文章や手紙。②＝翰林院
【翰札】書き記したもの。手紙。

【翰藻】詩歌や文章をいう。

【翰林】①学者、文人の仲間。②「翰林院」の略。

【翰林院】①中国で、唐代以来、詔書の起草に当たる役所。明代以後、官撰史書の編纂などをつかさどった。学士院。翰林学士院。翰林。翰苑。②「アカデミー」の訳語。

【翰林学士】①中国、唐代、翰林院に属し、主として詔勅の起草をつかさどった官。②国文章博士の唐名。

❸ とぶ。高くはやく飛ぶ。

【翰音】①鳴き声だけは天高く飛ぶが、身は地上にあること。実力がともなわないで名声だけが広がること。②ニワトリのこと。

【翰如】速く走るさま。

【翰飛】高く飛ぶこと。

6205【翹】 7043 664B E3C9 羽－12
ギョウ(ゲウ)呉・キョウ(ケウ)漢\qiāo・qiào\あがる・あげる
字解 形声。羽＋堯(たかくあがる)声。鳥の尾の高くあがった毛のさまから、あがる意。

竹米糸缶网(罒・冂・四)羊羽(羽)老(耂)而耒耳聿肉(月)
6画
臣自至臼(臼)舌舛(舛)舟艮色艸(艹・艹・艹)虍虫血行衣(衤)襾(西・西)

【意味】❶上へあげる。のびあがる。「翹企」「翹望」❷人にすぐれる。ぬきん出る。「翹翹」「翹楚」❸その他。「翹揺(ゲンゲ)」「連翹(レンギョウ)」

【翹企(ギョウキ)】足をつまだてて待つこと。非常に待ち遠しく思うこと。

【翹翹(ギョウギョウ)】①高くぬきん出ているさま。②高すぎて危ないさま。

【翹楚(ギョウソ)】(「楚」は丈の高い雑木)衆にぬきん出てすぐれること。俊秀。抜群。〔詩経-周南・漢広〕

【翹望(ギョウボウ)】首を長くして待ち望むこと。翹首(ギョウシュ)。

【翹揺(ゲンゲ)】レンゲソウの異称。♥漢名「翹揺(ギョウヨウ)」の転という。

6206 【翺】 *5336 羽-12 ゴウ(ガウ)漢・コウ(カウ)慣/áo/かける・とぶ

【字解】形声。羽+皐(=皋、大きい・高い)声。鳥が高くとびまわる意。

【意味】❶かける。空高く飛びまわる。「翺翔」「翺翔」❷人名。「李翺(リコウ)」

【翺翺(コウコウ)】鳥が空高く飛びまわること。

【翺翔(コウショウ)】①鳥が空を飛びめぐること。翔翺(ショウコウ)。②人中に得意げに立ちまじること。

6207 【翻】 4361 4B5D 967C 羽-12 常 (6208)【飜】 ― 羽-12 旧字 (8983)【飜】 7044 664C E3CA 飛-12 人 ホン呉・ハン漢/fān/ひるがえる・ひるがえす

【筆順】 ㇀ 采 番 翻 翻 翻

【字解】形声。羽+番(種を広くばらまく)声。鳥が羽をのばして飛ぶことから、ひるがえる意。

【意味】❶ひるがえる。ひらひらする。また、ひるがえす。ひっくりかえす。「翻意」「翻覆」「翻弄」「騰翻(トウホン)」「翻翻(ヘンポン)」 *杜甫-貧交行「翻レ手作レ雲覆レ手雨(てをひるがえせばくもとなりてをおおえばあめとなる)〔=手のひらを上に向けると雲になり、下に向けると雨になる〕」❷あるものをうつし換える。うつしとる。「翻訳」❸熟字訓など。「翻車魚(まんぼう)」「翻筋斗(もんどり)」

❶ ひるがえる。また、ひっくりかえす。

【翻意(ホンイ)】意志をひるがえすこと。翻心。

【翻然(ホンゼン)】急に心を改めるさま。「翻然と非を悟る」

【翻倒(ホントウ)】さかさまになること。ひっくりかえすこと。

【翻覆(ホンプク)】ひっくりかえすこと。表裏がかわること。

【翻弄(ホンロウ)】思うままにもてあそぶこと。

❷ あるものをうつし換える。

【翻案(ホンアン)】小説、戯曲などの原作の筋、内容を借りて改作すること。「翻案劇」

【翻訳(ホンヤク)】ある国の言語、文章を同じ意味の他国の言語、文章に直して表現すること。「翻訳小説」「翻訳者」

❸ 熟字訓など。

【翻車魚(まんぼう)】マンボウ科の海魚。尾びれがない。体を横にして外洋に浮かんでいることが多い。

【翻筋斗(もんどり)】体を空中で一回転させて立つこと。「翻筋斗をうつ」

6209 【翿】 *5339 羽-14 トウ(タウ)漢/dào

【字解】形声。羽+壽声。かざりとしてつけるはねの意。

6210 【耀】 4552 4D54 9773 羽-14 人 (6211)【燿】 ― 羽-14 旧字 ヨウ(エウ)呉漢/yào/かがやかす・かがやく・かがやき・かがよう

【字解】形声。光+翟(ぬきんでて目をひく)声。

【意味】かがやく。かがやかす。ひかる。ひかり。「燿」に同じ。「耀光」「栄耀」

【下接】栄耀(エイヨウ|エヨウ)・眩耀(ゲンヨウ)・光耀(コウヨウ)・照耀(ショウヨウ)・鮮耀(センヨウ)

【耀映(ヨウエイ)】てりかがやくこと。時めき栄えること。

【耀光(ヨウコウ)】光りかがやくこと。また、かがやかしい光。

125 老(耂)部 おい

甲骨文
金文
篆文

老は、腰を曲げ、杖をついた髪の長い年寄りのさまで、年寄り(ロウ)を表す。老部には、老を部標として、年寄った人に関する意味の字を収める。複体では往々ヒを略したものがあり、また者のように別源で類化したものがある。

老◆ 老
老▬ ④耆 耄 ⑤耈 ⑥耋
耂▬ ②考 ④者 ⑤耇 者

老 ◆

6212 【老】 4723 4F37 9856 老-0 常4 ロウ(ラウ)呉漢/lǎo/おいる・おい・ふける

【筆順】 老 老 老 老 老 老

【字解】部首解説を参照。

【同属字】姥

【意味】❶おいる。ふける。年をとる。古くなる。としより。また、老人としての自称。「老朽」「敬老」 *陶潜-帰去来辞「策扶レ老以流憩(つえもてロウをたすけもってリュウケイす)〔=つえをついて老体を助け、あちこち歩いたり休んだりする〕」❷臣下の長。重要な役または人物。「老中」「元老(ゲンロウ)」❸先輩・年長者への尊称。「老兄」「父老(フロウ)」❹経験をつむ。ものなれた人。「老獪」「老練」❺人名。また、特に「老子」の略。「老彭(ロウホウ)」「孔老(コウロウ)」❻あて字、熟字訓など。「老麺(ラーメン)〔=中華そば〕」「海老(えび)」

❶ おいる。ふける。としより。

【下接】佚老(イツロウ)・遺老(イロウ)・偕老(カイロウ)・旧老(キュウロウ)・朽老(キュウロウ)・窮老(キュウロウ)・帰老(キロウ)・愚老(グロウ)・敬老(ケイロウ)・古老(コロウ)・故老(コロウ)・孤老(コロウ)・初老(ショロウ)・衰老(スイロウ)・早老(ソウロウ)・蒼老(ソウロウ)・尊老(ソンロウ)・退老(タイロウ)・不老(フロウ)・父老(フロウ)・野老(ヤロウ)・養老(ヨウロウ)

【老翁(ロウオウ)】年をとった男。おきな。↔老媼

【老媼(ロウオウ|ロウウ)】年をとった女。老女。おうな。↔老翁

【老鶯(ロウオウ)】春が過ぎてからも鳴くウグイス。

【老化(ロウカ)】①年をとるにつれて体の機能が衰えること。②物質が、時間の経過につれて変質劣化すること。

【老漢(ロウカン)】①年老いた男。②男子が自己を卑下していう。③禅僧に対する敬称。老和尚。老師。

【老驥伏櫪(ロウキフクレキ|ロウキレキにふす)】(「櫪」はうまやの意)駿馬が年老いて馬小屋で臥せっている。かつての英雄・豪傑が年老いて、動きもままならぬ境遇にあることにいう。

〔曹操‐碣石篇〕

【老朽（ロウキュウ）】古くなり、役に立たないこと。

【老牛（ロウギュウ）】年老いたウシ。【老牛舐レ犢（ロウギュウトクをなむ）】親が子を愛することのたとえ。舐犢（シトク）の愛。〔後漢書‐楊彪伝〕（「犢」は子牛の意）

【老去（ロウキョ）】年をとること。ふけること。

【老境（ロウキョウ）】年老いた境遇。老人の境地。

【老軀（ロウク）】年老いて衰えた身。老体。老身。

【老君（ロウクン）】老人を敬っていう語。また、臣下が、隠居をして家督を譲った旧主君を呼ぶ語。↓❺

【老骨（ロウコツ）】年老いた体。また、老人が自分をへりくだっていう。『老骨にむち打つ』

【老残（ロウザン）】老いぼれて生き残っていること。

【老師（ロウシ）】①年老いた僧。②年老いた師匠。また、単に先生。

【老若（ロウジャク―ロウニャク）】老人と若者。老弱。『老若男女（ナンニョ）』

【老弱（ロウジャク―ロウニャク）】老いも若きも。年寄りから幼児まで。老若。

【老酒（ロウシュ―ラオチュウ）】①（ロウシュ）古い酒。②中国産の醸造酒。もち米、アワ、キビなどから作る。

【老寿（ロウジュ）】長生きすること。長命。

【老儒（ロウジュ）】年老いて学識の高い儒者。また、儒者が自分をへりくだっていう。

【老醜（ロウシュウ）】年をとって醜くなること。また、その醜さ。

【老女（ロウジョ）】年とった女。老婆。老婦。↓❷

【老小（ロウショウ）】①老人と子供。②中国、晋の戸籍制度で、老は六六歳以上、小は一二歳以下。

【老少（ロウショウ）】老年と少年。老人と若者。老若。【老少不定（ロウショウフジョウ）】老人から先に死ぬとは限らないこと。〔観心略要集〕

【老臣（ロウシン）】①年老いた臣。②老功の臣。また、身分、地位の高い家臣。

【老身（ロウシン）】年老いて衰えた身。老軀（ロウク）。

【老人（ロウジン）】①年老いた人。年寄り。②他人に対して自分の父母を呼ぶ語。

【老衰（ロウスイ）】老いて衰弱すること。

【老生（ロウセイ）】年老いた男が自分をへりくだっていう語。

【老鼠（ロウソ）】①年を経た鼠。転じて、世なれてずるがしこいことや人のたとえ。②コウモリ（蝙蝠）の異名。

【老措大（ロウソダイ）】年老いた書生。老生。

【老体（ロウタイ）】年をとった体。また、老人。

【老大（ロウダイ）】年をとっていること。また、年をとること。＊白居易‐琵琶行「老大嫁作二商人婦一（ロウダイカしてショウニンのつまとなる）」〔＝年をとり、商人の妻となった〕」

【老年（ロウネン）】人の一生で、年をとって心身が衰える年ごろ。また、その年ごろの人。↕少年・青年・壮年。【老年期地形（ロウネンキチケイ）】侵食輪廻の晩期に見られる地形。

【老衲（ロウノウ）】年とった僧侶。また、老僧の自称。

【老婆（ロウバ）】年とった女。↕老爺（ロウヤ）。【老婆心（ロウバシン）】【老婆心切（ロウバシンセツ）】年とった女の、度を越して心添えをしようとする気持ちの意から、必要以上に世話をやこうとする気持ちをいう。老婆心。＝老婆心切（ロウバシンセツ）〔臨済録‐行録〕

【老悖・老誖（ロウハイ）】おいぼれること。

【老病（ロウビョウ）】①老人で病気であること。＊杜甫‐登二岳陽楼一「老病有二孤舟一（ロウビョウコシュウあり）〔＝年もとり病気がちのこの身には、放浪の旅を続けるための一そうの小舟があるだけだ〕」②老衰から起こる病気。

【老物（ロウブツ）】ふるくさいもの。年老いたもの。また、老人をののしっていう語。

【老耄（ロウボウ―ロウモウ）】おいぼれること。また、その人。

【老爺（ロウヤ）】年とった男。老翁。↕老婆

【老雄（ロウユウ）】年老いた英雄。

【老来（ロウライ）】年とってこのかた。

【老懶（ロウラン）】年老いて物憂いこと。

【老羸（ロウルイ）】年老いて弱り衰えること。老衰。

【老齢（ロウレイ）】年老いていること。老年。『老齢年金』

【老頭児（ロートル）】老人。年寄り。中国語から。

❷ 臣下の長。重要な役または人物。

下接 閣老（カクロウ）・家老（カロウ）・元老（ゲンロウ）・国老（コクロウ）・宿老（シュクロウ）・大老（タイロウ）・長老（チョウロウ）

【老中（ロウジュウ）】国江戸幕府の職名。将軍に直属し、政務を担当した最高の職。

【老女（ロウジョ）】国武家の奥向きで、侍女の長である婦人。↓❶

❸ 先輩・年長者への尊称。

【老兄（ロウケイ）】年長の友人、また同輩を敬っていう語。

【老公（ロウコウ）】年老いた貴人を敬っていう語。

【老台（ロウダイ）】書簡文で、年長の人を敬っていう語。

❹ 経験をつむ。ものなれた人。

【老獪（ロウカイ）】経験を積んでいて、悪賢いこと。

【老巧（ロウコウ）】経験を積んで物事に巧みなこと。↕稚拙（チセツ）

【老実（ロウジツ）】経験を積んでいてしかも誠実なこと。

【老手（ロウシュ）】老練で、たくみな手並み。また、その人。

【老熟（ロウジュク）】経験を積んで、物事に熟達すること。

【老成（ロウセイ）】①経験を積んで熟達すること。②おとなびていること。

【老圃（ロウホ）】老練な農夫。農事に熟練している人。

【老舗（ロウホ―しにせ）】古くからの伝統、格式、信用がある店。

【老練（ロウレン）】経験を積んで、熟練していること。老巧。

❺ 人名。

【老君（ロウクン）】老子の尊称。↓❶

【老子（ロウシ）】①中国、古代の思想家。道家の祖。古来の伝説によれば、姓は李、名は耳（ジ）、字（あざな）は聃（タン）、一説に伯陽。春秋時代の末期、周の守蔵の史（蔵書室の管理者）。周末の混乱を避けて隠遁を決意し、関所役人の尹喜（インキ）に請われて「老子道徳経」二巻を著した。しかし、老子という人物は実在せず、おそらく道家学派の形成後に、その祖として虚構されたものと考えられる。②中国の道家書。二巻、八一章、約五〇〇〇字から成る。春秋時代末期、老子の著と伝えられるが、実際には、戦国時代における道家思想家の言説を、漢初に集成したもの。有に対する無、人為に対する自然を説く思想として、後世への影響は著しい。老子道徳経。

【老荘（ロウソウ）】中国の思想家、老子と荘子。

【老聃（ロウタン）】＝老子（ロウシ）

【老杜（ロウト）】中国、盛唐の詩人、杜甫（トホ）の異称。晩唐の詩人、杜牧（トボク）を小杜というのに対していう。

【老彭（ロウホウ）】中国、殷（イン）代の賢人。一説に、老子と彭祖（ホウソ）のことともいう。仕えた彭祖の説もある堯（ギョウ）に

【老萊子（ロウライシ）】中国、春秋時代楚の賢人。親に孝を尽くし、七〇歳でなお五色の模様のある衣を着、嬰児のしぐさをして親に歳を忘れさせ、喜ばせたという。

老

6213 【耆】 7045 664D E3CB 老－4 ギ(呉)・キ(漢)・シ(漢)/qí・shì/おいる

[字解] 形声。老省＋旨(口にまでいたる)(声)。おいる意。
[同属字] 蓍・嗜・榰・鰭
[参考] 万葉仮名では音を借りて「き(甲)」。
[意味] ❶おいる。年をとる。また、としより。『耆宿』『耆徳』 ❷たしなむ。好む。『耆欲』 ❸音訳字、地名など。『耆婆(ギバ)』『伯耆(ホウキ)』

❶ おいる。また、としより。
【耆艾(キガイ)】(「艾」は五〇歳をいう) 老人。また、尊者。

【耆旧(キキュウ)】[1]年寄り。老人。[2]年寄りと昔なじみ。耆老と故旧。

【耆宿(キシュク)】学識、経験の豊かな老人。

【耆徳(キトク)】徳の高い老人。宿徳。

【耆年(キネン)】年老いた人。老人。

【耆老(キロウ)】(「老」は七〇歳) 六、七〇歳の老人。

❷ たしなむ。好む。
【耆欲・耆慾(シヨク)】欲望のままに好きなことをして楽しむこと。たしなむこと。たしなみ。

❸ 音訳字。
【耆闍崛山(ギジャクッセン)】(「耆闍崛」は、梵 Gṛdhrakūṭa の音訳) 古代インド、マガダ国の首都、王舎城の東北方にそびえていた山。釈迦説法の地。霊鷲山(リョウジュセン)。

【耆婆(ギバ)】(梵 Jīvaka の音訳) 古代インドの名医。活、命、能活、寿命などと訳す) 仏弟子で古代インドの名医。頻婆娑羅王(ビンバシャラオウ)の王子で、阿闍世王(アジャセオウ)の兄。父を殺した阿闍世王を導いて、仏に帰依(キエ)させたことはよく知られる。中国の春秋時代の名医、扁鵲(ヘンジャク)と並称される。

6214 【耄】 7046 664E E3CC 老－4 ボウ(漢)・モウ(慣)/mào/おいる・おいぼれる・ほうける

[字解] 形声。老＋毛(→眊、視力がおとろえる)(声)。視力がおとろえおいぼれる意。七〇～九〇歳の老人の意。

[意味] おいる。おいぼれる。ほうける。鈍くなる。

【耄期(ボウキ)】老いぼれること。また、老いぼれた人。老齢。老人。

【耄耋(ボウテツ)】老いぼれること。また、老人。

【耄齢(ボウレイ)】老いぼれた年齢。老齢。

【耄碌(モウロク)】[国]老いぼれること。

6215 【耉】 ＊5341 老－5 コウ 「耇」(6219)の異体字

6216 【耋】 7047 664F E3CD 老－6 テツ(漢)/dié

[字解] 形声。老＋至(ゆきつく)(声)。老いのきわみ、八〇歳の老人の意。
甲骨文  篆文 
[意味] 老人。八〇歳。また、おいる。『耄耋(ボウテツ)』

耂

6217 【考】 2545 394D 8D6C 老－2 [常]2 コウ(カウ)(呉)(漢)/kǎo/かんがえる・かんがえ

[筆順] 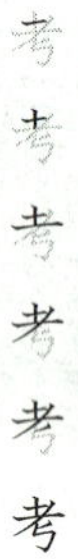
[字解] 形声。老省＋丂(かぎ形に曲がる)(声)。腰の曲がった長寿の人、老人の意。借りて、かんがえる意に用いる。
甲骨文  金文  篆文 
[同属字] 拷・栲
[意味] ❶長生きする。としより。『胡考(ココウ)』『寿考(ジュコウ)』 ❷亡父。亡祖父。↔妣。『考功』『先考』 ❸かんがえる。思いはかる。『考案』『考慮』『思考』 ❹調べてあきらかにする。研究する。『考古学』『考究』『論考』 ❺成す。成る。「考槃(コウハン)」は、隠居所を作り、気ままに楽しむこと。「槃」は隠居所の意。

❷ 亡父。亡祖父。
[下接] 顕考(ケンコウ)・皇考(コウコウ)・先考(センコウ)・祖考(ソコウ)
【考功(コウコウ)】死んだ父親の功業。→❹
【考妣(コウヒ)】(「妣」は亡母) 父と母。特に死んだ父と母。

❸ かんがえる。思いはかる。
[下接] 勘考(カンコウ)・愚考(グコウ)・後考(コウコウ)・再考(サイコウ)・参考(サンコウ)・私考(シコウ)・思考(シコウ)・熟考(ジュクコウ)・小考(ショウコウ)・彰考(ショウコウ)・推考(スイコウ)・銓考(センコウ)・長考(チョウコウ)・備考(ビコウ)・黙考(モッコウ)

【考案(コウアン)】(新しい事物を)工夫して考え出すこと。

【考究(コウキュウ)】物事について深く考えきわめること。

【考察(コウサツ)】ある物事について、よく考えて調べること。

【考定(コウテイ)】考えてはっきりさせること。

【考慮(コウリョ)】物事の種々の要素をよく考え合わせること。

【考量(コウリョウ)】あれこれと考え合わせて判断すること。

❹ 調べてあきらかにする。研究する。
[下接] 鏡考(キョウコウ)・選考(センコウ)・覆考(フッコウ)・論考(ロンコウ)

【考異(コウイ)】文字の異同を調べて正すこと。

【考功(コウコウ)】官吏の功罪を調べること。→❷
【考校(コウコウ)】[1]取り調べること。調査。[2]試験。考試。

【考古学(コウコガク)】遺物、遺跡に基づいて、古代人類の文化、歴史などを研究する学問。

【考試(コウシ)】[1]ためしたり調べたりすること。試験。考課。[2]官吏登用試験。

【考証・考證(コウショウ)】古い文書や物品などを調べ、実証的に物事の説明をすること。『時代考証』【考証学(コウショウガク)】儒教の経書の研究で、古代言語や文字の学を基礎とし、その上に立って万事を実証的に検討することを目標とした学問。黄宗羲(コウソウギ)・顧炎武(コエンブ)らにはじまり、日本の渋江抽斎・松崎慊堂らの儒学に影響を与えた。

【考績幽明(コウセキユウメイ)】役人の成績をよく調査して、賞罰を行うこと。

【考訂(コウテイ)】書物のあやまりを調べて正しくなおすこと。年月を経て内容が変じた史料を原形に復すること。

【考問(コウモン)】[1]調べただすこと。[2]罪を取り調べること。

[孝] ⇩ 1699

6218 【者】 2852 3C54 8ED2 老－4 [常]3 (6220) 【者】 耂－5 旧字 [人] シャ(呉)(漢)・サ(慣)/zhě/もの・こと・は

[筆順] 
[字解] 者は、者の略体。者は象形。柴を集め積んで火を

金文

篆文

たくさまに象り、やく・にる意という。煮の原字。借りて、ものの意に用いる。

同属字 煮(煮)・翥・奢・屠・暑(暑)・署(署)・著(著)・闍・都(都)・覩・偖・渚(渚)・堵・楮・猪(猪)・睹・褚・緒(緒)・諸(諸)・豬・賭・踏・赭

参考 万葉仮名では音を借りて「さ」、訓を借りて「は」。

意味 ❶もの。人。また、漢文では人に限らず広く用いられる。『為政者(イセイシャ)』『学者』 *韓愈-雑説「馬之千里者、一食或尽㆓粟一石㆒(うまのセンリなるものは、イッショクにあるいはゾクイッコクをつくす)〔=一日に千里も突っ走るほどの名馬は、一回の食事に穀物を一石食べ尽くすこともある〕」 ⇒〔人〕(131)〔家〕(1749)の表 ❷…は。…ものは。…とは。主語を強く提示する。 *李白-春夜宴㆓桃李園㆒序「夫天地者万物之逆旅、光陰者百代之過客(それテンチはバンブツのゲキリョにして、コウインはヒャクダイのカカクなり)〔=そもそも天地とは、万物を迎えては送る旅館であり、歳月は永遠に旅を続ける旅人である〕」 ❸…こと。…すること。事物や動作をさしていう。 *柳宗元-捕㆑蛇者説「幾死者数矣(ほとんどシせんとせしことしばしばなり)〔=あやうく死にかけたことが何回もあった〕」 ❹語勢を強める。 *論語-先進「三子者出(サンシシャいず)〔=三人が退出した〕」 ❺時間を表す語や疑問を示す語に添える。㋑…とき。…の場合。また、時を示す語にそえる。『今者(キンシャ|いま)』『頃者(ケイシャ)』『昔者(セキシャ|むかし)』 ㋺…ば。…れば。『不者(しからずんば)』『何者(なんとなれば)』『陳者(のぶれば)』

下接 医者(イシャ)・隠者(インジャ)・泳者(エイシャ)・易者(エキシャ)・演者(エンジャ)・縁者(エンジャ)・王者(オウジャ)・学者(ガクシャ)・冠者(カンジャ|カジャ)・患者(カンジャ)・間者(カンジャ)・記者(キシャ)・強者(キョウシャ|つわもの)・業者(ギョウシャ)・行者(ギョウジャ|アンジャ)・御者(ギョシャ)・馭者(ギョシャ)・愚者(グシャ)・芸者(ゲイシャ)・賢者(ケンジャ)・巧者(コウシャ)・後者(コウシャ)・作者(サクシャ)・識者(シキシャ)・死者(シシャ)・使者(シシャ)・侍者(ジシャ)・弱者(ジャクシャ)・従者(ジュウシャ|ジュシャ)・儒者(ジュシャ)・術者(ジュッシャ)・勝者(ショウシャ)・信者(シンジャ)・仁者(ジンシャ)・生者(セイジャ|ショウジャ)・聖者(セイジャ)・拙者(セッシャ)・撰者(センジャ)・選者(センジャ)・前者(ゼンシャ)・走者(ソウシャ)・奏者(ソウシャ)・尊者(ソンジャ)・他者(タシャ)・打者(ダシャ)・治者(チシャ)・知者(チシャ)・長者(チョウジャ)・諜者(チョウジャ)・著者(チョシャ)・道者(ドウシャ)・読者(ドクシャ)・忍者(ニンジャ)・敗者(ハイシャ)・覇者(ハシャ)・筆者(ヒッシャ)・評者(ヒョウシャ)・病者(ビョウシャ)・貧者(ヒンジャ)・富者(フシャ)・仏者(ブッシャ)・編者(ヘンジャ)・卜者(ボクシャ)・武者(ムシャ)・亡者(モウジャ)・盲者(モウジャ)・猛者(モサ)・役者(ヤクシャ)・訳者(ヤクシャ)・勇者(ユウシャ)・両者(リョウシャ)・聾者(ロウシャ)・論者(ロンシャ)・話者(ワシャ)・偽善者(ギゼンシャ)・第三者(ダイサンシャ)・当事者(トウジシャ)・配偶者(ハイグウシャ)・被疑者(ヒギシャ)・有力者(ユウリョクシャ)／曲者(くせもの)・小者(こもの)・強者(つわもの)・何者(なにもの)・偽者(にせもの)・贋者(にせもの)・若者(わかもの)・悪者(わるもの)

6219 【耇】 *5340 老－5 (6215)〔耉〕 *5341 老－5

金文

篆文

コウ(漢)・ク(慣)/gǒu

字解 形声。老省＋句(まるく曲がる)(声)。腰が曲がった老人の意。

6220 【者】 老－5 シャ「者」(6218)の旧字

126 而部 しかして

甲骨文

篆文

而は、長くたれたやわらかいひげの形で、ひげの意(ジ)を表す。而部には、而を特徴形にもつ字を収める。而はひげの意であるが、所属の字は必ずしもひげに関しない。

而 而
③ 耎
③ 耑
③ 耐
而

6221 【而】 2809 3C29 8EA7 而－0 ニ(呉)・ジ(漢)/ér/しかして・しこうして・しかも・しかれども・しかるに・すなわち・て

字解 部首解説を参照。

同属字 輀・鮞

参考 万葉仮名では音を借りて「に」。

意味 ❶接続を示す。㋑しかして。しこうして。そして。それから。順接または逆説を示す。*戦国策-燕「蚌方出曝。而鷸啄㆓其肉㆒(ボウまさにいでてバクす。しかしてイツそのニクをついばむ)〔=ちょうどその時、カラスガイが水から出て日なたぼっこをしていた。するとシギがその肉をつついて食べようとした〕」 *孟子-尽心上「君子有㆓三楽㆒。而王㆓天下㆒、不㆓与存㆒焉(クンシにサンラクあり。しかしてテンカにオウたるは、あずかりソンせず)〔=君子には三つの楽しみがある。しかし天下の王者になることは、その三つの中に入らない〕」 ㋺しかるに。しかも。しかれども。それでも。それにもかかわらず。逆接を示す。*陶潜-飲酒「結㆑廬在㆓人境㆒、而無㆓車馬喧㆒(ロをむすんでジンキョウにあり、しかもシャバのケンなし)〔=そまつな家を人里に構えて住んでいるが、それでも車馬のうるさい音は聞こえない〕」 ㋩すなわち。しかるときは。そのときは。「則」に同じ。*論語-述而「其不善者而改㆑之(そのフゼンなるものはすなわちこれをあらたむ)〔=善くないものを見ては、自分の善くないところを改める〕」 ㊁訓読せずに、上の字に「て」「して」「ども」「すれども」などの送り仮名を添えて、順接または逆接を示す。*孟子-告子上「有㆓放心㆒而不㆑知㆑求(ホウシンあれどももとむるをしらず)〔=仁の心を失っていても、それを求めることは知らない〕」 ❷なんじ。おまえ。「汝」に同じ。*史記-越世家「夫差而忘㆓越人之殺㆒而父㆒邪(フサなんじはエッひとのなんじのちちをころししをわすれたるか)〔=夫差、おまえは越人がおまえの父親を殺したのを忘れたのか〕」

【而後(ジゴ|ジコウ|しかるのちに)】 ①(ジゴ)その後。以後。爾後。②(しかるのちに)…してはじめて。…してのちに。

【而今(ジコン)】 今から。今後。爾今。

【而立(ジリツ)】 三〇歳の異称。◆「論語-為政」の「三十而立(サンジュウにしてたつ)〔=三〇歳になると、立場がしっかりとできあがった〕」による語。

【而已・而已矣・而已耳(のみ)】 ただ…である。強い限定・強意を示す。*論語-子路「君子於㆓其言㆒、無㆑所㆑苟而已矣(クンシはそのゲンにおいて、いやしくもするところなきのみ)〔=為政者は、自分の発言について、決していいかげんにすることはないものである〕」

而

6222 【耎】 *5344 而－3 ゼン(漢)/ruǎn

字解 会意。而(やわらかいひげ)＋大(おおきい)。ゆったりとやわらかい、また、よわい意。

同属字 愞・煗・輭(軟)

而

6223
【耑】 *5346 而－3 タン[漢]・セン[漢]\duān・zhuān

[字解] 象形。地面を中心に、地下に根をのばし地上に芽を出しはじめた植物のさまから、もののはじめ・はしの意。端の原字。

甲骨文  篆文 

[同属字] 顓・喘・揣・惴・湍・猯・瑞・遄・端・鶍

［斎］⇩3060 ［需］⇩8763

而 3画

6224
【耐】 3449 4251 91CF 而－3 [常] ダイ[漢]・タイ[慣]\nài\たえる

[筆順] 耐 而 而 耐 耐 耐

[字解] 形声。寸(する)＋而(やわらかい)[声]。柔軟に対処できる、もちこたえる意。

[参考] 万葉仮名では音を借りて「で」「ど[乙]」。

[意味] ❶もちこたえる。持続する。『耐久力』『耐熱』『耐火』『耐水』 ❷たえる。たえしのぶ。我慢する。『耐寒』『耐乏』『忍耐ニンタイ』

❶ もちこたえる。

【耐久タイキュウ】 長時間耐えて、持続すること。『耐久力』

【耐性タイセイ】 異質な環境や困難に耐えることのできる性質。また、特に、病原菌などが、一定の薬物に対して示す抵抗力。『耐性菌』

【耐用タイヨウ】 長い間の使用に耐えること。『耐用年数』

❷ たえる。たえしのぶ。

【耐忍タイニン】 耐えしのぶこと。がまん。忍耐。

【耐乏タイボウ】 とぼしさを耐えしのぶこと。『耐乏生活』

127 耒部 らいすき

耒は、田畑を耕すための木製のすきを表す。耒部には、耒を部標として、農具のすき、また、たがやすなどの農耕作業に関する意を表す字を収める。

篆文 

耒 耒 耒
④ 耘 耕 耕 耗 耗 耖 耙 ⑤ 耞 耜 ⑦ 耡 ⑧ 耤 ⑨ 耦 ⑩ 耨

耒 0画

6225
【耒】 7048 6650 E3CE 耒－0 ライ[漢]・ルイ[漢]\lěi\すき

[字解] 部首解説を参照。

[同属字] 誄

[意味] すき。田畑を耕す道具。また、すきの柄。＊韓非子－五蠹「釈ニ其耒一而守レ株そのすきをすててかぶをまもる〔＝すきを放り出して切り株を見張った〕」

【耒耜ライシ】 すき。♥耒はすきの柄、耜は刃をさす。

【耒耨ライドウ】 すきとくわ。田畑を耕すこと。

耒 4画

6226
【耘】 7049 6651 E3CF 耒－4 ウン[漢]\yún\くさぎる

[字解] 形声。耒＋云[声]。くさぎる意。芸に同じ。

[意味] くさぎる。田畑の雑草をとりのぞく。『耕耘機コウウンキ』『鉏耘ショウン』

【耘耔ウンシ】 畑の雑草を除き、苗の根もとに土をかけること。農作業。＊陶潜－帰去来辞「或植レ杖而耘耔あるいはつえをたててウンシす〔＝あるときはつえを地面に突きさして野良仕事をしたりする〕」

【耘鋤ウンジョ】 雑草をかり、田畑をたがやすこと。耘鉏ウンジョ。

6227
【耕】 2544 394C 8D6B 耒－4 [常]5 (6228)〖耕〗 耒－4 旧字
(4943)〖畊〗 6525 6139 E158 田－4
コウ(カウ)[漢]\gēng・jīng\たがやす・うなう

[筆順] 耕 耕 耕 耕 耕 耕

[字解] 形声。耒＋井(形の整ったわく)[声]。すきで田畑をととのえる、たがやす意。

[意味] たがやす。㋑田畑をたがやす。『耕作』『水耕』 ㋺働いて食を求める。『舌耕』『筆耕』

[下接] 帰耕キコウ・休耕キュウコウ・躬耕キュウコウ・耦耕グウコウ・秋耕シュウコウ・春耕シュンコウ・深耕シンコウ・水耕スイコウ・舌耕ゼッコウ・中耕チュウコウ・輟耕テッコウ・農耕ノウコウ・筆耕ヒッコウ・目耕モッコウ・傭耕ヨウコウ・晴耕雨読セイコウウドク

【耕耘・耕芸コウウン】 (「耘」は草を刈る意) 田畑をたがやし雑草を除去すること。『耕耘機』

【耕作コウサク】 田畑をたがやして、作物を作ること。

【耕種コウシュ】 田畑をたがやし、種や苗を植えること。

【耕鋤コウジョ】 土をたがやし、すくこと。農事を行うこと。

【耕植コウショク】 田畑をたがやし、作物を植えること。耕種。

【耕織コウショク】 田畑をたがやし、はたを織ること。

【耕地コウチ】 水田や畑など、耕作して農作物を作る土地。

【耕耨コウドウ】 (「耨」はくわ、また、くわで草をきる意) 草を刈ったりたがやしたりすること。耨耕。

【耕牧コウボク】 田畑をたがやすことと家畜を飼育すること。

6229
【耗】 4455 4C57 96D5 耒－4 [常] (6230)〖耗〗 耒－4 旧字
コウ(カウ)[呉][漢]・モウ[慣]\hào\へる・ついやす

[筆順] 耗 耗 耗 耗 耗 耗

[字解] 形声。耒＋毛[声]。へる意。もと、秏。のちに、禾が耒になった。

[意味] へる。へらす。つきる。ついやす。

[下接] 減耗ゲンコウ|ゲンモウ・消耗ショウコウ|ショウモウ・衰耗スイコウ・損耗ソンコウ|ソンモウ・摩耗マモウ・磨耗マモウ・心神耗弱シンシンコウジャク

【耗減コウゲン|モウゲン】 すりへること。減少すること。

【耗散コウサン|ゴウサン】 へらし、なくすこと。

【耗費コウヒ】 ついやすこと。使いはたすこと。

6231
【耖】 *5349 耒－4 ソウ(サウ)[漢]・ショウ(セウ)[慣]\chào

[字解] 形声。耒＋少(→小、ちいさい)[声]。すき返して土をこまかく柔らかくする意。

6232
【耙】 7050 6652 E3D0 耒－4 ハ[漢]\bà・pá

字解 形声。耒＋巴(声)。まぐわの類。耕土をならす農具。

6233【耞】＊5351 耒－5 カ(漢)/jiā
字解 形声。耒＋加(声)。穀類の脱穀に用いる農具の意。

6234【耜】7051 6653 E3D1 耒－5 シ(漢)/sì/すき
字解 形声。耒＋㠯(すき)(声)。すきの意。のちに耒を加えて、その字義を明確にした。
意味 すき。すきの先の土を起こす部分。

6235【耡】7052 6654 E3D2 耒－7 ショ(漢)・ジョ(慣)/chú/すき
字解 形声。耒＋助(声)。
意味 すく。田畑をたがやす。また、すき。鋤に同じ。

6236【耤】＊5354 耒－8 セキ(漢)・シャ(漢)/jí
甲骨文

金文

篆文

字解 形声。耒＋昔(＝䅎)(声)。天子自らが耕す、またその耕地の意。また、借りる、ふむの意。藉に通じる。

6237【耦】＊5355 耒－9 ゴウ(漢)・グウ(慣)/ǒu
字解 形声。耒＋禺(→偶、つれあい・ならぶ)(声)。二人並んで耕す意。
意味 ❶二人がならぶこと。また、向きあうこと。合うこと。「偶」に同じ。『対耦(タイグウ)』『匹耦(ヒツグウ)』＊論語-微子「長沮・桀溺耦而耕(チョウソ・ケツデキグウしてたがやす)〔＝長沮と桀溺とが並んで畑を耕していた〕」❷二つに割れる数。偶数。「偶」に同じ。
【耦語(グウゴ)】二人でむかい合って語り合うこと。偶語。
【耦耕(グウコウ)】二人並んでたがやすこと。

6238【耨】7053 6655 E3D3 耒－10 ノク(呉)・ジョク(ヂョク)(漢)・ドウ(漢)/nòu/くわ
字解 形声。耒＋辱(手に大きな貝がらをもち、貝がらで草を切る)(声)。草をかる意。のちに耒を加えて、その字義を明確にした。
意味 くわ。また、くわで雑草をかる。『耒耨(ライドウ)』『耕耨(コウドウ)』

128 耳部 みみ

甲骨文
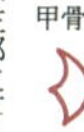
金文

篆文

耳は、外耳の象形。耳部には、耳のほか、字の下部または左部に耳をもち、耳のはたらき、こえなどに関する字を収める。字の左部にあるものを「みみへん」という。耳の筆順は、右のたて画を最後にするのが常であるが、みみへんの場合には、たて二画を先に、横三画をあとにする書き方もある。

耳◆ 耳 聶
耳(上) ⑦ 聖 聖 ⑧ 聚
耳(下) ③ 耷 ⑥ 聓 ⑧ 聟 聞 ⑪ 聱 聳 聲 ⑯ 聾
耳(左) ④ 耿 耽 耼 耻 ⑤ 聃 聊 聆 ⑥ 聒 ⑦ 聘 ⑧ 聝 聡 聢 ⑨ 聨 ⑪ 聰 聴 聯 ⑫ 聵 職 職 ⑭ 聹 ⑯ 聽

耳◆

6239【耳】2810 3C2A 8EA8 耳－0 常1 ニ(呉)・ジ(漢)/ěr/みみ・のみ
筆順

字解 部首解説を参照。
同属字 咡・珥・餌・刵・恥
参考 万葉仮名では音を借りて「じ」「に」。
意味 ❶みみ。㋑聴覚器官。また、みみにする。聞く。『耳殻』『牛耳』『俗耳』＊白居易-琵琶行「如聴仙楽耳暫明(センガクをきくがごとくみみしばらくあきらかなり)〔＝仙人の音楽でも聞いているように、(私の)耳はしばしすがすがしくさっぱりとした心地になった〕」㋺みみのかたちに似ているもの。器物の取っ手や、紙、本などのふち。物のはし。『耳坏』❷のみ。ばかり。ただ…にすぎない。限定・強意を示す。＊論語-陽貨「前言戯之耳(ゼンゲンはこれにたわむれしのみ)〔＝さっきのことばは冗談を言っただけなのだ〕」⇒〔爾〕(4591)の表 ❸「耳耳(ジジ)」は、さかんなさま。多いさま。また、明らかに抜きんでるさま。

❶みみ。また、耳にする。聞く。
下接 外耳(ガイジ)・牛耳(ギュウジ)・俗耳(ゾクジ)・内耳(ナイジ)・馬耳東風(バジトウフウ)/小耳(こみみ)・空耳(そらみみ)・寝耳(ねみみ)・初耳(はつみみ)・早耳(はやみみ)

【耳介(ジカイ)】哺乳類(ホニュウルイ)の外耳の一部で、頭部の両側に突き出た器官。みみ。♥「耳殻(ジカク)」の新しい呼び名。

【耳殻(ジカク)】＝耳介(ジカイ)

【耳学(ジガク)】他人からの話を聞きおぼえるだけの学問。

【耳環(ジカン)】耳たぶにつけて、飾りとする輪。みみわ。

【耳語(ジゴ)】耳うちすること。

【耳熟(ジジュク)】何度も耳にしていて、聞いただけで何であるかがよくわかること。

【耳食(ジショク)】(耳に聞いてものの味を判断するの意から)なまかじりで早合点すること。〔史記-六国表・序〕

【耳孫(ジソン)】自分から八代目にあたる孫。♥先祖のことを耳で聞くだけの子孫の意。一説に、「仍孫(ジョウソン)〔＝七代目の孫〕」と同じとする。

【耳朶(ジダ)|(みみたぶ)】耳の下部に垂れ下がった肉。転じて、耳。『耳朶(ジダ)に触れる〔＝聞こえる〕』『耳朶(ジダ)を打つ』

【耳坏(ジハイ)】坏(つき)の、左右に耳のような形をしたとっ手のあるもの。

【耳目(ジモク)】①耳と目。②聞くことと見ること。見聞。『耳目を広める』③世間の注意、注目。『耳目を驚かす』

【耳目之官(ジモクのカン)】①天子の耳や目となって国家の治安をまもる官。②耳や目の働き。また、その役目。

【耳目之欲(ジモクのヨク)】美しいものを耳にしたり、目で見たいという欲望。＊荀子-性悪「生而有耳目之欲、有好声色焉(うまれながらにしてジモクのヨクあり、セイショクをこのむあり)〔＝(人は)生まれながらに、美しいものを見たり聞いたりしたいという欲望を持ち、音楽や美女を好むものである〕」

【耳漏(ジロウ)】中耳、外耳の炎症や化膿(カノウ)によって外耳道へ出るうみ。みみだれ。

【耳順(ジジュン)|(みみしたがう)】①(みみしたがう)自分とは異なる意見に

耳を傾け、それをすなおに理解できる。＊論語‐為政「六十而耳順（ロクジュウにしてみみしたがう）〔＝六〇歳になると、人のことばがすなおに了解できるようになった〕」 ②（ジジュン）①より、六〇歳の異称。

〔掩レ耳盗レ鐘（みみをおおいてかねをぬすむ）〕 鐘の音で気づかれまいとして、自分の耳にふたをして鐘を盗む。ひとりよがりの小策を弄するたとえ。〔呂氏春秋‐自知〕

難読地名 耳成山（みみなしやま）（奈良）

6240 【聶】 7067 6663 E3E1 耳‐12 ジョウ（デフ）漢・ショウ（セフ）漢\niè\ささやく

字解 会意。耳＋耳＋耳。耳をよせあいささやく意。

同属字 囁・懾・攝（摂）・躡・鑷

耳

6241 【聖】 3227 403B 90B9 耳‐7 常6 (6242)【〔聖〕】 耳‐7 旧字

ショウ（シャウ）呉・セイ漢\shèng\ひじり・きよい

筆順 聖 聖 聖 聖 聖

字解 形声。耳＋口（ことば）＋壬（まっすぐな人）声。神意を耳をそばだててよくきく人、ひじりの意。甲骨文・金文は、大きな耳で対象（ことば・音声）をきく人の形。

甲骨文 金文 篆文

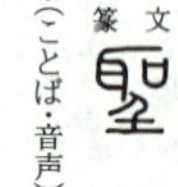

同属字 檉

意味 ❶ひじり。㋑徳の高い人。また、人格や行いなどがすぐれて立派であること。『聖哲』『亜聖』⇓表 ㋺国（ラテン）sanctus 英saintの訳語。カトリック教会から聖人とされた者の名に冠する語。『聖パウロ』㋩国 高僧。❷天子。『聖恩』『列聖（レッセイ）』❸とうとい。けがれがなく清い。『聖火』『聖職』『聖夜』❹学問、技芸などに特別秀でた人。『棋聖』『詩聖』❺ひじり。濁酒の「賢」に対して、清酒。『聖人』『酒聖（シュセイ）』

下接 亜聖（アセイ）・叡聖（エイセイ）・玄聖（ゲンセイ）・彦聖（ゲンセイ）・三聖（サンセイ）・四聖（シセイ）・至聖（シセイ）・大聖（タイセイ）／高野聖（コウヤひじり）

❶ ひじり。徳の高い人。

【聖衆（ショウジュ）】 仏語。また、極楽浄土の阿弥陀仏と菩薩などの聖者たち。聖主。『聖衆来迎図』
【聖意（セイイ）】 聖人の考え。→❷
【聖王（セイオウ）】 徳の高い王。聖帝。
【聖誨（セイカイ）】 聖人の教え。聖教。→❷
【聖学（セイガク）】 聖人の説き示した学問。特に、儒学をいう。
【聖教（セイキョウ｜ショウギョウ）】 ㊀（セイキョウ）聖人、特に、孔子や孟子（モウシ）の教え。㊁（ショウギョウ）①釈尊の教え。仏の教え。②仏教の経典。経文。→❸
【聖君（セイクン）】 知徳のすぐれた君主。
【聖経（セイケイ）】 聖人の述作した書物。聖人の言行の記録。
【聖賢（セイケン）】 聖人と賢人。また、知徳の特にすぐれた人。
【聖言（セイゲン）】 聖人のことば。→❷
【聖功（セイコウ）】 聖人の仕事。→❷
【聖者（セイジャ｜ショウジャ）】 ㊀（セイジャ）①すぐれて徳の高い人。聖人。②キリスト教で、偉大な殉教者や信徒の尊称。聖徒。㊁（ショウジャ）仏語。煩悩を払い捨てさとりをひらいた人。
【聖主（セイシュ）】 徳の高い、すぐれた君主。＊白居易‐長恨歌「聖主朝朝暮暮情（セイシュチョウチョウボボのジョウ）〔＝天子は朝な夕な物思いにふける〕」
【聖書（セイショ）】 儒教で、聖人の著した書物。→❸
【聖臣（セイシン）】 知徳のすぐれた臣下。賢臣。
【聖神（セイシン）】 知徳がすぐれて霊妙不可思議な働きをすること。聖人や天子をもいう。
【聖人（セイジン｜ショウニン）】 ㊀（セイジン）①知識や徳望がすぐれ、世の模範と仰がれるような人。聖者。中国の歴代の人物としては、堯（ギョウ）・舜（シュン）・禹（ウ）・湯・文王・武王・周公・孔子などをいう。唐代以後は、天子の尊称としても用いた。『聖人君子』②道家における理想的な人物。無為自然の道を体得した人。㊁（ショウニン）仏語。知徳にすぐれ、慈悲心をそなえた高僧。上人（ショウニン）。→❺
【聖善（セイゼン）】 ①この上なくよいこと。②特に、母親の徳。転じて、りっぱな母親。
【聖俗（セイゾク）】 聖人と俗人。
【聖誕（セイタン）】 聖人の誕生日。『聖誕祭』→❷
【聖朝（セイチョウ）】 すぐれた朝廷。時の朝廷を尊んでいう語。
【聖帝（セイテイ）】 徳の高い天子。聖天子。
【聖哲（セイテツ）】 知、徳行にすぐれ、事理に通じている人。
【聖堂（セイドウ）】 孔子をまつった建築物。聖廟（セイビョウ）。→❸
【聖範（セイハン）】 聖人の定めた法。聖人の教え。
【聖廟（セイビョウ）】 聖人の御霊（みたま）屋。♥特に、孔子や菅原道真（すがわらのみちざね）をまつった廟をいう。
【聖門（セイモン）】 ①聖人の教え。②孔子の門下。孔門。

聖（セイ）	賢（ケン）
聖賢	
徳がすぐれている。	かしこい。
聖人	賢人
聖王	賢王
聖君	賢君
聖臣	賢臣
大聖	大賢
至聖	至賢

❷ 天子。

【聖意（セイイ）】 天子のおぼしめし。→❶
【聖運（セイウン）】 天子の運。また、天子となるめぐりあわせ。

【聖恩（セイオン）】 天子の恩恵。皇恩。

【聖化（セイカ）】 天子の徳化。帝王の教化。

【聖駕（セイガ）】 天子の乗りもの。

【聖誨（セイカイ）】 天子のみことのり。→❶
【聖鑑（セイカン）】 天子の鑑識。天子のおめがね。

【聖顔（セイガン）】 天子の顔。

【聖儀（セイギ）】 天子。また、天子の威儀。

【聖業（セイギョウ）】 天子の事業。

【聖言（セイゲン）】 天子のことば。→❶
【聖功（セイコウ）】 天子の功績。→❶
【聖皇（セイコウ）】 天子を尊び敬っていう語。

【聖算（セイサン）】 天子の年齢。また、天子のはかりごと。

【聖旨（セイシ）】 天子の考え。

【聖姿（セイシ）】 天子の姿。また、立派な姿。

【聖嗣（セイシ）】 天子のよつぎ。

【聖寿（セイジュ）】 天子の年齢。

【聖上（セイジョウ）】 天子を敬っていう語。

【聖瑞（セイズイ）】 ①聖天子となるよいきざし。②聖天子の治める世に現れるめでたいしるし。

【聖世（セイセイ）】 すぐれた天子の治める世。また、今上の天子の治めている世を敬っていう語。

【聖製（セイセイ）】 天子の作った詩歌や文章。天皇の御製。

【聖跡・聖蹟（セイセキ）】 天子が行幸した場所。→❸
【聖節（セイセツ）】 天子の誕生日。聖誕。

【聖祖（セイソ）】 ①すぐれた天子の祖先。聖明な祖先。②中国、清朝の第四代皇帝、康熙帝（コウキテイ）の尊号。

【聖祚（セイソ）】 天子の位。帝位。宝祚。

【聖体（セイタイ）】 天子の体。→❸
【聖代（セイダイ）】 すぐれた天子が治める時代。聖世。

【聖誕】セイタン 天子の誕生日。聖節。→❶
【聖断】セイダン 天子の裁断。『聖断を仰ぐ』
【聖聴】セイチョウ 天子がお聞きになること。
【聖統】セイトウ 天子の血すじ。皇統。
【聖徳】セイトク 天子の徳。
【聖武】セイブ 天子の武徳をたたえていう語。才徳がすぐれて、勇武であること。
【聖明】セイメイ 天子の明らかな徳。また、天子。＊孟浩然-臨洞庭「端居恥聖明(タンキョセイメイにはず)」〔＝何もせずにじっとしていては、天子の明らかな恩徳に対して申し訳ない〕
【聖諭】セイユ 天子のみことのり。
【聖猷】セイユウ 天子の計画。尊い計画。
【聖慮】セイリョ 天子の考え。叡慮エイリョ。
【聖輦】セイレン 天子の乗る車。

❸ とうとい。けがれがなく清い。

【聖域】セイイキ 神聖な地域。不可侵な区域。『聖域を侵す』
【聖火】セイカ [1]神にささげる神聖な火。[2]オリンピック大会の期間中、聖火台で燃やし続ける火。『聖火リレー』
【聖歌】セイカ 神聖な歌曲。特に、キリスト教の讃美歌。
【聖教】セイキョウ 神聖な教え。特にキリスト教。→❶
【聖餐】セイサン イエス-キリストの最後の晩餐を記念する礼典。聖晩餐。『聖餐式〔＝パンとぶどう酒とを、キリストの肉と血になぞらえて出席者に分ける教会の儀式〕』
【聖日】セイジツ 神聖な日。キリスト教で、日曜日のこと。
【聖獣】セイジュウ 麒麟キリンのこと。
【聖書】セイショ キリスト教の聖典。バイブル。→❶
【聖職】セイショク 神聖な職務。教師など。また、キリスト教の司祭、宣教師。『聖職に就く』
【聖跡・聖蹟】セイセキ 神聖な遺跡、史跡。→❷
【聖戦】セイセン 神聖な目的のためにする戦争。
【聖像】セイゾウ きよらかな像。聖人や天子、また、キリスト・聖母の像などをいう。
【聖体】セイタイ イエス-キリストの体。『聖体拝領』→❷
【聖地】セイチ 宗教的伝承と結びついた神聖な土地。
【聖典】セイテン その宗教の教義の根本となる書。
【聖徒】セイト キリスト教徒。また、カトリック教で徳を認められた信徒。聖人。
【聖堂】セイドウ キリスト教で、教会堂。→❶
【聖母】セイボ イエス-キリストの生母マリアの称。
【聖夜】セイヤ クリスマスの前夜。クリスマスイブ。
【聖霊】セイレイ （英Holy Spiritの訳語）キリスト教で、人間に宿り、神意により精神活動を起こさせるもの。父なる神と、子なるキリストとともに三位サンミ一体をなす。

❹ 学問、技芸などに特別秀でた人。

[下接] 楽聖ガクセイ・歌聖カセイ・画聖ガセイ・棋聖キセイ・碁聖ゴセイ・詩聖シセイ・書聖ショセイ・俳聖ハイセイ

❺ ひじり。濁酒の「賢」に対して、清酒。

【聖賢】セイケン 清酒と濁酒。
【聖人】セイジン 清酒の異称。ひじり。↔賢人。→❶

6243 【聚】 7060 665C E3DA 耳－8 ジュ(呉)・シュ(漢)・シュウ(慣)/jù/ あつまる・あつめる

[字解] 形声。乑(多くのひと)＋取(とる)(声)。多くの人があつまる、あまる意。
[参考] 万葉仮名では音を借りて「ず」。
[意味] あつまる。あつめる。あつまったもの。↔散
[下接] 会聚カイシュウ・群聚グンシュウ・生聚セイシュウ・類聚ルイジュウ|ルイジュ

【聚散】シュウサン 集まったり散らばったりすること。
【聚集】シュウシュウ 集めること。集まること。
【聚珍版】シュウチンバン 活字版の雅称。中国、清代に侍郎の金簡が四庫全書の善本を活字で刊行しようとしたとき、乾隆ケンリュウ帝からこの名を賜ったのによる。
【聚落】シュウラク|ジュラク むらざと。集落。
【聚斂】シュウレン [1]集め収めること。[2]支配階級に属する者が、人民に対して、苛酷な取り立てを行うこと。
【聚楽】ジュラク 楽しみを集めること。『聚楽第ジュラクダイ|テイ』

耳

6244 【咠】 耳－3 シュウ(シフ)(漢)/qì/

[字解] 会意。耳(みみ)＋口(くち)。口を耳元によせる、ささやく意。
[同属字] 葺・戢・揖・楫・緝・輯

6245 【⿱龹耳】 耳－6 ブン 「聞」(6247)の異体字

6246 【聟】 7061 665D E3DB 耳－8 セイ 「婿」(1644)の異体字

6247 【聞】 4225 4A39 95B7 耳－8 [常]2 モン(呉)・ブン(漢)/wén・wèn/きく・きこえる
(6245)【⿱龹耳】 耳－6

[筆順]

[字解] 形声。耳＋門(左右にわかれた戸のあるもん)(声)。ききわける意。甲骨文は、ひざまずいて手を顔前によせて、はっきりきく人の形。

甲骨文 金文 篆文

[参考] 万葉仮名では音を借りて「も」。
[意味] ❶きく。㋑きいて知る。また、きこえてくる。自然に耳に入ってくる。『前代未聞ミモン』『見聞』『仄聞』『伝聞』＊白居易-琵琶行「忽聞水上琵琶声(たちまちきくスイジョウビワのこえ)」〔＝そのときふと、どこからか水の上を流れる琵琶の音が聞こえてきた〕㋺においをかぐ。また、酒や香をためし味わう。❷きこえ。うわさ。評判。また、名誉。名声。『聞達』『風聞』

❶ きく。きいて知る。また、きこえる。

[下接] 外聞ガイブン・寡聞カブン・見聞ケンブン・誤聞ゴブン・声聞ショウモン・奏聞ソウモン・相聞ソウモン・仄聞ソクブン・側聞ソクブン・他聞タブン・多聞タブン|タモン・聴聞チョウモン・著聞チョブン・伝聞デンブン・内聞ナイブン・拝聞ハイブン・博聞ハクブン・百聞ヒャクブン

【聞見】ブンケン 聞くことと見ること。聞いたり見たりすること。みきき。見聞。
【聞香】ブンコウ かおりをかぐこと。また、香をきくこと。ききこう。
【聞識】ブンシキ 見聞と知識。聞き知ること。
【聞知】ブンチ 聞いて知ること。聞き及んでいること。
【聞道】ブンドウ|みちをきく|きくならく [1](ブンドウ|みちをきく)物事の道理を聞いて知る。＊論語-里仁「朝聞レ道、夕死可矣(あしたにみちをきかば、ゆうべにしすともかなり)」〔＝朝、人間の生きるべき道を聞いて会得することができたなら、夕方死んでも心残りはない〕[2](きくならく)聞くところによると。人の話によれば。「聞説」とも。＊白居易-長恨歌「聞道漢家天子使(きくならくカンカのテンシのつかい)」〔＝聞け

ば、漢の国の天子の使者が来た、と」❤②の「道」は、言うの意。「聞くならく」の「く」は、体言化する接尾語で、「曰く」の「く」に同じ。

❷きこえ。うわさ。評判。

下接 逸聞イツブン・異聞イブン・艶聞エンブン・怪聞カイブン・佳聞カブン・奇聞キブン・旧聞キュウブン・醜聞シュウブン・上聞ジョウブン・新聞シンブン・仁聞ジンブン・珍聞チンブン・風聞フウブン・名聞メイブン|ミョウモン・余聞ヨブン・令聞レイブン

【聞達】(ブンタツ) 有名になり、出世すること。

【聞望】(ブンボウ) 名誉と人望。

6248 【聱】 *5372 耳-11 ゴウ(ガウ)漢/áo

字解 形声。耳+敖(きままにする・やかましい)声。人の話を聞かない意。

意味 人の話を聞き入れない。また、理解しない。

【聱牙】(ゴウガ) 文章の字句がむずかしくて解しにくいこと。『詰屈聱牙キックツゴウガ』

6249 【聳】 7064 6660 E3DE 耳-11 ショウ漢/sǒng/そびえる・そばだつ・おそれる

字解 形声。耳+從声。

意味 ❶そびえる。そばだつ。きわだって高い。『聳立』『聳秀』 ❷おそれる。おそれおののく。『聳懼』『聳動』 ❸すすめはげます。

❶そびえる。そばだつ。

【聳峙】(ショウジ) 山などが高くそびえたつこと。

【聳秀】(ショウシュウ) そびえてひいでること。

【聳然】(ショウゼン) 高くそびえるさま。→❷

【聳立】(ショウリツ) 高くそびえたつこと。

❷おそれる。おそれおののく。

【聳懼】(ショウク) おそれおののくこと。悚懼ショウク。

【聳然】(ショウゼン) おそれ慎み気持ちの改まるさま。→❶

【聳動】(ショウドウ) おそれおののくこと。また、驚かして動揺させること。

6250 【聲】 7065 6661 E3DF 耳-11 セイ「声」(1457)の旧字

6251 【聾】 4724 4F38 9857 耳-16 リョウ(レウ)呉・ロウ漢/lóng/きこえない

字解 形声。耳+龍(→朧、ぼんやりしている)声。耳がきこえない意。

甲骨文 金文 篆文

意味 耳が聞こえない。また、耳が聞こえない人。

【聾唖】(ロウア) 耳が聞こえず、口が利けないこと。また、その人。『聾唖者』

耳

【耳】⇨637 【取】⇨888 【耶】⇨8228

6252 【耿】 7054 6656 E3D4 耳-4 コウ(カウ)漢・ケイ漢/gěng/あきらか

字解 会意。耳+火。耳は、もと巨の誤記で、大きい火から、あきらかの意を表したという。炯に通じて、あきらかの意に用いる。

金文 篆文

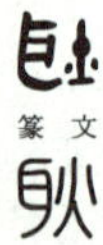

意味 ❶あきらかなさま。光るさま。『耿光』『耿耿』 ❷かたく志を守るさま。『耿介』

【耿介】(コウカイ) 堅く節操を守り、世俗間に交わらないさま。

【耿光】(コウコウ) ①あきらかな光。②徳がさかんなさま。

【耿耿】(コウコウ) ①光の明るいさま。きらきら光っているさま。『耿々たる篝火かがりび』②心が安らかでないさま。また、思っていることがあって、寝られないさま。③かすかに明るいさま。＊白居易-長恨歌「耿耿星河欲曙天セイガあけんとほっするテン」〔=かすかに明るい天の川が、明けそめた天空にかかっている〕

6253 【耽】 3531 433F 925E 耳-4 (7905)【躭】*6446 身-4

タン漢/dān/ふける

字解 形声。耳+冘(しずむ・ふける)声。耳がたれさがる意。

意味 ふける。夢中になる。度を越して楽しむ。

【耽悦】(タンエツ) 物事にふけり、喜び楽しむこと。

【耽玩】(タンガン) ふけってもてあそぶこと。好きになって夢中で研究すること。

【耽好】(タンコウ) 深入りして好きになること。

【耽思】(タンシ) 思いにふけること。深く思うこと。

【耽耽】(タンタン) ①奥深いさま。②樹木がしげるさま。

【耽溺】(タンデキ) ある境地、特に酒や女色などにふけり、それにおぼれること。

【耽読】(タンドク) 夢中になって本を読みふけること。

【耽美】(タンビ) 美を最高の価値として、美に陶酔すること。『耽美主義』『耽美派』

【耽味】(タンミ) 深く味わうこと。

【耽湎】(タンメン|タンベン) 酒色にふけり、すさむこと。耽溺。

【耽楽】(タンラク) 楽しみにふけること。

【耽惑】(タンワク) ふけりまどうこと。

6254 【耼】 *5364 耳-4 タン「聃」(6256)の異体字

6255 【耻】 7055 6657 E3D5 耳-4 チ「恥」(2431)の異体字

【恥】⇨2431

6256 【聃】 ─ 耳-5 (6254)【耼】*5364 耳-4

タン漢/dān

字解 聃は、耼の通俗体。耼は形声。耳+冄(たれさがったひげ)声。耳たぶが大きくてたれさがっている意。また、老子の名。

6257 【聊】 7056 6658 E3D6 耳-5 リョウ(レウ)漢/liáo/いささか

字解 形声。耳+卯(=丣→留、とどまる)声。耳にとまる意。借りて、いささかの意に用いる。

意味 ❶いささか。すこし。わずか。また、かりそめ。しばし。ともかくも。『聊爾』＊陶潜-帰去来辞「聊乗化以帰尽いささかカにジョウじてもってつくるにキせん」〔=まずこのようにして天地の変化に身を任せて、最終の死へと帰着しよう〕 ❷たよる。たのむ。『聊頼』 ❸たのしむ。気楽である。『聊浪』『無聊ブリョウ』 ❹恐れる。 ❺書名。『聊斎志異』

【聊斎志異】(リョウサイシイ) 中国の伝奇小説。現行本一六巻四三一編。清の蒲松齢(ホショウレイ)撰。短編を集めたもので怪奇的な物語と奇聞録に大別される。

【聊爾(リョウジ)】かりそめなさま。軽々しく失礼なさま。

【聊頼(リョウライ)】たよりにすること。たよること。

【聊浪(リョウロウ)】気ままにぶらつくこと。

6258【聆】7057 6659 E3D7 耳－5 レイ㊉/líng/さとる
字解 形声。耳＋令(かしこまりきく)㊟。仰せをきく意。のちに耳を加えて、一般に耳にする、さとる意。

［聊］⇩8237

6259【聒】7058 665A E3D8 耳－6 カツ(クヮツ)㊉/guō/かまびすしい
字解 形声。耳＋舌(＝昏)㊟。かまびすしい意。
意味 かまびすしい。やかましい。騒がしい。
【聒聒(カツカツ)】人の声や鳥などの鳴き声の騒がしいさま。

6260【聘】7059 665B E3D9 耳－7 ヘイ㊉/pìn・pìng/とう・まねく
字解 形声。耳＋甹㊟。
意味 ❶とう。おとずれる。訪問して安否をたずねる。『聘問』『使聘(シヘイ)』『来聘(ライヘイ)』❷まねく。めす。賢者をまねいて用いる。また、妻をめとる。『聘礼』『召聘(ショウヘイ)』『招聘(ショウヘイ)』『重聘(チョウヘイ)』『幣聘(ヘイヘイ)』
❶ とう。おとずれる。
【聘問(ヘイモン)】礼物をたずさえて訪問すること。
❷ まねく。めす。
【聘賢(ヘイケン)】礼をもって賢人を招くこと。

【聘后(ヘイコウ)】1礼をもって迎えたきさき。2きさきを迎えること。

【聘召・聘招(ヘイショウ)】礼儀を尽くして招くこと。招聘。

【聘命(ヘイメイ)】礼をもって人を召すこと。

【聘用(ヘイヨウ)】礼をもって人を召し、引き立てて使うこと。

【聘礼(ヘイレイ)】1昔中国で、諸侯が大夫を他国に使いさせる時の礼法。2婚約のしるしとしてする贈物。結納の贈物。3人を招くときの礼物。

6261【聝】二二 耳－8 カク「馘」(9070)の異体字

6262【聡】3379 416F 918F 耳－8 人 (6265)〔聰〕7066 6662 E3E0 耳－11 旧字
ソウ㊉㊉/cōng/さとい・さとし・さとる・とし
字解 聡は聰の通俗体。聰は形声。耳＋悤(あきらか)㊟。耳があきらかでさとい、さとい意。

参考 万葉仮名では訓を借りて「と㊥」。

意味 さとい。かしこい。わかりがはやい。

【聡慧(ソウケイ)】聡明で、すぐれた知性のあること。

【聡警(ソウケイ)】聡明で機知に富んでいること。

【聡察(ソウサツ)】聡明で、よく物事の真実を見ぬくこと。

【聡知・聡智(ソウチ)】かしこく、知恵にすぐれること。

【聡哲(ソウテツ)】かしこく、道理が分かっていること。

【聡敏(ソウビン)】聡明で俊敏なこと。

【聡明(ソウメイ)】物事の理解が早く、かしこいこと。

6263【聢】7062 665E E3DC 耳－8 しかと・しっかり
字解 国字。会意。耳＋定。耳に定かに聞く意。
意味 しかと。たしかに。しっかり。

6264【聨】7063 665F E3DD 耳－9 レン「聯」(6267)の異体字

6265【聰】7066 6662 E3E0 耳－11 ソウ「聡」(6262)の旧字

6266【聴】3616 4430 92AE 耳－11 常 (6272)〔聽〕7069 6665 E3E3 耳－16 旧字 人
チョウ(チャウ)㊉・テイ㊉/tīng・tìng/きく・ゆるす
筆順 
字解 聴は、聽の略体。聽は形声。耳＋悳(＝悳、まっすぐの心)＋壬(まっすぐのびる)㊟。まっすぐな心で、耳をたて正しくきく意。甲骨文は、耳ときく対象二つで、その働きを強めた形か。

同属字 廳
意味 ❶きく。よくきく。注意してきく。『視聴覚』『聴衆』『聴聞』『謹聴』『拝聴』『傍聴』＊白居易－琵琶行・序「聴(キク)二其音一、錚錚然有二京都声一(そのおとをきくに、ソウソウゼンとしてケイトのこえあり)」〔＝その音に耳を傾けてきいてみると、澄んだ響きがあり、都の調べがある〕❷ききいれる。ききとどける。ゆるす。『聴許』『聴用』❸きいてさばく。『聴決』『聴事』
❶ きく。よくきく。
下接 謹聴(キンチョウ)・傾聴(ケイチョウ)・幻聴(ゲンチョウ)・視聴(シチョウ)・試聴(シチョウ)・清聴(セイチョウ)・聖聴(セイチョウ)・静聴(セイチョウ)・諦聴(テイチョウ)―(タイチョウ)・天聴(テンチョウ)・盗聴(トウチョウ)・難聴(ナンチョウ)・拝聴(ハイチョウ)・陪聴(バイチョウ)・傍聴(ボウチョウ)・来聴(ライチョウ)・補聴器(ホチョウキ)・道聴塗説(ドウチョウトセツ)
【聴熒・聴瑩(チョウエイ)】疑いまどうこと。
【聴音(チョウオン)】耳または機械で音を聞き取ること。
【聴覚(チョウカク)】音を聞き取り、あるいは聞き分ける感覚。
【聴言(チョウゲン)】道ばたで聞く言葉。うわさ。
【聴講(チョウコウ)】講義を聞くこと。『聴講生』
【聴視(チョウシ)】聞いたり見たりすること。多くテレビについていう。『聴視者』
【聴取(チョウシュ)】1事情、状況などを聞き取ること。『事情を聴取する』2ラジオや無線を聞くこと。『聴取者』
【聴衆(チョウシュウ)】演奏、講演などを聞きに集まった人々。
【聴順(チョウジュン)】聞いてしたがうこと。聴従(チョウジュウ)。
【聴診(チョウシン)】体内で発生する音を聞き取り、診断の手がかりとすること。『聴診器』
【聴聞(チョウブン―チョウモン)】㊀注意して聞くこと。演説などを聞くこと。㊁(チョウモン)1仏語。法話や説教を聞くこと。2カトリックで、懺悔(ザンゲ)や告白などを聞くこと。『聴聞僧』3国行政機関が規則の制定などを行う際に、利害関係者等の意見を聞くこと。『聴聞会』
【聴命(チョウメイ)】命令を聞くこと。仰せを承ること。
【聴力(チョウリョク)】音を聞き取る能力。『聴力検査』
❷ ききいれる。ききとどける。
【聴許(チョウキョ)】聞きとどけて許すこと。

【聴納(チョウノウ)】他人の意見などを聞き入れること。聴許。

【聴用(チョウヨウ)】聞き入れて採用すること。
❸ きいてさばく。

【聴決】訴えを聞いてさばくこと。
【聴事】①事を聞いて判断をくだすこと。②政務や訴えを聞く所。
【聴治】①事を聞いてさばくこと。②政治。また、裁判。
【聴訟】＝聴断
【聴断】訴えを聞いてさばくこと。聴訟。

6267【聯】4694 4E7E 97FC 耳-11 (6264)【聠】7063 665F E3DD 耳-9

レン(呉)(漢)/lián/つらなる・つらねる

字解 会意。耳＋丝(つらなる)。戦利品として敵から切りとった耳をつらねることから、つらねる意。

参考 「連」を書き換え字とする。熟語は「連」(8107)を見よ。

意味 ❶つらなる。つづく。つらねる。❷対となるもの。㋑律詩で対をなす二句ずつ。『一聯』㋺対句を分けて書き、左右の柱にかけるもの。『柱聯』

【⿰耳鳥】⇩9475

6268【聵】* 5373 耳-12

ガイ(グヮイ)(漢)・カイ(クヮイ)(慣)/kuì

字解 形声。耳(きく)＋貴(→潰、つぶす)(声)。耳の働きがつぶれてきこえない意。

【聵眊】老いぼれたことをへりくだっていう語。

6269【職】3106 3F26 9045 耳-12 常5 (6270)【職】耳-12 旧字 (7914)【軄】* 6455 身-12

シキ(呉)・ショク(漢)・ソク(慣)/zhí/つかさ・つかさどる

筆順 職 職 職 職 職 職

字解 形声。耳＋戠(→識、他と区別してよくしる)(声)。耳できき知る意。派生して、つかさ・つとめの意を表す。

意味 ❶つかさ。つかさどる。㋑つとめ。つとめとする。役目。任務。『職員』『職制』『職務』『官職』『辞職』『役職』㋺生計のためのいとなみ。仕事。『職業』『職人』『就職』『転職』『内職』㋩国律令制で「省」に属した役所。『中宮職』『大膳職』『左京職』㋥国荘園制的職務を指す語。『下司職』『領家職』❷みつぎもの。『貢職』❸もとより。もっぱら。主として。

下接 ❶つかさ。つかさどる。つとめ。
栄職・汚職・解職・家職・官職・閑職・館職・休職・求職・教職・劇職・兼職・顕職・現職・公職・降職・曠職・在職・座職・辞職・失職・就職・住職・重職・殉職・小職・神職・聖職・僧職・退職・定職・停職・適職・天職・転職・瀆職・内職・非職・復職・奉職・本職・無職・免職・役職・有職・要職・離職

【職域】職業の範囲。また、受け持ちの仕事。
【職員】職務の担当者。『事務職員』
【職階】職種と責任の度合いによって定められた階級。『職階制』
【職業】生計のための仕事。つとめとしての仕事。なりわい。職。『職業訓練』
【職権】職務を果たす上で与えられている権限。職務権限。『職権濫用』
【職工】国職人や工員などの古い言い方。
【職司】職務として担当する事務。職務。
【職事】㊀(ショクジ)官職上のつとめ。㊁(シキジ)国①律令制で、管掌する職務のある有位者、その官職。②諸種の組織にあって、実務を担当する者。
【職種】職業や職務の種類。
【職掌】担当の職務。役目。
【職制】①職員の身分や職務分担、指揮系列などに関する制度。②国会社や工場などで、役付きの職員。
【職責】職務上の責任。『職責を果たす』
【職長】職場の長。
【職人】大工、庭師などのように主に手先の技術で物を作る職業の人。『職人芸』『職人気質』
【職能】①職務を遂行する能力。『職能給』②各職業が持つ固有の働き。『職能別の代表者』③ある物事の、機構の中で果たす役割。『職能の細分化』『委員の職能』
【職分】職務として当然しなければならないこと。職責。
【職方】①古代中国の官名。天下の地図、地籍などをつかさどり、四方からの貢物などを取り扱った役目。②一定の権力などが及ぶ地域。③国民部卿の唐名。
【職務】各人が受け持っている仕事。つとめ。『職務を遂行する』『職務権限』『職務質問』
【職名】職務や職業の名称。
【職僚】役人。官吏。
【職歴】職業に関する経歴。

6271【聹】7068 6664 E3E2 耳-14

ネイ(漢)/níng・nǐng

字解 形声。耳＋寧(声)。耳あか、また、かまびすしい意。

6272【聽】7069 6665 E3E3 耳-16

チョウ 「聴」(6266)の旧字

耳

【珥】⇩4782

129 聿部 ふで

聿は、まっすぐ立てたふでの軸を手にもった形で、ふでで、また書くことを表す。筆の原字。聿部に属する字は限られ、また隶部(171)と混ずるものがある。

聿 聿⑤粛⑦肅
聿 ⑧肇肇肈
聿 ⑦肄肆

聿

6273【聿】7070 6666 E3E4 聿-0

イツ(漢)/yù/ふで

字解 部首解説を参照。

意味 ❶ふで。また、書く。述べる。『聿修』❷ここに。これ。また、ついに。とうとう。

【聿修シイッシュウ】（先人の徳を）述べ修めること。

6274【粛】シュク呉漢/sù/つつしむ　2945 3D4D 8F6C 聿－5 常　(6275)【肅】7073 6669 E3E7 聿－7 旧字

筆順 

字解 粛は、肅の略体。肅は会意。聿（手に棒をもつ）＋淵（ふち）。深い淵に戦々兢々とおさすことから、おそれつつしむ意。

同属字 蕭・簫・嘯・蟰・潚・繡・鏽

意味 ❶つつしむ。うやうやしくする。いましめる。『粛敬』『自粛ジシュク』❷ひきしめる。きびしくする。『粛清』『粛党シュクトウ』❸おごそか。『粛然』『厳粛ゲンシュク』『静粛セイシュク』『整粛セイシュク』❹固有名詞。『粛慎』『魯粛ロシュク』

❶ つつしむ。うやうやしくする。

【粛恭シュクキョウ】つつしみうやまうこと。粛敬。

【粛啓シュクケイ】つつしんで申し上げますの意で、手紙文の書き出しに用いる語。謹啓。

【粛敬シュクケイ】＝粛恭シュクキョウ

【粛静シュクセイ】静かでつつしんでいること。

【粛整シュクセイ】行儀がよく、きちんとしていること。

【粛拝シュクハイ】①うつむいて、手を地につけるほど頭をさげる敬礼。②手紙の末尾に相手を敬って書く語。

【粛白シュクハク】手紙の書き出しに用いる挨拶の語。つつしんで申し上げるの意。

【粛雍シュクヨウ】つつしみ深くおだやかなさま。

❷ ひきしめる。いましめる。

【粛殺シュクサツ】秋の冷たい空気が草木を枯らすこと。

【粛正シュクセイ】厳しく取り締まって不正を正すこと。『綱紀の粛正』

【粛清シュクセイ】厳しく取り締まって乱れや不正を取り除くこと。『不平分子を粛清する』

❸ おごそか。

【粛粛シュクシュク】静かでおごそかなさま。

【粛然シュクゼン】①おごそかでかしこまるさま。『粛然と襟を正す』②静かで行儀正しいさま。『粛然とした行進』

❹ 固有名詞。

【粛慎シュクシン（みしはせ・あしはせ）】中国古代の北方民族。古典にみえる夷狄イテキの一。黒竜江、松花江流域のツングース族と推定される。稯慎ショクシン。息慎。日本では、七世紀ごろ日本海沿岸に現れた異人をいう。

聿
【書】⇨3259　【晝】⇨3167　【畫】⇨4910

聿
【筆】⇨5640

6276【肇】4005 4825 94A3 聿－8 人　(6278)【肈】* 5375 聿－8　(6277)【肇】二一 聿－8 旧字　チョウ（テウ）漢/zhào/はじめる・はじめ

字解 会意。聿＋攴（戸をたたいてひらく）。書きはじめる意から一般に、はじめる意。

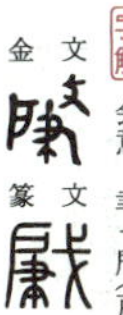
金文　篆文

意味 はじめる。はじめ。また、ただす。

【肇基チョウキ】基もといをはじめること。開基。

【肇国チョウコク】新しく、国家をたてること。建国。

【肇秋チョウシュウ】秋のはじめ。陰暦七月。初秋。

【肇造チョウゾウ】国家などを初めてつくること。

聿
【律】⇨2289　【津】⇨4093

6279【肄】7071 6667 E3E5 聿－7　イ漢/yì/ならう

字解 形声。聿（＝隶、およびつく）＋矣（行きなやむ）声。悩みながら及び至ろうとする、習う意。甲骨文・金文は、希（長毛の獣）を手でとらえるさま。

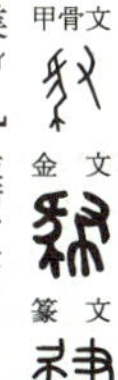
甲骨文　金文　篆文

意味 ならう。手習いする。

【肄業イギョウ】技術をならうこと。講習。

6280【肆】7072 6668 E3E6 聿－7　シ呉漢/sì/つらねる・ほしいまま・みせ

字解 形声。聿（＝隶、手でとらえる）＋镸（＝長、長毛の獣）声。獣を殺してさらす意から、つらねる・みせの意。また恣に通じて、ほしいままの意に用いる。甲骨文は、肄に同じ。

甲骨文　篆文

意味 ❶つらねる。㋑ならべる。『肆陳』㋺みせ。品物をならべて売る店舗。『肆主シシュ』『魚肆ギョシ』『酒肆シュシ』『書肆ショシ』❷つとめる。力をつくす。『肆力』❸ほしいまま。わがまま。ほしいままにする。『肆行シコウ』『放肆ホウシ』❹ゆるす。ゆるめる。ゆるやか。『肆赦シシャ』❺数字「四」の大字。金銭証書などで用いる。

❶ つらねる。ならべる。また、みせ。

【肆陳シチン】ならべること。つらねること。

【肆店・肆廛シテン】ものを売る家。みせ。

❷ つとめる。力をつくす。

【肆力シリョク】努力すること。力を尽くすこと。

❸ ほしいまま。わがまま。

【肆意イシ】意をほしいままにすること。わがままにふるまうこと。肆志。

【肆虐シギャク】わがままで、人をしいたげること。

【肆奢シシャ】おごりをほしいままにすること。

【肆縦シショウ】ほしいままにふるまうさま。恣縦。

❹ ゆるす。ゆるめる。ゆるやか。

【肆赦シシャ】刑を軽くしたり免除したりすること。

130 肉（月）部 にく

肉は、筋肉のすじの見える肉片のさまを象る。隷書の漢代ごろから、そのすじが夕のように書かれるようになっ

竹米糸缶网（罒・冂・罒）羊羽（⺷）老（耂）而耒耳聿肉（月）
6画
臣自至臼（臼）舌舛（舛）舟艮色艸（艹・艹・艹）虍虫血行衣（衤）襾（覀・西）

た。ただし、肉を類標として左部にもつもの等は、月(つき)とよく似た形をとった。

甲骨文  篆文 

従来これを「にくづき」(月)とよんで月部(74)の「つきへん」(月)と区別したが、常用漢字では、形の上で両者に区別がないようになっている。肉部に属するものは筋肉のほか、肉体の部分、その性質、状態等を表す。なお、骨も字形構成上肉を部分にもつが、別に一つの部(188)をなす。

肉◆ 肉
肉 ⑥ 胾 ⑧ 腐 ⑲ 臠
肉 ⑪ [illegible]
月 ② 肓 ③ 育 肙 肓 肖 肯 ④ 育 肩
肩 肯 肴 胃 ⑤ 胃 胤 胥 胄 背 脊 ⑥
脅 脋 脊 ⑦ 脣 ⑧ 腎 ⑩ 膏 膂 ⑪ 膚
⑬ 臀 臂 膺 ⑰ 臝
月 ② 肌 肋 ③ 肝 肛 肘 肚 ④ 股 肱
肢 肫 肭 肺 肧 肥 肪 肬 ⑤ 胘 胋 胛
胙 胎 胆 胝 胏 胚 胖 胞 胞 脉 ⑥ 胳
胸 脇 胯 胱 脂 脆 脃 胴 能 脈 胼 脈
脈 ⑦ 脚 脛 脱 脫 脡 脰 脳 脗 脯 ⑧
腋 腒 腔 腊 腅 脹 腆 脾 腓 腑 腁 腕
⑨ 腽 腭 腳 腢 腱 腮 腫 腥 腺 腠 腿
腟 腸 腦 腹 腴 腰 腰 ⑩ 膃 膈 膈 膁
膆 腿 膊 膀 膜 ⑪ 膕 膠 膝 膛 膓 膘
膜 膟 ⑫ 膩 膲 膵 膳 膰 膨 ⑬ 臆 膾
膸 臊 膻 膽 膿 臃 臉 臈 ⑭ 臑 臎 臍
臏 ⑮ 臕 臓 臘 ⑯ 臙 臚 ⑱ 臟 臞 ⑲
臢
月 ⑤ 胡 ⑦ 脩

6281 【肉】 3889 4679 93F7 肉－0 常2 ニク(呉)・ジク(漢)/ròu/しし・しむら

肉◆

筆順 肉 肉 肉 肉 肉 肉

字解 部首解説を参照。

意味 ❶にく。にくのようなもの。㋑動物の骨を包む柔らかい組織。『肉塊』『筋肉』『贅肉』㋺食用にする、鳥・獣・魚の切り身。また、にく状の、やわらかく厚みのあるもの。『印肉』『果肉』『朱肉』❷人間のからだ。なま身の。また、血のつながった。『肉体』『肉欲』『苦肉(クニク)』『骨肉(コツニク)』❸じかの。直接の。『肉眼』『肉声』❹その他。熟字訓など。『肉桂(ニッケイ)』『肉刺(まめ)』

下接 印肉(インニク)・果肉(カニク)・牛肉(ギュウニク)・魚肉(ギョニク)・筋肉(キンニク)・狗肉(クニク)・歯肉(シニク)・獣肉(ジュウニク)・朱肉(シュニク)・酒肉(シュニク)・食肉(ショクニク)・生肉(セイニク)・精肉(セイニク)・贅肉(ゼイニク)・多肉(タニク)・馬肉(バニク)・肥肉(ヒニク)・髀肉(ヒニク)・腐肉(フニク)・酒池肉林(シュチニクリン)・羊頭狗肉(ヨウトウクニク)

❶ にく。にくのようなもの。

【肉芽(ニクガ)】①傷が治癒するときなどに盛り上がってくる組織。にくげ。②植物の腋芽(エキガ)で、栄養物質の貯蔵によって球状に肥大し、成熟すると地上に落ちて新しい植物体となるもの。零余子(むかご)。

【肉塊(ニクカイ)】肉のかたまり。

【肉牛(ニクギュウ)】肉を食用にするために飼育される牛。↕乳牛・役牛(エキギュウ)

【肉山脯林(ニクザンホリン)】(「脯」は干し肉のこと) 生肉と干した肉が多くあること。宴席などのぜいたくきわまるさまにいう。酒池肉林。〔帝王世紀〕

【肉質(ニクシツ)】①肉の品質。②肉のように柔軟な組織。また、肉の多い性質。

【肉腫(ニクシュ)】上皮以外に生ずる悪性の腫瘍(シュヨウ)の総称。

【肉汁(ニクジュウ)】①肉を煮出してつくった汁。ブイヨン。②肉を絞った汁。肉漿(ニクショウ)。③肉を焼くときに出る汁。

【肉食(ニクショク|ニクジキ)】①人間が鳥獣の肉を食うこと。仏教では「ニクジキ」と読む。↕菜食。②(ニクショク) 国動物が他の動物を食物とすること。↕草食

【肉池(ニクチ)】印肉を入れる容器。肉入れ。

【肉髻(ニッケイ)】仏語。三十二相の一。仏・菩薩(ボサツ)の頭の頂上に隆起した髻(もとどり)のような形の肉塊。

❷ 人間のからだ。なま身の。

【肉界(ニクカイ)】肉体の世界。↕霊界

【肉感(ニクカン|ニッカン)】性欲を刺激する感じ。『肉感的』

【肉刑(ニクケイ|ニッケイ)】身体の一部を傷つける刑罰。入れ墨・鼻切り・足切り・宮刑などの類。

【肉情(ニクジョウ)】性的な欲情。肉欲。

【肉親(ニクシン)】国親子、兄弟など近い血縁関係。また、その関係にある人。

【肉体(ニクタイ)】人間のなま身の体。↕精神。『肉体美』『肉体労働』

【肉袒(ニクタン)】上衣をかたぬぎして、肉体の一部をあらわすこと。昔、中国で、謝罪・降服の意を表するしるしとして行ったもの。【肉袒負荊(ニクタンフケイ|ニクタンしてケイをおう)】かたぬぎして肌を見せ、むち打ちの刑に用いる荊(いばら)の杖を背負う。謝罪の意を表す。〔史記-廉頗藺相如伝〕

【肉弾(ニクダン)】国肉体を弾丸の代用にして激しく突進すること。

【肉薄・肉迫(ニクハク)】①敵陣近く突き進むこと。また、攻めて、相手の身近に身をもって詰め寄ること。②国鋭く問い詰めること。▼「ふれるほどにせまる」意。「薄」の「せまる」の字義が忘れられ「肉迫」とも。

【肉欲・肉慾(ニクヨク)】肉体上の性的な欲情。性欲。情欲。

❸ じかの。直接の。

【肉眼(ニクガン|ニクゲン)】眼鏡などを用いない生来のままの目。

【肉声(ニクセイ)】マイク、電話などの機械を通さずに、直接発せられるなまの声。

【肉筆(ニクヒツ)】国印刷でなく、本人が手で書いたもの。

❹ その他。熟字訓など。

【肉桂(ニッケイ|ニッキ)】①(ニッケイ) クスノキ科の常緑高木。②①の皮を乾燥させて香料などとしたもの。シナモン。

【肉刺(まめ)】手や足底にできる、豆のような水ぶくれ。

6282【胾】＊5407 肉－6 シ漢\zì
字解 形声。肉＋𢦏（きる）声。大きな肉の切り身の意。

6283【腐】4169 4965 9585 肉－8 常 フ呉漢\fǔ\くさる・くされる・くさらす・くたす・くさす
筆順 腐 腐 腐 腐 腐 腐
字解 形声。肉＋府声。くされた肉、くされる意。府は倉の意で、腐は、しまっておいてくされた肉の意とも。

意味 ❶くさる。くちる。くたす。古くなってやぶれ落ちる。ただれ落ちる。『腐臭』『腐植』『腐敗』『豆腐』『防腐』『陳腐』❷古い。古くて役に立たない。『腐儒』『迂腐』❸くさらす。心を苦しめる。心をくだく。心をいためる。『腐心』❹「腐刑」は、古代中国の刑の一。男を去勢する刑。宮刑。

【腐壊】くさってだめになること。

【腐朽】くさって形がくずれること。

【腐渣】①くさった渣かす。②国豆腐のしぼりかす。

【腐儒】考えが古くて役に立たない学者、儒者。また、一般に、実際の役に立たない学者、儒者。

【腐臭】くさった物のにおい。

【腐食・腐蝕】錆さびたり、くさったりすること。『腐食作用』▼書き換え「腐蝕→腐食」。

【腐植】土壌中で有機物が不完全に分解したもの。

【腐心】①心を悩ますこと。②国ひどく心を使うこと。

【腐鼠】くさったネズミ。どぶねずみ。転じて、つまらないもののたとえにいう。

【腐敗】ものがくさること。転じて、精神が堕落すること。『腐敗菌』

【腐乱・腐爛】くさって、形がくずれること。『腐乱死体』▼書き換え「腐爛→腐乱」。

6284【臠】7140 6748 E467 肉－19 ラン漢・レン漢\luán・luǎn\きりみ
字解 形声。肉＋䜌声。細かく切ったにくの意。

肉

6285【腊】── 肉－11 チョウ（テフ）漢\zhé\つぐさし
字解 形声。肉＋習声。
意味 つぐさしは、魚肉が腐敗してくさい、生臭い意。〔新撰字鏡〕

月

6286【肙】── 肉－2 エン「肙」(6288)の異体字

6287【育】── 肉－3 イク「育」(6292)の旧字

6288【肙】── 肉－3 (6286)【肙】── 肉－2 エン漢
字解 会意。肉＋口。ぼうふらの意。
同属字 鵑・娟・悁・捐・涓・狷・絹

6289【肓】7075 666B E3E9 肉－3 コウ（クヮウ）漢\huāng
字解 形声。肉＋亡（みえない）声。むなもとの意。
意味 むなもと。心臓の下の横隔膜にかくれ、みえない奥深いところ。『膏肓』

6290【肖】3051 3E53 8FD1 肉－3 常 (6291)【肖】── 肉－3 旧字
ショウ（セウ）漢\xiào\にる・にせる・あやかる
筆順 肖 肖 肖 肖 肖 肖
字解 形声。肉＋小（ちいさい）声。小さいからだの意。派生して似る意を表す。
同属字 宵（宵）・屑・霄・削（削）・俏・哨・峭・消（消）・悄・梢（梢）・逍・稍・蛸・誚・趙・鎖・鞘
意味 にる。にせる。また、あやかる。『肖似』『肖像』『不肖』
【肖似】よく似ること。酷似。
【肖像】人の顔や姿などを写しとった絵、写真、彫刻。『肖像画』『肖像権』

6292【育】1673 3069 88E7 肉－4 常3 (6287)【育】── 肉－3 旧字
イク呉漢\yù\そだつ・そだち・そだてる・はぐくむ
筆順 育 育 育 育 育 育
字解 会意。肉＋𠫓（さかさまで子どもが生まれる）。こどもを生む、はぐくむ意。甲骨文・金文は、母体から子供が生まれでるさま。
甲骨文 金文 篆文

意味 そだてる。そだつ。㋑はぐくむ。養う。また、しつける。『育英』『育児』『育成』『保育』『養育』㋺そだつ。生長する。『生育』『成育』『発育』
下接 愛育・化育・鞠育・訓育・薫育・産育・飼育・生育・成育・体育・知育・徳育・発育・扶育・撫育・保育・哺育・養育
【育英】英才を教育すること。育才。転じて、教育。『育英資金』＊孟子－尽心上「得二天下之英才一而教二育之一〔＝天下の英才を見いだし、これをりっぱな人物に教え育てる〕」
【育児】乳幼児を養い育てること。
【育種】有用動植物の品種に人為的改良を加えてよりすぐれた品種を育成すること。
【育成】育てあげること。
【育鞠】こどもを育てること。

6293【肩】2410 382A 8CA8 肉－4 常 (6294)【肩】── 肉－4 旧字
ケン呉漢\jiān\かた
筆順 肩 肩 肩 肩 肩 肩
字解 会意。肉＋戸（＝戸、かたの形）。かたの意。
意味 かた。腕と体とが続く関節の上部。また、かつぐ。になう。もちこたえる。たえる。
下接 強肩・双肩・比肩・並肩・併肩
【肩胛骨・肩甲骨】哺乳類などの背面の上部に位置し、左右に一個ずつある骨。貝殻骨かいがらぼね。
【肩章】軍人、警察官などが制服の肩に付けて、官職や等級を表すしるし。エポレット。

【肩随 ケンズイ】目上の人と歩くとき、真横に肩をならべず、ななめ後ろから付き随って行くこと。
【肩癖 ケンペキ】①首筋から肩にかけて筋肉がひきつること。肩凝り。②肩凝りをほぐす術。按摩アンマ。
【肩摩轂撃 ケンマコクゲキ】肩と肩がこすれあい、車のこしきがぶつかりあうこと。人や車のゆききがはげしいこと。〔戦国策-斉〕
【肩輿 ケンヨ】①手輿たごしのような乗り物で、肩にかつぐもの。②駕籠かご。轎キョウ。また、肩でかつぐ乗り物の総称。

6295 【肯】 2546 394E 8D6D 肉－4 常 コウ呉漢 \kěn\ うべなう・がえんずる・あえて

筆順 肯 肯 肯 肯 肯 肯

字解 会意。肉＋止(＝冖、ほね)。ほねについたにくの意。借りて、あえて、うべなう意に用いる。

意味 ❶骨のついた肉。「肯綮」❷うべなう。がえんずる。うなずく。ききいれる。「肯諾」「肯定」「首肯シュコウ」＊史記-伯夷伝「叔斉亦不ㇾ肯ㇾ立而逃ㇾ之シュクセイもまたたつをがえんぜずしてこれをのがる」〔＝叔斉もやはり、後継ぎとして立つことを承知せずに、逃れ去った〕❸あえて。進んで…する。＊韓愈-左遷至二藍関一示二姪孫湘一「肯将二衰朽一惜二残年一あえてスイキュウをもってザンネンをおしまんや」〔＝年老いて衰えはてたこの身で、いまさら老年を惜しんだりはしない〕

【肯綮 コウケイ】物事の急所。肝心な所。〔荘子-養生主〕 「綮」は筋と肉を結ぶ所の意。昔、料理の名人がうまく肯綮に刃物をあて、肉を切り離したという故事から。〔中二肯綮一 コウケイにあたる〕意見などが物事の急所をつくたとえ。〔元史-王都中伝〕
【肯諾 コウダク】承諾すること。
【肯定 コウテイ】そのとおりであると認めること。↕否定。「肯定文」

6296 【肴】 2672 3A68 8DE6 肉－4 キョウ(ケウ)呉・コウ(カウ)漢 \yáo\ さかな

字解 形声。肉＋㸚(くみあわせる)声。組合せならべられたにく、ごちそうの意。

同属字 殽・淆・餚

意味 さかな。火を通した鳥・魚などの肉。酒のさかな。

下接 佳肴カコウ・嘉肴カコウ・残肴ザンコウ・酒肴シュコウ・粗肴ソコウ

【肴核 コウカク】さかなと果物。料理。＊蘇軾-前赤壁賦「肴核既尽、杯盤狼藉コウカクすでにつきて、ハイバンロウゼキたり」〔＝ごちそうはすっかりなくなってしまい、杯や皿小鉢の類があたりに散らばっている〕

6297 【冐】 7078 666E E3EC 肉－4 ボウ 「冒」(5170)の異体字

6298 【胃】 1663 305F 88DD 肉－5 常4 イ(ヰ)呉漢 \wèi\

筆順 胃 胃 胃 胃 胃 胃

字解 会意。肉＋田(＝図、物がつまったふくろ)。いぶくろの意。

同属字 喟・渭・猬・蝟・謂

意味 ❶い。いぶくろ。消化器の主要部。袋状で横隔膜の下部にある。「胃液」「胃炎」「胃腸」「健胃ケンイ」❷星の名。二十八宿の一。おひつじ座の東部。「胃宿イシュク」

❶い。いぶくろ。

【胃液 イエキ】胃腺イセンから分泌される強酸性の消化液。
【胃炎 イエン】胃粘膜の炎症性疾患。胃カタル。
【胃酸 イサン】胃液中に含まれる酸。主なものは塩酸。
【胃弱 イジャク】胃の消化力が弱った状態。
【胃腸 イチョウ】胃と腸。「胃腸薬」
【胃壁 イヘキ】胃の壁。内側は粘膜、筋層などからなり、外面は漿膜ショウマクで覆われる。

6299 【胤】 1693 307D 88FB 肉－5 人 イン呉漢 \yìn\ たね

筆順 胤 胤 胤 胤 胤 胤

字解 会意。肉＋幺(＝糸、つづく)＋八(わかれる)。親から分かれて血縁がつづく、つぐ意。また、血すじの意。

金文

篆文

意味 つぐ。あとをつぐ。また、たね。血すじ。子孫。「後胤コウイン」「落胤ラクイン」

【胤裔 インエイ】血筋を引いたもの。子孫。末孫。後胤。
【胤嗣 インシ】あとつぎ。子孫。胤子。

6300 【胥】 7081 6671 E3EF 肉－5 ショ漢 \xū\ あい・みな

字解 形声。肉＋疋(→菹、水につける)声。塩水につけた肉の意。のちに通じて、たがいに、ともに、みる等の意に用いられる。

同属字 婿・壻・湑・糈・醑

意味 ❶たがいに。あい。❷みな。ともに。❸小役人。「胥吏」❹みる。うかがう。また、まつ。

【胥靡 ショビ】(「靡」は、従う意)たがいに鎖でつながれているもの。牢屋につながれている囚人や奴隷。
【胥吏 ショリ】地位の低い役人。小役人。

6301 【冑】 7084 6674 E3F2 肉－5 チュウ(チウ)漢 \zhòu\

字解 形声。肉＋由声。

金文

篆文

参考 かぶとの意の「冑」(514)とは別の字。

意味 よつぎ。あとつぎ。また、血すじ。子孫。「華冑カチュウ」

【冑裔 チュウエイ】ちすじ。子孫。後裔。

6302 【背】 3956 4758 9477 肉－5 常6 ヘ呉・ハイ呉漢 \bèi・bēi\ せ・せい・そむく・そむける・せな・そびら

筆順 背 背 背 背 背 背

字解 形声。肉＋北(二人がせをむけている)声。せなかの意。

参考 万葉仮名では音を借りて「へ乙」、訓を借りて「せ」「そ乙」。

意味 ❶せなか。うしろ。また、背にする。うしろにする。「背景」「背後」「後背コウハイ」「紙背シハイ」❷そむく。そむける。うらぎる。見捨てる。「背信」「背徳」「違背イハイ」「向背コウハイ」⇒表 ❸国 せ。せい。せたけ。

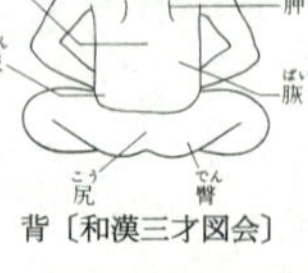

背〔和漢三才図会〕

竹米糸缶网(罒・罓・四)羊羽(⺷)老(耂)而耒耳聿肉(月)
6画 臣自至臼(臼)舌舛(舛)舟艮色艸(艹・艹・艹)虍虫血行衣(衤)襾(覀・西)

『上背(うわぜい)』『中背(チュウぜい)』❹あて字。『背広』

❶せなか。うしろ。また、背にする。

下接 郷背(キョウハイ)・光背(コウハイ)・後背(コウハイ)・紙背(シハイ)・炙背(シャハイ)・鮐背(タイハイ)・敵背(テキハイ)・面向不背(メンコウフハイ)

【背泳(ハイエイ)】あお向けの姿勢で泳ぐ泳法。背泳ぎ。

【背筋(ハイキン)】脊椎(セキツイ)動物の背中の筋肉。

【背景(ハイケイ)】①絵画などで、主要題材の背後の光景。↕前景。②舞台の書き割り。③隠れた事情や背後の勢力。

【背後(ハイゴ)】①うしろ。②事件などの表面に表れない部分。背景。『背後関係を洗う』

【背指(ハイシ)】うしろをふり返って指さすこと。また、うしろ指をさすこと。

【背誦(ハイショウ)】書物などを暗記していてそら読みすること。暗誦。♥書物に背を向けて読むことからか。

【背水(ハイスイ)】水を背にすること。【背水之陣(ハイスイのジン)】絶体絶命の立場で事にあたるたとえ。〔史記-淮陰侯伝〕♥中国、前漢の韓信が、わざと川を背に陣取り、味方に決死の覚悟をさせ、敵を打ち破ったという故事から。

【背嚢(ハイノウ)】国軍人などが物品を入れて背負う革やズックなどで作った方形のかばん。

【背面(ハイメン)】うしろ側。うしろの方角。後方。↕正面

❷そむく。そむける。

下接 違背(イハイ)・郷背(キョウハイ)・嚮背(キョウハイ)・向背(コウハイ)・腹背(フクハイ)

背(ハイ)	背反	反(ハン)
せなかを向ける。 背逆 背教 背信 背約 違背 向背		ひっくり返ってそむく。 反逆 反目 反心 反則 違反 離反

【背逆(ハイギャク)】そむきさからうこと。反逆。

【背教(ハイキョウ)】宗教の教えにそむくこと。特に、キリスト教徒が信仰を捨てること。『背教者』

【背向(ハイコウ)】そむくことと従うこと。向背。

【背信(ハイシン)】信義にそむくこと。『背信行為』

【背馳(ハイチ)】行き違うこと。そむき離れること。

【背徳(ハイトク)】道徳にそむくこと。『背徳漢』♥書き換え「悖徳→背徳」。

【背任(ハイニン)】任務にそむくこと。任務にそむき、組織などに損害を与えること。『背任行為』『背任罪』

【背反(ハイハン)】①そむくこと。違反。背叛。②相いれないこと。矛盾。『二律背反』

【背約(ハイヤク)】約束にそむくこと。違約。

【背理(ハイリ)】道理にそむくこと。

【背離(ハイリ)】そむき離れること。

【背戻(ハイレイ)】そむくこと。さからうこと。

❹あて字。

【背広(せびろ)】男子の洋服の一。共布で作った上着と、ズボン、チョッキの三つ揃(ぞろ)いが原則。♥「背広」はあて字。語源未詳で、英civil clothesから、ロンドンの高級洋服店街 Savile Rowから、また、実際に背幅が広かったから、などの説がある。

6303 【肎】 二一 肉－5

字解 隋・惰・隨(随)などに含まれる肎は、𨻶と関係が深い。𨻶は形声。阜(盛り上った土、或いはかべ)＋𡍮(くずれおちる)㊟。土かべがくずれおちる、くずれる意。

6304 【脅】 2228 363C 8BBA 肉－6 常 キョウ(ケフ)㊥/xié/おびやかす・おどす・おどし・おどかす

筆順 脅 脅 脅 脅 脅 脅

字解 形声。肉＋劦(↓夾、わき)㊟。わきばらの意。脇に同じ。また、劫に通じて、おびやかす意を表す。

意味 ❶わき。わきばら。また、かたわら。そば。「脇」に同じ。❷おびやかす。おどす。おどかす。『脅威』『脅喝』『脅迫』『劫脅(キョウキョウ)』『迫脅(ハッキョウ)』❸おびえる。すくめる。肩をすぼめる。『脅肩』『脅息』

❷おびやかす。おどす。おどかす。

【脅威(キョウイ)】強い力や勢いでおびやかすこと。

【脅嚇(キョウカク)】おびやかし恐れさせること。

【脅喝(キョウカツ)】つけこんで、おどしつけること。恐喝(キョウカツ)。

【脅迫(キョウハク)】人を恐れさせて、ある行為を強制すること。『脅迫状』

❸おびえる。すくめる。

【脅肩(キョウケン)】肩をすぼめ縮こまって、人にこびるさま。または、恐れつつしむさま。

【脅息(キョウソク)】息をひそめて、おびえ恐れるさま。

6305 【胷】 二一 肉－6 キョウ「胸」(6346)の異体字

6306 【脊】 3252 4054 90D2 肉－6 セキ㊥/jǐ・jí/せ

字解 会意。肉＋𠂦(せぼね)。せぼねの意。

同属字 鶺

参考 (1)万葉仮名では訓を借りて「せ」。(2)往々誤って「背」と混用される。

意味 ❶せ。せぼね。また、せぼねのように見えるもの。『脊椎動物』『脊髄』『脊柱』『脊梁』❷「脊令(セキレイ)」は、セキレイ科の羽色が鮮やかで尾の長い鳥の総称。「鶺鴒」とも書く。

【脊髄(セキズイ)】脊椎(セキツイ)動物の脊柱の管中を走る白色、棒状の器官。反射機能などをつかさどる。

【脊柱(セキチュウ)】脊椎(セキツイ)動物で、頭骨に続き、体の中軸をなす骨格。背骨。

【脊椎(セキツイ)】脊柱を構成している個々の骨。『脊椎動物』

【脊梁(セキリョウ)】せぼね。脊柱。脊梁骨。『脊梁山脈』

難読地名 脊振(せふり)村(佐賀)

6307 【脣】 7092 667C E3FA 肉－7 シュン㊥・シン㊦/chún/くち・くちびる

字解 形声。肉＋辰(足を出した二枚貝)㊟。舌が出る上下のくちびるの意。唇に同じ。

6308 【腎】 3153 3F55 9074 肉－8 ジン㊦・シン㊥/shèn

字解 形声。肉＋臤㊟。

意味 ❶じん。内臓の一。「腎臓」のこと。転じて、大切なところ。かなめ。『腎盂』『副腎(フクジン)』『肝腎(カンジン)』『心腎(シンジン)』❷(①が、かつて精気を宿すと考えられていたところから) 精力。精液。『腎虚』『腎水』

【腎盂(ジンウ)】腎臓が尿管と接続する部分から腎臓内へと広がっている、尿のたまる場所。『腎盂炎』

【腎虚(ジンキョ)】漢方の病名。過度の房事(性行為)により、腎水が涸渇(コカツ)する症状。

【腎水(ジンスイ)】精液。
【腎臓(ジンゾウ)】体内の不用物質を尿として排泄(ハイセツ)し、体液の調整をはかる泌尿器官。

6309【膏】2549 3951 8D70 肉-10 コウ(カウ)(漢)gāo・gào/あぶら

字解 形声。肉＋高(↓皜、しろい)(声)。白い脂肪、あぶらの意。

甲骨文  篆文 

意味 ❶あぶら。㋑肉のあぶら。脂肪。『膏血』㋺灯のあぶら。『膏火』㋩化粧用のあぶら。『膏沐』㊁あぶらぐすり。『膏薬』『軟膏』⇒[油](4070)の表 ❷こえる。ふとる。また、うるおす。めぐむ。うるおい。めぐみ。『膏雨』『膏沢』❸心臓の下の部分。『膏肓』

❶あぶら。また、あぶらぐすり。

下接 硬膏(コウコウ)・脂膏(シコウ)・石膏(セッコウ)・軟膏(ナンコウ)・絆創膏(バンソウコウ)

【膏火(コウカ)】①あぶらを燃やした火。灯火。②学費。勉強するために灯火が必要なところから。
【膏血(コウケツ)】人のあぶらと血。転じて、人が努力して得た収益や財産。『膏血を絞る〔=高い税金を取り立てる〕』
【膏沐(コウモク)】髪にあぶらをつけたり、洗ったりすること。女がみだしなみを整えること。
【膏薬(コウヤク)】あぶらで練った外用薬。

❷こえる。ふとる。また、うるおす。

【膏雨(コウウ)】農作物をうるおしそだてる雨。
【膏壌(コウジョウ)】地味の肥えた土地。
【膏沢(コウタク)】めぐみ。なさけ。うるおい。恩沢。
【膏田(コウデン)】地味の肥えた田地。肥田。
【膏腴(コウユ)】(「腴」は腹の下部がふとっていること)土地が肥えていて、作物の栽培に適していること。
【膏粱(コウリョウ)】①肥えた肉と美味な粟(あわ)。おいしい食べ物。②金持ち。財産家。

❸心臓の下の部分。

【膏肓(コウコウ)】心臓と横隔膜の間の部分。体の中で一番奥深い部分。『病(やまい)膏肓に入る〔=重病になる〕』♥「コウモウ」は誤った慣用読み。

6310【膂】7116 6730 E44F 肉-10 リョ(漢)lǚ

字解 形声。肉＋旅(声)。

意味 ❶せぼね。❷ちから。筋肉の力。また、になう。

【膂力(リョリョク)】筋肉の力。また、腕力。

6311【膚】4170 4966 9586 肉-11 常 フ(呉)(漢)fū/はだ・はだえ

筆順 

字解 形声。肉＋盧(くるりとひとまわりする)省(声)。からだをまるくつつむ皮、はだの意。

意味 ❶はだ。はだえ。からだの表皮。『完膚』『皮膚』『膚撓』『膚理』❷うわべ。物の表面。また、うすい。浅い。うわっつらだけで深みがない。『膚引』『膚浅』❸大きい。うるわしい。美しい。『膚敏』❹長さの単位。指を四本ならべた長さ。『膚寸』

❶はだ。はだえ。

下接 完膚(カンプ)・肌膚(キフ)・雪膚(セップ)・粟膚(ゾクフ)・皮膚(ヒフ)・裂膚(レップ)・身体髪膚(シンタイハップ)

【膚肌(フキ)】はだ。はだえ。肌膚。
【膚受(フジュ)】皮膚を傷つけるように痛切なこと。→❷
【膚受之愬(フジュのうったえ)】はだみにこたえるような痛切な訴え。また、知らないうちに皮膚に垢(あか)がたまるように、じわじわと人を害する讒言(ザンゲン)。膚愬(フソ)。〔論語-顔淵〕
【膚撓(フトウ)】皮膚を突き刺されて、意気がくじけること。
【膚理(フリ)】皮膚のあや。きめ。肌理(キリ)。

❷うわべ。また、うすい。浅い。

【膚引(フイン)】他人の説のうわっつらだけを借用して、自分の説の助けとすること。
【膚学(フガク)】うわっつらだけの浅い学問。浅学。
【膚見(フケン)】皮相な見解。浅見。
【膚受(フジュ)】うわべだけを受け伝えること。十分に理解しないこと。→❶
【膚浅(フセン)】あさはかなこと。浅薄。膚薄。

❸大きい。うるわしい。美しい。

【膚敏(フビン)】美徳があって、機を見るのにすばやいこと。

❹長さの単位。

【膚寸(フスン)】ほんのわずかな大きさ。特に切れぎれの雲を形容するのに用いられる。

6312【臀】7129 673D E45C 肉-13 トン(漢)・デン(慣)tún/しり・いしき

字解 形声。肉＋殿(声)。

意味 しり。いしき。腰の下の肉付きの良い部分。また、物の底。⇩[背]の図九八二頁

【臀部(デンブ)】胴体の背側の下端部。しりのある部分。

6313【臂】7130 673E E45D 肉-13 ヒ(呉)(漢)bì・bei/ひじ・うで

字解 形声。肉＋辟(両わきへよりつく)(声)。ひじの意。

参考 万葉仮名では音を借りて「ひ(甲)」。

意味 うで。かいな。また、ひじ。

下接 一臂(イッピ)・猿臂(エンピ)・援臂(エンピ)・玉臂(ギョクヒ)・攘臂(ジョウヒ)・三面六臂(サンメンロッピ)・鼠肝虫臂(ソカンチュウヒ)・八面六臂(ハチメンロッピ)

【臂使(ヒシ)】腕が手の指をあやつるように自由に人を使うこと。臂指(ヒシ)。

6314【膺】7131 673F E45E 肉-13 ヨウ(漢)yīng/むね

字解 形声。肉＋雁(=鷹、たかがりのたかをむねにかかえよせる)(声)。むねの意。

金文  篆文 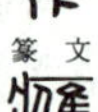

意味 ❶むね。胸部。『服膺(フクヨウ)』❷あたる。ひきうける。❸うつ。征伐する。『膺懲』

【膺懲(ヨウチョウ)】征伐してこらしめること。

6315【臝】*5462 肉-17 ラ(漢)luǒ/はだか

字解 形声。果＋羸(声)。裸・倮に同じ。はだかの意。

月

6316【肌】4009 4829 94A7 肉-2 常 キ(漢)jī/はだ・はだえ

筆順 肌 肌 肌 肌 肌 肌

字解 形声。肉＋几（→緊、ひきしめる）声。肉体をひきしめおおう、はだの意。

意味 はだ。㋑皮膚。また、物の表面。『肌膚』『肌理』㋺国はだあい。気質。『学者肌（ガクシャはだ）』『勇み肌』

下接 雪肌（セッキ）・氷肌（ヒョウキ）・銘肌鏤骨（メイキルコツ）

【肌膚（キフ）】はだ。皮膚。『肌膚雪の如し』

【肌理（キリ・きめ）】1皮膚のきめ。2国材木の木目。

6317 【肋】 4730 4F3E 985D 肉－2 ロク漢／lèi・lē／あばら

字解 形声。肉＋力（→理、すじ）声。胸にすじのようにみえる、あばらの意。

意味 あばら。㋑あばらぼね。『肋膜』『肋骨』『鶏肋（ケイロク）』⬇〔胴〕の図九八九頁。㋺あばらぼねに形状の似たもの。『肋材』『肋木』

【肋材（ロクザイ）】船舶の構造で、竜骨（リュウコツ）に組み合わせて船底、両舷の骨組みをなす材。

【肋木（ロクボク）】体操用具の一。縦木に横木を肋骨状に取り付け固定したもの。

【肋膜（ロクマク）】1肺の表面と胸部の内面を覆う漿膜（ショウマク）。胸膜。2「肋膜炎」の略。肋膜に起こる炎症。

【肋間（ロッカン）】肋骨と肋骨の間。『肋間神経痛』

【肋骨（ロッコツ・あばらぼね）】胸郭を形成している骨。左右一二対ある。あばら。

［刖］⇩620

6318 【肝】 2046 344E 8ACC 肉－3 常 カン呉漢／gān／きも

筆順 肝 肝 肝 肝 肝 肝 肝

字解 形声。肉＋干（→幹、重要である）声。きもの意。

意味 きも。㋑五臓の一。「肝臓」のこと。『鼠肝虫臂（ソカンチュウヒ）』『肝硬変』『肝腎』『肝胆』『肺肝（ハイカン）』㋺こころ。『肝銘』㋩かなめ。大切なところ。『肝要』

【肝炎（カンエン）】肝臓の炎症性疾患。『急性肝炎』

【肝膈（カンカク）】（「膈」は胸と横腹の間の意）心の中。意中。

【肝硬変（カンコウヘン）】「肝硬変症」の略。肝臓細胞が減り、肝臓が硬くなる病気。

【肝心・肝腎（カンジン）】国特に大事であるさま。❤(1)肝臓と、心臓または腎臓（ジンゾウ）。それらが五臓のうち特に大切だと考えられたところから。(2)書き換え「肝腎→肝心」。

【肝臓（カンゾウ）】臓器の一。余分な炭水化物の貯蔵やたんぱく質、糖の代謝の調節、また解毒をつかさどる。

【肝胆（カンタン）】肝臓と胆嚢（タンノウ）。転じて、心の中。心の底。⬇〔五臓六腑〕の図四九頁。【肝胆相照（カンタンあいてらす）】互いに心中を打ち明けて親しく交わる。＊故事必読成語考「肝胆相照、斯為二腹心之友一（カンタンあいてらす、これをフクシンのともとなす）」〔＝心をうちあけ合って交際することを、腹心の友という〕」【肝胆塗レ地（カンタンチにまみる）】むごたらしく殺される。また、ひどい苦しみに陥る。〔史記－淮陰侯伝〕

【肝脳塗レ地（カンノウチにまみる）】頭を砕かれ、腹を斬られて、脳髄、肝臓が土まみれになる。無残な死に方をするさまにたとえる。〔戦国策－燕〕

【肝肺（カンパイ）】肝臓と肺臓。転じて、心のこと。

【肝銘（カンメイ）】忘れられないほど、深く感動し、心に刻み込まれること。❤もと、感銘（カンメイ）と「肝に銘ず」との混交から生じた語。

【肝油（カンユ）】タラなどの肝臓から採取した脂肪油。

【肝要（カンヨウ）】非常に重要なこと。大切なこと。肝心。

難読地名 肝属（きもつき）郡（鹿児島）

6319 【肛】 7074 666A E3E8 肉－3 コウ（カウ）漢／gāng

字解 形声。肉＋工（→孔、あな）声。しりのあなの意。

意味 しりのあな。『脱肛（ダッコウ）』

【肛門（コウモン）】動物の消化管の末端。しりの穴。

6320 【肘】 4110 492A 9549 肉－3 チュウ（チウ）漢／zhǒu／ひじ

字解 形声。肉＋寸（て）声。ひじの意。

意味 ❶ひじ。上腕部と前腕部を連絡する関節の、外側の部分。『肘掛（ひじかけ）』『肘枕（ひじまくら）』『肩肘（かたひじ）』⬇〔手〕の図四八八頁。❷ひじをおさえてとめる。『掣肘（セイチュウ）』

6321 【肚】 7076 666C E3EA 肉－3 ト漢／dù・dǔ／はら

字解 形声。肉＋土声。

意味 ❶はら。腹。『肚裏』『腸肚（チョウト）』❷い。いぶくろ。

【肚裏・肚裡（トリ）】腹のうち。心中。

6322 【股】 2452 3854 8CD2 肉－4 コ漢／gǔ／また・もも

字解 形声。肉＋殳声。胯に通じて、足のまたの意。

意味 ❶また。胴から足の分かれているところ。また、もも。足の上部の、腰につながる部分。『股関節』『股間』『股肱』『股慄』『釵股（サイコ）』『刺股（シコ）』❷直角三角形で、直角をはさむ二辺のうちの長い方。

【股間（コカン）】またの間。またぐら。

【股肱（ココウ）】ももとひじ。転じて、手足となって働いてくれる一番頼みとする部下。腹心。【股肱之臣（ココウのシン）】手足となって働いてくれる最も頼みになる部下。〔史記－太史公自序〕

【股慄・股栗（コリツ）】恐ろしさにももがふるえること。

(6333) 〔胋〕 一一 肉－5

6323 【肱】 2547 394F 8D6E 肉－4 コウ漢／gōng／ひじ

字解 形声。肉＋厷（ひじ）声。ひじの意。のちに肉を加えて、その字義を明確にした。

意味 ひじ。かいな。二のうで。→肘。『股肱（ココウ）』

(865) 〔厷〕 ＊2051 ム－2

6324 【肢】 2772 3B68 8E88 肉－4 常 シ漢／zhī／てあし・あし

筆順 肢 肢 肢 肢 肢 肢

字解 形声。肉＋支（えだわかれする）声。胴体から分かれ出たてあしの意。

意味 てあし。㋑手と足。『肢解』『肢体』『義肢』㋺分かれ出た部分。えだ。『分肢（ブンシ）』『選択肢（センタクシ）』

下接 下肢（カシ）・義肢（ギシ）・後肢（コウシ）・四肢（シシ）・上肢（ジョウシ）・前肢（ゼンシ）

【肢解（シカイ）】刑罰の一。手足を身体から切り離す酷刑。

【肢体（シタイ）】手と足。手足と身体。

6325 【肫】 ＊5381 肉－4 シュン漢・ジュン慣／zhūn・chūn／ほおぼね

字解 形声。肉＋屯声。丸くはり出したほおぼねの意。

竹米糸缶网(罒・冂・⺫)羊羽(⺷)老(耂)而耒耳聿肉(月)
6画
臣自至臼(臼)舌舛(舛)舟艮色艸(艹・艹・艹)虍虫血行衣(衤)襾(覀・西)

6326【肭】7077 666D E3EB 肉－4 ドツ㊥漢/nà
字解 形声。肉＋内㊥。「膃肭(オットツ)」は、肥えたさま。

6327【胇】―― 肉－4 ハイ 「肺」(6339)の旧字

6328【胚】＊5380 肉－4 ハイ 「胚」(6340)の異体字

6329【肥】4078 486E 94EC 肉－4 常5 ヒ㊥呉漢/féi/こえる・こえ・こやす・こやし・ふとる
筆順
字解 会意。肉＋巴(＝卩、まるく出た節)。側面がふくらむように、からだがふとる意。また、巴声の形声字とも。
同属字 淝
参考 万葉仮名では音を借りて「ひ㊚」「び㊚」。
意味 ❶こえる。肉づきがよい。からだに脂肪がついて太る。↔痩。『肥大』『肥満』❷こえる。地味が豊かである。また、ゆたか。『肥土』『肥沃』❸こえ。こやし。農作物に与える栄養物。『肥料』『施肥(セヒ)』『堆肥(タイヒ)』❹国「肥国(ひのくに)」の略。大化改新後「肥後」(現在の熊本県)と「肥前」(現在の長崎・佐賀の二県)に分けられた。

❶こえる。太る。肉づきがよい。
【肥育(ヒイク)】肉用の家畜を、運動をさせないで、えさを多量に与え、太らせる飼育法。
【肥甘(ヒカン)】たっぷりあってうまい食物。ごちそう。
【肥厚(ヒコウ)】①こえて厚いこと。②美味であること。
【肥瘠(ヒセキ)】太っていることと、やせていること。→❷
【肥大(ヒダイ)】太って大きくなること。『肥大した組織』
【肥肉(ヒニク)】こえた肉。おいしい肉。
【随ニ肥馬塵ー(ヒバのちりにしたがう)】こえた馬がたてる塵に従って行くの意で、富貴な人間、権勢のある人間に追従(ツイショウ)しへつらうさまをいう。〔杜甫－奉ニ贈韋左丞丈ー〕
【肥満(ヒマン)】体がこえ太ること。『肥満児』

❷こえる。地味が豊かである。
【肥磽(ヒコウ)】田地のこえていることとやせていること。
【肥饒(ヒジョウ)】地味がこえて、作物が多くできること。肥沃。＊史記－項羽本紀「関中阻ニ山河ー四塞、地肥饒(カンチュウはサンガにはばまれてシソクし、チはヒジョウなり)〔＝関中は、山河にさえぎられて四方がふさがっており、土地はよく肥えていて作物がたくさんできる〕」
【肥瘠(ヒセキ)】地味が豊かなこととやせていること。→❶
【肥遯(ヒトン)】ゆったりした心で俗世間をのがれること。
【肥美(ヒビ)】土地のよくこえていること。
【肥沃(ヒヨク)】土地がこえているさま。『肥沃な土壌』

❸こえ。こやし。
下接 液肥(エキヒ)・廏肥(キュウヒ)・魚肥(ギョヒ)・金肥(キンピ)・原肥(ゲンピ)・水肥(スイヒ)・施肥(セヒ)・堆肥(タイヒ)・追肥(ツイヒ)・緑肥(リョクヒ)／基肥(もとごえ)
【肥料(ヒリョウ)】栽培植物の生長に必要な栄養分として土壌に施す物質。こやし。

6330【肪】4335 4B43 9662 肉－4 常 ボウ(バウ)㊥呉・ホウ(ハウ)㊥漢/fáng/あぶら
筆順
字解 形声。肉＋方(両側にはり出す)㊥。からだがはってこえる、あぶらぎる意。また、あぶらの意。
意味 ❶こえる。あぶらぎる。❷あぶら。動物の体内の脂質。『膏肪(コウボウ)』『脂肪(シボウ)』

6331【肬】7079 666F E3ED 肉－4 ユウ(イウ)㊥漢/yóu/いぼ
字解 形声。肉＋尤㊥。疣に同じ。
意味 いぼ。疣。

6332【胘】＊5391 肉－5 ケン㊥漢・ゲン㊥慣
字解 形声。肉＋弦省㊥。牛の胃ぶくろの意。

6333【胋】―― 肉－5 コ 「股」(6322)の異体字

6334【胛】7080 6670 E3EE 肉－5 コウ(カフ)㊥漢/jiǎ
字解 形声。肉＋甲㊥。
意味 かいがらぼね。『肩胛骨(ケンコウコツ)』➡〔背〕の図九八二頁

6335【胙】7082 6672 E3F0 肉－5 ソ㊥漢・サク㊥漢/zuò/ひもろぎ
字解 形声。肉＋乍(↓俎、かさねる)㊥。神に重ねてお供えする肉、ひもろぎの意。
意味 ひもろぎ。神に供える肉。また、たまもの。さいわい。
【胙余(ソヨ)】供え物の肉の余り。

6336【胎】3459 425B 91D9 肉－5 常 タイ㊥呉漢/tāi/はらむ
筆順
字解 形声。肉＋台(↓始、はじめ)㊥。肉体としてのはじめ、おなかの子の意。また、はらむ意。
意味 ❶はらむ。みごもる。腹に子を宿す。『胎生』『胎児』『受胎(ジュタイ)』『胚胎(ハイタイ)』❷母体の子を宿すところ。子宮。『胎教』『胎蔵』『胎盤』『母胎(ボタイ)』

❶はらむ。みごもる。
下接 懐胎(カイタイ)・受胎(ジュタイ)・堕胎(ダタイ)・胚胎(ハイタイ)
【胎児(タイジ)】胎生哺乳(ホニュウ)類の母体内で生育中の幼体。
【胎生(タイセイ|タイショウ)】①(タイセイ) 胎内受精を行った卵子が母体の中で発育し、産み出されること。↔卵生。②(タイショウ) 仏語。四生の一。母胎から生まれること。
【胎動(タイドウ)】母体が感じる胎児の運動。比喩的に、内部のかすかな動きが外から感じられることにもいう。

❷母体の子を宿すところ。子宮。
下接 奇胎(キタイ)・母胎(ボタイ)・換骨奪胎(カンコツダッタイ)
【胎教(タイキョウ)】妊婦が精神的安静を保ち、胎児によい影響を与えるようにすること。
【胎蔵界(タイゾウカイ)】仏語。密教で、宇宙のすべてを大日如来のあらわれとし、悟りの本質である理があらゆるものに内在して大悲にまもられているという面を母胎にたとえていう。↔金剛界
【胎息(タイソク)】下腹にまで徹底するほど深く呼吸すること。腹式呼吸法の類。

【胎毒(タイドク)】乳児の顔や頭にできる皮膚病の古い言い方。

【胎内(タイナイ)】子をはらんだときの母親の腹の中。胎中。

【胎盤(タイバン)】子宮内で、妊娠中の胎児を保ち、胎児と母体間の物質交換を行う複合器官。

【胎便(タイベン)】胎児の腸内にある糞便。かにばば。

6337 【胆】 タン 呉漢 /dǎn/きも・い 3532 4340 925F 肉－5 常 (6426)【膽】 7128 673C E45B 肉－13

筆順 胆胆胆胆胆胆

字解 常用漢字では、胆は膽の通俗体として代用する。膽は形声。肉＋詹(声)。きもの意。胆は、もと膽とは別字で形声。肉＋旦(でる)(声)。からだがあらわれる、はだぬぐ意。
参考 万葉仮名では訓を借りて「い」。
意味 ❶きも。内臓の一。胆汁を分泌する。『臥薪嘗胆(ガシンショウタン)』『胆汁』『胆石』❷きもだま。決断力や勇気のもと。また、こころ。たましい。『大胆(ダイタン)』『落胆(ラクタン)』

❶ きも。内臓の一。

【胆汁(タンジュウ)】肝臓でつくられる、消化補助液。脂肪の消化を助ける。【胆汁質(タンジュウシツ)】気質分類の一。感情の反応が強く、怒りやすい性格をいう。

【胆石(タンセキ)】胆汁の成分によって、胆嚢(タンノウ)または輸胆管にできる結石。

【胆嚢(タンノウ)】肝臓から分泌された胆汁を一時貯(たくわ)える袋状の器官。『胆嚢炎』

❷ きもだま。こころ。また、たましい。

下接 肝胆カンタン・豪胆ゴウタン・剛胆ゴウタン・魂胆コンタン・小胆ショウタン・心胆シンタン・大胆ダイタン・放胆ホウタン・落胆ラクタン・試胆会シタンカイ
【胆気(タンキ)】物事に驚いたり恐れたりしない気力。進んで物事を行おうとする意気。きもったま。胆力。
【胆大心小(タンダイシンショウ)】度胸は大きく持ち、注意はこまかくすべきであること。〔旧唐書－方伎伝・孫思邈〕
【胆如レ斗(タンとのごとし)】(「斗」は、一〇升はいる枡(ます)) きもが非常に大きく、斗のようである。胆力がきわめて強いこと。〔蜀志－姜維伝〕
【胆勇(タンユウ)】胆力と勇気。『胆勇無双』
【胆略(タンリャク)】大胆で知略のあること。
【胆力(タンリョク)】恐れたり、動じたりしない気力。度胸。
難読地名 胆沢(いさわ)郡・町(岩手) 胆振(いぶり)支庁(北海道)

6338 【胝】 7083 6673 E3F1 肉－5 チ 漢 /zhī/たこ
字解 形声。肉＋氐(声)。
意味 たこ。まめ。『胼胝(ヘンチ)(たこ)』

6339 【肺】 ハイ 漢 /fèi 3957 4759 9478 肉－5 常6 (6327)【肺】 肉－4 旧字

筆順 肺肺肺肺肺肺

字解 形声。肉＋市(=米→八・別、二つに分かれる)(声)。二つに分かれた臓器、はいの意。
意味 はい。㋐内臓の一。高等脊椎(セキツイ)動物の呼吸器官の最も主要な部分。人間では、左右一対あって肋骨(ロッコツ)に囲まれている。肺臓。㋺こころ。『肺懐』『肺腑』
下接 肝肺カンパイ・珪肺ケイハイ・硅肺ケイハイ・塵肺ジンパイ・炭肺タンハイ
【肺炎(ハイエン)】肺の組織に発生した炎症。細菌やウイルスなどの感染によって起こる。
【肺活量(ハイカツリョウ)】最大吸気時から努力して最大呼気時に至る間に吐き出す空気の量。
【肺肝(ハイカン)】①肺臓と肝臓。②心の中。心の奥底。『肺肝を砕く〔=非常に苦心する〕』
【肺疾(ハイシツ)】肺病。
【肺尖(ハイセン)】肺臓の上部の尖端部。『肺尖カタル』
【肺臓(ハイゾウ)】＝肺㋐
【肺病(ハイビョウ)】肺の疾病の総称。特に、肺結核の俗称。
【肺腑(ハイフ)】①肺。肺臓。②心の奥底。『肺腑をえぐる』
【肺門(ハイモン)】肺臓の中央部。『肺門リンパ腺(セン)』
【肺葉(ハイヨウ)】肺を形成する部分の呼び名。人間では右は三つ、左は二つに分かれる。

6340 【胚】 7085 6675 E3F3 肉－5 (6328)【肧】* 5380 肉－4
ハイ 漢 /pēi/はらむ
字解 形声。肉＋丕(=不、ふくらむ)(声)。腹がふくらみみごもる、はらむ意。のちに一を加えた。
意味 ❶はらむ。みごもる。また、きざす。『胚胎』❷はい。受精後の卵細胞の発生初期の個体。『胚芽』『胚珠』『胚乳』『胚葉』
【胚芽(ハイガ)】植物の種の中で、将来生長して個体形成のもとになるもの。『胚芽米〔=胚芽を残して精米した米〕』
【胚珠(ハイシュ)】植物の、子房の中で形成され、将来種子となる器官。
【胚胎(ハイタイ)】みごもること。転じて、物事の起こる要因を持つこと。きざすこと。きざし。
【胚乳(ハイニュウ)】種子の構成組織の一。植物の発芽の際に胚に栄養を与える。
【胚葉(ハイヨウ)】多細胞動物の初期胚で、多数の細胞が二～三の層状を成すもの。

6341 【胖】 7086 6676 E3F4 肉－5 ハン 漢 /pán・pàng・pān/ゆたか
字解 形声。肉＋半(はんぶん)(声)。いけにえの片身の意。また、広げた肉。大きく、ゆたかなこと。

6342 【胞】 ホウ(ハウ) 呉漢 /bāo・pāo/えな 4306 4B26 9645 肉－5 常 (6343)【胞】 肉－5 旧字

筆順 胞胞胞胞胞

字解 形声。肉＋包(子をつつみみごもる)(声)。胎児をつつむ膜、えなの意。

意味 ❶えな。胎児を包んでいる膜。『胞衣』『胞胎』❷はら。母の胎内。母胎。『同胞(ドウホウ)(はらから)』❸生物体を組織する微細な原形質。『胞子』『気胞(キホウ)』『細胞(サイボウ)』❹「胞人(ホウジン)」は、料理人の意。庖人(ホウジン)とも。

【胞衣(ホウイ)(えな)】胎児を包んでいる膜や胎盤などの総称。

【胞子(ホウシ)】生物の生殖細胞の一。隠花植物と、原生動物の一部に作られる。『胞子嚢(ノウ)』

【胞胎(ホウタイ)】①胎児を包んでいる膜および胎盤・臍帯(サイタイ)の総称。えな。②仏語。母の胎内に生を受けること。迷いの三界をいう。

6344 【脉】 7087 6677 E3F5 肉－5 ミャク 「脈」(6357)の異体字

6345 【胳】 * 5403 肉－6 カク 漢 /gē・gě

竹米糸缶网(罒・罒・罒)羊羽(羽)老(耂)而耒耳聿肉(月) 6画 臣自至臼(臼)舌舛(舛)舟艮色艸(艹・艹・艹)虍虫血行衣(衤)襾(覀・西)

字解 形声。肉＋各声。
意味 ❶わきのした。❷足のすねの骨。

6346
【胸】
2227 363B 8BB9 肉－6 常6
(6305)【胷】 肉－6
ク呉・**キョウ**漢/xiōng/**むね・むな**

筆順 月 肑 肑 胸 胸 胸

字解 形声。肉＋匈(むね)声。むねの意。のちに肉を加えて、その字義を明確にした。

意味 ❶むね。首の下、腹の上の前面部。『胸囲』『気胸(キキョウ)』『鳩胸(キュウキョウ)』『膿胸(ノウキョウ)』❷こころ。こころのうち。『胸奥』『胸中』『度胸(ドキョウ)』『満胸(マンキョウ)』

❶むね。

【胸郭・胸廓(キョウカク)】 胸椎(キョウツイ)、肋骨(ロッコツ)、胸骨が組み合わさって胸部の壁をつくっている骨格。『胸郭呼吸』

【胸腔(キョウコウ)】 哺乳類(ホニュウルイ)の胸部にある体腔。中に肺、心臓などを収める。

【胸骨(キョウコツ)】 胸の前面中央部の偏平(ヘンペイ)な骨。左右は肋骨(ロッコツ)に接合する。

【胸像(キョウゾウ)】 人物の胸から上の彫像や塑像。

【胸椎(キョウツイ)】 胸部にある脊椎(セキツイ)の部分。頸椎(ケイツイ)と腰椎の間の部分。

【胸部(キョウブ)】 胸の部分。また、呼吸器。『胸部疾患』

【胸壁(キョウヘキ)】 ①胸の高さに築いた弾丸よけの壁。転じて、とりで。要塞(ヨウサイ)。②胸部の外側の部分。

【胸膜(キョウマク)】 肺の表面と胸腔(キョウコウ)の内側を覆う二重の膜。『胸膜炎』

❷こころ。こころのうち。

【胸宇(キョウウ)】 胸のうち。胸中。心中。

【胸奥(キョウオウ)】 胸の奥。心の中。心底。

【胸臆(キョウオク)】 心の中。心の中の思い。胸中。

【胸懐(キョウカイ)】 胸のうち。心の中。

【胸膈(キョウカク)】 胸のうち。心の中。心中。

【胸間(キョウカン)】 胸のうち。

【胸襟(キョウキン)】 胸のうち。『胸襟を開く〔＝心の中を打ち明ける〕』

【胸次(キョウジ)】 (「きょうし」とも) 胸のうち。心の中。

【胸中(キョウチュウ)】 胸のうち。心に思っていること。〖胸中有成竹(キョウチュウにセイチクあり)〗 竹の絵をかくとき、心の中にすでに構図ができあがっていること。転じて、仕事にとりかかる前に、完成の見通しをつけること。〔蘇軾-篔簹谷偃竹記(ウントウコクエンチクキ)〕

【胸底(キョウテイ)】 心の深い奥底。心底。

【胸裏・胸裡(キョウリ)】 胸のうち。心中。胸中。

6347
【脇】
4738 4F46 9865 肉－6
キョウ(ケフ)漢/xié/わき

字解 形声。肉＋劦(→夾、わき)声。わきばらの意。脅に同じ。

意味 わき。わきばら。また、かたわら。そば。

【脇士・脇侍(キョウジ|わきジ)】 仏像で、中尊を挟んで左右に侍する像。わきだち。

【脇息(キョウソク)】 国 座ったときにひじを掛け、体をもたせかけて休息するための道具。

6348
【胯】
7088 6678 E3F6 肉－6
コ漢・カ(クヮ)漢/kuà/また

字解 形声。肉＋夸(人が足を曲げ大またにまたぐ)声。またの意。

意味 ❶また。またぐら。「股」に同じ。『胯下』❷またぐ。「跨」に同じ。

【胯下之辱(コカのはずかしめ)】 他人のまたの下をくぐる恥辱。〔史記-淮陰侯伝〕▶中国、漢の韓信が、若いころ無頼の徒にからかわれ、言われるままに彼らのまたの下をくぐって笑われたが、よく耐え忍んだという故事から。

6349
【胱】
7089 6679 E3F7 肉－6
コウ(クヮウ)漢/guāng

字解 形声。肉＋光声。「膀胱(ボウコウ)」は、尿をためておく器官。

6350
【脂】
2773 3B69 8E89 肉－6 常
シ呉漢/zhī/**あぶら**・やに・べに

筆順 月 胩 胩 脂 脂 脂

字解 形声。肉＋旨(うまい)声。肉のうまみを出すあぶらの意。

意味 ❶あぶら。しぼう。動物性のあぶら。常温で液体のものを「油」、固体のものを「脂」、また肉のあぶらを「膏」と書き分けることがある。⇒〔油〕(4070)の表 ❷やに。特に、樹皮から分泌する粘液をいう。『樹脂(ジュシ)』『松脂(まつやに)』『目脂(めやに)』❸べに。化粧用のあぶら。『脂粉』❹熟字訓。『瓊脂(ところてん)』『雲脂(ふけ)』

❶あぶら。しぼう。

下接 牛脂(ギュウシ)・凝脂(ギョウシ)・獣脂(ジュウシ)・脱脂(ダッシ)・豚脂(トンシ)・皮脂(ヒシ)・油脂(ユシ)

【脂膏(シコウ)】 ①動物のあぶら。②(肉体からにじみ出るあぶらの意) 心身を労して得た収益のたとえ。

【脂膩(シジ)】 からだからにじみ出たあぶら。あぶらあか。

【脂燭(シショク|シソク)】 小型の照明具。紙や布を細く巻いてよった上にあぶらを塗ってともすもの。

【脂肪(シボウ)】 油脂のうち常温で固体のもの。『皮下脂肪』

❸べに。

下接 臙脂(エンジ)・口脂(コウシ)・紅脂(コウシ)・丹脂(タンシ)

【脂粉(シフン)】 べにとおしろい。転じて、女性の化粧。『脂粉の香(カ)〔＝なまめかしい化粧のにおい〕』

6351
【脆】
3240 4048 90C6 肉－6
(6352)【脃】 *5408 肉－6
セイ漢・ゼイ慣/cuì/もろい

字解 形声。肉＋絕(たつ)省声。切りやすい肉の意から、もろい意。

意味 ❶もろい。こわれやすい。よわい。『脆弱』『脆薄』『柔脆』❷やわらかい。『脆美』『脆味』『甘脆(カンゼイ)』

【脆弱(ゼイジャク)】 もろくて弱いこと。『脆弱な体』

【脆薄(ゼイハク)】 ①もろくてうすいこと。堅固でないこと。②誠実でないこと。親切でないこと。軽薄。

【脆美(ゼイビ)】 やわらかくてうまいこと。

【脆味(ゼイミ)】 歯切れがよくて、うまい味。

6353
【胴】
3825 4639 93B7 肉－6 常
トウ漢・**ドウ**慣/dòng

筆順 月 胴 胴 胴 胴 胴

字解 形声。肉＋同(→筒、つつ)声。筒状の内臓、大腸の意。日本では、どうの意に用いる。

[意味] ❶どう。首、手足を除いた体の中央部分。『胴衣』『胴囲』『寸胴ズンドウ』❷国どう。物の中央部分。また、楽器の中空部分。『胴乱』❸国どう。鎧よろい・剣道具で、胸や腹部をおおう部分。❹あて字など。『胴元』『胴欲』

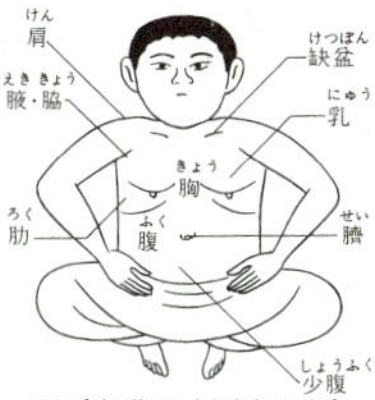

胴〔和漢三才図会より〕

❶首、手足を除いた体の中央部分。

【胴衣ドウイ・ドウぎ】[1]（ドウイ）上半身につけるそでのない服。胴着ドウぎ。『救命胴衣』[2]（ドウぎ）上着と肌着の間に着る和服用の下着の一。防寒用。

【胴囲ドウイ】腰の上ではかる、胴の周囲の長さ。ウエスト。

【胴体ドウタイ】からだの胴の部分。↓❷

❷（日本語で）物の中央部分。

【胴体ドウタイ】[国]船や飛行機の主体の部分。↑❶

【胴乱ドウラン】[国]採取した植物を入れておく亜鉛板でつくった携帯用の容器。

❹その他。あて字など。

【胴間声ドウまごえ】濁って調子のはずれた太い声。

【胴欲・胴慾ドウヨク】非常に欲の深いこと。また、非道であるさま。『胴欲な人』♥「貪欲ドンヨク」の変化した語。

6354【能】 3929 473D 945C 肉－6 [常]5 ノウ呉・ドウ漢・ナイ呉・ダイ漢／néng・nài／よい・よく・よくす・あたう

[筆順] ム … 能

[字解] 象形。尾をあげ大きな口を開いた獣に象り、くまの意を表すという。借りて、能力がありできる意に用いる。

金文 篆文

[同属字] 態・熊

[参考] 万葉仮名では音を借りて「の(乙)」。

[意味] ❶あたう。よく。…できる。可能を示す助字。肯定文の場合は多く「よく」と訓読し、否定文で「不レ能」とある場合には下から返って「あたわず」と読む。＊戦国策‐斉「吾能為二之足一われよくこれがあしをつくる」〔＝私は(蛇の)足を描くことができる〕＊孟子‐梁恵王上「非レ不レ能、不レ為也なさざるなりあたわざるにあらず」〔＝物事を成就できないのは、やる能力があるのに、それを発揮しないからである〕❷よくす。よくする。うまくできる。する能力がある。『能弁』『能吏』『可能カノウ』『堪能カンノウ・タンノウ』『不能フノウ』❸はたらき。わざ。㋑物事をしとげる力。『能ある鷹たかは爪つめを隠す』『能力』『機能キノウ』『才能サイノウ』『性能セイノウ』＊論語‐泰伯「以レ能問二於不能一ノウをもってフノウにとう」〔＝才能があるにもかかわらず、才能のない者にもたずねる〕㋺ききめ。効果。作用。『放射能ホウシャノウ』『万能薬バンノウヤク』『効能コウノウ』❹はたらきかける。『能記』『能動』『所能ショノウ』❺国日本の芸能の一。「能楽」のこと。『能狂言』『能装束』『能面』❻国「能登国のとのくに」の略。北陸道七か国の一。今の石川県の一部。『加越能』『能州』 ⇒〔才〕(2673)の[表]

❷よくする。うまくできる。

【能幹ノウカン】能力・才能のあること。才幹。

【能士ノウシ】才能のある立派な人。

【能事ノウジ】[1]なしうること。転じて、しなければならないこと。[2]特別にすぐれたわざ。【能事畢おわれり】なすべきことをすべて終えたこと。〔易経‐繋辞伝上〕

【能書ノウショ】文字を巧みに書くこと。能筆。

【能否ノウヒ】できることとできないこと。可能と不可能。

【能筆ノウヒツ】文字を上手に書くこと。能筆家。↔悪筆

【能文ノウブン】文章の巧みなこと。

【能弁ノウベン】よどみなく巧みにしゃべること。↔訥弁トツベン

【能吏ノウリ】能力のすぐれた役人。

❸はたらき。わざ。また、ききめ。効果。

[下接] 異能イノウ・官能カンノウ・機能キノウ・技能ギノウ・芸能ゲイノウ・権能ケンノウ・賢能ケンノウ・効能コウノウ・才能サイノウ・材能ザイノウ／サイノウ・十能ジュウノウ・殊能シュノウ・職能ショクノウ・性能セイノウ・全能ゼンノウ・多能タノウ・知能チノウ・低能テイノウ・万能バンノウ・本能ホンノウ・無能ムノウ・有能ユウノウ・良能リョウノウ

【能率ノウリツ】一定の時間に出来上がる仕事の割合。

【能力ノウリョク】物事をやり遂げることのできる力。

❹はたらきかける。

【能化ノウケ】[1]仏語。師として他を教化できる者。主として仏菩薩をさす。↔所化。[2]寺院・宗派の指導者。

【能動ノウドウ】他からの働きかけを待たずに自ら活動すること。↔受動。『能動的』

❺日本の芸能の一。

[下接] 演能エンノウ・切能きりノウ・尾能きりノウ・式能シキノウ

【能楽ノウガク】[国]日本の芸能の一。室町時代に、観阿弥カンアミ、世阿弥ゼアミらによって完成されたもの。謡をうたいながら、囃子はやしに合わせて演じ、多くは仮面をつける。

【能面ノウメン】[国]能楽に用いる仮面。おもて。

[難読地名] 能生のう町(新潟) 能美のうみ町(広島) 能義のぎ郡(島根) 能代のしろ市(秋田) 能勢のせ町(大阪) 能美のみ郡(石川)

6355【脄】 ―― 肉－6 バイ漢／méi

[字解] 形声。肉＋灰(声)。背骨の両わきの肉の意。〔背〕の図九八二頁 ↓

6356【胼】 7106 6726 E445 肉－6 ヘン「胼」(6378)の異体字

6357【脈】 4414 4C2E 96AC 肉－6 [常]4 ミャク呉・バク漢／mài・mò／すじ・みち

(6344)【脉】 7087 6677 E3F5 肉－5

(6358)【脈】 ―― 肉－6 旧字

[筆順] 月 … 脈

[字解] 形声。肉＋𠂢(支流)(声)。からだを流れる血のすじの意。もと衇。

[意味] ❶すじ。血管。『脈管』『動脈』『静脈』❷みゃく。血管から感じられる心臓の鼓動。『脈動』❸みち。みちすじ。一筋に続くもの。また、物事のすじみち。『脈絡』『人脈』『水脈』

❶すじ。血管。

竹米糸缶网(罒・冂・㓁)羊羽(⺷)老(耂)而耒耳聿肉(月) 6画 臣自至臼(臼)舌舛(舛)舟艮色艸(艹・艹・⺾)虍虫血行衣(衤)襾(覀・西)

竹米糸缶网(⺳・⺲・罒)羊羽(⺶)老(耂)而耒耳聿肉(月) 6画 臣自至臼(臼)舌舛(舛)舟艮色艸(艹・艹・艹)虍虫血行衣(衤)西(覀・西)

[下接] 気脈(キミャク)・血脈(ケツミャク)・静脈(ジョウミャク)・動脈(ドウミャク)

【脈管】(ミャクカン) 動物の体内で体液を流す管。血管、リンパ管など。

【脈絡】(ミャクラク) 血の流れる管。血管。→❸

❷ みゃく。心臓の鼓動。

【脈動】(ミャクドウ) 脈搏のように、継続的な動きをすること。

【脈搏・脈拍】(ミャクハク) 心臓の搏動につれて起こる動脈内の圧力変動が、末梢(マッショウ)動脈に伝わるもの。プルス。脈。

❸ みち。みちすじ。

[下接] 一脈(イチミャク)・気脈(キミャク)・金脈(キンミャク)・鉱脈(コウミャク)・語脈(ゴミャク)・山脈(サンミャク)(やますじ)・支脈(シミャク)・主脈(シュミャク)・人脈(ジンミャク)・水脈(スイミャク)(みお)・泉脈(センミャク)・分脈(ブンミャク)・文脈(ブンミャク)・法脈(ホウミャク)・命脈(メイミャク)・葉脈(ヨウミャク)・乱脈(ランミャク)

【脈脈】(ミャクミャク) 長く続いて絶えないさま。

【脈絡】(ミャクラク) 物事の続き、つながり。筋道。→❶

【脈理】(ミャクリ) つながり。筋道。

6359 【脚】 2151 3553 8B72 肉－7 [常] (6382)【腳】 肉－9

キャク[呉]・キャ[漢][唐] jiǎo・jué/あし

[筆順] 脚

[字解] 形声。肉＋却(=卻、うしろへ曲がりくぼむ)[声]。ひざでうしろへ曲がるあしの意。

[意味] ❶あし。下肢の、膝から下の部分。また、下肢全体。『脚線』『脚力』 ❷足のような部分。足のように下部にある部分。『脚韻』『脚注』 ❸あしのついている道具を数える語。『椅子三脚』『机一脚』 ❹足で歩くように動くもの。『雨脚(ウキャク)(あまあし)』『雲脚(ウンキャク)(くもあし)』『船脚(センキャク)(ふなあし)』 ❺あしば。立場。身分。『脚色』『立脚(リッキャク)』『失脚(シッキャク)』

⇒〔足〕(7804)の[表]

❶ あし。膝から下の部分。また、足全体。

[下接] 行脚(アンギャ)・健脚(ケンキャク)・赤脚(セキキャク)・隻脚(セッキャク)・前脚(ゼンキャク)・鉄脚(テッキャク)・馬脚(バキャク)・飛脚(ヒキャク)・両脚(リョウキャク)

【脚気】(カッケ) 足の感覚が麻痺(マヒ)したり脛(すね)がむくんだりする病気。ビタミンB_1の欠乏により起こる。

【脚線】(キャクセン) 脚の輪郭を表す線。『脚線美』

【脚力】(キャクリョク) 歩いたり走ったりする足のちから。

【脚下】(キャッカ) あしもと。足の下。

【脚光】(キャッコウ) 舞台の前端から登場者にあてる照明。フットライト。『脚光を浴びる(=社会の注目の的となる)』

【脚絆・脚半】(キャハン) [国]動きやすくするために脛(すね)をつつむようにあてる布。はばき。

❷ 足のように下部にある部分。

[下接] 韻脚(インキャク)・橋脚(キョウキャク)・三脚(サンキャク)・山脚(サンキャク)

【脚韻】(キャクイン) 詩歌(シイカ)などの句末や行末に同じ韻をそろえること。↔頭韻。『脚韻を踏む』

【脚注・脚註】(キャクチュウ) 書物などの本文の下欄に記した注記。↔頭注(トウチュウ)

【脚立・脚榻】(キャタツ) [国]二つの短いはしごを八の字形に合わせ、上に踏み板を取り付けた台。

❺ あしば。立場。身分。

【脚色】(キャクショク) [1]古代中国で、出仕する際に提出した身分証明書。また、履歴書。[2]中国、元・明以後、演劇の仕組書。また、俳優の役柄、扮装。[3][国]小説や事件を、演劇や映画の脚本に仕組むこと。転じて、事実を粉飾して伝えること。

【脚本】(キャクホン) 演劇や映画のせりふ、動作などを記したもの。台本。シナリオ。『脚本家』

6360 【脛】 7090 667A E3F8 肉－7

ケイ[漢] jìng/すね・はぎ

[字解] 形声。肉＋巠(まっすぐ)[声]。まっすぐなすねの意。

[意味] ❶すね。はぎ。ひざから足首の部分。『脛骨』⬇〔足〕の図(一六一頁)。 ❷『脛脛(ケイケイ)』は、まっすぐなさま。

【脛骨】(ケイコツ) 膝(ひざ)と足首との間を走っている二つの骨のうち内側の太い方の骨。

【脛巾】(はばき) 旅行などの時に、動きやすくするために、すねに巻きつけた布。脚絆(キャハン)。

6361 【脱】 3506 4326 9245 肉－7 [常] (6362)【脫】 肉－7 旧字

ダツ[呉]・タツ[漢]・タイ[漢] tuō・tuì/ぬぐ・ぬげる

[筆順] 脱

[字解] 形声。肉＋兌(とりさる)[声]。肉がおちてやせることから、ぬぐ意。

[意味] ❶ぬぐ。『脱衣』『脱皮』『着脱(チャクダツ)』 ❷取り除く。取り去る。取れてなくなる。『脱色』『脱水』『虚脱(キョダツ)』 ❸もれ落ちる。落とす。『脱字』『脱漏』 ❹ぬけ出る。ぬけ出す。また、にげ出す。『窮地を脱する』『脱退』『脱走』 ❺はずれる。『脱線』『逸脱(イツダツ)』『乱脱(ランダツ)』 ❻おおまか。そまつ。 ❼もし。かりに。

❶ ぬぐ。

【脱衣】(ダツイ) 衣服をぬぐこと。↔着衣。『脱衣場』

【脱化】(ダッカ) [1]昆虫などが殻(から)をぬいで形を変えること。[2]古い形式からぬけ出して新しい形に変わること。

【脱屣】(ダッシ) [1]はきものをぬぎ捨てるように、愛着の念なく物を捨てさること。[2][国]天子が帝位を退くこと。

【脱皮】(ダッピ) [1]動物が成長の途中で、皮をぬぎ捨てること。『へびの脱皮』[2]古い考えや習慣などからぬけ出して新しい方向をとること。『因習から脱皮する』

【脱帽】(ダツボウ) 帽子をぬぐこと。転じて、敬意を表すこと。降参すること。↔着帽。『彼の熱意には脱帽する』

❷ 取り除く。取り去る。

【脱穀】(ダッコク) 穀粒を穂から取り離すこと。また、穀粒からもみがらを取り去ること。

【脱脂】(ダッシ) 蠟(ロウ)質、油脂などを取り除くこと。『脱脂綿』『脱脂粉乳』

【脱臭】(ダッシュウ) 臭気を除去すること。『脱臭剤』

【脱色】(ダッショク) 本来の色や染めた色を取り去ること。

【脱水】(ダッスイ) [1]水分を除去すること。『脱水機』[2]体内の水分が欠乏すること。『脱水症状』

【脱疽】(ダッソ) 身体組織の一部が局所死に陥る状態。壊疽。

【脱糞】(ダップン) 大便を出すこと。

【脱毛】(ダツモウ) [1]毛が抜け落ちること。『脱毛症』[2]毛を抜くこと。『脱毛剤』

【脱力】(ダツリョク) 体から力が抜けること。『脱力感』

❸ もれ落ちる。落とす。

[下接] 誤脱(ゴダツ)・剝脱(ハクダツ)・乱脱(ランダツ)・漏脱(ロウダツ)

【脱字ダツジ】書き落としたり、印刷で組み落としたりした文字。↔衍字エンジ。『誤字脱字』
【脱文ダツブン】抜け落ちた文句。
【脱落ダツラク】①抜け落ちること。『字句の脱落がある』②ついていけなくなって取り残されること。落伍ラクゴ。
【脱漏ダツロウ】本来あるべきものがもれ落ちること。

❹ぬけ出る。ぬけ出す。

【脱会ダツカイ】会から脱退すること。↔入会。『脱会届』
【脱却ダツキャク】捨て去ること。ある状態からぬけ出ること。

下接 穎脱エイダツ・解脱ゲダツ・洒脱シャダツ・蟬脱ゼンダツ・超脱チョウダツ・離脱リダツ・円転滑脱エンテンカツダツ

【脱稿ダッコウ】原稿を書き終えること。↔起稿
【脱獄ダツゴク】囚人が刑務所から逃げること。『脱獄犯』
【脱出ダッシュツ】のがれ出ること。『危地を脱出する』
【脱税ダツゼイ】納税義務者が、不正をして納税を怠ること。
【脱然ダツゼン・タイゼン】①(ダツゼン)今までの状態からすべてぬけ出るさま。病気・雑事・悪習などからさっぱりと離れたさまにいう。②(タイゼン)のんびりとしたさま。
【脱走ダッソウ】ぬけ出して逃げること。逃走。『脱走兵』
【脱俗ダツゾク】俗世間の気風からぬけ出ること。
【脱退ダッタイ】加入していた団体や会などをやめること。
【脱兎ダット】逃げ出したウサギ。転じて、きわめて速いことのたとえ。＊孫子-九地「後如二脱兎一、敵不レ及レ拒のちはだっとのごとく、てきふせぐにおよばず〔＝後にはおりから逃げ出したウサギのように(素早く敵を攻撃する。こうすれば)、敵がこれを防ぐことはできない〕」
【脱党ダットウ】所属している党派から脱退すること。
【脱藩ダッパン】国武士が藩籍を捨てて浪人となること。
【脱法ダッポウ】巧みに法の網をくぐりぬけること。

❺はずれる。

【脱臼ダッキュウ】関節がはずれること。『股関節脱臼』
【脱肛ダッコウ】肛門部の一部または全部が肛門外に出てくる状態。
【脱線ダッセン】①汽車、電車などの車輪が線路からはずれること。『脱線転覆事故』②常軌を逸した行動をすること。また、目的、本題からそれること。『話が脱線する』
【脱腸ダッチョウ】腹壁の異常な透き間から、腸の一部が腹腔フッコウ外に出てくる疾患。ヘルニア。

6363【脡】＊ 一一 肉-7 テイ漢/tǐng

字解 形声。肉+廷(まっすぐ)声。細長くのばしたほし肉、ほじしの意。

6364【脰】＊5419 肉-7 トウ漢/dòu

字解 形声。肉+豆(まっすぐに立つ、たかつき)声。まっすぐな首筋の意。

6365【脳】3930 473E 945D 肉-7 常6 (6393)【腦】7110 672A E449 肉-9 旧字

ノウ(ナウ)呉・ドウ(ダウ)漢/nǎo/なずき

筆順

字解 脳は、腦の略体。腦は形声。肉+𡿺(頭蓋に毛が生えはじめた幼児の頭)声。のうみその意。

意味 ❶のう。のうみそ。頭蓋骨の中にある灰白色の物質。『脳炎』『脳髄』『脳波』『大脳』❷あたま。頭部。また、頭の働き。『脳裏』『脳天』『頭脳ズノウ』『洗脳センノウ』❸重要なもの。中心となるもの。『首脳シュノウ』❹草木のしん(心)。ずい。『樟脳ショウノウ』『片脳ヘンノウ』『竜脳リュウノウ』❺あて字。『馬脳メノウ』

❶のう。のうみそ。

下接 肝脳カンノウ・間脳カンノウ・小脳ショウノウ・髄脳ズイノウ・大脳ダイノウ

【脳溢血ノウイッケツ】脳の血管が破れて出血すること。
【脳炎ノウエン】脳の炎症性疾患の総称。『日本脳炎』
【脳死ノウシ】人体の死亡の確認に当たって、心臓の停止を心臓死というのに対し、脳波の消失した状態をいう。
【脳症ノウショウ】高熱や呼吸障害などが原因で、意識障害などを起こす病状。
【脳漿ノウショウ】脳の表面や脳室内を満たす液体。
【脳震盪・脳振盪ノウシントウ】頭部の打撲などによって一時的に意識がなくなる状態。
【脳髄ノウズイ】大脳、小脳、延髄など脳全体の総称。脳。
【脳波ノウハ】脳の神経細胞が動くときに起こる微量の電流の変化。『脳波の検査』
【脳膜ノウマク】脳を包んでいる膜。『脳膜炎』
【脳味噌ノウミソ】「脳」の俗称。転じて、頭の働き。

❷あたま。また、頭の働き。

【脳天・脳巓ノウテン】国頭のてっぺん。
【脳裏・脳裡ノウリ】頭の中。心の中。『脳裏に浮かぶ』

6366【脗】＊5411 肉-7 ブン漢・フン慣/wěn/くちびる

字解 吻に同じ。くちびる、くちさきの意。

6367【脯】7093 667D E3FB 肉-7 フ漢・ホ慣/fǔ・pú

字解 形声。肉+甫(→薄、うすい)声。うすいほし肉、ほじしの意。

意味 ほじし。ほした肉。ほし肉。また、ほした果物。

【脯資ホシ】①ほし肉と糧食。②旅の費用。
【脯林ホリン】①ほし肉と肉の塩辛。②昔の残酷な刑罰。人を殺して、その肉をほし肉や塩辛にすること。

【豚】⇨7662

6368【腋】7094 667E E3FC 肉-8 エキ漢/yè/わき

字解 形声。肉+夜(→亦、わき)声。わきの意。

意味 わき。人間のわきの下。また、一般にそのような場所。『闕腋ケッテキ』『縫腋ホウエキ』『葉腋ヨウエキ』『両腋リョウエキ』

【腋窩エキカ】わきの下のくぼんだ所。
【腋芽エキガ】葉の付け根にはえる芽。
【腋臭エキシュウ・わきが】わきの下の汗が悪臭を放つ病気。胡臭。

6369【腒】＊5427 肉-8 キョ漢/jū

字解 形声。肉+居声。ほし肉、ほじしの意。

6370【腔】2548 3950 8D6F 肉-8 コウ(カウ)呉漢・クウ慣/qiāng

字解 形声。肉+空(何もない)声。体内の空虚なところの意。

意味 ❶体内の空虚になっている部分。『腔腸』『胃腔イ

コウ』『胸腔』『口腔』『体腔』『鼻腔』❷からだ。身のうち。『腹腔』『満腔』❸歌のふし。調子。
【腔腸】クラゲ、イソギンチャクなどの体内で、胃の働きをする器官。『腔腸動物』

6371 【腊】 ＊5425 肉－8 セキ㊥/xī
字解 形声。肉＋昔(日数をかさねる)㊟。日を重ねよくほした肉、ほじし、また、ひものの意。

6372 【腅】 ＊5423 肉－8 タン㊥
字解 形声。肉＋炎㊟。にく、または肴の意。

6373 【脹】 3617 4431 92AF 肉－8 常 チョウ(チャウ)㊥/zhàng/ふくらむ・ふくれる・はれる
筆順 脹 脹 脹 脹 脹
字解 形声。肉＋長(→張、はる)㊟。ふくれる意。
意味 ❶ふくれる。㋑腹がふくれる。『脹満』㋺物がふくれる。『膨脹』❷はれる。『腫脹』
【脹満】腹腔の内部にガスなどがたまり、腹のふくれる病気。

6374 【腆】 7102 6722 E441 肉－8 テン㊥/tiǎn
字解 形声。肉＋典(おく・そなえる)㊟。御馳走をたくさん供える、おおい意。

6375 【脾】 7103 6723 E442 肉－8 ヒ㊥/pí
字解 形声。肉＋卑(ひくい)㊟。胃より低いところにある臓器の意。
意味 ❶ひ。胃の左側にある内臓。『脾臓』『脾疳』『肝脾』⬇〔五臓六腑〕の図四九頁。❷もも。腰に続く足の上部。『脾肉之嘆〔＝髀肉之嘆〕』
【脾疳】身体がやせ、腹がふくれてくる小児病。
【脾臓】臓器の一。循環血液の量を調節したり、古くなった赤血球を破壊したりする。脾。
【脾腹】よこばら。わきばら。

6376 【腓】 7104 6724 E443 肉－8 ヒ㊥/féi/こむら
字解 形声。肉＋非(→肥、ふくらむ)㊟。すねのうしろのふくらんだところ、こむらの意。
意味 ❶こむら。ふくらはぎ。❷足切りの刑罰。

6377 【腑】 7105 6725 E444 肉－8 フ㊤㊥/fǔ/はらわた
字解 形声。肉＋府(くら)㊟。栄養や液汁をしまっておくからだの中の倉、はらわたの意。
意味 ❶はらわた。動物の臓器。『胃の腑』『五臓六腑』『臓腑』❷こころ。心のなか。『肺腑』『腑に落ちない〔＝納得できない〕』『腑が抜ける〔＝気力がなくなる〕』❸身うちや親しい人のたとえ。

6378 【胼】 (6356)〔胼〕 7106 6726 E445 肉－6 ヘン㊥/piān/たこ
字解 形声。月＋井㊟。
意味 ❶たこ。手の皮があつくなった所。❷あかぎれ。ひび。
【胼胝】常に摩擦圧迫を受けた表皮の一部が、異常に肥厚して角質化したもの。

6379 【腕】 4751 4F53 9872 肉－8 常 ワン㊤㊥/wàn/うで・かいな
筆順 腕 腕 腕 腕 腕 腕
字解 形声。肉＋宛(曲げる)㊟。曲げて動かすうでの意。
意味 ❶うで。㋑ひじと手首の間。また、肩と手首のあいだ。『腕章』『腕力』『左腕』㋺手首。『腕骨』❷うでまえ。能力。『手腕』『敏腕』❸あて字。『腕白』
下接 ①右腕・左腕・隻腕・前腕・鉄腕・切歯扼腕 ②才腕・手腕・敏腕・辣腕
【腕骨】手首の骨。
【腕章】しるしとしてうでに巻く布。
【腕白】国子供がいたずらでやんちゃなこと。『腕白小僧』◆「カンパク(関白)」の変化ともいう。
【腕力】うでの力。肉体的な力。また、暴力。

6380 【腽】 ―― 肉－9 オツ 「膃」(6398)の異体字

6381 【腭】 ＊5434 肉－9 ガク㊥/è/あご
字解 形声。肉＋咢㊟。齶の別体。はぐきの意。また、「腭門」は、あごのこと。

6382 【脚】 ―― 肉－9 キャク 「脚」(6359)の異体字

6383 【腢】 ―― 肉－9 グ㊥・ゴウ/ǒu
字解 形声。肉＋禺㊟。かたさき、かたの前面の意。⬇〔背〕の図九八二頁

6384 【腱】 7107 6727 E446 肉－9 ケン㊥/jiàn
字解 形声。肉＋建㊟。
意味 筋のつけね。骨格筋の両端にあり、筋肉を骨格などに結びつける組織。『腱鞘炎』『アキレス腱』

6385 【腮】 7108 6728 E447 肉－9 サイ㊥/sāi/あご
字解 形声。肉＋思㊟。あごの意。顋に同じ。また、俗にえらの意。⬇〔顔〕の図一三二〇頁

6386 【腫】 2880 3C70 8EEE 肉－9 シュ㊤・ショウ㊥/zhǒng/はれる・はらす・はれ
字解 形声。肉＋重(ふくれておもい)㊟。はれる意。
意味 はれる。むくむ。また、はれもの。できもの。
下接 癌腫・筋腫・水腫・肉腫・浮腫
【腫脹】腫瘍または炎症で、体の一部がはれあがること。
【腫物】できもの。はれもの。
【腫瘍】体の細胞が周囲組織と無関係に異常に増殖した病的組織。『脳腫瘍』

6387 【腥】 7109 6729 E448 肉－9 セイ㊥/xīng/なまぐさい

字解 形声。肉＋星(ほし)声。星のように小さな脂肪の粒がまじる豚のしもふり肉から、なまぐさい意。また、星は生に通じて、腥はなまぐさい意が原義とも。

意味 ❶なまぐさい。きたない。また、なまの肉。『腥臭』『腥膩』 ❷けがれる。『腥聞』

【腥膩セイジ】なまぐさく、あぶらじみていること。

【腥臭セイシュウ】なまぐさいにおい。

【腥聞セイブン】身持ちが悪いという、うわさ。

6388 【腺】 3303 4123 9142 肉−9 セン 慣／xiàn
字解 国字。形声。肉＋泉声。体内の分泌作用を司る器官の意。オランダ語 klier の訳字。中国でも用いる。
意味 せん。生物体中にある、分泌・排泄を行う器官。
下接 汗腺カンセン・胸腺キョウセン・頸腺ケイセン・毒腺ドクセン・乳腺ニュウセン・蜜腺ミツセン・涙腺ルイセン・甲状腺コウジョウセン
【腺病質センビョウシツ】体格が貧弱で、貧血気味の神経質な子供の体質。

6389 【腠】 *5429 肉−9 ソウ 漢／còu／はだ
字解 形声。肉＋奏声。
意味 はだ(膚)。また、はだのきめ。『腠理ソウリ』

6390 【腿】 3460 425C 91DA 肉−9 タイ 「腿」(6403)の異体字

6391 【腟】 7121 6735 E454 肉−9 チツ 「膣」(6410)の異体字

6392 【腸】 3618 4432 92B0 肉−9 常4 (6411)【膓】 7122 6736 E455 肉−11
チョウ(チャウ) 漢／cháng／はらわた・わた
筆順 腸 腸 腸 腸 腸 腸
字解 形声。肉＋昜(↓暢、のびあがる・長くのびる)声。
意味 はらわた。㋑胃から肛門へとつながる消化器官。『腸満』 ㋺転じて、こころ。精神。『腸断』『腸肚』『心腸シンチョウ』『愁腸シュウチョウ』『石腸セキチョウ』
下接 胃腸イチョウ・回腸カイチョウ・浣腸カンチョウ・空腸クウチョウ・結腸ケッチョウ・腔腸コウチョウ・剛腸ゴウチョウ・枯腸コチョウ・鼓腸コチョウ・愁腸シュウチョウ・小腸ショウチョウ・心腸シンチョウ・寸腸スンチョウ・石腸セキチョウ・俗腸ゾクチョウ・大腸ダイチョウ・断腸ダンチョウ・中腸チュウチョウ・直腸チョクチョウ・熱腸ネッチョウ・盲腸モウチョウ・羊腸ヨウチョウ・十二指腸ジュウニシチョウ／海鼠腸このわた
【腸断チョウダン】はらわたがちぎれるほど悲しむこと。＊白居易−長恨歌「夜雨聞レ鈴腸断声ヤウにすずをきけばチョウダンのこえ」〔＝夜の雨に聞く鈴は、はらわたのちぎれるような悲しい音色である〕
【腸肚チョウト】はら。また、心の中。
【腸満チョウマン】腹腔フッコウ内部に液体やガスなどがたまり、腹のふくれる病気。

6393 【腦】 7110 672A E449 肉−9 ノウ 「脳」(6365)の旧字

6394 【腹】 4202 4A22 95A0 肉−9 常6 フク 呉漢／fù／はら
筆順 腹 腹 腹 腹 腹 腹
字解 形声。肉＋复(↓包、おおいつつむ)声。内臓をおおいつつむ肉、はらの意。金文は、肉に従わない。
金文 
篆文 
意味 ❶はら。おなか。体の中央部。『腹水』『腹痛』『切腹』 ❷一般に、はらに相当する部分。『山腹』『船腹』『中腹』 ❸こころ。こころの中。考え。また、度量。『腹案』『立腹』 ❹母親のはら。生んだ母体。『異腹イフク』『妾腹ショウフク』『同腹ドウフク』 ❺あて字。『鱈腹たらふく』
下接 按腹アンプク・開腹カイフク・割腹カップク・魚腹ギョフク・空腹クウフク・口腹コウフク・鼓腹コフク・私腹シフク・自腹ジばら・心腹シンプク・切腹セップク・屠腹トフク・抱腹ホウフク・満腹マンプク

❶はら。おなか。

【腹腔フクコウ・フッコウ】脊椎セキツイ動物の横隔膜より下で骨盤腔にいたる部分。医学用語としては「フックウ」。

【腹笥フクシ】腹中の本箱。学問のたくわえ。蘊蓄ウンチク。

【腹疾フクシツ】腹部の病気。はらいた、はらくだりなど。

【腹心フクシン】腹と胸。転じて、心の奥底。また、自分の腹とも胸ともたのむ人。深く信頼できる人。『腹心の部下』

【腹心之疾フクシンのシツ】腹や胸の病気。救いがたい心配ごとや除きがたい内部の敵のたとえ。〔左伝−哀公六年〕

【腹水フクスイ】腹腔中にたまった液体。心臓や腎臓ジンゾウの疾患のときなどに生じる。

【腹足類フクソクルイ】軟体動物門の一綱。巻き貝の類で、腹面が広く、筋肉が発達し足となる。

【腹痛フクツウ・はらいた】腹部の痛みの総称。

【腹背フクハイ】腹と背。転じて、前と後ろ。

【腹壁フクヘキ】腹腔の内側壁。

【腹膜フクマク】腹腔内で内臓を覆っている漿膜ショウマク。

【腹話術フクワジュツ】口をほとんど動かさず話す術。特に、人形を使い、人形が話しているようにみせる芸。

【腹筋フッキン・はらすじ】腹部の筋肉の総称。『腹筋運動』

❸こころ。こころの中。

下接 剛腹ゴウフク・心腹シンプク・立腹リップク・面従腹背メンジュウフクハイ
【腹案フクアン】計画などをあらかじめ心の中で考えておくこと。また、その考え。『私に腹案がある』
【腹稿フクコウ】心の中に用意しておく草稿。
【腹蔵フクゾウ】国心の内に秘め隠すこと。『腹蔵ない意見』

6395 【腴】 7111 672B E44A 肉−9 ユ 漢／yú／こえる・ふとる
字解 形声。肉＋臾(両手でひきあげる、あがる)声。下腹部がこえる意から、こえる意。
意味 こえる。『膏腴コウユ』『上腴ジョウユ』

6396 【腰】 2588 3978 8D98 肉−9 常 (6397)【腰】 肉−9 旧字
ヨウ(エウ) 呉漢／yāo／こし
筆順 腰 腰 腰 腰 腰 腰
字解 形声。肉＋要(こし)声。こしの意。のちに、肉を加えた。
意味 こし。㋑背骨と骨盤がつながる部分。また、一般に、そのような部分。『腰椎』『腰痛』『柳腰』 ㋺こしに付ける。おびる。『腰刀』 ㋩国物をもちこたえる力。また、押し通す意気。㊁国粘り気。弾力。㋭国和歌の第三句。㋬国腰に付ける物の数を数える語。
下接 細腰サイヨウ・山腰サンヨウ・折腰セツヨウ・繊腰センヨウ・楚腰ソヨウ・蜂腰ホウヨウ・柳腰リュウヨウ／やなぎごし／尻腰しっこし
【腰間ヨウカン】腰のあたり。腰の回り。

竹米糸缶网(罒・⺳・皿)羊羽(羽)老(耂)而耒耳聿肉(月) 6画 臣自至臼(臼)舌舛(舛)舟艮色艸(⺾・艹・艹)虍虫血行衣(衤)襾(覀・西)

【腰斬(ヨウザン)】 中国、秦の時代の刑罰の一種。斬り台の上で罪人を裸にし腰から下を切り離すもの。
【腰椎(ヨウツイ)】 腰部にある脊椎(セキツイ)の部分。胸椎と仙椎の間にあり五個の骨から成る。
【腰痛(ヨウツウ)】 腰部の痛み。『腰痛体操』
【腰刀(ヨウトウ|こしがたな)】 腰に付ける刀。脇差(わきざし)。鞘巻(さやまき)。
【腰輿(ヨウヨ)】 乗り物の一種。屋形を据えた轅(ながえ)の前後から手で腰にそえて持ち上げるところからいう。
【腰巾着(こしギンチャク)】 腰に付ける巾着。転じて、いつもある人につき従っている者。

6398 【膃】 7112 672C E44B 肉-10 (6380)〔膃〕 肉-9

オツ(ヲツ)漢・ワツ漢/wà

字解 形声。肉＋𥁕声。

意味 ❶「膃肭(オットツ)」は、肥えてやわらかいさま。❷「膃肭臍(おっとせい)」は、アシカ科の哺乳(ホニュウ)類。▶②は、アイヌ語のonnepを中国で「膃肭」と音訳し、その臍(ほぞ)が薬用にされ、「膃肭臍」と呼ばれる薬として日本に入ってきたところからいう。

6399 【膈】 7113 672D E44C 肉-10 (6400)〔膈〕 肉-10

カク漢/gé

字解 形声。肉＋鬲(↓隔、へだてる)声。

意味 ❶胸腔と腹腔との間。横隔膜。『肝膈(カンカク)』『胸膈(キョウカク)』❷胸のうち。胸中。❸鐘をつるす木。つりぎ。

6401 【膁】 *5437 肉-10

ケン漢/liǎn

字解 形声。肉＋兼声。

意味 腰の両わきの、肉が落ちくぼんでいるところ。〔背〕の図九八二頁

6402 【膆】 *5441 肉-10

ソ漢/sù/ものはみ

字解 形声。肉＋素声。肥える、また、鳥のえぶくろの意。

6403 【腿】 肉-10 (6390)〔腿〕 3460 425C 91DA 肉-9 †

タイ漢/tuǐ/もも

字解 形声。肉＋退声。

意味 もも(股)とすね(脛)の総称。日本では、主にもも。

➡〔足〕の図一二六一頁

下接 下腿(カタイ)・上腿(ジョウタイ)・大腿(ダイタイ)/太腿(ふともも)

6404 【膊】 7114 672E E44D 肉-10

ハク漢/bó/ほじし

字解 形声。肉＋尃(しきのばす)声。薄く切ってほした肉、ほじしの意。

意味 ❶ほじし。❷うで。肩から手首までの部分。『下膊(カハク)』『上膊(ジョウハク)』『臂膊(ヒハク)』

6405 【膀】 7115 672F E44E 肉-10

ボウ(バウ)呉・ホウ(ハウ)漢/pāng・bǎng/わきばら

字解 形声。肉＋旁(かたわら)声。わきばらの意。

意味 ❶わきばら。❷「膀胱(ボウコウ)」は、腎臓(ジンゾウ)で作られた尿を一時的にためておく袋状の器官。

6406 【膜】 4376 4B6C 968C 肉-10 常 (6413)〔膜〕 肉-11 旧字

マク呉・バク漢/mó

筆順 月 膜 膜 膜 膜 膜

字解 形声。肉＋莫(↓幕、おおうまく)声。体内の臓器を覆うまくの意。

意味 ❶まく。→下接。㋐生物の体内で、器官を包んだり隔てたりする薄い細胞膜。『膜質(マクシツ)』『膜壁(マクヘキ)』『角膜』『胸膜』『結膜』㋺物の表面を包む薄い皮。『義膜』『被膜』❷「膜拝(モハイ)」は、胡人が行う礼拝。両手を上げ、伏し拝む。

下接 角膜(カクマク)・隔膜(カクマク)・義膜(ギマク)・偽膜(ギマク)・胸膜(キョウマク)・鞏膜(キョウマク)・結膜(ケツマク)・骨膜(コツマク)・鼓膜(コマク)・粘膜(ネンマク)・脳膜(ノウマク)・皮膜(ヒマク)・被膜(ヒマク)・腹膜(フクマク)・弁膜(ベンマク)・網膜(モウマク)・羊膜(ヨウマク)・肋膜(ロクマク)・細胞膜(サイボウマク)

6407 【膕】 7118 6732 E451 肉-11

カク(クヮク)漢/guó/ひかがみ・よぼろ

字解 形声。肉＋國声。

意味 ひかがみ。よぼろ。ひざの後ろのくぼんだ所。

➡〔足〕の図一二六一頁

6408 【膠】 7117 6731 E450 肉-11

キョウ(ケウ)呉・コウ(カウ)漢/jiāo/にかわ

字解 形声。肉＋翏(まつわりながらつらなる)声。動物の骨・皮などを煮つめて作った、ねばるにかわの意。

意味 ❶にかわ。動物の皮や骨などを煮つめて作る接着剤。『膠化』『膠漆』『折膠(セッコウ)』❷にかわではりつける。また、そのようにねばりつく。しっかりとついて動かない。かたい。『膠固』『膠着』❸国「鰾膠・鮸膠(にべ)」は、ニベ科の海魚ニベの浮き袋から製したにかわ。また、その粘り気からの連想で、「膠(にべ)に無い」とも当てる。

❶ にかわ。

【膠化(コウカ)】 ゼリー状に固まること。
【膠漆(コウシツ)】 にかわとうるし。また、それらでつけたように固着していること。【膠漆之交(コウシツのまじわり)】 にかわとうるしのように固くついて離れることのない交際。〔元稹-説剣〕
【膠質(コウシツ)】 コロイド。にかわに似た状態の物質。
【膠状(コウジョウ)】 にかわのように粘りつく状態。
【膠折(コウセツ)】 にかわが折れること。寒いと、にかわが折れやすいことから、寒冷な気候をいう。

❷ にかわではりつける。

【膠固(コウコ)】 ①にかわでつけたように固いこと。②こり固まって融通のきかないこと。
【膠瑟(コウシツ)】 ＝膠柱(コウチュウ)
【膠着(コウチャク)】 にかわではりつけたように粘りつくこと。また、状態が固定して変化しないこと。『膠着状態』
【膠柱(コウチュウ)】 (「柱」は「ことじ(琴柱)」の意) 法則にこだわっていて、融通がきかないことをたとえていう語。〔史記-廉頗藺相如伝〕▶柱(ことじ)に膠(にかわ)して瑟(シツ)を鼓(こ)す。琴柱を膠で固定しては調律がうまくいかない、というところから。

6409 【膝】 4108 4928 9547 肉-11

シチ呉・シツ漢/xī/ひざ

字解 形声。肉(＝卩、ひざまずく)＋桼(↓節、おりまげるふし)声。ひざの意。

意味 ひざ。腿(もも)と脛(はぎ)の間の部分。『鶴膝(カクシツ)』『屈膝(クッ…

『容膝（ヨウシツ）』『擁膝（ヨウシツ）』

【膝下（シッカ）】 [1]ひざもと。転じて、父母や目上の人の養護のもと。[2]父母などへの手紙の脇付（わきづけ）。

【膝蓋骨（シツガイコツ）】 ひざの関節の前にある皿状の骨。

【膝行（シッコウ）】 神前や貴人の前などで、ひざをついて進退すること。

6410 【膣】 7120 6734 E453 肉－11 (6391)〔膣〕 7121 6735 E454 肉－9
チツ(漢)/zhì
[字解] 形声。肉＋窒(声)。
[意味] ❶肉が生ずる。肉ができる。❷ちつ。女性の生殖器の一部。子宮の末端部にある管状の器官。もと、膣。

6411 【腸】 7122 6736 E455 肉－11
チョウ 「腸」(6392)の異体字

6412 【膘】 ＊5445 肉－11
ヒョウ(ヘウ)(漢)/biāo
[字解] 形声。肉＋票(声)。牛のわきばらのうしろ、髀（ヒ）の前にあり、皮と肉とがついたところのにくの意。

6413 【膜】 ―― 肉－11
マク 「膜」(6406)の旧字

6414 【膤】 7119 6733 E452 肉－11
音訓字義未詳

6415 【膩】 7123 6737 E456 肉－12
ニ(呉)・ジ(ヂ)(漢)/nì/あぶら
[字解] 形声。肉＋貳(↓昵、ねばりつく)(声)。ねばつくあぶらの意。
[参考] 万葉仮名では音を借りて「ぢ」。
[意味] ❶あぶら。また、あぶらぎる。❷あか。あぶらあか。『垢膩（コウジ）』 ❸なめらか。すべすべする。『膩滑』

【膩滑（ジカツ）】 あぶらけがあってなめらかなこと。

6416 【膲】 ＊5450 肉－12
ショウ(セウ)(漢)/jiāo/みのわた
[字解] 形声。肉＋焦(声)。
[意味] みのわた。中国古医学で六腑の一。

6417 【膵】 7125 6739 E458 肉－12
スイ(慣)/cuì
[字解] 国字。形声。肉＋萃(声)。すい液を分泌する器官の意。オランダ語 alvleeschの訳語。中国では胰（イ）という。
[意味] 「膵臓（スイゾウ）」は消化器官の一。胃の後下部に位置し、すい液を十二指腸に分泌する。

6418 【膳】 3323 4137 9156 肉－12
ゼン(呉)・セン(漢)/shàn/そなえる・かしわ・かしわで
[字解] 形声。肉＋善(よい)(声)。よく料理した肉から、よい料理の意。
[意味] ❶そなえる。すすめる。また、よく料理した食べ物。そなえもの。『膳羞』『膳夫』 ❷[国]ぜん。㋑食器をのせる台。『お膳を運ぶ』 ㋺めし。ごはん。食事。また、茶碗に盛った飯や箸（はし）一対を数える語。『一膳飯（イチゼンめし）』
[下接] 一膳（イチゼン）・客膳（キャクゼン）・食膳（ショクゼン）・配膳（ハイゼン）・本膳（ホンゼン）

【膳羞（ゼンシュウ）】 （「羞」は食物をすすめるの意）料理。ごちそう。

【膳部（ゼンブ）】 [1]膳に載せて出す料理。食膳。[2][国]料理人。

【膳夫（ゼンプ｜ゼンプ｜かしわで）】 料理人。

6419 【膰】 7124 6738 E457 肉－12
ハン(漢)/fán/ひもろぎ
[字解] 形声。肉＋番(声)。宗廟のまつりに供える焼いた肉、ひもろぎの意。一説に、番は翻に同じく、ひらひらさせる意とも。
[意味] ひもろぎ。まつりに供えるあぶり焼いた肉。

【膰俎（ハンソ）】 膰肉をのせて神前に供える台。

【膰肉（ハンニク）】 胙（ひもろぎ）の一つで、焼いて神前に供える肉。

6420 【膨】 4336 4B44 9663 肉－12 [常]
ホウ(ハウ)(漢)・ボウ(バウ)(慣)/péng/ふくらむ・ふくれる・ふくれ
[筆順] 膨
[字解] 形声。肉＋彭(太鼓の音)(声)。からだが太鼓のようにふくらむ意。
[意味] ふくれる。ふくらむ。ふくれて大きくなる。

【膨大（ボウダイ）】 大きくふくれあがること。また、きわめて多いさま。『膨大な量』 書き換え「厖大→膨大」。

【膨張・膨脹（ボウチョウ）】 ふくれ広がること。↔収縮

6421 【臆】 1818 3232 89B0 肉－13
オク(呉)・ヨク(漢)/yì/むね
[字解] 形声。肉＋意(おもう)(声)。むねの意。
[参考] 熟語は「憶」(2603)をも見よ。
[意味] ❶むね。また、こころ。おもい。かんがえ。『胸臆（キョウオク）』 ❷おしはかる。推量する。『臆測』『臆断』 ❸おくする。気おくれする。おじける。『臆することなく話す』『臆病』『臆面』『怯臆（キョウオク）』

❷ おしはかる。推量する。

【臆見（オクケン｜オッケン）】 勝手な推測に基づく意見。

【臆説（オクセツ）】 推測や仮定に基づく意見。憶説。

【臆測（オクソク）】 当て推量。憶測。

【臆度（オクタク）】 おしはかること。憶測。

【臆断（オクダン）】 推測によって判断すること。憶断。

❸ おくする。気おくれする。

【臆病（オクビョウ）】 [国]ちょっとしたことにもこわがるさま。また、不必要に用心深いさま。小心。『臆病風（かぜ）』

【臆面（オクメン）】 [国]気おくれした顔つき。『臆面も無い』

6422 【膾】 7126 673A E459 肉－13
エ(ヱ)(呉)・カイ(クヮイ)(漢)/kuài/なます
[字解] 形声。肉＋會(あわせる)(声)。いろいろな生の肉を細く切り、あえた、なますの意。
[意味] ❶なます。細く切ったなまの肉。『膾炙』 ❷[国]なます。野菜などを細く切って、酢などであえた食べ物。

【膾炙（カイシャ）】 広く知れわたること。＊林嵩－周朴詩集序「一篇一詠、膾ﾆ炙人口ﾆ（イッペンイチエイ、ジンコウにカイシャす）」〔＝詩の一篇一篇が人々の口に上りもてはやされる〕」 「炙」はあぶり肉。なますとともに人々によく賞味されるところから。

6423 【膸】 7127 673B E45A 肉－13
スイ(漢)・ズイ(慣)/suǐ
[字解] 形声。肉＋遀(声)。髄の別体。

6424 【臊】 ＊5456 肉－13
ソウ(サウ)(漢)/sāo・sào

字解 形声。肉+喿(いらだつ)声。豚や犬のあぶら、また、そのにおいの意。
意味 ❶豚や犬のあぶら。また、そのにおい。❷なまぐさい。『臊羯狗』
【臊羯狗(ソウカツク)】なまぐさい、北方異民族の羯の犬。中国、唐の顔杲卿(ガンコウケイ)が安禄山(アンロクザン)をののしって言った語。

6425【膻】＊5452 肉-13 タン漢・セン漢/dǎn·shān
字解 形声。肉+亶(↓旦、あらわす)声。からだをあらわす、はだぬぐ意。
意味 ❶はだをぬぐ。「袒」に同じ。❷なまぐさい。「羶」に同じ。

6426【膽】7128 673C E45B 肉-13 タン 「胆」(6337)の異体字

6427【膿】3931 473F 945E 肉-13 ノウ呉・ドウ漢/nóng/うみ・うむ
字解 形声。肉+農(↓濃、こい・ねばる)声。からだから出るこくねばる液体、うみの意。
意味 うみ。はれものなどから出る汁。また、うみを持つ。うむ。ただれる。『膿汁(ノウジュウ)』『化膿(カノウ)』『血膿(ケツノウ)』
【膿胸(ノウキョウ)】肋膜腔(ロクマクコウ)に膿性の液体がたまる疾患。
【膿血(ノウケツ)】うみしると血。うみち。
【膿疱(ノウホウ)】多少盛り上がり、うみをもつ発疹(ハッシン)。
【膿瘍(ノウヨウ)】化膿性炎症が体の一局部に起こり、うみがその局部にたまったもの。

6428【臃】＊5454 肉-13 ヨウ漢/yōng
字解 形声。肉+雍声。はれものの意。癰・癕に同じ。

6429【臉】7132 6740 E45F 肉-13 ケン漢・レン漢・セン漢/liǎn
字解 形声。肉+僉声。
意味 ❶ほおで、目の下部にあたる部分。❷かお。

6430【臈】7137 6745 E464 肉-13 ロウ(ラフ)呉漢/là
字解 臘に同じ。

6画

6431【臑】7134 6742 E461 肉-14 ドウ(ダウ)漢・ジ漢・ジュ漢/nào·ér/すね
字解 形声。肉+需(やわらかい)声。羊や豚の前足の上半部のやわらかい肉の意。
意味 ❶うで。かいな。⇨〔手〕の図四八八頁。❷やわらかい。また、やわらかく煮る。❸国すね。ひざからくるぶしの間の部分。

6432【臎】＊5457 肉-14 スイ漢/cuì/ひたれ
字解 形声。肉+翠声。
意味 ひたれ。鳥の尾の近くの脂肪の多い肉。

6433【臍】7133 6741 E460 肉-14 サイ呉・セイ漢/qí/へそ・ほぞ
字解 形声。肉+齊(均衡がとれている)声。からだの中央にあるへその意。
意味 ❶へそ。ほぞ。『臍下丹田』『臍帯』❷へその形をしたもの。『櫓臍(ロべそ)』❸あて字。『膃肭臍(おっとせい)』
【臍下丹田(セイカタンデン)】へその下三寸(約九センチメートル)余りのところ。ここに気力を集めれば、健康を保ち勇気が生じるといわれている。〔雲笈七籤〕
【臍帯(セイタイ・サイタイ)】胎児のへそと胎盤とをつなぐ細長い帯状の器官。へその緒。

6434【臏】＊5458 肉-14 ヒン漢/bìn
字解 形声。肉+賓声。
意味 ❶ひざがしらの骨。ひざの皿。⇨〔足〕の図一一六一頁。❷あしきり。ひざの骨をたちきる刑罰。『臏脚(ヒンキャク)』

6435【臗】＊5460 肉-15 カン(クヮン)漢/kuān
字解 形声。肉+寛声。こしぼねの意。髖の別体。

6436【臓】3401 4221 919F 肉-15 常6 (6440)【臟】7139 6747 E466 肉-18 旧字 人
ゾウ(ザウ)呉・ソウ(サウ)漢/zàng/はらわた
筆順 月 臓 臓 臓 臓 臓
字解 臓は臟の略体。臟は形声。肉+藏(かくす)声。体内にある器官の意。
意味 はらわた。動物の体内にある種々の器官。
下接 肝臓(カンゾウ)・心臓(シンゾウ)・腎臓(ジンゾウ)・膵臓(スイゾウ)・内臓(ナイゾウ)・肺臓(ハイゾウ)・脾臓(ヒゾウ)・五臓・五臓六腑(ゴゾウロップ)
【臓器(ゾウキ)】動物の内臓器官。『臓器移植』
【臓腑(ゾウフ)】五臓と六腑。内臓。はらわた。
【臓物(ゾウモツ)】内臓。特に、鳥獣、魚などの内臓。もつ。

6437【臘】7136 6744 E463 肉-15 ロウ(ラフ)呉漢/là/くれ
字解 形声。肉+巤声。冬至後に行うまつりの名、また、年のくれの意。巤は、髪のむらがりはえた獣の象形で、臘は、獣を多くそなえて行うまつりの意とも。
意味 ❶冬至後の第三の戌(いぬ)の日に行う祭り。『伏臘(フクロウ)』❷くれ。年のくれ。陰暦一二月の別称。『臘月』『臘日』『臘八』『旧臘(キュウロウ)』『窮臘(キュウロウ)』❸僧侶の、得度後の修行年数。「臈」に同じ。❹『臘梅(ロウバイ)』は植物名。
【臘月(ロウゲツ)】陰暦一二月の異称。
【臘日(ロウジツ)】一年の最終の日。おおみそか。
【臘酒(ロウシュ)】陰暦一二月につくられる酒。
【臘八(ロウハチ)】陰暦一二月八日の称。釈尊成道の日として、臘八会を行う。

6438【臙】7135 6743 E462 肉-16 エン漢/yān/のど・べに
字解 形声。肉+燕声。のどの意。咽に同じ。
意味 ❶のど。「咽」「嚥」に同じ。❷べに。紅色の顔料。『臙脂』
【臙脂(エンジ)】黒みのある濃い紅色。臙脂色。

6439【臚】7138 6746 E465 肉-16 ロ呉・リョ漢/lú/はだ
字解 形声。肉+盧(くるりとひとまわりする)声。からだをまるくつつむ皮、はだの意。重文は、膚。
金文 篆文 重文
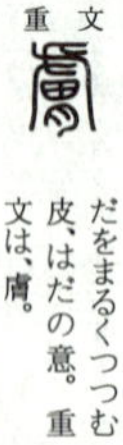
意味 ❶はだ。皮。❷つらなる。つらねる。『臚列』❸

つたえる。『臚言』
【臚言 ロゲン】言い伝えることば。
【臚列 ロレツ】連ね並べること。

6440 【臟】 7139 6747 E466 肉－18 ゾウ 「臓」(6436)の旧字

6441 【臞】 ＊5463 肉－18 ク漢/qú
字解 形声。肉＋瞿㊥。やせる意。癯に同じ。

6442 【⿰月簫】 ― 肉－19 ショウ(セウ)漢
字解 形声。肉＋簫㊥。あえものの意。

月

6443 【胡】 2453 3855 8CD3 肉－5 人 ゴ呉・コ漢・ウ唐/hú えびす・なんぞ・いずくんぞ
字解 形声。肉＋古(→固、かたまる)㊥。牛などのあごの垂れ下がった肉の意。借りて、えびす・なんぞの意に用いる。
同属字 葫・猢・瑚・糊・蝴・醐・餬
参考 万葉仮名では音を借りて「ご㊥」。
意味 ❶あごのたれさがった肉。転じて、あごひげ。『胡髯』❷えびす。中国で北方または西方から来る異民族の呼称。転じて、外国人。また、外来の。『胡弓』『胡馬』❸でたらめ。また、うたがわしいこと。『胡散』『胡説』❹年寄り。長生き。『胡考』❺㋑なに。なんぞ。いずくんぞ。どうして…か。疑問・反語を示す。＊陶潜‐詠貧士「此士胡独然 このシなんぞひとりしかるや」〔＝この男は、どうしてそうしなければならなかったのか〕㋺「胡不…(なんぞ…ざる)」の形で、どうして…しないのか、…しようではないか。反語を示す。「何不」に同じ。＊陶潜‐帰去来辞「帰去来兮、田園将蕪、胡不帰 かえりなんいざ、デンエンまさにあれなんとす、なんぞかえらざる」〔＝さあ、帰ろう。わが田畑は、今や荒れ果てようとしている。これが帰らずにいられようか〕❻人名。『胡安国』『胡亥』❼その他。熟字訓など。『胡坐 あぐら』『胡臭 わきが』

❶ あごひげ。
【胡髯 コゼン】あごひげ。
【胡蝶 コチョウ】美しいひげのあるチョウ。チョウの美称。
【胡蝶夢 コチョウのゆめ】夢と現実が定かでないことのたとえ。蝴蝶の夢。荘周の夢。故事 荘子が胡蝶となった夢を見、さめて後、自分が夢で胡蝶になったのか、胡蝶が今夢の中で自分になっているのか疑ったという故事から。〔荘子‐斉物論〕

❷ えびす。
【胡越 コエツ】北方の胡の国と南方の越の国。転じて、互いに遠くに離れていること。〔通鑑綱目‐唐紀〕
【胡笳 コカ】あしの葉を巻いて作った西域の異民族の笛。＊岑参‐胡笳歌、送顔真卿使赴河隴「君不聞胡笳声最悲 きみきかずやコカのこえもっともかなしきを」〔＝君には聞こえないか、胡笳の音色のいとも悲しいのが〕
【胡角 コカク】胡人が吹くつのぶえ。
【胡雁 コガン】ガン。かり。胡国の方に多くすむという。
【胡騎 コキ】北方の異民族の騎兵。
【胡弓 コキュウ】国東洋の弦楽器。形は三味線に似てやや小さい。弓でこすって弾く。
【胡琴 コキン】(胡人の弦楽器の意から)①中国、唐代における楽器「琵琶ビワ」の異称。②胡弓キュウの中国での称。③中国の奚琴ケイキンに似た二弦の擦弦楽器。
【胡元 コゲン】異民族がたてた元朝をいやしんでいう言葉。
【胡沙 コサ】中国、塞外サイの胡国コクの砂漠。
【胡床・胡牀 コショウ】胡国から伝えられたという一人用のこしかけ。貴族や武官が陣中、狩り場などで用いた。
【胡人 コジン】北方また西方に住む異民族。えびす。＊岑参‐胡笳歌、送顔真卿使赴河隴「胡人向月吹胡笳 コジンつきにむかってコカをふく」〔＝えびすが月に向かってあしぶえを吹く〕
【胡塵 コジン】えびすの兵馬によってまきおこる砂ぼこり。
【胡天 コテン】えびすの地の空。
【胡馬 コバ】中国北方の胡の地に産する馬。転じて、胡の地の兵馬。【胡馬依北風 コバはホクフウによる】北の胡の国から来た馬は、北風が吹いてくるとその方に身を寄せる。故郷を懐しく思うことのたとえ。〔文選‐古詩十九首〕
【胡服 コフク】胡人の着る服。

胡服〔長安章洞墓出土〕

【胡虜 コリョ】北方また西方の蛮族ども。漢民族からみて異人であるので、卑しんで「虜」という。＊李白‐子夜呉歌「何日平胡虜、良人罷遠征 いずれのひかコリョをたいらげ、リョウジンエンセイをやめん」〔＝いつになったら私の夫は夷狄テキを討ち平らげて、遠征から帰ってくることだろう〕

❸ でたらめ。うたがわしいこと。
【胡散 ウサン】国疑わしいさま。怪しいさま。『胡散臭い』
【胡乱 ウロン】不確実であるさま。また、怪しく疑わしいさま。『胡乱な男がうろついている』
【胡言 コゲン】でたらめなことば。
【胡説 コセツ】道理に合わない説。また、異端の説。

❹ 年寄り。長生き。
【胡考 ココウ】①老人。②長生き。長寿。

❺ なに。なんぞ。いずくんぞ。どうして。
【胡為 なんすれぞ】どうして。なぜに。疑問・反語を示す。「何為」に同じ。＊陶潜‐帰去来辞「胡為乎遑遑欲何之 なんすれぞコウコウとしていずくにゆかんとほっする」〔＝どこかに到達しようとして、うろうろしたところで、いったい何になろう〕

❻ 人名。
【胡安国 コアンコク】中国、宋代の学者。字あざなは康侯。号は武夷先生。諡おくりなは文定。哲宗のとき太学博士に選ばれ、高宗のとき中書舎人となる。著書「春秋伝」「通鑑挙要補遺」。(一〇七四～一一三八)
【胡亥 コガイ】中国、秦シンの始皇帝の第二子。二世皇帝となるが、権臣の趙高チョウコウに殺された。

❼ その他。熟字訓など。
【胡瓜 きゅうり】ウリ科のつる性一年草。果実は長円柱形で、食用。
【胡椒 コショウ】①コショウ科のつる性常緑低木。実は香辛料となる。ペッパー。②①の実から製した香辛料。
【胡孫 コソン】サル(猿)の異名。猢猻。
【胡同 フートン】横丁。小路。蒙古語「衚衕コトウ」の略。
【胡粉 ゴフン】白色顔料。イタボガキという貝の殻で作る粉末。日本画で用いる。

竹米糸缶网(罒・冂・四)羊羽(羽)老(耂)而耒耳聿肉(月) 6画 臣自至臼(臼)舌舛(舛)舟艮色艸(艹・艹・艹)虍虫血行衣(衤)襾(覀・西)

【胡麻ゴマ】ゴマ科の一年草。種子は食用。
【胡盧ココ】①人の笑う声。②ふくべ。ひょうたん。葫蘆。
【胡簶ロク】矢を入れて背に負う武具。やなぐい。胡籙。
【胡獱トド】アシカ科の哺乳ニュウ類。海馬トド。
【胡坐・胡座あぐら】【コザ】両足を前に楽に組んで座ること。
【胡頽子ぐみ】グミ科グミ属の植物の総称。
【胡桃くるみ】クルミ科植物の総称。堅い殻に覆われた実を付ける。実は食用。
【胡臭わきが】腋の下の汗が悪臭を放つ病気。腋臭わきが。
難読姓氏 胡子えびす

6444 【脩】 7091 667B E3F9 肉－7 人 シュ(呉)・シュウ(シウ)(漢)/xiū/おさめる・おさむ
字解 形声。肉＋攸(細長いすじ)(声)。細長くさいたほし肉の意。また、修に通用させて、おさめる意。『束脩』

131 臣部 しん

甲骨文

金文

篆文

臣は、目の象形で、黒目を強調したものという。賢い目をもって君主をたすけるものとも、目に針をさされた奴隷ともいう。説文では屈服の形を象るとする。康熙字典では、匚を二画として六画に数えるが、楷行書等では一般に七画に書いてきた。その際、筆順上、初画に一をとるものの、丨をとるものがある。下の一が末画であることはいうまでもない。本書では常用漢字・人名用漢字の場合には七画、それ以外では六画と数えた。

臣◆ 臣 𦣝 ① 𦣞 臣 ⑧ 臧
臣▮ ② 臥 卧 ⑪ 臨
臣 ◆

6445 【臣】 3135 3F43 9062 臣－0 常4 ジン(呉)・シン(漢)/chén/おみ
筆順

字解 部首解説を参照。

意味 ❶けらい。㋑主君に仕えるもの。↔君。『臣民』『君臣』＊論語-八佾「臣事ㇾ君以ㇾ忠シンはきみにつかうるにチュウをもってす」〔＝臣下が主君に仕えるには、まごころによるべきである〕」 ㋺めしつかい。しもべ。『臣僕』『臣虜』 ㋩主君に対して家来が用いる自称。＊史記-項羽本紀「臣与二将軍一戮ㇾ力而攻ㇾ秦シンショウグンとちからをあわせてシンをせむ」〔＝私劉邦は将軍と力をあわせて秦を攻めた〕」 ❷国 おみ。日本で、上代の姓かばねの一。

❶けらい。

下接 遺臣イシン・外臣ガイシン・家臣カシン・奸臣カンシン・逆臣ギャクシン・旧臣キュウシン・近臣キンシン・君臣クンシン・勲臣クンシン・群臣グンシン・権臣ケンシン・功臣コウシン・幸臣コウシン・孤臣コシン・讒臣ザンシン・使臣シシン・侍臣ジシン・重臣ジュウシン・従臣ジュウシン・人臣ジンシン・世臣セイシン・争臣ソウシン・賊臣ゾクシン・大臣ダイジン・逐臣チクシン・忠臣チュウシン・朝臣チョウシン／あそん・寵臣チョウシン・廷臣テイシン・佞臣ネイシン・陪臣バイシン・幕臣バクシン・叛臣ハンシン・微臣ビシン・武臣ブシン・嬖臣ヘイシン・亡臣ボウシン・謀臣ボウシン・名臣メイシン・乱臣ランシン・老臣ロウシン

【臣下カシン】君主に仕える者。
【臣子シンシ】主君に仕えると共に親に仕える者。↔君父
【臣事シンジ】臣として仕えること。
【臣庶シンショ】臣下と庶民。また、多くの臣下。
【臣妾シンショウ】臣下と婢妾。けらいとめかけ。
【臣籍シンセキ】国旧憲法のもとで、臣下としての身分、地位。
【臣節シンセツ】臣下として守るべき節義。
【臣道シンドウ】臣下として守るべき道。
【臣服シンプク】臣下となって服従すること。
【臣僕シンボク】家来。召し使い。
【臣民シンミン】君主の下の人民。また、君主国の官吏と人民。
【臣虜シンリョ】捕虜となって家来になること。
【臣僚シンリョウ】多数の臣下、家来。

6446 【𦣝】 二二 臣－0
(6447) 〔𦣞〕 二二 臣－1
(6448) 〔𦣝〕 二二 臣－1 イ(呉)(漢)・アイ(呉)(漢)/おとがい
字解 象形。あごの形に象る。おとがいの意。𦣝・𦣞とも書く。頤の原字。
同属字 頤・姬(姫)・熙(煕)

6449 【臧】 7141 6749 E468 臣－8 ソウ(サウ)(漢)・ゾウ(ザウ)(慣)/zāng/よい
字解 形声。臣＋戕(声)。よい意。一説に、目の力を滅じられた、神に捧げる俘虜が原義とも。
金文

篆文

同属字 藏(蔵)・臟
意味 ❶よい。『臧否』 ❷召し使い。しもべ。『臧獲』 ❸かくす。かくれる。「蔵」に同じ。『臧匿』
【臧獲ゾウカク】しもべ。召し使い。奴婢。
【臧匿ゾウトク】かくすこと。かくれること。
【臧否ゾウヒ】よいことと悪いこと。よしあし。良否。

【嚚】 ⇨911 臣
【宦】 ⇨1744 臣

6450 【臥】 1873 3269 89E7 臣－2 ガ(グヮ)(呉)(漢)/wò/ふす・ふせる・こやる
(6451) 〔卧〕 二二 臣－2
字解 会意。臣(下を向いた目)＋人。人が下をみる、うつむくことから、ふせる意。
同属字 臨
意味 ふす。横たわる。ふせる。こやる。＊白居易-琵琶行「謫居臥ㇾ病潯陽城タクキョしてやまいにジンヨウジョウにふす」〔＝この潯陽の町に左遷の身となり、病いにふしている〕」
下接 安臥アンガ・偃臥エンガ・横臥オウガ・帰臥キガ・起臥キガ・仰臥ギョウガ・高臥コウガ・坐臥ザガ・側臥ソクガ・病臥ビョウガ・伏臥フクガ・平臥ヘイガ
【臥雲ガウン】(くもの中に横たわる意から)隠居すること。隠居して仙道に志すこと。
【臥起ガキ】ねおき。ねても起きてもいつでも。＊漢書-蘇武伝「杖二漢節一牧ㇾ羊、臥起操持カンセツをつえつき、ひつじをかい、ガキにもソウジす」〔＝(蘇武は)漢の使者のしるしの節をつえにして、羊を放牧し、一日中手から離さずに持ち続けていた〕」
【臥床ガショウ】①ねどこ。寝台。②病気などで、床とこにつくこと。
【臥褥・臥蓐ガジョク】ねどこ。また、床とこについて寝ること。
【臥薪嘗胆ガシンショウタン】仇あだを報いたり、目的を成し遂げる

ために、艱難辛苦(カンナンシンク)すること。〔十八史略-春秋戦国〕♥中国、春秋時代、呉の夫差(フサ)は父の仇を討つために、薪(たきぎ)の中に臥して身を苦しめる苦労のすえ、越王勾践(コウセン)を降伏させ、また、敗れた勾践は苦い胆をなめては屈辱を思い、ついに夫差を破ったという故事から。なお「史記」などでは、「臥薪」も「嘗胆」も勾践のこととしている。

【臥内(ガダイ)】寝所のなか。ふしど。

【臥榻(ガトウ)】寝台。ねどこ。

【臥病(ガビョウ)|やまいにふす】病気で床(とこ)にふすこと。

【臥遊(ガユウ)】横になったまま、山水の絵をながめて、その地に遊んだような気持ちで楽しむこと。

【臥竜(ガリョウ)】ふしている竜。転じて、世に知られずに隠れている大人物。臥竜鳳雛(ホウスウ)。〔蜀志-諸葛亮伝〕

［臤］ ⇩887

6452 【臨】

4655 4E57 97D5　臣-11　常6

リン(呉)(漢) lín　のぞむ・うつす

筆順 臨臨臨臨臨臨

字解 会意。臥(見おろす人)+品(いろいろなもの)。物をよく見定める、のぞむ意。

金文 　篆文

同属字 瀶

意味 ❶のぞむ。見おろす。上に立つ。また、身分の高い人が低い身分の者のところへ行く。「臨幸」「臨席」「君臨(クンリン)」「降臨(コウリン)」❷のぞむ。その場へ行く。目の前にする。「臨海」「臨時」「臨終」❸うつす。みぢかに置いて手本にする。見てうつす。「臨写」「臨書」❹易の六十四卦の一。☷☱。和順をもって人に接するさま。❺地名、人名など。「臨安」「臨済」

❶のぞむ。見おろす。上に立つ。

下接 君臨(クンリン)・光臨(コウリン)・幸臨(コウリン)・降臨(コウリン)・再臨(サイリン)・照臨(ショウリン)・親臨(シンリン)・登臨(トウリン)・来臨(ライリン)

【臨御(リンギョ)】①帝位について、国家を治めること。②国王、天子などが出向いてその場にのぞむこと。臨幸。

【臨況(リンキョウ)】(「況」は「貺」、すなわち「賜」の意) 貴人が自分の家を訪れることを敬っていう語。

【臨幸(リンコウ)】天子が出向いて、その場にのぞむこと。

【臨照(リンショウ)】上にあって下を照らすこと。君臨し、照覧すること。

【臨眺(リンチョウ)】高いところからのぞみ眺めること。

❷のぞむ。その場へ行く。目の前にする。

【臨海(リンカイ)】海のそばにあること。海に近いこと。「臨海学校」「臨海工業地帯」

【臨監(リンカン)】その場にのぞんで、監督または監視を行うこと。また、その人。

【臨機応変(リンキオウヘン)】機にのぞみ変化に応じて、適切な手段を施すこと。「臨機応変の処置」

【臨月(リンゲツ)】出産の予定される月。うみづき。

【臨時(リンジ)】その時の必要によって行うこと。また、一時限り。その場限り。⇔経常・定例。「臨時休業」

【臨終(リンジュウ)】死にのぞむこと。死にぎわ。

【臨床(リンショウ)】実際に病人を診察、治療すること。「臨床医」「臨床例」

【臨席(リンセキ)】人が席にのぞむことを敬っていう語。

【臨地(リンチ)】その地にのぞむこと。現地に赴くこと。

【臨池(リンチ)】①池にのぞむこと。②習字。書道。〔晋書-衛恒伝〕♥中国、後漢の書聖、張芝が池にのぞんで書を学んだという故事から。

❸うつす。みぢかに置いて手本にする。

【臨写(リンシャ)】原本をまねて写しとること。臨書。

【臨書(リンショ)】手本を見て字を書くこと。臨写。

【臨摸・臨摹(リンボ|リンモ)】手本を見ながら書くことと透き写しをすること。また、まねて書き写すこと。

【臨本(リンポン)】書画の手本。臨写を目的とする手本。臨帖。

❺地名、人名など。

【臨安(リンアン)】中国、南宋の都。現在の浙江省杭州市。

【臨邛(リンキョウ)】中国四川省成都市の西南、邛郲(キョウライ)県の古県名。漢代、卓文君という美人が住み、司馬相如と駆け落ちしたことで有名。

【臨皐(リンコウ)】中国湖北省黄岡(コウコウ)県の南、長江北岸の地名。

【臨済(リンザイ)】中国、唐代の僧。臨済宗の祖。諱(いみな)は義玄、勅諡は慧照禅師。鎮州(河北省)臨済院に住んでいたところからの名。【臨済宗(リンザイシュウ)】禅宗の一派。唐の臨済に始まり、日本では栄西が広めた。

【臨淄(リンシ)】中国、春秋戦国時代の斉の都。漢代、県が置かれた。現在の山東省北部、淄博市の東。

【臨川(リンセン)】中国、隋代、現在の江西省北部、鄱陽(ハヨウ)湖の南方に置かれた県名。三国時代の臨川郡、隋以来の撫州の中心地。宋の王安石の出身地。また、臨川窯で有名。

【臨洮(リントウ)】中国の隋・唐代に、現在の甘粛省東南部、天水市の西、岷(ビン)県の東北の地を中心に置かれた郡名。

132 自部 みずから

甲骨文　金文　篆文

自は、鼻の形を象り、鼻を指して自己を示すところから、自己・みずからの意に用いるという。自部に属する字も少数であるが、鼻は別に鼻部(209)を立てる。

自 自

自 ③臭 ④臭 ⑥皐 臬

自

6453 【自】

2811 3C2B 8EA9　自-0　常2

ジ(呉)・シ(漢) zì　みずから・おのずから・おのずと・おのれ・より

筆順 自自自自自自

字解 部首解説を参照。

参考 万葉仮名では音を借りて「じ」。

意味 ❶おのれ。本人。われ。「自我」「自己」「各自」「独自」❷みずから。自分ひとりで。「自覚」「自慢」「自立」 *論語-憲問「夫子自道也(フウシみずからいうなり)」〔=先生はご自分のことを言われたのだ〕❸おのずから。ひとりでに。また、おもいのまま。「自動」「自然」 *魏志-董遇(トウグウ)伝・注「読書百遍義自見(ドクショヒャッペンギおのずからあらわる)」〔=書物を百回も読み返せば、そこに書かれた真理もひとりでに明らかになる〕❹…より。…から。起点を示す。「自今」「出自(シュツジ)」 *論語-学而「有ト朋自ニ遠方一来、不ニ亦楽一乎(ともありエンポウよりきたる、またたのしからずや)」〔=友人がはるかに遠い地方からたずねてく

る。なんと楽しいことではないか)」 ⇓表 ❺よる。もとづく。❻その他。『自来也(ジライヤ)』

❶ おのれ。本人。われ。

下接 各自(カクジ)・即自(ソクジ)・対自(タイジ)・独自(ドクジ)

【自家(ジカ)】 1自分の家。↔他家(タケ)。『自家製』 2自分。自己。【自家撞着・自家撞著(ジカドウチャク)】(「撞」は、つきあたる意) 同じ人の言動が前後で食い違い、つじつまが合わないこと。自己矛盾。〔禅林類聚-看経門〕【自家薬籠中物(ジカヤクロウチュウのもの)】 自分の薬箱の中の薬のように、自分の思うままにできるもの。

【自我(ジガ)】 1哲学で、対象の世界と区別された認識、行為の主体である自分。我(われ)。『自我が強い』『自我に目覚める』 2自分に対する意識、観念。『自我意識』

【自己(ジコ)】 自分自身。おのれ。われ。『自己を見つめる』『自己嫌悪』『自己紹介』『自己流』

【自国(ジコク)】 自分の国。

【自性(ジショウ)】 仏語。物それ自体の独自の本性。本性。

【自称(ジショウ)】 第一人称。自称代名詞。「わたし」「ぼく」の類。↔対称・他称。→❷

【自身(ジシン)】 1自分みずから。自分。自己。 2その人、そのもの自体。

【自他(ジタ)】 自分と他人。『自他ともに認める』

【自体(ジタイ)】 1それ自身。『考え方自体に問題がある』 2もともと。一体。『自体お前が悪い』

【自分(ジブン)】 1その人自身。自己。 2わたくし。われ。

【自力(ジリキ)】 1独力。↔他力。 2仏教で、自分の力で修行して成仏を得ようとすること。↔他力。『自力本願』

❷ みずから。自分ひとりで。

【自愛(ジアイ)】 1自分の体に気をつけること。『時節柄、御自愛ください』 2自分の利益を図ること。利己。↔他愛

【自慰(ジイ)】 1みずからなぐさめること。 2オナニー。

【自画(ジガ)】 自分で絵を描くこと。また、その絵。『自画像』【自画自賛・自画自讃(ジガジサン)】 自分の描いた絵に自分で賛を書くこと。自画賛。転じて、自分で自分のことをほめること。

【自戒(ジカイ)】 みずからをいましめること。

【自解(ジカイ)】 1みずから弁解すること。 2自力で束縛から脱すること。

【自害(ジガイ)】 みずからの身を傷つけて死ぬこと。自尽。

【自覚(ジカク)】 1自分自身の置かれている状態や、能力などを認識すること。『自覚を持つ』『無自覚』 2自分で感じ取ること。『自覚症状』

【自活(ジカツ)】 他からの援助なしで、自力で生活すること。

【自棄(ジキ|けや)】 自分自身に失望してすてばちになること。『自暴自棄』

【自虐(ジギャク)】 自分で自分の肉体または心を必要以上に痛めつけること。『自虐的』

【自給自足(ジキュウジソク)】 必要なものをみずからの生産によってまかなうこと。

【自供(ジキョウ)】 容疑者などが取り調べに対し、自分から申し述べること。『犯行を自供する』

【自彊・自強(ジキョウ)】 みずから努め行うこと。『自彊息やまず〔=努力して怠らない〕』

【自刎(ジケイ)】 自分の首を切ること。自刎(ジフン)。＊史記-孟嘗君伝「客皆自刎(カクはじてジケイす)〔=食客はみずから首をはねて死んだ〕」

【自決(ジケツ)】 1自分の意志で自分のことを決めること。『民族自決』 2自殺すること。自害。

【自慊(ジケン)】 自分の心に満足すること。自分の良心に恥じるところがないこと。

【自遣(ジケン|みずからやる)】 自分で自分のうさを晴らすこと。

【自業自得(ジゴウジトク)】 自分の行いの報いを自分の身に受けること。『落第は自業自得だ』

【自殺(ジサツ)】 自分で自分の生命を絶つこと。↔他殺

【自賛・自讃(ジサン)】 1自作の画に自ら賛を書くこと。『自画自賛』 2自分で自分のことをほめること。書き換え「自讃→自賛」。

【自恃(ジジ)】 自分自身をたのみにすること。自負。

【自失(ジシツ)】 われを忘れること。判断力を失うこと。『茫然(ボウゼン)自失する』

【自酌(ジシャク)】 自分で酒をくむこと。＊陶潜-帰去来辞「引壺觴以自酌(コショウをひきてもってジシャクす)〔=酒つぼと杯とを引き寄せて、手酌で飲む〕」

【自主(ジシュ)】 他人の保護、干渉を受けずに、独立して事を行うこと。自立。『自主独立』

【自首(ジシュ)】 (「首」は罪を申し出る意) 犯人がみずから警察に出頭すること。

【自修(ジシュウ)】 自分だけの力で学問を修得すること。

【自售(ジシュウ|みずからうる)】 自分を売り込むこと。官職に採用してもらえるように運動すること。

【自習(ジシュウ)】 自分で学習すること。

【自粛(ジシュク)】 自分から進んで行いや態度を慎むこと。

【自助(ジジョ)】 自分の力で事を行うこと。

【自称(ジショウ)】 身分や肩書を自分でそう称すること。→❶

【自照(ジショウ)】 自分自身のことをかえりみて静かに観察すること。『自照文学』

【自縄自縛(ジジョウジバク)】 自分の言動によって、自身の動きがとれなくなること。自分の縄で自分を縛る意から。

【自信(ジシン)】 自分の能力や価値などを自分で信じること。『自信をつける』『自信満満』

【自刃(ジジン)】 刀剣を用いて自分の生命を絶つこと。

【自尽(ジジン)】 自分で自分の生命を絶つこと。自殺。

【自制(ジセイ)】 自分で自分の感情や欲望をおさえること。『自制心』

【自省(ジセイ)】 みずから反省すること。

【自責(ジセキ)】 自分で自身の過ちを責めとがめること。『自責の念に駆られる』

【自訴(ジソ)】 1刑事事件について自分で直接訴え出ること。 2罪を犯したものが自分から名のり出ること。

【自足(ジソク)】 1自分で必要を満たすこと。『自給自足』 2自分の状態に満足すること。『自足感』

【自存(ジソン)】 他に頼らないで自分の力で生存すること。

【自尊(ジソン)】 1自分自身を相当なものだと思うこと。自負。『自尊の念』 2自己の人格を尊重し、品位を保つこと。『独立自尊』『自尊心』

【自嘆・自歎(ジタン|ジダン)】 自分で自分の行為をほめること。自賛。

【自治(ジチ)】 1自分たちの問題を自身で処理すること。『自治会』 2自然におさまること。 3国 地方公共団体が、自主的にその行政、事務を行うこと。『地方自治』『自治体』

【自重(ジチョウ)】 1自分の行動を慎むこと。『自戒自重』 2自分の体を大切にすること。

【自嘲(ジチョウ)】 自分で自分をあざけり笑うこと。『自嘲的』

【自転(ジテン)】 1自分で運転すること。『自転車』 2天体がその内部を通る軸を中心として回転すること。↔公転

【自伝(ジデン)】 自分で書いた自身の伝記。自叙伝。

【自得(ジトク)】 1自身で会得すること。〔孟子-離婁上〕 2自身で満足すること。＊史記-管晏伝「意気揚揚、甚自得

也(はなはだジトクせり)〔=意気揚揚として、たいそう得意げだった〕」③みずから報いを受けること。『自業自得』

【自瀆(ジトク)】①自分で自分を汚すこと。②手淫(シュイン)。

【自任(ジニン)】①自分の仕事として、それに当たること。②自分の行為、能力などが、それにふさわしいと思い込むこと。『第一人者と自任する』

【自認(ジニン)】自分で、自分についてのある状態が事実であると認めること。『失敗を自認する』

【自白(ジハク)】①自分で白状、告白すること。②刑事訴訟法上、自己の犯罪事実および刑事責任を認めること。

【自発(ジハツ)】みずから進んですること。『自発的』→❸

【自反(ジハン)|(みずからかえりみる)】自己を反省すること。自省。*孟子-公孫丑上「自反而縮、雖二千万人一吾往矣(みずからかえりみてなおくんば、センマンニンといえどもわれゆかん)〔=自己をふりかえって正しいなら、たとえ千万人の相手がいても私は立ち向かってゆく〕」

【自負(ジフ)】自分の才能などを信じて誇ること。『自負心』

【自刎(ジフン)】自分で自分の首をはねて死ぬこと。自刭(ジケイ)。*史記-項羽本紀「乃自刎而死(すなわちジフンしてシす)〔=そこで(項王は)自分で首をはねて死んだ〕」

【自弁・自辨(ジベン)】自分で費用を負担すること。

【自奉(ジホウ)】みずから身を養うこと。

【自暴自棄(ジボウジキ)】(「暴」は、そこなう意)やけになること。なげやりな行動をすること。〔孟子-離婁上〕

【自慢(ジマン)】自分自身のことを得意げに示すこと。

【自滅(ジメツ)】自分の言動で、自分が滅びること。→❸

【自問(ジモン)】自分で、自分の心に問うこと。『自問自答』

【自利(ジリ)】みずからを利すること。

【自立(ジリツ)】自分の力だけで存続すること。独立。

【自律(ジリツ)】自分の立てた規範に従って自分の行いを規制すること。↔他律。『自律の心』

❸ おのずから。また、おもいのまま。

【自在(ジザイ)】①思いのままであること。『自由自在』『伸縮自在』②「自在鉤(ジザイかぎ)」の略。いろりやかまどにつるし、それに掛けた鍋(なべ)などの高さを自由に調節できる鉤。

【自若(ジジャク)】大事にも平常の態度と変わらないさま。『泰然自若』

【自如(ジジョ)】言動が平素と少しも変わらないこと。

【自生(ジセイ)】生物が自然に増殖し生育していること。野生。『山野に自生する植物』

【自然(シゼン|ジネン)】㊀(シゼン)①人の手が加わらずに存在する物や現象。転じて、わざとらしくないさま。↔人工。『自然現象』『大自然』『不自然』②おのずから。『自然に戸が開く』㊁(ジネン)仏語。すこしも人為の加わらないこと。また、本来そうであること。仏教そのものの真理を表すものとして用いられるもの。

【自適(ジテキ)】心の赴くままにのびのびと楽しむこと。『悠悠自適』

【自動・自働(ジドウ)】自力で動くこと。機械などで、一定の操作をすると、自然に動くこと。↔手動・他動。『自動的』

【自発(ジハツ)】文法で、動作また変化が、自然に、またはひとりでに起こること。『自発の助動詞』→❷

【自明(ジメイ)】それ自身ですでに明らかなこと。わかりきっていること。『自明の理』

【自滅(ジメツ)】自然に滅びること。→❷

【自由(ジユウ)】①自分の心のままである状態。②法律の範囲内の随意の行為。『自由化』

【自来(ジライ)】かってにやって来ること。→❹

❹ …より。…から。起点を示す。

◎自・従・由―「…より」と、場所や時の起点を示す

自(ジ)	有レ朋自二遠方一来(朋有り遠方より来たる) 病自レ口入、禍自レ口出(病は口より入り、禍は口より出づ)
従(ジュウ)	先従レ隗始(先づ隗より始めよ) 従レ此君王不二早朝一(此れより君王早朝せず)
由(ユ)	由二文王一至二於孔子一(文王より孔子に至るまで)

【自後(ジゴ)】今後。以後。爾後。

【自今(ジコン)】今よりのち。今後。『自今以後』

【自余(ジヨ)】それ以外。そのほか。

【自来(ジライ)】①物事の由来。来歴。②それ以来。それから。爾来。→❸

❻ その他。

【自来也(ジライヤ)】国 近世の読本、草双紙などに登場する、蝦蟇(がま)の妖術をつかう怪盗の名。児雷也。▼中国、明代の陸楫(リクシュウ)の編「古今説海」にある、出没自在に民家を襲っては、門扉に「自来也」と書き記して立ち去る我来也という怪盗の翻案。

自

6454【臭】 2913 3D2D 8F4C 自－3 常

(6455)〔臭〕 旧字 自－4 ㊇

(6457)〔臰〕* 5468 自－6

シュ㊉・シュウ(シウ)㊥・キュウ(キウ)㊥/chòu・xiù/くさい・におう・におい

筆順 臭 臭 臭 臭 臭 臭

字解 臭は、臭の略体。臭は会意。自(はな)+犬(いぬ)。犬がにおいをかぐ、また、そのにおいの意。

甲骨文

篆文

意味 ❶くさい。におう。におい。『臭気』『悪臭』『体臭』→下接。❷悪いうわさや評判。『臭聞』『遺臭(イシュウ)』

下接 悪臭(アクシュウ)・異臭(イシュウ)・魚臭(ギョシュウ)・激臭(ゲキシュウ)・口臭(コウシュウ)・香臭(コウシュウ)・死臭(シシュウ)・屍臭(シシュウ)・消臭(ショウシュウ)・俗臭(ゾクシュウ)・体臭(タイシュウ)・脱臭(ダッシュウ)・腐臭(フシュウ)・防臭(ボウシュウ)・無臭(ムシュウ)

【臭穢(シュウアイ)】くさくて、きたないこと。

【臭覚(シュウカク)】においの感覚。嗅覚(キュウカク)。

【臭気(シュウキ)】くさいにおい。悪臭。

【臭聞(シュウブン)】悪い評判。醜聞(シュウブン)。臭名(シュウメイ)。

【臭味(シュウミ|くさみ)】①くさいにおい。臭気。②身に付いたよくない気風、気分。③悪いことをする仲間。

〔息〕⇩2356

6456【皐】 ―― 自－6 コウ 「皐」(5095)の異体字

6457【臰】* 5468 自－6 シュウ 「臭」(6454)の異体字

〔皋〕⇩8001 〔鼻〕⇩9642

133 至部 いたる

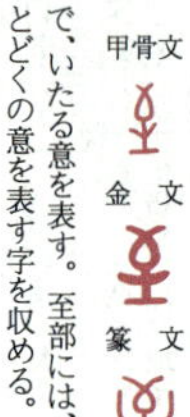

至は矢(や)が一(目標・地面)につきささったさまで、いたる意を表す。至部には、至を部標として、いたる、とどくの意を表す字を収める。

至 至
至 ⑧ 臺
至 ③ 致 ④ 致 ⑩ 臻

至

6458 【至】 2774 3B6A 8E8A 至－0 常6

シ㊥㊥\zhì\いたる・いたり・いたって

筆順 至 至 至 至 至 至

字解 部首解説を参照。

同属字 室・致・鵄・姪・桎・蛭・絰・輊

参考 万葉仮名では音を借りて「し」「ち」。

意味 ❶いたる。とどく。ゆきつく。また、行きついたきわみ。極点。「乃至」「夏至」「冬至」❷このうえもない。㋑きわめてすぐれた。最高の。「至言」「至情」㋺いたって。きわめて。非常に。「至急」「至近」⇩表

下接 ❶いたる。とどく。ゆきつく。

夏至ゲシ・長至チョウシ・沓至トウシ・冬至トウジ・乃至ナイシ・日至ニッシ・必至ヒッシ・来至ライシ

【至竟】シキョウ つまり。結局。畢竟ヒッキョウ。

【至極】シキョク ゆきつくこと。物事の程度がいたりきわまること。また、最上。→❷(ゴク)

【至日】シジツ 冬至または夏至の日。

❷このうえもない。いたって。非常に。

	至極
至シ	その上がない。いたって。 至上 至妙 至大 至言 至善 至福
極キョクゴク	この上なく。きわめて。 極上 極妙 極大 極言 極悪 極楽

【至意】イシ ①非常にすぐれた考え。②まごころ。③深い意味。

【至恩】シオン 非常に大きい恩。

【至急】シキュウ 非常に急ぐこと。大急ぎ。「大至急」

【至境】シキョウ 最もすぐれた境地。

【至近】シキン きわめて距離が近いこと。「至近距離」

【至賢】シケン この上なく賢明なこと。また、人。

【至言】シゲン ある事柄を非常にうまく言い表した言葉。

【至公】シコウ きわめて公平なこと。「至公至平」

【至孝】シコウ 最高の孝行。

【至幸】シコウ この上もなく幸福であること。

【至高】シコウ この上もなくすぐれているさま。最高。

【至極】シゴク きわめて。非常に。「迷惑至極」→❶(シキョク)

【至純・至醇】シジュン きわめて純粋なさま。

【至上】シジョウ この上もないこと。最善。最上。

【至情】シジョウ ①誠心誠意の感情。まごころ。「憂国の至情」②ごく自然の情愛。

【至心】シシン まごころ。至情。至誠。

【至親】シシン この上なく近い血縁の間柄。近親。

【至人】シジン 道を修めてその極致に達した人。

【至仁】シジン この上なくめぐみ深いこと。

【至性】シセイ この上もなくりっぱな生まれつきや、性質。

【至聖】シセイ 知徳がこの上なくすぐれていること。また、その人。

【至誠】シセイ 至上の誠の徳。この上ない誠実さ。*孟子-離婁上「至誠而不レ動者、未ニ之有一也シセイにしてうごかざるものはいまだこれあらざるなり」〔=誠をつくしても人を感動させないということは、あったためしがない〕

【至善】シゼン 最高の善。「至高至善」【止ニ於至善一シゼンにとどまる】最高の善にとどまってそこを動かないこと。〔大学〕▶昔の読み方はシイゼン。

【至尊】シソン この上なく尊いこと。特に天子を指す。

【至大】シダイ この上もなく大きいこと。「至大至剛」

【至知・至智】シチ この上なくすぐれた知恵。また、それを有する人。

【至当】シトウ この上もなく適当であること。

【至道】シドウ ①道理、徳義などの最高の道。②その道の究極。奥義。

【至徳】シトク 最上の徳。

【至難】シナン この上なくむずかしいこと。「至難の業わざ」

【至福】シフク きわめてしあわせなこと。「至善至福」

【至便】シベン 非常に便利なこと。「交通至便」

【至宝】シホウ きわめて大切なものや人物。

【至妙】シミョウ この上もなくすぐれて、たくみなこと。

【至要】シヨウ きわめて重要であること。

至

［室］⇩1745 ［窒］⇩5536 ［耋］⇩6216

6459 【臺】 7142 674A E469 至－8

タイ「台」(942)の旧字

至

［到］⇩640

6460 【致】 ―― 至－3

チ「致」(6461)の旧字

6461 【致】 3555 4357 9276 至－4 常 (6460)【致】―― 至－3 旧字

チ㊥㊥\zhì\いたす

筆順 致 致 致 致 致 致

字解 致は致の夂を誤った通俗体。致は形声。夂(くだりもどる)＋至(いたる)㊥。おくりとどける意。

同属字 緻

参考 万葉仮名では音を借りて「ち」。

意味 ❶いたす。㋑きわめる。つくす。「致知」「致命」「極致」「精致」*論語-子張「士見レ危致レ命シはあやうきをみていのちをいたす」〔=士人は国家の危急を見ては生命をささげる〕㋺まねき寄せる。来させる。「致死」「召致」「誘致」「拉致」㋩おくる。つたえる。「致意」「送致」㋥あずかりものを返す。「致仕」㋭国「する」「なす」の丁寧語。❷おもむき。ありさま。また、意味。「一致」「合致」「筆致」

❶いたす。

下接 引致イン・格致カク・極致キョク・馴致ジュン・召致ショウ・招致ショウ・生致セイ・精致セイ・送致ソウ・誘致ユウ・拉致ラ・羅致ラ

【致意イ】意志を相手に伝えること。

【致士シ】りっぱな人物を招き寄せること。

【致仕シ】①官職をやめて隠居すること。②国七〇歳の異称。昔、中国で、七〇歳になると退官を許したことから。

【致死シ】そのことが原因となって死んでしまうこと。致命。『致死量』『過失致死』

【致知チ】人間の発展窮極の目的としての理想的な政治にいたる段階の一。格物・致知・誠意・正心・修身・斉家・治国・平天下の順の第二。中国、宋の朱子によれば、知識を極限まで広めること。明の王陽明によれば、自然な心・本来的な心の機能を徹底的に働かせること。〔大学〕

【致命メイ】①命をささげること。②命にかかわること。死ぬこと。『致命的』『致命傷』

❷ おもむき。ありさま。また、意味。

下接 一致イッ・韻致イン・佳致カ・雅致ガ・合致ガッ・高致コウ・趣致シュ・情致ジョウ・筆致ヒッ・風致フウ・幽致ユウ・理致リ

6462【臻】7143 674B E46A 至-10 シン㊥・セン㊥/zhēn/いたる

字解 形声。至＋秦㊥。とどく・いたる意。

［鵄］⇩9472

134 臼（臼）部 うす

篆文

臼は、土・木・石などをくりぬいてつくった、中に米粒の入ったつきうすの形で、うす（キュウ）を表す。臼部には、臼を部標として、うす、あな、うすでつく意に関する字、臼を部標として、両手でもちあげる意に関する字、また他の類型の字を合わせ収める。臼は、中に音標などをはさみこむ形で用いられるものがあり、また下辺を臼と同様、一につないだ形をとることがある。別に鼠部(208)があるが、その臼は歯を表す。臼は、行草体で旧の形をとることがあり、常用漢字の旧（新旧の旧）は、もとの舊の下部を略してとったものである。

臼 臼
臼 ③ 舁 ④ 舁 ⑥ 舄 舃 ⑦ 舅
臼 ② 臽 ③ 臿 ④ 舀 ⑤ 舂 ⑫ 舊
臼 臼 ② 臾
臼 ⑥ 與 [illegible] ⑨ 舉 興 ⑩ 舉

臼

6463【臼】1717 3131 8950 臼-0 キュウ（キウ）㊥/jiù/うす

字解 部首解説を参照。

意味 うす。穀物を粉にしたり、餅もちをついたりする、石または木の道具。また、そのような形状のもの。

下接 窠臼カキュウ・茶臼チャうす・井臼セイキュウ・脱臼ダッキュウ

【臼歯キュウシ】口中の奥にあるうすのような形の歯。人間には上下の両端に三個ずつ計一二個ある。

【臼杵キュウショ】うすときね。

【臼磨キュウマ】（「磨」はひきうす）うす。

難読地名 臼杵うすき市（大分）

臼

［兒］⇩468

6464【舁】7145 674D E46C 臼-3 ヨ「舁」(6465)の異体字

6465【舁】━━ 臼-4 ヨ㊥/yú/かく・かつぐ
(6464)〔舁〕7145 674D E46C 臼-3

字解 会意。臼（両手）＋廾（両手）。両手を上下からよせ、力を合わせて物をもちあげる意。

意味 かく。かつぐ。物を肩に載せてかつぎはこぶ。『舁夫』

［鼡］⇩9633

6466【舄】＊5478 臼-6 セキ㊥/xì/くつ
(6467)〔舃〕━━ 臼-6

字解 象形。かささぎの形に象り、かささぎの意。鵲に同じ。藉に通じて、中敷のあるくつの意に用いる。

同属字 寫（写）・潟

金文 篆文

舄〔漢朝服装図様資料〕

6468【舅】7147 674F E46E 臼-7 キュウ（キウ）㊥/jiù/しゅうと

字解 形声。男＋臼㊥。しゅうと。一説に、臼は旧に通じて、年長の意であるとも。

意味 ❶しゅうと。夫の父。また、妻の父。『舅姑』『舅氏』『外舅ガイキュウ』『姑舅コキュウ』 ❷おじ。母の兄弟。また、妻の兄弟。『舅子』『舅甥』『舅母』『叔舅シュクキュウ』

【舅姑キュウコ】しゅうととしゅうとめ。

【舅子キュウシ】①母の兄弟の子。②妻の兄弟。

【舅氏キュウシ】①母方のおじ。②妻の父。

【舅甥キュウセイ】おじとおい。また、しゅうととむこ。

【舅母キュウボ】母の兄弟の妻。母方のおじの妻。

［鼠］⇩9632

臼

6469【臽】＊5475 臼-2 カン㊥/xiàn

字解 象形。くぼみにおちる人のさまに象り、おとしあな・おちいる意。陥などの原字。

金文 篆文

同属字 啗・陥（陷）・焰・諂・餡・閻

6470 【臿】 *5476 臼－3 ソウ(サフ)[漢]\chā\さす

[字解] 会意。臼＋干(きね)。うすにきねをつき入れることから、うすづく・さす意。插の原字。

[意味] うすづく。また、さす。さしはさむ。

[同属字] 插・鍤

6471 【舀】 *5477 臼－4 ヨウ(エウ)[漢]・ユ[漢]・ユウ(イウ)[漢]\yǎo

[字解] 会意。爪(下向きのて)＋臼(うす)。うすから手でものをつかみとり出す意。

[同属字] 搯・滔・稻(稲)・蹈

6472 【舂】 7146 674E E46D 臼－5 ショウ[漢]\chōng\つく・うすづく

[字解] 会意。臼(うす)＋夫(＝杵省＋廾、両手できねをもつ)。うすづく意。

甲骨文 金文 篆文

[意味] ❶うすでつく。うすづく。『舂米』『舂炊』 ❷つく(衝)。うつ。 ❸太陽が没する。『下舂(カショウ)』 ❹「舂容(ショウヨウ)」は、ゆったりしたさま。

【舂炊(ショウスイ)】 臼(うす)でつくことと煮炊きをすること。

【舂米(ショウマイ)】 米を臼(うす)でつくこと。また、ついて精白した米。

6473 【舊】 7149 6751 E470 臼－12 キュウ 「旧」(3245)の旧字

臼 [◆]

6474 【臼】 ── 臼－0 キョク[漢]

[字解] 部首解説を参照。

6475 【臾】 7144 674C E46B 臼－2 ユ[呉][漢]・ヨウ[漢]\yú・yǒng

[字解] 会意。申(＝申、両手で上へのばす)＋乙(草木のまがったさま)。両手でものをひっぱり上げることから、たばねて引き上げる意。また、すすめる意に用いる。

金文 篆文

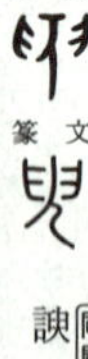

[同属字] 諛

[参考] 万葉仮名では音を借りて「ゆ」。

[意味] 「須臾(シュユ)」は、わずかな時間、しばしの間の意。

[同属字] 萸・庾・瘐・腴・

臼 [▬]

6476 【與】 7148 6750 E46F 臼－6 ヨ 「与」(5)の旧字

6477 【𦥯】 ── 臼－6 コウ(カウ)[漢]\xué

[字解] 形声。臼(両手ですくいあげる)＋冖(建物)＋爻(交差する)[声]。教える者と教えられる者とが交わりながら向上するための建物、まなびやの意。また、まなぶ意を表す。學の原字。

[同属字] 學(学)・嚳・覺(覚)・鷽・黌

6478 【擧】 5810 5A2A 9DA8 臼－9 キョ 「挙」(2676)の異体字

6479 【興】 2229 363D 8BBB 臼－9 [常]5 コウ[呉]・キョウ[漢]/xīng・xìng/おこる・おこす

[筆順]

[字解] 会意。舁(四本の手でもちあげる)＋同(おなじ、また、おみこし)。力を合わせて物をもちあげる、おこす意。

甲骨文 金文 篆文

[意味] ❶おこる。おきる。おこす。始まる。始める。盛んになる。盛んにする。『興業』『興奮』『復興(フッコウ)』『勃興(ボッコウ)』 *十八史略-三国「夙興夜寐(つとにおきよわにいぬ)〔＝朝早く起き、夜遅くやすむ〕」 ⇒〔起〕(7786)の[表] ❷おもしろみ。たのしみ。おもしろく感ずる。『興(キョウ)が醒(さ)める』『興(キョウ)に乗る』『興趣』『興味』『即興(ソッキョウ)』『不興(フキョウ)』『余興(ヨキョウ)』 ❸詩経の六義(リクギ)の一。中国古代の詩の一形式で、ある事物に感じて自分の感興を述べたもの。 ❹固有名詞。『興安嶺(コウアンレイ)』

❶ おこる。おこす。

[下接] 再興(サイコウ)・作興(サッコウ)・振興(シンコウ)・晨興(シンコウ)・新興(シンコウ)・中興(チュウコウ)・廃興(ハイコウ)・発興(ハッコウ)・復興(フッコウ)・勃興(ボッコウ)・隆興(リュウコウ)

【興起(コウキ)】 [1]勢いが盛んになること。『学問の興起』 [2]心が奮い立つこと。『感奮興起』

【興行(コウギョウ)】 [国][1]儀式や会合などを催すこと。また、事業をおこすこと。[2]見物料を取って、演劇、スポーツなどを催すこと。『顔見世興行』『興行師』

【興業(コウギョウ)】 新しく産業、事業をおこすこと。『殖産興業』

【興国(コウコク)】 国の勢いを盛んにすること。⇔亡国

【興替(コウタイ)】 勢いが盛んになることと衰えること。*十八史略-唐「以レ古為レ鏡、可レ見ニ興替ー(いにしえをもってかがみとなせば、もってコウタイをみるべし)〔＝昔の歴史を鏡として参考にすれば、国家の興隆したり衰退したりする原因を知ることができる〕」

【興廃(コウハイ)】 盛んになることとすたれること。

【興発(コウハツ)】 [1]盛んにひきおこすこと。[2]飢饉の時などに米蔵を開いて人民に施すこと。転じて、善政をしくたとえ。

【興復(コウフク)】 再興すること。復興。

【興奮(コウフン)】 感情がたかぶること。生体の機能が刺激によって上昇すること。[書き換え]「昂奮・亢奮→興奮」。

【興亡(コウボウ)】 おこることと滅びること。『帝国の興亡』

【興隆(コウリュウ)】 勢いが盛んになり栄えること。

❷ おもしろみ。おもしろく感ずる。

[下接] 一興(イッキョウ)・感興(カンキョウ)・高興(コウキョウ)・座興(ザキョウ)・詩興(シキョウ)・秋興(シュウキョウ)・酒興(シュキョウ)・春興(シュンキョウ)・酔興(スイキョウ)・清興(セイキョウ)・即興(ソッキョウ)・比興(ヒキョウ)・不興(フキョウ)・遊興(ユウキョウ)・余興(ヨキョウ)

【興会(キョウカイ)】 興味の集まるところ。おもしろみ。

【興感(キョウカン)】 おもしろく感じること。

【興趣(キョウシュ)】 おもむき。おもしろみ。『興趣を添える』

【興味(キョウミ)】 おもしろみ。特に、対象にする特別の関心。『興味津津(シンシン)』

❹ 固有名詞。

【興安嶺(コウアンレイ)】 中国東北部、東北平原を北から東西に包む形の山地。内モンゴル自治区を南西に延びる大興安嶺(内興安嶺)と黒竜江省を南東に延びる小興安嶺(外興

安嶺)に分かれる。

【興慶宮コウケイキュウ】中国、唐代、長安の東のはずれにあった離宮。玄宗が親王時代の住居あとに造営した。

難読地名 興部おこっぺ町(北海道) 難読姓氏 興梠こおろき

[學]⇩1707 [盥]⇩5150

6480 【舉】 ニ ー 臼-10 キョ 「挙」(2676)の異体字

[輿]⇩7921 [礐]⇩994 [覺]⇩7372
[鬻]⇩9260 [illegible]⇩9588 [釁]⇩8261

135 舌部 した

甲骨文  篆文 

舌は、開いた口からつき出したさまで、した(ゼツ)を表す。舌部の字は、したの動き、味わいに関する。(上部の形は、もと干であるが、楷書で千になった)

舌 舌
舌 ② 舍
舌 ④ 舐 ⑤ 舐 ⑥ 舒 ⑧ 舓 ⑨ 舗 ⑩ 舘

6481 【舌】 3269 4065 90E3 舌-0 常5 ゼチ呉・ゼツ呉・セツ漢/shé/した

筆順 舌 舌 舌 舌 舌 舌

字解 部首解説を参照。

参考 「活」「括」などの旁「舌」は別字「𠯑」の変形。その類には「筈・刮・栝・聒・蛞・話」などがある。

意味 ❶した。口中の底に突き出ている肉質の器官で、味覚や発声などの機能をもつ。べろ。そのような形状のもの。『舌根』『湿舌』『猫舌ねこじた』＊史記-張儀伝「視二吾舌一、尚在不わがしたをみよ、なおありやいなや〔=私の舌を見てくれ、ちゃんとあるかね〕」❷くち。ことば。ものいい。『舌禍』『饒舌』『弁舌』

❶した。また、そのような形状のもの。

下接 喉舌コウゼツ・鼓舌コゼツ・湿舌シツゼツ・唇舌シンゼツ／猫舌ねこじた

【舌根ゼッコン】①舌の付け根。②仏教で、六根ロッコンの一つとして味覚をつかさどる舌。

【舌端ゼッタン】①舌のさき。②くちさき。弁舌。

【舌頭ゼットウ】①舌のさき。②ことば。弁舌。『舌頭に千転する〔=何度も口ずさむ〕』

❷くち。ことば。ものいい。

下接 悪舌アクゼツ・缺舌ゲキゼツ・口舌コウゼツ|クゼツ・讒舌ザンゼツ・饒舌ジョウゼツ・長舌チョウゼツ・毒舌ドクゼツ・筆舌ヒツゼツ・弁舌ベンゼツ・両舌リョウゼツ・弄舌ロウゼツ・長広舌チョウコウゼツ／二枚舌ニマイじた

【舌禍ゼッカ】①自分の発した言葉によって受けるわざわい。『舌禍事件』②他人が言った悪口や中傷などによって受けるわざわい。

【舌耕ゼッコウ】講談・演説・講義などの弁説によって生計をたてること。♥「耕」は農夫が田畑をたがやして食を得るように、「働いて食を得ること」の意。

【舌人ゼツジン】通訳。

【舌戦ゼッセン】言い争うこと。論戦。↔筆戦

【舌代ゼツダイ|したダイ】国口上のかわりに文書に簡単に書いたもの。「申し上げます」の意。口上書き。

【舌鋒ゼッポウ】議論、弁舌などの鋭さを、鋒先ほこさきにたとえていう語。『舌鋒鋭く非難する』

舌

6482 【舍】 7150 6752 E471 舌-2 シャ 「舎」(151)の旧字

舌

[乱]⇩75 [刮]⇩630

6483 【舐】 7151 6753 E472 舌-4 (6484)【舐】ニ ー 舌-5 シ漢/shì/なめる・ねぶる

(6486)【舓】＊5480 舌-8

字解 形声。舌+氏(←匙、さじ)声。舌ですくいとりなめる意。

意味 なめる。ねぶる。『舐犢之愛』

【舐犢之愛シトクのアイ】親牛が子牛をなめ愛すること。親が子を深く愛することのたとえ。〔後漢書-楊彪伝〕

[甜]⇩4891

6485 【舒】 4816 5030 98AE 舌-6 (158)【舒】ニ ー 人-10 ショ漢・ジョ慣/shū/のばす・のびる・のべる

字解 形声。予(のばす)+舍(手足をのばし、心をゆったりさせる所)声。のばす意。

意味 ❶のばす。のびる。のばしひろげる。『舒巻』『舒展』❷のびのびする。ゆったりとゆるやか。しずか。『舒緩』『舒遅』『舒暢』

❶のばす。のびる。

【舒巻ジョカン】①のばしひろげることとまきしまうこと。転じて、時にしたがって身を処すること。②書物を開くこと。開巻。

【舒情ジョジョウ】思いをのべる。抒情。

【舒張ジョチョウ】のびひろがること。舒展。

【舒展ジョテン】のびひろがること。

❷のびのびする。ゆるやか。

【舒緩ジョカン】ゆるやかなこと。

【舒舒ジョジョ】ゆるやかなさま。ゆったりとしているさま。

【舒嘯ジョショウ】①ゆるやかに口ずさむこと。＊陶潜-帰去来辞「登二東皐一以舒嘯トウコウにのぼりてもってジョショウす〔=東の丘に登ってのどかに歌う〕」②口笛を吹くこと。

【舒遅ジョチ】ゆったりとして、みやびやかなこと。

【舒暢ジョチョウ】のびのびとして、愉快な気分になること。

［辞］⇩8003

6486 【舓】 ＊5480 舌－8
シ 「舐」(6483)の異体字

6487 【舗】 7152 6754 E473 舌－9
ホ 「舗」(159)の旧字

6488 【舘】 2060 345C 8ADA 舌－10
カン 「館」(9031)の異体字

136 舛(舛)部 まいあし ます

篆文 

舛は、反対方向をむいた両足の形に象り、そむく意を表す。舛部には、部首の舛と意味上直接の関係はないが、同形の部分が目印となる字を収める。新字体では、七画舛とする。

舛 0画 舛 舛
舛 6〜8画 ⑥ 舜 舜 ⑧ 舞 舞

舛 0画

6489 【舛】 3304 4124 9143 舛－0 (6490)〖舛〗 舛－0
セン㊥・シュン㊥/chuǎn/そむく・あやまる・ます
字解 部首解説を参照。
同属字 桝
意味 ❶そむく。ちがう。誤る。また、いりまじる。まじり乱れる。『訛舛（カセン）』 ❷国ます。「升」に同じ。
【舛互（センゴ）】①そむきたがうこと。舛午（センゴ）。②たがいに入りまじること。
【舛午・舛忤（センゴ）】命令などにそむきたがうこと。
【舛誤（センゴ）】あやまること。あやまり。
【舛錯（センサク）】互いにそむきあって乱れること。また、しくじり。
【舛馳（センチ）】①逆の方向に進むこと。②それぞれ勝手な方向に進むこと。

舛 6画

［桀］⇩3346

6491 【舜】 2956 3D58 8F77 舛－6 人 (6492)〖舜〗 舛－6 旧字
シュン㊥㊥/shùn/むくげ
字解 形声。⺤(=㕙)+舛㊥。一説に、㕙は、地をはう花の咲いたつる草の象形、舛はそむく意で、舜は、あちこちに広がり咲く草の名という。中国古代の天子の名に用いられる。
同属字 蕣・瞬
意味 ❶つる草の一種。ヒルガオの類。蕣に同じ。『舜華』 ❷むくげ。もくげ。アオイ科の落葉低木。❸中国古代の伝説上の聖天子。堯（ギョウ）と並称して「堯舜」という。虞舜（グシュン）。
【舜華（シュンカ）】むくげの花。また、美人の顔のたとえ。舜英（シュンエイ）。

［粦］⇩5778

6493 【舞】 4181 4971 9591 舛－8 常 (6494)〖舞〗 舛－8 旧字
ム㊥・ブ㊥/wǔ/まう・まい
筆順 舞 舞 舞 舞 舞 舞
字解 形声。舛(あし)+無(=𣞤、飾りのついた袖をつけてまう象形)㊥。まいをまう・まいの意。甲骨文は、その象形。のちに舛を加えた。

甲骨文  
篆文 

同属字 僢
意味 ❶まう。おどる。また、まい。『舞台』『舞踊』『剣舞』『乱舞』＊詩経-関雎序「不ㇾ知ニ手之舞ㇾ之、足之踏ㇾ之ニ（てのまい、あしのふみをしらず）」(=知らず知らずのうちに、手足が踊り出す)」 ❷まわす。まいをさせる。おどらせる。㋑ふるいたたせる。はげます。『鼓舞（コブ）』 ㋺もてあそぶ。かってな取り扱いをする。『舞文』『舞弄』

❶まう。おどる。まい。
下接 円舞（エンブ）・演舞（エンブ）・楽舞（ガクブ）・群舞（グンブ）・剣舞（ケンブ）・率舞（ソツブ）・踏舞（トウブ）・日舞（ニチブ）・拝舞（ハイブ）・飛舞（ヒブ）・武舞（ブブ）・文舞（ブンブ）・抃舞（ベンブ）・邦舞（ホウブ）・慢舞（マンブ）・妙舞（ミョウブ）・洋舞（ヨウブ）・乱舞（ランブ）・輪舞（リンブ）／右舞（ウまい｜ウブ）・左舞（サまい｜サブ）・仕舞（シまい）

【舞雩（ブウ）】天をまつり雨を乞うて舞を奏するところ。雨乞いの祭壇。

【舞筵（ブエン）】舞の席。

【舞閣（ブカク）】舞人の舞を演ずる建物。まいどの。

【舞楽（ブガク）】国令制の雅楽寮で扱った雅楽で、舞を伴うもの。『舞楽面』

【舞姫（ブキ｜まいひめ）】舞を演ずる女。舞妓（ブギ）。

【舞曲（ブキョク）】舞やダンスのための楽曲。また、その形式をふまえた楽曲。

【舞台（ブタイ）】演技者が演技を行う場所。また、そこでの役者の演技。転じて、腕前を発揮する場。『檜（ひのき）舞台』

【舞踏・舞蹈（ブトウ）】①手で舞い足踏みをすること。②国舞い踊ること。『舞踏会』 ▼書き換え「舞蹈→舞踏」。

【舞抃（ブベン）】喜んで舞いながら手を打つこと。

【舞踊（ブヨウ）】曲に合わせ、身体のリズミカルな動きによって、感情、意志を表現する動作。

❷まわす。まいをさせる。おどらせる。
【舞筆（ブヒツ）】事実を曲げて書くこと。
【舞文（ブブン）】自分勝手に言葉をもてあそんで文章を書くこと。『舞文曲筆を弄（ロウ）する』
【舞弄（ブロウ）】法律を勝手に解釈して濫用すること。舞文。

［粦］⇩4428

137 舟部 ふね

甲骨文 
金文 
篆文 

舟は、丸木舟の象形。舟部に属するものは、舟に関して種類、部分、状態などを表す。舟の字形の横一画は、楷書の成立とともに一般化した。一方、へさきと横一のない形が月(つき)や月(にくづき)と類化して、もと舟から出た字で、康熙字典では、「月」の形を保有しながら月部(74)に収められているものがある。

舟◆ 舟
舟■ ③ 舡 ④ 航 舩 般 舫 舮 䑰 ⑤ 舸
舷 舴 舳 船 舵 䑨 舶 舲 ⑦ 艇 艀 ⑧
艋 ⑨ 䑺 ⑩ 艙 艘 ⑪ 艚 艜 艝 ⑫ 艟
艣 ⑬ 艤 艢 ⑭ 艨 ⑮ 艦 艪 ⑯ 艫

舟 ◆

6495 【舟】 2914 3D2E 8F4D 舟－0 常 シュウ(シウ)漢 zhōu／ふね・ふな

筆順 舟舟舟舟舟舟

字解 部首解説を参照。

意味 ふね。小さなふね。㋑水の上に浮かべ、人や荷物を載せて水上を渡航する交通機関。『舟艇(シュウテイ)』『舟遊』『漁舟』㋺国ふねのように内部を空洞にした箱形の容器。『酒舟(さかぶね)』『湯舟(ゆぶね)』

下接 漁舟(ギョシュウ)・軽舟(ケイシュウ)・行舟(コウシュウ)・刻舟(コクシュウ)・孤舟(コシュウ)・操舟(ソウシュウ)・櫂舟(トウシュウ)・同舟(ドウシュウ)・呑舟(ドンシュウ)・帆舟(ハンシュウ)・扁舟(ヘンシュウ)／川舟(かわぶね)・笹舟(ささぶね)・方舟(はこぶね)

【舟運(シュウウン)】舟を使って物を運ぶこと。水運。

【舟軍(シュウグン)】①舟による水上での戦闘。②水上での戦闘用の兵隊。

【舟行(シュウコウ)】川、湖での舟の行き来。また、舟に乗って行くこと。『舟行三十五里』

【舟子(シュウシ・ふなこ)】＝舟人(シュウジン)

【舟師(シュウシ)】①(「師」は軍隊の意) 水軍。海軍。水師。ふないくさ。②舟の運行を指揮する人。

【舟楫・舟檝(シュウシュウ)】①ふねとかじ。また、単に舟をいう。*孟浩然‐臨洞庭「欲レ済無二舟楫一(わたらんとほっするにシュウシュウなし)」〔＝湖を渡りたいと思っても船はない〕②舟を使って物を運ぶこと。水運。③天子を補佐する臣下。〔書経‐説命上〕

【舟人(シュウジン・ふなびと)】舟をこぐ人。船頭。舟子。

【舟中(シュウチュウ)】ふねの中。船内。

【舟筏(シュウバツ)】舟といかだ。転じて、舟。

【舟遊(シュウユウ)】舟に乗って遊ぶこと。特に川船などで魚つり、花火見物、管弦の催しなどをして遊ぶこと。

【舟梁(シュウリョウ)】①舟と橋。②舟を並べて作った橋。

【刻レ舟求レ剣(ふねにきざみてケンをもとむ)】時勢の移ることを知らず、いたずらに古いしきたりを守ることのたとえ。刻舟(コクシュウ)。〔呂氏春秋‐察今〕♥昔、舟の上から川の中に剣を落とした者が、舟の流れ動くことを考えず、落ちた位置の印を舟ばたにつけて、岸に着いてから印の下を探そうとしたという故事から。

舟 ■

6496 【舡】 *5485 舟－3 コウ(カウ)漢・セン漢 xiāng／ふね

字解 形声。舟＋工声。ふねの意。

6497 【航】 2550 3952 8D71 舟－4 常4 コウ(カウ)漢 háng／わたる・ふね

筆順 航航航航航航航航航航

字解 形声。舟＋亢(まっすぐゆく)声。ふねで行く意。また、杭(ふねとならべてゆく、もやいぶね)に同じ。

意味 ❶わたる。水上、空中などを船、また、飛行機でわたる。『航海』『航空』『運航』『渡航』❷ふね。また、もやいぶね。二隻ならんだふね。『軽航(ケイコウ)』❸ふなばし。舟をならべて作った橋。『浮航(フコウ)』

❶ わたる。船や飛行機でわたる。

下接 運航(ウンコウ)・曳航(エイコウ)・往航(オウコウ)・回航(カイコウ)・帰航(キコウ)・寄航(キコウ)・欠航(ケッコウ)・周航(シュウコウ)・就航(シュウコウ)・出航(シュッコウ)・巡航(ジュンコウ)・潜航(センコウ)・渡航(トコウ)・難航(ナンコウ)・復航(フッコウ)・密航(ミッコウ)

【航海(コウカイ)】海を船で渡ること。『航海日誌』

【航空(コウクウ)】飛行機などで空中を飛ぶこと。『航空便』

【航行(コウコウ)】船舶や飛行機などが、その航路を進むこと。

【航跡(コウセキ)】船が通りすぎたあと、水面に残る波や泡の筋。

【航路(コウロ)】船舶、航空機の通行する道。『定期航路』

6498 【舩】 7153 6755 E474 舟－4 セン 「船」(6507)の異体字

6499 【般】 4044 484C 94CA 舟－4 常 ハン呉漢・ハツ呉漢／bān・pān・bō／めぐる・めぐらす

筆順 般般般般般般般般般般

字解 会意。舟＋殳。舟はふねで、殳は動詞化する意であるという。舟をめぐらす、はこぶ意を表す。金文は、槃・盤に同じく、大きなたらい、さら(祭器)の意に用いる。

甲骨文
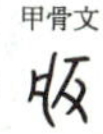
金文

篆文

同属字 槃・盤・磐・瘢・搬

意味 ❶めぐる。めぐらす。㋑ぐるぐるとまわる。『般旋』㋺まるく広がる。また、おおいに。『般礴』『般楽』㋩ひとわたり。物事のひとくくり。たぐい。種類。『一般』『全般』㊁時間のひとめぐり。とき。たび。回。❷音訳字。『般若(ハンニャ)』

❶ めぐる。めぐらす。

下接 一般(イッパン)・各般(カクハン)・過般(カハン)・今般(コンパン)・這般(シャハン)・諸般(ショハン)・先般(センパン)・全般(ゼンパン)・多般(タハン)・万般(バンパン)・百般(ヒャッパン)

【般旋(ハンセン)】めぐること。うねりめぐること。

【般礴(ハンパク)】①広大なさま。②両足を投げ出して、また、あぐらをかいてすわること。

【般楽(ハンラク)】大いに遊び楽しむこと。逸楽。

❷ 音訳字。

【般若(ハンニャ)】(梵 prajñā の音訳) ①仏教で、仏法の真実の姿をつかむ知性の働き。②国女性の恐ろしい顔つきの能面。また、鬼女。♥②は、この面を創作した面打ちの般若坊の名からという。【般若心経(ハンニャシンギョウ)】(「般若波羅蜜多心経(ハンニャハラミッタシンギョウ)」の略) 般若経典の精髄を簡潔に説いた経典。一巻。鳩摩羅什(クマラジュウ)訳と玄奘訳の二本があるが、日本では玄奘訳が読誦用として流布している。

【般若湯(ハンニャトウ)】酒。僧家の隠語。〔東坡志林〕

6500 【舫】 7154 6756 E475 舟－4 ホウ(ハウ)呉漢 fǎng／ふね・もやい・もやう

字解 形声。舟＋方(並べる)声。並べてつないだふね、もやいぶねの意。

【意味】❶ふね。『画舫ガボウ』『巨舫キョホウ』❷もやい。もやいぶね。二せき並べたふね。『連舫レンボウ』❸もやう。ふねをつなぎ合わせたり、くいなどにつないだりする。

【舫舟ホウシュウ】①二つ並べた舟。もやいぶね。②舟。

6501 【舮】 7168 6764 E484 舟－4 ロ 「艫」(6528)の異体字

6502 【⿰舟元】 ―― 舟－4

【字解】国字。和船の船底材、かわらの意。船体構成上の基本材(舟の元)という意味からの造字。

6503 【舸】 7155 6757 E476 舟－5 カ漢/gě/ふね

【字解】形声。舟＋可声。

【参考】万葉仮名では音を借りて「か」。

【意味】ふね。大きな船。『舸艦』

【下接】画舸ガカ・軽舸ケイカ・小舸ショウカ・走舸ソウカ・竜舸リョウカ

【舸艦カカン】大きな軍艦。

6504 【舷】 2431 383F 8CBD 舟－5 ゲン呉・ケン漢/xián/ふなばた・ふなべり

【字解】形声。舟＋玄声。

【意味】ふなばた。ふなべり。『舷灯ゲントウ』『半舷』＊蘇軾－前赤壁賦「扣レ舷而歌レ之ふなばたをたたいてこれをうたう」(＝ふなばたをたたいて拍子をとりながら歌をうたった)」

【下接】右舷ウゲン・左舷サゲン・船舷センゲン・半舷ハンゲン

【舷舷ゲンゲン】舷側と舷側。【舷舷相摩ゲンゲンあいマす】船と船とが舷側を接する。激しい船の戦いの様子を表す語。

【舷窓ゲンソウ】船べりについた窓。

【舷側ゲンソク】船の側面。船縁ふなべり。

【舷頭ゲントウ】船端ふなばた。船縁ふなべり。

【舷門ゲンモン】船舶の舷側に設けた出入り口。

6505 【舴】 ＊5489 舟－5 サク漢・タク漢/zé/ふね

【字解】形声。舟＋乍声。

【意味】ふね。

【舴艋サクモウ】小さい舟のたとえ。♥「蚱蜢サクモウ(＝草の上の小さな虫の意)」から。

6506 【舳】 7156 6758 E477 舟－5 チク漢・ジク(ヂク)慣/zhú/へさき・みよし・とも

【字解】形声。舟＋由声。

【意味】❶へさき。みよし。舟の前部。『舳艫』『舳先へさき』❷とも。舟の後部。また、かじ。

【舳艫ジクロ】船首と船尾。【舳艫相銜ジクロあいふくむ】(前方の船のともと後方の船のへさきが互いにふれあうの意から)多くの船が次から次へ続き進む。【舳艫千里ジクロセンリ】多くの船が連なること。＊蘇軾－前赤壁賦「舳艫千里、旌旗蔽レ空ジクロセンリ、セイキそらをおおう(＝大きないくさ船が千里も続いて、はためく旗じるしは林立し、一面空をおおい隠すほどの勢いであった)」

6507 【船】 3305 4125 9144 舟－5 常2 (6498)【舩】 7153 6755 E474 舟－4 †

セン呉漢/chuán/ふね・ふな

【筆順】

【字解】形声。舟＋㕣(→穿、うがつ)声。木をくりぬいて作ったふねの意から、一般にふねの意。

【意味】ふね。比較的大きなふね。ふつう、手でこぐような小型のものは「舟」、大型のものは「船」と書く。『船員』『船長』『漁船』『乗船』

【下接】曳船エイセン・回船カイセン・廻船カイセン・海船カイセン・戈船カセン・火船カセン・花船カセン・艦船カンセン・汽船キセン・客船キャクセン・巨船キョセン・漁船ギョセン・軍船グンセン・下船ゲセン・江船コウセン・鋼船コウセン・賈船コセン・出船シュッセン・でふね・商船ショウセン・乗船ジョウセン・造船ゾウセン・大船タイセン・おおぶね・停船テイセン・灯船トウセン・同船ドウセン・渡船トセン・難船ナンセン・配船ハイセン・廃船ハイセン・破船ハセン・帆船ハンセン・風船フウセン・兵船ヘイセン・母船ボセン・本船ホンセン・満船マンセン・遊船ユウセン・郵船ユウセン・用船ヨウセン・僚船リョウセン・輪船リンセン・楼船ロウセン・和船ワセン・伝馬船テンマセン・南船北馬ナンセンホクバ／宝船たからぶね・荷船にぶね

船〔三才図会〕

【船員センイン】船舶の乗組員。ふなのり。

【船暈センウン】船に酔うこと。ふなよい。

【船艦センカン】一般の船舶と軍艦。艦船。

【船脚センキャク】①船体が水中に沈む深さ。ふなあし。②国船の速さ。ふなあし。

【船渠センキョ】船舶の建造、修繕をするために構築した設備。ドック。

【船橋センキョウ】①船の上甲板の上にあり、船長が指揮をする所。ブリッジ。②国多数の船を横に並べてつなぎ、上に板を渡して橋としたもの。浮き橋。ふなばし。

【船室センシツ】客の使用に当てる船内の部屋。キャビン。

【船主センシュ｜ふなぬし】船の所有者。

【船首センシュ】船体の前端部。↔船尾

【船檣センショウ】帆柱。マスト。

【船倉・船艙センソウ｜ふなぐら】艦船の貨物を積み入れておく所。♥書き換え「船艙→船倉」

【船足センソク｜ふなあし】＝船脚センキャク

【船側センソク】①船の側面。ふなべり。②船のそば。

【船体センタイ】①船の形体。また、船そのもの。②船の、積載物、付属物を除いた部分。

【船隊センタイ】数隻の船によって構成される隊。船団。

【船団センダン】同じ目的をもって航行または作業をする船の集団。『輸送船団』

【船長センチョウ｜ふなおさ】①船の乗組員の長。②(センチョウ)船首から船尾までの船の長さ。↔船幅

【船頭セントウ｜センドウ】①(セントウ)船のへさき。船首。②(センドウ)国和船などを操るのを職業とする人。また、和船の長。『船頭多くして船、山に登る(＝指図する者が多くて統一がとれずに、物事が進まないたとえ)』

【船舶センパク】大型のふね。特に、商行為を目的として航海の用に供されるもの。

【船尾センビ】船体の後端部。↔船首

【船夫センプ】せんどう。水夫。

【船腹センプク】①船の胴体に当たる部分。②船の貨物を積み込む場所。また、その積載量。③船舶。『船腹数』

【船篷センボウ】船のとま。♥とまは、スゲやカヤで編んだ、船の上部のおおい。

【檥レ船・艤レ船（ふねをぎす）】船出の準備をすること。＊史記－項羽本紀「烏江亭長檥レ船待（ウコウのテイチョウふねをぎしてまつ）」〔＝烏江の村長が船の用意をして待っていた〕

6508【舵】3441 4249 91C7 舟－5　(6509)【柂】―― 舟－5
ダ(呉)・タ(漢)/duò/かじ
[字解] 形声。舟＋它（くねくねさせる）(声)。船の方向を定めるかじの意。柁に同じ。
[意味] かじ。船の進行方向を操作するため船尾に設ける装置。⬇〔船〕の図一〇八頁
[下接] 操舵（ソウダ）・転舵（テンダ）／面舵（おもかじ）・取舵（とりかじ）
【舵機（ダキ）】船のかじ。操舵機。
【舵手（ダシュ）】船のかじをとる人。かじとり。

6510【舶】3985 4775 9495 舟－5 [常] ハク(漢)/bó/ふね
[筆順]
[字解] 形声。舟＋白（→伯、おさ）(声)。大きいふねの意。
[意味] ふね。海を渡る大きな船。『舶来』『船舶』
[下接] 海舶（カイハク）・市舶（シハク）・船舶（センパク）
【舶賈（ハクコ）】海外から渡航してきた商人。
【舶載（ハクサイ）】①船にのせて運ぶこと。②＝舶来（ハクライ）
【舶用（ハクヨウ）】船舶に使用すること。
【舶来（ハクライ）】外国から渡来すること。また、そのもの。船載。『舶来品』

6511【舲】＊5488 舟－5 レイ(漢)/líng
[字解] 形声。舟＋令(声)。やかたぶね。また、こぶね。

6512【艇】3690 447A 92F8 舟－7 [常] テイ(漢)/tǐng/ふね
[筆順]
[字解] 形声。舟＋廷(声)。
[意味] こぶね。はしけ。細長いこぶね。『艇庫（テイコ）』『艇身（テイシン）』
[下接] 艦艇（カンテイ）・汽艇（キテイ）・競艇（キョウテイ）・舟艇（シュウテイ）・漕艇（ソウテイ）・端艇（タンテイ）・短艇（タンテイ）・掃海艇（ソウカイテイ）

6513【艀】7157 6759 E478 舟－7 フ(漢)/fú/はしけ
[字解] 形声。舟＋孚(声)。
[意味] ❶こぶね。❷はしけ。陸と停泊中の本船との間を往復して貨物または旅客などを運ぶのに用いる小舟。

6514【艋】＊5501 舟－8 モウ（マウ）(漢)/měng
[字解] 形声。舟＋孟(声)。「舴艋（サクモウ）」は、こぶね。

6515【䑺】―― 舟－9 ハン(漢)/ほ
[字解] 会意。舟＋風。ほの意。帆に同じ。

6516【艙】7158 675A E479 舟－10 ソウ（サウ）(漢)/cāng
[字解] 形声。舟＋倉（くら）(声)。船の貨物を積むところ、船倉の意。
[意味] ふなぐら。また、船室。『船艙（センソウ）』

6517【艘】7159 675B E47A 舟－10 ソウ（サウ）(漢)/sāo/ふね
[字解] 形声。舟＋叟(声)。
[意味] ❶ふね。ふねの総称。❷船の数を数える語。

6518【艚】7161 675D E47C 舟－11 ソウ（サウ）(漢)/cáo/ふね
[字解] 形声。舟＋曹(声)。ふね、こぶねの意。

6519【艜】＊5506 舟－11 タイ(漢)/ひらたぶね
[字解] 形声。舟＋帶(声)。
[意味] ひらたぶね。河川での輸送に用いる、喫水の浅い細長い舟。

6520【艝】7160 675C E47B 舟－11 そり
[字解] 国字。会意。舟＋雪。雪上・氷上を行くそりの意。

6521【艟】7162 675E E47D 舟－12 ショウ(漢)・トウ(漢)・ドウ(慣)/chōng・tóng
[字解] 形声。舟＋童（→衝、つく）(声)。「艨艟（モウドウ）」は、いくさぶねの意。また、軍艦の雅語的な言い方。

6522【艪】＊5508 舟－12 ロ(漢)/lǔ/かい
[字解] 形声。舟＋虜(声)。
[意味] ろ。かい。「艫・櫓」に同じ。『柔艪（ジュウロ）』

6523【艤】7163 675F E47E 舟－13 ギ(漢)/yǐ
[字解] 形声。舟＋義(声)。
[意味] ふなよそおい。ふなじたく。船を整備し、出船の用意をすること。『艤レ船（ふねをぎす）』
【艤舟（ギシュウ）】出船の用意をすること。
【艤装（ギソウ）】船体ができたあと、航海に必要な装備を整えること。『艤装工事』

6524【艢】7164 6760 E480 舟－13 ショウ（シャウ）(漢)/qiáng
[字解] 形声。舟＋嗇(声)。帆柱（ほばしら）の意。檣に同じ。

6525【艨】7165 6761 E481 舟－14 ボウ(漢)・モウ(慣)/méng/いくさぶね
[字解] 形声。舟＋蒙（おかす）(声)。
[意味] いくさぶね。軍船。
【艨艟（モウドウ／モウショウ）】軍艦。戦艦。艨衝。

6526【艦】2047 344F 8ACD 舟－15 [常] カン(漢)/jiàn/いくさぶね
[筆順]
[字解] 形声。舟＋監（→檻、かこい）(声)。敵の攻撃を防ぐため周囲を板などで囲ったふね、いくさぶねの意。
[意味] いくさぶね。軍船。軍艦。
[下接] 帰艦（キカン）・旗艦（キカン）・巨艦（キョカン）・軍艦（グンカン）・乗艦（ジョウカン）・船艦（センカン）・戦艦（センカン）・退艦（タイカン）・廃艦（ハイカン）・発艦（ハッカン）・砲艦（ホウカン）・母艦（ボカン）・僚艦（リョウカン）
【艦橋（カンキョウ）】軍艦の両舷（ゲン）に高くまたがった甲板。将校が指揮をとる所。
【艦載（カンサイ）】軍艦に積みのせること。
【艦船（カンセン）】軍艦と船舶の総称。

【艦隊(カンタイ)】軍艦二隻以上で編制した部隊。『連合艦隊』
【艦艇(カンテイ)】大小の軍艦の総称。

6527【艪】7166 6762 E482 舟-15
ロ㊅／lǔ／かい
字解 形声。舟+魯㊥。
意味 ろ。かい。船を漕ぎ進める道具。「櫓」に同じ。

6528【艫】7167 6763 E483 舟-16　(6501)【舮】7168 6764 E484 舟-4
ロ㊅／lú／へさき・とも
字解 形声。舟+盧㊥。
意味 ❶へさき。船首。みよし。『船艫(センロ)』❷とも。船尾。『舳艫(ジクロ)』『艫綱(ともづな)』

138 艮部 こん

艮は、おこったような目を強調した形。したがわない、ゆきなやむ意に用いる。艮部には少数の、艮の形が目印となるものを収める。

篆文

艮 ① 良
艮 ⑪ 艱
艮

6529【艮】2617 3A31 8DAF 艮-0
コン㊅・ゴン㊥／gèn・gěn／うしとら
字解 部首解説を参照。
同属字 痕・垠・很・恨・限・根・眼・跟・銀・艱・墾・懇
意味 ❶もとる。さからう。そむきもとる。『艮背』❷とどまる。とまる。かぎる。❸かたい。むずかしい。❹うしとら。方位では北東。時刻では午前二時から四時まで。❺易の八卦の一。☶。また、六十四卦(カ)の一。䷳。❻あて字。『儒艮(ジュゴン)』
「艮下艮上(ゴンカゴンショウ)」は止まって進まないさま。
【艮背(ゴンハイ)】目を背(そむ)けて物を見ないこと。

6530【良】4641 4E49 97C7 艮-1 常
ロウ(ラウ)㊅・リョウ(リャウ)㊅／liáng／よい・よし・まことに・やや
筆順 良良良良良良
字解 象形。穀物をふるいにかけるさまに象る。よいものを選ぶことから、一般によい意。

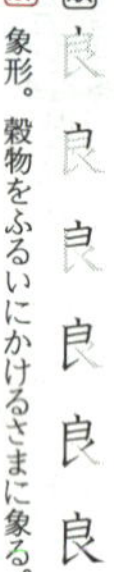

甲骨文

金文

篆文

参考 万葉仮名では音を借りて「ら」。平仮名「ら」、片仮名「ラ」の字源。
同属字 莨・閬・郎(郞)・朗(朗)・娘・浪・狼・琅・粮・蜋・踉
意味 ❶よい。すぐれている。広く一般に、物事の性質、状態、形状などがよいこと。⇓表 ⇓【悪】(2360)の表【秀】(5442)の表 ❷生まれながらの。天賦の。『良知』『良能』❸まことに。本当に。たしかに。＊李白-春夜宴ニ桃李園一序「古人秉レ燭夜遊、良有レ以也(コジンショクをとりてよるあそぶ、まことにゆえあるなり)〔＝昔の人があかりを持って夜まで遊んだというのは、本当にもっともなことである〕」❹やや。しばらく。＊史記-刺客伝「秦王不レ怡者良久(シンオウよろこばざることややひさし)〔＝秦王は、しばらくの間ふきげんな様子だった〕」❺あて字。『野良(のら)』『倍良(べら)(＝魚の名)』

❶よい。すぐれている。

下接 温良(オンリョウ)・改良(カイリョウ)・佳良(カリョウ)・賢良(ケンリョウ)・元良(ゲンリョウ)・最良(サイリョウ)・駿良(シュンリョウ)・純良(ジュンリョウ)・順良(ジュンリョウ)・醇良(ジュンリョウ)・選良(センリョウ)・善良(ゼンリョウ)・忠良(チュウリョウ)・不良(フリョウ)・優良(ユウリョウ)

	善良						
良(リョウ)	すぐれている。	良計	良心	良人	改良	最良	不良
善(ゼン)	ただしくりっぱである。	善計	善意	善人	改善	最善	不善

【良醞(リョウウン)】①よい酒。うまい酒。②中国で、隋代に始まる酒造をつかさどる官庁名。
【良縁(リョウエン)】国ふさわしい縁組。よい縁談。
【良器(リョウキ)】①よいうつわ。②すぐれた才能。
【良禽択レ木(リョウキンはきをえらぶ)】賢い鳥は木を選んで巣を作るように、賢い臣下はその君主をよく選んで仕える。〔左伝-哀公一一年〕
【良金美玉(リョウキンビギョク)】よい金とうつくしい玉。すぐれた才能や徳、また、文章のたとえ。〔宋史-黄治(コウ)伝〕
【良狗(リョウク)】役に立つ、よい犬。転じて、手柄のある家臣のたとえ。＊史記-淮陰侯伝「狡兎死、良狗烹(コウトシして、リョウクにらる)〔＝獲物のウサギが捕らえられて死ねば、猟犬は不用となり、煮て食われる〕」
【良家(リョウカ・リョウケ)】家柄がよく、教養があり、豊かな家。
【良月(リョウゲツ)】〔「一〇」はみちたりた数であるということから〕陰暦一〇月の異称。〔左伝-荘公一六年〕
【良賈(リョウコ)】よい商人。【良賈深蔵若レ虚(リョウコはふかくぞうしてむなしきがごとし)】すぐれた商人は、品物を奥深くしまっておき、店頭には飾っておかないので、見かけは手持ちがないように見える。賢者が学徳・才能をかくしてみだりにあらわさないことのたとえ。〔史記-老子韓非伝〕
【良工(リョウコウ)】①腕のよい職人。技術のすぐれた工人。②すぐれた画家・彫刻家。また、詩文の表現に巧みな人。
【良好(リョウコウ)】よいこと。『経過は良好だ』
【良材(リョウザイ)】①よい材木。②すぐれた才能。
【良妻賢母(リョウサイケンボ)】夫に対してはよい妻であり、子に対しては賢い母であること。
【良士(リョウシ・リョウジ)】①すぐれた兵士。②善良な男。すぐれた人。賢士。
【良識(リョウシキ)】健全ですぐれた物の考え方、判断力。
【良質(リョウシツ)】品質や性質がすぐれていること。↔悪質
【良実(リョウジツ)】①よい穀物。②善良で実直なこと。
【良匠(リョウショウ)】①腕のよい工匠。すぐれた大工や工芸家。名工。②すぐれた学者。
【良宵(リョウショウ)】気持ちのよい夜。晴れた、ながめのよい夜。また、めでたい晩。
【良心(リョウシン)】自分の行いの善悪、正邪を識別する理性。『良心の呵責(カシャク)』『良心的』
【良辰(リョウシン)】よい日。よい時候の、のどかな日。＊陶潜-帰去来辞「懐ニ良辰一以孤往(リョウシンをおもいてもってコオウす)〔＝天気のよい日には、気持ちも安らかにひとり散歩する〕」
【良人(リョウジン)】①善良な人。君子。②おっと。妻が夫を呼ぶ語。＊李白-子夜呉歌「何日平ニ胡虜一、良人罷ニ遠征一(いずれのひかコリョをたいらげ、リョウジンエンセイをやめん)〔＝いつになったら夫は夷狄(イテキ)を討ち平らげて、遠征から帰ることだろう〕」③国律令制で、口分田を受け、租庸調を納める普通の農民。良民。

【良性リョウセイ】たちのよいこと。↔悪性
【良賤リョウセン】国律令制で、良人と賤民。また一般に、身分のよいものと卑しいもの。
【良俗リョウゾク】善良な風俗。美俗。『公序良俗』
【良儔リョウチュウ】よい仲間・友人。良朋リョウホウ。
【良田リョウデン】よく肥えた畑。美田。＊陶潜-桃花源記「有二良田美池桑竹之属一リョウデンビチソウチクのゾクあり」〔=よく肥えた畑や美しい池、桑や竹のたぐいがある〕
【良二千石リョウニセンセキ】善良な地方官。中国の漢代、郡の太守の俸給が年に二〇〇〇石であったところから。〔漢書-循吏伝・序〕
【良媒リョウバイ】よい媒酌人。また、よいなかだち。
【良否リョウヒ】よいこととわるいこと。よしあし。『事の良否を判断する』
【良匹リョウヒツ】よいつれあい。好匹コウヒツ。
【良風リョウフウ】善良な風俗。よいならわし。↔悪風
【良謨リョウボ】よいはかりごと。すぐれたはかりごと。「謨」は、はかりごと・大きな計画の意。
【良庖リョウホウ】じょうずな料理人。
【良朋リョウホウ】よい友。よい仲間。良儔リョウチュウ。
【良民リョウミン】①善良な人民。②=良人リョウジン③
【良夜リョウヤ】よい夜。月の明るく美しい夜。特に、中秋名月の夜。
【良薬リョウヤク】よい薬。すぐれた効能のある薬。【良薬苦二於口一リョウヤクはくちににがし】よい薬は苦くて飲みにくい。忠言、諫言カンゲンは聞き入れにくいたとえ。〔孔子家語-六本〕

❷ 生まれながらの。天賦の。

【良貴リョウキ】天賦の徳のとうとさ。
【良知リョウチ】人が生まれながらに持っている正しい知力。是非・善悪・正邪を知る心の先天的なはたらき。〔孟子-尽心上〕
【良能リョウノウ】天賦の能力。また、すぐれた能力のある人。〔孟子-尽心上〕

難読姓氏 良知ちら 吉良きら

艮

6531 【艱】 7169 6765 E485 艮-11 カン呉漢／jiān／なやむ・つらい・かたい

字解 形声。堇（=墓、ねばりつく土）+艮（とどまる）声。動きづらいことから、つらい・なやむ意。

意味 ❶なやむ。くるしむ。つらい。なやみ。くるしみ。『艱苦』『艱難』❷かたい。むずかしい。また、けわしい。『艱険』『艱渋』『至艱シカン』『阻艱ソカン』

❶ なやむ。くるしむ。なやみ。くるしみ。

下接 外艱ガイカン・苦艱クカン・時艱ジカン・辛艱シンカン・内艱ナイカン

【艱苦カンク】つらいことと、苦しいこと。艱難辛苦カンナンシンク。
【艱虞カング】悩みと心配。
【艱難カンナン】つらい目にあって苦労すること。『艱難汝なんじを玉にす』『艱難辛苦』＊杜甫-登高「艱難苦恨繁霜鬢カンナンはなはだうらむハンソウのビン」〔=あいつぐ難儀のために、びんの毛が霜のように白くなったことがとても恨めしく思われる〕

❷ かたい。むずかしい。また、けわしい。

【艱険カンケン】①山道などが、けわしくて行き過ぎがたいこと。険阻。②転じて、物事のきびしく困難なこと。
【艱渋カンジュウ】物事が困難で、なかなかはかどらないこと。難渋。
【艱阻カンソ】山道、あるいは人生の、けわしく困難なこと。

139 色部 いろ

甲骨文

篆文

色は、ひざまずく人の上に人がいるさまで、男女間の情欲の意を表す。色部には、色を部標として、顔つき、顔いろなどに関する字を収める。

色 色
色 ⑤艴 ⑬艶 ⑱艷
色

6532 【色】 3107 3F27 9046 色-0 常2 シキ呉・ショク漢／sè・shǎi／いろ

筆順

字解 部首解説を参照。

参考 万葉仮名では音を借りて「し」。

意味 ❶いろ。いろどり。また、いろどる。『色彩』『色調』『原色ゲンショク』❷いろ。かおいろ。顔かたち。表情。『喜色キショク』『気色キショク』❸いろ。おもむき。様子。もののかたち。『異色イショク』『景色ケシキ』❹いろ。男女間の欲情。性的欲望。『色情』『酒色シュショク』❺種類。たぐい。しな。『十人十色ジュウニンといろ』『色代シキダイ』❻仏語。五蘊ゴウンの一。形あるもの。五感のふれるところ。物質的存在の総称。変化し、一定の空間を占有するもの。『空即是色クウソクゼシキ』❼「脚色キャクショク」は、元来、古代中国で出仕する際の身分証明書を意味し、転じて、演劇の仕組書、また、役者の役柄、扮装をいった。

❶ いろ。いろどり。また、いろどる。

下接 暗色アンショク・黄色オウショク|きいろ・海色カイショク・花色カショク|はないろ・佳色カショク・褐色カッショク・寒色カンショク・原色ゲンショク・紅色コウショク・黒色コクショク・五色ゴショク|ゴシキ・金色コンジキ|キンいろ・彩色サイショク|サイシキ・雑色ザッショク・水色スイショク|みずいろ・翠色スイショク・正色セイショク・青色セイショク|あおいろ・赤色セキショク|あかいろ・染色センショク・鮮色センショク・草色ソウショク|くさいろ・褪色タイショク・黛色タイショク・多色タショク・脱色ダッショク・単色タンショク・淡色タンショク・暖色ダンショク・着色チャクショク・同色ドウショク・濃色ノウショク・配色ハイショク・白色ハクショク・発色ハッショク・美色ビショク・変色ヘンショク・補色ホショク・無色ムショク・明色メイショク・有色ユウショク・柳色リュウショク・緑色リョクショク|みどり・冷色レイショク・蠟色ロウショク／柿色かきいろ・蒲色かばいろ・樺色かばいろ・狐色きつねいろ・栗色くりいろ・毛色けいろ・錆色さびいろ・墨色すみいろ・空色そらいろ・茶色チャいろ・土色つちいろ・鳶色とびいろ・鉛色なまりいろ・鈍色にびいろ・灰色はいいろ・肌色はだいろ・桃色ももいろ

【色彩シキサイ】①いろどりや色合い。②様子や傾向。
【色紙シキシ|いろがみ】国①（シキシ）和歌、絵などをかく方形の厚紙。多くは表面に五色の模様や金銀の箔ハクなどを施す。②（いろがみ）折り紙などに用いる色染めの紙。
【色素シキソ】物体に色を与えるもととなる物質。
【色沢シキタク|ショクタク】いろつや。
【色調シキチョウ】色彩の濃淡、強弱、対照などの具合。色合い。トーン。『淡い色調』
【色名シキメイ】色の名前。『標準色名』『伝統色名』
【色盲シキモウ】ある種の色調の識別能力が消失している状態。一般に先天性のものを指し、赤と緑の区別がつかない赤緑色盲が多い。現在は「色覚特性」という。日常的

竹米糸缶网(罒・⺲・皿)羊羽(羽)老(耂)而耒耳聿肉(月) 6画 臣自至臼(臼)舌舛(舛)舟艮色艸(艹・艹・艹)虍虫血行衣(衤)襾(覀・西)

には困難を感じないものが多い。

❷ かおいろ。顔かたち。表情。

下接 怨色・艶色・温色・顔色・―かおいろ・気色・喜色・慶色・血色・才色・慚色・死色・姿色・失色・羞色・神色・人色・生色・難色・面色・憂色・容色・令色・厲色・麗色

【色厲（シキレイ｜いろはげし）】顔の様子がきびしく威厳があること。

【色然（ショクゼン）】驚きや怒りなどのため顔色を変えるさま。

【色難（いろかたし）】子が常時顔色をやわらげて親に孝行するのはむずかしい。〔論語‐為政〕

【徴ニ於色一（いろにあらわる）】喜怒哀楽の情が顔色にあらわれる。〔孟子‐告子下〕

【変レ色（いろをヘンず）】顔つきを改める。＊論語‐郷党「有ニ盛饌一、必変レ色而作（セイセンあれば、かならずいろをヘンじてたつ）〔＝立派な料理が出されると必ず顔つきを改め、立って敬意を表した〕」

❸ おもむき。様子。もののかたち。

下接 異色・音色・眼色・気色・景色・古色・山色・秋色・愁色・出色・潤色・声色・―こわいろ・晴色・特色・敗色・本色・野色／文色・旗色

❹ 男女間の欲情。性的欲望。性的魅力。

下接 漁色・好色・酒色・女色・男色・―ナンショク・売色

【色情（シキジョウ）】男女間の欲情。色欲。『色情狂』

【色道（シキドウ）】色恋に関する方面のこと。

【色欲・色慾（シキヨク）】男女間の性的な欲情。色情。情欲。

書き換え「色慾→色欲」。

【重レ色（いろをおもんず）】女色を尊重する。女の美しさを重んずる。＊白居易‐長恨歌「漢皇重レ色思ニ傾国一（カンコウいろをおもんじてケイコクをおもう）〔＝漢のみかどは女の美しさを重んじて、絶世の美人を得たいと思った〕」

❺ 種類。たぐい。しな。

【色代（シキダイ｜シキタイ）】国 ① 他の品物でその代用とすること。代用物。② 深く頭を下げて挨拶すること。③ お世辞を言うこと。

【色目（シキモク）】① 土地、物品などの属性。属性による呼び名。② 土地、物品などの種類、数量などを記した目録。

【色目人（シキモクジン）】中国、元代、トルコ系、イラン系などの西域諸民族の総称。征服者の蒙古人につぐ階層として重く用いられた。「もろもろの種族」の意。

❻ 仏語。五蘊の一。

【色界（シキカイ）】仏語。三界の一。欲界の上、無色界の下にあり、欲界のような諸欲から離れているが、まだ物質から解放されていない世界。

【色即是空（シキソクゼクウ）】仏語。物質的な存在はむなしい存在で、執着すべき何ものもないということ。〔般若心経〕

【色法（シキホウ）】仏語。広く物質的存在の総称。広義の色。色蘊。

難読地名 色麻町（宮城）　色丹郡・村（北海道）

色

6533 【艴】 ＊5511 色－5

フツ㊥・ボツ㊝／fú／いかる

字解 形声。色＋弗（↓沸、わく）㊟。いかりがわいてきて顔色に表れる意。

意味 いかる。おこる。むっとする。『艴然』

【艴然（フツゼン）】怒って顔色を変えるさま。怫然。

6534 【艶】 1780 3170 8990 色－13 人

(6535)【艷】 7170 6766 E486 色－18 旧字

(7650)【豔】 ＊6276 豆－20

(7651)【豓】 ＊6277 豆－21

エン㊬㊥／yàn／なまめかしい・なまめく・つや・つややか

字解 艶は艷の通俗体。艷は会意。色＋豊（ゆたか）。いろどりゆたかで美しい意。もと、豔。形声。豊＋盇（＝盍、おおう）㊟。容色がゆたかでうつくしい意。

意味 ❶ なまめかしい。あでやかで美しい。『艶美』『艶麗』『妖艶』 ❷ 国 つや。異性とのなまめかしい関係。男女間の情事に関する事柄。『艶書』『艶福』『艶文』

❶ なまめかしい。あでやかで美しい。

下接 紅艶・凄艶・清艶・濃艶・美艶・芳艶・豊艶・幽艶・優艶・妖艶・冷艶

【艶艶（エンエン｜つやつや）】つやがあって美しいさま。

【艶姿（エンシ｜あですがた）】なまめいた容姿。艶容。

【艶色（エンショク）】美しい顔色。あでやかな容貌。

【艶態（エンタイ）】なまめかしい態度、姿。嬌態。

【艶美（エンビ）】あでやかで美しいこと。

【艶冶（エンヤ）】なまめかしく美しいこと。『艶冶な姿』

【艶容（エンヨウ）】なまめかしく美しい姿、様子。

【艶陽（エンヨウ）】はなやかな晩春のころ。

【艶流（エンリュウ）】なだらかでうるわしい文体。

【艶麗（エンレイ）】なまめかしく美しいさま。

❷ （日本語で）異性とのなまめかしい関係。

【艶語（エンゴ）】国 男女間の色っぽい話。

【艶書（エンショ）】国 恋文。ラブレター。艶文。

【艶笑（エンショウ）】国 性的な描写におかしみを含んでいること。『艶笑文学』

【艶福（エンプク）】国 男性が多くの女性に愛されること。

【艶文（エンブン）】国 恋文。艶書。

【艶聞（エンブン）】国 恋愛に関するうわさ。『艶聞を流す』

【艶本（エンポン）】国 性的な秘事を、興味本位に記した書物。

140 艸（艹・艹・艹）部 くさ

篆文

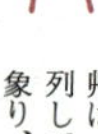

艸は、草の芽生えを表す屮（屮部45）を並列して、草のならんで生えているさまを象り、一般に草を表す。艸部には、主として草本植物の名、草本の部分、状態、その利用などに関する字がある。艸は甲骨文では明らかでないが、篆文では単体のほか、字の上部で多く用いられ、隷書では艹、艹、艹さらに艹の形が現れた。楷書では艹（左の十は丨一の順）が標準とされてきた。明朝体活字では艹が用いられ、常用漢字もこれに従っている。字の上部で用いられる艸を、「くさかんむり」また「そうこう」とよぶ。なお、この部には、芔、茻など、もと艹であったものを少数あわせている。これらも筆写では他の「くさかんむり」と区別されない。

艸 艸 艹 艹 ③ 芔 ④ 茻

艹
② 艾 艽 ③ 芋 芋 芎 芝 芝 芍 芊
芒 苊 ④ 芸 芙 花 花 苍 芽 芥 芴 芰
芹 芹 芩 芸 芡 芫 芟 芷 芯 芮 芧 芭
芙 芙 芬 芳 芳 芦 芴 ⑤ 苡 英 英 苑
苑 苛 茄 茄 芽 苣 苟 苦 苦 茎 苽 苟
若 若 苫 苒 苴 苔 苧 苕 苞 苳 苺 茇
范 苾 苗 苗 苻 苹 苞 茅 茅 茆 苜 苿
茉 茂 茂 苙 苓 ⑥ 茵 茴 茖 荊 茭 荒
荒 荇 茨 茲 茱 荀 茹 茸 荏 茜 茜 荐
荃 草 草 荘 茶 茶 荑 荅 茯 茫 茗 茘
茘 ⑦ 莚 荷 荷 華 莪 莞 莞 莧 莟 莢
莖 莫 莕 莎 莇 莍 莠 莊 荻 莵 茶 荳
莓 莩 莫 莔 莽 莠 莱 莉 莉 莅 莨 苗
⑧ 菴 萎 菀 菓 菓 華 葛 菅 菡 萁 萓
菊 菊 菌 菌 菫 菫 菰 菎 菜 菜 菑 萷
菘 菽 菹 菖 菖 萃 萋 菁 蒞 蒂 菖 著
萇 菟 萄 萡 菠 菝 菲 菲 萠 萍 菩 萌
萌 萠 莽 菸 萊 萎 菻 菹 ⑨ 葊 葦 葳
葭 萪 葢 萼 葛 葵 蔻 葵 葵 葷 萱 葫
葒 葹 葅 萩 萩 葺 葉 葅 葬 葬 葟 葱
葽 葮 蒂 著 葶 董 葩 葰 葡 葆 萬 葯
萸 葉 葉 落 落 葎 萵 蒁 蒍 ⑩ 蓊 蓟
蓋 蒹 蒿 蒧 蒟 蓑 蓙 蒴 蒜 蓍 蒔 蒔
蒺 蒻 蒐 蓚 蒋 蒸 蒸 蓐 蓁 蒴 蓆 蒼
蒼 蓄 蓄 蓖 蒲 蓬 蒡 蓂 蒙 蓉 蓉 蓛
蒞 蓮 蓜 ⑪ 蔭 蔚 蔵 蓳 蔗 蔌 蔑 蔡
蓰 蓿 蓴 蔗 蔣 蔘 蔬 蔥 蔟 蔦 蔦 蔯
蔕 蓪 葍 蔑 蓬 蔀 蔵 蔓 蔞 蔤 蔾 蓼
蔆 蓮 蔞 ⑫ 蕓 蕰 蕐 蕚 蕎 蕀 蕙 蕨
蕞 蕣 蕉 蕉 蕘 蕈 蕁 蕊 蕋 蕤 蕝 蔵
蕩 蕃 蕪 蔽 蔽 蕕 ⑬ 薏 薁 薀 薗 蕹
薈 薑 薫 薊 薨 薙 薯 蕭 薔 薪 薪 薜
薦 薦 薮 薙 薄 薄 薇 薜 薬 薠 蕾 薐
蕗 蕗 蕷 ⑭ 薫 薬 薩 薩 藉 薷 藷 藋
薹 薺 藏 薹 藐 藊 藐 藍 ⑮ 藭 藕 藝
薰 藷 藪 藤 藤 藩 藩 藦 藥 藍 藟 藜
⑯ 藹 蘊 藿 蘁 蘐 藷 藥 蘇 蘒 藻 藻
藺 蘋 蘋 蘭 蘭 藶 蘆 蘢 ⑰ 蘡 蘧 蘘
薜 蘴 蘗 蘭 蘞 蘰 ⑲ 蘹 蘼 蘿

艸

6536 【艸】 7171 6767 E487 艸－0
(6537) 〔艹〕 ── 艸－0
(6538) 〔艹〕 ── 艸－0
ソウ(サウ)㊥\cǎo\くさ

字解 部首解説を参照。『艸冠ソウコウ』

6539 【𡴭】 ＊5524 艸－3
キ 「卉」(787)の異体字

6540 【芻】 7177 676D E48D 艸－4
(6816) 〔蒭〕 7258 685A E4D8 艸－10
シュウ(シウ)㊥・ス㊥・スウ㊧\chú\かる・まぐさ

字解 象形。手で草を集めるさまに象る。草をかる、まぐさかる意。

甲骨文　金文　篆文

同属字 蒭・鄒・皺・雛・趨・騶

参考 芻は、万葉仮名では音を借りて「す」。

意味 ❶草を刈り集める。また、草刈り男。『芻言』『芻蕘』 ❷まぐさ。また、まぐさを与えてかう。『芻豢』『芻米』『芻秣』『芻糧』 ❸草をたばねたもの。『芻狗』

❶ 草を刈り集める。また、草刈り男。

【芻言スウゲン】 草刈り人夫のことば。自分のことばをへりくだっていう語。蒭言スウゲン。

【芻蕘スウジョウ】 草刈りときこり。転じて、身分の低い者をいう語。蒭蕘。

❷ まぐさ。また、まぐさを与えてかう。

【芻豢スウカン】 (「豢」は穀物を食べる畜類) 人間が飼育して、食用や労役などに用いるけもの。家畜。

【芻米スウベイ】 馬の飼料と人の食糧。まぐさとこめ。

【芻秣スウマツ】 牛馬の飼料。まぐさ。かいば。

【芻糧・芻粮スウリョウ】 まぐさと兵糧。人馬の食糧。

❸ 草をたばねたもの。

【芻狗スウク】 ①藁わらを結んで作った犬。祭りに用い、祭りが終わると捨てたという。②用があれば用い、用がなければ捨てるものをたとえていう語。また、とるに足らないもののたとえ。〔老子－五〕

【芻霊スウレイ】 草をたばねてつくった人形。古代中国で殉葬に用いられた。〔礼記－檀弓下〕

艹(艹)

6541 【艾】 7172 6768 E488 艸－2
ガイ㊥\ài·yì\よもぎ・もぐさ

字解 形声。艸＋乂㊟。

意味 ❶よもぎ。キク科の多年草。『艾虎』『艾蒿』『艾人』 ❷もぐさ。ヨモギの葉を乾燥させてもみ、葉裏の白毛を採って綿状にしたもので、灸に使う。『鍼艾シンガイ』 ❸(ヨモギのように髪が白くなるところから)としより。『艾年』『艾髪』『耆艾キガイ』 ❹すぐれた人。また、みめよい人。『淑艾シュクガイ』『俊艾シュンガイ』 ❺かる。草をかる。「刈」に同じ。❻おさめる。おさまる。安らか。『艾安』

❶ よもぎ。

下接 蕭艾ショウガイ・蓬艾ホウガイ・蘭艾ランガイ

【艾虎ガイコ】 中国で、端午の節句にヨモギで虎の形を作り、頭にいただいたり戸の上にかけたりして邪気を払った風習。

【艾蒿（ガイコウ）】（「蒿」もヨモギの意）よもぎ。

【艾餻（ガイコウ）】ヨモギをまぜて作ったもち。

【艾人（ガイジン）】中国で、ヨモギで人形を作り、五月五日に戸上や軒先に掛けて、邪気を払った風習。

❸としより。
【艾年（ガイネン）】（ヨモギのように髪が白くなる年の意から）五〇歳の称。

【艾髪（ガイハツ）】ヨモギのように白く色あせた老人の髪。

❻おさめる。おさまる。安らか。
【艾安（ガイアン／カイアン）】世の中がよく治まって安らかなこと。

【艾康（ガイコウ）】治めて安んじること。また、世の中が治まって安らかなこと。艾安。

6542【艽】＊ 5513　艸－2
キュウ（キウ）（漢）／qiú
字解 形声。艸＋九（きわまる）（声）。遠い地のはて、荒野の意。『艽野（キュウヤ）』

6543【芋】 1682 3072 88F0　艸－3　常　（6544）【芋】二一　艸－3　旧字
ウ（漢）／yù／いも
筆順 芋 芋 芋 芋 芋 芋
字解 形声。艸＋于（おおきい）（声）。人を驚かせるほど大きな根をもついもの意。
意味 いも。特に、サトイモ。
下接 海芋（カイウ）／親芋（おやいも）・種芋（たねいも）・捏芋（つくねいも）・長芋（ながいも）
【芋魁（ウカイ）】おやいも。いもがしら。
【芋菽（ウシュク）】いもと豆。
【芋茎（ずいき）・芋苗】サトイモ類の茎。食用にする。

6545【芎】＊ 5522　艸－3
キュウ（キウ）（漢）／xiōng・qióng
字解 形声。艸＋弓（声）。「芎藭（キュウキュウ）」は香草の名。おんなかずら。「川芎（センキュウ）」とも。

6546【芝】 2839 3C47 8EC5　艸－3　常　（6547）【芝】二一　艸－3　旧字
シ（呉）（漢）／zhī／しば
筆順 芝 芝 芝 芝 芝 芝
字解 形声。艸＋之（声）。「霊芝（レイシ）」は、キノコの一種。
参考 万葉仮名では音を借りて「し」。
意味 ❶ひじりだけ。さいわいだけ。キノコの一種。昔から、めでたいしるしとされる。『芝蘭』『蘭芝（ランシ）』『霊芝（レイシ）』❷国しば。イネ科の多年草。『芝居』『芝生』❸その他。人名など。『芝宇』『芝眉』

❶キノコの一種。
【芝艾（シガイ）】霊芝（レイシ）とヨモギ。尊いものと卑しいもののたとえ。

【芝草（シソウ）】ひじりだけ。さいわいだけ。

【芝蘭（シラン）】芝は霊芝で瑞草、蘭は香草。転じて、かおりのよい草。また、すぐれた人のたとえ。【芝蘭之化（シランのカ）】すぐれた人とつきあっていると、知らず知らずのうちにその人の感化を受けることのたとえ。芝蘭の交わり。〔孔子家語－六本〕♥かおりのよい草を置いてある部屋にいると、知らないうちにそのかおりが身に染みる、の意から。【芝蘭之交（シランのまじわり）】＝芝蘭之化（シランのカ）

❷（日本語で）しば。イネ科の多年草。
【芝居（しばい）】演劇の総称。転じて、人をだますためのつくりごと。『芝居小屋（ごや）』『紙芝居』『猿芝居』♥昔、庶民は芝生にすわって見物したところから。

【芝生（しばふ）】シバが一面に生えているところ。また、庭などにシバを植えたところ。

❸その他。人名など。
【芝宇（シウ）】（「宇」は眉宇（ビウ）の意で、まゆ）人の顔をほめていう語。♥中国、唐の房琯（ボウカン）が元徳秀（字（あざな）は紫芝）のまゆをほめた故事から。
【芝眉（シビ）】＝芝宇（シウ）
難読姓氏 芝生（しばお｜しぼう）

6548【芍】 7173 6769 E489　艸－3
シャク（漢）／sháo・shuò
字解 形声。艸＋勺（声）。
意味 「芍薬（シャクヤク）」は、キンポウゲ科の多年草。初夏、赤や白の大形の花を開く。根は薬用。

6549【芊】＊ 5521　艸－3
セン（漢）／qiān
字解 形声。艸＋千（声）。くさが盛んに生い茂る。
意味 ❶草の盛んに生い茂るさま。『芊芊』❷山の青々としたさま。

6550【芒】 7174 676A E48A　艸－3　（6551）【𦬆】二一　艸－3
モウ（マウ）（呉）・ボウ（バウ）（漢）／máng／のぎ・すすき
字解 形声。艸＋亡（みえにくい）（声）。穀物の先端の細い毛、のぎの意。
意味 ❶のぎ。㋑イネ科の植物の実の殻にある剛毛状の突起。『芒種』㋺毛の先。刀剣の刃先。『毫芒（ゴウボウ）』『鋒芒（ホウボウ）』㋩光線の先端。『光芒（コウボウ）』『星芒（セイボウ）』㊁イネ科植物の一。かや（茅）。また、すすき。『芒鞋』❷かすかなさま。くらいさま。ぼんやりしたさま。「茫」に同じ。『芒芒』『芒洋』❸「芒硝（ボウショウ）」は、硫酸ナトリウム。

❶のぎ。また、かや。すすき。
【芒鞋（ボウアイ）】わらぐつ。草鞋（わらじ）。

【芒種（ボウシュ）】二十四節気の一。陰暦五月の節で、陽暦の六月六日ごろ。♥芒（のぎ）のある穀類を植えるときの意。

❷かすかなさま。ぼんやりしたさま。
【芒芴（ボウコツ）】ぼんやりして明らかでないさま。

【芒然（ボウゼン）】ぼんやりするさま。また、無心なさま。茫然。

【芒芒（ボウボウ）】①ぼんやりとしてはっきりとしないさま。茫茫（ボウボウ）。②広々としてはるかなさま。茫茫。

【芒昧（ボウマイ）】ぼんやりして明らかでないさま。茫昧。

【芒洋（ボウヨウ）】広々として限りないさま。広くて見当のつかないさま。茫洋（ボウヨウ）。

6552【芸】二一　艸－4
ウン（漢）／yún
字解 形声。艸＋云（声）。
参考 「芸」（6564）とは同形であるが、別字。
意味 ❶くさぎる。草を刈る。「耘」に同じ。『耕芸（コウウン）』
＊論語－微子「植二其杖一而芸（そのつえをたててくさぎる）」〔＝杖を地面につき

たてて、草を刈った」」❷ミカン科の香草の名。ヘンルーダ。書物の虫よけに用いる。転じて、書物、書庫などについていう。『芸閣』『芸窓』❸さかんなさま。また、多いさま。『芸芸』❹きばむ。『芸黄』

【芸閣（ウンカク）】①書庫。蔵書室。芸台（ウンダイ）。②国内御書所（ごしょどころ）の唐名。

❷ 香草。ヘンルーダ。転じて、書物。書庫。

【芸窓（ウンソウ）】書斎。

【芸台（ウンダイ）】書物を入れておく庫（くら）。転じて、書斎。

【芸帙（ウンチツ）】（「帙」は書物の外包みの意）書物のこと。

▼書物の虫よけに芸を用いたことから。

【芸亭（ウンテイ）】国奈良末期、石上宅嗣（いそのかみのやかつぐ）が旧宅を阿閦（アシュク）寺とし、その中に建てた書庫。日本最古の図書館。

❸ さかんなさま。また、多いさま。

【芸芸（ウンウン）】物事の盛んで多くあるさま。〔老子–一六〕

❹ きばむ。

【芸黄（ウンコウ）】草木が枯れて黄ばむこと。〔詩経–小雅・苕之華〕

6553【芺】＊5542　艸－4　オウ（アウ）㊥\ǎo

字解 形声。艸＋夭㊟。アザミの類。「苦芺（かまな）」は、ヒメアザミ（姫薊）の古名。

6554【花】1854 3256 89D4　艸－4　常1　（6555）〔花〕　艸－4　旧字

（6556）〔苍〕＊5539　艸－4　ケ㊥・カ（クヮ）㊥\huā\はな

筆順 花 花 花 花 花 花 花

字解 形声。艸＋化㊟。草木のはなの意。華の通俗体。

参考 熟語は「華」(6659)をも見よ。

意味 ❶はな。草木の花。『花鳥風月』『花壇』『花瓶』『花弁』『開花』『桃花』⇓表 ❷花のような。花のように美しい。美しくはなやかなものの形容。『花押』『花顔』『花燭（カショク）』❸あや。模様。❹その他。あて字、熟字訓など。『花魁（おいらん）』『花車（だし）』『花田色（はなだいろ）』『雪花菜（おから）』

❶ はな。草木の花。

下接 雨花（ウカ）・煙花（エンカ）・桜花（オウカ）・鶯花（オウカ）・開花（カイカ）・寒花（カンカ）・菊花（キッカ）・供花（キョウカ）・金花（キンカ）・槿花（キンカ）・銀花（ギンカ）・月花（ゲッカ）・献花（ケンカ）・香花（コウカ｜コウゲ）・国花（コッカ）・紙花（シカ｜かみばな）・生花（セイカ｜いけばな）・草花（ソウカ｜くさばな）・挿花（ソウカ）・造花（ゾウカ）・探花（タンカ）・弔花（チョウカ）・天花（テンカ）・桃花（トウカ）・闘花（トウカ）・梅花（バイカ）・万花（バンカ）・飛花（ヒカ）・百花（ヒャッカ）・墨花（ボッカ）・名花（メイカ）・綿花（メンカ）・妖花（ヨウカ）・楊花（ヨウカ）・落花（ラッカ）・梨花（リカ）・立花（リッカ）・柳花（リュウカ）・蓮花（レンゲ）・蘆花（ロカ）・雪月花（セツゲッカ）／尾花（おばな）・雄花（おばな）・茶花（チャばな）・紅花（べにばな）・雌花（めばな）／旋花（ひるがお）・無花果（いちじく）・紫陽花（あじさい）・白粉花（おしろいばな）・女郎花（おみなえし）・燕子花（かきつばた）・金盞花（キンセンカ）・金鳳花（キンポウゲ）・牽牛花（ケンギュウカ｜あさがお）・山茶花（サザンカ）・石楠花（シャクナゲ）・沈丁花（ジンチョウゲ）

	花カ	華カ
	はな。特に牡丹。	はな。特に丸いはな。
—粉	○	—
—壇	○	—
—王	○	—
梨—	○	△
菊—	○	○
—実	○	○
京—	—	○

【花英（カエイ）】はな。ふさ状のはな。

【花王（カオウ）】（花の中で最もすぐれたものの意）牡丹（ボタン）をいう。〔欧陽脩–洛陽牡丹記〕

【花魁（カカイ）】①ウメ（梅）の別名。百花に先がけて咲くところから。②ラン（蘭）の別名。→❹

【花客（カカク）】①花見客。②来訪者。③お得意の客。顧客。

【花冠（カカン）】種子植物の花弁の集まったもの。→❷

【花卉（カキ）】（「卉」は草の総称）花の咲く草。また、観賞のために庭などに栽培する植物。『花卉園芸』

【花筐（カキョウ｜はながたみ）】花や若葉などを摘み入れるかご。

【花月（カゲツ）】①花と月。②陰暦二月の異称。

【花候（カコウ）】花の咲く時節。花期。

【花子（カシ）】花のたね。→❷❹

【花序（カジョ）】花を付ける茎の部分の総称。または、茎に付く花の状態をいう。

【花心（カシン）】花の中心。めしべと、おしべ。

【花信（カシン）】花の咲いたことを知らせる便り。花便り。

【花信風（カシンフウ）】①春先、花の開くことを知らせる風。②二十四節気の小寒から穀雨までを八気二十四候に分けて、各候には新たな風があるとして、それに応ずる花をあてたもの。二十四番花信風。

【花唇・花脣（カシン）】花弁の美称。→❷

【花穂（カスイ）】カンナやガマなどの、穂の形に咲く花。

【花蕊（カズイ）】花のおしべとめしべの総称。蕊（しべ）。

【花壇（カダン）】土を盛り上げて草花を植えた一区画。

【花中君子（カチュウのクンシ）】①（中国、宋の周敦頤（トンイ）が「愛蓮説」の中で蓮を君子にたとえたところから）蓮の花の異称。②画題の一。蓮の葉に小蟹を描いたもの。

【花朝（カチョウ）】①陰暦二月の異称。②花が咲いた朝。中国では、二月一五日を花朝とする。花晨（カシン）。【花朝月夕（カチョウゲッセキ）】花のあしたと月のゆうべ。春の朝と秋の夜の楽しいひととき。

【花鳥風月（カチョウフウゲツ）】自然の美しい風物。また、風流な遊び。

【花底（カテイ）】花のもと。花下。

【花亭（カテイ）】①花のそばにある亭（チン）。美しく装いをこらしたあずまや。②仏教で、灌仏会（カンブツエ）に設ける花御堂（はなみドウ）のこと。

【花天月地（カテンゲッチ）】花はこずえに咲き満ち、月はあかあかと地を照らす風景。美しい春の月夜の形容。

【花被（カヒ）】花を構成する要素で、おしべやめしべの下部にある萼（ガク）と花冠の総称。

【花瓶（カビン｜カヘイ｜はながめ）】花を活（い）ける瓶や壺（つぼ）。

【花譜（カフ）】いろいろな花の絵を、季節の順や一定の分類によって載せた本。

【花粉（カフン）】種子植物のおしべの葯（ヤク）の中にできる粉状の生殖細胞。『花粉症〔＝花粉によるアレルギー症状〕』

【花片（カヘン｜はなびら）】花弁の一枚一枚。

【花弁（カベン｜はなびら）】花冠を構成する各片。

【花木（カボク）】花と木。また、花の咲く木。花樹。

【花明（カメイ）】花が明るく咲いているさま。＊陸游–遊山西村「柳暗花明又一村（リュウアンカメイまたイッソン）〔＝柳がよく茂り、桃の花が明るく咲くその先に、また一つの村があった〕」

【花裏（カリ）】咲いている花の中。

【花梨・花櫚（カリン）】バラ科の落葉高木。庭園などに栽植される。果実は長楕円形（チョウダエンケイ）。

❷ 花のような。花のように美しいもの。

下接 剣花（ケンカ）・詞花（シカ）・燭花（ショッカ）・雪花（セッカ）・氷花（ヒョウカ）・紛花（フンカ）・文花（ブンカ）／風花（かざばな）・火花（ひばな）・湯花（ゆばな）

【花押（カオウ）】署名の代わりの判。署名を図案的に彫った印。日本では、書き判。草書体を更にくずして図案化した。

【花屋 カオク】美しい家。美しく飾られた建物。

【花街 カガイ(はなまち)】遊里。くるわ。色町。花柳界。

【花冠 カカン】美しいかんむり。＊白居易‐長恨歌「花冠不レ整下レ堂来 カカンととのわずしてドウをくだりきたる〔＝美しいかんむりもきちんとしないまま、堂を降りて来た〕」→❶

【花顔 カガン】花のように美しい顔。花のかんばせ。＊白居易‐長恨歌「雲鬢花顔金歩揺 ウンビンカガンキンボヨウ〔＝雲なす豊かな黒髪、花の美貌、揺れる金の髪飾り〕」

【花瞼 カケン】花のように美しいまぶた。

【花子 カシ】昔、女性が飾りとしてほおなどに張った色紙。→❶

❹

【花娘 カジョウ】芸者。遊女。

【花唇・花脣 カシン】美人の唇。→❶

【花船 カセン】国美しく装飾した屋形船。平安時代、貴族が船遊びなどに用いたもの。

【花箋 カセン】花模様のある美しい紙。

【花台 カダイ】はなやかで美しい楼台。

【花鈿 カデン】花の形をした婦人の髪飾り。＊白居易‐長恨歌「花鈿委レ地無二人収一 カデンチにまかせてひとのおさむるなし〔＝花の形の髪飾りは地にはらりと落ちたまま、拾い上げる人もない〕」

【花袍 カホウ】美しい花模様のあるうわぎ。

【花貌 カボウ】花のように美しい顔かたち。＊白居易‐長恨歌「雪膚花貌参差是 セップカボウシンシとしてこれなり〔＝雪のように白い肌、花のように美しい顔立ちは、どうやらその人らしい〕」

【花面 カメン】①花のように美しい顔。②中国の芝居で顔を彩色してする化粧。

【花容 カヨウ】花のように美しい容姿。

【花柳 カリュウ】「花街柳巷 カガイリュウコウ」の略。遊郭や芸者町。色町。「花柳界」

【花翎 カレイ】〔「翎」は羽の意〕中国、清代、天子から皇族や官吏に賜った、礼帽のうしろにたらすクジャクの羽の装飾。

❹その他。あて字、熟字訓など。

花子
〔新疆吐魯番出土〕

【花魁 カカイ(おいらん)】①(カイ)遊女。②(おいらん)遊郭で、姉女郎。転じて、一般に、遊女。❤「おいらん」は、江戸吉原で、妹分の女郎や禿(かむろ)などが、姉女郎を「おいらの(姉女郎)」と言ったところから出た語という。→❶

【花言 カゲン】実のない言葉。

【花子 カシ】①乞食(コジキ)。②雛(ひな)人形。→❶❷

【花車 だし】祭りのとき、種々の飾り物を付けて、引く屋台。山車(だし)。

【花色 はないろ】＝花田色(はなだいろ)

【花田色 はなだいろ】藍(あい)染めの紺に近い色。縹色(はなだいろ)。

6557 【芽】 ―― 艸－4
ガ 「芽」(6588)の旧字

6558 【芥】 1909 3329 8A48 艸－4
ケ(呉)・カイ(漢)/jiè/からし・あくた・ちり・ごみ

字解 形声。艸＋介(声)。

意味 ❶からしな。アブラナ科の越年草。また、からし。カラシナの種子を粉にしたもの。『芥鶏』『芥子』❷小さいもの。微細なもの。また、あくた。ちり。ごみ。『芥視』『芥塵』『芥蔕』『塵芥ジンカイ』『土芥ドカイ』

❶からしな。また、からし。

【芥鶏 カイケイ】闘鶏のために、芥子(からし)の粉を羽にふりかけた鶏。

【芥子 カイ(ケシ)(からし)】①(カイ/からし)カラシナの種子。カラシの実。また、それを粉にしたもの。香辛料。『唐芥子トウガラシ』❤「からし」は形容詞「辛し」の名詞化。②(ケシ)国ケシ科の一、二年草。未熟な果実の乳液は、阿片(アヘン)の原料。罌粟(オウゾク)。

❷小さいもの。微細なもの。あくた。ちり。

下接 拾芥シュウカイ・塵芥ジンカイ・繊芥センカイ・草芥ソウカイ・土芥ドカイ

【芥視 カイシ】あくたを見るように軽く扱うこと。

【芥舟 カイシュウ】①水上に浮かぶ小さなごみ。②小さな舟。こぶね。

【芥塵 カイジン】ごみと、ちり。ごみくず。塵芥。

【芥蔕 カイタイ】(あくたとへたの意から)①ごくわずかなことのたとえ。蔕芥。②胸のつかえ。わずかな心のわだかまり。〔風俗通‐怪神〕

6559 【苅】 2003 3423 8AA1 艸－4
ガイ 「刈」(612)の異体字

6560 【芰】 ＊5538 艸－4
キ(漢)/jì/ひし

字解 形声。艸＋支(えだわかれする)(声)。ひしの意。

意味 ひし。ヒシ科の水生一年草。果実は扁平(ヘンペイ)の菱形(ひしがた)で両側に鋭いとげがあり、白い種子は食用。

【芰荷 キカ】水辺の植物のヒシとハス。芰蓮。

6561 【芹】 2260 365C 8BDA 艸－4 人
(6562)【芹】 ―― 艸－4 旧字
キン(漢)/qín/せり

字解 形声。艸＋斤(声)。

意味 せり。セリ科の多年草。春の七草の一。食用。『献芹ケンキン』『采芹サイキン』

【芹献 キンケン】人に物を贈るときの謙辞。〔列子‐楊朱〕❤セリなどを贈ったら、食べた人が腹痛をおこしたという寓話から。

【芹藻 キンソウ】①セリと藻(も)。②中国で、進士の志願者のこと。また、学才のある人をいう。〔詩経‐魯頌・泮水〕❤泮宮(学校)の池でセリと藻を採ったということから。

6563 【芩】 ＊5535 艸－4
キン(漢)/qín

字解 形声。艸＋今(声)。「黄芩コウキン」は、こがねやなぎ。シソ科の多年草。根は薬用。

6564 【芸】 2361 375D 8C7C 艸－4 常4
(6945)【藝】 7326 693A E559 艸－15 旧字 人
(6839)【埶】 ＊5710 艸－11
ゲイ(呉)(漢)/yì/わざ

筆順 芸 芸 芸 芸 芸 芸

字解 芸は、藝の略体。藝は形声。芸(くさぎる)＋埶(人が木をうえるさま)(声)。草木をうえる意から転じて、才能・技芸の意。もと埶のみで、のちに、艸または、芸を加えた。

参考 万葉仮名では音を借りて「ぎ(甲)」。

[意味] ❶うえる。草木を植える。『芸植』『園芸』 ❷わざ。才能。学問。技術。『芸は身を助く』『芸がない』『芸術』『芸能』『演芸』『学芸』『遊芸』 ❸[国]「安芸(あき)国」の略。山陽道八か国の一。現在の広島県西部。『芸備線(ゲイビセン)』『芸予諸島(ゲイヨショトウ)』『芸州(ゲイシュウ)』 ⇓[表]

◎「藝」の新字体を「芸」としたことによる類義のまぎらわしさ

芸　⇩芸(ウン)	盛んなさま。草刈るさま。	芸芸　芸穫
埶・蓺・藝⇩芸(ゲイ)	植える。栽培する。	園芸　芸植

❶ うえる。草木を植える。

[下接] 園芸(エンゲイ)・種芸(シュゲイ)・樹芸(ジュゲイ)・農芸(ノウゲイ)

【芸植(ゲイショク)】 植えつけること。

❷ わざ。才能。学問。技術。

[下接] 一芸(イチゲイ)・演芸(エンゲイ)・表芸(おもてゲイ)・学芸(ガクゲイ)・技芸(ギゲイ)・曲芸(キョクゲイ)・工芸(コウゲイ)・雑芸(ザツゲイ|ゾウゲイ)・至芸(シゲイ)・射芸(シャゲイ)・手芸(シュゲイ)・術芸(ジュツゲイ)・多芸(タゲイ)・珍芸(チンゲイ)・陶芸(トウゲイ)・腹芸(はらゲイ)・武芸(ブゲイ)・文芸(ブンゲイ)・水芸(みずゲイ)・民芸(ミンゲイ)・無芸(ムゲイ)・遊芸(ユウゲイ)・話芸(ワゲイ)・素人芸(しろうとゲイ)

【芸苑・芸園(ゲイエン)】 文学者や芸術家の仲間、社会。芸林。

【芸妓(ゲイギ)】 [国]酒宴を取り持ち、歌舞、音曲などで酒興を添えるのを業とする女。芸者。

【芸者(ゲイシャ)】 [国]①芸妓(ゲイギ)。②遊芸をよくする人。

【芸術(ゲイジュツ)】 鑑賞の対象となるものを創造する活動。絵画、音楽、文芸、演劇など。『抽象芸術』

【芸祖(ゲイソ)】 徳のある祖先。祖先をとうとんでいう。

【芸当(ゲイトウ)】 人前で演ずる芸。特に、曲芸。はなれわざ。『とても私にはできない芸当だ』

【芸道(ゲイドウ)】 芸能の道。技芸の道。

【芸人(ゲイニン)】 [国]俳優、落語家、歌手など、芸を職業とする人。芸能人。また、芸に巧みな人。『旅芸人』

【芸能(ゲイノウ)】 [国]映画、演劇、落語、音楽、舞踊など演芸の総称。『芸能人』『民俗芸能』

【芸文(ゲイブン|ゲイモン)】 学問と文芸。また、単に文芸。【芸文類聚(ゲイモンルイジュウ)】 中国の類書。一〇〇巻。唐の高祖の時、欧陽詢(オウヨウジュン)、令孤徳棻(レイコトクフン)、裴矩(ハイク)などが勅撰。六二四年成立。古来の典故を天、歳時、地、山など四六部に分類し、関係のある詩文を記したもの。

【芸名(ゲイメイ)】 [国]芸能人が本名のほかに持つ名。

【芸林(ゲイリン)】 芸術家の仲間。芸苑(ゲイエン)。

6565 【芡】 *5530 艸－4 ケン[漢]/qiàn/みずぶき・みずふぶき

[字解] 形声。艸＋欠[声]。

[意味] 草の名。鬼蓮(おにばす)。スイレン科の一年草。みずぶき。みずふぶき。

6566 【芫】 7175 676B E48B 艸－4 ゲン[漢]/yuán

[字解] 形声。艸＋元[声]。

[意味] ジンチョウゲ科の落葉低木。「芫花」は藤擬(ふじもどき)。

6567 【芟】 7176 676C E48C 艸－4 サン[漢]/shān/かる

[字解] 会意。艸＋殳(武器・刃物を手に持つさま)。刃物で草を刈る意。

[意味] 草を刈る。転じて、とり除く。また、草刈りがま。

【芟夷(サンイ)】 ①草を刈り除くこと。②とり除くこと。

【芟刈(サンガイ)】 刈りとること。

【芟除・芟鋤(サンジョ|センジョ)】 ①刈り除くこと。②比喩的に、悪人、悪弊などを除き去ること。

【芟正(サンセイ)】 悪いところをとり除いて正しくすること。

【芟穢(サンワイ)】 雑草を刈りとること。転じて、世の中の害悪をとり除くこと。

6568 【芷】 *5541 艸－4 シ[漢]/zhǐ/よろいぐさ

[字解] 形声。艸＋止[声]。

[意味] ❶よろいぐさ。セリ科の多年草。香気がある根を乾燥したものを「白芷(ビャクシ)」と呼び、感冒薬に用いる。『岸芷汀蘭(ガンシテイラン)』 ❷地名。『芷陽』

【芷陽(シヨウ)】 中国、秦代の県名。漢代に覇陵(ハリョウ)と改名。現在の陝西(センセイ)省長安県の東。

6569 【芯】 3136 3F44 9063 艸－4 シン[漢]/xīn・xìn

[字解] 形声。艸＋心[声]。

[意味] ❶とうしんぐさ。イグサ科の多年草。茎の髄(イズ)を灯火のしんに用いる。❷[国]物の中心。「心」に同じ。『帯芯(おびシン)』『摘芯(テキシン)』『鉄芯(テッシン)』『灯芯(トウシン)』

6570 【芮】 *5537 艸－4 ゼイ[漢]/ruì

[字解] 形声。艸＋内(うちにはいる)[声]。金文は、艸に従わない。

金文 

篆文 

[意味] ❶草の芽ばえが、柔らかく小さいさま。❷水ぎわ。「汭」に同じ。❸たてひも。盾をつなぐひも。❹中国、周代の侯国の名。現在の陝西(センセイ)省東部、朝邑の南。

6571 【芧】 *5533 艸－4 チョ[漢]・ショ[漢]/zhù/みくり

[字解] 形声。艸＋予[声]。くさ。その茎の繊維をあんで縄をつくる。

篆文 

[意味] ❶草の名。みくり。かやつりぐさ。❷どんぐり。とち。「杼」に同じ。*列子-黄帝「与ニ若芧一、朝三而暮四、足乎(なんじにショをあたうるに、あしたにサンにしてくれにはシにせば、たるか)〔=お前たちにどんぐりをやるのに、朝三つ夕方四つにしようと思うが、それで十分か〕」

【芧栗(ショリツ)】 どんぐり。

6572 【芭】 3946 474E 946D 艸－4 ハ[漢]・バ[慣]/bā

[字解] 形声。艸＋巴[声]。

[意味] 「芭蕉」は、バショウ科の多年草。『芭蕉布(バショウフ)〔=バショウの繊維で織った布〕』

6573 【芙】 4171 4967 9587 艸－4 [人] フ[漢]/fú/はす・はちす

(6574) 【芙】 二一 艸－4 旧字

[字解] 形声。艸＋夫[声]。

[意味] はす。はちす。

【芙渠(フキョ)】 蓮(はす)のこと。また、蓮の花。

【芙蓉(フヨウ)】 ①アオイ科の落葉低木。淡紅色の花を付ける。②蓮(はす)の花の異称。『芙蓉の顔(かんばせ)〔=美女のたとえ〕』

*白居易-長恨歌「芙蓉如レ面柳如レ眉(フヨウはおもてのごとくやなぎはまゆのごとし)〔=蓮の花は(亡き人の)顔を、柳は眉をしのばせる〕」

【芙蓉帳(フヨウ―とばり)】蓮(はす)の花模様のとばり。＊白居易-長恨歌「芙蓉帳暖度二春宵一(フヨウのとばりあたたかにしてシュンショウをわたる)」〔=ハスの花の模様のとばりの中は暖かく、(そこで)春の夜を過ごす〕」【芙蓉峰(フヨウホウ)】国富士山の美称。

6575 【芬】 7178 676E E48E 艸－4 フン㊥/fēn/かおる・かおり

字解 形声。艸＋分(分散する)㊥。草がもえ出してよい香りをただよわす、かおる意。

意味 ❶かおる。草の香気。また、よい評判。『芬郁』『芬芳』❷はなやか。多い。さかん。また、起こるさま。『芬華』『芬芬』❸「芬蘭」は、フィンランド。

【芬郁(フンイク)】かぐわしいさま。〔左思-呉都賦〕

【芬華(フンカ)】①はなやかな美しさ。はでに飾ること。〔白居易-種桃歌〕②はなやかに栄えるさま。栄華。〔史記-商君伝〕

【芬菲(フンピ)】草花のよい匂い。

【芬馥(フンプク)】香気が高いさま。かおりがいいさま。

【芬芬(フンプン)】①香気のかおるさま。〔揚雄-甘泉賦〕②悪臭の漂うさま。『悪臭芬芬』③乱れるさま。紛紛。

【芬芳(フンポウ)】①よいかおり。こうばしい香気。②転じて、人の品徳。〔屈原-九章・惜往日〕

【芬烈(フンレツ)】①強い香気。②りっぱな功績。

6576 【芳】 4307 4B27 9646 艸－4 常 (6577)〖芳〗 艸－4 旧字

ホウ(ハウ)㊥㊥/fāng/かんばしい・かぐわしい・こうばしい

筆順 芳 芳 芳 芳 芳 芳

字解 形声。艸＋方(四方にひろがる)㊥。草花のかおりが広がる意。

金文 

篆文 

参考 万葉仮名では音を借りて「は」。

意味 ❶かんばしい。㋑かぐわしい。よい香りがする。また、花ざかりの。『芳紀』『芳香』『芳春』㋺評判がよい。ほまれ高い。ほまれ。『芳声』『芳名』『遺芳(イホウ)』⇓表 ❷相手の事物に添えて敬意を表す。『芳書』『芳信』❸「蘇芳(スオウ)」は、マメ科の落葉小高木。

❶かんばしい。また、ほまれ高い。

下接 遺芳(イホウ)・佳芳(カホウ)・群芳(グンポウ)・孤芳(コホウ)・衆芳(シュウホウ)・暖芳(ダンホウ)・野芳(ヤホウ)・余芳(ヨホウ)・流芳(リュウホウ)

◎芳・香・薫―「かおり」のいろいろ

芳(ホウ)	香(コウ)	薫(クン)
あたりにひろがるよいかおり。	ただよってくるよいかおり。	たちこめるよいかおり。
芳香		薫香
芳気 芳春 芳樽 芳後世に流る	香気 香花 香雨 香を聞く	芳薫 薫風 薫染 余薫を楽しむ

【芳意(ホウイ)】春のきざし。のどかな春の趣。↓❷

【芳園・芳苑(ホウエン)】花が咲きにおっている庭園。＊李白-春夜宴二桃李園一序「会二桃李之芳園一、序二天倫之楽事一(トウリのホウエンにカイして、テンリンのラクジをジョす)」〔=モモやスモモの咲く庭園に集まり、親類同士のたのしみをくり広げる〕」

【芳艶(ホウエン)】①かんばしく美しいこと。②美人の形容。

【芳甘(ホウカン)】よい香りがあって甘いこと。多く茶をさしていう。

【芳卉(ホウキ)】かぐわしい草。芳草。

【芳紀(ホウキ)】年ごろの女性の年齢。『芳紀十八歳』

【芳香(ホウコウ)】かぐわしい香り。⇔悪臭。『芳香剤』

【芳魂(ホウコン)】①花の精。②美人の魂。また、魂の美称。

【芳歳(ホウサイ)】①春の時節。②若い年齢。③正月。

【芳春(ホウシュン)】①花ざかりの春。②青春。

【芳潤(ホウジュン)】よいにおいがして、うるおいのあること。

【芳醇(ホウジュン)】香りが高く、味のよいさま。多く、酒にいう。

【芳辰(ホウシン)】よいとき。吉日。吉辰。また、春の日。春の時節。芳春。

【芳信(ホウシン)】花の咲いた知らせ。花便り。花信。↓❷

【芳声(ホウセイ)】ほまれ高い名声。よい評判。芳名。

【芳草(ホウソウ)】①よい香りのある草。また、春の草。＊陶潜-桃花源記「芳草鮮美、落英繽紛(ホウソウセンビにして、ラクエイヒンプンたり)」〔=香りのよい草が色あざやかで、落花がはらはらと乱れ散っていた〕」②美徳を持った人にたとえる。〔屈原-離騒〕

【芳樽・芳尊(ホウソン)】香りのよい酒だる。また、香りのよい酒。

【芳朝(ホウチョウ)】春のあけぼの。

【芳年(ホウネン)】若い時の年月。青春。芳歳。

【芳菲(ホウヒ)】草花などのかんばしいこと。

【芳馥(ホウフク)】かんばしくにおうこと。

【芳芬(ホウフン)】かんばしいにおい。

【芳名(ホウメイ)】ほまれのある名。名誉の名。↓❷

【芳茗(ホウメイ)】香りのよい茶。

【芳烈(ホウレツ)】①香気の激しいこと。②立派ないさお。

❷相手の事物に添えて敬意を表す。

【芳意(ホウイ)】他人の親切な心を、敬っていう語。厚意。芳志。芳情。↓❶

【芳恩(ホウオン)】人から受けた恩の尊称。

【芳翰(ホウカン)】他人の書いた手紙の尊称。貴翰。

【芳志(ホウシ)】相手の親切な心づかいの尊称。

【芳書(ホウショ)】相手の手紙の尊称。

【芳情(ホウジョウ)】相手の情け、思いやりの心の尊称。芳志。

【芳心(ホウシン)】相手の親切な心の尊称。芳志。芳情。

【芳信(ホウシン)】相手の手紙の尊称。芳翰(ホウカン)。↓❶

【芳躅(ホウチョク―ホウタク)】古人の事跡、他人の行跡または遺跡を尊んでいう語。

【芳墨(ホウボク)】相手の手紙または筆跡の尊称。芳書。

【芳名(ホウメイ)】他人の姓名の尊称。『芳名録』↓❶

難読地名 芳賀(はが)郡(栃木) 難読姓氏 芳谷(はがや―よしたに)

6578 【芦】 1618 3032 88B0 艸－4 ロ 「蘆」(6975)の異体字

6579 【芴】 ＊5546 艸－4 すさ

字解 国字。会意。艸＋切。すさ。すた。壁土に混ぜる、刻んだわらや紙、麻など。

6580 【苡】 7179 676F E48F 艸－5 イ㊥/yǐ

字解 形声。艸＋以㊥。「薏苡(ヨクイ)」は植物名。ジュズダマ(数珠玉)、また、ハトムギ(鳩麦)の異名。

6581 【英】 1749 3151 8970 艸－5 常4 (6582)〖英〗 艸－5 旧字

ヨウ(ヤウ)㊥・エイ㊥/yīng/はな・はなぶさ・ひいでる

筆順 英 英 英 英 英

字解 形声。艸＋央（→景、美しいひかり）㊟。輝くばかりに美しいはなの意。

同属字 霙・瑛

参考 万葉仮名では音を借りて「あ」。

意味 ❶はな。はなぶさ。『英華』『石英』『丹英』 ❷ひいでる。すぐれている。『英傑』『英知』『英雄』『俊英』 ❸「英吉利（イギリス）」、また「英語」の略。「英蘭」は、イングランド。『英独（エイドク）』『英文』『英訳（エイヤク）』『渡英（トエイ）』『和英（ワエイ）』 ❹その他。あて字、熟字訓など。『紫雲英（げんげ）』『蒲公英（たんぽぽ）』『英桃（ゆすらうめ）』〔＝バラ科の落葉低木〕

❶はな。はなぶさ。

下接 花英（カエイ）・石英（セキエイ）・丹英（タンエイ）・落英（ラクエイ）

【英華（エイカ）】美しい花。→❷

❷ひいでる。すぐれている。

下接 育英（イクエイ）・賢英（ケンエイ）・秀英（シュウエイ）・集英（シュウエイ）・俊英（シュンエイ）

【英偉（エイイ）】すぐれて偉いこと。また、その人。

【英華（エイカ）】①すぐれた美しさや才能。〔礼記-楽記〕②すぐれて味わいのある詩や文章など。③名誉。ほまれ。〔漢書-叙伝上〕→❶

【英乂（エイガイ）】すぐれて賢明な人物。英士。

【英気（エイキ）】すぐれた才気や気勢。〔呉志-孫策伝〕『英気を養う』

【英君（エイクン）】すぐれた君主。英明な君主。

【英傑（エイケツ）】才知のすぐれた大人物。『一代の英傑』

【英彦（エイゲン）】すぐれた男子。ぬきんでた人。英士。

【英魂（エイコン）】死者の霊をたたえていう語。英霊。

【英才（エイサイ）】すぐれた才能。また、優秀な人材。↔鈍才。『英才教育』 ＊孟子-尽心上「得二天下英才一而教二育之一（テンカのエイサイをえてこれをキョウイクす）」〔＝天下のすぐれた才能の人物を弟子にして、これを教育する〕 ❤書き換え「穎才→英才」。

【英士（エイシ|エイジ）】ぬきんでてすぐれた人物。

【英主（エイシュ）】すぐれた君主。明君。

【英俊（エイシュン）】才能が特にすぐれていること。また、その人。俊英。

【英断（エイダン）】すぐれた決断。また、思い切った決断。

【英知（エイチ）】すぐれた深い知恵。『英知を集める』 ❤書き換え「叡智→英知」。

【英発（エイハツ）】すぐれて賢く、才気がおのずから外に現れること。また、その人。〔呉志-呂蒙伝〕

【英武（エイブ）】武勇にすぐれていること。

【英風（エイフウ）】①すぐれた教え、教化。②すぐれた姿。

【英邁（エイマイ）】才知が非常にすぐれているさま。『英邁な君主』

【英名（エイメイ）】すぐれた評判。名声。

【英明（エイメイ）】才知がすぐれていて、物事の道理に通じていること。

【英雄（エイユウ）】才知、武勇を兼ね備えたすぐれた人物。〔班彪-王命論〕【英雄閑日月（エイユウのカンジツゲツ）】英雄にはどんな場合でも心のゆとりがあること。【英雄欺レ人（エイユウひとをあざむく）】英雄は才知、能力がすぐれているから、その用いるはかりごとなどはしばしば人の考えてもいなかったことになるということ。〔李攀竜-唐詩選序〕

【英誉（エイヨ）】すぐれたほまれ。

【英霊（エイレイ）】①すぐれた人材。〔北史-柳遐伝〕②国死者または死者の霊の尊称。特に、戦死者または戦死者の霊の尊称。英魂。

【英烈（エイレツ）】すぐれて功業のあること。

❸「英吉利（イギリス）」、また「英語」の略。

【英語（エイゴ）】英国の国語。アメリカ、カナダなどの国語としても使われる。

【英国（エイコク）】イギリス。

【英文（エイブン）】①英語で書いた文章。『英文和訳』②英文学、または英文学科の略。『英文出身』

難読地名 英田（あいだ）郡・町（岡山） 英虞（あご）湾（三重） 英彦山（ひこさん）（福岡・大分）

6583 【苑】 1781 3171 8991 艸－5 人 （6584）〔苑〕 艸－5 旧字

オン（ヲン）㊔・エン（ヱン）㊍・ウツ㊍/yuàn・yuǎn/その

字解 形声。艸＋夗（→園、その）㊟。まきば・園（その）の意。

参考 ⑴万葉仮名では訓を借りて「そ㊚」。⑵熟語は「園」（1246）をも見よ。

意味 ❶まきば。囲いを設けて鳥や獣を飼うところ。『園苑（エンエン）』『鹿苑（ロクエン|ロクオン）』 ❷その。庭園。『御苑（ギョエン）』『梅苑（バイエン）』 ❸物事の集まるところ。『芸苑（ゲイエン）』『説苑（ゼイエン）』『文苑（ブンエン）』 ❹つもる。こもる。また、気がふさがる。『苑結』 ❺「紫苑（シオン）」は植物名。キク科の多年草。

❷その。庭園。

下接 外苑（ガイエン）・御苑（ギョエン）・禁苑（キンエン）・後苑（コウエン）・上苑（ジョウエン）・神苑（シンエン）・池苑（チエン）・内苑（ナイエン）・廃苑（ハイエン）・梅苑（バイエン）・名苑（メイエン）

【苑内（エンナイ）】庭園の中。園内。

❹つもる。こもる。また、気がふさがる。

【苑香（エンか|エンが）】茶のこうばしい香り。特に飲み終わった後に残る茶の香り。

【苑結（エンケツ|ウッケツ）】気持ちがふさぐこと。鬱結。

6585 【苛】 1855 3257 89D5 艸－5

カ㊍/kē/からい・むごい・さいなむ・いじめる・いらだつ

字解 形声。艸＋可㊟。もと、小さい草の意。呵に通じて、主としてせめる意に用いる。

意味 ❶からい。きびしい。むごい。また、さいなむ。いじめる。『苛酷』『厳苛（ゲンカ）』 ❷こまかい。わずらわしい。めんどうである。『苛察』『苛礼』『煩苛（ハンカ）』 ❸いらいらする。いらだつ。❹その他。

❶からい。きびしい。また、さいなむ。

【苛虐（カギャク）】いじめ苦しめること。

【苛酷・苛刻（カコク）】思いやりがなく無慈悲なこと。きびしいこと。『苛酷に扱う』『苛酷な労働』

【苛政（カセイ）】苛酷な政治。虐政。【苛政猛二於虎一（カセイはとらよりもたけし）】むごい政治が人民に与える害は、虎に食われる苦しみよりはなはだしい。〔礼記-檀弓下〕

【苛切（カセツ）】はなはだきびしいこと。

【苛法（カホウ）】むごい法令。きびしすぎる掟（おきて）。＊史記-淮陰侯伝「除二秦苛法一（シンのカホウをのぞく）」〔＝秦のきびしい法律を廃止した〕

【苛烈（カレツ）】きびしく激しいこと。『苛烈をきわめる』

【苛斂誅求（カレンチュウキュウ）】税などをきびしく取り立てること。❤「苛斂」は苛酷に取り立てる意〔旧唐書-穆宗紀〕。「誅求」は責め求める意〔左伝-襄公三一年〕。

❷こまかい。わずらわしい。

【苛細（カサイ）】くだくだしくてわずらわしいこと。

【苛察(カサツ)】細部にまで立ち入ってきびしく詮索(センサク)すること。＊荘子-天下「君子不ㇾ為二苛察一(クンシはカサツをなさず)〔=君子は細かいことまでいちいちきびしく詮索しない〕」

【苛礼(カレイ)】わずらわしい礼法。

❹その他。

【苛性(カセイ)】動植物の組織などに対し強い侵食性があること。『苛性ソーダ』

6586 【茄】 1856 3258 89D6 艸-5 人 (6587)〔茄〕 艸-5 旧字

カ㊥/qié・jiā/なす・なすび

字解 形声。艸＋加㊥。

意味 ❶はす。はちす。❷なす。なすび。ナス科の一年草。果実は、紫の楕円形(ダエンケイ)で、食用。『茄子(なす)』

6588 【芽】 1874 326A 89E8 艸-5 常4 (6557)〔芽〕 艸-4 旧字

ガ㊥/yá/め

筆順 芽 芽 芽 芽 芽 芽

字解 形声。艸＋牙(きば)㊥。新しくきばのように出た草木のめの意。甲骨文は、その象形。

甲骨文

篆文

意味 め。草木のめ。また、めばえる。

下接 腋芽(エキガ)・出芽(シュツガ)・冬芽(トウガ)・豆芽(トウガ)・肉芽(ニクガ)・胚芽(ハイガ)・麦芽(バクガ)・発芽(ハツガ)・萌芽(ホウガ)・幼芽(ヨウガ)／新芽(シンめ)

【芽甲(ガコウ)】草木の初めて出した子葉。草木のわかめ。

6589 【苣】 7180 6770 E490 艸-5

キョ㊥/jù/たいまつ

字解 形声。艸＋巨㊥。たいまつの意。甲骨文は、たいまつを手にした形。

甲骨文

篆文

意味 ❶たいまつ。❷「萵苣(ちさ・ちしゃ)」は、野菜の一。

6590 【苟】 艸-5

キョク㊥/jìng

字解 象形。両耳をそばだて、ひざまずく人とも、犬が耳をそばだてているさまとも。つつしむ意。敬の原字。

甲骨文

金文

篆文

参考 「苟」(6595)は、別字。

6591 【苦】 2276 366C 8BEA 艸-5 常3 (6592)〔苦〕 艸-5 旧字

ク㊐・コ㊥/kǔ/くるしい・くるしむ・くるしめる・にがい・にがる

筆順 苦 苦 苦 苦 苦 苦 苦 苦

字解 形声。艸＋古(→固、きつくかたい)㊥。きつい刺激のある苦菜(にがな)の意。転じて、くるしい意。

同属字 楛

参考 万葉仮名では音を借りて「く」。

意味 ❶にがい。にがる。にがにがしい。『苦言』『苦笑』『苦情』『甘苦(カンク)』『鹹苦(カンク)』＊孔子家語-六本「良薬苦二於口一而利二於病一(リョウヤクはくちににがけれどもやまいにりあり)〔=よい薬は、苦くて口あたりが悪いが、病気にはよくきく〕」❷くるしい。くるしむ。ほねをおる。努力する。↔楽。『苦(ク)あれば楽あり』『苦境』『苦難』『苦労』『辛苦』＊白居易-長恨歌「春宵苦ㇾ短日高起(シュンショウみじかきをくるしみひたかくしておく)〔=春の夜の短さをかこちつつ、日が高くなってから起きる〕」❸はなはだ。ひどく。非常に。程度の激しいことを示す。＊杜甫-登高「艱難苦恨繁霜鬢(カンナンはなはだうらむハンソウのビン)〔=あいつぐ難儀のために、びんの毛が霜のようにすっかり白くなったことがとても恨めしく思われる〕」❹仏教で、前世の悪業のためにうけるくるしみ。『愛別離苦(アイベツリク)』『苦海』『苦輪』❺あらい。そまつな。良くない。『苦器』『苦窳』 ⇓表

苦(ク)	苦楽	楽(ラク)
くるしい。苦境 苦難 困苦 辛苦 苦悶 苦慮 苦界		たのしい。楽園 快楽 安楽 歓楽 娯楽 楽観 極楽

❶にがい。にがる。にがにがしい。

【苦諫(クカン)】目上の人に対して、そのきげんをそこねることを覚悟の上で、忠告すること。

【苦言(クゲン)】相手の良くない点について、あえて直接に批判する言葉。↔甘言(カンゲン)。『苦言を呈する』

【苦汁(クジュウ)】にがい汁。転じて、にがい経験。『苦汁を嘗(な)める』

【苦笑(クショウ)】にがわらい。『苦笑をもらす』『微苦笑』

【苦情(クジョウ)】他から迷惑、害悪を受けていることに対する不平不満。また、それを言うこと。

【苦辛(クシン)】①にがさとからさ。②植物「くらら(苦参)」の異名。→❷

【苦杯(クハイ)】にがい酒を入れたさかずき。転じて、にがい経験。『苦杯を嘗(な)める』

【苦参(くらら・クジン)】マメ科の多年草。根汁をなめると、目がくらむほど苦いということによる名という。その根を乾燥したものを苦参(クジン)と呼び、薬用とする。苦辛(クシン)。

❷くるしい。くるしむ。努力する。

下接 怨苦(エンク)・厭苦(エンク)・甘苦(カンク)・患苦(カンク)・寒苦(カンク)・艱苦(カンク)・窮苦(キュウク)・勤苦(キンク)・業苦(ゴウク)・刻苦(コック)・困苦(コンク)・愁苦(シュウク)・重苦(ジュウク)・心苦(シンク)・辛苦(シンク)・代苦(ダイク)・痛苦(ツウク)・忍苦(ニンク)・悲苦(ヒク)・労苦(ロウク)・粒粒辛苦(リュウリュウシンク)

【苦雨(クウ)】人を苦しめる長雨。淫雨(インウ)。〔左伝-昭公四年〕

【苦役(クエキ)】①苦しい労役。②懲役(チョウエキ)。

【苦懐(クカイ)】苦しいおもい。苦衷(クチュウ)。

【苦学(クガク)】国働いて学資を稼ぎながら勉強すること。

【苦寒(クカン)】①寒さに苦しむこと。〔陸機-苦寒行〕②厳しい寒さ。また、最も寒い時節。陰暦一二月の異称。

【苦艱(クカン・クゲン)】苦しみ。苦難。

【苦境(クキョウ)】苦しく困難な境遇や立場。『苦境に陥る』

【苦行(クギョウ)】仏教で、肉体を痛めつけ、悟りを得ようとする修行。転じて、一般に、苦しい仕事。『難行苦行』

【苦吟(クギン)】苦心して詩歌などを作ること。また、うまくできず苦しむこと。

【苦渋(クジュウ)】苦しみなやむこと。『苦渋に満ちた顔』

【苦心(クシン)】あれこれと考えて苦労すること。【苦心惨憺(クシンサンタン)】非常に苦心して工夫をこらすこと。

【苦辛(クシン)】ひどく苦しむこと。→❶

【苦節(クセツ)】逆境にも節を曲げないこと。『苦節十年』

【苦戦(クセン)】非常に苦労して戦うこと。劣勢の苦しい戦い。〔史記-高祖本紀〕『苦戦を強いられる』

【苦楚(クソ)】(「楚」もくるしむ意)非常に苦しいこと。

【苦衷(クチュウ)】苦しい心のうち。『苦衷を察する』

【苦痛(クツウ)】肉体の痛みや、精神的な悩みのために苦しむこと。また、その苦しみ。『苦痛を訴える』
【苦闘(クトウ)】不利な状況の中で、苦しみをこらえてたたかうこと。『悪戦苦闘』
【苦肉(クニク)】敵を欺くために、自分の身を苦しめること。『苦肉の策』
【苦難(クナン)】くるしみ。難儀。『苦難の道』
【苦悩(クノウ)】あれこれなやむこと。『苦悩の色が浮かぶ』
【苦悶(クモン)】苦しみもだえること。『苦悶の表情』
【苦楽(クラク)】苦しみと楽しみ。『苦楽を共にする』
【苦慮(クリョ)】苦心して様々に考えを巡らすこと。
【苦労(クロウ)】あれこれと骨を折ること。『苦労話』

❹ 仏教で、前世の悪業による苦しみ。

下接 死苦(シク)・生苦(ショウク)・病苦(ビョウク)・老苦(ロウク)・四苦八苦(シクハック)・愛別離苦(アイベツリク)・七難八苦(シチナンハック)

【苦海(クカイ)】仏語。この世の苦しみの際限なく大きいことを海にたとえた語。苦界。
【苦界(クガイ)】①仏語。苦しみの多い世の中。人間界。娑婆(シャバ)。②国遊女のつらい境遇。『苦界に身を沈める』
【苦患(クゲン)】仏語。死後、地獄に落ちて受ける苦しみ。転じて、一般に、苦しみや悩み。
【苦諦(クタイ)】仏語。四諦(シタイ)の第一。この生存の世界は苦悩そのものであるという真理。苦聖諦。
【苦輪(クリン)】仏語。生死輪廻(リンネ)から逃れられない苦しみ。

❺ あらい。そまつな。良くない。

【苦窳(クユ)】陶磁器などの粗悪でゆがんでいること。

6593【茎】 2352 3754 8C73 艸－5 常 (6666)【莖】 7219 6833 E4B1 艸－7 旧字

コウ(カウ)漢・ケイ慣／jīng／くき

筆順 茎 茎 茎 茎 茎 茎

字解 茎は莖の略体。莖は形声。艸＋巠(まっすぐのびる)声。草木のまっすぐなくきの意。

意味 くき。㋑植物のくき。『地下茎(チカケイ)』『根茎』『鱗茎』㋺くきのような形状のもの。『陰茎』『包茎』『歯茎(はぐき)』㋩細いものを数えるときに添える語。『白髪一茎』

下接 陰茎(インケイ)・塊茎(カイケイ)・花茎(カケイ)・球茎(キュウケイ)・根茎(コンケイ)・包茎(ホウケイ)・鱗茎(リンケイ)／酸茎(すぐき)・歯茎(はぐき)・水茎(みずぐき)

6594【苽】 ＊5559 艸－5

コ 「菰」(6707)の異体字

6595【苟】 7181 6771 E491 艸－5

コウ漢／gǒu／いやしくも・もし・かりそめ

字解 形声。艸＋句声。もと草の名、借りて、いやしくも・かりそめなどの意に用いる。

意味 ❶いやしくも。かりそめにも。仮定を示す。＊論語－子路「苟正二其身一矣、於レ従レ政乎何有(いやしくもその身を正さば、まつりごとにしたがうにおいてなにかあらん)〔＝(為政者自身が)その身を正すことができれば、政治を行うのに何の問題があろう〕」❷かりそめ。一時のまにあわせ。『苟安』『苟合』❸まことに。ほんとうに。＊大学「苟日新、日日新(まことにひにあらたにして、ひびにあらたなり)〔＝まことに日ごとに向上し、日々に進歩する〕」

❷ かりそめ。まにあわせ。

【苟安(コウアン)】その時だけの気休め。偸安(トウアン)。
【苟簡(コウカン)】一時の間に合わせで、簡略であること。
【苟言(コウゲン)】その場しのぎのいいかげんな言葉。
【苟合(コウゴウ)】迎合(ゲイゴウ)すること。へつらうこと。〔史記－游侠伝・序〕
【苟且(コウショ)】一時の間に合わせ。かりそめ。〔漢書－王嘉伝〕
【苟生(コウセイ)】一時の平安をむさぼって生きること。無意味に生きていること。
【苟偸(コウトウ)】一時の平安をむさぼること。
【苟免(コウメン)】その場しのぎをすること。〔礼記－曲礼上〕
【苟容(コウヨウ)】みだりに人の気にいるようにすること。

6596【若】 2867 3C63 8EE1 艸－5 常6 (6597)【若】 艸－5 旧字

ニャク呉・ジャク漢・ニャ呉・ジャ漢／ruò・rě／わかい・もしくは・もし・なんじ・しく・ごとし

筆順 若 若 若 若 若 若

甲骨文

金文

篆文

字解 象形。髪をふり乱し神託を受ける巫女の形に象り、神託を受ける意。また、神意にしたがう意とも。借りて助字に用いる。日本では、弱に通じて、わかい意に用いる。

同属字 匿・惹・諾

意味 ❶したがう。よしとする。『欽若(キンジャク)』❷なんじ。君。あなた。二人称の代名詞。「女」「汝」に同じ。＊柳宗元－送二薛存義一序「若知二其職一乎(なんじそのショクをしるか)〔＝君はその職務を知っているか〕」❸しく。およぶ。肩を並べる。「如」に同じ。＊孟子－告子上「心不レ若レ人、則不レ知レ悪(こころひとにしかざれば、すなわちにくむをしらず)〔＝心が人と比べて劣っていても恥ずかしく思わない〕」❹ごとし。…のようだ。比況を示す。「如」に同じ。『傍若無人(ボウジャクブジン)』＊陶潜－桃花源記「髣髴若レ有レ光(ホウフツとしてひかりあるがごとし)〔＝ほんのりと光があるように思われる〕」❺他の語の下につき、状態を示す。『自若(ジジャク)』『瞠若(ドウジャク)』❻この。それ。また、かくのごとし。❼もし。かりに。仮定を示す。「如」に同じ。＊白居易－太行路「若比二君心一是坦途(もしきみがこころにひすればこれタント)〔＝人の心に比べれば、まだ平坦な道といえる〕」❽もしくは。あるいは。❾また、「何若・奚若(いかん)」は、どうであるか。「何如」に同じ。また、「若何・若為(いかん)」は、どのようにして。「如何」に同じ。＊王維－送二秘書晁監還一日本国一「音信若為通(オンシンいかんしてツウぜん)か」〔＝どうすれば便りを通わすことができるのだろうか〕」❿「若干(ジャッカン)」は、いくらか。⓫よわい。また日本語で、わかい。「弱」に同じ。『若年』『若輩』『老若(ロウニャク)』⇒〔少〕(1830)の表 ⓬国「若狭国(わかさのくに)」の略。現在の福井県南西部。『若州(ジャクシュウ)』⓭その他。あて字、熟字訓など。『若布(わかめ)』『般若(ハンニャ)』『杜若(かきつばた)』『海若(わたつみ)』⇒表

◎若・如—仮定および、比況・比較を示す

若			如		
もし	ごとし	しく	もし	ごとし	しく
従レ今若許二間乗一月(今より若し間れかに月に乗ずるを許さば)	上善若レ水(上善は水のごとし)	未レ若二貧而楽、富而好一レ礼者一也(未だ貧にして楽しみ、富みて礼を好む者には若かざるなり)	如詩不レ成、罰依二金谷酒数一(如し詩成らずんば、罰は金谷の酒数に依らん)	日月如レ流、老将レ至(日月流るるがごとく、老い将に至らんとす)	百聞不レ如二一見一(百聞は一見に如かず)

⑪(日本語で)わかい。
【若少(ジャクショウ)】国年齢の若いさま。年少。
【若年(ジャクネン)】国年の若いこと。また、若輩。『若年層』
【若輩(ジャクハイ)】国年齢の若い者。また、経験や力量の未熟な者。『若輩者』
難読地名 若桜(わかさ)町(鳥取) 難読姓氏 若木(あさぎ) 若生(わこう―おわか)

6598【苫】3849 4651 93CF 艸－5 セン㊐㊊\shān・shàn\とま
字解 形声。艸+占㊍。屋根のおおい、とまの意。
意味 ❶とま。スゲ、カヤなどを菰(こも)のように編み、家の屋根や周囲などのおおいや和船の上部のおおいなどに使用するもの。『苫船(とまぶね)』『苫屋(とまや)』 ❷こも。とまのむしろ。『寝苫枕干(シンセンチンカン)』 ❸おおう。
難読地名 苫小牧(とまこまい)市(北海道)

6599【苒】7182 6772 E492 艸－5 ゼン㊊\rǎn
字解 形声。艸+冉㊍。
意味 ❶草がしげるさま。『苒苒(ゼンゼン)』 ❷はかどらず、のびのびになるさま。『荏苒(ジンゼン)』

6600【苴】7183 6773 E493 艸－5 ショ㊊・ソ㊊\jū\つと
字解 形声。艸+且(つみ重ねておく)㊍。草で作ったしきもの、または、くつの中にしく草の意。
甲骨文 篆文

意味 ❶草で作ったしきもの。❷くつの中のしき草。❸あさ。実のなる麻。『苴経』❹つと。わらなどを束ねて、その中に物をつつんだもの。『苞苴(ホウショ―つと)』 ❺わるい。みにくい。あらい。「粗」に同じ。❻黒い。『苴杖』 ❼菜のつけもの。「菹」に同じ。
【苴杖(ショジョウ)】喪中に用いた竹の黒い杖(つえ)。
【苴経(ショテツ)】昔、喪中に首と腰につけた麻の帯。

6601【苔】3461 425D 91DB 艸－5 タイ㊊\tāi・tái\こけ
字解 形声。艸+台㊍。
参考 万葉仮名では音を借りて「と㊂」。
意味 ❶こけ。湿地や木などに生える隠花植物。また、こけのようなもの。『苔碑(タイヒ)』『舌苔(ゼッタイ)』『蘚苔(センタイ)』 ❷「海苔(カイ―のり)」は、海藻の一。『青海苔(あおのり)』 ❸国「苔桃(こけもも)」は、常緑小低木。桃に似た果実は食用。
❶こけ。湿地や木などにはえる隠花植物。
下接 翠苔(スイタイ)・青苔(セイタイ)・舌苔(ゼッタイ)・蘚苔(センタイ)・蒼苔(ソウタイ)・碧苔(ヘキタイ)・緑苔(リョクタイ)
【苔茵(タイイン)】(「茵」は、しとねの意)こけをしとねになぞらえていう語。
【苔径・苔逕(タイケイ)】こけの生えたこみち。
【苔砌(タイセイ)】こけのむした石だたみ。
【苔石(タイセキ)】こけにおおわれた石。
【苔蘚(タイセン)】(「蘚」も、こけの意)こけ。蘚苔。
【苔点(タイテン)】点々と生えているこけ。

6602【苧】3587 4377 9297 艸－5 チョ㊊\zhù\からむし・お
字解 形声。艸+宁㊍。
意味 からむし。イラクサ科の多年草。麻の一種。なわや布を作る。また、お。麻やからむしから取った繊維で作った糸。
【苧麻(チョマ―からむし)】国イラクサ科の多年草。原野に生え、栽培もされる。茎の繊維から越後縮(えちごちぢみ)、越後上布(えちごジョウフ)などの織物をつくる。まお。
【苧殻(おがら)】アサの皮をはいだあとの茎。盂蘭盆(ウラボン)の迎え火、送り火にたく。
【苧環(おだまき)】①アサを糸に縒(よ)って、中が空洞の玉になるように巻きつけたもの。②キンポウゲ科の多年草。花が①に似るところからの名。いとくりそう。

6603【苕】＊5548 艸－5 チョウ(テウ)㊊・ショウ(セウ)㊊\tiáo・sháo\ほ
字解 形声。艸+召㊍。
意味 ❶ほ。アシなどのほ。『葦苕(イチョウ)』 ❷のうぜんかずら。『陵苕(リョウチョウ)』

6604【苨】＊5553 艸－5 デイ㊊\nǐ
字解 形声。艸+尼㊍。「薺苨」は、つりがねそう。

6605【苳】7184 6774 E494 艸－5 トウ㊊\dōng\ふき
字解 形声。艸+冬㊍。
意味 ❶「巨苳(キョトウ)」は、冬に生える草の名。❷国ふき(蕗)。キク科の多年草。食用。

6606【苺】7185 6775 E495 艸－5 マイ㊐・バイ㊊\méi\いちご
字解 形声。艸+母㊍。
意味 いちご。くさいちご。バラ科の小低木、また多年草。実を食用とする。

6607【茇】＊5563 艸－5 ハツ㊊・バツ㊋\bá\ね
字解 形声。艸+犮㊍。
意味 草の根。また、草を抜きとって、野に宿する。

6608【范】7187 6777 E497 艸－5 ハン㊊\fàn
字解 形声。艸+氾㊍。草の名。
意味 ❶草の名。❷はち(蜂)。❸いがた(鋳型)。また、のり。規範。「笵」に同じ。❹人の姓。『范仲淹』
❹人の姓。
【范雎(ハンショ)】中国、戦国時代、秦の宰相。字(あざな)は叔。諸国を遊説し、秦の昭王に仕えて遠交近攻の策を献じた。生没年不詳。
【范成大(ハンセイダイ)】中国、南宋の詩人。字(あざな)は致能。号は石湖居士。田園詩にすぐれ、「四時田園雑興六十首」はその代表作。「石湖集」一三六巻がある。(一一二六～九三)
【范増(ハンゾウ)】中国、楚の項羽の謀臣。信任されて「亜父」と称されたが、のちに疑われて去る。(前二七五～前二〇四)
【范仲淹(ハンチュウエン)】中国、北宋の政治家。字(あざな)は希文。諡(おくりな)は文正。辺境を守って西夏の王李元昊(リゲンコウ)の侵入を防ぎ、その功により副宰相になった。著に「范文正公集」がある。(九八九～一〇五二)
【范蠡(ハンレイ)】中国、春秋時代の越の功臣。越王勾践(コウセン)に仕え、呉王夫差を討って「会稽の恥」をそそがせた。のち、山東の陶へ行き陶朱公と自称し、巨万の富を築いたとされる。生没年未詳。

6609【苾】＊5560 艸－5 ヒツ㊥/bì/かおる・かんばしい

字解 形声。艸＋必㊟。

意味 ❶かおる。かんばしい。また、かおり。『苾苾』 ❷「苾芻(ヒッシュ)」は仏語で、僧の意。梵 bhikṣu の音訳。比丘。

【苾芬(ヒップン)】＝苾芬(ヒップン)

【苾苾(ヒツヒツ)】さかんによい匂いのするさま。苾苾。

6610【苗】4136 4944 9563 艸－5 常 (6611)〔苗〕 艸－5 旧字

ミョウ(メウ)㊦・ビョウ(ベウ)㊥/miáo/なえ・なわ

筆順 苗 苗 苗 苗 苗 苗

字解 会意。艸＋田。田畑に生じたなえの意。

同属字 庿・描・猫・貓・錨

意味 ❶なえ。種子から芽が出たばかりのもの。移植用の若い植物。『苗圃(ビョウホ)』『苗代(なわしろ)』『種苗(シュビョウ)』『早苗(さなえ)』 ❷かり。夏の狩猟。農作物の獣害を防ぐために行う。 ❸すじ。血筋。子孫。『苗胤(ビョウイン)』『苗字(ミョウジ)』

❶なえ。

【苗圃(ビョウホ)】苗木、苗草を育成するために設けた場所。

❸すじ。血筋。

【苗胤(ビョウイン)】遠い子孫。苗緒(ビョウショ)。〔呂氏春秋-遇合〕

【苗裔(ビョウエイ)】子孫。末裔(マツエイ)。〔屈原-離騒〕

【苗族(ビョウゾク)】①＝苗胤(ビョウイン)。②中国西南部の少数民族。

【苗脈(ビョウミャク)】①鉱物などが集まり連なった地帯。鉱脈。②物事の連なり。

【苗字(ミョウジ)】国代々その一家に継承される家の名。その人の姓。名字。

〔苗而不ㇾ秀(なえにしてひいでず)〕なえのまま花も咲かせず枯れてしまう。年若くして死ぬことのたとえ。また、学問を志して成就しないことのたとえ。〔論語-子罕〕

6612【苻】7188 6778 E498 艸－5 フ㊥/fú・pú

字解 形声。艸＋付㊟。草の名。

意味 ❶草の名。葛(くず)に似た草。❷「苻堅(フケン)」は、中国、前秦第三代の皇帝(在位三五七～三八五年)。廟号は世祖。華北を統一し、さらに中国全土の支配をねらって東晋を攻めたが敗れ、後秦の姚萇(ヨウチョウ)に捕らえられて自殺。

6613【苹】7189 6779 E499 艸－5 ヘイ㊥・ヒョウ(ヒャウ)㊦/píng/うきくさ

字解 形声。艸＋平(うきくさ)㊟。水面に平らに浮くうきくさの意。のちに艸を加えた。苹に同じ。

意味 ❶浮き草。❷よもぎ。キク科の多年草。❸「苹果(ヘイカ)」は、リンゴ(林檎)の実。

6614【苞】7190 677A E49A 艸－5 ホウ(ハウ)㊥/bāo/つと・つつみ

字解 形声。艸＋包㊟。

意味 ❶あぶらがや。カヤツリグサ科の多年草。❷ゆたか。むらがる。しげる。❸もと。ねもと。草木の根。『苞桑』❹つと。つつみ。また、つつむ。『苞苴』『苞羅』『藁苞(わらづと)』『家苞(いえづと)』〔＝家に持ち帰るみやげもの〕』❺植物の芽やつぼみをおおって保護する葉。

【苞苴(ホウショ)】①わらなどを束ねて、その中に魚、果物などの食品を包んだもの。あらまき。つと。②つとに入れたみやげもの。また一般に、贈答品。③賄賂(ワイロ)。音物(インモツ)。まいない。〔荀子-大略〕

【苞桑(ホウソウ)】クワの木の根。根本(コンポン)がしっかりしていることにたとえる。〔易経-否〕

【苞羅(ホウラ)】多くのものを包みくるむこと。

6615【茅】1993 337D 8A9D 艸－5 人 (6616)〔茅〕 艸－5 旧字

ボウ(バウ)㊥/máo/かや・ち・ちがや

字解 形声。艸＋矛(ほこ)㊟。ほこのように葉先が突き出た草、かやの意。

参考 万葉仮名では訓を借りて「ち」。

意味 ❶かや。㋑ちがや。ち。イネ科の多年草。『茅花(ちばな)』『浅茅(あさじ)』『茅茨』『茅柴(ボウサイ)』 ㋺ススキ、スゲ、チガヤなどの総称。㋩かやを刈る。㊁かやで屋根を葺く。かやぶき。『茅葺(かやぶ)き』『茅庵』『茅舎』『衡茅(コウボウ)』 ❷あて字、熟字訓など。『茅渟鯛(ちぬだい)』『茅蜩(ひぐらし)』

❶かや。かやを刈る。また、かやぶき。

【茅庵(ボウアン)】＝茅屋(ボウオク)

【茅宇(ボウウ)】かやぶきの家。また、あばら屋。茅屋。

【茅檐・茅簷(ボウエン)】かやぶきの家の軒。転じて、茅屋。あばらや。

【茅屋(ボウオク)】かやぶき屋根の家。転じて、みすぼらしい家。また、自分の家の卑称。

【茅軒(ボウケン)】＝茅屋(ボウオク)

【茅茨(ボウシ)】チガヤ(茅)とイバラ(茨)。また、茅と茨で葺(ふ)いた屋根。また、そのような質素な家。〔茅茨不ㇾ翦、采椽不ㇾ斲(ボウシきらず、サイテンけずらず)〕〔韓非子-五蠹(ゴト)〕▶中国、古代の帝王尭が、宮殿などの質素なさま。宮殿の屋根を葺(ふ)いたかやの端を切りそろえず、椽(たるき)は削らない丸太のままにして、倹約の範を示したという故事から。

【茅舎(ボウシャ)】＝茅屋(ボウオク)

【茅茹(ボウジョ)】(茅の根が互いにからみあっていて、一つを引くと他の根もともにぬけるところから)ある一つのことがきっかけとなって次々と物事が起こることのたとえ。多くの賢人が次々と朝廷や世に現れて並び立つことのたとえ。〔易経-泰〕

【茅塞(ボウソク)】かやが生えて道をふさぐこと。転じて、修養をおこたると欲で心がふさがれること。また、謙遜して、愚かであることをいう。〔孟子-尽心下〕

【茅店(ボウテン)】かやぶき屋根の店。

【茅土(ボウド)】諸侯を封ずること。中国、古代に天子が諸侯を封ずるとき、その方角にあたる色の土を白茅に包んで与えたことによる。〔李陵-答ニ蘇武ー書〕

【茅門(ボウモン)】かやぶきの門。転じて、わびしい住居。また自分の家をへりくだっていう語。

【茅廬(ボウロ)】かやぶき屋根の家。粗末な家。転じて、自分の家をへりくだっていう語。

❷あて字、熟字訓など。

【茅渟鯛(ちぬだい)】クロダイの異名。ちぬ。

【茅蜩(ひぐらし)】セミ科の昆虫。蜩(ひぐらし)。

難読地名 茅野(ちの)市(長野) 難読姓氏 茅根(ちのね)

6617【茆】7191 677B E49B 艸－5 ボウ(バウ)㊥/máo/かや

字解 形声。艸＋卯(＝丣)声。
参考 熟語は「茅」(6615)を見よ。
意味 ❶じゅんさい。スイレン科の水生多年草。若い芽は食用。❷かや。「茅」に同じ。

6618【苜】 7192 677C E49C 艸－5 ボク漢・モク慣／mù
字解 形声。艸＋目声。
意味 「苜蓿(モクシュク)」は、漢代に西域からもたらされた牧草。マメ科の多年草。ムラサキウマゴヤシ。俗に、ウマゴヤシ、シロツメクサに混同する。

6619【茉】 7193 677D E49D 艸－5 人 (6620)【茉】 艸－5 旧字
バツ漢・マツ慣／mò
字解 形声。艸＋末声。
意味 「茉莉(マツリ)」は、モクセイ科の常緑小低木。インド・アラビア原産で、観賞用に栽培される。中国・台湾では花を茶に入れて香りをつける。ジャスミンの一種。茉莉花(マツリカ)とも。

6621【茂】 4448 4C50 96CE 艸－5 常 (6622)【茂】 艸－5 旧字
モ呉・ム呉・ボウ漢／mào／しげる
筆順 茂 茂 茂 茂 茂
字解 形声。艸＋戊(→冃、おおう)声。草がおおいしげる意。
参考 万葉仮名では音を借りて「む」「も」。
意味 ❶しげる。草木の枝葉がさかんにのびる。また、勢いがさかんである。『茂生』『茂暢』『茂林』『繁茂』❷よい。美しい。立派である。すぐれている。『茂異』『茂行』『茂秀』『俊茂(シュンモ)』
下接 鬱茂(ウツモ)・暢茂(チョウモ)・繁茂(ハンモ)

❶ しげる。草木の枝葉が盛んにのびる。

【茂実(モジツ｜ボウジツ)】 しげりみのること。〔管子-五行〕→❷
【茂松(モショウ)】 枝葉の繁茂した松。
【茂生(モセイ)】 生いしげらせること。生いしげること。
【茂盛(モセイ)】 盛んにしげること。
【茂暢(モチョウ)】 しげりのびること。
【茂林(モリン)】 樹木のしげった林。

❷ よい。美しい。立派である。

【茂異(モイ)】 (「茂才異等」の略) 才能が特にすぐれていること。
【茂行(モコウ)】 すぐれたおこない。
【茂才・茂材(モサイ｜ボウサイ)】 ①中国、漢代に行われた官吏登用試験の科目。また、それに合格した者。秀才。②すぐれた学才。秀才。また、優秀な人材。〔史記-呉王濞伝〕③文章得業生(モンジョウトクゴウショウ)の異称の一。
【茂実(モジツ｜ボウジツ)】 立派な実質。盛んで美しい内容。→❶
【茂秀(モシュウ)】 すぐれひいでていること。
【茂績(モセキ)】 立派な行績。茂跡。
難読地名 茂木(もてぎ)町(栃木) 難読姓氏 茂出木(もでぎ)

6623【苙】 7194 677E E49E 艸－5 リュウ(リフ)漢・キュウ(キフ)漢／lì／よろいぐさ
字解 形声。艸＋立声。
意味 ❶よろいぐさ。❷おり。家畜を飼育するかこい。

6624【苓】 4674 4E6A 97E8 艸－5 レイ漢／líng／みみなぐさ
字解 形声。艸＋令声。
意味 ❶みみなぐさ。ナデシコ科の多年草。巻耳。❷かんぞう(甘草)。マメ科の多年草。薬草。❸おちる。おちぶれる。「零」に同じ。『苓落』

【苓落(レイラク)】 草木がしおれ落ちること。零落。

6625【茵】 7201 6821 E49F 艸－6 イン呉漢／yīn／しとね
字解 形声。艸＋因(しとね)声。しとねの意の因に、のち、艸を加えた。
意味 ❶しとね。しきもの。『茵席』『茵蓐』『錦茵(キンイン)』『苔茵(タイイン)』❷「茵芋(インウ)」は、みやましきみ。マツカゼソウ科の常緑低木。薬草。

【茵蓐・茵褥(インジョク)】 しとね。敷物。布団。
【茵席(インセキ)】 敷物。しとね。

6626【茴】 7202 6822 E4A0 艸－6 カイ(クヮイ)漢・ウイ唐／huí
字解 形声。艸＋回声。
意味 「茴香(ウイキョウ)」は、香草の一。セリ科の多年草。実を薬用・食用とする。

6627【茖】 7203 6823 E4A1 艸－6 カク漢／gé
字解 形声。艸＋各声。ギョウジャニンニクの意。ユリ科の多年草。

6628【荊】 2353 3755 8C74 艸－6 (651)【荆】 刀－8
ギョウ呉・ケイ漢／jīng／いばら・うばら・むち
字解 形声。艸＋刑(罰する)声。とげのあるいばらの意。一説に、荊はむちに用いた木であるとも。金文は、手かせをされた人と、さらにかせを加えたものとの二系統がある。

文 金

文 金

文 篆

意味 ❶いばら。うばら。とげのある低木。『荊杞』『荊扉』❷にんじんぼく。クマツヅラ科の低木の一種。刑罰に用いた木。❸しもと。むち。『負荊(フケイ)』❹自分の妻の謙称。『荊妻(ケイサイ)』『荊室(ケイシツ)』『拙荊(セッケイ)』❺固有名詞。『荊軻(ケイカ)』『荊州(ケイシュウ)』

❶ いばら。うばら。とげのある低木。

【荊杞(ケイキ)】 ①イバラとクコ。荒れ地にはえる植物。
＊杜甫-兵車行「千村万落生荊杞(センソンバンラクケイキをショウず)」〔＝多くの村々が荒れはてて、イバラやクコがはえてしまった〕
②悪臣のたとえ。
【荊棘(ケイキョク｜ケイばら｜いばら)】 ①とげのある低木の総称。②比喩(ヒユ)的に、乱れて騒がしい状態。困難。〔後漢書-馮異伝〕『荊棘を除く』『荊棘の道〔＝困難の多い人生のたとえ〕』
【荊榛(ケイシン)】 イバラとハシバミ。また、それらが生い茂っていること。
【荊扉(ケイヒ)】 イバラの生い茂った門のとびら。転じて、貧しい住居。
【荊門(ケイモン)】 イバラで作った門。

❺ 固有名詞。

【荊軻(ケイカ)】 中国、戦国時代の刺客(シカク)。燕(エン)の太子丹に依頼され、秦都咸陽におもむいて、秦王政(始皇)の刺殺をは

かったが、失敗し、殺された。(～前三七)

【荊州ケイシュウ】①中国、古代の九州の一。湖北省の荊山、漢江流域より、南の地方。漢の武帝の十三刺史部の一としては、現在の河南、湖北、湖南から広東、貴州、四川、広西にまたがる地域。②中国、春秋時代の楚の別称。③中国、後漢代、現在の湖北省襄陽県を中心に置かれた州。④中国、東晋代、現在の湖北省江陵に置かれた州。⑤中国、明代、現在の湖北省江陵県を中心に置かれた府名。

【荊楚歳時記ケイソサイジキ】書名。一巻。中国、南朝梁の宗懍ソウリンの著。中国南方の楚の年中行事や風俗を述べたもの。

【荊蛮ケイバン】中国、春秋時代に起こり、両湖地方を原住の地とした一族。南蛮。周人が楚を呼んだ称。

6629 【茭】 * 5575 艸−6 コウ(カウ)㊥漢 /jiāo・xiǎo/ まぐさ

字解 形声。艸+交㊥。

意味 ❶まぐさ。飼葉かいば。❷まこも。イネ科の水草。

6630 【荒】 2551 3953 8D72 艸−6 常 (6631)【荒】 艸−6 旧字

コウ(クヮウ)呉漢 /huāng/ あらい・あれる・あらす・すさむ・すさぶ・さびれる・あばら

筆順 荒 荒 荒 荒 荒 荒

字解 形声。艸+㠩(何もない・むなしい)㊥。雑草が茂ってむなしい、あれる意。

同属字 慌(慌)・謊

意味 ❶あれる。土地があれはてる。また、穀物などがみのらない。『荒廃』『荒蕪』『荒寥』『凶荒』『救荒キュウコウ』❷すさむ。おこないがすさむ。だめになる。『荒淫』『荒亡』『淫荒インコウ』『怠荒タイコウ』❸でたらめ。とりとめのないさま。また、うっとりするさま。『荒唐無稽』『荒誕』❹国のはて。辺境。『破天荒テンコウ』『遐荒カコウ』『八荒ハッコウ』❺国あらい。㋑あら。あらあらしい。あらっぽい。㋺あれ。肌があれる。また、ひどく乱れる。❻その他。あて字、熟字訓など。『益荒男ますらお』『荒布あらめ』『二荒ふたら山』

下接 飢荒キコウ・救荒キュウコウ・凶荒キョウコウ・蛮荒バンコウ・備荒ビコウ

❶ あれる。また、穀物などがみのらない。

【荒煙・荒烟コウエン】人里はなれて、もの寂しいこと。
【荒墟コウキョ】あれはてた古跡。
【荒饉コウキン】飢饉キキン。凶作。
【荒原コウゲン】あれはてた野原。荒野。
【荒歳コウサイ】作物が不作の年。
【荒政コウセイ】飢饉キキン、凶荒などに対する救済政策。〔周礼−地官〕→❷
【荒台コウダイ】あれはてた見晴らし台。
【荒地コウチ・あれチ】あれはてた土地。あれて生産力のない土地。荒蕪地コウブチ。
【荒冢コウチョウ】あれはてた墓。
【荒田コウデン】水害などによって荒廃した田地。
【荒土コウド】あれはてた土地。
【荒敗コウハイ】あれてすたれること。→❷
【荒廃コウハイ】①あれはてること。②あれすさむこと。『人心の荒廃』
【荒蕪コウブ】土地があれて雑草などの生い茂ること。〔国語−周語〕『荒蕪地』
【荒民コウミン】飢饉キキンで苦しんでいる人民。
【荒野コウヤ・あれの】あれはてた野原。
【荒涼・荒寥コウリョウ】あれはててもの寂しいこと。
【荒穢コウワイ】土地があれはてていること。

❷ すさむ。みだれる。

【荒淫コウイン】遊楽にふけること。特に、女色にふけること。〔司馬相如−上林賦〕
【荒政コウセイ】政務を怠ること。〔書経−周官〕→❶
【荒怠コウタイ】生活や気持ち、行動などがなげやりになること。遊楽にふけり、仕事を怠ること。
【荒敗コウハイ】すさんで身を持ちくずすこと。→❶
【荒亡・荒忙コウボウ】狩猟、酒色などにふけって志を失うこと。〔孟子−梁恵王下〕『流連リュウレン荒亡』〔=狩猟や酒色にふけって家に帰るのを忘れること〕
【荒惑コウワク】心がみだれてまどうこと。

❸ でたらめ。また、うっとりとするさま。

【荒言コウゲン】おおげさに言うこと。広言コウゲン。
【荒忽コウコツ】①うっとりとするさま。恍惚コウコツ。〔屈原−九歌・湘夫人〕②はっきりしないさま。
【荒誕コウタン】大げさなこと。また、全くでたらめなこと。『荒誕無稽ケイ』〔=根拠がなくでたらめなこと〕 ❤「誕」は、うそ、いつわりの意。
【荒唐コウトウ】①極めて広大なさま。〔荘子−天下〕②言説に取りとめのないこと。→荒唐無稽コウトウムケイ
【荒唐無稽コウトウムケイ】言説に根拠がなく取りとめのないさま。でたらめ。❤「唐」は大きい、「無稽」は根拠がないの意。「荒唐」の強調表現。〔書経−大禹謨〕

❹ 国のはて。辺境。

【荒裔コウエイ】中心より遠隔の地方。国土のはて。
【荒遠コウエン】都から遠く離れたところ。
【荒外コウガイ】遠いはての野蛮な土地。
【荒陬コウスウ】都会から遠く隔たったところ。かたいなか。僻陬ヘキスウ。辺陬。
【荒服コウフク】①古代中国で、王城を中心として五つに分けた地(五服)の、もっとも外の地域。②国のはて。

❺ (日本語で)あらい。あらあらしい。

【荒天コウテン】国あれている空模様。風雨の激しい天候。

❻ その他。あて字、熟字訓など。

【荒神コウジン】(「三宝荒神」の略)仏・法・僧の三宝を守るという神。また、かまどを守る神。

6632 【荇】 * 5586 艸−6 コウ 「莕」(6668)の異体字

6633 【茨】 1681 3071 88EF 艸−6 シ㊥漢 /cí/ いばら・うばら

字解 形声。艸+次(順序よくならべる)㊥。草を順序よくそろえて屋根をふく意。

意味 ❶ふく。屋根をふく。また、くさぶき。かややや草などでふいた屋根。❷かや。草の名。屋根をふくのに用いる。『茅茨ボウシ』❸いばら。うばら。とげのある低木。『茨棘』『野茨のいばら』

【茨棘シキョク】いばら。草深いいなかのたとえ。

6634 【玆】 7204 6824 E4A2 艸−6 (2109)【玆】 玄−6

シ㊥漢・ジ慣 /zī/ しげる・ここ

竹米糸缶网(罒・冂・皿)羊羽(羽)老(耂)而耒耳聿肉(月) 6画 臣自至臼(臼)舌舛(舛)舟艮色艸(艹・艹・艹)虍虫血行衣(衤)襾(西・覀)

字解 形声。艸＋絲（ふたつのいと、ふえる）省声。草木がふえしげる意。また、玆に通じて、近称の指示詞として用いる。

甲骨文 金文 篆文

同属字 孳・慈（慈）・甆・鷀・滋（滋）・磁（磁）

参考 万葉仮名では音を借りて「し」。

意味 ❶しげる。草が生い茂る。❷ます。ふえる。また、ますます。❸ここ。これ。この。『今茲（コンジ）』〔＝ことし〕』『来茲（ライジ）』

6635【茱】7205 6825 E4A3 艸－6 シュ漢/zhū

字解 形声。艸＋朱声。

意味「茱萸（シュユ）」は、㋑呉茱萸（ゴシュユ）。かわはじかみ。ミカン科の落葉小高木。果実は薬用。昔中国で、九月九日、重陽の節句にこの実を頭にさし、高山に登って邪気を払ったという。＊王維‐九月九日憶山東兄弟「遍挿茱萸少一人（あまねくシュユをさしてイチニンをかくならん）」〔＝（重陽の節句で）みんなが茱萸を髪にさしている中に、一人私が欠けているのだろう〕」㋺山茱萸（サンシュユ）。ミズキ科の落葉小高木。果実を薬用とする。㋩国ぐみ。グミ科の低木の総称。

6636【荀】7206 6826 E4A4 艸－6 シュン漢・ジュン慣/xún

字解 形声。艸＋旬声。

意味 ❶山海経などに見える、伝説上の草の名。❷人の姓。『荀悦』『荀子』

【荀悦（ジュンエツ）】中国、後漢末の学者。曹操に招かれて献帝に講義した。著に「申鑒」「漢紀」がある。（一四八～二〇九）

【荀況（ジュンキョウ）】＝荀子（ジュンシ）

【荀子（ジュンシ）】①中国、戦国末の思想家。名は況。初め斉の祭酒となり、のち、楚の春申君に仕えた。荘周や五行説を否定し、孟子の性善説に対して性悪説を唱えた。著「荀子」。荀卿（ジュンケイ）。（前二九八～前二三八頃）②中国の儒家書。二〇巻。周の荀況（ジュンキョウ）撰。前三世紀頃成立。孫卿新書。

6637【茹】7207 6827 E4A5 艸－6 ジョ漢/rú/くう・ゆでる・ゆだる・うだる

字解 形声。艸＋如声。

参考 万葉仮名では音を借りて「ぞ乙」。

意味 ❶くう。くらう。たべる。主に、野菜を食べる。また、野菜。『茹葷』『茹菽』『菜茹（サイジョ）』❷くさる。また、くさい。❸国ゆでる。ゆだる。また、ゆでたもの。『茹蛸（ゆでだこ）』❹草の根が連なるさま。『茅茹（ボウジョ）』

【茹葷（ジョクン）】ニラ、ニンニクなどのくさい野菜を食べること。

【茹菽（ジョシュク）】①野菜と豆。②豆を食うこと。貧しい生活をすること。

6638【茸】3491 427B 91F9 艸－6 ジョウ漢/rōng・rǒng/しげる・きのこ・たけ

字解 会意。艸＋耳。

参考 万葉仮名では、音を借りて「じ」。

意味 ❶しげる。草が生い茂るさま。『茸茸（ジョウジョウ）』『蒙茸（モウジョウ）』❷ふくろづの。新しくはえる鹿のつの。『鹿茸（ロクジョウ）』❸国きのこ。たけ。また、きのこのようにはえるもの。『榎茸（えのきだけ）』『椎茸（しいたけ）』『初茸（はつたけ）』『松茸（まつたけ）』

【茸茸（ジョウジョウ）】草がうっそうと茂っているさま。

6639【荏】1733 3141 8960 艸－6 ジン漢/rěn/え・えごま

字解 形声。艸＋任声。

参考 万葉仮名では訓を借りて「え」。

意味 ❶え。えごま。シソ科の一年草。実から油をとる。❷まめ。そらまめ。大豆。❸やわらか。『荏弱』❹「荏苒（ジンゼン）」は、歳月のめぐりゆくさま。また、物事がのびのびになるさま。延引。『荏苒として日を送る』

【荏弱（ジンジャク）】やわらかで弱いこと。

6640【茜】1611 302B 88A9 艸－6 人 セン漢/qiàn/あかね

(6641)〔茜〕 艸－6 旧字

字解 形声。艸＋西声。

意味 ❶あかね。あかねぐさ。アカネ科の多年草。❷あかねいろ。アカネの根からとった染料の色。

6642【荐】7208 6828 E4A6 艸－6 セン漢・ソン漢/jiàn

字解 形声。艸＋存声。

意味 ❶こも。しきもの。また、敷物をしく。❷かさねる。あつまる。『荐居』❸しきりに。しばしば。かさねて。『荐仍』『荐食』

【荐居（センキョ）】①あつまり住むこと。②水や草を求めて移住すること。

【荐仍（センジョウ）】しきりに。たび重なること。

【荐食（センショク）】しきりに食べること。転じて、他国の領土をつぎつぎと侵略すること。

6643【荃】＊5584 艸－6 セン漢/quán/うえ

字解 形声。艸＋全声。

意味 ❶かおりぐさ。香草の一種。❷うえ。川などで魚を捕らえる仕掛け。「筌」に同じ。『荃蹄』

【荃蹄（センテイ）】①生き物を捕らえる道具で、目的を達したあとは不要となるもの。目的のために利用する手段。〔荘子‐外物〕②転じて、物事の手ほどきとなるもの。手びき。

「筌蹄」とも書く。

6644【草】3380 4170 9190 艸－6 常1 ソウ（サウ）呉漢/cǎo/くさ

(6645)〔草〕 艸－6 旧字

筆順 草 草 草 草 草

字解 形声。艸＋早声。艸と同じ義に用いる。一説に、早はドングリの象形で、草は、ドングリの意とも。

参考 万葉仮名では音を借りて「さ」。

意味 ❶くさ。草木の総称。また、くさはら。『草原』『草食』『野草（ヤソウ）』❷そまつ。あらい。大まか。ぞんざい。『草画』『草草』『草卒』❸（大まか、あらいの意から）書体の一。大まかに崩し書きしたもの。『草書』『草体』❹はじめる。はじまり。はじめ。『草創』❺したがき。詩や文章の下書きをすること。『祝辞を草する』『草案』『草稿』『起草』❻あて字、熟字訓など。『草臥（くたびれ）る』『仕草（しぐさ）』『質草（シチぐさ）』

❶くさ。くさはら。

下接 海草（カイソウ）・萱草（カンゾウ）・勁草（ケイソウ）・香草（コウソウ）・雑草（ザッソウ）・山草（サンソウ）・除草（ジョソウ）・水草（スイソウ｜みずくさ）・毒草（ドクソウ）・芳草（ホウソウ）・牧草（ボクソウ）・本草（ホンゾウ）・蔓草（マンソウ｜つるくさ）・薬草（ヤクソウ）・野草（ヤソウ）・緑草（リョクソウ）・霊草（レイソウ）／藺草（いぐさ）・刺草（いらくさ）・翁草（おきなぐさ）・唐草（からくさ）・千草（ちぐさ）・露草

竹米糸缶网（罒・冂・皿）羊羽（⺷）老（耂）而耒耳聿肉（月）
6画
臣自至臼（𦥑）舌舛（舛）舟艮色艸（艹・艹・艹）虍虫血行衣（衤）襾（覀・西）

【草鞋】(ソウアイ) わらを編んで作った、草履(ゾウリ)に似たはきもの。

【草庵】(ソウアン) 草ぶきの粗末な小さい家。草のいおり。

【草芥】(ソウカイ／ソウガイ) ①くさとごみ。また、草の細かいくず。②不要なものの細かいくず。ごみ。

【草原】(ソウゲン／くさはら) 一面に草の生えている原。

【草根木皮】(ソウコンボクヒ) 草の根と木の皮。特に漢方で薬剤として用いるものをいう。

【草次】(ソウジ) (「次」は宿る意)野宿すること。↓❷

【草舎】(ソウシャ) ①野宿すること。②草ぶきの家。草屋。

【草食】(ソウショク) 草などを主な食物とすること。↕肉食。『草食動物』『草食性』

【草窃】(ソウセツ) 山野に出没する窃盗。おいはぎ。

【草賊】(ソウゾク) ①山中で人をおそう盗賊。おいはぎ。②反乱、一揆などの賊徒。③こぬすびと。こそどろ。

【草薙】(ソウテイ) ①草をなぎ切ること。②乱れを治めること。

【草頭】(ソウトウ) ①草のうえ。草上。②漢字の冠の一。くさかんむりのこと。

【草堂】(ソウドウ) 草ぶきの家。転じて、自分の家の卑称。

【草服】(ソウフク) 草で作った粗末な服。

【草本】(ソウホン) 地上の茎が木質でない植物。くさ。↕木本(モクホン)。『一年生草本』

【草莽】(ソウモウ) 草の生い茂っているところ。民間。在野。

【草莽之臣】(ソウモウのシン) ①在野の人。民間人。〔孟子-万章下〕②自分の卑称。

【草木】(ソウモク／くさき) 草と木。また、植物。『山川草木』

【草野】(ソウヤ) ①草が生えている野原。草原。②田舎(いなか)の土地。また、公(おおやけ)でない私的な場所。民間。③いやしくて礼節・教養がないこと。

【草萊】(ソウライ) ①荒れはててたくさむら。生い茂った雑草。②未開の地。草ぶかい田舎。

【草履】(ゾウリ) 国わら、藺(い)などで足に当たる部分を編み、鼻緒をすげたはきもの。

【草廬】(ソウロ) 草ぶきのいおり。草庵。転じて、自分の住居の卑称。

【草廬三顧】(ソウロサンコ) 中国、三国時代、蜀(ショク)の劉備(リュウビ)が身を屈して、諸葛亮(ショカツリョウ)の宅を三度訪問して、軍師に招いた故事。〔諸葛亮-出師表〕

【草露】(ソウロ) 草に置く露。転じて、物事のはかないことのたとえ。

❷ そまつ。あらい。大まか。ぞんざい。

【草画】(ソウガ) 略筆の絵画。おおまかな筆致で描く水墨画や淡彩画。

【草具】(ソウグ) 粗末な料理。

【草次】(ソウジ) あわただしいさま。造次。↓❶

【草草】(ソウソウ) ①簡略なさま。特にもてなしが不十分なさま。②手紙の末尾に用い、「取り急ぎ」の意を表す。

【草卒】(ソウソツ) あわただしいこと。倉卒(ソウソツ)。

【草昧】(ソウマイ) 秩序がまだ定まらない世。*十八史略-唐「草昧之初、群雄並起(ソウマイのはじめ、グンユウならびおこる)〔=天下が定まらないときには、多くの英雄どもが各地から並び起こる〕」

❸ 書体の一。

【草字】(ソウジ) 草体の漢字。草書。

【草書】(ソウショ) 書体の一。字形の簡略になった隷書を、さらに崩して、筆画を続けたもの。前漢に始まり、南北朝頃には、字と字との間を続けた連綿が現れた。草書体。

下接 行草(ギョウソウ)・章草(ショウソウ)・真草(シンソウ)・真行草(シンギョウソウ)

【草聖】(ソウセイ) 草書を書くことに巧みな人。

【草体】(ソウタイ) 草書の書体。草書体。

【草隷】(ソウレイ) ①草書と隷書。②草書の別名。

❹ はじめる。はじまり。はじめ。

【草創】(ソウソウ) 物事のしはじめ。はじまり。『草創期』

❺ したがき。詩や文章の下書きをすること。

【草案】(ソウアン) 文章の下書き。草稿。↕成案

【草稿】(ソウコウ) 文章の下書き。また、原稿。

下接 詠草(エイソウ)・起草(キソウ)・奏草(ソウソウ)

❻ あて字、熟字訓など。

【草紙・草子】(ソウシ) 国①とじ合わせた本。②絵本やさしい絵入りの小説本の称。③字などを習うための帳面。『手習い草紙』▶「ソウシ」は「サクシ(冊子)」の転。

下接 通草(あけび)・煙草(タバコ)・車前草(おおばこ)・酸漿草(かたばみ)・心太草(てんぐさ)・日輪草(ひまわり)・海人草(まくり)・海仁草(まくり)・虎耳草(ゆきのした)／仕草(しぐさ)・質草(しちぐさ)

難読姓氏 草彅(くさなぎ)

6646【荘】 ショウ(シャウ)呉・ソウ(サウ)漢/zhuāng/さかん・おごそか

3381 4171 9191 艸-6 常

(6673)〖莊〗 7223 6837 E4B5 艸-7 旧字 人

筆順 荘 荘 荘 荘 荘 荘

字解 荘は莊の略体。莊は形声。艸+壮(さかん)声。草が盛んに茂る意。壮に通じて、おごそかの意に用いる。

意味 ❶(草がさかんにしげる)いなか。㋑村里。いなかの家。『村荘(ソンソウ)』㋺しもやしき。別宅。『山荘(サンソウ)』『別荘(ベッソウ)』㋩みせ。大きな店。『雀荘(ジャンソウ)』『旅荘(リョソウ)』㊁国古代から中世にかけての、貴族・寺社の私有地。『荘園』❷さかんである。「壮」に同じ。❸大路(おおじ)。六方に通ずる道。『康荘(コウソウ)』❹おごそか。いかめしい。つつましい。『荘厳』『荘重』❺人名など。『荘王』『荘子』

❶ いなか。いなかの家。

【荘園】(ショウエン) 国奈良・平安時代から室町時代の貴族や社寺の私有地。庄園。『荘園制度』

❹ おごそか。いかめしい。つつましい。

【荘敬】(ソウケイ) おごそかにつつしむこと。

【荘厳】(ソウゴン／ショウゴン) ①(ソウゴン)尊くいかめしいこと。おごそかで重々しいさま。②(ショウゴン)仏像や仏堂をおごそかに飾りつけること。また、その飾り。

【荘重】(ソウチョウ) おごそかで重々しいさま。『荘重沈鬱(チンウツ)』

❺ その他。人名など。

【荘王】(ソウオウ) 中国、春秋時代の楚の王。春秋五覇の一人。周の使者に鼎(かなえ)の軽重を問うた逸話や「三年鳴かず飛ばず」の故事は有名。(?~前五九一)

【荘子】(ソウシ) (「曾子(ソウシ)」との混同をさけるため「ソウジ」ということが多い)①中国、戦国時代の思想家。道家思想の中心人物。名は周。南華真人と称される。儒教の人為的礼教を否定し、自然に帰ることを主張した。世に老子と合わせて老荘という。著に「荘子」がある。生没年不詳。②中国の道家書。戦国時代の荘子の著。「老子」と並んで道教の根本経典。現行本三三編は西晋の郭象が整理編集したもの。南華真経。

【荘周（ソウシュウ）】＝荘子（ソウシ）①

6647【茶】3567 4363 9283 艸－6 常2
(6648)【茶】旧字 艸－6
ダ㊋・タ㊌・サ㊌㊍・チャ㊎/chá

筆順 茶 茶 茶 茶 茶 茶

字解 もと荼。形声。艸＋余（のびる）㊟。のび出た新芽や若葉をつんで飲む、ちゃの意。また、にがなの意。のちに、ちゃの意には略体の茶を主として用いる。

意味 ❶ちゃ。㋐ちゃの木。ツバキ科の常緑低木。『茶園』㋑ちゃの木の葉を飲用するために加工したもの。また、その飲料。❷「茶色（ちゃいろ）」の略。『海老茶（えびチャ）』『金茶（キンチャ）』❸国風流。こっけい。おどけ。ふざけ。『茶気』『茶番』❹あて字、書名など。『無茶苦茶（むちゃくちゃ）』『茶経（チャキョウ）』

❶ 茶の木。また、その茶を煎じて作る飲料。

下接 喫茶（キッサ）・紅茶（コウチャ）・新茶（シンチャ）・煎茶（センチャ）・粗茶（ソチャ）・点茶（テンチャ）・番茶（バンチャ）・普茶（フチャ）・抹茶（マッチャ）・銘茶（メイチャ）・緑茶（リョクチャ）

【茶煙・茶烟（サエン）】茶をわかすときに立ちのぼるけむり。

【茶菓（サカ｜チャカ）】①茶と果物。②国茶と菓子。茶菓子。

【茶会（サカイ｜チャカイ）】国茶道で、客を招いて、茶をもてなす会合。茶の湯の会。

【茶臼（サキュウ｜チャうす）】葉茶をひいて抹茶を作るのに用いる石うす。

【茶匙（サシ｜チャさじ）】①抹茶などをすくいとるのに用いる、小さなさじ。茶杓。②（チャさじ）紅茶、コーヒーなどを飲むときに用いる小形のさじ。ティースプーン。

【茶肆（サシ）】茶を売る店。また、茶店。

【茶人（サジン｜チャジン）】①（サジン）茶の葉を摘む人。②（チャジン）国茶の湯を好む人。風流人。

【茶店（サテン｜チャみせ）】道ばたに設けて通行人を休ませ、茶菓・料理などを接待する店。茶屋。茶亭。

【茶湯（サトウ｜チャトウ｜チャのゆ）】①茶を煎じた湯。お茶。②仏前や霊前に供える煎茶。③（チャのゆ）人を招いて抹茶をたててもてなすこと。茶会。

【茶飯事（サハンジ）】国茶を飲み飯を食うように、ごくありふれたこと。『日常茶飯事』

【茶房（サボウ）】①茶をたてる部屋。②国喫茶店。

【茶話（サワ｜チャワ｜チャばなし）】茶を飲みながら気軽にする話。

【茶園（チャエン）】茶の木を植えた畑。茶畑。さえん。

【茶器（チャキ）】①茶を入れたり、飲んだりするのに用いる器具。茶道具。②抹茶の容器。

【茶巾（チャキン）】茶の湯で、茶わんをぬぐう麻布。

【茶室（チャシツ）】国茶会をする部屋。数寄屋。茶寮。

【茶杓（チャシャク）】①抹茶をすくう細長いさじ。茶さじ。②国茶の湯で、湯をくむ柄杓。茶びしゃく。

【茶席（チャセキ）】国茶の湯を行う座席、部屋。また、茶会。

【茶筅（チャセン）】抹茶をたてるときに、茶をかきまわして泡を立てたり、練ったりするのに用いる竹の道具。

【茶托（チャタク）】湯飲み茶わんを載せる皿状の台。

【茶亭（チャテイ）】茶室。また、茶店。

【茶道（チャドウ｜サドウ）】国茶の湯を催すことによって静寂閑雅の境地に入り、礼儀作法を修める道。

【茶瓶（チャビン）】茶を煎じる土瓶。

【茶舗（チャホ）】製茶を販売する店。茶屋。

【茶寮（チャリョウ）】国①茶の湯を行う部屋。茶室。②喫茶店。

【茶碗・茶椀（チャワン）】茶を入れたり飯を盛ったりする食器。

❸ （日本語で）風流。こっけい。ふざけ。

【茶気（チャキ）】国①風雅の気味。②茶目っ気。
【茶茶（チャチャ）】国話の途中のじゃま。『茶々を入れる〔＝わきから話の邪魔をしたり、ひやかしたりする〕』
【茶番（チャバン）】国①「茶番狂言」の略。その場の、ありふれたものを材料とした、身振り手振りの、おどけた即興の寸劇。②見えすいた振る舞い。『茶番劇』
【茶目（チャめ）】無邪気な面白いいたずらをすること。『茶目っ気』▷「目」はあて字。
【茶利（チャリ）】国①おどけ。冗談。②浄瑠璃や歌舞伎で、こっけいな段、場面。▷「茶利」はあて字。

❹ あて字、書名など。

下接 無茶（むちゃ）・目茶（めちゃ）・滅茶（めちゃ）

【茶経（チャキョウ）】中国の茶書の一。唐代の文人陸羽著。茶の歴史、製法、器具などについて詳しく述べる。

6649【荑】*5589 艸－6
テイ㊌・イ㊌/tí・yí/つばな

字解 形声。艸＋夷㊟。

意味 ❶（テイ）つばな。茅の芽の生え始めたもの。転じて、めぐむ。めばえる。❷（テイ）いぬびえ。稗の一種。❸（イ）かる。草を刈り払う。❹「莁荑（ブイ）」は、しろびゆ。草の名。

6650【荅】7209 6829 E4A7 艸－6
トウ（タフ）㊌/dá/こたえる

字解 形声。艸＋合㊟。

同属字 剳・塔（塔）・搭（搭）

意味 ❶あずき。小豆。❷こたえる。「答」に同じ。❸あう。あわせる。また、ひきうける。「合」に同じ。

6651【茯】7210 682A E4A8 艸－6
ブク㊋・フク㊌/fú

字解 形声。艸＋伏㊟。「茯苓（ブクリョウ）」は、松の根に寄生する、サルノコシカケ科のキノコの類。薬用にする。まつほど。

6652【茫】7211 682B E4A9 艸－6
ボウ（バウ）㊌/máng/とおい・はるか

字解 形声。艸＋汒（広大・何もない）㊟。草原がひろびろとしている意。

意味 とおい。㋐はるかなさま。広々としているさま。広く果てしないさま。『茫洋』『蒼茫』『渺茫』㋑はっきりしないさま。とりとめのないさま。ぼんやりしているさま。『茫然自失』『茫昧』『杳茫』

【茫然（ボウゼン）】①漠然としてとりとめのないさま。*蘇軾-前赤壁賦「凌二万頃之茫然一〔＝広々と果てしない水面をどこまでも進んでゆく〕」②あっけにとられるさま。呆然。『茫然自失』

【茫漠（ボウバク）】①広くて、とりとめのないさま。②ぼうっとしてはっきりしないさま。

【茫茫（ボウボウ）】①広々としてはるかなさま。果てしないさま。*古詩賞析-勅勒歌「天蒼蒼、野茫茫〔＝大空は青々と深みを帯びて広がり、その下に草原は広々と果てしもなく続いている〕」②とりとめのないさま。*杜甫-贈二衛八処士一「世事両茫茫〔＝お互いの身に降りかかる世のできごとは、はかり知れなくなってしまう〕」③草や髪などが多く生えるさま。

【茫昧（ボウマイ）】漠然としてわかりにくいさま。

【茫洋（ボウヨウ）】広々として限りないさま。見当のつかないさま。『茫洋とした人物』

6653 【茗】 7212 682C E4AA 艸－6 ミョウ（ミャウ）呉・メイ漢／míng・mǐng

字解 形声。艸＋名声。

意味 ❶茶の芽。また、ちゃ。特に、おそくつみとった茶。『茗園』『茗器』『佳茗（カメイ）』『芳茗（ホウメイ）』 ❷国「茗荷（ミョウガ）」は、ショウガ科の多年草。芳香に富み食用にする。

【茗宴・茗醼（メイエン）】 茶の湯の会。茶会。

【茗園（メイエン）】 茶畑。茶園。

【茗器（メイキ）】 茶を飲むのに用いる道具。茶器。

【茗渓（メイケイ）】 国東京都の地名「御茶の水」の中国風の呼び方。

【茗肆（メイシ）】 茶を売る店。また、茶店。

【茗粥（メイシュク）】 茶がゆ。

【茗椀・茗盌（メイワン）】 茶を飲むわん。

6654 【茘】 7213 682D E4AB 艸－6 (6655)〔荔〕* 5567 艸－6
レイ漢・リ漢／lì

字解 形声。艸＋劦（＝劦）声。

意味 ❶おおにら。ユリ科の多年草。食用にする。❷「茘枝（レイシ）」は、㋑ムクロジ科の常緑小高木。中国南部原産で、果実は甘味と水分に富む。㋺ツルレイシの別称。ウリ科の一年草。果肉が甘い。

茘枝❷㋑

6656 【莚】 7215 682F E4AD 艸－7 エン呉漢／yán／むしろ

字解 形声。艸＋延（のびる）声。草がのびる、はびこる意。

意味 ❶草の名。❷つづく。はびこる。❸国「筵」に通じて、むしろ。わらで編んだしきもの。『莚席』

【莚席（エンセキ）】 国敷物。転じて、宴会の席。筵席。

6657 【荷】 1857 3259 89D7 艸－7 常3 (6658)〔荷〕 艸－7 旧字
カ呉漢／hé・hè／に・になう・はす・はちす

筆順 荷 荷 荷 荷 荷 荷

字解 形声。艸＋何（になう）声。になう意。のち艸を付した。はすの意に用いる。

参考 万葉仮名では訓を借りて「に」「の㊀」。

意味 ❶はす。はちす。沼池に生えるスイレン科の多年草。『荷衣』『荷葉』『敗荷（ハイカ）』 ❷に。にもつ。『荷重』『出荷（シュッカ）』『入荷』 ❸になう。肩の上にのせて持つ。かつぐ。ひきうける。『荷担』『負荷（フカ）』 ❹あて字、熟字訓など。『稲荷（いなり）』『薄荷（ハッカ）』『茗荷（ミョウガ）』

❶ はす。はちす。

【荷衣（カイ）】 ハスの葉をつづって作った着物。仙人、道士の服装をいう。『荷衣蕙帯（ケイタイ）』

【荷花・荷菓（カカ）】 ハスの花。

【荷蓋（カガイ）】 ハスの葉でふいた屋根。

【荷気（カキ）】 ハスの花のかおり。荷香。

【荷蕖（カキョ）】 ハスの花。芙蕖（フキョ）。

【荷葉（カヨウ）】 ①ハスの葉。②「荷葉皴（カヨウシュン）」の略。ハスの葉脈に似た筆致で岩や山を描くのに用いる、文人画の皴法（シュンポウ）の一。

❷ に。にもつ。

下接 在荷（ザイカ）・集荷（シュウカ）・出荷（シュッカ）・担荷（タンカ）・着荷（チャッカ）・入荷（ニュウカ）／上荷（うわに）・重荷（おもに）・初荷（はつに）・船荷（ふなに）

【荷重（カジュウ）】 ①貨物自動車の荷の重さ。『貨物の荷重制限』②構造物にかかる外力や重さ。『橋桁（はしげた）の荷重』
【荷物（にモツ）】 ①持ち運んだり、運送したりする品物。『小荷物』『手荷物』②転じて、足手まとい、負担になるもの。

❸ になう。かつぐ。ひきうける。

下接 感荷（カンカ）・装荷（ソウカ）・電荷（デンカ）・負荷（フカ）

【荷眷（カケン）】 めぐみを受けること。荷恩（カオン）。

【荷担（カタン）】 国力を貸して助けること。▶他人の荷物を担（にな）う意から。

【荷電（カデン）】 物体が帯びる静電気の量。電荷。

6659 【華】 1858 325A 89D8 艸－7 常 (6695)〔華〕 艸－8 旧字 (6871)〔蕐〕* 5735 艸－12
ケ呉・ゲ呉・カ（クヮ）漢／huā・huá／はな・はなやか

筆順 華 華 華 華 華 華

字解 形声。艸＋華（＝雩、はな）声。草木のはなの意。のちに艸を加えて、その字義を明確にした。

同属字 嘩・樺（樺）・譁

意味 ❶はな。草木の花。また、花が咲く。『華陰』『華道』『華容』『散華（サンゲ）』『蓮華（レンゲ）』 ⇒〔花〕(6554)の表 ❷はなやか。㋑美しい。はでやか。にぎやか。『華美』『豪華（ゴウカ）』『繁華（ハンカ）』 ㋺さかえる。さかり。『栄華（エイガ）』 ㋩いろどり。つや。かがやき。『月華（ゲッカ）』『光華（コウカ）』 ㊁他人のものを敬っていう語。『華翰』『華箋』 ㋭うわべだけの。実のない。『華言』『華辞』 ❸中国の自称。↔夷。『華夷』『華僑』『中華（チュウカ）』『日華（ニッカ）』 ❹その他。固有名詞など。『華清宮』『華府』『法華（ホッケ）』

❶ はな。草木の花。また、花が咲く。

下接 桂華（ケイカ）・月華（ゲッカ）・香華（コウゲ）（コウばな）・国華（コッカ）・散華（サンゲ）・万華（バンカ）・氷華（ヒョウカ）・立華（リッカ）・蓮華（レンゲ）・万華鏡（マンゲキョウ）・優曇華（ウドンゲ）・拈華微笑（ネンゲミショウ）・曼珠沙華（マンジュシャゲ）

【華陰（カイン）】 花のかげ。花の咲く木の下。

【華押（カオウ）】 かきはん。花押（カオウ）。

【華実（カジツ）】 ①植物の花と実。②花も実もあること。また、外観と実質。形式と内容。

【華道（カドウ）】 国生け花の道。草花、木の枝などを、花器にさして美しさを表現する作法、技術。お花。

【華表（カヒョウ）】 ①中国で、宮殿や墓所の前などに立てられる、花のような形をした標柱。②国神社の鳥居。

【華容（カヨウ）】 ①花のかたち。②花のように美しい顔かたち、姿。花容。

【華鬘（ケマン）】 ①生花を花輪にした首飾り。インドの風俗。②荘厳具として梁（はり）などにかける団扇状の仏具。

【坐レ華（はなにザす）】 花の眺めのよい所に座る。＊李白－春夜宴二桃李園一序「開二瓊筵一以坐レ華（ケイエンをひらきてもってはなにザす）〔＝玉のような美しいむしろを敷いて、花に向かって座る〕」

❷ はなやか。美しい。立派。

下接 英華（エイカ）・栄華（エイガ）・高華（コウカ）・豪華（ゴウカ）・才華（サイカ）・歳華（サイカ）

竹米糸缶网(⺳・罓・罒)羊羽(⽻)老(耂)而耒耳聿肉(月)
6画
臣自至臼(臼)舌舛(舛)舟艮色艸(艹・艹・艹)虍虫血行衣(衤)襾(覀・西)

…カ・詞華・昇華・声華・清華・精華・鮮華・重華・年華・繁華・浮華・文華

【華屋(カオク)】美しい家。美しく飾られた建物。

【華翰(カカン)】他人の手紙の敬称。貴翰。華墨。

【華軒(カケン)】(「軒」は車の意)貴人の乗るはなやかな車。

【華言(カゲン)】うわべだけで、実のない言葉。

【華采・華彩(カサイ)】いろどりのあざやかなさま。

【華侈(カシ)】はでやかに飾り、ぜいたくなこと。

【華辞(カジ)】虚飾の言。

【華奢(カシャ|キャシャ)】[一](カシャ)はなやかでおごりたかぶっていること。はでに暮らすこと。[二](キャシャ)[国][1]姿がほっそりとしていて弱々しいこと。『華奢な体つき』[2]上品で美しいこと。

【華燭(カショク)】はなやかな灯火。転じて、結婚の儀式にもいう。花燭。『華燭の典』

【華簪(カシン)】りっぱな冠どめ。転じて、高位高官の地位。

【華箋(カセン)】(「箋」は料紙、手紙用の紙の意)先方からの手紙を敬っていう語。

【華瞻(カセン)】文章がはなやかで内容が豊かであること。

【華饌(カセン)】りっぱなごちそう。

【華族(カゾク)】[国]明治時代の身分制度の一。公、侯、伯、子、男の爵位を授けられた者。また、その家族。

【華誕(カタン)】うわべははなやかでも内容のないこと。

【華冑(カチュウ)】(「冑」は血筋の意)名門。貴族。『華冑界〔=華族の社会〕』

【華美(カビ)】はなやかで美しいこと。また、はでぜいたくなこと。『華美を極める』

【華靡(カビ)】美しくはなやかなこと。

【華名(カメイ)】ほまれ。名誉。

【華誉(カヨ)】実際よりもよい評判。

【華麗(カレイ)】はなやかで美しいこと。はでやかなこと。『華麗な衣装』

❸ 中国の自称。

【華夷(カイ)】[1]中華と夷狄(テイテキ)。中国と外国。また、文明国と野蛮国。華戎。[2]開けた地と未開の地。都と地方。

【華夏(カカ)】[1]中国人が自国を誇っていう語。[2]文化、文明の中心地。都。

【華僑(カキョウ)】外国に定住している中国商人。♥「僑」は仮住まいの意。

❹ その他。固有名詞など。

【華甲(カコウ)】数え年六一歳の称。還暦。〔茫成大-丙午新正書懐〕♥「華」の字を分解すると、六つの「十」と「一」とになり、「甲」は、干支の第一「甲子」の略で、年を数えることを表す。

【華山(カザン)】中国の山の名。各地にこの名の山があるが、普通、陝西省渭南県の東、長安と洛陽の間にそびえ、五岳の一とされる名山をさす。華嶽。泰華。

【華氏温度(カシオンド)】温度を計る単位の一。水の氷点を三二度、沸点を二一二度としたもの。記号F ↔摂氏温度。♥「華氏」はドイツ人ファーレンハイト(G.D.Fahrenheit)の中国語表記「華倫海」から。

【華胥(カショ)】昼寝。午睡。〔列子-黄帝〕♥中国の黄帝が昼寝の夢に遊んだという理想郷が華胥氏の国であったという故事から。

【華清宮(カセイキュウ)】中国、唐代、長安の南東、驪山にあった離宮。玄宗がしばしば楊貴妃を伴って遊んだ。

【華清池(カセイチ)】中国、唐代の華清宮の温泉。楊貴妃が湯浴みしたことで知られる。*白居易-長恨歌「春寒賜浴華清池(はるさむくしてヨクをたまうカセイのチ)〔=春なお寒いころ、華清宮の温泉で入浴のお許しが出た〕」

【華府(カフ)】(「華盛頓」と漢字をあてたところから)アメリカの首府、ワシントンのこと。

【華厳(ケゴン)】(花で飾られたの意)[1]「華厳経」の略。釈尊が悟りを開いてから最初に説いた真理の世界を内容とする経典。[2]「華厳宗」の略。華厳経を所依(ショエ)とする、南都六宗の一。

6660 【莪】 7216 6830 E4AE 艸－7 ガ[漢]/é/よもぎ

[字解] 形声。艸＋我(ぎざぎざの歯がある武器)[声]。葉にぎざぎざがある、よもぎの意。

[意味] ヨモギの一種。また、あざみ。『菁莪(セイガ)』

6661 【莞】 2048 3450 8ACE 艸－7 [人] (6662)〔莞〕 ―― 艸－7 旧字

カン(クヮン)[漢]/guān・wǎn/い・ふとい

[字解] 形声。艸＋完[声]。

[意味] ❶い。ふとい。カヤツリグサ科の多年草。むしろを作るのに用いる。❷いむしろ。むしろ。❸にっこり笑うさま。ほほえむさま。『莞爾』『莞然』

【莞爾(カンジ)】にっこりと笑うさま。*論語-陽貨「夫子莞爾而笑曰、割鶏焉用牛刀(フウシカンジとしてわらいていわく、にわとりをさくにいずくんぞギュウトウをもちいんと)〔=先生がにっこり笑って言うには、鶏の料理をするのに牛切り包丁など必要があろうか、と〕」

【莞然(カンゼン)】にっこりと笑うさま。『莞然とほほえむ』

6663 【莧】 * 5617 艸－7 カン[漢]/xiàn/ひゆ

[字解] 形声。艸＋見[声]。

甲骨文

篆文

[意味] ❶ヒユ科の一年草。❷ヤマゴボウ科の多年草。❸わらう。「莞」に同じ。

6664 【莟】 7217 6831 E4AF 艸－7 カン[漢]・ガン[慣]/hàn/つぼみ

[字解] 形声。艸＋含(中にふくんでふくらむ)[声]。つぼみの意。また、花のしべの意。

6665 【莢】 7218 6832 E4B0 艸－7 キョウ(ケフ)[漢]/jiá/さや

[字解] 形声。艸＋夾(はさむ)[声]。豆類の種子を包んでいるさやの意。

[意味] ❶さや。豆類の実を包む外皮。また、そのようなもの。『薬莢(ヤッキョウ)』❷「皁莢(ソウキョウ)」は、さいかち。木の名。

6666 【莖】 7219 6833 E4B1 艸－7 ケイ 「茎」(6593)の旧字

6667 【莫】 7220 6834 E4B2 艸－7 ゴ[漢]

[字解] 形声。艸＋吳[声]。イグサに似た草。

【莫蓙(ゴザ)】イグサの茎で織った敷物。

6668 【荇】 * 5610 艸－7 (6632)〔荇〕 * 5586 艸－6

コウ(カウ)[漢]/xìng

字解 形声。艸＋杏㊥。じゅんさい。あさざ。リンドウ科の多年生水草。

6669【莎】7221 6835 E4B3 艸－7 シャ㊡・サ㊦／suō・shā／はますげ

字解 形声。艸＋沙（すな）㊥。すな地に生えるはますげの意。

意味 ❶はますげ。カヤツリグサ科の多年草。地下茎は薬用。❷「莎鶏（サケイ）」は、はたおり虫。一説にすず虫。また、一説にこおろぎの類。

6670【莇】7222 6836 E4B4 艸－7 チョ㊦・ショ㊦・ジョ（ヂョ）㊐／くこ

字解 形声。艸＋助㊥。薬草の名。くこ。枸杞（クコ）。また、日本でアザミ。

6671【荵】7227 683B E4B9 艸－7 ニン㊡・ジン㊦／rěn／しのぶ

字解 形声。艸＋忍㊥。

意味 ❶「荵冬（ニントウ）」は、すいかずら。スイカズラ科の常緑つる性木本。葉は薬用。忍冬。❷しのぶ。シダ類ウラボシ科の落葉多年草。

6672【荽】＊5601 艸－7 スイ㊦／suī

字解 形声。艸＋妥㊥。薬草の名。あまどころ。

6673【莊】7223 6837 E4B5 艸－7 ソウ 「荘」(6646)の旧字

6674【荻】1814 322E 89AC 艸－7 テキ㊦／dí／おぎ

字解 形声。艸＋狄㊥。

意味 おぎ。おぎよし。イネ科の多年草。水辺に自生する。『蘆荻（ロテキ）』

【荻花（テキカ）】おぎの花。＊白居易‐琵琶行「楓葉荻花秋索索（フウヨウテキカ、あきサクサクたり）〔＝カエデの葉は黄ばみ、オギの花は白く咲きこぼれ、秋の景色はもの寂しい〕」

6675【莵】7225 6839 E4B7 艸－7 ト 「菟」(6726)の異体字

6676【荼】7224 6838 E4B6 艸－7 ダ㊡・タ㊦・ト㊦・シャ㊦／tú／にがな

字解 形声。艸＋余（のびる）㊥。心身をのびのびとさわやかにするのみもの、にがな・ちゃの意。のち、特にちゃの意を表すために省略形の茶がつくられた。

意味 ❶（ト）にがな。また、のげし。けしあざみ。キク科の多年草。薬用にする。『荼毒』❷（ト）オギの穂。また、チガヤの穂。❸（ト）苦しみ。害毒を与えるもの。❹（ダ）梵語の音訳字。『曼荼羅（マンダラ）』『荼毘（ダビ）』

【荼毘・荼毗（ダビ）】（梵 jhāpeti の音訳）火葬。死体を焼いてその遺骨を納める葬法。『荼毘に付す』

【荼毒（トドク）】①ニガナの毒。②苦しめること。また、苦しむこと。③害毒。また、害毒をながすこと。

6677【荳】7226 683A E4B8 艸－7 トウ㊦／dòu／まめ

字解 形声。艸＋豆㊥。豆の通俗体。まめの意。「荳蔻（トウコウ）」は、ずく。ニクズク科の常緑高木。ナツメグは、その種子の仁。

6678【莓】7186 6776 E496 艸－7 マイ㊡・バイ㊦／méi／いちご

字解 形声。艸＋毎㊥。苺の通俗体。

意味 ❶いちご。きいちご。❷こけ（苔）。❸「莓莓（バイバイ・マイマイ）」は、草や田畑が青々としているさま。

6679【莩】＊5618 艸－7 フ㊦・ヒョウ（ヘウ）㊦／fú・piǎo／うすかわ

字解 形声。艸＋孚㊥。

意味 ❶（フ）うすかわ。あまかわ。アシなどの茎の内側のうすかわ。『葭莩（カフ）』❷（ヒョウ）うえじに。餓死。「殍」に同じ。『餓莩（ガヒョウ）』

6680【莫】3992 477C 949C 艸－7 マク㊡・バク㊦・モ㊡・ボ㊦／mù・mò／ない・なかれ

字解 会意。茻（くさむら）＋日。日が草原に没する、また、ひぐれの意。暮の原字。借りて、無（ない）の意に用いる。

甲骨文
金文
篆文

同属字 募・墓・幕・慕・摹・暮・驀・幙・摸・漠・獏・膜・模・瞙・蟆・貘・謨・鏌

参考 万葉仮名では訓を借りて「な」。

意味 ❶（ボ）くれ。日暮れ。おそい。また、夜。「暮」に同じ。『莫春』『莫夜』❷（バク）否定あるいは禁止を示す。㋑なし。否定を示す。「無」に同じ。『莫逆』＊老子‐七八「天下莫柔弱于水（テンカみずよりジュウジャクなるはなし）〔＝この世に、水より柔らかで弱いものはない〕」㋺なかれ。…してはいけない。禁止を示す。「勿」に同じ。＊王翰‐涼州詞「酔臥沙場君莫笑（ようてサジョウにふすきみわらうなかれ）〔＝酔って（戦場である）沙漠の砂の上に寝こんでしまったけれど、どうか笑わないでくれ〕」❸（バク）むなしい。はてしなく広い。ひっそりとしている。『索莫（サクバク）』『落莫（ラクバク）』❹その他。あて字など。『莫大小（メリヤス）』『莫迦（バカ）』

❶くれ。日暮れ。

【莫春（ボシュン）】春の終わり。晩春。

【莫夜（ボヤ）】よる。暮夜。

❷なし。なかれ。

【莫逆（バクギャク・バクゲキ）】（心に逆らうことがないの意から）きわめて親密な間柄のこと。【莫逆之友（バクギャクのとも）】互いに逆らうことのない、きわめて親密な友人。親友。〔荘子‐大宗師〕

【莫大（バクダイ）】（「これより大なるは莫（な）し」の意）程度、量が非常に大きいさま。多大。『莫大な遺産』

❹その他。

【莫迦（バカ）】国愚かなこと。馬鹿（バカ）。❤梵 moha＝慕何（痴）、または梵 mahallaka＝摩訶羅（無智）の転で、僧侶が隠語として用いたことによるという。

【莫莫（バクバク）】①草木がさかんに茂るさま。②ちりやほこりなどが勢いよく立つさま。③静かで慎みぶかいさま。ひっそりしたさま。

【莫府（バクフ）】将軍の陣営。幕府。

【莫邪・莫耶（バクヤ）】中国、春秋時代の刀工干将がきたえた二口の名剣の一。妻莫邪の髪を炉に入れて作り上げたといわれ、陽を「干将」、陰を「莫邪」と名づけた。

【莫連（バクレン）】国世間ずれして悪賢い女。すれっからし。

【莫大小（メリヤス）】（ポルトガル meias 靴下の意）機械編みの伸縮性、

竹米糸缶网(⺳・⺫・罒)羊羽(羽)老(耂)而耒耳聿肉(月) 6画 臣自至臼(臼)舌舛(舛)舟艮色艸(艹・艹・艹)虍虫血行衣(衤)襾(覀・西)

柔軟性に富む布。❤大小、伸縮自由の意。

6681【莔】* 5609 艸-7 ボウ(バウ)漢/méng/いちび
字解 形声。艸+明省(声)。「莔麻(いちび)」は、アオイ科の一年草。茎の皮から繊維をとる。

6682【莾】7247 684F E4CD 艸-7 モウ 「莽」(6739)の異体字

6683【莠】7228 683C E4BA 艸-7 ユウ(イウ)漢/yǒu/はぐさ
字解 形声。艸+秀(声)。
意味 ❶はぐさ。稲に似て稲を害する雑草。えのころぐさ。「悪莠(アクユウ)」❷善に似て実は悪いもののたとえ。

6684【莱】4573 4D69 9789 艸-7 ライ 「萊」(6741)の異体字

6685【莉】7229 683D E4BB 艸-7 人 (6686)【莉】艸-7 旧字 リ漢/lì
字解 形声。艸+利(声)。「茉莉(マツリ)」は、モクセイ科の常緑低木。

6687【莅】7214 682E E4AC 艸-7 リ漢/lì/のぞむ
字解 会意。艸+位(座席)。草で編んだ敷物の席につく、のぞむ意。蒞は異体字。
意味 ❶のぞむ。その場に出る。つかさどる。処理する。「涖」に同じ。❷「莅莅(リリ)」は、木の枝のふれる音。

6688【莨】7230 683E E4BC 艸-7 ロウ(ラウ)漢/láng・làng/タバコ
字解 形声。艸+良(声)。
意味 ❶ちからぐさ。イネ科の一年草。牛馬の飼料となる。「莨蔵(ロウゾウ)」❷「莨菪(ロウトウ)」は、はしりどころ。ナス科の多年草。鎮痛薬に用いる。おめきぐさ。❸国タバコ。煙草。

6689【𦫳】艸-7 ボウ漢/méng
字解 瞢の略体。会意。一説に苜(目が正常でない)+旬(=旬、まばたきする)。目がはっきり見えないことから、暗い意であるという。
同属字 夢・甍・瞢・薨

6690【菴】7231 683F E4BD 艸-8 アン漢/ān/いおり・いお
字解 形声。艸+奄(声)。
参考 熟語は「庵」(2135)をも見よ。
意味 ❶いおり。そまつな小屋。「庵」に同じ。❷「菴藹(アンアイ)」は、木が茂りあうさま。❸音訳字。「菴摩羅(アンマラ)」
【菴摩羅(アンマラ)】(梵āmraの音訳)マンゴー。

6691【萎】1664 3060 88DE 艸-8 イ(ヰ)呉漢/wēi・wěi/なえる・しおれる・しなびる・しぼむ
字解 形声。艸+委(なよやかな女性)(声)。草木がしぼむ、なえる意。
参考 万葉仮名では音を借りて「ゐ」。
意味 なえる。しぼむ。しおれる。おとろえる。つかれる。「陰萎(インイ)」
【萎縮(イシュク)】しぼんで縮むこと。「萎縮腎(イシュクジン)」
【萎靡(イビ)】しおれてぐったりすること。衰微。
難読姓氏 萎沢(しぼさわ)

6692【菀】* 5622 艸-8 オン(ヲン)呉・エン(ヱン)漢・ウツ漢/wǎn・yù
字解 形声。艸+宛(声)。
意味 ❶「茈菀・紫菀(シオン)」は、おにのしこぐさ。キク科の多年草。根を煎じて鎮咳薬に用いる。❷(ウツ)しげる。草木がさかんにしげるさま。

6693【菓】1859 325B 89D9 艸-8 常 (6694)【菓】艸-8 旧字 カ(クヮ)呉漢/guǒ/くだもの
筆順 菓 菓 菓 菓 菓 菓
字解 形声。艸+果(くだもの)(声)。くだものの意。のちに艸を加えた。
意味 ❶くだもの。果実。このみ。❷国かし。おかし。間食用の食べ物。
下接 茶菓(サカ)・製菓(セイカ)・氷菓(ヒョウカ)・名菓(メイカ)・銘菓(メイカ)
【菓子(カシ)】国食事以外に食べる嗜好(シコウ)品。「駄菓子」「和菓子」「水菓子(=果物)」❤古くは果物を指した。

6695【華】艸-8 カ 「華」(6659)の旧字

6696【葛】1975 336B 8A8B 艸-8 カツ 「葛」(6752)の異体字

6697【菅】3191 3F7B 909B 艸-8 カン漢/jiān/すげ・すが
字解 形声。艸+官(声)。
意味 ❶草の名。カヤの一種。❷国すげ。すが。カヤツリグサ科の植物。その葉で、笠、蓑を作る。「菅笠(すげがさ)」❸固有名詞。「菅茶山」「菅家」
【菅家(カンケ)】国菅原氏の称。特に菅原道真をいう。
【菅茶山(カンサザン)】江戸後期の儒者。漢詩人。備後の人。本姓菅波。名は晋帥(ときのり)。通称太仲。京都で程朱の学を学び、帰郷して黄葉夕陽村舎を開く。頼山陽の師。主著「筆のすさび」「黄葉夕陽邨舎詩」など。(一七四八～一八二七)
【菅原道真(すがわらのみちざね)】平安初期の公卿、学者。宇多・醍醐天皇に重用されたが、延喜元年(九〇一)藤原時平の中傷によって大宰府(ダザイフ)に左遷。学問の神天満天神としてあがめられる。編著「日本三代実録」「類聚国史」「菅家文草」。(八四五～九〇三)
難読地名 菅平(すがだいら)高原(長野) 難読姓氏 菅生(すごう/すがい)

6698【菡】艸-8 カン漢/hàn
字解 形声。艸+函(声)。「菡萏(カンタン)」は、蓮(はす)の花。また、その蕾。

6699【萁】* 5637 艸-8 キ漢/qí・jī/まめがら
字解 形声。艸+其(声)。
意味 ❶まめがら。豆の実を取った後の枝や茎。❷荻(おぎ)に似た草の一種。昔、箙(えびら)を編む材料とした。

6700【萓】7232 6840 E4BE 艸-8 ギ漢/わすれぐさ
字解 形声。艸+宜(声)。わすれぐさの意。

6701【菊】2138 3546 8B65 艸－8 [常]　(6702)【菊】旧字 艸－8

キク[呉][漢]/jú

[筆順] 菊 菊 菊 菊 菊

[字解] 形声。艸＋匊(両手をまるくしてあつめとる)[声]。花弁が丸く集まり咲く、きくの意。

[意味] きく。キク科の多年草。秋に、花弁の多い、黄色または白などの花を開く。種類が多い。

[下接] 寒菊(カンギク)・黄菊(コウギク|きぎく)・小菊(こぎく)・残菊(ザンギク)・春菊(シュンギク)・松菊(ショウギク)・野菊(のぎく)・晩菊(バンギク)・雛菊(ひなギク)・乱菊(ランギク)

【菊花酒(キクカシュ)】菊の花や葉と黍(きび)を混ぜて醸成した酒。重陽(チョウヨウ)の節句に飲む。菊酒(キクシュ)。

【菊花節(キクカセツ)】陰暦九月九日、重陽の節句のこと。

【菊月(キクゲツ|きくづき)】陰暦九月の異称。

【菊水(キクスイ)】流水の上に菊の花がなかば浮かび出た模様。

【菊判・菊版(キクバン)】[国]①洋紙の旧規格寸法の称。縦九三・九センチメートル、横六三・六センチメートル。②書物の型の称。①を一六折りにした大きさ。縦二二センチメートル、横一五センチメートル。

6703【菌】2261 365D 8BDB 艸－8 [常]　(6704)【菌】旧字 艸－8

キン[漢]/jūn・jǔn/きのこ・たけ

[筆順] 菌 菌 菌 菌 菌 菌

[字解] 形声。艸＋囷[声]。

[意味] ❶きのこ。たけ。傘状をなすものが多く、山野の木の陰や朽ち木などに生える。食用となるものと有毒なものとがある。『菌糸』『菌類』『朝菌(チョウキン)』 ❷かび。ばいきん。病気などの原因となるもの。『細菌』『黴菌』

❶ きのこ。たけ。

【菌糸(キンシ)】菌類の栄養体をなす円筒状の細胞が糸状に連なったもの。

【菌類(キンルイ)】藻類に対して光合成を行わない植物の総称。キノコ、カビなど。

❷ かび。ばいきん。

[下接] 桿菌(カンキン)・球菌(キュウキン)・細菌(サイキン)・殺菌(サッキン)・雑菌(ザッキン)・黴菌(バイキン)・病菌(ビョウキン)・無菌(ムキン)・滅菌(メッキン)・淋菌(リンキン)

6705【菫】7233 6841 E4BF 艸－8 [人]　(6706)【菫】旧字 艸－8　(6837)【蓳】艸－11

キン[漢]/jǐn/すみれ

[字解] 形声。艸＋堇省[声]。

[意味] すみれ。スミレ科の多年草。早春、紫紅色の花を開く。『三色菫(サンシキすみれ)』『壺菫(つぼすみれ)』

6707【菰】2454 3856 8CD4 艸－8　(6594)【苽】＊5559 艸－5

コ[漢]/gū/こも・まこも

[字解] 形声。艸＋孤[声]。

[意味] こも。まこも。水草の一種。菖蒲(ショウブ)に似る。『菅菰(すがごも)』『真菰(まこも)』

【菰蘆(コロ)】マコモ(真菰)とアシ(蘆)。

6708【菎】7234 6842 E4C0 艸－8

コン[漢]/kūn

[字解] 形声。艸＋昆[声]。

[意味] ❶香草の一種。❷「菎蒻(コンニャク)」は、サトイモ科の多年草。また、その球茎から作った食品。蒟蒻(コンニャク)。

6709【菜】2658 3A5A 8DD8 艸－8 [常]4　(6710)【菜】旧字 艸－8

サイ[呉][漢]/cài/な

[筆順] 菜 菜 菜 菜 菜 菜

[字解] 形声。艸＋采(とりあつめる)[声]。食用にするために採集した、なの意。

[参考] 万葉仮名では訓を借りて「な」。

[意味] ❶な。㋑やさい。あおな。食用となる草の総称。『菜園』『菜食』『野菜(ヤサイ)』 ㋺あぶらな。『菜花雨』『菜種(なたね)』 ❷さい。おかず。酒や飯に添えて食うものの総称。また、料理。『前菜(ゼンサイ)』 ❸書名。『菜根譚(サイコンタン)』

❶ な。やさい。また、あぶらな。

[下接] 果菜(カサイ)・葷菜(クンサイ)・根菜(コンサイ)・搾菜(ザーサイ)・山菜(サンサイ)・蓴菜(ジュンサイ)・蔬菜(ソサイ)・甜菜(テンサイ)・白菜(ハクサイ)・野菜(ヤサイ)・洋菜(ヨウサイ)・葉菜(ヨウサイ)・青梗菜(チンゲンサイ)

【菜園(サイエン)】野菜畑。菜圃(サイホ)。『家庭菜園』

【菜花雨(サイカウ)】菜種梅雨(なたねつゆ)。菜の花が咲くころに梅雨のように降る長雨。春霖(シュンリン)。

【菜羹(サイコウ)】野菜のあつもの。野菜の吸い物。

【菜根(サイコン)】野菜の根。転じて、粗末な食事。

【菜茹(サイジョ)】野菜。あおもの。

【菜食(サイショク)】肉や魚を避け、主に野菜を食べること。↔肉食。『菜食主義者』

【菜圃(サイホ)】＝菜園(サイエン)

❷ さい。おかず。

[下接] 前菜(ゼンサイ)・総菜(ソウザイ)・惣菜(ソウザイ)・一汁一菜(イチジュウイッサイ)

【菜館(サイカン)】中国料理店。また、それに付ける名。

【菜料(サイリョウ)】[1]飯の菜(さい)として用いるもの。おかず。[2]菜の材料。おかずの材料。

❸ 書名。

【菜根譚(サイコンタン)】中国の雑学書。二巻。明の洪自誠著。儒教を中心に仏教、道教を加味し処世法を教えた警句風の短文約三五〇条からなる語録。中国よりも日本で普及し、注釈書が多く作られた。

6711【菑】＊5627 艸－8　(6762)【葘】＊5656 艸－9

シ[漢]・サイ[漢]/zī・zāi

[字解] 形声。艸＋田＋巛(=巛、せきとめる、わざわい)[声]。耕作しない田畑、また、わざわいの意。

[意味] ❶(シ)あれた(荒田)。荒地。また、荒地をひらく。たがやす。❷(サイ)わざわい。

6712【莿】＊5621 艸－8

シ[漢]/cì/とげ

[字解] 形声。艸＋刺(さす)[声]。とげの意。

6713【菘】7237 6845 E4C3 艸－8

シュウ[漢]・スウ[慣]/sōng/すずな

[字解] 形声。艸＋松[声]。野菜の名。

[意味] ❶とうな(唐菜)。白菜。野菜の一種。❷[国]すずな。カブの異名。春の七草の一つ。

6714【菽】7235 6843 E4C1 艸－8 シュク㊥/shū/まめ

字解 形声。艸＋叔(まめを手でひろう・まめ)㊥。まめの意。尗に同じ。のちに艸を加えた。

意味 まめ。豆類の総称。『茹菽(ジョシュク)』

【菽水(シュクスイ)】豆と水。転じて、粗末な食べ物、貧しい生活。【菽水懽(シュクスイのカン)】(「懽」は、歓に同じ)貧しい生活の中でも、親に十分孝養を尽くして喜ばせること。〔礼記-檀弓下〕

【菽粟(シュクゾク)】豆類と穀類。

【菽麦(シュクバク)】①豆と麦。②(「菽麦(シュクバク)を弁ぜず」の故事から)ものの見方。また、ものの差異、区別。【不レ弁二菽麦一(シュクバクをベンぜず)】豆と麦の区別ができない。転じて、愚かで物事の区別がつかない。〔左伝-成公一八年〕

【菽粒(シュクリュウ)】豆つぶ。

6715【菹】＊5635 艸－8 (6767)【葅】＊5647 艸－9

ソ㊥・ショ㊥/zū/すすおり・にらき

字解 形声。艸＋沮(液体につける)㊥。酢づけの漬け物の意。一説に、沮は酢に通じ、すの意であるともいう。

意味 ❶すすおり。つけもの。野菜を塩づけにすること。❷にらき。つけもの。ニレ(楡)の皮の粉末を入れた塩に菜をつけたもの。❸しおから。ししびしお。

【菹醢(ソカイ)】①塩づけの野菜と肉。②中国古代の刑罰。塩づけにする肉や野菜のように切りきざむもの。

6716【菖】3052 3E54 8FD2 艸－8 人 (6717)【菖】―― 艸－8 旧字

ショウ(シャウ)㊥㊥/chāng

字解 形声。艸＋昌㊥。

意味 ❶せきしょう。サトイモ科の多年草。『石菖(セキショウ)』❷国はなしょうぶ。アヤメ科の多年草。

【菖蒲(ショウブ・あやめ)】①(ショウ)サトイモ科の多年草。香気があり、初夏、淡黄色の花が咲く。『菖蒲湯』②(あやめ)アヤメ科の多年草。葉は剣状。紫や白などの花が咲く。

6718【萃】7236 6844 E4C2 艸－8 スイ㊥/cuì/あつまる・あつめる

字解 形声。艸＋卒㊥。くさむら、また、あつまる意。一説に、卒は率に通じて、寄り集まる意とも。

意味 ❶あつまる。あつめる。寄り集まる。また、集まり。『萃蔡』『萃然』『抜萃(バッスイ)』❷易の六十四卦(カ)の一。☷☱。

【萃蔡(スイサイ)】衣服のすれあう音のさま。

【萃然(スイゼン)】物が集まるさま。萃如(スイジョ)。

6719【萋】7238 6846 E4C4 艸－8 セイ㊥・サイ㊥/qī/しげる

字解 形声。艸＋妻(→齊、そろう)㊥。草が出そろって茂る意。

意味 ❶草が盛んにしげるさま。❷慎み深いさま。

6720【菁】7239 6847 E4C5 艸－8 セイ㊥/jīng/かぶ・すずな・しげる

字解 形声。艸＋青㊥。一説に、青はあおい意で、菁は草があおあおと茂る意であるという。

意味 ❶かぶ。かぶらな。すずな。『蕪菁(ブセイ・かぶら)』❷にら。にらの花。また、花。はなやか。『菁華』❸草木の茂るさま。『菁莪』『菁菁』

【菁華(セイカ)】物の真価となるべきところ。精華。

【菁莪(セイガ)】人材を育成すること。英才の育成を楽しむこと。〔詩経-小雅・菁菁者莪〕

【菁菁(セイセイ)】草や木のあおあおと盛んに茂るさま。

6721【菍】―― 艸－8 ソウ(サウ)㊥/cōng

字解 葱に同じ。ねぎの意。

6722【菷】7240 6848 E4C6 艸－8 シュウ(シウ)㊥・ソウ(サウ)㊥/zhǒu/ほうき・ははき

字解 帚の通俗体。ほうきの意。

6723【萏】＊5640 艸－8 (6969)【艹＋閻】―― 艸－16

タン㊥/dàn

字解 形声。艸＋臽㊥。『菡萏(カンタン)』は、ハスの花、また、つぼみの意。

6724【著】3588 4378 9298 艸－8 常6 (6775)【著】―― 艸－9 旧字 人

ジャク(ヂャク)㊥・チャク㊥・チョ㊥/zhù・zhuó/あらわす・いちじるしい・きる・つく

筆順 著 著 著 著 著

字解 著は著の略体。著は形声。艸＋者(多くのものが集まりつく)㊥。草の繊維でつくった着物をつける、きる意。また箸に同じく用いる。

参考 熟語は「着」(5177)をも見よ。

意味 ❶(チャク)つく。くっつく。つける。また、きる。衣服などを身につける。「着」に同じ。『著衣』『著眼』『衣著(イチャク)』『固著(コチャク)』❷(チョ)あらわす。明らかにする。広く述べる。書物をあらわす。『著作』『著書』『編著』『名著』❸(チョ)あらわれる。明らかである。名高くなる。いちじるしい。『著大』『著明』『顕著』

❷あらわす。

下接 遺著(イチョ)・旧著(キュウチョ)・共著(キョウチョ)・近著(キンチョ)・原著(ゲンチョ)・主著(シュチョ)・拙著(セッチョ)・大著(タイチョ)・編著(ヘンチョ)・名著(メイチョ)・論著(ロンチョ)

【著作(チョサク)】書物を書きあらわすこと。また、その書物。著述。『著作権』【著作郎(チョサクロウ)】朝廷の歴史の編集をつかさどった官。

【著者(チョシャ)】その書物を書きあらわした人。

【著述(チョジュツ)】書物を書きあらわすこと。また、その書いたもの。著作。『著述業』

【著書(チョショ)】その人が書きあらわした書物。

【著録(チョロク)】書きしるすこと。

❸あらわれる。また、いちじるしい。

下接 顕著(ケンチョ)・較著(コウチョ)・昭著(ショウチョ)・明著(メイチョ)

【著績(チョセキ)】顕著な功績。

【著大(チョダイ)】いちじるしく大きいこと。めだって大きいこと。

【著聞(チョブン)】世間によく知れわたること。

【著名(チョメイ)】世間によく名の知られていること。有名。『著名人』

【著明(チョメイ)】非常にあきらかなこと。

6725【萇】7241 6849 E4C7 艸－8 チョウ(チャウ)㊥/cháng/いらくさ

字解 形声。艸＋長㊥。

意味 ❶「萇楚(チョウソ)」は、草の名。いらくさ。❷「萇弘(チョウコウ)」は、人名。中国、周の朝廷の音楽師。孔子に音楽を教えたという。また、「毛萇」は、前漢の儒学者。❸「烏萇(ウチョウ)」は、国名。インド西北部にあった。ウディヤーナ。

6726【菟】3749 4551 9370 艸－8 (6675)〔莵〕7225 6839 E4B7 艸－7
ト漢/tù・tú/うさぎ
字解 形声。艸＋兔声。
参考 万葉仮名では音を借りて「つ」、訓を借りて「う」。
意味 ❶「菟糸(トシ)」は、ねなしかずら。ヒルガオ科のつる性一年草の寄生植物。❷うさぎ。「兔」に同じ。❸「於菟(オト)」は楚の地方の方言で、とら(虎)のこと。
【菟裘(トキュウ)】(中国、魯の隠公が隠棲の地と定めた地名から) 官を辞して隠棲する地。兔裘。〔左伝-隠公二年〕
難読地名 菟田野(うたの)町(奈良)

6727【萄】3826 463A 93B8 艸－8
ドウ(ダウ)呉・トウ(タウ)漢/táo
字解 形声。艸＋匋声。「葡萄(ブドウ)」は、ブドウ科の落葉性つる植物。シギアリbotrusに由来し、その中国語への音訳によるという。

6728【菪】＊5632 艸－8
トウ(タウ)漢/dàng
字解 形声。艸＋宕声。「莨菪(ロウトウ)」は、はしりどころ。ナス科の毒草。

6729【菠】7242 684A E4C8 艸－8
ハ漢/bō
字解 形声。艸＋波声。「菠薐(ハロウ)」は、野菜の名。ほうれんそう。「ホウレン」は、唐音による。

6730【菝】＊5629 艸－8
ハツ漢/bá
字解 形声。艸＋拔声。「菝葜・菝葀(ハッカツ)」は、さるとりいばら。ユリ科の落葉低木。

6731【萆】＊5638 艸－8
ヒ漢・ヘイ漢/bì・bēi
字解 形声。艸＋卑声。みのの意。

6732【菲】7243 684B E4C9 艸－8
ヒ漢/fěi・fēi/うすい
字解 形声。艸＋非声。
意味 ❶野菜の一種。かぶに似ている。❷うすい。うすくする。また、そまつである。『菲才』『菲食』『菲薄』❸草の茂っているさま。『菲菲』『芬菲(フンピ)』『芳菲(ホウヒ)』
【菲才(ヒサイ)】才能が劣っていること。非才(ヒサイ)。『浅学菲才』
【菲食(ヒショク)】粗末な食物。粗食。
【菲薄(ヒハク)】①才能や徳の乏しいこと。②衣服・食物・産業など、粗末で劣っていること。
【菲菲(ヒヒ)】①草木のしげるさま。花の咲きほこるさま。②さかんで美しいさま。かんばしいさま。③ゆらいで定まらないさま。乱雑なさま。

6733【菔】＊5628 艸－8
ホク漢・フク漢/bó・fú
字解 形声。艸＋服声。「蘆菔(ロフク)」「萊菔(ライフク)」は、だいこん(大根)の意。

6734【萍】7244 684C E4CA 艸－8
ヘイ漢/píng/うきくさ
字解 形声。艸＋泙(水にうくうきくさ)声。うきくさの意。のちに艸を加えて、その字義を明確にした。
意味 ❶うきくさ。水面上に浮かんで生育する草の総称。また、ウキクサ科の多年草。『萍泊』❷よもぎ。
【萍蹤(ヘイショウ)】浮き草の水にただよったあと。あちこちとさまよって定住しないことのたとえ。萍跡。
【萍水相逢(ヘイスイあいあう)】(浮き草と水とが出会う意から) 流浪している者同士が、偶然に知りあいになる。〔王勃-滕王閣序〕
【萍跡(ヘイセキ)】＝萍蹤(ヘイショウ)
【萍泊(ヘイハク)】浮き草のようにさすらうこと。漂泊(ヒョウハク)。

6735【菩】4278 4A6E 95EC 艸－8
ボ呉・ホ漢・ホク漢・ハイ漢・フ漢/bèi・pú/ほとけぐさ
字解 形声。艸＋音声。
参考 万葉仮名では音を借りて「ほ」「ぼ」。
意味 ❶(ハイ) ほとけぐさ。香草の一種。祭りのかたしろを作る草。また、むしろを作る草。むしろ。❷(ボ) 梵語(ボンゴ)の音訳字。『菩薩(ボサツ)』『菩提(ボダイ)』
【菩薩(ボサツ)】(梵 bodhisattva の音訳「菩提薩埵(ボダイサッタ)」の略。また、俗語の bot-sat の音訳とも) ①仏教で、修行を経た未来に仏になる者。悟りの成就に努力する人。大乗の修行者。また、成道(ジョウドウ)以前の釈尊。②国朝廷から高僧に賜った号。『行基(ギョウキ)菩薩』③国本地垂迹(スイジャク)説の勃興以後、神につけられた号。『八幡(ハチマン)大菩薩』
【菩提(ボダイ)】(梵 bodhi の音訳) ①煩悩を断って得られた悟りの智慧(チエ)。また、悟りを開いて、涅槃(ネハン)に至ること。②冥福(メイフク)。『菩提を弔う』【菩提寺(ボダイジ)】国代々その寺の宗旨に帰依して、位牌(イハイ)を納めてある寺。檀那寺(ダンナでら)。【菩提樹(ボダイジュ)】①クワ科の常緑高木。釈尊が、この木の下で悟りを開いたといわれる。②国シナノキ科の落葉高木。芳香を放つ淡黄色の小さな花を開く。
【菩提心(ボダイシン)】悟りを得ようと努める心。

6736【萌】4308 4B28 9647 艸－8 人 (6737)〔萠〕―― 艸－8 旧字 (6738)〔萠〕7246 684E E4CC 艸－8
モウ(マウ)呉・ボウ(バウ)漢・ホウ(ハウ)慣/méng/もえる・きざす・きざし
字解 形声。艸＋明(＝朙、太陽が出はじめてあかるい)声。草の芽が出はじめる意。

甲骨文 篆文

意味 ❶もえる。草木の芽が出る。めばえ。また、きざす。きざし。はじめ。『萌芽』『萌蘖』『萌兆』『萌動』『萌葱(もえぎ)』❷たみ。人民。「氓」に同じ。『萌隷』
【萌芽(ホウガ・ボウガ)】①草木が芽を出すこと。芽生え。②物事の起ころうとするしるし。きざし。
【萌蘖・萌櫱(ボウゲツ)】①草木の種子から生じた芽と根株から生じた芽。②物の発生するもと。
【萌兆(ボウチョウ)】きざし。
【萌動(ボウドウ)】①芽がもえ出ること。②物事のきざすこと。
【萌隷(ボウレイ)】人民や奴隷。氓隷(ボウレイ)。
【萌葱・萌黄(もえぎ)】黄と青との中間の色。もえぎ色。葱(ねぎ)のもえ出た色の意。

6739【莽】二一 艸−8 (6682)【莾】7247 684F E4CD 艸−7

モウ(マウ)呉・ボウ(バウ)漢\mǎng\くさむら

字解 形声。犬＋茻(くさむら)声。犬が草むらの中にかくれてウサギを狩る意から、くさぶかい意。

同属字 蟒

参考 万葉仮名では音を借りて「ま」。

意味 くさ。くさむら。草深い。『草莽ソウモウ』

【莽蒼モウソウ】草木の青々とした色。また、青々とした草木が生い茂っている野原。近郊、郊外の野。

【莽蕩モウトウ・ボウトウ】草原の広々と続くさま。莽莽モウモウ。

【莽莽モウモウ・ボウボウ】①草や毛髪が生え乱れているさま。芒芒ボウボウ。②野原が広々としているさま。③奥深いさま。

6740【菸】* 5634 艸−8

エン漢・ヨ漢\yān·yū

字解 形声。艸＋於声。

意味 ❶しおれる。❷タバコ。煙草。

6741【萊】* 5639 艸−8 (6684)【莱】4573 4D69 9789 艸−7 †

ライ漢\lái\あかざ

字解 形声。艸＋來声。

意味 ❶あかざ。アカザ科の一年草。「藜」に同じ。『草萊ソウライ』 ❷荒れ地。手を入れてない耕地。『萊蕪』

【萊蕪ライブ】雑草の生えている荒れ地。

6742【菱】4109 4929 9548 艸−8 (6866)【蔆】7249 6851 E4CF 艸−11

リョウ呉漢\líng\ひし

字解 形声。艸＋夌(→稜、とがる)声。

意味 ひし。ヒシ科の水生一年草。果実は扁平横長のひし形で、両側に鋭いとげがあり、中の白い種子は食用。

【菱花リョウカ】①ヒシの花。②金属製の鏡の一種。裏に多くヒシの花を鋳つけたところからいう。

【菱荷リョウカ】ヒシとハス(蓮)。

【菱歌リョウカ】ヒシを採る人がうたっている歌。＊李白‐蘇台覧古「菱歌清唱不ㇾ勝ㇾ春リョウカセイショウはるにたえず」(＝近くで菱つみ歌をうたうきれいな歌声が聞こえてくると、春愁にたえきれなくなる)」

【菱藕リョウグウ】ヒシの実とハス(蓮)の根。

【菱塘リョウトウ】ヒシの生えている池のつつみ。

6743【菻】7250 6852 E4D0 艸−8

リン漢\lǐn

字解 形声。艸＋林声。きつねあざみの意。

6744【萢】7245 684D E4CB 艸−8

やち

字解 国字。やち(谷地)。湿地、沼沢地。また、「萢中やちなか」「後萢うしろやち」は、青森県の地名。

【萑】⇨8727

6745【葊】* 5650 艸−9

アン漢\ān

字解 形声。艸＋弇声。菴に同じ。いおりの意。

6746【葦】1617 3031 88AF 艸−9

イ(ヰ)呉漢\wěi\あし・よし

字解 形声。艸＋韋声。

意味 あし。よし。㋑イネ科の多年草。水辺に生える。『葦笥』『葦席』『蘆葦ロイ』 ㋺アシの葉のように、小さい船。『一葦イチイ』

【葦笥イシ】アシを編んで作ったはこ。

【葦車イシャ】周囲をアシで編んだ粗末な車。

【葦席イセキ】アシで編んだむしろ。

【葦苕イチョウ】アシの穂。一説にアシの茎。

【葦雀よしきり】ウグイス科の小鳥。ウグイスに似ているが大形。水辺の葦原にすむ。

【葦簀・葦簾よしず】アシを編んで作ったすだれ。

6747【葳】* 5666 艸−9

イ(ヰ)漢\wēi

字解 形声。艸＋威声。

意味 ❶草木が盛んに茂るさま。❷「葳蕤イズイ」は、草の名。あまどころ。えみぐさ。ユリ科の多年草。

6748【葭】7251 6853 E4D1 艸−9

カ漢\jiā\あし・よし

字解 形声。艸＋叚声。あしの意。叚は假に同じく、かりの意で、葭はまだ大きくならぬアシの意という。

意味 ❶あし。よし。アシのまだ穂の出ないもの。『葭孚』 ❷あしぶえ。アシの葉を巻いて吹く笛。「笳」に同じ。

【葭莩カフ】葦あしの茎の中にある薄い膜。転じて、非常に薄いもの。

6749【萪】7252 6854 E4D2 艸−9

カ(クヮ)漢

字解 形声。艸＋科声。草の名。また、籐トウの一種。

6750【葢】7268 6864 E4E2 艸−9

ガイ 「蓋」(6795)の異体字

6751【萼】7253 6855 E4D3 艸−9 (6872)【蕚】7254 6856 E4D4 艸−12

ガク漢\è\うてな

字解 形声。艸＋咢声。

意味 うてな。はなぶさ。花びらを支える器官。緑色の葉状のものが多い。『花萼カガク』

6752【葛】二一 艸−9 (6696)【葛】1975 336B 8A8B 艸−8 †

カチ呉・カツ漢\gé·gě\くず・かずら・つづら

字解 形声。艸＋曷声。

同属字 獦・臈

意味 ❶くず。マメ科の多年草。秋の七草の一。また、クズで作った布。『葛衣』『葛巾』『瓜葛カカツ』『裘葛キュウカツ』 ❷国かずら。つづら。つる草の総称。『葛藤』『葛籠』 ❸人名、地名など。『葛天氏』『葛洪』

【葛衣カツイ】クズの繊維で織った、一重の衣類。

【葛花カッカ】クズの花。

【葛裘カッキュウ】①夏に着るクズで作ったかたびらと、冬に着る皮ごろも。②転じて、夏冬。また、一年間。

【葛巾カッキン】くず布で作った頭巾。

【葛根湯カッコントウ】風邪薬として知られる漢方薬。クズの根、麻黄マオウなどからなる。

❶くず。マメ科の多年草。

❷かずら。つづら。

下接 靫葛うつぼかずら・玉葛たまかずら・蔦葛つたかずら・藤葛ふじかずら

【葛藤カットウ】1互いに争い憎み合うこと。2心に二つの対立する欲求が同時に働いて動きがとれない状態。ジレンマ。3語文字に束縛されて真意を得ないこと。❤絡み合う葛かずらと藤ふじの意から。

【葛藟カツルイ】(「藟」はふじかずらの意)つる草の類を総称していう。

【葛籠カツロウ|つづら】国衣服などを入れるツヅラフジまたは竹などで編んだかご箱。

❸人名、地名など。

【葛洪カッコウ】中国六朝時代、晋の道士。著「抱朴子ホウボクシ」「神仙伝」。(二八三～三四三頃)

【葛天氏カッテンシ】中国古代伝説上の帝王。何もしなくても世の中が治まったという。

【葛嶺カツレイ】中国浙江セッコウ省杭州市の西湖北岸の地名。晋の葛洪カッコウが仙薬を作った場所という。葛山。

難読地名 葛飾かつしか区(東京) 葛生くず町(栃木)

難読姓氏 葛西かさい 葛野かどの

6753【葜】＊5659 艸－9 (6836)【菰】艸－11

カツ漢/qiā

字解 葜は菰の異体字。菰は形声。艸＋瓠(声)。

意味「菝葜・菝菰ハッカツ」は、さるとりいばら。ユリ科の落葉低木。

6754【蒄】7255 6857 E4D5 艸－9

カン(クヮン)漢

字解 形声。艸＋冠(声)。草の名。

6755【葵】1610 302A 88A8 艸－9 人 (6756)【葵】艸－9 旧字

キ漢/kuí/あおい

字解 形声。艸＋癸(声)。

意味 ❶ふゆあおい。アオイ科の多年草。『葵藿』『葵傾』『葵心』❷国あおい。アオイ科の植物。また、紋所の名。❸熟字訓。『向日葵ひまわり』『山葵わさび』

【葵藿キカク】フユアオイと豆の葉。フユアオイや豆の葉が日に向かってまわるように、徳の高い人を慕い心を寄せることのたとえにいう。

【葵丘キキュウ】中国、春秋時代の宋の地名。斉の桓公カンコウが諸侯を招集して会合した地。

【葵傾キケイ】フユアオイが太陽に向かって傾くこと。転じて、君主または長上の徳を慕い、心服すること。

【葵心キシン】フユアオイが太陽のほうに傾くように、臣下が君主を慕う心。

6757【葷】7256 6858 E4D6 艸－9 (6838)【[illegible]】艸－11

クン漢・グン慣/hūn・xūn

字解 形声。艸＋軍(→薫、におう)(声)。におう野菜、くさい意。

意味 ❶味のからい菜。くさいにおいのある菜。『葷菜』『葷酒』『葷辛』❷「葷粥クンイク」は古代中国の北方の民族。

【葷菜クンサイ】ニラ、ニンニクなど、においの強い野菜。

【葷酒クンシュ】においの強い野菜と酒。【不レ許二葷酒入一レ山門一クンシュサンモンにいるをゆるさず】葷酒を口にした者は寺内に入ってはいけない。禅寺などで、門のそばの碑に刻んである言葉。

【葷辛クンシン】ニラ、ニンニク、ネギなどの臭気のある野菜と、ショウガ、カラシナなどの辛味のある野菜。

6758【萱】1994 337E 8A9E 艸－9

カン(クヮン)呉・ケン漢/xuān/わすれぐさ・かや・すげ

字解 形声。艸＋宣(声)。

意味 ❶わすれぐさ。かんぞう。ユリ科の多年草。『萱草』『萱堂』❷国かや。ススキ、スゲなど、広く、イネ科、カヤツリグサ科の植物をいう。『萱野かやの』『萱葺かやぶき』『刈萱かるかや』『茅萱ちがや』

【萱草カンゾウ|わすれぐさ】ユリ科の多年草。主にヤブカンゾウを指す。夏に、黄に赤みを帯びた、ユリに似た花を数個付ける。若芽や花は食用。

【萱堂ケンドウ】母親の居室。転じて、母の尊称。〔鼠璞ソハク－下・萱堂〕❤昔、中国で、北向きの裏座敷が婦人の仕事部屋であり、その庭に憂いを忘れるように萱草を植えたというところから。

6759【葫】7257 6859 E4D7 艸－9

コ漢/hú/にんにく

字解 形声。艸＋胡(声)。

意味 ❶にんにく。ユリ科の多年草。全体ににおいが強く、食用。❷ふくべ。ひょうたん。『葫蘆』

【葫蘆コロ】ユウガオ(夕顔)、ヒョウタン(瓢箪)の異名。

6760【葒】＊5654 艸－9

コウ漢/hóng/おおたで

字解 形声。艸＋紅(声)。おおたで。タデ科の一年草。

6761【葹】7265 6861 E4DF 艸－9

シ漢/shī/おなもみ

字解 形声。艸＋施(声)。おなもみ。キク科の一年草。

6762【葘】＊5656 艸－9

シ 「菑」(6711)の異体字

6763【萩】3975 476B 948B 艸－9 人 (6764)【萩】艸－9 旧字

シュウ(シウ)漢/qiū/はぎ

字解 形声。艸＋秋(声)。

意味 ❶よもぎ。くさよもぎ。キク科の多年草。❷ひさぎ。あかめがしわ。トウダイグサ科の落葉高木。「楸」に同じ。❸国日本で中古以後、はぎ。マメ科の落葉低木または多年草の総称。多く、ヤマハギを指す。秋の七草の一。『禊萩みそはぎ』『蓍萩めどはぎ』

6765【葺】4188 4978 9598 艸－9

シュウ(シフ)漢/qì/ふく

字解 形声。艸＋咠(よせあわせる)(声)。カヤ・アシなどを寄せ合わせ、屋根をふく意。

意味 ❶ふく。屋根をふく。『葺屋』❷修理する。補修する。『葺繕』『修葺シュウシュウ』『補葺ホシュウ』

【葺屋シュウオク】かやぶきの屋根。草ぶきの家。

【葺繕シュウゼン】つくろうこと。修繕。

6766【葇】＊5648 艸－9

ジュ漢/róu

字解 形声。艸＋柔(声)。「香葇コウジュ」は草の名。なぎなたこうじゅ。また、薷に同じ。

6767【葅】＊5647 艸－9

ソ 「菹」(6715)の異体字

6768【葬】3382 4172 9192 艸－9 常 (6769)【葬】二二 艸－9 旧字

ソウ(サウ)呉漢/zàng/ほうむる

筆順 葬葬葬葬葬葬

(6770)【塟】＊2419 艸－9

字解 会意。茻(草むら)＋死(しかばね)＋一(むしろ)。死体を草むらの中のむしろにおく、ほうむる意。

甲骨文 甲骨文 篆文

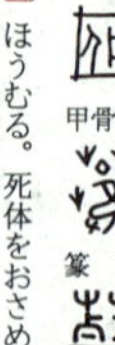

意味 ほうむる。死体をおさめる。ほうむり。⇒表

下接 会葬(カイソウ)・改葬(カイソウ)・火葬(カソウ)・仮葬(カソウ)・合葬(ガッソウ)・帰葬(キソウ)・厚葬(コウソウ)・国葬(コクソウ)・殉葬(ジュンソウ)・神葬(シンソウ)・水葬(スイソウ)・送葬(ソウソウ)・大葬(タイソウ)・鳥葬(チョウソウ)・土葬(ドソウ)・薄葬(ハクソウ)・風葬(フウソウ)・副葬(フクソウ)・仏葬(ブッソウ)・本葬(ホンソウ)・埋葬(マイソウ)・密葬(ミッソウ)

	火ー	ー式	ー儀	国ー	大ー	ー礼	ー服	除ー
葬(ソウ) 死者をほうむる。	○	○	○	○	○	○	ー	ー
喪(ソウ) 死別をかなしむ。	ー	△	○	○	○	○	○	○

【葬儀(ソウギ)】死者をほうむる儀式。葬式。葬礼。

【葬祭(ソウサイ)】葬式と祭祀(サイシ)。「冠婚葬祭」

【葬式(ソウシキ)】死者をほうむる儀式。葬儀。葬礼。

【葬送(ソウソウ)】遺体をほうむるため墓所まで送ること。野辺(のべ)の送り。「葬送行進曲」

【葬礼(ソウレイ)】葬儀。葬式。

6771【葱】3912 472C 944B 艸－9 (6849)【蔥】＊5724 艸－11

ソウ漢/cōng/ねぎ・ねぶか

字解 形声。艸＋怱(声)。蔥の通俗体。

意味 ❶ねぎ。ねぶか。ユリ科の多年草。野菜の名。「葱花輦」「浅葱(あさつき)」「分葱(わけぎ)」❷あおい。青色。「葱珩」「葱蔥」「葱嶺」「浅葱(あさぎ)」「萌葱(もえぎ)」

【葱花輦(ソウカレン)】屋根の中央にネギの花の形の金の飾りをつけた天子の乗り物。

【葱珩(ソウコウ)】青色の佩玉(ハイギョク)。緑柱石や、しまめのう。

【葱蔥(ソウソウ)】①草木の青々と茂っているさま。②めでたい雲気、なごやかな気のこもるさま。

【葱嶺(ソウレイ)】①青々とした嶺。②パミール高原の中国名。

6772【葼】＊5670 艸－9 ソウ漢/zōng/しもと

字解 形声。艸＋㚇(声)。

意味 しもと。こえだ。若い小枝の長く伸びたもの。

6773【葮】7259 685B E4D9 艸－9 タン漢

字解 形声。艸＋段(声)。木の名。槿また椴に同じという。

6774【蒂】7260 685C E4DA 艸－9 タイ 「蔕」(6854)の異体字

6775【著】二二 艸－9 チョ 「著」(6724)の旧字

6776【葶】＊5668 艸－9 テイ漢/tíng

字解 形声。艸＋亭(声)。「葶藶(テイレキ)」は、アブラナ科の二年草。いぬなずな。

6777【董】3801 4621 939F 艸－9 トウ漢/dǒng/ただす

字解 形声。艸＋重(声)。

意味 ❶ただす。とりしまる。おさめる。「董正」「董督」❷「骨董(コットウ)」は、古道具。「古董(コトウ)」❸人の姓。「董仲舒」「董狐」

❶ ただす。とりしまる。

【董事(トウジ)】とりしまり。取り締まること。

【董正(トウセイ)】ただすこと。取り締まること。

【董督(トウトク)】監督してただすこと。取り締まること。

❸ 人の姓。

【董源(トウゲン)】中国、五代宋初の山水画家。字(あざな)は叔達。南唐の北苑使となったので、董北苑とも呼ばれる。後継者の巨然とともに董巨の称があり、後の南宋画に大きな影響を及ぼした。生没年未詳。

【董狐(トウコ)】中国、春秋時代、晋の史官。権力に屈せず、正しく歴史を書いたことから後世良史とたたえられた。生没年未詳。【董狐筆(トウコのふで)】権勢を恐れずに真実を発表すること。歴史を直筆して真実を表すこと。〔左伝－宣公二年〕

【董卓(トウタク)】中国、後漢末の政治家。桓帝の時、羌を征して功があったが、のち洛陽に入って献帝を立て、凶暴専横で、袁紹らに追われ、部下に殺された。(?～一九二)

【董仲舒(トウチュウジョ)】中国、前漢の儒学者。武帝に仕え、儒家思想を政治の根本思想にすることを説いた。(前一七六～前一〇四)

6778【葩】7261 685D E4DB 艸－9 ハ漢/pā/はなびら

字解 形声。艸＋皅(声)。

意味 はな。はなびら。はなやか。「葩卉」「紅葩(コウハ)」

【葩卉(ハキ)】くさばな。花卉。

【葩経(ハケイ)】「詩経」の別名。◈中国、中唐の韓愈(カンユ)の「進学解」の「詩正而葩(シはセイにしてはなやかなり)」による語。

6779【⿱艹便】二二 艸－9 ヘン漢・ベン慣

字解 形声。艸＋便(声)。

意味 ともくさ。アジサイの異名。

6780【葡】4182 4972 9592 艸－9 ブ呉・ホ漢・ヒ漢/pú/えび・えびかずら

字解 形声。艸＋匍(声)。

意味 ❶「葡萄(ブドウ)」は、ブドウ科の落葉低木。果実は食用。えびかずら。また、その実の色。「葡萄酒」「葡萄糖」「葡萄茶(えびチャ)」❷国「葡萄牙(ポルトガル)」の略。「日葡(ニッポ)辞書」

6781【葆】7262 685E E4DC 艸－9 ホウ漢・ホ慣/bǎo/しげる

字解 形声。艸＋保(声)。

意味 ❶しげる。草木が茂る。「葆祠」「葆真」❷つつむ。かくす。「葆光」❸大切にして守る。「葆祠」「葆真」

【葆光(ホウコウ)】光をつつみかくすこと。一説にかすかな光。

【葆祠(ホウシ)】宝としてまつること。

【葆真(ホウシン)】本真の性(シン)をたもつこと。

竹米糸缶网(⺲・⺳・罒)羊羽(羽)老(耂)而耒耳聿肉(月) 6画 臣自至臼(臼)舌舛(舛)舟艮色艸(艹・艹・艹)虍虫血行衣(衤)襾(覀・西)

6782【萬】7263 685F E4DD 艸－9
マン 「万」(14)の異体字

6783【葯】7264 6860 E4DE 艸－9
ヤク㊥\yào
字解 形声。艸＋約㊥。
意味 ❶よろいぐさ。セリ科の多年草。白芷。❷やく。植物の器官の一。雄しべの、花粉を入れている部分で、普通、花糸の先端にある。

6784【萸】7248 6850 E4CE 艸－9
ユ㊥\yú
字解 形声。艸＋臾㊥。「茱萸」は、木の名。かわはじかみ。また、ぐみ。

6785【葉】4553 4D55 9774 艸－9 常3 (6786)〔葉〕艸－9 旧字
ヨウ(エフ)㊥㊥・ショウ(セフ)㊥㊥\yè・shè\は
筆順 葉 葉 葉 葉 葉 葉
字解 形声。艸＋枼㊥。はの意。枼は木のはが茂ったさま。のちに艸を加えてその字義を明確にした。
参考 万葉仮名では訓を借りて「は」。
意味 ❶は。植物の茎に側生する扁平な構造の器官。光合成などを行う。『葉緑素』『広葉樹』『葉脈』『紅葉』『枝葉』❷はのように薄いもの。また、それを数える語。『前頭葉』『単葉』『胚葉』『複葉』❸世。時代。『後葉』『前葉』『中葉』『末葉』❹(ショウ)人名。『葉公』『葉適』

下接 ❶は。草木のは。
荷葉・玉葉・紅葉―もみじ・子葉・枝葉―えだは・托葉・嫩葉・複葉・末葉―バツ・落葉・緑葉／酸葉すい・檜葉ひ・双葉ふた・病葉わくらば

【葉腋】葉が茎に付着する部分。

【葉柄】葉の茎、枝に付いている柄えの部分。

【葉脈】水分、養分の通路となる葉の筋。平行脈と網状脈とに区別される。

【葉緑素】光合成を行う植物の細胞に含まれる緑色の色素。クロロフィル。

❹ 人名。
【葉公】中国、春秋時代の楚ソの政治家、沈諸梁のこと。葉という地を領していたのでいう。
【葉適】中国、南宋の学者。朱子と同時代の人。字あざなは正則。号は水心先生。著に「水心文集」がある。(一一五〇～一二二三)
【葉夢得】中国、南宋の文人。字あざなは少蘊。号は石林。詩文・詞に長じた。著に「石林燕語」「避暑録話」「石林詞」など。(一〇七七～一一四八)

6787【落】4578 4D6E 978E 艸－9 常3 (6788)〔落〕艸－9 旧字
ラク㊥㊥\luò・lào・là\おちる・おとす
筆順 落 落 落 落 落 落
字解 形声。艸＋洛(↓各、おりてくる・いたる)㊥。草木の葉がおちるより、おちる意。
意味 ❶おちる。おとす。㋑上から下へおちる、おとす。『落下』『落雷』『墜落』㋺おとす。攻めおとす。『難攻不落』『落城』『陥落』❷おとす。ぬく。はずす。また、おちる。規準からはずれる。『落選』『落第』『脱落』❸おとす。失う。おちる。おちぶれる。おとろえる。『落胆』『落命』『堕落』『没落』❹おちる。手にいれる。手にはいる。『落札』『落手』『競落』❺おちる。おさまる。きまりがつく。できあがる。『落成』『落着』『段落』❻まがき。村里。人家のあつまり。『群落』『集落』『村落』『部落』❼まばらである。さびしい。『落莫』『廓落』『寥落』❽わだかまりがない。小事にこだわらない。『灑落』『洒落』『磊落』❾国おおやけでない。主の名の知れない。『落胤』『落首』『落書』❿あて字、熟字訓など。『落霜紅うめもどき』『落葉松からまつ』『破落戸ならずもの』『奈落』

下接 ❶おちる。おとす。
遺落・栄落・滑落・陥落・急落・下落・攻落・惨落・散落・灑落・漸落・墜落・低落・転落・顚落・剝落・反落・不落・崩落・暴落

【落英】落ちた花ぶさ。散った花。＊陶潜－桃花源記「芳草鮮美、落英繽紛〔＝かおりのよい草が色あざやかで、落花がはらはらと乱れ散っていた〕」

【落雁・落鴈】①水辺に降りたつ雁。②国麦、豆などの粉に砂糖などを加えて練り、乾燥させた干菓子。

【落月】沈もうとする月。【落月屋梁】友を思う心。❤中国、盛唐の杜甫が秦州にあって江南の李白を思って作った「夢二李白一」の詩中の句からいう。

【落差】①水が流れ落ちるところの上・下の水面の差。②転じて、物事の高低の差、へだたり。『理想と現実との落差』

【落日】沈もうとする太陽。入り日。＊李白－送二友人一「落日故人情〔＝沈んでゆく夕日は友だちの心持ちであろうか〕」

【落照】夕日の光。入り日。

【落城】国城が敵に攻め落とされること。

【落飾】国貴人が髪を剃そり落として仏門に入ること。

【落石】石が落ちてくること。『落石注意』

【落丁】国本のページが抜け落ちること。『落丁本』

【落馬】馬から落ちること。

【落梅】散り落ちた梅の花、または実。

【落剝】はげ落ちること。剝落。

【落髪】＝落飾
【落盤・落磐】坑内の岩石などが崩れ落ちること。『落盤事故』❤書き換え「落磐→落盤」。

【落木】葉が落ちた木。また、おちば。＊杜甫－登高「無辺落木蕭蕭下〔＝果てしもない落ち葉は、ざわざわと散る〕」

【落葉】葉の散り落ちること。おちば。『落葉樹』

【落陽】夕日。入り日。落日。

【落雷】雷が落ちること。

【落涙】涙を落とすこと。泣くこと。

【落下】落ちること。『落下地点』『落下傘』

【落花】散り落ちる花。＊劉希夷－代下悲二白頭一翁上「行逢二落花一長歎息〔＝花を見に出かけ、花の散るのに出くわしては長いため息をつくのである〕」

【落花生】マメ科の一年草。なんきんまめ。ピーナッツ。【落花流水】①散り落ちる花と流れる水。②（落花は流水のままに流れたいと思い、流水は落花をのせて流れたいと思う意から）男女が互いに思い合う情のあることをいう。〔高駢-訪二隠者一不遇〕
【落花狼藉（ラッカロウゼキ）】花が散り乱れること。転じて、物の散り乱れるさまや散り乱すさまのたとえ。
【落霞（ラッカ）】夕方、低くたなびいているかすみ。

❷ ぬく。はずす。
下接 及落（キュウラク）・欠落（ケツラク）・脱落（ダツラク）・当落（トウラク）・歴落（レキラク）
【落伍・落後（ラクゴ）】隊伍から遅れること。仲間、社会などについていけなくなること。
【落籍（ラクセキ）】国 芸者などを身受けして、その籍から名前を除くこと。
【落選（ラクセン）】①選挙に落ちること。↕当選。②選にもれること。↕入選
【落第（ラクダイ）】①試験や審査に合格しないこと。↕及第。②国 進級できないこと。『落第生』③国 不適格なこと。

❸ 失う。また、おちぶれる。おとろえる。
下接 拓落（タクラク）・堕落（ダラク）・凋落（チョウラク）・没落（ボツラク）・流落（リュウラク）・寥落（リョウラク）・淪落（リンラク）・零落（レイラク）・牢落（ロウラク）・一栄一落（イチエイイチラク）
【落然（ラクゼン）】おちぶれたさま。
【落拓（ラクタク）】おちぶれるさま。落魄（ラクハク）。→❽
【落胆（ラクタン）】国 がっかりすること。失望。
【落魄・落泊（ラクハク）】おちぶれること。零落。『落魄の身』
【落命（ラクメイ）】命を落とすこと。死ぬこと。
【落人（おちゅうど）】戦に負けて逃げ落ちた人。

❹ 手にいれる。手にはいる。
【落札（ラクサツ）】入札した物や権利が自分の手に入ること。

【落手（ラクシュ）】手に入れること。落掌。

【落掌（ラクショウ）】受け取ること。落手。

❺ おさまる。きまりがつく。できあがる。
【落語（ラクゴ）】①話の結末。②国 滑稽（コッケイ）を主とした話芸で、終わりに落ちのあるもの。おとしばなし。『落語家』
【落成（ラクセイ）】建築物などの工事が完成すること。竣工。
【落着（ラクチャク）】物事のきまりがつくこと。『一件落着』
【落款（ラッカン）】書画を書き終えた後に、筆者が署名したり、自身の印を押したりすること。
【落慶（ラッケイ）】社寺などの新築または修理の落成を祝うこと。『落慶法要』

❼ まばらである。さびしい。
【落索（ラクサク）】①ものさびしいさま。②国 酒食の残り物。それを飲食すること。また、行事などの後の慰労の宴。

【落莫（ラクバク）】ものさびしいさま。

【落落（ラクラク）】①まばらなさま。さびしいさま。②高く抜きん出るさま。そびえるさま。③性質が偏屈で、他と相合わないさま。→❽

❽ わだかまりがない。
【落拓（ラクタク）】小事にこだわらないさま。楽託（ラクタク）。→❸
【落落（ラクラク）】度量が大きいさま。→❼

❾ （日本語で）おおやけでない。
【落胤（ラクイン）】国 おとしだね。おとしご。

【落首（ラクシュ）】国 匿名で風刺やあざけりの意を含めた狂歌。

【落書（ラクショ）】国 ①権力者を批判、風刺・嘲笑する匿名の文書。②いたずら書き。落書き。

❿ あて字、熟字訓など。
下接 洒落（シャレ）・奈落（ナラク）・虎落（もがり）・瓦落多（がらくた）・破落戸（ならずもの）
【落霜紅（うめもどき）】モチノキ科の落葉低木。梅擬（うめもどき）。
【落度（おちド）】過ち。手落ち。過失。本来は「越度」。「落度」はのちの慣用。
【落葉松（からまつ）】マツ科の落葉高木。唐松（からまつ）。

6789【葎】4610 4E2A 97A8 艸－9 リツ㊥/lǜ/むぐら
字解 形声。艸＋律㊟。
意味 むぐら。単独で広い範囲に生い茂って草むらを作る草の類。いずれも茎や枝に刺（とげ）がある。『八重葎（やえむぐら）』

6790【萵】7266 6862 E4E0 艸－9 カ(クヮ)㊥/wō
字解 形声。艸＋咼㊟。
意味 ❶「萵苣（ちしゃ）」は、キク科の一年草、または二年草。レタス、サラダ菜などの類。❷「萵苣（ちしゃ）の木」は、ムラサキ科の落葉高木。また、エゴノキの異名。

6791【蒅】＊5673 艸－9 すくも
字解 国字。会意。艸＋染。藍の葉からとった染料、すくもの意。

6792【蔱】―― 艸－9
字解 国字。「蔱蕷」は、ところ（野老）。

［募］⇩691 ［惹］⇩2382 ［韮］⇩8884

6793【蓊】7267 6863 E4E1 艸－10 オウ㊥/wěng/とう
字解 形声。艸＋翁㊟。

意味 とう（薹）。群がって生える草花の茎が伸びて花をつけたもの。転じて、しげる。草木がさかんにしげる。

【蓊藹（オウアイ）】草木が盛んに茂るさま。

【蓊鬱（オウウツ）】草木が盛んに茂るさま。また、雲や霧などが盛んに立ちこめるさま。

【蓊蓊（オウオウ）】草木の盛んなさま。

【蓊然（オウゼン）】草木の茂るさま。また、物事の盛んなさま。

【蓊勃（オウボツ）】物事の盛んなさま。

6794【蒯】＊5682 艸－10 カイ(クヮイ)㊥/kuǎi
字解 会意。萠＋刀。草の名。あぶらがやの意。

6795【蓋】1924 3338 8A57 艸－10 (6750)［葢］7268 6864 E4E2 艸－9 (5137)［盖］6621 6235 E1B3 皿－6 カイ㊥・コウ(カフ)㊥・ガイ㊧/gài・hé・gě/おおう・かさ・ふた・けだし・なんぞ…ざる
字解 形声。艸＋盍（＝盇、ふたでおおう）㊟。草のふた、おおう意。借りて助字に用いる。
意味 ❶おおう。おおいかくす。ふたをする。『蓋棺』『蓋世』『籠蓋（ロウガイ）』❷ふた。かさ。おおい。『蓋壌』『円蓋（エンガイ）』『車蓋（シャガイ）』『頭蓋（ズガイ｜トウガイ）』『天蓋（テンガイ）』『無蓋（ムガイ）』❸けだし。㋑おもうに。たぶん。推測の判断であること

を示す。『蓋然性』 ＊論語―子路「君子於二其所一不レ知、蓋闕如也（クンシはそのしらざるところにおいては、けだしケツジョたるなり）〔＝修養にいそしむ人間は、自分のわからない点については、思うに、だまっているものだ〕」 ㋺そもそも。いったい。語を発するときの言葉。 ＊史記―孝文本紀「朕聞、蓋天下万物之萌生、靡レ不レ有レ死（チンきく、けだしテンカバンブツのボウセイするもの、シあらざるなし）〔＝私の聞くところでは、そもそも、天下に生を受けたすべてのもので、死なないものはない、と〕」 ❹なんぞ。（「蓋二―一（なんぞ…ざる）」の形で）どうして…しないか。反語を示す。「何不」のつまったもので、「盍」に同じ。再読文字。

【蓋棺（ガイカン）】（「蓋レ棺事定（カンをおおいてことさだまる）」の意）人間の評価は死んではじめて定まるということ。〔杜甫―君不レ見簡二蘇徯一〕

【蓋壌（ガイジョウ）】天と地。あめつち。

【蓋世（ガイセイ）】世を覆い尽くすほど気力、意気が盛んなこと。抜山蓋世。 ＊史記―項羽本紀「力抜レ山兮気蓋レ世（ちからやまをぬきキよをおおう）〔＝私の力は山をも引き抜くほどであり、私の意気は世界を覆い尽くすほどである〕」

【蓋然（ガイゼン）】あるいはそうであろうかと思われること。『蓋然的』【蓋然性（ガイゼンセイ）】物事の発生の確実性の度合い。可能性の程度。

6796【蒹】7269 6865 E4E3 艸―10 ケン㊥/jiān

字解 形声。艸＋兼㊥。

意味 おぎ（荻）。ひめよし。『蒹葭（ケンカ）』

6797【蒿】7270 6866 E4E4 艸―10 コウ（カウ）㊥/hāo/よもぎ

字解 形声。艸＋高㊥。

甲骨文　金文　篆文

意味 ❶よもぎ。キク科の多年草。くさよもぎ。『蒿矢』『蒿廬』『艾蒿（ガイコウ）』 ❷山の名。『蒿里』

【蒿矢（コウシ）】ヨモギの茎で作った矢。邪気を払うという。

【蒿萊（コウライ）】（「萊」はアカザの意）ヨモギやアカザ。また、雑草がおい茂っている所。

【蒿里（コウリ）】①中国、泰山の南にある山の名。死人の魂がそこに来て留まると考えられた。②（転じて）墓地。

【蒿廬（コウロ）】草深い庵（いおり）。また、自分の家の謙称。

6798【蒟】―― 艸―10 コウ（カウ）㊥/いもじ・いもがら

字解 形声。艸＋耿㊥。いものくき。いもがらの意。

6799【蒟】7271 6867 E4E5 艸―10 ク㊥・コン㊐/jǔ

字解 形声。艸＋竘㊥。「蒟蒻（コンニャク）」は、サトイモ科の多年草。また、その球茎を原料とした食品。崑蒻。

6800【蓑】4412 4C2C 96AA 艸―10 サ㊥・サイ㊥/suō・sāi/みの

字解 形声。艸＋衰（みの）㊥。草を編んでつくった雨具、みのの意。のち艸を加えた。簑に同じ。

意味 ❶（サ）みの。草で作った、雨を防ぐ外衣。『蓑衣』『蓑笠』『腰蓑（こしみの）』 ❷（サ）おおう。❸「蓑蓑（サイサイ）」は、葉の茂るさま。花の蕊（ズイ）のたれるさま。

【蓑衣（サイ）】みの。カヤ・スゲ・わらなどでつくった雨具。

【蓑笠（サリュウ）】みのと、かさ。 ＊柳宗元―江雪「孤舟蓑笠翁、独釣二寒江雪一（コシュウサリュウのオウ、ひとりカンコウのゆきにつる）〔＝たった一そうの小舟に、みのとかさをつけた老人が、ひとりぽつねんと、雪に包まれて寒々とした冬の川で釣り糸をたれている〕」

6801【蓙】7272 6868 E4E6 艸―10 ザ㊐/ござ

字解 国字。形声。艸＋座（すわる）㊥。いぐさの茎などを編んでつくったしきもの、ござの意。『莫蓙（ゴザ）』

6802【蒴】＊5684 艸―10 サク㊥/shuò

字解 形声。艸＋朔㊥。「蒴果（サッカ）」は、果実の種類の一。成熟すると果皮が乾燥して割れ、種子を散布する。アサガオ、ユリ、アヤメなど。

6803【蒜】4139 4947 9566 艸―10 サン㊥/suàn/ひる・にんにく

字解 形声。艸＋祘㊥。

意味 ひる。のびる。にんにく。ユリ科の多年草。強い臭気を持つ。食用。『大蒜（おおびる）』『野蒜（のびる）』

難読地名 蒜山（ひるぜん）高原（岡山）

6804【蓍】7273 6869 E4E7 艸―10 シ㊥/shī/めどぎ

字解 形声。艸＋耆㊥。

意味 ❶めどはぎ。マメ科の低木状の多年草。茎は筮竹（ゼイチク）に利用された。❷めどぎ。筮竹（ゼイチク）。占いに用いる細い棒。『蓍亀』『蓍草』

【蓍亀（シキ）】うらない。♥「亀」は亀卜（キボク）のかめの甲。

【蓍草（シソウ）】うらないに使うめどぎ。筮竹（ゼイチク）。

6805【蒔】2812 3C2C 8EAA 艸―10 人 シ㊥・ジ㊐/shì・shí/うえる・まく

(6806)【蒔】―― 艸―10 旧字

字解 形声。艸＋時（→徙、うつす）㊥。苗を移しうえる意。

意味 ❶うえる。植物を移しうえる。『蒔植（シショク）』 ❷国まく。㋑種をまく。㋺うるしで絵を書き、その上に金・銀の粉末を散らし落とす。『蒔絵（まきエ）』

【蒔植（シショク）】野菜などを移し植えること。

【蒔絵（まきエ）】漆工芸の技法の一。うるしで文様を描き、金銀粉や色粉などを付着させるもの。『蒔絵師』

6807【蒺】＊5685 艸―10 シツ㊥/jí

字解 形声。艸＋疾㊥。「蒺藜（シツレイ）」は、草の名。はまびし。果実はヒシの実に似る。漢方で、強壮剤に用いる。

6808【蒻】7274 686A E4E8 艸―10 ニャク㊥・ジャク㊥/ruò

字解 形声。艸＋弱（よわい・やわらかい）㊥。がまの芽、また若いがまの意。

意味 ❶ガマ（蒲）の芽。若いガマ。❷ガマの根。❸「蒟蒻（コンニャク）」は、サトイモ科の多年草。根を食用とする。

6809【蒐】2915 3D2F 8F4E 艸―10 シュウ（シウ）㊥/sōu/あつめる

字解 会意。艸＋鬼。あかねぐさの意。

意味 ❶あかね。あかねぐさ。❷あつめる。『蒐集』『蒐輯』『蒐討』 ❸かり。かりをする。『蒐田』『蒐猟』

【蒐集（シュウシュウ）】とりあつめること。収集（シュウシュウ）。

【蒐輯（シュウシュウ）】とりあつめて編集すること。集輯。

竹米糸缶网(⺳・罒・⺲)羊羽(⺷)老(耂)而耒耳聿肉(月) 6画 臣自至臼(臼)舌舛(舛)舟艮色艸(艹・艹・艹)虍虫血行衣(衤)襾(覀・西)

【蒐田（シュウデン）】狩り。狩りをすること。

【蒐討（シュウトウ）】あつめて調べること。

【蒐猟（シュウリョウ）】①狩り。春の狩り。また、狩りによって行う軍事訓練。②さがしあつめること。

6810【蓨】7275 686B E4E9 艸-10 シュウ(シウ)漢\xiū・tiāo
字解 形声。艸＋修声。「蓨酸（シュウサン）」は、カルボン酸の一。無色無臭。染料の原料、漂白剤などに用いる。天然には、広く植物界に分布。

6811【蒋】3053 3E55 8FD3 艸-10 ショウ 「蔣」(6846)の異体字

6812【蒸】3088 3E78 8FF6 艸-10 常6 (6813)〔蒸〕― ― 艸-10 旧字
ショウ呉漢・ジョウ慣\zhēng/むす・むれる・むらす・ふかす

筆順

字解 形声。艸＋烝(火の気や熱があがり、むす)声。燃してともしびとする植物、おがらの意。借りて、むす・もろもろの意に用いる。

甲骨文

篆 文

意味 ❶むす。むれる。むらす。㋑湯気が立ちのぼる。『蒸気』『蒸発』『雲蒸（ウンジョウ）』㋺むしあつい。湿気を含んで暑い。『蒸湿』『炎蒸（エンジョウ）』㋩湯気を通して物をふかす。『蒸籠』❷もろもろ。多い。さかん。『蒸庶』『蒸民』

❶ むす。むれる。むらす。

【蒸鬱（ジョウウツ）】蒸気が多くなりむしむしすること。

【蒸気・蒸汽（ジョウキ）】①液体や固体から蒸発、昇華して発生した気体。②水蒸気。③「蒸気船」などの略。

【蒸湿（ジョウシツ）】じめじめしてむし暑いこと。

【蒸発（ジョウハツ）】①液体が表面で気化する現象。『水分が蒸発する』②比喩（ヒユ）的に、原因不明の家出。行方不明。

【蒸留・蒸溜（ジョウリュウ）】溶液を熱して蒸発させ、その蒸気を冷やして、再び液体とすること。↔乾留。『蒸留酒』『蒸留水』♥書き換え「蒸溜→蒸留」。

【蒸籠（セイロウ）】釜（かま）の上にかけて、もち米、まんじゅうなどを蒸す容器。♥セイは、蒸の近代音からという。

❷ もろもろ。多い。さかん。

【蒸庶（ジョウショ）】民衆。庶民。

【蒸蒸（ジョウジョウ）】①盛んに起こるさま。②だんだんと進んで行くさま。

【蒸民（ジョウミン）】多くの人民。万民。庶民。烝民。

6814【蓐】7276 686C E4EA 艸-10 ニク呉・ジョク漢\rù/しとね
字解 形声。艸＋辱(草を刈る)声。刈った草をしいてしきものとする、しとねの意。
意味 しとね。草のしとね。また、敷物、ねどこ。「褥」に同じ。『茵蓐（インジョク）』『臥蓐（ガジョク）』『就蓐（シュウジョク）』

【蓐月（ジョクゲツ）】出産予定の月。うみづき。

【蓐食（ジョクショク）】寝床で食事をすること。

【蓐母（ジョクボ）】産婆。助産婦。

6815【蓁】7277 686D E4EB 艸-10 シン漢\zhēn・qín/しげる
字解 形声。艸＋秦(→進、すすむ・のびる)声。草木がさかんにしげる意。
【蓁蓁（シンシン）】①盛んにしげるさま。＊詩経-周南・桃夭「桃之夭夭、其葉蓁蓁（もものヨウヨウたる、そのはシンシンたり）〔＝若々しく美しい桃の木に、葉は盛んにしげった〕」②多く集まるさま。

6816【蒭】7258 685A E4D8 艸-10 スウ 「芻」(6540)の異体字

6817【蓆】7278 686E E4EC 艸-10 セキ漢\xí/むしろ
字解 形声。艸＋席(しきもの)声。草で編んだしきもの、むしろの意。また、広大の意を表す。

6818【蒼】3383 4173 9193 艸-10 人 (6819)〔蒼〕― ― 艸-10 旧字
ソウ(サウ)呉漢\cāng・cǎng/あお・あおい
字解 形声。艸＋倉(→滄、深い青色)声。あおい意。
意味 ❶あお。あおい。草の色のように青い。深く青い。『蒼穹』『蒼茫』『青蒼（セイソウ）』『彼蒼（ヒソウ）』❷しげる。草木が青々としげる。また、多い。もろもろの。『蒼生』『蒼蕪』『鬱蒼（ウッソウ）』❸古びたさま。年老いたさま。また、白髪がまじっているさま。『蒼古』『蒼老』＊杜甫-贈衛八処士「鬢髪各已蒼（ビンパツおのおのすでにソウたり）〔＝鬢も髪も、お互いにもう白髪まじりだ〕」❹あわてるさま。また、あわただしいさま。『蒼惶』『蒼卒』❺「蒼庚（ソウコウ）」は、うぐいす。❻人名。地名。『蒼頡』『蒼梧』

❶ あお。あおい。

【蒼海（ソウカイ）】あおうなばら。滄海（ソウカイ）。
【蒼穹（ソウキュウ）】あおぞら。蒼天。蒼空。
【蒼空（ソウクウ）】あおぞら。
【蒼潤（ソウジュン）】青々として、しっとりとしていること。
【蒼蘚（ソウセン）】青いこけ。蒼苔（ソウタイ）。
【蒼然（ソウゼン）】①色の青いさま。『顔色蒼然』②夕暮れの薄暗いさま。『暮色蒼然』→❸
【蒼蒼（ソウソウ）】青色の濃いさま。濃い深い空の青さをいう。＊古詩賞析-勅勒歌「天蒼蒼、野茫茫（テンはソウソウ、のはボウボウ）〔＝大空は青々と深みを帯びて広がり、その下に草原は広々と果てしもなく続いている〕」→❷❸
【蒼天（ソウテン）】①青々とした空。あおぞら。②特に、春の空をいう。③天にいる神。上帝。天帝。造物主。
【蒼頭（ソウトウ）】①(青色の頭巾をかぶっていたところから)兵卒。雑兵。足軽。②召し使い。下男。奴僕。
【蒼白（ソウハク）】青白いこと。『顔面蒼白』
【蒼旻（ソウビン）】あおぞら。♥春の空を蒼天、秋の空を旻天というところから。
【蒼茫・蒼莽（ソウボウ）】見わたす限り青々として広いさま。
【蒼蠅（ソウヨウ）】あおばえ。つまらない役人のたとえ。〖蒼蠅附二驥尾一致二千里一（ソウヨウはキビにフしてセンリをいたす）〗青ばえが駿馬（シュンメ）の尾にとまって遠くまで行く。凡人も賢人について行けば、手柄をたてることのたとえ。〔史記-伯夷伝〕
【蒼鷹（ソウヨウ）】①羽毛が青色を帯びている鷹（たか）。しらたか。②(①が、恐るべき猛鳥であるところから)無慈悲な役人のたとえ。〔史記-酷吏伝〕
【蒼竜（ソウリョウ・ソウリュウ）】①青色をした竜。青竜。②東方の神。白虎・朱雀・玄武とともに四神の一。青竜。③中国の天文学で、二十八宿のうち東方七宿の総称。→❸

❷ しげる。また、多い。

【蒼生（ソウセイ）】①青々としげっている草木。②転じて、多くの人民。庶民。蒼氓ソウボウ。

【蒼蒼ソウソウ】草木などが青々としげるさま。また、さかんなさま。→❶❸

【蒼蕪ソウブ】青々としげった草むら。

【蒼氓ソウボウ】多くの人民。万民。蒼生。

❸古びたさま。年老いたさま。

【蒼顔ソウガン】老いて青黒くなった顔。

【蒼古・蒼枯ソウコ】古色を帯びて、さびのあること。

【蒼然ソウゼン】古びているさま。年老いたさま。『古色蒼然』→❶

【蒼蒼ソウソウ】頭髪に白髪がまじっているさま。→❶❷

【蒼竜ソウリョウ|ソウリュウ】年月を経た古松。老松。→❶

【蒼老ソウロウ】古びた感じ。老いたさま。老人。

【蒼浪ソウロウ】年老いて頭髪が白髪まじりになったさま。

❹あわてるさま。また、あわただしいさま。

【蒼黄・蒼惶・蒼皇ソウコウ】あわただしいさま。あわてるさま。＊杜甫-新婚別「形勢反蒼黄ケイセイかえってソウコウたり」〔=世のなりゆきがあまりにもあわただしすぎる〕

【蒼卒ソウソツ】あわただしいさま。倉卒。

❻人名。地名。

【蒼頡ソウケツ】中国の伝説上の人物。鳥の足跡を見て文字を創作したという。倉頡。

【蒼梧ソウゴ】中国湖南省寧遠県の東南にある山。舜の崩じた所と伝えられる。九疑山。

6820【蓄】3563 435F 927E 艸-10 [常] (6821)【蓄】艸-10 旧字

チク(呉)(漢)/xù/たくわえる・たくわえ

[筆順] 蓄 蓄 蓄 蓄 蓄

[字解] 形声。艸+畜(たくわえる)(声)。収穫物をたくわえる意。のちに艸を加えて、その字義を明確にした。

[意味] ❶たくわえる。集めてしまっておく。また、たくわえ。『蓄財』『蓄積』『貯蓄』⇒〔貯〕(7737)の[表] ❷やしなう。飼う。

❶たくわえる。また、たくわえ。

[下接] 蘊蓄ウンチク・涵蓄カンチク・含蓄ガンチク・私蓄シチク・貯蓄チョチク・儲蓄チョチク・停蓄テイチク・電蓄デンチク・備蓄ビチク

【蓄怨チクエン】うらみを抱くこと。また、積もるうらみ。

【蓄音機・蓄音器チクオンキ】音盤から音を再生する装置。

【蓄財チクザイ】金銭や財物をたくわえること。

【蓄縮チクシュク】[1]ちぢまること。ひっこむこと。[2]骨惜しみをすること。

【蓄積チクセキ】たくわえること。また、たまること。

【蓄蔵チクゾウ】たくわえてしまっておくこと。

【蓄電チクデン】電気をためること。『蓄電器』『蓄電池』

【蓄膿症チクノウショウ】副鼻腔ビフクコウなどにうみがたまる疾患。

【蓄髪チクハツ】剃髪テイハツした人が髪の毛を再びのばすこと。

6822【蓖】7279 686F E4ED 艸-10 ヘイ(漢)・ヒ(慣)/bì

[字解] 形声。艸+毘(=毗)(声)。

[意味] 『蓖麻ヒマ』は、とうごま。薬草の名。トウダイグサ科の一年草。『蓖麻子油ヒマシユ』

6823【蒲】1987 3377 8A97 艸-10 ブ(呉)・ホ(漢)・ハク(漢)・フ(唐)/pú・bó/がま・かば・かま

[字解] 形声。艸+浦(水辺)(声)。池や沼に生える植物、がまの意。

[意味] ❶がま。ガマ科の多年草。かば。また、がまのむしろ。『蒲団フトン』『蒲盧ホロ』❷かわやなぎ。川辺にはえるヤナギの一種。川柳。『蒲柳ホリュウ』❸『菖蒲ショウブ』の略。サトイモ科の多年草。石菖セキショウ。『蒲月』『蒲節』❹はらばう。『匍』に同じ。❺あて字、人名、熟字訓など。『蒲松齢』『蒲公英たんぽぽ』『蒲葵びろう〔=檳榔〕』

❶がま。かば。

【蒲団フトン】[1]ガマの葉で編んだ円座。[2]綿、鳥の羽根などを布地でくるんだ敷物や寝具。布団。

【蒲葦ホイ】ガマとアシ。むしろを織るのに用いる。

【蒲席ホセキ】ガマで作ったむしろ。

【蒲盧ホロ】[1]ガマとアシ。共に生長が早いことから、政治が行われやすいたとえ。[2]じがばち。蜂の一種。

【蒲鉾かまぼこ】[1]ガマの穂。[2]白身魚のすり身に調味料などを加えて板に付け、蒸した食品。もとは、ガマの穂の形に、くしにねりつけて製した。

❷かわやなぎ。

【蒲柳ホリュウ】[1]カワヤナギ(川柳)の異名。[2](①が力なく弱々しいことから)体質がひ弱なこと。『蒲柳の質』

❸『菖蒲』の略。

【蒲月ホゲツ】陰暦五月のこと。

【蒲節ホセツ】陰暦五月五日の菖蒲の節句。

❹はらばう。

【蒲伏・蒲服ホフク】はらばうこと。匍匐ホフク。＊史記-淮陰侯伝「俛出袴下、蒲伏ふしてコカよりいでて、ホフクす」〔=腹ばいになって股の下をくぐり抜けた〕

❺あて字、人名、熟字訓など。

【蒲萄ブドウ】ブドウ科の落葉性つる植物。葡萄ブドウ。

【蒲松齢ホショウレイ】中国、清代の作家。山東省の人。『聊斎志異リョウサイシイ』の作者として知られる。(一六四〇～一七一五)

【蒲公英たんぽぽ|ホコウエイ】キク科の多年草。春、黄や白の花をつけ、白い冠毛がついた実は、風で飛ぶ。

[難読地名] 蒲江かまえ町(大分) 蒲刈かまがり町(広島) 蒲郡がまごおり市(愛知) 蒲生かもう町(鹿児島) 蒲生がもう郡・町(滋賀) 蒲生田かもだ岬(徳島) 蒲原かんばら町(静岡)

[難読姓氏] 蒲地かまち

6824【蓬】二 艸-10 ホウ 『蓬』(6859)の異体字

6825【蒡】7280 6870 E4EE 艸-10 ホウ(ハウ)(漢)・ボウ(バウ)(慣)/pāng・bàng

[字解] 形声。艸+旁(声)。『牛蒡ゴボウ』は、野菜の名。

6826【蓂】＊5689 艸-10 メイ(漢)/míng

[字解] 形声。艸+冥(声)。『蓂莢メイキョウ』は、中国古代、尭ギョウ帝のとき生えたというめでたい草。月の一日から一五日までは日に一葉ずつ生じ、一六日以後は日に一葉ずつ落としたので暦のもととなったという。こよみぐさ。

6827【蒙】4456 4C58 96D6 艸-10 ム(呉)・モウ(呉)・ボウ(漢)/méng・měng/おう・こうむる・くらい

字解 形声。艸＋冡(おおう)声。おおいかぶさる草、ねなしかずら、また、そのさまからおおう意。

甲骨文  篆文 

同属字 幪・濛・曚・朦・矇・艨

参考 万葉仮名では音を借りて「も」。

意味 ❶ねなしかずら。ヒルガオ科の一年生草本。❷おおう。おおいかくす。また、こうむる。うける。『蒙翳』『蒙塵』『蒙養』❸くらい。㋑道理にくらい。知恵が足りない。『蒙(モウ)を開く』『蒙昧』『啓蒙(ケイモウ)』㋺こども。幼い。『蒙師』『童蒙(ドウモウ)』❹おかす。乱す。また、乱れる。『蒙死』『蒙戎』❺易の六十四卦の一。䷃。艮(山)と坎(水・雲)。❻固有名詞。『蒙求』『蒙古』

❷ おおう。おおいかくす。また、こうむる。

【蒙翳(モウエイ)】おおいかぶさること。

【蒙衝(モウショウ)】中国、後漢ごろの戦艦。牛の皮で外部をおおい、堅固で細長く、敵船に衝突させて攻撃した。

【蒙塵(モウジン)】変事のため、天子が難をのがれて都の外に逃げること。〔左伝-僖公二四年〕❤外へ出て塵(ちり)をかぶる意から。

【蒙養(モウヨウ)】才知をかくして正道を修養すること。→❸

❸ 道理にくらい。また、こども。

下接 訓蒙(クンモウ)・啓蒙(ケイモウ)・童蒙(ドウモウ)・便蒙(ベンモウ)・冥蒙(メイモウ)

【蒙士(モウシ)】無知の人。愚かな人。

【蒙師(モウシ)】子供に教える先生。

【蒙稚(モウチ)】幼い子供。まだ知恵の発達しない子供。

【蒙昧(モウマイ)】愚かで道理に暗いこと。愚昧。『無知蒙昧』

【蒙養(モウヨウ)】子供を養育すること。→❷

❹ おかす。乱す。また、乱れる。

【蒙死(モウシ)】「死をおかす」死をかえりみないこと。

【蒙戎(モウジュウ)】草の、また物事の乱れているさま。蒙茸。

【蒙茸(モウジョウ)】＝蒙戎(モウジュウ)

❻ 固有名詞。

【蒙求(モウギュウ)】中国の類書。唐の李瀚(リカン)撰。古代から南北朝時代までの古人の伝記・言行を類別した。四字の韻句の標題を配列して、記憶させやすくした教科書。書名は「易」の「童蒙求我(ドウモウわれにもとむ)」による。

【蒙古(モウコ)】内陸アジア東部の蒙古高原、ゴビ砂漠を中心とした地域。また、その地域で活躍した遊牧民族。

【蒙恬(モウテン)】中国、秦(シン)の武将。始皇帝につかえ、匈奴(キョウド)を征服し、万里の長城を築いた。毛筆を発明したともいわれる。

6828 【蓉】 4554 4D56 9775 艸-10 人 (6829)【蓉】 艸-10 旧字

ヨウ(漢)\róng

字解 形声。艸＋容声。「芙蓉(フヨウ)」は、蓮(はす)の花。また、アオイ科の落葉低木。

6830 【蓏】 *5693 艸-10 ラ(呉)(漢)\luǒ

字解 会意。艸＋㼌(果実がつらなる)。木になる果実に対して、草、つる草の実。殻や核のない実の意。また、うりの意。

6831 【蒞】 *5677 艸-10 リ 「莅」(6687)の異体字

6832 【蓮】 4701 4F21 9840 艸-10 人 (6867)【蓮】 艸-11 旧字

レン(呉)(漢)\lián\はす・はちす

字解 形声。艸＋連声。

意味 はす。スイレン科の多年生の水草。根は食用。仏教では、その花を極楽浄土の象徴とする。はちす。『一蓮托生(イチレンタクショウ)』

下接 紅蓮(グレン)・睡蓮(スイレン)・木蓮(モクレン)

【蓮荷(レンカ)】はす。はちす。

【蓮華・蓮花(レンゲ)】①ハスの花。②国「蓮華草(レンゲソウ)」の略。マメ科の二年草。緑肥、牧草として田野に栽培。げんげ。③国陶製のさじ。散り蓮華。

【蓮根(レンコン)】ハスの地下茎。食用とする。

【蓮座(レンザ)】仏語。蓮華の形に作った台。蓮華座。

【蓮台(レンダイ)】仏や菩薩の座席。蓮座(レンザ)。蓮華座。

【蓮府(レンプ)】大臣の異称。また、その邸宅。❤中国、晋の大臣王倹が家にハスを植えて愛したという故事による。

【蓮歩(レンポ)】美人のあでやかな歩み。〔南史-廃帝東昏侯紀〕❤美人に黄金製のハスの花の上を歩かせて、歩々蓮華を生ずといったという故事から。

6833 【蓜】 *5701 艸-10 ハイ(慣)

字解 国字。形声。艸＋配声。「蓜島(はいじま)」は、姓氏。

［墓］⇩1290 ［夢］⇩1491 ［幕］⇩2053

6834 【蔭】 1694 307E 88FC 艸-11 オン(呉)・イン(漢)\yìn・yīn\かげ・おおう

字解 形声。艸＋陰(かげ)声。草木のかげの意。

意味 ❶かげ。ひかげ。こかげ。『涼蔭(リョウイン)』『緑蔭(リョクイン)』❷おかげ。たすけ。かばい助ける。『蔭官』『蔭子』『蔭庇』『蔭補』『恩蔭(オンイン)』『資蔭(シイン)』❸おおう。おおいかくす。『蔭鬱』

【蔭鬱(インウツ)】草木がおおい茂るさま。蔭藹(インアイ)。

【蔭官(インカン)】昔、中国で、父祖の功労によって官職を与えられること。日本では平安時代、蔭位(オンイ)と称した。

【蔭子(インシ|オンシ)】父祖の功績のおかげで官を得た人。

【蔭庇(インピ)】かばい助けること。

【蔭補(インポ|オンポ)】父祖の功績によって子孫が官に補せられること。蔭官。

6835 【蔚】 1722 3136 8955 艸-11 ウツ(漢)・イ(ヰ)(漢)\yù・wèi

字解 形声。艸＋尉(→鬱、うちにこもる)声。おとこよもぎ、また草木がこんもりとしげる意。

意味 ❶おとこよもぎ。キク科の多年生草本。❷草木が盛んに茂るさま。盛んなさま。『蔚蔚』『蔚然』『蔚藍(ウツラン)』『陰蔚(インイ)』

【蔚蔚(ウツウツ)】気がめいってはればれしないさま。鬱鬱。

【蔚然(ウツゼン)】①草木がこんもり茂るさま。②気分がはればれしないさま。鬱然。

【蔚藍天(ウツランのテン)】青々とした天。

6836 【蓏】 艸-11 カツ 「䕾」(6753)の異体字

6837 【菫】 艸-11 キン 「菫」(6705)の異体字

6838 【蒕】 ― ― 艸-11 クン 「葷」(6757)の異体字

6839 【蓺】 * 5710 艸-11 ゲイ 「芸」(6564)の異体字

6840 【蔻】 * 5709 艸-11 コウ㊥\kòu
字解 形声。艸＋寇㊟。「豆蔻・荳蔻」は、木の名。ずく。

6841 【蔡】 7281 6871 E4EF 艸-11 サイ㊥・サツ㊥\cài・sà
字解 形声。艸＋祭㊟。草がみだれる意。金文は、たたりをなす獣を払う、ころす意。

金文

篆文

意味 ❶草がみだれるさま。また、草むら。❷あくた。ちり。ごみ。❸占いに用いる大きな亀。❹のり。法則。❺中国、周代の国の名。現在の河南省上蔡県の西南にあり、楚ッに滅ぼされた。❻人の姓。『蔡邕』『蔡倫』
【蔡邕】 中国、後漢の文人。字は伯喈。官は議郎。六経文字を正しく定め、自ら書して碑に刻した。著に「蔡中郎集」など。（一三三～一九二）
【蔡倫】 中国、後漢の宦官で紙の発明者。字は敬仲。竹または白絹にかわって樹皮・麻布・魚網などを用いて紙を作り、その紙は蔡侯紙と呼ばれた。

6842 【蓰】 * 5705 艸-11 シ㊥\xǐ
字解 形声。艸＋徙㊟。
意味 五倍した数。『倍蓰』

6843 【蓿】 7282 6872 E4F0 艸-11 シュク㊥\xù・sù
字解 形声。艸＋宿㊟。「苜蓿」は、うまごやし。マメ科の越年草。牧草。

6844 【蓴】 7283 6873 E4F1 艸-11 ジュン㊥・シュン㊥\chún
字解 形声。艸＋專㊟。
意味 「蓴菜」は、スイレン科の水生多年草。古い池沼に生える。若い芽と葉は食用。ぬなわ。
【蓴羹鱸膾】 ふるさとの味。故郷を思う気持ちのおさえがたいたとえ。蓴鱸。〔晋書-文苑伝・張翰〕❤中国、晋の張翰が故郷の蓴菜の羹と鱸の膾の味を思い出し、辞職して帰郷したという故事から。

6845 【蔗】 7284 6874 E4F2 艸-11 シャ㊥㊥・ショ㊥\zhè\さとうきび
字解 形声。艸＋庶㊟。
意味 ❶さとうきび。イネ科の多年草。砂糖の原料となる。『甘蔗』❷うまい。よい。おもしろい。『蔗境』
【蔗境】 話や文章のおもしろくなってくるところ。佳境。❤「蔗境に入る」は、佳境に入ること。

6846 【蔣】 * 5722 艸-11 (6811)【蒋】 3053 3E55 8FD3 艸-10 †
ショウ(シャウ)㊥\jiāng・jiǎng\まこも
字解 形声。艸＋將㊟。
意味 ❶まこも(菰)。イネ科の多年草。❷はげます。「将」に同じ。❸中国、周代の国名。現在の河南省にあった。❹人の姓。『蔣介石』
【蔣介石】 中華民国総統。国民党総裁。浙江省奉化県の人。日本の陸軍士官学校に学び、孫文の死後、北伐に成功し南京政府の実権を握った。第二次世界大戦終戦後、中共軍に追われ、台湾へ移った。（一八八七～一九七五）

6847 【蔘】 7285 6875 E4F3 艸-11 シン㊥㊥・サン㊥\shēn・sān
字解 形声。艸＋參㊟。
意味 ❶「人蔘」は、ちょうせんにんじん。根は薬用。❷「蔘綏」は、たれさがったさま。

6848 【蔬】 7286 6876 E4F4 艸-11 ショ㊥・ソ㊥\shū\な・あらい
字解 形声。艸＋疏㊟。
意味 ❶な。あおもの。くさびら。食用にする野菜の総称。『蔬菜』『園蔬』『果蔬』『菜蔬』❷あらい。そまつな。「疎」「疏」に同じ。『蔬食』『蔬飯』

❶ な。あおもの。

❷ あらい。そまつな。

【蔬果・蔬菓】 野菜と果物。
【蔬菜】 栽培して副食物とする草本作物。野菜。あおもの。『蔬菜類』
【蔬食】 野菜を食べて魚や肉を用いないこと。→❷
【蔬食】 そまつな食物。粗食。→❶
【蔬奠】 そまつな供え物。
【蔬飯】 そまつな飯。蔬食。

6849 【蔥】 * 5724 艸-11 ソウ 「葱」(6771)の異体字

6850 【蔟】 7287 6877 E4F5 艸-11 ソウ㊥・ソク㊥・ゾク㊥\cù・còu\まぶし
字解 形声。艸＋族(あつまる)㊟。草があつまり生えるより、あつまる意。簇に同じ。
意味 ❶あつまる。むらがる。❷まぶし。蚕にまゆを作らせやすいようにする、わらの床。❸「大蔟」は、十二律の一。黄鐘から三番目。平調にあたる。

6851 【蔦】 3653 4455 92D3 艸-11 人 (6852)【蔦】 ― ― 艸-11 旧字
チョウ(テウ)㊥\niǎo\つた
字解 形声。艸＋鳥㊟。
意味 つた。ブドウ科のつる性落葉植物。巻きひげで壁や石垣などにはう。

6853 【蔯】 * 5728 艸-11 チン㊥
字解 形声。艸＋陳㊟。
意味 「茵蔯」は、かわらよもぎの意。

6854 【蔕】 7288 6878 E4F6 艸-11 (6774)【蒂】 7260 685C E4DA 艸-9
テイ㊥・タイ㊥\dì\へた・ほぞ
字解 形声。艸＋帶㊟。
意味 ❶へた。ほぞ。果実が枝につくところ。❷ねもと。『根蔕』❸うてな。花のがく。❹とげ。小さいとげ。『蔕芥』
【蔕芥】 わずかなこと。わずかな心のわだかまり。

6855【蒲】＊5703 艸-11 トウ(漢)/tōng
字解 形声。艸+通(声)。木の名。あけび(通草)。

6856【蓽】＊5712 艸-11 ヒツ(漢)/bì
字解 形声。艸+畢(声)。
意味 いばら。とげのある低木類。『蓬蓽ホウヒツ』
【蓽門ヒツモン】柴や竹の枝折戸しおりど。貧者の住居にいう。

6857【蔔】7289 6879 E4F7 艸-11 ホク(漢)・フク(慣)/bó
字解 形声。艸+匐(声)。
意味 「蘿蔔ラフク」は、大根ダイコンの意。「菔」に同じ。

6858【蔑】4246 4A4E 95CC 艸-11 メチ(呉)・ベツ(漢)/miè/さげすむ・あなどる・ないがしろ・なみする
字解 形声。苜(目が不正である)+戌(刃物)(声)。見ることを妨げる意か。
同属字 幭・襪・蠛・𡾰・韈
意味 ❶くらい。目に光がない。視力が弱い。『蔑然』 ❷さげすむ。あなどる。『蔑視』『蔑称』『軽蔑ケイベツ』『侮蔑ブベツ』⇒表 ❸「蔑蒙ベツモウ」は、はやく動くさま。また、飛び上がるさま。

蔑ベツ	侮蔑	ひとをかるくみる。蔑如 蔑称 蔑視 軽蔑 陵蔑 赦蔑
侮ブ		ひとをばかにする。侮辱 侮言 侮弄 軽侮 凌侮 慢侮

【蔑爾ベツジ】さげすむこと。軽んじること。

【蔑視ベッシ】さげすんで見ること。

【蔑如ベツジョ】(「如」は語調を整えるために添えたもの) ①小さくて見劣りがすること。②軽蔑すること。蔑視。

【蔑称ベッショウ】侮りさげすんで言う呼び名。

【蔑然ベツゼン】暗いさま。はっきり見えないさま。

6859【蓬】(二一) 艸-11 (6824)【蓬】4309 4B29 9648 艸-10 †
ブ(呉)・ホウ(漢)/péng/よもぎ
字解 形声。艸+逢(声)。
意味 ❶よもぎ。㋑キク科の多年草。もちぐさ。もぐさ。また、やなぎよもぎ。『蓬艾』『蓬矢』 ㋺ヨモギのように乱れているさま。『蓬首』『蓬髪』 ㋩ヨモギで屋根をふいた粗末な。また、ヨモギの生えて荒れ果てた。『蓬戸』『蓬窓』『蓬門』 ㊁ヨモギが枯れて風で原野を転がるようなさま。『蓬飄』『転蓬』 ❷「蓬萊山ホウライサン」の略。中国の伝説で、仙人が住むという山。『蓬島』

❶ よもぎ。よもぎのようなさま。
下接 孤蓬コホウ・霜蓬ソウホウ・転蓬テンポウ・頭蓬トウホウ・飛蓬ヒホウ
【蓬艾ホウガイ】ヨモギのこと。
【蓬戸ホウコ】粗末で貧しい住居。庶民の家。『蓬戸蓽門』
【蓬矢ホウシ】ヨモギの葉で作った矢。昔、中国で、男子誕生の際、桑の枝で作った弓でこれを四方に射て将来の雄飛を願った。『桑弧ソウコ蓬矢』
【蓬首ホウシュ】ヨモギのように髪の伸び乱れた頭。蓬頭。
【蓬窓ホウソウ】①ヨモギに面した窓。②田舎の貧しい家。
【蓬髪ホウハツ】ヨモギのように伸び乱れた髪。『弊衣蓬髪』
【蓬飄ホウヒョウ】ヨモギの種子が風に吹かれて転がり行くように、さまよい歩くこと。転蓬。
【蓬蓬ホウホウ】①草が生い茂るさま。また、髪やひげが伸びて乱れているさま。②煙や蒸気が盛んに立ちのぼるさま。③風がはげしく吹くさま。
【蓬勃ホウボツ】盛んにおこりたつさま。
【蓬門ホウモン】①ヨモギでふいた門。貧者や隠者のすまいをいう。②転じて、自分の家をへりくだっていう語。
【蓬累ホウルイ】ヨモギの種子が風に吹かれてゆくように、さまよい歩くこと。一説に、頭に物を載せてゆくこと。
【蓬生二麻中一不レ扶而直よもぎマチュウにショウずればたすけずしてなおし】曲がったヨモギもアサの中に生えれば、自然にまっすぐになる。どんな人でも善人にまじわれば良くなってくることのたとえ。〔荀子-勧学〕

❷ 「蓬萊山」の略。
【蓬瀛ホウエイ】中国で神山とされた蓬萊ホウライと瀛州エイシュウ。

【蓬壺ホウコ】仙人の住むという蓬萊山の別称。▶その形が、つぼに似ているところから。

【蓬島ホウトウ】仙人が住むという海島。蓬萊山。

【蓬萊ホウライ】①中国の伝説で、仙人が住むという仙境。蓬萊山。②国富士山の異称。③国台湾の異称。『蓬萊米』④国①をかたどった台上に、松竹梅、鶴亀つるかめなどを飾ったもの。蓬萊台。⑤国新年の祝儀に、三方の上に熨斗鮑のしあわび、勝栗かちぐりなどを飾ったもの。蓬萊台。

【蓬萊宮ホウライキュウ】蓬萊にあって仙人の住むという、黄金白金でつくった宮殿。また、中国、唐の宮殿、大明宮の異称。＊白居易-長恨歌「蓬萊宮中日月長ホウライキュウチュウジツゲツながし(=ここ蓬萊宮に来てから長い年月がたった)」

【蓬萊文章ホウライのブンショウ】中国、漢代の文学。漢代に、宮中の書庫を蓬萊と呼んだことによる。＊李白-宣州謝朓楼餞二別校書叔雲一「蓬萊文章建安骨、中間小謝又清発ホウライのブンショウケンアンのコツ、チュウカンのショウシャまたセイハツ(=漢代の文学や建安の詩人たちの気骨、中ほど(の六朝時代)には謝朓がいて、これまたすっきりとして気がきいている)」

6860【蔀】2835 3C43 8EC1 艸-11 ホウ(漢)・ブ(慣)/bù・pǒu/しとみ
字解 形声。艸+部(声)。
意味 ❶しとみ。日よけ。格子組みの裏に板を張った戸。『半蔀はじとみ』 ❷おおい。おおう。❸古代の暦法で、一九年が一章、四章が一蔀。

6861【蔴】＊5730 艸-11 マ(慣)/あさ
字解 形声。艸+麻(声)。麻の通俗体。あさの意。

6862【蔓】4402 4C22 96A0 艸-11 マン(呉)・バン(漢)/wàn・màn・mán/つる・かずら
字解 形声。艸+曼(のびる)(声)。長くのびるつるの意。
意味 ❶つる。かずら。つる草。『蔓生』 ❷のびる。ひろがる。はびこる。また、からむ。まとう。『蔓延』

❶ つる。かずら。つる草。
下接 蕪蔓ブマン/靫蔓うつぼかずら・玉蔓たまかずら・蔦蔓つたかずら
【蔓生マンセイ】植物の茎がつるとなって生長すること。
【蔓草マンソウ・つるくさ】茎がつるになっている草。

❷ のびる。ひろがる。また、からむ。
【蔓延・蔓衍・蔓莚マンエン】草などが、のび広がること。また、好ましくないものがはびこり広がること。『伝染病

が蔓延する』
【蔓纏(マンテン)】からみまとうこと。また、わずらわしさ。
【蔓蔓(マンマン)】はびこり、広がるさま。

6863【蔤】* 5723 艸-11 ビツ(漢)・ミツ(慣)/mì
字解 形声。艸＋密(声)。ハス(蓮)の根の意。一説に、密は、水の奥深く入る意であるという。

6864【蔾】――― 艸-11 リ(漢)/むぐら
字解 形声。艸＋梨(声)。むぐらの意。葎に同じ。

6865【蓼】7290 687A E4F8 艸-11 リョウ(レウ)(漢)・リク(漢)/liǎo・lù/たで
字解 形声。艸＋翏(声)。
意味 ❶たで。タデ科タデ属に分類される草本の総称。『紅蓼(コウリョウ)』『水蓼(スイリョウ)』『犬蓼(いぬたで)』 ❷草が長くのびたさま。『蓼蓼(リクリク)』 ❸熟字訓、編名。『木天蓼(またたび)』『蓼莪』
【蓼莪(リクガ)】①「詩経-小雅」の編名。孝子が賦役のために家を離れ、孝養を全うできなかった悲しみをのべたものとされる。②親がすでに亡くて、孝養を尽くそうにも果たせない悲しみ。
【蓼蓼(リクリク)】長く大きいさま。
【蓼虫不レ知レ辛(リョウチュウからきをしらず)】からい蓼(たで)を好んで食う虫があるように、人の好みはさまざまであるというたとえ。蓼食う虫も好き好き。〔王粲-七哀詩〕
難読 地名 蓼科(たてしな)山(長野)

6866【蔆】7249 6851 E4CF 艸-11 リョウ 「菱」(6742)の異体字

6867【蓮】4701 4F21 9840 艸-11 レン 「蓮」(6832)の旧字

6868【蔞】* 5720 艸-11 ロウ(漢)/lóu
字解 形声。艸＋婁(声)。しろよもぎ。キク科の多年草。

【慕】⇨2435 【摹】⇨2686 【暮】⇨3173

6869【蕓】* 5738 艸-12 ウン(漢)/yún
字解 形声。艸＋雲(声)。「蕓薹(ウンダイ)」は、あぶらな、なたねの意。

6870【蕰】――― 艸-12 ウン 「蘊」(6897)の異体字

6871【蕐】* 5735 艸-12 カ 「華」(6659)の異体字

6872【蕚】7254 6856 E4D4 艸-12 ガク 「萼」(6751)の異体字

6873【蕎】2230 363E 8BBC 艸-12 キョウ(ケウ)(漢)/qiáo・jiāo/そば
字解 形声。艸＋喬(声)。「蕎麦(キョウバク)」は、そば。タデ科の一年草。

6874【蕀】7291 687B E4F9 艸-12 キョク(漢)/jí
字解 形声。艸＋棘(声)。「顛蕀(テンキョク)」は、草の名。くさすぎかずら。ユリ科の多年草。天門冬(テンモンドウ)。

6875【蕙】* 5740 艸-12 ケイ(漢)/huì/かぐわしい
字解 形声。艸＋惠(声)。
意味 かおりぐさ。香草。また、かぐわしい。美しい。
【蕙気(ケイキ)】香草のかぐわしい香り。
【蕙質(ケイシツ)】美しい性質、体質。美人のたとえ。
【蕙心(ケイシン)】美女のうるわしく上品なこころ。
【蕙蘭(ケイラン)】シラン(紫蘭)の異名。

6876【蕨】4747 4F4F 986E 艸-12 ケツ(漢)/jué/わらび
字解 形声。艸＋厥(声)。
意味 わらび。シダ類ウラボシ科の落葉多年草。早春、こぶし状に巻いた新葉を出す。若葉は食用。『早蕨(さわらび)』
【蕨拳(ケツケン)】こぶしの形をしたワラビの若芽。蕨手(ケッシュ)。
【蕨薇(ケツビ)】ワラビとノエンドウ。

6877【蕞】* 5743 艸-12 サイ(漢)/zuì
字解 形声。艸＋最(声)。
意味 小さいさま。また、集まるさま。
【蕞爾(サイジ)】非常に小さいさま。

6878【蕣】7292 687C E4FA 艸-12 シュン(漢)/shùn/むくげ・あさがお
字解 形声。艸＋舜(むくげ)(声)。むくげの意。のち艸を加えたもの。
意味 ❶むくげ。アオイ科の落葉低木。はちす。きばちす。木槿。❷(国)あさがお。ヒルガオ科の一年草。

6879【蕉】3054 3E56 8FD4 艸-12 人 ショウ(セウ)(呉)(漢)/jiāo/きあさ・おとろえる
(6880)【蕉】――― 艸-12 旧字
字解 形声。艸＋焦(声)。
意味 ❶きあさ。まださらしてない麻。❷「芭蕉(バショウ)」の略。(イ)バショウ科の多年草。『蕉衣』『蕉布』(ロ)(国)俳人、松尾芭蕉のこと。『蕉翁』『蕉風』『蕉門』 ❸おとろえる。やつれる。「憔」に同じ。『蕉萃』
【蕉衣(ショウイ)】蕉布で作った衣服。
【蕉翁(ショウオウ)】(国)俳人、松尾芭蕉を敬っていう語。
【蕉萃(ショウスイ)】やつれること。憔悴。
【蕉布(ショウフ)】芭蕉の繊維で織った布。
【蕉風(ショウフウ)】(国)松尾芭蕉を祖とする俳諧(ハイカイ)、俳風。
【蕉門(ショウモン)】(国)俳人、松尾芭蕉の門流。『蕉門の十哲(ジッテツ)』〔=芭蕉門下の一〇人のすぐれた俳人〕
【蕉鹿夢(ショウロクのゆめ)】人生が夢のようにはかないことのたとえ。〔列子-周穆王〕▶中国で昔、鄭(テイ)の国の人が鹿を殺し、芭蕉の葉をかぶせて隠しておいたが、その場所を忘れ、鹿をとったのも夢だったとあきらめたという故事から。

6881【蕘】7293 687D E4FB 艸-12 ジョウ(ゼウ)(漢)/ráo/たきぎ・きこり
字解 形声。艸＋堯(→撓、たわむ)(声)。たきぎの意。
意味 たきぎ。しば。また、きこり。『芻蕘(スウジョウ)』
【蕘豎(ジョウジュ)】しばを刈る子供。蕘童(ジョウドウ)。

6882 【蕈】 7294 687E E4FC 艸−12

シン㊇/xùn/きのこ・たけ

字解 形声。艸＋覃㊥。きのこ、たけの意。『香蕈（しいたけ）』

6883 【蕁】 7301 6921 E540 艸−12

タン㊇・ジン㊫/qián/いらくさ

字解 形声。艸＋尋㊥。

意味 ❶「蕁麻（ジンマ）」は、いらくさ（刺草）。イラクサ科の多年草。茎と葉にとげがある。❷「蕁麻疹（ジンマシン）」は、急に皮膚がかゆくなり、赤い浮腫（フシュ）が広がる発疹。

6884 【蕊】 2841 3C49 8EC7 艸−12 (6885)〔蘂〕 7303 6923 E542 艸−12

ズイ㊇/ruǐ/しべ

字解 形声。艸＋惢㊥。蘂に同じ。

意味 ❶しべ。種子植物の花の生殖器官。『花蕊（カズイ）』『雄蕊（ユウズイ）』『雌蕊（シズイ）』❷草木がむらがり茂るさま。

6886 【蕤】 ＊5748 艸−12

ズイ㊇/ruí

字解 形声。艸＋甤㊥。草木の花がたれたさま。

参考 万葉仮名では音を借りて「ぬ」。

〔蕤賓（ズイヒン）〕①中国の音楽で十二律の一。基音の黄鐘（コウショウ）から、七番目の音。②陰暦五月の異称。

6887 【蕝】 ＊5742 艸−12

セツ㊇・セイ㊇/jué・zuì

字解 形声。艸＋絶㊥。

意味 ❶カヤを束ねたもの。❷かんじき。そり。

6888 【蔵】 3402 4222 91A0 艸−12 常6 (6937)〔藏〕 7322 6936 E555 艸−14 旧字 人

ゾウ（ザウ）㊇・ソウ（サウ）㊇/cáng・zàng/くら・かくす・おさめる

筆順 蔵 蔵 蔵 蔵 蔵 蔵

字解 蔵は藏の略体。藏は形声。艸＋臧（→倉、しまう）㊥。草でかくし、しまう意。また、しまう所の意。

参考 万葉仮名では音を借りて「ざ」。

意味 ❶かくす。かくれる。ひそむ。『蔵匿』『晦蔵（カイゾウ）』『腹蔵（フクゾウ）』『埋蔵（マイゾウ）』＊論語−述而「用レ之則行、舎レ之則蔵（これをもちうればすなわちおこない、これをすつればすなわちかくる）」（＝（君主が）あげ用いてくれれば（政治の理想を）実行し、あげ用いてくれなければ（民間に）かくれる）❷おさめる。しまっておく。『蔵書』『蔵本』『死蔵』『貯蔵』❸くら。物品をたくわえ、しまっておくところ。『土蔵』『宝蔵』❹仏教で、すべてのものを包み込むもの。『蔵経』『三蔵』❺国「大蔵大臣（おおくらダイジン）」の略。『蔵相（ゾウショウ）』

❶ かくす。かくれる。

〔蔵匿（ゾウトク）〕人に見つからないようにかくしておくこと。「犯人を蔵匿する」

〔蔵鋒（ゾウホウ）〕書法で、起筆に毛筆の穂先が表れないようにすること。↔露鋒

〔蔵レ頭露レ尾（あたまをかくしておをあらわす）〕一部分をかくして、全部をかくしたつもりでいるのをあざけっていう。頭かくして尻かくさず。〔帰潜志〕

❷ おさめる。しまっておく。

下接 愛蔵（アイゾウ）・塩蔵（エンゾウ）・架蔵（カゾウ）・家蔵（カゾウ）・旧蔵（キュウゾウ）・庫蔵（コゾウ）・死蔵（シゾウ）・私蔵（シゾウ）・自蔵（ジゾウ）・収蔵（シュウゾウ）・所蔵（ショゾウ）・退蔵（タイゾウ）・蓄蔵（チクゾウ）・貯蔵（チョゾウ）・内蔵（ナイゾウ）・壁蔵（ヘキゾウ）・秘蔵（ヒゾウ）・包蔵（ホウゾウ）・密蔵（ミツゾウ）・冷蔵（レイゾウ）・隠退蔵（インタイゾウ）

〔蔵書（ゾウショ）〕書物を所蔵すること。また、その書物。

〔蔵版・蔵板（ゾウハン）〕書物の版木や紙型を所蔵していること。また、それで刷った本。

〔蔵本（ゾウホン）〕所蔵の書物。

❸ くら。物をしまっておくところ。

下接 経蔵（キョウゾウ）・土蔵（ドゾウ）・宝蔵（ホウゾウ）・無尽蔵（ムジンゾウ）

〔蔵府（ゾウフ）〕①くら。倉庫。②はらわた。内臓。

〔蔵人（くろうど・くらうど）〕平安時代、宮中で、機密文書や訴訟などを扱った令外の官の一。

❹ すべてのものを包み込む。包含する。

下接 三蔵（サンゾウ）・地蔵（ジゾウ）・大蔵（ダイゾウ）・律蔵（リツゾウ）・虚空蔵（コクウゾウ）・金剛蔵（コンゴウゾウ）・如来蔵（ニョライゾウ）

〔蔵王（ザオウ）〕「金剛蔵王」の略。日本の修験道の本尊。

〔蔵経（ゾウキョウ）〕（「大蔵経」の略）仏教のあらゆる経典。

〔蔵識（ゾウシキ）〕仏教で、最も深い認識作用。第八識。

6889 【蕩】 3802 4622 93A0 艸−12

トウ（タウ）㊇/dàng/ただよう・とろける・とろかす

字解 形声。艸＋湯㊥。

意味 ❶ただよう。ゆれうごく。『蕩揺』『蕩漾』『震蕩（シントウ）』『漂蕩（ヒョウトウ）』❷のびやかなさま。ひろびろとしているさま。『蕩蕩』『浩蕩（コウトウ）』❸ほしいままにする。だらしがない。しまらない。『蕩児』『淫蕩（イントウ）』『放蕩（ホウトウ）』❹はらいのぞく。すっかりなくしてしまう。『蕩尽（トウジン）』『掃蕩（ソウトウ）』❺とろける。とろかす。

❶ ただよう。ゆれうごく。

下接 震蕩（シントウ）・波蕩（ハトウ）・漂蕩（ヒョウトウ）・飄蕩（ヒョウトウ）・揺蕩（ヨウトウ）

〔蕩揺（トウヨウ）〕ゆれ動くこと。

〔蕩漾（トウヨウ）〕ただよい動くこと。静かにゆれ動くさま。

❷ のびやかなさま。ひろびろとしたさま。

下接 浩蕩（コウトウ）・曠蕩（コウトウ）・春風駘蕩（シュンプウタイトウ）

〔蕩逸・蕩佚・蕩軼（トウイツ）〕物事のやり方や人の性質などが寛大でおおらかなこと。→❸

〔蕩蕩（トウトウ）〕広々として穏やかなさま。また、心がゆったりとしているさま。「春日蕩々として…」

❸ ほしいままにする。だらしがない。

下接 怡蕩（イトウ）・淫蕩（イントウ）・奢蕩（シャトウ）・放蕩（ホウトウ）・遊蕩（ユウトウ）

〔蕩逸・蕩佚・蕩軼（トウイツ）〕節制がなく気まま勝手にすること。→❷

〔蕩子（トウシ）〕＝蕩児（トウジ）

〔蕩児（トウジ）〕正業につかないで酒色にふけり、身持ちのよくない者。放蕩息子。

〔蕩心（トウシン）〕①心をとろかすこと。また、しまりのない心。②遊蕩にふける心。

〔蕩然（トウゼン）〕ほしいままであるさま。→❹

❹ はらいのぞく。すっかりなくしてしまう。

下接 掃蕩（ソウトウ）・滌蕩（テキトウ）

〔蕩産（トウサン）〕財産を使い果たすこと。

〔蕩尽（トウジン）〕財産などを使い果たすこと。

〔蕩析（トウセキ）〕分散、離散すること。

〔蕩然（トウゼン）〕少しも残らないさま。→❸

【蕩滌トウデキ】 あらいすすぐこと。盪滌トウデキ。

6890【蕃】4057 4859 94D7 艸-12 ハン漢・バン慣／fán・fān／しげる・えびす

[字解] 形声。艸＋番（たねを広くまく、ひろがる）声。草がしげる意。

[参考] 万葉仮名では音を借りて「ほ」。

[意味] ❶しげる。草が生いしげる。また、ふえる。ふやす。「繁」に同じ。「蕃殖」「蕃茂」❷まがき。かきね。「藩」に同じ。「蕃屏」「蕃籬」❸えびす。未開の異民族。「蛮」に同じ。「蕃夷」「蕃人」「外蕃」「生蕃」

❶しげる。また、ふえる。

【蕃衍ハンエン】 しげりはびこること。繁衍。

【蕃殖ハンショク】 しげりふえること。

【蕃茂ハンモ】 草木がさかんにしげること。繁茂。

❷まがき。かきね。

【蕃屏ハンペイ】 垣根と塀。また、おおい防ぐこと。藩屏。

【蕃籬ハンリ】 まがき。かきね。藩籬。

❸えびす。

[下接] 外蕃ガイバン・熟蕃ジュクバン・諸蕃ショバン・生蕃セイバン・南蕃ナンバン

【蕃夷バンイ】 野蛮人。蛮夷バンイ。

【蕃語バンゴ】 えびすのことば。異国の言語。蛮語。

【蕃国バンコク】 えびすの国。化外ケガイの国。外国。

【蕃書バンショ】 [国]外国の書物。特に江戸時代、欧米語の書物。

【蕃藷・蕃薯バンショ】 サツマイモ（薩摩芋）の異名。

【蕃人バンジン】 えびすの人。未開の土地の人。蛮人。

6891【蕪】4183 4973 9593 艸-12 ブ漢／wú／かぶ・かぶら・あれる

[字解] 形声。艸＋無（→幕、おおう）声。草がおおいかくすほど、茂りあれる意。

[意味] ❶あれる。雑草が生いしげる。また、あれち。「蕪穢」「蕪没」「荒蕪コウブ」＊陶潜-帰去来辞「田園デンエン将レ蕪まさにあれんとす」〔＝我が故郷の田園は、今まさに荒れ果てようとしている〕❷みだれる。乱雑である。「蕪雑」❸[国]かぶ。かぶら。アブラナ科の一年草または二年草。球形の根を食用とする。「蕪菁ブセイ〔＝かぶら〕」

❶あれる。また、あれち。

【蕪荒ブコウ】 草が生い茂って荒れはてていること。荒蕪。

【蕪没ブボツ】 雑草が茂っておおいかくすこと。荒れはてうずもれること。

【蕪蔓ブマン】 [1]荒れはててつる草が茂っていること。[2]転じて、学問・教養の低いさま。

【蕪穢ブワイ】 雑草が生い茂り、土地が荒れること。

❷みだれる。乱雑である。

【蕪雑ブザツ】 物事が雑然としていて整っていないこと。

【蕪辞ブジ】 乱雑な言葉。また、自分の言文の卑称。蕪詞。

【蕪浅ブセン】 学問や見識が乱雑であさはかなこと。

【蕪昧ブマイ】 みだれてよく分からないこと。

6892【蔽】二一 艸-12 (6893)【蔽】4235 4A43 95C1 艸-12 † ヘイ呉漢／bì／おおう・おおい

[字解] 形声。艸＋敝（やぶりそこなう）声。草がおおいさえぎるより、おおう意。

[参考] 万葉仮名では音を借りて「へ甲」。

[意味] おおう。おおいかくす。また、おおい。

[下接] 暗蔽アンペイ・隠蔽インペイ・掩蔽エンペイ・遮蔽シャヘイ・障蔽ショウヘイ・壅蔽ヨウヘイ・翼蔽ヨクヘイ・建蔽率ケンペイリツ

【蔽掩ヘイエン】 おおい隠すこと。掩蔽エンペイ。

【蔽晦ヘイカイ】 [1]おおいくらますこと。[2]道理に暗いこと。

【蔽扞ヘイカン】 おおい防ぐこと。守ること。

【蔽遮ヘイシャ】 おおい隠すこと。遮蔽。

【蔽塞ヘイソク】 おおいふさぐこと。蔽壅ヘイヨウ。

【蔽芾ヘイヒ】 枝や葉がおおいしげるさま。

【蔽蒙ヘイモウ】 [1]おおわれて暗いこと。[2]道理に暗いこと。

6894【蕕】7304 6924 E543 艸-12 ユウ（イウ）漢／yóu

[字解] 形声。艸＋猶声。

[意味] かりがねそう（雁金草）。クマツヅラ科の多年草。茎、葉ともに悪臭を放つ。

【蕕薫ユウクン】 悪いにおいと良いかおり。転じて、悪と善。

［菎］⇩4864 ［蓸］⇩5180

6895【薏】＊5762 艸-13 イ漢・ヨク漢／yì

[字解] 形声。艸＋意声。ハスの実の中身の意。

[意味] ❶ハス（蓮）の実の中身。❷「薏苡ヨクイ」は、はとむぎ。イネ科の一年草。また、じゅずだま。

6896【薁】＊5756 艸-13 イク漢・オウ（アウ）漢／yù

[字解] 形声。艸＋奥声。「蘡薁オウイク」は、木の名。えびづる。

6897【薀】7305 6925 E544 艸-13 (6870)【蕰】二一 艸-12 ウン漢／yùn

[字解] 形声。艸＋温（熱い蒸気が中にこもってあたたかい）声。草をつんでたくわえる意。蘊の本字。

6898【薗】1782 3172 8992 艸-13 エン（ヱン）漢

[字解] 形声。艸＋園声。園に同じ。

6899【薤】7306 6926 E545 艸-13 カイ漢／xiè／おおにら・らっきょう

[字解] 形声。艸＋韰声。韰の通俗体。

[意味] おおにら。らっきょう。ユリ科の多年草。

【薤露カイロ】 人の世や命のはかないこと。人の死、またはそれを悲しむ涙などにいう。また、挽歌。〔詩経〕▶薤の上に置く露がかわきやすく落ちやすいところから。

6900【薈】7307 6927 E546 艸-13 ワイ漢・カイ（クヮイ）慣／huì

[字解] 形声。艸＋會（集まりあう）声。草が多くあつまるさま。

[意味] ❶草木が盛んに茂るさま。わきおこるさま。また、乱雑なさま。❷「蘆薈ロカイ」は、アロエ。ユリ科の植物。

【薈蔚・薈鬱ワイウツ】 [1]草木がこんもりと茂るさま。[2]雲のわき起こるさま。

竹米糸缶网(罒・冂・四)羊羽(羽)老(耂)而耒耳聿肉(月) 6画 臣自至臼(臼)舌舛(舛)舟艮色艸(艹・艹・艹)虍虫血行衣(衤)襾(覀・西)

【薈蕞ワイサイ】乱雑でとるに足りないこと。自分の著書などの謙称。

6901 【薑】 7308 6928 E547 艸-13 (6961)【⿱艹彊】 艸-16

キョウ(キャウ)漢\jiāng/はじかみ

字解 形声。艸+畺(=彊、つよい)声。香りや味が強いはじかみの意。

意味 はじかみ。ショウガ科の多年草。根茎を食用または薬用とする。『生薑ショウガ』

6902 【薫】 2316 3730 8C4F 艸-13 常 (6927)【薰】 艸-14 旧字 人

クン呉漢\xūn/かおる・かおり・くすべる・いぶす・くゆらす・たく

筆順 薫 薫 薫 薫 薫

字解 形声。艸+熏(香気がたちこめる)声。香草の意。

意味 ❶かおりぐさ。香草。❷かおる。よいかおりがする。また、かおり。『薫香』『薫風』『芳薫ホウクン』『余薫ヨクン』『蘭薫ランクン』⇒〔芳〕(6576)の表 ❸香をたきしめる。かおりが移る。転じて、よい感化を与える。『香を薫クンずる』『薫育』『薫染』『薫陶』❹たく。くすべる。いぶす。『燻』に同じ。『薫灼』『薫製』

❷ かおる。また、かおり。

【薫香クンコウ】よいかおり。また、薫物たきもの。

【薫風クンプウ】初夏、若葉の香りを運ぶ風。

【薫蕕クンユウ】①よいにおいと悪いにおい。②君子と小人ショウジン。また、善行と悪行。

❸ 香をたく。また、よい感化を与える。

【薫育クンイク】徳をもって教え導くこと。

【薫化クンカ】徳で人を感化し、よい方に向かわせること。

【薫染クンセン】よい感化を受けること。また、与えること。

【薫陶クントウ】徳をもって他人を教え育て上げること。〔宋史-程頤伝〕❤香をたいて香りを染み込ませ、また粘土をこね、形を整えて陶器を作る意。

【薫沐クンモク】衣服に香をたきしめ、髪を洗って身を清めること。

【薫籠クンロウ】衣服に香をたきしめるのに用いるかご。

❹ くすべる。いぶす。

【薫灼クンシャク】①くすぶり焼くこと。転じて、苦しめ悩ますこと。②勢力がさかんなこと。

【薫製クンセイ】塩漬けにした獣や魚の肉を、煙でいぶして乾燥させた食品。❤書き換え「燻製→薫製」。

6903 【薊】 7309 6929 E548 艸-13

ケイ漢\jì/あざみ

字解 形声。艸+魝(切れる刀で骨のある魚をさばく)声。とげのあるあざみの意。

意味 ❶あざみ。キク科アザミ属の多年草の総称。❷地名。中国、戦国時代の燕の都。北京の郊外。『薊丘』

【薊丘・薊邱ケイキュウ】中国、北京市徳勝門外西北方にある土城関の古名。薊門。

6904 【薨】 7310 692A E549 艸-13

コウ呉漢\hōng/みまかる

字解 形声。死(しぬ)+苎(=瞢、みえない)声。死んで見えなくなる意。貴人の死をいう。

意味 ❶みまかる。貴人が死ぬ。『薨去』❷『薨薨コウコウ』は、音のひびくさま。また、多いさま。速いさま。

【薨去コウキョ】「死去」の尊敬語。❤日本では、令制で、皇族や三位以上の人が死去すること。四位・五位の人は卒去。

6905 【蕺】 * 5752 艸-13

シュウ(シフ)漢\jí/どくだみ

字解 形声。艸+戢声。

意味 どくだみ。ドクダミ科の多年草。強い臭気があり赤紫色を帯びる。煎センじて薬用にする。じゅうやく。

6906 【薯】 2982 3D72 8F92 艸-13

ショ 「藷」(6933)の異体字

6907 【蕭】 7311 692B E54A 艸-13

ショウ(セウ)呉漢\xiāo/よもぎ

字解 形声。艸+肅声。

意味 ❶よもぎ。かわらよもぎ。キク科の多年草。『蕭艾』❷細長い。また、細長いへい。かこい。『蕭牆』❸ものさびしい。ひっそりとしたさま。『蕭条』『蕭然』『静蕭セイショウ』❹人名、地名。『蕭何』『蕭関』

❶ よもぎ。

【蕭艾ショウガイ】よもぎ。雑草。また、小人。いやしい者。

❷ 細長い。また、細長いへい。かこい。

【蕭牆ショウショウ】かこい。君臣の会見場所に設けたかこい。転じて、一家一族。みうち。国内。内憂。内乱。【蕭牆之憂ショウショウのうれい】〔論語-季氏〕うちわのもめごと。

【蕭森ショウシン】細長い樹木の多いさま。→❸

❸ ものさびしい。

【蕭索ショウサク】ものさびしいさま。うらぶれたさま。

【蕭殺ショウサツ】秋の末の、非常にものさびしいさま。

【蕭颯ショウサツ】秋風がものさびしく吹くさま。

【蕭散ショウサン】ものさびしくひまなこと。

【蕭瑟ショウシツ】秋風がものさびしく吹きすさぶこと。*柳宗元-南澗中題「廻風一蕭瑟カイフウひとえにショウシツ」〔=吹き渡る風はいかにもさびしい〕

【蕭蕭ショウショウ】①ものさびしいさま。*杜甫-登高「無辺落木蕭蕭下ムヘンのラクボクショウショウとしておつ」〔=果てしもない落ち葉は、ざわざわと散る〕②風のさびしく吹くさま。*史記-刺客伝「風蕭蕭兮易水寒かぜショウショウとしてエキスイさむし」〔=風はいかにももの悲しく、易水のほとりは寒々しい〕③馬がいななく声。*杜甫-兵車行「車轔轔、馬蕭蕭くるまリンリン、うまショウショウ」〔=車はがらがらと走り、馬はもの悲しげに鳴く〕

【蕭条ショウジョウ】ものさびしいさま。『蕭条たる原野』

【蕭森ショウシン】ものさびしいさま。→❷

【蕭然ショウゼン】ものさびしくひっそりとしたさま。蕭条。

【蕭疎ショウソ】まばらでものさびしいさま。

❹ 人名、地名。

【蕭何ショウカ】中国、前漢の政治家。諡おくりなは文終。韓信・張良と共に三傑と称され、高祖劉邦の功臣。秦の制度の取捨吸収に努め、漢王朝の基礎を作った。(?～前一九三)

【蕭関ショウカン】中国の寧夏回族自治区南部、固原県の東南にあった関の名。関中四関の一つで、長安から西域への要衝にあった。

6908 【薔】 7312 692C E54B 艸-13

ソウ(サウ)呉・ショウ(シャウ)漢・ショク漢\sè・qiáng

【字解】形声。艸＋嗇㊥。

【意味】❶（クショ）みずたで。タデ科の一年草。❷「薔薇ショウビ（ソウビ）」は、ばら。バラ科バラ属の植物の総称。

6909【薪】3137 3F45 9064 艸-13 常 (6910)〖薪〗 艸-13 旧字
シン㊥㊦/xīn/たきぎ・まき
【筆順】薪 薪 薪 薪 薪 薪
【字解】形声。艸＋新(たきぎ)㊥。たきぎの意。のち艸を加えた。
【意味】たきぎ。まき。燃料としてたく細い枝や割り木。
【下接】柴薪サイシン・採薪サイシン・積薪セキシン・炭薪タンシン・負薪フシン
【薪採シンサイ】たきぎと、しば。また、それをとる人。
【薪水シンスイ】たきぎと水。転じて、炊事すること。【薪水之労シンスイのロウ】人に仕えて、雑事などに骨身をおしまず働くこと。〔南史-陶潜伝〕
【薪炭シンタン】たきぎとすみ。燃料。
〖抱レ薪救レ火たきぎをいだいてひをすくう〗たきぎを抱えたままで火を防ぐ。害を除こうとする行為が反対に害を助長する結果を導こうとしているたとえ。〔淮南子-覧冥訓〕

6911【薛】7313 692D E54C 艸-13
セツ㊦/xuē/よもぎ
【字解】形声。艸＋辥㊥。篆文は薛。
金文

篆文

【意味】❶よもぎ。キク科の多年草。❷はますげ。カヤツリグサ科の多年草。海岸の砂地などに生える。❸中国、周代の国の名。現在の山東省にあった。❹人の姓。『薛濤』
【参考】「薜ヘイ」(6919)、「辥セツ」(8007)は別字。
【薛濤セットウ】中国、唐代の女流詩人。成都の名妓。元稹・白居易らと交わった。薛濤牋センと呼ばれる深紅の原稿用紙を作った。生没年不詳。

6912【薦】3306 4126 9145 艸-13 常 (6913)〖薦〗 艸-13 旧字
セン㊥㊦/jiàn/すすめる・こも
【筆順】薦 薦 薦 薦 薦 薦
【字解】会意。艸＋廌(角のある獣)。廌が食する草の意という。饌に通じて、すすめる意に用いる。
甲骨文

篆文

【意味】❶くさ。けものが食する草。❷こも。草をあんで作った敷物。しとね。むしろ。『菅薦すがごも』『真薦まこも』❸すすめる。㋑さしあげる。たてまつる。また、そなえもの。『薦羞センシュウ』㋺人物をえらびあげる。推挙する。『薦引』『薦挙』『推薦スイセン』
❸すすめる。
【下接】自薦ジセン・推薦スイセン・奏薦ソウセン・他薦タセン
【薦引センイン】すすめ、ひきたてること。
【薦挙センキョ】人を推薦して役職につかせること。
【薦羞センシュウ】（「羞」はそなえる意）祭りの供え物。
【薦紳センシン】官位のある人。高貴な人。搢紳シンシン。
【薦達センタツ】すすめてある地位にひきあげること。
【薦聞センブン】人材を推薦して、君主に申し上げること。
【薦誉センヨ】人材をほめて、すすめること。

6914【藪】4489 4C79 96F7 艸-13
ソウ「藪」(6948)の異体字

6915【薙】3869 4665 93E3 艸-13
チ㊦・テイ㊦/tì/なぐ
【字解】形声。艸＋雉㊥。草を切りたおす、なぐ意。
【意味】❶なぐ。刈る。草などを横に払って切る。また、そる。髪の毛を剃る。『薙刀』『薙髪』❷「辛薙シンチ」は、こぶし。モクレン科の落葉高木。
【薙刀テイトウ|なぎなた】反らせた刃を付けた長い柄えの武器。長刀。眉尖刀ビセントウ。
【薙髪テイハツ|チハツ】頭をそって出家すること。剃髪テイハツ。

6916【薄】3986 4776 9496 艸-13 常 (6917)〖薄〗 艸-13 旧字
ハク㊥㊦/báo・bó・bò/うすい・うすめる・うすまる・うすらぐ・うすれる・すすき
【筆順】薄 薄 薄 薄 薄 薄
【字解】形声。艸＋溥(ひろい)㊥。草が広がった所、くさはらの意。転じて、うすい意を表す。
【参考】万葉仮名では音を借りて「は」。
【意味】❶うすい。厚みがない。『薄氷』『薄片』『厚薄』❷すくない。とぼしい。わずか。弱い。かるい。『薄情』『薄命』『希薄』『軽薄』『浮薄』⇒〔厚〕(839)の表 ❸せまる。ちかづく。『薄暮』『薄明』『肉薄ニクハク』❹「薄荷ハッカ」は、シソ科の多年草。また、その葉から製した結晶。香料、薬品に用いる。❺国すすき。イネ科の多年草。葉は線形で先がとがる。秋の七草の一。

❶うすい。厚みがない。
【下接】銀薄ギンパク・厚薄コウハク・脆薄ゼイハク／地薄ジうす
【薄衣ハクイ】薄い着物。粗末な衣服。はくえ。
【薄氷ハクヒョウ|うすごおり】薄く張った氷。〖如レ履ニ薄氷一ハクヒョウをふむがごとし〗非常に危険な状況に臨むたとえ。〔詩経-小雅・小旻ショウビン〕
【薄片ハクヘン】薄いかけら。薄い切れはし。

❷すくない。弱い。かるい。
【下接】希薄キハク・澆薄ギョウハク・軽薄ケイハク・刻薄コクハク・酷薄コクハク・浅薄センパク・偸薄トウハク・菲薄ヒハク・浮薄フハク
【薄官ハクカン|ハッカン】薄給の官吏。

【薄技ハクギ】つまらないわざ。へたな芸。

【薄儀ハクギ】少しばかりの謝礼。寸志。薄謝。

【薄遇ハクグウ】冷淡な待遇。冷遇。↔厚遇
【薄才ハクサイ】才知がうすく少ないこと。また、自分の才能をへりくだっていう語。非才ヒサイ。

【薄志ハクシ】①弱い意志。②薄謝。【薄志弱行ハクシジャッコウ】意志が弱く、物事を断行する気力に乏しいこと。

【薄謝ハクシャ】わずかの謝礼。人に進呈する謝礼の謙称。

【薄弱ハクジャク】国①意志、体力などが弱いこと。『意志薄弱』②確かでないこと。『根拠薄弱』

【薄暑ハクショ】初夏、わずかに感じる暑さ。

【薄情ハクジョウ】人情がうすいこと。『薄情者もの』

【薄俗ハクゾク】軽薄な風俗。

【薄田ハクデン】収穫の少ない田地。やせた田。迫田。

【薄徳ハクトク】徳のうすいこと。寡徳カトク。不徳。

【薄夫ハクフ】薄情な男。また、軽薄な人。

【薄物細故ハクブツサイコ】ささいな事柄。

【薄命ハクメイ】①不幸せ。不運。②国短命。『佳人薄命』

【薄利ハクリ】利益の少ないこと。「薄利多売」

【薄禄ハクロク】①俸禄の少ないこと。少禄。微禄。②〈「禄」は天から授かる福分の意〉不幸な宿命。薄幸。

【薄給ハッキュウ】給料の少ないこと。安月給。↔高給
【薄行ハッコウ】軽薄・冷淡な行為。

【薄幸・薄倖ハッコウ】ふしあわせなこと。「薄幸の佳人」❤書き換え「薄倖→薄幸」。

❸せまる。近づく。

【薄暮ハクボ】夕暮れ。暮れ方。

【薄明ハクメイ】日の出前または日没後の空のうすあかり。

【薄夜ハクヤ】夜あけ方。また、日の暮れ方。

【薄寒ハッカン】身にしみる寒さ。

難読姓氏 薄波さざなみ

6918【薇】7315 692F E54E 艸-13
ビ(漢)/wēi/ぜんまい

字解 形声。艸+微(声)。
意味 ❶のえんどう。マメ科の二年草。山に生じる草の一種。食用となる。＊史記-伯夷伝「隠ニ於首陽山ニ采レ薇而食レ之シュヨウザンにかくれ、びをとりてこれをくらう」〔=(伯夷と叔斉は)首陽山に世を隠れ住み、ノエンドウを採って食べた〕❷「紫薇シビ」は、さるすべり。ミソハギ科の落葉高木。❸「薔薇ショウビ」は、ばら。バラ科バラ属の植物の総称。❹ぜんまい。シダ類ゼンマイ科の多年草。若芽を食用とする。紫萁。

6919【薜】7316 6930 E54F 艸-13
ヘイ(漢)・ハク(漢)・ヘキ(漢)/bō・bì

字解 形声。艸+辟(声)。山草の名。
参考 「薛セツ」(6911)は別字。
意味 ❶とうき(当帰)。セリ科の多年草。根を薬用とする。❷山中の麻の類。❸つる草の名。「薜茘ヘイレイ」は、まさきのかずら、「薜蘿ヘイラ」は、まさきのかずら、ねなしかずらの類という。

6920【薬】4484 4C74 96F2 艸-13 常3
(6954)【藥】7327 693B E55A 艸-15 旧字 人
ヤク(呉)(漢)/yào/くすり

筆順 薬 薬 薬 薬 薬 薬

字解 薬は藥の略体。藥は形声。艸+樂(→了・療、おわる・なおる)(声)。病気を治療する草、くすりの意。
意味 ❶くすり。病気やけがの治療などに用いるもの。また、心身に有益なもの。「叱られるのもいい薬くすりだ」「薬草」「薬局」「医薬イヤク」❷化学変化を起こさせる物質。「薬莢」「火薬カヤク」❸「芍薬シャクヤク」は、キンポウゲ科の多年草。根は鎮痛・鎮静剤として用いる。

❶くすり。

下接 医薬イヤク・加薬カヤク・丸薬ガンヤク・救薬キュウヤク・劇薬ゲキヤク・膏薬コウヤク・座薬ザヤク・散薬サンヤク・持薬ジヤク・餌薬ジヤク・主薬シュヤク・生薬ショウヤク・新薬シンヤク・水薬スイヤク・製薬セイヤク・施薬セヤク・仙薬センヤク・煎薬センヤク・丹薬タンヤク・調薬チョウヤク・適薬テキヤク・点薬テンヤク・投薬トウヤク・湯薬トウヤク・毒薬ドクヤク・売薬バイヤク・秘薬ヒヤク・鼻薬ビヤク・媚薬ビヤク・百薬ヒャクヤク・服薬フクヤク・麻薬マヤク・妙薬ミョウヤク・良薬リョウヤク・霊薬レイヤク

【薬罐・薬鑵ヤカン】国銅やアルマイトなどで作った、鉄瓶に似た容器。❤もと薬を煮るのに用いたところから。

【薬王ヤクオウ】①薬の中で最もすぐれたもの。②仏語。「薬王菩薩」の略。釈迦如来シャカニョライの脇侍キョウジの一。妙薬によって民衆の心身の病を治療しようという大願を起こして、仏となる予言を受けた。

【薬学ヤクガク】医薬の製造、管理、検定、利用などの理論および応用を研究する学問。

【薬剤ヤクザイ】調合した薬。薬品。「薬剤師」

【薬師ヤクシ(くすし)】①(ヤクシ)「薬師如来」の略。仏教で、衆生の苦患を救い、悟りに至らせようと誓った仏。像は、左手に薬つぼ、または宝珠を持つ。②(くすし)古く、医者のこと。

【薬酒ヤクシュ】漢方薬などの薬を加えた酒。薬用酒。

【薬種ヤクシュ】漢方薬の原料。「薬種問屋」

【薬石ヤクセキ】薬と石鍼いしばり。転じて、薬品と治療法。【薬石無レ功ヤクセキコウなし】いろいろ治療してもききめがない。人の死をいう。〔唐宣宗-命ニ皇太子即一位冊文〕

【薬草ヤクソウ】薬用になる草。薬用植物。

【薬湯ヤクトウ(くすりゆ)】①(ヤクトウ)煎じ薬。②(くすりゆ)薬品や薬草を入れた、入浴用の湯。

【薬品ヤクヒン】薬。薬剤。医薬品。「化学薬品」

【薬物ヤクブツ】薬。薬品。「薬物療法」

【薬方・薬法ヤクホウ】薬の処方。調剤の方法。

【薬味ヤクミ】①くすりの味。②国食べ物に添える香辛料の類。加薬。トウガラシ、ネギなど。

【薬用ヤクヨウ】薬として用いること。「薬用石鹸」

【薬欄ヤクラン】薬草を栽培する所のかこい。薬草園。

【薬籠ヤクロウ】①薬箱。②腰に下げる薬箱。印籠。【薬籠中物ヤクロウチュウのもの】薬箱の中にある薬品のように、手近にあって、必要なときに自由自在に使える人や物のたとえ。自家薬籠中の物。〔旧唐書-元行沖伝〕

【薬研ヤゲン】国薬種を入れて、軸の付いた円板形の車で押し砕く、舟形の器具。

【薬局ヤッキョク】①薬剤師が調剤を行う薬屋。②病院などで薬剤を調合する所。

【薬効ヤッコウ】薬のききめ。薬の効能。

❷化学変化を起こさせる物質。

下接 火薬カヤク・炸薬サクヤク・試薬シヤク・硝薬ショウヤク・装薬ソウヤク・弾薬ダンヤク・農薬ノウヤク・爆薬バクヤク・釉薬ユウヤク(うわぐすり)

【薬莢ヤッキョウ】弾薬のうち、発射に用いる雷管や発射薬を入れる金属製の筒型の容器。

難読姓氏 薬袋みない・みなえ

6921【蕷】7317 6931 E550 艸-13
ヨ(漢)/yù

字解 形声。艸+預(声)。
意味 「薯蕷ショヨ(ジョヨ)」は、ながいも(長芋)。

6922【蕾】7318 6932 E551 艸-13
ライ(漢)/lěi/つぼみ・つぼむ

字解 形声。艸+雷(声)。
意味 つぼみ。これから咲こうとする花の、まだ咲き開かないもの。「味蕾ミライ」

6923【薐】7319 6933 E552 艸-13
ロウ(漢)/léng

字解 形声。艸+稜(声)。「菠薐ハロウ」は、ほうれんそう。

6924【蕗】4189 4979 9599 艸-13 人
(6925)【蕗】 ― ― 艸-13 旧字
ロ(漢)/lù/ふき

字解 形声。艸+路(声)。
意味 ❶かんぞう(甘草)。マメ科の多年草。薬用。❷国ふき。キク科の多年草。茎は短く地上に出ない。葉

は円形で長柄を持つ。「蕗の薹(とう)」と呼ばれる花茎は、葉柄と共に食用。「苳」「款冬」とも書く。

6926 【臈】━━ 艸-13　(6430)【臘】 7137 6745 E464 肉-13

ロウ(ラフ)漢/là

字解 臘の通俗体。

意味 ❶ろう。動植物から採取する、脂肪に似た物質。「蠟」に同じ。「臈纈(ロウケツ)」❷仏教で、受戒後の修行の年数。また、年功によって得られる身分・地位の称。「臘」に同じ。「戒臈(カイロウ)」「下臈(ゲロウ)」「上臈(ジョウロウ)」「法臈(ホウロウ)」

【臈纈(ロウケツ)】国「臈纈染め」の略。防染に蠟を用いる染色法。蠟染め。

［蠆］⇩ 7038

6927 【薰】━━ 艸-14

クン「薫」(6902)の旧字

6928 【藁】 4746 4F4E 986D 艸-14　(6946)【藳】* 5792 艸-15

コウ(カウ)漢/gǎo/わら

字解 艸+槀省声。稿の別体。

意味 ❶わら。稲や麦などの干した茎。「藁人形(わらニンギョウ)」「藁半紙(わらバンシ)」「藁稭(わらしべ)」「藁苞(わらづと)」❷したがき。詩文などの下書き。❸木が枯れる。「槁」に同じ。

6929 【薩】━━ 艸-14　(6930)【薩】 2707 3B27 8E46 艸-14 †

サチ呉・サツ漢/sà/すくう

意味 ❶梵 sat の音訳字。「薩埵」「布薩(フサツ)」「菩薩(ボサツ)」「拉薩(ラサ)」❷すくう。済度。❸国「薩摩(さつま)」の略。西海道十か国の一。現在の鹿児島県西半部。「薩南学派」「薩長(サッチョウ)」「肥薩(ヒサツ)線」

【薩埵(サッタ)】(梵 sattva の音訳) ①生命のあるもの。有情(ウジョウ)。②「菩提薩埵(ボダイサッタ)」の略で、菩薩(ボサツ)のこと。みずから悟りを求め修行するとともに、他の者も悟りに到達させようと努める者。

【薩南学派(サツナンガクハ)】国日本の朱子学の一学派。文明年間(一四六九～八七)に薩摩の鹿児島に招請された禅僧桂庵玄樹にはじまる。江戸時代に衰亡。藤原惺窩(セイカ)により京に招来され、京学として再生した。

6931 【藉】 7320 6934 E553 艸-14

ジャク呉・シャ漢・セキ漢/jí・jiè/しく・かす・かりる

字解 形声。艸+耤(→席、しく)声。草で編んだしきものの意。

意味 ❶しく。しきものにする。しきもの。「帝藉(テイセキ)」❷かす。かりる。人から物をかりる。また、かこつける。口実にする。「寇(あだ)に兵を藉(か)す」「藉口」「倚藉(イシャ)」❸たすける。なぐさめる。いたわる。「慰藉(イシャ)」「蘊藉(ウンシャ)」「温藉(オンシャ)」「沈藉(チンシャ)」❹みだれる。散らばる。ふみにじる。「藉藉」「狼藉(ロウゼキ)」「踏藉(トウセキ)」

【藉口(シャコウ)】口実をもうけて言い訳をすること。

【藉藉(セキセキ)】①いりみだれて散らばっているさま。②口々に言いはやすさま。③心のうつろなさま。

【藉二寇兵一(あだにヘイをかす)】敵を助けて味方を不利にする。寇に兵を藉して盗に糧を齎(もたら)す。〔史記-李斯伝〕

6932 【薷】* 5773 艸-14

ジュ漢/rú

字解 形声。艸+需声。きくらげ(木耳)の意。

6933 【藷】━━ 艸-14　(6906)【薯】 2982 3D72 8F92 艸-13 †

ショ漢・ジョ慣/shǔ/いも

字解 形声。艸+署声。いも、やまのいもの意。

下接 甘藷(カンショ)・糝藷(シンジョ)・自然藷(ジネンジョ)・馬鈴藷(バレイショ)・蕃藷(バンショ)/仏掌藷(つくねいも)

【藷蕷(ショヨ｜ジョヨ｜とろろ)】①(ショヨ｜ジョヨ) ながいも。②(とろろ) とろろいも。とろろ汁にする、ナガイモ、ヤマノイモ、ツクネイモなどをいう。

6934 【藋】* 5782 艸-14

ジョウ(デウ)呉・チョウ(テウ)漢/diào/あかざ

字解 形声。艸+翟声。

意味 ❶「藜藋(レイジョウ)」は草の名。アカザの一種。❷「蒴藋(サクジョウ)」は、にわとこ。スイカズラ科の落葉低木。

6935 【藎】* 5783 艸-14

ジン呉・シン漢/jìn

字解 形声。艸+盡声。もと草の名であるが、進に通じ、すすみつとめる意に用いる。

【藎臣(ジンシン)】忠誠心のあつい家臣。忠臣。

6936 【薺】 7321 6935 E554 艸-14

セイ漢/jì/なずな

字解 形声。艸+齊声。

意味 ❶なずな。アブラナ科の二年草。各地の路傍などに見られる。日本で、春の七草の一。ぺんぺんぐさ。❷はまびし。つる草の一。

6937 【藏】 7322 6936 E555 艸-14

ゾウ「蔵」(6888)の旧字

6938 【薹】 7323 6937 E556 艸-14

ダイ呉・タイ漢/tái/とう

字解 形声。艸+臺(高いだい)声。花をつける台のような茎ののびた、とうの意。

意味 とう。アブラナ、ホウレンソウ、フキ、ケシなどの花茎をいう。「蕗(ふき)の薹(とう)」「薹が立つ(=野菜が堅くなって食べごろを過ぎてしまう。転じて、人がその目的に最適の年齢を過ぎてしまう)」

6939 【藐】 7324 6938 E557 艸-14

ミョウ(メウ)呉・ビョウ(ベウ)漢・ミャク呉・バク漢/miǎo/はるか

字解 形声。艸+貌(→秒、かすか)声。小さな草の意から、軽んじる意。

意味 ❶(ビョウ) 小さい。小さくてかすかなさま。また、かろんじる。「藐視」❷(バク) はるかに遠い。「藐然」「藐藐」

【藐然(バクゼン)】はるかに遠いさま。とても及びそうもないさま。邈然。

【藐藐(バクバク)】①美しいさま。②さかんなさま。③はるかで遠いさま。④疎遠なさま。人の教えを軽んじるさま。

【藐姑射之山(はこやのやま)】①中国で、不老不死の仙人が住んでいるという想像上の山。姑射山(コヤサン)。〔荘子-逍遥遊〕②国上皇の御所を祝っていう。また、上皇。仙洞(セントウ)御所。仙洞。はこやが峰。♥「藐」ははるか遠い意。「姑射」が山名。元来は「はるかなる姑射の山」の意。

【藐視(ビョウシ)】さげすむ。軽視する。

6940【萹】＊5781 艸-14
ヘン㊂/biān
字解 形声。艸＋扁㊐。ふじまめ。マメ科の一種。

6941【薶】＊5772 艸-14
マイ「埋」(1359)の異体字

6942【藍】一一 艸-14
ラン「藍」(6955)の旧字

［舊］⇨6473 ［雚］⇨8732

6943【藭】＊5791 艸-15
キュウ(キウ)㊂/qióng
字解 形声。艸＋窮㊐。
意味 せんきゅう(川芎)。セリ科の多年草。薬用。

6944【藕】7325 6939 E558 艸-15
ゴウ㊂・グウ㊣/ǒu/はす・はちす
字解 形声。艸＋耦㊐。
意味 はす。はちす。また、ハスの根。蓮根レンコン。

6945【藝】7326 693A E559 艸-15
ゲイ「芸」(6564)の旧字

6946【藳】＊5792 艸-15
コウ「藁」(6928)の異体字

6947【藷】一一 艸-15
ショ「藷」(6963)の異体字

6948【藪】7314 692E E54D 艸-15 (6914)【薮】4489 4C79 96F7 艸-13 †
ソウ㊈㊂/sǒu/やぶ
字解 形声。艸＋數(かずが多い)㊐。鳥獣が多く集まる草地の意。
意味 ❶さわ。また、やぶ。草木が生い茂って鳥獣が集まるところ。転じて、物事が集まるところ。『藪沢』『藪林』『淵藪』 ❷その他。あて字など。『藪医者やぶイシャ』
下接 淵藪エンソウ・山藪サンソウ・談藪ダンソウ・林藪リンソウ／竹藪たけやぶ

【藪沢ソウタク】やぶとさわ。雑木雑草の生い茂るところ。

【藪林ソウリン】草木のしげみと林。叢林ソウリン。

6949【藤】3803 4623 93A1 艸-15 人 (6950)【藤】一一 艸-15 旧字
トウ㊈㊂/téng/ふじ
字解 形声。艸＋滕㊐。
参考 万葉仮名では音を借りて「と㊦」「ど㊦」。
意味 ❶ふじ。マメ科のつる性の落葉木本。また、ふじづる。ふじかずら。つる草の総称。『藤架』『藤蘿』『葛藤カットウ』『紫藤シトウ』 ❷国「藤原ふじわら氏」の略。『源平藤橘ゲンペイトウキツ』 ❸人名。『藤原惺窩』

❶ふじ。ふじかずら。
【藤架トウカ】フジのたな。

【藤蘿トウラ】ふじかずら。つる草の総称。

❸人名。
【藤井竹外ふじいチクガイ】江戸末期の漢詩人。名は啓、字あざなは士開。頼山陽に学び、七言絶句に巧みで、絶句竹外と称せられた。(一八〇七～六六)
【藤田東湖ふじたトウコ】江戸末期の儒者。勤王家。水戸藩士。名は彪ヒョウ。彰考館総裁代理。(一八〇六～五五)
【藤原惺窩ふじわらセイカ】江戸初期の儒者。播磨の人。名は粛、字あざなは斂夫。下冷泉家の出身。近世儒学の祖といわれる。徳川家康に重んぜられた。著に「惺窩文集」「寸鉄録」など。(一五六一～一六一九)
【藤原明衡ふじわらのあきひら】平安後期の漢学者、漢詩文作者。藤原式家の出身で、文章博士モンジョウハカセ・大学頭などを歴任した。「本朝文粋」や「本朝秀句」を編集し、著に「明衡往来メイゴウオウライ」や「新猿楽記」などがある。(九八九～一〇六六)
【藤原公任ふじわらのきんとう】平安中期の歌人・歌学者。関白太政大臣頼忠の子。「和漢朗詠集」の編者。(九六六～一〇四一)

難読姓氏 藤生ふじう 藤曲ふじかね

6951【藩】4045 484D 94CB 艸-15 常 (6952)【藩】一一 艸-15 旧字
ハン㊂/fān・fán/まがき
筆順 藩 藩 藩 藩 藩 藩 藩
字解 形声。艸＋潘㊐。株に同じく、かきね・まがきの意という。かきねで内側をまもることから、君主を守る諸侯の国の意を表す。
意味 ❶まがき。かき。かきね。また、かきねで囲って守る。『藩垣』『藩屏』『藩籬』 ❷王室の守りとなる諸侯。また、日本で江戸時代、大名の領地、領民などの総称。

❶まがき。かきね。かきねで囲って守る。
【藩垣ハンエン】①かき。まがき。②王室の守護。中国では諸王ないし節度使をいう。

【藩屏ハンペイ】①垣根。塀。また、守りとなるもののたとえ。

【藩籬ハンリ】①垣根。転じて、かこい、塀。②守護するもの。保衛。③他とわけへだてるもの。④学問などの入り口、初歩的な段階。門。

❷諸侯。また、日本で大名の領地、領民。
下接 旧藩キュウハン・親藩シンパン・脱藩ダッパン・雄藩ユウハン・列藩レッパン
【藩学ハンガク】＝藩校ハンコウ
【藩翰ハンカン】(「翰」は、はしらのこと) 王室の守りとなること。特に、地方にあって国の鎮めとなるもの。

【藩侯ハンコウ】国藩主。大名。

【藩校・藩黌ハンコウ】国江戸時代、各藩が設けた学校。藩学。

【藩札ハンサツ】国江戸時代、諸藩で発行した、その領内に限り通用した不換紙幣。

【藩鎮ハンチン】①地方の鎮めのために駐屯する軍隊。②王室の藩屏ハンペイとなること。また、その諸侯。また、単に諸侯、大名の意。③中国、唐代の節度使の異称。

【藩閥ハンバツ】国明治政府で、同じ藩の出身者が政府の要職を独占したこと。『藩閥政府』

6953【蘑】＊5789 艸-15
バ㊂・マ㊣/mó
字解 形声。艸＋摩㊐。「蘑訶マカ」は草の名。

6954【藥】7327 693B E55A 艸-15
ヤク「薬」(6920)の旧字

6955【藍】4585 4D75 9795 艸-15 人 (6942)【藍】一一 艸-14 旧字

ラン㊐㊝/lán/あい

字解 形声。艸＋監㊟。

意味 ❶あい。タデ科の一年草。また、あいいろ。アイの葉や茎から製する染料の色。『藍綬』『出藍』『蔚藍』『紅藍』『青藍』＊荀子－勧学「青取二之於藍一、而青二於藍一〔＝青は藍草からできるが、藍草よりも青い色をしている〕」⇒〔碧〕(5275)の表 ❷その他。㋑ぼろ。ぼろきれ。「襤」に同じ。「藍縷」㋺むさぼる。「婪」に同じ。『藍尾』㋩地名。『藍関』『藍玉』㊁あて字、音訳字など。『泊夫藍』『毘藍婆』『伽藍』『甘藍』

❶ あい。また、あいいろ。

【藍綬】藍色の印綬。『藍綬褒章』

【藍碧】藍のような緑色。

【藍本】原本。原典。底本。▼藍は青の出るもとだということからいう。

❷ その他。

【藍関】中国陝西省藍田県の東南にあった関所の名。藍田関とも。

【藍玉】藍田から出る美玉。

【藍田】①中国陝西省西安市の東南にある山名。美しい玉を産出する。玉山。②中国、秦代に置かれた県の名。現在の陝西省西安市の東南。〔藍田生レ玉〕藍田から美玉を産出する。名門からすぐれた子弟を出すことのたとえ。〔呉志－諸葛恪伝〕

【藍尾】（「藍」は、むさぼる意）①饗宴の席で、順々に杯を回し、最後の者が三杯連飲すること。②最後。

【藍縷】（「藍」は、ぼろの意）ぼろきれ。襤褸。

6956 【藟】＊5787 艸－15 ルイ㊝/lěi

字解 形声。艸＋畾(上にまとい重なる)㊟。かずら、つる草の意。

6957 【藜】7328 693C E55B 艸－15 レイ㊝/lí/あかざ

字解 形声。艸＋黎㊟。

意味 ❶あかざ。アカザ科の一年草。葉は食用に、茎は、干して杖にする。『藜藿』『藜羹』❷「蒺藜」は、はまびし。ハマビシ科の一年草。

【藜藿】アカザと豆の葉。転じて、粗末な食べ物。

【藜羹】アカザのあつもの。粗末な食べ物にいう。

【藜杖】アカザの茎で作ったつえ。軽いので老人が用いる。

［藊］⇩5872

［藭］⇩7044

6958 【藹】7329 693D E55C 艸－16 アイ㊝/ǎi

字解 形声。艸＋謁㊟。

意味 ❶草木が茂るさま。さかんなさま。『藹蔚』『黝藹』『幽藹』❷おだやかなさま。『藹然』

【藹藹】おだやかなさま。『和気藹藹』

【藹蔚】草木が茂りあうさま。

【藹然】①さかんなさま。②草木の茂るさま。③おだやかなさま。『和気藹然』

6959 【蘊】7330 693E E55D 艸－16 ウン㊝/yùn/つむ

字解 形声。艸＋縕㊟。薀に同じ。

意味 ❶つむ。つみたくわえる。また、こもる。つつみかくす。ふさがる。ふさぐ。『蘊結』『蘊蓄』『余蘊』❷（梵 skandha の訳語）仏語。積み集められたもの。色（物質性）・受（感覚性）・想（表象性）・行（意志作用）・識（認識作用）の五種の観点から世界をそれぞれの集合と見る。陰。『五蘊』『行蘊』『色蘊』『識蘊』『想蘊』❸おくそこ。おくぶかい。『底蘊』

❶ つむ。つみたくわえる。

【蘊結】思いがつみ重なって、気がふさぐこと。

【蘊藻】水中に生えている草や藻。

【蘊蓄】国十分たくわえた学問、技芸などの深い知識。『蘊蓄を傾けて話す』

❸ おくそこ。おくぶかい。

【蘊藉】性格や態度などが穏やかで包容力のあること。奥ゆかしいこと。

【蘊奥】（「ウンオウ」の連声）教義、学問、技芸などの最も奥深いところ。奥儀。極意。

6960 【藿】＊5801 艸－16 カク（クヮク）㊝/huò

字解 形声。艸＋霍㊟。豆の若葉の意。

意味 豆の若葉。転じて、粗食。『葵藿』『藜藿』

【藿羹】豆の葉の吸い物。粗末な食べ物。

【藿食者】豆の葉を食う者。粗食する者。人民。▼官吏を肉食者というのに対する。

6961 【蘁】―― 艸－16 キョウ 「薑」(6901)の異体字

6962 【蘐】＊5807 艸－16 ケン㊝/xuān

字解 形声。艸＋諼㊟。わすれぐさの意。

【蘐園学派】国（「蘐園」は荻生徂徠の別号）荻生徂徠がとなえた古文辞学派の別称。

6963 【藷】―― 艸－16 ショ㊝/shǔ/いも

(6947)〔藷〕2983 3D73 8F93 艸－15 †

字解 形声。艸＋諸㊟。

意味 ❶さとうきび。「蔗」に同じ。❷いも。やまのいも。「薯」に同じ。❸「甘藷」は、さつまいも。

6964 【蘂】7302 6922 E541 艸－16 ズイ㊝/ruǐ/しべ

字解 形声。木＋惢㊟。しべの意。惢の通俗体。

難読地名 蘂取郡・村（北海道）

6965 【蘇】3341 4149 9168 艸－16 ソ㊐㊝/sū/よみがえる

(6966)〔蘓〕7331 693F E55E 艸－16

字解 形声。艸＋穌㊟。しその意。また、穌に同じく逆もどりする・よみがえる意を表す。金文は、穌に同じ。

金文

篆文

参考 万葉仮名では音を借りて「そ㊥」。

意味 ❶しそ。シソ科の一年草。実や葉は食用。『紫蘇』❷「蘇枋」は、マメ科の落葉小高木。材は染料に用い、紫がかった赤を呈する。❸よみがえる。生きかえる。「甦」に同じ。『蘇生』❹草を刈る。『樵蘇（ショウソ）』❺鳥の尾。または、鳥の尾や糸でつくったふさ飾り。『流蘇（リュウソ）』❻『蘇維埃（ソビエト）』の略。『蘇聯（ソレン）（＝ソ連）』『日蘇（ニッソ）』❼人名、地名など。『蘇州』『蘇軾』『江蘇（コウソ）』❽その他。音訳字など。『蘇迷盧』『蘇摩』

❸ よみがえる。いきかえる。

【蘇活（ソカツ）】＝蘇生（ソセイ）

【蘇生（ソセイ）】よみがえること。生き返ること。蘇活。

【蘇息（ソソク）】①いこい休むこと。また、休息させること。②生気がよみがえること。蘇生。

【蘇鉄（ソテツ）】ソテツ科の常緑低木。暖かい地方に生える。樹勢が弱ったとき鉄分を与えると蘇（よみがえ）るといわれる。

❼ 人名、地名など。

【蘇州（ソシュウ）】中国江蘇省南東部の太湖の東岸にある都市。春秋時代の呉の都。寒山寺などの名勝古跡も多い。

【蘇洵（ソジュン）】中国、北宋の文人。唐宋八大家の一人。蘇軾（ソショク）、蘇轍（ソテツ）の父。軾の大蘇、轍の小蘇に対して老蘇という。（一〇〇九～六六）

【蘇軾（ソショク）】中国、北宋の文人、政治家。字（あざな）は子瞻、号は東坡居士。洵の子。轍の兄。洵の老蘇、轍の小蘇に対して大蘇という。唐宋八大家の一人。「赤壁賦」などの名作を残した。著に、「易書伝」「仇池筆記」「東坡志林」「東坡全集」など。（一〇三六～一一〇一）

【蘇秦（ソシン）】中国、戦国時代の縦横家。秦に対抗して山東の六国である燕・趙・韓・魏・斉・楚の合従（ガッショウ）を説いて、成功。生没年未詳。

【蘇台（ソダイ）】「姑蘇台（コソダイ）」の略。中国、春秋時代、呉王の夫差（フサ）が美人の西施（セイシ）を住まわせた宮殿。

【蘇張（ソチョウ）】中国、戦国時代の雄弁家である蘇秦（ソシン）と張儀。転じて、弁舌のすぐれた人。

【蘇頲（ソテイ）】中国、盛唐の詩人。字（あざな）は廷碩。父の爵である許国公をつぐ。玄宗に信任され、礼部尚書・宰相となる。燕国公張説と並んで詩文にすぐれ、「燕許の大手筆」と称せられた。（六七〇～七二七）

【蘇轍（ソテツ）】中国、北宋の文人。洵の子、軾の弟。洵の老蘇、軾の大蘇に対して小蘇といわれる。唐宋八大家の一人。著に「詩伝」「欒城集」等。（一〇三九～一一一二）

【蘇東坡（ソトウバ）】＝蘇軾（ソショク）

【蘇武（ソブ）】中国、前漢の政治家。字（あざな）は子卿。武帝の時、匈奴に使いして捕われ、一九年間抑留された。匈奴にくだった李陵に降伏をすすめられたが、節を守り通した話が名高い。（前一四〇頃～前六〇）

【蘇民将来（ソミンショウライ）】国疫病よけのための護符。▶「備後風土記（ビンゴフドキ）」の説話の主人公の名から。

❽ その他。音訳字など。

下接 屠蘇（トソ）・耶蘇（ヤソ）

【蘇摩（ソマ）】（梵somaの音訳）古代インドで、酒の一種。蘇摩と名づける植物から液を取り、牛乳などを混入して発酵させたもの。天の神々の飲料として不死（甘露）と称せられた。

【蘇迷盧（ソメイロ）】（梵Sumeruの音訳）仏教の世界説で、世界の中心にそびえ立つという高山。須弥山（シュミセン）。

【蘇婆訶（ソワカ）】（梵svāhāの音訳）仏語。真言（シンゴン）や陀羅尼（ダラニ）の最後に添えていうことばで、願いの成就を祈る秘語。いやさかの意で用いる。

難読地名 蘇洞門（そとも）（福井）

6967 【藻】 3384 4174 9194 艸-16 常 （6968）〖藻〗 艸-16 旧字

ソウ（サウ）呉漢／zǎo／も

筆順 藻 藻 藻 藻 藻 藻

字解 形声。艸＋澡（水で洗う）声。水中に生じ、水に洗われるものの意。

参考 万葉仮名では訓を借りて「も」。

意味 ❶も。みずくさ。水中に生じる植物の総称。『海藻（カイソウ）』❷あや。かざり。美しくかざる。㋑美しい模様。また、かざりたてる。『藻絵』『藻飾』㋺詩文などの美しいことば。『藻思』『詞藻（シソウ）』㋩りっぱな詩文集。『懐風藻（カイフウソウ）』❸品定めする。『藻鑑』『品藻（ヒンソウ）』

❶ も。みずくさ。

下接 蘊藻（ウンソウ）・海藻（カイソウ）・褐藻（カッソウ）・珪藻（ケイソウ）・硅藻（ケイソウ）・紅藻（コウソウ）・蘋藻（ヒンソウ）・緑藻（リョクソウ）／玉藻（たまも）・毬藻（まりも）

【藻荇（ソウコウ）】藻と浮き草。藻蘋（ソウヒン）。

【藻蘋（ソウヒン）】＝藻荇（ソウコウ）

❷ あや。かざり。美しくかざる。

下接 翰藻（カンソウ）・鴻藻（コウソウ）・才藻（サイソウ）・詞藻（シソウ）・文藻（ブンソウ）

【藻雅（ソウガ）】文章にたくみで風流なこと。文雅。

【藻絵（ソウカイ）】絵もよう。美しいもよう。

【藻翰（ソウカン）】①美しい羽毛。②美しく飾った文章。

【藻思（ソウシ）】詩文を作ること。また、詩文の才能。

【藻飾（ソウショク）】飾りたてて美しくすること。

❸ 品定めする。

【藻鑑（ソウカン）】人物や物品の鑑別。また、すぐれた鑑識。

6969 【蕳】 艸-16

タン「萏」（6723）の異体字

6970 【蘋】 7332 6940 E55F 艸-16

ヒン漢／pín／うきくさ

字解 形声。艸＋頻（↓瀕、水ぎわ）声。うきくさの意。

意味 うきくさ。水面に浮かび生える草の総称。

【蘋藻（ヒンソウ）】水面の浮き草と水中の水草。

【蘋蘩（ヒンパン）】浮き草と白艾（しろよもぎ）。ともに神霊への供物として用いるところから、神前に供えるものをいう。

6971 【藾】 7333 6941 E560 艸-16

ライ漢／lài

字解 形声。艸＋頼声。かわらよもぎの意。

6972 【蘭】 4586 4D76 9796 艸-16 人 （6983）〖蘭〗 艸-17 旧字

ラン呉漢／lán／ふじばかま・あららぎ

字解 形声。艸＋闌声。

意味 ❶ふじばかま。キク科の多年草。香草。日本で、秋の七草の一。❷らん。ラン科の多年草の総称。観賞用。また、ランのように美しい、すばらしい。『蘭麝』『春蘭』❸「木蘭（モクラン）」の略。あららぎ。いちい。『蘭舟』『蘭槳』❹国「和蘭（オランダ）」の略。『蘭学』❺あて字、固有名詞など。『盂蘭盆（ウラボン）』『蘭陵』『楼蘭（ロウラン）』

❷ らん。ラン科の多年草の総称。

下接 金蘭（キンラン）・春蘭（シュンラン）・芝蘭（シラン）・紫蘭（シラン）・鈴蘭（すずらん）・葉蘭（はらん）・幽蘭（ユウラン）・君子蘭（クンシラン）・岸芷汀蘭（ガンシテイラン）

【蘭英(ランエイ)】①ランの花。②美酒の名。

【蘭艾(ランガイ)】ランとヨモギ。香草と雑草。すぐれたものと劣ったもの。君子と小人にたとえる。

【蘭薫(ランクン)】ランのよい香り。立派な人格のたとえ。

【蘭桂(ランケイ)】ランとカツラの木。立派な人物のたとえ。

【蘭閨(ランケイ)】①皇妃の寝室。②婦人の美しい寝室。

【蘭蕙(ランケイ)】ランとケイ。ともに香草。賢人君子にたとえる。

【蘭言(ランゲン)】互いに意気が合い、心が通い合うことば。親友のことば。

【蘭交(ランコウ)】親しいもの同士の交際。その美しさをランの香りにたとえていう。〔易経－繋辞伝上〕

【蘭摧玉折(ランサイギョクセツ)】ランがくだけ、玉が折れること。立派な人物や美人が死ぬことのたとえ。〔世説新語－言語〕

【蘭芝(ランシ)】ランと霊芝。ともに瑞草として賞美し、また、めでたいものにたとえる。

【蘭芷(ランシ)】ランとヨロイグサ。ともに香りのよい草。美女や賢人にたとえる。

【蘭麝(ランジャ)】ランの花と麝香の香り。転じて、よい香りのたとえ。『蘭麝の香』

【蘭省(ランショウ|ランセイ)】①中国の官庁、尚書省、また御史台の異称。蘭台。②弁官の異称。蘭台。③皇后の住む宮殿。皇后の寝室。④国太政官の唐名。蘭台。

【蘭燭(ランショク)】香気のある美しい蠟燭の火。

【蘭台(ランダイ)】＝蘭省。→❺
【蘭殿(ランデン)】蘭香の薫る宮殿。皇妃の宮殿をいう。

【蘭灯(ラントウ)】美しいともしび。

【蘭房(ランボウ)】婦人の美しい寝室。また、美人の部屋。

【蘭芳(ランボウ)】ランのかんばしい香り。美徳にたとえる。

❸「木蘭」の略。
【蘭枻(ランエイ)】＝蘭槳
【蘭舟(ランシュウ)】木蘭で作った立派な舟。
【蘭槳(ランショウ)】木蘭で作った舟のかい。蘭枻。

❹(日本語で)「和蘭」の略。
【蘭学(ランガク)】国江戸時代、オランダ語によって西洋の学術、文化を研究した学問。

【蘭方(ランポウ)】国オランダから伝わった医術。

❺ あて字、固有名詞など。
【蘭台(ランダイ|ランタイ)】中国、戦国時代の楚王の離宮の名。今の湖北省、漢水東岸の鐘祥県の東にあったという。→❷
【蘭亭(ランテイ)】晋代、王羲之、孫綽、謝安ら四一人の名士が会して詩文の宴を張った所。遺跡は今の中国浙江省東北部、紹興市の南西、蘭渚にある。
【蘭塔(ラントウ)】座台の上に、卵形の石塔婆をのせた墓石。多くは禅僧の墓標。卵塔。
【蘭陵(ランリョウ)】中国、戦国時代の楚の地。現在の山東省蒼山県の西南。

6973 【藺】 7334 6942 E561 艸－16 リン漢 lìn い
字解 形声。艸＋閵声。
意味 ❶い。いぐさ。イグサ科の多年草。『藺草』『太藺』❷「藺石」は、城の上から敵に石を投げ落とすこと。❸人の姓。『藺相如』
【藺相如(リンショウジョ)】中国、戦国時代の趙の名臣。「完璧」の故事で名高く、また、名将廉頗との間は「刎頸の交わり」として知られる。生没年未詳。

6974 【藶】 ＊5793 艸－16 レキ漢 lì
字解 形声。艸＋歴声。「葶藶」は、いぬなずなの意。

6975 【蘆】 7335 6943 E562 艸－16 (6578)【芦】1618 3032 88B0 艸－4 ロ漢 lú あし・よし
字解 形声。艸＋盧声。

参考 万葉仮名では音を借りて「る」。

意味 ❶あし。よし。イネ科の多年草。『蘆花』『蘆管』『蘆笛』『蘆荻』❷「葫蘆・瓠蘆」は、ふくべ。ひょうたん。❸あて字。『蘆薈』

【蘆葦(ロイ)】あし。よし。

【蘆花(ロカ)】アシの花。また、アシの穂わた。

【蘆花浅水(ロカセンスイ)】アシの花の咲く、浅い水辺。

【蘆薈(ロカイ)】国アロエ。ユリ科アロエ属の植物の総称。葉は厚い剣状で縁にとげを持つ。汁液は健胃剤などとなる。「医者いらず」ともいう。▶江戸時代、属名のラテン aloe をロエと読んでこの漢字をあてたもの。

【蘆管(ロカン)】＝蘆笛
【蘆汀(ロテイ)】アシの生えている水ぎわ。

【蘆笛(ロテキ)】アシの葉を巻いて作った縦笛。

【蘆荻(ロテキ)】アシとオギ。

難読地名 芦品郡(広島) 芦原町(福井)

6976 【蘢】 7336 6944 E563 艸－16 ロウ漢 lóng
字解 形声。艸＋龍(大きくさかん)声。いぬたでの意。また、草木が生いしげるさま。

【蘗】⇨1709

6977 【蘡】 ＊5814 艸－17 オウ(アウ)漢・エイ漢 yīng
字解 形声。艸＋嬰(つながりつづく)声。「蘡薁」は草の名。えびづるの意。

6978 【蘧】 ＊5815 艸－17 キョ漢 qú なでしこ
字解 形声。艸＋遽声。
意味 ❶なでしこ。ナデシコ科の多年草。蘧麦。❷みずからさとるさま。はっと気がつくさま。『蘧蘧然』❸「蘧廬」は、はたご、旅館の意。❹人名。『蘧伯玉』
【蘧蘧然(キョキョゼン)】はっと気がつくさま。今まで漠然としていたものが、明確になるさま。＊荘子－斉物論「俄然覚、則蘧蘧然周也〔ガゼンとしてさむれば、すなわちキョキョゼンとしてシュウなり〕(＝にわかに夢からさめてみると、はっとして我に返り、自分が荘周であることを知った)」
【蘧伯玉(キョハクギョク)】中国、春秋時代の衛の賢大夫。

6979 【蘘】 ＊5810 艸－17 ジョウ(ジャウ)漢 ráng
字解 形声。艸＋襄声。みょうが(蘘荷)の意。

6980 【蘚】 7337 6945 E564 艸－17 セン呉漢 xiǎn こけ
字解 形声。艸＋鮮声。
意味 こけ。特に、茎、葉の区別の明らかなもの。

【蘚書】岩石の上に生えているコケが字のような模様になっているもの。
【蘚苔】コケ。「蘚苔植物」
【蘚磴】コケの生えている石段。

6981 【蘯】 6628 623C E1BA 艸-17 トウ
「盪」(5152)の異体字

6982 【蘩】 *5816 艸-17 ハン㊥fán
字解 形声。艸＋繁(=緐)㊟。
意味 ❶しろよもぎ。キク科の多年草。❷「蘩蔞」は、はこべ。ナデシコ科の越年草。春の七草の一。

6983 【蘭】 ─── 艸-17 ラン
「蘭」(6972)の旧字

6984 【蘞】 *5813 艸-17 レン㊥liàn・liǎn\えぐい・えごい
字解 形声。艸＋斂㊟。
意味 ❶やぶからし。ブドウ科のつる性多年草。❷えぐい。えごい。のどをいらいらと刺激するような味。

6985 【蘰】 7338 6946 E565 艸-17 かずら
字解 国字。「葛」「鬘」「蔓」に同じ。

［蘖］⇩3385 ［蘗］⇩3386 ［蘤］⇩9084

6986 【蘹】 ─── 艸-19 カイ(クヮイ)㊥huái
字解 形声。艸＋懷㊟。「蘹香」は、ういきょう(茴香)の意。

6987 【蘼】 *5820 艸-19 ビ㊥mí
字解 形声。艸＋靡㊟。「蘼蕪」は、せんきゅう(川芎)の異名。

6988 【蘿】 7339 6947 E566 艸-19 ラ㊥luó\つた・かずら
字解 形声。艸＋羅(つらなる)㊟。つた・かずらの意。
意味 ❶つた。かずら。つる性植物の総称。「蘿径」「蘿窓」「緑蘿」❷「蘿衣」は、さるおがせ。地衣類サルオガセ科の総称。「松蘿」「女蘿」❸「蘿蔔」は、すずしろ。大根のこと。❹あて字。「海蘿」
【蘿径】つたかずらのおい茂っているこみち。
【蘿月】つたかずらを照らす月。つたかずらからもれる月光。
【蘿窓・蘿窗】つたかずらの這いかかった窓。隠者の家の窓などにいう。

［蘷］⇩1481

141 虍部 とら

甲骨文 篆文

虍は、とらを表す。とらの、口を張った頭部の象形。この形を部標として、とら、とらの性状、とらに関する事象を表す字が虍部をなす。

虍(0画) 虍
虍(2画) ②虎 ③虐虐 ④虔虒 ⑤虚處 處虛虗 ⑥虛虜 ⑦虞虞虜
虍 ⑪虧 ⑫虧
虍 ⑦號 ⑨虢

6989 【虍】 7340 6948 E567 虍-0 コ㊥hū
字解 部首解説を参照。

6990 【虎】 2455 3857 8CD5 虍-2 人 コ㊥㊥hǔ\とら
(66) 【乕】 7341 6949 E568 丿-6

筆順

字解 象形。全形のとらの形に象り、とらの意。
甲骨文 金文 篆文

同属字 虒・彪・唬・琥・號(号)・虢

意味 ❶とら。ネコ科の猛獣。また、たけだけしいもの、強いもののたとえ。『虎穴』『虎視』『猛虎』❷その他。人名、熟字訓など。『虎渓』『虎拝』

❶とら。
下接 臥虎・騎虎・白虎・猛虎・竜虎・両虎・老虎・狼虎・暴虎馮河

【虎威】トラの、他の群獣を恐れさせる威力。強大な武力や権力をいう。→仮虎威
【虎牙】①トラの牙。②中国、漢代、将軍の名称の一。また、将軍の異称。虎牙将軍。
【虎踞】①トラがうずくまっていること。②権力のある者がある位置を占めて勢威を振るうこと。
【虎穴】トラがすんでいる穴。転じて、非常に危険な場所や状況。【不入虎穴、不得虎子】虎穴に入らなければ、トラの子を奪いとることはできない。大変な危険を冒さなければ功名を得ることはできないの意。〔後漢書-班超伝〕
【虎口】トラの口。非常に危険な場所や状態のたとえ。『虎口の難』【脱於虎口】危機を脱する。〔史記-劉敬叔孫通伝〕
【虎子】①トラの子。虎児。②便器。おまる。虎子の箱。
【虎視眈眈】トラが獲物をねらって身構え、鋭く見つめるさま。転じて、機会をねらい、すきがあればつけ入ろうとうかがうさま。〔易経-頤〕
【虎須・虎鬚】トラのひげ。また、それに似た口ひげ。【編虎須】トラのひげを編む。非常に危険なことをするたとえ。〔荘子-盗跖〕
【虎嘯】①トラがほえること。②英雄、豪傑が世に出て活躍することのたとえ。
【虎臣】①いさましい家来。②護衛の家来。

【虎竹(コチク)】 兵を発するのに用いた銅製でトラの形をした割符(銅虎符)と、兵を徴調するのに用いた竹製の割符(竹使符)のこと。

【虎擲竜拏(コテキリョウダ)】 トラと竜とがつかみ合って争うこと。両雄がはげしく戦うさま。

【虎頭(コトウ)】 [1]トラの頭。[2]頭の形がトラに似ること。貴い身分になる人相。[3]トラの頭の形をした屋根飾り。

【虎豹(コヒョウ)】 トラとヒョウ。転じて、勇猛なもの、猛悪なもののたとえ。

【虎符(コフ)】 昔、中国で兵士を発するしるしとして天子から与えられた、トラの形の銅製の割符。

【虎変(コヘン)】 トラの毛が抜け替わり、模様があざやかにきわだつこと。〔易経-革〕

【虎榜(コボウ)】 官吏登用試験の合格者を発表する掲示板。♥俊才をトラにたとえていう。

【虎賁(コホン)】 (猛虎が走るように勇猛である意) [1]中国の古代の官名の一。勇士八〇〇人をもって王の護衛にあてたもの。[2]剛勇をもって主君に仕える人。

【虎狼(コロウ)】 トラとオオカミ。また、きわめて残酷なもののたとえ。【虎狼之心(コロウのこころ)】 トラやオオカミのように残忍な心。＊史記-秦始皇本紀「秦王有二虎狼之心一(シンオウコロウのこころあり)〔=滅ぼされた秦王は、トラやオオカミのような残忍な心を持っていた〕」

〖虎負レ嵎(とらグウをおう)〗 トラが山の一角を背にして立つ。転じて、英雄が一地方に割拠すること。〔孟子-尽心下〕

〖虎而冠(とらにしてカンす)〗 トラが、人の衣冠をつけていること。暴悪残虐な官吏のたとえ。〔史記-斉悼恵王世家〕

〖仮二虎威一(とらのイをかる)〗 他の権勢に頼って威張る小人物のたとえ。〔戦国策-楚〕♥トラに捕まえられたキツネが、「わたしを食べると天帝の意思に背くことになる。その証拠にわたしの後ろからついてきてごらんなさい」と言い、トラといっしょに歩いたところ、獣たちはトラを見て逃げ出したが、トラは獣たちがキツネを恐れて逃げたのだと思ったという寓話から。

〖虎死留レ皮(とらはシしてかわをとどむ)〗 トラは、死後も皮となって珍重される。人はその死後に残した名誉や功績で評価されることのたとえ。人は死して名を留む。

〖画レ虎類レ狗(とらをえがきていぬにルイす)〗 力量のないものがすぐれた人の真似をしてかえって軽薄になったり、あまりに高遠なものを求めて、かえって不成功に終わったりすることのたとえにいう。〔後漢書-馬援伝〕

〖養レ虎遺レ患(とらをやしないてうれいをのこす)〗 可愛がって育てたトラの子が猛虎になってわざわいとなる。情愛にひかれて、災いの種を断たず、後日に禍根を残すことのたとえ。〔史記-項羽本紀〕

〖放二虎於野一(とらをヤにはなつ)〗 猛威のあるものを、自由な状態におくこと。後にわざわいを残すような危険なものを野放しにしておくことのたとえにいう。〔義経記-二〕

❷ その他。人名、熟字訓など。

[下接] 猟虎(ラッコ)・獺虎(ラッコ)・蝦虎魚(はぜ)

【虎虚之誤(コキョのあやまり)】 文字の誤り。♥「虎」と「虚」は字形が似通っていて誤りやすいところから。

【虎渓三笑(コケイサンショウ)】 中国、晋の慧遠(エオン)が、廬山の東林寺に隠棲して、門前の虎渓をわたったことがなかったが、陶淵明、陸修静を送るとき、話に夢中になって虎渓を過ぎてしまい、気がついて三人で大笑いしたという故事。画題とする。〔廬山記〕

【虎拝(コハイ)】 臣下が主君に拝謁(ハイエツ)するときの礼。♥「虎」は召穆公(ショウボクコウ)の名。

【虎落(もがり)】 割り竹を筋違いに組み合わせ、縄で結い固めた柵(サク)。竹矢来(たけやライ)。

【虎列刺(コレラ)】 コレラ菌の感染による法定伝染病の一。

【虎杖(いたどり)】 タデ科の多年草。若い茎は食用、根茎は利尿・健胃剤。すかんぽ。

6991 【虐】 2152 3554 8B73 虍-3 [常] (6992)〖虐〗 虍-3 旧字

ギャク(漢)/nüè/しいたげる・いじめる

[筆順] 虐 虐 虐 虐 虐

[字解] 会意。虐は虍+⺕(=爪、つめ・手)。虎(とら)をつかまえることから、むごい意。

[同属字] 瘧・謔

[意味] しいたげる。いじめる。そこなう。むごたらしく扱う。また、むごい。きびしい。

[下接] 苛虐(カギャク)・凶虐(キョウギャク)・酷虐(コクギャク)・惨虐(サンギャク)・残虐(ザンギャク)・嗜虐(シギャク)・自虐(ジギャク)・賊虐(ゾクギャク)・大虐(タイギャク)・暴虐(ボウギャク)

【虐殺(ギャクサツ)】 むごたらしい手段で殺すこと。『大量虐殺』

【虐政(ギャクセイ)】 人民をしいたげる政治。

【虐待(ギャクタイ)】 むごい扱いをすること。『動物を虐待する』

6993 【虔】 7342 694A E569 虍-4

ケン(漢)/qián/つつしむ

[字解] 会意。虍+文(いれずみ)。神に捧げる虎に入れ墨を施すことから、つつしむ意を表す。金文は、その儀礼のさまを表すか。

金文

篆文

[意味] ❶つつしむ。おごそかにつつしむ。『虔恪』『虔恭』『敬虔』→下接。❷ころす。そこなう。『虔劉』

[下接] 恪虔(カッケン)・恭虔(キョウケン)・敬虔(ケイケン)・粛虔(シュクケン)

【虔恪(ケンカク)】 つつしむこと。

【虔恭(ケンキョウ)】 つつしんで、うやうやしくすること。

【虔虔(ケンケン)】 つつしむさま。

【虔劉(ケンリュウ)】 殺すこと。殺害すること。

6994 【虒】 ＊5825 虍-4

シ(漢)・テイ(漢)・チ(漢)/sī

[字解] 形声。虎+厂(声)。

[同属字] 遞・褫・謕

[意味] 「委虒(イシ)」は、トラに似て、角があり、水中を泳ぐとされる獣。

6995 【虚】 2185 3575 8B95 虍-5 [常] (7000)〖虛〗 虍-6 旧字 [人]

コ(呉)・キョ(漢)/xū/むなしい・うつろ・うろ・うそ

[筆順] 虚 虚 虚 虚 虚

[字解] 虚は虛の通俗体。虛は形声。业(=丘、おか)+虍(→巨、おおきい)(声)。大きな丘の意から転じて、むなしい意。

[同属字] 歔・嘘・墟

[参考] 万葉仮名では音を借りて「こ(乙)」。

[意味] ❶むなしい。中にものがない。からっぽ。うつろ。↔実。『虚空』『虚無』『空虚(クウキョ)』 ❷むなしい。実がない。うわべだけである。うそ。↔実。『虚栄』『虚偽』『虚飾』 ⇒〔空〕(5525)の[表] ❸むなしくする。心をむなしくする。邪心をもたない。『虚静』『虚心』『謙虚(ケンキョ)』 ❹よわい。力がない。また、よわる。『虚弱』『虚脱』『腎虚(ジンキョ)』 ❺星の名。二十八宿の一。とみてぼし。こうま

竹米糸缶网(罒・⺳・⺲)羊羽(⺷)老(耂)而耒耳聿肉(月) 6画 臣自至臼(臼)舌舛(舛)舟艮色艸(艹・艹・艹)虍虫血行衣(衤)襾(西・覀)

座、みずがめ座付近にある。『虚宿(キョシュク)』

❶ むなしい。からっぽ。うつろ。

下接 盈虚(エイキョ)・空虚(クウキョ)・玄虚(ゲンキョ)・大虚(タイキョ)・太虚(タイキョ)

【虚引(キョイン)】から弓を引くこと。→❸

【虚幌(キョコウ)】人のいない部屋の窓にかけられたカーテン。＊杜甫-月夜「何時倚二虚幌一、双照涙痕乾(いずれのときかキョコウによりならびてらされてルイコンかわかん)〔=いつになったら、(妻と)二人で人けのないとばりに寄り添いながら月光に照らされ、顔の涙のあとが乾くことだろう〕」

【虚字(キョジ)】中国古典語法における品詞の大別の一。古くは実字(実体のあるものを指す名詞)以外のすべてを呼んだが、現在では通常、副詞、接続詞、助動詞、前置詞などを助字と呼んで区別し、それ以外の「行」「帰」「高」「低」など、動詞、形容詞に当たる字をいう。

【虚室(キョシツ)】何もない部屋。あきべや。〖虚室生レ白(キョシツハクをショウず)〗何もない部屋にこそ、日光がさし込んで明るくなる。人の心も無念無想であってこそ真理に達することができるということ。〔荘子-人間世〕

【虚舟(キョシュウ)】①客や荷物などの乗っていない舟。②比喩的に、心がひろびろしているさま。〔晋書-謝安伝・賛〕

【虚無(キョム)】①何もなくむなしいこと。空虚。②世の中の真理や価値、存在を無意味なものと考えること。『虚無的な思想』『虚無主義』③老子の説で、天地万物の本体は認識を越えた形状のないものであるとする境地。

〖涵レ虚(キョをひたす)〗虚空を水中に浸す。湖水の果てが空にとけこんでいるさま。＊孟浩-臨二洞庭一「涵レ虚混二太清一(キョをひたしてタイセイにコンず)〔=湖水は空にとけこんで、天空と水とが一つに混ざりあっている〕」

【虚空(キョクウ|コクウ)】①天と地の間。空。②むなしいこと。実体がないこと。③人がいなくてさびしい所。【虚空蔵菩薩(コクウゾウボサツ)】虚空を蔵にしているかのように限りない知恵と慈悲を持つ菩薩。虚空蔵。

【虚仮(コケ)】①仏語。万象がすべて実体のないもの、仮に現れているものであること。真実でないこと。また、外面と内心とに相違があるさま。②国愚かなこと。ばか。『虚仮にする』

❷ むなしい。うわべだけである。うそ。

【虚位(キョイ)】実権の伴わない地位。

【虚威(キョイ)】外見だけの威勢。虚勢。からいばり。

【虚栄(キョエイ)】外見を飾って自分をよく見せようとすること。みえ。『虚栄心』

【虚喝(キョカツ)】虚勢をはり、他人をおどかすこと。

【虚器(キョキ)】名ばかりで用にたたないうつわ。転じて、実質の伴わない存在。

【虚偽(キョギ)】真実であるかのような見せかけ。偽り。↕真実。〔荘子-盗跖〕『虚偽の申し立て』

【虚業(キョギョウ)】投機のような堅実でない事業。『虚業家』❤「実業」をもじっていう。

【虚虚実実(キョキョジツジツ)】計略、秘術を尽くして戦うこと。『虚々実々の駆け引き』

【虚言(キョゲン)】他人をあざむく言葉。うそ。『虚言症』

【虚構(キョコウ)】つくりごと。事実でないことを事実のように見せること。フィクション。『虚構の世界』

【虚辞(キョジ)】真実でない言葉。虚言。

【虚実(キョジツ)】①うそとまこと。また、虚偽か真実かということ。『虚実とりまぜた話』②「虚虚実実」の略。

【虚受(キョジュ)】才能のないものが官職を受けること。→❸

【虚飾(キョショク)】内容が伴わない外見ばかりの飾り。

【虚声(キョセイ)】根拠のない名声。虚名。〔韓非子-六反〕

【虚勢(キョセイ)】国見せかけだけの勢い。強がり。『虚勢を張る〔=からいばりをする〕』

【虚説(キョセツ)】事実無根のうわさ。↕実説

【虚像(キョゾウ)】①実態とは異なる見せかけの姿。↕実像。②物体から出た光が、レンズや反射鏡などを通って発散するとき、その光像を逆方向に延長して、収束させた位置にできる像。↕実像

【虚誕(キョタン)】事実無根のことを、おおげさに言うこと。虚妄(キョモウ)。〔王羲之-蘭亭記〕『虚誕の説』

【虚談(キョダン)】つくりばなし。そらごと。虚説。

【虚聞(キョブン)】①事実無根のうわさ。虚伝。②実力以上の評判。虚名。

【虚報(キョホウ)】事実でない、また、事実と違った通報。

【虚夢(キョム)】事実にあわない夢。うその夢。

【虚名(キョメイ)】事実とは異なる、実力以上の評判や名声。『虚名を博する』

【虚妄(キョモウ)】事実でないこと。うそ。偽り。

【虚礼(キョレイ)】うわべだけで、誠実さのない礼儀。形式だけの無用な礼式。『虚礼廃止』

❸ 心をむなしくする。

下接 謙虚(ケンキョ)・静虚(セイキョ)・恬虚(テンキョ)

【虚引(キョイン)】心をむなしくして人を受け入れること。↓❶

【虚受(キョジュ)】自分をむなしくしてよく人の言葉を聞き、受け入れること。→❷

【虚徐(キョジョ)】①態度などがゆったりとしていて上品なさま。②あれこれ疑い迷うこと。〔班固-幽通賦〕

【虚心(キョシン)】心をむなしくすること。先入観を持たず、素直な心でいること。無心。〔荘子-漁父〕『忠言を虚心に聞く』『虚心坦懐(タンカイ)』

【虚静(キョセイ)】虚心で平静であること。

【虚中(キョチュウ)】①雑念をはらって専心すること。②体内の精気が衰えること。〔枚乗-七発〕

【虚沖(キョチュウ)】心にわだかまりがないこと。〔礼記-祭義〕

【虚霊不昧(キョレイフマイ)】天から享(う)ける明徳の精神は清浄霊妙で、邪欲に昧(くら)まされることなく、それ自体は空であるが万物に対し鏡のように照応するの意。天性の徳のすぐれて明らかなることをいう。〔朱熹-大学章句〕

❹ よわい。また、よわる。

【虚弱(キョジャク)】体がひよわなさま。『虚弱体質』

【虚脱(キョダツ)】体力がなくなり、死にそうになること。また、気力が抜け、ぼんやりすること。『虚脱状態』

【虚労(キョロウ)】病気などで、心身が疲労衰弱すること。

6996 【處】 ― ― 4961 515D 997C 虍－5 ショ 「処」(575)の旧字

6997 【處】 ― ― 虍－5 ショ 「処」(575)の異体字

6998 【虚】 ― ― 虍－5 (6999)〖虗〗 ― ― 虍－5

ロ㊥

字解 虛は虚の通俗体。虛は形声。由(口が小さいかめ)＋虍(とらの皮の丸いもよう)㊥。丸く小さなかめの意。また、虍はくるりととりかこむ意で、ろくろを回してつくった小さなかめの意とも。

7000【虚】 ―― 虍－6
キョ「虛」(6995)の旧字

7001【虜】 ―― 虍－6
リョ「虜」(7004)の旧字

7002【虞】 2283 3673 8BF1 虍－7 常
(7003)〖虞〗 ―― 虍－7 旧字

グ㊉㊅/yú/おそれ・おそれる

筆順 虍 虍 虐 虞 虞 虞

字解 形声。虍＋呉㊉。とらに似た動物の意。懼に通じて、おそれる意に用いる。

金文  篆文 

参考 万葉仮名では音を借りて「ぐ」「ご㊉」。

意味 ❶おそれ。おそれる。うれい。うれえる。『虞犯少年』『艱虞(カング)』『憂虞(ユウグ)』 ❷おもんぱかる。思いをめぐらす。『不虞(フグ)』 ❸昔、中国で山林や沢を管理した役人。❹その他。固有名詞など。㋑人名、地名など。『虞世南』『虞美人』『虞淵』㋺中国古代の王朝の名。舜(シュン)が帝位にあった時代。『虞芮之訟』㋩「騶虞(スウグ)」は、想像上の獣の名。生物を食さず、生草を踏まず、君主に至信の徳がある場合に現れるという霊獣。

【虞淵(グエン)】中国の伝説で、太陽の没するところ。

【虞世南(グセイナン)】中国、唐初の名臣。字(あざな)は伯施、諡(おくりな)は文懿(ブンイ)。徳行、忠直、博学、文詞、書翰の五絶と称賛された。詩文に長じ、書家として名が高い。編著に「北堂書鈔」がある。(五五八～六三八)

【虞芮之訟(グゼイのうったえ)】互いに自己の利益を主張して訴えること、また、互いに自己の非を悟って訴訟を取り下げることのたとえ。〔史記-周本紀〕❤昔、中国の虞と芮の二国が田を争って、西伯(文王)の決裁を仰ごうと周の国に行ったところ、耕す者は畔(あぜ)を譲り、行く者は道を譲りあうのを見て恥じたという故事から。

【虞犯(グハン)】国将来罪を犯すおそれがあること。『虞犯少年』

【虞美人(グビジン)】中国、秦代末期の楚王、項羽の愛姫。項羽が漢の劉邦によって垓下(ガイカ)に包囲されたとき、最後の酒宴で項羽の詩に和して舞い、自殺した。安徽省定遠の東方に墓がある。その墓に生えた草から虞美人草の名が由来するという。虞姫(グキ)。

【虞美人草(グビジンソウ)】ヒナゲシの異名。

7004【虜】 4626 4E3A 97B8 虍－7 常
(7001)〖虜〗 ―― 虍－6 旧字 ㊅

ロ㊅・リョ㊉/lǔ/とりこ

筆順 虍 虍 虏 虜 虜 虜

字解 虜は虜の通俗体。虜は形声。力(ちから)＋虜(＝虜、くるりと取り囲む)㊉。力ずくで取り囲む、とらえる意。

意味 ❶とりこ。とりこにする。いけどる。いけどり。『虜囚』『降虜(コウリョ)』『俘虜(フリョ)』『捕虜(ホリョ)』＊史記-項羽本紀「若属皆且レ為レ所レ虜(なんじがぞくみなまさにとりことするところとならんとす)」〔＝お前たちは、みな今にも、捕虜にされてしまうだろう〕 ❷しもべ。めしつかい。❸えびす。野蛮人。また、敵をののしる語。『北虜南倭(ホクリョナンワ)』『虜醜』『胡虜(コリョ)』『戎虜(ジュウリョ)』

【虜囚(リョシュウ)】とらわれた人。とりこ。捕虜。『虜囚の身』

【虜醜(リョシュウ)】敵のやつら。ののしっていう語。

【虜掠(リョリャク)】人をとらえ、財物をかすめとること。

［慮］⇩2410 ［膚］⇩6311 ［盧］⇩5151

［爈］⇩9228

虍 ▐

［彪］⇩2264 ［戯］⇩2650

7005【虧】 7344 694C E56B 虍－11
(7006)〖虧〗 ―― 虍－12

キ㊅/kuī/かける

字解 形声。亏(まがり出る空気のさま)＋虘(↓缺、かける)㊉。かける意。

意味 かける。欠け落ちる。少なくなる。減る。

【虧盈(キエイ)】欠けることと満ちること。盈虧。

【虧欠(キケツ)】欠けていること。完全でないこと。

【虧食・虧蝕(キショク)】日食。また、月食。

【虧損(キソン)】徳や利益などが、かけ損じること。

虍 ▐

7007【號】 7343 694B E56A 虍－7
ゴウ「号」(917)の旧字

7008【虢】 ＊5834 虍－9
カク(クヮク)㊅/guó

字解 会意。虎＋寽(つめのある両手)。虎(とら)のつめあとの意。また、中国古代の国名。「虢国夫人」は、唐の楊貴妃の姉。

金文  篆文 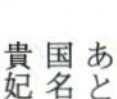

142 虫部 むし

甲骨文  金文  篆文 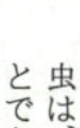

虫は、頭と長い尾とで象った、まむし(キ)。まむしは神秘的な力をもつと考えられ、また、恐怖の対象だった。虫部の部標としては、へびの類のほか、地に這うもの、うじむしから生ずるもの、貝の類など、一般にけもの、とり、うお等に分類されない動物を表す。部標の虫は字の左部または下部に用いられ、左部にあるものを「むしへん」という。チュウは、もと蟲の音、単体の虫をチュウとするのは、蟲の略体としてである。

虫◆ 虫 蟲

虫▬ ⑰ 蠱

虫▬ ② 虱 蚤 ④ 蚕 蚩 蚤 蚕 ⑤ 蛍 蛋 ⑥ 蛩 蛬 蛮 ⑦ 蜀 蜃 蜑 ⑧ 蜚 蜜 ⑨ 蝨 蝥 蝱 ⑩ 蟣 螢 螽 ⑪ 螯 螽 蟄 蟄 蠆 蟁 蟊 ⑫ 蟨 ⑬ 蟹 蠁 蠆 蠃 ⑭ 蠒 ⑮ 蠢 蠡 ⑯ 蠹 ⑰ 蠭 ⑱ 蠶 蠹 ⑲ 蠻

虫▌ ① 虬 ② 虮 ③ 虹 虵 虻 ④ 蚓 蚘 蚣 蚋 蚇 蚈 蚪 蚍 蚨 蚊 蚌 ⑤ 蚶 蚯

蛄 蚱 蛆 蚺 蛇 蚳 蛁 蚫 蚰 蚄 蛉 ⑥ 蛙 蛔 蛕 蛞 蛟 蛤 蛭 蛛 蛑 蛧 蛯 ⑦ 蜒 蛾 蛺 蜆 蜈 蜐 蜱 蜍 蜎 蛸 蛻 蜓 蛽 蜉 蜂 蜏 蛹 蜊 蜋 ⑧ 蜴 蜿 蜾 蜞 蜺 蜷 蜡 蜻 蜹 蜥 蜘 蜩 蜨 蜱 蜯 蜢 蝄 蜮 蜽 蝋 ⑨ 蝟 蝘 蝌 蝦 蝸 蝎 蝴 蝗 蝤 蝉 蝶 蝪 蝮 蝠 蝙 蝓 蝣 蝿 蝲 ⑩ 螠 螘 螈 螓 螟 螂 ⑪ 螾 蟋 蟀 螬 螭 螳 蟆 螺 螻 蟎 蟐 ⑫ 蟣 蟯 蟪 蟖 蟭 蟬 蟼 蟠 蟛 蟒 蟟 ⑬ 蠏 蠍 蟻 蟾 蟶 蟷 蠎 蠅 蠊 ⑭ 蠑 蠖 蠐 蠕 ⑮ 蠛 蠣 蠟

虫 ③ 虺 ⑧ 蝕 ⑨ 蝕 ⑩ 螣 融 融 ⑰ 蠲

虫

7009 【虫】 3578 436E 928E 虫－0 常1 (7010)〔蟲〕 7421 6A35 E5B3 虫－12

チュウ（チウ）呉漢\chóng・huǐ\むし

筆順 虫 虫 中 虫 虫 虫

字解 虫（音は、キ漢）は、部首解説を参照。常用漢字では、虫は蟲の略体として代用する。蟲は、会意。虫＋虫＋虫。多くのむしの意。拼音は、虫は huǐ、蟲は chóng。

意味 ❶むし。獣・鳥・魚類以外の下等動物。特に昆虫。『羽虫（ウチュウ）〔＝とり〕』『甲虫（コウチュウ）〔＝かめ〕』『毛虫（モウチュウ）〔＝けもの〕』『裸虫（ラチュウ）〔＝人類〕』『鱗虫（リンチュウ）〔＝さかな〕』『虫害』『殺虫』『幼虫』『寄生虫』 ❷動物の総称。

❶ むし。獣・鳥・魚類以外の下等動物。

下接 益虫（エキチュウ）・介虫（カイチュウ）・回虫（カイチュウ）・害虫（ガイチュウ）・蟯虫（ギョウチュウ）・駆虫（クチュウ）・甲虫（コウチュウ｜かぶとむし）・昆虫（コンチュウ）・殺虫（サッチュウ）・条虫（ジョウチュウ）・除虫（ジョチュウ）・成虫（セイチュウ）・精虫（セイチュウ）・蛆虫（ソチュウ｜うじむし）・糞虫（フンチュウ）・鞭虫（ベンチュウ）・防虫（ボウチュウ）・捕虫（ホチュウ）・螟虫（メイチュウ）・幼虫（ヨウチュウ）／條虫（さなだむし）・瓢虫（てんとうむし）・鼓虫（みずすまし）・水蠟虫（いぼたろうむし）・叩頭虫（こめつきむし）・尺蠖虫（しゃくとりむし）・象鼻虫（ぞうむし）・吉丁虫（たまむし）・寄居虫（やどかり）

【虫書（チュウショ）】 ①中国、秦（シン）代の書体の一。虫のはいまわる形に似た書体。虫篆（チュウテン）。 ②虫の食ったあとが、篆書のように見えるもの。

【虫垂（チュウスイ）】 脊椎（セキツイ）動物の盲腸の下部にある小突起物。虫様突起。『虫垂炎』

【虫豸（チュウチ）】 むし。むしけら。人をいやしめてもいう。

【虫篆（チュウテン）】 ＝虫書（チュウショ）

【虫媒花（チュウバイカ）】 受粉が昆虫の媒介で行われる花。

【虫臂鼠肝（チュウヒソカン）】 虫のひじとネズミのきも。きわめて小さくつまらないもののたとえ。〔荘子－大宗師〕

虫

7011 【蠱】 7435 6A43 E5C1 虫－17

コ漢\gǔ\まどわす

字解 会意。蟲（祭器）＋皿（さら）。甲骨文は、巫女が行う、人をまどわす呪術。そこなう、まどわす意を表す。

甲骨文   篆文 

意味 ❶穀物の中の虫。『巫蠱（フコ）』 ❷まじないに用いる虫。 ❸毒する。害する。『蠱毒』 ❹まどわす。まよわす。まどう。まよう。『蠱疾』『蠱惑』 ❺易の六十四卦（カ）の一。☶☴。壊乱の果てに新しいものが起こるかたち。

【蠱疾（コシツ）】 女性に心が迷い乱れる病気。

【蠱毒（コドク）】 巧みに毒を盛って、人を害すること。

【蠱惑（コワク）】 人の心をひき付けてまどわすこと。

虫

7012 【虱】 7345 694D E56C 虫－2 (7028)〔蝨〕 7392 697C E59C 虫－9

シツ漢\shī\しらみ

字解 虱は蝨の通俗体。蝨は形声。蚰＋卂（はやくきる）声。しらみの意。

意味 しらみ。シラミ目シラミ各科に属する昆虫の総称。哺乳動物の皮膚に寄生し、吸血する。半風子。

7013 【蚤】 虫－2

ソウ 「蚤」（7016）の異体字

7014 【蚕】 2729 3B3D 8E5C 虫－4 常6 (7051)〔蠶〕 7436 6A44 E5C2 虫－18 旧字

サン漢\cán\かいこ・こ

筆順 蚕 蚕 蚕 蚕 蚕 蚕

字解 常用漢字では、蚕は蠶の略体として代用する。蠶は形声。䖵＋朁（ひそむ・かくれる）声。まゆに身をかくすかいこの意。蚕は、もと蠶とは別字で形声。虫＋天声。みみずの意。音は、テン漢。

甲骨文  篆文 

意味 ❶かいこ。蚕蛾（サンガ）の幼虫。繭から絹糸をとる。 ❷固有名詞、熟字訓など。『蚕叢』『草石蚕（ちょろぎ）』『沙蚕（ごかい）』『蚕糸』『蚕食』『養蚕（ヨウサン）』

❶ かいこ。

下接 育蚕（イクサン）・柞蚕（サクサン）・桑蚕（ソウサン）・天蚕（テンサン｜やままゆ）・農蚕（ノウサン）・野蚕（ヤサン）・養蚕（ヨウサン）・天蚕糸（テンサンシ｜てぐす）／秋蚕（あきご）・毛蚕（けご）・夏蚕（なつご）・春蚕（はるご）

【蚕衣（サンイ）】 ①まゆ。 ②カイコを飼う人の着る衣服。 ③絹の着物。

【蚕月（サンゲツ）】 養蚕をする月。陰暦四月の異称。

【蚕糸（サンシ）】 ①カイコのまゆから採った糸。絹糸。生糸。 ②国養蚕と製糸。『蚕糸試験場』

【蚕児（サンジ）】 カイコの異称。

【蚕食（サンショク）】 カイコがクワの葉を食べるように、他人の領域などを侵略してゆくこと。『海外市場を蚕食する』

【蚕桑（サンソウ）】 カイコを飼い、クワを育てること。

【蚕繅（サンソウ）】 カイコを飼い、まゆから糸をたぐること。

【蚕豆（サントウ｜そらまめ）】 マメ科の一年草、または越年草。種子は楕円形で扁平（ヘンペイ）。食用。♥さやの形がカイコに似ているところから。

❷ 固有名詞など。

【蚕史（サンシ）】 「史記」の別名。♥中国、前漢の司馬遷（シバセン）が宮刑に処せられて蚕室に入れられ、その中で「史記」を執筆したところから。

【蚕叢(サンソウ)】 中国、蜀(ショク)王の伝説的な先祖。転じて、蜀(現在の四川省地方)の別名。

7015 【蚩】 7348 6950 E56F 虫－4 シ㊥/chī/わらう

字解 形声。虫＋㞢㊐。虫の名。また、わらう意。
同属字 嗤
意味 ❶虫の一種の名。❷わらう。ばかにする。「嗤」に同じ。『蚩笑』❸おろか。『蚩蚩』❹みだす。みだれる。『蚩蚩』❺みにくい。『妍蚩(ケンシ)』❻人名。『蚩尤』
【蚩蚩(シシ)】 ①おろかなさま。②乱れたさま。③手厚いさま。丁寧でへりくだるさま。
【蚩笑(シショウ)】 あざけりわらうこと。嗤笑(シショウ)。
【蚩尤(シユウ)】 中国古代の、伝説上の人物。黄帝と涿鹿(タクロク)に戦って敗北したという。【蚩尤旗(シユウキ)】 ほうき星に似て、尾を旗のように引いている星。昔、中国では、世が乱れる前兆とされた。

7016 【蚤】 3934 4742 9461 虫－4 (7013)〔蚤〕 虫－2 ソウ(サウ)㊥/zǎo/のみ・はやい・つとに

字解 形声。虫＋叉(＝爪、つめ・つめでひっかく)㊐。かまれるとかゆい、のみの意。
同属字 搔・騷(騒)
意味 ❶のみ。ノミ科の昆虫の名。人畜の血液を吸う害虫。❷はやい。つとに。また、若い。「早」に同じ。『蚤起』『蚤歳』『蚤朝』『蚤夭』❸つめ。「爪」に同じ。『蚤甲』❹熟字訓。『水蚤(みじんこ)』

❷ はやい。つとに。また、若い。

【蚤起(ソウキ)】 朝早くおきること。早起(ソウキ)。
【蚤歳(ソウサイ)】 若いとき。弱年。
【蚤世(ソウセイ)】 ＝蚤夭(ソウヨウ)
【蚤知之士(ソウチのシ)】 機を見るに敏な人。先見の明のある人。〔戦国策－燕〕
【蚤朝(ソウチョウ)】 つとに(チョウす) 朝早くから政務を執ること。
【蚤莫(ソウボ)】 朝と日暮れ。
【蚤夜(ソウヤ)】 早朝から深夜まで。
【蚤夭(ソウヨウ)】 若死にすること。早世。夭折(ヨウセツ)。蚤世。
＊史記－伯夷伝「回也屢空、糟糠不ㇾ厭、而卒蚤夭(カイやしばしばむなしく、ソウコウあかずして、ついにソウヨウせり)」〔＝顔回はたびたび一文無しになって、酒かすや米ぬかのような粗末な食べ物さえも十分に食べることができずに、最後には早死にした〕」

7017 【蚉】 ―― 虫－4 ブン 「蚊」(7068)の異体字

7018 【蛍】 2354 3756 8C75 虫－5 常 (7032)〔螢〕 7405 6A25 E5A3 虫－10 旧字
ケイ㊥・エイ㊥/yíng/ほたる

筆順 蛍 蛍 蛍 蛍 蛍 蛍

字解 蛍は、螢の略体。螢は形声。虫＋熒(めぐらしたかがり火)省㊐。光を発するむし、ほたるの意。

意味 ほたる。甲虫目ホタル科に属する昆虫の総称。腹端に発光器を持ち夜間に光る。

【蛍火(ケイカ)】 ほたるび ①ホタルの発する光。②(ほたるび) 比喩的に、小さく消え残った炭火。

【蛍光(ケイコウ)】 ①ホタルが尾部から発する光。②ある物質に光や放射線などを照射したときに起こる発光。『蛍光塗料』『蛍光灯』

【蛍雪之功(ケイセツのコウ)】 苦労して学問をすること。苦学。蛍窓雪案(ケイソウセツアン)。❤中国、晋の車胤(シャイン)が、ホタルを集めてその光で書を読み〔晋書－車胤伝〕、また孫康(ソンコウ)が雪の明かりで書を読んだ〔蒙求〕という故事から。

7019 【蛋】 3533 4341 9260 虫－5 タン㊥/dàn

字解 形声。虫(蔑称)＋疋㊐。蜑の通俗体。中国南方の種族名。また、たまごの意。
意味 ❶中国南方の水上に住む種族の名。「蜑」に同じ。❷たまご。鳥のたまご。『蛋白』『皮蛋(ピータン)』
【蛋白(タンパク)】 ①卵の白身。卵白。②「蛋白質」の略。高分子化合物で、生物細胞の原形質を構成する主要物質。

7020 【蛩】 7362 695E E57D 虫－6 キョウ㊥/qióng/ぬけがら・こおろぎ

字解 形声。虫＋巩(→空、うつろ)㊐。ぬけがらの意。
意味 ❶ぬけがら。せみのぬけがら。❷こおろぎ。『秋蛩(シュウキョウ)』❸「蛩蛩(キョウキョウ)」は、㋑うれいをいだくさま。㋺北海にすむという馬に似た伝説上の獣の名。

7021 【蛬】 7363 695F E57E 虫－6 キョウ㊥/gǒng・qióng/こおろぎ

字解 形声。虫＋共㊐。こおろぎの意。蛩に同じ。

7022 【蛮】 4058 485A 94D8 虫－6 常 (7053)〔蠻〕 7439 6A47 E5C5 虫－19 旧字
バン㊥/mán/えびす

筆順 蛮 蛮 蛮 蛮 蛮 蛮

字解 蛮は蠻の略体。蠻は形声。虫(蔑称)＋䜌(→變、かわる)㊐。漢民族とは異なった習俗の種族。一説に、虫は、動物の意とも。金文は、䜌に同じ。

金文

篆文

意味 ❶えびす。中国南部に住む未開の種族。また、文化の開けていないこと。外国人の卑称。『蛮夷』『蛮族』『南蛮』❷あらあらしい。乱暴なさま。『蛮声』『蛮勇』『野蛮(ヤバン)』❸「綿蛮(メンバン)」は、小鳥のさえずる声。また、うぐいすの異名。

❶ えびす。また、外国人の卑称。

【蛮夷(バンイ)】 野蛮人。夷狄(イテキ)。【蛮夷戎狄(バンイジュウテキ)】 中国の周囲の未開な国々。❤古来、中国では自国を中心として周囲の国々を、南蛮(ナンバン)・東夷(トウイ)・西戎(セイジュウ)・北狄(ホクテキ)と称した。

下接 夷蛮(イバン)・荊蛮(ケイバン)・土蛮(ドバン)・南蛮(ナンバン)・野蛮(ヤバン)

【蛮荊(バンケイ)】 (「荊」は楚ッの意) 南方のえびす。

【蛮語(バンゴ)】 えびすのことば。異国の言語。外国語。

【蛮荒(バンコウ)】 遠くの南方の未開人。野蛮人。

【蛮触之争(バンショクのあらそい)】 カタツムリの角(つの)の右にいる蛮氏と、左にいる触氏との争い。小さい料簡から互いにつまらないことで争うことのたとえ。蝸牛角上(カギュウカクジョウ)の争い。〔荘子－則陽〕

【蛮族(バンゾク)】 野蛮な種族。❤書き換え「蕃族→蛮族」。

【蛮奴(バンド)】 ①異国人をいやしめていう語。②異民族の召し使い。また、異民族の歌妓。

【蛮貊(バンパク)】 南方の蛮人と北方の蛮人。南蛮と北狄(ホクテキ)。

❷ あらあらしい。乱暴なさま。

【蛮行(バンコウ)】野蛮な行い。

【蛮習(バンシュウ)】野蛮な風習。

【蛮人(バンジン)】野蛮な人。

【蛮声(バンセイ)】粗野な大声。

【蛮勇(バンユウ)】物事の筋道をよく考えないで、しゃにむに腕力を発揮すること。向こう見ずの勇気。

7023【蜀】 7370 6966 E586 虫－7 ショク㊥／shǔ

字解 象形。大きな目があり、からだが曲がったむしの形に象り、あおむしの意。

甲骨文 金文 篆文

同属字 屬(属)・濁・獨(独)・燭・蠋・觸(触)・躅・鐲・髑・钃

意味 ❶いもむし。あおむし。蝶(チョウ)や蛾(ガ)の幼虫で、毛のないもの。❷中国の国名。㋑中国の三国時代の王朝。正式の国名は漢。前漢の景帝の後裔と称する劉備(リュウビ)が蜀(四川)にたてた国(二二一～二六三)。魏・呉と天下を三分したが、劉備の子の劉禅が魏軍に降伏して滅亡した。蜀漢。『蜀相』『蜀都』『蜀魂』㋺中国の五代十国の一。前蜀(九〇七～九二五)、後蜀(九三四～九六五)。㋩四川省の別名。『蜀犬』『蜀江』『蜀山』『蜀道』『巴蜀(ハショク)』『望蜀(ボウショク)』

❷ 中国の国名。

【蜀山(ショクザン)】①中国四川省地方の山。②中国江蘇(コウソ)省宜興県の南東にある山。独山。

【蜀黍(ショクショ／もろこし)】イネ科の一年草。アフリカ原産で、日本には中国を経て渡来した。実は食用。とうきび。

【蜀相(ショクショウ)】中国、三国時代、蜀漢の宰相だった諸葛孔明(ショカツコウメイ)をいう。

【蜀都(ショクト)】中国、三国時代、蜀漢の都、成都のこと。

【蜀道(ショクドウ)】蜀の地(現在の四川省)に通じる険しい道。多難な人生のたとえ。

【蜀漢(ショッカン)】中国、三国時代の王朝蜀の通称。

【蜀犬吠レ日(ショッケンひにほゆ)】識見の狭い人が、他人の非凡な言行に対して疑いを抱くこと。〔柳宗元-答二韋中立一論二師道一書〕♥中国の蜀地方は山地で霧が深く、日のさすことがまれなため、太陽を見ると犬が怪しんで吠えるという。

【蜀江(ショッコウ)】中国四川省の成都付近を流れる川。長江の上流の一部。

【蜀江錦(ショッコウのにしき)】①日本の上代に中国から伝えられた錦織。法隆寺に伝わる遺物の名。②室町時代に輸入された、特有の文様を持つ美しい錦。③京都の西陣などで、①を模して織り出した錦。蜀錦(ショッキン)。♥蜀江の水に糸をさらしたところからの名。

【蜀魂(ショッコン)】「杜鵑(ほととぎす)」の異名。〔華陽国志-蜀志〕♥中国、三国時代、蜀漢の望帝の魂が化して杜鵑になったという故事から。

7024【蜃】 7371 6967 E587 虫－7 シン㊥／shèn

字解 形声。虫(小さな生物・かい)＋辰(二枚貝のおおはまぐり)㊥。おおはまぐりの意。のちに虫を加えた。

意味 ❶おおはまぐり。貝の名。気を吐いて楼閣を描くという。『蜃気楼』『蜃蛤』❷みずち。蛇に似た、想像上の動物。

【蜃気楼(シンキロウ)】大気密度の大きな変化で起こる、光の異常屈折現象で、海上や砂漠で、遠方に都市や船、オアシスなどが浮かびあがって見えるもの。海市。♥昔、蜃(おおはまぐり)が気を吐いて楼閣を描くと考えられたことから。

【蜃蛤(シンコウ)】(「蛤」は小さいハマグリ)ハマグリのこと。

【蜃市(シンシ)】＝蜃気楼(シンキロウ)

7025【蜑】 7373 6969 E589 虫－7 タン㊥／dàn／あま

字解 形声。虫＋延㊥。中国南方の民族を呼ぶ名。

意味 ❶中国南方の水上生活者。「蛋」に同じ。『蜑戸』『蜑民』❷国あま(海人)。漁夫。『蜑戸』

【蜑戸(タンコ)】①水上生活者。蜑民。②国海人(あま)の住む家。漁家。漁戸。

【蜑民(タンミン)】＝蜑戸(タンコ)

7026【蜚】 7384 6974 E594 虫－8 ヒ㊥／fěi・fēi／あぶらむし・とぶ

字解 形声。虫＋非㊥。

意味 ❶いなむし。稲につく害虫。❷あぶらむし。ゴキブリ。❸とぶ。「飛」に同じ。『蜚語』『蜚鳥』『蜚廉』

＊史記-楚世家「三年不レ蜚不レ鳴(サンネンとばずなかず)」〔＝三年の間、飛びも鳴きもしない〕」

【蜚語(ヒゴ)】根拠のないうわさ。流言。飛語(ヒゴ)。

【蜚鳥(ヒチョウ)】飛ぶ鳥。飛鳥(ヒチョウ)。

【蜚廉(ヒレン)】①風の神。風伯。飛廉(ヒレン)。②想像上の神鳥の名。③中国、殷(イン)の紂王(チュウオウ)の悪臣の名。

7027【蜜】 4410 4C2A 96A8 虫－8 ミチ㊉・ミツ㊉・ビツ㊥／mì

字解 形声。虫＋宓(中にひそかにとじこめる)㊥。はちみつの意。

意味 ❶みつ。ハチが植物の花からとって貯える甘い液体。はちみつ。『蜜蜂(ミツばち)』『蜜豆(ミツまめ)』『蜜蠟』→下接。❷みつのように甘い。『蜜柑』『蜜月』❸音訳字。『波羅蜜(ハラミツ)』

下接 餡蜜(アンミツ)・白蜜(しろミツ)・水蜜(スイミツ)・糖蜜(トウミツ)・蜂蜜(はちミツ)

【蜜柑(ミカン)】ミカン科の常緑小高木。果実は黄色に熟し、生食される。

【蜜月(ミツゲツ)】①結婚して間もない日々。ハネムーン。『蜜月旅行〔＝新婚旅行〕』②親密な関係にある時期。♥英 honey-moon の訳語。

【蜜蠟(ミツロウ)】蜜蜂の巣を構成する蠟。化粧品、蠟燭(ロウソク)、クレヨンなどに用いる。

7028【蝨】 7392 697C E59C 虫－9 シツ 「虱」(7012)の異体字

7029【蝥】 ＊5919 虫－9 ブ㊥・ボウ㊥・ボウ(バウ)㊥・ム㊗／máo・móu
(7040)【蟊】 ＊5953 虫－11

字解 形声。虫＋敄㊥。ねきりむし。昆虫類の幼虫で、農作物の苗の根を食害する害虫の総称。

7030【蝱】 ＊5921 虫－9 ボウ(バウ)㊥／méng／あぶ

字解 形声。蚰＋亡㊥。虻に同じ。

意味 ❶あぶ。昆虫の名。形はハエに似るが、やや大形。人畜の血を吸う。❷草の名。ユリ科の多年草。観賞用、または薬用に栽培される。貝母(バイモ)。

7031【蟣】 ― ― 虫－10 キ 「蟣」(7169)の異体字

7032【螢】 7405 6A25 E5A3 虫－10 ケイ 「蛍」(7018)の旧字

7033 【螙】 ＊5938 虫-10
ト 「蠹」(7052)の異体字

7034 【螯】 7408 6A28 E5A6 虫-11
ゴウ(ガウ)㊥/áo/はさみ
字解 形声。虫+敖㊤。
意味 ❶はさみ。カニのはさみ。『蟹螯カイゴウ』❷「車螯シャゴウ」は、オオハマグリ。

7035 【螽】 7410 6A2A E5A8 虫-11
シュ㊐・シュウ(シウ)㊥/zhōng/いなご
字解 形声。䖵+終省㊤。
意味 ❶いなご。バッタ科の昆虫。稲の害虫。稲虫いなむし。❷きりぎりす。キリギリス科の昆虫。機織はたおり虫。❸「草螽ソウシュウ」は、はたはた。ばった。
【螽斯シュウシ】①きりぎりす。②いなご。また、イナゴは群集し、数多く産卵するところから、子孫が繁栄することのたとえ。〔詩経-周南・螽斯〕
『阜螽フシュウ』

7036 【螫】 7414 6A2E E5AC 虫-11
セキ㊥/shì・zhē/さす
字解 形声。虫+赦(↓射、さす)㊤。毒虫がさす意。

7037 【蟄】 7415 6A2F E5AD 虫-11
チュウ(チフ)㊥・チツ㊜/zhé・zhí/かくれる
字解 形声。虫+執(とらえじっと保つ)㊤。虫が土の中にとじこもる意。
意味 かくれる。虫などが冬眠のために土中にとじこもる。『蟄居』『啓蟄ケイチツ』『潜蟄センチツ』『閉蟄ヘイチツ』
【蟄居チッキョ】家の中に閉じこもって外出しないこと。
【蟄雷チツライ】その年初めてのかみなり。♥その音を聞いて、冬眠していた虫が目をさますということから。
【蟄竜チツリョウ|チツリュウ】地中に隠れひそんでいる竜。時を得ないで、雌伏している英雄のたとえ。伏竜。

7038 【蟇】 7417 6A31 E5AF 虫-11 (7164)【蟆】 7418 6A32 E5B0 虫-11
バ㊥/má/かえる・がま・ひき
字解 形声。虫+莫㊤。
意味 かえる。がま。がまがえる。ひきがえる。
【蟇蛙ひきがえる】ヒキガエル科の大形のカエル。

7039 【蟁】 ＊5950 虫-11
ブン 「蚊」(7068)の異体字

7040 【蟊】 ＊5953 虫-11
ボウ 「蝥」(7029)の異体字

7041 【蟴】 ―― 虫-12
シ 「蟖」(7172)の異体字

7042 【蟹】 1910 332A 8A49 虫-13 (7180)【蠏】 7423 6A37 E5B5 虫-13
カイ㊥/xiè/かに
字解 形声。虫+解(足がばらばらに分かれる)㊤。
意味 かに。甲殻類に属する節足動物の一種。
下接 蝦蟹えびがに・毛蟹けがに・細蟹ささがに・笹蟹ささがに・沢蟹さわがに
【蟹眼カイガン】(カニの目に似た小さい泡が立つ程度の沸き加減の意で)茶釜の湯の煮えたぎること。
【蟹甲カイコウ】カニの甲羅。
【蟹行カイコウ】①カニが這はって行くこと。また、カニのように横に移動すること。よこばい。②語句の表記に、文字を横に並べていくこと。日本で、欧米の文字についていう。
【蟹螯カイゴウ】カニのはさみ。

7043 【蠁】 ＊5972 虫-13
キョウ(キャウ)㊥/xiǎng
字解 形声。虫+鄉(↓向、むく・方向)㊤。問えば方角を示すという虫、にしどちの意。

7044 【蠆】 ＊5974 虫-13
タイ㊥/chài/さそり
字解 会意。虫+萬(さそり)。さそりの意。のちに虫を加えた。「蜂蠆ホウタイ」は、ハチとサソリ。小さいが恐るべきもののたとえ。

7045 【蠃】 ＊5973 虫-13
ラ㊥/luǒ・luó/なめくじ
字解 形声。虫+羸(なめくじ・かたつむり等の象形)㊤。体が柔らかいなめくじの意。のちに虫を加えたもの。

7046 【蠒】 ＊5980 虫-14
ケン㊥/jiǎn/まゆ
字解 繭の通俗体。まゆの意。

7047 【蠢】 7433 6A41 E5BF 虫-15
シュン㊥/chǔn/うごめく・おろか
字解 形声。䖵+春㊤。一般に、春は生物が活気づく季節であるところから、春になり虫がうごめく意という。
意味 うごめく。虫がうごく。また、おろか。
【蠢爾シュンジ】小虫などのうごめくさま。転じて、取るに足りないものがうごめきさわぐさま。
【蠢蠢シュンシュン】①虫などのうごめくさま。②おろかで取るに足りないものが動きまわるさま。
【蠢動シュンドウ】①虫などがうごめくこと。②つまらぬものが、こそこそと策動すること。

7048 【蠡】 7434 6A42 E5C0 虫-15
レイ㊥・リ㊥/lí・lǐ/ひさご
字解 形声。䖵+彖㊤。
意味 ❶むしばむ。❷ひさご。ひょうたんを割って作った器。❸巻き貝の一種。にな。また、ほら貝。
【蠡測レイソク】ひさご、あるいは、ほら貝で海の水を測る意。小知で大事を測ること。見識の狭いこと。また、事を成し得ないこと。〔東方朔-答二客難一〕♥「以レ蠡測レ海レイをもってうみをはかる」の意から。

7049 【蠧】 7438 6A46 E5C4 虫-16
ト 「蠹」(7052)の異体字

7050 【蠭】 ＊5990 虫-17
ホウ 「蜂」(7108)の異体字

7051 【蠶】 7436 6A44 E5C2 虫-18
サン 「蚕」(7014)の旧字

7052 【蠹】 7437 6A45 E5C3 虫-18 (7033)【螙】 ＊5938 虫-10 (7049)【蠧】 7438 6A46 E5C4 虫-16
ト㊥/dù/きくいむし・のむし
字解 形声。もと、䖵+橐(中空の中にある)㊤。蠹は、䖵

＋橐省(声)。
[意味] きくいむし。木材や樹木を食う害虫。また、しみ。のむし。衣服や書物を食う害虫。転じて、むしばむ。一般に物事を害する。
【蠹害トガイ】虫が食って物をそこなうこと。転じて、物事をそこない害をなすことのたとえ。
【蠹簡トカン】虫が食った書類。
【蠹魚トギョ(しみ)】本や衣服を食いあらすとされる昆虫の名。衣魚しみ。紙魚しみ。
【蠹書トショ】①虫が食った書物。蠹簡トカン。②書物を虫干しすること。
【蠹毒トドク】害虫がものを食害すること。転じて、物事に悪い影響を与えること。

7053 【蠻】 7439 6A47 E5C5 虫－19
バン 「蛮」(7022)の旧字

虫

7054 【虬】 ＊5838 虫－1
キュウ 「虯」(7055)の異体字

7055 【虯】 ＊5839 虫－2 (7054)〔虬〕＊5838 虫－1
グ(呉)・キュウ(キウ)(漢)/qiú/みずち
[字解] 形声。虫(へび)＋丩(まつわりつく)(声)。みずちの意。
[意味] ❶みずち。蛇に似た、角つののある想像上の動物。『虯竜』❷みずちがとぐろをまくようにぐるぐる曲がるさま。まつわりつくさま。『虯髯』『虯蟠』
【虯髯キュウゼン】みずちのように曲がっているひげ。
【虯蟠キュウバン】みずちがとぐろを巻くように相まつわり、わだかまること。
【虯竜キュウリョウ】①想像上の動物。角つののある竜とも、また、角のない竜ともいう。みずち。②曲がりくねった木。

7056 【虹】 3890 467A 93F8 虫－3 [人]
コウ(漢)・コウ(カウ)(漢)/hóng jiàng/にじ
[字解] 形声。虫(へび)＋工(かけはし)(声)。天空にかかるへび、にじの意。古く、中国では、にじは大蛇のしわざと考えられた。
甲骨文 
篆文 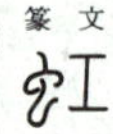
[意味] にじ。雨後、太陽の反対方向の空中に弧を描く七色の帯。また、それに似た形状のもの。『雲虹ウンコウ』『彩虹サイコウ』『白虹ハッコウ』
【虹旗コウキ】にじを描いた天子の旗。
【虹橋コウキョウ】にじの橋。また、美しい橋をにじに見たてた語。
【虹霓・虹蜺コウゲイ】にじ。♥昔、にじを竜とみなし、雄の「虹」に対し、「霓・蜺」は雌とみなされた。
【虹彩コウサイ】眼球の水晶体の前面にあって、瞳孔をからみ、その開閉や明暗の調節を行う輪状の膜。
【虹泉コウセン】たき。瀑布バクフ。

7057 【虵】 ＊5840 虫－3
ジャ 「蛇」(7076)の異体字

7058 【虻】 1626 303A 88B8 虫－3
ボウ(バウ)(漢)/méng/あぶ
[字解] 形声。虫＋亡(声)。
[意味] あぶ。双翅ソウシ目の昆虫。形はハエに似るが、やや大形。人畜の血を吸う。「蝱」に同じ。『蚊虻ブンボウ』

7059 【蚓】 7346 694E E56D 虫－4
イン(漢)/yǐn/みみず
[字解] 形声。虫＋引(のびる)(声)。みみずの意。
[意味] みみず。『蚯蚓キュウイン』『春蚓シュンイン』

7060 【蚘】 ＊5847 虫－4
ユウ(イウ)(漢)・カイ(クヮイ)(漢)/yóu·huí
[字解] 形声。虫＋尤(声)。
[意味] ❶「蚩蚘シユウ」は、古代伝説上の人物の名。❷「蚘虫カイチュウ」は、回虫カイチュウの意。「蛔・蛕」に同じ。

7061 【蚣】 7347 694F E56E 虫－4
ク(呉)・コウ(漢)/gōng
[字解] 形声。虫＋公(声)。「蜈蚣ゴコウ」は、むかで。節足動物の一種。

7062 【蚋】 7350 6952 E571 虫－4 (7121)〔蜹〕＊5906 虫－8
ゼイ(漢)/ruì/ぶゆ・ぶよ・ぶと
[字解] 形声。虫＋内(＝芮)(声)。
[意味] ぶゆ。ぶよ。ぶと。双翅ソウシ目ブユ科に属する昆虫の総称。人畜に群がって血を吸う。『蚊蚋ブンゼイ』

7063 【蚇】 ―― 虫－4
セキ(漢)/chǐ
[字解] 形声。虫＋尺(しゃく)(声)。「蚇蠖セッカク」はしゃくとりむし。

7064 【蚦】 ＊5851 虫－4
ゼン 「蚺」(7075)の異体字

7065 【蚪】 7349 6951 E570 虫－4
トウ(漢)・ト(慣)/dǒu
[字解] 形声。虫＋斗(声)。「蝌蚪カト」は、おたまじゃくし。

7066 【蚍】 ＊5844 虫－4
ヒ(漢)/pí
[字解] 形声。虫＋比(声)。「蚍蜉ヒフ」は、大きな蟻あり。
【蚍蜉撼ニ大樹一ヒフタイジュをうごかす】大きなアリが大木を動かす。自分の力量や身のほどをわきまえず、大それた事を行うたとえ。〔韓愈－調ニ張籍一〕

7067 【蚨】 ＊5853 虫－4
フ(漢)/fú
[字解] 形声。虫＋夫(声)。「青蚨セイフ」は、水虫の一種。中国の南海にすむという。形はセミに似る。

7068 【蚊】 1867 3263 89E1 虫－4 [常] (7017)〔蚉〕―― 虫－4 (7039)〔蟁〕＊5950 虫－11
ブン(漢)/wén/か
[筆順] 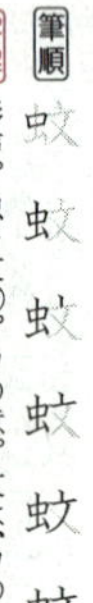
[字解] 形声。虫＋文(声)。カの意。文は、カの羽音の擬声語という。蚊は、蟁の重文による。
金文 
篆文 
重文 
[参考] 万葉仮名では訓を借りて「か」。
[意味] か。双翅ソウシ目カ科に属する昆虫の総称。多く夏に発生し、飛ぶときに特有の羽音をたてる。雌は人や家

畜の血を吸い、雄は植物の汁を吸う。「蜻蚊セイブン」

【蚊睫ブンショウ】カのまつげ。極めて細かいもののたとえ。

【蚊蚋ブンゼイ】カやブユの類。【蚊蚋負山ブンゼイやまをおう】カがなくて重い任務に堪えられないことのたとえ。蚊負ブンフ。〔荘子‐応帝王〕

【蚊帳ブンチョウ|かや】部屋につって寝床をおおいカを防ぐ具。

【蚊虻ブンボウ】（「虻」はアブの意）カとアブ。転じて、弱小なもの、つまらないもののたとえ。

【蚊母鳥ブンボチョウ】夜鷹よたかのこと。♥俗説では、口からカをはくという。

【蚊雷ブンライ】多くのカが集まって飛ぶ音のうなり。

7069 【蚌】 7351 6953 E572 虫－4 (7127)〔蜯〕* 5903 虫－8

ボウ（バウ）呉・ホウ（ハウ）漢/bàng/どぶがい・はまぐり

字解 形声。虫＋丰（→夆・奉、あう）声。貝殻が二枚あわさる、どぶがいの意。

意味 ❶どぶがい。からすがい。イシガイ科の淡水産二枚貝。「蚌珠」「蚌貝」❷はまぐり。海産の二枚貝。

【蚌珠ボウシュ】カラスガイからとれる真珠。

【蚌貝ボウがい|からすがい】イシガイ科の淡水産二枚貝。烏貝からすがい。

7070 【蚶】 7352 6954 E573 虫－5

カン漢/hān/あかがい・きさ

字解 形声。虫＋甘声。あかがい、きさの意。フネガイ科の二枚貝の名。

7071 【蚯】 7353 6955 E574 虫－5

キュウ（キウ）漢/qiū

字解 形声。虫＋丘声。「蚯蚓キュウイン」は、みみず。貧毛目に属する環形動物の総称。

7072 【蛄】 7354 6956 E575 虫－5

コ漢/gū

字解 形声。虫＋古（→固、かたい）声。からだが固いむしの意。「螻蛄ロウコ」は、ケラ科の虫の名。「蟪蛄ケイコ」は、にいにいぜみ。

7073 【蚱】* 5855 虫－5

シャク呉・サク漢/zhà

字解 形声。虫＋乍声。「蚱蟬サクセン」は、くまぜみ。

7074 【蛆】 7355 6957 E576 虫－5

ソ呉・ショ漢/qū・jū/うじ

字解 形声。虫＋且声。

意味 ❶うじ。うじむし。ハエ、アブ類の幼虫の総称。❷「蝍蛆ショクショ」は、むかで。また、こおろぎ。

【蛆虫ソチュウ】うじむし。

7075 【蚺】 ―― 虫－5 (7064)〔蚦〕* 5851 虫－4

ゼン漢/rán/うわばみ

字解 蚺は蚦の通俗体。蚦は形声。虫＋冄声。うわばみ、大蛇の意。

7076 【蛇】 2856 3C58 8ED6 虫－5 常 (7077)〔虫㐌〕 ―― 虫－5 (7057)〔虵〕* 5840 虫－3

ジャ呉・シャ漢・イ漢・タ漢・ダ慣/shé・yí/へび・くちなわ

筆順

字解 形声。虫＋它（へび）声。へびの意。のちに虫を加えた。

意味 ❶へび。爬虫ハチュウ類ヘビ亜目に属する動物の総称。「蛇紋」「蛇蠍」「蛇足」「大蛇」❷形状などがヘビに似ているもの。「蛇口ジャぐち」「蛇腹」「委蛇イダ」「長蛇チョウダ」❸のびのびするさま。「委蛇イイ」

下接 大蛇ダイジャ・毒蛇ドクジャ・竜蛇リュウダ|リュウジャ・竜頭蛇尾リュウトウダビ／蟒蛇うわばみ・藪蛇やぶへび・赤楝蛇やまかがし

❶へび。

【蛇紋ジャモン】ヘビの胴体にある斑紋ハンモン。また、それに似た模様。「蛇紋石」

【蛇蝎・蛇蠍ダカツ】ヘビとサソリ。人が忌み嫌うもののたとえ。

【蛇虺ダキ】ヘビとマムシ。転じて、人に害を与えるもの。

【蛇蛻ダゼイ】ヘビの抜けがら。

【蛇足ダソク】余計なもの。なくてもよい無駄なもの。〔戦国策‐斉〕♥ヘビの絵を描く競争で、早く描き終わった者が足を描き加えて負けたという中国の故事から。

❷形状などがヘビに似ているもの。

【蛇管ジャカン】吸熱、放熱効果を上げるように螺旋ラセン状にした管。

【蛇行ダコウ】ヘビがはうように曲がりくねって行くこと。

【蛇腹ジャばら|ダフク】①（ダフク）ヘビの腹。②（ジャばら）㋑ヘビの腹のような模様のもの。㋺革や布を折って、伸縮自在にしたもの。㋩建物の軒などを支えるため、壁の上方を壁面に沿って突出させた部分。

7078 【蛁】* 5864 虫－5

チョウ（テウ）漢/diāo

字解 形声。虫＋召声。「蛁蟟チョウリョウ」は、みんみんぜみ。

7079 【蚫】 7359 695B E57A 虫－5

ホウ（ハウ）慣/あわび

字解 国字。あわびの意。鮑に同じ。

7080 【蚰】 7356 6958 E577 虫－5

ユ呉・ユウ（イウ）漢・チク漢/yóu

字解 形声。虫＋由声。

意味 ❶「蚰蜒ユウエン」は、げじげじ。ゲジ科の節足動物。❷「馬蚰バユウ」は、やすで。節足動物の一。

7081 【蛎】 1934 3342 8A61 虫－5

レイ 「蠣」(7194)の異体字

7082 【蛉】 7357 6959 E578 虫－5

レイ漢/líng

字解 形声。虫＋令（→冷、すがすがしい）声。

意味 ❶「蜻蛉セイレイ」は、とんぼ。日本で、かげろう。❷「螟蛉メイレイ」は、チョウなどの幼虫。あおむし。

7083 【蛙】 1931 333F 8A5E 虫－6

ワ漢・ア慣/wā/かえる・かわず

字解 形声。虫＋圭声。かえるの意。圭は、カエルの鳴き声の擬声語。

意味 ❶かえる。両生類無尾目に属する動物の総称。かわず。「蛙鳴蟬噪」「蛙市」「蛙黽」「井蛙セイア」❷みだら。かみだりがわしい。「哇」に同じ。「蛙声」「淫蛙インア」

【蛙市アシ】カエルが群がり鳴くこと。

竹米糸缶网(罒・冈・四)羊羽(⺷)老(耂)而耒耳聿肉(月) 6画 臣自至臼(𦥑)舌舛(舛)舟艮色艸(艹・艹・艹)虍虫血行衣(衤)襾(覀・西)

【蛙声(アセイ)】カエルの鳴く声。やかましい声。また、みだらな音楽。
【蛙黽(アボウ)】あまがえる(雨蛙)。
【蛙鳴蟬噪(アメイセンソウ)】カエルやセミが鳴きさわぐこと。転じて、議論や文章などで、無駄な言い回しが多くて、内容が乏しいことのたとえ。

7084【蛔】7360 695C E57B 虫－6 カイ(クヮイ)[漢]\huí
[字解] 形声。虫＋回[声]。
[意味] 腹のむし。寄生虫の一。回虫。
【蛔虫(カイチュウ)】線虫類カイチュウ科の人体寄生虫。▼書き換えで、現在は「回虫」と書かれる。

7085【蛕】＊5869 虫－6 カイ(クヮイ)[漢]\huí
[字解] 形声。虫＋有[声]。蛔・蚘に同じ。回虫(カイチュウ)の意。

7086【蛞】7361 695D E57C 虫－6 カツ(クヮツ)[漢]\kuò
[字解] 形声。虫＋舌(＝𠯑)[声]。
[意味] ❶おたまじゃくし。❷「蛞蝓(カツユ)」は、なめくじ。❸「蛞螻(カツロウ)」は、おけら。

7087【蛟】7364 6960 E580 虫－6 コウ(カウ)[漢]\jiāo\みずち
[字解] 形声。虫＋交(ねじれる)[声]。
[意味] みずち。蛇に似た、想像上の動物。竜の一種。
【蛟竜(コウリョウ・コウリュウ)】水中にひそみ、雲雨にあえば天に昇って竜(リュウ)になるという蛟(みずち)。時運に巡り合わずにいる英雄にたとえる。【蛟竜得二雲雨一(コウリョウウンウをう)】英雄や豪傑が時運を得て、たちまち実力を発揮するようになることのたとえ。蛟竜水を得(う)。〔呉志‐周瑜伝〕

7088【蛤】4026 483A 94B8 虫－6 コウ(カフ)[漢]\gé・há\はまぐり
[字解] 形声。虫＋合(あう)[声]。貝殻があう二枚貝のはまぐりの意。
[意味] ❶はまぐり。海産の二枚貝の一種。「蛤柱」「蛤蜊」「蜃蛤(シンコウ)」❷かじか。カエルの一種。
【蛤柱(コウチュウ)】ハマグリの貝柱。蛤丁(コウテイ)。
【蛤蜊(コウリ)】ハマグリとアサリ。

7089【蛭】4140 4948 9567 虫－6 シツ[漢]\zhì\ひる
[字解] 形声。虫＋至(ぴったりつく)[声]。すいつくむし、ひるの意。池沼、水田にすみ、動物に付着して吸血する環形動物の総称。
[難読姓氏] 蛭子(えびす)

7090【蛛】7365 6961 E581 虫－6 チュウ(チウ)[漢]・シュ[慣]・チュ\zhū
[字解] 形声。虫＋朱[声]。「蜘蛛(チチュ)」は、虫の名。くも。

7091【蛑】＊5867 虫－6 ボウ[漢]\móu
[字解] 形声。虫＋牟[声]。虫の名。根切り虫。また、かまきり。

7092【蛧】＊5876 虫－6 モウ「蝄」(7129)の異体字

7093【蛯】7366 6962 E582 虫－6 えび
[字解] 国字。会意。虫＋老(長寿で腰の曲がったさま)。
[意味] えび。甲殻類十脚目に属する長尾類の総称。「蝦」「海老」とも書く。

7094【蜒】7367 6963 E583 虫－7 エン[呉][漢]\yán
[字解] 形声。虫＋延(ながびく、のびる)[声]。
[意味] ❶へびなどがうねうねと長いさま。『蜒蜒(エンエン)』『蜿蜒(エンエン)』❷「蚰蜒(ユウエン)」は、げじげじ。❸「蜒蚰(エンユウ)」は、なめくじ。❹「祝蜒(シュクエン)」は、やもり。守宮。

7095【蛾】1875 326B 89E9 虫－7 ガ[呉][漢]・ギ[漢]\é・yǐ
[字解] 形声。虫＋我[声]。がの意。
[参考] 万葉仮名では音を借りて「が」。
[意味] ❶が。鱗翅(リンシ)目の昆虫のうち、チョウ類を除いたものの総称。夜間に活動する。❷「蛾眉山(ガビサン)」は、山の名。中国四川省成都市の南西にある。
[下接] 青蛾(セイガ)・翠蛾(スイガ)・双蛾(ソウガ)・飛蛾(ヒガ)
【蛾翠(ガスイ)】みどり色の眉(まゆ)。美人の美しい眉の形容。
【蛾眉(ガビ)】ガの触角のような、三日月形の、女の美しい眉(まゆ)。転じて、美人。＊白居易‐長恨歌「宛転蛾眉馬前死(エンテンたるガビバゼンにシす)(＝美しい眉の人は軍中で命を絶った)」

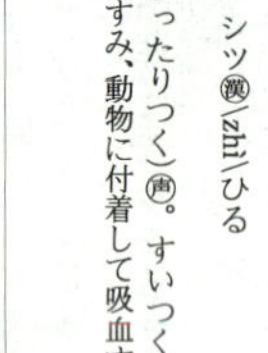
蛾眉〔簪花仕女図〕

7096【蛺】＊5878 虫－7 キョウ(ケフ)[呉][漢]\jiá
[字解] 形声。虫＋夾(はさむ、はさむように羽をとじる)[声]。「蛺蝶(キョウチョウ)」は、あげはちょう。また、チョウ類の総称。

7097【蜆】7368 6964 E584 虫－7 ケン[漢]\xiǎn\しじみ
[字解] 形声。虫＋見[声]。
[意味] ❶しじみ。シジミ科に属する二枚貝。河口付近にすみ、食用。❷みのむし。昆虫ミノガ類の幼虫。

7098【蜈】7369 6965 E585 虫－7 ゴ[呉][漢]\wú
[字解] 形声。虫＋呉[声]。「蜈蚣(ゴコウ)」は、むかで(百足)。

7099【蜐】＊5887 虫－7 キョウ(ケフ)[漢]\jié
[字解] 形声。虫＋劫[声]。「石蜐(セッキョウ)」は、かめのて(亀手)。節足動物の一種。

7100【蛼】＊5879 虫－7 シャ[漢]\chē\こおろぎ
[字解] 形声。虫＋車[声]。
[意味] ❶「蛼螯(シャゴウ)」は、おおはまぐり。貝の名。❷[国]㋑こおろぎ。コオロギ科の昆虫。㋺あしまつい。カマキリの幼虫。

7101【蜍】7375 696B E58B 虫－7 ショ[漢]・ジョ[慣]\chú

字解 形声。虫＋余(声)。「蟾蜍(センジョ)」は、ひきがえる。がま。

7102 【蛸】 ―― 虫－7 (7103)〔蛸〕 3493 427D 91FB 虫－7 †
ショウ(セウ)(漢)/xiāo/たこ
字解 形声。虫＋肖(声)。
意味 ❶「蠨蛸(ショウショウ)」は、足の長い蜘蛛(くも)の一種。あしたかぐも。❷「螵蛸(ヒョウショウ)」は、(イ)かまきりの卵のかたまり。(ロ)いか。❸(国)たこ。頭足類八腕目に属する軟体動物の総称。章魚。「鮹」とも書く。『蛸壺(たこつぼ)』

7104 【蛻】 7372 6968 E588 虫－7
タイ(漢)・セイ(漢)・ゼイ(慣)/tuì・shuì/ぬけがら・もぬけ・もぬける
字解 形声。虫＋兌(ぬけおちる)(声)。ぬけがらの意。
意味 ❶ぬけがら。もぬけ。『蟬蛻(センゼイ)』『蚕蛻(サンゼイ)』『蛇蛻(ダゼイ)』❷もぬける。外皮を脱ぐ。脱皮する。

7105 【蜓】 * 5888 虫－7
テイ(漢)・テン(漢)/tíng
字解 形声。虫＋廷(声)。「蜻蜓(セイテイ)」は、とんぼ。蜻蛉(セイレイ)。

7106 【蛽】 * 5880 虫－7
ハイ(漢)・バイ(慣)/bèi/かい
字解 形声。虫(かい)＋貝(声)。貝の通俗体。かい、かいがらの意。

7107 【蜉】 7374 696A E58A 虫－7
フ(漢)/fú
字解 形声。虫＋孚(声)。
意味 ❶「蚍蜉(ヒフ)」は、おおあり。アリの一種。❷「蜉蝣(フユウ)」は、かげろう。カゲロウ目に属する昆虫の総称。朝に生まれ夕べに死ぬという。人生のはかなさのたとえにも用いる。

7108 【蜂】 4310 4B2A 9649 虫－7 (7050)〔蠭〕 * 5990 虫－17
ホウ(漢)/fēng/はち
字解 形声。虫＋夆(→鋒、先端がとがっている)(声)。尾の先にとがった針のあるハチの意。
意味 はち。膜翅(マクシ)目の昆虫。また、むらがる。

下接 群蜂(グンポウ)・養蜂(ヨウホウ)／虻蜂(あぶはち)・熊蜂(くまばち)・地蜂(ジばち)・雀蜂(すずめばち)・蜜蜂(ミツばち)・足長蜂(あしながばち)・似我蜂(ジガばち)

【蜂窩・蜂窠(ホウカ)】 ハチの巣。蜂房(ホウボウ)。

【蜂衙(ホウガ)】 ミツバチが朝晩一定の時刻に巣を出入りすること。役人が役所(衙)に出勤退庁するさまのたとえ。

【蜂起(ホウキ)】 ハチがいっせいに巣を飛び立つように、大勢の者が事を起こすこと。『武装蜂起』

【蜂出(ホウシュツ)】 ハチが巣から出るように、群がり出ること。

【蜂準長目(ホウジュンチョウモク｜ホウセツチョウモク)】 (「準」は、鼻梁の意) ハチのように高い鼻筋と細長い目。陰険で残虐な人物の人相をいう。〔史記－秦始皇本紀〕

【蜂屯(ホウチュン)】 ハチのように数多く集まること。

【蜂房(ホウボウ)】 ハチの巣。蜂巣(ホウソウ)。

【蜂腰(ホウヨウ)】 [1]ハチのようにくびれた腰。[2]「蜂腰病(ホウヨウビョウ)」の略。中国の作詩の理論上の語。八病(ハッペイ)の一。一句五字のうちの、第二字と第四字または第二字と第五字が四声(シセイ)を同じくするもの。[3]ハチの腰のまん中が細いように、三人兄弟のうち、まん中の者が劣っていること。

【蜂腰体(ホウヨウタイ)】 律詩で、頷聯(ガンレン)(＝第三句と第四句)が対句でない詩。

7109 【蜏】 * 5886 虫－7
シュウ(シウ)(漢)/ひおむし
字解 形声。虫＋秀(声)。ひおむし。朝に生まれ夕方には死ぬといわれる虫。カゲロウの類。

7110 【蛹】 7376 696C E58C 虫－7
ヨウ(漢)/yǒng/さなぎ
字解 形声。虫＋甬(→筒、たけづつ)(声)。さなぎの意。
意味 さなぎ。昆虫類の幼虫が成虫になる前、食物をとらずほぼ静止の状態にある段階。

7111 【蜊】 7377 696D E58D 虫－7
リ(漢)/lí/あさり
字解 形声。虫＋利(声)。
意味 ❶「蛤蜊(コウリ)」は、ハマグリとアサリ。また、しおふき。ハマグリの一種。❷(国)あさり。マルスダレガイ科の二枚貝。『浅蜊(あさり)』

7112 【蜋】 * 5884 虫－7
ロウ 「螂」(7157)の異体字

7113 【蜴】 7378 696E E58E 虫－8
エキ(漢)・セキ(漢)/yì
字解 形声。虫＋易(声)。「蜥蜴(セキエキ)」は、とかげ。爬虫(ハチュウ)類トカゲ科の動物。石竜(セキリュウ)。石竜子。

7114 【蜿】 7379 696F E58F 虫－8
エン(ヱン)(呉)(漢)・ワン(漢)/wǎn・wān
字解 形声。虫＋宛(まがりくねる)(声)。蛇などがうねりゆくさま。
意味 蛇や竜がうねってゆくさま。『蟠蜿(ハンエン)』

【蜿蜒(エンエン)】 ヘビがうねうねと曲がって行くさま。転じて、うねうねと続いているさま。蜒蜒(エンエン)。『蜿蜒長蛇の列をなす』

【蜿蟺(エンセン)】 [1]うねうねと屈曲しているさま。[2]ミミズの別名。

7115 【蜾】 * 5910 虫－8
カ(クヮ)(漢)/guǒ/じがばち
字解 形声。虫＋果(声)。腹が丸くふくれた虫、じがばちの意。
意味 「蜾蠃(カラ)」は、すがる。ジガバチのこと。すがる。

7116 【蜞】 * 5891 虫－8
キ(漢)/qí/ひる
字解 形声。虫＋其(声)。ひる(蛭)の意。

7117 【蜺】 * 5907 虫－8
ゲイ(漢)/ní/にじ
字解 形声。虫＋兒(声)。
意味 ❶つくつくぼうし。セミ科の昆虫。寒蜩(カンチョウ)。❷にじ。昔、にじを竜とみなし、雄の虹に対して雌をいった。『虹蜺(コウゲイ)』

7118 【蜷】 7380 6970 E590 虫－8
ケン(漢)/quán/にな
字解 形声。虫＋巻(まく)(声)。虫がからだを曲げてゆくさま。
意味 ❶虫のかがまり歩くさま。❷虫のわだかまるさま。または、蛇などがとぐろを巻くさま。『蜷局(とぐろ)』❸(国)にな。みな。カワニナ科の淡水産の巻き貝。

7119【蜡】＊5893 虫－8 サ㊥・ショ㊥\zhà・chà・qù\うじ

字解 形声。虫＋昔㊨。

意味 ❶うじ。うじ虫。ハエの幼虫。「蛆」に同じ。❷中国、周代の祭りの名。陰暦の一二月に神々を合わせ祭る祭り。『蜡月(サゲツ)〔＝陰暦一二月の別名〕』▶殷(イン)では嘉平(カヘイ)、秦では臘(ロウ)という。

7120【蜻】7381 6971 E591 虫－8 セイ㊥\jīng・qīng

字解 形声。虫＋青㊨。

意味 ❶「蜻蛉(セイレイ)」「蜻蜓(セイテイ)」は、とんぼ。あきつ。また、日本でかげろう。❷「蜻蛚(セイレツ)」は、こおろぎ。❸国「蜻蛉洲(あきつしま)」は、大和国、また、日本の称。

7121【蜹】＊5906 虫－8 ゼイ 「蚋」(7062)の異体字

7122【蜥】7382 6972 E592 虫－8 セキ㊥\xī

字解 形声。虫＋析㊨。「蜥蜴(セキエキ)」は、とかげ。爬虫(ハチュウ)類のトカゲ科の動物。石竜(セキリョウ)。石竜子。

7123【蜘】3556 4358 9277 虫－8 チ㊥㊥\zhī

字解 形声。虫＋知㊨。

意味 「蜘蛛(チチュ)」は、くも。クモ目に属する節足動物の総称。糸を出して網を張る。

7124【蜩】7383 6973 E593 虫－8 チョウ(テウ)㊥\tiáo\せみ・ひぐらし

字解 形声。虫＋周㊨。

甲骨文 篆文

意味 ❶せみ。セミ科の昆虫の総称。『蜩甲』『蜩蟬』『蜩螗』❷国ひぐらし。日本特産のセミ科の昆虫。

【蜩甲(チョウコウ)】セミのぬけがら。蜩蛻(チョウゼイ)。

【蜩蟬(チョウセン)】セミ。蜩螗(チョウトウ)。

【蜩螗沸羹(チョウトウフッコウ)】(「蜩螗」は、セミの意)セミが鳴き、湯が沸き、あつものが煮えたぎること。叫び声がやかましいことの形容。〔詩経-大雅・蕩〕

7125【蜨】＊5901 虫－8 ショウ(セフ)㊥・チョウ(テフ)㊥\dié

字解 形声。虫＋疌(軽やかにすばやい)㊨。ちょうの意。蝶の本字。

7126【蜱】＊5904 虫－8 ヒ㊥\pí\だに

字解 形声。虫＋卑㊨。だにの意。蛛形(チュケイ)類ダニ目に属する節足動物の総称。壁蝨(だに)。

7127【蜯】＊5903 虫－8 ボウ 「蚌」(7069)の異体字

7128【蜢】ーー 虫－8 モウ(マウ)㊥\měng

字解 形声。虫＋孟㊨。「蚱蜢(タクモウ)」は、虫の名。はねながいなご。

7129【蝄】ーー 虫－8 (7092)〔蛧〕＊5876 虫－6 モウ(マウ)㊥・ボウ(バウ)㊥\wǎng

字解 形声。虫＋罔㊨。「蝄蜽(モウリョウ)」は、「魍魎」に同じ。山川の精。

7130【蜮】＊5902 虫－8 コク㊥・ヨク㊥・イキ(ヰキ)㊥\yù\いさごむし

字解 形声。虫＋或㊨。

意味 ❶いさごむし。水中にすみ、害をなすといわれる想像上の動物。『鬼蜮(キイキ)』❷「螟蜮(メイヨク)」は、いなむし。稲に害を与える虫。

7131【蜽】＊5909 虫－8 リョウ(リャウ)㊥\liǎng

字解 形声。虫＋兩㊨。「蝄蜽(モウリョウ)」は「魍魎」に同じ。

7132【蝋】4725 4F39 9858 虫－8 ロウ 「蠟」(7195)の異体字

7133【蝟】7386 6976 E596 虫－9 イ(ヰ)㊥\wèi\はりねずみ

字解 形声。虫＋胃㊨。

意味 はりねずみ。ハリネズミ科の哺乳(ホニュウ)類。背中に針状の毛が密生している。

【蝟起(イキ)】ハリネズミの毛がたつように、多くのものが一斉にたち上がること。〔漢書-賈誼伝〕

【蝟集(イシュウ)】ハリネズミの毛のように、一か所に寄り集まること。

【蝟縮(イシュク)】おびえたハリネズミのように、身をちぢこまらせ、おそれるさま。

【蝟毛(イモウ)】①ハリネズミの毛。②物事が一度に起こること。また、その激しいさまのたとえ。

7134【蝘】＊5915 虫－9 エン㊥\yǎn

字解 形声。虫＋匽㊨。

意味 ❶なつぜみ。セミの一種。❷「蝘蜓(エンテイ)」は、やもり。ヤモリ科の爬虫(ハチュウ)類。

7135【蝌】7388 6978 E598 虫－9 カ(クヮ)㊥\kē

字解 形声。虫＋科㊨。

意味 「蝌蚪(カト)」は、おたまじゃくし。カエルの幼生。

【蝌蚪文字(カトモジ)】中国の古体篆字(テンジ)の称。竹簡に漆で文字を書いたため、粘って筆画の形がオタマジャクシに似たところからいう。

7136【蝦】1860 325C 89DA 虫－9 カ㊥\xiā・há\えび

字解 形声。虫＋叚㊨。

意味 ❶えび。甲殻類十脚目に属する長尾類の総称。「鰕」に同じ。『蝦蛄』『魚蝦(ギョカ)』❷がま。ひきがえる。『蝦蟇(ガマ)』❸固有名詞、熟字訓。『蝦夷』『蝦虎魚』

【蝦蛄(カコ|シャコ)】シャコ科の甲殻類。エビに似ているが、平たく、腹部が幅広い。食用。

【蝦夷(えぞ|えみし)】①古く、東部日本に住んでいた部族。大和側からの称。②北海道、樺太(からふと)、千島などを総称した古名。蝦夷地。

【将蝦釣鼈(えびをもってベツをつる)】エビでカメを釣る。わずかのもとでで大もうけすること。蝦(えび)で鯛(たい)を釣る。〔王銍(ウオ)ツ-雑纂続〕

[蝦虎魚(はぜ)] ハゼ科に属する魚の総称。河口、海などに生息する。鯊(はぜ)は。

7137 【蝸】 7387 6977 E597 虫－9 カ(クヮ)㊊/wō/かたつむり

字解 形声。虫＋咼(↓渦、うずまき)㊟。うずまき状のからをもつ虫、かたつむりの意。

意味 ❶かたつむり。ででむし。『蝸角』『蝸牛』『蝸舎』『蝸廬』 ❷「蝸螺(カラ)」は、にし。にな。貝の名。

[蝸角(カカク)] カタツムリの触角。転じて、きわめて狭い場所や環境のたとえにもいう。

[蝸牛(カギュウ)] かたつむり。ででむし。でんでんむし。まいまい。[蝸牛角上之争(カギュウカクジョウのあらそい)] 小国同士の争い。また、つまらぬ争い。蝸角の争い。蛮触の争い。〔荘子－則陽〕

[蝸舎(カシャ)] 狭い家。自分の家の謙称。

[蝸廬(カロ)] ①カタツムリの殻(から)。②小さい家。狭く粗末な住居。転じて、自分の家の謙称。蝸牛廬。

7138 【蝎】 7389 6979 E599 虫－9 カチ㊐・カツ㊊/hé・xiē/てらむし・さそり

字解 形声。虫＋曷㊟。

意味 ❶てらむし。木食い虫。カミキリムシの幼虫。❷さそり。「蠍」に同じ。『蛇蝎(ダカツ)のごとく嫌う』

7139 【蝴】 7390 697A E59A 虫－9 コ㊊/hú

字解 形声。虫＋胡㊟。「蝴蝶(コチョウ)」は、ちょうの意。「胡蝶」に同じ。

7140 【蝗】 7391 697B E59B 虫－9 コウ(クヮウ)㊊/huáng/いなご

字解 形声。虫＋皇㊟。

意味 いなご。バッタ科の昆虫。『飛蝗(ヒコウ/ばった)』

7141 【蝤】 ＊5918 虫－9 シュウ(シウ)㊊・ユウ(イウ)㊊/qiú・yóu

字解 形声。虫＋酋㊟。

意味 ❶「蝤蠐(シュウセイ)」は、きくいむし。カミキリムシの幼虫。❷「蜉蝤(フユウ)」は、かげろう。「蜉蝣」に同じ。❸「蝤蛑(がざみ)」は、ワタリガニ科の大形のカニ。食用。

7142 【蝉】 3270 4066 90E4 虫－9 セン 「蟬」(7174)の異体字

7143 【蝶】 3619 4433 92B1 虫－9 人 チョウ(テフ)㊐㊊/dié

字解 形声。虫＋枼(うすくてひらたい)㊟。薄くて平たい羽をもつ虫、ちょうの意。

意味 ちょう。鱗翅(リンシ)目に属する、ガ類以外の昆虫の総称。かわひらこ。

下接 雄蝶(おチョウ)・胡蝶(コチョウ)・蝴蝶(コチョウ)・蜂蝶(ホウチョウ)・雌蝶(めチョウ)

[蝶夢(チョウム)] 自他の区別を忘れた境地。転じて、夢。胡蝶之夢(コチョウのゆめ)。

7144 【蝪】 7403 6A23 E5A1 虫－9 トウ(タウ)㊊

字解 形声。虫＋易㊟。「蛈蝪(テットウ)」は、クモの一種。つちぐも。

7145 【蝮】 7393 697D E59D 虫－9 フク㊐㊊/fù/まむし・くちばみ・はみ

字解 形声。虫＋复㊟。

意味 まむし。クサリヘビ科の毒ヘビ。くちばみ。

[蝮蠍(フクケツ)] マムシとサソリ。凶悪な人物のたとえ。

[蝮蛇(フクダ)] マムシ。

7146 【蝠】 7385 6975 E595 虫－9 フク㊊/fú

字解 形声。虫＋畐(↓副、ぴったりとつく)㊟。蝠は、福に通じるため、これを食べれば長生きするという。

甲骨文  篆文 

意味 「蝙蝠(ヘンプク)」は、こうもり。かわほり。動物の名。

7147 【蝙】 7394 697E E59E 虫－9 ヘン㊊/biān

字解 形声。虫＋扁(うすくて平らにとぶ)㊟。

意味 「蝙蝠(ヘンプク)」は、こうもり。かわほり。哺乳類翼手目の動物。

7148 【蝓】 7401 6A21 E59F 虫－9 ユ㊊/yú

字解 形声。虫＋兪(ぬけ出る)㊟。

意味 ❶「蛞蝓(ユイ)」は、かたつむりの意。❷「蛞蝓(カツユ)」は、なめくじの意。

7149 【蝣】 7402 6A22 E5A0 虫－9 ユ㊐・ユウ(イウ)㊊/yóu

字解 形声。虫＋斿(↓游、うかぶ)㊟。かげろうの意。

意味 「浮蝣(フユウ)」は、かげろう。昆虫の名。

7150 【蝿】 3972 4768 9488 虫－9 ヨウ 「蠅」(7187)の異体字

7151 【蝲】 ＊5922 虫－9 ラツ㊊/là

字解 形声。虫＋剌㊟。

意味 「蝲蛄(ラッコ)」は、ざりがに。節足動物の一種。

7152 【螠】 ＊5940 虫－10 イ㊊/yì/ゆむし

字解 形声。虫＋益㊟。

意味 ❶「螠女(イジョ)」は、みのむし。❷国ゆむし。ボネリムシ科の環形動物。釣り餌(え)に用いる。

7153 【螘】 ＊5937 虫－10 ギ㊊/yǐ/あり

字解 形声。虫＋豈㊟。あり。蟻に同じ。

7154 【螈】 ＊5929 虫－10 ゲン㊊/yuán

字解 形声。虫＋原㊟。

意味 「蠑螈(エイゲン)」は、いもり。イモリ科の両生類。

7155 【螓】 ＊5934 虫－10 シン㊊/qín

字解 形声。虫＋秦㊟。

意味 なつぜみ。せみの一種。広く四角い額(ひたい)をもち、美人のたとえとされる。

[螓首(シンシュ)] ①螓の首から上の部分。額が広くて色が白い。②美しい女の額のたとえ。転じて、美人の容貌をいう。多く「螓首蛾眉(ガビ)」の形で用いられる。

7156 【螟】 7406 6A26 E5A4 虫－10 メイ㊊/míng/ずいむし

字解 形声。虫＋冥(みえない)声。
意味 ずいむし。くきむし。稲の茎などを食う害虫。
【螟蝗メイコウ】ズイムシとイナゴ。ともに農作物の害虫。
【螟虫メイチュウ|ずいむし】稲の茎などに食い入って大害を与えるガの幼虫。二化螟虫ニカメイチュウ。髄虫ズイむし。
【螟螣メイトク】ズイムシと葉食い虫。ともに農作物の害虫。
【螟蜮メイヨク】いなむし。稲の苗を食う害虫。
【螟蛉メイレイ】①あおむし。蝶などの幼虫。〔詩経-小雅・小宛〕②養子をいう。▶②は、似我蜂ジガばちが螟蛉の子を取って負い、七日間で化して自分の子とするという故事から。

7157【螂】7407 6A27 E5A5 虫-10 (7112)【蜋】* 5884 虫-7
ロウ(ラウ)具漢\láng
字解 形声。虫＋郎声。「蟷螂トウロウ」は、かまきり。

7158【螾】* 5948 虫-11 イン漢\yǐn/みみず
字解 形声。虫＋寅(のびる)声。みみず。蚓に同じ。

7159【蟋】7409 6A29 E5A7 虫-11 シツ漢\xī
字解 形声。虫＋悉声。
意味 「蟋蟀シッシュツ」は、こおろぎ。直翅チョクシ目コオロギ科の昆虫。また、きりぎりす。キリギリス科の昆虫。

7160【蟀】7411 6A2B E5A9 虫-11 シュツ漢\shuài
字解 形声。虫＋率声。「蟋蟀シッシュツ」は、こおろぎ。また、きりぎりす。

7161【螬】* 5943 虫-11 ソウ(サウ)漢・シュウ(シウ)漢\cáo
字解 形声。虫＋曹声。「蠐螬セイソウ」は、地虫ジむし。コガネムシなどの幼虫で、地中に住み、農作物を害する。すくもむし。

7162【螭】* 5944 虫-11 チ具漢\chī/みずち
字解 形声。虫＋离(一種の爬虫類の象形)声。
意味 みずち。想像上の動物。水中にすみ、体は蛇に似て長く、角つのと四本の足があり、毒気で人を害するという。雨竜あまりょう。
【螭首チシュ】螭みずちの形を彫りつけた、石柱などの頭部。

7163【螳】7416 6A30 E5AE 虫-11 トウ 「蟷」(7185)の異体字

7164【蟆】7418 6A32 E5B0 虫-11 バ 「蟇」(7038)の異体字

7165【螺】4570 4D66 9786 虫-11 ラ具漢\luó/つぶ・にな・にし
字解 形声。虫＋累(うずたかくつみあげる)声。うずまき状のからをもつ貝類の意。蠃に同じ。
意味 ❶つぶ。にな。にし。巻き貝の総称。「螺鈿」「蠑螺エイラ」❷巻き貝のようにぐるぐるとまいたもの。「螺旋」「螺髪」「螺子」「黛螺タイラ」
下接 蠑螺エイラ・青螺セイラ・鈿螺デンラ・法螺ホラ／細螺きさご・扁螺きさご・栄螺さざえ・拳螺さざえ・田螺たにし・辛螺にし・吹螺ほらがい

❶ つぶ。にな。にし。
【螺鈿ラデン】漆工芸の一技法。貝がらの光を放つ部分を切って、木地や漆塗りの面に嵌はめこむもの。

❷ 巻き貝のようにぐるぐるとまいたもの。
【螺髻ラケイ】①ほら貝のようにたばねたもとどり。インドでの行者の髪型。梵天やバラモンの像に見られる。②青々とした高い山。
【螺旋ラセン|らせん】①(ラセン)巻き貝の殻のような渦巻き形のもの。「螺旋階段」②(じ)「螺子ねじ」に同じ。
【螺髪ラホツ|ラハツ】仏の三十二相の一。仏の像の頭髪を、多数の右巻きの巻き貝の形にしたもの。
【螺子ねじ】①物を締めつけるのに用いる、螺旋状の溝のあるもの。②螺旋状、または、ねじるような仕組みになった箇所。「螺子を巻く」

螺髪
〔平等院・阿弥陀如来像〕

7166【螻】7419 6A33 E5B1 虫-11 ロウ漢\lóu/けら
字解 形声。虫＋婁声。
意味 ❶けら。おけら。ケラ科の昆虫。「螻蟻」「螻蛄」❷「螻蟈ロウカク」は、青がえるのこと。❸「地螻チロウ」は、みずち。想像上の動物。
【螻蚓ロウイン】ケラとミミズ。転じて、つまらないもののたとえ。
【螻蟻ロウギ】ケラとアリ。また、虫けら。転じて、小さくてつまらないもののたとえ。
【螻蛄ロウコ|けら】ケラ科の昆虫。黄褐色ないし暗褐色。春秋に土中でジーと鳴くが、誤って俗に「ミミズが鳴く」と言われる。おけら。

7167【蟎】* 5954 虫-11 mǎn/だに
字解 本来国字であるが、中国でも用いられている。
意味 だに。蛛形チュケイ類ダニ目に属する節足動物の総称。人や動物、食品などに寄生する。

7168【蟐】7412 6A2C E5AA 虫-11 もむ・もみ
字解 国字。もむ。また、もみ。アカガエルのこと。

7169【蟣】* 5962 虫-12 (7031)【蟣】—— 虫-10
キ漢\jǐ/しらみ
字解 形声。虫＋幾(こまかくかすか)声。こまかい虫、しらみの意。
意味 ❶しらみ(虱)。また、しらみの卵。「蟣虱」❷ひる。池沼、水田にすみ、動物の血を吸う。
【蟣虱キシツ】しらみの異名。

7170【蟯】7420 6A34 E5B2 虫-12 ギョウ(ゲウ)漢・ジョウ(ゼウ)漢\náo・ráo
字解 形声。虫＋堯(→遶・繞、めぐりまつわる)声。人の腸内に寄生する虫の意。
意味 はらのむし。人に寄生する虫。
【蟯虫ギョウチュウ】ギョウチュウ科の線虫類。体長約一センチメートル。人間の盲腸、大腸やその付近の腸管内に寄生する。

7171 【蟪】 *5964 虫-12 ケイ(漢)/huì

字解 形声。虫+惠(声)。

意味 「蟪蛄ケイコ」は、セミの一種。夏ぜみ。

【蟪蛄不レ知二春秋一ケイコはシュンジュウをしらず】 夏ぜみは、春と秋を知らない。寿命の短いことのたとえ。〔荘子-逍遥遊〕

7172 【蟴】 *5956 虫-12 (7041)【䗐】 ＝― 虫-12

シ(漢)/sī

字解 形声。虫+斯(声)。「蛅蟴センシ」は、けむし。

7173 【蟭】 *5966 虫-12 ショウ(セウ)(漢)・シュウ(シウ)(漢)/jiāo

字解 形声。虫+焦(声)。「蟭螟ショウメイ」は、蚊のまつげに巣をつくるという想像上の小虫。

7174 【蟬】 ＝― 虫-12 (7142)【蝉】 3270 4066 90E4 虫-9 †

ゼン(呉)・セン(漢)/chán/せみ

字解 形声。虫+單(声)。單は、獣をとる具。また、はじき弓で、彈・顫に通じ、からだをふるわせる意とも。

意味 ❶せみ。セミ科に属する昆虫の総称。「蟬吟」「蟬脱」 ❷うつくしい。「蟬娟」「蟬鬢」 ❸つづく。つらなる。「蟬嫣」「蟬聯」

❶せみ。

下接 寒蟬カンセン・つくつくぼうし・残蟬ザンセン・秋蟬シュウセン・貂蟬チョウゼン・晩蟬バンセン・鳴蟬メイセン／空蟬うつせみ

【蟬冠センカン】セミの羽でかざったかんむり。

【蟬吟センギン】セミが鳴くこと。また、その鳴き声。

【蟬声センセイ】セミの鳴く声。

【蟬蛻ゼンゼイ】①セミのぬけがら。うつせみ。②迷いからぬけ出て悟りの境地に達すること。解脱ゲダツ。

【蟬噪センソウ】①セミの鳴きさわぐこと。②やかましいこと。『蛙鳴アメイ蟬噪』

【蟬脱センダツ】セミが殻をぬぐように、俗事から超然としていること。また、古い因習や束縛からぬけ出すこと。♥本来は、「蟬蛻ゼンゼイ」。「蛻」を「脱」と誤り、それが慣用化した語。

❷うつくしい。

【蟬娟センケン】①美しく、みやびやかなさま。②煙などがたなびくさま。または、はるかに遠く見えるさま。

【蟬紗センサ】セミの羽のように薄いきれ。

【蟬鬢センビン】セミの羽のように透き通って見える鬢。美しい鬢。また、転じて、美人。

❸つづく。つらなる。

【蟬嫣センエン】連なって続くさま。

【蟬聯センレン】①セミの鳴き声のように連なり続くさま。②漢詩で、前句の末語を受けて句を続けること。

7175 【⿰虫登】 ＝― 虫-12 トウ(慣)/ひとりむし

字解 国字。会意。虫+燈(灯火)省。夜に灯火をめがけ飛んでくる虫の意。ひとりむし。蛾ガの一種。

7176 【蟠】 7422 6A36 E5B4 虫-12 バン(呉)・ハン(漢)/pán/わだかまる

字解 形声。虫+番(声)。

意味 わだかまる。とぐろを巻いてうずくまる。曲がりくねる。「盤」に同じ。「竜蟠虎踞リュウバンコキョ」

【蟠蜿ハンエン】ヘビや竜などがとぐろを巻くさま。転じて、わだかまるさま。

【蟠踞バンキョ】とぐろを巻いてうずくまること。転じて、広い土地を占めて勢力をふるうこと。盤踞。

【蟠屈バンクツ】①曲がりくねること。屈曲。盤屈。②ある気持ちや考えが心の中にわだかまっていること。盤屈。

【蟠結ハンケツ】わだかまって解けがたく結ばれていること。

【蟠桃ハントウ】三千年に一度開花結実し、その実を食すると不老不死を得られると伝えられる桃の木。♥枝が曲がりくねってのび広がっているといわれることから。

7177 【蟛】 ＝― 虫-12 ホウ(ハウ)(漢)/péng

字解 形声。虫+彭(声)。「蟛蜞ホウキ」は、カニの一種。

7178 【蟒】 7429 6A3D E5BB 虫-12 (7186)【蠎】 7428 6A3C E5BA 虫-13

モウ(マウ)(呉)・ボウ(バウ)(漢)/mǎng・měng/うわばみ

字解 形声。虫+莽(声)。うわばみの意。おろち。大蛇。

7179 【蟟】 *5960 虫-12 リョウ(レウ)(漢)/liáo

字解 形声。虫+尞(声)。「蛁蟟チョウリョウ」は、ミンミンゼミの異名。

7180 【蠏】 7423 6A37 E5B5 虫-13 カイ 「蟹」(7042)の異体字

7181 【蠍】 7424 6A38 E5B6 虫-13 カチ(呉)・カツ(呉)・ケツ(漢)/xiē/さそり

字解 形声。虫+歇(声)。蝎の通俗体。

意味 さそり。節足動物の名。尾の針に猛毒を持つ。転じて、忌み嫌うもののたとえ。「蛇蠍ダカツ」

7182 【蟻】 2134 3542 8B61 虫-13 ギ(呉)(漢)/yǐ/あり

字解 形声。虫+義(声)。螘に同じ。

参考 万葉仮名では音を借りて「ぎ(甲)」。

意味 あり。アリ科の昆虫の総称。体色は、黒または赤褐色。「群蟻グンギ」「浮蟻フギ」「螻蟻ロウギ」

【蟻穴ギケツ】アリの掘った穴。千丈の堤もアリの穴からくずれるということから、ごく小さな欠点や不注意のたとえに用いられることが多い。

【蟻酸ギサン】カルボン酸の一。アリ、ハチなどの毒腺などにあり、皮膚に触れると炎症を起こす。メタン酸。

【蟻集ギシュウ】アリのように数多く寄り集まること。

【蟻塚ギチョウ・ありづか】アリやシロアリが土砂などを積み上げて作る巣。蟻の塔。蟻垤ギテツ。蟻封ギホウ。

【蟻垤ギテツ】ありづか。

【蟻附ギフ】城壁などにアリのように群がりよじ登ること。

【蟻封ギホウ】ありづか。蟻垤ギテツ。

【蟻潰レ堤ありつつみをついやす】ほんのわずかな油断や不注意がもとで、とんだ大事を招くことがあるということのたとえ。蟻の穴から堤も崩れる。〔韓非子-喩老ユロウ〕

7183 【蟾】 7425 6A39 E5B7 虫-13 セン(漢)/chán/ひきがえる・ひき

字解 形声。虫+詹(声)。

意味 ❶ひきがえる。ひき。ヒキガエル科の大形のカエル。ガマガエル。『蟾桂』『蟾蜍』『蟾兎』❷月。月にヒキガエルがいるという伝説による。『蟾宮』『蟾光』『玉蟾ギョクセン』『銀蟾ギンセン』❸水さし。水入れ。書道用具の一。

【蟾宮センキュウ】①月にあるという宮殿。②科挙の試験に合格した境地をいう。

【蟾桂センケイ】ヒキガエルとカツラ。ともに月にあるといわれることから、転じて月をいう。

【蟾光センコウ】月の光。

【蟾蜍センジョ】①ヒキガエル。また、ヒキガエルの形をしたもの。蟇蛙ひきがえる。②（姮娥コウガが西王母の仙薬を盗んで月に逃げ、ヒキガエルに化したという中国の故事から）月の中にいるというヒキガエル。転じて、月の異称。

【蟾兎セント】（月の中に三つ足のヒキガエルとウサギがいるという伝説に基づいて）月の異称。

7184 【蟶】 7426 6A3A E5B8 虫-13 テイ漢\chēng

字解 形声。虫＋聖声。「蟶貝まてがい」は、マテガイ科の二枚貝。

7185 【蟷】 7427 6A3B E5B9 虫-13 (7163)〔螳〕7416 6A30 E5AE 虫-11

トウ(タウ)漢\dāng

字解 形声。虫＋當声。

意味 「蟷螂トウロウ」は、かまきり。カマキリ科の昆虫。頭は三角形、前足は鎌かま状。

【蟷螂搏レ蟬トウロウせみをうつ】危険が迫っているのに気がつかないたとえ。人をねらう身はまた人からねらわれる身であることのたとえ。〔荘子-山木〕♥荘子が林の中でカササギをねらって、ふと気がついてみると、そのカササギはカマキリをねらい、カマキリはセミをねらい、セミはよい木陰を得て、それぞれ自分の危険には気づいていなかったという故事から出た語。

【蟷螂之斧トウロウのおの】（カマキリが、前足をふりあげて、高く大きい車に立ち向かうの意から）弱者が、自分の力をかえりみないで、強者に立ち向かう。無謀で、身のほどをわきまえないことのたとえ。〔韓詩外伝〕

7186 【蟒】 7428 6A3C E5BA 虫-13 モウ 「蟒」(7178)の異体字

7187 【蠅】 7404 6A24 E5A2 虫-13 (7150)〔蝿〕3972 4768 9488 虫-9 †

ヨウ漢\yíng\はえ

字解 会意。虫＋黽。はえの意。

意味 はえ。はい。双翅ソウシ目の昆虫。うじむしの成虫。『青蠅セイヨウ』『蒼蠅ソウヨウ』

【蠅営ヨウエイ】ハエが飛び回るように、利益を求めてあくせくとすること。〔韓愈-送窮文〕

【蠅集ヨウシュウ】ハエのように群がり集まること。

【蠅頭ヨウトウ】（ハエの頭の意から）①細かい文字。②わずかの利益。

【蠅払ヨウフツ】ハエを追いはらう道具。はえたたき。

【蠅蠅ヨウヨウ】虫などの飛び回るさま。

7188 【蠊】 *5976 虫-13 レン漢\lián

字解 形声。虫＋廉声。

意味 「蜚蠊ヒレン」は、虫の名。あぶらむし。

7189 【蠑】 7430 6A3E E5BC 虫-14 エイ(ヱイ)漢\róng

字解 形声。虫＋榮声。

意味 ❶「蠑螈エイゲン」は、いもり。イモリ科の両生類。❷「蠑螺エイラ」は、さざえ。海産の巻き貝。

7190 【蠖】 7431 6A3F E5BD 虫-14 ワク漢・カク(クヮク)慣\huò

字解 形声。虫＋蒦声。

意味 しゃくとりむし。鱗翅目シャクガ科のガの幼虫の総称。たかはかりむし。『蠖屈』『尺蠖セッカク』『蚇蠖セッカク』

【蠖屈カックツ】シャクトリムシがからだを伸ばすために一時からだをちぢめること。転じて、人が志を得ず、他日を期してかくれ退くこと。〔易経-繋辞伝下〕

7191 【蠐】 *5978 虫-14 セイ漢・シ漢\qí

字解 形声。虫＋齊声。

意味 ❶「蠐螬セイソウ」は、すくもむし。地虫。甲虫目コガネムシ科に属する昆虫の幼虫の総称。❷「蝤蠐シュウセイ」は、きくいむし。カミキリムシの幼虫。

7192 【蠕】 7432 6A40 E5BE 虫-14 ゼン漢・ジュ漢\ruǎn・rú\うごめく

字解 形声。虫＋需声。

意味 うごめく。かすかにうごく。ゆっくりうごく。虫がくねって、はって行くさま。

【蠕蠕ゼンゼン｜ジュジュ】虫など小さいものがうごめくさま。

【蠕動ゼンドウ】①虫が身をくねらせてうごめき進むこと。転じて、一般的に、物がうごめくこと。②消化管壁が食べ物などの内容物を送る筋肉運動。『蠕動運動』

7193 【蠛】 *5985 虫-15 ベツ漢\miè

字解 形声。虫＋蔑（よくみえない）声。ごく小さくてよくみえないむしの意。ぬかか（糠蚊）。まくなぎ。

7194 【蠣】 *E008 虫-15 (7081)〔蛎〕1934 3342 8A61 虫-5 †

レイ漢\lì\かき

字解 形声。虫＋厲声。

意味 かき。イタボガキ科の二枚貝。食用。『牡蠣ボレイ』

7195 【蠟】 *5988 虫-15 (7132)〔蝋〕4725 4F39 9858 虫-8 †

ロウ(ラフ)呉漢\là

字解 形声。虫＋巤声。

意味 ろう。みつばちの巣、はぜの木などからとった固い脂肪。

下接 黄蠟オウロウ・魚蠟ギョロウ・屍蠟シロウ・石蠟セキロウ・白蠟ハクロウ・封蠟フウロウ・蜜蠟ミツロウ・木蠟モクロウ・水蠟樹スイロウジュ｜いぼたのき・虫白蠟チュウハクロウ｜いぼたロウ

【蠟花ロウカ】ろうそくの火。♥火を花にたとえていう。

【蠟丸ロウガン】秘密を守り湿気を防ぐため、書状を蠟のたまの中に封じ込んだもの。

【蠟炬ロウキョ】ろうそく。ろうそくの火。

【蠟纈ロウケツ｜ロウケチ】国染色法の一。染めたくない場所に蠟を塗って防染する。蠟染め。﨟纈ロウケツ。

【蠟石ロウセキ】蠟状の光沢と感触を持つ岩石。石筆・印材用。

【蠟燭ロウソク】より糸などを芯シンとして、蠟を円柱状に固めたもの。灯火用。キャンドル。

【蠟涙ロウルイ】ともしたろうそくから溶けて流れる蠟。

虫

7196 【虺】* 5843 虫－3 キ(漢)・カイ(クヮイ)(漢)\huǐ・huī\まむし

字解 形声。虫＋兀(声)。

意味 ❶まむし。クサリヘビ科の毒ヘビ。『虺蛇』『虺蜮』 ❷小さいヘビ。また、ヘビの総称。 ❸「虺隤カイタイ」は、病み疲れるさま。

【虺蛇キダ】マムシとヘビ。

【虺蜮キヨク｜キイキ】マムシやイサゴムシ。害悪をほしいままにする悪者のたとえ。

7197 【蝕】 3110 3F2A 9049 虫－8 ショク「蝕」(7198)の異体字

7198 【蝕】 ── 虫－9 (7197)【蝕】 3110 3F2A 9049 虫－8 †

ショク(漢)\shí\むしばむ

字解 形声。虫＋食(たべる)(声)。虫が食う意。

参考 現代表記では「食」を用いる。

意味 むしばむ。(イ)くいこむ。おかす。『蝕害』『海蝕』『侵蝕』『腐蝕』 (ロ)太陽や月が欠ける。『日蝕』

下接 (イ)海蝕カイショク・侵蝕シンショク・浸蝕シンショク・水蝕スイショク・耐蝕タイショク・波蝕ハショク・風蝕フウショク・腐蝕フショク・防蝕ボウショク (ロ)月蝕ゲッショク・日蝕ニッショク・皆既蝕カイキショク・金環蝕キンカンショク

【蝕害ショクガイ】害虫などが植物を食い荒らすこと。

7199 【螣】* 5941 虫－10 トウ(漢)・チン(漢)・トク(漢)\téng

字解 形声。虫(へび)＋朕(＝朕、上にあげる)(声)。雲や霧をわきおこし天にのぼる竜に似た神の意。

意味 ❶竜に似た神の名。 ❷葉食い虫。『螟螣メイトウ』

7200 【融】 4527 4D3B 975A 虫－10 常　(7201)【融】 ── 虫－10

ユウ(イウ)(漢)\róng\とおる・とける

筆順 融 融 融 融 融 融

字解 形声。鬲＋蟲省(声)。かなえから蒸気がたち上る、とおる意。また、とける意。蟲は通に通じて、ぬける意であるとも。

金文

金文

篆文

同属字 瀜

意味 ❶とおる。とどこおりなく通ずる。わだかまりがない。『融通』『金融キンユウ』 ❷とける。固体が液体になる。また、とかす。『融合』『融和』 ⇒〔溶〕(4277)の表 ❸「祝融シュクユウ」は、中国神話の、火をつかさどる神。

❶とおる。通ずる。

【融資ユウシ】国資金を融通すること。また、その資金。

【融通ユウヅウ｜ユウズウ】[1]滞りなく通ずること。『融通自在』『融通無得ゲ』(＝考え方や行動が何物にもとらわれず自由であること) [2]国その場その場に応じて処理すること。『融通が利く』 [3]国金品などを互いに貸借すること。

❷とける。とかす。

下接 可融カユウ・混融コンユウ・溶融ヨウユウ

【融化ユウカ】とけあうこと。とけて性質を変えること。

【融会ユウカイ】とけて一つに集まること。また、物事を通じさとること。了解すること。

【融解ユウカイ】[1]とけること。また、とかすこと。[2]固体が加熱によって液体になる変化。溶融。↔凝固

【融合ユウゴウ】とけて一つになること。『核融合』

【融釈ユウシャク】[1]＝融解カイ。[2]疑いがさっぱりと解けること。

【融然ユウゼン】やわらぎとけるさま。気分がのびやかなさま。

【融点ユウテン】固体の融解がきわめてゆっくりと起こり、固相と液相が平衡状態にある温度。融解点。

【融風ユウフウ】東北の風。立春に吹き、氷をとかす春の風。

【融融ユウユウ】融和して楽しそうなさま。なごやかなさま。

【融朗ユウロウ】透きとおってあきらかであるさま。

【融和ユウワ】気持ちが他になじんでやわらぐこと。

7202 【蠲】* 5993 虫－17 ケン(漢)\juān\やすで・げじげじ

字解 会意。蜀(いもむしの類)＋益(いっぱいになる)。大量に発生するむし、げじげじの意。

意味 ❶やすで。げじげじ。ムカデに似た節足動物の一種。 ❷きよい。いさぎよい。また、除く。はらい除く。『蠲除』『蠲滌』『蠲免』

【蠲除ケンジョ】とり除くこと。除去すること。

【蠲滌ケンテキ】よごれを除いて清めること。

【蠲免ケンメン】租・庸・調および雑徭ゾウヨウの一部、または全部を免除すること。

143 血部 ち

血は、神に捧げるいけにえの血を皿(祭器)に入れたさまで、「ち」を表す。血部には、血を部標として、血液に関する意味の字を収める。

甲骨文

篆文

血 血
血 ⑥衆
血 ③衂 ④衃 ⑥衇 ⑮衊

血

7203 【血】 2376 376C 8C8C 血－0 常3 ケチ(呉)・ケツ(漢)\xuè・xiě\ち

筆順 血 血 血 血 血 血

字解 部首解説を参照。

同属字 衃・恤・洫・賉

参考 万葉仮名では訓を借りて「ち」。

意味 ❶ち。ちしお。『血圧』『血球』『鮮血』『流血』 ❷血を分けた間柄。血のつながり。『血縁』『血統』『純血ジュンケツ』 ❸ちまみれになる。血が出るほどにはげしいさま。きびしいさま。『血戦』『血路』 ❹非常にいきいきとしているさま。非常にさかんなさま。『血気』『汗血カンケツ』『泣血キュウケツ』『鉄血テッケツ』『熱血ネッケツ』

❶ち。ちしお。

下接 溢血イッケツ・鬱血ウッケツ・悪血オケツ・喀血カッケツ・吸血キュウケツ・給血キュウケツ・供血キョウケツ・凝血ギョウケツ・下血ゲケツ・献血ケンケツ・混血コンケツ・採

竹米糸缶网(⺲・冂・罒)羊羽(⽻)老(耂)而耒耳聿肉(月) 6画 臣自至臼(臼)舌舛(舛)舟艮色艸(艹・艹・艹)虍虫血行衣(衤)襾(覀・西)

血(サイケツ)・止血(シケツ)・瀉血(シャケツ)・充血(ジュウケツ)・出血(シュッケツ)・浄血(ジョウケツ)・心血(シンケツ)・人血(ジンケツ)・鮮血(センケツ)・羶血(センケツ)・多血(タケツ)・鉄血(テッケツ)・吐血(トケツ)・貧血(ヒンケツ)・無血(ムケツ)・輸血(ユケツ)・流血(リュウケツ)・冷血(レイケツ)

【血痕(ケッコン)】血のついたあと。

【血祭(ケッサイ|ちまつり)】①(ケッサイ) いけにえを殺し、その血を神にまつること。②(ちまつり) 出陣の際、敵方の者などを殺し士気を奮いたたせること。転じて、最初の相手を威勢よくかたづけること。『血祭にあげる』

【血書(ケッショ)】決意を表す文書を自分の血で書くこと。

【血色(ケッショク)】顔のいろつや。『血色がよい』

【血食(ケッショク)】いけにえの動物を供えて祖先の霊をまつること。〖不㆓血食㆒(ケッショクせず)〗祖先をまつることをしない。国が滅び子孫が絶えること。〔左伝-荘公六年〕

【血誠(ケッセイ)】まごころ。赤誠。

【血相(ケッソウ)】国顔の様子。顔色。『血相を変える』

【血肉(ケツニク)】血と肉。生身の体。また、血と肉を分けた者。肉親。骨肉。『血肉の争い』

【血判(ケッパン)】国誓いや決意などを表すため、指を傷つけ血を出して署名の下に押すこと。

【血粉(ケップン)】獣の血を乾かして固めた窒素肥料。

【血脈(ケツミャク)】血管。血筋(ちすじ)。→❷

【血盟(ケツメイ)】国血判を押して堅く誓うこと。

【血涙(ケツルイ)】血と涙。また、血の涙。ひどい悲しみやいきどおりのために出る涙。『血涙を絞る』＊白居易-長恨歌「回看血涙相和流(かえりみてケツルイあいワしてながる)〔＝ふり返るその顔には血と涙がまじり合って流れ落ちる〕」

〖血流漂㆑杵(ちながれてショをただよわす)〗多量の血が杵(きね)をも流すほどである。戦死者の多いさま。〔書経-武成〕

〖以㆑血洗㆑血(ちをもってちをあらう)〗殺傷に対して殺傷をもって報復する。悪事に悪事をもって対処する。〔旧唐書-源休伝〕

♥日本では、血族同士が相争うことにも用いる。

❷ 血を分けた間柄。血のつながり。

【血縁(ケツエン)】血のつながっている親族。血族。↔地縁

【血族(ケツゾク)】祖先が同じで血のつながっている人々。

【血統(ケットウ)】先祖との血縁的な関係。血筋。『血統書』

【血脈・血脉(ケツミャク|ケチミャク)】①(ケツミャク) 親族としての血のつながり。親族。②(ケチミャク) 仏語。教理や戒律が師から弟子へと代々伝えられることを血のつながりにたとえた語。また、その相承系譜を記した系図書。→❶

❸ 血が出るほどにはげしいさま。

【血税(ケツゼイ)】国血の出るような苦労をして納める税。♥もとは身血を税とする意で、兵役義務のたとえ。

【血戦(ケッセン)】血みどろの戦い。死にものぐるいの戦い。

【血路(ケツロ)】敵の囲みを破って逃げる道。また、困難をきりぬける道。『血路を開く』

❹ 非常にいきいきとしているさま。

【血気(ケッキ)】気力。生き生きとした生命力。また、みなぎる意気。『血気にはやる』『血気さかん』〖血気之勇(ケッキのユウ)〗むこうみずな勇気。猪勇(チョユウ)。

血

7204 【衆】

2916 3D30 8F4F 血-6 常6

(5247)〖眾〗 目-6

シュ(呉)・シュウ(呉)(漢)・ス(慣)\zhòng\おおい・もろ

筆順 

字解 会意。血＋乑(多くのひと)。集まった多くの人の意から、一般におおい意。血は、日または曰(村落)の形が、のち皿となったものの変形。

甲骨文 

金文 

篆文 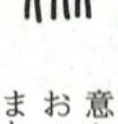

意味 ❶おおい。数が多い。おおくの。↔寡。『衆人』『衆生』『衆民』❷多くの人々。民。庶民。『衆議』『衆愚』『公衆』『聴衆』❸雑事を行う下級の武士。または、下級の僧侶。『徒衆(トシュウ)』⇓表

衆(シュウ)	庶(ショ)
衆庶	
人数が多い。 衆人 民衆 大衆 俗衆 衆盛 衆目	数が多い。もろもろ。 庶人 庶民 庶士 凡庶 富庶 庶物

❶ おおい。数が多い。おおくの。

【衆寡(シュウカ)】多数と少数。多寡。〖衆寡不㆑敵(シュウカテキせず)〗少数のものは多数のものに敵対しても勝ち目がない。〔魏志-張範伝〕

【衆壑(シュウガク)】多くの谷。＊王維-終南山「陰晴衆壑殊(インセイシュウガクことなれり)〔＝多くの谷々は、それぞれに陰ったり晴れたりしてさまざまの姿を見せている〕」

【衆庶(シュウショ)】大勢の、一般の人々。

【衆人(シュウジン)】①多くの人。庶民。②なみの人。凡人。〖衆人皆酔、我独醒(シュウジンみなよい、われひとりさめたり)〗世の中の人々は皆酒に酔っているのに、私だけは正気でいる。世間一般は正しい生き方について判断する力を失ってしまったが、自分だけは正道を歩いている。〔屈原-漁父辞〕

【衆生(シュウセイ|シュジョウ)】㊀(シュウセイ) ①生きているすべてのもの。②人以外の動物。㊁(シュジョウ) 仏教で、迷いの世界にあるあらゆる生類(ショウルイ)。『一切衆生』『衆生済度(サイド)』

【衆星(シュウセイ)】多くの星。＊論語-為政「為㆑政以㆑徳、譬如㆘北辰居㆓其所㆒、而衆星共㆖之(まつりごとをなすにトクをもってするは、たとえばホクシンのそのところにいて、シュウセイのこれにむかうがごとし)〔＝政治を行うのに為政者の人徳によるということは、ちょうど北極星が自分の場所に動かずにいて、多くの星がそれを取り巻いているようである〕」

【衆多(シュウタ)】数や量の多いこと。たくさん。

【衆芳(シュウホウ)】多くのよいにおいのする花。

【衆民(シュウミン)】多くの民。

❷ 多くの人々。民。庶民。

下接 会衆(エシュ|カイシュウ)・観衆(カンシュウ)・群衆(グンシュウ)・下衆(ゲス)・公衆(コウシュウ)・聖衆(ショウジュ)・俗衆(ゾクシュウ)・大衆(タイシュウ|ダイシュ)・聴衆(チョウシュウ)・冥衆(ミョウシュ)・民衆(ミンシュウ)・庸衆(ヨウシュウ)・若衆(わかシュ)

【衆意(シュウイ)】多くの人々の意見。

【衆議(シュウギ)】多人数で合議すること。『衆議一決』

【衆愚(シュウグ)】多くのおろかな者。『衆愚政治』

【衆口(シュウコウ)】多くの人のことば。また、世間一般の評判。『衆口一致』〖衆口鑠㆑金(シュウコウキンをとかす)〗多くの人のことば、うわさ、評判などが集まると硬い金をもとかしてしまうほどのものになる。世評の無責任さ、恐ろしさなどをたとえたことば。〔国語-周語〕

【衆辱(シュウジョク)】大勢ではずかしめること。または、大勢の前ではずかしめを受けること。

【衆心(シュウシン)】多くの人の心。

【衆知・衆智(シュウチ)】多くの人の知恵。『衆知を集める』

♥書き換え「衆智→衆知」。

【衆評(シュウヒョウ)】多くの人の批評。世評。

【衆望(シュウボウ)】多くの人からかけられている期待。

【衆目(シュウモク)】衆人の見る目。多くの人の見る目、見方。

『衆目の一致するところ』

血

［衂］⇩827

7205【衄】7441 6A49 E5C7 血－3 ジク「衄」(7206)の異体字

［衃］⇩8227

7206【衄】7440 6A48 E5C6 血－4 ジク(ヂク)漢/nǜ/はなぢ

字解 形声。血＋丑声。

意味 ❶はなぢ(鼻血)。❷くじける。やぶれる。戦いにまける。『敗衄(ハイジク)』

(7205)〔衂〕7441 6A49 E5C7 血－3

7207【衇】―― 血－6 ミャク「脈」(6357)の異体字

7208【衊】＊6008 血－15 ベツ漢/miè

字解 形声。血＋蔑(ないがしろにする)声。汚れた血の意。

144 行部 ぎょう

甲骨文 金文 篆文

行は、もと十字路の形をとったもので、道をゆくこと、ちまた、道すじ、一列に進むさまなどを表す。行部に属する字は、そのほとんどは、行の左右の部分を開いて、間に音標を入れている。この形の行を「ぎょうがまえ」という。なお、行の左部だけをとって、右部に音標等を組み合わせたものは、別に彳部(60)をなす。また辵の上三画は、もと行の左部から出た。

行◆ 行 ③衎 ⑤衒 術 衕 ⑥街 ⑦衙 ⑨衝 衚 ⑩衛 衞 衡 衠 ⑱衢

行◆

7209【行】2552 3954 8D73 行－0 常2

ギョウ(ギャウ)呉・コウ(カウ)漢・アン唐/xíng・háng・hàng/いく・いき・ゆく・ゆき・おこなう・おこない

筆順 行 行 行 行 行 行

字解 部首解説を参照。

同属字 荇・鴴・桁・珩・裄

意味 ❶みち。道路。『行径』『行潦』❷いく。ゆく。歩く。すすむ。㋑歩く。すすむ。『行進』『歩行』『通行』『急行』㋺ゆかせる。すすめる。動かす。『行軍』『発行』『刊行』㋩めぐる。めぐり歩く。旅をする。旅。『行客』『行粧』『行李』㊁歩きながら。ゆくゆく。『行吟』『行商』＊屈原-漁父辞「行吟ニ沢畔(ゆくゆくタクハンにギンず)」〔=沢のほとりを歩きながら詩歌を口ずさんだ〕㋭持ち歩く。『行火(アンカ)』『行灯(アンドン)』『行厨(コウチュウ)』⇩表 ❸水などがとどこおりなく流れるさま。㋑流れる。流す。『行水』㋺漢字の書体の一。諧書(カイショ)をややくずし、点画を流れるように書くもの。『行書』『行草』㋩漢詩の一体。音調がとどこおらない詩。『琵琶行(ビワコウ)』❹おこなう。また、おこなわれる。㋑する。実行する。おこない。『行為』『行政』『言行』『品行』＊史記-張儀伝「儀貧無レ行(ギはヒンにしておこないなし)」〔=張儀は貧乏で、品行が良くない〕㋺特に、仏教で悟りにいたるための実践。『行者』『勤行』『修行』『難行』❺ならぶ。ならび。㋑並んでいるもの。列。『行列』『行間』『行頭』『改行』㋺特に、同列に並ぶ意から、同業組合。問屋。みせ。『行員』『銀行』❻(ギョウ)国日本の令制で官位を称するとき、官職が相当すべき位階より低い場合、位階と官名との間に入れる語。↕守(シュ)。『正五位上行兵部大輔』

❶みち。道路。

【行径(コウケイ)】こみち。小径。

【行神(コウシン)】道を守る神。旅路の安全を守る神。道祖神。

【行馬(コウバ)】①門のわきに設けた馬つなぎ。駒寄せ。②鉄釘を打ちつけた杙(くい)。騎兵の突入を妨げるもの。↓❷

【行路(コウロ)】人の通る道。道路。↓❷

【行潦(コウロウ／にわたずみ)】路上にたまった雨水や小さな流れ。

❷ゆく。歩く。すすむ。めぐり歩く。

下接 移行(イコウ)・一行(イッコウ)・運行(ウンコウ)・横行(オウコウ)・蟹行(カイコウ)・角行(カッコウ／カクギョウ)・緩行(カンコウ)・雁行(ガンコウ)・紀行(キコウ)・逆行(ギャッコウ)・急行(キュウコウ)・携行(ケイコウ)・血行(ケッコウ)・航行(コウコウ)・五行(ゴギョウ)・山行(サンコウ)・膝行(シッコウ)・舟行(シュウコウ)・巡行(ジュンコウ)・順行(ジュンコウ)・徐行(ジョコウ)・進行(シンコウ)・水行(スイコウ)・随行(ズイコウ)・先行(センコウ)・潜行(センコウ)・前行(ゼンコウ)・壮行(ソウコウ)・遡行(ソコウ)・退行(タイコウ)・他行(タギョウ／タコウ)・蛇行(ダコウ)・直行(チョッコウ)・通行(ツウコウ)・同行(ドウコウ)・独行(ドッコウ)・鈍行(ドンコウ)・難行(ナンコウ)・爬行(ハコウ)・跛行(ハコウ)・頒行(ハンコウ)・飛行(ヒコウ／ヒギョウ)・尾行(ビコウ)・微行(ビコウ)・平行(ヘイコウ)・並行(ヘイコウ)・併行(ヘイコウ)・歩行(ホコウ)・密行(ミッコウ)・夜行(ヤコウ／ヤギョウ)・遊行(ユウコウ／ユギョウ)・洋行(ヨウコウ)・陸行(リクコウ)・流行(リュウコウ／はやり)・旅行(リョコウ)・連行(レンコウ)

行(コウ)	進(シン)
行進	
すすむ。ゆく。	すすむ。
行路	進路
行軍	進軍
先行	先進
急行	急進
直行	直進
逆行	逆進

【行火(アンカ)】国(炭火などを入れて)手足を暖める道具。

【行脚(アンギャ)】①僧が修行のため諸国を巡ること。②転じて、諸国を旅すること。

【行宮(アングウ／コウキュウ)】天子の行幸の際の、仮の御所。仮宮(かりみや)。行在所(アンザイショ)。

【行在(アンザイ)】天子の、旅先などで、臨時に滞在する場所。また、天皇が臨時に滞在すること。かりみや。行宮(アングウ)。

【行灯(アンドン)】木、タケなどの枠に紙を張り、中に油皿を置いて火をともす照明具。

【行啓(ギョウケイ)】国太皇太后、皇太后、皇后、皇太子、皇太子妃、皇太孫の外出の尊敬語。

【行幸(ギョウコウ／みゆき)】天子が皇居から外出すること。

【行住坐臥・行住座臥(ギョウジュウザガ)】歩く、止まる、すわる、臥(ふ)すの意から、日常の立ち居振る舞い。また、平生(ヘイゼイ)。ふだん。〔心地観経〕

【行商(ギョウショウ)】商品を携えて売り歩くこと。『行商人』

【行衣(コウイ)】旅の服装。たびごろも。

【行雲流水(コウウンリュウスイ)】漂う雲と流れる水。自然のまま、成り行きに任せて行動するさまの例え。〔宋史-蘇軾伝〕

【行営(コウエイ)】①軍隊が駐屯すること。営所。陣屋。②陣屋を巡回視察すること。

【行客(コウカク)】旅人。旅客。遊子。

【行吟(コウギン)】そぞろ歩きしながら詩歌を吟詠すること。

竹米糸缶网(罒・冂・皿)羊羽(羽)老(耂)而耒耳聿肉(月) 6画 臣自至臼(臼)舌舛(舛)舟艮色艸(艹・艹・艹)虍虫血行衣(衤)襾(覀・西)

【行軍(コウグン)】軍隊が隊列を整え、長距離を行進すること。

【行行(コウコウ)】①しだいに進んで行く様子。どこまでも歩いていくさま。＊文選‐古詩十九首「行行重行行(ゆきゆきてかさねてゆく)」〔＝あなたは旅に出てどこまでもどこまでも歩いてゆく〕②強くてしっかりしているさま。

【行子(コウシ)】旅行する人。旅人。遊子。

【行尸走肉(コウシソウニク)】歩くしかばねと走る肉。形だけで魂のない肉塊同然の人。無能で存在価値がない者をあざけっていう語。〔拾遺記〕

【行酒(コウシュ－ギョウシュ)】宴会の席で、列座の人々に酒をついでまわること。

【行舟(コウシュウ)】通行する舟。また、舟が進行すること。

【行色(コウショク)】①旅立とうとすること。②旅先の風景。または、旅先の天候。

【行進(コウシン)】多くの人が隊伍(タイゴ)を組んで進んで行くこと。

【行人(コウジン)】①道を行く人。また、旅をしている人。②出征兵士。＊杜甫‐兵車行「行人弓箭各在レ腰(コウジンのキュウセンおのおのこしにあり)」〔＝出征兵士たちは、それぞれ弓や矢を腰につけている〕」→❹(ギョウニン)

【行水(コウスイ)】舟で水上をすすむこと。→❸

【行跡(コウセキ)】通ったあと。あしあと。→❹(ギョウセキ)

【行台(コウダイ)】中国の役所名の一。魏、晋以後、尚書省(中台)の役人を臨時に地方に出張させて事務をとらせたところ。外征のために置かれた。

【行厨(コウチュウ)】(「行」は、持ち歩くの意)弁当をいう。

【行程(コウテイ)】①距離。みちのり。②ピストンなどの往復運動する距離。ストローク。

【行縢(コウトウ)】むかばき。きゃはん。旅や狩りに出るときに脛にまとった布や毛皮。

【行道(コウドウ－ギョウドウ)】①(コウドウ)道を行くこと。また、その道。特に、天体の運行についていう。②(ギョウドウ)仏語。僧尼が経を読みながら本尊の周りをめぐり歩くこと。また、人や物が同じところをぐるぐるめぐること。→❹

【行年(コウネン－ギョウネン)】①これまで生きてきた年数。生存した年月。当年。②死んだ時の年齢。享年(キョウネン)。

【行嚢(コウノウ)】①旅行に用いる袋。行李(コウリ)。②国郵便物を入れて送る袋。

【行馬(コウバ)】歩いて行く馬。→❶

【行夜(コウヤ)】国衛府の官人が、夜中に京城(羅城門の内)を巡回して警備すること。

【行遊・行游(コウユウ)】故郷を出て旅をすること。

【行楽(コウラク)】郊外などに出て楽しみ遊ぶこと。『行楽地』

【行李(コウリ)】①(「李」は、おさめるの意)使者。つかい。②旅の荷物。また、それを入れるもの。③国竹、ヤナギなどで編んだ、衣類などを入れる箱形の物入れ。こり。

【行旅(コウリョ)】旅行すること。また、その人。

【行路(コウロ)】①道を行くこと。通行。『行路病者〔＝行き倒れ〕』②転じて、世渡り。→❶

【行路難(コウロナン)】①道ゆきの困難なこと。転じて、世渡りの難しいこと。②楽府体(ガフタイ)の詩の名。世渡りの難儀や別離のつらさをうたう。中国、宋(ソウ)の鮑照(ホウショウ)や唐の李白(リハク)の作品が有名。

【行不レ由レ径(ゆくにこみちによらず)】常に大道を行き、小道を通らない。公明正大に行動するたとえ。〔論語‐雍也〕

❸ 水などがとどこおりなく流れる。流す。

下接 歌行(カコウ)・真行草(シンギョウソウ)・琵琶行(ビワコウ)

【行書(ギョウショ)】書体の一。楷書(カイショ)をややくずしたもの。

【行草(ギョウソウ)】①行書と草書。②行書と草書の間の書体。

【行水(コウスイ－ギョウズイ)】①(コウスイ)流れゆく水。流水。また、水をとどこおりなく流し、治めること。②(ギョウズイ)国湯や水をたらいに入れ、簡単に汗などを洗い流すこと。→❷

❹ おこなう。おこなわれる。おこない。

下接 悪行・易行・一行・印行・淫行・汚行・寒行・願行・刊行・敢行・慣行・奇行・躬行・凶行・強行・挙行・苦行・愚行・径行・決行・兼行・言行・現行・興行・孝行・勤行・私行・施行・試行・執行・実行・醜行・獣行・修行・遵行・諸行・遂行・性行・盛行・先行・専行・前行・善行・操行・素行・続行・太行・代行・単行・断行・知行・同行・徳行・篤行・難行・発行・犯行・版行・蛮行・非行・百行・品行・並行・奉行・暴行・密行・予行・乱行・力行・履行・励行・厲行・単行本・易往易行・禹行舜趨・生知安行・直情径行・独立独行

【行学(ギョウガク)】仏教で、修行と学問。

【行儀(ギョウギ)】国立ち居振る舞いの際の作法。『行儀作法』

【行刑(ギョウケイ)】刑を執行すること。『行刑官』

【行者(ギョウジャ－アンジャ)】①(ギョウジャ)仏道を修行する人。修行者。また、修験者(シュゲンジャ)。②(アンジャ)禅宗で、寺院に属して諸役に給仕する者。

【行状(ギョウジョウ)】日々の行い。身持ち。品行。

【行政(ギョウセイ)】①国家の統治作用のうちで、立法、司法を除いたものの総称。『行政官』②国家機関や公共団体などが、法律、政令などに従ってする政務。『地方行政』

【行跡(ギョウセキ)】おこない。品行。行状。→❷(コウセキ)

【行人(ギョウニン)】仏語。修行者。行者。→❷(コウジン)

【行為(コウイ)】ある意志をもってする行い。所為。

【行役(コウエキ)】国境の警備や土木工事など官命による労役。

【行貨(コウカ)】賄賂(ワイロ)をつかうこと。

【行誼(コウギ)】行いが道理にかなっていること。

【行業(コウギョウ)】①おこない。②生産的な仕事。③職業。

【行使(コウシ)】権利、権力などを実際に用いること。

【行事(コウジ－ギョウジ)】①(コウジ)事を行うこと。また、その人や物事。②(ギョウジ)国恒例として行う事柄。催し事。

【行実(コウジツ－ギョウジツ)】ある人が行う、また、行ってきた事柄。

【行賞(コウショウ)】功績に対して賞を与えること。『論功行賞』

【行蔵(コウゾウ)】(「蔵」は隠れる意)世に出て道を行うことと、世から退いて隠れること。出処進退。＊論語‐述而「用レ之則行、舎レ之則蔵(これをもちうればすなわちおこない、これをすつればすなわちかくる)」〔＝(君主が)あげ用いてくれれば(政治の理想を)実行し、あげ用いてくれなければ(民間に)かくれる〕」

【行動(コウドウ)】あることを実際に行うこと。『行動半径』

【行道(コウドウ－ギョウドウ)】①(コウドウ)道を行うこと。道徳を尊び行うこと。②(ギョウドウ)仏道を修行すること。→❷

【行媒(コウバイ)】結婚のなこうど。媒酌人。

【行文(コウブン)】文章の書き進め方。『行文流麗』

❺ 並んでいるもの。列。

下接 一行(イチギョウ)・鴛行(エンコウ)・改行(カイギョウ)・数行(スウギョウ－スウコウ)・拝行(ハイコウ)・輩行(ハイコウ)／三行半(みくだりはん)

【行間(ギョウカン－コウカン)】①(ギョウカン)文章の行と行との間。②(コウカン)隊列や作物の列の間。また、軍中。陣中。

【行列(ギョウレツ)】①順序よく並ぶこと。②数字や文字を正方形または長方形に配列したもの。マトリックス。

【行伍(コウゴ)】軍隊。また、兵卒。昔、兵卒五人を「伍」、一列二五人を「行」と称した。

【行陣コウジン】軍隊が隊列を組むこと。

難読地名 行田ぎょうだ市(埼玉) 行方なめがた郡(茨城)

難読姓氏 行方なめかた・なみかた 行川なめかわ 行木なめき・ゆうき

7210【衍】6207 5E27 9FA5 行－3 エン漢/yǎn/あふれる・ひろげる・あまる

字解 会意。行＋水。大きな水の流れが広がりゆくことから、あふれひろがる意。

甲骨文 金文 篆文

同属字 愆

意味 ❶あふれる。満ちひろがる。また、はびこる。のびひろがる。『衍溢』『衍盈』『衍曼』『衍沃』『蔓衍マンエン』 ❷しく。ひろげる。のべる。『衍繹』『衍義』『敷衍フエン』 ❸あまる。よけいになる。『衍字』『衍文』 ❹固有名詞。『衍聖公』

【衍溢エンイツ】川の水などが満ちあふれること。

【衍盈エンエイ】満ちあふれること。

【衍繹エンエキ】意味を押し広めて解明すること。演繹。

【衍義エンギ】意味を押し広めてくわしく説き明かすこと。また、押し広めた意義。

【衍字エンジ】誤って語句の中に入った不要な文字。

【衍聖公エンセイコウ】孔子の子孫が世襲する爵位名。

【衍文エンブン】文章中に誤って入れられた不要の文句。

【衍曼エンマン】はびこること。ひろまること。曼衍。

【衍沃エンヨク】ひろびろとして肥えた土地。

7211【衒】7442 6A4A E5C8 行－5 ゲン呉・ケン漢/xuàn/てらう

字解 形声。行＋玄(くらくてよく見えない)声。人の目をくらまして売り歩く意。

意味 ❶売る。売り歩く。売り込む。『衒売』『賈衒コゲン』『女衒ゼゲン』 ❷てらう。誇ってみせびらかす。『衒学』『衒士』『自衒ジゲン』

❶ 売る。売り歩く。売り込む。

【衒鬻ゲンイク】自分の商品を実際の価値以上にほめあげて売りこむこと。

【衒女ゲンジョ】器量自慢の女性。

【衒売ゲンバイ】品物などを実際よりよく見せて売ること。

❷ てらう。誇ってみせびらかす。

【衒異ゲンイ】人と異なったすぐれた点をてらい誇ること。

【衒学ゲンガク】学問や知識があることをひけらかすこと。『衒学的な文章』 英 pedantry の訳語。

【衒気ゲンキ】自分の学識や才能を見せびらかしたがる気持ち。てらい。

【衒士ゲンシ】自分の才能をてらい誇る男。

【衒耀ゲンヨウ】自分の才能や学識を誇らしげに示すこと。

7212【術】2949 3D51 8F70 行－5 常5 ジュツ呉・シュツ漢/shù/すべ・わざ

(7213)【術】行－5 旧字

筆順 彳 彳 犴 犴 術 術

字解 形声。行＋朮(ねばりつくもちあわ)声。家と家とをつなぐむらの道の意。転じて、てだての意。

意味 ❶すべ。わざ。てだて。身につけた技芸・学問・技芸の方法。『術業』『術語』『技術』『芸術』 ❷はかりごと。たくらみ。『術策』『術数』『権術ケンジュツ』

❶ すべ。わざ。てだて。

下接 医術イジュツ・火術カジュツ・学術ガクジュツ・奇術キジュツ・技術ギジュツ・弓術キュウジュツ・経術ケイジュツ・剣術ケンジュツ・幻術ゲンジュツ・詐術サジュツ・算術サンジュツ・施術シジュツ・治術ジジュツ・射術シャジュツ・邪術ジャジュツ・柔術ジュウジュツ・手術シュジュツ・呪術ジュジュツ・咒術ジュジュツ・儒術ジュジュツ・神術シンジュツ・針術シンジュツ・鍼術シンジュツ・仁術ジンジュツ・仙術センジュツ・戦術センジュツ・相術ソウジュツ・槍術ソウジュツ・智術チジュツ・道術ドウジュツ・馬術バジュツ・秘術ヒジュツ・美術ビジュツ・巫術フジュツ・武術ブジュツ・方術ホウジュツ・砲術ホウジュツ・魔術マジュツ・妖術ヨウジュツ・話術ワジュツ

【術業ジュツギョウ】学術と技芸。また、専門の職業。

【術芸ジュツゲイ】技術と学芸。

【術語ジュツゴ】学問や技術などの専門分野で、特に定義して使用する語。専門語。テクニカルターム。

【術士ジュツシ】方術に通じた人。方士。→❷

❷ はかりごと。たくらみ。

【術計ジュッケイ】はかりごと。計略。

【術策ジュッサク】はかりごと。謀計。策謀。

【術士ジュツシ】はかりごとのたくみな人。策士。→❶

【術数ジュッスウ】はかりごと。『権謀術数』

【術知・術智ジュッチ】はかりごとをめぐらす知恵。

【術中ジュッチュウ】計略のなか。術策のうち。『敵の術中に陥る』

7214【街】1925 3339 8A58 行－6 常4 カイ漢・ガイ慣/jiē/まち・ちまた

筆順 彳 彳 往 往 街 街

字解 形声。行＋圭(→系・卦、つなぐ)声。二本の道が交差しつながった十字路。また、まちの意。

意味 まち。まちすじ。ちまた。『市街シガイ』

【街衢ガイク・カイク】町なかの通り。町。

【街巷ガイコウ】まち。ちまた。街衢。

【街市ガイシ】にぎやかな町。ちまた。

【街談ガイダン】まちの話。世間のうわさ。【街談巷説ガイダンコウセツ】世間のうわさ。街談衢説クセツ。

【街道カイドウ】交通上主要な陸路。諸地方に通じる公道。

【街灯ガイトウ】町すじを照らすための照明。街路灯。

【街頭ガイトウ】町の路上。まちかど。『街頭募金』

【街坊ガイボウ】①(「坊」も町の意)町。また、村里。②近隣。また、近隣の人。

【街路ガイロ】市街を通る道。町中の道路。『街路樹』

難読姓氏 街風つむじ

7215【衙】7443 6A4B E5C9 行－7 ガ漢・ゴ呉・ギョ漢/yá·yú/つかさ

字解 形声。行＋吾(→禦、ふせぎ守る)声。ふせぐ意。また、役所の意を表す。

意味 (護衛兵がふせぎ守る)天子の居所。宮城。転じて、役所。つかさ。『官衙カンガ』『国衙コクガ』『正衙セイガ』

【衙参ガサン】官吏が役所に参じ集まること。

【衙内ガナイ・ガダイ】①宮城内。また、役所の中。②中国、唐代、宮城の護衛兵のこと。③貴族の子弟。多く、宮城護衛の任務についた。

【衙府ガフ】(「府」も役所の意)役所。官庁。

【衙兵ガヘイ】宮城の護衛にあたる兵士。

【衙門ガモン】兵衛や役所の門。また、役所。官府。

[衜]⇩8343

7216【衝】3055 3E57 8FD5 行－9 常 ショウ㊥\chōng・chòng\つく

筆順 衝衝衝衝衝衝

字解 形声。行＋重(＝童)㊥。

意味 ❶つく。つきあたる。また、つきあたり。『衝撃』『衝動』『衝突』『緩衝(カンショウ)』『折衝(セッショウ)』 ＊史記‐廉頗藺相如伝「怒髪上衝₋冠(ドハツのぼりてかんむりをつく)」〔＝怒りのために髪の毛はさか立ち、冠をつき上げんばかりだった〕」 ⇓表 ❷かなめ。中心。大切なところ。『要衝(ヨウショウ)』

衝(ショウ)	衝突	つきあたる。 衝撃 衝風 衝天 衝動 緩衝 衝激
突(トツ)		勢いよくつきあたる。 突撃 突風 突貫 唐突 触突 激突

【衝撃(ショウゲキ)】①人の心に激しい感動を起こさせること。ショック。②物体に急激に加えられる力。

【衝天(ショウテン)】天を衝きあげること。転じて、気力が盛んなこと。『意気衝天』

【衝動(ショウドウ)】発作的に行動しようとする心の動き。

【衝突(ショウトツ)】①物がぶつかり合うこと。『正面衝突』②立場、意見などの相反する者同士が、争い合うこと。『意見の衝突』

【衝風(ショウフウ)】にわかに起こる風。衝撃風。突風。

7217【衜】＊6016 行－9

ドウ「道」(8142)の異体字

7218【衛】1750 3152 8971 行－10 常5 (7219)【衞】7444 6A4C E5CA 行－10 旧字 ㊇

エ(ヱ)㊉・エイ(ヱイ)㊥\wèi\まもる・まもり

筆順 衛衛衛衛衛衛

字解 形声。行＋韋(めぐり歩く)㊥。めぐり歩いて警戒する、まもる意。甲骨文は、方㊥で、防に通じて、ふせぐ意を表すか。

甲骨文

金文
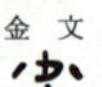
金文

篆文

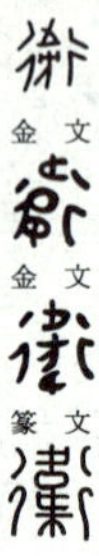

参考 万葉仮名では音を借りて「ゑ」。

意味 ❶まもる。ふせぐ。まわりにいてまもる。また、まもる人。ふせぐ人。『衛尉』『衛生』『衛星』『衛兵』『護衛』『守衛』 ❷国の果て。辺境。 ❸中国、明代、要地に設けた軍営。 ❹中国、周代の国名。周公の弟康叔(コウシュク)を祖とし、都を殷の旧都朝歌(河南省湯陰県)に置く。紀元前二〇九年、四二代で秦に滅ぼされた。 ❺固有名詞。『衛青』『衛満』

❶ まもる。ふせぐ。また、まもる人。

下接 儀衛(ギエイ)・禁衛(キンエイ)・警衛(ケイエイ)・後衛(コウエイ)・護衛(ゴエイ)・近衛(コノエ)・自衛(ジエイ)・侍衛(ジエイ)・守衛(シュエイ)・宿衛(シュクエイ)・親衛(シンエイ)・精衛(セイエイ)・前衛(ゼンエイ)・兵衛(ヒョウエ)・武衛(ブエイ)・防衛(ボウエイ)・門衛(モンエイ)

【衛尉(エイイ)】中国、秦代の官名で九卿の一。宮中の警護をつかさどる。

【衛士(エイシ・エジ)】①(エイシ)宮殿、御所、貴人などを守る兵士。②(エジ)国昔、諸国から上京して宮中の守りについた兵。

【衛戍(エイジュ)】軍隊が一つの場所に配備・駐屯すること。『衛戍病院』

【衛生(エイセイ)】清潔を保って、病気にかからないようにすること。『保健衛生』『精神衛生』『衛生的』『非衛生』

【衛星(エイセイ)】①惑星の周囲を回る天体。地球に対する月など。『人工衛星』『通信衛星』②転じて、中心になるものの周囲にあるもの。『衛星都市』

【衛兵(エイヘイ)】警備、監視の任務についている兵。衛卒。

【衛府(エフ)】国令制で、宮城の護衛に当たった官司。また、そこに所属する官人。

❺ 固有名詞。

【衛瓘(エイカン)】中国、晋代の書家。字(あざな)は伯玉。草書にすぐれた。

【衛青(エイセイ)】中国、前漢の武将。字(あざな)は仲卿。諡(おくりな)は烈侯。武帝に仕え、匈奴(キョウド)征伐に数多くの功をたて、霍去病(カクキョヘイ)とともに大司馬の位を受けた。(？～前一〇六)

【衛満(エイマン)】衛氏朝鮮の創始者。燕(エン)の人。燕が滅亡すると、朝鮮に亡命。土着の諸族を服属させて箕子(キシ)朝鮮を滅ぼし、王険(平壌)に都した。生没年不詳。

7220【衡】2553 3955 8D74 行－10 常 コウ(カウ)㊥\hēng\よこぎ・かぶき・はかる・はかり

筆順 衡衡衡衡衡衡

字解 形声。奐(牛の大きな角(つの))＋行(十字路)㊥。牛の角にしばりつけた横木の意。転じて、てんびんの横木の意から、はかり、はかる意を表す。

金文
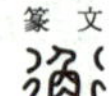
篆文

意味 ❶よこぎ(横木)。かぶき(冠木)。また、横。横ざま。『衡行』『衡門』『抗衡(コウコウ)』『連衡(レンコウ)』 ❷はかり。はかる。また、つり合いがとれている。たいら。『衡鑑』『衡権』『均衡』 ⇓〔測〕(4222)の表 ❸星の名。北斗七星の第五星。衡星。 ❹固有名詞。『衡山』『衡陽』

❶ よこぎ。かぶき。また、横。横ざま。

【衡宇(コウウ)】横木を通しただけの簡単な門と、家の屋根。＊陶潜‐帰去来辞「乃瞻₌衡宇₋、載欣載奔(すなわちコウウをみて、すなわちよろこびすなわちはしる)」〔＝ようやく故郷について我が家の門や建物が遠くに見えると、うれしくなって走り出す〕」

【衡行(コウコウ)】横にそれて行くこと。気ままにふるまうこと。横行。

【衡人(コウジン)】中国、戦国時代、連衡説(同盟政策)を唱えた人。張儀などの一派。

【衡茅(コウボウ)】かぶき門と茅ぶきの家。そまつな家。

【衡門(コウモン)】二本の柱に冠木(かぶき)を渡しただけの門。転じて、隠者または貧者の住居。

❷ はかり。つり合いがとれている。

下接 玉衡(ギョッコウ)・均衡(キンコウ)・権衡(ケンコウ)・懸衡(ケンコウ)・宰衡(サイコウ)・争衡(ソウコウ)・平衡(ヘイコウ)・度量衡(ドリョウコウ)

【衡鑑(コウカン)】はかりとかがみ。是非善悪を弁別する標準。平均していること。また、公平を保つこと。

【衡鈞(コウキン)】はかりのさおと、おもり。

【衡権(コウケン)】はかりと、おもり。

【衡石(コウセキ)】はかりと、ものさし。

【衡度(コウド)】つり合い。また、平均すること。

【衡平(コウヘイ)】

❸ 北斗七星の第五星。

【衡漢(コウカン)】北斗七星と、天の川。

【衡軸(コウジク)】衡星と車のしん棒。動くものの中心となるもの。転じて、重要な地位や官職のたとえ。

❹ 固有名詞。

【衡山コウザン】中国湖南省中部にある名山で、五岳ゴガクの一。七十二峰あり、主峰は衡山県の西北、衡陽市の北。南岳。

【衡陽コウヨウ】中国湖南省南部の郡や県の名。また、同地方の政治、経済の中心都市の名。

7221 【衜】 ＊6017 行－10 ドウ 「道」(8142)の異体字

[衟] ⇩ 9418

7222 【衢】 7445 6A4D E5CB 行－18 ク㊐㊊/qú/ちまた

字解 形声。行＋瞿(とりが目を見張る)㊟。四方に通じる目を見張るほど大きな通りの意。

参考 万葉仮名では音を借りて「く」。

意味 ちまた。町中の広い四つつじ。また、道。道路。

下接 街衢ガイク・九衢キュウク・広衢コウク・交衢コウク・康衢コウク

【衢巷クコウ】まち。

【衢道クドウ】四方に通じる道。

145 衣(衤)部 ころも

甲骨文

金文

篆文

衣は、物をおおう形と着物のえりもとを合わせた象形とから成り、からだをおおうもの、着るものの意(イ)を表す。衣部に属するものは、衣服の種類、状態などを表す。上部のおおう形は隷書で亠(けいさんかんむり)の形をとるようになった。また衣を上下両部に分け、その間に属標をおく字が金文から見られる。衣が字の左部にたつもの(ころもへん)は、楷書に至って今日のような五画の形が一般化した。

衣◆ 衣 ②表 ④袁 衾 衮 衰 衷 ⑤衺 衰 衺 ⑦裒 裏 ⑧裹 ⑨褎 褒 ⑩褏 裹 ⑪襄 褻 褒

衣 ⑦裔

衣 ④衾 ⑤袈 袋 袰 ⑥裁 装 裂 ⑦裒 裘 裵 裟 裊 裝 ⑧裳 製 裴 ⑩褧 褰 ⑬襞 ⑯襲 襲

衤 ③衫 ④衱 衿 衵 衽 衲 衭 ⑤袘 袪 袨 袖 袗 袓 袮 袙 袢 被 袍 ⑥裀 袿 袴 袷 䘸 袽 袵 袱 袾 裄 ⑦裙 裑 裎 補 裕 裡 ⑧褂 褐 裾 裣 裼 䘯 裰 裨 裱 裸 裲 褄 ⑨褞 褐 褌 褝 褚 褙 複 褊 褓 ⑩褞 褳 褥 褪 褫 褡 ⑪襀 褷 褶 襀 褾 褸 襌 ⑫襖 襆 襌 襍 ⑬襖 襟 襠 ⑭襦 襧 襤 ⑮襭 襪 ⑯襯 ⑰襴 襷 ⑲襹

衣◆

7223 【衣】 1665 3061 88DF 衣－0 常4 エ㊐・イ㊊/yī・yì/ころも・きぬ

筆順 衣 衣 衣 衣 衣 衣

字解 部首解説を参照。

参考 万葉仮名では音を借りて「え」、訓を借りて「そ⑵」。平仮名「え」の字源。

意味 ❶ころも。きぬ。㋑ころもの布。身にまとうもの。着物。『衣装』『衣服』『衣料』『更衣』『脱衣』＊白居易-長恨歌「攬レ衣推レ枕起徘徊イをとりまくらをおしてたちてハイカイす〔=上衣を手にとり、枕をおしのけて起きあがり、部屋の中を行きつもどりつする〕」㋺僧の着る、ころも。『衣鉢イハツ』『紫衣シエ』『法衣ホウエ』『衣錦』『衣繡』 ⇓表 ❷きる。着せる。身につける。

❶ころも。きぬ。身にまとうもの。

下接 悪衣アクイ・羽衣ウイ|はごろも・葛衣カツイ・寛衣カンイ・御衣ギョイ・更衣コウイ|ころもがえ|きさらぎ・垢衣コウイ|クエ・黒衣コクイ|コクエ・獄衣ゴクイ・袞衣コンエ・彩衣サイイ・紫衣シイ|シエ・緇衣シイ|シエ・繡衣シュウイ・戎衣ジュウイ・浄衣ジョウエ・深衣シンイ・寝衣シンイ・新衣シンイ・征衣セイイ・褻衣セツイ・僧衣ソウイ|ソウエ・脱衣ダツイ・暖衣ダンイ・地衣チイ・着衣チャクイ・擣衣トウイ・胴衣ドウイ|ドウぎ・納衣ノウエ・白衣ハクイ|ビャクエ|ビャクイ・布衣フイ|ホウイ|ホウイ・弊衣ヘイイ・便衣ベンイ・胞衣ホウイ|えな・法衣ホウエ|ホウイ・羅衣ライ・一衣帯水イチイタイスイ・暖衣飽食ダンイホウショク・天衣無縫テンイムホウ・弊衣破帽ヘイイハボウ／産衣うぶぎ・上衣うわぎ・肩衣かたぎぬ・紙衣かみこ・唐衣からぎぬ|からころも・狩衣かりぎぬ・直衣のうし・肌衣はだぎ・晴衣はれぎ・単衣ひとえ・母衣ほろ・浴衣ゆかた

衣イ	服フク
衣服	
ころも。	きもの。
衣装	服装
衣被	被服
衣冠	服飾
僧衣	僧服
粗衣	粗服
衣糧	服食

【衣纓イエイ】衣服と冠のひも。正装。転じて、官吏。

【衣冠イカン】①衣服と冠。朝廷に出るときの正装。②衣冠をつけた人。官吏。③国平安中期から着用した束帯よりも略式の装束。『衣冠束帯』

【衣魚イギョ|しみ】総尾目シミ科に属する昆虫の総称。家屋の暗所を好み、本、衣類の糊のりなどを食べる。『本の衣魚しみ〔=読書ばかりしていて、実社会にうとい人〕』

【衣衾イキン】①夜着や夜具。②死体を覆う衣類とふすま。

【衣桁イコウ】着物をかけておくもの。衣架。

【衣裳・衣装イショウ】①着物。衣服。『衣装持ち』『晴れ衣装』②舞台で扮装フンソウに用いる衣服。能では多く装束という。『衣装方』◆書き換え「衣裳→衣装」。

【衣食イショク】衣服と食物。『衣食住』〖衣食足知ニ栄辱一イショクたりてエイジョクをしる〗人は生活が豊かになって、はじめて名誉と不名誉とをわきまえるようになる。一般に「衣食足りて礼節を知る」という。〔管子-牧民〕

【衣簪イシン】(官吏の)正式の衣服と、冠を髪にとめるためのかんざし。また、官吏。

【衣装イソウ|イショウ】①(イソウ)衣服と荷物。②(イショウ)＝衣裳イショウ

【衣帯イタイ】着物と帯。転じて、装束、着衣。→❷

〖衣不レ曳レ地イチにひかず〗衣服が短くて引きずることがない。質素なたとえ。〔史記-孝文本紀〕

【衣着・衣著イチャク】①着物を着ること。②着物。衣服。＊陶潜-桃花源記「男女衣着、悉如ニ外人一ダンジョのイチャク、ことごとくガイジンのごとし〔=男女の衣服は、すっかり外部の人と同じだ〕」

【衣嚢（イノウ）】かくし。ポケット。

【衣被（イヒ）】①衣服。②おおうように、あまねくめぐみを施すこと。〔荀子-礼論〕

【衣服（イフク）】衣類。着物。〔詩経-小雅・大東〕

【衣紋・衣文（イモン｜エモン）】㊀（イモン）衣服のもよう。転じて、衣服。㊁（エモン）国①装束を形よく、きちんと着ること。また、その方法。②着物の胸の上で合わさる部分。襟もと。また、襟。『衣紋掛け』『抜き衣紋』

【衣料（イリョウ）】衣類。また、その材料。『衣料品店』

【衣鉢（イハツ｜エハツ）】仏語。師僧から弟子に伝える袈裟（ケサ）と鉢。転じて、その道の奥義、また、前人の事業など。『衣鉢を継ぐ』

〖擣レ衣（きぬをうつ）〗きぬたを打つ。布につやを出すために、砧（きぬた）にのせて、木づちでたたくこと。旧暦七、八月ごろ、衣を仕立て直すため、洗濯した布を、杵（きね）で打って柔らかくした。＊李白-子夜呉歌「万戸擣レ衣声（バンコきぬをうつのこえ）」〔＝家々から聞こえるきぬたを打つ音〕

❷ きる。着せる。身につける。

【衣錦（イキン｜にしきをきる）】にしきの衣を着ること。転じて、富貴の身となること。【衣錦之栄（イキンのエイ｜にしきをきるのエイ）】富貴になってにしきを着て故郷へ帰る名誉。〔欧陽脩-相州画錦堂記〕〖衣レ錦還レ郷（にしきをきてキョウにかえる）〗美しい着物を着て故郷に帰る。立身出世をして故郷に帰ることのたとえ。〔南史-柳慶遠伝〕

【衣帯（イタイ）】身につけている帯。『一衣帯水』＊文選-古詩十九首「衣帯日已緩（イタイひにすでにゆるぶ）」〔＝衣の帯は日ましにゆるくなる〕」→❶

【衣帛（イハク）】絹を着ること。贅沢（ゼイタク）なことをもいう。

〖衣レ繡夜行（シュウをきてよるゆく）〗（「繡」は、美しいぬいとりの着物の意）成功したり出世したりしても、郷党や知人にその姿を見せなければ甲斐がないことのたとえ。錦（にしき）を衣（き）て夜行く。〔史記-項羽本紀〕

難読地名 衣川（ころもがわ）村（岩手）

7224 【表】 4129 493D 955C 衣-2 常3 ヒョウ（ヘウ）㊁㊂／biǎo／おもて・あらわす・あらわれる

筆順 表 表 表 表 表 表

字解 会意。衣＋毛。毛皮でつくったうわぎをきる意。転じて、おもての意。

同属字 俵・裱

意味 ❶おもて。物事の外側、前方、上部にあらわれた部分。↔裏。『表紙』『表皮』『表面』『意表』『地表』❷あらわす。あらわれる。明らかにする。『遺憾の意を表する』『表現』『表明』『発表』 ⇒〔現〕（4790）の表 ❸しるし。めじるし。目標。また、のり。手本。『表式』『表徴』『花表（カヒョウ）』『儀表（ギヒョウ）』❹主君にたてまつる文書。『出師之表（スイシのヒョウ）』『辞表』『上表』❺事項を整理分類して、わかりやすく列記したもの。『一覧表』『時刻表』『図表』『年表』❻巻き軸などを仕立てる。「裱」に同じ。『表具（ヒョウグ）』『表装（ヒョウソウ）』

❶ おもて。

下接 意表（イヒョウ）・雲表（ウンピョウ）・海表（カイヒョウ）・外表（ガイヒョウ｜そと・おもて）・四表（シヒョウ）・地表（チヒョウ）・天表（テンピョウ）・八表（ハッピョウ）

【表札（ヒョウサツ）】国居住者の氏名を記して、門や戸口などに掲げておく札。門札。門標。

【表紙（ヒョウシ）】書籍や帳簿の外側につける覆い。

【表叔（ヒョウシュク）】（「表」は外親の意）母方の叔父。母の弟。

【表題（ヒョウダイ）】書物や文章、講演、演劇などの題。

【表面（ヒョウメン）】①外側を成す面。↔裏面。②うわべ。『表面は平静を装う』

【表裏（ヒョウリ）】①表面と裏面。外面と内面。『表裏一体』②うわべと内心とが相違すること。

❷ あらわす。あらわれる。

下接 異表（イヒョウ）・公表（コウヒョウ）・代表（ダイヒョウ）・徴表（チョウヒョウ）・発表（ハッピョウ）

【表意文字（ヒョウイモジ）】言葉を意味の面からとらえた、それぞれが一定の意味を表す文字の体系。漢字など。↔表音文字

【表音（ヒョウオン）】発音を表すこと。【表音文字（ヒョウオンモジ）】言葉を音声の面から分析した、それぞれが音声に対応する文字の体系。仮名、ローマ字の類。↔表意文字

【表記（ヒョウキ）】①文字や記号で書き表すこと。②物の表面に書き記すこと、また、その文字や印。おもてがき。

【表敬（ヒョウケイ）】敬意を表すこと。『表敬訪問』

【表慶（ヒョウケイ）】慶賀の意を表すこと。

【表決（ヒョウケツ）】議案の可否について、意思を表示して決めること。

【表顕（ヒョウケン）】広く世に表すこと。

【表現（ヒョウゲン）】内面的、主観的なものを、身振り、言語、音楽、絵画などで、外に表すこと。表出。『表現力』

【表示（ヒョウジ）】はっきり表し示すこと。『意思表示』→❺

【表出（ヒョウシュツ）】精神内部のものを外部にわかるようにあらわすこと。

【表章（ヒョウショウ）】表して明らかにすること。ほめあらわすこと。〔漢書-武帝紀・賛〕

【表象（ヒョウショウ）】①意識に現れてくるものの内容。知覚表象、記憶表象、想像表象など。②表にあらわれてくるきざし。しるし。〔史記-亀策伝〕

【表彰（ヒョウショウ）】善行、功労などを褒めたたえ、世に知らせること。『表彰状』

【表情（ヒョウジョウ）】顔つき、身振りなどに表れた感情の様子。

【表徴（ヒョウチョウ）】①外面に現れた印。表象。②象徴。

【表白（ヒョウハク｜ヒョウビャク）】（「白」は申す意）①（ヒョウハク）言葉や文書に表すこと。②（ヒョウビャク）仏語。神仏に申し上げること。

【表表（ヒョウヒョウ）】著しく目につくさま。〔韓愈-祭二柳子厚一文〕

【表明（ヒョウメイ）】考えや決意などをはっきりと表し示すこと。『所信表明』

❸ しるし。めじるし。

【表式（ヒョウシキ）】手本。模範。

【表率（ヒョウソツ｜ヒョウスイ）】模範となるもの。手本。のり。

【表的（ヒョウテキ）】まと。目じるし。標的。

❹ 主君にたてまつる文書。

下接 賀表（ガヒョウ）・辞表（ジヒョウ）・上表（ジョウヒョウ）

【表奏（ヒョウソウ）】君主に文書で申し上げること。

【表文（ヒョウブン）】主君、また、役所にたてまつる文。

❺ 事項を整理分類して、列記したもの。

下接 月表（ゲッピョウ）・図表（ズヒョウ）・年表（ネンピョウ）・付表（フヒョウ）・譜表（フヒョウ）・別表（ベッピョウ）・略表（リャクヒョウ）・一覧表（イチランヒョウ）・時刻表（ジコクヒョウ）

【表示（ヒョウジ）】国表で示すこと。→❷

［哀］⇩901

7225【袁】7447 6A4F E5CD 衣－4
エン(ヱン)漢/yuán

字解 会意。土(=止、あし・ゆく)＋口(たま)＋衣省。遠出をする際、玉を懐に入れて安全を祈る儀式を表すか。遠とおざかる意。遠の原字。

同属字 園(園)・猿・遠(遠)・轅

参考 万葉仮名では音を借りて「を」。

意味 ❶着物のゆったりと長いさま。❷固有名詞。㋑中国、隋代に置かれた州の名。今の江西省の西部。㋺人の姓。『袁宏道』『袁世凱』『袁紹』『袁枚』

【袁宏道(エンコウドウ)】中国、明代の詩人。字(あざな)は中郎。号は石公。湖北公安の人。擬古主義の風潮を強く批判し、作品の独創的な創造精神を重んじた。その性霊説は袁枚らに受け継がれ、兄宗道、弟中道と共に三袁とよばれた。詩文集に「袁中郎集」がある。花の鑑賞法を説いた「瓶史(ヘイシ)」は花道に影響を与えた。(一五六八～一六一〇)

【袁紹(エンショウ)】中国、後漢末期の群雄の一人。字(あざな)は本初。汝南汝陽の人。霊帝の没後、宦官(カンガン)を皆殺しにし、董卓(トウタク)を長安に逃走させて勢力を増大。のち曹操と対立し、官渡の戦いに大敗した。(?～二〇二)

【袁世凱(エンセイガイ)】中国の軍閥政治家。河南項城の人。辛亥(シンガイ)革命後、宣統帝を退位させて、中華民国最初の大総統となる。孫文らを排して独裁権力をふるい、帝位につくことを企てたが、反袁運動にあい失敗した。(一八五九～一九一六)

【袁枚(エンバイ)】中国、清代の詩人。字(あざな)は子才。号は簡斎。随園ともいう。浙江銭塘の人。「性霊説」を唱え、古文、駢文(ベンブン)にもすぐれる。門下から閨秀詩人が輩出した。著「随園集」「随園詩話」など。(一七一六～九七)

7226【衾】── 衣－4
キン「衾」(7244)の異体字

7227【衮】── 衣－4
コン「袞」(7230)の異体字

7228【衰】3174 3F6A 908A 衣－4 常
(7231)〘衰〙── 衣－5 旧字
スイ呉漢・サイ漢・サ漢/shuāi・cuī・suō/おとろえる

筆順 衰 衰 衰 衰 衰 衰

字解 象形。草で作った雨具の形に象り、みのの意。借りて、おとろえる意に用いる。蓑の原字。

同属字 蓑・簑

意味 ❶(サイ)㋑みの。「蓑・簑」に同じ。㋺喪服のこと。『衰経』『斬衰(ザンサイ)』❷(スイ)おとろえる。勢いや力などが弱くなる。『衰運』『衰弱』『盛衰』『老衰』

❶ みの。また、喪服のこと。

【衰経(サイテツ)】麻で作った古代の喪服。

❷ おとろえる。

下接 減衰(ゲンスイ)・五衰(ゴスイ)・盛衰(セイスイ)・必衰(ヒッスイ)・老衰(ロウスイ)

【衰運(スイウン)】おとろえてゆく運命、傾向。↔盛運

【衰朽(スイキュウ)】おとろえて形がくずれたり、組織がくさったりすること。老衰して役に立たないこと。＊韓愈－左遷至二藍関一示二姪孫湘一「肯将二衰朽一惜二残年一(あえてスイキュウをもってザンネンをおしまんや)〔=どうして老いて役に立たぬこの身の余生を惜しんだりするものか〕」

【衰軀(スイク)】やせおとろえた体。

【衰耗(スイコウ)】おとろえて勢いがなくなること。

【衰困(スイコン)】おとろえ弱ること。

【衰颯(スイサツ)】おとろえること。

【衰残(スイザン)】おとろえて弱りはてること。

【衰弱(スイジャク)】体や物の勢いなどがおとろえ弱ること。

【衰世(スイセイ)】おとろえた世の中。末世。

【衰息(スイソク)】おとろえてなくなること。

【衰退・衰頽(スイタイ)】おとろえ弱っていくこと。書き換え「衰頽→衰退」。

【衰年(スイネン)】老いること。老年。

【衰廃(スイハイ)】おとろえて行われなくなること。

【衰微(スイビ)】盛んだった物事がおとろえ弱ること。

【衰鬢(スイビン)】薄くなったり短くなったりした鬢の毛。

【衰弊・衰敝(スイヘイ)】勢いを失っておとろえ弱ること。

【衰暮(スイボ)】年をとっておとろえること。

【衰亡(スイボウ)】おとろえ、やがてほろびること。衰滅。

【衰邁(スイマイ)】(「邁」は老いる意)年老いておとろえること。老衰。

【衰滅(スイメツ)】=衰亡(スイボウ)

【衰門(スイモン)】おちぶれた家。

【衰容(スイヨウ)】やつれた容貌(ヨウボウ)、様子。

【衰乱(スイラン)】道徳、政治などがおとろえ乱れること。

【衰老(スイロウ)】老いて精気、体力がおとろえること。老衰。

7229【衷】3579 436F 928F 衣－4 常
チュウ(チウ)漢/zhōng・zhòng/はだぎ・まこと

筆順 衷 衷 衷 衷 衷

字解 形声。衣＋中(なか)声。なかに着るはだぎの意。転じて、まごころの意。

意味 ❶はだぎ。したに着こむ。うちにする。『衷甲』❷なか。なかほど。「中」に同じ。『折衷(セッチュウ)』❸まごころ。心の中。誠。『衷情』『衷心』『衷誠』『宸衷(シンチュウ)』

【衷甲(チュウコウ)】①服の下によろいを着ること。②くさりかたびら。

【衷情(チュウジョウ)】うそ偽りのない心。まごころ。

【衷心(チュウシン)】心の奥底の本当の気持ち。本心。

【衷誠(チュウセイ)】まことの心。まごころ。

7230【袞】7449 6A51 E5CF 衣－5
(7227)〘衮〙── 衣－4
コン呉漢/gǔn

字解 形声。衣＋台(=公、おおやけ)声。公式の行事の時着用するころもの意。

金文　篆文

意味 ❶竜のぬいとり模様のある天子の礼服。❷「袞袞(コンコン)」は、絶えることなく続くさま。

【袞衣(コンエ・コンイ)】(「袞竜(コンリョウ)の御衣」の略)天子の礼服。即位、大嘗会などの大礼に着るもの。

【袞職(コンショク)】①国家を統治する天子の職分。〔詩経－大雅・烝民〕②天子を補佐する大臣宰相の職。

【袞冕(コンベン)】袞衣(コンエ)と冕冠(ベンカン)。天子の着物とかんむり。

【袞竜(コンリョウ)】①竜のぬいとりをつけた衣服。②天子。

7231【衰】── 衣－5
スイ「衰」(7228)の旧字

7232【袤】7461 6A5D E5DB 衣－5
ボウ漢/mào

[字解] 形声。衣＋矛(↓冒、おおう)[声]。帯から上の意。
[意味] ❶衣の帯から上の部分。❷ながさ。南北の長さ。広さ。東西のながさは「広(コウ)」という。『広袤(コウボウ)』

7233 【裛】 *6045 衣－7 ユウ(イフ)[漢]・ヨウ(エフ)[漢]/yì
[字解] 形声。衣＋邑[声]。
[意味] ❶書物を入れる袋。❷つつむ。また、うるおす。

7234 【裏】 4602 4E22 97A0 衣－7 [常]6 (7298)〔裡〕 4603 4E23 97A1 衣－7
リ[呉][漢]/lǐ/うら・うち
[筆順] 裏 裏 裏 裏 裏 裏
[字解] 形声。衣＋里[声]。ころものうちがわ、うらの意。一説に、里は、すじ目の意で、裏は衣のすじめ、即ち、ぬいめのあるうちがわの意とも。
金文 金文 篆文

[参考] 「裏」「裡」は同字異体であるが、裏を表裏に、裡を脳裡に、のような使いわけの傾向があった。今は、すべて裏を用いる。
[意味] ❶うら。衣服のうら。また、物のうらがわ。見えない側。↔表。『裏面』『表裏(ヒョウリ)』❷うち。㋑物の内部。心の中。『胸裏(キョウリ)』『脳裏(ノウリ)』*張籍‐秋思「洛陽城裏見二秋風一(ラクヨウジョウリシュウフウをみる)〔=洛陽の城内に滞留していると、いつのまにか秋風の吹き始めるころになった〕」↓下接。㋺[国]ある条件、状態のうちに。『暗暗裏(アンアンリ)』『成功裏(セイコウリ)』『秘密裏(ヒミツリ)』❸ところ。
[下接] 胸裏(キョウリ)・禁裏(キンリ)・庫裏(クリ)・手裏(シュリ)・場裏(ジョウリ)・心裏(シンリ)・内裏(ダイリ)・肚裏(トリ)・脳裏(ノウリ)・夢裏(ムリ)
【裏面(リメン)】 [1]うらがわ。うら。[2]表には現れない部分。↔表面。『裏面工作』

7235 【裹】 7471 6A67 E5E5 衣－8 カ(クヮ)[漢]/guǒ/つつむ
[字解] 形声。衣＋果[声]。裸(ラ)は別字。
[意味] ❶つつむ。『裹革』『裹屍』『裹頭』『包裹(ホウカ)』❷ふさ。また、草の実。❸宝。財宝。『国裹(コッカ)』
【裹革(カカク)】 馬の革の袋で戦死した人の遺体を包むこと。
【裹屍(カシ)—かばねを—つつむ】 戦死した人の遺体を包むこと。
【裹頭(カトウ)—かしらを—つつむ】 布で頭を包むこと。一五歳の成人に達したことを祝う儀式。*杜甫‐兵車行「去時里正与裹頭(さりしときリセイためにカトウす)〔=出征するときは村長が、成人の儀式をしてくれた〕」

7236 【褎】 *6056 衣－9 シュウ(シウ)[漢]・ユウ(イウ)[漢]/xiù・yòu
[字解] 会意。衣＋采。その意。袖に同じ。

7237 【褒】 4311 4B2B 964A 衣－9 [常] (7242)〔襃〕 7481 6A71 E5EF 衣－11
ホウ[漢]/bāo/ほめる
[筆順] 褒 褒 褒 褒 褒 褒
[字解] 褒は襃の変形によるもの。襃は形声。衣＋保(=保↓缶、ふくらむ)[声]。すそが大きくふくらんだころもの意。また、報に通じて、ほめる意に用いる。
[参考] (1)万葉仮名では音を借りて「ほ」。(2)「褓」(7319)は別字。
[意味] ❶すその大きく広い衣。また、大きい。広い。『褒衣博帯』❷ほめる。ほめたたえる。『毀誉褒貶(キヨホウヘン)』『褒賜』『褒賞』『褒美』『過褒(カホウ)』⇒〔称〕(5459)の[表] ❸人名など。『褒姒』

❶ すその大きく広い衣。
【褒衣(ホウイ)】 [1]すその広い服。[2]ほうびにたまわった衣。

【褒衣博帯(ホウイハクタイ)】 すそが広い服をつけ、太い帯をしめること。

❷ ほめる。ほめたたえる。
【褒慰(ホウイ)】 功績などをほめ、苦労をねぎらうこと。

【褒賜(ホウシ)】 ほめて物をたまうこと。

【褒称(ホウショウ)】 ほめたたえること。

【褒章(ホウショウ)】 [国]学問・文化・産業等に功績のあった人に表彰のため国から授与される記章。❤紅綬(コウジュ)・緑綬・藍綬(ランジュ)・紺綬・黄綬(オウジュ)・紫綬の六種がある。

【褒賞(ホウショウ)】 ほめたたえること。また、その印に与える品物。褒美。

【褒懲(ホウチョウ)】 善をほめ、悪をこらしめること。

【褒寵(ホウチョウ)】 ほめてかわいがること。

【褒美(ホウビ)】 (「美」も、ほめる意) [1]ほめること。[2][国]ほめて与える金品。

【褒貶(ホウヘン)】 ほめることとけなすこと。『毀誉(キヨ)褒貶』

【褒揚(ホウヨウ)】 ほめそやすこと。

❸ 人名など。
【褒姒(ホウジ)】 中国、西周の幽王の寵妃。王は褒姒を笑わせるために平時にたびたび危急を告げる烽火をあげて諸侯を集めた。その後犬戎に攻められた時は、烽火に諸侯が集まらず、幽王は殺され、褒姒は捕らえられた。

【褒成(ホウセイ)】 孔子の尊称。教化の成就をほめたたえる意。

【褒妲(ホウダツ)】 褒姒(ホウジ)と妲己(ダッキ)。❤妲己は、中国、殷(イン)の紂王(チュウオウ)が愛して国を滅した女性。

7238 【褢】 *6069 衣－10 (7251)〔褱〕 —— 衣－7
カイ(クヮイ)[漢]/huái
[字解] 会意。衣(ころも)＋眔(目から涙が流れる)。衣の袖のうちで涙をかくし流す意から、つつみふところにする意。
金文 篆文

[同属字] 壞(壊)・懷(懐)・瓌

7239 【褭】 —— 衣－10 ジョウ(デウ)[漢]/niǎo
[字解] 会意。衣＋馬。裊に同じ。
[意味] ❶組ひもを馬の腹に結びつける。❷やわらかにゆれるさま。

7240 【襄】 7487 6A77 E5F5 衣－11 ショウ(シャウ)[漢]・ジョウ(ジャウ)[慣]/xiāng/はらう・のぼる
[字解] 形声。衣＋㪍(はらう)省[声]。ころもをはらいのける、はらう意。のちに衣を加えて、その字義を明確にした。
金文 篆文
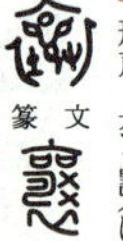
[同属字] 曩・曩・囊・壤(壌)・孃(嬢)・穰(穣)・禳・釀(醸)・讓(譲)・驤
[意味] ❶はらう。のぞく。はらいのける。❷のぼる。あげる。また、高い。『襄陵』❸かえる。かわる。また、めぐる。うつる。❹人名。地名。『襄公』『襄陽』

【襄公ジョウコウ】①中国、周代の秦の君。諡おくりなは襄。前七七一年西戎、犬戎の侵略で幽王が殺された時、防戦して周を救った功で初めて諸侯となった。②中国、春秋時代の斉の君。名は諸児。諡は襄。かつての宿敵紀を討って九世の仇を復し、春秋に名をとどろかせた。③中国、春秋時代の宋の君。名は茲父ジフ。諡は襄。斉の桓公の後を受けて諸公の盟主となり覇を楚と争い、泓ウオウに戦った時、相手につまらない情をかけ、かえって傷を受けて死んだ。後世これをそしって「宋襄之仁」という。

【襄陽ジョウヨウ】中国湖北省北部の襄樊市の一部。漢水と白河との合流点付近に位置する。交通の要衝。

【襄陵ジョウリョウ】大水が出て、水が丘の上まであがること。また、かさが増してわくをのぼり越えること。

7241【褻】7488 6A78 E5F6 衣−11 セチ㊙・セツ㊥/xiè/け・なれる・けがれる

字解 形声。衣＋埶㊥。一説に、埶は昵に通じて、したしみつく意で、褻は、はだ着を表すという。

金文 篆文

意味 ❶はだ着。ふだん着。また、ふだん。よそゆきでない。け。『褻衣』『褻服』『私褻シセツ』❷なれる。なれなれしくする。また、親しい間がら。なじんで心安くなっている関係。『褻翫』『褻臣』 *論語‐郷党「見冕者与瞽者、雖褻必以貌ベンシャとコシャとをみては、セツといえどもかならずボウをもってす」〔=(孔子は)礼装の冠をつけた者や盲人に会うと、親しい間がらであっても必ず礼儀にかなった容貌をなさった〕❸けがれる。けがらわしい。『褻器』『猥褻ワイセツ』❹国け。正式でないこと。また、日常的なこと。普段。日常。『褻にも晴れにも』〔=いつも。後にも先にも〕

❶ はだ着。ふだん着。

【褻衣セツイ】ふだん着。また、肌着。ねまき。

【褻裘セッキュウ】ふだん着のかわごろも。

【褻服セップク】ふだん着。

❷ なれる。なれなれしくする。

【褻翫・褻玩セツガン】なれてもてあそぶこと。なれあなどること。

【褻狎セッコウ】なれなれしくすること。

【褻臣セッシン】君主になれ、近づく家来。

【褻瀆セットク】なれて、ぞんざいに扱うこと。

❸ けがれる。けがらわしい。

【褻器セッキ】便器。

7242【褒】7481 6A71 E5EF 衣−11 ホウ 「褒」(7237)の異体字

衣

7243【裔】7467 6A63 E5E1 衣−7 エイ㊙㊥/yì/すそ・すえ

字解 形声。衣＋冏(とおい)㊥。ころものすその意。

意味 ❶すそ。もすそ。衣のすそ。❷すえ。㋑あとつぎ。子孫。『裔孫』『裔胄』『胤裔インエイ』『後裔コウエイ』『胄裔チュウエイ』『苗裔ビョウエイ』『末裔マツエイ』㋺遠い所。辺境。はて。『裔夷』『遐裔カエイ』❸「裔裔エイエイ」は、動いたり飛んだり舞ったりするさま。

【裔夷エイイ】辺境にいる異民族。

【裔孫エイソン】遠い子孫。

【裔胄エイチュウ】遠い子孫。

衣

7244【衾】7448 6A50 E5CE 衣−4 (7226)【衾】二二 衣−4 キン㊥/qīn/ふすま

字解 形声。衣(おおう布)＋今(おおう)㊥。体をおおう、ふすまの意。

意味 ふすま。長方形の袷あわせで、寝るときに体に掛ける夜具。掛け布団。また、寝具。 *白居易‐長恨歌「翡翠衾寒誰与共ヒスイのふすまさむくしてたれとともにせん」〔=カワセミの羽を縫い取りした夜具は寒く、いったい誰と寝たらよいのか〕

下接 衣衾イキン・鴛衾エンキン・錦衾キンキン・孤衾コキン・紙衾シキン・繡衾シュウキン・同衾ドウキン／槍衾やりぶすま

【衾褥キンジョク】掛け布団と敷き布団。夜具。

【衾裯キンチュウ】しとねとねまき。また、夜着。

【辰】⇨2666

7245【袈】2322 3736 8C55 衣−5 人 ケ㊙・カ㊥/jiā

字解 形声。衣＋加㊥。音訳字。

【袈裟ケサ】(梵 kaṣāya の音訳) 僧の法衣。左肩から右の脇わきの下に斜めにかける。もとは、濁った色で染めた、猟師のぼろの着物。僧衣としてのちに儀式的な服装となった。

7246【袋】3462 425E 91DC 衣−5 常 (2040)【帒】*2807 巾−5 タイ㊥/dài/ふくろ

筆順 袋 袋 袋 袋 袋 袋

字解 形声。衣＋代㊥。

意味 ふくろ。㋑布、革などで作った物入れ。『紙袋』『手袋』㋺国片側が止めてある形。物が出て行かない形。『袋小路ふくろこうじ』『天袋』㋩国「お袋ふくろ」は、自分の母親を親しんでいう語。

下接 魚袋ギョタイ・香袋コウタイ・算袋サンタイ・風袋フウタイ・布袋フタイ—ホテイ／ぬのぶくろ・郵袋ユウタイ・有袋類ユウタイルイ／胃袋いぶくろ・紙袋かみぶくろ・状袋じょうぶくろ・墨袋すみぶくろ・足袋たび・段袋ダンぶくろ・手袋てぶくろ・天袋テンぶくろ・戸袋とぶくろ・寝袋ねぶくろ・蛍袋ほたるぶくろ・信玄袋シンゲンぶくろ・頭陀袋ズダぶくろ・知恵袋チエぶくろ・熨斗袋のしぶくろ

7247【袰】7462 6A5E E5DC 衣−5

字解 国字。「母衣ほろ」の合字。ほろ。戦場で、背につけて風にふくらませる布。流れ矢を防ぎ、また標識とした。

7248【裁】2659 3A5B 8DD9 衣−6 常6 サイ㊥/cái/たつ・さばく・さばき

筆順 裁 裁 裁 裁 裁 裁

字解 形声。衣＋𢦏(=戈、たちきる)㊥。布をたち切ることから、さばく意。

意味 ❶たつ。布をたって衣服を縫う。『裁断』『裁縫』❷さばく。判断して決める。処置する。きりもりする。『裁決』『裁判』『制裁』『仲裁』❸「裁判所」の略。『家裁カサイ』『高裁コウサイ』❹型。ようす。『体裁テイサイ』

❶たつ。布をたって衣服を縫う。
下接 剪裁・断裁・洋裁・和裁
【裁減】切りへらすこと。削りへらすこと。
【裁断】布や紙などを決められた型に合わせてたちきること。→❷
【裁縫】布地をたちきって衣服を縫い作ること。多く和裁をいう。
❷さばく。処置する。きりもりする。
下接 恩裁・決裁・親裁・制裁・総裁・仲裁・勅裁・直裁・統裁・独裁
【裁可】君主がみずから裁決し認可すること。一般に、裁決、認可することにもいう。

【裁許】役所や上位の者などが、上申された事柄の可否を判断して許可すること。

【裁決】①物事の理非を上級の人が裁定すること。②国行政庁が、行政処分の不服を訴える審査請求に対し、処分を決めること。

【裁成】取り計らって物事をなしとげること。成就。

【裁制】物事をうまくさばいて定めること。

【裁断】理非、善悪を判断し、断定すること。→❶
【裁定】物事の可否を裁断して決定すること。

【裁判】法律上の争いについて裁判所が判断を下すこと。「裁判官」「裁判所」

【裁量】自分の考えで判断して、処理すること。

7249【装】3385 4175 9195 衣－6 常6 (7256)【裝】7470 6A66 E5E4 衣－7 旧字 人
ショウ(シャウ)呉・ソウ(サウ)漢/zhuāng/よそおう・よそおい・よそう・よそい
筆順 装 装 装 装 装 装
字解 装は裝の略体。裝は形声。衣＋壮(→倉、しまう)声。衣服で身をつつみしまう、よそおう意。
参考 万葉仮名では音を借りて「さ」。
意味 ❶よそおう。㋑身ごしらえをする。身じたくをする。また、よそおい。「装束」「仮装」「女装」「武装」㋺かざる。外側を飾る。また、飾り。「装飾」「装丁」「外装」「塗装」❷とりつける。機械・器具などを取り付ける。「装甲車」「装置」「装塡」「艤装」
❶よそおう。よそおい。かざる。
下接 ㋑衣装・異装・仮装・偽装・擬装・軍装・軽装・行装・戎装・女装・正装・盛装・男装・服装・武装・扮装・変装・洋装・略装・旅装・礼装・和装 ㋺改装・外装・革装・皮装・軸装・新装・船装・塗装・内装・表装・裱装・包装・舗装・鋪装
【装束】身支度をすること。また、その装い。
【装潢】書画幅または書物の表装をすること。また、その職人。表具。
【装飾】美しく見えるように飾ること。「装飾品」
【装身具】飾りとして体や衣服につけるもの。
【装着】身につけること。「防具を装着する」→❷
【装丁・装訂・装釘・装幀】書物などを綴じて表装すること。装本。また、書物の体裁を考えること。また、その意匠。書き換え「装釘(幀)→装丁」。ただし、「装訂」が本来で、「装釘」「装幀」はあて字ともいう。
❷とりつける。
【装甲】弾を防ぐため、車体などに鋼、鉄板を張ること。「装甲車」

【装置】機械、道具、設備などをそなえつけること。また、その仕掛けや設備。「安全装置」「舞台装置」

【装着】器具などを取り付けること。→❶
【装塡】発動できるように、弾やフィルムを中に詰め込むこと。こめること。「実弾を装塡する」

【装備】備品、付属品などを取り付けること。また、目的に合わせた服装をしたり、用具をたずさえたりすること。「完全装備」「重装備」

7250【裂】4686 4E76 97F4 衣－6 常
レチ呉・レツ漢/liè/さく・さける・きれる・きれ
筆順 裂 裂 裂 裂 裂 裂
字解 形声。衣＋列(＝歹刂、さく)声。ころもを切りさく、またその布の意。
意味 さく。さける。きれる。㋑布地を切りさく。ひきさく。「裂帛」㋺布の切れはし。きれ。㋩さける。切れ目が入る。また、ばらばらにする。「裂眥」「裂傷」「裂膚」「亀裂」「決裂」＊史記－項羽本紀「頭髪上指、目眥尽裂トウハツジョウシシ、モクシことごとくさく(＝樊噲の)頭髪はさか立ち、まなじりも裂けんばかりであった)」
下接 陰裂・壊裂・潰裂・割裂・瓦裂・干裂・乾裂・亀裂・決裂・砕裂・炸裂・車裂・寸裂・爆裂・破裂・分裂・四分五裂・支離滅裂
【裂眥・裂眦】(「眥」は、まなじりの意)まなじりもさけんばかりに目を見開くこと。激怒した様子の形容。
【裂傷】皮膚などのさけた傷。
【裂帛】①きぬを引きさくこと。また、その音。＊白居易－琵琶行「四絃一声如裂帛シゲンイッセイレッパクのごとし(＝四本の絃が一時に鳴り、きぬをさくような音であった)」②女性の悲鳴、また激しい叫び声のたとえ。「裂帛の気合い」
【裂膚】はだを切りさくような寒さの形容。

7251【裹】 ― ― 衣－7
カイ 「褱」(7238)の異体字

7252【裘】7468 6A64 E5E2 衣－7
キュウ(キウ)漢/qiú/かわごろも・けごろも
字解 形声。衣＋求(かわごろも)声。かわごろもの意。のちに衣を加えた。
意味 かわごろも。毛皮の衣。「狐裘」「委裘」「箕裘」
【裘葛】①冬に着るかわごろもと、夏に着るかたびら。②転じて、冬と夏。また、一年をいう。
【裘褐】①かわごろもと、粗い毛織物の衣服。②転じて、貧しい人の服。〔荘子－天下〕
【裘袋・裘帯・裘代】(裘に代わる衣の意)僧服の一種で、礼服。俗人の直衣に相当。

7253【裠】 ― ― 衣－7
クン 「裙」(7293)の異体字

7254【裟】2632 3A40 8DBE 衣－7 人
シャ呉・サ漢/shā

[字解] 形声。衣＋沙[声]。「袈裟（ケサ）」は、僧の法衣の意。

7255 【裊】 *6037 衣－7 ジョウ（デウ）[漢]/niǎo

[字解] 形声。衣＋鳥省[声]。褭に同じ。

[意味] ❶くみひもを馬にかけて飾る。❷しなやかでなよなよとしたさま。『裊裊』『裊娜』

【裊裊（ジョウジョウ）】 ①風が、むせぶように吹くさま。②なよなよとしたさま。また、しなやかなさま。③音声が細く長く続くさま。 ❤「嫋嫋（ジョウジョウ）」とも書く。

【裊娜（ジョウダ）】 しなやかなさま。なよなよとしたさま。

7256 【裝】 7470 6A66 E5E4 衣－7 ソウ 「装」(7249)の旧字

7257 【裳】 3056 3E58 8FD6 衣－8 ショウ（シャウ）[漢]/cháng・shāng/も・もすそ

[字解] 形声。衣＋尚[声]。

[参考] 万葉仮名では訓を借りて「も」。

[意味] ❶も。もすそ。下半身をおおう衣服。『裳脱（もぬけ）の殻（から）』『裳衣』『裳層（もこし）』『衣裳（イショウ）』『霓裳（ゲイショウ）』 ❷「裳裳（ショウショウ）」は、立派でさかんなさま。また、美しいさま。

【裳衣（ショウイ）】 ①下半身にまとう裳と、上半身にきる衣。②衣服。

【裳層・裳階（もこし）】 仏堂、塔などの軒下につくられた差し掛け屋根。

7258 【製】 3229 403D 90BB 衣－8 [常]5 セイ[呉][漢]/zhì/たつ・つくる

[筆順] 製 製 製 製 製 製

[字解] 形声。衣＋制（きりそろえる）[声]。衣を切りそろえる、たつ意。

[意味] たつ。たちきって仕立てる。転じて、つくる。こしらえる。また、つくり。こしらえ。『砂糖を製する』

[下接] 官製（カンセイ）・既製（キセイ）・御製（ギョセイ）・金製（キンセイ）・謹製（キンセイ）・銀製（ギンセイ）・薫製（クンセイ）・燻製（クンセイ）・極製（ゴクセイ）・再製（サイセイ）・作製（サクセイ）・私製（シセイ）・試製（シセイ）・自製（ジセイ）・上製（ジョウセイ）・新製（シンセイ）・聖製（セイセイ）・精製（セイセイ）・創製（ソウセイ）・即製（ソクセイ）・粗製（ソセイ）・打製（ダセイ）・調製（チョウセイ）・手製（てセイ）・陶製（トウセイ）・特製（トクセイ）・土製（ドセイ）・並製（なみセイ）・剝製（ハクセイ）・複製（フクセイ）・別製（ベッセイ）・縫製（ホウセイ）・木製（モクセイ）・冷製（レイセイ）・和製（ワセイ）

【製鋼（セイコウ）】 鋼鉄を作ること。

【製材（セイザイ）】 切り出した木を角材や板などに作ること。

【製作（セイサク）】 ①道具や機械などを使って物品を作ること。②詩文、美術作品、映画などを作ること。制作。

【製図（セイズ）】 器具を使って図面を描くこと。

【製造（セイゾウ）】 原料を加工して製品にすること。『製造元（もと）』

【製品（セイヒン）】 製造した品物。ある原料で作った品物。

7259 【裴】 7474 6A6A E5E8 衣－8 ハイ[漢]・ヒ[漢]/péi

[字解] 形声。衣＋非[声]。

[意味] ❶衣服が長く、ひらひらとするさま。『裴裴（ヒヒ）』 ❷ぶらぶらと歩き回る。「徘」に同じ。『裴回（ハイカイ）』 ❸人名。『裴松之（ハイショウシ）』『裴度（ハイド）』

【裴松之（ハイショウシ）】 中国、南朝宋（ソウ）の学者。陳寿の「三国志」の注を書いた。（三七二～四五一）

【裴度（ハイド）】 中国、唐の政治家。字（あざな）は中立。諡（おくりな）は文忠。憲宗、文宗に重用され、晩年、政界を離れ白居易と交わる。（七六五～八三九）

7260 【褧】 *6066 衣－10 ケイ[漢]/jiǒng

[字解] 形声。衣＋耿[声]。麻、ちぢみ絹のひとえの衣。

7261 【褰】 *6068 衣－10 ケン[呉][漢]/qiān/はかま・かかげる

[字解] 形声。衣＋寒（さむくてちぢむ）省[声]。衣のすそをからげる意。

[意味] ❶はかま。❷かかげる。すそを持ち上げる。

7262 【襞】 7494 6A7E E5FC 衣－13 ヘキ[漢]/bì/ひだ

[字解] 形声。衣＋辟（両側にさける）[声]。うごくと両側にひらく、ひだの意。

[意味] ひだ。着物などに、段状に細く折りたたんで付けた折り目。『褶襞（シュウヘキ）』『山襞（やまひだ）』

【襞積（ヘキセキ）】 衣服のひだ。〔司馬相如－子虚賦〕

7263 【襲】 2917 3D31 8F50 衣－16 [常] シュウ（シフ）[漢]/xí/おそう・つぐ・かさねる・かさね

(7264)【𧝓】 ── 衣－16 旧字

[筆順] 襲 襲 襲 襲 襲 襲

[字解] 形声。衣＋龍（＝䶭、かさねる）[声]。衣を重ねる意。

甲骨文　金文　篆文

[参考] 万葉仮名では訓を借りて「そ㊁」。

[意味] ❶かさねる。㋑衣服をかさね着する。また、かさね。上着と下着とそろっている衣服。『襲衣』 ㋺つみかさねる。つみかさなる。また、こみ合う。集まる。『襲雑』『什襲（ジュウシュウ）』 ❷おそう。不意に攻めかけたり、人に危害を加えたりする。『襲撃』『襲来』『奇襲』『逆襲』 ❸おそう。受け継ぐ。あとを継ぐ。『襲名』『世襲』『踏襲』

❶ かさねる。また、こみ合う。

【襲衣（シュウイ）】 衣服をかさね着すること。

【襲雑（シュウザツ）】 入り交じって乱れていること。

❷ おそう。不意打ちする。

[下接] 掩襲（エンシュウ）・奇襲（キシュウ）・逆襲（ギャクシュウ）・急襲（キュウシュウ）・強襲（キョウシュウ）・空襲（クウシュウ）・敵襲（テキシュウ）・猛襲（モウシュウ）・夜襲（ヤシュウ）・来襲（ライシュウ）

【襲撃（シュウゲキ）】 不意に敵を攻撃すること。〔漢書－武帝紀〕

【襲来（シュウライ）】 激しく襲いかかって来ること。来襲。

❸ おそう。あとを継ぐ。

[下接] 因襲（インシュウ）・沿襲（エンシュウ）・世襲（セシュウ）・踏襲（トウシュウ）

【襲因（シュウイン）】 今までのやり方を受け継ぐこと。

【襲継（シュウケイ）】 受け継ぐこと。

【襲爵（シュウシャク）】 父祖の爵位を受け継ぐこと。

【襲封（シュウホウ）】 子孫または諸侯が領地を受け継ぐこと。

【襲名（シュウメイ）】 子や弟子が、親や師匠の名跡を継ぐこと。

【襲用（シュウヨウ）】 受け継いで従来のとおりに用いること。

衤

【初】 ⇩ 602

7265 【衫】 7446 6A4E E5CC 衣－3 サン[漢]/shān/ころも

[字解] 形声。衣＋彡[声]。

意味 ころも。はだ着。
下接 汗衫(カンサン)・青衫(セイサン)・白衫(ハクサン)・偏衫(ヘンサン)・褊衫(ヘンサン)
[衫裙(サンクン)]（「裙」は下につけるもの）はだぎ。下着。

7266【衱】＊6021 衣－4 キョウ(ケフ)漢/jié/すそ・しごき
字解 形声。衣＋及声。
意味 ❶すそ。裾。また、えり。❷国しごき。女子の腰帯の一。

7267【衿】2262 365E 8BDC 衣－4 人 (7302)【䘳】二二 衣－8 キン漢/jīn/えり
字解 形声。衣＋今(→禁、ふせぎとじる)声。着物をとじ合わせる、えりの意。襟に同じ。襟は異体字。
意味 えり。衣服のえり。「襟」に同じ。「開衿(カイキン)」
[衿契(キンケイ)] 心を開き、親しく交際すること。
[衿喉(キンコウ)] えりとのど。大事なとりでのこと。

7268【衵】7450 6A52 E5D0 衣－4 ジツ漢/nì・rì/あこめ
字解 形声。衣＋日(ひ・日常)声。日常きる衣、ふだんぎの意。
意味 ❶ふだんぎ。❷国あこめ。はだぎ。㋑婦人の下着。㋺男子の装束の下着。

7269【衽】7451 6A53 E5D1 衣－4 (7289)【袵】7452 6A54 E5D2 衣－6 ジン漢/rèn/おくみ・えり
字解 形声。衣＋壬声。
意味 ❶おくみ。衣服の前襟から裾(すそ)まで縫い付ける、半幅の細長い布。また、えり。衣服のえり。「左衽(サジン)」❷しとね。敷物。ふとん。「衽席」
[衽席(ジンセキ)] しとね。ねどこ。また、寝室。

7270【衲】7453 6A55 E5D3 衣－4 ノウ(ナフ)呉・ドウ(ダフ)漢/nà/つくろう・ころも
字解 形声。衣＋内声。
意味 ❶つくろう。衣服などの破れを縫う。つぎはぎして縫う。「衲被」❷ころも。僧侶のころも。転じて、僧侶。「衲衣」「衲子」「老衲(ロウノウ)」
[衲被(ノウヒ/ドウヒ)] ①つぎはぎのふとん。②他人の文をつぎはぎして作った文。
[衲衣(ノウエ)] 仏語。①糞掃(フンゾウ)や死体の包装などに使用し、棄ててかえりみられなくなった布で作った衣。衲袈裟(ノウゲサ)。②衲を着る者として僧、とくに禅僧をいう。
[衲子(ノッス/ノウス)] 仏語。衲衣を着る者の意で、特に禅僧のこと。

7271【袂】7454 6A56 E5D4 衣－4 ベイ漢/mèi/たもと
字解 形声。衣＋夬(かける、はなれる)声。たもとの意。
意味 たもと。㋑衣服のたもと。袖。「袂別」「分袂(ブンベイ)」㋺国ふもと。かたわら。「あの橋の袂(たもと)で」
[袂別(ベイベツ)] 国たもとを分かつこと。人と別れること。

7272【袘】＊6025 衣－5 イ漢/yì/ふち・ふき・ふかす
字解 形声。衣＋㐌(→迆、つづく)声。ころものすそのへり、ふちの意。
意味 ふち。ふき。着物の、袖口や裾の部分の折り返し。また、ふかす。ふきを出す。

7273【袪】＊6032 衣－5 キョ漢/qū/そで
字解 形声。衣＋去(はなれる)声。そでの意。
意味 ❶そで。たもと。また、そでをかかげる。あげる。❷去る。除く。取り去る。「袪痰」
[袪痰(キョタン)] 気管や気管支にたまっている痰を除き去ること。「袪痰薬」

7274【袨】＊6031 衣－5 ケン漢・ゲン慣/xuàn
字解 形声。衣＋玄(くろ)声。くろいころもの意。
意味 ❶黒い衣服。黒衣。❷晴れ着。

7275【袖】3421 4235 91B3 衣－5 シュウ(シウ)漢/xiù/そで
字解 形声。衣＋由(→抽、ぬけ出る・通す)声。ころもの手を通すところ、そでの意。
意味 そで。衣服のそで。また、そでにする。そでの中に物を入れる。
下接 客袖(カクシュウ)・翠袖(スイシュウ)・長袖(チョウシュウ/ながそで)・領袖(リョウシュウ)／角袖(かくそで)・小袖(こそで)・筒袖(つつそで)・留袖(とめそで)・半袖(はんそで)・広袖(ひろそで)・振袖(ふりそで)
[袖手(シュウシュ)] 手をそでに入れていること。ふところで。拱手。
[袖手傍観(シュウシュボウカン)] 何もせずに見ていること。〔韓愈-祭柳子厚文〕
[袖珍(シュウチン)] そでの中に入るほどの小型のもの。「袖珍本」
[袖幕(シュウバク)] 服のそでが幕のように連なること。人通りの多いたとえ。
[袖裏(シュウリ)] そでの中。袖中。

7276【袗】7455 6A57 E5D5 衣－5 シン漢/zhěn・zhēn
字解 形声。衣＋㐱声。
意味 ❶黒い衣服。また、晴れ着。礼服。「袗衣」❷ひとえの衣服。「袗絺綌」❸ぬいとりをする。
[袗衣(シンイ)] 刺繡(シシュウ)をした服。また、礼服。
[袗絺綌(シンチゲキ)] 葛(くず)の糸で織ったひとえの着物。

7277【袒】7456 6A58 E5D6 衣－5 ダン呉・タン漢/tǎn
字解 形声。衣＋旦(太陽が地平線からあらわれる)声。衣から肌があらわれる、はだぬぐ、また、ほころびる意。
意味 ❶はだぬぐ。かたぬぐ。着物をぬいで肩を現す。「袒裼」「袒跣」「袒免」「左袒(サタン)」「肉袒(ニクタン)」「偏袒(ヘンタン)」❷ほころびる。ほどける。
[袒裼(タンセキ)] 帯から上の衣類をぬいで、肌をあらわすこと。はだぬぎ。襢裼。
[袒跣(タンセン)] はだぬぎし、はだしになること。
[袒免(タンブン)] 喪服の軽いものをいう。左の肩をぬぐこと(袒)と、冠をぬぎ髪をくくること(免)。

7278【袮】7457 6A59 E5D7 衣－5 チ 「襧」(7341)の異体字

7279【袙】7458 6A5A E5D8 衣－5 ハ漢・バツ漢/pà/あこめ・とばり
字解 形声。衣＋白声。
意味 ❶とばり。幕。カーテン。❷はちまき。昔、軍人がひたいの飾りとしたもの。❸国あこめ。「衵」の誤用。

7280【袢】7459 6A5B E5D9 衣－5 ハン㊥/fán·pàn

字解 形声。衣＋半㊥。

意味 はだぎ。肌にじかに着るころも。また、無色のころも。『袢纏』『襦袢ジュバン』

【袢纏ハンテン】国上着の一種。羽織に似るが、胸ひもをつけず、襟の折り返しもないもの。半纏ハンテン。

7281【被】4079 486F 94ED 衣－5 常 ヒ㊥㊥/bèi·pī/こうむる・おおう・かずく・かぶせる・きる・かぶる・かむる・る・らる

筆順

字解 形声。衣＋皮（獣のからだをおおうかわ）㊥。寝る時におおうころも、転じて、きる意。

参考 万葉仮名では音を借りて「ひ㋑」。

意味 ❶おおう。かぶせる。かばう。また、着る。かぶる。『被覆』『被服』『被膜』『加被カビ』❷こうむる。うける。あう。『被害』『被災』『被爆』❸る。らる。…れる。…られる。受身を示す。「見」に同じ。『被疑者』『被告』

＊白居易－琵琶行「粧成毎被秋娘妬よそおいなりてはつねにシュウジョウにねたまる」〔＝化粧が仕上がると、いつも杜秋娘のような美しい人にもねたまれるほどだった〕

❶おおう。かばう。着る。かぶる。

下接 衣被イヒ・エ・鉛被エンピ・横被オウヒ・花被カヒ・加被カヒ・光被コウヒ・霑被テンピ・納被ドウヒ・法被ハッピ・半被ハンピ／金被きせ

【被甲ヒコウ】①よろいを身につけること。被堅。②小銃弾の弾身にかぶせた白銅の覆い。

【被髪ヒハツ】①髪が顔にかぶさるように髪をふり乱すこと。また、その髪。②髪を結ばず冠をつけないこと。野蛮人の風俗をいう。【被髪纓冠ヒハツエイカン】髪をふり乱したまま冠のひもを結ぶこと。急ぐさまを表す。〔孟子－離婁上〕【被髪左衽ヒハツサジン】髪をととのえず、着物を左前に着ること。野蛮なさまをいう。＊論語－憲問「微管仲、吾其被髪左衽矣カンチュウなかりせば、われそれヒハツサジンせん」〔＝もし管仲がいなかったら、われらは髪をふり乱し、えりを左前にするという蛮族の習慣に染まっていたろう〕

【被服ヒフク】衣服を着ること。また、その衣服。『被服費』

【被覆ヒフク】覆いかぶせること。また、覆い包むもの。

【被膜ヒマク】物を覆い包んでいる膜。

❷こうむる。うける。あう。

【被害ヒガイ】害を受けること。また、受けた損害。『被害妄想』『被害者』

【被災ヒサイ】災害にあうこと。罹災リサイ。『被災地』

【被弾ヒダン】国銃砲弾の攻撃を受けること。

【被曝ヒバク】国放射能にさらされること。

【被爆ヒバク】国爆撃を受けること。特に、原水爆、また、その放射能の被害を受けること。『被爆者』

❸る。らる。受身を示す。

【被疑者ヒギシャ】国犯罪の嫌疑を受けているが、まだ起訴されていない者。容疑者。

【被告ヒコク】訴訟事件で訴えられた方。特に民事事件で、訴えを提起された側の当事者。↔原告。❤刑事訴訟では「被告人」という。

7282【袍】7460 6A5C E5DA 衣－5 ホウ㊥/páo/わたいれ

字解 形声。衣＋包（つつむ）㊥。からだをつつむころも、わたいれの意。

参考 万葉仮名では音を借りて「ほ」。

意味 ❶わたいれ。ぬのこ。からだをすっぽりつつむ衣服。『縕袍オンポウ・どてら』『雑袍ザッポウ』『綈袍テイホウ』『同袍ドウホウ』『弊袍ヘイホウ』❷国ほう。公家の装束の上の衣。『位袍イホウ』『花袍カホウ』『錦袍キンポウ』『黄袍コウホウ』

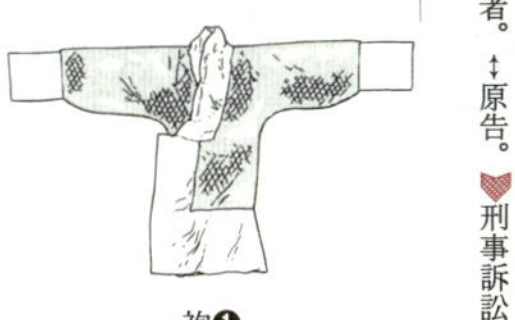

袍❶
〔湖南省長沙馬王堆漢墓出土〕

7283【裀】＊6036 衣－6 イン㊥/yīn/みごろ

字解 形声。衣＋因㊥。みごろ、また、しとねの意。茵に同じ。

7284【袿】7463 6A5F E5DD 衣－6 ケイ㊥/guī/うちかけ・うちぎ

字解 形声。衣＋圭（→挂、かける）㊥。うちかけの意。

意味 うちかけ。うちぎ。女性が礼服の上につける衣服。日本では、平安時代、男性が、狩衣かりぎぬや直衣のうしの下に着た衣。また、女性は唐衣からぎぬの下に着た。内着。

7285【袴】2451 3853 8CD1 衣－6 コ㊥/kù/はかま

字解 形声。衣＋夸（また）㊥。ももひきの意。

意味 ❶ももひき。ズボン。『紈袴ガンコ』『五袴ゴコ』『弊袴ヘイコ』❷また。「股」に同じ。『袴下』❸国はかま。和装で、着物の上につけ下半身をおおう衣類。筒状でひだがある。『摺袴すりばかま』

【袴下コカ】またの下。股下。＊史記－淮陰侯伝「不能死、出我袴下ころすあたわずんば、わがコカをいでよ」〔＝（私を）殺すことができないなら、私のまたの下をくぐれ〕

7286【袷】1633 3041 88BF 衣－6 コウ（カフ）㊥・キョウ（ケフ）㊥/jiá·jié/あわせ

字解 形声。衣＋合（あう）㊥。裏地があわせてあるころも、あわせの意。

意味 あわせ。裏地のついている衣服。

7287【⿰衤此】—— 衣－6 シ㊥/ふき

字解 形声。衣＋此㊥。

意味 ふき。着物の、袖口や裾の部分の折り返し。

7288【袽】＊6034 衣－6 ジョ（ヂョ）㊥/rú

字解 形声。衣＋如㊥。

意味 ぼろきれ。つめわた。船などの板の合わせ目や継ぎ目につめこむもの。

7289【袵】7452 6A54 E5D2 衣－6 ジン 「衽」(7269)の異体字

7290【袱】7464 6A60 E5DE 衣－6 フク㊥/fú/ふくさ

字解 形声。衣＋伏㊥。

意味 ふくさ。ふろしき。物を包む布。『卓袱シッポク』

【袱紗フクサ】国①贈り物を覆うための小形のふろしき。

竹米糸缶网(罒・円・㓁)羊羽(羽)老(耂)而耒耳聿肉(月) 6画 臣自至臼(臼)舌舛(舛)舟艮色艸(艹・艹・艹)虍虫血行衣(衤)襾(覀・西)

2茶道で用いる正方形の絹の布。

7291【裃】 7465 6A61 E5DF 衣－6 かみしも
字解 国字。会意。衣＋卡(かみしも)。
意味 かみしも。江戸時代の武士の式服。同じ地質、文様、色目からなる肩衣(かたぎぬ)と袴(はかま)の組合わせ。上下(かみしも)。

7292【裄】 7466 6A62 E5E0 衣－6 ゆき
字解 国字。会意。衣＋行(ゆき)。ころものゆきの意。
意味 ゆき。衣服の背縫いから袖口までの長さ。

7293【裙】 7469 6A65 E5E3 衣－7 (2046)【帬】 巾－7 (7253)【裠】 衣－7 クン㊥/qún/もすそ・すそ
字解 形声。衣＋君(↓軍、まるくとりかこむ)㊒。もすその意。
参考 万葉仮名では訓を借りて「も」。
意味 もすそ。着物のすそ。
下接 完裙(カンクン)・紅裙(コウクン)・衫裙(サンクン)・布裙(フクン)・羅裙(ラクン)
【裙釵(クンサイ)】1女性の衣服のすそと、かんざし。2婦人。
【裙帯(クンタイ|クタイ)】1着物のすそとおび。2国令制の女官の朝服に着用した、裙の腰の結び余りを、装飾として別にとりそろえたもの。

7294【裑】 *6042 衣－7 シン㊥/shēn/みごろ
字解 形声。衣＋身(からだ)㊒。
意味 みごろ。衣服の胴体部分。身頃(みごろ)。

7295【裎】 *6041 衣－7 テイ㊥/chěng・chēng/はだか
字解 形声。衣＋呈(つきだす)㊒。からだを衣服から出す、はだかになる意。
意味 ❶はだか。はだかになる。『裸裎(ラテイ)』 ❷ひとえ。ひとえの着物。

7296【補】 4268 4A64 95E2 衣－7 常6 フ㊐・ホ㊥/bǔ/おぎなう
筆順 衤 衤 補 補 補 補 補
字解 形声。衣＋甫(↓扶、たすける)㊒。ほころびに別の布をあて、つくろう意。一説に、甫は敷に通じ、しきあてる意ともいう。
意味 ❶おぎなう。つくろう。修理する。うめあわせる。『補強』『補充』『増補』 ❷たすける。たすけ。「輔」に同じ。『補助』『補佐』 ❸官職をさずける。職務の担当を命じる。『補職』『補任』『親補(シンポ)』 ❹正式の役につく前の身柄。『警部補(ケイブホ)』『次官補(ジカンホ)』『候補(コウホ)』『試補(シホ)』 ❺音訳字。『補陀落(フダラク)』

❶おぎなう。つくろう。うめあわせる。
下接 改補(カイホ)・刪補(サンポ)・修補(シュウホ)・相補(ソウホ)・増補(ゾウホ)・転補(テンポ)・塡補(テンポ)・訳補(ヤクホ)・採長補短(サイチョウホタン)
【補遺(ホイ)】漏らした事柄を、後から拾って補うこと。
【補益(ホエキ)】不足を補って益を与えること。
【補完(ホカン)】補って完全なものにすること。
【補給(ホキュウ)】不足した分を補うこと。『水分の補給』
【補強(ホキョウ)】補って強くすること。『棚の補強』
【補欠・補闕(ホケツ)】1欠員を補うこと。2国予備の人員。
【補修(ホシュウ)】いたんだ部分を補いつくろうこと。
【補葺(ホシュウ)】補いふくこと。家屋などをつくろうこと。
【補充(ホジュウ)】不足を補いみたすこと。『補充兵』
【補償(ホショウ)】補いつぐなうこと。損害賠償として、財産上の損失などを金銭で塡補(テンポ)すること。『労働災害への補償』『補償金』
【補正(ホセイ)】不足を補い、間違い、誤差などを正しく直すこと。『補正予算』
【補整(ホセイ)】足りないところを補ってととのえること。
【補繕(ホゼン)】補充したり、修理したりすること。
【補足(ホソク)】不足を補い、付け加えること。補充。
【補綻(ホタン)】ほころびた箇所を補修すること。
【補注・補註(ホチュウ)】注釈や説明の不足しているところを補うための注記。
【補綴(ホテイ|ホテツ)】1補ってつづり合わせること。2古人の字句などをつづり合わせて、詩文を作ること。
【補天(ホテン)】天の欠けた部分を補うこと。♥共工氏が天の一角を壊し、女媧(ジョカ)氏がこれを補修したという故事。

【補塡(ホテン)】不足を補い埋めること。『損失補塡』

❷たすける。たすけ。
【補佐(ホサ)】仕事をたすけ補うこと。また、その役やその人。『課長補佐』♥書き換え「輔佐→補佐」。
【補助(ホジョ)】不足しているところを補いたすけること。また、そのたすけ。
【補導(ホドウ)】正しい方向に、たすけ導くこと。♥書き換え「輔導→補導」。
【補弼(ホヒツ)】天子、君主などの行政をたすけること。また、その任務の人。
【補翼(ホヨク)】たすけること。補佐。

❸官職をさずける。
【補職(ホショク)】官公吏に任命されている者に、具体的な職務の担当を命ずること。
【補任(ホニン|フニン|ブニン)】官に任じて職に就かせること。

❺音訳字。
【補陀落(フダラク)】(梵 potalaka の音訳) 仏語。インドの南海岸にあり、観音の住所といわれる山。普陀洛。

7297【裕】 4521 4D35 9754 衣－7 常 ユ㊐㊥・ユウ㊖/yù/ゆたか
筆順 衤 衤 衤 裕 裕 裕 裕
字解 形声。衣＋谷(↓容、多くのものをいれる、ゆとりのある)㊒。ころもが多くある、また、ゆるやかにものをいれることから、ゆたかの意。
金文 篆文

意味 ゆたか。ゆとりがある。『寛裕(カンユウ)』『大裕(タイユウ)』『富裕(フユウ)』『余裕(ヨユウ)』
【裕寛(ユウカン)】こせこせせずにのびのびしているさま。
【裕福(ユウフク)】生活の豊かなこと。
【裕裕(ユウユウ)】心が広く、ゆったりとしているさま。

7298【裡】 4603 4E23 97A1 衣－7 リ 「裏」(7234)の異体字

7299【褂】 7472 6A68 E5E6 衣－8 カイ(クヮイ)㊥/guà/うちかけ

字解 形声。衣＋卦(声)。ひとえのはだぎ、また、清代の礼服の意。袍の外に加えるもの。うちかけ、うちぎの類。

7300 【褐】 1976 336C 8A8C 衣－8 常 (7312)〔褐〕 衣－9 旧字
カツ(漢)・カチ(慣)/hè/ぬのこ
筆順
字解 褐は褐の通俗体。褐は形声。衣＋曷(↓葛、くず)(声)。くず布のような麻であんだ粗末な布の意。
意味 ❶ぬのこ。あら布で作った衣服。粗末な着物。転じて、貧しい人。いやしい人。『褐衣』『褐夫』『釈褐シャッカツ』『短褐タンカツ』＊史記-廉頗藺相如伝「衣ニ褐、懐ニ其璧ヲ」（かつをきて、そのたまをいだく）〔＝粗末な衣服を着て、璧をふところに入れて持つ〕」❷かっしょく。こげ茶色。❸(国)かち。かちいろ。藍色の黒く見えるほど濃いもの。
【褐衣カツイ】あらい毛織物で作った衣服。貧しい人の服。
【褐寛博カツカンパク】（「寛博」はひろくて身にそわないこと）あらい毛布でこしらえた、ゆるやかな着物。転じて、身分のいやしい者。〔孟子-公孫丑上〕
【褐色カッショク】黒みがかった茶色。ブラウン。『茶褐色』
【褐夫カップ】あらぬのを着ている身分のいやしい者。

7301 【裾】 3194 3F7E 909E 衣－8
キョ(漢)/jū/すそ
字解 形声。衣＋居(声)。
意味 ❶すそ。衣服のすそ。❷(国)ものの下の方。
下接 衣裾イキョ・軽裾ケイキョ・長裾チョウキョ/裳裾もすそ・山裾やますそ

7302 【裣】 衣－8
キン 「衿」(7267)の異体字

7303 【裼】 7473 6A69 E5E7 衣－8
セキ(漢)・テイ(漢)/xī・tì/はだぬぐ
字解 形声。衣＋易(声)。
意味 ❶(セキ)はだぬぐ。かたぬぐ。上衣を脱ぎ肩を現す。『袒裼タンセキ』❷(テイ)むつき。うぶぎ。

7304 【䘺】 衣－8
セン(漢)
字解 形声。衣＋戔(声)。幼児のしきものの意。

7305 【裰】 ＊6049 衣－8
タツ(漢)/duō/つくろう
字解 形声。衣＋叕(つづる)(声)。つくろう意。

7306 【裨】 7475 6A6B E5E9 衣－8
ヒ(漢)/bì・pí/おぎなう
字解 形声。衣＋卑(↓俾、たすける・益する)(声)。布をつぎたす、おぎなう意。
金文  篆文 
意味 ❶おぎなう。助ける。『裨益』『裨将』❷ちいさい。卑しい。「稗」に同じ。『裨海』『裨販』

❶おぎなう。助ける。
【裨益ヒエキ】補って利益を与えること。役に立つこと。
【裨助ヒジョ】助けること。助け。
【裨将ヒショウ】「裨将軍ヒショウグン」の略。大将軍・上将軍の下にあって、補佐する役目。
【裨補ヒホ】おぎない助けること。

❷ちいさい。卑しい。
【裨海ヒカイ】小さい海。
【裨販ヒハン】小商人。また、人を卑しめ、ののしる語。

7307 【裱】 ＊6050 衣－8
ヒョウ(ヘウ)(漢)/biǎo/ひれ
字解 形声。衣＋表(声)。
意味 ❶ひれ。婦人の肩かけ。❷書画の巻軸や帖を仕立てる。『裱具』『裱装』『裱褙』
【裱具ヒョウグ】＝裱装ヒョウソウ
【裱装ヒョウソウ】紙や布を張って、軸物、襖ふすまなどを仕立てること。表具ヒョウグ。表装ヒョウソウ。
【裱褙ヒョウハイ】掛物の表装。表具。

7308 【裸】 4571 4D67 9787 衣－8 常 (7910)〔躶〕 身－8
ラ(呉)(漢)/luǒ/はだか
筆順
字解 形声。衣＋果(声)。羸に同じ。裹カは別字。
意味 はだか。はだかになる。はだかにする。
下接 赤裸セキラ/あかはだか・全裸ゼンラ・半裸ハンラ・赤裸裸セキララ
【裸形ラギョウ】衣服をつけない姿。また、はだかの修行者。
【裸出ラシュツ】物におおわれないで、むきだしになること。
【裸身ラシン】何もまとわない体。
【裸跣ラセン】はだかで、かつ、はだしであること。
【裸体ラタイ】衣類を身につけていないこと。また、その体。裸身。ヌード。『裸体画』
【裸虫ラチュウ】羽・毛など身をおおうもののない虫。人類をたとえてもいう。
【裸裎ラテイ】はだか。また、着物をぬいではだをあらわすこと。転じて、はなはだしく無礼なさま。
【裸足しはだ】履き物を履かない状態。また、その足。

7309 【裲】 7476 6A6C E5EA 衣－8
リョウ(リャウ)(漢)/liǎng
字解 形声。衣＋兩(りょうがわ)(声)。胸と背との両方をおおうころもの意。
意味 「裲襠リョウトウ」は、うちかけ。(イ)武官が束帯の上に着用した袖なしの衣服。(ロ)(国)江戸時代の武家の婦人の礼服。帯を締めた上から打ち掛けて着る小袖仕立てのすそ長のもの。

7310 【褄】 7477 6A6D E5EB 衣－8
つま
字解 国字。会意。衣＋妻(つま)。ころものつまの意。
意味 ❶つま。着物の衽おくみの腰から下のへり。着物の裾の左右の両端。❷「気褄きづま」は、人の機嫌。

7311 【褞】 衣－9
オン 「褞」(7320)の異体字

7312 【褐】 衣－9
カツ 「褐」(7300)の旧字

7313 【褌】 7478 6A6E E5EC 衣－9
コン(漢)/kūn/ふんどし・へこ
字解 形声。衣＋軍(めぐらす)(声)。
意味 ❶したばかま。ももひき。『犢鼻褌トクビコン』❷(国)ふんどし。へこ。男子の陰部をおおい隠す布。『緊褌キンコン』

竹米糸缶网(罒・冖・皿)羊羽(羽)老(耂)而耒耳聿肉(月) 6画 臣自至臼(臼)舌舛(舛)舟艮色艸(艹・艹・艹)虍虫血行衣(衤)襾(覀・西)

7314【禪】 7492 6A7C E5FA 衣－9 タン 「禅」(7335)の異体字

7315【褚】＊6062 衣－9 チョ(漢)/zhǔ・chǔ/わたいれ

字解 形声。衣＋者(声)。

意味 ❶わたいれ。綿を入れる。❷人名。『褚遂良』

【褚遂良(チョスイリョウ)】中国、初唐の政治家、書家。字(あざな)は登善。王羲之の流れをくみ、その婉美な書風は、虞世南・欧陽詢とともに初唐の能書家として知られる。代表作「雁塔聖教序」。(五九六～六五八)

7316【褙】＊6061 衣－9 ハイ(漢)/bèi/はだぎ

字解 形声。衣＋背(声)。

意味 ❶はだぎ。❷うらうちをする。『裱褙(ヒョウハイ)』

7317【複】 4203 4A23 95A1 衣－9 常5 フク(呉)(漢)/fù/かさねる・かさなる・ふたたび

筆順 複 複 複 複 複 複

字解 形声。衣＋复(かさねる)(声)。ころもを重ねる意。

意味 ❶あわせ。裏付きの着物。二重にしたてた着物。『複衣』❷かさねる。かさなる。二重になる。単一でない。↔単。『複雑』『複数』『重複(チョウフク)』❸ふたたびする。二つ以上かさねてする。『複写』『複製』

❶ あわせ。

【複衣(フクイ)】あわせ。また、重ね着。

❷ かさねる。かさなる。

【複合(フクゴウ)】二種またはそれ以上のものが結合して一つになること。『複合汚染』『複合語』

【複雑(フクザツ)】入り混じって込み入っているさま。↔単純。『複雑な事情』『複雑怪奇』

【複数(フクスウ)】数が二つ以上であること。↔単数。『複数の人の意見』

【複姓(フクセイ)】中国で、二字からなる姓をいう。司馬(シバ)・諸葛(ショカツ)・欧陽(オウヨウ)の類。日本では古代に、氏と家を重ねて称したもの。

【複文(フクブン)】主語述語の関係が成り立っている文で、その構成部分にも更に主語述語の関係が認められるもの。↔単文・重文

❸ ふたたびする。

【複閣(フッカク)】二階、三階と重なった高殿。

【複写(フクシャ)】①原本の通りに書き写すこと。②同時に複本がとれるように書くこと。③器械で原本の図形を別の紙に再現すること。コピー。

【複製(フクセイ)】もとのものと同じものを作ること。また、そのもの。特に、著作物や美術品などを、原形を忠実に模して再製すること。『不許複製』『複製画』

【複刻(フッコク)】もとの本と同じように版本を作ること。復刻。覆刻。

7318【褊】 7479 6A6F E5ED 衣－9 ヘン(漢)/biǎn・piān/せまい

字解 形声。衣＋扁(薄く平ら)(声)。衣服が小さい意。

意味 せまい。心がせまい。また、気が短い。

【褊隘(ヘンアイ)】＝褊狭(ヘンキョウ)

【褊急(ヘンキュウ)】心がせまく気が短いこと。偏急。

【褊狭(ヘンキョウ)】土地がせまいこと。また、度量が小さいこと。偏狭(ヘンキョウ)。

【褊小(ヘンショウ)】せまく小さいこと。かたよってせまいさま。狭小。偏小。

【褊陋(ヘンロウ)】かたくなで卑しいさま。偏狭であるさま。

7319【褓】 7480 6A70 E5EE 衣－9 ホウ(漢)・ホウ(ハウ)(慣)/bǎo/むつき・うぶぎ

字解 形声。衣＋保(乳児をだきつつむ)(声)。乳児の着る服の意。緥に同じ。褒は別字。

意味 むつき。うぶぎ。うぶぎなどで包む。『襁褓(キョウホウ)』

【褓襁(ホウキョウ)】①かいまきと背におぶうためのひも。②幼少のころ。

【褓乳(ホウニュウ)】かいまきにくるまれて乳を飲むころ。幼少のころ。

7320【褞】 7482 6A72 E5F0 衣－10 ウン(漢)・オン(ヲン)(漢)/wēn/ころも

(7311)〔褞〕―― 衣－9

字解 形声。衣＋昷(中にこもる・つつむ)(声)。

意味 ❶ころも。衣服。また、打ち掛け。上着。❷国どてら。わたいれ。『褞袍』

【褞袍(オンボウ/どてら)】国大きめに仕立て、綿を入れた広袖(ひろそで)の着物。丹前。

7321【褲】＊6070 衣－10 コ(漢)/kù

字解 衣＋庫(声)。はかまの意。絝の通俗体。

7322【褥】 7483 6A73 E5F1 衣－10 ニク(呉)・ジョク(漢)/rù/しとね

字解 形声。衣＋辱(声)。

意味 しとね。座ったり寝たりするとき、下に敷く敷物。「蓐」に同じ。

【褥席(ジョクセキ)】しとね。しきもの。ふとん。

下接 衾褥(キンジョク)・産褥(サンジョク)・就褥(シュウジョク)・牀褥(ショウジョク)・病褥(ビョウジョク)

【褥瘡(ジョクソウ)】長期間病臥(ビョウガ)しているとき、体重がかかる部分にできる潰瘍(カイヨウ)。とこずれ。

7323【褪】 7484 6A74 E5F2 衣－10 トン(漢)・タイ(慣)/tùn・tuì/あせる・さめる・ぬぐ

字解 形声。衣＋退(しりぞける)(声)。ころもをぬぐ意。

意味 ❶ぬぐ。衣服をぬぐ。❷あせる。色があせる。また、さめる。衰える。『褪紅』『褪色』

【褪紅(タイコウ)】国①薄紅(うすくれない)の染色。②薄紅の狩衣(かりぎぬ)。上流貴族の家の下部(しもべ)の着衣。

【褪色(タイショク)】色があせること。退色。

7324【褫】 7485 6A75 E5F3 衣－10 チ(呉)(漢)/chǐ/うばう・はぐ

字解 形声。衣＋虒(声)。

意味 うばう。はぐ。衣服をはぎとる。

【褫奪(チダツ)】うばうこと。取りあげること。

7325【褡】 ―― 衣－10 トウ(タフ)(漢)・タ(慣)/dā

字解 形声。衣＋荅(声)。

意味 「掛褡(カトウ)」は、「掛搭(カトウ)・掛錫(カシャク)」に同じ。行脚中の僧侶が、一時他の寺院に滞在すること。

7326 【襁】 7486 6A76 E5F4 衣-11 キョウ(キャウ)漢/qiǎng/むつき

字解 形声。衣＋強(声)。

意味 むつき。「繦」に同じ。㋑赤子を背負う帯。また、おう。おんぶする。㋺国おしめ。おむつ。

【襁負キョウフ】幼児を背負うこと。

【襁抱キョウホウ】①赤子をおぶったり、だいたりすること。②幼少のころ。

【襁褓キョウホウ・むつき】①赤子を包むかいまき。②国おむつ。おしめ。③国赤子のこと。

7327 【褷】 ― ― 衣-11 シ漢/shī

字解 形声。衣＋徙(声)。「離褷リシ」は、毛羽の初めて生じるさま。

7328 【褶】 7489 6A79 E5F7 衣-11 シュウ(シフ)漢・チョウ(テフ)漢・ショウ(セフ)漢/xí・dié・zhě/あわせ・ひだ

字解 形声。衣＋習(かさねる)(声)。

意味 ❶(チョウ)あわせ。裏付きの着物。❷(シュウ)ひだ。㋑物の表面のしわ。㋺乗馬用の袴。❸国しびら。下半身につけた、ひだのない裳の一種。中古の下級女房の所用。

【褶曲シュウキョク】地層が横からの圧力などにより、波のように湾曲していること。また、その状態。「褶曲山脈」

【褶襞シュウヘキ】襞ひだ。衣服のしわ、山のひだなど。

7329 【襀】＊ 6075 衣-11 セキ漢/jī

字解 形声。衣＋責(声)。「襞積ヘキセキ」は、衣服のひだ。

7330 【褾】＊ 6074 衣-11 ヒョウ(ヘウ)漢/biǎo/そで

字解 形声。衣＋票(声)。

意味 ❶そで。袖そでのはし。たもと。❷書画の巻軸や帖を仕立てる。「裱」に同じ。

7331 【褸】 7490 6A7A E5F8 衣-11 ロウ漢・ル漢/lǚ/つづれ

字解 形声。衣＋婁(細くつながる)(声)。破れて細くつながったぼろきれの意。

意味 つづれ。ぼろ。「襤褸ランル」

7332 【襅】＊ 6077 衣-11 ちはや

字解 国字。ちはや(千早)。神事に仕える女子の用いるたすき。また、巫女の着る衣服。

7333 【襖】 1808 3228 89A6 衣-12 オウ 「襖」(7337)の異体字

7334 【襍】 8023 7037 E8B5 衣-12 ゾウ(ザフ)呉・ソウ(サフ)漢/zá

字解 形声。衣＋集(あつまる)(声)。いろいろな糸でおった着物、あるいは、いろいろな模様の着物の意から、まじる意。雑の本字。

7335 【襌】 7491 6A7B E5F9 衣-12 (7314)【褝】 7492 6A7C E5FA 衣-9 タン漢/dān/ひとえ

字解 形声。衣＋單(ひとつ)(声)。ひとえの意。

意味 ❶ひとえ。単衣。「単」に同じ。❷はだぎ。下着。

7336 【衤黹】 ― ― 衣-12 チ漢

字解 形声。衣＋黹(刺繡)(声)。衣を縫うこと、縫いとりの意。

7337 【襖】 ― ― 衣-13 (7333)【襖】 1808 3228 89A6 衣-12 † オウ(アウ)漢/ǎo/ふすま・あお

字解 形声。衣＋奥(→燠、あたたかい)(声)。あたたかい衣服の意。

意味 ❶うわぎ。わたいれ。❷国あお。武官の制服。両方のわきを縫い合わせないであけ広げたままのもの。「素襖スオウ」❸国ふすま。「襖障子ふすまショウジ」の略。細い木の骨を組み、両面から紙または布を張った障子。「襖絵ふすまエ」「襖紙ふすまがみ」

7338 【襟】 2263 365F 8BDD 衣-13 常 キン漢/jīn/えり

筆順 

字解 形声。衣＋禁(とじる)(声)。ころものとじあわせるところ、えりの意。衿に同じ。

意味 ❶えり。衣服の首のまわりにあたる部分。特に、首の後ろの部分。「襟帯」「開襟」❷むね。心の中。思い。「襟懐」「襟度」「胸襟キョウキン」「宸襟シンキン」

下接 衣襟イキン・開襟カイキン・懐襟カイキン・羅襟ラキン

❶ えり。

【襟帯キンタイ】①着物のえりとおび。②(山を「えり」、川を「おび」にたとえて)山や川がとりまいて、自然の要害をつくっていること。

【正レ襟えりをただす】姿勢や服装をきちんと直す。また、気持ちを引き締めて物事にあたる態度を示す。＊蘇軾-前赤壁賦「蘇子愀然正レ襟ソシシュウゼンとしてえりをただす」(＝私はしみじみとした気持ちになり、衣服をととのえた)

❷ むね。心の中。思い。

【襟韻キンイン】風流な心。風雅な思い。

【襟懐キンカイ】心の中。胸のうち。「襟懐を開く」

【襟度キンド】人を受け入れる心の広さ。度量。雅量。

7339 【襠】 7493 6A7D E5FB 衣-13 トウ(タウ)漢/dāng/まち

字解 形声。衣＋當(声)。

意味 ❶「褌襠コントウ」は、したおび、したばかま。❷「裲襠リョウトウ」は、うちかけ、そでなし。❸国まち。㋑衣服の布の幅の足りない部分に、別に補い添える布。㋺袴はかまの内股うちまたの境目に足した布。㋩羽織のわき縫いの間に入れる布。

7340 【襦】 7501 6B21 E640 衣-14 ジュ漢/rú/はだぎ

字解 形声。衣＋需(声)。はだぎの意。

意味 ❶わたを入れた短い胴着。❷はだぎ。汗とり。また、よだれかけ。「汗襦カンジュ」「羅襦ラジュ」❸目の細かいうす絹。「繻」に同じ。❹音訳字。「襦袢」

【襦袢ジュバン・ジバン】(ポルトガル gibão の音訳)和服の肌着。「長襦袢」「網襦袢」「肉襦袢」「肌襦袢」「膚襦袢」

7341【襧】衣-14 (7278)〔祢〕7457 6A59 E5D7 衣-5
チ(漢)
字解 襧の別体。縫いとりの意。

7342【襤】7502 6B22 E641 衣-14 ラン(漢)/lán/ぼろ
字解 形声。衣＋監(→濫、みだれる)(声)。ぼろの意。
意味 ぼろ。つづれ。ぼろきれ。破れ。
【襤褸(ランル・ぼろ)】着古して破れたり、つぎはぎだらけだったりする衣服。また、使い古しの布。

7343【襭】7503 6B23 E642 衣-15 ケツ(漢)/xié/はさむ
字解 形声。衣＋頡(声)。
意味 つまばさむ。褄(つま)を帯にはさむ。

7344【襪】7504 6B24 E643 衣-15 バツ(漢)・ベツ(慣)/wà/たび・しとうず
字解 形声。衣＋蔑(声)。
意味 たび。くつした。しとうず(したぐつ)。
【襪線(ベッセン)】たびの糸。短い意から転じて、長じた分野がないこと。才能がないこと。

7345【襯】7505 6B25 E644 衣-16 シン(漢)/chèn/はだぎ
字解 形声。衣＋親(したしい)(声)。からだにじかにつけるはだぎの意。
意味 はだぎ。下着。
【襯衣(シンイ)】はだぎ。じゅばん。シャツ。

7346【襴】7506 6B26 E645 衣-17 ラン(漢)/lán/ひとえ
字解 形声。衣＋闌(声)。
意味 ❶ひとえ。上着とすそがつながったひとえの衣服。『襴衫(ランサン)』❷すそべりのついた、もすそ。❸「金襴」は、織物の一。金糸で模様を織り出したもの。

襴衫〔三才図会〕

【襴衫(ランサン)】ふちに長いきれのついたひとえの衣服。進士などの服。

7347【襷】7507 6B27 E646 衣-17 たすき
字解 国字。会意。衣＋擧(あげる)。ころものそでをあげるたすきの意。
意味 たすき。動きやすいよう袖(そで)をたくしあげるために、両肩から両わきへ斜め十文字形になるように掛けて結ぶ紐(ひも)。

7348【襹】衣-19 リ(漢)/lí
字解 形声。衣＋離(声)。女子が結婚して家を出るときにかけた巾。

146 襾(覀・西)部 かなめがしら

篆文 

襾 覀 西 など類型のものを収める。襾(おおう)を部首とするが、覀などを要(かなめ)の部分をとって「かなめがしら」という。

覀 西
⑫ 覆 覆 ⑬ 覈 覇 覇 ⑰ 覊 ⑲ 覊
③ 要 要 要 ⑤ 覃 覃 ⑥ 覃 覃 覃
襾

7349【襾】7508 6B28 E647 襾-0 (7350)〔覀〕襾-0
ア(漢)・カ(漢)/xià
字解 象形。上からおおった形に象る。おおう意。部首としては、多く覀と書く。

7351【西】3230 403E 90BC 襾-0 常2 サイ(呉)・セイ(漢)/xī/にし
筆順 西 西 西 西 西 西

字解 象形。竹かご(酒をこすのに用いたか)の形に象る。借りて、方角のにしの意に用いる。

甲骨文 金文 篆文 

同属字 茜・洒・栖・晒・迺
参考 万葉仮名では音を借りて「せ」。
意味 ❶にし。方角の名。日の沈む方角。↔東。『西部』五行では金、十二支では酉(とり)にあてる。四季では秋、『西洋』『鎮西(チンゼイ)』『北西(ホクセイ)』＊王維-送(二)元二使(一)安西(一)「西出(二)陽関(一)無(二)故人(一)(にしのかたヨウカンをいずればコジンなからん)」〔=これから西の方、あの陽関を出てしまったならば、昔なじみの友はもういないだろうから〕❷「西洋」の略。『西暦』『泰西(タイセイ)』❸「西班牙(スペイン)」の略。『米西戦争』❹固有名詞など。『西安』『西湖』『西山』

❶にし。方角の名。
下接 以西(イセイ)・海西(カイセイ)・関西(カンサイ・カンセイ)・泰西(タイセイ)・鎮西(チンゼイ)・東西(トウザイ)・南西(ナンセイ)・北西(ホクセイ)・洛西(ラクセイ)・大西洋(タイセイヨウ)・偏西風(ヘンセイフウ)・東高西低(トウコウセイテイ)・東奔西走(トウホンセイソウ)

【西方(サイホウ・セイホウ)】西の方角。【西方浄土(サイホウジョウド)】西方にある浄土。特に、阿弥陀(アミダ)仏がいる極楽浄土。
【西遊(サイユウ・セイユウ)】西方へ旅行すること。特に、西洋へ旅すること。『船で西遊する』
【西瓜(スイカ)】ウリ科のつる性一年草。夏の代表的な果物で水分が多く甘い。♥西域から渡来したところから。
【西夷(セイイ)】西方の未開民族。西戎(セイジュウ)。
【西域(セイイキ・サイイキ)】中国人の西方地域に対する総称。狭義にはタリム盆地を指す。
【西欧(セイオウ)】①ヨーロッパの西部。↔東欧。『西欧諸国』②ヨーロッパ。欧州。『西欧文化』
【西学(セイガク)】(西郊にあったところから)中国、周代の小学校のこと。→❷
【西教(セイキョウ)】仏教のこと。♥その発祥地インドが中国から見て西の方にあるところから。→❷
【西狩(セイシュ)】西の方へ狩猟に行くこと。また、天子が西方に行くこと。
【西戎(セイジュウ)】中国で古代、西方の異民族を卑しんで呼んだ語。転じて、西方の異民族。西夷(セイイ)。
【西廂(セイショウ)】宮殿の西の離れ。＊白居易-長恨歌「金闕西廂叩(二)玉扃(一)(キンケツのセイショウにギョクケイをたたく)」〔=金の御殿の西の離れの扉をたたく〕」

【西人(セイジン)】西方の人。中国、春秋時代は周の都の人をいい、宋代は西夏の人をいった。

【西垂・西陲(セイスイ)】①西のはて。②国九州のこと。

【西席(セイセキ)】天子の師がすわる西側の座席。また、師。

【西漸(セイゼン)】だんだんと西の方へ移って行くこと。↔東漸。『文明の西漸』

【西疇(セイチュウ)】(「疇」は田の畝(うね)の意)西の田畑。西方にあるはたけ。＊陶潜‐帰去来辞「将レ有レ事ニ於西疇一(まさにセイチュウにことあらんとす)〔＝西の畑で耕作の仕事が始まろうとしている〕」

【西天(セイテン|サイテン)】①西方の空。②西方にある土地。③(サイテン)仏教でインドをさしていう。

【西土(セイド|サイド)】①(セイド)㋑西にある地方。㋺国西の方の国。日本から見て、西洋、インド、中国などを指していった語。②(サイド)仏語。西方浄土。極楽(ゴクラク)。

【西蕃(セイバン)】西方の蛮族。西戎(セイジュウ)。また、西域(セイイキ)。

【西洋(セイヨウ)】日本や中国などから欧米の国々を指す総称。泰西。↔東洋。『西洋料理』『西洋人』

【西来(セイライ|サイライ)】①西から来ること。西方の国から渡来すること。②(「来」は方向を示す)西へ進むこと。＊岑参‐磧中作「走レ馬西来欲レ到レ天(うまをはしらせてセイライテンにいたらんとほっす)〔＝馬を走らせ西の方へとやってきて、はるか天にまで行きつきそうである〕」

❷「西洋」の略。

【西学(セイガク)】西洋の学問。→❶

【西紀(セイキ)】西洋の紀元。西暦。『西紀一八〇〇年』

【西教(セイキョウ)】西洋の宗教。キリスト教。→❶

【西暦(セイレキ)】キリストの誕生といわれる年を元年とする西洋の暦。西紀。

❹固有名詞など。

【西海道(サイカイドウ)】国古代行政区画の五畿(ゴキ)七道の一。九州地方と壱岐(イキ)・対馬(つしま)を含む。

【西京雑記(サイケイザッキ)】書名。六巻。中国、漢の劉歆(リュウキン)が書いたとされる。主に漢の武帝前後の奇聞を集めたもの。

【西遊記(サイユウキ)】中国の通俗小説。一〇〇回。明の呉承恩作。四大奇書の一。唐の僧玄奘(ゲンジョウ)がインドに旅した説話を、元の雑劇「西遊記」などをもとにして長編小説化したもの。法師は、孫悟空(猿)、猪八戒(豚)、沙悟浄(河童)、白馬(竜)を従え、八八難所をこえて経を得て帰る。

【西安(セイアン)】中国陝西(センセイ)省の省都。古来漢民族の活動の中心地で、付近に、周・秦以後、歴代の都がおかれ、漢以後、長安の名がある。シーアン。

【西王母(セイオウボ)】中国、西方の崑崙(コンロン)山に住む神女の名。不死の薬をもった仙女とされ、長寿を願う漢の武帝が仙桃を与えられたという。

【西夏(セイカ)】チベット系タングート(党項)族拓跋(タクバツ)氏の李元昊が中国の北西部に建てた国(一〇三八～一二二七)。首都は興慶。仏教を保護し西夏文字を作るなど、中国と西域の文化を混合した独自の文化を発展させた。

【西海(セイカイ|サイカイ)】①西方の海。特に、青海省の青海(＝ココノール)を指す。②(サイカイ)国日本で、九州地方。

【西岳・西嶽(セイガク)】中国の五岳の一、華山の別称。

【西漢(セイカン)】古代中国の王朝、前漢の別称。❤首都の長安が、後漢の首都の洛陽の西方に位置するところから。

【西京(セイケイ|サイキョウ)】㊀(セイケイ)中国の都市の名。①西周時代の都、鎬京(コウケイ)。②漢や唐代の都、長安。洛陽に対していう。③唐の至徳中一時、鳳翔府(ホウショウフ)の称。④五代の唐では太原。⑤五代の晋(シン)では洛陽。㊁(サイキョウ)国京都。また、平城京、平安京等の朱雀大路より西の部分。右京。にしのきょう。

【西湖(セイコ)】中国浙江(セッコウ)省杭州市の西側にある湖。三方を丘陵に囲まれ、小島や蘇東坡、白居易の名にちなむ堤を配した景勝の地。銭塘(セントウ)湖。

【西崑(セイコン)】①西方の崑崙(コンロン)山。伝説で、古代の帝王が書物を蔵したところという。②転じて、日の没する所。また、老年。老衰。③「西崑体(セイコンタイ)」の略。

【西崑体(セイコンタイ)】中国、唐の李商隠(リショウイン)の詩を手本として故事を引用し、修辞を重視した宋の一詩風。

【西山(セイザン)】①中国北京市の西に連なる山々の総称。山中に寺院が多い。小清涼山。②「首陽山(シュヨウザン)」の別称。＊史記‐伯夷伝「登ニ彼西山一兮、采ニ其薇一矣(かのセイザンにのぼり、そのびをとる)〔＝あの西山に登り、野草を採って食べた〕」③中国湖南省零陵県(唐代の永州)にある山。

【西施(セイシ)】中国、春秋時代、越の国の美人。越王勾践(コウセン)は、西施を呉王夫差に献上し、夫差が西施の容色におぼれているすきをついて呉を滅ぼしたと伝えられる。

【西施捧心(セイシホウシン)】西施が病気のために胸に手をあてて顔をしかめているのを、美女のさまとして醜女がまねをしたという。西施の顰(ひそみ)に効(なら)う。〔荘子‐天運〕

【西周(セイシュウ)】中国、古代の王朝、周の前半期(前七七〇年滅亡)。都が陝西(センセイ)省の鎬京(コウケイ)にあったので、のちに河南省の洛陽に都した東周と区別して西周とよばれる。

【西廂記(セイショウキ|セイソウキ)】中国の詞曲書。元曲の編名。全二一幕(五本二一折)。前一七折は王実甫(オウジッポ)撰、残りは関漢卿補撰という。書生の張生と死んだ宰相の娘鶯鶯(オウオウ)の波乱にみちた恋物語。

【西晋(セイシン)】中国の王朝名(二六五～四一九)。三国の魏に代わり、二六五年に権臣司馬炎が建てた国。都は洛陽。

【西秦(セイシン)】中国の王朝名。五胡十六国の一(三八五～四三一)。都は金城(甘粛)。夏に滅ぼされた。

【西蔵(セイゾウ)】チベットの中国名。

【西太后(セイタイコウ)】中国、清の咸豊帝(文宗)の妃。同治帝(穆宗)の生母。帝の死後、同治帝、光緒帝の摂政として政治上の独裁権を発揮した。(一八三五～一九〇八)

【西都(セイト)】＝西京(セイケイ)

【西伯昌(セイハクショウ)】中国、周の文王。姓は姫(キ)、昌は名。❤「西伯」は、西方の諸侯の旗頭の意。

【西涼(セイリョウ)】中国の五胡十六国の一(四〇〇～四二一)。西晋の末、漢人、敦煌太守李暠(リコウ)が北涼から自立して、甘粛省西北部に建てた国。都は敦煌・酒泉。

【西遼(セイリョウ)】中国、遼(リョウ)の王族耶律大石(ヤリツタイセキ)が、遼の滅亡後中央アジアに建てた国(一一三二～一二一一)。

【西陵峡(セイリョウキョウ)】中国の長江中流にある峡谷の名で、湖北省宜昌市の西北に位置する。三峡の一。

難読地名 西表(いりおもて)島(沖縄) 西平安名(いりへんな)岬(沖縄) 西都(さいと)市(宮崎) 西彼(せいひ)町(長崎) 西有家(にしありえ)町(長崎) 西置賜(にしおきたま)郡(山形) 西興部(にしおこっぺ)村(北海道) 西蒲原(にしかんばら)郡(新潟) 西国東(にしくにさき)郡(大分) 西頸城(にしくびき)郡(新潟) 西彼杵(にしそのぎ)郡(長崎) 西礪波(にしとなみ)郡(富山) 西牟婁(にしむろ)郡(和歌山) 西諸県(にしもろかた)郡(宮崎)

難読姓氏 西郡(にしごおり) 西出(にしで) 西銘(にしめ) 西幹(にしもと) 西依(にしより)

7352 【要】 4555 4D57 9776 襾－3 常4

ヨウ(エウ)呉漢\yào・yāo\いる・もとめる・かなめ

(7353) 〔要〕 襾－3 旧字

竹米糸缶网(⺳・罒・㓁)羊羽(⽻)老(耂)而耒耳聿肉(月)
6画
臣自至臼(臼)舌舛(舛)舟艮色艸(艹・艹・艹)虍虫血行衣(衤)襾(覀・西)

【筆順】要要要要要要要

【字解】象形。人がこしに両手を当てたさまに象る。こしの意。腰の原字。こしは大事なところであるから、かなめの意に用いられる。

【同属字】腰（腰）

【参考】万葉仮名では音を借りて「え（や行）」。

【意味】❶かなめ。物事をしめくくる大切な点。また、しめくくる。重要な点をかいつまむ。「要するに」「要因」「要旨」「要素」「概要」「主要」❷いる。入り用である。もとめる。のぞむ。「要すれば」「要求」「要望」「強要」「必要」＊陶潜-桃花源記「要還家、設酒殺鶏作食（いえにかえり、さけをもうけ、にわとりをころし、しょくをつくる）」（＝ぜひにと迎えて家に帰り、酒を用意し、ニワトリを殺して、食事を作った）❸まつ。待ち伏せする。「邀」に同じ。「要撃」❹むすぶ。約束する。「久要（キュウヨウ）」❺す。せんとす。…しようとする。

❶かなめ。

【下接】概要（ガイヨウ）・肝要（カンヨウ）・簡要（カンヨウ）・紀要（キヨウ）・険要（ケンヨウ）・権要（ケンヨウ）・綱要（コウヨウ）・重要（ジュウヨウ）・主要（シュヨウ）・史要（シヨウ）・至要（シヨウ）・枢要（スウヨウ）・切要（セツヨウ）・専要（センヨウ）・大要（タイヨウ）・治要（チヨウ）・提要（テイヨウ）・摘要（テキヨウ）・道要（ドウヨウ）・秘要（ヒヨウ）・辺要（ヘンヨウ）・法要（ホウヨウ）

【要因】（ヨウイン）主要な原因。

【要害】（ヨウガイ）地勢が険しく、守りやすく攻めにくい所。転じて、とりで。要塞（ヨウサイ）。「要害の地」「要害堅固」➡味方には要（かなめ）で敵には害となる意。

【要義】（ヨウギ）重要な意義。物事の根本となることわり。また、それを記したもの。「周易要義」

【要劇】（ヨウゲキ）重要な立場にいて忙しいこと。

【要訣】（ヨウケツ）物事の最も中心となる事柄。奥義。秘訣（ヒケツ）。

【要件】（ヨウケン）肝要な事柄。大事な用事。

【要言】（ヨウゲン）①要点をとらえたことば。②誓約すること。また、その誓言。

【要綱】（ヨウコウ）要約した大綱。基本となる事柄。また、それを記したもの。「経済学要綱」「実施要綱」

【要塞】（ヨウサイ）重要な場所に設けられた軍事的な防備施設。

【要旨】（ヨウシ）言い表そうとする最も大切な点。

【要衝】（ヨウショウ）交通、軍事などの上で重要な地点、場所。

【要津】（ヨウシン）（「津」は舟着き場）①交通・商業などの面で重要な港。②重要な地位。

【要人】（ヨウジン）重要な地位にある人。「政府の要人」

【要枢】（ヨウスウ）物事の最も大切なところ。枢要。

【要素】（ヨウソ）事物が成立発現するのに欠くことのできない大切な成分、条件。「構成要素」

【要地】（ヨウチ）重要な地点。大切な地域。「交通の要地」

【要諦】（ヨウテイ・ヨウタイ）物事の最も大切なところ。肝心の意味。

【要点】（ヨウテン）物事の大切な箇所。「要点を述べる」

【要道】（ヨウドウ・ヨウトウ）大切な方法。大事な教え。「至徳要道」

【要妙】（ヨウミョウ）重要で、かつ奥深く精妙なところ。

【要務】（ヨウム）大切な務め。重要な仕事。

【要約】（ヨウヤク）文章などの大意を短くまとめること。

【要略】（ヨウリャク）文章などの大意をとりまとめること。また、そのまとめたもの。

【要領】（ヨウリョウ）①最も大切な点。要点。「指導要領」②国物事の要点をつかみ、うまく処理する手段、こつ。

【要路】（ヨウロ）①重要な交通路。②重要な地位や職務。

❷いる。もとめる。のぞむ。

【下接】強要（キョウヨウ）・緊要（キンヨウ）・須要（シュヨウ）・需要（ジュヨウ）・所要（ショヨウ）・必要（ヒツヨウ）・不要（フヨウ）・有要（ユウヨウ）

【要員】（ヨウイン）必要な人員。「保安要員」

【要求】（ヨウキュウ）①強い態度で相手に求めること。「要求に応じる」②必要とすること。「熟練が要求される仕事」

【要須】（ヨウシュ・ヨウス）無くてはならないこと。

【要請】（ヨウセイ）希望する措置が是非とられるよう願い求めること。「出馬を要請する」

【要望】（ヨウボウ）物事の実現を求め、強く期待すること。

【要盟】（ヨウメイ）人を強制して約束を取り結ぶこと。

【要用】（ヨウヨウ）必要であること。

❸まつ。待ち伏せする。

【要撃】（ヨウゲキ）待ち伏せして敵を攻撃すること。邀撃（ヨウゲキ）。

【要扼】（ヨウヤク）敵を待ち伏せてくいとめること。

7354 【垔】 ―― 襾－3 イン㊥ yīn

甲骨文  篆文 

【字解】もと㢴。形声。土＋圁㊥。ふさぐ意。甲骨文は、象形で、けむりがたちこめる容器（香炉？）の形に象る。

【同属字】甄・堙・湮・煙

［栗］⇩3353

7355 【䙴】 ―― 襾－5

(7356)〔䙴〕 ―― 襾－5

(7357)〔䙴〕 ―― 襾－6 セン㊥ qiān

篆文 重文 

【字解】もと舁。会意。囟（頭蓋骨）＋舁（両手）。両手で死人の頭蓋骨をもちあげてうつすことから、うつる意。一説に形声ともいう。䙴は、舁に遷（かがまった人）を加え、死人の霊がうつる意。遷の原字。

【同属字】僊・遷（遷）・躚

［票］⇩5371

7358 【覃】 7509 6B29 E648 襾－6

(7359)〔覃〕 ―― 襾－6

タン㊥・エン㊥ tǎn・qín・yǎn うまい

【字解】会意。襾（＝鹵、しお）＋早（＝亯、土なべで煮る）。塩味がきいていてうまい、味にふかみがあることから、ふかい意。

【同属字】蕈・簟・潭・燂・譚・鐔

【意味】❶うまい。味がよい。おいしい。❷のびる。およぶ。ゆきわたる。「覃及」❸深い。また、静か。「覃思」

【覃及】（タンキュウ）のび広がっておよぶこと。

【覃思】（タンシ）思考を尽くすこと。深く考えること。

［粟］⇩5784

［賈］⇩7705

7360 【覆】 4204 4A24 95A2 襾－12 常

(7361)〔覆〕 ―― 襾－12 旧字

フ㊥㊥・フク㊥㊥・フウ慣 fù おおう・おおい・くつがえす・くつがえる

【筆順】覆覆覆覆覆覆

【字解】形声。襾＋復（かえる・もどす）㊥。ふたをもとにもどしておおいつつむ意。

意味 ❶おおう。かぶせる。かくす。また、おおい。『覆載』『被覆(ヒフク)』 ❷くつがえす。ひっくり返す。うら返す。また、くつがえる。『覆水』『覆轍』『転覆』 ❸くりかえす。かさねる。反復する。「復」に同じ。『覆審』『覆刻』『申覆(シンプク)』

❶ おおう。かぶせる。かくす。

【覆育(フウイク／フイク／フクイク)】 天地が万物をおおい育てること。また一般に、守り育てること。

【覆載(フウサイ／フサイ／フクサイ)】 ①天が万物をおおい、地が万物を載せること。天地や君主の恩恵をいう。②転じて、天地。

【覆瓿(フウホウ／フクホウ)】 かめにふたをすること。転じて、書物でかめのふたをすること。著書・文書などが世に重んじられないことのたとえにいう。

【覆面(フクメン)】 ①顔面を布などでおおい隠すこと。②身分や正体などを隠すこと。『覆面作家』

【覆輪(フクリン)】 国①器物の周縁を金属の類で細長くおおったもの。『金覆輪の鞍(くら)』 ②服の袖口(そでぐち)などを他の布きれで細くふちどったもの。

【覆露(フクロ)】 おおって、つゆを与えること。保護して恵みを与えることをいう。

❷ くつがえる。くつがえす。

下接 傾覆(ケイフク)・転覆(テンプク)・顛覆(テンプク)・翻覆(ホンプク)

【覆車(フクシャ)】 車が転覆すること。また、その車。【覆車之戒(フクシャのいましめ)】 前に進むものの失敗は、あとから来るものにとって戒めとなること。前人の失敗は後人の戒めとなるということ。〔晋書-庾純(ユジュン)伝〕

【覆手(フクシュ)】 手のひらを返すこと。たやすく変わることをいう。＊杜甫-貧交行「翻レ手作レ雲覆レ手雨(てをひるがえせばくもとなりてをくつがえせばあめとなる)〔＝手のひらを上に向けると雲になり、下に向けると雨になる〕」

【覆水(フクスイ)】 容器がひっくりかえってこぼれた水。〔覆水不レ返レ盆(フクスイボンにかえらず)〕 一度してしまったことは取り返しがつかないことのたとえ。

【覆宗(フクソウ／ソウをくつがえす)】 一族をみずから滅ぼすこと。

【覆巣之下復有ニ完卵一乎(フクソウのもとまたカンランあらんや)】 ひっくりかえった巣に完全な卵が残っているだろうか、いや、残っていない。もとが滅びると末端も滅びることのたとえ。〔世説新語-言語〕

【覆溺(フクデキ)】 船が転覆しておぼれること。

【覆轍(フクテツ)】 前の車の転倒した跡。転じて、先人が失敗をしたあと。〔荀子-成相〕

【覆没(フクボツ)】 ①船などが転覆して沈むこと。②転じて、軍隊が敗滅すること。国が滅亡すること。

【覆盆(フクボン)】 ①盆をひっくりかえすこと。大雨のさま。②無実のとがめを受けていること。光があたらないさま。③いちご。覆盆子。

【覆滅(フクメツ)】 国、家などが滅びること。

❸ くりかえす。かさねる。

【覆案(フクアン)】 くりかえしてよく調べること。

【覆啓(フクケイ)】 御返事申し上げる。返事の手紙で冒頭に書くことば。復啓。

【覆奏(フクソウ)】 くりかえし調べて天子に奏上すること。

【覆考(フッコウ)・覆校】 くりかえして調べ考えること。

【覆刻(フッコク)】 書籍などを初めて刊行された時の体裁で再製すること。復刻。

難読姓氏 覆平(おおひら)

7362 【覈】 7510 6B2A E649 襾-13 カク㊥／hé／しらべる

字解 形声。襾＋敫(あきらか)㊟。おおわれているものを明らかにする意。

意味 しらべる。あきらかにする。

下接 究覈(キュウカク)・研覈(ケンカク)・検覈(ケンカク)・考覈(コウカク)・校覈(コウカク)・査覈(サカク)・審覈(シンカク)・推覈(スイカク)・精覈(セイカク)・綜覈(ソウカク)・明覈(メイカク)

7363 【覇】 3938 4746 9465 襾-13 常　(7364)【覇】 襾-13 旧字　(8786)【霸】 5917 5B31 9E50 雨-13

ハ㊥・ハク㊥／bà・pò／はたがしら・かしら

筆順 覇 覇 覇 覇 覇

字解 覇は霸の通俗体。霸は形声。月＋䨣(→白、しろい)㊟。三日月の白い光の意。また、伯に通じて、かしらの意に用いる。

金文　篆文

参考 万葉仮名では音を借りて「へ㊙」。

意味 はたがしら。かしら。武力をもって天下に号令する者。徳をもって統治する者を「王」と称するのに対していう。『覇を競う』『覇権』『覇者』 ＊史記-管晏伝「斉桓公以覇(セイのカンコウもってハたり)〔＝斉の桓公は覇者となった〕」

下接 王覇(オウハ)・制覇(セイハ)・争覇(ソウハ)・連覇(レンパ)

【覇王(ハオウ)】 覇者と王者。覇道と王道。また、武力で王となった者。【覇王樹(ハオウジュ)】 サボテンの異名。

【覇気(ハキ)】 覇者になろうとする心。転じて、積極的に立ち向かおうとする意気。

【覇業(ハギョウ)】 覇者としての事業。また、偉大な業績。

【覇権(ハケン)】 ①覇者の権力。②国優勝者の栄誉。

【覇者(ハシャ)】 ①武力などで天下を治める者。↔王者。②国競技などの優勝者。

【覇道(ハドウ)】 為政者が徳によらず、武力、権謀をもって行う支配の仕方。↔王道

7365 【覊】 ＊6104 襾-17 キ「羇」(6146)の異体字

7366 【覉】 7511 6B2B E64A 襾-19 キ「羈」(6147)の異体字

147 見部 みる

甲骨文　金文　篆文

見は、人が大きく目をみひらいているさまで、あらわれたことをしっかりみる、また、かんがえの意(ケン)を表す。見部には、見を部首とし、目の作用、目でものを見ることに関係して見を部標とするものを収める。部標としては、字の下部または右部をなす。

見◆ 見
見▬ ④ 覓 覔 ⑤ 覚 ⑩ 覧 ⑬ 覺 ⑭ 覽
見▮ ④ 規 視 ⑤ 覗 視 覘 ⑥ 覜 覛 ⑦
⑮ 覡 ⑨ 親 覩 覦 ⑩ 覬 覯 ⑪ 観 覲 覿
⑮ 覼 ⑱ 観

見

7367【見】2411 382B 8CA9 見－0 常1 ケン㊇㊈・ゲン㊇/jiàn・xiàn/みる・みえる・みせる・あらわれる・あらわす・まみえる・る・らる

筆順 見 見 見 見 見 見 見

字解 部首解説を参照。

参考 万葉仮名では訓を借りて「み㊙」。

意味 ⇓表 ❶みる。目でみる。みえる。『見学』『発見』『予見』❷みるところ。物のみかた。また、考える。考え。思い。『見解』『私見』『卓見』❸あらわれる。あらわす。また、げんに。まのあたりに。「現」に同じ。『見在(ゲンザイ)』『一見(イチゲン)』❹まみえる。人に会う。お目にかかる。訪ねる。『見参(ゲンザン)』『会見(カイケン)』❺る。らる。…される。受身を示す。「被」に同じ。＊史記‐管晏伝「吾嘗三仕、三見$_レ$逐$_二$於君$_一$(われかつてみたびつかえて、みたびきみにおわる)〔=私は以前に三度仕官して、そのたびに主君に追い払われた〕」❻その他。あて字など。『見高(ケンだか)』『見幕』

❶ みる。みえる。

下接 一見(イッケン)・隠見(インケン)・外見(ガイケン)・概見(ガイケン)・再見(サイケン)・細見(サイケン)・散見(サンケン)・実見(ジッケン)・巡見(ジュンケン)・初見(ショケン)・所見(ショケン)・書見(ショケン)・親見(シンケン)・総見(ソウケン)・素見(ソケン)・他見(タケン)・知見(チケン)・拝見(ハイケン)・発見(ハッケン)・必見(ヒッケン)・聞見(ブンケン)・瞥見(ベッケン)・望見(ボウケン)・未見(ミケン)・予見(ヨケン)／形見(かたみ)・下見(したみ)・姿見(すがたみ)・月見(つきみ)・遠見(とおみ)・花見(はなみ)・早見(はやみ)・物見(ものみ)・雪見(ゆきみ)・夢見(ゆめみ)・脇見(わきみ)・一寸見(ちょっとみ)・日和見(ひよりみ)

【見学(ケンガク)】国実際を見て、知識を得ること。『工場見学』

【見性成仏(ケンショウジョウブツ)】身に本来備わる仏性を見抜いて、仏果を悟ること。特に禅宗で用いる語。

【見知(ケンチ)】見ることと知ること。また、見て心に悟ること。

【見知之法(ケンチのホウ)】犯罪者を見て見ぬふりをする役人を、同罪とするきまり。

【見物(ケンブツ|みもの)】国①(ケンブツ)催し物、名所などを見て楽しむこと。また、その人。『紅葉見物』『見物人』②(みもの)見るに値するもの。

【見分(ケンブン)】立ち合ってしらべて見届けること。検分(ケンブン)。

【見聞(ケンブン)】見たり聞いたりすること。また、そうして得た知識。『見聞が広い』

◎見・視・看・観・覧・診——いろいろの「みる」

見(ケン)	目でみる。ながめる。	見聞　実見　見物　望見　瞥見
視(シ)	じっとみる。みつめる。	視察　正視　注視　巡視　無視
看(カン)	よくみる。みまもる。	看取　看破　看病　看護　看過
観(カン)	そろえてみる。みわたす。	観察　観測　観光　観覧　傍観
覧(ラン)	全体をみる。みまわす。	要覧　閲覧　遊覧　博覧　縦覧
診(シン)	調べてみる。みきわめる。	診察　診断　検診　視診　休診

❷ みるところ。また、考える。考え。

下接 異見(イケン)・意見(イケン)・我見(ガケン)・管見(カンケン)・愚見(グケン)・後見(コウケン)・高見(コウケン)・識見(シキケン)・私見(シケン)・邪見(ジャケン)・政見(セイケン)・先見(センケン)・浅見(センケン)・創見(ソウケン)・想見(ソウケン)・卓見(タッケン)・達見(タッケン)・短見(タンケン)・定見(テイケン)・洞見(ドウケン)・謬見(ビュウケン)・僻見(ヘキケン)・偏見(ヘンケン)・了見(リョウケン)

【見解(ケンカイ)】ある物事についての価値判断や評価。物の見方や考え。『見解の相違』

【見識(ケンシキ)】物事を正しく見通し、本質をとらえるしっかりした判断力や考え方。識見。

【見地(ケンチ)】観察または論議するときの立場。観点。

【見当(ケントウ)】国①大体の方向。目当て。②あれこれと推測をすること。予測。予想。『見当違い』③数詞に付いて、その数ぐらいである意を表す。『一万円見当の品物』

❸ あらわれる。あらわす。また、げんに。

下接 一見(イチゲン)・露見(ロケン)

【見在(ゲンザイ)】今、あること。現在。

【見証(ケンショウ)】あきらかなしるし。

【見糧(ゲンリョウ)】現在持っている食糧。

❹ まみえる。

下接 引見(インケン)・謁見(エッケン)・延見(エンケン)・会見(カイケン)・参見(サンケン)・賜見(シケン)・進見(シンケン)・接見(セッケン)・相見(ソウケン)・朝見(チョウケン)

【見参(ケンザン|ゲンザン)】国①目下の者が目上の人に対面すること。『見参に入る〔=高貴の人に面会する〕』②目上の者が目下の者に対面すること。謁見。引見。

❻ あて字など。

【見高(ケンだか)】傲岸な態度をとるさま。権高(ケンだか)。

【見幕(ケンマク)】国怒って興奮した、すさまじい顔付きや態度。剣幕(ケンマク)。

難読姓氏 見坊(けんぼう)　見城(けんじょう)　見砂(みさご)

見 4画

7368【覓】7512 6B2C E64B 見－4 ミャク㊇・ベキ㊈/mì/もとめる

(7380)〔覛〕＊6109 見－6

(7369)〔覔〕＊6107 見－4

字解 覓は、覛の通俗体。覛は会意。見＋𠂢(ながれ)。流し目にみる意。また、覓の通俗体の覔は、主として、もとめる意に用いる。金文は、覓。

金文

意味 もとめる。さがしもとめる。＊白居易‐長恨歌「遂教$_二$方士殷勤覓$_一$(ついにホウシをしてインギンにもとめしむ)〔=そこで方士に命じて念入りに探させた〕」

【覓句(ベキク|クをもとむ)】良い句を求めて苦心すること。

【覓索(ベキサク)】さがし求めること。

7370【覚】1948 3350 8A6F 見－5 常4 カク㊇㊈・キョウ(ケウ)㊇・コウ(カウ)㊈/jué・jiào/おぼえる・さます・さめる・さとる・さとす

(7372)〔覺〕7520 6B34 E653 見－13 旧字

筆順 覚 覚 覚 覚 覚 覚

字解 覚は、覺の略体。覺は形声。見＋學(まなぶ)省㊙。学んでものごとがはっきりみえる、さとる意。

同属字 攪

意味 ❶おぼえる。㋑知る。気づく。感づく。『自覚』『発覚』㋺国記憶する。❷さとる。道理を知る。また、さとす。あらわす。明らかにする。『先覚者』『正覚』❸さめる。さます。目がさめる。『覚醒』『寝覚(ねざめ)』

❶ おぼえる。

下接 圧覚(アッカク)・温覚(オンカク)・感覚(カンカク)・嗅覚(キュウカク)・幻覚(ゲンカク)・錯覚

7画 見角言谷豆豕豸貝赤走足(⻊)身車辛辰辵(辶・⻍)邑(⻏)酉釆里

錯覚・視覚・自覚・色覚・臭覚・触覚・他覚・知覚・直覚・痛覚・統覚・発覚・不覚・味覚・予覚・視聴覚

【不ㇾ覚(おぼえず)】知らぬまに。気づかずに。＊高啓‐尋ㇾ胡隠君‐「不ㇾ覚到ㇾ君家」〔＝知らぬまにあなたの家まで来てしまった〕」

❷ さとる。さとす。

下接 一覚・円覚・縁覚・後覚・正覚・先覚・大覚・等覚・独覚・本覚・妙覚・霊覚

【覚王(カクオウ)】仏を敬っていう語。覚帝。

【覚海(カクカイ)】仏教のこと。♥深く広いさとりの海の意。

【覚剣(カクケン)】さとりによって得た力。♥剣のように妄執を破るものの意。

【覚悟(カクゴ)】①過ちをさとること。迷いからさめること。②国あらかじめ事態を予測して、心構えをすること。また、あきらめること。「失敗は覚悟の上だ」

【覚寤(カクゴ)】さとること。→❸

【覚者(カクシャ)】①（梵 buddhaの訳語）仏語。宇宙、人生の真理をさとり、衆生を教え導いて欠けるところのない人。②物事を考え学ぶ人。

❸ さめる。さます。

【覚寤(カクゴ)】目ざめること。夢からさめること。→❷

【覚寝(カクシン)】眠りからさめること。

【覚醒(カクセイ)】①目をさますこと。「覚醒剤」②迷いからさめたり、自分の非を自覚すること。

［寛］⇩1779　［筧］⇩5647

7371【覧】4587 4D77 9797 見-10 常6　(7373)【覽】7521 6B35 E654 見-14 旧字

ラン 呉漢 lǎn／みる

筆順 覧 覧 覧 覧 覧 覧

字解 覧は、覽の略体。覽は形声。見＋監（みる）声。みる意。のちに見を加えた。

同属字 攬・欖・纜

意味 みる。よく見る。みわたす。ながめる。⇓〔見〕(7367)の表

下接 一覧・叡覧・閲覧・回覧・観覧・供覧・貴覧・高覧・周覧・巡覧・笑覧・詳覧・照覧・縦覧・上覧・親覧・総覧・台覧・通覧・天覧・展覧・電覧・博覧・披覧・便覧・遊覧・要覧

【覧揆(ランキ)】誕生日のこと。〔屈原‐離騒〕♥見て、はかる意。中国、戦国時代に屈原の父が屈原に名を付ける際、生まれた時節を考えにいれたということから。

【覧古(ランコ)】古跡やゆかりの地を訪れ、当時を思うこと。

7372【覺】7520 6B34 E653 見-13

カク「覚」(7370)の旧字

7373【覽】7521 6B35 E654 見-14

ラン「覧」(7371)の旧字

見

［峴］⇩1963

7374【規】2112 352C 8B4B 見-4 常5

キ 呉漢 guī／のり

筆順 規 規 規 規 規 規

字解 会意。見＋夫（＝矢、や）。矢をまわして円形を描く、また、その道具、ぶんまわしの意。

同属字 窺・闚・槻

意味 ❶ぶんまわし。また、のり。㋑コンパス。円をえがく道具。「規矩」「規準」「定規」㋺のり。おきて。きまり。てほん。「規格」「規則」「法規」❷ただす。いましめる。いさめる。「規諫」「規正」❸はかる。また、はかりごと。「規画」「宏規」❹音訳字、熟字訓など。「規那」「子規(ほととぎす)」

❶ ぶんまわし。また、おきて。きまり。

下接 円規・会規・外規・学規・旧規・軍規・校規・社規・宗規・条規・縄規・定規・新規・正規・清規・通規・党規・内規・半規・風規・法規・例規

【規格(キカク)】製品などの寸法、形状、品質などについて定められた標準。「規格品」

【規規(キキ)】規則、軌範などにこだわるさま。見識の狭小なさま。小賢しいさま。

【規矩(キク)】コンパスとさしがね。転じて、規準とするもの。規則、手本など。【規矩準縄(キクジュンジョウ)】（「準」はみずもり、「縄」はすみなわの意）物事のきまり、基準。

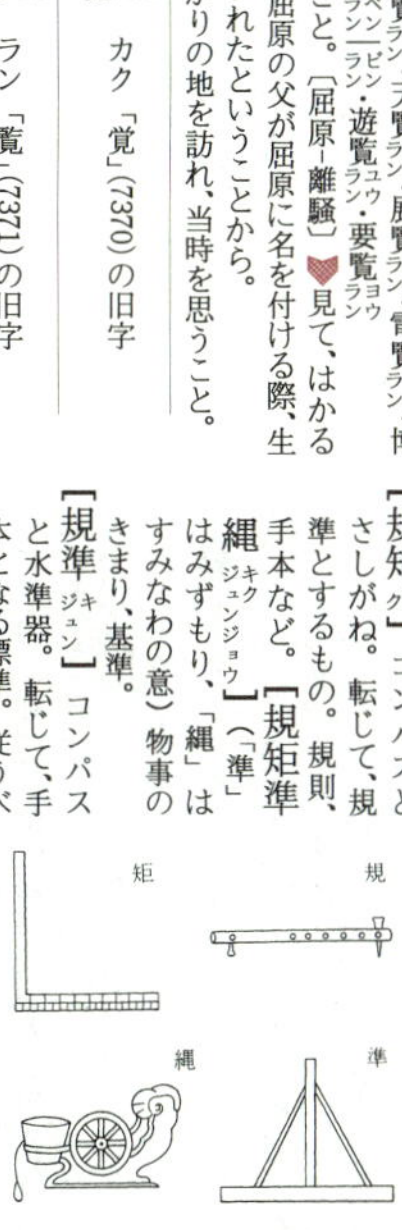

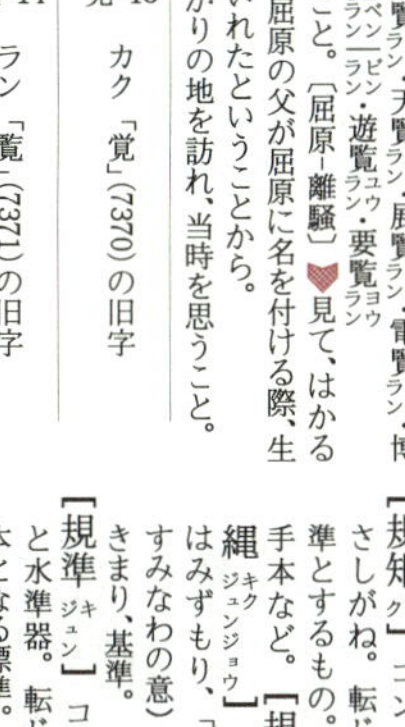

規矩準縄〔三才図会〕

【規準(キジュン)】コンパスと水準器。転じて、手本となる標準。従うべき規則。行為の目安となるとりきめ。

【規則(キソク)】それに基づいて行為や手続きが行われる物事のきまり。「就業規則を守る」「不規則」

【規度(キド)】のり。手本。→❸(キタク)

【規範(キハン)】①手本。模範。法式。②哲学で、判断、評価、行為などの基準となるもの。

【規模・規摹・規撫(キボ)】①ぶんまわしと物の型。②物の構え、仕組み、計画などの大きさ。「大規模開発」

【規律(キリツ)】機構の運用、秩序の維持などに関して、行為の規準となるもの。おきて。

❷ ただす。いましめる。いさめる。

【規誨(キカイ)】悪いことをいましめ正すこと。

【規誡(キカイ)】いましめること。

【規諫(キカン)】正しいさめること。いましめること。

【規箴(キシン)】いましめること。規諫。

【規制(キセイ)】規則に従って制限、統制すること。

【規飭(キチョク)】悪いことをいましめ正すこと。

❸ はかる。また、はかりごと。

【規画(キカク)】はかり定めること。計画。画策。

【規度(キタク)】はかること。計画すること。→❶(キド)

❹ 音訳字。

【規那(キナ)】(ラ kina の音訳) アカネ科のキナ属の総称。樹皮からキニーネを採る。

見

7375 【視】 2775 3B6B 8E8B 見－4 常6 (7377)【視】二一 見－5 旧字

シ(呉)(漢)/shì/みる

筆順 視 視 視 視 視 視

字解 形声。見＋示(一点をゆびさす)(声)。一点をじっと見る意。

甲骨文 金文 篆文

参考 万葉仮名では訓を借りて「み」(甲)。

意味 ❶みる。㋑目で見る。また、目の働き。「一視同仁」「視覚」「視力」「近視」*大学「心不ㇾ在ㇾ焉、視而不ㇾ見(こころここにあらざれば、みれどもみえず)」〔＝心が他のことにとらわれていると、たとえ目がそちらに向いていても、目に入らない〕㋺みなす。…として取り扱う。「重視」「敵視」❷気をつけて見る。くわしく見る。「視察」「凝視」「注視」⇒〔見〕(7367)の表

❶みる。目でみる。また、みなす。

下接 ㋑一視・遠視・可視・巨視・近視・幻視・弱視・斜視・直視・雄視・乱視 ㋺仇視・軽視・疾視・嫉視・重視・敵視・同視・蔑視・無視・異端視・過大視・度外視・白眼視

【視告朔(シコクサク)】告朔の儀式のこと。日本では、「視告朔」と書き、「視」の字は読まないのが例であった。

【視界(シカイ)】目で見通すことのできる範囲、区域。視野。

【視覚(シカク)】目で物事を見る感覚の働き。「視覚的効果」

【視診(シシン)】医師が患者の状態を目で見て病気を判断すること。

【視線(シセン)】目が物を見ている方向。

【視息(シソク)】見ることと、息をすること。この世に生きていること。

【視聴(シチョウ)】①見ることと聞くこと。「視聴者」「視聴率」②目と耳。「視聴を驚かす」「視聴覚」

【視点(シテン)】①視線のそそがれる所。②絵画の遠近法で、視線と直角に交わる画面上の一点。③物を見たり考えたりする立場。観点。「視点を変えて考える」

【視野(シヤ)】①見える範囲。視界。「視野をさえぎる」②思慮、観察、知識などの及ぶ範囲。「視野を広げる」

【視力(シリョク)】目で空間の二点を識別する能力。「視力検査」「矯正視力」

❷気をつけて見る。

下接 衛視・看視・監視・環視・仰視・凝視・警視・検視・虎視・座視・熟視・巡視・正視・注視・諦視・透視・黙視

【視学(シガク)】①学事を視察すること。②国文部省や府県に属して、学事の視察・指導にあたった職。

【視察(シサツ)】実際にその場に出かけて行って状況を見きわめること。「海外視察団」

【視養(シヨウ)】目を配り、養うこと。

【現】⇩4790

7376 【覗】 3933 4741 9460 見－5

シ(漢)/sì/うかがう・のぞく

字解 形声。見＋司(声)。

意味 (囲まれた内部を)うかがう。ぬすみみる。のぞく。「伺」に同じ。

7377 【視】二一 見－5

シ 「視」(7375)の旧字

7378 【覘】 7513 6B2D E64C 見－5

テン(漢)/chān/うかがう・のぞく

字解 形声。見＋占(声)。

意味 うかがう。ぬすみみる。のぞく。

【覘詗(テンケイ)】様子をさぐること。覘候。

【覘候(テンコウ)】＝覘詗(テンケイ)

【覘望(テンボウ)】遠くから様子をうかがうこと。

【硯】⇩5309

7379 【覜】* 6110 見－6

チョウ(テウ)(漢)/tiào

字解 形声。見＋兆(声)。みる、まみえる、ながめる意。

7380 【覛】* 6109 見－6

ベキ 「覓」(7368)の異体字

【蜆】⇩7097

7381 【覡】 7514 6B2E E64D 見－7

ケキ(漢)・ゲキ(慣)/xí/みこ・かんなぎ

字解 会意。巫(みこ)＋見。神に仕え、神意をうかがうみこ、かんなぎの意。「巫覡(フゲキ)」

【靦】⇩8802

7382 【親】 3138 3F46 9065 見－9 常2

シン(呉)(漢)/qīn・qìng/おや・したしい・したしむ

筆順 親 親 親 親 親 親

字解 形声。見＋亲(→進、すすみ近づく)(声)。目を近づけてみる、したしむ意。

金文 篆文

意味 ❶したしく。みずからする。特に、天子、国王などがみずからする。「親書」「親展」❷したしむ。仲よくする。かわいがる。また、したしい。むつまじい。よく知っている。↔疎。「親愛」「親切」「親友」「懇親」「和親」❸おや。生みのおや。父母。「親権」「両親」❹みうち。血つづき。縁つづき。「親族」「親類」「近親」「肉親」❺人名。「親鸞(シンラン)」

❶したしく。みずからする。

【親閲(シンエツ)】地位や身分の高い人がみずから検閲、閲兵すること。「大統領が親閲する」

【親見(シンケン)】したしく見ること。みずから引見したり実状を見たりすること。

【親告(シンコク)】①本人がみずから告げること。②被害者が自分で告訴すること。「親告罪」

【親祭(シンサイ)】天子や国王などがみずから祭りの式を執り行うこと。

【親授(シンジュ)】天子がみずから勲章などをさずけること。

【親書】シンショ ①自分自身で手紙を書くこと。また、その手紙。②一国の元首や首相から他国のそれにあてた公式の手紙。『親書を携える』
【親署】シンショ 天子がみずから署名すること。
【親政】シンセイ 天子みずから政治を行うこと。
【親展】シンテン ①会ってうちとけること。②封書の上書きに書いて、名あて人自身が開封することを求めるもの。
【親任】シンニン 国旧憲法下で、天皇が親署によってある官職を任命すること。『親任式』
【親筆】シンピツ 身分の高い人が自身で書いた筆跡。
【親兵】シンペイ 君主みずから率いる兵。
【親臨】シンリン 天子などがみずからその場所に出席すること。

❷ したしむ。したしい。

下接 懇親コンシン・三親サンシン・周親シュウシン・尊親ソンシン・和親ワシン

【親愛】シンアイ したしみ愛するさま。『親愛の情』『親愛感』
【親衛】シンエイ 天子や国家元首などの身近にいて護衛すること。『親衛隊』
【親近】シンキン したしみ近づくこと。また、したしく身近であること。『親近感』→❹
【親眷】シンケン (「眷」は目をかける意) したしんで目をかけること。→❹
【親交】シンコウ 親密な交際。『親交を深める』『親交を結ぶ』
【親狎】シンコウ したしみ、なれること。
【親識】シンシキ したしい知り合い。
【親昵・親暱】シンジツ したしみなじむこと。昵懇ジッコン。
【親炙】シンシャ|シンセキ (「炙」は、肉を火であぶること) したしく接してその感化を受けること。〔孟子-尽心下〕
【親切】シンセツ 国思いやりがあり、やさしくて配慮のゆきとどいていること。『不親切』『親切心』
【親善】シンゼン したしみ仲よくすること。『親善試合』
【無レ親】シンなし 個人に対する特別な思いやりをもたない。*老子-七九「天道無レ親テンドウはシンなし」〔=天道というものは、特定の個人に対して特別な思いやりをすることがない〕
【親睦】シンボク 互いにしたしみ合い、仲よくすること。『相互の親睦を図る』『親睦会』
【親密】シンミツ 非常にしたしいこと。極めて仲のよいさま。
【親友】シンユウ 気心の知れた、したしい友。『無二の親友』
【親和】シンワ ①互いに仲よくすること。②化学で、異種の物質がよく化合すること。『親和力』

❸ おや。生みのおや。父母。

下接 慈親ジシン・双親ソウシン・尊親ソンシン・亡親ボウシン・養親ヨウシン・両親リョウシン—二親ふたおや・老親ロウシン／片親かたおや・仮親かりおや・里親さとおや・職親ショクおや・父親ちちおや・筒親ドウおや・胴親ドウおや・母親ははおや・継親ままおや

【親権】シンケン 国父母が未成年の子に対して持つ権利、義務の総称。財産管理権、教育を受けさせる義務など。
【親子】シンシ|おやこ ①親と子。『親子喧嘩ゲンカ』②親と子との関係にたとえられるもの。『親子電話』
【親父】シンプ|おやじ ㊀(シンプ) ちち。父親。『御親父様』㊁(おやじ) ①父親をしたしんで呼ぶ語。②年配の男性や、店の主人などをしたしみをこめて呼ぶ語。♥㊁は、「親仁」「親爺」ともあてる。
【親字】おやジ 漢和辞典で、見出しとなる一字の漢字。以下にその字を含む熟語を配列する。親文字。

❹ みうち。血つづき。縁つづき。

下接 懿親イシン・姻親インシン・外親ガイシン・近親キンシン・皇親コウシン・至親シシン・宗親ソウシン・等親トウシン・肉親ニクシン・傍親ボウシン・六親ロクシン

【親旧】シンキュウ 親戚と昔なじみの友人。親故。
【親近】シンキン 身寄り。近親。『親近者』→❷
【親眷】シンケン (「眷」も身内の意) 身内。身寄り。親族。眷族。→❷
【親故】シンコ 親類と昔からのなじみ。
【親親】シンシン ①親、兄弟など身内の者をいつくしむこと。②親戚のこと。
【親戚】シンセキ 親類。身内。『親戚付き合い』*陶潜-帰去来辞「悦二親戚之情話一シンセキのジョウワをよろこぶ」〔=身内の人々の、心のこもった話を喜ぶ〕
【親族・親属】シンゾク ①親類。②国同一の血縁および姻戚インセキ関係にあるものの総称。『親族会議』
【親等】シントウ 国親族関係の遠近を示す単位。親子の関係を一親等とする。兄弟は二親等、いとこは四親等。
【親王】シンノウ|みこ 国嫡出の皇子および嫡男系嫡出の男子の皇孫の称。♥「みこ」というときは、内親王も含める。
【親朋】シンボウ 親戚や友人。*杜甫-登二岳陽楼一「親朋無二一字一シンボウイチジなし」〔=身内からも友人たちからも一通の便りとて来ない〕
【親類】シンルイ 家族以外の血族および姻族の総称。親戚。

❺ 人名。

【親鸞】シンラン 鎌倉初期の僧。浄土真宗の開祖。別名、範宴・綽空・善信。諡おくりなは見真大師。日野有範の子。治承五年(一一八一)青蓮院の慈円について出家、建仁元年(一二〇一)二九歳のときに法然の門にはいり、専修念仏の人となる。著書に「教行信証」「浄土文類聚鈔」「愚禿鈔」「唯信鈔文意」など。(一一七三～一二六二)

難読姓氏 親松ちかまつ

7383 【覩】 7515 6B2F E64E 見-9 ト(漢)/dǔ/みる

字解 形声。見+者(あつめあわせる)(声)。注視する、みる意。睹の古字。

参考 万葉仮名では、音を借りて「つ」「と(甲)」。

7384 【覦】 7516 6B30 E64F 見-9 ユ(呉)(漢)/yú/のぞむ

字解 形声。見(かんがえ)+兪(ぬけ出る)(声)。分不相応のことをのぞむ意。

【覡】⇩8813

7385 【覬】 7517 6B31 E650 見-10 キ(漢)/jì/のぞむ・ねがう

字解 形声。見(かんがえ)+豈(声)。下の者が過分に上のことをのぞむ、のぞむ意。冀に同じ。

意味 のぞむ。ねがう。こいねがう。

【覬幸】キコウ こいねがうこと。
【覬覦】キユ 身分不相応なことをうかがいねらうこと。非望を企てること。

7386 【覯】 7518 6B32 E651 見-10 コウ(漢)/gòu/あう

字解 形声。見+冓(組みあわせる)(声)。あう意。

意味 あう。思いがけなく出会う。『稀覯本キコウボン』

7387 【観】 2049 3451 8ACF 見-11 常4 (7391)【觀】 7523 6B37 E656 見-18 旧字

カン(クヮン)(呉)(漢)/guān・guàn/みる

[筆順] 観観観観観観

[字解] 観は、觀の通俗体。觀は形声。見＋雚(こうのとり)[声]。鳥が目をみひらいて周囲のようすをうかがうように、ながめみる意。甲骨文・金文は、見に従わない。

甲骨文
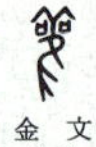
金文

篆文

[意味] ❶みる。㋑くわしくみる。ながめる。のぞむ。『観光』『観察』『参観』『傍観』 ＊論語-学而「父在観其志、父没観其行(ちちいませばそのこころざしをみ、ちちぼっすればそのおこないをみる)」〔=父の在世中はその子の志を観察し、父が亡くなってからはその子の行動を観察せよ〕 ⇒〔見〕(7367)の[表] ㋺ながめ。もののようす。おもむき。『外観』『景観』 ㋩ものみ。たかどの。台。また、道教の寺。『道観』『楼観(ロウカン)』 ❷かんがえる。深くものを思う。また、もののみかた。考えかた。意識。『人生の無情を観ずる』『世界観』『観想』『観念』『客観』 ❸易の六十四卦(カ)の一。䷓。心がすなおでへりくだるかたち。

❶ みる。ながめる。のぞむ。

[下接] ㋑遠観(エンカン)・概観(ガイカン)・過観(カカン)・遐観(カカン)・察観(サッカン)・参観(サンカン)・静観(セイカン)・総観(ソウカン)・通観(ツウカン)・内観(ナイカン)・拝観(ハイカン)・陪観(バイカン)・傍観(ボウカン)・遊観(ユウカン)・来観(ライカン)・列観(レッカン) ㋺異観(イカン)・偉観(イカン)・外観(ガイカン)・奇観(キカン)・旧観(キュウカン)・景観(ケイカン)・水観(スイカン)・盛観(セイカン)・壮観(ソウカン)・美観(ビカン) ㋩宮観(キュウカン)・寺観(ジカン)・層観(ソウカン)・台観(タイカン)|(ダイカン)・第観(テイカン)・道観(ドウカン)・遊観(ユウカン)・楼観(ロウカン)

【観閲(カンエツ)】軍隊などの状況を、高官が検閲すること。『観閲式』

【観艦式(カンカンシキ)】元首が自国の海軍を観閲する儀式。

【観客(カンキャク)】映画、演劇、スポーツなどを見る客。

【観光(カンコウ)】よその景色、風物を見物すること。

【観察(カンサツ)】ありのままの現象を注意深く見極めること。『自然観察』『鋭い観察眼』

【観衆(カンシュウ)】スポーツ、催し物などの見物人たち。

【観賞(カンショウ)】自然の物などを見て、その美しさや趣を味わい楽しむこと。『名月を観賞する』『観賞魚』

【観測(カンソク)】[1]自然現象の変化を観察し、測定すること。『観測所』[2]物事の状況を見て、その将来を予測すること。『希望的観測』

【観兵式(カンペイシキ)】元首が軍隊の兵力を観閲する儀式。

【観望(カンボウ)】景色あるいは事柄を眺め見渡すこと。

【観覧(カンラン)】景色や芝居、絵などを見ること。見物。『観覧車』『観覧席』

❷ かんがえる。また、もののみかた。意識。

[下接] 遠観(エンカン)・客観(キャッカン)・仮観(ケカン)・三観(サンカン)・止観(シカン)・史観(シカン)・主観(シュカン)・禅観(ゼンカン)・多観(タカン)・達観(タッカン)・直観(チョッカン)・諦観(テイカン)・悲観(ヒカン)・楽観(ラッカン)・厭世観(エンセイカン)・価値観(カチカン)・人生観(ジンセイカン)・世界観(セカイカン)・先入観(センニュウカン)

【観照(カンショウ)】主観を交えず、冷静に対象の本質を思索すること。『人生を観照する』

【観心(カンジン)】仏語。自己の心を観ずること。

【観世音菩薩(カンゼオンボサツ)】＝観音(カンノン)

【観想(カンソウ)】ある特定の事物について深く思いをこらすこと。『人生を観想する』

【観点(カンテン)】物事を観察、考察する立場。

【観念(カンネン)】[1]個人の、特定の物事に対する考え方。『固定観念』『経済観念』[2]哲学で、人間の意識内容として与えられているあらゆる対象を意味する語。↕実在。『観念論』[3][国]覚悟すること。また、あきらめること。『いい加減に観念しろ』 ❤③は、本来は仏語で、知恵によって静かに一切を観察する意。

【観音(カンノン)】「観世音菩薩(カンゼオンボサツ)」の略称。衆生の唱える音声を観じて、苦悩を解脱(ゲダツ)させる意。『聖観音』『正観音』『千手観音』『馬頭観音』 ❤「カンオン」の連声。

【観法(カンボウ)】観心・観想による修行の実践法。

7388 【覲】 7519 6B33 E652 見-11 ゴン[呉]・キン[漢]/jìn/まみえる

[字解] 形声。見＋菫(↓勤、つとめはげむ)[声]。秋に諸侯が天子にお目にかかる、まみえる意。

[意味] まみえる。『謁覲(エッキン)』『参覲(サンキン)』『朝覲(チョウキン)』

【覲礼(キンレイ)】(「朝覲(チョウキン)の礼」の意) [1]諸侯または属国の王などが、参内して天子に拝謁する礼。[2][国]天皇が、太上天皇または皇太后などに拝謁する礼。

7389 【覰】 ＊6114 見-11 シュ[漢]・ショ[漢]/qù/うかがう

[字解] 形声。見＋虘(↓狙、ねらう)[声]。ねらいみる、うかがう意。

7390 【覿】 7522 6B36 E655 見-15 テキ[漢]/dí/あう

[字解] 形声。見＋賣[声]。

[意味] あう。また、まみえる。見る。見せる。

【覿面(テキメン)】目の前に著しい結果や報いが即座に現れるさま。『効果覿面』『天罰覿面』

7391 【觀】 7523 6B37 E656 見-18 カン 「観」(7387)の旧字

148 角部 つの

甲骨文

金文

篆文

角は、牛などの、かたいつののすじめのあるさまの象形で、獣のつの(カク)を表す。角部には、つの、つので作ったもの、つのをつくことなどに関する字がある。

角 [◆] 角
角 [▬] ⑥ 觜
角 [▌] ④ 觖 觘 ⑤ 觚 觝 ⑥ 解 觧 觥 触 ⑦ 觫 ⑩ 觳 ⑪ 觴 ⑫ 觶 ⑬ 觸 ⑱ 觿
角 [▐] ④ 觕

角 [◆]

7392 【角】 1949 3351 8A70 角-0 [常]2 カク[呉][漢]/jiǎo・jué/かど・つの・すみ

[筆順] 角角角角角角

[字解] 部首解説を参照。

[同属字] 斛・桷・确

[意味] ❶つの。シカ、ウシ、ヤギなどの動物の頭部にある堅い突起物。つの状のもの。つので作ったもの。『一角獣』『角声』『角質』『頭角(トウカク)』『互角(ゴカク)』 ❷かど。すみ。突き出た部分。かどを持ったもの。かく形のもの。また、折れ曲がったすみ。『角材』『角柱』『角帽』『三角』

『稜角（リョウカク）』❸二つの直線または面のまじわり方、また、その図形。『角度』『鋭角』『直角』❹くらべる。競う。争う。『角逐』『角力』＊十八史略-唐「角レ力而後臣レ之（ちからをカクしてしかるのちこれをシンとす）〔＝互いに力を比べ合ったのちに(勝ったほうが負けた者を)臣下とする〕」❺二十八宿の一。乙女座のスピカ。すぼし。『角宿（カクシュク）』❻五音の一。『宮商角徴羽』❼国将棋の駒の一。『角落ち』

❶つの。つの状のもの。
下接 一角（イッカク）・蝸角（カカク）・丱角（カンカク）・掎角（キカク）・互角（ゴカク）・犀角（サイカク）・触角（ショッカク）・折角（セッカク）・頭角（トウカク）・兎角（トカク）・羊角（ヨウカク）・鹿角（ロッカク）・兎角亀毛（トカクキモウ）

【角掎（カクキ）】前後から敵を制するたとえ。❤前からつのを、後ろから足を引いてシカをとらえる意。

【角質（カクシツ）】脊椎動物（セキツイドウブツ）の表皮の細胞にできる硬蛋白質（コウタンパクシツ）。つの、つめ、うろこ、毛などを形成する。

【角声（カクセイ）】角笛（つのぶえ）の音。狩や軍中の合図に用いた。

【角髪（カクハツ｜みずら）】中国、上代の幼童の髪の結い方。髪を左右に分け、両耳の上に輪をつくり、つののようにつきだしたもの。あげまき。

【角膜（カクマク）】眼球の外壁の前面にある円形で皿状の透明な膜。『角膜炎』

〔矯レ角殺レ牛（つのをためてうしをころす）〕ウシのつのをまっすぐにしようとしてウシを殺してしまう。少しの欠点を直そうとしてかえって全体をだめにするたとえ。

❷かど。すみ。突き出た部分。
下接 一角（イッカク）・海角（カイカク）・崖角（ガイカク）・圭角（ケイカク）・口角（コウカク）・三角（サンカク）・四角（シカク）・多角（タカク）・突角（トッカク）・日角（ニッカク）・方角（ホウガク）／街角（まちかど）・町角（まちかど）・目角（めかど）

【角灯（カクトウ）】四面をガラスで張った箱に灯火を入れたもの。ランタン。

【角巾（カッキン）】頭巾の一。その一角をくぼましたもの。隠者が用いた。

❸二つの直線または面の交わり方。
下接 鋭角（エイカク）・外角（ガイカク）・仰角（ギョウカク）・広角（コウカク）・高角（コウカク）・死角（シカク）・視角（シカク）・直角（チョッカク）・鈍角（ドンカク）・内角（ナイカク）・俯角（フカク）・伏角（フッカク）

【角錐（カクスイ）】底面が多角形的である錐体。

【角度（カクド）】①角の大きさ。②物を見る方向、観点。

❹くらべる。競う。争う。
下接 乖角（カイカク）・好角家（コウカクカ）

【角界（カクカイ｜カッカイ）】国相撲の社会。❤「角」は「角力」の意。

【角逐（カクチク）】互いに争うこと。せり合うこと。

【角觝（カクテイ）】（「觝」は当たるの意）力くらべをすること。転じて、優劣を争うこと。

【角力（カクリキ｜カクリョク｜すもう）】①（カクリキ｜カクリョク）力を比べること。②（すもう）二人の力士が土俵の中で取り組み、相手を土俵の外に出すか、倒すかして勝敗を争う競技。相撲。

難読地名 角南（すなみ）角館（かくのだて）町（秋田）　難読姓氏 角能（かどの）角取（かとり）

角 6画

7393【觜】 7525 6B39 E658 角-6 シ㊥／zuǐ・zī／くちばし
字解 形声。角（かたい）＋此（わずかにひらき分かれる）㊟。かたいくちばしの意。
意味 ❶けづの。ミミズクの頭上にあるけづの。❷くちばし。はし。「嘴」に同じ。『觜距』『觜爪』❸星の名。二十八宿の一。オリオン座のラムダ星付近。とろき。
【觜距（シキョ）】くちばしと、つめ。武器のたとえ。
【觜爪（シソウ）】くちばしと、つめ。

角 4画

7394【觖】 ＊6122 角-4 ケツ㊥／juē／かける
字解 形声。角＋夬（えぐる）㊟。かける意。
意味 ❶かける。欠けている。不満に思う。うらむ。↕満。『觖如』『觖望』❷あばく。「抉」に同じ。
【觖如（ケツジョ）】あきたらないさま。
【觖望（ケツボウ）】不満に思うこと。

7395【觘】 ＊6124 角-4 ソウ（サウ）㊥・ショウ（セウ）㊰／ぬた・ぬため・ぬたはだ
字解 形声。角＋少㊟。
意味 ❶つのでできたさじ。❷シカの角の表面にある波のような模様。ぬた。ぬため。ぬたはだ。

〔斛〕⇩3068

7396【觚】 7524 6B38 E657 角-5 コ㊥／gū／さかずき
字解 形声。角（さかずき）＋瓜（ふくらんだひさご）㊟。酒を入れるラッパ状の祭器、さかずきの意。古くは、瓜に酒や水を入れた。
意味 ❶さかずき。中国の二升（約〇・三八リットル）を入れるさかずき。❷かど。とがったところ。四角。方形。『觚牘』『觚稜』❸ふだ。昔、文字を記すのに用いた木のふだ。『觚牘』『操觚（ソウコ）』

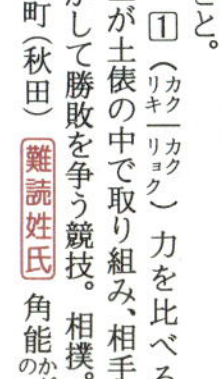
觚❶
〔故宮博物院蔵〕

〔觚不レ觚（こならず）〕さかずきの觚にかどがなくなり、本来の形を失ったのを孔子が嘆いた言葉。転じて、名ばかりで実質をともなわないこと。〔論語-雍也〕
【觚牘（コトク）】①昔、文字を記した木札。②書物。
【觚稜（コロウ｜コリョウ）】殿堂の屋根の高くとがり出たかど。

7397【觝】 7526 6B3A E659 角-5 テイ㊥／dǐ／ふれる
字解 形声。角＋氐（いたる・あたる）㊟。つのがふれる、あたる意。
意味 ふれる。さわる。つのがふれる。「牴」「抵」に同じ。『觝触』『觝排』『角觝（カクテイ）』
【觝触（テイショク）】きまりや制限にふれること。差し障ること。抵触（テイショク）。
【觝排（テイハイ）】互いに抵抗し、排斥しあうこと。詆排。

7398【解】 1882 3272 89F0 角-6 常5 (7399)〔觧〕 7527 6B3B E65A 角-6
ゲ㊋・カイ㊥／jiě・jiè・xiè／とく・とかす・とける・わかる・ほぐす・ほぐれる・ほどく
筆順 角 角 角 解 解 解
字解 会意。角＋刀＋牛。刃物で、牛（犠牲・獲物）のから

だや角をばらばらにする、とく意。甲骨文・金文は、両

甲骨文 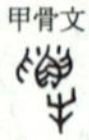
金文 
篆文 

手に従う。

同属字 蟹・廨・懈・檞・蠏・邂

意味 ❶とく。分ける。一体になっていたものをばらばらにする。形をなくする。『解散』『解消』『分解』『溶解』❷ほどく。ときはなす。また、のぞき去る。『解禁』『解雇』『解放』『解脱(ゲダツ)』『解毒(ゲドク)』『和解』❸さとる。わかる。ときほぐす。わからせる。また、ときあかすこと。答え。『解を求めよ』『解釈』『解説』『解答』『見解』『正解』『弁解』❹楽曲または古詩の一節。❺易の六十四卦(カ)の一。☳☵。困難がとけるかたち。❻国げ。中古、下級官庁から上級官庁に差し出した文書。『解由状』『解文』『国解(コクゲ)』❼その他。『解元』『解怠』

❶とく。分ける。ばらばらにする。

下接 瓦解(ガカイ)・戸解(シカイ)・支解(シカイ)・肢解(シカイ)・体解(タイカイ)・電解(デンカイ)・氷解(ヒョウカイ)・分解(ブンカイ)・融解(ユウカイ)・溶解(ヨウカイ)

【解散(カイサン)】①会合や行事が終わって参加者が別れ散ること。②会社などが組織を解いて活動をやめること。

【解消(カイショウ)】従来からの関係、状態や約束をとりやめること。『婚約解消』

【解析(カイセキ)】①物事を細かく解き分けて、組織的、理論的に調べること。②微積分学、また、それから発展した諸分野の総称。

【解体(カイタイ)】①組み立ててあるものをばらばらにすること。『解体作業』『財閥解体』②国「解剖」の江戸時代のいい方。『解体新書』

【解凍(カイトウ)】凍っていた物をとかすこと。

【解剖(カイボウ)】①生物の体を切り開いて、その内部構造、状態を調べること。『生体解剖』②物事の条理を細かく分析すること。

❷ほどく。ときはなす。また、のぞき去る。

下接 緩解(カンカイ)・懸解(ケンカイ)・自解(ジカイ)・和解(ワカイ)

【解頤(カイイ)】(「頤(おとがい)を解く」の意)あごがはずれるくらいに大笑いすること。〔漢書-匡衡伝〕

【解官(カイカン|ゲカン)】官職を免ずること、やめること。

【解顔(カイガン)】顔の表情をくずすこと。特に笑い顔になることにいう。

【解禁(カイキン)】禁止していたことを、解くこと。

【解厳(カイゲン)】厳重な警戒を解くこと。

【解雇(カイコ)】雇用者が、被雇用者を一方的にやめさせること。くび切り。『解雇通告』

【解綬(カイジュ)】(「綬」は印綬、印の紐の意で、官職のしるしを表す)官職をやめること。解組。

【解除(カイジョ)】制限、禁止などの処置を解き、もとの状態に戻すこと。『武装解除』

【解組(カイソ)】①＝解綬(カイジュ)。②組織を解くこと。

【解任(カイニン)】地位をしりぞかせ、任務を解くこと。免職。

【解放(カイホウ)】束縛や制限などを除いて、自由にすること。『解放感』『奴隷解放』

【解免(カイメン)】①職を解いて、しりぞけること。免職。げめん。②束縛などをとり除いて自由にすること。放免。

【解約(カイヤク)】国契約を解除すること。キャンセル。

【解纜(カイラン)】出帆すること。船出。▼纜(ともづな)を解く意から。

【解脱(ゲダツ)】この世の煩悩(ボンノウ)から解放され、迷いの苦悩からぬけ出ること。

【解毒(ゲドク)】毒を消すこと。体内の毒物の作用をなくすること。『解毒作用』

【解熱(ゲネツ)】高くなった体温を下げること。『解熱剤』

❸さとる。わかる。また、ときあかすこと。

下接 意解(イゲ)・義解(ギゲ)・曲解(キョッカイ)・訓解(クンカイ)・見解(ケンカイ|ケンゲ)・講解(コウカイ)・誤解(ゴカイ)・自解(ジカイ)・字解(ジカイ)・集解(シュウカイ|シュウゲ)・詳解(ショウカイ)・図解(ズカイ)・正解(セイカイ)・精解(セイカイ)・俗解(ゾッカイ)・知解(チカイ)・注解(チュウカイ)・通解(ツウカイ)・読解(ドッカイ)・難解(ナンカイ|ナンゲ)・半解(ハンカイ)・弁解(ベンカイ)・妙解(ミョウカイ|ミョウゲ)・明解(メイカイ)・訳解(ヤッカイ)・理解(リカイ)・略解(リャッカイ|リャクゲ)・了解(リョウカイ|リョウゲ)・領解(リョウカイ)・例解(レイカイ)・不可解(フカカイ)

【解義(カイギ)】意味をときあかすこと。説明しつくすこと。釈義。解釈。

【解決(カイケツ)】事件や問題などをうまくときほぐし、かたづけること。『解決策』『未解決』

【解詁(カイコ)】古語の意味を現代語で説明すること。訓詁。

【解悟(カイゴ)】悟ること。気がつくこと。

【解語之花(カイゴのはな)】美人のたとえ。言葉を理解する花の意。〔開元天宝遺事〕▼中国、唐の玄宗皇帝が楊貴妃を評した言葉から。

【解字(カイジ)】字形を分析することで、字の意味をときあかすこと。

【解釈(カイシャク)】①事柄の意味、内容などを理解すること。『英文解釈』②言語・芸術などに表現されたものを、自分の経験や判断力などによって理解すること。

【解説(カイセツ|ゲセツ)】物事をわかりやすく説明すること。

【解題(カイダイ)】書物の著者、成立、出版年月、内容などを解説すること。『出典解題』

【解答(カイトウ)】問題を解いて答えること。また、その答え。

【解嘲(カイトウ|カイチョウ)】人のあざけりに対し、弁解すること。▼中国、漢の揚雄がつくった文章の題名による。

【解読(カイドク)】難解な文章、暗号などを読み解くこと。

【解明(カイメイ)】ときあかすこと。不明な点をはっきりさせること。

❻(日本語で)上級官庁に差し出した文書。

【解状(ゲジョウ)】国＝解文(ゲモン|ゲぶみ)。

【解文(ゲモン|ゲぶみ)】国昔、諸官庁から、太政官または所属の上役に提出した公文書。解状。

【解由(ゲユ)】国律令制で、任期満了して事務の引き継ぎをすること。また、引き継ぎ完了を証する文書。解由状。

❼その他。

【解元(カイゲン)】郷試に首席でうかった人。▼郷試は、もと解試ともいい、官吏登用地方試験のこと。

【解怠(カイタイ)】なまけること。

7400 【觥】 *6125 角-6 き

コウ(クヮウ)㊅/gōng/さかずき

字解 形声。角＋光(おおいにかがやく・おおきい)㊉。大きなさかずきの意。

意味 つのさかずき。『銀觥(ギンコウ)』『兕觥(ジコウ)』

【觥籌交錯(コウチュウコウサク)】宴会の盛り上がっているさま。▼「籌」は計算に用いる竹製の棒で、罰則の杯と、それを数える竹棒が入りみだれていること。

7401 【触】 3108 3F28 9047 角-6 常

(7406) 【觸】 7529 6B3D E65C 角-13 旧字

ソク㊁・ショク㊅/chù/ふれる・さわる

筆順 角 角 触 触 触 触

7画 見角言谷豆豕豸貝赤走足(⻊)身車辛辰辵(⻌・⻍)邑(⻖)酉釆里

字解 触は觸の略体。觸は形声。角＋蜀(↓屬、つづきつく)㊥。つのでつく、ふれる意。
意味 ❶ふれる。あたる。さわる。『触媒』『触発』＊韓非子-五蠹「兎走触ㇾ株、折ㇾ頸而死〔＝ウサギが走って来て切り株に突き当たり、首の骨を折って死んだ〕」❷国ふれる。通達する。告げまわる。ふれ。『触書』『事触』

❶ ふれる。あたる。さわる。

下接 接触・抵触・牴触・筆触・冒触・一触即発・鎧袖一触

【触激】物にはげしくぶつかること。
【触罪】罪にふれること。
【触手】多くの無脊椎動物が持つ、伸縮自在のひも状突起。触覚や捕食の働きをする。『触手を伸ばす〔＝野心をもって対象物に働きかける〕』
【触媒】化学反応の速度を変える作用を持つが、それ自身は化学変化しない物質。『触媒作用』
【触発】①物にふれて爆発したり発動したりすること。②あるきっかけが、衝動、感情などをひきおこすこと。『部下の健闘に触発される』
【触冒】罪にふれること。触罪。
【触角】昆虫などの節足動物の頭部にある触覚および嗅覚にあずかる器官。
【触覚】物がふれたとき、皮膚に生ずる感覚。

7402 【觫】＊6127 角－7　ソク㊥/sù/さかずき
字解 形声。角＋束㊥。
意味 ❶さかずき。ます。❷「觳觫」は、恐れおののくさま、死を恐れるさま。

7403 【觳】＊6130 角－10　カク㊥・コク㊥/hú・jué・què/さかずき
字解 形声。角＋㱿㊥。つののさかずきの意。
意味 ❶角で作ったさかずき。❷ます。❸きそう。くらべる。『觳抵』❹おそれる。『觳觫』
【觳抵】相撲や力くらべをすること。また、その人。転じて、優劣を争うこと。
【觳觫】恐れおののくさま。死を恐れるさま。

7404 【觴】7528 6B3C E65B 角－11　ショウ(シャウ)㊥/shāng/さかずき
字解 形声。角＋𥏻省㊥。さかずきの総称。
金文　篆文 
意味 さかずき。また、さかずきをさす。人に酒をすすめる。『濫觴』
下接 羽觴・酣觴・行觴・壺觴・杯觴・濫觴・一觴一詠・流觴曲水
【觴詠】酒を飲み、詩歌を吟ずること。
【觴酌】酒をくみかわすこと。

［鵤］⇩9483

7405 【觶】＊6131 角－12　シ㊥/zhì・zhī/さかずき
字解 形声。角＋單㊥。
意味 さかずき。㋑儀式用の大さかずき。㋺からのさかずき。㋩罰として酒をあおらせるためのさかずき。

觶㋑〔スウェーデン国王所蔵〕

7406 【觸】7529 6B3D E65C 角－13　ショク「触」(7401)の旧字

7407 【觿】＊6134 角－18　ケイ㊥/xī/くじり
字解 形声。角＋巂(↓刲、きりさく)㊥。くじり、つのぎりの意。先をとがらせてひもなどの結び目をくじって解きほぐす道具。転じて、解釈の意に用いる。

角

7408 【觕】＊6121 角－4　ソ㊥・ソウ(サウ)㊥・ショク㊥/cū/あらい
字解 会意。牛＋角(つの)。
意味 ❶あらい。おおまか。❷だいたい。あらまし。❸牛の角が長くするどいさま。❹ふれる。さわる。「触」に同じ。

149 言部 ことば

甲骨文　金文　篆文

言は、辛と口とから成り、辛はとがった刃物で、直言するさまを表すとも、誓いをたてていうさまを表すともいう。一般にものをいうこと(ゲン)にあてる。言部に属する字は、言語、その様相、働きなどに関係する。辛の形は、漢以後の隷楷で現在のような横短線四画の形をとるのが普通になった。字の左部にある言を「ごんべん」という。

言◆ 言 ⑫ 䜌 ⑯ 讎
言⊟ ② 訇 ⑤ 詈 ⑥ 訾 詹 誉 ⑦ 誓 ⑧ 誾 ⑩ 謇 ⑪ 謦 謷 ⑫ 警 ⑬ 警 譬 譽 ⑯ 讐 讋
言◧ ② 計 訂 訃 ③ 記 訖 訓 訐 訌 訊 訕 訑 託 討 ④ 謳 訛 訝 許 訣 訟 設 訥 訪 訳 訞 ⑤ 詠 訶 詎 詘 詁 訽 詐 詞 証 詔 診 訴 詛 詫 詑 詒 註 詆 詖 評 評 ⑥ 詠 詿 該 該 詭 詰 詡 詣 誇 詬 詵 詵 詩 試 訿 詢 詳 誠 詮 詫 誅 誂 詍 誅 話 ⑦ 誨 誡 誒 誼 誑 語 誤 誤 誥 誌 誦 誚 誠 説 說 誕 読 認 認 誣 誘 ⑧ 諉 謁 課 諌 誼 諏 諄 諸 誰 請 請 諍 諾 誕 談 調 調 諂 誹 諒 論 諚 ⑨ 諳 謂 謁 諧 諤 諫 諱 謔 諠 諼 諺 諺 諢 謚 諮 諮 諟 諸 諶 諾 諜 諦 諵 諷 諞 謀 謎 諭 諭 諛 謡 ⑩ 謌 謹

謙 謙 講 講 謊 謚 謝 謖 謟 謐 謗 謎
謡 ⑪ 謳 謹 謫 謪 謬 謬 謨 謾 ⑫ 譁
譌 譏 譎 譃 識 識 譙 證 譖 譛 譚 譚
譜 ⑬ 議 護 譲 譫 譟 譜 譯 ⑭ 譴 護
⑮ 讃 讖 讒 讁 讀 ⑯ 讌 讈 ⑰ 讒 讓
讖 讕 ⑱ 讙 ⑲ 讛 讚 ⑳ 讞 讜
言 ⑩ 謄 謄
言

7409 【言】 2432 3840 8CBE 言－0 常2 ゴン(呉)・ゲン(漢) \yán\ いう・こと

筆順 

字解 部首解説を参照。

同属字 唁・這

意味 ❶いう。話す。語る。また、ことば。『言を左右にする』『言語』『言行』『言論』 ＊論語-陽貨「予欲ㇾ無ㇾ言(われいうことなからんとほっす)〔=私はもう何も言うまい〕」 ⇓表 ⇓〔白〕(5087)の表 ❷ここに。語調をととのえる。＊詩経-大雅・文王「永言配ㇾ命(ながくここにメイをハイす)〔=長い間、天命に従って行動してきた〕」

❶ いう。話す。語る。また、ことば。

下接 悪言(アクゲン)・遺言(イゲン｜ユイゴン｜イゴン)・一言(イチゲン｜イチゴン｜ひとこと)・艶言(エンゲン)・温言(オンゲン)・格言(カクゲン)・確言(カクゲン)・花言(カゲン)・佳言(カゲン)・訛言(カゲン)・嘉言(カゲン)・寡言(カゲン)・雅言(ガゲン)・過言(カゴン)・甘言(カンゲン)・換言(カンゲン)・敢言(カンゲン)・諫言(カンゲン)・奇言(キゲン)・偽言(ギゲン)・狂言(キョウゲン)・極言(キョクゲン)・虚言(キョゲン｜そらごと)・金言(キンゲン)・謹言(キンゲン)・空言(クウゲン｜そらごと)・寓言(グウゲン)・苦言(クゲン)・建言(ケンゲン)・献言(ケンゲン)・公言(コウゲン)・巧言(コウゲン)・広言(コウゲン)・高言(コウゲン)・古言(コゲン)・讒言(ザンゲン)・至言(シゲン)・失言(シツゲン)・疾言(シツゲン)・祝言(シュウゲン)・証言(ショウゲン)・食言(ショクゲン)・緒言(ショゲン｜チョゲン)・助言(ジョゲン)・序言(ジョゲン)・進言(シンゲン)・箴言(シンゲン)・寸言(スンゲン)・聖言(セイゲン)・誓言(セイゲン｜セイゴン)・贅言(ゼイゲン)・宣言(センゲン)・前言(ゼンゲン)・善言(ゼンゲン)・造言(ゾウゲン)・雑言(ゾウゴン)・大言(タイゲン)・体言(タイゲン)・代言(ダイゲン)・題言(ダイゲン)・他言(タゲン｜タゴン)・多言(タゲン)・断言(ダンゲン)・忠言(チュウゲン)・直言(チョクゲン)・通言(ツウゲン)・提言(テイゲン)・伝言(デンゴン)・訥言(トツゲン)・二言(ニゴン)・佞言(ネイゲン)・罵言(バゲン)・発言(ハツゲン)・美言(ビゲン)・謬言(ビュウゲン)・評言(ヒョウゲン)・不言(フゲン)・付言(フゲン)・浮言(フゲン)・婦言(フゲン)・誣言(フゲン)・侮言(ブゲン)・文言(ブンゲン｜モンゴン)・片言(ヘンゲン｜かたこと)・方言(ホウゲン)・放言(ホウゲン)・法言(ホウゲン)・妄言(ボウゲン｜モウゲン)・謗言(ボウゲン)・万言(マンゲン)・漫言(マンゲン)・慢言(マンゲン)・無言(ムゴン)・名言(メイゲン)・約言(ヤクゲン)・用言(ヨウゲン)・揚言(ヨウゲン)・予言(ヨゲン)・立言(リツゲン)・略言(リャクゲン)・流言(リュウゲン)・綸言(リンゲン)・話言(ワゲン)・一家言(イッカゲン)・大納言(ダイナゴン)・狂言綺語(キョウゲンキゴ)・片言隻辞(ヘンゲンセキジ)・面従後言(メンジュウコウゲン)・流言飛語(リュウゲンヒゴ)／譫言(うわごと)・小言(こごと)・戯言(ざれごと｜たわごと)・寝言(ねごと)

言(ゲン・ゴン)	語(ゴ)
言語	
口に出していうことば。	かたることば。
一言半句 大言 流言 独言 俚言	千言万語 壮語 飛語 私語 俗語

【言下(ゲンカ｜ゴンカ)】 相手の言葉が終わるか終わらないうち。一言のもと。『言下に否定する』

【言外(ゲンガイ)】 直接言葉では表されていない所。『言外に匂(にお)わせる』

【言及(ゲンキュウ)】 話が、あることにまで及ぶこと。

【言言(ゲンゲン)】 一つ一つの言葉。『言々肺腑(ハイフ)を衝(つ)く』

【言語(ゲンゴ｜ゴンゴ｜ゲンギョ)】 ①弁舌。特に外交交渉の際の弁舌。＊論語-先進「言語宰我・子貢(ゲンゴにはサイガ・シコウ)〔=弁舌に勝っているのは宰我と子貢だ〕」 ②思想や感情、意思などを表現したり、互いに伝え合ったりするための、音声による記号、または、それを表した文字。『言語に絶する〔=程度が甚だしくて言葉で言い表せない〕』 【言語道断(ゴンゴドウダン)】 ①仏語。深遠な真理は言葉で説明できないこと。〔瓔珞経(ヨウラクキョウ)〕 ②国言葉も出ないほどひどいさま。もってのほか。 ▼言葉で表現する道が断たれるの意。古くは、仏語から転じて良い意味にも用いた。

【言行(ゲンコウ)】 言葉と行い。『言行一致』『言行録』

【言志(ゲンシ｜こころざしをいう)】 思うことをいうこと。また、詩の異称。＊書経-舜典「詩言ㇾ志(シはこころざしをいう)〔=詩とは心に思うところをいうものだ〕」

【言次(ゲンジ)】 言葉のついで。話のついで。

【言辞(ゲンジ)】 言葉。また、言葉づかい。物の言い方。

【言上(ゲンジョウ｜ゴンジョウ)】 目上の人に申し上げること。

【言説(ゲンセツ｜ゴンゼツ)】 意見や物事を言葉で説明すること。また、その言葉。『穏やかな言説』

【言詮(ゲンセン｜ゴンセン)】 言葉でくわしく述べること。言葉の上で意味を論じること。

【言質(ゲンチ)】 あとで証拠となる約束の言葉。『言質を取る』 ▼「ゲンシツ」と読むのは慣用読み。

【言動(ゲンドウ)】 言語と行動。言葉と行い。言行。『奇矯な言動が目立つ』

〖訥ニ於言ー敏ニ於行ー(ゲンにトツにしておこないにビンなり)〗 口べたであっても、行動は敏速にする。〔論語-里仁〕

【言明(ゲンメイ)】 言葉に出してはっきり言うこと。

【言問(ゲンモン)】 たずねること。質問。こととい。

【言容(ゲンヨウ)】 ①言葉づかいと容貌。②言葉づかい。

【言路(ゲンロ)】 上に対して、臣下が意見を述べるためのみち。進言するみち。

【言論(ゲンロン)】 言語によって自分の思想を発表すること。

〖為ㇾ言(ゲンをなす)〗 あれこれ批判する。＊史記-管晏伝「管仲貧困、常欺ニ鮑叔ー、鮑叔終善遇ㇾ之、不ニ以為ㇾ言(カンチュウヒンコンにして、つねにホウシュクをあざむくも、ホウシュクついによくこれをグウし、もってゲンをなさず)〔=管仲は貧しくて生活が苦しく、いつも鮑叔にうそをついたけれども、鮑叔は最後までよく管仲を待遇し、文句を言わなかった〕」

〖不ニ以ㇾ言挙ㇾ人(ゲンをもってひとをあげず)〗 いいことを言うからといって、その言葉だけで人を挙げ用いることをしない。〔論語-衛霊公〕

〖寄ㇾ言(ゲンをよす)〗 …よ。呼びかけの冒頭におく語。「ちょっと申しあげる」の意。＊劉希夷-代ド悲ニ白頭ー翁ト「寄ㇾ言全盛紅顔子(ゲンをよすゼンセイのコウガンシ)〔=お聞きなさい、今を盛りの若き人々よ〕」

〖言易行難(いうはやすくおこなうはかたし)〗 口で言うのはやさしいが、それを実行するのは困難である。〔塩鉄論-利議〕

【言霊(ことだま)】 古代、言葉に宿ると信じられた霊力。『言霊の幸(さき)わう国〔=言霊のはたらきにより、幸福の生ずる国。日本をいう〕』

[獄] ⇩ 4720

7410 【䜌】 言－12 レン(漢)・ラン(漢)

字解 会意。言(ことば)＋絲(いと)。言葉が糸のようであることから、もつれみだれる、または、途絶えず続く意。

金文
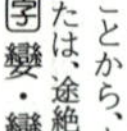
篆文
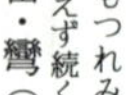

同属字 孌・戀・彎(弯)・

7画 見角言谷豆豕豸貝赤走足(⻊)身車辛辰辵(⻌・⻍)邑(⻏)酉釆里

戀(恋)・攣・變(変)・欒(栾)・鑾・蠻(蛮)・鑾・鸞

[譱] ⇩6161　[辯] ⇩7999

7411 【讎】 7608 6C28 E6A6 言-16　(7426)〔讐〕 2918 3D32 8F51 言-16

ジュ㊐・シュウ(シウ)㊥/chóu/むくいる・あだ

字解 形声。言+雔(二羽のとりがならぶ象形)㊟。こたえる、むくいる意。また、敵対するあだの意。

金文  篆文 

意味 ❶むくいる。しかえしをする。『校讎(コウシュウ)』『復讎(フクシュウ)』『恩讎(オンシュウ)』 ❷あだ。かたき。『讎校』『讎敵』『怨讎(エンシュウ―オンシュウ)』『仇讎(キュウシュウ)』『寇讎(コウシュウ)』『報讎(ホウシュウ)』

＊十八史略-春秋戦国「夫差志レ復レ讎(フサあだをフクせんとこころざす)」〔=夫差はあだをうちたいと心に誓った〕

[讎校・讎挍(シュウコウ)] 読み合わせをしながら校正・校合すること。♥かたき同士が向かいあうさまに似るところから。

[讎敵(シュウテキ)] 恨みのある相手。仇敵(キュウテキ)。

言 2画

7412 【訇】 ＊6137 言-2

コウ(クヮウ)㊥・キン㊥/hōng

字解 形声。言+匀省㊟。

金文  篆文 

意味 ❶(コウ) 大きな音の形容。『訇隠』 ❷(キン) あざむく。いつわる。

[訇隠(コウイン)] 波や鐘などの大きく響きのある音の形容。

7413 【詈】 7542 6B4A E669 言-5

リ㊐㊥/lì/ののしる

字解 会意。网(あみ)+言。相手にののしりのことばをかぶせる意。

意味 ののしる。悪口を言う。はげしく非難する。『罵詈雑言(バリゾウゴン)』『悪口罵詈(アックバリ)』

7414 【訾】 ＊6154 言-6　(7487)〔訿〕 ― 言-6

シ㊥/zǐ・zī/そしる

字解 形声。言+此(→疵、きず)㊟。ことばで人をきずつける、そしる意。

意味 そしる。『毀訾(キシ)』『高訾(コウシ)』『詆訾(テイシ)』『不訾(フシ)』

7415 【詹】 ＊6174 言-6

セン㊥・タン㊥/zhān

字解 会意。言+八(分かれ出る)+厃(屋根から余分につき出たひさし)。ことば数が多く、くどい意。

同属字 簷・儋・擔(担)・澹・檐・膽(胆)・瞻・蟾・譫・贍

意味 くどい。くどくどと言うこと。

7416 【誉】 4532 4D40 975F 言-6 常　(7425)〔譽〕 7605 6C25 E6A3 言-13 旧字

ヨ㊐㊥/yù/ほまれ・ほめる

筆順 

字解 誉は、譽の略体。譽は形声。言+與(もちあげる)㊟。ことばでもちあげる、ほめる意。

参考 万葉仮名では音を借りて「よ㋛」。

意味 ❶ほめる。ほめたたえる。↔毀。『毀誉』 ❷ほまれ。めいよ。『誉聞』『誉望』『名誉』

下接 栄誉(エイヨ)・華誉(カヨ)・過誉(カヨ)・毀誉(キヨ)・賛誉(サンヨ)・称誉(ショウヨ)・賞誉(ショウヨ)・声誉(セイヨ)・誹誉(ヒヨ)・謗誉(ボウヨ)・名誉(メイヨ)

[誉聞(ヨブン)] よい評判。

[誉望(ヨボウ)] 名誉と声望。ほまれ。

7417 【誓】 3232 4040 90BE 言-7 常

セイ㊐㊥/shì/ちかう・ちかい

筆順 

字解 形声。言+折(→哲、あきらか)㊟。神や人の前で明らかにしたことば、ちかいの意。

金文  篆文 

意味 ❶ちかう。神仏または人に対して、あることの実行を約束する。ちぎる。また、ちかい。『誓願』『誓約』

＊白居易-長恨歌「詞中有レ誓両心知(シチュウちかいありリョウシンのみしる)」〔=その言葉の中に誓いがあり、これは二人だけが知っているものだった〕 ❷いましめる。『誓命』

下接 祈誓(キセイ)・起誓(キセイ)・弘誓(グセイ)・呪誓(ジュセイ)・宣誓(センセイ)

[誓願(セイガン)] 神仏に誓いを立てて祈願すること。

[誓言(セイゲン―セイゴン)] ①誓いのことばを述べること。また、そのことば。②命令すること。誓わせること。

[誓紙(セイシ)] 誓詞を記した紙。

[誓詞(セイシ)] 誓いのことば。

[誓命(セイメイ)] 天子、君主が家来をいましめること。また、家来に命令すること。

[誓文(セイモン)] 神にかけて誓約することば。また、その誓約を書き記した文書。『五箇条の御誓文』『誓文払い』

[誓約(セイヤク)] 必ず守ることを約束すること。『誓約書』

7418 【誾】 ＊6204 言-8

ギン㊥/yín

字解 形声。言+門㊟。おだやかに論じあう意。

7419 【謇】 7573 6B69 E689 言-10

ケン㊥/jiǎn

字解 形声。言+寒(ちぢこまる)省㊟。

意味 ❶どもる。ことばがつかえてうまく出ない。❷正しいと思うことをはっきり言う。『謇諤』『謇謇』

[謇諤(ケンガク)] へつらわないで、ありのままに言うこと。

[謇謇(ケンケン)] ①直言するさま。また、正直なことば。②忠義の心を失わないさま。『謇謇匪躬(ヒキュウ)』③悩み苦しむさま。

7420 【謦】 7582 6B72 E692 言-11

キョウ(キャウ)㊐・ケイ㊥/qǐng/しわぶき・せき

字解 形声。言+殸㊟。しわぶきの意。殸は中国の古代の楽器(けい)で、高い音を出す意。

意味 しわぶき。せきばらい。せき。

[謦咳・謦欬(ケイガイ)] せきばらい。また、人が物を言ったりするたとえ。〔接二謦欬一(ケイガイにセッす)〕 せきばらいの声をきく。転じて、尊敬する人に直接話を聞くこと。

7421 【謷】 ＊6234 言-11

ゴウ(ガウ)㊥/áo・ào/そしる

字解 形声。言+敖(わがまま)㊟。好き放題に言う意。

意味 ❶そしる。やかましく悪口を言う。また、かまびすしい。やかましく言いたてる。『謷謷』❷悲しみ嘆くさま。❸高大なさま。『謷乎』

【謷乎ゴウコ】高く大きいさま。

【謷謷ゴウゴウ】①人の言葉を聞かないで、好きなことを言いつのるさま。②多くの人が悲しみ嘆くさま。③多くの人が一斉に悪口を言うさま。

7422 【警】 2357 3759 8C78 言-12 常6 (7423)【警】 言-13 旧字

キョウ(キャウ)呉・ケイ漢 jǐng いましめる・いましめ

筆順

字解 形声。言＋敬(いましめる)声。いましめて言う意。

意味 ❶いましめる。いましめ気を付ける。用心する。注意する。❷「警察」、「警察官」、あるいはそれに関することの意。『警部』『警棒』『県警ケン』『婦警フ』❸すばやい。すぐれている。さとい。『奇警キ』

❶ いましめる。用心する。注意する。

下接 自警ジ・聡警ソウ・辺警ヘン・夜警ヤ

【警戒ケイカイ】注意し用心すること。『警戒心』『警戒線』

【警急ケイキュウ】警戒すべき突発的な事件。緊急の変事。

【警鼓ケイコ】①非常事態を知らせるつづみ。②天子が出かけるときの警衛の楽曲の名。

【警固ケイゴ】警戒して周囲を固めること。

【警護ケイゴ】人、物などを、まもり警戒すること。護衛。

【警告ケイコク】いましめ告げること。注意すること。

【警策ケイサク・キョウサク】(「策」はむちうつの意)㊀(ケイサク)①馬を駆けさせるために打つむち。また、馬をむち打つこと。②詩文中の、文全体を活かす主要な短句。転じて佳編、佳句。③人の注意、自覚などをよびおこすこと。㊁(キョウサク)仏語。禅宗の僧堂内で、座禅僧の肩や背をたたいて眠気をさますためなどに用いる長いへら状の板。

【警察ケイサツ】国民の生命、身体、財産の保護、犯罪の捜査、被疑者の逮捕、および公安を維持するための行政機関。

【警鐘ケイショウ】危険を知らせる鐘。また、比喩ヒユ的に、警告。

【警世ケイセイ】世間の人に警告を与えること。

【警醒ケイセイ】警告して人の迷いをさますこと。

【警枕ケイチン】軍中の用心のため、熟睡を防ぐ枕。

【警発ケイハツ】いましめて悟らせること。→❸

【警備ケイビ】変事にそなえて警戒し防備すること。『警備員』『沿岸警備』

【警蹕ケイヒツ】天皇や貴人の通行の際などに、声をかけて周囲をいましめ、先払いをすること。

【警報ケイホウ】危険が起こりそうなとき、人々に注意して警戒させること。『津波警報』『警報器』

【警邏ケイラ】警戒して見て回ること。パトロール。

❸ すばやい。すぐれている。さとい。

【警句ケイク】鋭く真理を言い表した簡潔な表現の文句。

【警悟ケイゴ】才知がすぐれ、悟りが速いこと。

【警捷ケイショウ】さとくすばやいこと。敏感なこと。

【警発ケイハツ】非常にかしこいこと。→❶

【警抜ケイバツ】(着想などが)すぐれてぬきんでたさま。

7424 【譬】 7602 6C22 E6A0 言-13

ヒ呉漢 pì たとえる・たとえ

字解 形声。言＋辟(わきへよる)声。直接言わずに、わきへそらせて言う、たとえる意。

参考 万葉仮名では音を借りて「ひ甲」。

意味 たとえる。たとえ。『法譬ホウヒ』(＝仏語。教えの意味とそれを明らかにするための比喩ヒユ)』＊論語-子罕「譬如為山たとえばやまをつくるがごとし〔＝たとえて言うと、山を造るようなものである〕」

【譬説ヒセツ】たとえをあげて、説きさとすこと。

【譬喩ヒユ】ある事柄の説明に他のものを借りて表現すること。たとえ。比喩ヒユ。

7425 【譽】 7605 6C25 E6A3 言-13

ヨ 「誉」(7416)の旧字

7426 【讐】 2918 3D32 8F51 言-16

シュウ 「讎」(7411)の異体字

7427 【讋】 ＊6258 言-16

ショウ(セフ)漢 zhé

字解 形声。言＋聶(→慴、おそれる)省声。おそれる意。「讋服ショウフク」は、おそれ服従すること。

言

7428 【計】 2355 3757 8C76 言-2 常2

ケ呉・ケイ漢 jì はかる・はからう・かぞえる・かず・はかり・ばかり

筆順

字解 会意。言＋十(かず)。かずをかぞえる意。

参考 万葉仮名では音を借りて「け甲」。平仮名「け」の字源。

意味 ❶かぞえる。また、かず。㋑量などをはかる。勘定をする。また、数。決算。『計算』『計上』『計測』『会計』『集計』㋺総数。しめて。『計百万円』⇩表 ❷はかる。はからう。みつもる。もくろむ。おしはかる。また、はかりごと。くわだて。『三十六計』『計画』『計略』❸はかり。数や量をはかる器具。『温度計』❹国ばかり。㋑それくらい。ほど。ころ。程度・範囲を示す。㋺それだけ。限定を示す。㋩…したて。動作の完了して間もないことを示す。

❶ かぞえる。かず。

下接 会計カイ・家計カ・合計ゴウ・歳計サイ・集計シュウ・主計シュ・小計ショウ・心計シン・総計ソウ・大計タイ・通計ツウ・統計トウ・日計ニッ・余計ヨ・累計ルイ

計算	計ケイ	算サン
	積みあげてかぞえる。	そろばんでかぞえる。
	計数	算数
	計上	算入
	計量	算定
	合計	合算
	総計	通算
	累計	積算

【計会ケイカイ】計算すること。やりくりすること。→❷

【計偕ケイカイ】中国、漢の武帝のとき、優秀な人物を朝廷に召し出す際に、毎年上京する会計役人と同行させること。また、科挙の会試に赴くこと。

【計算ケイサン】①数量をはかること。勘定すること。『計算器』『計算尺』②与えられた数、量、式を一定の規則に従って処理すること。『計算問題』→❷

【計上ケイジョウ】費用や予算などを計算して、全体の数値の中に組み入れ、数え上げること。

【計数ケイスウ】数の計算。また、計算して出した数値。『計数管理』『ガイガー計数管〔=放射能の測定装置〕』

【計籍(ケイセキ)】会計簿。計簿(ケイボ)。

【計測(ケイソク)】器械を使って、数、量、長さ、重さなどをはかること。『土地の計測』

【計量(ケイリョウ)】数量、特に分量、目方をはかること。

❷はかる。はからう。また、はかりごと。

[下接] 悪計(アッケイ)・一計(イッケイ)・活計(カッケイ)・奸計(カンケイ)・奇計(キケイ)・詭計(キケイ)・巧計(コウケイ)・狡計(コウケイ)・国計(コッケイ)・私計(シケイ)・邪計(ジャケイ)・術計(ジュツケイ)・生計(セイケイ)・早計(ソウケイ)・知計(チケイ)・得計(トッケイ)・秘計(ヒケイ)・百計(ヒャッケイ)・謬計(ビュウケイ)・方計(ホウケイ)・謀計(ボウケイ)・密計(ミッケイ)・妙計(ミョウケイ)

【計会(ケイカイ)】①対比照合させて考えること。②相談すること。諸事が重なって難儀すること。→❶

【計画(ケイカク)】あることを行うため、前もってその方法や手順などを考えること。プラン。『復興計画』

【計議(ケイギ)】はからい議すること。相談すること。

【計校(ケイコウ)】①利害をはかりくらべること。②論争をすること。

【計策(ケイサク)】はかりごと。計略。策略。

【計算(ケイサン)】見つもること。予測すること。→❶

【計謀(ケイボウ)】はかりごと。計略。謀計。

【計略(ケイリャク)】はかりごと。策略。謀略。

【計料(ケイリョウ)】はかること。見つもること。

7429 【訂】 3691 447B 92F9 言－2 [常] テイ(漢)/dìng/ただす

[筆順] 訂 訂 訂 訂 訂 訂

[字解] 形声。言＋丁(一所にとどめる)[声]。文章やことばの誤りをただし、さだめる意。

[意味] ❶ただす。間違いをあらためる。『訂訛』『訂正』『校訂』❷はかる。相談して決める。定める。『訂盟』

❶ただす。間違いをあらためる。

[下接] 改訂(カイテイ)・考訂(コウテイ)・校訂(コウテイ)・再訂(サイテイ)・刪訂(サンテイ)・修訂(シュウテイ)・重訂(ジュウテイ)・増訂(ゾウテイ)・補訂(ホテイ)

【訂訛(テイカ)・訂譌(テイカ)】まちがいを正すこと。

【訂正(テイセイ)】誤りを正しく直すこと。『訂正箇所』

❷はかる。相談して決める。定める。

【訂盟(テイメイ)】約束、条約などを結ぶこと。

7430 【訃】 7530 6B3E E65D 言－2 フ(呉)(漢)/fù/つげる

[字解] 形声。言＋卜(→仆、しぬ)[声]。人の死を知らす意。

[意味] つげる。人の死をつげ知らす。死亡の知らせ。

【訃音(フイン)】死亡の通知。訃報。

【訃告(フコク)】人の死去を知らせること。死亡通知。訃報。

【訃報(フホウ)】死亡の知らせ。

7431 【記】 2113 352D 8B4C 言－3 [常]2 キ(呉)(漢)/jì/しるす

[筆順] 記 記 記 記 記 記 記 記 記 記

[字解] 形声。言＋己(ものごとのはじめ)[声]。ことのはじめをわけてかく、しるす意。

[参考] 万葉仮名では音を借りて「き(乙)」。

[意味] ❶しるす。かきしるす。かきとめる。「紀」に同じ。『記録』『銘記』❷書いたもの。しるしたもの。『思い出の記』『伝記』❸おぼえる。心にしるす。『記憶』『暗記』❹しるし。『記号』『無記』❺[国]「古事記(コジキ)」の略。『記紀万葉』 ⇓表

記紀		
記(キ)	書く。書きとめる。	記事 記伝 記念 記覧 記録 伝記
紀(キ)	しるす。書く。	紀事 紀伝 紀念 紀行 紀要 実紀

❶しるす。かきしるす。かきとめる。

[下接] 下記(カキ)・誤記(ゴキ)・左記(サキ)・自記(ジキ)・書記(ショキ)・上記(ジョウキ)・前記(ゼンキ)・速記(ソッキ)・単記(タンキ)・注記(チュウキ)・追記(ツイキ)・摘記(テッキ)・転記(テンキ)・登記(トウキ)・特記(トッキ)・筆記(ヒッキ)・表記(ヒョウキ)・付記(フキ)・附記(フキ)・併記(ヘイキ)・並記(ヘイキ)・別記(ベッキ)・補記(ホキ)・明記(メイキ)・銘記(メイキ)・略記(リャッキ)・列記(レッキ)・連記(レンキ)

【記載(キサイ)】書類、書物などに書いてのせること。

【記事(キジ)】新聞や雑誌に書かれる事柄。『三面記事』

【記室(キシツ)】①中国の官名。後漢に置かれ、文筆、記録をつかさどる。現在の書記、秘書。②手紙の宛名の下につける敬称。

【記者(キシャ)】新聞や雑誌などの記事を書いたり、編集したりする人。『記者会見』

【記述(キジュツ)】①文章にして書きしるすこと。②〔英 description の訳語〕事物の特質を客観的に記し述べること。

【記帳(キチョウ)】帳簿や帳面に記入すること。

【記伝(キデン)】歴史や伝説を記録すること。紀伝。

【記入(キニュウ)】所定の欄などに書き入れること。

【記名(キメイ)】名前を書き付けること。『記名投票』

【記録(キロク)】①残す必要のある事柄を書きしるすこと。『記録映画』②競技などの成績、結果。レコード。

❷書いたもの。しるしたもの。

[下接] 位記(イキ)・家記(カキ)・刊記(カンキ)・官記(カンキ)・旧記(キュウキ)・軍記(グンキ)・後記(コウキ)・雑記(ザッキ)・史記(シキ)・私記(シキ)・手記(シュキ)・戦記(センキ)・総記(ソウキ)・伝記(デンキ)・日記(ニッキ)・簿記(ボキ)・歳時記(サイジキ)・風土記(フドキ)

❸おぼえる。心にしるす。

[下接] 暗記(アンキ)・強記(キョウキ)・牢記(ロウキ)

【記憶(キオク)】物事を忘れず、心にとどめておくこと。『記憶喪失』『記憶力』

【記誦(キショウ)】記憶してそらんずること。暗誦。

【記念(キネン)】後日の思い出として残しておくこと。『記念祭』『記念品』『記念日』『記念碑』

【記銘(キメイ)】新しい経験を受け入れて、忘れないように保持すること。

【記問之学(キモンのガク)】古書を読んでただ暗記し、人の問いを待つだけで少しも活用しない学問。〔礼記－学記〕

【記覧(キラン)】①多くの書物の内容や見聞を記憶すること。②現実の役に立たない学問のこと。

❹しるし。

【記号(キゴウ)】特定の対象や意味を指し示す体系的なしるし。『元素記号』『記号論』

【記章(キショウ)】[国]身分や、所属を表すために、衣服などに付けるしるし。バッジ。♥書き換え「徽章→記章」。

7432 【訖】 7531 6B3F E65E 言－3 コチ(呉)・コツ(呉)・キツ(漢)/qì/おわる

[字解] 形声。言＋乞(曲がりくねって進まない)[声]。おわる意。

[意味] ❶おわる。また、おえる。❷とまる。また、とめ

る。「迄」に同じ。❸いたる。およぶ。「迄」に同じ。❹ついに。とうとう。❺ことごとく。残らず。

7433 【訓】 2317 3731 8C50 言－3 常4 クン呉漢・キン慣/xùn/おしえる・おしえ・よむ・よみ

筆順

字解 形声。言＋川(↓順、したがう)声。ことばで従わせる、おしえみちびく意。

参考 万葉仮名では音を借りて「く」。

意味 ❶おしえる。おしえみちびく。いましめる。また、おしえ。いましめ。「訓示」「教訓」⇒［教］(3032)の表 ❷よむ。文章や字句の意味を読みとく。「訓詁」❸くん。漢字にあてた日本語の読み。↕音(オン)。「訓読」「音訓」

❶ おしえる。おしえ。いましめ。

下接 遺訓(イクン)・家訓(カクン)・雅訓(ガクン)・旧訓(キュウクン)・教訓(キョウクン)・校訓(コウクン)・古訓(コクン)・垂訓(スイクン)・庭訓(テイキン)・特訓(トックン)・明訓(メイクン)

【訓育(クンイク)】社会生活に必要な心がけや知識を教えて、児童、生徒を育てること。

【訓化(クンカ)】教え導くこと。

【訓戒・訓誡(クンカイ)】教えさとして、いましめること。書き換え「訓誡→訓戒」。

【訓誨(クンカイ)】教えさとすこと。教誨。

【訓告(クンコク)】教え告げること。

【訓示(クンジ)】上の者が下の者に対して教え示すこと。

【訓辞(クンジ)】教えさとす言葉。「訓辞を垂れる」

【訓典(クンテン)】人々の訓戒となる書物。

【訓導(クンドウ)】①教え導くこと。②国旧制小学校の教員。

【訓蒙(クンモウ)】子どもや初心者を教えさとすこと。また、その目的で書かれた書物。

【訓諭(クンユ)】教えさとすこと。

【訓令(クンレイ)】①訓示して命令すること。②上級官庁が下級官庁に対し、職務上の事項について発する命令。

【訓練(クンレン)】技能などを教えこんで慣れさせること。「避難訓練」「職業訓練校」

【訓話(クンワ)】教訓的な話。

❷ よむ。文章や字句の意味を読みとく。

【訓義(クンギ)】文字の意味を解釈すること。↓❸

【訓詁(クンコ)】古い字句の意味を解釈すること。「訓詁注釈」「詁」は古語の解釈をすること。【訓詁学(クンコガク)】①中国、漢・唐の時代の経学(ケイガク)の称。宋・明の時代の理学に対していう。経(ケイ)の意義を解釈した学問。②古語の意義を研究、解明することを主とする学問。

【訓釈(クンシャク)】＝訓注(クンチュウ)

【訓注(クンチュウ)】①訓詁と注釈。ある字句の意味をその文章にそって解釈したもの。訓釈。②難解な字についてその語義、発音を注したもの。

❸ くん。漢字にあてた日本語の読み。

下接 異訓(イクン)・意訓(イクン)・音訓(オンクン)・戯訓(ギクン)・国訓(コックン)・字訓(ジクン)・難訓(ナンクン)・反訓(ハンクン)・傍訓(ボウクン)・和訓(ワクン)

【訓義(クンギ)】国漢字の読みと意義。↓❷

【訓点(クンテン)】国漢文を訓読するための文字や符号。乎古止点(ヲコトテン)、送り仮名、返り点、句読点などの総称。

【訓読(クンドク)】国①漢字に日本語を当てて読むこと。↕音読。②漢文を日本語の文法に従って読むこと。訓読み。

難読地名 訓子府(くんねっぷ)町(北海道)

7434 【訐】 7532 6B40 E65F 言－3 ケツ漢/jié/あばく

字解 形声。言＋干(あえてする)声。人の秘密などをあばきたてる、また、そしる意。

7435 【訌】 7533 6B41 E660 言－3 コウ漢/hòng/もめる

字解 形声。言＋工(↓攻、せめる)声。ことばであらそう、もめる意。

意味 もめる。うちわもめ。「内訌(ナイコウ)」「紛訌(フンコウ)」

【訌争(コウソウ)】内部の争い。内紛。

7436 【訊】 3154 3F56 9075 言－3 ジン呉・シン漢/xùn/たずねる・とう

字解 形声。言＋卂(すばやい)声。すばやく問う意。金文は、口＋幺(＝糸)＋丮(まこと)の会意。とらわれて問いただされる意。

金文 篆文

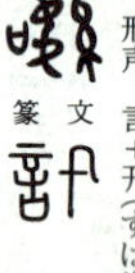

意味 ❶たずねる。とう。ききただす。といただす。「訊鞫」「訊問」「審訊(シンジン)」❷おとずれる。訪問する。また、おとずれ。たより。音信。「音訊(オンジン)」「通訊(ツウジン)」

【訊鞫・訊鞠(ジンキク)】罪状などを問いただすこと。訊問。

【訊問(ジンモン)】問いただすこと。特に、罪人を取り調べるために口頭で質問すること。尋問(ジンモン)。

7437 【訕】 *6142 言－3 セン呉・サン漢/shàn/そしる

字解 形声。言＋山声。

意味 そしる。悪口をいう。

【訕謗(サンボウ・センボウ)】悪口をいうこと。讒謗(ザンボウ)。

7438 【訑】 *6139 言－3 タ 「詑」(7465)の異体字

7439 【託】 3487 4277 91F5 言－3 常 タク呉漢/tuō/かこつ・かこつける・ことづける・よる

筆順

字解 形声。言＋乇(定着する)声。ことばでたのむ、よる意。

意味 ❶よる。たよる。たのむ。よせる。ことづける。ゆだねる。「子供に夢を託す」「託送」「委託」「嘱託」❷かこつける。ことよせる。また、口実とする。「託宣」「仮託」「神託」❸かこつ。ぐちを言う。

❶ よる。たよる。たのむ。ことづける。

下接 委託(イタク)・依託(イタク)・寄託(キタク)・供託(キョウタク)・結託(ケッタク)・受託(ジュタク)・嘱託(ショクタク)・請託(セイタク)・付託(フタク)・負託(フタク)・預託(ヨタク)

【託意(タクイ)】心を寄せること。

【託寄(タクキ・タッキ)】①ゆだねること。たのむこと。托寄。②「託孤寄命(タッコキメイ)」の略。

【託児(タクジ)】保護者が働きに出ている間、乳幼児を一定時間あずかること。「託児所」

【託食(タクショク)】人にたよって生活すること。いそうろう。

【託送(タクソウ)】委託して送ること。

【託付(タクフ)】あずけまかせること。

【託孤寄命(タッコキメイ)】(「孤」は、幼いみなしごの君主)幼君をあずけて、その人に国政をゆだねること。また、幼君をたすけ、その後見人となること。〔論語-泰伯〕

❷かこつける。ことよせる。口実とする。

下接 仮託・矯託・御託・神託・宣託

【託言】タクゲン ①別のものにかこつけたことば。②ことづて。伝言。

【託宣】タクセン 国 神のお告げ。神が人に乗り移るなどして人間に伝える意志。神託。

7440 【討】

3804 4624 93A2 言－3 常6 トウ(タウ)呉漢 tǎo/うつ

筆順

字解 形声。言＋肘(ひじ・て)省声。ことばと手とで罪をとう意。

意味 ❶たずねる。問いただす。きわめる。『討論』『討究』『検討』『探討』❷うつ。罪を言いたててうつ。せめうつ。『討伐』『追討』

❶たずねる。問いただす。

【討議】トウギ あることについて意見を述べ合うこと。

【討究】トウキュウ 深く十分に研究すること。

【討論】トウロン 互いに意見を出し論じ合うこと。『討論会』

❷うつ。せめうつ。

下接 征討・精討・掃討・勦討・追討

【討幕】トウバク 国 幕府を討つこと。『尊皇討幕』

【討伐】トウバツ 兵を派遣して、討つこと。『討伐隊』

7441 【言＋区】

―― 言－4 オウ 「謳」(7587)の異体字

7442 【訛】

7534 6B42 E661 言－4 ガ(グヮ)漢・カ(クヮ)慣 é/なまる・なまり・あやまる

字解 形声。言＋化(かわる)声。うその意。

意味 ❶あやまる。文字や言語をあやまる。あやまり。『訛伝』『訛謬』『訂訛』❷なまる。言葉がなまる。なまり。『訛語』『転訛』

❶文字や言語をあやまる。あやまり。

【訛言】カゲン 誤った風評。たわごと。→❷

【訛舛】カセン 誤りたがうこと。

【訛伝】カデン 誤って伝えること。間違った言い伝え。

【訛謬】カビュウ あやまり。まちがい。

❷言葉がなまる。なまり。

【訛音・訛韻】カイン なまった発音。

【訛言】カゲン なまったことば。方言。→❶

【訛語】カゴ 音韻上、標準語と違いのある語。なまり言葉。

7443 【訝】

7535 6B43 E662 言－4 ゲ呉・ガ漢・ゲン慣 yà/いぶかる・いぶかしい・いぶかしむ

字解 形声。言＋牙(→迓・迎、むかえる)声。むかえてことばでねぎらう意。

意味 ❶むかえる。でむかえる。「迓」に同じ。❷いぶかる。あやしむ。『怪訝』

7444 【許】

2186 3576 8B96 言－4 常5 コ呉・キョ漢 xǔ/ゆるす・ゆるし・ばかり・もと

筆順

字解 形声。言＋午声。ゆるす意。

参考 万葉仮名では音を借りて「こ(乙)」。

金文

篆文

意味 ❶ゆるす。ききいれる。ゆるし。『許可』『許容』＊史記-廉頗藺相如伝「不レ可レ不レ許」(＝(申し出を)許諾しないわけにはゆかない)」❷ほど。ばかり。…ぐらい。『許多』『幾許』『心許』❸もと。ところ。「処」に同じ。『足許』『親許』『口許』❹人の姓。『許衡』『許慎』

❶ゆるす。ききいれる。ゆるし。

下接 允許・恩許・官許・公許・裁許・准許・聴許・勅許・特許・免許・黙許

【許可】キョカ ①許すこと。『許可証』②法令で、一般に禁止されている行為を、特定の場合に解除する行政行為。

【許嫁】キョカ|いいなずけ ①双方の両親が結婚に合意すること。双方の親が認めた夫婦の約束。②①の約束がある男女。婚約者。フィアンセ。

【許婚】キョコン|いいなずけ ＝許嫁

【許諾】キョダク 他人の希望などを聞き入れて許すこと。

【許否】キョヒ 許すか許さないかということ。

【許容】キョヨウ 大目に見て許すこと。『許容範囲』『許容量』

❷ほど。ばかり。…ぐらい。

【許多】キョタ|あまた 数が多いこと。多数。たくさん。

❹人名。

【許衡】キョコウ 中国、元代の学者。字は仲平。号は魯斎。諡は文正。北方における朱子学の普及に尽くした。著「許文正遺書」一二巻。(一二〇九～八一)

【許慎】キョシン 中国、後漢の学者。字は叔重。汝南召陵の人。若いころから経籍を学び、賈逵に従って古文の学を修得、五経無双といわれた。著書「説文解字」「五経異義」など。生没年未詳。

【許由】キョユウ 中国古代の伝説上の高士。字は武仲。許繇。堯帝が天下を譲ろうと言うのをのがれて、箕山に隠れ、九州の長官にしようというのを聞いて、潁水で耳を洗ったという。

難読姓氏 許斐このみ

7445 【訣】

2377 376D 8C8D 言－4 ケツ漢 jué/わかれる・わかれ

字解 形声。言＋夬(→決、わかれる)声。いとまごいする意。

意味 ❶わかれる。わかれ。いとまごい。『訣別』『永訣』『生訣』❷おくのて。おくぎ。だいじなことば。『面授口訣』『訣要』『真訣』『秘訣』『妙訣』

【訣別】ケツベツ いとまごいをして、わかれること。決別。

【訣要】ケツヨウ 奥義。奥の手。要訣。

7446 【訟】

3057 3E59 8FD7 言－4 常 ジュ呉・ショウ漢 sòng/うったえる・うったえ

筆順

字解 形声。言＋公(おおやけ)声。公の場で白黒をつけるべくあらそう意。

金文

篆文

7画 見角言谷豆豕豸貝赤走足(⻊)身車辛辰辵(⻌・⻍)邑(阝)酉釆里

意味 ❶うったえる。言いあらそう。また、うったえ。『訴訟』 ❷易の六十四卦の一。䷅。

下接 獄訟・自訟・辞訟・争訟・訴訟・聴訟・弁訟

【訟言】はっきりと言うこと。
【訟獄】うったえること。
【訟廷・訟庭】裁判をする所。法廷。

7447 【設】 3263 405F 90DD 言－4 常5 セチ(呉)・セツ(漢)/shè/もうける・もし

筆順 設 設 設 設 設 設

字解 会意。言＋殳(棒を手にもってなぐる)。ならべて用意する意。一説に、言はくさびの象形で、くさびを打ち込み建物などをつくる意とも。

意味 ❶もうける。そなえる。しつらえる。こしらえる。『設置』『設備』『設立』『建設』『増設』 ❷もし。たとい。仮定を示す。『設若・設使・設令』

❶もうける。そなえる。

下接 開設・仮設・架設・官設・既設・急設・建設・公設・私設・施設・常設・新設・創設・増設・特設・付設・附設・布設・併設・敷設・舗設・埋設

【設営】施設、会場などを前もってもうけること。
【設計】①工事、工作において、材料、形式等の計画をたて、図面などで具体的に示すこと。『設計図』 ②一般に、計画を立てること。『人生設計』
【設険】けわしい砦をつくること。
【設題】問題や題目をもうけること。設問。
【設置】建物や機関をもうけること。設立。
【設定】物事を作り定めること。
【設備】建物、器物、装置などを備えつけること。また、備えつけたもの。『設備投資』
【設問】問題を作って出すこと。設題。
【設立】会社や機関などを新しく作ること。

難読地名 設楽町(愛知)

7448 【訥】 7536 6B44 E663 言－4 ドツ(漢)・トツ(慣)/nè/どもる

字解 形声。言＋内(うちに入る)(声)。ことばが内にこもってすらすら出ない意。

意味 どもる。口が重い。また、おそくにぶい。『訥言』『木訥』『朴訥』 ＊論語-里仁「君子欲訥於言、而敏於行」(＝君子は、発言は口ごもって遅鈍であっても、行動は敏速でありたいものだ)

【訥言】①しぶりがちなことば。②どもることば。
【訥口】どもること。
【訥訥】口ごもりながら、つかえつかえ話すさま。『訥々とした話し振り』
【訥弁】滑らかでない下手な話し方。

7449 【訪】 4312 4B2C 964B 言－4 常6 ホウ(ハウ)(呉)(漢)/fǎng/おとずれる・たずねる・とう・おとなう

筆順 訪 訪 訪 訪 訪 訪

字解 形声。言＋方(左右に張り出す)(声)。四方へ行ってことばでたずねる、とう意。

意味 たずねる。おとずれる。

下接 往訪・再訪・採訪・諏訪・尋訪・探訪・来訪・歴訪

【訪議】相談すること。
【訪古】歴史のあとをさぐること。昔の出来事のゆかりの地をたずねること。
【訪問】他人の家などをたずねること。『会社訪問』

7450 【訳】 4485 4C75 96F3 言－4 常6 (7615)【譯】 7603 6C23 E6A1 言－13 旧字 ヤク(呉)・エキ(漢)/yì/わけ

筆順 訳 訳 訳 訳 訳 訳

字解 訳は譯の略体。譯は形声。言＋睪(→繹、つぎつぎつづく)(声)。一国のことばを他国のことばにかえて意味をつなぐ、やくす意。

意味 ❶やくす。ある言葉を他の言葉に直す。『訳語』『訳注』『英訳』『翻訳』 ❷国わけ。理由。事情。『訳がある』『言訳』『事訳』

❶やくす。ある言葉を他の言葉に直す。

下接 意訳・英訳・音訳・改訳・完訳・旧訳・共訳・国訳・誤訳・重訳・抄訳・新訳・全訳・対訳・直訳・通訳・適訳・点訳・反訳・邦訳・翻訳・名訳・和訳・逐語訳

【訳語】①ある国語を他の国語に、また、古語を現代語に直した語。②外国語を通訳すること。また、その人。通事。
【訳使】通訳をする使者。
【訳詞】翻訳した歌詞。
【訳詩】翻訳した詩。『訳詩集』
【訳者】訳した人。翻訳者。
【訳出】翻訳すること。
【訳述】翻訳して述べること。
【訳書】他国語に翻訳した書物。↔原書
【訳注・訳註】①翻訳と注釈。②国翻訳者が付けた注釈。↔原注
【訳読】原文を訳して読むこと。
【訳文】訳した文章。↔原文
【訳本】翻訳した本。翻訳書。↔原本
【訳名】原名を翻訳して付けた名。

7451 【訞】 ＊6143 言－4 ヨウ(エウ)(漢)/yāo/わざわい

字解 形声。言＋夭(→祆、わざわい)(声)。わざわいの意。

意味 わざわい。また、あやしい言葉。『妖』に同じ。

7452 【詠】 1751 3153 8972 言－5 常 ヨウ(ヤウ)(呉)・エイ(漢)/yǒng/よむ・うたう・ながめる

筆順 詠 詠 詠 詠 詠 詠

字解 形声。言＋永(ながい)(声)。声を長くひく、うたう意。金文は、口＋永(声)。

金文 篆文

意味 ❶うたう。声を長くひいてうたう。調子をつけてうたう。ながむ。『詠唱』『詠嘆』『吟詠』『朗詠』 ❷よむ。詩歌をつくる。日本で、特に、和歌をよむ。ながむ。また、その歌。『はなむけの一首を詠ずる』『詠歌』『詠草』『題詠』

❶ うたう。声を長くひいてうたう。

【詠帰(エイキ)】 風景をながめ、詩を吟じつつ帰ること。

【詠吟(エイギン)】 詩歌などを朗詠すること。

【詠唱(エイショウ)】 ①節を付けて歌うこと。②音楽で、叙情的な、独唱曲。アリア。

【詠嘆・詠歎(エイタン)】 ①声を長くひいて歌うこと。②感動すること。

❷ よむ。詩歌をつくる。

下接 遺詠(イエイ)・御詠(ギョエイ)・近詠(キンエイ)・偶詠(グウエイ)・献詠(ケンエイ)・雑詠(ザツエイ)・拙詠(セツエイ)・即詠(ソクエイ)・題詠(ダイエイ)・一觴一詠(イッショウイチエイ)

【詠歌(エイカ)】 詩歌を作ること。*李白-春夜宴二桃李園一序「吾人詠歌、独慚二康楽一(ゴジンのエイカはひとりコウラクにはず)〔＝私の作る詩だけが、康楽侯に比べて恥ずかしいくらいへたである〕」

【詠懐(エイカイ)】 心に思う事柄を詩歌に作ること。

【詠史(エイシ)】 歴史上の事実を詩歌に作ること。

【詠進(エイシン)】 国詩歌を作って宮中や神社に奉ること。

【詠草(エイソウ)】 国和歌や俳諧(ハイカイ)の草稿。

【詠物(エイブツ)】 鳥獣草木や自然そのものを主題として詠ずる詩。『詠物詩』

7453 【訶】 7537 6B45 E664 言－5 カ(呉)(漢)/hē/しかる

字解 形声。言＋可(大きな口でいう)(声)。大声でしかる意。
参考 万葉仮名では音を借りて「か」。
意味 ❶しかる。とがめる。また、怒る。『訶詰』『訶止』『訶辱』『詆訶(テイカ)』 ❷音訳字。『摩訶(マカ)』

【訶詰(カキツ)】 なじって、しかりつけること。

【訶止(カシ)】 しかって、やめさせること。呵止。

【訶辱(カジョク)】 しかり、はずかしめること。

【訶梨帝(カリテイ)】 (梵 Hāriti の音訳) 鬼子母神のこと。訶梨帝母(カリテイモ)。

7454 【詎】 *6161 言－5 キョ(漢)/jù/なんぞ

字解 形声。言＋巨(声)。
意味 ❶なんぞ。なんすれぞ。あに。どうして。反語を示す。❷いやしくも。かりにも。仮定を示す。

7455 【詘】 *6165 言－5 クツ(漢)・チュツ(漢)・ドツ(漢)・トツ(慣)/qū・chù/どもる

字解 形声。言＋出(＝屈、小さくまがる)(声)。ことばがすんなり出ない、つまる意。
意味 ❶つまる。言葉がつまる。どもる。❷かがむ。まげる。まがる。「屈」に同じ。❸しりぞける。官位をさげる。「黜」に同じ。

7456 【詁】 7538 6B46 E665 言－5 コ(漢)/gǔ

字解 形声。言＋古(ふるい)(声)。ふるいことばの意。
意味 古い言葉。また、その読み。読み方。『経籍纂詁(ケイセキセンコ)』『訓詁学(クンコガク)』『解詁(カイコ)』

【詁訓(コクン)】 古い言葉の現代的な解釈。

7457 【詗】 *6153 言－5 コウ「詬」(7482)の異体字

7458 【詐】 2630 3A3E 8DBC 言－5 常 サ(漢)/zhà/いつわる・いつわり・あざむく

筆順 詐 詐 詐 詐 詐 詐

字解 形声。言＋乍(わざとつくる)(声)。つくりことばであざむく、だます意。
意味 いつわる。あざむく。また、いつわり。
下接 奸詐(カンサ)・詭詐(キサ)・権詐(ケンサ)・巧詐(コウサ)

【詐偽(サギ)】 うそ。いつわり。

【詐欺(サギ)】 いつわりあざむくこと。他人をだまし損をさせること。『結婚詐欺』『詐欺師』

【詐取(サシュ)】 金品をだまし取ること。

【詐術(サジュツ)】 人をだます手段。

【詐称(サショウ)】 氏名、職業、住所、年齢などをいつわって称すること。『年齢詐称』

【詐誕(サタン)】 いつわり。

【詐騙(サヘン)】 策を用いて人をあざむくこと。

【詐妄(サボウ)】 でたらめ。うそ。

【詐謀(サボウ)】 いつわりのはかりごと。

【詐詳(サヨウ)】 (「詳」は「佯」に同じ) うそ。いつわり。*史記-廉頗藺相如伝「以二詐詳一為レ予二趙城一(サヨウをもってチョウにしろをあたうるまねす)〔＝いつわりで趙に城を与えるふりをした〕」

7459 【詞】 2776 3B6C 8E8C 言－5 常6 ジ(呉)・シ(漢)/cí/ことば

筆順 詞 詞 詞 詞 詞 詞

字解 形声。言＋司(神意をうかがうためのことば)(声)。ことばの意。のちに言を加えた。
参考 万葉仮名では音を借りて「し」。
意味 ❶ことば。言語。また、詩文。詩歌。『詞章』『詞藻』 ❷文法上の単語の分類を表す語。『名詞(メイシ)』『動詞(ドウシ)』 ❸中国、古典文学のジャンル。唐代に流行した歌謡の歌詞がやがて文学形式として定着。一句の字数が不定で、俗語を多用する。宋代に栄え、宋を代表する文学とされる。塡詞(テンシ)。詩余。長短句。⇒〔詩〕(7485)の表

❶ ことば。言語。また、詩文。

下接 歌詞(カシ)・賀詞(ガシ)・献詞(ケンシ)・作詞(サクシ)・祝詞(シュクシ｜のりと)・頌詞(ショウシ)・賞詞(ショウシ)・序詞(ジョシ｜じょことば)・誓詞(セイシ)・台詞(ダイシ｜せりふ)・題詞(ダイシ)・弔詞(チョウシ)・通詞(ツウジ)・浮詞(フシ)・訳詞(ヤクシ)／絵詞(えことば)・掛詞(かけことば)・枕詞(まくらことば)

【詞華・詞花(シカ)】 詩や文章で、美しく巧みに表現したことば。『詞華集』

【詞客(シカク)】 文雅なことにたずさわる人。

【詞業(シギョウ)】 詩を作ること。

【詞曲(シキョク)】 詞と曲。また、戯曲。

【詞彩(シサイ)】 詞(ことば)の美しいこと。

【詞章(シショウ)】 ①詩や文章の総称。②国謡曲、浄瑠璃(ジョウルリ)など演劇的作品の文章。

【詞場(シジョウ)】 ①詩文などを作るところ。②古く、進士(シンシ)の試験場。

【詞人(シジン)】 詩や文を作る人。

【詞宗(シソウ)】 詩や文章の大家。また、文人、学者の敬称。

【詞藻(シソウ)】 ①美しいことば。ことばのあや。②すぐれた詩歌や文章。③詩文の才能。『詞藻豊かな人』

【詞伯(シハク)】 (「伯」はかしらとなる人の意) ＝詞宗(シソウ)

【詞表(シヒョウ)】 ①ことばどおりの意味。②ことばにあらわれていない意味。

【詞律(シリツ)】 ①文章のきまり。②書名。二〇巻。中国、清の万樹の著で、詞を作る規則をのべたもの。

【詞林(シリン)】 ①詩文を多く集めた書物。また、詩歌や文章。②詩人、文士の仲間。文人社会。③辞書。
【詞書(ことばがき)】 ①和歌の前書き。②絵巻物や絵本の説明文。言葉書き。
【寄レ詞(ことばをよす)】 ことづける。伝言する。＊白居易-長恨歌「臨レ別殷勤重寄レ詞(わかれにのぞみてインギンにかさねてことばをよす)〔＝別れぎわに、ねんごろにかさねて伝言をした〕」

7460 【証】 3058 3E5A 8FD8 言－5 常5 (7603)〔證〕 7590 6B7A E69A 言－12
ショウ呉漢/zhèng/あかす・あかし
筆順 言 訂 訂 訂 証 証
字解 常用漢字では、証が古くから證に通じて用いられてきたことから、證に代用する。證は形声。言＋登(のぼる)声。上告してあかしをたてる意。もと、証は、證とは別字で形声。言＋正(ただす)声。ことばでただす、いさめる意。音は、ショウ(シャウ)呉・セイ漢。
意味 あかす。あかしをたてる。明らかにする。また、しるし、あかしの文書。『証明』『証書』 ＊論語-子路「其父攘レ羊、而子証レ之(そのちちひつじをぬすみて、これをショウせり)〔＝父親が羊をねこばばしたところ、息子が(父の罪を訴え出て)証言した〕」
下接 暗証(アンショウ)・引証(インショウ)・確証(カクショウ)・偽証(ギショウ)・挙証(キョショウ)・検証(ケンショウ)・公証(コウショウ)・考証(コウショウ)・左証(サショウ)・査証(サショウ)・実証(ジッショウ)・書証(ショショウ)・心証(シンショウ)・信証(シンショウ)・徴証(チョウショウ)・内証(ナイショウ)・認証(ニンショウ)・反証(ハンショウ)・物証(ブッショウ)・弁証(ベンショウ)・傍証(ボウショウ)・保証(ホショウ)・立証(リッショウ)・例証(レイショウ)・論証(ロンショウ)
【証引(ショウイン)】 証拠として引くこと。引証。
【証印(ショウイン)】 証明するために書類に印を押すこと。
【証券(ショウケン)】 財産法上の権利、義務を記載した紙片。株券・債券などの、証書。『証券会社』
【証験(ショウケン)】 証拠となるしるし。証見。
【証言(ショウゲン)】 言葉で、ある事実を証明すること。また、証人として述べる言葉。
【証拠(ショウコ)】 事実を証明する材料。『論より証拠』
【証左(ショウサ)】 ①証拠。あかし。②証人。
【証紙(ショウシ)】 支払い・品質・数量などを証明する紙。
【証書(ショウショ)】 ある事柄が事実であることなどを証明する文書。証文。『卒業証書』
【証跡(ショウセキ)】 事実であることを証明する痕跡(コンセキ)。
【証人(ショウニン)】 ①ある事実を証明する人。②保証人。
【証票(ショウヒョウ)】 あることを証明するための札、書き付け。
【証憑(ショウヒョウ)】 事実を証明する根拠。証拠。
【証明(ショウメイ)】 ある事柄、判断などの真偽を明らかにすること。『印鑑証明』『証明書』
【証文(ショウモン)】 ある事実を証明する文書。証書。

7461 【詔】 3059 3E5B 8FD9 言－5 常
ショウ(セウ)呉漢/zhào/みことのり
筆順 言 訒 訒 詔 詔 詔
字解 形声。言＋召(まねく)声。まねきよせてつげることから、みことのりの意。
意味 ❶みことのり。天子のことば。❷「南詔(ナンショウ)」は、中国で唐代に雲南省の大理を中心に建てられた、チベット－ビルマ族の王国。
下接 哀詔(アイショウ)・遺詔(イジョウ)・恩詔(オンショウ)・制詔(セイショウ)・聖詔(セイショウ)・大詔(タイショウ)・待詔(タイショウ)・鳳詔(ホウショウ)・明詔(メイショウ)・優詔(ユウショウ)
【詔旨(ショウシ)】 詔勅の趣意。
【詔書(ショウショ)】 天子の意思を明示した公文書。
【詔勅(ショウチョク)】 天子が発する公式文書。詔書と勅書。
【詔諭(ショウユ)】 ①みことのり。②みことのりを下してさとすこと。
【詔令(ショウレイ)】 天子の命令。勅命。

7462 【診】 3139 3F47 9066 言－5 常
シン呉漢/zhěn/みる
筆順 言 訡 訡 診 診 診
字解 形声。言＋㐱(↓眞、いっぱいつまって密度が高い)声。
意味 みる。病状をしらべる。⇒〔見〕(7367)の表
下接 往診(オウシン)・回診(カイシン)・外診(ガイシン)・休診(キュウシン)・急診(キュウシン)・健診(ケンシン)・検診(ケンシン)・誤診(ゴシン)・再診(サイシン)・視診(シシン)・受診(ジュシン)・触診(ショクシン)・初診(ショシン)・代診(ダイシン)・宅診(タクシン)・打診(ダシン)・聴診(チョウシン)・内診(ナイシン)・問診(モンシン)・予診(ヨシン)・来診(ライシン)
【診察(シンサツ)】 医師が患者の病状などを調べること。
【診断(シンダン)】 医師が患者を診察して病状を判断すること。『健康診断』『診断書』
【診療(シンリョウ)】 医師による診察と治療。『診療所』

7463 【訴】 3342 414A 9169 言－5 常
ソ呉漢/sù/うったえる・うったえ
筆順 言 訢 訢 訢 訴 訴
字解 形声。言＋斥(逆方向にすすむ)声。下の者が上へ向かっていう、うったえる意。
意味 うったえる。うったえ。㋑ことの善悪などの判断を求める。さばきを求める。『訴訟』『告訴』 ㋺同情を求めてうったえる。『哀訴』『泣訴』『愁訴』
下接 哀訴(アイソ)・応訴(オウソ)・越訴(オッソ―エッソ)・起訴(キソ)・泣訴(キュウソ)・公訴(コウソ)・控訴(コウソ)・強訴(ゴウソ)・嗷訴(ゴウソ)・告訴(コクソ)・讒訴(ザンソ)・直訴(ジキソ)・自訴(ジソ)・愁訴(シュウソ)・勝訴(ショウソ)・上訴(ジョウソ)・追訴(ツイソ)・提訴(テイソ)・敗訴(ハイソ)・反訴(ハンソ)・密訴(ミッソ)・免訴(メンソ)
【訴因(ソイン)】 起訴状に記載した検察官の主張。
【訴願(ソガン)】 訴え願うこと。特に、行政官庁の処分の取消などを上級の行政官庁に請求すること。不服申立て。
【訴権(ソケン)】 主に民事訴訟で、裁判所に訴訟する権利。
【訴訟(ソショウ)】 事実の認定ならびに法律的判断を裁判所に求める手続き。『訴訟事件』
【訴状(ソジョウ)】 訴え事を記した文書。特に、民事訴訟で、訴えの趣旨を記載して裁判所に提出する書面。
【訴追(ソツイ)】 ①検察官が刑事事件について公訴を提起すること。起訴。②裁判官などの罷免を求める行為。
【訴人(ソニン)】 訴え出た人。告訴した人。

7464 【詛】 7539 6B47 E666 言－5
ショ呉・ソ漢/zǔ/のろう・のろい・ちかう
字解 形声。言＋且(供え物の象形)声。供え物をあげ、神に祈ってのろう、また、ちかう意。
意味 ❶のろう。のろい。他人にわざわいがおこるように神にいのること。『怨詛(エンソ)』『呪詛(ジュソ)』 ❷ちかう。ちかい。『詛盟』
【詛盟(ソメイ)】 誓うこと。盟約を結ぶこと。

7465 【詑】 3434 4242 91C0 言－5 (7466)〔⿰言㐌〕 ―― 言－5 (7438)〔訑〕＊6139 言－3
ダ呉・タ漢・イ漢/あざむく

字解 形声。言＋它（そのほか）声。ほかのことをいってあざむく意。

7467 【詒】 7540 6B48 E667 言－5 イ漢・タイ漢/yí・dài/あざむく・おくる・のこす

字解 形声。言＋台（→怡、よろこぶ）声。人をよろこばせるようにことばをつかう、あざむく・おくる意。

意味 ❶あざむく。❷おくる。つたえる。のこす。『詒謀』

【詒謀イボウ】子孫のためにのこすはかりごと。子孫のための計画。貽厥イケツ。〔詩経-大雅・文王有声〕

7468 【註】 3580 4370 9290 言－5 チュ呉漢・チュウ（チウ）呉漢/zhù

字解 形声。言＋主（一所にとどまりつく）声。本文につけたことばの意。

参考 現代表記では「注」に書き換える。熟語は「注」(4054)を見よ。

意味 文字や字句の意味を明らかにする。文章に解釈、説明を加える。「注」に同じ。

下接 脚註キャクチュウ・原註ゲンチュウ・校註コウチュウ・古註コチュウ・頭註トウチュウ・付註フチュウ・補註ホチュウ・訳註ヤクチュウ

7469 【詆】 7541 6B49 E668 言－5 テイ漢/dǐ/そしる・あざむく

字解 形声。言＋氏（ひくい）声。人をことばで低める、そしる意。

意味 そしる。悪口をいう。しかる。とがめる。また、あざむく。『排詆ハイテイ』

【詆訶テイカ】そしること。

【詆欺テイギ】あざむくこと。

【詆訐テイケツ】そしり、弱点をあばいてとがめること。

【詆辱テイジョク】そしりはずかしめること。

7470 【詖】 *6163 言－5 ヒ漢/bì/かたよる

字解 形声。言＋皮（獣のかわをはぎとる）声。はなしの正否をみわける意。転じて、かたよる意を表す。

意味 かたよる。かたむく。かたよった。よこしまな。

【詖行ヒコウ】かたよった行い。不正な行為。

【詖辞ヒジ】見方がかたよっていて正確でないことば。

7471 【評】 4130 493E 955D 言－5 常5 (7472)【評】 言－5 旧字

ヒョウ（ヒャウ）呉・ヘイ漢/píng/はかる

筆順 評評評評評評評

字解 形声。言＋平（たいら）声。公平にものごとをはかっていう、はかる意。

意味 ❶はかる。あげつらう。しなさだめする。物事の善悪、是非、美醜、優劣などを判断する。❷国こおり。大宝令制の郡にあたる。

下接 悪評アクヒョウ・概評ガイヒョウ・合評ガッピョウ・戯評ギヒョウ・劇評ゲキヒョウ・月評ゲッピョウ・好評コウヒョウ・高評コウヒョウ・講評コウヒョウ・酷評コクヒョウ・時評ジヒョウ・衆評シュウヒョウ・書評ショヒョウ・寸評スンピョウ・世評セヒョウ・総評ソウヒョウ・短評タンピョウ・定評テイヒョウ・適評テキヒョウ・批評ヒヒョウ・品評ヒンピョウ・風評フウヒョウ・不評フヒョウ・妄評ボウヒョウ―モウヒョウ・漫評マンピョウ・冷評レイヒョウ・論評ロンピョウ・月旦評ゲッタンヒョウ・下馬評ゲバヒョウ

【評価ヒョウカ】1価値や価格を見定めること。『評価額』2価値があると認めること。

【評議ヒョウギ】集まって意見を交換し、相談すること。

【評決ヒョウケツ】評議して決定すること。議決。

【評言ヒョウゲン】＝評語ヒョウゴ

【評語ヒョウゴ】批評の言葉。評言。

【評者ヒョウシャ】批評する人。

【評釈ヒョウシャク】作品に批評と解釈を加えること。

【評定ヒョウジョウ―テイ】1（ヒョウジョウ）評議して決定すること。『小田原評定』2（ヒョウテイ）規準に従って評価を定めること。『勤務評定』

【評注ヒョウチュウ】詩・文などを批評し、注釈を加えること。

【評点ヒョウテン】成績や完成度などを評価して付けた点数。

【評伝ヒョウデン】批評を交えながら書かれた伝記。

【評判ヒョウバン】1世間の批評。2国世間に取りざたされること。『評判の美人』

【評論ヒョウロン】批評し論ずること。『評論家』

7473 【詼】 7543 6B4B E66A 言－6 カイ（クヮイ）漢/huī/たわむれる

字解 形声。言＋灰声。

意味 たわむれる。おどける。ふざける。からかう。

【詼諧カイカイ】おどけ、ふざけること。おどけ。諧謔。

【詼謔カイギャク】おどけ。冗談。諧謔。

【詼達カイタツ】思い切りふざけるさま。

【詼嘲カイチョウ】冗談めかしてからかい、あざけること。

7474 【詿】 *6178 言－6 カイ（クヮイ）漢/guà/あざむく

字解 形声。言＋圭（→挂、かける）声。人をひっかけてあざむく意。

意味 あざむく。

【詿誤カイゴ】人をだまし、まどわすこと。

7475 【該】 1926 333A 8A59 言－6 常 (7476)【該】 言－6 旧字

カイ漢・ガイ慣/gāi/かねる・あまねく・その・この

筆順 該該該該該該該

字解 形声。言＋亥（→皆、みな）声。皆がちかう、そなわる意。

参考 万葉仮名では音を借りて「け乙」。

意味 ❶かねる。すべてにゆきわたる。あまねく。ひろく。『該博』❷あたる。あてはまる。『当該トウガイ』❸その。話題になっている事物をさす。『該案〔＝その案〕』『該人〔＝その人〕』『該地〔＝その地〕』

❶かねる。すべてにゆきわたる。

【該覈ガイカク】ひろく調べること。

【該究ガイキュウ】ひろく研究すること。

【該洽ガイコウ】ひろくゆきわたること。全体に通じること。

【該博ガイハク】ひろく物事に通じていること。学識などのひろいこと。『該博な知識』

❷あたる。あてはまる。

【該当ガイトウ】条件などに当てはまること。『該当事項』

7477 【詭】 7544 6B4C E66B 言－6 キ漢/guǐ/いつわる・あやしい

字解 形声。言＋危（あやうい）声。あやういことば、いつわりの意。

意味 ❶いつわる。あざむく。道理にそむく。『詭弁』『譎詭ケッキ』❷あやしい。普通とちがっている。「奇」に同じ。『詭異』『怪詭(カイキ)』『奇詭(キキ)』

❶ いつわる。あざむく。たぶらかす。

【詭遇(キグウ)】 正しい方法によらずに、事を行うこと。また、それによって富や地位を得ること。〔孟子-滕文公下〕

【詭計(キケイ)】 人をだますはかりごと。詭謀。

【詭詐(キサ)】 いつわること。うそ。譎詐(ケッサ)。

【詭辞(キジ)】 いつわりのことばを言うこと。詭弁。

【詭説(キセツ)】 いつわりの説。まちがった考え方。

【詭誕(キタン)】 うそ。いつわり。

【詭道(キドウ)】 ①人をあざむく方法。正しくない手段。②ぬけ道。近道。

【詭弁(キベン)】 道理に合わない弁論。こじつけの論。偽弁。『詭弁を弄(ロウ)する』▶論理学では「危弁」、新聞等では「奇弁」と書き換える。

【詭妄(キボウ)】 うそ。でたらめ。

【詭謀(キボウ)】 ＝詭計(キケイ)

❷ あやしい。

【詭異(キイ)】 あやしくふしぎなこと。疑わしいこと。

【詭激(キゲキ)】 言行が普通と違って、激しすぎるさま。

7478【詰】 2145 354D 8B6C 言－6 常 キッ漢／jié・jí／つめる・つまる・つむ・つめ・なじる

筆順 詰 詰 詰 詰 詰 詰

字解 形声。言＋吉(堅くしめる)声。ことばでしめつける、といつめる意。

意味 ❶なじる。せめる。といつめる。『詰問』『難詰(ナンキツ)』 ❷まがる。かがむ。『詰屈』 ❸あくるあさ。あけがた。『詰朝』 ❹国つめる。つまる。つむ。また、つめ。㋑最後まで押し進める。先へ抜けられなくなる。最後のところ。『詰めがあまい』『詰め将棋』 ㋺物を入れものに余地なく入れる。『折詰(おりづめ)』『缶詰(カンづめ)』『壜詰(ビンづめ)』 ㋩後のために一定の場所で待機する。『詰所(つめショ)』

下接 呵詰(カキツ)・究詰(キュウキツ)・難詰(ナンキツ)・面詰(メンキツ)・論詰(ロンキツ)

❶ なじる。せめる。といつめる。

【詰窮(キッキュウ)】 問いつめること。

【詰責(キッセキ)】 失敗などを問いつめて責めること。

【詰問(キツモン)】 非を責めながら厳しく問いつめること。

❷ まがる。かがむ。

【詰曲(キッキョク)】 曲がりくねること。

【詰屈(キックツ)】 曲がって、のびないこと。佶屈(キックツ)。

【詰屈聱牙(キックツゴウガ)】 難しくて読みにくい文章。佶屈聱牙。

❸ あくるあさ。あけがた。

【詰旦(キッタン)】 翌朝。また、早朝。詰朝。詰晨。

【詰朝(キッチョウ)】 ＝詰旦(キッタン)

7479【詡】 ＊6168 言－6 ク漢／xǔ／ほこる

字解 形声。言＋羽声。

意味 ほこる。大言をはく。大言。また、大きい。

【詡詡(クク)】 ①大げさにいうさま。また、こびへつらうさま。②羽の音の形容。

7480【詣】 2356 3758 8C77 言－6 ゲイ漢・ケイ慣／yì／いたる・まいる・もうでる

字解 形声。言＋旨声。

意味 ❶いたる。行きつく。深い境地に進む。『造詣(ゾウケイ)』 ❷国もうでる。寺社に参る。『参詣(サンケイ)』『初詣(はつもうで)』

7481【誇】 2456 3858 8CD6 言－6 常 カ(クヮ)漢・コ慣／kuā／ほこる・ほこり

筆順 誇 誇 誇 誇 誇 誇

字解 形声。言＋夸(おおきい)声。大げさな物言いの意。

意味 ほこる。じまんする。大言をはいていばる。おおげさに言う。また、ほこり。『驕誇(キョウカ|キョウコ)』『浮誇(フコ)』

【誇詡(コク)】 ほこりてらうこと。

【誇示(コジ)】 ほこらしげに示すこと。見せびらかすこと。『武力を誇示する』

【誇称(コショウ)】 自慢して実際以上に大げさに言うこと。

【誇大(コダイ)】 大げさなさま。誇張。『誇大広告』

【誇大妄想(コダイモウソウ)】 自分の状態を大げさに評価して、そのように思い込むこと。

【誇張(コチョウ)】 大げさに言ったり、したりすること。

【誇耀(コヨウ)】 名誉、光栄、美しさなどを盛んにほこること。

7482【詬】 7545 6B4D E66C 言－6 コウ漢／gòu／はずかしめる・はずかしめ

(7457)〔詾〕 ＊6153 言－5

字解 形声。言＋后(→垢、あか)声。ことばでけがす、はずかしめる意。

意味 はずかしめる。はずかしめ。はじ。

【詬恥(コウチ)】 はじ。

【詬罵(コウバ)】 罵倒して恥をかかせること。

【詬病(コウヘイ)】 悪口を言ってはずかしめること。悪口。

7483【詵】 ―― 言－6 コウ 「詵」(7578)の異体字

7484【誂】 ―― 言－6 コウ 「詵」(7578)の異体字

7485【詩】 2777 3B6D 8E8D 言－6 常3 シ呉漢・シイ慣／shī／うた

筆順 詩 詩 詩 詩 詩 詩

字解 形声。言＋寺(→之、ゆく)声。心のゆくところの意。

参考 万葉仮名では音を借りて「し」。

意味 ❶うた。心に感じたことを、一種のリズムを持つ形式の言葉で表現したもの。また日本で特に、「漢詩」のこと。からうた。『叙情詩(ジョジョウシ)』『定型詩(テイケイシ)』『詩歌』『詩集』『詩人』 ⇓表 ❷経書の名。「詩経」のこと。五経の一。『逸詩(イッシ)』

❶ うた。

下接 狂詩(キョウシ)・劇詩(ゲキシ)・原詩(ゲンシ)・作詩(サクシ)・史詩(シシ)・頌詩(ショウシ)・序詩(ジョシ)・題詩(ダイシ)・童詩(ドウシ)・妙詩(ミョウシ)・訳詩(ヤクシ)／古詩(コシ)・唐詩(トウシ)・律詩(リッシ)

詩(シ)	古詩・近体詩ほか広く韻文をいう。	五言古詩	唐詩	詩文	詩賦	詩韻	詩藻
詞(シ)	俗謡の系譜をひき、中国の宋代に栄えた韻文をいう。	宋詞之曲	詞曲	詞章	詞賦	詞韻	詞藻

【詩歌(シイカ|シカ)】 国①漢詩と和歌。『詩歌管弦』②和歌、俳

句、詩などの総称。❤「シイカ」は慣用読み。

【詩韻（シイン）】①詩の韻。詩の中におりこまれている韻。②詩のおもむき。

【詩客（シカク）】詩を作る人。詩人。

【詩格（シカク）】①詩を作るための法則。②詩の品格。

【詩眼（シガン）】①詩に関する眼識。②漢詩で、その巧拙のきめてとなる主要な一文字。五言詩では三字目、七言詩では五字目をさす。

【詩境（シキョウ）】詩の生まれる心境。また、詩にうたわれている境地。

【詩興（シキョウ）】詩を作りたくなる気持ち。また、詩心を動かすような興趣。

【詩吟（シギン）】国漢詩の読み下しを節をつけて吟詠すること。

【詩形（シケイ）】詩の形式。

【詩劇（シゲキ）】韻文や詩の形式で書かれた劇。

【詩語（シゴ）】詩に用いられる言葉。詩の言葉。

【詩才（シサイ）】詩歌を作る才能。

【詩債（シサイ）】詩を求められたまま、作らずにいること。

【詩作（シサク）】詩を作ること。

【詩史（シシ）】①詩で、史実や伝記などを叙述したもの。②詩の歴史。

【詩趣（シシュ）】詩に表現するのにふさわしい情趣。詩情。

【詩集（シシュウ）】詩を集めて載せた書物。

【詩抄（シショウ）】詩の抜き書き。

【詩情（シジョウ）】①詩に表現したいという欲求。②詩的な情景。

【詩人（シジン）】詩歌を作ることを専門とする人。また、詩的な感覚を持つ人。『吟遊詩人』

【詩聖（シセイ）】きわめてすぐれた詩人。特に、中国、唐の詩人、杜甫（トホ）の異称。「詩仙」の李白に対していう。

【詩仙（シセン）】天才的な詩人。詩の大家。特に、中国、唐の詩人、李白の異称。「詩聖」の杜甫に対していう。

【詩宗（シソウ）】すぐれた詩人。また、詩人の敬称。

【詩想（シソウ）】詩にうたわれた思想や感情。

【詩壇（シダン）】詩人たちの社会、世界。

【詩的（シテキ）】詩のおもむきがあるさま。ポエティック。

【詩有二別才（シにベッサイあり）】詩は、学問、教養の深浅によるものでなく、特殊な才能によることが多い。〔滄浪詩話-詩弁〕

【詩嚢（シノウ）】詩の草稿をたくわえておく袋。『詩嚢を肥やす〔=詩想を豊かにする〕』

【詩伯（シハク）】（「伯」はかしらとなる人の意）詩の大家。

【詩碑（シヒ）】詩を彫りこんだ石碑。

【詩賦（シフ）】詩と賦。すなわち中国の韻文。

【詩仏（シブツ）】中国、唐の詩人、王維（オウイ）の異称。

【詩文（シブン）】詩と文章。漢詩と漢文。

【詩編・詩篇（シヘン）】①詩。また、詩集。②旧約聖書の、神への賛歌を集めた部分。

【詩余（シヨ）】詩体の一。「詞」の別名。

【詩論（シロン）】詩に関する理論、評論。

【詩話（シワ）】詩や詩人についての談話、評論。

【賦レ詩（シをフす）】詩を作る。

❷ 経書の名。

【詩経（シキョウ）】中国最古の詩集で、経書の一。撰者未詳。孔子が約三〇〇〇の古詩から選んだものともいう。風・雅・頌の三部三〇五編から成る。漢の毛亨（モウコウ）が伝えた書が唯一の完本であるため「毛詩」ともいう。

【詩書（シショ）】「詩経」と「書経」。『詩書礼楽』

7486 【試】 2778 3B6E 8E8E 言-6 常4 シ㊤㊥/shì/こころみる・こころみ・ためす・ためし

筆順

字解 形声。言+式(きまり)㊤。きまりに合わせて用いる意。

参考 万葉仮名では音を借りて「し」。

意味 ❶ためす。こころみる。調べてみる。実際にあたって、真偽、良否などを確かめる。『試金石』『試験』『試作』『試食』『考試』❷もちいる。任用する。「用」に同じ。＊論語-公冶長「吾不レ試（われもちいられず）〔=私は世間に用いられなかった〕」❸あて字。『試合（しあい）』

下接 会試（カイシ）・科試（カシ）・課試（カシ）・監試（カンシ）・供試（キョウシ）・郷試（キョウシ）・公試（コウシ）・考試（コウシ）・省試（ショウシ）・追試（ツイシ）・廷試（テイシ）・殿試（デンシ）・入試（ニュウシ）・覆試（フクシ）・面試（メンシ）・模試（モシ）

❶ ためす。こころみる。ためし。

【試案（シアン）】こころみに立てた案。↔成案

【試金石（シキンセキ）】①黒色の緻密（チミツ）な粘板岩。金属をこすりつけ、金属の品質などを判定する。②物事の価値などを見極めるためにこころみる物事。

【試験（シケン）】①ためすこと。『試験管』『試験台』②問題を出して解答させ、及落、採否などを決めること。テスト。『選抜試験』『入学試験』

【試行（シコウ）】ためしに行うこと。こころみること。【試行錯誤（シコウサクゴ）】失敗を重ねながら、何回もこころみて、目的に迫ってゆくこと。❤英trial and errorの訳語。

【試作（シサク）】本式に作る前に試験的に作ってみること。

【試探（シタン）】ためしにさぐってみること。

【試筆（シヒツ）】新年に初めて毛筆で文字を書くこと。かきぞめ。

【試補（シホ）】国本官に任命されるまで、実地で見習いをする者。↔本官。『外交官試補』

【試問（シモン）】質問して、知識などを試験すること。『口頭試問』

【試薬（シヤク）】化学分析、薬品試験、薬品検査などに用いる化学薬品の総称。試験薬。

【試用（シヨウ）】人や物をためしに使うこと。『試用期間』

【試料（シリョウ）】試験、検査、分析などのための材料、また、見本。サンプル。

【試練・試煉（シレン）】あることを成し遂げたり、人生を送るうえでぶつかる苦難。❤書き換え「試煉→試練」。

【試論（シロン）】こころみに述べた論説。随想的評論。

❸ あて字。

【試合（しあい）】二手に分かれて武芸、競技を競い合うこと。❤「し」はサ変動詞「す」の連用形で、「試」はあて字。

7487 【訿】 ―― 言-6 シ「訾」(7414)の異体字

7488 【詢】 7546 6B4E E66D 言-6 人 シュン㊥・ジュン㊧/xún/はかる

字解 形声。言+旬(ひとめぐりする)㊤。ひと通り意見をきく、問う意。

意味 ❶はかる。とう。相談する。❷まこと。まことに。『交詢（コウジュン）』

【詢察（ジュンサツ）】たずねて調べること。

【詢謀（ジュンボウ）】相談すること。

7489【詳】 3060 3E5C 8FDA 言－6 常 ショウ(シャウ)呉漢/xiáng/くわしい・つまびらか

筆順 詳 詳 詳 詳 詳 詳

字解 形声。言＋羊声。

意味 くわしい。つまびらか。すみずみにまでゆきわたっているさま。⇓表〔精〕(5817)の表

下接 審詳(シンショウ)・精詳(セイショウ)・不詳(フショウ)・未詳(ミショウ)

詳(ショウ)	審(シン)
詳審	
くわしい。 詳察 詳説 詳論 詳述 詳断 不詳	つまびらかにする。 審察 審議 審理 審問 審査 不審

【詳覈(ショウカク)】細かく調べること。

【詳記(ショウキ)】くわしく記すこと。↕略記

【詳細(ショウサイ)】くわしく細かなこと。委細。詳密。

【詳察(ショウサツ)】くわしく観察すること。

【詳悉(ショウシツ)】大変くわしいこと。また、くわしく調べてはっきりさせること。委細。

【詳述(ショウジュツ)】くわしく述べること。↕略述

【詳審(ショウシン)】細部にまでわたっていて、くわしいこと。

【詳説(ショウセツ)】くわしく説明すること。詳解。詳述。↕概説・略説

【詳平(ショウヘイ)】調査がくわしく、裁きが公平なこと。

【詳報(ショウホウ)】くわしい知らせ。

【詳密(ショウミツ)】くわしく細かいこと。詳細。細密。

【詳覧(ショウラン)】くわしく見ること。

【詳論(ショウロン)】くわしく論ずること。

7490【誠】 3231 403F 90BD 言－6 常6 (7510)〔誠〕 言－7 旧字 ジョウ(ジャウ)呉・セイ漢/chéng/まこと

筆順 誠 誠 誠 誠 誠 誠

字解 形声。言＋成(かたくまもる)声。ことばをかたく守る意。

意味 まこと。㋑まごころ。真実。いつわりのないさま。『誠実』 *孟子-離婁上「不レ誠、未レ有二能動者一也。(まこととならずして、いまだよくうごくものあらざるなり)」〔=誠をつくさないで、感動させられる者はない〕」 ㋺まことに。ほんとうに。 *孟子-梁恵王上「是誠何心哉(これまことになんのこころぞや)」〔=まったくどういうつもりだったのだろう〕」 ⇓〔真〕(5156)の表

下接 愚誠(グセイ)・懇誠(コンセイ)・至誠(シセイ)・真誠(シンセイ)・精誠(セイセイ)・赤誠(セキセイ)・丹誠(タンセイ)・忠誠(チュウセイ)・熱誠(ネッセイ)

【誠意(セイイ)】正直な態度で接する心。まごころ。

【誠壱(セイイツ)】純粋で誠実な心。

【誠慤(セイカク)】(「慤」もまことの意) 誠実なこと。

【誠款(セイカン)】誠実でいつわりのないこと。

【誠敬(セイケイ)】まごころをもってうやまうこと。

【誠惶(セイコウ)】(心からおそれかしこまるの意) 手紙の本文の終わりに敬意を表して添えることば。「誠惶誠恐(セイキョウ)」「誠惶頓首(トンシュ)」とも。

【誠悃(セイコン)】(「悃」は心をひとすじにすること) いつわりのない心。まごころ。誠懇。

【誠実(セイジツ)】まごころがあってまじめなこと。

【誠心(セイシン)】いつわりのない心。まごころ。『誠心誠意』

【誠切(セイセツ)】まごころがあって親切なこと。

【誠烈(セイレツ)】まごころがあって信念がかたいこと。

7491【詮】 3307 4127 9146 言－6 セン呉漢/quán/そなわる

字解 形声。言＋全(そなわる)声。そなわっていることばの意。

意味 ❶そなわる。そなえる。ととのえる。また、物事の道理をつぶさに説き明かす。『詮議』『言詮(ゲンセン|ゴンセン)』『真詮(シンセン)』 ❷えらぶ。「選」に同じ。『詮衡』 ❸国せん。「為(せ)む」のあて字。なすすべ。方法。また、効果。『詮方(せんかた)』 ❹国「所詮(ショセン)」は、つまるところ。結局。

❶ 物事の道理をつぶさに説き明かす。

【詮議・詮義(センギ)】①評議して物事を明らかにすること。②罪人の捜索。取り調べ。

【詮索(センサク)】細かい点まで尋ねさがすこと。調べること。

【詮釈(センシャク)】事の道理を詳しく説き明かすこと。

❷ えらぶ。

【詮衡(センコウ)】集めそろえた人や物の能力などを調べ、中から選び出すこと。♥「銓衡」の誤用。

【詮度(センタク)】えらびはかること。

7492【詫】 4745 4F4D 986C 言－6 タ漢/chà/わびる・わび

字解 形声。言＋宅声。

意味 ❶ほこる。じまんする。『誇詫(コタ)』 ❷あざむく。❸あやしむ。いぶかる。❹国わびる。あやまる。わび。

7493【誅】 7547 6B4F E66E 言－6 チュウ(チウ)漢/zhū/せめる・うつ

字解 形声。言＋朱(↓殳、うちせめる)声。ことばでせめる意。

意味 ❶せめる。せめたてる。また、せめて罰する。罪を責める。『誅求』『鬼誅(キチュウ)』『筆誅(ヒッチュウ)』 *論語-公冶長「於レ予与何誅(ヨにおいてかなんぞせめん)」〔=宰予については責める値うちもない〕」 ❷うつ。ころす。罪あるものをせめほろぼす。『誅滅』『天誅(テンチュウ)』 *史記-項羽本紀「欲レ誅二有功之人一(ユウコウのひとをチュウせんとほっす)」〔=功績のあった人を殺そうとした〕」

❶ せめる。せめたてる。

【誅求(チュウキュウ)】租税などを厳しく取り立てること。『苛斂誅求(カレンチュウキュウ)』

【誅罰(チュウバツ)】罪を責めて罰すること。処罰。成敗。

❷ うつ。ころす。

【誅殛(チュウキョク)】罪によって死刑に処すること。

【誅殺(チュウサツ)】罪をとがめて殺すこと。 *史記-項羽本紀「沛公至レ軍、立誅二殺曹無傷一(ハイコウグンにいたり、たちどころにソウムショウをチュウサツす)」〔=沛公は自分の陣に着くと、ただちに曹無傷を殺してしまった〕」

【誅鋤(チュウジョ)】①草木などを根元からすき取って絶やすこと。②悪人などを殺して絶滅させること。

【誅伐(チュウバツ)】罪を犯した者を責めて殺すこと。

【誅滅(チュウメツ)】罪ある者を攻め滅ぼすこと。

【誅戮(チュウリク)】罪ある者、悪者を殺すこと。

7494【誂】 7548 6B50 E66F 言－6 チョウ(テウ)漢/tiǎo/いどむ・あつらえる

字解 形声。言＋兆(↓挑、しかける)声。ことばでさそいかける、いどむ意。

意味 ❶いどむ。さそいかける。❷もてあそぶ。ふざけ

る。❸国あつらえる。注文して作らせる。『誂向あつらえむき』

7495 【諛】 ーー 言－6 ユ 「諛」(7570)の異体字

7496 【誄】 7549 6B51 E670 言－6 ルイ㊥ lěi しのびごと
字解 形声。言＋耒(←累、かさねる)㊥。死者の生前の行いを重ねてたたえることば、文の意。
意味 ❶人の功績を述べ連ねて神に祈る文。誄詞。誄辞。❷神に祈って幸福を求めることば。

7497 【話】 4735 4F43 9862 言－6 常2 カイ(クヮイ)㊥・ワ慣 huà はなす・はなし
筆順 話 話 話 話 話 話 話
字解 形声。言＋舌(＝𠯑→活、勢いのよい)㊥。ことばを勢いよく口にする意。
意味 ❶はなす。語る。はなすこと。『話術』『会話』『談話』❷はなし。ものがたり。『話本』『逸話』❸ことば。言語。『官話』『世話』

❶はなす。語る。
下接 会話カイワ・講話コウワ・懇話コンワ・雑話ザツワ・手話シュワ・送話ソウワ・対話タイワ・談話ダンワ・通話ツウワ・電話デンワ・発話ハツワ
【話言】ワゲン 話すこと。また、話す言葉。特に、ためになる言葉や話。
【話次】ワジ 話のついで。言次。談次。
【話題】ワダイ 話の主題。話のたね。『話題の映画』
【話頭】ワトウ 話のむき。また、話題。
【話柄】ワヘイ 話題。
【話法】ワホウ ①話し方。②話に登場する人の言葉をその話の中に取り入れるときの表現のしかた。『間接話法』

❷はなし。ものがたり。
下接 哀話アイワ・逸話イツワ・歌話カワ・閑話カンワ・間話カンワ・奇話キワ・謹話キンワ・寓話グウワ・訓話クンワ・茶話サワ・実話ジツワ・笑話ショウワ・情話ジョウワ・史話シワ・詩話シワ・神話シンワ・寸話スンワ・清話セイワ・説話セツワ・世話セワ・禅話ゼンワ・挿話ソウワ・痴話チワ・童話ドウワ・道話ドウワ・独話ドクワ・秘話ヒワ・悲話ヒワ・法話ホウワ・民話ミンワ・夜話ヤワ・余話ヨワ／裏話うらばなし・小話こばなし・長話ながばなし
【話本】ワホン 国話の本。説話などを書きしるした本。

7498 【誨】 7550 6B52 E671 言－7 ケ㊥・カイ(クヮイ)㊝ huì おしえる・おしえ
字解 形声。言＋毎(くらい)㊥。わからないことをことばでおしえる意。
金文 篆文

意味 おしえる。おしえみちびく。おしえさとす。また、おしえ。＊論語-述而「誨レ人不レ倦ひとをおしえてうまず〔＝人を教え諭して、あきていやになることがない〕」
下接 規誨キカイ・教誨キョウカイ・訓誨クンカイ・高誨コウカイ・慈誨ジカイ
【誨育】カイイク 教え育てること。
【誨淫】カイイン みだらなことを教えること。
【誨化】カイカ 教えて導くこと。教化。
【誨諭】カイユ 物事の道理などをさとすこと。教誨。訓誨。
【誨誘】カイユウ 教え導くこと。

7499 【誡】 7551 6B53 E672 言－7 カイ㊥㊝ jiè いましめる・いましめ
字解 形声。言＋戒(いましめる)㊥。ことばでいましめる意。
意味 いましめる。さとす。いましめる。いましめ。「戒」に同じ。
下接 遺誡カイ―ユイ・家誡カカイ・勧誡カンカイ・教誡キョウカイ・訓誡クンカイ・自誡ジカイ・女誡ジョカイ
【誡告】カイコク いましめ、注意すること。戒告カイコク。
【誡諭】カイユ 注意を与えて物事の道理を教えてやること。

7500 【誒】 ＊6185 言－7 キ㊝・アイ㊝ xī・èi ああ
字解 形声。言＋矣(なげく声の擬声語)㊥。
意味 ❶ああ。嘆く声。❷はい。同意を示すことば。
【誒詒】イキ 気がゆるむさま。
【誒笑】キショウ 笑い楽しむさま。

7501 【[illegible]】 ーー 言－7 ギ 「誼」(7523)の異体字

7502 【誑】 7552 6B54 E673 言－7 オウ(ワウ)㊥・キョウ(キャウ)㊝ kuáng たぶらかす・たらす
字解 形声。言＋狂(くるう)㊥。くるったことばを用いる、だます意。
意味 たぶらかす。だます。あざむく。また、たらす。たらし。甘い言葉でだます。『欺誑ギキョウ』
【誑誕】キョウタン たぶらかし、うそをつくこと。
【誑誘】キョウユウ だましてさそうこと。
【誑惑】キョウワク 人をたぶらかし惑わすこと。枉惑オウワク。

7503 【語】 2476 386C 8CEA 言－7 常2 ゴ㊥・ギョ㊝ yǔ・yù かたる・かたらう・かたり・ことば
筆順 語 語 語 語 語 語 語
字解 形声。言＋吾(←互、たがい)㊥。交互にことばを発する、かたる意。
参考 万葉仮名では音を借りて「ご(乙)」。
意味 ❶かたる。かたらう。ことばを交わす。はなす。ものがたる。『語気』『私語』『独語』＊史記-項羽本紀「不レ可レ不レ語つげざるべからず〔＝報告しないわけにはいかない〕」❷ことば。単語。成句。また、ことばづかい。『語構成』『語彙』『語句』❸はなし。㋑ある人の言ったことば。『語録』『勅語チョク』㋺「論語」の略。『語孟ゴモウ』㋩国「物語ものがたり」の略。『源語ゲン』⇒〔言〕(7409)の表

❶かたる。かたらう。はなす。
下接 閑語カンゴ・偶語グウゴ・激語ゲキゴ・豪語ゴウゴ・晤語ゴゴ・私語シゴ・耳語ジゴ・失語シツゴ・壮語ソウゴ・低語テイゴ・独語ドクゴ・喃語ナンゴ・面語メンゴ・目語モクゴ・言語道断ゴンゴドウダン
【語気】ゴキ 話す場合の言葉の調子や勢い。『鋭い語気』
【語次】ゴジ 話のついで。言葉の続き。
【語勢】ゴセイ 話すときの言葉の勢い。語気。
【語調】ゴチョウ 話すときの言葉の調子。また、アクセント。

❷ことば。ことばづかい。
下接 隠語インゴ・韻語インゴ・英語エイゴ・婉語エンゴ・縁語エンゴ・艶語エンゴ・解語カイゴ・外語ガイゴ・訛語カゴ・歌語カゴ・雅語ガゴ・閑語カンゴ・漢語カンゴ・奇語キゴ・季語キゴ・綺語キゴ―キョ・吃語キツゴ・客語キャクゴ・敬語ケイゴ・警語ケイゴ・結語ケツゴ・言語ゲンゴ―ゴン・原語ゲンゴ・諺語ゲンゴ・口語コウゴ・国語コクゴ・古語コゴ・死語シゴ・詩語シゴ・重語ジュウゴ・熟語ジュクゴ・主語シュゴ・述語ジュツゴ・術語ジュツゴ・冗語ジョウゴ・剰語ジョウゴ・畳語ジョウゴ・新語シンゴ・人語ジンゴ・成語セイゴ・禅語ゼンゴ・造

語族・俗語・祖語・対語・単語・逐語・発語・跋語・反語・蛮語・卑語・秘語・鄙語・転語・倒語・同語・土語・難語・廃語・評語・標語・仏語・文語・平語・邦語・法語・補語・母語・梵語・慢語・密語・訳語・野語・用語・洋語・要語・俚語・略語・類語・冷語・連語・和語

【語彙(ゴイ)】ある言語、また、ある特定の領域で用いられる単語の集まり。

【語意(ゴイ)】言葉の持つ意味。語義。

【語学(ゴガク)】①言語学。②外国語の学習。その学科。

【語幹(ゴカン)】国 国文法で、用言の活用語で変化しない部分。「読む」の「よ」、「長い」の「なが」など。↕語尾

【語感(ゴカン)】①語それぞれが持つ個別の感じ。②言葉に対する感覚。

【語義(ゴギ)】語の意味。語意。『語義未詳』

【語句(ゴク)】語と句。ことば。

【語言(ゴゲン)】ことば。言語。

【語源・語原(ゴゲン)】個々の単語の成立の説明。変化してきたもとの形やその意義についていう。『語源説』

【語語(ゴゴ)】一語一語。『言言語語』

【語根(ゴコン)】国 語構成要素の一。それ以上分けられない最小の単位。語源上の最小要素。「まど」のま(目)と、と(門)。「すずむ(涼)」のすずと、む、など。

【語誌・語史・語志(ゴシ)】一つの言語の、起源や、意味、用法の変遷などの全体としての記述。また、単語のそれぞれについての記述。

【語釈(ゴシャク)】語句の意味を説明すること。

【語助(ゴジョ)】助辞。漢文で、語の意を強めるためなどに用いられる文字。

【語序(ゴジョ)】語順。

【語尾(ゴビ)】①一続きの言葉の終わりの部分。②単語の末尾。↕語頭。③国 活用語尾。↕語幹

【語弊(ゴヘイ)】誤解を招きやすい用語や言い方のために起こる弊害。『こう言うと語弊があるかもしれないが』

【語法(ゴホウ)】①言語の表現や理解を支える慣用的法則。文法。②言葉遣い。

【語脈(ゴミャク)】語と語の続き具合。

【語呂・語路(ゴロ)】国 語句を口にしたときや、耳にしたときの調子の良さ。『語呂が悪い』『語呂合わせ』

❸ はなし。語られたことば。

下接 源語・神語・勢語・勅語・飛語・仏語・平語・落語

【語録(ゴロク)】儒者や僧、偉人などの言葉を集めたもの。

7504 【誤】 2477 386D 8CEB 言－7 常6 (7505) 〖誤〗 言－7 旧字

ゴ 呉 漢 \wù\ あやまる・あやまり

筆順 誤 誤 誤 誤 誤 誤

字解 形声。言＋呉(→忤、くいちがう)声。真実とくいちがったことばの意。

参考 万葉仮名では音を借りて「ご甲」。

意味 あやまる。まちがえる。あやまり。『誤解』 ⇓表

下接 過誤・錯誤・失誤・正誤

誤(ゴ)	錯(サク)
錯誤	
しそこなう。 誤解 誤脱 誤謬 誤認 誤判 過誤	まちがえる。 錯覚 錯簡 錯謬 錯認 錯乱 倒錯

【誤解(ゴカイ)】意味や事実について誤って解釈すること。

【誤差(ゴサ)】①真の値とその近似値、または測定値との差。②くい違い。

【誤算(ゴサン)】計算違い。また、見込み違い。

【誤字(ゴジ)】文字の、正しいとされる形、用法に合わないもの。間違って使われる字。

【誤写(ゴシャ)】誤って書き写すこと。

【誤植(ゴショク)】印刷で、別の字が誤って植字され印刷されること。

【誤信(ゴシン)】間違って信じること。

【誤脱(ゴダツ)】字句の誤りや抜け落ち。誤字と脱字。

【誤伝(ゴデン)】事実を誤って伝えること。また、誤って伝わった話や事柄。

【誤読(ゴドク)】誤って読むこと。読み誤り。

【誤認(ゴニン)】間違えて、ある物を他の物として認めること。『事実誤認』

【誤謬(ゴビュウ)】間違えること。

【誤報(ゴホウ)】事実と違うことを間違えて知らせること。

【誤用(ゴヨウ)】正しい用法にそわないこと。誤った用法。

【誤惑(ゴワク)】間違えたためにまようこと。

7506 【誥】 7553 6B55 E674 言－7

コウ(カウ) 漢 \gào\ つげる

字解 形声。言＋告(つげる)声。つげる意。金文は、言＋廾。

金文 

篆文 

意味 ❶つげる。上位の者が下位の者に告げ知らせる。おしえていましめる。『誥命』 ❷天子から出された訓告の文字。

【誥命(コウメイ)】(「命」は命ずる辞) 天子の命令。

7507 【誌】 2779 3B6F 8E8F 言－7 常6

シ 呉 漢 \zhì\ しるす

筆順 誌 誌 誌 誌 誌 誌

字解 形声。言＋志(しるす)声。書きしるす意。のちに言を加えた。

意味 ❶しるす。書きしるす。書きしるしたもの。『語誌』『日誌』 *陶潜-桃花源記「処処誌ㇾ之(ショショにこれをしるす)」〔＝所々に目じるしをつけた〕 ❷国「雑誌」の略。『誌上』

下接 ①語誌・雑誌・紙誌・書誌・地誌・日誌・碑誌・墓誌 ②会誌・句誌・小誌・本誌・週刊誌

7508 【誦】 7554 6B56 E675 言－7

ジュ 呉・ショウ 漢・ズ 慣 \sòng\ となえる・そらんじる

字解 形声。言＋甬声。

意味 ❶となえる。声を出してよむ。節をつけてよむ。『誦経』『誦言』『誦味』『吟誦』 →下接。❷そらんじる。『暗誦』『伝誦』

下接 愛誦・記誦・吟誦・弦誦・口誦・講誦・熟誦・読誦・念誦・拝誦・諷誦・復誦・朗誦

【誦経(ジュキョウ・ズキョウ・ズギョウ)】①(ショウケイ) 経書を読むこと。②声に出して経をとなえること。経文を暗記してとなえること。

【誦言(ショウゲン)】おおっぴらに言うこと。

【誦味(ショウミ)】読んで考え味わうこと。

7509【誚】 7555 6B57 E676 言－7 ショウ(セウ)[漢]／qiào／せめる

[字解] 形声。言＋肖[声]。

[意味] せめる。しかる。そしる。

【誚譲ショウジョウ】責めとがめること。譴責ケンセキ。

7510【誠】 ―― 言－7 セイ 「誠」(7490)の旧字

7511【説】 3266 4062 90E0 言－7 [常]4 (7512)【說】 ―― 言－7 旧字

セチ[呉]・セツ[漢]・セイ[漢]・エツ[漢]・ゼイ[慣]／shuō・shuì・yuè／とく・よろこぶ

[筆順]

[字解] 形声。言＋兌(とく)[声]。ことばでとく意。

[意味] ❶(セツ・ゼイ) とく。のべる。かたる。つげる。(イ)物事の道理などを述べる。『説得』『説明』『演説』(ロ)ときあかした内容。考え。理論。『性善説セイゼンセツ』『学説』『論説』(ハ)漢文の文体の一。物事について意見を述べた文章。『愛蓮説アイレンセツ』『雑説ザッセツ』＊柳宗元－捕ㇾ蛇者説「故為二之説一ゆえにこれがセツをつくる［＝そこでこの一文を作った］」(ニ)はなし。ものがたり。うわさ。『小説』『伝説』❷(エツ) よろこぶ。たのしむ。「悦」に同じ。『説懌』『説楽』＊論語－学而「学而時習ㇾ之、不二亦説一乎まなびてときにこれをならう、またよろこばしからずや［＝聖賢の教えを学び、おりにふれこれを復習する、それはなんとよろこばしいことではないか］」❸書名。『説文解字』『説苑』

❶ 物事の道理などを述べる。とく。

[下接] (イ)演説・解説・曲説・訓説・口説・講説・再説・弁説・遊説・力説 (ロ)異説・憶説・臆説・概説・確説・学説・仮説・逆説・旧説・虚説・空説・言説・高説・細説・自説・持説・実説・社説・邪説・詳説・所説・諸説・序説・真説・新説・図説・総説・俗説・卓説・珍説・椿説・通説・定説・秘説・謬説・仏説・僻説・妄説・暴説・補説・名説・銘説・約説・略説・流説・縷説・例説・論説・道聴塗説 (ニ)怪説・街説・巷説・小説・世説・造説・伝説・漂説・風説

【説客ゼイカク】諸国をめぐって自分の意見を説きまわる人。

【説教セッキョウ】[1]神仏の教えを説き聞かせること。[2][国]堅苦しく訓戒すること。

【説経セッキョウ】経文の意味を説き聞かせること。『説経節』

【説示セツジ】わかりやすく説き示すこと。

【説得セットク】よく話して得心させること。『説得力』

【説伏・説服セップク】よく話し、相手を反論できないようにすること。説得。

【説法セッポウ】宗教の教義や物事の道理などを説き聞かせること。説経。『釈迦に説法(＝不必要であるたとえ)』

【説明セツメイ】内容、理由、意義などをわかるように述べること。『説明不足』『状況説明』

【説諭セツユ】悪い点を改めるように、言い聞かせること。→❷(エツユ)

【説話セツワ】伝えられた神話、伝説、昔話などの総称。『説話文学』『仏教説話』

❷ よろこぶ。たのしむ。

【説懌エツエキ】よろこぶこと。

【説諭エツユ】よろこびさとること。→❶(セツユ)

【説楽エツラク／エツガク】[1](エツラク)たのしむこと。悦楽。[2](エツガク)音楽をかなでてたのしむこと。

❸ 書名。

【説苑ゼイエン】中国の儒家書。二〇巻。前漢の劉向リュウキョウ撰。訓戒とすべき故事・伝説類を集め、分類したもの。

【説郛セップ】叢書名。一二〇巻。中国、明ミンの陶宗儀の編。先秦から元代に至る、経書・諸史・随筆・伝記などを集めたもの。

【説文解字セツモンカイジ】中国、現存最古の字書。後漢の許慎の著。小篆の字体、約九千四百字を五百四十部に分類し、それぞれの文字の形・音・義を説いたもの。中国文字学のもっとも基本的な書。説文。

7513【誕】 ―― 言－7 タン 「誕」(7532)の旧字

7514【読】 3841 4649 93C7 言－7 [常]2 (7622)【讀】 7606 6C26 E6A4 言－15 旧字

ドク[呉]・トク[漢]・トウ[漢]／dú・dòu／よむ・よみ

[筆順]

[字解] 読は讀の略体。讀は形声。言＋賣[声]。よむ意。一説に、賣は續に同じく、つづく意で、讀は、文意がうまくつづくようによむ意とも。

[意味] ❶(ドク・トク) よむ。声をあげてよむ。意味をよみとる。『読書』❷(トウ) 文章の区切り。『句読クトウ』

❶ よむ。声をあげてよむ。意味をよみとる。

[下接] 愛読・閲読・音読・回読・会読・解読・訓読・講読・購読・誤読・再読・細読・熟読・真読・信読・精読・速読・卒読・素読・代読・多読・耽読・直読・通読・転読・難読・拝読・判読・繙読・必読・併読・奉読・捧読・味読・黙読・訳読・乱読・輪読・朗読・晴耕雨読

【読経ドキョウ】声を出して経を読むこと。

【読者ドクシャ】新聞、雑誌、書物などを読む側の人。読み手。

【読書ドクショ】書物を読むこと。【読書三到ドクショサントウ】書物を読んで真意を悟るには、目でよく読み(眼到)、口で朗読し(口到)、心を会得する(心到)という、三者専一の熟読に到るべきだということ。〔朱熹－訓学斎規〕【読書三余ドクショサンヨ】読書にもっとも適した三つの時期または時。冬(年の余)・夜(日の余)・雨ふり(時の余)。〔魏志－王粛伝・注〕【読書人ドクショジン】[1]よく書物を読む人。読書を好む人。[2]中国で、学問をつみ、科挙をうけて官になった人。士大夫タイフ。ひいて知識人。学者。【読書百遍而義自見ドクショヒャッペンギおのずからあらわる】文意の通じないところのある書物も、百遍も繰り返し熟読すれば自然に明らかになるの意。【読書亡羊ドクショボウヨウ】(読書に夢中になって番をしていた羊がいなくなってしまったという故事から) 他のことに夢中になり、本来の任務を忘れてしまうことのたとえ。〔荘子－駢拇ベンボ〕

【読誦ドクショウ／ドクジュ】[1](ドクショウ) 声をあげて読むこと。[2](ドクジュ) 仏語。声を出して経文を読むこと。読経。「読」は文字を見ながらよみあげること。「誦」はそらで ▶

唱えること。

【読破(ドクハ)】大部な書籍などを終わりまで読み通すこと。

【読本(トクホン・よみホン)】国①(トクホン)読解教材集。もと「小学読本」などの国語教科書。また、教科書一般、入門書。『文章読本』②(よみホン)江戸時代後期の小説の一様式。挿し絵が少なく、読むことを主体にした本。

【読過(ドッカ)】①読み終わること。読了。②注意しないで読み過ごすこと。

【読解(ドッカイ)】文章を読んで、その意味を理解すること。『読解力』

❷ 文章の区切り。
【読点(トウテン)】文章の切れ目に入れる符号。「、」。↓句点
難読地名 読谷(よみたん)村(沖縄)

7515【認】3907 4727 9446 言－7 常6 (7516)〔認〕言－7 旧字
ニン(呉)・ジン(漢)/rèn/みとめる・したためる
筆順 認 認 認 認 認 認
字解 形声。言＋忍(がまんする・ゆるす)(声)。相手のことばをゆるす、みとめる意。
意味 ❶みとめる。見つける。見きわめる。見分ける。また、ゆるす。承知する。『認知』『容認』❷国したためる。書きしるす。

❶ みとめる。
下接 確認(カクニン)・検認(ケンニン)・現認(ゲンニン)・公認(コウニン)・誤認(ゴニン)・錯認(サクニン)・自認(ジニン)・承認(ショウニン)・是認(ゼニン)・体認(タイニン)・追認(ツイニン)・特認(トクニン)・否認(ヒニン)・黙認(モクニン)・容認(ヨウニン)
【認印(ニンイン・みとめイン)】国①(ニンイン)承認したしるしに押す印。文書などに、記名や署名とはなれて印のみを押すこと。②(みとめイン)実印以外の、また、書類などの内容を認証するための印章。みとめ。↔実印
【認可(ニンカ)】よしと認めて許すこと。特に公の機関が、法人、私人のした行為を公認する行政処分のこと。
【認識(ニンシキ)】物事をはっきり知り、その意義を正しく理解、弁別すること。『認識不足』
【認証(ニンショウ)】行為または文書の成立、記載を公の機関が証明すること。
【認真(ニンシン)】おろそかにしないこと。
【認知(ニンチ)】①ある事柄をはっきりと認めること。事柄をあるわく組みでとらえて、象徴的にそのものを認めること。『認知心理学』②国法律上の婚姻関係のない男女間の子を、その父または母が自分の子と認めること。
【認定(ニンテイ)】審査判断して決定すること。
【認得(ニントク)】知ること。わかること。それと認めること。

7517【誣】7556 6B58 E677 言－7
ブ(漢)・フ(慣)/wū/しいる・あざむく
字解 形声。言＋巫(→罔、おおいかぶせる)(声)。ことばでおおう、しいる意。
意味 しいる。ありもしないことを、いかにもあるように言う。あざむく。いつわる。『誣言』『讒誣(ザンブ)』
【誣陥(フカン)】人を無実の罪におとしいれること。
【誣言(フゲン・ブゲン)】わざと事実をいつわって言うこと。
【誣構(フコウ・ブコウ)】ないことをあるように言うこと。
【誣告(フコク・ブコク)】故意に事実と異なる内容で、人を罪におとそうと訴えること。『誣告罪』
【誣説(フセツ)】故意に、事実をゆがめた話。事実を曲げたうわさ。誣言。
【誣奏(フソウ)】でたらめを奏上すること。
【誣服(フフク)】無実の罪で刑に服すること。
【誣謗・誣妄(フボウ)】＝誣罔(フモウ)
【誣罔・誣妄(フモウ)】いつわって言うこと。ないことをあるように言って、人をおとしいれること。誣謗(フボウ)。

7518【誘】4522 4D36 9755 言－7 常
ユ(呉)・ユウ(イウ)(漢)/yòu/さそう・さそい・いざなう・いざない・おびく
筆順 誘 誘 誘 誘 誘 誘
字解 会意。言＋秀(ひいでる)。ことばでひいでるようにさせる、さそう意。一説に、秀(声)の形声字とも。
意味 ❶さそう。いざなう。みちびく。『誘導』『勧誘(カンユウ)』❷おびきだす。おびきよせる。『誘拐』『誘惑』❸引きおこす。『誘因』『誘発』

❶ さそう。いざなう。みちびく。
【誘引(ユウイン)】さそい入れること。
【誘掖(ユウエキ)】(「掖」はそばから助けるの意)導き助けること。補佐すること。
【誘進(ユウシン)】さそい進めること。向上するよう導くこと。
【誘致(ユウチ)】さそい寄せること。『工場誘致』
【誘導(ユウドウ)】さそい導くこと。『誘導尋問』『誘導弾』
【誘慕(ユウボ)】心ひかれること。

❷ おびきだす。おびきよせる。
【誘拐(ユウカイ)】人をだまして連れ去ること。『誘拐事件』
【誘騎(ユウキ)】敵をおびきだすためのおとりの騎兵。
【誘兵(ユウヘイ)】敵をおびきよせるための兵。
【誘惑(ユウワク)】おびきさそって心を惑わすこと。

❸ 引きおこす。
【誘因(ユウイン)】ある作用を引き起こす原因。

【誘爆(ユウバク)】一つの爆発が別の爆発を引き起こすこと。

【誘発(ユウハツ)】ある出来事が原因となって、他のことを引き起こすこと。

7519【諉】＊6208 言－8
イ(ヰ)(漢)・ズイ(ヅイ)(漢)/wěi
字解 形声。言＋委(ゆだねる)(声)。他人にまかせる、わずらわせる意。
意味 「推諉(スイイ)」は、煩しいことを人におしつけて自分はのがれること。

7520【謁】1758 315A 8979 言－8 常 (7543)〔謁〕言－9 旧字 人
エツ(漢)/yè/まみえる
筆順 謁 謁 謁 謁 謁 謁
字解 謁は謁の略体。謁は形声。言＋曷(こう)(声)。請い求める意。のちに言を加えた。
意味 まみえる。お目にかかる。『謁を賜う』『謁見』
下接 迎謁(ゲイエツ)・参謁(サンエツ)・私謁(シエツ)・上謁(ジョウエツ)・請謁(セイエツ)・内謁(ナイエツ)・拝謁(ハイエツ)・面謁(メンエツ)・来謁(ライエツ)
【謁観(エッキン)】貴人、目上の人に面会すること。謁見(エッケン)。
【謁見(エッケン)】身分の高い人、または目上の人に会うこと。おめみえ。謁。『謁見式』
【謁刺(エッシ)】貴人に面会を求める際に差し出す名刺。

【謁者(エッシャ)】①尋ねてきた人を主人に取り次ぐ人。②身分の高い人や目上の人に会うことを求める人。

【通ㇾ謁(エツをツウず)】名刺を差し出して面会を求めること。刺(シ)を通ず。

7521
【課】 1861 325D 89DB 言－8 常4 カ(クヮ)㊇㊈\kè\はかる

筆順 訁 訁 評 評 誤 課 課

字解 形声。言＋果(↓科、区分けする)㊃。仕事を区分けし、その成績をはかりみる、こころみる意。

意味 ❶はかる。こころみる。仕事を与えてその成果をしらべる。❶はかる。こころみる。仕事、責任、務めとして割り当てる。また、割り当てられたもの。『課試』『課税』『考課』❷仕事の一部分。また、それを担うところ。『総務課』『課長』

下接 学課(ガッカ)・欠課(ケッカ)・公課(コウカ)・功課(コウカ)・考課(コウカ)・正課(セイカ)・日課(ニッカ)・賦課(フカ)・放課(ホウカ)

❶はかる。こころみる。

【課役(カエキ|カヤク)】①律令制で、課と役。課は調(チョウ)、役は庸(ヨウ)と雑徭(ゾウヨウ)との労役。②課題や仕事を割り当てること。また、割り当てられた課題や仕事。

【課業(カギョウ)】なすべきものとして割り当てられた、仕事や学科。

【課口(カコウ)】国日本の律令制で、租・庸・調のうち課役すなわち人身課税である調・庸を負担する者。

【課試(カシ)】①課題を出して試験すること。②国王朝時代、官吏の登用試験。大学、国学の出身者および国司の推薦する者について行うもの。

【課題(カダイ)】解決すべき問題や任務。『今後の課題』

【課目(カモク)】学校などで習得するように課せられた学科。

7522
【諌】 2050 3452 8AD0 言－8
カン 「諫」(7546)の異体字

7523
【誼】 2135 3543 8B62 言－8 人 (7501)【誼】 言－7
ギ㊈\yì\よしみ

字解 形声。言＋宜(よい)㊃。よい意。

意味 ❶よい。正しい。「宜」に同じ。❷すじみち。道理。「義」に同じ。『仁誼』『正誼』❸よしみ。したしみ。交情。『厚誼』『友誼』

下接 恩誼(オンギ)・旧誼(キュウギ)・交誼(コウギ)・好誼(コウギ)・厚誼(コウギ)・高誼(コウギ)・仁誼(ジンギ)・正誼(セイギ)・徳誼(トクギ)・友誼(ユウギ)

7524
【諏】 3159 3F5B 907A 言－8
ス㊇・シュ㊈・ソウ㊈\zōu\はかる

字解 形声。言＋取(↓聚、あつまる)㊃。集まって相談する意。

意味 はかる。とう。集まって相談する。

【諏訪(シュホウ)】意見を求め、相談すること。

【諏謀(シュボウ)】問いはかること。はかりごと。

難読地名 諏訪(すわ)市・郡(長野)

7525
【諄】 7557 6B59 E678 言－8 人
シュン㊈・ジュン慣\zhūn\ねんごろ

字解 形声。言＋享(=𦎧、ささげる・あつい)㊃。心をこめてさとす意。

意味 ❶ねんごろ。ていねい。手厚い。❷くどい。くどくど。くりかえして教えさとす。

【諄諄(ジュンジュン)】①丁寧に話して聞かせるさま。『諄々とさとす』②まごころがあって慎み深いさま。③くどくどしいさま。鈍いさま。

7526
【諸】 2984 3D74 8F94 言－8 常6 (7558)【諸】 言－9 旧字人
ショ㊇㊈\zhū\もろもろ・もろ・これ

筆順 訁 訁 評 諸 諸 諸 諸

字解 諸は諸の略体。諸は形声。言＋者(多くあつまる)㊃。多くのことばの意。転じて、もろもろの意。

金文

篆文

同属字 儲・櫧

参考 万葉仮名では音を借りて「そ㊦」。

意味 ❶もろもろ。いろいろな。たくさんの。『諸君』『諸国』❷㋑これ。「之」に同じ。＊史記-殷本紀「信有ニ諸乎(まことにこれありや)一」〔=ほんとうにこのようなことがあるのか〕㋺これを…に。「之於」の二字の働きをする。＊論語-衛霊公「君子求ニ諸己一(クンシはこれをおのれにもとむ)」〔=君子は何事も自分にその責任を求める〕㋩これ…か(や)。「之乎」の二字の働きをする。＊論語-述而「有ㇾ諸(これありや)」〔=そのようなことがあるのか〕㋥「然」と同じく、状態を表す語を作る。『忽諸(コッショ)』㋭や。か。詠嘆を表したり語調をととのえたりする。＊詩経-邶風・柏舟「日居月諸(ひやつきや)」〔=日よ、月よ〕❸国もろ。両方の。一緒。共に。『諸刃(もろは)』『諸肌(もろはだ)』❹あて字、固有名詞など。『諸味(もろみ)』『諸葛亮(ショカツリョウ)』

❶もろもろ。いろいろな。たくさんの。

【諸王(ショオウ)】①多くの王たち。②国令制で、親王宣下もなく、また、姓も賜らず、臣籍にも入らない皇子、皇孫などの称。

【諸夏(ショカ)】(「夏」は大きい、さかんの意) 古く、四方の夷狄(イテキ)に対して、中国の中心地域、その国々をいう。

【諸家(ショカ)】①多くの家々。②一派を立てたり権威者として知られたりしている多くの人々。

【諸行(ショギョウ)】仏教で、因縁によって造られた一切の現象。万有。万物。【諸行無常(ショギョウムジョウ)】仏教で、世の中の一切のものは常に変化し生滅して、永久不変なものはないということ。

【諸君(ショクン)】多数の人を指す語。きみたち。『学生諸君』

【諸彦(ショゲン)】多数のすぐれた男子。男性が書簡などで、ほぼ対等の多数の男性に対して敬意をもっていう語。

【諸公(ショコウ)】政治にあずかる身分の高い人たちに対して呼びかける敬称。

【諸侯(ショコウ)】①古代中国で、天子から封土を受けて、その地域を支配した人。②国中世末期から近世にかけての諸大名。

【諸子(ショシ)】①中国で、春秋戦国時代から漢代にかけて、一家の学説を立てた思想家たち。②多くの人を敬っていう語。諸君。【諸子百家(ショシヒャッカ)】中国の周末から漢にかけて出現した、諸学者、諸学派の総称。陰陽家、儒家、墨家、法家、道家など。❤儒家は含めないこともある。

【諸式・諸色(ショシキ)】いろいろな品物。また、品物の値段。物価。

【諸生(ショセイ)】①さまざまな生物。②多くの学生や門弟。

【諸相(ショソウ)】いろいろな姿、有様。

【諸天(ショテン)】①仏語。欲界の六欲天・色界の十七天および無色界の四天の総称。また、その天上界の神々。②宇宙空間のもろもろの物体。天体。

【諸島(ショトウ)】多くの島。また、ある区域内に散在している島々。『伊豆諸島』
【諸般(ショハン)】物事のさまざまな方面。『諸般の事情』
【諸父(ショフ)】1おじ(伯父・叔父)の総称。2中国で、天子が同姓の諸侯を、また、諸侯が同姓の大夫(タイフ)を呼ぶ語。
【諸母(ショボ)】1父または母の姉妹たち。多くのおば。2父のめかけ。庶母。
【諸方(ショホウ)】ほうぼう。あちこち。各地。
【諸法(ショホウ)】仏教で、有形無形のあらゆる事物。万法(マンボウ)。
【諸法実相(ショホウジッソウ)】仏語。この世に存在するあらゆる事物のありのままの真実の姿。

❹ 固有名詞など。
【諸葛孔明(ショカツコウメイ)】＝諸葛亮(ショカツリョウ)
【諸葛亮(ショカツリョウ)】中国、三国時代の蜀漢の宰相。名は亮(リョウ)。字(あざな)は孔明。諡(おくりな)は忠武。襄陽の隆平に隠れていたが、蜀漢の劉備の三顧の礼に応じて仕え、戦略家として活躍し、天下三分の計を説き、孫権と連合して赤壁の戦に曹操を破り名を天下にとどろかせた。後、五丈原で司馬懿(シバイ)と対陣中病没。(一八一～二三四)

7527 【誰】 3515 432F 924E 言－8
スイ(呉)(漢)\shuí・shéi\だれ・たれ・た
字解 形声。言＋隹(声)。だれであるか問う意。隹は、問う時の声。
意味 ❶たれ。たが。だれ。だれの。人についての疑問、また反語を示す。＊李白－春夜洛城聞ㇾ笛「誰家玉笛暗飛ㇾ声(たがいえのギョクテキぞアンにこえをとばす)」〔＝どこのだれが吹く笛だろうか、どこからともなく笛の音がひびき流れてくる〕」❷「誰昔(スイセキ)」は、むかし。疇昔(チュウセキ)。
【誰何(スイカ)】声をかけて名を問いただすこと。
【誰為(たがために)】誰のために。疑問・反語を示す。＊論語－先進「非ニ夫人之為慟一、而誰為(かのひとのためにドウするにあらずして、たがためにかせん)」〔＝あの人のために慟哭せずに、いったい誰のために慟哭しよう〕」

7528 【請】 3233 4041 90BF 言－8 常 (7529)〔請〕 言－8 旧字
ショウ(シャウ)(呉)・セイ(漢)・シン(唐)\qǐng・qíng\こう・うける

筆順 請 請 請 請 請 請
字解 形声。言＋青(すみきっている)(声)。澄んだ心で君主にまみえ、その命をこう意。
意味 ❶こう。(イ)(「こう…ん・せん」の形で)ねがう。…したい。自分の意志・希望を示す。『請求』＊陶潜－帰去来辞「請息ㇾ交以絶ㇾ游(こうまじわりをやめてもってユウをたたん)」〔＝どうか世間とのつきあいをやめ、友人関係を絶ち切りたいものだ〕」(ロ)(「こう…せよ」の形で)…してほしい。他に対する願望を示す。＊史記－廉頗藺相如伝「請奏ㇾ瑟(こうシツをソウせよ)」〔＝瑟を弾いていただきたい〕」❷まねく。人を招く。『招請(ショウセイ)』『聘請(ヘイセイ)』❸国 代金とともにうける。ひきうける。ひきとる。『請負(うけおい)』『下請(したうけ)』『身請(みうけ)』

下接 勧請(カンジョウ)・起請(キショウ)・祈請(キセイ)・強請(キョウセイ|ゴウセイ)・屈請(クッショウ)・懇請(コンセイ)・申請(シンセイ)・奏請(ソウセイ)・電請(デンセイ)・稟請(ヒンセイ|リンセイ)・不請(フショウ)・普請(フシン)・要請(ヨウセイ)

❶ こう。もとめる。ねがう。
【請雨(ショウウ)】雨ごい。

【請来(ショウライ)】外国から経典、仏像などを請い受けて持って来ること。

【請謁(セイエツ)】1貴人に面会を願うこと。2目上の者に頼み入ること。

【請仮・請暇(セイカ)】休暇を願い出ること。禅家では「しんか」とよむ。

【請願(セイガン)】国民が、公的機関に対して、文書で希望を申し述べること。『請願書』

【請期(セイキ)】婚姻に関する六礼の一。男性の方から女性の家へ婚礼の日どりの相談を申し入れること。

【請求(セイキュウ)】金品を要求すること。『請求書』

【請罪(セイザイ|つみをこう)】1みずから罰を受けることを申し出ること。2罪の軽減、あるいは赦免を申し出ること。

【請室(セイシツ)】裁きを待つ部屋。牢屋。

【請託・請托(セイタク)】権力などのある人に、特別の配慮を頼むこと。

【請禱(セイトウ)】神仏に請い祈ること。

【請命(セイメイ|メイをこう)】1自分や他人の命ごいをすること。2官吏に任命されることを願うこと。3命令をこうこと。

【請問(セイモン)】問い尋ねること。

【請老(セイロウ|ロウをこう)】老齢のため退職を願い出ること。

7530 【諍】 7558 6B5A E679 言－8
ショウ(シャウ)(呉)・ソウ(サウ)(漢)\zhēng・zhèng\あらそう・あらがう・いさかう
字解 形声。言＋争(あらそう)(声)。いいあらそう意。
意味 ❶いさめる。いさめただす。『諍臣』『諫諍(カンソウ)』❷うったえる。『諍訟』『廷諍(テイソウ)』❸あらそう。いさかう。あらそい。いさかい。『諍気』『紛諍(フンソウ)』
【諍気(ソウキ)】人と争って勝とうとする気質。
【諍訟(ソウショウ)】うったえること。また、争い事。争訟(ソウショウ)。
【諍臣(ソウシン)】君主をいさめる家臣。争臣。

7531 【諾】 3490 427A 91F8 言－8 常 (7560)〔諾〕 言－9 旧字
ダク(漢)\nuò\うべなう・こたえる・うべ・むべ
筆順 諾 諾 諾 諾 諾 諾
字解 形声。言＋若(したがう)(声)。ことばでしたがう、うべなう意。甲骨文・金文は、口＋若(声)。
甲骨文 金文 篆文

意味 ❶うべなう。また、こたえる。(イ)うべなう。承知する。ひきうける。『諾否』『快諾(カイダク)』(ロ)はい。呼ばれて返事することば。『唯唯諾諾』『諾唯』(ハ)よろしい。承知する意を伝えることば。＊史記－項羽本紀「項王曰、諾(コウオウいわく、ダクと)」〔＝項王は、よかろう、と言った〕」❷「諾威(ノルウェー)」は国の名。

下接 唯諾(イダク)・一諾(イチダク)・応諾(オウダク)・快諾(カイダク)・許諾(キョダク)・金諾(キンダク)・肯諾(コウダク)・宿諾(シュクダク)・受諾(ジュダク)・承諾(ショウダク)・然諾(ゼンダク)・即諾(ソクダク)・内諾(ナイダク)・認諾(ニンダク)・黙諾(モクダク)・約諾(ヤクダク)
【諾唯(ダクイ)】(「唯」も、はいという返事) 他人のことばに対する応答。
【諾諾(ダクダク)】少しも逆らわないで従うさま。『唯唯(イイ)諾諾』

7532 【誕】 3534 4342 9261 言－8 常6 (7513)〔誕〕 言－7 旧字
タン(漢)\dàn\いつわる・うまれる
筆順 誕 誕 誕 誕 誕 誕
字解 形声。言＋延(のびる)(声)。ことばをひきのばして

7画 見角言谷豆豕豸貝赤走足(⻊)身車辛辰辵(⻌・⻍)邑(⻏)酉釆里

いう、いつわる意。また旦に通じて、生まれ出る意を表す。金文は、言に従わない。

金文 篆文
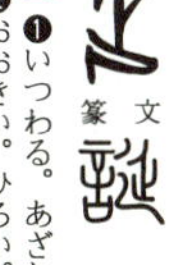

意味 ❶いつわる。あざむく。うそ。大言をはく。『誕言』❷おおきい。ひろい。『誕章』❸ほしいまま。きまま。『放誕(ホウタン)』❹うまれる。また、そだてる。『誕生』

❶ いつわる。あざむく。うそ。大言をはく。

下接 吁誕(ウタン)・怪誕(カイタン)・虚誕(キョタン)・荒誕(コウタン)・妄誕(ボウタン/モウタン)

【誕欺】(タンギ) いつわること。

【誕言】(タンゲン) おおげさな話。

【誕謾】(タンマン) でたらめ。

【誕妄】(タンモウ) うそ。いつわり。

❷ おおきい。ひろい。

【誕章】(タンショウ) 国を統治するための大きな法律。

❹ うまれる。また、そだてる。

下接 降誕(コウタン)・再誕(サイタン)・生誕(セイタン)・聖誕(セイタン)

【誕育】(タンイク) 養い育てること。
【誕生】(タンジョウ) 人などが生まれること。出生。『誕生日』
【誕辰】(タンシン) 誕生日。

7533 【談】

3544 434C 926B 言－8 常3 ダン(呉)・タン(漢)/tán/かたる

筆順

字解 形声。言＋炎(↓淡、おだやか)(声)。静かにことばを口にする、かたる意。

意味 かたる。はなす。はなしあう。また、はなし。はなしあい。『時局を談ずる』『目撃者の談』

下接 縁談(エンダン)・会談(カイダン)・怪談(カイダン)・快談(カイダン)・街談(ガイダン)・閑談(カンダン)・歓談(カンダン)・奇談(キダン)・綺談(キダン)・急談(キュウダン)・虚談(キョダン)・金談(キンダン)・空談(クウダン)・軍談(グンダン)・芸談(ゲイダン)・劇談(ゲキダン)・玄談(ゲンダン)・厳談(ゲンダン)・巷談(コウダン)・高談(コウダン)・講談(コウダン)・強談(ゴウダン)・後談(ゴダン)・懇談(コンダン)・座談(ザダン)・雑談(ザツダン)・史談(シダン)・示談(ジダン)・熟談(ジュクダン)・笑談(ショウダン)・商談(ショウダン)・冗談(ジョウダン)・常談(ジョウダン)・政談(セイダン)・清談(セイダン)・相談(ソウダン)・叢談(ソウダン)・俗談(ゾクダン)・対談(タイダン)・珍談(チンダン)・鼎談(テイダン)・内談(ナイダン)・破談(ハダン)・美談(ビダン)・筆談(ヒツダン)・文談(ブンダン)・放談(ホウダン)・法談(ホウダン)・妄談(ボウダン)・漫談(マンダン)・密談(ミツダン)・面談(メンダン)・用談(ヨウダン)・要談(ヨウダン)・余談(ヨダン)・来談(ライダン)・猥談(ワイダン)・和談(ワダン)・話談(ワダン)

【談讌】(ダンエン) 集まってくつろいで語り合うこと。

【談客】(ダンカク) ①諸国に遊説する人。説客(ゼイカク)。②話し好きの人。談論に巧みな人。

【談義】(ダンギ) 道理を説き聞かせること。また、説教。

【談合】(ダンゴウ) 話し合い。相談。また、特に、競売、入札の競争者が落札価格などの打ち合わせをすること。

【談笑】(ダンショウ) 打ちとけて、楽しく話し合うこと。

【談説】(ダンセツ) ものがたること。話すこと。また、その話。

【談叢・談藪】(ダンソウ) ①話題が豊富なこと。②いろいろな話を集めたもの。叢談。

【談天彫竜】(ダンテンチョウリュウ) 天を談じたり、竜を彫刻したりすること。弁論や文章の遠大高尚なことのたとえ。〔史記-孟子荀卿伝〕

【談判】(ダンパン) ある事柄に関して、話し合い交渉すること。かけあい。『強(こわ)談判』

【談柄】(ダンペイ) 話題。話柄。

【談鋒】(ダンポウ) 議論などの鋭い勢い。

【談余】(ダンヨ) 話のついで。

【談林】(ダンリン) ①僧の学校。また、寺。檀林(ダンリン)。②国「談林派」の略。江戸時代の俳諧(ハイカイ)の一派。

【談論】(ダンロン) 談話し議論すること。また、談話と議論。『談論風発〔＝談話や議論が活発に行われること〕』

【談話】(ダンワ) ①話をすること。『談話室』②ある事柄について意見をのべること。自由に話のやりとりをすること。また、その内容。

7534 【調】

3620 4434 92B2 言－8 常3 (7535)〔調〕 言－8 旧字

ジョウ(デウ)(呉)・チョウ(テウ)(漢)/tiáo・diào/しらべる・しらべ・ととのう・ととのえる・つき・みつぎ

筆順

字解 形声。言＋周(全体にまんべんなくゆきわたる)(声)。ことばや音が全体にゆきわたってととのう意。

意味 ❶ととのう。ととのえる。(イ)つり合いがとれる。ならしてほどよくする。『調整』『調節』『調律』『調和』(ロ)ほどよくまぜ合わせる。『調合』『調剤』(ハ)ほどよくとりそろえる。『調達』『調度』『調理』(ニ)ならす。訓練する。『調教』『調馬』『調練』❷しらべ。音のととのい具合。音色。リズム。(イ)音やことばのリズム。文章や絵画などのスタイル、おもむき。『七五調(シチゴチョウ)』『万葉調(マンヨウチョウ)』『格調』『口調』『色調』『声調』(ロ)音楽で、音階の性質。『調号』『短調』『単調』『ヘ調』(ハ)すすみ具合。でき具合。『好調』『順調』❸しらべる。資料などをととのえてしらべる。『調査』『調書』❹あざける。からかう。「嘲」に同じ。『調笑』『調弄』❺とる。とりたてる。また、みつぎ。つき。租税の一。男子に課された、物納の人頭税。『租庸調(ソヨウチョウ)』❻その他。『調飢』『調調』

❶ ととのう。ととのえる。つり合う。

下接 協調(キョウチョウ)・空調(クウチョウ)・新調(シンチョウ)・烹調(ホウチョウ)・和調(ワチョウ)

【調印】(チョウイン) 双方の代表者が、文書に署名、捺印(ナツイン)すること。『条約調印式』
【調教】(チョウキョウ) 動物を訓練すること。『調教師』
【調弦】(チョウゲン) 弦楽器の音律をととのえること。
【調合】(チョウゴウ) 国薬などを、分量に従い混ぜ合わせること。
【調剤】(チョウザイ) 薬剤を調合すること。『調剤師』
【調進】(チョウシン) 注文に応じて作り、納めること。調達。
【調製】(チョウセイ) 規則、注文に合うようととのえて作ること。
【調整】(チョウセイ) 複雑な状態を、なるべく適切な状態にととのえること。『意見調整』
【調摂】(チョウセツ) ①からだをととのえ養うこと。摂生。②＝調節(チョウセツ)
【調節】(チョウセツ) 状況に応じて、程度などをととのえること。
【調息】(チョウソク) 端座して呼吸を正しくととのえること。
【調達】(チョウタツ) 国注文どおりに金や品物をとりそろえて送り届けること。調進。
【調停】(チョウテイ) 両者を和解させること。『調停案』
【調度】(チョウド) 日常使う道具、器具類。『家具調度』
【調馬】(チョウバ) 馬を乗りならすこと。→❺
【調髪】(チョウハツ) 国髪型をととのえること。『調髪料』
【調伏】(チョウブク/ジョウブク) ①仏教で、身心をととのえて、悪業(アクゴウ)や煩悩(ボンノウ)などを除くこと。また、仏に祈願して怨敵(オンテキ)や悪魔をしずめること。②人をのろい殺すこと。
【調味】(チョウミ) 食べ物に味を付け調理すること。『調味料』
【調薬】(チョウヤク) 薬を調合すること。調剤。
【調理】(チョウリ) 国料理すること。『調理師』『調理場』
【調律】(チョウリツ) 楽器の音程をととのえること。

7画 見角言谷豆豕豸貝赤走足(⻊)身車辛辰辵(⻌・⻍)邑(⻏)酉釆里

【調練】(チョウレン) 国訓練すること。

【調和】(チョウワ) 程よく釣り合い、ととのうこと。

❷ しらべ。音色。リズム。また、ちょうし。

下接 哀調(アイチョウ)・移調(イチョウ)・音調(オンチョウ)・快調(カイチョウ)・諧調(カイチョウ)・格調(カクチョウ)・完調(カンチョウ)・基調(キチョウ)・逆調(ギャクチョウ)・強調(キョウチョウ)・曲調(キョクチョウ)・口調(クチョウ)・堅調(ケンチョウ)・好調(コウチョウ)・高調(コウチョウ)・硬調(コウチョウ)・古調(コチョウ)・語調(ゴチョウ)・色調(シキチョウ)・主調(シュチョウ)・順調(ジュンチョウ)・情調(ジョウチョウ)・正調(セイチョウ)・声調(セイチョウ)・双調(ソウジョウ)・俗調(ゾクチョウ)・体調(タイチョウ)・単調(タンチョウ)・短調(タンチョウ)・長調(チョウチョウ)・低調(テイチョウ)・転調(テンチョウ)・軟調(ナンチョウ)・破調(ハチョウ)・悲調(ヒチョウ)・風調(フウチョウ)・復調(フクチョウ)・平調(ヘイチョウ―ヒョウジョウ)・歩調(ホチョウ)・凡調(ボンチョウ)・乱調(ランチョウ)

【調号】(チョウゴウ) 楽曲の調を示す記号。♯・♭など。

【調子】(チョウシ) ①音楽で、音律の高低。②ことばの言い回し。③国物事の勢い、様子。④国体、気分などの具合。

❸ しらべる。

【調査】(チョウサ) ある事柄を調べること。「世論調査」

【調書】(チョウショ) 調査した事実を記載した文書。

❹ からかう。あざける。

【調戯】(チョウギ) あざけりたわむれること。嘲戯。

【調笑】(チョウショウ) からかって笑うこと。嘲笑。

【調弄】(チョウロウ) ①からかいあざけること。嘲弄。②楽器をもてあそび鳴らすこと。

❺ みつぎ。つき。租税の一。

【調遣】(チョウケン) 役所の命令で徴発して派遣すること。

【調貢】(チョウコウ) みつぎもの。貢調。

【調馬】(チョウバ) 馬を徴発すること。→❶

【調発】(チョウハツ) 人夫をかりあつめ、物資を取り立てること。

【調布】(チョウフ) 国調として官に納める布衣。

❻ その他。

【調飢】(チョウキ) (「調」は朝の意) 朝の空腹感。朝飢。

【調調】(チョウチョウ) 木の葉や枝が風で揺れるさま。

7536 【諂】 7559 6B5B E67A 言－8 テン呉漢/chǎn/へつらう

字解 形声。言＋臽(穴におちる)声。人をおとしめ人の機嫌をとる、へつらう意。

意味 へつらう。おもねる。こびる。「讒諂(ザンテン)」＊論語－学而「貧而無諂(ヒンにしてへつらうことなし)」(＝貧乏であっても、他人にこびへつらうようなことをしない)」

【諂巧】(テンコウ) たくみに人にへつらうこと。

【諂笑】(テンショウ) へつらいこびること。

【諂佞】(テンネイ) こびへつらうこと。

【諂諛】(テンユ) 人の気に入るようにこびてふるまうこと。

7537 【誹】 4080 4870 94EE 言－8 ヒ呉漢/fěi/そしる・そしり

字解 形声。言＋非(そむきあうさま)声。そしる意。

参考 「俳諧」の「俳」に「誹」を用いることがある。

意味 そしる。悪くいう。また、そしり。

【誹毀】(ヒキ) 他を悪く言うこと。そしること。非毀。

【誹議】(ヒギ) 論議して非難し、けなすこと。非議。

【誹謗】(ヒボウ) 他人を悪く言うこと。そしること。「誹謗中傷」

【誹謗之木】(ヒボウのき) 天子の過失をしるす木。また、天子が自ら戒めて政治をするたとえ。〔淮南子－主術訓〕♥古代、舜帝が木を橋の上に立て、人民に政治の過ちを書かせて、反省の資としたという中国の伝説から。

【誹誉】(ヒヨ) そしることとほめること。

7538 【諒】 4642 4E4A 97C8 言－8 人 リョウ(リャウ)漢/liàng/まこと

字解 形声。言＋京(→量、はかる)声。相手の気持ちを思いはかる意。

参考 現代表記では「了」(81)が書き換え字。

意味 ❶思いやる。また、明らかにする。明らかに知る。「諒解」「諒察」「諒恕」「諒承」❷まこと。真実。また、信じる。もっともの事とみとめる。「申し出を諒とする」「諒闇」

【諒闇・諒陰】(リョウアン) (「闇」は謹慎、「陰」は「もだす」と訓じ、沈黙を守る意) 国天皇の服する喪のうち、もっとも重いもの。期間一年。

【諒解】(リョウカイ) 理解して承認すること。了解。

【諒察】(リョウサツ) 相手の立場、事情などを思いやること。

【諒恕】(リョウジョ) 相手の心中や事情などを思いやってゆるすこと。「失礼の段ご諒恕下さい」

【諒承】(リョウショウ) 事情をくんで承知すること。了承。

7539 【論】 4732 4F40 985F 言－8 常6 ロン呉漢/lùn・lún/あげつらう

筆順

字解 形声。言＋侖(すじみちをたてる)声。筋道をたててのべる意。

意味 ❶ろんずる。㋑物事の道理を説く。「論より証拠」「論及」「論告」「論破」㋺言い争う。言いあう。「論争」「論敵」「激論」「口論」㋩意見。見解。「論が分かれる」「芸術論」❷その他。書名、あて字など。「目論(もく)む」

❶ ろんずる。また、ろんじたもの。

下接 異論(イロン)・概論(ガイロン)・各論(カクロン)・確論(カクロン)・歌論(カロン)・画論(ガロン)・曲論(キョクロン)・極論(キョクロン)・奇論(キロン)・議論(ギロン)・空論(クウロン)・激論(ゲキロン)・結論(ケツロン)・言論(ゲンロン)・原論(ゲンロン)・口論(コウロン)・公論(コウロン)・抗論(コウロン)・高論(コウロン)・講論(コウロン)・国論(コクロン)・再論(サイロン)・細論(サイロン)・衆論(シュウロン)・小論(ショウロン)・詳論(ショウロン)・所論(ショロン)・書論(ショロン)・緒論(ショロン)・序論(ジョロン)・史論(シロン)・至論(シロン)・私論(シロン)・試論(シロン)・詩論(シロン)・持論(ジロン)・時論(ジロン)・推論(スイロン)・正論(セイロン)・政論(セイロン)・切論(セツロン)・世論(セロン―よロン)・争論(ソウロン)・総論(ソウロン)・俗論(ゾクロン)・卒論(ソツロン)・対論(タイロン)・卓論(タクロン)・談論(ダンロン)・通論(ツウロン)・痛論(ツウロン)・定論(テイロン)・討論(トウロン)・軟論(ナンロン)・熱論(ネツロン)・駁論(バクロン)・反論(ハンロン)・汎論(ハンロン)・評論(ヒョウロン)・弁論(ベンロン)・放論(ホウロン)・暴論(ボウロン)・本論(ホンロン)・無論(ムロン)・名論(メイロン)・勿論(モチロン)・余論(ヨロン)・立論(リツロン)・理論(リロン)

【論外】(ロンガイ) 議論の範囲外。議論の価値もないこと。

【論客】(ロンカク〔ロンキャク〕) 議論の巧みな人。また、何事に関してもひとかどの意見を言う人。

【論議・論義】(ロンギ) 意見を述べ、論じ合うこと。議論。

【論詰】(ロンキツ) 論じつめること。

【論及】(ロンキュウ) 関連する他のことにまで論じ及ぶこと。

【論究】(ロンキュウ) 論を進めて物の道理をおしきわめること。

【論拠】(ロンキョ) 論が成り立つ根拠。「薄弱な論拠」

【論決】(ロンケツ) 議論して決めること。

【論功】(ロンコウ) 功績の有無、程度を論じ定めること。【論功行賞】(ロンコウコウショウ) 功績の有無・大小を論じてそれに応じて賞を行うこと。〔魏志－明帝紀〕

【論考・論攷】(ロンコウ) 論じ、考察すること。「古事記論考」

【論告】(ロンコク) 刑事裁判で、検察官が行う事実および法律の適用についての意見の陳述。

【論策(ロンサク)】議論、物事の方策を述べる文章。特に、時事や時勢などについて論じる文章。

【論賛(ロンサン)】①人の業績を論じたたえること。②特に、史伝における、史実に対する論評。

【論纂(ロンサン)】①論じ合って編纂すること。②いろいろな人の論文を集めた本。

【論旨(ロンシ)】議論の要旨。論意。『明快な論旨』

【論者(ロンシャ)】①議論をしている人。②議論を好む人。

【論述(ロンジュツ)】論じ述べること。

【論証(ロンショウ)】物事の道理を、証拠を挙げ証明すること。

【論陣(ロンジン)】議論、弁論をするときの、論の組み立て。『論陣を張る』

【論説(ロンセツ)】物事の理非を論じ、また説明すること。

【論戦(ロンセン)】互いに議論し合うこと。『師と論戦する』

【論争(ロンソウ)】互いに違う意見を主張して論じ争うこと。

【論叢(ロンソウ)】論文を集めたもの。論集。

【論題(ロンダイ)】論ずる主題。議論や討論の題目。

【論断(ロンダン)】議論して判断を下すこと。

【論壇(ロンダン)】①議論を戦わせる壇、場所。②批評家、評論家の社会。言論界。

【論著(ロンチョ)】論じて著述すること。

【論調(ロンチョウ)】議論の調子。論説、評論の傾向。

【論定(ロンテイ)】議論して決定すること。

【論敵(ロンテキ)】論争の相手。

【論点(ロンテン)】議論の要点。『論点をぼかす』

【無ㇾ論(ロンなし)】いうまでもない。もちろん。＊陶潜‐桃花源記「乃不ㇾ知ㇾ有ㇾ漢、無ㇾ論ニ魏・晋ー(すなわちカンあるをしらず、ギ・シンにロンなし)〔＝なんと漢があったことも知らず、もちろん魏や晋を知らないのであった〕」

【論難(ロンナン)】相手の誤りなどを論じ立てて非難すること。論駁(ロンバク)。弁難。

【論破(ロンパ)】議論によって他人の説を破ること。説破。

【論駁(ロンバク)】議論して、相手の説を非難、攻撃すること。『激しく論駁する』

【論判(ロンパン)】①議論して是非、善悪を判定すること。②論じ争うこと。論争。

【論評(ロンピョウ)】是非、善悪を論じ批評すること。

【論文(ロンブン)】①事理を論じきわめる文。②研究の業績や結果を書き記した文。『博士論文』

【論弁(ロンベン)】議論して理非を明らかにすること。

【論法(ロンポウ)】議論の方法。論じ方。『三段論法』

【論鋒(ロンポウ)】議論のほこさき。議論を進めてゆく筋道。議論の勢い。

【論理(ロンリ)】①議論、思考などを進めてゆく筋道。『論理的』②物事の中にある道理。また、事物間の法則的なつながり。③「論理学」の略。正しい認識を得るために、思考の形式や法則を研究する学問。

❷ その他。書名など。

【論語(ロンゴ)】中国の経書。二〇編。孔子(コウシ)の言行、弟子たちとの対話などをまとめた書。四書の一。「仁」を最高の徳とする孔子の思想の基本的文献。【論語読不ㇾ知ニ論語ー(ロンゴよみのロンゴしらず)】書物を理解するだけで、実行の伴わない者をあざけっていう。

【論衡(ロンコウ)】中国の雑家書。三〇巻。後漢の王充撰。五九年着手、九〇年完成。天の意志を否定し、無意志な力「気」が万物の生成変化を支配するとした。

【論孟(ロンモウ)】「論語」と「孟子」の二書の併称。

7540【詑】7560 6B5C E67B 言－8 ジョウ(ジャウ)慣／おおせ・おきて

字解 国字。形声。言＋定(さだめ)声。上からの命令、じょうの意。もとは「定」、のちに言を加えたもの。この字形は、中国の古書にも見えるようであるが、字義不明。

意味 上からの命令。おおせ。おことば。また、おきて(掟)。『御詑(ゴジョウ)』『勅詑(チョクジョウ)』『優詑(ユウジョウ)』

7541【諳】7562 6B5E E67D 言－9 アン漢／ān／そらんじる

字解 形声。言＋音(→暗、かくれてくらい)声。そらんじる意。暗に同じ。

意味 そらんじる。知りつくしている。なれている。

【諳記(アンキ)】そらで覚えること。そらんじること。暗記。

【諳悉(アンシツ)】すべてそらんじること。暗記しつくすこと。

【諳誦(アンショウ)】文章などをそらで覚えて言うこと。暗誦。

【諳譜(アンプ)】音楽の譜を暗記すること。暗譜。

7542【謂】1666 3062 88E0 言－9 イ(ヰ)呉漢／wèi／いう・いい・いわれ・おもう

字解 形声。言＋胃(→囲、かこう)声。話題についてことばをまとめていう意。

参考 万葉仮名では音を借りて「ゐ」。

意味 ❶いう。話す。となえる。『称謂(ショウイ)』『所謂(いわゆる)』＊論語‐学而「可ㇾ謂ㇾ孝矣(コウというべし)〔＝親孝行といってよいであろう〕」＊論語‐学而〔＝世間で言うところの〕❷いい。いわれ。理由。由来。趣旨。＊論語‐里仁「何謂也(なんのいいぞや)〔＝どういう意味か〕」❸おもう。考える。＊論語‐八佾「嗚呼曾謂ニ泰山不ㇾ如ニ林放ー乎(ああすなわちタイザンはリンボウにしかずとおもえるか)〔＝ああ、泰山が林放にも及ばないと思っているのか〕」

7543【謁】 言－9 エツ「謁」(7520)の旧字

7544【諧】7563 6B5F E67E 言－9 カイ漢／xié／やわらぐ・かなう・たわむれる

字解 形声。言＋皆(みなが同じようにいう)声。皆が同じようにいう、ととのう意。のちに言を加えた。

意味 ❶やわらぐ。うちとける。また、かなう。ととのう。調和する。『諧協』『諧和』『和諧(ワカイ)』❷おどける。ふざける。たわむれる。『諧謔』『詼諧(カイカイ)』『俳諧(ハイカイ)』
【諧謔(カイギャク)】(「謔」も、戯れる、おどける意)気の利いた冗談、洒落(しゃれ)。ユーモア。『諧謔を弄(ロウ)する』
【諧協(カイキョウ)】よくととのい調和すること。
【諧声(カイセイ)】①よく調和した声。②漢字の「六書(リクショ)」の一。形声(ケイセイ)のこと。
【諧調(カイチョウ)】調和のよくとれた調子。ハーモニー。
【諧比(カイヒ)】やわらぎ、うちとけること。
【諧和(カイワ)】①ほかの人と、よく協調すること。調和。協調。②音楽の調子などが、よくととのい美しいこと。

7545【諤】7564 6B60 E680 言－9 ガク漢／è

字解 形声。言＋咢声。

意味 正しいことを直言する。
【諤諤(ガクガク)】正しいと思うことを遠慮せずに主張すること。『侃侃(カンカン)諤諤』

7546【諫】7561 6B5D E67C 言－9 カン漢／jiàn／いさめる・いさめ

(7522)〔諫〕2050 3452 8AD0 言－8 †

字解 形声。言＋柬(えらびとる)声。目上の善悪を選別し、いさめる意。

金文
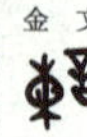
篆文

意味 いさめる。いさめさとす。忠告する。あやまちを正す。＊論語－微子「往者不レ可レ諫（ゆくものはいさむべからず）〔＝過去のことは是正できない〕」

下接 規諫（キカン）・泣諫（キュウカン）・強諫（キョウカン）・極諫（キョッカン）・苦諫（クカン）・死諫（シカン）・箴諫（シンカン）・切諫（セッカン）・忠諫（チュウカン）・直諫（チョッカン）・諷諫（フウカン）

【諫院（カンイン）】諫官の置かれた役所をいう。

【諫官（カンカン）】天子のあやまちをいさめさとす官職。

【諫議大夫（カンギタイフ）】中国の官名の一。天子のあやまりをいさめ、国家の利害得失などについて忠告する役目。

【諫言（カンゲン）】目上の人の欠点などを指摘し忠告すること。

【諫鼓（カンコ）】施政について諫言しようとする人民に打ち鳴らさせたつづみ。聖天子尭が設けたと伝えられる。いさめのつづみ。

【諫止（カンシ）】いさめて思いとどまらせること。

【諫死（カンシ）】死を覚悟して、また、死んでいさめること。

【諫職（カンショク）】天子をいさめさとす職務。

【諫正（カンセイ）】あやまちをいさめ正すこと。

【諫説（カンセツ｜カンゼイ）】いさめさとすこと。忠告すること。

【諫疏（カンソ）】いさめるために奉る書面。

【諫争・諫諍（カンソウ）】（「争・諍」もいさめる意）臣下が直接主人に向かって良くない点を忠告し改めさせること。

難読地名 諫早（いさはや）市（長崎）

7547【諱】7565 6B61 E681 言－9 キ漢／huì／いむ・いみな

字解 形声。言＋韋（そむきはなれる）声。口にすることをいむ意。

意味 ❶いむ。いみきらう。きらってさける。『諱忌』『諱言』『忌諱（キキ）』『不諱（フキ）』 ❷いみな。本名。死者の生前の名。または、死後に尊んで付けた称号。おくりな。忌み名。『偏諱（ヘンキ）』

【諱忌（キキ）】いみきらいさける、おそれはばかること。また、おそれはばかっている事柄。『諱忌に触れる』

【諱言（キゲン）】はばかってさけることば。

7548【謔】7566 6B62 E682 言－9 キャク漢・ギャク慣／xuè／たわむれる

字解 形声。言＋虐（とらが他の動物をいためつける、ひどい）声。たわむれる意。

意味 たわむれる。おどける。冗談をいう。

下接 諧謔（カイギャク）・戯謔（ギギャク）・笑謔（ショウギャク）・嘲謔（チョウギャク）・俳謔（ハイギャク）

【謔笑（ギャクショウ）】ふざけて笑うこと。

7549【諠】7567 6B63 E683 言－9 ケン漢／xuān／かまびすしい

字解 形声。言＋宣声。

意味 ❶やかましい。かまびすしい。「喧」に同じ。『諠譁』『諠囂』『諠噪』 ❷わすれる。「諼」に同じ。

【諠譁（ケンカ）】言い争ったり、腕力を用いて争ったりすること。いさかい。喧嘩。

【諠囂（ケンゴウ）】①やかましいこと。②うるさくさわぐこと。

【諠噪（ケンソウ）】人の声や物音がやかましいこと。喧噪。

7550【諼】＊6222 言－9 ケン漢／xuān／いつわる・わすれる

字解 形声。言＋爰（→遠、とおざかる）声。真実から遠ざかったことをいう、いつわる意。

意味 ❶いつわる。❷わすれる。「諠」に同じ。『諼草』

【諼草（ケンソウ）】草の名。やぶかんぞう（藪萱草）。わすれ草。

7551【諺】 ―― 言－9 (7552)〖諺〗2433 3841 8CBF 言－9 † ゲン漢／yàn／ことわざ

字解 形声。言＋彦（美しくよい）声。よい教訓の意。

意味 ことわざ。昔から言い伝えられた、教訓や風刺を含んだことば。また、世間でよく口にされる文句。

下接 古諺（コゲン）・世諺（セイゲン）・西諺（セイゲン）・俗諺（ゾクゲン）・俚諺（リゲン）

【諺文（オンモン）】（朝鮮 ʼan-mun「諺文」の朝鮮漢字音）一五世紀に李朝世宗の制定した表音文字。今は、ハングル（han-gur「大いなる文字」の意）という。

【諺語（ゲンゴ）】①俗語。②ことわざ。諺言。

7553【諢】7568 6B64 E684 言－9 ゴン漢・コン慣／hùn／たわむれる

字解 形声。言＋軍（→渾、まじる）声。冗談の意。

意味 たわむれ。たわむれる。冗談をいう。

【諢詞小説（コンシショウセツ）】俗話体で書かれた小説。中国、宋（ソウ）代におこった。

【諢名（コンメイ）】戯れやあざけり、また、親しみの意味でつける異名。あだな。

7554【諡】7575 6B6B E68B 言－9 シ 「謚」(7579)の異体字

7555【諮】2780 3B70 8E90 言－9 常 (7556)〖諮〗 ―― 言－9 旧字 シ漢／zī／はかる

筆順 諮 諮 諮 諮 諮 諮

字解 形声。言＋咨（とう・相談する）声。相談をする、はかる意。のちに言を加えた。

意味 はかる。上の者から下の者にたずねる。

【諮議（シギ）】①下の者に相談すること。②諮問に応じて、事柄を評議すること。

【諮詢（シジュン）】下の者に問いはかること。諮問。

【諮問（シモン）】個人または特定の機関に意見を求めること。

7557【諟】＊6216 言－9 シ漢／shì

字解 形声。言＋是（ただしい）声。ただしくする意。

7558【諸】 ―― 言－9 ショ 「諸」(7526)の旧字

7559【諶】＊6221 言－9 シン漢・ジン慣／chén／まこと

金文

篆文
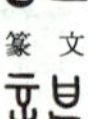

字解 形声。言＋甚（ふける）声。正しいことのみにことばをつくす、まことの意。

7560【諾】 ―― 言－9 ダク 「諾」(7531)の旧字

7561【諜】3621 4435 92B3 言－9 チョウ（テフ）漢／dié／まわしもの

字解 形声。言＋枼声。

意味 ❶まわしもの。スパイ。また、さぐる。うかがう。敵や相手の様子をさぐる。また、しめしあわせる。『諜候』『諜者』『諜知』『諜報』『間諜（カンチョウ）』『偵諜（テイチョウ）』『防諜（ボウチョウ）』 ❷ことばの多いさま。よくしゃべるさま。「喋」

に動じ。『諜諜』

【諜候(チョウコウ)】 ひそかに敵陣や人家にはいりこみ事情をさぐりうかがうこと。諜者。

【諜者(チョウジャ)】 ひそかに事情を探りうかがう人。スパイ。

【諜知(チョウチ)】 ひそかに事情を探り知ること。

【諜諜(チョウチョウ)】 しきりにしゃべるさま。多弁なさま。

【諜報(チョウホウ)】 相手の様子を探って知らせること。『諜報活動』『諜報員〔=スパイ〕』

7562 【諦】 3692 447C 92FA 言－9 タイ㊉呉・テイ㊉漢/dì/つまびらか・あきらめる・あきらめ

字解 形声。言＋帝(しめくくる)㊉声。明らかにする意。

参考 万葉仮名では音を借りて「て」。

意味 ❶あきらか。つまびらか。あきらかにする。『諦観』『諦念』 ❷仏語。まこと。真理。『四諦(シタイ)』『真諦(シンタイ)』『妙諦(ミョウタイ)』『要諦(ヨウタイ)』 ❸国あきらめる。

【諦観(テイカン)】 1本質を見きわめること。2国あきらめ悟ること。

【諦思(テイシ)】 つまびらかによく考えること。

【諦視(テイシ)】 じっと見つめること。諦観。

【諦聴(テイチョウ)】 あきらかに、よく聞くこと。仏教では「タイチョウ」。

【諦念(テイネン)】 1道理をわきまえて悟る心。正しく真理を思惟すること。2国あきらめ。

7563 【諵】 *6220 言－9 ナン㊉呉・ダン㊉漢/nán

字解 形声。言＋南㊉声。しゃべる意。喃に同じ。

7564 【諷】 7569 6B65 E685 言－9 フ㊉呉・フウ㊉漢/fěng・fèng/そらんじる・ほのめかす

字解 形声。言＋風(かぜ)㊉声。風がものをふるわせるように節をつけてよむ意。

意味 ❶そらんじる。『諷詠』『諷誦』『吟諷(ギンフウ)』『朗諷(ロウフウ)』 ❷遠まわしにいう。ほのめかす。「風」に同じ。『諷意』『諷諫』『諷刺』『諷喩』

【諷意(フウイ)】 遠回しに表された意味。気持ち。

【諷詠(フウエイ)】 詩歌を作ったり、声を出して吟じたりすること。『花鳥諷詠』

【諷諫(フウカン)】 他のことに事寄せて、それとなくいさめること。↕直諫

【諷刺(フウシ)】 遠回しに他の欠点をつくこと。社会などの欠陥、罪悪を嘲笑(チョウショウ)的に表現すること。風刺。

【諷誦(フウジュ・フジュ・フウショウ)】 1(フウジュ・フジュ) 経文などを、読み上げること。2(フウショウ) 詩文などを、声を上げて読むこと。

【諷喩・諷諭(フウユ)】 遠回しにさとすこと。たとえでそれを推察させること。

7565 【諞】 7570 6B66 E686 言－9 ヘン㊉漢/piǎn

字解 形声。言＋扁(うすっぺら)㊉声。うすっぺらなことば、たくみにいう意。

7566 【謀】 4337 4B45 9664 言－9 常 ム㊉呉・ボウ㊉漢/móu/はかる・たばかる・はかりごと

筆順 言 言 計 詳 謀 謀

字解 形声。言＋某㊉声。わからないことを相談する意。某は不定の意。

参考 万葉仮名では音を借りて「む」「も」。

意味 はかる。はかりごと。㋑くわだてる。計画する。『無謀(ムボウ)』 *史記-管晏伝「九合諸侯、一匡天下、管仲之謀也(諸侯を九合し、天下を一匡せしは、管仲の謀なり)〔=諸侯と何度も会合しては相談をし、天下を統一したのは、管仲のはかりごとによるものである〕」㋺悪いことをくわだてる。たくらみ。計略。『謀議』『謀反』『陰謀』『権謀』『密謀』

下接 陰謀(インボウ)・遠謀(エンボウ)・奇謀(キボウ)・鬼謀(キボウ)・詭謀(キボウ)・逆謀(ギャクボウ)・共謀(キョウボウ)・計謀(ケイボウ)・権謀(ケンボウ)・策謀(サクボウ)・詐謀(サボウ)・参謀(サンボウ)・邪謀(ジャボウ)・首謀(シュボウ)・主謀(シュボウ)・身謀(シンボウ)・神謀(シンボウ)・深謀(シンボウ)・知謀(チボウ)・通謀(ツウボウ)・廟謀(ビョウボウ)・密謀(ミツボウ)・無謀(ムボウ)

【謀画(ボウカク)】 はかりごと。計画。

【謀議(ボウギ)】 計画し相談すること。特に、犯罪などのはかりごと。『共同謀議』

【謀計(ボウケイ)】 はかりごと。『謀計を巡らす』

【謀殺(ボウサツ)】 あらかじめ計画して人を殺すこと。

【謀主・謀首(ボウシュ)】 中心となって、はかりごとをめぐらす人。首謀者。

【謀将(ボウショウ)】 はかりごとの上手な指揮官。

【謀臣(ボウシン)】 はかりごとをめぐらす家臣。

【謀略(ボウリャク)】 人をあざむくはかりごと。策略。

【謀慮(ボウリョ)】 物事の処置、計画などについてあれこれと考えをめぐらすこと。

【謀反・謀叛(ムホン)】 国国家、君主に背き兵を起こすこと。

7567 【謎】 3870 4666 93E4 言－9 メイ 「謎」(7585)の異体字

7568 【諭】 4501 4D21 9740 言－9 常 (7569)【諭】 ―― 言－9 旧字 ユ㊉呉㊉漢/yù/さとす・さとし

筆順 言 諭 諭 諭 諭 諭

字解 形声。言＋兪(ぬきとる)㊉声。わからないところをとりのぞき、さとす意。

意味 ❶さとす。言いきかせる。告げる。告げて明らかにする。また、その言葉。「喩」に同じ。『諭告』『諭旨』『諭達』『勅諭』 ❷たとえる。たとえ。「喩」に同じ。

下接 誨諭(カイユ)・諫諭(カンユ)・教諭(キョウユ)・暁諭(ギョウユ)・訓諭(クンユ)・告諭(コクユ)・上諭(ジョウユ)・説諭(セツユ)・勅諭(チョクユ)・風諭(フウユ)

【諭告(ユコク)】 さとし告げること。また、その事柄。喩告。

【諭旨(ユシ)】 趣旨をさとし告げること。言い聞かせること。

【諭達(ユタツ)】 役所などから人民に告げ知らせること。

7570 【諛】 7571 6B67 E687 言－9 (7495)【諛】 ―― 言－6 ユ㊉漢/yú/へつらう・へつらい

字解 形声。言＋臾(もちあげる)㊉声。ことば巧みに人の気をもりあげ、へつらう意。

意味 へつらう。きげんをとる。へつらい。

下接 阿諛(アユ)・讒諛(ザンユ)・諂諛(テンユ)

【諛悦(ユエツ)】 へつらってきげんをとること。

【諛言(ユゲン)】 へつらって言うことば。諛辞。

【諛辞(ユジ)】 へつらって言うことば。諛言。

【諛臣(ユシン)】 へつらう従臣。

【諛媚(ユビ)】 へつらいこびること。

7571 【謡】 4556 4D58 9777 言－9 常 (7586)【謠】 7579 6B6F E68F 言－10 旧字 人 ヨウ(エウ)㊉呉㊉漢/yáo/うたい・うたう

筆順 言 言 謡 謡 謡 謡

字解 謡は謠の略体。謠は形声。言＋䚻(↓搖、上下・左右にゆれうごく)㊥。節をつけてうたう意。

意味 ❶うたう。楽器に合わせないでうたう。「謡詠」❷うた。はやりうた。流行歌。「謡俗」「歌謡(カヨウ)」「俗謡(ゾクヨウ)」「童謡(ドウヨウ)」「民謡(ミンヨウ)」❸うわさ。風説。「謡言」❹国うたい。能楽のうたい。「謡曲」

【謡詠(ヨウエイ)】①うたうこと。歌にうたうこと。②世相を風刺するようなはやり歌。

【謡曲(ヨウキョク)】国能楽の詞章。また、その詞章に節をつけてうたうこと。謡(うたい)。

【謡言(ヨウゲン)】①世間のうわさ。たしかでないうわさ。②はやりうた。

【謡俗(ヨウゾク)】風俗をうたった歌謡。転じて、世間の風俗。

難読姓氏 謡口(うたぐち)

7572【謌】 7572 6B68 E688 言-10

カ「歌」(3860)の異体字

7573【謹】 2264 3660 8BDE 言-10 常 (7588)【謹】言-11 旧字 人

コン㊐・キン㊥ jǐn つつしむ・つつしみ

筆順

字解 謹は謹の略体。謹は形声。言＋堇(↓勤、ねばりつとめる)㊥。ことばを念入りに用いる、つつしむ意。

意味 つつしむ。心をひきしめ控えめにする。つつしみ。

下接 恪謹(カッキン・カクキン)・恭謹(キョウキン)・細謹(サイキン)・小謹(ショウキン)・廉謹(レンキン)

【謹賀(キンガ)】つつしんで、喜びを申し述べること。

【謹恪(キンカク)】つつしみ敬うこと。恪謹。

【謹愨(キンカク)】つつしみ深く、誠実なこと。

【謹啓(キンケイ)】つつしんで申し上げること。書状の最初に書く語。❤「拝啓」より丁重な場合に用い、「敬白」「謹具」「謹言」などで結ぶ。

【謹言(キンゲン)】「謹啓」で始まる丁寧な手紙の末尾に用い、相手に敬意を表す語。「恐惶(キョウコウ)謹言」

【謹厳(キンゲン)】非常にまじめで、重々しいこと。「謹厳実直」

【謹厚(キンコウ)】つつしみ深く温厚なこと。

【謹告(キンコク)】つつしんで知らせること。

【謹書(キンショ)】つつしんで書くこと。

【謹上(キンジョウ)】つつしんで奉ること。宛名に添える語。

【謹慎(キンシン)】言葉や行いを控えめにすること。「不謹慎」

【謹製(キンセイ)】つつしんで心を込めて作ること。

【謹諾(キンダク)】つつしんで承知すること。

【謹聴(キンチョウ)】①つつしんで聞くこと。②演説などで、「よく聞け」という意味で、聴衆が発する語。

【謹直(キンチョク)】つつしみ深く正直なこと。謹厳実直。

【謹敕・謹勅・謹飭(キンチョク)】つつしみ深いこと。

【謹呈(キンテイ)】つつしんで贈呈すること。呈上。

【謹敏(キンビン)】心をひきしめ敏速に行動すること。

【謹密(キンミツ)】慎重で精密なこと。

【謹話(キンワ)】つつしんで話すこと。また、その談話。

7574【謙】 2412 382C 8CAA 言-10 常 (7575)【謙】言-10 旧字

ケン㊐㊥ qiān へりくだる

筆順

字解 形声。言＋兼㊥。

意味 ❶へりくだる。ゆずる。へりくだって敬う。❷易の六十四卦(カ)の一。☷☶。謙遜する意。

下接 恭謙(キョウケン)・自謙(ジケン)・卑謙(ヒケン)

【謙虚(ケンキョ)】控えめで、つつましやかなこと。

【謙謙(ケンケン)】へりくだって敬うさま。

【謙辞(ケンジ)】謙遜していうことば。

【謙称(ケンショウ)】自分、また自分の側の人物について謙遜した言い方。「愚生」「小生」「愚弟」の類。

【謙譲(ケンジョウ)】へりくだり譲ること。謙遜。「謙譲の美徳」「謙譲語」

【謙遜(ケンソン)】へりくだり、卑下すること。謙譲。↔不遜

【謙退(ケンタイ)】へりくだること。

【謙黙(ケンモク)】つつしみ深く口かずが少ないこと。

【謙抑(ケンヨク)】へりくだって控えめにすること。

7576【講】 2554 3956 8D75 言-10 常5 (7577)【講】言-10 旧字

コウ(カウ)㊐㊥ jiǎng とく

筆順

字解 形声。言＋冓(組み合わせる)㊥。意見をかわす意。

意味 ❶はかる。問いたずねる。手だてを考える。「対策を講ずる」❷とく。㋑ときあかす。意味を明らかにする。「文法を講ずる」「講演」「講義」「講座」「披講」㋺「講座」の略。「開講」「受講」「聴講」❸ならう。けいこする。訓練する。❹国こう。神仏に参詣するための団体。よりあい。「無尽講(ムジンコウ)」

❶はかる。問いたずねる。

【講解(コウカイ)】戦争をやめ、和解すること。→❷

【講学(コウガク)】学問を研究すること。

【講求(コウキュウ)】物事の意味を調べもとめること。

【講究(コウキュウ)】物事を深く調べ、きわめること。

【講和(コウワ)】交戦国が合意し戦争をやめ、平和を回復すること。「講和条約」❤書き換え「媾和→講和」。

❷とく。ときあかす。

下接 開講(カイコウ)・休講(キュウコウ)・侍講(ジコウ)・受講(ジュコウ)・出講(シュッコウ)・進講(シンコウ)・長講(チョウコウ)・聴講(チョウコウ)・披講(ヒコウ)・補講(ホコウ)・輪講(リンコウ)

【講筵(コウエン)】書物などの講義をする場所。「講筵に列する（＝先生の講義を聞く）」

【講演(コウエン)】多くの人を前に、ある題目について話すこと。「記念講演」

【講解(コウカイ)】文章、学説などの意味、内容を説きあかすこと。講義。→❶

【講義(コウギ)】学問の内容や意味を解説すること。また、大学の授業。「講義を聴く」「集中講義」

【講経(コウケイ・コウキョウ)】①(コウケイ)経書の意味を説きあかすこと。②(コウキョウ)経文の意味を説きあかすこと。

【講座(コウザ)】(講義の席の意)①大学などの研究組織。②国講義の形式をとった講習会、放送番組など。また、講義の形をとった叢書。「市民講座」

【講師(コウシ・コウジ)】㊀(コウシ)国学校などで、講義、講習をする人。㊁(コウジ)国①歌会、歌合わせなどで、詩歌を朗詠する人。②仏教で、もと、国分寺ごとに一人ずつおかれた僧官。僧尼を指導して講義する職。

【講釈(コウシャク)】①語句や文章の意味などを説き聞かせること。「講釈を並べる」②国講談。「講釈師」

【講授(コウジュ)】講義して教え授けること。

【講書(コウショ)】貴人などのために、書籍を講義すること。

【講誦】コウショウ 書物などを講じ、声をあげて読むこと。
【講席】コウセキ ①講義の席。書物の講釈や説教などの行われる集会所。聴講席。②国 詩歌を披露する席。
【講説】コウセツ 講義し解説すること。
【講談】コウダン 国 寄席演芸の一。政談、軍記などを調子を付けて語るもの。『講談師』『講談本』
【講壇】コウダン 講義や講演、説教などをする壇。
【講堂】コウドウ ①寺院の建物のうち、経典の講義や、説法をする堂。②学校などで、儀式、講演などをする建物。
【講読】コウドク 内容、意味などを説明しながら特定の書物を読み進めること。
【講話】コウワ 聴衆にわかりやすく説き聞かすこと。
【講論】コウロン 説きあかし論ずること。
【講明】コウメイ 意義、疑問点を説きあかすこと。
【講評】コウヒョウ 作品や演技などを批評すること。

❸ ならう。けいこする。

【講習】コウシュウ 学問や技芸などを学習すること。また、その指導をすること。
【講武】コウブ 武道、武術を講習、練習すること。

❹ (日本語で)こう。よりあい。

【講社】コウシャ 国 神道、仏教の講の団体。講。講中コウジュウ。
【講中】コウジュウ 国 ①講をつくって神仏に詣もうでる仲間。②頼母子たのもし講などの仲間。

7578 【謊】 * 6231 言-10 (7483)【詤】 言-6 (7484)【詤】 言-6 コウ(クヮウ)漢・キョウ(キャウ)漢/huǎng

字解 謊は詤の通俗体。詤は形声。言+巟㊥。ねごとの意。

7579 【謚】 7574 6B6A E68A 言-10 (7554)【諡】 7575 6B6B E68B 言-9 シ漢/shì/おくりな・いみな

字解 形声。言+益(ます・つけ加える)㊥。おくりなの意。謚は、唐以後の変形か。「謚」には、ほかにエキの音で、笑うさまの意がある。

意味 おくりな。死後、生前の行いを褒めたたえて贈る名。いみな。

下接 賜謚シシ・善謚ゼンシ・贈謚ゾウシ・勅謚チョクシ・追謚ツイシ・美謚ビシ

【謚号】シゴウ 貴人、高僧などに死後おくる名。おくり名。
【謚法】シホウ おくり名をつける方法。

7580 【謝】 2853 3C55 8ED3 言-10 常5 シャ漢/xiè/あやまる・つげる

筆順 謝 謝 謝 謝 謝 謝

字解 形声。言+射(矢を放つ)㊥。ことばを発する意。

参考 万葉仮名では音を借りて「ざ」。

意味 ❶つげる。述べる。礼を述べる。また、お礼。『厚意に謝する』『謝恩』 *白居易-長恨歌「含レ情凝レ睇謝ニ君王一(ジョウをふくみひとみをこらしてクンノウにシャす)」〔=思いをこめじっと見つめながら、天子の厚い情に感謝申しあげる〕」 ❷あやまる。わびる。恥じる。『謝罪』 *史記-項羽本紀「不レ可レ不ニ蚤自来謝一項王一(はやくみずからきたりてコウオウにシャせざるべからず)」〔=朝早く、自分から出かけて、項王におわびしなくてはいけない〕」 ❸ことわる。しりぞける。『辞謝ジシャ』 *史記-張儀伝「謝去レ之(シャしてこれをさらしむ)」〔=断ってひきとらせた〕」 ❹さる。やめる。おとろえる。『新陳代謝シンチンタイシャ』 ❺人名。

❶ つげる。礼を述べる。また、お礼。

下接 感謝カンシャ・月謝ゲッシャ・深謝シンシャ・多謝タシャ・拝謝ハイシャ・薄謝ハクシャ・万謝バンシャ・報謝ホウシャ・鳴謝メイシャ・面謝メンシャ

【謝意】シャイ 感謝の気持ち。『謝意を表す』
【謝恩】シャオン 受けた恩に感謝すること。『謝恩会』
【謝金】シャキン 謝礼の金銭。礼金。
【謝辞】シャジ お礼、感謝の言葉。
【謝状】シャジョウ 謝礼の書状。礼状。→❷
【謝礼】シャレイ 感謝の気持ちを表すために贈る金品。

❷ あやまる。わびる。恥じる。

下接 慰謝イシャ・陳謝チンシャ・面謝メンシャ

【謝罪】シャザイ 罪や過ちをわびること。『謝罪文』
【謝状】シャジョウ 謝罪の書状。詫び状。→❶

❸ ことわる。しりぞける。

【謝絶】シャゼツ 拒絶すること。断ること。『面会謝絶』
【謝肉祭】シャニクサイ カーニバル。カトリック教国で、肉食を絶つ四旬節にさきだって行われる祭り。

❺ 人名。

【謝安】シャアン 中国、東晋の政治家。字あざなは安石。博識で風流を好み、書をよくした。(三二〇～三八五)
【謝恵連】シャケイレン 中国、南朝・宋の詩人。謝霊運の従弟。一〇歳でよく文を綴り、謝霊運にその才を愛された。霊運の大謝に対し、小謝と呼ぶ。「雪賦」「秋懐詩」などが有名。著に「謝法曹集」二巻がある。(三九七～四三三)
【謝朓】シャチョウ 中国、六朝斉の詩人。字あざなは玄暉。謝霊運、謝恵連と合わせて三謝という。
【謝肇淛】シャチョウセイ 中国、明の学者。字あざなは在杭。博学で詩文をよくした。著に「五雑組」など。生没年不詳。
【謝枋得】シャボウトク 中国、南宋末の政治家。字あざなは君直。謚おくりなは文節。畳山先生。元にとらえられ、絶食して死んだ。編に「文章軌範」。(一二二六～八九)
【謝霊運】シャレイウン 中国、六朝時代、宋の詩人。書画に巧みで、文章は江左第一といわれた。康楽公を襲爵し、「謝康楽」と称される。著「謝康楽集」。(三八五～四三三)

7581 【謖】 7576 6B6C E68C 言-10 シュク漢・ショク慣/sù/たつ

字解 形声。言+畟㊥。たつ、起き上がる意。

7582 【謟】 * 6230 言-10 トウ(タウ)漢/tāo

字解 形声。言+舀㊥。信じない、うたがう意。

7583 【謐】 7577 6B6D E68D 言-10 ビツ漢・ヒツ慣/mì/しずか

字解 形声。言+𥁑(→密、ひそか)㊥。声がなくしずかの意。

意味 ひっそりと静かなさま。平穏なさま。『静謐セイヒツ』

【謐謐】ヒツヒツ ひっそりと静かなさま。

7584 【謗】 7578 6B6E E68E 言-10 ホウ(ハウ)呉・ボウ(バウ)慣/bàng/そしる・そしり

字解 形声。言+旁(→妨、さまたげる)㊥。悪口をいう意。

意味 そしる。人を悪く言う。また、そしり。

下接 毀謗キボウ・讒謗ザンボウ・訕謗センボウ・誹謗ヒボウ・誣謗フボウ

7画 見角言谷豆豕豸貝赤走足(⻊)身車辛辰辵(⻌・⻍)邑(⻏)酉釆里

【謗議(ボウギ)】そしること。あしざまに批評すること。

【謗言(ボウゲン)】他人をそしることば。わるくち。

【謗書(ボウショ)】①他人をそしる書面。②「史記」のこと。

♥漢の政策をそしったことから。

【謗声(ボウセイ)】非難する声。悪い評価。

【謗嘲(ボウチョウ)】他人をそしりあざけること。

【謗誉(ボウヨ)】けなすこととほめること。毀誉(キヨ)。

7585 【謎】 ―― 言-10 (7567)〔謎〕 3870 4666 93E4 言-9 †
ベイ(漢)・メイ(慣)/mí・mèi/なぞ
字解 形声。言+迷(まよう)(声)。人をまよわすようなことば、なぞの意。
参考 万葉仮名では音を借りて「べ(甲)」「め(甲)」。
意味 なぞ。なぞなぞ。また、隠語。
【謎語(メイゴ)】なぞを含んだ語。人をまよわす曖昧な語。

7586 【謠】 7579 6B6F E68F 言-10
ヨウ 「謡」(7571)の旧字

7587 【謳】 7580 6B70 E690 言-11 (7441)〔謳〕 ―― 言-4
オウ(漢)/ōu/うたう・うた
字解 形声。言+區(区切りをつける)(声)。節をつけてうたう意。
意味 うたう。うた。㋑節をつけて歌詞をとなえる。㋺声をそろえてうたう。㋩さかんに言いたてる。ほめたてる。『歌謳(カオウ)』
【謳歌(オウカ)】良い境遇にあることをはばかることなく楽しむこと。『青春を謳歌する』
【謳頌(オウショウ)】徳をほめたたえる歌。

7588 【謹】 ―― 言-11
キン 「謹」(7573)の旧字

7589 【譾】 *6232 言-11 (7620)〔譾〕 *6254 言-15
セン(漢)/jiǎn
字解 形声。言+剪(声)。
意味 あさはか。
【譾劣(センレツ)】浅薄で拙劣なさま。浅劣。

7590 【讁】 7583 6B73 E693 言-11 (7621)〔讁〕 *6255 言-15
タク(漢)/zhé/せめる
字解 形声。言+啇(=啻→摘、あばきだす)(声)。責めとがめ、罪をあばく意。
意味 ❶せめる。とがめる。罪。とが。❷罪により官職を下げ、遠方へ流す。『謫居』『謫戍』『謫所』『竄謫(ザンタク)』『遷謫(センタク)』『流謫(ルタク)』
【謫居(タッキョ)】左遷された土地でのわびずまい。*白居易‐琵琶行「謫居臥レ病潯陽城(タッキョしてやまいにふすジンヨウジョウ)〔=この潯陽の町に左遷の身となり、病にふしている〕」
【謫戍(タクジュ)】(「戍」はまもり、守備兵の意)罪によって遠方に流され、国境の守備などにあたらされること。
【謫所(タクショ)】流罪(ルザイ)になって流された所。配所。

7591 【謬】 ―― 言-11 (7592)〔謬〕 4121 4935 9554 言-11 †

ミョウ(メウ)(呉)・ビュウ(ビウ)(漢)/miù/あやまる・あやまり
字解 形声。言+翏(つらなる・まつわる)(声)。ことばがまつわりもつれる、あやまる意。

意味 あやまる。㋑まちがえる。あやまり。『謬見』『過謬(カビュウ)』『誤謬(ゴビュウ)』『錯謬(サクビュウ)』㋺たがう。くいちがう。『差謬(サビュウ)』㋩あざむく。だます。

【謬計(ビュウケイ)】間違った計画。謬算。

【謬見(ビュウケン)】間違った意見や見解。

【謬言(ビュウゲン)】間違ったことばやうそ。

【謬誤(ビュウゴ)】間違い。あやまり。誤謬。

【謬錯(ビュウサク)】間違い。あやまり。謬誤。錯謬。

【謬算(ビュウサン)】=謬計(ビュウケイ)

【謬説(ビュウセツ)】間違った説。

【謬伝(ビュウデン)】聞き誤ること。誤り伝えること。誤伝。

【謬論(ビュウロン)】あやまった議論。

7593 【謨】 7585 6B75 E695 言-11
ボ(漢)・モ(慣)/mó/はかる
字解 形声。言+莫(→摹、さぐりもとめる)(声)。物事の結論をもとめる意。
参考 万葉仮名では音を借りて「も」。
意味 はかる。計画をたてる。はかりごと。くわだて。
下接 淵謨(エンボ)・宏謨(コウボ)・聖謨(セイボ)・廟謨(ビョウボ)・良謨(リョウボ)
【謨訓(ボクン)】国家の大計となる教え。後世の王の模範となるべき教え。

7594 【謾】 7584 6B74 E694 言-11
マン(呉)・バン(漢)/mán・màn/あざむく・あなどる
字解 形声。言+曼(のばす)(声)。ことばをひきのばしあざむく意。
意味 ❶あざむく。ごまかす。いつわる。いつわり。「瞞」に同じ。『謾欺』『謾語』『謾誕』❷あなどる。「嫚」に同じ。❸なれる。なれなれしくする。❹おこたる。「慢(マン)」に同じ。
【謾欺(マンギ)】あざむくこと。
【謾語(マンゴ)】でたらめなことば。作り話。
【謾誕(マンタン)】でたらめな話をすること。でたらめ。

7595 【譁】 7586 6B76 E696 言-12
カ(クヮ)(漢)/huā
字解 形声。言+華(はなやか)(声)。やかましい意。
意味 さわがしい。やかましい。『諠譁(ケンカ)』
【譁然(カゼン)】騒々しいさま。*柳宗元‐捕レ蛇者説「譁然而駭者、雖二鶏狗一不レ得レ寧焉(カゼンとしておどろくもの、ケイクといえどもやすんずるをえず)〔=その騒ぎに驚き恐れることといえば、鶏や犬のたぐいまでが安心していられない状態だ〕」

7596 【譌】 7587 6B77 E697 言-12
ガ(グヮ)(漢)・カ(クヮ)(慣)/é/いつわり
字解 形声。言+爲(人為的)(声)。つくられたことば、うその意。訛の本字。

7597 【譏】 7588 6B78 E698 言-12
キ(漢)/jī/そしる・そしり
字解 形声。言+幾(こまかい)(声)。こまかく人の欠点を見つけて悪くいう意。
意味 そしる。とがめる。人の欠点を悪くいう。そしり。
【譏訶(キカ)】そしり叱ること。そしり責めること。
【譏議(キギ)】そしって論議すること。そしり。
【譏刺(キシ)】そしること。非難すること。
【譏誚(キショウ)】とがめて責めること。

【譏評(キヒョウ)】欠点をそしり批評すること。

【譏諷(キフウ)】遠まわしにそしりとがめること。

7598 【譎】 7589 6B79 E699 言-12 ケツ㊥・キツ㊐\jué\いつわる・いつわり

字解 形声。言+矞㊟。

意味 いつわる。いつわり。㋑うそを言う。あざむく。「譎詭」「譎詐」「譎謀」㋺たがう。普通と違う。奇異な。あやしい。「譎怪」「譎詭」㋩遠まわしに言う。「譎諫」

【譎怪(ケッカイ)】奇異であやしげなこと。

【譎諫(ケッカン)】遠まわしにいさめること。

【譎詭(ケッキ)】①人をあざむくこと。②変わっていること。

【譎詐(ケッサ)】人をあざむくこと。譎詭。

【譎謀(ケツボウ)】人をあざむくはかりごと。譎計。譎数。

7599 【譃】 ＊6237 言-12 ク㊥\xū\いつわる・いつわり

字解 形声。言+虚(うつろ)㊟。真実がないうそ、いつわりの意。

7600 【識】 2817 3C31 8EAF 言-12 常5 (7601)【識】―― 言-12 旧字

シ㊍㊥・シキ㊍・ショク㊥\zhì・shí\しる・しるす

筆順 識 識 識 識 識 識

字解 形声。言+戠(しるし)㊟。区別して意味をよくしる意。またしるしの意。金文は言に従わない。

金文 
篆文 

意味 ❶(シキ―ショク)しる。㋑見分ける。物事の道理を見分けて知る。「識別」「意識」「認識」＊孟子―梁恵王下「吾何以識二其不才一、而舎レ之(われなにをもってそのフサイをしりて、これをすてん)〔＝私は、どのようにしてその人に才能のないことを見抜き、採用しないようにしたらよいのか〕」㋺知っている内容。知恵。また、考え。意見。「学識」「常識」「知識」㋩知り合う。知り合い。「旧識」「相識(ソウシキ)」「面識(メンシキ)」⇒〔知〕(5260)の表 ㊁仏教で、五蘊(ゴウン)の一。見分け、見定め、知る心の作用。「識蘊」「六識」❷(シ―シキ)しるす。しるし。書きつける。覚える。目印。「識語」「陰識(インシ)」「標識(ヒョウシキ)」＊論語―述而「黙而識レ之、学而不レ厭(モクしてこれをしるし、まなんで…)〔＝(会得したことを)口に出さずに心に覚えて忘れないようにし、学び求めて飽きることがない〕」

❶ しる。見分ける。

下接 意識(イシキ)・遠識(エンシキ)・学識(ガクシキ)・鑑識(カンシキ)・眼識(ガンシキ)・器識(キシキ)・旧識(キュウシキ)・見識(ケンシキ)・才識(サイシキ)・常識(ジョウシキ)・深識(シンシキ)・浅識(センシキ)・卓識(タクシキ)・知識(チシキ)・認識(ニンシキ)・博識(ハクシキ)・不識(フシキ)・弁識(ベンシキ)・無識(ムシキ)・面識(メンシキ)・黙識(モクシキ)・有識(ユウシキ)・良識(リョウシキ)

【識閾(シキイキ)】刺激によって感覚や反応が起こる境界。

【識蘊(シキウン)】仏語。五蘊の一。心の総称。六識(眼・耳・鼻・舌・身・意)など、対象を分別する働きを有すもの。

【識見(シキケン)】物事を正しく見分ける能力。見識。

【識字(シキジ)】文字を読み書きできるようにすること。

【識者(シキシャ)】見識のある人。有識者。

【識度(シキド―シキタク)】①見識が高く、度量の大きいこと。②仏語。物事をよく見分けること。識得。

【識達(シキタツ)】物事をよく見ぬくこと。

【識別(シキベツ)】見分けること。「雌雄を識別する」

【識慮(シキリョ)】知識と思慮。

❷ しるす。また、しるし。

【識語(シキゴ)】写本や刊本などで、その本の来歴などを記したもの。♥「シゴ」の慣用読み。

7602 【譙】 ＊6245 言-12 ショウ(セウ)㊥・スイ㊥\qiáo・qiào\せめる

字解 形声。言+焦㊟。

意味 ❶せめる。とがめる。「譙呵」「譙譲」❷物見やぐら。「譙楼」❸「譙譙(ショウショウ)」は、鳥の羽根が破れ傷ついたさま。

【譙呵(ショウカ)】とがめしかること。

【譙譲(ショウジョウ)】責めとがめること。

【譙楼(ショウロウ)】城の物見のやぐら。

7603 【證】 7590 6B7A E69A 言-12 ショウ「証」(7460)の異体字

7604 【譖】 7591 6B7B E69B 言-12 (7605)【譛】 7592 6B7C E69C 言-12 シン㊥・セン㊥\zèn\そしる

字解 形声。言+朁㊟。

意味 そしる。そしり。また、うそを言って訴える。

【譖毀(シンキ)】そしること。そしり。

【譖言(シンゲン)】相手をそしって言うこと。

【譖潤(シンジュン)】(「浸潤」の混用か)水がしみこむように、じわじわと影響するそしり。また、水のようにじわじわとしみこむこと。

【譖訴(シンソ)】事実をいつわってそしり訴えること。

【譖短(シンタン)】(「短」も、そしる意)そしり責めること。

7606 【譚】 ―― 言-12 (7607)【譚】 7593 6B7D E69D 言-12 タン㊥\tán\かたる・はなし

字解 形声。言+覃㊟。

意味 かたる。ものがたる。ものがたり。「談」に同じ。

下接 奇譚(キタン)・叢譚(ソウダン)・民譚(ミンダン)・冒険譚(ボウケンタン)

【譚歌(タンカ)】＝譚詩(タンシ)
【譚詩(タンシ)】国物語風の自由な形式の詩。バラード。♥フランスballadeの訳語。

7608 【譜】 4172 4968 9588 言-12 常 (7614)【譜】―― 言-13 旧字

フ㊍・ホ㊥\pǔ\

筆順 譜 譜 譜 譜 譜 譜

字解 形声。言+普(→布、しきならべる)㊟。系統・順序によって書き記したものの意。

参考 万葉仮名では音を借りて「ほ」。

意味 ❶物事を系統だてて記す。また、記したもの。「系譜」❷音楽の曲節を符号で記したもの。「譜面」「楽譜」

❶ 系統だてて記す。また、記したもの。

下接 印譜(インプ)・花譜(カフ)・画譜(ガフ)・棋譜(キフ)・局譜(キョクフ)・系譜(ケイフ)・碁譜(ゴフ)・世譜(セイフ)・図譜(ズフ)・族譜(ゾクフ)・年譜(ネンプ)

【譜系(フケイ)】血縁などのつながりを示す記録や表。系譜。

【譜代・譜第(フダイ)】国代々仕えてきていること。特に、関ヶ原の戦い以前から、徳川氏に仕えていた者の称。

【譜牒(フチョウ)】国家・氏(うじ)の系譜を記した文書や記録。

❷ 音楽の曲節を符号で記したもの。

【下接】暗譜アンプ・音譜オンプ・楽譜ガクフ・曲譜キョクフ・原譜ゲンプ・採譜サイフ・写譜シャフ・新譜シンプ・総譜ソウフ・本譜ホンプ・略譜リャクフ

【譜表フヒョウ】音符を記すための五本の平行線。

【譜面フメン】歌曲・楽曲を音符などの記号で記したもの。

7609【議】2136 3544 8B63 言-13 常4 ギ(呉)(漢)\yì\はかる

筆順

字解 形声。言＋義(正しい)(声)。正しいことについて話し合う意。

意味 はかる。㋑相談する。話し合う。論じ合う。「国政を議する」「議会」「議論」「協議」「審議」＊史記-廉頗藺相如伝「議不ㇾ欲ㇾ予ニ秦璧一(ギシテシンにたまをあたうるをほっせず)〔=相談の結果は、秦に璧を与えないということになった〕」㋺思いはかる。思いめぐらす。考える。「不思議」「擬議」㋩意見。考え。また、意見を述べる。「異議」「抗議」「動議」

下接 異議イギ・一議イチギ・横議オウギ・会議カイギ・閣議カクギ・擬議ギギ・協議キョウギ・軍議グンギ・建議ケンギ・公議コウギ・抗議コウギ・高議コウギ・合議ゴウギ・参議サンギ・私議シギ・商議ショウギ・審議シンギ・清議セイギ・先議センギ・詮議センギ・僉議センギ・争議ソウギ・代議ダイギ・朝議チョウギ・党議トウギ・討議トウギ・動議ドウギ・発議ハツギ・誹議ヒギ・評議ヒョウギ・廟議ビョウギ・物議ブツギ・紛議フンギ・謗議ボウギ・密議ミツギ・稟議リンギ|ヒンギ・論議ロンギ・和議ワギ・不思議フシギ

【議員ギイン】国会、地方議会など合議制の機関を組織し、議決に加わる権利のある人。

【議院ギイン】国政を審議する場所。国会。

【議会ギカイ】公選された議員によって構成され、立法、議決を受け持つ合議制の機関。「議会政治」「市議会」

【議決ギケツ】合議によって、ある事柄に対する意思を決定すること。「議決機関」「議決権」

【議事ギジ】会合して審議すること。また、審議すべき事柄。「議事堂」「議事録」

【議席ギセキ】議場での議員の席。転じて、議員の資格、または数。「議席を争う」

【議奏ギソウ】国①太政官からの協議の結果を天皇に奏上すること。②鎌倉時代、源頼朝が朝廷に設けた職。議卿ギキョウ|ギケイ。③江戸時代、朝廷に置かれた職。

【議題ギダイ】会議で議論される問題。「中心議題」

【議長ギチョウ】①会議で、議事を進行させ、衆議を採決する人。②議会で、その議会を代表する人。

【議論ギロン】互いに意見を述べ、論じ合うこと。「是非を議論する」「議論百出」

7610【護】2478 386E 8CEC 言-13 常5　(7617)【護】旧字 言-14　ゴ(呉)・コ(漢)\hù\まもる・まもり

筆順

字解 形声。言＋蒦(つかむ)(声)。ことばでつかみ率いる、まもる意。

意味 ❶まもる。かばう。たすける。「護衛」「護身」「保護」❷音訳字。「護摩」「護謨」

❶まもる。かばう。たすける。

下接 愛護アイゴ・衛護エイゴ・掩護エンゴ・援護エンゴ・回護カイゴ・挌護カクゴ・格護カクゴ・加護カゴ・看護カンゴ・監護カンゴ・救護キュウゴ・教護キョウゴ・警護ケイゴ・外護ゲゴ・守護シュゴ・鎮護チンゴ・庇護ヒゴ・弁護ベンゴ・防護ボウゴ・保護ホゴ・冥護メイゴ・養護ヨウゴ・擁護ヨウゴ

【護衛ゴエイ】付き添って守ること。「護衛兵」

【護憲ゴケン】国現行の憲法、立憲政治を擁護すること。

【護身ゴシン】危険から身を守ること。「護身術」

【護送ゴソウ】①付き添って保護しながら送り届けること。②被告人や受刑者などを、ある場所から他の場所へ監視しながら送ること。「護送車」

【護短ゴタン】①他人の短所を大目にみること。②自分のあやまちをかばうこと。

【護符ゴフ】国神仏の加護があるというしるしの守り札。

【護法ゴホウ】①法律の権威を擁護すること。「護法精神」②祈禱キトウによって物の怪けなどを調伏チョウブクする法力。

❷音訳字。

【護摩ゴマ】(梵 homa の音訳) 密教で、不動明王または愛染明王の前に壇を設け、火を焚いて祈る修法。

【護謨ゴム】(蘭 gom の音訳) ゴムの木から採取される、弾性に富んだ物質。

7611【譲】3089 3E79 8FF7 言-13 常　(7626)【讓】7610 6C2A E6A8 言-17 旧字 人　ジョウ(ジャウ)(漢)\ràng\ゆずる

筆順

字解 譲は讓の略体。讓は形声。言＋襄(払いのける)(声)。ことばで責める意。また、払いのける意から転じて、ゆずる意。

意味 ❶せめる。なじる。「責譲セキジョウ」「誚譲ショウジョウ」❷ゆずる。㋑ゆずりあたえる。「譲位」「譲禅」「譲渡」「譲歩」「委譲イジョウ」「分譲ブンジョウ」＊史記-伯夷伝「及ニ父卒一、叔斉譲ニ伯夷一(ちちシュツするにおよび、シュクセイハクイにゆずる)〔=父が亡くなると、叔斉は(後継ぎを兄の)伯夷にゆずった〕」→下接。㋺へりくだる。「敬譲ケイジョウ」「謙譲ケンジョウ」「礼譲レイジョウ」

下接 委譲イジョウ・移譲イジョウ・割譲カツジョウ・互譲ゴジョウ・辞譲ジジョウ・推譲スイジョウ・禅譲ゼンジョウ・遜譲ソンジョウ・退譲タイジョウ・分譲ブンジョウ

【譲位ジョウイ】君主がその位をゆずること。

【譲禅ジョウゼン】天子がその位を子孫にわたさず、有徳者にゆずること。

【譲渡ジョウト】権利、財産などを他人にゆずりわたすこと。

【譲歩ジョウホ】自分の考え、主義をまげて他の意見に従うこと。▽他人に道をゆずる意から。

7612【譫】7594 6B7E E69E 言-13 セン(漢)・トウ(タフ)(漢)\zhān\たわごと

字解 形声。言＋詹(くどくどいう)(声)。言葉数が多い意。のちに言を加えて、その字義を明確にした。

意味 ❶おしゃべり。ことばかずが多い。❷たわごと。うわごと。「譫言」「譫妄」

【譫言センゲン|うわごと】国熱にうかされなどして無意識に口走る言葉。たわごと。

【譫妄センモウ】国意識障害の状態の一。外界からの刺激に対する反応は失われているが、内面の錯覚、妄想があり、興奮、不穏状態を示したり、うわごとなどを示す。

7613【譟】7601 6C21 E69F 言-13 ソウ(サウ)(漢)\zào\さわぐ・さわがしい

字解 形声。言＋喿(さわぐ)(声)。さわがしい意。のちに言を加えて、その字義を明確にした。

意味 ❶さわぐ。さわがしい。やかましい。「噪」に同じ。「喧譟ケンソウ」❷なく。さけぶ。❸つづみを打つ。

【譟音ソウオン】↔楽音。①振動が不規則で、高さや調子の明瞭メイリョウでない音。②騒音ソウオン。

7614【譜】—— 言-13 フ「譜」(7608)の旧字

7615【譯】7603 6C23 E6A1 言-13 ヤク「訳」(7450)の旧字

7616【譴】7604 6C24 E6A2 言-14 ケン(呉)(漢)\qiǎn\せめる・とがめる・とが

字解 形声。言＋遣(遠くへやる)(声)。遠ざけるようにことばでせめる意。

意味 せめる。とがめる。また、とが。つみ。

下接 厳譴ゲン・罪譴ザイ・天譴テン

【譴責】ケンセキ ①不正や過失を戒めること。叱責シッセキ。②国戒告に当たる、公務員に対する懲戒手段。『譴責処分』

【譴黜】ケンチュツ （「黜」は、しりぞけるの意）罪を責めて、位を下げること。

【譴怒】ケンド 怒ってしかり責めること。

【譴罰】ケンバツ 罪過を責め罰すること。

7617【護】—— 言-14 ゴ「護」(7610)の旧字

7618【讃】2730 3B3E 8E5D 言-15 サン「讚」(7631)の異体字

7619【讖】—— 言-15 シン「讖」(7627)の異体字

7620【譾】* 6254 言-15 セン「譾」(7589)の異体字

7621【謫】* 6255 言-15 タク「謫」(7590)の異体字

7622【讀】7606 6C26 E6A4 言-15 ドク「読」(7514)の旧字

7623【讌】7607 6C27 E6A5 言-16 エン(漢)\yàn\うたげ

字解 形声。言＋燕(声)。

意味 うたげ。さかもり。また、くつろいで語り合う。「燕」「宴」に同じ。『公讌コウエン』『寿讌ジュエン』

7624【讍】* 6259 言-16 ガク(漢)\è\

字解 形声。言＋噩(声)。直言する意。諤に同じ。

7625【讒】7609 6C29 E6A7 言-17 ゼン(呉)・サン(漢)・ザン(慣)\chán\そしる・そしり

字解 形声。言＋毚(わりこむ、ずるい)(声)。人の評価について悪いことをいう、そしる意。

意味 そしる。いつわりを言って人を陥れる。そしり。告げ口。『和讒ワザン』

【讒陥】ザンカン 告げ口したりして、人を不利にすること。

【讒毀】ザンキ 人の悪口を言うこと。

【讒言】ザンゲン 事実を曲げて人を悪く言うこと。中傷。

【讒口】ザンコウ ＝讒言ザンゲン

【讒巧】ザンコウ たくみに告げ口をして、人をおとしいれようとすること。

【讒構】ザンコウ 人をおとしいれるために、事実を曲げたりすること。

【讒嫉】ザンシツ ねたんで告げ口をすること。

【讒臣】ザンシン 君主におもねるために他人をおとしいれる臣下。

【讒訴】ザンソ 他人をおとしいれる目的で、事実を曲げて悪しざまに訴えること。また、讒言。

【讒奏】ザンソウ 他人のことを悪く奏上すること。

【讒諂】ザンテン 他人を讒言して主君にへつらうこと。

【讒佞】ザンネイ 事実を曲げたりして、人をあしざまに言い、目上の人にへつらうこと。また、その人。

【讒誣】ザンブ 事実無根のことを言いたてて他をそしること。讒言しておとしいれること。

【讒謗】ザンボウ あしざまにそしること。『罵詈バリ讒謗』

【讒諛】ザンユ 他をあしざまに言って、人にへつらうこと。

7626【讓】7610 6C2A E6A8 言-17 ジョウ「譲」(7611)の旧字

7627【讖】7611 6C2B E6A9 言-17 (7619)【讖】—— 言-15

シン(呉)(漢)\chèn\しるし

字解 形声。言＋韱(細かい)(声)。未来についての予言、しるしの意。

意味 しるし。前兆。禍福のしらせ。『図讖トシン』

【讖緯】シンイ 陰陽五行説・日月五星の運行などにより未来を占う術。♥「緯」は緯書。経書を模して作られた書。吉凶・禍福を予言して書き記した書物。

【讖書】シンショ 未来を予言した記事。予言書。

【讖文】シンブン

7628【讕】* 6262 言-17 ラン(漢)\lán\いつわる

字解 形声。言＋闌(さえぎる)(声)。真実をさえぎりいう、でたらめをいう、いつわる意。

7629【讙】7612 6C2C E6AA 言-18 カン(クヮン)(漢)・ケン(漢)\huān\かまびすしい

字解 形声。言＋雚(声)。

意味 ①かまびすしい。やかましく言い争う。「喧」に同じ。『讙譁』『讙囂』②よろこぶ。「歓」に同じ。

【讙譁】カンカ・ケンカ やかましいこと。かまびすしいこと。

【讙囂】カンゴウ やかましいこと。

7630【讛】—— 言-19 ゲイ(漢)\yì\たわごと

字解 言＋藝(声)。うわごと、たわごとの意。囈に同じ。

7631【讚】7613 6C2D E6AB 言-19 (7618)【讃】2730 3B3E 8E5D 言-15 †

サン(呉)(漢)\zàn\ほめる・たたえる

字解 形声。言＋贊(すすめる)(声)。ほめる意。

参考 現代表記では「賛」に書き換える。熟語については「賛」(7715)を見よ。

意味 ①ほめる。たたえる。㋑ほめたたえる。徳をほめる。「賛」に同じ。『賞讚ショウサン』『礼讚ライサン』㋺画中に題をして書きつけることば。「賛」に同じ。『画讚ガサン』㋩仏教で、功徳をたたえるうたいもの。『梵讚ボンサン』『和讚ワサン』②国「讃岐国さぬきのくに」の略。南海道六か国の一。今の香川県。『讃州』『土讃ドサン線』『予讃ヨサン線』

7632【讞】* 6264 言-20 ゲツ(漢)・ゲン(漢)\yàn\いう

字解 形声。言＋獻(声)。

意味 ①ただす。罪を取り調べてさばく。②いう。申し上げる。

7633 【讜】 *6263 言-20 トウ(タウ)㊥漢/dǎng

字解 形声。言＋黨㊟。

意味 道理にかなった正しいことば。よいことば。

【讜議(トウギ)】道理にかなった議論。正論。讜論。

【讜言(トウゲン)】正しくよいことば、善語。讜辞。

【讜直(トウチョク)】直言してはばからないこと。

【讜論(トウロン)】道理にかなった議論。正論。讜議。

言 10画

7634 【謄】 3805 4625 93A3 言-10 常 (7635)〔謄〕 言-10 旧字

トウ㊥漢/tēng/うつす・うつし

筆順 月 月 胖 朕 謄 謄

字解 形声。言＋朕(＝朕、上にあげる)㊟。紙を原本の上にのせてかく、うつす意。

意味 うつす。かきうつす。

【謄写(トウシャ)】書き写すこと。書写。『謄写印刷』

【謄本(トウホン)】原本の内容全部を完全に謄写した文書。普通、戸籍謄本をいう。↕原本。『登記簿謄本』

150 谷部 たに

甲骨文 金文 篆文

谷は山の間に口をあけたようなわれめ、たに(コク)を表す。谷部には、谷を部標として、たにまに関係のある字を収める。

谷 0 谷
谷 ④ 谺 ⑩ 豀 ⑯ 豅
谷 ⑩ 豁 谿

谷 0画

7636 【谷】 3511 432B 924A 谷-0 常2

コク㊥漢・ヨク漢・ロク漢/gǔ・yù・lù/たに・や・やつ・きわまる

筆順 谷 谷 谷 谷 谷 谷

字解 部首解説を参照。

同属字 容・俗・浴・裕・欲

意味 ❶たに。山と山の間のくぼんだ狭い所。『谷飲』『渓谷(ケイコク)』『幽谷(ユウコク)』『谷地(やチ)』→下接。❷きわまる。ゆきづまる。*詩経-大雅・桑柔「進退維谷(シンタイこれきわまる)〔＝進むことも退くこともできないで途方にくれる〕」❸「吐谷渾(トヨクコン)」は、中国の五胡十六国時代から唐代まで、青海地方にあった遊牧国家。❹「谷蠡(ロクリ)」は、匈奴(キョウド)の部族の長の称号。

下接 峡谷(キョウコク)・空谷(クウコク)・渓谷(ケイコク)・深谷(シンコク)・幽谷(ユウコク)

【谷飲(コクイン)】谷川の水を飲むこと。隠者の生活にいう。

【谷響(コッキョウ)】谷間にひびくこだま。

難読地名 谷汲(たにぐみ)村(岐阜) 谷田(たんだ)峠(岡山・鳥取) 谷和原(やわら)村(茨城)

難読姓氏 谷古宇(やこう)

谷

〔容〕⇩1757

谷

〔郤〕⇩828

〔郄〕⇩8232

〔欲〕⇩3852

7637 【谺】 7614 6C2E E6AC 谷-4 カ漢/xiā/こだま

字解 形声。谷＋牙㊟。

意味 ❶「谽谺(カンカ)」は、谷が深く広いさま。❷国こだま。やまびこ。

7638 【豀】 ―― 谷-10 ケイ 「谿」(7641)の異体字

7639 【豅】 *6270 谷-16 ロウ漢

字解 形声。谷＋龍(大きく長いリュウ)㊟。大きく長い、たにの意。

谷

〔俗〕⇩277

〔浴〕⇩4138

〔裕〕⇩7297

7640 【豁】 7615 6C2F E6AD 谷-10 カツ(クヮツ)漢/huō・huò/ひらける・ひらく・ひろい

字解 形声。谷＋害(→割、さける)㊟。さけ開けた谷、また、開ける意。

意味 ❶ひらける。ひらく。ひろびろとひらける。『豁然』❷度量が広いさま。『豁如』『豁達』『開豁(カイカツ)』

【豁如(カツジョ)】心が大きく小事にこだわらないさま。

【豁然(カツゼン)】①景色が、眼前にぱっと開けるさま。*陶潜-桃花源記「復行数十歩、豁然開朗(またゆくことスウジッポ、カツゼンとしてカイロウなり)〔＝また数十歩ほど行くと、からりと開け、明るくなった〕」②迷い、疑いなどが突然解けるさま。

【豁達(カッタツ)】度量が大きく、こだわらないさま。闊達(カッタツ)。

7641 【谿】 7616 6C30 E6AE 谷-10 (7638)〔豀〕 ―― 谷-10

ケイ㊥漢/xī・qī/たに

字解 形声。谷＋奚(ひもでむすぶ)㊟。細いひものような水が流れる谷川・谷の意。

参考 (1)万葉仮名では音を借りて「け㊙」。(2)熟語については「渓」(4155)をも見よ。

意味 たに。たにがわ。たにみず。「渓」に同じ。『谿谷(ケイコク)』『谿流(ケイリュウ)』

【谿壑(ケイガク)】①深い谷。渓谷。②(深い谷川の水は尽きることがないところから)欲が深くて飽くことを知らないことのたとえ。

151 豆部 まめ

豆は上部に両耳があり、丸く足が高い、穀物をもる蓋つき

甲骨文 金文 篆文

の祭器に象り、たかつきを表す。音を借りてまめの意に用いる。豆部には、豆を部標として、食物を盛るたかつき、植物のまめに関する字、楽器の太鼓に関する字などを収める。

豆 豆

豆 ③豈 ⑥豊 ⑧豎 ⑪豐

豆 ③豇 ④豉 ⑧豌 ⑳豔 ㉑豓

豆

7642 【豆】 3806 4626 93A4 豆-0 常3 ズ(ヅ)呉・トウ漢/dòu/まめ・たかつき

筆順 一 ｢ 戸 戸 豆 豆 豆

字解 部首解説を参照。

同属字 荳・痘・脰・短・逗・餖・頭

参考 万葉仮名では音を借りて「つ」「づ」。

意味 ❶たかつき。食物を盛る脚のついた台。『豆羹』『俎豆』 ❷まめ。㋑マメ科の植物。穀物の一。特に大豆(ダイズ)。『豆腐』 ㋺豆のように小さいもの。豆の形をしたもの。『豆人』 ㋩国 皮膚にできる小さな水ぶくれ。『底豆(そこまめ)』『血豆(ちまめ)』

豆❶〔故宮博物院蔵〕

❶たかつき。

【豆羹(トウコウ)】たかつきに入れた少量のあつもの→❷

【豆籩(トウヘン)】豆(木製の器)と籩(竹製の器)。祭礼や宴会のときに食べ物を盛る。

❷まめ。

【豆羹(トウコウ)】豆で作ったあつもの。→❶

【豆滓(トウシ)】大豆から油をとったかす。肥料とする。

【豆人(トウジン)】豆のように小さく見える人。

【豆腐(トウフ)】大豆を加工した食品。大豆から得た豆乳に、にがりを加えて固めたもの。

【豆剖瓜分(トウボウカブン)】豆や瓜を割るようにたやすく土地を分割すること。また、分裂すること。〔晋書-地理志〕

下接 豌豆(エンドウ)・大豆(ダイズ)・納豆(ナットウ)／小豆(あずき)・鶯豆(うぐいすまめ)・鶉豆(うずらまめ)・枝豆(えだまめ)・豇豆(ささげ)・莢豆(さやまめ)・空豆(そらまめ)・鉈豆(なたまめ)・南京豆(ナンキンまめ)

難読地名 豆酘(つつ)崎(長崎)

豆

7643 【豈】 7617 6C31 E6AF 豆-3 カイ漢・キ呉漢・ガイ慣/kǎi・qǐ/あに

字解 象形。飾りのついた太鼓の形に象る。凱旋の喜びの音楽の意からたのしむ意。借りて助字に用いる。

同属字 剴・凱・覬・愷・磑・皚・螘・鎧

意味 ❶あに。㋑どうして…か。反語を示す。文末に「哉」「乎」などを置くことが多い。『豈図(あにはからん)や』〔=意外にも〕 ＊杜甫-旅夜書レ懐「名豈文章著(なはあにブンショウもてあらわれんや)」〔=人の名声は、どうして文学などによって世間に知られようか〕 ㋺ことによると…ではないか。疑問・推測を示す。＊史記-刺客伝「荊卿豈有レ意哉(ケイケイあにイあらんや)」〔=荊軻殿、なにかお考えでもおありか〕 ㋩なんと。いったい。強調・感嘆を示す。＊孟子-滕文公下「豈不レ誠大丈夫ー哉(あにまことのダイジョウフならずや)」〔=なんとすぐれた人物ではないか〕 ❷たのしむ。やわらぐ。「愷」に同じ。『豈弟』

【豈弟(ガイテイ)】人柄のおだやかなこと。また、やわらぎ楽しむこと。愷悌。

［荳］⇩6677 ［壴］⇩1460 ［痘］⇩5009

7644 【豊】 4313 4B2D 964C 豆-6 常5 （7646）【豐】 7620 6C34 E6B2 豆-11 旧字 ブ呉・ホウ漢/fēng・lǐ/ゆたか・とよ

筆順 曲 曲 曲 曹 豊 豊

字解 常用漢字では、豊は豐の略体として代用する。豐(図版、左列)は形声。豈(かざりのついたたかつき)＋丰(ゆたか)声。ゆたかにみちたたかつきより、ゆたかの意。豊(図版、右列)は、もと豐と別字で象形。礼を行う時に用いるたかつきの形に象り、たかつきの意。音はレイ漢。拼音は、豊はfēng。豊はlǐ。

同属字 艶・豔・禮・醴・體・鱧

甲骨文 金文 篆文　甲骨文 金文 篆文

意味 ❶ゆたか。物が多くあるさま。たっぷりとしたさま。『豊潤』『豊富』『豊満』 ❷穀物の実りがよいこと。↕凶。『豊作』『豊穣』『豊年』 ❸易の六十四卦(カ)の一。☳☲。盛大なかたち。❹国とよ。ほめる意として、さかんなさまを表す。『豊葦原(とよあしはら)』 ❺国「豊国(とよくに)」の略。九州地方北東部の古称。『豊後(ブンゴ)』『豊前(ブゼン)』『豊肥(ホウヒ)』『筑豊(チクホウ)』 ❻人名。『豊干(ブカン)』

❶ゆたか。たっぷりとしたさま。

【豊偉(ホウイ)】体格が大きくて太っていること。

【豊艶(ホウエン)】ふくよかで美しいさま。

【豊下(ホウカ)】頬(ほお)の下部がふくれていること。しもぶくれ。富貴の相とされる。

【豊頰(ホウキョウ)】ふっくらとした美しいほお。

【豊功(ホウコウ)】りっぱな手柄。大功。

【豊潤(ホウジュン)】豊かで、うるおいのあるさま。

【豊壌(ホウジョウ)】農耕などに適した肥沃(ヒヨク)な土地。

【豊碑(ホウヒ)】1功徳をたたえしるした大きな石碑。2棺を墓穴におろすとき、綱を結びつけるために四隅に立てた木の柱。

【豊富(ホウフ)】豊かに富んでいること。たっぷりあるさま。

【豊満(ホウマン)】1豊かで満ちあふれているさま。2肉づきのよいさま。

【豊約(ホウヤク)】豊かなことと、つつましやかなこと。転じて、貧富・盛衰・多少などの意。

【豊楽(ホウラク)】物資が豊かで、人々が暮らしを楽しむこと。

【豊漁(ホウリョウ)】魚などが豊富に取れること。大漁。

【豊麗(ホウレイ)】豊かでうるわしいこと。

❷穀物の実りがよいこと。

【豊凶(ホウキョウ)】豊作と凶作。また、豊年と凶年。

【豊作(ホウサク)】農作物の収穫が多いこと。↕凶作

【豊熟(ホウジュク)】穀物などが豊かに実ること。

【豊穣ホウジョウ】穀物の豊かに実ること。『五穀豊穣』
【豊饒ホウジョウ】土地が肥沃ヒヨクで、作物の実りがよいこと。豊穣。豊年。
【豊稔ホウジン|ホウネン】穀物の実りがよいこと。
【豊年ホウネン】穀物がよく実り、収穫の多いこと。また、その年。↔凶年。『豊年満作』

❹(日本語で)とよ。さかんなさまを表す。

【豊葦原とよあしはら】日本の美称。『豊葦原の瑞穂みずほの国〔=アシが茂って穀物が豊かにみのる国(である)日本〕』

❻人名。

【豊干ブカン】中国、唐代の禅僧。浙江の天台山国清寺に住み、虎にまたがって衆僧を驚かせるなどの奇行が多かった。寒山拾得カンザンジットクとともに、古来、画題とされた。

難読地名 豊島てしま(香川) 豊島としま区(東京) 豊見城とみぐすく村(沖縄) 豊栄とよさか市(新潟) 豊栄とよさか町(広島) 豊科とよしな町(長野) 豊能とよの郡・町(大阪) 豊後高田ぶんごたかだ市(大分)

難読姓氏 豊ぶんの|ゆたか

7645【豎】7619 6C33 E6B1 豆-8 ジュ呉・シュ漢\shù\たつ・たてる・たて・こども

字解 形声。臤(↓堅、かたい)+豆(まっすぐたったたかつきの象形)声。しっかりたつ意。

意味 ❶たつ。たてる。しっかりたてる。また、たて。縦。「竪」に同じ。『豎立』❷こども。わらべ。また、つまらない。いやしい。『牧豎ボクジュ』『二豎ニジュ』『豎吏』

❶たつ。しっかりたてる。また、たて。縦。
【豎起ジュキ】①立つこと。立てること。②たかまること。
【豎立ジュリツ】まっすぐに立つこと。また、しっかり定めること。

❷こども。また、つまらない。いやしい。
【豎子ジュシ】①おさない子供。わらべ。②小僧。青二才。人を侮っていう語。＊史記-刺客伝「往而不返者、豎子也ゆきてかえらざるものは、ジュシなり」〔=行ったきり帰還しないのは、青二才のやり方だ〕
【豎儒ジュジュ】①つまらない儒者、学者。②おろか者。
【豎吏ジュリ】地位の低い官吏。小役人。

7646【豐】7620 6C34 E6B2 豆-11 ホウ「豊」(7644)の旧字

豆

7647【豇】＊6271 豆-3 コウ(カウ)漢\jiāng\ささげ

字解 形声。豆+工声。

意味 ささげ。マメ科の一年草。種子はアズキよりやや大きく餡アンの原料、強飯こわめしの材料。『豇豆ささげ』

[尌]⇩1823

7648【豉】＊6272 豆-4 シ漢\chǐ・shì

字解 形声。豆+支声。枝の通俗体。

意味 ❶みそ、納豆ナットウなど。❷昆虫、ミズスマシ。

【豉母虫シボチュウ】昆虫、ミズスマシの異名。

7649【豌】7618 6C32 E6B0 豆-8 ワン漢・エン(ヱン)慣\wān

字解 形声。豆+宛声。

意味「豌豆エンドウ」は、マメ科の二年草または一年草。種子と、若いさやを食用とする。『莢さや豌豆』

[頭]⇩8928

7650【豔】＊6276 豆-20 エン「艶」(6534)の異体字

7651【豓】＊6277 豆-21 エン「艶」(6534)の異体字

[懿]⇩2432

152 豕部 いのこ

豕は、四足獣を横から見たさまで、いのしし、ぶた(シ)を表す。犬の字源と似ているが、篆文では頭部が一になるほか独自の形をとるようになった。豕部に属する字は、いのししに似た獣の類、その性状などを表す。

甲骨文

金文

篆文

豕 豕 ①豖
豕 ②豙 ⑤冢 象 ⑥豢 ⑦豪
豕 ⑦豨 ⑨豬
豕 ③豚 ④豚 ⑨豫

豕

7652【豕】7621 6C35 E6B3 豕-0 シ漢\shǐ\いのこ・い・ぶた

字解 部首解説を参照。

意味 いのこ。い。イノシシ、ブタ類の総称。

【豕交獣畜シコウジュウチク】ブタのように扱い、獣のように養うこと。人と接するのに礼をもってしないこと。〔孟子-尽心上〕
【豕突シトツ】イノシシのように向こう見ずにつき進むこと。猪突チョトツ。
【豕牢シロウ】①ぶた小屋。②かわや。便所。

7653【豖】二二 豕-1 チク漢

字解 象形。二本の足をつながれたいのこの形に象る。「豕豖チクチク」は、いのこが足をしばられ行きなやむさま。

同属字 冢・啄(啄)・涿・琢(琢)

[圂]⇩1238

豕

7654【豙】二二 豕-2 スイ漢

字解 会意。八(刃物で切りわける)+豕(ぶた)。刃物でぶたの頭を切りおとす意から、おちる意。また、遂に通じ

7画 見角言谷豆豕豸貝赤走足(⻊)身車辛辰辵(⻌・⻍)邑(⻏)酉釆里

金文 
篆文 

て、したがう意を表す。
同属字 隊・遂

【茆】⇩525

7655 【冡】 ＝＝ 豕－5
ジ「兕」(467)の異体字

7656 【象】 3061 3E5D 8FDB 豕－5 常4
ゾウ(ザウ)呉・ショウ(シャウ)漢 /xiàng/かたどる・かたち・きさ

筆順 象象象象象象

字解 象形。鼻の長いゾウの形に象る。また、相に通じて、すがたの意を表す。

甲骨文 
金文 
篆文 

同属字 像・橡

意味 ❶ぞう。ゾウ科の哺乳類ホニュウルイの総称。鼻が長く、体は大きい。きさ。『象牙』『巨象キョ』 ❷かた。目で見えるすがた。かたち。ようす。ありさま。『印象』『現象』『対象』 ❸かたどる。似せる。まねる。形で表す。『象形文字』『象徴』 ❹のり。おきて。法則。 ❺易エキの爻コウまたは卦カの解釈。それぞれ「小象」「大象」という。 ❻その他。あて字など。『椿象かめむし』『海象せいうち』

❶ ぞう。ゾウ科の哺乳類の総称。

【象牙ゾウゲ】象の上顎うわあごにある、長く伸びた二本の門歯。彫刻材として珍重された。『象牙の塔トウ』〔＝俗世間を離れた境地。多く、学究生活や研究室の意〕
【象牀ゾウショウ】象牙でかざった寝台。
【象箸ゾウチョ】象牙でつくった箸はし。

❷ かた。かたち。ようす。ありさま。

下接 印象インショウ・気象キショウ・具象グショウ・形象ケイショウ・現象ゲンショウ・事象ジショウ・捨象シャショウ・心象シンショウ・瑞象ズイショウ・対象タイショウ・抽象チュウショウ・天象テンショウ・万象バンショウ・表象ヒョウショウ

【象外ショウガイ｜ゾウガイ】俗世間の現象を超越した境地。

❸ かたどる。似せる。まねる。形で表す。

【象形ショウケイ】①物の形をまねて図形を作ること。②漢字の六書リクショの一。物の形をかたどったもの。

【象胥ショウショ】通訳。通事。

【象人ショウジン】人の形に似せること。また、人形。偶人。

【象声ショウセイ】漢字の六書ショの一。意味の類別を示す部分と、音に関係する部分との結合から成るもの。「桐」「峰」「河」など。形声。諧声。

【象徴ショウチョウ】言葉に表しにくい事象、心象などを、具体的な事物や感覚的な言葉に置き換えて表すこと。シンボル。『象徴主義』『象徴詩』 ▼フランス symbole の訳語。

❹ のり。おきて。法則。

【象魏ショウギ】(「魏」は高い意。昔、教令・法律を高い城門に掲げたところから)①宮城の門。また、高い門。②教令。法律。

❻ その他。あて字など。

【象眼・象嵌ゾウガン】金属、木材などの面に、金、銀、貝などをはめ込むこと。▼書き換え「象嵌→象眼」。

難読地名 象潟きさかた町(秋田)

7657 【豢】 7622 6C36 E6B4 豕－6
カン(クヮン)漢 /huàn/やしなう

字解 形声。豕＋类(＝豢→圏、とりかこむ)声。かこいの中で家畜を飼う、やしなう意。

甲骨文 
篆文 

意味 やしなう。飼う。また、家畜。

【豢圉カンギョ】牛や馬を飼う所。

【豢擾カンジョウ】家畜などを飼いならすこと。

7658 【豪】 2575 396B 8D8B 豕－7 常
ゴウ(ガウ)呉・コウ(カウ)漢 /háo/やまあらし・つよい・えらい

筆順 豪豪豪豪豪豪

字解 形声。豕＋高(→毫、あらい毛)省声。あらい毛のあるいのこ・やまあらしの意。転じて、つよい・すぐれる、また、その人の意に用いる。

同属字 壕・濠

意味 ❶やまあらし。豚に似たヤマアラシ科の野獣。背面にとげのようなあらい毛がある。❷すぐれる。ひいでる。つよい。㋑力や知能のすぐれた人。『豪傑』『剣豪』『文豪』㋺強く、勇気がある。『豪快』『豪放』『強豪』㋩勢いが強い。さかん。『豪雨』『豪華』『富豪』 ❸すこし。わずか。「毫」に同じ。『豪釐千里』『豪髪』 ❹国国名「豪太剌利亜オーストラリア」の略。もと「濠」。『豪州』

❶ やまあらし。

【豪猪ゴウチョ】やまあらし。また、大きないのしし。

❷ すぐれる。ひいでる。つよい。

下接 強豪キョウゴウ・剣豪ケンゴウ・古豪コゴウ・酒豪シュゴウ・大豪ダイゴウ・土豪ドゴウ・富豪フゴウ・文豪ブンゴウ

【豪雨ゴウウ】激しく降る雨。『集中豪雨』

【豪家ゴウカ】権勢のある家。また、金持ちの家。

【豪華ゴウカ】ぜいたくで、派手なこと。『豪華絢爛ケンラン』

【豪快ゴウカイ】規模が大きくて力強く、気持ちのいいこと。

【豪気ゴウキ｜ゴウギ】①(ゴウキ)気性がたけく勇ましいこと。豪放で、細事にこだわらないこと。②(ゴウギ)＝豪儀ゴウギ
【豪毅ゴウキ】すぐれて強いこと。剛毅。

【豪儀ゴウギ】国①強情。豪気。②威勢のよいさま。素晴らしいさま。豪気。『そいつは豪儀だね』

【豪傑ゴウケツ】①武勇の非常にすぐれている人。②国豪胆で、細事にこだわらない人。『豪傑肌』

【豪健ゴウケン】強く勢いが盛んなこと。

【豪語ゴウゴ】自信たっぷりに大きなことを言うこと。

【豪奢ゴウシャ】非常にぜいたくで派手なこと。

【豪商ゴウショウ】富豪の商人。

【豪勢ゴウセイ】国普通とかけ離れてぜいたくであること。

【豪壮ゴウソウ】規模が、大きく立派なこと。

【豪爽ゴウソウ】気性の、すぐれてさわやかなこと。

【豪族ゴウゾク】地方に勢力を持つ一族。

【豪胆ゴウタン】肝が太いこと。大胆。

【豪邸ゴウテイ】大きくて立派な邸宅。

【豪宕ゴウトウ】気持ちが大きく物事にこだわらないこと。

【豪放ゴウホウ】太っ腹で小事にこだわらないこと。『豪放磊落ライラク』

【豪邁ゴウマイ】性格が強く人にすぐれていること。剛邁。

【豪勇ゴウユウ】強くて勇ましいこと。『豪勇無双』

【豪遊(ゴウユウ)】大金を使って派手に遊興すること。

【豪雄(ゴウユウ)】すぐれて強いこと。また、その人。豪傑。

❸すこし。わずか。

【豪髪(ゴウハツ)】細い毛。ほんの少し。毫髪。

【豪芒(ゴウボウ)】細い毛先。ごくわずか。毫芒。豪末。

【豪末(ゴウマツ)】＝豪芒(ゴウボウ)

【豪毛(ゴウモウ)】ごくわずか。毫毛(ゴウモウ)。＊史記-項羽本紀「豪毛不₂敢有₁所ᴸ近(ゴウモウもあえてちかづくるところあらず)〔＝ほんの少しばかりのものも、身に近づけて自分の所有にしようとはしなかった〕」

【豪釐千里(ゴウリセンリ)】はじめのちょっとした差が、のちには大きな相違となること。〔史記-太史公自序〕

豕

7659 【豨】 ＊6286 豕－7 キ㊥/xī/いのこ・いのしし

字解 形声。豕＋希㊥。いのこ。いのしし。また、ぶた。

【豨突(キトツ)】イノシシのように突進すること。猪突(チョトツ)。

【豨勇(キユウ)】イノシシのように向こう見ずな勇気。

7660 【豬】 7623 6C37 E6B5 豕－9 チョ㊥㊥/zhū

字解 形声。豕(いのしし)＋者㊥。猪に同じ。

豕

7661 【豗】 ＊6278 豕－3 カイ(クヮイ)㊥/huī/うつ

字解 形声。豕＋兀㊥。うちあう意。
意味 うつ。うちあう。また、かまびすしい。

【逐】⇩8089

7662 【豚】 3858 465A 93D8 豕－4 常 トン㊥/tún/ぶた

筆順 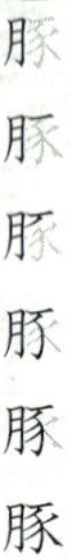

字解 会意。豕＋肉。いけにえとしてささげる肉づきのよいぶたの意。

甲骨文  金文 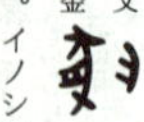 篆文 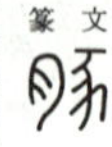

意味 ❶ぶた。イノシシ科の哺乳類(ホニュウルイ)。肉は食用。『豚舎(トンシャ)』『養豚(ヨウトン)』❷つまらないもの、おろかなもののたとえ。『豚児』❸「土豚(ドトン)」は、土の俵(たわら)。❹「河豚(カトン)」は、フグ。魚の名。❺「海豚(カイトン)」は、イルカ。
【豚犬(トンケン)】ブタとイヌ。転じて、愚かで役に立たない人や自分の子の謙称にいう。豚児。
【豚肩不ᴸ揜ᴸ豆(トンケントウをおおわず)】豚の肩肉が小さくて、たかつきいっぱいにならない。倹約するたとえ。〔礼記-礼器〕♥中国、春秋時代斉(セイ)の晏嬰(アンエイ)が祖先をまつる際につましかったという故事による。
【豚児(トンジ)】できの悪い息子。自分の息子の謙称。愚息。〔通俗編-倫常〕

7663 【豫】 4814 502E 98AC 豕－9 ヨ「予」(82)の旧字

153 豸部 むじな

甲骨文  篆文 

豸は、頭部に特徴のある獣のさまで、一種の獣(チ)を表す。豸部に属する字は、獣の種類を表すものが主で、犬部(94)の犭(けものへん)の字と往々相通じる。部を「むじなの部」といい、左部にあるものを「むじなへん」というのは、豸部のうち貉(カク、むじな)に代表させたものである。

豸 ◆ 豸
豸 ■ ③ 豺 豹 ④ 豼 ⑤ 貂 ⑥ 貊 貅 貉 ⑦ 貌 貍 ⑧ 貎 ⑨ 貓 貓 ⑩ 貔 ⑪ 貘 ⑫ 貚 ⑱ 貛

7664 【豸】 7624 6C38 E6B6 豸－0 チ㊥・タイ㊥/zhì/むじな

豸 ◆

字解 部首解説を参照。
意味 すばしこい動物。

豸

7665 【豺】 7625 6C39 E6B7 豸－3 サイ㊥/chái/やまいぬ

字解 形声。豸＋才㊥。
意味 やまいぬ。オオカミの類の野獣。
【豺虎(サイコ)】①ヤマイヌとトラ。猛獣。②獰猛(ドウモウ)な悪人。
【豺狼(サイロウ)】ヤマイヌとオオカミ。残酷で貪欲な人にたとえる。〔後漢書-張綱伝〕

7666 【豹】 4131 493F 955E 豸－3 ヒョウ(ヘウ)㊥・ホウ(ハウ)㊥/bào

字解 形声。豸＋勺(→灼、あきらか)㊥。からだの模様があきらかな、ひょうの意。一説に票に通じて、軽く踊りあがる意であるとも。甲骨文は、ヒョウの象形。

甲骨文  篆文 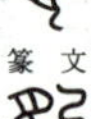

意味 ❶ひょう。ネコ科の猛獣。体毛は黄色で黒斑を全体に散らす。❷「海豹(カイヒョウ)」は、アザラシ。

【豹隠(ヒョウイン)】世間からのがれて隠遁するたとえ。♥豹が自分の毛を大切にして雨や霧のときには山中に隠れるという伝説による。

【豹死留ᴸ皮、人死留ᴸ名(ヒョウはシしてかわをとどめ、ひとはシしてなをとどむ)】豹は死後皮となって珍重される。一方、人は名誉・功績を残して後世に評価される。〔五代史-王彦章伝〕

【豹尾(ヒョウビ)】①豹の尾。車などにぶらさげて飾りとする。②国古暦で方角をつかさどる凶神の一。八将神の一。四年で東西南北を一巡し、その方角に向かって畜類を求めたり、大小便をしたりすることを忌む。豹尾神。

【豹変(ヒョウヘン)】態度、意見などが、がらりと変わること。〔易経-革〕『君子豹変〔＝君子は変化にすぐ適応する〕』♥(1)豹の毛が季節によって抜け変わり、斑文も美しくなるように、君子は時代に適応して自己を変革する意。(2)今日では、節操のない変化など悪い意味でも用いる。

7667 【豼】 7633 6C41 E6BF 豸－4 ヒ「貔」(7678)の異体字

7668【貂】7626 6C3A E6B8 豸－5 チョウ(テウ)漢/diāo/てん

字解 形声。豸＋召声。

意味 てん。イタチ科の獣。イタチに似ているが体が大きく尾が長い。毛皮は珍重される。『狗尾続貂(クビゾクチョウ)』

【貂裘(チョウキュウ)】貂んのかわごろも。高貴な人の衣服。

【貂寺(チョウジ)】(「寺」は寺人で、君主の近侍の家来のこと)宦官をいう。▼貂んの尾の飾りのある冠をつけていたのでいう。

【貂蟬(チョウゼン)】貂んの尾と蟬みの羽を用いた、中国、漢代の高官の冠の飾り。また、その冠をつける人。高位高官。

【貂不ㇾ足狗尾続(ちょうたらずしてくびつづく)】つまらない者までが高官にのぼること。狗尾続貂(クビゾクチョウ)。続貂。〔晋書‐趙王倫伝〕▼「貂」は、高官の冠につける飾りの貂んの尾。中国、西晋の趙王司馬倫は帝位を称し、一味の者をむやみに高位高官としたので、世人が「貂の尾が足りないので、犬のしっぽを飾った者が続く」とあざけったという故事から。

7669【貆】＊6294 豸－6 カン(クヮン)漢・ケン漢/huān・xuān/むじな

字解 形声。豸＋亘声。

意味 ❶むじな。ムジナの類。ムジナの子。❷「貆猪(カンチョ)」は、やまあらし。

7670【貅】7628 6C3C E6BA 豸－6 キュウ(キウ)漢/xiū

字解 形声。豸＋休声。

意味 猛獣の名。勇猛な兵士にたとえる。『貔貅(ヒキュウ)』

7671【貊】7629 6C3D E6BB 豸－6 バク漢・ハク慣/mò/えびす

字解 形声。豸(蔑称)＋百声。

意味 ❶えびす。古代、中国東北地方の異民族の名。『夷貊(イバク)』『蛮貊(バンパク)』『濊貊(ワイハク)』❷猛獣の名。

7672【貉】7627 6C3B E6B9 豸－6 カク漢/hé・háo/むじな

字解 形声。豸＋各声。

意味 むじな。タヌキに似た動物。『狐貉(コカク)』

7673【貌】4338 4B46 9665 豸－7 (5092)【皃】6606 6226 E1A4 白－2 (5091)【㒵】二二 白－2 ミョウ(メウ)呉・ボウ(バウ)漢・バク漢/mào/かお・かたち

字解 形声。豹(模様がはっきりしたすばしこいヒョウ)省＋皃(顔をきわだたせた人の象形)声。のちに、豸を加えて、その字義を明確にした。

意味 ❶(ボウ)かたち。すがた。有様。外見。また、かお。かんばせ。『貌形』『貌言』『貌状』『全貌(ゼンボウ)』『容貌(ヨウボウ)』→下接。❷(バク)かたどる。形をあらわす。

下接 外貌(ガイボウ)・花貌(カボウ)・顔貌(ガンボウ)・形貌(ケイボウ)・全貌(ゼンボウ)・相貌(ソウボウ)・美貌(ビボウ)・風貌(フウボウ)・変貌(ヘンボウ)・面貌(メンボウ)・容貌(ヨウボウ)

【貌形(ボウケイ)】かたち。すがた。容姿。形貌。

【貌言(ボウゲン)】うわべだけを飾った実のないことば。

【貌状(ボウジョウ)】かたち。すがた。貌形。

7674【貍】7630 6C3E E6BC 豸－7 リ呉漢/lí/たぬき

字解 形声。豸＋里声。狸に同じ。

7675【貎】7631 6C3F E6BD 豸－8 ゲイ漢/ní

字解 形声。豸＋兒声。しかしの意。猊の別体。

7676【貒】＊6304 豸－9 タン漢/tuān/まみ・み

字解 形声。豸＋耑声。まみ。狸やアナグマに似た野獣。また、いのしし。猯に同じ。

7677【貓】＊6305 豸－9 ビョウ(ベウ)漢/māo/ねこ

字解 形声。豸＋苗声。猫の本字。

7678【貔】7632 6C40 E6BE 豸－10 (7667)【豼】7633 6C41 E6BF 豸－4 ヒ漢/pí

字解 形声。豸＋毘声。

意味 猛獣の名。豹(ヒョウ)や虎に似るという。

【貔貅(ヒキュウ)】①古く中国で、馴らして戦争に用いたという猛獣。②古く中国で、兵車に立てた旗。①の形を描いた。③転じて、勇猛な兵士。▼「豼貅」とも。

7679【貘】7634 6C42 E6C0 豸－11 (4722)【獏】6451 6053 E0D1 犬－11 バク漢/mò

字解 形声。豸＋莫(実在しない)声。想像上の動物の意。

意味 ❶中国の想像上の動物。鼻はゾウ、目はサイ、尾はウシ、足はトラで、体形はクマに似て、人の悪夢を食うという。❷ばく。バク科の哺乳(ホニュウ)類の総称。鼻は上唇と結合して長く伸びている。中・南米などに分布。

貘❶〔鳥獣戯画〕

7680【獠】二二 豸－12 リョウ(レウ)漢

字解 形声。豸(獣あるいは蔑称)＋尞(火をたく)声。

意味 ❶狩り。特に、夜の狩り。❷中国の西南地方の少数民族。

7681【貛】二二 豸－18 カン(クヮン)漢/huān/まみ

字解 形声。豸＋雚声。

意味 ❶まみ。タヌキに似た獣の名。❷オオカミの雄。

154 貝部 かい

甲骨文　金文　篆文

貝は、たからがいの類の殻の開きに部のさまを象って、殻をもつ軟体動物かい(バイ)の類を一般に表す。口が両側に開いたさまは、篆文で下部のハに残された。たからがいの類の殻は、古代にたからとして尊重され、交易のための貨幣として使われたので、貨財やその授受など経済活動に関する字が貝を意標とし、貝部をなしている。字の左部をなす貝を「かいへん」という。中国では単体でも、かいへんでも、貝の形を簡化して贝とする。

貝 貝 贔
貝 ②貞 負 負 ③貢 ④貨 貨 貫 質
責 貪 貳 貧 ⑤賀 貴 貰 貸 貳 買 費
賁 貿 ⑥賈 資 資 貲 賃 貣 ⑦賓 賔
⑧賣 賡 賛 質 賞 賣 賓 賚 ⑨賢 ⑩
賽 ⑪贄 贅 ⑫贇 贋 贊 ⑬贏 ⑭贒
⑮贗
貝 ③財 ④戝 販 貶 ⑤貽 貺 貯 貼
⑥賎 賍 賊 賊 賂 賄 ⑦賖 賒 賑 ⑧
賜 賙 賤 賭 賠 賦 ⑨賭 ⑩購 購 賺
賻 ⑪贈 ⑫贈 贉 贉 ⑬贍 贍 ⑭贐
贓 ⑮贖
貝 ⑨賴 ⑩賾 賸 ⑪贖 ⑰贛
貝

7682 【貝】 1913 332D 8A4C 貝－0 常1 ハイ(呉)(漢)・バイ(慣)/bèi/かい

筆順 貝 貝 貝 貝 貝 貝 貝

字解 部首解説を参照。

同属字 買・敗・唄・狽・浿・梖・蛽

意味 ❶かい。かいがら。古く貨幣として用いたので、たから、かねの意にもいう。また、「バイ」は、海産の巻き貝の一種。『貝独楽(バイゴマ|ベイゴマ)』『貝貨』『貝錦』『貝勒』 ❷「貝多羅(バイタラ)」の略。貝多羅は梵pattraの音訳で、インド産の木、多羅樹(タラジュ)の葉。経文を写すのに用いる。『貝編』『貝葉』 ❸固有名詞など。『貝加爾湖(バイカルコ)』

❶ かい。かいがら。

下接 赤貝(あかがい)・巻貝(まきがい)・小安貝(こやすがい)・真珠貝(シンジュがい)・二枚貝(ニマイがい)・帆立貝(ほたてがい)・法螺貝(ほらがい)・海松貝(みるがい)

【貝貨(バイカ)】 貝殻の貨幣。古代中国の殷・周代に普及し、交換媒介の役割のほか、装飾品としても用いられた。

【貝錦(バイキン)】 貝がらの文様のように美しいにしき。転じて、人をおとしいれるために、ことばを飾ること。

【貝闕(バイケツ)】 紫の貝で飾った、水神が住むという宮殿。

【貝勒(バイロク)】 ①貝殻で飾った馬の轡(くつわ)。②清朝皇族の爵号。もと女真の部長の称で、のちに第三等の爵位。

❷ 「貝多羅(バイタラ)」の略。

【貝編(バイヘン)】 仏教や仏書のこと。貝葉に書いたのでいう。

【貝葉(バイヨウ)】 「貝多羅葉」の略。多羅樹の葉。インドで経文を書写する料紙に用いられた。転じて、経典のこと。

❸ 固有名詞など。

【貝加爾湖(バイカルコ)】 (バイカルはBajkalの音訳) 湖の名。東シベリア南部にある。漢代は北海といった。

【貝原益軒(かいばらエキケン)】 江戸前期の儒者。本草学者。教育者。福岡藩の家臣。名は篤信。初号、損軒。民生日用の学を重んじて、庶民を啓蒙。著「益軒十訓」「黒田家譜」「大和本草」「慎思録」「大疑録」など。(一六三〇～一七一四)

7683 【贔】 7661 6C5D E6DB 貝－14 ヒ(漢)/bì

字解 字源未詳。

意味 さかんに力を出すさま。

【贔屓・贔屭(ヒキ|ヒイキ)】 ①(ヒキ) つとめるさま。努力するさま。②(ヒイキ) 国自分の気に入った者を引き立て、特に力添えすること。『依怙(エコ)贔屓』

貝

[嬰] ⇩ 1565

[瞿] ⇩ 6105

[鸎] ⇩ 9438

貝

7684 【貞】 3671 4467 92E5 貝－2 常 チョウ(チャウ)(呉)・テイ(漢)・ジョウ(ヂャウ)(慣)/zhēn・zhēng/ただしい・さだ

筆順 貞 貞 貞 貞 貞 貞 貞 貞 貞

字解 形声。卜(うらなう)+鼎(→聴、よくきく)省(声)。うらなって神意を問い、ただす意。また正に通じて、ただしい意。甲骨文は鼎に同じ。

甲骨文

金文

篆文

同属字 偵・幀・禎

意味 ❶ただしい。みさおをかたく守り通す。また、まこと。まごころ。『貞淑』『貞操』『童貞(ドウテイ)』 ❷固有名詞。『貞観政要』『貞観之治』

❶ ただしい。みさおをかたく守る。

下接 堅貞(ケンテイ)・孝貞(コウテイ)・忠貞(チュウテイ)・童貞(ドウテイ)・不貞(フテイ)

【貞幹(テイカン)】 心が誠実で、才能のあること。

【貞潔(テイケツ)】 貞操が堅く、行いが潔白なさま。

【貞固(テイコ)】 心が正しくたしかなこと。

【貞士(テイシ)】 行いの正しい人。

【貞淑(テイシュク)】 女性のみさおが堅く、しとやかなさま。

【貞順(テイジュン)】 みさおが堅くてすなおなこと。

【貞女(テイジョ)】 みさおを堅く守る女性。貞婦。＊史記－田単伝「貞女不レ更二二夫一(テイジョはニフをかえず)〔＝貞操堅固な女性は、離別・死別しても別の夫を持つことはしない〕」

【貞松(テイショウ)】 松が四季を通じて青々としてその色を変えないのを、みさおが堅いとしてほめたたえたことば。

【貞臣(テイシン)】 忠義な家臣。

【貞正(テイセイ)】 節操を守り、心の正しいこと。

【貞静(テイセイ)】 みさおが正しく、しとやかなこと。

【貞石(テイセキ)】 かたい石。転じて、石碑の美称。

【貞節(テイセツ)】 婦人が貞操を守ること。

【貞操(テイソウ)】 正しいみさお。純潔を守ること。

【貞婦(テイフ)】 みさおを堅く守る婦人。貞女。

【貞明(テイメイ)】 みさおが正しく知恵の明らかなこと。

【貞亮・貞諒(テイリョウ)】 心が正しく誠実なこと。

【貞烈(テイレツ)】 みさおを堅く守って雄々しいこと。

【貞廉(テイレン)】 節操があっていさぎよいこと。

❷ 固有名詞。

【貞観政要(ジョウガンセイヨウ)】 中国の雑史。一〇巻。唐の呉兢(ゴキョウ)撰。玄宗の開元八年(七二〇)以後の成立。太宗と群臣間に行われた政治論議を四〇門に分類編集したもの。

【貞観之治(ジョウガンのチ)】 ①中国、唐の太宗の太平な治世。賢相、名将を用い、唐王朝の基礎を築いた。②国平安時代、清和天皇の貞観年間の治世をいう。

7685【負】4173 4969 9589 貝-2 常3 (7686)〔負〕旧字 貝-2

ブ㊉・フ㊅/fù/まける・まけ・まかす・おう・おぶう・そむく

筆順 負 負 負 負 負 負

字解 会意。貝(財宝)＋人(ひと)。人が金品をうしろだてとする、たよる意。また、貝は背に通じて、背にする・せおう意。

参考 万葉仮名では音を借りて「ふ」。

意味 ❶たよる。たのむ。たのみとする。『負気』『負恃』『自負(ジフ)』『抱負(ホウフ)』＊史記-廉頗藺相如伝「秦貪負ニ其彊ー(シンはタンにしてそのつよきことをたのむ)〔＝秦は貪欲で、その強大なことをたのみにしている〕」❷おう。㋑せおう。背にになう。また、背中にする。『負荷』『負笈』『負担』『襁負(キョウフ)』『任負(ニンプ)』㋺受ける。こうむる。また、引き受ける。『請負人(うけおいニン)』『負債』『負傷』＊史記-刺客伝「王負ㇾ剣(オウケンをおえ)〔＝大王、剣を背負われよ〕」❸そむく。相手に背を向ける。『欺負(キフ)』『孤負(コフ)』『辜負(コフ)』＊史記-廉頗藺相如伝「秦王雖ㇾ斎決負ㇾ約(シンオウサイすといえどもかならずヤクにそむく)〔＝秦王は斎戒したとしても、きっと約束にそむく〕」❹まける。戦いや競争にまける。↔勝。『勝負(ショウブ)』『先負(センブ)』❺数学で、ゼロより小さい数。マイナス。↔正。『負号』

❶ たよる。たのむ。たのみとする。

【負気(フキ)】自分の意気をたのむこと。気位が高いこと。

【負恃(フジ)】たのみとすること。

【負託(フタク)】他に任務や責任を引き受けさせること。

❷ おう。せおう。また、うける。こうむる。

【負荷(フカ)】①背に負い、肩にになうこと。②任務を負わされること。③機械を動かして実際にさせる仕事の量。

【負海(フカイ)】(「海」は晦の意で、未開の蛮地)未開の蛮地を背にしている辺境の国。

【負郭(フカク)】(城郭を背に負う意)城下付近の地。

【負笈(フキュウ)】(笈(おい)を負って遠くへ行く意)遠くへ勉学に出かけること。遊学。〔晋書-孝友伝・王裒(オウホウ)〕

【負嵎(フグウ)】(「嵎」は山の奥のひっこんだところ)山の険しさをたのみにして構えること。また転じて、英雄が割拠して威勢を示すことをいう。〔孟子-尽心下〕

【負荊(フケイ)】(「荊」は、罪人をむち打ついばらの杖)みずから進んで杖で責め打たれようとすること。深く謝罪すること。肉袒(ニクタン)負荊。〔史記-廉頗藺相如伝〕

【負剣(フケン)】①抜きやすいように剣を背負うこと。②(「剣」はわきの下に抱く意)子供を背負ったり抱きかかえたりすること。

【負債(フサイ)】他から金品を借り、返済の義務を負うこと。

【負傷(フショウ)】傷を負うこと。

【負薪(フシン)】①たきぎを背負うこと。力仕事をすること。②卑賤の者。【負薪之憂(フシンのうれい)】たきぎを背負って働いたためにわずらう病気の意。自分の病気の謙称。采薪(サイシン)の憂い。〔礼記-曲礼下〕

【負租(フソ)】まだ納めていない租税。

【負担(フタン)】①背に負い、肩にかつぐこと。②身に引き受けること。③国過重な仕事や義務など。

【負版(フハン)】版(地図や戸籍など国の主要資料を記した板)を背負って運ぶこと。また、その人。

【負販(フハン)】商品を背負って売り歩くこと。行商人。

【負養(フヨウ)】重い荷物を背負うなどの雑役に従事する、身分の低い召使い。

❺ 数学で、ゼロより小さい数。マイナス。

【負号(フゴウ)】負の数を表す記号「－」。↔正号

【負数(フスウ)】零より小さい数。負の数。↔正数

［負］⇩862 ［貟］⇩8899

7687【貢】2555 3957 8D76 貝-3 常

ク㊉・コウ㊅/gòng/みつぐ・みつぎ

筆順 貢 貢 貢 貢 貢 貢

字解 形声。貝＋工(→共、ささげる)㊟。天子にさしあげるたから、みつぐ意。

同属字 槓・熕

意味 ❶みつぐ。たてまつる。みつぎもの。『貢賦』『貢献』❷すすめる。人材を選んで推薦する。『貢挙』

❶ みつぐ。たてまつる。みつぎもの。

下接 進貢(シンコウ)・朝貢(チョウコウ)・調貢(チョウコウ)・土貢(ドコウ)・入貢(ニュウコウ)・年貢(ネングウ)・納貢(ノウコウ)・賓貢(ヒンコウ)・来貢(ライコウ)

【貢献(コウケン)】①みつぎものをたてまつる意。②ある事のために力を尽くし、役に立つこと。『貢献度』

【貢職(コウショク)】みつぎもの。

【貢賦(コウフ)】(「賦」は上のものが下からとりたてること)みつぎものと税金。

❷ すすめる。人材を選んで推薦する。

【貢院(コウイン)】中国で、昔、科挙の試験をする所。

【貢挙(コウキョ)】①古代中国の官吏登用の法。地方から文武にすぐれた者を選抜して、中央政府に推薦させ、これを登用したこと。②「科挙」の別称。

【貢士(コウシ)】中国で、地方から才学のある士を選抜して中央政府に推薦すること。また、この推薦された人。

［員］⇩929 ［屓］⇩1866

7688【貨】1863 325F 89DD 貝-4 常4 (7689)〔貨〕旧字 貝-4

カ(クヮ)㊉㊅/huò/たから

筆順 貨 貨 貨 貨 貨 貨

字解 形声。貝＋化(かわる)㊟。他のものとかえることができるたからの意。

意味 ❶たから。価値のある金品。『貨宝』『家貨(カカ)』『財貨(ザイカ)』❷しなもの。金銭の代価として通用するしなもの。商品。『貨物』『貨車』『雑貨(ザッカ)』『百貨(ヒャッカ)』❸金銭。おかね。『貨幣』『悪貨(アッカ)』『金貨(キンカ)』『通貨(ツウカ)』

❶ たから。価値のある金品。

【貨器(カキ)】財貨や器物。

【貨宝(カホウ)】たから。財宝。＊史記-項羽本紀「収ニ其貨宝婦女ー而東(そのカホウフジョをおさめてひがしす)〔＝(項羽は、秦の)財宝や婦女を収容して、東に向かった〕」

【貨賂(カロ)】金銭、宝石などの贈り物。特に利益を得る目的で人に金銭などを贈ること。賄賂(ワイロ)。

❷ しなもの。商品。

下接 奇貨キカ・在貨ザイカ・雑貨ザッカ・集貨シュウカ・滞貨タイカ・日貨ニッカ・百貨ヒャッカ

【貨客カキャク】貨物と乗客。『貨客船』

【貨車カシャ】貨物運送用の鉄道車両。↔客車。『無蓋貨車』

【貨物カモツ|カブツ】①品物。荷物。②運搬、輸送する物質。③(カブツ)有形の財貨。貨幣や財産。

❸ 金銭。おかね。

下接 悪貨アッカ・円貨エンカ・外貨ガイカ・金貨キンカ・銀貨ギンカ・硬貨コウカ・食貨ショッカ・正貨セイカ・銭貨センカ・通貨ツウカ・刀貨トウカ・銅貨ドウカ・貝貨バイカ・邦貨ホウカ・法貨ホウカ・良貨リョウカ

【貨殖カショク】資産を殖やすこと。利殖。

【貨泉カセン】中国、新の王莽オウモウが鋳造した、円形の銅銭。中央に四角い穴がある。

【貨幣カヘイ】①商品の交換、流通を媒介するもの。硬貨、紙幣など。『貨幣価値』『貨幣経済』②特に、硬貨。

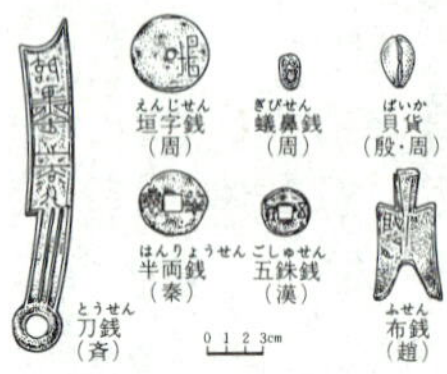

貨幣

7690 【貫】 2051 3453 8AD1 貝－4 常 カン(クヮン)呉漢/guàn・wān/つらぬく・ぬく

筆順 貫 貫 貫 貫 貫 貫 貫

字解 形声。貝＋毌(つらぬく)声。さし通したぜにに、さしぜにの意。また、つらぬく意。

同属字 慣・樌

意味 ❶つらぬく。つきとおす。やりとおす。『貫通』『貫徹』『突貫トッカン』 *論語-里仁「吾道一以貫レ之わがみちはイチもってこれをつらぬく」〔＝私の説いてきた道はひとつのもので貫かれている〕」 ❷(世代を貫く意から)戸籍。本籍。『貫籍』『郷貫キョウカン』『本貫ホンカン』『名貫メイカン』 ❸かん。㋑昔の貨幣の単位。銭一千銭。㋺国昔の貨幣の単位。銭一千文。㋩国重さの単位。一貫は千匁。約三・七五キログラム。『尺貫法シャッカンホウ』『看貫カンカン』㊁国武士の俸禄の単位。十石。『貫禄』

❶ つらぬく。つきとおす。やりとおす。

下接 一貫イッカン・旧貫キュウカン・魚貫ギョカン・縦貫ジュウカン・条貫ジョウカン・銭貫センカン・突貫トッカン/指貫さしぬき|ゆびぬき・張貫はりこ・目貫めぬき

【貫盈カンエイ】ある傾向などが、いたる所に満ちること。

【貫魚カンギョ】①つらぬきとおして並べた魚。②女官の次序の正しいさま。魚を女性になぞらえていう。

【貫行カンコウ】続けておこない、やりとおすこと。

【貫日カンジツ】①日をかさねること。②太陽をつらぬくようにのびること。

【貫珠カンジュ】緒につらぬき通したたま。数珠ジュズ。

【貫通カンツウ】端から端まで、表面から裏面までつらぬきとおること。

【貫徹カンテツ】つらぬきとおすこと。『初志貫徹』

【貫入カンニュウ】①つらぬき入ること。また、入れること。②陶磁器で、釉うわぐすりの表面に現れる細かいひび。貫乳。

【貫乳カンニュウ】＝貫入カンニュウ②

【貫流カンリュウ】つらぬき流れること。

❷ 戸籍。本籍。

【貫籍カンジャク|カンセキ】(世代をつらぬいて住む地の意)本籍地。生まれ故郷。

【貫首カンジュ・貫主カンジュ】各宗派の総本山や諸大寺の管長。

【貫長カンチョウ・貫頂カンチョウ】＝貫首カンジュ

❸ かん。貨幣や重さの単位。

【貫禄・貫録カンロク】国身に備わっている威厳や重み。『貫禄がつく』『貫禄十分』❤『貫録』は新聞などでの書き換え。

7691 【貭】 7636 6C44 E6C2 貝－4 シツ 「質」(7716)の異体字

7692 【責】 3253 4055 90D3 貝－4 常5 シャク呉・サク漢・サイ漢・セキ慣/zé・zhài/せめる・せめ

筆順 責 責 責 責 責 責

字解 形声。貝＋主(＝朿、とげでさしせめる)声。金品をせめとる、せめる意。

同属字 簀・債・嘖・幘・漬・積・磧・襀・績・蹟

意味 ❶(セキ)せめる。とがめる。また、もとめる。勧める。『自責』『叱責』『責善』 ❷(セキ)せめ。担わなければならない任務。義務。『責任』『責務』 ❸(サイ)貸す。また、借りる。「債」に同じ。『責主』

❶ せめる。とがめる。また、もとめる。

下接 呵責カシャク|カセキ・詰責キッセキ・譴責ケンセキ・自責ジセキ・叱責シッセキ・督責トクセキ・面責メンセキ・問責モンセキ

【責言セキゲン】せめとがめること。また、そのことば。

【責譲セキジョウ】(「譲」も、せめる意)せめとがめること。

【責善セキゼン】よい行いをすることを互いに勧めあうこと。

【責望セキボウ】もとめ望むこと。また、せめたりうらんだりすること。

【責問セキモン】よくない点をとがめてききただすこと。

❷ せめ。担わなければならない任務。義務。

下接 引責インセキ・言責ゲンセキ・質責シッセキ・重責ジュウセキ・職責ショクセキ・文責ブンセキ・免責メンセキ

【責任セキニン】①引き受けてなすべき任務。『責任を果たす』②責めを負うこと。また、償うべきこと。『責任転嫁』『責任者』

【責務セキム】責任と義務。果たさなければならない仕事。

7693 【貪】 7637 6C45 E6C3 貝－4 トン呉・タン漢・ドン慣/tān/むさぼる

字解 会意。貝＋今(＝含、うちにかくす)。金品をうちにかくす意から、ためる・むさぼる意。

意味 むさぼる。ひどく物をほしがる。『貪欲』『貪婪』『慳貪ケンドン』『狼貪ロウドン』 *史記-管晏伝「鮑叔不レ以レ我為レ貪ホウシュクわれをもってタンとなさず」〔＝鮑叔は私のことを欲ばりと考えなかった〕」

【貪愛タンアイ】むさぼり欲すること。きわめて好むこと。

【貪汚タンオ】欲が深くて性行がきたないこと。官公吏などが賄賂ワイロをむさぼること。

【貪残タンザン】欲深く残酷であること。

【貪叨タントウ】欲深いこと。また、欲深く残酷なこと。

【貪夫タンプ】欲深い人。

【貪吏（タンリ）】人民の財物をむさぼり取る役人。狼吏。
【貪利（タンリ）】利益をむさぼること。
【貪吝・貪悋（タンリン｜ドンリン）】ものおしみ。けち。
【貪戻（タンレイ｜ドンレイ）】欲が深く、人の道にそむくこと。
【貪欲（タンヨク｜ドンヨク）】欲の深いこと。胴欲。↔無欲
【貪婪・貪惏（タンラン｜ドンラン）】ひどく欲が深いこと。貪欲。

7694【貮】7641 6C49 E6C7 貝－4
二「弐」(100)の異体字

7695【貧】4147 494F 956E 貝－4 常5
ビン(呉)・ヒン(漢)/pín/まずしい・すくない

筆順 貧 貧 貧 貧 貧 貧

字解 形声。貝＋分(わかれる)声。金品が分散して少なくなる、まずしい意。

意味 ❶まずしい。財産がとぼしい。みすぼらしい。『貧困』『貧民』『清貧（セイヒン）』 ＊論語-学而「貧而無レ諂（ヒンにしてへつらうことなし）〔＝貧乏であっても、人にへつらうことをしない〕」 ⇒表 ❷たりない。少ない。『貧血』『貧弱』

下接 ❶まずしい。極貧（ゴクヒン）・清貧（セイヒン）・赤貧（セキヒン）・素寒貧（スカンピン）

	貧困					
貧（ヒン） まずしい。	貧窮	貧乏	貧苦	貧寒	貧富	貧賤
困（コン） こまる。くるしむ。	困窮	困乏	困苦	困難	疲困	困憊（コンパイ）

【貧寒（ヒンカン）】まずしくて、みすぼらしいさま。
【貧窮（ヒンキュウ）】生活に窮乏していること。貧困。
【貧居（ヒンキョ）】まずしいすまい。貧家。
【貧苦（ヒンク）】まずしくて生活に苦しむこと。
【貧交（ヒンコウ）】①貧乏な友人。②まずしいなかでの交情。
【貧巷（ヒンコウ）】まずしい人々がすむまち。
【貧困（ヒンコン）】①貧乏で困っていること。困窮。②必要、大事なものが乏しいこと。『貧困な語彙』
【貧者之一灯（ヒンジャのイットウ）】まずしい者が苦しい生活の中から苦心して神仏に供える一つの灯明（トウミョウ）。金持ちの供える万灯よりも尊く、功徳があるとされ、まごころの尊いことのたとえにいう。
【貧賤（ヒンセン）】貧乏で身分が低いこと。↔富貴。【貧賤不レ能レ移（ヒンセンもうつすあたわず）】まずしさも志のある人物の節操を変えることはできない。〔孟子-滕文公下〕
【貧素（ヒンソ）】きわめてまずしいこと。赤貧。
【貧相（ヒンソウ）】貧乏らしい顔つきや様子。
【貧餒（ヒンタイ）】まずしくて食べ物がないこと。
【貧与レ賤、是人之所レ悪也（ヒンとセンとは、これひとのにくむところなり）】貧しい生活と卑しい身分とは、だれもが憎みきらうことがらである。〔論語-里仁〕
【貧農（ヒンノウ）】貧乏な農民。↔富農
【貧富（ヒンプ）】まずしいことと富んでいること。また、貧乏人と金持ち。『貧富の差』
【貧乏（ヒンボウ）】まずしいこと。貧困。『貧乏人』『貧乏神』
【貧民（ヒンミン）】貧乏な人民。↔富民。『貧民窟（クツ）』
【貧陋（ヒンロウ）】貧乏していて、みすぼらしいこと。

❷たりない。少ない。
【貧血（ヒンケツ）】赤血球ならびに血色素が減少すること。
【貧鉱（ヒンコウ）】①有用な金属の含有量の少ない鉱石。②産出量の少ない鉱山。
【貧弱（ヒンジャク）】①とぼしいこと。②国見劣りがしてみすぼらしいこと。『貧弱な体格』
【貧土（ヒンド）】不毛の地。生産物の乏しい土地。
【貧道（ヒンドウ）】①仏語。仏道修行のたりないこと。徳のうすいこと。②僧侶が自分をさして、謙遜していう語。

7696【賀】1876 326C 89EA 貝－5 常5
ガ(呉)・カ(漢)/hè/いわう・いわい

筆順 賀 賀 賀 賀 賀 賀

字解 形声。貝＋加(くわえる)声。金品を人におくってよろこぶ、いわう意。

参考 万葉仮名では音を借りて「か」「が」。

意味 ❶よろこぶ。いわう。よろこび。いわい。『新年を賀する』『賀春』『賀状』『慶賀（ケイガ）』『参賀（サンガ）』 ⇒〔祝〕(5395)の表 ❷国「加賀国（かがのくに）」の略。北陸道七か国の一。現在の石川県南部。『賀州』 ❸人名。『賀知章』

下接 ❶よろこぶ。いわう。恭賀（キョウガ）・謹賀（キンガ）・慶賀（ケイガ）・参賀（サンガ）・寿賀（ジュガ）・祝賀（シュクガ）・朝賀（チョウガ）・年賀（ネンガ）・拝賀（ハイガ）・奉賀（ホウガ）・来賀（ライガ）

【賀宴・賀筵（ガエン）】祝いの宴。『喜寿の賀宴』
【賀詞（ガシ）】祝いの言葉。祝詞。賀辞。
【賀春（ガシュン）】新春を祝うこと。
【賀正（ガショウ）】新年を祝うこと。
【賀頌（ガショウ）】祝いたたえること。また、その文。
【賀状（ガジョウ）】祝いの手紙。特に、年賀状をいう。
【賀表（ガヒョウ）】国家の慶事のあるとき、臣下が奉る文書。

❸人名。
【賀知章（ガチショウ）】中国、唐代の詩人。杜甫の「飲中八仙歌」に詠まれた一人。書の名手でもあった。(六五九～七四四)

難読姓氏 賀来（かく） 賀陽（かや）

7697【貴】2114 352E 8B4D 貝－5 常6
キ(呉)(漢)/guì/たっとい・とうとい・たっとぶ・とうとぶ・あて・たか

筆順 貴 貴 貴 貴 貴 貴

字解 会意。貝(たから)＋臾(＝臾、高くあげる)。高い値段のものの意から、とうとい意。

甲骨文 篆文

同属字 簣・潰・瞶・聵・饋・匱

参考 万葉仮名では音を借りて「き㋒」。

意味 ❶とうとい。たっとい。また、とうとぶ。たっとぶ。㋑値段が高い。値うちがある。また、値が上がる。『貴金属』『騰貴（トウキ）』 ㋺身分が高い。↔賤。『貴婦人』『貴族』『高貴（コウキ）』『富貴（フウキ）』 ＊論語-里仁「富与レ貴、是人之所レ欲也（フウキとは、これひとのほっするところなり）〔＝富と高い身分とは、だれもが望むものである〕」 ㋩大切である。重要な。『貴重』 ❷相手への敬意を表す語。『貴様』『貴君』『貴殿』 ❸地名、あて字など。『貴州』『兄貴（あにき）』 ⇒表

	高貴					
貴（キ） 価値や地位が高い。上方にある。	貴位	貴官	貴種	貴顕	貴重	至貴
高（コウ）	高位	高官	高家	高明	高価	至高

❶とうとい。とうとぶ。

【貴介キカイ】とうとい。高い身分。
【貴近キキン】身分が高く、天子の近くに仕える臣。
【貴金属キキンゾク】空気中で酸化せず、他の物質の化学作用をほとんど受けない金属。↔卑金属
【貴顕キケン】身分が高く、名声のあること。
【貴公子キコウシ】身分の高い家の男子。貴族の子弟。
【貴種キシュ】とうとい家柄の生まれ。
【貴紳キシン】「貴顕紳士」の略。身分が高く、品格がある男子。貴人。『貴紳淑女』
【貴人キジン】身分や地位の高い人。
【貴戚キセキ】高貴な人の親戚。または、貴族。
【貴賤キセン】とうといことと賤(いや)しいこと。身分の高い人と低い人。『老若貴賤の別なく』
【貴族キゾク】家柄や身分の高い階級。
【貴重キチョウ】非常に大切であるさま。『貴重品』
【貴妃キヒ】①中国、宮中の女官の位の一。恵妃、華妃とともに三夫人と呼ばれた。②特に、楊貴妃をいう。
【貴賓キヒン】身分の高い客。『貴賓席』
【貴婦人キフジン】身分の高い女性。
【貴門キモン】とうとい門地。高貴の家柄。↓❷
【貴遊キユウ・貴游】高貴の家がら。『貴遊子弟(キユウのシテイ)』
【貴要キヨウ】身分が高く重要な地位にある人。

❷相手への敬意を表す語。

【貴意キイ】相手の考えの尊称。お考え。

【貴下キカ】主に同輩に対する尊称。♥男性が手紙に使う。

【貴官キカン】官吏である相手に対する尊称。

【貴翰キカン・貴簡】相手の手紙の尊称。貴書。お手紙。

【貴君キクン】男性が、同輩程度の男性に対し、軽い敬意をもって用いる語。

【貴兄キケイ】男性が、同等の、または兄事するような男性に対し、敬意をもって書簡文で用いる語。

【貴公キコウ】男性が同輩以下の相手に対して用いる語。

【貴国キコク】相手の国に対する敬称。

【貴様キさま】男性が親しい同輩または目下の者を指していう語。また、相手をののしる場合にも用いられる。

【貴酬キシュウ】返信の手紙の脇付(わきづけ)の一つで、先方を敬っていう語。御返事。

【貴所キショ】①相手の住所の敬称。②＝貴殿(キデン)

【貴書キショ】他人の手紙または書籍の敬称。

【貴女キジョ】同等の、また一般の婦人に対し、敬意をもって用いる語。多く書簡文に用いる。あなた。

【貴台キダイ】相手の尊称。書簡文に用いる。

【貴殿キデン】男性が同等以上の男性に用いる語。

【貴門キモン】他人の家の尊称。↑❶
【貴覧キラン】相手の見ることを、その人を敬っていう語。高覧。御覧。

【貴方あなた｜キホウ】①(キホウ)同等の相手に用いる敬称。男性が用いる。貴殿。②(あなた)対等または下位者に呼びかける語。♥②は「貴男・貴女」とも書く。

❸地名。

【貴州キシュウ】中国の省名。雲貴高原の東北部。古代には黔(チン)。多くの少数民族が居住する。省都は貴陽。

難読姓氏　貴家(さすが)

7698【貰】4467 4C63 96E1　貝－5　セイ(漢)・シャ(漢)／shì・shè／もらう

字解　形声。貝＋世(→曳、のばす)(声)。金銭の支払いをのばす、かりる・かすの意。

意味　❶かりる。かけで買う。かけ売りやかけ買いをする。『貰貸』❷ゆるす。ゆるめる。『貰赦』❸〔国〕もらう。人から物を贈られる。また、助けを受ける。

【貰赦セイシャ】処罰を控えること。

【貰貸セイタイ】借りと貸し。

7699【貸】3463 425F 91DD　貝－5　常5　タイ(呉)(漢)・トク(漢)／dài・tè／かす・かし

筆順

字解　形声。貝＋代(かわるがわるする)(声)。金品を代わるがわる手にする、かす・かりる意。

意味　❶かす。あとで返してもらう約束で、一時的に他人に金品などを渡して使わせる。かし。↔借。『貸借』『貸費』『貸与』『貸付(かしつけ)』『賃貸(チンタイ)』『転貸(テンタイ)』❷ゆるす。おおめにみる。『貸宥』『恩貸(オンタイ)』『借貸(シャタイ)』

【貸借タイシャク】①貸すことと借りること。貸し借り。『貸借関係』②簿記で、貸し方と借り方。『貸借対照表』
【貸費タイヒ】学費などの費用を貸すこと。『貸費奨学生』
【貸宥タイユウ】罪をゆるすこと。
【貸与タイヨ】ある物品を他人に貸すこと。
【貸付かしつけ】期限や利子などを定めて金品を貸すこと。『貸付金』『貸付信託』

7700【貳】7640 6C48 E6C6　貝－5　ニ「弐」(100)の旧字

7701【買】3967 4763 9483　貝－5　常2　マイ(呉)・バイ(漢)／mǎi／かう

筆順

字解　会意。貝＋罒(＝网、あみでとる)。金品をとり入れる、かう意。

甲骨文　金文　篆文

意味　かう。かうこと。(イ)金を出して品物などをもとめる。『買収』『売買(バイバイ)』(ロ)招きよせる。ひきうける。応じる。『恨みを買う』『売り言葉に買い言葉』(ハ)〔国〕価値を認める。高く評価する。『熱意を買う』

下接　競買(キョウバイ)・購買(コウバイ)・故買(コバイ)・賤買(センバイ)・売買(バイバイ)・不買(フバイ)・零買(レイバイ)／仲買(なかがい)

【買価バイカ】物を買うときの値段。買い値。

【買官バイカン】金の力で官位を得ること。

【買収バイシュウ】①買い取ること。②転じて、相手にひそかに利益を与えて、自分の有利になるように動かすこと。

【買春バイシュン】①(「春」は酒の名)酒を買うこと。②金を払って女遊びをすること。♥②は、「売春」を客の側から言った語。「かいシュン」とも。

【買弁バイベン】①中国で外国資本と中国人とが取引をする際、その仲介人となった、中国の商人、商業資本。②外国資本と結びついて利益を得る土着の資本、または資本家。

【買名バイメイ】名声・名誉を求めること。

7702【費】4081 4871 94EF　貝－5　常4　ヒ(呉)(漢)／fèi／ついやす・ついえる・ついえ

筆順

字解　形声。貝＋弗(ふりはらう)(声)。金銭がなくなる、ついやす意。

参考　万葉仮名では音を借りて「ひ(乙)」。

[意味] ❶ついやす。使ってへらす。ついえる。『費消』『濫費(ランピ)』『浪費(ロウヒ)』❷ついえ。ものいり。使われる金銭。『費用』『会費(カイヒ)』『食費(ショクヒ)』『人件費(ジンケンヒ)』

❶ ついやす。使ってへらす。ついえる。

[下接] 淫費(インピ)・空費(クウヒ)・耗費(コウヒ)・消費(ショウヒ)・徒費(トヒ)・燃費(ネンピ)・糜費(ビヒ)・濫費(ランピ)・乱費(ランピ)・浪費(ロウヒ)

【費消(ヒショウ)】使い尽くすこと。『公金費消』

【費心(ヒシン)】心をくばること。心配すること。

【費力(ヒリョク)】人力をついやすこと。また、苦労して物事を行うこと。

❷ ついえ。ものいり。使われる金銭。

[下接] 会費(カイヒ)・学費(ガクヒ)・官費(カンピ)・給費(キュウヒ)・巨費(キョヒ)・軍費(グンピ)・経費(ケイヒ)・工費(コウヒ)・公費(コウヒ)・国費(コクヒ)・歳費(サイヒ)・雑費(ザッピ)・失費(シッピ)・実費(ジッピ)・私費(シヒ)・自費(ジヒ)・社費(シャヒ)・出費(シュッピ)・冗費(ジョウヒ)・食費(ショクヒ)・戦費(センピ)・貸費(タイヒ)・入費(ニュウヒ)・寮費(リョウヒ)・旅費(リョヒ)・路費(ロヒ)・交通費(コウツウヒ)・人件費(ジンケンヒ)

【費途(ヒト)】金銭のつかいみち。

【費目(ヒモク)】支出する費用の名目。

【費用(ヒヨウ)】何かをするのに必要な金銭。

7703 【貰】 二一 貝－5

フン 「賁」(7710)の異体字

7704 【貿】 4339 4B47 9666 貝－5 [常]5

ム(呉)・ボウ(漢)/mào/かえる・あきなう

[筆順] 貿 貿 貿 貿 貿 貿

[字解] 形声。貝＋卯(＝丣、一つのものを二つに同じようにわけるさま)(声)。金銭を同じ価値のものととりかえる意。

金文  篆文 

[意味] ❶かえる。物と物、物と金銭とを交換する。あきなう。あきないをする。『貿易』❷「貿貿(ボウボウ)」は、目がかすんでよく見えないさま。眊眊(ボウボウ)。

【貿易(ボウエキ)】外国との間で商品の輸出入の取引をすること。交易。『貿易商』『密貿易』

【貿易風(ボウエキフウ)】中緯度高圧帯から赤道低圧帯に向かって吹く東寄りの風。昔、貿易船がこの風を利用したところからの名称。

【貿首之讐(ボウシュのあだ)】相手の首をうちとりたいと思うほどうらみの深い仇。〔戦国策‐楚〕

7705 【賈】 7643 6C4B E6C9 貝－6

コ(呉)(漢)・カ(漢)/gǔ・jiǎ・jià/あきなう・あきない・あきんど・あたい

[字解] 形声。貝＋襾(おおいかくす)(声)。金品をおおいしまっておく意から転じて、あきなう意。

[同属字] 價・櫝

[意味] ❶(コ)あきなう。あきない。売り買いをする。また、あきんど。「估」に同じ。『賈客』『商賈(ショウコ)』『善賈(ゼンコ)』『良賈(リョウコ)』 *史記‐管晏伝「嘗与二鮑叔一賈(かつてホウシュクとコす)〔＝以前、鮑叔と商売をしたことがあった〕」❷(カ)あたい。ねだん。「価」に同じ。❸人名。『賈誼』『賈島』

[下接] 海賈(カイコ)・售賈(シュウコ)・商賈(ショウコ)・書賈(ショコ)・善賈(ゼンコ)・待賈(タイカ)・大賈(タイコ)・良賈(リョウコ)

❶ あきなう。あきない。また、あきんど。

【賈客(コカク)】品物をあきなう人。商人。

【賈衒(コゲン)】店であきなうことと、行商をすること。

【賈胡(ココ)】西方の異民族の商人。

【賈市(コシ)】いちば。また、商売。

【賈豎(コジュ)】いやしい商人。商人をののしっていう語。

【賈人(コジン)】物を売買する人。商人。

【賈船(コセン)】品物を売ってまわる舟。商品をはこぶ舟。

❷ あたい。ねだん。

【飾レ賈(カをかざる)】実際の売り値より高く値をいうこと。

【待レ賈(カをまつ)】①売り値が上がるのを待つ。②時節が到来するのを待つ。〔論語‐子罕〕

❸ 人名。

【賈誼(カギ)】中国、前漢の学者。詩文に巧みで、「弔屈原賦」「鵩鳥賦」を作った。著「新書」など。(前二〇〇～前一六八)

【賈島(カトウ)】中国、唐代の詩人。韓愈(カンユ)に認められた。「推敲(スイコウ)」の逸話が有名。(七八〇頃～八四三)

7706 【資】 2781 3B71 8E91 貝－6 [常]5 (7707)【資】 二一 貝－6 旧字

シ(呉)(漢)/zī/もと・たすける・たち・すけ

[筆順] 資 資 資 資 資 資

[字解] 形声。貝＋次(→齊、そろえる)(声)。そろえておいて用立てる金品、もとでの意。

[参考] 万葉仮名では音を借りて「し」。

[意味] ❶もと。㋑もとで。たくわえ。利益を得るためのもと。『資金』『資本』㋺もととなる材料。『研究の資とする』『資源』『資料』『物資(ブッシ)』❷たすける。すける。もとでを出して助ける。役立てる。また、たすけ。『国際平和に資する』『資益』『資助』『師資(シシ)』『前資(ゼンシ)』❸たち。うまれつき。一定の身分や地位。『資格』『資質』『英資(エイシ)』『天資(テンシ)』❹書名。『資治通鑑』

❶ もと。もとで。たくわえ。

[下接] 外資(ガイシ)・学資(ガクシ)・巨資(キョシ)・軍資(グンシ)・減資(ゲンシ)・合資(ゴウシ)・産資(サンシ)・出資(シュッシ)・増資(ゾウシ)・投資(トウシ)・物資(ブッシ)・融資(ユウシ)・労資(ロウシ)

【資金(シキン)】①事業運営に当てる金銭。もとで。『資金源』②特定の目的に使う金。『政治資金』『結婚資金』

【資源(シゲン)】①産業の材料、原料としての、山林、水力などの自然物。『天然資源』②ある目的のための物資や人材。

【資材(シザイ)】材料として用いる物質。ものをつくるもとになる材料。『建築資材』

【資財(シザイ)】財産。資産。『資財に富む』

【資産(シサン)】個人または法人の所有する、経済的価値を有する財産。『固定資産』『資産家』

【資儲(シチョ)】たくわえ。蓄積。

【資本(シホン)】①もとで。資金。②資本金。営利事業に投下された貨幣。『資本主義』『金融資本』『産業資本』

【資用(シヨウ)】費用。経費。

【資料(シリョウ)】研究や調査などのもとになる材料。データ。『研究資料』

【資糧・資粮(シリョウ)】①物資と食糧。②給料。

【資力(シリョク)】資本を出し得る力。財力。

❷ たすける。役立てる。また、たすけ。

【資蔭(シイン)】父祖の功労により子孫が官位につくこと。

【資益(シエキ)】たすけとなり利益となること。利益。

【資給(シキュウ)】金品などを与えてたすけること。

❸ たち。うまれつき。

【資格シカク】あることを行うのに必要な身分、地位。「資格審査」

【資質シシツ】うまれつきの性質や才能。

【資性シセイ】うまれつき。もちまえ。天性。「資性奔放」

【資稟シヒン】天から与えられた性質。うまれつき。

【資弁捷疾シベンショウシツ】弁舌にすぐれ行動が素早いこと。

❹ 書名。

【資治通鑑シジツガン】中国の編年書。二九四巻。宋の司馬光撰。はじめ「通志」と称したが、治世に役立ち、為政上の鑑かがみと賞され、勅号を賜った。戦国時代から五代末まで一三六二年間の編年通史。

【資治通鑑綱目シジツガンコウモク】中国、宋代の史書。五九巻。朱子撰。「資治通鑑」を綱目に分けて編集したもの。

7708 【貲】 7639 6C47 E6C5 貝－6 シ漢/zī/あがなう・たから

字解 形声。貝＋此声。あがなう意。

意味 ❶あがなう。金品を出して罪のつぐないをする。❷たから。もとで。財産。「資」に同じ。「貲財」「貲産」

7709 【賃】 3634 4442 92C0 貝－6 常6 ニン呉・ジン(ヂン)漢・チン慣/lìn/やとう

筆順

字解 形声。貝＋任(になう・任務とする)声。金銭を払って仕事をおわせる、やとう意。

意味 ❶やとう。やとわれる。金銭を与えて人を使う。また、やといしろ。やとうための金銭。給金。「賃作」「賃書」❷ちん。代償として支払う金銭。代価。代金。「賃貸」「賃金」「家賃やチン」「労賃」⇒【料】(3067)の表

❶ やとう。やとわれる。

【賃金・賃銀チンギン】労働の報酬としての金銭。

【賃作チンサク】やとわれて働くこと。

【賃書チンショ】やとわれて人の代わりに文字を書くこと。

【賃春チンショウ】やとわれて米をつくこと。

【賃銭チンセン】労力に対する報酬の金銭。

❷ ちん。代価。代金。

下接 運賃ウンチン・工賃コウチン・駄賃ダチン・店賃たなチン・船賃ふなチン・無賃ムチン・家賃やチン・宿賃やどチン・労賃ロウチン・手間賃てまチン

【賃借チンシャク】料金を出して物品を借りること。↔賃貸
【賃貸チンタイ】料金を取って物品を貸すこと。↔賃借
【賃貸借チンタイシャク】相手にある物を使用させ、それに対する料金を受け取る契約。

7710 【賁】 貝－6 (7703)【賁】 7644 6C4C E6CA 貝－5 ヒ漢・フン漢・ホン漢/bì・bēn・fén/かざる・かざり

字解 形声。貝＋卉(さかん)声。色・模様が多く美しいかい、かざりの意。

同属字 噴(噴)・墳(墳)・憤(憤)・濆

意味 ❶かざる。かざり。あや。「賁臨」❷いかる。いきどおる。「憤」に同じ。❸勢いよくはしる。「奔」に同じ。「虎賁コホン」❹易の六十四卦の一。☶☲

【賁臨ヒリン|フンリン】人が来訪することを敬っていう語。光臨。

7711 【賓】 貝－7 ヒン 「賓」(7719)の旧字

7712 【賔】 貝－7 ヒン 「賓」(7719)の異体字

[實] ⇩ 1788

7713 【賣】 貝－8 (463)【売】 3968 4764 9484 儿－5

字解 イク漢 会意。貝(財貨)＋𡴆(＝直、衆目がまっすぐみる)。多くの人々が見る中、品物と金銭とが行き来する、うり歩く意。転じて、あなどる意。

金文 篆文

同属字 竇・覿・瀆・櫝・牘・犢・續(続)・贖・讀(読)・黷

参考 売バイの旧字、賣とは別字であるが、古くから字形が混じた。「売バイ」は、賣イクの略体「売」の転用。

7714 【賡】 *6321 貝－8 コウ(カウ)漢・ゾク呉・ショク漢/gēng/つぐなう

字解 形声。貝＋庚声。續の古字。つづける意。また、つぐなう意。

7715 【賛】 2731 3B3F 8E5E 貝－8 常5 (7727)【贊】 7653 6C55 E6D3 貝－12 旧字 サン呉漢/zàn/たたえる・たすける

筆順

字解 賛は贊の略体。贊は形声。貝＋兟(すすめる)声。お目通りする際、食品をさし出す意。

同属字 讚・攢・瓚・纘・讃・鑽

意味 ❶まみえる。お目にかかって進呈する。❷すすめる。みちびく。また、たすける。助力する。「賛助」「賛成」「協賛」❸たたえる。ほめる。「讃」に同じ。「賛辞」「賛嘆」「自賛」「称賛」⇒【称】(5459)の表 ❹文体の一。「讃」に同じ。㋑人などをほめたりする文。「伝賛デンサン」「論賛ロンサン」㋺絵などにそえる詩文。「画賛ガサン」㋩仏をたたえるうた。「漢賛カンサン」「梵賛ボンサン」「和賛ワサン」

❷ すすめる。みちびく。また、たすける。

下接 協賛キョウサン・参賛サンサン・奉賛ホウサン・翼賛ヨクサン

【賛意サンイ】他人の意見などに賛成する気持ち。

【賛画サンカク】計画を援助すること。

【賛助サンジョ】趣旨に同意し、助力したりすること。

【賛襄サンジョウ】助力して、なしとげさせること。

【賛成サンセイ】①助けて成しとげること。②他人の意見などに同意すること。↔反対。「賛成多数」「不賛成」

【賛同サンドウ】他人の意見などに同意すること。賛成。

【賛否サンピ】賛成と不賛成。また、賛成か不賛成かということ。「賛否を問う」「賛否両論」

❸ たたえる。ほめる。

下接 自賛ジサン・称賛ショウサン・賞賛ショウサン・絶賛ゼッサン・礼賛ライサン

【賛歌サンカ】何かをたたえる歌や楽曲。「青春賛歌」

【賛仰サンギョウ|サンゴウ】聖人の道やその徳を深く研究し、尊ぶこと。書き換え「讃仰→賛仰」。

【賛辞サンジ】賞賛する言葉。書き換え「讃辞→賛辞」。

【賛称】ほめたたえること。讃称。

【賛嘆】感心してほめること。「賛嘆措(お)く能(あた)わず」書き換え「讃嘆→賛嘆」。

【賛美】ほめたたえること。書き換え「讃美→賛美」。【賛美歌】キリスト教で、神、キリストを賛美する歌。英hymnの訳語。

【賛揚】ほめあげること。讃揚。

7716【質】2833 3C41 8EBF 貝－8 常5 (7691)【貭】7636 6C44 E6C2 貝－4

シチ呉・シツ漢・チ呉漢／zhì／たち・ただす

筆順

字解 会意。貝＋二つの斤(ひとしい重量)。金銭に等しいものの意。また實に通じて、もとの意を表す。

同属字 躓

意味 ❶(チ)(シチ) しち。抵当。約束や借金などの保証・担保としてあずけ置くもの。「質権」「言質」「人質」「質(シチ)に取る」「質流れ」＊史記-呂不韋伝「質於諸侯(ショコウにチたり)」〔＝諸侯の人質となっていた〕」 ❷(シツ) もと。根本。なかみ。内容。⇔量。「量より質」「質的」「質量」「実質」「物質」「溶質」 ❸(シツ) たち。もちまえ。㋑うまれつき。「天与の質」「神経質」「気質」「性質」「体質」 ㋺生地。本来の姿。ありのまま。かざりけがない。⇔文。「質実」「質素」「質朴」＊論語-雍也「質勝文則野(シツ ブンにかてば すなわちヤなり)」〔＝人の生まれつきの生地が文化的教養よりもまさるならば、野鄙である〕」 ❹(シツ) ただす。もとを問いただす。「質疑」「質問」「対質」

❶ しち。抵当。

【質草・質種】質に入れる品物。質物。

【質券】質屋が預かり証として出す証券。質札(シチふだ)。

【質権】債権者が、担保として受け取った物を債務の弁済が済むまで留置しておく権利。

【質物】質に入れる物。しちぐさ。

【質子】子供を人質にとること。また、その子。

❷ もと。根本。なかみ。内容。

下接 角質・形質・骨質・実質・糖質・媒質・皮質・物質・溶質・蛋白質

【質的】質に関するさま。⇔量的。「質的な向上」

【質量】①物体が有する固有の量。②質と量。

❸ たち。うまれつき。また、生地。

下接 ㋑気質・資質・性質・素質・体質・美質・神経質 ㋺悪質・異質・音質・革質・均質・硬質・膠質・才質・材質・紙質・上質・水質・地質・等質・同質・特質・土質・軟質・肉質・品質・稟質・文質・変質・木質・本質・容質・良質

【質実】飾りけがなくまじめなこと。「質実剛健」

【質性】その物の本来持っている特徴。

【質素】①地味で、飾りけがないこと。「質素な身なり」②生活ぶりが控えめなこと。⇔贅沢
【質訥】飾りけがなくて、口数が少ないこと。

【質文】生地のままの本来の姿(＝質)を重視する立場と、形式や飾り(＝文)を重視する立場。

【質朴・質樸】純真で飾りけのないさま。純朴。

❹ ただす。もとを問いただす。

【質義】意味を問いただすこと。

【質疑】疑問の点を問いただすこと。「質疑応答」

【質責】誤りをせめ、問いただすこと。

【質問】わからないことや知りたいことなどを問いただすこと。「代表質問」「質問者」

7717【賞】3062 3E5E 8FDC 貝－8 常4

ショウ(シャウ)呉漢／shǎng／ほめる・めでる

筆順

字解 形声。貝＋尚(→當、あたる)声。はたらきに相当する金品、ほうびの意。また、ほめる意。

同属字 償

金文

篆文

意味 ❶ほうび。たまもの。ほめて与えるもの。⇔罰。「信賞必罰」「一等賞」「賞金」「賞状」「懸賞」「入賞」 ❷ほめる。㋑ほめたたえる。「武勲を賞する」「賞賛」「賞揚」「推賞」 ㋺ほめて楽しむ。よいと思って味わう。めでる。「賞翫」「賞味」「鑑賞」 ⇒〔称〕(5459)の表

❶ ほうび。たまもの。

下接 恩賞・感賞・勲賞・懸賞・行賞・受賞・授賞・大賞・特賞・入賞・副賞・報賞・褒賞・優賞

【賞金】賞として与えられる金銭。「賞金稼(かせ)ぎ」

【賞刑】恩賞と刑罰。転じて、治政。

【賞賜】功労・善行などの賞として物を賜ること。

【賞状】学業、業績などをほめて与える書状。

【賞典】①褒美に賜る物。②賞与に関する規定。

【賞杯・賞盃】褒賞として与える杯。カップ。

【賞牌】褒賞として与える記章。メダル。

【賞罰】賞と罰。賞を与えることと、罰すること。

【賞与】①賞として金品を与えること。②国定期給与以外に支給される金銭。ボーナス。

❷ ほめる。ほめたたえる。

下接 過賞・嘉賞・勧賞・感賞・観賞・鑑賞・激賞・賛賞・推賞・嘆賞・歎賞・追賞・幽賞

【賞鑑・賞鑒】真価のわかる目で書画・骨董などのよさを味わうこと。

【賞翫・賞玩】①よさを味わい珍重すること。②味わうこと。賞味。

【賞勲】勲功のある人をほめること。

【賞賛・賞讃】ほめたたえること。称賛。

【賞嘆】ほめたたえること。感嘆してほめること。

【賞美】ほめたたえること。称美。

【賞味】食べ物をおいしく味わうこと。

【賞誉】ほめたたえること。称賛。

【賞揚】ほめそやすこと。ほめあげること。称揚。

7718【賣】7646 6C4E E6CC 貝－8 バイ「売」(463)の旧字

7719【賓】4148 4950 956F 貝－8 常 (7711)【賓】— — 貝－7 旧字人 (7712)【賔】— — 貝－7

ヒン呉漢／bīn／まろうど

[筆順] 賓 賓 賓 賓 賓 賓

[字解] 賓は賓の誤字。賓は形声。貝＋宀(＝丏)[声]。客に金品をおくりもてなす、また、客の意。甲骨文は、宀＋人＋止(いたる)で、家に入れてもてなすべき客の意を表す会意字。

甲骨文

金文

篆文

[同属字] 儐・嬪・擯・濱(浜)・殯・檳・殯・臏・繽

[参考] 万葉仮名では音を借りて「ひ[甲]」。

[意味] ❶まろうど。もてなすべき客。大事な客。また、客をもてなす。「儐」に同じ。『賓客』『来賓(ライヒン)』 ❷したがう。主たるものに従う。従となる。「儐」に同じ。『賓辞』『賓服』 ＊荘子–逍遥遊「名者実之賓也(なはジツのヒンなり)〔＝名目というものは、実質の賓客のようなものである(実質が主であり、名目は従である)〕」 ❸音訳字。『賓頭盧(ビンズル)』

❶ まろうど。客。また、客をもてなす。

[下接] 外賓(ガイヒン)・佳賓(カヒン)・貴賓(キヒン)・迎賓(ゲイヒン)・公賓(コウヒン)・国賓(コクヒン)・社賓(シャヒン)・主賓(シュヒン)・上賓(ジョウヒン)・陪賓(バイヒン)・来賓(ライヒン)

【賓位(ヒンイ)】客のつくべき座席。→❷
【賓筵(ヒンエン)】客を歓待する席。

【賓館(ヒンカン)】客の泊まるところ。

【賓雁(ヒンガン)】雁をいう。♥秋に来て春に去るところから。

【賓客(ヒンキャク|ヒンカク)】[1]客。大事な客人。[2]諸侯や有力者のもとに身を寄せ、客分の待遇を受けている人。主人の相談役となり、有事の際は主人のために働く。食客。＊史記–孟嘗君伝「招ニ致諸侯賓客、及亡人有レ罪者一(ショコウのヒンカク、およびボウジンのつみあるものをショウチす)〔＝(孟嘗君は)諸侯の食客や、罪を犯して他国に亡命していた者たちを呼び寄せた〕」

【賓貢(ヒンコウ)】外国の客がみつぎものを持って来ること。

【賓師(ヒンシ)】客分として待遇される師。

【賓主(ヒンシュ)】客と主人。

【賓旅(ヒンリョ)】賓客と旅人。

【賓礼(ヒンレイ)】[1]中国古代の礼法で、五礼の一。賓客に対する礼。[2]賓客として遇すること。

❷ したがう。主たるものに従う。

【賓位(ヒンイ)】論理学で、命題の主辞について述べる語。賓辞。→❶
【賓辞(ヒンジ)】[1]論理学で、命題の主辞について述べられる概念、名辞。[2]文法で、客語のこと。目的語。
【賓実(ヒンジツ)】名と実体。
【賓服(ヒンプク)】来て従うこと。特に来朝して服従すること。

❸ 音訳字。

【賓頭盧(ビンズル)】(梵 piṇḍola-bhāradvāja の音訳「賓頭盧頗羅陀(ビンズルハラダ)」の略) 釈尊の弟子、十六羅漢の第一。俗に、その像をなでると病気が治るという。おびんずる。

7720 【賚】 7647 6C4F E6CD 貝－8

ライ[漢]\lài\たまもの・たまう

[字解] 形声。貝＋來(くる)[声]。天から来たもの、たまものの意。

[意味] たまもの。たまわったもの。また、たまう。たまわる。あたえる。「賜」に同じ。『恩賚(オンライ)』『賜賚(シライ)』

【賚賜(ライシ)】たまわること。また、そのもの。

【賚予・賚与(ライヨ)】物を与えること。

7721 【賢】 2413 382D 8CAB 貝－9 [常] (7729) 【賢】＊6335 貝－14

ゲン[呉]・ケン[漢]\xián\かしこい・さかしい

[筆順] 賢 賢 賢 賢 賢 賢

[字解] 形声。貝(殻のある、かい)＋臤(→堅、かたい)[声]。かたくしっかりした、かいの意。転じて、かしこい意を表す。

金文

篆文

[意味] ❶かしこい。かしこい人。才能・徳行のすぐれた人。また、他人の事物に添えて敬う意を表す。『賢婦』『賢明』 ＊論語–里仁「見レ賢思レ斉焉(ケンをみてはひとしからんことをおもう)〔＝知徳のすぐれた人を見ては、自分もそのようになりたいと思う〕」 ⇒〔聖〕(6241)の[表] ❷あて字など。『賢所(かしこどころ)』『賢木(さかき)』

❶ かしこい。かしこい人。

[下接] 遺賢(イケン)・七賢(シチケン)・諸賢(ショケン)・聖賢(セイケン)・先賢(センケン)・大賢(タイケン)・普賢(フゲン)・名賢(メイケン)

【賢英(ケンエイ)】かしこくすぐれている人。

【賢媛(ケンエン)】かしこい女性。

【賢愚(ケングン)】かしこいことと、おろかなこと。

【賢兄(ケンケイ)】かしこい兄。また、相手の兄や年上の男子に対する敬称。↕愚兄。『愚弟賢兄』

【賢佐(ケンサ)】かしこい補佐。

【賢才(ケンサイ)】かしこい才知。すぐれた才能。

【賢察(ケンサツ)】その人が推察することを敬っていう語。

【賢士(ケンシ)】[1]かしこい人。[2]仏語。在家の菩薩。正士。

【賢者(ケンジャ)】＝賢人(ケンジン)①
【賢主(ケンシュ)】賢明な君主。賢君。

【賢俊(ケンシュン)】かしこくすぐれていること。

【賢相(ケンショウ)】かしこい大臣。賢宰。

【賢人(ケンジン)】[1]知恵があり、行いのすぐれている人。聖人に次いで徳のある人。賢者。[2](清酒を「聖人」というのに対して) 濁り酒。

【賢聖(ケンセイ)】[1]賢人と聖人。聖賢。[2]濁酒と清酒。

【賢台(ケンダイ)】多く書簡などで、同輩あるいはそれ以上の人に用いる敬称。貴所。貴下。

【賢知・賢智(ケンチ)】かしこくて知恵のあること。

【賢弟(ケンテイ)】かしこい弟。また、相手の弟や年下の男子に対する敬称。↕愚弟
【賢哲(ケンテツ)】賢人と哲人。また、かしこくて道理に通じている人。

【賢答(ケントウ)】賢明な返答。立派な答え。また、相手の答えを敬っていう語。

【賢能(ケンノウ)】かしこくて才能があること。

【賢婦(ケンプ)】かしこくてしっかりした婦人。

【賢不肖(ケンフショウ)】かしこいこととおろかなこと。

【賢母(ケンボ)】賢明な母。↕愚母。『良妻賢母』

【賢明(ケンメイ)】かしこくて道理に明るいこと。状況をよく見通して判断が適切であること。

【賢慮(ケンリョ)】賢明な考え。また、相手の思慮の敬称。

【賢良(ケンリョウ)】[1]かしこくて善良なこと。[2]中国で古代、官吏の資格を示す名称の一。のち、官吏登用試験の科目の名。漢の文帝の時にはじまる。

【賢労(ケンロウ)】すぐれているために、かえって仕事を多く抱えて苦労すること。

【賢レ賢易レ色(ケンをケンとしていろにかう)】(「易」は、取り替える。「色」は、女色、美女のこと) すぐれた人物をすぐれた人として敬い慕って、美人を好む心に代える。一説に「色を易える」で、つつしんだ態度をとること。〔論語–学而〕

❷あて字など。

【賢所（かしこどころ・ナイシどころ）】皇居の中で神鏡をまつってある所。内侍所。♥「かしこ」は畏（かしこ）いで、おそれ多いの意。

【賢木（さかき）】ツバキ科の常緑小高木。榊（さかき）。

7722 【賽】 7648 6C50 E6CE 貝-10 サイ㊥/sài

字解 形声。貝＋塞省㊥。

意味 ❶むくいまつる。また、神仏へのお礼まいり。『賽銭』『答賽（トウサイ）』『報賽（ホウサイ）』 ❷優劣をきそう。❸国さい。さいころ。すごろく、ばくちなどに用いる道具。立方体の六面に、一から六までの目を刻んだもの。『賽は投げられた〔＝一度乗り出してしまった以上、最後までやるほかに道はない、の意。元老院と対立したシーザーが軍を率いてルビコン川を渡るときに言ったとされる言葉〕』 ❹国「賽の河原（かわら）」は、人間が死後行くと言われる、冥土（メイド）にある三途（サンズ）の川の河原。

【賽社（サイシャ）】秋の収穫の後、田の神に感謝するまつり。

【賽神（サイシン）】福をさずかった礼として神をまつること。

【賽銭（サイセン）】国神仏に祈願して奉納する金銭。『賽銭箱』

【賽日（サイニチ）】国仏に参詣する日。多く一月一六日と七月一六日をいう。閻魔（エンマ）参り。やぶ入り。

7723 【贄】 7651 6C53 E6D1 貝-11 シ㊥/zhì/にえ

字解 形声。貝＋執（とる・もつ）㊥。君主・先生にお目にかかる時、贈る礼物の意。

意味 にえ。君主や師のもとに持っていく手みやげ。また、神に献上する魚、鳥など。『生贄（いけにえ）』

【贄敬（シケイ）】初めて人を訪問するとき、また、入門するときに持っていく贈り物。

【贄幣（シヘイ）】にえ。つかいもの。礼物。贈り物。

【執レ贄（シをとる）】①初めて人に会うとき、手みやげを持っていくこと。②物を贈って入門すること。

7724 【贅】 7652 6C54 E6D2 貝-11 セイ㊥・ゼイ㊦/zhuì/いぼ・こぶ

字解 形声。貝＋敖（気ままにあそぶ）㊥。気ままに金品をつかう、むだの意。

意味 ❶むだ。役にたたない。余計な。『贅言』『贅肉』 ❷質に入れる。質草。❸いぼ。こぶ。『贅瘤』『疣贅（ユウゼイ）』

❶むだ。役にたたない。余計な。

【贅言（ゼイゲン）】言わないでもよい無駄な言葉。

【贅説（ゼイセツ）】必要のないことを述べること。無益な論説。

【贅沢（ゼイタク）】国必要以上に金品を費やすこと。また、普通以上に都合のよいさま。↕質素。『贅沢品』

【贅肉（ゼイニク）】必要以上に付いた体の脂肪や肉。

❸いぼ。こぶ。

【贅肬・贅疣（ゼイユウ）】こぶ、いぼのような無用の肉。贅肉。転じて、無用、無益なもの。

【贅瘤（ゼイリュウ）】こぶ。転じて、あっても必要ないもの。

7725 【贇】 7654 6C56 E6D4 貝-12 イン㊥/yūn

字解 会意。貝（あやかざり）＋文＋武。均整のとれて美しいさま。

7726 【贋】 2070 3466 8AE4 貝-12 (7730)〔贗〕 ＊6336 貝-15 ガン㊥/yàn/にせ

字解 形声。貝＋雁㊥。

意味 にせ。にせもの。『贋作』『偽贋（ギガン）』『真贋（シンガン）』

【贋作（ガンサク）】小説、絵画などのにせものをつくること。また、そのにせものの作品。

【贋札（ガンサツ・にせサツ）】偽造した紙幣。

【贋造（ガンゾウ）】本物そっくりに似せて造ること。偽造。

【贋鼎（ガンテイ）】にせもの。〔韓非子-説林下〕♥魯（ロ）が斉（セイ）の要求に応じて、鼎（かなえ）のにせものをおくった故事から。

【贋物（ガンブツ・にせもの）】まがいもの。偽物（にせもの）。

7727 【賛】 7653 6C55 E6D3 貝-12 サン 「賛」（7715）の旧字

〔寶〕⇩1800

7728 【贏】 7655 6C57 E6D5 貝-13 エイ㊥/yíng/あまる・あまり・かつ

字解 会意。貝＋羸（のびるかたつむりの類の象形）。金品がのびひろがる、もうける意。

金文 篆文

意味 ❶あまる。ありあまる。余分。あまり。もうけ。「盈」に同じ。『贏財』『贏縮』『贏羨』『贏儲』『贏得』『贏利』『余贏（ヨエイ）』 ❷かつ。勝利する。『輸贏（シュエイ・ユエイ）』

❶あまる。余分。あまり。もうけ。

【贏財（エイザイ）】あまった財産。

【贏縮（エイシュク）】①満ちることと減ること。盈縮（エイシュク）。②伸びることと縮むこと。③余りと不足。

【贏羨（エイセン）】あまり、あふれること。

【贏儲（エイチョ）】あまるほどある財のたくわえ。

【贏得（エイトク）】利益として得ること。獲得すること。

【贏余（エイヨ）】①残り。②余分の利益。③閏月（うるうづき）。

【贏利（エイリ）】金銭上のもうけ。

〔寶〕⇩1801

〔齎〕⇩9652

7729 【贒】 ＊6335 貝-14 ケン 「賢」（7721）の異体字

7730 【贗】 ＊6336 貝-15 ガン 「贋」（7726）の異体字

〔則〕⇩646

貝

7731 【財】 2666 3A62 8DE0 貝-3 常5 (7732)〔戝〕 7635 6C43 E6C1 貝-4 ザイ㊥・サイ㊥/cái/たから

筆順 財 財 財 財 財

字解 形声。貝＋才（↓材、材料）㊥。値うちがあり生活のもととなるもの、たからの意。

意味 ❶たから。価値あるものの総称。また特に、金銭や財産。『財をなす』『財産』『散財（サンザイ）』『資財（シザイ）』 ❷たつ。布をきる。きりもりする。「裁」に同じ。「財成」❸その他。あて字。「合財袋ガッサイぶくろ」「一切合財イッサイガッサイ」

❶たから。価値あるものの総称。

下接 遺財イザイ・家財カザイ・貨財カザイ・器財キザイ・巨財キョザイ・散財サンザイ・私財シザイ・資財シザイ・借財シャクザイ・浄財ジョウザイ・生財セイザイ・世財セイザイ・施財セザイ・銭財センザイ・滞財タイザイ・蓄財チクザイ・阜財フザイ・分財ブンザイ・宝財ホウザイ・民財ミンザイ・余財ヨザイ・理財リザイ・文化財ブンカザイ

【財貨ザイカ】金銭や価値のある品物。財物。＊史記‐項羽本紀「貪ニ於財貨一、好ニ美姫一（ザイカをむさぼり、ビキをこのむ）（＝沛公は）金目の品物をむさぼり、美人を好んだ）」

【財界ザイカイ】大資本を中心とした実業家の社会。経済界。

【財源ザイゲン】必要な財貨を生み出すもと。かねの出所。

【財産ザイサン】①土地、物品、金銭など、金銭的価値あるものの総体。②比喩ヒユ的に、極めて価値ある宝とすべきもの。

【財主ザイシュ】資産の持ち主。

【財政ザイセイ】①国・地方公共団体が、その存立に必要な財力を取得し、管理する経済的諸活動。「財政投融資」②個人、企業などの経済状態。

【財帑ザイド】かねぐら。転じて、金銭。財政上の実力。

【財嚢ザイノウ】＝財布サイフ

【財閥ザイバツ】財界に勢力のある大資本家、大企業家の一族一門。

【財布サイフ】金銭を入れて持ち歩くための入れもの。

【財物ザイブツ・ザイモツ】金銭や品物。また、宝物。

【財宝ザイホウ】財物や宝物。「金銀財宝」

【財務ザイム】財政上の事務。「財務管理」

【財利ザイリ】財物や利益。＊史記‐管晏伝「分ニ財利一、多自与（ザイリをわかつに、おおくみずからあたう）（＝管仲は）商売の利益を分配するのに、多く自分に与えた）」

【財力ザイリョク】物事を動かす経済的な力。金力。

❷たつ。布をきる。きりもりする。

【財取サイシュ】見はからって用いること。

【財成サイセイ】とりはからって物事をなしとげること。きりもりすること。裁成。

難読地名 財田さいた町（香川）　財部たからべ町（鹿児島）

7733 【販】 4046 484E 94CC 貝－4 常 ホン呉・ハン漢／fàn／あきなう・ひさぐ

筆順 販

字解 形声。貝＋反（いってもどる）声。貨幣とものとをやりとりする、あきなう意。

意味 あきなう。ひさぐ。物を売って商売する。⇒表

下接 月販ゲッパン・買販バイハン・再販サイハン・市販シハン・私販シハン・商販ショウハン・信販シンパン・直販チョクハン・裨販ヒハン・負販フハン・量販リョウハン

	販売						
販ハン	あきなう。うる。	販価	販路	商販	直販	沽販コハン	市販
売バイ	うる。あきないをする。	売価	売却	商売	直売	売買	公売

【販売ハンバイ】品物を売ること。「通信販売」「予約販売」

【販夫ハンプ】商売人。行商人。

【販路ハンロ】商品を売りさばく方面。はけぐち。

7734 【貶】 7642 6C4A E6C8 貝－4 ヘン漢／biǎn／おとす・おとしめる・けなす・さげすむ

字解 形声。貝＋乏（とぼしい）声。金品がとぼしくなる、へる意。また、おとす意。

意味 おとす。へらす。㋑おとしてしりぞける。官位を下げる。左遷する。「左貶サヘン」「竄貶ザンペン」＊韓愈‐左遷至ニ藍関一示ニ姪孫湘一「一封朝奏九重天、夕貶潮州路八千（イップウあしたにソウす キュウチョウのテン、ゆうべにチョウシュウにヘンせらる みちハッセン）（＝朝に一通の上奏文を、奥深い天子の御殿に奉ったら、その夕べには八千里もかなたの潮州に流されることになった）」㋺おとしめていう。けなす。そしる。「毀誉褒貶キヨホウヘン」

【貶降ヘンコウ】官位を下げること。

【貶竄ヘンザン】官位を下げて遠方へ流すこと。貶流ヘンル。

【貶斥ヘンセキ】官位を下げてしりぞけること。貶黜ヘンチュツ。

【貶奪ヘンダツ】官位や禄などを奪いおとしめること。また、けなしてその力や価値を奪うこと。

【貶逐ヘンチク】官位を下げて遠隔地へ追放すること。

【貶黜ヘンチュツ】＝貶斥ヘンセキ

【敗】⇩3037

7735 【貽】 7638 6C46 E6C4 貝－5 イ漢／yí／のこす・おくる

字解 形声。貝＋台声。

意味 ❶のこす。伝えのこす。「詒」に同じ。「貽厥」「貽謀」❷おくる。人に物をおくる。

【貽訓イクン】祖先の残した教訓。

【貽厥イケツ】（「厥」は「その」の意）①子孫にのこすはかりごと。貽謀。〔詩経‐大雅・文王有声〕②孫。

【貽績イセキ】のこした功績。

【貽孫イソン】子孫。

【貽謀イボウ】子孫のためにのこすはかりごと。子孫のための計画。貽厥。〔詩経‐大雅・文王有声〕

7736 【貺】 ＊6311 貝－5 キョウ（キャウ）漢／kuàng

字解 形声。貝＋兄（年長・目上）声。目上の人が目下の人に与える意。

7737 【貯】 3589 4379 9299 貝－5 常4 チョ漢／zhù／たくわえる・たくわえ・ためる

筆順 貯

字解 形声。貝＋宁（たくわえる）声。貨幣をたくわえる意。甲骨文は、財宝を中に入れたくわえたさま。

甲骨文　金文　篆文

意味 たくわえる。ためる。たくわえ。「儲」に同じ。「私貯シチョ」⇒表

	貯蓄						
貯チョ	いつもあるようにためておく。	貯蔵	貯財	貯金	貯積	貯水	貯粟チョゾク
蓄チク	すこしずつあつめてためる。	蓄蔵	蓄財	蓄銭	蓄積	蓄電	備蓄

【貯金チョキン】①金銭をためること。「貯金箱」②国郵便局などで扱う預金受け入れ業務。「郵便貯金」

【貯積チョセキ】たくわえてつみかさねていくこと。

【貯蔵チョゾウ】金品などをたくわえておくこと。「貯蔵庫」

【貯粟チョゾク】穀物をたくわえること。

【貯蓄チョチク】金品をたくわえること。「財形貯蓄」

【貯儲チョチョ】（「儲」もたくわえる意）たくわえること。

7738 【貼】 3729 453D 935C 貝－5 チョウ（テフ）漢・テン慣／tiē／はる

7画 見角言谷豆豕豸貝赤走足(⻊)身車辛辰辵(⻌・⻍)邑(阝)酉釆里

[字解] 形声。貝+占(一定の場所をしめる・おく)[声]。金品を借金のかたに置く意。
[意味] ❶借金のかたに置く。抵当にする。❷はる。はりつける。また、つく。はりつく。『貼示』『貼付』『妥貼(ダチョウ)』❸[国]ちょう。薬の包みを数える語。
【貼黄(チョウコウ)】[1]中国、唐代、みことのりを改めること。黄色の紙に書いたみことのりを改めるとき、上からまた黄色い紙をはったところから。[2]君主などに文書を差し出すときに、要点を記して文書にはりつけた黄色の紙。
【貼付・貼附(チョウフ)(テンプ)】はりつけること。『写真を貼付する』♥「テンプ」は慣用読み。

7739 【賎】 3308 4128 9147 貝－6
セン 「賤」(7750)の異体字

7740 【賍】 7660 6C5C E6DA 貝－6
ゾウ 「贓」(7766)の異体字

7741 【賊】 3417 4231 91AF 貝－6 [常] (7742)〔賊〕 貝－6 旧字
ゾク[呉]・ソク[漢]/zéi/そこなう・ぬすむ
[筆順] 貝 貝 賊 賊 賊 賊
[字解] 形声。戈(ほこの類)+則(=劓、かなえにきずをつける)[声]。刃物できずをつける、そこなう意。
[参考] 万葉仮名では音を借りて「ぞ[乙]」。
[意味] ❶そこなう。傷つける。やぶる。『賊心』『陰賊(インゾク)』『猾賊(カツゾク)』『残賊(ザンゾク)』『戕賊(ショウゾク)』❷目上のものにそむく。むほん人。『賊臣』『逆賊(ギャクゾク)』❸悪事をはたらく。ぬすむ。ぬすびと。悪者。『海賊』『盗賊』❹その他。あて字。『烏賊(いか)』『木賊(とくさ)』

❶ そこなう。傷つける。やぶる。
【賊害(ゾクガイ)】損なうこと。殺すこと。損害を与えること。
【賊殺(ゾクサツ)】殺すこと。殺害。
【賊心(ゾクシン)】害を与えようとする心。害心。→❷
【賊民(ゾクミン)】人に危害を与え、世をさわがす民。

❷ 目上のものにそむく。むほん人。
[下接] 奸賊(カンゾク)・逆賊(ギャクゾク)・凶賊(キョウゾク)・国賊(コクゾク)・妖賊(ヨウゾク)・乱賊(ランゾク)・乱臣賊子(ランシンゾクシ)
【賊軍(ゾクグン)】[1]賊徒の軍勢。[2][国]朝敵の軍勢。↔官軍
【賊子(ゾクシ)】[1]親不孝な子。[2]謀叛(ムホン)人。『乱臣賊子』
【賊情(ゾクジョウ)】賊軍の様子。
【賊心(ゾクシン)】反逆しようとする気持ち、考え。→❶
【賊臣(ゾクシン)】主君に反逆する臣。
【賊徒(ゾクト)】反逆者の仲間。→❸
【賊匪(ゾクヒ)】反逆者、また、どろぼうの集団。
【賊兵(ゾクヘイ)(ヒョウ)】賊軍の兵士。

❸ 悪事をはたらく。ぬすむ。悪者。
[下接] 怨賊(オンゾク)・海賊(カイゾク)・義賊(ギゾク)・劇賊(ゲキゾク)・寇賊(コウゾク)・殺賊(サツゾク)・山賊(サンゾク)・草賊(ソウゾク)・鼠賊(ソゾク)・大賊(タイゾク)・盗賊(トウゾク)・馬賊(バゾク)・匪賊(ヒゾク)・妖賊(ヨウゾク)・流賊(リュウゾク)
【賊虐(ゾクギャク)】物を盗み、人を殺すこと。
【賊首(ゾクシュ)】[1]賊のかしら。賊魁。[2]賊の首。
【賊巣(ゾクソウ)】盗賊のすみか。
【賊徒(ゾクト)】ぬすびとの仲間。→❷
【賊盗(ゾクトウ)】ぬすびと。盗賊。
【賊魁(ゾクカイ)】賊徒のかしら。

7743 【賂】 4708 4F28 9847 貝－6
ロ[漢]/lù/まいなう・まいない
[字解] 形声。貝+各(いたる)[声]。金品をいたらせる、おくる意。
[意味] まいなう。まいない。人に金品を贈ってひそかに頼みこむ。『貨賂(カロ)』『賄賂(ワイロ)』 *十八史略-春秋戦国「太宰伯嚭受二越賂一(タイサイハクヒエツのまいないをうく)」〔=宰相の伯嚭は、越からわいろを受け取った〕
【賂遺(ロイ)】わいろを贈ること。賂謝。

7744 【賄】 4737 4F45 9864 貝－6 [常]
カイ(クヮイ)[漢]・ワイ[慣]/huì/まかなう・まかない・まいなう・まいない
[筆順] 貝 貝 賄 賄 賄 賄
[字解] 形声。貝+有(すすめる)[声]。金品を人におくる意。
[意味] ❶まいなう。まいない。人に金品を贈って頼みこむ。『収賄(シュウワイ)』『贈賄(ゾウワイ)』❷[国]まかなう。まかない。食事をととのえる。また、経費をやりくりする。
【賄賂(ワイロ)(まいない)】自分に都合のいいようにとりはからってもらう目的で他人に贈る金品。袖(そで)の下。

7745 【賖】 *6317 貝－7 (7746)〔賒〕 貝－7
シャ[漢]/shē/おきのる
[字解] 形声。貝+余(→舒、のびる)[声]。金銭の支払いがのびる、かけで買う意。
[意味] ❶おきのる。代金を払わないで、かけで買う。❷ゆるむ。ゆるめる。❸とおい。とおくはるか。❹おごる。おごり。「奢」に同じ。

7747 【賑】 3888 4678 93F6 貝－7
シン[漢]/zhèn/にぎわう・にぎわい・にぎわす・にぎやか
[字解] 形声。貝+辰[声]。
[意味] ❶にぎわう。にぎわす。にぎやか。にぎわい。『殷賑(インシン)』❷めぐむ。ほどこす。救う。『賑給』『賑窮』『賑恤』『賑贍』『贍賑(センシン)』
【賑給(シンキュウ)】金品を施し与えること。
【賑窮(シンキュウ)】困窮者を施し助けること。
【賑恤(シンジュツ)】貧困者や被災者を援助するために、金品を施しめぐむこと。救恤。
【賑贍(シンセン)】金品を施し与えること。

7748 【賜】 2782 3B72 8E92 貝－8 [常]
シ[呉][漢]/cì/たまわる・たまう・たぶ・たまもの
[筆順] 貝 貝 賜 賜 賜 賜
[字解] 形声。貝+易[声]。目上の人が目下に金品をあたえる、たまう意。
金文

篆文

[意味] たまわる。たまう。目上の人から物をいただく。また、たまもの。いただきもの。『賜杯』『恩賜(オンシ)』 *十八史略-春秋戦国「夫差乃賜二子胥属鏤之剣一(フサすなわちシショにショクルのケンをたまう)」〔=夫差は、そこで伍子胥に属鏤の名剣を与えた〕
[下接] 恩賜(オンシ)・下賜(カシ)・賞賜(ショウシ)・宣賜(センシ)・特賜(トクシ)・頒賜(ハンシ)・奉賜(ホウシ)・俸賜(ホウシ)・褒賜(ホウシ)・餞賜(センシ)・禄賜(ロクシ)
【賜仮・賜暇(シカ)】古く、官吏が休暇をとることを許され

ること。

【賜金(シキン)】 国天皇から下賜される金。

【賜見(シケン)】 貴人にお目どおりを許されること。

【賜死(シシ／シをたまう)】 臣下が君主から自殺を命じられること。

【賜謚(シシ)】 君主から謚(おくりな)をたまわること。

【賜杯(シハイ)】 天子や皇族から贈られる杯。

【賜与(シヨ)】 身分の高い人が下の者に、金品を与えること。

【賜予(シヨ)】 与えること。また、たまわったもの。

【賜賚(シライ)】 主君などが臣下に物を与えること。

7749 【賙】 *6319 貝－8 シュウ(シウ)漢/zhōu/あたえる
字解 形声。貝＋周声。あたえる意。

7750 【賤】 7645 6C4D E6CB 貝－8 (7739)〔賎〕 3308 4128 9147 貝－6 †
セン呉漢/jiàn/いやしい・いやしむ・いやしめる・しず
字解 形声。貝＋戔(ちいさい・すくない)声。少ない金品、いやしい意。
同属字 濺
意味 ❶いやしい。㋑価値・値段が低い。『賤価』㋺身分が低い。品性がおとっている。『賤業』『下賤(ゲセン)』＊論語-里仁「貧与ㇾ賤、是人之所ㇾ悪也(ヒンとセンとは、これひとのにくむところなり)」〔＝貧しい生活といやしい身分とは、だれもが憎みきらうことがらである〕㋩自分をへりくだっていう語。『賤臣』㊁国しず。いやしい。まずしいの意を添える。『賤(しず)の家(や)』❷いやしむ。さげすむ。『賤悪』『賤斥』

❶いやしい。
下接 貴賤(キセン)・下賤(ゲセン)・卑賤(ヒセン)・鄙賤(ヒセン)・貧賤(ヒンセン)

【賤役(センエキ)】 いやしい仕事に従うこと。いやしい役務。

【賤価(センカ)】 安い値段。安価。また、値を下げること。

【賤技(センギ)】 ①いやしい技術。②自分の技芸をへりくだっていう語。

【賤業(センギョウ)】 社会的に正業と認められない、いやしい職業。

【賤子(センシ)】 自分をへりくだっていうときに用いる語。

【賤事(センジ)】 つまらない仕事。また、自分の仕事をへりくだっていう語。

【賤妾(センショウ)】 ①いやしい、身分の低いそばめ。②女性が自分の身をへりくだっていう語。

【賤丈夫(センジョウフ)】 身分のいやしい男。また、欲深い男。

【賤臣(センシン)】 ①身分の低い臣。②主君に対して臣下が自分のことをへりくだっていう語。微臣。

【賤買(センバイ)】 安い値で買う。

【賤微(センビ)】 身分がいやしく地位が低いこと。微賤。

【賤民(センミン)】 ①制度上、最下層の身分に置かれ、差別されていた人民。②国律令制で、良人よりいやしいとされた人民。陵戸・官戸・家人・公奴婢・私奴婢の別があった。

【賤劣(センレツ)】 程度が低く悪いこと。

【賤陋(センロウ)】 身分や人柄などがいやしいこと。

❷いやしむ。さげすむ。
【賤易(センエキ)】 いやしみあなどること。

【賤悪(センオ)】 さげすみにくむこと。

【賤称(センショウ)】 相手をさげすみ、いやしんで呼ぶ名称。

【賤斥(センセキ)】 いやしいものとしてしりぞけること。

【賤侮(センブ)】 相手をさげすむこと。

7751 【睹】 3750 4552 9371 貝－8
ト「賭」(7754)の異体字

7752 【賠】 3969 4765 9485 貝－8 常 バイ呉・ハイ漢/pēi/つぐなう・つぐない
筆順 賠 賠 賠 賠 賠 賠
字解 形声。貝＋音声。
意味 つぐなう。つぐない。『自賠責(ジバイセキ)』『賠償』
【賠償(バイショウ)】 他人に与えた損害を、補い償うこと。

7753 【賦】 4174 496A 958A 貝－8 常 フ漢/fù/みつぎもの・とりたてる・うた
筆順 賦 賦 賦 賦 賦 賦
字解 形声。貝＋武(敵を求めてゆく)声。金品をもとめてとりたてにゆく、とりたてる意。また転じて、述べる意。

金文 篆文
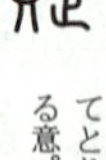

参考 万葉仮名では音を借りて「ふ」。
意味 ❶みつぎもの。ぶやく。割り当てて財物を取り立てる。また、公の事業のために労役を課する。『賦役』『租賦(ソフ)』『年賦(ネンプ)』❷割り当てて与える。さずける。さずかる。うまれつき。『賦与』『天賦(テンプ)』❸詩をつくる。よむ。うたう。うた。『漢詩を賦する』『賦詠』『賦詩』❹詩の文体。対句をなして韻を含むもの。『赤壁賦(セキヘキのフ)』❺詩の六義(リクギ)(風・雅・頌・比・賦・興)の一。心の感ずるままに述べるもの。

❶みつぎもの。税などを取り立てる。
下接 割賦(カップ／わっぷ)・軍賦(グンプ)・月賦(ゲップ)・口賦(コウフ)・貢賦(コウフ)・租賦(ソフ)・田賦(デンプ)・年賦(ネンプ)・日賦(ひブ)

【賦役(フエキ)】 租税と夫役(ブヤク)。人身に課税すること。また、特に労役を課すること。

【賦課(フカ)】 租税などを割り当て負担させること。

【賦税(フゼイ)】 税を賦課すること。また、その税。

【賦入(フニュウ)】 年貢の収入。

【賦徭(フヨウ)】 人身に課税すること。賦役。

【賦斂(フレン)】 租税を割り当て、取り立てること。＊柳宗元-捕ㇾ蛇者説「孰知下賦斂之毒、有中甚二是蛇一者上乎(たれかフレンのドク、このへびよりはなはだしきものあるをしらんや)」〔＝税を取り立てることの害毒が、この猛毒の蛇の害よりもひどいことを、いったいだれが知ろうか〕」

❷さずける。さずかる。うまれつき。
【賦性(フセイ)】 天賦の性質。うまれつき。生得。天性。

【賦命(フメイ)】 うまれつき。生来の運命。天賦。

【賦予・賦与(フヨ)】 配り与えること。分け与えること。

❸詩をつくる。よむ。うたう。うた。
【賦詠(フエイ)】 詩歌を作りよむこと。また、その詩歌。

【賦詩(フシ／シをフす)】 詩を作ること。＊蘇軾-前赤壁賦「釃ㇾ酒臨ㇾ江、横ㇾ槊賦ㇾ詩(さけをしたみてコウにのぞみ、ほこをよこたえてシをフす)」〔＝(曹操は)江を見おろして酒を酌み、ほこをそばにおいて詩を作った〕」

7754 【賭】 二 貝－9 (7751)〔睹〕 3750 4552 9371 貝－8 †
ト漢/dǔ/かける・かける意。
字解 形声。貝＋者(あつめる)声。金品をつぎこんでかける意。
意味 かける。かけごと。たがいに金品を出し合って、勝った方がそれを手に入れる約束で勝負を争うこと。ある目的のために大切なものを犠牲にして打ち込むこと。

【賭博トバク】金銭、品物などをかけて勝負を争うこと。かけごと。ばくち。

7755 【購】 2556 3958 8D77 貝-10 常 (7756)【購】 貝-10 旧字

コウ漢/gòu/あがなう

筆順 貝 貝 購 購 購 購

字解 形声。貝+冓(組み合わせる)声。ある金銭にあった組み合わせとなるものを買い求める、あがなう意。

意味 ❶あがなう。買い入れる。また、賞金をかけて求める。『購買』『購問』 ＊史記-項羽本紀「漢購二我頭千金・邑万戸一」〔＝漢軍は私の首に、千金と一万戸の領地の懸賞をかけている〕 ❷やわらぐ。仲なおりする。約束する。「講」に同じ。

【購求コウキュウ】買い求めること。
【購得コウトク】買って所有すること。購入。
【購読コウドク】書籍、雑誌、新聞などを買って読むこと。
【購入コウニュウ】金銭を払って買い入れること。
【購買コウバイ】買うこと。買い入れること。『購買力』
【購問コウモン】賞金を出して答えを尋ね求めること。

7757 【賺】 7649 6C51 E6CF 貝-10

タン漢/zhuàn・zuàn/すかす・あざむく

字解 形声。貝+兼(＝廉)声。だます意。

意味 ❶だます。あざむく。❷国すかす。なだめすかす。機嫌をとる。

7758 【賻】 7650 6C52 E6D0 貝-10

フ呉漢/fù/おくる

字解 形声。貝+尃(↓扶、たすける)声。葬儀をたすけるためにおくる金品の意。

意味 おくる。金品をおくって葬儀をたすける。また、おくりもの。『弔賻チョウフ』

【賻儀フギ】香典コウデンをいう。
【賻助フジョ】葬式を出す家に、助けとなる金品を贈ること。
【賻賵フボウ】葬式を出す家に、車や馬や金品を贈ること。

7759 【贈】 3403 4223 91A1 貝-11 常 (7760)【贈】 貝-12 旧字 人

ゾウ呉・ソウ漢/zèng/おくる

筆順 貝 贈 贈 贈 贈 贈

字解 贈は贈の略体。贈は形声。貝+曾(つみ重ね、ます)声。金品をおくって相手のものをふやす、おくる意。

参考 万葉仮名では音を借りて「そ乙」。

意味 おくる。金品や官位などをおくる。また、おくりもの。

下接 遺贈イゾウ・寄贈キゾウ・恵贈ケイゾウ・受贈ジュゾウ・追贈ツイゾウ

【贈位ゾウイ】生前の功労をたたえて、死後に位階を贈ること。また、その位階。
【贈遺ゾウイ】物品を贈ること。
【贈官ゾウカン】勲功のあった人に、死後、官位を贈ること。
【贈呈ゾウテイ・ソウテイ】人に物を贈ること。進呈。
【贈答ゾウトウ・ソウトウ】品物などを、贈ったり、お返しをしたりすること。『贈答品』
【贈別ゾウベツ・ソウベツ】人の出発を見送ること。また、その際に、詩や金品をはなむけとして贈ること。
【贈与ゾウヨ】人に金品を贈ること。『贈与税』
【贈賄ゾウワイ】国賄賂ワイロを贈ること。↔収賄。『贈賄罪』

【鵙】⇩9477

7761 【贉】 ＊6334 貝-12 (7762)【贉】 貝-12

タン漢/dàn・dǎn

字解 形声。貝+覃声。

意味 物を買うとき、手付け金を払う。前金を出す。

7763 【贍】 7656 6C58 E6D6 貝-13

セン漢/shàn/たす・たりる

字解 形声。貝+詹(ことばが多く満ち足りる)声。金品が満ち足りる、たる・たす意。

意味 たす。不足をおぎなう。めぐんでたすける。また、たりる。たりている。じゅうぶんにある。『華贍カセン』『賑贍シンセン』『富贍フセン』

【贍逸センイツ】豊かですぐれていること。
【贍給センキュウ】豊富にほどこすこと。
【贍恤・贍卹センジュツ】物をあたえて助けること。
【贍賑センシン】恵んで豊かにすること。
【贍富センプ】物がたりて豊かなこと。

7764 【(貝+僉)】 貝-13

レン漢

字解 形声。貝+僉声。手付けの意。贉に同じ。

7765 【贐】 7657 6C59 E6D7 貝-14

ジン呉・シン漢/jìn/はなむけ

字解 形声。貝+盡声。

意味 おくりもの。はなむけ。はなむけをする。

【贐儀ジンギ】旅立つ人に贈る金品や詩歌。はなむけ。
【贐行ジンコウ】旅立ちの人にものを贈ること。餞別。〔孟子-公孫丑下〕
【贐餞ジンセン】旅立つ人に金品や詩歌を贈ること。餞別。
【贐送ジンソウ】はなむけ。餞別。

7766 【贓】 7659 6C5B E6D9 貝-14 (7740)【賍】 7660 6C5C E6DA 貝-6

ソウ(サウ)漢・ゾウ(ザウ)慣/zāng/かくす

字解 形声。貝+臧(↓倉・藏、しまいかくす)声。金品・わいろをかくす意。

意味 かくす。また、盗み、わいろなど不正な手段で金品を手に入れる。

【贓罪ゾウザイ】わいろを受け取った罪。
【贓品ゾウヒン】＝贓物ゾウブツ
【贓物ゾウブツ】犯罪行為によって不法に手に入れた財物。贓品。『贓物故買』『贓物罪』
【贓吏ゾウリ】わいろをとる役人。私腹を肥やす官吏。

7767 【贖】 7662 6C5E E6DC 貝-15

ショク漢/shú/あがなう

字解 形声。貝+賣(売り歩いてかわせる)声。品物を売りつける意。金文は貝に従わない。

金文 篆文

意味 あがなう。物と物とをとりかえる。また、金品を出して罪をまぬがれる。

【贖罪ショクザイ・トクザイ】①金品を出して罪をつぐなうこと。②

イエス=キリストが人類のために十字架にかかり、世の罪をあがなったこと。♥「トク」は慣用読み。

【贖刑ショッケイ】金銭を出して刑を免れること。贖金を科する刑罰。贖罪。

貝

［唄］⇩1077 ［狽］⇩4685 ［蜆］⇩7106

7768【賴】ニ一 貝-9
ライ「頼」(8930)の旧字

7769【賾】＊6330 貝-10 (7771)【𧸖】ニ一 貝-11
サク㊥/zé
字解 形声。𦣝+責㊍。
意味 おくぶかい。おくぶかい道理。

7770【賸】＊6329 貝-10
ヨウ㊥・ジョウ㊐・ショウ㊥/shèng/ます
字解 形声。貝+朕(=朕、上にあげる)㊍。財貨をさしあげる、おくる意。また、おくられた方は増えることから、ます意。

金文 
篆文 

意味 ます。増える。また、あまる。余り。
【賸語ショウゴ・ジョウゴ】むだな言葉。
【賸馥ジョウフク】あとに残る香。

7771【𧸖】ニ一 貝-11
サク「賾」(7769)の異体字

7772【贛】＊6337 貝-17
カン㊥・コウ㊥/gàn・gòng
字解 形声。貝+竷省㊍。
意味「贛江カンコウ・贛水カンスイ」は川の名。中国江西省を北東に流れ鄱陽湖に注ぐ長江の支流。

155 赤部 あか

赤は、大と火との会意で、火の色、あかいことを表す。赤部の字は、赤を左部にもち、赤の色に関係する。ただ、赤が左部にあって音標をなし、もと他部に属した字がある。赦はもと攴部(66)など。

甲骨文 
金文 
篆文 

赤 赤 赫
赤 ④赦 ⑤赧 ⑨赭 赬 赮

赤

7773【赤】3254 4056 90D4 赤-0 常1
シャク㊐・セキ㊥/chì/あか・あかい・あからむ・あからめる・まこと
筆順 十 赤 赤 赤 赤 赤
字解 部首解説を参照。
同属字 赫・赦・赧
意味 ❶あか。色の名。血や火のような色。また、あかい。あかくなる。五行説では、南、夏の色。「赤十字」「七赤シチセキ」「発赤ハッセキ・ホッセキ」❷ありのまま。むきだしの。何も持たない。何もない。「赤裸裸」「赤貧」❸まごころ。まこと。「赤心」❹ロシア労農政府の旗の色から、共産主義、革命思想などの意。「赤軍」❺地名。「赤壁セキヘキ」

❶あか。あかい。あかくなる。
【赤衣セキイ】①赤色の衣服。②罪人の着る赤色の着物。③国緋色ひいろの袍ほう。五位の人が着る朝服。あかぎぬ。

【赤烏セキウ】①赤いカラス。瑞祥とされた。あかがらす。②（太陽の中にカラスがいるとされたところから）太陽のこと。赤鴉セキア。

【赤子セキシ・あかご】①生まれてまだ間もない子。赤児。②（セキシ）天子を父母にたとえ、恩恵のもとにあるとして、国民、人民をいう。

【赤幟セキシ】①赤い色の旗。赤旗。②中国、漢王朝の旗。♥②は、五行説により漢は火徳を備えているとされ、赤い旗を用いたところから。

【赤日セキジツ】赤く輝く太陽。夏の照りつける太陽。

【赤縄セキジョウ】夫婦の縁を結ぶ赤い縄。また、転じて、夫婦の縁。〔続玄怪録〕♥中国、唐の韋固イコが旅で出会った老人のもっていたひも。これでつながれている男女は、必ず結ばれる運命にあると言った老人の話から。

【赤舄セキセキ】礼装に用いる二重底になった赤いくつ。

【赤族セキゾク】（赤は血の色）一族を皆殺しにすること。

【赤墀セキチ】宮殿の表階段の上にある赤くぬり固めた地面。または、その階段。

【赤帝セキテイ】五天帝の一。南方をつかさどる神。転じて、夏の異称。【赤帝子セキテイのこ】中国、漢の高祖のこと。漢は、五行説で火徳にあたり、火を象徴し、赤を尊んだ。

【赤道セキドウ】①地球の中心を通り、地軸に直角な平面が地表面と交わると仮定した線。②①の平面が天球と交わると仮定した線。♥赤く輝く太陽の通る道の意から。

【赤眉セキビ】目印のために、赤く染めた眉まゆ。♥中国、前漢末期、王莽オウモウの政治に対して一揆イッキを起こした農民たちが、眉を赤く染めて目印にしたことからいう。

【赤奮若セキフンジャク】十二支の丑うしの異称。多く丑年をいう。

【赤面セキメン】恥ずかしさのために顔が赤くなること。

【赤痢セキリ】急性消化器系伝染病の一。下痢、腹痛、発熱が主症状。法定伝染病の一。

【赤霞セッカ】夕やけ。

❷ありのまま。むきだしの。何も持たない。
【赤脚セッキャク】＝赤足セキソク
【赤手セキシュ】手に何も持たないこと。素手すで。徒手トシュ。
【赤身セキシン】衣服をつけていない、はだかの体。
【赤跣セキセン】＝赤足セキソク
【赤足セキソク】①はだし。②下女。召し使いの女。＊韓愈-山石「当レ流赤足蹋ニ澗石一ながれにあたりセキソクにしてカンセキをふむ〔＝谷川の流れにぶつかり、はだしで流れの石を踏んで渡る〕」
【赤貧セキヒン】きわめて貧しいこと。極貧。【赤貧如レ洗セキヒンあらうがごとし】非常に貧しく、洗い流したように何もないさま。〔先哲叢談〕
【赤裸裸セキララ】包み隠しのないさま。「赤裸々な告白」

❸まごころ。まこと。
【赤心セキシン】うそ偽りのない心。まごころ。赤誠。丹心。【推ニ赤心一置ニ人腹中一セキシンをおしてひとのフクチュウにおく】他人も自分のまごころと同じように誠実な心を持っていると信じて、人を疑わぬこと。〔後漢書-光武紀上〕

【赤誠（セキセイ）】うそ偽りのない誠の心。まごころ。赤心。

❺ 地名。

【赤県（セキケン）】中国本土の異称。『赤県神州』

【赤壁（セキヘキ）】①中国湖北省で、長江が武漢市の上流嘉魚県を流れる南岸。三国時代の初め、孫権・劉備の連合軍が曹操の軍船を破った古戦場。②中国湖北省で、長江左岸武漢市の下流、黄岡県にある赤鼻山をいう。宋の蘇軾（ソショク）が赤壁の古戦場と誤って赤壁賦を詠じた。【赤壁賦（セキヘキのフ）】中国の賦。前後二編。中国、北宋の蘇軾撰。一〇八二年成立。長江の武漢市下流にある赤鼻山を古戦場の赤壁と誤って遊覧した際作ったもの。

難読地名 赤磐（あかいわ）郡（岡山） 赤穂（あこう）市・郡（兵庫）

7774【赫】1950 3352 8A71 赤－7 カク㊥/hè/あかい・かがやく

字解 会意。赤＋赤。火がまっかにかがやく意。

同属字 嚇・爀

意味 ❶あかい。まっか。火が盛んに燃えさかるさま。光り輝くさま。また、物事のあきらかなさま。「爀」に同じ。『赫奕』『赫赫』『輝赫（キカク）』『薫赫（クンカク）』『顕赫（ケンカク）』『隆赫（リュウカク）』 ❷はげしく怒るさま。「嚇」に同じ。『赫怒』『憚赫（タンカク）』

❶ あかい。まっか。また、光り輝くさま。

【赫奕（カクエキ・カクヤク）】①光り輝くさま。②物事が盛んなさま。雄大なさま。

【赫赫（カクカク・カッカク）】①光り輝くさま。②転じて、業績、声望などが立派で目立つさま。

【赫曦（カクギ）】光り輝くさま。燃えさかるさま。

【赫灼（カクシャク）】光り輝くこと。

【赫然（カクゼン）】輝き、盛んなさま。あきらかなさま。→❷

【赫耀（カクヨウ）】①赤く照り輝くさま。②威徳などが光り輝くさま。勢力あるさま。

【赫咺・赫烜・赫喧（カッケン）】人格や行動が立派で、光り輝くさま。

❷ はげしく怒るさま。

【赫然（カクゼン）】かっと怒るさま。→❶

【赫咤（カクタ）】かっと怒ること。

【赫怒（カクド）】激しく怒ること。激怒。

赤

7775【赦】2847 3C4F 8ECD 赤－4 常 (3027)【赦】二一 攴－6 シャ㊥㊥/shè/ゆるす・ゆるし

筆順 赦 赦 赦 赦 赦 赦

字解 形声。攵(=攴、動作の記号)＋赤(↓捨、すてる)㊥。罪をゆるす、ゆるしの意。

同属字 螫

意味 ゆるす。罪をゆるす。ゆるし。

下接 恩赦（オンシャ）・三赦（サンシャ）・肆赦（シシャ）・貰赦（セイシャ）・大赦（タイシャ）・特赦（トクシャ）・放赦（ホウシャ）・容赦（ヨウシャ）・天赦日（テンシャニチ）

【赦罪（シャザイ）】罪をゆるすこと。

【赦状（シャジョウ）】刑罰をゆるすことをしるした書状。

【赦免（シャメン）】罪をゆるすこと。過ちをゆるすこと。

【赦宥（シャユウ）】罪や過失をゆるして罪を問わないこと。

【赦令（シャレイ）】罪人を赦免する命令。

7776【赧】7663 6C5F E6DD 赤－5 ダン㊥・タン㊥/nǎn/あからめる・はじる

字解 形声。赤＋叚(↓然、もえる)㊥。はずかしくて顔があかくなる意。

意味 あからめる。あかくなる。恥じて顔が赤くなる。恥じる。『愧赧（キタン）』『羞赧（シュウタン）』

【赧愧（タンキ）】顔を赤らめて、恥じ入ること。愧赧。

【赧然（タンゼン）】恥じて赤面するさま。赧赧然。

7777【赭】7664 6C60 E6DE 赤－9 シャ㊥/zhě/あかつち・そお・そおに・あか

字解 形声。赤＋者(火でにる)㊥。あかい意。

意味 あかつち。そお。また、あか。赤い色。『代赭（タイシャ）』

【赭堊（シャアク）】赤土と白土。または、赤と白。

【赭衣（シャイ）】罪人が着る赤い衣服。転じて、罪人をいう。

【赭汗（シャカン）】①名馬が流すという赤い汗。②衣服が汗で赤黄色く変色していること。

【赭顔（シャガン）】あからがお。赭面（シャメン）。

【赭鞭（シャベン）】①赤く塗ったむち。②転じて、薬用になる植物や動物。♥古代中国の三皇のひとり神農氏が、赤色のむちで百草をむちうち、味を試してみたという。

7778【赬】*6340 赤－9 (7779)【赪】*7206 赤－9 テイ㊥/chēng/あか

字解 形声。赤＋貞㊥。

意味 あか。赤い色。また、あかい。

【赬尾（テイビ）】魚の赤い尾。魚は疲れると尾が赤くなるといわれるところから、君子が苦しみ疲れていることにいう。〔詩経－周南・汝墳〕

156 走部 はしる

金文

篆文

走は、人が手足をひろげた形と足との会意。走部に属するものは、はしること、すばやく動くこと、移動することなどに関する。それらの意標は、字の左部にあって末画を右に延ばし、繞の形をとるので、これを「そうにょう」という。行草体では赱にする。

走◆ 走 赱 赱

走▢ ①赳 ②赲 赴 ③起 起 赹 ⑤越 趄 超 趁 趀 ⑥趔 趑 趍 ⑦趙 ⑧趣 ⑨趦 ⑩趨 ⑫趫 ⑬趮 ⑭趯

走 ◆

7780【走】3386 4176 9196 走－0 常2 (7781)【赱】7665 6C61 E6DF 走－0 (7782)【赱】二一 走－0 ソウ㊥㊥/zǒu/はしる

筆順 走 走 走 走 走 走

字解 部首解説を参照。

意味 ❶はしる。はしらせる。㋑かける。速足で行く。すばやく移動する。『走破』『競走』『独走』 ㋺にげる。にげだす。『脱走』『逃走』 *孟子－梁恵王上「棄ㇾ甲曳ㇾ

兵而走(=よろいを脱ぎ捨て、武器をひきずって逃げた)」㋩はしらす。にげるようにしむける。*蜀志-諸葛亮伝・注「死諸葛走二生仲達一(=死んだ孔明が生きている仲達を逃げるようにしむけた)」

❷はしりづかい。めしつかい。また、自分をへりくだっていう語。『走狗』『下走』

❶はしる。はしらせる。

下接 逸走・快走・壊走・潰走・滑走・完走・競走・継走・好走・航走・試走・疾走・縦走・出走・助走・拙走・代走・脱走・逃走・独走・遁走・背走・敗走・発走・帆走・飛走・暴走・歩走・奔走・迷走・力走・東奔西走／師走

【走舸】多数の水手で漕ぐ、速力の速い軍舟。

【走尸行肉】走るしかばねと歩く肉塊。ただ生きているだけで、役に立たない者をいう。行尸走肉。

【走破】(困難をのりこえて)走りぬくこと。

【走馬】馬を走らせること。また、走る馬。【走馬灯】回り灯籠。

【走筆】筆を走らせて書くこと。はしりがき。

❷はしりづかい。めしつかい。

【走介・走价】はしり使いをする召し使い。

【走狗】鳥や獣を追いたてるために使われる犬。転じて、人の手先となって使われる者。*史記-越王勾践世家「狡兎死、走狗烹(=すばしこいウサギが捕えられて死ねば、猟犬は不用となり、煮て食われる)」

【走卒】はしり使いをするしもべ、下僕。

走

7783 【赳】 走－1 キュウ「赳」(7788)の異体字

7784 【赳】 走－2 キュウ「赳」(7788)の旧字

7785 【赴】 4175 496B 958B 走－2 常 フ㊀㊁fù／おもむく

筆順 赴

字解 形声。走＋卜(声)。急いでゆく意。卜は占いのひびわれで、これはすばやく生じるということからとも。

参考 万葉仮名では音を借りて「ふ」。

意味 ❶おもむく。行く。かけつける。『赴援』『赴任』❷告げる。また、しらせ。死や凶事のしらせ。「訃」に同じ。『赴告』『赴問』

❶おもむく。行く。

【赴援】援助に行くこと。

【赴愬】おもむいて訴えること。

【赴難】国難などの災難を救うために、事の起こっている場所におもむくこと。

【赴任】職務に就くために任地へ行くこと。

❷告げる。また、しらせ。

【赴告】死去・凶事などを知らせること。訃告。

【赴問】死去の知らせ。訃問。

7786 【起】 2115 352F 8B4E 走－3 常3 (7787)【起】 走－3 旧字

キ㊀㊁qǐ／おきる・おこる・おこす・たつ

筆順 起

字解 形声。走＋己(はじめ)(声)。はしりはじめる、おこる意。一説に巳(声)とも。起は、己(声)によるもの。

意味 ❶おこる。おこり。はじまり。物事や状態が生じること。『起源』『縁起』❷おこす。㋑立てる。立たせる。ふるい立たせる。『起死』『喚起』『奮起』㋺はじめる。活動をおこす。『起草』『発起』㋩あげもちいる。『起用』⇒表 ❸おきる。おきあがる。立つ。『起立』『躍起』『隆起』

❶おこる。おこり。はじまり。

下接 縁起・継起・生起・仄起・平起・紛起

【起因】物事が起こる原因。もと。

【起句】①漢詩文の最初の句。特に絶句の第一句。起き。②文の書き出しの文句。

【起源・起原】物事の起こるみなもと。

【起首】物事の起こり。はじめ。↔末尾

【起承転結】①漢詩の構成法の一。詩意を起こし、起句を承け継ぎ、一転して別境を開き、一編全体の意を結合する。②転じて、物事の順序や組み立て。

【起聯】律詩の第一、二句。首聯。

❷おこす。立てる。はじめる。

下接 喚起・惹起・想起・奮起・発起

起	興
事をおこしてはじめる。起業 起動 発起 奮起 再起 決起	事をおこしてさかんにする。興業 興作 興隆 振興 再興 勃興
興起	

【起義】①正義のための戦いを起こすこと。②意義を立てること。意味付けすること。

【起敬】うやまいの心を起こすこと。

【起工】大規模な工事を始めること。着工。↔完工・竣工。『起工式』

【起死】死にそうな病人を生き返らせること。【起死回生】絶望的な窮地から再び良い状態に戻らせること。

【起訴】訴えを起こすこと。特に検察官が裁判所に訴訟を提起すること。『起訴状』『不起訴』

【起草】草稿を書き始めること。案文を作ること。

【起程】旅に出発すること。出立。

【起動】①動き出すこと。②発動機などの運転を開始すること。始動。

【起筆】書き始めること。↔擱筆

【起用】人を、重要な仕事や役割にとり立てて用いること。『人材の起用法』

❸おきる。おきあがる。立つ。

下接 臥起・驚起・暁起・屈起・決起・蹶起・興起・再起・迭起・凸起・突起・不起・蜂起・勃起・躍起・隆起

【起臥】寝起き。生活すること。おきふし。

【起居】立ち居振る舞い。転じて、日常の生活。【起居注】天子のそばにいて、その言行を記録する官職。また、その記録書。

【起坐・起座(キザ)】起きあがってすわること。また、座をたつこと。

【起床・起牀(キショウ)】寝床から起き出すこと。

【起請(キセイ|キショウ)】㊀(キセイ)立ち上がって請うこと。㊁(キショウ)国①昔、主君、長上に申請書を提出すること。②言動にうそいつわりがないことを神仏に誓うこと。また、その文書。『起請文』

【起伏(キフク)】①土地が高くなったり低くなったりすること。高低。②転じて、勢いなどが盛んになったり衰えたりすること。盛衰。

【起復(キフク|キブク)】復職すること。特に中国で、喪に服して職を離れていた官吏をまた職につけること。

【起立(キリツ)】立つこと。立ち上がること。

7788 【赳】 7666 6C62 E6E0 走－3 人 (7784)〔赳〕二二 走－2 旧字 (7783)〔赳〕二一 走－1 キュウ(キウ)漢/jiū

字解 形声。走＋丩(声)。つよいさま、たけしの意。

意味 強い。たけだけしい。

【赳赳(キュウキュウ)】勇ましいさま。つよいさま。

7789 【越】 1759 315B 897A 走－5 常 オチ(ヲチ)呉・エツ(ヱツ)漢/yuè/こす・こえる

筆順 越 越 越 越 越 越

字解 形声。走＋戉(声)。

参考 万葉仮名では音を借りて「を」。

意味 ❶こす。こえる。㋑ふみこえる。とびこえる。わたる。『越境』『越年』㋺度をこす。限界をこえる。分を過ぎる。『越権』『僭越』㋩他より抜きん出る。まさる。すぐれる。『卓越』『優越』㊁遠くにある。はなれる。『越在』❷おちる。おとす。つまずく。『隕越(インオツ)』❸中国の国名、地名。㋑中国、春秋戦国時代の国。春秋十四列国の一。会稽(カイケイ)を都として浙江(セッコウ)地方を治める。紀元前六〇一年から史書にその名が現れる。紀元前三三四年楚に滅ぼされる。『越王勾践(コウセン)』『呉越同舟(ゴエツドウシュウ)』㋺中国、浙江省の別名。『越南』㋩中国南方の諸種族。『百越(ヒャクエツ)』『閩越(ビンエツ)』❹国「越(こし)の国」の略。北陸地方の古称。『越後』『越前』『越中』『上越(ジョウエツ)』『信越(シンエツ)』

❶こす。こえる。

下接 激越(ゲキエツ)・僭越(センエツ)・卓越(タクエツ)・超越(チョウエツ)・優越(ユウエツ)

【越階(エッカイ|オッカイ)】国律令制に定める位階の順序を経ないで、一階越えて昇進すること。越任(オツニン)。

【越境(エッキョウ)】境界、国境を越えること。『越境入学』

【越権(エッケン|オッケン)】許されている権限を越えること。

【越在(エツザイ)】故郷をはなれて流離すること。

【越次(エツジ)】順番をとびこすこと。

【越俎(エッソ)】他人の職分、権限を侵すこと。越権。越畔(エッパン)。〔荘子-逍遥遊〕❤「俎」は神への供物を盛る台。自分の領域を越え、俎を作る料理人の職分を侵す意から。

【越訴(エッソ|オッソ)】①手続きを無視して訴訟を提起すること。②(オッソ)国中世、武家の訴訟法で一度与えられた判決に誤りがあるとして再び訴訟を提起すること。

【越度(エツド|オツド|オチド)】①(エツド|オツド)法を犯して間道を抜けること。日本の律令制では、鈴鹿(すずか)、不破(ふわ)、愛発(あらち)の三関およびその他の関所を破ること。関所破り。②(オチド)国法に反すること。また、過失。落度(おちど)。

【越畔之思(エッパンのおもい)】(「畔」は、あぜ道の意)自分の職分を守り、他人の領域にふみこまないように心がけること。〔左伝-襄公二五年〕

❸中国の国名、地名。

【越女(エツジョ)】①中国の越の国の女。②美女のこと。❤越国は美女が多いとされるところから。

【越鳥(エッチョウ)】①中国、越の国の鳥。②クジャク(孔雀)の異名。【越鳥巣二南枝一(エッチョウはナンシにすくう)】南の越の国から来た鳥は、故国を思い南側の枝に巣を作る。故郷を懐かしく思うことのたとえ。〔文選-古詩十九首〕

【越南(エツナン)】ベトナムのこと。

難読地名 越生(おごせ)町(埼玉) 越智(おち)郡(愛媛) 越知(おち)町(高知) 越谷(こしがや)市(埼玉) 越路(こしじ)町(新潟) 越廼(こしの)村(福井)

難読姓氏 越阪部(おさかべ)

7790 【趄】 *6344 走－5 (7821)〔跙〕 *6373 足－5 ショ漢/jū・qiè

字解 形声。走＋且(いささか)(声)。いささかすすむ、いきなやむ意。

7791 【超】 3622 4436 92B4 走－5 常 チョウ(テウ)呉漢/chāo/こえる・こす

筆順 超 超 超 超 超 超

字解 形声。走＋召(→跳、とびあがる)(声)。とびこえる意。

意味 ❶こえる。こす。とびこえる。また、ある程度・限界をこえる。『超過』『超克』『入超』❷かけはなれる。また、ぬきんでている。すぐれる。まさる。『超音波』『超能力』『超遠』『超人』『超俗』

❶こえる。こす。とびこえる。

下接 横超(オウチョウ)・散超(サンチョウ)・出超(シュッチョウ)・入超(ニュウチョウ)・飛超(ヒチョウ)

【超過(チョウカ)】一定の基準となる限度、数量をこえること。

【超階(チョウカイ)】階級をとびこえ昇進すること。

【超克(チョウコク)】困難を乗り越え、それに打ち勝つこと。

【超乗(チョウジョウ)】①車に飛び乗ること。転じて、時流に乗ること。②こえること。とびこえること。

【超擢(チョウタク)】他者を差し置いて高位に抜擢(バッテキ)すること。

【超党派(チョウトウハ)】複数の党派がその政策などの違いをこえて、一つのまとまった態度をとること。

❷かけはなれる。また、ぬきんでている。

【超逸・超軼(チョウイツ)】他からはるかにぬきんでていること。

【超越(チョウエツ)】はるかにこえてまさること。

【超遠(チョウエン)】はるかに遠いさま。

【超音波(チョウオンパ)】人間の耳には聞こえない、周波数が毎秒二万ヘルツ以上の音波。

【超悟(チョウゴ)】他の人よりすぐれて賢いこと。また、俗事を超越して大悟すること。

【超忽(チョウコツ)】①はるかに遠いさま。非常にへだたっているさま。②気分がさわやかなさま。

【超人(チョウジン)】常人とはかけ離れた能力を持っている人。

【超世(チョウセ)】①世の常をはるかにこえていること。②仏教で、煩悩(ボンノウ)のなくなった位をいう。

【超絶(チョウゼツ)】他をはるかにこえて、すぐれていること。

【超然(チョウゼン)】かけ離れているさま。また、物事にこだわらないさま。

【超俗(チョウゾク)】世俗を超越していること。

【超卓(チョウタク)】ぬきんでてすぐれていること。

【超脱(チョウダツ)】世間離れして、俗事にかかわらないこと。

【超弩級(チョウドキュウ)】[国]同類のものに比べ、ずばぬけて強大なこと。♥「弩級」はイギリスの戦艦ドレッドノート号の型の戦艦(弩級艦)の意。

【超能力(チョウノウリョク)】人間の能力をこえた、不思議な能力。

【超凡(チョウボン)】とびぬけてすぐれていること。非凡。

【超邁(チョウマイ)】衆にぬきんでてすぐれていること。

7792 【趁】 7667 6C63 E6E1 走－5 (7793)〔趂〕＊6343 走－5

チン(漢)\chèn

[字解] 形声。走＋㐱(声)。ゆきなやむ意。また、したがう、追う意。

7794 【趐】＊6347 走－6 ケツ(漢)/すすむ

[字解] 会意。走＋羽。

[意味] ❶すすむ。❷足をつまだてる。背伸びする。

7795 【趑】＊6348 走－6 (7799)〔趦〕＊6353 走－9

シ(漢)\zī

[字解] 形声。走＋次(やすむ)(声)。行っても進まない意。

7796 【趍】＊6346 走－6 チ(漢)・シュ(漢)\qū/はしる

[字解] 形声。走＋多(声)。はしる意。趨に同じ。

7797 【趙】 7668 6C64 E6E2 走－7 チョウ(テウ)(漢)\zhào

[字解] 形声。走＋肖(小さい)(声)。ゆっくり行く意。

[意味] ❶ゆっくり歩く。❷少ない。小さい。❸中国の国名。㋑戦国の七雄の一(前四〇三～前二二二)。晋の大夫趙君が韓・魏と晋を分けて自立、晋陽、邯鄲(カンタン)を都として、山西、河北、河南の黄河以北の地を領有したが、秦に滅ぼされた。㋺五胡十六国の一(三〇四～三二九)。南匈奴の劉淵の建てた国。最初の国号は漢。西晋を滅ぼし、長安を都として国号を趙に改めたが、石勒(セキロク)に滅ぼされた。前趙。㋩五胡十六国の一(三一九～三五一)。匈奴系羯(ケツ)族の石勒の建てた国。漢人に滅ぼされた。後趙。❹人名。『趙高』『趙飛燕』『趙翼』

【趙高(チョウコウ)】中国、秦の宦官(カンガン)。始皇帝の死後、丞相の李斯(リシ)と謀って、始皇帝の長子扶蘇(フソ)を殺し、次子の胡亥(コガイ)を二世皇帝とした。のち、李斯、二世皇帝をも殺して、子嬰(シエイ)を位につけ、権力をふるったが、子嬰に一族ともども殺された。(?～前二〇七)
【趙飛燕(チョウヒエン)】中国、前漢の成陽侯趙臨のむすめ。美人で舞にすぐれ、その身軽さから飛燕の名がある。成帝の皇后となるが、帝の死後、庶人の身分にひき降ろされて自殺したという。
【趙翼(チョウヨク)】中国、清の史学者。字(あざな)は耘松(ウンショウ)、号は甌北(オウホク)。翰林院編集になり「通鑑輯覧(ツガンシュウラン)」を編集し、「二十二史箚記(サッキ)」などを残した。(一七二七～一八一二)

7798 【趣】 2881 3C71 8EEF 走－8 [常]

シュ(呉)(漢)・ショク(漢)\qù・cù\

おもむき・おもむく

[筆順] 趣 趣 趣 趣 趣 趣

[字解] 形声。走＋取(声)。急いで走らせる意。転じて、おもむきの意を表す。

[意味] ❶おもむく。ゆく。急いでゆく。『趣時』『趣舎』❷すみやかに。急に。❸おもむき。㋑考え。わけ。意味。『趣意』『趣旨』㋺あじわい。ふぜい。ようす。『趣致』『趣味』

❶ おもむく。

【趣向(シュコウ)】おもむくこと。目的を定めそれに向かうこと。→❸
【趣時(シュジ)】時勢におもむくこと、応ずること。
【趣舎・趣捨(シュシャ)】進むことと、とどまること。進退。

❸ おもむき。ようす。また、考え。

[下接] 悪趣(アクシュ)・意趣(イシュ)・佳趣(カシュ)・画趣(ガシュ)・雅趣(ガシュ)・興趣(キョウシュ)・景趣(ケイシュ)・旨趣(シシュ)・詩趣(シシュ)・情趣(ジョウシュ)・風趣(フウシュ)・妙趣(ミョウシュ)・野趣(ヤシュ)・幽趣(ユウシュ)

【趣意(シュイ)】考え。意見。趣旨。『趣意書』
【趣向(シュコウ)】[国]味わいやおもしろみが出るよう工夫すること。『趣向を凝らす』→❶
【趣旨(シシュ)】述べようとしている肝心な事柄。また、事を行う目的や理由。趣意。『趣旨に反する』
【趣尚(シュショウ)】おもむき。また、このみ。
【趣致(シュチ)】おもむき。風情。『趣致に富む』
【趣味(シュミ)】①物事の味わい。情趣。おもむき。『俳趣味』②物事の味わいを感じ取る能力。『悪趣味』③[国]楽しみとして愛好するもの。『多趣味』『無趣味』

7799 【趦】＊6353 走－9

シ 「趑」(7795)の異体字

7800 【趨】 3186 3F76 9096 走－10

シュ(漢)・ショク(漢)・スウ(慣)\qū・cù/はしる・おもむく

[字解] 形声。走＋芻(草をたばね、ちぢめる)(声)。小走りにゆく意。

[意味] ❶はしる。はやくはしる。小走りをする。貴人や目上の前を足早に過ぎる。『禹行舜趨(ウコウシュンスウ)』『趨走』『趨庭』『歩趨(ホスウ)』『奔趨(ホンスウ)』❷おもむく。むかう。ある方向へ進み行く。追う。『趨参』『趨勢』『帰趨(キスウ)』『指趨(シスウ)』❸はやい。すみやか。『趨趨』

❶ はしる。はやくはしる。小走りをする。

【趨走(スウソウ)】走りおもむくこと。走りまわること。
【趨庭(スウテイ)】子が父の教えを受けること。過庭(カテイ)の訓(おしえ)。庭訓(テイキン)。♥孔子が、子の鯉(リ)が庭先を走りすぎようとするのを呼びとめて、詩や礼を学ぶべきことを教えたという故事から。〔論語-季氏〕
【趨陪(スウバイ)】走って供をすること。

❷ おもむく。むかう。ある方向へ進み行く。

【趨向(スウコウ)】物事の成り行きが、ある方向に向かうこと。

【趨参(スウサン)】他人のところへおもむくこと。参趨。

【趨時(スウジ)】時勢に応じてふるまうこと。

【趨舎(スウシャ)】①進むことと退くこと。また、従うこととそむくこと。②取ることと捨てること。取捨(シュシャ)。

【趨勢(スウセイ)】①物事が移り進んでゆく様子。成り行き。趨向。②権力にへつらうこと。

【趨拝(スウハイ)】出向いて拝顔すること。

❸ はやい。すみやか。

【趨数(スウソク)】速いさま。せわしいさま。

【趨趨(ソクソク)】歩き方が速いさま。おちつきのないさま。

7801 【趫】 *6354 走-12 キョウ(ケウ)漢/qiāo/すばやい

字解 形声。走＋喬(たかい)声。高いところを身軽にはしる、すばやい意。

意味 すばやい。身軽い。

【趫悍(キョウカン)】身が軽く荒々しいこと。

【趫健(キョウケン)】足が速いこと。

【趫才(キョウサイ)】①すばやいという才能。また、その人。②すばやく軽薄な人。

【趫捷(キョウショウ)】身軽ですばやいこと。

7802 【趮】 ＝＝ 走-13 ソウ(サウ)呉漢/zào/さわがしい

字解 走＋喿(さわがしい)声。さわがしい、あわただしい意。躁に同じ。

7803 【趯】 *6356 走-14 ヤク漢・テキ漢/yuè・tì/おどる

字解 形声。走＋翟声。

意味 ❶おどる。おどりあがる。「躍」に同じ。❷永字八法の一。⬇〔永字八法〕の図六七三頁。

157 足(⻊)部 あし

足は、人体の本幹を示す口と足首から先を象る止との会意。足の部分、足の動き、足の働きなど足に関して足を意標とする字がこの部に属する。字の左部をなすものを「あしへん」といい、⻊は、⺊の形をとるが、その第三、四画は一画につづけて書かれることが多い。なお、止(77)、疋(103)、走(156)、辵(162)等も同源であるが、それぞれ別部をなす。

足 足
足 ⑥ 跫 ⑩ 蹇 ⑪ 蹔 蹙 ⑫ 蹷 蹵 蹵 ⑬ 躄

足 ④ 趵 趾 趺 ⑤ 跏 距 距 跚 跚 跙
跖 跎 跆 跌 跛 跋 跅 跗 跑 ⑥ 跪 跨
跲 跟 跦 跡 践 跣 跦 跳 路 ⑦ 踊 踈
跿 踊 踉 ⑧ 踠 踝 踞 踧 踪 踐 踔 踟
踏 踣 ⑨ 踽 蹂 踵 蹄 蹁 踰 踴 ⑩ 蹊
蹉 蹐 蹌 蹏 蹈 蹋 蹡 ⑪ 蹝 蹤 蹠 蹟
蹢 蹕 蹣 ⑫ 蹶 蹴 蹻 蹲 蹰 蹬 蹼 ⑬
躁 躇 躅 躃 ⑭ 躋 躊 躍 躍 ⑮ 躓 躕
躑 躔 ⑯ 躚 躙 ⑱ 躡 ⑳ 躪

足

7804 【足】 3413 422D 91AB 足-0 常1 ソク呉・ショク漢・シュ漢・スウ慣/zú・jù/あし・たりる・たる・たす・あ

筆順 足 足 足 足 足 足 足

字解 部首解説を参照。

同属字 促・捉・齪

参考 万葉仮名では訓を借りて「あ」。

意味 ❶あし。㋑人や動物のあし。股から足先までの部分の総称。また、くるぶしから下の部分。『足跡』㋺物・物事の下部、あしにあたる部分。『鼎足』『襟足』『毛足』㋩もと。根本。また、ふもと。『山足』㊁国ぜに。金銭。おあし。

⇓表 ❷あしで歩く。出かける。来る。走る。また、物事の進行の度合い。『快足』『駿足』『船足』❸たりる。十分にある。『具足』『充足』❹たす。加える。『補足』❺程度がすぎる。度をこしてする。『足恭』❻弟子。部下。また、人。『高足』『俊足』『上足』『人足』❼国そく。はきものを数えるのに用いる語。『二足のわらじ』

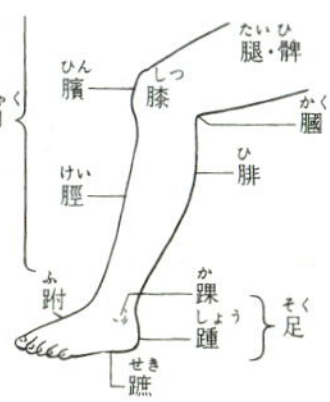

足❶の各部の名称
〔和漢三才図会より〕

❶ あし。

下接 一足・右足—みぎあし・跂足・驥足・偽足・義足・擬足・踢足・跼足・軍足・下足・左足—ひだりあし・山足・駛足・首足・折足・洗足・濯足・多足・蛇足・鼎足・纏足・頭足・土足・頓足・百足—むかで・内反足・頭寒足熱・一挙手一投足

足(ソク)	脚(キャク)
あし。特にくるぶしから先の部分をさすことが多い。	あし。下肢全体をさすことが多い。
両足 足跡 足下 足疾 纏足 義足 驥足	両脚 脚線 脚下 脚疾 馬脚 橋脚 健脚

【足疾(ソクシツ)】足の病気。

【足心(ソクシン)】足の裏の中心。つちふまず。→❸

【足跡(ソクセキ—あしあと)】人や動物が歩いたあとに残る足形。転じて、通っていった道筋、経路。また、残した業績。

【足痛(ソクツウ)】足のいたみ。脚痛。

【足紋(ソクモン)】足の裏の皮膚の隆線によってつくられる模様。❤個人の識別に利用される。

【足下(ソッカ—あしもと)】①足のした。足のあたり。②(ソッカ)あなたのあしもとへの意で、手紙などで、対等以下の相手に用いる語。また、多く男性が手紙の脇付けに用いる語。貴殿。

【足蹴(あしげ)】足で蹴ること。転じて、ひどい仕打ちをすること。『足蹴にする』

【足袋(たび)】主に和服のとき、足にはくもの。こはぜで止める。足先は親指と他の四指とに分ける。『地下足袋』

❷ あしで歩く。出かける。来る。走る。

下接 遠足・快足・禁足・疾足・俊足・駿足・船足—ふなあし・長足・鈍足・発足—ハッソク／客足・出足・徒足—むだあし

【足軽(あしがる)】武家で、普段は雑用に、戦のときは歩卒として働いた者。雑兵。歩卒。

❸ たりる。十分にある。

下接 饜足・給足・具足・自足・充足・知

足知(ソクチ)・不足(フソク)・富足(フソク)・満足(マンゾク)・無足(ムソク)

【足心(ソクシン)】みちたりた心。→❶

【足本(ソクホン)】抜けや落ちのない完全な本。

【不㆑足(たらず)】①十分でない。②…する価値はない。*陶潜-桃花源記「不㆑足㆘為㆓外人㆒道㆖也(ガイジンのためにいうにたらざるなり)〔=境外の人に語るほどのことでもない〕」

❺ 度がすぎる。

【足恭(スウキョウ／ソクキョウ)】うやうやしさの度が過ぎること。また、おもねりへつらうこと。〔論語-公冶長〕

難読地名 足利(あしかが)市(栃木) 足摺(あしずり)岬(高知) 足寄(あしょろ)郡・町(北海道) 足助(あすけ)町(愛知) 足羽(あすわ)郡(福井) 足立(あだち)区(東京)

足

7805【跫】7679 6C6F E6ED 足－6 キョウ㊥漢/qióng/あしおと

字解 形声。足＋巩㊟。あしおとの意。

意味 あしおと。人のあるくおと。

【跫音(キョウオン／あしおと)】あしおと。『空谷跫音(クウコクのキョウオン)』

【跫然(キョウゼン)】人の足音がするさま。〔荘子-徐無鬼〕

7806【蹇】7701 6D21 E740 足－10 ケン㊥漢/jiǎn

字解 形声。足＋寒(寒さにこごえてまるくなる)省㊟。まがったあし、あしがなえる意。

意味 ❶足が自由に動かないこと。『駑蹇(ドケン)』❷㋑とどこおる。動きがわるい。にぶい。とどまる。『蹇吃』『蹇渋』㋺なやむ。気がふさぐ。苦しむ。『蹇蹇』『蹇産』❸かたい。正直なさま。直言して、はばからないさま。また、がんこなさま。『蹇諤』❹たかまる。たかぶる。おごる。『偃蹇(エンケン)』『驕蹇(キョウケン)』❺易(エキ)の六十四卦(カ)の一。☵☶。困難にあい、行きなやむさまを表す。『蹇剝』

【蹇歩(ケンポ)】片足を引いて歩くこと。❶ 足が自由に動かないこと。

【蹇驢(ケンロ)】足の具合が悪くてうまく歩けない驢馬(ロバ)。❷ とどこおる。また、なやむ。苦しむ。

【蹇吃(ケンキツ)】言葉がつかえること。どもること。また、つかえて物事がうまく進まないこと。

【蹇蹇(ケンケン)】①悩み苦しむさま。②忠義の心を失わないさま。【蹇蹇匪躬(ケンケンヒキュウ)】自分の身をかえりみないで君主に忠節をつくすこと。〔易経-蹇〕

【蹇産・蹇嵼・蹇滻(ケンサン)】気持ちがわだかまるさま。

【蹇渋(ケンジュウ)】なめらかに進まないでつかえること。蹇滞。

【蹇滞(ケンタイ)】なめらかに進まずとどこおること。蹇渋。

【蹇劣(ケンレツ)】動作がのろく、劣っているさま。

【蹇連(ケンレン)】行きづらく進まないさま。

❸ 正直なさま。直言するさま。

【蹇諤・蹇愕(ケンガク)】意見を率直に述べ論議すること。

❺ 易の六十四卦の一。

【蹇剝(ケンパク)】不運な目にあうこと。▶「剝」も易の六十四卦(カ)の一。小人が盛んで君子が悩むさまを表す。

7807【蹔】*6417 足－11 ザン㊥呉・サン㊥漢/zàn・zhàn/しばらく

字解 形声。足＋斬㊟。

意味 ❶しばらく。「暫」に同じ。❷はやく走る。

7808【蹙】7706 6D26 E745 足－11 シュク㊥呉漢・セキ㊥漢/cù/せまる・せばまる・ちぢまる・しかめる

字解 形声。足＋戚(→縮、ちぢむ)㊟。せまる意。

意味 ❶せまる。さしせまる。切迫する。『迫蹙(ハクシュク)』❷せばまる。ちぢむ。ちぢこまる。また、身をひきしめて、つつしむ。『蹙蹙』『蹙竦』『蹙然』『窘蹙(キンシュク)』『攅蹙(サンシュク)』❸しわをよせる。しかめる。『蹙頞(シュクアツ)』『蹙眉』『顰蹙(ヒンシュク)』

【蹙頞(シュクアツ)】鼻すじにしわをよせること。憂える様子。

【蹙蹙(シュクシュク)】ちぢこまるさま。

【蹙竦(シュクショウ)】恐れて身をすくませること。

【蹙踖(シュクセキ)】恐る恐る抜き足差し足で歩くこと。

【蹙然(シュクゼン)】緊張して身をひきしめるさま。安心できないさま。

【蹙眉(シュクビ)】①まゆをよせること。顔をしかめること。②まゆとまゆの間がせまいこと。

7809【蹷】――― 足－12 ケツ「蹶」(7879)の異体字

7810【蹵】――― 足－12 シュウ「蹴」(7880)の異体字

7811【蹩】*6424 足－12 ヘツ㊥漢・ベツ㊥慣/bié

字解 形声。足＋敝(やぶれる)㊟。足の働きが正常でない意。

7812【躄】7718 6D32 E751 足－13 (7889)【躃】*6434 足－13 ビャク㊥呉・ヘキ㊥漢/bì

字解 形声。足＋辟㊟。両足が不自由の意。

足

7813【跂】7669 6C65 E6E3 足－4 キ㊥漢/qǐ・qì/つまだつ

字解 形声。足＋支(枝分かれする)㊟。

意味 ❶むつゆび。足の指の数が普通より多いこと。❷はう。虫などがはい歩く。『跂行』❸つまだつ。かかとをあげる。また、のぞむ。遠くを見る。くわだてる。「企」に同じ。『跂踵』『跂足』『跂望』

【跂跂(キキ)】虫のはい歩くさま。

【跂行(キコウ)】足を使ってはい進むもの。虫類をいう。

【跂踵(キショウ)】つまさきで立つこと。強く待ち望むさま。

【跂想(キソウ)】待ち望むこと。期待すること。

【跂足(キソク)】つまさきで立つこと。待ち望むさま。

【跂望(キボウ)】つまさきで立ち、遠くを見ること。待ち望むさま。

7814【趾】7670 6C66 E6E4 足－4 シ㊥漢/zhǐ/あし・あしあと・あと

字解 形声。足＋止(あし・あしあと)㊟。あし、またあしあとの意。のちに足を加えた。

意味 あし。あしあと。また、物事のあと。『遺趾(イシ)』『玉趾(ギョクシ)』『城趾(ジョウシ)』

【趾骨(シコツ)】足の指を形づくっている骨。指骨。

7815【趺】7671 6C67 E6E5 足－4 フ(呉)(漢)/fū/あし

字解 形声。足＋夫(声)。

意味 ❶あし。足の甲。足の表側。❷うてな。物の台。『亀趺(キフ)』❸両足を組んですわる。『趺坐』『跏趺(カフ)』

【趺坐(フザ)】足を組み合わせてすわること。あぐら。また、坐法の一つである結跏趺坐(ケッカフザ)のこと。

7816【跏】7672 6C68 E6E6 足－5 カ(呉)(漢)/jiā

字解 形声。足＋加（くわえる・のせる）(声)。あぐらをかく意。

意味 あぐらをかく。足を前に組んですわる。

【跏趺(カフ)】（「結跏趺坐(ケッカフザ)」の略）足の裏を上に向けるようにして両足を組んですわる仏家の坐法。

7817【距】2187 3577 8B97 足－5 常 キョ(漢)/jù/けづめ・へだてる・へだたり

(7818)【距】—— 足－5 旧字

筆順 

字解 形声。足＋巨（→拒、こばみしりぞける）(声)。足の敵をしりぞける部分、鶏のけづめの意。また、へだてる意。

意味 ❶けづめ。鶏などの雄の足の後方の突起。『鶏距(ケイキョ)』『觜距(シキョ)』❷ふせぐ。こばむ。「拒」に同じ。『距絶』『距戦』❸へだてる。へだたり。『距離』『鉤距(コウキョ)』

【距絶(キョゼツ)】ことわること。拒絶。

【距戦(キョセン)】ふせぎ、戦うこと。

【距離(キョリ)】①二つのものや場所の間の隔たり。②数学で、二点間の隔たり。二点を結ぶ線分の長さ。

7819【跚】7673 6C69 E6E7 足－5 サン(漢)/shān

(7820)【跚】—— 足－5

字解 形声。足＋冊(声)。「蹣跚(マンサン)」は、よろめき歩くさま。

7821【跙】＊6373 足－5 ショ 「趄」(7790)の異体字

7822【跖】7674 6C6A E6E8 足－5 セキ(漢)/zhí

字解 形声。足＋石(声)。あしのうらの意。また、ふむ意。一説に、石は籍に通じ、ふむ意であるともいう。

意味 ❶あしの裏。また、ふむ。❷中国古代の大盗賊の名。『盗跖(トウセキ)』

【跖之狗吠レ尭(セキのいぬギョウにほゆ)】大泥棒の跖の犬は、聖人である尭帝にほえる。善悪にかかわらず自分の主人に忠義を尽くすたとえ。〔戦国策-斉〕

7823【跎】＊6368 足－5 タ(漢)・ダ(慣)/tuó

(7824)【跎】—— 足－5

字解 形声。足＋它(声)。つまずく意。『蹉跎(サダ)』

7825【跌】7675 6C6B E6E9 足－5 テツ(漢)/diē・diē/つまずく

字解 形声。足＋失（とりそこなう）(声)。足をふみはずす、つまずく意。

意味 ❶つまずく。また、あやまつ。『跌墜』『跌倒』『蹉跌(サテツ)』❷度をすごす。また、ほしいまま。『跌蕩』

【跌墜(テッツイ)】つまずいて落ちること。

【跌倒(テットウ)】つまずいてたおれること。

【跌蕩・跌宕(テットウ)】①細事にこだわらないこと。②のびのびとして、大きいこと。

7826【跛】7676 6C6C E6EA 足－5 ハ(漢)・ヒ(漢)/bǒ・bì

字解 形声。足＋皮（→頗、かたよる）(声)。

意味 ❶（ハ）片足が不自由なこと。『跛行』❷（ヒ）かたよる。寄りかかる。片足で立つ。『跛倚』

【跛行(ハコウ)】①片方の足を引きずるように歩くこと。②転じて、物事が釣り合いの取れないこと。

【跛倚(ヒイ)】片足で寄りかかること。片寄っているさま。

7827【跋】7677 6C6D E6EB 足－5 バチ(呉)・バツ(呉)・ハツ(漢)/bá/つまずく・ふむ・あとがき

(7828)【跋】—— 足－5

字解 形声。足＋犮（はらってとりのぞく）(声)。あしをとられて、つまずく意。

意味 ❶つまずく。また、足をはねあげる。『跋扈』『跋刺』❷ふむ。ふみわけてゆく。また、ふみにじる。『跋胡』『跋渉』❸あとがき。書物の終わりに書く文章。『跋語』『跋文』『序跋(ジョバツ)』『題跋(ダイバツ)』↕序。

❶ つまずく。また、足をはねあげる。

【跋扈(バッコ)】思いのままに勢いをふるうこと。傍若無人に振る舞うこと。〔後漢書-馮衍伝〕『跳梁跋扈(チョウリョウバッコ)』「扈」は魚をとる竹籠(たけかご)の意。大きい魚が籠の中に入らないで跳ね上がることの意から。

【跋刺(ハツラツ)】魚がぴちぴちとび跳ねるさま。また、鳥の飛びたつさま。

❷ ふむ。ふみわけてゆく。

【跋胡(バッコ)】進退に窮すること。〔詩経-豳風(ヒンプウ)・狼跋〕老いた狼が、進めば胡（あご下のたれた肉）を踏み、しりぞけば尾を踏んでしまうという意。

【跋渉(バッショウ)】山を越え、水を渡ること。転じて、諸方を巡り歩くこと。

❸ あとがき。

【跋語(バツゴ)】書物のあとがきの言葉。跋文。↕本文・序文

【跋文(バツブン)】＝跋語(バツゴ)

7829【跗】＊6372 足－5 フ(漢)/fū/くびす・きびす

字解 形声。足＋付(声)。あしの甲、あなひらの意。趺に同じ。

意味 ❶あし。あしの甲。⬇〔足〕の図一一六一頁。❷花のがく。うてな。❸くびす。きびす。かかと。『跗節』

【跗節(フセツ)】節足動物の足の先の節。

7830【跑】＊6369 足－5 ホウ（ハウ）(漢)/pǎo・páo/あがく・ける

字解 形声。足＋包(声)。

参考 現代中国語では、走るを「跑」といい、「走」は、歩く意に用いる。

意味 あがく。足で地をかく。ける。はしる。にげる。

【跑足(だくあし)】馬が前脚を高くあげて早足に歩むこと。

「だく」は、馬の足音の擬音という。

7831【跪】7678 6C6E E6EC 足－6 キ呉漢/guì/ひざまずく

字解 形声。足＋危(危険なところにひざまずく人のさま)声。ひざまずく意。のちに足を加えた。

意味 ひざまずく。両膝を折って地面につけること。『長跪チョウキ』『拝跪ハイキ』

【跪坐キザ】ひざまずくこと。

【跪拝キハイ】ひざまずいて拝むこと。〔史記-淮陰侯伝〕

【跪伏キフク】ひざまずいてふすこと。

7832【跨】2457 3859 8CD7 足－6 カ(クヮ)漢・コ漢/kuà/またぐ・またがる・また

字解 形声。足＋夸(あしを広げ曲げる)声。あしを広げ曲げてまたぐ意。のちに足を加えた。

意味 ❶またぐ。またがる。馬乗りになる。また、一方から他方へわたる。両方にわたる。『跨越』『跨年』❷また。またぐら。「股」に同じ。＊史記-淮陰侯伝「俛出跨下コカより、蒲伏ホフクす」〔＝(韓信は)うつむいて股の下をくぐり、腹ばいになった〕

❶またぐ。またがる。

【跨越コエツ】またいで越えること。

【跨鶴コカク】①ツルに乗ること。②(仙人がツルに乗って天がけると言われたところから)仙人になること。

【跨拠コキョ】場所を占めること。占拠すること。

【跨制コセイ】両方を支配すること。

【跨線橋コセンキョウ】鉄道線路の上に架け渡した橋。

【跨年コネン】年末から年始にわたること。

【跨有コユウ】両方またがって所有すること。二国を占領すること。

7833【跲】＊6381 足－6 コウ(カフ)漢・キュウ(キフ)漢/jiá/つまずく

字解 形声。足＋合声。つまずく意。

7834【跟】7680 6C70 E6EE 足－6 コン漢/gēn/くびす・きびす

字解 形声。足＋艮(→根、ねもと)声。あしのねもと、くびす、かかとの意。

意味 ❶くびす。きびす。かかと。❷人の後について行く。したがう。『跟随』

【跟随コンズイ】人の後につき従うこと。お供をすること。

7835【[足＋次]】二一 足－6 シ漢/zī

字解 形声。足＋次声。ゆきなやむ意。趑に同じ。

7836【跡】3255 4057 90D5 足－6 常 シャク呉・セキ漢/jì/あと・あしあと・と

筆順

字解 形声。足＋亦(→繹、つづく)声。つづくあしあと、あとの意。迹に同じ。

参考 (1)万葉仮名では訓を借りて「と乙」。(2)「蹟セキ」の書き換え字。

意味 ❶あしあと。人などが歩いたあとの足のかた。「迹」に同じ。『失跡シッセキ』『足跡ソクセキ』『追跡ツイセキ』❷あと。行いのあと。物事があったあと。物が通ったあと。「迹」「蹟」に同じ。『遺跡』『筆跡』→下接。❸国あとをつぐ。後継者。『絶跡ゼッセキ』『名跡ミョウセキ』『門跡モンゼキ』

下接 遺跡イセキ・奇跡キセキ・軌跡キセキ・旧跡キュウセキ・行跡ギョウセキ|コウセキ・形跡ケイセキ・口跡コウセキ・航跡コウセキ・古跡コセキ・痕跡コンセキ・罪跡ザイセキ・史跡シセキ・事跡ジセキ・手跡シュセキ・証跡ショウセキ・勝跡ショウセキ・蹤跡ショウセキ・定跡ジョウセキ・真跡シンセキ・聖跡セイセキ・戦跡センセキ・轍跡テッセキ・犯跡ハンセキ・秘跡ヒセキ・筆跡ヒッセキ・墨跡ボクセキ・名跡メイセキ

7837【践】3309 4129 9148 足－6 常 (7852)【踐】7688 6C78 E6F6 足－8 旧字 セン漢/jiàn/ふむ

筆順

字解 践は踐の略体。踐は形声。足＋戔(→前、そろえる)声。人の足あとに足をそろえる、ふむ意。一説に、戔はきざんで小さくする意で、践は踏みにじる意とも。

意味 ❶ふむ。㋑足でふむ。ふみ行う。『践行』『実践ジッセン』『履践リセン』㋺歩く。『践歴』❷位をふむ。位につく。『践極』『践祚』

❶ふむ。ふみ行う。また、歩く。

【践形センケイ】人間としての顔かたちに恥じない行いをすること。

【践言センゲン】口にしたことば通りに実践すること。

【践行センコウ】実行すること。実践躬行キュウコウ。

【践修センシュウ】決めた通りに実行すること。

【践履センリ】①ふみつけること。②めぐり歩くこと。③ふみ行うこと。経験すること。

【践歴センレキ】めぐり歩くこと。また、めぐり歩いたあと。

❷位をふむ。位につく。

【践極センキョク】天子の位にのぼること。即位。

【践祚・践阼センソ】皇嗣コウシが皇位を継承すること。

7838【跣】7681 6C71 E6EF 足－6 セン漢/xiǎn/はだし

字解 形声。足＋先(→洗、あしをあらう)声。むきだしのあし、はだしの意。

意味 はだし。はだしで歩く。『徒跣トセン(かちはだし)』

【跣行センコウ】はだしで歩くこと。

【跣足センソク】はだし。すあし。

7839【[足＋㐬]】二一 足－6 ソ 「疏」(4968)の異体字

7840【跳】3623 4437 92B5 足－6 常 チョウ(テウ)漢/tiào/はねる・とぶ・おどる

筆順

字解 形声。足＋兆(卜占のわれめがはじけさける)声。はねあがる、おどる意。

意味 とぶ。はねる。はねあがる。おどる。

【跳駆チョウク】はやく馬を走らせること。

【跳身チョウシン】身をおどらすこと。

【跳然チョウゼン】とび上がるさま。

【跳舞チョウブ】①おどり舞うこと。②舞踏。ダンス。

【跳沫チョウマツ】水しぶき。

【跳躍チョウヤク】①とび上がること。②陸上競技で、高跳びや幅跳びのこと。

【跳梁・跳踉チョウリョウ】はねまわること。転じて、のさばりはびこること。『跳梁跋扈バッコ』

7画
見角言谷豆豕豸貝赤走足(⻊)身車辛辰辵(⻌・⻍)邑(⻖)酉釆里

7841 【路】 4709 4F29 9848 足－6 [常]3
ロ[呉][漢]/lù/じ・みち

[筆順] 路路路路路路

[字解] 形声。足＋各(いたる)[声]。歩いて目的地へいたりつくみちの意。

金文 篆文

[同属字] 鷺・蕗・露

[参考] 万葉仮名では音を借りて「ろ[甲]」、訓を借りて「ち」。

[意味] ❶みち。㋑人などが行き来するところ。目当ての地に行くすじ。『路上』『路傍』『道路』㋺物事のすじみち。方法。方面。『販路』『末路』『理路』❷たび。旅行。『路費』❸重要な地位。大切な職務。『当路(トウロ)』『要路(ヨウロ)』❹天子の車。また、天子の宮殿の正殿。

❶ みち。

[下接] 隘路(アイロ)・悪路(アクロ)・一路(イチロ)・迂路(ウロ)・駅路(エキロ)・沿路(エンロ)・遠路(エンロ)・往路(オウロ)・回路(カイロ)・海路(カイロ／うみじ)・街路(ガイロ)・活路(カツロ)・岐路(キロ)・帰路(キロ)・空路(クウロ)・経路(ケイロ)・径路(ケイロ)・血路(ケツロ)・険路(ケンロ)・行路(コウロ)・航路(コウロ)・進路(シンロ)・水路(スイロ)・世路(セロ／セイロ)・船路(センロ／ふなじ)・線路(センロ)・前路(ゼンロ)・小路(ショウロ／ショウジ／こうじ)・走路(ソウロ)・大路(タイロ／おおじ)・退路(タイロ)・鳥路(チョウロ)・通路(ツウロ)・鉄路(テツロ)・道路(ドウロ)・難路(ナンロ)・販路(ハンロ)・復路(フクロ)・遍路(ヘンロ)・末路(マツロ)・迷路(メイロ)・要路(ヨウロ)・陸路(リクロ)・理路(リロ)／家路(いえじ)・恋路(こいじ)・越路(こしじ)・潮路(しおじ)・旅路(たびじ)・波路(なみじ)・野路(のじ)・山路(やまじ)・闇路(やみじ)・夢路(ゆめじ)・露路(ロじ)

【路肩(ロケン／ロかた)】[国]道路の有効幅の両外側の路面。

【路地(ロジ)】[国]建物と建物の間の狭い通路。露路(ロじ)。

【路次(ロジ／ロシ)】道筋。道の途中。途次。

【路上(ロジョウ)】道の上。道のほとり。『路上駐車』

【路人(ロジン)】[1]道行く人。行人。[2]利害関係のない人。

【路線(ロセン)】[1]道路、鉄道などの交通線。『バス路線』[2]運動方針や方向。『大衆化路線』

【路頭(ロトウ)】みちばた。路傍。『路頭に迷う〔=生活の手段を失い、暮らしに困る〕』

【路盤(ロバン)】鉄道や道路の土台となる地盤。

【路標(ロヒョウ)】道しるべ。道標。

【路傍(ロボウ)】みちのほとり。みちばた。『路傍の人』

【路面(ロメン)】道路の表面。『路面電車』

【路不レ拾レ遺(みちおちたるをひろわず)】道に落ちているものを拾って自分のものにしない。生活が安定し道義が徹底していることをいう。〔十八史略-唐〕

❷ たび。旅行。

【路銀(ロギン)】[国]旅費。路用。

【路程(ロテイ)】歩くみちのり。旅程。『路程表』

【路費(ロヒ)】旅行の費用。旅費。路銀。

【路用(ロヨウ)】[国]旅行の費用。旅費。路銀。

❸ 重要な地位。大切な職務。

【当レ路(みちにあたる)】政治的な要路にある。重要な政治的地位につく。＊史記-張儀伝「今秦已当レ路(いまシンすでにみちにあたる)〔=ところが、蘇秦は早くも一国の重要な地位にある〕」

❹ 天子の車。また、天子の宮殿の正殿。

【路車(ロシャ)】天子・諸侯の用いる車。

【路寝(ロシン)】天子・諸侯の正殿。

【路馬(ロバ)】天子・諸侯の車をひく馬。

7842 【跼】 7682 6C72 E6F0 足－7
キョク[漢]/jú/くぐまる・せぐくまる・かがむ

[字解] 形声。足＋局(小さくまがる)[声]。あしを曲げちぢまる、せぐくまる意。

[意味] くぐまる。せぐくまる。身をちぢめる。かがむ。

【跼蹐(キョクセキ)】「跼天蹐地(キョクテンセキチ)」の略。

【跼足(キョクソク)】しゃがむこと。

【跼躅(キョクチョク)】行き悩むさま。

【跼天蹐地(キョクテンセキチ／テンにせぐくまりチにぬきあしす)】高い天の下にも背をかがめ、固い地上にもそっと忍び足で歩くこと。非常につつしみおそれるさま。また、肩身がせまく世を恐れはばかって行動するさま。跼蹐。局天蹐地。〔詩経〕

【跼歩(キョクホ)】背をかがめて歩くこと。

7843 【踈】 7683 6C73 E6F1 足－7
ソ 「疎」(4969)の異体字

7844 【跿】 7685 6C75 E6F3 足－7
ト[漢]/tú

[字解] 形声。足＋徒省[声]。「跿跔(トク)」は、はだしのこと。

7845 【踊】 4557 4D59 9778 足－7 [常]
(7863)【〔踴〕】 7693 6C7D E6FB 足－9
ユ[呉]・ヨウ[漢]/yǒng/おどる・おどり

[筆順] 踊踊踊踊踊踊

[字解] 形声。足＋甬(→庸、あげもちいる)[声]。一説に、甬は用に通じ、もちあげる意とも。

[意味] おどる。おどりあがる。とびあがる。はねあがる。また、おどり。『舞踊(ブヨウ)』

【踊貴(ヨウキ)】[1]値が急に上がること。急騰。[2]足きりの刑を受けた罪人用の義足の値が上がること。刑罰が多いことをいう。〔左伝-昭公三年〕

【踊躍(ヨウヤク／ユヤク)】おどりあがること。とびはねること。

7846 【踉】 7684 6C74 E6F2 足－7
ロウ(ラウ)[漢]・リョウ(リャウ)[漢]/lāng・liāng・liàng/ゆく

[字解] 形声。足＋良[声]。

[意味] 行こうとする。行くさま。『蹌踉(ソウロウ)跟踉』

【踉蹌(ロウソウ)】歩きぶりがたしかでないさま。

【踉蹡(ロウボウ)】急ぎ行くさま。また、行こうとするさま。

7847 【踠】 ＊6392 足－8
エン(ヱン)[漢]/wǎn/もがく・あがく

[字解] 形声。足＋宛(まがる)[声]。かがむ意。

[意味] ❶かがむ。かがまる。❷[国]もがく。あがく。

7848 【踝】 7686 6C76 E6F4 足－8
カ(クヮ)[漢]/huái・huà/くるぶし・かかと

[字解] 形声。足＋果(まるい木の実)[声]。あし首に丸くつき出たくるぶしの意。

[意味] ❶くるぶし。➡〔足〕の[図]一一六一頁。❷かかと。❸「踝跣(カセン)」は、はだし。すあし。

7849 【踞】 7687 6C77 E6F5 足－8
コ[呉]・キョ[漢]/jù/うずくまる・かがむ・おごる

[字解] 形声。足＋居(すわる)[声]。うずくまる意。

[意味] ❶うずくまる。かがむ。こごむ。しゃがむ。すわりこむ。『踞侍』『踞蹲』『箕踞(キキョ)』『蹲踞(ソンキョ)』『蟠踞(バンキョ)』❷おごる。おごりたかぶる。「倨」に同じ。『踞敖』

【踞敖(キョゴウ)】おごりたかぶること。

7画 見角言谷豆豕豸貝赤走足(⻊)身車辛辰辵(⻌・⻍)邑(⻏)酉釆里

【踞侍キョジ】うずくまって、そばにひかえること。

【踞蹲キョソン】うずくまること。しゃがむこと。蹲踞。

7850【踧】*6403 足－8 シュク[漢]・テキ[漢]/cù·dí
[字解] 形声。足＋叔[声]。ちぢむ意。蹙に同じ。

7851【踪】7709 6D29 E748 足－8 ショウ[漢]・ソウ[慣]/zōng/あと・あしあと
[字解] 形声。足＋宗[声]。蹤の別体。
[意味] あと。足あと。また、ゆくえ。ありか。『失踪シッソウ』
【踪跡ソウセキ】足跡。転じて、ゆくえ。蹤跡ショウセキ。

7852【踐】7688 6C78 E6F6 足－8 セン 「践」(7837)の旧字

7853【踔】*6390 足－8 タク[漢]・トウ(タウ)[漢]/chuō/ぬきんでる
[字解] 形声。足＋卓[声]。
[意味] ぬきんでる。すぐれる。また、はるか。遠い。「卓」に同じ。
【踔絶タクゼツ】ぬきんでてすぐれること。卓絶。
【踔然タクゼン】すぐれているさま。高遠なさま。
【踔厲風発タクレイフウハツ】言論がすぐれていて勢いがよく、風のように口から出るさま。雄弁の形容。〔韓愈-柳子厚墓誌銘〕

7854【踟】7689 6C79 E6F7 足－8 チ[漢]/chí/ためらう
[字解] 形声。足＋知[声]。
[意味] ためらう。たちどまって、まよう。
【踟蹰チチュウ】歩を進めることをためらい、そこにしばらくたたずむこと。

7855【踏】3807 4627 93A5 足－8 [常] トウ(タフ)[呉][漢]/tà·tā/ふむ・ふまえる
[筆順] 踏 踏 踏 踏 踏 踏
[字解] 形声。足＋沓(かさなりあう)[声]。あしをふみ重ねる、ふむ意。

[参考] 現代表記では「蹈」(7869)の書き換え字。

[意味] ふむ。㋑ふみつける。足ぶみする。『踏歌』『踏藉』㋺あるく。行く。『踏査』『踏青』『踏破』㋩ふみ行う。そのままうけつぐ。『踏襲』

[下接] 高踏コウトウ・雑踏ザットウ・舞踏ブトウ・未踏ミトウ
【踏歌トウカ】多数の人が足で地を踏み鳴らして歌う舞踏。もと中国、唐の風俗で、上元の夜、長安の安福門で行うのを例とした。日本では、正月の宮中の行事。蹈歌。

【踏月トウゲツ】月の光に照らされた道を踏んで歩くこと。

【踏査トウサ】実際に出かけていって調べること。

【踏襲トウシュウ】前人の考え、方法などを、そのまま受け継ぐこと。❤書き換え「蹈襲→踏襲」。

【踏青トウセイ】野に出て青草を踏んで遊ぶこと。また、春に男女が野山で遊ぶこと。野遊び。

【踏藉トウセキ】足で踏みにじること。蹈藉。

【踏破トウハ】困難な道などを歩きぬくこと。『南米大陸を踏破する』❤書き換え「蹈破→踏破」。

【踏舞トウブ】舞まいを舞うこと。踊りを踊ること。蹈舞。

【踏鞴たたら】足で踏んで風を送る大形のふいご。蹈鞴たたら。

7856【踣】*6401 足－8 ボク[呉]・ホウ[漢]・ホク[漢]/bó/たおれる
[字解] 形声。足＋音[声]。たおれふす。
篆文

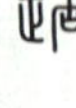

[意味] ❶たおれる。つんのめる。前向きにたおれて死ぬ。❷国がほろびる。

7857【踽】*6410 足－9 ク[漢]/jǔ
[字解] 形声。足＋禹[声]。背をかがめ、ひとりでゆく意。
【踽踽クク】ひとりで行くさま。〔詩経-唐風・杕杜〕

7858【蹂】7690 6C7A E6F8 足－9 ジュウ(ジウ)[漢]/róu/ふむ
[字解] 形声。足＋柔(やわらかい)[声]。あしでふんでやわらかくする、ふむ意。
[意味] ふむ。ふみにじる。
【蹂践ジュウセン】ふみにじること。ふみあらすこと。
【蹂躙・蹂躪ジュウリン】ふみにじること。『人権蹂躙』

7859【踵】7691 6C7B E6F9 足－9 ショウ[漢]/zhǒng/かかと・きびす・くびす
[字解] 形声。足＋重(→従、したがう)[声]。あとに従う、おう意。
[意味] ❶ふむ。あとを追う。また、つぐ。あとに続く。『踵践』『踵武』❷かかと。きびす。くびす。足の裏の後部。『踵骨』『接踵セッショウ』『旋踵センショウ』
【踵践ショウセン】ふみにじること。
【踵武ショウブ】(「武」は足跡の意) あとをつぐこと。先人の仕事を継承すること。
【接レ踵きびすをせっす】あとからあとから。すきまなく続く。〔戦国策-秦〕❤かかとが互いにくっつき合う意。
【旋レ踵きびすをめぐらす・きびすをかえす】引き返す。もどる。〔史記-孫子呉起伝〕

7860【蹄】3693 447D 92FB 足－9 テイ[漢]/tí/ひづめ
[字解] 形声。足＋帝[声]。
[意味] ❶ひづめ。牛や馬などのつめ。『奇蹄目キテイモク』『偶蹄目グウテイモク』『蹄涔』『蹄鉄』『霜蹄ソウテイ』『馬蹄バテイ』『竜蹄リョウテイ』❷わな。ウサギを捕らえるわな。『蹄筌』
【蹄涔テイシン】ひづめのあとにたまった水。また、わずかなもののたとえ。
【蹄筌テイセン】[1]ウサギをとるわなと、魚をとるふせご。ともに、用をたせば忘れさられる道具。〔荘子-外物〕[2]転じて、道をさとるための道具。❤「筌蹄」ともいう。
【蹄鉄テイテツ】馬のひづめに打ち付けて、ひづめの摩滅、損傷を防ぐU字形の鉄。

7861【蹁】*6412 足－9 ヘン[漢]/pián/よろめく
[字解] 形声。足＋扁(→偏、かたよる)[声]。よろめく意。
【蹁躚ヘンセン】[1]ふらふらめぐり歩くさま。[2]ひらひらと舞うさま。『羽衣蹁躚』

7862【踰】7692 6C7C E6FA 足－9 ユ[漢]・ヨウ[漢]/yú/こえる・こす
[字解] 形声。足＋兪(ぬけでる)[声]。あるところからぬけ出る、こえる意。

7画
見角言谷豆豕豸貝赤走足(⻊)身車辛辰辵(⻌・⻍)邑(⻏)酉釆里

参考 万葉仮名では音を借りて「ゆ」。
意味 こえる。またぎこえる。こす。すぎる。『踰越』『踰閑』『踰月』『違踰(イユ)』＊論語-為政「七十而従心所欲不踰矩(シチジュウにしてこころのほっするところにしたがいてのりをこえず)」〔=七〇歳になっては、自分の思うがままに行動して、道徳上の規範を踏み越えることがなくなった〕

【踰越(ユエツ)】①のりこえること。②分(ブン)をこえること。
【踰閑(ユカン)】きまりを守らないこと。
【踰月(ユゲツ)】月をこえること。翌月になること。
【踰侈(ユシ)】分(ブン)をこえたぜいたくをすること。
【踰僭(ユセン)】分不相応なことをすること。
【踰邁(ユマイ)】月日の過ぎゆくこと。

7863 【踴】 7693 6C7D E6FB 足-9 ヨウ「踊」(7845)の異体字

7864 【蹊】 7694 6C7E E6FC 足-10 ケイ㊊/xī·qī/こみち
字解 形声。足＋奚(ひもでつなぐ)㊣。細いひものようなこみちの意。
意味 こみち。細道。『蹊径(ケイケイ)〔=こみち〕』『成蹊(セイケイ)』『幽蹊(ユウケイ)』＊史記-李将軍伝・賛「桃李不言、下自成蹊(トウリものいわざれども、したおのずからこみちをなす)」〔=モモやスモモの下には、だまっていても自然に小道ができる〕

7865 【蹉】 7702 6D22 E741 足-10 シャ㊐・サ㊊/cuō/つまずく
字解 形声。足＋差(くいちがう)㊣。あしがくいちがってつまずく意。
意味 つまずく。つまずいてたおれる。つまずき。
【蹉跎・蹉跑(サタ・サダ)】①つまずいて進むことができないこと。不遇で志を遂げられないこと。②時機を失うこと。
【蹉跌(サテツ)】つまずくこと。転じて、行き詰まること。

7866 【踖】 7704 6D24 E743 足-10 セキ㊊/jí/ぬきあし
字解 形声。足＋脊㊣。
意味 ぬきあし。さしあし。『跼天蹐地(キョクテンセキチ)』

7867 【蹌】 7703 6D23 E742 足-10 ショウ(シャウ)㊊・ソウ(サウ)㊕/qiāng·qiàng/よろめく
字解 形声。足＋倉㊣。
意味 あゆみ出る。進み出る。また、よろめく。よろよろと動く。よろよろと歩く。『跟蹌(ロウソウ)』
【蹌蹌(ソウソウ)】①動きまわるさま。また、舞うさま。②堂々としたさま。のびやかなさま。③よろめくさま。
【蹌踉(ソウロウ)】足元のたしかでないさま。

7868 【蹏】 ＊6416 足-10 テイ㊊/tí/ひづめ
字解 形声。足＋虒㊣。ひづめの意。蹄の本字。

7869 【蹈】 7705 6D25 E744 足-10 トウ(タウ)㊐㊊/dǎo·dào/ふむ
字解 形声。足＋舀(→搗、つく)㊣。あしでつく、ふむ意。
参考 現代表記では「踏」に書き換える。熟語は「踏」(7855)をも見よ。
意味 ふむ。㋑ふみつける。足ぶみする。『蹈歌』『蹈藉』『高蹈(コウトウ)』㋺あるく。ゆく。㋩ふみおこなう。うけついで事をおこなう。『蹈義』『蹈襲』
【蹈海(トウカイ)】①志操のきわめて高潔なこと。節度を曲げないかたい決意。〔史記-魯仲連鄒陽伝〕②海を渡ること。危険をおかすこと。◆①は、中国、戦国時代、趙の急を救うために秦王を帝としようという策に対して、魯仲連が、不義不徳の秦王が帝となるなら、自分は東海を蹈(ふ)んで死ぬと憤慨したという故事から。
【蹈義(トウギ)】正しい道をふみ行うこと。

7870 【蹋】 ＊6413 足-10 トウ(タフ)㊐㊊/tà/ふむ
字解 形声。足＋㬩㊣。ふむ。足で地や物をふむ。
篆文 
参考「踏」は俗字。
意味 ❶ふむ。「踏」に同じ。❷「蹋鞠(トウキク)」は、遊戯の一。けまり。

7871 【⿰足旁】 ―― 足-10 ボウ(バウ)㊐・ホウ(ハウ)㊊
字解 形声。足＋旁㊣。「跟⿰足旁(ロウボウ)」は、急いで行くさま、また、行こうとしているさま。

7872 【蹝】 ＊6420 足-11 シ㊊/xǐ/ふむ
字解 形声。足＋徙㊣。
意味 ❶ふむ。❷ぞうり。はきもの。「屣」に同じ。

7873 【蹤】 7707 6D27 E746 足-11 ショウ㊊/zōng/あと・あしあと
字解 形声。足＋從(したがいつづく)㊣。あしあとの意。
意味 あと。足あと。また、人の行いのあと。事跡。『先蹤(センショウ)』『追蹤(ツイショウ)』
【蹤跡(ショウセキ)】①前例や事跡。②追跡すること。また、その去ったあと。ゆくえ。③住む所。居所。

7874 【蹠】 7708 6D28 E747 足-11 セキ㊊・ショ㊊/zhí/ふむ・あし・あなうら
字解 形声。足＋庶㊣。跖の別体。
意味 ❶ふむ。踏みつける。ゆく。いたる。❷あし。また、足の裏。あなうら。『対蹠(タイショ・タイセキ)』➡〔足〕の図一一六一頁。❸伝説上の大盗賊の名。盗蹠(トウセキ)。盗跖(トウセキ)。

7875 【蹟】 3256 4058 90D6 足-11 シャク㊐・セキ㊊/jì/あと
字解 形声。足＋責㊣。跡・迹に同じ。
意味 あと。物事が行われたあと。「跡」が書き換え字。
下接 偉蹟(イセキ)・遺蹟(イセキ)・奇蹟(キセキ)・旧蹟(キュウセキ)・古蹟(コセキ)・三蹟(サンセキ)・史蹟(シセキ)・事蹟(ジセキ)・手蹟(シュセキ)・勝蹟(ショウセキ)・真蹟(シンセキ)・聖蹟(セイセキ)・筆蹟(ヒッセキ)・芳蹟(ホウセキ)・墨蹟(ボクセキ)・妙蹟(ミョウセキ)

7876 【蹢】 ＊6423 足-11 テキ㊊/zhí/たたずむ
字解 形声。足＋啇㊣。足をとどめる意。
意味 たたずむ。また、行きつもどりつする。
【蹢躅(テキチョク)】行きつもどりつすること。

7877 【蹕】 7711 6D2B E74A 足-11 ヒツ㊊/bì/さきばらい
字解 形声。足＋畢㊣。
意味 さきばらい。貴人の外出のとき、警戒のため通行人をとめること。『警蹕(ケイヒツ)』『仙蹕(センピツ)』

【蹕路 ヒツロ】天子の行幸の道すじを先払いすること。

7878 【蹣】 7710 6D2A E749 足−11
ハン(漢)・バン(漢)・マン(慣)/pán
字解 形声。足＋㒼(声)。「蹣跚マンサン」は、よろめいて歩くさま。

7879 【蹶】 7712 6D2C E74B 足−12 (7809)【蹷】—— 足−12
ケツ(漢)・ケイ(漢)/jué·juě·guì/つまずく・たおれる
字解 形声。足＋厥(かける)(声)。からだのバランスをくずしつまずく意。
意味 ❶つまずく。つまずき倒れる。『蹶失』『蹶躓』❷はね起きる。とびたつ。動作がすばやい。『蹶蹶』『蹶起』『蹶然』❸たおす。くつがえす。ころす。
【蹶蹶 ケイケイ】動きのすばやいさま。また、驚くさま。
【蹶起 ケッキ】勢いよく立ちあがること。ある目的のために行動をおこすこと。決起ケッキ。
【蹶失 ケッシツ】つまずくこと。
【蹶然 ケツゼン】力強く立ちあがる、また、事を行うさま。
【蹶躓 ケッチ】つまずくこと。

7880 【蹴】 2919 3D33 8F52 足−12 (7810)【蹵】—— 足−12
シュク(漢)・シュウ(シウ)(慣)/cù/ける・けり
字解 形声。足＋就(つく)(声)。あしを近づける、ふむ・ける意。
意味 ❶ける。けとばす。ふみつける。『蹴鞠』『蹴球』『蹴爾』『一蹴イッシュウ』❷つつしむ。おそれつつしむ。また、不安なさま。『蹴然』
【蹴鞠 シュウキク・けまり】数人の間でまりをけり上げ、地に落とさずに受け渡しする遊戯。
【蹴球 シュウキュウ】国サッカー、ラグビー、アメリカンフットボールの総称。普通はサッカーを指す。
【蹴踏 シュウトウ】踏みつけること。踏んで歩くこと。
【蹴爾 シュクジ】けとばすさま。人に物を与えるのに無礼なさま。
【蹴然 シュクゼン】おそれて安んじないさま。慎むさま。

7881 【蹮】—— 足−12
セン 「躚」(7898)の異体字

7882 【蹲】 7713 6D2D E74C 足−12
ソン(呉)(漢)/dūn·cún/うずくまる・つくばう
字解 形声。足＋尊(どっしりとしてまるい酒器)(声)。うずくまる意。
意味 ❶うずくまる。しゃがむ。『蹲踞』❷『蹲循ソンジュン』は、しりごみするさま。❸国つくばい。茶室の入り口に低く据えた手水鉢ちょうずばち。
【蹲踞 ソンキョ】1うずくまること。しゃがむこと。また、貴人に対する昔の礼で、ひざと手を下につけた姿勢。2国相撲で、相手と向き合って礼をするとき、つま先立ちでかかとの上に腰をおろし、膝ひざを開いて上体をただす姿勢。

7883 【蹰】 *6428 足−12 (7895)【躕】 *6438 足−15
チュウ(チウ)(漢)/chú
字解 形声。足＋厨(=廚)(声)。「蹰躇チュウチョ」は、躊躇、ためらうこと。

7884 【蹳】—— 足−12
ハツ(漢)/bō
字解 形声。足＋發(声)。つまずく意。
意味 つまずく。また、足をはねあげる。「潑」に同じ。

7885 【蹼】 7714 6D2E E74D 足−12
ホク(漢)・ボク(慣)/pú/みずかき
字解 形声。足＋菐(声)。水鳥などのみずかきの意。

7886 【躁】 7715 6D2F E74E 足−13
ソウ(サウ)(呉)(漢)/zào/さわぐ・さわがしい
字解 形声。足＋喿(さわがしい)(声)。せかせか急いであるく意。
意味 さわぐ。さわがしい。また、あわただしい。はしゃぐ。落ち着かない。いらだつ。「譟」「噪」に同じ。『狂躁キョウソウ』『軽躁ケイソウ』『焦躁ショウソウ』
【躁鬱病 ソウウツビョウ】爽快ソウカイな感情を主調とする躁状態と、悲哀や不安の感情を主調とする鬱状態とを交互にくり返す精神病。
【躁急 ソウキュウ】せいて心をいらだたせること。また、せわしいこと。短気なさま。
【躁狂 ソウキョウ】1狂ったようにさわぐこと。2躁鬱ソウウツ病の躁状態。
【躁競 ソウキョウ】落ち着きなく、富や権力を人と争うこと。
【躁擾 ソウジョウ】いらだってさわぐこと。
【躁進 ソウシン】かるはずみにことを行うこと。
【躁然 ソウゼン】さわがしく落ち着かないさま。
【躁暴 ソウボウ】いらだってあらあらしくふるまうこと。

7887 【躇】 7716 6D30 E74F 足−13
チョ(漢)・チャク(漢)/chú·chuò/ためらう
字解 形声。足＋著(つく・とめる)(声)。ためらう意。
意味 ❶(チョ)ためらう。行きつもどりつする。『躊躇チュウチョ』❷(チャク)とびこえる。とばす。『躇階』
【躇階 チャクカイ】あわてて階段を走りおりること。

7888 【躅】 7717 6D31 E750 足−13
チョク(漢)/zhú·zhuó
字解 形声。足＋蜀(声)。足が地について立ちどまる意。『躑躅テキチョク』

7889 【躃】 *6434 足−13
ヘキ 「躄」(7812)の異体字

7890 【躋】 7719 6D33 E752 足−14
セイ(漢)/jī/のぼる
字解 形声。足＋齊(声)。
意味 のぼる。のぼってゆく。『攀躋ハンセイ』
【躋攀 セイハン】よじのぼること。

7891 【躊】 7720 6D34 E753 足−14
チュウ(チウ)(漢)/chóu/ためらう
字解 形声。足＋壽(声)。
意味 ためらう。
【躊躇 チュウチョ】あれこれと迷って心を決めかねること。ためらうこと。

7892 【躍】 4486 4C76 96F4 足−14 常 (7893)【躍】—— 足−14 旧字
ヤク(呉)・テキ(漢)/yuè·tì/おどる
筆順 躍 躍 躍 躍 躍 躍
字解 形声。足＋翟(たかくぬきんでる)(声)。高くはねあがる意。

意味 おどる。おどりあがる。はねる。

下接 暗躍(アンヤク)・一躍(イチヤク)・活躍(カツヤク)・雀躍(ジャクヤク)・跳躍(チョウヤク)・騰躍(トウヤク)・飛躍(ヒヤク)・抃躍(ベンヤク)・勇躍(ユウヤク)・踊躍(ヨウヤク|ユヤク)

【躍如(ヤクジョ)】生き生きとして眼前に現れるようなさま。『面目躍如(メンモクヤクジョ)〔=本来の姿が生き生きと現れるさま〕』

【躍進(ヤクシン)】めざましい勢いで発展、進出すること。

【躍動(ヤクドウ)】生き生きと活動すること。『躍動感』

【躍躍(ヤクヤク|テキテキ)】①(ヤクヤク) おどるさま。また、おどり立つほどいきいきとしたさま。②(テキテキ) とびはねるさま。また、すばやいさま。

【躍起(ヤッキ)】①おどりたつこと。②気持ちがせいてむきになるさま。

7894【躓】7721 6D35 E754 足-15

チ㊵\zhì\つまずく

字解 形声。足+質(↓跌、つまずく)㊵。つまずく意。

意味 つまずく。つまずいて倒れる。また、失敗する。しくじる。『一躓(イッチ)』『蹶躓(ケッチ)』『蹉躓(サチ)』

【躓顛(チテン)】=躓踣(チボク)

【躓踣(チボク)】つまずきころぶこと。躓顛(チテン)。

7895【𨅬】* 6438 足-15

チュウ「𨅬」(7883)の異体字

7896【躑】7722 6D36 E755 足-15

テキ㊵\zhí\たちもとおる

字解 形声。足+鄭㊵。

意味 たちもとおる。たたずむ。たちどまる。

【躑躅(テキチョク|つつじ)】㊀(テキチョク) ①足ぶみすること。じだんだをふむこと。②ためらうこと。㊁(つつじ) ツツジ科ツツジ属の低木の総称。園芸品種も多い。

7897【躔】7723 6D37 E756 足-15

テン㊵\chán\めぐる

字解 形声。足+廛(やしき)㊵。定まったところをわたりあるく、めぐりゆく意。

7898【躚】* 6439 足-16

セン㊵\xiān

(7881)〔躚〕—— 足-12

7899【躙】7724 6D38 E757 足-16

リン「躪」(7901)の異体字

字解 形声。足+遷㊵。舞うさま。『蹁躚(ヘンセン)』

7900【躡】7726 6D3A E759 足-18

ジョウ(デフ)㊵\niè\ふむ

字解 形声。足+聶(あわせる)㊵。あしをあわせる、ふむ意。

意味 ❶ふむ。ふみつける。また、歩く。『躡躡』❷はく。はきものをはく。『躡屐』❸おう。あとを追いかける。『躡敵』『追躡(ツイジョウ)』

【躡屐(ジョウゲキ)】はきものをはくこと。

【躡躡(ジョウジョウ)】小足に歩くこと。

【躡敵(ジョウテキ)】敵のあとを追うこと。

7901【躪】7725 6D39 E758 足-20

リン㊵\lìn\ふみにじる

(7899)〔躙〕7724 6D38 E757 足-16

字解 形声。足+藺㊵。

意味 ふむ。ふみにじる。ふみあらす。『蹂躪(ジュウリン)』

158 身部 み

甲骨文 金文 篆文

身は、人が子をはらにもった形に象り、はらむこと、み、からだの意(シン)を表す。身部の字は、人のからだに関係する。部標は字の左にあって、「みへん」という。

身◆ 身
身▮ ③躬 ④躯 躭 ⑤躰 ⑥躱 ⑦躳
軈 ⑧躶 躻 ⑨躾 ⑪軀 ⑫軄 軅 ⑬軆
體 ⑰軉

身 ◆

7902【身】3140 3F48 9067 身-0 常3

シン㊉㊵\shēn・yuān\み・からだ・みずから

筆順

字解 部首解説を参照。

同属字 裑

参考 万葉仮名では訓を借りて「み㊇」。

意味 ❶み。㋑からだ。肉体。↔心。『身体髪膚(シンタイハップ)』『八頭身(ハットウシン)』『身長』『全身』『変身』㋺特に、身体の頭を除いた部分。↔首・頭。㋩一般に、なかみ。内容。本体。『刀身』『砲身』⇓表 ❷みずから。自分で。㋑われ。おのれ。自分。『身事』『身辺』『自身』『修身』*韓非子-五蠹「身為二宋国笑一(みはソウコクのわらいとなれり)〔=その人自身は、宋の国のもの笑いとなった〕」㋺みのうえ。社会的環境の中に置かれた自分。『身上』『前身』『転身』『立身』

下接 ❶み。からだ。応身(オウジン)・化身(ケシン)・護身(ゴシン)・渾身(コンシン)・三身(サンシン)・終身(シュウシン)・銃身(ジュウシン)・獣身(ジュウシン)・焼身(ショウシン)・生身(ショウジン|なまみ)・心身(シンシン)・人身(ジンシン)・全身(ゼンシン)・総身(ソウシン|ソウみ)・痩身(ソウシン)・長身(チョウシン)・艇身(テイシン)・刀身(トウシン)・等身(トウシン)・肉身(ニクシン)・二身(ニシン)・半身(ハンシン|ハンみ)・病身(ビョウシン)・仏身(ブッシン)・文身(ブンシン|いれずみ)・分身(ブンシン|フンジン)・平身(ヘイシン)・変身(ヘンシン)・遍身(ヘンシン)・砲身(ホウシン)・法身(ホッシン)・翻身(ホンシン)・満身(マンシン)・裸身(ラシン)・老身(ロウシン)・鏤身(ロウシン|ルシン)・装身具(ソウシング)・即身成仏(ソクシンジョウブツ)・粉骨砕身(フンコツサイシン)・平身低頭(ヘイシンテイトウ)／御身(おんみ)・肩身(かたみ)・笹身(ささみ)・刺身(さしみ)・親身(シンみ)・肌身(はだみ)・骨身(ほねみ)・剝身(むきみ)・不死身(フジみ)

身(シン)	体(タイ)
身体	
身軀(シンク) からだ。み。	体軀(タイク) からだ。てあし。
身長	体長
生身	生体
心身	心体
裸身	裸体
満身	全体

【身幹(シンカン)】からだ。身体。

【身口意(シンクイ)】仏教で、日常生活の基本としての体と口と心、すなわち、行動・言語・精神。

【身業(シンゴウ)】仏語。三業(サンゴウ)の一。身体による善悪すべての行為。

【身根(シンコン)】仏語。五根の一。触覚器官としての皮膚、またはその機能をいう。

【身心(シンシン)】精神と身体。心と体。心身。

【身体(シンタイ|からだ)】人間のからだ。肉体。『身体検査』

【身体髪膚(シンタイハップ)】(身体と髪と肌の意から) からだの全

体。＊孝経-開宗明義章「身体髪膚、受=之父母=。不=敢毀傷=、孝之始也（シンタイハップ、これをフボにうく。あえてキショウせざるは、コウのはじめなり）」(=われわれのからだは父母からいただいたものであり、自ら損なわないことが孝行の第一歩である)

【身長】(シンチョウ|みたけ) ①身体の高さ。身丈(みたけ)。②(みたけ) 着物の、襟の付け根から裾(すそ)までの背筋の長さ。身丈(みたけ)。

【身命】(シンメイ|シンミョウ) からだといのち。〔漢書-鄭崇伝〕

【身柱】(ちりけ) ①灸点(キュウテン)の名。両肩の中央の部分。ぼんのくぼ。②血が頭に逆上する幼児の病気。疳(カン)。

❷みずから。われ。自分。みのうえ。

下接 一身(イッシン)・献身(ケンシン)・後身(コウシン)・自身(ジシン)・捨身(シャシン)・修身(シュウシン)・随身(ズイシン)・前身(ゼンシン)・単身(タンシン)・挺身(テイシン)・転身(テンシン)・投身(トウシン)・独身(ドクシン)・保身(ホシン)・立身(リッシン)

【身計】(シンケイ) 一身上のはかりごと。

【身後】(シンゴ) 死んだあと。死後。【身後名】(シンゴのな) 死後の名声。〔晋書-文苑伝・張翰〕

【身事】(シンジ) わが身のこと。わたくしごと。

【身上】(シンジョウ|シンショウ|みのうえ) ㊀(シンジョウ) ①一身にかかわること。みのうえ。『身上調査』②国 本来の値打ち。本領。とりえ。㊁(シンショウ) 国 財産。資産。身代。『身上持ち』㊂(みのうえ) ①境遇。『身上話』②その人の運命。

【身世・身生】(シンセイ) 人の経歴や境遇。人生。

【身代】(シンダイ|みのしろ) 国①(シンダイ) 個人、または一家が有する、すべての財産。身躰(シンダイ)。身袋(シンダイ)。②(みのしろ) 人身売買の金。身代金。

【身辺】(シンペン) 身のまわり。自分の身近なあたり。

【身分】(みブン) ①みのうえ。境遇。『結構な御身分だ』②社会的な序列、地位。『身分相応』

【有=殺レ身以成レ仁】(みをころしてもってジンをなすことあり) 自分の命を捨てても仁徳を成し遂げるために尽くす。〔論語-衛霊公〕

難読地名 身延(みのぶ)町(山梨)

身

7903 【躬】 7727 6D3B E75A 身-3 (7908)【躳】＊6448 身-7

ク(呉)・キュウ(キウ)(漢)/gōng/み・からだ・みずから

字解 形声。身+弓(=呂→九、屈曲する)(声)。曲げ伸ばしできるからだの意。

意味 ❶み。からだ。肉体。『蹇蹇匪躬(ケンケンヒキュウ)』『鞠躬如(キッキュウジョ)』❷みずから。自分で。『躬化』『躬行』『躬耕』

【躬化】(キュウカ) みずから範を垂れて人民を教化すること。

【躬行】(キュウコウ) 自分から実行すること。『実践躬行』

【躬耕】(キュウコウ) みずから田を耕すこと。

【射】⇩1822

7904 【躯】 2277 366D 8BEB 身-4 ク 「軀」(7913)の異体字

7905 【躭】 ＊6446 身-4 タン 「耽」(6253)の異体字

7906 【躰】 7728 6D3C E75B 身-5 タイ 「体」(218)の異体字

7907 【躱】 7730 6D3E E75D 身-6 タ(漢)/duǒ/かわす

字解 形声。身+朶(声)。身をかわして逃げる意。

意味 ❶み。からだ。肉体。❷みずから。自分から。❸かわす。よける。身をかわす。

7908 【躳】 ＊6448 身-7 キュウ 「躬」(7903)の異体字

7909 【躵】 ＊6449 身-7 こらえる

字解 国字。会意。身+忍(しのぶ)。こらえる意。

7910 【躶】 ―― 身-8 ラ 「裸」(7308)の異体字

7911 【躻】 ＊6451 身-8 うつけ

字解 国字。会意。身+空(うつろ)。

意味 うつけ。まがぬけて、おろかなこと。そのような人物。

7912 【躾】 7731 6D3F E75E 身-9 しつけ・しつける

字解 国字。会意。身+美。からだを美しくかざる、しつけの意。

意味 しつけ。しつける。礼儀作法を教え込む。また、そのように教えられたもの。『不躾(ぶしつけ)』

7913 【軀】 ＊6452 身-11 (7904)【躯】 2277 366D 8BEB 身-4 †

ク(呉)(漢)/qū/み・からだ

字解 形声。身+區(区切る)(声)。頭・胴・手・足などからなる、からだの意。

意味 み。からだ。肉体。

下接 巨軀(キョク)・形軀(ケイク)・身軀(シンク)・痩軀(ソウク)・体軀(タイク)・短軀(タンク)・長軀(チョウク)・病軀(ビョウク)・老軀(ロウク)・矮軀(ワイク)

【軀幹】(クカン) ①体の主要部分。胴体。②体格。体。なり。

【軀命】(クメイ) 体と、いのち。身命。

7914 【軄】 ＊6455 身-12 ショク 「職」(6269)の異体字

7915 【軅】 7732 6D40 E75F 身-12 やがて

字解 国字。やがて。軈に同じ。

7916 【軆】 7729 6D3D E75C 身-13 タイ 「体」(218)の異体字

7917 【軈】 7733 6D41 E760 身-17 やがて

字解 国字。会意。身+應。みをもってすぐ事に応じ対処する意。

意味 ❶ただちに。すぐさま。❷やがて。まもなく。そのうちに。❸結局は。

159 車部 くるま

甲骨文 金文 金文 篆文

車は、車輪によって物をはこぶくるま(こや)の象形。もとは馬にひかせる戦車の形で両輪が明らかであったが、篆文で一輪になった。

中国簡体字は、草体によって车とする。車部には、車の種類、部分、動きなどに関する字が収められる。字の左部に用いられる形を「くるまへん」という。

車◆ 車 轟
車▬ ④ 叀 ⑩ 輿 ⑮ 轡
車▃ ② 軍 ⑤ 輩 ⑥ 輂 載 ⑧ 輩 輦 ⑬ 轝
車▌ ① 軋 ② 軌 ③ 軒 軏 軔 ④ 軛 ⑤ 軼 軻 軽 軸 軺 軫 軶 ⑥ 較 輀 輊 輈 輅 ⑦ 輕 輒 輓 輔 輙 ⑧ 輗 輜 輟 輞 輛 輘 輪 ⑨ 輶 輯 輮 輻 輹 輸 輪 轁 ⑩ 轅 轄 轂 轀 ⑪ 轉 轆 轇 ⑫ 轎 轍 轔 ⑬ 轗 轘 ⑭ 轞 轜 ⑮ 轢 ⑯ 轣 轤
車▐ ⑧ 輝

7918 【車】

2854 3C56 8ED4　車－0　常1

シャ（呉）（漢）・キョ（漢）／chē・jū／くるま

筆順 車 車 車 車 車 車 車

字解 部首解説を参照。

同属字 俥・蛼

意味 ❶くるま。軸を中心にして回転する輪。『車輪』『滑車』❷くるま。車輪によって移動する乗り物、運搬用具の総称。『自動車』『車庫』❸はぐき。下あごの骨。『唇歯輔車』❹その他。固有名詞など。『車師』

❶ 軸を中心にして回転する輪。

下接 滑車（カッシャ）・水車（スイシャ／みずぐるま）・旋車（センシャ）・風車（フウシャ／かざぐるま）・副車（フクシャ）・紡車（ボウシャ）・翻車（ホンシャ）／糸車（いとぐるま）・歯車（はぐるま）・矢車（やぐるま）

【車轄（シャカツ）】車輪が軸からはずれないように、車軸の端にさすくさび。

❷ 【車軌（シャキ）】①車の両輪の間のはば。②転じて、車輪。↓❷

【車轂（シャコク）】（「轂」は車輪の矢骨のあつまるところ）車輪の中心の丸い部分。車のこしき。

【車軸（シャジク）】車の軸。車の心棒。『車軸を流す（＝雨あしの太い雨が激しく降る形容）』

【車輪（シャリン）】車の輪。また、車。

❷ 車輪のついた乗り物、運搬用具の総称。

下接 愛車（アイシャ）・安車（アンシャ）・枉車（オウシャ）・外車（ガイシャ）・火車（カシャ）・花車（カシャ）・貨車（カシャ）・艦車（カンシャ）・汽車（キシャ）・牛車（ギッシャ／ギュウシャ）・客車（キャクシャ）・柩車（キュウシャ）・玉車（ギョクシャ）・下車（ゲシャ）・後車（コウシャ）・香車（コウシャ）・山車（サンシャ／だし）・輜車（シシャ）・実車（ジッシャ）・小車（ショウシャ）・乗車（ジョウシャ）・戦車（センシャ）・前車（ゼンシャ）・送車（ソウシャ）・操車（ソウシャ）・増車（ゾウシャ）・属車（ゾクシャ）・大車（タイシャ）・単車（タンシャ）・炭車（タンシャ）・駐車（チュウシャ）・停車（テイシャ）・電車（デンシャ）・同車（ドウシャ）・納車（ノウシャ）・配車（ハイシャ）・廃車（ハイシャ）・馬車（バシャ）・発車（ハッシャ）・覆車（フクシャ）・兵車（ヘイシャ）・砲車（ホウシャ）・奔車（ホンシャ）・満車（マンシャ）・来車（ライシャ）・立車（リッシャ）・竜車（リュウシャ）・列車（レッシャ）・輦車（レンシャ）・路車（ロシャ）・輅車（ロシャ）・一輪車（イチリンシャ）・機関車（キカンシャ）・自転車（ジテンシャ）・自動車（ジドウシャ）・指南車（シナンシャ）・人力車（ジンリキシャ）・雪上車（セツジョウシャ）／肩車（かたぐるま）・口車（くちぐるま）・手車（てぐるま）・荷車（にぐるま）・横車（よこぐるま）・乳母車（うばぐるま）・大八車（ダイハチぐるま）

【車轅（シャエン）】牛車・馬車の前の方につきでた、ながえ。

【車駕（シャガ）】①（「駕」は馬がひく車）くるま。のりもの。②天子が行幸するときに乗る車。③行幸の際の天子の敬称。

【車蓋（シャガイ）】車の上につけたおおい。

【車軌（シャキ）】車のわだち。車の通る道。↓❶

【車騎（シャキ）】兵車と騎馬。また、車馬に乗った兵。

【車庫（シャコ）】車両を入れておく建物や場所。

【車載斗量（シャサイトリョウ）】（車に積み、斗枡（ます）で量る意）数の非常に多いこと。〔呉志‐孫権伝・注〕

【車重（シャジュウ／シャチョウ）】荷車。

【車掌（シャショウ）】国列車、電車、バスなどに乗務して、車内の事務などを取り扱う職員。

【車乗（シャジョウ）】くるま。また、車に乗ること。

【車塵（シャジン）】車の通ったあとにたつ塵（ちり）や埃（ほこり）。

【車体（シャタイ）】車両で、人や荷物をのせるための部分。また、車両の外形全体。

【車站（シャタン）】車が中途で立ち寄る所。

【車轍（シャテツ）】車輪の通ったあと。地上にのこったわだち。

【車道（シャドウ）】道路で、特に車両が通行するように規定した部分。↕歩道・人道

【車馬（シャバ）】車と馬。また、車を引いた馬。転じて、乗り物。『車馬賃』＊陶潜‐飲酒「無二車馬喧一（シャバのケンなし）〔＝車や馬のうるさい音は聞こえない〕」

【車夫（シャフ）】国人力車を引くことを職とする人。人力車夫。

【車輿（シャヨ）】①車と輿（こし）。②牛車などの、車の箱。

【車力（シャリキ）】大八車などを引いて荷物運搬を業とする者。

【車両・車輛（シャリョウ）】列車、自動車などの、一台一台の車の一般的呼称。『車両故障』❤書き換え「車輛→車両」。

【車裂（シャレツ）】車二台に罪人の片足をそれぞれしばりつけ、車を左右に引き離してからだを裂く刑。くるまざき。

【車同ㇾ軌、書同ㇾ文（くるまキをおなじゅうし、ショブンをおなじゅうす）】天下じゅうの車は、わだちとわだちの間の寸法が同じで、書に使用する文字は、同形である。天下の文物制度が統一されている状態をいう。同文同軌。〔中庸〕

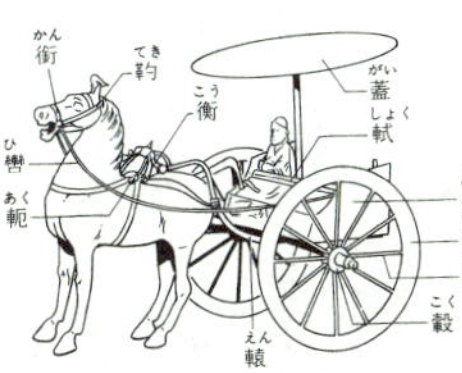

車馬〔甘粛省博物館蔵〕

❹ 固有名詞など。

【車胤（シャイン）】中国、東晋の政治家。字（あざな）は武子。「蛍雪（ケイセツ）の功」の故事の持ち主。四〇一年頃没。

【車師（シャシ）】中国の漢から北魏の時代に、天山山脈東部に存在した国の名。

7919 【轟】

2576 396C 8D8C　車－14

コウ（クヮウ）（漢）・ゴウ（ガウ）（慣）／hōng／とどろく・とどろき

字解 会意。車＋車＋車。多くの車が進むときのとどろく音の意。

意味 とどろく。とどろき。㋑大きな音がひびく。『轟音』『轟轟』『轟然』㋺ときめく。胸がどきどきする。㋩広く世に知れわたる。㋥おおいに。ひどく。『轟酔（ゴウスイ）』

(7920) 【叀】 7736 6D44 E763　車－4

【轟音(ゴウオン)】とどろきわたる音。
【轟轟(ゴウゴウ)】音がとどろきわたるさま。『轟々たる爆音』
【轟然(ゴウゼン)】大きな音のとどろき響くさま。
【轟雷(ゴウライ)】とどろきわたる雷鳴。

車 ▭

7920 【軣】 7736 6D44 E763 車－4
ゴウ 「轟」(7919)の異体字

7921 【輿】 4533 4D41 9760 車－10 (7929)〔轝〕＊6510 車－13

ヨ㊇㊈ \yú\ こし

字解 形声。車＋舁(両手であげる)㊟。人がかつぎ上げる車の意。

甲骨文 篆文

意味 ❶こし。人がかつぐ乗り物。また、乗り物の総称。『輿駕』『乗輿(ジョウヨ)』 ❷万物をのせる台。大地。『輿地』『坤輿(コンヨ)』 ❸多い。多くの。『輿論』

❶ こし。人がかつぐ乗り物。

下接 駕輿(ガヨ)・檻輿(カンヨ)・玉輿(ギョクヨ)・肩輿(ケンヨ)・権輿(ケンヨ)・皇輿(コウヨ)・車輿(シャヨ)・乗輿(ジョウヨ)・神輿(シンヨ|みこし)・宸輿(シンヨ)・仙輿(センヨ)・篼輿(ベンヨ)・宝輿(ホウヨ)・鳳輿(ホウヨ)・籃輿(ランヨ)・輪輿(リンヨ)／手輿(たごし)

【輿駕(ヨガ)】天子の乗り物。

【輿人(ヨジン)】車作りの職人。また、車係の小役人。→❸
【輿台(ヨダイ|こしダイ)】①(ヨダイ) こしをかつぐ召し使い。②国(こしダイ) 手輿(たごし)を支える台。

【輿丁(ヨテイ)】こしをかつぐ者。

【輿梁(ヨリョウ)】車が通行できるような大きく丈夫な橋。

【輿輦(ヨレン)】①こしとくるま。乗り物の総称。②天子の乗る車。

輿〔三才図会〕

❷ 万物をのせる台。大地。

下接 坤輿(コンヨ)・地輿(チヨ)・方輿(ホウヨ)

【輿誌・輿志(ヨシ)】地理書。地誌。

【輿図(ヨズ)】輿地の図。地図。世界地図。

【輿地(ヨチ)】大地。地球全体。全世界。『輿地図』

❸ 多い。多くの。

【輿師(ヨシ)】おおぜいの軍隊。
【輿誦(ヨショウ)】庶民の歌。または、庶民のことば。
【輿人(ヨジン)】多くの人。民衆。→❶
【輿望(ヨボウ)】世間一般からかけられている期待。衆望。
【輿論(ヨロン)】世間一般の人の意見。世論(よロン)。与論。

7922 【轡】 2305 3725 8C44 車－15

ヒ㊈ \pèi\ たづな・くつわ・くつばみ

字解 会意。絲(＝糸、つな)＋軎(＝車)。車を引かせるために馬につけたつな、たづなの意。

金文 篆文

意味 ❶たづな。馬のくつわに結びつけ、騎乗者が馬をあやつる綱。『鞍轡(アンピ)』 ➡〔馬具〕の図一三三九頁・〔車馬〕の図一一七一頁。❷国くつわ。馬の口に含ませて、手綱を付ける金具。『轡虫(くつわむし)』『猿轡(さるぐつわ)』

車 ▭

7923 【軍】 2319 3733 8C52 車－2 常4

グン㊇・クン㊈ \jūn\ つわもの・いくさ

筆順 軍 軍 軍 軍 軍 軍

字解 会意。車(戦車)＋包(かこむ)省。戦車でとり囲むことから、軍隊の意。また、陣どる意。

同属字 暈・葷・揮・渾・暉・煇・琿・運(運)・褌・輝・諢

意味 ❶つわもの。兵士の集団。また、それに似た集団。『軍勢』『軍隊』『海軍』 ❷いくさ。戦い。戦争。『軍記』『軍備』 ❸古代中国の軍制の単位。一軍は一二、五〇〇人とされた。❹中国、宋(ソウ)代の行政区画の単位。路の下に属した。❺あて字など。『軍茶利(グンダリ)』『軍鶏(シャモ)』

❶ つわもの。兵士の集団。

下接 一軍(イチグン)・援軍(エングン)・海軍(カイグン)・官軍(カングン)・義軍(ギグン)・空軍(クウグン)・建軍(ケングン)・懸軍(ケングン)・行軍(コウグン)・紅軍(コウグン)・皇軍(コウグン)・孤軍(コグン)・三軍(サングン)・参軍(サングン)・舟軍(シュウグン)・従軍(ジュウグン)・将軍(ショウグン)・進軍(シングン)・水軍(スイグン)・赤軍(セキグン)・千軍(セングン)・全軍(ゼングン)・賊軍(ゾクグン)・大軍(タイグン)・二軍(ニグン)・敗軍(ハイグン)・反軍(ハングン)・叛軍(ハングン)・辺軍(ヘングン)・友軍(ユウグン)・遊軍(ユウグン)・乱軍(ラングン)・六軍(リクグン)・陸軍(リクグン)・両軍(リョウグン)・義勇軍(ギユウグン)・救世軍(キュウセイグン)・強行軍(キョウコウグン)・十字軍(ジュウジグン)・娘子軍(ジョウシグン)・千軍万馬(センゲンバンバ)

【軍医(グンイ)】軍隊で医務に従事する武官。

【軍営(グンエイ)】軍隊の駐屯している所。

【軍役(グンエキ)】軍人として一定期間服務すること。→❷
【軍靴(グンカ)】軍人の履く、頑丈に作った靴。

【軍歌(グンカ)】軍隊の士気を奮い立たせるための歌曲。

【軍楽(グンガク)】軍隊で演奏する音楽。『軍楽隊』

【軍紀・軍規(グンキ)】軍隊の統制を保つための風紀や規律。軍律。『軍紀を乱す』

【軍伍(グンゴ)】兵士の隊列。また、軍隊。

【軍行(グンコウ)】軍隊の行動。行軍。また、軍の隊列。

【軍校(グンコウ)】将校。

【軍使(グンシ)】軍の命を受けて、交渉のため敵軍に派遣される使者。『軍使を立てる』

【軍師(グンシ)】大将につき従って、計略、作戦を考えめぐらす人。参謀。

【軍帖(グンジョウ)】軍隊の指令で、告知文。また、徴兵の名簿。

【軍人(グンジン)】戦闘要員として軍隊の中に組織された人。

【軍陣(グンジン)】軍隊の陣営、配置。

【軍帥(グンスイ)】一軍の総大将。一軍の統帥(トウスイ)。

【軍政(グンセイ)】軍部が政治を行うこと。↔民政。→❷
【軍勢(グンゼイ)】国軍隊の人数。軍隊。『敵の軍勢』

【軍籍(グンセキ)】軍人という地位、身分。兵籍。

【軍曹(グンソウ)】国旧日本陸軍の階級の一。下士官で、曹長の下、伍長(ゴチョウ)の上。

【軍属(グンゾク)】国戦闘要員以外で、軍に所属し勤務する者。

【軍隊(グンタイ)】組織・編制された軍人の集団。

【軍団(グンダン)】①兵士の集団。軍隊。②国軍隊編制の単位の一。数個師団から成る。

【軍閥(グンバツ)】軍事力を背景にして、政治的特権を握った軍人の一団。『軍閥政治』

7画 見角言谷豆豕豸貝赤走足(⻊)身車辛辰辵(⻌・⻍)邑(⻏)酉釆里

【軍票】グンピョウ 「軍用手票(グンシュヒョウ)」の略。軍隊が、戦地、占領地で発行する通貨代用手形。

【軍部】グンブ 陸・海・空軍などの総称。軍の当局。

【軍府】グンプ [1]軍用の器具をおさめておく蔵。武器倉。[2]将軍が軍中で執務するところ。

【軍法】グンポウ 軍隊の規則、刑法。『軍法会議』→❷

【軍鋒】グンポウ [1]軍の威勢。[2]先頭になって進軍すること。

【軍門】グンモン 軍営の門。『軍門に降(くだ)る〔=降伏する〕』

【軍律】グンリツ 軍隊の規律。『軍律が厳しい』

【軍旅】グンリョ 軍隊。軍勢。→❷

【軍令】グンレイ [1]軍中の命令。[2][国]明治憲法下で、作戦用兵についての統帥事務。

❷ いくさ。戦い。戦争。

【軍役】グンエキ 戦争。いくさ。→❶

【軍学】グンガク 兵学。兵法。『軍学指南』

【軍艦】グンカン 戦闘力を持つ艦船。

【軍記】グンキ [国]戦争を題材にした書物。軍書。『軍記物語』

【軍旗】グンキ 戦場で立てる旗。

【軍機】グンキ 軍事上の機密。

【軍議】グンギ [国]軍事に関する評議。

【軍功】グンコウ 戦争での功績。

【軍国】グンコク 軍事を重視し、国政の中心としている国。『軍国主義』

【軍資】グンシ 軍事に必要な物資。また、軍資金。

【軍事】グンジ 軍備、戦争などに関する事柄。

【軍需】グンジュ 軍事上で物資が必要とされること。↔民需

【軍縮】グンシュク [国]「軍備縮小」の略。軍事上の設備を縮小すること。

【軍書】グンショ [1]軍事上の文書。[2][国]軍記。

【軍神】グンシン [1]武運を守る神。[2][国]模範的に戦って戦死した軍人を神として祭ったもの。

【軍政】グンセイ 軍事に関する政務。→❶

【軍扇】グンセン [国]武将が陣中で指揮に用いた扇。

【軍談】グンダン [国][1]合戦(カッセン)を題材とした江戸時代の通俗小説。[2]軍記物に節を付けて読み聞かせること。

【軍配】グンバイ [国][1]戦国武将などが用いた指揮用の団扇(うちわ)。軍配団扇。[2]相撲で行司が力士をさばく団扇。『軍配を上げる〔=勝ちの判定を下す〕』

【軍備】グンビ 軍事上の備え。『軍備縮小』

【軍費】グンピ 戦争および軍事一般に必要な費用。

【軍法】グンポウ 戦争の方法。兵法。→❶

【軍務】グンム 軍事に関する事務、職務。

【軍用】グンヨウ [1]軍事目的で使うこと。[2]軍費。

【軍略】グンリャク 軍事に関するはかりごと。戦略。

【軍旅】グンリョ 兵役。軍役。＊史記-項羽本紀「丁壮苦二軍旅一、老弱罷二転漕一(テイソウグンリョにくるしみ、ロウジャクテンソウにつかる)〔=働き盛りの者は兵役に苦しみ、老人や子どもは物資の輸送に疲れていた〕」→❶

❺ あて字など。

【軍荼利】グンダリ (梵 kuṇḍali の音訳)「軍荼利明王」の略。密教でいう五大明王の一つで南方に配される。怒りの相を表す。軍荼利夜叉(ヤシャ)。

【軍鶏】シャモ ニワトリの一品種。闘鶏に用いる。❤シャムから渡来したことにちなむ。

[庫] ⇩2131

7924 【輩】 ＊6463 車－5
ハイ 「輩」(7927)の異体字

7925 【輂】 ＊6470 車－6
キョク(漢)\jú\
[字解] 形声。車＋共(声)。馬がひく大車、ておしぐるま。

7926 【載】 2660 3A5C 8DDA 車－6 [常]
サイ(呉)(漢)\zài・zǎi\のせる・のる・はじめ・すなわち

[筆順] 載 載 載 載 載 載

[字解] 形声。車＋𢦏(=𢦏→在、おく・ある)(声)。物を車にのせる意。

甲骨文
篆文
[意味] ❶のせる。車や船につむ。物をのせて運ぶ。『載積』『搭載』❷しるす。書きとめる。記録する。また、ことばをしるした文書。『載録』『記載』『掲載』❸とし。一年。『千載一遇(センザイイチグウ)』❹はじめる。はじめ。❺すなわち。そこで。「則」に同じ。＊陶潜-帰去来辞「乃瞻二衡宇一、載欣載奔(すなわちコウウをみて、すなわちよろこびすなわちはしる)〔=やがて、わが家の門や建物が見えはじめると、わたしはうれしくなって走り出す〕」

❶ のせる。物をのせて運ぶ。

[下接] 運載(ウンサイ)・積載(セキサイ)・船載(センサイ)・搭載(トウサイ)・舶載(ハクサイ)・分載(ブンサイ)・満載(マンサイ)

【載積】サイセキ のせつむこと。積載。

【載筆】サイヒツ 天子の外出時に、史官が筆記用具を車にのせてつき従うこと。→❷

❷ しるす。書きとめる。

[下接] 記載(キサイ)・休載(キュウサイ)・掲載(ケイサイ)・収載(シュウサイ)・所載(ショサイ)・転載(テンサイ)・付載(フサイ)・附載(フサイ)・分載(ブンサイ)・訳載(ヤクサイ)・連載(レンサイ)

【載書】サイショ 誓いの文書。誓文(セイモン)。

【載籍】サイセキ 書籍。書物。

【載筆】サイヒツ 筆をとって文章を書くこと。特に、記録、歴史を書くこと。→❶

【載録】サイロク 書物や記録などに書いて載せること。

[暈] ⇩3149

7927 【輩】 3958 475A 9479 車－8 [常]
(7924)【輩】 ＊6463 車－5
ハイ(呉)(漢)\bèi\ともがら・やから

[筆順] 輩 輩 輩 輩 輩 輩

[字解] 形声。車＋非(→配、ならぶ)(声)。並んだ車の意。転じて、一般にともがらの意。

[意味] ❶ならぶ。列をなしてならぶ。つらなる。『輩出』❷ともがら。なかま。やから。また、その順序。『輩下』『後輩(コウハイ)』『若輩(ジャクハイ)』

❶ ならぶ。つらなる。

【輩出】ハイシュツ すぐれた人物が続いて世に出ること。

❷ ともがら。なかま。やから。

[下接] 下輩(カハイ・ゲハイ)・軽輩(ケイハイ)・後輩(コウハイ)・雑輩(ザッパイ)・児輩(ジハイ)・若輩(ジャクハイ)・弱輩(ジャクハイ)・先輩(センパイ)・俗輩(ゾクハイ)・等輩(トウハイ)・同輩(ドウハイ)

・徒輩(トハイ)・奴輩(ドハイ)・年輩(ネンパイ)・朋輩(ホウバイ)・傍輩(ホウバイ)・末輩(マツバイ)・余輩(ヨハイ)・老輩(ロウハイ)・我輩(わがハイ)・吾輩(わがハイ)

【輩下(ハイカ)】支配下にある者。手下。部下。

【輩行(ハイコウ)】中国で、同じ宗族の兄弟・従兄弟などの中での年齢順の数の称呼。昔は、伯仲叔季の字を用いて、伯某・仲某のようにいい、後世では姓の下に年齢順の数字を添えて、陸八・陸九や李十二・李十三などのように呼んだ。排行。

【輩流(ハイリュウ)】なかま。ともがら。

7928【輦】7751 6D53 E772 車－8 レン(呉)(漢)\niǎn\てぐるま・こし

字解 会意。車＋扶(手足に力をこめた二人のひと)。人が引く車の意。

意味 てぐるま。人の引く車。特に、天子の乗るてぐるま。日本では、車のない、人の肩によるものをもいう。こし。たごし。『葱花輦(ソウカレン)』『玉輦(ギョクレン)』『鳳輦(ホウレン)』

【輦下(レンカ)】天子のひざもと。輦轂(レンコク)の下(もと)。

【輦轂(レンコク)】①てぐるまのこしき。②天子の車。天子ののりもの。

【輦轂下(レンコクのもと)】宮城のある土地。天子のおひざもと。首都。輦下。〔司馬遷‐報二任少卿一書〕

【輦台(レンダイ)】国 江戸時代、川越えの際に人足が旅客を乗せて、かつぎ渡すのに用いた台。

【輦道(レンドウ)】天子の御車の通路。鳳輦(ホウレン)の通路。

【輦輿(レンヨ)】てぐるまとこし。天子の乗り物。

【輦輅(レンロ)】天子の車。

7929【轝】＊6510 車－13 ヨ「輿」(7921)の異体字

車

7930【軋】7734 6D42 E761 車－1 アツ(漢)\yà・zhá\きしむ・きしる

字解 形声。車＋乙(曲がる)(声)。車輪が滑らかに動かない、きしむ意。一説に乙はきしみを表す擬声音とも。

意味 ❶きしむ。きしる。車輪や物などがすれ合って音が出る。『軋軋』『軋轢』❷古代中国の刑罰の一。刀で顔を切る刑とも車でひきつぶす刑ともいう。

【軋軋(アツアツ)】車や艪(ロ)などがきしる音。

【軋轢(アツレキ)】(「轢」も、きしる意)①車がきしること。②すれあうこと。③仲が悪くなること。不和。

7931【軌】2116 3530 8B4F 車－2 常 キ(呉)(漢)\guǐ\わだち・みち

筆順 軌 軌 軌 軌 軌 軌

字解 形声。車＋九(曲がりくねる)(声)。車が通った跡、わだちの意。

意味 ❶わだち。車の通ったあと。また、車輪と車輪のあいだ。転じて、みち。みちすじ。『軌跡』『軌道』『狭軌(キョウキ)』『広軌(コウキ)』『車軌(シャキ)』『同軌(ドウキ)』❷人のふむべき道。のり。てほん。すじみち。また、したがう。より従う。『軌度』『軌範』『儀軌(ギキ)』『常軌(ジョウキ)』『不軌(フキ)』

❶ わだち。また、みち。みちすじ。

【軌条(キジョウ)】鉄道のレール。

【軌跡(キセキ)】①わだちのあと。転じて、行いのあと。遍歴。②数学で、一定の条件に従って動く点が描く図形。

【軌轍(キテツ)】①車の車輪が通った跡。わだち。②前人の行為。前例。

【軌道(キドウ)】①汽車や電車のレール。②運動する物体または粒子の道筋。特に、天体の運行する経路。③物事が進んで行くべき道筋。『軌道修正』→❷

【一レ軌(キをイツにす)】①各地の車の両輪の幅を同一にする。世の中がよく治まり統一されているさまにいう。同文同軌。〔北史‐崔鴻伝〕②車の通った跡を同じくする。同じ行き方、立場をとることにいう。

❷ 人のふむべき道。のり。また、したがう。

【軌則(キソク)】物事のきまり。規則。

【軌度(キド)】人間として守るべきもの。法則。

【軌道(キドウ)】おきてや正しい道に従うこと。→❶

【軌範(キハン)】手本。模範。法式。規範(キハン)。

7932【軒】2414 382E 8CAC 車－3 常 カン(呉)・ケン(漢)\xuān\のき

筆順 軒 軒 軒 軒 軒 軒 軒

字解 形声。車＋干(長くつき出た棒の象形)(声)。轅(ながえ)がつき出た車の意。また、つき出た屋根ののきの意。

意味 ❶くるま。㋑轅の前方が上に曲がっている車。昔、中国で大夫以上の貴人が乗った車。『軒冕』『花軒(カケン)』㋺車の総称。『軽軒(ケイケン)』『戎軒(ジュウケン)』❷のき。ひさし。屋根の端の外部に張り出した部分。『軒灯』『高軒(コウケン)』❸てすり。おばしま。欄干。『軒檻』＊杜甫‐登二岳陽楼一「憑レ軒涕泗流(ケンによりてテイシながる)」〔=楼の手すりにもたれていると、涙が流れてくる〕❹あがる。高く上がる。また、得意になって笑う。『意気軒昂』『軒渠』❺国 家を数える語。また、雅号や屋号に添える語。『一、二、三軒』『来軒』❻人名。『軒岐』

❶ くるま。

【軒轅(ケンエン)】高くはねた形のながえ。→❻

【軒駕(ケンガ)】天子の乗り物。→❻

【軒冕(ケンベン)】①貴人の車と冠。②転じて、高位、高官。

❷ のき。ひさし。

【軒楹(ケンエイ)】のきと柱。また、のきの柱。

【軒掖(ケンエキ)】宮中。宮殿。

【軒灯・軒燈(ケントウ)】軒先に掲げる灯火、電灯。

【軒溜(ケンリュウ)】のきから落ちる雨だれ。

❸ てすり。おばしま。欄干。

【軒檻(ケンカン)】てすり。欄干。

❹ あがる。高くあがる。

【軒渠(ケンキョ)】両手を高く上げるさま。また、得々と笑うさま。

【軒軒(ケンケン)】①高くあがるさま。②高らかに舞い踊るさま。③得意になって自慢するさま。また、満足するさま。

【軒昂(ケンコウ)】意気が高く上がるさま。奮い立つさま。『意気軒昂』

【軒輊(ケンチ)】上がり下がり。高低。転じて、優劣。軽重。

❻ 人名。

【軒轅(ケンエン)】中国古代の伝説上の帝王、黄帝のこと。軒皇。軒駕。また、星座の名。獅子座レグルスを含む一七星。→❶

【軒駕(ケンガ)】=軒轅(ケンエン)。→❶

【軒岐】ケンキ (「軒」は黄帝軒轅氏、「岐」は岐伯。ともに医学の祖といわれたところから) 医学・医術の異称。
【軒皇】ケンコウ ＝軒轅ケンエン

7933 【軏】 *6457 車－3
ゲツ漢・ゴツ漢/yuè/くさび
字解 形声。車＋兀声。車に軛くびきをつけるためのくさびの意。

7934 【軔】 *6459 車－3
ジン漢/rèn/とめぎ
字解 形声。車＋刃(→忍、しのびこらえる)声。車輪の回転をとめる止め木の意。
意味 とめぎ。くるまどめ。『発軔ハツジン』

7935 【軠】 ― 車－4
ジン漢・ニン慣/rén
字解 形声。車＋壬(いとまきの象形)声。糸くりぐるまの意。

7936 【転】 3730 453E 935D 車－4 常3 (7979)【轉】 7759 6D5B E77A 車－11 旧字人
テン呉漢/zhuǎn・zhuàn/ころがる・ころげる・ころがす・ころぶ・まわる・まわす・うつる・うつす・うたた

筆順

字解 転は轉の略体。轉は形声。車＋專(まわる)声。車がまわる、めぐる意。また、ころぶ意。

金文 篆文

意味 ❶ころがる。ころがす。㋑まわる。まわす。『転回』『反転』㋺倒す。倒れる。ころげる。『転倒』『転落』❷うつる。うつす。㋑(状態や方向が)変わる。変える。変化する。『転換』㋺(場所を)うつす。動かす。運ぶ。『矛先を転ずる』『転送』❸うたた。いよいよ。ますます。＊白居易-琵琶行「却レ坐促レ絃絃転急ザにかえりゲンをうながせばゲンうたたキュウなり」[＝もとの場所に帰り、絃を締めると、絃の音はますますせわしくなる]」❹その他。あて字など。『転婆』

❶ ころがる。ころがす。まわる。まわす。
下接 一転イッテン・運転ウンテン・円転エンテン・横転オウテン・回転カイテン・空転クウテン・公転コウテン・左転サテン・自転ジテン・旋転センテン・側転ソクテン・輾転テンテン・動転ドウテン・捻転ネンテン・反転ハンテン・輪転リンテン

【転回】テンカイ 方向などを転じること。また、方向が変わること。『転回点』
【転轂】テンコク (「轂」は、こしき。車輪の中心部) こしきを回すこと。車を動かして荷物を運ぶこと。
【転手】テンシュ|テンジュ ①(テンシュ) 手をめぐらすこと。転じて、わずかな時間のたとえ。②(テンジュ) 国 琵琶ビワ、三味線などの棹さおの頭にさして、弦を巻くくし。
【転瞬】テンシュン またたきすること。瞬時。
【転旋】テンセン ぐるぐると回ること。また、一回りするほどの短い時間。
【転転】テンテン ころがるさま。→❷
【転倒】テントウ ①本来の順序がさかさまになること。『本末転倒』②倒れること。③うろたえ騒ぐこと。♥書き換え「顛倒→転倒」。
【転覆】テンプク ①ひっくり返ること。『列車転覆』②政府などが倒れること。♥書き換え「顛覆→転覆」。
【転蓬】テンポウ 風に吹かれ、根を離れて、ころがって行くヨモギ。転じて、人が漂泊することや旅人のたとえ。
【転落】テンラク ①ころげおちること。顛落テンラク。②おちぶれること。堕落すること。顛落。

❷ うつる。うつす。かわる。
下接 暗転アンテン・一転イッテン・移転イテン・栄転エイテン・気転キテン・機転キテン・逆転ギャクテン・急転キュウテン・好転コウテン・再転サイテン・遷転センテン・退転タイテン・配転ハイテン・変転ヘンテン・陽転ヨウテン・流転ルテン|リュウテン

【転移】テンイ ①他の場所に移ること。移動。②癌などが体の他の部位に移ること。
【転運】テンウン ①運行してやまないこと。移りめぐること。②貨物を運ぶこと。『転運使』
【転訛】テンカ 言葉の本来の発音がなまって変わること。
【転嫁】テンカ 罪過や責任などを他になすりつけること。
【転換】テンカン 気持ち、方針などを別の方向に変えること。また、変わること。『気分転換』『方向転換』
【転記】テンキ 記載事項を他の帳簿などに書き写すこと。
【転機】テンキ 別の状態などに変わるきっかけ。『一転機』
【転居】テンキョ 住居を変えること。転宅。引っ越し。
【転勤】テンキン 同じ官庁、会社などの内部で、勤務地が変わること。『転勤辞令』
【転句】テンク 漢詩の絶句の第三句。転。
【転結】テンケツ 漢詩の絶句で、転句結句。第三句と第四句。
【転向】テンコウ ①方向や立場などを変えること。②思想や主義などを権力の強制などのために放棄すること。
【転校】テンコウ 児童、生徒が、他の学校に移ること。
【転載】テンサイ 印刷物の記事や写真などを別の刊行物に掲載すること。『転載を禁ず』
【転徙】テンシ (「徙」は移る意) 場所を移し変えること。＊柳宗元-捕レ蛇者説「号呼而転徙ゴウコしてテンシす」[＝泣き叫んで他郷に移住する]」
【転写】テンシャ 文章、絵などをそのまま他に写し取ること。
【転借】テンシャク 人が借りているものを、更に借り受けること。↔転貸
【転出】テンシュツ ①その居住地を出て、他の土地に移り住むこと。↔転入。②他の職場へ転任して行くこと。
【転燭】テンショク ともしびの火を移し点していくこと。人生の移り変わりの激しいことにたとえていう。
【転職】テンショク 他の職業に変わること。転業。
【転身】テンシン ①身をかわすこと。②職業や主義、生活などを変えること。転向。
【転進】テンシン 進路を変えること。
【転生】テンセイ|テンショウ 次の世で別の形に生まれ変わること。『輪廻リンネ転生』
【転成】テンセイ 性質の異なる他のものに変わること。
【転遷】テンセン 移り変わること。
【転送】テンソウ 送って来たものを、更に他所に送ること。
【転側】テンソク 方向を変えること。寝返りをすること。
【転対】テンタイ 官吏が順に天子に意見を申し上げること。
♥順番が次々と移ることから。
【転貸】テンタイ 人から借りているものを、更に他の人に貸すこと。また貸し。↕貸借
【転注・転註】テンチュウ 漢字の六書リクショの一。ある意味を持つ漢字を別の意味に使うこと。「音楽」の「楽ガク」の字を「快楽」の意で「楽ラク」とする類。
【転転】テンテン 次々と移り動くこと。『職場を転々とする』→❶
【転読】テンドク 仏教で、経典の要所を読むことによって全体を読むのに代えること。↔真読
【転入】テンニュウ 他の土地からその土地へ移り住むこと。また、他の学校から転校して来ること。↔転出

【転任(テンニン)】 他の任務または任地に転じること。
【転売(テンバイ)】 買った物を使わないで、他に売り渡すこと。
【転変(テンペン)】 移り変わること。変遷。『有為(ウイ)転変の世』
【転補(テンポ)】 他の官職に任ずること。転任させること。
【転用(テンヨウ)】 本来の目的と違った目的に用いること。

❹ その他。あて字など。

【転婆(テンバ)】 国（「お転婆」の形で）娘が、慎みもなく活発に動き回ること。おきゃん。❤「馴(な)らすことのできない」の意のオランダ語 ontembaar からともいう。

【転輪聖王(テンリンジョウオウ)】（梵 Cakravarti-rājan の訳語）仏語。四天下を統一して正法をもって世を治める王。輪宝（輪状の武器）を回転させて、敵対するものを降伏させるという。輪宝に金・銀・銅・鉄の種類があり、金輪王ないし鉄輪王といって、その統治する世界に差がある。転輪王。

7937 【軟】 3880 4670 93EE 車－4 常 (7968)〔輭〕*6486 車－9

ネン呉・ゼン漢・ナン慣/ruǎn/やわらか・やわらかい

筆順 軟 軟 軟 軟 軟 軟

字解 軟は、輭の通俗体。輭は形声。車＋耎（やわらかい）声。振動が柔らかい車の意。転じて、やわらかい意。

意味 やわらか。やわらかい。また、よわい。かよわい。↕硬。『硬軟(コウナン)』『柔軟(ジュウナン)』 ⇒〔硬〕(5310)の表

【軟化(ナンカ)】 やわらかくなること。また、強硬だった態度がやわらぐこと。↕硬化
【軟球(ナンキュウ)】 軟式野球、軟式テニスなどで使用するゴム製のボール。↕硬球
【軟禁(ナンキン)】 家などに閉じ込めて、外部との接触を制限すること。『誘拐して軟禁する』
【軟語(ナンゴ)】 穏やかにかたること。情のあることば。
【軟膏(ナンコウ)】 ワセリンなどに薬をまぜた半固形状の外用薬。↕硬膏
【軟骨(ナンコツ)】 脊椎(セキツイ)動物の骨のうち、やわらかい骨。↕硬骨
【軟質(ナンシツ)】 柔軟な性質。↕硬質。『軟質ガラス』
【軟弱(ナンジャク)】 ①質がやわらかで弱いこと。『地盤が軟弱な地帯』 ②意志や性格が弱いこと。↕強硬
【軟体(ナンタイ)】 体が筋肉質でやわらかいこと。『軟体動物』
【軟調(ナンチョウ)】 ①やわらかな調子。↕硬調。②国相場が下がり気味なこと。↕堅調
【軟派(ナンパ)】 国①意見や主義が軟弱な党派。②異性との交遊や、華美な服装を好んでする一派。↕硬派
【軟風(ナンプウ)】 ①やわらかなそよ風。②軟弱な気風。

7938 【軛】 7735 6D43 E762 車－4 (7945)〔軶〕二一 車－5

アク漢・ヤク慣/è/くびき

字解 形声。車＋戹（おさえる）声。車の轅(ながえ)についた牛馬の首を押さえる横木の意。

意味 くびき。車の先端の横木。転じて、自由を束縛するもの。『衡軛(コウヤク)』 ➡〔車馬〕の図 二一七一頁

〔斬〕⇩3079

7939 【軼】 7737 6D45 E764 車－5

イツ漢・テツ漢/yì・dié/すぎる

字解 形声。車＋失（ぬけそれる）声。車が列からそれる、すぎる意。

意味 すぎる。それる。かけはなれる。「佚・逸」に同じ。㋑のがす。はずれる。なくなる。『軼詩』『軼事』『軼書』 ㋺まさる。すぐれる。『軼才』『超軼(チョウイツ)』

【軼材(イツザイ)】 すぐれた人材。また、すぐれた才能。逸材。

【軼詩(イッシ)】 世に伝わらない詩。逸詩。

【軼事(イツジ)】 世に知られていない、かくれた事実。逸事。

【軼書(イッショ)】 名前だけが伝わり、実際にはなくなってしまった書物。逸書。

7940 【軻】 7738 6D46 E765 車－5

カ漢/kē・kě

字解 形声。車＋可声。

参考 万葉仮名では音を借りて「か」。

意味 ❶「轗軻(カンカ)」は、車が行きなやむこと。転じて、世に志を得ないこと。❷人名。㋑中国、戦国時代の思想家・孟子の名。孟軻。㋺「荊軻(ケイカ)」は、中国、戦国時代の刺客の名。

7941 【軽】 2358 375A 8C79 車－5 常3 (7952)〔輕〕 7743 6D4B E76A 車－7 旧字

キョウ（キャウ）呉・ケイ漢・キン唐/qīng/かるい・かろやか・かろんずる

筆順 軽 軽 軽 軽 軽 軽

字解 軽は輕の略体。輕は形声。車＋巠（まっすぐ）声。まっすぐ突き進む戦車の意から、かるい意。

意味 ❶かるい。↕重。㋑目方がすくない。程度や価値が低い。『軽傷』『軽量』 *司馬遷-報任少卿書「死或重於太山、或軽於鴻毛（シはあるいはタイザンよりおもく、あるいはコウモウよりかろし）」〔＝死はある場合には太山（泰山）よりも重く、またある場合にはオオトリの羽毛よりも軽い〕」 ㋺かろやか。手軽な。簡単な。『軽快』『軽装』 ㋩かるくする。かるくなる。『軽減』 ❷かるがるしい。かるはずみな。落ちつきがない。↕重。『軽率』『軽薄』 ❸かろんずる。あなどる。↕重。『軽視』『軽蔑』 *朱熹-偶成「一寸光陰不可軽（イッスンのコウインかろんずべからず）」〔＝わずかの時間といっても、おろそかにしてはならない〕」 ❹あて字。『軽衫(カルサン)』 ⇒〔重〕(8337)の表

❶ かるい。かろやか。かるくする。

下接 減軽(ゲンケイ)・剽軽(ヒョウケイ)／足軽(あしがる)・気軽(きがる)・手軽(てがる)・身軽(みがる)

【軽靄(ケイアイ)】 薄く立ちこめた靄(もや)。

【軽易(ケイイ)】 手軽でたやすいこと。『軽易な問題』 ↓❸
【軽陰(ケイイン)】 薄ぐもり。また、わずかなかげ。

【軽鋭(ケイエイ)】 身軽に装って志気のするどいこと。

【軽舸(ケイカ)】 船足の軽い船。走舸。飛舸。軽舟。

【軽霞(ケイカ)】 薄くたなびくかすみ。

【軽快(ケイカイ)】 ①かるがるとしていて素早いこと。『軽快な動き』 ②軽やかで、気持ちがよいこと。『軽快な音楽』 ③国病気がよくなること。

【軽寒(ケイカン)】 やや寒いこと。肌寒いこと。薄寒。

【軽紈(ケイガン)】 白絹を用いた軽い衣服。

【軽騎(ケイキ)】 軽装した騎兵。軽騎兵。

【軽裘(ケイキュウ)】 軽くて暖かい皮ごろも。富貴な人の形容。

【軽裘肥馬(ケイキュウヒバ)】 軽く暖かく上等な皮ごろもと、肥えた馬。富んでいるさまをいう語。〔論語-雍也〕

【軽減(ケイゲン)】 減らして軽くすること。

【軽車熟路(ケイシャジュクロ)】 軽く速い車で慣れた道を走ること。手慣れていて物事をすみやかに行うことのたとえ。軽に

駕ガし熟に就っく。〔韓愈-送二石処士一序〕

【軽舟ケイシュウ】軽やかな小舟。＊李白-早発二白帝城一「軽舟已過万重山ケイシュウすでにすぐバンチョウのやま〔=軽やかな舟は、一気にいくえにも重なる山あいを通りすぎてしまっていた〕」

【軽絮ケイジョ】軽い綿。雪や柳の綿などのたとえ。

【軽少・軽小ケイショウ】①すこし。わずか。②つまらないこと。↔重大

【軽捷ケイショウ】軽快で敏捷ビンショウなこと。

【軽傷ケイショウ】軽い傷。軽いけが。↔重傷。『軽傷者』

【軽迅ケイジン】軽快ですばやいこと。

【軽塵ケイジン】軽いちり。薄く積もったちり。＊王維-送二元二使一レ安西一「渭城朝雨浥二軽塵一イジョウのチョウウケイジンをうるおす〔=渭城の朝の春雨は、軽く舞い上がりがちのほこりをしっとりとおちつかせた〕」

【軽暖・軽煖ケイダン】①少し暖かいこと。②衣服が軽くて暖かなこと。また、上等な衣服をいう。

【軽重ケイチョウ|ケイジュウ】①重量や程度・価値の軽いことと重いこと。②めかた。おもさ。③ぜに。金銭。

【軽輩ケイハイ】国地位、身分の低い人。

【軽帆ケイハン】軽く速い帆かけ船。

【軽微ケイビ】程度がわずかであること。少しであるさま。

【軽便ケイベン】手軽で便利なこと。軽易。簡易。

【軽妙ケイミョウ】軽やかでたくみなこと。気が利いていておもしろいこと。

【軽羅ケイラ】薄い絹布。紗シャ、絽ロなど。

【軽攏ケイロウ】琵琶ビワの演奏で、指で軽く絃を押さえること。＊白居易-琵琶行「軽攏慢撚抹復挑ケイロウマンネンマツまたチョウ〔=指で軽く絃を押さえ、ゆるやかにひねり、ばちで下に払い、またはねる〕」

❷ かるがるしい。かるはずみな。

下接 剽軽ヒョウキン／口軽くちがる・尻軽しりがる

【軽挙ケイキョ】軽率な行動。『軽挙を慎む』『軽挙妄動〔=軽はずみで向こう見ずな行い〕』

【軽忽・軽骨ケイコツ|キョウコツ】かるがるしく不注意なこと。かるはずみ。粗忽。軽率。

【軽信ケイシン】軽率に信じ込むこと。

【軽躁ケイソウ】軽はずみに騒ぐさま。思慮の浅いこと。

【軽率ケイソツ】軽はずみなこと。『軽率な言動』

【軽諾ケイダク】かるがるしく引き受けること。安請け合い。

【軽佻ケイチョウ】落ち着きがなく、軽はずみなこと。『軽佻浮薄〔=軽率で浅はかなこと〕』

【軽薄ケイハク】浅はかなこと。＊杜甫-貧交行「紛紛軽薄何須レ数フンプンたるケイハクなんぞかぞうるをもちいん〔=多くの軽薄な人々は、いちいち数えるに足りない〕」↔重厚

【軽剽ケイヒョウ】①かるがるしく、うわついていること。②住所不定で、定職がなく、人をおびやかしたり、物をかすめとったりする人。

【軽浮ケイフ】うわついていて、落ち着きがないこと。軽佻浮薄。

【軽慮ケイリョ】軽はずみな考え。

❸ かろんずる。あなどる。

【軽易ケイイ】かろんじあなどること。軽侮。→❶

【軽視ケイシ】物事を軽く考えてその価値を認めないこと。↔重視

【軽侮ケイブ】軽くみてあなどること。軽蔑。

【軽蔑ケイベツ】ばかにすること。軽くみてあなどること。

❹ その他。あて字など。

【軽衫カルサン】寒い地方で、作業着、防寒着として男女共に着たもんぺ。ポルトガル Calção から。

7942 【軸】 2820 3C34 8EB2 車－5 常 ジク(ヂク)呉・チク漢 zhóu ·zhòu·zhú

筆順 軸 軸 軸 軸 軸 軸

字解 形声。車＋由(→抽、ぬけ出る)声。車のじくの意。

意味 ❶車の心棒。『機軸キジク』『衡軸コウジク』『車軸シャジク』『主軸シュジク』 ❷回転や活動などの中心となるもの。大切なもの。『基軸キジク』『坤軸コンジク』『枢軸スウジク』『地軸チジク』『中軸チュウジク』 ❸まきもの。かけじく。また、それを数える語。『軸装』『巻軸カンジク』 ❹じく。筆の柄、マッチの棒、草の茎などの棒状の部分。『ペン軸』『花軸カジク』

【軸装ジクソウ】書かれた文字や絵などを、掛け軸の形に仕立てること。

7943 【軺】 ＊6467 車－5 ヨウ(エウ)漢・ショウ(セウ)漢 yáo くるま

字解 形声。車＋召(→小、ちいさい)声。小さいくるまの意。

7944 【軫】 7739 6D47 E766 車－5 シン漢 zhěn くるま・まわる

字解 形声。車＋㐱声。

金文  篆文 

意味 ❶車の箱の下に組まれた横木。転じて、車。❷ことじ。琴の弦をささえ、音を調整する具。『玉軫ギョクシン』 ❸車がさかんに往来するさま。さかんなさま。『軫軫シンシン』 ❹まわる。めぐる。❺うれえる。心配する。『軫懐』『軫恤』『軫悼』『軫念』『紆軫ウシン』 ❻二十八宿の一。からす座付近。みつうち。みつかけ。

【軫懐シンカイ】深く心配し、うれえること。

【軫恤シンジュツ】いたみあわれむこと。

【軫軫シンシン】物事の盛んなさま。

【軫悼シントウ】ひどくなげきかなしむこと。

【軫念シンネン】天子の御心みこころ。また、天子が深く御心を痛めること。一般に心配することをもいう。

7945 【軶】 二一 車－5 アク 「軛」(7938)の異体字

7946 【較】 1951 3353 8A72 車－6 常 カク呉漢・コウ(カウ)漢 jiào·jiǎo·jué くらべる

筆順 較 較 較 較 較 較

字解 形声。車＋交(=爻、くみあわせる)声。車のはこの板の上に組み合わせた横木の意。主として校に通じて、くらべる意に用いる。

意味 ❶くらべる。つきあわせる。「校」に同じ。『較差』『商較ショウコウ』『比較ヒカク』『猟較リョウコウ』 ❷あきらか。いちじるしい。『較然』『較著』 ❸ほぼ。あらまし。おおむね。『較略』『大較タイコウ』

❶ くらべる。

【較差カクサ|コウサ】国①(カク)二つ以上の物事の差。ひらき。『較差是正』②(コウ)最高と最低、最大と最小などの差。 「カクサ」は慣用読み。

【較正(コウセイ)】①文字や文章をくらべ合わせ、誤りを正すこと。校正(コウセイ)。校合(キョウゴウ)。②実験などの前に、計器類の誤差を基準に照らして正すこと。

❷あきらか。いちじるしい。

【較然(コウゼン)】くらべて明らかなさま。

【較著(コウチョ)】いちじるしいこと。また、そのさま。顕著。＊史記-伯夷伝「此其尤大彰明較著者也(これそのもっともおおいにショウメイコウチョなるものなり)」〔＝これは、もっとも明らかで目立つ例である〕

❸ほぼ。あらまし。

【較略(コウリャク)】あらまし。だいたい。大略。

7947【輀】＊6469 車－6 ジ「轜」(7988)の異体字

7948【軾】7740 6D48 E767 車－6 ショク(漢)・シキ(慣)\shì

字解 形声。車＋式(声)。車の前にある横木。

意味 車の前部にある横木に手をかけ、少し身をかがめて敬礼すること。「式」に同じ。⬇〔車馬〕の図一一七一頁

7949【輊】7741 6D49 E768 車－6 チ(漢)\zhì

字解 形声。車＋至(声)。車の前が重くてさがる意。

意味 車の前が重くさがる。『軒輊(ケンチ)』

7950【輌】7750 6D52 E771 車－6 リョウ「輛」(7962)の異体字

7951【輅】7742 6D4A E769 車－6 ロ(漢)\lù\くるま

字解 形声。車＋各(声)。

意味 くるま。㋑大きい車。㋺天子の乗る車。『大輅(タイロ)』『鸞輅(ランロ)』

【輅車(ロシャ)】大きな車。また、天子の乗る車。

【輅馬(ロバ)】輅車(ロシャ)をひく馬。

7952【輕】7743 6D4B E76A 車－7 ケイ「軽」(7941)の旧字

7953【輒】7744 6D4C E76B 車－7 (7959)【輙】7745 6D4D E76C 車－8

チョウ(テフ)(呉)(漢)\zhé\すなわち

字解 形声。車＋耴(顔の両側にあるみみ)(声)。車の両側にあるはこの意。借りて、助字に用いる。

意味 ❶すなわち。そのたびごとに。いつも。また、すぐに。そのまま。＊陶潜-五柳先生伝「造飲輒尽(いたりのめばすなわちつくす)」〔＝来て酒を飲むと、そのつど飲み尽くす〕❷たやすく。かんたんに。❸直立して動かないさま。『輒然(チョウゼン)』

7954【輓】7746 6D4E E76D 車－7 バン(漢)\wǎn\ひく

字解 形声。車＋免(ぬけ出る)(声)。車をひき出す、ひく意。挽に同じ。

意味 ❶ひく。車や舟をひく。『輓歌』❷人をひきあげ用いる。『輓推』❸近い。「晩」に同じ。『輓近』

【輓歌(バンカ)】葬式で、ひつぎをのせた車をひきながら歌う歌。転じて、人の死をいたむ歌。挽歌(バンカ)。

【輓近(バンキン)】近ごろ。最近。晩近。

【輓推(バンスイ)】人をひきたて用いること。推輓。

7955【輔】4269 4A65 95E3 車－7 人 フ(漢)・ホ(慣)\fǔ\たすける・たすけ・すけ

字解 形声。車＋甫(→扶、たすける)(声)。車のそえ木の意から、たすける意。

金文 篆文
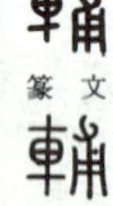

参考 (1)万葉仮名では音を借りて「ふ」。(2)現代表記では、意味の②は「補」が書き換え字。熟語については「補」(7296)をも見よ。

意味 ❶車の添え木。荷物が落ちないようにそえるもの。❷たすける。力をそえて助ける。たすけ。『輔行』『輔成』❸ほおぼね。『唇歯輔車』❹国すけ。令制で、省の次官。大輔。少輔。

❷たすける。力をそえて助ける。

下接 匡輔(キョウホ)・公輔(コウホ)・宰輔(サイホ)・左輔(サホ)・師輔(シホ)

【輔行(ホコウ)】たすけ行うこと。また、正使を補佐する人。副使。

【輔相(ホショウ)】①たすけ補うこと。補佐すること。②諸大臣の上位にあって、天子をたすけて政治を行うこと。

【輔仁(ホジン)】仁徳の修養を傍らから励まし、助けること。

【輔成(ホセイ)】手助けをし、完成させること。

【輔弼(ホヒツ)】天子、君主などの行政をたすけること。

【輔翼(ホヨク)】たすけること。補翼。

❸ほおぼね。

【輔車(ホシャ)】(「車」は歯ぐきの意)頬骨と歯ぐき。密接な関係にあるもののたとえ。『唇歯輔車』【輔車相依(ホシャあいよる)】互いに助け合って存在する。密接な関係にあって切り離せないさまをいう。〔左伝-僖公五年〕

7956【䡇】― ― ― 車－7

字解 字解未詳。「檀䡇(ダンじり)」は、太鼓を載せて祭礼に用いる屋台。

7957【輡】＊6480 車－8 カン(漢)\kǎn

字解 形声。車＋臽(おちこむ)(声)。車が障害によってゆきなやむ意。轗は異体字。

7958【輜】7747 6D4F E76E 車－8 (7965)【輺】＊6492 車－9

シ(漢)\zī\くるま・にぐるま

字解 形声。車＋甾(＝菑、せきとめる)(声)。ほろでおおって外から見えなくした車の意。

意味 ❶ほろぐるま。荷物、兵糧などを運ぶ車。ほろでおおってある車。『輜軿』❷にぐるま。『輜車』『輜重』

【輜車(シシャ)】①にぐるま。荷物や兵糧などを運ぶ車。輜重車。②ほろぐるま。

【輜重(シチョウ)】軍隊の、糧食、被服、武器など、輸送すべき軍需品。または、それを運ぶ荷車。『輜重兵』

【輜軿(シヘイ)】四面におおいのある車。女性が乗った。

7959【輙】7745 6D4D E76C 車－8 チョウ「輒」(7953)の異体字

7960【輟】7748 6D50 E76F 車－8 テツ(漢)\chuò\やめる

字解 形声。車＋叕(つづり合わせる)(声)。つくろった車

の意。
意味 ❶つくろった車。また、つづる。つくろう。❷やめる。とどめる。中止する。『輟耕』『輟食』『輟朝』

【輟耕（テッコウ）】田をたがやすのをやめること。

【輟食（テッショク）】食事を途中でやめること。

【輟朝（テッチョウ）】大臣の喪などのために、天子が政務を行わないこと。

7961【輞】
＊6478 車－8 モウ(マウ)呉・ボウ(バウ)漢／wǎng

字解 形声。車＋罔(おおいかくす)声。車輪にかぶせるたがの意。

意味 ❶車輪にかぶせるたが。❷地名。『輞川』

【輞川（モウセン）】中国陝西（センセイ）省藍田県の南を流れる川。唐代、王維がほとりに別荘を営み、景勝地を選んで「輞川二十景」とした。

7962【輛】
7749 6D51 E770 車－8
(7950)〔輌〕7750 6D52 E771 車－6

リョウ(リャウ)漢／liàng

字解 形声。車＋兩(ふたつ)声。車の二つの車輪の意。

参考 現代表記では「両」(21)に書き換える。

意味 りょう。車を数える語。『車輛（シャリョウ）』

7963【輘】
＊6477 車－8 リョウ漢・ロウ漢／líng・lēng／ふむ

字解 形声。車＋夌声。ふむ・きしる意。

【輘轢（リョウレキ）】ふみにじること。凌轢。陵轢。

7964【輪】
4656 4E58 97D6 車－8 常4 リン呉漢／lún／わ

筆順 輪 輪 輪 輪 輪 輪

字解 形声。車＋侖(順序だてる)声。車の輻（や）が放射状に順序よく並ぶ輪（わ）の意。

参考 万葉仮名では訓を借りて「わ」。

意味 ❶わ。車のわ。『輪禍』『競輪』『車輪』⬇〔車馬〕の図一一七一頁。❷わのような形。また、物のまわり。周囲。『輪郭』『大輪（タイリン）』『日輪』❸まわる。めぐる。また、順番にまわる。『輪廻』『輪番』❹広大なさま。『輪奐』❺国花を数える語。『一輪挿し』❻「輪王（リンオウ）」は、「転輪聖王（テンリンジョウオウ）」の略。❼その他。あて字など。『如輪杢（ジョリンモク）』『七輪（シチリン）』

❶ わ。車のわ。

下接 競輪（ケイリン）・後輪（コウリン）・三輪（サンリン）・車輪（シャリン）・四輪（シリン―よんリン）・前輪（ゼンリン）・双輪（ソウリン）・脱輪（ダツリン）・動輪（ドウリン）・両輪（リョウリン）

【輪鞅（リンオウ）】車と馬。車馬。

【輪禍（リンカ）】国電車、自動車などに、はねられたり、ひかれたりする災難。

【輪人（リンジン）】車輪を作る人。車を作る官職。

【輪輻（リンプク）】車輪のや。輻（や）。

【輪宝（リンボウ―リンポウ）】仏語。もと、インドの兵器で、車輪の形をして八方に鋒端を出すもの。輪鋒。転輪聖王（テンリンジョウオウ）が所持する七宝の一つとされる。

【輪輿（リンヨ）】車と輿（こし）。また、車を作る人。

❷ わのような形。また、物のまわり。周囲。

下接 火輪（カリン）・金輪（キンリン）・銀輪（ギンリン）・九輪（クリン）・月輪（ゲツリン）・光輪（コウリン）・五輪（ゴリン）・水輪（スイリン）・相輪（ソウリン）・大輪（タイリン）・日輪（ニチリン）・年輪（ネンリン）・飛輪（ヒリン）・風輪（フウリン）／内輪（うちわ）・腕輪（うでわ）・首輪（くびわ）・曲輪（くるわ）・花輪（はなわ）・指輪（ゆびわ）

【輪郭・輪廓（リンカク）】①物の外側を形づくる線。②外形。③顔の目鼻だち。④物事のおおよそのところ。概略。書き換え「輪廓→輪郭」。

【輪彩（リンサイ）】太陽のこと。

【輪舞（リンブ）】大勢が輪になって踊ること。

❸ まわる。めぐる。順番にまわる。

【輪囷・輪菌・輪箘（リンキン）】曲がりくねったさま。↓❹

【輪講（リンコウ）】書物などを数人が分担して研究し、順々に講義すること。

【輪作（リンサク）】同一耕地に異なる作物を周期的に交替させて作付けすること。↕連作

【輪唱（リンショウ）】同じ旋律を各声部が等しい間隔で追いかけるように歌う歌い方。

【輪対（リンタイ）】天子に対して役人が政策のよしあしについて順番に意見を述べること。

【輪転（リンテン）】輪が回転すること。輪のようにめぐること。

【輪読（リンドク）】国一つの書を数人が順番に代わり合って朗読して、解釈すること。

【輪廻（リンネ）】仏教で、衆生が迷いの世界に生死を繰り返すこと。〔心地観経〕『輪廻転生』『六道輪廻』

【輪番（リンバン）】まわり持ちで事に当たること。まわり番。

❹ 広大なさま。

【輪奐（リンカン）】（「奐」は、大きく盛んな意）社寺その他の建物が、広大で壮麗であること。

【輪囷・輪菌・輪箘（リンキン）】大きくて立派なこと。↓❸

7965【輜】
＊6492 車－9 シ 「輜」(7958)の異体字

7966【輯】
2920 3D34 8F53 車－9 シュウ(シフ)漢／jí／あつめる・あつまる

字解 形声。車＋咠(よせあつめる)声。あつめる意。

参考 意味①は現代表記では「集」と書く。熟語は「集」(8719)をも見よ。

意味 ❶あつめる。あつまる。材料をあつめて本を作る。「集」に同じ。『纂輯（サンシュウ）』『編輯（ヘンシュウ）』❷やわらぐ。やわらげる。「緝」に同じ。『輯輯』『輯柔』『輯寧』

【輯輯（シュウシュウ）】おだやかな風が吹くさま。

【輯柔（シュウジュウ）】態度をやわらげること。

【輯寧（シュウネイ）】おだやかでやすらかなこと。

【輯睦（シュウボク）】心がやわらいで、人とむつまじくすること。

7967【輳】
7752 6D54 E773 車－9 ソウ漢／còu／あつまる

字解 形声。車＋奏(まとまる)声。車の輻（や）が轂（こしき）に集まることから、ものごとが一所にあつまる意。

意味 あつまる。「湊」に同じ。『輻輳（フクソウ）』

7968【輭】
＊6486 車－9 ナン 「軟」(7937)の異体字

7969【輻】
7753 6D55 E774 車－9 フク漢／fú／や

字解 形声。車＋畐(→副、そいならぶ)声。車の轂（こしき）から放射状に出ている、「や」の意。

意味 車輪のや。＊老子－一一「三十輻、共二一轂一（サンジュウのフク、イッコクをともにす）〔＝車輪の三十本の輻（や）は、一つのこしきの部分に集まっている〕」⬇〔車馬〕の図一一七一頁

【輻射(フクシャ)】車輪の幅(や)のように、一点からまわりへ放射すること。放射。『輻射熱』

【輻湊・輻輳(フクソウ)】車の輻(や)が轂(こしき)に集まるように、四方から寄り集まること。物が一つ所に込み合うこと。

7970 【輹】 7754 6D56 E775 車－9 フク㊥/fù

字解 形声。車＋复㊨。じくしばりの意。車の箱の下で車軸を結びつけているもの。

7971 【輸】 4502 4D22 9741 車－9 常5 (7972)〖輸〗二一 車－9 旧字

シュ㊎㊥・ユ㊥/shū/いたす・おくる

筆順 車 軩 軩 輸 輸 輸

字解 形声。車＋兪(ぬきとる)㊨。車で物を他へ移し運ぶ、おくる意。

参考 万葉仮名では音を借りて「す」。

意味 ❶いたす。おくる。㋐はこぶ。車や船などで送り運ぶ。『輸出』『運輸』『禁輸』㋺うつす。別の所へ移す。『輸血』㋩納める。差し出す。『輸租』㋥つくす。心をつくす。『輸写』⇒〔運〕(8125)の表 ❷やぶれる。まける。↔贏。『輸籌』『輸贏』

下接 ❶いたす。おくる。うつす。つくす。
運輸(ウンユ)・禁輸(キンユ)・空輸(クウユ)・直輸(チョクユ)・転輸(テンユ)・密輸(ミツユ)・陸輸(リクユ)

【輸血(ユケツ)】健康な人の血液を、同じ血液型の患者の血管内に注入すること。

【輸写(ユシャ・シュシャ)】心中をすべて打ち明けて話すこと。

【輸出(ユシュツ)】商品を国外へ送り出して売ること。↔輸入

【輸租(ユソ・シュソ)】租税を官に納入すること。

【輸送(ユソウ・シュソウ)】船、車、航空機などで人や物を運ぶこと。

【輸卒(ユソツ)】輸送を任務とする兵士。

【輸入(ユニュウ)】外国から品物を買い入れること。↔輸出

❷やぶれる。まける。

【輸籌(シュチュウ・ユチュウ)】(「籌」は、数取りの棒、また、投壺(トウコ)の矢)「輸ニ一籌一(イッチュウをユす)」の略。負けること。

【輸贏(ユエイ・シュエイ)】負けと勝ち。勝負。

7973 【輶】 * 6490 車－9 ユウ(イウ)㊥/yóu/くるま

字解 形声。車＋酋㊨。軽いくるまの意。

7974 【轅】 7755 6D57 E776 車－10 エン(ヱン)㊥/yuán/ながえ

字解 形声。車＋袁(→遠、とおい)㊨。車の前に長くのびた棒、ながえの意。

意味 ながえ。車の前方に長く二本出た、かじ棒。軛(くびき)を渡し、牛馬をつないでひかせる。『軒轅(ケンエン)』『車轅(シャエン)』
➡〔車馬〕の図一一七一頁

【轅下(エンカ)】①車のながえの下。②転じて、人に使われること。【轅下駒(エンカのこま)】(「駒」は二歳の子馬の意)ながえにつながれた子馬。転じて、人に束縛され自由にできないことのたとえ。〔史記‐魏其武安侯伝〕

【轅門(エンモン)】①陣屋の門。軍門。②転じて、役所の外門。
♥①は、昔、戦陣で車を向かい合わせに立てて、ながえを門の形にしたことからいう。

7975 【轄】 1977 336D 8A8D 車－10 常 (7976)〖轄〗二一 車－10 旧字

カツ㊥/xiá/くさび・とりしまる

筆順 車 軩 軩 轄 轄 轄

字解 形声。車＋害(→割、たつ・やめる)㊨。車輪から轂(こしき)がはずれないようにしたくさびの意。

意味 ❶くさび。車輪を軸にとめるもの。『車轄(シャカツ)』❷物事をとりしまる。『管轄(カンカツ)』『所轄(ショカツ)』『総轄(ソウカツ)』『直轄(チョッカツ)』『統轄(トウカツ)』『分轄(ブンカツ)』❸車のきしる音。『轄轄(カツカツ)』

7977 【轂】 7756 6D58 E777 車－10 コク㊥/gǔ/こしき

字解 形声。車＋㱿(かたい外皮、から)㊨。車軸のまわりで、輻(や)を集めるこしきの意。

意味 ❶こしき。車輪の中央にあって、輻(や)の集まるところ。『車轂(シャコク)』『推轂(スイコク)』＊老子‐一一「三十輻、共ニ一轂一(サンジュウのフク、イッコクをともにす)」〔＝三〇本の輻は、一つのこしきの部分に集まっている〕」➡〔車馬〕の図一一七一頁。❷転じて、くるま。車両。『轂撃』『轂下』『輦轂(レンコク)』❸「轂轂(コクコク)」は、玉(ギョク)の落ちる音、また、大浪の形容。

【轂撃(コクゲキ)】(車両の轂(こしき)と轂とが互いにぶつかり合う意から)車馬の通行がきわめて多いこと。人の混み合うさま。【轂撃肩摩(コクゲキケンマ)】(「肩摩」は人の肩と肩とがふれ合う意)人の混み合うさま。

【轂下(コッカ)】天子の御車のもと。転じて、天子のひざもと。また、宮城のある土地。

7978 【輾】 7757 6D59 E778 車－10 テン㊥・デン㊥/zhǎn・niǎn/きしる・ころがる・ひく

字解 形声。車＋展㊨。

意味 ❶きしる。すれあう。❷まろぶ。ころがる。半転する。『輾転反側』❸ひく。ひきつぶす。❹車でひく、すりうす。「碾」に同じ。

【輾転(テンテン)】①ころがること。②寝返りをうつこと。

【輾転反側(テンテンハンソク)】幾度となく寝返りをうつこと。思い悩み眠れないさま。展転反側。〔詩経‐周南・関雎〕

7979 【轉】 7759 6D5B E77A 車－11 テン 「転」(7936)の旧字

7980 【轆】 7760 6D5C E77B 車－11 ロク㊥/lù

字解 形声。車＋鹿㊨。一説に、鹿はくるまのまわる音の擬声語ともいう。

意味 ❶くるま木。滑車。また、くるくる回る。『轆轤』『轣轆(レキロク)』❷「轆轆(ロクロク)」は、車の走る音のさま。

【轆轤(ロクロ)】①車井戸で、つるべを上下するための滑車。②国円形の陶器を作る回転円盤。また、木地などを丸くえぐる旋盤。

7981 【轌】 7758 6D5A E779 車－11 そり

字解 国字。会意。車＋雪。そりの意。

7982 【轎】 7761 6D5D E77C 車－12 キョウ(ケウ)㊥/jiào/かご

字解 形声。車＋喬(たかい)㊨。肩でかつぎあげてゆくのりものの意。

意味 ❶かご。肩でかつぎ上げ、人を運ぶかご。こし。

『轎子』『轎夫』❷小さい車。簡易な乗り物。

【轎子】肩でかつぎ上げる、木製の輿。

【轎夫】かご、または、輿をかつぐ者。轎丁。轎番。

7983【轍】3718 4532 9351 車−12 テツ漢/zhé/わだち

字解 形声。車＋徹（つきぬける）省声。車が通りぬけた跡、わだちの意。

意味 わだち。車の輪の通ったあと。また、物事が過ぎ去ったあと。

下接 軌轍・規轍・旧轍・故轍・涸轍・車轍・前轍・転轍・同轍・途轍・覆轍

【轍跡・轍迹】①車輪のあと。わだち。②過ぎ去った事柄の跡。

【轍環天下】車に乗って天下をくまなくめぐること。〔韓愈−進学解〕

【轍鮒】わだちの水たまりにいるフナ。【轍鮒之急】さし迫った危険や困窮のたとえ。涸轍の鮒魚。〔荘子−外物〕❤中国、戦国時代、荘周が監河侯に穀物を借りに行ったところ、近々税が入るからその中から貸してやろうと言われ、自らを轍の水たまりの中で水を欲しているフナにたとえたという故事から。

7984【轔】＊6507 車−12 リン漢/lín・lìn

字解 形声。車＋粦声。粦は、車の音という。

意味 ❶車のとどろき。車がきしりとどろきながら通る音。「轔轔」❷「殷轔」は、物事が盛んであるさま。

【轔轔】車がごろごろと走る音。＊杜甫−兵車行「車轔轔、馬蕭蕭」〔＝車はがらがらと走り、馬はもの悲しげに鳴く〕

【轔轢】車で人や物をひきにじっていくこと。転じて、人の心などをふみにじること。

7985【轗】7762 6D5E E77D 車−13 カン漢/kǎn

字解 形声。車＋感声。軻に同じ。

意味 車が障害によって、ゆきなやむさま。

【轗軻】車がゆきなやむこと。転じて、世に志を得ないこと。困窮すること。また、そのさま。不遇。

7986【轘】＊6509 車−13 カン（クヮン）漢/huán・huàn/ながえ

字解 形声。車＋睘声。

意味 ①車のながえ。②車裂きの刑。

7987【轞】＊6511 車−14 カン漢/jiàn/くるま

字解 形声。車＋監（→檻、おり）声。罪人や猛獣を入れるおりのついた車の意。

意味 ❶車の走る音の形容。❷「轞車」は、罪人や捕虜をのせて運ぶ、檻のかたちをした車。

7988【轜】7763 6D5F E77E 車−14 ジ漢/ér/きぐるま

字解 形声。車＋需声。

意味 貴人の葬儀に、棺を載せて運ぶ車。きぐるま。轜車。「霊轜」

(7947)【輀】＊6469 車−6

7989【轢】7764 6D60 E780 車−15 レキ漢/lì/きしる・ひく

字解 形声。車＋樂声。車でひく意。

意味 ❶きしる。車輪などがすれあう。「軋轢」❷ひく。車でひきつぶす。「轢殺」「轢死」「轢断」

【轢殺】ひき殺すこと。

【轢死】ひかれて死ぬこと。

【轢断】電車などが身体をひいて切断すること。

7990【轣】7765 6D61 E781 車−16 レキ漢/lì

字解 形声。車＋歴声。轢に同じ。

意味 ❶車がごろごろと音をたてて通る。または、車が人や物をひきつぶして通る。「轣轆」❷きしる。すれ合う。転じて、人間関係にまさつが生じる。

【轣轆】車のとどろき。

7991【轤】7766 6D62 E782 車−16 ロ漢/lú

字解 形声。車＋盧声。

意味 「轆轤」は、つるべを上下するための滑車の一種。また日本で、円形の陶器を作るための回転装置。

車

【俥】⇨291 【蛼】⇨7100

7992【輝】2117 3531 8B50 車−8 常 キ呉漢/huī/かがやく・かがやき

筆順 輝 輝 輝 輝 輝 輝

字解 形声。光（ひかり）＋軍（とりまく）声。ひかりが広くとりまきかがやく、かがやく意。

意味 かがやく。かがやき。かがやかしい。

下接 光輝・星輝・清輝・徳輝・明輝

【輝映】光がかがやき映ること。

【輝赫】（「赫」も、かがやく意）光りかがやくこと。

【輝光】光りかがやくこと。かがやき。

【輝煌】かがやききらめくこと。

160 辛部 からい

甲骨文 金文 篆文

辛は、先のとがった刃物または針の象形で、いれずみをすること、つみすることから転じて、からい、つらい意（シン）を表すという。辛部には、罪、処断、からさに関する字がある。

辛 辛 ⑨ 辦 辨 辧 ⑪ 辨 ⑫ 辦 ⑭ 辯

辛 ⑤ 辜 ⑥ 辠

辛 ⑦ 辣

辛 ⑥ 辞 辟 ⑦ 辢 ⑧ 辤 ⑨ 辥 ⑫ 辭

辛

7993【辛】3141 3F49 9068 辛−0 常 シン呉漢/xīn/からい・つらい・かのと・かろうじて

筆順 辛辛辛辛辛辛辛

字解 部首解説を参照。

意味 ❶つらい。むごい。苦しい。きびしい。『粒粒辛苦』『辛酸』『辛辣』❷からい。ぴりりとしてからい。『香辛料コウシンリョウ』『辛子からし』『塩辛しおから』❸かのと。十干の第八番目。『辛亥革命』❹国からくも。かろうじて。やっとのことで。『辛勝』❺熟字訓など。『辛夷』

❶つらい。むごい。

【辛艱シンカン】苦しい悩み。辛苦。

【辛気シンキ】国心がくさくさして、気が重くなること。また、気がもめること。『辛気臭い』

【辛勤シンキン】苦労して勤めること。また、つらい勤め。

【辛苦シンク】つらく苦しいこと。苦辛。『艱難カンナン辛苦』『粒粒リュウリュウ辛苦』

【辛酸シンサン】つらく苦しいこと。辛苦。『辛酸を嘗なめる〔=苦しいことを経験する〕』

【辛楚シンソ】(「楚」は人をむちうつ意)痛み苦しむこと。

【辛抱・辛棒シンボウ】国つらいことをたえ忍ぶこと。

【辛辣シンラツ】非常に手きびしいさま。『辛辣な批評』

【辛労シンロウ】つらい苦労をすること。辛苦。『辛労辛苦』

❸十干の第八番目。

【辛亥革命シンガイカクメイ】一九一一年、清朝を倒し中華民国を樹立した中国の共和主義革命。この年が干支の辛亥の年にあたるところからいう。

❹(日本語で)かろうじて。やっとのことで。

【辛勝シンショウ】国競技などで、かろうじて勝つこと。

❺熟字訓など。

【辛夷こぶし】モクレン科の落葉高木。春先に白い花が咲く。また、同属のコブシ、モクレン、ハクモクレン等の花のつぼみを干して薬用とし、「辛夷シンイ」という。

【辛螺にし】巻き貝の類。

7994 【辦】 ＊6518 辛－9 ベン呉・ハン漢/bàn/さばく

字解 形声。力＋辡(↓判、わけさばく)声。力でさばく、おさめる意。

参考 日本で、「弁」に書き換えることもある。

意味 ❶さばく。あつかう。処理する。『辦理ベンリ』『合辦ゴウベン』『治辦チベン』『買辦バイベン』❷そなえる。ととのえる。『備辦ビベン』❸つとめる。力をつくす。

7995 【辨】 4994 517E 999E 辛－9 ベン 「弁」(2187)の異体字

7996 【辧】 5001 5221 999F 辛－9 ベン 「弁」(2187)の異体字

7997 【辬】 ― ― ― 辛－11 ハン 「斑」(3059)の異体字

7998 【瓣】 6502 6122 E141 辛－12 ベン 「弁」(2187)の異体字

[辮] ⇩ 5851

7999 【辯】 7771 6D67 E787 辛－14 ベン 「弁」(2187)の異体字

8000 【辜】 7767 6D63 E783 辛－5 コ漢/gū/つみ

字解 形声。辛＋古(↓固、かたい)声。罪人が死んで固くなる、罪人を殺す意。転じて、つみの意。

意味 ❶つみ。重い罪。また、はりつけ。『不辜フコ』『無辜ムコ』❷そむく。『辜負』❸ひとりじめにする。『辜権』

【辜権コカク】権力によって、財や利益を独占すること。

【辜負コフ】そむくこと。違背すること。

8001 【辠】 ＊6514 辛－6 サイ漢・ザイ慣/つみ

字解 会意。辛(鋭い刃物)＋自(はな)。はなを切る刑。罪の本字。皇の字に似ているので、中国、秦の始皇帝が、辠を罪の字にかえた。

8002 【辣】 7769 6D65 E785 辛－7 ラツ漢/là/からい・きびしい

字解 形声。辛＋剌(はげしくいたむ)省声。さすような辛さから、きびしい意。

意味 ❶からい。ぴりっとからい。『辣油』『辣韮』❷きびしい。むごい。『辣腕』『悪辣アクラツ』『辛辣シンラツ』

【辣油ラーユ】植物油に赤唐辛子を加えた辛い調味料。中国語から。

【辣韮らっきょう】ユリ科の多年草。白い鱗茎リンケイは漬物用。

【辣腕ラツワン】敏速、的確に事を処理する能力があること。すご腕。『辣腕家』

8003 【辞】 2813 3C2D 8EAB 辛－6 常4 (8008)【辭】 7770 6D66 E786 辛－12 旧字

ジ呉・シ漢/cí/やめる・ことば

筆順 辞辞辞辞辞辞辞

字解 辞は、辭の通俗体。辭は会意。辛＋𤔔(糸が乱れないように、上下から手でおさめる)。罪を治める意。罪からことわる意に通じて、ことばの意に用いる。早くから辤と混用された。

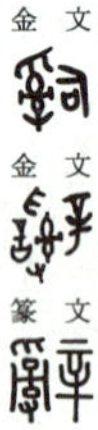

参考 万葉仮名では音を借りて「じ」。

意味 ❶ことば。言語。また、ふみ。文章。『開会の辞』『片言隻辞ヘンゲンセキジ』『辞典』『修辞』『祝辞』⇒表 ❷いなむ。ことわる。やめる。しりぞく。『辞意』『辞退』『固辞コジ』＊史記・項羽本紀「卮酒安足レ辞シシュいずくんぞジするにたらん〔=大杯の酒などを、どうして辞退することがあろうか〕」❸別れを告げる。いとまごいをする。去る。『辞去』『拝辞ハイジ』＊李白－早発二白帝城一「朝辞白帝彩雲間あしたにジすハクテイサイウンのカン〔=夜明けに、白帝城が朝焼けの美しい雲間に見えるのに別れを告げる〕」❹漢文の文体の一。叙情的な韻文。『帰去来辞キキョライのジ』『辞賦』

❶ことば。言語。また、ふみ。文章。

下接 虚辞キョジ・訓辞クンジ・繫辞ケイジ・献辞ケンジ・謙辞ケンジ・言辞ゲンジ

ジ・告辞(コクジ)・賛辞(サンジ)・式辞(シキジ)・謝辞(シャジ)・修辞(シュウジ)・祝辞(シュクジ)・主辞(シュジ)・頌辞(ショウジ)・賞辞(ショウジ)・助辞(ジョジ)・世辞(セジ)・接辞(セツジ)・送辞(ソウジ)・措辞(ソジ)・遜辞(ソンジ)・題辞(ダイジ)・弔辞(チョウジ)・通辞(ツウジ)・悼辞(トウジ)・答辞(トウジ)・遁辞(トンジ)・美辞(ビジ)・蕪辞(ブジ)・文辞(ブンジ)・別辞(ベツジ)・返辞(ヘンジ)・名辞(メイジ)

辞(ジ)	文(ブン・モン)
文辞	文辞
ことばをつらねた章。	ふみ。文章や手紙。
辞句	文句
辞義	文意
辞藻	文藻
美辞	美文
修辞	修文
言辞	言文

【辞彙(ジイ)】ことばを集録した書物。字彙。

【辞気(ジキ)】ことばを使うときの様子。ものの言い方。

【辞儀・辞宜(ジギ)】国①頭を下げて挨拶(アイサツ)すること。『辞儀作法』『お辞儀』②遠慮すること。❤「時儀」「時宜」の「時」に、ことばをかわす意で「辞」を当てたもの。

【辞書(ジショ)】ことばを一定の順序に配列し、その読み方、意味、用法などを記した書物。辞典。字引。字書。

【辞章(ジショウ)】詩歌や文章。詞章。

【辞訟(ジショウ)】うったえ。訴訟。

【辞色(ジショク)】ことばつきと顔色。

【辞典(ジテン／ことばテン)】①＝辞書(ジショ)。『和英辞典』②（ことばテン）辞典を事典(ジテン)と区別するときにいう語。

〔辞達而已矣(ジはタッせんのみ)〕ことばは意思が通じればそれで充分であり、余分な飾りは必要ない。〔論語-衛霊公〕

【辞命(ジメイ)】ことば。また、一国の使者の口上。

【辞林(ジリン)】ことばを多く集め、解釈した書物。辞書。

【辞令(ジレイ)】①応対のことば。特に、習慣的、形式的な言い回し。『外交辞令』『社交辞令』②国官職、役職などの任免の際、その旨を書いて本人に渡す文書。『新聞辞令』

❷ いなむ。ことわる。やめる。しりぞく。

【辞意(ジイ)】辞職、辞退したいという気持ち。
【辞謝(ジシャ)】＝辞退(ジタイ)
【辞譲(ジジョウ)】遠慮して他にゆずること。謙譲。＊孟子-公孫丑上「辞譲之心、礼之端也(ジジョウのこころは、レイのタンなり)〔＝へりくだって人にゆずる心は、礼の糸口である〕」
【辞職(ジショク)】勤めている職を自分からやめること。
【辞退(ジタイ)】命令や依頼などを自分にはふさわしくないとして断ること。また単に、断ること。『出場辞退』
【辞任(ジニン)】任務、職務を自分の意志でやめること。辞職。↔就任
【辞表(ジヒョウ)】辞職の旨を書いて差し出す文書。

❸ 別れを告げる。いとまごいをする。

【辞去(ジキョ)】挨拶(アイサツ)をして立ち去ること。＊史記-廉頗藺相如伝「請辞去(こうジキョせん)〔＝どうかお暇をいただきたい〕」
【辞決・辞訣(ジケツ)】別れを告げること。
【辞世(ジセイ)】この世を去ること。また、死にぎわに詠み残す詩歌など。『辞世の句』
【辞別(ジベツ)】いとまごいをして別れること。告別。

❹ 漢文の文体の一。

【辞賦(ジフ)】叙情的な韻文である辞と、叙事的な韻文である賦。また、詩文。

8004 【辟】 7768 6D64 E784 辛－6 ヒャク(呉)・ヘキ(漢)・ヒ(漢)/bì・pì/ つみ・きみ・めす・さける・ひらく

字解 会意。辛＋卩(屈したひと、また、とりしまる)＋口(命令)。人を罪に服させることから、つみの意。

金文 篆文
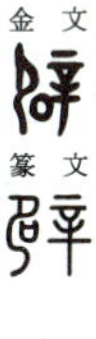

同属字 劈・壁・嬖・擘・臂・璧・甓・襞・躄・譬・辥・闢・霹・僻・避・癖・躃

意味 ❶つみ。重い罪。また、横ざきの刑。刑罰。『大辟(タイヘキ)』❷きみ。天子。諸侯。『辟公』『百辟(ヒャクヘキ)』『復辟(フクヘキ)』❸めす。呼び出す。『辟書』『辟召』❹さける。よける。しりぞける。また、しりごみする。『便辟(ベンヘキ)』❺ひらく。土地をひらく。「闢」に同じ。❻かたよっている。いやしい。よこしまである。『辟遠』『辟陋』『放辟(ホウヘキ)』

❷ きみ。天子。諸侯。

【辟公(ヘキコウ)】諸公。

【辟雍(ヘキヨウ)】中国で、上代に天子が設けた学校。

❸ めす。呼び出す。

【辟書(ヘキショ)】役所などからの公的な呼び出し状。

【辟除(ヘキジョ)】召し出して官に任ずること。↓❹

❹ さける。しりぞける。しりごみする。

【辟易(ヘキエキ)】勢いに押されて、しりごみすること。また、閉口すること。＊史記-項羽本紀「赤泉侯、人馬俱驚、辟易数里(セキセンコウ、ジンバともにおどろき、ヘキエキすることスウリ)〔＝赤泉侯は人馬ともども驚き、数里も退いて避けた〕」
【辟遠(ヘキエン)】さけて遠ざけること。↓❻
【辟邪(ヘキジャ)】古代中国の想像上の動物。形は鹿に似て二角を持つ。邪悪をさけるといわれ、天禄とともに印章や旗などの飾りに描かれる。
【辟除(ヘキジョ)】払いのぞくこと。そうじすること。↓❸
【辟世(ヘキセイ)】世をさけて隠れること。

❻ かたよっている。いやしい。

【辟遠(ヘキエン)】中央から遠いこと。↓❹
【辟陋(ヘキロウ)】①中央から離れ、文化の水準が低いこと。かたいなか。②議論などがかたよっていて卑しいこと。

8005 【辢】 — — 辛－7 ラチ(呉)・ラツ(漢)/là/ からい・きびしい

字解 形声。辛＋刺省(声)。辣に同じ。

8006 【辤】 ＊6516 辛－8 ジ(呉)・シ(漢)/cí/

字解 会意。辛(つらい)＋受(うける)。つらいめにあうようなことを、しりぞける、ことわる意。「辭」に混じた。

8007 【辥】 ＊6517 辛－9 セツ(漢)/xuē/

字解 形声。辛(とがった刃物)＋𠂤(高くつき出る)(声)。法律よりはみ出るものを罰する、つみの意。

甲骨文 金文 篆文

8008 【辭】 7770 6D66 E786 辛－12 ジ 「辞」(8003)の旧字

161 辰部 たつ

甲骨文 金文 篆文

辰は、殻(から)から足を出した二枚貝の形に象る。また、

貝殻を用いた、穂をつむ農具として用いられた。辰部には辰を部首として、辱・農などを収める。

辰◆ 辰
辰 ③ 辱
辰 ⑥ 農

辰

8009【辰】 3504 4324 9243 辰－0 人 シン漢/chén/たつ・とき

字解 部首解説を参照。貝の意では、のちに虫を加えて蜃(大はまぐり)となり、また、星の名から十二支に転用された。

同属字 唇・脣・蜃・宸・晨・震・侲・娠・賑

意味 ❶たつ。十二支の第五番目。時刻では、現在の午前七時から九時まで。方位では、東南東。『辰巳たつみ』❷とき。ひ。時節。『辰刻』❸星の名。さそり座の頭部。また、一般に星、天体。『辰宿』『星辰セイシン』『北辰ホクシン』❹地名など。『辰韓シンカン』

❶ たつ。十二支の第五番目。

【辰刻たつのコク】日本の昔の時刻の名。現在の午前七時から九時ごろまでの時刻。→❷(シンコク)

【辰巳シン｜たつみ】①十二支で表した方角で、辰と巳との間の方角、すなわち、東南。②(たつみ)江戸城の辰巳の方角に当たるところから、江戸時代の遊里、深川の異称。

❷ とき。ひ。時節。

下接 佳辰カシン・嘉辰カシン・忌辰キシン・吉辰キッシン・時辰ジシン・生辰セイシン・誕辰タンシン・芳辰ホウシン・良辰リョウシン

【辰刻シンコク】とき。時刻。→❶(たつのコク)

❸ 天体。星。

【辰極シンキョク】北極星。

【辰宿シンシュク】星の宿るところ。星座。

【辰星シンセイ】①五星の一。水星の異称。②大火(さそり座のアンタレス)のこと。また、さそり座の頭部、房宿、心宿附近をいうか。♥①は、晨に通じて、日の出前に見える星の意か。

❹ 地名など。

【辰韓シンカン】古代、朝鮮半島の南東部の地域名。三韓の一。のちに新羅しらぎと改称した。

【辰砂・辰沙シンシャ｜シンサ】水銀の硫化鉱物。特徴ある紅色の土状または塊状物。♥古くから顔料の朱としても用いられた。中国、湖南省の辰州から産したところから。

難読地名 辰口たつのくち町(石川)

辰

8010【辱】 3111 3F2B 904A 辰－3 常 ニク呉・ジョク漢/rǔ・rù/はずかしめる・はじ・かたじけない

筆順 辰 辰 辱 辱 辱 辱

字解 会意。辰＋寸(て)。貝がらで草をかる意。耨の原字。転じて、はずかしめる意を表す。

同属字 蓐・溽・褥・縟・耨

意味 ❶はずかしめる。はじ。『汚辱』『屈辱』『雪辱』→下接。＊史記-廉頗藺相如伝「相如廷ニ叱之、辱ニ其群臣ー(ショウジョこれをテイシツし、そのグンシンをはずかしむ)〔＝この相如は、朝廷の満座の中で叱りつけ、(秦の)家臣たちをはずかしめた〕」❷かたじけない。もったいない。おそれ多い。また、かたじけのうする。『辱知』『辱友』『辱臨』

下接 栄辱エイジョク・汚辱オジョク・屈辱クツジョク・国辱コクジョク・困辱コンジョク・雪辱セツジョク・大辱タイジョク・恥辱チジョク・笞辱チジョク・寵辱チョウジョク・忍辱ニンジョク・侮辱ブジョク・凌辱リョウジョク

【辱知ジョクチ】その人と知り合いであることをへりくだっていう語。♥その人の厚情で知り合いになっている意。

【辱友ジョクユウ】目上の友人に対し、自分をへりくだっていう語。♥厚情によって友人にしてもらっている意。

【辱臨ジョクリン】貴人が来ることを敬っていう語。

辰

【唇】⇩971 【脣】⇩6307 【蜃】⇩7024 【宸】⇩1756 【晨】⇩3141

8011【農】 3932 4740 945F 辰－6 常3 ノウ呉・ドウ漢/nóng

筆順 農 農 農 農 農 農

字解 会意。甲骨文・金文は、辰(農具)＋林(はやし)。草ぎる・耕作する意。また、金文に田とくさに従うものがみえ、これが変形して篆文の形となり、さらに曲＋辰となった。

同属字 儂・濃・膿・穠・醲

参考 万葉仮名では音を借りて「ぬ」。

意味 田畑をたがやす。田を作る。農業。また、田畑をたがやす人。『農家』『農業』『農民』『篤農』『富農』

下接 営農エイノウ・勧農カンノウ・帰農キノウ・豪農ゴウノウ・司農シノウ・小農ショウノウ・大農ダイノウ・篤農トクノウ・半農ハンノウ・貧農ヒンノウ・酪農ラクノウ・離農リノウ・老農ロウノウ・労農ロウノウ・士農工商シノウコウショウ・重農主義ジュウノウシュギ・半農半漁ハンノウハンギョ

【農家ノウカ】①農業を生計の基本とする家。②中国、戦国時代の諸子百家の一。農政に関することを説く。

【農稼ノウカ】田畑をたがやし作物を植えること。

【農学ノウガク】農業に関する学問の総称。

【農業ノウギョウ】栽培、飼育によって作物や家畜などを生産する活動の総称。

【農芸ノウゲイ】①農業の技術。『農芸化学』②農業と園芸。

【農隙ノウゲキ】農作業のあい間。農業のひま。

【農工ノウコウ】農業と工業。

【農功ノウコウ】農業の仕事。

【農耕ノウコウ】田畑をたがやすこと。農事。『農耕民族』

【農事ノウジ】農業に関する事柄。また、農業の仕事。

【農場ノウジョウ】組織的な農業経営を行うための場所。

【農穡ノウショク】田畑をたがやし、作物をとりいれること。

【農人ノウジン】農業を生業とする人。農夫。＊陶潜-帰去来辞「農人告ニ余以ニ春及一(ノウジンよにつぐるにはるのおよべるをもってす)〔＝農夫が私に、春が来たと知らせてくれた〕」

【農政ノウセイ】農業に関する政策、行政。

【農桑(ノウソウ)】農耕と養蚕。

【農村(ノウソン)】住民の大部分が農業を生業としている村。

【農奴(ノウド)】農民と奴隷との中間に位置した農業労働者。

【農繁期(ノウハンキ)】国農事の忙しい時期。

【農夫(ノウフ)】農業に従事する男。

【農兵(ノウヘイ)】農民を徴集して組織した軍隊。

【農圃(ノウホ)】農作を行う田畑。農畝(ノウホ)。

【農畝(ノウホ)】①農作を行う田畑。また、いなか。②農業。

【農本主義(ノウホンシュギ)】農業を立国の基礎とする主義。

【農民(ノウミン)】農業を生業とする人。百姓。

【農務(ノウム)】①農作の仕事。農業。農事。②農業に関する事務または政務。

【農薬(ノウヤク)】農業で、除草や殺虫に使用される薬剤。

【農林(ノウリン)】農業と林業。『農林水産省』

［震］⇩8765

162 辵(辶・辶)部 しんにょう

甲骨文  
篆文 

辵は、甲骨文は、行(十字路の象形)と止(足の象形)との会意から出て、篆書では行の左半分をとる。道をゆくこと、足で動くこと、移動することなどに関する意味を表すが、辵は単独では用いられず、類標として複体字の左部に用いられる。隷書の筆法から末画をのばして、繞(にょう)の形をとるようになり、そこから「しんにょう(しんにゅう)」の名がある。字形の簡化はイと止との融合によって進み、楷書で特別の形になった。康熙字典は、二点の形をとり、旧明朝活字もそれであるが、常用漢字また中国簡体字は、楷書の一般的な習慣に従って一点としている。なお、行草書でさらに簡化した形から、往々「廴」と混同されることがある。

辵◆ 辵
辶□ ①辷 ②辺 込 込 辻 辻 ③迆 迂
迂 迄 迄 迅 迅 迁 达 辿 辿 ④近 近
迎 迎 迕 迆 返 返 迚 ⑤迤 迱 迦 迦
迥 迩 述 述 迠 迨 迢 迪 迪 迭 迭 逊
迫 迫 ⑥迴 逆 逆 逈 逅 逮 迹 送 送
退 退 迺 追 追 逃 逃 迸 迷 迷 ⑦逑
逕 這 這 逎 逡 逍 逝 逝 造 造 速 速
逐 逐 通 通 逓 逓 逞 逖 途 途 透 透
逗 逗 逋 逢 逢 逭 連 連 逧 ⑧逶 逸
逸 逭 逵 週 週 進 進 逮 逮 逹 逬 ⑨
遏 違 運 運 過 過 遐 遇 遇 遑 遒 遖
遂 遂 遄 達 達 遅 遉 道 道 遁 遁 逼
逼 遍 遍 逾 遊 遊 遥 遖 ⑩違 遠 遠
遣 遣 遘 遡 遡 遜 遜 遞 遝 遙 ⑪遨
遮 遮 遭 遭 適 適 遯 ⑫遺 遺 遻 遵
遵 遶 選 選 遷 遷 遲 遼 遼 ⑬邂 還
還 遽 邅 避 避 邉 邁 邀 ⑭邇 邃 邈
⑮邊 邌 ⑲邏 邐

辵◆

8012 【辵】 *6519 辵－0 チャク㊥/chuò

字解 部首解説を参照。

辶(辶)□

8013 【辷】 7772 6D68 E788 辵－1 すべる

字解 国字。会意。辵＋一(たいら)。物の上をなめらかに進む、すべる意。

8014 【辺】 4253 4A55 95D3 辵－2 常4 (8202)［邊］ 7820 6E34 E7B2 辵－15 旧字 (8196)［邉］ 7821 6E35 E7B3 辵－13 † ヘン㊇㊥/biān/あたり・べ・へ・ほとり

筆順 

字解 辺は邊の通俗体。邊は形声。辵(＝イ)＋臱㊥。道のかたわら、ほとりの意。一説に臱は、台の上に斬りとった頭部を、台の下に残りの死体をおいたさまで、邊は、異民族の侵攻がないよう境界で祈る呪術から、かたわらの意を表すとも。

金文 
篆文 

参考 万葉仮名では訓を借りて「へ㊊」。

意味 ❶あたり。ほとり。へ。近く。『周辺(シュウヘン)』『岸辺(きしべ)』 ❷ふち。へり。はて。はずれ。かぎり。国ざかい。『辺境』『辺地』『沿辺(エンペン)』『天辺(テンペン)』『無辺(ムヘン)』 ❸数学で、㋑多角形を作っている線分。『外辺(ガイヘン)』『四辺(シヘン)』『底辺(テイヘン)』 ㋺方程式・不等式などの両側の項。『右辺(ウヘン)』

下接 ❶あたり。ほとり。へ。近く。
縁辺(エンペン)・海辺(カイヘン|うみべ)・河辺(カヘン)・官辺(カンペン)・机辺(キヘン)・近辺(キンペン)・口辺(コウヘン)・湖辺(コヘン)・座辺(ザヘン)・周辺(シュウヘン)・身辺(シンペン)・水辺(スイヘン|みずべ)・窓辺(ソウヘン|まどべ)・那辺(ナヘン)・武辺(ブヘン)・籬辺(リヘン)・炉辺(ロヘン)／葦辺(あしべ)・磯辺(いそべ)・上辺(うわべ)・片辺(かたべ)・川辺(かわべ)・岸辺(きしべ)・沢辺(さわべ)・野辺(のべ)・浜辺(はまべ)・山辺(やまべ)

❷ふち。はて。はずれ。国ざかい。
【辺域(ヘンイキ)】都を遠く離れた地方。辺地。

【辺海(ヘンカイ)】辺土の海。遠国の海。また、国のはての海。

【辺界(ヘンカイ)】国ざかい。また、辺鄙(ヘンピ)な土地。辺境。

【辺境・辺疆(ヘンキョウ)】都から遠く離れた国のはて。また、国境地帯。❤書き換え「辺疆→辺境」。

【辺警(ヘンケイ)】①国境の警備。②外敵が国境を侵害したという知らせ。

【辺月(ヘンゲツ)】辺土を照らす月。

【辺功(ヘンコウ)】辺境で、外敵を防御または征伐した功績。

【辺寇(ヘンコウ)】外敵が国境に侵入すること。また、その敵。

【辺塞(ヘンサイ)】遠い国ざかい。辺境の地。辺垂。

【辺際(ヘンサイ)】はて。かぎり。『無辺際』

【辺戍(ヘンジュ)】国境の守り。辺境の守備。また、その人。

【辺愁(ヘンシュウ)】辺土にいるうれい。

【辺将(ヘンショウ)】辺境を守る将軍。辺帥。

【辺城(ヘンジョウ)】辺境にある城。国境の城。

【辺陲・辺垂(ヘンスイ)】(「陲」は国境の意)中央から遠く離

れた国のはて。辺境。

【辺陬(ヘンスウ)】国のはての地。国のかたすみ。

【辺地(ヘンチ)】都市から遠く離れた土地。僻地(ヘキチ)。

【辺庭(ヘンテイ)】①辺土にある国の朝廷。②辺土。辺境地帯。国境地帯。＊杜甫－兵車行「辺庭流血成二海水一(ヘンテイのリュウケツカイスイとなる)〔＝国境地帯では死傷者の血が流れて海水のようになっている〕」

【辺土(ヘンド)】都から遠く離れた土地。辺地。

【辺鄙(ヘンピ)】中心地から離れていて不便であるさま。

【辺幅(ヘンプク)】布などのへり。ふち。転じて、うわべ。外観。【修二飾辺幅一(ヘンプクをシュウショクす)】うわべをかざる。みえをはること。〔後漢書－馬援伝〕

【辺防(ヘンボウ)】国境の防備。辺地の守り。辺備。

【辺民(ヘンミン)】辺鄙な所に住む民。また、国境に住む民。

【辺邑(ヘンユウ)】国境の村。また、辺鄙(ヘンピ)な村。片いなか。

【辺要(ヘンヨウ)】辺境の要害。国境の重要な地。

【開レ辺(ヘンをひらく)】領土を拡大する。＊杜甫－兵車行「武皇開レ辺意未レ已(ブコウヘンをひらくイいまだやまず)〔＝武皇は国境を拡大する気をやめない〕」

難読地名 辺戸(へど)岬(沖縄)

8015【込】2594 397E 8D9E 辵－2 常　(8016)〖込〗辵－2 旧字

こむ・こめる

筆順 

字解 国字。会意。辵＋入(はいる)。はいりこむ意。

意味 こむ。中に入る。また、こめる。中に入れる。つめる。たくさん入る。『申込(もうしこみ)』『振込(ふりこみ)』

8017【辻】3652 4454 92D2 辵－2 †　(8018)〖辻〗辵－2

つじ

字解 国字。会意。辵＋十(十字形)。十字路の意。

意味 つじ。十字路。交差点。また、道。道すじ。

【辻褄(つじつま)】合うべき所がきちんと合うはずの物事の道理。筋道。♥「辻」は裁縫で縫い目が十文字に合う所、「褄」は着物のすその左右が合う所であることから。

8019【迆】＊6525 辵－3

イ「迤」(8039)の異体字

8020【迂】辵－3　(8021)〖迂〗1710 312A 8949 辵－3 †

ウ㊥/yū/まがる・とおい

字解 形声。辵＋于(＝亐、まがる)㊥。曲がりくねって行く、さける意。金文は、走に従う。

金文 

篆文 

意味 ❶まがる。くねる。また、まわりくどい。遠回りする。遠回り。『迂遠』『迂回』『迂曲』❷うとい。実情に合わない。世事にくらい。『迂闊』『迂鈍』＊論語－子路「有レ是哉、子之迂也(これあるかな、シのウなるや)〔＝こういうことですね、先生が現実にうといと言われるのは〕」❸やや。すこし。いくらか。『迂久』

❶ まがる。くねる。また、まわりくどい。

【迂遠(ウエン)】遠回りであること。また、実際の役に立たないこと。

【迂回(ウカイ)】遠回りすること。『迂回路』

【迂緩(ウカン)】ぐずぐずしていてのろいこと。

【迂曲(ウキョク)】うねり曲がっていること。また、遠回りすること。

【迂直之計(ウチョクのケイ)】(「直」は近道の意)遠回りに見えながら、実は近道であるという戦略。〔孫子－軍争〕

【迂路(ウロ)】まわり道。

❷ うとい。世事にくらい。

【迂闊・迂濶(ウカツ)】国注意が足りないこと。

【迂愚(ウグ)】世事をよく知らず、おろかなこと。迂闊(ウカツ)でぼんやりしていること。

【迂儒(ウジュ)】世間の実情に通じない学者。

【迂生(ウセイ)】多く、手紙などで自分の謙称。小生。♥おろかな私の意。

【迂叟(ウソウ)】世事にうとい老人。また、老人の謙称。

【迂誕(ウタン)】言うことが大げさで、実際とちがうこと。

【迂鈍(ウドン)】おろかであること。愚鈍。

【迂腐(ウフ)】世事にうとく、役に立たないこと。

❸ やや。すこし。いくらか。

【迂久(ウキュウ)】少し時がたつこと。しばらくして。良久。

8022【迄】辵－3　(8023)〖迄〗4388 4B78 9698 辵－3 †

キツ㊥/qì/いたる・まで

字解 形声。辵＋乞(たちのぼる水蒸気)㊥。いたりおよぶ意。

意味 ❶いたる。およぶ。❷国まで。いろいろな語に付いて、動作・作用の及ぶ範囲・地点を示す。『飽く迄』

8024【迅】3155 3F57 9076 辵－3 常　(8025)〖迅〗辵－3 旧字

シン㊊㊥・シュン㊥・ジン㊞/xùn/はやい

筆順 

字解 形声。辵＋卂(はやい)㊥。はやくゆく、はやい意。

意味 ❶はやい。すみやか。『迅速』『迅風』『軽迅(ケイジン)』❷はげしい。勢いが急激である。『迅雷』『奮迅(フンジン)』

❶ はやい。すみやか。

【迅羽(ジンウ)】タカ(鷹)のこと。

【迅晷(ジンキ)】月日がはやく過ぎ去ること。

【迅疾(ジンシツ)】はやいこと。迅速。

【迅速(ジンソク)】きわめてはやいこと。すばやいさま。『迅速な行動』『無常迅速』

【迅電不レ及レ瞑レ目(ジンデンめをメイするにおよばず)】いなびかりは一瞬のことなので、目をふさぐひまがない。事が急すぎて防ぐひまがないことのたとえ。〔六韜－竜韜軍勢〕

【迅馬(ジンバ)】はやく走る馬。

【迅瀬(ジンライ)】流れのはやい瀬。はやせ。

❷ はげしい。

【迅雨(ジンウ)】激しく降る雨。

【迅風(ジンプウ)】激しい風。はやて。疾風。

【迅雷(ジンライ)】激しい雷鳴。急激に鳴りだすかみなり。『疾風迅雷の勢い』【迅雷風烈(ジンライフウレツ)】激しい雷と強い風。警戒を要するもののたとえ。＊論語－郷党「迅雷風烈必変(ジンライフウレツにはかならずヘンず)〔＝(孔子は)激しい雷鳴や烈風の場合は、必ず居ずまいを正した〕」【迅雷不レ暇レ掩レ耳(ジンライみみをおおうにいとまあらず)】事変があまりにも急で、これらに対処するいとまがないこと。〔晋書－石勒(セキロク)載記上〕

8026 【迁】 * 6524 辵-3
セン 「遷」(8184)の異体字

8027 【达】 * 6522 辵-3
タツ 「達」(8138)の異体字

8028 【辿】 ━━ 辵-3 (8029)【辿】 3509 4329 9248 辵-3 †
テン(漢)/chān/たどる
[字解] 形声。辵+山(声)。
[意味] ❶ゆっくり歩く。❷[国]たどる。道や、物事をさぐりながら進む。

【巡】⇩2009

8030 【近】 2265 3661 8BDF 辵-4 [常2] (8031)【近】━━ 辵-4 旧字
ゴン(呉)・キン(漢)・コン(慣)/jìn/ちかい・ちかづく・ちかしい
[筆順] 近近近近近近近
[字解] 形声。辵+斤(↓僅、わずか)(声)。僅かな距離の意。また、ちかづく意。
[意味] ❶距離的にちかい、へだたりが少ない。↕遠。『近眼』『近隣』『遠近』『至近』❷時間的にちかい、へだたりが少ない。『近況』『近代』『最近』『晩近』❸関係や血すじなどがちかい、へだたりが少ない。親しい。身ぢか。身うち。↕遠。『近因』『近親』『近密』『卑近』
*論語-雍也「能近取レ譬、可レ謂ニ仁之方一也已(よくちかくたとえをとる、ジンのホウというべきのみ)」[=(他人のことでも)自分の身にたとえを取ってひき比べてやっていく、(そういうことが)仁の正しいあり方ということができるのだ]
❹ちかづく。ちかづける。せまる。そばによる。『近迫』『狎近』『接近』『迫近』❺書名。『近古史談』『近思録』❻[国]「近江国(おうみのくに)」は、東山道の一国。現在の滋賀県。江州。

❶ 距離的にちかい。へだたりが少ない。
[下接] 遠近(エンキン)・至近(シキン)・浅近(センキン)・側近(ソッキン)・鄙近(ヒキン)・付近(フキン)・遠交近攻(エンコウキンコウ)・期功強近(キコウキョウキン)/手近(てぢか)・端近(はしぢか)・間近(まぢか)・身近(みぢか)
【近眼】(キンガン|ちかめ) [国]①=近視(キンシ)。②比喩(ヒユ)的に、物事の先を見通すことのできないこと。
【近畿】(キンキ) ①都に近い国々。②[国]京都、大阪を中心とする二府五県の称。近畿地方。
【近景】(キンケイ) 近くの景色。↕遠景
【近攻】(キンコウ) 近くの国を攻めること。『遠交近攻』
【近郊】(キンコウ) 都から五〇里までの地域。転じて、都市周辺の地域。
【近郷】(キンゴウ) 都市に近い田舎。近くの村里。『近郷近在』
【近視】(キンシ) 遠くがはっきり見えないこと。近眼。↕遠視。『近視眼的な発想』『仮性近視』
【近者】(キンシャ) 近いところにいる者。近くの人。→❷
【近所】(キンジョ) 近いところ。近辺。付近。『隣近所』
【近東】(キントウ) 西欧に近いアジアの西部地域。トルコ、シリアなど。→極東。[英]Near Eastの訳語。
【近辺】(キンペン) 近いところ。付近。『東京近辺の行楽地』
【近傍】(キンボウ) 近所。辺り。
【近隣】(キンリン) となり近所。『近隣諸国』

❷ 時間的にへだたりが少ない。
【近詠】(キンエイ) 最近作った詩歌。

【近影】(キンエイ) 人物の写真で、最近のもの。『著者近影』

【近懐】(キンカイ) 最近の心境。

【近刊】(キンカン) ①近いうちに出版されること。②最近出版されたこと。

【近況】(キンキョウ) 生活状態や身のまわりの近ごろの様子。

【近業】(キンギョウ) 最近の仕事、作品、業績。

【近近】(キンキン|ちかぢか) ごく近い将来。『近々開通の予定』

【近古】(キンコ) ①あまり遠くない昔。②時代区分の一。中古と近世との間。日本史では、鎌倉・室町時代。

【近者】(キンシャ) (「者」は、時を表す語につく助字)このごろ。近ごろ。最近。→❶
【近什】(キンジュウ) 最近作った詩歌、文章。近作。

【近状・近情】(キンジョウ) 最近の様子。近況。

【近信】(キンシン) 最近の手紙。

【近世】(キンセイ) ①現代に近い時代。②時代区分の一。近古と現代の間。日本史では、安土桃山時代、江戸時代を指す。

【近体】(キンタイ) ①近ごろ流行の体裁。②漢詩で、唐代の律詩や絶句。↕古体。『近体詩』

【近代】(キンダイ) ①現代に近い時代。現代。また、近ごろ。最近。↕古代。②時代区分の一。日本の場合、明治維新以後、特に太平洋戦争の終結までをいう。

【近来】(キンライ) 近ごろ。『近来まれなる大雪』

❸ 関係や血すじなどがちかい。親しい。
[下接] 貴近(キキン)・昵近(ジッキン)・親近(シンキン)・卑近(ヒキン)/身近(みぢか)
【近因】(キンイン) ある物事を引き起こした直接の原因。
【近衛】(キンエイ|コノエ) [国]天皇、君主のそば近くにあって警護すること。『近衛兵』
【近幸】(キンコウ) 近くに置いてかわいがること。また、側近。
【近思】(キンシ) 卑近なところから考えていくこと。
【近似】(キンジ) よく似通っていること。『近似値』
【近侍・近仕】(キンジ) 主君のそば近くに仕えること。また、その人。近習。
【近習】(キンジュ|キンジュウ) 主君のそば近く仕える人。近侍。
【近臣】(キンシン) 主君のそば近くに仕える家来。
【近親】(キンシン) ①主君のそば近くに仕える親しい臣下。近臣。②血縁の近い親族。
【近切】(キンセツ) ①身ぢかにあって適切であること。②切実に問い詰めて身ぢかな点を反省すること。〔論語-子張〕
【近密】(キンミツ) 親しくて関係が深いこと。
【近憂】(キンユウ) 身のまわりの心配ごと。

❹ ちかづく。ちかづける。
【近接】(キンセツ) 近づくこと。接近。また、近くにあること。『職住近接』
【近迫】(キンパク) ①身ぢかに迫ること。②親しく交わること。

❺ 書名。
【近古史談】(キンコシダン) 江戸後期の歴史書。四巻。大槻磐渓(バンケイ)著。英主、名将、忠臣の逸話一三〇条を漢文で記し、各条ごとに短評を加えたもの。

【近思録】(キンシロク) 中国の儒学書。一四巻。宋の朱子・呂東莱(リョトウライ)撰。宋の道学者、周濂渓、程明道、程伊川、張横渠の言葉六二二条を一四門に分け収めたもの。

8032 【迎】 2362 375E 8C7D 辵-4 [常] (8033)【迎】━━ 辵-4 旧字

ゴウ(ガウ)㊐・ゲイ㊝・コウ(カウ)㊩\yíng・yìng\むかえる・むかえ

筆順 迎 迎 迎 迎 迎 迎

字解 形声。辵＋卬(立つ人とひざまずく人)㊟。出むかえる意。

意味 ❶むかえる。㋑むかえでる。もてなす。『迎春』『歓迎』㋺あらかじめ数える。推算する。『迎日』❷人の意をむかえる。人の意のままになる。『迎意』『迎合』

❶ むかえる。むかえでる。

下接 歓迎(カンゲイ)・郊迎(コウゲイ)・親迎(シンゲイ)・送迎(ソウゲイ)・拝迎(ハイゲイ)・奉迎(ホウゲイ)・逢迎(ホウゲイ)・来迎(ライゲイ|ライコウ|ゴウ)

【迎謁(ゲイエツ)】高貴な人をお迎えして、拝謁すること。

【迎撃(ゲイゲキ)】攻めて来る相手を迎え撃つこと。邀撃(ヨウゲキ)。

【迎合(ゲイゴウ)】前もって期日を決めて会合すること。→❷

【迎歳(ゲイサイ)】新年を迎えること。

【迎春(ゲイシュン)】新春を迎えること。❤近年、年始状の挨拶(アイサツ)の言葉とする風がある。

【迎接(ゲイセツ)】出迎えて応対すること。

【迎賓(ゲイヒン)】客を迎えること。特に、国賓などをもてなすこと。『迎賓館』

【迎風待月(ゲイフウタイゲツ)】風を迎え入れて月の出を待つこと。男女の密会のたとえ。〔元稹-会真記〕

❷ 人の意をむかえる。

【迎意(ゲイイ)】相手の意に沿うようにすること。

【迎合(ゲイゴウ)】自分の意見を曲げても、他人や世の風潮に調子を合わせること。『迎合的な態度』→❶

8034 【迕】 * 6532 辵－4 ゴ㊝\wù・wǔ\さからう

字解 形声。辵＋午(交差する)㊟。であう意。

意味 ❶あう。であう。❷さからう。そむく。『迕逆』

【迕逆(ゴギャク)】そむくこと。忤逆。

8035 【迍】 * 6528 辵－4 チュン㊝\zhūn

字解 形声。辵＋屯(のびなやむ)㊟。ゆきなやむ意。

【迍邅(チュンテン)】行き悩んで進まないさま。

8036 【返】 4254 4A56 95D4 辵－4 常3 (8037)〘返〙 辵－4 旧字

ホン㊐・ヘン㊐・ハン㊝\fǎn\かえす・かえる・かえし

筆順 返 返 返 反 返 返

字解 形声。辵＋反(かえす)㊟。もと来た道をひきかえす意。

参考 万葉仮名では音を借りて「へ㊙」。

意味 ❶かえる。㋑もとの場所、状態にもどる。『初心に返る』『往返(オウヘン)』㋺国反対になる。また、裏がえしになる。『とんぼ返り』㋩国その程度がはなはだしいこと、また、ある動作をくりかえすことを表す。『沸き返る』❷かえす。かえし。㋑もとの場所、状態にもどす。『返却』『返金』㋺他からの働きかけに対してこたえる。『返事』『返報』㋩国表と裏を逆にする。『手のひらを返す』㋥国ある動作をくりかえすことを表す。『読み返す』❸国へん。度数を数える語。『再返(サイヘン)』『数返(スウヘン)』

❷ かえす。かえし。もとへもどす。

【返魂香(ハンゴンコウ)】香の名。これを焚くと死者の魂を呼びもどすという。反魂香。

【返歌(ヘンカ)】国贈られた歌に対して、詠んでその相手に返す歌。返し歌。

【返還(ヘンカン)】一度は手に入れたものをもとに返すこと。

【返却(ヘンキャク)】借りたものを、もとの持ち主に返すこと。

【返景(ヘンケイ|ハンケイ|ヘンエイ|ハンエイ)】(「景」は日差しの意) 夕日の照り返し。夕照。返照。*王維-鹿柴「返景入深林(ヘンケイシンリンにいる)」〔＝夕日の光は奥深い木立ちの中までさし込む〕」

【返済(ヘンサイ)】借りた金品を返すこと。

【返事・返辞(ヘンジ)】国①もらった手紙や質問などに答えること。②呼びかけに応じ返すこと。『二つ返事』

【返照(ヘンショウ|ハンショウ)】夕日の照り返し。返景。*耿湋-秋日「返照入閭巷(ヘンショウリョコウにいる)」〔＝夕日の照り返しが、小さな村里の路地の奥までさし込んでいる〕」

【返上(ヘンジョウ)】国返す意の謙譲語。また、一般に、返すこと。

【返信(ヘンシン)】国返事の手紙、電信。↕往信。『返信はがき』

【返送(ヘンソウ)】送り返すこと。

【返答(ヘントウ)】答えること。返事。

【返納(ヘンノウ)】国もとの所へ返し納めること。

【返杯・返盃(ヘンパイ)】国酒席で、杯を差し返すこと。

【返報(ヘンポウ)】国①人の行為に対してお返しをすること。②しかえし。報復。

【返命(ヘンメイ)】返事をすること。

【返礼(ヘンレイ)】他から受けた礼に対して返し報いること。

【返戻(ヘンレイ)】返しもどすこと。返却。返還。

【返点(かえりテン)】漢文を訓読する際に、漢文の語順を国語の語順に変えることを示す符号。漢字の左下に添える。「レ」「一・二・三」「上・中・下」「甲・乙・丙」「天・地・人」などが用いられる。

8038 【迚】 7773 6D69 E789 辵－4 とても・とて

字解 国字。会意。辵＋中(途中)。途中まででどちらとも決めかねる意。

意味 ❶とても。どうやっても。とうてい。また、非常に。❷とて。といって。さりながら。『去迚(さりとて)』

8039 【迤】 * 6535 辵－5 (8019)〘迆〙 * 6525 辵－3

(8040)〘迱〙 * 6538 辵－5 イ㊝\yí・yǐ

字解 形声。辵＋它(＝也→它、まがりくねる)㊟。曲がりくねってゆく、ななめにゆく意。

意味 ななめにゆく。また、ななめに連なって続くさま。

【迤邐(イリ)】連なり続くさま。ななめに進むさま。

8041 【迦】 ― 辵－5 (8042)〘迦〙 1864 3260 89DE 辵－5 †

カ㊐㊝\jiā

字解 形声。辵＋加㊟。

参考 万葉仮名では音を借りて「か」。

意味 梵語の「カ」の音を表す字。『倶梨迦羅(クリカラ)』『毘奈耶迦(ビナヤカ)』『釈迦(シャカ)』『莫迦(バカ)』『頻迦(ビンガ)』

【迦葉(カショウ)】(梵 Kāśyapa の音訳) 釈尊の十大弟子の一人。頭陀(ズダ)第一(第一人者の意)と称せられた。釈尊の入滅後、経典を結集(ケツジュウ)した中心人物。

【迦毘羅(カピラ)】(梵 kapila の音訳) 釈尊誕生の地。現在のネパール西南境のタライ地方チロラコート。

【迦陵頻伽(カリョウビンガ)】(梵 kalaviṅka の音訳)極楽浄土にいるという鳥。顔は美人のようで、その声の美しさから、仏の声を形容するのに用いられる。

迦陵頻伽
〔中尊寺・透彫華鬘〕

8043 【迥】 7774 6D6A E78A 辵－5 (8060)【逈】＊6545 辵－6

キョウ(キャウ)呉・ケイ漢 jiǒng/はるか

字解 形声。辵＋冋(はるか)声。はるかにへだたる意。のちに辵を加えた。

意味 はるか。遠い。へだたっている。

【迥遠(ケイエン)】はるかに遠いこと。迥遼。
【迥迥(ケイケイ)】＝迥然(ケイゼン)
【迥然(ケイゼン)】はるかに遠いさま。
【迥抜(ケイバツ)】高く抜きんでること。
【迥遼(ケイリョウ)】＝迥遠(ケイエン)

8044 【迩】 3886 4676 93F4 辵－5 ジ「邇」(8199)の異体字

8045 【述】 2950 3D52 8F71 辵－5 常5 (8046)【述】旧字 辵－5

ジュツ呉・シュツ漢 shù/のべる

筆順

字解 形声。辵＋朮(ぴったりくっつく)声。ついてゆく、したがう意。また、他人・先人の意見にしたがいのべる意。

金文 篆文

意味 のべる。㋑受け伝えてのべる。受けついで明らかにする。『述作』『祖述』＊論語-陽貨「子如不言、則小子何述焉(もしいわざれば、すなわちショウシなにをかのべん)」〔＝先生がもし何も言われなければ、われわれ門人たちは何を受け伝えたらよいのだろうか〕㋺思うところをのべあらわす。説明する。『述懐』『述語』⇒〔叙〕(891)の表

下接 既述(キジュツ)・記述(キジュツ)・供述(キョウジュツ)・口述(コウジュツ)・後述(コウジュツ)・刪述(サンジュツ)・纂述(サンジュツ)・紹述(ショウジュツ)・詳述(ショウジュツ)・上述(ジョウジュツ)・叙述(ジョジュツ)・撰述(センジュツ)・前述(ゼンジュツ)・祖述(ソジュツ)・著述(チョジュツ)・陳述(チンジュツ)・編述(ヘンジュツ)・略述(リャクジュツ)・縷述(ルジュツ)・論述(ロンジュツ)

【述懐(ジュッカイ)】心中の思いを述べること。
【述語(ジュツゴ)】文の成分の一。主語に対して、その動作、作用、性質などを述べる語。「山が高い」の「高い」の類。
【述作(ジュッサク)】①先人の言説を述べ伝えることと、新しい説を作り出すこと。→述而不作(のべてつくらず)。②本に書き表すこと。著作。
【述奏(ジュッソウ)】天子に申し上げること。
【述而不作(のべてつくらず)】先人の道を述べ伝えることはするが、新しく道を作り出すことはしない。〔論語-述而〕

8047 【迠】＊6533 辵－5 ショウ(セフ)漢・チョウ(テフ)漢/ゆく

字解 形声。辵＋占声。ゆく意。

8048 【迨】＊6536 辵－5 タイ漢 dài/およぶ

字解 形声。辵＋台声。

意味 ❶およぶ。いたる。❷まで(迄)。

8049 【迢】 7775 6D6B E78B 辵－5 チョウ(テウ)漢 tiáo/はるか

字解 形声。辵＋召声。

意味 はるか。遠い。

【迢迢(チョウチョウ)】①はるかに遠いさま。＊文選-古詩十九首「迢迢牽牛星(チョウチョウたるケンギュウセイ)」〔＝はるかに遠く輝く牽牛星〕②他よりも抜きん出て高いさま。すぐれているさま。
【迢逓・迢遰(チョウテイ)】①はるかに遠いさま。②高いさま。

8050 【迪】 7776 6D6C E78C 辵－5 人 (8051)【迪】旧字 辵－5
(2178)【廸】 5515 572F 9C4E 廴－5 テキ漢 dí/みち

字解 形声。辵＋由声。

意味 ❶みち。道路。❷みちびく。教えみちびく。『啓迪(ケイテキ)』❸すすむ。いたる。ふむ。

8052 【迭】 3719 4533 9352 辵－5 常 (8053)【迭】旧字 辵－5

テツ漢 dié/かわる・かわるがわる

筆順

字解 形声。辵＋失(ぬけ出る)声。他のものとかわる。かわる意。

意味 ❶かわる。かわるがわる。『更迭(コウテツ)』❷たがいに。かわるがわる。『迭起』『迭次』『迭代』

【迭起(テッキ)】かわるがわるに起こってくること。
【迭次(テツジ)】たびたび。しばしば。つぎつぎと。
【迭代(テツダイ)】次々と入れかわること。交替してゆくこと。

8054 【迯】 7777 6D6D E78D 辵－5 トウ「逃」(8071)の異体字

8055 【迫】 3987 4777 9497 辵－5 常 (8056)【迫】旧字 辵－5

ハク呉漢 pò/せまる・さこ・せこ・せり・はざま

筆順

字解 形声。辵＋白(→薄、ぴったりつく)声。せまる意。

参考 万葉仮名では訓を借りて「せ」。

意味 ❶せまる。㋑ちかづく。近くなる。間隔、幅がせばまる。『迫真』『気迫』㋺さしせまる。きびしくせまる。せまって苦しめる。『迫害』『圧迫』＊史記-項羽本紀「此迫矣(これせまれり)」〔＝これはたいへんだ〕❷国せり。舞台で俳優や大道具などを奈落(ナラク)からせり上げ、またはせり下げる装置。

❶せまる。また、さしせまる。

下接 圧迫(アッパク)・威迫(イハク)・気迫(キハク)・急迫(キュウハク)・窮迫(キュウハク)・脅迫(キョウハク)・強迫(キョウハク)・近迫(キンパク)・窘迫(キンパク)・緊迫(キンパク)・催迫(サイハク)・切迫(セッパク)・煎迫(センパク)・促迫(ソクハク)・肉迫(ニクハク)・逼迫(ヒッパク)

【迫害(ハクガイ)】害を加え、苦しめること。
【迫撃(ハクゲキ)】近づいて撃つこと。『迫撃砲』
【迫蹙(ハクシュク)】せまること。せまり苦しめること。
【迫真(ハクシン)】国真にせまること。『迫真の演技』
【迫切(ハクセツ)】①さしせまること。緊迫した状態になってくること。②極端に一事にせまること。かたよること。
【迫促(ハクソク)】せまること。力をもって近づくこと。促迫。
【迫力(ハクリョク)】国人の心に強くせまる力。
【迫遽(ハクキョ)】さしせまっていること。余裕がないこと。
【迫脅(ハクキョウ)】せまりおびやかすこと。脅迫。

【迫間はざま】あいだにはさまれた狭い所。狭間はざま。

難読地名 迫間はさま町(宮城)

8057【迴】7779 6D6F E78F 辵-6 エ(ヱ)呉・カイ(クヮイ)漢／huí／めぐる・まわる

字解 形声。辵+回(めぐる)声。めぐる、めぐらす、まわる意。のちに辵を加えた。回・廻に同じ。

参考 熟語は「回」(1220)を見よ。

8058【逆】2153 3555 8B74 辵-6 常5 (8059)【逆】 辵-6 旧字

ギャク呉・ゲキ漢／nì／さか・さかさ・さかさま・さからう・むかえる・あらかじめ

筆順 逆 逆 逆 逆 逆 逆

字解 形声。辵+屰(さかさまになったひと)声。さかさまにゆく、さからう意。

甲骨文 金文 篆文

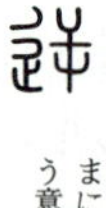

意味 ❶さかさま。順の方向に反対の状態、動き。↔順。『逆効果』『逆接』『逆転』『逆鱗ゲキリン』『可逆』⇒〔順〕(8905)の表 ❷さからう。そむく。道にそむく。↔順。『逆心』『逆賊』『反逆』 ❸のぼせる。上気する。『逆上』 ❹むかえる。出むかえる。『逆旅ゲキリョ』『目逆モクゲキ』 ❺あらかじめ。まえもって。『逆修』

❶ さかさま。

下接 可逆カギャク・吃逆キツギャク／しゃっくり・順逆ジュンギャク・吐逆トギャク

【逆運ギャクウン】思いどおりにいかない運命。不運。

【逆縁ギャクエン】仏語。①悪事が仏道に入る縁となること。②親が生き残って子の供養をすること。↔順縁

【逆算ギャクサン】終わりの方から始めの方へ数えること。

【逆襲ギャクシュウ】攻撃されていた者が、反撃に転じること。

【逆順ギャクジュン】①逆の順序。②順序が正しいことと逆であること。順逆ジュンギャク。

【逆数ギャクスウ】数学で、零でないある数に対して、それに掛け合わせると一になる数。三に対する三分の一など。

【逆接ギャクセツ】二つの文や句の接続の仕方で、前項と後項との間に、矛盾、対立する関係があるものとして結びつける形式。「しかし」、「けれど」などで表されるような関係。↔順接

【逆説ギャクセツ】真理に反しているようで、一種の真理を言い表している表現法。逆理。パラドックス。「負けるが勝ち」の類。『逆説的』

【逆転ギャクテン】①反対の方向に回転すること。②上下や前後が反対になること。③状況などが反対の方向に向かうこと。『逆転勝ち』

【逆風ギャクフウ】進行方向から吹く風。向かい風。↔順風

【逆用ギャクヨウ】本来の目的とは逆のことに利用すること。

【逆流ギャクリュウ】①(ギャクリュウ)本来の方向とは反対に流れること。『河川の逆流』②(ギャクル)仏語。生死、流転の流れにさからうこと。

【逆浪ギャクロウ／ゲキロウ・さかなみ】流れにさからって打つ波。

【逆境ギャッキョウ】思うようにならない不幸な境遇。↔順境

【逆光ギャッコウ】対象の背後から射さす光線。逆光線。

【逆行ギャッコウ】反対の方向へ進んで行くこと。↔順行

【逆鱗ゲキリン】天子が怒ること。【触二逆鱗一げきりんにふる】目上の人などの気持ちにさからって怒りを買う。〔韓非子-説難〕竜のあごの下にさかさにさしたうろこが一枚あって、触れると竜が怒ってその人を殺すというたとえ話から。

❷ さからう。そむく。道にそむく。

下接 悪逆アクギャク・違逆イギャク・横逆オウギャク・凶逆キョウギャク・五逆ゴギャク・弑逆シイギャク／シギャク・順逆ジュンギャク・大逆タイギャク・悖逆ハイギャク・背逆ハイギャク・莫逆バクギャク／バクゲキ・反逆ハンギャク・犯逆ハンギャク・畔逆ハンギャク・払逆フツギャク・乱逆ランギャク

【逆意ギャクイ】人の心にさからうこと。また、むほんの心。逆心。

【逆罪ギャクザイ】仏語。理にそむく極重の悪罪。無間業ムケンゴウともいう。『五逆罪』

【逆耳ギャクジ／みみにさからう】耳にさからって聞きづらいこと。忠言、忠告をいう。＊孔子家語-六本「忠言逆二於耳一而利二於行一(チュウゲンみみにさからえどもおこないにりあり)(=忠告は耳にこころよくはないが、それに従って行動すればよい結果を得ることができる)」

【逆豎ギャクジュ】(「豎」は小僧の意)道理にそむく悪人。ののしっていう語。

【逆取順守ギャクシュジュンシュ】道理にそむく方法で取り、道理にかなった方法でそれを守ること。取り方は正しくないが、後の保持の方法は正しいこと。〔史記-酈生陸賈伝〕

【逆心ギャクシン】主君にそむく心。逆意。

【逆臣ギャクシン】主君にそむいた臣下。

【逆賊ギャクゾク】主君、国にそむいた悪人。

【逆徒ギャクト】主君にそむいた人々。反逆者。

【逆徳ギャクトク】道理にそむいた行い。

【逆命ギャクメイ】①命令に逆らうこと。②国 暴逆な命令。→❹

❸ のぼせる。

【逆上ギャクジョウ】かっとなって、頭に血が上ること。

❹ むかえる。出むかえる。

【逆命ギャクメイ】命令を受けること。→❷

【逆旅ゲキリョ】(旅人を迎える所の意)旅館。宿屋。＊李白-春夜宴二桃李園一序「夫天地者万物之逆旅、光陰者百代之過客(それテンチはバンブツのゲキリョにして、コウインはヒャクダイのカカクなり)(=そもそも天地とは、万物を迎えては送る旅館であり、歳月は永遠に旅を続ける旅人である)」

❺ あらかじめ。まえもって。

【逆修ギャクシュ】生きているうちに、あらかじめ死後の冥福を祈って仏事を行うこと。

【逆睹・逆覩ギャクト／ゲキト】あらかじめ推測すること。

8060【逈】＊6545 辵-6 ケイ 「迥」(8043)の異体字

8061【逅】7780 6D70 E790 辵-6 コウ漢／hòu

字解 形声。辵+后声。「邂逅カイコウ」は出会う意。

8062【遈】―― 辵-6 ユ漢

字解 腴に同じ。「遈迫ユハク」は、肥沃な土地と痩せ地。

8063【迹】7781 6D71 E791 辵-6 シャク呉・セキ漢・ジャク慣／jī／あしあと・あと

字解 形声。辵+亦(→繹、つづく)声。つづくあしあと、あとの意。跡の本字。

参考 万葉仮名では訓を借りて「と乙」

意味 あしあと。物事の行われたあと。「跡」に同じ。

下接 形迹・景迹・軌迹・痕迹・人迹・垂迹・鳥迹・轍迹・筆迹・浪迹

【不ㇾ践ㇾ迹】(あとをふまず) 前人の事跡にならわないで、自分の考えのままに行う。〔論語-先進〕

8064 【送】 3387 4177 9197 辵-6 常3　(8065)〔送〕 二二 辵-6 旧字

ソウ(呉)(漢)/sòng/おくる・おくり

筆順 送 送 送 送 送 送

字解 会意。辵+关(両手でものをささげる)。おくってゆく意。

意味 ❶おくる。人を見おくる。↔迎。「送辞」「送別」「歓送」❷おくり届ける。また、物を人に与える。「送還」「送金」「運送」「放送」❸国あとから添える。特に、漢字の読みを表すため、その字のあとに読みの尾部を仮名で書きそえること。

❶ おくる。見おくる。

下接 歓送・餞送・葬送・奉送・目送

【送往】(ソウオウ) ①行く者を送ること。②死者を送ること。

【送迎】(ソウゲイ) 人を送ることと迎えること。送り迎え。

【送行】(ソウコウ—ソウアン) ㊀(ソウコウ) 人の旅立ちを見送ること。㊁(ソウアン) 仏語。①禅門で、僧の行脚に出るのを送ること。転じて、叢林を去ること。送別。②陰暦七月一五日、夏安居(ゲアンゴ)を終えた僧が自分の寺に帰ること。

【送死】(ソウシ) 仏語。死者を送り葬ること。

【送辞】(ソウジ) 国送別のあいさつ。特に、卒業に際して、在校生が卒業生に贈る言葉。↔答辞

【送葬】(ソウソウ) 死者を葬ること。また、死者を墓所まで送ること。のべおくり。葬送。

【送別】(ソウベツ) 別れて行く人、旅立つ人を送ること。

❷ おくる。おくり届ける。

下接 移送・運送・押送・回送・廻送・逆送・急送・後送・航送・護送・進送・餞送・託送・直送・逓送・転送・伝送・電送・拝送・配送・発送・搬送・別送・返送・放送・密送・郵送・輸送・陸送

【送還】(ソウカン) 送りかえすこと。還送。「強制送還」

【送球】(ソウキュウ) 国球を相手に投げわたすこと。

【送検】(ソウケン) 国犯罪容疑者、または捜査書類、証拠物件を警察から検察庁へ送ること。「書類送検」

【送信】(ソウシン) 通信を送ること。特に、電気信号を送ること。↔受信。「送信機」

【送籍】(ソウセキ) 国民法の旧規定で、婚姻、養子縁組などにより、戸籍を相手方の戸籍に移したこと。

【送達】(ソウタツ) ①送り届けること。②国特に、訴訟に関する書類を、当事者その他特定の関係人に送り届けること。

【送致】(ソウチ) ①送り届けること。②国特に、刑事関係の事件について、書類、被疑者などを捜査機関から他の相当官署へ送ること。

【送呈】(ソウテイ) 人に物を送って呈上すること。

【送付】(ソウフ) 品物や書類などを送り届けること。

【送料】(ソウリョウ) 国郵便物などを送るのに必要な料金。

【送話】(ソウワ) 電話などで相手に話を送ること。「送話器」

8066 【退】 3464 4260 91DE 辵-6 常5　(8067)〔退〕 二二 辵-6 旧字

タイ(呉)(漢)/tuì/しりぞく・しりぞける・しさる・すさる・どく・どける・のく・のける・ひく・ひける

筆順 退 退 退 退 退

字解 会意。辵(=夜、しりぞく)+艮(=皀、おそなえもの)。供物をしりぞける意から、一般に、しりぞける意。

同属字 腿・褪

意味 ❶しりぞく。後方へさがる。もどる。かえる。↔進。「退去」「退場」「後退」❷しりぞける。他へ追いはらう。「退治」「撃退」❸やめる。身をひく。「退学」「退職」「退団」「引退」「脱退」❹おとろえる。おとろえしりぞく。「褪」「頽」に同じ。「退化」「退色」「退廃」「衰退」❺しりごみする。ぐずぐずする。「退嬰」「退屈」

＊論語-先進「求也退、故進ㇾ之」〔=冉求はひっこみ思案なので、あと押ししたのである〕 ⇒進(8117)の表

❶ しりぞく。もどる。かえる。

下接 謙退・後退・進退・早退・撤退・敗退・不退・一進一退・坐作進退・寸進尺退・尺進尋退

【退院】(タイイン) ①僧が寺院をたちのくこと。②国療養する必要のなくなった患者が病院から出ること。

【退却】(タイキャク) 状況が不利になり、退くこと。

【退去】(タイキョ) たちのくこと。「退去命令」

【退勤】(タイキン) 勤務が終わって勤め先を退くこと。↔出勤

【退行】(タイコウ) あとにさがること。→❹

【退散】(タイサン) ①立ち去ること。②国逃げ去ること。

【退出】(タイシュツ) その場から引きさがって帰ること。

【退場】(タイジョウ) ①その場や会場から立ち去ること。↔入場。②その舞台から引っこむこと。↔登場

【退譲】(タイジョウ) へりくだること。謙退。辞譲。謙譲。

【退食】(タイショク) ①(朝廷から退出して、家に帰って食事するの意から)朝廷を退出すること。また、公の職から退くこと。退朝。②休息すること。退休。退息。

【退陣】(タイジン) 陣を後方へ退かせること。→❸

【退席】(タイセキ) その席を退くこと。

【退蔵】(タイゾウ) ①世間を離れてかくれ住むこと。②物資などをかくしてしまい込んでおくこと。「退蔵物資」

【退朝】(タイチョウ) 朝廷から退出すること。退廷。

【退潮】(タイチョウ) ひきしお。干潮。→❹

【退廷】(タイテイ) 朝廷や法廷から退出すること。

【退転】(タイテン) 仏教で、それまでに得た悟りの位や修行などを失って後戻りすること。↔不退転

【退敗】(タイハイ) 戦にやぶれて退却すること。敗退。

【退避】(タイヒ) 危険を避けて、ある場所から退くこと。

【退路】(タイロ) 退却する道。逃げ道。↔進路

❷ しりぞける。他へ追いはらう。

【退治】(タイジ) 国討ち平らげること。攻めほろぼすこと。

❸ やめる。身をひく。

下接 引退・隠退・辞退・脱退・中退・勇退

【退位】(タイイ) 帝王の位を退くこと。↔即位

【退隠】(タイイン) 官途または世間の仕事から退いてひまな身になること。

【退役】(タイエキ) 国軍の将校、准士官が兵役を退くこと。↔在役。「退役軍人」

【退官】(タイカン) 官職を去ること。↔任官

【退間(タイカン)】官職を退き気ままに静かな生活を送ること。

【退休(タイキュウ)】官職を退いて休むこと。

【退耕(タイコウ)】官職を退いて耕作にたずさわること。官職を去って民間にくだること。

【退職(タイショク)】職を退くこと。↔就職。『退職届』

【退陣(タイジン)】社会的な地位をやめて退くこと。→❶

【退任(タイニン)】任務を退くこと。↔就任

【退筆(タイヒツ)】役目を終えた筆。穂先のすりきれた筆。

【退老(タイロウ)】老年で職を退き、隠居すること。

❹ おとろえる。おとろえしりぞく。

下接 減退(ゲンタイ)・衰退(スイタイ)・廃退(ハイタイ)

【退化(タイカ)】①進歩していたものが、元の状態に戻ること。②生物体の器官、組織が縮小、衰退すること。↔進化

【退行(タイコウ)】発達や進化の過程で、すでに経過した段階に戻ること。退化。→❶

【退紅(タイコウ)】国①薄紅(うすくれない)の染色。退紅色。②薄紅の狩衣。上流貴族の家の下部(しもべ)の着衣。褪紅(タイコウ)。

【退色(タイショク)】色があせること。『日にやけて退色する』 ♥書き換え「褪色→退色」。

【退勢(タイセイ)】国勢いが衰えること。『退勢を挽回(バンカイ)する』 ♥書き換え「頽勢→退勢」。

【退然(タイゼン)】①衰えて力のないさま。②おとなしいさま。ひかえ目でしとやかなさま。

【退潮(タイチョウ)】勢力が衰えること。→❶

【退廃(タイハイ)】国①衰えすたれること。廃頽。②道徳や明るい気風などが失われ、不健全になること。『退廃した風紀』 ♥書き換え「頽廃→退廃」。

【退歩(タイホ)】以前の状態より悪くなること。↔進歩

❺ しりごみする。ぐずぐずする。

【退嬰(タイエイ)】積極的に新しいものを取り入れようとする意気込みのないこと。↔進取。『退嬰的』

【退屈(タイクツ)】国①何もする事がなくて、暇をもてあますこと。『退屈凌(しの)ぎ』②興味をひくものがなくてつまらないこと。『退屈な映画』

8068【迺】7782 6D72 E792 辵-6
ダイ(漢)\nǎi\すなわち

字解 形声。辵(=辶)+西(=囟)(声)。主として乃に通じて用いる。廼は通俗体。

意味 ❶すなわち。そこで。❷なんじ。おまえ。❸はじめて。❹国の。『曽我迺家(そがのや)〔=屋号の名〕』

8069【追】3641 4449 92C7 辵-6 常3　(8070)〔追〕 辵-6 旧字

ツイ(呉)(漢)・タイ(漢)\zhuī・duī\おう

筆順
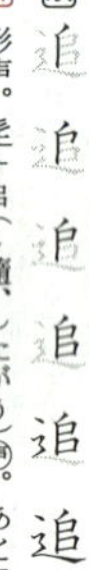

字解 形声。辵+自(↓隨、したがう)(声)。あとにつきしたがう、おう意。甲骨文・金文は、軍隊が、敵を征伐に出発するに際し、そなえもの(肉)を捧げるさまをいう。

甲骨文 金文 篆文

参考 万葉仮名では音を借りて「つ」。

意味 ❶おう。㋑おいかける。あとをおう。したがう。『追撃』『追随』 *公羊伝-隠公二年「去者勿ㇾ追(さるものはおうことなかれ)〔=去る者は追ってはならない〕」 ㋺おいはらう。おいのける。『追放』 ❷あとからもう一度する。あとからつけ加える。『追加』『追試』 ❸さかのぼる。過去にさかのぼってする。過去をしのぶ。『追憶』『追悼』 ❹みがく。玉をみがく。「鎚(タイ)」に同じ。『追琢』 ❺その他。あて字、固有名詞など。『追分(おいわけ)』『追河(おいかわ)』

❶ おう。おいかける。また、おいはらう。

下接 急追(キュウツイ)・窮追(キュウツイ)・訴追(ソツイ)・猛追(モウツイ)

【追及(ツイキュウ)】①追いかけて、追いつくこと。②国どこまでもくいさがって調べ、責めること。『責任を追及する』

【追求(ツイキュウ)】目的のものを手に入れようとして、あくまでも追いかけ求めること。『理想を追求する』

【追究・追窮(ツイキュウ)】不明なものや不確かなことを尋ねきわめること。『真理を追究する』

【追撃(ツイゲキ)】逃げる敵を追いかけて攻撃すること。

【追従(ツイジュウ|ツイショウ)】①(ツイジュウ)あとにつき従うこと。②(ツイショウ)国こびへつらうこと。『お追従を言う』

【追蹤(ツイショウ)】あとをつけていくこと。→❸

【追躡(ツイジョウ)】あとにくっついて追いかけること。追跡。

【追随(ツイズイ)】他人の行為や意見のまねをすること。

【追跡(ツイセキ)】あとを追いかけること。また、物事の行われたあとや経過、筋道をたどること。『追跡調査』

【追送(ツイソウ)】①見送ること。②国後から送り届けること。

【追逐(ツイチク)】①あとを追いかけること。②後になり先になりして行くこと。追いつ追われつすること。

【追討(ツイトウ)】賊などを追いかけてうちとること。

【追突(ツイトツ)】(乗り物などが)後ろから突き当たること。

【追儺(ツイナ)】国節分の夜、豆をまいて災難を追いはらう行事。おにやらい。

【追尾(ツイビ)】あとをつけて行くこと。追跡。

【追放(ツイホウ)】①追い払うこと。『暴力を追放する』②国不適当と思われる人を公職などから退かせること。

❷ あとからもう一度する。

【追加(ツイカ)】他のものをあとから付け加えること。

【追記(ツイキ)】あとから書き加えること。

【追啓(ツイケイ)】手紙などで、本文に追加して書くときに、多くそのはじめに書く語。

【追試(ツイシ)】①他人が前に行った実験を、そのとおりにやって確かめること。②国「追試験」の略。試験を受けられなかった者や、不合格の者に対して、あとで行う試験。

【追伸・追申(ツイシン)】手紙などで、本文のあとに更に書き加えるときに記す語。追って書き。二伸。

【追訴(ツイソ)】既に訴えてある事柄に新しい事柄を追加して訴えること。

【追徴(ツイチョウ)】あとから不足額を徴収すること。『追徴金』

【追認(ツイニン)】法律行為の欠点を、あとから補充して完全なものにすること。→❸

【追納(ツイノウ)】あとから不足額を納めること。

❸ さかのぼる。過去をしのぶ。

【追遠(ツイエン|ツイオン)】祖先のまつりに礼を尽くすこと。また、祖先を思いしのぶこと。

【追王(ツイオウ)】死後に王の称号を贈ること。

【追憶(ツイオク)】過ぎ去ったことを思いしのぶこと。追想。

【追悔(ツイカイ)】事の終わった後になって悔やむこと。

【追懐(ツイカイ)】過去のことをなつかしむこと。追憶。

【追孝(ツイコウ)】死んだ父母や祖先などの冥福を祈り供養して孝養を尽くすこと。

【追号(ツイゴウ)】死後に生前の功績をたたえて贈る称号。おくりな。諡号(シゴウ)。

【追思(ツイシ)】過去のことを、あとから思うこと。

7画
見角言谷豆豕豸貝赤走足(⻊)身車辛辰辵(⻌・⻍)邑(⻏)酉釆里

【追叙ツイジョ】国死後、その功に対して叙位されること。
【追頌・追称ツイショウ】人の死後、その功労や善行を表彰してほめたたえること。追美。
【追蹤ツイショウ】往事を思い起こすこと。→❶
【追尋ツイジン】昔をしのんで訪ねること。
【追善ツイゼン】死者の冥福を祈って仏事を行うこと。追福。『追善供養』
【追想ツイソウ】過去の出来事や亡くなった人たちをしのぶこと。追憶。
【追贈ツイゾウ】死後に官位などを贈ること。
【追尊ツイソン】死後に尊んで称号を贈ること。追崇ツイスウ。
【追弔ツイチョウ】死者の生前をしのんでとむらうこと。
【追悼ツイトウ】亡くなった人の生前をしのび、いたみ悲しむこと。『追悼文』
【追認ツイニン】過去にさかのぼり事実を認めること。→❷
【追美ツイビ】＝追頌ツイショウ
【追福ツイフク】死者の冥福メイフクを祈ること。追善。
【追慕ツイボ】過去の出来事や死んだ人を思い出して、したうこと。

❹ みがく。玉をみがく。
【追琢ツイタク|タイタク】玉石を磨くこと。

❺ あて字、固有名詞など。
【追河・追川おいかわ】コイ科の淡水魚。ヤマベ、ハエなど、異名が多い。食用。

【追手・追風おいて】進行方向に後ろから吹く風。追い風。

【追分おいわけ】①街道の二つに分かれる所。②「追分節おいわけぶし」の略。民謡の一。もと馬子唄まごうたで、信州追分の宿(現長野県軽井沢町)で歌われた信濃しなのの追分節に始まる。

8071【逃】3808 4628 93A6 辵－6 常 (8072)【逃】二一 辵－6 旧字
(8054)【迯】7777 6D6D E78D 辵－5

トウ(タウ)漢・ジョウ(デウ)慣 /táo/ にげる・にがす・のがす・のがれる

筆順

字解 形声。辵＋兆(離れる)声。離れ去る、にげる意。

意味 にげる。のがれる。避ける。立ち去る。また、にがす。のがす。『遁逃トントウ』『逋逃ホトウ』 ⇩表

トウ	逃	逃亡	その場をたちのく。 逃走 逃隠 逃散 逃避 奔逃 遁逃トントウ
ボウ	亡		にげて姿をかくす。 亡走 亡逸 亡失 亡命 流亡 滅亡

【逃隠トウイン】のがれかくれること。

【逃散トウサン|チョウサン】①(トウサン)逃げ散ること。②(チョウサン)国封建時代、農民が土地を捨てて逃げ去ること。

【逃竄トウザン】逃げかくれること。

【逃世トウセイ】世間からのがれて交わらないこと。

【逃禅トウゼン】禅にのがれること。浮世を離れて禅の道にはいること。〔杜甫－飲中八仙歌〕

【逃走トウソウ】逃げ去ること。遁走。

【逃匿トウトク】逃げかくれること。

【逃遁トウトン】のがれること。逃げること。

【逃難トウナン】災難からのがれること。避難すること。

【逃避トウヒ】困難・窮地・束縛などから逃げかくれること。

【逃亡トウボウ】逃げて身を隠すこと。『逃亡者』『敵前逃亡』

【逃名トウメイ|なをのがる】名誉・名声をさけて求めないこと。＊白居易－香炉峰下、新卜山居、草堂初成、偶題東壁「匡廬便是逃名地キョウロはすなわちなをのがるるのチ〔＝ここ廬山の地こそは、世俗の名利からの逃避場所である〕」

8073【迸】7794 6D7E E79E 辵－6
ホウ「迸」(8122)の異体字

8074【迷】4434 4C42 96C0 辵－6 常5 (8075)【迷】二一 辵－6 旧字

メイ呉・ベイ漢 /mí/ まよう・まよい

筆順

字解 形声。辵＋米(粒が小さいこめ、みえにくい)声。ゆくべき道にまよう意。

参考 万葉仮名では音を借りて「め甲」「め乙」。

意味 まよう。まよわせる。まどわせる。㋑道にまよう。『迷路』㋺まどう。決断がつかず、まよう。『混迷コンメイ』㋩ぼんやりする。『低迷テイメイ』㋥道理にくらい。また、さとりがひらけない。成仏できない。『迷界』『頑迷ガンメイ』㋭国わけがわからない。奇妙な。「名メイ」をもじったしゃれ。『迷文』『迷論』など。

【迷界メイカイ】仏語。煩悩にとらわれているこの世。

【迷宮メイキュウ】①出口がわからなくなってまようように造られた建物。②国複雑に入り組んで容易に解明できない事柄のたとえ。また、犯罪事件の解決がつかないこと。『迷宮入り』

【迷彩メイサイ】兵士の服や兵器などに種々の色を塗って敵の目をごまかすこと。カモフラージュ。

【迷信メイシン】科学的に不合理な言い伝えや信仰。

【迷津メイシン】(「津」は、渡し場の意)仏語。さとりの彼岸ヒガンに対し、衆生がさまよう三界六道の迷いの世界。

【迷途・迷塗メイト|みちにまよう】道にまようこと。進むべき方向にまようこと。＊陶潜－帰去来辞「実迷途其未遠まことにみちにまようことそれいまだとおからず〔＝たしかに道に踏みまよいはしたけれども、それほど深入りしたわけではない〕」

【迷昧メイマイ】心がまよって道理がわからなくなること。

【迷夢メイム】仏教で、夢の中を行くような迷いの境地。

【迷妄メイモウ】筋道がわからず、事実でないものを事実であるように思い込むこと。

【迷罔メイモウ】①人の心をまどわすこと。②心が乱れて理性を失うこと。

【迷離メイリ】まよってまとまりがなくなること。

【迷路メイロ】まよいやすい道。入り込むとまよって出られなくなる道。

【迷惑メイワク】①まよいまどうこと。『迷路に入り込む』②国ある行為によって、不利益や不快さなどを感ずること。『迷惑千万』

【迷子・迷児まいご】①道にまよった子供。②道にまよったり、はぐれたりすること。『迷子になる』

8076【逑】7783 6D73 E793 辵－7
キュウ(キウ)漢 /qiú/ あつまる

字解 形声。辵＋求(一点にあつまる)声。あつまる意。

意味 ❶あつまる。あつめる。❷もとめる。❸つれあい。「仇」に同じ。『好逑コウキュウ』

8077【逕】7784 6D74 E794 辵－7
キョウ(キャウ)呉・ケイ漢 /jìng/ みち

字解 形声。辵＋巠(まっすぐ)声。まっすぐな近道の意。径に同じ。

8078 【這】 辵－7 (8079)〖這〗 3971 4767 9487 辵－7 †

ゲン㊥・シャ㊥／yàn・zhè・zhèi／はう・この

字解 形声。辵＋言㊟。むかえる意。

意味 ❶(ゲン) むかえる。❷(シャ) これ。この。『這箇』『這般』 ❸国はう。はらばう。はって行く。

【這箇(シャコ)】これ。これら。

【這般(シャハン)】これら。この辺。

【這麼(シャマ)】このような。このように。

【這裏(シャリ)】ここ。このうち。

8080 【廼】 7805 6E25 E7A3 辵－7

シュウ「遒」(8133)の異体字

8081 【逡】 7785 6D75 E795 辵－7

シュン㊥／qūn／しりぞく

字解 形声。辵＋夋(→蹲、うずくまる)㊟。

意味 ❶しりぞく。あとじさりする。しりごみする。『逡巡』 ❷はやい。「迅(ジン)」に同じ。

【逡巡(シュンジュン)】決断がつかないでぐずぐずとためらうこと。『遅疑逡巡』

8082 【逍】 7786 6D76 E796 辵－7

ショウ(セウ)㊥／xiāo／さまよう

字解 形声。辵＋肖㊟。さまよう意。

意味 さまよう。ぶらぶらと歩く。

【逍遥(ショウヨウ)】そぞろ歩き。散歩。【逍遥遊(ショウヨウユウ)】「荘子」の編名。物事にこだわらず、気ままにゆったりと楽しむ意。

8083 【逝】 3234 4042 90C0 辵－7 常 (8084)〖逝〗 辵－7 旧字

セイ㊥㊥／shì／ゆく

筆順 逝 逝 逝 逝 逝 逝

字解 形声。辵＋折㊟。

意味 ゆく。㋑行く。進む。『逝者』 ＊史記－項羽本紀「時不レ利兮騅不レ逝兮(ときりあらずスイゆかず)」〔＝時の運は私に不利で、愛馬の騅も進もうとしない〕」 ㋺去る。過ぎ去る。また、死ぬ。『逝去』

下接 永逝(エイセイ)・遠逝(エンセイ)・急逝(キュウセイ)・長逝(チョウセイ)・夭逝(ヨウセイ)

【逝去(セイキョ)】目上の人などの死を丁重にいう語。

【逝者(セイシャ)】【逝者(ゆくもの)】過ぎ去って再びもどらないもの。＊論語－子罕「逝者如レ斯夫(ゆくものはかくのごときかな)」〔＝過ぎ去って帰らぬものは、この川の水のようなものであろうか〕」

【逝水(セイスイ)】①流れ去る川水。ひとたび去って二度とかえらないことや人の命にたとえていう。②死ぬこと。

8085 【造】 3404 4224 91A2 辵－7 常5 (8086)〖造〗 辵－7 旧字

ゾウ(ザウ)㊥・ソウ(サウ)㊥／zào／つくる・つくり・みやつこ

筆順 造 造 造 造 造 造

字解 会意。辵＋告。いたる意。転じて、つくる意を表す。金文は、多く宀を付す。一説に、宀は宗廟、告は、祈り告げる意で、造は、宗廟に祈りに行くことから、いきつく意を表すという。

金文 篆文

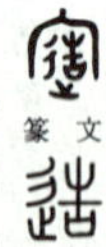

同属字 慥

意味 ❶いたる。行く。行き着く。きわめる。『造詣』『深造(シンゾウ)』 ＊陶潜－五柳先生伝「造飲輒尽(いたりのめばすなわちつくす)」〔＝来て酒を飲むと、そのつど飲み尽くす〕」 ❷つくる。こしらえる。また、なす。仕上げる。『造営』『構造』『創造』 ⇒〔作〕(208)の表 ❸にわか。あわただしい。『造次』 ❹とき。時代。年代。『末造(マツゾウ)』 ❺国みやつこ。上代の姓(かばね)の一。『国造(くにのみやつこ)』

❶ いたる。行く。また、きわめる。

【造詣(ゾウケイ)】(「詣」も、至るの意) 学問・芸術・技術などについての深い理解やすぐれた技量。また、それをきわめている人。〔漢紀－孝成紀〕『造詣が深い』

【造請(ゾウセイ)】行って、ごきげんをうかがうこと。

❷ つくる。こしらえる。仕上げる。

下接 営造(エイゾウ)・改造(カイゾウ)・贋造(ガンゾウ)・偽造(ギゾウ)・急造(キュウゾウ)・建造(ケンゾウ)・構造(コウゾウ)・再造(サイゾウ)・酒造(シュゾウ)・醸造(ジョウゾウ)・新造(シンゾウ)・人造(ジンゾウ)・製造(セイゾウ)・石造(セキゾウ)・創造(ソウゾウ)・鍛造(タンゾウ)・築造(チクゾウ)・鋳造(チュウゾウ)・天造(テンゾウ)・捏造(ネツゾウ)・変造(ヘンゾウ)・密造(ミツゾウ)・模造(モゾウ)・濫造(ランゾウ)・粗製乱造(ソセイランゾウ)

【造意(ゾウイ)】いろいろと手段を尽くして事をなすこと。考えたくらむこと。犯罪を首唱するものにいう。

【造営(ゾウエイ)】建物を建てること。多く、神社、寺院、宮殿などにいう。『造営工事』

【造化(ゾウカ)】①造物主。造化の神。②造物主がつくり出した森羅万象。『造化の妙』

【造形・造型(ゾウケイ)】①ある観念から形のあるものをつくり上げること。②「造形美術」の略。絵画、彫刻、建築、工芸など。

【造言(ゾウゲン)】偽りの言葉。うそ。虚言。

【造語(ゾウゴ)】新しく語をつくること。また、既存の語を組み合わせて、新しい言葉をつくること。『造語要素』

【造作(ゾウサク)―(ゾウサ)】国①(ゾウサク) 建物をつくること。特に、内部の仕上げ工事をすること。また、その仕上げ。内装。転じて、顔のつくり。目鼻立ち。②(ゾウサ) 手数のかかること。骨折り。『無造作』『造作もない』

【造士(ゾウシ)】学業をなしとげた人。

【造成(ゾウセイ)】つくり上げること。『宅地造成』『造成地』

【造端(ゾウタン)―(タンをなす)】始めること。発端。

【造反(ゾウハン)】体制に逆らうこと。謀叛。

【造物(ゾウブツ)】①神が創造したもの。天地間の万物。森羅万象。②「造物者」「造物主」の略。天地間のすべてを創造し、支配する神。＊蘇軾－前赤壁賦「是造物者之無尽蔵也(これゾウブツシャのムジンゾウなるなり)」〔＝これが、天地創造者の尽きることのない蓄えというものである〕」

【造兵(ゾウヘイ)】兵器を製造すること。『造兵廠(ゾウヘイショウ)』

【造幣(ゾウヘイ)】貨幣を製造すること。『造幣局』

【造謗(ゾウボウ)】悪口を言うこと。

【造昧(ゾウマイ)】世の始まり。世がまだ開けない時。草昧。

❸ にわか。あわただしい。

【造次(ゾウジ)】事態が急変するあわただしいとき。【造次顚沛(ゾウジテンパイ)】とっさの場合やつまずき倒れるとき。わずかな時間のたとえ。＊論語－里仁「造次必於レ是、顚沛必於レ是(ゾウジにもかならずここにおいてし、テンパイにもかならずここにおいてす)」〔＝(君子は)あわただしいときも、危急のときも必ず仁にかなった行動をとるものである〕」 ♥「顚沛」は、つまずき倒れる意。

8087 【速】 3414 422E 91AC 辵－7 常3 (8088)〖速〗 辵－7 旧字

ソク(呉)(漢)/sù/はやい・はやめる・すみやか

[筆順] 速 速 速 速 速 速

[字解] 形声。辵＋束(たばねる)(声)。時間を縮めるようにゆく、はやい意。

金文 篆文

[参考] 万葉仮名では訓を借りて「と(甲)」。

[意味] ❶はやい。すみやか。はやく。はやくする。↕遅。『速断』『速報』『急速』『迅速』⇓[表] ❷はやさ。『速度』『速力』『時速』『風速』 ❸まねく。召す。

❶ はやい。すみやか。はやくする。

[下接] 急速(キュウソク)・早速(サッソク)・捷速(ショウソク)・神速(シンソク)・迅速(ジンソク)・拙速(セッソク)・遅速(チソク)・敏速(ビンソク)

速(ソク)	遅(チ)
遅速	
はやい。すばやい。 速記 速断 急速 敏速 迅速 拙速	おそい。のろい。 遅筆 遅疑 遅滞 遅鈍 遅緩 巧遅

【速射(ソクシャ)】 銃砲を、間隔を短く、つづけざまに発射すること。『速射砲』

【速成(ソクセイ|ソクジョウ)】 [1] (ソクセイ) 物事を急いで仕上げること。[2] (ソクジョウ) 仏語。いまある姿のままですみやかに成仏すること。

【速戦(ソクセン)】 すみやかに戦闘行動を進めること。『速戦即決』

【速断(ソクダン)】 [1]すみやかに判断、決断をすること。[2]早まった判断、決断をすること。

【速答(ソクトウ)】 間をおかずに返答すること。

【速報(ソクホウ)】 事件の発生や経過などをすばやく知らせること。『ニュース速報』

【速記(ソッキ)】 「速記術」の略。談話を特定の記号を用いて写し取り、それを普通の文字に直す技術。

【速効(ソッコウ)】 はやくききめが現れること。

❷ はやさ。

[下接] 音速(オンソク)・快速(カイソク)・加速(カソク)・球速(キュウソク)・減速(ゲンソク)・高速(コウソク)・時速(ジソク)・失速(シッソク)・初速(ショソク)・低速(テイソク)・秒速(ビョウソク)・風速(フウソク)・変速(ヘンソク)・流速(リュウソク)

【速度(ソクド)】 [1]物事の進むはやさの度合い。[2]物理学で、物体の運動について、はやさと向きを合わせ考えた量。

【速力(ソクリョク)】 [国]進むはやさ。速度。スピード。

[難読地名] 速見(はやみ)郡(大分)
[難読姓氏] 速水(はやみ|はやみず)

8089 【逐】 3564 4360 9280 辵－7 [常]
(8090) 〖逐〗 辵－7 旧字

チク(呉)(漢)/zhú/おう

[筆順] 逐 逐 逐 逐 逐 逐

[字解] 会意。辵(＝止、あし)＋豕(いのしし)。いのししのあとをつけて狩りをすることから、おいかける意。

甲骨文 金文 篆文

[意味] ❶おう。㋑追いかける。追いはらう。『逐電』『駆逐』 *史記-管晏伝「吾嘗三仕三見レ逐二於君一(われかつてみたびつかえてみたびきみにおわる)〔＝私は以前に三度仕えて、そのたびに主君に追い払われた〕」 ㋺追い求めて競う。争う。『逐鹿』『角逐』 ❷順を追って一つ一つする。『逐一』『逐次』『随逐(ズイチク)』

❶ おう。追いはらう。また、争う。

[下接] 角逐(カクチク)・駆逐(クチク)・竄逐(ザンチク)・斥逐(セキチク)・馳逐(チチク)・徴逐(チョウチク)・追逐(ツイチク)・貶逐(ヘンチク)・放逐(ホウチク)

【逐殺(チクサツ)】 追いかけて殺すこと。

【逐臣(チクシン)】 主君から追い退けられた臣。

【逐斥(チクセキ)】 追い退けること。斥逐。

【逐逐(チクチク)】 [1]物事を徹底的に追求するさま。または、誠実なさま。[2]わずらわしいさま。[3]二頭の馬がきそうように並んで駆けるさま。

【逐電(チクデン)】 [1](雷を追う意) 速度が非常に速いこと。[2][国]逃げ去って行方をくらますこと。ちくてん。

【逐北(チクホク)】 (「北」は逃げる意) 逃げる者を追うこと。

【逐涼(チクリョウ)】 涼を求めること。すずむこと。

【逐鹿(チクロク)】 (「鹿」は帝位のたとえ) 帝位、政権、地位などを得ようと争うこと。〔史記-淮陰侯伝〕

【逐客(チッカク)】 [1]客分としている者を追い払うこと。[2]追い払われて放浪している人。

❷ 順を追って一つ一つする。

【逐一(チクイチ|チクイツ)】 一つ一つ順を追って。一つ一つ詳細に。

【逐語(チクゴ)】 翻訳、解釈などで、文の一語一語を忠実にたどること。逐字(チクジ)。『逐語訳』

【逐次(チクジ)】 順を追って次々に。順次。『逐次刊行物』

【逐日(チクジツ)】 日を追って。一日一日と。『逐日向寒』

【逐条(チクジョウ)】 検討、解釈などで、一つ一つ順に追ってゆくこと。『逐条審議』

【逐年(チクネン)】 年を追って。年々。『逐年増加』

8091 【通】 3644 444C 92CA 辵－7 [常]2
(8092) 〖通〗 辵－7 旧字

ツウ(呉)・トウ(漢)・ツ(慣)/tōng/とおる・とおり・とおす・かよう・かよい

[筆順] 通 通 通 通 通 通

[字解] 形声。辵＋甬(→筒、つきぬける)(声)。まっすぐにとおるみちの意。

甲骨文 金文 篆文
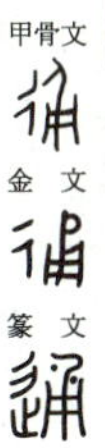

[同属字] 樋

[参考] 万葉仮名では音を借りて「つ」。

[意味] ❶とおる。とおす。つきぬける。とどく。とどこおらないようにする。『通運』『通気』『通行』『開通』『不通』 ❷かよう。行き来する。また、かよわす。『通学』『通勤』『通商』 ❸(意思などを)かようようにする。㋑伝える。知らせる。交際する。『通告』『通信』『通訳』『内通』『文通』 ㋺取り次ぐ。*史記-張儀伝「蘇秦乃誡二門下人一不レ為レ通(ソシンすなわちモンカのひとをいましめてツウをなさしめず)〔＝蘇秦は家来にきつく言いつけて、取り次ぎをさせなかった〕」 ㋩男女が(不義の)関係を結ぶ。『姦通』『私通』『密通』 ❹よく理解する。よく知っている。『消息通』『通暁』『通人』『精通』 ❺ひろくゆきわたる。一般に行われる。『通常』『通則』『通用』『共通』『普通』 ❻初めから終わりまで全体をとおす。『通時的』『通算』『通読』『通夜』 ❼[国]手紙や文書を数える語。『手紙二通』 ❽固有名詞、熟字訓など。『通雅』『通典』『通草(あけび)』

❶ とおる。とおす。

[下接] 円通(エンツウ)・会通(カイツウ)・開通(カイツウ)・貫通(カンツウ)・窮通(キュウツウ)・亨通(コウツウ)・潜通(センツウ)・全通(ゼンツウ)・直通(チョクツウ)・不通(フツウ)・便通(ベンツウ)・融通(ユウズウ)・四通五達(シツウゴタツ)・八達四通(ハッタツシツウ)

【通運(ツウウン)】 荷物を運ぶこと。運送。

7画 見角言谷豆豕豸貝赤走足(⻊)身車辛辰辵(辶・⻌)邑(阝)酉釆里

【通過(ツウカ)】ある地点、時点を通り過ぎること。また、ある関門を無事に通ること。『通過儀礼』『通過列車』

【通関(ツウカン)】人、物品などが税関を通過すること。

【通気(ツウキ)】空気を通すこと。通風。『通気孔』

【通窮(ツウキュウ)】物事が順調にはこぶことと、行き詰まってうまくはこばないこと。

【通衢(ツウク)】四方に通じる大きな道。通行の道。

【通行(ツウコウ)】通って行くこと。往来。『一方通行』→❺

【通侯(ツウコウ)】(その徳が王室に通じるという意から)諸侯の中で位の高いもの。

【通天(ツウテン)】天に通ずること。また、天に達するほど高く空にかかっていること。

【通風(ツウフウ)】風通し。新鮮な空気を通すこと。『通風機』

【通邑(ツウユウ)】道路が四方に通じている都市。大都会。

【通路(ツウロ)】通行のための道路。通り道。

❷ かよう。行き来する。かよわす。

下接 音通(オンツウ)・姦通(カンツウ)・交通(コウツウ)・私通(シツウ)・疎通(ソツウ)・文通(ブンツウ)・密通(ミッツウ)

【通勤(ツウキン)】国勤め先へ通うこと。『通勤電車』

【通商(ツウショウ)】外国と互いに行き来して商業を営むこと。貿易。『通商条約』

【通帳(ツウチョウ|かよいチョウ)】国預・貯金などの金額を記入する帳簿。

❸ (意思などを)かようようにする。

【通レ謁(エツヲツウず)】(「謁」は名刺の意)名刺を通じて身分の高い人に会ってもらおうとすること。

【通家(ツウカ)】①昔から親しく交わってきた家。②姻戚関係にある家。

【通款(ツウカン)】①内情をひそかに敵に通ずること。②親しい交わりを結ぶこと。通好。

【通交・通好(ツウコウ)】親しい交わりを結ぶこと。

【通告(ツウコク)】相手方に命令や意見を告げ知らせること。

【通事・通詞・通辞(ツウジ)】「通訳」の古称。『長崎通事』

【通情(ツウジョウ)】①内々によしみを結ぶこと。②内通すること。③男女がひそかに情交を結ぶこと。

【通信(ツウシン)】①意志や知識などを他人に伝えること。たより。『パリ通信』②郵便、電信、電話などによって情報を伝達すること。『通信販売』『通信網』

【通達(ツウタツ)】告げ知らせること。また、官庁が所轄機関や職員に指示事項を通知すること。通牒(ツウチョウ)。→❹

【通知(ツウチ)】告げ知らせること。また、その知らせ。

【通牒(ツウチョウ)】①文書で通知すること。また、その文書。②「通達」の古い言い方。③国際法上、国家の一方的意思表示である文書。『最後通牒を発する』

【通弁・通辯(ツウベン)】「通訳」の古い言い方。

【通報(ツウホウ)】急を要する情報を告げ知らせること。

【通問(ツウモン)】①おとずれること。また、互いに挨拶(アイサツ)すること。②手紙を出して安否を問うこと。

【通訳(ツウヤク)】言語が異なる人の間に立ち、双方の言うことを訳して通じさせること。また、その人。通事。通弁。

❹ よく理解する。よく知っている。

下接 角通(カクツウ)・窮通(キュウツウ)・暁通(ギョウツウ)・劇通(ゲキツウ)・食通(ショクツウ)・心通(シンツウ)・精通(セイツウ)・大通(ダイツウ)・変通(ヘンツウ)・六通(ロクツウ)・神通力(ジンズウリキ)・消息通(ショウソクツウ)・天眼通(テンゲンツウ)・半可通(ハンカツウ)

【通暁(ツウギョウ)】あることに非常に詳しい知識を持っていること。→❻

【通才(ツウサイ)】万事に通じ、理解している才能。

【通人(ツウジン)】①万事に広く通じている人。②国その道に詳しい人。趣味的なことや人情の機微に通じている人。

【通達(ツウタツ)】深くその道に達すること。熟達。→❸

【通脱(ツウダツ)】熟知して、細かいことにとらわれないこと。

【通徹(ツウテツ)】明らかにさとること。

【通敏(ツウビン)】物事にさとく、よく心得ていること。

【通謀(ツウボウ)】しめし合わせて犯罪などをたくらむこと。

【通力(ツウリキ)】神通力(ジンズウリキ)。超人的な万能の力。

❺ ひろくゆきわたる。一般に行われる。

下接 共通(キョウツウ)・弘通(グツウ|グズウ)・普通(フツウ)・流通(リュウツウ|ルズウ)

【通韻(ツウイン)】①漢詩で、音韻の似ている異種の韻を互いに通じて用いること。「東」「冬」「江」が相通じる類。②悉曇(シッタン)学(梵語)で、同じ母音を持つ文字間の関係。

【通貨(ツウカ)】一国内で、流通手段、支払い手段として機能する一切のもの。広義には貨幣と同義。『国際通貨』

【通患(ツウカン)】普遍的な心配や弊害。

【通義(ツウギ)】世間一般に通用する道理。

【通行(ツウコウ)】広く一般に行われること。『通行本』→❶

【通称(ツウショウ)】一般に通用している名称。通り名。

【通常(ツウジョウ)】ごく普通の、一般的な状態であること。また、特別の条件がないこと。『通常郵便物』『通常国会』

【通性(ツウセイ)】同類のものに共通して認められる性質。

【通則(ツウソク)】世間一般に通用するきまり。↔変則。→❻

【通俗(ツウゾク)】専門的でなく、だれにでもわかるさま。ありふれたさま。『通俗小説』

【通典(ツウテン)】一般に適用される規則。→❽(テン)

【通徳(ツウトク)】万人がともによるべき徳。

【通念(ツウネン)】一般に共通した考え。『社会通念』

【通判(ツウハン)】中国の官名。宋代にはじまった地方官。

【通弊(ツウヘイ)】一般に共通してみられる弊害。

【通宝(ツウホウ)】広く世間に通用する銭貨。「永楽通宝」「寛永通宝」など。

【通有(ツウユウ)】同類のものに共通して備わっていること。↔特有。『通有性』

【通用(ツウヨウ)】①役に立つものとして使われること。正式に用いることができること。②ふだん通ること。出入りすること。『通用口』『通用門』

【通理(ツウリ)】世間一般に通じる正しい道理。

【通例(ツウレイ)】①世間一般のしきたり。『社会の通例』②ごく普通であること。副詞的にも用いる。

【通論(ツウロン)】一般に認められている意見。→❻

❻ 初めから終わりまでとおす。

【通解(ツウカイ)】全体にわたって解釈すること。通釈。

【通巻(ツウカン)】定期刊行物の第一巻からの通しの番号。

【通観(ツウカン)】①ひととおり目を通すこと。②物の形質を感覚的にとらえた観念。

【通暁(ツウギョウ)】夜どおし。明け方まで。徹夜。→❹

【通計(ツウケイ)】全体を通して算出すること。総計。

【通考(ツウコウ)】通史的に論述した形式の書物。『文献通考』

【通国(ツウコク)】国の全体。国中の人すべて。

【通算(ツウサン)】全部を通して計算すること。『通算成績』

【通史(ツウシ)】地域、分野を限らず全時代について順に述べた歴史。

【通釈(ツウシャク)】全体にわたって解釈すること。また、そのもの。↔抄釈

【通習(ツウシュウ)】ひととおり習うこと。

【通宵(ツウショウ)】夜どおし。終夜。

【通夕(ツウセキ)】＝通宵(ツウショウ)

【通則ツウソク】全体を通しての規則。↓❺
【通読ツウドク】始めから終わりまでひととおり読むこと。

【通夜ツウヤ|ツヤ】㊀(ツウヤ)夜どおし。よもすがら。㊁国(ツヤ)①神社、寺院に参籠サンロウして、終夜祈願すること。②葬儀の前夜、故人の縁者が棺を守って夜を送ること。

【通覧ツウラン】全体にわたってひととおり目を通すこと。

【通論ツウロン】ある事柄全般にわたって論じたもの。↓❺

❽ 固有名詞、熟字訓など。
【通雅ツウガ】中国の書名。五二巻。明の方以智ホウイチ撰。「爾雅ジガ」の体裁にならい、先秦の用例から訓詁、音韻等について考証した書。
【通典ツテン】中国の政書。二〇〇巻。唐の杜佑撰。九通の一。上古から唐代の天宝年間(七四二～七五六)を通じて歴史的にみた制度の変遷、政治の大要、立言の要論を年代順に並列。「通志」「文献通考」の手本となる。↓❺(ツウテン)
【通古斯ツングース】(ロシア Tungus) 中国東北部、東部シベリアに分布する民族。主として狩猟遊牧民。
【通草あけび】アケビ科の落葉低木。茎はつる性。甘みのある実をつける。木通あけび。

8093【逓】3694 447E 92FC 辵－7 常 (8094)〔遞〕二一 辵－7 旧字 (8165)〔遞〕7810 6E2A E7A8 辵－10
テイ㊥/dì

筆順

字解 逓は遞の通俗体。遞は形声。辵+虒(→易、かわる)㊥。かわるがわる行く、次から次へとおくる意。

意味 ❶かわるがわる。互いにいれかわる。「逓興」「逓代」❷しだいに送る。次々に伝え送る。また、宿場。「逓信」「駅逓エキテイ」「郵逓ユウテイ」❸順々に。だんだんと。「逓次」❹「迢逓チョウテイ」は、遠くはるかなさま。

❶ かわるがわる。互いにいれかわる。
【逓興テイコウ】かわるがわるに起こること。

【逓代テイダイ】次々にいれかわること。

❷ 次々に伝え送る。また、宿場。
【逓信テイシン】①音信を順次にとりつぎ送り伝えること。②郵便、電信などの事務。

【逓送テイソウ】手から手へ順々に送ること。逓伝。

【逓伝テイデン】①順次に伝え送ること。②宿場から宿場へ順々に送ること。逓送。また、そのための人足や馬。

❸ 順々に。だんだんと。
【逓減テイゲン】次第に減ること。また、だんだんに減らすこと。↔逓増。「人口逓減」

【逓次テイジ】次第に順を追うこと。順次。順番。

【逓増テイゾウ】次第にふえること。↔逓減

8095【逞】7787 6D77 E797 辵－7
テイ㊥/chěng/たくましい

字解 形声。辵+呈(まっすぐ出る)㊥。まっすぐのび出る、とおる意。転じて、たくましい意を表す。

意味 ❶たくましい。勢いが盛ん。「逞兵」「勁逞ケイテイ」❷ほしいままである。思うままにする。また、こころよい。満足する。「逞憾」「逞欲」「横逞オウテイ」「不逞フテイ」

【逞憾テイカン】うらみを思うままにむくいること。

【逞兵テイヘイ】強くたくましい兵士。

【逞欲テイヨク】欲望をほしいままにすること。

8096【逖】7788 6D78 E798 辵－7
テキ㊥/tì/はるか

字解 形声。辵+狄(周辺の異民族)㊥。とおい意。

意味 ❶とおい。はるか。また、遠ざける。遠ざかる。❷「逖逖テキテキ」は、利益を追い求めるさま。

8097【途】3751 4553 9372 辵－7 常 (8098)〔途〕二一 辵－7 旧字
ズ(ヅ)㊤・ト㊥/tú/みち

筆順

字解 形声。辵+余(のびる)㊥。長くのびるみちの意。甲骨文は、止+余㊥。もと涂に同じ。

甲骨文

参考 万葉仮名では音を借りて「つ」。

意味 ❶みち。みちすじ。また、道のように、ある事が続いている間。「涂」「塗」に同じ。＊陶潜-帰去来辞「実迷レ途其未レ遠まことにみちにまようことそれいまだとおからず〔=たしかに道に踏み迷いはしたけれども、それほど深入りしたわけではない〕」「途中」「帰途」❷すじみち。道理。方法。「途轍」「用途」❸あて字。「野放途のホウズ」「目途めド」

❶ みち。みちすじ。
下接 一途イット・畏途イト・官途カント・帰途キト・窮途キュウト・三途サンズ・山途サント・仕途シト・首途シュト・世途セイト・征途セイト・先途センド・前途ゼント・壮途ソウト・中途チュウト・長途チョウト・当途トウト・道途ドウト・二途ニト・発途ハット・半途ハント・別途ベット・冥途メイド・目途モクト・雄途ユウト・旅途リョト・道聴途説ドウチョウトセツ

【途次トジ|みちすがら】ある所へ行く途中。途上。

【途上トジョウ】目的の所へ行く途中。

【途絶トゼツ】国途中がふさがったり、切れたりして絶えること。とだえること。書き換え「杜絶→途絶」。

【途端トタン】国ちょうどその瞬間。はずみ。ひょうし。

【途中トチュウ】①まだ先方に到着しないうち。②物事のまだ終わらないうち。続いている間。「途中経過」

❷ すじみち。道理。方法。
下接 使途シト・費途ヒト・方途ホウト・用途ヨウト・吏途リト

【途轍トテツ】国筋道。道理。途方。多く「途轍もない」の形で日常離れした物事の程度を表す。

【途方トホウ】国①方法。手段。「途方に暮れる」〔=どうしてよいか手段に迷う〕②筋道。道理。途轍トテツ。

8099【透】3809 4629 93A7 辵－7 常 (8100)〔透〕二一 辵－7 旧字
トウ㊥/tòu/すく・すかす・すける・とおる・とおす

筆順

字解 形声。辵+秀(のび出る、ひいでる)㊥。とおりぬける意。

意味 ❶すく。すきとおる。すけてみえる。また、すかす。「透視」「透写」「透明」❷とおる。しみとおる。つきぬけてとおる。とおす。「透過」「透徹」「浸透シントウ」❸おどりあがる。はねる。「騰透トウトウ」

❶ すく。すきとおる。
【透映トウエイ】すきとおってうつること。

【透視(トウシ)】 ①すかして見ること。②感覚によっては知り得ないものを超能力によって認知すること。『透視術』③人体を透過したX線を蛍光板に受け、肉眼で観察しながら診断する方法。『レントゲン透視』
【透写(トウシャ)】 ものをすかして書き写すこと。すき写し。
【透明(トウメイ)】 すきとおって濁りがないこと。『無色透明』

❷ しみとおる。つきぬけてとおる。

【透過(トウカ)】 光や放射線などが物質を通り抜けること。

【透関(トウカン)】 仏語。修行の障害となるものをすべてつきぬけ除き去ること。

【透水(トウスイ)】 水がしみ通ること。水が浸透すること。

【透徹(トウテツ)】 筋が通っていて、はっきりしていること。

8101 【逗】 二二 辵－7 (8102)〔逗〕 3164 3F60 9080 辵－7 †

ズ(ヅ)㊉・トウ㊇/dòu/とどまる

字解 形声。辵＋豆(→住、じっとしている)㊥。
参考 万葉仮名では音を借りて「づ」。
意味 ❶とどまる。滞在する。『逗撓』『逗留』『句逗(クトウ)』❷なげる。「投」に同じ。

【逗撓・逗橈(トウドウ)】 とどまりかがむこと。敵の優勢なのを見て、恐れて進まないこと。

【逗留・逗遛(トウリュウ)】 ①一か所にとどまって進まないこと。②旅先に一定期日とどまること。滞在。

難読地名 逗子(ずし)市(神奈川)

8103 【逋】 7789 6D79 E799 辵－7

ホ㊇/bū/にげる・のがれる

字解 形声。辵＋甫㊥。

金文

篆文

意味 にげる。のがれる。㋑逃亡する。避けのがれる。『逋竄』㋺税や借金をのがれる。税や借金を滞納する。または、未払いの税や借金。『逋欠(ホケン)』『逋債』

【逋客(ホカク)】 世俗のわずらいを避けている人。隠者。

【逋欠・逋懸(ホケン)】 納税の義務を果たさないでいること。

【逋竄(ホザン)】 (「竄」はかくれる意) 逃げかくれること。

【逋租(ホソ)】 まだ、納めていない租税。未納の税。

【逋徒(ホト)】 国から逃げ出した者。亡命者。

【逋逃(ホトウ)】 逃げること。逃げてかくれること。

【逋亡(ホボウ)】 罪や税、借金などからのがれようとして逃げ去ること。

【逋慢(ホマン)】 命令を果たさないでなまけていること。

8104 【逢】 二二 辵－7 (8105)〔逢〕 1609 3029 88A7 辵－7 †

ホウ㊇/féng/あう

字解 形声。辵＋夆(あう)㊥。であう意。のちに辵を加えて、その字義を明確にした。甲骨文は、辵＋丰㊥。

甲骨文

篆文

同属字 蓬・篷・縫(縫)

意味 ❶あう。出会う。また、むかえる。意を迎える。『逢会』『逢迎』『逢原』『逢着』『遭逢(ソウホウ)』＊白居易‐琵琶行「相逢何必曾相識(あいあうなんぞかならずしもかつてソウシキならん)」(＝こうして二人がめぐり会ってみれば、以前からの知り合いでなくても、互いに感情が通じ合うものだ)」❷大きい。ゆたか。「豊」に同じ。『逢掖之衣』

【逢掖之衣(ホウエキのイ)】 たもとが大きくてゆったりとした着物。儒者のきる衣服。

【逢会(ホウカイ)】 出会うこと。逢遇(ホウグウ)。

【逢迎(ホウゲイ)】 ①出迎えて人に会うこと。②人に気に入られるようおもねること。

【逢原(ホウゲン)】 みなもとに出会うこと。徹底して文義を見きわめる意。

【逢着(ホウチャク)】 出会うこと。出くわすこと。

8106 【逌】 ＊6546 辵－7

ユウ(イウ)㊇/yōu

字解 形声。辵＋卣㊥。もと卥。会意。卣(酒器)＋乚(＝凵、台)。台上の酒器から、安定している・ゆったりとしている意。

8107 【連】 4702 4F22 9841 辵－7 常4 (8108)〔連〕 二二 辵－7 旧字

レン㊉㊇/lián/つらなる・つらねる・つれる・つれ・しきりに

筆順

字解 会意。辵＋輦(二人でひくくるま)省。人がならんで車をひいてゆく、つらなる意。
同属字 蓮(蓮)・嗹・鏈・鰱
参考 万葉仮名では音を借りて「れ」。
意味 ❶つらなる。つらねる。次々にならぶ。また、つらなり。つながり。「聯」に同じ。『連合』『連続』『関連』❷つれる。ひきつれる。また、日本で、つれ。仲間。『連行』『連帯』『常連(ジョウレン)』❸しきりに。続けて。『連呼』『連載』『流連(リュウレン)』❹国れん。㋑数珠や高野豆腐など、ひもでひとつながりにつらねた物を数える語。㋺(英 ream の音訳) 洋紙を数える単位。一連は一〇〇〇枚。もと「嗹」。❺国むらじ。上代の姓(かばね)の一。『大連(おおむらじ)』❻あて字、熟字訓など。『伴天連(バテレン)』『注連(しめ)』

❶ つらなる。つらねる。また、つながり。

下接 一連(イチレン)・関連(カンレン)・牽連(ケンレン)・比翼連理(ヒヨクレンリ)

【連陰(レンイン)】 樹木のかげが続いていること。→❸
【連延(レンエン)】 つらなりのびること。また、物事がのびのびになること。

【連歌(レンガ)】 国和歌の上句と下句とを二人で作りあわせること。その作品。また、二人以上で、上句と下句を互いに詠み続けてゆく詩歌の一形式。

【連関(レンカン)】 かかわり合っていること。関連。

【連環(レンカン)】 環をつらねたように結び合わせること。また、そのもの。くさり。

【連記(レンキ)】 二つ以上のものを並べて書きしるすこと。

【連丘(レンキュウ)】 つらなっているいくつもの丘。

【連句(レンク)】 ①数人が一句または一聯ずつ作り、それを連ねて一編の詩とする漢詩の形式。聯句(レンク)。②国俳諧(ハイカイ)の連歌。俳句に対して、つらねたものをいう。

【連係・連繫(レンケイ)】 国互いにつながること。つながり。

書き換え「連繫→連係」。

【連携(レンケイ)】 互いに連絡をとり、共に物事を行うこと。

【連結(レンケツ)】 一続きになるようにつなぐこと。『連結器』

【連娟(レンケン)】 ①美人の眉(まゆ)が細長くまがっているさま。②美人のかよわくしなやかなさま。

【連衡・連横(レンコウ)】 (「衡」は横で、東西の意) 中国の戦国時代、秦の張儀が唱えた同盟政策。秦と東方の六国とが個別に和平条約を結ぶことをめざした。『合従連衡』

【連合(レンゴウ)】 ①二つ以上のものが一緒になり組み合うこと。『連合国』②記憶の中で、二つの別種の観念が結びつくこと。▼書き換え「聯合→連合」。

【連鎖(レンサ)】鎖のように次々につながっているもの。また、そのように次々につながっていること。『連鎖反応』

【連座・連坐(レンザ)】他人の犯罪行為であっても、かかわりがあるとして責任を問われ処罰を受けること。巻き添え。連累。▼書き換え「連坐→連座」。

【連作(レンサク)】[1]文芸や美術で、内容上関連のある作品を次々と作ること。[2]数人の作家が一編ずつ受け持って、全体としてまとまった作品を作ること。→❸
【連山(レンザン)】いくつもつらなり続いている山々。

【連枝(レンシ)】(同じ幹から出た枝の意から)兄弟姉妹。特に、高貴の人にいう。

【連詞(レンシ)】中国語の文法で、接続詞をいう。

【連珠(レンジュ)】[1]文体の名。玉をつらねるように修辞をつらねるもの。[2]五目ならべ。▼書き換え「聯珠→連珠」。

【連署(レンショ)】一通の文書に二人以上の者が署名すること。また、その署名。

【連檣(レンショウ)】帆柱をつらねること。船がたくさん並んでいるさまの形容。

【連声(レンジョウ)】[国]二つの語が直接する際の音韻変化。日本語では、ア・ヤ・ワ三行の音を頭音節に持つ語が、m・n・tを末尾に持つ字音語のあとに連続するとき、その頭音がマ・ナ・タ行の音に転ずる現象。「三位(サンイ)」を「サンミ」、「因縁(インエン)」を「インネン」という類。→❷(レンセイ)

【連繞(レンジョウ)】つらなりめぐること。

【連城之璧(レンジョウのたま)】中国、戦国時代、秦の昭王が一五の城と交換したいと申し入れた、趙の恵文王の所蔵していた璧。転じて、またとない宝。〔史記-廉頗藺相如伝〕

【連接(レンセツ)】いくつかのものがつらなり続くこと。また、別々のものをつらね続けること。

【連銭(レンセン―レンゼン)】[1]穴明きの銭(ぜに)を並べた形の模様や飾り。また、その形の紋所。[2]セキレイ(鶺鴒)の異名。

【連想(レンソウ)】ある物事に触れて、他の物事を思い浮かべること。▼書き換え「聯想→連想」。

【連続(レンゾク)】つらなり続いていること。続けること。

【連綴(レンテイ)】つらねてとじること。つらなり続くこと。

【連動(レンドウ)】機械などで、一部分の動きにつれて他の部分が作動すること。

【連判(レンパン―レンバン)】一通の文書に二人以上のものが記名して、印を押すこと。『連判状』

【連袂(レンベイ)】たもとをつらねること。転じて、二人以上の者が行動をともにすること。

【連璧(レンペキ)】[1]一対の美しい玉。[2]すぐれた二つのもののたとえ。

【連翩(レンペン)】[1]ひらひらとひるがえるさま。[2]つらなり続くさま。

【連邦(レンポウ)】自治権を持つ多数の国家が、平等に結合して構成する国家。▼書き換え「聯邦→連邦」。

【連峰(レンポウ)】つらなり続いている山のみね。

【連名(レンメイ)】二人以上が名をつらねること。

【連盟(レンメイ)】共同の目的のために、協力することを誓うこと。また、その組織。同盟。▼書き換え「聯盟→連盟」。

【連綿(レンメン)】長くつらなっていること。『法灯連綿』

【連絡(レンラク)】[1]別々の物につながりがついていること。『連絡船』[2]情報などを関係者に知らせること。▼書き換え「聯絡→連絡」。

【連理(レンリ)】一つの木の枝が他の木の枝とつらなって、木目が通じること。古来、吉兆とされ、また、男女の契りの深いことをたとえていう。連理枝。『比翼連理』＊白居易-長恨歌「在地願為連理枝(チにありてはねがわくはレンリのえだとならん)〔=地上にあっては連理の枝となっていたいものだ〕」

【連累(レンルイ)】=連座(レンザ)

❷ つれる。ひきつれる。また、つれ。
【連行(レンコウ)】強制的につれて行くこと。特に、警察官が犯人または容疑者などを警察署につれて行くこと。
【連声(レンセイ)】つぎつぎに声を発すること。→❶(レンジョウ)
【連帯(レンタイ)】二人以上の人が共同で事に当たり、結果や責任を共にすること。『連帯責任』『連帯感』
【連中(レンチュウ―レンジュウ)】[国][一]仲間。ある一団の者たち。[二](レンジュウ)[1]音曲その他演芸の一座。『長唄(ながうた)連中』[2]芝居や音曲などの見物客で、特定のひいき仲間。
【連類(レンルイ)】仲間。同類。

❸ しきりに。つづけて。
【連陰(レンイン)】連日くもり、または、雨が続くこと。→❶
【連呼(レンコ)】続けざまに、同じことを何度も叫ぶこと。
【連載(レンサイ)】新聞や雑誌などに連続して掲載すること。『連載小説』
【連作(レンサク)】毎年、同じ土地に同じ作物を連続して栽培すること。↔輪作。→❶
【連日(レンジツ)】何日か引き続いて毎日。『連日連夜』
【連宵(レンショウ)】幾夜も続くこと。連夜。
【連勝・連捷(レンショウ)】勝ち続けること。↔連敗
【連戦(レンセン)】続けて戦うこと。『連戦連勝』
【連年(レンネン)】何年か引き続いて毎年。『連年の不作』
【連覇(レンパ)】競技などで、続けて優勝すること。『三連覇』
【連敗(レンパイ)】連続して負けること。↔連勝
【連発(レンパツ)】[1]続いて起こること。[2]続けざまに放つこと。『駄洒落(ダジャレ)を連発する』『連発銃』
【連夜(レンヤ)】幾夜か引き続いて毎夜。『連夜の酒盛り』
【連連(レンレン)】引き続いて絶えることのないさま。

❻ あて字、熟字訓など。
[下接] 莫連(バクレン)・馬連(バレン)・愚連隊(グレンタイ)・伴天連(バテレン)／注連(しめ)
【連木(レンギ)】すりこぎ。中国・四国地方の語。
【連翹(レンギョウ)】モクセイ科の落葉小低木。早春、黄色い筒状花がつく。
【連枷(からざお―からさお)】穀物の穂を打って、もみを落とす農具。

8109 【浴】 7790 6D7A E79A 辵-7 さこ
[字解] 国字。さこ。はざま。

8110 【逶】 7791 6D7B E79B 辵-8 イ(ヰ)[漢]/wēi
[字解] 形声。辵+委(まがりくねる)[声]。まがってゆく、ななめにゆく意。
[意味] うねうねと曲がりくねるさま。また、長いさま。
【逶迤・逶移・逶蛇(イイ)】[1]うねうねと曲がっているさま。[2]あくせくしないさま。[3]公正なさま。
【逶迂(イウ)】斜めに曲がるさま。
【逶遅(イチ)】長くて遠いさま。

8111 【逸】 1679 306F 88ED 辵-8 [常]
(8112) 【逸】 辵-8 旧字[人]
イチ[呉]・イツ[漢]/yì/はしる・それる・そらす・はぐれる・はやる
[筆順] 逸 逸 逸 逸 逸 逸

字解 逸は逸の略体。逸は会意。辵(ゆく)＋兎(うさぎ)。うさぎがにげてゆく、のがれる意。
意味 ❶はしる。走り去る。逃げる。また、逃がす。とり逃がす。「佚」に同じ。『逸機』『後逸(コウイツ)』『亡逸(ボウイツ)』 ❷かくれる。なくなる。うしなう。「佚」に同じ。『逸書』『逸民』『逸話』『隠逸(インイツ)』『散逸(サンイツ)』 ❸それる。はずれる。「佚」に同じ。㋑きまりからはずれる。『逸脱』『飄逸』 ㋺気まま。気楽。安んじる。『逸遊』『逸楽』『安逸』 ㋩わがまま。また、みだら。『淫逸』『放逸』 ❹足が速い。転じて、すぐれている。ぬきんでている。『逸材』『逸足』『逸品』『秀逸』 ❺音訳字。『独逸(ドイツ)』

❶ はしる。逃げる。また、逃がす。

【逸機(イッキ)】機会を逃がすこと。
【逸散(イッサン)】①逃げ去ること。ちりぢりになること。②わき目もふらず急ぐこと。一散(イッサン)。
【逸出(イッシュツ)】走ってとび出すこと。→❹
【逸徳(イットク)】道をはずれた行い。誤った行い。→❹

❷ かくれる。なくなる。うしなう。

【逸事(イツジ)】世に知られていない、かくれた事実。

【逸史(イッシ)】正史に漏れている史実。

【逸詩(イッシ)】世に伝わらない詩。また、「詩経」に記載されていない古詩。軼詩(イッシ)。

【逸書(イッショ)】名前だけが伝わり、実際にはなくなってしまった書物。

【逸文(イツブン)】散逸して世間に伝わらない文章。または、一部のみ伝わる文章。

【逸聞(イツブン)】あまり世間に知られていない珍しい話。

【逸民(イツミン)】俗世間を離れて隠れ住む人。

【逸話(イツワ)】世間にあまり知られていない話。

❸ はずれる。気まま。わがまま。

下接 安逸(アンイツ)・淫逸(インイツ)・隠逸(インイツ)・驕逸(キョウイツ)・蕩逸(トウイツ)・飄逸(ヒョウイツ)・放逸(ホウイツ)・奔逸(ホンイツ)・労逸(ロウイツ)

【逸居(イッキョ)】気楽に遊び暮らすこと。

【逸脱(イツダツ)】①必要な物事を、誤って抜かすこと。②本来の意味や目的からそれること。

【逸遊(イツユウ)】気ままに好きなことをして遊ぶこと。

【逸予(イツヨ)】気ままに遊び楽しむこと。

【逸楽(イツラク)】思いのままにふるまってたのしむ。＊史記-伯夷伝「終身逸楽、富厚累世不ﾚ絶〈=シュウシンイツラクし、フコウルイセイにしてたえず〉」一生を終えるまで楽な暮らしをし、金や財産をたくさん持ち、何代にもわたってその家柄が絶えない」

【逸労(イツロウ)】安楽と苦労。

【以ﾚ逸待ﾚ労(イツをもってロウをまつ)】安楽な状態に自軍を置き、遠くから来て疲れた敵軍を迎え討つ。佚(イツ)を以て労を待つ。〔魏志-明帝紀〕

❹ すぐれている。ぬきんでている。

下接 古逸(コイツ)・高逸(コウイツ)・秀逸(シュウイツ)・遒逸(シュウイツ)・俊逸(シュンイツ)

【逸興(イッキョウ)】格別に興味深いさま。また、一風変わった面白みのあるさま。すぐれた趣。＊李白-宣州謝朓楼餞別校書叔雲「倶懐二逸興一壮思飛〈ともにイッキョウをいだいてソウシとぶ〉」〔=彼らはいずれもすぐれた趣を抱きつつ、壮大で元気さかんな思いを高く飛揚させる〕」
【逸材(イツザイ)】人並み以上にすぐれた才能。また、その人物。逸速。逸才。
【逸才(イッサイ)】=逸材(イツザイ)
【逸出(イッシュツ)】とびぬけてすぐれていること。→❶
【逸足(イッソク)】①足のきわめて速いこと。②すぐれた才能を有していること。また、その人。逸材。『高材逸足』
【逸徳(イットク)】すぐれた徳。→❶
【逸品(イッピン)】特別にすぐれた品。絶品。
【逸物(イチモツ｜イツブツ｜イチブツ)】国特別にすぐれているものや人。

8113 【逭】 ＊6554 辵－8 カン(クヮン)㊥/huàn/のがれる
字解 形声。辵＋官㊥。のがれる意。

8114 【逵】 7792 6D7C E79C 辵－8 キ㊥/kuí
字解 会意。辵(みちをゆく)＋坴(大きなつちくれ)。大通りの意。
意味 たくさんの方角に分かれ通じる大路。『大逵(タイキ)』
【逵路(キロ)】大通り。大路。

8115 【週】 2921 3D35 8F54 辵－8 常2 (8116)〔週〕 辵－8 旧字
シュウ(シウ)㊥/zhōu/めぐる
筆順 週 周 周 周 週 週
字解 形声。辵＋周(めぐる)㊥。めぐりあるく意。
意味 まわる。めぐる。㋑「周」に同じ。『週期』 ㋺七日(日・月・火・水・木・金・土)をひとめぐりとした時間の単位。『週刊』『週末』
下接 隔週(カクシュウ)・今週(コンシュウ)・次週(ジシュウ)・先週(センシュウ)・毎週(マイシュウ)・翌週(ヨクシュウ)・来週(ライシュウ)
【週刊(シュウカン)】新聞、雑誌などを一週間に一度発刊すること。『週刊誌』
【週間(シュウカン)】一週の間。日曜から土曜までの七日間。
【週期(シュウキ)】ひとまわりする一定の時間。周期。
【週日(シュウジツ)】一週間のうち、日曜(または土曜と日曜)日を除くほかの日。平日。ウイークデー。
【週末(シュウマツ)】一週間の終わり。ウイークエンド。◆日曜日を含めないのが一般的だが、土、日をいう場合もある。

8117 【進】 3142 3F4A 9069 辵－8 常3 (8118)〔進〕 辵－8 旧字
シン㊥㊥/jìn/すすむ・すすめる
筆順 進 進 進 進 進 進
字解 会意。辵(ゆく)＋隹(とり)。とりが飛んでゆく、すすむ意。甲骨文は、止＋隹。

甲骨文　金文　篆文

意味 ❶すすむ。すすめる。前へ出る。先へ行く。↔退。『進行』『進路』『前進』 ⇓表〔行〕(7209)の表 ❷のぼる。㋑上位・上級にあがる。『進学』『昇進』 ㋺仕える。仕官する。＊史記-張儀伝「無ﾚ因二以進一〈もってすすむによしなし〉」〔=仕官の道を開く手だてがない〕」 ❸よくなる。向上する。『進化』『進歩』『精進(ショウジン)』 ❹すすめる。さし出す。たてまつる。『酒を一杯進ぜよう』『進上』『進呈』『寄進』 ❺国じょう。日本の令制で、中宮職・大膳職・左右京職・春宮坊(トウグウボウ)の三等官。『少進(ショウシン)』『大進(ダイシン)』

❶ すすむ。すすめる。

下接 急進(キュウシン)・行進(コウシン)・後進(コウシン)・新進(シンシン)・推進(スイシン)・先進(センシン)・前進(ゼンシン)・漸進(ゼンシン)・促進(ソクシン)・直進(チョクシン)・挺進(テイシン)・転進(テンシン)・突進(トッシン)・背進(ハイシン)・驀進(バクシン)・発進(ハッシン)・奮進(フンシン)・邁進(マイシン)

シン・猛進(モウシン)・躍進(ヤクシン)・一進一退(イッシンイッタイ)・寸進尺退(スンシンシャクタイ)

進退		
進(シン)	前にすすむ。向上する。	進行 進攻 進出 進歩 前進 進化
退(タイ)	後にしりぞく。おとろえる。	退行 退却 退去 退歩 後退 退化

【進謁(シンエツ)】 進み出てお目にかかること。
【進御(シンギョ)】 1天子が進み出られること。天子のおでまし。2天子のおそばまで進んでいくこと。
【進軍(シングン)】 軍隊を進めること。『進軍らっぱ』
【進撃(シンゲキ)】 勢いよく攻め進むこと。『快進撃』
【進行(シンコウ)】 1前に向かって進んで行くこと。2物事がはかどること。また、はかどらせること。『議事進行』
【進攻(シンコウ)】 前進して敵を攻撃すること。
【進止(シンシ|シンジ)】 1進むことと止まること。行動。2行動の是否、方針などを決定し指示すること。3土地や人間を心のままに取り扱うこと。〔取₂進止₁(シンシをとる)〕進むのも止まるのも命令のままにしますの意。中国で、唐代以降、上奏文の結びに用いられた言葉。「奉₂進止₁(シンシをホウず)」とも。
【進取(シンシュ)】 積極的に物事に取り組んでいくこと。『進取の気性』
【進出(シンシュツ)】 勢力拡張、新分野開拓などのために乗り出すこと。進み出ること。
【進退(シンタイ)】 1進むことと退くこと。『進退両難』2動作。振る舞い。『挙措進退』→❷ 〔進退維谷(シンタイこれきわまる)〕(「谷」は、「窮」に同じ)進むことも退くこともできない窮地に追いつめられる。〔詩経–大雅・桑柔〕
【進捗・進陟(シンチョク)】 国進行がはかどること。進展。↓

❹

【進入(シンニュウ)】 進んで行って、入ること。

【進路(シンロ)】 1進んで行く路。ゆくて。前路。↔退路。2人が将来進む方面。『進路指導』『台風の進路』

❷ のぼる。上級にあがる。また、仕官する。

下接 栄進(エイシン)・昇進(ショウシン)・特進(トクシン)・累進(ルイシン)・十進法(ジッシンホウ)

【進学(シンガク)】 国上級の学校に進むこと。『進学率』
【進仕(シンシ)】 仕官すること。
【進退(シンタイ)】 職務に就くことと辞めること。去就。『出処進退』『進退伺い』→❶

❸ よくなる。向上する。

下接 共進(キョウシン)・仕進(シシン)・精進(ショウジン)・増進(ゾウシン)・長進(チョウシン)・誘進(ユウシン)・日進月歩(ニッシンゲッポ)・勇猛精進(ユウミョウショウジン)

【進運(シンウン)】 進歩発展する機運、傾向。『国家の進運』
【進化(シンカ)】 生物の形態や機能が長い年月の間に変化し、次第に異なる種へ分岐、発展してゆくこと。↔退化
【進境(シンキョウ)】 国進歩して到達した境地。
【進展(シンテン)】 物事が進歩発展すること。
【進歩(シンポ)】 物事が、次第によい方へ、望ましい方へと進んでゆくこと。↔退歩。『技術の進歩』『進歩的』

❹ すすめる。さしあげる。たてまつる。

下接 詠進(エイシン)・勧進(カンジン)・寄進(キシン)・注進(チュウシン)・調進(チョウシン)

【進献(シンケン)】 貴人に物を献上すること。

【進言(シンゲン)】 上位の人に意見を申し上げること。

【進貢(シンコウ)】 みつぎものを献上すること。

【進講(シンコウ)】 国天皇、貴人の前で学問を講義すること。

【進士(シンシ)】 1すぐれた者を推挙すること。2科挙の合格者。また、その科目の名。3国日本の令制で官吏登用のための国家試験の科目の一。

【進上(シンジョウ)】 差し上げること。進呈。

【進奏(シンソウ)】 天子に申し上げること。奏上。

【進陟(シンチョク)】 推挙して官位を上にあげること。→❶
【進呈(シンテイ)】 人に差し上げること。『粗品進呈』

【進物(シンモツ)】 国進上する物品。おくりもの。

8119 【逮】 3465 4261 91DF 辵–8 常 (8120)【逮】 辵–8 旧字

ダイ(呉)・タイ(漢)・テイ(漢)/dǎi・dài・dì/およぶ

筆順 ⺕ 聿 隶 隶 逮

字解 形声。辵+隶(およぶ)(声)。追いつきつかまえる、およぶ意。のちに辵を加えて、その字義を明確にした。

同属字 隸

意味 およぶ。とどく。追いつく。追いついてとらえる。『津逮(シンタイ)』『不逮(フタイ)』

【逮捕(タイホ)】 刑事事件について、捜査機関が裁判官の発する逮捕状によって被疑者を捕らえ、抑留すること。

【逮夜(タイヤ)】 仏教で、死去の次の日で火葬の前夜。また は、毎年の命日の前夜。▼翌日までおよぶ夜の意。

8121 【逹】 7793 6D7D E79D 辵–8

タツ 「達」(8138)の異体字

8122 【迸】 *6553 辵–8 (8073)【迸】 7794 6D7E E79E 辵–6

ホウ(ハウ)(漢)・ヘイ(漢)/bèng・bǐng/ほとばしる

字解 形声。辵+并(並ぶ)(声)。一斉に走る、逃げる意。

意味 ❶はしる。にげる。のがれる。❷ほとばしる。勢いよく飛び散る。『迸出(ヘイシュツ)』『迸散(ホウサン)』*白居易–琵琶行「銀瓶乍破水漿迸(ギンペイたちまちやぶれてスイショウほとばしる)〔=銀のかめが急に壊れて水がほとばしり出る〕」

【迸出(ヘイシュツ|ホウシュツ)】 ほとばしり出ること。

【迸散(ホウサン)】 勢いよくほとばしり出ること。

8123 【遏】 7801 6E21 E79F 辵–9

アツ(漢)/è/とめる・とどめる

字解 形声。辵+曷(とどめる)(声)。とめる意。

意味 とめる。とどめる。さえぎる。『防遏(ボウアツ)』

【遏雲(アツウン)】 飛ぶ雲を止めるほどのすばらしい歌声。

【遏絶(アツゼツ)】 1たちきること。とどめ滅ぼすこと。2さえぎり止めること。排斥すること。

【遏密(アツミツ)】 天子の喪中に音楽を禁止すること。

8124 【違】 辵–9

イ 「違」(8155)の旧字

8125 【運】 1731 313F 895E 辵–9 常3 (8126)【運】 辵–9 旧字

ウン(呉)(漢)/yùn/はこぶ・めぐる・めぐらす

筆順 冖 冒 冒 軍 運

字解 形声。辵+軍(めぐる)(声)。めぐりあるく意。

意味 ❶めぐる。めぐらす。ぐるぐるまわる。また、心を働かせて考える。『運行』『運座』『運籌』❷めぐりあわせ。さだめ。『運気』『運命』『幸運』❸うごく。うごかす。はたらかせる。『運転』『運動』『転運(テンウン)』❹はこぶ。物を他に移す。『運送』『運輸』⇓表

❶ めぐる。めぐらす。

【運行】ウンコウ 決まった道筋に沿ってめぐり進むこと。「天体の運行」
【運座】ウンザ 国出席者がその場で俳句を作り、互選する俳諧ハイカイの会合。句会。
【運籌】ウンチュウ 〔「籌」は、はかりごとの意〕はかりごとをめぐらすこと。〔史記-高祖本紀〕

❷ めぐりあわせ。さだめ。

下接 悪運アクウン・栄運エイウン・男運おとこウン・女運おんなウン・開運カイウン・家運カウン・気運キウン・機運キウン・逆運ギャクウン・強運キョウウン・金運キンウン・籤運くじウン・好運コウウン・幸運コウウン・国運コクウン・時運ジウン・社運シャウン・商運ショウウン・勝運ショウウン・進運シンウン・衰運スイウン・盛運セイウン・世運セウン・天運テンウン・否運ヒウン・非運ヒウン・悲運ヒウン・微運ビウン・不運フウン・武運ブウン・福運フクウン・文運ブンウン・宝運ホウウン・命運メイウン・利運リウン

【運気】ウンキ 自然界の現象に現れるという人間の運勢。
【運勢】ウンセイ 国運、不運のめぐりあわせ。「運勢を占う」
【運祚】ウンソ 天子の位。また、天から受けたしあわせ。
【運否天賦】ウンプテンプ 運のよしあしは、天の支配するところであるということ。運を天に任せること。
【運命】ウンメイ 人間の意志を越えて、幸福や不幸、喜びや悲しみをもたらす、人生のめぐりあわせ。

❸ うごく。うごかす。

【運営】ウンエイ 組織や制度などを働かせること。
【運掌】ウンショウ てのひらでもてあそぶこと。非常にたやすいことのたとえ。＊孟子-公孫丑上「治二天下一、可レ運二之掌上一テンカをおさむること、これをショウジョウにめぐらすべし」〔=天下を治めることも、てのひらの上で物をころがすようにたやすいものだ〕
【運転】ウンテン 国①機械、列車、自動車などを動力で動かすこと。また、機械が動力で動くこと。「試運転」②金銭などを上手に活用すること。運用。「運転資金」
【運動】ウンドウ ①物体が時間の経過と共にその位置を変えること。⇔静止。「太陽の公転運動」②スポーツなどで、体を動かすこと。「運動会」③ある目的を達するために、いろいろな方面に働きかけること。「選挙運動」
【運用】ウンヨウ 働かせ用いること。うまく使うこと。

❹ はこぶ。物を他に移す。

下接 海運カイウン・舟運シュウウン・水運スイウン・通運ツウウン・搬運ハンウン・陸運リクウン・糧運リョウウン

	運輸	
運 ウン	はこぶ。他へ動かす。	運送 運搬 運河 陸運 水運 通運
輸 ユ	はこぶ。他へうつす。	輸送 輸将 輸卒 陸輸 空輸 転輸

【運河】ウンガ 交通、運輸、給排水、灌漑カンガイなどのための人工的な川。「スエズ運河」
【運送】ウンソウ 貨物や旅客を運ぶこと。
【運賃】ウンチン 貨物や旅客を運送する料金。
【運搬】ウンパン 物を運び届けること。
【運甓】ウンペキ 他日に備えて体を鍛えること。〔晋書-陶侃伝〕◆中国、晋の陶侃トウカンが甓かわらを運んで体を鍛えたという故事から。
【運輸】ウンユ 人や貨物を運ぶこと。運送。輸送。

8127 【過】 1865 3261 89DF 辵-9 常5　(8128)【過】 二一 辵-9 旧字

カ(クヮ) 呉漢 guò・guō／すぎる・すごす・あやまつ・あやまち・よぎる

筆順

字解 形声。辵＋咼㊥。ゆきすぎる、すぎる意。借りて、あやまちの意に用いる。また、度を越す意。一説に咼は、越に通じて、こえる意とも。

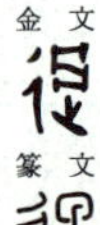
金文　篆文

意味 ❶とおりすぎる。ゆきすぎる。また、おとずれる。たちよる。「過客」「通過」❷時がすぎる。時がたつ。「過去」「経過ケイカ」❸度がすぎる。度を越す。適当な、普通の、また基準の程度以上になる。「過激」「超過」❹あやまち。失敗。また、つみ。とが。「過失」「罪過」＊論語-子張「小人之過也、必文ショウジンのあやまつや、かならずかざる」〔=小人は過失を犯すと必ずとりつくろおうとする〕

❶ とおりすぎる。また、おとずれる。

下接 一過イッカ・看過カンカ・勘過カンカ・擦過サッカ・通過ツウカ・透過トウカ・読過ドッカ・放過ホウカ・黙過モッカ・濾過ロカ・雲煙過眼ウンエンカガン

【過雨】カウ ひとしきり降ってすぐ晴れる雨。とおり雨。
【過客】カカク ①旅人。通り過ぎる人の意。＊李白-春夜宴二桃李園一序「光陰者百代之過客コウインはヒャクダイのカカクなり」〔=歳月は永遠に旅を続ける旅人である〕②訪問の客。来客。
【過化存神】カカソンシン 聖人が通り過ぎただけで民は感化され、長く存在する所ではその感化は神明のごとくである。聖人の徳の高いのをたたえた言葉。〔孟子-尽心上〕
【過活】カカツ 生活すること。生計をたてること。
【過観】カカン 立ち寄って見ること。
【過雁・過鴈】カガン 空を飛び過ぎて行くガン。
【過所】カショ|カソ 関所や渡し場の通行証。
【過庭之訓】カテイのおしえ 父の教え。庭訓テイキン。〔論語-季氏〕
【過渡】カト ①川をわたること。②新しい状態に移ってゆくこと。また、その過程。「過渡的な状況」

❷ 時がすぎる。時がたつ。

【過去】カコ ①仏教で、三世サンゼの一。前世。過去世カコセ。②過ぎ去った時。昔。③経歴。特に、あまり人に知られたくない場合にいう。「暗い過去がある」「過去を清算する」④文法で、過ぎ去った動作や状態を表す時制。「過去の助動詞」「過去形」「大過去」
【過午】カゴ 昼すぎ。午後。
【過日】カジツ 過ぎ去った、ある日。先日。
【過程】カテイ 物事が、経過する一連の道筋。プロセス。
【過般】カハン 先般。過日。⇔今般

❸ 度がすぎる。度を越す。

【過激】カゲキ 考え方やり方が、度がすぎて激しいさま。「過激な発言」「過激派」
【過酷】カコク 厳しすぎるさま。ひどすぎるさま。
【過言】カゲン|カゴン 極端だと感じられる言い方。言いすぎ。「彼の作品は天衣無縫と言っても過言ではない」→❹
【過差】カサ 度をすごすこと。おごり。ぜいたく。→❹
【過重】カジュウ ①重すぎるさま。「過重な労働」②肉体、精神などに負担がかかりすぎるさま。
【過小】カショウ 小さすぎること。⇔過大。「過小評価」
【過少】カショウ 少なすぎること。⇔過多
【過称】カショウ ほめすぎること。
【過賞】カショウ ＝過褒カホウ
【過剰】カジョウ 一定の数量や程度以上に余分のあること。多すぎること。「過剰防衛」「自信過剰」
【過信】カシン 信用、信頼しすぎること。
【過疎】カソ 極度にまばらなこと。特に、人口が少なすぎること。⇔過密。「過疎の村」

【過多】タカ 多すぎるさま。↔過少。『胃酸過多』
【過大】カダイ 大きすぎること。↔過小。『過大視』
【過度】カド 普通の程度・度数を超えていること。
【過当】カトウ 適当な程度を超えているさま。『過当競争』
【過半】カハン 半分以上。なかばを越した部分。また、大部分。『過半の賛同を得る』『過半数』
【過敏】カビン 鋭く感じすぎるさま。『神経過敏』
【過不及】カフキュウ 程度がすぎることと、及ばないこと。過不足。〔朱熹-中庸章句序〕『過不及なく〔=適度に〕』
【過不足】カフソク 多すぎることと足りないこと。過不及。『過不足ない説明』
【過分】カブン 身分や実際の内容にふさわしい程度や標準を超えていること。『過分な謝礼』
【過褒】カホウ 実際以上に褒めること。過賞。
【過密】カミツ 人や物事が限られた地域や範囲の中に、集中しすぎること。↔過疎。『人口過密都市』
【過労】カロウ 体や精神を使いすぎて疲労がたまること。
【過猶レ不レ及】すぎたるはなおおよばざるがごとし 行きすぎるのは、いたらないのと同様によろしくない。〔論語-先進〕

❹あやまち。また、つみ。

[下接] 改過カイカ・悔過カイカ|ケカ・口過コウカ・功過コウカ・罪過ザイカ・重過ジュウカ・小過ショウカ・大過タイカ|ダイカ・督過トッカ

【過悪】カアク 過失と罪悪。
【過言】カゲン|カゴン あやまって言うこと。また、まちがった言葉。→❸
【過誤】カゴ あやまち。まちがい。過失。
【過差】カサ あやまち。あやまり。過失。→❸
【過失】カシツ 不注意や怠慢などから起こる失敗。あやまち。『過失致死罪』『重過失』
【過怠】カタイ ①あやまちや怠慢。過失。②あやまちがあったとして罰すること。『過怠金』
【過謬】カビュウ あやまち。
【過而不レ改、是謂レ過矣】あやまちてあらためざる、これをあやまちという 過失を犯してその過失を改めないのが、ほんとうの過失というものである。〔論語-衛霊公〕
【過則勿レ憚レ改】あやまちてはすなわちあらたむるにはばかることなかれ 過失を犯したら、ためらわずに改めなければならない。〔論語-学而〕
【不レ弐レ過】あやまちをふたたびせず 同じ過失を二度とくり返さない。〔論語-雍也〕♥孔子が弟子の顔回を評した言葉から。

8129 【遐】 7802 6E22 E7A0 辵-9 カ(漢)/xiá/とおい

[字解] 形声。辵+叚(おおきい)(声)。大きくへだたる、とおい意。

[意味] ❶とおい。かけはなれている。はるか。また、長い。大きい。『遐域』『遐観』『遐年』『昇遐ショウカ』『登遐トウカ』❷なんぞ。疑問を示す。「何」に同じ。

❶とおい。はるか。大きい。

【遐異】カイ 世俗から遠くへだたり離れていること。
【遐域】カイキ はるかに遠い地域。遐壌カジョウ。
【遐懐】カカイ はるかに思うこと。
【遐観】カカン はるかに遠くをながめること。
【遐棄】カキ ①遠ざけて見すてること。②職務をすてて離れること。
【遐睎】カキ 遠くをながめること。
【遐挙】カキョ ①遠くまで行くこと。②名前などが知れわたること。③すぐれた行い。
【遐荒】カコウ 都からはるかに離れた野蛮の地。
【遐陬】カスウ 人里離れた所。
【遐想】カソウ ①遠くにへだたってしまった人を思うこと。②世俗を超越した思いをめぐらすこと。
【遐登】カトウ ①はるかに高く登ること。②人が死ぬこと。
【遐年】カネン 長い年月。また、長生き。
【遐福】カフク 大きな幸い。
【遐齢】カレイ 長生き。長寿。

8130 【遇】 2288 3678 8BF6 辵-9 [常] (8131)【遇】 二一 辵-9 旧字

グ(呉)・グウ(慣)/yù/あう・たまたま

[筆順]
金文 篆文
[字解] 形声。辵+禺(→偶、ペア)(声)。両者がであう意。[参考] 万葉仮名では音を借りて「ぐ」。

[意味] ❶あう。出会う。思いがけなく会う。『千載一遇』『奇遇』❷あつかう。もてなす。もてなし。『待遇』『冷遇』＊史記-管晏伝「鮑叔終善遇レ之、不下以為上レ言」ホウシュクついによくこれをグウし、もってげんをなさず〔=鮑叔は最後までよく(管仲を)待遇し、あれこれ批判しなかった〕❸たまたま。おりよく。「偶」に同じ。

❶あう。出会う。思いがけなく会う。

[下接] 奇遇キグウ・遭遇ソウグウ・値遇チグウ|チグ・千載一遇センザイイチグウ

【遇合】グウゴウ よい主君やよい機会などにめぐり会うこと。
【遇戦】グウセン 敵と接近して戦うこと。
【遇知】グウチ 明君にめぐり会い実力を認められること。
【遇否】グウヒ よい機会にめぐり会うことと、会わないこと。運不運。

❷あつかう。もてなす。もてなし。

[下接] 恩遇オングウ・境遇キョウグウ・厚遇コウグウ・顧遇コグウ・殊遇シュグウ・処遇ショグウ・待遇タイグウ・知遇チグウ・薄遇ハクグウ・不遇フグウ・優遇ユウグウ・礼遇レイグウ・冷遇レイグウ

【遇待】グウタイ もてなすこと。待遇。

8132 【遑】 7803 6E23 E7A1 辵-9 コウ(クヮウ)(漢)/huáng/いとま・ひま

[字解] 形声。辵+皇(声)。あわただしい意。

[意味] ❶あわただしい。いそがしい。『遑急』『遑遑』❷いとま。ひま。『遑寧』

【遑急】コウキュウ あわてること。また、あわただしいこと。
【遑遑】コウコウ あくせくするさま。うろうろして心がおちつかないさま。＊陶潜-帰去来辞「胡為乎遑遑欲二何之一」なんすれぞコウコウとしていずくにゆかんとほっする〔=どこかに到達しようとして、うろうろしたところで、いったい何になろう〕」
【遑寧】コウネイ ひまがあってのんびりとしていること。

8133 【遒】 7804 6E24 E7A2 辵-9 (8080)【逎】 7805 6E25 E7A3 辵-7

シュウ(シウ)(漢)/qiú

[字解] 形声。辵+酋(声)。

[意味] ❶せまる。近づく。❷力強く立派である。すぐれている。『遒逸』『遒勁』『遒麗』❸かたい。堅固である。❹あつまる。あつめる。❺おわる。おえる。

【遒逸】シュウイツ 文章が力強くすぐれていること。
【遒勁】シュウケイ 書画・文章などで筆勢が力強いこと。
【遒麗】シュウレイ 書画・文章などが力強く、かつ美しいこと。

8134 【蒁】 ⼆⼀ 辵－9 シュツ(漢)・ジュツ(慣)

字解 形声。艸＋述(声)。もと艸の部。「莪蒁(ガジュツ)」は、ショウガ科の多年草。根茎は健胃薬とする。

8135 【遂】 3175 3F6B 908B 辵－9 常 (8136)〔遂〕 ⼆⼀ 辵－9 旧字

ズイ(呉)・スイ(漢)/suì・suí/とげる・ついに

筆順 遂 遂 遂 遂 遂 遂

字解 形声。辵＋㒸(←述、したがう)(声)。従ってゆく、とげる意。金文は、述に同じ。

金文 篆文

同属字 邃・隧・燧

意味 ❶とげる。筋道をたどって奥までいきつく。やりとげる。成しとげる。『遂究』『遂古』『遂行』『遂事』『完遂』→下接。❷ついに。㋑かくて。こうして。＊陶潜-桃花源記「遂与二外人一間隔(ついにガイジンとカンカクす)〔＝かくて俗世間の人との交わりが隔たってしまった〕」㋺すぐに。そのまま引き続いて。＊史記-管晏伝「鮑叔遂進二管仲一(ホウシュクついにカンチュウをすすむ)〔＝鮑叔は、そのまま管仲を推薦した〕」

下接 果遂(カスイ)・完遂(カンスイ)・既遂(キスイ)・未遂(ミスイ)

【遂究(スイキュウ)】 物事の道理を深くみきわめること。

【遂古(スイコ)】 大昔。上代。❤はるかにたどった昔の意。

【遂行(スイコウ)】 物事を最後までやりとおすこと。

【遂事(スイジ)―(ことをとぐ)】 ①(スイジ)成しとげられた事柄。また、すんでしまったこと。＊論語-八佾「遂事不レ諫(スイジはいさめず)〔＝すんでしまった事は、後になっていさめても仕方がない〕」 ②(ことをとぐ)自分の思うようにすること。

8137 【遄】 ＊6560 辵－9 セン(漢)・ゼン(慣)/chuán

字解 形声。辵＋耑(声)。すみやかの意。

8138 【達】 3503 4323 9242 辵－9 常4 (8139)〔達〕 ⼆⼀ 辵－9 旧字 (8121)〔達〕 7793 6D7D E79D 辵－8 (8027)〔达〕 ＊6522 辵－3

金文 篆文

ダチ(呉)・タツ(漢)/dá/とおる・たち・だち

筆順 達 達 達 達 達 達

字解 形声。辵＋幸(＝羍)(声)。とおる意。一説に羍は、大に通じて、のびのびとゆとりがある意とも。达は通俗体、また、中国で簡体字。

甲骨文 金文 篆文

同属字 闥・撻・燵・韃

意味 ❶とおる。道が通じる。また、とどく。ゆきつく。ゆきわたる。なしとげる。『達成』『下達(カタツ)』＊論語-衛霊公「辞達而已矣(ジはタッせんのみ)〔＝ことばは、意志が通じるだけで十分である〕」 ❷物事に深く通じる。すぐれている。『達人』『熟達』 ❸国たち。だち。複数を示す。『公達(きんだち)』『友達(ともだち)』 ❹音訳字、熟字訓など。『達磨(ダルマ)』『伊達(だて)』『曹達(ソーダ)』

❶ とおる。とどく。なしとげる。

下接 栄達(エイタツ)・下達(カタツ)・口達(コウタツ)・四達(シタツ)・執達(シッタツ)・条達(ジョウタツ)・申達(シンタツ)・進達(シンタツ)・送達(ソウタツ)・速達(ソクタツ)・調達(チョウタツ)・通達(ツウタツ)・到達(トウタツ)・内達(ナイタツ)・配達(ハイタツ)・用達(ヨウタツ―ようたし)・利達(リタツ)・令達(レイタツ)・四通八達(シツウハッタツ)

【達意(タツイ)】 言おうとすることがよくわかるように述べること。『達意の文章』

【達成(タッセイ)】 成し遂げること。目的を果たすこと。

【達尊(タッソン)】 世間一般に尊ばれる物事。爵位・年齢・学徳の類。〔孟子-公孫丑下〕

【達道(タツドウ―タットウ)】 古今を通じて人類一般に行われるべき道徳。君臣・父子・夫婦・兄弟・朋友の五倫の道。

【達徳(タットク)】 古今東西を通じ、人類一般に行われるべき徳。知・仁・勇の三徳。〔中庸〕

❷ 物事に深く通じる。すぐれている。

下接 闊達(カッタツ)・豁達(カッタツ)・高達(コウタツ)・熟達(ジュクタツ)・上達(ジョウタツ)・先達(センダツ)・通達(ツウタツ)・発達(ハッタツ)・明達(メイタツ)・練達(レンタツ)

【達眼(タツガン)】 物を見通す眼力。

【達観(タッカン)】 ①広い視野から全体を見通すこと。②細部にとらわれず、喜怒哀楽を超越して真理を見通すこと。

【達言(タツゲン)】 ①道理にかなったことば。②どこにでも通用することば。

【達見(タッケン)】 広く事情を見通した見識、意見。達識。

【達士(タッシ―タツジ)】 ある物事に通じ、すぐれた人。達人。

【達識(タッシキ)】 ＝達見(タッケン)

【達者(タッシャ)】 ①物事に通じている人。②国熟達しているさま。巧みであるさま。『腕達者』『口達者』 ③国体が丈夫で元気なさま。

【達人(タツジン)】 学問、技芸に熟達した人。また、人生を達観した人。『柔道の達人』

【達練(タツレン)】 ある物事を詳しくよく知り、また、それになれてじょうずであること。

❹ 音訳字。

【達頼喇嘛(ダライラマ)】 (Dalai Lamaの音訳) チベットのラマ教の教主の呼称。

【達磨・達摩(ダルマ)】 ㊀(梵Dharmaの音訳) ①仏語。規範・真理・法則・性質・教説・事物などの意。②国㊁の坐禅の像にまねて、ふつう、顔面以外を赤く塗った張り子。㊁中国の禅宗の始祖。菩提達磨。謚号は円覚大師。南インド香至国の王子で、六世紀のはじめ中国に渡り、嵩山(スウザン)の少林寺で九年の間面壁坐禅して悟りを得たという。

8140 【遅】 3557 4359 9278 辵－9 常 (8186)〔遲〕 7815 6E2F E7AD 辵－12 旧字

ジ(ヂ)(呉)・チ(漢)/chí・zhì/おくれる・おくれ・おくらす・おそい

筆順 遅 遅 遅 遅 遅 遅

字解 遅は遲の略体。遲は形声。辵＋犀(声)。ゆっくりあるく、おそい意。

甲骨文 金文 篆文

参考 万葉仮名では音を借りて「ぢ」。

意味 ❶おそい。のろい。鈍い。↔速。『遅速』『巧遅』＊白居易-琵琶行「琵琶声停欲レ語遅(ビワのこえやみてかたらんとほっしておそし)〔＝琵琶の音はやんだが、(奏者は)答えようとしてためらっている様子だ〕」 ❷おくれる。間に合わなくなる。『遅刻』 ❸まつ。じっと待つ。『遅明』 ⇒〔速〕(8087)の表

❶おそい。のろい。

下接 依遅(イチ)・逶遅(イチ)・巧遅(コウチ)・舒遅(ジョチ)・鈍遅(ドンチ)

【遅回(チカイ)】 ①あてもなくさまようこと。徘徊(ハイカイ)。②ためらうこと。ぐずぐずすること。

【遅緩(チカン)】 物事の進行がきわめてゆっくりであること。

【遅疑(チギ)】 疑いためらうこと。『遅疑逡巡(シュンジュン)』

【遅疾(チシツ)】 ＝遅速(チソク)

【遅日(チジツ)】 日の暮れるのが遅い、春の日。

【遅速(チソク)】 遅いことと、速いこと。遅疾。

【遅遅(チチ)】 進み方がゆっくりしていて遅いさま。＊白居易-長恨歌「遅遅鐘鼓初長夜(チチたるショウコはじめてながきよ)〔＝のろのろと間のびして鳴る鐘鼓に、いよいよ秋の夜長を知るころである〕」

【遅鈍(チドン)】 動作がのろくて、頭の回転のにぶいこと。

【遅暮(チボ)】 ①遅いこと。おくれること。②年をとること。

❷おくれる。間に合わなくなる。

【遅引(チイン)】 ＝遅延(チエン)

【遅延(チエン)】 途中が長引いて、定めの時刻におくれること。遅引。

【遅刻(チコク)】 定められた時刻におくれること。

【遅参(チサン)】 目上との約束の時刻におくれて来ること。

【遅滞(チタイ)】 期日におくれて事が進まないこと。

【遅留(チリュウ)】 おくれとどまること。

❸まつ。じっとまつ。

【遅旦(チタン)】 ＝遅明(チメイ)

【遅明(チメイ)】 （明けるのをまつころの意）夜がまさに明けようとするころ。早朝。遅旦。

8141 【逞】 7806 6E26 E7A4 辵－9 テイ㊥/zhēn/うかがう・さすが

字解 形声。辵＋貞（うらなう）㊟。うかがう意。

意味 ❶うかがう。様子を見る。さぐる。「偵」に同じ。❷国さすが。さすがに。

8142 【道】 3827 463B 93B9 辵－9 常2

(8143)〔道〕 二一 辵－9 旧字

(7221)〔衜〕＊6017 行－10

(7217)〔衜〕＊6016 行－9

ドウ（ダウ）㊥・トウ（タウ）㊥/dào/みち・いう

筆順 

字解 形声。辵＋首（くび）㊟。いけにえの首をみちにまつってきよめる儀礼から、たびだってゆくみちの意。金文は、多く彳に従う。

金文 

篆文 

同属字 導（導）

参考 万葉仮名では訓を借りて「ち」。

意味 ❶みち。通行するところ。通すところ。また、そのみちのり。『道聴塗説』『道路』『街道』『水道』『鉄道』❷人の守るべきみち。また、道教や仏教などの教え。宇宙の根本原理やさとり。『道徳』『正道』＊論語-学而「本立而道生(もとたちてみちショウず)〔＝（孝弟という）根本が確立してこそ仁に進むべき道が生じる〕」❸てだて。方法。やり方。また、技芸、学問。『道具』『芸道』＊論語-学而「三年無レ改ニ於父之道一、可レ謂レ孝矣(サンネンちちのみちをあらたむることなきは、コウといふべし)〔＝もしも子が喪中の三年間、その父の時代のやり方を変えないときは、真に親孝行といってよいであろう〕」＊孟子-離婁上「信ニ於友一有レ道(ともにシンぜらるるにみちあり)〔＝友人に信頼されるには方法がある〕」❹いう。となえる。『報道』＊陶潜-桃花源記「不レ足下為ニ外人一道上也(ガイジンのためにいうにたらざるなり)〔＝外部の人に言うには及ばない〕」❺みちびく。先に立って手びきする。「導」に同じ。＊論語-為政「道レ之以レ政、斉レ之以レ刑、民免而無レ恥(これをみちびくにセイをもってし、これをととのうるにケイをもってすれば、たみまぬかれてはじなし)〔＝人民を導くのに政令を用い、人民を統制するのに刑罰を用いるなら、人民は法網をくぐって、自分の悪事を恥ずかしいとも思わない〕」❻よる。したがう。また、よって。とおって。経由して。『聞道(ブンドウ)』❼どう。昔の行政上の区画の名。㋑中国、漢では少数民族の区域に、唐では、全国を一〇または一五の道に、明・清では府と省との間に設けた。㋺国日本では、京都からの道によって全国を畿内の八道に分けた。また、今は特に北海道のこと。『五畿七道(ゴキシチドウ)』・東海道・東山道・北陸道・山陰道・山陽道・南海道・西海道『東海道(トウカイドウ)』『道産子(ドサンこ)』❽仏教で衆生が輪廻(リンネ)する世界。『餓飢道(ガキドウ)』『六道(ロクドウ)』❾固有名詞、あて字など。『道元』『道化(ドウケ)』

❶みち。道路。また、そのみちのり。

下接 悪道(アクドウ)・沿道(エンドウ)・横道(オウドウ)・海道(カイドウ)・街道(カイドウ)・間道(カンドウ)・気道(キドウ)・軌道(キドウ)・旧道(キュウドウ)・県道(ケンドウ)・公道(コウドウ)・坑道(コウドウ)・黄道(コウドウ)・国道(コクドウ)・索道(サクドウ)・山道(サンドウ)・参道(サンドウ)・桟道(サンドウ)・私道(シドウ)・車道(シャドウ)・食道(ショクドウ)・新道(シンドウ)・水道(スイドウ)・隧道(スイドウ)ズイドウ・赤道(セキドウ)・大道(ダイドウ)・弾道(ダンドウ)・中道(チュウドウ)・鉄道(テツドウ)・天道(テンドウ)テントウ・同道(ドウドウ)・尿道(ニョウドウ)・農道(ノウドウ)・歩道(ホドウ)・舗道(ホドウ)・鋪道(ホドウ)・本道(ホンドウ)・魔道(マドウ)・糧道(リョウドウ)・林道(リンドウ)・地下道(チカドウ)／畔道(あぜみち)・糸道(いとみち)・裏道(うらみち)・枝道(えだみち)・片道(かたみち)・小道(こみち)・坂道(さかみち)・近道(ちかみち)・花道(はなみち)・早道(はやみち)・二道(ふたみち)・山道(やまみち)・横道(よこみち)・夜道(よみち)・脇道(わきみち)

【道次(ドウジ)】 道の途中。道すじ。途次。

【道祖神(ドウソジン)】 国路傍にあって疫病や悪霊を防ぐ神。のちには縁結び、旅行安全などの神とされる。たむけの神。さえの神。

【道中(ドウチュウ)】 旅の途中。また、旅。旅行。

【道聴塗説・道聴途説(ドウチョウトセツ)】 他人から話を聞いて、すぐ他に受けうりすること。転じて、いい加減な聞きかじりの話。〔論語-陽貨〕❤路上で聞いたことをその道で話す意。

【道程(ドウテイ／みちのり)】 ある地までの距離。また、物事が変化してゆく過程。

【道途・道塗(ドウト)】 みち。道路。

【道標(ドウヒョウ)】 方向、距離などを書いて立てた通行案内。みちしるべ。

【道傍・道旁(ドウボウ)】 道のほとり。路傍。＊杜甫-兵車行「道旁過者問ニ行人一(ドウボウのすぐるもの コウジンにとう)〔＝道ばたを通りかかる人が出征兵士にたずねる〕」

【道里(ドウリ)】 ①街道と村里。②みちのり。また、道すじ。

【道路(ドウロ)】 人、車などの通行する道。往来。『幹線道路』

【道雖レ邇、不レ行不レ至(みちちかしといえども、ゆかざればいたらず)】 どんなに近い所でも、行かなければ到達しない。どんなに小さい事でも、行わなければ成就しない。〔荀子-修身〕

【道不レ拾レ遺(みちにおちたるをひろわず／みちにイをひろわず)】 道路に落ちている物を拾わない。理想的な政治が行われ、世の中が泰平で富み足りているさま。また、きびしい刑罰を恐れるさまにもいう。〔韓非子-外儲説左上〕

【取レ道(みちをとる)】 出発する。＊史記-刺客伝「既祖、取レ道(すでにソして、みちをとる)〔＝道中の安全を祈願して、旅路についた〕」

❷ 人の守るべきみち。

下接 王道・求道・外道・極道・士道・師道・邪道・修道・成道・神道・人道・正道・政道・世道・天道・伝道・得道・入道・非道・仏道・婦道・武道・無道・陰陽道・修験道・八正道

【道家】諸子百家の一。老子、荘子、列子など、無為自然を信条とする一派の称。

【道歌】国道徳的な教訓や、精神修養のことなどをわかりやすく詠み込んだ和歌。

【道学】①人の歩むべき道と学問。道家の学。朱子学など。②国心学の別称。

【道観】①（「観」は高い建物の意）道教の寺の堂塔。道教の士の住む楼。②仏語。化道と空観。すなわち、他を教化する化導の道と、自ら空理を悟る観法との称。

【道義】人の踏み行うべき正しい道。道徳。

【道教】中国の民族的宗教。不死の仙人となることを窮極の目的とする。教祖に老子を奉じ、道家の所説を主要な教義とする。

【帰二道山一】仙人の住む山に入る。道家で人の死ぬことをいう。

【道士】①道教を修めた人。②神仙の術を行う者。仙人。方士。

【道者】①道教を修めた者。②仏道を修めた者。③国連れ立って社寺、霊場へ参詣、巡拝する旅人。遍路。巡礼。同者。同社。

【道術】道教の術。方術。仙術。

【道場】仏道修行の場所。→❸

【道心】①事の善悪、正邪を判断し、正道を行おうとする心。②仏道を修め仏果を求める心。菩提心。③仏道修行をする人。『青道心』

【道俗】仏道に入っている人と俗世間の人。

【道統】儒学を伝える系統、学派。

【道徳】個人が社会の一員として守るべき行為の基準。『社会道徳』『道徳家』『不道徳』

【道念】①求道の心。②道徳に対する正しい考え。道義心。③僧侶の妻。梵妻。

【道服】①道家の人の着る衣服。②国堂上の公家が家庭で内々に着用した上衣。袖がひろく、裾にひだを設けた羽織に類するもの。③国袈裟のこと。

【道要】道理の奥深いところ。

【道理】そうあるべき当然のすじみち。正しい論理。

【道話】国卑近な例をあげて、倫理、道徳をわかりやすく説明した心学の訓話。

【道不レ同、不二相為謀一】信奉する道が同じでなければ、互いに同調しない。共通の利害をもたない者同士が相談しあってもしかたがないということ。〔論語－衛霊公〕

【道在レ邇、而求二諸遠一】道理は身近な所にあるのに、わざわざ高遠な所に求めようとする。いたずらにむずかしい理論に走るのを戒めていう。〔孟子－離婁上〕

【憂レ道不レ憂レ貧】道徳に欠けるところはないかと心配しても、生活の貧しさなどは気にしない。〔論語－衛霊公〕

❸ てだて。方法。また、技芸、学問。

下接 一道・花道・華道・歌道・棋道・弓道・芸道・剣道・権道・香道・茶道・色道・斯道・柔道・衆道・商道・常道・書道・覇道・両道

【道具】国①何かをするために用いる種々の用具。『大工道具』『古道具』②舞台用の大道具、小道具。

【道場】国武術を教授、練習する所。→❷

【道楽】国①趣味。また、それを楽しむこと。『食い道楽』②不健康な遊びにふけること。『女道楽』

❹ いう。となえる。

下接 唱道・報道

【道辞】言うこと。話すこと。

【道説】物を言うこと。話すこと。

【道破】はっきりと言いきること。喝破。

❾ 固有名詞、あて字など。

【道化・道外】人を笑わせるようなおどけた言語、動作。また、それをする人。ピエロ。『道化師』

【道元】鎌倉初期の僧。日本曹洞宗の開祖。諱は希玄。号は仏法房。勅諡は仏性伝東国師・承陽大師。久我通親の子。栄西に師事し、入宋して如浄の法をうける。寛元二年（一二四四）に越前（福井県）の大仏寺（のちの永平寺）の開山となる。著に「正法眼蔵」九五巻、「普勧坐禅儀」「学道用心集」「永平清規」など。（一二〇〇～五三）

難読姓氏 道祖土

8144 【遁】 二一 辵－9 (8145)〔遁〕 3859 465B 93D9 辵－9 †

トン漢・シュン漢/dùn/のがれる

字解 形声。辵＋盾（身をおおいかくすたて）声。かくれにげる意。

意味 ❶(ト)のがれる。にげる。さける。かくれる。「遯」に同じ。『遁走』『遁世』『隠遁』 ❷(シュ)しりごみする。あとずさりする。「逡」に同じ。『遁巡』

❶ にげる。のがれる。

下接 隠遁・火遁・辞遁・土遁

【遁去】逃げさること。

【遁甲】人の目をくらまして隠れ、災いからのがれる術。忍術の類。

【遁竄】逃げかくれること。

【遁辞】言いのがれのことば。逃げ口上。

【遁世】世をのがれて仏道に入ること。また、隠棲すること。『出家遁世』

【遁走】逃げはしること。のがれはしること。『遁走曲（＝フーガ）』

【遁逃】逃げのがれること。

❷ しりごみする。あとずさりする。

【遁巡】しりごみして、ためらうこと。逡巡。

8146 【逼】 二一 辵－9 (8147)〔逼〕 4115 492F 954E 辵－9 †

ヒキ呉・ヒョク漢・ヒツ慣/bī/せまる

字解 形声。辵＋畐（→副、ぴったりそいつく）声。せまる意。

意味 ❶せまる。㋑さしせまる。間近にせまる。『逼迫』㋺追いつめる。おしつける。おびやかす。『逼奪』 ❷せまくなる。縮まる。『逼塞』

【逼塞】国落ちぶれて世間から隠れとじこもること。

【逼奪(ヒツダツ/ヒョクダツ)】①おどかして奪うこと。②君主に迫ってその位を奪うこと。

【逼迫(ヒッパク)】さし迫ること。余裕のない状態になること。

8148【遍】4255 4A57 95D5 辵－9 常 (8149)【遍】旧字 辵－9
(2305)【徧】＊2916 彳－9
ヘン呉漢 \biàn・piàn\ あまねし

筆順 遍 遍 遍 遍 遍 遍

字解 形声。辵＋扁(ひらたくひろがる)声。ゆきわたる意。
参考 万葉仮名では音を借りて「へ甲」。
意味 ❶あまねし。まんべんなく。すみずみまで。ゆきわたる。『遍在』『遍歴』『遍路』『周遍(シュウヘン)』『普遍(フヘン)』❷へん。回数を示す語。『一遍(イッペン)』

❶あまねし。

【遍在(ヘンザイ)】広く行き渡って存在すること。

【遍照(ヘンジョウ)】すみずみまで照らすこと。特に、法身(ホッシン)の光明があまねく世界を照らすこと。

【遍身(ヘンシン)】①からだじゅう。全身。総身。満身。②歌病の一つ。同音が全体に多くある歌。

【遍布(ヘンプ)】あまねく行き渡ること。

【遍満(ヘンマン)】すみずみまで満ちひろがること。

【遍歴(ヘンレキ)】①広く各地を巡り歩くこと。周遊。②国さまざまな経験を経ること。『女性遍歴』

【遍路(ヘンロ)】国四国の霊場八十八か所を巡礼すること。また、その人。

8150【逾】7807 6E27 E7A5 辵－9
ユ呉漢 \yú\ こえる・いよいよ

字解 形声。辵＋兪(ぬけ出る)声。こえる意。
意味 ❶こえる。こす。わたる。すぎる。「踰」に同じ。『逾越』『逾月』『逾邁』❷いよいよ。ますます。「兪」に同じ。＊杜甫-絶句「江碧鳥逾白(コウみどりにしてとりいよいよしろし)」〔=川の水は深緑色で、そこに浮かぶ鳥はますます白く見える〕

【逾越(ユエツ)】のりこえること。踰越(ユエツ)。

【逾月(ユゲツ)】月をこえること。翌月になること。

【逾邁(ユマイ)】月日が過ぎ去ること。

8151【遊】4523 4D37 9756 辵－9 常3 (8152)【遊】旧字 辵－9
ユ呉・ユウ(イウ)漢 \yóu\ あそぶ・あそばす・あそび・すさび

筆順 遊 斿 遊 斿 遊 遊

字解 形声。辵＋斿(ゆれうごく)声。あそぶ意。游に同じ。
参考 万葉仮名では音を借りて「ゆ」。
意味 ❶あそぶ。㋐酒色にふける。㋑楽しむ。心をなぐさめる。『遊戯』『豪遊』『遊郭』❷家を離れる。旅をする。仕官、勉学などのために他国へ行く。『遊学』『遊覧』『周遊』『漫遊』＊論語-里仁「父母在、不遠遊(フボいませばとおくあそばず)」〔=父母の在世中は、遠方へ旅行しない〕❸離れて存在している。一定の場所に所属せず、自由に動く。『遊軍』『遊牧』❹職につかずにいる。また、役に立たず使われないでいる。『遊休』『遊侠』『遊民』『貴遊(キユウ)』❺およぐ。また、浮かびただよう。さまよう。『遊泳』『回遊(カイユウ)』＊屈原-漁父辞「屈原既放、遊於江潭(クツゲンすでにはなたれて、コウタンにあそぶ)」〔=屈原は追放されてからというもの、湘江(ショウコウ)のふちをさまよい歩いていた〕❻書名。『遊仙窟』

❶あそぶ。楽しむ。また、酒色にふける。

下接 佚遊(イツユウ)・逸遊(イツユウ)・雲遊(ウンユウ)・宴遊(エンユウ)・臥遊(ガユウ)・雅遊(ガユウ)・歓遊(カンユウ)・嬉遊(キユウ)・交遊(コウユウ)・豪遊(ゴウユウ)・舟遊(シュウユウ)・出遊(シュツユウ)・仙遊(センユウ)・同遊(ドウユウ)・夜遊(ヤユウ)・優遊(ユウユウ)

【遊逸・遊佚(ユウイツ)】なまけて遊びほうけること。逸遊。

【遊宴(ユウエン)】酒盛りをして遊び楽しむこと。酒宴。

【遊客(ユウカク/ユウキャク)】遊女などを相手に遊ぶ人。→❷
【遊郭・遊廓(ユウカク)】多くの遊女屋が集まっている一定の地域。くるわ。遊里。

【遊観(ユウカン)】①遊び楽しんで見ること。遊覧。②遊ぶために本館から離れた所に建てられた館。別館。

【遊戯(ユウギ)】①遊びたわむれること。②国幼稚園や小学校などで、運動や社会性の習得を目的として行う集団的な遊びや踊り。

【遊興(ユウキョウ)】国遊び興ずること。特に、酒色や宴会に興ずること。『遊興費』

【遊君(ユウクン)】あそびめ。遊女。

【遊芸(ユウゲイ)】国遊びごとに関した芸能。歌舞、茶の湯、生け花、三味線などの類。

【遊士(ユウシ)】遊蕩にふける男。たわれお。また、風流な男。みやびお。→❹
【遊女(ユウジョ)】①歌舞で人を楽しませることを業とした女の称。②国江戸時代、官許の遊郭にいた女と、各所に存在した私娼(シショウ)の称。女郎。

【遊惰(ユウダ)】遊びなまけること。怠惰。

【遊蕩(ユウトウ)】酒色にふけって、品行のおさまらないこと。放蕩。『遊蕩児』

【遊目(ユウモク)】あたりを眺め楽しむこと。

【遊予(ユウヨ)】遊び楽しむこと。

【遊楽(ユウラク)】遊び楽しむこと。

【遊里(ユウリ)】一定の区画を仕切って公認の遊女屋を多く集めてある地域。遊郭。

【遊猟(ユウリョウ)】猟をして遊び楽しむこと。

❷家を離れる。旅をする。

下接 遠遊(エンユウ)・回遊(カイユウ)・廻遊(カイユウ)・外遊(ガイユウ)・客遊(カクユウ)・官遊(カンユウ)・旧遊(キュウユウ)・御遊(ギョユウ)・吟遊(ギンユウ)・行遊(コウユウ)・再遊(サイユウ)・西遊(セイユウ/サイユウ)・周遊(シュウユウ)・出遊(シュツユウ)・巡遊(ジュンユウ)・清遊(セイユウ)・盤遊(バンユウ)・浮遊(フユウ)・漫遊(マンユウ)・歴遊(レキユウ)

【遊客(ユウカク/ユウキャク)】①旅人。旅客。②遊覧の客。→❶
【遊学(ユウガク)】遠い他の土地、国へ行って学問すること。
【遊宦(ユウカン)】他国に行って役人になること。
【遊行(ユウコウ/ユギョウ)】①(ユウコウ)あてもなく歩き回ること。『夢中遊行』②(ユギョウ)僧侶(ソウリョ)が布教・修行のために諸国を巡ること。行脚(アンギャ)。『遊行上人』
【遊幸(ユウコウ)】天子、また、神社の祭神のおでまし。行幸。
【遊子(ユウシ)】旅人。旅行者。旅客。＊李白-送友人「浮雲遊子意(フウンユウシのイ)」〔=浮かびただよう雲は旅人の心であろうか〕
【遊就(ユウシュウ)】故郷を離れて善良の士のもとに行って交わること。立派な人について、その行いを見習うこと。
【遊人(ユウジン)】遊覧する人。物見遊山に出る人。→❹
【遊説(ユウゼイ)】政治家などが各地を演説して回ること。遊談。＊十八史略-春秋戦国「遊説秦恵王、不用(シンのケイオウにユウゼイしてもちいられず)」〔=秦の恵王に(天下統一の策を)説いたが、用いられなかった〕
【遊談(ユウダン)】＝遊説(ユウゼイ)。→❸

【遊覧ユウラン】見物して回ること。『遊覧船』
【遊歴ユウレキ】各地を巡り歩くこと。
【遊山ユサン】国野山などへ遊びに出かけること。行楽。『物見遊山』

❸ 離れて存在している。

【遊軍ユウグン】戦列の外にあって、時機をみては出動する部隊。『遊軍記者』
【遊撃ユウゲキ】あらかじめ攻撃すべき敵を定めないで、時に応じて味方を援護し、また敵を撃つこと。『遊撃隊』
【遊星ユウセイ】太陽の周囲を運行する星。惑星ワクセイ。
【遊談ユウダン】①口から出まかせを言う。②むだ話。③自由に話すこと。→❷
【遊牧ユウボク】水や牧草を追って移住しながら家畜を飼うこと。『遊牧民』
【遊弋ユウヨク】船舶などが定まったルートを持たず、徘徊・航行して、敵に備えること。
【遊離ユウリ】①他からかけ離れていること。②化学で、他と化合せずに存在すること。『遊離酸』

❹ 職につかずにいる。使われないでいる。

【遊閑ユウカン】用事もなく暇で遊んでいること。『遊閑地』
【遊休ユウキュウ】活用されないままで放置してあること。『遊休施設』
【遊俠ユウキョウ】決まった職をもたない自由な世渡りをする俠客。おとこだて。游俠。
【遊士ユウシ】禄を離れた人。仕える先がない人。浪人。また、志をいだいて遊歴する人。→❶
【遊人ユウジン】職業を持たないで遊んでいる人。また、道楽者。あそびにん。→❷
【遊民ユウミン】定職を持たず、のらくらしている人。

❺ およぐ。ただよう。さまよう。

【遊泳ユウエイ】①泳ぐこと。水泳。『遊泳禁止』『宇宙遊泳』②世間をうまく渡ること。処世。

【遊魂ユウコン】たましいが体を離れて浮遊すること。さまよう魂。＊杜甫―哀江頭「血汚遊魂帰不得ちはユウコンをけがしてかえりえず」〔=血に汚されたさまよう魂は、帰ろうにも帰ることができない〕」

【遊糸ユウシ】春の晴れた日に立ちのぼるかげろう。いとゆう(糸遊)。

【遊歩ユウホ】ぶらぶら歩くこと。散歩。『遊歩道』

❻ 書名。

【遊仙窟ユウセンクツ】中国の伝奇小説。唐の張鷟チョウサク(文成)撰。勅命で旅行中の張文成が仙界に至り、二仙女に歓待を受けて一夜を共にした話。駢ベン文を駆使したはなやかな文体で贈答詩が豊富。

難読地名 遊佐ゆざ町(山形) 難読姓氏 遊馬あすま・あそま

8153 【遥】 4558 4D5A 9779 辵-9 人 (8167)〔遙〕 8403 7423 EAA1 辵-10 旧字

ヨウ(エウ)呉漢\yáo\はるか

字解 遥は遙の通俗体。遙は形声。辵+䍃(→搖、ゆれうごく)声。さまよう意。

参考 万葉仮名では音を借りて「え(や行)」。

意味 ❶さまよう。ぶらぶらする。『逍遥ショウヨウ』 ❷はるか。とおい。また、長い。『遥遠』『遥拝』

❷ はるか。とおい。長い。

【遥曳ヨウエイ】①長く尾をひくこと。②長く垂れること。

【遥役ヨウエキ】遠い地方へ行って兵役や労役に従うこと。

【遥遠ヨウエン】はるかで遠いさま。

【遥昔ヨウセキ】①遠い昔。②長い夜。

【遥拝ヨウハイ】遠く隔たった所から、はるかに拝むこと。

【遥碧ヨウヘキ】はるかに遠い青空。

【遥遥ヨウヨウ】距離・時間がはるかに隔たっているさま。

8154 【遖】 7808 6E28 E7A6 辵-9 あっぱれ

字解 国字。会意。辵+南(太陽の光で明るい)。天晴れの意。賛美することば。あっぱれ。

8155 【違】 1667 3063 88E1 辵-10 常 (8124)〔違〕 辵-9 旧字

イ(ヰ)呉漢\wéi\ちがう・ちがえる・ちがい・たがう・たがえる

筆順 違 違 違 違 違 違

字解 形声。辵+韋(そむく)声。そむきはなれる。ちがう意。

金文 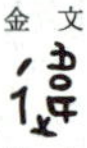 篆文 

意味 ❶ちがう。異なる。一致しない。『違算』『差違』 ❷たがう。そむく。さからう。また、よこしま。『違反』『乖違カイ』『背違ハイ』『非違ヒ』 ⇒〔異〕(4918)の表

❶ ちがう。異なる。

下接 依違イ・猗違イ・差違サ・相違ソウ

【違式イシキ】一定のきまり、慣習からはずれること。

【違失イシツ】まちがうこと。しくじり。過失。落ち度。

【違和イワ】心身の調和が失われること。また、周囲にそぐわないこと。『違和感』

❷ そむく。さからう。また、よこしま。

【違憲イケン】①国の法にそむくこと。②国憲法に違反すること。

【違言イゲン】①道理に反したことば。②さからうことば。

【違忤イゴ】さからうこと。

【違旨イシ】趣旨にそむくこと。仰せにそむくこと。

【違心イシン】①よこしまな心。②裏切ろうとする心。ふたごころ。

【違勅イチョク】天子の命令にそむくこと。

【違背イハイ】約束、命令、規則などにそむくこと。違反。

【違反イハン】命令、規則、約束などにそむくこと。違背。

【違犯イハン】法律や規則などを守らず、これを犯すこと。

【違法イホウ】法律にはずれていること。『違法行為』

【違約イヤク】約束にそむくこと。背約。『違約金』

【違踰イユ】命令、定めなどにそむくこと。

【違乱・違濫イラン】①決まりなどにそむいて秩序を乱すこと。②いろいろの事情によって物事が乱れること。③他人の考えや、やり方に反対すること。苦情。

【違戻イレイ】道理にあわないで、間違っていること。

8156 【遠】 1783 3173 8993 辵-10 常2 (8157)〔遠〕 辵-10 旧字

オン(ヲン)呉・エン(ヱン)漢\yuǎn・yuàn\とおい・とおざかる・おち

筆順 遠 遠 遠 遠 遠 遠

字解 形声。辵+袁(とおい)声。とおくへ行く、とおい

意。のちに辵を加えて、その字義を明確にした。

参考 万葉仮名では音を借りて「を」。平仮名「を」の字源。

金文

篆文

意味 ❶とおい。距離的・時間的に隔たっている。↕近。『遠近』『遠方』『永遠』 ＊孟子-梁恵王上「叟不ㇾ遠二千里一而来（ソウ センリをとおしとせずしてきたる）」〔＝老先生は、千里の道も遠いとなさらずにおいでくださった〕 ❷縁がとおい。関係が薄い。親しくない。『遠戚』『疎遠（ソエン）』『敬遠（ケイエン）』 ❸とおざかる。とおざける。『遠慮』『迂遠（ウエン）』『幽遠（ユウエン）』 ❹奥深い。高尚である。『深遠（シンエン）』 ❺国「遠江国（とおとうみのくに）」の略。東海道一五か国の一。現在の静岡県浜松地方。『遠州（エンシュウ）』

下接 ❶とおい。距離的、時間的に隔たっている。
以遠（イエン）・永遠（エイエン）・久遠（クオン）・宏遠（コウエン）・荒遠（コウエン）・陬遠（スウエン）・絶遠（ゼツエン）・僻遠（ヘキエン）・遥遠（ヨウエン）・遼遠（リョウエン）

【遠裔（エンエイ）】遠い後世の子孫。

【遠影（エンエイ）】遠い姿。遠くに見える形。＊李白-黄鶴楼送二孟浩然之一広陵一「孤帆遠影碧空尽（コハンのエンエイヘキクウにつく）」〔＝たった一そうの舟の帆がしだいに遠ざかり、その姿が深い碧（みどり）の空に吸い込まれるように消えてしまった〕」

【遠隔（エンカク）】遠く離れていること。『遠隔操作』

【遠観（エンカン）】①＝遠望（エンボウ）。②先のことまで見通すような観察をすること。

【遠忌（エンキ／オンキ）】仏教諸宗で、宗祖または中興の祖などの遺徳をたたえて、五〇年ごとに行う年忌法会。

【遠近（エンキン）】遠い所と近い所。遠くと近く。『遠近法』

【遠計（エンケイ）】遠い将来についての計画。また、規模の大きい遠大なはかりごと。

【遠景（エンケイ）】①遠くに見える景色。↕近景。②画面中の遠方の部分。バック。↕近景

【遠見（エンケン／とおみ）】①遠方を見ること。②遠くから見た景色、姿。③（エンケン）遠い将来のことを見通すこと。

【遠行（エンコウ）】①遠方へ行くこと。遠征。旅に出たり戦いに行く場合に用いる。②死ぬこと。遠逝（エンセイ）。長逝（チョウセイ）。

【遠交近攻（エンコウキンコウ）】遠方の国と親しくして、近い国を攻め取る外交政策。▶中国の戦国時代に秦の范雎（ハンショ）の立てた計略から。〔戦国策-秦〕

【遠国（エンゴク／オンゴク）】遠くにある国。また、都から遠い地方。

【遠竄（エンザン）】①罪人を遠く離れた土地または島に移すこと。遠流（オンル）。②遠くへ逃げ隠れること。

【遠山眉（エンザンのまゆ）】遠山のようにほんのりと青い眉。美人の眉や黛（まゆずみ）をたとえていう。

【遠志（エンシ／オンジ）】①（エンシ）遠大なこころざし。②（オンジ）漢方薬の一。イトヒメハギの根を干してつくった生薬。強壮・袪痰（キョタン）・鎮痛剤。

【遠邇（エンジ）】（「邇」はちかいの意）遠近。

【遠識（エンシキ）】未来を見通すような深い学識や意見。

【遠戍（エンジュ）】辺境を守ること。

【遠称（エンショウ）】指示代名詞で、話し手と相手とから共通に離れた事物、場所、方向について指すもの。日本語で、「あれ・あいつ・あそこ・あちら」など。↕近称・中称

【遠人（エンジン）】遠く離れた人。遠国の人。外国人をもいう。

【遠水（エンスイ）】遠くにある水。また、遠方の河川。【遠水不ㇾ救二近火一（エンスイキンカをすくわず）】遠くにある水は、近くの火事を消すのに役立たないの意から、遠くにあるものは急場の用に役立たないことのたとえ。〔韓非子-説林上〕

【遠陲（エンスイ）】都から遠く離れた僻地。

【遠征（エンセイ）】①遠方の地に征伐に行くこと。②国遠方まで、探検、試合などに行くこと。『遠征試合』

【遠逝（エンセイ）】①遠方の地へ立ち去ること。②死ぬこと。

【遠大（エンダイ）】志、計画などが、遠い将来まで見通して雄大なこと。『遠大な理想』

【遠別（エンベツ）】遠く離れ離れになって別れること。

【遠望（エンボウ）】遠方を見渡すこと。

【遠謀（エンボウ）】遠い先のことを考えに入れたはかりごと。遠図（エント）。『遠謀深慮』

【遠方（エンポウ／おちかた）】遠く離れた所。遠くの方。＊論語-学而「有ㇾ朋自二遠方一来、不二亦楽一乎（ともありエンポウよりきたる、またたのしからずや）」〔＝友人がはるか遠い所から訪ねてくる。それはなんと楽しいことではないか〕」

【遠芳（エンポウ）】遠くまで続いて見える草。また、遠くからただよう芳香。＊白居易-賦二得古原草一送ㇾ別「遠芳侵二古道一（エンポウコドウをおかす）」〔＝遠くへ続いて見える草は古い道ぞいいっぱいに生えておおいつくしている〕」

【遠猷（エンユウ）】遠大な計画。遠謀。

【遠洋（エンヨウ）】陸地から遠く離れた海。『遠洋航海』

【遠来（エンライ）】遠方から来ること。また、遠くから到来したもの。『遠来の客』

【遠略（エンリャク）】①遠い将来にまで及ぶようなはかりごと。遠謀。②遠国を攻め取るはかりごと。

【遠慮（エンリョ／とおきおもんぱかり）】遠いさきざきまで見通した深い考え。『深謀遠慮』 ＊論語-衛霊公「人無二遠慮一、必有二近憂一（ひととおきおもんぱかりなければ、かならずちかきうれいあり）」〔＝人間にはさきざきまで考える思慮がなければ、必ず手近な心配ごとが生じるものである〕」→❸

【遠路（エンロ）】遠いみちのり。『遠路はるばる』

【遠流（オンル）】国律令制で、流罪（ルザイ）のうち最も重いもの。

❷縁がとおい。関係が薄い。

【遠因（エンイン）】間接的な遠い原因。

【遠戚（エンセキ）】血縁の遠い親戚。

【遠祖（エンソ）】高祖、曾祖以上の先祖。

【遠冑（エンチュウ）】遠い子孫。遠孫。

【遠類（エンルイ）】血筋の遠い親類。

❸とおざける。とおざかる。

【遠心（エンシン）】中心から遠ざかること。↕求心。『遠心力』

【遠慮（エンリョ）】国控え目にすること。差し控えること。→❶

難読地名 遠敷（おにゅう）郡（福井）　遠賀（おんが）郡・町（福岡）

8158 【遣】 2415 382F 8CAD 辵-10 常

(8159) 〔遣〕 辵-10 旧字

ケン㊁㊈／qiǎn／つかう・つかわす・つかい・やる

筆順 遣

字解 形声。辵＋𠀐（両手に物を持ち、さしあげる）㊥。さしあげてもっていく、つかわす意。甲骨文・金文には、𠀐のみのものがあり、軍隊を征伐につかわす意に用いた。

甲骨文
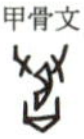
金文

金文

篆文

意味 ❶つかわす。つかいとして行かせる。さしむける。つかい。また、贈り物をとどける。『遣唐使』『遣外』『派遣』 ❷やる。追いやる。追い払う。払い除く。また、うさをはらす。『遣懐』『自遣（ジケン）』『消遣（ショウケン）』 ❸しむ。…をして…しむ。…に…させる。使役を示す。「使」「令」「教」に同じ。＊陶潜-桃花源記「太守即遣二人随一其往一（タイシュすなわちひとをしてそれにしたがいてゆかしむ）」〔＝太守はただちに人をさし向

け、その人について行かせた」❹国つかう。使用する。『仮名遣（かなづかい）』『無駄遣（むだづかい）』

❶ つかわす。また、つかい。

下接 差遣（サケン）・先遣（センケン）・調遣（チョウケン）・派遣（ハケン）・分遣（ブンケン）

【遣外（ケンガイ）】外国へ派遣すること。また、外国へ派遣されること。『遣外使節』

【遣隋使（ケンズイシ）】国推古天皇の時、中国文化を輸入するため、日本から隋に派遣された使節。

【遣唐使（ケントウシ）】国奈良・平安時代、日本から唐の都に派遣した国の使節。

❷ やる。追いやる。また、払い除く。

【遣懐（ケンカイ）】うさを晴らすこと。気晴らしをすること。

【遣帰（ケンキ）】帰らせること。また、妻を離縁して実家へ帰すこと。

【遣情（ケンジョウ）】気晴らしをすること。

【遣悶（ケンモン）】うさを晴らすこと。

8160【遘】 7809 6E29 E7A7 辵-10 コウ漢/gòu/であう

字解 形声。辵+冓(同じものを組み合わせる)声。人と人とが行きあう、であう、めぐりあう意。

甲骨文 金文 篆文

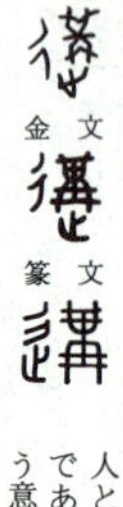

8161【遡】 3344 414C 916B 辵-10 †　(8162)【遡】 辵-10 †　ソ漢・サク慣/sù/さかのぼる

字解 形声。辵+朔(もとにかえる)声。さかのぼる意。遡の通俗体。

参考 熟語は、「溯」(4264)を見よ。

意味 さかのぼる。㋑水の流れにさからってのぼる。『遡行（ソコウ）』㋺過去にさかのぼる。『遡及（ソキュウ）』

8163【遜】 3429 423D 91BB 辵-10 †　(8164)【遜】 辵-10 †　ソン漢/xùn/ゆずる・へりくだる

字解 形声。辵+孫声。

意味 ❶のがれる。逃げさる。❷ゆずる。自分をあとにして他を先にする。『遜位』❸へりくだる。自分を低いものとして相手をたてる。『遜志』『謙遜（ケンソン）』『不遜（フソン）』『抑遜（ヨクソン）』❹おとる。ひけをとる。『遜色』

❷ ゆずる。

【遜位（ソンイ）】天子が位を退くこと。帝位をゆずること。

❸ へりくだる。

【遜志（ソンシ）】へりくだった心。

【遜辞（ソンジ）】へりくだったことば。謙辞。

【遜順（ソンジュン）】へりくだってしたがうこと。

【遜譲（ソンジョウ）】へりくだって人にゆずること。謙譲。

❹ おとる。

【遜色（ソンショク）】他と比べて劣っていること。見劣り。『遜色がない』

8165【遞】 7810 6E2A E7A8 辵-10 テイ「逓」(8093)の異体字

8166【遝】 *6563 辵-10 トウ(タフ)漢/tà

字解 形声。辵+眔(涙がたれる・視線がおよぶ)声。およぶ意。甲骨文は、止+眔。

甲骨文 篆文

意味 ❶およぶ。追いつく。❷いりまじる。こみあう。集まり重なる。『雑遝（ザットウ）』

8167【遙】 8403 7423 EAA1 辵-10 ヨウ「遥」(8153)の旧字

8168【遨】 7811 6E2B E7A9 辵-11 ゴウ(ガウ)漢/áo/あそぶ

字解 形声。辵+敖(きまま)声。きままに遊びまわる意。のちに辵を加えた。

意味 あそぶ。あそび楽しむ。

【遨遊（ゴウユウ）】さかんに遊ぶこと。＊蘇軾-前赤壁賦「挟二飛仙一以遨遊（ヒセンをはさみてもってゴウユウす）〔=空飛ぶ仙人と遊び回る〕」

8169【遮】 2855 3C57 8ED5 辵-11 常　(8170)【遮】 辵-11 旧字　シャ呉漢/zhē/さえぎる

筆順 遮

字解 形声。辵+庶(多くのものが集まる)声。前にある多くのものがゆく手をはばむ、さえぎる意。

意味 ❶さえぎる。行く手をはばむ。『遮光』『遮断』『遮蔽』❷これ。この。「這」に同じ。❸その他。あて字など。『遮二無二（シャニムニ）』『遮莫（さもあらばあれ）』

❶ さえぎる。

【遮翳（シャエイ）】さえぎって暗くすること。

【遮光（シャコウ）】光をさえぎること。

【遮断（シャダン）】進み流れているものをさえぎること。『交通を遮断する』『遮断機（シャダンキ）』

【遮蔽（シャヘイ）】覆いをしたり、他から見えなくしたりすること。『遮蔽物』

【遮列・遮迾（シャレツ）】天子の行幸のとき、護衛の行列を組んで通行人をさえぎること。

❸ その他。あて字など。

【遮二無二（シャニムニ）】ただひたすらに。がむしゃらに。「しゃりむり」の変化「しゃにむに」のあて字か。

【遮莫・遮渠（さもあらばあれ）】どうともなるがよい。ままよ。

8171【遭】 3388 4178 9198 辵-11 常　(8172)【遭】 辵-11 旧字　ソウ(サウ)呉漢/zāo/あう

筆順 遭

字解 形声。辵+曹(二つのもの)声。ゆきあう意。

意味 ❶めぐりあう。であう。『遭遇』『遭値』『遭難』『遭逢』❷回数をかぞえる語。たび。度。回。

【遭遇（ソウグウ）】めぐり合うこと。出くわすこと。

【遭値（ソウチ）】思いがけなく出会うこと。

【遭難（ソウナン）】災難、大事故に出会うこと。特に、登山、航海、航空など出先での場合に言う。『遭難者』

【遭逢（ソウホウ）】出会うこと。遭遇。

8173【適】 3712 452C 934B 辵-11 常5　(8174)【適】 辵-11 旧字

7画 見角言谷豆豕豸貝赤走足(⻊)身車辛辰辵(⻌・⻍)邑(阝)酉釆里

テキ漢・セキ漢・タク漢・チャク慣/shì·dí·zhé/かなう・かなえる・たま・たまたま

[筆順] 

[字解] 形声。辵＋啇(＝啻、一つに集まる・まっすぐ)声。まっすぐ目的地へゆく意。金文は、辵に従わない。

金文  篆文 

[意味] ❶ゆく。おもむく。身を寄せる。また、嫁にゆく。『適帰』『適従』＊論語-子路「子適レ衛(シエイにゆく)」(＝先生が衛の国に行かれた)」❷かなう。あてはまる。ふさわしい。気に入る。『適材適所』『適応』『適性』『快適』❸たまたま。ぐうぜん。『適然』❹まさに。ちょうど。❺よつぎ。正妻の生んだ子。「嫡」に同じ。『適嗣』『正適(セイテキ)』❻正妻。本妻。また、あるじ。主人。❼あだ。かたき。「敵」に同じ。『適人』❽責める。とがめる。また、責め。とが。「謫」に同じ。『適戍』『適卒』

❶ゆく。おもむく。身を寄せる。

【適人】(セキジン・ひとにゆく) 嫁入りすること。→❼(テキジン)

【適帰】(テキキ・テッキ) 身を寄せること。自分にふさわしいところとして、落ち着き場所とすること。＊史記-伯夷伝「我安適帰矣(われいずくにかてきせん)」(＝私はいったいどこに落ち着いて身を寄せることができるであろうか)」

【適従】(テキジュウ) ある人を主人として頼ること。適帰。

❷かなう。あてはまる。ふさわしい。

[下接] 栄適(エイテキ)・快適(カイテキ)・閑適(カンテキ)・好適(コウテキ)・最適(サイテキ)・自適(ジテキ)・清適(セイテキ)・調適(チョウテキ)・不適(フテキ)

【適意】(テキイ) 心にかなうこと。気に入ること。

【適応】(テキオウ) ある条件や要求などに当てはまること。

【適格】(テキカク・テッカク) [国]資格にかなうこと。↔不適格

【適確】(テキカク・テッカク) [国]適切でまちがいのないこと。的確。

【適宜】(テキギ) [1]その場にちょうどよく適しているさま。適当。『適宜の処置』[2][国]その時々に、各自がよいと思うようにするさま。随意。『適宜帰ってよろしい』

【適言】(テキゲン) その場合や状況にぴったり当てはまる言葉。核心をついた言葉。

【適合】(テキゴウ) よく当てはまること。

【適材適所】(テキザイテキショ) 人をその才能に適した地位、任務につけること。

【適者生存】(テキシャセイゾン) 生存競争で、環境に最適の者が生き残ること。

【適正】(テキセイ) 適当で正しいこと。『適正価格』

【適性】(テキセイ) [1]性質、性格にかなうこと。[2][国]ある事柄に適した性質。『適性検査』

【適切】(テキセツ) 状況にぴったりと当てはまること。『適切な処置』

【適然】(テキゼン) 道理にかなっているさま。当然。→❸

【適度】(テキド) 程度がちょうどよいこと。『適度の運動』

【適当】(テキトウ) [1]程よく当てはまること。『不適当』[2][国]いいかげんなさま。『適当にあしらう』

【適任】(テキニン) その任務や仕事に適していること。また、その人にふさわしい任務。『適任者』

【適莫】(テキバク) 可と不可。善と悪。気にいることときらうこと。また、親切と不親切。〔論語-里仁〕

【適否】(テキヒ) 適することと適さないこと。適不適。

【適法】(テキホウ) ある事柄が法にかなっていること。合法。

【適用】(テキヨウ) 当てはめること。特に、特定の法令の規定を、ある事項、人、事件などに当てはめて用いること。

【適齢】(テキレイ) ある物事を行うにふさわしいと判断され、または規定された年齢。『結婚適齢期』

【適レ志】(こころざしにかなう) 満足する。望みどおりに事が運んで満足する。＊荘子-斉物論「自喩適レ志与(みずからたのしみてこころざしにかなえるか)」(＝自分自身楽しんで、心から満足していた)」

❸たまたま。たまに。ぐうぜん。

【適然】(テキゼン) 偶然であるさま。ちょうど。→❷

❺よつぎ。あととり。

【適子】(テキシ・チャクシ) あとつぎ。長男。嫡子(チャクシ)。

【適嗣】(テキシ・チャクシ) 正妻の生んだ長男。嫡嗣(チャクシ)。

❼あだ。かたき。

【適人】(テキジン) あだ。かたき。敵人。→❶(セキジン)

❽責める。とがめる。また、責め。とが。

【適戍】(タクジュ・テキジュ) 罰として遠地の守備隊に送られること。

【適卒】(タクソツ・テキソツ) 罰として辺境の守備に送られた兵士。

8175 【遯】 7812 6E2C E7AA 辵-11

トン漢/dùn/のがれる

[字解] 形声。辵＋豚(→盾、身を隠すためのたて)声。のがれる意。

[意味] ❶のがれる。にげる。かくれる。「遁」に同じ。『遯逸』『遯隠』『遯竄』『遯世』『肥遯(ヒトン)』❷易の六十四卦の一。䷠ 二陰が下に生じて四陽が逃れ隠れようとするさま。

【遯逸】(トンイツ) 世をのがれること。遁世。

【遯隠】(トンイン) のがれかくれること。隠遁。

【遯竄】(トンザン) 逃げかくれること。

【遯世】(トンセイ) 世の煩わしさからのがれること。遁世。

8176 【遺】 1668 3064 88E2 辵-12 [常]6　(8177)【遺】 辵-12 旧字

ユイ呉・イ(ヰ)漢/yí·wèi/のこす・のこる・わすれる

[筆順] 

[字解] 形声。辵＋貴声。にげる、うしなう意。転じて、のこす意。

金文  篆文 

[意味] ❶のこす。のこる。とどめる。『後遺症』『遺産』『遺品』❷すてる。すてさる。『遺棄』❸わすれる。ぬけおちる。欠ける。もれる。『遺賢』『遺漏』『拾遺(シュウイ)』『補遺(ホイ)』＊十八史略-唐「路不レ拾レ遺(みちにおちたるをひろわず)」(＝道に落ちているものを拾って自分のものにしない)」❹もらす。小便などをもらす。また、小便。『遺精』『遺尿』❺おくる。物を贈る。『餉遺(ショウイ)』『贈遺(ゾウイ)』❻固有名詞。『遺愛寺』

❶のこす。のこる。とどめる。

【遺愛】(イアイ) 死んだ人が、生前大切にしていた物。

【遺韻】(イイン) [1]音などの、あとに残るひびき。[2]先人の残した詩歌。また、古人の遺風。

【遺詠】(イエイ) 故人が生前に詠んで発表されなかった詩歌。また、辞世の詩歌。

【遺影】(イエイ) 故人の肖像や写真。

【遺音】(イオン・イイン) [1]この世に残した故人の言葉。[2]音楽

など音が絶えた後、なお、余波として残る響き。余音。

【遺戒・遺誡 イカイ|ユイカイ】死んだ人が後々のために残した訓戒。遺訓。遺言。

【遺骸 イガイ】死んだ人の体。なきがら。遺体。▶「死骸」より丁寧な言い方。

【遺憾 イカン】望んだところと違って、心残りなこと。残念。『実力を遺憾なく発揮する』『遺憾千万』

【遺教 イキョウ|ユイキョウ】死ぬときに残した言葉や教訓。また、昔の人の残した教え。仏教では釈尊の教えをいう。

【遺響 イキョウ】あとに残るひびき。余韻。転じて、後世に残る風習や教え。*蘇軾－前赤壁賦「知レ不レ可ニ乎驟得一、託ニ遺響於悲風一(にわかにはうべからざるをしり、イキョウをヒフウにタクせり)」〔＝(仙人のような暮らしをしたり永遠の生命を得ることなど)容易にできるものではないとわかっているから、洞簫(ドウショウ)の余韻を寂しい秋風にことよせて吹きならしたのだ〕

【遺業 イギョウ】故人が残した事業。

【遺訓 イクン|ユイクン】故人が残した教え。子孫への教訓。

【遺勲 イクン】長く後世にまで知られる功労。遺功。

【遺経 イケイ】あちこちに分散して伝えられた書物。また、聖賢の残した著述。

【遺孽 イゲツ】①父の死後に残された妾腹(めかけばら)の子。亡父の庶子。②滅びた家の血統をひくもの。また、残党。

【遺言 イゲン|ユイゴン|イゴン】①(イゲン)先人が残したりっぱな言葉。聖賢の遺訓。*荀子－勧学「不レ聞ニ先王之遺言一、不レ知ニ学問之大一也(センオウのイゲンをきかざれば、ガクモンのダイなるをしらざるなり)」〔＝昔の聖王たちが生前に言ったことを聞かないと、学問の偉大さがわからない〕②(ユイゴン|イゴン)死後のために生前に言い残す言葉。『遺言状』▶法律では「イゴン」と読む。

【遺功 イコウ】死後に残されたてがら。遺勲。

【遺骨 イコツ】死者の骨。火葬されるなどして残った骨。

【遺恨 イコン】忘れられない恨み。『遺恨をはらす』

【遺作 イサク】死後に残された作品。

【遺策 イサク】すでに死んでしまった人がのこしたはかりごと。→❸

【遺産 イサン】①死者の残した財産。『遺産相続』②前代の人々の残した業績や文化財。『文化遺産』

【遺子 イシ】「遺児」の改まった言い方。

【遺志 イシ】前人が果たさないで残したこころざし。

【遺児 イジ】親に死なれ、あとに残された子。『交通遺児』

【遺臭 イシュウ】後世に悪名を残すこと。↕遺芳

【遺書 イショ】死後のために書き残した文書。遺言状。

【遺蹤 イショウ】残されたあと。遺跡。

【遺詔 イショウ|イジョウ】先帝の遺言(ユイゴン)。遺勅。

【遺嘱 イショク】死後のことについての依頼。遺託。

【遺臣 イシン】主家の滅亡後、残っている旧臣。

【遺制 イセイ】今に残っている昔の制度、風習。

【遺跡・遺蹟 イセキ】①昔、事件のあった場所や有名な建物などのあった跡。旧跡。②貝塚、古墳など、考古学的遺物が残っている場所。▶書き換え「遺蹟→遺跡」。

【遺贈 イゾウ】遺言によって、財産を他人に贈与すること。

【遺俗 イゾク】昔から残っている風俗、習わし。遺習。

【遺族 イゾク】死亡した者の、あとに残った家族、親族。

【遺体 イタイ】死んだ人の体。なきがら。遺骸(イガイ)。

【遺沢 イタク】後世に残る恩沢。

【遺託・遺托 イタク】臨終に際してゆだね任したこと。死にぎわに言い残した頼み。遺嘱。

【遺直 イチョク】昔の正しい人のおもかげのあること。

【遺伝 イデン】(英heredityの訳語)遺伝子によって、親の形質が子孫に伝わる現象。『隔世遺伝』

【遺徳 イトク】後世に残された人徳。故人の残した徳。

【遺筆 イヒツ】故人が生前に書いておいた文章。

【遺品 イヒン】故人が残した品物。形見の品。

【遺風 イフウ】後世に残る昔の風習。また、先人の教え。

【遺腹 イフク】父の死後に生まれた子供。わすれがたみ。

【遺物 イブツ】①死者が残した物。遺品。形見。②昔のもので現在まで残っているもの。また、時代おくれの物事。『前世紀の遺物』③忘れ物。遺失物。

【遺文 イブン】①故人が書き残した文章類。②現存する過去の文章類。『上古遺文』

【遺秉 イヘイ】①田のそばに置き残された稲束。②前人が著作中に書きもらした事柄。

【遺弊 イヘイ】なくならないで残っている弊害。

【遺編 イヘン】①あちこちに残っている昔の文章、文献。②故人の残した文章、作品。遺稿。

【遺芳 イホウ】①あとまで残るかおり。遺薫。②後世にのこる名誉。業績。↕遺臭。③後世に残る筆跡。遺墨。

【遺法 イホウ】古人が残した定め、法則。

【遺墨 イボク】故人の筆跡、書画。

【遺民 イミン】前の天子の代から生き残っている民。また、主君滅亡後、義を守って他の朝廷に仕えない民。

【遺命 イメイ】死ぬときに残した命令。臨終の言い付け。

【遺落 イラク】どこかへなくしてしまうこと。→❷

【遺留 イリュウ】①死んだあとに残すこと。②自分の所持品を置き忘れること。『遺留品』

【遺類 イルイ】生き残った者ども。余類。残党。

【遺烈 イレツ】先人の残したりっぱな業績、功績。

【遺老 イロウ】①生き残っている老人。②先帝に仕えた旧臣。亡国の旧臣。

❷ すてる。すてさる。

【遺棄 イキ】人や物事をほうったままにして、顧みないこと。『遺棄罪』

【遺落 イラク】うち捨てにすること。→❶

❸ わすれる。ぬけおちる。

【遺佚・遺逸 イイツ】①有能な人が、世に用いられず、うもれていること。②散らばり、なくなること。

【遺却 イキャク】忘れること。忘失すること。

【遺計 イケイ】はかりごとに手ぬかりのあること。遺算。

【遺賢 イケン】官吏にならないで民間にうずもれている有能な人物。『野ャに遺賢なし』

【遺策 イサク】はかりごとに、手落ちがあること。→❶

【遺算 イサン】取りはからいに不完全なところのあること。

【遺失 イシツ】金品を置き忘れたり、落としたりすること。↕拾得。『遺失物保管所』

【遺珠 イシュ】拾い残された宝石。転じて、世に知られないまま残された、すぐれた詩文。

【遺忘 イボウ】物事を忘れること。忘却。

【遺漏 イロウ】行為や仕事に、不十分な点や落ちがあること。『万ンバ遺漏なし』

❹ もらす。小便などをもらす。

【遺矢 イシ】(矢シは屎くその意)大小便をもらすこと。

【遺精 イセイ】性行為をともなわずに起こる射精。

【遺尿 イニョウ】寝ている間などに小便をもらすこと。

❻ 固有名詞。

【遺愛寺 イアイジ】中国の江西省九江県香炉峰の北方にある寺。*白居易－香炉峰下、新トニ山居一、草堂初成、偶題ニ東壁一「遺愛寺鐘欹レ枕聴、香炉峰雪撥レ簾看(イアイジのかねはまくらをそばだててき

き、コウロホウのゆきはすだれをかかげてみる〔＝遺愛寺でつく鐘の音は、寝たままで枕をはずして聞き耳をたてて聞き、香炉峰に積もる雪は、簾をおしあげてながめる〕」

8178 【逿】 ⼀⼀ 辵-12 キョウ（キャウ）慣

字解 字源未詳。一説に形声。辵＋景（りっぱな）声。「景迹」の迹の辵にひかれた通俗体か。

意味 「逿迹」は「景迹」に同じ。

【逿迹（キョウザク｜キョウジャク）】 ①ある人が行ってきたこと。行跡。行状。景迹。②国怪しく思うこと。不審に思うこと。また、おしはかること。推量。推察。

8179 【遵】 2969 3D65 8F85 辵-12 常 (8180)〔遵〕⼀⼀ 辵-12 旧字

シュン㊉・ジュン慣\zūn\したがう

筆順 遵

字解 形声。辵＋尊（→循、したがう）声。従いゆく意。

意味 したがう。手本とする。『恪遵（カクジュン）』『奉遵（ホウジュン）』

【遵行（ジュンコウ）】 したがい行うこと。

【遵守（ジュンシュ）】 したがい、守ること。『法を遵守する』 新聞・放送用語では「順守」と書き換える。

【遵奉（ジュンポウ）】 法律や教えなどに従い、それを守ること。

【遵法（ジュンポウ）】 法律に従い、これを守ること。『遵法精神』 新聞・放送用語では「順法」と書き換え。

【遵由（ジュンユウ）】 つきしたがうこと。

【遵用（ジュンヨウ）】 そのまま用いること。踏襲すること。

8181 【遶】 7813 6E2D E7AB 辵-12

ニョウ（ネウ）㊇・ジョウ（ゼウ）㊉\rǎo・rào\めぐる

字解 形声。辵＋堯（→繞、めぐる）声。めぐる意。繞に同じ。＊李白-送二友人一「青山横二北郭一、白水遶二東城一（セイザン ホッカクによこたわり、ハクスイ トウジョウをめぐる）〔＝青い山々が町の北側に横たわり、清らかな水が町の東側をとりまいて流れている〕」

8182 【選】 3310 412A 9149 辵-12 常4 (8183)〔選〕⼀⼀ 辵-12 旧字

セン㊇㊉\xuǎn\えらぶ・える・すぐる・よる

筆順 選

字解 形声。辵＋巽（そろえる）声。えらびととのえる、えらぶ意。

意味 えらぶ。よりわける。えりすぐる。

下接 改選（カイセン）・官選（カンセン）・決選（ケッセン）・厳選（ゲンセン）・公選（コウセン）・国選（コクセン）・互選（ゴセン）・再選（サイセン）・私選（シセン）・自選（ジセン）・人選（ジンセン）・精選（セイセン）・抽選（チュウセン）・当選（トウセン）・特選（トクセン）・入選（ニュウセン）・本選（ホンセン）・民選（ミンセン）・文選（ブンセン｜モンゼン）・予選（ヨセン）・落選（ラクセン）

【選外（センガイ）】 選にもれること。『選外佳作』

【選挙（センキョ）】 組織、集団が代表者や役員を投票などによって選出すること。『総選挙』『間接選挙』『選挙権』

【選考（センコウ）】 優劣などの審査をして、適者を選ぶこと。『書類選考』 書き換え「銓衡→選考」。

【選差（センサ）】 選んで派遣すること。

【選者（センジャ）】 多くの作品の中から、良いものを選び出す役目の人。

【選手（センシュ）】 代表として選ばれ、スポーツや技芸などの競技に出場する人。また、プロの競技者。『選手団』

【選集（センシュウ）】 ある人または分野の多くの著作の中から、代表的なものを選び出し編集した書物。

【選出（センシュツ）】 選び出すこと。

【選奨（センショウ）】 優秀なものを選んですすめること。

【選択（センタク｜センジャク）】 ①（センタク）二つ以上のものからよいものを選び取ること。②（センジャク）仏語。悪を取りさり、善をより分け選び出すこと。浄土宗では「センチャク」。

【選擢（センタク）】 選びぬくこと。選び出すこと。

【選定（センテイ）】 多くの中から目的に合ったものを選び定めること。

【選抜（センバツ）】 多数の中から基準、目的に合ったものを選び出すこと。『選抜試験』

【選別（センベツ）】 選び分けること。『不良品の選別』

【選民（センミン）】 神から選ばれて、他民族を神に導く使命を持つ民族。特に、ユダヤ民族が自らを指していう。

【選良（センリョウ）】 ①選び出されたすぐれた人。②国代議士の別称。

8184 【遷】 3311 412B 914A 辵-12 常 (8185)〔遷〕⼀⼀ 辵-12 旧字 (8026)〔迁〕＊6524 辵-3

セン㊇㊉\qiān\うつる・うつす

筆順 遷

字解 形声。辵＋䙴（＝䙴、うつりさる）声。うつる意。金文は、辵に従わない。のちに辵を加えた。迁を略体として用いることがある。中国では簡体字。

金文

篆文

同属字 躚・韆

意味 ❶うつる。場所をかえてよそへ移る。また、うつす。『遷幸』『遷都』『左遷』 ❷うつりかわる。あらたまる。時がうつる。『遷移』『遷化』『転遷（テンセン）』『変遷（ヘンセン）』

❶ うつる。うつす。

下接 鶯遷（オウセン）・喬遷（キョウセン）・左遷（サセン）・東遷（トウセン）・奉遷（ホウセン）

【遷延（センエン）】 ①物事がのびのびになること。②しりぞくこと。退却。

【遷鶯（センオウ）】 ＝遷喬（センキョウ）

【遷客（センカク）】 ①遠く流罪（ルザイ）になること。②（①には憂い悲しむ者が多いところから転じて）詩人。＊范仲淹-岳陽楼記「遷客騒人、多会二于此一（センカクソウジン おおくここにカイす）〔＝左遷された人や心に憂いを抱く人が大勢ここに集まった〕」

【遷御（センギョ）】 国①天皇・上皇・皇太后などが居所を変えること。②神霊または神社を他所に移すこと。

【遷喬（センキョウ）】 ウグイスが、谷から出て喬木（キョウボク）に移り住むこと。転じて、高い地位に昇進したり、よい方向に転じたりすることのたとえ。遷鶯（センオウ）。〔詩経-小雅・伐木〕

【遷宮（セングウ）】 国神殿の造営・改修にあたり神座を移すこと。また、その祭儀。

【遷幸（センコウ）】 天子が居所を都から他の場所に移すこと。

【遷座（センザ）】 国神体、仏像または天皇の御座所をよそへ移すこと。『遷座祭』

【遷徙（センシ）】 うつること。また、うつすこと。

【遷善（センゼン）】 悪を改めて善に移ること。

【遷謫（センタク）】 罪によって、官位を下げ辺鄙（ヘンピ）な地においやること。流されること。＊白居易-琵琶行・序「是夕始覚レ有二遷謫意一（このゆうべはじめてセンタクのイあるをおぼゆ）〔＝今夜はじめて自分は流されたのだという実感がわくのを覚えた〕」

【遷転（センテン）】 うつること。また、うつすこと。移転。

【遷都（セント）】 都を他の地に移すこと。『平安遷都』

【遷怒（センド｜いかりをうつす）】 怒りをほかの人に移すこと。やつあたりすること。＊論語-雍也「有二顔回者一、好レ学、不レ遷レ怒、不レ弐レ過(ガンカイなるものあり、ガクをこのみ、いかりをうつさず、あやまちをふたたびせず)」〔＝顔回という者がいて、彼は学問を好み、怒ってやつあたりなどせず、また同じあやまちをくり返したりしなかった〕」

【遷虜(センリョ)】戦争に負けてとらえられ、強制的に他の土地に移住させられた人民。

❷ うつりかわる。

【遷移(センイ)】次第にうつりかわること。推移。また、別の状態、場所に転ずること。

【遷化(センカ｜センゲ)】㊀(センカ) ①うつりかわること。遷移。②人が死ぬこと。㊁(センゲ) 仏語。高僧が死ぬこと。

8186【遲】7815 6E2F E7AD 辵-12
チ 「遅」(8140)の旧字

8187【遼】4643 4E4B 97C9 辵-12 人 (8188)〖遼〗—— 辵-12 旧字
リョウ(レウ)㊇㊈\liáo\はるか

字解 形声。辵＋尞(遠い天の神をまつるためのかがり火)㊉。道がとおい、はるかの意。

意味 ❶遠くへだたっている。はるか。『前途遼遠』『遼遼』『迥遼(ケイリョウ)』 ❷固有名詞。㋑中国の地名。『遼東』『遼陽』 ㋺中国の国名。契丹(キッタン)の太宗が建国。蒙古・華北の一部を支配。のち、金に滅ぼされた。(九一六～一一二五)

❶ 遠くへだたっている。はるか。

【遼遠(リョウエン)】はるかに遠いこと。『前途遼遠』

【遼隔(リョウカク)】はるかにへだたっているさま。

【遼落(リョウラク)】遠くまで広々としているさま。

【遼遼(リョウリョウ)】遠く離れているさま。

❷ 固有名詞。

【遼史(リョウシ)】史書。正史、二十五史の一。一一六巻。元の順帝の時、脱脱(ダツダツ)らの奉勅撰。一三四四年成立。遼の歴史を紀伝体で記録する。

【遼西(リョウセイ)】中国で秦代に、現在の遼寧省の遼河以西、ならびに河北省北部を合わせた地に置かれた郡名。以降この地方一帯の称となる。

【遼東(リョウトウ)】中国の秦代に、現在の遼寧省遼河以東の地に置かれた郡名。以降この地一帯の称となる。

【遼東之豕(リョウトウのいのこ)】ひとりよがり。世間知らずで、自分だけ得意になっていることのたとえ。〔後漢書-朱浮伝〕 ❤ 昔、遼東の人が、頭の白い豚が生まれたので、珍しいから天子に献上しようと河東まで来ると、そこの豚はみな白かったので恥ずかしくなって帰ったという故事から。

【遼陽(リョウヨウ)】中国遼寧省、瀋陽の南西方にある商工業都市。漢代以来の東北地方の古都で、遼・金の五京の一。

［遲］⇩ 3249

8189【邂】7816 6E30 E7AE 辵-13
カイ㊈\xiè

字解 形声。辵＋解㊉。

意味 思いがけなく会う。

【邂逅(カイコウ)】(「逅」も、ばったり出会う意) 思いがけなく出会うこと。めぐりあい。

8190【還】2052 3454 8AD2 辵-13 常 (8191)〖還〗—— 辵-13 旧字
ゲン㊇・カン(クヮン)㊈\huán\かえる・かえす・また

筆順 

字解 形声。辵＋睘(めぐる)㊉。ひとめぐりしてかえる意。

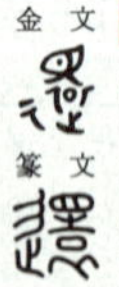

意味 ❶かえる。ひき返す。もとへもどる。また、かえす。もどす。『還元』『生還』『返還』 ❷また。なおまた。なおやはり。依然として。状況の継続を示す。＊杜甫-兵車行「帰来頭白還戍レ辺(かえりきたればあたましろきにまたヘンをまもる)」〔＝やっと帰ってくると、頭は白くなったのになおまた国境を守らねばならない〕」 ❸「已還・以還(イカン)」は、以来ずっとの意。

下接 往還(オウカン)・凱還(ガイカン)・帰還(キカン)・召還(ショウカン)・償還(ショウカン)・生還(セイカン)・送還(ソウカン)・奪還(ダッカン)・返還(ヘンカン)・放還(ホウカン)・奉還(ホウカン)

❶ かえる。ひき返す。また、かえす。

【還帰(カンキ)】もどり帰ること。帰還。

【還御(カンギョ)】国 天皇、法皇などが、出掛けた先から帰ること。

【還啓(カンケイ)】国 太皇太后、皇太后、皇后、皇太子、皇太子妃などが行啓先から帰ること。

【還元(カンゲン)】①もとの状態に戻すこと。また、もとに返ること。②物質が酸素を失うか、または水素を得ること。↕酸化。『還元剤』

【還幸(カンコウ)】天子が行幸先から帰ること。還御。↕行幸

【還魂(カンコン)】①死者が蘇生すること。②官吏登用試験に落第した者を再試験して合格させること。

【還付(カンプ)】国や政府が、所有、租借していた物を本来受け取るべき者に返すこと。『還付金』

【還暦(カンレキ)】数え年六一歳の異称。華甲(カコウ)。本卦還(ホンケがえ)り。❤六〇年たつと生まれたときの干支(えと)に再び還(かえ)るところからいう。

【還俗(ゲンゾク)】僧が、もとの俗人に戻ること。

8192【遽】7817 6E31 E7AF 辵-13
キョ㊈\jù\にわか

字解 形声。辵＋豦(猛獣がはげしく争う)㊉。あわただしくゆく、にわかの意。

意味 ❶にわか。すみやか。あわただしい。『遽色』『遽然』『急遽(キュウキョ)』 ❷はやうま。駅伝の馬車。『遽人』 ❸「何遽(なんぞ)」は、どうしての意。

【遽色(キョショク)】あわてふためいた顔色。

【遽人(キョジン)】①宿場の人夫。駅卒。②命令を伝える使者。

【遽然(キョゼン)】あわてるさま。にわかであるさま。突然。

8193【邅】＊6571 辵-13
テン㊈\zhān

字解 形声。辵＋亶㊉。ゆきなやむ意。

意味 ゆきなやむ。また、めぐる。めぐらす。

【邅廻(テンカイ)】①うねって行くこと。めぐり行くこと。②行きなやむこと。

8194【避】4082 4872 94F0 辵-13 常 (8195)〖避〗—— 辵-13 旧字
ビ㊇・ヒ㊈\bì\さける・よける

筆順 

字解 形声。辵+辟(わきへよる)声。わきへさける意。

甲骨文  篆文 

参考 万葉仮名では音を借りて「ひ甲」。

意味 さける。よける。関係しない。にげる。

下接 回避カイ・忌避キ・諱避キ・待避タイ・退避タイ・逃避トウ・不可避フカ

【避諱キヒ】1忌み避けること。2いみな(死者の生前の名)を口にしたり書いたりしないようにすること。

【避暑ヒショ】夏、暑さを避けて涼しい場所へ転地すること。↔避寒。『避暑地』

【避秦ヒシン】1秦の乱を避けること。ひいて、戦乱を避けること。2笈おい。秦の乱を避けた者が用いたところからという。♥中国、秦末に東園公たち、いわゆる四皓シコウが、戦乱を避けて商山に隠れたという「漢書-王吉等伝序」や、漁夫が迷いこんだ桃花源には、乱を避けた人々の子孫が住んでいたという陶潜の「桃花源記」による語。

【避匿ヒトク】人に会うのを避けて隠れること。

【避難ヒナン】災難を避けて他の場所に逃げること。

8196【邉】7821 6E35 E7B3 辵-13 ヘン「辺」(8014)の異体字

8197【邁】7818 6E32 E7B0 辵-13 マイ呉・バイ漢/mài/ゆく

字解 形声。辵+萬(→曼、ながくのびる)声。止まらずにどこまでも行くことから、行く意。

金文  篆文 

意味 ❶ゆく。遠くへ行く。また、立ちさる。『逾邁ユマイ』『踰邁ユマイ』❷つとめる。はげむ。『邁往』『邁進』❸すぐれる。まさる。『英邁』『高邁』→下接。❹「邁邁マイマイ」は、喜ばないさま。また、かえりみないさま。

下接 英邁エイ・高邁コウ・俊邁シュン・爽邁ソウ・雄邁ユウ

【邁往マイオウ】いちずにはげみ進むこと。邁進。

【邁進マイシン】何事をも恐れることなく前進すること。「一路邁進する」『勇往邁進』

8198【邀】7819 6E33 E7B1 辵-13 ヨウ(エウ)漢/yāo/むかえる

字解 形声。辵+敫(→要、もとめる)声。むかえる意。

意味 むかえる。待ちうける。招き寄せる。「要」に同じ。*李白-月下独酌「挙杯邀明月さかずきをあげてメイゲツをむかう」〔=杯を高くあげて明月を招き寄せる〕」

【邀撃ヨウゲキ】襲って来る敵を待ちうけて撃つこと。迎撃。

【邀要ヨウヨウ】待ちうけること。

8199【邇】7778 6D6E E78E 辵-14 ニ呉・ジ漢/ěr/ちかい (8044)【迩】3886 4676 93F4 辵-5 †

字解 形声。辵+爾(→昵、近づく)声。ちかい意。

参考 万葉仮名では音を借りて「に」。

意味 ちかい。ちかづく。身近である。また、近い所。『遠邇エンジ』『密邇ミツジ』*孟子-離婁上「道在邇、而求諸遠みちはちかきにあり、しかるにこれをとおきにもとむ」〔=人の道は身近な所にあるのに、人はわざわざこれを高遠な所に求めようとする〕」

【邇言ジゲン】通俗的でわかりやすいことば。

難読地名 邇摩にま郡(島根)

8200【邃】6768 6364 E284 辵-14 スイ呉漢/suì

字解 形声。穴(あな)+遂(おしすすめる)声。穴の奥深く入る意。

意味 おくぶかい。深くて遠い。『静邃セイスイ』『幽邃ユウスイ』

【邃宇スイウ】奥深く広い家。また、身分の高い人の家。

【邃古スイコ】おおむかし。太古。

【邃密スイミツ】1奥深くて静かなさま。2奥が深くよく知っているさま。

8201【邈】*6572 辵-14 ミャク呉・バク漢/miǎo/はるか

字解 形声。辵+貌(→秒、かすか)声。はるかに遠い意。

意味 はるかなさま。遠いさま。『遠邈エンバク』『綿邈メンバク』

【邈焉バクエン】はるかに遠いさま。きわめて古いさま。藐焉バクエン。ぼんやりとしていてまとまりのないさま。

【邈乎バクコ】はるかなさま。

【邈志バクシ】遠大なこころざし。

【邈邈バクバク】遠いさま。渺遠ビョウエン。

8202【邊】7820 6E34 E7B2 辵-15 ヘン「辺」(8014)の旧字

8203【邌】*6574 辵-15 レイ漢/lí/ねる

字解 形声。辵+黎声。列をつくって、ゆっくり行進する意。

8204【邏】7822 6E36 E7B4 辵-19 ラ呉漢/luó/めぐる

字解 形声。辵+羅(あみ)声。網をはりめぐらす、めぐる意。

参考 万葉仮名では音を借りて「ら」。

意味 ❶めぐる。とりまく。また、見回る。『邏騎』『邏卒』『邏吏』『警邏ケイラ』『巡邏ジュンラ』❷「邏娑ラサ」は、神の地の意で、中国チベット自治区の主都。拉薩。

【邏騎ラキ】見回りの騎兵。

【邏卒ラソツ】1見回りの兵卒。2国明治初期、巡査の称。

【邏吏ラリ】見回りの役人。

8205【邐】*6576 辵-19 リ漢/lǐ/つらなる

字解 形声。辵+麗(ならびつらなる)声。つらなる意。のちに辵を加えて、その字義を明確にした。

意味 つらなる。ならびつらなるさま。『迤邐イリ』

【邐迤イリ】曲がりくねるなどして連なり続くさま。*白居易-長恨歌「珠箔銀屏邐迤開シュハクギンペイリイとしてひらく」〔=幾重もの玉すだれや銀屏風が次々に開かれた〕」

【邐倚イリ】道などが、くねくねと連なり続くさま。

163 邑(阝)部 おおざと

甲骨文  金文  篆文 

邑は、一定の区域を示す口と人の形とから成る会意字で、人の居住するところ、むら(ユウ)を表す。邑部には、地名や居住地の性質、状態に関する字を収める。巴はひざまずいた人の形から変化した形であるが、邑が字の右部に用いられる場合、全体がさらに簡化して、漢以後の隷楷で阝の形をとるようになった。別に阜部(170)で阜から変化した阝が字の左部に用いられるのと対照的で、左部の⻏を「こざと(こざとへん)」というのに対して、この右部の⻏を「おおざと」とよぶ。ただし、鄰・隣のように、時に左右混用する字がある。

邑◆ 邑
邑▭ ③ 邕
⻏▭ ③ 邗 邛 邙 ④ 邦 邪 邨 那 那 䢼
邦 邦 ⑤ 邯 邱 邪 邵 邸 邳 ⑥ 郁 郊
邮 耶 郎 ⑦ 郢 郡 郤 郛 郎 ⑧ 郭 郷
郷 都 部 郵 ⑨ 鄂 都 ⑩ 鄉 鄉 鄗 鄒
⑪ 鄠 鄣 鄙 ⑫ 鄯 鄲 鄭 鄭 鄧 鄱 鄰
⑬ 鄴 ⑮ 鄺 ⑲ 酈

邑 ◆

8206 【邑】 4524 4D38 9757 邑－0 人 オウ(オフ)呉・ユウ(イフ)漢\yì\むら・さと

字解 部首解説を参照。

同属字 悒・浥・悒・邕

意味 ❶人の集まる所。㋑むら。さと。『邑居』『邑人』『邑里』㋺みやこ。『都邑』㋩くに。領地。『邑入』 ❷うれえる。気がふさぐ。「悒」に同じ。『邑憐』『於邑オユウ』

下接 ❶むら。みやこ。くに。 県邑ケンユウ・采邑サイユウ・城邑ジョウユウ・村邑ソンユウ・大邑タイユウ・都邑トユウ・名邑メイユウ

【邑居キョウ】むらざと。また、むらざとに住むこと。
【邑犬ケンユウ】むらざとに住む犬。
【邑宰サイユウ】村長。むらおさ。庄屋。名主。
【邑子シユウ】村人。邑人。
【邑人ジンユウ】村人。里の人。また、同じ村の人。＊陶潜-桃花源記「率二妻子邑人一、来二此絶境一サイシユウジンをひきいて、このゼッキョウにきたり〔=妻子や村人を連れて、この人里離れた土地にやって来た〕」
【邑中チュウユウ】里の中。
【邑入ニュウユウ】領地から入る租税。
【邑万戸バンコユウ】戸数一万の領地。＊史記-項羽本紀「漢購二我頭千金・邑万戸一カンわがこうべをセンキンユウバンコにあがなう〔=漢は私(項羽)の首に千金と一万戸の領地の懸賞をかけている〕」
【邑落ラクユウ】むらざと。村落。邑里。
【邑里リユウ】むらざと。村落。

❷うれえる。

【邑邑ユウユウ】心がふさいで楽しくないさま。悒悒。
【邑憐リンユウ】うれえおしむこと。悒憐。

難読地名 邑楽おうら郡・町(群馬)　邑久おく郡・町(岡山)

[裛] ⇩7233

邑 ▭

8207 【邕】 ＊6577 邑－3 ヨウ漢\yōng\やわらぐ

字解 会意。邑(人がいるところ)＋巛(水)。四方が水にかこまれた居住地の意。転じて、やわらぐ意に用いる。

意味 ❶ふさぐ。周囲に堀をめぐらしてとじこもる。❷やわらぐ。『邕穆』『邕邕』

【邕穆ボクヨウ】人と仲よくすること。
【邕邕ヨウヨウ】ゆったりとしておだやかなさま。

[扈] ⇩2669

⻏ ▭

8208 【邗】 ＊6578 邑－3 カン漢\hán

字解 形声。邑＋干声。

意味 「邗江・邗溝カンコウ」は、中国江蘇省にある運河。春秋時代、呉が邗溝に城を築き溝を掘って江淮に通じたことに起こる。

8209 【邛】 ＊6581 邑－3 (818)〖卬〗＊2031 卩－3 キョウ漢\qióng\おか

字解 形声。邑＋工声。

意味 ❶おか。❷つかれる。病む。❸「邛水キョウスイ」は、川の名。中国四川省邛崍キョウライ県を流れる。

8210 【邙】 ＊6580 邑－3 ボウ(バウ)漢\máng

字解 形声。邑＋亡(しぬ)声。貴人の墓が多くあったという山の名、邙山。北邙。もと、洛陽の北、芒山の地。

8211 【邦】 ―― 邑－4 エイ「郢」(8230)の異体字

8212 【邪】 ―― 邑－4 ジャ「邪」(8221)の旧字

8213 【邨】 7823 6E37 E7B5 邑－4 ソン呉漢・トン漢\cūn

字解 形声。邑＋屯声。むらの意。村に同じ。

8214 【那】 3865 4661 93DF 邑－4 人 (8215)〖那〗 ―― 邑－4 旧字 (8216)〖䢼〗 ―― 邑－4 ナ呉・ダ漢\nuó・nǎ・nà・nèi\なんぞ

字解 会意。邑＋冄(=冉)。もと地名であったが、借りて助字に用いる。

参考 万葉仮名では音を借りて「な」。

意味 ❶おおい。❷なんぞ。なに。いずれの。どの。『那時』『那辺』『那何』❸あれ。あの。❹音訳字。『那落ナラク〔=奈落〕』『刹那セツナ』『旦那ダンナ』『檀那ダンナ』

【那時ナジ】いずれの時。いつ。
【那辺ナヘン】どのあたり。どこ。
【那何ナいかん】いかに。どのように。奈何。如何。

8217 【邦】 4314 4B2E 964D 邑－4 常 (8218)〖邦〗 ―― 邑－4 ホウ(ハウ)呉漢\bāng\くに

筆順 

字解 形声。邑＋丰(→封、木を植えて境界とする)声。境界が決まっている領域、くにの意。

甲骨文　金文　篆文

意味 ❶くに。国家。または、領土。『邦域』『邦家』『連邦(レンポウ)』 ❷国 わがくに。『邦画』『邦楽』

❶ くに。国家。

下接 異邦(イホウ)・合邦(ガッポウ)・大邦(タイホウ)・他邦(タホウ)・万邦(バンポウ)・本邦(ホンポウ)・盟邦(メイホウ)・友邦(ユウホウ)・隣邦(リンポウ)・連邦(レンポウ)

【邦域(ホウイキ)】国の境。一国の範囲。
【邦媛(ホウエン)】その国の美女、淑女。
【邦家(ホウカ)】国家。特に、自分の国。『邦家の危急』
【邦畿(ホウキ)】王城付近の地。畿内。『邦畿千里』
【邦禁(ホウキン)】国法で禁じること。
【邦君(ホウクン)】国の君主。天子。また、諸侯。
【邦彦(ホウゲン)】その国のすぐれた人物。
【邦伯(ホウハク)】①古代中国の州の長。州牧。②漢代以後、州の刺史のこと。

❷ (日本語で)わがくに。

【邦貨(ホウカ)】国 わが国の貨幣。↔外貨
【邦画(ホウガ)】国 ①日本画。↔洋画。②わが国の映画。日本映画。↔洋画
【邦楽(ホウガク)】国 ①わが国の伝統的スタイルに基づく音楽。神楽・雅楽・能楽・箏曲・三味線音楽など。日本音楽。↔洋楽。②特に、江戸時代の三味線音楽・民謡や箏曲をいう。
【邦語(ホウゴ)】国 わが国の言語。日本語。
【邦字(ホウジ)】国 わが国の文字。漢字と仮名。『邦字新聞』
【邦人(ホウジン)】国 わが国の人。日本人。『在留邦人』
【邦土(ホウド)】国 わが国土。『山紫水明の邦土』
【邦文(ホウブン)】国 和文。日本語の文章。↔欧文
【邦訳(ホウヤク)】国 外国文を日本語に翻訳すること。和訳。

8219 【邯】 7824 6E38 E7B6 邑－5 カン(漢)/hán

字解 形声。邑+甘(声)。

意味 「邯鄲(カンタン)」は、中国、河北省南部の都市。また、日本で、コオロギ科の昆虫カンタンにこの字をあてる。

【邯鄲之歩(カンタンのあゆみ)】自分の本分を忘れてむやみに他人をまねると、どちらも駄目になってしまうということのたとえ。〔荘子-秋水〕 昔、燕(エン)の田舎者が、邯鄲の人々の洗練された歩き方をまねようとして身につかず、自分の歩き方さえ忘れて、這(は)って帰ったという故事から。

【邯鄲之夢(カンタンのゆめ)】人の世の栄枯盛衰のはかないことのたとえ。〔枕中記〕 昔、盧生(ロセイ)という青年が、邯鄲で、仙人から栄華が意のままになるという枕(まくら)を借り、五十余年の栄華の夢を見たが、覚めてみるとほんのわずかの間であったという故事から。「一炊(イッスイ)の夢」「黄粱一炊(コウリョウイッスイ)の夢」「邯鄲の枕」などともいう。

8220 【邱】 7825 6E39 E7B7 邑－5 キュウ(キウ)(漢)/qiū/おか

字解 形声。邑+丘(おか)(声)。おかの意。

意味 おか。丘陵。「丘」に同じ。

【邱山(キュウザン)】①おかと山。物が多く蓄積しているのにもたとえる。②俗世間を離れた静かな落ちついた土地。

8221 【邪】 2857 3C59 8ED7 邑－5 常 (8212)【邪】 邑－4 旧字

ジャ(呉)・シャ(漢)・ヤ(呉)(漢)/xié・yé/よこしま・や・か

筆順

字解 形声。邑+牙(声)。地名。衺に通じて、よこしまの意に用いる。

同属字 梛

参考 万葉仮名では音を借りて「ざ」。

意味 ❶よこしま。正しくない。㋑心がねじけている。『天邪鬼(あまのじゃく)』『邪悪』『邪推』 ㋺害をなすもの。さまたげ。『邪魔』『風邪(かぜ)』 ⇒[正](3881)の表 ❷や。か。…か。疑問・反語を示す。「耶」に同じ。『是邪非邪(ぜかひか)』 *范仲淹-岳陽楼記「何時而楽邪(いずれのときにしてたのしまんや)」〔=どのようなときに楽しむのであろうか〕 ❸や。…よ。呼びかけを示す。*古詩賞析-上邪「上邪(ジョウや)」〔=天よ〕 ❹その他。固有名詞など。『邪馬台国』

❶ よこしま。また、害をなすもの。

下接 淫邪(インジャ)・狎邪(コウジャ)・讒邪(ザンジャ)・百邪(ヒャクジャ)・僻邪(ヘキジャ)

【邪穢(ジャアイ・ジャワイ)】よこしまでけがれていること。

【邪悪(ジャアク)】不正で悪いこと。奸悪(カンアク)。『邪悪な心』

【邪淫(ジャイン)】淫乱であること。人の道にはずれた情事。

【邪猾(ジャカツ)】よこしまで悪がしこいこと。

【邪気(ジャキ)】①ねじけた気持ち、性質。『無邪気』②国 病気などを起こす悪い気。『邪気をはらう』

【邪鬼(ジャキ)】祟(たた)りをする神。また、物の怪(け)。

【邪教(ジャキョウ)】誤った教義を持ち、世に害毒を流すとされる宗教。邪宗。↔正教
【邪曲(ジャキョク)】正しくないこと。ねじけていること。

【邪径(ジャケイ)】曲がった小道。不正心や行為のたとえ。

【邪計(ジャケイ)】よこしまなはかりごと。

【邪見(ジャケン)】①仏語。因果の道理を無視する誤った考え。②=邪慳(ジャケン)

【邪慳・邪険(ジャケン)】意地悪でむごいさま。『邪慳にする』

【邪侈(ジャシ)】不正な考えをもっておごりたかぶること。

【邪宗(ジャシュウ)】=邪教(ジャキョウ)

【邪心(ジャシン)】良くないことをしようとする心。不正な心。

【邪臣(ジャシン)】邪悪な心を抱いている家来。

【邪神(ジャシン)】人に災いを与える神。

【邪推(ジャスイ)】他人の言葉や行為に対して間違った推測をすること。また、ひがんで悪く想像して考えること。

【邪説(ジャセツ)】よこしまな議論。不正な論説。

【邪知・邪智(ジャチ)】悪知恵。正しくない知恵。

【邪道(ジャドウ)】①道理に合わない不正なやり方。また、邪悪な教え。②正式でないやり方。↔正道
【邪佞(ジャネイ)】不正な考えを持ってへつらうこと。

【邪念(ジャネン)】正しくない考え。また、みだらな情念。

【邪薄(ジャハク)】よこしまで人情がうすいこと。

【邪媚(ジャビ)】心がひねくれていて、人にへつらうこと。

【邪僻・邪辟(ジャヘキ)】よこしまで、かたよっていること。

【邪法(ジャホウ)】正しくないやり方、教え。

【邪魔(ジャマ)】①仏語。仏道修行の妨げをする悪魔。②国 ㋑さまたげること。さまたげ。支障。㋺(仕事や休息の邪魔をする意から)訪問すること。

【邪欲・邪慾(ジャヨク)】道義上許されない欲望。また、みだらな欲望。

【邪恋(ジャレン)】不正な恋。

【邪揄(ヤユ)】からかうこと。嘲弄(チョウロウ)すること。揶揄(ヤユ)。

❹ その他。固有名詞など。

【邪許(ヤコ)】多くの人が力を合わせて重い物を動かすときのかけ声。

【邪馬台国(ヤマタイコク・ヤバタイコク)】中国の史書「三国志-魏書・東夷伝・倭人」(ただし邪馬壹国とある)「後漢書-東夷伝」に記載され、三世紀に倭(ワ)にあったとされる女王国の名。女王卑弥呼(ヒミコ)の支配する国。

8222 【邵】 7826 6E3A E7B8 邑－5 ショウ(セウ)漢/shào

字解 形声。邑＋召声。

意味 「邵陽ショウヨウ」は、中国湖南省にある都市名。

8223 【邸】 3701 4521 9340 邑－5 常 テイ漢/dǐ/やしき

筆順 邸 邸 邸 邸 邸 邸

字解 形声。邑＋氐(下にとどまりつく)声。諸侯が上京したときとまる宿、やしきの意。

参考 日本の問屋、問丸の「とい」は、邸の近代音に由来するという説がある。

意味 やしき。大きなやしき。また、やど。宿屋。

下接 官邸カンテイ・公邸コウテイ・豪邸ゴウテイ・私邸シテイ・自邸ジテイ・藩邸ハンテイ・別邸ベッテイ・本邸ホンテイ・御用邸ゴヨウテイ

【邸閣テイカク】①立派なやしき。②倉庫。③みせ。商店。

【邸舎テイシャ】①みせ。商店。②大きなやしき。③やどや。

【邸第テイダイ】やしき。邸宅。第宅タク。

【邸宅テイタク】立派な家。大きなやしき。

8224 【邳】 * 6588 邑－5 ヒ漢/péi・pī

字解 形声。邑＋丕声。

意味 ❶中国江蘇省北部にある県名。中運河に沿い、運河ともいう。❷「下邳カヒ」は①の古名。秦代に県、南宋代に郡が置かれた。漢の韓信が楚王となって都を置いた。

【祁】⇩5377

8225 【郁】 1674 306A 88E8 邑－6 人 イク呉漢/yù/かぐわしい

字解 形声。邑＋有声。

意味 かぐわしい。㋑香り高い。「郁郁」「郁氛」「郁烈」「鬱郁ウツイク」「馥郁フクイク」「芬郁フンイク」㋺さかん。文化が高い。「郁文」「醲郁ジョウイク」

【郁郁イクイク】①香気あふれるさま。②格調高くさかんであるさま。〔論語-八佾〕

【郁馥イクフク】香り高いさま。馥郁フクイク。

【郁氛イクフン】かぐわしい香り。香気。

【郁文イクブン】文化の盛んなこと。〔論語-八佾〕

【郁烈イクレツ】香気がつよいこと。

【郁子むべ】アケビ科のつる性常緑低木。実は食用。

8226 【郊】 2557 3959 8D78 邑－6 常 コウ(カウ)漢/jiāo

筆順 郊 郊 郊 郊 郊 郊

字解 形声。邑＋交(→烄、火まつり)声。城外の祭りを行う場所の意から、都の周辺の意。

意味 ❶まつり。天子が城外で天地を祭ること。また、その場所。「郊柴」「郊祀」❷都の外。町はずれ。いなか。国境。「郊外」「遠郊エンコウ」「近郊キンコウ」「東郊トウコウ」

❶まつり。

【郊柴コウサイ】天子が郊外で柴しばを焚たいて天をまつる儀式。

【郊祀コウシ】古代、中国で、天子が郊外で天地をまつる大礼。冬至のとき、国の南郊で天をまつり、夏至ゲシのとき、北郊で地をまつる。

【郊禘コウテイ】天子が天をまつる祭りと先祖をまつる祭り。

❷都の外。町はずれ。いなか。

【郊外コウガイ】都会に隣接した田園地帯。市外。

【郊墟コウキョ】(「墟」は丘の意) 野原や丘。野山。

【郊迎コウゲイ】町はずれまで行って出迎えること。↔郊送

【郊送コウソウ】町はずれまで見送ること。↔郊迎

8227 【䘏】 二二 邑－6 ジュツ呉漢/xù

字解 卹の誤字。うれえる、また、あわれみ救う意。恤に同じ。

8228 【耶】 4477 4C6D 96EB 邑－6 人 ヤ呉・ジャ呉・シャ漢/yé/や・か

字解 会意。邑＋耳。地名。借りて助字に用いる。邪の通俗体。

参考 万葉仮名では音を借りて「や」。

意味 ❶や。か。…であるか。…だろうか。疑問・反語を示す。「邪」に同じ。*柳宗元-捕蛇者説「安敢毒耶いずくんぞあえてドクとせんや〔=どうして苦痛に思うだろうか〕」❷父を呼ぶ語。「爺」に同じ。「耶嬢」❸その他。あて字、固有名詞など。「耶蘇」「耶律楚材」「有耶無耶ウヤムヤ」「莫耶バクヤ」「摩耶マヤ」

【耶嬢ヤジョウ】父母。爺嬢。*杜甫-兵車行「耶嬢妻子走相送ヤジョウサイシはしりてあいおくる〔=父母や妻子は走りながら見送る〕」

【耶蘇ヤソ】①イエス-キリストの通称。②キリスト教。また、その信者。▷ラテン・ポルトJesusの中国音訳語「耶蘇」を音読みにしたもの。

【耶律楚材ヤリツソザイ】中国、蒙古帝国の功臣。字あざなは晋卿。諡おくりなは文正。遼の宗室の子孫で、金に仕えたのち、ジンギス-カンの政治顧問となった。(一一九〇～一二四四)

8229 【郎】 4726 4F3A 9859 邑－6 常 (8234)【郞】 二二 邑－7 旧字 人 ロウ(ラウ)呉漢/láng/おとこ・おのこ

筆順 郎 郎 郎 郎 郎 郎

字解 郎は郞の通俗体。郞は形声。邑＋良声。もと地名。借りて、よいおとこの意に用いる。

同属字 廊・榔・瑯・螂

意味 ❶おとこ。おのこ。㋑男子の美称。「郎君」「新郎」「野郎」㋺ときに、女子を親しんで呼ぶ称。「女郎ジョロウ」❷中国の官名。㋑秦代は宿衛、漢代は侍従、魏以後、各部の長官をいい、明・清代は下級官吏をいった。「員外郎インガイロウ」「郎官」「郎中」「侍郎ジロウ」㋺国転じて、家来。「郎等」「郎従」

❶おとこ。おのこ。

下接 牛郎ギュウロウ・次郎ジロウ・二郎ジロウ・新郎シンロウ・太郎タロウ・野郎ヤロウ・令郎レイロウ・白水郎ハクスイロウ・白面郎ハクメンロウ・遊冶郎ユウヤロウ

【郎君ロウクン】①年わかい貴公子、また、主家の息子を敬っていう語。②妻や情婦からその夫や情夫を呼ぶ語。

【郎子ロウシ・いらっこ】①(ロウシ)他人の子を呼ぶ敬称。令息。②(いらっこ)若い男子を親しんで呼んだ語。↔郎女いらつめ

【郎女・郎姫いらつめ】古く、若い女性を親愛の情をこめて呼んだ語。

❷中国の官名。転じて、家来。

【郎官ロウカン】宮中で、宿直の警護などの近侍の官。
【郎従ロウジュウ】＝郎等ロウドウ
【郎署ロウショ】①官吏が宮中で宿衛する役所。②尚書郎。
【郎中ロウチュウ】①近侍。側衆そばシュウ。②国律令制の八省の輔すけまたは丞ジョウの唐名。また、諸寮の頭の唐名。
【郎中令ロウチュウレイ】中国、秦代の官名。宮殿の門戸をつかさどる長官。九卿キュウケイの一。
【郎等・郎党ロウドウ・ロウトウ】国武士の家来。家臣。

8230【郢】7827 6E3B E7B9 邑－7　(8211)〔𨚗〕二一 邑－4
エイ㊥/yǐng
字解 形声。邑＋呈㊟。
意味 地名。中国、春秋時代の楚ソ国の都。今の湖北省沙市の上流、江陵県の北西にあった。
【郢曲エイキョク】①楚人の歌。転じて、いやしい歌。はやり歌。俗曲。②国平安、鎌倉期の謡い物の総称。
【郢書燕説エイショエンセツ】郢からの書に対する燕の解釈の意で、もっともらしいこじつけをすることのたとえ。牽強付会ケンキョウフカイ。〔韓非子-外儲説ガイチョセツ左上〕♥昔、郢のある人が燕国の宰相に手紙を送った。手紙を書くとき、手もとが暗いので燭を挙げよと人に言いつけながら誤って手紙にも「挙燭」と書いてしまった。手紙を受け取った宰相はこれを賢者を挙用せよの意と解し、その結果、国がよく治まったという故事から。

8231【郡】2320 3734 8C53 邑－7 常4
グン㊐・クン㊥/jùn/こおり
筆順
字解 形声。邑＋君(→群、むれ)㊟。村などが集まった一つの行政区画の意。
意味 こおり。ぐん。㋑中国で、周代から宋代にかけて置かれた地方行政区画の一。周代には県の下、秦以後は県の上の区画。『郡県制度』㋺国日本のかつての行政区画の一。律令制で、国の下の行政区画。また、明治以後の地方制度。都道府県の下に位置したが、現在では単に地理的名称として用いられる。
【郡県グンケン】中国、秦代に始まる制度。諸侯を廃し、中央から派遣した地方官によって天下を統治する制度。
【郡国グンコク】中国、漢代に始まる制度。天下を郡と国に分け、郡は天子に属し、国は諸侯に与えた。
【郡斎グンサイ】郡の役所。
【郡司グンジ】国律令制の地方官。一郡を統治した。
【郡主グンシュ】郡の長。郡の領主。
【郡守グンシュ】中国の官名。一郡の太守のこと。
【郡代グンダイ】国江戸時代、幕府直轄地を統治した役職。
【郡部グンブ】国郡に属する地域。『郡部の山村』
難読地名 郡上ぐじょう郡(岐阜)　郡家こおげ町(鳥取)

8232【郤】7828 6E3C E7BA 邑－7
ケキ㊥・ゲキ㊐/xì/すきま
字解 形声。邑＋谷(→隙、すきま)㊟。すきまの意。
*史記-項羽本紀「令二将軍与一レ臣有レ郤ショウグンをしてシンとゲキあらしむ」〔＝あなたと私とを仲たがいさせようとしている〕

8233【郛】7830 6E3E E7BC 邑－7
フ㊥/fú/くるわ
字解 形声。邑＋孚(だきつつむ)㊟。城中をつつむかこい、くるわの意。
意味 くるわ。城壁。町の外囲い。
【郛郭フカク】①城外の大きな囲い。②防ぎ保護すること。

8234【郞】二一 邑－7
ロウ「郎」(8229)の旧字

8235【郭】1952 3354 8A73 邑－8 常
カク(クヮク)㊐㊥/guō/くるわ
筆順
字解 形声。邑＋享(＝䇺、城壁の形)㊟。城市を囲む外壁、くるわの意。のちに邑を加え、さらに广を加えた字ができた。
同属字 廓
意味 ❶かこい。かこわれた一定の場所。「廓」に同じ。『城郭』❷大きい。ひろびろとした様子。「廓」に同じ。『郭大』❸固有名詞、あて字など。『郭隗』『郭公』
下接 ❶かこい。かこわれた一定の場所。
一郭イッカク・外郭ガイカク・胸郭キョウカク・山郭サンカク・城郭ジョウカク・負郭フカク・郛郭フカク・北郭ホッカク・遊郭ユウカク・輪郭リンカク
【郭門カクモン】城の外郭の門。外囲いの門。*文選-古詩十九首「出二郭門一直視、但見二邱与一レ墳カクモンをいでてチョクシすれば、ただキュウとフンとをみるのみ」〔＝城門から外をみると、墓ばかりがみえる〕
❷大きい。ひろびろとした様子。
【郭大カクダイ】広げて大きくすること。また、広がって大きくなること。拡張。拡大カクダイ。
❸固有名詞、あて字など。
【郭隗カクカイ】中国、戦国時代燕の人。昭王に人材の登用策を問われ、「先ず隗より始めよ〔＝まず私のようなつまらない者から登用しなさい〕」と答えたことで有名。生没年未詳。
【郭子儀カクシギ】中国、唐代の武将。安禄山の乱で討伐に活躍し、都長安を奪回した。(六九七～七八一)
【郭象カクショウ】中国、西晋の学者。字あざなは子玄。「荘子」の注を書いた。
【郭橐駝カクタクダ】郭という植木の職人の名。柳宗元の文章の主人公。〔柳宗元-種樹郭橐駝伝〕♥「橐駝」はラクダの意で、背中がラクダに似ていたところからのあだ名。
【郭璞カクハク】中国、東晋の詩人。字あざなは景純。著に、「楚辞注」「山海経注」などがある。(二七六～三二四)
【郭沫若カクマツジャク】中国の文学者、歴史学者、政治家。本名は開貞、沫若は号。著「中国古代社会研究」「甲骨文字研究」など。(一八九二～一九七八)
【郭公カッコウ】ホトトギス科の鳥。「かっこう」と鳴く。また、ホトトギスにあてる。

8236【郷】2231 363F 8BBD 邑－8 常6　(8243)〔鄉〕二一 邑－10 旧字　(8244)〔鄕〕二一 邑－10
コウ(カウ)㊐・キョウ(キャウ)㊥・ゴウ(ガウ)㊣/xiāng・xiàng/さと
筆順
字解 郷は鄉の略体。鄉は会意。もと卿に同じく食物をはさんで向きあう二人のさまから、むかう意。また、

甲骨文

金文

篆文

畺に通じて、区画された土地の意に用いる。

同属字 嚮・響(響)・饗

意味 ❶むらざと。㋑さと。いなか。地方。「郷に入っては郷に従え」「郷土」「在郷」㋺ところ。場所。「温泉郷」「異郷」「仙郷」㋩行政区画の一。土地。中国、周代では一二、五〇〇戸ある地。日本では、令制の郡の下で、いくつかの村を合わせた地域。❷ふるさと。生まれた所。「帰郷」「故郷」❸むく。むかう。または、むき。方向。「嚮」「向」に同じ。「郷往」「郷背」❹さきに。さき。むかし。「嚮」「向」に同じ。「郷者」

❶ むらざと。いなか。ところ。
下接 異郷・遠郷・外郷・近郷・閭郷・在郷（ザイキョウ｜ザイゴウ）・水郷（スイキョウ｜スイゴウ）・仙郷・他郷（タキョウ｜タゴウ）・温柔郷・桃源郷・理想郷

【郷飲酒】キョウインシュ 中国、周代、郷校で三年の学業を終えた者の中から優秀な生徒を中央官庁に推薦するとき、郷の大夫が開く送別の宴。
【郷学】キョウガク｜ゴウガク 村里の学校。→❸
【郷曲】キョウキョク むらざと。かたいなか。郷邑キョウユウ。
【郷原・郷愿】キョウゲン（「愿」は、よい、まじめの意）その地方ではよい人と思われている人。実は、善良を装って、村里の好評を得ようとする小人。
【郷校】キョウコウ 中国古代の学制で、郷に置いた学校。庠ショウといって、地方小学の一つであった。郷学。
【郷貢】キョウコウ 中国で、唐代に、士を選ぶのに、学校によらず、州県の長官の選抜によった者。
【郷試】キョウシ 科挙の試験段階の一。宋代に科挙は解試、省試、殿試の三段階に分かれたが、その解試の元代以後の称。合格者を挙人という。
【郷人】キョウジン 村の人。また、いなか者。
【郷土】キョウド いなか。地方。「郷土芸能」「郷土色」→❷
【郷党】キョウトウ むらざと。郷里。＊論語-郷党「孔子於郷党、恂恂如也コウシキョウトウにおいて、ジュンジュンジョたり」〔＝孔子が郷里におられるときには、温和で恭しい様子をされていた〕▶中国、周代の行政区画では、五百軒の集落を「党」、「党」が二五集まったものを「郷」といった。
【郷士】ゴウシ 国江戸時代、身分は武士で、農・林・漁業などにたずさわった者。
【郷社】ゴウシャ 国もと、神社の社格の一。府県社の下、村社の上に位置した。

❷ ふるさと。生まれた所。
下接 懐郷・家郷・帰郷・旧郷・故郷（ふるさと）・出郷・同郷・望郷・離郷

【郷園】キョウエン 故郷の田園。ふるさと。
【郷音】キョウオン｜キョウイン 自分の土地の方言。お国ことば。
【郷貫】キョウカン（「貫」は戸籍の意）郷里の戸籍。本籍。転じて、故郷。くにもと。
【郷関】キョウカン 故郷の境。転じて、ふるさと。故郷。＊崔顥-黄鶴楼「日暮郷関何処是ニチボキョウカンいずれのところかこれなる」〔＝日暮れになり故郷のことが胸をよぎるが、故郷はいったいどのあたりなのだろうか〕
【郷国】キョウコク 生まれ故郷。「郷国をなつかしむ」
【郷愁】キョウシュウ 異郷にいて、故郷を懐かしく思う気持ち。また、昔にひかれる気持ち。ノスタルジー。
【郷土】キョウド 生まれ育った土地。故郷。「郷土史」→❶
【郷里】キョウリ 生まれた土地。故郷。ふるさと。
【郷隣】キョウリン となり近所。＊柳宗元-捕蛇者説「郷隣之生日蹙キョウリンのセイはひにせばまる」〔＝村人たちの生活は、日一日と窮屈になる〕

❸ むく。むかう。
【郷往】キョウオウ（心が向かう意）尊び慕うこと。
【郷学】キョウガク 心を学問に向けること。向学。→❶
【郷背】キョウハイ 従うことと、そむくこと。

❹ さきに。
【郷者】さきに（「者」は時を表す語につく助字）さきごろ。以前。向者さきに。嚮者さきに。

8237 【郰】 ＊6617 邑－8 シュウ（シウ）漢・スウ慣／zōu

字解 形声。邑＋取声。中国、春秋時代の魯の地名。孔子の生地。今の山東省曲阜県の南。陬、鄹も同じ。

8238 【都】 3752 4554 9373 邑－8 常3 (8242)【都】 邑－9 旧字 人
ツ呉・ト漢／dū・dōu／みやこ・すべて

筆順 都 都 都 都 都 都

字解 都は都の略体。都は形声。邑＋者（あつまる）声。人々が多く集まるところ、みやこの意。

金文 篆文

参考 万葉仮名では音を借りて「つ」「と甲」。

意味 ❶みやこ。㋑天子の居るまち。中央政府のあるまち。みやこ。「首都」㋺にぎやかな、大きなまち。何かを特徴としたり、それを中心としているまち。「学都」❷美しくみやびやかなさま。「都雅」❸すべておさめる。あつまる。また、すべて。みな。「都統」❹ああ。詠嘆の声。「都兪吁咈トユウフツ」❺国東京都のこと。「都道府県」❻その他。「都都逸ドドイツ」

❶ みやこ。また、大きなまち。
下接 学都・京都・皇都・古都・故都・首都・上都・新都・遷都・大都・帝都・天都・奠都・満都

【都会】トカイ 人口が密集した繁華な土地。都市。
【都市】トシ 周囲の地方の政治、経済、文化の中心になっている大きなまち。都会。「都市国家」「工業都市」
【都心】トシン 都市の中心部。「副都心」
【都塵】トジン 都会の、ごみごみとした騒々しさ。
【都人士】トジンシ 都会に住んでいる人々。都人。
【都鄙】トヒ 都会と田舎。
【都府】トフ みやこ。都市。
【都門】トモン みやこの入り口。＊白居易-長恨歌「東望都門信馬帰ひがしのかたトモンをのぞみてうまにまかせてかえる」〔＝東へみやこの門を目ざし、放心したように馬の歩みのままに帰ってゆく〕
【都邑】トユウ 都市。都会。

❷ 美しくみやびやかなさま。
【都雅】トガ 上品でみやびやかなさま。

❸ すべておさめる。また、すべて。みな。
【都合】ツゴウ ①合計して。全部で。「都合八人」②国工面すること。算段すること。やりくり。「都合をつける」③国その時の具合。状況。状態。事情。
【都度】ツド 国たびごと。「その都度言い聞かせる」

【都尉(トイ)】 国左右馬寮(メリョウ)の允(じょう)の唐名。

【都護(トゴ)】 1中国、漢代、西域を守る都護府の長官。2国按察使(アゼチ)の唐名。

【都講(トコウ)】 1塾生のかしら。塾頭。2国天皇の読書始めの式で、侍読(ジドク)の講義した箇所を復習する役。

【都察院(トサツイン)】 中国の明・清時代の政務監察機関。洪武帝が御史台に替えて設置したもの。

【都統(トトウ)】 1全体をまとめて統率すること。2中国の官名。主として兵馬のことをつかさどった。

【都督(トトク)】 1統率して取り締まること。2中国の官名。ふつう、諸州または軍団の長官をさす。3国大宰府の現地の最高責任者の唐名。

❹ ああ。詠嘆の声。

【都兪吁咈(トユウフツ)】 君臣が討論すること。「都兪」は賛成を表し、「吁咈」は不賛成を表す感嘆のことば。中国古代の天子尭(ギョウ)が群臣と議論をしたときに用いたところからいう。

❺ (日本語で)東京都のこと。

【都営(トエイ)】 国東京都の経営になるもの。『都営住宅』
【都下(トカ)】 国東京都の管轄下。特に、二三区を除いた市町村。↔都内。『都下西多摩郡』
【都庁(トチョウ)】 国東京都の事務を取り扱う役所。
【都道府県(トドウフケン)】 国普通地方公共団体の総称。一都、一道、二府、四三県がある。
【都立(トリツ)】 国東京都によって設立、管理されること。

❻ その他。

【都都逸・都都一(ドドイツ)】 国日本の俗曲の一。主に男女相愛の情を口語でうたい、七・七・七・五の四句から成る。
▼天保年間に、都都逸坊扇歌が新たに作詞改曲したもの。
難読地名 都祁(つげ)村(奈良) 都農(つの)町(宮崎) 都濃(つの)郡(山口) 都万(つま)村(島根) 都留(つる)市(山梨) 難読姓氏 都築(つづき)

8239
【部】 4184 4974 9594 邑－8 常3
ブ(呉)・ホウ(漢)・ホ(漢)/bù/へ・べ

筆順 部 部 部 部 部 部

字解 形声。邑＋咅(声)。もと地名。剖に通じ、わける意に用いる。
参考 万葉仮名では音を借りて「ぶ」、訓を借りて「へ(甲)」。平仮名「へ」、片仮名「へ」の字源。
意味 ❶わける。㋑区分する。小分けしたものの一つ。㋺国べ。日本古代の大化前代、さまざまな職能をもって朝廷に奉仕した集団。「土師部(はじべ)」「鍛冶部(かじべ)」「舎人部(とねりべ)」など。❷役所、学校などの組織上の区分。『部署』『部隊』『幹部』❸集落。むれ。『部族』❹新聞や書物などの分量、冊数。また、それを数える語。『部数(ブスウ)』『大部(タイブ)』❺「部婁(ホウロウ)」は、小さな丘の意。

❶ わける。また、小分けしたものの一つ。

下接 鞍部(アンブ)・一部(イチブ)・陰部(インブ)・外部(ガイブ)・下部(カブ)・患部(カンブ)・基部(キブ)・脚部(キャクブ)・胸部(キョウブ)・局部(キョクブ)・郡部(グンブ)・頸部(ケイブ)・後部(コウブ)・細部(サイブ)・残部(ザンブ)・市部(シブ)・主部(シュブ)・上部(ジョウブ)・深部(シンブ)・西部(セイブ)・全部(ゼンブ)・前部(ゼンブ)・恥部(チブ)・中部(チュウブ)・臀部(デンブ)・東部(トウブ)・頭部(トウブ)・内部(ナイブ)・南部(ナンブ)・背部(ハイブ)・腹部(フクブ)・北部(ホクブ)・面部(メンブ)・腰部(ヨウブ)・両部(リョウブ)

【部位(ブイ)】 ある部分が全体に対して占める位置。

【部曲(ブキョク)―(かきべ)】 一(ブキョク) 1くみわけ。区分。くみ。班。2漢末から南北朝時代に、軍隊・兵士を意味した語。

二(かきべ) 大化前代、中央・地方の豪族が私有した部民。

【部首(ブシュ)】 字源によって分類された漢字の各部で、その部を代表する字、また、その部の目印になる、共通の要素。灰・灯・災・烈等を含む部(火部)における「火」、また、その変型である「灬」の類。

【部品(ブヒン)】 機械、器具などの部分品。

【部分(ブブン)】 全体を小分けしたものの一つ。↔全体
【部面(ブメン)】 いくつかに分けた中の一つの部分。

【部門(ブモン)】 全体を区分けしたそれぞれの部分。

【部類(ブルイ)】 種類によって区別すること。

【部勒(ブロク)】 部分けして治めること。

【部民(ベミン)―(ブミン)】 国日本古代の職能集団、部(べ)に属した民。

❷ 役所、学校などの組織上の区分。

下接 学部(ガクブ)・幹部(カンブ)・軍部(グンブ)・警部(ケイブ)・支部(シブ)・上部(ジョウブ)・内部(ナイブ)・兵部(ヒョウブ―ヘイブ)・本部(ホンブ)・民部(ミンブ)・礼部(レイブ)・刑部省(ギョウブショウ)・文部省(モンブショウ)・執行部(シッコウブ)

【部員(ブイン)】 部に所属する人。

【部下(ブカ)】 ある人の下に属し、その指図で行動する人。

【部会(ブカイ)】 部門別に行われる会合。

【部伍(ブゴ)】 隊列の組をつくること。また、その組。隊伍。

【部署(ブショ)】 定められた役割の場所、役目。持ち場。

【部将(ブショウ)】 一部隊の将、長。

【部隊(ブタイ)】 1軍隊の編制上の各級組織の総称。『落下傘部隊』2集団的な行動をとる人々の集まり。

❸ 集落。むれ。

【部族(ブゾク)】 一定地域に住み、言語、宗教などを共有し、同じ統率下にある共同体。

【部落(ブラク)】 村里の、民家が一かたまりになっている所。

難読地名 部瀬名(ぶせな)岬(沖縄) 部崎(へさき)(福岡)

8240
【郵】 4525 4D39 9758 邑－8 常6
ウ(呉)・ユウ(イウ)(漢)/yóu

筆順 郵 郵 郵 郵 郵 郵

字解 会意。邑＋垂(地の果て)。辺境の地につくられた文書・命令等を中継する人馬の宿場の意。
意味 ❶宿場。馬つぎば。『郵置』『郵亭』『山郵(サンユウ)』❷文書、荷物などを送る制度。『郵便』❸とが。あやまち。尤(ユウ)。『督郵(トクユウ)』

❶ 宿場。馬つぎば。

【郵館(ユウカン)】 宿場にある旅館。

【郵置(ユウチ)】 1古代の、官人の旅行設備。駅。駅家(エキカ)。うまや。2郵便物の中継ぎをする宿駅。

【郵亭(ユウテイ)】 宿場。旅館。

【郵逓(ユウテイ)】 1宿場。宿駅。2宿場から宿場へと物を送ること。

❷ 文書、荷物などを送る制度。

【郵政(ユウセイ)】 郵便に関する行政。『郵政事業庁』
【郵船(ユウセン)】 「郵便船」の略。郵便物を運ぶ船。また、航海中郵便事務を取り扱う船。
【郵送(ユウソウ)】 国郵便で送ること。『郵送料』
【郵袋(ユウタイ)】 郵便物を入れて輸送する布製の袋。
【郵便(ユウビン)】 国信書やその他の物件を集配、伝達する通信制度。『郵便番号』『郵便局』

8241 【鄂】 7831 6E3F E7BD 邑－9 ガク漢/è

字解 形声。邑＋咢(=噩)声。金文は邑に従わない。

金文 篆文 

意味 ❶中国、殷(イン)代の国名。今の河南省南陽の北にあった。❷中国の地名。㋑春秋時代の楚(ソ)の地名。湖北省東部、長江両岸の地。㋺春秋時代の晋(シン)の地名。山西省南部、黄河東岸の地。㋩湖北省の簡称。❸直言する。「諤(ガク)」に同じ。『鄂鄂(ガクガク)』❹うてな。がく。花の最も外側にある器官。『棣鄂(テイガク)』

8242 【都】 ―― 邑－9 ト 「都」(8238)の旧字

8243 【鄉】 ―― 邑－10 キョウ 「郷」(8236)の旧字

8244 【鄕】 ―― 邑－10 キョウ 「郷」(8236)の異体字

8245 【鄗】 ＊6630 邑－10 ゴウ呉・コウ(カウ)漢/hào

字解 形声。邑＋高声。

意味 ❶中国の古県名。現在の河北省石家庄の南、高邑県。❷中国、周の武王の都。現在の西安市の西方。

8246 【鄒】 7832 6E40 E7BE 邑－10 シュウ(シウ)漢・スウ慣/zōu

字解 形声。邑＋芻声。

意味 中国の地名。孟子の生誕地。今の山東省曲阜市の南、鄒県の付近。「陬・郰」に同じ。

【鄒魯(スウロ)】 孔子と孟子。また、その教え。♥「魯」は国名。「鄒」は、魯の邑の名。孔子も孟子もその地に生まれた。

8247 【鄠】 ＊6635 邑－11 コ漢/hù

字解 形声。邑＋雩声。

意味 中国の地名。秦代の邑名。漢代に県が置かれた。現在の江蘇省戸県。

8248 【鄣】 ＊6638 邑－11 ショウ(シャウ)呉漢/zhāng・zhàng

字解 形声。邑＋章声。

意味 ❶古代中国の国名。斉(セイ)によって滅ぼされた。現在の済南市の西南、平陰県の付近。❷おおいふさぐ。さえぎる。「障」に同じ。『鄣蔽(ショウヘイ)』

8249 【鄙】 7833 6E41 E7BF 邑－11 ヒ呉漢/bǐ/ひな・いやしい

字解 形声。邑＋啚(こめぐら)声。米倉のある郊外のむら、いなかの意。甲骨文は邑に従わない。

甲骨文 篆文 

意味 ❶こむら。中国、周代の行政区画の名。戸数五〇〇戸の村。五鄙で一県を成す。❷ひな。いなか。都から遠く離れた所。『都鄙(トヒ)』『辺鄙(ヘンピ)』❸いやしい。「卑」に同じ。㋑いなかじみた。洗練されていない。↕都。『鄙俗』『粗鄙(ソヒ)』『野鄙(ヤヒ)』㋺下品な。あさはかな。『鄙俗』『鄙猥』『卑鄙(ヒヒ)』㋩つまらない。とるにたりない。自分のことをへりくだってもいう。『鄙見』『愚鄙(グヒ)』
⇒〔雅〕(8735)の表

❸ いやしい。

【鄙穢(ヒアイ|ヒワイ)】 いやしく下品なこと。

【鄙近(ヒキン)】 通俗的で深みのないさま。卑近。

【鄙見(ヒケン)】 自分の意見のことをへりくだっていう語。卑見(ヒケン)。

【鄙諺(ヒゲン)】 鄙俗なことわざ、言いならわし。俚諺(リゲン)。

【鄙語(ヒゴ)】 下品な言葉。また、世俗の言葉。鄙言(ヒゲン)。

【鄙事(ヒジ)】 つまらぬこと。俗世間での仕事や芸能。＊論語－子罕「吾少也賤。故多￢能鄙事￢(われわかくしていやし。ゆえにヒジにタノウなり)〔＝私は若いときに貧乏であった。そのために世間のつまらぬことが何でもよくできるのだ〕」

【鄙儒(ヒジュ)】 見識が狭く鄙俗な儒者。俗儒。陋儒(ロウジュ)。

【鄙賤(ヒセン)】 地位や身分が低く、いやしいこと。

【鄙俗(ヒゾク)】 低俗であること。下品であること。

【鄙倍(ヒバイ)】 (「倍」はそむく意) 心がいやしくて道理にそむくこと。

【鄙薄(ヒハク)】 いやしくてあさはかなこと。

【鄙夫(ヒフ)】 いやしい男。粗野な男。つまらない男。

【鄙吝(ヒリン)】 いやしいこと。けちなこと。やぶさか。

【鄙劣(ヒレツ)】 品性、行為などがいやしく劣っていること。

【鄙猥(ヒワイ)】 慎みがなく、下品なこと。

8250 【鄯】 ＊6642 邑－12 セン漢・ゼン慣/shàn

字解 形声。邑＋善声。

意味 「鄯善(ゼンゼン)」は、古代西域の国名。もと、楼蘭(ロウラン)。タリム盆地の東南辺で、二世紀から漢に属し、隋代に郡となった。

8251 【鄲】 7834 6E42 E7C0 邑－12 タン漢/dān

字解 形声。邑＋單声。

意味 「邯鄲(カンタン)」は、中国河北省南部の都市。戦国時代、趙の都としてもっとも栄えた。

8252 【鄭】 ―― 邑－12 (8253)〖鄭〗 3702 4522 9341 邑－12 † ジョウ(ヂャウ)呉・テイ漢/zhèng

字解 形声。邑＋奠声。甲骨文・金文は奠(酒器を安置した形)のみで、昔の国名に用いられる。

甲骨文 金文 篆文 

同属字 擲・躑

意味 ❶かさなる。ていねい。ねんごろ。『鄭重』❷中国の国名。春秋時代の侯国(前八〇六～前三七五)。周の桓公が鄭(陝西省華県の東)に封ぜられ、のちに新鄭(河南省中部、鄭州市の南方)に移ったが、内紛のため二一代で韓の哀侯に滅ぼされた。『鄭声』❸人の姓。『鄭成功』『鄭玄』

【鄭玄(ジョウゲン|テイゲン)】 中国、後漢の学者。漢代経学を集大成し、易・書・詩をはじめ主な経書に注したが、特に三礼の注は重んぜられる。(一二七～二〇〇)

【鄭声(テイセイ)】 (中国の春秋時代、鄭国の音楽が淫猥(インワイ)であったところから) 野卑でみだらな俗曲。〔論語－陽貨〕

【鄭成功(テイセイコウ)】 中国、明末の遺臣。国姓爺(コクセンヤ)の名で知られる。日本の平戸で鄭芝竜と田川七左衛門の娘との

間に生まれた。七歳で渡明、明室復興のため大陸反攻を繰り返した。(一六二四～一六六二)

【鄭重テイチョウ】礼儀正しく、手厚いさま。丁重テイチョウ。

8254 【鄧】 ＊6639 邑-12 トウ㊥/dèng

字解 形声。邑＋登㊐。春秋時代の国名。

篆文 

意味 ❶中国、春秋時代の国名。今の河南省鄧県。❷中国、春秋時代の魯の地名。今の山東省汶河付近。❸人名。

【鄧析トウセキ】中国、春秋時代の鄭テイの大夫。生没年未詳。

8255 【鄱】 ＊6643 邑-12 ハ㊥/pó

金文  篆文 

字解 形声。邑＋番㊐。「鄱陽ハヨウ」は、中国、漢代の県名。今の江西省波陽県。また、その西方に広がる湖の名。中国五大湖の一。

8256 【鄰】 7835 6E43 E7C1 邑-12 リン「隣」(8703)の異体字

8257 【鄴】 ＊6644 邑-13 ギョウ(ゲフ)㊥/yè

字解 形声。邑＋業㊐。中国、春秋時代の斉の地名。また、三国時代の魏ギの都。三曹(曹操ソウソウ・曹丕ソウヒ・曹植ソウチ)を中心にして文学が栄えた。今の河北省臨漳リンショウ県。

8258 【鄽】 ＊6650 邑-15 テン「廛」(2162)の異体字

8259 【酈】 ＊6653 邑-19 リ㊥・レキ㊥/lì・zhí

字解 形声。邑＋麗㊐。

意味 ❶中国、春秋時代の魯ロの地名。今の山東省にある。❷中国、漢代の県名。今の河南省南陽市の西北。❸人名。『酈食其レキイキ』

【酈食其レキイキ】中国、漢初の論客。沛公ハイコウ(高祖)に仕え、斉の七〇余城を手に入れた。

164 酉部 さけのとり

甲骨文  金文  篆文 

酉は、酒つぼの形に象り、さけの意(ユウ)を表す。酉部には、酉を部標として、さけ、発酵させて作る飲料の種類や製法などに関する意味を表す字を収める。部首の酉が転じて十二支の第一〇に用いられ、「とり」の訓があてられるので、これと「鳥」とを区別して「ひよみのとり」ともいう。

酉◆ 酉 ⑱ 釁

酉▬ ② 酋 酉 ⑩ 醤 ⑪ 醫 醬

酉▌ ② 酊 ③ 酌 酎 酏 配 ④ 酗 酔 酖 酘 酛 ⑤ 酣 酤 酢 酥 酡 ⑥ 酬 酳 酪 酩 酷 酵 酷 酸 醒 酴 酺 ⑧ 醃 醋 醇 醉 醅 醂 ⑨ 醞 醎 醐 醍 醍 醗 ⑩ 醢 醨 醜 ⑪ 醯 醪 醨 醪 ⑫ 醮 醰 醱 ⑬ 醴 醵 醶 醸 醲 醴 ⑭ 醺 醻 ⑯ 醼 ⑰ 釀 釁 醿 釂 ⑱ 釃 ⑲ 釅 釄

酉▐ ③ 酒

西◆

8260 【酉】 3851 4653 93D1 酉-0 人 ユウ(イウ)㊥/yǒu/とり

字解 部首解説を参照。

意味 ❶さけ。また、酒つぼ。❷とり。十二支の第一〇位。年や日に用いるほか、方角では西、時刻では午後六時ごろ、また、その前後二時間の呼び名とする。

8261 【釁】 7855 6E57 E7D5 酉-18 キン㊥/xìn/ちぬる

字解 会意。爨(かまどの祭り)省＋酉＋分(犠牲をさく)。竈かまどの祭りのとき酒やいけにえの血をふりかけ清める、ちぬる意という。

意味 ❶ちぬる。いけにえの血を祭器などにぬって、けがれを除く。「衅」に同じ。❷すき。すきま。ひび。きず。『釁隙』『釁端』『過釁カキン』

【釁隙キンゲキ】①すきま。ひま。間隙。②互いに不和になること。仲たがい。

【釁端キンタン】相互の感情などに、すきまを生じるいとぐち。不和のいとぐち。

酉▬

8262 【酋】 二一 酉-2 (8263)〔酋〕 2922 3D36 8F55 酉-2 † シュウ(シウ)㊥/qiú/おさ

字解 象形。酒器の口から香気が漂いたつ形に象り、よく熟した酒の意。

甲骨文  篆文 

同属字 猷・猶・楢・遒・蝤・鰌

意味 ❶ふるざけ。熟した古い酒。❷おさ。かしら。『酋長』❸「酋酋シュウシュウ」は、物ができあがるさま。

【酋長シュウチョウ】部族、氏族などの長。

8264 【醤】 3063 3E5F 8FDD 酉-10 ショウ「醬」(8266)の異体字

8265 【醫】 7848 6E50 E7CE 酉-11 イ「医」(765)の旧字

8266 【醬】 ＊6683 酉-11 (8264)〔醤〕 3063 3E5F 8FDD 酉-10 † ショウ(シャウ)㊥/jiàng/ひしお

字解 形声。酉＋將㊐。一説に、酉＋肉＋爿(まないた)㊐で、肉などを和あえたものの意という。

意味 ❶しおから。魚介類の肉、腸などを塩漬けにして発酵させた食品。❷ひしお。なめ味噌ミソの一種。ダイズにコムギで作った麴こうじと食塩水を加えて醸造したもの。『醤油』『梅醤うめびしお』❸熟字訓など。『醤蝦あみ』『蒟醤キンマ』

【醤油ショウユ】コムギとダイズを原料とした醤油麴こうじに、食塩水を加えて発酵させて搾った、黒茶色の調味料。

【醤蝦あみ】甲殻類アミ科に属する種類の総称。小エビに

見角言谷豆豕豸貝赤走足(⻊)身車辛辰辵(辶・辶)邑(阝)酉采里

似た小動物。塩辛、佃煮(つくだに)に用。『沖醤蝦(おきあみ)』

酉

8267【酊】 7836 6E44 E7C2 酉－2 テイ(漢)/dǐng

字解 形声。酉＋丁(声)。「酩酊(メイテイ)」は、ひどく酒に酔ったさま。

8268【酌】 2864 3C60 8EDE 酉－3 常 (8269)【酌】 酉－3 旧字

シャク(漢)/zhuó/くむ

筆順

字解 形声。酉＋勺(ひしゃく)(声)。酒をくむ意。

甲骨文 金文 篆文

意味 ❶くむ。水をくむ。また、酒をつぐ。『酌飲』『酌婦』『独酌(ドクシャク)』『晩酌(バンシャク)』 ❷くみとる。相手の心情、事情をくみとる。『参酌(サンシャク)』『斟酌(シンシャク)』 ❸「媒妁(バイシャク)」の「妁」にあてる。

【酌飲(シャクイン)】(「飲」はのみもの) ひしゃくなどの一すくいの水。わずかな飲み物。

【酌婦(シャクフ)】国料理屋などで酒の酌をする女。

【酌量(シャクリョウ)】酒や米などの量をはかること。転じて、事情をよく考慮すること。『情状酌量』

8270【酎】 3581 4371 9291 酉－3 チュウ(チウ)(漢)/zhòu

字解 形声。酉＋肘(ひじ)省(声)。手をかけてかもした酒の意。

意味 ❶濃い酒。醸造の手順を三度繰り返したものをいう。『醇酎(ジュンチュウ)』 ❷国「焼酎(ショウチュウ)」の略。酒粕や芋、穀類を発酵させたもろみを蒸留して作ったアルコール分の強い酒。『酎ハイ』

8271【配】 3959 475B 947A 酉－3 常3 ハイ(呉)(漢)/pèi/くばる

筆順

字解 会意。酉＋己。一説に、己は人で、配は人が酒器のそばにいて神にすすめるさまを表すという。妃・比に通じて、ならぶ、つれあいの意を表す。

金文 篆文

意味 ❶めあわす。つれそう。つれあい。夫婦。『配偶』『交配』『好配』 ❷ならべる。とりあわせる。また、ならぶ。『配色』『配列』 ❸くばる。割り当てる。『配給』『配達』『配当』 ❹したがえる。とりしまる。『配下』『支配』 ❺島流しにする。『配所』『配流』

❶ めあわす。つれそう。つれあい。

【配偶(ハイグウ)】添え合わせること。めあわせること。また、つれあい。夫婦。『配偶者』

❷ ならべる。とりあわせる。

【配享(ハイキョウ)】帝王とその祖先、王侯と功臣、ある神と他の神などを合わせてまつること。

【配合(ハイゴウ)】取り合わせること。組み合わせ。

【配剤(ハイザイ)】薬を調合すること。また、物事を程よく取り合わせること。『天の配剤』

【配色(ハイショク)】色彩の配合。色の取り合わせ。

【配天(ハイテン)】①天とならび立つこと。徳が天と合すること。②帝王が天を祭るとき、その祖先を合祀して、自らが天子であることを示すこと。配帝。

【配列(ハイレツ)】順序を考えて並べること。排列。

❸ くばる。割り当てる。

下接 按配(アンパイ)・欠配(ケッパイ)・減配(ゲンパイ)・高配(コウハイ)・集配(シュウハイ)・心配(シンパイ)・増配(ゾウハイ)・宅配(タクハイ)・遅配(チハイ)・手配(てハイ)・特配(トクハイ)・分配(ブンパイ)・無配(ムハイ)・有配(ユウハイ)

【配管(ハイカン)】気体、液体を輸送する管を敷設すること。

【配給(ハイキュウ)】割り当てて配ること。『配給米』

【配車(ハイシャ)】国車の手配をすること。『配車係』

【配水(ハイスイ)】水を配給すること。

【配線(ハイセン)】通信装置、電気機器などを接続して回路や回線を構成すること。

【配膳(ハイゼン)】国食事の膳を客の前に配ること。『配膳室』

【配送(ハイソウ)】国配り送ること。『配送所』

【配属(ハイゾク)】部署を割り当てて所属を定めること。

【配達(ハイタツ)】国郵便物、商品などを指定された宛先(あてさき)に届けること。『新聞配達』

【配置(ハイチ)】適当な場所や位置に割り当てて置くこと。

【配電(ハイデン)】変電所から需要者に電力を供給すること。

【配当(ハイトウ)】①割り当てて配ること。②国法人企業その他が、利益金を株主などに分配すること。

【配備(ハイビ)】手配りして備えること。『戦闘配備』

【配付(ハイフ)】国一人一人に配ること。

【配布(ハイフ)】国広くゆき渡るように配ること。

【配分(ハイブン)】割り当てて配ること。分配。

【配本(ハイホン)】国発行した書物を、書店や購入予約者に届けること。

【配役(ハイヤク)】国俳優に役を割り当てること。キャスト。

【配慮(ハイリョ)】国心を配ること。心遣い。

❹ したがえる。とりしまる。

下接 軍配(グンバイ)・采配(サイハイ)・差配(サハイ)・支配(シハイ)

【配下(ハイカ)】国支配下にある者。手下。部下。

❺ 島流しにする。

【配所(ハイショ)】罪によって流された場所。流罪の地。

【配謫(ハイタク)】罪人を島流しにすること。流罪。

【配流(ハイル)】流罪。島流し。

8272【酗】 *6656 酉－4 ク(漢)/xù

字解 会意。酉＋凶(わるい)。酒によってくるう意。

8273【酔】 3176 3F6C 908C 酉－4 常 (8297)【醉】 7845 6E4D E7CB 酉－8 旧字 人

スイ(呉)(漢)/zuì/よう・よい

筆順

字解 酔は醉の通俗体。醉は形声。酉＋卒(つきる)(声)。酒をのみつくす、よう意。

意味 よう。㋑酒によう。『酔漢』『泥酔』 ㋺心をうばわれる。熱中する。『心酔』『陶酔』 ㋩薬物によって感覚を失う。『麻酔』 ㋥国乗り物によう。『船酔い』

下接 淵酔(エンスイ)・酣酔(カンスイ)・狂酔(キョウスイ)・宿酔(シュクスイ)・大酔(タイスイ)・沈酔(チンスイ)・泥酔(デイスイ)・微酔(ビスイ)・麻酔(マスイ)・乱酔(ランスイ)・爛酔(ランスイ)

【酔漢(スイカン)】酒に酔った男。よっぱらい。

【酔眼(スイガン)】酒に酔ったときの、焦点のはっきりしない目つき。『酔眼朦朧(モウロウ)』

【酔客(スイキャク・スイカク)】酒に酔った人。よっぱらい。

【酔狂(スイキョウ)】国 珍奇なことを好んでするること。物好き。

【酔郷(スイキョウ)】1 酔っぱらいの天国。2 酒を飲んでいい気持ちになる状態を別天地にたとえた語。

【酔興(スイキョウ)】1 酒に酔って楽しむこと。2 ＝酔狂(スイキョウ)

【酔吟(スイギン)】酒に酔って詩歌を吟誦すること。

【酔殺(スイサツ)】はなはだしく酒に酔うこと。溺酔(デキスイ)。

【酔生夢死(スイセイムシ・スイセイボウシ)】有意義なことを何もせず、一生を無為に過ごすこと。〔二程全書〕 酒に酔っているように生き、夢を見ているように死ぬ意。

【酔態(スイタイ)】酒に酔った姿や様子。

【酔吹(スイド)】酒に酔ってくだをまくこと。

【酔歩(スイホ)】酔って歩く足どり。千鳥足。

【酔飽(スイホウ)】酒に酔い、あきるほど食べること。

【酔余(スイヨ)】酒に酔ったあげく。『酔余の一興』

8274 【酖】 7837 6E45 E7C3 酉－4 タン㊥・チン㊥/dān・zhèn/ふける
字解 形声。酉＋冘(しずむ)㊟。酒にひたる意。
意味 ❶ (タン) ふける。酒にひたる。❷ (チン) 羽に毒があるという鳥の名。「鴆(チン)」に同じ。また、その羽でかき回して作った毒酒。

8275 【酘】 7838 6E46 E7C4 酉－4 トウ㊥/tóu
字解 形声。酉＋殳㊟。酒をかもしなおす意。
意味 ❶酒をかもしなおす。二度かもす。❷国 清酒の醸造で、酴(もと)を仕込んで一定期間後に加える、むした白米と麴(こうじ)と水との総称。そい。そえ。

8276 【酛】 * 6659 酉－4
字解 国字。会意。酉＋元(もと)。さけのもと。酒の原料となる米の飯。

8277 【酣】 7839 6E47 E7C5 酉－5 カン㊥/hān/たけなわ
字解 形声。酉＋甘(ふくみ味わう)㊟。
意味 ❶たのしむ。酒をのんで楽しむ。また、その最も盛んなとき。たけなわ。『酣宴』『酣歌』 *史記-廉頗藺相如伝「秦王飲レ酒酣曰、寡人窃聞二趙王好一レ音。請奏レ瑟(シンオウさけをのみたけなわにしていわく、カジンひそかにチョウオウオンをこのむときく。こうシツをソウせよ、と)」〔＝秦王は宴もたけなわになると、私は内々に、趙王は音楽を好むと聞いている、どうか瑟を弾いていただきたい、と言った〕 ❷さかり。たけなわ。物事のまっさかり。『酣賞』『酣戦』

❶ たのしむ。
【酣宴(カンエン)】さかんな酒宴。
【酣歌(カンカ)】酒を飲んで楽しく歌をうたうこと。
【酣酣(カンカン)】酒を飲み心がのびのびしているさま。→❷
【酣豢(カンカン)】酒にふけり、うまい物を食べて、ぜいたくな暮らしをするさま。
【酣觴(カンショウ)】酒を飲んで楽しむこと。酣飲。*陶潜-五柳先生伝「酣觴賦レ詩、以楽二其志一(カンショウしてシをフし、もってそのこころざしをたのしむ)」〔＝大いに酒を飲んで詩を作り、自分の心を楽しませる〕
【酣酔(カンスイ)】十分に酒を飲み酔うこと。
【酣中客(カンチュウのカク)】富貴におぼれている者のたとえ。〔陶潜-飲酒〕
【酣暢(カンチョウ)】気持ちよく酒を飲んで、愉快になること。

❷ さかり。
【酣酣(カンカン)】春の花のまっさかりなさま。→❶
【酣春(カンシュン)】春のまっさかり。春たけなわ。
【酣賞(カンショウ)】景色などを心ゆくまで味わい楽しむこと。
【酣戦(カンセン)】敵味方入り乱れて戦うこと。戦いのまっさいちゅう。

8278 【酤】 * 6661 酉－5 コ㊥・ク㊥/gū
字解 形声。酉＋古㊟。
意味 一夜かもした酒。また、酒を売る、買う。
【酤権(コカク)】政府が酒を専売して利益を独占すること。

8279 【酢】 3161 3F5D 907C 酉－5 常 サク㊥・ソ㊤㊥/zuò・cù/す
筆順 酉 酉 酉 酢 酢 酢
字解 形声。酉＋乍㊟。乍は、且に通じて、かさねる意で、また作とも近いという。酒のやりとり、むくいる意や加工してつくった、すの意を表す。
参考 万葉仮名では訓を借りて「す」。
意味 ❶むくいる。客が主人にさかずきを返す。「醋」に同じ。『酬酢(シュウサク)』 ❷す。すっぱい。「醋」に同じ。『酢漿草』『酢酸』『甘酢(あまず)』『梅酢(うめず)』
【酢酸(サクサン)】カルボン酸の一。強い刺激臭と酸味のある無色の液体。食酢の主成分。エタン酸。 書き換え「醋酸→酢酸」。
【酢漿草(ソショウソウ・かたばみ)】カタバミ科の多年草または一年草。全草に酸味がある。

8280 【酥】 7840 6E48 E7C6 酉－5 ソ㊤㊥/sū
字解 形声。酉＋穌省㊟。
意味 ❶牛乳や羊の乳を煮つめ、または発酵させて作ったもの。ヨーグルト、バターなどの類。『酥灯』『酥油』『酥酪』 ❷清くなめらかなもののたとえ。
【酥灯(ソトウ)】酥油でともすあかり。転じて、仏前の灯火。
【酥油(ソユ)】牛乳から得られる油。生酥・熟酥の別がある。
【酥酪(ソラク)】酥と酪。牛や羊の乳から作った加工品。

8281 【酡】 * 6660 酉－5 タ㊥/tuó
字解 形声。酉＋它㊟。
意味 酔って顔が赤くなる。

8282 【酬】 2923 3D37 8F56 酉－6 常 シュウ(シウ)㊥/chóu/むくいる
筆順 酉 酉 酉 酉 酬 酬
字解 形声。酉＋州㊟。醻に同じ。
意味 むくいる。㋑かえす。返礼をする。『酬対』『応酬』 ㋺手紙で返事をする。『貴酬(キシュウ)』
下接 応酬(オウシュウ)・献酬(ケンシュウ)・対酬(タイシュウ)・報酬(ホウシュウ)・和酬(ワシュウ)
【酬応(シュウオウ)】1 応答すること。応酬。2 返杯すること。
【酬唱(シュウショウ)】詩歌を作ってたがいにやりとりすること。
【酬対(シュウタイ)】答えること。応対すること。酬答。

(8283) 【酧】 * 6662 酉－6

7画 見角言谷豆豕豸貝赤走足(⻊)身車辛辰辵(⻌・⻍)邑(⻏)酉釆里

【酬労シュウロウ】力を尽くしてくれたことに報いること。

【酬和シュウワ】＝酬唱シュウショウ

8284【酩】7841 6E49 E7C7 酉－6
ベイ(漢)・メイ(慣)/míng/よう
字解 形声。酉＋名(→冥、くらい)(声)。酒によう意。
意味 よう。ひどくよう。
【酩酊メイテイ】酒を飲んでひどく酔うこと。

8285【酪】4579 4D6F 978F 酉－6 常
ラク(呉)(漢)/lào
筆順 酉 酉 酪 酪 酪 酪
字解 形声。酉＋各(声)。ちちざけの意。
意味 ❶ちちざけ。濃いちちじる。牛・羊などの乳から作った食品。ヨーグルト、バター、チーズの類。「酪漿」「酪農」「乾酪カンラク」「牛酪ギュウラク」「酥酪ソラク」「乳酪ニュウラク」❷果実をしぼった汁で作った飲料。
【酪漿ラクショウ】牛・羊などの乳汁。
【酪農ラクノウ】牛、羊などを飼育して、その乳から乳製品をつくる農業。「酪農家」

8286【酳】7842 6E4A E7C8 酉－7
イン(漢)・シン(漢)/yìn
字解 形声。酉＋胤省(声)。酒で口をすすぐ意。

8287【酵】2558 395A 8D79 酉－7 常
コウ(カウ)(漢)/xiào・jiào/しらかす
筆順 酉 酉 酵 酵 酵 酵
字解 形声。酉＋孝(声)。
意味 ❶酒ができるときにわきたつこと。「発酵ハッコウ」「醱酵ハッコウ」❷もと。酒を発酵させるもの。こうじ。「酵素」「酵母」❸しらかす。白い酒かす。
【酵素コウソ】生体内でつくられ、生体の営む化学反応の触媒となる蛋白タンパク質。「消化酵素」
【酵母コウボ】糖分を分解してアルコールと二酸化炭素にする菌。酒類、パンなどの製造に利用される。

8288【酷】2583 3973 8D93 酉－7 常
(8289)【酷】二二 酉－7 旧字
コク(呉)(漢)/kù/ひどい・むごい
筆順 酉 酉 酷 酷 酷 酷
字解 形声。酉＋告(→梏、きつくしめつける)(声)。刺激のある濃い酒の意。転じて、きびしい意。
意味 ❶こい。つよい。酒の味が濃い。酒の度が強い。❷ひどい。㋑むごい。きびしい。「責めるのは酷だ」「酷税」「酷評」「残酷」㋺はなはだしい。非常に。「酷似」「酷暑」

❷ ひどい。むごい。はなはだしい。

下接 苛酷カコク・過酷カコク・厳酷ゲンコク・酸酷サンコク・残酷ザンコク・惨酷ザンコク・峻酷シュンコク・貪酷タンコク・痛酷ツウコク・冷酷レイコク

【酷悪コクアク】残酷で悪いこと。
【酷寒コッカン・コクカン】冬のきびしい寒さ。⇔酷暑
【酷虐コクギャク】むごく虐待すること。
【酷刑コクケイ】苛酷な刑罰。
【酷使コクシ】限度を超えてはげしく働かせること。
【酷似コクジ】はなはだしく似ていること。
【酷暑コクショ】夏のきびしい暑さ。⇔酷寒
【酷熱コクネツ】ひどく暑いこと。
【酷薄コクハク】残酷で薄情なさま。「酷薄非情」
【酷評コクヒョウ】容赦なく、手きびしく批評すること。
【酷法コクホウ】きびしい法律。苛法。
【酷吏コクリ】無慈悲な官吏、役人。
【酷烈コクレツ】きびしくはげしいさま。

8290【酸】2732 3B40 8E5F 酉－7 常5
サン(呉)(漢)/suān/すい・す
筆順 酉 酉 酸 酸 酸 酸
字解 形声。酉＋夋(声)。一説に会意字とも。
意味 ❶す。すい。すっぱい。「酸漿」「酸味」❷つらい。いたましい。くるしい。「酸鼻」「甘酸カンサン」「寒酸カンサン」「辛酸シンサン」「悲酸ヒサン」❸化学で、酸性反応をする化合物。電離して水素イオンを出し、また、塩基を中和して塩エンを生ずる物質。すっぱい味がする。「酸類」❹「酸素」の略。「酸化」「酸欠」

❶ す。すい。すっぱい。

【酸漿サンショウ・ほおずき】ナス科の多年草。果実は球形で赤く熟す。

【酸敗サンパイ】油脂が保存中に劣化すること。臭においを出して味が悪くなったり、変色したりする。

【酸味サンミ・すみ】すっぱい味。

❷ つらい。いたましい。くるしい。

【酸寒サンカン】貧しく苦しいこと。

【酸辛サンシン】つらく苦しいこと。辛酸。

【酸楚サンソ】いたみ苦しむこと。

【酸鼻サンビ】痛ましくむごたらしいこと。▼鼻につんときて涙をうながすようなさまの意から。

❸ 化学で、酸性反応をする化合物。

下接 胃酸イサン・塩酸エンサン・核酸カクサン・強酸キョウサン・酢酸サクサン・弱酸ジャクサン・蓚酸シュウサン・硝酸ショウサン・青酸セイサン・炭酸タンサン・乳酸ニュウサン・尿酸ニョウサン・硼酸ホウサン・葉酸ヨウサン・硫酸リュウサン・燐酸リンサン

【酸性サンセイ】酸の性質。また、酸の性質を持っていること。⇔アルカリ性。「酸性反応」

【酸類サンルイ】酸性を持つものの総称。

❹ 「酸素」の略。

【酸化サンカ】物質が酸素と化合するか、または、水素を失うこと。⇔還元。「酸化物」

【酸欠サンケツ】「酸素欠乏」の略。空気中の酸素が足りなくなること。「酸欠症」

【酸素サンソ】無色無臭の気体。元素記号O。生物の呼吸や、燃焼に不可欠で、空気の体積の五分の一を占める。

8291【酲】7843 6E4B E7C9 酉－7
テイ(漢)/chéng
字解 形声。酉＋呈(声)。二日酔い・酔いがさめる意。

8292【酴】*6664 酉－7
ト(漢)/tú
字解 形声。酉＋余(のびる)(声)。濁り酒の意。
意味 ❶濁り酒。❷酒のもと。こうじ。

8293【酺】*6666 酉－7
ホ(漢)/pú

字解 形声。酉＋甫(ひろい)(声)。国の慶事に天子が臣下や人民に酒や食物をたまわる。さかもりの意。

8294 【醃】＊6669 酉－8 エン(漢)/yān

字解 形声。酉＋奄(声)。

意味 塩漬け。漬物。野菜や魚を塩に漬けたもの。

8295 【醋】7844 6E4C E7CA 酉－8 サク(漢)・ソ(呉)(漢)/zuò・cù/す

字解 形声。酉＋昔(月日を重ねる)(声)。日を重ねて発酵させる意。

意味 す。すい。すっぱい。また、むくいる。「酢」に同じ。『醋酸』

8296 【醇】2970 3D66 8F86 酉－8 人 ジュン(呉)・シュン(漢)/chún/あつい

字解 形声。酉＋享(＝𦎫、厚い)(声)。味の濃い酒の意。

意味 ❶味の濃い酒。また、まじりけがない。純粋である。『醇酒』『雅醇ガジュン』『清醇セイジュン』『芳醇ホウジュン』 ❷てあつい。人情味があつい。誠実でかざりけがない。「淳」に同じ。『醇厚』『醇風』 ❸もっぱら。

❶味の濃い酒。また、まじりけがない。

【醇乎ジュンコ】まじりけがなく純粋なさま。

【醇酒ジュンシュ】濃い濁酒。

【醇醲ジュンジョウ】濃い酒。→❷

【醇醨ジュンリ】味の濃い酒と薄い酒。→❷

【醇醴ジュンレイ】①よい酒と甘い酒。②濃厚な甘酒。

【醇醪ジュンロウ】まじりけのない濃厚な濁り酒。

❷てあつい。人情味があつい。

【醇化ジュンカ】①てあつく教えて感化すること。②不純なものを除き去って、本性を発揮させること。

【醇厚ジュンコウ】素朴で人情にあついこと。

【醇醇ジュンジュン】てあついさま。淳淳。

【醇醲ジュンジョウ】人情や風俗が純朴でこまやかなこと。→❶

【醇風ジュンプウ】人情のあつい風習。【醇風美俗ジュンプウビゾク】人情のあつい、美しい風俗や習慣。

【醇朴ジュンボク】素直で、かざりけのないこと。純朴ジュンボク。

【醇醨ジュンリ】人情の濃淡。また、風俗の純朴なものと軽薄なもの。→❶

8297 【醉】7845 6E4D E7CB 酉－8 スイ 「酔」(8273)の旧字

8298 【醅】＊6670 酉－8 ハイ(漢)・フ(漢)・ホウ(漢)・バイ(慣)/pēi

字解 形声。酉＋咅(声)。もろみざけ、にごりざけの意。

8299 【醂】7846 6E4E E7CC 酉－8 ラン(漢)・リン(慣)/lǎn/さわす

字解 形声。酉＋林(声)。

意味 ❶さわす。かきの渋を抜く。さわしがき。『醂柿シリン』〔＝さわしがき〕。❷(国)「味醂ミリン」は、甘く濃い酒。

8300 【醖】一一 酉－9 ウン 「醞」(8306)の異体字

8301 【醎】＊6673 酉－9 カン(漢)/xián/からい

字解 形声。酉＋咸(声)。しおからいの意。鹹の別体。

8302 【醐】2479 386F 8CED 酉－9 ゴ(呉)・コ(漢)/hú

字解 形声。酉＋胡(声)。一説に胡は糊に同じく、のりのように表面に膜ができる意であるともいう。

意味 バター、ヨーグルトなどの乳製品の意。『醍醐ダイゴ』

8303 【醒】3235 4043 90C1 酉－9 ショウ(シャウ)(呉)・セイ(漢)/xǐng/さめる・さます

字解 形声。酉＋星(↓清、すみきる)(声)。酔いがさめる意。

意味 さめる。さます。㋑酔いがさめる。酔いをさます。㋺眠りからさめる。『醒寤』『醒然』『覚醒カクセイ』㋩心の迷いがはれる。さとる。『醒悟』『警醒ケイセイ』

【醒悟セイゴ】迷いがはれて悟りを得ること。

【醒寤セイゴ】眠りからさめること。

【醒然セイゼン】夢からさめたばかりのさま。

8304 【醍】3473 4269 91E7 酉－9 タイ(呉)・ダイ(呉)・テイ(漢)/tí・tǐ

字解 形声。酉＋是(声)。

意味 ❶よく澄んだ赤い色の酒。❷「醍醐ダイゴ」は、仏教で、牛乳を精製して作った、濃厚な甘味のある液汁。五味のうち、最上とされる。また、如来の最上の教法のたとえ。『醍醐味』

【醍醐味ダイゴミ】①仏語。醍醐の味。また、醍醐のようにうまい味。〔涅槃経〕②仏語。一乗真実の法。如来の最上の教法。③物事の本当のおもしろさ。神髄。

8305 【醗】4016 4830 94AE 酉－9 ハツ 「醱」(8315)の異体字

8306 【醞】＊6679 酉－10 (8300)【醖】一一 酉－9 ウン(漢)/yùn/かもす・おだやか

字解 形声。酉＋𥁕(中にとじこめる、あたたかい)(声)。酒をかもす意。

意味 ❶かもす。酒をつくる。『醞醸』『良醞リョウウン』❷おだやか。しとやか。『醞藉』

【醞藉ウンシャ】性格や態度などが穏やかで包容力のあること。奥ゆかしいこと。

【醞醸ウンジョウ】①酒類を造ること。醸造。②転じて、ある状態が次第につくられてゆくこと。

8307 【醢】7847 6E4F E7CD 酉－10 カイ(漢)/hǎi/しおから・ししびしお

字解 形声。酉＋盍(器にものをつけこむ)(声)。しおからの意。

意味 しおから。ししびしお。魚介類の肉や腸などを塩づけにして発酵させた食品。

8308 【醜】2925 3D39 8F58 酉－10 常 シュ(呉)・シュウ(シウ)(漢)/chǒu/みにくい・しこ・ぶ

筆順 

甲骨文 

篆文 

字解 形声。鬼(異様な仮面をつけた人)＋酉(さけ)(声)。仮面をつけひざまずき、酒を注ぎ神に仕える人の意。おそれかしこまり異様なことから、一般に、みにくい意を表すようになったのであろう。

同属字 [illegible]

[意味] ❶みにくい。みっともない。けがらわしい。恥ずかしい。わるい。また、にくむ。↕美。『醜怪』『美醜（ビシュウ）』『老醜（ロウシュウ）』⇒〔美〕(6151)の[表] ❷たぐい。もろもろ。多くの仲間。「衆」に同じ。『醜夷』『醜虜』『俘醜（フシュウ）』『虜醜（リョシュウ）』

❶ みにくい。また、にくむ。

【醜悪（シュウアク）】顔だちや姿などのみにくいこと。また、行いや心などのけがらわしく憎むべきこと。

【醜夷（シュウイ）】卑しむべき夷狄（イテキ）。また、外敵を卑しめていう語。→❷

【醜怪（シュウカイ）】みにくく恐ろしげなこと。並外れてみにくいこと。

【醜女（シュウジョ｜ぶおんな｜しこめ）】[1]容貌（ヨウボウ）のみにくい女。[2]（しこめ）黄泉国（よみのくに）にいるという恐ろしく、みにくい女の鬼。

【醜態（シュウタイ）】行動、態度などの恥ずかしい様子。『醜態をさらす』『醜態を演じる』

【醜詆（シュウテイ）】人をはずかしめて、そしること。

【醜聞（シュウブン）】不品行など、聞くに堪えない、みにくい評判。スキャンダル。

【醜名（シュウメイ｜しこな）】[一]（シュウメイ）恥になるような悪い風聞。醜聞。[二]（しこな）[1]本名。実名。[2]自分の名の謙称。[3]あだ名。[4]相撲の力士の呼び名。四股名（しこな）。

【醜陋（シュウロウ）】みにくく卑しいこと。

【醜穢・醜猥（シュウワイ）】みにくくけがらわしいさま。

❷ たぐい。もろもろ。多くの仲間。

【醜夷（シュウイ）】自分と同じ多くの仲間。同輩たち。→❶

【醜虜（シュウリョ）】多くのえびす。多数の敵。

8309 【醢】 7849 6E51 E7CF 酉-11 ケイ[呉][漢]/xī

[字解] 会意。酒（さけ）省＋鬻（かゆ）省＋皿（容器）。かゆに酒をまぜたものの意。

[意味] すざけ。かゆに酒をまぜて発酵させたもの。

【醯醢（ケイカイ）】ひしお、ししびしお、塩辛の類。肉醤（ニクショウ）。

8310 【醨】 * 6682 酉-11 リ[漢]/lí

[字解] 形声。酉＋离（↓漓、うすい）[声]。うすいさけの意。

[意味] うすい酒。『澆醨（ギョウリ）』『醇醨（ジュンリ）』

8311 【醪】 7850 6E52 E7D0 酉-11 ロウ（ラウ）[漢]/láo/にごりざけ・もろみ

[字解] 形声。酉＋翏（つらなりまつわる）[声]。どろりとしたにごり酒の意。

[意味] ❶にごり酒。どぶろく。『香醪（コウロウ）』『酒醪（シュロウ）』『松醪（ショウロウ）』『醇醪（ジュンロウ）』『村醪（ソンロウ）』『濁醪（ダクロウ）』 ❷もろみ。酒や醤油（ショウユ）の、まだこしていないもの。

8312 【醮】 * 6685 酉-12 ショウ（セウ）[漢]/jiào

[字解] 形声。酉＋焦[声]。

[意味] ❶冠婚の礼で、受けたさかずきを飲みほしたまま、返杯しない。『改醮（カイショウ）』『再醮（サイショウ）』 ❷まつる。祭壇をもうけて神を祭る。

8313 【醰】 * 6686 酉-12 (8314)〔醰〕 二一 酉-12 タン[漢]/tán

[字解] 形声。酉＋覃[声]。うまい意。

8315 【醱】 * 6687 酉-12 (8305)〔醗〕 4016 4830 94AE 酉-9 † ハツ[漢]/pō/かもす

[字解] 形声。酉＋發[声]。酒を重ねてかもす意。

[意味] かもす。酒をかもす。酒を発酵させる。

【醱酵（ハッコウ）】酵母、細菌などの作用によって糖類などの有機物が分解し、有機酸類、アルコール、炭酸ガスなどに変わること。

▼書き換え「醱酵→発酵」。

8316 【醵】 7851 6E53 E7D1 酉-13 キョ[漢]/jù/さかもり

[字解] 形声。酉＋豦（獣がからみあう）[声]。

[意味] ❶金銭を出しあってするさかもり。❷つのる。金銭を集める。

【醵金（キョキン）】必要な金を出し合うこと。

【醵出（キョシュツ）】金品を出し合うこと。『醵出金』

8317 【醶】 * 6690 酉-13 ゲン[漢]・レン[漢]/えぐい

[字解] 形声。酉＋僉[声]。

[意味] えぐい。のどがいがらっぽい。「薟」に同じ。

8318 【醸】 3090 3E7A 8FF8 酉-13 [常] (8324)〔釀〕 7854 6E56 E7D4 酉-17 旧字[人]

ジョウ（ヂャウ）[漢]/niàng・niáng/かもす

[筆順] 

[字解] 醸は釀の略体。釀は形声。酉＋襄（中にものをつめる）[声]。原料を中に入れて発酵させる意。

[意味] かもす。㋑酒などをかもす。また、さけ。『醸造』『醞醸（ウンジョウ）』『佳醸（カジョウ）』『吟醸（ギンジョウ）』『醇醸（ジュンジョウ）』 ㋺ある状態、雰囲気などをつくりだす。

【醸酒（ジョウシュ）】酒を醸造すること。また、醸造した酒。

【醸成（ジョウセイ）】[1]醸造。[2]機運などをつくり出すこと。

【醸造（ジョウゾウ）】発酵（ハッコウ）作用を応用して、酒、しょうゆなどをつくること。醸成。『醸造酒』

8319 【醲】 * 6688 酉-13 ジョウ（ヂョウ）[漢]/nóng/こい

[字解] 形声。酉＋農（↓濃、こい）[声]。こい酒の意。

[意味] こい酒。また、こい。あつい。

【醲郁（ジョウイク）】濃厚な味わいがあること。転じて、文章などに妙味のあるたとえ。

8320 【醴】 7852 6E54 E7D2 酉-13 レイ[漢]/lǐ/あまざけ

[字解] 形声。酉＋豊（さけの入ったたかつき）省[声]。あまざけの意。酉はのちに加えた。金文から酉に従うものも出る。

甲骨文 金文 金文 篆文

[意味] ❶あまざけ。一夜でつくるあまい酒。『醴酒』『醇醴（ジュンレイ）』＊荘子-山木「小人之交甘若レ醴（ショウジンのまじわりはあまきことレイのごとし）」〔＝小人同士の交際は、甘酒のようにべたべたとしつこい〕」 ❷澄んだ酒。❸甘い。甘味がある。『醴泉』

【醴酒（レイシュ）】あまざけ。ひとよざけ。こざけ。

【醴泉（レイセン）】[1]あまい味のあるといわれる泉。中国で、太平の世にわき出たという。甘泉。[2]口中の液。

【醴酪（レイラク）】あまざけと乳製の飲料。

8321【醺】7853 6E55 E7D3 酉−14 クン㊥漢/xūn/よう

字解 形声。酉＋熏(香りがたちこめる・蒸す)㊥声。酒のにおいがする意。

意味 酒くさい。また、酒に酔う。『醺醺』『醺然』『酒醺(シュクン)』『微醺(ビクン)』『余醺(ヨクン)』

[醺醺(クンクン)]＝醺然(クンゼン)

[醺然(クンゼン)] 酒に酔って気持ちのよいさま。

8322【醻】*6691 酉−14 シュウ(シウ)㊥漢/chóu

字解 形声。酉＋壽(長くつらなる)㊥声。主人と客人とが続けて酒杯を重ねて飲みかわす意。酬に同じ。

8323【醼】*6692 酉−16 エン㊥呉漢/yàn/さかもり

字解 形声。酉＋燕㊥声。さかもり、うたげの意。讌の別体。

8324【釀】7854 6E56 E7D4 酉−17 ジョウ「醸」(8318)の旧字

8325【醾】—— 酉−17 (8326)〔醿〕*6694 酉−17 (8330)〔醵〕—— 酉−19 ビ㊥漢/mí/にごりざけ

字解 形声。酉＋糜㊥声。にごり酒、どぶろくの意。

8327【醽】*6693 酉−17 レイ㊥漢/líng

字解 形声。酉＋霝㊥声。こした酒の意。

8328【釂】*6701 酉−18 ショウ(セウ)㊥漢/jiào

字解 形声。酉＋爵(さかずき)㊥声。さかずきの酒をのみほす意。

8329【釃】*6702 酉−19 シ㊥漢/shī・shāi/したむ

字解 会意。酉＋麗。酒をこす意。一説に麗㊥声で、灑に同じく、しぼる意とも。

意味 したむ。残りなくしずくを垂らす。濁酒を漉(こ)すこと。転じて、酒をつぎくむこと。

[釃酒(シシュ)—(さけをしたむ)] ＊蘇軾-前赤壁賦「釃㆑酒臨㆑江、横㆑槊賦㆑詩(さけをしたみてコウにのぞみ、ほこをよこたえてシをフす)」〔＝江を見下ろして酒を酌み、ほこをそばに置いてこの詩を作った〕

8330【醵】—— 酉−19 ビ「醾」(8325)の異体字

酉

8331【酒】2882 3C72 8EF0 酉−3 常3 シュ㊥呉漢/jiǔ/さけ・さか・き・ささ

筆順 

字解 形声。水＋酉(さけ)㊥声。さけの意。古くは神事に用いられることも多かった。

甲骨文

金文

篆文

参考 万葉仮名では音を借りて「す」。

意味 さけ。酒を飲む。また、さかもり。

下接 飲酒(インシュ—オンジュ)・梅酒(バイシュ・うめシュ)・火酒(カシュ)・佳酒(カシュ)・嘉酒(カシュ)・禁酒(キンシュ)・原酒(ゲンシュ)・古酒(コシュ)・御酒(ゴシュ)・醇酒(ジュンシュ)・焼酒(ショウシュ)・醸酒(ジョウシュ)・神酒(シンシュ—みき)・新酒(シンシュ)・清酒(セイシュ)・節酒(セッシュ)・造酒(ゾウシュ)・樽酒(ソンシュ)・濁酒(ダクシュ)・断酒(ダンシュ)・天酒(テンシュ)・斗酒(トシュ)・麦酒(バクシュ—ビール)・美酒(ビシュ)・芳酒(ホウシュ)・名酒(メイシュ)・銘酒(メイシュ)・薬酒(ヤクシュ)・洋酒(ヨウシュ)・老酒(ロウシュ—ラオチュウ)・緑酒(リョクシュ)・醴酒(レイシュ)・葡萄酒(ブドウシュ)

[酒暈(シュウン)] 酒を飲んで顔がほんのり赤くなること。

[酒宴(シュエン)] 酒盛り。

[酒家(シュカ)] ①さかや。酒店。②酒飲み。酒客。

[酒客(シュカク)] 酒の好きな人。酒飲み。上戸。

[酒権(シュカク)] 政府が酒を専売してとる税金。

[酒渇(シュカツ)] 酒を飲んだためのどがかわくこと。

[酒気(シュキ)] ①酒を飲んだ人の酒臭いにおい。『酒気を帯びる』②酒に酔った気分。

[酒旗(シュキ)] 居酒屋の看板の旗。青い布に詩の一句や、酒の銘柄などを書いたもの。＊杜牧-江南春「水村山郭酒旗風(スイソンサンカクシュキのかぜ)」〔＝水辺の村、山ぞいの村に、酒屋ののぼり旗が春風にはためく〕

[酒興(シュキョウ)] 酒を飲んで興ずること。酒宴の座興。

[酒戸(シュコ)] ①さかや。酒店。②酒飲み。また、飲酒の量。③国律令制で、宮内省被官の造酒司に属する戸。

[酒肴(シュコウ)] 酒と肴(さかな)。酒と料理。

[酒荒(シュコウ)] 酒におぼれて心がすさむこと。

[酒豪(シュゴウ)] 国大酒飲み。

[酒国(シュコク)] 酒に酔って、別天地にいるような楽しい気持ちになること。

[酒困(シュコン)] ＝酒乱(シュラン)

[酒卮(シュシ)] ＝酒杯(シュハイ)

[酒食(シュショク—シュシ)] 酒や食べ物。＊論語-為政「有㆓酒食㆒、先生饌(シュシあれば、センセイにセンす)」〔＝酒やめしがあったら、年長者にまずさしあげる〕

[酒漿(シュショウ)] 酒と飲み物。

[酒色(シュショク)] 酒を飲むことと女遊びをすること。

[酒箴(シュシン)] 飲酒に関するいましめ。

[酒人(シュジン)] ①造酒をつかさどった役人。②酒飲み。

[酒聖(シュセイ)] ①米などから作る醸造酒の澄んだもの。清酒。②よく酒を飲む人。酒豪。

[酒精(シュセイ)] アルコール。無色・透明の液体。芳香があり、酒類の主成分。

[酒席(シュセキ)] 酒宴の席。

[酒仙(シュセン)] ＝酒中仙(シュチュウのセン)

[酒泉(シュセン)] ①多くの酒のこと。②中国、周代の村の名。現在の陝西(センセイ)省澄城県の西方にあたり、泉の水が酒を造るのに適していたところから起こった名という。③中国、漢代の郡名。現在の甘粛省西部、酒泉市付近。西域への要路にあたる。その地にあった泉は、酒の味のする水を湧出したという。

[酒饌(シュセン)] 酒と食べ物。酒肴(シュコウ)。

[酒造(シュゾウ)] 酒を造ること。『酒造業』

[酒樽・酒罇(シュソン—さかだる)] 酒を入れておく樽(たる)。

[酒池肉林(シュチニクリン)] 酒や肉が豊富で豪奢(ゴウシャ)な酒宴。〔史記-殷本紀〕♥中国、殷の紂王(チュウオウ)が、池に酒を満たし、木に肉をつって林として、豪遊をきわめたという故事から。

[酒中仙(シュチュウのセン)] 世間の俗事を超越して酒を楽しんでいる人。酒仙。＊杜甫-飲中八仙歌「自称臣是酒中仙(みずからショウすシンはこれシュチュウのセンと)」〔＝(李白は)自分で、私は酒中の仙だと言っている〕

[酒徒(シュト)] 酒飲み友達。また、酒好きの人。

【酒肉】(シュニク) 酒と肉。酒とさかな。

【酒杯・酒盃】(シュハイ) 酒を飲むためのうつわ。杯(さかずき)。

【酒旆】(シュハイ) ＝酒旗(シュキ)。

【酒瓢】(シュヒョウ) 酒を入れる瓢箪(ヒョウタン)。

【酒保】(シュホ) 国 兵営の中で、日用品、飲食物などを売る店。

【酒舗・酒鋪】(シュホ) 酒を売る店。また、酒を飲ませる店。

【酒乱】(シュラン) 酒に酔うと荒れ狂う癖。酒困(シュコン)。

【酒醴】(シュレイ) 酒とあまざけ。

【酒帘】(シュレン) ＝酒旗(シュキ)。

【酒楼】(シュロウ) 料理屋。料理茶屋。

【酒醪】(シュロウ) 清酒とにごり酒。

〔酒百薬之長〕(さけはヒャクヤクのチョウ) 酒は適量を飲めば、どんな薬よりも健康のためによい。〔漢書-食貨志下〕

難読地名 酒匂(さかわ)川（神奈川） 酒々井(しすい)町（千葉）
難読姓氏 酒匂(さかわ・さこう)

165 釆部 のごめ

甲骨文 金文 篆文

釆は、もと甲骨文で十字の四方に点をおいた形で、獣の指の分かれたさまから弁別の意を表すとも、田に穀物の種をまいたさまから撒く、分けるの意を表すともいう（ハン）。後に十の頭をまげる習慣ができ、それが隷書楷書でノの一画になった。「のごめ」の名があるように、ノの下は米であるが、米とは起源を異にし、意味も直接関係がない。

釆 釆
釆 ④釈 ⑤釉 ⑬釋
釆

8332 【釆】 4048 4850 94CE 釆-0 ハン㊥/biàn/のごめ

字解 部首解説を参照。
同属字 番

釆

〔釆〕⇩2193 〔番〕⇩4933 〔奥〕⇩1535

8333 【釈】 2865 3C61 8EDF 釆-4 常 (8335)【釋】 7857 6E59 E7D7 釆-13 旧字

シャク㊤・セキ㊥/shì/とく・とける・ゆるす

筆順 釈 釈 釈 釈 釈 釈 釈

字解 釈は釋の通俗体。釋は形声。釆＋睪（→斁、ときくずす）㊫。ときわける意。

意味 ❶とく。ときあかす。㋑言葉や文章の意味をときあかす。「解釈」「注釈」㋺事情をときあかす。事情をときあかして説明する。「釈然」「釈明」❷とく。ときはなつ。ゆるす。自由になる。また、手からはなす。衣類をぬぐ。「釈放」「釈褐」＊韓非子-五蠹「釈其耒而守株(そのすきをすててかぶをまもる)」〔＝持っていたすきを放り出して、切り株を見張った〕❸とける。とかす。「希釈(キシャク)」❹おく。そのままにしておく。「釈奠(セキテン)」❺「釈迦牟尼(シャカムニ)」の略。また、仏教、仏弟子。「釈尊」「儒釈(ジュシャク)」

❶ とく。ときあかす。

下接 会釈(エシャク)・解釈(カイシャク)・訓釈(クンシャク)・講釈(コウシャク)・語釈(ゴシャク)・字釈(ジシャク)・新釈(シンシャク)・詮釈(センシャク)・注釈(チュウシャク)・註釈(チュウシャク)・通釈(ツウシャク)・評釈(ヒョウシャク)・放釈(ホウシャク)・保釈(ホシャク)

【釈義】(シャクギ) 文章、語句などの意義をときあかすこと。解説。解義。

【釈言】(シャクゲン) ①言いわけをすること。②言葉の意味を解釈すること。

【釈然】(シャクゼン) 疑いや迷いがとけてさっぱりしたさま。「釈然としない」

【釈名】(シャクミョウ) ①経論を解釈する際、題目の意義をときあかすこと。②古代中国の語学書。八巻。後漢の劉熙(リュウキ)著。文字の意味や物事の名に関し、同音の語によって語源を説いたもの。

【釈明】(シャクメイ) 誤解をとき、了解を得るために、事情を説明すること。「釈明を求める」

【釈文】(シャクモン・シャクブン) ①(シャクモン) 仏語。仏教の経論を解釈した文句。②(シャクブン) 通行の書体から遠い古体の、または草行体の文字で書かれた文章を、読みやすい通行の文字に改めて示すこと。

❷ とく。ゆるす。また、衣類をぬぐ。

【釈褐】(シャクカツ・セキカツ) （「褐」は身分の低い者が着る衣服）褐を脱いで官服を着ること。初めて役人になる意。

【釈甲】(シャクコウ) よろいを脱ぐこと。また転じて、戦争をやめること。

【釈放】(シャクホウ) 身体の拘束をといて自由にすること。

❹ おく。そのままにしておく。

【釈菜】(セキサイ) 略式の釈奠(セキテン)を行うこと。古代中国で、先聖や先師、特に孔子とその門人をまつるのに、牛や羊などの正式のいけにえではなく、野菜などで代用して祭典を行うこと。舎菜。

【釈奠】(セキテン・シャクテン) （「奠」も供え物を置く意）いけにえを供えて、先聖、先師、後漢以後は孔子と門下の十哲をまつる儀式。

❺ 「釈迦牟尼(シャカムニ)」の略。

【釈迦】(シャカ) 「釈迦牟尼仏(シャカムニブツ)」の略。◆もとは、釈尊の属した部族の名。

【釈迦牟尼】(シャカムニ) （梵 Śākya-muniの音訳。「釈迦族出身の聖者」の意）仏教の開祖。一説に、紀元前四八三年四月八日、今のネパール地方の迦毘羅(カビラ)城浄飯(ジョウボン)王の子として生誕。ゴータマ（姓）＝シッダルタ（名）。二九歳で出家し、三五歳で悟りを得、仏陀(ブッダ)（悟った人）となった。八〇歳の二月一五日入滅。釈尊。

【釈子】(シャクシ) 仏語。釈尊の弟子。また、出家して仏弟子となった者。仏徒。釈氏。

【釈氏】(シャクシ) ①釈尊。②仏門に入った僧。釈子。

【釈尊】(シャクソン) 釈迦牟尼(シャカムニ)の敬称。

【釈典】(シャクテン) 仏語。仏教の経典。

【釈門】(シャクモン) 仏門。また、僧。

【釈老】(シャクロウ) 釈尊と老子。また、その教え。

【釈教】(シャッキョウ) 仏教のこと。

8334 【釉】 7856 6E58 E7D6 釆-5 ユウ（イウ）㊥/yòu/うわぐすり

字解 形声。釆＋由㊥。
意味 ❶うわぐすり。『釉薬』❷つや。ひかり。光沢。
【釉薬ユウヤク】陶磁器の、素焼きの表面にかけて焼くガラス質の溶液。うわぐすり。

8335 【釋】7857 6E59 E7D7 釆-13
シャク 「釈」(8333)の旧字

166 里部 さと

里は、田(区画された耕地)と土(土地の神を祭ること)との会意で、農家の集まり、むらざと(リ)を表す。里部は里を部首とするが里部の字は、野のほかは、類形によって収められたものである。

金文  篆文 

里◆ 里 ②重
里▬ ⑤量 ⑪釐
里▯ ④野
里 ◆

8336 【里】4604 4E24 97A2 里-0 常2 リ㊐㊥/lǐ/さと

筆順 

字解 部首解説を参照。
同属字 俚・哩・埋・理・狸・貍・裡・裏
参考 万葉仮名では音を借りて「り」「ろ㊠」。
意味 ❶さと。むらざと。人が集まり住むところ。また、民間、俗間。『里諺リゲン』❷行政区画の名。中国、周代では人家二五戸、漢・唐代では一〇〇戸、明ミン代では一一〇戸を一里とした。また、日本の養老令では五〇戸。のちにその里を郷ゴウに改めて、郷を二、三の里に分けた。❸みちのり。また、みちのりを表す単位。㋑中国、周代では、三〇〇歩(四〇五メートル)が一里。㋺のち、約六五〇メートルになり、現在では市里は約五〇〇メートル、公里を一キロメートルとする。㋩国日本では、五町、六町、四八町など各種行われたが、明治二年、三六町に統一した。三九二七メートル。『里程』❹あて字。『里芋さといも』『計里けり』

❶さと。むらざと。また、民間、俗間。

下接 遠里エン・下里カ・旧里キュウ・郷里キョウ・故里コ|ふるさと・市里シ・条里ジョウ・村里ソン|むらざと・田里デン・北里ホク・邑里ユウリ・遊里ユウ・隣里リン／浦里うらざと・人里ひとざと・山里やまざと

【里居リキョ】官職を辞して、いなかに住むこと。

【里諺リゲン】民間に伝えられてきたことわざ。俚諺リゲン。

【里巷リコウ】村里やまち。また、村里。

【里胥リショ】村役人。庄屋。

【里人リジン|さとびと】①その土地に住んでいる人。②村里に住む人。いなかの人。

【里正リセイ】村里の長。村長。唐代の制度では一〇〇戸を一里とし、その長を里正といった。

【里俗リゾク】地方の風俗。

【里謡リヨウ】その地方の民間でうたわれているうた。民謡。書き換え「俚謡→里謡」。

【里落リラク】むらざと。さと。

【里閭リリョ】むらざと。閭里。

❸みちのり。また、みちのりを表す単位。

下接 海里カイ・千里セン・道里ドウ・万里バン・千里眼センリガン・一望千里イチボウセンリ・一瀉千里イッシャセンリ・五里霧中ゴリムチュウ

【里程リテイ】里で表す距離。『里程標』

8337 【重】2937 3D45 8F64 里-2 常3 ジュウ(ヂウ)㊐・チョウ㊥/zhòng・chóng/え・おもい・かさねる・かさなる・しげ

筆順 

字解 形声。人＋東(両端をくくったふくろ)㊥。人がおもいふくろを背負う意から、おもい意。また、かさねる意。

金文  篆文 

同属字 衝・董・動・種・腫・踵
参考 万葉仮名では訓を借りて「へ㊙」。
意味 ❶おもい。目方がおもい。また、おもさ。↔軽。『重心』『重力』『重量』『体重』❷ひどい。はなはだしい。はげしい。↔軽。『重労働』『重傷』『厳重ゲンジュウ』❸おもんじる。大切にする。とうとぶ。↔軽。『重視』『重用』『尊重』＊白居易-長恨歌「遂令二天下父母心、不レ重レ生レ男重レ生レ女ついにテンカのフボのこころをして、おとこをうむをおもんぜず、おんなをうむをおもんぜしむ」[=かくて、天下の父母に、男を生むのはつまらない、女を生むのがよいと思わせるようになった]❹おもおもしい。たやすくない。↔軽。㋑おごそか。落ち着いている。『重厚』＊論語-学而「君子不レ重則不レ威クンシおもからざればすなわちイあらず」[=君子はおもおもしくないと威厳がない]㋺てあつい。待遇がよい。『重恩』『丁重』㋩なみなみではない。大切である。『重大』『重要』『貴重』❺かさねる。かさなる。つけ加える。くり返す。『重複』『二重』＊文選-古詩十九首「行行重行行ゆきゆきかさねてゆきゆく」[=(夫は)どんどん先へ先へと行ってしまう]❻国え。かさなったものを数える語。『八重桜やえざくら』❼固有名詞。『重慶』⇒表

重ジュウ・チョウ 軽ケイ	軽重					
おもい。おもおもしい。	重大	重罪	慎重	重傷	重視	重厚
かるい。かるがるしい。	軽小	軽罪	軽率	軽傷	軽視	軽薄

❶目方がおもい。また、おもさ。

下接 加重カジュウ・荷重カジュウ・軽重ケイチョウ・自重ジジュウ・車重シャジュウ・体重タイジュウ・鈍重ドンジュウ・比重ヒジュウ／気重きおも・身重みおも

【重圧ジュウアツ】強い力で圧迫すること。
【重心ジュウシン】物体の各部分に働く重力が一つに集まる点。『重心を失う』
【重点ジュウテン】重心のかかる所。→❹
【重油ジュウユ】原油から揮発油、灯油などをとったあとの黒褐色の液体。↔軽油
【重量ジュウリョウ】①物の重さ。目方。『重量をはかる』②目方の重いこと。重み。↔軽量。『重量感』
【重力ジュウリョク】地球上の物体が地球の万有引力によって引かれる力。『無重力状態』
【重身ジュウシン】身おもの体。妊娠ニンシン。→❹

❷ひどい。はなはだしい。はげしい。

【重科ジュウカ】①重い罪。②重い刑。

【重苦ジュウク】重く耐えがたい苦しみ。

【重険ジュウケン|チョウケン】非常にけわしいこと。要害の地。

【重罪ジュウザイ】程度の重い罪。重科。

【重症ジュウショウ】症状の重い病気やけが。↔軽症

【重傷（ジュウショウ）】大きなけが。ふかで。↕軽傷

【重税（ジュウゼイ）】負担の重い租税。重賦。

【重体・重態（ジュウタイ）】病気の容体が重く、危険な状態。

【重病（ジュウビョウ）】生死にかかわるような重い病気。大病。

【重労働（ジュウロウドウ）】肉体的に激しい力を必要とする労働。

❸ おもんじる。とうとぶ。

下接 貴重（キチョウ）・崇重（ソウチョウ）・尊重（ソンチョウ）・珍重（チンチョウ）・偏重（ヘンチョウ）

【重視（ジュウシ）】重要さを認めて重んじること。↕軽視

【重用（ジュウヨウ―チョウヨウ）】重んじて取り立てること。

❹ おもおもしい。たやすくない。

下接 貴重（キチョウ）・敬重（ケイチョウ）・自重（ジチョウ）・十重（ジュウチョウ）・慎重（シンチョウ）・荘重（ソウチョウ）・沈重（チンチョウ）・丁重（テイチョウ）・鄭重（テイチョウ）／口重（くちおも）

【重恩（ジュウオン）】厚い恩顧。

【重器（ジュウキ―チョウキ）】①大切な宝もの。重宝。②重要な役目。大切な人物。

【重厚（ジュウコウ）】重々しく厚みのあること。↕軽薄

【重臣（ジュウシン）】重要な職務にある臣下。また、国家にとって重要な人。

【重責（ジュウセキ）】重大な責任。『重責を全うする』

【重大（ジュウダイ）】軽々しく扱えないような事態であること。

【重鎮（ジュウチン）】ある社会で重きをなす中心的人物。

【重点（ジュウテン）】物事のいちばん重要な所。『重点的』→❶

【重任（ジュウニン）】重大な任務。→❺

【重宝（ジュウホウ―チョウホウ）】①（ジュウホウ）貴重な宝物。有益、有効な物品。②（チョウホウ）国便利であること。調法。【懐二重宝一者、不二以夜行一（ジュウホウをいだくものは、もってよるゆかず）】大きな目的をいだいている者は、その身をたいせつにして軽率な行動をしてはいけないというたとえ。〔戦国策－秦〕

【重役（ジュウヤク）】①重要な役職。②国会社の取締役、監査役などの役職。

【重要（ジュウヨウ）】大切、肝要であること。『重要文化財』

【重身（ジュウシン）】身分などが高く、大切な人の体。→❶

【重聘（チョウヘイ―ジュウヘイ）】礼を手厚くして招くこと。

【重幣（チョウヘイ―ジュウヘイ）】手厚い贈り物。

❺ かさねる。かさなる。

【重囲（ジュウイ）】いくえにも取り囲むこと。

【重慶（ジュウケイ）】①かさなるよろこび。②父母、祖父母とも健在であること。→❼

【重言（ジュウゲン―ジュウゴン）】①同じことを繰り返し言うこと。②同じ字をかさねた熟語。「堂堂」「悠悠」などの類。畳字。畳語。③国同じ意味の語をかさねて用いる表現。「被害を被る」「後の後悔」の類。

【重婚（ジュウコン）】配偶者のある者がかさねて婚姻すること。二重結婚。『重婚罪』

【重祚（ジュウソ―チョウソ）】一度位を退いた天子が再び位につくこと。

【重奏（ジュウソウ）】二つ以上の独奏楽器による室内楽の合奏。アンサンブル。『弦楽三重奏』

【重層（ジュウソウ）】いくえにもかさなること。

【重代（ジュウダイ）】祖先から代々伝わること。累代（ルイダイ）。

【重任（ジュウニン）】引き続き同じ職務に就くこと。再任。→❹

【重箱（ジュウばこ）】かさねるように作られた、食物を入れる四角な容器。『重箱読み〔＝「ジュウ」は「重」の音読み、「ばこ」は「箱」の訓読みであるように上の字を音で、下の字を訓で読む読み方。「団子（ダンご）」「王手（オウて）」など。↕湯桶（ゆトウ）読み〕』

【重犯（ジュウハン）】かさねて罪を犯すこと。累犯。↕初犯

【重版（ジュウハン）】出版した書物を増刷すること。↕初版

【重文（ジュウブン）】主述関係が成り立つ、対等の資格を持った部分が二つ以上含まれている文。「花咲き、鳥歌う」の類。↕単文・複文

【重華（チョウカ）】中国古代の天子、舜（シュン）のこと。その徳の輝きが尭（ギョウ）の後を受け、さらに輝きを加えたとしていう。

【重光（チョウコウ）】光がかさなること。日と月。明徳の君が相ついで出て、徳を輝かすことをいう。

【重畳（チョウジョウ）】①いくえにもかさなっていること。②国この上もなく満足なこと。

【重聴（チョウテイ）】耳が聞こえなくて何度も聞きかえすこと。

【重瞳（チョウドウ）】一つの目にひとみが二重にあること。

【重複（チョウフク―ジュウフク）】同じ類の物事がかさなること。

【重陽（チョウヨウ）】五節句の一。陰暦九月九日のこと。菊の節句。▶陽数の極である九がかさなる意。

❼ 固有名詞。

【重慶（ジュウケイ―チョンチン）】中国四川省の東部、長江と嘉陵江（カリョウコウ）との合流点にある都市。→❺

【重山（チョウザン）】中国江西省横峰県の北にある山の名。

［裏］⇩7234

里

［黒］⇩9593

［墨］⇩1298

里

［厘］⇩841

8338 【量】 4644 4E4C 97CA 里－5 常4 リョウ（リャウ）㊐㊊／liáng・liàng／はかる・かさ

筆順 量 量 量 量 量 量

字解 象形。袋の中の穀物をはかりではかる形に象り、はかる意。

金文 

篆文 

同属字 糧

意味 ❶はかる。㋑重さ、面積、容積、長さ、多少などをはかる。見つもる。『量数』『測量（ソクリョウ）』㋺おしはかる。はかり考える。『量見』『推量（スイリョウ）』⇒〔測〕（4222）の表 ❷はかり。ます。物のかさをはかるもの。『度量衡（ドリョウコウ）』❸かさ。めかた。はかられた数。『量感』『重量』『数量』❹心の広さ。能力の大きさ。『雅量』『力量』＊論語－子張「多見二其不一レ知レ量也（まさにそのリョウをしらざるをみるなり）〔＝ただ身のほど知らずをさらけ出すに過ぎない〕」

量❷〔山東省博物館蔵〕

❶ はかる。おしはかる。

下接 ㋑格量（カクリョウ）・計量（ケイリョウ）・校量（コウリョウ）・秤量（ショウリョウ―ヒョウリョウ）・称量（ショウリョウ）・測量（ソクリョウ）・比量（ヒリョウ）・無量（ムリョウ）・料量（リョウリョウ）㋺権量（ケンリョウ）・考量（コウリョウ）・裁量（サイリョウ）・酌量（シャクリョウ）・商量（ショウリョウ）・思量（シリョウ）・斟量（シンリョウ）・推量（スイリョウ）・度量（タクリョウ）・情状酌量（ジョウジョウシャクリョウ）

【量移（リョウイ）】中国、唐代、遠方に流されていた役人が、罪状に応じて近い任地に移されること。

【量刑（リョウケイ）】刑罰の程度を決めること。

【量見（リョウケン）】国①考え。分別。考え方。②腹立たしいのをこらえること。了見。もと「料簡」のあて字。

【量検（リョウケン）】はかり調べること。

【量数（リョウスウ）】はかりかぞえること。

【量知（リョウチ）】おしはかって知ること。

【量定（リョウテイ）】はかってきめること。

【量度（リョウド｜リョウタク）】物をはかること。↓❷

❷ はかり。ます。

【量概（リョウガイ）】ますかき。とかき。ますに盛った穀物を、ますの縁と平らになるようにならす棒。
【量器（リョウキ）】ます。容量をはかるための器具。↓❹
【量度（リョウド｜リョウタク）】はかりと物差し。転じて、人の性質。↓❶

❸ かさ。めかた。

下接　飲量・雨量・雲量・音量・過量・含量・極量・斤量・軽量・減量・産量・質量・収量・重量・酒量・純量・小量・少量・水量・数量・声量・積量・全量・総量・増量・大量・耐量・多量・定量・適量・等量・斗量・度量・熱量・微量・物量・分量・用量・容量・流量・原子量・降水量・絶対量・致死量・肺活量・排気量

【量感（リョウカン）】重量や分量の多そうな感じ。重量感。物量感。ボリューム。『量感を出す』
【量産（リョウサン）】同一規格の商品を大量生産すること。
【量子（リョウシ）】光量子、電気素量のように、ある量がある一定の単位量の整数倍の値で表されるときに、その単位量のことをいう。『量子力学』

❹ 心の広さ。能力の大きさ。

下接　雅量・狭量・器量・気量・技量・伎量・広量・宏量・洪量・才量・小量・大量・度量・力量

【量器（リョウキ）】役に立つ才能。器量。↓❷

〔童〕⇩ 5570

8339【釐】7858 6E5A E7D8 里-11　リ漢・キ漢・リン慣／lí・xī／おさめる

字解　形声。𠩺（穀物を収穫する、おさめる）＋里（整然と区画された土地）声。収穫をする、おさめる意。

金文 　篆文 

参考　万葉仮名では音を借りて「り」。

意味　❶おさめる。修め正す。改める。『釐改』『釐降』『釐正』『釐定』❷福。さいわい。❸りん。単位の名。分の一〇分の一。転じて、きわめて少ない量をいう。「厘」に同じ。『毫釐（ゴウリ）』❹やもめ。未亡人。配偶者を失ったもの。『釐婦』

【釐改（リカイ）】改めること。改革。改正。

【釐降（リコウ）】皇女を臣下にとつがせること。

【釐正（リセイ）】修め正すこと。改め正すこと。

【釐定（リテイ）】正しく改め定めること。改定。

【釐婦（リフ）】夫のない婦人。やもめ。

里

8340【野】4478 4C6E 96EC 里-4　常2
(1305)【壄】＊2447 土-12
(1283)【埜】―― 土-9
(1278)【埜】3924 4738 9457 土-8
(1308)【壄】―― 土-13

ヤ呉漢・ショ漢／yě・shù／の

筆順 

字解　形声。里＋予（↓舒、のびる）声。のびのびと広がる郊外の地の意。甲骨文・金文は林＋土、重文は壄。

甲骨文 　金文 　篆文 　重文 

参考　万葉仮名では音を借りて「や」、訓を借りて「の甲」。

意味　❶の。のはら。平らで広々とした土地。また、放置されて草木が茂ったままになっている土地。『野外』『野球』『原野』❷いなか。郊外。また、民間。↔朝。『野に下る』『野党』『下野（ゲヤ）』『在野（ザイヤ）』『朝野（チョウヤ）』❸自然のままの。人間の手が加わっていない。『野生』❹生地のまま。かざりけがない。また、礼儀のない。あらい。いやしい。『田夫野人（デンプヤジン）』『野蛮』『粗野（ソヤ）』＊論語-雍也「質勝文則野（シツブンにかてばすなわちヤなり）」〔=人の生まれつきのままの生地が文化的教養よりもまさるならば、野鄙である〕❺むきだしの。だいそれた。『野心』『野望』❻広がりのある範囲。区分したその一つ。『外野（ガイヤ）』『内野（ナイヤ）』『分野（ブンヤ）』❼国「下野国（しもつけのくに）」の略。東山道八か国の一。現在の栃木県。『野州』『野岩（ヤガン）鉄道』❽その他。あて字、固有名詞など。『野次』

❶ の。のはら。

下接　禁野・原野・荒野（コウヤ／あらの）・山野・田野・平野・沃野・緑野・林野／裾野（すその）

【野営（ヤエイ）】野外に宿営すること。露営。『野営地』

【野火（ヤカ｜のび）】①野を焼く火。②野で火のように燃える怪しい光。鬼火。

【野外（ヤガイ）】家の外。屋外。戸外。『野外劇』

【野球（ヤキュウ）】国一組み九人ずつの二チームが、互いに攻撃と守備とを九回繰り返して得点を争う球技。

【野径（ヤケイ）】野原の中の小みち。のじ。

【野菜（ヤサイ）】畑などに栽培して食用にする植物。

【野次（ヤジ）】山野に宿泊すること。野宿。↓❽
【野宿（ヤシュク｜のジュク）】山野や屋外で宿泊すること。露宿。

【野処（ヤショ）】（「処」は、いるの意）野に住むこと。

【野色（ヤショク）】野原の景色。野の色合い。

【野戦（ヤセン）】①城、市街、要塞（ヨウサイ）以外での陸上戦。『野戦砲』＊史記-廉頗藺相如伝「我為趙将、有攻城野戦之大功（われチョウのショウとなり、コウジョウヤセンのタイコウあり）」〔=私は趙の将軍となり、敵の都市を攻撃し山野で敵と戦って、大功を立てた〕②戦場。『野戦病院』

【野葬（ヤソウ）】①死者を野に葬ること。②仏語。死体を林野に捨てること。林葬。四葬の一つに数える。

【野亭（ヤテイ）】小休みなどするためのいなかの小家。

【野芳（ヤホウ）】野に咲きにおう花。

【野点（のだて）】野外で茶をたてること。

【野良（のら）】田畑。『野良犬』『野良着』『野良仕事』

「ら」は接尾語で、「良」はあて字。

【野分(のわき)】 二百十日前後に吹く強い風。野の草を分けて吹き通る風の意。

❷ いなか。郊外。また、民間。

【野媼(ヤウ)】 いなかの老婆。
【野客(ヤカク)】 山野に住む人。また、在野の人。
【野語(ヤゴ)】 いなかのことば。
【野史(ヤシ)】 在野の人の編集した史伝。野乗。↕正史
【野乗(ヤジョウ)】 民間で編纂した歴史。私撰の歴史。野史。「乗」は中国、春秋時代の晋の史官の筆による歴史の記録。また、歴史書のこと。
【野人(ヤジン)】 ①いなかの人。②在野の人。→❹
【野叟(ヤソウ)】 いなかの老人。村翁。野老。
【野渡(ヤト)】 いなかの渡し場。
【野党(ヤトウ)】 議会政治の下で、政権を担当していない政党。↕与党。『野党連合』
【野無二遺賢一(ヤにイケンなし)】(「遺賢」は、世に認められないでいるりっぱな人) 官吏にならずに民間にいる有能な人物はいない。すぐれた人物が認められて官吏に採用され、国家が安定しているさまをいう。〔書経-大禹謨〕
【野衲(ヤノウ|ヤドウ)】 ①いなかの僧侶。②僧侶の謙称。拙僧。
【野夫(ヤフ|ヤブ)】 いなか者。農夫。田夫(デンプ)。
【野老(ヤロウ)】 いなかのおやじ。*杜甫-哀二江頭一「少陵野老呑レ声哭(ショウリョウのヤロウこえをのんでコクす)〔=少陵のいなかおやじの私は、声をしのんで泣く〕」→❽(ところ)

❸ 自然のままの。人手が加わっていない。

【野猿(ヤエン)】 野生のサル。

【野鶴(ヤカク)】 野生のツル。『閑雲野鶴』【野鶴在二鶏群一(ヤカクケイグンにあり)】 衆人の中に一人特出した人のいることをいう。鶏群の一鶴。〔晋書-忠義伝・嵆紹〕

【野干(ヤカン)】 ①キツネの異名。また、中国では、キツネに似た伝説上の悪獣。②国能面の一。①を模した鬼畜面。

【野牛(ヤギュウ)】 ウシ科の哺乳(ホニュウ)類。草食性の大形の野生のウシ。バイソン。

【野犬(ヤケン)】 のら犬。人に飼われていない犬。

【野狐(ヤコ)】 のぎつね。特に、禅で真に深奥に達しないのに、自分でさとったつもりでいる者をいう。野狐禅。

【野趣(ヤシュ)】 自然のままのおもむき。→❹
【野獣(ヤジュウ)】 野生のけだもの。

【野生(ヤセイ)】 動植物が、山野で自然に育ち、生きていること。→❹
【野性(ヤセイ)】 自然または本能のままの性質。

【野草(ヤソウ)】 山野に自生する草。のぐさ。

【野鳥(ヤチョウ)】 野生の鳥。

【野馬(ヤバ)】 ①野生の馬。まだ調教されていない馬。のうま。②かげろう。陽炎。*荘子-逍遥遊「野馬也、塵埃也、生物之以レ息相吹也(ヤバや、ジンアイや、セイブツのいきをもってあいふけるものなり)〔=かげろうや、ちりほこりは、生物が呼吸している息である〕」

❹ かざりけがない。また、礼儀のない。

【野合(ヤゴウ)】 正式に結婚の手続きを経ないで男女が通ずること。私通。
【野趣(ヤシュ)】 ひなびた味わい。→❸
【野情(ヤジョウ)】 ひなびた風情。また、粗野な心情。
【野人(ヤジン)】 粗野な人。また、やぼな人。→❷
【野生(ヤセイ)】 男子が自分をへりくだっていう語。→❸
【野蛮(ヤバン)】 ①文化が開けていないこと。↕文明。『野蛮人』②無教養、無作法で荒っぽいこと。粗野。
【野卑・野鄙(ヤヒ)】 下品で卑しいこと。『野卑な言葉遣い』書き換え「野鄙→野卑」。
【野暮(ヤボ)】 国性行、言動が洗練されていないこと。世態、人情の機微に通じないこと。『野暮天』『野暮用』
【野郎(ヤロウ)】 国(粗野な男の意) ①男。若い男。②男をののしっていう語。↕女郎(ロウ・め)。『馬鹿野郎』

❺ むきだしの。だいそれた。

【野心(ヤシン)】 ①ひそかに抱く、大きな望み。野望。②大胆な試みに取り組もうとする気持ち。『野心作』
【野望(ヤボウ)】 大それた望み。野心。

❽ その他。あて字、固有名詞など。

【野師(ヤシ)】 国祭礼または縁日などの路上で、見せ物を興行したり、商品を売ったりするのを業とする者。てきや。「香具師」とも書く。
【野次(ヤジ)】 国①「野次馬」の略。物見高く、自分とは無関係なことに口出しをしたり、他人の尻馬に乗って騒ぎ立てたりすること。②やじること。また、その文句。「弥次」とも書く。→❶
【野老(ところ)】 ヤマイモ科のつる性多年草。ひげ根のついた根茎を老人のひげにたとえ、長寿を祝うため正月の飾りに用いる。鬼野老(おにどころ)。→❷(ヤロウ)
【野中兼山(のなかケンザン)】 江戸初期の儒者。土佐国(高知県)の人。名は止、字(あざな)は良継、通称伝右衛門。朱子学を谷時中(たにジチュウ)に学び、また山崎闇斎(アンサイ)を谷時中の門下に推し、海南朱子学派の発展に貢献した。著に「室戸港記」「自省録」など。(一六一五～一六六三)

難読地名 野栄(のさか)町(千葉) 野寒布(のしゃっぷ)岬(北海道) 野迫川(のせがわ)村(奈良) 野辺地(のへじ)町(青森) 野辺山(のべやま)高原(長野) 野母崎(のもざき)町(長崎) 難読姓氏 野一色(のいしき)

167 金部 かね

金文 金文 篆文

金は、土中にあるもの(金属のかたまり)を象り、今(キン)を音標として加えて、金属特に黄金を表す。金部に属する字は、金属の種類、その状態、金属についての作業、金属の製品などを表す。字の左部にあるものを「かねへん」といい、中国の簡体字では钅とする。

金[◆] 金 ② 釜 ⑥ 銜
金[▄] ② 釡 ⑦ 鋈 ⑨ 鍳 鍪 鍫 ⑪ 鏖 鏨 ⑭ 鑒 ⑲ 鑾 ⑳ 鑿
金[▌] ② 釛 針 釘 釖 釟 ③ 釼 釦 釭 釵 釤 釶 釧 釱 釣 釣 釩 釻 ④ 鈞 釿 鈐 鈎 鈔 釈 鈕 鈍 鈲 鈑 鈇 鈩 ⑤ 鉞 鉛 鉗 鉅 鉉 鈷 鉱 鉤 鉈 鉥 鉏 鉦 鉐 鉄 鈿 鉢 鈸 鈹 鉧 鉋 鉚 鈴 ⑥ 銀 鉸 銖 銃 銭 銑 銓 銛 銚 銕 銅 鉾 銘 鈾 ⑦ 鋭 銳 鋏 鋙 鋘 鋜 銹 鋤 銷 鋟 鋳 鋌 鋂 鋲 鋪 鋒 鋩 ⑧ 錏 鋺 錧 錡 鋸 錦 錮 鋼 錯 錙 錫 錞 錠 錐 錘 錆 錆 錢

錚錣錻錑錬録錄錺錵鍄⑨鍋
鍜鍔鍰鍵鍠鎡鍬鍾鍼鍤鍛鍮
鍖鎚鍍錨鍑鍱鍊⑩鎰鎧鎬鎖
鎖鎻鎡鎗鎮鎭鎚鎛鎞鎔鎌鎌
鎹鎺⑪鏡鏡鏗鏁鏠鏥鏘鏇鏃
鏑鏜鏌鏝鏍鏐鏈鏤⑫鐚鐖鐁
鐘鐘鐏鐓鐔鐔鐡鐙鐃鐇鐐⑬
鐶鏽鐲鐫鐸鐵鐺鑁鐴鐒鐳鑓
⑭鑊鑄鑓⑮鑑鑛鑚鑠鑣鑢鑞
⑯鑪⑰鑱鑯鑰⑱鑵鑷⑲鑽鑼
⑳钁

金

8341 【金】 2266 3662 8BE0 金－0 常1

コン(呉)・キン(漢)／jīn／かね・かな・か・こがね・くがね

筆順 金金金金金金金金

字解 部首解説を参照。

意味 ❶かね。かなもの。銅、鉄などの鉱物の総称。また、それで作られたもの。金属製のもの。『金文』 ❷特に、こがね。(イ)黄金。また、黄金のように美しい色。きんいろ。美しくかがやくもの。『金銀』『純金』 (ロ)五行の一つ(第四位)。方角では西、四季では秋、五音では商、五星では太白(金星)、十干では庚(コウ)と辛(シン)にあてる。『金天』 (ハ)七曜の一。『金曜日』 ❸尊いもの、貴重なもの、立派なもの、堅いもののたとえ。『金科玉条』『金言』 ❹ぜに。かね。貨幣。『金一封』『金融』『貯金』 ⇒〔料〕(3067)の(表) ❺固有名詞。(イ)国名。女真族、完顔(ワンヤン)部の阿骨打(アクダ)が北中国に建てた国。(一一一五～一二三四) (ロ)地名、人名、書名など。『金聖嘆』『金瓶梅』『金陵』 ❻「金」という字のかたち。また日本で、将棋の駒の一。『金字塔』『金将』 ❼(国)「金魚(キンギョ)」の略。『琉金(リュウキン)』『出目金(でめキン)』 ❽あて字、音訳字など。『金平糖(コンペイトウ)』『雁金(かりがね)』

❶かね。かなもの。

下接 合金(ゴウキン)・五金(ゴキン)・鋳金(チュウキン)・鍍金(トキン|めっき)・鈍金(ドンキン)・板金(バンキン|いたがね)・鈑金(バンキン)・砲金(ホウキン)・冶金(ヤキン)・錬金術(レンキンジュツ)／赤金(あかがね)・粗金(あらがね)・帯金(おびがね)・烏金(からすがね)・口金(くちがね)・黒金(くろがね)・地金(じがね)・筋金(すじがね)・胴金(ドウがね)・筒金(ドウがね)・針金(はりがね)

【金革(キンカク)】 1武器。武具。兵器。2戦争。いくさ。

【金櫃(キンキ)】 重要な文書を入れる金属製の箱。

【金鼓(キンコ|コンク)】 ㊀(キンコ) 1鉦(ショウ)と太鼓。2戦陣で、指揮に用いる陣鉦と陣太鼓。㊁(コンク) 仏語。1金属製の楽器の一種。寺門、仏堂の正面にかけて、衆人を招集するために鳴らすもの。2仏具の一。鉦鼓(ショウコ)の別称。

【金吾(キンゴ)】 1(「執金吾(シツキンゴ)」の略) 中国、漢代、宮門の警衛をつかさどった武官。2(国)左右の衛門府(エモンフ)の唐名。また、衛門督(エモンのかみ)、衛門佐(エモンのすけ)などの総称。 「金吾」は、もと侍衛者の持つ武器の意。

【金口(キンコウ|コンク)】 器物の口の部分を金属で作ったもの。 ↓❷ (コンク)・❸

【金人(キンジン)】 金属で作った人像。特に秦の始皇帝が天下の兵器を集め、それを溶かして作った像。〔史記-秦始皇本紀〕 ↓❷

【金声玉振(キンセイギョクシン)】 知徳を兼ね備え大成するたとえ。特に孔子が完成された人格であることを賛美する語。〔孟子-万章下〕 昔、中国で音楽を奏するとき、初め鐘を鳴らし、終わりに玉石で作った磬(ケイ)を打って楽を終えたところから。

【金石(キンセキ)】 金属と岩石。また、金属器と石器。 ↓❸

【金石学(キンセキガク)】 金石文により言語、文字を研究する学問。【金石文(キンセキブン)】 金属、石に鋳出、あるいは刻まれた古代の文字、文章、記録。

【金創・金瘡(キンソウ)】 1刃物などでできたきず。きりきず。かたなきず。金傷。2きりきずの治療法。また、その施術者。外科術。外科医。

【金属(キンゾク)】 金、銀、銅、鉄などの金属元素とその合金の総称。『貴金属』『重金属』『卑金属』

【金柝(キンタク)】 銅鑼(ドラ)と拍子木(ヒョウシぎ)。ともに夜、軍中警戒のために打ち鳴らすもの。

【金打(キンチョウ|かねうち)】 (国)武士が、誓いのしるしに、太刀の刃や鍔(つば)などを打ち合わせること。

【金文(キンブン)】 古代の鉄器や銅器などにしるされた文字・文章。中国の殷・周時代の古銅器にみられる銘文など。

❷こがね。黄金。また、きんいろ。

下接 印金(インキン)・鬱金(ウコン)・黄金(オウゴン|こがね)・砕金(サイキン)・砂金(サキン)・産金(サンキン)・純金(ジュンキン)・千金(センキン)・沈金(チンキン)・泥金(デイキン)・天金(テンキン)・白金(ハッキン)・本金(ホンキン)・錬金(レンキン)・一字千金(イチジセンキン)・一諾千金(イチダクセンキン)・一攫千金(イッカクセンキン)・一刻千金(イッコクセンキン)

【金位(キンイ)】 金製品に含まれる金の純度。

【金色(キンいろ|コンジキ)】 金のような光沢のある黄色。黄金色。

【金印(キンイン)】 1黄金でつくった印。古く、中国で、諸王、諸侯、御史大夫などが身につけていた。2「漢倭奴国王印(カンのワのなのコクオウのイン)」のこと。天明四年(一七八四)、福岡市志賀島(しかのしま)で発見された。「漢委奴国王」の文字が刻まれ、光武帝が、朝貢した奴国に印綬を授けたという「後漢書」の記事に相当するものと考えられている。【金印紫綬(キンインシジュ)】 黄金製の印と、それに付いた紫色の組みひも。高位の人が用いたもの。転じて、貴顕の人。高官。

【金烏(キンウ)】 (太陽の中に三足のカラスがいるという中国の伝説から) 太陽の異称。金鴉(キンア)。

【金甌無欠(キンオウムケツ)】 少しの傷もない黄金製の瓶(かめ)のように、物事が完全堅固で欠点のないこと。特に、国家が強固で、外国の侵略を一度も受けていないことのたとえ。〔南史-朱异(シュイ)伝〕

【金屋(キンオク)】 黄金で飾った家。ぜいたくをきわめた立派な家。金殿。＊白居易-長恨歌「金屋粧成嬌侍レ夜(キンオクよそおいなりてキョウとしてよるにジす)」〔＝黄金の御殿では、お化粧ができてあでやかに夜のお相手をつとめる〕

【金貨(キンカ)】 金を主成分として造った貨幣。

【金階(キンカイ)】 黄金で飾った階段。王宮の階段。転じて、天子のこと。

【金塊(キンカイ)】 金のかたまり。

【金閣(キンカク)】 1黄金で飾ったたかどの。美しく豪華な楼閣。2(国)京都市鹿苑(ロクオン)寺の舎利殿。足利義満の建立。

【金冠(キンカン)】 1金でできた冠。また、金で飾ってある冠。2歯にかぶせる金の覆い。

【金柑(キンカン)】 ミカン科の常緑小低木。実は直径約二センチメートルほどで黄色に熟す。食用、薬用。

【金漢(キンカン)】 あまのがわ。銀漢。

【金丸(キンガン)】 1黄金の弾丸。2果実の黄色で丸いもの。3月の異称。

【金環食・金環蝕（キンカンショク）】 日食で、月に覆われた太陽の縁が金色の輪のように見えるもの。金環日食。▼書き換え「金環蝕→金環食」。

【金魚（キンギョ）】 フナから人為的に淘汰されてできたものと考えられる淡水魚。愛玩用。

【金鏡（キンキョウ）】 ①金で飾った鏡。②月の異称。③すぐれた道徳。明らかな道。

【金玉（キンギョク）】 黄金と玉。また、貴重なもののたとえ。

【金玉君子（キンギョクのクンシ）】 節操のかたい、立派な人。【金玉声（キンギョクのこえ）】 ①美しい響きのする声、音。②他人の文章、詩歌をほめていうことば。【金玉満堂（キンギョクマンドウ）】 ①黄金や玉などの宝物が家に満ちていること。〔老子‐九〕②才能や学識が豊かなことのたとえ。

【金屈卮（キンクッシ）】 屈曲したつまみがついた金製の杯。

【金閨（キンケイ）】 黄金色に飾り立てた寝室。

【金闕（キンケツ）】 ①黄金造りの宮殿。＊白居易‐長恨歌「金闕西廂叩＝玉扃＝」〔＝金の御殿の西の離れの扉をたたいた〕」②道教で、天帝の住んでいる宮殿。③天子の宮殿。宮城。宮闕。

【金鉱（キンコウ）】 金を含有する鉱石。また、その鉱山。

【金婚式（キンコンシキ）】 結婚五〇周年を記念する式、祝い。▼英golden weddingの訳語。

【金釵（キンサイ）】 金製のかんざし。＊白居易‐長恨歌「鈿合金釵寄将去」〔＝螺鈿の小箱と、金のかんざしをことづける〕」

【金錯（キンサク）】 銅、青銅、鉄などの器物の表面に、金で文様や文字を象嵌したり塗ったりすること。

【金盞（キンサン）】 金で作った杯。

【金紫（キンシ）】 金印と紫綬。また、それを身につけるような栄誉。高官。高位。

【金鵄（キンシ）】 国神武天皇の長髄彦征伐のとき、天皇の弓に止まったという金色のトビ。

【金枝玉葉（キンシギョクヨウ）】 天子の一門。皇族。▼金玉のような美しい枝葉の意から。

【金紗（キンシャ）】 金糸で模様を織り出したうすぎぬ。

【金雀（キンジャク）】 ①女性の頭髪装飾具の一。スズメの形をした黄金造りの髪飾り。＊白居易‐長恨歌「花鈿委＝地無＝人収＝、翠翹金雀玉搔頭」〔＝花の飾りは地にはらりと落ちたままに、拾い上げる人もなく、同じように地に散らばるカワセミの羽、コガネスズメの髪飾り、玉のかんざし」〕②ヒワ（鶸）の異名。

【金人（キンジン）】 金色の仏像。また、身体が金色の人、すなわち仏。→❶
【金子（キンス）】 金の貨幣。お金。『金子一枚』

【金星（キンセイ）】 太陽系の中で太陽から二番目の惑星。宵の明星。明けの明星。

【金盞花（キンセンカ）】 キク科の二年草。黄色の花を開く。観賞用。

【金粟（キンゾク）】 ①キンモクセイの異名。②キク（菊）の花の形容。→❹
【金樽（キンソン）】 黄金の酒だる。酒だるの美称。

【金丹（キンタン）】 昔、道士などが金石をくだき、練って調製したという不老不死の薬。転じて、妙薬。

【金泥（キンデイ｜コンデイ）】 金粉を膠の液で溶いたもの。日本画や仏像の装飾などに用いる。

【金的（キンテキ）】 国①真ん中に金紙を貼った、弓の的。②転じて、手に入れ難いあこがれの的。『金的を射止める』

【金天（キンテン）】 （五行説で、秋と西とが金に配されるところから）秋の空。また、西の空。

【金殿（キンデン）】 金で飾って造った殿舎。きわめて美麗な殿舎。【金殿玉楼（キンデンギョクロウ）】 金や玉で飾った殿舎。きわめて美しい殿舎。

【金鈿（キンデン）】 黄金作りのかんざし。

【金斗（キント）】 ①ひのし。炭火を使ったアイロンの類。②酒をくむ黄金のひしゃく。③とんぼがえり。筋斗。

【金堂（キンドウ｜コンドウ）】 ①（キンドウ）黄金でかざった堂。②（コンドウ）伽藍の中心で、一寺の本尊を安置した堂。本堂。

【金団（キントン）】 国サツマイモなどを煮て、砂糖を加えて餡にしたものに、甘く煮たクリを和えた料理。

【金波（キンパ）】 日光や月光などが映って、金色に輝く波。

【金歯（キンば）】 金冠をかぶせた歯。また、金製の入れ歯。

【金杯・金盃（キンパイ）】 金製または金めっきの杯。

【金牌（キンパイ）】 賞として与える金製または金めっきの牌。

【金帛（キンパク）】 金と絹。金銭と布帛。

【金箔・金薄（キンパク）】 ①金をたたいて薄く延ばしたもの。②転じて、実質以上によく見せ掛けた外見。

【金髪（キンパツ）】 金色の髪の毛。ブロンド。

【金風（キンプウ）】 （金は五行説で秋や西にあたるところから）秋の風。西風。

【金覆輪（キンプクリン｜キンブクリン）】 国器具の周縁をおおう覆輪の一。覆輪の材質に、金または金色を用いたもの。

【金粉（キンプン）】 金を粉末にしたもの。また、金色の粉。蒔絵、絵画などに用いる。

【金碧（キンペキ）】 金色と青みどり色。また、黄金と碧玉。

【金鋪（キンポ）】 門の扉につける、金の輪のついた金具。

【金鳳花（キンポウゲ）】 キンポウゲ科の多年草。黄色い五弁の花が咲く。有毒。うまのあしがた。

【金鳳釵（キンポウサイ）】 鳳凰をかたどった黄金のかんざし。

【金歩揺（キンポヨウ）】 黄金で作った髪飾り。歩くとき揺れるので歩揺という。＊白居易‐長恨歌「雲鬢花顔金歩揺」〔＝雲なす豊かな黒髪、花の美貌、揺れる金の髪飾り〕」

【金脈（キンミャク）】 金の鉱脈。また、資金の出所。

【金門（キンモン）】 金で作った門。転じて、立派な御殿。→❺
【金曜（キンヨウ）】 国一週間ごとに七曜を割り当てた、日曜から数えて第六番目の日。金曜日。

【金襴（キンラン）】 平金糸で模様を織り出した織物。『金襴緞子』

【金輪（キンリン）】 金で作った輪。→❸（コンリン）

【金縷（キンル）】 金の細い糸。金色の糸。

【金蓮（キンレン）】 ①黄金で作った蓮の花。②（「金蓮歩」の故事から）女のほそやかな足。また、纏足の美称。【金蓮歩（キンレンポ）】 美人のあでやかな歩み。〔南史‐廃帝東昏侯紀〕▼中国、南斉の東昏侯が金で作った蓮を地に置き、潘妃にその上を歩ませたという故事から。

【金口（コンク）】 仏語。仏の金色の口。転じて、仏の言説。仏の教え。→❶（キンコウ）❸（キンコウ）

【金銅（コンドウ）】 銅に金でめっきを施したり、金箔を押したりしたもの。『金銅仏』

❸ 尊いもの、また、堅いもののたとえ。

【金科玉条（キンカギョクジョウ）】 ①金玉のように貴重な科条。「科条」は法律の条文の意。〔揚雄‐劇秦美新〕②自分の主張や立場を守るための、絶対のよりどころ。

【金句（キンク）】 ①美しい句。言いまわしの巧みな語句。名句。②模範とすべき言葉。金言。格言。

【金言（キンゲン）】 処世への戒めや教えとして手本とすべき言葉。名言。格言。

【金口（キンコウ）】 ①貴重な言葉。立派な発言。②相手の言葉の敬称。→❶・❷（コンク）【金口木舌（キンコウモクゼツ）】 言説によって社会を指導する人物。木鐸(ボクタク)。

【金骨(キンコツ)】凡俗を脱した風骨。非凡で尊い姿。仙骨。

【金城(キンジョウ)】堅固な城。守りのかたい城。【金城鉄壁(キンジョウテッペキ)】(金で造った城と鉄の城壁の意)防備の非常に堅固な城壁。転じて、非常に堅固な物事のたとえ。金山鉄壁。銀山鉄壁。〔徐積-和ニ倪敦復(ゲイトンフク)ニ〕【金城湯池(キンジョウトウチ)】きわめて守りの堅い城と堀。転じて、他から侵害されにくい所。金湯(キントウ)。〔漢書-蒯通(カイトウ)伝〕

【金石(キンセキ)】❶(金属や石のように)きわめて固いこと。→❷【金石之契(キンセキのちぎり)】固く変わることのない友情。〔孟郊・韓愈-遣興聯句〕【金石之交(キンセキのまじわり)】金属や岩石のように固く結ばれた友情。〔漢書-韓信伝〕

【金諾(キンダク)】絶対に信頼のおける約束。〔史記-季布伝〕

【金鉄(キンテツ)】堅固な物事のたとえ。『金鉄の誓い』

【金蘭之契(キンランのちぎり)】親友が心を同じくするそのかたさは、かたい金をも断ち切るほどであり、友情のまことの美しさはかおりの高い蘭のようであるの意。〔白居易-代ㇾ書詩一百韻寄ニ微之ニ〕

【金蘭之友(キンランのとも)】金よりもかたく、蘭よりもかぐわしい友情で結ばれた友人。〔劉峻-広絶交論〕

【金蘭之交(キンランのまじわり)】金よりもかたく、蘭よりもかぐわしい友情。〔易経-繫辞伝上〕

【金剛(コンゴウ)】①金属の中で、最も硬いもの。『金剛石(=ダイヤモンド)』②きわめて堅固であるたとえ。『金剛不壊(フエ)(=きわめて堅固で壊れないこと)』【金剛界(コンゴウカイ)】密教で、大日如来の堅固な智徳、理法のありさま。すべての煩悩を打ち破る力を持っているので金剛という。【金剛砂(コンゴウシャ)】①柘榴石(ザクロいし)の小結晶。玉石の研磨に用いる。②国力士が土俵入りのとき、両手にもみこむ砂。【金剛夜叉(コンゴウヤシャ)】「金剛夜叉明王」の略。北方を守護し、一切の悪魔を降伏(ゴウブク)する明王。【金剛力士(コンゴウリキシ)】仏法を守る力の強い二神。仁王。

【金輪(コンリン)】仏教の世界観で、大地を支える三つの層、三輪の一。風輪、水輪の上にある。大地をさすともいう。金剛輪。→❷(キンリン)【金輪際(コンリンザイ)】(「際」は、はて)①仏教の世界観で、この世を支える金輪の最下底の所。②国どこまでも。断じて。『金輪際許さない』

❹ぜに。かね。貨幣。

下接 内金(うちキン)・官金(カンキン)・換金(カンキン)・元金(ガンキン)・基金(キキン)・寄金(キキン)・給金(キュウキン)・醵金(キョキン)・拠金(キョキン)・献金(ケンキン)・現金(ゲンキン)・公金(コウキン)・差金(さキン)・残金(ザンキン)・敷金(しききん)・資金(シキン)・謝金(シャキン)・借金(シャッキン)・集金(シュウキン)・出金(シュッキン)・正金(ショウキン)・賞金(ショウキン)・償金(ショウキン)・税金(ゼイキン)・千金(センキン)・前金(ゼンキン・まえキン)・送金(ソウキン)・即金(ソッキン)・損金(ソンキン)・大金(タイキン)・代金(ダイキン)・貯金(チョキン)・賃金(チンキン)・手金(てキン)・入金(ニュウキン)・年金(ネンキン)・納金(ノウキン)・拝金(ハイキン)・罰金(バッキン)・半金(ハンキン)・返金(ヘンキン)・募金(ボキン)・預金(ヨキン)・料金(リョウキン)・礼金(レイキン)

【金一封(キンイップウ)】一包みのかね。寸志。◆謝礼金、賞金など、金額を明示しないときにいう。

【金員(キンイン)】金額。また、金銭。◆「員」は数の意。

【金円(キンエン)】金銭。おかね。

【金額(キンガク)】貨幣の額で示される金の値。値段。

【金券(キンケン)】国①金貨と引き換えることのできる紙幣。兌換(ダカン)紙幣。②特定の範囲内で金銭代わりに通用する券。郵便切手、商品券など。

【金権(キンケン)】金銭の力を背景とした権力。『金権政治』

【金庫(キンコ)】①現金や重要書類などを保管する箱や室。②国国や公共団体の現金出納機関、および、特別な種類または範囲の金融を営む金融機関。農林中央金庫、信用金庫など。

【金策(キンサク)】国必要な金銭を工夫して調えること。

【金銭(キンセン)】ぜに。おかね。『金銭出納簿』

【金粟(キンゾク)】金銭と米穀。→❷

【金肥(キンピ・かねごえ)】国金銭を支払って購入する肥料。化学肥料その他の人造肥料をいう。

【金品(キンピン)】金銭と品物。『金品を贈る』

【金幣(キンペイ)】金銭。◆「幣」は、本来は神に供える絹。転じて、天子に奉るみつぎもの、贈り物、お金の意。

【金満家(キンマンカ)】国金持ち。財産家。富豪。

【金融(キンユウ)】①金銭の融通。『金融機関』『金融公庫』『金融業』②資金の需要と供給の関係。

【金利(キンリ)】利子。利息。また、利率。『高金利』

❺固有名詞。

【金谷酒数(キンコクのシュスウ)】中国、晋の石崇が別荘の金谷園(河南省洛陽県の北西)で大宴会を催して、参会者に詩を作らせ、できない者には罰として大杯で酒三杯を飲ませたという故事。〔石崇-金谷園詩序〕

【金史(キンシ)】中国の正史、二十四史の一。一三五巻。元の脱脱(トクト)(托克托)らの奉勅編。一三四四年成立。金代の歴史を記したもの。

【金聖嘆(キンセイタン)】中国、明末・清初の文芸批評家。名は人瑞(ジンズイ)。荘子、離騒、史記、杜詩、水滸伝、西廂記を選んで「才子書」と名付け、それぞれに批評を付そうとしたが、水滸伝、西廂記だけが完成。(一六一〇頃～六一)

【金太郎(キンタロウ)】国伝説的な英雄、坂田金時(さかたのきんとき)の幼名。全身赤い肌で、怪力の持ち主。

【金時(キンとき)】坂田金時(さかたのきんとき)。→金太郎。『金時の火事見舞い(=酒を飲んだりして顔が非常に赤くなることのたとえ)』

【金馬門(キンバモン)】中国、漢代の未央宮の門の一。側臣が出仕して下問を待つところという。魯般門。金門。

【金瓶梅(キンペイバイ)】中国小説四大奇書の一。欣欣子序、笑笑生作。また、一説に王世貞撰といわれるが未詳。明の万暦四五年(一六一七)序。「水滸伝」中の挿話を素材に、西門慶一家の興亡を中心に明代末の人間の生態を、悪徳、淫蕩(イントウ)な日常生活を通して描いたもの。書名は三人の女性金蓮、瓶児、春梅から一字ずつとったもの。

【金門(キンモン)】=金馬門(キンバモン)。→❷

【金鑾殿(キンランデン)】中国、唐の宮殿の殿舎の一。翰林院(カンリンイン)に隣り合うところから翰林院の美称ともなった。

【金陵(キンリョウ)】中国、春秋戦国時代の楚の邑(ユウ)。現在の江蘇省江寧県、南京市の西。また、東晋の都建康(現在の南京)が金陵と呼ばれたので、南京の雅称とされる。

❻「金」という字のかたち。

【金字塔(キンジトウ)】①金の字の形の塔。ピラミッドなど。②国比喩(ヒユ)的に、後世に残るようなすぐれた業績。『不滅の金字塔をうち建てる』

【金偏(かねへん)】①漢字の偏の一。「銀」「銅」などの「金」の部分。②「金」を偏に持つ、鉱業、製鉄、金属などの産業の俗称。

❽あて字、音訳字など。

【金巾(カナキン)】(ポルトガル canequim の音訳)堅く縒(よ)った糸で織った、目の細かい、薄地の綿布。

【金糸雀(カナリヤ)】スズメ科の小鳥。

【金海鼠(キンこ)】キンコ科に属するナマコ類の一種。煮て干したものを中国料理に使う。

【金毘羅・金比羅(コンピラ)】(梵 kumbhīra の音訳)仏法の守

護神。雨を降らせ、航海の安全を守るとされる。薬師十二神将の一。日本で、金刀比羅(ことひら)宮の祭神。
【金平糖・金米糖(コンペイトー)】(ポルトガル confeitoの音訳)周囲に角状の突起がある小粒の砂糖菓子。
難読地名 金城(かなぎ)町(島根) 金砂郷(かなさごう)町(茨城) 金成(かんなり)町(宮城) 金辺(きべ)峠(福岡) 金武(きん)町(沖縄) 金峰(きんぶ)山(長野・山梨) 金浦(このうら)町(秋田) 難読姓氏 金成(かなり|かんなり) 金指(かねさし)

8342 【釜】 1988 3378 8A98 金－2 (8344)〔𨥛〕 7861 6E5D E7DB 金－2
フ㊥/fǔ/かま
字解 形声。金省＋父㊟。鬴の異体字。
意味 ❶かま。飲食物を入れて火にかける金属製の用具。『釜甑』『釜竈』『釜中』 ❷中国、春秋戦国時代の分量の単位。一釜は六斗四升。約一二リットルにあたる。

❶ かま。

【釜甑(フソウ)】 釜(かま)と甑(こしき)(釜にのせて食物を蒸す道具)。
【釜竈(フソウ)】 釜(かま)と竈(かまど)。
【釜中生⌐魚(フチュウうおをショウず)】 かまを久しく使わなかったので、中にボウフラがわく。きわめて貧しい生活をたとえていう。〔後漢書‐独行伝・范冉(ハンゼン)〕
【釜中之魚(フチュウのうお)】 のがれられない死が迫っていることのたとえ。〔資治通鑑‐漢紀〕❤煮るためにかまの中に入れられている魚の意から。
【釜鬲(フレキ)】 釜(かま)とかなえ。

8343 【銜】 7882 6E72 E7F0 金－6 (1085)〔啣〕 5118 5332 9A51 口－8
ガン㊥・カン㊥/xián/くつわ・くつばみ・ふくむ・くわえる
字解 会意。金＋行(ゆく)。馬を行かせるための金具、くつわの意。
意味 ❶くつわ。くつばみ。手綱(たづな)を結びつけて、馬の口にふくませる金具。『銜橛之変』『銜轡』『銜勒』『馬銜(バカン|はみ)』➡〔車馬〕の図一一七一頁。❷ふくむ。物を口にふくむ。くわえる。『銜枚』
【銜橛之変(ガンケツのヘン)】(「橛」は並んだ馬につけるくつわ)馬があばれてくつわをはずすような事故。
【銜枚(ガンバイ|バイをはむ)】(「枚」は木片の意)声をたてるのを防ぐために、兵士や馬に木片をくわえさせること。
【銜轡(ガンピ)】 くつわとたづな。馬をあやつる具。転じて、民を支配する法律の意。
【銜勒(カンロク|ガンロク)】 轡(くつわ)。馬銜(はみ)。転じて、民を直接に支配する法律、官職など。

金

8344 【𨥛】 7861 6E5D E7DB 金－2
フ 「釜」(8342)の異体字
〔峑〕⇩ 1905

8345 【鋈】 *6825 金－7
ヨク㊥・ワク㊥/wù/しろがね
字解 形声。金＋沃㊟。しろがね・めっきの意。

8346 【鑒】 *6892 金－9
カン 「鑑」(8548)の異体字

8347 【鍫】 ―― 金－9
シュウ 「鍬」(8471)の異体字

8348 【鍪】 *6887 金－9
ボウ㊥/móu/かぶと
字解 形声。金＋務㊟。かぶと・かまの意。

8349 【鏖】 7918 6F32 E851 金－11
オウ(アウ)㊥/áo/みなごろし
字解 形声。金＋鹿(=麀)㊟。
意味 ❶みなごろし。『鏖殺』『鏖戦』 ❷さわがしい。かまびすしい。❸なべ。保温用のなべ。
【鏖殺(オウサツ)】 皆殺しにすること。
【鏖戦(オウセン)】 敵を皆殺しにするほど激しく戦うこと。

8350 【鏨】 7920 6F34 E853 金－11
ザン㊥・サン㊥/zàn/たがね・ほる
字解 形声。金＋斬(きる)㊟。小さなのみ、たがねの意。
意味 ❶たがね。金石などに文字などを刻むのみ。❷ほる。える。うがつ。

8351 【鑒】 7940 6F48 E867 金－14
カン 「鑑」(8548)の異体字

8352 【鑾】 7954 6F56 E875 金－19
ラン㊥/luán/すず
字解 形声。金＋䜌㊟。䜌は、すずの鳴る音の擬声語という。すずの意。一説に、鸞鳥(ランチョウ)(中国の想像上の鳥。形は鶏に似る)の声の音がする鈴の意。また、鸞鳥が口にくわえた形の鈴の意とも。

金文  篆文

意味 ❶すず。天子の馬や馬車などにつけるすず。『鑾刀』『玉鑾(ギョクラン)』『鳴鑾(メイラン)』 ❷天子の馬車。または、天子。『回鑾(カイラン)』
【鑾刀(ラントウ)】 鸞鳥の形の鈴をつけた刀。古代中国で、祭祀のいけにえをさくのに用いたもの。

8353 【鑿】 7956 6F58 E877 金－20
シャク㊥・サク㊥・ソウ(サウ)㊥㊥/záo・zuò・cáo/のみ・うがつ
字解 形声。金＋糳(あなをあける・のみ)㊟。穴をあける金属製ののみの意。
意味 ❶のみ。木材などに穴をあける道具。『斧鑿(フサク)』 ❷うがつ。穴をあける。ほる。切り開く。また、深くさぐる。つきとめる。『鑿漑』『鑿空』『鑿井』『鑿落』『開鑿(カイサク)』『掘鑿(クッサク)』『穿鑿(センサク)』 ❸「鑿鑿(サクサク)」は、㋑ことばのたくみなさま。㋺あきらかなさま。
【鑿漑(サクガイ)】 溝を掘って、田に水を引き入れること。
【鑿岩(サクガン)】 岩石に穴をあけること。削岩。『鑿岩機』
【鑿空(サククウ)】 [1]穴を掘って道をつくること。[2]根拠がなくて、でたらめなこと。
【鑿井(サクセイ)】 石油、地下水などを採るために、地中深く穴を掘ること。ボーリング。
【鑿落(サクラク)】 さかずきの一種。

金

8354 【釛】 7862 6E5E E7DC 金－2
コク㊥
字解 形声。金＋力㊟。かねの意。

8355【針】 3143 3F4B 906A 金－2 常6 シン 呉漢/zhēn/はり

筆順 針 針 針 針 針 針

字解 形声。金＋十(はりの象形)声。はりの意。のちに金を加えた。

意味 ❶はり。「鍼」に同じ。㋑ぬいばり。『針小棒大』『針線』『運針(ウンシン)』㋺医療用のはり。『針灸』㋩はりのように細長く鋭い形状のもの。『針葉樹』『避雷針(ヒライシン)』❷方向や数字などを指し示すはり。『針路』『指針』『秒針』『方針』❸熟字訓。『針魚(さより)』『針孔(めど)』

❶ はり。ぬいばり。また、医療用のはり。

下接 運針(ウンシン)・紉針(ジンシン)・鈿針(デンシン)・葉針(ヨウシン)

【針灸(シンキュウ)】 鍼(はり)と灸(キュウ)。鍼灸(シンキュウ)。

【針功(シンコウ)】 1針仕事。縫いもの。2鍼(はり)で治療すること。針術。

【針術(シンジュツ)】 金属製の細い針を患部に刺して治療する、漢方の医術。はり。▶書き換え「鍼術→針術」。

【針小棒大(シンショウボウダイ)】 国針ほどの小さいことを棒ほどに大きく言いたてること。『針小棒大に言いふらす』

【針線(シンセン)】 はりといと。また、はりしごと。

【針砭(シンペン)】 医療用の鍼(はり)。転じて、いましめの意。

【針薬(シンヤク)】 針術(シンジュツ)と薬術。鍼薬(シンヤク)。

【針葉樹(シンヨウジュ)】 マツ科、スギ科など、一般に葉が針状をなす植物。↔広葉樹

❷ 方向や数字などを指し示すはり。

下接 検針(ケンシン)・指針(シシン)・時針(ジシン)・磁針(ジシン)・短針(タンシン)・長針(チョウシン)・秒針(ビョウシン)・分針(フンシン)・変針(ヘンシン)・方針(ホウシン)

【針路(シンロ)】 1船舶、航空機の進むべき航路。『北東に針路をとる』2比喩(ヒユ)的に、進むべき方向。『人生の針路』

❸ 熟字訓。

【針魚(さより)】 サヨリ科の海魚。体形はサンマに似て細長い。食用。細魚(さより)。

【針孔(めど)】 針の一端にある、糸を通す小さな穴。

難読姓氏 針生(はりう／はりゅう)

8356【釘】 3703 4523 9342 金－2 テイ漢/dīng・dìng/くぎ

字解 形声。金＋丁(くぎの象形)声。くぎの意。のちに金を加えた。

意味 くぎ。くぎを打ちつける。『装釘(ソウテイ)』

8357【釖】 7859 6E5B E7D9 金－2 トウ(タウ)漢/かたな

字解 形声。金＋刀(かたな)声。かたな、はものの意。のちに金を加えた。

8358【釟】 7860 6E5C E7DA 金－2 ハツ漢・ハチ慣

字解 形声。金＋八声。鍛冶する、きたえる意。

8359【釼】 7863 6E5F E7DD 金－3 ケン 「剣」(652)の異体字

8360【釦】 4353 4B55 9674 金－3 コウ漢/kòu/ボタン

字解 形声。金＋口(くち)声。金属製のへりや口のかざりの意。

意味 ❶かざる。ちりばめる。❷金銀などで器の縁をかざる。❸(ボルトガル botão のあて字)ボタン。「鈕」に同じ。

8361【釭】 *6715 金－3 コウ(カウ)漢/gāng/かも・かりも

字解 形声。金＋工(→空、のみでつきぬいてできたあな)声。

意味 ❶かも。かりも。車軸の摩擦で、轂(こしき)口が破損しないようにおおう鉄製の筒。❷宮殿の壁につける飾り。

8362【釵】 7864 6E60 E7DE 金－3 サイ漢・サ漢/chāi/かんざし

字解 形声。金＋叉(ふたまた・かんざし)声。ふたまたのかんざしの意。

意味 かんざし。ふたまたの髪かざり。『金鳳釵(キンポウサイ)』『玉釵(ギョクサイ)』『金釵(キンサイ)』『銀釵(ギンサイ)』『裙釵(クンサイ)』

【釵股(サイコ)】 かんざしのまた。

【釵梳(サイソ)】 かんざしと、くし。

【釵子(サイシ)】 かんざし。

8363【釤】 *6710 金－3 サン漢/shàn・shān

字解 形声。金＋彡声。大鎌の意。

8364【釶】 7865 6E61 E7DF 金－3 シ漢・シャ漢/ほこ

字解 形声。金＋也声。

意味 ❶短いほこ。「鉈」に同じ。❷酒などの容器。「匜」に同じ。

8365【釧】 2292 367C 8BFA 金－3 セン漢/chuàn/くしろ

字解 形声。金＋川(→巡、めぐる)声。うでなどにめぐらしつけるかざり、くしろの意。

意味 くしろ。うでわ。手首や臂(ひじ)に着ける輪状の飾り。貝、石、玉、金属などで作る。

下接 玉釧(ギョクセン)・金釧(キンセン)・宝釧(ホウセン)

8366【釱】 *6719 金－3 タイ漢・テイ漢/tài/あしかせ・くさび

字解 形声。金＋大声。金文はあしかせのついた人に従う。

金文 篆文

意味 ❶あしかせ。刑具。「着釱(チャクタイ／チャクダ)」は、律令制で、三、四人の囚徒をあしかせでつないだまま使役すること。❷車のくさび。

8367【釣】 3664 4460 92DE 金－3 常 チョウ(テウ)漢/diào/つる・つり

(8368)【釣】 ―― 金－3 旧字

筆順 釣 釣 釣 釣 釣 釣

字解 形声。金＋勺(ものをすくいあげるひしゃく)声。魚をつりあげる、つる意。

意味 ❶つる。魚をつる。つり。また、求める。人を誘い出す。おびきだす。『釣果』『釣竿』『垂釣(スイチョウ)』❷国つるす。たらす。また、つり上げる。一方を上げた状態にする。『釣戸』『釣瓶(つるべ)』❸国おつり。つり銭。

❶つる。魚をつる。つり。
【釣果 チョウカ】つりをして得た獲物。
【釣舸 チョウカ】つり舟。
【釣客 チョウカク】つりをする人。釣人チョウジン／つりびと。
【釣竿 チョウカン／つりざお】魚つりに用いるさお。
【釣魚 チョウギョ】魚をつること。また、その魚。
【釣戸 チョウコ】魚つりで生計をたてている人。→❷
【釣鉤 チョウコウ】魚をつるのに使う先の曲がった針。
【釣台 チョウダイ】つりをする台。
【釣名 チョウメイ】虚名を求めようとすること。
【釣綸 チョウリン】つり糸。
【釣而不綱 つりしてコウせず】魚をとるのに、つりはするが、はえなわでたくさんの魚をいっぺんにとることはしない。利を追って中庸の道を踏み外すことがないことをいう。〔論語・述而〕
❷（日本語で）つる。つるす。つり上げる。
【釣戸 チョウコ／どつり】国上につり上げて開く仕組みのとびら。→❶
【釣瓶 つるべ】縄や竿さおの先に付けて井戸の水をくみ上げる桶おけ。つるべおけ。

8369【釩】＊6712 金－3 ハン漢／fán／はらう
字解 形声。金＋凡㊥。はらう・うつわの意。

8370【釻】＊6722 金－3 カン慣／つく
字解 国字。つく。弓の弦をかける弭ゆはず。一説に、弓の握りの部分に加えた折れ釘状の金具とも。また、まるい。まるくする。

8371【鈞】7866 6E62 E7E0 金－4 キン漢／jūn／ひとしい
字解 形声。金＋匀(ひとしい)㊥。金属のかたまりと等しい目方の意から、めかたの単位・ひとしい意。金文には金属のかたまり(金)と、金に従うものとがある。篆文でさらに金を付した。

意味 ❶中国古代の重量の単位。一鈞は三〇斤、四鈞を石コクとする。中国、周代では約七・六八キログラム。❷おもり。「鈞石」❸ひとしい。ひとしくする。「均」に同じ。❹ろくろ。陶器を作るときに使う回転台。また、ろくろで陶器を作る。「鈞陶」❺❹より転じて、万物の造物主。天。物事の中心。また、接頭語として、尊敬の意を表す。「鈞天」「鈞命」「洪鈞コウキン」「国鈞コッキン」「大鈞タイキン」❻音楽の調子。音調。
【鈞石 キンセキ】（「鈞」は三〇斤、「石」は四鈞のおもり）おもり。重いもの。また、国の鎮護などにたとえる。
【鈞天 キンテン】天の中央。転じて、上帝の居所。
【鈞陶 キントウ】①ろくろで陶器を作ること。②転じて、人物を養成すること。
【鈞命 キンメイ】君主の命令。また、その使い。

8372【釿】7867 6E63 E7E1 金－4 ギン漢・キン漢／jīn・yín／ておの・ちょうな
字解 形声。金＋斤(おの・断つ)㊥。おので、きる意。
意味 ❶手おの。ちょうな。かんな。「斤」に同じ。❷切る。断つ。きりそろえる。

8373【鈐】＊6733 金－4 ケン漢／qián／くさび
字解 形声。金＋今㊥。
意味 ❶くさび。車軸をおさえるとめ金。「鈐制」❷かぎ。錠ジョウ。「鈐鍵」❸しるし。印。封印。また、印を押す。「鈐印」❹ほこの柄え。「矜」に同じ。「鈐韜」
【鈐印 ケンイン】割り印。また、封印。
【鈐鍵 ケンケン】①かぎ。じょうまえ。②物事の主要な点。
【鈐制 ケンセイ】車にくさびをさして止めるように、自由に制御したり支配したりすること。
【鈐韜 ケントウ】武術・兵法のこと。▷兵法書の「玉鈐篇ギョクケンへん」と「六韜リクトウ」の二書の名から。

8374【鈎】1935 3343 8A62 金－4 コウ「鉤」(8390)の異体字

8375【鈔】7868 6E64 E7E2 金－4 ショウ(セウ)呉・ソウ(サウ)漢／chāo／かすめとる・うつす
字解 形声。金＋少(かきへらす)㊥。
参考 熟語は「抄」(2721)をも見よ。
意味 ❶かすめる。かすめとる。はさみとる。「抄」に同じ。「鈔略」❷うつす。書きうつす。抜き書きする。「抄」に同じ。「鈔引」「鈔写」「鈔本」❸さつ。紙幣。また、政府が発行する証書・切手の類。「鈔票」
【鈔引 ショウイン】①中国、宋ソウ代の手形。または、金代の紙幣。②抜き書きすること。抄引ショウイン。
【鈔写 ショウシャ】書物などを写しとること。
【鈔票 ショウヒョウ】中国で、紙幣、銀行券をいう。
【鈔本 ショウホン】抜き書きした書物。また、筆写した書物や書類。抄本。
【鈔略 ショウリャク】かすめうばうこと。

8376【鈬】7869 6E65 E7E3 金－4 タク「鐸」(8537)の異体字

8377【鈕】7870 6E66 E7E4 金－4 ジュウ(ヂウ)漢・チュウ(チウ)漢／niǔ／ボタン
字解 形声。金＋丑(指でものをつかむ象形)㊥。つまみの意。
意味 ❶つまみ。とって。手でつまむように器物につけたもの。「印鈕インチュウ」❷ボタン。「釦」に同じ。

8378【鈍】3863 465F 93DD 金－4 常 ドン呉・トン漢／dùn／にぶい・にぶる・なまくら・なまる・のろい・にび
筆順

字解 形声。金＋屯(行きなやみ、たむろする)㊥。切れ味の悪い刃物の意。転じて、にぶい意。
意味 ❶にぶい。とがっていない。また、刃物の切れ味が悪い。↔鋭・利。「鈍角」「鈍器」❷にぶい。おそい。動作、反応、頭の働きなどがのろい。↔鋭・敏。「鈍感」「鈍行」「鈍才」「愚鈍」「魯鈍ロドン」❸にぶる。にぶくなる。また、にぶらす。「鈍麻」「鈍磨」❹国輝きのないさま。「鈍色にびいろ」は、濃いねずみいろ。また、法衣の一種。
⇒[鋭](8419)の表
❶とがっていない。刃物の切れ味が悪い。
【鈍角 ドンカク】直角より大きく二直角より小さい角。

【鈍器ドンキ】①鋭くない刃物。②刃物以外の凶器。
【鈍金ドンキン】切れ味の悪い刃物。なまくら。
【鈍兵ドンペイ】鋭利でない武器。→❷❸
【鈍利ドンリ】にぶいことと鋭いこと。

❷動作、反応、頭の働きなどがのろい。

下接 暗鈍アンドン・迂鈍ウドン・鉛鈍エンドン・頑鈍ガンドン・愚鈍グドン・遅鈍チドン・痴鈍チドン・駑鈍ドドン・魯鈍ロドン／薄鈍うすのろ

【鈍化ドンカ】にぶくなること。
【鈍感ドンカン】感じ方がにぶいこと。⇔敏感
【鈍漢ドンカン】無知でにぶい男。まぬけ。
【鈍行ドンコウ】国各駅に停車する普通列車の俗称。⇔急行
【鈍根ドンコン】理解力に乏しいこと。⇔利根リコン
【鈍才ドンサイ】頭の働きがにぶいこと。また、その人。
【鈍重ドンジュウ】性質や動作などが、にぶく、のろいこと。
【鈍痛ドンツウ】にぶく重苦しく痛むこと。
【鈍物ドンブツ】頭の働きや感覚のにぶい人。のろま。
【鈍兵ドンペイ】にぶく弱い兵士。→❶❸

❸にぶる。にぶくなる。また、にぶらす。

【鈍兵ドンペイ】士気をにぶらせること。→❶❷
【鈍麻ドンマ】感覚がにぶくなること。
【鈍磨ドンマ】すりへってにぶくなること。

8379【鈲】＊6723 金－4 ヘキ(漢)/pī/かながき

字解 会意。金＋爪。さく意。

意味 ❶さく。きる。裁つ。❷かながき。農具。熊手の形で、地ならしなどに用いる。

8380【鈑】7871 6E67 E7E5 金－4 ハン(漢)・バン(慣)/bǎn/いたがね

字解 形声。金＋反(→板、たいらないた)(声)。

意味 いたがね。金属製の延べ板。「鈑金バンキン」

8381【鈇】＊6729 金－4 フ(漢)/fū/おの

字解 形声。金＋夫(声)。

意味 ❶おの。まさかり。また、おので切る。「斧」に同じ。「鈇鉞」「鈇質」❷まぐさを切る刀。

【鈇鉞フエツ】おのとまさかり。斧鉞フエツ。〔賜二鈇鉞一フエツをたまう〕天子から、おのとまさかりをいただく。諸侯や将軍が、生殺の権を与えられることをいう。〔礼記‐王制〕
【鈇質・鈇鑕フシツ】刑罰の道具。おのと、人を切るためにのせる台。転じて、おので切る刑罰。

8382【鈩】7947 6F4F E86E 金－4 ロ 「鑪」(8555)の異体字

【欽】⇩3856

8383【鉞】7872 6E68 E7E6 金－5 エツ(ヱツ)(漢)/yuè/まさかり

字解 形声。金＋戉(まさかり)(声)。まさかりの意。のちに金を加えた。

意味 まさかり。大きなおの。「斧鉞フエツ」「鈇鉞フエツ」

鉞
〔中山国王墓出土〕

8384【鉛】1784 3174 8994 金－5 常 エン(呉)(漢)/qiān/なまり

筆順 鉛 鉛 鉛 鉛 鉛 鉛

字解 形声。金＋㕣(声)。

意味 ❶なまり。金属元素の一。蒼白ソウハク色の柔らかく重い金属。加工が容易で、耐食性にすぐれる。「鉛筆」「亜鉛アエン」❷おしろい。なまりを用いた顔料。「鉛白エンパク」「鉛黛エンタイ」「丹鉛タンエン」

❶なまり。金属元素の一。

下接 亜鉛アエン・黄鉛オウエン・黒鉛コクエン・水鉛スイエン・測鉛ソクエン

【鉛管エンカン】なまりで作った管。ガスや水道などを引くのに用いる。
【鉛直エンチョク】①なまりのおもりをつり下げた糸が示す方向。②垂直であること。
【鉛刀エントウ】なまりでつくった刀。なまくら刀。【鉛刀一割エントウイッカツ】①(鉛刀は、一度しか物を切ることができないことから)二度以上は用いることができないことをいう語。②自分の微力を謙遜ケンソンしていう語。〔後漢書‐班超伝〕
【鉛毒エンドク】なまりに含まれている毒。
【鉛鈍エンドン】なまりの刀のように才知の働きが鈍いこと。
【鉛筆エンピツ】黒鉛の粉末と粘土を練り合わせて焼きかためた芯シンを、木の軸に入れた筆記用具。「色鉛筆」

❷おしろい。顔料。

【鉛華エンカ】おしろいの異称。
【鉛槧エンザン】文筆に携わること。「鉛」は字を書く胡粉ゴフン、「槧」は文字を記す板の意。
【鉛黛エンタイ】おしろいと、まゆずみ。転じて、化粧。
【鉛白エンパク】白色の顔料。白鉛。また、おしろい。

8385【鉗】7873 6E69 E7E7 金－5 ケン(漢)・カン(慣)/qián/くびかせ・かなばさみ・つぐむ

字解 形声。金＋甘(口にものをはさみこみふくむ)(声)。くびかせの意。

意味 ❶くびかせ。かなぎ。罪人の首にはめた金輪。「鉗梏ケンコク」「鉗制」「髠鉗コンケン」❷かなばさみ。「拑」に同じ。「鉗子」「鉗鎚ケンツイ」❸口をつぐむ。ふさぐ。とじる。おさえつける。「箝」に同じ。「鉗口令カンコウレイ」

【鉗梏ケンコク】首かせと手かせ。また、刑罰。
【鉗子ケンシ|カンシ】①(ケンシ)首かせをはめられた罪人。②(カンシ)物を挟むための、はさみに似た医療器具。
【鉗制ケンセイ】力でおさえつけて自由にさせないこと。
【鉗鎚ケンツイ】かなばさみとつち。禅宗で、厳しい鍛錬をいう。

8386【鉅】7874 6E6A E7E8 金－5 キョ(漢)/jù/かたい・おおきい

字解 形声。金＋巨(おおきい)(声)。たいへんかたい鋼の意。

意味 ❶はがね。かたい鉄。❷大きい。多い。また、偉大な。「巨」に同じ。「鉅卿」「鉅公」❸固有名詞。「鉅橋」「鉅鹿」

【鉅橋キョキョウ】中国、殷の紂王チュウオウの米倉の名。河北省曲周県の北東にあった。周の武王が殷の紂王を滅ぼしたとき、その倉の穀物を人民にほどこしたという。
【鉅卿キョケイ】尊い身分の人。また、人を尊んで呼ぶ語。
【鉅公キョコウ】①天子の異称。②その道にすぐれた人。

【鉅鹿キョロク】中国、秦代に、現在の河北省南部、邢台市の東方の地に置かれた郡および県の名。項羽が秦の軍を大破した所。

8387 【鉉】 7875 6E6B E7E9 金－5 ケン(漢)・ゲン(慣)／xuàn／つる

字解 形声。金＋玄(↓絃、張った糸)(声)。かなえやなべのつるの意。

意味 ❶つる。ゆみづる。弓に張る糸。また、鍋なべや土瓶などにつけてある弓形の把手とって。『鼎鉉テイゲン』 ❷「三鉉サンゲン」は、三公の意。補佐する三つの位。

8388 【鈷】 2458 385A 8CD8 金－5 コ(漢)／gǔ

字解 形声。金＋古(声)。

意味 ❶「鈷鉧コボ」は、ひのし。❷「独鈷トッコ・ドッコ」「三鈷サンコ」「五鈷ゴコ」は、真言密教の修法に用いる金剛杵コンゴウショで、両端の分かれた数による称。「鈷」は股のあて字。

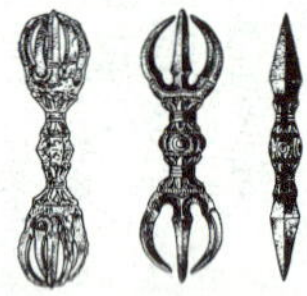
五鈷　三鈷　独鈷
鈷❷

8389 【鉱】 2559 395B 8D7A 金－5 常5 (8549)【鑛】 7942 6F4A E869 金－15 旧字

コウ(クヮウ)(漢)／kuàng／あらがね

筆順 鉱 鉱 鉱 鉱 鉱 鉱

字解 鉱は鑛の略体。鑛は形声。金＋廣(声)。あらがねの意。もと礦に同じ。のちに石を金に変え鑛となった。

意味 あらがね。地中から掘り出したままで、まだ、精錬されていない金属。

下接 金鉱キンコウ・銀鉱ギンコウ・原鉱ゲンコウ・砕鉱サイコウ・採鉱サイコウ・選鉱センコウ・炭鉱タンコウ・探鉱タンコウ・鉄鉱テッコウ・銅鉱ドウコウ・廃鉱ハイコウ・黄鉄鉱オウテッコウ・黄銅鉱オウドウコウ

【鉱害コウガイ】鉱山や精錬所などから排出される有毒物質によって生ずる害。

【鉱業コウギョウ】鉱物資源の採掘、精錬、精製などを行う産業。『鉱業所』 ▶書き換え「礦業→鉱業」。

【鉱坑コウコウ】鉱物を採掘するために掘った穴。

【鉱滓コウサイ】金属を溶解し精錬するときに出る、非金属性のかす。▶「コウシ」の慣用読み。

【鉱山コウザン】有用な鉱物を採掘する場所や諸施設。

【鉱床コウショウ】有用鉱物を多量に含む地殻の部分。

【鉱水コウスイ】①鉱泉の水。②鉱毒を含む水。

【鉱石コウセキ】有用鉱物を多量に含む鉱物の集合体。▶書き換え「礦石→鉱石」。

【鉱泉コウセン】鉱物質やガスを多く含むわき水。

【鉱毒コウドク】鉱物の採掘、製錬の際に生ずる廃棄物が、人畜、植物に及ぼす害毒。

【鉱物コウブツ】天然の無機物質一般。岩、石など。

【鉱脈コウミャク】岩石の割れ目をうずめた板状の鉱床。

【鉱油コウユ】石油など鉱物性の油。

8390 【鉤】 7876 6E6C E7EA 金－5 (8374)【鈎】 1935 3343 8A62 金－4 †

コウ(漢)／gōu／かぎ・はり・かける

字解 形声。金＋句(まがる)(声)。金属製の曲がったかぎの意。

意味 ❶かぎ。物をひっかけたり、とめたりする金属の道具。帯留めやつり針のようなものにもいう。『鉤矩』『鉤餌』 ❷かける。ひっかける。また、引きよせる。さぐり出す。「拘」に同じ。『鉤索』『双鉤ソウコウ』『単鉤タンコウ』

❶かぎ。

下接 玉鉤ギョッコウ・銀鉤ギンコウ・帯鉤タイコウ・釣鉤チョウコウ・簾鉤レンコウ

【鉤曲コウキョク】つり針のようにまがっていること。

【鉤矩コウク】コンパスと定規。転じて、法則。

【鉤餌コウジ】つり針とえさ。

【鉤梯コウテイ】先端にかぎを付けたはしご。

【窃レ鉤者誅コウをぬすむものはチュウせらる】帯留めを盗むようなこそどろは殺される。小盗はかえって厳罰を受ける意で、国を盗むような大盗が権力をにぎって富貴を得ることに対していい、この世の賞罰が公平でないこと、法が権力によって左右されることをたとえていう。〔荘子-胠篋キョキョウ〕

❷かける。引きよせる。さぐり出す。

【鉤距コウキョ】かぎでひっかけるようにして引き出すこと。内情をたくみにさぐり出すことのたとえ。

【鉤玄コウゲン】奥深い道理を引き出してさとること。

【鉤索コウサク】さぐり求めること。

【鉤摭コウセキ】取り上げてよく調べること。

【鉤連コウレン】ひきつらなること。つらなり続くこと。

8391 【鉈】 7877 6E6D E7EB 金－5 シャ(漢)・シ(漢)・タ(漢)／shé・shī・tā／なた

字解 形声。金＋它(声)。

意味 ❶ほこ。短いほこ。武器の一。『大鉈タイシャ』 ❷国なた。まき割りなどに用いる道具。

8392 【銃】 ―― 金－5 ジュウ 「銃」(8408)の旧字

8393 【鉏】 *6764 金－5 ショ(漢)・ソ(漢)／chú・jǔ／すき・くわ

字解 形声。金＋且(上に重ねる)(声)。下の土を耕し上にする、すきの意。

意味 ❶すき。くわ。❷たがやす。すく。『鉏耘』 ❸殺す。滅ぼす。❹「鉏鋙ソゴ」は食い違うこと。「齟齬ソゴ」に同じ。

【鉏耘ショウン】①鋤すきで雑草を取り除くこと。鋤耘ジョウン。②悪人を除くこと。

8394 【鉦】 3064 3E60 8FDE 金－5 ショウ(シャウ)(呉)・セイ(漢)／zhēng・zhèng／かね

字解 形声。金＋正(声)。

意味 かね。㋑銅またはその合金で作られた平たい円盤状の打楽器。撞木シュモクまたは桴ばちで打って鳴らす。㋺どら。銅盤状で、ひもでつり下げ、槌つちや桴で打つもの。船の出帆の合図などに広く用いる。『陣鉦ジンショウ』

【鉦鼓ショウコ】①いくさで、合図などに用いるたたきがねと太鼓。②国雅楽に使う打楽器。青銅または黄銅製の皿型のもので、釣枠つりわくにつるして二本の桴で打つ。③国仏家で用いる、円形青銅製のたたきがね。

8395 【鉐】 7881 6E71 E7EF 金－5 セキ(漢)

字解 形声。金＋石(声)。「鍮鉐トウセキ」は、しんちゅうの意。

8396 【鉄】 3720 4534 9353 金－5 常3 (8538)【鐵】 7936 6F44 E863 金－13

字解 形声。

(8528)【鐵】7937 6F45 E864 金-12

(8414)【銕】7878 6E6E E7EC 金-6

テチ(呉)・テツ(漢)/tiě/くろがね・かね・かな

[筆順] 鉄 鉄 鉄 鉄 鉄 鉄

[字解] 鉄は鐵の通俗体。鐵は形声。金＋戴(声)。くろがねの意。一説に戴は大きな、ほこの意とも。

[意味] ❶くろがね。かね。㋑てつ。金属元素の一。光沢のある白色の重金属。『鉄筋』『鉄鉱』『鋼鉄』『砂鉄』㋺刃物。兵器。『寸鉄(スンテツ)』❷鉄のように、強くて堅い。不動の。『鉄則』『鉄腕』❸[国]「鉄道(テツドウ)」の略。『地下鉄(チカテツ)』『私鉄(シテツ)』『電鉄(デンテツ)』

❶ くろがね。てつ。また、刃物。兵器。

[下接] 隕鉄(インテツ)・金鉄(キンテツ)・鋼鉄(コウテツ)・古鉄(コテツ)・砂鉄(サテツ)・製鉄(セイテツ)・銑鉄(センテツ)・鍛鉄(タンテツ)・鋳鉄(チュウテツ)・蹄鉄(テイテツ)・錬鉄(レンテツ)

【鉄衣(テツイ)】[1]よろい。[2]くさりかたびら。[3]さび。

【鉄火(テッカ)】[1]赤く熱した鉄。[2]刀剣と鉄砲。[3][国]気質が荒々しいこと。[4][国]ばくち。また、ばくち打ち。『鉄火場(ば)』[5][国]生のマグロを使った料理。『鉄火巻き』

【鉄鑊(テッカク)】足のない、大きな鉄製のなべ。

【鉄管(テッカン)】鉄で作った管。

【鉄器(テッキ)】鉄で作った器具。『鉄器時代』

【鉄騎(テッキ)】鉄のよろいを着けた騎兵。＊白居易-琵琶行「鉄騎突出刀槍鳴(テッキトッシュツしてトウソウなる)〔＝鉄のよろいを着けた騎兵がとび出して、刀ややりが鳴るような調子であった〕」

【鉄橋(テッキョウ)】鉄で造った橋。一般に、鉄道用の橋をいう。

【鉄筋(テッキン)】コンクリートの張力を補強するための軟鋼線材。『鉄筋コンクリート』

【鉄血(テッケツ)】鉄と血。また、兵器と兵。軍備。『鉄血宰相〔＝ドイツの統一は、鉄(兵器)と血(兵力)によってのみ達成されると主張したビスマルクのこと〕』

【鉄甲(テッコウ)】[国]鉄で作ったよろいや兜(かぶと)。

【鉄鉱(テッコウ)】鉄の原料となる鉱石。

【鉄鋼(テッコウ)】銑鉄、鋳鉄などと鋼鉄。

【鉄骨(テッコツ)】建造物の骨組みとなる鉄材。↔木骨

【鉄鎖・鉄鏁(テッサ)】鉄製のくさり。転じて、厳しい束縛。

【鉄材(テツザイ)】土木建築などに使う鉄製の材料。

【鉄剤(テツザイ)】鉄化合物を含む増血剤。

【鉄索(テッサク)】鉄線を縒(よ)り合わせて作った鉄の綱。

【鉄条(テツジョウ)】鉄製の太い針金。鉄線。『鉄条網』

【鉄漿(テッショウ|かね|おはぐろ)】[国]昔、歯を黒く染めるのに用いた、鉄を酸化させた液。

【鉄扇(テッセン)】[国]武士が用いた、骨が鉄製の扇。

【鉄線(テッセン)】[1]針金。『有刺鉄線』[2]キンポウゲ科の落葉性つる植物。つるが針金に似ている。

【鉄窓(テッソウ)】鉄格子の付いた窓。転じて、牢屋。刑務所。

【鉄中錚錚(テッチュウのソウソウ)】鉄の中では、良い音のするもの。凡人の中で少しすぐれている者のたとえ。〔後漢書-劉盆子伝〕

【鉄槌・鉄椎・鉄鎚(テッツイ)】大型の金づち。『鉄槌を下す〔＝厳しく処置、処罰する〕』

【鉄蹄(テッテイ)】馬のひづめに打ち付けて、ひづめの摩滅、損傷を防ぐU字形の鉄。蹄鉄(テイテツ)。

【鉄道(テツドウ)】レールを敷いた上に、車両を走らせ、旅客や貨物を輸送する運輸機関の総称。『大陸横断鉄道』

【鉄桶(テットウ)】鉄製の桶(おけ)。『鉄桶の堅陣〔＝堅固な布陣〕』

【鉄塔(テットウ)】鉄の塔。あるいは高圧送電線の鉄の柱。

【鉄馬(テツバ)】[1]よろいをつけた馬。[2]風鈴の別称。

【鉄鉢(テッパツ)】僧が托鉢(タクハツ)のときなどに、食べ物を受けるのに用いる鉄の容器。

【鉄板(テッパン)】鉄を延ばして板状にしたもの。

【鉄扉(テッピ)】鉄製のとびら。

【鉄筆(テッピツ)】[1]篆刻(テンコク)などに用いる小刀。[2][国]謄写板の原紙に文字を書くとき用いる、先端が鉄製の筆記具。

【鉄瓶(テツビン)】[国]鉄製の湯わかし具。

【鉄壁(テッペキ)】鉄板を張った壁。→❷

【鉄棒(テツボウ|かなボウ)】[1]鉄製の棒。[2](テツボウ)器械体操用具の一。二本の柱の間に鉄の棒を水平にかけたもの。

【鉄砲・鉄炮(テッポウ)】火薬の力で弾丸を発射させる武器。特に小銃の称。

【鉄面(テツメン)】武具の一。鉄製の仮面。→❷

【鉄驪(テツリ)】毛が青黒い色の馬。

【鉄路(テツロ)】鉄道線路。また、鉄道。

❷ 強くて堅い。不動の。

【鉄案(テツアン)】動くことのない断定や結論。

【鉄拳(テッケン)】固く握りしめたこぶし。げんこつ。

【鉄人(テツジン)】鉄のように強い体を持った人。不死身の人。

【鉄心(テッシン)】鉄のように堅固な精神、意志。【鉄心石腸(テッシンセキチョウ)】どんなことにも動かされない強い心。鉄石心腸。〔蘇軾-与李公択書〕

【鉄石心腸(テッセキシンチョウ)】鉄や石のように堅固な精神。鉄心石腸。〔通俗編-性情・鉄石心腸〕

【鉄則(テッソク)】変更したり破ったりすることのできない、厳重な規則。『民主主義の鉄則』

【鉄壁(テッペキ)】非常に堅い守り。『鉄壁の堅陣』→❶

【鉄面(テツメン)】公平剛直で権勢を畏れないさま。→❶【鉄面皮(テツメンピ)】恥を恥とも思わないこと。ずうずうしいこと。また、その人。厚顔。〔北夢瑣言〕

【鉄腕(テツワン)】鉄のようにたくましく力強い腕。

[難読地名] 鉄輪(かんなわ)温泉(大分) 鉄拐(てっかい)山(兵庫)

8397【鈿】7879 6E6F E7ED 金-5

デン(呉)・テン(漢)/tián・diàn/かんざし

[字解] 形声。金＋田(声)。

[意味] ❶黄金や青貝でつくった飾り。特に、かんざし。また、頬などにつける花形の金の小片。『鈿頭雲篦』『鈿瓔』『鈿針』『花鈿(カデン)』❷金や貝をはめこむ細工。『鈿合』『鈿螺』『螺鈿(ラデン)』

【鈿瓔(デンエイ)】黄金や青貝で飾った首飾り。

【鈿合・鈿盒(デンゴウ)】青貝をはめ込んで飾った香箱。＊白居易-長恨歌「鈿合金釵寄将去(デンゴウキンサイよせもちさらしむ)〔＝螺鈿の小箱と、金のかんざしをことづける〕」

【鈿針(デンシン)】黄金製のかんざし。

【鈿頭雲篦(デントウのウンペイ)】螺鈿の飾りをした雲の形のこうがい。＊白居易-琵琶行「鈿頭雲篦撃節砕(デントウのウンペイセツをうちてくだく)〔＝螺鈿の飾りをした雲形のこうがいが、歌の拍子をとるために砕けた〕」

【鈿螺(デンラ)】青貝細工。螺鈿(ラデン)。

8398【鉢】4013 482D 94AB 金-5 [常]

ハチ(呉)・ハツ(漢)/bō

[筆順] 鉢 鉢 鉢 鉢 鉢 鉢

[字解] 形声。金＋本(＝朩)(声)。はちの意。盋に同じ。

[意味] ❶はち。㋑皿よりも深く大きいうつわ。『手水鉢(ちょうずバチ)』『乳鉢(ニュウバチ)』㋺[国]植木ばち。㋩[国]頭蓋骨。『鉢合わせ』『鉢巻き』❷([梵] pātra の音訳「鉢多羅」の略)

8399 【鈸】 *6751 金－5 バチ㊇・ハツ㊈/bó

字解 形声。金＋犮㊟。

意味 金属製の打楽器。シンバルの類。『銅鈸（ドウバチ）』『鐃鈸（ニョウバチ）』

8400 【鈹】 *6752 金－5 ヒ㊈/pī・pí

字解 形声。金＋皮㊟。大きな針の意。

8401 【鉧】 *6773 金－5 ボ㊈/mǔ

字解 形声。金＋母㊟。

意味 ❶「鉆鉧（コボ）」は、ひのし。❷国けら。日本古来の、砂鉄からたたら吹きで精製した、海綿状の鉄。

8402 【鉋】 7880 6E70 E7EE 金－5 ホウ（ハウ）㊈/bào/かんな

字解 形声。金＋包㊟。

意味 かんな。材木を削って平らにするための工具。

8403 【鉚】 7886 6E76 E7F4 金－5 リュウ（リウ）㊈

字解 形声。金＋卯㊟。よい金の意。

8404 【鈴】 4675 4E6B 97E9 金－5 常 リョウ（リャウ）㊇・レイ㊈・リン㊍/líng/すず

筆順 鈴 鈴 鈴 鈴 鈴

字解 形声。金＋令㊟。リンリンと澄みきった音を出す金属製のすずの意。古くは祭祀に用いられたという。

文 金 文 篆

意味 ❶すず。主に金属製の球形の空洞の中に、小さい玉を入れたものを、振って鳴らすもの。『鈴語』『鈴鈴』『駅鈴（エキレイ）』『鐸鈴（タクレイ）』『馬鈴（バレイ）』『風鈴（フウリン）』❷りん。れい。㋑合図などのために振って鳴らす鐘の形の道具。『振鈴（シンレイ）』㋺お経を読むときにたたいて鳴らす金属製の小鉢形のもの。㋩ベル。呼びりん。『電鈴（デンレイ）』❸形状や音色などがすずに似ているもの。『亜鈴（アレイ）』

【鈴語（レイゴ）】すず。また、風鈴の鳴る音。鈴声（レイセイ）。

【鈴鈴（レイレイ）】鈴の鳴る音の形容。

難読地名 鈴鹿（すずか）市・郡（三重）

難読姓氏 鈴置（すずき）

8405 【銀】 2268 3664 8BE2 金－6 常3 ゴン㊇・ギン㊈/yín/しろがね

筆順 銀 銀 銀 銀 銀 銀

字解 形声。金＋艮㊟。

意味 ❶ぎん。しろがね。㋑金属元素の一。青白色の美しい光沢がある。『銀位』『銀箔』『金銀』『白銀』㋺ぎんに似た金属。『銀朱』『水銀』❷ぎんのような色。ぎんのように光る白い色。『銀河』『銀波』❸貨幣。おかね。『銀貨』『銀行』『賃銀』❹国将棋の駒の一。『銀将』

❶ ぎん。しろがね。また、ぎんに似た金属。

下接 金銀（キンギン）・純銀（ジュンギン）・水銀（スイギン）・泥銀（デイギン）・白銀（ハクギン）

【銀位（ギンイ）】銀製品に含まれる銀の純度。

【銀甲（ギンコウ）】①銀のよろい。②弦楽器を弾く際に使用する銀のつめ。

【銀黄（ギンコウ）】①銀と黄金。②高位高官が身につけた銀印と黄印。

【銀觥（ギンコウ）】銀のさかずき。銀杯。

【銀鉱（ギンコウ）】銀を含有する鉱石。また、その鉱山。

【銀鉤（ギンコウ）】①銀のすだれかけ。②巧みな書のたとえ。③銀製の釣り針。④新月のたとえ。

【銀婚式（ギンコンシキ）】結婚二五周年を記念して行う式、祝い。

英silver weddingの訳語。

【銀朱（ギンシュ）】水銀を焼いて製する朱墨用の顔料。

【銀子（ギンス）】銀の貨幣。お金。『銀子百貫目』

【銀青（ギンセイ）】銀の印鑑と青い綬（ジュ）。中国、秦・漢の時代の光禄大夫（コウロクタイフ）が身につけたもの。

【銀台（ギンダイ）】①銀で飾った台閣。また、美しい高楼。②細工などで、銀を地金とすること。

【銀泥（ギンデイ）】銀の粉末を膠水（コウスイ）で溶いて顔料としたもの。書画の材料などとして用いる。

【銀牌（ギンパイ）】①銀製のふだ。②賞のしるしとする銀製または銀めっきの牌。

【銀箔・銀薄（ギンパク）】銀を槌（つち）でたたいて、紙のように薄くのばしたもの。

【銀盤（ギンバン）】銀製の皿。→❷

【銀屏（ギンペイ）】銀の屏風（ビョウブ）。

【銀瓶（ギンペイ）】銀で作ったかめ。＊白居易-琵琶行「銀瓶乍破水漿迸（ギンペイたちまちやぶれてスイショウほとばしる）〔＝銀のかめが急にこわれて水がほとばしり出る〕」

❷ ぎんのように光る白い色。

【銀花（ギンカ）】①銀色の花。銀でつくった花。②灯火の美しいことのたとえ。③降る雪をたとえていう語。

【銀河（ギンガ）】夜空に川のように見える光の帯。無数の星からなる。天の川。銀漢。『銀河系』

【銀漢（ギンカン）】＝銀河（ギンガ）

【銀舎利（ギンシャリ）】国白米の飯の俗称。

【銀燭（ギンショク）】銀色に美しく照り輝くともしび。

【銀蟾（ギンセン）】（「蟾」は「蟾蜍（センジョ）」、中国古代の伝説で月中に住むというヒキガエル）月の異称。

【銀髯（ギンゼン）】真っ白で美しいひげ。

【銀竹（ギンチク）】雨をたとえていう語。転じて、夕立。

【銀兎（ギント）】月の異称。

【銀杏（ギンナン｜いちょう）】①（ギンナン）イチョウの実。食用。②（いちょう）イチョウ科の落葉高木。葉は扇形で秋に黄葉する。公孫樹。❤①は実の外皮が銀白色で、形がアンズ（杏）に似ているところから。

【銀波（ギンパ）】月光などが映って、銀色に光る波。

【銀髪（ギンパツ）】銀色の髪の毛。白髪。しらが。

【銀盤（ギンバン）】国スケートリンク。→❶

【銀幕（ギンマク）】映画などを映写する幕。転じて、映画。

【銀翼（ギンヨク）】銀色に輝くつばさ。転じて、飛行機。

【銀輪（ギンリン）】国銀色の輪。転じて、自転車。

【銀鱗（ギンリン）】銀色のうろこ。転じて、魚。

【銀嶺（ギンレイ）】雪が積もって銀色に輝く山。

❸ 貨幣。おかね。

下接 市銀（シギン）・賃銀（チンギン）・旅銀（リョギン）・労銀（ロウギン）・路銀（ロギン）

【銀貨（ギンカ）】銀を主成分としてつくった貨幣。銀貨幣。

【銀行（ギンコウ）】預金の出し入れ、金銭の貸し出し、為替取引などの業務を行う金融機関。『信託銀行』『銀行員』

【銀座（ギンザ）】国①江戸幕府直轄の銀貨鋳造所。②東京都中央区南西部の地名。この地に①があったことによる。

8406 【鉸】 *6782 金－6
コウ(カウ)漢/jiǎo/はさみ
字解 形声。金＋交(まじわる)声。はさみの意。
意味 ❶はさみ。また、物をはさんで切る。❷しめかなぐ。帯などをとめる金具。『鉸具』

8407 【銖】 7883 6E73 E7F1 金－6
シュ漢/zhū/わずか
字解 形声。金＋朱声。
意味 ❶重さの単位。一両の二四分の一。❷わずか。また、わずかなもの。『銖積寸累』『銖分』『銖両』❸にぶい。『銖鈍』❹国江戸時代の貨幣の単位。一両の一六分の一。❺国利率の名目。百分の一の歩合。一割の一〇分の一。
【銖積寸累】(シュセキスンルイ) わずかなものを少しずつ積み重ねていくこと。〔侯鯖録〕
【銖鈍】(シュドン) にぶいさま。
【銖分】(シュブン) 細かいところまで知り分けること。
【銖両】(シュリョウ) 少しの目方。軽微なことのたとえ。

8408 【銃】 2938 3D46 8F65 金－6 常　(8392)【銃】二一 金－5 旧字
シュウ(シウ)漢・ジュウ慣/chòng/つつ
筆順 銃 銃 銃 銃 銃 銃
字解 形声。金＋充声。
意味 ❶斧(おの)の柄をさしこむ穴。❷つつ。鉄砲。弾丸を発射する装置を持つ武器で、小型のもの。『拳銃』

❷つつ。鉄砲。
下接 火銃(カジュウ)・機銃(キジュウ)・騎銃(キジュウ)・拳銃(ケンジュウ)・小銃(ショウジュウ)・短銃(タンジュウ)・弔銃(チョウジュウ)・鳥銃(チョウジュウ)・猟銃(リョウジュウ)

【銃火】(ジュウカ) 銃器をうつときに出る火。また、銃器による射撃。

【銃架】(ジュウカ) 小銃をたてかけておく台。

【銃丸】(ジュウガン) 鉄砲玉。銃弾。

【銃眼】(ジュウガン) 射撃するために、防壁などにあけた穴。

【銃器】(ジュウキ) 一人で持ち運びできる小銃、拳銃、機関銃などの総称。

【銃撃】(ジュウゲキ) 小銃、機関銃などの銃器で射撃すること。

【銃剣】(ジュウケン) ①銃と剣。②小銃の先につける剣。また、その剣を先につけた小銃。

【銃後】(ジュウゴ) 国戦場の後方。また、直接には戦闘に加わらない一般の国民。

【銃口】(ジュウコウ) 小銃などの、弾丸を発射する口。

【銃殺】(ジュウサツ) 銃で撃ち殺すこと。『銃殺刑』

【銃床】(ジュウショウ) 銃身を支える木製の部分。

【銃身】(ジュウシン) 銃の弾丸通路となる、銃尾から銃口までの鋼鉄製の円筒部分。

【銃声】(ジュウセイ) 銃を発射した音。

【銃創】(ジュウソウ) 銃弾によるきず。

【銃弾】(ジュウダン) 銃の弾丸。

【銃砲】(ジュウホウ) 小銃と大砲。『銃砲店』

8409 【銭】 3312 412C 914B 金－6 常5　(8453)【錢】 7902 6F22 E841 金－8 旧字
ゼン呉・セン漢/qián・jiǎn/ぜに
筆順 銭 銭 銭 銭 銭 銭
字解 銭は錢の略体。錢は形声。金＋戔(薄く切る)声。農耕具の意。転じて、ぜにの意に用いる。
意味 ❶ぜに。かね。貨幣。『銭湯』『金銭』『賽銭(サイセン)』❷国せん。日本の貨幣の単位。一円の一〇〇分の一。現在、貨幣としては廃止されているが、為替相場、利子計算などで用いられている。「一二八円六〇銭」❸地名、人名など。『銭塘江』『銭大昕』

❶ぜに。かね。貨幣。
下接 悪銭(アクセン)・金銭(キンセン)・口銭(コウセン)・古銭(コセン)・賽銭(サイセン)・散銭(サンセン)・借銭(シャクセン)・酒銭(シュセン)・鋳銭(チュウセン)・賃銭(チンセン)・刀銭(トウセン)・緡銭(ビンセン)・米銭(ベイセン)・俸銭(ホウセン)・無銭(ムセン)・連銭(レンセン)

【銭貨】(センカ) 金銭。泉貨。

【銭貫】(センカン) ぜにの穴に通して束ねるひも。また、ぜに。

【銭刀】(セントウ) (「刀」は中国古代の銭) 銭貨。ぜに。

【銭湯】(セントウ) 国料金をとって入浴させる浴場。風呂屋(ふろや)。

【銭帛】(センパク) ①金銭と布帛。お金と布切れ。②祭祀用に紙を切って作る貨幣。

【銭布】(センプ) (「布」も貨幣の意) かね。銭貨。

【銭癖】(センペキ) 人並みはずれて金銭に執着する性癖。

❸地名、人名など。
【銭大昕】(センダイキン) 中国、清の学者。字(あざな)は暁徴(ギョウチョウ)。清朝考証学の代表的人物の一人。勅撰書の『続文献通考』『続通志』『大清一統志』等の編集に参与。主著『二十二史考異』など。(一七二八～一八〇四)
【銭塘江】(セントウコウ) 中国浙江省の北部を流れる大河。三国時代、潮害を防ぐため銭を一般から募って堤を築いたところからいう。

8410 【銑】 3313 412D 914C 金－6 常
セン漢/xiǎn/ずく
筆順 銑 銑 銑 銑 銑 銑
字解 形声。金＋先声。洗われたような光沢がある金属の意。
意味 ❶つやのある金属。また、金属の光沢。❷国ずく。ずくてつ。鉄鉱石を溶かした不純な鉄。鋳物などに用いる。『銑鉄』『溶銑(ヨウセン)』
【銑鉄】(センテツ|ずくテツ) 国鉄鉱石を溶鉱炉でとかして還元した高炭素の鉄。ずく。

8411 【銓】 7884 6E74 E7F2 金－6
セン漢/quán/はかり・はかる
字解 形声。金＋全(ととのえる)声。はかりの意。
意味 ❶はかり。目方をはかる道具。『銓衡』❷はかる。とりしらべる。えらぶ。『銓考』『銓次』『銓叙』
【銓考】(センコウ) 人物・才能などを調べ考えること。選考。
【銓衡】(センコウ) (「衡」は、はかりのさお) ①はかり。②人物や才能をはかり調べること。銓考。選考。
【銓次】(センジ) いろいろと考えて順序をつけること。
【銓叙】(センジョ) 才能の優劣を考え、それによって官位を与えること。

8412 【銛】 7885 6E75 E7F3 金－6
セン漢/xiān/もり
字解 会意。金＋舌(した)。舌状の先端のある、すき・もりの意。
意味 ❶もり。魚介類を突き刺してとる漁具。❷すき。田畑を耕す農具。❸するどい。『銛利』

【銛利】刃がするどくよく切れること。銛鋭。

8413【銚】3624 4438 92B6 金－6 ヨウ(エウ)漢・チョウ(テウ)漢 \yáo・diào・tiáo\すき・なべ

字解 形声。金＋兆㊥。

意味 ❶すき。農具の一。❷なべ。小さなかま。柄と口のついた、飲食物をあたためる器。『銚子』『銅銚』

【銚子】国①酒を入れ、燗をするための瓶状の容器。徳利。②酒を入れて杯につぐ長い柄のついた器。

8414【銕】7878 6E6E E7EC 金－6 テツ「鉄」(8396)の異体字

8415【銅】3828 463C 93BA 金－6 常5 ドウ呉・トウ漢\tóng\あかがね

筆順 銅銅銅銅銅銅銅

字解 形声。金＋同㊥。

意味 あかがね。金属元素の一。湿気中では表面に緑青を生じる。

下接 黄銅・金銅・赤銅・青銅・精銅・白銅・分銅

【銅貨】銅を主な材料として鋳造した貨幣。銅銭。

【銅器】銅、青銅で作った器具。

【銅壺】①銅製の壺でできた水時計。漏刻。②国銅製の器物。火鉢に仕込んだりする湯わかし。

【銅鉱】銅を含んだ鉱石。

【銅虎符】トラの形につくった銅製の割り符。

【銅山】銅を産出する鉱山。

【銅雀台】中国、三国魏の曹操が鄴の都の西北隅に築いた楼台の名。屋上に銅製の鳳凰を飾ったのでこの名がある。

【銅臭】①銅銭の臭気。②金銭にとらわれた人の行為を卑しんでいう語。〔後漢書-崔烈伝〕

【銅青】銅に生じる緑色の有毒の錆。緑青。

【銅線】銅の針金。

【銅像】青銅で造った像。

【銅鐸】国弥生時代の釣鐘形の青銅器。宗教的儀器、宝器として用いられたという。

【銅牌】銅製の賞牌。また、銅メダル。

【銅鈸】東洋で用いられる打楽器の一種。円形の二枚の銅板を打ち鳴らすもの。銅拍子。

【銅盤】①銅製のたらい。②＝銅鈸

【銅墨】銅製の印と黒色のひも。県令が身につけた。

【銅鑼】打楽器の一種。銅盤状で、ひもでつり下げ、桴などで打つもの。

8416【鉾】4340 4B48 9667 金－6 ボウ漢\móu\ほこ

字解 形声。金＋牟㊥。

意味 ほこ。敵を突き刺すのに用いる長柄の武器。また、ほこさき。きっさき。『玉鉾』『山鉾』

8417【銘】4435 4C43 96C1 金－6 常 メイ漢\míng\しるす

筆順 銘銘銘銘銘銘銘

字解 形声。金＋名(なをなのる)㊥。金属器の面に功徳・名などをしるす意。

意味 ❶しるす。文字をきざみこむ。また、鋳出す。㋑金石などに、文字をしるす。また、その文字や文章。『墓碑銘』『銘文』『刻銘』『鐘銘』『鼎銘』㋺葬式に用いる死者の官位、姓名などをしるした旗。『銘旗』㋩器物などにきざみこんだ製作者の名。『在銘』『無銘』❷特に、心にきざみこむ。忘れないようにする。また、心にきざんで戒めとする言葉。『肝に銘ずる』『座右の銘』『銘記』『感銘』❸国器物や商品に特につけられた固有名。また、名のある。名の通った上等の。『銘菓』『銘柄』『酒銘』『茶銘』❹あて字。『銘仙』『銘銘』

❶ しるす。きざみこむ。

【銘旗】葬送の時に用いる、死者の官位・姓名を記した旗。銘旌。

【銘肌鏤骨】肌にしるし、骨にきざむこと。深く記憶して忘れないこと。〔顔氏家訓-序致〕

【銘刻】金石に文字をきざみこむこと。

【銘刀】刀鍛冶の名をきざみこんである刀。

【銘文】銘として碑石・器物・像などにきざみつけられた文。

【銘誄】死者の功績を述べた文章。

❷ 特に、心にきざみこむ。

【銘戒】深く心にきざみこみ、いましめること。また、いましめの言葉。

【銘記】深く心にきざみつけて忘れないこと。

【銘心】心に深くとめて忘れないこと。銘肝。【銘心鏤骨】深く心にきざみつけて覚えておくこと。

❸ (日本語で)名の通った上等の。

【銘菓】国特別な銘を持つ由緒ある菓子。

【銘柄】国商品の商標。ブランド。

【銘酒】国銘柄のある上等の酒。

【銘茶】国特別に名前のある上質の茶。

【銘木】国形、木目などに趣があって、床柱や床の間などに珍重される木材。

❹ あて字。

【銘仙】国玉糸の諸より糸などで織る平織りの絹織物。着物や布団地用。

【銘銘】国一人一人別々に。各自。『銘銘皿』➡「メンメン(面面)」の変化。

8418【鈾】─ ─ 金－6 くまで・なた

字解 国字。会意。金＋曲(くま)。くまで、また、なたの意。

8419【鋭】1752 3154 8973 金－7 常 エイ呉漢\ruì\するどい

(8420)【銳】─ ─ 金－7 旧字

筆順 鋭鋭鋭鋭鋭鋭鋭

字解 形声。金＋兑(わけはなす)㊥。刃物がするどい意。

参考 万葉仮名では訓を借りて「と甲」。

意味 ❶するどい。先がとがっている。刃物がよく切れる。↔鈍。『鋭利』『尖鋭』❷さとい。はやい。かしこい。勢いや働きがするどい。すぐれている。↔鈍。

『鋭気』『鋭敏』 ⇒表

鋭（エイ）	利（リ）	鈍（ドン）
鋭利		利鈍
するどい。つよい。 鋭刃 鋭気 鋭敏 鋭兵 尖鋭（センエイ） 聡鋭	するどい。よい。 利器 利根 利巧 利兵 便利 利発	にぶい。おろか。 鈍器 鈍根 鈍才 鈍兵 遅鈍 愚鈍

❶ するどい。先がとがっている。

【鋭角（エイカク）】 1するどい角度。『鋭角的』 2数学で直角よりも小さい角。↕鈍角。『鋭角三角形』

【鋭鋒（エイホウ）】 するどくとがったほこ先。するどく人を攻めたてる勢い。♥筆や舌をほこ先に見立てていう。

【鋭利（エイリ）】 刃物などがよく切れるさま。↓❷

❷ 勢いや働きがするどい。

下接 果鋭（カエイ）・気鋭（キエイ）・軽鋭（ケイエイ）・新鋭（シンエイ）・精鋭（セイエイ）

【鋭意（エイイ）】 気持ちを集中して励むさま。『鋭意検討中』

【鋭気（エイキ）】 するどい気性。激しい意気込み。

【鋭師（エイシ）】 勢いの激しい軍勢。

【鋭卒（エイソツ）】 勇敢で強い兵士。

【鋭敏（エイビン）】 1理解、判断がするどくすばやいさま。2感覚がするどいさま。敏感。

【鋭利（エイリ）】 頭の働きがするどいこと。↓❶

8421 【鋏】 7887 6E77 E7F5 金－7 キョウ(ケフ)漢/jiá/はさみ・はさむ・やっとこ

字解 形声。金＋夾(はさむ)声。かなばさみの意。

意味 ❶はさみ。物を切る道具。また、はさむ。はさみで切る。❷やっとこ。針金・板金などをはさむ工具。❸つるぎ。つるぎのつか。また、つるぎの中身。刀身。『剣鋏（ケンキョウ）』『長鋏（チョウキョウ）』

8422 【鋙】 ＊6835 金－7 ゴ呉・ギョ漢/yǔ

字解 形声。金＋吾(→五、交差する)声。くいちがう意。

8423 【鋘】 ＊6834 金－7 ゴ漢・ギョ漢/yǔ・wū/すき

字解 形声。金＋吳声。すき、また、こての意。

8424 【鋜】 ＊6836 金－7 サク漢/zhuó/かなほだし

字解 形声。金＋足(あし)声。あしかせの意。

8425 【銹】 7888 6E78 E7F6 金－7 シュウ(シウ)漢/xiù/さび・さびる

字解 形声。金＋秀(作物の穂がのび出る)声。金属の表面にできるさびの意。

意味 さび。さびる。金属が酸化する。

8426 【鋤】 2991 3D7B 8F9B 金－7 ソ漢・ショ漢・ジョ慣/chú/すき・すく

字解 形声。金＋助(力をかす、たすける)声。すきの意。鉏に同じ。

参考 万葉仮名では音を借りて「ぞ乙」。

意味 ❶すき。田畑の土をすきかえす農具。『鋤犂』『鋤簾』❷すく。たがやす。『耕鋤（コウジョ）』❸根を絶やす。根絶やしにする。ほろぼす。『鋤除』『誅鋤（チュウジョ）』

【鋤除（ジョジョ）】 雑草をとりのぞくこと。転じて、悪人をほろぼすこと。

【鋤犂（ジョレイ｜ジョリ）】 (「犂」は、牛にひかせるすき) すき。

【鋤簾（ジョレン）】 土砂やごみなどをかき寄せる道具。柄の先に箕(み)などを取り付けたもの。

8427 【銷】 7889 6E79 E7F7 金－7 ショウ(セウ)漢/xiāo/とかす・とける・けす

字解 形声。金＋肖(小さい)声。金属がとける意。

参考 「消」を書き換えに用いる。熟語は「消」(4117)をも見よ。

意味 ❶とかす。金属をとかす。また、とける。『銷鑠』❷けす。きえる。おとろえる。また、なくなる。つきる。「消」に同じ。『銷夏』『銷魂』『銷暑』『銷沈』

【銷夏（ショウカ）】 夏の暑さをしのぐこと。消夏。

【銷魂（ショウコン）】 1悲しみにうち沈むこと。2びっくりすること。3われを忘れて感動にひたりきること。

【銷鑠（ショウシャク）】 金属などがとけること。

【銷暑（ショウショ）】 夏の暑さをしのぐこと。消暑。

【銷沈（ショウチン）】 元気がなくなること。消沈。『意気銷沈』

【銷亡（ショウボウ）】 消えうせること。滅びてなくなること。

8428 【鋟】 ＊6838 金－7 セン漢・シン漢/qiān・qǐn/きざむ・ほる

字解 形声。金＋㝷声。

意味 きざむ。ほりつける。

【鋟梓（シンシ）】 版木にほって印刷すること。上梓。

8429 【鋳】 3582 4372 9292 金－7 常 (8546)【鑄】 7941 6F49 E868 金－14 旧字人 シュ漢・シュウ(シウ)漢・チュウ(チウ)慣/zhù/いる

筆順 鋳 鋳 鋳 鋳 鋳 鋳

字解 鋳は鑄の略体。鑄は形声。金＋壽(つらねる)声。金属をとかして、いる意。初期の金文に、両手で鬲を もち、火で加熱して器物をいるさまに象るものがある。

金文　金文　篆文
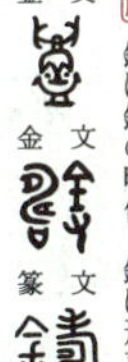

意味 いる。金属を溶かして型に流し込む。『鋳造』

下接 改鋳（カイチュウ）・私鋳（シチュウ）・新鋳（シンチュウ）・陶鋳（トウチュウ）・冶鋳（ヤチュウ）

【鋳金（チュウキン）】 金属を溶かし、型に入れて、器物や美術品を造ること。鋳造。

【鋳型・鋳形（チュウケイ｜いがた）】 鋳物(いもの)の鋳造に用いる型。

【鋳鋼（チュウコウ）】 鋳型に流し込んで成形した鋼鉄。

【鋳銭（チュウセン）】 貨幣を鋳造すること。

【鋳造（チュウゾウ）】 金属を溶かして鋳型に流し込み成形すること。↕鍛造

【鋳鉄（チュウテツ）】 鋳物(いもの)に用いる鉄。炭素二・五～四パーセント程度を含み、もろい。

8430 【鋌】 ＊6827 金－7 テイ漢/dìng・tǐng/いたがね

字解 形声。金＋廷(のばす)声。いたがねの意。

8431 【鋂】 ＊6820 金－7 バイ漢・マイ慣/méi/くさり

字解 形声。金＋每声。連なるくさりの意。

8432 【鋲】 4138 4946 9565 金－7 びょう

字解 国字。形声。金＋兵(ひょう)声。びょうの意。

意味 びょう。㋑頭に笠(かさ)形のものが付いた、装飾を兼ねた釘(くぎ)。『画鋲(ガびょう)』 ㋺靴の底に打つ金具。

8433
【鋪】
4263 4A5F 95DD 金－7 ホ
「舗」(159)の異体字

8434
【鋒】
4315 4B2F 964E 金－7 ホウ㊥/fēng/ほこ・ほこさき

字解 形声。金＋夆(↓峰、先端がとがる)㊥。ほこさきの意。

意味 ほこさき。きっさき。刃物の先端。また転じて、物事の先端。

下接 鋭鋒(エイホウ)・機鋒(キホウ)・才鋒(サイホウ)・詞鋒(シホウ)・舌鋒(ゼッポウ)・先鋒(センポウ)・蔵鋒(ゾウホウ)・談鋒(ダンポウ)・筆鋒(ヒッポウ)・露鋒(ロホウ)・論鋒(ロンポウ)

【鋒戈(ホウカ)】 ほこ。

【鋒矢(ホウシ)】 ほこと矢。また、するどく速い矢。

【鋒刃(ホウジン)】 ほこさきと刃。また、ほこさき。

【鋒鏑(ホウテキ)】 ほこさきとやじり。転じて、武器。兵器。

【鋒芒・鋒鋩(ホウボウ)】 1刃物などのきっさき。転じて、戦いで敵を攻撃する方向。2相手の非を責めたり問題をするどく追及したりする話しぶり。また、するどい気質。

【鋒利(ホウリ)】 刃物などがするどいこと。また、文章の論調がするどいこと。

〖争ㇾ鋒(ホウをあらそう)〗 ほこ先を交えて争う。戦争すること。＊十八史略-東漢「此誠不ㇾ可㆓与争㆒ㇾ鋒(これまことにともにホウをあらそうべからず)〔＝これではどうあってもほこ先を交えてはならない〕」

8435
【鋩】
7890 6E7A E7F8 金－7 ボウ(バウ)㊥/máng/きっさき

字解 形声。金＋芒㊥。

意味 きっさき。刃物の先端。『剣鋩(ケンボウ)』『鋒鋩(ホウボウ)』

8436
【錏】
7891 6E7B E7F9 金－8 ア㊥/yà/しころ

字解 形声。金＋亞㊥。

意味 しころ。かぶとなどの左右と後ろに垂れて、首すじを防御するもの。

8437
【鋺】
7892 6E7C E7FA 金－8 エン(ヱン)㊥/yuǎn/かなまり

字解 形声。金＋宛㊥。はかりのさらの意。また、かなまり。金属製のわん。

8438
【錧】
＊6865 金－8 カン(クヮン)㊥/guǎn/くさび

字解 形声。金＋官㊥。車軸につけるくさびの意。

意味 ❶くさび。車のくさび。『錧鎋』 ❷すき。❸国たたら。大きなふいご。

【錧鎋(カンカツ)】 車のくさび。また、物事のかなめ。

8439
【錡】
＊6862 金－8 キ㊥/yǐ・qí/のこぎり

字解 形声。金＋奇㊥。

意味 ❶のこぎり。❷のみ。❸釜(かま)。

8440
【鋸】
2188 3578 8B98 金－8 キョ㊥/jù・jū/のこぎり

字解 形声。金＋居㊥。のこぎりの意。

意味 のこぎり。材木をひき切る道具。また、のこぎりをひく。『刀鋸(トウキョ)』『糸鋸(いとのこ)』

【鋸牙(キョガ)】 ＝鋸歯(キョシ)

【鋸歯(キョシ)】 1のこぎりの歯。また、鋭い歯。鋸牙。2植物の葉のふちが、こまかく切れ込んでとがったもの。

【鋸匠(キョショウ)】 材木をのこぎりで切る職人。

【鋸屑(キョセツ)】 1のこぎりくず。おがくず。2(のこぎりくずが次々と出るように)言語や文章などがよどみなく出ることのたとえ。

8441
【錦】
2251 3653 8BD1 金－8 人 キン㊥/jǐn/にしき

字解 形声。帛(絹織物)＋金(黄金色に美しくかがやく)㊥。五色の糸で織ったにしきの意。

意味 にしき。あや織物。また、にしきのように美しいようす。相手に属するものに対する美称としても用いる。『衣錦(イキン)』『貝錦(バイキン)』『文錦(ブンキン)』

【錦衣玉食(キンイギョクショク)】 立派な衣服を身にまとい、美食にふけること。贅沢な生活のたとえ。〔北史-常景伝〕

【錦官城(キンカンジョウ)】 中国、蜀の都、成都の別称。大・小二城からなり、小城ににしきを管理する役所があった。現在、四川省の省都。錦城。

【錦旗(キンキ)】 1にしきの旗。2国天皇の旗。征討将軍のはたじるしとした。にしきの御旗(みはた)。

【錦綺(キンキ)】 にしきとあやぎぬ。華麗な衣服。

【錦衾(キンキン)】 にしきの布地で作った夜具。

【錦江(キンコウ)】 中国江西省北西部を流れ、高安を経て贛江(カンコウ)下流に注ぐ川。昔、にしきをさらしたという。

【錦字(キンジ)】 妻が夫を慕って書く手紙。また、女から男に贈る恋文。〔晋書-列女伝〕♥中国、前秦の竇滔(トウトウ)の妻が回文詩をにしきに織り込んで夫に贈った故事から。

【錦繡・錦綉(キンシュウ)】 1にしきと、刺繡(シシュウ)の織物。美しい織物や衣服。2美しいもみじや花、あるいは、美しい詩文のたとえ。

【錦上(キンジョウ)】 にしきの上。〖錦上添ㇾ花(キンジョウにはなをそう)〗 にしきの上に花を置くように、美しい物の上に、さらに美しい物を加える。〔王安石-即事詩〕

【錦心繡腸(キンシンシュウチョウ)】 美しい思想やことばをもち、詩文の才にすぐれていること。錦心繡口。

【錦帳(キンチョウ)】 にしきで作った、部屋の仕切りに用いる垂れ布。にしきのとばり。

【錦嚢(キンノウ)】 1にしきで作った袋。2詩の草稿を入れる袋。転じて、他人の詩稿をほめていう語。〔唐書-文芸伝下・李賀〕♥中国、唐代の詩人李賀の故事による語。

【錦楓(キンプウ)】 紅葉して、にしきのように美しいカエデ。

【錦袍(キンポウ)】 にしきで作ったうわぎ。

【錦纜(キンラン)】 にしきで作ったともづな。

【錦鱗(キンリン)】 美しくあでやかな魚。

〖衣ㇾ錦還ㇾ郷(にしきをきてキョウにかえる)〗 成功したり、立身出世したりしてふるさとに帰る。〔南史-劉之遴伝〕

〖衣ㇾ錦尚ㇾ絅(にしきをきてケイをくわう)〗 (「絅」は着物の上にかける薄ぎぬ) 美しい着物の上に薄いひとえを重ねて着る。君子が自分の美徳を他に誇らず、謙虚であることのたとえ。錦を衣て褧衣(ケイイ)す。〔中庸〕

〖衣ㇾ錦夜行(にしきをきてよるゆく)〗 成功したり出世したりしても郷党や知人にその姿を見せなければ甲斐がないというたとえ。繡(シュウ)を衣て夜行く。〔漢書-項籍伝〕

難読姓氏 錦織(にしきおり・にしこおり・にしごり)

8442
【錮】
7894 6E7E E7FC 金－8 コ㊥/gù/ふさぐ

字解 形声。金＋固(かたい)㊥。金属をとかしてすきまをふさぐ意。

意味 ❶ふさぐ。㋑とかした金属を流しこんで、すきまをふさぐ。㋺とじこめる。自由を奪う。『禁錮』『党錮(トウコ)』❷かたい。堅固である。❸ながわずらい。持病。「痼」に同じ。『錮疾』

【錮疾(コシツ)】長くわずらっている病気。

8443 【鋼】 2561 395D 8D7C 金－8 常6 コウ(カウ)呉漢/gāng・gàng/はがね

筆順 金 鈩 鈿 鋼 鋼 鋼

字解 形声。金＋岡声。

意味 はがね。きたえあげて質を強くした鉄。

下接 精鋼(セイコウ)・製鋼(セイコウ)・粗鋼(ソコウ)・鋳鋼(チュウコウ)・鉄鋼(テッコウ)

【鋼玉(コウギョク)】天然のアルミニウムの酸化鉱物。赤はルビー、青はサファイアという。

【鋼鉄(コウテツ)】銑鉄(センテツ)にふくまれている炭素を減らして、固くじょうぶにした鉄。はがね。鋼(コウ)。

8444 【錯】 2688 3A78 8DF6 金－8 常 サク呉漢・ソ呉漢・シャク慣/cuò・cù/まじる・あやまる・おく

筆順 金 銈 錯 錯 錯 錯

字解 形声。金＋昔(かさねる)声。金属をぬり重ねてめっきする意。派生して、まじる意を表す。

意味 ❶めっきをする。黄金で表面をかざる。❷まじる。まじわる。かわるがわる。また、入り乱れる。『錯雑』『錯乱』❸あやまる。まちがえる。『錯誤』『錯覚』『失錯(シッサク)』『謬錯(ビュウサク)』⇒〔誤〕(7504)の表 ❹みがく。こすってみがく。❺やすり。❻(ソ)おく。放置する。また、すえる。おちつかせる。「措」に同じ。『錯辞』『挙錯(キョソ)』

❷ まじる。かわるがわる。入り乱れる。

下接 交錯(コウサク)・倒錯(トウサク)・盤錯(バンサク)・紛錯(フンサク)

【錯愕(サクガク)】あわて惑うこと。

【錯迕・錯午(サクゴ)】(「迕」は、逆らう意) 入りまじること。ちぐはぐなこと。＊杜甫-新婚別「人事多二錯迕一(ジンジにはサクゴおおし)〔＝人の世はちぐはぐなことが多いものだ〕」

【錯雑(サクザツ)】いろいろなものが入りまじること。錯綜。

＊白居易-琵琶行「嘈嘈切切錯雑弾(ソウソウとセツセツとサクザツしてダンず)〔＝騒がしい音と細い音とが、入りまじって弾かれる〕」

【錯節(サクセツ)】入りくんだ木のふし。こみいった事情。『盤根錯節』

【錯綜(サクソウ)】物事が複雑に入りくみ、混乱すること。

【錯乱(サクラン)】頭が混乱すること。『錯乱状態』

【錯簡(サッカン)】古い書物のとじ違い。また、それによるページや文章の入れ違い。

【錯行(サッコウ)】お互いに行ったり来たりすること。かわるがわるめぐり行くこと。

❸ あやまる。まちがえる。

【錯誤(サクゴ)】①まちがうこと。あやまり。『試行錯誤』②法律で、人の認識と事実とが食い違うこと。

【錯認(サクニン)】まちがって判断すること。

【錯謬・錯繆(サクビュウ)】まちがえること。錯誤。

【錯覚(サッカク)】外界の客観的事実を違えて知覚すること。

【錯慮(サクリョ)】まちがった考え。

❻ おく。すえる。おちつかせる。

【錯辞(ソジ)】詩や文のことばをえらび加えること。措辞。

8445 【錙】 7901 6F21 E840 金－8 シ呉漢/zī

字解 形声。金＋甾(＝菑)声。

意味 古代中国の重さの単位。六銖。また、八銖、六両、八両等諸説がある。

【錙銖(シシュ)】(「銖」も古代中国の目方の単位) わずかな目方。転じて、物事の微細なこと。

8446 【錫】 2866 3C62 8EE0 金－8 シャク呉・セキ漢/xī・xì/すず

字解 形声。金＋易声。あるいは易はかわる意で、錫は青銅を作るとき、銅に入れると硬度が増加するすずの意か。甲骨文、金文は賜に通じて用いられる。

甲骨文 金文 篆文

意味 ❶すず。金属元素の一。『錫人』『鉛錫(エンシャク)』❷道士や僧などが用いるつえ。『錫杖』『巡錫(ジュンシャク)』❸たまう。たまわる。たまもの。『天錫(テンシャク)』

【錫杖(シャクジョウ)】僧、修験者が持ち歩く杖(つえ)。上部に数個の鉄の輪をつける。

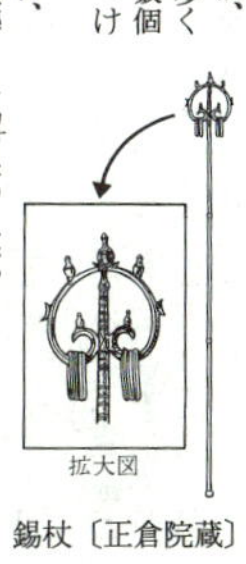

錫杖〔正倉院蔵〕

【錫人(シャクジン)】昔、死者とともに埋葬した錫(すず)製の人形。

8447 【錞】 ＊6860 金－8 シュン漢・トン漢・タイ漢・ジュン慣/chún・duì/いしづき

字解 形声。金＋享(＝辜)声。

意味 ❶(シュン・ジュン)打楽器の名。❷(タイ)いしづき。ほこの下端。

8448 【錠】 3091 3E7B 8FF9 金－8 常 ジョウ(ヂャウ)呉・テイ漢/dìng

筆順 金 鉈 錠 錠 錠 錠

字解 形声。金＋定(安定する)声。安定感のある足のついた祭器、たかつきの意。

意味 ❶たかつき。食物を入れて神前に供える足つきの器。❷じょう。薬などを平たく丸く固めたもの。『錠剤』『糖衣錠』❸国じょう。じょうまえ。戸、ふた、引き出しなどの開けたてする所に差し込んで開かないようにする金具。また、それを開閉する鍵(かぎ)。『錠前(ジョウまえ)』

下接 施錠(セジョウ)・手錠(てジョウ)・箱錠(はこジョウ)・尾錠(ビジョウ)

【錠剤(ジョウザイ)】粉末または結晶性の薬品を圧縮してつくった固形の薬剤。

8449 【錐】 3177 3F6D 908D 金－8 スイ呉漢/zhuī/きり

字解 形声。金＋隹(→出、でる)声。先が鋭くとがった刃物、きりの意。

意味 ❶きり。板などに小さな穴を開けるのに用いる工具。『錐刀』『立錐』❷きりのように先のとがった形状のもの。『錐体』『円錐』

❶ きり。板などに小さな穴をあける工具。

【錐刀(スイトウ)】①きりと小刀。また、先のとがった小さい刃物。②わずかなこと、微小なもの。【錐刀之末(スイトウのすえ)】とがったきり状の刃の先端、転じて、わずかな利益、ささいな事をいう。〔左伝-昭公六年〕

【錐嚢(スイノウ)】1きりの入ったふくろ。2(ふくろの中にきりを入れると、自然に先が出るところから)才能のある人は、自然にそれが外に現れること。

【錐末(スイマツ)】1きりのさき。2(転じて)すくないもの。

【錐処二嚢中一(きりノウチュウにおる)】英才は隠れていても必ずその才能や真価が現れるたとえ。〔史記-平原君虞卿伝〕

【用レ錐指レ地(きりをもってチをさす)】きりを地にさして、大地の深さをはかる。視野の狭いたとえ。錐指(スイシ)。〔荘子-秋水〕

❷ きりのように先のとがった形状のもの。

下接 円錐(エンスイ)・角錐(カクスイ)・毛錐(モウスイ)・蘆錐(ロスイ)

【錐体(スイタイ)】1平面上の図形と、平面外の一定点とを結ぶ線分で作られる立体図形。錐。2脊椎動物の網膜上にある円錐状の突起。明るい場所での視覚や色覚をつかさどる。錐状体。

8450【錘】3178 3F6E 908E 金-8 常 スイ漢・ツイ漢/chuí・zhuì/つむ・おもり

筆順 錘 錘 錘 錘 錘 錘

字解 形声。金+垂(たれさがる)声。はかりのさおにさげるおもりの意。

意味 ❶古代中国の重さの単位。八銖、また、一二両。❷おもり。はかりのおもり。『鉛錘(エンスイ)』❸国つむ。糸によりをかけ、糸を巻きとる棒。糸をつむぐのに用いる。『紡錘(ボウスイ)』

8451【錆】—— 金-8 (8452)〔錆〕2712 3B2C 8E4B 金-8 †

ショウ(シャウ)漢・セイ慣/qiāng/さび・さびる

字解 形声。金+青声。精に同じく、くわしい意。

意味 ❶くわしい。「精」に同じ。❷国さび。さびる。金属の表面に生じた酸化物。また、形状がさびのようなもの。『錆鮎(さびあゆ)』『錆色(さびいろ)』『錆声(さびごえ)』『赤錆(あかさび)』

8453【錢】7902 6F22 E841 金-8 セン 「銭」(8409)の旧字

8454【錚】7903 6F23 E842 金-8 ソウ(サウ)漢/zhēng/かね

字解 形声。金+争声。

意味 ❶金属の音。かねの音。❷どら。かね。

【錚然(ソウゼン)】金属が打ち合って鳴る音の響くさま。また、琴の音についてもいう。

【錚錚(ソウソウ)】1金属や楽器の音のさえて響くさま。2転じて、人物が特にすぐれているさま。【錚錚然(ソウソウゼン)】金属的な澄んだ響きの形容。＊白居易-琵琶行・序「聴二其音一、錚錚然有二京都声一(そのおとをきくに、ソウソウゼンとしてケイトのこえあり)」〔=その音に耳を傾けてきいてみると、澄んだ響きがあり、(この田舎には似つかわしくない)都の調べがある〕

8455【錣】7904 6F24 E843 金-8 テイ漢・タツ漢/zhuì/しころ

字解 形声。金+叕声。

意味 ❶馬のむちについている針。❷国しころ。かぶとの左右、後ろに垂れて、首筋を防御するもの。

8456【鉼】7907 6F27 E846 金-8 ブ慣/ブリキ

字解 国字。形声。金+武声。「鉼力」はブリキ(ｵﾗﾝﾀﾞ blik)のあて字。

8457【錑】＊6855 金-8 ライ漢/lèi/かんな・もじり・もじ

字解 形声。金+戾声。

意味 ❶かんな。材木の面を平らに削る工具。❷国もじり。もじ。そでがらみ。江戸時代、罪人を捕らえる道具で、長柄の先に多くの鉄叉をつけたもの。

8458【錬】4703 4F23 9842 金-8 常 (8483)〔鍊〕—— 金-9 旧字 人

レン呉漢/liàn/ねる・ねれる

筆順 錬 錬 錬 錬 錬 錬

字解 錬は鍊の略体。鍊は形声。金+柬(→練、ねる)声。金属をとかしてねる意。

意味 ❶ねる。金属をねりきたえる。『錬金』『精錬』❷心身、技芸などをねりきたえる。「練」に同じ。『鍛錬』

❶ ねる。金属をねりきたえる。

【錬金術(レンキンジュツ)】卑金属から金、銀などの貴金属を製造しようとする秘術。

【錬薬(レンヤク)】種々の薬を調合してねること。また、その薬。練薬。煉薬。

❷ 心身、技芸などをねりきたえる。

下接 修錬(シュウレン)・操錬(ソウレン)・鍛錬(タンレン)・百錬(ヒャクレン)

【錬成(レンセイ)】心身をきたえて立派にすること。錬磨育成。

【錬磨(レンマ)】肉体、精神、技能などを、きたえみがくこと。

8459【録】4731 4F3F 985E 金-8 常4 (8460)〔錄〕—— 金-8 旧字 人

ロク呉・リョク漢/lù/しるす

筆順 録 録 録 録 録 録

字解 形声。金+彔声。

意味 ❶しるす。かきしるす。書きとめる。書き写す。おさめる。『録画』『録奏』『記録』❷書きしるしたもの。また、うつし。『語録』『実録』❸とりまとめる。とりしまる。統べる。『録事』

❶ かきしるす。書きとめる。

下接 記録(キロク)・再録(サイロク)・採録(サイロク)・載録(サイロク)・纂録(サンロク)・収録(シュウロク)・集録(シュウロク)・抄録(ショウロク)・詳録(ショウロク)・節録(セツロク)・撰録(センロク)・選録(センロク)・著録(チョロク)・追録(ツイロク)・摘録(テキロク)・登録(トウロク)

【録音(ロクオン)】音を、再生することを目的として種々の媒体に記録すること。また、その音。

【録画(ロクガ)】再生を目的として画像をテープ、ディスクなどに記録すること。また、その画像。

【録奏(ロクソウ)】文書に書きしるして申し上げること。

【録牒(ロクチョウ)】姓名を書きしるした帳簿。名簿。

❷ 書きしるしたもの。

下接 鬼録(キロク)・語録(ゴロク)・雑録(ザツロク)・実録(ジツロク)・史録(シロク)・図録(ズロク)・日録(ニチロク)・筆録(ヒツロク)・秘録(ヒロク)・付録(フロク)・附録(フロク)・漫録(マンロク)・目録(モクロク)・余録(ヨロク)

❸ とりまとめる。とりしまる。統べる。

【録事(ロクジ)】国1令制で、出征軍の主典のうち、書記関係業務を任とするものの官名。2判官または主典の唐名。3公事で饗宴を行うとき、侍従の座に酒を勧めにいく役。

【録用(ロクヨウ)】あげ用いること。採用すること。

8461【鎊】7905 6F25 E844 金－8 かざる・かざり
字解 国字。会意。金＋芳(はなやか)。金属のかざりの意。

8462【錵】7906 6F26 E845 金－8 にえ
字解 国字。会意。金＋花(はなもよう)。にえの意。
意味 にえ。焼きによって日本刀の刃と地膚(じはだ)との境目に現れる、雲や粟(あわ)粒のような模様。

8463【鍄】7893 6E7D E7FB 金－8 音訓字義未詳。

8464【鍋】3873 4669 93E7 金－9 カ(クヮ)漢/guō/なべ
字解 形声。金＋咼(→窩、まるくくぼむ)声。なべの意。
意味 なべ。食物を煮たりするときに使う器。また、それで煮ながら食べる料理。
下接 鋤鍋(すきなべ)・手鍋(てなべ)・土鍋(どなべ)・夜鍋(よなべ)

8465【鍜】7908 6F28 E847 金－9 カ漢
字解 形声。金＋叚声。「錏鍜(アカ)」は、しころ。

8466【鍔】3655 4457 92D5 金－9 ガク漢/è/つば
字解 形声。金＋咢声。
意味 ❶刀の刃。きっさき。❷刀のみね。❸国つば。刀の、刀身の根元に入れて、柄(つか)を握るこぶしを防護する平たい鉄の輪。『鍔際(つばぎわ)』『鍔元(つばもと)』『金鍔(キンつば)』

8467【鍰】*6890 金－9 カン(クヮン)漢/huán/からみ
字解 形声。金＋爰声。貨幣のめかたの意。甲骨文は、貝(貨幣)に従う。
甲骨文 篆文

意味 ❶貨幣の目方の単位。六両。❷わ(輪)。「環」に同じ。❸からみ。鉱石を溶かして精錬するときに生ずるかす。かなくそ。

8468【鍵】2416 3830 8CAE 金－9 ケン漢/jiàn/かぎ
字解 形声。金＋建(まっすぐのびて立つ)声。錠前の穴に立ててさしこむかぎの意。
意味 ❶かぎ。イ錠にさしこむかぎ。『鍵関』 ロ国重要なてがかり。『秘鍵(ヒケン)』 ❷けん。ピアノ、タイプライターなどで、指で押す部分。キー。『鍵盤』『黒鍵(コッケン)』
【鍵関】(ケンカン) かぎと、かんぬき。転じて、戸じまり。
【鍵盤】(ケンバン) ピアノやタイプライターなどの、指先で押したりたたいたりする鍵を配列した部分。キーボード。
【鍵鑰】(ケンヤク) かぎと錠(ジョウ)。ひいて、出入りの要所。

8469【鍠】7909 6F29 E848 金－9 コウ(クヮウ)漢/huáng
字解 形声。金＋皇声。鐘の音の意。

8470【鎡】—— 金－9 ジ 「鎡」(8490)の異体字

8471【鍬】2313 372D 8C4C 金－9 (8347)【鍫】—— 金－9 ショウ(セウ)漢・シュウ(シウ)慣/qiāo/すき・くわ
字解 形声。金＋秋声。
意味 ❶すき。土をほりおこすのに用いる船の櫂(かい)のような農具。❷国くわ。長い柄の先に平たい鉄の刃がついた土をほりおこす農具。『馬鍬(まぐわ)』

8472【鍾】3065 3E61 8FDF 金－9 ショウ漢/zhōng/かね・あつまる
字解 形声。金＋重声。
金文 篆文

意味 ❶さかずき。酒つぼ。❷中国、周代の容積の単位。六斛(コク)四斗。約四九・七リットル。『千鍾(センショウ)』『万鍾(バンショウ)』❸あつまる。ひとところにあつめる。『鍾愛』❹つりがね。かね。「鐘」に同じ。『鍾乳洞』『鍾鼓』❺その他。人名など。『鍾子期』『鍾馗』『鍾繇』

【鍾愛】(ショウアイ) 大事にしてかわいがること。

【鍾馗】(ショウキ) ひげをはやし、右手に剣を持つ魔よけの神。日本では、その像を端午(タンゴ)の節句に飾る。◆中国、唐の玄宗皇帝が夢に見て、呉道子に描かせたのに始まるという。

【鍾鼓】(ショウコ) かねと太鼓。

【鍾子期】(ショウシキ) 中国、春秋時代、楚の人。琴の名人伯牙の音楽を愛し、よく解したので、彼が死ぬと伯牙は弦を絶って生涯弾かなかったという。

【鍾乳石】(ショウニュウセキ) 鍾乳洞の天井に垂れ下がる、白色に近いつらら状の石灰岩。

【鍾乳洞】(ショウニュウドウ) 地下水などが石灰岩を溶かして生じた洞窟(ドウクツ)。石灰洞。

【鍾繇】(ショウヨウ) 中国、三国時代魏の書家。字(あざな)は元常。真書にすぐれ、秦漢以来の名筆と称される。(一五一～二三〇)

鍾馗〔地獄草子〕

8473【鍼】7910 6F2A E849 金－9 シン漢/zhēn/はり
字解 形声。金＋咸(→緘、ぴったりとじる)声。ぬいばりの意。
意味 ❶はり。ぬいばり。布などを縫うのに用いる具。「針」に同じ。『鍼線』『鍼芒』❷病気をなおす金属製の細いはり。また、その術。「針」に同じ。『鍼灸』『鍼術』

❶ はり。ぬいばり。
【鍼線】(シンセン) ①はりといと。また、はりしごと。②細い金属の線。はりがね。

【鍼芒】(シンボウ) (「芒」は草の意で、細いもののたとえ) はりの先。また、非常に微小なもののたとえに用いる。

❷ 病気をなおすはり。また、その術。
【鍼艾】(シンガイ) 病気をなおす鍼(はり)と、もぐさ。
【鍼灸】(シンキュウ) 鍼(はり)と灸(キュウ)。『鍼灸術』
【鍼術】(シンジュツ) 患部に鍼(はり)を刺して病気を治療する漢方の医術。はり。針術(シンジュツ)。

【鍼石シンセキ】①病気をなおす石の鍼はり。②いましめ。教訓。
【鍼砭シンペン】①金属の細い鍼はりと石鍼いしばり。また、それを用いた医術。はり。②患部に鍼をさして病気をなおすように、人の急所をおさえて戒めを加えること。
【鍼薬シンヤク】鍼はりで治療する術と薬で治療する術。針薬。

8474【鍤】＊6883 金－9 ソウ(サフ)漢・チョウ(テフ)漢\chā\はり・すき
字解 形声。金＋臿(さす)声。布にさすはり、また、土をほりおこすすきの意。

8475【鍛】3535 4343 9262 金－9 常 タン漢\duàn\きたえる
筆順 鍛 鍛 鍛 鍛 鍛 鍛
字解 形声。金＋段(うつ)声。金属にやきを入れ、打ちきたえる意。
意味 きたえる。㋑熱した金属を繰り返し打ったり液体で冷やしたりして、良質のものにする。『鍛造』㋺練習、修練を繰り返し、技術を習得させ、心身を強くする。
下接 鋳鍛チュウタン・百鍛ヒャクタン・冶鍛ヤタン
【鍛工タンコウ】金属をきたえること。また、その職工。かじ。かじや。
【鍛造タンゾウ】金属を加熱し、圧力を加えて成形すること。↔鋳造チュウゾウ
【鍛鉄タンテツ】鉄をきたえること。きたえた鉄。
【鍛冶タンヤ|かじ】金属を打ちきたえて器具を作ること。また、それを職業とする人。鍛冶屋かじや。
【鍛練・鍛錬タンレン】金属をきたえねること。転じて、技芸や心身をねりきたえること。

8476【鍮】7911 6F2B E84A 金－9 トウ漢・チュウ(チウ)慣\tōu\
字解 形声。金＋兪声。「真鍮シンチュウ」は、銅と亜鉛の合金。

8477【鍖】7912 6F2C E84B 金－9 チン漢\chēn·zhēn\あてぎ
字解 形声。金＋甚声。まくらぎ、あてぎの意。

8478【鎚】3642 444A 92C8 金－9 ツイ「鎚」(8494)の異体字

8479【鍍】3753 4555 9374 金－9 ト漢\dù\めっき
字解 形声。金＋度声。
意味 めっき。金、銀などを溶かして、他の金属の表面をうすく覆う。『電鍍デント』
【鍍金トキン|めっき】①金属などの表面を他の金属の薄い膜で覆うこと。②外面を飾りたててよく見せかけること。

8480【錨】4137 4945 9564 金－9 ビョウ(ベウ)漢\máo\いかり
字解 形声。金＋苗声。
意味 いかり。船をとめておくために水底に沈める道具。『投錨トウビョウ』『抜錨バツビョウ』➡【船】の図一〇〇八頁
【錨地ビョウチ】船舶がいかりを下ろして泊まる所。

8481【鍑】＊6876 金－9 フク漢・フ漢\fù\さがり
字解 形声。金＋复(ふくれたはら)声。かまの意。つりさげて物を煮たきする口の大きいかま。さがり。

8482【鍱】＊6891 金－9 ヨウ(エフ)漢\いたがね
字解 形声。金＋枼(うすくたいら)声。いたがねの意。

8483【鍊】━━ 金－9 レン「錬」(8458)の旧字

8484【鎰】7913 6F2D E84C 金－10 イツ漢\yì\かぎ
字解 形声。金＋益声。
意味 ❶中国古代の重さの単位。二〇両。一説に二四両。❷国かぎ。㋑錠前をひらくかぎ。㋺なべや釜をかける自在鉤ジザイかぎ。

8485【鎧】1927 333B 8A5A 金－10 カイ漢・ガイ慣\kǎi\よろい・よろう
字解 形声。金＋豈声。
意味 よろい。㋑金属製のよろい。また、よろう。よろいを着る。『鎧袖一触』㋺よろいのように、外部から内部を防御するもの。『鎧板よろいいた』『鎧戸よろいど』
下接 甲鎧コウガイ・鎖鎧サガイ・首鎧シュガイ・馬鎧バガイ
【鎧甲ガイコウ】(「甲」は革製のよろい)よろい。
【鎧袖一触ガイシュウイッショク】よろいの袖でちょっと触れる程度の力で、簡単に相手を負かすこと。〔日本外史-二〕
【鎧仗ガイジョウ】よろいと武器。
【鎧冑ガイチュウ】よろいと、かぶと。介冑カイチュウ。

8486【鎬】7914 6F2E E84D 金－10 コウ(カウ)漢\hào·gǎo\しのぎ
字解 形声。金＋高声。
意味 ❶なべ。飲食物を煮たりする道具。❷中国、周の武王が都を置いた地。現在の陝西センセイ省西安市の西南。『鎬京』❸国しのぎ。刀の刃とみねとの境に走る小高いすじ。『鎬しのぎを削る〔=激しく争う〕』

8487【鎖】2631 3A3F 8DBD 金－10 常 (8488)【鎖】━━ 金－10 旧字 (8489)【鎻】━━ 金－10 (8505)【鏁】＊6928 金－11
サ呉漢\suǒ\くさり・とざす・さす
筆順 鎖 鎖 鎖 鎖 鎖 鎖
字解 形声。金＋貨(小さい)声。小さい金属を連ねたもの、くさりの意。
意味 ❶くさり。金属の輪をつないで綱のようにしたもの。『鎖鎧サガイ』『枷鎖カサ』『鉄鎖テッサ』❷かぎ。じょう。じょうまえ。『鎖鑰』『手鎖てぐさり』❸つなぐ。また、つないだもの。『鎖骨』『連鎖レンサ』❹とざす。さす。とじる。しめる。『鎖国』『鎖攘』『鎖籠』『封鎖フウサ』『閉鎖ヘイサ』
【鎖鎧サガイ】くさりを連ねてつくったよろい。
【鎖国サコク】外国との交易や交通を断つこと。↔開国
【鎖骨サコツ】胸骨と肩とを連結する骨。
【鎖攘サジョウ】(「鎖港攘夷サコウジョウイ」の略)港を閉鎖し、外国船を打ち払って、外国との交際を絶つこと。
【鎖鑰サヤク】①錠前ジョウまえと鍵。戸じまりをきちんとすること。②外敵の侵入を防ぐ重要な場所。要地。
【鎖籠サロウ】閉じ込めること。

8490 【鎡】 * 6917 金-10 (8470)【鎡】 ―― 金-9

シ(漢)・ジ(慣)/zī

字解 形声。金+茲(声)。

意味 「鎡基(ジキ)」は、田を耕す道具、すき、くわの意。

8491 【鎗】 3389 4179 9199 金-10 ソウ(サウ)(漢)・ショウ(シャウ)(漢)/chēng·qiāng/やり

字解 形声。金+倉(声)。金文は、金に従わない。

金文 

篆文 

意味 ❶やり。まっすぐな剣を長柄の先端に付けて突きやる武器。「槍」に同じ。❷金属や石などがふれあう音。「鎗然」「鏗鎗(コウソウ)」

【鎗然(ソウゼン)】金属などが触れ合う音の形容。

8492 【鎮】 3635 4443 92C1 金-10 常 (8493)【鎭】 7915 6F2F E84E 金-10 旧字 人

チン(呉)(漢)/zhèn/しずめる・しずまる・おもし・おさえ

筆順 

字解 鎮は鎭の略体。鎭は形声。金+眞(いっぱいつまる)(声)。金属製のおもしの意。

意味 ❶おもし。おさえ。おさえとなるもの。「重鎮」「文鎮」❷しずめる。さわぎをおさえて静かにさせる。勢いをおとろえさせる。また、しずまる。静かになる。平穏になる。「鎮圧」❸まち。大きな町。地方の商業都市。「武漢三鎮(ブカンサンチン)」「景徳鎮(ケイトクチン)」❹常の。常に。ながく。「鎮日」❺土星の異称。

❶ おもし。

下接 重鎮(ジュウチン)・風鎮(フウチン)・文鎮(ブンチン)

【鎮子・鎮紙(チンシ)】調度品の一つ。室内の敷物・帳(とばり)・掛け軸などが風であおられたり、飛び散ったりしないようにおさえるおもし。

❷ しずめる。おさえる。

下接 安鎮(アンチン)・地鎮(ジチン)・藩鎮(ハンチン)・方鎮(ホウチン)・雄鎮(ユウチン)

【鎮圧(チンアツ)】武力で暴動などを押さえしずめること。

【鎮禦(チンギョ)】民をしずめ、敵を防ぐこと。

【鎮圭(チンケイ)】天子の手に持つ宝玉。会稽山(カイケイザン)など四方のしずめの名山を彫り、四方を安定する意を表す。

【鎮痙(チンケイ)】痙攣(ケイレン)をしずめること。「鎮痙剤」

【鎮護(チンゴ)】災い、兵乱などをしずめ、平和を守ること。

【鎮魂(チンコン)】死者の霊を慰めしずめること。「鎮魂歌」

【鎮座(チンザ)】①人や物がどっかりと座っていること。②国神霊が一定の場所にしずまりとどまっていること。

【鎮止(チンシ)】しずめとどめること。

【鎮守(チンジュ)】①辺境を守るため、軍隊を駐屯させること。「鎮守府」②国地霊としてその地を守護する神。また、その神社。「鎮守の森」

【鎮静(チンセイ)】騒ぎや興奮した気持ちなどが、静まり落ち着くこと。「鎮静剤」

【鎮西(チンゼイ)】国昔、九州の別称。♥大宰府(ダザイフ)を一時「鎮西府」と改称したところから。

【鎮痛(チンツウ)】痛みを抑えしずめること。「鎮痛剤」

【鎮定(チンテイ)】力で騒乱などを押さえしずめること。

【鎮撫(チンブ)】乱をしずめ、人々を安心させること。

【鎮伏・鎮服(チンプク)】平定すること。

❹ 常の。常に。ながく。

【鎮日(チンジツ)】①長い一日。一日じゅう。②ふだん。平日。

8494 【鎚】 ―― 金-10 (8478)【鎚】 3642 444A 92C8 金-9 †

ツイ(漢)・タイ(漢)/chuí·duī/つち

字解 形声。金+追(声)。一説に追は搥に通じ、うちおろす意とも。

意味 ❶(ツイ)つち。物を打ちたたく道具。円柱形で横に柄をさした形のもの。また、つちで打つ。打つ。「槌」に同じ。「鉄鎚(テッツイ)」「相鎚(あいづち)」❷(ツイ)おもり。はかりのおもり。❸(タイ)きたえる。金属をたたいてきたえる。また、みがく。玉などをみがく。

8495 【鎛】 * 6915 金-10 ハク(漢)/bó/かね・さいずえ

字解 形声。金+専(声)。

意味 ❶かね。つきがね。鐘に似た青銅の楽器。❷さいずえ。鍬(くわ)の一種。草を除くのに用いる農具。

8496 【鎞】 * 6916 金-10 ヘイ(漢)/bī/かんざし

字解 形声。金+毘(声)。かんざし・へらの意。

8497 【鎔】 7916 6F30 E84F 金-10 ヨウ(漢)/róng/いがた・とかす・とける

字解 形声。金+容(いれる・いれもの)(声)。金属をとかし入れるいがたの意。

参考 熟語は「溶」(4277)をも見よ。

意味 いがた。金属をとかして流しこむ型。また、とける。金属がとける。金属をとかす。

【鎔解(ヨウカイ)】金属が熱せられてとけること。また、とかすこと。溶解(ヨウカイ)。

【鎔鋳(ヨウチュウ)】金属をとかして鋳造すること。

【鎔範(ヨウハン)】金属をとかして型に入れること。また、いがた。転じて、模範。典型。

8498 【鎌】 1989 3379 8A99 金-10 人 (8499)【鐮】 ―― 金-10 旧字

レン(漢)/lián/かま

字解 形声。金+兼(禾などを集める)(声)。草や木などを刈り集めとる農具、かまの意。

意味 かま。草を刈る三日月形の刃のついた道具。「鎌鼬(かまいたち)」「鎌首(かまくび)」「磨鎌(マレン)」「利鎌(リレン)」

8500 【鎹】 7917 6F31 E850 金-10 かすがい

字解 国字。金+送(おくりわたす)。かすがいの意。

意味 かすがい。木材などを接合するコの字型のくぎ。

8501 【鎺】 * 6926 金-10 はばき

字解 国字。金+祖(もと)。はばきの意。

意味 はばき。細長い器具のもとにまとう金具。刀身が柄(つか)から抜けないように、刀身の根元にはめる金具。

8502 【鏡】 2232 3640 8BBE 金-11 常4 (8503)【鏡】 ―― 金-11 旧字

キョウ(キャウ)(呉)・ケイ(漢)/jìng/かがみ

[筆順] 鏡 鏡 鏡 鏡 鏡 鏡

[字解] 形声。金＋竟(→景、ひかり)[声]。すがたを映す青銅製のかがみの意。

[意味] ❶かがみ。光の反射を利用して、顔や姿形を映し見る道具。『凸面鏡(トツメンキョウ)』『鏡台』『破鏡(ハキョウ)』 ❷かんがみる。かがみとする。また、手本。模範。『鏡戒』『鏡考』 ❸レンズ。めがね。『老眼鏡』『望遠鏡』 ❹[国]（その形が古鏡のように円形であるところから）かがみ餅(もち)。正月などに神仏に供える餅。『鏡開(かがみび)き』

❶ かがみ。

[下接] 円鏡(エンキョウ)・金鏡(キンキョウ)・古鏡(コキョウ)・歯鏡(シキョウ)・耳鏡(ジキョウ)・粧鏡(ショウキョウ)・心鏡(シンキョウ)・神鏡(シンキョウ)・水鏡(スイキョウ)＝みずかがみ・石鏡(セッキョウ)・天鏡(テンキョウ)・破鏡(ハキョウ)・飛鏡(ヒキョウ)・氷鏡(ヒョウキョウ)・方鏡(ホウキョウ)・宝鏡(ホウキョウ)・魔鏡(マキョウ)・明鏡(メイキョウ)・照魔鏡(ショウマキョウ)・明鏡止水(メイキョウシスイ)

【鏡影(キョウエイ)】鏡にうつる影。

【鏡花水月(キョウカスイゲツ)】鏡に映った花や、水に映った月のように、目には見えながら手にとることのできない物のたとえ。また、形跡によっては把握されず、ただ感じとったり悟ったりすることによって把握される物事のたとえ。詩歌、小説などにいう。

【鏡鑑(キョウカン)】かがみ。→❷

【鏡匣(キョウコウ)】鏡を入れておく箱。かがみばこ。

【鏡台(キョウダイ)】鏡を立てる台。また、鏡を取り付けた化粧用の家具。『姫鏡台』

【鏡裏(キョウリ)】[1]（「裏」は内がわの意）物の像の映っている鏡の面。鏡の中。鏡中。[2]鏡のうら。

❷ かんがみる。また、手本。模範。

【鏡戒・鏡誡(キョウカイ)】過去にかんがみていましめとすること。また、いましめ。

【鏡鑑(キョウカン)】[1]手本。模範。[2]かんがみること。手本とすること。→❶

【鏡考(キョウコウ)】過去にかんがみて考察すること。

❸ レンズ。めがね。

[下接] 眼鏡(ガンキョウ)＝めがね・顕微鏡(ケンビキョウ)・双眼鏡(ソウガンキョウ)・望遠鏡(ボウエンキョウ)・万華鏡(マンゲキョウ)

8504 【鏗】 7919 6F33 E852 金-11 コウ(カウ)[漢]/kēng

[字解] 形声。金＋堅[声]。

[意味] ❶金属や石、楽器などが鳴りひびくさま。『鏗爾』『鏗鏗』『鏗然』『鏗鏘』 ❷うつ。鐘などを撞(つ)く。

【鏗鏗(コウコウ)】[1]音のとどろき響くさま。[2]鐘の音が澄んだ鋭い感じで響くさまを表す語。

【鏗爾(コウジ)】＝鏗鏘(コウソウ)

【鏗鏘(コウソウ)】金や石の鳴りひびく音のさま。また、琴など、楽器の美しいひびきのさま。こうしょう。

8505 【鏁】 ＊6928 金-11 サ 「鎖」(8487)の異体字

8506 【鏟】 ＊6942 金-11 サン[漢]/chǎn/ならし

[字解] 形声。金＋産(→剗、けずる)[声]。木の面を平らにけずる工具。ならし。かんなの類。

8507 【鏥】 7921 6F35 E854 金-11 シュウ(シウ)[呉][漢]/さび

[字解] 形声。金＋宿[声]。さびの意。銹・鏽に同じ。

8508 【鏘】 7922 6F36 E855 金-11 ソウ(サウ)[呉]・ショウ(シャウ)[漢]/qiāng

[字解] 形声。金＋將[声]。

[意味] ❶金属や石などが鳴り響くさま。『鏘然』『璆鏘(キュウソウ)』『鏗鏘(コウソウ)』 ❷＝鏘鏘(ソウソウ)

【鏘然(ソウゼン)(ショウゼン)】玉や金属が打ち合って鳴り響くさま。

【鏘鏘(ソウソウ)(ショウショウ)】[1]鳳凰の鳴く声のさま。[2]玉や金属などがふれあって高く鳴り響くさま。また、音、声の高く美しいさま。[3]山などが高くそびえるさま。[4]盛んなさま。[5]堂々としたさま。のびやかなさま。

8509 【鏇】 ＊6932 金-11 セン[漢]/xuàn/ろくろ

[字解] 形声。金＋旋(丸くめぐる)[声]。ろくろの意。

8510 【鏃】 7923 6F37 E856 金-11 ソク[漢]・ゾク[慣]/zú/やじり・するどい

[字解] 形声。金＋族(集束する)[声]。先がとがったやじりの意。

[意味] ❶やじり。矢のさき。『弓鏃(キュウゾク)』『石鏃(セキゾク)』『箭鏃(センゾク)』『利鏃(リゾク)』 ❷するどい。また、新しいさま。めだつさま。『鏃鏃』

8511 【鏑】 3713 452D 934C 金-11 テキ[漢]/dí・dī/かぶらや・やじり

[字解] 形声。金＋啇(→敵、あたる)[声]。やじりの意。

[意味] ❶かぶらや。矢の先にかぶら(＝中空の球)をつけたもの。射ると音がする。『鏑矢(かぶらや)』『鋒鏑(ホウテキ)』『鳴鏑(メイテキ)』『流鏑馬(やぶさめ)』 ❷やじり。矢のさき。

[難読姓氏] 鏑木(かぶらき)

8512 【鏜】 ＊6940 金-11 トウ(タウ)[漢]/tāng

[字解] 形声。金＋堂[声]。

[意味] 鐘や鼓などが鳴りわたるさま。『鏜鏜(トウトウ)』

8513 【鏌】 ＊6936 金-11 バク[漢]・マク[慣]/mò

[字解] 形声。金＋莫[声]。「鏌鋣(バクヤ)」は、大きな戟(ゲキ)。

8514 【鏝】 7924 6F38 E857 金-11 バン[漢]・マン[慣]/màn/こて

[字解] 形声。金＋曼(ながくのびる)[声]。壁土などを長くぬりのばすためのこての意。

[意味] ❶こて。壁などを塗る道具。また、和裁、整髪、工作用の道具。『泥鏝(デイマン)』 ❷刃のないほこ。

(8542) 〔鏰〕 ―― 金-13

8515 【鏍】 ＊6937 金-11 ラ[漢]/たつき

[字解] 形声。金＋累[声]。

[意味] ❶かま。なべ。❷たつき。木こりの用いる刃の広い斧。

8516 【鏐】 7925 6F39 E858 金-11 リュウ(リウ)[漢]/liú

[字解] 形声。金＋翏[声]。いしゆみのへり・美しい黄金の意。

8517 【鏈】 7926 6F3A E859 金−11 レン㊥/liàn/くさり
字解 形声。金＋連(つらなる)㊟。
意味 ❶くさり。金属製の輪をつなぎ合わせて網状にしたもの。連鎖するもの。❷鉛の精錬していないもの。

8518 【鏤】 7927 6F3B E85A 金−11 ロウ㊥・ル㊦㊥/lòu・lǘ/ちりばめる・ほる・きざむ
字解 形声。金＋婁(積み重ねてつなげる)㊟。金属に彫って飾りをつける、ちりばめる意。
意味 ちりばめる。㋑木や金属などに彫りつける。また、きざみこむ。『鏤骨』『鏤氷』『鏤刻』㋺文章などで、美しい言葉などを所々にはさみこむ。『鏤句』
下接 金鏤(キンロウ)・刻鏤(コクロウ)・彫鏤(チョウロウ)
【鏤句(ルク|ロウク)】 苦心してたくみに句を作ること。また、その句。
【鏤骨(ルコツ|ロウコツ)】 骨を刻むほどの苦心。『彫心鏤骨』
【鏤氷(ルヒョウ|ロウヒョウ)】 氷に刻みつけること。むだな努力をするたとえ。『画脂鏤氷(ガシロウヒョウ)』
【鏤刻(ルコク|ロウコク)】 ①彫り刻むこと。特に、文字などを刻むこと。②文章や字句を推敲(スイコウ)すること。

8519 【鐚】 7928 6F3C E85B 金−12 ア㊥/yà/しころ・びた
字解 形声。金＋惡㊟。錏に同じ。
意味 ❶しころ。かぶとの左右、後ろに垂れ、首すじを防御するもの。❷国 びた。質の悪い銭。『鐚銭(びたセン)』『鐚一文(びたイチモン)』

8520 【鐖】 *6961 金−12 キ㊥/jī/かえし・あぐ
字解 形声。金＋幾㊟。
意味 さかばり。魚が抜けないように、釣り針の先端近くで内側を向いている小さな鉤。かえし。あぐ。

8521 【鐁】 *6952 金−12 シ㊥/やりがんな
字解 形声。金＋斯(きりはなす)㊟。かんなの一種。やりがんな。槍の穂先のようになっていて、わずかに反りをもたせたもの。

8522 【鐘】 3066 3E62 8FE0 金−12 常 シュ㊦・ショウ㊥/zhōng/かね
筆順 鐘 鐘 鐘 鐘 鐘 鐘
字解 形声。金＋童(↓撞、つく)㊟。ついて音を出すかねの意。
意味 かね。つりがね。多くは銅製で、時刻や非常を知らせたり、楽器として打ち鳴らす。「鍾」に同じ。
下接 暁鐘(ギョウショウ)・磬鐘(ケイショウ)・警鐘(ケイショウ)・時鐘(ジショウ)・晨鐘(シンショウ)・霜鐘(ソウショウ)・弔鐘(チョウショウ)・沈鐘(チンショウ)・半鐘(ハンショウ)・晩鐘(バンショウ)・編鐘(ヘンショウ)・暮鐘(ボショウ)・梵鐘(ボンショウ)・鳴鐘(メイショウ)・林鐘(リンショウ)
【鐘鼓(ショウコ)】 かねと、つづみ。また、時を知らせる鐘や太鼓の音。
【鐘声(ショウセイ)】 鐘の鳴り響く音。*張継-楓橋夜泊「夜半鐘声到二客船一(ヤハンのショウセイカクセンにいたる)〔=真夜中を告げる鐘の音が、この旅の船にまで響いてくる〕」
【鐘鼎玉帛(ショウテイギョクハク)】 豪華な宴会。〔李白-将進酒〕「鐘」は食前の音楽、「鼎」はごちそう、「玉」と「帛」は宴会のあとの引き出物。
【鐘鳴漏尽(ショウなりロウつく)】 ①時を告げる鐘が鳴り、水時計の水がつきる。一日が終わって夜がふけること。②転じて、年老いて余命いくばくもないたとえ。
【鐘楼(ショウロウ|シュロウ)】 寺院で、梵鐘(ボンショウ)をつるしてある堂。
【鐘漏(ショウロウ)】 時刻を知らせる鐘と水時計。時間。時刻。

(8523) 【鐘】 —— 金−12 旧字

8524 【鐏】 *6959 金−12 ソン㊥/zūn/いしづき
字解 形声。金＋尊㊟。いしづきの意。
参考 万葉仮名では音を借りて「ぞ㊁」。

8525 【鐓】 7930 6F3E E85D 金−12 タイ㊥/duì・duī/いしづき
字解 形声。金＋敦(=敲)㊟。いしづきの意。

8526 【鐔】 —— 金−12 タン㊥・シン㊥/tán・xín/つば
(8527) 【鐔】 7929 6F3D E85C 金−12
字解 形声。金＋覃㊟。刀身とつかの間にはめるつば。
意味 ❶つかがしら。剣のつかの先。❷つば。刀剣のつかと刀身の間にはめる金具。『金鐔(キンつば)』

8528 【鐵】 7937 6F45 E864 金−12 テツ 「鉄」(8396)の異体字

8529 【鐙】 3810 462A 93A8 金−12 トウ㊥/dēng・dèng/たかつき・あぶみ
字解 形声。金＋登(↓豆、たかつき)㊟。金属製のたかつきの意。のち、登がのぼる意を表したため、鐙はあぶみの意を表すようになった。
意味 ❶たかつき。昔の祭器の一。❷火ともしざら。火をともす皿。❸あぶみ。鞍の両わきにつるして、馬にのるときに足をかけるもの。➡〔馬具〕の図一三三九頁

8530 【鐃】 7931 6F3F E85E 金−12 ニョウ(ネウ)㊦・ドウ(ダウ)㊥/náo/じんがね
字解 形声。金＋堯㊟。
意味 どら。じんがね。陣中で用いる楽器。
【鐃歌(ドウカ)】 ①鐘を打ち鳴らして歌う歌。②軍楽。楽府(ガフ)の一。じんがねに合わせて歌う軍中の鼓吹曲。

8531 【鐇】 7932 6F40 E85F 金−12 ハン㊥/fán/たつぎ
字解 形声。金＋番(平らに広くたねをまく)㊟。
意味 平らにけずる工具。刃の広いおの。たつぎ。

8532 【鐐】 7933 6F41 E860 金−12 リョウ(レウ)㊥/liáo・liào/しろがね
字解 形声。金＋尞(火が盛んにもえてあかるい)㊟。上質で美しいしろがねの意。
意味 美しいしろがね。『南鐐(ナンリョウ)』

8533 【鐶】 7934 6F42 E861 金−13 カン(クヮン)㊥/huán/わ
字解 形声。金＋睘(↓環、わ)㊟。金属製のわの意。
意味 わ。かなわ。金属などでできた輪や円い形の物。「環」に同じ。『玉鐶(ギョクカン)』『金鐶(キンカン)』『指鐶(シカン)』

8534 【鏽】 *6951 金−13 シュウ(シウ)㊥/xiù/さび
字解 形声。金＋肅㊟。さびの意。銹に同じ。

8535 【鐲】 *6967 金-13 タク(漢)・ショク(漢)/zhuó/すず

字解 形声。金+蜀(声)。すず、ふりがねの意。

8536 【鐫】 7935 6F43 E862 金-13 セン(漢)/juān/のみ・ほる・える・うがつ

字解 形声。金+雋(→穿、うがつ)(声)。穴をうがつための刃物、のみの意。

意味 ❶のみ。穴をほる道具。❷ほる。える。うがつ。ほりつける。また、ほり下げて教える。「鐫刻」「鐫黜」❸ひき下げる。しりぞける。官位を下げる。「鐫黜」「鐫喩」

【鐫刻】センコク 金石にきざみしるすこと。彫刻すること。

【鐫黜】センチュツ 官位を下げられること。

【鐫喩】センユ 深く教えさとすこと。いましめさとすこと。

8537 【鐸】 3488 4278 91F6 金-13 (8376)【釈】 7869 6E65 E7E3 金-4 タク(漢)/duó/すず

字解 形声。金+睪(声)。

金文 篆文

意味 すず。鐘の形のすず。「風鐸フウタク」「木鐸ボクタク」

【鐸鈴】タクレイ 銅または青銅でつくった大型の鈴。鐸。

8538 【鐵】 7936 6F44 E863 金-13 テツ「鉄」(8396)の異体字

8539 【鐺】 7938 6F46 E865 金-13 トウ(タウ)(漢)・ソウ(サウ)(漢)/dāng・chēng/くさり・こじり・こて

字解 形声。金+當(あたる)(声)。あたって出る鐘や鼓の音の形容。

意味 ❶くさり。「鋃鐺ロウトウ」❷鐘や鼓の音の形容。❸こて。壁を塗る用具。❹国こじり。刀の鞘の末端の金具。

8540 【鑁】 7939 6F47 E866 金-13 バン(慣)

字解 字源未詳。梵vaṃの音訳。密教で、金剛界大日如来の標識。

意味 「鑁阿寺バンナジ」は、栃木県足利あしかが市にある真言宗大日派の本山。

8541 【鐴】 *6969 金-13 ヘキ(漢)/へら

字解 形声。金+辟(声)。からすきのみみの意。耕土用の道具についた鉄板。

8542 【鏝】 —— 金-13 マン「鏝」(8514)の異体字

8543 【鐳】 *6968 金-13 ライ(漢)/léi/かめ・つぼ

字解 形声。金+雷(声)。かめ・つぼの意。罍に同じ。

8544 【鑓】 4490 4C7A 96F8 金-13 やり「鑓」(8547)の異体字

8545 【鑊】 *6976 金-14 カク(クヮク)(漢)/huò/ひらがなえ

字解 形声。金+蒦(声)。肉を煮るために用いる足のないかなえの意。甲骨文は、鬲に従う。

甲骨文 篆文

意味 浅く平たいかなえ。ひらがなえ。「鼎鑊テイカク」

8546 【鑄】 7941 6F49 E868 金-14 チュウ「鋳」(8429)の旧字

8547 【鑓】 —— 金-14 (8544)【鑓】 4490 4C7A 96F8 金-13 † やり

字解 国字。会意。金+遣(やる・やり)。鎗に同じ。

意味 やり。長い柄の先に刃物のついた武器。槍。

8548 【鑑】 2053 3455 8AD3 金-15 常 (8346)【鍳】 *6892 金-9 (8351)【鑒】 7940 6F48 E867 金-14 カン(呉)(漢)/jiàn/かがみ・かんがみる

字解 形声。金+監(かがみ)(声)。もと、水を盛る金属容器。

意味 ❶かがみ。(イ)姿、顔などを映し見る金属製の用具。(ロ)手本。模範。また、いましめ。「鑑戒」「殷鑑」「図鑑」❷かんがみる。(イ)見わける。照らしあわせて見る。見きわめる。「鑑査」「鑑賞」(ロ)見わけるしるし。「鑑札」「印鑑イン」「門鑑モン」

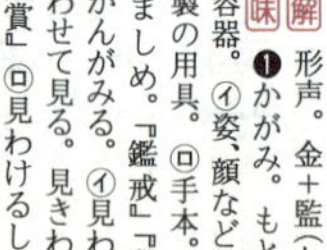

鑑❶〔河南省博物館蔵〕

筆順 鑑 鑑 鑑 鑑 鑑 鑑

❶ かがみ。また、手本。模範。いましめ。

下接 (イ)鏡鑑キョウ・玄鑑ゲン・衡鑑コウ・明鑑メイ (ロ)殷鑑イン・亀鑑キ・図鑑ズ・大鑑タイ・年鑑ネン・宝鑑ホウ・名鑑メイ

【鑑戒】カンカイ 戒めとすること。戒め。

❷ かんがみる。また、見わけるしるし。

下接 (イ)後鑑コウ・識鑑シキ・賞鑑ショウ・聖鑑セイ・精鑑セイ・前鑑ゼン (ロ)印鑑イン・門鑑モン

【鑑機】カンキ 機微を見分けること。

【鑑査】カンサ 検査して、その優劣、適否を見定めること。

【鑑札】カンサツ 国特定の営業や行為を公認したしるしに公的機関などから出される証票。

【鑑識】カンシキ 1物事の良否、真偽などを見分けること。めきき。2犯罪の捜査で、筆跡、指紋などを科学的に見分けること。また、その係。

【鑑賞】カンショウ 芸術作品などのよさを見極め、味わうこと。

【鑑定】カンテイ 美術品、証拠物件など、物事の真偽、よしあしなどを判定すること。「筆跡を鑑定する」

【鑑別】カンベツ 物事をよく調べて見分けること。

8549 【鑛】 7942 6F4A E869 金-15 コウ「鉱」(8389)の旧字

8550 【鑚】 7952 6F54 E873 金-15 サン「鑽」(8561)の異体字

8551 【鑠】 7943 6F4B E86A 金-15 シャク(漢)/shuò/とかす

字解 形声。金+樂(声)。

意味 ❶とかす。金属などを熱してとかす。また、あかあかと光り輝く。『鑠金』『銷鑠(ショウシャク)』 ❷「矍鑠(カクシャク)」は、年老いて元気なさま。
【鑠金(シャッキン)】 1金を溶かすこと。 2輝いて美しい金。

8552 【鑣】 * 6983 金-15 ヒョウ(ヘウ)漢\biāo\くつわ・くつばみ
字解 形声。金+麃声。くつばみの両端につけるもの。

8553 【鑢】 7944 6F4C E86B 金-15 リョ漢\lǜ\やすり
字解 形声。金+慮声。
意味 やすり。また、みがく。やすりでする。

8554 【鑞】 7945 6F4D E86C 金-15 ロウ(ラフ)呉漢\là\すず
字解 形声。金+巤声。
意味 ❶すず(錫)。金属の一。 ❷「白鑞(ハクロウ)」は鉛と錫の合金。

8555 【鑪】 7946 6F4E E86D 金-16 （8382）〔鈩〕 7947 6F4F E86E 金-4 ロ呉漢\lú\たたら
字解 形声。金+盧(容器)声。火を入れておくものの意。
甲骨文 金文 篆文

意味 ❶いろり。ひばち。 ❷こうろ。香を薫(た)く器。 ❸ふいご。たたら。かじやが火をおこす道具。 ❹酒場。

8556 【鑱】 * 6989 金-17 サン漢\chán\かなふぐし・のみ
字解 形声。金+毚(はいりこむ)声。
意味 鉄製の土を掘る道具。また、のみ(鏨)。

8557 【鑯】 * 6988 金-17 セン漢
字解 形声。金+韱(ほそい)声。先が細くとがった鋭い刃物の意。

8558 【鑰】 7948 6F50 E86F 金-17 ヤク呉漢\yào・yuè\かぎ
字解 形声。金+龠声。
意味 ❶かぎ。じょう。かけがね。また、物事のかなめ。『関鑰(カンヤク)』『鍵鑰(ケンヤク)』『鎖鑰(サヤク)』 ❷とじる。とざす。

8559 【鑵】 7949 6F51 E870 金-18 カン(クヮン)呉漢\guàn\かま
字解 形声。金+雚声。罐に同じ。
金文

意味 ❶つるべ。水をくみ上げる道具。 ❷国かん。湯をわかしたりするのに用いる金属製の容器。「罐」に同じ。『鑵子』『薬鑵(ヤカン)』 ❸国かま。蒸気機関のかま。
【鑵子(カンス)】 1湯沸かし。特に、青銅または真鍮(シンチュウ)製のもの。 2国茶の湯で用いる釜(かま)。

8560 【鑷】 7950 6F52 E871 金-18 ジョウ(デフ)漢\niè\けぬき
字解 形声。金+聶声。
意味 ❶けぬき。毛を抜く道具。また、毛抜きでぬく。 ❷かんざし。髪かざり。

8561 【鑽】 7951 6F53 E872 金-19 （8550）〔鑚〕 7952 6F54 E873 金-15 サン呉漢\zuān・zuàn\きり・たがね・きる
字解 形声。金+贊(すすみ入る)声。きり・のみの意。一説に贊は穿に通じ、うがつ意とも。
意味 きり。たがね。物に穴をあける道具。また、きる。きりで穴をあける。きりもみする。『研鑽(ケンサン)』
【鑽仰(サンギョウ)（サンゴウ）】 聖人の道やその徳を深く研究し、とうとぶこと。贊仰(サンギョウ)。〔論語-子罕〕孔子の徳をほめたたえて、弟子の顔淵が「仰レ之弥高、鑽レ之弥堅(これをあおげばいよいよたかく、これをきればいよいよかたし)」〔＝仰げば仰ぐほど高く、きりこめばきりこむほど堅い〕と言ったという故事から。
【鑽孔(サンコウ)】 穴をあけること。打ち抜くこと。
【鑽鑿(サンサク)】 1掘りうがつこと。転じて、物事の道理を深くきわめること。 2刑罰の一。ひざの骨をきり、入れ墨をすること。
【鑽灼(サンシャク)】 1亀(かめ)の甲に穴をあけて焼き、ひびの状態によって吉凶を占うこと。 2深く物事を研究すること。
【鑽燧(サンスイ)】 木などをきりもみして火を起こすこと。

8562 【鑼】 7953 6F55 E874 金-19 ラ漢\luó
字解 形声。金+羅声。
意味 どら。盆形の打楽器の一。『銅鑼(ドラ)』

8563 【钁】 7955 6F57 E876 金-20 カク(クヮク)漢\jué\くわ
字解 形声。金+矍声。農具の一種、くわの意。

168 長(镸)部 ちょう

甲骨文 金文 篆文

長は、人(老人)の頭髪の長いさまを表す。長とその変形長のほかには長部に属する字はなく、別部である髟(190)に、毛髪に関する字を収めてある。

長 長 镸

8564 【長】 3625 4439 92B7 長-0 常2 （8565）〔镸〕 * 6993 長-0 ジョウ(ヂャウ)呉・チョウ(チャウ)呉漢\cháng・zhǎng\ながい・たける・おさ
筆順

字解 部首解説を参照。
同属字 萇・張・帳・悵・棖・脹
意味 ❶ながい。距離にへだたりがある。また、そのへだたり。ながさ。↔短。『長城』『長編』『身長』 ❷ながい。時間にへだたりがある。↔短。『長期』『長寿』*老子-七「天長地久(テンはながくチはひさし)」〔＝天地は永遠である〕 ❸たける。ます。ちょうずる。㋑育って大きくなる。さかんになる。また、ながくのびる。『長じて学を好む』『増長』『成長』 ㋺年上である。『長老』『長幼』 *韓愈-師説「無レ貴無レ賤、無レ長無レ少、道之所レ存、師之所レ存也(キとなくセンとなく、チョウとなくショウとなく、みちのソンするところは、シのソンするところなり)」〔＝身分の上下に関係なく、年齢の高低にも関係なく、道理のある所には師がいるのである」 ㈧まさる。すぐれている。↕短。『一日の長』『長所』『特長』 ❹おさ。かしら。㈠統率者。首領。『長官』『校長』 ＊戦国策-楚「天帝使₃我長₂百獣₁（テンテイわれをしてヒャクジュウにチョウたらしむ）〔=天帝が私を百獣の長にしてくれた〕」 ㈡最も年上。『長子』 ㈧多数の中で最もすぐれたもの。『酒は百薬の長』 ❺国「長門国（ながとのくに）」の略。山陽道八か国の一。周防国（すおうのくに）とともに現在の山口県となる。『長州』『薩長（サッチョウ）』 ❻その他。固有名詞、あて字など。『長干行』『長安』『左義長（サギチョウ）』 ⇓表

長短							
長（チョウ）	ながい。	長期	長軀	長大	長命	長寿	長刀
短（タン）	みじかい。	短期	短軀	短小	短命	短折	短剣

❶ ながい。距離にへだたりがある。ながさ。

下接 身長（シンチョウ）・全長（ゼンチョウ）・体長（タイチョウ）・広長舌（コウチョウゼツ）／尾長（おなが）・面長（おもなが）・舌長（したなが）・丈長（たけなが）・縦長（たてなが）・横長（よこなが）

【長纓（チョウエイ）】かんむりの長いひも。

【長円（チョウエン）】「楕円（ダエン）」の改称。『長円形』

【長煙（チョウエン）】長くたなびく煙、また、雲。

【長筵（チョウエン）】長いむしろ。りっぱな宴会をいう。

【長靴（チョウカ）】ながぐつ。特に、乗馬、防寒用に用いた軍用の皮革製のながぐつ。

【長歌（チョウカ）】国和歌の一体。五音、七音の二句を三回以上続け、最後に七音をそえるもの。↕短歌

【長河（チョウガ）】①流れの長い川。②天の川。

【長駕（チョウガ）】①乗り物で遠くまで行くこと。②遠くまで治め従えること。

【長喙（チョウカイ）】長いくちばし。無用のことをしゃべることをいう。

【長跪（チョウキ）】両膝を並べて地につけて上半身を直立させる礼法。

【長鋏（チョウキョウ）】刀身の長い刀。長刀。〖長鋏帰来乎（チョウキョウかえらんか）〗（「私の剣よ、帰ろうか」の意）地位や待遇に不満を言うたとえ。〔史記-孟嘗君伝〕 ❤中国、戦国時代の斉の孟嘗君（モウショウクン）の食客の馮驩（フウカン）が待遇の悪いのに不満をいだき、「長鋏帰来乎」と歌った故事。

【長句（チョウク）】①字数が多い句。特に、漢詩で五言の句に対して七言の句をいう。②国連歌・俳諧で、五・七・五の字数からなる句をいう。

【長駆（チョウク）】①遠くまで馬で走ること。とおのり。②長い距離を走ること。

【長軀（チョウク）】背丈の高いこと。長身。↕短軀

【長頸烏喙（チョウケイウカイ）】首が長く口がとがっていること。中国、越王勾践の人相とされ、苦労は共にできても、安楽は共にできない相という。〔史記-越王勾践世家〕

【長剣（チョウケン）】長いつるぎ。↕短剣

【長江（チョウコウ）】長い川。長河。❤特に揚子江（ヨウスコウ）を呼ぶ。

【長虹（チョウコウ）】①空に長く現れたにじ。②長い橋の形容。

【長策（チョウサク）】（馬に用いる長いむちの意から）すぐれたはかりごと。遠大なはかりごと。

【長詩（チョウシ）】長い形式の詩。構想雄大で、叙事的性格が強いものが多い。↕短詩

【長袖（チョウシュウ｜ながそで）】①長いそで。②国公家（クゲ）や僧侶（ソウリョ）。〖長袖善舞、多銭善賈（チョウシュウよくまい、タセンよくかう）〗長袖の衣を着けたものは舞うのに都合よく、銭を多く持つ者は商いをするのに都合がよい意。なにごとをなすにも、その資質、条件に恵まれた者は成功しやすいことのたとえ。〔韓非子-五蠹〕

【長城（チョウジョウ）】長く延び続く城壁。❤特に、中国の万里（バンリ）の長城をいう。

【長身（チョウシン）】背丈が高いこと。

【長征（チョウセイ）】遠方へ行くこと。また、遠方へ征伐におもむくこと。はるかな道のりを軍が移動すること。

【長舌（チョウゼツ）】長い舌。口数が多いこと。また、口先でこびることをいう。❤「広長舌（コウチョウゼツ）」は仏の三十二相の一。虚妄のない、大きな舌の意。転じて、仏の説法。

【長足（チョウソク）】物事の進み方が速いこと。

【長蛇（チョウダ）】長くて大きなヘビ。また、それに似たものの形容。『長蛇の列』『長蛇を逸する〔=大事な人や物を惜しくも取り逃がす〕』

【長大（チョウダイ）】長くて大きいさま。また、丈高く大きなさま。↕短小

【長短（チョウタン）】長いことと短いこと。また、長さ。↓❸

【長短句（チョウタンク）】長い句と短い句。また、古詩・楽府（ガフ）など、一句の字数が一定でない詩。宋以後では詞の別名として用いる。

【長調（チョウチョウ）】長音階で作られた楽曲をかたちづくる調子。↕短調。『ハ長調』 ❤英 major keyの訳語。

【長汀（チョウテイ）】長く続いているなぎさ。『長汀曲浦（チョウテイキョクホ）〔=長いなぎさと折れ曲がった浜〕』

【長亭（チョウテイ）】中国で、中世、一〇里ごとにおかれた大きな宿場。↕短亭

【長途（チョウト）】長い旅路。遠い道のり。『長途の旅』

【長刀（チョウトウ｜なぎなた）】①長い刀。大刀。↕短刀。②（なぎなた）長い柄（え）の先に反らせた刃を付けた武器。薙刀（なぎなた）。

【長波（チョウハ）】電波のうち波長が一キロメートル以上のもの。↕短波・中波

【長髪（チョウハツ）】頭髪を長く伸ばすこと。〖長髪賊（チョウハツゾク）〗（辮髪（ベンパツ）をやめて長髪にしたところから）中国、清代末期（一八五二）に、洪秀全を首領として天主教を奉じて太平天国の乱を起こした人々に対する清側の蔑称。

【長風（チョウフウ）】遠くから吹いてくる風。

【長物（チョウブツ）】場所をとるばかりで用をなさない、無駄なもの。『無用の長物』

【長文（チョウブン）】長い文。長い文章。↕短文。『長文の声明』

【長編・長篇（チョウヘン）】小説、映画などのうち、長い作品。↕短編・中編。『長編小説』 ❤書き換え「長篇→長編」。

〖長鞭不ㇾ及₂馬腹₁（チョウベンバフクにおよばず）〗長いむちでも馬の腹まではとどかない。勢力がいくら大きくとも及ばないところがあるというたとえ。〔左伝-宣公一五年〕

【長方形（チョウホウケイ）】四つの角がすべて直角である四角形。多く、正方形でないものを指す。矩形（クケイ）。直方形。

【長揖（チョウユウ）】腰を曲げ、上体を前方に傾けて頭を下げる丁重な敬礼。

❷ ながい。時間にへだたりがある。

下接 冗長（ジョウチョウ）・悠長（ユウチョウ）／気長（きなが）・日長（ひなが）・夜長（よなが）

【長雨（チョウウ｜ながあめ）】長期間降り続く雨。霖雨（リンウ）。

【長音（チョウオン）】長く延ばして発せられる音。「アー」、「イー」など。↕短音。『長音符号』

【長夏（チョウカ）】①日中の長いころの夏。夏のさかり。②陰暦六月の異称。

【長期（チョウキ）】長い期間。長期間。↕短期。『長期戦』

【長久（チョウキュウ）】長く続くこと。永久。『武運長久』

【長計（チョウケイ）】①遠い先のことまで考えた計画。②すぐれた計略。

【長欠（チョウケツ）】国長期にわたって欠席や欠勤をすること。

【長考（チョウコウ）】長いあいだ考えること。

【長講（チョウコウ）】講演、講談などで長時間語ること。

【長広舌（チョウコウゼツ）】長々としゃべり続けること。広長舌。→長舌。〔法華経-如来神力品〕

【長恨（チョウコン）】長く忘れがたいうらみ。終生のうらみ。

【長嗟（チョウサ）】長くため息をもらして嘆くこと。

【長至（チョウシ）】①夏至（ゲシ）をいう。②冬至（トウジ）をいう。

【長日（チョウジツ）】①昼の間が長い日。夏の日。②長い日数。

【長寿（チョウジュ）】①寿命が長いこと。長命。『長寿の祝い』②普通より長く続くもの。『長寿番組』

【長嘯（チョウショウ）】声を長くひいて詩や歌を吟ずること。

【長生（チョウセイ）】長生きをすること。長命。『長生不老』

【長逝（チョウセイ）】永久に去ってかえらないこと。死ぬこと。逝去。

【長嘶（チョウセイ）】声を長く引いていななくこと。

【長大息（チョウタイソク）】＝長嘆息（チョウタンソク）

【長嘆・長歎（チョウタン）】＝長嘆息（チョウタンソク）

【長嘆息・長歎息（チョウタンソク）】長いためいきをつくこと。長大息。長嘆。▼書き換え「長歎息→長嘆息」。

【長年（チョウネン）】①ながいき。②小壮の年。③年月を重ねること。重年。→❸

【長命（チョウメイ）】ながいき。↔短命

【長夜（チョウヤ）】①長い夜。秋または冬の夜。よなが。『長夜の眠り〔＝死のたとえ〕』②夜通し。『長夜の宴』

【長夜之飲（チョウヤのイン）】夜どおし酒を飲み、夜が明けても戸をしめたままで灯火をつけ、酒宴を続けること。夜どおし酒を飲むこと。中国、殷の紂（チュウ）王がふけったとされる。長夜。〔史記-殷本紀〕

❸ たける。ます。まさる。

下接 ㋑延長（エンチョウ）・消長（ショウチョウ）・助長（ジョチョウ）・深長（シンチョウ）・生長（セイチョウ）・成長（セイチョウ）・増長（ゾウチョウ）・徒長（トチョウ）㋺少長（ショウチョウ）・尊長（ソンチョウ）・年長（ネンチョウ）㋩特長（トクチョウ）・一長一短（イッチョウイッタン）

【長技（チョウギ）】特長とする技術。得意な技能。特技。

【長君（チョウクン）】成人した君主。

【長所・長処（チョウショ）】特にすぐれているところ。↔短所

【長殤（チョウショウ）】一六歳から一九歳までの未婚の男女が死ぬこと。▼八歳から一一歳までに死ぬことを下殤、一二歳から一五歳までに死ぬことを中殤という。

【長上（チョウジョウ）】年長であること。目上であること。

【長進（チョウシン）】①大いに進歩すること。②学業が進歩すること。

【長成（チョウセイ）】成長すること。＊白居易-長恨歌「楊家有レ女初長成（ヨウカにジョありはじめてチョウセイす）〔＝楊家に娘がいて、ようやく年ごろになったばかりだ〕」

【長短（チョウタン）】長所と短所。得手と不得手。→❶

【長年（チョウネン）】としうえ。年長。→❷

【長幼（チョウヨウ）】年上と年下。また、おとなと子供。【長幼有レ序、朋友有レ信（チョウヨウジョあり、ホウユウシンあり）】年上の者と年下の者との間には守るべき順序があり、親友の間には相互の信義がある。〔孟子-滕文公上〕【長幼之序（チョウヨウのジョ）】年上と年下との間にある一定の順序。〔礼記-経解〕

【長老（チョウロウ）】年を取って経験、知徳のすぐれた人。

【長レ長（チョウをチョウとす）】年長者を年長者として認めること。

❹ おさ。かしら。

下接 院長（インチョウ）・駅長（エキチョウ）・園長（エンチョウ）・会長（カイチョウ）・係長（かかりチョウ）・学長（ガクチョウ）・家長（カチョウ）・課長（カチョウ）・管長（カンチョウ）・館長（カンチョウ）・艦長（カンチョウ）・機長（キチョウ）・議長（ギチョウ）・級長（キュウチョウ）・局長（キョクチョウ）・組長（くみチョウ）・校長（コウチョウ）・座長（ザチョウ）・市長（シチョウ）・社長（シャチョウ）・酋長（シュウチョウ）・塾長（ジュクチョウ）・首長（シュチョウ）・所長（ショチョウ）・署長（ショチョウ）・船長（センチョウ）・総長（ソウチョウ）・村長（ソンチョウ）・隊長（タイチョウ）・町長（チョウチョウ）・班長（ハンチョウ）・番長（バンチョウ）・婦長（フチョウ）・部長（ブチョウ）・寮長（リョウチョウ）・霊長（レイチョウ）

【長官（チョウカン｜みかみ）】①（チョウカン）官庁の長。②国総理府、最高裁判所などのほか、庁の付く官庁の長。③（みかみ）律令（リツリョウ）制で四等官の一。中央、地方の長官（チョウカン）の総称。

【長兄（チョウケイ）】一番年上の兄。

【長子（チョウシ）】第一番目の子。総領。普通、男子にいう。長男。↔末子

【長史（チョウシ）】中国で官吏の長。漢代、承相または三公の属官。また、魏・晋以後は将軍の府の属官。後世は刺史の副官。【長史司馬（チョウシシバ）】中国、唐代の官名。地方長官（刺史）のもとに一人ずつ置かれた。

【長者（チョウジャ）】①上に立つ者。年長者。②金持ち。富豪。『億万長者』

【長女（チョウジョ）】その家で生まれた子のうち、第一番目に生まれた女子。

【長男（チョウナン）】その家で生まれた子のうち、第一番目に生まれた男子。

【長婦（チョウフ）】①兄嫁。②背の高い嫁。

【長吏（チョウリ）】①中国で、吏（下級役人）の中で比較的俸禄・官位の高い役人。②仏語。一寺院首席としてその事務を統理、総管する地位。

❻ その他。固有名詞。

【長安（チョウアン）】中国陝西省西安市の古名。漢以来、隋・唐な

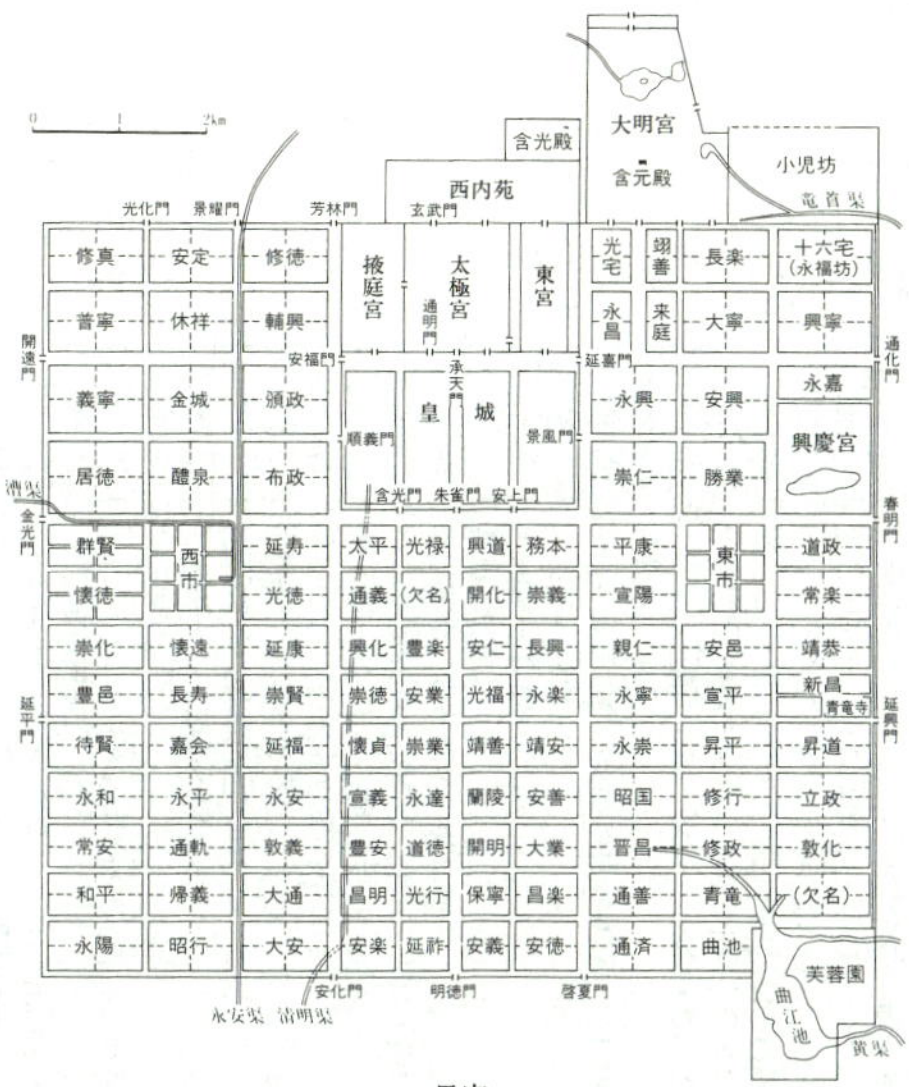

長安

ど、多くの王朝の都となり、特に唐の盛時には人口一〇〇万を擁する世界最大の都市として繁栄した。

【長干行チョウカンコウ】①楽府ガフの題名の一。多く男女の情を述べる。②詩編の名。唐の詩人、崔顥サイコウ・李白リハクにそれぞれ作品がある。③李白の「長干行」から、幼い者同士の結婚をいう。

【長庚チョウコウ】宵の明星。

【長恨歌チョウゴンカ】中国の詩編。七言古詩一二〇行、唐の白居易(楽天)撰。玄宗皇帝が安禄山の乱で楊貴妃を失った深い悲しみの物語をうたった詩。

【長沙チョウサ】中国湖南省の省都。洞庭ドウテイ湖の南方、湘江ショウコウの下流東岸に位置する。

【長生殿チョウセイデン】中国の唐代、驪山リザンの華清宮にあった宮殿の名。

【長沮チョウソ】中国、春秋時代の楚ソの隠者。

難読地名 長流おさる川(北海道) 長万部おしゃまんべ町(北海道) 長谷はせ村(長野) 難読姓氏 長翁ながお 長迫ながさこ

169 長

【镺】⇨4880 【肆】⇨6280

169 門部 もん

甲骨文 金文 篆文

門は、左右両方の柱にとびらをつけた形で、出入り口を示す。門部に属するものは、出入り口や出入りに関係し、門の形(もんがまえ)の中に音標を包んでいる。問・聞などは、門が音標(ブン、モン)で、それぞれ口部(30)耳部(128)等に属している。また闘は、もと門部(191)に属したが、常用漢字は門に類化した形を採り、門部に収める。門は行草体で门、また中国簡体字では门とする。

門◆門

門▮ ①閂 ②閃 ③閉閇閊閤 ④開
間閒閑閎閏閔閖閑 ⑤閘閙閟
閠 ⑥閡閣関閨閤閧閦閥閩 ⑦
閲閱閹閭 ⑧閼閾閻閹閽閶閽
⑨闇闌闉闊闃闋闍闌 ⑩闕闔
闖闐闘 ⑪關闚 ⑫闡 ⑬闥闢

門◆

8566 【門】 4471 4C67 96E5 門－0 常2 モン呉・ボン漢/mén/かど・と

筆順

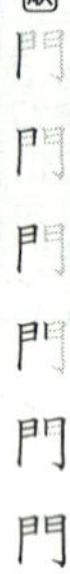

字解 部首解説を参照。

同属字 問・悶・聞・捫

参考 万葉仮名では音を借りて「も」、訓を借りて「と」。

意味 ❶かど。もん。家屋、建物などの敷地の出入り口。『門限』『門戸』『鬼門』『山門』❷物事が出入りするところ。また、経由するところ。『登竜門』『門歯』『肛門』『水門』❸家柄。身うち。『門地』『門閥』『権門』『名門』❹教えを受ける場所。同じ教えを受けた仲間。『門下生』『門弟』『入門』『破門』❺物事の分類上の一部門。㋑一般に、方面。分野。『門外漢』『専門』『仏門』『部門』㋺特に、生物分類上の階級の一。界の下、綱の上。❻その他。固有名詞、あて字など。『鴻門』『顖門ひよめき』『澳門マカオ』

❶かど。もん。

下接 赤門あかもん・倚門イモン・営門エイモン・開門カイモン・鬼門キモン・宮門キュウモン・玉門ギョクモン・金門キンモン・禁門キンモン・軍門グンモン・荊門ケイモン・校門コウモン・高門コウモン・黄門コウモン・獄門ゴクモン・柴門サイモン・三門サンモン・山門サンモン・陣門ジンモン・正門セイモン・前門ゼンモン・大門ダイモン・おおもん・中門チュウモン・天門テンモン・東門トウモン・杜門トモン・都門トモン・廟門ビョウモン・閉門ヘイモン・蓬門ホウモン・茅門ボウモン・閭門リョモン・楼門ロウモン／御門みかど

【門衛モンエイ】門を守る人。門番。

【門下モンカ】①門の下。門のあたり。②家、屋敷のうち。主として→❹【門下省モンカショウ】中国、晋以後の官制。詔勅の審議をつかさどった。

【門外モンガイ】門のそと。【門外不出モンガイフシュツ】その家の門から外に出さないこと。【門外可レ設二雀羅一モンガイジャクラをもうくべし】人の往来がなく、さびれているさま。〔史記－汲鄭伝・賛〕→門前雀羅張モンゼンジャクラはる

【門客モンカク】①門下にいる食客。いそうろう。②国 譜代の家臣ではない家来。

【門鑑モンカン】門の出入りに要する許可証。

【門径モンケイ】①門先のこみち。②入り口。てがかり。

【門限モンゲン】国 夜、門を閉める時刻。転じて、外出先から帰らなければならない刻限。『門限に遅れる』

【門戸モンコ】家の出入り口。→❹【門戸開放モンコカイホウ】①制限を設けないで、出入りを自由にすること。②海港・市場を外国の経済的活動のために開放すること。

【門士モンシ】門番。門衛。

【門子モンシ】門番。→❸❹

【門刺モンシ】名ふだ。名刺。

【門塾モンジュク】①門の両わきにある建物。昔はここで勉強を教えた。②家塾。

【門牆・門墻モンショウ】①門と垣。転じて、かどぐち。家の出入り口。②師の門。転じて、師の人格、学問への入り口にたとえていう語。〔論語－子張〕③門と垣が並んで続いているところから、きわめて近い所をたとえていう語。

【門枢モンスウ】門のとぼそ。また、門戸。入り口。

【門籍モンセキ】宮殿に出入りすることを許された者の名ふだ。門に掲げられた。

【門扇モンセン】両開きの門の戸。門扉モンピ。

【門前モンゼン】門の前。門のあたり。『門前町』『門前の小僧習わぬ経を読む(＝常に見聞きしていれば、知らず知らずのうちにそれを学び知ることのたとえ)』【門前成レ市モンゼンいちをなす】門の前に、人や馬車が多数群がり集まる。地位・名声を慕って集まってくる者が多いことのたとえ。門庭若レ市。【門前雀羅張モンゼンジャクラはる】(「雀羅」は、雀などを捕らえる網)訪ねてくる人がいないので、門前には雀が群がり遊んでおり、網を張って捕らえられるほどである。門前がさびれている。〔白居易－寓意〕

【門闥モンタツ】宮中の大小の門。

【門番モンバン】国 門に出入りする人の監視や案内、また門の開閉をしたりする番人。

【門扉モンピ】門のとびら。『門扉を閉ざす』

【門標モンピョウ】門にとりつけた表札。

【門閭モンリョ】村里の入り口の門。また、中国古代、孝子節

婦などの善行を村里の門に表章するときの、その門。

【門聯（モンレン）】門の両側の柱に掛ける、対句を書いた札。

【門楼（モンロウ）】門の上にある楼。

〔開レ門而揖レ盗（モンをひらきてトウにユウす）〕（「揖」は、会釈する意）わざわざ門を開いて盗人をおじぎして招き入れる。自分から進んで災難を招くことのたとえ。〔呉志-孫権伝〕

❷ 物事が出入りするところ。

[下接] 陰門（インモン）・関門（カンモン）・気門（キモン）・肛門（コウモン）・閘門（コウモン）・水門（スイモン）・声門（セイモン）・洞門（ドウモン）・肺門（ハイモン）・噴門（フンモン）・幽門（ユウモン）・要門（ヨウモン）・竜門（リュウモン）・登竜門（トウリュウモン）／閼門（あぎと）・鳴門（なると）

【門関（モンカン）】門または関所。

【門歯（モンシ）】歯列の中央にある、上下四本ずつの歯。

❸ 家柄。身うち。

[下接] 一門（イチモン）・槐門（カイモン）・家門（カモン）・寒門（カンモン）・貴門（キモン）・権門（ケンモン）・侯門（コウモン）・相門（ショウモン）・将門（ショウモン）・衰門（スイモン）・清門（セイモン）・勢門（セイモン）・素門（ソモン）・尊門（ソンモン）・武門（ブモン）・名門（メイモン）

【門院（モンイン）】[国]朝廷から天皇の生母、准母、三后、女御その他の後宮、内親王に与えられた称号。

【門業（モンギョウ）】家に代々伝わる職業。

【門功（モンコウ）】祖先の功績。

【門子（モンシ）】卿大夫（ケイタイフ）の嫡子。→❶❹

【門祚（モンソ）】一家の幸い。家運。

【門地（モンチ）（モンジ）】家柄。門閥。

【門派（モンパ）】一門の流派。門流。

【門閥（モンバツ）】家柄。門地。また、家柄のよい家。門閥家。

【門風（モンプウ）】その家特有の気風・しきたり。家風。

【門望（モンボウ）】家柄がよく人望も厚いこと。

【門脈（モンミャク）】門派の伝統。

【門葉（モンヨウ）】一族。一門。『門葉の誉れ』

【門流（モンリュウ）】[国]一門の分かれ。一門の流派。

❹ 教えを受ける場所。同じ教えの仲間。

[下接] 直門（ジキモン）・釈門（シャクモン）・沙門（シャモン）・宗門（シュウモン）・儒門（ジュモン）・蕉門（ショウモン）・聖門（セイモン）・禅門（ゼンモン）・桑門（ソウモン）・僧門（ソウモン）・他門（タモン）・同門（ドウモン）・入門（ニュウモン）・破門（ハモン）

【門下（モンカ）】師の門に入り、教えを受けること。また、門人。→❶

【門戸（モンコ）】一家。また、一流一派。『門戸を張る〔＝一家を構える。一流一派を立てる〕』→❶

【門子（モンシ）】門下の人。→❶❸

【門主（モンシュ）】[国]①寺格の高い門跡寺の住職。②真宗本願寺派で、管長。

【門人（モンジン）】師の門下にある人。門弟。

【門跡（モンゼキ）】①祖師の法統を継承し、宗門を統領する主僧。②[国]皇族、貴族などが出家して、入室している特定の寺格の寺院。

【門弟（モンテイ）】門人。弟子（デシ）。

【門徒（モント）】①門下につらなる人。門人。門弟。②宗門を同じくする信徒。③[国]特に、浄土真宗の信徒。

❺ 分類上の一部門。分野。

【門外漢（モンガイカン）】専門外の人。畑違いの人。

[難読地名] 門川（かどがわ）町（宮崎） 門真（かどま）市（大阪） 門司（もじ）区（福岡） [難読姓氏] 門叶（とがの）

門 [門]

8567 【閂】 7957 6F59 E878 門－1 サン漢／shuān／かんぬき

[字解] 会意。門＋一。門をしめる横棒、かんぬきの意。

[意味] かんぬき。門があかないようにするための横木。

8568 【閃】 3314 412E 914D 門－2 セン漢／shǎn／ひらめく・ひらめき

[字解] 会意。門＋人（ひと）。門の中の人をちらっとみる、ひらめく意。

[意味] ひらめく。ちらっと見える。ぴかぴかと光る。また、一瞬ぴかりと光るいなずま。『一閃（イッセン）』『電閃（デンセン）』

【閃影（センエイ）】ひらめくかげ。

【閃光（センコウ）】瞬間的にきらめく光。『閃光が走る』

【閃爍（センシャク）】きらめき輝くこと。

【閃閃（センセン）】①ひらめき動くさま。ひらひら。②輝くさま。きらきら。

【閃電（センデン）】ひらめくいなずま。また、すばやいことのたとえ。

8569 【閉】 4236 4A44 95C2 門－3 [常]6 （8570）〔閇〕 7958 6F5A E879 門－3

ヘイ呉漢・ヘツ漢／bì／とじる・とざす・しめる・しまる

[筆順] 

[字解] 会意。門＋才（木材）。木材をかんぬきとして門をとじることから、しめる意。

金文  篆文 

[参考] 「閇」は万葉仮名で音を借りて「へ㋛」。

[意味] ❶とじる。しめる。ふさぐ。とざす。とじこめる。↔開。『閉鎖』『閉塞』『密閉（ミッペイ）』 ❷おえる。おわる。↔開。『閉会』『閉幕』

❶ とじる。しめる。とざす。とじこめる。

[下接] 開閉（カイヘイ）・鎖閉（サヘイ）・密閉（ミッペイ）・幽閉（ユウヘイ）

【閉関（ヘイカン）】門をしめて来客をことわること。門戸を閉ざし、世俗との交際を絶つこと。

【閉居（ヘイキョ）】家にとじこもること。

【閉戸（ヘイコ）】戸をしめること。また、家にとじこもること。閉門。

【閉口（ヘイコウ）】①口をとじて何も言わないこと。②[国]うんざりすること。『長広舌に閉口する』

【閉鎖（ヘイサ）】①とじて出入りのできないようにすること。↔開放。②とじて機能を停止すること。『工場閉鎖』

【閉蔵（ヘイゾウ）】とじかくすこと。とざしおさめること。

【閉息（ヘイソク）】息をとめること。

【閉塞（ヘイソク）】とじてふさぐこと。『閉塞前線』『腸閉塞』

【閉蟄（ヘイチツ）】①冬になって虫類が土中にこもること。冬ごもり。また、そのころ。旧暦の一〇月上旬ごろ。↔啓蟄。②隠居してとじこもり人とつきあわないこと。

【閉門（ヘイモン）】①門をしめること。↔開門。②[国]江戸時代、武士、僧らに科せられた監禁刑の一。五〇日から一〇〇日の間、一切の出入りを許さなかった。

❷ おえる。おわる。

【閉会（ヘイカイ）】会議、集会などを終えること。↔開会

【閉店（ヘイテン）】店を閉じること。↔開店。『閉店時間』

【閉幕（ヘイマク）】舞台の幕を閉じること。物事が終わること。↔開幕

8571 【閊】 7959 6F5B E87A 門－3 つかえる

8画 金長（镸）門阜（阝）隶隹雨青（青）非

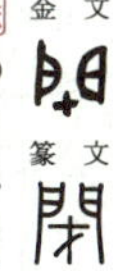

字解 国字。会意。門＋山。山は門の中には入らない、つかえる意。
意味 つかえる。さしさわる。さしつかえる。物がつまって先へ行かなくなる。

8572【𨳝】 ━━ 門－3 しなたりくぼ

字解 国字。会意。門＋也(陰門)。女陰の意。しなたりくぼ。

［問］ ⇩ 982

8573【開】 1911 332B 8A4A 門－4 常3 カイ㊀㊁/kāi/ひらく・ひらける・あく・あける

筆順 開 開 開 開 開 開 開 開

字解 会意。門＋幵(＝廾、両手)。門を両手でひらくさまで、ひらく意。
参考 万葉仮名では音を借りて「け㋥」。
意味 ❶ひらく。あく。あける。↕閉。『開花』『開眼』『開門』『打開』『満開』❷はじまる。はじめる。↕閉。『開会』『開始』『開店』❸ひらける。土地をきりひらく。知恵を広げる。『新開地(シンカイチ)』『開化』『開墾』『開発』『鑿開(サッカイ)』『未開(ミカイ)』❹その他。地名。『開封』

❶ ひらく。あく。あける。

下接 公開(コウカイ)・再開(サイカイ)・散開(サンカイ)・切開(セッカイ)・全開(ゼンカイ)・打開(ダカイ)・展開(テンカイ)・半開(ハンカイ)・分開(ブンカイ)・劈開(ヘキカイ)・満開(マンカイ)

【開筵(カイエン)】（「筵」は敷物、座席の意）①席をもうけること。②転じて、会などを始めること。

【開花(カイカ)】①花が咲くこと。『開花期』②転じて、物事が盛んになること。

【開架(カイカ)】図書館で、書架を閲覧者に開放して自由に本を利用させること。『開架式』

【開巻(カイカン)】書物を開くこと。また、書き出し。巻頭。

【開眼(カイガン|カイゲン)】㊀(カイガン) 目を見えるようにすること。㊁(カイゲン)（仏像の眼を開く意から）①新しい仏像、仏画を作り、最後に目を入れて魂を迎え入れること。また、その供養の法会。②真実の道理を悟ること。

【開顔(カイガン)】顔の表情をのびのびさせること。顔色をやわらげること。

【開襟・開衿(カイキン)】国①折り襟(えり)にして開いた襟。②「開襟シャツ」の略。

【開欠(カイケツ)】官吏が職を去ること。

【開口(カイコウ)】①物を言うために口を開くこと。『開口一番〔＝口を開くや否や〕』②空気、光などを通すために開けた口。穴が外部へあいていること。『開口部』

【開闔(カイコウ|カイゴウ)】①開くことと閉じること。②国朝廷の記録所、和歌所などにおかれた職制。書物、資料の出納管理等雑務をつかさどる。③国鎌倉・室町幕府の評定所での職制。訴訟事務の進行等にあたった。

【開城(カイジョウ)】城の門を開いて敵に明け渡すこと。降服すること。

【開帳(カイチョウ)】①寺院で、厨子(ズシ)を開き、秘仏を公開すること。②国賭場(トば)を開くこと。❤②は、法律では「開張」。

【開陳(カイチン)】自分の意見などを人の前で述べること。

【開通(カイツウ)】鉄道、道路、電話などが完成して通じること。

【開眉(カイビ)】愁いの眉を開くこと。安心すること。

【開封(カイフウ)】①封を開くこと。②密封しない郵便物。↓❹(カイホウ)

【開腹(カイフク)】手術で、腹部を切って開くこと。

【開放(カイホウ)】①門、戸などを開けたままにすること。『開放厳禁』②自由に出入りさせること。『門戸開放(モンコカイホウ)』

【開門(カイモン)】門を開くこと。↕閉門

❷ はじまる。はじめる。

【開演(カイエン)】演劇、演奏会などを始めること。↕終演

【開会(カイカイ)】会を始めること。会を開くこと。↕閉会

【開基(カイキ)】基礎をつくること。特に、仏寺または宗派を創立すること。開山。開祖。『当山の開基』

【開業(カイギョウ)】①新規に事業や営業を始めること。②その日の営業をすること。

【開元(カイゲン)】基礎をきずくこと。特に、国を開くこと。

【開港(カイコウ)】①通商、貿易のために港を開くこと。②空港を開設すること。

【開国(カイコク)】①国をつくること。建国。②外国と交わりを始めること。↕鎖国

【開済(カイサイ)】物事を始めて、それを成し遂げること。＊杜甫－蜀相「両朝開済老臣心(リョウチョウカイサイすロウシンのこころ)〔＝(諸葛亮が)二代に仕えて、建国と治政とに努力したのは、老臣としてのまごころから出たものであった〕」

【開催(カイサイ)】会、催し物などを開き行うこと。

【開山(カイサン|カイザン)】㊀(カイサン) ①寺を初めて建てること。②ある物事の創始者。『日の下開山』❤山を開いて寺を建てる意。㊁(カイザン) ①山開き。②鉱山を開設すること。↕閉山

【開始(カイシ)】物事を始めること。↕終了

【開秋(カイシュウ)】秋の初め。

【開春(カイシュン)】春の初め。はつはる。

【開場(カイジョウ)】会場を開いて人々を入れること。↕閉場

【開設(カイセツ)】設備や施設などを新しく設けること。

【開戦(カイセン)】戦争状態に入ること。戦闘を開始すること。

【開祖(カイソ)】①ある宗教の一派を最初に開いた人。開山(カイサン)。祖師。②学問、芸術などの一派を始めた人。鼻祖。

【開店(カイテン)】初めて店を開いて商売を始めること。また、その日の店の業務を始めること。↕閉店

【開闢(カイビャク)】（「闢」も、ひらく意）天地の開け初め。世界の始まり。『天地開闢以来』

【開府(カイフ)】①役所を設けて属官を置くこと。中国・漢代、丞相、大司馬、御史大夫の三公に許された制度。後世では、将軍もこれに準じた。三公および将軍。②中国で、巡撫(ジュンブ)、総督などをいう敬称。③国幕府を開くこと。特に、江戸幕府についていう。

【開幕(カイマク)】幕を開けて、演劇や映画などを始めること。また、物事を始めること。↕閉幕・終幕

❸ ひらける。また、きりひらく。

【開運(カイウン)】運が開けること。幸運に向かうこと。

【開化(カイカ)】知識や文化が開けてゆくこと。『文明開化』

【開豁(カイカツ)】①眺めが広々と開けているさま。②心が広いさま。

【開悟(カイゴ)】知恵を開き、真理を悟ること。

【開墾(カイコン)】山林や原野を切り開いて、耕地にすること。開拓。『開墾地』

【開削・開鑿(カイサク)】土地を切り開いて、道路などを造ること。『開削工事』❤書き換え「開鑿→開削」。

【開示(カイジ)】明らかに示すこと。

【開成(カイセイ)】「開物成務(カイブツセイム)」の略。

【開霽(カイセイ)】雨がすっかりやんで、晴れ上がること。

【開拓（カイタク）】①山野、荒地を切り開いて田畑などにすること。開墾。『開拓村』②新しい領域を切り開くこと。『新市場の開拓』

【開導（カイドウ）】①堀や溝などを作って、水が流れるようにすること。水利をはかること。②人の見聞、知識を広げ高めるように指導すること。

【開発（カイハツ）】①天然資源を切り開いて生活に役立つようにすること。②知識などを開き導くこと。③新しいものを考え出し、実用化すること。

【開物成務（カイブツセイム）】人がまだ知らないところを開発し、人が成そうと望んでいることを成し遂げること。開成。〔易経－繋辞伝上〕

【開辺（カイヘン）（ヘンをひらく）】領土を拡大すること。＊杜甫－兵車行「武皇開ㇾ辺意未ㇾ已（ブコウヘンをひらくイいまだやまず）」〔＝武皇は国境を拡大する気をやめない〕」

【開明（カイメイ）】知識が開け、文物が進歩すること。また、知識が広く聡明なこと。『開明的な君主』

【開朗（カイロウ）】開けて明るいさま。＊陶潜－桃花源記「復行数十歩、豁然開朗（またゆくことスウジッポ、カツゼンとしてカイロウなり）」〔＝また数十歩ほど行くと、からりと開け、明るくなった〕」

【開封（カイホウ）】中国河南省北部、黄河南岸近くの都市。中国六大古都の一。戦国時代、魏が都にして大梁と称した。のち、東京と称して、五代の後梁、後晋、後漢、後周の都となり、さらに宋の都となって大発展をとげた。金代末期にも南京として都になった。カイフォン。→❶（カイフウ）

❹ その他。地名。

難読地名 開聞（かいもん）町（鹿児島）

8574 【間】 2054 3456 8AD4 門－4 常2 (8575)【閒】 門－4 旧字

ケン㊁・カン㊇\jiān・jiàn\あいだ・ま・あい・あわい・はざま

筆順 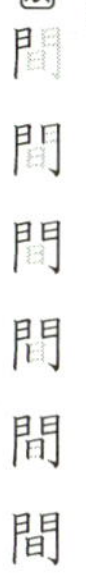

字解 間は閒の通俗体。閒は会意。門＋月(月光)。とじた門から月光がもれることから、すきまの意。

金文 

篆文 

同属字 癇・簡(簡)・嫺・澗・燗・瞯・礀

参考 万葉仮名では訓を借りて「ま」。

意味 ❶あいだ。すきま。物と物とのあいだ。また、へだたる。『目睫（モクショウ）の間（カン）』『間一髪（カンイッパツ）』『間隔』『間接』『期間』❷すきをねらう。ひそかにうかがう。『間諜』『間男（まおとこ）』＊孫子－用間「令ㆍ吾間必索ㆍ知之ㆍ（わがカンをしてかならずこれをもとめしらしむ）」〔＝わが方の間者に命じて、必ず調査させる〕」❸ひま。ゆとり。また、のどか。静か。「閑」に同じ。『間暇』『間話』『有間（ユウカン）』❹このごろ。ちかごろ。『間者（カンシャ）〔＝このごろ〕』❺ま。へや。また、部屋を数える語。『六畳一間』『居間（いま）』❻（ケン）国①建物の外面、主として正面の柱と柱との間。㋺長さの単位。一間は六尺（約一・八メートル）。『間尺』

❶ あいだ。すきま。また、へだたる。

下接 花間（カカン）・期間（キカン）・行間（ギョウカン）・空間（クウカン）・区間（クカン）・月間（ゲッカン）・巷間（コウカン）・股間（コカン）・山間（サンカン）・時間（ジカン）・週間（シュウカン）・酒間（シュカン）・瞬間（シュンカン）・食間（ショッカン）・世間（セケン）・中間（チュウカン）・日間（ニッカン）・人間（ニンゲン）－（ジンカン）・年間（ネンカン）・病間（ビョウカン）・兵間（ヘイカン）・壁間（ヘキカン）・幇間（ホウカン）・眉間（ミケン）・民間（ミンカン）・夜間（ヤカン）・林間（リンカン）／朝間（あさま）・雨間（あまま）－（あまあい）・雲間（くもま）・潮間（しおま）・隙間（すきま）・谷間（たにま）・近間（ちかま）・手間（てま）・仲間（なかま）・波間（なみま）・狭間（はざま）・半間（ハンま）・廂間（ひあわい）・昼間（ひるま）・深間（ふかま）・幕間（マクあい）・眼間（まなかい）・雪間（ゆきま）・欄間（ランま）

【間一髪（カンイッパツ）】物事の非常に切迫していることのたとえ。危ないところ。▼一本の髪の毛ほどのすきまの意。

【間隔（カンカク）】①へだたること。＊陶潜－桃花源記「遂与ㆍ外人ㆍ間隔（ついにガイジンとカンカクす）」〔＝その結果、俗世間の人との交わりがへだたってしまった〕」②二つのものの間の時間的、空間的なへだたり。

【間間（カンカン）】一つ一つ物を区別すること。

【間関（カンカン）】①（「関」はとざすの意）すきまがとざされ、道を進むのに難儀すること。②鳥がなめらかにさえずるさま。節がおもしろい鳥の鳴き声。＊白居易－琵琶行「間関鶯語花底滑（カンカンたるオウゴカテイになめらかなり）」〔＝（絃の音は）あるときは花の下で柔らかに鳴く鶯の声のようによどみない〕」③車のくさびがぎいぎいと鳴る音を表す語。

【間隙（カンゲキ）】物と物とのあいだ。すきま。『間隙を縫う』

【間欠・間歇（カンケツ）】一定の時間をおいて起こったりやんだりすること。『間欠泉』▼書き換え「間歇→間欠」。

【間歳（カンサイ）】一年おき。隔年。

【間作（カンサク）】①農作物の植えてあるうねの間に、他の作物を栽培すること。②農作物を収穫し、その畑地の空いている期間に他の作物を栽培すること。

【間日（カンジツ）】日をへだてること。隔日（カクジツ）。

【間接（カンセツ）】対象との間に物をへだてて対すること。↕直接。『間接税』

【間然（カンゼン）】非難や批判すべき欠点があること。〖無ㆍ間然ㆍ（カンゼンするなし）〗非の打ち所がない。行動や態度が完全で、非難を加える余地がないこと。〔論語－泰伯〕

【間阻（カンソ）】へだてること。仲をさくこと。

【間断（カンダン）】間がとぎれること。絶え間。切れ目。

【間道（カンドウ）】抜け道。わきみち。↕本道

【間脳（カンノウ）】脊椎（セキツイ）動物の、大脳半球と中脳の間の部分。

【間伐（カンバツ）】森林で、不要な木を切り払って間隔を作ること。すかしぎり。疎伐。

【間不ㇾ容ㇾ髪（カンハツをいれず）】間を置かず。すぐさま。〔枚乗（バイジョウ）－上ㇾ書諫ㆍ呉王ㆍ〕▼(1)間に髪の毛一本も入れる余地がないの意から。(2)「間髪（カンパツ）」で区切るのは誤り。

❷ すきをねらう。ひそかにうかがう。

【間行（カンコウ）】ひそかに隠れて行くこと。人に悟られないように行くこと。微行。潜行。間出（カンシュツ）。

【間使（カンシ）】しのびの使い。密使。

【間者（カンジャ）】敵方の様子を探る者。間諜（カンチョウ）。スパイ。

【間出（カンシュツ）】①ひそかに隠れて行くこと。②時たま出現すること。たまにしか出ないすぐれた人物などにいう。

【間諜（カンチョウ）】ひそかに敵の様子を探り、味方に通報すること。スパイ。

【間歩（カンポ）】人に隠れて、こっそりと行くこと。しのび歩き。→❸

❸ ひま。ゆとり。また、のどか。静か。

下接 寛間（カンカン）・退間（タイカン）・偸間（トウカン）・余間（ヨカン）

【間暇（カンカ）】ひま。閑暇。

【間居（カンキョ）】することがなく、ひまであること。閑居。＊大学「小人間居為ㆍ不善ㆍ（ショウジンカンキョしてフゼンをなす）」〔＝小人はひまでいると、とかくよくないことをするものだ〕」

【間職（カンショク）】ひまな職務。重要でない職。閑職（カンショク）。

【間歩（カンポ）】ぶらぶら歩くこと。閑歩。→❷

【間房（カンボウ）】静かな部屋。また、空き部屋。閑房。

【間話（カンワ）】雑談。また、心静かに話すこと。閑語。

8画 金長(镸)門阜(阝)隶隹雨青(靑)非

❻（日本語で）長さの単位。

【間尺】ケンジャク・ましゃく 国①（ケンジャク）一間ごとに印をつけたなわ。間縄ケンなわ。②（ましゃく）間ケンと尺。家屋や建具などの寸法。転じて、物事の計算。「間尺に合わない」

8576【閑】2055 3457 8AD5 門－4 常 ゲン㊈・カン㊊ xián／のどか・ひま・しずか

筆順 閑閑閑閑閑閑閑

字解 会意。門＋木。入り口に木をおき侵入をふせぐしきりの意。

金文 文 篆文

同属字 鷳・嫻

意味 ❶ふせぎ守る。また、しきり。❷ひま。いとま。「間」に同じ。「農閑期ノウカンキ」「閑居」❸むだ。無益。「閑話」❹のどか。のんびりとしている。ひっそりとしている。しずか。「間」に同じ。「閑静」「森閑」＊李白−山中問答「笑而不レ答心自閑（わらってこたえずこころおのずからカンなり）」（＝笑っているだけで答えないが、心はのどかである）」❺なおざり。おろそか。「閑却」「等閑トウカン」❻ならう。なれる。

❷ ひま。いとま。

下接 休閑キュウカン・空閑クウカン・小閑ショウカン・消閑ショウカン・有閑ユウカン・遊閑ユウカン・優閑ユウカン・余閑ヨカン・農閑期ノウカンキ

【閑暇】カンカ ひまがあること。ひま。間暇。

【閑居】カンキョ 何もすることがなく、いたずらに日を送ること。間居。→❹

【閑日月】カンジツゲツ ①ひまな月日。②心の余裕。

【閑職】カンショク ひまな職務。重要でない職。間職。

【閑人】カンジン・ひまジン ひまのある人。間人。

【閑地】カンチ ①空き地。②実務の少ないひまな地位。閑職。♥「間地」とも書く。

❸ むだ。無益。

【閑語】カンゴ むだ話。「閑人閑語」→❹

【閑話】カンワ むだ話。雑談。間話。→❹

【閑話休題】カンワキュウダイ ①本筋から外れて語られていた話やむだ話をやめにすること。②（話を本筋に戻すときに用いて）それはさておき。さて。♥「間話休題」とも書く。

❹ のどか。また、しずか。

下接 安閑アンカン・寛閑カンカン・深閑シンカン・森閑シンカン・清閑セイカン・素閑ソカン・幽閑ユウカン・悠閑ユウカン／長閑のどか

【閑雲野鶴】カンウンヤカク 静かに浮かんでいる雲と、野に遊ぶツル。何の束縛も受けず、悠々と暮らすことのたとえ。間雲野鶴。

【閑雅】カンガ ①態度がしとやかでみやびやかなこと。間雅。②国もの静かで、景色などに趣のあること。

【閑閑】カンカン のんびりしているさま。「悠悠閑閑」

【閑居】カンキョ 閑静な住まい。→❷

【閑吟】カンギン 心静かに詩歌などを吟ずること。

【閑語】カンゴ 静かに物語ること。→❸

【閑座・閑坐】カンザ 静かにすわっていること。静座。

【閑散】カンサン ひっそりとしずまり返っていること。間散。

【閑寂】カンジャク 物静かであること。さびしくひっそりとしていること。間寂。

【閑所・閑処】カンショ・カンジョ ①人のいない所。静かな場所。②私室。③便所。手洗い。♥「間所・間処」とも書く。

【閑靖】カンセイ 静かでやすらかなこと。間靖。

【閑静】カンセイ 場所などが、もの静かなこと。間静。

【閑素】カンソ 心静かに質素な暮らしをしているさま。

【閑談】カンダン もの静かに話をすること。

【閑適】カンテキ 心静かに楽しむこと。間適。

【閑歩】カンポ 静かに歩むこと。ぶらぶら歩くこと。

【閑和】カンワ 静かでやわらいださま。

【閑話】カンワ 心静かに話すこと。閑談。→❸

❺ なおざり。いいかげん。おろそか。

【閑却】カンキャク いい加減に、ほうっておくこと。

8577【閎】＊7006 門－4 コウ（クヮウ）㊊ hóng／ひろい

字解 形声。門＋厷（ひろくはる）㊥。ひろい門、また、ひろい意。

8578【閏】1728 313C 895B 門－4 ジュン㊊ rùn／うるう

字解 会意。門＋王。古代の中国では、うるう月には天子は門の内にいたので、うるうの意を表すか。

同属字 潤

意味 ❶うるう。暦と季節の食い違いを調節するために日数または月数を普通の年より多くすること。また、その年や月や日。「閏月」「閏年」「閏余」❷正統でない天子の位。「正閏セイジュン」

【閏月】ジュンゲツ 太陰暦で、ある月が終わったあとに、続いてもう一度繰り返す同じ月のこと。うるうづき。

【閏年】ジュンネン ①陰暦で、閏月うるうづきのある年。一三か月ある年。うるうどし。②現行の太陽暦で、一年を三六六日とする年。四年に一度、二月の終わりに一日を加える。うるうどし。

【閏余】ジュンヨ 実際の一年の日時が、暦の上の一年間より余分にあること。

8579【閔】7960 6F5C E87B 門－4 ビン㊊ mǐn／いたむ・あわれむ

字解 形声。門＋文（→愍、あわれむ）㊥。あわれむ意。

同属字 憫

意味 ❶いたむ。いたわる。あわれむ。うれえる。「閔凶」「閔傷」「閔惜」❷人名。「閔子騫」

【閔凶】ビンキョウ 父母に死別する不幸。

【閔子騫】ビンシケン 中国、春秋時代の魯ロの人。孔子の弟子。名は損。子騫シケンは字あざな。親孝行であった。

【閔傷】ビンショウ あわれみいたむこと。

【閔惜】ビンセキ あわれみ惜しむこと。

8580【𨳝】—— 門－4 しなたりくぼ

字解 国字。会意。門＋化（也の転か）。女陰の意。閪に同じ。

【悶】⇨2373

8581【閖】7961 6F5D E87C 門－4 ゆり

字解 国字。水の逆流を防ぐ水門。ゆり。

8582【閘】7962 6F5E E87D 門－5 コウ（カフ）㊊・オウ（アフ）㊊／zhá

字解 形声。門＋甲（封じこめる）㊥。水門の意。

意味 ❶水門。ときどき開閉する水門。樋(ひ)。『閘門』『水閘(スイコウ)』❷門をあけたてする。

【閘夫(コウフ)】水門を開閉する者。

【閘門(コウモン)】運河や河川などで、水量を調節したりするために設ける水門。

8583 【閙】 7963 6F5F E87E 門－5

トウ「鬧」(9218)の異体字

8584 【閟】＊ 7009 門－5

ヒ漢/bì/とじる・とざす

字解 形声。門＋必(ぴったりしめつける)声。かたくとざす意。

意味 とじる。とざす。奥深い所にかくす。『閟宮』

【閟宮(ヒキュウ)】①おたまや。奥深い廟。②「詩経」魯頌(ロショウ)の編名。

8585 【閠】 7964 6F60 E880 門－5

音訓字義未詳

8586 【閡】＊ 7010 門－6

ゲ呉・ガイ漢/hé/とざす

字解 形声。門＋亥声。とざす意。

8587 【閣】 1953 3355 8A74 門－6 常6

カク呉漢/gé/たかどの

筆順

字解 形声。門＋各(→格、えだがつき出る)声。門のとびらをとめる長いくいの意。転じて、たな、たかどのの意に用いる。

同属字 擱

意味 ❶たかどの。二階だてのやかた。また、地上高くつくられた建築物。『閣道』『楼閣(ロウカク)』❷たな。『几閣(キカク)』『書閣(ショカク)』❸「内閣(ナイカク)」の略。国の最高行政機関。もと、奥深い内方の殿閣の意。『閣議』『閣僚』『組閣』❹おく。とめおく。やめる。『擱』に同じ。『閣筆』❺『閣閣(カクカク)』は、㋑まっすぐなさま。㋺カエルの鳴き声のさま。

❶ たかどの。かけはし。

下接 阿閣(アカク)・芸閣(ウンカク)・花閣(カカク)・館閣(カンカク)・金閣(キンカク)・香閣(コウカク)・高閣(コウカク)・山閣(サンカク)・紫閣(シカク)・粧閣(ショウカク)・城閣(ジョウカク)・水閣(スイカク)・台閣(ダイカク)・殿閣(デンカク)・堂閣(ドウカク)・秘閣(ヒカク)・飛閣(ヒカク)・舞閣(ブカク)・仏閣(ブッカク)・鳳閣(ホウカク)・梵閣(ボンカク)・楼閣(ロウカク)・天守閣(テンシュカク)

【閣道(カクドウ)】①地上高く架した廊下。かけはし。②高い山の岩かどなどに木材を渡して作った道。桟道。かけはし。③星の名。カシオペアの東辺にほぼ南北にならぶ六星。

【閣下(カッカ)】たかどのの下。転じて、たかどのに住む人。高位、高官の人などの敬称。『大統領閣下』

❸ 「内閣」の略。

下接 組閣(ソカク)・倒閣(トウカク)・入閣(ニュウカク)

【閣議(カクギ)】内閣がその職務を行うための会議。

【閣僚(カクリョウ)】内閣を組織する各国務大臣。

❹ おく。とめおく。やめる。

【閣筆(カクヒツ)】筆を置いて字を書くのをやめること。擱筆。

8588 【関】 2056 3458 8AD6 門－6 常4 (8619)【關】 7980 6F70 E890 門－11 旧字

ケン呉・カン(クヮン)漢/guān/せき・かかわる

筆順

字解 関は關の変形。關は形声。門＋𢇇(つらぬきとおす)声。門のかんぬきの意。また、門をとざす意。

意味 ❶かんぬき。門の扉をさしかためるための横木。また、とざす。かんぬきをかける。『鍵関(ケンカン)』『閉関(ヘイカン)』『抱関(ホウカン)』『門関(モンカン)』＊陶潜-帰去来辞「門雖レ設而常関(モンはもうけたりといえどもつねにとざせり)〔=門は作ってあるが、いつもしめたままである〕」❷せき。せきしょ。出入りをせきとめ、取り締まる所。『関門』『玄関』❸つなぎめ。かなめ。また、部分をつなぎとめるしかけ。『関節』『機関(キカン)』❹かかわる。あずかる。物をつなぐようにかかわる。『関係』『相関』❺『関関(カンカン)』は、鳥がのどかに鳴くさま。❻国相撲で、十両以上の者。『関取(せきとり)』『関脇(せきわけ)』『大関(おおぜき)』❼その他。固有名詞など。『函谷関(カンコクカン)』『関羽』

❶ かんぬき。

【関鍵(カンケン)】①門のかんぬきと扉のかぎ。②門や扉の戸じまり。③物事の大切なところ。かなめ。

【関鑰・関籥(カンヤク)】①かんぬきとかぎ。門の戸じまり。②転じて、出入りの要所。また、物事のかなめ。枢要。

❷ せき。せきしょ。

下接 雲関(ウンカン)・海関(カイカン)・間関(カンカン)・郷関(キョウカン)・玄関(ゲンカン)・交関(コウカン)・故関(コカン)・散関(サンカン)・税関(ゼイカン)・禅関(ゼンカン)・通関(ツウカン)・透関(トウカン)・難関(ナンカン)・辺関(ヘンカン)

【関尹(カンイン)】関所の役人。また、その長。関令。

【関山(カンザン)】①関所のある要害の山。＊杜甫-登岳陽楼「戎馬関山北(ジュウバカンザンのきた)〔=関所のある山々の北のかなたでは、まだ戦乱が続いている〕」②国境の山々。ふるさとの四方をとりまく山。転じて、故郷。

【関市(カンシ)】関所と市場。多くの人や貨物が往来、集合する所。

【関城(カンジョウ)】関所や城郭。

【関税(カンゼイ)】①関所や城門の通過に課した税。②輸出入の品物に課す税。

【関頭(カントウ)】物事の重大な分かれ目。岐路。

【関内(カンナイ)】関所からうち。特に、函谷関からうち。

【関内侯(カンナイコウ)】中国、秦・漢時代に行われた爵位の一。名は侯でも領地はなく、都に居住した。

【関防(カンボウ)】①中国で、国境や要所に関所を設けて敵を防ぐこと。また、関所の守備兵。②「関防印(カンボウイン)」の略。

【関防印(カンボウイン)】①中国、明のころ、公文書に用いられた割り印。長方形で文書の贋造(ガンゾウ)を防いだ。②書画などの右肩に押す作者の印。引首印(インシュイン)。

【関門(カンモン)】①関所。②国通過するのが難しい所。

【関所(せきショ)】交通の要所や国境に設けて、通行人や通過物を検査する所。関。『関所破り』

❸ つなぎめ。かなめ。また、からくり。

【関節(カンセツ)】骨と骨とが互いに運動できるように連結している部分。『関節炎』

❹ かかわる。あずかる。

下接 摂関(セッカン)・相関(ソウカン)・連関(レンカン)

【関係(カンケイ)】①ある物事が、他の物事につながりを持ったり、影響したりすること。かかわりあい。『地形の関係で寒い』『人間関係』『労使関係』『無関係』②国男女の性的なかかわりあい。③国(名詞の下に付けて)その方面。『教育関係の仕事』

【関渉カンショウ】かかわりあうこと。干渉。

【関心カンシン】特に心をひかれること。気にかけること。

【関知カンチ】あずかり知ること。

【関白カンパク】国①平安時代以後、太政大臣の上に設置された、天皇を補佐して政務を執行する重職。②権力の強い者。『亭主関白』▼天下の万機を「関り白す」意。

【関与カンヨ】ある物事に関係すること。携わること。

【関連・関聯カンレン】ある事と他の事とが内容的につながっていること。かかわりあい。連関。関係。

❼その他。固有名詞など。
【関羽カンウ】中国、三国時代、蜀漢の武将。劉備に仕え、赤壁の戦いで曹操の軍を撃破。(?～二一九)

【関雎カンショ】「詩経-周南」の詩の編名。文王と后妃との夫婦和合の徳をよんだもの。【関雎之化カンショのカ】夫婦が和合して、家庭がよくおさまることのたとえ。

【関西カンセイ｜カンサイ】①(カンセイ)中国の函谷関以西の地。主に陝西省、甘粛省を指す。②(カンサイ)国京阪地方。⇔関東。▼②は、昔は逢坂の関より西の国をいった。

【関中カンチュウ】中国北部の陝西省の渭水盆地一帯の呼び名。函谷関、武関、散関、蕭関の四つの関の中に位置するところからいう。

【関東カントウ】①中国で、函谷関より東の地方。主に、河南省北部および山東省をさす。②中国で、山海関より東の地方。黒竜江、吉林、遼寧の東北三省にあたる。③国東京都と神奈川、千葉、埼玉、群馬、栃木、茨城の各県にわたる地域の称。⇔関西。▼③は、箱根の関所より東の地の意。昔は逢坂の関より東の国をいった。

【関八州カンハッシュウ】国箱根より東の八か国。相模・武蔵・安房・上総・下総・上野・下野・常陸。今の関東圏にあたる。

【関竜逢カンリョウホウ】中国、夏の桀王の臣。王の飲酒をいさめて殺された。

8589【閨】7965 6F61 E881 門－6 ケイ漢/guī/ねや
字解 形声。門＋圭(下が方形、上はかどだった、またはやや丸みをおびた瑞玉)声。圭の形をした宮中の小さい門の意。転じて、婦人の部屋の意に用いる。
意味 ❶こもん。宮中の小門。『閨竇』❷ねや。婦人の寝室。また、夫婦の寝室。『翠帳紅閨』『空閨』❸婦人。『閨閥』『令閨』❹男女間のいろごと。

❶こもん。宮中の小門。
【閨竇ケイトウ】(「竇」はあなぐらの意)①門の傍らに造られた「圭」の形をした小さな出入り口。くぐり戸。②貧しい家。

❷ねや。婦人の寝室。また、夫婦の寝室。
下接 金閨キンケイ・空閨クウケイ・紅閨コウケイ・孤閨コケイ・深閨シンケイ・幽閨ユウケイ・蘭閨ランケイ
【閨怨ケイエン】夫と別れている婦人が、ひとり寝の寂しさをつらく怨みに思うこと。
【閨閤ケイコウ】①ねどころ。ねや。閨中。②女子の居間。
【閨中ケイチュウ】女性のへやの中。ねや。＊杜甫-月夜「今夜鄜州月、閨中只独看」〔今夜鄜州の空を照らすこの月を、(妻は)へやの中からただひとりながめていることだろう〕
【閨房ケイボウ】寝室。特に、女性の寝室。また、夫婦、男女の寝室。
【閨門ケイモン】①寝室の入り口の戸。転じて、寝室。②夫婦の間柄。③家庭内の行儀作法。

❸婦人。
【閨秀ケイシュウ】学芸にすぐれた女性。『閨秀画家』
【閨閥ケイバツ】国婚姻関係、妻の親類を中心としてつながる勢力や人脈。
【閨範ケイハン】女性の守るべき道、教え。

8590【閤】2562 395E 8D7D 門－6 コウ(カフ)漢/gé/くぐりど
字解 形声。門＋合(あう・ふくむ)声。大門の一部としての小門、くぐりどの意。
意味 ❶くぐりど。❷宮中の小門。❸宮殿。御殿。転じて、天子を補佐する高官。摂政・関白。『閤下』『閤門』『厳閤』『禅閤』『太閤』
【閤下コウカ】貴人に対する尊敬語。閣下。▼宮殿の門下にいる人の意から。
【閤門コウモン】内裏の内廓の門。

8591【閧】7966 6F62 E882 門－6 コウ(カウ)漢/hòng/みち
字解 形声。門＋共声。村里の中のみちの意。衖・巷に同じ。

8592【閦】＊7011 門－6 シク呉・シュク漢/chù
字解 会意。門＋众(多くのひと)。人が門内に多い意。阿閦如来の名に用いる。「阿閦」は梵Akṣobhyaの音訳という。

8593【閥】4022 4836 94B4 門－6 常 ハツ漢・バツ慣/fá/てがら・いさお
筆順 
字解 形声。門＋伐声。
意味 ❶てがら。いさお。功績。転じて、功績をたて、勢いをもつ家柄。『閥閲』『閥族』『門閥』❷門の左に立てた柱。『閥閲』❸国ばつ。出身、利害を同じくするものの一派、集団。『学閥』『派閥』
下接 学閥ガクバツ・官閥カンバツ・勲閥クンバツ・軍閥グンバツ・閨閥ケイバツ・功閥コウバツ・財閥ザイバツ・氏閥シバツ・党閥トウバツ・派閥ハバツ・藩閥ハンバツ・名閥メイバツ・門閥モンバツ
【閥閲バツエツ】①功を積んだ格式の高い家筋。門閥。門地。家柄。②門の左右に立てた柱。▼「閥」は門の右に立てた柱のこと。
【閥族バツゾク】門閥の一族。高貴の家柄。

8594【閩】＊7012 門－6 ビン漢/mǐn・mín
字解 形声。虫＋門声。
意味 ❶古代中国の東南地方の種族の名。また、その地方。❷一〇世紀に延鈞が長楽(今の福州)を都として建てた国。三七年で南唐に滅ぼされた。❸福建省の略称。
【閩越・閩粤ビンエツ】中国の閩江流域を中心に福建地方に居住した越族の一種。漢初に閩越王に封ぜられたが、漢に反抗して滅びた。

【聞】⇩6247

8595 【閲】 1760 315C 897B 門－7 常

エツ㊥/yuè/けみする

(8596)〔閱〕 門－7 旧字

筆順 閲閲閲閲閲閲

字解 形声。門＋兌(↓算、かぞえる)㊟。門で車馬をかぞえる意。

意味 ❶けみする。しらべる。あらためしらべる。「閲兵」「閲覧」❷へる。経過する。すごす。「閲月」「閲歴」❸門の右に立てた柱。「閥閲(バツエツ)」

❶ けみする。しらべる。あらためしらべる。

下接 簡閲(カンエツ)・観閲(カンエツ)・検閲(ケンエツ)・校閲(コウエツ)・高閲(コウエツ)・細閲(サイエツ)・査閲(サエツ)・親閲(シンエツ)・内閲(ナイエツ)・繙閲(ハンエツ)・披閲(ヒエツ)

【閲実(エツジツ)】 実情を逐一調べて明らかにすること。

【閲読(エツドク)】 内容を調べながら読むこと。

【閲兵(エッペイ)】 軍隊を整列させて、その前を見て回ること。「閲兵式」

【閲覧(エツラン)】 内容を調べながら見たり、読んだりすること。「図書の閲覧室」

❷ へる。経過する。すごす。

【閲月(エツゲツ)】 月をすごすこと。一か月がすぎること。

【閲歴(エツレキ)】 経歴。履歴。

8597 【閫】 ＊7013 門－7

コン㊥/kǔn/しきみ・しきい

字解 形声。門＋困㊟。

意味 ❶門などのしきい。しきみ。「閫奥」「閫外」❷門。宮城、都城の門。「閫外」「閫寄」❸婦人の部屋。また、婦人。「閫則」「閫徳」

【閫奥(コンオウ)】 しきみのうち。内部。秘奥。

【閫外(コンガイ)】 ①しきいの外。戸外。②都の外。城外。また、とくに境外の軍務。【閫外之臣(コンガイのシン)】(皇城の外のことは将軍に一任するところから)大将軍の異称。〔史記－張釈之馮唐伝〕

【閫寄(コンキ)】 将軍の任。❤閫外の事がらをまかせる意。

【閫則(コンソク)】 女性の守るべき道。閫徳。

【閫徳(コントク)】 女性の守るべき徳。閫則。

8598 【閭】 7967 6F63 E883 門－7

リョ㊥/lǘ/むら

字解 形声。門＋呂(あつまりつらなる)㊟。人が集まる村里の門の意。

意味 村里の入り口にある門。転じて、門。また、村。村里。周代、二五家を里としてまとめ、里の入り口には必ず門がたてられた。

下接 郷閭(キョウリョ)・閭閭(コウリョ)・式閭(シキリョ)・村閭(ソンリョ)・門閭(モンリョ)・里閭(リリョ)

【閭閻(リョエン)】 ①村里の入り口の門と村里の中の門。②村里。また、村里に住む人。

【閭伍(リョゴ)】 村びと。また、庶民。

【閭巷(リョコウ)】(「巷」は、村や町の中の小道)村里。小さな町。＊耿湋－秋日「返照入₂閭巷₁(ヘンショウリョコウにいる)〔＝夕日の照り返しが、小さな村里の路地の奥までさしこんでいる〕」

【閭左(リョサ)】 貧しい民。❤中国の秦代、貧しい民は税を免じて村の門の左側に住まわせたことによる。〔史記－陳渉世家〕

【閭里(リョリ)】 村里。また、そこに住む人々。里閭。

〔閆〕 ⇩7418

8599 【閼】 7968 6F64 E884 門－8

アツ㊥・エン㊥・ア㊞/è・yān/ふさぐ・ふさがる

字解 形声。門＋於㊟。

意味 ❶(アツ)ふさぐ。ふさがる。とめる。とどめる。「夭閼(ヨウアツ)」「抑閼(ヨクアツ)」❷(エン)「閼氏(エンシ)」は、匈奴の王の正妻の称。

【閼伽(アカ)】(梵arghaの音訳)仏に供える水。また、それを入れる器。

8600 【閾】 7971 6F67 E887 門－8

イキ(ヰキ)㊥・ヨク㊥/yù/しきい・しきみ

字解 形声。門＋或(区切った土地・境界)㊟。外との境界とする門のしきいの意。

意味 ❶しきい。しきみ。門の境界の横木。「門閾(モンイキ)」❷かぎる。くぎる。くぎり。「閾下」「閾値」「識閾(シキイキ)」

【閾下(イキカ)】 心理学で、刺激が知覚されない状態。

【閾値(イキチ|しきいチ)】 ある反応を起こさせるために必要な物理量の最小値。

8601 【閻】 7969 6F65 E885 門－8

エン㊥㊥/yán

字解 形声。門＋臽㊟。

意味 ❶さとの門。むらの門。「閭閻(リョエン)」❷その他。人名、あて字など。「閻若璩」「閻浮提」「閻魔」

【閻若璩(エンジャクキョ)】 中国、清代の学者。字(あざな)は百詩。号は潜邱(センキュウ)。太原の人。「尚書古文疏証」八巻を著して、「古文尚書」二五編を疑作と断じ、儒教経典に対する科学的研究の先駆となる。(一六三六～一七〇四)

【閻浮提(エンブダイ)】(梵Jambudvīpaの音訳)仏語。閻浮樹という大樹の生えている大陸。もとインドの地を想定したもので、須弥山(シュミセン)の南方海上にある大陸。のちに人間世界、現世を意味するようになった。

【閻魔(エンマ)】(梵Yamaの音訳)仏教で、死者の生前の行いを審判して賞罰を与える地獄の王。閻魔大王。

8602 【閹】 7970 6F66 E886 門－8

エン㊥/yān/おおう

字解 形声。門＋奄(おおう)㊟。宮廷の門の開閉を司る門番の意。

意味 ❶宮廷の門番。❷(宮廷の門番はふつう宦官(カンガン)があてられたことから)転じて、宦官。宮刑に処せられ、去勢された男子。「閹尹」「閹官」❸おおう。かくす。

【閹尹(エンイン)】 宦官(カンガン)のかしら。「掩」「淹」に同じ。「閹然」

【閹官・閹宦(エンカン)】 東洋諸国、特に中国で、後宮に仕えた去勢された官吏。宦官(カンガン)。閹人(エンジン)。

【閹然(エンゼン)】 深く秘しかくすさま。また、本心などをかくして人にへつらうさま。

8603 【閽】 ＊7018 門－8

コン㊥/hūn

字解 形声。門＋昏(夕ぐれ)㊟。夕方に門をとじる門番の意。

意味 ❶門番。宮廷の門番。❷門。宮門。❸(昔、門番に宮刑に処せられた男子を用いたことから)去勢された男子。宦官(カンガン)。「閽侍」

【閽侍・閽寺(コンジ)】 后妃などの住む後宮に仕える宦官。

8604【閶】*7016 門－8 ショウ(シャウ)㊥/chāng
字解 形声。門＋昌㊥。
意味 門。天上界の門。また、世界の西方にあるという門。転じて、西方。『閶闔』
【閶闔(ショウコウ)】①天帝の宮殿の門。②宮門。③西方。また、西の風。秋風。

8605【閵】—— 門－8 リン㊥/lìn/ふみにじる
字解 形声。隹＋⺨省㊥。ふみにじる意。
同属字 藺・躪

8606【闇】1639 3047 88C5 門－9 アン㊍㊥/àn/やみ・くらい・くらやみ・くらがり
字解 形声。門＋音(→暗、くらい)㊥。門をとじてくらい意。暗に同じ。
意味 ❶やみ。くらい。また、かげの。ひそかな。『闇黒』『闇然』『暁闇(ギョウアン)』❷おろか。知恵が足りない。『闇主(アンシュ)』『痴闇(チアン)』
下接 暁闇(ギョウアン)・冥闇(メイアン)・幽闇(ユウアン)・黒闇闇(コクアンアン)／暗闇(くらやみ)・無闇(むやみ)・夕闇(ゆうやみ)・宵闇(よいやみ)
【闇黒(アンコク)】真っ暗なこと。くらやみ。また、色の黒いこと。転じて、世の中が乱れたり、おさえつけられたりして、希望がもてない状態であること。暗黒(アンコク)。
【闇然(アンゼン)】暗いさま。黒いさま。暗くてはっきりしないさま。または、悲しみに心がふさぐさま。暗然(アンゼン)。
【闇夜(アンヤ／やみよ)】やみの夜。月の出ていない真っ暗な夜。暗夜(アンヤ)。

8607【闈】*7021 門－9 イ(ヰ)㊥/wéi
字解 形声。門＋韋㊥。
意味 宮中の小門。転じて、宮中。後宮。后妃の居所。
下接 宮闈(キュウイ)・禁闈(キンイ)・儲闈(チョイ)・庭闈(テイイ)・礼闈(レイイ)
【闈司(シイ／みかどつかさ)】後宮十二司の一。鑰(かぎ)の管理をした。

8608【闉】*7022 門－9 イン㊥・エン㊥/yīn
字解 形声。門＋垔(＝闉)㊥。城郭の曲がったところにある門、まがる意。

8609【闊】7972 6F68 E888 門－9 カツ(クヮツ)㊥/kuò/ひろい
(4365)〔濶〕7973 6F69 E889 水－14
字解 形声。門＋活(＝湉、勢いがよい)㊥。門がひろい意。転じて、ひろい意。
意味 ❶ひろい。㋑はばや面積が広い。『闊歩』『広闊』㋺心が広く、おおらか。『闊達』『快闊』❷うとい。㋑世事にうとい。『迂闊(ウカツ)』『疎闊(ソカツ)』『離闊(リカツ)』㋺会わない。ごぶさた。『久闊(キュウカツ)』
下接 ①快闊(カイカツ)・寛闊(カンカツ)・空闊(クウカツ)・広闊(コウカツ)・宏闊(コウカツ)・天空海闊(テンクウカイカツ)
【闊疎(カッソ)】①おおらかで、おろそかなこと。②互いに親密でないこと。よそよそしいこと。
【闊達(カッタツ)】度量が大きく物事にこだわらないさま。『闊達な気性』『自由闊達』
【闊歩(カッポ)】大またに歩くこと。堂々と歩くこと。
【闊葉樹(カツヨウジュ)】「広葉樹(コウヨウジュ)」の旧称。一般に、葉面の広い葉をもつ木。カエデ、クリ、シイなど。

8610【闃】7974 6F6A E88A 門－9 ケキ㊥・ゲキ㊞/qù/しずか
字解 形声。門＋狊㊥。
意味 しずか。『幽闃(ユウゲキ)』

8611【闋】*7023 門－9 ケツ㊥/què/おわる
字解 形声。門＋癸(十干の第一〇位、つきる)㊥。用がすんで門をとざす、おわる意。
意味 おわる。やむ。『周闋(シュウケツ)』『服闋(ブッケツ)』

8612【闍】7975 6F6B E88B 門－9 ト㊥・ジャ㊍・シャ㊥/dū・shé/うてな
字解 形声。門＋者㊥。
意味 ❶うてな。城門の物見の台。または、都城の内側。❷「闍梨(ジャリ)」は「阿闍梨(アジャリ)(梵ācāryaの音訳)」の略。弟子を教導し、その軌範となる師。

8613【闌】7976 6F6C E88C 門－9 ラン㊥/lán/さえぎる・たけなわ・たける
字解 形声。門＋柬(袋に物をとじこめる)㊥。門でふさぐ、さえぎる意。
金文 篆文

同属字 蘭(蘭)・瀾・欄(欄)・爛・襴・讕
意味 ❶さえぎる。ふせぐ。❷てすり。らんかん。「欄」に同じ。『闌干』❸たけなわ。さかり。また、たける。さかりをすぎる。「爛」に同じ。『闌珊』❹みだりに。かってに。『闌入』
【闌干(ランカン)】①てすり。欄干。②涙がはらはらと落ちるさま。＊白居易‐長恨歌「玉容寂寞涙闌干(ギョクヨウセキバクなみだランカン)〔＝美しい顔はものさびしげで、はらはらと涙が流れている〕」③まぶた。④いり乱れるさま。⑤星がきらきらとあざやかにきらめくさま。
【闌珊(ランサン)】①盛りをすぎること。おとろえること。②乱れ散ること。闌散(ランサン)。
【闌入(ランニュウ)】許可なくむやみにはいり込むこと。

8614【闕】7977 6F6D E88D 門－10 ケツ㊥/què・quē/かく・かける
字解 形声。門＋欮(かける・くりぬく)㊥。宮城の門の意。
意味 ❶もん。宮殿の門。転じて、宮城。『闕庭(ケッテイ)』❷欠ける。足りない。「欠」に同じ。『闕如(ケツジョ)』『残闕(ザンケツ)』❸「闕里(ケツリ)」は、孔子が弟子を教え、没したといわれる土地。山東省曲阜県にある。
❶もん。宮殿の門。転じて、宮城。
下接 宮闕(キュウケツ)・玉闕(ギョッケツ)・金闕(キンケツ)・禁闕(キンケツ)・城闕(ジョウケツ)・丹闕(タンケツ)・帝闕(テイケツ)・天闕(テンケツ)・鳳闕(ホウケツ)
【闕掖(ケツエキ)】(「掖」は正門の両わきの小門)御所。宮中。
【闕下(ケッカ)】宮闕の下(もと)。天皇の前。
【闕庭(ケッテイ)】御所の庭。宮殿。
❷欠ける。足りない。
【闕画(ケッカク)】漢字の筆画を一画省いて書くこと。特に中国で、天子、貴人、祖先の名と同じ文字を書かなければならないとき、同一の形になることを避けて書く。「丘」を「丘」、「玄」を「玄」と書く類。欠字(かけジ)。欠筆。
【闕疑(ケツギ)】疑わしいものは除いて決定を保留しておくこと。また、その事柄。〔論語‐為政〕

【闕字ケツジ】①文章、語句の中にあるべき文字の欠けていること。また、その文字。②文章の中に、天子または高貴な人の称号などが出たとき、敬意を表して、その上を一字分もしくは二字分ほどあけておくこと。欠字ケツジ。

【闕失ケッシツ】①欠け失せること。欠陥。②欠いてはならない物事を欠くこと。

【闕如ケツジョ】①必要なものが欠けること。欠如。②沈黙するさま。＊論語-子路「君子於其所不知、蓋闕如也（クンシはそのしらざるところにおいてはけだしケツジョたるなり）」〔＝修養にいそしむ人間は、自分のわからない点については、思うに、だまっているものだ〕

【闕所ケッショ】国領主のいない荘園。

【闕然ケツゼン】欠けていて不完全なさま。

【闕本ケッポン】何冊かで一そろえとなる本で、ある巻が欠けていること。欠巻。欠本。

【闕漏ケツロウ】入れるはずのものがもれること。また、そのもれたもの。不足な点。

8615【闔】7978 6F6E E88E 門-10 コウ（カフ）漢/hé/とびら・とざす

字解 形声。門＋盍（ふたをしておおう）声。とびらの意。

意味 ❶とびら。『闔閭』❷とじる。とざす。『開闔カイコウ』❸すべて。のこらず。『闔郷』『闔境』『闔門』❹なんぞ…せざる。どうして…しないのか。再読文字。勧誘を示す。何不が一音につまったもので、「盍」に同じ。❺人名。『闔閭』

【闔郷コウキョウ】全村。村中全部。

【闔境コウキョウ】国境内すべて。全国。

【闔門コウモン】一族全体。

【闔閭・闔廬コウリョ】①（「閭」は住居の意）いおり。家屋。こうろ。②中国、春秋時代の呉の王。前五一五年、呉王僚を殺害し、即位。楚を破って勢力をふるったが、のち越王勾践コウセンに敗れ、死んだ。前四九六年没。

8616【闖】7979 6F6F E88F 門-10 チン漢/chuǎng/うかがう

字解 会意。門＋馬。門から馬が急に頭を出す意。

意味 ❶急に頭を出す。また、突然にはいる。『闖入チンニュウ』❷うかがう。ねらう。

【闖入チンニュウ】断りもなく突然入り込むこと。

8617【闐】＊7024 門-10 テン漢/tián/みたす

字解 形声。門＋眞（いっぱいにつめる）声。あいたところをいっぱいにみたす意。

8618【闘】3814 462E 93AC 門-10 常 ツ呉・トウ漢/dòu/たたかう・たたかい

(9221)【鬪】8212 722C E9AA 門-10 旧字

(9222)【鬭】＊7418 門-15

筆順

字解 闘は鬪の部標を門に変えたもの。鬪は形声。鬥（たたかう）＋尌（＝斲、きる）声。たたかう意。

意味 ❶たたかう。武器を持ってたたかう。力であらそう。『闘争』『戦闘』⇒〔戦〕(2648)の表 ❷たたかわせる。優劣をきそわせる。『闘草』

❶たたかう。力であらそう。

下接 暗闘アントウ・格闘カクトウ・敢闘カントウ・共闘キョウトウ・苦闘クトウ・激闘ゲキトウ・決闘ケットウ・拳闘ケントウ・健闘ケントウ・死闘シトウ・私闘シトウ・春闘シュントウ・戦闘セントウ・争闘ソウトウ・熱闘ネットウ・武闘ブトウ・奮闘フントウ・乱闘ラントウ・力闘リキトウ

【闘魂トウコン】国あくまでたたかおうとする激しい意気込み。闘志。『不屈の闘魂』
【闘士トウシ】戦闘や闘争に従う人。また、社会運動などで活動する人。
【闘志トウシ】たたかおうとする強い心。闘争精神。闘魂。
【闘将トウショウ】国①闘志の盛んな大将。②人の先に立って精力的に活躍する選手や活動家。
【闘争トウソウ】相手を倒そうとして争うこと。特に社会運動・労働運動などで、階級や主義の違う者に対して争うこと。『条件闘争』
【闘病トウビョウ】国病気を治そうと療養につとめること。

❷たたかわせる。優劣をきそわせる。

【闘花トウカ】中国、唐代、長安の子女が、春に、花を髪につけ、珍しい花の多さをきそった遊戯。

【闘角トウカク】多くの屋根のかどが四方から向かい集まっていること。

【闘技トウギ】力やわざの優劣をきそうこと。

【闘牛トウギュウ】①牛と牛とを戦わせる競技。②国闘牛士が牛とたたかう見せもの。

【闘鶏トウケイ】ニワトリ同士を戦わせて勝負を争う遊び。

【闘犬トウケン】犬同士を戦わせて勝負を争う遊び。

【闘草トウソウ】五月五日の節句に、いろいろの草を持参し、見せ合ってその優劣を争った遊戯。

8619【關】7980 6F70 E890 門-11 カン 「関」(8588)の旧字

8620【闚】＊7029 門-11 キ漢/kuī/うかがう

字解 形声。門＋規（はかる）声。のぞき見する、うかがう意。窺に同じ。

8621【闡】7981 6F71 E891 門-12 セン呉漢/chǎn/ひらく

字解 形声。門＋單声。

意味 ❶ひらく。あける。あく。❷ひらいてあきらかにする。『闡究』『闡明』『闡幽』『闡揚』『弘闡コウセン』

【闡究センキュウ】物事をきわめ明らかにすること。

【闡明センメイ】今まで明瞭リョウでなかった道理や意義を明らかにすること。

【闡幽センユウ】奥深い道理を明らかにすること。

【闡揚センヨウ】はっきりとあらわすこと。

8622【闥】7982 6F72 E892 門-13 タチ呉・タツ漢/tà

字解 形声。門＋達（通じる）声。もんの意。

意味 もん。特に宮中の門。門のうち。にわ。『階闥カイタツ』『禁闥キンタツ』『紫闥シタツ』『門闥モンタツ』

8623【闢】7983 6F73 E893 門-13 ビャク呉・ヘキ漢/pì/ひらく

字解 形声。門＋辟（わきへ寄せひらく）声。ひらく意。金文は、門＋廾（両手）で、門を両手でひらく意。

金文 篆文

意味 ひらく。ひらける。『開闢カイビャク』

8画 金長(镸)門皐(阝)隶隹雨青(靑)非

170 皐(阝)部 こざと

皐は、厚く土を盛りあげたさまを象って、おか(フ)を表す。もと三段に書いたのを、隷書では三段目を十の形にした。皐部に属する字は、三段の形を字の左部にもつが、隷楷では、あるいは二段にし、あるいは阝の形に略した。この左部の形は、別に邑の変形した、右部に用いられる阝と似ており、右部のものを「おおざと」というのに対して、左部の阝を「こざと」とよぶ。皐部に属して阝をもつものは、段、盛り土などの土工や、地形、地勢、また高地への上り下り等に関係する。

甲骨文　篆文

皐 皐
阝 ⑮ 隳
阝 ③ 阡 ④ 阨 阮 阬 阯 阱 阫 阪 防
⑤ 阿 阹 阻 阼 陀 陁 陂 附 ⑥ 陔 限
降 陏 陌 陋 ⑦ 院 陥 陜 陘 降 除 陗
陞 陣 陝 陟 陦 陛 ⑧ 陰 陥 険 陲 陬
陳 陶 陪 陸 隆 陵 ⑨ 隂 階 隅 隍 隋
随 隊 隊 隄 陽 隆 隈 ⑩ 隘 隕 隖 隗
隔 隔 隙 ⑪ 隠 隙 際 障 障 ⑫ 隤 隣
⑬ 隩 險 隧 隨 隣 ⑭ 隱 隰 隮 隲 隯
⑯ 隴

皐

8624 【皐】 4176 496C 958C 皐－0 フ㊥/fù/おか

字解 部首解説を参照。

同属字 埠

意味 ❶おか。小高くなった所。『皐埡(フキュウ)』『岡皐(コウフ)』『陰皐(インフ)』『丘皐』 ❷大きい。また、さかんである。多い。ゆたか。『皐財』『皐螽』『皐成』

【皐財(フザイ)】 財をふやすこと。また、豊富な財産。

【皐螽(フシュウ)】 イナゴ。

【皐成(フセイ)】 立派にしあげること。大成すること。

【皐垤(フテツ)】（「垤」もおかの意）小高いおか。

阝

8625 【隳】 *7080 皐－15 キ㊇㊥/huī/やぶる・すたる

字解 形声。『㒸』+隋㊟。墮の通俗体。土を㒸に変形した。

意味 やぶる。くずす。また、すたる。

【隳突(キトツ)】 つきやぶること。あたり散らすこと。*柳宗元-捕蛇者説「叫囂乎東西、隳突乎南北（トウザイにキョウゴウし、ナンボクにキトツす）〔=あちこちでわめき散らす〕」

【隳敗(キハイ)】 やぶれること。こわれること。

【隳廃(キハイ)】 こわしてだめにすること。

阝

8626 【阡】 7984 6F74 E894 皐－3 セン㊥/qiān/みち

字解 形声。皐+千㊟。

意味 ❶みち。あぜみち。『阡陌』 ❷しげる。草木がしげる。『阡阡』 ❸数字の千。金額を記す場合、改竄(カイザン)を防ぐためにこの字を用いることがある。

【阡阡(センセン)】 草木がこんもりしげっているさま。

【阡陌(センパク)】 田畑のあぜ道。*陶潜-桃花源記「阡陌交通、鶏犬相聞（センパクこもごもツウじ、ケイケンあいきこゆ）〔=田畑のあぜ道が縦横に通じ、鶏や犬の鳴き声があちらこちらから聞こえてくる〕」 ♥南北のあぜ道を「阡」、東西のあぜ道を「陌」という。

8627 【阨】 7985 6F75 E895 皐－4 アイ㊥・アク㊥/ài・è/せまい・ふさがる

字解 形声。皐+厄（まがってくるしい）㊟。せまい・ふさがる・くるしい意。

意味 せまい。せまくふさがっている。また、せまくけわしい。行きづまって苦しい。

【阨塞(アイソク・アイサイ)】 地勢が険しい要害の地。堅固なとりで。

【阨僻(アイヘキ)】 せまくて隅にかたよっていること。

8628 【阮】 7986 6F76 E896 皐－4 ゲン㊥/ruǎn

字解 形声。皐+元㊟。

意味 ❶中国、古国名。周の文王に滅ぼされた。現在の甘粛(カンシュク)省涇川(ケイセン)県のあたり。❷人名。『阮咸』『阮元』『阮籍』

【阮咸(ゲンカン)】 ① 中国、魏晋時代の竹林の七賢の一人。字(あざな)は仲容。阮籍の兄の子。音楽に通じ、琵琶をよくした。楽器「阮咸」を作ったという。② 弦楽器の一。琵琶の一種で、円形の胴に棹(さお)を付けたもの。

阮咸② 〔正倉院蔵〕

【阮元(ゲンゲン)】 中国、清代の学者。字(あざな)は伯元。号は芸台(ウンダイ)。諡(おくりな)は文達。「経籍籑詁(センコ)」の編集、「十三経注疏校勘記」の編著などがある。（一七六四～一八四九）

【阮籍(ゲンセキ)】 中国、三国・魏の詩人。字(あざな)は嗣宗。竹林の七賢の一人。魏晋の王朝交替という困難な世情に際し、禍が自身に及ぶのを恐れて自己韜晦(トウカイ)的な奇行が多かった。その苦渋に満ちた胸の内は、「詠懐詩八十二首」に表れている。（二一〇～二六三）

8629 【阬】 *7042 皐－4 コウ(カウ)㊥/kēng/あな

字解 形声。皐+亢㊟。おかにほったあなの意。

意味 あな。また、生き埋めにする。*史記-項羽本紀「楚軍夜撃、阬秦卒二十余万人新安城南（ソグンよるうち、シンソツニジュウヨマンニンをシンアンのジョウナンにあなにす）〔=楚軍は夜襲をかけ、秦の兵卒二十数万人を新安の町の南で生き埋めにした〕」

【阬殺(コウサツ)】 生き埋めにして殺すこと。坑殺。

【阬穽(コウセイ)】 落とし穴。

8630 【阯】 7987 6F77 E897 皐－4 シ㊇㊥/zhǐ/あと

字解 形声。皐+止㊟。あとの意。址に同じ。

8631 【阱】 ＊7043 阜－4 セイ㊥/jǐng/あな

字解 形声。阜＋井(いど)㊥。おとしあなの意。穽の本字。

8632 【阫】 ── 阜－4 ハイ㊥/pī·péi/おか

字解 形声。阜＋不(ふっくらとして大きい)㊥。ふっくらと盛り上がったおかの意。坏に同じ。

8633 【阪】 2669 3A65 8DE3 阜－4 ハン㊥/bǎn/さか

字解 形声。阜＋反(そりかえる・傾斜する)㊥。

意味 ❶さか。傾斜している道。「坂」に同じ。『阪田』 ❷国地名。大阪のこと。『阪神』『京阪』

【阪神(ハンシン)】国大阪と神戸。『阪神工業地帯』

【阪田(ハンデン)】石の多いあれ地。不毛の傾斜地。

8634 【防】 4341 4B49 9668 阜－4 常5 ボウ(バウ)㊐・ホウ(ハウ)㊥/fáng/ふせぐ

筆順 防 防 防 防 防 防

字解 形声。阜＋方(張り出す)㊥。川岸に張り出したおか、つつみの意。

参考 万葉仮名では音を借りて「は」。

意味 ❶つつみ。『堤防』 ❷ふせぐ。せきとめる。そなえる。まもる。『防衛』『攻防』 ❸国「周防国(すおうのくに)」の略。山陽道八か国の一。長門国(ながとのくに)と合わせて、現在の山口県となる。『防予(ボウヨ)諸島』『防長』

❷ ふせぐ。せきとめる。まもる。

下接 海防(カイボウ)・関防(カンボウ)・警防(ケイボウ)・攻防(コウボウ)・国防(コクボウ)・砂防(サボウ)・消防(ショウボウ)・水防(スイボウ)・風防(フウボウ)・辺防(ヘンボウ)・予防(ヨボウ)

【防遏(ボウアツ)】防ぎとどめること。

【防衛(ボウエイ)】防ぎ守ること。『正当防衛』『防衛庁』

【防疫(ボウエキ)】伝染病の侵入、発生、流行を防ぐこと。

【防火(ボウカ)】火災を予防すること。『防火訓練』

【防寒(ボウカン)】寒さを防ぐこと。『防寒具』

【防閑(ボウカン)】(「閑」もふせぐ意) 防ぐこと。防御。

【防御・防禦(ボウギョ)】攻撃などを防ぎ守ること。書き換え「防禦→防御」。

【防護(ボウゴ)】災害などを防ぎ守ること。

【防口(ボウコウ)】口止めすること。特に、人民が政治を批判するのを止めること。

【防災(ボウサイ)】洪水、地震、火事などの災害を防ぐこと。

【防塞(ボウサイ)】敵を防ぐとりで。防塁。

【防止(ボウシ)】防ぎ止めること。『転落防止柵』『凍結防止』

【防秋(ボウシュウ)】北方の夷狄(イテキ)を防ぐこと。夷狄は秋になると中国に侵入してきたところから。

【防除(ボウジョ)】予防し、害を取り除くこと。

【防食・防蝕(ボウショク)】金属の表面がさびるのを防ぐこと。『防食剤』 書き換え「防蝕→防食」。

【防戦(ボウセン)】国攻撃を防ぎ、戦うこと。

【防諜(ボウチョウ)】敵の諜報活動を防ぎ、秘密が漏れないようにすること。『防諜活動』

【防毒(ボウドク)】毒を防ぐこと。特に、毒ガスを防ぐこと。『防毒マスク』

【防波堤(ボウハテイ)】外海からの波浪を防いで港の安全を保つための突堤。

【防犯(ボウハン)】国犯罪を防ぐこと。『防犯灯』

【防備(ボウビ)】外敵などを防ぐ備えをすること。『無防備』

【防風(ボウフウ)】1風を防ぐこと。『防風林』 2セリ科の多年草。薬用として鎮痛、解熱などに用いる。

【防壁(ボウヘキ)】外敵や風雨、火災などを防ぐ壁。

【防人(さきもり)】上代、北九州地方の辺境防備に当たった兵士。『防人の歌』 「崎守(さきもり)」の意。

【攸】⇨3017

8635 【阿】 1604 3024 88A2 阜－5 人 ア㊐㊥/ē·ā/くま・おもねる・お

字解 形声。阜＋可(かぎ形にまがる)㊥。おかの曲がったところ、くまの意。

同属字 痾・婀

参考 万葉仮名では音を借りて「あ」。片仮名「ア」の字源。

意味 ❶くま。まがりかど。すみ。『山阿(サンア)』 ❷おもねる。へつらう。『曲学阿世(キョクガクアセイ)』『私阿(シア)』 ❸親しみをこめて人を呼ぶときに添える語。また、日本で、お。婦人または子供の名の上につける愛称。『阿兄(アケイ)』『阿父(アフ)』『阿亀(おかめ)』『阿多福(おたふく)』 ❹家のむね。また、ひさし、のき。『阿閣』『四阿(あずまや)』 ❺よりかかる。たよる。『阿保』 ❻うつくしい。たおやか。『阿那』 ❼梵語の音訳字。また、あて字。『阿修羅』『阿片』 ❽中国、六朝時代の俗語。これ。この。あれ。あの。『阿誰』『阿堵』 ❾国「阿波国(あわのくに)」の略。南海道六か国の一。現在の徳島県。『阿州』 ❿固有名詞など。『阿房宮』『阿漕(あこぎ)』

❷ おもねる。へつらう。

【阿従(アジュウ)】へつらってしたがうこと。

【阿世(アセイ)】世俗にこびへつらうこと。『曲学阿世』

【阿党(アトウ)】おもねって、権力などをもつ者の仲間になること。また、そのような仲間。

【阿諛(アユ)】ご機嫌をとること。おべっか。

❸ 親しみをこめて人を呼ぶときに添える語。

【阿姨(アイ)】母親の姉妹や養母を親しんで呼ぶ語。＊白居易－琵琶行「弟走従軍阿姨死(おとうとははしりてグンにしたがいアイはシす)」〔＝弟は家を出て軍隊に入り、養母も亡くなった〕

【阿翁(アオウ)】1舅(しゅうと)。妻が夫の父をさしていう語。2祖父をさしていう語。

【阿嬌(アキョウ)】(「嬌」は、中国、漢の武帝の陳皇后の幼名) 美しい女。美人。

【阿兄(アケイ)】兄を親しんでいう語。

【阿女(アジョ)】むすめさん。わが娘。

【阿爹(アタ)】＝阿爺(アヤ)

【阿父(アフ)】父または叔父(おじ)を親しんでいう語。

【阿母(アボ)】1母を親しんでいう語。2乳母の異称。

【阿妹(アマイ)】妹を親しんでいう語。

【阿蒙(アモウ)】(「蒙」は人名。呂蒙の故事による) 進歩のない人物。学識のない、つまらぬ者。『呉下の阿蒙』

【阿爺(アヤ)】父を親しんでいう称。阿爹。阿父。

❹ 家のむね。また、ひさし、のき。

【阿閣(アカク)】四つのひさしのあるたかどの。

❺ よりかかる。たよる。

【阿監(アカン)】宮中の女官の長で、他の女官たちを監督する立場にあるもの。＊白居易–長恨歌「椒房阿監青娥老（ショウボウのアカンセイガおいたり）［=後宮の取り締まりの美しい人も老いてしまった］」

【阿衡（アコウ）】中国、殷イン代の宰相の官名。殷の湯王は伊尹イインをこれに任じた。あるいは伊尹の号ともいわれる。▶「衡」は公平。王がたよって公正を得る意。

【阿保（アホウ）】①まもり育てること。②母または乳母のこと。▶人にたよって育つ意。

❻ うつくしい。たおやか。

【阿那（アダ・アナ）】①たおやかで美しいさま。②さかんに茂っているさま。▶「婀娜」「婀娜」とも書く。

❼ 梵語の音訳字。また、あて字。

【阿吽・阿呍（アウン）】（梵 a-hūṃ の音訳）①吐く息と吸う息。「阿吽の呼吸」（=二人以上が一緒にある物事をするときの、相互の微妙な調子や気持ち）」②寺社、山門の仁王、狛犬こまいぬなどの一対。▶密教の言語観で、初めと終わりの意。「阿」は悉曇シッタン十二母音の初音で開口音、「吽」は終わりで閉口音。

【阿含（アゴン）】（梵 āgama の音訳）仏語。①聖典。釈尊の説いた教え。特に原始仏教の経典。阿含経。中阿含、長阿含、増一阿含、雑阿含の四種がある。②小乗仏教の経典の総称。

【阿闍梨（アジャリ）】（梵 ācārya の音訳）①師。高徳の僧の尊称。②天台宗、真言宗で、僧職の名。

【阿修羅（アシュラ・アスラ）】（梵 asura の音訳）インド古代の鬼神。仏教では仏法を守護する八部衆の一。

阿修羅〔奈良県・興福寺蔵〕

【阿鼻（アビ）】（梵 avīci の音訳。無間ムケンと訳す）=阿鼻地獄アビジゴク。【阿鼻叫喚（アビキョウカン）】阿鼻地獄に陥った者の泣き叫ぶさまから、非常な惨苦に陥って、号泣し救いを求めるさま。【阿鼻地獄（アビジゴク）】仏語。八大地獄の一。最悪の大罪を犯した者が落ちる地獄。間断なく苦しみを受ける。無間地獄。

【阿片（アヘン）】（英 opium の中国音訳という）ケシの実の乳液を固めて作った粉で、モルヒネを主成分とする麻薬。鴉片。

【阿呆・阿房（アホウ）】国 知能が劣っていること。

【阿弥陀（アミダ）】（梵 amita の音訳）西方浄土にいて、一切の衆生を救うという誓いをたてた仏。浄土宗、浄土真宗などの本尊。阿弥陀仏。阿弥陀如来。

【阿羅漢（アラカン）】（梵 arhat の音訳）小乗仏教での最高の悟りに達した聖者。羅漢。

【阿蘭若（アランニャ）】（梵 araṇya の音訳）人里離れた、仏道修行に適した閑静な場所。寺院や僧庵をいう。

❽ これ。この。あれ。あの。

【阿誰（アスイ）】だれ。軽い疑問を表す。

【阿堵（アト）】①「阿堵物アトブツ」の略。金銭のこと。〔世説新語–規箴〕②目玉のこと。▶①は、中国、晋の王淵が、金銭を忌んで「このもの」といったところから。

❿ 固有名詞など。

【阿房宮（アボウキュウ）】中国、秦の始皇帝が渭水イスイの南、長安の西北の阿房に建てた宮殿。始皇帝はここに宮女三〇〇〇人を置き、日夜遊楽にふけったという。

【阿漕（あこぎ）】①たび重なること。②ずうずうしくむさぼること。▶伊勢国安濃郡（三重県津市）の東方一帯の海岸の名。かつて禁漁地であったが、ある漁師がたびたび密漁を行って捕えられたという伝説から。

難読地名 阿知須あじす町（山口） 阿武隈あぶくま川（宮城・福島） 阿波あば村（岡山） 阿武あぶ郡・町（山口） 難読姓氏 阿河あが 阿閉あつじ・あとじ 阿武あんの

8636 【阹】 ＊7047 阜–5 キョ 漢 / さえ

字解 形声。阜＋去(声)。山野に設けられた鳥獣を捕らえるための囲い。さえ。

8637 【阻】 3343 414B 916A 阜–5 常 ソ 漢 / zǔ / はばむ・けわしい

筆順 阻 阻 阻 阻 阻 阻 阻

字解 形声。阜＋且（つみかさなる）(声)。おかが重なってけわしい意。また、へだてる意。

意味 ❶けわしい。けわしい所。「阻艱」「巌阻ガンソ」「険阻ケンソ」＊文選–古詩十九首「道路阻且長（ドウロソにしてかつながし）［=道はけわしいうえに遠い］」❷へだてる。へだたる。「間阻カンソ」❸さまたげる。はばむ。とめる。「阻害」「阻止」「禁阻キンソ」❹なやむ。くるしむ。「悪阻ソオ（つわり）」❺たのみとする。たよる。

❶ けわしい。けわしい所。

【阻艱（ソカン）】道がけわしくて困難なこと。

【阻険・阻嶮（ソケン）】山や谷のけわしいこと。険阻。

【阻難（ソナン）】人馬が通行できないほど道がけわしいこと。

❸ さまたげる。はばむ。とめる。

【阻害・阻礙・阻碍（ソガイ）】じゃまをして、妨げること。

【阻隔（ソカク）】じゃまをして間をへだてること。

【阻止（ソシ）】じゃまをして、とどめること。「実力で阻止する」▶書き換え「沮止→阻止」。

【阻絶（ソゼツ）】さえぎりたちきること。

【阻喪（ソソウ）】気力がくじけて勢いがなくなること。「意気阻喪」▶書き換え「沮喪→阻喪」。

8638 【阼】 ＊7049 阜–5 ソ 漢 / zuò / きざはし

字解 形声。阜＋乍(声)。

意味 ❶東のきざはし。東側の階段。❷（天子が即位して祭祀を行うとき、東側の階段から登ったところから）天子の位。「祚」に同じ。「践阼センソ」

8639 【陀】 3443 424B 91C9 阜–5 ダ 呉・タ 漢 / tuó / ななめ

字解 形声。阜＋它(声)。

意味 ❶ななめ。また、平らでない所。坂。❷くずれる。やぶれる。❸梵語の音訳字。「阿弥陀アミダ」→下接

下接 頭陀ズダ・仏陀ブッダ・曼陀羅マンダラ・阿弥陀アミダ

【陀羅尼（ダラニ）】（梵 dhāraṇī の音訳）仏教で、長文の梵語ボンゴを原語のまま唱えるもの。陀羅尼経。

8640 【陁】 ＊7051 阜–5 ダ 呉・タ 漢・イ 漢・チ 漢 / tuó・yí

字解 形声。阜＋㐌(声)。陀の通俗体。

参考 万葉仮名では音を借りて「た」「だ」。

8641【陂】7988 6F78 E898 阜－5 ハ(呉)(漢)・ヒ(漢)/bēi・pō/さか

字解 形声。阜＋皮(声)。坡の異体字。

意味 ❶さか。❷つつみ。どて。『陂塘』

【陂塘】つつみ。どて。堤防。

8642【附】4177 496D 958D 阜－5 常 ブ(呉)・フ(漢)/fù/つく・つける

筆順 附 附 附 附 附 附 附

字解 形声。阜＋付(声)。小さいおかの意。

参考 (1)現今は「付」を簡略体として用いることが多い。元来は「付」は、あたえる、さずける意。ただし、官庁や法律用語などでは、「附則」「附属」などと現在でも「附」が用いられる。(2)熟語は「付」(178)をも見よ。

意味 ❶つく。つける。『附言』『寄附』❷したがう。つきしたがう。また、うけつぐ。『附随』『附属』『帰附』『比附』『媚附』❸その他。『附子』

❶ つく。つける。

下接 依附・下附・寄附・貼附／添附

【附益】つけ加えること。

【附会】①一つに集めまとめること。②こじつけること。付会。『牽強附会』

❷ したがう。つきしたがう。

【附則】あとでつけ加えた規則。付則。

【附属】主になるものにつき従っていること。『附属小学校』▽法令、公用文では「附属学校」「附属機関」などとするが、一般には「付属」と書く場合も多い。

【附庸】「附庸国」の略。

【附庸国】他国に従属して、その保護・支配を受けている国。付庸。

【附和雷同】他人の説に理由もなく従って一緒に行動すること。付和雷同。

❸ その他。

【附子】トリカブトの根を乾燥させた毒薬。付子。

8643【陔】—— 阜－6 カイ(漢)・ガイ(慣)/gāi

字解 形声。阜＋亥(声)。階段のちかくの意。

8644【限】2434 3842 8CC0 阜－6 常5 ゲン(呉)・カン(漢)/xiàn/かぎる・かぎり・きり

筆順 限 限 限 限 限 限 限

字解 形声。阜＋艮(とどまる)(声)。行きどまりのおか、かぎりの意。

金文 篆文

意味 ❶かぎる。くぎる。『限定』『局限』『制限』『無限』❷かぎり。きり。はて。『限界』『無限』

❶ かぎる。くぎる。

【限局】内容、意味などの範囲を限ること。局限。

【限制】範囲や限界を定めること。制限。

【限定】物事の範囲や数量を限り定めること。『限定版』『限定戦争』

❷ かぎり。きり。はて。

下接 界限・下限・期限・極限・権限・刻限・際限・時限・上限・日限・年限・分限・無限・門限・有限／先限・当限・中限

【限界】範囲、能力、程度の、これ以外(以上)は無いという、ぎりぎりの所。『限界点』

【限外】制限の外。限度以上。

【限月】先物取引における売買約定の決済期限。

【限度】これ以上は越えられないという程度や範囲。『最低限度』

8645【降】—— 阜－6 コウ 「降」(8653)の旧字

8646【陏】7990 6F7A E89A 阜－6 タ(漢)・スイ(漢)/duò・suí

字解 堕・隋の略体。

8647【陌】7989 6F79 E899 阜－6 バク(漢)・ハク(慣)/mò/みち

字解 形声。阜＋百(声)。

意味 ❶みち。あぜみち。特に、東西にのびているあぜみち。『陌上』『陌阡』『陌頭』❷数字の百。金額を記す場合、改竄を防ぐためにこの字を用いることがある。

【陌上】①あぜ道のほとり。畑。②道のほとり。陌頭。路上。

【陌上桑】楽府の曲名。昔、趙王が陌上で桑をつんでいた美女羅敷を奪おうとしたが、羅敷が歌を作ってしりぞけたという内容の歌。

【陌阡】あぜ道。阡陌。▽「阡」は、南北にのびるあぜ道。

【陌頭】道のほとり。路傍。陌上。

8648【陋】7991 6F7B E89B 阜－6 ル(呉)・ロウ(漢)/lòu/せまい・いやしい

字解 形声。阜＋丙(=㔷、せまい)(声)。山あいのせまい所の意。

意味 ❶せまい。せまくるしい。『陋屋』❷いやしい。品がない。身分が低い。『陋習』『陋劣』

❶ せまい。せまくるしい。

【陋屋】狭くむさくるしい家。また、自分の家の謙称。陋居。陋室。

【陋居】狭く汚い家。また、自分の家の謙称。陋屋。

【陋巷】狭く汚い町。また、俗世間。＊論語－雍也「一箪食、一瓢飲、在陋巷(イッタンのシ、イッピョウのイン、ロウコウにあり)(=顔回は)わりご一杯の飯と、ひさご一杯の飲み物で、狭く汚い路地に住んでいる」

❷ いやしい。品がない。

下接 頑陋・愚陋・固陋・醜陋・卑陋

【陋儒】いやしい儒者。見識の狭い固陋な学者。

【陋習】いやしい風習。悪い習慣。

【陋態】いやしい様子。見苦しい態度、様子。

【陋劣】いやしくおとっていること。下劣。

8649【院】1701 3121 8940 阜－7 常3 カン(クヮン)(漢)・エン(ヱン)(漢)・イン(ヰン)(慣)/yuàn/か

きね・かこい

[筆順] 阝 院 院 院 院 院

[字解] 形声。阜＋完(→垣、めぐらす)[声]。家の周囲にめぐらした土べいの意。また、それがある家の意。

[意味] かき。かきね。かこい。㋑かこいをめぐらした大きな建物。㋺かこいで囲まれた中庭。『院落』㋩役所、学校、寺などの公共施設、また、その機関。『芸術院』『衆議院』『院長』『院内』『寺院』『病院』㊁特に、病院のこと。『退院』『通院』『入院』㋭[国]上皇、法皇、女院の御所。また、その敬称。『院の方』『院参』『院政』『院宣』㋬[国]戒名などに付ける語。『院号』

[下接] 医院(イイン)・開院(カイイン)・下院(カイン)・学院(ガクイン)・諫院(カンイン)・棋院(キイン)・議院(ギイン)・参院(サンイン)・産院(サンイン)・寺院(ジイン)・衆院(シュウイン)・書院(ショイン)・上院(ジョウイン)・僧院(ソウイン)・退院(タイイン)・通院(ツウイン)・登院(トウイン)・尼院(ニイン)・入院(ニュウイン)・女院(ニョイン)・病院(ビョウイン)・閉院(ヘイイン)・別院(ベツイン)・本院(ホンイン)・門院(モンイン)・両院(リョウイン)

【院画(インガ)】 中国、宋の翰林図画院(カンリントガイン)に属する画人の描いた絵画。また、それを踏襲した元、明の画家の絵画。

【院外(インガイ)】 院と呼ばれる施設、機関の外部。特に、衆・参両議院の外部。『院外団』

【院議(インギ)】 [国]衆議院または参議院の議決。

【院号(インゴウ)】 [国]①上皇、女院などに付ける尊称。②死者の戒名、または法名に付ける「院」の付く称号。

【院参(インザン)】 [国]上皇などの院の御所へ参上すること。

【院主(インジュ)】 寺院のあるじの僧。住持。住職。

【院政(インセイ)】 [国]院の庁で太上(ダイジョウ)天皇が政務決裁をした国政の形態。

【院宣(インゼン)】 [国]上皇の仰せをうけて院司の一人が奉者となって書かれる奉書の一種。

【院体(インタイ)】 ①漢詩文の一体。もと翰林院(カンリンイン)風の文体をいい、のち宮中の学官の用いた文体。②書体の一。役所風の書体。③画法の一。院画のこと。

【院長(インチョウ)】 院の称をつけた機関、施設などの長。

【院本(インポン)】 ①中国、金・元代の演劇。芝居芸人の居所を行院(コウイン)といい、そこで用いた脚本の意。②[国]浄瑠璃(ジョウルリ)本。丸本(まるホン)。

【院落(インラク)】 中庭。建物や垣根で囲まれた中庭。＊蘇軾-春夜「鞦韆院落夜沈沈(シュウセンインラクよるチンチン)〔=ぶらんこの下がった中庭には人の姿も見えず、夜は静かにふけてゆく〕」

8650 【陥】 2057 3459 8AD7 阜－7 [常] (8663)〔陷〕 7992 6F7C E89C 阜－8 旧字 [人]

カン[漢]／xiàn／おちいる・おとしいれる・おちる

[筆順] 阝 阝 阝 陥 陥 陥

[字解] 陥は陷の略体。陷は形声。阜＋臽(おちこむ)[声]。おかがくずれておちこむ、おちいる意。

[意味] ❶おちいる。おちこむ。はまる。『陥没』❷おとしいれる。だます。また、おとしあな。『陥害』『陥穽』『構陥(コウカン)』『誣陥(フカン)』❸攻め落とされる。おちる。『陥落』❹欠けるところ。不足するところ。また、あやまち。『欠陥(ケッカン)』『失陥(シッカン)』

【陥害(カンガイ)】 人を罪におとしいれて、困らせること。

【陥穽(カンセイ)】 落とし穴。転じて、人をおとしいれるわな。

【陥溺(カンデキ)】 ①水中に落ちおぼれること。②酒色におぼれたり、貧窮におちいったりすること。③人をおとしいれること。しいたげ苦しめること。

【陥没(カンボツ)】 地盤などが落ち込むこと。『陥没地帯』

【陥落(カンラク)】 [国]①落ち込むこと。『地盤の陥落』②城が、攻め落とされること。③俗に、口説(くど)き落とされること。

〔陥二死地一、然後生(シチにおとしいれ、しかるのちいく)〕 自分の軍を一度窮地におとしいれ、兵に必死の覚悟をもたせてから戦えば、活路を見いだすことができる。〔孫子-九地〕

8651 【陜】 7993 6F7D E89D 阜－7

キョウ(ケフ)[呉]・コウ(カフ)[漢]／xiá／せまい

[字解] 形声。阜＋夾(両側にはさむ)[声]。山と山とにはさまれ、せまい意。峡・狭に同じ。

[参考] 「陝(セン)」(8658)は別字。

8652 【陘】 ＊7056 阜－7

ケイ[漢]／xíng／たに・さか

[字解] 形声。阜＋巠[声]。

[意味] ❶たに。❷さか。❸あな。

8653 【降】 2563 395F 8D7E 阜－7 [常]6 (8645)〔降〕 阜－6 旧字

ゴウ(ガウ)[呉]・コウ(カウ)[呉][漢]／jiàng・xiáng／おりる・おろす・ふる・くだる・くだす

[筆順] 阝 降 降 降 降 降

[字解] 形声。阜＋夅(下に向かってあるく)[声]。くだってくる、おりる意。甲骨文・金文は、主として禍福が天からおりてくる意に用いている。

甲骨文 金文 篆文

[意味] ❶おりる。くだる。高い所から低い所へ移る。『降下』『降誕』『登降』❷おろす。くだす。㋑下の方へ移す。高さをさげる。『降圧』『降神』『帰降(キコウ)』㋺身分や地位を低くする。『降格』『降任』『左降(サコウ)』❸敵に負けてしたがう。『降伏』『投降(トウコウ)』❹ふる。空から落ちる。『降雨』❺従える。おさえる。特に、仏教で悪魔をおさえる、従える。『降魔』❻時が移る。のち。『以降(イコウ)』

❶ おりる。くだる。

[下接] 下降(カコウ)・昇降(ショウコウ)・乗降(ジョウコウ)・陟降(チョッコウ)・沈降(チンコウ)・登降(トウコウ)

【降下(コウカ)】 ①下へさがること。下へさげること。⇔上昇。『急降下』②命令がくだること。『大命(タイメイ)降下』

【降嫁(コウカ)】 [国]皇女、王女が皇族以外の者にとつぐこと。

【降車(コウシャ)】 車からおりること。下車。⇔乗車

【降誕(コウタン／ゴウタン)】 神仏、聖人、偉人などがこの世に生まれること。『降誕会〔=花祭り〕』『降誕祭〔=クリスマス〕』

【降陟(コウチョク)】 おりることとのぼること。のぼりおり。

【降板(コウバン)】 [国]野球で、投手が交替させられてマウンドをおりること。⇔登板

【降臨(コウリン)】 神仏が天くだること。『天孫降臨』

❷ おろす。くだす。

【降格(コウカク)】 資格、地位などが下がること。また、下げること。⇔昇格

【降職(コウショク)】 官職や地位を下げること。降任。

【降任(コウニン)】 地位を下げて下級の任務に就けること。降職。⇔昇任

❸ 敵に負けてしたがう。

【降参(コウサン)】 ①負けて敵に服従すること。降伏。②[国]転じて、やっかいな事柄に閉口すること。まいること。

【降人(コウジン／コウニン)】 降参した人。また、人にくだること。

【降伏・降服】（コウフク） 戦闘に負けたことを認めて、敵に従うこと。降参。『無条件降伏』→❺（ゴウブク）
【降兵】（コウヘイ） 降伏した兵隊。
【降北】（コウホク） 敗けて逃げること。また、降伏と敗北。

❹ ふる。空から落ちる。

【降雨】（コウウ） 雨降り。降る雨。『降雨量』
【降灰】（コウカイ・コウばい） 火山の噴火で地上に灰が降ること。
【降水】（コウスイ） 雨や雪など、空から降る水。『降水量』
【降雪】（コウセツ） 雪降り。降り積もった雪。
【降霜】（コウソウ） 降ったように霜が地にしくこと。
【降雹】（コウヒョウ） ひょうが降ること。

❺ 従える。おさえる。

【降伏】（ゴウブク） 神仏に祈って悪魔、煩悩などを取り鎮めること。調伏（チョウブク）。→❸（コウフク）
【降魔】（ゴウマ） 仏教で、悪魔を降伏させること。

難読姓氏 降籏（ふりはた・ふるはた）

8654 【除】 2992 3D7C 8F9C 阜－7 常6 ジョ（ヂョ）呉・チョ漢・ジ（ヂ）慣／chú／のぞく・のける・よける

筆順 除 除 除 除 除 除 除

字解 形声。阜＋余声。建物の階段の意。転じて、のぞく意に用いる。

意味 ❶のぞく。とりのぞく。よける。『除去』『削除』❷（旧官を除いて）新しい官に任ずる。『除目（ジモク）』❸数学で、割り算。『乗除（ジョウジョ）』❹にわ。『庭除（テイジョ）』

❶ のぞく。とりのぞく。

下接 解除（カイジョ）・加除（カジョ）・駆除（クジョ）・控除（コウジョ）・歳除（サイジョ）・削除（サクジョ）・消除（ショウジョ）・攘除（ジョウジョ）・整除（セイジョ）・切除（セツジョ）・掃除（ソウジ）・排除（ハイジョ）・払除（フツジョ）・防除（ボウジョ）・免除（メンジョ）

【除外】（ジョガイ） 一定の範囲や規定の外に取りのけること。

【除去】（ジョキョ） 邪魔なものを取り除くこと。

【除月】（ジョゲツ） 陰暦一二月の異称。♥旧年を除く月の意。

【除残】（ジョザン） ①災いをするものを除去すること。②すすはらい。

【除日】（ジョジツ） おおみそか。除歳。♥旧年を除く日の意。

【除夕】（ジョセキ） おおみそかの夜。除夜。

【除籍】（ジョセキ） 名簿、戸籍から、氏名を取り除くこと。

【除雪】（ジョセツ） 積もった雪を取り除くこと。『除雪車』

【除草】（ジョソウ） 雑草を取り除くこと。『除草剤』

【除喪】（ジョソウ） 喪を除くこと。除服。いみあけ。

【除隊】（ジョタイ） 国現役兵や応召兵が兵役を解除されること。↔入営・入隊
【除虫】（ジョチュウ） 害虫や寄生虫を駆除すること。『除虫菊』

【除道】（ジョドウ） 道をそうじし、整備すること。

【除服】（ジョフク） 喪服をぬぐこと。また、喪があけること。

【除幕】（ジョマク） 国銅像や記念碑などにかぶせた幕を取りさり、初めて公開すること。『除幕式』

【除名】（ジョメイ） 名簿から名を除去し、構成員の資格を剝奪すること。

【除免】（ジョメン） ①義務や服役などを果たさないでもよいと許すこと。免除。②免官と除名の総称。

【除夜】（ジョヤ） おおみそかの夜。除夕（ジョセキ）。『除夜の鐘』♥旧年を取り除く夜の意。

❷ 新しい官に任ずる。

【除目】（ジモク） 国（「目」は、目録にしるす意）平安時代以降、大臣以外の諸官を任命すること。

【除官】（ジョカン） 官に任命されること。

【除授】（ジョジュ） 官職をあたえること。

【除書】（ジョショ） 任官の辞令書。除目。

【除拝】（ジョハイ） 官位をさずけること。

❸ 数学で、割り算。

【除算】（ジョザン） 除法。割り算。↔乗算
【除数】（ジョスウ） 割り算で、割る方の数。↔被除数
【除法】（ジョホウ） 割り算。↔乗法

8655 【陗】 ＊7055 阜－7 ショウ（セウ）呉漢／qiào

字解 形声。阜＋肖（細くとがる）声。けずりとったようにするどい、けわしい意。峭に同じ。

8656 【陞】 7994 6F7E E89E 阜－7 ショウ漢／shēng／のぼる

字解 形声。阜＋土＋升（のぼる）声。おかや階段をのぼる、のぼる意。

参考 現代表記では、「昇」に書き換える。熟語は「昇」(3126)を見よ。

意味 のぼる。官位がのぼる。「升」「昇」に同じ。

8657 【陣】 3156 3F58 9077 阜－7 常 ジン（ヂン）呉・チン漢／zhèn／いくさ

筆順 陣 陣 陣 陣 陣 陣

字解 もと敶。敶は形声。攴＋陳声。軍隊の配列の意。陣は、敶の攴を省略した陳をさらに、変形して、陳・陣で用法を分けるようになった。

意味 ❶じんだて。軍隊を配置すること。その備え。また、広く、戦うときの備え。『陣形』『敵陣』❷いくさ。ひとたびのたたかい。『大坂夏の陣』『陣没』❸ひとしきり。にわかに。『一陣の風』

❶ じんだて。

下接 円陣（エンジン）・開陣（カイジン）・凱陣（ガイジン）・雁陣（ガンジン）・帰陣（キジン）・軍陣（グンジン）・堅陣（ケンジン）・行陣（コウジン）・後陣（コウジン）・山陣（サンジン）・参陣（サンジン）・先陣（センジン）・戦陣（センジン）・賊陣（ゾクジン）・対陣（タイジン）・退陣（タイジン）・敵陣（テキジン）・布陣（フジン）・文陣（ブンジン）・方陣（ホウジン）・本陣（ホンジン）・論陣（ロンジン）

【陣営】（ジンエイ） ①軍隊が陣を設ける所。②対立する勢力のそれぞれの側。『革新陣営』
【陣形】（ジンケイ） 戦闘の隊形。また、陣地の形。陣立て。
【陣伍】（ジンゴ） 軍隊の隊伍。
【陣所】（ジンショ） 軍隊が、陣を設けて駐在する所。陣屋。
【陣太鼓】（ジンダイコ） 国昔、戦場で、軍勢の進退を知らせるために鳴らした太鼓。
【陣地】（ジンチ） 戦いにそなえて、軍隊を配置してある地。
【陣中】（ジンチュウ） 陣屋、軍隊のなか。『陣中見舞い』
【陣頭】（ジントウ） 戦闘部隊のまっさき。『陣頭指揮』
【陣門】（ジンモン） 陣営の門。陣屋の出入り口。
【陣容】（ジンヨウ） 陣の配置の形。また、団体や組織などの人員配置の有様。『陣容を整える』

❷ いくさ。ひとたびのたたかい。

下接 初陣（ういジン）・殺陣（サツジン・たて）・出陣（シュツジン）・筆陣（ヒツジン）

【陣没・陣歿(ジンボツ)】戦地で死ぬこと。

❸ ひとしきり。にわかに。

【陣陣(ジンジン)】①風が盛んに吹くさま。②きれぎれにつづくさま。

【陣痛(ジンツウ)】分娩(ブンベン)時の周期的、波状的な子宮の収縮に伴う痛み。比喩(ヒユ)的に、物事が出来上がるまでの苦労。

難読姓氏 陣内(じんない|じんのうち)

8658 【陝】 8001 7021 E89F 阜－7 セン㊥/shǎn

字解 形声。阜+夾㊥。

参考 「陜(キョウ)」(8651)は別字。

意味 県名。今の中国河南省陝県。また、陝西省の略。

【陝西(センセイ)】中国の省の一。渭水(イスイ)流域を中心に北の黄土高原、南の漢水上流域からなる。省都西安。周以来唐に至るまでの約一千年間国都が置かれ、漢民族の活動の中心地として栄えた。

8659 【陟】 8002 7022 E8A0 阜－7 チョク㊥/zhì/のぼる

字解 会意。阜+歩(上向きのあし)。おかをのぼる意。

甲骨文 金文 金文 篆文

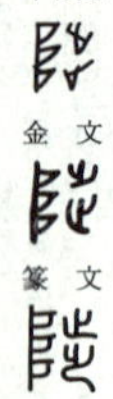

意味 のぼる。高い所へのぼる。また、官位が進む。

【陟罰(チョクバツ)】官位を上げて賞することと、官位を落として罰すること。賞罰。

【陟方(チョクホウ)】天子が視察の道にのぼること。一説に、天に昇る、すなわち死ぬこと。

【陟岵(チョクコ)】「詩経-魏風(ギフウ)」の編名。孝子が山に登って故郷の肉親を思う心情を述べている。

【陟降(チョクコウ)】のぼることと、おりること。降陟。

8660 【陦】 8003 7023 E8A1 阜－7 トウ 「隯」(8708)の異体字

8661 【陛】 4237 4A45 95C3 阜－7 常6 ヘイ㊥/bì/きざはし

筆順 陛 陛 陛 陛 陛 陛

字解 形声。阜+坒(盛り土がならびつらなる)㊥。盛り土をならべ重ねてつくった階段、きざはしの意。

参考 万葉仮名では音を借りて「へ㊥」。

意味 きざはし。階段。天子の宮殿の階段。「階陛(カイヘイ)」

【陛衛(ヘイエイ)】天子の宮殿の階段のもとを警護する兵。

【陛下(ヘイカ)】①宮殿の階段の下。②天子の敬称。日本では、天皇、皇后、皇太后、太皇太后の尊称。❤天子を直接にはささず、階段の下を目あてにするという言い方。

【陛戟(ヘイゲキ)】天子の宮殿の階段の下に戟(ほこ)を持って立つこと。また、その兵。

【陛見(ヘイケン)】天子に階段の下からお目にかかること。

8662 【陰】 1702 3122 8941 阜－8 常 (8673)【隂】＊7065 阜－9

オン㊥・イン㊥・アン㊥/yīn・ān/かげ・かげる・ひそかに・くぼ・ほと

筆順 阝 陰 陰 陰 陰 陰 陰

字解 形声。阜+侌(くらいかげ)㊥。おかや山の日が当たらない側、かげの意。

金文 篆文

同属字 蔭

意味 ❶かげ。日かげ。日光のあたらない所。山の北。川の南。また、かげる。くもる。空をおおって暗い。↔陽。「陰影」「陰晴」⇒〔影〕(2269)の表 ❷移りゆく時間。「光陰(コウイン)」「寸陰(スンイン)」 ❸人目につかず隠れていること。ひそかに。↔陽。「陰事」「陰謀」＊史記-張儀伝「子為ㇾ我陰奉ㇾ之(シわがためにひそかにこれをホウぜよ)〔=君は私の気持ちをくんで、内々助けてやってくれ〕」 ❹易で、陽と共に宇宙の根元となる気。物事の消極的な性質・状態の象徴。地・静・柔・暗・月・寒・秋・冬・女性的なものなどをさす。↔陽。⇒〔陽〕(8682)の表 ❺ほと。人体の、かくしどころ。「陰部」「会陰(エイン)」「女陰(ジョイン)」 ❻地名。「陰陵」

❶ かげ。また、かげる。くもる。

下接 花陰(カイン)・山陰(サンイン)・樹陰(ジュイン)・秋陰(シュウイン)・春陰(シュンイン)・翠陰(スイイン)・清陰(セイイン)・碑陰(ヒイン)・夜陰(ヤイン)・涼陰(リョウイン)・緑陰(リョクイン)

【陰陰(インイン)】辺りが薄暗いさま。また、ものさびしく陰気なさま。「陰陰滅滅」

【陰雨(インウ)】しとしとと降り続く陰気な雨。

【陰鬱(インウツ)】陰気でうっとうしいさま。また、心がふさいで晴れないさま。

【陰雲(インウン)】暗く空をおおう雲。

【陰映(インエイ)】①互いのかげが映(うつ)り合うこと。②かげになったり輝いたりすること。

【陰影(インエイ)】①物のかげで光のあたらない暗い部分。②光の直接あたらない部分に細かい含みや深みがあって、趣があること。❤書き換え「陰翳→陰影」。

【陰寒(インカン)】空がくもって暗く寒いこと。

【陰気(インキ)】国暗く、じめじめした感じがすること。↔陽気。「陰気な性格」→❹

【陰惨(インサン)】国暗く、むごたらしいこと。

【陰湿(インシツ)】陰気でしめっぽいこと。

【陰森(インシン)】樹木が茂って暗いさま。また、薄暗く、ものさびしいさま。

【陰晴(インセイ)】曇りと晴れ。

❸ 人目につかず隠れている。ひそかに。

【陰険(インケン)】表面はよく見せかけ、内心に悪意を抱いていること。「陰険な目つき」

【陰事(インジ)】秘密のこと。隠しごと。

【陰隲(インシツ)】(「隲」は安定する意)天が、ひそかに民を安定すること。転じて、かくれて善行をほどこすこと。

【陰賊(インゾク)】ねじけていて残忍なこと。

【陰徳(イントク)】人に知られない善行。→❹【有二陰徳一者、必有二陽報一(イントクあるものは、かならずヨウホウあり)】人に知られずひそかに善いことを行えば、必ずよい報いを受ける。〔淮南子-人間訓〕

【陰蔽(インペイ)】かくしておおうこと。隠蔽(インペイ)。

【陰謀(インボウ)】ひそかに企てる悪いはかりごと。

【陰密(インミツ|オンミツ)】秘密に事を行うこと。

❹ 易で、物事の消極的な性質・状態。

下接 冱陰(ゴイン)・積陰(セキイン)・太陰(タイイン)・中陰(チュウイン)

【陰火(インカ)】幽霊や妖怪(ヨウカイ)などが出るとき燃えるという火。鬼火。

【陰画(インガ)】写真のフィルムを現像した画像。明暗が実物と反対になっている。ネガ。↔陽画

【陰気(インキ)】万物生成の根本になる精気の一。消極的な性質の気。暗・湿・寒・冬などの陰の気。↔陽気。→❶

【陰鬼（インキ）】死者の霊魂。亡霊。幽霊。
【陰極（インキョク）】電位の低い方の電極。負の電極。↔陽極
【陰月（インゲツ）】陰暦四月の異称。陽がきわまって陰を生じる月という。↔陽月
【陰刻（インコク）】文字や絵画を凹形に彫り込むこと。↔陽刻
【陰獣（インジュウ）】陰性のけだもの、特にキツネ。
【陰性（インセイ）】①消極的で暗い性質。↔陽性。②病原菌を持っている反応がないこと。↔陽性
【陰虫（インチュウ）】①陰の季節である秋の虫。コオロギの類。②蝦蟇（がま）。
【陰徳（イントク）】①大地が万物を育てる徳。②婦人の徳。婦徳。→❸
【陰府（インプ）】閻魔（エンマ）王の支配する所。地獄。冥府（メイフ）。
【陰風（インプウ）】①陰気な風。妖怪、亡霊などの出現に伴う無気味な風。②冬の風。北風。↔陽風
【陰陽（インヨウ｜オンヨウ｜オンミョウ）】㊀（インヨウ）①易学で、互いに反する性質を持った二種の気。両者の相互作用によって天地間の万物が造り出されるとした。日、春、夏、東、南、火、男など積極的性質を持つものを陽とし、月、秋、冬、西、北、水、女など消極的性質を持つものを陰とする。②電気・数学などのプラスとマイナス。陰極と陽極。㊁（オンヨウ｜オンミョウ）国「陰陽師」「陰陽道」などの略。
【陰陽家（オンヨウケ）】国陰陽道をつかさどる家。陰陽師となる家柄。また、陰陽師。
【陰陽五行説（インヨウゴギョウセツ）】中国の戦国時代に別々に成立した陰陽説と五行説が、漢代に合したもの。五行の木火は、陽、金水は陰、土はその中間にあるとして、これらの消長交替によって万象を解釈、説明する思想。
【陰陽師（オンヨウジ）】国日本の古代に、陰陽寮（オンヨウのつかさ）に属して、占筮（センゼイ）、地相を見ることなどをつかさどった人。
【陰陽説（インヨウセツ）】陰陽二気が互いに消長し調和することによって自然界の秩序が保たれているように、政治、道徳、日常生活など人間のあらゆる営みはすべて陰陽の変化に順応することによってうまくゆくとする考え。
【陰陽道（オンヨウドウ）】国陰陽五行説に基づいて日本で発達した学問。天文、暦数をつかさどり、吉凶を占う。
【陰暦（インレキ）】月の満ち欠けに基づく暦。旧暦。太陰暦。

❺ほと。人体の、かくしどころ。

【陰萎（インイ）】男性器が性的不能になる状態。インポテンツ。

【陰核（インカク）】女性器にある海綿体の小突起。クリトリス。

【陰金（インキン）】国（「陰金田虫（いんきんたむし）」の略）陰部およびその周辺に発生する皮膚病の俗称。

【陰刑（インケイ）】古く、中国で、姦淫（カンイン）の罪に科した刑罰。男は去勢し、女は陰門を縫い閉じたという。

【陰茎（インケイ）】男性器の一部。男根。ペニス。

【陰唇（インシン）】女性器の一部。陰門を左右から囲む二重のひだ。

【陰嚢（インノウ｜ふぐり）】多くの哺乳類（ホニュウルイ）の雄の陰茎基部に下垂して、精巣を内蔵する袋。

【陰部（インブ）】人体で体外生殖器のある部分。外陰部。

【陰毛（インモウ）】陰部に生える毛。恥毛。

【陰門（インモン）】女性器。特に外陰部での、尿道、産道の口。

❻地名。

【陰山（インザン｜インシャン）】中国・内モンゴル自治区、黄河の北側で東西にわたる山脈。標高一五〇〇～二〇〇〇メートル。

【陰陵（インリョウ）】地名。現在の中国、安徽（アンキ）省にあり、楚（ソ）の項羽が敗走中に道に迷った所。

8663 【陷】 7992 6F7C E89C 阜－8

カン 「陥」(8650)の旧字

8664 【険】 2417 3831 8CAF 阜－8 常5 (8700)【險】 8010 702A E8A8 阜－13 旧字 人

ケン(呉)(漢)/xiǎn/けわしい・あやうい

筆順 険 険 険 険 険 険

字解 険は險の略体。險は形声。阜＋僉（→剣、とがる）(声)。けわしい高地の意。転じて、けわしい意。

意味 けわしい。㋑山などが急で高い。『険所』『険阻』『険難』『峻険（シュンケン）』㋺けわしい所。守りの固い地。『険要』『険塁』㋩あやうい。あぶない。『危険（キケン）』『探険（タンケン）』『冒険（ボウケン）』『保険（ホケン）』㋥はらぐろい。思いやりがない。とげとげしい。『険のある目つき』『険悪』『険相』『陰険（インケン）』『猜険（サイケン）』『邪険（ジャケン）』『偏険（ヘンケン）』

【険隘（ケンアイ）】道などがけわしく狭いこと。

【険悪（ケンアク）】①表情や性質などがとげとげしくきびしいさま。②状態などが危なく、油断できないさま。

【険夷（ケンイ）】けわしいことと、たいらなこと。険易。

【険塞（ケンサイ）】けわしい山地などに築かれたとりで。

【険峻（ケンシュン）】山などのけわしいこと。険阻。峻険。

【険所（ケンショ）】けわしい場所。危険な場所。

【険阻（ケンソ）】①道や地勢がけわしいこと。険峻（ケンシュン）。②顔つきなどのけわしいこと。

【険相（ケンソウ）】国けわしく恐ろしげな人相。

【険難（ケンナン）】①けわしくて、進むのが困難な所。②危険なさま。③転じて、苦しみや悩み。

【険阨・険阸（ケンヤク）】地勢がけわしいこと。また、世の中がけわしく困難の多いこと。

【険要（ケンヨウ）】けわしく、守るのに都合のよい地。

【険塁（ケンルイ）】けわしく守りが固いとりで。

【険路（ケンロ）】けわしい道。険道。

8665 【陲】 8004 7024 E8A2 阜－8

スイ(漢)/chuí/ほとり

字解 形声。阜＋垂（たれる）(声)。たれさがった地の果て、ほとりの意。古く中国では、地の果ては大地がたれさがっていると考えられていた。

意味 ほとり。また、さかい。『遠陲（エンスイ）』

8666 【陬】 8005 7025 E8A3 阜－8

ソウ(漢)・スウ(慣)/zōu/すみ

字解 形声。阜＋取（とりあつめる・ちぢめる）(声)。おかの片すみの意。転じて、すみの意。

意味 ❶すみ。かたすみ。いなか。『陬遠（スウエン）』『陬邑（スウユウ）』『辺陬（ヘンスウ）』❷陰暦正月の異称。『陬月（スウゲツ）』

【陬遠（スウエン）】遠いいなか。かたいなか。

【陬邑（スウユウ）】①かたいなか。②孔子の生地。現在の山東省曲阜（キョクフ）県の東南。

8667 【陳】 3636 4444 92C2 阜－8 常

ジン（ヂン）(呉)・チン(漢)/chén・zhèn/ならべる・つらねる・のべる

筆順 陳 陳 陳 陳 陳 陳

字解 形声。阜＋木＋申(声)。本来、河南省にあった国名を表したが、のち、のべる意を表す。もと敶（陣）に同じ。

参考 万葉仮名では音を借りて「ち」。

意味 ❶ならべる。つらねる。また、ならぶ。『陳列』『出陳（シュッチン）』 ❷のべる。しめす。また、説く。『陳謝』『陳述』『開陳』『具陳』 ❸ふるい。古臭い。また、久しい。↔新。『新陳代謝（シンチンタイシャ）』『陳腐』 ❹中国の国名。㋐周の武王が帝舜の子孫を封じた国。今の河南省淮陽県。河南の東部から安徽の西北部を占めた。前四七八年、二四代で楚に滅ぼされた。㋺南北朝時代の南朝最後の王朝（五五七～五八九）。創建者は陳覇先、首都は建康。隋の文帝により五代で滅亡。 ❺人の姓。『陳子昂』『陳勝』

❶ ならべる。

【陳列（チンレツ）】 人に見せるために物品を並べること。

❷ のべる。

下接 開陳（カイチン）・具陳（グチン）・奏陳（ソウチン）・内陳（ナイチン）・難陳（ナンチン）・披陳（ヒチン）・布陳（フチン）・舗陳（ホチン）・縷陳（ルチン）

【陳言（チンゲン）】 ことばを述べること。→❸

【陳謝（チンシャ）】 事情を述べてわびること。

【陳述（チンジュツ）】 ①意見、考えを口頭で述べること。②民事、刑事の訴訟で、当事者などが口頭または書面などで述べること。『冒頭陳述』

【陳状（チンジョウ）】 状況を陳述すること。

【陳情（チンジョウ）】 ①心情を述べて訴えること。②公的機関に、実情を訴えて一定の施策を要請すること。

【陳疏（チンソ）】 いいわけすること。申しひらき。陳弁。

【陳弁（チンベン）】 理由や事情を述べて弁解すること。

【陳者（のぶれば）】 候文（そうろうブン）の手紙などで、前文のあと、本文に入る初めに用いることば。申しあげますが。さて。

❸ ふるい。古臭い。

【陳玄（チンゲン）】 墨のこと。▼「玄」は黒いの意。中国、中唐の韓愈が「毛穎伝」で、緯州から産する墨を擬人化して呼んだことによる。

【陳言（チンゲン）】 古くさいことば。陳腐なことば。→❷

【陳跡・陳迹・陳蹟（チンセキ）】 昔の事跡。旧跡。遺跡。

【陳陳（チンチン）】 古びていること。

【陳腐（チンプ）】 古くさいこと。また、ありふれてつまらないこと。『陳腐な表現』

❺ 人の姓。

【陳寿（チンジュ）】 中国、晋の歴史学者。字（あざな）は承祚（ショウソ）。「三国志」を編集した。（二三三～二九七）

【陳勝（チンショウ）】 中国、秦末の農民反乱の指導者。字（あざな）は渉。二世皇帝の時、呉広とともに挙兵して自ら王と称し、劉邦・項羽らの挙兵のきっかけを作った。「燕雀（エンジャク）安（いずく）んぞ鴻鵠（コウコク）の志を知らんや」の言は有名。（？～前二〇八）

【陳勝呉広（チンショウゴコウ）】 （陳勝と呉広が最初に秦にそむいて兵をあげたところから）物事のさきがけをする者。陳呉。

【陳子昂（チンスゴウ）】 中国、唐初の詩人。字（あざな）は伯玉。漢魏の風に帰ることを主張した。代表作は「感遇」三八首、詩文集「陳伯玉文集」。（六六一～七〇二）

【陳平（チンペイ）】 中国、漢初の功臣。項羽の臣から高祖劉邦（リュウホウ）に投じ、奇策を用いて功をたてた。呂氏の乱には周勃（シュウボツ）と力を合わせ平定した。（？～前一七八）

8668

【陶】

3811 462B 93A9 阜－8 常 トウ（タウ）㊥・ヨウ（エウ）㊥ \táo・yáo\ すえ

筆順 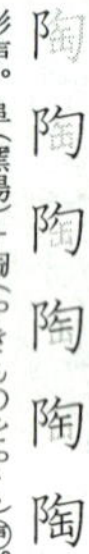

字解 形声。阜（窯場）＋匋（やきものをやく）㊥。やきものの意。

金文 

篆文 

意味 ❶すえ。やきもの。また、やきものを作る。すえつくり。㋐土をこねて焼く。また、焼いたもの。『陶器』『陶芸』『陶枕』『洋陶（ヨウトウ）』『薫陶』 ㋺やきものを作るように、教え育てる。『陶化』『陶冶』『薫陶』 ❷うっとりする。やわらぎ楽しむさま。『陶酔』『陶然』 ❸うれえる。はればれしない。『陶鬱』 ❹人名など。『陶淵明』

❶ すえ。やきもの。また、やきものを作る。

【陶化（トウカ）】 （土から陶器をつくるように）つくり育てること。教え導くこと。陶冶。

【陶画（トウガ）】 陶器に描いた絵。

【陶器（トウキ）】 陶磁器のうち、焼きしまりが中程度で、やや吸水性があり、うわぐすりを施したもの。

【陶鈞・陶均（トウキン）】 陶器を作る器具。また、それで陶器を作ること。転じて、帝王が天下を教え治めること。

【陶芸（トウゲイ）】 陶磁器の芸術。『陶芸家』

【陶甄（トウケン）】 ①陶器を作ること。②転じて、帝王が天下をよく治めること。

【陶工（トウコウ）】 陶磁器を作る人。

【陶磁器（トウジキ）】 陶器と磁器。また、粘土を主とする粉末の原料を水で練り、成形、焼成した器物の総称。土器、炻器（セッキ）を含む。やきもの。

【陶製（トウセイ）】 やきもので作ること。また、その作ったもの。

【陶鋳（トウチュウ）】 ①陶器を焼くことと金物を鋳ること。②転じて、人を感化すること。人材を育成すること。

【陶枕（トウチン）】 陶磁製の枕。

【陶土（トウド）】 陶磁器の原料となる粘土。

【陶冶（トウヤ）】 ①やきものを焼き、鋳物を作ること。②転じて、性質や才能を、円満に育て上げること。『人格を陶冶する』

❷ うっとりする。

【陶酔（トウスイ）】 気持ちよく酔うこと。また、うっとりするほど心を奪われること。

【陶然（トウゼン）】 酒などに酔いうっとりと気持ちのよいさま。

【陶陶（トウトウ｜ヨウヨウ）】 ①（トウトウ）馬を走らせるさま。②（ヨウヨウ）なごやかに楽しいさま。こころよく酔うさま。

❸ うれえる。はればれしない。

【陶鬱（トウウツ）】 うっとうしい。晴れ晴れしない。

❹ 人名など。

【陶猗（トウイ）】 ①陶朱（トウシュ）と猗頓（イトン）。ともに中国、春秋時代の富豪。②転じて、大金持ち。

【陶淵明（トウエンメイ）】 中国、東晋の詩人。名は潜。淵明は字（あざな）。二九歳で仕官したが、四一歳のとき官を辞し、「帰去来辞」を作って退官帰郷した話は有名。著に「陶彭沢集」。（三六五～四二七）

【陶朱（トウシュ）】 中国、春秋時代の越王勾践（コウセン）の臣、范蠡（ハンレイ）の別称。陶朱公。【陶朱猗頓之富（トウシュイトンのとみ）】 莫大な財産・巨万の富。〔史記－貨殖伝〕▼陶朱および魯の猗頓が富豪であったところから。

【陶潜（トウセン）】 ＝陶淵明（トウエンメイ）

難読姓氏 陶山（すやま）

【陶唐氏（トウトウシ）】 中国古代の帝王、堯（ギョウ）のこと。

8669 【陪】 3970 4766 9486 阜－8 常 ハイ(漢)・バイ(慣)/péi/つきそう・とも

筆順 陪 陪 陪 陪 陪 陪

字解 形声。阜＋音(声)。

参考 万葉仮名では音を借りて「へ(乙)」「べ(乙)」「ほ」。

意味 ❶ます。かさなる。つけ加える。❷つきそう。㋐主たるものにつきしたがう。「陪従」「陪審」「陪席」㋺つきそう人。お供。家来。「陪臣」

❷つきそう。

【陪観】バイカン 身分の高い人につき従って観覧すること。
【陪侍】バイジ 貴人のそばに仕えること。
【陪従】バイジュウ 貴人のお供をすること。
【陪乗】バイジョウ 身分の高い人の供として車に乗ること。
【陪食】バイショク 身分の高い人と食事をともにすること。
【陪臣】バイシン 臣下の臣。家来の家来。
【陪審】バイシン 裁判の審理に、一般人が、専門家と一緒に参加すること。「陪審制度」
【陪席】バイセキ 目上の人と同席すること。
【陪聴】バイチョウ 身分の高い人と同席して話などを聴くこと。「御進講を陪聴する」
【陪賓】バイヒン 正客に相伴する客。↔主賓
【陪陵】バイリョウ 天子の墓のそばに葬った有功者などの墓。

8670 【陸】 4606 4E26 97A4 阜－8 常4 ロク(呉)・リク(漢)/lù・liù/おか・くが

筆順 陸 陸 陸 陸 陸 陸

字解 形声。阜＋坴(大きなつちのかたまり)(声)。連なる高地の意。

甲骨文 金文 篆文

参考 金額を記す場合、改竄(カイザン)を防ぐため「六」の代わりに用いることがある。

意味 ❶おか。くが。㋐地表で水におおわれていないところ。また、高く平らな台地。「陸軍」「陸上」「陸橋」「大陸」「着陸」㋺みち。陸路。⇒[海](4076)の表 ❷とびはねる。おどる。つらなる。「陸続」「陸梁」❸(ロ) 六。改竄(カイザン)を防ぐため、数字の「六」の代わりに用いる。❹(ロ) 国たいら。水平。まっすぐな。また、きちんとしている。まともな。「陸でもない」「陸な道」「陸屋根(＝平らに作った屋根)」❺国「陸奥国(むつのくに)」の略。東山道八か国の一。現在の、福島・宮城・岩手・青森の四県にあたる。「陸前」「陸中」「三陸海岸」❻その他。固有名詞など。「陸象山」

❶おか。みち。

下接 海陸カイリク・空陸クウリク・上陸ジョウリク・水陸スイリク・大陸タイリク・着陸チャクリク・内陸ナイリク・揚陸ヨウリク・離陸リリク

【陸運】リクウン 陸上での人間や荷物の運送。↔海運・水運
【陸軍】リクグン 地上戦闘を主な任務とする軍備の総称。↔海軍・空軍
【陸上】リクジョウ 陸地の上。↔海上・水上。「陸上競技」
【陸生・陸棲】リクセイ 陸上に生息すること。↔水生
【陸戦】リクセン 陸上での戦闘。「陸戦隊」
【陸送】リクソウ 国陸路の輸送。
【陸地】リクチ 地球の表面で、水に覆われていない所。陸。
【陸沈】リクチン (陸に沈むの意) 1賢人が俗人の間にひそんでいること。2滅亡すること。
【陸稲】リクトウ・おかぼ 畑で栽培されるイネ。↔水稲
【陸封】リクフウ 元来は海にすむ魚が海から切り離された湖沼などの淡水中に封じ込められ、そこにすみつくようになること。サクラマスに対するヤマメなど。
【陸風】リクフウ 夜間、海岸地方で陸から海へ向かって吹く風。陸軟風。↔海風
【陸路】リクロ 陸上のみち。↔海路・空路。「陸路をとる」
【陸橋】リッキョウ 道路や鉄道線路などを横断するために、その上にかけられた橋。
【陸行】リッコウ 陸路を行くこと。

❷とびはねる。おどる。つらなる。

【陸続】リクゾク つぎつぎと引き続くさま。
【陸離】リクリ 光のきらきらとまばゆく美しいさま。「光彩陸離」
【陸梁】リクリョウ おどりまわり、あばれまわること。

❻その他。固有名詞など。

【陸王学】リクオウガク 中国、宋の陸象山と、明の王陽明との学説。
【陸九淵】リクキュウエン ＝陸象山リクショウザン
【陸象山】リクショウザン 中国、南宋の儒者。名は九淵、字(あざな)は子静、号は象山。朱子と論争し、朱子が読書講学を重んじたのに対し、心即理を説えた。明の王陽明の先駆となる。著書に「陸象山全集」がある。(一一三九～九二)
【陸徳明】リクトクメイ 中国、唐初の学者。江蘇(コウソ)省(呉)の人。名は元朗。著に「経典釈文」がある。
【陸游】リクユウ 中国、南宋の詩人。字は務観、号は放翁。南宋第一の詩人として、北宋の蘇東坡と併称される。著に「剣南詩稿」などがある。(一一二五～一二一〇)

難読姓氏 陸田(むつ)た 陸名(むつ)な

8671 【隆】 4620 4E34 97B2 阜－8 常 (8683)【隆】 阜－9 旧字 リュウ(リウ)(漢)/lóng/たかい

筆順 隆 隆 隆 隆 隆 隆

字解 隆は隆の略体。隆は形声。生＋降省(声)。もりあがる意。

同属字 窿

意味 ❶たかい。なかだか。㋐もりあがって高い。高くなる。「隆準」「隆鼻」「汚隆オリュウ」㋺身分が高い。たっとい。「隆顔」❷さかん。盛大。さかえる。さかんになる。「隆盛」「興隆コウリュウ」「紹隆ショウリュウ」「比隆ヒリュウ」

❶たかい。また、身分が高い。

【隆顔】リュウガン たっといお顔。天子のお顔。竜顔。
【隆起】リュウキ 高く盛り上がること。土地が海面に対して高さを増すこと。「隆起海岸」
【隆貴】リュウキ 身分が高いこと。また、その人。
【隆準】リュウセツ・リュウジュン (「準」は、鼻梁の意) 高い鼻。
【隆然】リュウゼン 高く盛り上がっているさま。
【隆隆】リュウリュウ たくましく盛り上がっているさま。「筋骨隆隆」↓❷

❷さかん。盛大。さかえる。

【隆恩】リュウオン 大きい恩恵。
【隆寒】リュウカン きびしい寒さ。厳寒。
【隆古】リュウコ 盛んだった古代。
【隆興】リュウコウ 盛んに起こること。盛んになること。

【隆昌（リュウショウ）】勢いなどの盛んなこと。隆盛。
【隆盛（リュウセイ）】勢いの盛んなこと。『隆盛期』
【隆替（リュウタイ）】盛んなことと、衰えること。盛衰。興廃。
【隆冬（リュウトウ）】まふゆ。厳冬。
【隆隆（リュウリュウ）】勢いが盛んであること。↓❶
【隆礼（リュウレイ）】礼を盛んにすること。礼をたっとぶこと。

8672 【陵】 4645 4E4D 97CB 阜－8 常 リョウ(呉)(漢)/líng/みささぎ・おか・しのぐ

筆順 阝 陵 陵 陵 陵 陵

字解 形声。阜＋夌(声)。金文は、阜＋人(ひと)＋夂(あし)で、人がおかに登るさまを表す会意字。登る・上へ出る意を表す。

金文 篆文

意味 ❶おか。大きなおか。『丘陵（キュウリョウ）』『岡陵（コウリョウ）』『山陵（サンリョウ）』❷みささぎ。天子や皇后の墓。『陵墓』『御陵（ゴリョウ）』❸しのぐ。あなどる。おかす。「凌」に同じ。『陵駕』『陵辱』『侵陵（シンリョウ）』

❶ おか。大きなおか。

【陵夷（リョウイ）】①丘と平地。②丘陵が次第に低く平らになること。③物事が次第に衰えすたるること。
【陵谷（リョウコク）】①丘陵と谷。高い所と低い所。②世の中の移り変わりのたとえ。【陵谷変（リョウコクのヘン）】丘陵が谷に変わり、谷が丘陵に変わるということ。世の中の移り変わりの甚だしいことのたとえ。〔詩経-小雅・十月之交〕
【陵遅（リョウチ）】①丘陵が次第に低くなること。陵夷。②物事が次第に衰えすたれること。↓❸

❷ みささぎ。天子や皇后の墓。

【陵寝（リョウシン）】みささぎ。天子の墓。

【陵墓（リョウボ）】陵(天子、皇后、皇太后を葬る所)と墓(その他の皇族を葬る所)。みささぎ。

❸ しのぐ。あなどる。おかす。

【陵駕（リョウガ）】他をしのいでその上に出ること。凌駕。

【陵辱（リョウジョク）】①人をあなどりはずかしめること。②暴力で女を犯すこと。凌辱。

【陵替（リョウタイ｜リョウテイ）】①下の者が上の者をしのいで、上の者が位を失い権威がすたれること。②物事が次第に衰えすたれること。

【陵遅（リョウチ）】昔の中国の刑罰の一。肢体を断ち、のどをえぐる極刑。↓❶
【陵侮（リョウブ）】あなどりはずかしめること。凌蔑。

【陵轢（リョウレキ）】あなどってふみにじること。凌轢。

8673 【陰】 ＊7065 阜－9 イン 「陰」(8662)の異体字

8674 【階】 1912 332C 8A4B 阜－9 常3 カイ(漢)/jiē/きざはし・はし・しな

筆順 阝 階 階 階 階 階

字解 形声。阜(かいだん)＋皆(ならぶ)(声)。ならんだ段、きざはしの意。

参考 万葉仮名では音を借りて「け(乙)」。

意味 ❶きざはし。あがりだん。だんだん。『階段』❷等級。しな。くらい。『階級』『位階』❸[国]建物のそれぞれの層。『地階（チカイ）』『裳階（もこし）』

❶ きざはし。あがりだん。だんだん。

下接 音階（オンカイ）・玉階（ギョクカイ）・金階（キンカイ）・段階（ダンカイ）

【階下（カイカ）】階段の下。↓❷❸
【階序・階除（カイジョ）】きざはし。階段。

【階前（カイゼン）】階段の前。また、庭先。前庭。＊朱熹-偶成「階前梧葉已秋声（カイゼンのゴヨウすでにシュウセイ）〔＝階段の前の桐の葉には、もう秋風が鳴っている〕」

【階闥（カイタツ）】宮中の階段と小門。転じて、宮中。

【階段（カイダン）】のぼりおりするための、段になった通路。

【階梯（カイテイ）】階段。転じて、物事を学ぶ段階。また、手引書。『物理学階梯』

❷ 等級。しな。くらい。

下接 位階（イカイ）・越階（オッカイ）・加階（カカイ）・官階（カンカイ）・職階（ショッカイ）・神階（シンカイ）・僧階（ソウカイ）・超階（チョウカイ）・乱階（ランカイ）

【階下（カイカ）】高位にのぼる人のそば。↓❶❸
【階級（カイキュウ）】①位や段階。『一つ階級が上がる』『二階級制覇』②身分。地位。階層。『労働者階級』
【階層（カイソウ）】職業、年齢などによって分けられる、社会を形作るいろいろな層。集団。♥「界層」とも書く。↓❸

❸ (日本語で)建物のそれぞれの層。

【階下（カイカ）】[国]二階以上の建物で、下の階。↓❶❷
【階層（カイソウ）】[国]建築物の階の上下の重なり。↓❷

難読地名 階上（はしかみ）町(青森)

8675 【隅】 2289 3679 8BF7 阜－9 常 グ(呉)(漢)・グウ(慣)/yú/すみ

筆順 阝 隅 隅 隅 隅 隅 隅

字解 形声。阜＋禺(声)。

参考 万葉仮名では音を借りて「ぐ」。

意味 ❶すみ。かたすみ。はずれ。かど。『隅奥』『隅曲』『隅座』『一隅』❷[国]「大隅国（おおすみのくに）」の略。西海道二一か国の一。現在の鹿児島県南東部にあたる。『隅州』

下接 一隅（イチグウ）・海隅（カイグウ）・四隅（シグウ）・城隅（ジョウグウ）・辺隅（ヘングウ）・方隅（ホウグウ）・廉隅（レングウ）・路隅（ログウ）／片隅（かたすみ）

【隅奥（グウオウ）】部屋のすみ。

【隅曲（グウキョク）】すみ。かど。

【隅座・隅坐（グウザ）】かたすみにすわること。

8676 【隍】 8006 7026 E8A4 阜－9 コウ(クヮウ)(漢)/huáng/ほり

字解 形声。阜＋皇(→廣、大きくて何もない)(声)。水のないほりの意。

意味 ほり。『城隍（ジョウコウ）』『池隍（チコウ）』

8677 【隋】 7101 6721 E440 阜－9 ダ(呉)・タ(漢)・ズイ(呉)・スイ(漢)/duò・suí

字解 形声。肉(にく)＋隓(くずれおちた城壁)省(声)。肉をきりさきおとす意。

同属字 墮

意味 ❶(タ)肉を切りさいて祭る。❷(ズイ)中国で、南北朝を統一した王朝名(五八一～六一八)。北朝の北周の権臣楊堅(文帝)が静帝の禅譲を受けて建国。都は大興(長安)。科挙をはじめ、州県制・均田制・租庸調制・府兵制など唐制の基礎となる諸制度による集権的な帝国を建設した。❸(ダ)おちる。「堕」に同じ。❹その他。人名など。『隋侯之珠』『隋和（ズイカ）』

【隋和ズイカ】隋侯の珠シュと卞和ベンカの璧たま。また、すぐれた才能のたとえ。「随和」とも。〔淮南子-説山訓〕

【隋侯之珠ズイコウのシュ】中国、春秋戦国時代の隋侯が、きずついたヘビを助けたお礼としてヘビにもらったという宝玉。〔淮南子-原道訓〕

【隋書ズイショ】中国の史書。八五巻。唐の太宗のとき、魏徴らの奉勅撰。二十四史の一。帝紀五巻、列伝五〇巻、経籍志など一〇志三〇巻からなる。

【隋堤ズイテイ】隋の煬帝ヨウダイが築いた運河のつつみ。

8678 【随】 3179 3F6F 908F 阜-9 常 (8702)【隨】 7814 6E2E E7AC 阜-13 旧字

筆順

ズイ呉・スイ漢/suí/したがう・まかせる・まにまに・まま

字解 随は隨の略体。隨は形声。辵(ゆく)+隋(くずれる・おちる)声。くずれたまま進む、まにまになる・したがう意。

意味 ❶したがう。ついていく。つづく。『随員』『随従』『肩随ケンズイ』『追随ツイズイ』『付随フズイ』 ❷まかせる。言いなりになる。まにまに。まま。『随意』『夫唱婦随フショウフズイ』『気随キズイ』『不随フズイ』 ❸易の六十四卦カの一。☱☳。君主が動き天下の民が喜ぶ形。⇒〔従〕(2291)の表

❶したがう。ついていく。

【随一ズイイチ】国多くあるものの中で第一位であること。

【随員ズイイン】随行する人。

【随喜ズイキ】①仏教で、他人のなす善を見て、喜びの心を生ずること。②国大喜びをすること。『随喜の涙』

【随行ズイコウ】地位の高い人につき従って行くこと。『付和随行〔=しっかりした考えもなく他人に同調して行動すること〕』

【随坐ズイザ】他人の罪のまきぞえになること。連坐。

【随手ズイシュ】①手を動かすと、すぐに。あとからすぐに。②手あたりしだい。

【随従ズイジュウ】つき従うこと。また、その人。

【随身ズイジン】国つき従う供の者。随従。

【随伴ズイハン】①供となってついて行くこと。②国ある物事に伴って起こること。

【随分ズイブン】国程度が相当であるさまを表す語。はなはだ。かなり。♥もと、分に従う、分相応の意。

❷まかせる。まにまに。まま。

【随意ズイイ】思いのままなこと。気持ちに従うこと。『どうぞ御随意に』『随意筋』

【随時ズイジ】①好きなときにいつでも。『入学随時』②その時々。

【随所・随処ズイショ】いたるところ。あちこち。

【随想ズイソウ】折にふれて思う事柄。また、それを書きとめた文章。『随想録』

【随筆ズイヒツ】特定の形式をもたず、広い題材を気のむくままに書き記した文章。エッセー。『随筆集』

8679 【隊】 3466 4262 91E0 阜-9 常4 (8680)【隊】 —— 阜-9 旧字

筆順

ツイ漢・タイ漢/zhuì・duì/むれ・あつまり

字解 形声。阜+㒸(豕の頭を切りおとす、おちる)声。高いところからおちる意。墜の原字。また、屯に通じて、むれ・軍隊の意に用いる。甲骨文は、高所から人が逆さにおちる形。金文には、豕のみのものもある。

意味 ❶(ツイ)おちる。おとす。また、うしなう。「墜」に同じ。❷(タイ)むれ。あつまり。㋑同じ目的のために組織された人のあつまり。『隊商』『隊長』『楽隊』㋺特に、兵士の組織。『隊伍』『軍隊』㋩列を作ったあつまり。『隊形』『隊列』

❷むれ。あつまり。

下接 横隊オウタイ・楽隊ガクタイ・艦隊カンタイ・軍隊グンタイ・縦隊ジュウタイ・小隊ショウタイ・除隊ジョタイ・船隊センタイ・戦隊センタイ・入隊ニュウタイ・部隊ブタイ・分隊ブンタイ・兵隊ヘイタイ・編隊ヘンタイ・本隊ホンタイ・連隊レンタイ

【隊伍タイゴ】隊を組んできちんと並んだ組。♥「隊」は二人以上、「伍」は五人によって組織された兵士の組。

【隊商タイショウ】砂漠を隊を組んで通行する商人の集団。

【隊列タイレツ】隊を組んで作った列。

8681 【隄】 *7067 阜-9

テイ漢/dī/つつみ

字解 形声。阜+是(まっすぐ)声。まっすぐのびたどて、つつみの意。堤に同じ。

8682 【陽】 4559 4D5B 977A 阜-9 常3

筆順

ヨウ(ヤウ)呉漢/yáng/ひ

字解 形声。阜+昜(太陽があがる)声。おかの日光のあたる側の意。

参考 万葉仮名では音を借りて「や」。

意味 ❶ひなた。日のあたる側。山の南。川の北。↔陰。『岳陽ガクヨウ』『山陽サンヨウ』『斜陽』『太陽』 ❷ひ。日の光。『陽光』 ❸易の二元説で、受動的な陰に対して、能動的・積極的な事象の象徴とする。日・春・夏・東・南・火・男・奇数・強・動など。↔陰。『陽気』『陰陽』『重陽』⇒表 ❹いつわる。うわべをよそおう。「佯」に同じ。『陽動作戦』 *十八史略-唐「願陽怒以試レ之ねがわくはいつわりいかりてもってこれをこころみよ〔=わざと怒ったふりをして、家臣をためしてごらんなさい〕」 ❺固有名詞など。『陽明学』

❷ひ。日の光。

下接 炎陽エンヨウ・残陽ザンヨウ・斜陽シャヨウ・秋陽シュウヨウ・春陽シュンヨウ・夕陽セキヨウ・太陽タイヨウ・頽陽タイヨウ・朝陽チョウヨウ・落陽ラクヨウ

【陽炎・陽焔ヨウエン|かげろう】直射日光で熱せられた地面に近い空気が揺れ動いて見えるもの。

【陽景ヨウケイ】太陽の光。

【陽光ヨウコウ】太陽の光。日光。

❸易で、能動的・積極的な事象。

下接 陰陽インヨウ|オンヨウ・重陽チョウヨウ・一陽来復イチヨウライフク

◎陽・陰—その対比

陽ヨウ	天	日	明	南	男	+	積極的	能動的
陰イン	地	月	暗	北	女	−	消極的	受動的

8画 金長(镸)門阜(阝)隶隹雨青(靑)非

【陽気(ヨウキ)】 ①万物をはぐくみ活動させる気。また、朗らかなこと。②国晴れ晴れしく、にぎやかなこと。↕陰気。③国時候。寒暖。気候。【陽気発処、金石亦透(ヨウキのハッするところキンセキもまたとおる)】 精神を集中すれば、どんな難事も成し遂げられる。＊朱子語類「陽気発処、金石亦透。精神一到、何事不ㇾ成(ヨウキのハッするところ、キンセキもまたとおる。セイシンイットウ、なにごとかならざらん)〔＝天地の間の陽気が発動すれば、金石をも貫く。人も、精神を集中して行えば、なんでもできないことはない〕」

【陽九(ヨウキュウ)】 わざわい。災難。◆陰陽道で、陽のわざわい五と陰のわざわい四、合わせて九とするところから。

【陽極(ヨウキョク)】 電位の高い方の極。正の電極。プラスの極。↕陰極。『陽極線』

【陽月(ヨウゲツ)】 陰暦一〇月の異称。陰がきわまって陽となる月。↕陰月

【陽春(ヨウシュン)】 ①うららかな春。冬は陰気が盛んで、春は陽気が盛んであるところからいう。＊李白-春夜宴ニ桃李園一序「陽春召ㇾ我以ニ煙景一(ヨウシュンわれをまねくにエンケイをもってす)〔＝うららかな春が、かすみたなびく春景色で私に誘いかける〕」②陰暦正月の異称。

【陽性(ヨウセイ)】 ①陽気で活発な性質。↕陰性。②検査にはっきりした反応が現れること。↕陰性

【陽沢(ヨウタク)】 天子の恩徳をいう。

【陽道(ヨウドウ)】 ①陽の道。男子、君主、父、夫としてふみ行うべき道。②男子の生殖力。

【陽文(ヨウブン)】 印章または鐘、鼎の銘などの、浮き彫りにした字形。識文(シキモン)。

【陽報(ヨウホウ)】 はっきりとよい報いがあらわれること。また、その報い。

【陽陽(ヨウヨウ)】 ①明るく楽しいさま。のんきなさま。また、得意なさま。②あや模様の美しいさま。

【陽和(ヨウワ)】 暖かな日和。のどかな春の時節。

❹ いつわる。いつわり。

【陽狂(ヨウキョウ)】 気がふれたふりをすること。佯狂(ヨウキョウ)。

【陽言(ヨウゲン)】 いつわって言うこと。佯言(ヨウゲン)。

【陽死(ヨウシ)】 死んだふりをすること。佯死(ヨウシ)。

【陽動(ヨウドウ)】 わざと目立つように本来の目的とは違った動きをすること。『陽動作戦』

❺ 固有名詞など。

【陽関(ヨウカン)】 中国甘粛省西部、敦煌(トンコウ)県の西南にあった関門。古くから玉門関とともに西域に通じる街道の要衝として知られた。

【陽明学(ヨウメイガク)】 中国、明(ミン)の王陽明が唱えた学説。人は生来備えている良知を養って、知行合一を図るべきだとするもの。

難読姓氏 陽木(はるき) 陽(みなみ) 陽一(よういち)

8683 【隆】 ＝＝ 阜-9 リュウ 「隆」(8671)の旧字

8684 【隈】 2308 3728 8C47 阜-9 エ(ヱ)呉・ワイ漢/wēi/くま

字解 形声。阜+畏声。

参考 万葉仮名では音を借りて「ゑ」。

意味 くま。山や川が入り込んだところ。また、奥まったところ。『界隈(カイワイ)』『山隈(サンワイ)』

【隈澳(ワイイク)】 入り込んだ水ぎわ。

【隈曲(ワイキョク)】 すみ。くま。

8685 【隘】 8007 7027 E8A5 阜-10 アイ呉漢/ài/せまい

字解 形声。阜+益(→戹、せまい)声。土地がせまい意。

意味 せまい。場所がせまい。また、道がせまく、通行困難な。行く手がけわしい。

下接 険隘(ケンアイ)・山隘(サンアイ)・峻隘(シュンアイ)・阻隘(ソアイ)

【隘巷(アイコウ)】 狭くてきたない町。

【隘路(アイロ)】 ①狭くて、通行困難な道。②国物事の進行上、妨げとなる点。障害。

【隘陋(アイロウ)】 非常に狭苦しいさま。

8686 【隕】 8008 7028 E8A6 阜-10 イン(ヰン)漢/yǔn/おちる・おとす

字解 形声。阜+員(まるい)声。ころがりおちる意。また、員は運に通じて、めぐる意とも。

意味 おちる。おとす。ふる。また、うしなう。死ぬ。

【隕越(インエツ)】 ①ころがって落ちること。②願いの切なること。

【隕穫(インカク)】 思い通りにならないで苦しむさま。

【隕石(インセキ)】 流星が大気中で燃え尽きないで地表に達したもの。

【隕絶(インゼツ)】 落ちて絶えること。

8687 【隖】 ＊7070 阜-10 オ(ヲ)漢

字解 形声。阜+烏声。つつみ、どての意。塢に同じ。

8688 【隗】 8009 7029 E8A7 阜-10 ガイ(グヮイ)漢・キ漢・カイ(クヮイ)慣/wěi・kuí/けわしい

字解 形声。阜+鬼(尋常でない)声。非常に高いおか、けわしい意。

意味 ❶たかい。けわしい。『隗然』❷人名。中国の戦国時代の賢人。燕(エン)の昭王に仕える。郭隗(カクカイ)。

【隗然(カイゼン)】 けわしいさま。

【従ㇾ隗始(カイよりはじめよ)】 遠大な計画も、まず手近なところから着手せよ。また、物事はまず言い出した者から、やり始めるべきだ。先(ま)ず隗より始めよ。〔戦国策-燕〕◆中国、戦国時代の郭隗が燕の昭王に「賢者を招きたいならば、まず自分のようなつまらない者をも優遇せよ、そうすればより優れた人材が次々と集まってくるであろう」と言ったことから。

8689 【隔】 1954 3356 8A75 阜-10 常 (8690)〔隔〕 ＝＝ 阜-10

カク漢/gé/へだてる・へだて・へだたる

筆順 阝 隔 隔 隔 隔 隔

字解 形声。阜+鬲(へだてる)声。おかでへだてる意。

参考 万葉仮名では訓を借りて「へ甲」。

意味 ❶へだてる。へだたる。へだたり。『隔絶』『隔離』『遠隔』❷一つおきの。『隔月』

❶ へだてる。へだたる。

下接 遠隔(エンカク)・乖隔(カイカク)・間隔(カンカク)・懸隔(ケンカク)・遮隔(シャカク)・疎隔(ソカク)・分隔(ブンカク)・離隔(リカク)・遼隔(リョウカク)

【隔意(カクイ)】 うちとけない心。隔心。

【隔越(カクエツ)】 ＝隔絶(カクゼツ)

【隔心(カクシン)】 うちとけない心。隔意。

【隔世(カクセイ)】 時代、世代をへだてること。時代を異にすること。『隔世の感』『隔世遺伝』

【隔絶(カクゼツ)】 他との関係が遠くかけはなれていること。

【隔壁】(カクヘキ) 国物をへだてる壁。仕切り。『防水隔壁』
【隔離】(カクリ) 他のものに接触しないようへだて離すこと。『隔離病棟』
【隔靴搔痒】(カッカソウヨウ) もどかしいこと。❤「靴を隔てて痒(かゆ)きを搔(か)く」の意。〔無門関－自序〕

❷ 一つおきの。

【隔月】(カクゲツ) ひと月おき。

【隔週】(カクシュウ) 一週間おき。

【隔年】(カクネン) 一年おき。

8691【隙】 2368 3764 8C84 阜-10 (8693)【隟】 ―― 阜-11

ケキ㊅・ゲキ㊌/xì/すき・ひま

字解 形声。阜＋𡭴(かべのすきまから光がもれる)㊒。壁のすきまから、一般に、すきまの意。のちに阜を加えた。

意味 ❶すきま。すき。ひま。あいだ。『隙駒』『隙地』→下接。❷なかたがい。不仲。『怨隙(エンゲキ)』『小隙(ショウゲキ)』

下接 暇隙(カゲキ)・間隙(カンゲキ)・駒隙(クゲキ)・穴隙(ケツゲキ)・農隙(ノウゲキ)

【隙駒】(ゲキク) 戸のすきまからちらりと見える、走り去る馬。人生は短く、歳月は早く過ぎることのたとえ。駒隙(クゲキ)。〔荘子－知北遊〕
【隙穴】(ゲキケツ) すきま。あな。隙孔(ゲキコウ)。
【隙地】(ゲキチ) あき地。

8692【隠】 1703 3123 8942 阜-11 常 (8704)【隱】 8012 702C E8AA 阜-14 旧字

オン㊇・イン㊅/yǐn・yìn/かくす・かくれる

筆順 隠 隠 隠 隠 隠 隠

字解 隠は隱の略体。隱は形声。阜＋㥯(→㥯、おおいかくす)㊒。おおいかくす意。

参考 万葉仮名では音を借りて「お」。

意味 ❶かくす。おおいかくす。↔顕。『隠語』『隠蔽』『晦隠(カイイン)』＊論語－子路「父為レ子隠、子為レ父隠(ちちはこのためにかくし、こはちちのためにかくす)〔＝父親は息子のために(その罪を)かくし、息子は父親のために(その罪を)かくす〕」❷かくれる。㋑表にあらわれない。ひそかに。『隠然』『隠微』『隠密(オンミツ)』㋺こもる。かくれすむ。世をのがれる。『隠居』『隠者』『隠遁』❸あわれむ。いたむ。『惻隠(ソクイン)の情』『民隠(ミンイン)』❹「隠隠(インイン)」は、㋑うれえるさま。㋺ほの暗くぼんやりとしたさま。㋩さかんなさま。㊁音が遠くまで響きわたるさま。❺国「隠岐国(おきのくに)」の略。山陰道八か国の一。現在の島根県隠岐諸島。『隠州』❻人名など。『隠元』

❶ かくす。おおいかくす。

【隠語】(インゴ) 国特定の仲間内だけで通用することば。
【隠匿・隠慝】(イントク) 隠して所持すること。また、人をかくまうこと。『隠匿物資』
【隠蔽】(インペイ) おおい隠すこと。『隠蔽物』
【隠滅】(インメツ) あとかたもなく消えうせること。また、消してしまうこと。湮滅。『証拠隠滅』
【隠喩】(インユ) 「ようだ」「ごとし」などの語を用いない修辞法。「海山の恩」「人生は旅だ」などの類。↔直喩

❷ かくれる。

下接 帰隠(キイン)・座隠(ザイン)・索隠(サクイン)・市隠(シイン)・小隠(ショウイン)・棲隠(セイイン)・退隠(タイイン)・逃隠(トウイン)・遁隠(トンイン)・豹隠(ヒョウイン)・幽隠(ユウイン)

【隠逸】(インイツ) 俗世を逃れて隠れ住むこと。

【隠映】(インエイ) かげになったり輝いたりすること。

【隠居】(インキョ) 国①家督を譲り、仕事から遠ざかって気ままに暮らすこと。『楽隠居』②老人。

【隠君】(インクン) 仕官しないで隠れ住んでいる人。

【隠君子】(インクンシ) ①俗世を避けた、りっぱな徳のある人。〔史記－老子韓非伝〕②キク(菊)の異名。

【隠見・隠顕・隠現】(インケン) 隠れたり見えたりすること。見えがくれ。

【隠士】(インシ) ＝隠者(インジャ)

【隠者】(インジャ) 俗世間から逃れて、修行や思索にふけっている人。世捨て人。遁世者。『隠者文学』

【隠棲・隠栖】(インセイ) 世間から離れて静かに暮らすこと。

【隠然】(インゼン) ①はっきりと表だってはいないが、どっしりとした力をうちに有しているさま。『隠然たる勢力』②隠れて見えないさま。

【隠退】(インタイ) 社会的な活動から身をひいて、静かに生活すること。

【隠遁】(イントン) 世の俗事を捨てて隠れ住むこと。遁世。

【隠忍】(インニン―オンニン) 苦しみを外部にあらわさないで、耐え忍ぶこと。『隠忍自重』

【隠微】(インビ) 表にあらわれず、かすかなこと。

【隠謀】(インボウ) ひそかに企てる悪いはかりごと。陰謀。

【隠密】(インミツ―オンミツ) ①(インミツ) ひそかに行うこと。真意が文面から隠れていること。②(オンミツ) 国幕府や各藩に属して、情報収集を担当した武士。忍びの者。間者(カンジャ)。

【隠約】(インヤク) ①はっきりと見わけがたいこと。ほのかなさま。暗々。②ことばは簡単でも意味が奥深いさま。

❸ あわれむ。いたむ。

【隠恤】(インジュツ) あわれみめぐむこと。

【隠憫】(インビン) いたみあわれむこと。

❻ 人名など。

【隠元】(インゲン) ①江戸前期に来日した明の僧。日本黄檗(オウバク)宗の開祖。真空大師。山城宇治に黄檗山万福寺を開いた。(一五九二～一六七三) ②「隠元豆(まめ)」の略。マメ科のつる性一年草。若いさやと熟した種子は食用。僧隠元がもたらしたとされる。

8693【隟】 ―― 阜-11

ゲキ 「隙」(8691)の異体字

8694【際】 2661 3A5D 8DDB 阜-11 常5

サイ㊇・セイ㊅/jì/きわ・はて・あう・あいだ

筆順 際 際 際 際 際 際

字解 形声。阜＋祭㊒。丘と丘とが接しまじわるところ、きわの意。一説に祭は又に通じて、はさみまじわる意とも。

意味 ❶きわ。はて。かぎり。『際涯』『際限』『辺際』❷おり。機会。場合。とき。『この際だから打ち明けよう』『際物(きわもの)』『実際』❸あう。㋑出あう。その機会に行き合わす。『内外多事の時に際して』『際会』㋺まじわる。まじわり。まじわっているところ。あいだ。『交際(コウサイ)』『国際(コクサイ)』『学際的(ガクサイテキ)』

❶ きわ。はて。かぎり。

下接 雲際(ウンサイ)・涯際(ガイサイ)・空際(クウサイ)・水際(スイサイ―みずぎわ)・天際(テンサイ)・分際(ブンザイ)・辺際(ヘンサイ―ヘンザイ)・金輪際(コンリンザイ)／鍔際(つばぎわ)・額際(ひたいぎわ)・一際(ひときわ)・山際(やまぎわ)・瀬戸際(せとぎわ)・土俵際(ドヒョウぎわ)

【際涯】(サイガイ) 土地などの限界。かぎり。はて。

【際限 サイゲン】これ以上ないという限界。きり。かぎり。

❷おり。機会。場合。とき。

下接 実際ジッサイ／今際いまわ・寝際ねぎわ・間際まぎわ

【際物 きわもの】①それが必要となる季節の間際に売り出される品物。②一時的な流行を当て込んで売り出される品物。『際物の小説』

❸あう。出あう。

【際会 サイカイ】①＝際遇サイグウ。②事件、時機などにたまたま出あうこと。

【際可之仕 サイカのシ】礼をもって待遇されるので仕えること。〔孟子-万章下〕

【際遇 サイグウ】偶然に出あうこと。特に、臣下がすぐれた君子に出あうこと。

8695 【障】 3067 3E63 8FE1 阜-11 常6 (8696)【障】二一 阜-11 旧字

ショウ(シャウ)呉漢 \zhàng\ さわる・さわり・さえぎる

筆順 障 障 障 障 障 障

字解 形声。阜＋章声。

意味 ❶さえぎる。ふせぐ。へだてる。また、へだて。しきり。『障子』『障壁』『保障』『泥障あおり』❷さわる。さしつかえる。じゃまをする。また、さわり。つかえ。『障害』『故障』『支障』

❶さえぎる。へだてる。また、へだて。

下接 画障ガショウ・行障コウショウ・紗障サショウ・紙障シショウ・屏障ヘイショウ・歩障ホショウ・保障ホショウ／泥障あおり

【障扞 ショウカン】ふせぎ守ること。

【障塞 ショウサイ／ショウソク】①(ショウサイ)とりで。要塞。②(ショウソク)さえぎってふさぐこと。

【障子 ショウジ／ソウジ】国部屋を仕切る建具。格子に組んだ桟に白い紙を貼はったもの。明かり障子。

【障泥 ショウデイ】馬のわき腹にたらす、あぶみの泥よけ。

【障蔽 ショウヘイ】①おおい隠すこと。②さえぎること。また、そのもの。仕切り。

【障壁 ショウヘキ】①へだてとする壁。仕切り。『障壁画』②妨げ。へだて。③垣根と壁。

❷さわる。さしつかえる。また、さわり。

下接 悪障アクショウ・垢障クショウ・故障コショウ・罪障ザイショウ・支障シショウ・重障ジュウショウ・万障バンショウ・魔障マショウ

【障害・障礙・障碍 ショウガイ】①さまたげとなるもの。『障害物』②身体の機能の故障。❤書き換え「障碍→障害」。

8697 【隤】 *7074 阜-12 タイ漢 \tuí\ くずれる

字解 形声。阜＋貴声。おちる・くずれる意。

8698 【隣】 二一 阜-12 リン「隣」(8703)の旧字

8699 【隩】 *7077 阜-13 オウ(アウ)漢・イク漢 \ào·yù\

字解 形声。阜＋奥(おくふかい)声。丘陵の奥まで水がまわりこんでいるところの意。

8700 【險】 8010 702A E8A8 阜-13 ケン「険」(8664)の旧字

8701 【隧】 8011 702B E8A9 阜-13 ズイ呉・スイ漢 \suì\ みち

字解 形声。阜＋遂(おくへすすむ)声。みちの意。金文は、遂・述に同じ。

金文 

意味 ❶みち。はかみち。墓穴への通路。『墓隧ボスイ』❷地中をくりぬいた道。トンネル。『隧道』

【隧道 スイドウ／ズイドウ】地中を貫いて造った通路。トンネル。

8702 【隨】 7814 6E2E E7AC 阜-13 ズイ「随」(8678)の旧字

8703 【隣】 4657 4E59 97D7 阜-13 常 (8698)【隣】二一 阜-12 旧字

(8256)【鄰】 7835 6E43 E7C1 邑-12

リン呉漢 \lín\ となる・となり

筆順 隣 隣 隣 隣 隣 隣

字解 形声。阜＋粦声。もと鄰。邑(むら)＋粦(＝粦←儷、ならぶ)声。つらなりならんだ村、となりの意。

金文 

篆文 

参考 万葉仮名では音を借りて「り」。

意味 となり。となりあう。近づきとなる。また、転じて、親しい人。共鳴する仲間。＊論語-里仁「徳不レ孤、必有レ隣トクはコならず、かならずとなりあり」〔＝徳のある人は孤立することはない、必ず共鳴する人がいるものだ〕

下接 郷隣キョウリン・近隣キンリン・善隣ゼンリン・比隣ヒリン・三隣亡サンリンボウ／先隣さきどなり・又隣またどなり・両隣りょうどなり

【隣国 リンゴク】隣接した国。隣邦。【隣国相望 リンゴクあいのぞむ】となりの国が互いによく見渡せる。老子の理想とする、小規模で自給自足の質素な社会。〔老子-八〇〕

【隣人 リンジン】となりに住む人。また、身近な人々。『隣人愛〔＝他者である隣人への愛。キリスト教でいう〕』

【隣接 リンセツ】となり合っていること。

【隣笛 リンテキ】故人をいたみ、昔を思うたとえ。〔向秀-思旧賦・序〕❤中国、晋の竹林の七賢の一人向秀ショウシュウが亡友嵆康ケイコウの旧居を訪れた時、隣人の笛の音を聞いて昔日の交遊をしのんだという故事から。

【隣保 リンポ】①となり近所の家々。②となり近所の人々が互いに助け合う組織。隣組。『隣保班』

8704 【隱】 8012 702C E8AA 阜-14 イン「隠」(8692)の旧字

8705 【隰】 8014 702E E8AC 阜-14 シュウ(シフ)漢・シツ慣 \xí\ さわ

字解 形声。阜＋濕(しめる)省声。

意味 さわ。低く、しめった土地。『原隰ゲンシュウ』

8706 【隮】 *7078 阜-14 サイ呉・セイ漢 \jī\ のぼる

字解 形声。阜＋齊声。のぼる意。躋の別体。

8707 【隯】 8013 702D E8AB 阜-14 シツ「騭」(9081)の異体字

8708 【隭】 *7079 阜-14 (8660)【陦】 8003 7023 E8A1 阜-7

トウ(タウ)漢・チョウ(テウ)漢/しま
字解 形声。阜＋壽声。しまの意。島に同じ。

8709 【隴】 8015 702F E8AD 阜-16 リョウ漢・ロウ慣/lǒng/おか・うね
字解 形声。阜＋龍(りゅう)声。竜のようにうねったおかの意。
意味 ❶おか。丘。また、うね。田畑のうね。「壟」に同じ。『隴上』『隴断』『丘隴キュウロウ』『疇隴チュウロウ』『麦隴バクロウ』❷地名。中国、甘粛カンシュク省の東南部の称。また、甘粛省の簡称。『隴山』

❶おか。また、うね。田畑のうね。
【隴上ロウジョウ】①おかの上。また、墳墓の上。②うねの上。はたけのほとり。

【隴断ロウダン】①おかの切り立った所。②利益をひとりじめにすること。♥「壟断」とも書く。

【隴畝ロウホ】①うねとあぜ。田畑。②田舎。また、民間。

❷地名。
【隴客ロウカク】オウム(鸚鵡)の異名。♥隴山で多く産することからいう。

【隴山ロウザン】中国の陝西センセイ・甘粛両省境中部、陝西省隴県の西北にある山。古来、長安から西北の辺境に入る関門をなし、異民族に対する守備兵が置かれた。

【隴西ロウセイ】中国、秦代に置かれた郡。現在の甘粛省中部、蘭州市の南、臨洮県、隴西県を含む一帯。隴山の西にあるところからの名。

【得レ隴望レ蜀ロウをえてショクをのぞむ】一つの望みを遂げて、さらにその上を望むたとえ。欲望には限りがないことのたとえ。望蜀ボウショク。〔晋書-宣帝紀〕♥中国、魏の司馬懿シバイが隴の地方を平定し、勝ちに乗じて、蜀を攻め取ろうとしたとき、曹操が答えたことばから。

171 隶部 れいづくり

篆文

隶は、動物の尻尾を手でつかまえるさまを象り、追いつく、およぶの意を表す。隶部に属するものは普通には隷(レイ)だけといってよく、それで「れいづくり」の名がある。類似の形として別に聿部(129)がある。

隶◆ 隶
隶▯ ⑧ 隷 ⑨ 隸

隶

8710 【隶】 8016 7030 E8AE 隶-0 タイ漢/dài
字解 部首解説を参照。
同属字 逮・棣

隶
【逮】⇨8119 【棣】⇨3594

8711 【隷】 4676 4E6C 97EA 隶-8 常 (8712)【隸】 8017 7031 E8AF 隶-9 旧字
レイ呉漢/lì/したがう・しもべ
筆順 隷
字解 会意。隶(とらえる)＋柰。とらえてしもべとする意。柰は、祟の譌形ともいうが未詳。
意味 ❶したがう。つき従う。また、しもべ。『隷従』『隷属』『奴隷』❷書体の一。『隷書』『篆隷』

❶したがう。また、しもべ。
下接 家隷カレイ・臣隷シンレイ・台隷タイレイ・直隷チョクレイ・奴隷ドレイ
【隷下レイカ】つき従う人。配下。てした。

【隷圉レイギョ】めしつかい。下僕。

【隷従レイジュウ】ある者の支配に属してその言うなりになること。隷属。

【隷人レイジン】①めしつかい。奴隷。②罪を犯した者。

【隷属レイゾク】①つき従うこと。他の支配をうけて言いなりになること。『強国に隷属する』『隷属的地位』②家来。しもべ。

【隷僕レイボク】①周官の名。宮中の清掃にあたる。②めしつかいの男。しもべ。

❷書体の一。
下接 今隷キンレイ・古隷コレイ・草隷ソウレイ・篆隷テンレイ
【隷書レイショ】篆書テンショを簡略化して作られた漢字の書体。♥中国、秦シンの程邈テイバクが小篆を簡略化して作ったものといわれる。

172 隹部 ふるとり

甲骨文

金文

篆文

隹は、鳥の羽をのばしたさまを象り、とり(スイ、説文では尾の短いとり)を表す。鳥に対してスイの形を「ふるとり」とよぶ。とりの種類を示すものもあるが、とりに関して物事の状態に関するものが多い。字の左部には用いられない。

隹◆ 隹 ⑧ 巂 ⑩ 巂
隹▭ ② 隼 隻 雋 ④ 集 ⑤ 雋 ⑩ 雙 ⑳ 雧
隹▭ ② 隺 ③ 雀 奞 雀 ④ 雈 雁 雇 雇
⑤ 雍 ⑩ 藋
隹▯ ④ 雅 雄 ⑤ 雅 睢 雉 雄 ⑥ 雑 雌
雒 ⑧ 雖 雕 ⑨ 雖 ⑩ 雞 雜 雛 雝 雠
⑪ 難 離

隹

8713 【隹】 8018 7032 E8B0 隹-0 スイ漢・サイ漢/zhuī/とり・ふるとり
字解 部首解説を参照。
同属字 崔・准・唯・堆・帷・惟・推・碓・維・誰・錐・雖

8714 【巂】 *7084 隹-8 ケイ「巂」(8715)の異体字

8715【雟】＊7089 佳−10 (8714)〔巂〕＊7084 佳−8

ケイ㊥・スイ㊥／xī・suī

字解 形声。佳＋屮(冠毛)＋冏㊟。「巂周（ケイシュウ）」は、つばめの意。

同属字 攜・觿・鑴

〔雝〕⇩7411

佳

8716【隼】4027 483B 94B9 佳−2 人

シュン㊥・ジュン㊥／sǔn／はやぶさ

字解 指事。佳の足の下に一を加え、人の腕にとまり狩りに用いる鳥、はやぶさの意。

同属字 準・準

意味 ❶はやぶさ。ワシタカ目ハヤブサ科の鳥。非常に敏捷で勇猛。❷敏捷で勇猛な人のたとえ。❸国「隼人（はやと）」は、古く、九州南部に勢力のあった種族の名。また、九州南部の男子のことをいう。『薩摩隼人』

8717【隻】3241 4049 90C7 佳−2 常

セキ㊥／zhī／ひとつ

筆順 隻 隻 隻 隻 隻 隻

字解 会意。佳＋又(て)。一羽の鳥を手でつかまえることから、ひとつの意。

甲骨文 金文 篆文

意味 ❶ひとつ。㋑たった一つ。『形単影隻（ケイタンエイセキ）』『隻影』㋺わずか。少し。ほんのちょっとした。『片言隻辞（ヘンゲンセキジ）』『隻句』『隻語』『隻眼』『隻腕』❷かたわれ。二つあるもののうちの一つ。『隻眼』『隻腕』❸せき。船などを数える語。『タンカー一隻』

❶ ひとつ。また、わずか。

【隻影（セキエイ）】わずか一つの影。たった一つの姿。

【隻語（セキゴ）】わずかなことば。『片言隻語』

【隻身（セキシン）】自分ひとり。ひとり身。単身。

【隻騎（セキキ）】ただひとりの騎兵。

【隻句（セック）】一つの文句。ごく短いことば。『片言隻句』

❷ かたわれ。

【隻眼（セキガン）】①一つの目。片目。独眼。↕双眼。②物を見抜く力のある独特の見識。一隻眼（イッセキガン）。

【隻手（セキシュ）】片方の手。片手。↕双手

【隻腕（セキワン）】片腕（かたうで）。一方の腕。隻手。

【隻脚（セッキャク）】片方の足。片足。

【隻堠（セッコウ）】一里塚。古く、五里ごとに、道の片側に土を盛って里程標としたもの。

8718【雋】二一 佳−2

シュン「雋」(8720)の異体字

〔隹〕⇩978

8719【集】2924 3D38 8F57 佳−4 常3 (8722)〔雧〕二一 佳−20

シュウ(シフ)㊤㊥／jí／あつまる・あつまり・あつめる・つどう・つどい

筆順 集 集 集 集 集 集 集

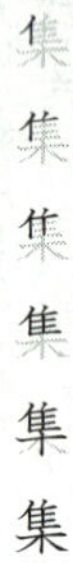

字解 会意。佳(＝雥、多くのとり)＋木。鳥が木にあつまりとまるさまから、あつまる意。

甲骨文 金文 篆文 重文

意味 ❶あつまる。あつめる。㋑多くのものがむらがりあつまる。すだく。つどう。『集会』『集合』『群集』㋺あつめる。多くのものを一か所によせあつめる。『集計』『集録』『採集』『編集』❷あつまり。㋑詩文などをあつめたもの。書物。『歌集』㋺漢籍の分類で詩文の書物。『経史子集』⇒〔籑〕(5875)の表 ❸書名。『集韻』

❶ あつまる。あつめる。

下接 蝟集（イシュウ）・雨集（ウシュウ）・烏集（ウシュウ）・雲集（ウンシュウ）・会集（カイシュウ）・蟻集（ギシュウ）・凝集（ギョウシュウ）・群集（グンシュウ）・結集（ケッシュウ）・採集（サイシュウ）・参集（サンシュウ）・収集（シュウシュウ）・蒐集（シュウシュウ）・召集（ショウシュウ）・招集（ショウシュウ）・総集（ソウシュウ）・徴集（チョウシュウ）・編集（ヘンシュウ）・募集（ボシュウ）・密集（ミッシュウ）

【集英（シュウエイ）】すぐれた者を集めること。また、その集めた者。

【集会（シュウカイ）】多くの人が、共同の目的のために集まること。『決起集会』

【集議（シュウギ）】集まって評議すること。

【集計（シュウケイ）】数を寄せ集めて合計すること。

【集結（シュウケツ）】一か所に集めること。また、集まること。

【集権（シュウケン）】政治などの権力を一か所に集めること。↕分権。『中央集権』

【集合（シュウゴウ）】①一か所に集まること。『現地集合』『集合時間』②数学の基礎概念の一。他と区別できる、特定の条件を持ったものの集まり。『集合論』

【集散（シュウサン）】集まることと散ること。集めることと散らすこと。『離合集散』『集散地』

【集字（シュウジ）】文字を集めること。先人の碑帖（ヒジョウ）中から文字を、また、詩賦の中から字句を集めること。

【集成（シュウセイ）】多くのものを集めて一つにまとめること。集大成。『古今の名歌を集成する』

【集積（シュウセキ）】集まって積み重なること。集めて蓄えること。『集積回路』

【集大成（シュウタイセイ）】多くのものを集めて一つにまとめること。集成。〔孟子-万章下〕

【集団（シュウダン）】人、また、ものが集まってできた一つのまとまり。団体。『集団生活』

【集中（シュウチュウ）】一つの所に集めること。また、集まること。『集中豪雨』→❷

【集注（シュウチュウ）】注意力や精神などを一つ所に集めること。集中。→❷

【集約（シュウヤク）】国物事を整理して一つにまとめること。『問題は次の一点に集約される』『集約農業』

【集落（シュウラク）】国人家が集まっている所。村里。『環濠（カンゴウ）集落』書き換え「聚落→集落」。

【集録（シュウロク）】集めて記録すること。

❷ あつまり。詩文などをあつめたもの。

下接 外集（ガイシュウ）・家集（カシュウ）・歌集（カシュウ）・句集（クシュウ）・詩集（シシュウ）・選集（センシュウ）・撰集（センシュウ）・全集（ゼンシュウ）・特集（トクシュウ）・文集（ブンシュウ）・別集（ベッシュウ）・論集（ロンシュウ）・私家集（シカシュウ）・詞花集（シカシュウ）

【集解（シッカイ｜シュウカイ）】多くの解釈を一つに集めた書物。

【集中】ある作品集のなか。『集中の傑作』→❶
【集注・集註】一つの書物の注釈で、いろいろの説を集め記した本。『四書集註』→❶
【集部】漢籍の分類で、経・子・史・集四部の一。詩文作品を集めたもの。

❸書名。

【集韻】中国の韻書。宋の仁宗の時、丁度、李淑らが奉勅撰。一〇六六年完成。字数五万三五二五字。

［焦］⇩4555

8720【雋】8020 7034 E8B2 隹－5 (8718)〔隽〕二一 隹－2

セン(呉)(漢)・シュン(呉)(漢)\juàn・jùn\すぐれる

字解 会意。隹＋冂(=弓、ゆみ)。弓で鳥を射る意。転じて、美味な肉の意。また、すぐれる意を表す。

同属字 儁

意味 ❶(セン)肥えて美味な肉。『雋永』❷(シュン)すぐれている。『雋良』

【雋良】才学がすぐれていること。

【雋永】(「肥えてうまい肉」の意から)意味深長で味のあること。

8721【雙】5054 5256 99D4 隹－10 ソウ「双」(868)の旧字

［讐］⇩7426

8722【雧】二一 隹－20 シュウ「集」(8719)の異体字

隹

8723【隺】*7081 隹－2 (8724)〔寉〕5369 5565 9B85 隹－3

コク(漢)・カク(漢)\hè

字解 会意。冖(=冂、境界)＋隹。とりが高くとび境界をこそうとする、高く至る・たかい意。

同属字 鶴・搉・榷・確

8725【雈】二一 隹－3 カン「雚」(8732)の異体字

8726【雀】3193 3F7D 909D 隹－3 シャク(漢)・ジャク(慣)\què・qiǎo・qiāo\すずめ

字解 形声。隹＋小(ちいさい)(声)。身近な小さいとり、すずめの意。また、すずめに似た鳥。

甲骨文 金文 篆文

意味 ❶すずめ。(イ)スズメ科の小鳥。『雀躍』『雀羅』(ロ)すずめ色。スズメの羽のような茶褐色。『雀斑』→下接。❷その他。あて字など。『金雀児』『麻雀』

下接 雲雀・燕雀・金雀・孔雀・群雀・葦雀・四十雀・黄雀・鳥雀／小雀・日雀・山雀

【雀斑】人の顔などの皮膚にできる茶褐色の細かい斑点。そばかす。
【雀躍】スズメが躍るようにこおどりしてよろこぶこと。『欣喜雀躍』
【雀羅】スズメなどを捕らえる網。『門前雀羅を張る〔=訪れる人がなくて寂しいさま〕』

［崔］⇩1908

8727【萑】二一 隹－4 カン「雚」(8732)の異体字

8728【雁】2071 3467 8AE5 隹－4 ガン(漢)\yàn\かり・かりがね

字解 形声。隹＋人＋厂(声)。厂は、かりの並び飛ぶかぎのさまを象るといい、また、かりは、人が礼物として用いることによって、人が加えられているという。

意味 ❶かり。かりがね。ガンカモ科の大形の鳥の総称。並んで飛ぶ習性があり、湿原や湾などに群生。ガン。『雁行』『孤雁』❷その他。固有名詞など。『雁皮』

❶かり。かりがね。

下接 遠雁・寒雁・帰雁・魚雁・候雁・鴻雁・孤雁・朔雁・春雁・旅雁／初雁

【雁影】飛んで行くガンの姿。

【雁行】ガンが列をなして飛ぶように、斜めに並んで進むこと。

【雁歯】橋の上に横にわたした桟。ガンの列や歯の並びに似ているところからいう。雁木。

【雁字】①ガンが一文字形に列をなして飛ぶ姿を文字に見たてていう語。かりの文字。②手紙。雁書。

【雁書】手紙。〔漢書-蘇武伝〕❤中国、漢の将軍蘇武が匈奴にとらわれたとき、書状をガンの脚に結んで送ったという故事から。「雁信」「雁札」「雁帛」「雁足書」などともいう。

【雁陣】列をつくって空を渡るガンの形。また、そのガン。雁の棹。雁行。雁字。

【雁柱】琴柱。❤並びがガンの列に似ているところから。

【雁来紅】ヒユ科の一年草。ハゲイトウ(葉鶏頭)。❤秋、ガンの来るころ、葉が、紅色になることから。

❷その他。固有名詞など。

【雁塔】仏塔。特に、中国陝西省西安の慈恩寺の塔。
【雁皮・雁鼻】ジンチョウゲ科の落葉低木。樹皮は良質の紙の原料。かみのき。『雁皮紙』
【雁門】①中国山西省北部、恒山山脈の西部にある山。唐代、雁門関がおかれた。②咸陽宮の高い築地にガンの通り抜けられるように始皇帝が設けたという穴。③中国山西省北西部の郡名。

8729【雇】2459 385B 8CD9 隹－4 常 (8730)〔雇〕二一 隹－4 旧字

コ(呉)(漢)\gù\やとう

筆順

字解 形声。隹＋戸(声)。鳩の一種、ふなしうずらの意。また、賈に通じて、やとう意に用いられる。僱は異体字。

甲骨文 篆文

同属字 顧・僱

意味 やとう。賃金を払って人をやとう。『解雇』

【雇役】①やとわれて役目に従事することや、その役目。②国律令制で、強制的に行われた雇用労働。

【雇兵】やとった兵。傭兵。

【雇用・雇傭(コヨウ)】賃金を支払って人をやとうこと。『雇用保険』『終身雇用』▼書き換え「雇傭→雇用」。

8731 【雍】 8022 7036 E8B4 隹－5

ヨウ㊥/yōng/だく・やわらぐ

字解 もと雝。形声。隹＋邕(めぐらしかこむ)㊥。鳥が卵をだく意。派生して、やわらぐ意を表す。

同属字 壅・甕・擁

意味 ❶だく。いだく。『雍樹』❷やわらぐ。なごむ。むつむ。『雍煕』『雍睦』『雍容』『雍雍』『粛雍(シュクヨウ)』❸地名。中国古代の行政区画。九州の一。陝西(センセイ)、甘粛両省と青海省の一部分にあたる。『雍州(ヨウシュウ)』

【雍煕(ヨウキ)】(「煕」は楽しみ喜ぶ意) 天下がよく治まって、上下の者がともにやわらぎ楽しむこと。

【雍樹(ヨウジュ)】子供をいだくこと。

【雍睦(ヨウボク)】やわらぎ、したしむこと。

【雍容(ヨウヨウ)】ゆったりと落ち着いていること。

【雍雍(ヨウヨウ)】やわらぐさま。音のやわらいだすさま。

【雍和(ヨウワ)】むつまじくやわらぐこと。

［截］⇩2639　［翟］⇩6182　［霍］⇩8769

8732 【雚】 ＊7086 隹－10

(8727)〖萑〗二二 隹－4　(8725)〖雈〗二二 隹－3

カン(クヮン)㊥/guàn

字解 象形。冠毛のある両眼を大きくみひらいた鳥の形に象り、こうのとりの意という。

甲骨文

金文

篆文

同属字 勸(勧)・歡(歓)・觀(観)・顴・鸛・懽・灌・罐・讙・貛・鑵・驩・髖

［瞿］⇩5161　［耀］⇩6210　［羅］⇩5847　［糴］⇩5848

隹

［准］⇩551　［淮］⇩4193

8733 【雅】 二二 隹－4

ガ 「雅」(8735)の旧字

8734 【雄】 4526 4D3A 9759 隹－4 常

(8738)〖雄〗二二 隹－5

オウ㊥・ユウ(イウ)㊥/xióng/お・おす・おん

筆順

字解 形声。隹＋厷(ひじをひろくはる)㊥。翼をひろげ勇ましくとぶおすの鳥の意。転じて、おすの意。

参考 万葉仮名では訓を借りて「を」。

意味 ❶おす。お。動植物の雄性の称。↔雌。『雄鶏』『雌雄(シユウ)』❷おおしい。強く勇敢である。また、ひいでる。すぐれた人物。『戦国の雄』『雄大』『英雄』

❶ おす。お。動植物の雄性の称。

【雄鶏・雄雞(ユウケイ｜おんどり)】おすの鶏(にわとり)。↔牝鶏(ヒンケイ)

【雄剣(ユウケン)】①雌雄一対のうちの雄の剣。特に、中国・春秋時代、呉の干将がつくった名剣、干将と莫邪(バクヤ)のうちの干将をいう。②転じて、おもな剣。また、すぐれた剣。

【雄雌(ユウシ)】①おすとめす。雌雄。②勝敗。強弱。優劣。

❷ おおしい。また、ひいでる。すぐれた人物。

下接 英雄(エイユウ)・奸雄(カンユウ)・梟雄(キョウユウ)・驍雄(ギョウユウ)・群雄(グンユウ)・豪雄(ゴウユウ)・標雄(ヒョウユウ)・両雄(リョウユウ)・老雄(ロウユウ)

【雄偉(ユウイ)】雄壮で偉大なこと。

【雄快(ユウカイ)】おおしくて心地よいこと。

【雄強・雄彊(ユウキョウ)】おおしく力の強いこと。勇強。

【雄勁(ユウケイ)】おおしく強いこと。書画、詩文などの力強いさま。『雄勁な文章』

【雄傑(ユウケツ)】知力が抜きんでること。英傑。

【雄渾(ユウコン)】雄大で勢いのよいこと。『雄渾な文字』

【雄才・雄材(ユウサイ)】すぐれた才能。器量。大才。

【雄志(ユウシ)】おおしいこころざし。雄大な意気。

【雄姿(ユウシ)】おおしい姿。雄壮な容姿。英姿。

【雄視(ユウシ)】威勢を示して他に対すること。

【雄俊(ユウシュン)】才力などのすぐれていること。英俊。

【雄勝(ユウショウ)】景色や地勢がすぐれていること。

【雄心(ユウシン)】おおしい心。雄壮な心。『雄心勃勃(ボツボツ)』

【雄深(ユウシン)】(文章などの)雄大で意味の深いこと。

【雄壮(ユウソウ)】おおしくさかんなこと。『雄壮な音楽』

【雄大(ユウダイ)】雄壮で規模の大きいこと。『雄大な景色』

【雄断(ユウダン)】おおしい決断。

【雄長(ユウチョウ)】①おおしくかしらだつこと。かしら。雄張。②おおしくすぐれていること。

【雄図(ユウト)】雄大な計画。壮図。

【雄途(ユウト)】おおしいかどで。壮途。

【雄抜(ユウバツ)】強く勇ましく群を抜いていること。

【雄飛(ユウヒ)】勢いさかんに活動すること。↔雌伏(シフク)

【雄風(ユウフウ)】①勢いよく心地よい風。②勇ましくおおしい様子。

【雄編・雄篇(ユウヘン)】すぐれた編章、著作。

【雄弁・雄辯(ユウベン)】力がこもって滞りのない話しぶり。

【雄邁(ユウマイ)】性質がおおしくてすぐれていること。

難読地名 雄武(おうむ)町(北海道)　雄勝(おがち)郡・町(秋田)　雄勝(おがつ)町(宮城)

8735 【雅】 1877 326D 89EB 隹－5 常

(8733)〖雅〗二二 隹－4 旧字

ゲ㊥・ガ㊥・ア㊥/yǎ・yā/みやび・みやびやか

筆順

字解 形声。隹＋牙㊥。みやまがらすの意。牙はその鳴き声の擬声語。夏(みやびな舞)に通じて、みやびの意に用いる。

参考 万葉仮名では音を借りて「げ㊥」。

意味 ❶みやび。みやびやか。↔俗。㋑由緒正しい。よい。上品。『雅楽』『高雅』㋺おくゆかしい。風流。『雅趣』『風雅』㋩人の詩や言行に対する尊敬語。『雅兄』⇓表 ❷つねに。もとから。『雅意』❸詩の六義の一。儀式のための詩。『小雅(ショウガ)』『正雅(セイガ)』『大雅(タイガ)』

❶ みやび。みやびやか。

下接 淵雅(エンガ)・温雅(オンガ)・閑雅(カンガ)・高雅(コウガ)・古雅(コガ)・清雅(セイガ)・淡雅(タンガ)・典雅(テンガ)・博雅(ハクガ)・風雅(フウガ)・文雅(ブンガ)・優雅(ユウガ)

【雅意(ガイ)】風雅なおもむき。おくゆかしい心。また、他人

の志に対する尊称。雅志。↓❷

雅(ガ)	俗(ゾク)	鄙(ヒ)
雅 俗		俗 鄙
みやびやか。上品な。 雅人 雅言 雅語 雅趣 風雅 高雅	つまらない。下品な。 俗人 俗言 俗語 俗塵(ゾクジン) 俗悪 低俗	いやしい。ひなびた。 鄙人 鄙言 鄙語 鄙俚(ヒリ) 鄙猥(ヒワイ) 野鄙

【雅歌(ガカ)】みやびやかな歌。格式の高い歌。

【雅会(ガカイ)】風流な集会。文学、書画などにたずさわっている人たちの会合。

【雅懐(ガカイ)】風雅な思い。＊李白—春夜宴二桃李園一序(カサクあらずんば、なんぞガカイをのべん)「不レ有二佳作一、何伸二雅懐一(=よい詩ができないようでは、どうしてこの風雅な思いを表すことができよう)」

【雅客(ガカク)】[1]風流で文雅を解する人。風流な人。[2]スイセン(水仙)の異名。

【雅楽(ガガク)】[国]奈良・平安時代に完成し、宮廷、寺社などで行われた音楽。また、それによる舞。

【雅鑑(ガカン)】お目にかける意の敬語。自作の書画などを人に贈るときに使う語。清鑑。

【雅兄(ガケイ)】手紙で用いる、相手の男性に対する敬称。

【雅健(ガケン)】文章などが上品で美しく、力強いこと。

【雅言(ガゲン)】[国]洗練された優美な言葉。特に中古の和歌などに用いられた言葉。雅語。↔俚言(リゲン)・俗言
【雅故(ガコ)】(「故」は訓詁の詁に同じ)正しい意味。↓❷
【雅語(ガゴ)】[国]＝雅言(ガゲン)

【雅号(ガゴウ)】文筆家や画家が実名以外に付ける風流な名。

【雅志(ガシ)】＝雅意(ガイ)

【雅趣(ガシュ)】風雅なおもむき。雅致。

【雅馴(ガジュン)】言葉遣いや筆遣いが正しく洗練されていること。

【雅醇(ガジュン)】気品があり、まじりけのない美しさをもっていること。

【雅称(ガショウ)】風雅な呼び方、名前。

【雅俗(ガゾク)】[1]風雅なことと卑俗なこと。[2]雅語と俗語。また、文語体と口語体。『雅俗折衷文』

【雅致(ガチ)】風雅なおもむき。みやびやかな風情。

【雅文(ガブン)】[国]優雅な文章。特に、平安時代の仮名文。また、それをまねた文。擬古文。

【雅名(ガメイ)】[1]優雅な呼び名。松を十八公、菊を隠君子という類。[2]＝雅号(ガゴウ)

【雅友(ガユウ)】風流な友。

【雅遊・雅游(ガユウ)】風流な遊び。特に、詩歌、書画、音楽の会などの類をいう。

【雅量(ガリョウ)】度量が大きく、人を受け入れる心。

❷ つねに。もとから。

【雅意(ガイ)】平素の心。常の心。素意。↓❶
【雅故(ガコ)】[1]つねづね。平素。[2]旧友。↓❶
【雅素(ガソ)】[1]平素。平生。[2]ふだんの交際。

8736 【雎】 8019 7033 E8B1 隹－5 ショ[漢]/jū

[字解] 形声。隹＋且[声]。
[参考] 「雎(キ・スイ)」(5209)は別字。
[意味] ❶「雎鳩(ショキュウ)」は、みさご。鳶(とび)に似た大きな鳥。また、淑徳のある婦人のたとえにも用いる。❷「趑雎(シショ)」は、行きがたいさま。

8737 【雉】 8021 7035 E8B3 隹－5 チ[漢]/zhì/きじ・きぎす

[字解] 形声。隹＋矢[声]。諸説あるがよくわからない。甲骨文は鳥名に用いないという。

甲骨文

篆文

[意味] ❶きじ。きぎす。山鳥の一種。雉子。『雉経』『雉兎』『沢雉(タクチ)』❷かき。城のかき。また、城壁の大きさを測る単位。一雉は、高さ一丈(周代では約二・二五メートル)、長さ三丈。『雉堞(チチョウ)』

【雉経(チケイ)】(「経」は呼吸する道)首をつって死ぬこと。縊死(イシ)。♥キジの首のさまにたとえていう。

【雉堞(チチョウ)】(「堞」はひめがきのこと)城のひめがき。

【雉兎(チト)】[1]キジとウサギ。[2]キジやウサギなどを捕える人。

8738 【雄】 二一二一 隹－5 ユウ「雄」(8734)の異体字

[雎] ⇩ 5209

8739 【雑】 2708 3B28 8E47 隹－6 [常]5 (8746)【雜】 8024 7038 E8B6 隹－10 旧字[人]
ゾウ(ザフ)[呉]・ソウ(サフ)[漢]・ザツ[慣]/zá/まざる・まじる・まぜる

[筆順]

[字解] 雑は雜の略体。雜は形声。衣(ふく)＋集(あつめる)[声]。いろいろな色の糸をあつめ衣服とする意から、まじる意。
[意味] ❶まじる。まざる。入りまじる。また、ごたごたしている。『雑居』『雑踏』『混雑』❷純粋でない。分類できない。その他さまざまの。また、とりとめのない。つまらない。『雑学』『雑草』『雑用』❸あらい。大まかである。念入りでない。『雑駁』『粗雑(ソザツ)』『蕪雑(ブザツ)』

❶ まじる。まざる。

[下接] 交雑(コウザツ)・混雑(コンザツ)・錯雑(サクザツ)・煩雑(ハンザツ)・繁雑(ハンザツ)・複雑(フクザツ)・紛雑(フンザツ)・乱雑(ランザツ)・猥雑(ワイザツ)

【雑居(ザッキョ)】入りまじって住むこと。『雑居ビル』

【雑坐(ザツザ)】入りまじってすわること。

【雑糅(ザツジュウ)】(「糅」も雑の意)入りまじること。

【雑襲(ザッシュウ)】入りまじって多く重なること。

【雑擾(ザツジョウ)】秩序なく入りみだれること。

【雑然(ザツゼン)】ごたごたとして、まとまりのないさま。

【雑多(ザッタ)】こまごまとしたものが多く入りまじっているさま。『種種雑多』

【雑踏・雑沓(ザットウ)】多くの人で込み合うこと。人ごみ。♥書き換え「雑沓→雑踏」。

❷ 純粋でない。分類できない。さまざまの。

【雑魚・雑喉(ザコ・ジャコ)】[1]種々の小ざかな。『縮緬雑魚(ちりめんジャコ)』『雑魚寝(ザコね)』[2][国]転じて、つまらない者のたとえ。

【雑音(ザツオン)】[1]さわがしい音。[2]ラジオや電話の正常な音以外の音。[3][国]周囲であれこれ言う意見や批判。

【雑家(ザッカ)】中国、漢代、九流の一。諸家の説を総合、勘案した学派。また、どの学派にも属さない群小学派の総称。

【雑学(ザツガク)】多岐にわたり系統立ってない知識や学問。

【雑感(ザッカン)】さまざまなとりとめない感想。

【雑技・雑伎・雑戯(ザツギ)】[1]種々の技芸。[2]すぐれたと

ころのない、くだらない技芸。
【雑記ザッキ】 いろいろ思いついたままに書きつけること。
【雑曲ザッキョク】 [1]雅楽以外の音曲。[2]流行歌、俗曲の類。
【雑劇ザツゲキ】 中国の演劇形態の称。宋ソウ代は滑稽コッケイ風刺劇、元代は故事、伝説などの歌劇、明・清代は単に短編劇をいった。
【雑穀ザッコク】 コメとムギとを除いたアワ、ヒエ、キビなどの穀類。雑穀物。
【雑纂ザッサン】 さまざまな記録、文書などを集めること。
【雑誌ザッシ】 種々の記事、物語などを載せ、定期的に刊行する書物。週刊誌、月刊誌、季刊誌など。
【雑事ザツジ】 主な仕事以外のさまざまな用事。
【雑樹ザツジュ】 いろいろの木。また、主たる木のほかにまじったつまらない木。*陶潜‐桃花源記「夾レ岸数百歩、中無ニ雑樹一(きしをさしはさむことスウヒャクホ、うちにザツジュなし)〔＝両岸をはさんで数百歩、その中にモモ以外の木はない〕」
【雑種ザッシュ】 種類の異なった雌雄の間に生まれたもの。
【雑書ザッショ】 [国][1]書物の分類上、所属のはっきりしない書物。[2]その他さまざまな本。雑本。
【雑説ザッセツ】 改まった題名をつけていない文章。
【雑草ザッソウ】 名も知れないさまざまな草。
【雑体ザッタイ|ザッテイ】 [一](ザッタイ) [1]雑体詩。中国旧詩の詩体の称。韻律、修辞、句法の上で変体と考えられる詩体の総称。[2]種々の書体を混和したもの。[二](ザッテイ) [国][1]「古今和歌集」巻一九の部立てに入る歌体の総称。長歌と旋頭歌、および俳諧歌を内容とする。[2]連歌で、俳諧・聯句・雑句・片句の四句体を指す。
【雑談ザツダン|ゾウタン】 本筋に関係のないとりとめのない話。
【雑念ザツネン|ゾウネン】 気を散らせるいろいろな思い。
【雑佩ザッパイ】 腰にかざりつける種々の宝石。
【雑兵ザッピョウ|ゾウヒョウ】 [国]身分の低い兵士。また、とるに足りないものをいやしめていう語。雑卒。
【雑文ザツブン】 専門的でない、軽く書き流した文章。
【雑用ザツヨウ】 種々のこまごました用事。『雑用係』
【雑流ザツリュウ】 [1]昔、中国で任官するときに、それに合う科目以外の科目に合格した進士をさしていう。[2]一流でないもの。特に、名門でない家柄。[3]いろいろな流派。
【雑歌ゾウカ】 [国]和歌の分類、歌集の部立ての一。四季、恋、賀、哀傷、旅、別などに分類できないもの。
【雑言ゾウゴン】 [国]いろいろな悪口。『罵詈バリ雑言』
【雑作ゾウサク|ゾウサ】 [1](ゾウサク) いろいろな仕事をすること。[2](ゾウサ) [国]手数のかかること。面倒。造作ゾウサ。

❸ あらい。大まかである。

【雑駁ザッパク】 あらく、大まかで、まとまりがないさま。『雑駁な議論』
[難読姓氏] 雑賀さいか|さいが

8740 【雌】 2783 3B73 8E93 隹－6 [常] シ[呉][漢]/cí・cī/め・めす・めん

[筆順] ⺊ 止 此 此 此 雌

[字解] 形声。隹＋此[声]。
[意味] めす。め。動植物の雌性の総称。
【雌黄シオウ|シコウ】 [1]硫化砒素からなる鉱物。黄色で半透明、樹脂光沢をもつ。石黄セキオウ。[2](古く黄紙に書写した時代、誤りがあるときには①をこれに塗り、改めたところから) 文章を改竄カイザンしたり、批評したりすること。
【雌伏シフク】 今の状況に身をまかせながら、機会をじっと待つこと。↔雄飛ユウヒ。『雌伏十年』 ▶雌鳥めんどりが雄鳥おんどりに服従する意。
【雌雄シユウ】 [1]めすとおす。[2]二つで一組をなすものの両方。一対。[3]勝敗。優劣。『雌雄を決する』

8741 【雒】 * 7083 隹－6 ラク[漢]/luò・lè/みみずく
[字解] 形声。隹＋各[声]。みみずくの意。また、「雒水ラクスイ」は、今の洛河。中国河南省西部を流れる黄河の支流。陝西センセイ省南東部の華山南方にある冢嶺チョウレイ山に発し、洛陽(雒陽)の南側を通って黄河に注ぐ。洛川。
金文 篆文 8742 【雖】 ―― 隹－8 スイ 「雖」(8744)の異体字

8743 【雕】 8026 703A E8B8 隹－8 (9492)【鵰】* 7591 鳥－8 チョウ(テウ)[呉][漢]/diāo/きざむ・える
[字解] 形声。隹＋周[声]。わしの意。また、彫に通じて、ほる意を表す。
[参考] 熟語は「彫」(2262)をも見よ。
[意味] ❶わし(鷲)。ワシタカ科の大形種の総称。『雕悍』 ❷きざむ。ほる。える。「彫」に同じ。『雕文刻鏤』『雕像』『雕琢』『雕虫』
【雕悍チョウカン】 ワシのように荒々しいこと。
【雕像チョウゾウ】 彫刻して像を作ること。また、彫刻した像。
【雕琢チョウタク】 宝石などを刻み磨くこと。転じて、文章、詩歌などを練り上げること。
【雕虫チョウチュウ】 虫の形を彫刻すること。文章のこまかい部分の飾りに気をつかうこと。
【雕文刻鏤チョウブンコクル】 模様をほりつけ金銀をちりばめること。転じて、文章を飾ること。

8744 【雖】 7413 6A2D E5AB 隹－9 (8742)【雖】―― 隹－8 スイ[呉][漢]/suī/いえども
[字解] 形声。虫＋唯[声]。大とかげの意。借りて助字に用いる。
[意味] (「雖ニ…一(と)いえども」の形で) いえども。㋑…ではあるけれども。既定を示す。*史記‐項羽本紀「江東雖レ小、地方千里、衆数十万人、亦足レ王也(コウトウショウなりといえども、チはホウセンリ、シュウはスウジュウマンニンあり、またオウたるにたるなり)〔＝江東の地方は狭い所だとはいっても、土地は千里四方、民衆の数も数十万人もあって、あなたがまた王となられるには十分だ〕」 ㋺たとえ…でも。仮定を示す。*論語‐子路「其身不レ正、雖レ令不レ従(そのみただしからざれば、レイすといえどもしたがわず)〔＝為政者自身の行いが正しくなかったなら、たとえ命令を出しても人民は従わない〕」

8745 【雞】 * 7088 隹－10 ケイ 「鶏」(9486)の異体字

8746 【雜】 8024 7038 E8B6 隹－10 ザツ 「雑」(8739)の旧字

8747 【雛】 3187 3F77 9097 隹－10 [人] シュ[漢]・スウ[慣]/chú/ひな・ひいな
[字解] 形声。隹＋芻(たばねて小さくする)[声]。小さいとり、ひなの意。
甲骨文 篆文 [意味] ❶ひな。ひよこ。鶏の子。また、広く鳥類の子。

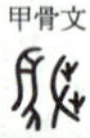

転じて、まだ一人前にならない幼いもの。『伏竜鳳雛(フクリョウホウスウ)』『雛僧』『雛孫』『雛鳳』 ❷国ひな。㋑接頭語的に用いて、小さい、愛らしいなどの意を表す。『雛形(ひながた)』『雛菊(ひなギク)』『雛芥子(ひなゲシ)』 ㋺ひな人形。ひな。ひいな。『雛壇(ひなダン)』『雛祭(ひなまつ)り』

【雛僧(スウソウ)】幼い僧。小僧。

【雛孫(スウソン)】幼い孫。

【雛鳳(スウホウ)】おおとりのひな。転じて、将来有望な子弟のたとえ。

8748【難】3881 4671 93EF 隹-10 常6　(8750)【難】二一 隹-11 旧字 人

ナン呉・ダン漢・ナ呉・ダ漢／nán・nàn・nuó／かたい・むずかしい・むつかしい・にくい・わざわい

筆順 

字解 会意。隹(=鳥)＋𦰩(=暵、火であぶる)。災難に遭ったとき、火をたき、いけにえを供えて神に祈るさまを表すか。むずかしい意。

金文　篆文　重文

同属字 灘・儺・攤

参考 万葉仮名では音を借りて「な」。

意味 ❶かたい。むずかしい。容易でない。↕易。『難解』『難関』『困難』 *十八史略-唐「創業守成、孰難(ソウギョウとシュセイと、いずれかかたき)」〔=創業と守成とでは、どちらがより困難か〕 ❷わざわい。苦しみ。うれい。また、苦しむ。『難儀』『災難』 ❸せめなじる。とがめる。『難詰』『非難』 ❹国また、「難波(なにわ)」は、大阪市の上町台地以東の地域の古称。また、一般に大阪地方。浪花。

❶かたい。むずかしい。

下接 困難(コンナン)・至難(シナン)・渋難(ジュウナン)

【難易(ナンイ)】難しさと易しさ。難しさの程度。『難易度』

【難解(ナンカイ)】分かりにくいこと。解釈しがたいこと。

【難関(ナンカン)】通過するのに難しい関所や門。転じて、切り抜けるのに難しい場面や事態。『難関を突破する』

【難業(ナンギョウ)】困難な事業。難しい仕事。

【難局(ナンキョク)】国困難な局面。また、困難な時局。

【難訓(ナンクン)】国漢字の訓が読みにくく難しいこと。

【難航(ナンコウ)】①航行が困難なこと。②国物事の進行がはかどらないこと。『捜査が難航する』

【難攻不落(ナンコウフラク)】国攻撃するのが困難で、容易に陥落しないこと。『難攻不落の陣地』

【難産(ナンザン)】①出産に普通以上の困難を伴うこと。↕安産。②転じて、物事が容易に成立しないこと。

【難治(ナンジ|ナンチ)】①民心などがおさまりにくいこと。②病気などの治りにくいこと。③国難しいこと。難儀。

【難渋(ナンジュウ)】国物事が困難で容易に進まないこと。

【難所・難処(ナンショ)】通行に困難な場所。

【難症(ナンショウ)】治療の難しい病症。

【難色(ナンショク)】難しいというような顔色。不承知らしい様子。『難色を示す』

【難題(ナンダイ)】①解きにくい問題、課題。②国処理しにくい問題。言いがかり。『無理難題を押しつける』

【難点(ナンテン)】難しい箇所。扱いにくい箇所。→❸

【難読(ナンドク)】漢字の読み方が難しいこと。

【難病(ナンビョウ)】国治りにくい病気。

【難物(ナンブツ)】取り扱いが難しい事物や人物。

【難問(ナンモン)】国解決、解答の困難な質問や問題。

❷わざわい。苦しみ。苦しむ。

下接 一難(イチナン)・海難(カイナン)・火難(カナン)・艱難(カンナン)・危難(キナン)・急難(キュウナン)・救難(キュウナン)・苦難(クナン)・剣難(ケンナン)・後難(コウナン)・国難(コクナン)・災難(サイナン)・七難(シチナン)・受難(ジュナン)・殉難(ジュンナン)・小難(ショウナン)・女難(ジョナン)・水難(スイナン)・船難(センナン)・多難(タナン)・逃難(トウナン)・盗難(トウナン)・万難(バンナン)・避難(ヒナン)・病難(ビョウナン)・無難(ブナン)・兵難(ヘイナン)・厄難(ヤクナン)

【難儀(ナンギ)】国①苦しみ悩むこと。苦労。②面倒。迷惑。

【難行(ナンギョウ)】きわめて苦しい修行。↕易行(イギョウ)

【難破(ナンパ)】国船舶が暴風雨などで座礁、沈没、破損などの災難にあうこと。『難破船』

【難民(ナンミン)】戦禍などを避けて国外へ出た人々。

❸せめなじる。とがめる。

下接 詰難(キツナン)・疑難(ギナン)・発難(ハツナン)・非難(ヒナン)・批難(ヒナン)・弁難(ベンナン)・問難(モンナン)・論難(ロンナン)

【難疑(ナンギ)】相手の説をせめなじったり、疑問の点を問うたりすること。

【難詰(ナンキツ)】欠点をあげてなじり、問いただすこと。

【難者(ナンジャ)】非難をする者。反対意見を言う者。

【難点(ナンテン)】非難すべき所。欠点。→❶

【難駁(ナンバク)】相手の意見を非難し反駁(ハンバク)すること。

8749【雝】*7087 隹-10

ヨウ漢／yōng

甲骨文　金文　篆文

字解 形声。隹＋邕声。やわらぐ意。雍の本字。

8750【難】二一 隹-11

ナン 「難」(8748)の旧字

8751【離】4605 4E25 97A3 隹-11 常

リ呉漢／lí／はなれる・はなれ・はなす・かる・さかる

筆順 

字解 形声。隹＋离声。ちょうせんうぐいすの意。借りて、はなれる意に用いる。

同属字 籬・灕

参考 万葉仮名では音を借りて「り」。

意味 ❶はなす。わける。へだてる。また、はなれる。わかれる。遠ざかる。『離脱』『距離』『分離』 ❷ならぶ。二つならぶ。また、つらなる。つらねる。『離会』『離立』 ❸きらきらする。ちらちらする。『迷離』『陸離』 ❹つく。かかる。ひっかかる。こうむる。「罹」に同じ。『離憂』 ❺易の八卦(ハッカ)の一。☲。火・電(いなずま)を表し、明らかという徳を示す。また、六十四卦(カ)の一。䷝。南を示す。方角では南を示す。❻固有名詞など。『離朱』『離騒』

❶はなれる。はなす。わかれる。わける。

下接 遠離(エンリ|オンリ)・厭離(エンリ|オンリ)・乖離(カイリ)・解離(カイリ)・隔離(カクリ)・久離(キュウリ)・距離(キョリ)・散離(サンリ)・出離(シュツリ)・送離(ソウリ)・脱離(ダツリ)・電離(デンリ)・背離(ハイリ)・剝離(ハクリ)・分離(ブンリ)・別離(ベツリ)・迷離(メイリ)・遊離(ユウリ)・陸離(リクリ)・流離(リュウリ)

【離宴・離筵(リエン)】別れのさかもり。

【離縁(リエン)】国①夫婦の縁を切ること。離婚。『離縁状』②養子の関係を絶つこと。

【離会(リカイ)】別れることと会うこと。→❷

【離隔(リカク)】離れへだたること。隔離。

【離闊(リカツ)】互いに遠く離れていて、たよりのないこと。

8画 金長(镸)門阜(阝)隶隹雨青(靑)非

【離間(リカン)】仲たがいさせること。『離間を企てる』
【離跂(リキ)】世俗を離れ、高く身を持するさま。
【離宮(リキュウ)】皇居以外に設けられた宮殿。『桂離宮』
【離居(リキョ)】離れて住むこと。また、その住居。
【離郷(リキョウ)】郷里を離れること。↔帰郷
【離合(リゴウ)】離れたり集まったりすること。『離合集散』
【離婚(リコン)】夫婦が婚姻を解消すること。『協議離婚』
【離散(リサン)】人がちりぢりになること。『一家離散』
【離愁(リシュウ)】別れの悲しみ。
【離心(リシン)】①いやになってそむくこと。また、離れようとする心。②別離の悲しい心。
【離人(リジン)】離れてゆく人。別れてゆく人。
【離析(リセキ)】はなればなれになること。
【離絶(リゼツ)】関係を絶つこと。
【離俗(リゾク)】俗事を離れること。
【離脱(リダツ)】脱ぬけて離れること。『戦線離脱』
【離亭(リテイ)】①送別の宴を張る亭。旅行者を送る別れの席。②母屋から離れている亭。
【離島(リトウ)】国①離れ島。②島を出て離れること。
【離任(リニン)】任務や任地を離れること。↔就任・着任
【離杯・離盃(リハイ)】別離のときに酒をくみかわす杯。
【離背(リハイ)】離れそむくこと。離反。
【離反・離叛(リハン)】そむき離れること。書き換え「離叛→離反」。
【離披(リヒ)】①花がいっぱいにひらくこと。満開。②きらきらと輝くこと。
【離別(リベツ)】①人と別れること。②離婚。
【離憂(リユウ)】遠く離れていることのつらさ。別れの悲しみ。→❹
【離容(リヨウ)】別離のあとの顔つき。*賈島-泥陽館「独坐離容惨(ドクザすればリヨウサンたり)〔=独り座っていると、友人と別れた後の顔は寂しさに沈んでいる〕」
【離離(リリ)】はなればなれに散布するさま。→❷

❷ ならぶ。つらなる。

【離会(リカイ)】二国の君主が会合すること。→❶
【離離(リリ)】①穂がみのって垂れ下がるさま。また、草木の繁茂するさま。②雲などが長く続くさま。→❶
【離立(リリツ)】つらなって立っていること。ならんで立っていること。〔礼記-曲礼上〕

❹ かかる。ひっかかる。こうむる。
【離憂(リユウ)】心配事にあうこと。また、心配事。→❶

❻ 固有名詞など。
【離朱(リシュ)】中国古代の伝説上の人物。離婁(リロウ)とも。百歩離れた所からでも、毛の先が見えるほど視力がすぐれていたという。

【離騒(リソウ)】中国、戦国時代、楚の屈原の著した長編詩。讒言(ザンゲン)によって朝廷を追われた屈原が理想の君主に会えない不運を、美人を求めてさまよう身に寓して夢幻的にうたった作品。いわゆる「楚辞」の首編で、代表作。

【離婁(リロウ)】=離朱(リシュ)。【離婁之明(リロウのメイ)】離婁のすぐれた視力。視力・眼力のすぐれていることをいう。〔孟子-離婁上〕

173 雨部 あめ

雨は、天から水滴の下るさまを象る。雨部には、雨を意標として、あめ、くも、かみなりなど、気象に関する字を収める。意標としてはすべて字の上部に用いられ、これを「あめかんむり」という。雨の字の一は天を示すものであるが、周の金文で加えられるようになった。

甲骨文 金文 篆文

雨 ◆ 雨
雨 ▬ ③ 雩 雪 雫 ④ 雲 雰 ⑤ 電 雹 雷 零 ⑥ 需 ⑦ 霄 震 霆 霈 霊 ⑧ 霍 霓 霎 霑 霏 霖 ⑨ 霙 霞 霜 霝 ⑩ 霤 ⑪ 霪 霡 霚 霧 ⑫ 霰 霢 ⑬ 霸 霹 露 ⑭ 霽 霾 ⑮ 靁 ⑯ 靄 靈 靂 ⑲ 靏 ㉑ 靍
雨 ▌ 靍 ⑯ 靆 ⑰ 靉
雨 ◆

8752 【雨】 1711 312B 894A 雨-0 常1
ウ 呉漢 /yǔ・yù/ あめ・あま・さめ

筆順 雨 雨 雨 雨 雨 雨

字解 部首解説を参照。

意味 あめ。あめがふる。雪などがふる。*古詩賞析-上邪「冬雷震震夏雨ㇾ雪(トウライシンシンとしてなつにゆきをあめふらす)〔=冬の空に雷がごろごろと鳴り響き、夏に雪が降り続く〕」

下接 暗雨(アンウ)・淫雨(インウ)・陰雨(インウ)・雲雨(ウンウ)・煙雨(エンウ)・過雨(カウ)・甘雨(カンウ)・寒雨(カンウ)・祈雨(キウ)・喜雨(キウ)・急雨(キュウウ)・峡雨(キョウウ)・恵雨(ケイウ)・劇雨(ゲキウ)・好雨(コウウ)・降雨(コウウ)・膏雨(コウウ)・豪雨(ゴウウ)・黒雨(コクウ)・穀雨(コクウ)・細雨(サイウ)・山雨(サンウ)・残雨(ザンウ)・糸雨(シウ)・慈雨(ジウ)・疾雨(シツウ)・驟雨(シュウウ)・宿雨(シュクウ)・新雨(シンウ)・迅雨(ジンウ)・翠雨(スイウ)・凄雨(セイウ)・晴雨(セイウ)・大雨(タイウ|おおあめ)・多雨(タウ)・沢雨(タクウ)・弾雨(ダンウ)・長雨(チョウウ)・凍雨(トウウ)・白雨(ハクウ)・梅雨(バイウ|つゆ)・麦雨(バクウ)・微雨(ビウ)・風雨(フウウ)・暴雨(ボウウ)・盆雨(ボンウ)・猛雨(モウウ)・濛雨(モウウ)・沐雨(モクウ)・雷雨(ライウ)・涼雨(リョウウ)・緑雨(リョクウ)・淋雨(リンウ)・霖雨(リンウ)・冷雨(レイウ)・零雨(レイウ)・菜花雨(サイカウ)・如雨露(ジョウロ)・晴好雨奇(セイコウウキ)・晴耕雨読(セイコウウドク)・櫛風沐雨(シップウモクウ)・朝雲暮雨(チョウウンボウ)/小雨(こさめ)・時雨(しぐれ)・氷雨(ひさめ)・村雨(むらさめ)・五月雨(さみだれ)

【雨意(ウイ)】雨の降りそうな様子。あめもよい。雨気。

【雨下(ウカ)】雨が降ること。転じて、雨のように盛んに降りそそぐこと。

【雨花(ウカ)】①雨の中の花。②雪の異称。③雨のように花が降ること。

【雨季・雨期(ウキ)】一年のうち、特に雨の多い季節・時期。

【雨脚(ウキャク|あまあし)】①降りそそぐ雨。白い線のように見える雨。②(あまあし)雨がさっと降りすぎるのを、急いで行くのにたとえていう語。『雨脚が速い』

【雨泣(ウキュウ)】(「泣」は涙の意)涙が雨のようにこぼれること。

【雨月(ウゲツ)】①雨と月。②陰暦八月一五日の夜、雨のために月が見えないさま。雨名月。

【雨矢(ウシ)】雨のように飛んでくる矢。

【雨師(ウシ)】雨をつかさどる神。

【雨集(ウシュウ)】①雨が多く降ること。②雨が降るように多く集まること。

【雨水(ウスイ|あまみず)】①(ウスイ)二十四節気の一。暦の上では、陰暦正月の中、陽暦の二月一八日ごろに当たる。②降る

雨の水。雨が降ってたまった水。天水。

【雨声ウセイ】雨の降る音。あまおと。

【雨雪ウセツ】①雨と雪。②雪が降ること。

【雨足ウソク［あまあし］】＝雨脚ウキャク
【雨滴ウテキ】雨の粒。雨のしずく。あまだれ。

【雨天ウテン】雨の降る空模様。また、雨の日。

【雨氷ウヒョウ】冬季、雨が過冷却の状態で降り、地表の物に触れる瞬間に氷結したもの。

【雨量ウリョウ】地上に降った雨や雪などの量。降雨量。

【雨露ウロ［あめつゆ］】①雨とつゆ。②雨と露とが万物を潤すように、恵みのあまねく行き渡るさま。『雨露ウロに浴す』

【雨潦ウロウ】地上のあまみず。にわたずみ。

【雨不レ破レ塊あめつちくれをやぶらず】雨が静かで土をいためない。世の中がよく治まっているたとえ。〔塩鉄論‐水旱〕

難読姓氏 雨間うま

雨

8753 【雩】 ＊7090 雨－3 ウ(漢)/yú/あまひき

字解 形声。雨＋亏(大声を出す)(声)。あまごいをする意。

甲骨文  金文  篆文 

意味 あまごいをする。『舞雩ブウ』＊荀子‐天論「雩而雨何也ウしてあめふるはなんぞや〔＝雨ごいをして雨がふるのは、どういうわけか〕」

8754 【雪】 3267 4063 90E1 雨－3 常2　(8755)【雪】 雨－3 旧字　(8782)【䨮】 雨－11
セチ(呉)・セツ(漢)/xuě/ゆき・すすぐ・そそぐ

筆順 

字解 形声。雨＋彐(＝彗、はききよめる)(声)。雨であらい清める、そそぐ意。また霏に通じて、こまかいゆきの意。甲骨文は、羽状のほうきとも、雪ともいう。

甲骨文  篆文 

意味 ❶すすぐ。そそぐ。ぬぐう。汚れをとってきれいにする。『雪辱』『浣雪カンセツ』❷ゆき。ゆきがふる。『雪月花』❸雪のように白い色のたとえ。『雪膚』『眉雪ビセツ』『鬢雪ビンセツ』『梨雪リセツ』❹あて字、熟字訓など。『雪駄』『雪花菜おから』

❶ すすぐ。そそぐ。ぬぐう。
【雪冤セツエン】無実の罪であることを明らかにすること。

【雪辱セツジョク】以前に負けた恥をすすぐこと。

❷ ゆき。ゆきがふる。
下接 雨雪ウセツ・回雪カイセツ・蛍雪ケイセツ・江雪コウセツ・紅雪コウセツ・降雪コウセツ・豪雪ゴウセツ・細雪サイセツ［ささめゆき］・朔雪サクセツ・残雪ザンセツ・宿雪シュクセツ・春雪シュンセツ・除雪ジョセツ・深雪シンセツ［みゆき］・新雪シンセツ・積雪セキセツ・霜雪ソウセツ・排雪ハイセツ・白雪ハクセツ［しらゆき］・微雪ビセツ・氷雪ヒョウセツ・風雪フウセツ・防雪ボウセツ・暮雪ボセツ・夜雪ヤセツ・融雪ユウセツ／吹雪ふぶき
【雪案セツアン】（「案」は、机の意）雪あかりの机。苦学することのたとえ〔蒙求〕。『雪案蛍窓』

【雪意セツイ】雪が降りそうな空模様。雪気。

【雪花セッカ】花のような雪。雪を花に見たてていう語。

【雪害セツガイ】降雪によって受ける災害。

【雪客セッカク】①サギ(鷺)の異名。②雪の日の来客。

【雪渓セッケイ】夏でも雪や氷がとけないで残っている谷。

【雪景セッケイ】雪景色。雪のある風景。

【雪月花セツゲッカ】雪と月と花。四季の自然美の代表。

【雪原セツゲン】一面に雪におおわれた地域。

【雪姑セッコ】セキレイ(鶺鴒)の異名。♥雪を好んで食べるとも、鳴くと大いに雪が降るともいわれる。

【雪然セツゼン】雪の降るようにシラサギの飛び降りるさま。

【雪線セッセン】山の、一年中積雪のとけない部分の下方限界線。

【雪中セッチュウ】雪の中。『雪中行軍』【雪中君子セッチュウクンシ】ウメ(梅)の異名。雪中高士。

【雪泥セツデイ】①雪と泥。②雪どけのぬかるみ。【雪泥鴻爪セツデイのコウソウ】雪どけの泥に残った鴻おおとりの足あと。人生が一時的ではかないことのたとえ。〔蘇軾‐和二子由澠池懐レ旧〕

【雪庇セッピ】山の稜線から風下に突き出した庇ひさし状の積雪。

【雪片セッペン】雪のひとひら。

【雪盲セツモウ】雪の反射光線の刺激で起こる、角膜、結膜の炎症。雪目ゆきめ。

【雪嶺セツレイ】雪をいただいている山の峰。

【雪崩なだれ】傾斜地に積もった雪がくずれ落ちる現象。

❸ 雪のように白い色のたとえ。
【雪肌セッキ】雪のように白く美しい肌。また、その人。

【雪白セッパク】雪のように白いこと。純白。

【雪髪セッパツ】しらがのこと。白髪。

【雪膚セップ】雪のように白い肌。＊白居易‐長恨歌「雪膚花貌参差是セップカボウシンシとしてこれなり〔＝雪のように白い肌、花のように美しい顔は、どうやらその人らしい〕」

❹ あて字、熟字訓など。
【雪隠セッチン［セツイン］】便所。かわや。♥雪竇セットウ禅師が霊雲寺の浄頭をつとめたことからとする説もある。

【雪駄・雪踏セッタ】国竹皮草履の裏に革をはった草履。♥「セキダ(席駄)」の変化。「雪駄」はのちのあて字。

【雪洞セットウ［ぼんぼり］】①木や竹のわくに白い紙をはり、その一部に窓をあけ、茶炉チャロなどの上をおおうもの。②(ぼんぼり)紙または絹張りのおおいのある手燭。

【雪花菜おから［きらず］】豆腐のしぼりかす。食用、または家畜の飼料とする。うのはな。

8756 【雫】 2822 3C36 8EB4 雨－3 ダ(漢)/しずく

字解 原義未詳。中国にもあり、国字ではない。日本では、会意。雨＋下(おちる)。しずくの意。

8757 【雲】 1732 3140 895F 雨－4 常2 ウン(呉)(漢)/yún/くも

筆順 

字解 形声。雨(気象)＋云(くもの象形)(声)。くもの意。甲骨文は云のみで、のちに雨を加えた。

甲骨文 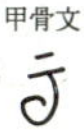 篆文 

同属字 靆・靉・繧

参考 万葉仮名では音を借りて「う」。

意味 ❶くも。水分が凝結して大気の上空に浮かぶもの。『雲海』『雲泥』『暗雲』『風雲』❷雲のように。雲のような。雲のようなもの。㋑立ちこめる気。『雲気』『雲物』『戦雲（センウン）』㋺非常に多いさま。さかんなさま。『雲集』『雲擾』㋩動きや変化の激しいさま。『雲散霧消』『雲翔』㋥行くえ定まらぬさま。『雲水』『雲遊』㋭はるかなさま。遠いさま。『雲孫』㋬雲にとどくくらい高いさま。『雲桟』『雲樹』㋣美しいさま。また、他人のものを敬っていう語。『雲翰』『雲鬢』❸地名。『雲崗石窟』『雲南』❹国「出雲国（いずものくに）」の略。山陰道八か国の一。現在の島根県東部。『雲州（ウンシュウ）』❺あて字、熟字訓など。『紫雲英（げんげ）』『雲雀（ひばり）』『雲脂（ふけ）』『水雲（もずく）』

❶ くも。

下接 暗雲（アンウン）・陰雲（インウン）・煙雲（エンウン）・寒雲（カンウン）・閑雲（カンウン）・綺雲（キウン）・峡雲（キョウウン）・暁雲（ギョウウン）・軽雲（ケイウン）・慶雲（ケイウン）・巻雲（ケンウン）・絹雲（ケンウン）・行雲（コウウン）・紅雲（コウウン）・黄雲（コウウン）・孤雲（コウン）・黒雲（コクウン）・彩雲（サイウン）・山雲（サンウン）・桟雲（サンウン）・紫雲（シウン）・水雲（スイウン）・瑞雲（ズイウン）・青雲（セイウン）・積雲（セキウン）・層雲（ソウウン）・淡雲（タンウン）・断雲（ダンウン）・沈雲（チンウン）・東雲（トウウン|しののめ）・風雲（フウウン）・浮雲（フウン）・碧雲（ヘキウン）・片雲（ヘンウン）・密雲（ミツウン）・羊雲（ヨウウン）・妖雲（ヨウウン）・雷雲（ライウン）・乱雲（ランウン）・緑雲（リョクウン）・嶺雲（レイウン）

【雲雨（ウンウ）】①雲と雨。②竜は雲や雨に乗じて昇天すると考えられているところから、大事業を行う機会。③男女のちぎり。〔宋玉-高唐賦〕❤③は、中国の戦国時代、楚の襄王が高唐に遊んだとき、夢に訪れてきた一婦人が、別れぎわに自分は巫山の南に住むもので、朝には雲となり、夕べには雨になるのだといったという故事から。

【雲翳（ウンエイ）】雲によって空が曇ること。

【雲液（ウンエキ）】①酒の異名。②雲母の異名。

【雲煙・雲烟（ウンエン）】①雲や、もや、かすみ。②筆勢の自由なさま。【雲煙過眼（ウンエンカガン）】雲や煙が目の前を過ぎても、長くは心にとどまっていないように、物事をあまり心にとどめないこと。〔蘇軾-宝絵堂記〕

【雲霞（ウンカ）】雲とかすみ。人が群がり集まるたとえ。

【雲海（ウンカイ）】山頂や飛行機などから見下ろしたとき、海のように広がって見える雲。

【雲外（ウンガイ）】雲のかなたの空。『雲外の鶴〔=世俗に染まない高潔の士〕』

【雲気（ウンキ）】雲。また、雲状のもの。『雲気文』→❷

【雲脚（ウンキャク|くもあし）】①雲の流れ動く様子。②雨雲の低く垂れて見えるもの。

【雲級（ウンキュウ）】万国共通の雲の分類形式。雲の形を、出現する高度と発達の仕方により一〇種に分けたもの。

【雲衢（ウンク）】①雲の行き来するところ。②転じて、天子の通る道。また宮中。

【雲霓（ウンゲイ）】雲と虹（にじ）。【雲霓望（ウンゲイののぞみ）】大日照りに、雨が降って、虹の出るのを待ち望む気持ち。非常に切実な希望のたとえ。〔孟子-梁恵王下〕

【雲根（ウンコン）】①雲の起こる所。②山の高い所。③雲が山の岩石の間から生じるとされたところから、山の岩石。

【雲際（ウンサイ）】雲が地平線と接する辺り。はるかな天空。

【雲車（ウンシャ）】①仙人が車のように乗り回す雲。②帝王の乗る車。→❷

【雲岫（ウンシュウ）】雲がわきでる山の洞（ほら）。

【雲霄（ウンショウ）】①雲のある空。②高い地位のたとえ。＊杜甫-兵車行「哭声直上二干雲霄一（コクセイただちにのぼりウンショウをおかす）〔=泣き声はまっすぐ上って大空に響く〕」

【雲上（ウンジョウ）】①雲の上。②転じて、一般からかけ離れた高貴な所。宮中。『雲上人』

【雲壌（ウンジョウ）】①雲と土。天地。②=雲泥（ウンデイ）

【雲水（ウンスイ）】雲とみず。→❷

【雲泥（ウンデイ）】雲と泥。転じて、違いのはなはだしいことのたとえ。雲壌（ウンジョウ）。〔後漢書-逸民伝・矯慎〕『雲泥の差』

【雲天（ウンテン）】①雲のたなびいている空。②高い所。

【雲濤（ウントウ）】はるか水平線のかなたに波のように見える大きな雲。

【雲表（ウンピョウ）】雲の外。雲の上。雲外。

【雲峰（ウンポウ）】①雲がかかっている高い山の頂。②夏の空に雲が立ちこめて峰のように見えるもの。

【雲霧（ウンム）】雲と霧。人を迷わせるもののたとえ。

【雲竜（ウンリュウ|ウンリョウ）】雲に乗って昇天する竜。

❷ 雲のように。雲のようなもの。

下接 煙雲（エンウン）・香雲（コウウン）・星雲（セイウン）・稲雲（トウウン）・梨雲（リウン）・閑雲野鶴（カンウンヤカク）・月卿雲客（ゲッケイウンカク）・行雲流水（コウウンリュウスイ）

【雲臥（ウンガ）】雲の行きかうような高い所に寝るの意で、俗世間から離れて、心静かに暮らすこと。

【雲漢（ウンカン）】①天の河をいう。銀漢。②大空。

【雲翰（ウンカン）】他人の手紙を敬っていう語。貴翰。雲箋。

【雲鬟（ウンカン）】美しく結った女性の髪。

【雲気（ウンキ）】地上の事柄を反映して立ちのぼる異様な気。天候・吉凶などを示すものとされた。→❶

【雲合霧集（ウンゴウムシュウ）】雲や霧のように、人などが一時に多く集まること。〔史記-淮陰侯伝〕

【雲桟（ウンサン）】高い山のがけなどにかけられたかけ橋。また、山腹につけられた道。＊白居易-長恨歌「雲桟縈紆登二剣閣一（ウンサンエイウしてケンカクにのぼる）〔=高いかけ橋をめぐりめぐって剣閣を登る〕」

【雲散（ウンサン）】雲が風で散るように、集まっていたものがちりぢりになること。↔雲集。【雲散鳥没（ウンサンチョウボツ）】物事が、あとかたもなく消えてなくなること。雲散霧消。【雲散霧消（ウンサンムショウ）】物事が、一度にあとかたもなく消えてなくなること。雲集霧散。

【雲車（ウンシャ）】雲にとどくほどの高さの車。登って敵の様子を見る高い車。たかぐるま。→❶

【雲樹（ウンジュ）】雲にとどくほど高い樹木。

【雲集（ウンシュウ）】雲がむらがるように、たくさん集まること。↔雲散

【雲翔（ウンショウ）】①(雲が飛ぶように)分かれ散ること。②(雲がかけ回るように)あちらこちらに起こること。

【雲擾（ウンジョウ）】雲が乱れるように、大いに乱れること。

【雲蒸竜変（ウンジョウリュウヘン）】雲のようにわき起こり、竜のように変幻自在に活躍する意から、英雄、豪傑が時機をとらえて大いに活躍することのたとえ。〔史記-魏豹彭越伝・賛〕

【雲心月性（ウンシンゲッセイ）】雲や月のような心・性質。名利を求めず、孤高に安んじるさま。

【雲水（ウンスイ）】諸所を遍歴する修行の僧。行脚（アンギャ）僧。❤一つ所にとどまらないことを行雲流水にたとえる。→❶

【雲箋（ウンセン）】=雲翰（ウンカン）

【雲孫（ウンソン）】自分から数えて九代目の子孫。子、孫、曾孫、玄孫、来孫、昆孫（コンソン）、仍孫（ジョウソン）の次のもの。

【雲梯（ウンテイ）】雲にとどくほど高いはしご。昔、車の上に取り付けて城を攻めるのに用いたもの。

雲梯〔三才図会〕

【雲版（ウンパン）】寺で時などを知らせるために打ち鳴らす、青銅または鉄で作った雲形の板金。

【雲鬢(ウンビン)】ふさふさとして豊かな髪。鬢の毛の美称。また、美人のこと。＊白居易-長恨歌「雲鬢花顔金歩揺(ウンビンカガンキンポヨウ)〔=雲のようにふさふさとした豊かな髪、花のように美しい顔、歩くほどに揺れる黄金作りの髪飾り〕」

【雲物(ウンブツ)】①雲のように空中に現れる気の色。特に、太陽の周りの気の色。それによって吉凶の判断や天変地異の予告などを得るとする。②景色の中の物。

【雲陛(ウンペイ)】高い階段。特に宮中の階段をいう。

【雲遊(ウンユウ)】雲のように、あてもなく旅すること。

❸ 地名。

【雲崗(ウンコウ)】中国山西省大同市の西の地。北魏王朝が五世紀後半に開いた石窟寺院があり、「雲崗石窟」という。

【雲南(ウンナン)】①中国南部、雲貴高原の西南部を占める省。省都昆明(コンメイ)。滇(テン)省。②「昆明」の別名。

【雲夢(ウンボウ)】中国の、現在の湖北省洞庭湖の北岸あたりから、長江北岸一帯の湖沼地帯。先秦時代の称。

❺ あて字、熟字訓など。

【雲斎(ウンサイ)】国うね刺しを、織りで出した地の粗い綿布。足袋底などに用いた。▼創製者の名から。

【雲雀(ウンジャク｜ひばり)】①(ウンジャク)おおとり(鳳)。②(ひばり)ヒバリ科の小鳥。草原、畑、河原などに多く、三、四月には高空をさえずりながら飛ぶ。

【雲母(ウンモ｜きらら)】珪酸塩(ケイサンエン)鉱物の一。六角板状の結晶で、平行に薄くはがれやすい。電気絶縁、耐熱材料用。

【雲呑(ワンタン)】ブタのひき肉に刻みねぎを加え、水でこねた小麦粉を薄く伸ばした皮で包んだもの。餛飩(ワンタン)。▼中国語から。

【雲丹(うに)】アカウニなどの生殖巣。生のまま、あるいは塩や酒で練って食べる。海胆(うに)。

【雲脂(ふけ)】頭皮の新陳代謝により、角質化した表皮がはがれるもの。

難読姓氏 雲英(きら)

8758 【雰】 4223 4A37 95B5 雨-4 常 フン㊥/fēn/きり

筆順 雰 雰 雰 雰 雰 雰

字解 形声。雨+分㊥。

意味 ❶きり。きりのおりているさま。❷「雰雰(フンプン)」は、雪や雨の乱れ降るさま。❸空中に浮かぶ気体。大気。また、日本で、気分。祥気。「氛」に同じ。『雰囲気』

【雰囲気(フンイキ)】国その場所や、ある人などが周囲にかもし出している全体的な感じ。ムード。▼もと、天体や地球をとりまく気体の意。

8759 【電】 3737 4545 9364 雨-5 常2 デン㊥・テン㊥/diàn/いなずま

筆順 電 電 電 電 電 電

字解 形声。雨(気象)+电(=申、いなずまの象形)㊥。いなずまの意。のちに、雨を加えた。

金文 

篆文 

意味 ❶いなずま。いなびかり。空中放電が起こる際の光。また、いなずまのようにすばやいさま。『電光石火』『電撃』『電閃』『紫電』『逐電』＊白居易-長恨歌「排レ空馭レ気奔如レ電(クウをハイしキにギョしてはしることいなずまのごとし)〔=大空をおし開き、大気に乗って、いなずまのようにかけまわる〕」❷明らかに照らす。他人が見ることを敬っていう語。『電覧』❸「電気」の略。『電圧』『電子』『電波』『蓄電』『停電』❹「電信」「電報」「電話」などの略。『外電』『祝電』『打電』❺国「電車」の略。『市電(シデン)』『終電(シュウデン)』

❶ いなずま。いなびかり。

下接 紫電(シデン)・震電(シンデン)・閃電(センデン)・逐電(チクデン)・飛電(ヒデン)・雷電(ライデン)・流電(リュウデン)・露電(ロデン)

【電影(デンエイ)】いなびかり。→❸

【電撃(デンゲキ)】いなずまのようにすばやく鋭いこと。『電撃作戦』→❸

【電光(デンコウ)】いなびかり。→❸

【電光石火(デンコウセッカ)】きわめて短い時間、また動作や振る舞いがきわめてすばやいことのたとえ。〔五灯会元〕

【電光朝露(デンコウチョウロ)】はかなく消えやすいことのたとえ。▼「電光」も「朝露」もきわめて消えやすいところから。

【電掣(デンセイ)】いなずまがひらめくこと。

【電閃(デンセン)】①電光がひらめくこと。②刀などがいなずまのようにひらめくこと。

【電鞭(デンベン)】いなずまがひらめくこと。

【電滅(デンメツ)】いなずまのように、あっと言う間にほろびること。

❸ 「電気」の略。

下接 荷電(カデン)・感電(カンデン)・起電(キデン)・休電(キュウデン)・給電(キュウデン)・強電(キョウデン)・弱電(ジャクデン)・充電(ジュウデン)・節電(セツデン)・送電(ソウデン)・帯電(タイデン)・蓄電(チクデン)・停電(テイデン)・配電(ハイデン)・発電(ハツデン)・放電(ホウデン)・漏電(ロウデン)・心電図(シンデンズ)・変電所(ヘンデンショ)

【電圧(デンアツ)】二点間の電位の差。単位はボルト(V)。

【電位(デンイ)】電気回路中などで、電荷の持つ位置のエネルギー。『電位差』

【電影(デンエイ)】映画のこと。→❶

【電化(デンカ)】熱、光、動力などのエネルギー源を、電力でまかなうようにすること。

【電荷(デンカ)】物質が帯びている静電気の量。

【電気(デンキ)】①電荷同士が力を及ぼし合い、放電が起こり、電流が流れるなどの現象。②電灯のこと。

【電機(デンキ)】電力を使って運転する機械。

【電球(デンキュウ)】国電気を利用した照明用の光る球。

【電極(デンキョク)】電流を流すため、あるいは電場を作るために設けられた一定の形の導体。

【電撃(デンゲキ)】強い電流を体に通したときに生ずる衝撃。『電撃療法』→❶

【電源(デンゲン)】①電力を供給するみなもと。『電源を切る』『電源開発』②電流が来るみなもと。

【電光(デンコウ)】電灯の光。『電光掲示板』→❶

【電算(デンサン)】国「電子計算機」の略。電子回路を利用して、計算を自動的に行う装置の総称。コンピュータ。

【電子(デンシ)】素粒子の一。陰電荷を持ち原子を構成する粒子の一。エレクトロン。陰電子。『電子顕微鏡』

【電磁(デンジ)】電気と磁気の相互作用。『電磁波』

【電磁石(デンジシャク)】鉄心にコイルを巻き、電流を通して磁束を発生するもの。電気磁石。

【電車(デンシャ)】電力によって軌道を運転する車両。

【電飾(デンショク)】ネオンサインやイルミネーションなど、電気の発光による装飾。

【電信(デンシン)】文字などを電気信号に変えて行う通信。

【電線(デンセン)】電流を導くための金属線。

【電送(デンソウ)】国電流や電波によって、信号を遠隔の地へ送ること。『電送写真』

8画 金長(镸)門阜(阝)隶隹雨青(靑)非

【電卓(デンタク)】国「電子式卓上計算機」の略。電子回路を利用した小型の計算機。

【電池(デンチ)】物質の化学反応または物理反応によるエネルギーを、電気エネルギーとして取り出す装置。

【電柱(デンチュウ)】国電線を支えるはしら。

【電鉄(デンテツ)】国「電気鉄道」の略。電車の走る鉄道。

【電灯(デントウ)】電気エネルギーによる灯火。『懐中電灯』

【電動(デンドウ)】電気を動力源とすること。『電動機』

【電熱(デンネツ)】電流が電気抵抗の大きい物体の中を通るとき発生する熱。『電熱器』

【電脳(デンノウ)】中国語で、コンピュータのこと。

【電波(デンパ)】主として無線通信に用いる電磁波の略称。

【電報(デンポウ)】電信によって文字、符号を送ること。

【電纜(デンラン)】電線、あるいは電線をより合わせたものを電気絶縁物でおおったもの。ケーブル。

【電離(デンリ)】「電気解離」の略。電解質が溶液中で、陰または陽イオンに解離すること。

【電流(デンリュウ)】電気の流れ。電荷が移動する現象。単位はアンペア(A)。

【電力(デンリョク)】発生、消費あるいは輸送される電気エネルギー。その単位時間の量。単位はワット(W)。

【電話(デンワ)】音声を電気信号に変えて相互に通話する装置。また、それで話すこと。

❹「電信」「電話」「電報」などの略。

下接 外電(ガイデン)・訓電(クンデン)・公電(コウデン)・祝電(シュクデン)・召電(ショウデン)・招電(ショウデン)・親電(シンデン)・打電(ダデン)・弔電(チョウデン)・答電(トウデン)・特電(トクデン)・入電(ニュウデン)・飛電(ヒデン)・返電(ヘンデン)・無電(ムデン)・来電(ライデン)

【電請(デンセイ)】外交官などが電信により本国政府の訓令を要請すること。

【電文(デンブン)】電報の文句。

【電命(デンメイ)】電報による命令。

8760 【雹】 8027 703B E8B9 雨－5 ハク㊥/báo·bó/ひょう

字解 形声。雨＋包(まるくつつむ)㊟。雨つぶが凍ってふるあられ・ひょうの意。
意味 ひょう。空から降ってくる氷の粒。『降雹(コウひょう)』
【雹霰(ハクセン)】あられ。
【雹害(ひょうガイ)】雹による農作物などの損害。

8761 【雷】 4575 4D6B 978B 雨－5 常 (8791)【靁】＊7113 雨－15 ライ㊍㊥/léi/かみなり・いかずち

筆順 雷 雷 雷 雷 雷 雷
字解 形声。雨＋田(＝畾、かさなる)㊟。いなずまや音が重なり鳴るかみなりの意。金文はいなずまにも従う。
金文 篆文

同属字 蕾
意味 ❶かみなり。いかずち。空中での放電現象。また、その際に発する音。『雷雨』『雷電』『雷同』『遠雷』『落雷』❷大きな音を出して爆発する兵器。『雷管』『魚雷』『地雷』❸名声などが鳴りひびくさま。『雷名』❹その他。固有名詞など。『雷沢』『雷陳』

❶かみなり。いかずち。

下接 遠雷(エンライ)・界雷(カイライ)・疾雷(シツライ)・春雷(シュンライ)・迅雷(ジンライ)・蟄雷(チツライ)・熱雷(ネツライ)・万雷(バンライ)・百雷(ヒャクライ)・避雷(ヒライ)・落雷(ラクライ)

【雷雨(ライウ)】いなびかり、雷鳴などを伴った雨。

【雷雲(ライウン)】いなびかり、雷鳴、雷雨などを伴う雲。

【雷火(ライカ)】落雷によって起こる火事。

【雷撃(ライゲキ)】かみなりが落ちること。→❷
【雷鼓(ライコ)】①雷神が持つという太鼓。また、かみなりのとどろく音。②太鼓をうちならすこと。③中国古代の太鼓の一種。八面の太鼓。一説に、六面の太鼓。

【雷公(ライコウ)】かみなり。かみなりさま。

【雷獣(ライジュウ)】想像上の怪獣。落雷とともに地上に落ち、かみなりのような声を発し、樹木を裂き人畜を害するという。また、黄貂(きデン)の異称。

【雷震(ライシン)】雷鳴がとどろくこと。

【雷神(ライジン)】昔、雷鳴といなずまを鬼神のわざとして、その本体を想像したもの。

【雷霆(ライテイ)】かみなり。いかずち。

【雷電(ライデン)】かみなりといなずま。

雷神
〔京都府・蓮華王院蔵〕

【雷同(ライドウ)】他人の言動にむやみに同調すること。〔礼記-曲礼上〕『付和雷同』▼かみなりが鳴ると万物がそれに応じて響く意。

【雷動(ライドウ)】雷の鳴り渡るように、どよめき騒ぐこと。

【雷奔(ライホン)】かみなりのように勢いよくはしること。

【雷鳴(ライメイ)】かみなりの音。

【雷文(ライモン)】いなずま形に屈折した線でつくる、連続模様。方形のうずまき状の模様。

❷大きな音を出して爆発する兵器。

下接 魚雷(ギョライ)・機雷(キライ)・地雷(ジライ)・水雷(スイライ)・爆雷(バクライ)

【雷管(ライカン)】火薬の点火に使う発火具。金属製の容器に起爆薬を詰めたもの。

【雷撃(ライゲキ)】国魚雷で敵の艦船を攻撃すること。→❶

❸名声などが鳴りひびくさま。

【雷名(ライメイ)】世間に響きわたる高い名声。また、相手の名声の敬称。

❹その他。固有名詞など。

【雷魚(ライギョ)】タイワンドジョウ科のカムルチーとタイワンドジョウの通称。有用魚を食う害魚。

【雷沢(ライタク)】中国古代の皇帝、舜について、歴山に耕し雷沢に漁したと伝える、その漁地。山東省西端、濮県(ボクケン)の東南にある沢、あるいは山西省西南端の永済県の南を流れる黄河の支流、雷水という。雷夏沢とも。

【雷鳥(ライチョウ)】ライチョウ科の中形の鳥。高山にすむ。

【雷陳(ライチン)】友人としての親密な交わりのたとえ。雷陳膠漆(コウシツ)。〔後漢書-独行伝・陳重雷義〕▼中国、後漢の時代の雷義と陳重(チンチョウ)の二人がきわめて仲がよかったという故事から。

8762 【零】 4677 4E6D 97EB 雨－5 常 レイ㊥/líng/おちる・こぼれる・こぼす・ゼロ

筆順 零 零 零 零 零 零
字解 形声。雨＋令(→靈、雨ごいをするみこ)㊟。雨がふる意。
意味 ❶おちる。㋑ふる。雨が静かにふる。『零雨』㋺

したたり落ちる。また、おちぶれる。こぼれる。こぼす。『零露』㊇草や葉が枯れ落ちる。『零凋』『零落』『飄零（ヒョウレイ）』❷小さい。少ない。わずか。また、あまり。はした。のこり。『零細』『零余』❸れい。ゼロ。数字の0。『零下五度』『午後零時』❹熟字訓、固有名詞など。『零戦（ゼロセン）』『零丁洋』『零余子（むかご）』

❶ おちる。ふる。こぼれる。

【零雨（レイウ）】降る雨。また、静かに降る雨。こさめ。

【零砕（レイサイ）】落ちてくだけること。→❷
【零散（レイサン）】落ちぶれてちりぢりになること。

【零凋（レイチョウ）】花などがしぼみ落ちること。凋落。

【零丁（レイテイ）】落ちぶれて孤独なさま。伶丁。

【零落（レイラク）】おちぶれること。

【零乱（レイラン）】みだれ落ちるさま。落ちて散乱するさま。

*李白-月下独酌「我舞影零乱（われまえばかげレイランす）〔＝私が舞うと、それにつれて影も地上に散乱する〕」

【零露（レイロ）】したたり落ちる露。

❷ 小さい。少ない。また、あまり。はした。

【零砕（レイサイ）】些細でつまらないさま。→❶
【零細（レイサイ）】規模が非常に小さいさま。『零細企業』
【零買（レイバイ）】少しずつ、ばらで買うこと。
【零墨（レイボク）】古人の筆跡などで、断片的に残っているもの。『断簡零墨』
【零本（レイホン）】一そろいのうち、一部が欠けている本。端本（はホン）。↔完本
【零余（レイヨ）】少しの残り。はした。

❸ れい。数字のゼロ。

【零下（レイカ）】温度が、零度以下であること。氷点下。

【零点（レイテン）】①点数、得点がないこと。②寒暖計の零度。

【零敗（レイハイ｜ゼロハイ）】一点も得点できないで負けること。

❹ 熟字訓、固有名詞など。

【零丁洋（レイテイヨウ）】中国広東省の南岸、珠江の河口付近の海の称。

【零余子（むかご｜ぬかご｜レイヨシ）】植物の腋芽（エキガ）。特に、ヤマノイモの葉のつけ根にできる球のようなもの。

8763
【需】 2891 3C7B 8EF9 雨－6 常
シュ㊥・ジュ㊝／xū／もとめる

筆順 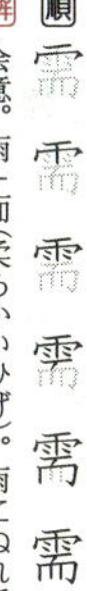

字解 会意。雨＋而（柔らかいひげ）。雨にぬれてやわらかくなる意。濡の原字。須に通じて、求める意に用いる。

金文 篆文 

同属字 儒・嬬・孺・懦・濡・臑・襦・糯・繻・轜

意味 ❶求める。欲する。求めるもの。必要とするもの。『需給』『需用』『需要』『必需』→下接。❷易の六十四卦（カ）の一。☵☰。時が至るのを待てば成功することを表す。

下接 応需（オウジュ）・外需（ガイジュ）・官需（カンジュ）・軍需（グンジュ）・特需（トクジュ）・内需（ナイジュ）・必需（ヒツジュ）・民需（ミンジュ）

【需給（ジュキュウ）】需要と供給。
【需用（ジュヨウ）】用途に従って用いること。特に、電気、ガスなどの消費。『需用電力』
【需要（ジュヨウ）】商品を買い入れようとしたり、供給や施設を求めたりする気持ち。↔供給

8764
【霄】 8028 703C E8BA 雨－7
ショウ（セウ）㊝／xiāo／みぞれ

字解 形声。雨＋肖㊟。高く遠い天から降るみぞれ、また、そらの意。

意味 ❶みぞれ。あられ。❷そら。天。おおぞら。『霄漢』『霄峙』『霄壌』❸よる（夜）。「宵」に同じ。

【霄漢（ショウカン）】おおぞら。虚空。

【霄峙（ショウジ）】高く空にそびえ立つこと。

【霄壌（ショウジョウ）】天と地。『霄壌の差〔＝相違のはなはだしいもののたとえ〕』

8765
【震】 3144 3F4C 906B 雨－7 常
シン㊥㊝／zhèn／ふるう・ふるえる・ふるえ

筆順 

字解 形声。雨＋辰（→振、ふるえる）㊟。雷鳴がふるえとどろく、ふるえる意。

意味 ❶ふるう。ふるえる。ふるわす。㋑ふるえとどろく。なりひびく。『震震』『雷震（ライシン）』㋺ふるえうごく。ゆれうごく。『震動』㊇ふるえおののく。おそれる。『震恐』『震慄』⇒〔振〕（2808）の表 ❷特に、地が揺れ動く。地震のこと。『震源』『震災』『震度』『耐震』『余震』❸易（エキ）の八卦（ハッカ）の一。☳。雷・東・長男などの意を表す。また、六十四卦（カ）の一。☳☳。万物が初めて動き出すさまを表す。『震宮』❹「震旦（シンタン）」は、中国の異称。古代インド人が中国を呼んだ。梵Cīnasthāna（秦の地域の意）の音訳。天竺（テンジク）（＝インド）と併称された。

❶ ふるう。ふるえる。

【震駭（シンガイ）】恐れおののいてふるえること。

【震撼（シンカン）】ふるわせ動かすこと。また、ふるえあがること。『世を震撼させた事件』

【震悸（シンキ）】ふるえ恐れること。

【震恐（シンキョウ）】ふるえ恐れること。

【震驚（シンキョウ｜シンケイ）】ふるえおどろくこと。

【震懼（シンク）】身ぶるいするほど恐れること。

【震眩（シンゲン）】おどろいて目がくらむこと。

【震慴・震悚・震懾（シンショウ）】ふるえおののくこと。

【震震（シンシン）】雷が音をふるわせて鳴るさま。*古詩賞析-上邪「冬雷震震夏雨雪（トウライシンシンとしてなつにゆきをあめふらす）〔＝冬の空に雷がごろごろと鳴りひびき、夏に雪が降りつづく〕」

【震霆（シンテイ）】鳴りひびく雷。また、雷のひびき。

【震天動地（シンテンドウチ）】音響、騒動、または威勢などの盛んなことのたとえ。驚天動地。〔水経注-河川〕

【震怒（シンド）】はげしく怒ること。特に、帝王の怒り。

【震悼（シントウ）】身をふるわせていたみ悲しむこと。

【震蕩・震盪（シントウ）】激しくふるえ動くこと。『脳震蕩』

【震動（シンドウ）】こきざみにふるえ動くこと。

【震怖（シンプ）】ふるえて恐れること。振怖。

【震服（シンプク）】ふるえ恐れて従うこと。

【震慄（シンリツ）】恐れてふるえあがること。

❷ 地が揺れ動く。地震のこと。

下接 強震（キョウシン）・軽震（ケイシン）・激震（ゲキシン）・地震（ジシン）・弱震（ジャクシン）・大震（タイシン）・耐震（タイシン）・中震（チュウシン）・微震（ビシン）・余震（ヨシン）・烈震（レッシン）

【震央（シンオウ）】地震で震源の真上に当たる地表上の地点。
【震源（シンゲン）】地下で、地震の発生した起点。『震源地』
【震災（シンサイ）】地震による災害。特に、大正一二年九月一日

に起きた関東大震災を指すことがある。

【震度（シンド）】ある場所での地震動の強さの度合い。日本では震度0から7までを一〇階級に分ける。

【震幅（シンプク）】地震計に表れる、地震の揺れ幅。

❸ 易の八卦の一。

【震位（シンイ）】東宮（皇太子）の位。

【震宮（シンキュウ）】皇太子の宮殿。易で震卦は長男を表し、また東方にあてられることから東宮の意となる。

8766 【霆】 8029 703D E8BB 雨－7 テイ㊥／tíng／いなずま

字解 形声。雨＋廷（まっすぐにのび出る）㊟。いなびかりの意。

意味 いなずま。また、雷鳴。『震霆（シンテイ）』

【霆撃（テイゲキ）】いなずまのように激しく一気にうつこと。

8767 【霈】 8030 703E E8BC 雨－7 ハイ㊥／pèi／おおあめ

字解 形声。雨＋沛（水が勢いよく流れる）㊟。

意味 大雨。雨が多く降るさま。『霈然』『滂霈（ボウハイ）』

【霈然（ハイゼン）】雨がさかんに降るさま。沛然（ハイゼン）。

8768 【霊】 4678 4E6E 97EC 雨－7 常 (8793)【靈】 8045 704D E8CB 雨－16 旧字

リョウ（リャウ）㊤・レイ㊥／líng／たま・たましい・みたま

筆順 霊 霊 霊 霊 霊 霊

字解 霊は靈の略体。靈は形声。巫（みこ）＋霝（あまごいをする）㊟。雨ごいをするみこの意。転じて、かみ・こうごうしい意。

意味 ❶みこ（巫）。また、神。神のみたま。『霊媒』『神霊』 ❷たま。たましい。肉体に対して精神。心。また特に、死者のたましい。『霊魂』『亡霊』 ❸人知には計り知れないふしぎな。神秘な。こうごうしい。また、人力をこえてすぐれている。めでたい。よい。『霊泉』『霊峰』 ❹固有名詞など。『霊鷲山（リョウジュセン）』『霊囿（レイユウ）』

❶ みこ。また、神。神のみたま。

下接 神霊（シンレイ）・聖霊（セイレイ）・分霊（ブンレイ）／御霊代（みたましろ）

【霊域（レイイキ）】神仏をまつってある神聖な場所。

【霊感（レイカン）】人間の祈りに応ずる神仏の威力。→❸

【霊鑑（レイカン）】神仏の照覧すること。神仏が霊妙な力でご覧になること。→❸

【霊験（レイゲン）】祈願に対して現れる効験。利益（リヤク）。

【霊刹（レイサツ）】霊験の著しい寺。霊寺。

【霊山（レイザン）】神仏をまつった神聖な山。

【霊場（レイジョウ）】神仏の霊験あらたかな地。霊地。

【霊跡・霊迹（レイセキ）】奇跡のあったあと。神仏に関する神聖な事跡のあった地。

【霊像（レイゾウ）】神仏の像。

【霊壇（レイダン）】神霊をまつる壇。

【霊地（レイチ）】神仏をまつった神聖な土地。

【霊殿（レイデン）】神仏や先祖などの霊をまつった建物。

【霊媒（レイバイ）】神霊や死者の霊がのりうつり、それらに代わって話などをすること。巫女（みこ）、口寄せの類。

【霊符（レイフ）】霊験ある神仏のおふだ。お守り。

【霊保（レイホ）】みこ。かんなぎ。

【霊峰（レイホウ）】信仰の対象としてあがめられる山。

【霊木（レイボク）】神霊が宿るとされる木。神木。

❷ たま。たましい。

下接 悪霊（アクリョウ）・慰霊（イレイ）・遺霊（イレイ）・英霊（エイレイ）・怨霊（オンリョウ）・含霊（ガンレイ）・交霊（コウレイ）・皇霊（コウレイ）・御霊（ゴリョウ｜みたま）・魂霊（コンレイ）・山霊（サンレイ）・精霊（ショウリョウ｜セイレイ）・死霊（シリョウ）・心霊（シンレイ）・生霊（セイレイ）・先霊（センレイ）・全霊（ゼンレイ）・祖霊（ソレイ）・忠霊（チュウレイ）・地霊（チレイ）・亡霊（ボウレイ）・幽霊（ユウレイ）／木霊（こだま）・言霊（ことだま）・船霊（ふなだま）

【霊安室（レイアンシツ）】国病院などで、遺体を安置する部屋。

【霊位（レイイ）】死者の霊のよる所として、名、おくり名、戒名などを書いた位牌（イハイ）。

【霊園（レイエン）】国公園風に造られた共同墓地。

【霊界（レイカイ）】霊魂の世界。また、精神の世界。

【霊柩（レイキュウ）】遺体をおさめた棺。ひつぎ。『霊柩車』

【霊魂（レイコン）】たましい。『霊魂不滅』

【霊輀・霊轜（レイジ）】柩（ひつぎ）を乗せて運ぶ車。霊柩車。

【霊前（レイゼン）】死者の霊に対して、まつり、ささげ物をする所。『御霊前』

【霊代（レイダイ｜たましろ）】国死者の霊のしるしとしてまつるもの。

【霊台（レイダイ）】魂のある所。心意の府。霊府。精神。→❹

【霊的（レイテキ）】精神、霊魂に関係があるさま。

【霊肉（レイニク）】霊魂と肉体。神性をもつ精神と、悪の源である肉体と。

【霊廟（レイビョウ）】先祖の霊をまつってある宮。みたまや。

【霊屋（たまや）】①葬送の前に、しばらく遺骸（イガイ）をおさめておく所。②霊廟（レイビョウ）。『御霊屋』

❸ ふしぎな。神秘な。こうごうしい。

下接 虚霊（キョレイ）・不霊（フレイ）・冥霊（メイレイ）・曜霊（ヨウレイ）

【霊威（レイイ）】不思議な威力。

【霊異（レイイ｜リョウイ）】人知ではかり知れない不思議なこと。

【霊雨（レイウ）】降るべきときに降る、よい雨。慈雨。

【霊応（レイオウ）】①神仏のあらわす不可思議なしるし。霊験。②霊妙な感応。霊感。インスピレーション。

【霊感（レイカン）】精神が感じとる霊妙な感応。インスピレーション。→❶

【霊鑑（レイカン）】霊妙な鑑識。すぐれた考察。→❶

【霊気（レイキ）】霊妙な気。

【霊亀（レイキ）】霊妙不可思議な亀。祥瑞をもって現れた亀。

【霊光（レイコウ）】不可思議な光。霊妙な光。

【霊犀（レイサイ）】霊妙な犀。人の意志が相互に通じるたとえにいう。〔李商隠‐無題〕❤角（つの）に白い筋の通っている犀は通天犀と称し、特に霊力があるとされていたが、心と心が一筋通いあうのをその白い筋にたとえた中国、唐の李商隠の詩による。

【霊芝（レイシ）】万年茸（マンネンたけ）。担子菌類のサルノコシカケ。祥瑞として、乾したものを床飾りなどにする。また、地衣類のイワタケをいうという。いずれも薬用。

【霊獣（レイジュウ）】瑞祥（ズイショウ）とされるけもの。麒麟（キリン）など。

【霊水（レイスイ）】尊く不思議な効験のある水。

【霊瑞（レイズイ）】めでたく不可思議なしるし。祥瑞。

【霊性（レイセイ）】非常にすぐれた性質。

【霊泉（レイセン）】不思議な効きめのある泉または温泉。

【霊草（レイソウ）】病気などに不思議な効きめのある草。

【霊沢（レイタク）】よいうるおい。徳政のたとえ。

【霊知・霊智（レイチ）】霊妙な、すぐれた知恵。転じて、心。

❤書き換え「霊智→霊知」。

【霊長（レイチョウ）】霊妙な力を持ち、かしらとなるべきもの。『人間は万物の霊長』『霊長類』

【霊鳥（レイチョウ）】不思議な力を持つ鳥。鳳凰（ホウオウ）のこと。

【霊宝レイホウ】貴い宝物。社寺で、秘蔵されている宝物。
【霊妙レイミョウ】人知でははかり知れないほどすぐれていること。『霊妙不可思議』
【霊夢レイム】神仏のお告げのある不思議な夢。
【霊薬レイヤク】不思議な効きめのある薬。神薬。
【霊耀レイヨウ】不思議な光。太陽・月など。
【霊力レイリョク】人力を超えた不思議な力。
❹固有名詞など。
【霊鷲山リョウジュセン】古代インドのマガダ国の首都、王舎城（今のラージュギル）の東北にある山。釈尊が法華経や無量寿経などを説いた所として著名。霊山リョウゼン。
【霊沼レイショウ】広くてりっぱな沼。特に、中国、周の文王の離宮にあったものをいう。
【霊台レイダイ】中国、周の文王が建てた天文観測のための物見台。その徳を慕って称したもの。転じて、天文・雲気・天候などを観測する台。天文台。↓❷
【霊武レイブ】中国寧夏回族自治区中部の県名。銀川の南、黄河東側に位置する。漢代に北方の軍事上の要地となり、唐代には節度使が置かれた。
【霊囿レイユウ】中国、周の文王が禽獣を放し飼いにした園の名。
難読地名 霊山りょうぜん町（福島）

8769【霍】8025 7039 E8B7 雨－8 カク（クヮク）漢\huò\はやい・すみやか
字解 霍は霍の通俗体。霍は、会意。雨＋雔（並んだ鳥）。雨に遭って鳥が一斉にとびたつさまから、にわかの意。
同属字 藿・癨
意味 ❶はやい。すみやか。にわか。『霍霍』『霍然』『霍乱』❷人名。『霍去病』
【霍霍カクカク】①刀などの光がひらめくさま。②音声の速いさま。
【霍去病カクキョヘイ】中国、前漢の武帝時代の名将。叔父の衛青エイセイと共に匈奴キョウド討伐にあたり、大功をあげた。（前一四〇頃～前一一七）
【霍然カクゼン】急に消え失せるさま。
【霍乱カクラン】暑気にあてられて急に下痢などをしたりする病気。日射病。暑気あたり。『鬼の霍乱［＝ふだん丈夫な人が病気になるたとえ］』

8770【霓】8031 703F E8BD 雨－8 ゲイ漢\ní\にじ
字解 形声。雨＋兒声。
参考 万葉仮名では音を借りて「げ甲」。
意味 にじ。にじを竜とみなし、雄を虹というのに対し、雌を霓という。『雲霓ウンゲイ』『虹霓コウゲイ』『彩霓サイゲイ』
【霓裳ゲイショウ】にじのように美しくすそを引いたもすそ。
【霓裳羽衣曲ゲイショウウイのキョク】曲の名。中国、唐の玄宗の開元年間に西域地方から伝えられた舞曲で、玄宗がこれを編曲したもの。伝説では、玄宗が夢に月宮殿の仙女の舞曲を聞き、それをもとに作ったともいう。＊白居易－長恨歌「漁陽鼙鼓動地来ギョヨウのヘイコチをうごかしてきたり、驚破霓裳羽衣曲ゲイショウウイのキョクをキョウハす［＝漁陽の地から反乱軍の打ち鳴らす攻め太鼓が、地をゆり動かして迫り来て、霓裳羽衣の曲を奏するどころではなくなった］」
【霓旌ゲイセイ】にじの色をした旗。天子の行列に立てる。

8771【霎】8032 7040 E8BE 雨－8 ショウ（セフ）漢・ソウ（サフ）漢\shà\こさめ
字解 形声。雨＋妾声。小雨、またたく間の意。

8772【霑】8033 7041 E8BF 雨－8 テン漢\zhān\うるおう・うるおす・めぐみ
字解 形声。雨＋沾（うるおう）声。うるおす意。
意味 ❶うるおう。うるおす。ぬれる。ぬらす。しめる。「沾」に同じ。『霑汗』『霑濡』『霑酔』❷めぐむ。めぐみがうるおう。「沾」に同じ。『霑被』『均霑キンテン』
【霑汗テンカン】にじんだあせ。
【霑濡テンジュ】ぬれること。また、ぬらすこと。沾濡。
【霑酔テンスイ】酒がからだじゅうにしみわたって酔うこと。
【霑被テンピ】①うるおうこと。うるおすこと。②めぐみをこうむること。めぐみを施すこと。

8773【霏】8034 7042 E8C0 雨－8 ヒ漢\fēi\
字解 形声。雨＋非声。
意味 雨や雪の降るさま。
【霏霏ヒヒ】雪や雨などが、しきりに降るさま。
【霏微ビビ】雨や雪などが細かに降るさま。また、霧や霞のたなびくさま。

8774【霖】8035 7043 E8C1 雨－8 リン漢\lín\ながあめ
字解 形声。雨＋林（立ち並ぶ木々）声。ながあめの意。
甲骨文

篆文

意味 ながあめ。三日以上降り続くあめ。
下接 淫霖インリン・秋霖シュウリン・春霖シュンリン・梅霖バイリン
【霖雨リンウ】幾日も降り続く雨。ながあめ。

8775【霙】8036 7044 E8C2 雨－9 エイ漢\yīng\みぞれ
字解 形声。雨＋英声。
意味 ❶みぞれ。雨まじりの雪。❷あられ。

8776【霞】1866 3262 89E0 雨－9 人 カ漢\xiá\かすみ・かすむ
字解 形声。雨＋叚（→緞、あかい）声。赤みを帯びた水蒸気の意。
意味 ❶あさやけ。ゆうやけ。『霞光』『霞彩』『霞觴』『赤霞セッカ』『落霞ラッカ』❷国かすみ。かすむ。春さき、空気中にただよう微細な水滴やちりのために空や遠景がぼんやりする現象。『雲霞ウンカ』『煙霞エンカ』『春霞はるがすみ』
【霞光カコウ】朝やけや夕やけの色。また、錦などの織物。
【霞彩カサイ】朝やけや夕やけの美しいいろどり。
【霞觴カショウ】仙人のさかずき。また、美しいさかずき。

8777【霜】3390 417A 919A 雨－9 常 ソウ（サウ）漢\shuāng\しも
筆順

字解 形声。雨＋相（→疏、分かれて並びたつ）声。しもばしらの意。甲骨文は、木の枝状のしもばしらであろう。
甲骨文

篆文
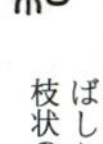
意味 ❶しも。しもばしら。寒い朝、地上を一面に覆って白く見せる氷の細かい結晶。『霜害』『霜天』❷しものように白い、光る、鋭い、厳しいなどのさま。『秋霜烈日』『霜刃』『霜烈』❸としつき。『星霜セイソウ』『風霜フウソウ』

❶ しも。しもばしら。
下接 暁霜(ギョウソウ)・厳霜(ゲンソウ)・降霜(コウソウ)・秋霜(シュウソウ)・樹霜(ジュソウ)・除霜(ジョソウ)・春霜(シュンソウ)・繁霜(ハンソウ)・晩霜(バンソウ)／(おそじも)・氷霜(ヒョウソウ)・風霜(フウソウ)

【霜威(ソウイ)】霜がおりて寒気のきびしいこと。

【霜花・霜華(ソウカ)】①霜を花にたとえていう語。＊白居易-長恨歌「鴛鴦瓦冷霜華重(エンオウのかわらはひややかにしてソウカおもし)〔＝おしどりにかたどった屋根がわらは冷たく、霜の花が厚くおりしいている〕」②白髪のたとえ。

【霜害(ソウガイ)】霜によって農作物や樹木などが受ける害。

【霜月(ソウゲツ／しもつき)】㊀(ソウゲツ)①霜と月の光。②霜夜のさえざえとした月。㊁(しもつき)陰暦一一月の異称。

【霜降(ソウコウ)】二十四節気の一。一〇月二三、四日ごろ。

【霜鐘(ソウショウ)】冬の夜明けの鐘の音。

【霜信(ソウシン)】ガン(雁)の異名。▼霜のおりるころに、それを知らせるかのように飛来するところから。

【霜晨(ソウシン)】霜のおりた朝。

【霜雪(ソウセツ)】霜と雪。転じて、白い毛髪などのたとえ。

【霜天(ソウテン)】霜のおいた、冬の明け方の空。

【霜楓(ソウフウ)】霜がかかって紅葉したカエデ。

【霜蓬(ソウホウ)】霜のかかったヨモギ。白く乱れた髪のたとえ。

【霜葉(ソウヨウ)】霜のために黄や紅などに変色した葉。もみじ。【霜葉紅二於二月花一(ソウヨウはジゲツのはなよりもくれないなり)】カエデの霜にうたれ色づいたその葉は、春の桃の花よりも赤く美しい。〔杜牧-山行〕▼この詩に限り、古来「二月」を「ジゲツ」と読む習慣がある。また、この句が有名になって、「紅葉」を「紅於(コウオ)」と呼ぶようになった。

【履レ霜堅氷至(しもをふみてケンピョウいたる)】霜をふんで歩く季節を経て、堅い氷の張る厳冬の季節がやって来る。物事が起こるには、まずその前兆があるというたとえ。また、前兆を見たら、次に来るものに対してあらかじめ用意せよということ。〔易経-坤〕

❷ しものようなさま。
【霜戈(ソウカ)】白く光るするどいほこ。

【霜剣(ソウケン)】冷たく白く光る鋭利な剣。

【霜刃(ソウジン)】冷ややかに光るやいば。するどい剣。

【霜操(ソウソウ)】霜のようにきびしいみさお。

【霜眉(ソウビ)】白髪となったまゆげ。白いまゆ。

【霜鬢(ソウビン)】霜のおりたように白いびんの毛。

【霜毛(ソウモウ)】①鳥獣の、白い毛。特に、鶴の白い羽毛。また、鶴。②白髪。しらが。

【霜烈(ソウレツ)】霜のようにはげしくきびしいさま。

8778 【霝】 ＊7106 雨－9 レイ㊥／líng／ふる
字解 会意。雨＋皿(雨のしずくがつらなりおちるさま)。あめふる意。
甲骨文 金文 篆文

同属字 霻・靈(霊)・櫺

8779 【霤】 8037 7045 E8C3 雨－10 リュウ(リウ)㊥／liù／あまだれ
字解 形声。雨＋留(＝畱→流、ながれる)㊥。
意味 あまだれ。屋根から流れ落ちる雨。
【霤穿レ石(あまだれいしをうがつ)】小さな力でも根気よく続ければ成功することのたとえ。〔枚乗(バイジョウ)-上レ書諫二呉王一〕▼雨だれも、長い間には石に穴をあける意から。

8780 【霪】 8038 7046 E8C4 雨－11 イン㊥／yín
字解 形声。雨＋淫(ほしいまま)㊥。
意味 ながあめ。幾日も降り続く雨。『霪雨(インウ)』

8781 【霦】 ―― 雨－11 (8785)【霦】 ―― 雨－12 シュウ(シウ)㊥
字解 形声。雨＋衆㊥。こさめの意。

8782 【雪】 ―― 雨－11 セツ 「雪」(8754)の異体字

8783 【霧】 4424 4C38 96B6 雨－11 常 ム㊐・ブ㊥／wù／きり・きらう
筆順

字解 形声。雨＋務(→冒、おおう)㊥。おおいかくす水蒸気、きりの意。
参考 万葉仮名では音を借りて「む」。
意味 ❶きり。きりがかかる。きらう。空気中の水蒸気が凝結して細かい水滴になり、地表近くに煙のようにただよう現象。日本では、平安時代以降、春の霞(かすみ)に対して、秋の景物とされるようになった。❷きりに似ているさま。きりのように細かい、消える、集まる、暗い、黒いなどのさまを表す。『塵霧(ジンム)』

❶ きり。きりがかかる。きらう。
下接 雲霧(ウンム)・煙霧(エンム)・海霧(カイム)・夕霧(セキム)・濃霧(ノウム)・氷霧(ヒョウム)・噴霧(フンム)・迷霧(メイム)・蒙霧(モウム)・五里霧中(ゴリムチュウ)／狭霧(さぎり)

【霧塞(ムソク)】霧がたちこめること。
【霧中(ムチュウ)】霧の中。『霧中信号』
【霧笛(ムテキ)】霧による視界不良の際、海難を防止するため吹き鳴らす汽笛。
【霧氷(ムヒョウ)】氷点下の雲や霧が樹枝などに氷層となって付着する現象。
【霧杳(ムヨウ)】霧がたちこめて見分けにくいさま。
【霧裏(ムリ)】霧の中。
【霧露(ムロ)】①きりと、つゆ。②風邪をひくこと。

❷ きりに似ているさま。
【霧会(ムカイ)】霧のように多く集まること。
【霧鬟(ムカン)】美しい黒髪。
【霧散(ムサン)】霧のようにあとかたもなく散ること。雲散霧消。『雲集霧散』
【霧消(ムショウ)】霧が消えるようにたちまちなくなること。
【霧瘴(ムショウ)】霧のようにただよう毒気。
難読地名 霧多布(きりたっぷ)湿原(北海道)
難読姓氏 霧生(きりう)―(きりゅう)

8784 【霰】 8039 7047 E8C5 雨－12 セン㊥・サン㊐／xiàn／あられ
字解 形声。雨＋散(ばらばらにちる)㊥。ばらばらに落ちてくるあられの意
意味 ❶あられ。空中で水蒸気が急に冷えて固まったつぶ。『霰雪』『雨霰(ウセン)』『急霰(キュウサン)』❷国 あられのように小さく細かいさま。『霰弾』
【霰雪(サンセツ)】あられまじりの雪。
【霰弾(サンダン)】多数の細かいたまをあられのように飛び散らす仕組みの弾丸。散弾(サンダン)。

8785 【霥】 ―― 雨-12 シュウ「霥」(8781)の異体字

［⿱雨要］⇩1566

8786 【霸】 5917 5B31 9E50 雨-13 ハ「覇」(7363)の異体字

8787 【霹】 8040 7048 E8C6 雨-13 ヘキ㊥/pī

字解 形声。雨＋辟㊣。

意味 雷がはげしく落ちる。雷のはげしい音。

【霹靂ヘキレキ】かみなり。いかずち。雷鳴。『青天の霹靂〔＝思いがけない突発的事変〕』【霹靂車ヘキレキシャ】昔、中国で石を投射する装置を設けた戦車。

8788 【露】 4710 4F2A 9849 雨-13 常 ロ㊉㊥・ロウ㊀/lù・lòu/つゆ・あらわ・さらす

筆順 露 露 露 露 露 露

字解 形声。雨＋路㊣。

参考 万葉仮名では音を借りて「ろ㊙」。

意味 ❶つゆ。天のうるおすもの。空気中の水蒸気が、冷えたものの表面で水滴となったもの。『結露』❷つゆのようにはかないもの。『露命』❸つゆにさらす。おおいがない。『露天』❹あらわになる。さらす。むきだしになる。『露出』❺国「露西亜ロシア」の略。『日露戦争』『露国』『露文』

❶つゆ。

下接 雨露ウロ・薤露カイロ・甘露カンロ・寒露カンロ・玉露ギョクロ・結露ケツロ・松露ショウロ・草露ソウロ・霜露ソウロ・朝露チョウロ|あさつゆ・滴露テキロ・白露ハクロ|しらつゆ・霧露ムロ・夜露ヤロ|よつゆ・零露レイロ

【露華ロカ】つゆと花。つゆをふくんだ花。また、つゆの美しさを花にたとえてもいう。

【露芽ロガ】茶の異称。

【露珠ロシュ】つゆを珠にたとえていう語。

【露盤ロバン】①(「承露盤」の略)中国、漢の武帝が建章宮に設けた、天から降るつゆ(甘露)を受けるための銅盤。②五重塔などの屋根の相輪の基部にある方形の盤。〔水煙〕の図六七一頁。③噴水などの底部で、吹き上げた水を受ける盤。

❷つゆのようにはかないもの。

【露電ロデン】つゆと稲妻。人生のはかないことのたとえ。

【露命ロメイ】国つゆのようにはかない命。『露命を繋つなぐ』

❸つゆにさらす。おおいがない。

【露営ロエイ】野外に陣営を張ること。『露営地』

【露臥ロガ】野宿すること。露宿。

【露座・露坐ロザ】屋根のない所にすわること。

【露地ロジ】①覆いのない土地。『露地栽培』②国茶室に付属する庭。③国門内、庭内の通路。④国建物の間の狭い通路。❤②～④は「路地」、③④は「露路」とも書く。

【露宿ロシュク】屋外に宿ること。

【露台ロダイ】建物の一部で、屋根のない所。見晴らし、日光浴などに用いる。バルコニー。

【露天ロテン】屋根などの覆いがない所。野天のテン。

【露店ロテン】路傍などに品物を並べて商売をする店。

【露仏ロブツ】屋根なしに安置してある仏像。ぬれぼとけ。

❹あらわになる。さらす。

下接 吐露トロ・暴露バクロ・発露ハツロ・披露ヒロウ・流露リュウロ

【露悪ロアク】悪いところをわざとさらけ出すこと。『露悪趣味』『露悪的』

【露顕・露見ロケン】隠していたことが現れること。

【露光ロコウ】＝露出ロシュツ②

【露骨ロコツ】むきだしなこと。あらわなこと。

【露出ロシュツ】①あらわにすること。『肌を露出する』②国感光板・フィルムに光を当てること。露光。『露出計』

【露呈ロテイ】隠れているもの、内にあるものなどが現れ出ること。『知識のなさを露呈する』

【露鋒ロホウ】書法の名。起筆に毛筆の穂先が現れるようにすること。↔蔵鋒

8789 【霽】 8041 7049 E8C7 雨-14 セイ㊥/jì/はれる・はらす

字解 形声。雨＋齊(ととのう)㊣。雨があがる意。

意味 はれる。雨などがやむ。また、気がはれる。心がさっぱりする。はらす。『開霽カイセイ』『晩霽バンセイ』

【霽景セイケイ】晴れたけしき。雨あがりのけしき。

【霽月セイゲツ】雨が晴れたあとの月。転じて、わだかまりのない、さっぱりした心境のたとえ。『光風霽月』

【霽日セイジツ】雨あがりの晴れた日。

8790 【霾】 8042 704A E8C8 雨-14 バイ㊥/mái/よな

甲骨文

篆文

字解 形声。雨＋貍(→埋、うめる)㊣。風のまきあげた土砂が空中にかかり、また、降ること。日本で、よな。噴火による降灰。

8791 【靁】 ＊7113 雨-15 ライ「雷」(8761)の異体字

8792 【靄】 8043 704B E8C9 雨-16 アイ㊥/ǎi/もや

字解 形声。雨＋藹(おおい茂る)省㊣。たちこめた水蒸気、もやの意。

意味 ❶もや。地上近くに細かい水滴がたちこめる現象。『山靄サンアイ』『和気靄靄ワキアイアイ』❷たなびくさま。おだやかなさま。なごやかなさま。『靄然』

【靄然アイゼン】①雲、霞、もやなどのたなびくさま。靄靄アイアイ。②物事の様子が穏やかなさま。気持ち、表情などが、穏やかになごんでいるさま。

8793 【靈】 8045 704D E8CB 雨-16 レイ「霊」(8768)の旧字

8794 【靂】 8046 704E E8CC 雨-16 レキ㊥/lì

字解 形声。雨＋歴㊣。「霹靂ヘキレキ」は、はげしい雷。

［霻］⇩9688

8795 【靏】 ―― 雨-19 カク「鶴」(9507)の異体字

8画 金長(镸)門阜(阝)隶隹雨青(靑)非

8796 【靍】 *7117 雨-21 カク 「鶴」(9507)の異体字

【靏】 ⇩ 9689

8797 【靆】 8044 704C E8CA 雨-16 タイ 呉 漢 /dài

雨

字解 形声。雲＋逮(声)。「靉靆アイタイ」は、雲のたなびくさま。

8798 【靉】 8047 704F E8CD 雨-17 アイ 呉 漢 /ài

字解 形声。雲＋愛(声)。雲のさかんなさま。

【靉靉アイアイ】 雲のさかんなさま。

【靉靆アイタイ】 ①雲がたなびくこと。また、雲などが厚く空をおおっているさま。②気持ち、表情などが暗い様子。

174 青(靑) 部 あお

青は丹(井戸の中の染料)と声符の生(あおい草が生じる)とで、あおい草の色をした染料、あおい意を表す。青を部首とするが、青部には所属の字は少ない上、青色の意に関するものも少ない。

金文

篆文

青 青青
青 ⑥静 ⑦靚 ⑧靜 靛
青 ⑤靖 靖
青

8799 【青】 3236 4044 90C2 青-0 常1

(8800) 【靑】 青-0 旧字

ショウ(シャウ) 呉・セイ 漢・チン 唐 /qīng/あお・あおい

筆順 青 青 青 青 青 青 青 青

字解 部首解説を参照。

同属字 圊・菁・靚・靜・倩・情(情)・清(清)・猜・晴(晴)・靖(靖)・睛・精(精)・蜻・請(請)・鯖

意味 ❶あお。あおい。㋑空や海の澄んだ色。緑を指すこともある。『青雲』『青銅』『群青グンジョウ』 ㋺春の植物の色。特に、青竹。転じて、竹の札。『青史』 ⇒〔碧〕(5275)の表 ❷五行説で、東方の色にあて、東・春・若いなどの意を表す。『青春』『青竜』 ❸古代中国の九州の一。現在の山東省から遼寧省にかけての地。❹国あお。㋑青みがかった黒馬。㋺未熟な。『青二才』 ❺その他。固有名詞など。『青海セイカイ』 ⇓表

◎青・白―その対比

青セイ	春	東	青天	青竜	青帝	青眼	青馬
―	―	―	―	―	―	―	―
白ハク	秋	西	白日	白虎	白帝	白眼	白馬

❶あお。あおい。

下接 空青クウセイ・群青グンジョウ・紺青コンジョウ・刺青シセイ―いれずみ・黛青タイセイ・丹青タンセイ・瀝青レキセイ・緑青ロクショウ／万年青おもと

【青鞋セイアイ】 わらじ。

【青靄セイアイ】 青いもや。＊王維―終南山「青靄入看無セイアイいってなし」〔＝青いもやは、近づくにつれて跡形もない〕

【青衣セイイ】 ①青い色の衣服。②身分の低い者の服。

【青雲セイウン】 青く晴れた空。【青雲之志セイウンのこころざし】 立身出世しようとする希望。〔王勃―滕王閣序〕

【青蛾セイガ】 青く美しい眉まゆ。まゆずみで、蛾の触覚のような三日月形を描いた眉。美人の形容。

【青海セイカイ―セイガイ】 青々とした海。→❺

【青眼セイガン】 ①自分の好む人を迎えるときの、うれしい心のあらわれた目もと。青顧。〔晋書―阮籍ゲンセキ伝〕 ↔白眼。②国剣道の構えで、刀の切っ先を相手の眼に向けて中段に構えるもの。❤(1)①は、中国、東晋の阮籍が、気に入った人は青眼(＝黒い目)で歓迎し、気に入らない人は白眼で冷たく迎えたという故事から。(2)②は、「正眼」「星眼」「靖眼」「晴眼」とも書く。

【青穹セイキュウ】 あおぞら。

【青衿・青襟セイキン】 ①衣服の青色のえり。②中国古代の学生の服。転じて、学生。

【青熒セイケイ】 灯火などが青く光ること。

【青玄セイゲン】 おおぞら。

【青黄セイコウ】 ①青と黄。また、美しいいろどり。②春の青い木の葉と秋の黄色に色づいた葉。転じて、春秋。四季。一年。③剣の色。

【青瑣セイサ】 ①塀へいや器物の面に彫り込んだ透かし彫りや、盲連子に緑青ロクショウを塗ったもの。②宮門。中国、漢代、門の扉に、連環の紋様を透かし彫りにし、青く塗ってあった。

【青衫セイサン】 ①青色の上衣。中国、唐代の下級官僚の制服。＊白居易―琵琶行「座中泣下誰最多、江州司馬青衫湿ザチュウなみだくだること たれかもっともおおき、コウシュウのシバ セイサンうるおう」〔＝一座の中で、もっとも多く涙を流したのはだれかといえば、ほかならぬ江州司馬の私で、涙のため青い上衣はしとどにぬれた〕 ②転じて、若者。書生。

【青山セイザン】 ①樹木などが生い茂って青々としている山。＊李白―送友人「青山横北郭、白水遶東城セイザンホッカクによこたわり、ハクスイトウジョウをめぐる」〔＝青い山々が町の北に横たわり、清らかな水が町の東をとりまいて流れている〕 ②骨を埋める土地。墓所。＊釈月性―将東遊題壁「人間到所有青山ジンカンいたるところセイザンあり」〔＝世の中どこで死んでも骨を埋める場所くらいはある〕 【青山一髪セイザンイッパツ】 遠く青々と茂った山が、青い空と接する線を一本の髪の毛にたとえた語。青い山が遠くかすかに見えるさまの形容。〔蘇軾―澄邁駅通潮閣〕 【是処青山可埋骨このところのセイザンほねをうずむべし】 この青々とした山は、自らの骨を埋めるのによい所である。〔蘇軾―授獄卒梁成以遺子由〕 ❤中国、北宋の蘇軾が投獄され、最悪の事態を覚悟した折に作った詩の一節。

【青史セイシ】 歴史。記録。❤昔、青竹の札ふだに字を書いたところから。

【青糸セイシ】 ①青色の糸。②新芽がふいて、青く垂れている細い柳の枝をたとえていう語。③黒く美しい髪をたとえていう語。

【青紫セイシ】 ①青色とむらさき色。また、あおむらさき色。②(中国、漢の制度で、公侯の印綬は紫、九卿の印綬は青を用いたところからいう) 公卿の称。また、公卿の地位。③公家の朝服の色。

【青霄セイショウ】 あおぞら。澄んだ空。

【青翠セイスイ】 ①青色とみどり色。②樹木などが青々とし

8画 金長(镸)門阜(阝)隶隹雨青(靑)非

たみどり色をしていること。

【青青 セイセイ｜あおあお】 ①あおあおとしているさま。＊王維―送元二使安西「客舎青青柳色新(カクシャセイセイリュウショクあらたなり)〔＝旅館からながめると、あおあおとした柳の色もひときわあざやかに見える〕」 ②髪の毛のくろぐろとしたさま。

【青銭 セイセン】 ①青銅の銭。あおせん。 ②蓮の葉を形容していう語。また、蓮の葉の上にたまった露。

【青氈 セイセン】 青色の毛氈。転じて、その家の宝物の意。

【青蒼 セイソウ】 ①青々とした深い色。また、そのさま。 ②天空をいう。

【青苔 セイタイ】 青色のこけ。あおごけ。＊王維―鹿柴「返景入深林、復照青苔上(ヘンケイシンリンにいり、またてらすセイタイのうえ)〔＝夕日の光は奥深い木立ちの中までさし込み、青いこけの色を美しく浮き立たせて照らしている〕」

【青黛 セイタイ】 青いまゆずみ。また、その濃い青色。

【青鳥 セイチョウ】 ①青い鳥。 ②使者。書簡をとどける使者。また、書簡。〔山海経―大荒西経〕 ②は、中国、前漢の東方朔が、三足の青い鳥の飛来したのを見て、西王母の使いであるといったという故事から。

【青塚・青冢 セイチョウ】 ①苔(こけ)むした墓。 ②中国、漢代、匈奴の単于(ゼンウ)に嫁した王昭君の墓。砂漠の中でここだけが苔むして青かったという。

【青天 セイテン】 青く澄みわたった空。【青天霹靂(セイテンのヘキレキ)】 青く晴れた空に突然おこるかみなり。転じて、思いがけない突発的事変。〔陸游―四日夜雞未鳴起作〕

【青天白日 セイテンハクジツ】 ①よく晴れわたった日和(ひより)。 ②国比喩(ヒユ)的に、心にやましいことがないこと。また、無罪が明らかになること。

【青灯 セイトウ】 青い布や紙が張ってある読書用の灯火。

【青苗銭 セイビョウセン】 中国、唐の代宗の時、国庫の不足を補うため、まだ稲の青い時に田畑の面積を規準にして課した税金。

【青苗法 セイビョウホウ】 中国、北宋の王安石のたてた新法の一。植え付け前に農民に銭・穀を貸し付け、収穫時に低利で償還させた。大地主の高利貸しによる農民の没落を防ぎ、政府の歳入増加を図る策。

【青蕪 セイブ】 青く茂った草むら。

【青冥 セイメイ】 ①青い空。 ②昔の名剣の名。

【青蠅 セイヨウ】 ①アオバエ。 ②讒言(ザンゲン)、雑言(ゾウゴン)を弄する小人物のたとえ。

【青螺 セイラ】 ①青い色の螺(にし)貝。青いほら貝。 ②海上や湖上に浮かぶ島山をいう。

【青蘿 セイラ】 青い葉をした蔦(つた)。

【青嵐 セイラン｜あおあらし】 青々とした山にただようみずみずしい空気。また、青葉の上を吹きわたる風。

【青楼 セイロウ】 ①青い色に塗った楼閣。 ②中国、漢の武帝の造った、いげたのように組み上げた楼。 ③貴人の住む家。また、美人の住む高楼。 ④遊女屋。妓楼(ギロウ)。

【青取之於藍、而青於藍(あおはこれをあいよりとりて、あいよりもあおし)】 青の染料は藍草から取るが、もとの藍草よりもさらに青い。教えを受けた人が教えた人より優れていることをいう。「青は藍より出でて…」とも。出藍(シュツラン)。〔荀子―勧学〕

❷ (五行説から)東。春。若い。

【青娥 セイガ】 (「娥」は、容貌のあでやかなこと) 若い美人。美少女。＊白居易―長恨歌「椒房阿監青娥老(ショウボウのアカンセイガおいたり)〔＝後宮の取り締まりの若く美しい人も年老いてしまった〕」

【青宮 セイキュウ】 皇太子の住む宮殿。また、皇太子。東宮。

【青血 セイケツ】 新しい血。鮮血。

【青春 セイシュン】 ①春のこと。 ②人生で、若くはつらつとした時代。

【青帝 セイテイ】 五天帝の一。東方をつかさどる神。また、春をつかさどる天帝。春の神。転じて、春の異称。

【青年 セイネン】 青春期にある人。わかもの。↕少年・壮年・老年。『青年期』

【青陽 セイヨウ】 ①春の異称。初春にいう場合が多い。 ②春の光。 ③春の景色。

【青竜 セイリョウ｜セイリュウ】 ①東方の守護神。四神(四獣)の一。青は五行説で東方の色を示す。竜形。⬇〔四神〕の図二四七頁。 ②朝廷の儀式や行列の際に用いる旗の名。 ③地相・家相の用語。理想的な地形として、家の左方(東)に流水のあることをいう。 ④中国の古天文学で、二十八宿のうち、東方にあたる七宿の総称。おとめ座、さそり座などを含む部分。また木星をいう。【青竜刀 セイリュウトウ】 中国で古くから用いた、なぎなた状の刀。柄(つか)に青い竜の飾りがある。

❺ その他。固有名詞など。

【青海 セイカイ｜セイガイ】 ①中国青海省北東部にある湖。中国最大の塩湖。蒙古語名ココノール。チンハイ。 ②中国西部、チベット高原の北東部で、漢代から唐代にかけては西羌(セイキョウ)・吐谷渾(トコクコン)・吐蕃(トバン)などと呼ばれた地域。一九二八年に省が成立。省都は西寧。→❶

【青海波 セイガイハ】 国 ①雅楽の曲名。唐楽。新楽。 ②①に用いる、波形を描いた衣服の染め模様。

難読地名 青海(おうみ)町(新潟) 青梅(おうめ)市(東京)

青 ▮

8801 【静】 3237 4045 90C3 青－6 常4

(8803) 【靜】 8048 7050 E8CE 青－8 旧字 人

ジョウ(ジャウ)呉・セイ漢／jìng／しず・しずか・しずまる・しずめる

筆順 静 静 静 静 静

字解 静は靜の略体。靜は形声。爭(あらそう)＋青(すみきる)声。あらそいがしずまる、しずかの意。

同属字 瀞

金文 

篆文 

意味 ❶しずまる。しずめる。動きを止める。また、動かない。↕動。『静止』『静物』『鎮静』＊韓詩外伝「樹欲静而風不止(きしずかならんとほっすれどもかぜやまず)〔＝木が静かになろうと思っても、風がやまない〕」 ❷しずか。㋑落ちついている。おだやか。やすらか。『静養』『冷静』 ㋺音声のない。ひっそりとした。『静粛』

❶ しずまる。しずめる。

【静脈 ジョウミャク】 体の末梢部(マッショウブ)および肺から心臓へ血液を送り返す、鼓動のない血管。↕動脈。『静脈注射』

【静止 セイシ】 じっと動かずにいること。また、止まって動かなくなること。↕運動。『静止画像』

【静態 セイタイ】 静止している状態。↕動態

【静物 セイブツ】 絵画の題材としての、器物、花、果物など。

❷ しずか。おだやか。やすらか。

下接 安静(アンセイ)・淵静(エンセイ)・閑静(カンセイ)・虚静(キョセイ)・玄静(ゲンセイ)・寂静(ジャクセイ｜ジャクジョウ)・粛静(シュクセイ)・清静(セイセイ)・沈静(チンセイ)・貞静(テイセイ)・寧静(ネイセイ)・平静(ヘイセイ)・幽静(ユウセイ)・冷静(レイセイ)

【静淵 セイエン】 心が静かで考えが深いこと。

【静穏(セイオン)】静かで穏やかなこと。『静穏な日々を送る』
【静嘉(セイカ)】きよらかで美しいこと。
【静閑(セイカン)】もの静かなこと。
【静観(セイカン)】手出しをせずに心静かに見守っていること。
【静虚(セイキョ)】心静かでこだわりがないこと。
【静好(セイコウ)】静かでなごやかなこと。
【静座・静坐(セイザ)】心を静めてすわること。
【静思(セイシ)】静かに思索すること。静想。『静思黙考』
【静寂(セイジャク)】静かでさびしいこと。
【静修(セイシュウ)】心静かに身を修めること。
【静粛(セイシュク)】ひっそりと静まりかえっていること。
【静邃(セイスイ)】静かで奥深いこと。
【静躁(セイソウ)】静かなことと騒がしいこと。
【静泰(セイタイ)】静かでやすらかなこと。
【静聴(セイチョウ)】心をやすらかにしてよく聞くこと。
【静寧(セイネイ)】静かでやすらかなこと。世の中がやすらかに治まること。靖寧。
【静謐(セイヒツ)】静かで、落ち着いていること。
【静養(セイヨウ)】心身を静かな状態において療養すること。
【静和(セイワ)】心静かでおだやかなこと。

8802 【靚】 ＊7121 青－7 セイ㊥/jìng/めす
字解 形声。見(あう)＋青(→請、こう)㊣。めす意。
意味 ❶めす。招いて会う。❷よそおう。美しくよそおう。美しい。また、美しくしとやかなさま。『靚妝』
【靚粧・靚妝(セイショウ|セイソウ)】美しく飾りよそおうこと。きれいに化粧すること。

8803 【靜】 8048 7050 E8CE 青－8 セイ「静」(8801)の旧字

8804 【靛】 ＊7122 青－8 テン㊥/diàn
字解 形声。青＋定㊣。あい染めの意。

青 ◨

8805 【靖】 4487 4C77 96F5 青－5 人 (8806)【靖】 青－5 旧字 セイ㊥/jìng/やすい・やすんずる
字解 形声。立(たつ)＋青(→静、しずか)㊣。しずかにたつ、やすんずる意。

意味 やすい。やすらか。やすんずる。しずめる。

【靖共・靖恭(セイキョウ)】静かでつつしみ深いこと。

【靖献(セイケン)】臣下が義にやすんじて、先王の霊に誠意をささげること。〔書経‐微子〕【靖献遺言(セイケンイゲン)】江戸前期の思想書。八巻。浅見絅斎(ケイサイ)著。貞享四年(一六八七)成立。楚の屈原ら、節義を失わなかった八人の中国人の遺文に略伝などを付し、日本の忠臣、義士の行状を付載する。尊皇思想の展開に影響を与えた。

【靖国(セイコク)】国を平安にすること。

【靖綏(セイスイ)】やすらかなこと。やすんずること。

【靖難(セイナン)】危難をしずめて国をやすんずること。

【靖兵(セイヘイ)】戦争をやめること。息兵。

175 非部 あらず

甲骨文 金文 篆文

非は、互いに背を向けあい左右に分かれて開く形で、そむく意。非を部首とするが、非部には、非の意に関せず、その形が目印となるものを収める。韭は別部(179)をなす。

非◆ 非
非▬ ⑦ 靠 ⑪ 靡

非 ◆

8807 【非】 4083 4873 94F1 非－0 常5 ヒ㊥㊥/fēi・fěi/そしる・あらず
筆順

字解 部首解説を参照。
同属字 匪・悲・斐・翡・蜚・裴・輩・扉・菲・痱・罪・霏・剕・俳・徘・排・腓・琲・緋・誹・騑・鯡
参考 万葉仮名では音を借りて「ひ㊚」。
意味 ❶そむく。理にそむく。道をはずれる。また、悪い。あやまち。とが。↔是。『非行』『是非(ゼヒ)』『理非(リヒ)』＊陶潜‐帰去来辞「覚﹅今是而昨非﹅(いまのぜにしてサクのヒなりしをさとる)」〔＝今が正しく、過去がまちがっていたことをはっきりと知った〕」❷そしる。よくないとする。『非議』『非難』❸あらず。…でない。否定を示す。『誹』に同じ。＊孟子‐公孫丑上「無﹅惻隠之心﹅、非﹅人也(ソクインのこころなきは、ひとにあらざるなり)」〔＝人の不幸をいたみあわれむ心のない者は、人間ではない〕」

❶ そむく。また、悪い。あやまち。
【非違(ヒイ)】法に違反すること。違法。

【非義(ヒギ)】義理にそむくこと。非理。

【非行(ヒコウ)】国 道理や道徳に外れた行為。特に、青少年の、社会秩序に反する行為。↔善行。『非行少年』

【非心(ヒシン)】悪い心。邪心。

【非道(ヒドウ)】道理や人情に外れること。『極悪(ゴクアク)非道』

【非分(ヒブン)】①身分・限度を越えること。分不相応なこと。過分。過度。②道理に外れること。不正。非理。

【非法(ヒホウ)】①法に外れていること。法にそむくこと。②仏語。仏法に違背する教え。

【非望(ヒボウ)】身分不相応のことを望むこと。野望。

【非理(ヒリ)】理に合わないこと。道にそむくこと。

【非礼(ヒレイ)】礼儀に外れること。無礼。失礼。

❷ そしる。悪くいう。
【非毀(ヒキ)】他を悪く言うこと。そしること。誹毀。

【非議(ヒギ)】論難し、けなすこと。誹議。

【非斥(ヒセキ)】そしり排斥すること。

【非難(ヒナン)】欠点や過ちを責めとがめること。

❸ あらず。否定を示す。
【非意(ヒイ)】思いもよらない。だしぬけ。不意。

【非運(ヒウン)】運命が開けないこと。不幸せ。

【非業(ヒギョウ|ヒゴウ)】①(ヒギョウ)自分がしなくてもよい仕事。②(ヒゴウ)仏教で、前世の業因(ゴウイン)によらない思いがけないこと。『非業の死』

【非才(ヒサイ)】才能のないこと。また、自分の才能の謙称。

【非次(ヒジ)】順序通りでないこと。不序。

【非時(ヒジ)】仏語。①日中から翌朝の日の出前までの間。僧が食事してはならない時。②「非時食(ヒジジキ)」の略。僧の午後の食事。正午以前に食事するのを法とし、これを斎(とき)というのに対する語。③会葬者に出す食事。

【非常(ヒジョウ)】 1通常でないこと。緊急事態。『非常階段』『非常手段』 2程度がはなはだしいさま。『非常に厳しい意見』
【非情(ヒジョウ)】 国 1人間らしい感情をもたないこと。『非情な仕打ち』 2仏語。木石など、感情のないもの。
【非勢(ヒセイ)】 形勢がよくないこと。
【非俗(ヒゾク)】 1俗人でないもの。 2俗っぽくないこと。
【非凡(ヒボン)】 平凡でないこと。特にすぐれていること。↕平凡。『非凡なる凡人』
【非命(ヒメイ)】 天命でないこと。特に、災害、負傷などで死ぬこと。横死。『非命にたおれる』
【非力(ヒリキ｜ヒリョク)】 国 体力、腕力などの弱いこと。また、力量の乏しいこと。
【非類(ヒルイ)】 1同じたぐい、同じ範疇(ハンチュウ)にはいらないもの。 2人類でないもの。獣、鳥など。

【匪】⇩771

非

【悲】⇩2372　【斐】⇩3061　【翡】⇩6190
【蜚】⇩7026　【裴】⇩7259　【輩】⇩7927

非

【扉】⇩2670　【菲】⇩6732　【罪】⇩6130
【霏】⇩8773

8808
【靠】 8049 7051 E8CF 非－7
コウ(カウ)漢／kào／たがう・もたれる
字解 形声。非＋告声。
意味 ❶たがう。そむく。❷もたれる。よりかかる。

8809
【靡】 8351 7353 EA72 非－11
ミ呉・ビ漢・ヒ慣／mǐ・mí／なびく
字解 形声。非＋𣏟(あさ)声。麻の茎をひきさき繊維とする意から、こまかい意。また、なびく意。
同属字 醾
意味 ❶こまかい。きめこまかく美しい。はなやか。また、おごり。おごる。『靡麗』『淫靡(インビ)』『華靡(カビ)』『奢靡(シャビ)』 ❷なびく。したがう。『靡然』『風靡(フウビ)』 ❸へる。へらす。つきる。ほろぶ。『萎靡(イビ)』 ＊史記-廉頗藺相如伝「相如張レ目叱レ之。左右皆靡(ショウジョめをはりてこれをシッす。サユウみななびく)」〔＝藺相如が目を見開いて叱りつけると、側近の者たちは皆たじろいだ〕」 ❹ただれる。「糜」に同じ。❺ない。否定を示す。「非」に同じ。
【靡衣媮食(ビイトウショク)】 美しい着物を着て、一時的な食べ物をむさぼる。将来のことを考えないこと。
【靡然(ヒゼン｜ビゼン)】 風に草木などがなびくさま。また、ある勢力になびき従うさま。
【靡靡(ビビ)】 1なびき従うさま。 2ゆっくりと進むさま。 3音などが細やかで美しいさま。また、音楽がみだらなさま。『靡靡之楽』 4つきるさま。なくなるさま。
【靡曼(ビマン)】 1肌がきめ細やかで美しいさま。 2詩文などの美しいさま。
【靡麗(ビレイ)】 はなやかで美しくぜいたくなさま。

非

【剕】⇩660

176 面部 めん

甲骨文

篆文

面は百(人の頭部)とそれを囲む口(輪郭)で、人のかおの意。甲骨文は目のあるかおの形。面部には、面を部標として、かおつき、かおのさまなどを表す字を収める。

面 0 面
面 ⑭ 靨
面 ⑤ 皰 ⑦ 靦 靧

面

8810
【面】 4444 4C4C 96CA 面－0 常3
メン呉・ベン漢／miàn／おも・おもて・つら
筆順 面 面 面 面 面 面
字解 部首解説を参照。
同属字 湎・緬・麪
参考 万葉仮名では音を借りて「め甲」。
意味 ❶おも。おもて。つら。㋑かお。人の顔。『面相』『赤面』 ㋺国おめん。顔につけるかぶり物。仮面。マスク。『鬼面』『能面』 ❷むく。むきあう。また、あう。顔を合わせる。まのあたりにする。「偭」に同じ。『面詰』『面接』『直面』 ❸そむく。そむける。後ろ向きになる。「偭」に同じ。『面縛』 ＊史記-項羽本紀「馬童面レ之(バドウこれにそむく)」〔＝呂馬童は顔をそむけた〕」 ❹めん。おもての側。㋑うわつら。そとがわ。物の外側に向いた広がり。『面積』『断面』『表面』 ㋺柱などの稜をけずった平らな部分。『面取り』『几張面(キチョウメン)』 ㋩むき。方向。全体の中のある部分。『正面』 ㊁文字や図形などの記される平らな広がり。『画面』『帳面』 ㋭平たいものを数える語。『三面鏡(サンメンキョウ)』 ❺その他。あて字、熟字訓など。『面白(おもしろ)い』『面倒』『面妖』『面皰(にきび)』『工面(クメン)』

❶おも。おもて。また、日本語で仮面。

下接 ㋑臆面(オクメン)・会面(カイメン)・仮面(カメン)・顔面(ガンメン)・嬌面(キョウメン)・黥面(ゲイメン)・羞面(シュウメン)・渋面(ジュウメン)・素面(スメン)・赤面(セキメン)・洗面(センメン)・黛面(タイメン)・覆面(フクメン)・満面(マンメン)・鉄面皮(テツメンピ)・人面獣心(ジンメンジュウシン)・八面玲瓏(ハチメンレイロウ)・八面六臂(ハチメンロッピ)／強面(こわもて)・仏頂面(ブッチョウづら) ㋺鬼面(キメン)・能面(ノウメン)

【面衣(メンイ)】 外出するときに顔をおおう布。
【面識(メンシキ)】 国 互いに顔を知っていること。顔見知り。
【面相(メンソウ)】 人相。顔つき。『百面相』
【面子(メンツ)】 体面。面目。♥中国語から。
【面桶(メンツウ)】 国 一人前ずつ飯を盛って面々に配る曲げ物。
【面体(メンテイ)】 国 顔かたち。『怪しい面体の人物』
【面皮(メンピ)】 つらのかわ。『鉄面皮』
【面貌(メンボウ)】 1顔かたち。顔つき。 2外観。
【面目(メンボク｜メンモク)】 1体面や名誉。また、世間からの評価。『面目を失う』『面目ない』 ＊史記-項羽本紀「我何面目見レ之(われなんのメンモクありてこれにまみえん)」〔＝私はどの面さげてかれらに会うことができようか」②（メン）（モク）本質を表したすがた。表情。『真面目』
【面面】国一人一人。各自。『一座の面々』→❹
【面容】顔かたち。顔つき。

❷むく。むきあう。また、あう。

下接 西面・牆面・直面・覿面・当面・東面・南面・北面

【面謁】目上の人と対面すること。拝謁。
【面会】人と会うこと。対面。『面会時間』
【面戒】面と向かっていましめること。
【面詰】相手に面と向かってとがめなじること。
【面晤】面会して話し合うこと。
【面語】会って話すこと。面談。
【面向不背】前後どこから見ても正面に見えるさま。どこから見ても申し分のないこと。『面向不背の玉』
【面試】直接会ってためすこと。
【面謝】①面会して謝礼を述べること。②面前で謝罪すること。
【面従後言】人の面前ではこびへつらって服従し、後であれこれあげつらうこと。〔書経-益稷〕
【面称】面前でほめること。
【面牆・面墻】（「牆」は垣の意）垣に対すること。また、垣に対すると前の方が見えないところから、見聞のせまいたとえ。〔論語-陽貨〕
【面責】面と向かって責めること。面詰。
【面折】面前で人の過失などを責めること。【面折廷争】（「廷」は朝廷の意）天子の面前で、政治的な事柄などについて争い、いさめること。〔史記-呂后本紀〕
【面接】直接に会うこと。向き合って応対すること。また、入学、入社などのための「面接試験」の略。
【面前】目の前。見ている前。『公衆の面前』
【面争】＝面折
【面奏】天子に拝謁して奏上すること。
【面談】面会して直接に話すこと。『委細面談』
【面罵】面と向かってののしること。
【面壁】壁に面して座禅すること。また、座禅。【面壁九年】達磨大師が、中国の嵩山少林寺で、壁に向かって九年間座禅を組み、さとりを開いたということ。〔伝灯録〕
【面命】直接教えること。
【面諛】人に面と向かってこびへつらうこと。

❸そむく。そむける。

【面縛】後手に縛りあげること。偭縛。

❹めん。おもての側。また、向き。方向。

下接 ㋑界面・海面・球面・曲面・月面・湖面・地面・斜面・水面・扇面・体面・断面・底面・背面・波面・表面・壁面・路面・凹面鏡・凸面鏡／上面・川面・字面 ㋩暗面・一面・外面・片面・局面・後面・正面・生面・全面・前面・側面・他面・内面・場面・反面・半面・部面・方面・裏面・両面・四面楚歌 ㊁印面・額面・画面・券面・紙面・誌面・書面・図面・帳面・譜面・文面

【面交】うわべだけの交際。
【面従腹背】表面では服従するように見せかけ、内心では反抗すること。
【面積】平面または曲面上の広さ。
【面面】各方面。→❶
【面友】顔を知っているだけの友。うわべだけの友。

❺あて字。

【面倒】国①するのがわずらわしいこと。『面倒なことはやりたくない』『七面倒』②世話。厄介。▷「目だくな」「目どうな」の転じたものへのあて字。
【面妖】国奇怪なこと。不思議なこと。

難読地名 面河（おもご）村（愛媛）

面

8811【靨】8052 7054 E8D2 面-14 ヨウ（エフ）漢/yè/えくぼ

字解 形声。面＋厭（おしへこます）声。えくぼの意。

意味 えくぼ。笑うとき、ほおに生じる小さなくぼみ。『靨笑』『嬌靨』『片靨』

【靨笑】えくぼを作って笑うこと。

面

8812【靤】8050 7052 E8D0 面-5 ホウ（ハウ）漢/pào/にきび

字解 形声。面＋包声。にきびの意。皰に同じ。

8813【靦】8051 7053 E8D1 面-7 テン漢/tiǎn・miǎn/あつかましい

字解 形声。面＋見（みる）声。面と向かって見る、あつかましい意。

意味 ❶面と向かって見るさま。あつかましい。『靦然』❷はじるさま。『靦汗』『靦顔』『慙靦』

【靦汗】はじて顔に汗を流すこと。
【靦顔】はじる顔。
【靦然】①まのあたりに事物を見るさま。②あつかましいさま。

8814【[面+甫]】二二 面-7 フ漢・ホ慣/かまち

字解 形声。面＋甫声。頬骨、ほおがまち。つらがまち。

177 革部 かわ

金文 篆文

革は、かわが、けものの胴体をおおっているさまを象り、毛をとり去ったかわ（カク）を表す。革部には、革を部標として、なめしがわ、かわの製法などを表す字を収める。

革◆ 革
革▭ ⑥ 鞏 鞏
革▯ ② 靪 ③ 靫 靭 靫 靮 ④ 靭 靴 靴 靹 ⑤ 鞅 靼 鞀 靽 鞁 鞆 鞄 鞄 靺 鞆 ⑥ 鞋 鞍 鞉 鞊 鞐 ⑦ 鞖 鞘 鞘 鞛 ⑧ 鞟 鞠 鞚 鞜 鞞 ⑨ 鞨 鞫 鞦 鞣 鞢 鞭

[illegible] ⑩ 鞳 韝 鞱 鞴 ⑪ 鞹 鞺 ⑫ 韠 ⑬ 韁 韃 ⑭ 韅 ⑮ 韆 韈 ⑰ 韉

革 ◆

8815 【革】 1955 3357 8A76 革－0 常6 カク㊥/gé/かわ・あらたまる・あらためる

筆順 革 革 革 革 革 革

字解 部首解説を参照。

意味 ❶かわ。なめしがわ。かわで作ったもの。『革質』『皮革』⇒〔皮〕(5113)の表 ❷あらたまる。あらためる。新しくする。『革命』『変革』⇓表 ❸易の六十四卦の一。☱☲。旧を改めるさまを表す。『鼎革(テイカク)』

❶ かわ。なめしがわ。

下接 擬革(ギカク)・金革(キンカク)・堅革(ケンカク)・三革(サンカク)・製革(セイカク)・馬革(バカク)・皮革(ヒカク)・兵革(ヘイカク)／帯革(おびかわ)・毛革(けがわ)・敷革(しきがわ)・背革(せがわ)・総革(ソウがわ)・爪革(つまかわ)・吊革(つりかわ)・柔革(なめしがわ)・紐革(ひもかわ)

【革質(カクシツ)】 植物の表皮層などに見られる、革のように固い性質。

【革車(カクシャ)】 革でおおった戦闘用の車。兵車。

❷ あらたまる。あらためる。新しくする。

下接 沿革(エンカク)・改革(カイカク)・三革(サンカク)・文革(ブンカク)・変革(ヘンカク)

革(カク)	更革	とりかえてよくする。革新 革正 革易 革弊 革命 変革
改(カイ)	改革	なおしてあたらしくする。改新 改正 改易 改心 改旧 変改
更(コウ)	更改	とりかえてなおす。更新 更正 更迭 更生 更始 変更

【革易(カクエキ)】 改め変えること。改まり変わること。改易。

【革新(カクシン)】 従来の制度、方法などを改めて、新しくすること。↔保守。『革新政党』『技術革新』

【革正(カクセイ)】 改めただすこと。改正。

【革命(カクメイ)】 (天命が革(あらた)まる意) ①古代中国で、王朝が改まること。〔易経－革〕『易姓革命』 ②被支配階級が支配階級を倒して社会体制を変革すること。『革命家』 ③根本的な改革。急激で大きな変革。『産業革命』

難読地名 革篭崎(こうごうざき)(広島)

革 ▬

8816 【鞌】 ＝ 革－6 アン 「鞍」(8838)の異体字

8817 【鞏】 8063 705F E8DD 革－6 キョウ㊥/gǒng/かたい

字解 形声。革＋巩(＝珙→恐、おそれ身をかたくする)㊟。なめしがわで、かたくしばる意。転じて、かたい意。金文は革に従わない。

金文 
篆文 

意味 ❶つかねる。固くくくりつける。❷かたい。しっかりとかたい。『鞏固』

【鞏固(キョウコ)】 強くしっかりしていて確かなさま。強固。

革 ▮

8818 【靪】 *7125 革－2 テイ㊥/dīng

字解 形声。革＋丁(くぎうつ)㊟。くつの底をぬいつくろう意。

［勒］⇩718

8819 【靫】 8054 7056 E8D4 革－3 サイ㊥・サ㊥/chāi・chā/うつぼ・ゆき

字解 形声。革＋叉(さしとる)㊟。矢を入れるもの、うつぼの意。

意味 うつぼ。ゆき。矢をいれる道具。『箭靫(センサイ)』

【靫負(ゆげい)】 ①大化前代、朝廷の親衛隊。②衛門府(エモンフ)の別称。また、そこの職員。宮城の守護にあたった。「ゆげい」は「ゆきおい」の転。

8820 【靭】 3157 3F59 9078 革－3 (8821)〔靫〕 8055 7057 E8D5 革－3 ジン㊥/rèn/しなやか

字解 形声。革＋刃㊟。しなやかの意。肕・韌に同じ。

意味 ❶しなやか。柔らかで強い。『靭帯』『強靭(キョウジン)』『堅靭(ケンジン)』『柔靭(ジュウジン)』❷うつぼ。「靫」の誤用。

【靭帯(ジンタイ)】 骨格の各部分をつなぐ、強い弾力性のある繊維性の組織。

8822 【靮】 *7126 革－3 テキ㊥/dí/たづな

字解 形声。革＋勺㊟。たづな、また、おもがいの意。⬇〔車馬〕の図一一七二頁・〔馬具〕の図一三三九頁

8823 【靷】 *7129 革－4 イン㊥/yǐn/ひきづな

字解 形声。革＋引(ひく)㊟。牛馬に車をひかせるかわひも、ひきづなの意。⬇〔馬具〕の図一三三九頁

金文 
篆文 

8824 【靴】 2304 3724 8C43 革－4 常 (8825)〔靴〕＝ 革－4 旧字 カ(クヮ)㊥/xuē/くつ

筆順 靴 靴 靴 靴 靴 靴

字解 形声。革＋化㊟。

意味 くつ。はき物で、足全体を覆うように作ったもの。『隔靴掻痒(カッカソウヨウ)』『靴下(くつした)』

下接 軍靴(グンカ)・製靴(セイカ)／雨靴(あまぐつ)・上靴(うわぐつ)・革靴(かわぐつ)・短靴(タンぐつ)・長靴(ながぐつ)

8826 【靹】 8056 7058 E8D6 革－4 音訓字義未詳

8827 【鞅】 8057 7059 E8D7 革－5 ヨウ(ヤウ)㊥・オウ(アウ)慣/yǎng・yāng/むながい

字解 形声。革＋央(くびかせをした人の象形)㊟。牛馬の首につける革製のひも、むながいの意。

参考 万葉仮名では音を借りて「あ」。

意味 ❶むながい。馬の鞍を安定させるため、胸から鞍ぼねにかけるひも。『馬鞅(バオウ)』『輪鞅(リンオウ)』⬇〔馬具〕の図一三三九頁。❷になう。せおう。『鞅掌』❸うらむ。気がふさぐ。『鞅鞅』

【鞅鞅(オウオウ)】 不平不満があって、不快なさま。怏怏(オウオウ)。

【鞅掌(オウショウ)】 暇のないほど忙しく働くこと。『御鞅掌の

9画 面 革 韋(韋) 韭 音 頁 風 飛 食(𩙿・食) 首 香

段、お喜び申し上げます』❤「掌」はささげ持つの意。仕事を背ににない、手にいっぱい持つ意から。

8828【靼】8058 705A E8D8 革－5 タツ(漢)・タン(漢)/dá/なめしがわ
[字解] 形声。革＋旦(声)。
[意味] ❶なめしがわ。なめして柔らかくした革。❷「韃靼(ダッタン)」は、古代中国北方の、蒙古系の民族。

8829【鞀】*7134 革－5 トウ(タウ)(漢)/táo
[字解] 形声。革＋召(まねく)(声)。その音で人をよぶ革製のふりつづみの意。

8830【靽】*7132 革－5 ハン(漢)/bàn/きずな
[字解] 形声。革＋半(声)。きずなの意。絆に同じ。

8831【鞁】8059 705B E8D9 革－5 ヒ(漢)/bèi/ひきづな・はらおび
[字解] 形声。革＋皮(↓被、おおう)(声)。車を引く馬の飾り、ひきづな、また、はらおびの意。

8832【⿰革付】── 革－5 フ(慣)
[字解] 国字か。
[意味] 「⿰革付掛(フがけ)」は、舞楽の装束の一部で、脛巾(はばき)の一種。

8833【鞄】── 革－5 ホウ(ハウ)(漢)/páo・pú/なめしがわ・かばん
(8834)【鞄】1983 3373 8A93 革－5 †
[字解] 形声。革＋包(声)。
[意味] ❶なめしがわ。また、なめしがわをつくる職人。❷[国]かばん。布や革製で、中に物をいれて持ち運びする、口の広いふくろ状、また、箱状のもの。

8835【靺】8060 705C E8DA 革－5 マツ(呉)・バツ(漢)/mò
[字解] 形声。革＋末(声)。
[意味] 「靺鞨(マッカツ)」は、中国の隋・唐代、満州に居住していたツングース系民族。

8836【鞆】8061 705D E8DB 革－5 とも
[字解] 国字。会意。革＋丙。かわ製のとものの意。ともの形が丙字に似ているからという。
[意味] ❶とも。弓を射るとき、左の腕に着け、弦(つる)が手首を打つのを防ぐ、革製の具。❷「鞆絵(ともえ)」は、巴。鞆の形を文様化したもの。

8837【鞋】8062 705E E8DC 革－6 カイ(漢)・アイ(慣)/xié/くつ
[字解] 形声。革＋圭(声)。
[意味] くつ。先端のとがったはきもの。『線鞋(センガイ)』『草鞋(ソウアイ/わらじ)』
【鞋韈(アイベツ)】くつと、たび。

鞋〔正倉院蔵〕

8838【鞍】1640 3048 88C6 革－6 アン(漢)/ān/くら
(8816)【鞌】── 革－6
[字解] 形声。革＋安(安定させる)(声)。乗り手のからだを馬上に安定させるものの意。
[意味] くら。牛馬の背の上につける台。『鞍韉(アンセン)』『金鞍(キンアン)』『銀鞍(ギンアン)』『孤鞍(コアン)』⬇〔馬具〕の[図]一三三九頁
【鞍瓦(アンガ)】くらぼね。くらの、尻を乗せる居木(いぎ)に前輪と後輪(しずわ)を取り付けたもの。鞍橋(アンキョウ)。鞍骨。
【鞍韉(アンセン)】馬のくらと、くらの下に敷く、したぐら。
【鞍馬(アンバ)】[1]くらをおいた馬。転じて、訪問客をいう。*白居易-琵琶行「門前冷落鞍馬稀(モンゼンレイラクしアンバはまれなり)〔＝家の前はさびれて、訪問客もまれになった〕」[2][国]馬の背の形をした台の上で行う体操競技。また、その用具。
【鞍轡(アンピ)】馬につける道具で、くらと、くつわ。
【鞍部(アンブ)】[国]山の尾根で、鞍の前輪と後輪の間のように、両側より低くなっている所。

8839【鞉】*7135 革－6 トウ(タウ)(漢)/táo
[字解] 形声。革＋兆(声)。ふりつづみの意。鞀に同じ。

8840【鞐】8064 7060 E8DE 革－6 こはぜ
[字解] 国字。会意。革＋卡。上下をとめる意。書物の帙(チツ)やたびをとめる、ひっかけのつめ。こはぜ。

8841【⿰革光】── 革－6 ぬめ
[字解] 国字。絹織物の一種「ぬめ」に用いる「絖」にならったもの。
[意味] ぬめかわ。牛皮をタンニンで柔らかくした弾力のある革。

8842【鞖】*7137 革－7 サイ(漢)/しおで
[字解] 形声。革＋妥(声)。
[意味] くらおび。しおで。鞍の前後の輪につけた紐(ひも)。

8843【鞘】── 革－7 ソウ(サウ)(漢)・ショウ(セウ)(漢)/shāo・qiào/さや
(8844)【鞘】3068 3E64 8FE2 革－7 †
(8874)【韒】── 韋－7
[字解] 形声。革＋肖(細くとがった先)(声)。
[意味] ❶むち。むち先。❷しおで。馬具の名。鞍の前輪と後輪の左右につけて、むながい、しりがいをとめるための紐(ひも)。❸(ショウ)さや。㋑刀身をおさめ入れる筒。『鞘当(さやあて)』『白鞘(しらさや)』㋺形がさや状のもの。『鞘翅目』『鞘堂』『翅鞘(シショウ)』『葉鞘(ヨウショウ)』❹[国]さや。ある値段と他の値段との差。ある利率と他の利率との差。江戸時代、帳合米と正米との値段の差をいう「差違(サイ)」から生じた語という。『逆鞘(ぎゃくざや)』『利鞘(りざや)』❺熟字訓。『海鞘(ほや)』
【鞘翅目(ショウシモク)】昆虫のうち、前翅が堅く後翅や背にかぶさっているコガネムシ科の類。
【鞘堂(さやドウ)】建物を保護するため、その外側をおおうように造った堂。

8845【⿰革毎】── 革－7 しころ
[字解] 国字。兜(かぶと)の鉢につけて頸から襟を防御するもの。しころ。

8846 【鞟】 * 7142 革－8 カク 「鞹」(8862)の異体字

8847 【鞠】 2139 3547 8B66 革－8 人 キク㊥・キュウ(キウ)㊥/jū・jú/まり
字解 形声。革＋匊(→球、たま)㊥。けまりの意。

意味 ❶まり。けまりに使うまり。『鞠戯』『蹴鞠(けまり)』『手鞠(てまり)』 ❷やしなう。そだてる。『鞠育』『鞠養(キクヨウ)』 ❸おさない。若い。『鞠子』 ❹かがむ。身を丸める。『鞠躬』 ❺とりしらべる。ただす。「鞫」に同じ。『鞠断』

【鞠育(キクイク)】 やしないそだてること。養育。

【鞠戯(キクギ)】 けまりの遊び。

【鞠子(キクシ)】 おさなご。稚子。

【鞠断(キクダン)】 取り調べて罪を決すること。

【鞠躬(キッキュウ)】 身をかがめおそれつつしむこと。

【鞠躬如(キッキュウジョ)】 身をかがめおそれつつしむさま。

8848 【鞚】 * 7140 革－8 コウ㊥/kòng/くつわ
字解 形声。革＋空㊥。くつわの意。⬇〔馬具〕の図一三三九頁

8849 【鞜】 8065 7061 E8DF 革－8 トウ(タフ)㊥/tà/くつ
字解 形声。革＋沓(→踏、ふむ)㊥。かわぐつの意。

8850 【鞞】 * 7141 革－8 ヘイ㊥・ヒ㊥/bǐng・bǐ・pí/さや
字解 形声。革＋卑㊥。

文 金 
文 篆 

参考 万葉仮名では音を借りて「へ㊤」。
意味 ❶さや。刀を入れるさや。❷つづみ。騎兵が馬上で打つ太鼓。攻め太鼓。『鞞鼓(ヘイコ)』

8851 【鞨】 8066 7062 E8E0 革－9 カツ㊥/hé
字解 形声。革＋曷㊥。
意味 「靺鞨(マッカツ)」は、中国の隋・唐代、満州に居住していたツングース系民族。

8852 【鞫】 7581 6B71 E691 革－9 キク㊥/jū・jú/きわまる・きわめる
字解 鞠に同じ。
意味 きわめる。きわまる。とことん追及する。罪人などを責めただす。「鞠」に同じ。
【鞫獄(キクゴク)】 罪を調べて刑を行うこと。
【鞫訊(キクジン)】 罪人をとことん取り調べること。鞫問(キクモン)。

8853 【鞦】 8067 7063 E8E1 革－9 シュウ(シウ)㊥/qiū/しりがい
字解 形声。革＋秋㊥。
意味 ❶しりがい。馬具の一。馬の尾の下から鞍の後輪にかけるひも。⬇〔馬具〕の図一三三九頁。❷「鞦韆(シュウセン)」は、ぶらんこ。ゆさわり。＊蘇軾-春夜「鞦韆院落夜沈沈(シュウセンインラクよるチンチン)〔＝ぶらんこの下がった中庭には人の姿も見えず、夜は静かにふけてゆく〕」

8854 【鞣】 8068 7064 E8E2 革－9 ジュウ(ジウ)㊥/róu/なめしがわ・なめす
字解 形声。革＋柔(やわらかい)㊥。皮をやわらかくする、なめしがわの意。
意味 ❶なめしがわ。❷なめす。皮を柔らかくする。

8855 【鞢】 * 7143 革－9 ショウ(セフ)㊥/shè/ゆがけ
字解 形声。革＋枼㊥。ゆがけの意。韘に同じ。

8856 【鞭】 4260 4A5C 95DA 革－9 ヘン㊥・ベン㊥/biān/むち・むちうつ
字解 形声。革＋便(＝㑊、都合がよい)㊥。馬をむちうって都合よくさせる、むちうつ・むちの意。金文は革に従わない。

文 金 
文 篆 

意味 むち。㋑牛馬や罪人を打つ道具。『鞭扑』『鞭毛』『教鞭』『先鞭』 ㋺むちうつ。むちでうつ。転じて、はげます。『鞭尸』『鞭撻』

下接 教鞭(キョウベン)・刑鞭(ケイベン)・執鞭(シツベン)・赭鞭(シャベン)・先鞭(センベン)

【鞭策(ベンサク)】 (「策」も、むちの意) 1むち。2むちで打つこと。また、はげますこと。鞭撻。

【鞭尸(ベンシ)】 しかばねをむち打って恨みを晴らすこと。〔史記-伍子胥伝〕

【鞭杖(ベンジョウ)】 むち。また、むち打つこと。

【鞭捶(ベンスイ)】 むち。むちで打つこと。

【鞭声(ベンセイ)】 むちの音。＊頼山陽-題不識庵撃機山図「鞭声粛粛夜過河(ベンセイシュクシュクよるかわをわたる)〔＝(上杉謙信の軍勢は)むちの音も静かに、川を渡って攻めてきた〕」

【鞭撻(ベンタツ)】 むちで打ってこらしめること。転じて、努力を怠るなと強くはげますこと。

【鞭笞(ベンチ)】 1むち。鞭策。2むちで打つこと。鞭撻。

【鞭扑(ベンボク)】 むち。❤「鞭」は役人を罰するむち。「扑」は学生を罰するむち。

【鞭毛(ベンモウ)】 原生動物や動植物の精子などにある、細長い毛のようなむち状の器官。『鞭毛虫』

8857 【鞆】 ──── 革－9 ベン㊥・メン㊥/おもがい
字解 形声。革＋面㊥。
意味 おもがい。くつわを固定するために、馬の目の上に結ぶ緒。

8858 【鞳】 8069 7065 E8E3 革－10 トウ(タフ)㊥/tà
字解 形声。革＋荅㊥。
意味 「鞺鞳(トウトウ)」は、つづみや水が鳴り渡るさま。

8859 【韝】 * 7147 革－10 コウ 「韝」(8878)の異体字

8860 【韜】 * 7146 革－10 トウ 「韜」(8879)の異体字

8861 【鞴】 8070 7066 E8E4 革－10 ヒ㊥・ホ㊥・ビ㊥/bèi/ふいご
字解 形声。革＋葡㊥。
意味 ❶皮ぶくろ。❷車の飾り。❸ふいご。ふいごう。かじやで使う、風を出して火をおこす道具。『蹈鞴(たたら)』

8862 【鞹】 * 7151 革－11 (8846)〔鞟〕 * 7142 革－8 カク(クヮク)㊥/kuò/かわ
字解 形声。革(毛をとり去ったかわ)＋郭㊥。かわ(毛

篆文 

をとり去ったもの)。

意味 なめしがわ。＊論語-顔淵「虎豹之鞹、猶ニ犬羊之鞹ー(コヒョウのカクは、なおケンヨウのカクのごとし)〔=トラやヒョウのなめしがわは、ちょうどイヌやヒツジのなめしがわと同じだ〕」

8863【鞺】＊7152 革-11 トウ(タウ)(漢)/tāng
字解 形声。革+堂(声)。
意味「鞺鞳(トウトウ)」は、つづみの鳴り渡るさま。また、水が波や滝となって勢いよく音をたてるさま。

8864【鞾】＊7154 革-12 カ(クヮ)(漢)/xuē/くつ
字解 形声。革+華(声)。かわぐつの意。靴に同じ。

8865【韁】＊7156 革-13 キョウ(キャウ)(漢)/jiāng/きずな
字解 形声。革+畺(声)。
意味 きずな、たづなの意。くつわに結んで、騎手が馬を制御する綱。➡〔馬具〕の図一三三九頁

8866【韃】8071 7067 E8E5 革-13 タツ(漢)・ダツ(慣)/dá/むち
字解 形声。革+達(声)。
意味 ❶むち。むちうつ。「撻」に同じ。『鞭韃(ベンタツ)』❷「韃靼(ダッタン)」は、八世紀に東蒙古に現れた蒙古系部族の一。タタール。

8867【韅】＊7158 革-14 ケン(漢)/xiǎn/おもづら
字解 形声。革+㬎(声)。馬につける皮ひもの意。

8868【韆】8072 7068 E8E6 革-15 セン(漢)/qiān
字解 形声。革+遷(声)。「鞦韆(シュウセン)」は、ぶらんこ。

8869【韈】8073 7069 E8E7 革-15 バツ(漢)・ベツ(慣)/wà/しとうず
字解 形声。革+蔑(声)。襪・韤に同じ。たび・したぐつ・しとうずの意。

8870【韉】＊7160 革-17 セン(漢)/jiān/したぐら
字解 形声。革+薦(草で編んだしきもの)(声)。
意味 したぐら。くらの下に敷く馬具。『鞍韉(アンセン)』

178 韋(韋)部 なめしがわ

甲骨文  金文  篆文 

韋は、二つの足が一つの場所をはさんで相対しているさまで、めぐること、つつむこと、転じて物をつつむなめしがわの意(イ)を表す。韋部の字は、なめしがわで作ったものに関係する。

韋 0 韋
韋 3 韌 5 韎 7 韒 9 韞 韘 10 韞
韝 韜 韛 15 韤
韋 8 韓

韋 0

8871【韋】8074 706A E8E8 韋-0 イ(ヰ)(呉)(漢)/wéi/なめしがわ
字解 部首解説を参照。
同属字 衛・闈・葦・偉(偉)・幃・煒・違(違)・緯(緯)
参考 万葉仮名では音を借りて「ゐ」。
意味 ❶なめしがわ。なめして柔らかくした革。『韋編三絶』『脂韋(シイ)』『佩韋(ハイイ)』❷その他。人名など。『韋昭』

❶ なめしがわ。

【韋革(イカク)】①なめし革と、つくり革。②なめし革。
【韋弦佩(イゲンのハイ)】自分の性格の欠点を直すためのいましめ。〔韓非子-観行〕▼中国、戦国時代、西門豹はなめし革を身につけて、その性急な性格をいましめ、董安于は弓づるを帯びて、その緩慢な性格を改めたという故事から。
【韋綺布被(イコフヒ)】革のはかまに、布の着物を着ること。質素倹約のさま。
【韋柔(イジュウ)】なめし革のようにやわらかいこと。性格がやわらかで人にさからわないこと。
【韋帯(イタイ)】なめし革の帯。無官貧賤の人が着けるもの。転じて、貧賤の人、無官の人をいう。
【韋布(イフ)】「韋帯布衣」の略。なめし革の帯と布の衣。平民や貧者の衣服。
【韋編(イヘン)】竹の札をなめし革の紐(ひも)でとじた、古代中国の書物。【韋編三絶(イヘンサンゼツ｜イヘンみたびたつ)】書物を熟読することのたとえ。〔史記-孔子世家〕▼孔子が晩年「易経」を好んで熟読し、そのためにとじ紐が三度も切れたという故事から。

❷ その他。人名など。

【韋応物(イオウブツ)】中国、唐代の自然派詩人。東晋の陶淵明(トウエンメイ)とともに陶韋と並び称された。詩集「韋蘇州集」がある。(七三七頃〜八〇四頃)
【韋昭(イショウ)】中国、三国時代呉の学者、政治家。字(あざな)は弘嗣(コウシ)。「国語注」を著した。(二〇四頃〜二七三頃)
【韋駄天(イダテン)】(梵 Skandaの音訳、塞建陀、揵陀の誤記によるという)仏語。増長天に属する八将軍の一。僧・寺院の守護神。非常な速さで駆けるとされ、足の速いことのたとえ。〔涅槃経〕

「衛」⇩7218

韋 3

8872【韌】＊7162 韋-3 ジン(漢)/rèn/しなやか
字解 形声。韋+刃(声)。しなやかの意。肕・靭に同じ。

8873【韎】＊7164 韋-5 バイ(漢)・バツ(漢)/mò・mèi
字解 形声。韋+末(声)。赤黄色に染めたかわの意。また、異民族の音楽の名。

8874【韒】二一一 韋-7 ショウ「鞘」(8843)の異体字

8875 【韞】 ―― 韋－9 ウン 「韞」(8877)の異体字

8876 【韘】 *7169 韋－9 ショウ(セフ)(漢)\shè\ゆがけ・ゆみかけ
字解 形声。韋＋枼(声)。ゆがけの意。弓を射るときに、手指が痛まないように用いる革製の手袋。韘は別体。

8877 【韞】 *7172 韋－10 (8875)【韞】―― 韋－9
オン(ヲン)(漢)・ウン(漢)\yùn
字解 形声。韋＋𥁕(声)。
意味 ❶かきいろ。柿の熟した果実のような色。赤と黄の中間色。❷おさめる。つつむ。かくす。

8878 【韝】 *7171 韋－10 (8859)【鞲】*7147 革－10
コウ(漢)\gōu\ゆごて
字解 形声。韋＋冓(声)。ゆごての意。弓を射るとき、左の手から肩にかけておおう革製の袋。

8879 【韜】 8075 706B E8E9 韋－10 (8860)【鞱】*7146 革－10
トウ(タウ)(漢)\tāo・tào\つつむ
字解 形声。韋＋舀(手でぬきとる)(声)。中のものをそこからぬきとる革製の袋の意。
意味 ❶ゆぶくろ。弓を入れる革製のふくろ。「韜鈐」 ❷つつむ。おさめる。かくす。「韜晦」「韜光」 ❸書名。「六韜三略リクトウサンリャク」「韜略」「鈐韜ケントウ」

【韜晦トウカイ】①自分の才能などをごまかすこと。他人の目をくらまし、隠すこと。「自己韜晦」 ②薄暗いこと。

【韜弓トウキュウ】①弓を入れる袋。ゆぶくろ。②弓を袋に納めておくこと。

【韜鈐トウケン】①ゆぶくろと、矛の柄。②(古代中国の兵法書「六韜リクトウ」と「玉鈐篇ギョクケンヘン」の名から)兵法。

【韜光トウコウ】①光をつつみ隠すこと。②転じて、自分の才徳を隠して外に出さないこと。

【韜略トウリャク】①「六韜リクトウ」と「三略サンリャク」の併称。②(「六韜」と「三略」が古代中国のすぐれた兵法書であるところから)兵法。

8880 【韛】 *7174 韋－10 フク(漢)・ハイ(漢)\bèi\ふいご
字解 形声。韋＋𤰈(声)。
意味 ふいご。ふいごう。風を送り火をおこす革製の袋。「鞴」に同じ。「踏鞴たたら」

8881 【韤】 *7176 韋－15 バツ(漢)・ベツ(慣)\wà\たび・しとうず
字解 形声。韋＋蔑(声)。たび・しとうずの意。襪・韈に同じ。

韋

［偉］⇩361 ［幃］⇩2071 ［違］⇩8155
［煒］⇩4480 ［緯］⇩6021

8882 【韓】 2058 345A 8AD8 韋－8 カン(漢)\hán\から
字解 もと韓。形声。韋(とりかこむ)＋倝(旗ざおの柱)(声)。いどのわく、いげたの意。また、国名に用いる。
意味 ❶いげた。井戸のわく。❷中国古代の国名。春秋時代、周の武王の子の封国。晋シンに滅されたが、戦国時代に、晋を趙、魏とともに三分して独立し、現在の山西省南東部から河南省中部を領有した。のち秦シンに滅ぼされた。戦国の七雄の一。(前四〇三～前二三〇) ❸から。朝鮮半島南部の地。かつて三韓(馬韓・辰韓・弁韓)があったところ。現在は大韓民国がある。「韓国」 ❹その他。人名、書名など。「韓非子」「韓愈カンユ」

【韓海蘇潮カンカイソチョウ】韓愈の文章は広々として海のようであり、蘇軾ソショクの文章は波瀾があって潮のようだの意。

【韓琦カンキ】中国、北宋の政治家。安陽の人。字あざなは稚圭。仁宗、英宗、神宗に仕え、英宗のとき、魏国公に封ぜられ、范仲淹ハンチュウエンとともに、西夏侵略の防衛に功を上げ、韓范と称された。(一〇〇八～七五)

【韓詩外伝カンシガイデン・カンシゲデン】中国、古代説話集。一〇巻。前漢初の韓嬰カンエイ著。古い文献から教訓的な説話、警句を選び、「詩経」の詩句と関連づけて編集したもの。

【韓信カンシン】中国、前漢の武将。淮陰ワイインの人。張良、蕭何ショウカとともに漢の三傑といわれる。高祖に従い、蕭何の推薦で大将となり、趙・魏・燕・斉を滅ぼし、項羽を攻撃して大功を上げる。漢の統一後、斉王から楚王になったが、淮陰侯に左遷され、呂后リョコウによって殺された。(?～前一九六)【韓信出二袴下一カンシンコカよりいず】大志ある者は、目前の恥を耐え忍ばなければならない。〔史記－淮陰侯伝〕 中国、前漢の武将韓信が、若いとき、無頼の徒に辱められ、その股をくぐらされたが、よく忍んで後年大人物となったという、韓信の股くぐりの故事から。

【韓退之カンタイシ】＝韓愈カンユ

【韓非カンピ】中国、戦国時代末期の法家。韓の公子。李斯とともに荀子に学ぶ。「韓非子」五五編を著し政治の方法を論じ、秦の始皇帝に注目された。奸計にあい毒殺された。(～前二三三)【韓非子カンピシ】①「韓非カンピ」の敬称。②叢書。二〇巻。編者不詳。紀元前二世紀末までに成立。韓非とその一派の著作五五編を収めたもの。法治主義に基づく思想を展開。

【韓愈カンユ】中国、唐代の文人、政治家。字は退之。唐宋八大家の一人。四六駢儷ベンレイ文を批判し、散文文体(古文)を主張。儒教を尊び、仏教、道教を排撃した。詩をよくし、白居易とともに「韓白」と並び称された。主著「昌黎先生集」四〇巻、「外集」一〇巻。(七六八～八二四)

【韓紅からくれない】(舶来の紅の意)濃い紅色。唐紅。

179 韭部 にら

篆文

韭は、地面に群がり生えるニラの形で、ニラの意を表す。韭部には韭を部首として、ニラの類の植物、ニラを使った食物などを表す字を収める。非は別部(175)をなす。

韭 韭
韭 ④韮 ⑥韯 ⑧韱 ⑩韲 齏
韭

8883 【韭】 8076 706C E8EA 韭－0 キュウ(キウ)(漢)\jiǔ\にら

字解 部首解説を参照。

韭

8884 【韮】 3903 4723 9442 韭－4 キュウ(キウ)漢/jiǔ/にら
字解 韭に同じ。
意味 にら。ユリ科の多年草。全体に強い刺激臭がある。食用。『辣韮(ラッキョウ)』

8885 【韯】 *7177 韭－6 セン 「韱」(8886)の異体字

8886 【韱】 *7178 韭－8 (8885)〔韯〕 *7177 韭－6 セン漢/xiān/にら
字解 形声。韭(山にら)+𢦏(細かくきる)声。細い山ニラの意。

8887 【韲】 8078 706E E8EC 韭－10 セイ 「齏」(9653)の異体字

8888 【韰】 ━━ 韭－10 セイ漢/jī/なます・あえもの・あえる
字解 形声。韭+䒑(とどめる・たつ)声+次(ならべる)声。きざんだあえもの、なますの意。また、あえる意。

[齏]⇩9653

180 音部 おと

甲骨文  篆文 

音は、もと言の原形(辛と口)から出て、口の中に一画を加えて、口から発する音声の意(イン)を表す。音部の字は、音声、音楽、音響に関係する。

音 音 音
④ 韵 韴 ⑤ 韶 ⑩ 韻 韻
⑪ 響 ⑬ 響 響

音

8889 【音】 1827 323B 89B9 音－0 常1 (8890)〔音〕 ━━ 音－0 旧字
オン呉・イン漢/yīn/おと・ね・たより

筆順 音 音 音 音 音

字解 部首解説を参照。
同属字 瘖・闇・喑・暗(暗)・諳・黯
意味 ❶おと。ね。聴覚で感ずる感覚。『音波』『騒音』❷ふし。ねいろ。『音楽』『和音』❸こえ。言語のおと。特に、頭子音。『音韻』❹たより。おとずれ。消息。『音信不通』❺国おん。日本での漢字の読み方で、中国語音に由来するもの。『音訓』『呉音』『字音』 ⇓表

音(オン)	声(セイ)
音声	
おと。ね。	こえ。ひびき。
音曲	声曲
音楽	声楽
音韻	声韻
音調	声調
発音	発声
美音	美声

❶ おと。ね。

下接 快音・擬音・高音・轟音・雑音・実音・弱音・純音・消音・心音・騒音・大音・潮音・爆音・美音・防音・無音・録音／足音・瀬音・空音・砲音・爪音・遠音・羽音・葉音・初音・本音・物音

[音域(オンイキ)] 最低から最高までの音の高さの範囲。
[音響(オンキョウ)] 音のひびき。『音響効果』
[音叉(オンサ)] 一定振動数の純音を発し、音の高さの標準を示す用具。
[音質(オンシツ)] 音の性質。また、放送や録音での音のよしあし。
[音速(オンソク)] 音波の伝わる速さ。大気中では摂氏一五度で秒速三四〇メートル。単位は、マッハ。『超音速機』
[音波(オンパ)] 空気、水などの媒体中を伝わる振動波。この波動が耳に達すると、音を感じる。
[音量(オンリョウ)] 音、音波の振幅の大きさ、量。ボリューム。

❷ ふし。ねいろ。

下接 楽音・基音・五音・七音・主音・全音・聴音・倍音・半音・和音

[音階(オンカイ)] 一定の音程で高さの順に配した音の階段。
[音楽(オンガク)] 音による芸術。音の長短、高低などを情感に合わせて変化配列した創作、またその演出。『音楽鑑賞』
[音感(オンカン)] ねいろに対する感覚。音の高低、長短などを識別できる能力。『音感が鋭い』
[音曲(オンギョク)] 国邦楽で、楽器演奏や謡曲の総称。特に、三味線に合わせてうたう俗曲。『歌舞音曲』
[音色(オンショク|ねいろ)] 楽器、人の声など発音体に特有な音の感じ、色合い。『笛の音色』
[音痴(オンチ)] ①音に対する感覚が鈍いこと。歌が正確に歌えないこと。②転じて、ある種の感覚が鈍いこと。
[音程(オンテイ)] 二つの音の高さの隔たり。『音程が狂う』
[音頭(オンド)] 国①大勢で歌うときなどに、先に歌いだして調子を取ること。『音頭を取る』②大勢が歌につれて踊ること。そのための歌謡。③他の人の先に立って物事をすること。④雅楽の合奏で各管楽器の首席奏者。
[音符(オンプ)] 音楽の譜表上で、音の長短の割合と、高さとを示す記号。全音符、二分音符など。↓❸
[音譜(オンプ)] 国楽譜。『音譜を読む』
[音律(オンリツ)] ①各種の楽音の調子。音楽の調子。②音楽に使われる音の高さの相対的な関係を、音響学的に位置付けた平均律・純正調などの体系。

❸ こえ。言語のおと。

下接 哀音・遺音・訛音・吃音・玉音・瓊音・語音・子音・歯音・唇音・声音・清音・促音・濁音・発音・鼻音・表音・母音・梵音・約音・拗音・五十音・破裂音

[音韻(オンイン)] ①ある言語に用いられる、音として区別される限りの抽象された音の体系。フォネーム。②漢字の、音と韻。
[音義(オンギ)] 漢字で書かれた典籍について、語句の発音や意味を説明した注解書。『一切経音義』『周易音義』↓❺
[音声(オンセイ|オンジョウ)] ①主として人間が発声器官を使って発する音。こえ。②テレビなどの情報伝達のための音。
[音節(オンセツ)] 言語音声の単位の一。一まとまりの音として意識され、単語の構成要素となる。シラブル。

【音調オンチョウ】①声の高低の調子。②詩歌のリズム。
【音吐オンド】声の出し方。また、音声。『音吐朗朗ロウロウ』〔=音声がゆたかでさわやかなさま〕
【音読オンドク】国声を出して読むこと。↔黙読。→❺
【音標文字オンピョウモジ】①仮名やローマ字など、一字一字がそれぞれの音の性質を表すためにできた文字。表音文字。②言語音を書き表すための記号。音声記号。
【音便オンビン】国発音上の便宜に従って連接する音が変化すること。▼日本文法に関しては、イ音便、ウ音便、撥ハツ音便、促音便の四種とされる。
【音符オンプ】①漢字の組み立てで、音を表す部分。「管・館」の「官」など。②国漢字、仮名に付けて発音を示す補助符号。濁音符「゛」、促音符「っ」など。→❷
【音容オンヨウ】声とすがた。また、相手の様子。*白居易—長恨歌「一別音容両渺茫イチベツオンヨウふたつながらビョウボウ」〔=お別れしてからというもの、お声もお顔もはるかかなものとなった〕

❹ たより。おとずれ。消息。

下接 郷音キョウイン・疎音ソイン・訃音フイン・無音ブイン・福音フクイン

【音物インモツ】国贈り物。進物。

【音書インショ】人を見舞うための書状。音信イン。

【音信インシン|オンシン】便り。手紙。消息。『音信不通』▼「インシン」は古い言い方。

【音問インモン】手紙などで人の安否をたずねること。おとずれ。たより。

❺ (日本語で)漢字の中国語音に基づく読み。

下接 漢音カンオン・呉音ゴオン・字音ジオン・唐音トウオン・慣用音カンヨウオン

【音義オンギ】国漢字の字音と字義。→❸
【音訓オンクン】国漢字の読み方。字音と訓。
【音読オンドク】国漢字を字音で読むこと。↔訓読。→❸
【音訳オンヤク】国漢字の音(まれには訓)を借用して、外国語を書き表すこと。「仏陀ブッダ」「合羽カッパ」「巴里パリ」など。

難読地名 音威子府おといねっぷ村(北海道) 音更おとふけ町(北海道) 音羽おとわ町(愛知) 音戸おんど町(広島)

音

【瘖】⇩5026 【闇】⇩8606

8891【響】2233 3641 8BBF 音-11 常 コウ(カウ)漢・キョウ(キャウ)呉/xiǎng/ひびく・ひびき・とよむ・どよむ
(8892)【響】音-13 旧字 人
(8893)【響】音-13

筆順

字解 響は響の略体。響は形声。音+郷(むきあう)声。ひびきの意。

意味 ひびく。ひびき。㋑音、声が広がり伝わる。『音響』『反響』㋺ひびかす。他に変化をもたらす。『影響』

下接 遺響イキョウ・影響エイキョウ・音響オンキョウ・谷響コッキョウ・残響ザンキョウ・絶響ゼッキョウ・反響ハンキョウ・余響ヨキョウ・雷響ライキョウ・交響楽コウキョウガク/玉響たまゆら

【響応キョウオウ】やまびこ(反響)が声に応じておこるように、他の言動にすぐに反応して動くこと。

【響箭キョウセン】鳴りひびく矢。かぶら矢。

音

8894【韵】8081 7071 E8EF 音-4 イン「韻」(8897)の異体字

8895【韴】* 7179 音-4 ソウ(サフ)漢/ふつ

字解 形声。音+帀(めぐってすすまない)声。とぎれ声の意。また、「韴霊」は、ふつのみたま。日本の建国神話上の剣の名。

【戠】⇩2646

8896【韶】8080 7070 E8EE 音-5 ショウ(セウ)漢/sháo/うつくしい

字解 形声。音+召声。

意味 ❶うつくしい。優美な。明るくうららかな。『韶華』『韶景』『韶光』❷古代中国の天子舜シュン帝の作ったと伝えられる音楽。『韶舞』『簫韶ショウショウ』

【韶華ショウカ】①明るくうららかな春の景色。②青春。

【韶景ショウケイ】春ののどかな景色。春景。

【韶光ショウコウ】うららかな春の光。

【韶舞ショウブ】舜帝の音楽をかなでて舞うこと。

8897【韻】1704 3124 8943 音-10 常 ウン漢・イン(ヰン)慣/yùn/ひびき
(8898)【韻】音-10 旧字
(8894)【韵】8081 7071 E8EF 音-4

筆順

字解 形声。音+員(まるい)声。調和した音、ひびきの意。一説に員は匀に通じて、ととのう意とも。

意味 ❶ひびき。音色。また、ことばの音。『哀韻』『松韻』『余韻』❷おもむき。風流なさま。『気韻生動』『韻士』『韻致』『神韻』『俗韻』『風韻』❸いん。㋑漢字音、中国語の造語単位で初めの子音を除いた部分。↔声。㋺一般に詩歌で、重ねられる語や句のそれぞれ定まった部分に、同じ、または類似の音形がくり返されること。また、そのような文章の調子。『韻をふむ』『韻文』『韻律』『押韻』『脚韻』

❷ おもむき。風流なさま。

【韻士インシ】風雅な人。詩歌を作る人。
【韻事インジ】詩歌を作るなどの、風流な行い。『風流韻事』
【韻致インチ】「風韻雅致」の略。風雅な味わい。

❸ いん。漢字音で初めの子音を除いた部分。

下接 押韻オウイン・音韻オンイン・換韻カンイン・脚韻キャクイン・詩韻シイン・畳韻ジョウイン・声韻セイイン・清韻セイイン・仄韻ソクイン・通韻ツウイン・唐韻トウイン・頭韻トウイン・無韻ムイン・用韻ヨウイン・和韻ワイン

【韻学インガク】漢字の音韻について研究する学問。

【韻脚インキャク】①漢詩で、句の終わりの韻字。②西洋の詩で、強音と弱音の音節を組み合わせて、リズムの単位としたもの。▼英foot の訳語。

【韻鏡インキョウ】中国の韻図。頭子音と声調との組み合わせによって漢字音の体系を図示したもの。唐末あるいは五代ごろにできたといわれる。

【韻字インジ】漢詩文で、韻を踏むために句の末に置く字。

【韻書（インショ）】中国で韻文をつくるさいに脚韻をふむ参考書として、文字をその韻によって分類し、韻目の順に配列した書物。「切韻」「広韻」「集韻」「平水韻」など。

【韻籤（インセン）】韻字を記した小さな札。これを箱に入れ、おみくじのように振り出し、出た韻で詩を作った。

【韻文（インブン）】韻律による表現効果を主な目的とする文章、詩歌などの類。↕散文

【韻目（インモク）】漢字を韻によって分類し、各韻の代表字に、その配列順による番号をつけたもの。

【韻律（インリツ）】韻文の音声の長短、アクセントの高低・強弱や、子音、母音の組み合わせ、また句の音節数の組み合わせなどによる音楽的な諧調（カイチョウ）。また、和歌、俳句での音節数配分の形式。

181 頁部 おおがい

甲骨文 金文 篆文

頁は、ひざまずいた人が大きな頭部をいただいているさまで、あたまの意を表す。頁部に属する字は、頁を右部にもつのが例で、あたま、あたまに関する動き、部分などを表す。上部はもと首と同様に髪を添えた形もある。隷楷の形が貝に似ているので、これを「おおがい」また「いちのかい」といって貝と区別するが、貝には関係がない。

頁[0画] 頁

頁[15画] ⑮ 顰

頁[2画] ② 頃 頂 ③ 項 須 順 ④ 頑 頊 頏 頌 頓 頒 預 ⑤ 頚 頗 領 ⑥ 頫 頤 頬 頡 頮 ⑦ 頥 頣 頟 頰 頸 頹 頺 頭 頻 頼 ⑧ 顆 頷 頻 ⑨ 額 顎 顏 顔 顒 顕 題 顓 題 類 ⑩ 願 顗 顖 顙 類 顛 顚 類 ⑪ 顣 ⑫ 顧 顧 顥 顦 ⑬ 顫 ⑭ 顯 顬 ⑯ 顱 ⑰ 顩 ⑱ 顴 顳

8899【頁】 4239 4A47 95C5 頁－0 ケツ㊇・ヨウ（エフ）㊇/yè/かしら・ページ

字解 部首解説を参照。

意味 ❶かしら。あたま。こうべ。❷（英 page）ページ。書物の紙の片面。また、それを数える語。▼「頁」は枚数を数える「葉」にその音が通じるところから当てた。❸岩石の一種。『頁岩』

【頁岩（ケツガン）】粘土岩、シルト岩のうち、薄片状にはがれやすい性質を持つものをいう。

［囂］⇩913　［顳］⇩914

頁

8900【顰】 8094 707E E8FC 頁－15 ヒン㊉㊇/pín/しかめる・ひそめる

字解 形声。卑（ひくい・小さい）＋頻（顔にしわをよせる）㊟。顔に小さなしわをよせて、しかめる意。

意味 顔をしかめる。眉（まゆ）をひそめる。「嚬」「矉」に同じ。『一顰一笑（イッピンイッショウ）』

【顰蹙（ヒンシュク）】顔をしかめて不快の情を表すこと。『顰蹙を買う〔=不快にさせて、嫌われる〕』

〔効ㇾ顰（ひそみにならう）〕事の良し悪しを考えず、いたずらに人まねをする。また、人にならって事をするのを謙遜（ケンソン）して言う。〔荘子－天運〕▼中国、春秋時代、美女西施（セイシ）が胸を病んで顔をしかめていたのを、これが美人だとして、醜女がまねをしたので、みんな逃げまわった、という故事から。「西施顰（セイシのひそみ）」ともいう。

頁

8901【頃】 2602 3A22 8DA0 頁－2 キョウ（キャウ）㊉・ケイ㊇/qīng・qǐng/ころ・しばらく

字解 形声。頁＋ヒ（反対むきにかたむいた人の象形）㊟。頭をかたむける意。また、かたむく意。傾の原字。借りて、ころの意に用いる。

同属字 傾・熲・穎・潁

意味 ❶かたむく。かたむける。斜めになる。「傾」に同じ。『頃筐』❷ころ。㋑このごろ。ちかごろ。『頃日』『頃者』『頃年』㋺国だいたいその時分。また、適当な時。『食べ頃』『年頃』❸しばらく。『頃刻』『俄頃（ガケイ）』『少頃（ショウケイ）』❹古代中国の面積の単位。一頃は百畝（ヒャクホ）。『一碧万頃（イッペキバンケイ）』『一望千頃（イチボウセンケイ）』❺国「身頃（みごろ）」は、身衣（みごろも）の略という。あて字。

【頃筐（ケイキョウ）】上縁の一方が低く、一方が高いかご。

【頃刻（ケイコク）】しばらくの間。わずかな時間。

【頃日（ケイジツ）】このごろ。近ごろ。頃者。

【頃者（ケイシャ）】（「者」は、時を表す語につく助字）このごろ。近ごろ。頃日。

【頃年（ケイネン）】ここ数年。近年。

8902【頂】 3626 443A 92B8 頁－2 常6 チョウ（チャウ）㊉・テイ㊇/dǐng/いただく・いただき

筆順 丁 頂 頂 頂 頂 頂

字解 形声。頁＋丁（→顚、最上）㊟。頭の意。また、丁は、くぎで固定する意で、頂は体に固定した頭の意とも。

意味 ❶いただき。頭のてっぺん。あたま。『頂門』❷いただき。物事の一番高いところ。『頂上』❸いただく。㋑頭の上などに物をおく。㋺国人から物をもらう意の謙遜語。『頂戴』❹その他。あて字。『真骨頂（シンコッチョウ）』

下接 円頂（エンチョウ）・灌頂（カンジョウ）・丹頂（タンチョウ）・頭頂（トウチョウ）

❶ いただき。頭のてっぺん。あたま。

【頂光（チョウコウ）】仏語。仏の頭上から発する光。後光。

【頂戴（チョウダイ）】中国、清代に官吏が帽子のいただきにつけた飾り。種類により、階級を区別した。→❸

【頂門（チョウモン）】頭の上。頭。【頂門一針（チョウモンのイッシン）】頭上を針で刺すこと。相手の急所をおさえて、戒めを加えること。頂門金椎。〔王遵巌－蘇軾荀卿論評〕【頂門金椎（チョウモンのキンツイ）】頭上を金づちでたたくこと。相手の急所をおさえて、厳しく戒めること。

【頂礼（チョウライ）】仏語。古代インド以来行われた、仏教における礼法の一。仏や尊者の前にひれふし、頭を相手の足につけておがむこと。五体投地。『帰命（キミョウ）頂礼』

❷ いただき。物事の一番高いところ。

下接 貫頂（カンチョウ）・骨頂（コッチョウ）・山頂（サンチョウ）・絶頂（ゼッチョウ）・尖頂（センチョウ）・天頂（テンチョウ）・登頂（トウチョウ）・有頂天（ウチョウテン）

【頂上（チョウジョウ）】①いちばん上の所。山のいただき。②物事の考え得る限りの最高の状態。最上。頂点。

【頂点（チョウテン）】①いちばん高い所。いただき。てっぺん。②物事の絶頂。③数学で、角を作る二直線の交わる点。

❸ いただく。

【頂戴（チョウダイ）】①敬意を表して、いただきものなどを目より高くささげ、頭を低くさげること。②国もらうことの謙譲語。『お小言を頂戴する』③国物を与えてくれること、売ってくれること、また、何かをしてくれることを、親しみの気持ちをこめて促す語。ください。→❶

8903 【項】 2564 3960 8D80 頁－3 常 コウ（カウ）漢／xiàng／うなじ

筆順 

字解 形声。頁＋工（→後、うしろ）声。うなじの意。

意味 ❶うなじ。首すじのうしろ。『項領』『直項（チョッコウ）』⬇〔顔〕の図一三二〇頁。❷分類して分けたことがら。条目。『項目』❸数学で、数式、数列、級数などを組み立てる要素としてのおのおのの数。『多項式』『同類項』『移項』❹人名。『項羽』

❶ うなじ。首すじのうしろ。

【項背相望（コウハイあいのぞむ）】前後の人がたがいに、うなじと背中をながめ合う。人の往来が絶えないことのたとえ。

【項領（コウリョウ）】①大きな首すじ。②首。また、うなじ。③要害の地のたとえ。

❷ 分類して分けたことがら。条目。

下接 事項（ジコウ）・条項（ジョウコウ）・別項（ベッコウ）・要項（ヨウコウ）・立項（リッコウ）

【項目（コウモク）】①文章などの内容を小分けにしたもの。②辞書や事典類の見出し語。③予算決算における段階的区分。款項目。項は、款の下、目の上。

❹ 人名。

【項羽（コウウ）】中国、秦末の武将。名は籍。羽は字（あざな）。叔父項梁とともに挙兵し、漢王劉邦と呼応して秦都咸陽を攻め、秦を滅ぼし、自立して、西楚の覇王となる。後、劉邦と天下の覇権を争ったが、垓下（ガイカ）の戦いで大敗、烏江で自殺した。（前二三二～前二〇二）

【項荘（コウソウ）】中国、秦末の武人。項羽のいとこ。鴻門（コウモン）の会に剣舞によって沛公（ハイコウ）を討とうとして失敗した。

【項伯（コウハク）】中国、秦末・漢初の武将。項羽のおじ。名は纏（テン）、伯は字（あざな）。楚（ソ）の将軍であったが、鴻門（コウモン）の会に沛公（ハイコウ）をかばい、のち漢に仕えて射陽侯に封じられた。

8904 【須】 3160 3F5C 907B 頁－3 人 シュ呉・ス慣／xū／まつ・もちいる・もとめる・すべからく…べし

字解 象形。ひげのはえたかおの形に象り、ひげの意。鬚の原字。需に通じて、もとめる意に用いる。

甲骨文 

金文 

篆文 

参考 万葉仮名では音を借りて「す」。片仮名「ス」の字源。

意味 ❶ひげ。あごひげ。『須眉』『魚須（ギョシュ）』❷まつ。まちうける。❸もちいる。必要とする。もとめる。『須要』『必須（ヒッス）』＊張謂-題長安主人壁「世人結交須黄金（＝世間の人は、交際をするのに金を必要とする）」❹しばらく。しばし。『須臾』『斯須（シシュ）』❺すべからく…べし。ぜひとも…しなくてはならない。再読文字。＊李白-月下独酌「行楽須及春（＝春の去らぬうちに十分遊んでおかねばならぬ）」❻梵字の音訳語。『須弥山』『須弥壇』『須達』

【須達（シュダツ）】（梵 Sudatta の音訳）インド舎衛国の長者。釈迦につかえ、祇園精舎を建てた。

【須眉（シュビ）】①ひげとまゆげ。②男子のこと。

【須弥山（シュミセン｜スミセン）】（梵 Sumeru の音訳）仏教の世界観で、世界の中心にあるという高山。妙高山。

【須弥壇（シュミダン）】仏像を安置する台座。須弥座。もと、須弥山にかたどったものといわれる。

【須臾（シュユ）】たちまちに。ごく短い時間。＊劉希夷-代悲白頭翁「須臾鶴髪乱如糸（＝たちまちに白髪は糸のように乱れる）」

【須要（シュヨウ｜スヨウ）】ぜひ必要であること。必須。

8905 【順】 2971 3D67 8F87 頁－3 常4 ジュン呉・シュン漢／shùn／したがう・すなお

筆順 

字解 形声。頁＋川（→循、したがう）声。顔を柔らげしたがう意。

金文 

篆文 

意味 ❶したがう。㋑さからわない。すなお。↕逆。『順良』『従順』『柔順』㋺思いどおり。都合がよい。望ましい道すじにしたがう。↕逆。『順調』『順風』『不順（フジュン）』⇓表 ❷物事の次第。道すじ。『順序』『順番』

❶ したがう。さからわない。思いどおり。

下接 ㋑阿順（アジュン）・委順（イジュン）・温順（オンジュン）・帰順（キジュン）・恭順（キョウジュン）・敬順（ケイジュン）・孝順（コウジュン）・耳順（ジジュン）・柔順（ジュウジュン）・従順（ジュウジュン）・承順（ショウジュン）・随順（ズイジュン）・忠順（チュウジュン）・貞順（テイジュン）・不順（フジュン）・和順（ワジュン）㋺不順（フジュン）

順（ジュン）	逆（ギャク）
順逆	
したがう。筋道どおり。	さからう。さかさま。
順行	逆行
順風	逆風
順流	逆流
順境	逆境
順縁	逆縁

【順縁（ジュンエン）】善事を縁として仏道に入ること。↕逆縁。→❷

【順気（ジュンキ）】①順当な気候。②順調な気分。③気候に順応すること。④人の気性に従うこと。

【順逆（ジュンギャク）】道理にかなっているか否かということ。→❷

【順境（ジュンキョウ）】環境や条件に恵まれ、物事が具合よくいっている境遇。↕逆境

【順行（ジュンコウ）】天体が地球と同じ公転方向に進むこと。順行運動。→❷

【順孝（ジュンコウ）】父母によく従って孝行すること。孝順。

【順守（ジュンシュ）】法律、道徳、道理などに従い、それを守ること。新聞・放送用語で「遵守」の書き換え。

【順正（ジュンセイ）】道理に従っていて正しいこと。

【順接（ジュンセツ）】二つの文、文節の接続の仕方で、前項が後項の順当な理由、原因などになっているもの。↕逆接

【順調（ジュンチョウ）】国とどこおりなく物事が進行するさま。

【順適（ジュンテキ）】対象に適合するように自身を合わせること。順応すること。

【順当】ジュントウ　そうであるのがあたりまえであるさま。
【順応】ジュンノウ〔ジュンオウ〕　環境や境遇に適応すること。
【順風】ジュンプウ　追い風。↔逆風。【順風満帆】ジュンプウマンパン　船が帆に追い風をいっぱいに受けて快く進むこと。転じて、物事が非常に順調であることの形容。
【順法】ジュンポウ　法律に従い、これを守ること。『順法闘争』♥新聞・放送用語で「遵法」の書き換え。
【順良】ジュンリョウ　従順で善良であるさま。

❷ 物事の次第。道すじ。

下接　一順イチジュン・逆順ギャクジュン・語順ゴジュン・席順セキジュン・打順ダジュン・着順チャクジュン・手順てジュン・筆順ヒツジュン・道順みちジュン

【順位】ジュンイ　国ある順序に従って決めた位置、地位。
【順延】ジュンエン　順次に期日を延ばすこと。『雨天順延』
【順縁】ジュンエン　年齢の高い順に死ぬこと。↔逆縁。→❶
【順逆】ジュンギャク　順序が正しいことと逆であること。→❶
【順行】ジュンコウ　順序どおりに行くこと。↔逆行。→❶
【順次】ジュンジ　順序に従って次々に物事をするさま。
【順順】ジュンジュン　国順序を追ってすること。順次。
【順序】ジュンジョ　一定の規準による並び方。また、物事を行う手順。
【順番】ジュンバン　国順を追ってかわるがわるその事に当たること。また、その順序。
【順列】ジュンレツ　①順序。序列。②数学で、複数の中から一定個数のものを取り出し一列に並べる並べ方。

8906 【頑】 2072 3468 8AE6　頁－4　常　ガン(グヮン)漢 wán／かたくな

筆順
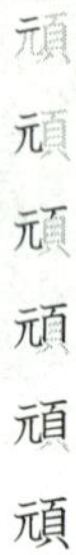

字解　形声。頁＋元(声)。
意味　❶かたくな。融通がきかない。『頑として譲らない』『冥頑メイガン』❷丈夫である。堅固である。『頑健』❸「頑張ガンばり」は、あて字。我ガを張るの意。

❶ かたくな。

【頑強】ガンキョウ　頑固でなかなか屈しないこと。→❷
【頑嚚】ガンギン　頑固で道理にくらいこと。
【頑愚】ガング　おろかで強情なこと。頑闇ガンアン。頑魯ガンロ。
【頑固】ガンコ　①かたくなで、自分の考えや態度を曲げようとしないこと。『頑固一徹』②病勢などがしつこくてなかなか弱まらないこと。
【頑鈍】ガンドン　頑固で愚鈍なこと。
【頑夫】ガンプ　頑固で欲深い男。
【頑迷・頑冥】ガンメイ　頑固で物の道理にくらいこと。『頑迷固陋コロウ』『頑冥不霊フレイ』〔＝かたくなで無知なこと〕
【頑陋】ガンロウ　頑固で陋劣なこと。

❷ 丈夫である。堅固である。

【頑強】ガンキョウ　体ががっしりしていて丈夫なさま。→❶
【頑健】ガンケン　体が強く、丈夫なさま。
【頑丈】ガンジョウ　国人や物が、堅固で丈夫なこと。がっしりしているさま。♥「岩乗」「岩畳」などとも書く。

8907 【頊】 ＊7184　頁－4　キョク漢・ギョク漢 xū／つつしむ

字解　形声。頁＋玉省(声)。
意味　❶つつしむ。❷「頊頊キョクキョク」は、自失のさま。❸「顓頊センギョク」は、中国の伝説上の五帝の一人。黄帝の孫。

8908 【頏】 8082 7072 E8F0　頁－4　コウ(カウ)漢 háng／のど

字解　形声。頁＋亢(のど)(声)。のどの意。のちに頁を加えて、その字義を明確にした。⬇〔頡〕の図一三二〇頁

8909 【頌】 8083 7073 E8F1　頁－4　人　ジュ呉・ショウ漢・ヨウ漢 sòng・róng／ほめる・たたえる

字解　形声。頁(頭を飾った祭祀をとりおこなう人)＋公(おおやけの祭りの場)(声)。舞をまってたたえまつる、ほめる意。

金文　篆文

意味　❶ほめる。たたえる。ほめたたえてのべる。『頌歌』『頌詞』『謳頌オウショウ』『歌頌カショウ』『賀頌ガショウ』⇒〔称〕(5459)の表　❷『詩経』の六義の一。神に君主の徳をほめ告げる詩。『周頌シュウショウ』『商頌ショウショウ』❸仏教で、仏徳や教理をほめたたえる詩。ほめうた。『偈頌ゲジュ』

❶ ほめる。たたえる。

【頌歌】ショウカ　仏の功徳、君主や英雄の功績、神の栄光などを褒めたたえる歌。
【頌詞】ショウシ　人徳などを褒めたたえる言葉。頌辞。
【頌詩】ショウシ　人徳や功績などを褒めたたえる詩。
【頌辞】ショウジ　＝頌詞ショウシ
【頌春】ショウシュン　新春を褒めたたえること。年賀の挨拶アイサツに用いる語。
【頌声】ショウセイ　功徳を褒めたたえる声。また、平和を賛美する声。
【頌徳】ショウトク　徳を褒めたたえること。『頌徳碑』
【頌美】ショウビ　褒めたたえること。称美。

8910 【頓】 3860 465C 93DA　頁－4　トン呉漢・トツ漢 dùn・dú／ぬかずく・とみに・にわかに

字解　形声。頁＋屯(あつまり、一所につく)(声)。頭を地につけておじぎする、ぬかずく意。
意味　❶ぬかずく。『頓首』❷とまる。とめる。とどまる。やどる。『停頓』❸つまずく。足をふみならす。また、たおれる。くるしむ。つかれる。『撼頓カントン』『困頓コントン』『疲頓ヒトン』❹とみに。急に。にわかに。突然。また、一度に。一時に。『頓死トンシ』❺かたづける。ととのえる。おちつける。『安頓アントン』『整頓セイトン』❻「冒頓ボクトツ」は、匈奴キョウドの王の名。❼あて字など。『頓馬トンマ』『頓珍漢とんちんかん』

❶ ぬかずく。

【頓首】トンシュ　書簡などの終わりに付け、相手に対して敬意を示す語。『頓首再拝』『草草頓首』♥元来は、中国の古い礼式で深く頭を下げてする敬礼のこと。

❷ とまる。とめる。とどまる。やどる。

【頓舎】トンシャ　軍隊をとどめて、宿営すること。
【頓着】トンチャク〔トンジャク〕　物事を気にすること。→❺

❸ つまずく。くるしむ。つかれる。

【頓萃】トンスイ　苦しむこと。困苦。
【頓足】トンソク　足でしきりに地をうつこと。
【頓躓】トンチ　つまずくこと。苦しい状態になること。
【頓弊】トンペイ　いたんでだめになること。
【頓踣・頓仆】トンボク　つまずき倒れること。＊柳宗元－捕蛇者説「饑渇而頓踣キカツシテトンボクす」〔＝飲まず食わずのはてに倒

れてしまう」」

〔頓足〕足を踏み鳴らす。じだんだを踏む。悲しみを示す動作。＊杜甫-兵車行「牽衣頓足攔道哭(ころもをひきあしをトンしみちをさえぎりてコクす)」(=(家族たちは)兵士の軍服をおさえ、足ぶみをし、行く手をさえぎって大声で泣いている)」

❹ 急に。にわかに。また、一度に。

〔頓狂・頓興〕国 突然、調子はずれの言動をするさま。

〔頓宮〕国 急ごしらえの仮の宮殿。かりみや。行宮(アングウ)。

〔頓悟〕仏語。長くきびしい修行を経ないで、仏の真実に触れ、即座に仏果を得ること。↔漸悟

〔頓挫〕勢いが突然弱ること。事業が急に行きづまること。

〔頓才〕機転の利く才能。『頓知頓才』

〔頓死〕にわかに死ぬこと。急死。

〔頓証菩提〕仏教で、すみやかに悟りの境地に達すること。

〔頓知・頓智〕国 場面や状況などに応じて即座に出る知恵。機知。気転。♥「知」は「智」の書き換え。

〔頓服〕症状が現れるごとに一度に服用させること。また、その薬。頓服薬。

❺ かたづける。おちつける。

〔頓着〕おちつけておくこと。安置すること。↓❷

❼ あて字など。

〔頓珍漢〕①物事が行き違ったり前後したりしてわけがわからなくなること。②頓馬な言動をすること。♥鍛冶屋の相槌を打つ音が交互してそろわないさまから。

〔頓馬〕国 ①まぬけであること。また、その人。②しくじり。失敗。

8911 【頒】 4050 4852 94D0 頁－4 常 ハン(漢)・フン(漢)/bān・fēn/わける・わかつ

筆順 分 頒 頒 頒 頒 頒

字解 形声。頁＋分(声)。大きなあたまの意。また、分に同じく、わける意を表す。

意味 ❶わける。わけ与える。また、広くゆき渡らせる。『頒行』『頒賜』『頒布』 ❷まだら。「斑」に同じ。『頒白』

〔頒行〕広く配布すること。頒布。

〔頒賜〕お上から物を分かちたまわること。頒賚(ハンライ)。

〔頒白〕白髪まじりの頭髪。ごましお。半白(ハンパク)。

〔頒布〕広く分かち配ること。配布。

8912 【預】 4534 4D42 9761 頁－4 常5 ヨ(呉)(漢)/yù/あずける・あずかる・あらかじめ・かねて

筆順 予 預 預 預 預 預

字解 形声。頁＋予(↓舒、のびる)(声)。かおがのびやかになる、たのしむ意。また、予に同じく、あらかじめの意を表す。

参考 万葉仮名では音を借りて「よ(乙)」。

意味 ❶あらかじめ。かねて。まえもって。「予」に同じ。『預言』『預備』 ❷かかわる。関与する。「与」に同じ。『参預』 ❸国 あずける。託する。保管してもらう。また、あずかる。ひきうける。『預金』『預託』

❶ あらかじめ。まえもって。

〔預言〕①未来のことをあらかじめ推測して言うこと。予言。②キリスト教で、神の言葉を神託として語ること。また、その言葉。『預言者』

〔預度〕あらかじめおしはかること。預料。

〔預備〕前もってそなえること。予備。

❸ (日本語で)あずける。託する。

〔預金〕国 金銭を金融機関にあずけること。また、その金銭。『定期預金』♥銀行関係でいうことが多い。

〔預託〕国 金銭や物品を一時的にあずけること。

[傾]⇩375 [煩]⇩4493

8913 【頚】 2359 375B 8C7A 頁－5 ケイ 「頸」(8925)の異体字

8914 【頗】 3192 3F7C 909C 頁－5 ハ(呉)(漢)/pō・pǒ/すこぶる

字解 形声。頁＋皮(↓波、ゆれ動きよせるなみ)(声)。あたまをかたむける、かたよる意。

意味 ❶公平でない。かたよる。❷すこぶる。たいそう。❸その他。人名など。『偏頗』『頗牧』

〔頗牧〕中国、戦国時代の名将、廉頗と李牧のこと。転じて、名将。

8915 【領】 4646 4E4E 97CC 頁－5 常5 リョウ(リャウ)(呉)・レイ(漢)/lǐng/うなじ・えり

筆順 令 領 領 領 領 領

字解 形声。頁＋令(声)。

意味 ❶うなじ。えりくび。㋑くび。くびすじ。『頸領』『首領』➡〔頭〕の図一三二〇頁。㋺えり。衣服のえり。また、衣類、鎧などの一そろい。一かさね。『具足一領』『領袖』 ❷おおもと。大事なところ。かなめ。『綱領』『本領』『要領』 ❸おさめる。すべる。㋑占める。自分のものとする。『領地』『占領』 ㋺すべひきいる。取りしまる。『領事』『管領』『統領』 ㋩支配する範囲。『自治領』『他領』 ❹うけおさめる。うける。『領収』『受領』『拝領』 ❺さとる。のみこむ。理解する。『領会』『領承』 ❻記録する。書きつける。『簿領』

❶ うなじ。えりくび。また、えり。

〔領袖〕人の上に立ってその代表となるような人物。〔晋書-魏舒伝〕♥「領」はえり、「袖」はそでのこと。共に人目につきやすいところからいう。

❸ おさめる。すべる。

下接 横領・恩領・管領・家領・宰領・主領・将領・所領・寺領・受領・占領・総領・惣領・属領・他領・天領・統領・頭領・掠領・自治領

〔領域〕①そのものの関係の及ぶ範囲。『境界領域』②国際法上、国家の主権の及ぶ範囲。

〔領海〕その国の領域に含まれる海面。↔公海

〔領事〕外国の主要都市に駐在して、自国民の貿易、通商、在留生活などを保護、奨励する官吏。『領事館』

〔領主〕①領土の持ち主。②国 荘園の所有者。③

9画 面革韋(韋)韭音頁風飛食(食・食)首香

[国]江戸時代、領地と人民の支配権を持つ大小名、旗本の称。

[領地(リョウチ)] 所有し支配する地。その国の主権下にある土地。領土。

[領土(リョウド)] [1]領有している土地。領地。[2]国際法上、国家の統治権の及ぶ区域。

[領分(リョウブン)] [国][1]所有する地域。領地。[2]勢力の及ぶ範囲。専門とする範囲。

[領有(リョウユウ)] 自分の土地やものとして所有すること。

❹ うけおさめる。うける。

[領受(リョウジュ)] 受けおさめること。受領。

[領収(リョウシュウ)] 代金などを受け取ること。受領。『領収証』

❺ さとる。のみこむ。理解する。

[領会(リョウカイ)] 内容を会得し全体をさとること。

[領解(リョウカイ)] [1]理解すること。また、他人の意図を知り、認めること。諒解。[2](解額を領するの意)中国の唐代の制度で、郷試(キョウシ)の合格者の数の中にはいること。

[領承(リョウショウ)] [国]他の申し出を受け入れること。了承。

[碩] ⇩ 5329

8916 【頞】 * 7191 頁－6 アツ[呉][漢]/è

[字解] 形声。頁＋安[声]。

[意味] はなすじ。はなばしら。『蹙頞(シュクアツ)』

8917 【頤】 8085 7075 E8F3 頁－6 (8921)〖頥〗* 7208 頁－7 (8922)〖頣〗―― 頁－7 イ[漢]/yí/あご・おとがい

[字解] 形声。頁＋𦣞(あごの象形)[声]。あごの意。頁をのちに加えてその字義を明確にした。

[意味] ❶おとがい。あご。『頤使』➡〔顔〕の[図]一三二〇頁。❷やしなう。そだてる。『頤養』『期頤(キイ)』❸易の六十四卦(カ)の一。䷚。物をかみ、人を養う意。❹固有名詞。『頤和園』

[頤使・頤指(シイ)] あごで指図すること。見くだしたような態度で、人を使うこと。

[頤養(イヨウ)] 育て養うこと。

[頤和園(イワエン)] 中国北京市の北西郊外にある清朝時代に造られた庭園。万寿山・昆明湖で名高い。

8918 【頬】 4343 4B4B 966A 頁－6 キョウ 「頰」(8924)の異体字

8919 【頡】 8086 7076 E8F4 頁－6 ケツ[漢]・キツ[慣]/xié・jié

[字解] 形声。頁＋吉[声]。

[意味] ❶まっすぐにのびた首すじ。『頡頏』❷鳥が飛び上がる。『頡頏』❸みだれる。みだす。『頡滑』

[頡頏(ケッコウ|キッコウ)] [1]鳥などが飛び上がったり、飛び下がったりすること。[2]勢力が互いに同じくらいの力で優劣がきまらないこと。拮抗(キッコウ)。[3]首すじが強いこと。転じて、人の圧力などに屈しないこと。

[頡滑(ケッコツ|ケッカツ)] [1]入りみだれること。錯乱。[2]まがりくねること。

8920 【頫】 * 7201 頁－6 フ[漢]・チョウ(テウ)[漢]/fǔ・tiào

[字解] 会意。頁＋逃(にげる)省。かおをふせる、うつむく意。また、天子にまみえる意。

[頴] ⇩ 3982

8921 【頥】 * 7208 頁－7 イ 「頤」(8917)の異体字

8922 【頣】 ―― 頁－7 イ 「頤」(8917)の異体字

8923 【頷】 8087 7077 E8F5 頁－7 ガン[呉]・カン[漢]/hàn/うなずく

[字解] 形声。頁＋含(口にふくむ)[声]。あごの意。

[意味] ❶あご。おとがい。『燕頷虎頸(エンガンコケイ)』『豊頷(ホウガン)』『竜頷(リョウガン|リュウガン)』➡〔顔〕の[図]一三二〇頁。❷うなずく。ききいれる。『頷首』

[頷首(ガンシュ)] うなずいて承知すること。

[頷聯(ガンレン)] 漢詩で、律詩の第三句と第四句の称。対句の表現をとる。

8924 【頰】 * 7204 頁－7 (8918)〖頬〗 4343 4B4B 966A 頁－6 † キョウ(ケフ)[漢]/jiá/ほお・ほほ

[字解] 形声。頁＋夾(はさむ)[声]。かおを両側からはさむようなほおの意。

[意味] ほお。また、顔。➡〔顔〕の[図]一三二〇頁

[下接] 緩頰(カンキョウ)・紅頰(コウキョウ)・拄頰(チュウキョウ)・豊頰(ホウキョウ)

[頰輔(キョウホ)] ほお。顔の両側。

8925 【頸】 8084 7074 E8F2 頁－7 (8913)〖頚〗 2359 375B 8C7A 頁－5 † ケイ[漢]/jǐng・gěng/くび・たてくび

[字解] 形声。頁＋巠(まっすぐ)[声]。あたまに続くまっすぐなところ、くびの意。

[意味] くび。くびすじ。また、物の首にあたる部分。➡〔顔〕の[図]一三二〇頁

[下接] 延頸(エンケイ)・鶴頸(カクケイ)・刎頸(フンケイ)

[頸椎(ケイツイ)] 脊椎(セキツイ)動物の頸部にある脊椎。

[頸領(ケイリョウ)] くび。くびすじ。

[頸聯(ケイレン)] 漢詩で、律詩の第五、六句をいう。対句とし、絶句の転句と同じく、一、二聯でうたわれた内容を一転させる構成をとるのが通例。

[難読地名] 頸城(くびき)村(新潟)

8926 【頹】 8088 7078 E8F6 頁－7 (8927)〖頽〗―― 頁－7 タイ[漢]/tuí/くずおれる・くずれる・すたれる・なだれる

[字解] 頹は穨の誤字。穨は形声。禿(はげる)＋潰(くずれる)省[声]。はげおちる、くずれる意。

[意味] ❶くずれる。㋑くずれ落ちる。『頹岸』『壊頹(カイタイ)』『傾頹(ケイタイ)』『摧頹(サイタイ)』＊礼記-檀弓上「泰山其頹乎(タイザンそれくずれんか)〔＝泰山がくずれようとしている〕」㋺くずおれる。なびく。また、従う。『頹乎』㋩かたむく。『頹陽』㋥思いに沈む。『頹思』㋭おとろえる。すたれる。『頹運』『頹齢』『衰頹(スイタイ)』『廃頹(ハイタイ)』❷暴風。はやて。『頹風』

[頹運(タイウン)] おとろえる気運。

[頹岸(タイガン)] くずれかかった岸。

9画 面革韋(韋)韭音頁風飛食(食・食)首香

【頽乎(タイコ)】①さからわないでなびくさま。②酒に酔いくずれるさま。

【頽思(タイシ)】思いにしずむこと。

【頽勢(タイセイ)】おとろえた勢い。退勢。

【頽然(タイゼン)】①たおれくずれるさま。②酔いつぶれるさま。③年とっておとろえるさま。

【頽唐(タイトウ)】道徳的で健全な気風がおとろえて、病的な刺激を喜ぶ状態。退廃。

【頽波(タイハ)】①くずれかける波。②物事のおとろえていくたとえ。

【頽敗(タイハイ)】風俗がくずれだらしなくなること。退廃。

【頽廃(タイハイ)】道徳的気分がおとろえて不健康になること。退廃。

【頽風(タイフウ)】①くずれ乱れた風俗。②暴風。疾風。

【頽弊(タイヘイ)】くずれて行われなくなること。

【頽陽(タイヨウ)】夕日。落日。

【頽齢(タイレイ)】老齢。高齢。『頽齢期』

8929【頭】 3812 462C 93AA 頁－7 常2 ズ(ヅ)呉・トウ漢・チュウ(チウ)唐・ジュウ(ヂュウ)唐・ト慣／tóu／あたま・かしら・かぶり・かみ・こうべ・つぶり・つむり

筆順 頭 頭 頭 頭 頭

字解 形声。頁＋豆(上部が大きく、まっすぐ立ったかつき)声。たかつきのようなかしらの意。

参考 万葉仮名では音を借りて「つ」「づ」。

意味 ❶あたま。㋑動物の首から上の部分。かしら。こうべ。つむり。『頭蓋』『頭脳』『双頭』『禿頭』㋺(トウ)動物を数える語。『頭数』❷いただき。物の先端、また上の部分。『頭注』『竿頭』『弾頭』❸はじめ。先立つ部分。↔尾。『頭韻』『先頭』『年頭』❹上に立つ人。かしら。かみ。日本の令制で、寮の長官。『頭目』『番頭』❺あたり。ほとり。その付近。『街頭』『雅楽頭』『路頭』❻その他。音訳字など。『頭陀』『饅頭』

❶ あたま。首から上の部分。

下接 案頭・魁頭・裹頭・牛頭—ゴズ・叩頭・光頭・黒頭・虎頭・出頭・心頭・人頭—ニントウ・尖頭・双頭・草頭・搔頭・蒼頭・擡頭・台頭・低頭・点頭・纏頭・禿頭・平身低頭・羊頭狗肉・竜頭蛇尾・竜頭鷁首

【頭蓋(ズガイ|トウガイ)】脊椎動物の頭部の骨格。『頭蓋骨』「トウガイ」は、医学でいう。
【頭巾(ズキン|トキン)】①(ズキン)頭や顔を覆う布製のかぶりもの。寒さ、ほこりを防いだり、人目を避けるためなどに使用される。②(トキン)国修験道で、山伏がかぶる小さなずきん。
【頭痛(ズツウ)】頭の痛み。また、悩み。心痛。
【頭脳(ズノウ)】脳。また、脳の働き。すぐれた知力や、それをもつ人をもいう。『頭脳明晳』
【頭会箕斂(トウカイキレン)】人数に応じて、箕ですくうように税を取り収めること。税の取り立てが厳しいたとえ。
【頭角(トウカク)】頭部のつの。また、頭の先。〔見二頭角一〕すぐれた才能・技芸などをもち、人に抜きんでる。〔韓愈‐柳子厚墓誌銘〕
【頭足異レ処(トウソクところをことにす)】首と足が別々になる。刑罰などで、首を切られること。また、腰斬されること。〔史記‐淮陰侯伝〕
【頭風(トウフウ)】頭がいたむこと。頭痛。
【頭蓬(トウホウ)】ヨモギのように乱れた頭。
【頭顱(トウロ)】①あたま。頭盧。②しゃれこうべ。

❷ いただき。物の先端、また上の部分。

下接 竿頭—さおがしら・岩頭・巌頭・亀頭・三頭・山頭・指頭・樹頭・檣頭・舌頭・弾頭・柱頭・釘頭・乳頭・筆頭—ふでがしら・鼻頭・露頭／潮頭—しおがしら・柄頭—つかがしら・波頭—なみがしら

【頭書(トウショ)】書物の本文の上の欄に注、その他の書き入れをすること。また、その注や書き入れ。↓❸
【頭注・頭註(トウチュウ)】本文の上欄に記す、語句の解釈や批評、解説など。↔脚注

❸ はじめ。はじめの部分。

下接 音頭・語頭・枝頭・初頭・陣頭・先頭・尖頭・船頭・到頭・年頭・筆頭・文頭・平頭・劈頭・冒頭・話頭

【頭韻(トウイン)】同一または類似の音で始まる語を続けて用いる修辞法。↔脚韻
【頭書(トウショ)】書類の書き出しの部分。↓❷
【頭緒(トウショ)】①物事のいとぐち。②心に思いうかぶことのはしばし。心緒。

❹ 上に立つ人。かみ。かしら。

下接 会頭・学頭・教頭・巨頭・地頭—ジがしら・船頭・番頭・問頭／馬頭—うまのかみ・組頭—くみがしら・座頭—ざがしら・旗頭—はたがしら・前頭—まえがしら

【頭首(トウシュ)】集団や団体の首領。

【頭目(トウモク)】①かしら。首領。②中国、元代の軍の将官。

【頭領(トウリョウ)】かしら。首領。

❺ その付近。あたり。ほとり。

下接 咽頭・駅頭・屋頭・街頭・関頭・岸頭・橋頭・原頭・舷頭・口頭・江頭・喉頭・市頭・社頭・床頭・牀頭・城頭・津頭・塔頭・池頭・店頭・田頭・渡頭・埠頭・路頭

❻ 音訳字。

【頭陀(ズダ)】(梵語「dhūta」の音訳)①物欲をはらいのけて仏道を修行すること。そのための生活規律。②＝頭陀袋。

【頭陀袋(ズダぶくろ)】①頭陀をする僧が、修行の用具などを入れて首に掛ける袋。②何でも入るような大きい袋。

8929【頻】 頁－7 ヒン「頻」(8933)の旧字

8930【頼】 4574 4D6A 978A 頁－7 常 (7768)【賴】 貝－9 旧字人 ライ呉漢／lài／たのむ・たのみ・たのもしい・たよる・たより

筆順 頼 頼 頼 頼 頼

字解 頼は賴の通俗体。賴は形声。貝(財貨)＋剌(＝刺)声。財貨をもうける意。転じて、たのむ意。剌は、一説に嬾に通じて、そのままにしておく意とも。

同属字 癩・籟・瀨(瀬)・懶・獺

意味 ❶たよる。たよりにする。たのみにする。『信頼

『無頼』 ❷たのむ。ねがう。『依頼』『亡頼』『聊頼』 ❸人名。『達頼喇嘛』『頼山陽』

【頼山陽】江戸後期の儒者。安芸国（広島県）の人。名は襄。字は子成。江戸に出て尾藤二洲、山崎闇斎に師事。国史を研究、尊王思想の影響のもとに「日本外史」を著す。詩文・書画にすぐれ、著はほかに「日本政記」「日本楽府」などがある。（一七八〇～一八三二）

［頴］⇩5425 ［穎］⇩5501 ［頳］⇩7779

8931 【顆】 8089 7079 E8F7 頁－8 カ(クヮ)㊥/kē

字解 形声。頁（まるいあたま）＋果（まるい木の実）㊟。まるいもの、つぶの意。

意味 つぶ。また、まるい小さいものを数える語。『みかん一顆』

【顆粒】粒状のもの。『顆粒状の風邪薬』

8932 【顇】 ＊7211 頁－8 スイ㊥/cuì/やつれる

字解 形声。頁＋卒（つきる）㊟。あたまを悩ます、やつれる意。悴に同じ。

8933 【頻】 4149 4951 9570 頁－8 常 (8929)【頻】 頁－7 旧字

ビン㊐・ヒン㊥/pín/しきりに

筆順 頻 頻 頻 頻 頻 頻

字解 もと瀕。会意。頁＋涉（水をわたるときに生じる水紋）。かおにしわをよせる意。また、比に通じて、しきりにの意に用いる。

意味 ❶顔をしかめる。眉をひそめる。「顰」に同じ。『頻顣〔＝顰蹙〕』 ❷しきりに。しばしば。『頻出』『頻度』 ❸ならぶ。『頻行』 ❹音訳字。『頻伽』

❷ しきりに。しばしば。

【頻出】国繰り返し現れ出ること。

【頻数】しきりに。しばしば。

【頻度】物事が繰り返し起こる度数、度合い。

【頻年】毎年毎年。頻歳。

【頻発】国①短期間に、同じ種類の事態が幾度も発生すること。②次々と数多く発車すること。

【頻繁・頻煩】しきりであること。

【頻頻】しきりに起こるさま。

❹ 音訳字。

【頻伽・頻迦】（梵 kalaviṅka の音訳「迦陵頻伽」の略）仏語。極楽にいるという想像上の鳥。顔は美女のようで鳥の姿をし美声を発するという。頻伽鳥。

8934 【額】 1959 335B 8A7A 頁－9 常5 ガク㊥・カク㊐/é/ひたい・ぬか

筆順 額 額 額 額 額 額

字解 形声。頁＋客㊟。

意味 ❶ひたい。顔面の上部の、毛髪の生え際から眉の辺りまでの所。おでこ。『額黄』『前額』『猫額』『抹額』➡〔顔〕の図一三二〇頁。 ❷がく。絵、文字などを書いて、門、壁などに掲げるもの。また、そのためのわく。『額縁』『掲額』『扁額』 ❸たか。かぎり。量。主として貨幣、有価証券などの表面に記された金銭上の数値。『額面』『巨額』『金額』

❶ ひたい。おでこ。

【額黄】中国、六朝時代、女性の化粧の一。ひたいに塗った黄色の顔料。

❷ がく。門、壁などに掲げるがく。

【額面】掛け額。扁額。→❸

❸ たか。かぎり。金銭上の数値。

下接 価額・巨額・金額・月額・減額・高額・差額・産額・残額・小額・少額・全額・総額・増額・多額・低額・定額・点額・年額・倍額・半額・満額

【額面】国①「額面価格」の略。証券、貨幣などの表面に記された金額。②表面に現れた事柄や意味。→❷

難読地名 額田郡・町（愛知） 難読姓氏 額賀

8935 【顎】 1960 335C 8A7B 頁－9 ガク㊐㊥/è/あご・あぎと

字解 形声。頁＋咢㊟。「腭」に同じ。

意味 口蓋。人、動物の口を構成する顎骨を中心とする部分。日本では、あご。あぎと。上あご下あご。『上顎』➡〔顔〕の図一三二〇頁

8936 【顔】 2073 3469 8AE7 頁－9 常2 (8937)【顏】 8090 707A E8F8 頁－9 旧字

ゲン㊐・ガン㊥/yán/かお・かんばせ

筆順 顔 顔 顔 顔 顔 顔

字解 形声。頁＋彦（模様が美しい）㊟。化粧をした美しいかお、かおの意。

金文 篆文

意味 ❶かお。かおつき。かんばせ。表情。また、体裁。面目。『顔貌』『顔色』 ❷いろどり。彩色。『顔料』 ❸固有名詞など。『顔真卿』『顔回』

❶ かお。かおつき。表情。

下接 艶顔・恩顔・温顔・花顔・汗顔・強顔・玉顔・厳顔・抗顔・厚顔・紅顔・慈顔・赭顔・愁顔・朱顔・承顔・笑顔・酔顔・聖顔・洗顔・蒼顔・素顔／尊顔・台顔・天顔・童顔・拝顔・破顔・犯顔・美顔・復顔・芳顔・容顔・竜顔・冷顔・老顔・和顔／笑顔・似顔・寝顔・仏顔・真顔・丸顔・目顔・横顔・瓜実顔・恵比須顔・閻魔顔

【顔甲】つらの皮がよろいのように厚いこと。はじ知らず。

【顔色】顔のいろ。かおいろ。顔色あい。また、顔に表れた感情の動き。→❷ 【無顔色】①恐怖、羞恥など

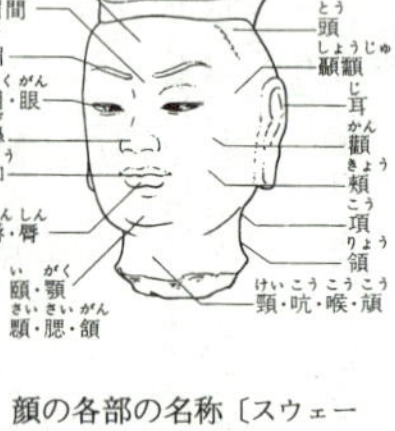

顔の各部の名称〔スウェーデン国王所蔵加彩人物頭部〕

どのために顔色が青くなる。また、圧倒されて元気がなくなる。②容貌に色つやがない。＊白居易‐長恨歌「六宮粉黛無顔色（リクキュウのフンタイガンショクなし）〔＝化粧をこらした後宮の美女たちも、その美しさを失うほどであった〕」

【顔貌（ガンボウ）】かおかたち。容貌。

【顔容（ガンヨウ）】＝顔貌（ガンボウ）

❷ いろどり。彩色。

【顔色（ガンショク）】色。色彩。→❶【生顔色（ガンショクをショウず）】美しい色彩を発する。＊杜甫‐哀江頭「苑中万物生顔色（エンチュウのバンブツガンショクをショウず）〔＝苑中のものはみな、いっそう美しい色彩を放ったものだ〕」

【顔料（ガンリョウ）】水や油などの溶剤に溶けない着色剤の総称。塗料、印刷インキ、化粧品の主原料。

❸ 固有名詞など。

【顔淵（ガンエン）】＝顔回（ガンカイ）

【顔延之（ガンエンシ）】中国、六朝時代、宋の詩人。謝霊運とともに「顔謝」と並び称された。主著「秋胡詩」。（三八四～四五六）

【顔回（ガンカイ）】中国、春秋時代の儒者。字（あざな）は子淵。魯（ロ）の人。孔子の第一の門弟。貧窮ながら、学、徳ともにすぐれた人とたたえられる。（前五二一～前四九〇）

【顔巷（ガンコウ）】〔顔回の住んでいた町の意〕学者などが貧乏しながら暮らしているむさくるしい町。〔論語‐雍也〕

【顔氏家訓（ガンシカクン）】中国、家訓の書。二〇編。六朝時代末の顔之推著。乱世に生きる貴族の生態、処世術をうかがい知る貴重な資料。

【顔師古（ガンシコ）】中国、唐初の学者。顔之推の孫。名は籀（チュウ）。「五経」を校定し、「五礼」を選定。太子のために「漢書」に注釈を加えた。（五八一～六四五）

【顔之推（ガンシスイ）】中国、南北朝時代の学者。琅邪（ロウヤ）・臨沂（リンキ）の人。字（あざな）は介。初め梁に仕え、のち北斉、北周、隋に仕える。主著「顔氏家訓」二〇編。（五三一～五九〇頃）

【顔真卿（ガンシンケイ）】中国、唐代の政治家。臨沂（リンキ）の人。字（あざな）は清臣。諡（おくりな）は文忠。玄宗に仕え、平原太守として安禄山の乱で大功を挙げた。能書家として知られ、王羲之（オウギシ）派の典雅な書風に反発して、正鋒（直筆）をもって書き、書の革新を試みた。顔魯公。（七〇九～七八四頃）

8938 【顒】 ＊7214 頁‐9 ギョウ(漢)／yóng

字解 形声。頁＋禺（大きな顔）(声)。大きな顔、大きい意。

8939 【顕】 2418 3832 8CB0 頁‐9 常 (8958)【顯】 8093 707D E8FB 頁‐14 旧字 人

ケン(呉)(漢)／xiǎn／あきらか・あらわ・あらわれる・あらわす

筆順 顕 顕 顕 顕 顕 顕 顕 顕

字解 顕は顯の略体。顯は形声。頁＋㬎（かがやく）(声)。頭につけた美しいかざりの意。

金文 篆文

意味 ❶あきらか。あきらかにする。あらわす。あらわ。『顕在』『顕示』『隠顕（インケン｜オンケン）』『開顕（カイケン）』『不顕（ヒケン）』『表顕（ヒョウケン）』『幽顕（ユウケン）』『露顕（ロケン）』❷高位高官にのぼる。また、高い地位。名高い。世に出て栄える。『顕官』『栄顕（エイケン）』『貴顕（キケン）』『尊顕（ソンケン）』＊史記‐張儀伝「頼子得顕（シによりてケンなるをえたり）〔＝あなたのおかげで、世間に出ることができた〕」❸故人である先祖、父母、または高貴な者などにそえる敬称。『顕考』『顕妣』

❶ あきらか。あきらかにする。あらわ。

【顕赫（ケンカク）】明らかなこと。

【顕諫（ケンカン）】正面からあからさまにいさめること。

【顕教（ケンギョウ｜ケンキョウ）】顕（あらわ）にわかりやすく説き示した教え。密教で、一般仏教を指していう。↔密教

【顕現（ケンゲン）】明らかに姿を現すこと。

【顕在（ケンザイ）】国 物事がはっきりと形に現れていること。

【顕示（ケンジ）】はっきりと、あらわし示すこと。

【顕彰（ケンショウ）】功績等を世間に明らかにし表彰すること。

【顕然（ケンゼン）】はっきりしているさま。

【顕著（ケンチョ）】際立って目につくさま。著しいさま。

【顕微（ケンビ）】①あらわれていることと、かすかなこと。②微小な物事を明らかにすること。『顕微鏡』

【顕密（ケンミツ）】仏語。顕教と密教。

【顕揚（ケンヨウ）】名声、威信などを、世に広め高めること。

❷ 高位高官にのぼる。また、高い地位。

【顕位（ケンイ）】高い位（くらい）。時めく地位。

【顕栄（ケンエイ）】立身出世すること。栄達。顕達。

【顕学（ケンガク）】名高い学問、学派。また、有名な学者。

【顕官・顕宦（ケンカン）】高位の官職。重要な官職。

【顕者（ケンシャ）】世間に名の知られた人。

【顕職（ケンショク）】貴く重要な地位。高官。要職。『高位顕職』

【顕達（ケンタツ）】立身出世すること。栄達。

【顕要（ケンヨウ）】地位が高く、職責が重いこと。重要な地位。

❸ 故人である先祖や父母などにそえる敬称。

【顕考（ケンコウ）】①高祖の敬称。②亡父の敬称。

【顕妣（ケンピ）】亡母の敬称。

8940 【顋】 8091 707B E8F9 頁‐9 サイ(漢)／sāi／あご・あぎと・えら

字解 形声。頁＋思(声)。腮に同じ。

意味 ❶あご。あぎと。➡〔顔〕の図一三二〇頁。❷魚のえら。

8941 【顓】 ＊7215 頁‐9 セン(漢)／zhuān

字解 形声。頁＋耑（→端、まっすぐで正しい）(声)。うやうやしいさま。

意味 ❶うやうやしいさま。つつしむさま。❷もっぱら。「専」に同じ。『顓制』❸小さいさま。また、丸いさま。『顓顓』❹人名。『顓頊』

【顓頊（センギョク）】中国の伝説上の五帝の一人。黄帝の孫。少昊（ショウコウ）の後を受け、高陽に都をつくり、重黎（チョウレイ）に命じて天地を分かち、暦を作ったという。

【顓制（センセイ）】ほしいままに事を行うこと。専制。

【顓顓（センセン）】①小さいさま。丸いさま。②おろかなさま。

8942 【題】 3474 426A 91E8 頁‐9 常3 ダイ(呉)・テイ(漢)／tí

筆順 題 題 題 題 題 題 題

字解 形声。頁＋是(声)。

参考 万葉仮名では音を借りて「て」。

意味 ❶ひたい。物のはし、はじめ。特に、書物の巻頭。『題字』➡〔顔〕の図一三二〇頁。❷だい。書物や作品

の名。それによって作品を展開することば。『題名』『唱題（ショウダイ）』『品題（ホンダイ｜ヒンダイ）』『標題』『画題』❸問いかけの言葉。解決を迫られている事柄。テーマ。『題材』『主題』『命題』❹しるす。詩や文字などを書きしるす。『題画』『偶題（グウダイ）』『献題（ケンダイ）』❺品定めする。『品題（ヒンダイ）』

❶ひたい。物のはし、はじめ。巻頭。

【題言（ダイゲン）】＝題辞（ダイジ）

【題詞（ダイシ）】①＝題辞（ダイジ）。②詩歌の詠まれた事情、趣意、作者などを記した言葉。

【題詩（ダイシ）】巻頭に詩を書くこと。また、その詩。→❸

【題辞（ダイジ）】書物の巻頭や画幅、石碑などの上部に記す言葉。題言。題詞。

【題跋（ダイバツ）】①書物などに記す題辞と跋文。②書物のあとにつける、由来、評などを書いた文章。跋文。書後。

❷だい。書物や作品の名。

下接 改題（カイダイ）・開題（カイダイ）・解題（カイダイ）・仮題（カダイ）・画題（ガダイ）・外題（ゲダイ）・原題（ゲンダイ）・首題（シュダイ）・内題（ナイダイ）・名題（なダイ）・表題（ヒョウダイ）・標題（ヒョウダイ）・副題（フクダイ）・傍題（ボウダイ）・本題（ホンダイ）・無題（ムダイ）

【題号（ダイゴウ）】書物などの題目。表題。

【題字（ダイジ）】書物の扉や石碑の上部などに記す文字。

【題簽（ダイセン）】本の表紙に題名を書いて貼（は）りつける短冊形の紙片。

【題名（ダイメイ）】書物、詩文などの表題。

【題目（ダイモク）】①書物、詩文などの表題。題名。②仏語。日蓮宗で、法華経の表題に南無（ナム）の二字を加えて唱える「南無妙法蓮華経」の称。→❸

❸問いかけの言葉。テーマ。

下接 演題（エンダイ）・課題（カダイ）・画題（ガダイ）・季題（キダイ）・寄題（キダイ）・議題（ギダイ）・休題（キュウダイ）・句題（クダイ）・実題（ジツダイ）・宿題（シュクダイ）・主題（シュダイ）・出題（シュツダイ）・図題（ズダイ）・席題（セキダイ）・設題（セツダイ）・即題（ソクダイ）・探題（タンダイ）・勅題（チョクダイ）・難題（ナンダイ）・文題（ブンダイ）・命題（メイダイ）・問題（モンダイ）・例題（レイダイ）・論題（ロンダイ）・話題（ワダイ）・閑話休題（カンワキュウダイ）

【題詠（ダイエイ）】あらかじめ題を決めておいて、詩歌などを作ること。また、その詩歌。

【題材（ダイザイ）】学術研究や芸術作品の主題となる材料。

【題詩（ダイシ）】ある定まった題によって詩を作ること。また、その詩。→❶

【題目（ダイモク）】研究や討議の主題。→❷

❹しるす。詩や文字などを書きしるす。

【題画（ガダイ）】山水・人物などの絵に、画賛として詩や文を書き加えたもの。

【題壁（ダイヘキ）】詩歌、文章などを壁上に書きしるすこと。

8943 【類】 4664 4E60 97DE 頁－9 常4 （8951）【類】二二 頁－10 旧字 人

ルイ 呉漢 lèi たぐい・たぐう・たぐえる

筆順

字解 類は類の略体。類は会意。頁（あたま）＋米（こめ）＋犬（いぬ）。いずれもまるい点で似るところから、たぐいの意を表すか。また、犬＋頪（わかりづらい）㊥の形声で、犬に似た獣から、にる、たぐいの意を表すとも。

参考 万葉仮名では音を借りて「る」。

意味 ❶たぐい。なかま。㋑同種、同等のものの集まり。一族。『類別』『種類』㋺生物を分類するときの段階で、綱（コウ）または目（モク）の代わりに用いる称。『哺乳類』『鳥類』❷たぐう。たぐえる。くらべる。また、似ている。『類似』『等類（トウルイ）』『比類（ヒルイ）』❸国まきぞえをくう。同じめにあう。『類火』『類焼』

❶たぐい。なかま。同種、同等のもの。

下接 ㋑一類（イチルイ）・衣類（イルイ）・異類（イルイ）・遺類（イルイ）・遠類（エンルイ）・縁類（エンルイ）・群類（グンルイ）・穀類（コクルイ）・獣類（ジュウルイ）・殊類（シュルイ）・種類（シュルイ）・生類（ショウルイ｜セイルイ）・書類（ショルイ）・庶類（ショルイ）・子類（シルイ）・字類（ジルイ）・親類（シンルイ）・人類（ジンルイ）・族類（ゾクルイ）・苔類（タイルイ）・畜類（チクルイ）・地類（チルイ）・党類（トウルイ）・等類（トウルイ）・同類（ドウルイ）・万類（バンルイ）・非類（ヒルイ）・品類（ヒンルイ）・物類（ブツルイ）・部類（ブルイ）・分類（ブンルイ）・方類（ホウルイ）・余類（ヨルイ）・連類（レンルイ） ㋺魚類（ギョルイ）・菌類（キンルイ）・藻類（ソウルイ）・鳥類（チョウルイ）・柑橘類（カンキツルイ）・爬虫類（ハチュウルイ）・哺乳類（ホニュウルイ）・両生類（リョウセイルイ）・霊長類（レイチョウルイ）

【類聚（ルイジュ｜ルイジュウ）】同じ種類の事柄を集めること。また、その集めたもの。類集。【類聚名義抄（ルイジュミョウギショウ）】平安末期の漢和辞書。法相宗の僧侶の編で、院政期の成立かという。仏・法・僧の三部仕立とし、漢字を偏旁によって分類、音訓・字体などを示す。

【類従（ルイジュウ）】種類別に事柄を集めること。また、集めたもの。『群書類従』

【類書（ルイショ）】①事項を類別して編集した書物。②国同種類の書物。

【類別（ルイベツ）】全体を、共通の性質を持つグループに分けること。分類。類分け。

【類編（ルイヘン）】種類を分けて編纂すること、また、その書物。

【以レ類聚（ルイをもってあつまる）】気の合った者は自然により集まる。〔易経-繫辞伝上〕

❷たぐう。くらべる。また、似ている。

【類縁（ルイエン）】①似たところがあること。②親類。一族。

【類型（ルイケイ）】国①似ている型。②幾つかのものに共通する本質的な一つの性質、また、共通の型。典型。『類型化』③ありふれた型。『類型的』

【類字（ルイジ）】形の似ている字。「瓜」と「爪」、「己」と「已」など。

【類似（ルイジ）】似かよっていること。共通点があること。

【類人猿（ルイジンエン）】サルのうち最も人に近縁なもの。尾がなく、直立して歩く。ゴリラ、チンパンジーなど。

【類推（ルイスイ）】類似の点をもとにして他の事を推しはかること。類比推理。

【類同（ルイドウ）】似かようこと。同じようであること。

【類比（ルイヒ）】比べあわせること。比較。

【類例（ルイレイ）】似かよっている例。同種類の例。

❸（日本語で）まきぞえをくう。

【類火（ルイカ）】国他から燃え移った火事。もらいび。

【類焼（ルイショウ）】国他所の火事が燃え移って、焼けること。

8944 【願】 2074 346A 8AE8 頁－10 常4

ガン（グヮン）呉・ゲン漢 yuàn ねがう・ねがい

筆順

字解 形声。頁＋原㊥。一説に原は元に通じて、大きい意で、願は、大きなあたまの意という。のち愿に通じて、ねがう意を表す。

意味 ❶ねがう。ねがい。こうあって欲しいと望むこと。『願（ガン）をかける』〔＝神仏に祈ってねがう〕『願望』『志願』❷ねがわくは。どうか…したい。ぜひとも…したい。㋑自分の願望を示す。＊論語-先進「願学焉（ねがわくはまなばん）」〔＝勉強して一心にやってみたい〕㋺他に対する願望を示す。＊論語-公冶長「願聞二子之志一(ねがわくはシのこころざしをきかん)〔=先生のお気持ちをお聞かせください〕」

下接 哀願(アイガン)・依願(イガン)・祈願(キガン)・結願(ケチガン)・懇願(コンガン)・悃願(コンガン)・私願(シガン)・志願(シガン)・呪願(ジュガン)・宿願(シュクガン)・出願(シュツガン)・情願(ジョウガン)・所願(ショガン)・心願(シンガン)・誓願(セイガン)・請願(セイガン)・切願(セツガン)・善願(ゼンガン)・素願(ソガン)・訴願(ソガン)・大願(タイガン)・代願(ダイガン)・嘆願(タンガン)・勅願(チョクガン)・熱願(ネツガン)・念願(ネンガン)・悲願(ヒガン)・仏願(ブツガン)・併願(ヘイガン)・発願(ホツガン)・本願(ホンガン)・満願(マンガン)・名願(ミョウガン)・冥願(ミョウガン)・立願(リツガン)

【願意(ガンイ)】 願う心持ち。また、願いの趣旨、内容。

【願海(ガンカイ)】 仏や菩薩の誓願の深く広いことを海にたとえた語。

【願行(ガンギョウ)】 仏教で、誓願と修行。

【願糸(ガンシ)】 陰暦七月七日、女性が、機織(はたおり)が上達するように祈って織女星にたむける五色の糸。ねがいのいと。

【願主(ガンシュ)】 国神仏に願を立てる当人。ねがいぬし。

【願書(ガンショ)】 許可を得るために差し出す書類。

【願状(ガンジョウ)】 願いを書きしるした手紙。

【願人(ガンニン)】 国 1 願い出た人。願い主。2「願人坊主」の略。江戸時代、加持祈禱(カジキトウ)などをしてお札を勧めたりした乞食(コジキ)僧。

【願望(ガンボウ)】 願いのぞむこと。希望。

【願文(ガンモン)】 国神仏への願い事をしるした文。

【願力(ガンリキ)】 1 願を立てて、それを貫こうとする意気込み。2 阿弥陀仏(アミダブツ)の本願功徳の力。本願力。

8945 【顗】 ＊7217 頁-10 ギ㊥・ガイ㊥/yǐ

字解 形声。頁+豈㊦。

意味 ❶(ギ)やすらか。やすし。靖。❷しずか。❸(ギ)たのしい。

8946 【顖】 ＊7216 頁-10 シン㊥/xìn/ひよめき

字解 囟の古字。顖とも書く。

意味 ひよめき。『顖門』

【顖門(シンモン/ひよめき)】 乳児の頭の前頂部で、骨と骨が接合していないため、動脈の拍動に合わせて動く部分。

8947 【顡】 ＊7218 頁-10 (8948)〔顡〕二一 頁-10

ソウ(サウ)㊥/sǎng/ひたい

字解 形声。頁+桑㊦。

意味 ひたい。または、ひたいを地につけておじぎをする。ぬかずく。『稽顙(ケイソウ)』『広顙(コウソウ)』➡〔顔〕の図一三二〇頁

8949 【顚】 ＊7219 頁-10 (8950)〔顛〕 3731 453F 935E 頁-10 †

テン㊥㊥/diān/いただき

字解 形声。頁+眞(→天、いただき)㊦。いただきの意。

同属字 巓

意味 ❶いただき。てっぺん。上。また、物の先。はじめ。『顚末』『華顚(カテン)』『山顚(サンテン)』❷たおれる。さかさにする。ひっくり返る。『七顚八倒』『顚倒』『動顚』❸気がちがう。「癲」に同じ。『顚狂』『風顚(フウテン)』『酒顚(シュテン)』❹「顚顚(テンテン)」は、㋑うれいに沈んでのびのびしないさま。㋺専一なさま。㋩おろかなさま。

❶ いただき。上。また、物の先。

【顚末(テンマツ)】 始めから終わりまでのいきさつ。一部始終。

【顚毛(テンモウ)】 頭のてっぺんの毛。頭髪。

❷ たおれる。ひっくり返る。

下接 動顚(ドウテン)・崩顚(ホウテン)・七顚八起(シチテンハッキ)・七顚八倒(シチテンバットウ)・主客顚倒(シュカクテントウ)・造次顚沛(ゾウジテンパイ)

【顚隕(テンイン)】 たおれて落ちること。ころがり落ちること。=顚落(テンラク)

【顚墜(テンツイ)】 さかさになること。倒れること。転倒。

【顚倒(テントウ)】 つまずき倒れ、うろたえるさま。

【顚狽(テンパイ)】 つまずいて倒れるような危急のとき。

【顚沛(テンパイ)】 ＊論語-里仁「造次必於レ是、顚沛必於レ是(ゾウジにもかならずここにおいてし、テンパイにもかならずここにおいてす)〔=(君子は)あわただしいときも必ず仁にかなった行動をとり、危急のときも必ず仁にかなった行動をとるものである〕」

【顚覆(テンプク)】 ひっくりかえること。転覆(テンプク)。

【顚落(テンラク)】 ころげ落ちること。

❸ 気がちがう。

【顚狂(テンキョウ)】 1 気がちがうこと。2 落ち着きがなく軽はずみなこと。

8951 【頪】 二一 頁-10 ルイ「類」(8943)の旧字

8952 【顣】 ＊7221 頁-11 シュク(シク)㊥/cù

字解 形声。頁+戚㊦。ひそめる意。

8953 【顧】 2460 385C 8CDA 頁-12 常 (8954)〔顧〕二一 頁-12 旧字

コ㊥/gù/かえりみる

筆順 戸 雇 雇 雇 雇 顧

字解 形声。頁+雇(→古、ふるい)㊦。過去をふりむく、かえりみる意。

参考 万葉仮名では音を借りて「こ㊥」。

意味 ❶かえりみる。ふりむいて見る。『顧視』『回顧』＊孟子-梁恵王下「王顧二左右一而言レ他(オウサユウをかえりみてタをいう)〔=王は顔をそらして側近の方を向き、話題を変えた〕」❷思う。思いめぐらす。目をかける。『顧問』『愛顧』❸人の姓。『顧愷之』

❶ かえりみる。ふりむいて見る。

下接 枉顧(オウコ)・回顧(カイコ)・後顧(コウコ)・再顧(サイコ)・四顧(シコ)・鴟顧(シコ)・内顧(ナイコ)・反顧(ハンコ)・狼顧(ロウコ)・右顧左眄(ウコサベン)

【顧指(コシ)】 かえりみて指さすこと。

【顧視(コシ)】 かえりみること。ふりかえって見ること。

【顧託(コタク)】 後事を託すこと。故人が死後の事について頼み残したこと。特に、天子のそれ。

【顧反(コハン)】 1 ふりかえってもどること。かえること。2 かえって。逆に。

【顧盼(コハン)】 ふりかえること。あたりを見まわすこと。顧眄(コベン)。

【顧返(コヘン)】 帰ること。また、ふりかえること。＊文選-古詩十九首「游子不二顧返一(ユウシコヘンせず)〔=旅先のあなたはこちらへ帰って来ない〕」

【顧眄(コベン)】 =顧盼(コハン)

【顧歩(コホ)】 左右をふりかえりながら歩くこと。

【顧望(コボウ)】 1 ふりむいて見ること。2 あれこれと様子を見て、態度をきめずにいること。

【顧命(コメイ)】①君主や貴人が臨終の際に発する命令。②かえりみて命ずること。③生命をかえりみること。→❷

❷思う。思いめぐらす。目をかける。

下接 愛顧(アイコ)・一顧(イッコ)・恩顧(オンコ)・恵顧(ケイコ)・眷顧(ケンコ)

【顧懐(コカイ)】心を寄せること。したうこと。
【顧忌(コキ)】遠慮すること。はばかること。
【顧客(コキャク|コカク)】よく利用してくれる客。
【顧眷(コケン)】特に目をかけて、もてなすこと。
【顧恤(コジュツ)】あわれみをかけること。
【顧念(コネン)】目をかけてかわいがること。
【顧命(コメイ)】温情のこもった命令。→❶
【顧問(コモン)】①気にかけること。②相談すること。意見を問うこと。③会社その他の団体で、事業上の相談や諮問を受ける役職。また、その人。『顧問弁護士』
【顧慮(コリョ)】深く考えて、気を配ること。配慮。
【顧恋(コレン)】思いしたうこと。恋いしたうこと。

❸人の姓。

【顧炎武(コエンブ)】中国、明末～清初の学者。字(あざな)は寧人。号は亭林。清朝考証学の基礎を確立した。黄宗羲、王夫之とともに清初の三大師と呼ばれる。(一六一三～八二)
【顧愷之(コガイシ)】中国、東晋の文人画家。字(あざな)は長康。人物画にすぐれ、「女史箴(シン)図」は唐代の模本とされる。
【顧野王(コヤオウ)】中国、南朝陳の学者。字(あざな)は希馮。梁の滅亡後、陳に仕えて、黄門侍郎、光禄卿に進む。著書に「玉篇」「輿地誌」など。(五一九～五八一)

8955 【顥】 *7222 頁-12 コウ(カウ)㊥/hào/しろい・おおきい

字解 会意。頁+景(白日光)。顔がしろい意。

意味 ❶顔が白い。また、一般に白い。❷大きい。広大である。『顥穹』

【顥穹(コウキュウ)】大空。顥蒼(コウソウ)。
【顥顥(コウコウ)】①白く光るさま。②広く大きなさま。

8956 【顦】 *7223 頁-12 ショウ(セウ)㊥/qiáo/やつれる

字解 形声。頁+焦㊒。やつれる、また、うれえる意。憔に同じ。

【顦顇(ショウスイ)】やせおとろえたさま。また、うれえるさま。
憔悴(ショウスイ)。

【䫴】⇩6085

8957 【顫】 8092 707C E8FA 頁-13 セン㊥/chàn・zhàn/ふるえる

字解 形声。頁+亶(→戰、ふるえる)㊒。ふるえる意。

【顫動(センドウ)】こきざみにふるえ動くこと。戦動。

8958 【顯】 8093 707D E8FB 頁-14 ケン 「顕」(8939)の旧字

8959 【顬】 *7225 頁-14 ジュ㊥/rú

字解 形声。頁+需㊒。「顳顬(ショウジュ)」は、こめかみ。

8960 【顱】 8101 7121 E940 頁-16 ロ㊥/lú

字解 形声。頁+盧(まるい容器)㊒。頭蓋骨(ズガイコツ)の意。

意味 頭の骨。『顱頂(ロチョウ)〔=頭のてっぺん〕』『頭顱(トウロ)』

8961 【龥】 *7767 頁-17 ヤク㊥/yù

字解 形声。頁+龠㊒。呼ぶ意。

8962 【顴】 8102 7122 E941 頁-18 ケン㊥・カン(クヮン)㊕/quán/ほおぼね

字解 形声。頁+雚㊒。

意味 ほおぼね。ほおの上部に少し高く出ている骨。⬇

【顴骨(カンコツ|ケンコツ)】頬(ほお)の上部にある骨。頬骨(キョウコツ)。
〔顔〕の図一三二〇頁

8963 【顳】 8103 7123 E942 頁-18 ジョウ(ゼフ)㊥・ショウ(セフ)㊕/niè

字解 形声。頁+聶㊒。

意味 「顳顬(ショウジュ)」は、こめかみ。耳の上、髪の生えぎわの部分。物を嚙(か)むと動く。⬇〔顔〕の図一三二〇頁

182 風部 かぜ

甲骨文

篆文

風は、凡+虫との会意とも、虫+凡㊒の形声ともいう。凡は張った帆のさま、虫は風を起こすもの。甲骨文は、鳳に同じ、おおとりの象形。古くはおおとりが風を起こすとして鳳の字が風を表したが、秦のころには鳳の鳥を虫に改め用いられるようになった。風部の字は、風の状態、種類に関する。

風 風 凬 颪
風 ③ 凩
風 ⑤ 颱 ⑦ 颴 ⑧ 颶 ⑨ 颸 颼 颺 ⑩
颼 ⑪ 飃 颷 ⑫ 飈
風 ⑤ 颯 ⑩ 飆 ⑪ 飄 ⑫ 飇

風

8964 【風】 4187 4977 9597 風-0 常2 フウ㊦㊥・フ㊕/fēng/かぜ・かざ

(8965)【凬】 二二 風-0
(8966)【凨】 *1911 風-0

筆順

字解 部首解説を参照。

同属字 瘋・楓・諷

意味 ❶かぜ。かぜが吹く。また、かぜに吹かれる。『風力』『台風』＊論語-顔淵「君子之徳風(クンシのトクはかぜなり)〔=君子の人徳は、風のようなものである〕」❷かぜのたより。うわさ。『風評』『風聞』❸なびかせる。教化する。また、教え。『風教』『英風(エイフウ)』『恵風(ケイフウ)』❹ならわし。しきたり。社会的な気分。『風習』『風俗』❺おもむき。それとなく現れた様子。㋑すがた。人柄のあらわれ。『風格』『威風』㋺けしき。味わい。みやび。『風景』『風流』㋩様式。流儀。やりかた。『現代風』『関西風』『昔風(むかしフウ)』『和風』『洋風』❻病気の名。『風邪』『中風』❼さかりがつく。『風馬牛』❽ほのめかす。それとなく言う。「諷」に同じ。『風刺』『風論』❾その他。あて字など。『風呂(フロ)』

❶かぜ。かぜが吹く。

下接 温風・海風・下風・寒風・逆風・強風・薫風・勁風・恵風・朔風・疾風・秋風・順風・清風・旋風・送風・台風・通風・軟風・爆風・悲風・微風・飄風・屏風・防風・暴風・無風・涼風・緑風・冷風・烈風・光風霽月・五風十雨・櫛風沐雨・迅雷風烈／神風・東風・潮風・南風・葉風・松風・夜風

【風雲】①風と雲。自然。『風雲の情』②事の起こりそうな情勢。『風雲急を告げる〔＝情勢がさし迫る〕』

【風雲児】大きな社会変動の時期に頭角を現して活躍する英雄、豪傑。【風雲之志】竜が風と雲に乗って天に昇るように、時機に乗じて出世しようとする望み。

【風煙・風烟】風と、かすみやもや。また、風になびくかすみ。

【風鳶】凧。とんびだこ。いかのぼり。

【風檐・風簷】（「檐」「簷」は軒の意）風の吹き渡る軒ば。

【風化】岩石が長い間の自然の作用によって破壊、分解されること。人間の記憶などについてもいう。↓❸

【風気】①気候。②風。風が吹くこと。↓❹❺❻

【風魚之災】（「魚」は鰐魚の意で、ワニのこと）暴風とワニによるわざわい。転じて、海上でこうむるわざわい。また、外敵によるわざわい。〔韓愈-送二鄭尚書一序〕

【風穴】①風が吹き出る穴。②（かざあな）空気を通すために、壁などに開けた穴。

【風月】①清風と明月。『花鳥風月』②自然の風物に親しむこと。③男女が情を交わすこと。④国自然の風物に親しんで詩歌を作ること。

【風向】風の吹いてくる方向。『風向計』

【風候】①風の様子。風のかげん。②時節。気候。③風向きを調べる器具。風向計。かざみ。

【風餐露宿】風にさらされ食事をし、露にぬれて宿をとる。野宿をすること。

【風日】風と日光。転じて、天候。天気。

【風櫛雨沐】風で髪をとかし、雨で髪を洗う。世の中で風雨にさらされ、苦労すること。〔荘子-天下〕

【風車】①（フウシャ）風を受けて回転する羽根車。また、その回転によって動力を得る装置。②（かざぐるま）風力で頭部の羽根を回転させて遊ぶ玩具。

【風砂・風沙】風に吹きあげられた砂。

【風樹之嘆】親孝行をしようと思ったときには、既に親が死んでいるという嘆き。♥「韓詩外伝」の「樹欲レ静而風不レ止、子欲レ養而親不レ待也〔＝樹木が静かにしようと思っても、風はやまない。（そのように）子が孝行をしようと思っても、親は待ってくれない〕」から。

【風色】風の様子。また、天気。↓❺

【風信】風の様子。風むき。↓

❷

【風神】風をつかさどる神。風の神。

【風塵】①風に吹かれて舞う塵。軽少なもののたとえにもいう。②比喩的に、わずらわしい世の中。

【風水】①風と水。風雨。転じて、自然、山水。『風水害』②山川の状態を見て、宅地や墓地に適した場所を占う術。『風水説』

【風声】風の音。↓❷【風声鶴唳】敗兵が風の音や鶴の声をも敵と思い驚き恐れる。また、ささいなことにもびくびくすることのたとえ。〔晋書-謝玄伝〕

【風勢】風のいきおい。風力。

【風雪】風と雪。転じて、人生の苦労や困難。

【風前之灯】危険に直面し、生命の今にも絶えようとすることのたとえにいう。〔法宝-倶舎論疏〕

【風葬】遺体を野外に置き、風雨にさらして風化を待つ葬法。

【風箏】（箏のように、風に鳴るものの意）①うなりをつけた凧。転じて、凧。②風鈴。

【風霜】①風と霜。転じて、世渡りのきびしさやつらさ。『風霜に耐える』②としつき。星霜。

【風袋】国品物を包み入れる包装袋、箱など。

風神〔京都府・蓮華王院蔵〕

【風鐸】堂塔の軒の四隅などにつるす、青銅製で、鐘形をした鈴。宝鐸。

【風調】風が時節に合って順調に吹くこと。↓❺

【風鎮】掛け軸の両端にかける重し。

【風灯】風に吹かれるともしび。危ないこと、はかないことのたとえ。

【風濤】①風と波。また、風が吹いて波がざわめき立つこと。②世渡りの困難なこと。

【風伯】風の神。風師。

【風発】①風が吹き起こること。また、急に物事が起こること。②弁論などがさかんに口をついて出ること。『談論風発』

【風靡】風が草木をなびかせるように、人々を従わせること。『一世を風靡する』

【風紋】風によって砂の上にできる模様。

【風来】国風に吹きよせられたように、どこからともなく来ること。また、その人。風来坊。

【風籟】風が物に当たって発する音。風の音。

【風林】風のそよぐ林。風が吹き木々がなる林。

【風鈴】風に吹かれて快い音を出す小さな鐘形の鈴。夏、軒下などにつるす。

【風浪】風と波。また、風によって起こる波。

❷かぜのたより。うわさ。

【風邪】悪い評判。↓❻

【風信】風の便り。うわさ。↓❶

【風声】風の便り。うわさ。↓❶

【風説】＝風評。

【風評】国世間の評判。うわさ。風説。

【風聞】どこからともなく伝え聞くこと。うわさ。

【風望】よい風評と人望。↓❺

❸なびかせる。教化する。

【風化】教え導くこと。感化すること。↓❶

【風教】風俗を徳によって導くこと。

❹ならわし。しきたり。社会的な気分。

下接 悪風・異風・遺風・淫風・学風・家風・気風・旧風・校風・国風・古風・士風・社風・淳風・醇風・新風・人風・正風

・頽風・同風・土風・軟風・蛮風・美風・弊風・門風・余風・流風・良風

【風雅（フウガ）】詩経の国風(各地方の歌謡)と大・小雅(朝廷の雅楽)。転じて、詩歌のこと。↓❺

【風気（フウキ）】風俗。人々の気風。↓❶❺❻

【風紀（フウキ）】①日常の風俗、風習についての決まり。②国男女の交際に関する規律。『風紀が乱れる』

【風儀（フウギ）】①ならわし。風習。②国行儀作法。

【風習（フウシュウ）】ならわし。習慣。

【風俗（フウゾク）】①衣食住の仕方や行事など、その社会集団の生活上のならわし。風習。②その土地に行われる詩歌。③社会の道徳的な規律。風紀。『風俗紊乱（ビンラン）』

【風潮（フウチョウ）】世間一般の傾向。時勢。

【風土（フウド）】その土地の気候、地味、地勢など。土地がら。『風土病』

【風土記（フドキ）】国その地方の風土を記した地誌。♥奈良時代、地方から朝廷に差し出した公文書の書名から。

❺ おもむき。それとなく現れた様子。

下接 一風・威風・異風・英風・欧風・歌風・画風・芸風・高風・作風・詩風・書風・正風・清風・頽風・唐風・俳風・変風・幽風・雄風・洋風・流風・和風

【風韻（フウイン）】みやびやかな風情、おもむき。風趣。

【風雅（フウガ）】風流で上品なこと。↓❹

【風懐（フウカイ）】風流な思い。みやびな心。

【風概・風槩（フウガイ）】①人品。風格。②景色。風光。

【風格（フウカク）】風采と品格。おもむき。

【風鑑・風鑒（フウカン）】①見識。識見。特に人物に対する鑑識。②人の容貌・服装などを見て性質を判断すること。

【風気（フウキ）】すぐれた人柄。すぐれた気性。↓❶❹❻

【風狂（フウキョウ）】風雅に徹すること。『風狂人』

【風景（フウケイ）】目に映る自然の様子。景色。また、その場の有様。光景。『街頭風景』『心象風景』『風景画』

【風光（フウコウ）】美しい自然の眺め。『風光明媚（メイビ）』

【風骨（フウコツ）】①風格。②詩歌などの作風と精神。

【風采（フウサイ）】容貌、服装などの様子。

【風姿（フウシ）】姿かたち。風体。

【風指（フウシ）】人の容姿や身なり、態度、考え方のこと。↓❽

【風趣（フウシュ）】おもむき。味わい。

【風尚（フウショウ）】①けだかい様子。②その時代の人々の好みの傾向。一般の好み。

【風情（フウジョウ｜フゼイ）】㊀風流、風雅の趣や味わい。情趣。㊁(フゼイ)国①様子。気配。態度。②客をもてなし、喜ばせる趣向。『何の風情もない』③名詞、代名詞に付いて、それを卑しめたり、へりくだったりする意を添える語。

【風色（フウショク）】人の姿や態度。また、物事のようす。↓❶

【風人（フウジン）】風流を好む人。また、文人、詩人。

【風操（フウソウ）】けだかいみさお。

【風騒（フウソウ）】詩歌、文章を作ること。また、そのような風雅なこと。♥「詩経」の国風、「楚辞（ソジ）」の離騒から。

【風態（フウタイ）】姿。様子。おもむき。

【風致（フウチ）】おもむき。味わい。『風致地区』

【風調（フウチョウ）】おもむき。様子。調子。風韻。↓❶

【風体（フウテイ｜フウタイ）】身なり。姿。様子。

【風度（フウド）】性行・容姿などの様子。風采。

【風物（フウブツ）】①眺めとして目に入るもの。②国土地や季節に特有の景色や物。『夏の風物詩』

【風望（フウボウ）】りっぱな風采。↓❷

【風貌・風丰（フウボウ）】風采と容貌。身なりや顔かたちなどの様子。

【風味（フウミ）】飲食物などの、趣のあるよい味わい。

【風流（フウリュウ）】上品で優美な趣のあること。詩歌や趣味の世界に遊んで世俗から離れることにもいう。風雅。

❻ 病気の名。

下接 驚風・中風・痛風・破傷風

【風気（フウキ）】①脳卒中の発作後に現れるまひ症状。中風。中気。②かぜ。風邪。↓❶❹❺

【風疾・風湿（フウシツ）】漢方で、リューマチ・痛風・中風などをいう。風病。風毒。

【風邪（フウジャ｜かぜ）】かぜひき。感冒。↓❷

【風疹（フウシン）】学童や幼児に多く起こる発疹性伝染病。リンパ腺がはれ、微熱を伴い発疹する。三日ばしか。

❼ さかりがつく。

【風馬牛（フウバギュウ）】自分とは無関係なこと。〔左伝-僖公四年〕♥もと、「風馬牛不二相及一（フウバギュウもあいおよばず）」で、牛馬の雌雄が慕い合っても会えないほど遠く離れていること。

❽ ほのめかす。それとなく言う。

【風規（フウキ）】それとなく意見すること。諷規。

【風刺（フウシ）】遠回しに他の欠点をつくこと。社会、権力者などの欠陥、罪悪などを嘲笑的に表現すること。『風刺劇』『風刺画』♥書き換え「諷刺→風刺」。

【風指（フウシ）】それとなく教えさとすこと。諷指。↓❺

【風示（フウジ）】それとなく示すこと。諷示。

【風諭（フウユ）】たとえなどで遠回しにさとすこと。諷諭。

❾ その他。あて字など。

下接 破風・被風・披風

【風呂（フロ）】国①入浴のための場所。浴室。また、その湯。②風呂屋。銭湯。『風呂敷（フロしき）〔=衣服などを包む布〕』

風

8967 【凬】 8104 7124 E943 風－3 おろし

字解 国字。会意。風＋下(おりる)。山からふきおろすかぜの意。

【嵐】⇩1917

風

8968 【颱】 8106 7126 E945 風－5 タイ㊥/tái

字解 形声。風＋台㊟。台風の意。本来、大風の意であったtyphoonの音訳であるといわれている。

意味 たいふう(台風)。夏から秋にかけて暴風雨を伴って、日本やアジア大陸沿岸地方を襲う熱帯性低気圧。

8969 【颴】 ＊7230 風－7 セン㊥/xuàn/つむじかぜ

字解 形声。風＋旋(めぐる)㊟。つむじかぜの意。

8970 【颶】 8107 7127 E946 風－8 ク㊥・グ㊞/jù/つむじかぜ

8971【颸】＊7232 風－9 シ㊟/sī

字解 形声。風＋思㊍。すずかぜの意。

8971 (前項続き) 字解 形声。風＋具㊍。
意味 つむじかぜ。おおかぜ。
【颶風(グフウ)】強く激しい風。

8972【颼】—— 風－9 シュウ(シウ)㊟/sōu

字解 形声。風＋叜㊍。
意味 ❶そよ風。❷西風。❸「颼颼(シュウシュウ)」は風のさま、また、風の音。

8973【颺】＊7233 風－9 ヨウ(ヤウ)㊟/yáng/あがる

字解 形声。風＋昜(あがる)㊍。
意味 ❶風が吹き上げる。風で吹き上がる。「揚」に同じ。『飛颺』＊陶潜－帰去来辞「舟揺揺以軽颺(ふねはヨウヨウとしてもってかるくあがる)」〔＝舟はゆらゆらと軽く波に揺られる〕」❷声を上げて言う。「揚」に同じ。『颺言(ヨウゲン)』
【颺言(ヨウゲン)】公然と言い触らすこと。揚言(ヨウゲン)。

8974【颾】—— 風－10 シュウ(シウ)㊟/sōu

字解 形声。風＋叟㊍。
意味 ❶「颾颾(シュウシュウ)」は、風の音。❷「颼」(8972)の異体字。

8975【飃】8109 7129 E948 風－11 ヒョウ「飄」(8980)の異体字

8976【飂】＊7236 風－11 リュウ(リウ)㊟・リョウ(レウ)㊟/liù・liáo

字解 形声。風＋翏(鳥が高くとぶ)㊍。高くふく風の意。

8977【飈】—— 風－12 ヒョウ「飆」(8981)の異体字

風

【楓】⇩3650

8978【颯】8105 7125 E944 風－5 人 ソウ(サフ)㊟・サツ㊞/sà

字解 形声。風＋立㊍。

意味 ❶風のさっと吹くさま。『颯颯』『颯然』『蕭颯(ショウサツ)』❷気持ちよく、さかんなさま。『颯爽』

【颯颯(サッサツ)】①さっと風の吹くさま。風がやや激しく吹くさま。②雨の降るさま。

【颯然(サツゼン)】風の吹くさま。また、風を切るさま。

【颯爽(サッソウ)】動きに滞りがなく、すがすがしいさま。

【諷】⇩7564

8979【颻】＊7234 風－10 ヨウ(エウ)㊟/yáo

字解 形声。風＋䍃(↓搖、ゆれうごく)㊍。ひるがえりふきあがるかぜの意。
意味 ふきあがる風。または、物が風で揺れ動くさま。「揺」に同じ。『飄颻(ヒョウヨウ)』

8980【飄】8108 7128 E947 風－11 (8975)【飃】8109 7129 E948 風－11 ヒョウ(ヘウ)㊝㊟/piāo/つむじかぜ・ひるがえす・ひるがえる

字解 形声。風＋票(＝僊、高く舞い上がる)㊍。つむじかぜの意。
意味 ❶つむじ風。はやて。「飆」に同じ。『飄風』『軽飄(ケイヒョウ)』❷ひるがえす。ひるがえる。㋑風が舞い上がって吹く。物が風に吹かれてひらひらと舞い上がる。『飄散』『飄揚』㋺風に吹かれて落ちる。『飄瓦』『飄落』㋩すみやか。速い。『飄忽』『飄疾』㋥風の吹くままに動く。『蓬飄(ホウヒョウ)』㋭さまよう。ただよう。また、おちぶれる。「漂」に同じ。『飄逸』『飄泊』『飄飄』

❶つむじ風。はやて。

【飄風(ヒョウフウ)】にわかに激しく吹く風。はやて。つむじ。旋風。【飄風不ㇾ終ㇾ朝(ヒョウフウはチョウをおえず)】つむじ風は朝のうちにやんでしまう。無理するものは長く続かぬことのたとえ。〔老子－二三〕

❷ひるがえす。ひるがえる。

【飄逸(ヒョウイツ)】世間のわずらわしさにとらわれず明るくのんきなこと。

【飄瓦(ヒョウガ)】屋根から偶然ひるがえり落ちてくるかわら。天災のたとえ。〔荘子－達生〕

【飄忽(ヒョウコツ)】忽然と出没するさま。剽忽。

【飄散(ヒョウサン)】ひらひらと舞い散ること。

【飄疾(ヒョウシツ)】風のように速いこと。

【飄然(ヒョウゼン)】①ひるがえるさま。②ふらりと出没するさま。『飄然と去る』③世間離れしていてのんきなさま。

【飄泊(ヒョウハク)】諸方をさまよい歩くこと。漂泊。

【飄泛(ヒョウハン)】①ひらひらと浮かぶこと。②さすらいゆくこと。

【飄飄(ヒョウヒョウ)】①風にひらひらひるがえるさま。＊陶潜－帰去来辞「風飄飄而吹ㇾ衣(かぜはヒョウヒョウとしてころもをふく)」〔＝風はそよそよとわが着物を吹く〕」②風の吹くままに動くさま。転々として流浪することをいう。＊杜甫－旅夜書ㇾ懐「飄飄何所ㇾ似(ヒョウヒョウなんのにたるところぞ)」〔＝こういうさすらいの身はいったい何に似ているのだろうか〕」③変幻自在で軽く、つかまえどころのないさま。浮世離れしているさま。飄飄。【飄乎(ヒョウコ)】世事にとらわれないさま。＊蘇軾－前赤壁賦「飄飄乎、如ㇾ遺ㇾ世独立、羽化而登仙(ヒョウヒョウコとして、よをわすれてドクリツし、ウカしてトウセンするがごとし)」〔＝ふわりふわりとして俗世間を忘れ去ってただ一人となり、羽が生えて仙人となり、天に登って行くような感じである〕」

【飄眇(ヒョウビョウ)】声が清くて長いさま。

【飄蓬(ヒョウホウ)】風に吹かれてひるがえる蓬(よもぎ)。うわついて定まらない状態のたとえ。

【飄揚・飄颺(ヒョウヨウ)】ひるがえり、空中に舞うこと。

【飄揺・飄颻(ヒョウヨウ)】ひるがえり動くこと。ひるがえりあがること。＊白居易－長恨歌「風吹ㇾ仙袂ㇾ飄颻挙(かぜはセンベイをふいてヒョウヨウとしてあがる)」〔＝風は羽衣のたもとを吹いてひらひらと舞い上がる〕」

【飄落(ヒョウラク)】①風に吹かれておちること。②ただよいさすらうこと。おちぶれること。飄零。漂落。

【飄零(ヒョウレイ)】①風に吹かれておちること。飄落。②さすらうこと。また、おちぶれること。零落。飄落。

9画 面革韋(韋)非音頁風飛食(飠・食)首香

8981 【飆】 8110 712A E949 風-12 (8977)〔飈〕 —— 風-12

ヒョウ(ヘウ)㊥/biāo/つむじかぜ

字解 形声。風＋猋(多くの犬が疾走し風がまう)㊞。つむじかぜの意。また、猋は票に通じ、舞い上がる意とも。

意味 つむじ風。大風。また、風。「飄」に同じ。『飆塵』『回飆（カイヒョウ）』『驚飆（キョウヒョウ）』『天飆（テンピョウ）』『涼飆（リョウヒョウ）』

【飆塵（ヒョウジン）】風の吹きとばすちり。

183 飛部 とぶ

甲骨文  篆文 

飛は、広げた羽を振ってとぶ鳥の形に象り、とぶの意(ヒ)を表す。飛部には、飛を部標として、空中を動くさまを表す字を収める。

飛 飛 飛 ⑫ 飜 飛

8982 【飛】 4084 4874 94F2 飛-0 常4

ヒ㊝㊥/fēi/とぶ・とばす

筆順 飛 飛 飛 飛 飛 飛

字解 部首解説を参照。

同属字 騛

参考 万葉仮名では音を借りて「ひ㊚」。

意味 ❶とぶ。空をかける。「蜚」に同じ。『飛行機』『飛翔』『双飛（ソウヒ）』『翻飛（ホンピ）』『雄飛（ユウヒ）』❷とび上がる。とびはねる。とびちる。『飛散』『飛躍』『一飛（イッピ）』『突飛（トッピ）』❸とばす。また、とぶように速い。急ぎの。至急の。『飛脚』『飛電』❹根拠のない。でたらめ。「蜚」に同じ。『飛語』『飛文』❺空に高い。『飛宇』『飛閣』❻国「飛驒国（ひだのくに）」の略。東山道八か国の一。現在の岐阜県北部。『飛州』

❶ とぶ。空をかける。

【飛燕（ヒエン）】①飛んでいるツバメ。②中国、前漢成帝の皇后趙（チョウ）妃の号。

【飛行（ヒコウ）】空中を飛んでいくこと。『飛行機』

【飛翔（ヒショウ）】空中を飛びかけること。

【飛仙（ヒセン）】空中を飛ぶ仙人。＊蘇軾‐前赤壁賦「挟二飛仙一以遨遊（ヒセンをはさみてもってゴウユウす）〔＝空飛ぶ仙人と一緒に遊びまわる〕」

【飛走（ヒソウ）】①飛ぶことと走ること。②鳥と獣。鳥獣。

【飛鳥（ヒチョウ）】飛ぶ鳥。また、非常にはやいさまをたとえていう。〖飛鳥尽良弓蔵（ヒチョウつきてリョウキュウかくる｜ヒチョウつきてリョウキュウおさめらる）〗捕らえるべき鳥がいなくなれば、良い弓は不用だとしまわれてしまう。用のあるときは使われ、用がなくなるとたやすく捨てられることのたとえ。〔論衡‐骨相〕

【飛揚・飛颺（ヒヨウ）】空高く飛ぶこと。また、高い地位にのぼること。

【飛来（ヒライ）】飛んでくること。『白鳥が飛来する』

【飛竜・飛龍（ヒリョウ｜ヒリュウ）】空を飛び回るという竜。〖飛竜乗ㇾ雲（ヒリョウくもにのる）〗竜が雲に乗る。英雄豪傑が自らの才能をふるう時に遇うたとえ。〔韓非子‐難勢〕〖飛竜在ㇾ天（ヒリョウテンにあり）〗竜がそのところを得て天にいる。聖人が天子の位にあって、万民がその恩沢を受けるたとえ。〔易経‐乾〕

【飛輪（ヒリン）】(空を飛ぶ輪の意)太陽の異称。

【飛礫（ヒレキ｜つぶて）】国投げつけるための小石。

【飛廉（ヒレン）】①古来、中国で風の神。風伯。風師。②古来、中国での、空想上の動物。雀頭で角があり、鹿身で豹文のある鳥であるともいい、毛が長く翼のある獣であるともいう。蜚廉。③植物「ヒレアザミ(鰭薊)」の漢名。

❷ とび上がる。とびはねる。とびちる。

【飛花（ヒカ）】飛び散る花。特に、俳諧では、散る桜の花をいう。落花。

【飛蝗（ヒコウ｜ばった）】直翅（チョクシ）目バッタ科の昆虫の総称。空中を遠く飛び、また、後肢でよく跳躍する。

【飛散（ヒサン）】飛び散ること。

【飛絮（ヒジョ）】風に飛び散る、綿毛をつけた柳の種子。また、風に飛ぶカヤ、ススキなどの花にもいう。

【飛泉（ヒセン）】①滝のこと。②噴き出る泉。

【飛湍（ヒタン）】流れの激しい浅瀬。急流。

【飛騰（ヒトウ）】飛びあがること。

【飛白（ヒハク｜かすり）】①(ヒハク)漢字の書体の一つ。刷毛（はけ）でかすれ書きにしたもの。②国所々、一定の順序に従ってかすったようにして置いた模様。また、その模様の織物、染物。絣（かすり）。

【飛蓬（ヒホウ）】①風のまにまに地上をころがってゆく枯れたヨモギ。また、風に吹き乱されるヨモギ。②転じて、髪が乱れたさま。また、常住せぬ旅人の身の上や、動揺して定まらないさまのたとえ。

【飛沫（ヒマツ｜しぶき）】細かく飛び散る水玉。

【飛躍（ヒヤク）】①飛び上がること。②急速に進出すること。めざましく活躍すること。③国順序、段階などを飛び越して進むこと。『論理に飛躍がある』

❸ とばす。また、とぶように速い。急ぎの。

【飛脚（ヒキャク）】国鎌倉時代から江戸時代まで、遠隔地間の手紙、金品の送達を業とした人。

【飛檄（ヒゲキ）】檄文を急いで多くの人々に回すこと。また、その檄文。

【飛札（ヒサツ）】急を要する手紙。飛書。

【飛耳長目（ヒジチョウモク）】古い時代や遠方のことをよく見聞することのできること。はや耳と千里眼。転じて、見聞を広める書籍。長目飛耳。〔管子‐九守〕

【飛舟（ヒシュウ）】①飛ぶように速く走ることのできる舟。②飛ぶように速く走っている舟。

【飛書（ヒショ）】①＝飛札（ヒサツ）。②どこからともなく届いた書面。匿名の投書。

【飛将（ヒショウ）】「飛将軍（ヒショウグン）」の略。行動が敏速で武勇のすぐれた将軍。▼匈奴が、中国、前漢の将軍李広を恐れてこう呼んだことによる。

【飛章（ヒショウ）】急いで差し出す手紙。

【飛信（ヒシン）】急ぎの音信。至急を要する書信。

【飛銭（ヒセン）】中国、唐・宋時代に、商品経済の発展に伴い、銅銭が重くて輸送に困難なため発行された一種の送金為替手形。

【飛伝（ヒデン）】急用で走る駅伝。はやうま。星伝（セイデン）。

【飛電（ヒデン）】①いなびかり。②至急の電報。

【飛文（ヒブン）】①文章をすばやく書くこと。②すぐれた文章。→❹

【飛報（ヒホウ）】急ぎのしらせ。急報。

【飛流（ヒリュウ）】速い流れ。勢い激しく流れ落ちること。

＊李白‐望(ニ)廬山瀑布(一)「飛流直下三千尺(ヒリュウチョッカサンゼンジャク)〈＝滝はまっさかさまに三千尺も落ちてゆく〉」

❹ 根拠のない。

【飛語(ヒゴ)】根拠のないうわさ。無責任な評判。『流言飛語』▼書き換え「蜚語→飛語」。

【飛文(ヒブン)】根拠のないことを書いた文章。→❸

❺ 空に高い。

【飛宇(ヒウ)】(「宇」は、軒(のき)の意) 空高くそびえた軒。高い家。飛檐(ヒエン)。飛軒。

【飛閣(ヒカク)】①高い建物。たかどの。②高いかけはし。

【飛鏡(ヒキョウ)】(空高くかかる鏡の意) 月のこと。

【飛棟(ヒトウ)】高い屋根のむな木。

【飛瀑(ヒバク)】高い所から落ちる大滝。

【飛楼(ヒロウ)】①敵城を見おろして攻める高い車。楼車。②たかどの。高楼。

8983 【飜】 7044 664C E3CA 飛‐12

ホン 「翻」(6207)の異体字

184 食(𩙿・飠) 部 しょく

甲骨文 金文 篆文

食は器に盛ったたべものにふたをしたさまで、たべもの・たべる意(ショク)を表す。食部には、食を部首として、飲食物、飲食することに関する字を収める。字の左部にあるもの(しょくへん)は、隷楷で𩙿・飠の形をとり、従来の明朝活字では𩙿または食としていたが常用漢字では飠の形をとった。中国簡体字は饣としている。

食 食 食
食 ⑥ 飡 養 養 ⑦ 餐 ⑨ 餈 ⑪ 饗 ⑬ 饗 饗 饕 ⑭ 饜
食 ② 飢 飢 ③ 飥 ④ 飲 飲 飭 飩 飪 飯 飯 飫 ⑤ 飴 飴 飼 飼 飽 飾 飾 飽 飩 ⑥ 餃 餌 餌 餉 餁 餅 餅 餅 ⑦ 餓 餓 餔 餕 餘 ⑧ 餡 餧 館 館 餚 餛 餡 餗 餞 餤 餠 餢 ⑨ 餲 餬 餱 ⑩ 餾 餽 饁 饈 餹 餺 餾 ⑪ 饉 饆 饅 ⑫ 饐 饋 饑 饒 饌 饍 ⑬ 饘 ⑰ 饞 饢 ⑲ 饠

食 ② 飡 ③ 飡 飧 ④ 飧

8984 【食】 3109 3F29 9048 食‐0 常2

(8985) 【食】 旧字 食‐0

ジキ(呉)・ショク(漢)・シ(漢)・イ(漢)\shí·sì·yì\くう・くらう・たべる・おす・はむ

筆順 食 食 食 食 食 食 食 食 食

字解 部首解説を参照。

同属字 飭・飾(飾)・蝕・餝・喰

参考 万葉仮名では訓を借りて「け(乙)」。

意味 ❶たべる。くう。くらう。また、たべもの。『食を断つ』『食事』『昼食』❷(シ)いい。めし。「飼」に同じ。『疏食(ソシ)』『簞食壺漿(タンシコショウ)』＊論語‐雍也「一簞食、一瓢飲、在(ニ)陋巷(一)(イッタンのシ、イッピョウのイン、ロウコウにあり)〈＝(顔回は)わりご一杯の飯と、ひさご一杯の飲み物で、狭くきたない路地裏に住んでいる〉」❸くいぶち。ろく(禄)。扶持を受ける。『食邑』『食禄』『食客』❹(シ)やしなう。「飼」に同じ。＊柳宗元‐捕(レ)蛇者説「謹食(レ)之(つつしみてこれをやしなう)〈＝たいせつに(ヘビを)飼い養う〉」❺欠ける。そこなう。くいこむ。むしばむ。「蝕」に同じ。『食尽』『月食』❻まつる。まつり。『血食(ケッショク)』『廟食(ビョウショク)』

❶ たべる。くう。くらう。また、たべもの。

下接 悪食(アクジキ)―(アクショク)・衣食(イショク)・飲食(インショク)・餌食(エジキ)・会食(カイショク)・外食(ガイショク)・火食(カショク)・寒食(カンショク)・間食(カンショク)・寄食(キショク)・給食(キュウショク)・軽食(ケイショク)・欠食(ケッショク)・減食(ゲンショク)・乞食(コジキ)・斎食(サイジキ)・菜食(サイショク)・座食(ザショク)・雑食(ザッショク)・試食(シショク)・熟食(ジュクショク)・主食(シュショク)・酒食(シュショク)―(シュシ)・小食(ショウショク)・少食(ショウショク)・常食(ジョウショク)・寝食(シンショク)・生食(セイショク)・節食(セッショク)・絶食(ゼッショク)・鮮食(センショク)・草食(ソウショク)・疎食(ソショク)・素食(ソショク)・粗食(ソショク)・麤食(ソショク)・大食(タイショク)・断食(ダンジキ)・中食(チュウジキ)―(チュウショク)・昼食(チュウショク)・朝食(チョウショク)・定食(テイショク)・徒食(トショク)・肉食(ニクショク)―(ニクジキ)・陪食(バイショク)・馬食(バショク)・伴食(バンショク)・晩食(バンショク)・美食(ビショク)・副食(フクショク)・兵食(ヘイショク)・米食(ベイショク)・偏食(ヘンショク)・飽食(ホウショク)・捕食(ホショク)・毎食(マイショク)・夜食(ヤショク)・夕食(ユウショク)・洋食(ヨウショク)・立食(リッショク)・糧食(リョウショク)・和食(ワショク)・一食頃(イチジキキョウ)・藿食者(カクショクシャ)・牛飲馬食(ギュウインバショク)・錦衣玉食(キンイギョクショク)・弱肉強食(ジャクニクキョウショク)・暖衣飽食(ダンイホウショク)・簞食壺漿(タンシコショウ)

【食害(ショクガイ)】国害虫などが植物を食い荒らすこと。『稲が食害される』▼「食」は「蝕」の書き換え。

【食言(ショクゲン)―(ゲンをはむ)】前言と違うことを言うこと。約束を破ること。『君子は食言せず』▼一度口から出した言葉をまた口に入れるの意。

【食思(ショクシ)】食欲。食い気。

【食指(ショクシ)】ひとさしゆび。【食指動(ショクシうごく)】食欲がきざす。転じて、欲しいという気が起きる。▼中国、春秋時代の鄭の公子宋が、自分のひとさしゆびが動き出すのを見て、珍しいごちそうにありつける前兆だと言ったという故事から。〔左伝‐宣公四年〕

【食事(ショクジ)】国生命を維持するために毎日習慣的に物を食べること。また、その食べ物。

【食餌(ショクジ)】食べ物。特に病気を治すための食べ物。

【食傷(ショクショウ)】国①食中毒。食あたり。②食べ飽きること。また、同じような物事が重なって飽きること。

【食色(ショクショク)】①食物があり、生活に困窮していないようす。②食欲と色欲。

【食膳(ショクゼン)】①食べ物。料理。膳部。②国食器や食べ物を載せる膳。

【食前方丈(ショクゼンホウジョウ)】食事をする時、御馳走を膳の前に一丈四方いっぱいにならべること。きわめてぜいたくな食事のたとえ。食味方丈(ショクミホウジョウ)。〔孟子‐尽心下〕

【食滞(ショクタイ)】食もたれ。『食滞気味』

【食通(ショクツウ)】国料理の味や知識に通じていること。また、その人。

【食堂(ショクドウ)】①食事をするための部屋。『食堂兼(ケン)居間』②飲食物を提供する店。

【食道(ショクドウ)】消化管のうち咽頭(イントウ)と胃との間の部分。食物を胃へ送る管。『食道癌(ガン)』

9画 面革韋(韋)韭音頁風飛食(𩙿・飠)首香

【食肉（ショクニク）】①動物の肉を食べること。『食肉獣』②食用となる肉。『食肉店』
【食品（ショクヒン）】食料品。たべもの。『冷凍食品』
【食物（ショクモツ）】たべもの。広くは飲み物をも含めていう。
【食用（ショクヨウ）】食物として用いること。『食用酢』
【食欲・食慾（ショクヨク）】食べたいという欲望。『食欲不振』
▼書き換え「食慾→食欲」。
【食料（ショクリョウ）】食用にするもの。→「食糧（ショクリョウ）」の補注。
【食糧（ショクリョウ）】食用とするかて。主として、主食のかてをいう。糧食。糧秣（リョウマツ）。▼「食糧」に対して、「食料」は肉、野菜、調味料など、主食以外の食品をいう。
【以ㇾ食為ㇾ天（ショクをもってテンとなす）】食糧をもっとも大切なものと考える。〔史記‐酈食其伝〕
【食貨（ショッカ）】飲食物と貨幣。食物と財貨。転じて、経済のこと。〔書経‐洪範〕
【食気（ショッキ）】食べ物や飲み物をほしがる心。食欲。
【食器（ショッキ）】食事に用いる器具。皿、鉢、椀などの類。
【食頃（ショッケイ）】食事を済ませるほどのわずかな時間。＊十八史略‐春秋戦国「出食頃、追者果至、而不ㇾ及（いでてショッケイにして、おうものはたしていたるも、およばず）」〔＝（関所を）出てほんのわずかして、追っ手が思ったとおりやってきたが、まにあわなかった〕」

❸くいぶち。ろく。

【食田（ショクデン）】①田地からの収入で暮らすこと。②知行所。領地。

【食俸・食奉（ショクホウ）】主君から与えられる扶持（フチ）。俸給。

【食邑（ショクユウ）】その領地の租税で生活すること。また、その領地。

【食禄（ショクロク）】国江戸時代、幕府、藩から賜る俸給。俸禄。

【食客（ショッカク）】①特別な才能などがあるために、客扱いで雇われた人。門客。賓客。＊十八史略‐春秋戦国「孟嘗君、食客数千人（モウショウクン、ショッカクスウセンニンあり）」〔＝孟嘗君のところには、客分としてかかえられた者が数千人もいた〕」②国他人の家に寄宿し、養われて生活している人。居候（いそうろう）。

❺欠ける。そこなう。くいこむ。

下接 海食（カイショク）・月食（ゲッショク）・蚕食（サンショク）・侵食（シンショク）・浸食（シンショク）・水食（スイショク）・耐食（タイショク）・日食（ニッショク）・波食（ハショク）・風食（フウショク）・防食（ボウショク）・皆既食（カイキショク）・金環食（キンカンショク）

【食尽（ショクジン）】日食、月食などで、天体が最も大きく欠けるとき。『食尽の暗黒』

食

8986 【飡】＊7250 食-6 シ㊥/cī
字解 形声。食＋次㊟。もちの意。

8987 【養】4560 4D5C 977B 食-6 常4 (8988)【養】 食-6 旧字
ヨウ（ヤウ）㊐㊥/yǎng·yàng/やしなう・かう
筆順 養 養 養 養 養 養 養
字解 形声。食＋羊（ひつじ）㊟。ひつじを食物とすることから、やしなう意。古く羊は中国ではよいものの代表とされた。
意味 ❶やしなう。㋑はぐくみ育てる。『養育』㋺衣食住などの面倒をみる。『養老』『扶養』＊論語‐為政「今之孝者、是謂能養（いまのコウは、これよくやしなうをいう）」〔＝近ごろの孝行というのは、衣食住などでよく親を養うことをいっている〕」㋩やしない子。実子でない者を子として育てる。『養子』『養母』㋥飼う。飼い育てる。『養鶏』『養殖』『培養（バイヨウ）』『牧養（ボクヨウ）』㋭からだをだいじにする。食物によって体力を増す。『養生』『養分』『栄養』㋬ゆたかにする。心をやしなう。また、おしえる。教育する。『養気』『養志』『教養』『修養』❷まかなう。炊事（スイジ）をする。また、炊事係。めしつかい。『厮養（シヨウ）』『負養（フヨウ）』❸目下の者が目上の者に仕える。『侍養（ジヨウ）』『就養（シュウヨウ）』❹得る。とる。『名聞利養（ミョウモンリヨウ）』

❶やしなう。

下接 ㋑育養（イクヨウ）・温養（オンヨウ）・加養（カヨウ）・給養（キュウヨウ）・供養（クヨウ）・孝養（コウヨウ）・収養（シュウヨウ）・就養（シュウヨウ）・卹養（ジュツヨウ）・視養（シヨウ）・侍養（ジヨウ）・扶養（フヨウ）・撫養（ブヨウ）・奉養（ホウヨウ）㋭栄養（エイヨウ）・加養（カヨウ）・休養（キュウヨウ）・帰養（キヨウ）・滋養（ジヨウ）・生養（セイヨウ）・静養（セイヨウ）・摂養（セツヨウ）・保養（ホヨウ）・療養（リョウヨウ）㋬安養（アンヨウ）・涵養（カンヨウ）・教養（キョウヨウ）・修養（シュウヨウ）・素養（ソヨウ）・存養（ソンヨウ）・蒙養（モウヨウ）・遵養時晦（ジュンヨウジカイ）

【養痾（ヨウア）】長わずらいの療養をすること。
【養育（ヨウイク）】養い育てること。『養育費』
【養花雨（ヨウカウ）】花曇りのころに降る雨。
【養花天（ヨウカテン）】春雨の降る暖かな時候。花曇りの天気。
【養気（ヨウキ）】①気力を養うこと。②道家で、心身の気を養う方法。保健・延命の術。
【養鶏（ヨウケイ）】（採卵用また肉用に）鶏を飼育すること。
【養虎（ヨウコ）】虎を飼うこと。転じて、不安を将来に残すことや後日わざわいとなる敵を許すたとえにいう。〔史記‐項羽本紀〕
【養護（ヨウゴ）】①養い世話をすること。②国保護を必要とする児童、生徒を保護し教育すること。『養護施設』
【養子（ヨウシ）】養子縁組によって子となった者。養い子。↔実子。▼女子の場合は多く「養女」を用いる。
【養志（ヨウシ）】①志をやしなうこと。精神の修養をすること。②親の志に従って、親によく仕えること。
【養寿（ヨウジュ）】寿命を養うこと。長生きするようにからだをだいじにすること。
【養生（ヨウジョウ）】①健康を維持し、その増進に努めること。摂生。②病気を治して、体をもとどおりにすること。保養。③建築などで、コンクリートの打ち込み後、完全に凝結・硬化させるための処置をすること。
【養殖（ヨウショク）】魚介、海藻などを人工的に飼養し繁殖させること。『養殖真珠』『養殖物（もの）』
【養心（ヨウシン）】精神を修養すること。
【養真（ヨウシン）】生まれつきの性格を育てやしなうこと。
【養成（ヨウセイ）】教え導いて成長させること。
【養父（ヨウフ）】養子先の父親。また、養育してくれた義理の父。↔実父
【養分（ヨウブン）】栄養になる成分。栄養分。滋養分。
【養母（ヨウボ）】養子先の母親。また、養育してくれた義理の母。↔実母・生母
【養老（ヨウロウ）】①老人をいたわり大切にすること。『養老院』＊史記‐伯夷伝「伯夷・叔斉聞ニ西伯昌善養ㇾ老（ハクイ・シュクセイ、セイハクショウのよくロウをやしなうをきく）」〔＝伯夷と叔斉は、西伯昌がよく老人をいたわり養っていることを耳にした〕」②老後を安楽に送ること。

難読地名 養父（やぶ）郡・町（兵庫）

8989 【餐】2733 3B41 8E60 食-7 サン㊐㊥/cān
字解 形声。食＋𣦼（骨を手にもつさま。おいしい肉だけをとったもの）㊟。ととのえた食物、ごちそうの意。

意味 たべもの。ごちそう。また、食事をする。食事。『風餐露宿(フウサンロシュク)』『加餐(カサン)』『素餐(ソサン)』『朝餐(チョウサン)』『晩餐(バンサン)』

【餐霞(サンカ|ザンカ)】かすみを食べること。飲食物のないことのたとえ。仙人などが、霞を食べて生きていること。

【餐銭(サンセン)】天子から臣下にたまわる賄(まかな)い料。

【餐飯(サンパン)】食事をとること。十分に食事をとって、体を大事にすること。＊文選-古詩十九首「努力加二餐飯一(ドリョクしてサンパンをくわえよ)」〔=どうぞ、つとめて十分食事をとってお体をたいせつにしてください〕

8990【飻】8124 7138 E957 食-9 テツ(漢)・テン(漢)/tiè/むさぼる

字解 形声。食+㐱(声)。

意味 ❶むさぼる。むさぼりくう。❷蛮族。悪人。また、悪獣。『饕飻(トウテツ)』

8991【饗】2234 3642 8BC0 食-11 キョウ「饗」(8992)の異体字

8992【饗】—— 食-13 (8993)【饗】—— 食-13

(8991)【饗】2234 3642 8BC0 食-11 † キョウ(キャウ)(漢)/xiǎng/あう・あえ

字解 形声。食+郷(=卿、もてなす)(声)。もてなす意。甲骨文・金文は、卿のみで、郷に同じ。のちに食を加えた。

甲骨文

金文

篆文

意味 ❶もてなす。ごちそうする。「享」に同じ。『饗宴』『饗応』『饗報』『献饗(ケンキョウ)』❷あう。あえ。大勢が集まって宴会をすること。また、神に飲食物を供え祭ること。『饗告』『饗報』『祭饗(サイキョウ)』❸うける。ごちそうになる。「享」に同じ。

【饗宴(キョウエン)】酒食の席を設けて客をもてなすこと。また、その宴席。

【饗応(キョウオウ)】ごちそうしてもてなすこと。供応。

【饗告(キョウコク)】祖先の霊などに供えものをし、告げること。

【饗報(キョウホウ)】①神をまつって、そのめぐみに報いること。②ごちそうして恩徳に報いること。

難読姓氏 饗庭(あえば)

8994【饕】8135 7143 E962 食-13 トウ(タウ)(漢)/tāo/むさぼる

字解 形声。食+號(声)。

金文

篆文

意味 むさぼる。食物や金銭などをむさぼる。

【饕餮(トウテツ)】①金銭や飲食などをむさぼること。きわめて貪欲なこと。②中国、伝説上の悪獣の名。古代の青銅器の装飾文様として用いた。【饕餮文(トウテツモン)】中国古代の装飾文様の一。主として殷・周の青銅器を飾る怪獣文。大きな口・ひろく見開かれた両眼・巨大な双角をもつ獣面を中心に左右相称に配した胴部を基本とした図形で、変化に富む。

【饕戻(トウレイ)】欲張って人の道にもとること。

8995【饜】＊7283 食-14 エン(漢)/yàn/あきる

字解 形声。食+厭(あきる)(声)。食べあきる意。

意味 あきる。「厭」に同じ。㋑食べあきる。あきていやになる。㋺あきたりる。満足する。『属饜(ショクエン)』

食

8996【飢】2118 3532 8B51 食-2 常 (8997)【飢】—— 食-2 旧字

ケ(呉)・キ(漢)/jī/うえ・うえる・かつえる

筆順

字解 形声。食+几(↓幾、わずか)(声)。食物がとぼしい意。

意味 うえ。うえる。かつえる。ひもじい。また、食物がとぼしい。「饑」に同じ。『調飢(チョウキ)』

【飢餓(キガ)】食べ物に飢えること。うえ。『飢餓療法〔=絶食療法〕』❤書き換え「饑餓→飢餓」。

【飢渇(キカツ|ケカチ)】空腹と、のどのかわき。『飢渇にあえぐ』

【飢寒(キカン)】飢えと寒さ。衣食の欠乏。

【飢饉(キキン)】農作物のできが非常に悪く、食糧が欠乏すること。物不足にもいう。『豊作飢饉』『水飢饉』

【飢歳(キサイ)】穀物の不作である年。飢饉年。

【飢色(キショク)】飢えた顔つき。ひもじい様子。

【飢飽(キホウ)】飢えることと満腹すること。また、飢え。

【飢者易レ為レ食(うえるものはショクをなしやすし)】飢えているときは何を食べてもおいしいので、食べ物のえり好みをしない。困窮したときには、日常的な不平不満を言ってはいられない。〔孟子-公孫丑上〕

8998【飥】＊7242 食-3 タク(漢)/tuō

字解 形声。食+乇(声)。もちの意。

8999【飲】1691 307B 88F9 食-4 常3 (9000)【飮】6127 5D3B 9F5A 食-4 旧字

オン(呉)・イン(漢)/yǐn・yìn/のむ

筆順

字解 飲は歙の酓を食に改めたもの。歙は形声。酉(さけ)+欠(大きな口をあけた人の象形)+今(↓含、ふくむ)(声)。口に酒をすすりふくむ、のむ意。甲骨文・金文は、たるを捧げ舌を出し酒をすするさまか。金文には、酓のみのものもある。

甲骨文

金文

金文

篆文

意味 ❶のむ。のませる。㋑水や酒をのむ。また、のみもの。『飲酒』『暴飲』＊論語-雍也「一箪食、一瓢飲(イッタンのシ、イッピョウのイン)」〔=わりご一杯の飯とひさご一杯の飲み物〕㋺こらえる。かくしこらえる。『飲恨(インコン)』❷さかもり。宴会。『郷飲酒(キョウインシュ)』『宴飲(エンイン)』『帳飲(チョウイン)』

下接 ❶のむ。のみこむ。愛飲(アイイン)・会飲(カイイン)・快飲(カイイン)・鯨飲(ゲイイン)・豪飲(ゴウイン)・試飲(シイン)・多飲(タイン)・痛飲(ツウイン)・暴飲(ボウイン)・夜飲(ヤイン)・牛飲馬食(ギュウインバショク)・吸風飲露(キュウフウインロ)

【飲河満腹(インカマンプク)】ドブネズミは、黄河の水を飲んでも、自分の腹いっぱいだけ飲めば、それで満足する。人はそれぞれ自分に相応したところで満足すべきだというたとえ。〔荘子-逍遥遊〕

【飲器（インキ）】さかずき。酒器。

【飲泣（インキュウ）】涙が流れ伝わって口にはいること。転じて、すすり泣き。しのび泣き。

【飲恨（インコン）】うらみをこらえること。また、うらみをいだいたままそれを晴らすことができないこと。

【飲酒（インシュ｜オンジュ）】酒を飲むこと。▼仏教ではオンージュと読み、五戒の一つとして禁じている。

【飲食（インショク｜オンジキ）】飲むことと食べること。飲み食い。また、飲み物と食べ物。『無銭飲食』『飲食物』

【飲啄（インタク）】鳥が水を飲み、エサをついばむこと。転じて、人が飲食すること。生活すること。

【飲徒（イント）】酒飲み仲間。

〖飲ㇾ灰洗ㇾ胃（はいをのんでイをあらう）〗心をあらためて善人となるたとえ。〔南史-荀伯玉伝〕

❷ さかもり。宴会。

【飲燕・飲讌（インエン）】（「燕」は宴の意）酒盛り。

【飲至策勲（インシサックン）】（「策」は竹の札の意）戦いに勝って帰ったとき、祖先をまつった廟（ビョウ）に参り、酒盛りをしててがらを策に書きつけること。〔左伝-桓公二年〕

【飲酌（インシャク）】酒盛り。酒宴。

【飲餞（インセン）】旅立ちを送る別れの酒宴。

9001【飭】5012 522C 99AA 食-4 チョク㊥/chì/ただす

字解 形声。人(ひと)+力(ちから)+食(↓勅、ただす)㊥。力を入れてただしくする意。

参考 飾（ショク）と混用されることがある。

意味 ととのえる。ただす。つつしむ。いましめただす。『謹飭（キンチョク）』『修飭（シュウチョク）』『整飭（セイチョク）』

【飭正（チョクセイ）】①ととのえ正すこと。②つつしんでいて正しいこと。

【飭躬（チョッキュウ）】自分の身をいましめ正すこと。

9002【飩】8111 712B E94A 食-4 トン㊥・ドン慣/tún

字解 形声。食+屯(まとまる・ずんぐりした)㊥。

意味 ❶「餛飩（コントン）」は、小麦粉をこねてひき肉などを包んだもの。ワンタン。❷国「饂飩（ウドン）」は、小麦粉をこねた食品。

9003【飪】＊7245 食-4 (9020)〖飪〗―― 食-6 ジン㊥・ニン慣/rèn

字解 形声。食+壬㊥。よく煮る意。よく煮た食品。

9004【飯】4051 4853 94D1 食-4 常4 (9005)〖飯〗―― 食-4 旧字 ハン㊥/fàn/めし・いい・まま

筆順 飯 飯 飯 飯 飯 飯

字解 形声。食+反㊥。

意味 ❶めし。めしを食う。また、くわせる。養う。『日常茶飯』『噴飯（フンパン）』＊論語-述而「飯二疏食一飲ㇾ水（ソシをくらい、みずをのむ）〔=そまつな食事をとり、ただの水を飲み物とする〕」❷国「飯匙倩（はぶ）」は、クサリヘビ科の毒蛇。波布（はぶ）。

下接 一飯（イッパン）・御飯（ゴハン）・餐飯（サンパン）・残飯（ザンパン）・炊飯（スイハン）・赤飯（セキハン）・粗飯（ソハン）・麤飯（ソハン）・炒飯（チャーハン）・昼飯（チュウハン｜ひるめし）・噴飯（フンパン）・夕飯（ゆうハン｜ゆうめし）・一宿一飯（イッシュクイッパン）・日常茶飯（ニチジョウサハン）

【飯盒（ハンゴウ）】合金製の飯（めし）をたくこともできる弁当箱。野外の炊飯に用いる。『飯盒炊爨（スイサン）』

【飯店（ハンテン）】中国料理の店に付けられる名称。▼中国語では、旅館、ホテルの意。

難読地名 飯石（いいし）郡（島根） 飯豊（いいで）町（山形） 飯山（はんざん）町（香川） 飯能（はんのう）市（埼玉）

9006【飫】8112 712C E94B 食-4 ヨ㊥/yù/あきる

字解 形声。食+夭㊥。

参考 万葉仮名では音を借りて「お」。

意味 ❶あきる。たらふく食べて満足する。『飫賜（ヨシ）』『厭飫（エンヨ）』❷さかもり。宴会。『飫宴（ヨエン）』

【飫宴（ヨエン）】酒盛り。宴会。

【飫賜（ヨシ）】十分すぎるほど酒食をたまわること。

9007【飴】―― 食-5 (9008)〖飴〗1627 303B 88B9 食-5 † イ㊥・シ㊥/yí・sì/あめ

字解 形声。食+台(↓目、土を耕してやわらかくする)㊥。やわらかいたべもの、あめの意。金文は、食+異省で、供えものの意か。

金文

篆文

意味 あめ。水あめ。甘い食品。『水飴（みずあめ）』『綿飴（わたあめ）』

〖得ㇾ飴以養ㇾ老、得ㇾ飴以開ㇾ閉（あめをえてもってロウをやしない、あめをえてもってヘイをひらく）〗（仁者は）あめを手に入れると老人に与えて喜ばせるが、（悪人は）あめを手に入れると、錠前（ジョウまえ）を開けるのに使う。同じものでも使う人によってその働きを異にするたとえ。〔呂氏春秋-異用〕

9009【飼】2784 3B74 8E94 食-5 常5 (9010)〖飼〗―― 食-5 旧字 ジ㊥・シ㊥/sì/かう

筆順 飼 飼 飼 飼 飼 飼

字解 形声。食+司(つかさどる)㊥。たべものをつかさどる、やしなう意。

参考 万葉仮名では訓を借りて「け㊦」。

意味 かう。食べ物を与えて動物をやしなうこと。

【飼育（シイク）】動物などを飼い育てること。

【飼料（シリョウ）】家畜に与えるえさ。『配合飼料』

9011【飳】＊7246 食-5 トウ㊥・シュ㊥・ト慣

字解 形声。食+主㊥。こなもちの意。「餢飳（ブト）」は、餅を油で揚げた食物。

9012【飾】3094 3E7E 8FFC 食-5 常 (9013)〖飾〗―― 食-5 旧字 (9036)〖餝〗8119 7133 E952 食-8 シキ㊥・ショク㊥/shì/かざる・かざり

筆順 飾 飾 飾 飾 飾 飾

字解 形声。巾(きれ)+人(ひと)+食㊥。食は拭に通じて、はらう意で、飾は人がきれでよごれをはらい清める意という。転じて、かざる意。俗に飭（チョク）と混じ、また餝とも書く。

意味 かざる。かざり。美しく見えるように、手を加える。よそおう。『装飾』『服飾』

下接 虚飾（キョショク）・修飾（シュウショク）・潤飾（ジュンショク）・装飾（ソウショク）・服飾（フクショク）

・祓飾(フッショク)・粉飾(フンショク)・文飾(ブンショク) また、いつわりかざったことば。

【飾言(ショクゲン)】 ことばをかざること。飾説。飾辞。飾弁。

難読地名 飾磨(しかま)郡(兵庫)

9014 【飽】 4316 4B30 964F 食－5 常 (9015)〔飽〕 食－5 旧字

ホウ(ハウ)呉漢/bǎo/あきる・あかす

筆順 飠 飠 飣 飽 飽 飽

字解 形声。食＋包(中につつんで丸くふくれる)㊥。腹がふくれるほどたべる、あきる意。

意味 あきる。食べあきる。また、十分すぎていやになる。十分味わい、満足する。満ち足りる。「暖衣飽食(ダンイホウショク)」「温飽(オンポウ)」「飢飽(キホウ)」「酔飽(スイホウ)」 ＊韓愈－雑説「食不レ飽、力不レ足(ショクあかざれば、ちからたらず)」〔=食糧が十分でないので、力も不足する〕」

【飽食(ホウショク)】 十分に食べて満ち足りること。【飽食煖衣(ホウショクダンイ)】 何不自由ない生活をすること。飽暖。飽煖。〔孟子－滕文公上〕

【飽徳(ホウトク)】 恩徳を十分に受けること。

【飽和(ホウワ)】 最大限度まで満たされた状態にあること。

難読地名 飽海(あくみ)郡(山形)

9016 【餃】 8113 712D E94C 食－6

コウ(カウ)漢/jiǎo

字解 形声。食＋交㊥。

意味 ❶あめ。ひねり。飴。❷「餃子(ギョーザ)」は、中国料理の一。❤中国東北部の方言「チャオズ」から。

9017 【餌】 ―― 食－6 (9018)〔餌〕 1734 3142 8961 食－6 †

ジ漢/ěr/え・えさ

字解 形声。食＋耳(みみたぶ)㊥。耳たぶのようにやわらかい食物、だんごの意。もと䰯。鬻(かまで煮る)＋耳㊥。

参考 万葉仮名では音を借りて「じ」。

意味 ❶もち。だんご。転じて、食物の総称。「食餌(ショクジ)」「薬餌(ヤクジ)」❷え。えさ。動物の飼料。また、人をつる手段。「餌食(えジキ)」「好餌(コウジ)」「香餌(コウジ)」「擬餌(ギジ)」

【餌口(ジコウ)】 食事をすること。また、生計をたてること。

【餌啗(ジタン)】 えさを食べさせること。また、利益で人をつること。

【餌食(えジキ)】 ①鳥獣のえさとなる食物。②他人に利用され、その犠牲となるもの。

9019 【餉】 8114 712E E94D 食－6 (9035)〔餉〕 ―― 食－8

ショウ(シャウ)漢/xiǎng/かれい・かれいい

字解 形声。食＋向(→卿、相対する)㊥。食物を相手におくる意。

意味 ❶かれいい。旅人や田畑で働く人の食糧。弁当。また、食事。「餉饋」「午餉(ゴショウ)」「仏餉(ブッショウ)」「夕餉(ゆうげ)」❷食糧を送る。「餉遺」「餉給」「餽餉(キショウ)」

【餉遺(ショウイ)】 食物をおくること。また、贈り物。

【餉饋(ショウキ)】 食糧。兵糧。

【餉給(ショウキュウ)】 兵糧などを送りとどけること。

9020 【飪】 ―― 食－6

ニン 「飪」(9003)の異体字

9021 【餅】 ―― 食－6

ヘイ 「餅」(9039)の異体字

9022 【餅】 4463 4C5F 96DD 食－6

ヘイ 「餅」(9039)の異体字

〔蝕〕 ⇩ 7197

9023 【餓】 1878 326E 89EC 食－7 常 (9024)〔餓〕 ―― 食－7 旧字

ガ呉漢/è/うえ・うえる・かつえる

筆順 飠 飠 餓 餓 餓 餓

字解 形声。食＋我(ぎざぎざとかどだつ)㊥。食物が不足して骨だらけになる、うえる意。

参考 万葉仮名では音を借りて「が」。

意味 うえ。うえる。ひもじい。「飢餓(キガ)」「窮餓(キュウガ)」「凍餓(トウガ)」

【餓鬼(ガキ)】 ①仏教で、餓鬼道に落ちた亡者。餓鬼道は六道の一。常に飢えと渇きとに苦しむ世界とされる。②国子供を卑しめていう語。「餓鬼大将」

【餓虎(ガコ)】 ①飢えたトラ。餒虎(ダイコ)。②危険なもののたとえ。

【餓死(ガシ)】 飢えて死ぬこと。うえじに。

【餓莩・餓殍(ガヒョウ)】 餓死した人。

【餓羸(ガルイ)】 飢えつかれること。

【餓狼(ガロウ)】 飢えたオオカミ。貪欲(ドンヨク)な人間のたとえ。

9025 【餗】 ＊7254 食－7

ソク漢/sù/こなかき

字解 形声。食＋束㊥。

意味 ❶鼎(かなえ)に盛った食物。❷こなかき。羹(あつもの)に米の粉を混ぜて煮たてた料理。❸かゆ。雑炊(ゾウスイ)。

9026 【餒】 8115 712F E94E 食－7

ダイ漢・タイ慣/něi/うえ・うえる

字解 形声。食＋妥㊥。

意味 うえ。うえる。ひもじい。「寒餒(カンダイ)」「凍餒(トウダイ)」「貧餒(ヒンダイ)」

【餒饉(ダイキン)】 食物が乏しくて飢えること。飢餓。

【餒虎(ダイコ)】 飢えたトラ。危険なもののたとえ。餓虎。

9027 【餔】 8116 7130 E94F 食－7

ホ漢/bū・bù/くう

字解 形声。食＋甫(→哺・暮、ゆうぐれ)㊥。夕食の意。

意味 ❶ゆうめし。夕食。「餔時」❷くう。食わせる。養う。「哺」に同じ。「餔啜」

【餔時(ホジ)】 申(さる)の刻。現在の午後四時ごろの夕食どき。転じて、日暮れ時。哺時。

【餔啜(ホセツ)】 食うことと、すること。また、いたずらに食禄をむさぼること。

9028 【餘】 8117 7131 E950 食－7

ヨ 「余」(150)の旧字

9029 【餡】 8118 7132 E951 食－8

カン漢・アン唐/xiàn

字解 形声。食＋臽(おちこむ)㊥。もちなどの中に入れるあんの意。

意味 あん。㋑あんこ。餅やまんじゅうの中に入れるもの。また、その中につめ込むもの。㋺国あずきなどを煮てすりつぶし、砂糖、塩などを混ぜた食品。『白餡』㈧国くず粉や片栗粉でとろみをつけた汁。『葛餡（くずアン）』

9030【餧】 *7261 食-8 イ(ヰ)漢・ダイ漢／wèi・něi／うえる

字解 形声。食＋委（なえる）声。うえる意。餒に同じ。また、やしなう意に用いる。

9031【館】 2059 345B 8AD9 食-8 常3 カン（クヮン）呉漢／guǎn／たち・たて・やかた

(6488)【舘】 2060 345C 8ADA 舌-10 †

(9032)【館】 ―― 食-8 旧字

筆順 館 館 館 館 館 館 館

字解 形声。食＋官（公務を行う多くの人が集まるところ）声。多くの人に食物を供する所、やかたの意。

意味 やかた。たち。たて。㈠いえ。建物。『旧館』『別館』㈡宿。官人の宿泊所。『旅館』『公館』㈧公共の施設。人の集まる建物。『図書館』

下接 会館（カイカン）・開館（カイカン）・旧館（キュウカン）・休館（キュウカン）・公館（コウカン）・菜館（サイカン）・商館（ショウカン）・新館（シンカン）・賓館（ヒンカン）・閉館（ヘイカン）・別館（ベッカン）・洋館（ヨウカン）・旅館（リョカン）・図書館（トショカン）

【館娃宮（カンアイキュウ）】（「娃」は美女の意）中国、春秋時代、呉王夫差が硯石山上に築き、西施を住まわせた宮殿。

【館駅（カンエキ）】宿場。駅舎。

【館閣（カンカク）】中国、宋代以後、優秀な学者などが勤務していた、史官・集賢院・昭文館・秘閣・竜図閣・天章閣のこと。図書の収蔵や校正などをつかさどった。

【館人（カンジン）】やかたを管理し、客の世話をする人。

9033【餚】 *7255 食-8 コウ（カウ）漢／yáo・xiáo／さかな

字解 形声。食＋肴（ごちそう）声。そなえもののごちそうの意。肴に同じ。

9034【餛】 *7256 食-8 コン漢／hún

字解 形声。食＋昆声。

意味 「餛飩（コントン）」は、小麦粉をこね、きざんだ肉を包んで煮たもの。ワンタン。

9035【餉】 ―― 食-8 ショウ「餉」(9019)の異体字

9036【餝】 8119 7133 E952 食-8 ショク「飾」(9012)の異体字

9037【餞】 8120 7134 E953 食-8 セン漢／jiàn／はなむけ

字解 形声。食＋戔（→践、ふむ）声。旅立ちに際し酒や食物をおくる、はなむけの意。

意味 はなむけ。㈠旅立つ人を送る酒宴。送別会。『予餞会（ヨセンカイ）』『餞宴』『飲餞（インセン）』『祖餞（ソセン）』㈡旅立つ人へ贈る金品や言葉など。『餞別』『贐餞（ジンセン）』㈧はなむけする。見送る。『餞送』

【餞宴・餞筵（センエン）】旅に立つ人を送る時の酒宴。

【餞送（センソウ）】旅立つ者を見送ること。

【餞別（センベツ）】旅立ちや門出を祝って金品などを贈ること。また、その贈り物。はなむけ。

9038【餤】 8121 7135 E954 食-8 タン漢／tán・dàn／すすめる

字解 形声。食＋炎声。すすむ意。

意味 ❶すすむ。すすめる。❷くらう。❸「餅餤（ベイダン）」は、もち、だんご。また、もちの中に、鴨（かも）などの卵や野菜を煮て包み、切った食物。

9039【餠】 8122 7136 E955 食-8

(9021)【餅】 ―― 食-6

(9022)【餅】 4463 4C5F 96DD 食-6 † ヘイ漢／bǐng／もち・もちい

字解 餅は餠の通俗体。餠は形声。食＋幷（→平、たいらにのびる）声。材料をこねあわせうすくやいたもちの意。

意味 もち。穀物の粉をこねて蒸したり焼いたりしたもの。日本では糯米（もちごめ）を蒸してつき、丸めたり、平たくのしたりしたもの。また、もちのような形状のもの。

下接 画餅（ガベイ）・血餅（ケッペイ）・月餅（ゲッペイ）・煎餅（センベイ）／鶯餅（うぐいすもち）・鏡餅（かがみもち）・柏餅（かしわもち）・桜餅（さくらもち）・尻餅（しりもち）・牡丹餅（ぼたもち）

【餅銀（ヘイギン）】もちのようなかたちにした銀塊。古く、中国で貨幣とした。

【餅師（ヘイシ）】もちを売る人。もちや。

【餅餌（ヘイジ）】もち。また、だんご。

9040【餢】 *7259 食-8 ホウ漢・ブ慣

字解 形声。食＋音声。

意味 「餢飳（ブト）」は、餅を油で揚げた食品。

9041【餫】 ―― 食-9 ウン「饂」(9045)の異体字

9042【餲】 *7264 食-9 アイ漢・カツ漢／ài・hé／すえる

字解 形声。食＋曷（のどがつかえとどまる）声。食物がすえる意。

意味 ❶すえる。❷油で揚げた食物。

9043【餬】 8123 7137 E956 食-9 コ漢／hú／かゆ

字解 形声。食＋胡（たれ下がったあごの下の肉）声。人にぶら下がってくらう、いそうろうする意。またどろりとしたかゆの意。

意味 ❶かゆ。粗末な食事。かゆを食べる。貧しくくらす。「糊」に同じ。❷いそうろう。食客。

9044【餱】 *7263 食-9 コウ漢／hóu／ほしいい

字解 形声。食＋侯声。ほしいいの意。

9045【饂】 8127 713B E95A 食-10

(9041)【餫】 ―― 食-9 ウン慣・ワン慣

字解 国字。形声。食＋昷声。

意味 ❶「饂飩（ウドン）」は、うどん。小麦粉を材料としためん類の一種。❷「饂飩（ワンタン）」は、中華料理の一種。

9046【餽】 8125 7139 E958 食-10 キ漢／kuì／まつる・おくる

字解 形声。食＋鬼（死者のたましい）声。食物を供えて死者の霊をなぐさめる、まつりの意。

意味 ❶まつり。まつる。死者に食物を供えてまつる。

❷おくる。食料などを送り届ける。『餽餉』
【餽餉キショウ】食料を送ること。餽饟キジョウ。

9047【餼】＊7271 食-10 キ(漢)/xì/おくる
字解 形声。食＋氣(食物を贈る)(声)。食物を贈る、贈り物の意。のちに食を加えた。
意味 おくる。㋑食物を贈り授ける。『餼稟』㋺いけにえを供える。また、いけにえ。『餼牽』『餼羊』
【餼牽キケン】生きている、牛・羊・豚のいけにえ。♥つないで引いていく家畜なので「牽」という。
【餼羊キヨウ】いけにえとされる生きた羊。→告朔之餼羊サクノキヨウ
【餼稟キリン】肉類と穀物。また、扶持米フチマイ。

9048【餻】＊7270 食-10 コウ(カウ)(漢)/gāo/もち
字解 形声。食＋羔(声)。糕に同じ。
意味 ❶こなもち。❷国「一口餻イッコウ」は、うどん粉をこねて黒砂糖を包み、その一面を焼いた菓子。

9049【䭔】―― 食-10 タイ(漢)・ツイ(慣)/duī
字解 形声。食＋追(声)。むしもちの意。
意味 「䭔子ツイシ」は、菓子の一種。米の粉や小麦粉を薄くのして一端を円錐上にとがらして固めたもの。

9050【餺】＊7269 食-10 ハク(漢)/bó
字解 形声。食＋尃(声)。
意味 「餺飥ハクタク」は、小麦粉を水で練って切ったもの。うどん。ほうとう。

9051【餾】8126 713A E959 食-10 リュウ(リウ)(漢)/liù・liú/むす
字解 形声。食＋留(＝畱→流、蒸気がながれる)(声)。飯がむしあがる、また、その飯の意。

9052【饉】8128 713C E95B 食-11 キン(漢)/jǐn/うえる
字解 形声。食＋堇(→僅、わずか)(声)。食物がわずかである、うえる意。

金文

篆文

意味 うえる。食物がわずかでうえる。また、食物がわずかなこと。『飢饉キキン』『凶饉キョウキン』『餒饉ダイキン』

9053【饆】＊7274 食-11 ヒツ(漢)・ヒチ(慣)/bì
字解 形声。食＋畢(声)。「饆饠ヒチラ(ヒツラ)」は、糯米もちごめの粉を水で練り、煎餅のように平たくして焼いた菓子。

9054【饅】8129 713D E95C 食-11 バン(漢)・マン(慣)/mán/ぬた
字解 形声。食＋曼(声)。
意味 ❶「饅頭マンジュウ」は、食品の名。小麦粉をこね発酵させた皮に餡アンを包み、蒸した菓子。中国ではマントー、北方では餡を入れないものをいう。❷国ぬた。魚肉、野菜などを酢みそであえた料理。ぬたあえ。

9055【饐】8130 713E E95D 食-12 イ(漢)/yì/すえる・むせぶ
字解 形声。食＋壹(ふたをしたつぼの象形、こもる)(声)。食物がすえる意。
意味 ❶すえる。飲食物が腐る。❷むせぶ。食物がのどにつかえる。「噎」に同じ。

9056【饋】8131 713F E95E 食-12 キ(漢)/kuì/おくる
字解 形声。食＋貴(さしあげる・おくる)(声)。食物を贈る、またその贈り物の意。

甲骨文

篆文

意味 ❶おくる。㋑食物や金品を贈る。また、贈り物。食糧ショクリョウ。「餽」に同じ。『饋遺』『饋歳』『饋餉』『饋糧』㋺すすめる。貴人に食物をすすめる。また、神仏に食物をそなえる。『饋食』『饋饌』『饋奠』❷食事。『饋食』「一饋イッキ」「中饋チュウキ」
【饋遺イキ】贈り物をすること。
【饋歳キサイ】年末の贈り物をすること。歳暮。
【饋餉キショウ】食糧を送ること。また、食糧。
【饋食キショク】①昔、祭りのときに、食物をそなえること。②食事。
【饋饌キセン】目上の人にすすめるごちそう。
【饋奠キテン】神前や仏前に物を供えてまつること。
【饋糧キリョウ】食糧を送りとどけること。

9057【饑】8132 7140 E95F 食-12 キ(漢)/jī/うえる・ひだるい
字解 形声。食＋幾(わずか)(声)。食物がわずかである、うえる意。
意味 うえる。農作物が不作で、うえる。うえて、ひもじい。ひだるい。「飢」に同じ。
【饑渇キカツ】飢え、かわくこと。飢渇キカツ。＊柳宗元-捕ㇾ蛇者説「饑渇而頓踣キカツしてトンボクす〔＝飲まず食わずのはてに倒れてしまう〕」
【饑饉キキン】凶作で、食糧が欠乏すること。飢饉。
【饑歳キサイ】穀物の不作である年。飢饉年。
【饑溺キデキ】飢えることと、水に溺おぼれること。民のひどい苦しみのたとえ。

9058【饒】8133 7141 E960 食-12 ニョウ(ネウ)(呉)・ジョウ(ゼウ)(漢)/ráo/ゆたか
字解 形声。食＋堯(高い・大きい)(声)。食物がゆたかである意。
意味 ゆたか。多い。富む。あり余る。ゆとりがある。
下接 広饒コウジョウ・肥饒ヒジョウ・富饒フジョウ・豊饒ホウジョウ・沃饒ヨクジョウ
【饒益ジョウエキ(ニョウヤク)】①(ジョウエキ)ゆたかなこと。ゆたかにすること。②(ニョウヤク)仏語。慈悲の心をもって有情ウジョウに利益を与えること。
【饒舌ジョウゼツ】よくしゃべること。↔寡黙。『饒舌家』
【饒沃ジョウヨク】土地がよく肥えていること。
難読姓氏 饒村にょむら

9059【饌】8134 7142 E961 食-12 セン(呉)・サン(漢)/zhuàn/そなえる
字解 形声。食＋巽(整えてそなえる)(声)。飲食物をそなえる、またそなえものの意。のちに食を加えた。
意味 そなえる。そなえもの。ごちそうを整えてすすめる。また、ごちそう。『神饌』
下接 佳饌カセン・嘉饌カセン・饋饌キセン・酒饌シュセン・神饌シンセン
【饌饋センキ】膳立てした食事をすすめること。

【饌米 センマイ】神の供物とする洗米。

9060【饍】*7277 食-12 ゼン(呉)・セン(漢)/shàn

字解 食＋善(声)。ごちそうの意。膳の別体。

9061【饘】*7280 食-13 セン(漢)/zhān/かゆ

字解 形声。食＋亶(ゆたかにあつい)(声)。濃厚なかゆの意。

【饘粥 センシュク】かゆ。濃いかゆと薄いかゆ。

9062【饞】*7284 食-17 サン(漢)・ザン(慣)/chán/むさぼる

字解 形声。食＋毚(声)。貪欲に食らう、むさぼる。

意味 むさぼる。むさぼり食う。また、いやしい。

【饞涎 サンゼン】食物を見てよだれを流すこと。

【饞火 ザンカ】火のように盛んな食欲。

9063【饟】*7285 食-17 ショウ(シャウ)(漢)・ジョウ(ジャウ)(慣)/xiǎng/かれいい

字解 形声。食＋襄(声)。

意味 食糧を送る。かれいい。『餽饟 キジョウ』

9064【饠】*7286 食-19 ラ(漢)/luó/もち

字解 形声。食＋羅(声)。もちの意。

意味 『饆饠 ヒチラ・ヒツラ』は菓子の一種。

食

9065【飡】*7240 食-2 サン(漢)・ソン(漢)/cān・sūn (9066)【湌】―― 食-3

字解 餐また、飧に同じ。

9067【飧】*7244 食-3 ソン(漢)/sūn (9068)【飱】―― 食-4

字解 会意。食＋夕(夕方)。夕食の意。

185 首部 くび

【喰】⇨1128

首は、髪の毛のはえたあたまを象って、頭部から上のあたま(シュ)を表す。首部には、そのあたま、くびに関する字がある。あたまに関しては、別に頁(181)部があり、甲骨文以来の形もよく似ている。隷楷では、首は髪を添えた形、頁は人がくびをのせた形をとったのである。

甲骨文 金文 篆文

首 首

首 ⑧ 馘

首 ② 馗

首

9069【首】2883 3C73 8EF1 首-0 常2 シュ(呉)・シュウ(シウ)(漢)/shǒu・shòu/くび・こうべ・かしら・しるし・はじめ・おびと

筆順

字解 部首解説を参照。

意味 ❶くび。㋑動物の頭と胴をつなぐ細い部分。頸部ケイブ。『首罪』『鶴首カクシュ』『絞首コウシュ』㋺あたま。かしら。頸部から上の部分。『首級』『頓首トンシュ』❷はじめ。㋑物の先端部。『船首』㋺第一。最初。『首唱』『巻首』『歳首』❸最上位。第一位。『首席』『首相』『首都』❹おさ。かしら。かしらだつ者。『首脳』『首領』『党首』❺もうす。罪を白状する。『自首ジシュ』❻漢詩を数える語。『唐詩三百首』❼国おびと。もと、おほひと(大人)、首長の意。大化改新前の姓かばねの一。臣おみや連むらじより低い地位の氏うじに与えられた。❽国和歌を数える語。『百人一首』❾固有名詞、熟字訓など。『首陽山』『首途かどで』 ⇓表

❶くび。あたま。かしら。

首 シュ	尾 ビ
首尾	
かしら。はじめ。 船首 冠首 馬首 首草 巻首 鳩首シキュウ	お。末端。 船尾 末尾 牛尾 掉尾トウビ 大尾 驥尾キビ

下接 回首カイシュ・馘首カクシュ・鶴首カクシュ・鳩首キュウシュ・梟首キョウシュ・稽首ケイシュ・黔首ケンシュ・甲首コウシュ・絞首コウシュ・斬首ザンシュ・賊首ゾクシュ・頓首トンシュ・白首ハクシュ・馬首バシュ・北首ホクシュ／匕首あいくち・ヒシュ・足首あしくび・襟首えりくび・鎌首かまくび・手首てくび・寝首ねくび

【首丘 シュキュウ】本ももとを忘れないことのたとえ。〔礼記-檀弓上〕❤狐が死ぬときに、その首を、もと住んでいた丘の方へ向けるの意から。

【首級 シュキュウ】討ち取った敵の首。しるし。『首級を挙げる』❤昔、中国で敵の首を一つ取ると爵一級を得る制度があったことからいう。

【首功 シュコウ】①戦場で敵の首を取った功績。②第一番の功名。

【首甲 シュコウ】かぶと。また、かしら。第一のもの。

【首肯 シュコウ】うなずくこと。納得すること。

【首罪 シュザイ】犯罪の中で最も重い斬首ザンシュの罪。↓❺

【首足異レ処 シュソクところをことにす】首や足を別々にする。腰斬ヨウザンの刑に処せられる。

【首鼠両端 シュソリョウタン】疑い迷う心があってどちらか一方に決しかねること。『首鼠両端を持す』〔史記-魏其武安侯伝〕❤ネズミは疑い深く、穴から首だけを出して形勢をうかがっているとされるところから。

【首服 シュフク】①かんむり。また、男子が成人の表示として髪や服装を大人のものにかえること。元服。②髪かざりや首かざり。↓❺

❷はじめ。先端部。また、最初。

下接 巻首カンシュ・起首キシュ・期首キシュ・機首キシュ・歳首サイシュ・称首ショウシュ・年首ネンシュ・部首ブシュ・篇首ヘンシュ

【首巻 シュカン】①数冊からなる書物の、第一巻。↔終巻。②書物または巻物の初めの部分。巻首。巻頭。

【首歳 シュサイ】年の始め。年頭。歳首。

【首時 シュジ】四季の初め。一月、四月、七月、十月。

【首唱 シュショウ】まっさきに唱えること。また、その人。『改革の首唱者』

【首先 シュセン】他に先がけること。事柄のおこり。

【首題(シュダイ)】手紙や通達書などの初めに書いてある題目。

【首途(シュト|かどで)】旅や新生活に出発すること。門出(かどで)。

【首尾(シュビ)】[1]始めと終わり。終始。『首尾一貫する』[2][国]事の成り行きや結果。『首尾を尋ねる』『上首尾』

❸ 最上位。第一位。
【首位(シュイ)】第一の地位。首席。
【首座(シュザ|シュソ)】[1](シュザ)一番上位の席。上席。また、上座につく資格のある者。↔末座。[2](シュソ)禅寺で、修行僧中の首席にある者。♥「ソ」は、唐音。
【首相(シュショウ)】[1]主席の宰相。[2][国]「内閣総理大臣」の通称。『首相官邸』
【首席(シュセキ)】第一位の席次、地位。↔次席
【首選(シュセン)】科挙に第一位で合格すること。
【首都(シュト)】国の中央政府がある都市。首府。『首都圏』
【首班(シュハン)】[1]第一位の席次。首席。[2][国]内閣の首席。内閣総理大臣。『首班指名』
【首府(シュフ)】首都。

❹ おさ。かしら。
[下接] 魁首カイシュ・貫首カンジュ|カンシュ・元首ゲンシュ・党首トウシュ・頭首トウシュ
【首悪(シュアク)】悪党の首領。首魁。

【首魁(シュカイ)】悪事をたくらむ張本人。首謀者。

【首長(シュチョウ)】[1]集団、団体の長。[2][国]行政機関の独任制の長官。内閣総理大臣、知事、市町村長など。

【首脳(シュノウ)】集団や組織などで中心となる人。

【首謀(シュボウ)】中心となって悪事、陰謀などを企てる者。

【首領(シュリョウ)】人のかしらに立つ者。首魁シュカイ。多く、悪者についていう。

❺ もうす。罪を白状する。
【首罪(シュザイ)】罪を白状すること。→❶
【首服・首伏(シュフク)】白状して罪に服すること。→❶

❾ 固有名詞、熟字訓など。
【首陽山(シュヨウザン)】中国の周初、伯夷と叔斉が武王に反対し、こもって餓死した地とされる山。山西省永済県の南の雷首山、河北省盧竜県の陽山などの諸説がある。

9070 【馘】 首 8137 7145 E964 首−8 (6261)【聝】 耳−8
カク(クヮク)[漢]|guó|くびきる
[字解] 形声。首＋或(くぎる)[声]。耳を切る意。篆文は、耳＋或[声]の形声字。のち耳を首に改め首きりの意を表すようになった。馘は聝の重文。

金文 篆文 重文

[意味] ❶耳を切る。敵を殺し、心覚えのために左耳を切り取る。『馘耳』『浮馘フカク』❷くびきる。首を切る。また、日本で、解雇する。『馘首』『斬馘ザンカク』
【馘耳(カクジ)】耳を切り取ること。また、切った耳。
【馘首(カクシュ)】[1]首を切ること。[2][国]免職または解雇すること。首切り。

9071 【馗】 首 8136 7144 E963 首−2
キ[漢]|kuí
[字解] 形声。首(あたまをむける)＋九(ここのつ)[声]。九方に通じるみちの意。「鍾馗ショウキ」は、魔を払う神。

【道】⇩8142

186 香部 かおり

香は、黍の省略形と甘の変形とによる会意で、きびのうまそうにかおることから、一般にかおり(コウ)を表す。香部に属する字は、かおりに関係する。

甲骨文 篆文

香 香
香 ⑪ 馨
香 ⑨ 馥

9072 【香】 2565 3961 8D81 香−0 [常]
コウ(カウ)[呉]・キョウ(キャウ)[漢]|xiāng|か・かおり・かおる・かぐわしい・かんばしい・こうばしい
[筆順] 香 香 香 香 香
[字解] 部首解説を参照。
[参考] 万葉仮名では訓を借りて「か」。
[意味] ❶かおり。よいにおい。また、かおる。かぐわしい。かんばしい。『香気』『香水』『芳香ホウコウ』⇒[芳](6576)の[表] ❷たきもの。よいにおいを出すもの。『香をたく』『香炉』『線香』❸[国]将棋の駒の一。『香車』❹[国]みそ(味噌)の女房詞。『香の物』❺[国]『香色こういろ』は、丁子を濃く煎じて、その汁で染めた色。薄赤くて黄味を帯びた色。❻その他。固有名詞、熟字訓など。『香炉峰』『香具師やし』

❶ かおり。よいにおい。かおる。
[下接] 暗香アンコウ・花香カコウ・薫香クンコウ・国香コッコウ・残香ザンコウ・清香セイコウ・天香テンコウ・濃香ノウコウ・芬香フンコウ・聞香ブンコウ・芳香ホウコウ・幽香ユウコウ・余香ヨコウ／色香いろか
【香雲(コウウン)】[1]かぐわしい雲。桜の花などが咲き乱れている様子を雲に見立てていう。[2]女性の髪の形容。→❷
【香閣(コウカク)】よいかおりのする高殿。婦人の部屋をいう。→❷
【香気(コウキ)】よいかおり。『香気を放つ』
【香魂(コウコン)】花の精。また、美人の霊魂などをいう。
【香餌(コウジ)】味やにおいの良いえさ。多くは比喩的に、人をひきつけるためのうまい話や利益についていう。
【香餌之下、必有㆓死魚㆒(コウジのもと、かならずシギョあり)】利益のかげには必ず危険がある。利益に誘われて身をほろぼすことのたとえ。〔三略−上略〕
【香車(コウシャ)】香木で作った車。立派な車。→❸(キョウシャ)
【香水(コウスイ|コウズイ)】[1](コウスイ)香料をアルコール類に溶かした化粧品。肌や衣服などにふりかける。[2](コウズイ)香を加えた浄水。また、仏前に供える水。閼伽アカ。
【香雪(コウセツ)】[1](かおりのある雪の意)かんばしい白い花のこと。[2]茶の異名。

【香粉】①においのいい粉。花粉など。②おしろい。③粉末の香料。

【香夢】花の下などで見る夢。

【香霧】かぐわしい霧。さわやかな霧。＊杜甫‐月夜「香霧雲鬟湿［=かぐわしい夜霧に、妻の豊かな髪はぬれる］」

【香油】香料入りの化粧用油。

【香料】よい香りを発散するもの。→❷
【香匳】婦人の化粧道具箱。→❷【香匳体】中国古典詩の詩風で、官能的な情愛をうたったもの。韓偓がその艶詩を「香匳集」と題して集めたのによる。

❷こう。たきもの。

下接 衣香・花香・麝香・焼香・沈香・塗香・頭香・線香・乳香・拈香・聞香・抹香・弁香・妙香・名香・反魂香

【香案】（「案」は机の意）香炉をのせる机。
【香雲】雲のように立ちのぼった香の煙。→❶
【香火】①仏前で焼香をするための火。②寺で焼香をつかさどる者、すなわち僧。【香火院】先祖の墓碑を安置して香華を供える寺院。香華院。【香火情】仏前で香をたいてたてたちかいの心。
【香界】寺のこと。
【香閣】寺院のこと。→❶
【香具】国①香道で使用する器具。②薫物やにおい袋などに用いる、沈香、丁子、白檀、麝香などの総称。
【香華・香花】仏前に供える香と花。
【香合・香盒】香を入れる蓋付きの小容器。
【香典・香奠】死者の霊前に供える金品。元来は香華の代わりとしたもの。(1)書き換え「香奠→香典」。(2)「奠」はまつる、そなえるの意。
【香道】国香木をたいてそのにおいを味わう芸道。
【香木】①よい香りを発する木。②国香道で、薫物に用いる香気のある木。沈香、竜脳の類。
【香料】=香典。『御香料』→❶
【香匳】神仏に供える香を入れる箱。→❶
【香炉】香をたくのに用いる炉。

❸（日本語で）将棋の駒の一。

【香車】国将棋の駒で、前方にのみいくつでも直進するもの。香。やり。→❶（コウシャ）

❻その他。固有名詞、あて字など。

下接 茴香・安息香／吾木香
【香山】中国河南省洛陽県の竜門山の東にある山。詩人の白居易が楼を構えた所。

【香炉峰】（山状が香炉に似るところから）中国江西省九江県西南にある廬山の北峰。＊白居易‐香炉峰下、新卜山居、草堂初成、偶題東壁「遺愛寺鐘欹枕聴、香炉峰雪撥簾看［=遺愛寺でつく鐘の音は、寝たままで枕を高く傾けて聞き耳を立てて聞き、香炉峰に積もった雪は、すだれを押し上げてながめる］」

【香港】（Hong-kong）①中国広東省の南岸、珠江の河口東岸にある香港島をさす。②①を含むイギリスの旧直轄植民地。一九九七年中国に返還。

【香魚】アユ科の淡水魚。鮎。もと芳香があるので「香魚」と書き、また、一年で生を終えることから「年魚」とも書く。

【香橙・香橘】ミカン科の常緑小高木。果実は秋に熟して橙色になり、生食される。九年母。

【香具師】てきや。野師。もと、香具などを扱う行商人をいった。

難読地名 香々地町（大分）香良洲町（三重）香春町（福岡）香焼町（長崎）香落渓（三重）

香

9073【馨】1930 333E 8A5D 香-11 人 ケイ㊥／xīng・xīn／かおる・かおり・かぐわしい・かんばしい

字解 形声。香＋殸（よく響く楽器）㊥。香りが遠くにまでとどく、かんばしい意。

意味 かおる。かおり。好ましい評判や影響。『素馨』『徳馨』

【馨逸】香気が抜きんでてすぐれていること。

【馨香】かんばしいかおり。よいにおい。芳香。

香

9074【馥】8138 7146 E965 香-9 フク㊥／fù・bì／かおる・かおり・かんばしい

字解 形声。香＋复（ふくれた腹のさま）㊥。香りがゆたかにある意。また复は福に通じて、ゆたかの意。

意味 かんばしい。よいかおりである。かおる。『膩馥』『芬馥』『芳馥』『残膏剰馥』

【馥郁】香気がいっぱいに漂いかおるさま。『馥郁たる梅の香』
【馥馥】盛んにかおりたつさま。

187 馬部 うま

甲骨文

金文

篆文

馬は、頭部、また、たてがみと尾とを強調した姿で、うま（バ）を表す。馬部に属する字は、うまの種類、性状、働きなどに関する。字の左部にある馬の形を「うまへん」という。中国簡体字は马。

馬 馬 驫
馬 ⑤駕 駑 ⑨騖 ⑩騫 騺 ⑪鷙 驚 ⑫驀 ⑬驚 驚 驘
馬 ②馭 ③馯 馴 馱 馳 ④駅 駆 駄 駁 駮 駬 ⑤駒 駈 駟 駛 駝 駞 駘 駐 駐 駓 駙 ⑥駭 駮 駢 駱 駲 ⑦駻 駸 駿 駸 騂 騁 騃 騄 ⑧騎 騏 騌 騐 騅 騈 騉 ⑨騎 騘 騙 ⑩騮 騶 騷 騒 騐 騑 ⑪驅 驂 驄 驃 驟 ⑫驕 驍 驊 驛 驎 ⑬驛 驗 ⑭驟 ⑯驢 ⑰驤 驥 驤 ⑱驩 ⑲驪
馬 ②馮 ⑩騰 騰

馬

9075 【馬】 3947 474F 946E 馬－0 常2

メ(呉)・マ(呉)(唐)・バ(漢)/mǎ/うま・ま・むま

筆順 馬 馬 馬 馬 馬 馬

字解 部首解説を参照。

同属字 罵・瑪・碼

参考 万葉仮名では音を借りて「ま」「め(甲)」。

意味 ❶うま。ウマ科の哺乳動物。家畜の一。『馬耳東風』『馬車』『競馬』 ❷自分をへりくだっていうのに付ける語。『馬齢』 ❸(国)将棋で、角が敵陣に入って成ったもの。うま。竜馬(リュウメ)。 ❹固有名詞。人名、地名など。『馬遠』 ❺あて字、熟字訓など。『馬酔木(あせび)』『馬鹿(バカ)』

❶ うま。

下接 愛馬(アイバ)・鞍馬(アンバ)・逸馬(イツバ)・意馬(イバ)・駅馬(エキバ)・汗馬(カンバ)・悍馬(カンバ)・騎馬(キバ)・弓馬(キュウバ)・牛馬(ギュウバ)・曲馬(キョクバ)・軍馬(グンバ)・競馬(ケイバ)・下馬(ゲバ)・犬馬(ケンバ)・胡馬(コバ)・駟馬(シバ)・車馬(シャバ)・戎馬(ジュウバ)・出馬(シュツバ)・駿馬(シュンメ|シュンバ)・乗馬(ジョウバ)・神馬(シンメ|シンバ)・水馬(スイバ)・石馬(セキバ)・戦馬(センバ)・相馬(ソウバ)・駄馬(ダバ)・竹馬(チクバ)・鉄馬(テツバ)・天馬(テンバ)・伝馬(テンマ)・駑馬(ドバ)・白馬(ハクバ|あおうま)・万馬(バンバ)・輓馬(バンバ)・匹馬(ヒツバ)・肥馬(ヒバ)・兵馬(ヘイバ)・奔馬(ホンバ)・名馬(メイバ)・野馬(ヤバ)・騾馬(ラバ)・驪馬(リバ)・竜馬(リュウバ|リョウバ|リュウメ)・良馬(リョウバ)・驢馬(ロバ)・汗血馬(カンケツバ)・風馬牛(フウバギュウ)・寸馬豆人(スンバトウジン)・南船北馬(ナンセンホクバ)／青馬(あおうま)・荒馬(あらうま)・尻馬(しりうま)・種馬(たねうま)・荷馬(にうま)・早馬(はやうま)・流鏑馬(やぶさめ)

【馬革(バカク)】 馬の皮。馬の皮をなめしたもの。【馬革裹レ屍(バカクもてかばねをつつむ)】 馬の皮で死体を包む。兵士が戦場で死ぬこと。〔後漢書-馬援伝〕

【馬銜(バカン|はみ)】 ①馬の轡(くつわ)。馬の口にくわえさせる部分。②荒馬を制するため、口にかませて、頭上でしばっておく縄。♥「食(は)み」の意。

【馬脚(バキャク)】 馬のあし。【露二馬脚一(バキャクをあらわす)】 化けの皮がはがれる。〔通俗編-獣畜〕

【馬具(バグ)】 馬に付ける用具。鞍(くら)、鐙(あぶみ)、轡(くつわ)など。

【馬喰(バくろう)】 馬や牛の良し悪しを見分け、その売買周旋などをする者。♥「ハクラク(伯楽)」の変化。

【馬矢(バシ)】 (「矢」は糞の意) 馬のくそ。馬糞(バフン)。

【馬耳東風(バジトウフウ)】 人の意見や批評などを心にも留めずに、聞き流すこと。〔李白-答二王十二寒夜独酌有レ懐〕 ♥人間なら喜ぶ春を告げる東風が吹いてもウマの耳は何とも感じないの意から。

【馬術(バジュツ)】 馬を乗りこなす術。

【馬上(バジョウ)】 馬の上。また、馬に乗っていること。【居二馬上一而得レ之(バジョウにいてこれをう)】 武力で天下を取ることをいう。〔史記-酈生陸賈(レキセイリクカ)伝〕 馬にまたがり天下を取る。

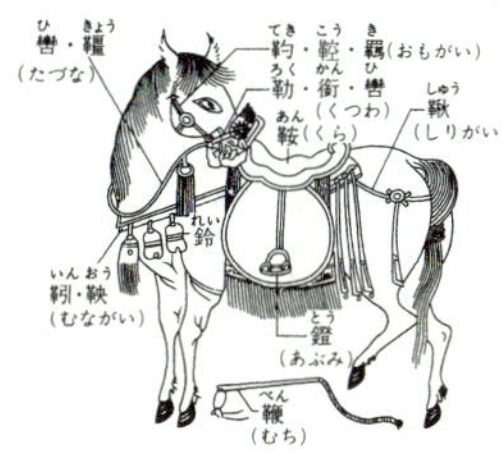

馬具〔三才図会〕

【馬食(バショク)】 ①箸を使わないで、馬のように口を食器につけて食うこと。②馬のように、たくさん食べること。『牛飲馬食』

【馬賊(バゾク)】 もと、中国東北部で、馬に乗って荒し回った盗賊の集団。

【馬丁(バテイ)】 馬を扱うことを仕事とする使用人。馬の口取り。たづなを引く人。

【馬蹄(バテイ)】 馬のひづめ。『馬蹄形』【馬蹄銀(バテイギン)】 中国で、秤量貨幣としてつくられた馬蹄形の銀塊。一四世紀ごろから用いられ、巨額の取引に使用された。

【馬頭(バトウ|メズ)】 ①(バトウ) 馬のかしら。馬首。②(メズ) 仏教で、頭は馬、体は人の形をした地獄の獄卒。【馬頭観音(バトウカンノン)】 六観音の一。宝冠に馬頭をいただき、俗に馬の病気を治し、災難から守るという。

【馬鐙(バトウ)】 あぶみ。

【馬匹(バヒツ)】 馬。♥一匹、二匹と数えるところから。

【馬勃(バボツ)】 ①馬糞。とるにたりない物にたとえていう。②ホコリタケ(埃茸)の異名。

【馬力(バリキ)】 ①仕事率の単位。一秒間に七五キログラムの物体を一メートル動かす力を一馬力とする。②(国)能力。精力。

【馬鬣(バリョウ)】 ①馬のたてがみ。②墳墓の一。土を盛った形が馬のたてがみに似ているもの。馬鬣封(バリョウホウ)。

❷ 自分をへりくだっていうのに付ける語。

【馬歯(バシ)】 自分の年齢をへりくだっていう語。馬齢。

【馬齢(バレイ)】 自分の年齢をへりくだっていう語。『馬齢を重ねる〔＝いたずらに年を取る〕』

❹ 固有名詞。人名、地名など。

【馬援(バエン)】 中国、後漢の名将。字(あざな)は文淵。茂陵(モリョウ)県(現在の陝西(センセイ)省)の人。光武帝に仕えて、隴西(ロウセイ)太守として西羌(セイキョウ)を破り、また、伏波将軍として交阯(コウシ)(現在のベトナム)を討伐し功をたてた。(前一四～後四九)

【馬遠(バエン)】 一二～一三世紀の、中国、南宋の画家。夏珪とともに南宋院体山水画の代表的画家。生没年不詳。

【馬嵬(バカイ)】 中国陝西(センセイ)省興平県の西の地名。唐代、安禄山の乱の際、玄宗に従って蜀に落ちのびる途中の楊貴妃が殺された所。＊白居易-長恨歌「馬嵬坡下泥土中、不レ見二玉顔一空死処(バカイハカデイドのうち、ギョクガンをみずむなしくシせしところ)〔＝馬嵬の坂のあたりの泥土の中、そこには玉のように美しい顔は見られず、その人の死んだ場所だけが空しく残っている〕」

【馬謖(バショク)】 中国、三国時代、蜀の武将。字(あざな)は幼常。諸葛孔明(ショカツコウメイ)に重んぜられた。(一九〇～二二八)【泣斬二馬謖一(ないてバショクをきる)】 規律を保つためには、私情を捨てて処罰するたとえ。〔蜀志-馬謖伝〕 ♥諸葛孔明が、軍規を守るために、将来を嘱望していた部下の馬謖の失敗の責任を追及して斬(き)ったという故事から。

【馬班(バハン)】 ①「史記」の司馬遷と、「漢書」の班固。とともにすぐれた歴史家。②馬援と班超。ともに外征して大功をたてた。

【馬融(バユウ)】 中国、後漢の学者。字(あざな)は季長。茂陵(モリョウ)(現在の陝西(センセイ)省)の人。鄭玄(ジョウゲン)をはじめ多くの弟子を育てた。「孝経」「論語」「詩経」「易経」など多くの書に注をほどこし、「春秋三伝異同説」を著した。

【馬鳴(メミョウ)】 一世紀後半から二世紀にかけてのインドの仏教詩人。バラモン教から仏教に帰依し、カニシカ王の保護を受けて、仏教の興隆に尽力。大乗仏教の大学者で、著に「大荘厳経」などがある。

❺ あて字、熟字訓など。

下接 水馬(あめんぼ)・鞍馬(アンバ)・河馬(カバ)・竈馬(かまどうま)・桂馬(ケイマ)・跳馬(チョウバ)・海馬(とど)・頓馬(トンマ)・野次馬(やじうま)・羅馬(ローマ)

【馬鈴薯(バレイショ|じゃがいも)】 「ジャガタラ芋」の略。ナス科の多年草。代表的な栽培作物。塊茎は食用。

【馬鹿(バカ)】 国愚かなこと。また、その人。あほう。▼(1)「莫迦」とも書く。(2)梵moha＝慕何(痴)、またはmahallaka＝摩訶羅(無智)の転で、僧侶が隠語として用いたことによる。また、「破家」の転義とも。

【馬簾(バレン)】 国彩色した細長い紙や皮などを長くたらした、纏(まとい)の飾り。

【馬酔木(あせび|あしび|バスイボク)】 ツツジ科の常緑低木。早春、白いつぼ形の花が房状に咲く。▼馬がこの葉を食べて酔ったように苦しむところからという。

【馬尾藻(ほんだわら)】 褐藻類ホンダワラ科の海藻。正月の飾りなどにする。▼「ほだわら(穂俵)」の変化という。

難読地名 馬瀬(まぜ)村(岐阜) 馬渡(まだら)島(佐賀)

難読姓氏 馬郡(まごおり) 馬淵(まぶち) 馬渡(まわたり)

9076 【驫】 8174 716A E98A 馬－20 ヒョウ(ヘウ)漢/biāo

金文

篆文

字解 会意。馬＋馬＋馬。多くのうまの意。

［裛］ ⇩ 7239

馬

9077 【駕】 1879 326F 89ED 馬－5 カ呉漢・ガ慣/jià/のる

字解 形声。馬＋加(くわえる)声。馬を車につける意。

意味 ❶牛馬を車につける。また、車につけられた牛馬。＊白居易－売炭翁「暁駕二炭車一輾二氷轍一(あかつきにタンシャにガしてヒョウテツをきしらし)」〔＝夜明け方、炭の車に牛をつなぎ、凍りついた道を行く〕」 ❷のる。馬や馬車にのる。また、のりこなす。使いこなす。『駕御』 ❸のりもの。㋑特に、牛馬の引く乗り物や、かごをいう。『駕(ガ)を枉(ま)げる〔＝貴人がわざわざおもむく〕』『駕輿(ガヨ)』『駕籠(かご)』 ㋺他人の乗り物や来訪を敬っていう。『枉駕(オウガ)』『来駕(ライガ)』 ㋩特に、天子の乗り物。また、天子。『仙駕(センガ)』『竜駕(リュウガ)』 ❹しのぐ。のりこえる。『駕軼』『凌駕(リョウガ)』

下接 枉駕(オウガ)・鶴駕(カクガ)・車駕(シャガ)・従駕(ジュウガ)・聖駕(セイガ)・仙駕(センガ)・尊駕(ソンガ)・大駕(タイガ)・台駕(タイガ)・長駕(チョウガ)・別駕(ベツガ)・宝駕(ホウガ)・法駕(ホウガ)・鳳駕(ホウガ)・発駕(ホッガ)・鸞駕(ランガ)・竜駕(リュウガ)

【駕軼(ガイツ)】 他のものを越えること。人を追い越し、ぬきんでること。凌駕。

【駕御・駕馭(ガギョ)】 ①馬を自由に使いこなすこと。②他人をうまく使うこと。思いのままに使うこと。

【駕幸(ガコウ)】 天子の行幸。

【駕輿(ガヨ)】 人足によってかつがれる乗り物。こし。

【駕籠(かご)】 竹製または木製の、人の乗る部分を一本の長柄の中央につるし、前後から担いで運ぶ乗り物。

9078 【駑】 8146 714E E96D 馬－5 ド漢/nú/のろい・にぶい

字解 形声。馬＋奴(奴隷)声。下等な馬の意。

意味 のろい馬。また、のろい。にぶい。才能が劣っている。『罷駑(ヒド)』 ＊史記－廉頗藺相如伝「相如雖レ駑、独畏二廉将軍一哉(ショウジョドなりといえども、ひとりレンショウグンをおそれんや)〔＝この相如は愚か者ではあるが、どうして廉頗将軍ごときをおそれたりしようか〕」

【駑鉛(ドエン)】 のろい馬と鉛の刀。劣った才能のたとえ。また、自分の謙称。

【駑下(ドカ)】 才能が劣り鈍いこと。

【駑怯(ドキョウ)】 のろくて、いくじのないこと。

【駑才・駑材(ドサイ|ドザイ)】 駑馬のように愚鈍な才能。

【駑駿(ドシュン)】 駑馬と駿馬。転じて、愚者と賢者。

【駑駘(ドタイ)】 (「駘」は鈍い馬の意) 鈍い馬。下等な馬。駄馬。転じて、劣った才。

【駑鈍(ドドン)】 才が鈍く知恵が足りないこと。

【駑馬(ドバ)】 足の遅い馬。鈍重な馬。また、鈍才。↔駿馬(シュンメ)。 【駑馬十駕(ドバジュウガ)】 (「十駕」は、十日間馬車を引く意) 才能のない者でも一所懸命努力すれば、才能のある者に追いつけるというたとえ。〔荀子－勧学〕

［罵］ ⇩ 6137

［篤］ ⇩ 5704

9079 【騖】 ＊7330 馬－9 ブ漢/wù/はせる

篆文

字解 形声。馬＋敄声。秩序なく縦横に速く走りまわる。

意味 はせる。走らせる。走りまわる。『騖馳(ブチ)』

【騖馳(ブチ)】 馬や車を走らせること。

9080 【騫】 8158 715A E979 馬－10 ケン呉漢・コン慣/qiān

字解 形声。馬＋寒省声。欠ける・そこなう意。

意味 ❶欠ける。そこなう。まちがえる。あやまち。『騫汚』 ❷軽く飛びあがる。また、軽々しい。『騫騫』 ❸かかげる。「褰」に同じ。『騫衣』

【騫衣(ケンイ)】 衣のすそをかきあげること。

【騫汚(ケンオ)】 いたみよごれること。

【騫騫(ケンケン)】 ①軽く飛び上がるさま。②軽々しいさま。

9081 【騭】 ＊7337 馬－10 シツ漢・チョク漢/zhì

(8707) 〔隲〕 8013 702D E8AB 阜－14

字解 隲は騭の略体。おすうま。馬を御する。また、のぼる、さだめるの意。

9082 【驁】 ＊7344 馬－11 ゴウ(ガウ)漢/áo・ào

字解 形声。馬＋敖声。名馬の意。駿馬(シュンメ)。

9083 【騺】 ―― 馬－11 チ漢

字解 形声。馬＋執声。

意味 ❶馬が重いさま。❷馬が行きなやむさま。つまずくさま。

9084 【驀】 8162 715E E97D 馬－11 バク漢/mò/のる

字解 形声。馬＋莫(おおいかくす)声。おおいかぶさるように馬にのる意。

意味 ❶のる。馬にのる。また、のりこえる。❷まっしぐら。いっさんに。また、たちまち。にわかに。『驀進』『驀然』『驀地』

【驀進(バクシン)】 国まっすぐに勢いよく進むこと。

【驀然(バクゼン)】 急速なさま。まっしぐらに進むさま。驀地。

【驀地(バクチ)】 勢いよく一直線に進んでゆくさま。まっしぐら。

9085 【驚】 2235 3643 8BC1 馬－12 常

(9086) 〔驚〕 ―― 馬－13 旧字

キョウ(キャウ)呉・ケイ漢/jīng/おどろく・おどろき・おどろかす

筆順 驚 驚 驚 驚 驚 驚

字解 形声。馬+敬(つつしみ身をひきしめる)声。馬が身をひきしめる、おどろく意。

意味 ❶おどろく。おどろかす。びっくりする。びっくりしてさわぐ。みだれさわぐ。『驚愕』『一驚』『喫驚』『震驚』 *史記-項羽本紀「赤泉侯、人馬倶驚(セキセンコウ、ジンバともにおどろく)〔=赤泉侯は、人馬ともども驚いた〕」 ❷はげしい。はげしく速い。すばやい。『驚湍』『驚風』

❶ おどろく。おどろかす。びっくりする。

【驚異(キョウイ)】 おどろき怪しむべきこと。また、その事柄。『驚異の新記録』『驚異的』

【驚駭(キョウガイ)】 恐れおどろくこと。

【驚愕(キョウガク)】 非常におどろくこと。『驚愕すべき事実』

【驚悸(キョウキ)】 おどろいて胸がどきどきすること。

【驚喜(キョウキ)】 思いがけずうれしいことに出会っておどろき喜ぶこと。

【驚呼(キョウコ)】 びっくりしてあっと声をあげること。*杜甫-贈衛八処士「驚呼熱中腸(キョウコすればチュウチョウネッす)〔=おどろいてあっと声をあげ、はらわたが熱くなるのを感じた〕」

【驚悟・驚寤(キョウゴ)】 おどろいて目をさますこと。

【驚惶(キョウコウ)】 おどろきおそれること。

【驚鴻(キョウコウ)】 ①おどろいて飛び立つオオトリ。②転じて、美人のからだの軽くしなやかなさま。また、美人。

【驚号(キョウゴウ)】 おどろいて叫ぶこと。

【驚殺(キョウサツ)】 (「殺」は程度を表す助字) 非常におどろくこと。

【驚心動魄(キョウシンドウハク)】 心をおどろかし、たましいをゆさぶる意で、非常にびっくりすること。

【驚騒・驚譟(キョウソウ)】 おどろき騒ぐこと。

【驚嘆・驚歎(キョウタン)】 おどろき感心すること。ひどく感心すること。『見事な出来ばえに驚嘆する』

【驚天動地(キョウテンドウチ)】 (「天を驚かし、地を動かす」の意) 世間をひどくおどろかすこと。〔白居易-李白墓〕

【驚倒(キョウトウ)】 非常におどろくこと。

【驚動(キョウドウ)】 おどろき動揺すること。

【驚破(キョウハ)】 (「破」は強意の助字) おどろかすこと。*白居易-長恨歌「漁陽鼙鼓動地来、驚破霓裳羽衣曲(ギョヨウのヘイコチをうごかしてきたり、ゲイショウウイのキョクをおどろかす)〔=漁陽を発した反乱軍の打ち鳴らす攻め太鼓が、地をゆり動かして迫って来て、霓裳羽衣の曲を奏するどころではなくなった〕」

【驚怖(キョウフ)】 おどろき恐れること。

【驚目(キョウモク)】 見てびっくりすること。

【驚惋(キョウワン)】 おどろきなげくこと。

❷ はげしい。はげしく速い。すばやい。

【驚沙(キョウサ)】 風に吹かれて飛ぶ砂。

【驚湍(キョウタン)】 流れのはげしく速い川瀬。

【驚波(キョウハ)】 わきたつような荒波。

【驚飆(キョウヒョウ)】 はげしい風。驚風。

【驚風(キョウフウ)】 ①はげしい風。②漢方医学で、幼児のひきつけを起こす脳膜炎の類を言う語。驚癇(キョウカン)。

9087 【驘】 ―― 馬-13 ラ漢/luó

字解 形声。馬+羸声。らばの意。

馬

9088 【馭】 8139 7147 E966 馬-2 ギョ漢/yù/あやつる

字解 会意。馬+又(て)。馬をあつかう、あやつる意。御に同じ。

参考 万葉仮名では音を借りて「ご乙」。

意味 ❶馬をあやつる。また、馬を扱う人。「御」に同じ。『馭者』『騎馭』『駕馭』『控馭』 ❷おさめる。人を使いこなす。「御」に同じ。『駕馭』『制馭』『統馭』 *白居易-長恨歌「排空馭気奔如電(くうをはいしきにギョしてはしることいなずまのごとく)〔=大空をおし開き、大気に乗って、いなずまのようにかけ回る〕」 ❸馬車。乗り物。『竜馭』

【馭極(ギョキョク)】 (「極」は皇位の意) 天子の即位。

【馭者(ギョシャ)】 馬をあやつって馬車を走らせる人。御者。

9089 【馯】 ―― 馬-3 カン 「駻」(9115)の異体字

9090 【馴】 3875 466B 93E9 馬-3 ジュン呉・シュン漢/xún/なれる・ならす

字解 形声。馬+川(→循・順、したがう)声。馬がしたがいなれる意。

意味 ❶なれる。ならす。なつく。なじむ。『馴化』『馴致』 ❷良い。正しい。素直な。『馴行』『雅馴』

【馴化(ジュンカ)】 気候・風土などになれて適応すること。

【馴行(ジュンコウ)】 よい行い。善行。

【馴擾(ジュンジョウ)】 (「擾」もなれる意) なれること。また、柔順なこと。

【馴致(ジュンチ)】 なれさせること。また、次第にある状態に到達すること。

【馴鹿(ジュンロク)】 (なれた鹿の意) シカ科の哺乳類(ホニュウルイ)、トナカイのこと。北極に近いツンドラ地帯にすみ、労役用とするほか、乳は飲料、皮は衣料、肉は食用にする。

9091 【馱】 * 7292 馬-3 ダ 「駄」(9095)の異体字

9092 【馳】 3558 435A 9279 馬-3 チ呉漢/chí/はせる

字解 形声。馬+也(→它、うねる)声。背をうねらせ馬がはしる意。

参考 万葉仮名では音を借りて「ち」。

意味 はせる。速く走る。かける。走らせる。また、心をはせる。心を向ける。

下接 疾駆(シッチ)・背馳(ハイチ)・飛馳(ヒチ)・並馳(ヘイチ)・奔馳(ホンチ)

【馳駆(チク)】 馬を走らせること。転じて、走り回ってあれこれ力を尽くすこと。奔走。

【馳走(チソウ)】 ①馬をかけ走らせること。*史記-項羽本紀「直夜潰囲、南出馳走(ただちによるかこみをついやし、みなみにいでてチソウす)〔=ただちにその夜(漢軍の)囲みを破り、南に出て馬をかけ走らせた〕」 ②国もてなしをすること。また、振る舞う料理など。『御馳走』 もと、用意のためにかけまわる意。

【馳逐(チチク)】 馬を走らせて追いかけること。また、おいかけること。

【馳騁(チテイ)】 ①馬に乗ってかけまわること。また、馬をかけまわすこと。②奔放に活動すること。

【馳道(チドウ)】 天皇や貴人の通行する道。

【馳突(チトツ)】突撃すること。

【馳弁(チベン)】ことばたくみに言うこと。

9093【駅】1756 3158 8977 馬－4 常3 (9151)〔驛〕8167 7163 E983 馬－13 旧字
エキ漢/yì/うまや
筆順 駅駅駅駅駅駅駅
字解 駅は驛の略体。驛は形声。馬＋睪(次々につながる)声。代え馬を用意しておく宿場、えきの意。
意味 ❶うまや。馬つぎ場。旅人が宿泊する所。宿場。また、つぎ馬。『駅亭』『駅伝』『宿駅(シュクエキ)』 ❷つぐ。往来が絶えないでつづく。『飛駅(ヒエキ)』『馳駅(チエキ)』『駱駅(ラクエキ)』 ❸国えき。列車の発着する所。停車場。『終着駅』

❶うまや。宿場。馬つぎ場。
【駅使(エキシ)】駅馬を使用して海道の各駅で宿泊し、食料の供給を受けて旅行する公用の使者。

【駅站(エキタン)】(「站」は足だまりの意)①＝駅亭(エキテイ)。②中国、清代における駅伝制の宿駅の呼び名。

【駅亭(エキテイ)】①古代の駅制で、人馬の継ぎ立てをし、駅使に宿舎、食料を提供した設備。②宿場の宿屋。

【駅伝(エキデン)】国①古代の駅制と伝馬(テンマ)の制。律令制では唐にならって諸道三〇里(約一六キロメートル)ごとに駅を置き、駅馬を備え、緊急重要の官使の逓送、宿泊に用いた。うまやづたい。②路上で行われる長距離のリレー競走。

【駅馬(エキバ)】令制の駅制で、駅使の乗用に使う馬。また、宿駅に備えて、一般の旅客の用に供する馬。

【駅鈴(エキレイ)】国①日本の古代、駅使に国家が給付した鈴。②駅鈴を模した茶の湯の釜の蓋置(ふたおき)。

❸(日本語で)えき。停車場。
下接 着駅(チャクエキ)・発駅(ハツエキ)・始発駅(シハツエキ)・終着駅(シュウチャクエキ)
【駅長(エキチョウ)】国鉄道の駅の長。
【駅頭(エキトウ)】国駅のあたり。
難読地名 駅館(やっかん)川(大分)

9094【駆】2278 366E 8BEC 馬－4 常 (9140)〔驅〕8160 715C E97B 馬－11 旧字 (3007)〔敺〕*3352 攴－11 (9100)〔駈〕2279 366F 8BED 馬－5
ク呉漢/qū/かける・かる
筆順 駆駆駆駆駆駆駆
字解 駆は驅の略体。驅は形声。馬＋區声。かる意。

甲骨文

篆文

意味 ❶かる。また、かける。㋑(馬にむち打って)速く走らせる。『駆動』『馳駆(チク)』 ㋺はしる。速く走る。『疾駆(シック)』『先駆(センク)』 ❷かりたてる。㋑せまる。強いる。『駆役』『駆使』 ㋺追いはらう。取り除く。『駆除』

❶かる。また、かける。
【駆馳(クチ)】①馬を走らせること。馳駆。②人に使われて走り回ること。

【駆騁(クテイ)】馬を走らせること。

【駆動(クドウ)】動力を与えて動かすこと。『四輪駆動』

❷かりたてる。また、追いはらう。
【駆役(クエキ)】追いたてて使うこと。
【駆遣(クケン)】追い出すこと。
【駆使(クシ)】国思いのままに使いこなすこと。
【駆除(クジョ)】追い払うこと。主に害虫などの退治にいう。
【駆儺(クダ)】年末や節分に鬼を追い払う儀式。
【駆逐(クチク)】追い払うこと。『駆逐艦』
【駆略(クリャク)・駆掠(クリャク)】強迫して奪い取ること。

9095【駄】3444 424C 91CA 馬－4 常 (9091)〔駄〕*7292 馬－3
ダ呉・タ漢/tuó・duò/のせる・つむ
筆順 駄駄駄駄駄駄駄
字解 形声。馬＋太(＝大)声。馬などに荷をのせる意。
参考 万葉仮名では音を借りて「た」。
意味 ❶のせる。つむ。馬に荷を背負わせる。また、にうま。馬にのせた荷物。あるいは、それを数える語。「駝」に同じ。『駄賃』『荷駄(にだ)』 ❷国つまらない。ねうちがない。『駄菓子(ダガシ)』『駄洒落(ダじゃれ)』『駄犬(ダケン)』『駄作』『無駄(ムダ)』 ❸国はきもの。『足駄(あしだ)』『下駄(ゲタ)』『雪駄(セッタ)』 ❹その他。あて字、音訳字など。『駄駄(だだ)をこねる』『韋駄天(イダテン)』

❶のせる。つむ。また、にうま。
【駄賃(ダチン)】国①駄馬で荷物を運ぶ運賃。②子供の手伝いなどの礼として与える金銭や菓子。

【駄馬(ダバ)】荷物を運ぶ馬。→❷

❷(日本語で)つまらない。ねうちがない。
【駄馬(ダバ)】国下等な馬。→❶
【駄文(ダブン)】国つまらない文章。意味のない文章。拙文。また、自分の文章をへりくだって言う。
【駄作(ダサク)】国出来の悪い、つまらない作品。
【駄弁(ダベン)】国むだなおしゃべり。『駄弁を弄する』
【駄目(だめ)】国①囲碁で、双方の地に属さない空点。②良くない状態であるさま。役に立たないこと。

9096【駁】3993 477D 949D 馬－4
ハク漢・バク慣/bó/まだら・ぶち
字解 会意。馬＋爻(まじわる)。毛の色が純一でなくまだらの馬の意。

甲骨文

篆文

意味 ❶まだら。ぶち。純粋でない。また、まじる。入りまじる。「駮」に同じ。『雑駁(ザツパク)』 ❷論じ正す。また、他人の説などを非難攻撃する。『甲論乙駁(コウロンオツバク)』『反駁(ハンパク)』『論駁(ロンパク)』
【駁議(バクギ)】＝駁論(バクロン)
【駁撃(バクゲキ)】他人の言論や所説を非難、攻撃すること。
【駁正(ハクセイ)】是非を判別して、まちがいを正すこと。
【駁論(バクロン)】他人の説を非難、攻撃すること。また、その議論。駁説。

9097【駇】8141 7149 E968 馬－4 ブン漢
字解 形声。馬＋文(模様)声。模様のある馬の意。

9098【馿】*7304 馬－4 ロ 「驢」(9154)の異体字

9099【駒】 2280 3670 8BEE　馬－5　人　ク㊥／jū／こま

字解　形声。馬＋句（小さくまがる）㊟。はねまわる子馬の意。

金文

篆文

意味　❶こま。こうま。若い元気な馬。『駒影』『駒隙』『白駒（ハック）』『若駒（わかごま）』❷国こま。小さいものの称。㋑将棋で使う五角形の小さい木片。『駒落ち』『手駒（てごま）』『持ち駒（ごま）』㋺三味線、琴などの、弦と胴の間にはさみ、弦を支えるもの。

【駒影（クエイ）】またたくまに過ぎゆく日影。駒隙。

【駒隙（クゲキ）】月日が早く過ぎ去ること。人の一生は、白馬が壁のすき間を通り過ぎるぐらいの短いものだというたとえ。隙駒（ゲキク）。〔荘子‐知北遊〕

難読地名　駒止（こまど）高原・峠（福島）

9100【駈】 2279 366F 8BED　馬－5　ク「駆」（9094）の異体字

9101【駟】 8142 714A E969　馬－5　シ㊥㊥／sì

字解　形声。馬＋四（よっつ）㊟。四頭だての馬車の馬の意。

金文

篆文

意味　四頭立ての速い馬車。

【駟介（シカイ）】武装した四頭立ての馬車。

【若駟過隙（シのゲキをすぐるがごとし）】四頭立ての馬車が、一瞬、戸のすきまの向こうを走り過ぎるようである。時間の経過の速いことのたとえ。〔礼記‐三年問〕

【駟馬（シバ）】馬車を引く四頭の馬。四馬。また、四頭立ての馬車。転じて、王侯の乗り物の意。

【駟馬不能追（シバもおうあたわず）】一度口に出してしまうととりかえしがつかない。発言は慎重にしなければならないことのたとえ。〔説苑‐説叢〕

【駟不及舌（シもしたにおよばず）】一度口から出した言葉は、四頭だての馬車で追いかけても追いつかない。言葉は慎むべきであることをいう。〔論語‐顔淵〕

9102【駛】 8143 714B E96A　馬－5　シ㊥／shǐ／はせる・はやい

字解　形声。馬＋史㊟。

意味　❶はせる。馬をはやく走らせる。❷はやい。にわか。『駛雨』『駛足』

【駛雨（シウ）】にわか雨。夕立ち。

【駛足（シソク）】はやい足。足のはやい者。

9103【駝】 8144 714C E96B　馬－5　(9104)【駞】＊7312　馬－5

ダ㊥・タ㊥／tuó／のせる・つむ

字解　形声。馬＋它㊟。

意味　❶のせる。馬に荷を背負わせる。「駄」に同じ。❷「駱駝（ラクダ）」の略。『橐駝（タクダ）』

【駝鳥（ダチョウ）】ダチョウ科の鳥。アフリカの草原に群生する。首が長く、体形がラクダに似る。

【駝馬（ダバ）】らくだ。

9105【駘】 8145 714D E96C　馬－5　タイ㊥／tái・dài／のろい

字解　形声。馬＋台㊟。馬のくつわをはずす意、また、のびやかの意。

意味　❶にぶい。のろい。また、のろい馬。『駑駘（ドタイ）』❷広くゆったりしている。また、のどかである。

【駘宕（タイトウ）】のびのびとしているさま。

【駘蕩（タイトウ）】①大きくのびのびとしているさま。②春の情景ののどかなさま。『春風駘蕩』

9106【駐】 3583 4373 9293　馬－5　常　(9107)【駐】＝＝　馬－5　旧字

チュウ（チウ）㊥／zhù／とどまる・とどめる

字解　形声。馬＋主（とどまる）㊟。馬がとまる意から、とどまる意。

筆順　駐 駐 駐 駐 駐 駐

意味　とまる。車馬がとまる。とどめる。滞在する。

下接　移駐（イチュウ）・在駐（ザイチュウ）・常駐（ジョウチュウ）・進駐（シンチュウ）

【駐駕（チュウガ）】貴人が乗り物をとめること。転じて、貴人が滞在すること。

【駐在（チュウザイ）】①職務のため、派遣された地にとどまること。②国（「駐在所」の略）巡査が駐在して、受持地区の警備や事務処理に当たる所。③国駐在所勤務の巡査。

【駐箚（チュウサツ）】外交官吏などが、外国に派遣されて職務上滞在すること。『駐箚大使』▶箚はもと劄。申し文の意。

【駐車（チュウシャ）】車をとめておくこと。『違法駐車』

【駐屯（チュウトン）】軍隊が、ある土地にとどまること。『駐屯地』

【駐留（チュウリュウ）】軍隊が、一時ある所に滞在すること。

9108【駓】 ＊7307　馬－5　ヒ㊥／pī／しらかげ

字解　形声。馬＋丕㊟。白毛のまじった黄色い馬、しらかげの意。

9109【駙】 ＊7309　馬－5　フ㊥／fù

字解　形声。馬＋付（そえつける）㊟。そえうまの意。

【駙馬（フバ）】①馬車で、予備に外側につけておく馬。副馬（そえうま）。②（中国、魏晋以後、皇女の婿となった者は駙馬都尉の官に任ぜられて、駙馬の事をつかさどったところから）天子の婿。特に、天子の乗輿に用いる副馬。

9110【駭】 8147 714F E96E　馬－6　ガイ㊥・カイ㊥／hài／おどろく

字解　形声。馬＋亥（→核、おどろく）㊟。おどろく意。

意味　おどろく。おどろかす。『震駭（シンガイ）』

【駭愕（ガイガク）】おどろくこと。

【駭汗（ガイカン）】おどろいて冷や汗をかくこと。

【駭遽（ガイキョ）】おどろきあわてること。

【駭世（ガイセイ）】世をおどろかすほどに性質や規模が大きくすぐれていること。

【駭然（ガイゼン）】おどろくさま。愕然（ガクゼン）。

【駭歎（ガイタン）】おどろき嘆くこと。

【駭魄（ガイハク）】魂をおどろかすこと。びっくりすること。

【駭惋（ガイワン）】おどろきなげくこと。

9111【駮】 8148 7150 E96F　馬－6　ハク㊥／bó／まだら・ぶち

字解　形声。馬＋交㊟。猛獣の名。駁に通じてまだらの意に用いられる。

意味　❶想像上の猛獣の名。虎や豹を食うという。❷まだら。ぶち。まだら馬。「駁」に同じ。❸ただす。他人の説を非難攻撃する。「駁」に同じ。

【駮正(ハクセイ)】批判して正すこと。駮正(ハクセイ)。

9112 【駢】 8156 7158 E977 馬－6
ヘン 「騈」(9131)の異体字

9113 【駱】 8149 7151 E970 馬－6
ラク(呉)(漢)/luò/かわらげ
字解 形声。馬＋各(声)。
金文

篆文

意味 ❶かわらげ。黒いたてがみのある白い馬。❷「駱駝(ラクダ)」は、ラクダ科の哺乳類。背にこぶがある。❸つづく。つらなりつづく。「駱駅」❹人名。「駱賓王」
【駱駅(ラクエキ)】人馬や車の往来が絶え間なく続くこと。
【駱賓王(ラクヒンノウ)】中国、唐の詩人。「帝京篇」は名高く、よく数字を用いた対句を作ったところから算学士と呼ばれた。王勃(オウボツ)・楊炯(ヨウケイ)・盧照鄰(ロショウリン)とともに初唐の四傑と称される。詩文集「駱丞集」がある。生没年未詳。

9114 【駲】 8150 7152 E971 馬－6
音訓字義未詳

9115 【駻】 8151 7153 E972 馬－7　(9089)【馯】二一 馬－3
カン(漢)/hàn/あらい
字解 形声。馬＋旱(↓悍、あらあらしい)(声)。あらうまの意。
意味 あらうま。また、あらい。たけだけしい。
【駻突(カントツ)】＝駻馬(カンバ)
【駻馬(カンバ)】性質が荒々しい馬。あばれ馬。

9116 【騃】 ＊7324 馬－7
シ(漢)・ガイ(呉)(漢)/sì・ái
字解 形声。馬＋矣(声)。
意味 ❶(シ)馬がいさましく進むさま。❷(ガイ)おろかなさま。「騃孺」
【騃孺(ガイジュ)】おろかな子供。

9117 【駿】 2957 3D59 8F78 馬－7 人
シュン(漢)/jùn
字解 形声。馬＋夋(ぬきんでる)(声)。すぐれた馬の意。

意味 ❶足が速い、すぐれた馬。転じて、すぐれた才能。「俊」に同じ。❷国「駿河(するが)」の略。東海道一五か国の一。静岡県中央部。「駿府(すんぷ)」(＝静岡市の旧称)」

【駿驥(シュンキ)】すぐれた馬。また、才知すぐれた人。

【駿骨(シュンコツ)】①駿馬(シュンメ)の骨。また、駿馬。②賢才。すぐれた人物。❤①は、中国、戦国時代燕(エン)の郭隗(カクカイ)が馬の骨を買った故事による。

【駿才(シュンサイ)】すぐれた才能。俊才。

【駿駿(シュンシュン)】すみやかなさま。

【駿足(シュンソク)】①馬の足の速いこと。また、足の速い馬。②足の速いこと。また、足の速い人。【駿足思二長阪一(シュンソクチョウハンをおもう)】足の速い馬は、長い坂があればよいと思う。自信のある者は困難を求め、力を試そうと思うことのたとえ。

【駿奔(シュンボン)】速く走ること。

【駿馬(シュンメ・シュンバ)】足の速い馬。＊史記-項羽本紀「駿馬、名騅、常騎レ之(シュンメあり、なはスイ、つねにこれにキす)」〔＝すばらしい馬があり、その名を騅といって、(項羽は)いつもそれに乗っていた〕

【駿良(シュンリョウ)】すぐれてよい馬、人物。

難読地名 駿東(すんとう)郡(静岡)

9118 【駸】 8152 7154 E973 馬－7
シン(漢)/qīn
字解 形声。馬＋㑴(声)。
意味 ❶馬が速く走るさま。❷「駸駸(シンシン)」は、時間や物事が速く進むさま。

9119 【騂】 ＊7323 馬－7
セイ(漢)/xīng/あかい
字解 もと觲。觲は形声。馬＋觲省(声)。赤い色の馬。
甲骨文

意味 ❶あかい。あかくする。❷あかうま。赤黄色の馬。❸あかうし。いけにえにする赤色の牛。

9120 【騁】 8153 7155 E974 馬－7
チョウ(チャウ)(呉)・テイ(漢)/chěng/はせる
字解 形声。馬＋甹(声)。
意味 ❶はせる。馬を走らせる。自由に考える。きままにする。「騁望」「駆騁(クテイ)」❷思いをはせる。思いを述べること。「騁懐」
【騁懐(テイカイ)】思いをはせること。思いを述べること。
【騁望(テイボウ)】①馬をはせて見物に出かけること。②思うままにながめること。

9121 【駹】 ＊7320 馬－7
ボウ(バウ)(漢)/máng
字解 形声。馬＋尨(声)。
意味 ❶まだらうま。❷黒毛で顔の白いうま。❸額と顔の白いうま。

9122 【駵】 ＊7319 馬－7
リュウ 「騮」(9139)の異体字

9123 【騎】 2119 3533 8B52 馬－8 常　(9132)【騎】二一 馬－9
キ(漢)/qí・jì/のる
筆順

字解 形声。馬＋奇(あしがまがる)(声)。膝を曲げ馬にまたがり乗る意。

参考 万葉仮名では音を借りて「き(乙)」。

意味 のる。馬に乗る。乗馬。また、馬に乗った戦士、兵士。「単騎」「鉄騎」「一騎当千」＊史記-項羽本紀「令二四面騎馳下一(シメンのキをしてはせくだらしむ)」〔＝四方に向かった四隊の騎士をはせ下らせた〕

【騎馭(キギョ)】馬を自由にあつかうこと。

【騎虎之勢(キコのいきおい)】虎に乗った者が、途中で降りることができないように、物事にはずみがついて、あとへ引けなくなること。〔隋書-后妃・独孤皇后伝〕

【騎士(キシ)】①馬に乗っている武士。②ヨーロッパ中世の封建君主に仕えた武人。ナイト。「騎士道」

【騎司馬(キシバ)】中国の官名。騎兵隊の隊長。

【騎射(キシャ)】①馬上で弓に矢をつがえて射ること。また、馬術と弓術。②国流鏑馬(やぶさめ)、笠懸(かさがけ)などの競技。

【騎手(キシュ)】馬に乗る人。特に、競馬に出場する馬の乗り手。ジョッキー。

【騎乗(キジョウ)】馬に乗ること。

国の官名。宮中警護の騎馬兵を取りしまった。

【騎都尉トイ】中国の官名。宮中警護の騎馬兵を取りしまった。

【騎馬バキ】馬に乗ること。また、その人。『騎馬民族』

【騎兵ヘイ】騎馬の兵士や軍隊。また兵種の一。騎馬による戦闘、捜索、偵察、通信を任務とする。『騎兵隊』

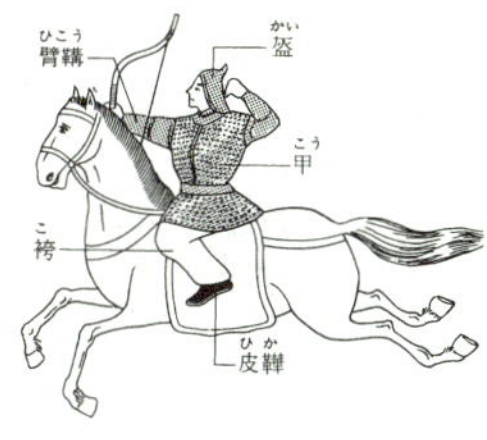

騎兵〔漢朝服装図様資料〕

9124 【騏】 8154 7156 E975 馬－8 キ㊥漢/qí

字解 形声。馬＋其㊥声。

意味 青黒い色をした馬。すぐれた馬。また、青黒い色。

【騏驥キキ】足の速いすぐれた馬。駿馬シュンメ。転じて、賢人のたとえにいう。

【騏驎リン】①一日に千里も走るという素晴らしい馬。②中国の想像上の動物。麒麟キリン。【騏驎之衰也、駑馬先之キリンのおとろうるや ドバもこれにさきんず】（「駑馬」はのろい馬の意）すぐれた人物も年老いては、働きや能力が普通の人に及ばなくなるたとえ。〔戦国策－斉〕

9125 【験】 2419 3833 8CB1 馬－8 常4 (9152)【驗】 8168 7164 E984 馬－13 旧字㊇ ゲン㊥呉・ケン㊥漢慣/yàn/しるし・ためし

(9126)【騐】* 7328 馬－8

筆順 験 験 験 験 験 験

字解 験は驗の略体。驗は形声。馬＋僉㊥声。もと馬の名を表したが、譣に通じて、あかしの意に用いる。

意味 ❶しるし。証拠となるもの。また、ききめ。効果。『験左ケンサ』『効験コウケン』『功験コウケン』『修験シュゲン』『霊験レイゲン』❷ためす。しらべる。ためし。こころみ。『験算ケンザン』『経験ケイケン』『試験シケン』『体験タイケン』❸国げん。縁起えんぎ。『験ゲンが悪い』

【験効ケンコウ】ききめがあること。ききめ。

【験左サケン】証拠。証左。

9127 【騅】 8155 7157 E976 馬－8 スイ㊥漢/zhuī

字解 形声。馬＋隹㊥声。

意味 ❶あしげの馬。❷中国、楚の項羽の愛馬の名。*史記－項羽本紀「騅不逝兮可奈何スイゆかず いかんすべき〔＝騅が進まないのを、いったいどうしようか〕」

9128 【騒】 3391 417B 919B 馬－8 常 (9138)【騷】 8159 715B E97A 馬－10 旧字㊇ ソウ（サウ）㊥呉漢/sāo/さわぐ・さわぎ・さわがしい

筆順 騒 騒 騒 騒 騒 騒

字解 騒は騷の略体。騷は形声。馬＋蚤（はねまわってさす、のみ）㊥声。馬がさわぐ、さわぐ意。また、憂・愁に通じて、うれえる意を表す。

意味 ❶さわぐ。さわがす。また、さわがしい。そうぞうしい。秩序がない。『騒音』『騒動』『喧騒ケンソウ』❷うれい。うれえる。『離騒』❸中国、戦国時代の楚の屈原の詩「離騒」にはじまる、悲憤・悲哀の情を込めた韻文の一体。転じて、詩歌。風流なこと。『騒客』『騒人』

❶ さわぐ。さわがしい。

下接 狂騒キョウソウ・喧騒ケンソウ・物騒ブッソウ／潮騒しおさい

【騒音オン】騒がしい音。うるさく感じる音。

【騒擾ジョウ】騒ぎをひき起こし、社会の秩序を乱すこと。擾乱。『騒擾事件』『騒擾罪』

【騒屑セツ】風がそよそよと吹くさま。

【騒然ゼン】そうぞうしくて不穏なさま。『物情騒然』

【騒騒ソウ】①あわただしいさま。そうぞうしいさま。②風が強く吹くさま。

【騒動ドウ】大勢の人々が騒ぎたてること。また、騒ぎ。

【騒乱ラン】事変が起こって世の中の秩序が乱れること。また、その騒ぎ。騒擾ジョウ。

❸ 詩歌。風流なこと。

【騒客カク】詩歌・文章などを作る人。詩人。

【騒人ジン】文人。詩人。また、風流人。騒客。▽中国、楚の屈原の「離騒」と作風を同じくする詩文の作者の意から。

【騒体タイ】文体の名。屈原の「離騒」にならってうれいを述べた韻文。

9129 【騘】 ―― 馬－8 ソウ「驄」(9142)の異体字

9130 【騑】 * 7329 馬－8 ヒ㊥漢/fēi

字解 形声。馬＋非（→配、ならぶ）㊥声。

意味 そえうま。駟シ（四頭立ての馬車）のうち、外側の二頭。一説に、特に右外側のものをさし、左外側のものを驂サンという。

【騑騑ヒヒ】①馬が進んで行って止まらないさま。②疲れるさま。

9131 【駢】 ―― 馬－8 (9112)【駢】 8156 7158 E977 馬－6 ベン㊥呉・ヘン㊥漢・ヘイ㊥漢/pián/ならぶ・ならべる

字解 形声。馬＋并（ならぶ）㊥声。二頭だて、ならぶ意。

意味 ならぶ。ならべる。馬を二頭にならべる。転じて、二つをならべる。対ツイにする。組にする。

【駢脅ヘンキョウ】一枚あばら。肋骨が並んで一枚の板のように見えるもの。力持ちであるといわれる。

【駢肩ヘンケン】①肩を並べること。②人がこみあうさま。

【駢死ヘンシ】首を並べて死ぬこと。*韓愈－雑説「駢死於槽櫪之間ソウレキのカンにヘンシす〔＝馬小屋の中で首を並べて死ぬ〕」

【駢体ベンタイ】＝駢儷ベンレイ

【駢植ヘンチ】並び立つこと。

【駢比ヘンピ】ずらりと並ぶこと。

【駢文ベンブン】＝駢儷レイ

【駢儷ベンレイ】中国の漢・魏・六朝に行われた文体。四字と六字からなる対句を多用するはなやかな文。四六文シロクブンともいう。駢文。『四六駢儷体』

【駢列ヘンレツ】いくつかの物がつらなりならぶこと。

9132 【騎】 ―― 馬－9 キ「騎」(9123)の異体字

10画 馬骨高髟門鬯鬲鬼

9133【騘】 ―― ―― 馬－9 ソウ 「驄」(9142)の異体字

9134【驒】 3445 424D 91CB 馬－9 タン 「驒」(9148)の異体字

9135【騙】 8157 7159 E978 馬－9 ヘン[漢]\piàn\だます・かたる

[字解] 形声。馬＋扁[声]。

[意味] ❶馬にとびのる。❷だます。かたる。人をあざむく。『騙取』『欺騙（ギヘン）』

【騙取（ヘンシュ）】 人をだまして財貨を取ること。

9136【騶】 ＊7341 馬－10 シュウ(シウ)[漢]・スウ[慣]\zōu

[字解] 形声。馬＋芻(たばねた草、まぐさ)[声]。うまかいの意。

[意味] ❶うまかい。車馬の世話をする人。また、御者や従者など。『騶従』『騶卒』❷霊獣の名。『騶虞』

【騶虞（スウグ）】 想像上の獣の名。生物を食さず、生草を踏まず、君主に至信の徳がある場合に現れるという霊獣。

【騶従（スウジュウ）】 貴人の外出のとき、車馬につき従う人。

【騶唱（スウショウ）】 貴人の従者が道路の先ばらいをすること。また、その従者。

【騶卒（スウソツ）】 車馬の世話や雑役をする身分の低い者。

9137【騲】 ―― ―― 馬－10 ソウ(サウ)[漢]\cǎo

[字解] 形声。馬＋草[声]。めすうまの意。

[意味] めうま。めすの馬。

9138【騷】 8159 715B E97A 馬－10 ソウ 「騒」(9128)の旧字

9139【騮】 ＊7338 馬－10 リュウ(リウ)[漢]\liú

(9149)【驑】 ＊7350 馬－12

(9122)【駵】 ＊7319 馬－7

[字解] 形声。馬＋留(＝丣)[声]。

[意味] 「驊騮（カリュウ）」は、良馬の名。

9140【驅】 8160 715C E97B 馬－11 ク 「駆」(9094)の旧字

9141【驂】 8161 715D E97C 馬－11 サン[漢]\cān

[字解] 形声。馬＋參(交わり加わる)[声]。そえうまの意。

[意味] ❶三頭立ての馬車。❷そえうま。三頭立て、また、四頭立ての外側の二頭。❸貴人の供として同じ車にのること。そえのり。御者の右にのるという。『驂乗』

【驂御（サンギョ）】 御者。また、侍従。

【驂乗（サンジョウ）】 貴人に付き従ってともにその車に乗ること。また、その人。そえのり。参乗。

9142【驄】 ＊7345 馬－11 ソウ[漢]\cōng

(9133)【騘】 ―― ―― 馬－9

(9129)【騣】 ―― ―― 馬－8

[字解] 形声。馬＋悤(→蔥、青白色)[声]。あしげの意。

9143【驃】 8163 715F E97E 馬－11 ヒョウ(ヘウ)[漢]\piào・biāo\しらかげ

[字解] 形声。馬＋票(＝㶾、火の粉が舞い上がる)[声]。白いまだらが飛び散ったしらかげの意。

[意味] ❶しらかげ(白鹿毛)。白毛のまじった黄色い馬。❷馬が速く走るさま。また、勇ましい。❸＝驃騎（ヒョウキ）

【驃騎（ヒョウキ）】 [1]中国の官名。漢代に設けられた将軍の一名称で、霍去病（カクキョヘイ）に初めて与えられた高い官位。驃騎将軍。[2]中国、前漢の霍去病のこと。

9144【騾】 8164 7160 E980 馬－11 ラ[漢]\luó

[字解] 形声。馬＋累[声]。驘の通俗体。らばの意。

【騾馬（ラバ）】 ウマの雌とロバの雄の交雑でつくられた品種。外形はウマに似る。

9145【驕】 8165 7161 E981 馬－12 キョウ(ケウ)[呉][漢]\jiāo\おごる・おごり

[字解] 形声。馬＋喬(たかい)[声]。高さ六尺の馬の意。転じて、おごる意。

[意味] おごりたかぶる。いばる。『驕気』＊論語－学而「貧而無諂、富而無驕、何如（ヒンにしてへつらうことなく、とみておごることなきは、いかん）」〈＝貧しくても人にへつらわず、金持ちであってもおごりたかぶらないというのは、どんなものか〉」

【驕佚（キョウイツ）・驕逸（キョウイツ）】 おごってほしいままにすること。

【驕横（キョウオウ）】 おごりたかぶって、ほしいままにすること。驕蹇（キョウケン）。

【驕気（キョウキ）】 おごりたかぶった気持。驕慢の気風。

【驕矜（キョウキョウ）】 ほこりたかぶること。矜驕。

【驕誇（キョウコ）】 驕慢で大言をはくこと。

【驕傲（キョウゴウ）】 おごりたかぶること。

【驕侈（キョウシ）】 ＝驕奢（キョウシャ）

【驕恣（キョウシ）・驕肆（キョウシ）】 おごってほしいままにすること。

【驕児（キョウジ）】 わがままな子供。いい気になっている若者。

【驕奢（キョウシャ）】 おごってぜいたくをすること。＊十八史略－唐「驕奢生於富貴（キョウシャはフウキにショウず）」〈＝おごりたかぶることは、財産があり身分も高い生活に慣れることから生ずる〉」

【驕色（キョウショク）】 おごりの気持ちのあらわれ。

【驕惰（キョウダ）】 いい気になってなまけること。

【驕泰（キョウタイ）】 おごりたかぶること。

【驕暴（キョウボウ）】 おごりたかぶって粗暴であること。

【驕慢（キョウマン）】 人を見くだし、おごりたかぶること。

【驕陽（キョウヨウ）】 照りつける夏の太陽。炎陽。

【驕楽（キョウラク）】 おごりたかぶって、かってに楽しむこと。

9146【驍】 8166 7162 E982 馬－12 キョウ(ケウ)[漢]・ギョウ(ゲウ)[慣]\xiāo

[字解] 形声。馬＋堯(高くて大きい)[声]。よい馬の意。

[意味] よい馬。良馬。転じて、強い。強く勇ましい。

【驍悍（ギョウカン）】 気性が激しく力が強いこと。勇悍。

【驍騎（ギョウキ）】 強い騎兵。勇猛な騎馬隊。勁騎（ケイキ）。

【驍将（ギョウショウ）】 強く勇ましい大将。勇将。

【驍騰（ギョウトウ）】 [1]良馬。[2]勇ましく強いこと。

【驍名（ギョウメイ）】 武勇のほまれ。勇名。

【驍勇（ギョウユウ）】 強く勇ましいこと。

【驍雄（ギョウユウ）】 勇ましく強い人物。英雄。

9147【驊】 ＊7346 馬－12 ゲ[呉]・カ(クヮ)[漢]\huá

字解 形声。馬＋華(声)。

意味 「驊騮(カリュウ)」は、中国、周の穆(ボク)王が天下を周遊したとき用いた八駿馬の一。転じて、駿馬、良馬のこと。

9148 【驒】 ―― 馬－12　(9134)【驒】 3445 424D 91CB 馬－9 †

ダン(呉)・タン(漢)・ダ(呉)・タ(漢)/tán・tuó

字解 形声。馬＋單(声)。

参考 万葉仮名では音を借りて「だ」。

意味 ❶灰白色のまだら模様のある葦毛(あしげ)、連銭(レンセン)葦毛。❷国「飛驒(ひだ)」は東山道の一国。現在の岐阜県北部。

9149 【驑】 ＊7350 馬－12　リュウ「騮」(9139)の異体字

9150 【驎】 ＊7349 馬－12　リン(漢)/lín

字解 形声。馬＋粦(声)。くちびるが黒い白馬、また、まだらうまの意。

9151 【驛】 8167 7163 E983 馬－13　エキ「駅」(9093)の旧字

9152 【驗】 8168 7164 E984 馬－13　ケン「験」(9125)の旧字

9153 【驟】 8169 7165 E985 馬－14　シュウ(シウ)(漢)/zhòu/はやい

字解 形声。馬＋聚(→速、はやい)(声)。馬がはやくはしる意。

意味 ❶はしる。馬が速く走る。❷とつぜん。にわか。すみやか。「驟雨」

【驟雨(シュウウ)】にわか雨。夕立。

9154 【驢】 8170 7166 E986 馬－16　(9098)【馿】＊7304 馬－4

ロ(呉)・リョ(漢)/lǘ/うさぎうま

字解 形声。馬＋盧(声)。

意味 ❶うさぎうま。ろば。馬とともに中国では多く用いる。❷その他。「海驢(あしか)」

【驢馬(ロバ)】ウマ科の哺乳類。馬より小さく、耳が長い。

9155 【驥】 8171 7167 E987 馬－17　キ(呉)(漢)/jì

字解 形声。馬＋冀(河北省北部の地名)(声)。冀から出た馬。一日に千里を走るという名馬の意。冀は良馬の産地。

意味 すぐれた馬。千里を走ることのできる名馬。千里の馬。また、才能のすぐれた人のたとえ。「驥尾」「駿驥(シュンキ)」「老驥(ロウキ)」

【驥服(キ)二塩車(エンシャにフクす)一】才能のある者が世に認められないでいることにいう。驥も櫪(レキ)に伏す。〔戦国策－楚〕♥駿馬も老いると塩運びの車を引くのに使われるの意から。

【驥足(キソク)】①駿馬の足。②すぐれた才能。俊才。〔展(のぶ)二驥足(キソクを)一〕すぐれた才能を十分に発揮する。〔十八史略－東漢〕

【驥尾(キビ)】すぐれて足の速い馬の尾。駿馬(シュンメ)の尾。転じて、すぐれた人物のあと。〔附(フす)二驥尾(キビに)一〕すぐれた人に付き従って行動する。＊史記－伯夷伝「顔淵雖二篤学一、附二驥尾一而行益顕(ガンエンはトクガクなりといえども、キビにフしておこないますますあらわる)」〔＝顔淵は学問好きであったが、孔子というすぐれた人の後につき従ったために、その行いがますます世にたたえられるようになった〕

9156 【驤】 8172 7168 E988 馬－17　ショウ(シャウ)(漢)・ジョウ(ジャウ)(慣)/xiāng

字解 形声。馬＋襄(首をあげる)(声)。馬が首をあげる意。おどりあがる、はしる意。

9157 【驩】 8173 7169 E989 馬－18　カン(クヮン)(漢)/huān/よろこぶ

字解 形声。馬＋雚(声)。もと、馬の名。

意味 ❶よろこぶ。よろこびたのしむ。「歓」に同じ。「交驩(コウカン)」❷人名。「驩兜」

【驩兜(カントウ)】中国古代の、尭帝(ギョウテイ)のときの悪人。舜(シュン)帝のとき、崇山に追放された。

9158 【驪】 8175 716B E98B 馬－19　リ(漢)・レイ(漢)/lí/くろうま

字解 形声。馬＋麗(→黧、くろい)(声)。くろうまの意。

意味 ❶くろうま。純黒色の馬。また、黒い。「驪駒」「驪馬」❷固有名詞。「驪姫」「驪山」

❶ くろうま。また、黒い。

【驪駒(リク)】①深黒色の馬。②送別の時にうたわれた古詩。

【驪珠(リシュ)】＝驪竜之珠(リリョウのたま)

【驪馬(リバ)】毛色の黒い馬。

【驪竜之珠(リリョウのたま)】黒い竜のあごの下にあるとされる玉。命がけで求めるべき貴重なもののたとえ。驪珠。

❷ 固有名詞。

【驪姫(リキ)】中国、周代の驪戎の娘。奪われて晋(シン)の献公の妃となった。奚斉、卓子の二子を生み、太子申生を謀殺したが、献公の死後自らも殺された。

【驪宮(リキュウ)】中国、唐代、驪山にあった華清宮の異称。

【驪山(リザン)】中国、長安の東北、現在の陝西(センセイ)省臨潼県の東南にある山。ふもとに温泉が湧き、唐の玄宗が離宮を建てて温泉宮とし、のち華清宮と改めた。

馬

9159 【馮】 8140 7148 E967 馬－2　ヒョウ(漢)・フウ(漢)/píng・féng/よる・たのむ

字解 形声。馬＋冫(＝仌)(声)。

同属字 憑

意味 ❶馬が速く走る。❷しのぐ。おかす。他をしのいでその上に出る。また、かちわたる。川を徒歩でわたる。「馮河」「馮陵」❸よる。よりかかる。たのむ。たのみとする。また、とりつく。のりうつる。「馮依」「馮虚」❹いかる。おおいに怒る。「馮気」「馮怒」❺「馮馮(ヒョウヒョウ)」は、物がぶつかる音の形容。また、物が満ちているさま。❻人名など。「馮夢竜」

❷ しのぐ。おかす。また、かちわたる。

【馮河(ヒョウガ)】徒歩で大河を渡ること。＊論語－述而「暴虎馮河、死而無レ悔者、吾不レ与也(ボウコヒョウガ、シしてくいなきものは、われともにせざるなり)」〔＝虎を素手で打ったり、大河を徒歩で渡ったりして死んでも後悔しないような者とは、私は行動をともにしたくないものだ〕

【馮陵(ヒョウリョウ)】しのぎおかすこと。勢いにのって相手を思うままにすること。

10画 馬骨高髟門鬯鬲鬼

❸ よる。よりかかる。

【馮依ヒョウイ】①たのみにすること。よりどころとすること。②霊などが乗り移ること。憑っくこと。

【馮虚ヒョウキョ】（「虚」は、虚空、大空の意）空中に浮かぶこと。＊蘇軾‐前赤壁賦「馮レ虚、御レ風キョにより、かぜにぎょす（＝大空に身を浮かばせ、風に乗る）」

❹ いかる。おおいに怒る。

【馮気ヒョウキ】いきどおる気。

【馮怒ヒョウド】おおいに怒ること。激怒。

❻ 人名など。

【馮夷ヒョウイ】河の神の名。河伯。また、雨の神の名。

【馮夢竜フウボウリョウ・フウムリョウ】中国、明末の小説家。字あざなは猶竜、または子猶。編著に「三言」「山歌」「笑府」などがある。（一五七四～一六四五）

【馮友蘭フウユウラン】中国、現代の哲学研究家。河南省唐河県の人。字あざなは芝生シセイ。著に「中国哲学史」などがある。（一八九五～一九九〇）

［瑪］⇩4825　［碼］⇩5343

9160【騰】3813 462D 93AB 馬‐10 常 (9161)【騰】二二 馬‐10 旧字

トウ(漢)/téng/あがる・のぼる

筆順 騰 騰 騰 騰 騰 騰

字解 形声。馬＋朕（＝朕、上にもちあげる）(声)。馬がはねあがる意。転じて、のぼる意。

参考 万葉仮名では音を借りて「と(乙)」「ど(乙)」。

意味 あがる。たかくあがる。のぼる。のぼらせる。

下接 歓騰カントウ・急騰キュウトウ・高騰コウトウ・昂騰コウトウ・昇騰ショウトウ・漸騰ゼントウ・反騰ハントウ・沸騰フットウ・暴騰ボウトウ・奔騰ホントウ

【騰貴トウキ】物価や相場が上がること。↔下落

【騰捷トウショウ】軽快に飛んで行くこと。

【騰驤トウジョウ】おどりあがって飛び越えること。

【騰勢トウセイ】物価などが騰貴する勢い。また、その傾向。

【騰翻トウハン】高く飛んでひるがえること。

【騰躍トウヤク】①とびはねること。騰踊トウヨウ。②物価があがること。

【騰踊トウヨウ】＝騰躍トウヤク

188 骨部 ほね

篆文 

骨は、冎と肉とから成り、冎はほねの連結した形で肉体のしんをなすほね（ツイ）を表す。ただし、甲骨文の遺例が乏しく字源が明らかでない。骨部の字は、ほねの種類、骨格、ほねで作ったものなどに関する。

骨 0画 骨

骨 ③骭 ④骰 ⑤⿰骨可 ⑥骸 骼 ⑦骾 ⑧髀 ⑨髄 ⑩髆 ⑪髏 ⑫髐 ⑬髓 體 髑 ⑭髕 ⑮髖 ⑱髏

骨 0画

9162【骨】2592 397C 8D9C 骨‐0 常6

コチ(呉)・コツ(漢)/gǔ・gū・gú/ほね

筆順 骨 骨 骨 骨 骨 骨

字解 部首解説を参照。

同属字 鶻・滑・猾・榾・磆

意味 ❶ほね。㋐人や動物のほね。「骨折」「遺骨イコツ」㋑ほねぐみ。また、物事を組みたてる、かなめとなるもの。「骨格」「骨子」「鉄骨テッコツ」㋩(国)こつ。物事の勘どころ。要領。「骨法」❷からだ。「心骨シンコツ」「老骨ロウコツ」❸人がら。気だて。しん。「気骨キコツ」「奇骨キコツ」「侠骨キョウコツ」「傲骨ゴウコツ」「仙骨センコツ」「風骨フウコツ」「凡骨ボンコツ」❹その他。あて字など。「骨頂」「骨董コットウ」「骨牌カルタ」

❶ ほね。ほねぐみ。

下接 遺骨イコツ・骸骨ガイコツ・胸骨キョウコツ・筋骨キンコツ―すじぼね・脛骨ケイコツ・頸骨ケイコツ・拳骨ゲンコツ・硬骨コウコツ・金骨コンコツ・鎖骨サコツ・座骨ザコツ・坐骨ザコツ・死骨シコツ・指骨シコツ・趾骨シコツ・尺骨シャッコツ・掌骨ショウコツ・踵骨ショウコツ・人骨ジンコツ・整骨セイコツ・接骨セッコツ・仙骨センコツ・恥骨チコツ・椎骨ツイコツ・鉄骨テッコツ・頭骨トウコツ・軟骨ナンコツ・納骨ノウコツ・白骨ハッコツ・万骨バンコツ・鼻骨ビコツ・分骨ブンコツ・埋骨マイコツ・無骨ムコツ・竜骨リュウコツ・鏤骨ルコツ―ロウコツ・露骨ロコツ・肋骨ロッコツ―あばらぼね・換骨奪胎カンコツダッタイ・彫心鏤骨チョウシンルコツ・粉骨砕身フンコツサイシン

【骨骸コツガイ】①ほね。②死体。

【骨格・骨骼コッカク】①動物の体を支え、体形をつくっている堅固な器官。②物事を形作る基本となる部分。❤書き換え「骨骼→骨格」。

【骨幹コッカン】ほねぐみ。物事のかなめ。

【骨鯁・骨骾コッコウ】（魚の骨の意。かたくてのどを通りにくいところから）剛直な気質の人。硬骨。また、君主に直言する忠臣。〔史記‐呉太伯世家〕

【骨子コッシ】①ほね。②物事を形作っている主要な部分。要点。「改革の骨子を発表する」

【骨髄コツズイ】①骨の中心にある柔軟な組織。「恨み骨髄に徹する」「骨髄炎」②最も大切なところ。要点。

【骨折コッセツ】骨が折れること。「複雑骨折」

【骨相コッソウ】①体のほねぐみ。骨格。②骨格の上に現れた人の運命や性格。

【骨肉コツニク】①骨と肉。肉体。②親子、兄弟など血縁関係にある者。肉親。「骨肉の争い」【骨肉相食コツニクあいはむ】親子、兄弟など血縁関係にある者同士が争いをする。

【骨肉之親コツニクのシン】①親子、兄弟など血を分けた間柄。〔礼記‐文王世子〕②肉親間の愛情。〔呂氏春秋‐精通〕

【骨牌コッパイ】獣骨などで作った麻雀マージャン用の牌。❤「カルタ（ポルトガル carta）」のあて字としても用いる。

【骨盤コツバン】高等脊椎動物の腰部にあって、下腹部の臓器を保護する輪状の骨格。

【骨法コッポウ】①体のほねぐみ。②(国)芸術、芸事などの神髄。「骨法を会得する」

【骨膜コツマク】骨の外面を覆う強くてしなやかな薄い膜。

【骨立コツリツ】やせ衰えて骨の現れること。

【骨力コツリョク】（書画などの骨法と筆力の意で）芸術作品がもっている作者の気迫および力量。

❹ その他。あて字など。

【骨頂・骨張コッチョウ】(国)強く我意を張ること。また、程度が最もはなはだしいこと。この上ないこと。「真骨頂」「愚の骨頂だ」❤もと「骨張ほねばる」の音読みから。「骨

頂」の「頂」はあて字。
【骨董(コットウ)】希少価値や美術的な価値などのある古美術品や古道具類。『骨董品』

骨

9163【骭】 8176 716C E98C 骨－3 カン㊥/gàn/すね
字解 形声。骨＋干㊥。すねの意。

9164【骰】 8177 716D E98D 骨－4 トウ㊥/tóu
字解 形声。骨＋殳(なげる)㊥。骨製のさいころの意。
意味 さい。さいころ。すごろく、ばくちなどに用いる小形の立方体の道具。骰子(トウシ)。賽(サイ)。

9165【䯊】 ― ― 骨－5 カ㊥
字解 形声。骨＋可㊥。ひざぼねの意。

9166【骸】 1928 333C 8A5B 骨－6 ガイ㊥・カイ㊥/hái/なきがら・むくろ
字解 形声。骨＋亥(→核、しんとなるかたいもの)㊥。ほねの意。
意味 ❶なきがら。むくろ。骨組みだけになった死者のからだ。または、骨組み。『骸骨』 ❷その他。「骸炭(ガイタン)」は、コークス。
下接 遺骸(イガイ)・乞骸(キツガイ)・形骸(ケイガイ)・骨骸(コツガイ)・残骸(ザンガイ)・死骸(シガイ)・屍骸(シガイ)・枕骸(チンガイ)／亡骸(なきがら)
【骸軀(ガイク)】身体。また、死骸。骸骼(ガイカク)。
【骸骨(ガイコツ)】死体の肉が腐ってなくなり、骨だけになったもの。むくろ。死骸。【乞二骸骨一(ガイコツをこう)】(仕官中に主君に捧げた身の残骸を乞い受ける意)退官・辞職を願い出る。＊晏子春秋－外篇「願乞二骸骨一、避二賢者之路一(ねがわくばガイコツをこいて、ケンジャのみちをさけん)」[＝どうかやせ衰えた骨だけでも返していただきたい。私は賢者の道を進みたくない]

9167【骼】 8178 716E E98E 骨－6 カク㊥/gé/ほね
字解 形声。骨＋各㊥。
意味 ほね。ほねぐみ。『骨骼』

9168【骾】 ＊7364 骨－7 コウ(カウ)㊥/gěng/かたい
字解 形声。骨＋更(→硬、かたい)㊥。
意味 ❶骨がのどにささる。❷鯁に通じて、魚の骨。❸かたい。かどだつ。気骨のある人。『骨骾(コッコウ)』

9169【髀】 8179 716F E98F 骨－8 ヒ㊥・ヘイ㊥/bì/もも
字解 形声。骨＋卑㊥。
意味 もも。足のひざより上の部分。『股髀(コヒ)』『拊髀(フヒ)』
➡〔足〕の図 一一六一頁
【髀肉之嘆(ヒニクのタン)】功名を立てたり、技量・腕前を発揮したりする機会がなくて、空しく時を過ごすのを嘆くこと。髀肉の嘆。〔蜀志－先主劉備伝・注〕中国、三国時代、蜀(ショク)の劉備(リュウビ)が、馬に乗って戦場を駆け巡ることが長い間なかったため、ももの肉が肥えたのを嘆いたという故事から。

9170【髄】 3181 3F71 9091 骨－9 常　(9174)【髓】 8182 7172 E992 骨－13 旧字
スイ㊥・ズイ㊥/suǐ/なずき
筆順

字解 髄は髓の略体。髓は形声。骨＋遀(＝隓、くずれおちる)㊥。ほねの中の柔らかい部分、ずいの意。転じて、ものごとの本質の意。
意味 ずい。㋑骨の中心にある柔軟な組織。骨髄。『寒さが骨の髄までしみる』㋺植物の茎の中心にある、柔らかい部分。『葦(よし)の髄から天井のぞく』㋩学芸、技術などの奥深い肝要なところ。『芸の髄をきわめる』
下接 延髄(エンズイ)・玉髄(ギョクズイ)・骨髄(コツズイ)・歯髄(シズイ)・心髄(シンズイ)・神髄(シンズイ)・真髄(シンズイ)・精髄(セイズイ)・脊髄(セキズイ)・脳髄(ノウズイ)
【髄脳(ズイノウ)】①骨髄と脳。②脳髄。脳漿。③脊椎(セキツイ)動物の胚(ハイ)の脳胞で最後部にあるもの。④もっとも大切な部分。奥義(オウギ)。⑤国和歌の起源や歌体の種類、歌病、作法、歌語の解釈などを記した書物。歌学書。

9171【髆】 ＊7368 骨－10 ハク㊥/bó
字解 形声。骨＋尃(ひろくのばす)㊥。ひろいほね、肩甲骨の意。

9172【髏】 8180 7170 E990 骨－11 ロウ㊥・ロ㊥/lóu
字解 形声。骨＋婁㊥。「髑髏(ドクロ)」は、風雨にさらされて白っぽくなった頭骨。

【鶻】⇩9510

9173【髐】 ＊7371 骨－12 キョウ(ケウ)㊥・コウ(カウ)㊥/xiāo
字解 形声。骨＋堯㊥。「髐骨(ギョウコツ)」は、肉がとれてしまった骨。されぼね。

9174【髓】 8182 7172 E992 骨－13 ズイ「髄」(9170)の旧字

9175【體】 8183 7173 E993 骨－13 タイ「体」(218)の異体字

9176【髑】 8181 7171 E991 骨－13 ドク㊥・トク㊥/dú
字解 形声。骨＋蜀㊥。「髑髏(ドクロ)」は、風雨にさらされて白っぽくなった頭骨。されこうべ。

9177【髕】 ＊7373 骨－14 ヒン㊥/bìn
字解 形声。骨＋賓㊥。ひざ頭のほねの意。臏の本字。

9178【髖】 ＊7374 骨－15 カン(クヮン)㊥/kuān
字解 形声。骨＋寛(ひろい)㊥。中に広がりのあるこしぼねの意。

9179【⿰骨雚】 ― ― 骨－18 ケン㊥・カン(クヮン)㊥/quán
字解 形声。骨＋雚㊥。ほおぼねの意。顴の異体字。

189 高部 たかい

甲骨文

金文

篆文

高は、台地の上にたかく建てた建て物のさまを象る。

高を部標とするものははなはだ少なく、康熙字典では、同様の象形から出た「亳・亭・京・享」の類は、別に亠部（8）に属せしめている。

高 [高] 高 髙
高 [ ] ⑬ 䯧
高 [ ]

9180 【高】 2566 3962 8D82 高-0 [常]2 (9181) 〔髙〕 高-0 †

コウ（カウ）[呉][漢]／gāo／たか・たかい・たかまる・たかめる

[筆順] 高 高 高 高 高 高

[字解] 部首解説を参照。

[同属字] 稾・膏・蒿・蒿・篙・鄗・敲・塙・槁・犒・稿・皜・縞・鎬

[参考] 万葉仮名では音を借りて「こ㊊」。

[意味] ❶たかい。背がたかい。位置がたかい。また、たかさ。たかい所。↕低。『高原』『座高』 ❷たかい。数量や音が大きい。値がたかい。等級、順位が上。↕低。『高温』『高価』 ❸けだかい。格調がたかい。すぐれている。↕卑。『高潔』『高尚』『孤高（ココウ）』『至高（シコウ）』 ⇓〔貴〕(7697)の[表] ❹相手の行為や事物を敬っていう語。『高説』『高覧』 ❺たかぶる。おごる。『高慢』 ❻[国]「高等」また「高等学校」の略。『女子高（ジョシコウ）』『高校（コウコウ）』 ❼その他。固有名詞など。『高句麗』『高適』

◎高／下・低・卑―その熟語の対比 ⇓[表]

下位	高位
下官	高官
下等	高等
下士	高士
下賤	高貴
低級	高級
低俗	高雅
低唱	高唱
低劣	高卓
低利	高利
低調	高調
卑俗	高尚
卑近	高遠
卑小	高大
卑見	高見

❶ 背がたかい。位置がたかい。たかさ。

[下接] 最高（サイコウ）・座高（ザコウ）・登高（トウコウ）・標高（ヒョウコウ）

【高屋建瓴（コウオクケンレイ）】（「建」はこぼす、「瓴」は水がめの意）高い屋根から水をこぼすの意で、勢いの強いたとえ。〔史記-高祖本紀〕

【高架（コウカ）】 地上高く架け渡すこと。『高架線』

【高廈（コウカ）】 高く大きな家。大廈。

【高臥（コウガ）】 安心して眠ること。高眠。高枕。↓❸

【高閣（コウカク）】 [1]高く立派な建物。高楼。高殿（たかどの）。[2]高い棚。【束二高閣一（コウカクにつかぬ／コウカクにたばぬ）】 書物などを利用せずに置いておくこと。〔晋書-庾翼（ユヨク）伝〕

【高牙大纛（コウガダイトウ）】 高い牙旗と牛の尾のかざりを付けた大きなさしもの。❤「牙」は牙旗の意で、象牙のかざりを付けた旗。天子や将軍が用いたもの。

【高館（コウカン）】 高い建物。立派なやかた。

【高挙（コウキョウ）】 高く飛びあがること。↓❷❸

【高軒（コウケン）】 高い建物。↓❸

【高原（コウゲン）】 海抜の高い山地にある平原。

【高座（コウザ）】 [国]一段高くしつらえた席。特に、寄席で芸人が芸を演ずる席を言う。

【高斎（コウサイ）】 [1]高殿にある書斎。[2]高大な書斎。[3]中国、唐の詩人・杜甫の晩年の居室の名。

【高札（コウサツ）】 [国]昔、布令、掟（おきて）などを板に書き、街道などの目だつ場所に掲げたもの。『高札場』↓❹

【高山（コウザン）】 高い山。『高山気候』『高山植物』『高山病』

【高山流水（コウザンリュウスイ）】 [1]高い山とそこに流れる水。清らかな自然の形容に用いる。[2]妙なる音楽。また、知己。〔列子-湯問〕❤琴の名手伯牙（ハクガ）が、高山を想って琴を弾くと鍾子期（ショウシキ）が「泰山の如し」と評し、流水を想って弾くと「江河の如し」と評したという故事から。

【高射（コウシャ）】 高空の目標物を射撃すること。『高射砲』

【高榭（コウシャ）】（「榭」はうてなの意）高くてりっぱな建物。

【高車駟馬（コウシャシバ）】 天蓋が高く、立ったまま乗ることができる車と、四頭立ての馬車。高貴の人の乗り物。

【高秋（コウシュウ）】 晴れ渡って空の高く見える秋。秋たけなわの季節。

【高峻（コウシュン）】 高くけわしいこと。↓❸

【高所（コウショ）】 [1]高い場所。『高所恐怖症』[2][国]目先のことにとらわれない高い見地。『大所（タイショ）高所から検討する』

【高敞（コウショウ）】 土地が高く広くて、見はらしのよいこと。

【高翔（コウショウ）】 空高くかけること。

【高爽（コウソウ）】 気のさわやかなさま。

【高層（コウソウ）】 [1]層が幾つも高く重なっていること。『高層建築』[2]空の高い所。『高層気流』『高層雲』

【高燥（コウソウ）】 高所にあって、湿気の少ないこと。↕低湿

【高大（コウダイ）】 高くて大きいこと。

【高台（コウダイ／たかダイ）】 ㊀（コウダイ）[1]＝高榭（コウシャ）。[2]王侯のすわる席。[3]茶碗など陶器の底につけられた脚部。作者、時代、産地により、それぞれ特徴がある。㊁（たかダイ）高くて平坦な土地。土を高くつみあげたところ。↓❹

【高地（コウチ）】 海抜の高い土地。また、周囲にくらべ小高く丘になった土地。↕低地

【高潮（コウチョウ／たかしお）】 [国]潮位が異常に高くなること。↓❷

【高鳥尽良弓蔵（コウチョウつきてリョウキュウゾウせらる）】 空高く飛ぶ鳥が尽きると、よい弓はしまいこまれる。用のあるときだけ使われ、用が済んでしまうと捨てられるたとえ。狡兎（コウト）死して走狗（ソウク）烹（に）らる。〔史記-淮陰侯伝〕

【高枕（コウチン／たかまくら）】 高く作った枕。また、枕を高くして眠ること。心やすらかに眠ること。

【高天（コウテン）】 高い空。また、秋の空。

【高度（コウド）】 高さの度合い。海水面あるいは地面からの高さ。『高度一万フィート』↓❷

【高堂（コウドウ）】 高く構えた堂塔。↓❹

【高風（コウフウ）】 空高く吹く風。↓❸

【高望（コウボウ）】 高い所からのながめ。↓❷

【高眠（コウミン）】 ＝高臥（コウガ）

【高欄（コウラン）】 建物のまわりや橋などに設けた欄干。

【高嶺（コウレイ／たかね）】 高い峰。高い山のいただき。『高嶺（たかね）の花〔＝遠くから眺めるだけで、手に取って自分のものにすることができないもののたとえ〕』

【高楼（コウロウ）】 高く造った建物。高閣。高殿（たかどの）。

❷ 数量や音声が大きい。等級が上。

[下接] 中高（チュウコウ）／嵩高（かさだか）・声高（こわだか）

【高圧（コウアツ）】 [1]強い圧力。『高圧ガス』[2]高い電圧。『高圧線』[3]高気圧。『高圧帯』↓❺

【高宴（コウエン）】 さかんな酒盛り。

【高音（コウオン）】 高い音声。↕低音。『高音部』

【高温（コウオン）】 高い温度。↕低温

【高価（コウカ）】 値段が高いこと。↕廉価・安価

【高科（コウカ）】 科挙に最高位で合格すること。

【高歌コウカ】大声で歌うこと。『高歌放吟する』
【高会コウカイ】盛大な会合。盛宴。
【高額コウガク】国高い金額。↔少額・小額
【高貴コウキ】①官位や身分が高く、気品があって貴いこと。↔下賤・卑賤。②値段が高く貴重なこと。
【高級コウキュウ】等級や内容、品質などがすぐれていること。↔低級。『高級な話題』『高級車』
【高給コウキュウ】国高い給料。↔薄給
【高挙コウキョ】高位・高官となること。→❶❸
【高吟コウギン】声高く詩歌を歌うこと。高詠。↔低吟
【高下コウゲ】数量、程度、価格などが高いことと低いこと。または、上がったり下がったりすること。【高下在心コウゲこころにあり】高くするのも低くするのも自分の心しだいである。事の成否は心がけしだいであるということ。〔左伝-宣公一五年〕
【高戸コウコ】①生活が豊かな人民。②酒をたくさん飲む人。上戸ジョウゴ。
【高訾・高貲コウシ】財産の多い人・金持ち。
【高次コウジ】①次元が高いこと。精神的な程度が高いこと。↔低次。②数学で、次数が三次以上のこと。
【高唱コウショウ】声高らかに歌うこと。また、高らかにとなえること。↔低唱
【高進コウシン】国病勢、感情などが次第にたかぶること。また、物事の度合いが高まること。昂進コウシン。
【高速コウソク】①速度の速いこと。↔低速。②国「高速道路」の略。自動車が高速で走るための専用道路。
【高第コウダイ】官吏登用試験などで優秀な成績で及第すること。また、有能な官吏。
【高談コウダン】大きな声で無作法に話すこと。→❸
【高直コウチョク|コウジキ】（「直」は、値の意）値段が高いこと。
【高潮コウチョウ】物事の勢いが高まること。→❶
【高調コウチョウ】国気分や調子が高まること。↔低調
【高度コウド】物事の程度が高いさま。『高度な文明』→❶
【高等コウトウ】程度や等級などが高いこと。↔下等・初等・中等。『高等学校』『高等動物』
【高騰コウトウ】価格が高くなること。騰貴。↔低落。『地価が高騰する』書き換え「昂騰→高騰」。
【高熱コウネツ】高い熱。また、体温がひどく高いこと。
【高年コウネン】年齢の高いこと。高年齢。高齢。
【高評コウヒョウ】評判の高いこと。→❹

【高望コウボウ】①高いのぞみ。②高い人望。→❶
【高名コウメイ|コウミョウ】①名声が高いこと。有名。②（コウミョウ）国戦場などで手柄をたてること。功名。→❹（コウメイ）
【高明コウメイ】①地位が高く勢力があること。②富貴なこと。→❸
【高門コウモン】高い門。高貴な家の立派な門をいう。
【高揚コウヨウ】国精神や気分などを高めること。また、高まること。書き換え「昂揚→高揚」。
【高利コウリ】①高い利息。↔低利。②大きい利益。
【高率コウリツ】比率が高いこと。また、高い比率。↔低率
【高齢コウレイ】年を取っていること。老齢。『高齢者』
【高禄コウロク】多くの禄高。多額の給与。『高禄を食はむ』

❸ けだかい。すぐれている。

【高位コウイ】高い位。『高位高官』
【高逸コウイツ】けだかくすぐれていること。
【高詠コウエイ】格調の高い詩や歌。
【高遠コウエン】望みや志などが高尚で遠大であるさま。
【高華コウカ】高尚ではなやかなこと。
【高臥コウガ】心を高尚にして世俗のわずらいを避け、山野に隠居すること。高眠。→❶
【高雅コウガ】高尚で優雅なさま。
【高誨コウカイ】けだかい行動をとり、世俗からのがれて暮らすこと。
【高官コウカン】高位の官職。また、その官職にある人。
【高奇コウキ】気高くすぐれていること。また、その人。
【高義・高誼コウギ】すぐれた徳義。道義の高い行い。
【高挙コウキョ】俗世を脱すること。高踏。→❶❷
【高教コウキョウ】立派な教え。→❹
【高衢コウク】立派な道。大道。王道。
【高訓コウクン】尊い教え。高教。
【高家コウケ】国①格式の高い旧家。名家。また、権勢のある家。②江戸幕府の身分兼職名の一。朝廷への使節、その他幕府の儀式、典礼をつかさどった。
【高潔コウケツ】人格が立派で気高く潔いさま。『高潔の士』
【高見コウケン】立派な意見。『高見卓識』
【高軒コウケン】立派な車。他人の車を敬っていう。→❶
【高古コウコ】けだかくて古風なこと。
【高抗コウコウ】けだかくて時勢や権力に屈しないこと。
【高才コウサイ|コウザイ】すぐれた才能。また、優秀な人物。

【高士コウシ】①志が高く、節操の堅い人。②世間から離れて山林などに隠れ住んでいる立派な人。

【高志コウシ】高くすぐれた志。また、大志。

【高手コウシュ】わざのすぐれて立派なこと。また、名人。

【高趣コウシュ】すぐれたおもむき。

【高峻コウシュン】見識が高く人格のけだかいさま。→❶
【高尚コウショウ】気高くて立派なさま。上品で程度の高いさま。↔通俗・低劣。【高尚士コウショウのシ】高潔で官途につかず、世をのがれて暮らす人。＊陶潜-桃花源記「南陽劉子驥高尚士也ナンヨウのリュウシキはコウショウのシなり〔=南陽の人、劉子驥は高潔な人物であった〕」

【高情コウジョウ】高尚な情趣。→❹
【高寝コウシン】初めて諸侯に封じられた君主のみたまや。始祖の霊をまつった廟ビョウ。

【高節コウセツ】けだかい節操。

【高祖コウソ】①遠い先祖。また、祖父母の祖父母。②中国で、王朝を創始した天子。③仏教で、開祖をいう。

【高僧コウソウ】知徳や行いのすぐれた僧。

【高足コウソク】すぐれた弟子。高弟。もと、駿馬シュンメの意。

【高達コウタツ】才知に富み、道理に通じていること。

【高談コウダン】高尚な談話。＊李白-春夜宴二桃李園一序「高談転清コウダンうたたきよし〔=高尚な談論はいよいよはずむ〕」→❷
【高致コウチ】高尚なおもむき。また、常人には到達することのむずかしい、高い境地。極地。

【高弟コウテイ】弟子の中で上位にある者。高足。

【高踏・高蹈コウトウ】俗世間からのがれたり、超越したりして自分を清く保つこと。『高踏派』

【高徳コウトク】すぐれて高い徳。また、その徳のある人。

【高風コウフウ】すぐれた風格。→❶
【高邁コウマイ】気高くすぐれているさま。『高邁な理想』

【高明コウメイ】考え、行動、性格などがすぐれているさま。→❷

❹ 相手の行為や事物を敬っていう語。

【高恩コウオン】高大な恩義。大恩。
【高誼コウギ】国深い思いやり。多く、相手の好意を敬っていう語。『ご高誼に与あずかる』
【高教コウキョウ】相手から受ける教えを敬っていう語。→❸
【高札コウサツ】国相手の書簡を敬っていう語。→❶

【高書(コウショ)】国相手の手紙や著書を敬っていう語。
【高承(コウショウ)】国手紙などで、相手が承知することを敬っていう語。
【高情(コウジョウ)】相手の心づくしや親切を敬っていう語。→❸
【高台(コウダイ)】手紙などで、相手を敬って呼ぶ語。あなた。貴台。→❶
【高堂(コウドウ)】手紙などで、相手の家を敬っていう語。→❶
【高配(コウハイ)】国相手を敬って、その心配りをいう語。
【高庇(コウヒ)】相手の庇護(ヒゴ)、援助を敬っていう語。高恩。
【高評(コウヒョウ)】相手の批評を敬っていう語。→❷
【高名(コウメイ)】相手の名を敬っていう語。→❷
【高来(コウライ)】相手の来訪を敬っていう語。光来(コウライ)。
【高覧(コウラン)】相手が見ることを敬っていう語。御覧。

❺ たかぶる。おごる。
【高圧(コウアツ)】威圧する態度で相手を従わせようとするさま。「高圧的な物言い」→❷
下接 嵩高(かさだか)・権高(ケンだか)・見高(ケンだか)・居丈高(いたけだか)
【高言(コウゲン)】偉そうなことを言うこと。
【高慢(コウマン)】自分は才能、能力、容貌(ヨウボウ)などがすぐれているとうぬぼれて、人を侮ること。

❼ その他。固有名詞など。
【高句麗(コウクリ)】紀元前後から七世紀半ばまで、南満州・北朝鮮に高句麗人が建てた国。高麗(こま)。
【高啓(コウケイ)】中国、元末・明初の詩人。字(あざな)は季迪(キテキ)。号は青邱子(セイキュウシ)。明初、召されて元史を修撰。詩中に、宮中の秘事を詠った事が禍となって、処刑される。著「高太史全集」「鳧藻(フソウ)集」など。（一三三六～七四）
【高漸離(コウゼンリ)】中国、戦国時代の燕(エン)の人。親友の荊軻(ケイカ)が秦(シン)の始皇帝の暗殺に失敗したのち、自ら始皇帝を殺そうとしたが果たさず、殺された。筑(チク)（琴の一種）に巧みだった。
【高適(コウテキ|コウセキ)】中国、唐代の詩人。字(あざな)は達夫。辺塞の離情を詠う詩を多く作った。岑参(シンジン)とともに「高岑」と並称される。著「高常侍集」。（七〇〇頃～七六五）
【高駢(コウベン)】中国、晩唐の詩人。字(あざな)は千里。僖宗(キソウ)のとき、黄巣(コウソウ)の賊を討ち高位に上ったが、のちうとんじられ、殺された。（？～八八七）

【高陽(コウヨウ)】中国、漢代に現在の河北省高陽県に置かれた県名。綿の生産地。【高陽酒徒(コウヨウのシュト)】酒飲み。酒を好む人。〔史記-酈生(レキセイ)陸賈伝〕
【高麗(コウライ|こま)】（「らい」は「麗」の呉音）①（コウライ）高麗朝。九一八年から一三九二年まで存在した朝鮮の王朝。②＝高句麗(コウクリ)。③国朝鮮半島の別名。狛(こま)。「高麗人参(コウライニンジン)（＝朝鮮人参）」「高麗笛(こまぶえ)」
【高力士(コウリキシ)】中国、唐代の宦官(カンガン)。玄宗の側近として権勢を得る。安史の乱後、失脚した。（六八四～七六二）
【高粱(コーリャン|コウリョウ)】（中国語から）モロコシの一種。主に中国東北部、朝鮮半島北部の乾燥地帯で栽培される。
難読地名 高鷲(たかす)村（岐阜）高槻(たかつき)市（大阪）高梁(たかはし)市（岡山）高天原(たかまがはら)（富山）高円山(たかまどやま)（奈良）
難読姓氏 高城(たかぎ|たき) 高工(たかく) 高杯(たかつき) 高丹(たかに)

高
【槀】⇩3367 【膏】⇩6309 【稾】⇩5447

高
【嵩】⇩1920 【蒿】⇩6797 【篙】⇩5696

高
【鄗】⇩8245 【敲】⇩3006

9182【髞】8184 7174 E994 高-13 ソウ（サウ）漢
字解 形声。高＋喿声。たかいさま。また、急ぐこと。

190 髟部 かみがしら

篆文 
髟は、長の字の変形と、かみの毛のそろってなびくさま彡との会意で、かみが長く垂れていること（ヒョウ）を表す。髟部の字は、毛髪、かみのけ、ひげなどに関係する。長は別に長部（168）をなす。

髟 0画 髟
髟 2~4画 ②髠 ③髡 髢 ④髤 髥 髣 髪 髯 髣 髦 ⑤髯 髫 髮 髲 髴 髱 ⑥髹 髷 髻 髭 ⑦鬂 ⑧鬆 ⑨鬍 鬋 鬐 ⑩鬌 鬒 ⑪鬘 ⑫鬚 ⑬鬠 鬟 ⑭鬢 ⑮鬣

9183【髟】8185 7175 E995 髟-0 ヒョウ（ヘウ）漢・サン漢/biāo・shān
字解 部首解説を参照。

髟 2~4画

9184【髠】＊7378 髟-2 コン 「髡」（9185）の異体字

9185【髡】―|― 髟-3 (9184)【髠】＊7378 髟-2
コン呉漢/kūn
字解 形声。髟＋兀（上に何もない）声。髪をそる意。
【髡鉗(コンケン)】（「鉗」は首を束ねる意）中国およびわが国古代の刑罰の一。頭髪を剃って首枷(くびかせ)を施すもの。

9186【髢】8186 7176 E996 髟-3 テイ漢/dí・dì/かもじ
字解 形声。髟＋也声。
意味 かもじ。入れ髪。少ない髪に添え足す髪。

9187【髤】＊7379 髟-4 キュウ 「髹」（9200）の異体字

9188【髥】＊7380 髟-4 (9194)【髯】8189 7179 E999 髟-5
ゼン漢/rán/ひげ
字解 形声。髟＋冄（ひげ）声。
意味 ひげ。ほおひげ。また、ひげの多い人。⇩【鬚】の図一三五四頁
下接 銀髥(ギンゼン)・虎髥(コゼン)・胡髥(コゼン)・鬚髥(シュゼン)・霜髥(ソウゼン)・疎髥(ソ

…ン・白髯(ハクゼン)・美髯(ビゼン)・紫髯緑眼(シゼンリョクガン)／頰髯(ほおひげ)
【髯蘇(ゼンソ)】中国、宋(ソウ)の文人、蘇軾(ソショク)のこと。ひげが多かったことからいう。
【髯奴(ゼンド)】[1]ひげの多い人を卑しめていうことば。[2]欧米人を卑しめていうことば。

9189 【髧】 * 7381 髟－4 タン(漢)/dàn
[字解] 形声。髟＋冘(声)。髪のたれさがったさま。

9190 【髪】 4017 4831 94AF 髟－4 [常] (9196)【髮】 8191 717B E99B 髟－5 旧字[人]
ホチ(呉)・ホツ(呉)・ハツ(漢)/fà/かみ
[筆順] 髪 髪 髪 髪 髪 髪
[字解] 髪は髮の変形。髮は形声。髟＋犮(ぬく・とりのぞく)(声)。かみのけの意。
金文  篆文 
[意味] かみ。頭に生える毛。かみの毛。頭髪。
[下接] 遺髪(イハツ)・有髪(ウハツ)・金髪(キンパツ)・結髪(ケッパツ)・散髪(サンパツ)・斬髪(ザンパツ)・垂髪(スイハツ|スイホツ)・整髪(セイハツ)・洗髪(センパツ)・総髪(ソウハツ)・束髪(ソクハツ)・疎髪(ソハツ)・短髪(タンパツ)・断髪(ダンパツ)・長髪(チョウハツ)・調髪(チョウハツ)・剃髪(テイハツ)・頭髪(トウハツ)・禿髪(トクハツ)・怒髪(ドハツ)・白髪(ハクハツ|しらが)・鬢髪(ビンパツ)・蓬髪(ホウハツ)・毛髪(モウハツ)・洋髪(ヨウハツ)・落髪(ラクハツ)・理髪(リハツ)・緑髪(リョクハツ)・握髪吐哺(アクハツトホ)／御髪(おぐし)・海髪(おごのり)・角髪(みずら)・九十九髪(つくもがみ)
【髪匪(ハッピ)】中国、清(シン)代、太平天国の乱を起こした、洪秀全を首領とする長髪賊をいう。
【髪膚(ハップ)】かみと皮膚。＊孝経－開宗明義章「身体髪膚、受二之父母一、不三敢毀傷一、孝之始也(シンタイハップ、これをフボにうく、あえてキショウせざるは、コウのはじめなり)」〔＝人のからだ、髪も皮膚も、すべて父母からいただいたものである。これをあえてこわしたり傷つけたりしないのが、孝行の始めである〕」
【散レ髪(かみをサンず)】ざんばら髪になる。俗世を捨て、交際を絶つこと。

9191 【髩】 * 7382 髟－4 ビン 「鬢」(9215)の異体字

9192 【髣】 8187 7177 E997 髟－4 ホウ(ハウ)(漢)/fǎng/にる・かすか
[字解] 形声。髟＋方(声)。
[意味] 似る。似ている。また、かすか。ほのか。
【髣髴(ホウフツ)】[1]よく似ていること。[2]ほのかなさま。また、それが、ありありと眼前に見えること。ぼんやりとして明らかでないさま。＊陶潜－桃花源記「山有二小口一、髣髴若レ有レ光(やまにショウコウあり、ホウフツとしてひかりあるがごとし)」〔＝山には小さな入り口があり、その中は、ほのかに光があるように思われる〕」

9193 【髦】 8188 7178 E998 髟－4 ボウ(漢)・モウ(慣)/máo
[字解] 形声。髟＋毛(け)(声)。長いかみの意。
[意味] ❶さげがみ。たれがみ。子供の、垂らした前髪。また、長い髪。『髦髫』❷たてがみ。ぬきんでる。『髦士』『髦俊』 馬の長いたてがみ。❸すぐれる。
【髦士(ボウシ)】＝髦俊(ボウシュン)
【髦俊(ボウシュン)】衆にぬきんでた人。
【髦髫(ボウチョウ)】さげ髪の子供。

9194 【髥】 8189 7179 E999 髟－5 ゼン 「髯」(9188)の異体字

9195 【髫】 8190 717A E99A 髟－5 チョウ(テウ)(漢)/tiáo/うない
[字解] 形声。髟＋召(声)。
[意味] うない。たれがみ。うなじまでたれさがっている子供の髪。転じて、子供。幼児。『垂髫(スイチョウ)』
【髫齔(チョウシン)】（「齔」は歯の抜けかわる意）髪を結んで後ろにたらし、歯の抜けかわる年頃。七、八歳頃の子供。
【髫髪(チョウハツ)】子供が首のあたりまで髪の毛をたらしていること。また、その子供。転じて、広く童児。

9196 【髮】 8191 717B E99B 髟－5 ハツ 「髪」(9190)の旧字

9197 【髲】 * 7384 髟－5 ヒ(漢)/bì/かもじ
[字解] 形声。髟＋皮(声)。そえがみ・かもじの意。

9198 【髴】 8192 717C E99C 髟－5 ヒ(漢)・フツ(漢)/fú/にる・かすか
[字解] 形声。髟＋弗(ばらばらに乱れる)(声)。髪が乱れて区別できない、区別できない意。
[意味] 似る。また、かすか。『髣髴(ホウフツ)』

9199 【髱】 8193 717D E99D 髟－5 ホウ(ハウ)(漢)/bào/たぼ
[字解] 形声。髟＋包(声)。ひげが多い意。
[意味] ❶ひげが濃い。❷[国]たぼ。日本髪の後方に張り出ている部分。つと。また、若い婦人をいう俗語。

9200 【髹】 * 7387 髟－6 (9187)【髤】 * 7379 髟－4
ク(呉)・キュウ(キウ)(漢)/xiū
[字解] 形声。髟＋休(声)。
[意味] 赤黒いうるし。また、うるしを塗る。『髹漆(キュウシツ)』

9201 【髷】 8194 717E E99E 髟－6 キョク(漢)/qū/まげ・わげ
[字解] 形声。髟＋曲(まげる)(声)。
[意味] ❶ちぢれげ。❷[国]まげ。頭髪をまげてたばねたもの。『丁髷(ちょんまげ)』

9202 【髻】 8201 7221 E99F 髟－6 ケ(呉)・ケイ(漢)・キツ(漢)/jì・jié/もとどり・たぶさ
[字解] 形声。髟＋吉(→結、むすぶ)(声)。もとどりの意。
[意味] ❶もとどり。たぶさ。髪を頭の上に集めて束ねたところ。『髻華』❷[国]みずら。上代の成人男子の髪の結い方。髪を頭の中央から左右に分け下ろし、両耳の辺りで輪のように束ねて結んだもの。角髪。
[下接] 宝髻(ホウケイ)・螺髻(ラケイ)・椎髻(ツイケイ|スイケイ)・肉髻(ニッケイ)
【髻華(うず)】髪や冠にさした飾り。主として日本の上代に行われた風俗。草木や花などを髪にさしたもの。また、金、銀、銅で造ったものや、鳥の尾、豹(ヒョウ)の尾を冠につけ、飾りとしたもの。

花髻 高髻 宝髻 包髻
髻❶

10画 馬骨高髟門鬯鬲鬼

9203【髭】4106 4926 9545 髟－6　シ㊥/zī/ひげ
字解 形声。髟＋此(→嘴、くち)㊟。くちひげの意。
意味 口ひげ。口の上のひげ。➡〔鬢〕の図一三五四頁
【髭鬚(シシュ)】ひげ。口ひげとあごひげ。

9204【髩】*7393 髟－7　ヒン「鬢」(9215)の異体字

9205【鬆】8202 7222 E9A0 髟－8　ショウ㊥・ソウ㊥/sōng/す
字解 形声。髟＋松㊟。
意味 ❶かみが乱れるさま。『鬆鬆(ショウショウ)』❷あらい。ゆるい。『骨粗鬆症(コツソショウショウ)』『軽鬆土(ケイショウド)』『鬆疎(ショウソ)』❸国す。ダイコン、ゴボウなどで、時期が過ぎて、心(シン)にできるすきま。
【鬆鬆(ショウショウ)】髪がひどく乱れているさま。
【鬆疎(ショウソ)】1ざらざらとしてあらいさま。2まばらなさま。

9206【鬍】*7407 髟－9　コ㊥/hú/ひげ
字解 形声。髟＋胡(あごの下に垂れさがる)㊟。ひげ・あごひげの意。➡〔鬢〕の図一三五四頁

9207【鬋】*7405 髟－9　セン㊥/jiǎn
字解 形声。髟＋前㊟。
意味 ❶女性の鬢のたれさがるさま。❷鬢のこと。❸鬢をそる。髪を切る。

9208【鬌】*7406 髟－9　タ㊥・ツイ㊥・ダ㊣/duǒ
字解 形声。髟＋隋(おちる)省㊟。かみのけが落ちる意。

9209【鬐】*7409 髟－10　キ㊥/qí/たてがみ
字解 形声。髟＋耆㊟。馬のたてがみ、また、魚の背びれの意。

9210【鬒】*7410 髟－10　シン㊥/zhěn
字解 形声。髟＋眞(いっぱいにつまる)㊟。
意味 ❶髪の毛が多いこと。❷黒く美しい髪のさま。

9211【鬘】8203 7223 E9A1 髟－11　マン㊐・バン㊥/mán/かずら・かつら
字解 形声。髟＋曼㊟。
意味 ❶かずら。かみかざり。つる草などを髪の飾りとしたもの。花かんざし。『華鬘(ケマン)』『玉鬘(たまかずら)』❷国かつら。種々の髪型に作り、頭にかぶるようにしたもの。

9212【鬚】8204 7224 E9A2 髟－12　ス㊐・シュ㊐㊥/xū/ひげ
字解 形声。髟＋須(ひげ)㊟。ひげの意。のちに髟を加えた。
意味 ひげ。あごひげ。動物の口ひげ。➡〔鬢〕の図一三五四頁
下接 虎鬚(コシュ)・霜鬚(ソウシュ)・白鬚(ハクシュ)
〔払二鬚塵一(シュジンをはらう)〕ひげのちりを払う。目上の人にこびる。おべっかを使う。〔宋史-寇準伝〕
【鬚髯(シュゼン)】あごひげとほおひげ。ひげ。
【鬚髪(シュハツ)】あごひげと髪の毛。
【鬚眉(シュビ)】1ひげとまゆげ。2男子のこと。

9213【鬠】*7415 髟－13　カイ(クヮイ)㊥・カツ(クヮツ)㊥/kuò/もとゆい
字解 形声。髟＋會(あわせる)㊟。髪をひもで束ねる意。

9214【鬟】8205 7225 E9A3 髟－13　カン(クヮン)㊥/huán/みずら
字解 形声。髟＋睘(まるくする・わ)㊟。かみを束ねてまるく輪にしたもの、わげの意。
意味 ❶わげ。あげまき。『翠鬟(スイカン)』❷国みずら。上代の成人男子の髪の結い方。髪を両耳のあたりで輪のようにし、たばねて緒で結んだもの。

9215【鬢】8206 7226 E9A4 髟－14　(9204)〔髩〕*7393 髟－7　ヒン㊥・ビン㊣/bìn
字解 形声。髟＋賓(→濱、際(きわ)すれすれに近い)㊟。両頰のわきのかみの毛の意。
意味 びん。びんずら。耳ぎわの髪の毛。『鬢止(びんどめ)』『両鬢(リョウビン)』
下接 雲鬢(ウンビン)・自鬢(ジビン)・双鬢(ソウビン)・霜鬢(ソウビン)・白鬢(ハクビン)
【鬢糸(ビンシ)】びんの毛が薄くなり白くなること。
【鬢雪(ビンセツ)】びんの毛が白いこと。年をとったさま。
【鬢霜(ビンソウ)】＝鬢雪(ビンセツ)
【鬢髪(ビンパツ)】びんの部分の髪。
【鬢斑(ビンハン)】白髪まじりのびん。
【鬢畔(ビンパン)】びんの毛のはえぎわ。
【鬢毛(ビンモウ)】びんの毛。

顔の各部の毛の名称

9216【鬣】8207 7227 E9A5 髟－15　リョウ(レフ)㊥/liè/たてがみ
字解 形声。髟＋巤(たてがみ)㊟。たてがみの意。のちに髟を加えて、その字義を明確にした。
意味 たてがみ。動物の首すじにある長毛。『馬鬣(バリョウ)』

191 鬥部 とう

甲骨文　篆文

鬥は、二人の人が武器をとって相対しているさまを象り、たたかいの意を表す。この形を構え(とうがまえ)として、鬥部の字があるが、往々類形で門にひかれ、常用漢字では鬥を門の形で採用している。

鬥◆鬥
鬥■⑤鬧⑥鬨⑧鬩⑩鬪⑮鬮⑯鬭
鬮

鬥◆

9217【鬥】8208 7228 E9A6 鬥－0　トウ㊊/dòu

字解 部首解説を参照。

鬥

9218【鬧】8209 7229 E9A7 鬥－5　(8583)〔閙〕7963 6F5F E87E 門－5　ニョウ(ネウ)㊉・ドウ(ダウ)㊊・トウ(タウ)㊘/nào/さわがしい

字解 会意。鬥＋市(多くの人が集まる市)。さわがしい意。

意味 さわがしい。騒々しい。『喧鬧(ケントウ)』『熱鬧(ネットウ)』

9219【鬨】8210 722A E9A8 鬥－6　コウ㊊・コウ(カウ)㊊/hòng/とき

字解 形声。鬥＋共(ともにする)㊐。たたかう、またときのこえの意。

意味 ❶とき。ときの声。『勝鬨(かちどき)』❷さわがしい。

9220【鬩】8211 722B E9A9 鬥－8　ケキ㊊・ゲキ㊘/xì/せめぐ

字解 形声。鬥＋兒㊐。

意味 せめぐ。言い争う。争いあう。『讒鬩(ザンゲキ)』

【鬩牆(ゲキショウ)―かきにせめぐ】垣根の内で争うこと。うちわもめ。

9221【鬪】8212 722C E9AA 鬥－10　トウ「闘」(8618)の旧字

9222【鬭】＊7418 鬥－15　トウ「闘」(8618)の異体字

9223【鬮】8213 722D E9AB 鬥－16　キュウ(キウ)㊊/jiū/くじ

字解 形声。鬥＋龜㊐。

意味 ❶とる。たたかいとる。❷くじ。おみくじ。『鬮引(くじびき)』『御神鬮(おみくじ)』『空鬮(からくじ)』

192 鬯部 ちょう

甲骨文  金文  篆文 

鬯は凵(容器)と米(穀物)と匕(さじ)との会意で、においざけ(主として祭祀に用いる)の意。甲骨文はその象形。鬯部には、鬯を特徴形としてもつ少数の字を収める。

鬯 0 鬯
鬯 ⑲ 鬱

鬯

9224【鬯】8214 722E E9AC 鬯－0　チョウ(チャウ)㊊/chàng/さけ・のびる

字解 部首解説を参照。

意味 ❶におい酒。香酒の一。黒きびに鬱金(ウコン)を混ぜてかもした酒。神前に供える。『鬯人』『秬鬯(キョチョウ)』『鬱鬯酒(ウッチョウシュ)』❷のびる。のび広がる。『鬯浹』『明鬯(メイチョウ)』❸ゆぶくろ。弓を納めるふくろ。

【鬯浹(チョウショウ)】のびて一面にゆきわたること。

【鬯人(チョウジン)】におい酒を神に供える官。

【鬯茂(チョウモ)】のび広がりしげること。

鬯

9225【鬱】6121 5D35 9F54 鬯－19　(3327)〔欝〕1721 3135 8954 木－21　†(3328)〔欝〕―― 木－22　ウツ㊊/yù/しげる・ふさぐ

字解 形声。林＋鬱(香草入りの酒・むす)省㊐。しげる意。

金文  篆文 

意味 ❶しげる。㋑草木がむらがりしげる。『鬱蒼』『蓊鬱(オウウツ)』㋺物事がさかんなさま。『鬱郁』『鬱勃』❷ふさぐ。ふさがる。むすぼれる。『鬱屈』『鬱積』『鬱憤』『躁鬱(ソウウツ)』『憂鬱(ユウウツ)』❸その他。あて字など。『鬱金』

❶ しげる。また、さかんなさま。

【鬱郁(ウツイク)】香りのよいさま。

【鬱鬱(ウツウツ)】①樹木がこんもりと茂るさま。②気がさかんに立ちのぼるさま。→❷

【鬱乎(ウッコ)】①物事が盛大なさま。②草木がこんもりと茂っているさま。＊蘇軾-前赤壁賦「山川相繆、鬱乎蒼蒼(サンセンあいまといウッコとしてソウソウたり)〔＝山や川が入り組み、樹木はこんもりと茂って青々としている〕」

【鬱生(ウッセイ)】草木がこんもりと茂ること。

【鬱然(ウツゼン)】①草木が茂っているさま。『鬱然たる原生林』②勢いのさかんなさま。→❷

【鬱蒼(ウッソウ)】樹木が重なり合って茂るさま。

【鬱勃(ウツボツ)】①意気がさかんにわき起ころうとするさま。②草木がこんもりと茂るさま。

【鬱茂(ウツモ)】草木がこんもりと茂ること。

【鬱律(ウツリツ)】煙がさかんにあがるさま。→❷

【鬱林(ウツリン)】樹木がこんもりと茂った林。

❷ ふさぐ。ふさがる。むすぼれる。

下接 暗鬱(アンウツ)・陰鬱(インウツ)・気鬱(キウツ)・散鬱(サンウツ)・積鬱(セキウツ)・躁鬱(ソウウツ)・沈鬱(チンウツ)・幽鬱(ユウウツ)・憂鬱(ユウウツ)・抑鬱(ヨクウツ)

【鬱伊(ウツイ)】心がふさいでのびのびしないさま。

【鬱紆(ウツウ)】①心がふさいで楽しまないさま。②山路が曲がりくねっているさま。

【鬱鬱(ウツウツ)】気がめいって晴れ晴れしないさま。→❶

【鬱快(ウツオウ)】心がふさいで気が晴れないこと。

【鬱燠・鬱懊(ウツオウ)】むし暑いさま。

【鬱気(ウッキ)】気がめいって晴れ晴れしないこと。

【鬱屈(ウックツ)】①晴れ晴れしない気持ちでふさぎこむこと。②地勢などが曲がりくねっていること。

【鬱血(ウッケツ)】静脈の流れが悪くなって血が滞ること。

【鬱結(ウッケツ)】心がふさがって晴れ晴れしないこと。

【鬱積(ウッセキ)】①内部に積もること。②不満などが心の中に積もること。

【鬱然(ウツゼン)】気分が晴れないさま。→❶

【鬱塞(ウッソク)】＝鬱積(ウッセキ)

【鬱怒(ウツド)】＝鬱憤(ウップン)

【鬱陶(ウットウ)】①気がふさいで晴れ晴れしないこと。②立腹や不満の気持ち。③天気のむし暑いさま。

【鬱病(ウツビョウ)】躁鬱病(ソウウツビョウ)の鬱の状態。憂鬱になり口数も少なくなる。メランコリー。抑鬱(ヨクウツ)症。↔躁病(ソウビョウ)

【鬱憤(ウップン)】発散されることなく積もった怒りや不満。

【鬱悶（ウツモン）】心がふさいで悩み苦しむこと。
【鬱悒（ウツユウ）】ふさぎこむこと。憂鬱。鬱憂（ウツユウ）。
【鬱抑（ウツヨク）】心がふさがること。気が晴れないこと。
【鬱律（ウツリツ）】①声がこもって小さいさま。②地形、字体などが曲がりくねったさま。→❶

❸ あて字など。

【鬱金（ウコン｜ウッコン）】①ショウガ科の多年草。根茎は染料、香料、止血用。②染色の一種。①の根茎で染めた濃い黄色。赤みの明るい黄色。③サフランの漢名。【鬱金香（ウッコンコウ）】①＝鬱金③。②チューリップ。ユリ科の多年草。
【鬱鬯（ウッチョウ）】昔、祭りに用いた酒を造るときに使った香草。また、その酒。

193 鬲部 かく

甲骨文 金文 篆文

鬲は、三脚のかなえの形に象り、かなえ（テイ）を表す。鬲部には、鬲を部標として、かなえ型の主として湯沸かし、稀に煮炊き用の容器の類を表す字を収める。

鬲 鬲 鬲
鬲 ⑥ 鬳 鬳 鬵 鬵 ⑪ 鬶 鬹 ⑫ 鬻

鬲

9226 【鬲】 8215 722F E9AD 鬲－0 (9227)【鬲】 鬲－0
レキ㊥・カク㊥/lì·gé
字解 部首解説を参照。
同属字 鬲・嗝・隔・膈

鬲

9228 【鬳】* 7419 鬲－6 (9229)【鬳】 鬲－6
ケン㊥/こしき
字解 形声。鬲＋虔省㊛。こしきの意。

甲骨文 金文 篆文

9230 【鬵】 鬲－6 (9231)【鬵】 鬲－6
レキ㊥/lì/かなえ
字解 鬲の古字。かなえの意。弜は蒸気ののぼるさま。

9232 【鬹】* 7423 鬲－11 (9233)【鬹】 鬲－11
キ㊥/guī
字解 形声。鬲＋規㊛。柄と口のある三脚の釜。

9234 【鬻】 6888 6478 E2F6 鬲－12
シュク㊥・イク㊥/zhōu·zhù·yù/ひさぐ
字解 会意。米（こめ）＋鬵（蒸気のあがっている釜）。よく煮た米のさまから、かゆの意。粥の本字。
意味 ❶（イク）ひさぐ。あきなう。『売鬻（バイイク）』＊韓非子‐難「楚人有ﾄ鬻ﾆ盾与ﾚ矛者ｰ（ソひとにたてとほこをひさぐものあり）〔＝楚の国の人で、盾と矛を売り歩く人があった〕」❷（シュク）かゆ。

鬲

［鬲］⇩ 6202 ［融］⇩ 7200

194 鬼部 おに

甲骨文 金文 篆文

鬼は、普通の人とは異なった大きな頭をいただいた人のさまで、死者の霊魂（キ）を表す。ムは篆隷の間に加わったと見られる。肉体からはなれたたましいや人間以外のばけものなどを表す字が鬼部に属する。

鬼 鬼
鬼 ④ 嵬 ⑪ 魔 魔 ⑭ 魘
鬼 ③ 鬽 ④ 魁 ⑤ 魃 魅 ⑧ 魍 魎 ⑪ 魑
鬼 ④ 魂 ⑤ 魄 ⑧ 魏

鬼

9235 【鬼】 2120 3534 8B53 鬼－0 常
キ㊥㊥/guǐ/おに
筆順 鬼 鬼 鬼 鬼 鬼
字解 部首解説を参照。
同属字 嵬・傀・塊・媿・嵬・愧・隗・槐・瑰・魂・餽
意味 ❶死者のたましい。幽魂。亡霊。また、祖先の霊。『点鬼簿』『鬼哭』『鬼籍』『幽鬼』＊論語‐先進「焉能事ﾚ鬼（いずくんぞよくキにつかえん）〔＝どうして神霊に奉仕することができるだろうか〕」❷おに。㋑悪魔。人を苦しめるもの。『吸血鬼』『鬼畜』『債鬼（サイキ）』㋺仏教での悪神。異形の神。『餓鬼（ガキ）』㋩怪物。ばけもの。『百鬼夜行』『疑心暗鬼』㋥国日本における想像上の怪物。人間の姿をとり、口は耳まで裂け、鋭いきばを持ち、頭に牛の角があり、トラの皮のふんどしをしめているもの。❸人間を超越した、すぐれたはたらきをするもの。『鬼才』❹星座の名。二十八宿の一。❺国おに。㋑勇猛なものの形容。『鬼将軍（おにショウグン）』㋺残忍なものの形容。『鬼婆（おにばば）』㋩普通よりも大きいものの形容。『鬼百合（おにゆり）』『鬼瓦（おにがわら）』❻その他。固有名詞、熟字訓など。『鬼谷子』『鬼灯（ほおずき）』

❶ 死者のたましい。また、祖先の霊。

下接 陰鬼（インキ）・幽鬼（ユウキ）・霊鬼（レイキ）・点鬼簿（テンキボ）

【鬼火（キカ｜おにび）】墓地や沼沢などで、雨の降る夜や闇夜（やみよ）などに、燃えて浮遊する青白い光。きつね火。
【鬼哭（キコク）】浮かばれない霊魂が泣くこと。また、その声。【鬼哭啾啾（キコクシュウシュウ）】ものすごい気配の襲ってくるさまを表す語。
【鬼神（キシン｜キジン）】死者の霊魂。また、先祖の霊魂。＊論語‐先進「季路問ﾚ事ﾆ鬼神ｰ（キロキシンにつかえんことをとう）〔＝季路（子路）が先祖の霊に奉仕する方法をおたずねした〕」→❷（キジン）
【鬼薪（キシン）】中国、秦代の刑罰の一。宗廟（ソウビョウ）に用いるたきぎを山から伐採させる労役。

【鬼籍(キセキ)】死者の名や死亡年月日を記す帳面。過去帳。点鬼簿(テンキボ)。『鬼籍に入(い)る〔=死亡する〕』
【為(レ)鬼(キとなる)】死者となる。鬼籍に入ること。＊杜甫-贈(二)衛八処士(一)「訪(レ)旧半為(レ)鬼(キュウをとえばなかばキとなる)〔=旧友の消息を尋ねると、なかばは死んでしまっている〕」
【鬼録(キロク)】＝鬼籍(キセキ)

❷ おに。悪魔。悪神。怪物。
[下接] 悪鬼(アッキ)・疫鬼(エキキ)・餓鬼(ガキ)・債鬼(サイキ)・邪鬼(ジャキ)・殺鬼(セッキ)・冥鬼(メイキ)・幽鬼(ユウキ)・厲鬼(レイキ)・百鬼夜行(ヒャッキヤギョウ|ヒャッキヤコウ)・神出鬼没(シンシュツキボツ)

【鬼蜮(キイキ)】鬼とイサゴムシ。ともに姿を見せずに人を害するので、陰険な人にたとえていう。〔詩経-小雅・何人斯〕▼イサゴムシは、水中にひそみ砂をふくんでいて、人にふきかけるとその人は病気になるという。

【鬼気(キキ)】この世のこととも思えぬ恐ろしい気配。『鬼気迫る光景』

【鬼子母神(キシボジン|キシモジン)】仏教で、女神の名。多数の子供があったが、他人の子供を殺して食べたため、仏にその最愛の末子を隠された。のち、改悛(カイシュン)し、仏に帰依(キエ)した。お産と保育の神として信仰される。鬼母(キボ)。

【鬼女(キジョ)】女の姿をした鬼。転じて、心が鬼のように残酷非情な女。

【鬼神(キジン|キシン)】[1]荒々しく、恐ろしい鬼。また、化け物。[2]仏教で、超人間的な威力を持ったもの。→❶(キシン)

【鬼畜(キチク)】悪鬼と畜生。

【鬼道(キドウ)】[1]仏語。三悪道の一。地獄の次に苦痛が多く、飢餓に苦しむ。餓鬼道(ガキドウ)。[2]あやしげな術。妖術。

【鬼伯(キハク)】えんまの家来の、鬼のかしら。

【鬼魅(キビ|キミ)】鬼と化け物。へんげ。

【鬼面(キメン)】鬼の顔。また、鬼をかたどった仮面。〔鬼面嚇(レ)人(キメンひとをおどす)〕見せかけの威勢を示して人を驚かすことのたとえ。こけ威(おど)しをする。

【鬼門(キモン)】[1]艮(うしとら)、すなわち東北の方角。また、その方角に当たる所。陰悪の気が集まり、百鬼が出入するという。[2][国]その人にとって、嫌な場所。また、苦手な人や事柄。【鬼門関(キモンカン)】中国で、辺境の気候風土の悪い所にある関所を呼んだ名。

【鬼話(キワ)】[1]化け物の話。怪談。[2]でたらめの話。▼②は、「詭話(キワ)」の誤り。

❸ 人間を超越した、すぐれたはたらき。

【鬼才(キサイ)】人間とは思われないほどのすぐれた才能。また、その持ち主。『一代の鬼才』
【鬼斧(キフ)】鬼がおのをふるったようなすぐれた細工。鬼斧神工。
【鬼謀(キボウ)】常人には思いも寄らないうまいはかりごと。

❻ 固有名詞、熟字訓など。

【鬼谷子(キコクシ)】中国、戦国時代の縦横家。姓名、伝ともに不詳。隠棲した鬼谷の地名からこう呼ばれる。鬼谷先生とも。蘇秦(ソシン)と張儀(チョウギ)がその教えを受けた。

【鬼灯・鬼燈(ほおずき)】ナス科の多年草。種子を除いた果実の皮を口に含んで鳴らして遊ぶ。酸漿(ほおずき)。

[難読地名] 鬼石(おにし)町(群馬) 鬼無里(きなさ)村(長野)

鬼

〔嵬〕⇩1918

9236 【䰟】 ―― 鬼-4

コン 「魂」(9247)の異体字

9237 【魔】 4366 4B62 9682 鬼-11 [常]

(9238) 〔魔〕 ―― 鬼-11 旧字

マ[呉]・バ[漢]/mó

[筆順] 魔 魔 魔 魔 魔 魔

[字解] 形声。鬼＋麻[声]。梵 māra の音訳字。
[参考] 万葉仮名では音を借りて「ば」「ま」。
[意味] ❶(梵 māra の音訳「魔羅」の略)仏語。人を迷わせ、善事を妨げる悪神。㋑人を殺したり、人心を悩ませたりする悪霊。『魔がさす』『通り魔』『魔王』『魔界』『悪魔』『邪魔』㋺不思議な力。マジック。『魔術』『魔法』㋩一事に熱中して本心を失った者。『色魔(シキマ)』『詩魔(シマ)』❷その他。『断末魔(ダンマツマ)』『閻魔(エンマ)』

❶ 人を迷わせ、善事を妨げる悪神。
[下接] 悪魔(アクマ)・降魔(ゴウマ)・業魔(ゴウマ)・死魔(シマ)・水魔(スイマ)・睡魔(スイマ)・天魔(テンマ)・白魔(ハクマ)・破魔(ハマ)・病魔(ビョウマ)・夢魔(ムマ)・妖魔(ヨウマ)・伏魔殿(フクマデン)・寸善尺魔(スンゼンシャクマ)

【魔王(マオウ)】[1]天魔の王。衆生が仏道に入るのを妨げる者。[2]悪魔の王。

【魔界(マカイ)】悪魔の住む世界。

【魔境(マキョウ)】魔物の住む恐ろしくて気味の悪い世界。

【魔軍(マグン)】悪魔の軍勢。また、仏道を妨げる煩悩やいっさいの悪事のたとえにも用いる。

【魔手(マシュ)】悪魔の手。人を誘惑したり、危害を加えたりするもの。

【魔術(マジュツ)】[1]魔力によって行う不思議な術。『魔術師』[2]大がかりな手品。『魔術団』

【魔女(マジョ|マニョ)】[一](マジョ)[1]魔術を使う女。[2]中世ヨーロッパで、悪魔との交際によって魔力を得て、キリスト教世界の破壊を図るとされた女性。[二](マニョ)仏語。魔界に住む女。また、悪魔の娘。

【魔性(マショウ)】悪魔のような、人間をたぶらかしたり、惑わせたりする性格。『魔性の女』

【魔障(マショウ)】仏道修行を妨害する悪魔。

【魔神(マジン)】魔の神。災禍を起こす神。

【魔道(マドウ)】悪魔の道。悪の世界。

【魔法(マホウ)】魔力で怪しく不思議なことを行う術。魔術。

【魔魅(ママ)】人をたぶらかす魔物。また、邪悪な人のたとえ。

【魔物(マもの)】魔性のもの。妖怪(ヨウカイ)。

【魔羅(マラ)】(梵 māra の音訳。摩羅とも)[1]仏教で、悟りの妨げとなる煩悩などのさわり。[2]陰茎。▼②は①から転じた僧侶(ソウリョ)の隠語からとも。

【魔力(マリョク)】[1]魔法の不思議な力。『妖怪の魔力』[2]人を迷わし、引きつけるあやしい不思議な力。

9239 【魘】 8222 7236 E9B4 鬼-14

エン[漢]/yǎn/うなされる

[字解] 形声。鬼＋猒(おさえつける)[声]。おそわれる、うなされる意。
[意味] うなされる。恐ろしい夢などを見て、苦しそうな声を立てる。『夢魘(ムエン)』

鬼

9240 【魁】 ＊7425 鬼-3

ミ 「魅」(9243)の異体字

9241 【魁】 1901 3321 8A40 鬼－4 人
カイ（クヮイ）呉漢／kuí／かしら・さきがけ

字解 形声。斗（ひしゃく）＋鬼（尋常でない）声。大きなひしゃくの意。

意味 ❶大きなひしゃく。特に、北斗七星のひしゃくの頭部をなす四つの星。また、その第一星。『魁星』『斗魁（トカイ）』 ❷かしら。おさ。首領。また、さきがけ。まっさき。第一。『魁甲』『首魁（シュカイ）』『巨魁（キョカイ）』『花魁（カカイ｜おいらん）』 ❸大きい。堂々としている。すぐれている。『魁偉』『魁傑』『大魁（タイカイ）』

❶ 大きなひしゃく。

【魁星（カイセイ）】 北斗七星の第一星。また、奎星（ケイセイ）の俗称。奎星は二十八宿の一。アンドロメダ座、うお座の付近にある。文章学問の神とされた。

【魁頭（カイトウ）】 ひしゃくのような頭。何もかぶらないす頭。

❷ かしら。さきがけ。

【魁甲（カイコウ）】 科挙に首席で合格すること。また、その人。

【魁首（カイシュ）】 ある集団の長。かしら。頭目。首魁。

【魁帥（カイスイ）】 賊徒などのかしら。魁首。巨魁。

下接 花魁（カカイ｜おいらん）・巨魁（キョカイ）・渠魁（キョカイ）・首魁（シュカイ）・賊魁（ゾッカイ）

❸ 大きい。すぐれている。

【魁偉（カイイ）】 体格や顔だちが並み外れて大きく、立派なこと。『容貌（ヨウボウ）魁偉』

【魁岸（カイガン）】 体格が大きく、たくましいこと。

【魁奇（カイキ）】 すぐれていて、普通と違うこと。

【魁傑（カイケツ）】 体格がずばぬけて大きい人。すばらしく立派な人物。

【魁梧（カイゴ）】 体格が大きく立派なこと。

【魁士（カイシ）】 すぐれた男子。

【魁然（カイゼン）】 1大きいさま。堂々として立派なさま。2土くれのように動かないさま。塊然（カイゼン）。

9242 【魃】 8217 7231 E9AF 鬼－5
ハツ漢・バツ慣／bá／ひでり

字解 形声。鬼＋犮（はらい除く）声。ひでりの神の意。

意味 ひでり。『旱魃（カンバツ）』『干魃（カンバツ）』

9243 【魅】 4405 4C25 96A3 鬼－5 常 (9240)【鬽】* 7425 鬼－3
ミ呉・ビ漢／mèi／すだま

筆順 魅 魅 魅 魅 魅 魅

字解 魅は鬽の重文。鬽は会意。鬼＋彡（鬼の毛）。年をとった老練なものの精の意。また、魅は、形声。鬼＋未（わからない）声。

甲骨文 文 篆文 重文

意味 ❶すだま。もののけ。ばけもの。『鬼魅（キミ）』『魑魅（チミ｜すだま）』『魔魅（マミ）』 ❷みいる。人の心をひきつけ、たましいを奪う。『絶妙の演奏に魅せられる』『魅了』『魅力』『魅惑』

【魅了（ミリョウ）】 人の心をすっかりひきつけて夢中にさせてしまうこと。

【魅力（ミリョク）】 人の心をひきつけて夢中にさせる力。

【魅惑（ミワク）】 魅力で人の心をひきつけ、まどわすこと。

9244 【魍】 8219 7233 E9B1 鬼－8
モウ（マウ）呉・ボウ（バウ）漢／wǎng／すだま

字解 形声。鬼＋罔（ぼんやりする・みえない）声。

意味 すだま。もののけ。山川や木石などの精。

【魍魎（モウリョウ）】 山川、木石などの精霊。また、水の神ともいう。すだま。罔両。蝄蜽。『魑魅（チミ）魍魎』

9245 【魎】 8220 7234 E9B2 鬼－8
リョウ（リャウ）呉漢／liǎng／すだま

字解 形声。鬼＋兩声。蜽に同じ。

意味 すだま。もののけ。『魍魎（モウリョウ）』

9246 【魑】 8221 7235 E9B3 鬼－11
チ呉漢／chī／すだま

字解 形声。鬼＋离（山の神）声。すだまの意。

意味 すだま。もののけ。

【魑魅（チミ｜すだま）】 山林の気から生じるという化け物の類。螭魅（チミ）。【魑魅魍魎（チミモウリョウ）】 いろいろな妖怪変化。種々の化け物。螭魅罔両（チミモウリョウ）。「魑魅」は、山林の気から生ずる化け物。「魍魎」は、山川の木石の精霊。

鬼

【傀】⇩362 【塊】⇩1404 【媿】⇩1653 【嵬】⇩1980 【愧】⇩2562 【隗】⇩8688

9247 【魂】 2618 3A32 8DB0 鬼－4 常 (9236)【䰟】—— 鬼－4
コン呉漢／hún／たましい・たま

筆順 魂 魂 魂 魂 魂 魂

字解 形声。鬼＋云（→運、めぐる）声。天上をめぐるたましいの意。また、云は雲気で、魂はそのようなたましいの意という。

意味 ❶たましい。人間、さらには広く動物、植物などに宿り、心のはたらきをつかさどり、死後天上にのぼると考えられているもの。↔魄。『反魂香（ハンゴンコウ）』『魂魄』『鎮魂』『霊魂』 ❷こころ。精神。思い。心境。『和魂漢才（ワコンカンサイ）』『魂胆』『商魂』『闘魂』 ❸「魂魂（コンコン）」は、㋑光りかがやくさま。㋺たくさんあるさま。

❶ たましい。

下接 英魂（エイコン）・還魂（カンコン）・招魂（ショウコン）・鎮魂（チンコン）・芳魂（ホウコン）・亡魂（ボウコン）・夢魂（ムコン）・幽魂（ユウコン）・旅魂（リョコン）・霊魂（レイコン）・反魂香（ハンゴンコウ）・返魂香（ハンゴンコウ）／木魂（こだま）・人魂（ひとだま）・船魂（ふなだま）・御魂（みたま）

【魂気（コンキ）】 たましい。霊魂。

【魂銷（コンショウ）】 たましいが消えること。たまげること。

【魂魄（コンパク）】 死者のたましい。*白居易－長恨歌「魂魄不二曾来入一夢（コンパクかつてきたりてゆめにいらず）（＝亡き人のたましいは、夢にさえも訪れてこない）」 「魂」は、人間の呼吸に付随し、「魄」は、肉体に付随するものとされている。

❷ こころ。精神。思い。心境。

下接 吟魂（ギンコン）・士魂（シコン）・詩魂（シコン）・消魂（ショウコン）・商魂（ショウコン）・心魂（シンコン）・身魂（シンコン）・神魂（シンコン）・精魂（セイコン）・忠魂（チュウコン）・闘魂（トウコン）・入魂（ニュウコン｜ジッコン）／面魂（つらだましい）

【魂胆（コンタン）】 国心中ひそかに巡らす計略。『見えすいた魂胆』 もと、胆っ玉、魂の意。

［槐］⇩3671　［瑰］⇩4819

9248 【魄】 8216 7230 E9AE 鬼－5
バク(呉)・ハク(漢)・タク(漢)/pò・bó・tuò/たましい・たま

字解 形声。鬼＋白（生気を失ってしろい）(声)。死後地に帰するたましいの意。

意味 ❶たましい。精神・心をつかさどる「魂」の対で、肉体をつかさどる陰の精気。『駭魄（ガイハク）』『気魄（キハク）』『魂魄（コンパク）』 ❷月面のかげの部分。『死魄（シハク）』『生魄（セイハク）』『蟾魄（センパク）』 ❸おちぶれる。『落魄（ラクハク・ラクタク）』

［磈］⇩5335　［醜］⇩8308

9249 【魏】 8218 7232 E9B0 鬼－8
ギ(呉)(漢)/wèi・wéi/たかい

字解 形声。鬼＋委(声)。

意味 ❶高い。高大なさま。「巍」に同じ。『魏魏』『魏闕』『象魏（ショウギ）』 ❷古代中国の国名。㋑戦国七雄の一。山西の南部から陝西（センセイ）の東部および河南の北部を領有。文公の時、諸侯として認められ強盛を誇った。のち大梁に遷都したが秦に滅ぼされた。（前四〇三～前二二五）㋺呉、蜀と共に三国の一。曹操の子丕（ヒ）が建てた国。首都は洛陽で、華南を領有した。（二二〇～二六五）㋩南北朝時代の北朝の一。鮮卑の拓跋珪（タクバツケイ）が三八六年建国。五三四年東西に分裂し、東魏は五五〇年、西魏は五五六年に滅んだ。北魏。後魏。❸人名。『魏源』『魏徴』

❶高い。高大なさま。

【魏魏（ギギ）】山が高く大きいさま。巍巍（ギギ）。

【魏闕（ギケツ）】（「闕」は門の意）皇居の門。転じて、皇居。朝廷。また、富貴栄華の象徴。

❷古代中国の国名。

【魏志（ギシ）】「三国志」中の、魏の国の歴史。

【魏書（ギショ）】中国の正史。一三〇巻。北斉の文宣帝の勅命で、魏収の撰。五五四年に成立。中国二十四史の一。三国時代の魏と区別して「後魏書」ともいう。

❸人名。

【魏源（ギゲン）】中国、清代末期の学者。春秋公羊（クヨウ）学を根幹にすえ、西欧列強の圧迫による民族的危機を自覚して、多くの書物を著す。（一七九四～一八五六）

【魏徴（ギチョウ）】中国、唐代初期の諫臣（カンシン）。字（あざな）は玄成。「梁書」「陳書」「北斉書」「周書」「隋書」の各正史の編纂に関与した。「述懐」の詩は有名。（五八〇～六四三）

［餽］⇩9046

195 魚部 うお

甲骨文　金文　篆文

魚は、頭と胴と尾びれから成る魚の象形。隷書の時代から胴部が簡略化されて田となり、二つにわれた尾びれは火の形から四つ点が普通になった。中国簡体字では四つ点を横一線にする。魚部に属する字は、魚名を示すものが大部分である。字形構成上で左部にある魚を「うおへん」という。

魚◆ 魚 𩵋

魚（上） ④ 魯

魚（下） ④ [illegible] ⑥ 鮆 鮝 ⑦ 鯊 ⑧ 鯗 ⑪ 鰲 ⑫ 鱉 ⑬ 鱟

魚（左） ② 魛 魞 ④ 魥 魦 魳 魣 魬 魴 魲 魹 魪 ⑤ 鮓 鮇 鮏 鮐 鮎 鮊 鮒 鮄 鮃 鮑 鮖 鮗 ⑥ 鮟 鮔 鮪 鮧 鮠 鮭 鮬 鮫 鮨 魮 鮞 鮮 鮱 鮲 鮴 ⑦ 鯇 鯁 鯀 鯋 鮹 鮻 鮸 鯆 鯉 鯓 鯏 鯎 鯑 鯒 鯐 ⑧ 鯣 鯨 鯢 鯝 鯤 鯔 鯧 鯖 鯖 鯫 鯵 鯘 鯛 鯛 鯰 鯡 鮒 鯥 鯪 鯱 鯳 鯲 鯰 ⑨ 鰄 鰛 鰕 鰐 鰔 鯶 鰉 鯸 鰓 鰡 鰌 鰍 鰆 鯹 鯽 鯽 鰖 鰈 鯷 鰒 鰑 鰊 鰙 鰚 鯮 ⑩ 鰮 鰥 鰭 鰤 鰣 鰠 鰟 鰡 鯍 鰯 鰰 ⑪ 鰹 鱇 鰶 鱆 鰺 鱁 鰷 鰾 鰻 鰱 鱈 ⑫ 鱖 鱏 鱏 [illegible] 鱄 鱓 鱒 鱒 鱗 鱛 鱚 ⑬ 鱫 鱠 鱞 鱜 鱜 [illegible] 鱮 鱢 鱣 鱝 鱧 鰼 鱬 ⑭ 鱨 鱭 鱰 ⑮ 鱶 鱵 鱹 鱺 鱸

魚（右） ⑩ 鰧

9250 【魚】 2191 357B 8B9B 魚－0 常2
ギョ(呉)(漢)/yú/うお・さかな・いお

(9251)〔𩵋〕 魚－0

筆順 魚 魚 魚 魚 魚 魚

字解 部首解説を参照。

同属字 魯・漁

参考 万葉仮名では訓を借りて「な」。

意味 ❶うお。さかな。いお。水中動物の総称。特に、うろこやひれを持ち、えら呼吸を行う魚類のこと。『魚影』『魚類』『金魚』 ❷その他。人名。熟字訓など。『魚玄機』『魚籠（びく）』

❶うお。さかな。水中動物の総称。

下接 怪魚（カイギョ）・枯魚（コギョ）・水魚（スイギョ）・成魚（セイギョ）・鮮魚（センギョ）・大魚（タイギョ）・稚魚（チギョ）・闘魚（トウギョ）・人魚（ニンギョ）・木魚（モクギョ）・幼魚（ヨウギョ）・養魚（ヨウギョ）・雷魚（ライギョ）・鯉魚（リギョ）／白魚（しらうお・しろうお）・氷魚（ひうお・ひお）・山椒魚（サンショウうお）・出世魚（シュッセうお）／小魚（こざかな）・塩魚（しおざかな）

【魚影（ギョエイ）】水中に見える魚の姿。

【魚塩（ギョエン）】①海で取れる魚と塩。海産物の総称。②海産物を扱う商売。

【魚鰕・魚蝦（ギョカ）】魚とエビ。また、魚類一般。＊蘇軾－前赤壁賦「侶二魚鰕一而友二麋鹿一（ギョカをともとし、ビロクをともとす）」〔＝（川では）魚やエビの類を仲間とし、（山では）鹿の類を友とする〕」

【魚介（ギョカイ）】魚類、貝類、カニ、エビなど海産動物の総称。『魚介類』 「介」はよろい。殻を被ったものの意。

【魚潰(ギョカイ)】①集まっていた魚が乱れ散ること。②転じて、敗戦の軍が乱れ走るさま。

【魚膾(ギョカイ)】魚肉を用いたなます。

【魚醢(ギョカイ)】魚の塩辛(しおから)。

【魚客(ギョカク)】中国、戦国時代、斉の孟嘗君(モウショウクン)の食客中、魚料理を食べる資格のある人。〔戦国策-斉〕

【魚貫(ギョカン)】魚を串にさしつらねたように、おおぜいの人が列をなしてつらなって行くこと。

【魚眼(ギョガン)】①魚の目。広角の視野がある。『魚眼レンズ』②湯が沸騰して泡立つさま。

【魚雁(ギョガン)】①魚と、かり。②手紙。魚は鯉のことをいい、鯉と雁には手紙を運ぶ故事がある。→雁帛(ガンパク)・鯉素(リソ)

【魚肆(ギョシ)】（「肆」は店の意）魚を売る店。さかなや。

【魚児(ギョジ)】魚の子。魚苗(ギョビョウ)。

【魚須(ギョシュ)】①サメのひげ。昔、大夫の笏(シャク)は竹にこれを飾り付けて作った。②サメのひげで作った旗ざお。

【魚水(ギョスイ)】魚と水。主従、夫婦などが魚と水のような深い関係にあることのたとえにいう。水魚。

【魚袋(ギョタイ)】宮廷伺候の高級官人の地位標示の魚形の符。中国、隋・唐代に始まる。魚符。

魚袋

【魚拓(ギョタク)】国魚の拓本。魚に墨を塗り和紙や布を当てて形を写す直接法と、魚に貼りつけた紙や布の上から墨や絵の具のたんぽで叩く間接法がある。

【魚腸(ギョチョウ)】①魚のはらわた。②中国、呉の闔閭(コウリョ)が王の僚(リョウ)を刺した宝剣の名。

【魚肉(ギョニク)】①食用としての魚の肉。②魚や獣の肉。＊史記-項羽本紀「如今、人方為二刀俎一、我為二魚肉一(ひとはまさにトウソたり、われはギョニクたり)」〔＝現在、かれらはちょうど刀とまな板のようであり、われわれは魚や肉のようなものだ〕

【魚板(ギョバン)】魚の形に木を彫った板。中をうつろにしたものは魚鼓(ギョコ)。木魚。禅寺などで、時刻の合図などにたたき鳴らす。

【魚尾(ギョビ)】①魚のしっぽ。②和書などの折り目（版心）にある魚の尾形の飾り。

【魚符(ギョフ)】魚の形をした割符(わりフ)。中国、隋・唐の時代に、役人が宮中に出入りする際に使用したという。

【魚服(ギョフク)】矢筒(やづつ)の一。古く、武士などが矢を入れて負った入れ物で、魚類や獣類の皮を張ったもの。

【魚腹(ギョフク)】魚の腹。魚の腹の中。【葬二魚腹一(ギョフクにほうむらる)】水死するたとえ。〔屈原-漁父辞〕

【魚鼈(ギョベツ)】魚と鼈(すっぽん)。魚類とかめ類。水産動物の総称。

【魚網(ギョモウ)】魚類などをとるための網。【魚網鴻離(ギョモウコウリ)】（「離」はかかる意）魚をとろうとして水鳥が網にかかる。望みのものが得られず、かえって望んでいなかったものが得られるたとえ。〔詩経-邶風・新台〕

【魚目(ギョモク)】①魚の目。②（魚の目は宝石に似ているが、価値は非常に劣るところから）ほんものに似てつまらないもののたとえ。

【魚雷(ギョライ)】「魚形(ギョケイ)水雷」の略。魚の形をした水雷。発射後、自動装置で水中を進み、艦船を撃沈させる。

【魚籃(ギョラン)】魚を入れるかご。びく。『魚籃観音〔＝魚籃をさげている観音〕』

【魚麗(ギョリ)】陣形の一。隊形が丸く、少し長い陣。群魚が進むのに似ているところからいう。

【魚竜(ギョリョウ)】①魚と竜。②大魚が竜に変じたもの。また、大魚を竜に変える幻術。

【魚梁(ギョリョウ)】川の瀬などで、木を打ちならべて水をせき、一か所だけあけて流れてくる魚をとるもの。やな。

【魚鱗(ギョリン)】①魚のうろこ。また、魚。②昔の陣形の一。中央を突出させ、人の字形にしたもの。

【魚類(ギョルイ)】水中で生活する下等な脊椎動物(セキツイドウブツ)。体表に鱗(うろこ)や鰭(ひれ)を持ち、鰓(えら)で呼吸を行う。うお。さかな。

【如二魚之得一レ水(うおのみずをえたるがごとし)】苦しい境地から脱して、大いに活躍できるようになることのたとえ。

【得レ魚忘レ筌(うおをえてセンをわする)】（「筌」は、魚を捕る道具）魚をとってしまうと、それをとるのに用いた筌のことを忘れてしまう。目的を達してしまうと、そのために役立ったもののおかげを忘れることのたとえ。〔荘子-外物〕

❷人名。熟字訓など。

下接 鮎魚女(あいなめ)・赤魚鯛(あこうだい)・年魚(あゆ)・香魚(あゆ)一(コウギョ)・望潮魚(いいだこ)・墨魚(いか)・柔魚(いか)・烏賊魚(いか)・玉筋魚(いかなご)・鶏魚(いさき)・勇魚(いさな)・石首魚(いしもち)・岩魚(いわな)・石斑魚(うぐい)・虎魚(おこぜ)・旗魚(かじき)・堅魚(かつお)・松魚(かつお)・火魚(かながしら)・方頭魚(かながしら)・梭子魚(かます)・鰈魚(ぎんぽ)・牛尾魚(こち)・石伏魚(ごり)・雑魚(ざこ)・細魚(さより)・針魚(さより)・秋刀魚(さんま)・秋光魚(さんま)・柳葉魚(ししゃも)・衣魚(しみ)・紙魚(しみ)・章魚(たこ)・大口魚(たら)・鱘魚(ちょうざめ)・沙魚(はぜ)・蝦虎魚(はぜ)・雷魚(はたはた)・燭魚(はたはた)・比目魚(ひらめ)・竹麦魚(ほうぼう)・真章魚(まだこ)・真魚板(まないた)・真魚鰹(まながつお)・翻車魚(まんぼう)・麦魚(めだか)・丁斑魚(めだか)・赤目魚(めなだ)・山女魚(やまめ)

【魚玄機(ギョゲンキ)】中国、唐代の女流詩人。長安の人。娼家に生まれ、補闕李億の妾となる。のち女道士となったが、侍女を殺して刑死。（八四四頃〜八七一頃）
【魚籠(びく)】釣った魚を入れるための器。
【魚扠(やす)】先端が数本に分かれてとがった鉄製のものを長い柄の先に付け、魚を刺して捕らえる漁具。簎(やす)。

難読姓氏 魚梁(やな)

9252【魯】

4705 4F25 9844 魚-4 ロ㊥/lǔ/おろか

字解 形声。曰（＝口、ことば）＋魚㊥。魚をもって神に告げる意。主として、鹵に通じて、おろかの意に用いられる。

甲骨文 金文 篆文

同属字 櫓・艪

参考 万葉仮名では音を借りて「ろ㊥」。

意味 ❶おろか。にぶい。まがぬけている。『魯鈍』『頑魯(ガンロ)』❷中国、周代の侯国（前一〇五五〜前二四九年）。始祖は周の武王の弟周公旦。都城は曲阜。孔子の生国で、儒家の中心地。『鄒魯(スウロ)』❸「魯西亜(ロシア)」の略。『日魯(ニチロ)』❹その他。固有名詞など。『魯魚亥豕』『魯仲連』

❶おろか。にぶい。

【魯鈍(ロドン)】おろかでにぶいこと。愚鈍。

❷中国、周代の侯国。

【魯縞(ロコウ)】昔、中国の魯の国から産出した薄手の白絹。薄いもの、弱いもののたとえに用いる。

【魯酒(ロシュ)】古代中国、魯の国の酒。薄い酒。【魯酒薄而邯鄲囲(ロシュうすくしてカンタンかこまる)】他人のために思いもしない災難を受けること。戦国時代、楚の国王が諸侯を招いたとき、魯の献上した酒が薄かったので、楚王は怒って魯を討伐した。ところが、かねて趙を討ちたく思いながら背後の楚を恐れていた魏が、この間に乗じて、趙を攻め邯鄲を包囲したという故事から。〔荘子-胠篋(キョキョウ)〕

【魯叟(ロソウ)】(魯国の長老の意) 孔子のこと。
【魯般・魯班(ロハン)】魯の国の有名な指し物師。雲までとどくはしご(=雲梯)などを作ったという。
【魯論(ロロン)】中国の経書。論語の異本の一。二〇編。魯の学者が伝えていた論語。現在通行の論語はこの系統の本である。斉論・古論とともに漢代三論語の一。

❹ その他。固有名詞など。

【魯魚亥豕(ロギョガイシ)】まちがいやすい文字。また、文字の誤り。魯魚烏焉の誤り。▶「魯」と「魚」、「亥」と「豕」は、それぞれ字形が似通っていて誤りやすいところから。
【魯粛(ロシュク)】中国、三国時代、呉の孫権に仕えた武将。字(あざな)は子敬。周瑜(シュウユ)を助けて、魏の曹操(ソウソウ)の軍を赤壁に破った。(一七二～二一七)
【魯迅(ロジン)】中国の文学者。本名、周樹人。浙江省紹興の人。日本に留学、帰国後「狂人日記」「阿Q正伝」を書いて中国近代文学の出発点を築いた。(一八八一～一九三六)
【魯仲連(ロチュウレン)】中国、戦国時代、斉の雄弁家。高節を持して仕えず、諸国を遊歴した。魯連。生没年未詳。
【魯陽之戈(ロヨウのほこ)】中国、戦国時代、楚の魯陽公がほこで沈む夕日を招き返した故事。衰えたものをもり返すたとえ。〔淮南子‐覧冥訓〕
【魯連(ロレン)】=魯仲連(ロチュウレン)

魚 2～4画

9253 【魚少】 ―― 魚－4
サ 「魦」(9264)の異体字

9254 【鮆】 ＊7453 魚－6 (9293)〔鮆〕 ―― 魚－6
セイ㊥・シ㊥/jì
字解 形声。魚＋此㊥。
意味 魚の名。たちうお(太刀魚)。タチウオ科の海魚。身が太刀状でせまく、薄い。

9255 【鮝】 ＊7463 魚－6
ショウ 「鯗」(9257)の異体字

9256 【鯊】 8234 7242 E9C0 魚－7 (9302)〔魦〕 ―― 魚－7

9257 【鯗】 ＊7483 魚－8 (9255)〔鮝〕 ＊7463 魚－6
サ㊥・シャ㊥/shā/はぜ
字解 形声。魚＋沙(すな)㊥。
意味 魚の名。はぜ。ハゼ科に属する魚の総称。口が大きく、平たい。河口、海などにすむが、普通は多くマハゼを指していう。

ショウ(シャウ)㊥/xiǎng/ひうお・ひもの
字解 形声。魚＋養省㊥。
意味 ひうお。ひもの。ほしうお。「鱶」に同じ。

9258 【鼇】 8266 7262 E9E0 魚－11
ゴウ 「鼇」(9620)の異体字

9259 【鼈】 ＊7532 魚－12
ベツ 「鼈」(9622)の異体字

9260 【鱟】 ＊7544 魚－13
コウ㊥・ヨク㊥・アク㊥/hòu/かぶとがに
字解 形声。魚＋學省㊥。かぶとがに。また、虹の俗称。

魚 2画

9261 【魟】 ―― 魚－2
ジョウ(ヂャウ)㊥
字解 国字。
意味 ❶「土魟(ドジョウ)」は、ドジョウ科の淡水魚。❷「魟の尾(ジョウのお)」は武具。丸く先尖りの征矢尻(そやじり)。

9262 【魞】 ＊7433 魚－2
えり
字解 国字。会意。魚＋入。魚がはいるものの意。
意味 えり。川などで、魚を竹簀(たけす)の中に誘導して、捕らえる仕掛け。

9263 【魥】 ＊7436 魚－4
キョウ(ケフ)㊥・ゴウ(ガフ)㊥/おさし・こち
字解 形声。魚＋及㊥。
意味 おさし。魚を竹の串にさして干したもの。また、日本で、こち。コチ科の海魚。

9264 【魦】 ＊7437 魚－4 (9253)〔魚少〕 ―― 魚－4
サ㊥/shā/いさざ・ちちふ
字解 形声。魚＋沙(すな)省㊥。砂をふく魚の意。また鮫ともいう。
意味 ❶魚の名。さめ。「鮫」に同じ。❷国 いさざ。ハゼに似た淡水魚。古名、ちちふ。

9265 【魳】 ＊7444 魚－4
シ㊥/shī/かます
字解 形声。魚＋市㊥。鰤の別体。
意味 ❶魚の名。毒魚の一。「鰤」に同じ。❷国 かます。カマス科カマス属の海魚の総称。口先がとがり、鋭い歯を持つ。全長約五〇センチメートル。また、ぶり。

9266 【魣】 ＊7435 魚－4
ショ 「鱮」(9401)の異体字

9267 【魬】 ＊7441 魚－4
ハン㊥/bǎn/はまち
字解 形声。魚＋反㊥。
意味 魚の名。はまち。鰤(ぶり)の若魚。

9268 【魴】 8223 7237 E9B5 魚－4 (9368)〔鰟〕 ―― 魚－10
ホウ(ハウ)㊥/fáng/おしきうお
字解 形声。魚＋方㊥。
意味 ❶魚の名。おしきうお。淡水魚の一。疲労すると尾が赤くなるという。『魴魚赬尾』❷魚の名。かがみだい。タイ(鯛)の一。❸「魴鮄(ホウボウ)」は、ホウボウ科の海魚。体は紫褐色。大きな胸びれで海底をはい歩く。
【魴魚赬尾(ホウギョテイビ)】おしきうおの尾が疲労で赤くなる。人民の労苦のひどいことのたとえ。〔詩経‐周南・汝墳〕

9269 【魲】 ―― 魚－4
ロ 「鱸」(9415)の異体字

9270 【魹】 ＊7448 魚－4
とど
字解 国字。とど(胡獱)。アシカ科の哺乳類。

9271【魞】＊7447 魚－4 なまず
字解 国字。魚の名。なまず。

9272【鮓】8224 7238 E9B6 魚－5 サ㊥/zhǎ・zhà/すし
字解 形声。魚＋乍㊥。
意味 ❶つけうお。酢、塩、糟(かす)などでつけた魚。❷くらげ。❸国すし。「鮨(すし)」に同じ。

9273【⿰魚示】——— 魚－5 シ㊥/しおから・うおびしお
字解 形声。魚＋示㊥。魚のしおから。うおびしお。鮨に同じ。

9274【鮏】＊7459 魚－5 (9350)【鯹】＊7501 魚－9 セイ㊥/xīng/さけ
字解 形声。魚＋生(なま)㊥。生の魚のようなにおい、なまぐさい意。
意味 ❶なまぐさい。❷国魚の名。さけ(鮭)。

9275【鮐】＊7460 魚－5 タイ㊥・イ㊥/tái/ふぐ
字解 形声。魚＋台㊥。
意味 ❶魚の名。ふぐ(河豚)。海魚の一。『鯸鮐(コウイ／コウタイ)』❷(ふぐの背の黒い斑点の連想から)老人。としより。『鮐稚』『鮐背』
【鮐稚(タイチ)】老人や幼い者。老弱。
【鮐背(タイハイ)】(背中にふぐの斑点のようなしみを生じるところから)老人をいう。台背。

9276【鮎】1630 303E 88BC 魚－5 人 デン㊥/nián/なまず・あゆ
字解 形声。魚＋占㊥。
意味 ❶魚の名。なまず(鯰)。❷国魚の名。あゆ。アユ科の淡水魚。体は細長く、二〇～三〇センチ(メートル)に達する。背面は緑褐色で腹面は白い。一年で生を終えることから「年魚」、芳香があるので、「香魚」とも書く。❸熟字訓。『鮎並』
【鮎並・鮎魚女(あいなめ)】アイナメ科の海魚。緑色を帯びた褐色で、体長三〇センチ(メートル)前後。あぶらめ。

9277【鮊】＊7456 魚－5 ハク㊥・ハ㊥/bó・bà
字解 形声。魚＋白㊥。「鮊子(いかなご)」は、海魚の名。体長二〇センチ(メートル)前後。日本各地の沿岸に分布する。

9278【鮒】4211 4A2B 95A9 魚－5 (9330)〔⿰魚附〕——— 魚－8 フ㊥/fù/ふな
字解 形声。魚＋付㊥。
意味 魚の名。ふな。コイ科の淡水魚。マブナ、ゲンゴロウブナなど数種ある。『轍鮒(テップ)』『寒鮒(カンぶな)』

9279【鮄】＊7451 魚－5 フツ㊥・ボウ㊦/fú
字解 形声。魚＋弗㊥。「魴鮄(ホウボウ)」は、魚の名。

9280【鮃】8225 7239 E9B7 魚－5 ヘイ㊥・ヒョウ(ヒャウ)㊦/píng/ひらめ
字解 形声。魚＋平(たいら)㊥。
意味 魚の名。ひらめ。ヒラメ科の海魚。体は扁平(ヘンペイ)で、両眼が体の左側にある。『舌鮃(したびらめ)』『大鮃(おひょう)』

9281【鮑】8226 723A E9B8 魚－5 ホウ(ハウ)㊥/bào/あわび
字解 形声。魚＋包㊥。
意味 ❶塩漬けにした魚。『鮑魚』❷国貝の名。あわび。ミミガイ科に属するアワビ類の総称。❸人名。『鮑叔牙(ホウシュクガ)』『鮑照(ホウショウ)』
【鮑魚(ホウギョ)】塩漬けにした魚。また、その悪臭を放つもの。【鮑魚之肆(ホウギョのシ)】①ひものを売る店。②(①が悪臭の強い所から転じて)つまらぬ小人、不善人の集まっている所のたとえ。
【鮑叔牙(ホウシュクガ)】中国、春秋時代、斉の政治家。管仲を桓公に推薦して宰相とし、桓公の覇業を達成させた。管仲との交友は「管鮑之交(カンポウのまじわり)」として名高い。生没年未詳。
【鮑照(ホウショウ)】中国、南朝・宋の詩人。字(あざな)は明遠。楽府に長じ、謝霊運・顔延之とともに「元嘉の三大家」と称される。著に「鮑氏集」がある。(四一四?～四六六)

9282【鮖】8227 723B E9B9 魚－5 かじか
字解 国字。魚の名。かじか(河鹿)。

9283【鮗】8228 723C E9BA 魚－5 このしろ
字解 国字。魚の名。このしろ(鰶)。

9284【鮟】8229 723D E9BB 魚－6 アン㊥/ān/なまず
字解 形声。魚＋安㊥。
意味 ❶魚の名。なまず(鯰)。❷『鮟鱇(アンコウ)』は、アンコウ科の海魚。頭部が扁平(ヘンペイ)。

9285【⿰魚匜】——— 魚－6 イ㊥/いしぶし・よしのぼり
字解 形声。魚＋匜㊥。
意味 ❶「鯸⿰魚匜(コウイ)」「⿰魚匜魚(イギョ)」は、ふぐ。❷国魚の名。いしぶし(石伏)。ヨシノボリの異名。

9286【鮪】4378 4B6E 968E 魚－6 イ(ヰ)㊥・ユウ(イウ)㊥/wěi/まぐろ・しび
字解 形声。魚＋有㊥。
意味 ❶海魚の一種。チョウザメの類。❷魚の名。まぐろ。サバ科マグロ属の海魚。全長三メートル、体重三五〇キログラムにもなる。しび。『葱鮪(ねぎま)』

9287【鮧】＊7466 魚－6 イ㊥/yí/あゆ・ひしこ
字解 形声。魚＋夷㊥。
意味 ❶「鯸鮧(コウイ)」は、ふぐ。❷「鮧鱁(イチク)」は魚の名。また、塩辛。「鱁鮧(うるか)」は、鮎(あゆ)のはらわたなどの塩辛。❸国あゆ。また、ひしこ。

9288【鮠】8230 723E E9BC 魚－6 ガイ(グヮイ)㊥/wéi/はや・はえ
字解 形声。魚＋危㊥。なまずに似て小さい魚の意。
意味 ❶魚の名。ナマズの一種。こなまず。❷国コイ科の淡水魚の名。はや。はえ。鯎(うぐい)の別名。

9289【鮭】2690 3A7A 8DF8 魚－6 ケイ(漢)・カイ(漢)\guī・xié\さけ・しゃけ
[字解] 形声。魚＋圭(声)。
[意味] ❶魚の名。ふぐ(河豚)。❷さかな(肴)。調理した魚菜の総称。❸[国]魚の名。さけ。しゃけ。サケ科の魚。全長約一メートルに達する。秋、産卵のために河川をさかのぼる。肉は淡紅色で、美味。

9290【鮬】＊7468 魚－6 コ(漢)\kū\せいご
[字解] 形声。魚＋夸(声)。
[意味] 魚の名。せいご。鱸(すずき)の若魚で、全長二五センチメートルくらいまでのもの。

9291【鮫】2713 3B2D 8E4C 魚－6 コウ(カウ)(漢)\jiāo\さめ・みずち
[字解] 形声。魚＋交(声)。

[意味] ❶魚の名。さめ。軟骨魚綱サメエイ目に属するエイ類以外の魚の総称。一般に凶暴。❷みずち。竜に似た想像上の動物。「蛟」に同じ。

【鮫鰐淵(コウガクのふち)】サメや、ワニのすむふち。凶悪な賊のすみかにたとえる。

【鮫函(コウカン)】サメの皮で作ったよろい。

【鮫綃(コウショウ)】鮫人が織るという絹織物。

【鮫人(コウジン)】中国で、水中にすみ、魚に似ているという、想像上の人。人魚に類する。南海にすみ、いつも機(はた)を織り、涙は落ちて珠玉になるという。

9292【鮨】8231 723F E9BD 魚－6 シ(漢)・キ(漢)\zhǐ\すし
[字解] 形声。魚＋旨(声)。
[意味] ❶魚のしおから。うおびしお。❷[国]すし。(イ)魚介類を塩蔵して発酵させた料理。なれずし。(ロ)調味した飯に、魚介などを添えた料理。握りずしの類。

9293【魮】―― 魚－6 セイ「鮆」(9254)の異体字

9294【鮞】＊7464 魚－6 ジ(漢)・ジク(漢)\ér\はらご
[字解] 形声。魚＋而(声)。魚のたまご、はららごの意。

9295【鮮】3315 412F 914E 魚－6 [常] セン(呉)(漢)\xiān・xiǎn\あざやか
[筆順] 
[字解] 会意。魚＋羊。動物の新しい生の肉から、あざやかの意。また尟に通じて、すくない意を表す。
金文  篆文 
[同属字] 蘚・癬
[意味] ❶なまの新しい肉。また、あたらしい。なまなましい。「海鮮料理(カイセンリョウリ)」「鮮魚」「新鮮(シンセン)」「生鮮(セイセン)」❷あざやか。あきらか。「鮮紅色(センコウショク)」「鮮美」「鮮明」❸少ない。乏しい。「鮮少」＊論語-学而「巧言令色、鮮矣仁(コウゲンレイショク、すくなしジン)〔＝ことばが上手で顔色をよくしたりする人には、仁の徳は少ないものだ〕」❹固有名詞。「鮮卑」「朝鮮(チョウセン)」

❶ なまの新しい肉。また、あたらしい。
【鮮花(センカ)】咲き始めたばかりの花。

【鮮魚(センギョ)】新鮮な魚。「鮮魚商」

【鮮血(センケツ)】体から流れ出たばかりの新しい血。

【鮮食(センショク)】新鮮な鳥や獣や魚の肉。

【鮮度(センド)】魚介類、野菜、肉類などの新鮮さの度合い。

【鮮肉(センニク)】新鮮な肉。生肉。

【鮮肥(センピ)】新鮮で肥えた肉。

【鮮鱗(センリン)】(「鱗」は魚の意)新鮮な魚。

❷ あざやか。あきらか。
【鮮衣(センイ)】あざやかな衣服。

【鮮華(センカ)】あざやかで、はなやかなこと。

【鮮暉(センキ)】あざやかな光。

【鮮潔(センケツ)】あざやかで、いさぎよいこと。新しくて、けがれがないさま。

【鮮好(センコウ)】あざやかで美しいこと。

【鮮紅(センコウ)】あざやかな紅色。「鮮紅色」

【鮮飾(センショク)】美しく着かざること。あざやかなかざり。

【鮮白(センパク)】純白。あざやかな白さ。

【鮮美(センビ)】あざやかで美しいこと。＊陶潜-桃花源記「芳草鮮美、落英繽紛(ホウソウセンビ、ラクエイヒンプンたり)〔＝かおりのよい草が色あざやかで、落花がはらはらと乱れ散っていた〕」

【鮮明(センメイ)】あざやかではっきりしているさま。「旗幟(キシ)を鮮明にする〔＝立場や主張を明確にする〕」

【鮮耀(センヨウ)】あざやかにかがやくこと。

【鮮麗(センレイ)】あざやかできれいなさま。

【鮮烈(センレツ)】あざやかで強烈であるさま。

❸ 少ない。乏しい。
【鮮少(センショウ)】非常に少ないさま。「尠少」とも書く。

【鮮民(センミン)】食物が少なくて貧しい人民。孤独な人民。

❹ 固有名詞。
【鮮卑(センピ)】古代北アジアの蒙古種に属する遊牧民族。五胡の一つで、匈奴(キョウド)の滅亡により代わって蒙古を征し、二世紀半ばには大国となる。

9296【鮱】＊7470 魚－6 ぼら
[字解] 国字。魚の名。ぼら。ボラ科の海魚。

9297【鮲】＊7471 魚－6 こち
[字解] 国字。
[意味] ❶貝の名。まてがい(馬刀貝)。マテガイ科の二枚貝。❷魚の名。こち。「鯒(こち)」に同じ。

9298【鮴】8232 7240 E9BE 魚－6 ごり・めばる
[字解] 国字。
[意味] 淡水魚の名。ごり。カジカまたはヨシノボリの異名。石伏魚(ごり)。
[難読地名] 鮴崎(めばるざき)(広島)

9299【鯇】＊7479 魚－7 カン(クヮン)(漢)・コン(漢)\huàn\あめ
[字解] 形声。魚＋完(声)。
[意味] 魚の名。あめ。あめのうお。サケ科の淡水魚。

9300【鯁】＊7478 魚－7 コウ(カウ)(漢)\gěng\のぎ
[字解] 形声。魚＋更(↓硬、かたい)(声)。魚の骨の意。

意味 ❶のどに刺さるような細かい魚の骨。のぎ。「骾」に同じ。❷(魚の骨がのどに刺さるように、言うことが)かたく、ただしい。まっすぐである。「骾」に同じ。「鯁毅」「鯁言」「骨鯁(コッコウ)」

❷かたく、ただしい。まっすぐである。

【鯁諤(コウガク)】遠慮せず、正直に思う通りに言うこと。
【鯁毅(コウキ)】言うことが強く正しいこと。
【鯁言(コウゲン)】直言すること。
【鯁骨(コウコツ)】気性が強く正しいこと。硬骨。『鯁骨漢』
【鯁正(コウセイ)】性格が強く正しいこと。
【鯁切(コウセツ)】言うことが強く正しく適切なこと。
【鯁直(コウチョク)】人にへつらわず、権勢を恐れないこと。
【鯁論(コウロン)】強く正しい議論。正論。

9301 【鯀】 8233 7241 E9BF 魚－7 コン漢/gǔn
字解 形声。魚＋系声。大きい魚の意。また、中国、夏(カ)の禹王(ウオウ)の父の名。尭帝(ギョウテイ)に命ぜられ、洪水を治めようとして失敗し、舜帝(シュンテイ)によって羽山に追放された。
金文 
篆文 

9302 【魦】 ── 魚－7 サ 「鯊」(9256)の異体字

9303 【鮹】 8235 7243 E9C1 魚－7 ショウ(セウ)漢/shāo/たこ
字解 形声。魚＋肖声。
意味 魚の名。むちに形の似た海魚。また、日本で、たこ(蛸)。章魚。

9304 【鮾】 * 7476 魚－7 ダイ漢/あざれる
字解 形声。魚＋妥声。鯘に同じ。

9305 【鮸】 * 7473 魚－7 ベン漢/miǎn/にべ
字解 形声。魚＋免声。
意味 魚の名。にべ。いしもち。ニベ科の海魚。浮き袋で音を立てるところから鳴く魚として知られる。鰾膠(ヒョウコウ)|にべ。

9306 【鯆】 8236 7244 E9C2 魚－7 ホ漢/pū
字解 形声。魚＋甫声。
意味 いるか(海豚)。哺乳類(ホニュウルイ)クジラ目に属し、体長五メートル以下のハクジラの総称。

9307 【鯉】 2481 3871 8CEF 魚－7 人 リ漢/lǐ/こい
字解 形声。魚＋里声。
意味 ❶魚の名。こい。コイ科の淡水魚。食用、観賞用。「鯉魚」「鯉濃(こいこく)」「緋鯉(ひごい)」「真鯉(まごい)」❷手紙。たより。「鯉素」「双鯉(ソウリ)」❸人名。孔子の子。字(あざな)は伯魚。「鯉庭」
【鯉魚(リギョ)】①鯉(こい)のこと。②手紙の異称。鯉素。〔陸機-飲馬長城窟行〕♥②は、夫の遠征している地からもたらされたコイの腹中に、夫の手紙がはいっていたという詩句から。一説に、中国で昔は、白絹の手紙をコイの形に結んだものともいう。【鯉魚風(リギョフウ)】秋の風。陰暦の九月または八月ごろの風。
【鯉素(リソ)】「鯉魚尺素(セキソ)」の略。手紙の異称。→鯉魚②
【鯉庭(リテイ)】家庭教育の場。〔論語-季氏〕♥孔子が子の鯉を庭で教えさとした故事から。
【鯉濃(こいこく)】コイの輪切りを入れて煮込んだ味噌汁(みそしる)。♥「鯉の濃漿(こくショウ)」の意。

9308 【⿰魚丣】 ── 魚－7 リュウ 「鰡」(9369)の異体字

9309 【鯏】 8237 7245 E9C3 魚－7 リ慣/うぐい
字解 国字。
意味 ❶貝の名。あさり(浅蜊)。マルスダレガイ科の二枚貝。❷魚の名。うぐい(鯎)。コイ科の淡水魚。

9310 【鯎】 * 7481 魚－7 うぐい
字解 国字。
意味 魚の名。うぐい。コイ科の淡水魚。石斑魚。はや。あかはら。

9311 【鯑】 8238 7246 E9C4 魚－7 かずのこ
字解 国字。
意味 かずのこ。ニシン(鰊)の卵。

9312 【鯒】 8239 7247 E9C5 魚－7 こち
字解 国字。
意味 魚の名。こち。コチ科の海魚。全長約五〇センチメートルになる。背面に灰褐色の小斑点が散在する。牛尾魚。

9313 【鯐】 * 7482 魚－7 すばしり
字解 国字。
意味 魚の名。すばしり。ボラ(鯔)の幼魚。

9314 【鰑】 8240 7248 E9C6 魚－8 エキ漢/yì/するめ
字解 形声。魚＋昜声。
意味 魚の名。日本では、するめ。イカを開いて干したもの。

9315 【鯨】 2363 375F 8C7E 魚－8 常 ケイ漢・ゲイ慣/jīng/くじら・いさな
(9400)【鱷】 ── 魚－13
筆順 
字解 形声。魚＋京(おおきい)声。魚のように海にいる大きなクジラの意。
意味 くじら。海にすむ魚形の哺乳類(ホニュウルイ)。クジラ目に属する動物のうち大型の種類の総称。また、特に雄のクジラを「鯨」、雌のクジラを「鯢(ゲイ)」という。古名、いさな。「鯨飲」「鯨油」「巨鯨(キョゲイ)」「捕鯨(ホゲイ)」
【鯨飲(ゲイイン)】クジラが水を飲むように、酒を多量に飲むこと。牛飲。『鯨飲馬食』
【鯨音(ゲイオン)】梵鐘(ボンショウ)の音をいう。♥蒲牢(ホロウ)という想像上の海獣がクジラに襲われて大声を発したという言い伝えから、鐘に蒲牢の首をかたどった飾りをつけ、撞木(シュモク)をクジラにみたてたところからできた語。
【鯨魚(ゲイギョ)】くじら。

【鯨鯢ゲイゲイ】①クジラのおすとめす。また、クジラ。②弱いものをひと呑みするような大悪人。巨賊。
【鯨鬚ゲイシュ】クジラのひげ。工芸品の材料とする。
【鯨呑ゲイドン】クジラが小魚を飲み込むように、強者が弱者を併合すること。
【鯨波ゲイハ】①おおなみ。大きな波。②鬨ときの声。喊声。
【鯨油ゲイユ】クジラから採れる油。
【鯨尺くじらジャク】物差しの一。一尺が曲尺かねジャクの一尺二寸五分(約三八センチメートル)に当たる。和裁に用いる。▼もと、クジラのひげで作ったところから。
【鯨幕くじらマク】白と黒のだんだら幕。凶事に使う。

9316【鯢】8241 7249 E9C7 魚－8 ゲイ(漢)/ní/くじら
字解 形声。魚＋兒(声)。さんしょううおの意。一説に兒は小児の意で、鯢は子供のような声でないたり、木にのぼるからとも。
意味 ❶さんしょううお(山椒魚)。イモリに似てそれより大形の両生類。❷雌のクジラ。↔鯨。「鯨鯢ゲイゲイ」❸「鯢歯ゲイシ」は、老人の歯。転じて、老人。

9317【鯝】＊7485 魚－8 コ(漢)
字解 形声。魚＋固(声)。魚の名。コイ科の淡水魚。また、魚のはらわた。

9318【鯤】8242 724A E9C8 魚－8 コン(漢)/kūn
字解 形声。魚＋昆(おおい)(声)。魚のたまごの意。
意味 ❶はららご。魚のたまご。❷北海にすむという想像上の大魚の名。「鯤鵬」
【鯤鵬コンホウ】想像上の大魚の鯤と大鳥の鵬。転じて、非常に大きなもののたとえ。〔荘子-逍遥遊〕

9319【鯔】8243 724B E9C9 魚－8 (9346)【鰡】―― 魚－9 シ(漢)/zī/ぼら・いな
字解 形声。魚＋甾(声)。
意味 ❶魚の名。ぼら。ボラ科の魚。全長約四〇センチメートルほど。また、ボラの幼魚。いな。❷(国)「鯔背いなせ」は、勇み肌で粋な若者。

9320【鯧】＊7488 魚－8 ショウ(シャウ)(漢)/chāng/まながつお
字解 形声。魚＋昌(声)。
意味 魚の名。まながつお。マナガツオ科の海魚。

9321【鯖】―― 魚－8 (9322)【鯖】2710 3B2A 8E49 魚－8 † セイ(漢)/zhēng·qīng/さば
字解 形声。魚＋青(あおい)(声)。青い色の魚の意。一説に、ニシンともいう。
意味 ❶魚の名。青魚。また、にしん。❷よせなべ。昔、中国で肉を混ぜて煮た料理。「五侯鯖ゴコウセイ」❸(国)魚の名。さば。サバ科の海魚。

9323【鯫】＊7490 魚－8 シュ(漢)・ソウ(漢)/zōu/にごい
字解 形声。魚＋取(声)。
意味 魚の名。にごい。みごい。コイに似た淡水魚。また、ざこ。小ざかな。つまらないもの。

9324【鯵】1619 3033 88B1 魚－8 ソウ 「鰺」(9377)の異体字

9325【鯘】＊7484 魚－8 ダイ(漢)/あざれる
字解 形声。魚＋委(おとろえる)(声)。あざれる、魚がくさる意。

9326【鯛】3468 4264 91E2 魚－8 人 (9327)【鯛】―― 魚－8 旧字 チョウ(テウ)(漢)/diāo/たい
字解 形声。魚＋周(声)。
意味 魚の名。たい。タイ科に属する海魚の総称。体は平たく、体色は赤みを帯びる。普通はマダイを指す。

9328【鯰】8248 7250 E9CE 魚－8 ネン(慣)/なまず
字解 国字。形声。魚＋念(声)。
意味 魚の名。なまず。ナマズ科の淡水魚。体長は約五〇センチメートル。四本の口ひげを持つ。

9329【鯡】8244 724C E9CA 魚－8 ヒ(漢)/fēi/にしん
字解 形声。魚＋非(声)。
意味 ❶はららご。魚のたまご。❷(国)魚の名。にしん。鰊にしん。

9330【〓】―― 魚－8 フ 「鮒」(9278)の異体字

9331【鯥】＊7487 魚－8 リク(漢)/lù/むつ
字解 形声。魚＋坴(声)。
意味 ❶伝説上の怪魚の名。四本足とつばさ状の大きな胸びれをもつ。❷(国)魚の名。むつ。ムツ科の海魚。

鯥❶〔三才図会〕

9332【鯪】＊7489 魚－8 リョウ(漢)/líng
字解 形声。魚＋夌(声)。
意味 「鯪魚リョウギョ」は、大魚の名。また、せんざんこう(穿山甲)。蟻ありを食う動物。

9333【鯱】8247 724F E9CD 魚－8 コ(慣)/しゃち・しゃちほこ
字解 国字。会意。魚＋虎。トラのように激しい性質のシャチの意。
意味 ❶しゃち。イルカ科の哺乳ホニュウ類。雄は体長が九メートルに達するものもある。獰猛ドウモウで、クジラ、サメなどを襲って捕食する。❷しゃちほこ。想像上の海獣。頭はトラ、形は魚に似るという。また、それを模した飾り瓦がわら。「金鯱キンコ」

9334【鯳】＊7492 魚－8 すけとうだら
字解 国字。会意。魚＋底(深海)。
意味 魚の名。すけとうだら(介党鱈)。タラ科の海魚。卵の塩蔵品は「たらこ」とよばれる。

9335 【鯲】 8246 724E E9CC 魚－8 どじょう
字解 国字。どじょうの意。鰌に同じ。

9336 【𩸽】 —— 魚－8 ほっけ
字解 国字。
意味 魚の名。ほっけ。アイナメ科の海魚。体は細長く、全長約四〇センチメートルに達する。背は青灰色。

9337 【鰄】 8258 725A E9D8 魚－9 イ(ヰ)漢/かいらぎ
字解 形声。魚+威声。
意味 かいらぎ。鮫(さめ)の皮。刀剣の鞘(さや)や柄(つか)の装飾に用いたもの。

9338 【鰛】 8260 725C E9DA 魚－9 オン 「鰮」(9362)の異体字

9339 【鰕】 8249 7251 E9CF 魚－9 カ漢/xiā/えび
字解 形声。魚+叚声。えびの意。蝦に同じ。

甲骨文

篆文

9340 【鰐】 4744 4F4C 986B 魚－9 ガク漢/è/わに
字解 鱷の別体。鱷は、形声。魚+噩声。
意味 ❶わに。ワニ目に属する爬虫(ハチュウ)類の総称。体はトカゲ形で大きく、熱帯の河川などにすむ。鰐魚。❷国魚の名。わに。さめ。

9341 【鰔】 8250 7252 E9D0 魚－9 カン漢
字解 形声。魚+咸声。
意味 魚の名。たら・かれい。日本で、うぐい。

9342 【鯶】 —— 魚－9 カン(クヮン)漢・コン漢/あめ
字解 形声。魚+軍声。
意味 魚の名。サケ科の淡水魚。あめ。あめのうお。鯇の異体字。

9343 【鰉】 8251 7253 E9D1 魚－9 コウ(クヮウ)漢/huáng/ひがい
字解 形声。魚+皇(大きい)声。
意味 ❶大魚の名。❷国魚の名。ひがい。ハゼに似た魚。明治天皇が好んだので皇魚の意を込めた。

9344 【鯸】 *7494 魚－9 コウ漢/hóu/ふぐ
字解 形声。魚+侯声。
意味 魚の名。ふぐ。鯸鮧(コウイ)。鯸鮔(コウイ)。鯸鮐(コウタイ)。

9345 【鰓】 8252 7254 E9D2 魚－9 サイ漢・シ漢/sāi・xǐ/えら・あぎと
字解 形声。魚+思(=囟、小児の頭のひくひく動くひよめき)声。えらの意。
意味 ❶(サイ)えら。あぎと。魚類の呼吸器。❷(シ)「鰓鰓(シシ)」は、おそれてびくびくするさま。

9346 【鯔】 —— 魚－9 シ 「鯔」(9319)の異体字

9347 【鰌】 8253 7255 E9D3 魚－9 シュウ(シウ)漢/qiū/どじょう
字解 形声。魚+酋声。
意味 魚の名。どじょう。ドジョウ科の淡水魚。泥鰌。

9348 【鰍】 1966 3362 8A82 魚－9 シュウ(シウ)漢/qiū/かじか
字解 形声。魚+秋声。
意味 ❶魚の名。どじょう。「鰌」に同じ。❷「鯕鰍(キシュウ)(しいら)」は、海魚の名。❸国魚の名。かじか。カジカ科の淡水魚。❹国魚の名。いなだ。ブリの幼魚。

9349 【鰆】 8254 7256 E9D4 魚－9 シュン漢/chūn/さわら
字解 形声。魚+春声。
意味 ❶海魚の名。❷国魚の名。さわら。サバ科の海魚。体長は一メートルに達し細長い。

9350 【鯹】 *7501 魚－9 セイ 「鮏」(9274)の異体字

9351 【鯽】 *7503 魚－9 セキ漢・ショク漢/jì/ふな・たなご

(9352)〔鯽〕 —— 魚－9
字解 形声。魚+即声。
意味 魚の名。ふな。コイ科の淡水魚。また、たなご。

9353 【鰖】 *7510 魚－9 タ漢/たかべ
字解 字源未詳。
意味 魚の名。たかべ。タカベ科の海魚。

9354 【鰈】 8255 7257 E9D5 魚－9 チョウ(テフ)漢/dié/かれい
字解 形声。魚+枼(うすくてひらたい)声。薄く平らな魚、かれいの意。
意味 魚の名。かれい。カレイ科の海魚の総称。体は扁平(ヘンペイ)で、全長約三〇センチメートル。右側に目がある。

9355 【鯷】 *7493 魚－9 テイ漢/tí/ひしこ
字解 形声。魚+是声。
意味 ❶魚の名。なまず。おおなまず。❷国魚の名。ひしこ。かたくちいわし。イワシに似た魚。

9356 【鰒】 8256 7258 E9D6 魚－9 フク漢/fù/あわび・ふぐ
字解 形声。魚+复声。
意味 ❶貝の名。あわび(鮑)。❷国魚の名。ふぐ。

9357 【鰑】 *7509 魚－9 ヨウ(ヤウ)漢
字解 形声。魚+昜声。うなぎの意。

9358 【鰊】 8257 7259 E9D7 魚－9 レン漢/liàn/にしん
字解 形声。魚+柬声。
意味 ❶小魚の名。❷国にしん。ニシン科の海魚。全長約三〇センチメートル。かど。

9359【鰙】＊7512 魚－9 わかさぎ
字解 国字。会意。魚＋若(わかい)。
意味 魚の名。わかさぎ。ワカサギ科の淡水魚。公魚。

9360【鰚】＊7513 魚－9 はらか
字解 国字。
意味 魚の名。はらか。中古、正月、大宰府や朝廷に献じた魚。ニベ(鮸)あるいは、マス(鱒)の異名という。

9361【鰘】＊7511 魚－9 むろあじ
字解 国字。会意。魚＋室(むろ)。
意味 魚の名。むろあじ。アジ科の海魚。

9362【鰮】8259 725B E9D9 魚－10 (9338)〔鰛〕8260 725C E9DA 魚－9
オン(ヲン)慣/wēn/いわし
字解 形声。魚＋𥁕声。
意味 魚の名。いわし。

9363【鰥】8261 725D E9DB 魚－10 カン(クヮン)漢/guān/やもお・やもめ
字解 形声。魚＋眔声。鯤に通じて用いられる。また、金文では、やもおの意に用いられる。
金文  篆文 
意味 ❶大魚の名。❷やもお。男やもめ。妻のない男子。↔寡。『鰥寡』『鰥居』『鰥夫』『鰥嫠』
【鰥寡(カンカ)】妻のない男と夫のない女。【鰥寡孤独(カンカコドク)】妻のない男と、夫のない女と、みなしごと、老いて子のない者。よるべのない独り者。鰥寡惸独(カンカケイドク)。〔孟子－梁恵王下〕
【鰥居(カンキョ)】年輩の男のひとりずまい。やもめぐらし。鰥衾(カンキン)。
【鰥夫(カンプ)－やもめ－やもお】妻を失って独りでいる男。
【鰥民(カンミン)】老いて妻のない者。
【鰥嫠(カンリ)】＝鰥寡(カンカ)

11画

9364【鰭】4141 4949 9568 魚－10 キ漢/qí/ひれ・はた
字解 形声。魚＋耆声。
意味 ❶ひれ。はた。魚のひれ。魚類、水生哺乳(ホニュウ)類の遊泳器官。『尾鰭(おびれ)』『背鰭(せびれ)』❷国「小鰭(こはだ)」は、コノシロ(鰶)の中くらいの大きさのもの。

9365【鰤】8262 725E E9DC 魚－10 シ漢/shī/ぶり
字解 形声。魚＋師声。
意味 ❶毒魚の名。❷国魚の名。ぶり。アジ科の海魚。全長一メートルくらい。背方は暗青色、腹方は銀白色で体側に黄色の一縦帯が走る。出世魚で、小さい順に、ワカシ・イナダ・ワラサ・ブリなどと呼ぶ。『稚鰤(わらさ)』

9366【鰣】＊7517 魚－10 はそ シ漢・ジ慣/shí/えそ・はす・
字解 形声。魚＋時声。
意味 ❶魚の名。ひら。ニシン科の海魚。曹白魚。❷国魚の名。えそ。エソ科の海魚の総称。❸国魚の名。はす。はそ。コイ科の淡水魚。

9367【鰠】—— 魚－10 ソウ(サウ)漢/sāo/みごい
字解 形声。魚＋蚤声。
意味 魚の名。みごい。にごい。コイ科の淡水魚。

9368【鰟】—— 魚－10
ホウ「魴」(9268)の異体字

9369【鰡】8263 725F E9DD 魚－10 (9308)〔鰤〕—— 魚－7
リュウ(リウ)漢/ぼら
字解 形声。魚＋留(＝丣)声。日本で、ぼら(鯔)の意。ボラ科の海魚。

9370【鰰】—— 魚－10 あら
字解 国字。会意。魚＋荒(あら)。
意味 魚の名。あらの意。スズキ科の海魚。

9371【鰯】1683 3073 88F1 魚－10 いわし
字解 国字。会意。魚＋弱(よわい)。一般にいたみやすい魚、いわしの意。
意味 魚の名。いわし。イワシ科の海魚の総称。背は青く、腹は白い。体側に七つ前後の小黒斑が並ぶ。「鰮」とも書く。『干鰯(ほしか)』

9372【鰰】8264 7260 E9DE 魚－10 はたはた
字解 国字。会意。魚＋神(てんじん・かみなり)。
意味 魚の名。はたはた。ハタハタ科の海魚。うろこはなく、背に褐色の流紋がある。「鱩」「電魚」「燭魚」とも書く。雷鳴のときに多くとれるという。

9373【鰹】1979 336F 8A8F 魚－11 ケン漢/jiān/かつお
字解 形声。魚＋堅声。
意味 ❶魚の名。おおうなぎ。ウナギの一種。❷魚の名。かつお(堅魚)。サバ科の海魚。体長一メートル近くになる。背は暗青色、腹は銀白色。
【鰹木(かつおぎ)】宮殿や神社の棟木の上に、それと直角に並べた装飾の木。❤鰹節の形に似ているところからいう。

9374【鱇】8265 7261 E9DF 魚－11 コウ(カウ)慣/kāng
字解 本来国字であるが、中国でも用いられる。形声。魚＋康声。「鮟鱇(アンコウ)」は、魚の名。

9375【鰶】＊7525 魚－11 セイ漢・サイ慣/jì/このしろ
字解 形声。魚＋祭声。
意味 魚の名。このしろ。コノシロ科の海魚。イワシ型で、体高が高く、背側は青藍色で黒い斑点列がある。

9376【鱆】8267 7263 E9E1 魚－11 ショウ(シャウ)慣/たこ
字解 形声。魚＋章声。章魚、たこの意。

魚鳥鹵鹿麥(麦)麻(麻)

9377 【鰺】 8245 724D E9CB 魚-11 (9324)【鯵】 1619 3033 88B1 魚-8 †
ソウ(サウ)漢/shēn/あじ
字解 形声。魚+參声。鱢の誤字。
意味 ❶魚がなまぐさい。「鱢」に同じ。❷国魚の名。あじ。アジ科の魚の総称。日本の代表的な海魚。

9378 【鱁】 * 7528 魚-11 チク漢/zhú
字解 形声。魚+逐声。
意味 ❶魚の名。サメの一種。❷魚の内臓などの塩辛。
【鱁鮧(うるか)】アユのはらわたなどの塩辛。♥「潤香」とも書く。

9379 【(魚+桼)】 — — 魚-11 トウ 「鰧」(9416)の異体字

9380 【鰾】 8268 7264 E9E2 魚-11 ヒョウ(ヘウ)漢/biào/ふえ・にべ
字解 形声。魚+票(→漂、うく)声。うきぶくろの意。
意味 ❶ふえ。魚の腹中にあるうきぶくろ。「魚鰾(ギョヒョウ)」❷魚の名。にべ(鮸)。ニベ科の海魚。「鰾膠」
【鰾膠(ヒョウコウ|にべ)】ニベの浮き袋から製するにかわ。粘着力が強い。にべにかわ。

9381 【鰻】 1723 3137 8956 魚-11 マン呉・バン漢/mán/うなぎ
字解 形声。魚+曼(長くのびる)声。うなぎの意。
意味 ❶魚の名。うなぎ。ウナギ科の淡水魚。体は円筒状に細長い。❷「海鰻(あなご)」は、うなぎに似た、アナゴ科の海魚の総称。

9382 【鰱】 * 7523 魚-11 レン漢/lián
字解 形声。魚+連声。日本では、たなご(鱮)の意。

9383 【鱈】 3513 432D 924C 魚-11 xuě/たら
字解 会意。魚+雪。冬に北の海でとれる白身のさかな、たらの意。本来国字であるが中国でも用いられる。
意味 ❶魚の名。たら。タラ科の海魚。全長一メートルぐらいになる。腹部は白くふくれており、体側に斑紋(ハンモン)がある。「鱈場蟹(たらばがに)」「介党鱈(すけとうだら)」「鱈子」「棒鱈(ボウだら)」❷あて字。「出鱈目(でたらめ)」「鱈腹(たらフク)」「矢鱈(やたら)」
【鱈子(たらこ)】マダラの卵。一般にはスケトウダラの卵巣(腹子)を塩漬けにした食べ物をいう。

9384 【鱖】 * 7539 魚-12 ケイ漢・ケツ漢/guì・jué/あさじ
字解 形声。魚+厥声。
意味 ❶スズキ科の淡水魚の名。❷国あさじ。コイ科の淡水魚。オイカワ(追河)の異名。

9385 【鱏】 * 7535 魚-12 (9386)【鱏】 — — 魚-12
シン漢/xún/えい
字解 形声。魚+覃声。
意味 ❶魚の名。かじき(梶木)。メカジキ科とマカジキ科の海魚の総称。かじきまぐろ。「鱘」に同じ。❷魚の名。えい。軟骨魚類エイ亜目の総称。体は平たく、胸びれが大きい。

9387 【(魚+朁)】 — — 魚-12 シン漢/めいただき
字解 形声。魚+朁声。
意味 魚の名。めいただき。メダカ(目高)の異名。

9388 【鱘】 * 7540 魚-12 シン漢・ジン慣/xún/ちょうざめ・かじき
字解 形声。魚+尋声。
意味 ❶魚の名。ちょうざめ。「鱘魚」❷魚の名。かじき。「鱏」に同じ。
【鱘魚(ジンギョ|ちょうざめ)】チョウザメ科の魚。肉は食用。♥卵巣の塩漬けはキャビアと呼ばれ、珍重される。

9389 【鱓】 * 7537 魚-12 タ漢・セン漢/shàn・tuó/うつぼ・ごまめ
字解 形声。魚+單声。
意味 ❶(セン)魚の名。うつぼ。ウツボ科の海魚。形はウナギに似るが、口は大きく歯が鋭い。❷(タ)ワニの一種。❸国ごまめ。カタクチイワシを干したもの。

9390 【鱒】 — — 魚-12 (9391)【鱒】 4380 4B70 9690 魚-12 †
ソン漢/zūn/ます
字解 形声。魚+尊声。
意味 魚の名。ます。サケ科の魚類。サケより小さい。

9392 【鱗】 4658 4E5A 97D8 魚-12 リン呉漢/lín/うろこ・うろくず
字解 形声。魚+粦(=燐、おにび)声。鬼火のように光るうろこの意。

意味 うろこ。魚のうろこ。また、うろくず。うろこのある動物の総称。また、うろこ状のもの。

下接 円鱗(エンリン)・介鱗(カイリン)・魚鱗(ギョリン)・金鱗(キンリン)・錦鱗(キンリン)・銀鱗(ギンリン)・逆鱗(ゲキリン)・片鱗(ヘンリン)

【鱗羽(リンウ)】うろこと、はね。魚類と鳥類。

【鱗雲(リンウン|うろこぐも)】巻積雲の俗称。いわし雲。さば雲。

【鱗介(リンカイ)】魚類と貝類。海産動物の総称。魚介。

【鱗形(リンケイ)】魚などのうろこに似た形。

【鱗茎(リンケイ)】地下茎の一種。短い茎のまわりに、養分を蓄えた多肉質の葉が密生し、球形、卵形などになったもの。ユリ、タマネギ、スイセンなどに見られる。

【鱗甲(リンコウ)】①うろこと、こうら。魚類と貝類。魚介。また、うろこ。②国魚鱗のような金属や革のよろい。

【鱗鴻(リンコウ)】手紙。♥「鱗」は魚で鯉素(リソ)、「鴻」は雁で雁帛(ガンパク)。ともに手紙の意。

【鱗次(リンジ)】うろこのように並び続くこと。鱗比(リンピ)。

【鱗翅目(リンシモク)】節足動物門昆虫類の一目。チョウ、ガのなかま。

【鱗屑(リンセツ)】乾燥して皮膚表面から小さく角化・剝離(ハクリ)する表皮の部分。

【鱗虫(リンチュウ)】うろこのある爬虫(ハチュウ)類。竜・蛇の類。

【鱗文(リンブン)】うろこのような文様。

【鱗粉(リンプン)】チョウやガなどの体や羽の表面をおおう、毛状・葉状の扁平(ヘンペイ)物。粉状に見えるところからいう。

【鱗片(リンペン)】うろこの一片。また、うろこ状をした細片。

【鱗毛(リンモウ)】植物の葉、茎などの表面をおおううろこ状の毛。グミ、オリーブの葉などに見られる。

【鱗鱗(リンリン)】波や雲などが魚のうろこのように相連なるさま。隣隣。

9393 【鱛】 * 7541 魚-12 えそ
字解 国字。
意味 魚の名。えその意。エソ科に属する海魚の総称。

9394 【鱚】 8269 7265 E9E3 魚-12 きす
字解 国字。魚の名。きす。キス科の海魚。

9395 【鱫】 * 7549 魚-13 アイ(慣)/むつ
字解 国字。形声。魚+愛(あい)(声)。
意味 ❶魚の名。むつ。ムツ科の海魚。❷「鱫鱜(アイキョウ)」は、中世、子持ち鮎(あゆ)の塩漬け。また、越年した鮎。

9396 【鱠】 8270 7266 E9E4 魚-13 カイ(クヮイ)(漢)/kuài/なます
字解 魚+會(声)。なますの意。膾の別体。

9397 【鱞】 * 7543 魚-13 カン(クヮン)(漢)/guān
字解 形声。魚+瞏(声)。魚の名。また、鰥に同じ。

9398 【鱜】 * 7548 魚-13 (9399)【鱜】── 魚-13
キョウ(キャウ)(慣)
字解 国字。形声。魚+郷(きょう)(声)。
意味 「鱫鱜(アイキョウ)」は、子持ち鮎(あゆ)の塩漬け。また、越年した鮎。

9400 【䲔】 ── 魚-13
ゲイ 「鯨」(9315)の異体字

9401 【鱮】 * 7551 魚-13 (9266)【魣】* 7435 魚-4
ショ(漢)/xù/たなご
字解 形声。魚+與(声)。
意味 魚の名。日本では、たなご。コイ科の淡水魚。

9402 【鱢】 ── 魚-13 ソウ(サウ)(漢)
字解 形声。魚+喿(声)。魚がなまぐさい意。

9403 【鱣】 * 7545 魚-13 テン(漢)・セン(漢)/zhān・shàn/うつぼ
字解 形声。魚+亶(声)。
意味 ❶(テン)魚の名。コイの一種。また、チョウザメの一種。❷(セン)魚の名。うつぼ。うみへび。また、かわへび。「鱓」に同じ。

9404 【鱝】 * 7542 魚-13 フン(漢)/fèn/えい
字解 形声。魚+賁(声)。えい(鱏)の意。

9405 【鱧】 8271 7267 E9E5 魚-13 レイ(漢)/lǐ/はも
字解 形声。魚+豊(声)。
意味 魚の名。❶なまず。おおなまず。❷(国)やつめうなぎ。❸(国)はも。ハモ科の海魚。

9406 【鱪】 * 7547 魚-13 しいら
字解 国字。会意。魚+暑(暖かい)。
意味 魚の名。しいら。シイラ科の海魚。南の海にいる。平たい体形を持ち、多くは干物とされる。

9407 【鱩】 * 7546 魚-13 はたはた
字解 国字。会意。魚+雷(かみなり)。かみなりうお、はたはたの意。
意味 魚の名。はたはた。ハタハタ科の海魚。体にうろこはなく、背に褐色の流紋がある。「鰰」に同じ。

9408 【鱨】 * 7550 魚-14 ショウ(シャウ)(漢)/cháng/ぎぎ
字解 形声。魚+嘗(声)。
意味 魚の名。ぎぎ(義義)。ギギ科の淡水魚。胸びれを使ってギイギイという音をたてる。

9409 【鱭】 ── 魚-14 セイ(漢)/jì/えつ
字解 形声。魚+齊(声)。
意味 魚の名。えつ。カタクチイワシ科の海魚。鮆魚。

9410 【鰤】 * 7552 魚-14 しいら
字解 国字。鱪に同じ。魚の名。しいら。

9411 【鱶】 8272 7268 E9E6 魚-15 ショウ(シャウ)(漢)/xiǎng/ふか
字解 形声。魚+養(声)。
意味 ❶ひもの。ほしうお。「鯗」に同じ。❷(国)魚の名。ふか。大型のサメ類を指す。

9412 【鱵】 * 7554 魚-15 シン(漢)/zhēn/さより
字解 形声。魚+箴(はり)(声)。下あごが針のようにつき出た魚、さよりの意。
意味 魚の名。さより(細魚)。サヨリ科の海魚。体形はサンマに似て細長い。「針魚」とも書く。

9413 【鱲】 * 7553 魚-15 リョウ(レフ)(漢)/liè/からすみ
字解 形声。魚+巤(声)。
意味 ❶魚の名。コイ科の淡水魚。❷(国)からすみ。ボラの卵巣を乾燥させた食品。形が中国製の墨(唐墨)に似るところからの名。鱲子。

9414 【鱷】 * 7555 魚-16 ガク(漢)/è/わに (9269)【鰐】── 魚-4
字解 形声。魚+噩(声)。わにの意。鰐に同じ。

9415 【鱸】 8273 7269 E9E7 魚-16 ロ(漢)/lú/すずき
字解 形声。魚+盧(声)。
意味 魚の名。すずき。スズキ科の出世魚の一。多く、河口にすむ。『蓴羹鱸膾(ジュンコウロカイ)』

魚

【漁】⇩4310

9416 【鰧】 *7519 魚-10 (9379)【鰧】 ―― 魚-11

トウ㊥/téng/おこぜ

字解 形声。魚＋朕㊒。

意味 魚の名。おこぜ。カサゴ科に属するオコゼ類の総称。背びれの棘(とげ)に毒を持つ種類が多いが、普通、食用とするオニオコゼをいう。

196 鳥部 とり

甲骨文 篆文

鳥は、頭部特にくちばし、羽、脚などによってとりを象り、とり(チョウ)を表す。別に隹を鳥の短尾、鳥を長尾の禽という。甲骨文では、鳥はいくらか複雑な形に見える。鳥部に属する字は、多くは鳥の種類を表すものである。中国では、鸟に簡化した。

鳥◆ 鳥 ⑥ 鵆

鳥▬ ② 鳧

鳥▬ ② 鳫 ③ 鳶 鳳 ④ 鴈 ⑤ 鴐 鴦 鴬

⑦ 鵞 鵟 鴷 ⑨ 鶩 ⑩ 鶯 ⑪ 鷙 ⑫ 鷲

⑬ 鸒 鷽 鷹 鷩 ⑭ 鸎 ⑲ 鸞

鳥▌ 鷚

鳥▐ ① 鳦 ④ 鴃 ⑤ 歍 鴕 ⑩ 鷇 鷈 ⑪

鳥▐ ② 鳩 鳰 鳱 ③ 鳲 鳴 ④ 鴉 鴎 鴇

鴆 鴋 ⑤ 鴒 鴨 鴞 鴣 鴟 鴗 鴿 鴫 ⑥

鵃 鵂 鴻 鵁 鵆 鵅 鵖 鵐 鵄 鵈 鵈 ⑦

鵝 鵙 鵑 鵠 鵜 鵡 鵣 鵤 ⑧ 鵼 鵷 鶏

鵩 鵪 鵲 鶉 鶓 鵰 鶇 鵯 鵬 鵬 鵷 鶍

⑨ 鶚 鶡 鶪 鶤 鶼 鶫 ⑩ 鶲 鶲 鶴 鷄

鶎 鶻 鶿 鶸 鶺 鶬 鷈 鶾 鶽 鶬 鷂 ⑪

鷗 鷦 鷓 鷚 ⑫ 鷸 鷳 鷴 鷫 鷭 鷯 ⑬

鸇 鸊 ⑭ 鸋 ⑯ 鸕 鸛 鸕 ⑰ 鸚 ⑱ 鸛

⑲ 鸝

9417 【鳥】 3627 443B 92B9 鳥-0 常2

チョウ(テウ)㊁㊥/niǎo・diǎo/とり

筆順 鳥 鳥 鳥 鳥 鳥 鳥

字解 部首解説を参照。

同属字 蔦・嶋

参考 万葉仮名では訓を借りて「と㊦」。

意味 ❶とり。脊椎(セキツイ)動物のとり類の総称。『一石二鳥(イッセキニチョウ)』『鳥瞰』『鳥獣』❷国「鳥渡(ちょっと)」は、少しだけ、ほんのわずかの意。「一寸」ともあてる。

下接 愛鳥(アイチョウ)・益鳥(エキチョウ)・越鳥(エッチョウ)・怪鳥(カイチョウ)・海鳥(カイチョウ)・害鳥(ガイチョウ)・花鳥(カチョウ)・鵝鳥(ガチョウ)・窮鳥(キュウチョウ)・魚鳥(ギョチョウ)・金鳥(キンチョウ)・禽鳥(キンチョウ)・禁鳥(キンチョウ)・孝鳥(コウチョウ)・候鳥(コウチョウ)・黄鳥(コウチョウ)・国鳥(コクチョウ)・黒鳥(コクチョウ)・山鳥(サンチョウ)・時鳥(ジチョウ|ほととぎす)・宿鳥(シュクチョウ)・翔鳥(ショウチョウ)・水鳥(スイチョウ|みずどり)・瑞鳥(ズイチョウ)・成鳥(セイチョウ)・征鳥(セイチョウ)・青鳥(セイチョウ)・棲鳥(セイチョウ)・駝鳥(ダチョウ)・啼鳥(テイチョウ)・白鳥(ハクチョウ|しらとり)・飛鳥(ヒチョウ)・漂鳥(ヒョウチョウ)・文鳥(ブンチョウ)・放鳥(ホウチョウ)・鳳鳥(ホウチョウ)・猛鳥(モウチョウ)・夜鳥(ヤチョウ)・野鳥(ヤチョウ)・幽鳥(ユウチョウ)・雷鳥(ライチョウ)・留鳥(リュウチョウ)・霊鳥(レイチョウ)・籠鳥(ロウチョウ)/阿呆鳥(あほうどり)・閑古鳥(カンコどり)・駒鳥(こまどり)・知更鳥(こまどり)・千鳥(ちどり)・都鳥(みやこどり)・善知鳥(うとう)・啄木鳥(きつつき|けら|けらつつき)

【鳥歌(チョウカ)】①鳥が鳴くこと。また、その声。②楽曲の名。中国、唐の則天武后が作った曲。

【鳥喙(チョウカイ)】①鳥のくちばし。②星宿の名。柳宿。

【鳥瞰(チョウカン)】鳥が空から地上を見下ろすように、高い所から広い範囲を見下ろすこと。俯瞰(フカン)。『鳥瞰図』

【鳥語(チョウゴ)】①鳥の鳴き声。②(鳥の鳴き声のように聞こえるところから)外国人のことば。鴃舌(ゲキゼツ)。

【鳥雀(チョウジャク)】スズメなど、人里近く集まる小鳥の総称。

【鳥銃(チョウジュウ)】小銃のこと。こづつ。もと、鳥を撃つことを目的とした。

【鳥獣(チョウジュウ)】鳥とけもの。禽獣(キンジュウ)。

【鳥跡・鳥迹(チョウセキ)】①鳥の足跡。②漢字の異称。また、ひろく、文字。鳥の跡。▼中国古代、黄帝の時、蒼頡(ソウケツ)が鳥の足跡を見て、文字を作ったという故事による。

【鳥葬(チョウソウ)】死体を野や樹上に棄(す)て、鳥のついばむのにまかせる葬法。

【鳥篆(チョウテン)】篆書。▼鳥の足跡に似るところから。

【鳥道(チョウドウ)】鳥だけが通うような険しい山道。鳥路。

【鳥媒(チョウバイ)】①おとり。②受粉が鳥類の媒介によって行われること。

【鳥目(チョウモク|とりめ)】国①(チョウモク)中央に穴のあいている、昔の銭。穴が鳥の目に似ているところから。②(とりめ)夜盲症。鳥は一般に夜は目が見えないところから。

【鳥羅(チョウラ)】鳥を捕らえるあみ。とりあみ。

【鳥類(チョウルイ)】脊椎(セキツイ)動物の一綱。体表に羽毛をもつ飛翔(ヒショウ)性の卵生温血動物。

【鳥路(チョウロ)】=鳥道(チョウドウ)

【鳥哢(チョウロウ)】鳥のさえずり。

【鳥屋(やと)】①鳥を飼っておく小屋。鳥小屋。『鳥屋につく〔=ニワトリなどが卵を産むために巣ごもりする〕』②タカの羽が夏の末から抜けて冬までに生えかわること。その間、①にこもるところからいう。

【鳥之将ㇾ死 其鳴也悲(とりのまさにシせんとするや そのなくやかなし)】鳥が死にかかっているとき、その鳴き声は悲しい。死に臨んだ人は正しいことを言う。〔論語-泰伯〕

難読地名 鳥栖(とす)市(佐賀) 鳥羽(とば)市(三重)

難読姓氏 鳥巣(とす|とりす) 鳥谷(とや|とりや)

［鳥］⇩4547

9418 【鵆】 8293 727D E9FB 鳥-6 ちどり

字解 国字。会意。鳥＋行(ゆく)。ちどり(千鳥)の意。

鳥

9419 【鳧】 8274 726A E9E8 鳥-2 (573)【鳬】 8275 726B E9E9 几-7

フ㊥/fú/かも・けり

字解 形声。鳥＋几㊒。かもの意。一説に水かき(几)のついた鳥の形に象るとも。

金文 篆文

意味 鳥の名。❶かも(鴨)。ガンカモ科の渡り鳥。『鳧翁』『鳧舟』❷国けり。チドリ科の水鳥。過去の助動詞「けり」にあてて用いられ、文末に置かれることが多いので、物事の決着の意とする。『鳧がつく』

【鳧翁(フオウ)】(「翁」は首の上の毛の意)カモの首の毛。

【鳧舟(フシュウ)】カモの形をした舟。

【鳧藻(フソウ)】カモが藻に戯れるように、喜び騒ぐこと。

【鳧脛雖ㇾ短、続ㇾ之則憂(かものあしはみじかしといえども、これをつがばすなわちうれえん)】鴨の足は短いが、これを継ぎ足すと困る。それぞれもちまえのものをむやみに改めないで、おのおのの天分に安んずるべきであるということ。〔荘子-駢拇〕

【鼂】⇩1939

鳥 2～5画

9420 【鳫】 8279 726F E9ED 鳥－2
ガン 「鴈」(9423)の異体字

9421 【鳶】 3848 4650 93CE 鳥－3
エン㊥yuān/とび・とんび
字解 会意。鳥＋弋(いぐるみ)。足に長いひもをつけて飛ばす鳥の意か。
意味 ❶鳥の名。とび。ワシタカ科の大形の鳥。とんび。『鳶肩』『鳶飛魚躍』『飛鳶(ヒエン)』❷トビの羽の色に似た茶褐色。『鳶色(とびいろ)』❸国『鳶口(とびぐち)』の略。棒の先端に、トビのくちばしに似た鉄製の鉤(かぎ)を付けた道具。❹国『鳶職(とびショク)』『鳶の者(とびのもの)』の略。建築や土木工事の人夫に出る仕事師。江戸時代では、町火消しの人足をいった。❺熟字訓。『鳶尾(いちはつ)』『紙鳶(いかのぼり・たこ)』
【鳶肩(エンケン)】いかりがた。かどばって、トビに似た肩。
【鳶尾(エンビ・いちはつ)】アヤメ科の多年草。アヤメより葉の幅が少し広い。初夏、青紫色や白色の花を開く。一八(イチハツ)。
【鳶飛魚躍(エンピギョヤク)】1鳥は飛んで空に至り、魚は淵に躍ること。天子の徳化のよく及んでいるさま。〔詩経-大雅・旱麓〕2道は万象の中にあるということ。〔中庸〕

9422 【鳳】 4317 4B31 9650 鳥－3 人
ホウ㊥fèng/おおとり
字解 形声。鳥＋凡(↓帆、かぜにはためく)㊥。風神としての鳥、おおとりの意。甲骨文は象形字で、風に同じ。重文は、鵬。

甲骨文 篆文 重文

意味 ❶おおとり。古代中国で、聖天子出生の瑞兆として出現すると伝えられた想像上の鳥。雄を鳳、雌は凰という。『鳳凰』❷転じて、天子・宮中に関する事物に付ける語。『鳳駕』❸その他。『金鳳花(キンポウゲ)』

❶ おおとり。
下接 瑞鳳(ズイホウ)・雛鳳(スウホウ)・大鳳(タイホウ)・鸞鳳(ランポウ)・麟鳳(リンポウ)

【鳳凰(ホウオウ)】古代中国で、聖天子出生の瑞兆(ズイチョウ)として出現すると伝えられた想像上の霊鳥。

【鳳凰台(ホウオウダイ)】中国の台の名。鳳凰が飛来したとして築かれたもので、各地に存在する。㋑現在の陝西(セン)省宝鶏県東南にあった台。春秋時代、秦の穆公(ボクコウ)の娘弄玉の嫁した簫史が簫を吹くと、鳳凰が飛来したので、穆公が築いたもの。㋺現在の南京の東南隅にあった台。六朝宋のとき、五色の鳥が飛来したのを、鳳凰であるとして築いたもの。

【鳳挙(ホウキョ)】1鳳凰のように飛び立つこと。臣下が天子の命を受けて遠くへ旅立つことをいう。2遠くへ引退すること。隠遁すること。

【鳳児(ホウジ)】鳳凰の子。転じて、将来大人物になると思われる少年。鳳雛(スウ)。

【鳳雛(ホウスウ)】鳳凰の雛(ひな)。転じて前途を嘱望される若者。麒麟児(キリンジ)。〔晋書-陸雲伝〕「伏竜(フクリョウ)鳳雛」

【鳳声(ホウセイ)】鳳凰の鳴き声。→❷
【鳳台(ホウダイ)】＝鳳凰台(ホウオウダイ)㋑

【鳳鳥(ホウチョウ)】＝鳳凰(ホウオウ)。＊論語-子罕「鳳鳥不ㇾ至、河不ㇾ出ㇾ図(ホウチョウいたらず、かとをいださず)〔＝鳳凰は飛んでこないし、黄河から図版も出てこない〕」

【鳳舞(ホウブ)】鳳凰が舞い遊ぶこと。天下太平の象徴。

【鳳毛(ホウモウ)】鳳凰の毛。㋑子が父に劣らぬ素質を持っているたとえ。㋺すぐれた容姿、また文才のたとえ。

【鳳楼(ホウロウ)】屋根に鳳凰の飾りのある楼。転じて、美しく立派な楼。

❷ 天子・宮中に関する美称。
【鳳掖(ホウエキ)】(「掖」は宮門の左右の門)太子の宮庭。

【鳳駕(ホウガ)】天子の乗り物。また、仙人の乗る車。

【鳳蓋(ホウガイ)】天子の乗る車駕の天蓋。天子の乗り物。

【鳳闕(ホウケツ)】王宮の門。皇居の門。▶中国、漢代に、屋上に銅製の鳳凰を安置したところから。

【鳳車(ホウシャ)】＝鳳輦(ホウレン)

【鳳詔(ホウショウ)】みことのり。詔勅。▶昔、中国で後趙の武帝石虎が詔書を木製の鳳凰の口にふくませた故事から。

【鳳城(ホウジョウ)】1天子の住まい。皇居。宮城。禁裏(キンリ)。2天子の住まいのある都市。みやこ。京師。

【鳳声(ホウセイ)】天子など、高貴な人の声。また、相手を敬って、その伝言や音信をいう語。→❶
【鳳池(ホウチ)】1禁中の池の美称。2(古く中国で禁中の池の傍にあったところから)中書省をいう。

【鳳輦(ホウレン)】天子の乗り物。屋形の頂上中央に金銅の鳳凰を据えた輿(こし)。

❸ その他。
【鳳字(ホウジ)】才能のない人、凡庸の人などをあざけっていう語。〔世説新語-簡傲〕▶「鳳」の字を分解すると凡鳥(平凡な鳥)になることから。

【鳳仙花(ホウセンカ)】ツリフネソウ科の一年草。つまべに。

難読地名 鳳至(ふげし)郡(石川)

9423 【鴈】 8278 726E E9EC 鳥－4
(9420)【鳫】 8279 726F E9ED 鳥－2
ガン㊥yàn/かり
字解 形声。鳥＋人＋厂(がけ)㊥。がけの下で人に飼われるあひるの意とされるが、恐らく雁と同義。かり。

【蔦】⇩6852

9424 【鴛】 1785 3175 8995 鳥－5
エン(ヱン)㊥yuān/おしどり
字解 形声。鳥＋夗㊥。
意味 「鴛鴦(エンオウ)」は、おしどり。ガンカモ科の水鳥。雄を「鴛」といい、雌を「鴦」という。雌雄はいつも一緒にいるので仲が良いとされる。『紫鴛(シエン)』
【鴛鴦瓦(エンオウのかわら)】オシドリの形の棟上げの飾り瓦。あるいは、対(ツイ)になっている瓦。＊白居易-長恨歌「鴛鴦瓦冷霜華重(エンオウのかわらはひややかにしてソウカおもし)〔＝オシドリの形の瓦は冷えびえと、霜の花が重くおりている〕」

【鴛鴦之契(エンオウのちぎり)】夫婦の仲むつまじいことのたとえ。〔盧照鄰-長安古意〕

【鴛鴦被(エンオウヒ)】寝巻の一対のもの。男女共寝の夜着。

【鴛衾(エンキン)】オシドリの縫い取りをしたしとね。夫婦共寝の布団。鴛鴦の衾(エンオウのふすま)。鴛鴦衾(エンオウキン)。

【鴛侶(エンリョ)】①オシドリのつれあい。②つれあい。配偶。

難読姓氏 鴛海(おしうみ・おしみ)

9425【鴦】8283 7273 E9F1 鳥−5 ヨウ(ヤウ)漢・オウ(アウ)漢/yāng/おしどり

字解 形声。鳥＋央声。

意味 おしどり。オシドリの雌。『鴛鴦(エンオウ)』

9426【鴬】1809 3229 89A7 鳥−5 オウ 「鶯」(9431)の異体字

9427【鵞】8302 7322 EA41 鳥−7 ガ 「鵝」(9476)の異体字

9428【鵟】* 7584 鳥−7 キョウ(キャウ)漢/kuáng/よたか・のすり

字解 形声。鳥＋狂声。よたか(夜鷹)の意。ヨタカ科の鳥。また、日本で、のすり。ワシタカ科の鳥。

9429【鵥】* 7587 鳥−7 かけす

字解 国字。かけす(懸巣)の意。カラス科の鳥。

9430【鶩】8315 732F EA4E 鳥−9 ボク漢・ブ漢/mù・wù/あひる

字解 形声。鳥＋敄声。あひるの意。

意味 鳥の名。あひる(家鴨)。マガモを家禽化した、ガンカモ科の鳥。『家鶏野鶩(カケイヤボク)』『刻鵠類鶩(コクコクルイボク)』

【鶩列(ボクレツ)】アヒルのように並ぶこと。朝廷の百官の列。

9431【鶯】8284 7274 E9F2 鳥−10 オウ(アウ)漢/yīng/うぐいす

(9426)【鴬】1809 3229 89A7 鳥−5 †

字解 形声。鳥＋熒省声。

意味 鳥の名。うぐいす。ウグイス科の鳥。大陸産は黄色、日本産は緑褐色。早春に美しい声でさえずる。

下接 暁鶯(ギョウオウ)・残鶯(ザンオウ)・晩鶯(バンオウ)・老鶯(ロウオウ)

【鶯衣(オウイ)】ウグイスの羽。

【鶯燕(オウエン)】①ウグイスとツバメ。ともに春の鳥。②芸妓(ゲイギ)のたとえ。

【鶯花(オウカ)】ウグイスと花。春の景をさす。

【鶯語(オウゴ)】①ウグイスがさえずること。＊白居易-琵琶行「間関鶯語花底滑(カンカンたるオウゴはテイになめらかなり)」〔＝(弦の音は)花の下でやわらかに鳴くウグイスの声のようによどみない〕②人がおしゃべりをするさまのたとえ。

【鶯谷(オウコク)】ウグイスのいる谷。転じて、まだ世に知られず、出世していないこと。〔詩経-小雅・伐木〕

【鶯遷(オウセン)】ウグイスが谷間を出て高い木に移ること。転じて、出世すること。特に進士の試験に受かること。

【鶯囀(オウテン)】ウグイスがさえずること。

9432【鷙】8325 7339 EA58 鳥−11 シ漢/zhì

字解 形声。鳥＋執(とらえる)声。たか・わしなどの、他の動物を捕らえる猛禽の意。

意味 ワシ・タカなどの猛禽。転じて、荒々しいさま。

【鷙鳥(シチョウ)】ワシ・タカなどのような性質の荒い鳥。猛禽。【鷙鳥累ﾚ百不ﾚ如ﾆ一鶚ﾆ(シチョウヒャクをかさぬるもイチガクにしかず)】(「鶚」はミサゴ)無能な者が百人集まっても、一人の有能な士にはおよばないということ。〔漢書-鄒陽伝〕

【鷙勇(シユウ)】激しく荒々しい勇気。猛勇。

9433【鷲】4741 4F49 9868 鳥−12 ジュ呉・シュウ(シウ)漢/jiù/わし

字解 形声。鳥＋就声。

意味 鳥の名。わし。ワシタカ目に属するワシタカ科の大形種の総称。

【鷲山(ジュセン)】「霊鷲山(リョウジュセン)」の略。古代インドのマガダ国の首都、王舎城の東北にあった山。釈迦(シャカ)が法華経などを説いた所として著名。ワシが多いからとも、山の形がワシの頭に似るところからとも言われる。鷲嶺(ジュレイ)。

難読地名 鷲敷(わじき)町(徳島) 鷲宮(わしみや)町(埼玉)

難読姓氏 鷲見(すみ・わしみ)

9434【鷽】8331 733F EA5E 鳥−13 カク漢/xué/うそ

字解 形声。鳥＋學省声。

意味 ❶鳥の名。カラス科の鳥。カササギに似て、美しい模様のある黒い羽毛と長い尾をもつ。くちばしと脚は赤い。山鵲(サンジャク)ともいう。❷国 鳥の名。うそ。アトリ科の鳥。口笛のような美しい声で鳴く。

【鷽鳩笑ﾚ鵬(カクキュウホウをわらう)】(「鷽鳩」は、こばとの意)小バトがオオトリの九万里も高く遠く飛ぶのを笑う。小人物がかえって大人物の志を笑うたとえ。〔荘子-逍遥遊〕

9435【鷿】— — 鳥−13 ヘキ 「鸊」(9531)の異体字

9436【鷹】3475 426B 91E9 鳥−13 人 オウ呉・ヨウ漢/yīng/たか

字解 形声。鳥＋應省声。たかの意。もと雁の重文。

意味 鳥の名。たか。ワシタカ目に属する鳥のうち小形種の総称。猛禽(モウキン)で、くちばしは鋭く曲がり、脚には大きなかぎ爪(つめ)を持つ。

下接 蒼鷹(ソウヨウ)・放鷹(ホウヨウ)／禿鷹(はげたか)・夜鷹(よたか)

【鷹揚(オウヨウ・ヨウヨウ)】①(タカが大空を飛ぶように)ゆったりとして威厳があるさま。〔詩経-大雅・大明〕②国 小さなことにこだわらないで、おおらかなさま。大様。

【鷹撃(ヨウゲキ)】①タカが羽ばたきをして他の鳥を襲うこと。②タカが襲いかかるような厳しい政治のたとえ。

【鷹犬(ヨウケン)】①タカと犬。ともに狩猟に用いる。②他人の手先となって働くこと。また、そのもの。

【鷹視(ヨウシ)】タカのような鋭い目つき。

【鷹鸇(ヨウセン)】(「鸇」はハイタカ、または、ハヤブサ)①タカ類の猛禽の称。②猛威をふるうもの、害する力のあるものなどのたとえ。

【鷹鸇志(ヨウセンのこころざし)】タカやハヤブサが小鳥を捕らえるような、すさまじい意志。

【鷹爪(ヨウソウ)】①タカのつめ。②上等の茶の異称。

9437【鷺】2677 3A6D 8DEB 鳥−13 ロ漢/lù/さぎ

字解 形声。鳥＋路声。

意味 鳥の名。さぎ。サギ科に属する鳥の総称。嘴(くちばし)、頸(くび)、脚が長くツルに似ているが、やや小さい。繁殖期には頭上の羽毛が後方に長くのびて羽冠を形成する。

下接 鴉鷺(アロ)・烏鷺(ウロ)／白鷺(しらさぎ)・朱鷺(とき)

【鷺序(ロジョ)】朝廷における役人の席順。

9438【鸎】＊7648 鳥－14 オウ(アウ)漢/yīng

字解 鶯の別体。うぐいすの意。

9439【鸞】8334 7342 EA61 鳥－19 ラン漢/luán

字解 形声。鳥＋䜌声。

金文 篆文

意味 ❶神鳥の名。想像上の鳥。鶏に似て、羽の色は赤色に種々の色をまじえ、声は五音にあたるという。「鸞鏡」「鴛鸞(エンラン)」「回鸞(カイラン)」「鳳鸞(ホウラン)」❷天子の馬車を引く馬や天子の旗などにつけた鈴。転じて、天子の車や旗。また、天子のものに冠する語。「鸞殿」「玉鸞(ギョクラン)」

❶ 神鳥の名。

【鸞鏡(ランキョウ|ランケイ)】中国の想像上の美しい鳥、鸞鳥の形を背面に刻んだ鏡。

【鸞翔鳳集(ランショウホウシュウ)】すぐれた才能の人物が大勢集まっているたとえ。

鸞❶〔三才図会〕

【鸞刀(ラントウ)】鸞鳥の形の鈴をつけた刀。古代中国で、祭祀のいけにえをさくのに用いたもの。

【鸞鳳(ランポウ)】鸞鳥と鳳凰(ホウオウ)。ともにめでたい鳥の名。君子などにたとえる。また、同志の友または夫婦の契りなどにもいう。

【鸞鷺(ランロ)】貴人、顕官の立派な地位のたとえ。

❷ 天子のものに冠する語。

【鸞駕(ランガ)】天子の乗り物。

【鸞旗(ランキ)】天子の旗。

【鸞台(ランダイ)】①中国、唐代、門下省の別名。②旅行の途中に立ち寄った地を美化していう語。

【鸞殿(ランデン)】立派な宮殿。特に、天子の御殿。

【鸞輿(ランヨ)】天子の乗る輿(こし)。

【鸞和(ランワ)】天子の車に付ける金の鈴。

鳥

9440【鳦】＊7557 鳥－1 イツ漢/yǐ/つばめ

字解 形声。鳥＋乙声。乙鳥、つばめの意。

9441【鴃】8280 7270 E9EE 鳥－4 ケツ漢・ゲキ慣/jué/もず

字解 形声。鳥＋夬声。

意味 鳥の名。もず。モズ科の鳥。

【鴃舌(ゲキゼツ)】外国人などの話す、意味のわからない言葉を卑しめて言う語。♥モズのさえずりの意から。

9442【鴥】―― 鳥－5 イツ「鴪」(9457)の異体字

9443【鴕】8288 7278 E9F6 鳥－5 ダ呉・タ漢/tuó

字解 形声。鳥＋它声。だちょうの意。

9444【鷇】＊7625 鳥－10 コウ漢/kòu/ひな

字解 形声。鳥＋㱿(→殻、卵のから)声。鳥の子で、生きるために親からえさを与えてもらわねばならないもの。ひな。

篆文

意味 ひなどり。ひよこ。「鷇音」「鷇食」

【鷇音(コウオン)】①ひなどりの鳴き声。②言葉の意味がよくわからないこと。

【鷇食(コウショク)】ひなどりが親鳥からえさをもらうこと。

9445【鷈】―― 鳥－10 テイ「鷉」(9515)の異体字

9446【鷚】―― 鳥－11 リュウ「鷚」(9523)の異体字

鳥

9447【鳩】4023 4837 94B5 鳥－2 人 ク呉・キュウ(キウ)漢/jiū/はと・あつめる・あつまる

字解 形声。鳥＋九声。

参考 万葉仮名では音を借りて「く」。

意味 ❶鳥の名。はと。ハト目に属する鳥の総称。「鳩居」「鳩巣」「雉鳩(きじばと)」❷あつめる。あつまる。「糾」に同じ。「鳩合」「鳩首」❸その他。人名、熟字訓など。「鳩摩羅什」「鳩尾(キュウビ|みぞおち)」

❶ はと。

【鳩居(キュウキョ)】ハトは巣を作ることがへたなため、カササギの作った巣にいること。転じて、婦人がみずから家をなすことができないで夫の家にいることのたとえ。また、借家住まいのたとえ。〔詩経-召南・鵲巣〕

【鳩杖(キュウジョウ)】頭部にハトの飾りをつけた杖。昔、中国の宮廷で、老臣を慰労するために下賜された。日本では八〇歳以上の功臣に宮中から賜った。はとづえ。

【鳩巣(キュウソウ)】ハトの巣。転じて、粗末なすみか。♥ハトは巣を作ることがへたであるところからいう。

❷ あつめる。あつまる。

【鳩合(キュウゴウ)】人々を呼び集めること。糾合(キュウゴウ)。

【鳩首(キュウシュ)】人々が集まって額を付け合うようにして、相談すること。「鳩首協議する」「鳩首密議」

【鳩集(キュウシュウ)】集めること。収集。

❸ その他。人名、熟字訓など。

下接 尸鳩(シキュウ)・雎鳩(ショキュウ|みさご)・斑鳩(ハンキュウ|いかる)・蒙鳩(モウキュウ)

【鳩尾(キュウビ|みぞおち)】胸と腹の間のくぼんだ所。

【鳩槃荼(クハンダ)】（梵 Kumbhāṇḍa の音訳）仏語。増長天の眷族(ケンゾク)の一。人の精気を食う鬼神。首から上は馬形、他は人の姿で描かれる。風のように足が速いとされる。

【鳩摩羅什(クマラジュウ)】中国、六朝時代の仏僧。庫車(クチャ)国に生まれ、インドで小乗、ついで大乗仏教を学んだ。後秦の長安に迎えられて、基本的な経論三百余巻を漢訳。三論宗の開祖。羅什三蔵。（三四四～四一三）

9448【鳭】―― 鳥－2 トウ(タウ)漢/diāo/とき

【字解】形声。鳥＋刀㊟。鳥の名。「鴚鵝(トウリョウ)」は、よしきり。「鴚鵝(トウギョウ)」は、朝鮮うぐいす。また、日本で、とき。

9449 【鳰】 8276 726C E9EA 鳥－2 にお

【字解】国字。会意。鳥＋入(はいる)。水にもぐる鳥の意。

【意味】❶鳥の名。にお。かいつぶり。水鳥の一種で湖沼や河川に住み、巧みに潜水して小魚を捕食する。❷「鳰海・鳰湖(におのうみ)」は、琵琶(ビワ)湖の別名。

9450 【鳲】 *7558 鳥－3 シ㊥/shī

【字解】形声。鳥＋尸㊟。「鳲鳩(シキュウ)」は、鳥の名。ふふどり、よぶこどり、かっこうなどホトトギス科の鳥。

9451 【鳴】 4436 4C44 96C2 鳥－3 常2 ミョウ(ミャウ)㊐・メイ㊥/míng/なく・なる・ならす

筆順 口 叩 叩 鸣 鳴 鳴

【字解】会意。鳥(おんどり)＋口。おんどりがときを告げる、なく意。

甲骨文 篆文

【意味】❶なく。鳥獣がなく。人や動物が声を出す。『鳴禽』『鶏鳴』『悲鳴』❷なる。ならす。なりひびく。物が音を発する。『鳴琴』『鳴動』『共鳴』『雷鳴』

【下接】❶なく。
哀鳴(アイメイ)・鶏鳴(ケイメイ)・長鳴(チョウメイ)・悲鳴(ヒメイ)・鹿鳴(ロクメイ)・蛙鳴蟬噪(アメイセンソウ)・一牛鳴地(イチギュウメイチ)・百家争鳴(ヒャッカソウメイ)

【鳴禽(メイキン)】よくさえずり鳴く鳥。『鳴禽類』
【鳴号(メイゴウ)】泣き叫ぶこと。
【鳴謝(メイシャ)】深く礼を述べること。
【鳴吠(メイハイ)】①鶏が鳴き、犬が吠えること。②つまらない技能のたとえ。鶏鳴狗盗(ケイメイクトウ)。③反乱のたとえ。

【下接】❷なる。ならす。
共鳴(キョウメイ)・吹鳴(スイメイ)・喘鳴(ゼンメイ)・雷鳴(ライメイ)・和鳴(ワメイ)

【鳴珂(メイカ)】(「珂」は貴人の乗る馬のくつわの飾り。貝や玉でつくる)珂をならすこと。また、その珂。
【鳴琴(メイキン)】①琴をかなでること。また、鳴る琴。②瀑布(バクフ)などの音の形容。
【鳴弦(メイゲン)】①弓弦(ゆづる)を鳴らすこと。②国悪魔や妖気、けがれを払うために、弓弦に矢をつがえないで、弦(つる)を引き鳴らすこと。つるうち。ゆみならし。
【鳴絃(メイゲン)】琴を鳴らすこと。
【鳴糸(メイシ)】琴のこと。
【鳴条(メイジョウ)】①風に鳴る枝。②昔、殷(イン)の湯王が夏(カ)の桀(ケツ)王を破った所の名。
【鳴鏑(メイテキ)】射たときに、うなりをたてるかぶら矢。なりかぶら。
【鳴動(メイドウ)】大きな音を立てて揺れ動くこと。『大山鳴動して鼠(ねずみ)一匹』
【鳴鑾(メイラン)】天子の車につけてある鈴。また、天子が出かけること。

【嶋】⇩1986

9452 【鴉】 8277 726D E9EB 鳥－4 ア㊥/yā/からす

【字解】形声。鳥＋牙㊟。からすの意。牙はその鳴き声の擬声語であるという。もと雅の異体字。

【意味】❶鳥の名。からす。カラス科の鳥のうち、全身黒色で大形の陸鳥の総称。たとえて、カラスのような。カラスの羽のようにまっ黒な。または、カラスの鳴き声のような。『鴉鬢』『墓鴉(ボア)』❷「鴉片(アヘン)」は、ケシの実から作る麻薬。英 opium の中国での音訳。「阿片」とも。

【鴉軋(アアツ)】舟の櫓(ロ)や轆轤(ロクロ)、また、門戸を開閉するときの、こすれあう音。
【鴉鬟(アカン)】①あげまき。また、それを結う年ごろの男女。②婢女(ヒジョ)。めし使いの女。
【鴉舅(アキュウ)】①鳥の名。カラスに似て小さい。②はぜのき(黄櫨)。
【鴉髻(アケイ)】カラスの羽のように黒い髪。
【鴉鬢(アビン)】女性の、まっ黒な髪の毛。
【鴉鷺(アロ)】カラスとサギ。また、黒と白。烏鷺(ウロ)。

9453 【鴎】 1810 322A 89A8 鳥－4 オウ「鷗」(9520)の異体字

9454 【鴒】 *7560 鳥－4 ケン㊥

【字解】形声。鳥＋今㊟。くちばしが曲がったとりの意。雂に同じ。

9455 【鴆】 8281 7271 E9EF 鳥－4 チン㊥/zhèn

【字解】形声。鳥＋冘(しずめる)㊟。

【意味】毒鳥の名。その羽を浸した酒は猛毒をもち、よく人を殺すという。

【鴆酒(チンシュ)】鴆の羽を浸した酒。毒酒。
【鴆毒(チンドク)】鴆の羽にある猛毒。鴆の羽をひたした毒の酒。また、人を殺すこと。

9456 【鴇】 3830 463E 93BC 鳥－4 ホウ(ハウ)㊥/bǎo/のがん・とき

【字解】形声。鳥＋𠤏㊟。

【意味】❶鳥の名。のがん。ガンの一種で、ガンよりやや大きい。また、みだらな鳥とされることから、みだらな。『鴇羽之嗟』❷国鳥の名。とき。トキ科の鳥。シラサギに似るが、くちばしが太い円筒状で下方に曲がる。羽毛は白く、翼と尾羽はとき色(淡紅色)を帯びる。

【鴇羽之嗟(ホウウのサ)】人民が兵役などにかり出されて、父母を養うことができない嘆き。〔詩経-唐風・鴇羽〕

9457 【鴥】 8282 7272 E9F0 鳥－5 イツ㊥/yù

【字解】形声。鳥＋穴㊟。鳥が速くとぶさま。

(9442) 【鴃】 ―― 鳥－5

9458 【鴨】 1991 337B 8A9B 鳥－5 オウ(アフ)㊥/yā/かも

【字解】形声。鳥＋甲(鳴き声の擬声語)㊟。

【意味】❶鳥の名。かも。ガンカモ科の鳥のうち、比較的小型の水鳥の総称。日本には冬季に北から渡来し、春季に北に帰るものが多い。『鴨脚』『鴨黄』『鴨頭』『家鴨(カオウ)(あひる)』❷地名、あて字など。『鴨緑江』『鴨居(かもい)』

【鴨脚・鴨腳(オウキャク)】イチョウ(銀杏)の異名。鴨脚樹。葉の形がカモの足の形に似ることから。
【鴨黄(オウコウ)】カモのひなどり。毛が黄色いのでいう。

【鴨頭(オウトウ)】①アヒルやカモの頭。②(カモの首の毛色を水にたとえて)水の色の緑であるさまをいう語。

【鴨緑江(オウリョクコウ)】中国と朝鮮の国境を西に流れる川。白頭山が源で、黄海に注ぐ。

9459【鴞】*7568 鳥－5 ヨウ(エウ)漢・キョウ(ケウ)慣 \xiāo\ふくろう
字解 形声。鳥＋号声。悪声凶悪なとり、ふくろうの意。
意味 ❶鳥の名。ふくろう(梟)。夜に活動し、小動物などを襲う。凶悪なもの、貪欲(ドンヨク)なものにたとえる。『鴞炙』❷「鴟鴞(シキョウ)」は、㋑みそさざい。㋺ふくろう。
【鴞炙(キョウシャ)】フクロウを焼いた食べ物。

9460【鴣】8285 7275 E9F3 鳥－5 コ漢\gū
字解 形声。鳥＋古声。
意味 「鷓鴣(シャコ)」は、鳥の名。キジ科の鳥のうち、尾の短いものの総称。

9461【鴟】8286 7276 E9F4 鳥－5 シ呉漢\chī\とび・ふくろう
字解 形声。鳥＋氐声。雖の重文。
意味 ❶鳥の名。とび。ワシタカ科の大形の鳥。鳶(エン)。『鴟尾』❷鳥の名。ふくろう。みみずく。『鴟張』

❶ とび。
【鴟夷(シイ)】皮の袋。酒を入れるのに用いる。＊十八史略-春秋戦国「夫差取二其尸一、盛以二鴟夷一、投二之江一(フサそのシをとり、もるにシイをもってし、これをコウにトウず)」〔＝夫差は(伍子胥の)死体を皮袋に詰め込み、長江に投げこんだ〕 一説に、トビの腹が袋のようにふくれているところからいう。

【鴟尾(ビシ)】宮殿、仏殿などの大棟の両端に取り付ける鳥の尾形の飾り物。

鴟尾〔法隆寺・玉虫厨子〕

❷ ふくろう。みみずく。
【鴟梟(シキョウ)】①フクロウの異名。②心の正しくない人をたとえていう語。

【鴟鴞(シキョウ)】①＝鴟梟(シキョウ)。②みそさざい。

【鴟顧(シコ)】道家の養生法で、首だけ曲げ、体を動かさずに後ろを見ること。

【鴟張(シチョウ)】フクロウが羽を張ったように、勢いが強くわがままなこと。

【鴟目虎吻(シモクコフン)】フクロウの目つきとトラの口つき。残忍で凶暴な人相のたとえ。〔漢書-王莽伝〕

9462【鴗】*7564 鳥－5 リュウ(リフ)呉漢\lì\かわせみ
字解 形声。鳥＋立声。鳥の名、かわせみ(翡翠)の意。

9463【鴒】8289 7279 E9F7 鳥－5 レイ漢\líng
字解 形声。鳥＋令声。「鶺鴒(セキレイ)」は、セキレイ科の鳥。

9464【鴫】2818 3C32 8EB0 鳥－5 しぎ
字解 国字。会意。鳥＋田(た)。田や沢など水辺にいる鳥、しぎの意。一般に、くちばしと脚が長い。

9465【鴥】――― 鳥－6 イク(ヰク)漢・ユウ(イウ)漢
字解 形声。鳥＋有声。キジ科の鳥、白鷴(ハッカン)の意。

9466【鵂】*7578 鳥－6 キュウ(キウ)漢\xiū\みみずく
字解 形声。鳥＋休声。
意味 鳥の名。みみずく。フクロウ科の鳥。鵂鶹(キュウリュウ)。

9467【鴻】2567 3963 8D83 鳥－6 人 コウ漢\hóng\おおとり・ひしくい
字解 形声。鳥＋江(大きな川)声。大きな水とりの意。
意味 ❶大形の水鳥。おおとり、ひしくい、くぐいなどを指す。『鴻鵠』『鴻毛』『驚鴻(キョウコウ)』❷大きい。広大である。「洪」に同じ。『鴻恩』『鴻号』『鴻烈』❸固有名詞など。『鴻臚寺』『鴻門』

❶ 大形の水鳥。
【鴻雁(コウガン)】①ガン。秋に来る渡り鳥。大きいものを「鴻」といい、小さいものを「雁」という。②離散してさすらう民のこと。

【鴻鵠(コウコク)】鴻(おおとり)と、鵠(くぐい)。大きな鳥。転じて、大人物のたとえ。↕燕雀(エンジャク)。

【鴻鵠之志(コウコクのこころざし)】遠大な志。大人物の心のうち。〔史記-陳渉世家〕→燕雀安知二鴻鵠之志一哉(エンジャクいずくんぞコウコクのこころざしをしらんや)

【鴻声(コウセイ)】ガンの鳴き声。大きな名声のたとえ。

【鴻漸(コウゼン)】(オオトリが次第に上空に舞い上っていくように)官吏として仕え、次第に昇進して行くこと。

【鴻爪(コウソウ)】①ガンが雪や泥の上にしるす足跡。『雪泥(セッデイ)鴻爪』②あとに形の残らないこと。②は、鴻(おおとり)は南から渡ってきて、雪に爪跡を付けるが、北に帰るときにはその跡は雪で消えてしまうところから。

【鴻毛(コウモウ)】オオトリの羽毛。非常に軽いもののたとえに用いる。『死は鴻毛より軽し』『泰山(タイザン)鴻毛』

❷ 大きい。広大である。
【鴻恩(コウオン)】計り知れない恩義。大恩。高恩。

【鴻基(コウキ)】帝王の大きな事業の基礎。

【鴻業(コウギョウ)】帝王の大きな事業。

【鴻荒(コウコウ)】非常に遠いむかし。

【鴻号(コウゴウ)】偉大な名。帝王の大号。

【鴻儒(コウジュ)】儒教の大学者。学問の深い人。大儒。

【鴻緒(コウショ)】帝王が国家を統治する大業。鴻業。

【鴻藻(コウソウ)】雄大ですぐれた文章。

【鴻大(コウダイ)】非常に大きいさま。巨大。洪大。

【鴻図(コウト)】(帝王の)大きなはかりごと。丕図(ヒト)。

【鴻博(コウハク)】博学で多識なこと。

【鴻範(コウハン)】手本となる大きな範(のり)。洪範。

【鴻筆(コウヒツ)】大文章を書くこと。また、すぐれた文章。

【鴻名(コウメイ)】大きな名誉、名号。洪名。

【鴻濛・鴻蒙(コウモウ)】天地のまだ分かれていない状態。また、広大なさま。

【鴻烈(コウレツ)】①非常に大きなてがら。洪烈。②「淮南子(エナンジ)」の別名。淮南(ワイナン)鴻烈解。

❸ 固有名詞など。

【鴻溝(コウコウ)】①中国河南省滎陽(ケイヨウ)県の、漢と楚との分界にあった川の名。沛公(ハイコウ)(漢の高祖)と楚ッの項羽が天下を二分したときの境。②転じて、大きなへだたり。

【鴻都(コウト)】中国、漢代の宮殿の門の名。特に後漢の都、洛陽(ラクヨウ)の鴻都門。転じて、洛陽。＊白居易-長恨歌「臨邛道士鴻都客(リンキョウのドウシ、コウトのカク)〔=ここに臨邛の道士でちょうど都へ来ている者がいた〕」

【鴻門(コウモン)】中国、陝西(センセイ)省臨潼県の東にある地名。漢の高祖と楚の項羽が咸陽の争奪をめぐって会見した所。その会見を「鴻門之会(コウモンのカイ)」という。

【鴻臚館(コウロカン)】国律令制以来、京都、大宰府などにあって、外国使節を接待した館。

【鴻臚寺(コウロジ)】中国の隋・唐代の役所の名。外国使節の接待および朝貢などをつかさどった役所。

難読地名 鴻巣(こうのす)市(埼玉)

9468 【鵁】 8290 727A E9F8 鳥－6 コウ(カウ)漢/jiāo/ごいさぎ

字解 形声。鳥＋交声。

意味 「鵁鶄(コウセイ)」は、鳥の名。ごいさぎ(五位鷺)の意。

9469 【鴴】 ＊7573 鳥－6 コウ(カウ)漢/hēng

字解 形声。鳥＋行声。

意味 ❶鳥の名。すずめ。❷国鳥の名。ちどり。

9470 【鴿】 8291 727B E9F9 鳥－6 コウ(カフ)漢/gē/はと・どばと

字解 形声。鳥＋合(鳴き声の擬声語)声。

意味 鳥の名。はと。どばと。中形のハト科の鳥で、頭が小さくて丸く、くちばしは短い。

9471 【鴲】 ＊7571 鳥－6 シ漢/しめ

字解 形声。鳥＋旨声。

意味 鳥の名。しめ。アトリ科の鳥。

9472 【鵄】 8287 7277 E9F5 鳥－6 シ呉漢/chī/とび

字解 形声。鳥＋至(まっすぐにいたる)声。

意味 ❶鳥の名。とび。「鴟」に同じ。『金鵄(キンシ)』❷鳥の名。ふくろう。みみずく。

9473 【鴾】 8292 727C E9FA 鳥－6 ボウ漢/móu/とき・つき

字解 形声。鳥＋牟声。

意味 ❶「鴾母(ボウボ)」は、鳥の名。ふなしうずら。❷国鳥の名。とき(鴇)。つき。

9474 【鴇】 ＊7580 鳥－6 とき

字解 国字。鳥の名。とき(鴇)の意。

9475 【鵈】 8294 727E E9FC 鳥－6

字解 音訓字源未詳。とび(鳶)の意とする。

9476 【鵝】 8301 7321 EA40 鳥－7 (9427)【鵞】 8302 7322 EA41 鳥－7 ガ呉漢/é

字解 形声。鳥＋我(鳴き声の擬声語)声。

参考 万葉仮名では音を借りて「が」。

意味 ❶鳥の名。がちょう。ガンカモ科の水鳥。ガンの飼育変種で飛べない。鵝鳥。『鵝口瘡』『鵝眼』『鵝毛』❷山の名。『鵝湖』

【鵝眼(ガガン)】銭(ぜに)の異称。鵝眼銭(セン)。▶銭の形がガチョウの目に似ているところからいう。

【鵝湖(ガコ)】①中国の山名。江西省の東部、鉛山県の北。宋代、朱熹が陸九淵兄弟とともに学を論じた所。②国長野県諏訪(すわ)湖の雅称。

【鵝黄(ガコウ)】ガチョウのひなの羽毛の色から、黄色で美しいもののたとえ。酒・菊などの色の形容。

【鵝口瘡(ガコウソウ)】口腔粘膜や舌面に細かい白い斑点(ハンテン)ができる疾患。乳幼児に多い。

【鵝毛(ガモウ)】ガチョウの羽毛。白く軽いもののたとえ。

9477 【鵙】 8306 7326 EA45 鳥－7 (9501)【鶪】 ＊7616 鳥－9 ケキ漢・ゲキ慣/jú/もず

字解 鵙は鶪の誤字。鶪は、形声。鳥＋狊声。

意味 鳥の名。もず。モズ科の鳥。性質は荒く、昆虫、トカゲ、カエルなどを捕食する。百舌。鴃。

9478 【鵑】 8304 7324 EA43 鳥－7 ケン漢/juān

字解 形声。鳥＋肙声。

意味 ❶「杜鵑(トケン)」は、ほととぎす。ホトトギス科の鳥。ウグイスなどの巣に産卵し、仮親に育てさせる。古来、夏鳥として親しまれる。❷「杜鵑花(トケンカ)」は、さつき。ツツジ科の常緑低木。陰暦五月ごろに花が咲く。

9479 【鵠】 2584 3974 8D94 鳥－7 コク漢・コウ(カウ)漢/hú・gǔ/くぐい

字解 形声。鳥＋告声。

意味 ❶鳥の名。くぐい。白鳥。大型の水鳥で体は純白。首が長く非常に高い所を飛ぶ。『刻鵠類鶩(コクコクルイボク)』『鵠企』『鵠志』『鵠髪』『黄鵠(コウコク)』❷まと。弓の的。的の中心。『鵠的』『侯鵠(コウコク)』『正鵠(セイコク)』

【鵠企(コクキ)】(「企」はつま立つ意) 白鳥のように首を長く伸ばし、足をつま立てて待ち望むこと。鵠望。

【鵠志(コクシ)】遠大なこころざし。大人物のこころざし。

【鵠的(コクテキ)】弓のまと。正鵠。

【鵠髪(コクハツ)】しらが。白髪。

9480 【鵜】 1713 312D 894C 鳥－7 テイ漢/tí/う

字解 形声。鳥＋弟声。

参考 万葉仮名では訓を借りて「う」。

意味 ❶ペリカン科の大形の水鳥。がらんちょう。長いくちばしをもち、あごの下にある大きな袋を利用して魚をとる。❷国う。ウ科の鳥の総称。中形で黒い水鳥。水中にもぐり、魚を捕らえるのが巧み。

9481 【鵐】 8305 7325 EA44 鳥－7 ム呉・ブ漢/wú/しとど

字解 形声。鳥＋巫声。鳥の名。アトリ科のイスカの類。日本で、しとど。ホオジロの類。

9482 【鵡】 4425 4C39 96B7 鳥－7 ム呉・ブ漢/wǔ

字解 形声。鳥＋武声。「鸚鵡(オウム)」は、オウム科の鳥。

参考 万葉仮名では音を借りて「む」。

9483【鵤】8303 7323 EA42 鳥-7 いかる・いかるが
[字解] 国字というが、字源未詳。鳥の名。いかる。アトリ科の鳥。鳴き声が月日星(つきひほし)と聞こえることから三光鳥ともいう。いかるが。「斑鳩」とも書く。

9484【鵶】＊7592 鳥-8 ア(漢)/yā/からす
[字解] 形声。鳥+亞(声)。鴉の異体字。からすの意。

9485【鵷】＊7593 鳥-8 エン(ヱン)(漢)/yuān
[字解] 形声。鳥+宛(声)。「鵷雛(エンスウ)」は鳳凰(ホウオウ)の一種。
[意味] 鳥の名。「鵷雛」は、鳳凰の一種。「鵷行」
【鵷行(エンコウ)】朝廷に並ぶ役人の列。鵷列。

9486【鶏】2360 375C 8C7B 鳥-8 [常]
(9508)【鷄】8317 7331 EA50 鳥-10 [旧字][人]
(8745)【雞】＊7088 隹-10
ケイ(呉)(漢)/jī/にわとり・とり・かけ・くたかけ
[筆順]

[字解] 鶏は鷄の略体。鷄は形声。鳥(=隹、尾が短いとり)+奚(つなぎとめる)(声)。家で飼育された鳥、にわとりの意。鶏は雞の重文による。
甲骨文 文 篆 文 重

[参考] 万葉仮名では音を借りて「け(甲)」。
[意味] ❶鳥の名。にわとり。くたかけ。キジ科の鳥。翼が小さくよく飛べない。古くから飼育され、肉や卵は食用。「鶏冠」「鶏卵」「闘鶏」❷[国]「鶏冠木(かえで)」は、カエデ(楓)のこと。❸[国]「鶏魚(いさき)」は、イサキ科の海魚。

❶鳥の名。にわとり。
[下接] 芥鶏(カイケイ)・家鶏(カケイ)・画鶏(ガケイ)・暁鶏(ギョウケイ)・軍鶏(グンケイ/しゃも)・山鶏(サンケイ)・晨鶏(シンケイ)・闘鶏(トウケイ)・牝鶏(ヒンケイ)・雄鶏(ユウケイ/おんどり)・養鶏(ヨウケイ)・小綬鶏(コジュケイ)・陶犬瓦鶏(トウケンガケイ)／黄鶏(かしわ)・水鶏(くいな)・地鶏(じどり)・矮鶏(ちゃぼ)・珠鶏(ほろほろちょう)・雌鶏(めんどり)・尾長鶏(おながどり)

【鶏冠(ケイカン/とさか)】ニワトリの頭上にある肉質の赤い冠のようなもの。

【鶏姦(ケイカン)】男の同性愛。男色(ナンショク/ダンショク)。

【鶏距(ケイキョ)】[1]ニワトリのけづめ。[2]穂の鋭く硬い筆。

【鶏群(ケイグン)】ニワトリの群れ。凡人の集まりのたとえ。

【鶏群一鶴(ケイグンのイッカク)】凡人の中に、すぐれた人が一人だけ交じっていることのたとえ。〔世説新語-容止〕

【鶏犬相聞(ケイケンあいきこゆ)】ニワトリとイヌの鳴き声があちらこちらから聞こえてくる。村里が家続きになっている様子をいう。〔老子-八〇〕

【鶏口(ケイコウ)】ニワトリの口。小さな団体の長のたとえ。

【為二鶏口一無レ為二牛後一(ケイコウとなるもギュウゴとなるなかれ)】ニワトリの口とはなっても、けっしてウシのしりとなるな。大国のあとに従うよりも、小国の主のほうがよいというたとえ。鶏口牛後。〔史記-蘇秦伝〕♥中国、戦国時代の遊説家蘇秦(ソシン)が、韓の恵宣王に、六国が合従連合して大国の秦に対抗すべきだと説いた時に引いたことわざ。

【鶏子(ケイシ)】[1]=鶏卵(ケイラン)。[2]ニワトリのひな。ひよこ。

【鶏塒(ケイジ)】=鶏棲(ケイセイ)

【鶏黍(ケイショ)】ニワトリを羹(あつもの)とし、黍(きび)を炊いて飯とすること。客のもてなしにいう語。饗応。〔論語-微子〕

【鶏晨(ケイシン)】ニワトリの鳴く朝。夜明け。あけがた。

【鶏棲(ケイセイ)】ニワトリのねぐら。鶏塒(ケイジ)。

【鶏頭(ケイトウ)】[国]ヒユ科の一年草。花の上縁部がとさかのようになる。「葉鶏頭(はゲイトウ)」

【鶏鶩(ケイボク)】ニワトリとアヒル。凡人のたとえ。

【鶏鳴(ケイメイ)】[1]ニワトリが鳴くこと。また、その鳴き声。[2]一番鶏が鳴くころ。夜明け。古くは、午前二時ごろをいった。

【鶏鳴狗盗(ケイメイクトウ)】つまらぬ技能をもつ者のたとえ。中国、戦国時代、斉の孟嘗君が秦の昭王に捕らえられたとき、部下の中にこそどろ(狗盗)や、ニワトリの鳴きまね(鶏鳴)の上手な者がいて、その者たちの働きによって危機を脱したという故事から。〔史記〕

【鶏卵(ケイラン)】ニワトリのたまご。

【鶏林(ケイリン)】新羅(シラギ)の別名。転じて、朝鮮の異称。

【鶏肋(ケイロク)】ニワトリのあばら骨。大して役に立たぬが、捨てるには惜しいたとえにいう。〔後漢書-楊修伝〕

【割レ鶏焉用二牛刀一(にわとりをさくにいずくんぞギュウトウをもちいん)】ニワトリを料理するのに、ウシを切る大きな包丁を使う必要はない。小事を処理するのに大げさな方法を用いる必要はない。適用のしかたがまちがっているたとえ。〔論語-陽貨〕

9487【鶊】＊7606 鳥-8 コウ(カウ)(漢)/gēng
[字解] 形声。鳥+庚(声)。
[意味]「鶬鶊(ソウコウ)」は、朝鮮うぐいす。コウライウグイス科の鳥。ツグミよりやや大きく鳴き声がよい。

9488【鵼】＊7601 鳥-8 コウ(漢)/kōng/ぬえ
[字解] 形声。鳥+空(声)。
[意味] ❶怪鳥の名。❷[国]ぬえ。㋑トラツグミの異名。㋺源頼政(よりまさ)が紫宸殿(シシンデン)の上から射落としたという怪鳥。頭はサル、胴はタヌキ、尾はヘビ、手足はトラに似、声はトラツグミに似るという。転じて、正体がはっきりしない怪しげな人物や事物のたとえ。

9489【鵲】8307 7327 EA46 鳥-8 シャク(漢)・ジャク(慣)/què/かささぎ
[字解] 形声。鳥+昔(声)。

[意味] 鳥の名。かささぎ。カラス科の鳥。腹面および肩羽は白色で、ほかは黒色。尾羽は長い。古来、七夕説話の星の仲立ちをする鳥として知られる。烏鵲(ウジャク)。

【鵲語(ジャクゴ)】カササギの鳴き声。聞くのは吉兆とされた。鵲声。

【鵲起(ジャッキ)】[1]きざしをとらえて機敏に行動すること。[2]時流に乗じて奮起すること。♥カササギは何かの気配を感じるとすぐ飛び立つところから。

【鵲喜(ジャッキ)】喜ばしいことが起こる前兆。♥カササギが鳴いて騒ぐと喜びが生ずるとされていたことから。

【鵲橋(ジャッキョウ)】七夕に、織女が天の川を渡るときに、カササギを橋にしたという、その橋。

9490【鶉】8308 7328 EA47 鳥-8 シュン(漢)・ジュン(慣)/chún/うずら
[字解] 形声。鳥+享(=𦎧)(声)。うずらの意。
[意味] ❶鳥の名。うずら。キジ科の鳥。尾が短く、体は丸みを帯びて、ニワトリのひなに似る。肉・卵ともに食用。「鶉衣」「鶉居」❷星座の名。「鶉火」「鶉野」
【鶉衣(ジュンイ/うずらごろも)】ウズラの尾のような、つぎはぎの着物。弊衣。

【鶉火ジュンカ】 ①日月の運行をはかるために黄道帯を十二次に分けた、第七、八、九をいう。鶉首、鶉尾とも。二十八宿では井・鬼・柳・星・張・翼・軫シンの七宿（ふたご座、うみへび座、コップ座、からす座にあたる）のうち、井から柳まで（秦シンの分野）、柳から張まで（周シュウの分野）、張から軫まで（楚ソの分野）という。②陰暦六月の異称。
【鶉居ジュンキョ】 （ウズラは巣が定まらないといわれるところから）住居が一定しないこと。また、かりずまい。〔荘子-天地〕
【鶉野ジュンヤ】 中国、唐の長安の地。二十八宿の分野を地上にあてはめると、長安が鶉首にあたるのでいう。

9491 【鶄】 * 7604 鳥－8 セイ㊥/jīng
字解 形声。鳥＋青㊥。「鵁鶄コウセイ」は、ごいさぎ（五位鷺）。

9492 【鵰】 * 7591 鳥－8 チョウ 「雕」(8743)の異体字

9493 【鶇】 8309 7329 EA48 鳥－8 トウ㊥/dōng/つぐみ
字解 形声。鳥＋東㊥。
意味 鳥の名。つぐみの意。体の上面は暗褐色、顔は黄白色で目の部分に黒い筋が走る。「鶫」(9504)は日本での訛字。

9494 【鵯】 8311 732B EA4A 鳥－8 ヒ㊥・ヒツ㊥/bēi·pì/ひよどり
字解 形声。鳥＋卑㊥。鳥の名。からす。日本で、ひよどりの意。体は灰褐色で尾が長い。ひよ。

9495 【鵬】 4318 4B32 9651 鳥－8 人 (9496)【鵬】—— 鳥－8 旧字
ホウ㊥/péng/おおとり
字解 形声。鳥＋朋㊥。鳳の重文。
意味 おおとり。想像上の大きな鳥。「鳳」に同じ。また、大きな鳥の総称。「鯤鵬コンホウ」「大鵬タイホウ」
【鵬雲ホウウン】 おおとりの翼のように大きく群がる雲。
【鵬鯤ホウコン】 想像上の大鳥と大魚。「鯤」は北海の大魚で、化して鵬となるという。転じて、非常に大きな事物や英雄にたとえる。鯤鵬。〔荘子-逍遥遊〕
【鵬際ホウサイ】 おおとりの飛ぶ大空。遠くはるかな果て。
【鵬程ホウテイ】 おおとりの飛んで行く道程。はるかに遠い道のり。多く、航路についていう。「鵬程万里」
【鵬図ホウト】 おおとりが北から南へ、一挙に飛びわたろうとする大きなはかりごと。転じて、大事業。壮志。〔荘子-逍遥遊〕
【鵬翼ホウヨク】 おおとりの翼。転じて、飛行機の翼。

9497 【鵺】 8312 732C EA4B 鳥－8 ヤ㊥/yè/ぬえ
字解 形声。鳥＋夜㊥。
意味 ❶「白鵺ハクヤ」は、キジに似た鳥の名。❷国鳥の名。ぬえ（鵼）。トラツグミの異名。また、源頼政よりまさが退治したという怪鳥。

9498 【鶍】 * 7607 鳥－8 いすか
字解 国字。会意。鳥＋易（いれかわる・たがう）。くちばしがくいちがうとりの意。
意味 鳥の名。いすか。アトリ科の鳥。上下のくちばしが湾曲して交差している。「交喙」とも書く。「鶍の嘴はし」〔=物事が食い違って思うようにならないこと〕

9499 【鶚】 8313 732D EA4C 鳥－9 ガク㊥/è/みさご
字解 形声。鳥＋咢㊥。
意味 鳥の名。みさご。ワシタカ科の大形の鳥。背面は暗褐色で、頭と体の下面は白い。水中の魚を急降下してあしで捕らえる。「雎鳩」とも書く。

9500 【鶡】 * 7615 鳥－9 カツ㊥/hé/やまどり
字解 形声。鳥＋曷（→褐、こげ茶色）㊥。キジに似た黒い鳥。勇猛果敢な性質で、群れはつくらず、一対一で死ぬまで闘うという。ここから、勇気のある武人の象徴として尾羽を冠にかざる。
篆文 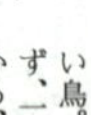
意味 鳥の名。ヤマドリ。キジに似た野鳥。鶡鶏カッケイ。
【鶡冠カッカン】 やまどりの羽をつけた冠。隠者や身分の低い人、また漢代には武官がかぶった。
【鶡冠子カッカンシ】 書名。三巻。作者は不詳。道家思想を主とし、諸家の思想をまじえて説く。

9501 【鶪】 * 7616 鳥－9 ゲキ 「鵙」(9477)の異体字

9502 【鶤】 8314 732E EA4D 鳥－9 ウン㊥・コン㊥/yùn·kūn
字解 形声。鳥＋軍㊥。
意味 鳥の名。とうまる（唐丸）。大きなニワトリ。

9503 【鷀】 —— 鳥－9 ジ 「鶿」(9511)の異体字

9504 【鶫】 8310 732A EA49 鳥－9 つぐみ
字解 鳥の名。つぐみの意。鶇(9493)の字の訛。

9505 【鷃】 * 7624 鳥－10 アン㊥/yàn
字解 形声。鳥＋晏㊥。
意味 鳥の名。ふなしうずら。キジ科の鳥。ウズラの一種。また、かやくぐり。かやくさ。イワヒバリ科の鳥。

9506 【鶲】 8316 7330 EA4F 鳥－10 オウ（ヲウ）㊥/wēng/ひたき
字解 形声。鳥＋翁㊥。小鳥の名。ひたき。

9507 【鶴】 3665 4461 92DF 鳥－10 人 (8795)【靏】—— 雨－19 (8796)【靍】 * 7117 雨－21 (9521)【鶴】—— 鳥－11 (9534)【鸖】 * 7653 鳥－16
カク㊥・カク（クヮク）㊣/hè·háo/つる・たず
字解 形声。鳥＋隺㊥。つるの意。一説に、隺は高い意で、鶴はその声が高くひびくとりの意であるともいう。
意味 鳥の名。つる。ツル科の鳥の総称。大形で、くちばし、首、脚が長い。古くからカメと共に長寿の象徴となり、吉祥の鳥ともされる。また、その体型から、白いさま、細長いさま、などのたとえとされる。
下接 黄鶴オウカク・コウカク・亀鶴キカク・琴鶴キンカク・玄鶴ゲンカク・跨鶴コカク・

11画 魚鳥鹵鹿麥（麦）麻（麻）

乗鶴（ジョウカク）・舞鶴（ブカク）・夜鶴（ヤカク）・野鶴（ヤカク）・風声鶴唳（フウセイカクレイ）・閑雲野鶴（カンウンヤカク）／田鶴（たず）・鍋鶴（なべづる）

【鶴駕（カクガ）】 [1]皇太子の車。鶴禁。〔列仙伝〕 [2]仙人の乗り物。♥中国、周の霊王の太子晋が仙人となり白鶴に乗って去ったという故事から。

【鶴鶴（カクカク）】 白くて光沢のあるさま。

【鶴頸（カクケイ）】 [1]ツルの首。[2]長い首。また、首の長い人。

【鶴膝（カクシツ）】 [1]脚がツルの脚のようにやせ細って歩行困難になる病気。鶴膝風（カクシップウ）。[2]書法上の語。縦棒のはねたところがとがりのびたもの。趯（テキ）の病としてこれをきらう。[3]中国、六朝時代に梁の沈約が唱えた詩を作る上で避けるべき八つの欠点（＝八病（ハッペイ））の一。五言詩の第一句第三句の各五字目に同声の字を用いること。

[3]花瓶（カビン）や徳利（トックリ）の細長い首。

【鶴首（カクシュ）】 [1]ツルの首のように、首を長くして待ちわびること。『鶴首して吉報を待つ』 [2]白髪頭。

【鶴寿（カクジュ）】 長寿。鶴寿千歳（センザイ）。〔淮南子－説林訓〕

【鶴氅（カクショウ）】 ツルの羽毛を布に織り混ぜて作った衣。つるのけごろも。転じて、雪の降りかかった衣。

【鶴髪（カクハツ）】 ツルのように白くなった髪。白髪。＊劉希夷－代下悲二白頭一翁上「須臾鶴髪乱如レ糸（シュユにしてカクハツみだれていとのごとし）〔＝たちまちに白髪は糸のように乱れる〕」

【鶴歩（カクホ）】 ツルのようなゆったりした歩み。

【鶴望（カクボウ）】 ツルが首を長く伸ばすように待ち望むこと。

【鶴鳴（カクメイ）】 [1]ツルが鳴くこと。また、その声。[2]「詩経」小雅の編名。その詩句から、在野の賢人のたとえ。『鶴鳴之士（カクメイのシ）』

【鶴翼（カクヨク）】 [1]ツルのつばさ。[2]ツルが翼を広げたような形に兵を並べる陣立ての名。

【鶴林（カクリン）】 仏語。釈尊の入滅した場所。入滅の時、その地の沙羅（サラ）の林が鶴のように白になったということからいう。転じて、仏の涅槃（ネハン）。また、僧寺や、僧寺の樹林をいう。

【鶴唳（カクレイ）】 鶴が鳴くこと。また、その声。『風声鶴唳』

【鶴企（カッキ）】 ＝鶴望（カクボウ）

【鶴脛雖レ長断レ之則悲（つるのすねはながしといえども、これをたたばすなわちかなしまん）】 ツルのすねは長いけれども、これを切って短くしてしまえば、ツルは悲しむだろう。物にはそれぞれ自然に備わっている特性があるので、いたずらに人為を加えてはならない。〔荘子－駢拇〕

9508 【鷄】 8317 7331 EA50 鳥－10
ケイ 「鶏」(9486)の旧字

9509 【鷁】 8318 7332 EA51 鳥－10
ゲキ㊥漢/yì
[字解] 形声。鳥＋益㊥声。
[意味] 水鳥の名。鷺（さぎ）に似て、白い。よく風波にたえて飛ぶため、水難よけの鳥とされる。

【鷁首（ゲキシュ）】 竜頭船（リョウトウぶね）と一対となり、王侯貴族の儀式、社寺の祭礼などに船楽を奏する船。水難を防ぐ意味で、船首に鷁の彫刻または絵画をつけたもの。

9510 【鶻】 8319 7333 EA52 鳥－10
コツ㊥漢/gǔ・hú/はやぶさ
[字解] 形声。鳥＋骨㊥声。
[意味] ❶鳥の名。はやぶさ。きわめて速く飛行し、獲物を見つけると高空から急降下して殺す。❷「回鶻（カイコツ）」は、ウイグル族。北方のトルコ系異民族。「回紇」とも。

【鶻突（コットツ）】 はっきりしないこと。曖昧（アイマイ）なこと。

【鶻淪（コツリン）】 渾沌（コントン）としたさま。

9511 【鷀】 ―― 鳥－10 (9503)〔鶿〕 ―― 鳥－9
シ㊥漢・ジ㊥慣/cí
[字解] 形声。鳥＋茲㊥声。「鸕鷀（ロジ）」は、ウ（鵜）の異名、また、サギ（鷺）のこと。

9512 【鶸】 8320 7334 EA53 鳥－10
ジャク㊥漢/ruò/ひわ
[字解] 形声。鳥＋弱㊥声。
[意味] ❶鳥の名。ニワトリの一種。唐丸（トウまる）。❷[国]鳥の名。ひわ。日本産のアトリ科の鳥のうち、マヒワ、ベニヒワ、カワラヒワの三種の総称。普通にはマヒワ。

9513 【鶺】 8321 7335 EA54 鳥－10
セキ㊥漢/jí
[字解] 形声。鳥＋脊㊥声。「鶺鴒（セキレイ）」は、セキレイ科の鳥。

9514 【鶬】 ＊7617 鳥－10
ソウ（サウ）㊥漢・ショウ（シャウ）㊥漢/cāng・qiāng/まなづる
[字解] 形声。鳥＋倉㊥声。
[意味] ❶鳥の名。まなづる。ツル科の鳥。くびとつばさが白色で、他は灰青色。顔と額は裸出して赤い。❷「鶬鶊（ソウコウ）」は、㋑朝鮮うぐいす。コウライウグイス科の鳥。㋺[国]古くは、ひばり。❸「鶬鶬（ソウソウ・ショウショウ）」は、玉や鈴の音が美しいさま。また、やわらぐさま。

9515 【鷉】 ＊7626 鳥－10 (9445)〔鷈〕 ―― 鳥－10
テイ㊥漢・シ㊥漢/tī/かいつぶり
[字解] 形声。鳥＋虒㊥声。
[意味] 「鸊鷉（ヘキテイ）」は、かいつぶり。カイツブリ科の水鳥。

9516 【鷆】 8322 7336 EA55 鳥－10 (9517)〔鷏〕 8323 7337 EA56 鳥－10
テン㊥漢/tiān/かすい
[字解] 形声。鳥＋眞㊥声。
[意味] 鳥の名。かすい（蚊吸）。ヨタカ（夜鷹）の異名。

9518 【鷂】 8324 7338 EA57 鳥－10
ヨウ（エウ）㊥漢/yào/はいたか・はしたか
[字解] 形声。鳥＋䍃㊥声。
[意味] ❶鳥の名。はいたか。はしたか。ワシタカ科の小形のタカ。特に雌だけをいうこともある。鷹狩（たかが）り用。❷鳥の名。いろきじ。羽が五色の大きじ。

9519 【鶹】 ＊7621 鳥－10
リュウ（リウ）㊥漢/liú
[字解] 形声。鳥＋留㊥声。「鵂鶹（キュウリュウ）」は、みみずく。

9520 【鷗】 ＊7631 鳥－11 (9453)〔鴎〕 1810 322A 89A8 鳥－4 †
オウ㊥漢/ōu/かもめ
[字解] 形声。鳥＋區㊥声。
[意味] 鳥の名。かもめ。カモメ科の鳥のうち、海辺または海上で見られる白色中形のくちばしの大きな鳥の総称。『海鷗（カイオウ）』『白鷗（ハクオウ）』

【鷗渚（オウショ）】 カモメのいる水ぎわ。鷗汀（オウテイ）。

【鷗汀（オウテイ）】 ＝鷗渚（オウショ）。

【鷗盟（オウメイ）】 （「鷗（かもめ）との盟（ちか）い」の意）俗世間を離れた風流な交わり。隠居して風月を楽しむこと。

9521 【鶴】 —— 鳥-11 カク

「鶴」(9507)の異体字

9522 【鷓】 8326 733A EA59 鳥-11 シャ漢\zhè

字解 形声。鳥＋庶声。「鷓鴣(シャコ)」は、鳥の名。キジ科の鳥のうち、尾が短い小形種の一部の総称。

9523 【鷚】 ＊7632 鳥-11 (9446)〔鷚〕 —— 鳥-11

リュウ(リウ)漢\liù

字解 形声。鳥＋翏(高くとびあがる)声。ヒバリ科のヒバリ。雲雀、告天子。また、セキレイ科のタヒバリ。

9524 【鷸】 8327 733B EA5A 鳥-12 イツ漢\yù\しぎ

字解 形声。鳥＋矞声。

意味 ❶鳥の名。しぎ(鴫)。シギ科に属する鳥の総称。一般にくちばしと脚が長く、羽色は褐色に暗色の斑(ふ)のあるものが多い。『鷸蚌』 ❷鳥の名。かわせみ(翡翠)。水辺にすみ、土手やがけに横穴を掘って営巣する。

【鷸蚌(イツボウ)】 シギとドブガイ。【鷸蚌之争(イツボウのあらそい)】 当事者同士が争っている間に、第三者が利益を横取りすること。漁父(ギョフ)の利。〔戦国策-燕〕♥シギとドブガイの争っているのを見て、漁夫がその争いを利用して両方ともつかまえたという故事から。

9525 【鷳】 ＊7642 鳥-12 (9526)〔鷴〕 ＊7643 鳥-12

カン漢\xián\とんび

字解 形声。鳥＋閒声。とんび(鴟・鳶)の意。また、「白鷳(ハッカン)」はキジ科の鳥。

9527 【鷦】 8328 733C EA5B 鳥-12 ショウ(セウ)漢\jiāo\みそさざい

字解 形声。鳥＋焦声。「鷦鷯(ショウリョウ)」は、みそさざい。ミソサザイ科の小形の鳥。雄は美しい声で鳴く。

9528 【鷭】 8329 733D EA5C 鳥-12 ハン漢・バン慣\fán

字解 形声。鳥＋番声。鳥の名。日本では、ばん。クイナ科の鳥。クイナより大きい。全身灰黒色。

9529 【鷯】 8330 733E EA5D 鳥-12 リョウ(レウ)漢\liáo

字解 形声。鳥＋尞声。

意味 「鷦鷯(ショウリョウ)」は、みそさざい。ミソサザイ科の鳥。

9530 【鸇】 ＊7647 鳥-13 セン漢\zhān\はやぶさ

字解 形声。鳥＋亶声。はやぶさ(隼)の意。

9531 【鸊】 ＊7645 鳥-13 (9435)〔鷿〕 —— 鳥-13

ヘキ漢\pì

字解 鸊・鷿は鸊の異体字。鸊は形声。鳥＋辟声。「鸊鷉(ヘキテイ)」は、かいつぶり。カイツブリ科の水鳥。背面は灰褐色で腹面は白く、尾は非常に短い。

9532 【鸍】 —— 鳥-14 シ漢・ビ漢\shī\たかべ

字解 形声。鳥＋爾声。ガンカモ科の小形の鳥。コガモ(小鴨)。たかべ。

9533 【鷰】 —— 鳥-16 エン漢\yàn\つばめ

字解 形声。鳥＋燕声。つばめの意。燕に同じ。

9534 【鸖】 ＊7653 鳥-16 カク

「鶴」(9507)の異体字

9535 【鸕】 ＊7652 鳥-16 ロ漢\lú\さぎ

字解 形声。鳥＋盧声。「鸕鷀(ロジ)」は、ウ(鵜)の異名、また、サギ(鷺)のこと。

参考 万葉仮名では訓を借りて「う」。

9536 【鸚】 8332 7340 EA5F 鳥-17 オウ(アウ)漢・イン唐\yīng

字解 形声。鳥＋嬰声。

意味 ❶「鸚鵡(オウム)」は、オウム科に属する鳥のうち、大形の鳥の総称。❷「鸚哥(インコ)」は、オウム科の鳥のうち、中・小形で尾が長く羽色の派手なものの総称。

9537 【鸛】 8333 7341 EA60 鳥-18 カン(クヮン)漢\guàn\こうのとり

字解 形声。鳥＋雚(こうのとり)声。のちに鳥を加えて、その字義を明確にした。

意味 ❶鳥の名。こうのとり。コウノトリ科の鳥。翼の大部分が光沢のある黒色であるほかは、白色。ツルに似るが、脚は赤い。❷固有名詞。『鸛鵲楼』

【鸛鵲(カンジャク)】 コウノトリやカササギ。

【鸛鵲楼・鸛雀楼(カンジャクロウ)】 中国山西省永済県の西南の城壁にある三層の角楼。東南に中条山、眼下に黄河を望む名勝。王之渙(オウシカン)の「登二鸛鵲楼一」の詩で有名。

9538 【鸝】 ＊7656 鳥-19 リ漢\lí

字解 形声。鳥＋麗声。「黄鸝(コウリ)」は、朝鮮うぐいすの意。コウライウグイス科の鳥。

197 鹵部 ろ

金文

篆文

鹵は包み込んだ岩塩の形に象り、しおの意(ロ)を表す。鹵部には、鹵を部首として、しお、塩分に関する意を表す字を収める。

鹵 鹵

鹵 ⑬ 鹽

鹵 ⑧ 鹸 ⑨ 鹹 ⑬ 鹼

鹵

9539 【鹵】 8335 7343 EA62 鹵-0 ロ漢\lǔ\しお・たて

字解 部首解説を参照。

同属字 滷・磠

意味 ❶しお。また、塩分を含んだやせ地。『鹵田』『鹵莽』『鹹鹵(カンロ)』『斥鹵(セキロ)』 ❷かすめる。奪い取る。『鹵獲』『鹵掠』 ❸たて。矢をふせぐ大楯。『鹵簿』

【鹵獲(ロカク)】戦場において勝利を得た部隊が、敗れた敵から兵器などを獲得すること。

【鹵田(ロデン)】塩分を含んだやせ地。

【鹵簿(ロボ)】儀仗(ギジョウ)兵に警護された、行幸・行啓の行列。♥「簿」は行列の順序を記す帳簿。

【鹵莽(ロモウ)】①塩分を含んだ土地と草の多い野原。②軽率で、粗略なこと。

【鹵掠(ロリャク)】かすめること。

鹵 ▬

9540【鹽】8337 7345 EA64 鹵-13
エン 「塩」(1402)の旧字

鹵 ▮

9541【鹸】2420 3834 8CB2 鹵-8
ケン 「鹼」(9543)の異体字

9542【鹹】8336 7344 EA63 鹵-9
カン㊦/xián/しおからい・しおけ
字解 形声。鹵+咸(ことごとくみな)㊥。しおからい意。
意味 しおからい。また、しおけ。塩味。塩分。
【鹹苦(カンク)】塩からくにがいこと。
【鹹湖(カンコ)】塩水の湖。鹹水湖。
【鹹水(カンスイ)】塩分を多く含んでいる水。海水。↕淡水。『鹹水魚〔=海水魚〕』
【鹹地(カンチ)】塩分の多い、あれ地。
【鹹鹵(カンロ)】塩分が多いこと。また、塩分の多いあれ地。

9543【鹼】* 7659 鹵-13 (9541)〔鹸〕2420 3834 8CB2 鹵-8 †
カン㊦・ケン㊞/jiǎn
字解 形声。鹵+僉(しめつける)㊥。しおけの意。
意味 ❶(カン)しおけ。土の中に含まれている塩分。❷(ケン)あく。灰を水に浸してとったうわずみ。洗濯や、染色に用いる。『鹼化』『石鹼(セッケン)』
【鹼化(ケンカ)】エステル類の加水分解で、カルボン酸とアルコールを生成する化学反応。油脂から石鹼を作る反応など。

198 鹿部 しか

鹿は、角と走る脚を強調した形で、しか(ロク)を表す。その角と姿の美しさから、しばしば神獣とみなされた。後漢以後の隷書で、角の部分が广(まだれ)の形をとるようになった。脚はそれより早く比の形に類化している。鹿部に属する字は、しかに類した獣、その状態などを表す。

鹿◆ 鹿 麤
鹿▬ ②麀 ④麃 ⑤麇 麈 ⑥麋 ⑦麌 ⑧麐 麑 ⑨麛 ⑩麝 ⑪麞
鹿▬ ②麁 ⑧麗 麓
鹿▮ ⑧麒 ⑫麟 ⑬麟

鹿 ◆

9544【鹿】2815 3C2F 8EAD 鹿-0 人
ロク㊣㊦/lù/しか・か・かの しし・しし
字解 部首解説を参照。
同属字 漉・簏・麓・轆
参考 万葉仮名では訓を借りて「か」。
意味 ❶しか。シカ科に属する哺乳類の総称。雄の頭部には樹枝状の角がある。『鹿柴』『鹿角』『神鹿』『逐鹿』❷国しし。シカ、イノシシなどの総称。『鹿威(ししおどし)』❸その他。㋑固有名詞。『鹿苑』『鹿台』㋺熟字訓、あて字など。『鹿尾菜』『馬鹿(バカ)』

❶ しか。
下接 馴鹿(ジュンロク/となかい)・神鹿(シンロク)・逐鹿(チクロク)・白鹿(ハクロク)／甋鹿(かもしか)
【鹿苑(ロクエン/ロクオン)】鹿を放し飼いにする庭園。→❸(ロクオン)
【鹿柴・鹿砦・鹿寨(ロクサイ)】①鹿を飼っておくための園にめぐらした柵。②城砦や陣営などで敵の進入をはばむために立て並べる障害物。→❸
【鹿豕(ロクシ)】しかといのこ。愚か者のたとえ。
【鹿車(ロクシャ)】一頭のシカしか入れないほどの小さい車。
【鹿茸(ロクジョウ)】シカの、はえ始めの角。漢方薬に用いる。
【鹿鳴(ロクメイ)】宴会のときに奏する音楽。♥「詩経」の「小雅－鹿鳴」の詩が群臣や賓客をもてなす宴会の時に詠ずる歌と解されているところから。【鹿鳴宴(ロクメイのエン)】中国、唐代、州県の官吏登用試験に合格して都に上る人のために、その郡県の長吏が開く壮行の酒宴。この時、「詩経」の「小雅－鹿鳴」の詩を歌うところからいう。
【鹿角(ロッカク)】①シカの角。②武具の一。鉄製の熊手。
【鹿子(かのこ)】①シカの子。子ジカ。また、シカ。②「鹿子まだら」の略。シカの毛色にある白い斑紋。
〔逐ㇾ鹿者不ㇾ見ㇾ山(しかをおうものはやまをみず)〕一事に熱中すると他事をかえりみる余裕がないことのたとえ。〔虚堂録〕
〔指ㇾ鹿為ㇾ馬(しかをゆびさしてうまとなす)〕誤りを強引に押し通すこと。人をだまし愚弄することにいう。〔史記－秦始皇本紀〕♥中国、秦の趙高が、自分の権力をもって、皇帝に対してシカをウマと言って押し通したという故事から。

❸ その他。固有名詞、あて字など。
【鹿苑(ロクオン)】(「鹿野苑(ロクヤオン)」の略)中インド波羅奈国にあった林園。釈迦が悟りを開いて説法した所。→❶
【鹿柴(ロクサイ)】中国、唐代の詩人、王維の別荘の輞川(モウセン)荘にあった名勝の一。→❶
【鹿台(ロクダイ)】古代中国で、殷(イン)の紂王が財宝を蓄えた所。
【鹿盧(ロクロ)】物を引いたりつるしたりする滑車。轆轤(ロクロ)。
【鹿尾菜(ひじき)】褐藻類ホンダワラ科の海藻。食用。
難読地名 鹿久居(かくい)島(岡山) 鹿角(かづの)市・郡(秋田) 鹿足(かのあし)郡(島根) 鹿瀬(かのせ)町(新潟) 鹿屋(かのや)市(鹿児島)
難読姓氏 鹿毛(かげ) 鹿野内(かのうち) 鹿又(かのまた)

9545【麤】* 7672 鹿-22 (9557)〔麁〕8338 7346 EA65 鹿-2
ソ㊣㊦/cū/あらい
字解 会意。鹿+鹿+鹿。はなればなれにいる鹿の群れから、はなれる意。また、あらい意に用いる。
参考 熟語は「粗」(5803)をも見よ。
意味 あらい。きめがあらい。粗末である。「粗」に同じ。『麤相(ソソウ)』『麤略(ソリャク)』
【麤絹(ソケン)】綾(あや)や紋のない生絹(すずし)の類。素絹(ソケン)。

【麤細ソサイ】あらいこととこまかいこと。粗雑と細密。
【麤枝大葉ソシタイヨウ】あらい枝と大きな葉。文章などがゆったりとした風格をもっていること。〔朱子語類〕

鹿

9546 【麀】 *7660 鹿－2 ユウ(イウ)漢/yōu/めじか
字解 会意。鹿＋牝(めす)省。めじかの意。
【聚レ麀ユウをともにす】同じめじかに親子のしかが交わること。親子の道徳が乱れるたとえ。〔礼記-曲礼上〕

［麁］⇨1295

9547 【麃】 *7662 鹿－4 ホウ(ハウ)漢・ヒョウ(ヘウ)漢/páo・biāo/おおじか
字解 形声。鹿＋票(＝㶾)省声。おおじかの意。
金文 篆文

9548 【麇】 *7665 鹿－5 (9552)【麏】 8343 734B EA6A 鹿－8 キン漢・クン漢/jūn・qún/のろ・くじか
字解 形声。鹿＋囷省声。甲骨文は、角つののないしか(のろ)と禾に従う。
甲骨文 金文 篆文 重文

意味 ❶(キン)のろ。くじか。シカ科の小形の哺乳類。❷(クン)むらがる。あつまる。

9549 【麈】 8339 7347 EA66 鹿－5 シュ漢/zhǔ/おおじか
字解 形声。鹿＋主(ぬし)声。おおじかの意。
意味 おおじか。麋ビの類。その尾で払子ホッスをつくる。
【麈尾シュビ｜スビ｜シュミ】仏具。細長い木または象牙などの両横と上端に毛をはさんだもの。講師が威儀を整える目的で持った。払子ホッス。

9550 【麋】 8340 7348 EA67 鹿－6 ビ漢/mí/おおじか・なれしか
字解 形声。鹿＋米声。
甲骨文 篆文

意味 ❶おおじか。なれしか(馴鹿)。『麋鹿』❷ただれる。くだける。「糜」「靡」に同じ。『麋沸』
【麋沸ビフツ】かゆが煮えかえるように、騒ぎ乱れること。
【麋鹿ビロク】①オオジカとシカ。シカの総称。②野鄙ヤヒなことのたとえ。

9551 【麌】 8341 7349 EA68 鹿－7 グ漢・ゴ漢/yǔ/おじか
字解 形声。鹿＋吳声。おじかの意。

9552 【麏】 8343 734B EA6A 鹿－8 キン 「麇」(9548)の異体字

9553 【麑】 8344 734C EA6B 鹿－8 ゲイ漢・ベイ漢/ní・mí/かのこ
字解 形声。鹿＋兒(こども)声。しかのこの意。
意味 ❶かのこ。シカのこども。『麑鹿』❷「狻麑サンゲイ」は、獅子シシ。狻猊サンゲイ。
【麑鹿ゲイロク】しかの子。こじか。昔、卿大夫ケイタイフが礼物として用いた。

［塵］⇨8349

9554 【麛】 *7670 鹿－9 ベイ漢/mí
字解 形声。鹿＋弭声。しかの子。また、幼獣。

9555 【麝】 8345 734D EA6C 鹿－10 ジャ呉・シャ漢/shè
字解 形声。鹿＋射声。
意味 じゃこうじか。じゃこう。シカ科の哺乳ホニュウ類。雄から麝香が採れる。『紫麝シジャ』『蘭麝ランジャ』
【麝香ジャコウ】ジャコウジカの雄の下腹部にある鶏卵大の麝香腺センを乾燥して得られる香料。
【麝煤ジャバイ】(麝香ジャコウのにおいのする煤煙バイエンで製したという意)麝香のにおいのする墨すみ。また、墨の異称。

9556 【麞】 *7671 鹿－11 ショウ(シャウ)漢/zhāng/のろ・くじか
字解 形声。鹿＋章声。
意味 のろ。くじか。シカ科の小形の哺乳類。

鹿

9557 【麄】 8338 7346 EA65 鹿－2 ソ 「麤」(9545)の異体字

［麓］⇨5723

9558 【麗】 4679 4E6F 97ED 鹿－8 常 レイ漢・リ漢/lì・lí/うるわしい・うらら・うららか
筆順

字解 象形。立派な角が並びそろったしかの形に象り、うるわしい・ならぶ意。
金文 篆文

同属字 酈・儷・孋・灑・曬・邐・釃・驪
意味 ❶うるわしい。㋑しっとりと美しい。あでやか。りっぱ。『麗質』『麗人』『華麗』『綺麗』『流麗』㋺うららか。明るくほがらか。『麗日』❷並ぶ。並べる。連ねる。そえる。対ツイにする。『魚麗ギョリ』
下接 艶麗エンレイ・佳麗カレイ・華麗カレイ・奇麗キレイ・綺麗キレイ・秀麗シュウレイ・鮮麗センレイ・壮麗ソウレイ・端麗タンレイ・典麗テンレイ・美麗ビレイ・豊麗ホウレイ・妙麗ミョウレイ・優麗ユウレイ・妖麗ヨウレイ・流麗リュウレイ

❶うるわしい。美しい。あでやか。りっぱ。
【麗雅レイガ】うるわしくみやびやかなこと。
【麗句レイク】うるわしい詩句。『美辞麗句』
【麗姿レイシ】うるわしい姿。
【麗辞レイジ】美しい、品のある言葉。美辞。
【麗質レイシツ】髪、顔だちなどの美しい生まれつき。*白居易-長恨歌「天生麗質難ニ自棄一テンセイのレイシツおのずからすてがたし(＝生まれついての美しさは、そのまま世に知られずにいるはずはなかった)」
【麗日レイジツ】うららかな日。

【麗春花 レイシュンカ】ヒナゲシ（雛罌粟）の漢名。
【麗譙 レイショウ｜リショウ】①美しい高楼。高殿。②敵の様子をうかがい、遠方を望むために門上にたてた物見。戦楼。
【麗色 レイショク】①うららかな景色。②うるわしい顔色。
【麗飾 レイショク】美しくかざること。また、美しいかざり。
【麗人 レイジン】容姿のうるわしい女性。美人。
【麗藻 レイソウ】詩や文章などのうるわしくてみごとなこと。
【麗靡 レイビ】うるわしく、あでやかなさま。→❷
【麗筆 レイヒツ】①美しい筆跡。②すぐれて美しい文章。
【麗文 レイブン】美しい文様。
【麗容 レイヨウ】美しい姿かたち。「富士の麗容」

❷ 並ぶ。並べる。連ねる。対にする。
【麗沢 レイタク｜リタク】二つの沢が水脈を通じて互いにうるおし合っていること。転じて、友人同士互いに助け合って勉学、修徳につとめること。
【麗皮 レイヒ】二枚のシカの皮。昔、婚約のしるしの贈り物として用いた。
【麗靡 レイビ】連なり広がるさま。のび連なるさま。→❶

9559【麓】4728 4F3C 985B 鹿－8 ロク呉漢／lù／ふもと

字解 形声。林＋鹿（→絡、長く連なる）声。山のふもとに広がる森林、ふもとの意。

意味 ふもと。やますそ。「山麓サンロク」「大麓タイロク」

鹿

9560【麒】8342 734A EA69 鹿－8 キ漢／qí

字解 形声。鹿＋其声。

意味 きりん。㋑中国の想像上の動物。古代、聖人が出現して良い政治が行われるときに、この世に現れるとされる獣。一説に、雄が「麒」で、雌が「麟」とも。「麒麟閣」㋺一日に千里も走るすばらしい馬。駿馬シュンメ。「麒麟児」㋩キリン科の哺乳ホニュウ類の総称。ジラフ。

麒麟㋑〔三才図会〕

【麒麟閣 キリンカク】中国、漢代、長安の宮中にあった高殿。武帝が麒麟を得たとき築いたもので、宣帝のとき一一人の功臣の肖像が飾られた。麟閣。麒閣。麟台。
【麒麟児 キリンジ】才知、技芸に特にすぐれた年若い者。神童。〔杜甫‐徐卿二子歌〕

9561【麟】━ ━ 鹿－12 リン「麟」（9562）の旧字

9562【麟】4659 4E5B 97D9 鹿－13 人 （9561）【麟】━ ━ 鹿－12 旧字

リン漢／lín

字解 形声。鹿＋粦（＝粦）声。甲骨文は、頭部に冠のようなものをつけた神獣の象形。

甲骨文 篆文

意味 ❶「麒麟キリン」は中国の想像上の獣。「麟角」「麟趾」「麟鳳」「獲麟カクリン」❷＝麟台リンダイ
【麟角 リンカク】麒麟キリンのつの。きわめてまれなもの。
【麟趾 リンシ】麒麟キリンの足。りっぱな王子たちがいて王室の栄えることをいう。〔詩経‐周南・麟之趾〕
【麟台 リンダイ】①中国で、唐の時代、宮中の文書・記録をつかさどった役所。武后がそれまでの秘書省を改めたもの。②中国で、前漢の武帝が麒麟キリンを得たとき築いた高殿「麒麟閣」の異称。③国図書寮ズショリョウの唐名。
【麟鳳 リンポウ】麒麟キリンと鳳凰ホウオウ。いずれも古代中国で、聖人が出現して良い政治が行われるときに、そのしるしとしてこの世に現れるとされる想像上の動物。

199 麥（麦）部 むぎ

甲骨文 金文 篆文

麥は、穂を左右に実らせた植物の象形と、足の象形との結合したもの。足を加える意味は、天また遠方からもたらされた意、根を深くする意をいい、また上部の來が仮借された「きたる」の意を強化したのがかえって「むぎ」（バク）に固定したともいう。麥部の字は、主に麦の加工食品に用いられる。常用漢字では、簡略化された麦の形をとるが、この形は、隷書の時代から見られる。

麥 麦 麥
麥 ④ 麨 麩 麸 麪 ⑤ 麬 麭 ⑥ 麯 ⑧ 麴 麹 ⑨ 麵 麺 ⑪ 麰 ⑱ 麷 ⑲ 麶

麥

9563【麦】3994 477E 949E 麥－0 常2 （9564）【麥】8346 734E EA6D 麥－0 旧字

バク漢／mài／むぎ

筆順 麦 麦 麦 麦 麦 麦

字解 部首解説を参照。

意味 ❶むぎ。五穀の一。イネ科の穀類のうち、コムギ、オオムギ、ハダカムギ、ライムギ、エンバクなどの総称。「麦芽」「麦秋」「燕麦エンバク」「米麦ベイバク」❷その他。熟字訓など。「麦門冬」「竹麦魚ほうぼう」「蕎麦そば」「瞿麦なでしこ」

❶むぎ。

下接 燕麦エンバク・玄麦ゲンバク・原麦ゲンバク・菽麦シュクバク・精麦セイバク・米麦ベイバク／大麦おおむぎ・烏麦からすむぎ・小麦こむぎ

【麦雨 バクウ】ムギの熟するころに降る雨。五月雨。
【麦芽 バクガ】オオムギを水に浸して発芽させたもの。ビール醸造や麦芽糖の原料とされる。「麦芽糖」
【麦稈 バクカン】むぎわら。ムギの実を取り去った茎。
【麦気 バクキ】①畑に植えてあるムギの穂の上を吹き渡る風のかおり。②ムギの伸びるころの気候。
【麦酒 バクシュ｜ビール】①（バクシュ）ムギを原料として醸造した酒。②（ビール）国オオムギの麦芽にホップを加え、さらに酵母を加えて発酵させたアルコール飲料。苦みがある。
【麦舟 バクシュウ】①ムギを運ぶ舟。②他人の喪に物を贈って援助すること。▼中国、北宋の范仲淹ハンチュウエンの子、純仁が石曼卿セキマンケイの喪にムギを舟積みし贈った故事から。
【麦秋 バクシュウ｜むぎあき】ムギの熟する初夏のころ。
【麦秀之歌 バクシュウのうた】（「秀」はムギの穂のこと。また、穂ののびているさま）中国、古代、紂王を諫めてきき入れられなかった殷インの箕子キシが、国が滅んだのち、旧都のあとに生えているムギを見て悲しんで作ったという歌。〔史記‐宋微子世家〕

【麦菽バクシュク】ムギと豆。
【麦飯バクハン｜むぎめし】米にムギを加えて炊いた飯。また、ムギだけを炊いた飯。
【麦麺バクメン】麦粉でつくっためん類。
【麦浪バクロウ】ムギの穂が風に浪のようになびくさま。
【麦隴・麦壟バクロウ】むぎ畑。
❷その他。
【麦門冬バクモンドウ】ジャノヒゲの根を乾燥したもの。漢方では麦門冬湯として、滋養などの目的で用いる。

麥

9565【麨】＊7673 麥－4 ショウ（セウ）漢/chǎo/はったい
字解 形声。麥＋少（→炒、いる）声。むぎこがしの意。
意味 むぎこがし。はったい。新米や麦の新穀などをいり、粉にひいたもの。香煎コウセン。

9566【麩】8347 734F EA6E 麥－4 (9567)【麸】8348 7350 EA6F 麥－4
フ漢/fū/ふすま
字解 形声。麥＋夫声。
意味 ❶ふすま。コムギをひいて粉にしたあとに残る皮。家畜の飼料。❷国ふ。小麦粉の中のデンプンを除いたあとのタンパク質で製した食品。「正麩ショウフ」❸あて字。「天麩羅テンプラ」「田麩デンブ」

9568【麪】8349 7351 EA70 麥－4 メン呉・ベン漢/miàn/むぎこ
字解 形声。麥＋丏（→綿、長くつながる）声。練って細長くのばす、むぎこの意。
参考 熟語は「麵」(9574)を見よ。

9569【麬】＊7674 麥－5 フ漢/ふすま
字解 形声。麥＋皮声。ふすまの意。麩の通俗体。

9570【麭】8350 7352 EA71 麥－5 ヒョウ（ヘウ）呉・ホウ（ハウ）漢/pào
字解 形声。麥＋包（つつむ）声。こなもちの意。

9571【麯】＊7676 麥－6 キク漢/qū/こうじ
字解 形声。麥＋曲声。こうじの意。麴の別体。

9572【麴】＊7679 麥－8 (9573)【麹】2577 396D 8D8D 麥－8 †
キク漢/qū/こうじ
字解 形声。麥＋匊声。
意味 こうじ。蒸した米や麦に、こうじかびを生じさせたもの。酒、醬油ショウユ、味噌ミソなどを作るのに用いる。
【麴院キクイン】酒を造る所。酒坊。
【麴糵キクゲツ】酒を醸造するためのこうじ。また、酒。
【麴車キクシャ】酒を載せた車。
【麴塵キクジン】（こうじかびの色によるという）青色の黄ばんだ色。日本で、天皇の褻ケの袍ホウの色として禁色キンジキとされた。

9574【麵】＊7680 麥－9 (9575)【麺】4445 4C4D 96CB 麥－9 †
メン呉・ベン漢/miàn/むぎこ
字解 形声。麥＋面声。麪の通俗体。
意味 むぎこ。また、そば・うどんの類。
下接 乾麵カンメン・製麵セイメン・素麵ソウメン・拉麵ラーメン
【麵棒メンボウ】うどん、そばなどを作るとき、こねた粉を押し延ばす棒。
【麵麭・麵包メンポウ｜メンパオ｜パン】小麦粉を主原料にして水でこね、イーストを加え、発酵させてから焼き上げた食品。
【麵類メンルイ】国そば、うどんの類。

9576【麱】—— 麥－11 ヒツ漢
字解 形声。麥＋畢声。饆に同じ。

9577【麷】—— 麥－18 ホウ漢・フウ漢/fēng/いりむぎ
字解 形声。麥＋豐（礼器）声。礼器に盛って供える、いりむぎの意。

9578【䴸】—— 麥－19 ラ漢
字解 形声。麥＋羅声。こなもちの意。饠に同じ。

200 麻（麻）部 あさ

金文 
篆文 

麻は广（空屋、もとは厂でできたがけの意か）と𣏟（あさの茎をはぎとる）との会意で、茎をはぎとり繊維とするあさの意を表す。麻部には、麻を部首として、あさ、あさいとに関する意味の字、また麻を特徴形にもつ字を収める。ただし、麻（マ）を音標とする字が別に手、石、鬼、糸、米などの部に属する。

麻 麻 麻
麻 ③麼 麼 ④麾 ⑦麿 麿

麻

9579【麻】4367 4B63 9683 麻－0 常 (9580)【麻】—— 麻－0 旧字
マ呉・バ漢/má/あさ・お
筆順 麻 麻 麻 麻 麻
字解 部首解説を参照。
同属字 麼・麼・摩（摩）・磨（磨）・縻・糜・靡・魔（魔）・蔴
参考 万葉仮名では音を借りて「ま」、訓を借りて「そ」「を」。
意味 ❶あさ。お。㋑大麻タイマ。クワ科の一年草。茎の皮から繊維を採る。また、あさいと。あさぬの。「麻衣」「麻頭」「麻沸」「乱麻ランマ」㋺アサに似た植物。「亜麻アマ」「胡麻ゴマ」❷まひする。しびれる。「痲」に同じ。「麻酔」「麻痺」❸その他。「麻雀マージャン」「麻姑マコ」
❶あさ。あさいと。あさぬの。
下接 ㋑乱麻ランマ・稲麻竹葦トウマチクイ ㋺亜麻アマ・黄麻オウマ｜コウマ・胡麻ゴマ・蕁麻ジンマ｜いらくさ・苧麻チョマ｜からむし・蓖麻ヒマ／茼麻いちび
【麻衣マイ】アサで織った白い着物。朝廷に出るときと喪服に使う。
【麻菽マシュク】アサと豆。穀物の意。

【麻中之蓬(マチュウのよもぎ)】まっすぐに育つアサの中に生えると、曲がりがちなヨモギもまっすぐになる。環境によって悪いものも正しくなることのたとえ。〔荀子‐勧学〕

【麻苧(マチョ)】アサとカラムシ。ともに布を作る草。また、アサとカラムシで織った着物。

【麻頭(マトウ)】アサの切れはし。あさくず。

【麻沸(マフツ)】乱れたアサのようにわき起こること。世の中が乱れ騒ぐこと。

【麻冕(マベン)】あさぬので作った冠。

【麻幹(おがら)】アサの皮をはいだあとの茎。盂蘭盆(ウラボン)の迎え火、送り火にたく。苧殻(おがら)。

❷まひする。しびれる。

【麻疹(マシン|はしか)】伝染病の一。発熱し、皮膚や粘膜に紅色の斑点(ハンテン)のような発疹を生じる。

【麻酔(マスイ)】薬剤を使って、一時的に全身あるいは局所の感覚を麻痺(マヒ)させること。

【麻痺(マヒ)】①神経機能の障害によって、運動不能になったり、知覚を喪失したりすること。②本来の働きを失い、活動が鈍くなること。

【麻薬(マヤク)】大脳に作用して神経機能を麻痺(マヒ)させる薬物。モルヒネ、コカインなど。『麻薬中毒』

❸その他。

【麻雀(マージャン)】四人の競技者が、諸種の図柄を刻した一三六個の牌(パイ)を用い、さまざまな組み合わせで上がりを競い合う室内遊戯。▽中国語から。

【麻姑(マコ)】①中国の伝説の仙女。後漢の時代、姑余(コヨ)山で仙道を修めた。また、鳥のように爪が長いので蔡経(サイケイ)は、これでかゆい所をかいてもらえば非常に気持ちよいであろうと思ったという。②(①から)まごのて。孫手(まごのて)。背中などの手の届かない、かゆい所をかく道具。

【麻姑搔痒(マコソウヨウ)】(「麻姑」①の蔡経(サイケイ)の故事から)思いどおりに事が運ぶこと。〔神仙伝‐麻姑〕

【麻沙本(マサボン)】中国の南宋から元にかけて、福建省の麻沙という所から出版された本。粗悪本が多かった。

【麻耶(マヤ)】(梵 Māyā の音訳)釈迦(シャカ)の生母。釈迦を生んで七日目に没し、忉利天(トウリテン)に生まれたと伝えられる。

難読地名 麻生(あさお)区(神奈川) 麻生(あそう)町(茨城) 麻植(おえ)郡(徳島) 麻績(おみ)村(長野) 麻綿原(まめんばら)高原(千葉)

麻

9581【麼】 5487 5677 9BF5 麻－3
(9582)〔麽〕 麻－3
(60)〔么〕 丿－2

マ(呉)・バ(漢)・モ(唐)/mó・ma

字解 形声。幺(ちいさい)＋麻(声)。
参考 万葉仮名では音を借りて「ば」「ま」。
意味 ❶こまかい。小さい。かすか。『幺麼(ヨウマ)』 ❷中国近代に、語調を助ける音を表す。『恁麼(インモ)』『什麼生(そもさん)』

9583【麾】 6164 5D60 9F80 麻－4

キ(漢)/huī/さしまねく

字解 形声。毛(＝手)＋靡省(声)。手に持ってなびかせ指示するの意。
意味 さしまねく。旗でさしずする。または、さしず旗。あいず旗。『指麾(シキ)』 ⬇〔旗〕の図五二二頁

【麾鉞(キエツ)】さしず旗とまさかり。ともに大将が用いる。
【麾下(キカ)】将軍直属の家来。はたもと。旗下(キカ)。また、指揮者の支配下に従属する者。『麾下の軍勢』
【麾旌(キセイ)】さしず旗。
【麾扇(キセン)】国軍配うちわのこと。軍扇。

〔摩〕⇩2687 〔磨〕⇩5278 〔糜〕⇩5787
〔縻〕⇩5871

9584【麿】 4391 4B7B 969B 麻－7 人
(9585)〔麿〕 麻－7 旧字

まろ

字解 国字。麻と呂との合字。
意味 まろ。㋑われ。おのれ。自分。自称の代名詞。㋺人名の下にそえる接尾語。『人麿(ひとまろ)』

〔靡〕⇩8809 〔魔〕⇩9237

201 黄(黃)部 きいろ

黄は、もと、火矢の象形で、その火の色を表すというが、おそらく腰におびる、おび玉の象形だろう。借りて、きいろの意に用いる。後に廿が加えられた。廿と一とは漢代の隷書ですでに廿の形に融合している。

黄 黄 黄
黄 ⑬ 黌

黄

9586【黄】 1811 322B 89A9 黄－0 常2
(9587)〔黃〕 黄－0 旧字 人

オウ(ワウ)(呉)・コウ(クヮウ)(漢)/huáng/き・こ・きい

筆順

字解 部首解説を参照。
同属字 廣(広)・潢・橫(横)・璜・礦・簧
参考 万葉仮名では訓を借りて「き(乙)」。
意味 ❶き。きいろ。色の名。三原色の一。黄金、ヤマブキの花、卵の黄身などのような色。また、五行では、きいろになる。黄ばむ。『黄玉』『黄土』『五黄(ゴオウ)』 ❷その他。固有名詞など。『黄檗宗』『黄河』『黄海』

❶き。きいろ。また、きばむ。

下接 額黄(ガクオウ)・銀黄(ギンコウ)・玄黄(ゲンコウ)・昏黄(コンコウ)・雌黄(シオウ)・青黄(セイコウ)・貼黄(チョウコウ)・硫黄(いおう)

【黄玉(オウギョク|コウギョク)】斜方晶系の鉱物。トパーズ。
【黄金(オウゴン|こがね)】金(キン)。金貨。金銭。貨幣。また、黄金のように光る色。金色(コンジキ|いろ)。＊白居易‐長恨歌「釵擘黄金合分鈿(サイはオウゴンをさき ゴウはデンをわかつ)」〔＝かんざしは黄金をひき裂き、箱は青貝の細工を二つに分ける〕
【黄色(オウショク|コウショク|きいろ)】黄の色。『黄色(オウショク)人種』
【黄水(オウスイ|ズイ|きみず)】胃から吐く、胆汁混じりの黄色い水。
【黄疸(オウダン)】胆汁の色素が、多量に血液中に現れ、皮膚や粘膜などが黄色になる症状。
【黄鉄鉱(オウテッコウ|コウテッコウ)】鉄と硫黄からなる金属鉱物。
【黄土(オウド|コウド)】日(ドウ) ①赤土から採った顔料。オー

カー。『黄土色』 ②黄褐色の土。中国山西省のものに代表される。㊁(コウ)(ド) 黄泉。よみじ。

【黄銅 オウドウ】 真鍮。『黄銅鉱』

【黄檗・黄蘗 オウバク】 ①キハダ(黄膚)の漢名。ミカン科の落葉高木。初夏、枝先に黄緑色の小さな花をつける。②キハダの皮から作った粉薬、または染料の名。

【黄麻 オウマ|コウマ】 シナノキ科の一年草。茎の繊維をジュートといい、穀物などを入れる袋をつくる。つなそ。

【黄燐 オウリン】 淡黄色で半透明の蠟状固体。猛毒。赤燐・燐化合物の製造、発煙剤などに用いる。

【黄埃 コウアイ】 黄色い土ぼこり。黄塵。＊白居易-長恨歌「黄埃散漫風蕭索〔=黄色い土ぼこりが力なく立ちこめ、吹く風はもの寂しい〕」

【黄衣 コウイ|コウエ】 ①黄色の衣服。②道士の服。③年末の大祭に着る服。④宦官の着る服。＊白居易-売炭翁「黄衣使者白衫児〔=黄色い服を着た使者と、白い服を着た(部下の)若者〕」 ⑤黄色の法衣。僧の着る黄色の衣。

【黄雲 コウウン】 ①黄色に染まった雲。②こがね色にみのった一面の稲の穂を、黄色の雲にたとえていう語。

【黄鉞 コウエツ】 黄金で飾ったまさかり。天子が敵を征伐するときに持つもの。

【黄屋 コウオク】 ①天子の乗る車をおおう絹製のかさ。裏を黄色の絹で張ってある。②天子を敬っていう語。

【黄花 コウカ】 ①黄色の花。②キク(菊)の異名。③菜の花。

【黄禍 コウカ】 黄色人種の勢いが盛んになることを白色人種が「禍」と評する語。

【黄閣 コウカク】 =黄扉

【黄鶴 コウカク】 羽毛が黄色のツル。千年の命を保ったツルといい、仙人が乗るとされる。

【黄冠 コウカン】 ①野人がかぶる、草で作ったかんむり。②道士のかぶるかんむり。転じて、道士。

【黄巻 コウカン】 書物の異称。♥昔、中国で書物の虫食い防止に、キハダで染めた黄色の紙を用いたところから。

【黄巾 コウキン】 黄色の布。特に中国の後漢末期、張角を首領とした黄巾の乱で、農民がまとった黄色い布をいう。

【黄口 コウコウ】 ①雛鳥の嘴が黄色いこと。また、雛鳥。②幼いこと。また、その者をあざけっていう語。

【黄耇 コウコウ】 老人。年老いて頭髪が黄ばみ、顔面にしみが出た人。

【黄鵠 コウコク】 黄色を帯びた鵠。中国で死人を生きかえらせるという想像上の鳥。

【黄昏 コウコン|たそがれ】 日の暮れかかること。夕暮れ。＊李商隠-楽遊原「只是近二黄昏一〔=そうではあるけれども、たそがれの闇はすぐそこに忍びよっている〕」

【黄砂・黄沙 コウサ】 ①黄色い砂。②中国の北部やモンゴルなどで、黄色の細かい砂が、風で吹き上げられ、空をおおうもの。日本にも飛来する。

【黄衫 コウサン】 黄色い短い着物。富貴の家の青少年の服。

【黄綬 コウジュ】 印章に付ける黄色いひも。また、丞・尉などの官の称。

【黄熟 コウジュク|オウジュク】 草木の実、イネ・ムギなどの穂が黄色く熟すること。

【黄鐘 コウショウ|オウショウ|オウシキ】 ①音律の名。十二律の一。音律の基本となる音。日本の壱越にあたる。②陰暦一一月の異名。①の音律を一一月に配するのでいう。

【黄塵 コウジン】 ①黄色の土煙。『黄塵万丈』 ②俗世間の煩わしい物事。俗塵。

【黄泉 コウセン|よみ|よみじ】 地底の泉。転じて、地面の下にあり、死者が行くと言われる所。黄土。＊白居易-長恨歌「上窮二碧落一下黄泉〔=上は大空の果てまで、下はよみの国までも(捜し回った)〕」

【黄鳥 コウチョウ】 ①コウライウグイス(高麗鶯)のこと。②ウグイス(鶯)の異名。

【黄堂 コウドウ】 太守(知事)のいる役所。また、太守。♥昔、火災にあった太守が役所を黄色く塗った故事から。

【黄童 コウドウ】 二、三歳ぐらいの幼児。♥幼児の肌が黄色みを帯びているところから。

【黄道 コウドウ】 地球から見た、太陽の一年間の軌道を表す、天球上の円。【黄道吉日 コウドウキチニチ】 国陰陽道で、何事を行うにもよいという日。

【黄梅 コウバイ|オウバイ】 ①黄色く熟した梅の実。また、梅の熟する頃。②(オウバイ) 国モクセイ科の落葉低木。

【黄白 コウハク】 金と銀。転じて金銭。

【黄髪 コウハツ】 ①老人の黄色い髪。②七、八〇歳の老人。＊陶潜-桃花源記「黄髪垂髫、並怡然自楽〔=黄色い髪の老人や下げ髪の子どもたちが、みなのんびりとそれぞれに楽しんでいる〕」

【黄扉 コウヒ】 ①黄色に塗った門、また、とびら。②宰相の官邸。転じて、宰相。

【黄吻 コウフン】 =黄口

【黄袍 コウホウ】 黄色の上衣。天子の服。

【黄榜 コウボウ】 天子の勅命。♥黄紙に書いたところから。

【黄門 コウモン】 ①宮中の門。黄色に塗ってあったのでいう。②宮門内の役所。天子の侍従などが詰めた所。③宦官の別名。④国中納言のこと。『水戸黄門』

【黄葉 コウヨウ|もみじ】 秋に黄色に変わった葉。

【黄楊 コウヨウ|つげ】 ツゲ科の常緑小高木。印材、櫛などに用いる。

【黄落 コウラク】 木の葉や実が黄色になって落ちること。

【黄鸝 コウリ】 コウライウグイス(高麗鶯)の異名。＊杜甫-蜀相「隔レ葉黄鸝空好音〔=若葉のむこうの黄鸝は、だれに聞かせるともなく美しい声でさえずっている〕」

【黄粱 コウリョウ】 アワの異名。【黄粱一炊之夢 コウリョウイッスイのゆめ】 =邯鄲之夢(一二一七頁)

【黄蘆 コウロ】 黄色に枯れたアシ。＊白居易-琵琶行「黄蘆苦竹繞レ宅生〔=黄色いアシとニガタケが、家の周りに生えている〕」

【黄櫨 コウロ|はぜ】 ウルシ科の落葉小高木。はぜのき。

【黄心樹 おがたまのき】 モクレン科の常緑高木。春、黄色みを帯びた花が咲く。小賀玉木。

【黄鶏 かしわ】 羽毛が茶褐色のニワトリ。和鶏。

【黄鶲 きびたき】 ヒタキ科の鳥。メジロぐらいの大きさで、声が美しい。

❷ その他。固有名詞など。

【黄檗宗 オウバクシュウ】 禅宗の一派。開祖は、明の隠元。

【黄河 コウガ】 中国の華北を流れる大河。水源は青海省バヤンカラ山脈西部。渭水、汾水、洛水などの支流を合わせて渤海湾に注ぐ。

【黄海 コウカイ】 中国大陸と朝鮮半島に囲まれ、北は遼東半島から南は長江河口と済州島を結ぶ線までの海域。

【黄鶴楼 コウカクロウ】 中国、湖北省武漢市の武昌に長江を臨んで建っていた楼。

【黄石公 コウセキコウ】 中国、秦の隠士。張良に兵書を授けたという老人。張良はこの書によって兵法を会得し、漢の高祖の天下平定を助けた。生没年不詳。

【黄巣 コウソウ】 中国、唐末の群雄のひとり。都長安を陥れて、国号を斉とし、自ら斉帝と称する。李克用と戦って敗

れ、逃亡、自殺した。（?～一六四四）

【黄宗羲 コウソウギ】中国、明末、清初の学者。字あざなは太沖。号は梨州など。王夫之、顧炎武とともに清初の三大師と称される。王陽明の実践的儒学を修め、のち史学に志す。著「明夷待訪録」「易学象数論」など。（一六一〇～九五）

【黄帝 コウテイ】中国、古代の伝説上の帝王。三皇五帝のひとり。姓は公孫。軒轅氏とも、有熊氏ともいう。舟車、家屋、衣服、弓矢、文字をはじめて作り、音律を定め、医術を教えたという。黄神コウシン。

【黄庭堅 コウテイケン】中国、北宋の詩人。字あざなは魯直。号は三谷サンコク道人など。江西詩派の祖。師の蘇軾ソショクと並び「蘇黄」と称され、のち、その詩風は「江西体」と呼ばれた。著「山谷内外集」など。（一〇四五～一一〇五）

【黄老 コウロウ】①黄帝と老子。道教の開祖。②道教。また、その教徒。

黄

［廣］⇩2157 ［簧］⇩5729

9588【黌】8352 7354 EA73 黄－13 コウ（クヮウ）漢／hóng／まなびや

字解 形声。學省＋黄声。まなびや、学校の意。

意味 まなびや。学舎。

【黌宇 コウウ】＝黌舎コウシャ

【黌舎 コウシャ】まなびや。学校。

202 黍部 きび

甲骨文

金文

篆文

黍は、イネ科の植物が実を水のようにこぼすさま、また水を注いで育てる植物（ショ）を表すという。黍部はきびに関するが、所属の字は少ない。

黍 黍 ③ 黎
黍 ⑤ 黏 ⑪ 黐

黍

9589【黍】2148 3550 8B6F 黍－0 ショ漢／shǔ／きび

字解 部首解説を参照。

意味 ❶きび。五穀の一。イネ科の一年草、実を食用とする。『黍禾』『黍稷』『黍離』❷度量衡の基本単位。きびの粒を標準にした最小単位。一黍の直径が一分、二四〇〇黍の容量が一合、一〇〇黍の重量が一銖シュ。『黍累』

下接 禾黍カショ・蜀黍ショクショ―もろこし／唐黍とうきび・玉蜀黍とうもろこし

【黍禾 ショカ】キビ。禾黍。

【黍稷 ショショク】モチキビとウルチキビ。また、キビとアワ。転じて、五穀の称。

【黍稲 ショトウ】キビとイネ。

【黍離之嘆 ショリのタン】（「黍離」は、キビが茂ったさびしい光景）はなれた故郷、旧都が荒れはてたこと。過ぎさった栄華、世の推移を嘆くたとえ。〔詩経－王風・黍離〕

【黍累 ショルイ】（「累」は一〇黍）きわめて少ない重さ。

9590【黎】8353 7355 EA74 黍－3 人 レイ漢・リ呉漢／lí

字解 形声。黍＋〓省声。

同属字 藜・黧

参考 万葉仮名では音を借りて「れ」。

意味 ❶くろい。また、黒。『黎黒』『黎老』❷もろもろ。多い。たくさん。『黎献』『黎元』『群黎グンレイ』『民黎ミンレイ』❸しずかにゆっくり動く。「犂」に同じ。『黎明』

【黎献 レイケン】人民の中の賢者。

【黎元 レイゲン】多くの民。人民。衆民。黎民とも。▼元は善で、多くの善良の者の意。また、一説に、黎は黒で、元は首の意から、黒髪の頭の者とも。

【黎黒 レイコク】非常に黒いこと。真黒なさま。

【黎明 レイメイ】①明け方。ゆっくり明けてくるころ。②新しい時代や芸術の運動などが始まること。

【黎老 レイロウ】老人。▼老人の皮膚が黒ずんでいるところから。

黍

9591【黏】8354 7356 EA75 黍－5 ネン 「粘」（5804）の異体字

9592【黐】8355 7357 EA76 黍－11 チ漢・リ漢／chī・lí／もち・とりもち

字解 形声。黍＋离（→離、つく）声。とりもちの意。

意味 もち。とりもち。小鳥などを捕らえるために使う粘着力のある物質。もちの木の樹皮からつくる。

203 黑（黒）部 くろ

金文

篆文

黑は、下の火が上の窓をすすでつまらせているさまを象る。中の土はほのおの先の変形。漢代の隷書では、中の両点を一画につづけて里の形にしたものが見られる。常用漢字はその形を採る。黒部には、黒い色、黒いものに関して黒を意標とする字が収められている。

黑 黒 黑
黑 ⑤ 黛 黛 ⑧ 黨 黧 ⑪ 黴 ⑭ 黶
黑 ④ 黔 默 ⑤ 黜 點 黝 ⑥ 黠 ⑧ 黥
⑨ 黯 黮 ⑩ 黰 ⑮ 黷

黑

9593【黒】2585 3975 8D95 黑－0 常2 コク呉漢／hēi・hè／くろ・くろい

(9594)［黑］ 黑－0 旧字 人

筆順

字解 部首解説を参照。

同属字 墨（墨）・默（黙）・嘿

意味 ❶くろ。くろい。㋑黒色。また、くろくなる。暗くなる。暗い。五色の一。五行では、北の方角にあてる。暗黒。↔白。『黒暗暗アンアン』『黒板コク』『漆黒シッコク』㋺はらぐろい。悪い。正しくない。『黒心』❷地名。『黒竜江』

❶くろ。くろい。

下接 暗黒アンコク・闇黒アンコク・昏黒コンコク・二黒ジコク・漆黒シッコク・蒼黒ソウ

ク・黎黒（レイコク）／色黒（いろぐろ）・白黒（しろくろ）・中黒（なかぐろ）

【黒衣（コクイ｜コクエ｜くろご）】[1]（コクイ｜コクエ）黒い衣服。特に、僧の着る墨染めの衣。[2]（くろご）＝黒子（くろこ）

【黒雨（コクウ）】空が暗くなるような大雨。

【黒鉛（コクエン）】「石墨（セキボク）」の化学名。

【黒子（コクシ｜くろこ）】[1]（コクシ）㋑ほくろ。皮膚の表面に見られる黒い小さな斑点。㋺きわめて小さいもの、また、きわめて狭いことのたとえ。『弾丸黒子』[2]（くろこ）人形遣いや歌舞伎（かぶき）の後見役などの着る黒い衣服や頭巾（ズキン）。また、それを着た人。くろご。

【黒漆（コクシツ）】黒色のうるし。また、それを塗ること。

【黒質（コクシツ）】黒い地肌。＊柳宗元-捕レ蛇者説「黒質而白章（コクシツにしてハクショウなり）〔＝(その蛇は)黒地に白のまだらがある〕」

【黒死病（コクシビョウ）】伝染病の一。ペスト。♥死体が皮下出血のために黒く見えるところからいう。

【黒心（コクシン）】[1]ねたみごころ。嫉妬心（シットシン）。[2]きたない心。悪い心。邪心。

【黒人（コクジン）】黒い皮膚を特徴とする人種。

【黒檀（コクタン）】カキノキ科の常緑高木。材は黒色で堅く光沢があり、高級家具、装飾品、楽器などに用いる。

【黒帝（コクテイ）】五天帝の一。北方をつかさどる神。

【黒点（コクテン）】[1]黒色の点。[2]太陽の表面に見える黒い斑点（ハンテン）。周囲より温度が低いので黒く見える。

【黒土（コクド｜くろつち）】黒い色の土。特に、腐敗した植物質を含み、耕作に適した黒い土。

【黒頭（コクトウ）】[1]髪の毛の黒い頭。[2]年若い人のこと。

【黒頭公（コクトウコウ）】[1]年が若くて三公の位に上る者。[2]筆をいう。

【黒内障（コクナイショウ｜くろそこひ）】網膜、視神経など、主に眼底に起こる病気。目の玉は黒く外見上の異常はないが、視力がなくなる。

【黒板（コクバン）】塗料などを塗った黒または緑の板。チョークで文字などを書くためのもの。

【黒白（コクビャク｜くろしろ）】[1]黒い色と白い色。黒いものと白いもの。白黒（しろくろ）。[2]非と是。邪と正。悪と善。

【黒風（コクフウ）】砂塵をまき上げ、空を暗くするような旋風。

【黒曜石（コクヨウセキ）】火山岩の一。主に黒色で、ガラスのような光沢を持ち、割れ目は貝殻状を示す。

❷ 地名。

【黒竜江（コクリュウコウ）】[1]ロシアと中国の国境付近を流れる大河。アムール川。[2]中国東北地区北端の省の名。

[黑]

【墨】⇩1298

[黑]

9595 【黛】 3467 4263 91E1 黑－5 [人] タイ[漢]／dài／まゆずみ

(9596) 〔黛〕 ─ ─ 黑－5 旧字

[字解] 形声。黑＋代[声]。

[意味] まゆずみ。まゆを描く墨。まゆずみでかいたまゆ。また、まゆずみのような青黒色。青々としたさま。『鉛黛（エンタイ）』『眉黛（ビタイ）』『粉黛（フンタイ）』『緑黛（リョクタイ）』

【黛鬟（タイカン）】婦人の黒々としてつやのある髪。

【黛色（タイショク）】[1]まゆずみの色。[2]山または樹木などの、青黒く見える色。黛青。

【黛青（タイセイ）】まゆずみのように濃い青色。遠山などの青々として奥深い色の形容。青黛。

【黛眉（タイビ）】まゆずみでかいた眉（まゆ）。

【黛面（タイメン）】まゆずみで化粧した顔。

【黛螺（タイラ）】[1]青緑色の絵の具。[2]女子のまゆずみと螺髻（ラケイ）（タニシの貝殻のような髪型）。

【黛緑（タイリョク）】まゆずみの色が青い。美人の形容。

9597 【黨】 8362 735E EA7D 黑－8 トウ 「党」(474)の異体字

9598 【黧】 ＊ 7687 黑－8 リ[呉][漢]・レイ[漢]／lí／くろい

[字解] 形声。黑＋夠[声]。くろい意。黎に同じ。

9599 【黴】 8364 7360 EA80 黑－11 バイ[漢]・ビ[漢]／méi／かび・かびる

[字解] 形声。黑＋微（かすか）省[声]。かびの意。

[意味] ❶かび。下等な菌類の総称。また、かびる。腐敗する。『黴雨』『黴菌』❷すすける。黒く汚れる。『黴黒』❸かさ（瘡）。性病の一。『黴毒』

【黴雨（バイウ）】つゆ。梅雨（バイウ）。

【黴菌（バイキン）】人体に有害な細菌などの微生物の俗称。

【黴黒（バイコク）】あかがついて黒いさま。すすけて黒いさま。

【黴毒（バイドク）】性病の一。梅毒（バイドク）。

9600 【黶】 8365 7361 EA81 黑－14 エン[漢]／yǎn

[字解] 形声。黑＋厭（上からおさえつける）[声]。皮膚にある黒いしみ、ほくろの意。

[黑]

9601 【黔】 8356 7358 EA77 黑－4 キン[漢]・ケン[漢]／qián／くろい

[字解] 形声。黑＋今[声]。

[意味] ❶くろい。くろくなる。『黔愚』『黔首』❷中国、貴州省の略号。❸固有名詞など。『黔驢之技』『黔婁』

【黔愚（ケング）】人民。♥人民は冠をつけないで黒髪を出しおろかな者であるという意味で用いる。

【黔首（ケンシュ）】庶民。人民。♥昔、中国で一般民衆はかぶり物をつけないで黒髪を出していたところからいう。

【黔婁（ケンロウ｜ケンル｜キンロウ）】[1]中国、戦国時代の斉の隠士。清貧に甘んじて、諸公の招きに応ぜず、死んだ時、衾が小さくて体をおおうことができなかった。[2]転じて、貧しい人。

【黔驢之技（ケンロのギ）】見かけだおしの技量。また、実力のほどを知らずに恥をかくこと。〔柳宗元-三戒〕♥中国、黔（ケン）の地にはロバ（驢馬）がいなかったので、ある人がロバを放したところ、初めてそれを見たトラは恐れて近寄らなかった。しかし、ある時怒ったロバに蹴られてはじめてロバが大した能力のないことを知り、トラは喜んでこれを食べてしまったという故事から。

9602 【默】 6452 6054 E0D2 黑－4 モク 「黙」(4572)の旧字

9603 【黜】 8357 7359 EA78 黑－5 チュツ[漢]／chù／しりぞける

[字解] 形声。黑＋出（おいだす）[声]。しりぞける意。

[意味] しりぞける。官位をさげる。職をやめさせる。追放する。また、廃止する。『貶黜（ヘンチュツ）』『放黜（ホウチュツ）』

【黜遠】チュツエン しりぞけ遠ざけること。
【黜責】チュツセキ しりぞけ責めること。
【黜陟】チュツチョク 功によって官位をあげさげすること。
【黜罰】チュツバツ その地位から退け、また、罰を加えること。
【黜否】チュツヒ 無能の者をやめさせること。
【黜免】チュツメン 官職をやめさせてしりぞけること。

9604 【點】 8358 735A EA79 黑－5 テン 「点」(4546)の旧字

9605 【黝】 8359 735B EA7A 黑－5 ユウ(イウ)㊥\yǒu
字解 形声。黑＋幼㊐。
意味 あおぐろい。また、黒い。暗い。
【黝藹】ユウアイ 樹木の盛んに茂っているさま。
【黝堊】ユウアク ①黒塗りの柱と白壁。②黒く塗ること。
【黝黝】ユウユウ うす黒いさま。樹木の茂っているさま。

9606 【黠】 8360 735C EA7B 黑－6 カツ㊥\xiá
字解 形声。黑＋吉(→堅、かたい)㊐。堅くて黒い意。
意味 ❶かたく黒い。❷わるがしこい。ずるい。『黠獪』『黠慧』『黠虜』『奸黠カンカツ』『狡黠コウカツ』
【黠獪】カツカイ わるがしこいこと。狡獪コウカイ。
【黠慧】カツケイ こざかしいこと。
【黠智】カツチ わるがしこい知恵。わるぢえ。
【黠虜】カツリョ ずるがしこい外国の民。

9607 【黥】 8361 735D EA7C 黑－8 ケイ㊥・ゲイ㊎\qíng\いれずみ
字解 形声。黑＋京(→畺、境界を区切る)㊐。黒い入れずみを罪人に入れて区別する、いれずみの意。
意味 いれずみ。罪人の顔に墨を入れる刑。
【黥首】ゲイシュ 罪人の額にいれずみをすること。
【黥徒】ゲイト いれずみの刑を受けた罪人。
【黥布】ゲイフ 中国、秦末、漢初の武将英布エイフのこと。罪を犯して黥ゲイ(＝いれずみ)をされたのでこう呼ばれた。
【黥面】ゲイメン 顔にいれずみをすること。

9608 【黯】 8363 735F EA7E 黑－9 アン㊥\àn\くらい
字解 形声。黑＋音(→暗、くらい)㊐。まっくろの意。
意味 くろい。くらい。
【黯靄】アンアイ 暗く立ち込めるもや。
【黯然】アンゼン ①黒いさま。暗いさま。②気がはれないさま。
【黯淡】アンタン 薄暗いさま。

9609 【黮】 *7690 黑－9 タン㊥・シン㊥\tǎn・shèn\くろい
字解 形声。黑＋甚㊐。
意味 ❶くらいさま。明らかでない。❷くろい。また、まっくろなくわの実。

9610 【黰】 *7691 黑－10 シン㊥\zhěn
字解 形声。黑＋眞㊐。くろいさま。また、黒髪。

9611 【黷】 8366 7362 EA82 黑－15 トク㊥\dú\けがす・けがれる
字解 形声。黑＋賣㊐。
意味 けがれる。また、けがす。よごす。『干黷カントク』
【黷職】トクショク 職務をけがすこと。官吏や議員などがその地位を利用して不正をはたらくこと。瀆職トクショク。汚職。
【黷武】トクブ むやみに戦いをして武徳をけがすこと。
*白居易－新豊折臂翁「不ㇾ賞ニ辺功ニ防ㇾ黷ㇾ武ヘンコウをショウせずブをけがすをふせぐ〔＝国境付近での戦争のてがらをほめず、道理にはずれた戦争をして武徳をけがさないようにする〕」

黑
【嘿】⇩1173 【儵】⇩436

204 黹部 ち

黹は、着物に刺繍をした模様の形に象る。黹部には黹を部標として、ぬいとり模様のあるものを表す字を収める。

黹 黹 ⑤ 黻 ⑦ 黼

黹

9612 【黹】 8367 7363 EA83 黹－0 チ㊥\zhǐ
字解 部首解説を参照。

黹

9613 【黻】 8368 7364 EA84 黹－5 フツ㊥\fú
字解 形声。黹＋犮(とりのぞく)㊐。青と黒との糸で二つの弓字(己とも)を背中合わせにした形に刺繍をする、またその礼服の意。悪をとりのぞき善に向かう意をこめたという。
意味 ぬいとり。また、ひざかけ。ひざおおい。
【黻冕】フツベン ひざかけと、かんむり。祭礼に用いる。

9614 【黼】 8369 7365 EA85 黹－7 フ㊥・ホ㊎\fǔ
字解 形声。黹＋甫(→斧、おの)㊐。天子の礼服に刺繍した、斧を向き合わせた模様、またその礼服の意。
意味 ぬいとり。また、ぬいとりをした衣服。
【黼扆】フイ|ホイ ①斧おのの形を描いた赤い絹地の屏風ビョウブ。天子が拝謁ハイエツを受けるときに、後ろに立てるもの。②転じて、天子。
【黼座】フザ|ホザ 天子の御座。黼扆を後ろに置く。
【黼黻】フフツ|ホフツ ①中国古代の礼服のぬいとりの模様。②文章。また、文章で助けたり、立派にしたりすること。

205 黽部 べん

黽は、腹のふくれたかえる(食用か?)の象形というが、黽部に属する字は、うみがめやわになどの類を表している。虫部(142)では、はえの字に用いられる。簡略化して黾と書く。

黽 黽 黽 ④ 黿 ⑤ 鼂 ⑥ 鼃 ⑪ 鼇 ⑫ 鼉 鼈
黽 ⑥ 䵷

黽

9615【黽】8370 7366 EA86 黽－0 (9616)【黽】―― 黽－0

メン呉・ビン漢・ベン漢・ボウ(バウ)漢/měng・mǐn・miǎn

字解 部首解説を参照。

同属字 僶・澠・蠅・繩(縄)

意味 ❶あおがえる。また、かえる。『蛙黽アボウ』❷つとめはげむ。勉強する。『黽勉』❸地名。『黽池』

【黽勉ビンベン】励みつとめること。精を出すこと。僶俛ビンベン。

【黽池ベンチ|メンチ】中国、漢代の県名。現在の河南省澠池県。戦国時代に、藺相如リンショウジョが趙チョウの恵文王を助けて秦シンの昭王と会見した場所。澠池ベンチ|メンチ。

黽

9617【黿】*7702 黽－4

ゲン漢・ガン(グヮン)漢/yuán

字解 形声。黽+元(おおきい)声。おおきいすっぽんに似たかめの意。食用にしたともいう。

意味 おおがめ。おおすっぽん。

【黿鼉ゲンダ】オオガメやワニ。

【黿鳴鼈応ゲンメイベツオウ】オオガメが鳴くと、これに応じてスッポンが鳴くこと。君臣が互いに感応しあうことのたとえ。〔後漢書-張衡伝〕

9618【鼂】*7703 黽－5

チョウ(テウ)漢/cháo

字解 会意。旦+黽。おおがめの一種。また、人の姓にも用いる。

金文 篆文

【鼂錯チョウソ】中国、前漢の政治家。文帝・景帝に仕え、景帝の時、御史大夫となった。諸侯の封土削減策がもとで呉楚七国の乱を招き、殺された。前一五四年没。

9619【鼃】*7704 黽－6 (9623)【䵷】―― 黽－6

カイ(クヮイ)漢・ア慣

字解 形声。黽+圭声。かえるの意。蛙に同じ。

【竈】⇩5562

9620【鼇】8371 7367 EA87 黽－11 (9258)【鰲】8266 7262 E9E0 魚－11

ゴウ(ガウ)漢/áo

字解 形声。黽+敖声。鰲は通俗体。

意味 おおすっぽん。おおがめ。海中で仙山を負うというかめ。『巨鼇キョゴウ』

【鼇山ゴウザン】①中国古代の伝説で、渤海ボッカイにあり、神仙シンセンが住んでいるという五つの山。おおがめが頭でささえているという。②山車だしのこと。

【鼇頭ゴウトウ】①おおがめの頭。また、鼇山の頂上。②書物の本文の上の空欄。また、そこに書かれた注解。

【鼇峰ゴウホウ】翰林院カンリンインのこと。◆誉れ高い翰林院を神仙の住むという鼇山ゴウザンにたとえていう。

9621【鼉】*7705 黽－12

ダ呉・タ漢・タン漢・セン漢/tuó

字解 形声。黽+單省声。

甲骨文 篆文

意味 わにの一種。

【鼉鼓ダコ】鼉ダの皮を張った太鼓。

9622【鼈】8372 7368 EA88 黽－12 (9259)【鱉】*7532 魚－12

ヘツ漢・ベツ慣/biē/すっぽん

字解 形声。黽+敝声。鱉は通俗体。

意味 ❶すっぽん。スッポン科の淡水産カメ。背甲はオリーブ色で、甲板はなく、ほぼ円形。食いついたら離れない。肉は美味で栄養に富む。どろがめ。❷ワラビの別名。ワラビの芽がスッポンの足に似ているのでいう。

【鼈裙ベックン】スッポンの甲の周りにある、美味な肉。

【鼈甲ベッコウ】①スッポンの背の甲羅コウラ。薬用とした。②国ウミガメの一種、瑇瑁タイマイの甲羅を何枚か重ね、水と熱を加え、圧縮したもの。くしなど装飾品の材とする。

黽

【僶】⇩419 【澠】⇩4354

9623【䵷】―― 黽－6

ア 「鼃」(9619)の異体字

【繩】⇩6005 【縄】⇩6069 【蠅】⇩7187

206 鼎部 かなえ

甲骨文 金文 篆文

鼎は、かなえに象り、かなえの意(テイ)を表す。鼎部には、鼎とそれに音標をかえて鼎の類を表す字を収める。

鼎 鼎 鼎 ② 鼐

鼎

9624【鼎】3704 4524 9343 鼎－0

テイ漢/dǐng/かなえ

字解 部首解説を参照。

意味 ❶かなえ。㋑古く、飲食物を煮るのに用いた金属の器。青銅製で、多くは三脚・両耳付き。元来は、古代中国の祭器。㋺帝王の宝器。王位のしるし。中国の夏カの禹王ウオウが洪水を治めて開いた九つの地から金を集めて九鼎キュウテイを作り、宝としたところからいう。❷かなえの三本の足にたとえて、天子を補佐する三人の高官。大臣、卿相ケイショウの類。三公。また、とうとい家柄。『鼎位』❸かなえの足のように三者が向かい合ったさま、形。『鼎談』❹易の六十四卦カの一。☲☴。変革のさまを表す。『鼎革』❺まさに…す。ちょうど…にあたる。『鼎盛』

❶ かなえ。

下接 贋鼎(ガンテイ)・九鼎(キュウテイ)・石鼎(セキテイ)・定鼎(テイテイ)・宝鼎(ホウテイ)

【鼎彝(テイイ)】かなえと彝(イ)。❤彝は宗廟(ソウビョウ)にそなえ、人の功績を刻んだ祭器。

【鼎鑊(テイカク)】(「鑊」は脚のないかなえの意)①鼎と鑊。肉や魚を煮るのに用いる道具。②中国の戦国時代、重罪人を煮殺すのに用いた道具。

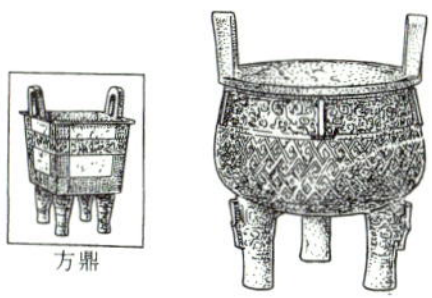
方鼎
鼎❶㋑〔右：西安市文物管理処蔵　左：河南省博物館蔵〕

【鼎鉉(テイゲン)】①かなえの両耳にかけ渡した、金属製のとって。②大臣。宰相。

【鼎湖(テイコ)】中国河南省閿郷県の南の荊山のふもとにある湖。上古の帝王、黄帝が大きな銅のかなえを作ったという伝説がある。

【鼎鐘(テイショウ)】かなえと、つりがね。むかし、それらに人の功績をきざんだ。

【鼎食(テイショク)】①多くのかなえを並べて、ごちそうを食べること。また、そのごちそう。②富裕な生活をすること。

【鼎俎(テイソ)】①かなえとまないた。ともに生き物を料理するのに用いる。②かなえで煮られ、まないたの上で切られること。死ぬ運命にあるたとえ。

【鼎祚(テイソ)】天子の位。帝位。皇祚。❤中国、夏の禹王が九枚の金を集め九個のかなえを鋳て王位継承の宝器としたという故事から。

【鼎足(テイソク)】かなえの足。また、かなえの足のように、三つで一組をなすものをいう。→❷❸

【鼎族(テイゾク)】かなえの足のようにずっしりとした勢力を持つ、大きな家がら。

【鼎鼎(テイテイ)】かなえのように、ずっしり座って動かないさま。また、からだや動作が鈍いさま。→❺

【鼎沸(テイフツ)】かなえの湯がわきたつように議論がわきたつこと。〔漢書-霍光伝〕

【鼎分(テイブン)】かなえの三本の足のように、三分すること。

【鼎味(テイミ)】①料理の本。②天下の政治。

【問二鼎軽重一(かなえのケイチョウをとう)】その人の実力を疑って地位をくつがえし奪おうとすること。また、その人の価値・能力を疑うこと。〔左伝-宣公三年〕❤天下をとろうとする野心をもった楚の荘王が、周の定王の使者に、周王室の宝器である鼎の重量を尋ねたという故事から。

❷ 三公。天子を補佐する三人の高官。

【鼎位(テイイ)】大臣・宰相の位。また、大臣・宰相。

【鼎臣(テイシン)】三公の位にある臣。大臣。

【鼎足(テイソク)】三人が力を合わせて国家・君主などをささえること。特に三公を指していう。→❶❸

【鼎輔(テイホ)】三公のこと。大臣。宰相。

❸ かなえの足のように三者向かい合う形。

【鼎坐・鼎座(テイザ)】三人が向かい合ってすわること。

【鼎足(テイソク)】三者が向かい合って立つこと。→❶❷

【鼎談(テイダン)】三人が向かい合って話し合うこと。

【鼎立(テイリツ)】三者が、互いに対立すること。

❹ 易の六十四卦の一。

【鼎革(テイカク)】(「革」は古きを去る意)ものを変革すること。特に天命の変革。王者の易姓革命。

【鼎新(テイシン)】古い物事をあらためること。革新。

❺ まさに…す。

【鼎盛(テイセイ)】まっさかり。まさにさかりであること。

【鼎鼎(テイテイ)】①まさにその時、その時が過ぎていくさま。②年月が早く過ぎるさま。②まっさかりなさま。→❶

9625【鼐】＊7707　鼎－2　ダイ㊥/nài

字解 形声。鼎＋乃㊟。大きなかなえの意。また一説に小さなかなえの意とも。

207 鼓部 つづみ

鼓は、壴(地上にすえた打楽器の象形)と支(もとは攴、棒をもって打つさま)との会意で、つづみ、またつづみを打つこと(コ)を表す。鼓部の字は、つづみの類に関係する。

鼓 ◆

鼓 ◆ 鼓 皷 鼓

鼓 ⑤ 鼛 ⑧ 鼙

鼓 ⑥ 鼕

甲骨文
金文
篆文

9626【鼓】2461 385D 8CDB　鼓－0　常

(9627)〔皷〕8373 7369 EA89　鼓－0

ク㊥・コ㊥/gǔ/つづみ

筆順 鼓 鼓 鼓 鼓 鼓

字解 部首解説を参照。

意味 ❶つづみ。円筒状で中空の胴に皮を張って鳴らす打楽器。『鼓笛隊』『鉦鼓』『太鼓』❷つづみを打つ。たたく。ならす。また、ふるいたたせる。はげます。『鼓吹』『鼓舞』＊孟子-梁恵王上「塡然鼓レ之、兵刃既接(テンゼンとしてこれをコし、ヘイジンすでにセッす)」〔＝ドンドンと進撃の太鼓を打ち鳴らし、はやくも武器と武器とが触れ合って斬り合いとなった〕

❸「鼓子花(コシカ)」は、植物の名。昼顔。

下接 羯鼓(カッコ)・諫鼓(カンコ)・旗鼓(キコ)・金鼓(キンコ)・小鼓(ショウコ／こつづみ)・鉦鼓(ショウコ)・鐘鼓(ショウコ)・簫鼓(ショウコ)・戦鼓(センコ)・太鼓(タイコ)・天鼓(テンコ)・鼙鼓(ヘイコ)・雷鼓(ライコ)・漏鼓(ロウコ)／舌鼓(したつづみ)・腹鼓(はらつづみ)

❶ つづみ。

【鼓下(コカ)】陣中で死刑を行うところ。❤太鼓の置いてある場所の下で行われたところから。

【鼓角(コカク)】陣中で使う、鼓と角笛。

【鼓声(コセイ)】つづみの音。

【鼓笛(コテキ)】太鼓と笛。『鼓笛隊』

【鼓鼙(コヘイ)】①つづみとふりつづみ。中国で昔、戦争の時に使用された。②転じて、戦争。

【鼓膜(コマク)】耳孔の奥にあって、外耳と中耳との境界をなす、円形で薄い漏斗(ロウト)状の膜。つづみのように空気の振動に共鳴して、それを中耳の耳小骨へ伝える。

12 黄(黄) 黍 黑(黒) 黹 13 黽 鼎 鼓 鼠 12画～ 14 鼻(鼻) 齊(斉) 15 齒(歯) 16 龍(竜) 龜(亀) 17 龠

【鼓楼ロウ】寺で、時刻を告げる太鼓をかけておく楼閣。

❷つづみを打つ。また、ふるいたたせる。

【鼓枻・鼓栧コエイ】かいの音をたてること。また、かいを動かすこと。舟を漕ぐこと。

【鼓弓キュウ】弦楽器の一種。胡弓コキュウ。

【鼓行コウ】軍隊が太鼓を打ち鳴らして行進すること。

【鼓掌ショウ】手をたたくこと。

【鼓吹スイ】ある意見や思想を盛んに主張し宣伝して、相手に吹き込むこと。❤もと、鼓を打ち、笛を吹く意。

【鼓舌ゼツ】舌を鳴らしてしゃべること。

【鼓騒・鼓譟ソウ】①戦場で、戦いの開始や士気を高めるために太鼓を鳴らすこと。②さわぎたてること。

【鼓怒ド】水などが音をたてて激しく鳴り響くこと。転じて、激しく怒ること。

【鼓動ドウ】心臓が収縮運動によって律動的にどきどきと動いて胸に響きを伝えること。また、その響き。

【鼓舞ブ】人の気持ちを奮い立たせること。

【鼓腹フク】腹鼓はらつづみをうつこと。世の中がよく治まり、食が足りて安楽な様子。【鼓腹撃壌コフクゲキジョウ】人民が平和で安楽な生活を楽しむさま。「撃壌」は、足で地面をふみならして拍子をとること。＊十八史略-五帝「有二老人一、含レ哺鼓レ腹、撃レ壌而歌ロウジンあり、ホをふくみはらを鼓し、つちをうってうたう〔＝老人が食べものをほおばり、腹つづみを打ち、足で地面をたたいて拍子をとりながら歌っている〕」

【鼓盆ボン】妻に死別することをいう。〔荘子-至楽〕❤「盆」は中国で酒、水を入れる瓦器。荘子は妻が死んだとき、瓦器をたたいて歌ったという故事から。

【鼓励レイ】鼓舞し、励ますこと。

9628 【鼔】 ＊7710 鼓-0 ク㊉・コ㊇/gǔ

字解 会意。壴(楽器、つづみ)＋攴(うつ)。つづみをうつ意。鼓と混用される。

鼓

9629 【鼕】 8374 736A EA8A 鼓-5 トウ㊇/dōng

字解 形声。鼓＋冬㊉。つづみのおと。

【鼕鼕トウトウ】①鼓などが鳴りわたるさま。②足音高く踏み鳴らすさま。③音高く物を打ったりなどするさま。

［瞽］⇩5183

9630 【鼙】 ＊7713 鼓-8 ヘイ㊇/pí

字解 形声。鼓＋卑(小さい)㊉。こつづみの意。

参考 万葉仮名では音を借りて「へ㊊」。

意味 小さいつづみ。また、せめつづみ。馬上で鳴らすつづみ。

【鼙鼓ヘイコ】戦場で用いる鼓。攻め太鼓。転じて、戦争。鼓鼙コヘイ。＊白居易-長恨歌「漁陽鼙鼓動レ地来ギョヨウのヘイコチをうごかしてきたる〔＝漁陽を発した反乱軍の打ち鳴らす攻め太鼓が、地をゆり動かして迫ってきた〕」

鼓

9631 【鼗】 ＊7712 鼓-6 トウ(タウ)㊇/táo

字解 形声。鼓＋兆(両側にさけ離れる)㊉。胴の両側にさがったふりこが鼓面をうつ、ふりつづみの意。

鼗〔旧李王家蔵〕

208 鼠部 ねずみ

鼠は、ねずみを表す。その形は、上は歯、下はよく動く足と尾か。未詳。鼠部には、ねずみの類、穴に住む小獣を表す字がある。草略形から通俗に鼡の形が用いられる。この形は、獵䗶等の鼡の略体としても用いられる。

篆文

鼠 鼠 鼠 鼡
鼠 ⑤ 鼪 鼫 鼦 鼬 ⑦ 鼯 ⑨ 鼴 ⑩ 鼷

鼠

9632 【鼠】 3345 414D 916C 鼠-0 ソ㊉・ショ㊇/shǔ/ねずみ・ねず

(9634)〔鼡〕 8375 736B EA8B 鼠-0

(9633)〔鼠〕 ―― 鼠-0

字解 部首解説を参照。

意味 ❶ねずみ。㋑ネズミ科に属する哺乳類ホニュウルイの総称。繁殖力が強く、多くは農作物などを食い荒らし、病原菌を媒介する。『鼠咬症』『窮鼠キュウソ』『首鼠シュソ』㋺こそこそと害をなす者のたとえ。小人。小賊。『鼠盗』㋩国ねずみ色。灰色。薄墨色。『利休鼠リキュウねずみ』❷気がふさぐ。うれえる。『鼠思』

❶ねずみ

【鼠肝虫臂ソカンチュウヒ】ネズミのきもと虫のひじ。とるに足りないもののたとえ。〔荘子-大宗師〕

【鼠蹊部・鼠径部ソケイブ】恥骨の両側、ももの付け根の三角形状の部分。

【鼠咬症ソコウショウ】ネズミ、イタチなどにかまれて起こる一種のスピロヘータ病。

【鼠竄ザン】ネズミが穴にはいるように、こそこそと逃げ隠れること。

【鼠矢シ】ネズミの糞フン。

【鼠窃狗偸ソセツクトウ】こそどろ。ネズミやイヌのようにこそこそ物をぬすむこと。〔史記-劉敬叔孫通伝〕

【鼠賊ゾク】小さい盗みをする泥棒。こそどろ。

【鼠盗トウ】こそどろ。鼠賊。

【鼠輩ハイ】ネズミのようにとるに足りない者。

【鼠樸ハク|ボク】ネズミの干物。役に立たないもの。

【鼠伏フク】ネズミのように身を隠すこと。

【鼠狼ロウ】イタチ(鼬)の異名。

【投レ鼠忌レ器ねずみにトウずるにうつわをいむ】ネズミに物を投げつけて殺そうとしても、そばにある器がこわれるのを恐れて投げることができない。主君のそばにいる奸臣を除こうと思っても、主君を傷つけることを恐れてできないことのたとえ。〔漢書-賈誼カギ伝〕

❷気がふさぐ。うれえる。

【鼠思シ】くよくよすること。うれえること。〔詩経-小

雅・雨無正〕

鼠

【竄】⇩5559

鼠 5画

9635【鼪】＊7719 鼠－5 セイ㊥／shēng／いたち
字解 形声。鼠＋生㊥。いたちの意。

9636【鼫】＊7720 鼠－5 セキ㊥／shí／むささび
字解 形声。鼠＋石㊥。
意味 ❶むささび。鼯に同じ。❷「鼫鼠（セキソ）」は、㋑昆虫のケラ（螻蛄）の異名。㋺リスの一種。田畑を荒らす。碩鼠。

9637【鼦】＊7718 鼠－5 チョウ（テウ）㊥／diāo
字解 形声。鼠＋召㊥。テンの意。貂に同じ。

9638【鼬】8376 736C EA8C 鼠－5 ユウ（イウ）㊥／yòu／いたち
字解 形声。鼠＋由㊥。
意味 いたち。イタチ科の哺乳類（ホニュウルイ）。敵に襲われると肛門腺（コウモンセン）から悪臭を放つ。『鎌鼬（かまいたち）』『鼯鼬（ゴユウ）』

9639【鼯】＊7721 鼠－7 ゴ㊥／wú／むささび
字解 形声。鼠＋吾㊥。
意味 むささび。ももんが。鼯鼠（ゴソ）。

【鼯鼠（ゴソ）】①むささび。リス科の哺乳類（ホニュウルイ）。手足間の皮膜を広げて枝から枝へ飛び、一〇〇メートル以上も滑空できる。②ももんが。リス科の哺乳類（ホニュウルイ）。ムササビに似ているが、小形。ももんがあ。【鼯鼠之技（ゴソのギ）】（ムササビのわざの意）わざは多いが役に立つものはひとつもないということ。器用貧乏。

【鼯鼬（ゴユウ）】ムササビとイタチ。

9640【鼴】＊7724 鼠－9 エン㊥／yǎn／もぐら
字解 形声。鼠＋匽㊥。もぐらの意。

9641【鼷】＊7725 鼠－10 ケイ㊥／xī・xí
字解 形声。鼠＋奚㊥。「鼷鼠（ケイソ）」は、二十日鼠（はつかねずみ）。

209 鼻（鼻）部 はな

甲骨文 篆文

鼻は、もと自が鼻の象形。先秦時代に音標の畀が加わった。息が通るはなの意。自は別に自部（132）がある。

鼻 鼻 鼻
③ 鼾 鼽 ⑤ 鼿 ⑩ 齅

鼻 0画

9642【鼻】4101 4921 9540 鼻－0 常3 （9643）【鼻】旧字 鼻－0
ビ㊥・ヒ㊥／bí／はな

筆順 自 自 畠 畠 鼻 鼻

字解 部首解説を参照。
参考 万葉仮名では音を借りて「び㊥」。
意味 はな。㋑哺乳（ホニュウ）類のはな。一般に、動物の嗅覚器のあたりや、はなのように見える部分。『鼻孔』『鼻梁』『酸鼻』㋺人間は鼻から形ができるという言い伝えから。物のはじめ。先頭。『鼻祖』『鼻子』

下接 高鼻（コウビ）・酸鼻（サンビ）・隆鼻（リュウビ）・阿鼻叫喚（アビキョウカン）・耳鼻咽喉科（ジビインコウカ）／赤鼻（あかはな）・鉤鼻（かぎばな）・小鼻（こばな）・段鼻（ダンばな）・目鼻（めはな）・鷲鼻（わしばな）・獅子鼻（シシばな）

【鼻炎（ビエン）】鼻の粘膜の炎症。

【鼻音（ビオン）】①鼻にかかった声。②音声学で、呼気が鼻腔を通り、鼻腔の共鳴を伴う有声子音。日本語のマ行、ナ行の子音、また、ンの音など。

【鼻鼾（ビカン）】いびき。

【鼻孔（ビコウ）】鼻の穴。

【鼻腔（ビコウ／ビクウ）】鼻孔から咽頭に至るまでの空間。「副鼻腔」▽医学用語としては「ビクウ」。

【鼻骨（ビコツ）】鼻の基礎となる骨。

【鼻根（ビコン）】仏語。六根の一。においを知覚する器官。

【鼻子（ビシ）】①はな。②はじめて生まれた子。

【鼻哂（ビシン）】鼻で笑うこと。せせら笑うこと。

【鼻祖（ビソ）】先祖。元祖。始祖。〔揚雄-反離騒〕▽中国で、胎生動物は鼻からまず形を成すとされたところから。

【鼻息（ビソク／はないき）】①鼻でする息。②比喩（ヒユ）的に、人の態度、状態についていう。『鼻息（はないき）が荒い（＝思い込みが強く、意気込みが激しい）』【仰鼻息（ビソクをあおぐ）】①人の力にたよる。②人の顔色をうかがう。〔後漢書-袁紹伝〕

【鼻頭出火（ビトウひをいだす）】鼻から火を出す。勢いがきわめて盛んなこと。〔南史-曹景宗伝〕

【鼻翼（ビヨク）】鼻の先の膨らんだ所。こばな。

【鼻梁（ビリョウ）】鼻ばしら。鼻すじ。

鼻 3画

【劓】⇩680

9644【鼾】8377 736D EA8D 鼻－3 カン㊥／hān／いびき
字解 形声。鼻＋干㊥。
意味 いびき。睡眠中に呼吸に伴って鼻や口から発する音。『鼻鼾（ビカン）』

【鼾睡（カンスイ）】いびきをかいてぐっすり眠ること。

【鼾声（カンセイ）】いびきの音。

9645【鼿】＊7730 鼻－3 ゴツ㊥／うせる
字解 形声。鼻＋兀㊥。
意味 うせる。けものが鼻先で物を掘り出したり動かしたりする。

9646【齁】＊7731 鼻－5 コウ㊥・コ㊥／hōu／いびき
字解 形声。鼻＋句㊥。いびき、はないきの意。

12 黃（黄）黍黑（黒）黹 13 黽鼎鼓鼠 12画 14 鼻（鼻）齊（斉） 15 齒（歯） 16 龍（竜）龜（亀） 17 龠

9647 【齅】 *7734 鼻-10 キュウ(キウ)漢/xiù/かぐ

字解 形声。鼻+臭(においをかぐ)声。鼻でにおいをかぐ意。のちに鼻が付され、またそれが口に変わり嗅となった。

210 齊(斉)部 せい

齊は、穀物ののびた穂がはえそろったさまに象り、そろう・ひとしい意(セイ)を表す。齊部には齊のほか、康熙字典では、字形構成上齊を部分にもつ字を収めるが、それらはそれぞれ他の部分の示、貝、韭などを意標として、それぞれの部に属すべきものである。それらの字の齊の形は、後世単体と同様の簡略化が行われている。

齊◆ 斉 齊 ③ 斎 齋 ⑦ 齎 ⑨ 齏

齊 ◆

9648 【斉】 3238 4046 90C4 齊-0 常 (9649)【齊】 8378 736E EA8E 齊-0 旧字 人

サイ呉・セイ漢・シ漢/qí・jì・zī・zhāi/ととのえる・ととのう・そろう・ひとしい

筆順 斉 斉 斉 斉 斉 斉

字解 部首解説を参照。

同属字 齋(斎)・齎・薺・霽・劑(剤)・儕・濟(済)・臍・躋

参考 万葉仮名では音を借りて「せ」。

意味 ❶ととのえる。まとめる。ととのう。とどのいそろう。『斉唱』『一斉(イッセイ)』『整斉(セイセイ)』 *論語-為政「斉レ之以レ刑(これをととのうるにケイをもってす)」〔=民衆を統一するのに刑罰を用いる〕」 ❷ひとしくする。ならべる。また、ひとしい。おなじ。『斉眉』『斉民』『均斉(キンセイ)』 ❸うやうやしくつつしむ。おごそか。『斉粛』 ❹中国の国名。㋑紀元前三七九年まで続いた周代の諸侯国の一。周の武王によって呂尚(太公望)が封ぜられた国。前七世紀に桓公の富国強兵策により五覇となった。㋺戦国の七雄の一(前三七九～前三二一)。周初以来の斉を、重臣の田氏が奪って建国。前者と区別するために田斉とも呼ばれる。㋩南北朝時代、南朝の第二王朝(四七九～五〇二)。通称は南斉。宋の武人蕭道成(高帝)が宋の順帝の禅譲により建国。梁の武帝に国を奪われ、七代で滅んだ。㋥南北朝時代、北朝の王朝(五五〇～五七七)。通称は北斉。東魏の高洋(文宣帝)が建国。北周に滅ぼされた。㋭南宋初期、金の建てた王朝(一一三〇～一一三七)。南宋の降臣劉予を皇帝として建国。山東、河南、陝西を領有した。❺(サイ)ものいみ。「斎」に同じ。❻(シ)「斉衰(シサイ)」は、喪服。「衰」は喪服の名。中国の喪服五等のうちの一。母の死に遭った者が用いる。父の喪には斬衰(ザンサイ)を着用。❼ほぞ。へそ。「臍」に同じ。『噬斉(ゼイセイ)』 ⇓表

◎斉・斎—俗に同じ「斉」で混用される。

旧字	新字	俗字	音	意味	語例
齊	斉	一	セイ(サイ)	そろう／おさめる	斉唱・一斉／斉家
齋	斎	斉	サイ(セイ)	ものいみ／へや	斎場・潔斎／書斎

1. 苗字では斎藤・斉藤など、斎・斉ともにサイで混用されている。
2. 斉はもっぱらセイで常用され、サイで用いられる場合は稀有(ケウ)なのに、斉を含む字、済(濟)・剤(劑)はサイ・ザイが常用され、セイはまれ。

❶ ととのえる。とどのいそろう。

【斉一(セイイツ)】 整い揃っていること。みな一様であるさま。

【斉家(セイカ)】 家庭を治め整える。「大学」の八条目の一。

【斉唱(セイショウ)】 大勢が声を合わせて同じ文句を唱えること、また、同じ旋律を歌うこと。

【斉斉(セイセイ)】 そろい整っているさま。→❸

【斉整(セイセイ)】 よく整いそろうこと。『斉整花』

❷ ひとしくする。ならべる。

【斉均(セイキン)】 等しくそろえること。均斉。

【斉眉(セイビ)】 (食膳を捧げるとき、高さを眉と等しくする意)妻が夫によく仕えること。〔後漢書-逸民伝・梁鴻〕

【斉民(セイミン)】 ①一般の人民。庶民。②人民を平等にすること。

【斉民要術(セイミンヨウジュツ)】 中国の農書。一〇巻九二篇。後魏の賈思勰(カシキョウ)の撰。現存農書中最古の完本。

【斉明(セイメイ)】 公平で明らかなさま。

❸ うやうやしくつつしむ。おごそか。

【斉敬(セイケイ)】 つつしみうやまうこと。

【斉粛(セイシュク)】 うやうやしくつつしむさま。整粛。

【斉如(セイジョ)】 うやうやしくつつしむさま。

【斉斉(セイセイ)】 うやうやしくつつしむさま。→❶

【斉栗・斉慄(セイリツ)】 つつしみおそれること。

❹ 中国の国名。

【斉諧(セイカイ)】 中国、斉の国に行われた怪談を集めたという古書の名。一説に、人名とも。

【斉桓晋文(セイカンシンブン)】 中国、斉の桓公と晋の文公。ともに春秋五覇の一人として数えられる。

【斉東野人之語(セイトウヤジンのゴ)】 中国、斉の国の東部のいなか者のことば。信ずるにたりないでたらめのことばのたとえ。〔孟子-万章上〕

【斉桓公(セイのカンコウ)】 中国、春秋時代の斉の一五代の王(在位前六八五～前六四三年)。管仲を登用して、富国強兵策を推進。春秋五覇の第一として覇業を完成した。(～前六四三)

【斉魯(セイロ)】 中国、春秋時代の国、斉と魯。儒教が起こった地。♥斉は孟子の、魯は孔子の生誕地。

【斉論(セイロン)】 中国、漢時代に伝えられた論語のテキストのうち、斉の人が伝えたもの。

9650 【斎】 2656 3A58 8DD6 齊-3 常 (9651)【齋】 6723 6337 E256 齊-3 旧字 (3060)【亝】 二一 文-6

サイ呉漢/zhāi/ものいみ・いつく・いつき・いわう・とき

筆順 斎 斎 斎 斎 斎 斎

字解 斎は齋の略体。齋は形声。示(神)+齊(ととのえる)省声。神をまつるために心身を清めととのえる、ものいみする意。異体字の斎は中国では簡体字。

意味 ❶ものいみ。また、ものいみをする。神仏につかえるために心身を清める。いつく。いわう。いつき。「斉」に同じ。神仏をまつる。『斎宮』 *史記-廉頗藺相如伝「遂許二斎五日一(ついにサイすることいつかなるをゆるす)」〔=かくて(秦王は)五日間ものいみすることを承知した〕」 ❷へや。静かに読

書などをする部屋。『書斎』❸とき。法会のときの食事。また、僧の昼食。『斎食』❹あて字や人の雅号に用いたりする。『一刀斎』⇒［斉］(9648)の表

❶ものいみ。また、ものいみをする。

下接 潔斎・散斎・持斎・致斎

【斎院】①祭りの前日、祭りに関係する人がものいみする所。②国中古、天皇即位のとき、賀茂神社に奉仕した未婚の内親王または皇族の女性。いつきのみや。

【斎王】国昔、未婚の内親王または皇族の女子で、天皇の即位のとき伊勢神宮に奉仕した斎宮の称。また、賀茂神社に奉仕した斎院の称。

【斎戒】神聖な仕事などをするときに、飲食、行動を慎み、心身のけがれを去ること。潔斎。

【斎宮】①（サイキュウ）天子の祖先をまつる大廟の祭りにものいみをする御殿。②（サイグウ・いつきのみや）国天皇の即位のときに選ばれて、伊勢神宮に奉仕した未婚の内親王（皇女・女王）。また、その居所。斎王。

【斎宿】ものいみをして一夜をすごすこと。斉宿。

【斎場】①神仏を祭り礼拝する場所。②国葬儀場。

【斎日】仏語。在家信者が一定の日に八斎戒を守って心身をつつしむ精進の日。

【斎沐】飲食、動作をつつしみ、湯あみして体をきよめること。斎戒沐浴。

❸とき。法会のときの食事。

下接 施斎・設斎・僧斎・長斎

【斎食】①仏語。正しくきめられた時にとる食事。正午の食事。②法要などのおり、供せられる食事。

9652 【齎】 7658 6C5A E6D8 齊−7 サイ呉・セイ漢・シ漢/jī/もたらす

字解 形声。貝(財貨)＋齊(→進、すすめる)声。財貨をもってくる、もたらす意。

意味 もたらす。持って来る。持って行く。また、持ち物。金品。＊史記‐范雎蔡沢伝「齎盗糧〔=盗人に食べ物を持って行ってやる〕」

【齎送】①（セイソウ）持って行ってやること。②（シソウ）葬式のときに、死者とともに埋める品物。

【齎用】入用のお金や品物。

9653 【齏】 8077 706D E8EB 齊−9 (8887)【韲】 8078 706E E8EC 韭−10

サイ呉・セイ漢/jī/なます・あえもの・あえる

字解 形声。韭(にら)＋齊(ととのえる)声。野菜をこまかく切り塩などであえたものの意。韲に同じ。

齊

【剤】⇨654

211 齒(歯)部 は

甲骨文  篆文 

歯はもと口の中の上下に歯のならんだ象形。止は音標で、先秦の篆書から加えられるようになった。また、年とともに歯が生えたりぬけたりすることから、年齢、よわいの意を表す。後世(宋代ごろから)通俗に口の中を凵に書く例があり、常用漢字はその体をとって歯とする。中国簡体字は齿である。歯部に属するものはみな歯に関係する。

齒 歯 齒

齒 ⑥ 齧

齒 ①齓 ②齔 ③齕 ④齗 ⑤齞 齚 齣 齟 齝 齠 齡 齢 ⑥齦 齩 齜 ⑦齬 齪 ⑧齮 齰 齗 ⑨齷 齲 齶 齵 齳

齒

9654 【歯】 2785 3B75 8E95 歯−0 常3 (9655)【齒】 8379 736F EA8F 齒−0 旧字

シ呉漢/chǐ/は・よわい

筆順 

字解 部首解説を参照。

同属字 嚙

参考 万葉仮名では訓を借りて「は」。

意味 ❶は。㋑口の中のは。食物をかみくだく器官。『歯牙』『義歯』㋺はのような形状・はたらきを持つもの。『歯朶』『鋸歯』❷よわい。よわいする。㋑（歯が成長とともに抜けかわるところから）年齢。とし。『歯算』『歯徳』＊柳宗元‐捕蛇者説「退而甘食其土之有、以尽吾歯〔=家にもどって土地の産物を食べて満足し、天寿をまっとうする〕」㋺よわいする。年齢順にならぶ。また、ならぶ。同列に扱う。『歯次』『年歯』『馬歯』『没歯』＊韓愈‐師説「巫医・楽師・百工之人、君子不歯〔=祈禱師や医者、音楽師や多くの職人たちを、君子は(低い身分と見て)問題にしない〕」

❶は。また、はのようなもの。

下接 齲歯・牙歯・雁歯・毀歯・義歯・臼歯・鋸歯・犬歯・皓歯・切歯・知歯・智歯・乳歯・抜歯・門歯・齧歯類・唇歯輔車

【歯音】舌の先と上の歯や歯ぐきとの間を閉じて、破裂または、摩擦させて出す音。d、t、s、zなど。

【歯科】医学の一分科。歯および口腔内の病気の予防や治療を扱う。『歯科医』

【歯牙】歯ときば。また、単に、歯。『歯牙にもかけない〔=全く問題にしない〕』

【歯齦】歯ぐき。歯肉。『歯齦炎』

【歯決】歯で物をかみ切ること。

【歯垢】歯列のくぼみなどにたまった食物のかすを栄養とする微生物が、歯の表面に着生したもの。

【歯髄】歯の内部を満たす、柔らかい結合組織。神経や血管があり、俗に歯の神経という。

【歯石】歯の表面などに付着して固まった石灰分。

【歯槽】歯の根がはまっている、あごの骨にある穴。『歯槽膿漏』

【歯痛】歯の痛み。はいた。

【歯肉】口腔粘膜の一部で、歯のはえている部位。

【歯冷】①とめどなく笑うこと。笑い続けると口があいて歯が冷たくなるところからいう。②そしり笑うこと。また、冷遇すること。

【歯列】歯並び。『歯列の矯正』

【歯朶】胞子でふえる、シダ類の植物の総称。羊歯。

12 黃(黄) 黍 黑(黒) 黹 13 黽 鼎 鼓 鼠 14 鼻(鼻) 齊(斉) 15 齒(歯) 16 龍(竜) 龜(亀) 17 龠

❷ よわい。よわいする。

【歯算(シサン)】とし。年齢。
【歯次(シジ)】年齢の順。また、年齢順に並ぶこと。
【歯宿(シシュク)】年をとること。
【歯杖(シジョウ)】天子から七〇歳の老人にたまわるつえ。
【歯長(シチョウ)】年長。年より。
【歯徳(シトク)】年齢と徳行。また、年長で徳のある人。
【歯録(シロク)】集めしるすこと。帳簿にしるすこと。
難読地名 歯舞(はぼまい)諸島(北海道)

齒 6画

9656 【齧】 8386 7376 EA96 齒－6 (1209)〔囓〕 5187 5377 9A97 口－21

ゲツ㊮・ケツ㊫/niè/かむ・かじる

字解 形声。齒＋㓞(きざむ・きる)㊟。歯でかむ意。囓はのちに口を加えたもの。

意味 かむ。かじる。くいつく。『嚼齧(シャクゲツ)』

【齧膝(ゲッシツ)】ひざをかむような勢いで走る、はやる馬。また、すぐれた馬。

【齧歯類(ゲッシルイ)】哺乳類齧歯目に属する動物の総称。ネズミ、リスなど。

【齧噬(ゲツゼイ)】(「噬」もかむ意)かむこと。

齒 1~5画

9657 【齓】 ＊7737 齒－1

シン 「齔」(9658)の異体字

9658 【齔】 8380 7370 EA90 齒－2 (9657)〔齓〕 ＊7737 齒－1

シン㊮/chèn

字解 会意。齒＋七(＝化、かわる)。幼児の歯がぬけかわる意。また、かけば・みそっぱの意。

9659 【齕】 ＊7738 齒－3

コツ㊮・ケツ㊮/hé/かむ

字解 形声。齒＋乞㊟。

意味 かむ。かじる。

【齕咋(コツサク)】かんで食うこと。

【齕噉(コツタン)】＝齕咋(コツサク)

【齕呑(コツドン)】かまないでのむこと。

9660 【齗】 ＊7740 齒－4

ギン㊮/yín/はぐき

字解 形声。齒＋斤㊟。齦に同じ。

意味 ❶歯ぐき。❷「齗齗(ギンギン)」は、歯をむき出して言い争うさま。

9661 【齞】 ＊7744 齒－5

ゲン㊮/yǎn

字解 形声。齒＋只(口が開いて気が散り出る)㊟。口があいて歯がみえる意。

9662 【齚】 ＊7742 齒－5

サク㊮・サ㊮/zé/かむ

字解 形声。齒＋乍㊟。齰に同じ。かむ意。

9663 【齣】 8381 7371 EA91 齒－5

セキ㊮・シュツ㊮/chū/こま

字解 会意。齒(並んだは)＋句(くぎる)。並んだもののひとくぎりの意を表すという。

意味 こま。あるものの一区切り。フィルムの一画面。

▼元来、中国の戯曲で一段をさす語。

9664 【齟】 8382 7372 EA92 齒－5

ショ㊵・ソ㊮/jǔ/かむ

字解 形声。齒＋且㊟。

意味 ❶かむ。「咀」に同じ。『齟嚼』❷かみあわない。くいちがう。『齟齬』

【齟齬(ソゴ)】物事がうまくかみ合わないこと。食い違い。

【齟嚼(ソシャク)】①食物をかみくだくこと。②文章や事柄の意味などをよく考えて十分に味わうこと。

9665 【齝】 ＊7743 齒－5

チ㊮・シ㊮/chī/にれかむ

字解 形声。齒＋台㊟。反芻(ハンスウ)する意。にれかむ。

9666 【齠】 8383 7373 EA93 齒－5

チョウ(テウ)㊮/tiáo

字解 形声。齒＋召㊟。

意味 ❶みそっぱ。乳歯。はえかわる前の子供の歯。また、転じて、歯のはえかわる年ごろの子供。❷子供の垂れ髪。「髫」に同じ。『垂齠(スイチョウ)』

【齠歳(チョウサイ)】歯の抜けかわる六、七歳の年ごろ。また、その年ごろの子供。齠年。

【齠齔(チョウシン)】歯の抜けかわること。その年ごろの子供。

9667 【齢】 4680 4E70 97EE 齒－5 常 (9668)〔齡〕 8384 7374 EA94 齒－5 旧字

レイ㊮/líng/よわい

筆順 齢

字解 齢は齡の略体。齡は形声。齒(よわい)＋令(→歴、整然とつながり並ぶ)㊟。はのように並び連なり経るよわいの意。

意味 よわい。とし。

下接 延齢(エンレイ)・学齢(ガクレイ)・加齢(カレイ)・亀齢(キレイ)・月齢(ゲツレイ)・高齢(コウレイ)・若齢(ジャクレイ)・弱齢(ジャクレイ)・寿齢(ジュレイ)・樹齢(ジュレイ)・船齢(センレイ)・壮齢(ソウレイ)・頽齢(タイレイ)・適齢(テキレイ)・年齢(ネンレイ)・馬齢(バレイ)・耄齢(ボウレイ)・暮齢(ボレイ)・妙齢(ミョウレイ)・老齢(ロウレイ)

「齢」による呼称

齢＼出典	礼記による語	論語による語	その他
7	悼(トウ)		
10	幼(ヨウ)		
15		志学(シガク)	笄年(ケイネン)(女子に使う)
20	弱(ジャク)		弱冠(ジャッカン)・加冠(カカン)
30	壮(ソウ)	而立(ジリツ)	
40	強(キョウ)	不惑(フワク)	初老(ショロウ)・強仕(キョウシ)
50	艾(ガイ)	知命(チメイ)	中老(チュウロウ)(～60)
60	耆(キ)	耳順(ジジュン)	還暦(カンレキ)(61)・華甲(カコウ)(61)
70	老(ロウ)	従心(ジュウシン)	古稀(コキ)(70)・致仕(チシ)(70) 喜寿(キジュ)(77)
80	耄(ボウ)		傘寿(サンジュ)(80)・半寿(ハンジュ)(81) 米寿(ベイジュ)(88)
90			卒寿(ソツジュ)(90)・白寿(ハクジュ)(99)
100	期(キ)		上寿(ジョウジュ)(100)・百寿(ヒャクジュ)(100) 茶寿(チャジュ)(108)・皇寿(コウジュ)(111)

9669【齦】8385 7375 EA95 齒－6 ギン(漢)・コン(漢)/yín・kěn/はぐき
字解 形声。齒＋艮(→根、つけね)(声)。はぐきの意。また、かむ意。「齒齦シギン」は、歯肉、はぐきの意。

9670【齩】*7746 齒－6 ゴウ(ガウ)(漢)・コウ(カウ)(慣)/yǎo/かむ
字解 形声。齒＋交(声)。かむ、かじる意。

9671【齜】―― 齒－6 サイ(呉)(漢)・シ(漢)/zī/
字解 形声。齒＋此(声)。はぎしりの意。また、歯をくいしばること。

9672【齬】8387 7377 EA97 齒－7 ゴ(呉)(漢)・ギョ(呉)(漢)/yǔ
字解 形声。齒＋吾(→五、くいちがう)(声)。
意味 くいちがう。「齟齬ソゴ」

9673【齪】8388 7378 EA98 齒－7 サク(漢)・セク(慣)/chuò
字解 形声。齒＋足(声)。
意味 「齷齪アクセク|アクサク」は、歯と歯の間をせまくするさま、また、心にゆとりがなくせわしいさま。

9674【齮】*7748 齒－8 キ(漢)・ギ(漢)/yǐ/かむ
字解 形声。齒＋奇(声)。かむ意。

9675【齰】*7750 齒－8 サク(漢)・サ(漢)/zé/かむ
字解 形声。齒＋昔(声)。かむ意。

9676【齭】*7747 齒－8 ソ(漢)・ショ(慣)
字解 形声。齒＋所(声)。はがいたむ意。

9677【齷】8389 7379 EA99 齒－9 アク(漢)/wò/せまい
字解 形声。齒＋屋(声)。
意味 せまい。こせこせする。

【齷齪アクセク|アクサク】上下の歯がふれあうさま。また、心にゆとりがなく、せわしく事を行うさま。「齷齪と働く」

9678【齲】8390 737A EA9A 齒－9 (4611)【⿰牙禹】―― 牙－9
ク(漢)・ウ(慣)/qǔ
字解 形声。齒＋禹(声)。むしばの意。篆文は、⿰牙禹。齲は、その重文から。

甲骨文 篆文 重文

意味 むしば。むしくいば。「齲歯シウ|むしば」

9679【齶】8391 737B EA9B 齒－9 ガク(漢)/è/はぐき
字解 形声。齒＋咢(声)。はぐきの意。

9680【齵】*7753 齒－9 グ(漢)・ゴウ(漢)/óu・yú
字解 形声。齒＋禺(声)。はならびがわるい意。

9681【齳】*7752 齒－9 グン(漢)/kǔn・yǔn
字解 形声。齒＋軍(声)。歯のないさま。

212 龍(竜)部 りゅう

甲骨文 金文 篆文

龍は、龍の、おごそかな頭部から胴尾を長くひいたさまを象ったものであるが、次第に頭部が複雑になり、胴尾の部が離れて、隷書でほぼ龍の形になった。龍は、降雨の神、水神、霊獣などと考えられた。後世(宋代に例あり)簡略化して竜の形が用いられ、常用漢字はこれを採る。中国簡体字では、右部の略化した龙の形を用いる。

龍◆ 竜 龍
龍▀ ⑥龔
龍▄ ③龐 ④龕 ⑥龕 ⑧龗 ⑰龗
龍▐ ⑥襱

龍◆
9682【竜】4621 4E35 97B3 龍－0 常 (9683)【龍】4622 4E36 97B4 龍－0 旧字 人
リュウ(呉)・リョウ(漢)・ロウ(慣)/lóng・lǒng/たつ

筆順

字解 部首解説を参照。
同属字 壟・龔・襲(襲)・聾・讋・蘢・籠・壠・瀧(滝)・櫳・朧・瓏・隴・襱
意味 ❶りゅう。たつ。㋑想像上の動物。体は大蛇に似ていて、頭には二本の角があり、口辺に長いひげを持つ。水中または地中にすみ、時に空中を飛行し、雲や雨を起こし、稲妻を放つという。中国では、麟リン・鳳ホウ・亀キと並んで四瑞シズイの一。『飛竜』㋺地質時代に生息した巨大爬虫ハチュウ類。『恐竜』㋩天子のたとえ。また、天子に関するものに付ける語。『竜徳』㊁一般にすぐれたもの、立派なもののたとえ。『臥竜ガリョウ』㋭国将棋で、飛車が成ったもの。❷「竜鐘リュウショウ」は、㋑老い疲れて病むこと。㋺涙を流すさま。❸その他。固有名詞、熟字訓など。『竜門』『土竜ドリュウ|もぐら』

❶りゅう。たつ。また、天子。
下接 雲竜ウンリュウ|ウンリョウ・火竜カリョウ・臥竜ガリョウ・恐竜キョウリュウ・魚竜ギョリョウ・亢竜コウリョウ・降竜コウリョウ|コウリュウ・蛟竜コウリョウ・乗竜ジョウリュウ・神竜シンリョウ・真竜シンリョウ・水竜スイリョウ・潜竜センリョウ・蟄竜チツリョウ・天竜テンリュウ・毒竜ドクリュウ・屠竜トリョウ・飛竜ヒリョウ|ヒリュウ・伏竜フクリュウ|フクリョウ・登竜門トウリュウモン・画竜点睛ガリョウテンセイ

【竜淵リュウエン|リョウエン】①竜のすむふち。②硯すずりの異称。
【竜王リュウオウ|リョウオウ】①竜神。②国将棋で、飛車が敵陣に入って成ったもの。
【竜舸リュウカ|リョウカ】天子の乗る船。また、竜を描いた船。
【竜駕リュウガ|リョウガ】天子の乗る車駕。天子の車。
【竜頷リュウガン|リョウガン】竜のあご。特に美しい珠のあるところ、また、それを得るために危険を冒してさぐるたとえ。〔荘子-列禦寇〕
【竜忌リュウキ|リョウキ】火をたくのを忌む日。
【竜旗・竜旂リュウキ|リョウキ】竜を描いた旗。天子の旗。
【竜馭リュウギョ|リョウギョ】天子の乗り物。*白居易-長恨歌「天

12 黄(黃)黍黑(黒)黹 13 黽鼎鼓鼠 12画～ 14 鼻(鼻)齊(斉) 15 齒(歯) 16 龍(竜)龜(亀) 17 龠

旋日転廻＝竜馭（テンめぐりひテンじて＝リュウギョをめぐらす）〔＝天下の情勢が移り変わり、みかどは都へ帰ることとなった〕」

【竜駒 リュウク―リョウク】①すぐれた馬。駿馬（シュンメ）。②素質の非常にすぐれた少年をいう。天才少年。〔晋書‐陸雲伝〕

【竜宮 リュウグウ】深海の底にあるという、乙姫（おとひめ）や竜王のすむ宮殿。『竜宮城』

【竜虎 リュウコ―リョウコ】①竜と虎。②英雄・豪傑など、勢いの盛んなもののたとえ。③天子となるべきものの発する気、天子となるきざしをいう。

【竜光 リュウコウ―リョウコウ】①（「竜」は寵の意）寵愛と光栄。天子の徳のこと。また、人の風采を敬っていう語。②竜泉という古代の名刀の光。

【竜行虎歩 リュウコウコホ―リョウコウコホ】竜や虎のように歩くこと。威厳のある歩き方のたとえ。〔宋書‐武帝紀〕

【竜骨 リュウコツ―リョウコツ】船底の中心を船首から船尾にかけて通した材で、船体構成の基礎となる材。キール。

【竜袞 リュウコン―リョウコン】①竜の模様を描いた天子の着物。②昔の大臣の衣服。

【竜子 リュウシ―リョウシ】①竜の子。②トカゲ（蜥蜴）の異名。

【竜姿 リュウシ―リョウシ】すぐれた容姿。立派な姿。

【竜車 リュウシャ―リョウシャ】①天子の車。②いくさに用いる車。戦車。③仙人の車。

【竜蛇 リュウジャ―リュウダ―リョウジャ―リョウダ】竜と蛇。また、そのようにうねり曲がるもののたとえ。

【竜種 リュウシュ―リョウシュ】①天子の子孫。高貴な血統。②すぐれた子。③すぐれた馬の生んだ子。

【竜鬚 リュウシュ―リョウシュ】①竜のひげ。また、立派なひげの形容。②植物コヒゲ（小髭）の異名。

【竜湫 リュウシュウ―リョウシュウ】滝のこと。瀑布（バクフ）と深潭（シンタン）。

【竜章 リュウショウ―リョウショウ】①竜の模様。②竜を描いた服、また、旗。③立派な容姿。『竜章鳳姿（ホウシ）』

【竜城 リュウジョウ―リョウジョウ】匈奴（キョウド）の長が天を祭った所。中国で、外蒙古にあったとされ、匈奴の本拠地と考えられた。

【竜驤虎視 リュウジョウコシ―リョウジョウコシ】威勢がさかんで、一世を睥睨（ヘイゲイ）する様子をいう。〔蜀志‐諸葛亮伝〕♥竜が天にのぼり、虎がにらみ見るという意から。

【竜神 リュウジン―リョウジン】水をつかさどり、雨を降らせるという竜の姿をした神。竜王。

【竜潜 リュウセン―リョウセン】（竜が水中に潜みかくれていてまだ天にのぼらない意から）天子の位につくべき人が、しばらく位につかないでいること。

【竜髯 リュウゼン―リョウゼン】①竜の口ひげ。②天子のひげ。③マツ（松）の形容。

【竜孫 リュウソン―リョウソン】①すぐれた馬。駿馬（シュンメ）。②タケノコの異名。竜雛。

【竜庭 リュウテイ―リョウテイ】①匈奴（キョウド）が天をまつった所。匈奴の王庭。②すぐれた人相。

【竜笛 リュウテキ―リョウテキ】①笛の一種。音色が竜のうなり声に似た雅楽で用いる横笛。また、笛の美称。竜吟。②清楽に用いる横笛。清笛（シンテキ）。

【竜図 リュウト―リョウト】中国の昔、伏羲（フクギ）の時、黄河から出た竜馬の背に書いてあったという図。これによって易の八卦（ハッカ）を作ったという。河図。

【竜灯 リュウトウ】国①深夜、海上に点々と見られる怪火。不知火（しらぬい）。②神社に奉納する灯火。神灯。

【竜頭 リュウトウ―リュウズ―リョウトウ―リョウズ】㊀（リュウトウ―リョウトウ）竜の頭。特に、船のへさきに彫刻した飾り。また、その飾りのついた船。㊁（リュウズ）①釣り鐘をつるす、竜の頭の形をしたつりて。➡〔梵鐘〕の図五九七頁。②国懐中時計、腕時計のねじを巻くためのつまみ。

【竜頭蛇尾 リュウトウダビ】頭が竜のようで、尾が蛇のようであること。初めは盛んで、終わりは衰えて振るわないことのたとえ。〔碧巌録‐十則〕

【竜徳 リュウトク―リョウトク】天子の、すぐれた徳。

【竜馬 リュウバ―リョウバ―リュウメ】①（リュウバ―リョウバ）古代伝説の王伏羲（フクギ）の時、黄河から八卦図（ハッカズ）を背負って現れたという神馬。②きわめてすぐれた駿足（シュンソク）の馬。りょうめ。③（リュウメ）国将棋で、角行が敵陣に入って成ったもの。

【竜媒 リュウバイ―リョウバイ】①すぐれた馬。②もぐらもち。

【竜蟠虎踞 リュウバンコキョ―リョウバンコキョ】①竜がとぐろを巻き、虎がうずくまるように、ある場所を根拠地として威勢を振るうこと。②地勢の要害堅固なさまにいう語。

【竜蟠鳳逸之士 リュウバンホウイツのシ―リョウバンホウイツのシ】竜がひそんでわだかまり、鳳凰（ホウオウ）が隠れひそむように、すぐれた素質を持ちながら発揮できずにいる人。〔李白‐与二韓荊州一書〕

【竜飛 リュウヒ―リョウヒ】①竜が空を飛ぶこと。②天子が位につくこと。③英雄が機会を得て立ちあがること。

【竜文 リュウブン―リュウモン】①竜の文様。②よい馬。駿馬（シュンメ）。③文章が雄健なさま。④将来有望な子供。神童。

【竜鳳 リュウホウ―リョウホウ】竜と鳳凰（ホウオウ）。優れた人物のたとえ。

【竜鱗 リュウリン―リョウリン】①竜のうろこ。また、数の多いことにたとえていう。②天子・英雄の威光をたとえていう。③松の老幹などにたとえていう。④危険なこと、危険な状態をたとえていう。

【竜胆 リンドウ】リンドウ科の多年草。♥根の煎じ薬が竜の胆（きも）のように苦いことから。

❸その他。固有名詞、熟字訓など。

下接 土竜（ドリュウ―もぐら）・烏竜茶（ウーロンチャ）／青竜蝦（しゃこ）・石竜子（とかげ）

【竜樹 リュウジュ】（梵 Nāgārjuna の訳）南インドのバラモン出身の仏教者。中観学派の祖。空（クウ）の思想を基礎づけて大乗仏教を宣揚し、八宗の祖師といわれる。竜猛（リュウミョウ）。著書に「大智度論」など。（一五〇頃～二五〇頃）

【竜門 リュウモン―リョウモン】①中国の黄河中流の急流。陝西省と山西省の省境南部、山西省河津県の西北、陝西省韓城県の東北にある。禹が竜門山を切り開いて通したものという。魚が登り切れば竜になるといわれ、ここから登竜門のことばが出た。②中国河南省洛陽の南にある村。竜門石窟がある。

【竜門点額 リュウモンテンガク―リョウモンテンガク】進士の試験に落ちて帰ることのたとえ。〔埤雅‐釈魚〕♥魚は竜門を登れば竜となれるが、登れないと額を打ちつけるということから。

【竜門扶風 リュウモンフフウ―リョウモンフフウ】司馬遷と班固。♥竜門は司馬遷の、扶風は班固の出身地。

難読地名 竜飛（たっぴ）岬（青森）

龍

［龏］⇩1314

［龔］⇩3383

9684 【龔】 *7760 龍‐6 キョウ㊥漢／gōng

字解 形声。龍＋共（そなえる）㊥声。たてまつる意。共・供に同じく用いられる。

甲骨文
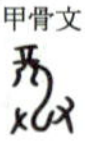
篆文

意味 ❶たてまつる。「供」に同じ。❷つつしむ。うやうやしい。「恭」に同じ。❸人名。『龔勝』

【龔勝 キョウショウ】中国、前漢の忠臣。字（あざな）は君賓。哀帝に仕えたが、王莽(オウモウ)が帝位を奪ったとき、二君に仕えることをいさぎよしとせず、断食して死んだ。

[聾] ⇩ 6251　[襲] ⇩ 7264　[讋] ⇩ 7427

龍

9685 【龐】 *7757 龍－3 ホウ(ハウ)漢・ロウ漢/páng・lóng

字解 形声。广(建物)+龍(大きい)声。高大な建物の意。

金文  篆文 

意味 ❶たかどの。転じて、おおきい。高く大きい。厚くて大きい。『龐眉皓髪』❷乱れる。まじる。❸「龐龐(ロウロウ)」は、充実したさま。❹人名。『龐涓』『龐統』

【龐涓(ホウケン)】中国、戦国時代、魏(ギ)の武将。孫臏(ソンピン)とともに兵法を鬼谷子に学び、のち孫臏に敗れて死んだ。

【龐統(ホウトウ)】中国、三国時代、蜀(ショク)の政治家。字(あざな)は士元。諸葛亮とともに劉備につかえた。(一七八～二一四)

【龐眉皓髪(ホウビコウハツ)】大きな眉(まゆ)と白い髪。老人をいう。

9686 【龕】 ーー 龍－4 ガン「龕」(9687)の異体字

[蘢] ⇩ 6976

9687 【龕】 8392 737C EA9C 龍－6 (9686)【龕】 ーー 龍－4

ガン呉・カン漢/kān/はこ

字解 形声。龍(神聖なりゅう)+合(ふたをするさま)声。神仏を納めるこばこの意。

金文  篆文 

意味 ❶仏像を納める厨子(ズシ)。仏壇。『龕灯』→下接。❷死人を納める輿。ひつぎ。❸塔の下にある小部屋。

下接 啓龕(ケイガン)・石龕(セキガン)・仏龕(ブツガン)・竜龕(リュウガン)

【龕灯・龕燈(ガントウ)】仏壇のともしび。【龕灯提灯(ガンドウチョウチン)】国銅板やブリキ板などを釣鐘の形に作り、中に自由に回転するろうそく立てと反射鏡とを付け、前方だけを照らすようにした装置。強盗提灯(ガンドウヂョウチン)。

[籠] ⇩ 5763

9688 【龗】 ーー 龍－8 レイ「龗」(9689)の異体字 (9688)【龗】 ーー 龍－8

9689 【龗】 *7762 龍－17 レイ漢

字解 形声。龍+霝(雨がふる)声。水神、降雨の神と考えられたりゅうの意。

龍

[滝] ⇩ 4280　[瀧] ⇩ 4404　[隴] ⇩ 8709

[櫳] ⇩ 3824　[朧] ⇩ 3284　[瓏] ⇩ 4850

9690 【龓】 ーー 龍－6 ロウ漢/lóng

字解 形声。有(たもつ)+龍(→籠、うちにこめる)声。かねたもつ意。甲骨文は、龍+又(て)。

甲骨文  篆文 

意味 ❶ひとまとめにする。とりまとめて持つ。❷馬に乗る。馬をひく。くちとり。

213 龜(亀)部 かめ

甲骨文  篆文 

龜は、かめの、頭と甲と足と尾とから成る姿をえがいた象形。後世、簡略化して亀の形を用い、人名漢字はこの形を採る。

龜 亀 龜 龜

龜

9691 【亀】 2121 3535 8B54 龜－0 人 (9692)【龜】 8393 737D EA9D 龜－0 旧字 (9693)【龜】 ーー 龜－0

キ呉漢・キュウ(キウ)漢・キン漢/guī・qiū・jūn/かめ

字解 部首解説を参照。

意味 ❶かめ。爬虫(ハチュウ)綱カメ目に属する動物の総称。背面と腹面に甲を持ち、頭、四肢(シ)、尾を甲の内に入れることができる。鶴と共に長寿のめでたい動物として尊ばれる。四瑞の一。❷(キ)ひび。あかぎれ。❸「亀茲(キュウジ)(クジ)」は、昔、中国の西域にあった国の名。現在の新疆(シンキョウ)ウイグル自治区の庫車県地方。屈支。邱茲。丘慈。

❶かめ。かめの甲。

下接 神亀(シンキ)・盲亀(モウキ)・霊亀(レイキ)/銭亀(ぜにがめ)・蓑亀(みのがめ)

【亀鶴(キカク)】カメとツル。長寿のめでたいものとされる。

【亀鑑(キカン)】行為、判断の基準になるもの。手本。模範。〔唐書-劉蕡(リュウフン)伝〕♥「亀」は占いのとき焼くもの、「鑑」は鏡の意。

【亀玉(キギョク)】カメの甲とたま。貴重なもののたとえ。

【亀策(キサク)】=亀筮(キゼイ)

【亀紫(キシ)】黄金の印と、紫の印綬(ジュ)。金紫。高位の人が付けるもの。

【亀手(キシュ)(キン)】寒さでひびがきれた手。

【亀書(キショ)】中国古代の禹(ウ)のとき、洛水(ラクスイ)から出た神亀の背にあったという九つの模様。

【亀筮(キゼイ)】うらない。亀卜(キボク)と筮法(ゼイホウ)。

【亀坼(キタク)】①=亀卜(キボク)。②ひでりで地面が亀の甲のように裂けること。

【亀兆(キチョウ)】カメの甲を焼いて現れる占いのしるし。

【亀甲(キッコウ)】カメ類の甲羅。または、カメの甲のように、六角形が上下、左右に並んでいる形や模様。亀甲形。

【亀甲獣骨(キッコウジュウコツ)】カメの甲羅とけものの骨。殷(イン)代、これに文字を刻んで占いに用いた。その亀甲獣骨文字(甲骨文字)は、現存する中国最古の文字。

【亀鼎(キテイ)】元亀と九鼎。天子の位のたとえ。♥元亀は大きなカメ。九鼎は禹(ウ)の鋳た重宝。

【亀趺(キフ)】カメの形に刻んだ碑の台石。また、碑の異称。

【亀鼈(キベツ)】カメとスッポン。また、カメの類をいう。

【亀卜(キボク)】カメの甲を焼き、その裂け目によって吉凶を占う古代の占い。亀坼(キタク)。

【亀毛兎角(キモウトカク)】(カメの甲に毛が生えることとウサギに角があることの意から)実在するはずのないことのたとえ。兎角亀毛。亀毛。〔捜神記〕

【亀齢(キレイ)】(「亀(かめ)は万年」のことわざから)長命。

【亀裂(キレツ)】カメの甲の模様のようにひびが生じること。また、その裂け目。ひび割れ。

【灼レ亀(カメをやく)】カメの甲を焼いて、その割れめによって吉凶を判断する。〔史記-亀策伝〕

214 龠部 やく

龠は、吹き口をつけた管を束ねた形に象る。籥の原字。笙または籥のような(儀礼用の)ふえを表し、ふえや音の調和をいう字の部標となっている。

甲骨文 金文 篆文

龠 龠

龠 ⑤ 龢 ⑩ 龥

龠

9694 【龠】 8394 737E EA9E 龠－0 ヤク(漢)/yuè/ふえ

字解 部首解説を参照。

同属字 籥・龥・瀹・鑰

意味 ❶ふえ。中国の楽器の一。三孔、また、六孔、七孔の竹笛。❷中国で、容積の単位。一合の一〇分の一。

龠

9695 【龢】 *7765 龠－5 ワ(呉)・カ(クヮ)(漢)/hé

字解 形声。龠＋禾(声)。ととのう、やわらぐ意。和の古字。

甲骨文 金文 篆文

【龥】⇨8961

9696 【龥】 ―― 龠－10 チ(漢)/chí

字解 龠＋虒(声)。横笛の一。ちの笛の意。篪の本字。

非漢字部

この部には従来の部に収められない記号の類を収めた。

9697 【〇】 0127 213B 815A まる・ゼロ・レイ

意味 ❶数を示すのに漢数字一二三等を用いるときその文字列の中で、アラビア数字の「0」と同じはたらきをする。「一〇九一年」「五〇ページ」など。漢字「零」の代りに用いるもので、「ゼロ」と読む。また、数列の中で「レイ」、または「0」の外来音で「ゼロ」と読む。また、数列の中で「まる」と読むこともある。「一〇三(イチマルサン)」など。❷記号として用い、「まる」と称する。㋑目印として行頭に、また、欠け字や伏せ字の印として文中に用いる。「検閲で〇字の多い紙面」㋺良い評価、また、採用すべき事項を示す印として用い、「×」と対をなす。「〇×式問題」

9698 【×】 ―― ばつ・ぺけ

意味 記号として用い、「ばつ」と称する。関西などで「ぺけ」とも称する。㋑「〇」と同じように伏せ字などの印に用いる。㋺悪い評価を示す印として用い、「〇」と対をなす。「間違っているものに×をつける」

9699 【△】 0204 2224 81A2 サンカク

意味 記号として用い「サンカク」と称する。評価を示す「〇×」の系の中間に挿入され、中位の評価や可でもなく不可でもないなどの意を示す印として用いる。

9700 【□】 0202 2222 81A0 カク・シカク

意味 記号として用い「シカク」または「カク」と称する。㋑欠け字や不明字の印として文中に用いる。㋺屋号などで「〇」とともに用いる。「〇□(まるかく)堂」

9701 【々】 0125 2139 8158

意味 同じ漢字が続いて繰り返されるとき、第二字に代えて用いる記号で、読みは第一字に従う。漢字の「繰り返し記号」で、重字、畳字ともいい、片仮名の「ヽ」とともに「おどり字」の一種である。その形は「仝」の変形ともいわれるが、中国でも用いられていた二点「〻」が日本で変化して出来たものと思われる。々には「同の字点」という呼称もあり、その形を分解して「ノマ」とよぶこともある。「山々(やまやま)」「万々歳(バンバンザイ)」など。また「万歳々々(バンザイバンザイ)」のように熟語の繰り返しに使う場合もあり、それに「万歳〱」と仮名用の記号を流用することもあったが、現在の公用文、新聞などでは用いないのが標準になっている。また、「大会会場」のような熟語間での重なりにも用いられない。

9702 【〻】 ――

意味 ❶同じ漢字が続いて繰り返されるとき、第一字に代えて用いる記号で読みは第一字に従う。々と違って中国でも用いられた。「堂堂」を「堂〻」、「感心感心」を「感心〻〻」「感〻心〻」などと。小さな「二」を用いたのが、くずれて「〻」の形になった。それが草書や仮名の場合に「ヽ」になり、また「〱」を生じた。漢字の「〻」は「二の字点」とよばれる。❷漢字一字に対する訓が、和語としては畳語である場合(例えば「偶」一字の訓が「たまたま」であるような場合)に漢字の右下に小さく添えた訓読用の記号。「益〻(ますます)」「各〻(おのおの)」など。これを「ゆすり点」とよぶ。

9703 【〆】 0126 213A 8159 しめ

意味 文書を封じるときに、封じ目に「封」「緘」などの代りに用いる記号。「封」字の旁が変化した形ともいうが、封じ目に墨を引いて点を添えた形が定着したとも。閉じる意で、これを「しめ」と読み、それを応用して「〆切(締切り)」「〆縄(七五三縄)」などと書くことがある。

付録

漢字の知識……一四〇三
漢文の基礎……一四〇八
韻目四声配合表……一四一六
用法別助字一覧……一四一七
漢文訓読の歴史……一四一八
中国歴史地図……一四二〇
　春秋時代・戦国時代……一四二〇
　前漢郡国図・漢楚抗争図・三国時代……一四二一
　唐代地図・長安図……一四二三
中国文学地図……一四二三
現代中国地図……一四二四
中国文化史年表……一四二六
諸子百家系統図……一四三六
常用漢字対照中国簡体字表……一四三七
同訓異字使い分け早見表……一四四〇
度量衡……一四四四
時刻・方位・十干・十二支……一四四五
人名用漢字一覧表……一四四六
中国年号表……(横組み)一四四九
総画索引……[2]～[23]

漢字の知識

漢字とは

漢字は、人の言葉を視覚化するための平面的な図形の集合である文字系の一つである。文字には、表音文字と表意文字があり、表音文字は言語の発音を、表意文字は意味をうつすという面に主眼をおいている。表音文字は、一つづりにまとめると意味を表すが、一つ一つの文字自体は、音を表す性格しかもっていない。漢字は、意味を持つ点で表意文字と言われるが、一字一字に、読み、すなわち発音がある点で表音的性格があるとも言える。ただし、その発音は語としての読みであって、意味を背負った語形なのである。語としての読み方がきまっている点で、漢字を表語文字と呼ぶこともある。

漢字の使用地域

現在、漢字を用いている地域は、日本・中国・韓国・台湾などである。それぞれの国で国語を表すために用いているが、中国では中国語を書き表すために漢字だけを使っているのに対し、日本では漢字と仮名との組み合わせで文章を書くのが普通となっている。この点は韓国も同様で、漢字と表音文字のハングルとを組み合わせて用いる書き方があるが、韓国では漢字は普通、中国語由来の読み方でしか用いないのに、日本では中国語由来の読み（音）だけでなく、在来日本語での読み（訓）でも用いており、複雑である。

漢字の字数

漢字の字数は、仮名やローマ字などとちがって、多数で、限定がない。現在、諸橋轍次著『大漢和辞典』に番号登録されているものが五万三百余あり、なお加えることもできる。しかし、一般に使用されるのはずっと限られた字数である。漢字だけを用いる中国でも、現代の常用字は七千ほどである。日本では、漢字と仮名をあわせて使っているのでそれほど多くは使わないが、それでもなお、漢字を少なくしたほうが、学習上、社会生活上、印刷通信技術上、便利だろうというところから、漢字制限という考え方が出てきた。その主張は明治以来あったが、それを国の方針として明示したのは一九四六年の「当用漢字表」である。当用漢字表では、一八五〇字を選び、これ以外の漢字は使わないとした。この漢字制限は、官庁、教育、新聞の方面では実行されたが、地名、人名にはすぐに適用することがむずかしく、また、一般にも、その字数の範囲での漢字の選択に問題がないわけではなかった。特に、「制限」という考え方は、表現の自由を求める精神にそぐわないところから、改めて「標準」「目安」を示すものとして当用漢字表の見直しが行われ、一九四五字からなる「常用漢字」が、一九八一年以来行われているのである。

字体の構造

漢字は、等面積のなかに点画という単純な線分をいろいろに組み合わせて作った文字であるが、その組み合わせという点から見た場合、数字の「一」や「二」、また、「木」「土」「金」などのように、一つのまとまった形からなるもの（単体）と、「土」に「也」を書いた「地」、「日」に「寺」を書いた「時」などのように、二つとか三つとか、またはそれ以上の部分からなるもの（複体）とに分けることができる。こうして分けた構造上の共通の形というものを見ていくと、単体のものが複体の一部分として用いられ、その中には、単体が変形して複体の一部分としてのみあらわれる形も多い。複体のものの部分の組み合わせについては、上下左右、外内などの関係があり、外内には四方三方二方の包み包まれる関係があり、また、それらが二重三重に組み合わされたものがある。このような字の構成部分については、左図に示したようなそれぞれの名称がある。

複体の字の部分の形を見ると、単体と同じ形をとったもの、また単体にはないものの、互いに共通の形をもつものが多くある。このような構造に目をつけて、漢字を字形の上から分類することができる。例えば、「木」という字は単体であるが、「樹」のような複体の文字の中にそれとごく近い形がある。それは字の左部に用いられた「木」であるから、その部分を「木偏」と呼ぶのである。

分部

複体の構成部分については、「樹」や「松」の木偏のように、木の類に属するという意味上のしるしになっているものがあり、そのしるしをもつものをまとめて「木の部」というグループができる。単体の「木」は、「木の部」の「部首」すなわち部の見出しになる。「木の部」に属する字の部分として、樹木や木材に関係することを示す「木」を、「木の部」の部標（または類標）と本書では呼び、部標以外の部分は仮に属標と名づけた。属標には、例えば「橋」の「喬」のように、その字の音を示すものが少なくない。音に関する限りの部分を音標、その他の意味に関する部分を意標（または義標）と呼ぶことができる。

　ここには「木の部」を例にあげたが、このような「部」は清の『康熙字典』に二百十四設けられていて、本辞典でもこれに従っている。これは、後漢の許慎の『説文解字』が字源を追って五百四十部を立てたのを実用上整理統合したもので、二百十四部の中には、必ずしも字源上のまとまりでないものがある。また一方、例えば「心の部」には、部首の「心」の変形した「忄」や「⺗」を部標とするものが含まれている。

漢字の沿革と形成

　漢字は、蒼頡という人が鳥の足あとを見て工夫したものという伝説があるが、実際の発生の起源についてはよくわかっていない。漢字として遺物の見られるのは、今から三千五百年前後をさかのぼる殷の時代のものである。

　漢字は文字としてどのように用いられたか。第一に、物に持ち主か何かの名前を記すことがある。それは今日の名札、表札、看板のような標章の意味を持つ。第二は言葉を記録することであり、標章が「しるし」として書いておくということなら、これは備忘・記録・約束のために、また卜占のために事柄を言葉で記すのである。その中には、器物を作ってそれを大事にし、子孫まで伝えようという、記念の由来記もふくまれる。第三は、遠く離れた所への伝達の手段として文字を使う。

　それらからさらに、神への祈りの言葉とか、歌の言葉を記しておく、文字で創作をする、文字に書きながら歌を作るといった文芸的な創作ばかりでなく、自分の思想を書き表したり、偉人の言葉を書き留めて将来に残したりするために用いられ、それらは時代を越えて伝わることになった。

　また、書くということが一つの美的な生産として、書芸、書道というものを発展させた。文字の示す内容だけではなく、その書かれた形自体の美しさを問題にし、また、文字を書くことによってある種の心の満足を得ようという場合も生ずることになった。

筆記の材料

　原始の時代には、おそらくは地面や土器の表面などを引っかいたり、彫りこんだり、また、彩文のように描いたりして文字を記したものと思われる。土器以外に文字を残す材料としては、甲骨片（獣の骨や亀の甲）、平らな石、青銅器、削った竹や木のきれなどがあり、また被服用の皮や布も利用されたろう。そしてやがて紙が発明されることになる。

　甲骨の上に彫りこまれた文字・文章のことを甲骨文という。甲骨には、筆で字を書いてから刀で彫りこんだらしいものもあって、必ずしも漢字が甲骨に彫りこむところから始まったというわけではない。殷の時代にきわめて多量にある甲骨文も、周の時代になると占いの習慣がすたれたと見えて、遺品が見られない。甲骨文に対して、青銅器の上に記念のために彫られた文字を金文という。金文もすでに殷の時代にあるが、これは周の時代に長く引き継がれる。金文は記念物としての性格上、甲骨とはだいぶ文字の使い方、形のとり方が違っている。この金文と、石や岩に彫りこんだ文字をあわせて金石文という。石の面に書いたり彫ったりすることは、秦漢以来盛んになった。

　金石文のような記録のためのものではなく、より日常的・実用的な伝達のために自由に書き留めるときには、筆で書きやすい材料が使われた。古くから漆をインキにして書く、竹や木を削った札（竹簡・木簡）がそれである。竹書・青史・殺青等の語があり、周以来の歴史が竹に書かれていたという言い伝えは、秦の時代の遺跡から発掘された遺物で実証されている。漢以後の木簡は、特に西方に対する要地から多数出土している。また、馬王堆の遺跡からは、うすぎぬに文字が書かれた帛書の例が見られる。紙は、後漢の蔡倫が作り出したものとされている。実際はそれより古い発明だともいわれているが、専ら文字を書くための材料が紀元前後に初めて現れたわけである。

書体について

　一字一字に限らず、文字の形のとり方、筆法、広く見れば筆くせに及ぶような一般的な性質を書体という。甲骨文の字の形は、殷の時代のうちにもいろいろの変遷があったらしいが、それらを通じて、刀で彫りつけるところからくると思われる、独特な形のとり方が見られる。それに対して、金文のような、青銅器に彫りこむものは、記念物として整った形で書かれ、次第に字の大小を一定にするとともに、厳かな形、装飾を加えた難しい形をとるようになった。筆づかいは、直線、曲線で、一般に折れ線を用いないのが特色である。このような書体は、篆書と呼ばれ、その中から比較的簡潔でかつ均整のとれた字を秦の時代に定めたのを小篆といい、それに対して、複雑な字形を作るのを大篆また籀文という。いずれにしても篆書の類は、儀式的な用をなすもので、日常・実用のものではない。

　実用的な世界では、だんだん簡単明瞭な方に動くのが古くからの一般傾向である。もとは複雑な形の象形であっても、その原形がわからないほどの形に簡略化された。筆法によって字源は往々無視された。例えば、太陽の日は、最初丸かったものが四角くなった。その、筆と漆による筆法の一種が、秦漢の隷書である。紀元前四、五世紀のものといわれる、侯馬で出土した盟書（圭玉に朱書されている）は、甲骨文の字形を受けながら、後の隷書によほど近くなっている。隷書にも各種の変化はあるが、字形をたて画、よこ画、かぎ形の画に分解して、曲線はあまり用いず、字を四角に書くのが一般的な特徴であろう。その後、紙ができて、いっそう字の形を作りやすく、書きやすくした。一方では、実用的な早書きの必要から草書というものが生まれ、他方、隷書を整った形にした楷書が後漢の時代に確立した。楷書と草書は、隷書からの二つの方向である。草書は、はじめ一字一字を簡略にくずしたものであったが、そのうち何字も続けて一筆で書くようになった。一つ一つの字をくずしたのを、章草、何字かを続けて書くのを連綿草という。楷書の端正な筆法を緩めて、字画を続けて見せるものを行書という。後漢から三国の時代に、正式なものは楷書、実用の通信などには草書、楷書を多少くずして行書という、楷行草三書体の使い分けがほぼできたと思われる。

唐の時代以後、印刷技術が発展することになるが、そこでは謹直な楷書が基本となった。印刷のための様式化が進んで、宋の時代の書物では宋の時代らしい字の形ができ、明の時代には、縦は太く横は細い、いわゆる明朝体が普及した。近代の活字印刷では、明朝体が主流になっている。今日の印刷では、明朝体のほかに、清朝、呉竹、その他各種の新設計のものがあり、また手書きの楷書の手本になるものとして作られた教科書体があるが、それらは、字体の構造としては、手書きの楷行草の間に見られるような差異があるわけではない。

字源

漢字の一字一字の構造は、どのような由来をもつものであるか。それについては、後漢の学者、許慎の『説文解字』が、約一万の漢字を、当時の篆書について、象形・指事・形声・会意・仮借・転注の六つに分類して説明をしている。これを六書という。今日でも、漢字の字源といえば六書を説くのが一般であるから、ここでもそれを目じるしにして説明することにする。

象形は、物の形を真似て書いて、そのものを表した。山、川、魚、亀、木、草がその例である。必ずしもいつも絵のように正確にその形を表すのでなく、ある種の記号化が行われて、この形は手、この形は足という約束が早くからできていたようである。子とか女とかいう字も、それぞれ人間のある形といっていい。女という字の横線は、篆書の時代までは体を立てて座る人のかたちであった。その、袖を斜めに延ばして交わしていた形を、隷書で右上から先に書いたから、最後の一画が横に寝て九十度変わってしまった。象形といっても、歴史的にそういう変形の起こった例は少なくない。

また、象形の中には、ある物の形を借りて他の意味を表すものがある。例えば、「おおきい」という意味を、人が大きく立ちはだかっているような「大」の形で表すような場合である。また、形を借りてそこになんらかの符号を付けて別の意味を表す。女という形に乳のしるしを付けて母の字ができ、目の形に足を付けて、人間の行為としての見ることを表すというような場合である。また、は隷書や楷書で「止」「之」になる足の形で、口を上において「足」、左右反対において「歩」とするような例もある。

指事は、抽象的な事物を図形化して表すものをいう。水平線を示す一の上に点を付けて「上」、下に付けて「下」を表すという類がこれにあたる。右の象形の中にあげた、符号を付け加えたもの、符号的に組み合わせたものも、見方によれば、指事である。

仮借は、発音の同じ別の字を、原義に関係なくそのまま借りて使うものをいう。例えば、「酉」は、もとユウというさかつぼの象形であるが、これを十二支第十のユウ（日本で「とり」）に用いるのがその例である。酉はもとの意味では用いられない。水のわき出るもとのゲンと野原のゲンとは、直接の関係はないと思われるが、みなもとのゲンを表す「原」を、同じ発音の野原のゲンに用いるのが仮借である。のちに、野原の方が本家になって、みなもとは、その意味を明らかにするために「氵」を加えるようになった。

また、フウという樹木がある。これは「風」と同音であるので、「風」の字を借りる。しかし、「木の類」であることを明らかにするために「木」を加えている。このように意味に関する部分（木）と音に関する部分（風）とを結合させたものが形声である。

会意は、音には全然関係がなく、いくつかの部分的な形を意味の上から組み合わせたものである。例えば、「女」の「子」と書いて、女でもなく子供でもない、ジョでもなくシでもない、「よろしい」「このましい」という意味の「好」という語に用いる。また、子の類と見られるが、後に続いていく系統のものという意味で「孫」という字ができた。これはソンという語にあたるので、子の音でも系の音でもない。これも会意である。

「氵」に「青」を組み合わせて、水がきよらかだという意味のセイにした。「青」にはセイという音があり、さんずいを付けてもセイであるから、「青」の部分は音を表していると言えるし、もともと「青」は、青い色、澄んだ色で、水の清い意味にも自然に転じ得ると言える。さきほど触れた「源」も同様で、こういう字を会意兼形声、また形声兼会意ということもある。

最後に転注であるが、『説文』での転注の意味はよくはわからない。しかし、漢字の用法としては、同じ「楽」の字を音楽のガクから転用して、たのしい、安楽のラク、また、愛する、願う意のゴウに用いるような例があり、仮借の同音関係に対して、意味上の連関から、ある字の形が別の語に応用される場合がある。このようなものを転注と呼んでおくことができよう。

説文の六書は、要するに、漢字の単体の成立と複体の構成と、成立した字体の転用とについて説明の目印を立てたものである。

なお、ここに付け加えるべきは、日本で作った字のことである。すでにある漢字の構成要素を利用して、新たな組み合わせで日本語としての意味に用いるもの、例えば、「畑」「働」「俤」「凩」などの類である。これらは主として会意の造字法によるものである。これらを国字（和字）という。また、「杜（もり）」「椿（つばき）」「縞（しま）」のように、字体はもともと中国にあるが、その構成に日本流の解釈を与えて、全く新たな意味に用いるものがある。これも、見方によっては国字の類としてよかろう。特殊な例として、米ドルの記号$に似た形として弗をドルに用いるようなものもある。

字形の統一と簡略化

甲骨文以来、書体に変遷があったように、字体すなわち一字一字の点画構造も変化しないではいなかった。それは運筆上の簡略化、またある時は複雑化、他の類形字への同化等である。ことに草書の場合には原形が全く思いあたらないほどの変形が自由に行われたと言ってもよい。しかし、古典や公式の文章を書き記す楷書では、特に字形の異同を弁じ、標準を立てておく必要があった。唐時代の『干禄字書（カンロクジショ）』や『五経文字』はそのためのものである。その後、『説文』その他の古文献を基準として正字が求められる一方で、それらの正当なよりどころのない、俗字、訛字が、行書、草書の影響のもとに使われたのは、自然であったと言える。

近代では、『康熙字典』が標準として大きな力があり、ことに印刷文字、活字の字体としては、多少の変異はあっても、ほぼ『康熙字典』の体による統一ができていた。これに対して、手書きの世界で楷書が重視されると、一方その簡略形を正当化し、他方手書きと印刷の形をなるべく一致させようという考え方が生じた。その結果が、日本では「当用漢字字体表」（一九四八年）ないし現行の「常用漢字表」（一九八一年）の制定であり、中国では「漢字簡化方案」（一九五六年）ないし現行の「簡化字総表」（一九八六年）である。この標準化、簡略化は、日中別々に行われたので、その内容は共通でないものが少なからずある。その中には、日本の「亠」が中国で「亠」というような微細なものから、日本の「売」が中国で「卖」という大きな差異まで各種ある。これは主として中国の方が一段と簡易化を進めようとしたことと、また従来の俗用の習慣が両国で違っていたことによる。中国では字音との対応が主として問題になるのに、日本では、音だけでなく訓がかたく結びついているのを無視できないのである。

漢字の用法・漢字の読み方

漢字がどう読まれるかということは、漢字がどういう語にあたっているかである。語には音形があり、その音形が漢字で読み取られるのである。

中国語は、比較的単純な音韻形式に意味を託して、それを単位にして語句文章の表現が成り立っている。この単位を仮に語基と呼んでおくが、一々の漢字はこの語基の一々にあたるものである。この性質は、実際の音韻には変化があるにしても、甲骨文の時代から同様であったものと考えられる。語基の音韻形式は、現代の拼音（ピンイン）では千三百余種あり、一世紀の『説文』でも同程度の音韻が区別されているという。限られた数であるから、語基のうちには意味は別で同音になるもの（同音異義）も多い。また、意味は同じで音のちがうもの（同義異音）もあるのである。

語基の音韻形式を字に即して字音という。字音は、通じて頭子音の部とその他の部（韻部）に分けられるが、韻部には、母音（単母音または重母音）またそれらに鼻音また無声子音を伴うものがある。その韻部については、韻律を重視する詩文のために、六朝時代以来、平上去入の四声の別が説かれている。その入声は -p, -t, -k のような子音で終わる類であるが、平声、上声、去声の三声は、声調上の区別である（現在の北京方言などでは入声の語尾の子音が失われて、声調があらためて四つに区別されている）。漢詩でいう平仄は、平は平声、仄は上去入の三声という区分である。韻部は四声をさらに細分するが、今日詩作に用いる標準は、宋時代の平水韻の一〇六韻である。（二四二六ページ「韻目四声配合表」参照）

　日本語で用いる字音、すなわち漢字の音読みは、言うまでもなく中国の字音が変化したものである。ただ、長い間にわたってさまざまな地方の中国音が伝えられたために、それらにもとづく日本の字音はたいへん複雑であり、元になった中国字音の違いを反映して、同じ漢字が「行＝ギョウ（行政など）・コウ（銀行など）・アン（行脚など）」のように幾通りもの音を持っている。その中、最も広く使用されているのが、遣隋使・遣唐使などによって伝えられた七～九世紀の洛陽や長安の字音に由来する**漢音**（平安時代には「正音」とも言われた）で、「行」の音では「コウ」がそれに当たる。しかし、これが日本に伝わった最初の字音ではない。隋・唐代の音が伝わる以前から慣用されてきた字音は、漢音に対して**呉音**（または「和音」）と呼ばれた。古く伝わった仏典はこの音で読む習慣があったので、仏教から出た漢語や、また、古くから生活に溶け込んでいる漢語にはこの字音を用いるものが多い。「行」の「ギョウ」がこれである。さらに、唐末以後も次々と新しい中国音が伝わったが、それらにもとづく字音はまとめて**唐音**とか**宋音**という。「行」を「アン」と読むのはこの音である。しかし、唐音は「行脚（アンギャ）」「椅子（イス）」「蒲団（フトン）」など、日常語として用いられる場合を除くと、呉音や漢音のようには多くの漢字に定着していない。これは、呉音・漢音をもって日本字音の基礎ができあがっていたからである。もっとも、普段使われている字音のすべてが呉音・漢音あるいは唐音として説明できるわけではない。「輪　ユ」「軍　グン」など、いろいろな理由によって日本で発生した音形（**慣用音**）もある。

　さて、古代に日本人が漢字を利用したのは、もとより中国語のためであったろうが、日本語、ことに固有名詞を記すために漢字を表音文字として借りることが、最古の金石遺文にすでに見えている。これは、中国で外国語表記に用いていた仮借の一法の応用で、それが日本では上代の万葉仮名として活用され、九世紀に至って、片仮名、平仮名を生むことになった。万葉仮名とは、『万葉集』の表記の特色ゆえの名であるが、その他の上代文献に見られる漢字も、一字を一音に借りたものを一般に万葉仮名と呼んでいる。

　漢字のそれぞれには中国語としてのそれぞれの意味がある。それは直ちに日本語に翻訳される。その対訳が固定したのが訓である。漢文の訓読については別項にくわしく述べるので、単語に関してふれておく。訓は対訳であるが、日本語の単位としては一語ではなく、「志」のように複合したものがあり、また一字について一訳には限らず、意味に従っていくつもの訓をもつ場合がある。例えば「生」には十種以上もの訓がある。一方、「句」や「坊」のように、字音はあるが、訓を普通にはもっていないものもある。

　さらに訓の中には熟字訓と称するものがある。例えば、「海の月」という二字をクラゲ、「水の松」という二字をミル、「女郎花」三字をオミナエシと読むなど、二字または三字の組み合わせに対する訳が日本語として一語であるというものである。植物とか動物の名前にはこのような類が多い。これは二字なり三字なりが一字と同じ役割を果たしているものと考えられる。

　なお、万葉仮名のように、意味には直接関係なく、ただ読みの上から漢字を用いる語がある。「めでたく」を「目出度」、「あさはか」を「浅墓」などと書いた例で、この用法をあて字という。

　右に述べてきた、日本での字音や訓という用法を、あわせて音訓という。中国でも、一字体一字音とは限らないが、日本の音訓は、中国の場合の音に比べてずっと複雑である。それゆえ、常用漢字表には、漢字使用上の目安としての限定された音訓が示されているわけである。

送り仮名

　音訓の複雑さにあわせて、日本語の語句文章に漢字を用いる時の大きな問題点は、送り仮名である。中国語には、動詞や形容詞の活用はないが、日本語には語尾変化がある。漢字だけでは、それが写されないので、仮名で表す必要が生ずる。例えば「おぎなわない」というときも、「補」に打消しの「ない」を付けて「補ない」と書いただけでは「おぎなわない」とは読みにくい。そこで語尾の「わ」を書き入れることになる。このように、語の末尾の部分を漢字のあとに仮名で書き添えるのがいわゆる送り仮名である。主として、動詞・形容詞、またそれらから転じた名詞等について漢字を用いるときの問題で、読み方をたやすくし、誤らせないようにするための工夫である。「送り仮名の付け方」（一九八一年）がその目安として公布されている。

漢語と熟語の構成

　日本語の中に中国語を日本流に取り入れた、すなわち字音による単語を、漢語という。漢語はもともと漢字表記をもつものであるが、日本語として耳に熟したとか漢字制限に従うとかの理由で、仮名書きにする場合がある（餡―あん、海棠―カイドウ、挨拶―あいさつ、など）。

漢語には、一語基にあたる一字漢語、語基の複合から成る二字漢語、三字漢語、四字漢語等がある。一字漢語には、「恩、敵、例」などのような名詞のほか、「愛する、信ずる、真に、当の」のような、動詞、形容詞その他に用いるものがある。

語基の複合したものを熟語と総称するが、熟語の用法も大体は一字漢語の場合と同様である。その複合のしかた、語基の結合関係を見ると、二字漢語ではおよそ次のようなものがある。これらは、三字以上のものにもあてはめて考えることができる。また、往々長い結合の漢語を簡略にした、「議運（議会運営委員会）」、「自賠責（自動車損害賠償責任保険）」のような略語、略称が用いられるが、その構成もほぼもとの結合に沿ったものである。

1 同じ語基の繰り返し、畳語。

軽々・累々・堂々・代々・毎々・洋々・朗々

2 同位関係　意味上対等の関係にある別々の語基の結合したもので、それぞれの意味を合わせるとともに、総合的な意味を表す場合がある。

a 区別のあるものの並列。

山水・金銀・鳥獣・車馬・語句　のような単純な並列をなすもの。

天地・東西・春秋・父母・老幼　のような対立または組みをなすもの。

陰陽・前後・善悪・終始・高低　のような対極また両方向をなすもの。

b 意味上近縁の、類似したものの並立。

家庭・源泉・波浪・差異・文章・楼閣・分解・展開・増加など。

3 包摂関係　前後に結合する両語基のいずれかにその熟語の主たる意味があり、他方はその従であるもの。

a 後の語基に主意があり、前の語基は、その所属、種類、形式、性質、状態、用途等々の意味で後の名詞性、動詞性、形容詞性の意味を限定修飾するもの。その限定はきわめて多様である。

蒼空・深海・春雷・芳情・歌集・商船／共鳴・微動・雨注・暴走・風来・外遊・妄想・逆説・車行・戦勝／鮮紅・至妙

b 後を目的とする動作作用が前に立つもの。

掘井・鍍金・登山・噴火・入学・受信

これらの結合の順は中国語の文法によるもので、日本語流には、「井戸ほり、金メッキ、山のぼり」等になるところである。ただし、四字漢語では、「車両検査」のように動作性のものが後になるのが普通で、これを略すると「車検」のようになる。

c 前後とも作用で、前は後に先行、また後に対する条件となるもの。

申請・哀訴・鳴動・破棄・移植・選定・回送・聴写

d 後に主体があるが、中心の意味は前の作用にあると見られるもの。

降雨・落盤

e 前が主体で、後がその作用であるもの。

地震・胃痛・神授・仏滅・国立・人為・他見

4 補充関係　前または後の語基が、他方の実質的な意味に対して形式的なまたは表現上の意味を加えるもの。代表的な類をあげておく。

a 後が接尾的要素であるもの。

魚類・農科・酸素・棒状・粘性・鉄分　のような分類を示すもの。

校内・市外・口中・机上・胸部　のような存在の位置を示すもの。

美的・悠然・断乎・突如・率爾　のような品詞性を与えるもの。

b 前が接頭的要素であるもの。

有償・無線　のような有無に関するもの。

不在・非凡・未婚　のような否定に関するもの。

多弁・少食　のような多少に関するもの。

可動　のような可能性に関するもの。

所轄・被弾　のような受動性また作用、目的に関するもの。

5 その他　右のほか、中国での擬声語、擬態語にあたるものがある。それらは、前後の語基が頭子音を同じくしたり、また韻部を同じくしたり、その他語形上、韻律上の特色があり、1の畳語と同類と見ることもできる。

また、熟語としては故事に基づいて特別の意味を表すもの、「推敲」「蛇足」「矛盾」などの類があるが、これらも語の構成については、右に述べたどれかにひきあてられる。

なお、梵語(ボンゴ)その他の外国語が、漢字で音訳されたものがあり、これらは外見も全く漢語と同様である。その漢字は、もともとは中国語の語基にはあたらないが、「仏―仏教・仏心」「刹―古刹・名刹」のように字音の語基として熟語を構成するものがある。

日本語では、字音語に準ずる漢字表記の語がある。思惑(おもわく)・野原(のはら)・広場(ひろば)・目途(めど)などは全くの日本語に漢字をあてたものである。また、重箱(ジュウばこ)・頭取(トウどり)・勘所(カンどころ)・錠前(ジョウまえ)などのように字音と訓とを組み合わせたものや、湯桶(ゆトウ)・頭金(あたまキン)・腹芸(はらゲイ)などのように訓と字音とを組み合わせたものがあり、前者を重箱読みの語、後者を湯桶読みの語と言っている。

漢文の基礎

一、漢文と訓読

漢文

漢文は、中国では漢代の散文をさすが、日本では一般に漢字（漢語）で表現される中国の古典的文章を包括していう。ただし、学校教育で対象とする漢文は、訓読できる詩や文章で、おおむね清朝末期までの文語文をいい、小説・戯曲などの口語の多く混じった文体は含まない。日本や朝鮮など、中国以外の漢字文化圏で書かれた中国語の文語文は、日本漢文・朝鮮漢文などと呼ぶ。また、韻文と散文とを区別して、漢詩漢文という場合もある。

訓読

漢文を日本語の語順にあわせて読む読み方を訓読という。外国語である中国語を理解するために、古代から様々な工夫がなされた結果、生まれたもので、完全な日本語訳ではなく、助詞や動詞・形容詞等の活用など中国語にない部分を日本語で補って読む対訳的読み方。時代によって訓読の形は異なり、古くは一度音読（中国語読み）してから訓読する文選（モンゼン）読みなどもあった。

訓点

返り点・送りがな・句読点をあわせて訓点という。訓点のない漢字だけで書かれている原文は、白文という。

返り点

上から下へ読んでいく中国語を、日本語の語順にあわせて下から上へ返って読むための記号を返り点という。漢字の左下につける。

送りがな

訓読のために漢字の右下に小さく添えるカタカナ（再読文字の二度めの読みは左下につける）を送りがなといい、原則として文語文法の規則に従うが、漢文独特の読みぐせもある。歴史的かなづかいを用いる。日本語の用法にあわせて、適宜、助詞・助動詞などを補う。一部の助字は相当する日本語の訓がないため、書いてあっても読まない。これを置き字（捨て字）という。

書き下し文

返り点・送りがなに従い、訓読したとおりに漢字とかなを併用して書いた文を書き下し文という。

白文　富潤屋徳潤身
訓読　富潤ハシレ屋ヲ、徳潤ハスレ身ヲ。
書き下し文　富は屋（おく）を潤（うるお）し、徳は身を潤す。

二、漢文の特性

一字一音一義

漢字は基本的には表意文字であり、原則として一つの漢字に一つの音があり、一つの意味が対応する。音は時代や地域によって変化するものの、漢字の形は固定化していて、文法的機能による語形変化がない。また、いわゆる品詞は、漢字の形と音からは区別できず、文や句の中での用い方によって決まる。例えば「雨」は、「雨下」となれば「雨下る」と読んで「雨（が降る）」という名詞であるし、「雨天」の場合は形容詞、「天雨」となれば「天雨ふる」と読んで「（空から）雨が降る」という動詞になる。漢字のこうした特性のため、漢文では語順と文脈が重要であり、複雑な内容を簡潔に表現するために、対句などの修辞が発達している。

実字と虚字

漢字（語）の中で、事柄・動作・状態・数量などの実質的な概念を持っていて、名詞・代名詞・動詞・形容詞などの働きをし、単独で文を作れるものを実字という。実質的な意味を持たず、他の漢字（語）に付いて、副詞・助動詞・接続詞・感嘆詞・否定詞などの働きをするものを「虚字」（助字とも）という。実字は、漢語として音読するか日本語として訓読すれば、その実質的な概念を比較的容易に理解できるのに対して、虚字は抽象的な概念を表し、古い日本語による特殊な訓読によることが多く、漢文独特の言い回しは、虚字のほうに多くみられる。

三、訓読のしくみ

返り点

記号	用法	例文
レ	下から上へ一字だけ返る	浮世若レ夢、為レ歓幾何。（1 2 4 3、6 5 7 8）
一二	二字以上の文字をはさんで上へ返る	飲如三長鯨吸二百川一。（1 7 2 3 6 4 5）
上下	一二点のある句をはさんで上へ返る	客有下能為二狗盗一者上。（1 7 2 5 3 4 6）
甲乙丙	一二点・上下点のある句をはさんで上へ返る	非乙吾之所下学二於師一而能上者甲也。（10 1 2 8 5 3 4 6 7 9 11）
天地人	場合によって用いる。用法は右に同じ。	
一レ 上レ	レ点で一字返ったあと、一から二、上から下へと返る	浩浩乎、如二馮レ虚御レ風而不レ知二其所一レ止。（1 2 3、14 5 4 7 6 8 13 12 9 11 10） 勿下以二悪小一為上レ之。（6 3 1 2 5 4）

再読文字　初め副詞、次に下から返って助動詞または動詞として読む文字

文字（読み）	意味	例文
将（まさニ～す）	今にも～しようとする	我将二東徙一。
且（まさニ～す）	今にも～しようとする	及二餓且一レ死作レ歌。
当（まさニ～ベシ）	当然～すべきである	得レ歓当レ作レ楽。
応（まさニ～ベシ）	おそらく～であろう	山中応二酒熟一。
宜（よろシク～ベシ）	～するのが適当である	宜二見レ利而後動一。
須（すべかラク～ベシ）	ぜひ～する必要がある	会須二一飲三百杯一。
猶（なホ～ごとシ）	ちょうど～のようだ	過猶レ不レ及。
由（なホ～ごとシ）	ちょうど～のようだ	危由二累卵一。
未（いまダ～ず）	まだ～でない	未レ知二明日事一。
盍（なんゾ～ざル）	どうして～しないのか	盍二以レ疾辞一。

返読文字　訓読の際に、必ず下から返って読む文字

文字（読み）	例文
不（ず）	春眠不レ覚レ暁。
非（あらズ）	此天之亡レ我、非二戦之罪一。
不レ能（あたハず）	大丈夫不レ能二自食一。
有（あり）	天地無二始終一、人生有二生死一。
無・莫（なシ）	後悔無レ及。
毋・勿・莫（なカレ）	過則勿レ憚レ改。
多（おほシ）	人生多二憂苦一。
少・鮮・寡（すくナシ）	世少二有能之士一。
易（やすシ）	功難レ成而易レ敗。
難（かたシ）	少年易レ老、学難レ成。
可（ベシ）	可二以為一レ師矣。
欲（ほっス）	山青花欲レ然。
為（ためニ・たり）	為レ我献レ之。彼為二賢人一。
毎（ごとニ）	入二大廟一、毎レ事問。
雖（いへどモ）	雖二千万人一、吾往矣。
所（ところ）	吾所レ争、周人所レ恥。
以（もっテ）	以レ古為レ鏡。
従・自・由（より）	禍自レ口出。
与（と）	与レ民偕楽。
如・若（ごとシ）	人生如二朝露一。
被・見・所（る・らル）	信而見レ疑、忠而被レ謗。
使・令・遣（しム）	天無レ口、使二人言一。
所以（ゆゑん）	是彼之所二以成功一也。
足（たル）	不レ足レ用。

置き字

文字	用法	例文
而	文中で接続詞の場合	学而時習レ之。
於・于・乎	文中で補語の上に置かれる場合	良薬苦二於口一。
矣・焉	文末で詠嘆・断定・強調する	朝聞レ道、夕死可矣。
兮	主に詩句の調子を整える	歓楽極兮哀情多。

四、漢文の基本構造

構造	例文	解説
主語＋述語	風吹、雲流。 月明、星稀。 孔子聖人。	何がどうする。 何がどんなだ。 何が何である。
主語＋述語＋目的語	秦王平天下。	目的語は述語の後にくる。
主語＋述語＋補語	返景入深林。 霜葉紅於二月花。	前置詞の於・于・乎が補語の上にくる場合も多い。
主語＋述語＋目的語＋補語	君子求諸己。 孔子問礼於老子。	一般に目的語の後に補語がくる。
主語＋述語＋補語＋目的語	師教弟子学問。 陽貨帰孔子豚。 主君賜侍臣宝剣。	述語が「与・授・贈・教」などの場合は、補語が目的語の上にくる。
修飾語＋被修飾語	葡萄美酒夜光杯。	修飾語は上にくる。

倒置

用法	例文	平叙文
目的語が疑問代名詞	誰責。	責我。
目的語が代名詞で否定形	人不吾知。	人知吾。
文の強調	賢哉、回也。	回也、賢哉。

句の構成法

(1) 対句法　同じ文字数、同じ文構造、共通する意味内容の二句を並べる。
先天下之憂而憂、後天下之楽而楽。

(2) 層累法(類句法)　三つ以上の対句を順に重ねて構成する。
博学之、審問之、慎思之、明弁之、篤行之。

(3) 連鎖法　前の句末の語を次句の最初に用いて、鎖のように句を構成する。
知止而后有定、定而后能静、静而后能安、安而后能慮、慮而后能得。

(4) 漸層法　類似の構文をいくつか積み重ねて、結論へ導く。
子貢問政。子曰、「足食足兵、民信之矣。」子貢曰、「必不得已而去、於斯三者何先。」曰、「去兵。」子貢曰、「必不得已而去、於斯二者何先。」曰、「去食。自古皆有死。民無信不立。」

(5) 互文　二つ以上の句で、互いに内容を補い合って意味を完全にする。
天旋日転(＝天日旋転)。天長地久(＝天地長久)。

重要句形

(1) 否定形

- 不・弗（ず）　書不尽言、言不尽意。（書は言を尽くさず、言は意を尽くさず）
- 非・匪（～ニあらズ）　富貴非吾願。（富貴は吾が願ひに非ず）
- 無・莫・勿・毋（なシ）　左右皆泣、莫能仰視。（左右皆泣き、能く仰ぎ視るもの莫し）
- 未（いまダ～ず）　幽賞未已、高談転清。（幽賞未だ已まず、高談転た清し）

(2) 二重否定　否定形にさらに否定形がついて、つよい肯定を表す。

- 無不～（～ざルなシ）　吾矛之利、於物無不陥也。（吾が矛の利きこと、物に於て陥さざる無きなり）
- 非不～（～ざルニあらズ）　是不為也、非不能也。（是れ為さざるなり、能はざるに非ざるなり）
- 非無～（～なキニあらズ）　非無馬也。（馬無きに非ざるなり）
- 不～不（～ざル～ず）　朕不可不往。（朕往かざるべからず）
- 無～不～（～トシテ～ざルハなシ）　偶有名酒、無夕不飲。（偶ま名酒有り、夕べとして飲まざるは無し）
- 不敢不～　不敢不告也。

（あへテ〜ずンバアラず）（敢へて告げずんばあらず）

無A無B　無レ貴無レ賤、同為二枯骨一。
（AトなくBトなく）（貴と無く賤と無く、同じく枯骨と為る）

(3) 部分否定　状態の一部を否定する。

不常〜　性嗜レ酒、家貧　不レ能二常得一。
（つね二ハ〜ず）（性酒を嗜めども、家貧しくして常には得る能はず）

不必〜　仁者必有レ勇、勇者不二必有一レ仁。
（かならズシモ〜ず）（仁者は必ず勇有り、勇者は必ずしも仁有らず）

不復〜　兎不レ可二復得一、而身為二宋国笑一。
（また〜ず）（兎復た得べからずして、身は宋国の笑ひと為れり）

不倶〜　今両虎共闘、其勢不二倶生一。
（ともニハ〜ず）（今両虎共に闘はば、其の勢ひ倶には生きず）

(4) 全部否定　状態の全部を否定する。

常不〜　家貧　常不レ得レ油。
（つね二〜ず）（家貧しくして常に油を得ず）

必不〜　必不レ知二其非一。
（かならズ〜ず）（必ず其の非を知らず）

復不〜　復不レ能レ捨レ之。
（また〜ず）（復た之を捨つる能はず）

(5) 禁止形　否定形は、文脈によって禁止を表す。

無・莫・勿・毋　非レ礼勿レ視。
（なカレ）（礼に非ずんば視る勿かれ）

不可　学不レ可二以已一。
（ベカラず）（学は以て已むべからず）

(6) 受身形

見・被・為・所　厚者為レ戮、薄者見レ疑。
（らル）（厚き者は戮せられ、薄き者は疑はる）

為A所B　先　即制レ人、後　則為二人所一レ制。
（AノBスルところト なル）（先んずれば即ち人を制し、後るれば即ち人の制するところと為る）

B於A　辱二於奴隷人之手一。
（A二Bらル）（奴隷人の手に辱しめらる）

(7) 使役形

使・令・教・遣AB　天帝使三我　長二百獣一。
（AヲシテBシム）（天帝我をして百獣に長たらしむ）

(8) 疑問形

乎・哉・耶・与・邪　天道是邪非邪。
（や・か）（天道是か非か）

何・奚・胡　紛紛　軽薄何須レ数。
（なんゾ）（紛紛たる軽薄何ぞ数ふるを須ゐん）

何為　何為　不レ去也。
（なんすれゾ）（何為ぞ去らざるや）

誰・孰　誰加レ衣者。
（たれカ・たれゾ）（誰か衣を加ふる者ぞ）

安・悪・焉・烏　未レ知レ生、焉　知レ死。
（いずクンゾ）（未だ生を知らず、焉くんぞ死を知らん）

何如・何若　以二五十歩一笑二百歩一、則何如。
（いかん）（五十歩を以て百歩を笑はば、則ち何如）

如何・奈何　虞兮虞兮奈レ若　何。
（いかんセン）（虞や虞や若を奈何せん）

(9) 反語形

乎・哉・耶・与　父死　不レ葬、爰　及二干戈一、可レ謂レ孝乎。
（ヤ）（父死して葬らず、爰に干戈に及ぶ、孝と謂ふべきや）

何・爰・胡　帝力何有二於我一哉。
（なんゾ〜ヤ）（帝力何ぞ我に有らんや）

安・悪・焉・烏　安　敢毒　耶。

（いずクンゾ〜ヤ）　（安くんぞ敢へて毒とせんや）

如何・奈何（いかんセン）
少壮幾時兮奈レ老何。
（少壮幾時ぞ老を奈何せん）

豈（あニ〜ヤ）
我豈能為ニ五斗米一、折レ腰向ニ郷里小児一。
（我豈に能く五斗米の為に、腰を折りて郷里の小児に向はんや）

盍（なんゾ〜ざル）
盍ニ往帰一焉。
（盍ぞ往きて帰せざる）

⑽ 比較形

A於B（BヨリモA）
苛政猛ニ於虎一也。
（苛政は虎よりも猛し）

不如・不若（しカず）
百聞不レ如ニ一見一。
（百聞は一見に如かず）

無如・莫若（しクハなシ）
衣莫レ若レ新、人莫レ若レ故。
（衣は新しきに若くは莫く、人は故きに若くは莫し）

寧（むしロ）
寧為ニ鶏口一無レ為ニ牛後一。
（寧ろ鶏口と為るとも牛後と為る無かれ）

⑾ 限定形

但・惟・唯・祇・只・徒（ただ）
唯見長江天際流。
（唯だ見る長江の天際に流るるを）

独（ひとり）
挙レ世皆濁、我独清。
（世を挙げて皆濁り、我独り清めり）

已・而已・耳・爾（のみ）
聊命ニ故人一書レ之、以為ニ歓笑一爾。
（聊か故人に命じて之を書せしめ、以て歓笑と為すのみ）

⑿ 仮定形

如・若・向使（もシ〜バ）
若有ニ疾風・迅雷・甚雨一、則必変。
（若し疾風・迅雷・甚雨有らば、則ち必ず変ず）

縦・縦令・仮令（たとヒ〜トモ）
縦江東父兄憐而王レ我、我何面目見レ之。
（縦ひ江東の父兄憐れみて我を王とすとも、我何の面目ありて之に見えん）

苟（いやしくモ）
苟富貴無ニ相忘一。
（苟も富貴とならば相忘るること無かれ）

雖（いへどモ）
雖ニ千万人一吾往矣。
（千万人と雖も吾往かん）

⒀ 抑揚形

A。況B（A。いわンヤB）
千里之外応レ之、況近者乎。
（千里の外も之に応ず、況んや近き者をや）

A且B、況C乎（AかツB、いわンヤCヲや）
死馬且買レ之、況生者乎。
（死馬すら且つ之を買ふ、況んや生ける者をや）

五、散文と韻文

有韻の文　漢字は一つ一つが独立している上、それぞれ固有の声調（トーン）を伴った音節を持っているので、文の調子を整えるのに、字数をそろえたり、対句にしたり、脚韻を踏んだり、散文でも韻文的なリズムや韻律をとりやすい。古くは殷代の卜辞（占いの記録）に、その例を見ることができるし、先秦の思想家の文は、しばしば対句（対偶表現）を用い、四字句・六字句でリズムをとり、聴覚的にも美しい文章になっている。漢代に完成した辞賦は、韻を踏んだ朗誦の文学であり、五世紀になって中国語に四種の声調（四声）のあることが発見されてからは、駢儷文（駢文・四六文）という韻律的に工夫を凝らした精巧な美文が成立した。先秦・漢代の比較的自由で素朴な古文と、この六朝期に発達した修辞的な駢文とは、中国散文の二大潮流として、それぞれ時代による変革をとげつつ、二十世紀初頭まで継承された。

歌謡から詩へ　漢文の特性を最もよく生かした文学形式といえば韻文である。中国ではまず民間で新しい歌謡が起こり、やがて宮廷に入って文人たちの手で洗練され、文学として確立する、ということが何度もくりかえされた。中国最古の詩集である『詩経』について、古代の「採詩の官」が地方を回って民間の歌謡を採集し、歌に反映された民意を知って政治の助けにしようとして集められたもの、と信じられてきたため、後の王朝でも民歌の採集に積極的だったこと、また、宮廷では祭祀や朝廷の儀式の際に必ず歌舞を用いたため、つねに新しい音楽が求められていたこと、などがその理由として考えられる。広大な中国では北方と南方で全くと言ってよいほど風俗が異なり、土地によって独自の文化を持っている。政権が移り王朝が代わることによって、新しく政権を握ったものの固有の文化が中国全土に広まり、時代を代表する文化になる。また、漢や唐のような強大な統一国家では、西域などの外来文化も積極的に採り入れてきた。民間で歌われている歌謡は素朴で粗けずりなものであったが、文人たちの手によって洗練される間に、次第に音楽や舞踊を離れて一つの文学様式として精緻になり、題材も拡大され、韻文学として独立して完成される。一度完成した形式は後の時代に引き継がれ、さらに新たな歌謡から新しい形式が生まれるなどして、中国の詩（詞）は発展した。

六、漢詩の種類

漢詩　漢詩は中国では漢代の詩をさすが、日本ではやまとうたの和歌に対する呼び方で、日本人の模倣作も含めて、中国の古典詩を漢詩と呼んでいる。特に時代で区別して呼ぶ時は、唐詩・宋詩などという。

漢詩の種類

形式			（一句の字数）		句数	押韻	平仄	主な制作年代
古体詩	古詩		四言古詩	四字	不定	不定	不定	『詩経』に多い
			五言古詩	五字				漢以降
			七言古詩	七字				漢以降
	楚辞		兮をはさむ不定		不定	不定	不定	楚の屈原以降
	楽府		長短句		不定	不定	不定	漢以降
近体詩	絶句		五言絶句	五字	四句	五言詩は偶数句末 七言詩は第一句末と偶数句末	一定	唐以降
			七言絶句	七字				
	律詩		五言律詩	五字	八句			
			七言律詩	七字	八句			
	排律		五言排律	五字	十句以上			
			七言排律	七字				
詞			長短句	詞牌（もとになる楽曲）により異なる				宋以降
現代詩―口語（自由）詩				不定	不定	自由	不定	中華民国以降

古体詩と近体詩　唐代に完成した絶句・律詩・排律を総称して「近体詩」と呼び、近体詩に対して、それ以前に作られたものを「古体詩」と呼ぶ。唐代以後のものでも、古詩の体裁にならって作られたものは、古体詩という。

古詩　句数も一句の字数も一定せず、平仄の規則がなく、押韻は一種類の韻による「一韻到底格（イチイントウテイカク）」と、二種類以上の韻による「換韻格（カンインカク）」とがある。

四言古詩　最も早く、周の時代に流行した。『詩経』の基本形は、一句が四字、一章が四句、一編が三章で、リフレインの手法を用いる。

桃夭

（一章）桃之夭夭　灼灼其華　之子于帰　宜其室家

（二章）桃之夭夭　有蕡其実　之子于帰　宜其家室

（三章）桃之夭夭　其葉蓁蓁　之子于帰　宜其家人

五言古詩　後漢末から魏の時代に歌謡から離れて独自の成長をとげ、七世紀唐代までの詩の主流となり、内容の深まり、題材の広がり、修辞の洗練にともなって、詩語を大いに増やした。

七言古詩　五言古詩が爛熟した梁の時代に注目されはじめ、六世紀に入って発展した。

飲酒　陶淵明（五言古詩）

結レ廬在二人境一　　廬（ロ）を結んで人境に在り
而無二車馬喧一　　而（しか）も車馬の喧（ケン）無し
問レ君何能爾　　君に問ふ何ぞ能く爾（しか）ると
心遠地自偏　　心遠ければ地自（おのずか）ら偏（ヘン）なり

采レ菊東籬下　　菊を采る東籬の下
悠然見二南山一　　悠然として南山を見る
山気日夕佳　　山気日夕に佳なり
飛鳥相与還　　飛鳥相与に還る
此中有二真意一　　此の中に真意有り
欲レ弁已忘レ言　　弁ぜんと欲すれば已に言を忘る

楚辞　三字＋兮＋三字や、五字＋兮＋五字を基本の形とする。四言の『詩経』は黄河流域の北方の歌謡であり、楚辞は長江（揚子江）流域の南方の歌謡で、明らかに系統が異なる。幻想的で華麗な長編の作品が多く、『詩経』が集団の歌謡として作者が特定できないのに対して、現存する楚辞の作品は作者が伝えられていて、個性的色彩を持つ。

漁父辞　屈原（後人の作とも言われる）
滄浪之水清兮可三以濯二吾纓一　　滄浪の水清まば以て吾が纓を濯ふべし
滄浪之水濁兮可三以濯二吾足一　　滄浪の水濁らば以て吾が足を濯ふべし

楽府　漢の武帝は宮中に音楽を司る役所（楽府）を設立し、民間の歌謡を採集すると同時に、整理させ演奏させた。その役所の名に因んで、採集された民謡や、文人が民歌風に作った作品を楽府と呼ぶ。本来は音楽に合わせて歌われたものなので、曲調によって句数や字数が決まり、多くは長短句が混じっている。唐以降は伝統的な楽府題（曲名）と新しい楽曲によって盛んに作詩がなされたが、伝統的な楽府は次第に歌われなくなり、古体詩の一つとなった。

上邪　無名氏
上邪、我欲三与レ君相知　　上邪、我君と相知りしより
長命無二絶衰一　　長命絶え衰ふること無からんと欲す
山無レ陵江水為竭　　山に陵なく江水為に竭き
冬雷震震夏雨レ雪　　冬雷震震として、夏に雪雨り
天地合乃敢与レ君絶　　天地合すとも、乃ち敢へて君と絶へなんや

絶句　起・承・転・結の四句から成る詩。起句を詩の糸口とし、承句で内容を発展させ、転句で構想を一転させ、結句で詩全体を結ぶ。江戸時代の頼山陽が作ったとされる俗謡に、

京の五条の糸屋の娘（起）
姉は十七妹は十五（承）
諸国大名は弓矢で殺す（転）
糸屋の娘は眼で殺す（結）

があり、絶句の妙所をうまく説いている。短い詩形なので、余韻が重んじられる。なお、一般には五言絶句と七言絶句が作られているが、まれに六言絶句が作られることもある。

律詩　八句から成る詩。五言律詩と七言律詩がある。二句一組みで一聯といい、首聯・頷聯・頸聯・尾聯の四聯の構成。頷聯と頸聯は必ず対句にする。均整のとれた詩形。

排律　詩の句数が十句以上あるもの。長律ともいう。ほとんどが五言で、十二句以上のものが多い。形式は律詩に従う。

詞　本来は音楽に合わせて歌われたもので、一句の字数は長短不ぞろいで、詞牌（曲名）により押韻などの形式が決まる。二回繰り返して歌うのがふつう。一首を一闋といい、前半を前闋、後半を後闋という。俗語も多用する。五代から流行しはじめ、宋代には詩とならんで大いに流行し、高官が宴席に詞を歌う妓女を伴ったりした。

酔花陰（九日）　李清照
（前闋）薄霧濃雲愁二永昼一　　（後闋）東籬把レ酒黄昏後
瑞脳銷二金獣一　　有二暗香盈一レ袖
佳節又重陽　　莫レ道不レ消レ魂
玉枕紗厨　　簾巻西風
半夜涼初透　　人比二黄花一痩

七、漢詩の音の構造

音と四声　漢字の音は、初めの子音の部分「声母」と、残りの母音の部分「韻母」とに分けられる。さらに、声母と韻母よりなる音節は、平声・上声・去声・入声の四つの声調のいずれかに属する。平声は高低のない平らな調子、上声はしりあがりの調子、去声は初めが強く終わりが弱い調子、入声はつまる短い調子。平声を平声、残りの三声を仄声として、組み合わせで音楽的な美しさを追求する。

平仄　近体詩の平仄（ヒョウソク）には規則がある。細かく分類すれば、絶句と律詩、五言と七言、平起式と仄起式、平韻と仄韻とで、十六通りの形式があるが、要は、同じ句の偶数字が平と仄で重ならないようにすることである。ふつう、縦に読んだ場合には平と仄が互い違いに並ぶので、偶数字めを横に見ると、平仄仄平のように単調にならないよう工夫されている場合が多い。

押韻　同じ韻母を句末に用いることを「押韻（オウイン）」、または韻を踏むという。韻は、隋・唐・宋の時代には二〇六韻に分類されていたが、似た韻で通韻させることが多く、南宋末から元代にかけて成立した詩韻（平水韻）という一〇六韻に分類したものがふつう基準になる。古体詩・近体詩とも、五言系統のものは偶数句末に押韻し、七言系統のものは第一句末にも押韻するのがふつうだが、時にこの原則からはずれるものもある。古体詩では、長編でも同じ韻だけを用いる「一韻到底格」と、途中で韻をかえる「換韻格」とがある。近体詩は換韻しない。中国語の音は時代や地域によって変化が大きいが、日本漢字音で読んでみると、どこで韻を踏んでいるのか、おおよその見当がつく。

［五言絶句］

鹿柴　王維

（起）空山不見人　○●

（承）但聞人語響　○●◎

（転）返景入深林　●○

（結）復照青苔上　●○◎

［七言絶句］

早発白帝城　李白

（起）朝辞白帝彩雲間　○●○◎

（承）千里江陵一日還　●○●◎

（転）両岸猿声啼不住　●○●

（結）軽舟已過万重山　○●○◎

［五言律詩］

春望　杜甫

（首）国破山河在　●○

城春草木深　○●◎

（頷）感時花濺涙　○●

恨別鳥驚心　●○◎

（頸）烽火連三月　●○

家書抵万金　○●◎

（尾）白頭掻更短　○●

渾欲不勝簪　●○◎

［七言律詩］

香爐峰下新卜山居草堂初成偶題東壁　白居易

（首）日高睡足猶慵起　○●○□（踏みおとし）

小閣重衾不怕寒　●○●◎

（頷）遺愛寺鐘欹枕聴　●○●

香爐峰雪撥簾看　○●○◎

（頸）匡廬便是逃名地　○●○

司馬仍為送老官　●○●◎

（尾）心泰身寧是帰処　●○○

故郷何独在長安　○●○◎

（○は平、●は仄、◎は押韻）

入声の押韻　中国語の韻母は日本語のアイウエオにあたる母音（主母音と、その前後に弱くつく介音とがある）だけのものと、さらに尾韻という子音がつくものとがある。尾韻にはk・t・p・n・m・ŋがあり、このうちk・t・pがつくとつまる感じが強い。入声はこの三つの子音を尾韻にもつ音で、入声で押韻する詩は数が少なく、特に上声・去声と区別して意識的に使われている場合が多い。漢詩は、音楽のような調子をつけて朗誦したり、実際に音楽に合わせて歌ったりしたので、長く引き伸ばして歌う句末の韻の部分に入声がくる時は、特別な歌い方をする必要があったし、突然つまる音で終わると、鬱々として楽しまない心などを表すのに、独特の味わいが出る。例えば唐・柳宗元の有名な「江雪」が入声で韻を踏んでいる。

千山鳥飛絶　千山　鳥飛ぶこと絶え

万径人蹤滅　万径　人蹤（ジンショウ）滅す

孤舟蓑笠翁　孤舟　蓑笠の翁

独釣寒江雪　独り寒江の雪に釣る

日本漢字音では子音で音節が終わることがなく、母音がもう一つついて二音節になる。昔から「フックチキに平字なし」と言って、二音節目の音によって、入声音を簡単に識別している。

韻目四声配合表

漢字を韻によって分類した字書を、韻書という。代表的な韻書である『広韻』では、一万六千あまりの字を、二〇六に分類して収めている。まず平上去入の四つの声調で分け(平声の字は数が多いので、「上平」「下平」に分ける)、さらに同じ韻のものをまとめ、代表する字を一つとって韻目とし、順番に番号をふる。

『広韻』の韻目を、四声が対応するように一部順序を手直しして配列したのが、下の韻目表である。枠線内は共通の詩韻に属する。( )内は詩韻の韻目で一〇六に分類されている。

同じ枠の中に分類される漢字は、押韻することができる。例えば、「風」と「紅」は、ともに上平一東韻で、押韻できる。また「枝」と「梨」は、『広韻』では「枝」は上平五支韻、「梨」は上平六脂韻で、違う韻に分類されるが、詩韻では支韻と脂韻を通韻させるので、これも押韻できる。

ここに例示した、東韻や支韻、脂韻などは、「東」字、「支」字、「脂」字に代表される韻の意である。したがって、個々の漢字については、その代表字との韻の対応を考えて所属を見きわめる。しかし、漢詩を実際につくるなら別として、鑑賞にあたっては、平仄や押韻のきまりを知っておけば足りることで、押韻は漢字音を想起すれば理解されるものである。(一四一四ページ「漢詩の音の構造」参照)

中国語では声調が変わると同じ発音でも意味が変わるので、例えば東韻と董韻とは、全くべつの韻である。平上去入の四声を、大きく平(平声)と仄(上去入声)に分けるが、押韻する場合に、同じ仄声でも、上声・去声・入声を混同して用いることはない。

平	上	去	入
(上)1東(東)	1董(董)	1送(送)	1屋(屋)
2冬(冬)	2腫(腫)	2宋(宋)	2沃(沃)
3鍾		3用	3燭
4江(江)	3講(講)	4絳(絳)	4覚(覚)
5支(支)	4紙(紙)	5寘(寘)	
6脂	5旨	6至	
7之	6止	7志	
8微(微)	7尾(尾)	8未(未)	
9魚(魚)	8語(語)	9御(御)	
10虞(虞)	9麌(麌)	10遇(遇)	
11模	10姥	11暮	
12斉(斉)	11薺(薺)	12霽(霽)	
		13祭	
		14泰(泰)	
13佳(佳)	12蟹(蟹)	15卦(卦)	
14皆	13駭	16怪	
		17夬	
15灰(灰)	14賄(賄)	18隊(隊)	
16咍	15海	19代	
		20廃	
17真(真)	16軫(軫)	21震(震)	5質(質)
19臻			7櫛
18諄	17準	22稕	6術
20文(文)	18吻(吻)	23問(問)	8物(物)
21欣	19隠	24焮	9迄
22元(元)	20阮(阮)	25願(願)	10月(月)
23魂	21混	26慁	11没
24痕	22很	27恨	
25寒(寒)	23旱(旱)	28翰(翰)	12曷(曷)
26桓	24緩	29換	13末

平	上	去	入
27刪(刪)	25潸(潸)	30諫(諫)	15鎋(黠)
28山	26産	31襉	14黠
(下)1先(先)	27銑(銑)	32霰(霰)	16屑(屑)
2仙	28獮	33線	17薛
3蕭(蕭)	29篠(篠)	34嘯(嘯)	
4宵	30小	35笑	
5肴(肴)	31巧(巧)	36効(効)	
6豪(豪)	32晧(晧)	37号(号)	
7歌(歌)	33哿(哿)	38箇(箇)	
8戈	34果	39過	
9麻(麻)	35馬(馬)	40禡(禡)	
10陽(陽)	36養(養)	41漾(漾)	18薬(薬)
11唐	37蕩	42宕	19鐸
12庚(庚)	38梗(梗)	43映(敬)	20陌(陌)
13耕	39耿	44諍	21麦
14清	40静	45勁	22昔
15青(青)	41迥(迥)	46径(径)	23錫(錫)
16蒸(蒸)	42拯	47證	24職(職)
17登	43等	48嶝	25徳
18尤(尤)	44有(有)	49宥(宥)	
19侯	45厚	50候	
20幽	46黝	51幼	
21侵(侵)	47寝(寝)	52沁(沁)	26緝(緝)
22覃(覃)	48感(感)	53勘(勘)	27合(合)
23談	49敢	54闞	28盍
24塩(塩)	50琰(琰)	55豔(豔)	29葉(葉)
25添	51忝	56㮇	30帖
28厳	52儼	57釅	33業
26咸(咸)	53豏(豏)	58陥(陥)	31洽(洽)
27銜	54檻	59鑑	32狎
29凡	55范	60梵	34乏

用法別助字一覧

（本辞典で取り上げた助字を用法別に分類し、検字番号と基本的な訓を掲げた。一四一九ページ「訓読のしくみ」参照）

◎否定・禁止

不 16 …ず
弗 2206 …ず
非 8807 …(に)あらず
無 4557 なし、…なかれ
莫 6680 なし、…なかれ
勿 737 なし、…なかれ
毋 3937 なし、…なかれ
微 2308 なし
未 3300 いまだし

◎受身

見 7367 …る、…らる
所 3075 …る、…らる
為 4545 …る、…らる
被 7281 …る、…らる

◎使役

令 146 …しむ
使 243 …しむ
俾 320 …しむ
教 3032 …しむ
遣 8158 …しむ

◎疑問・反語

安 1724 いずくに、いずくにか、いずくんぞ
何 202 なに、なんの、いずく、いずくにか、なんぞ
曷 3256 なに、いずくんぞ、なんぞ
胡 6443 いずくんぞ、なんぞ
烏 4547 いずくんぞ、なんぞ
悪 2360 いずくに、いずくにか、いずくんぞ
焉 4551 なにをか、いずくにか、いずくんぞ、なんぞ
奚 1531 なに、なんぞ
盍 5133 なんぞ
蓋 6795 なんぞ
庸 2138 なんぞ
孰 1716 たれ、いずれ、いずれか
誰 7527 たれ、たが
独 4680 ひとり…(や)
豈 7643 あに…(や)
与 5 …や、…か
也 72 …や、…か
乎 62 …や、…か
矣 5256 …や、…か
邪 8221 …や、…か
哉 968 …や、…か
耶 8228 …や、…か
歟 3871 …や、…か

◎限定・強意

只 918 ただ
直 5155 ただ
徒 2293 ただ
唯 1099 ただ
惟 2512 ただ
独 4680 ひとり
已 2022 …のみ
耳 6239 …のみ
爾 4591 …のみ

◎断定

也 72 …なり
為 4545 …たり
以 138 もって
斯 3081 ここに

◎仮定

如 1572 もし
即 823 もし
若 6596 もし
苟 6636 いやしくも
縦 6029 たとい
雖 8744 …(と)いえども
令 146 …しめば
使 243 …しめば

◎詠嘆

何 202 なんぞ
也 72 …や
夫 1499 …や、…か、…かな
乎 62 …かな
矣 5256 …かな
哉 968 …かな
諸 7526 …や、…か

◎接続

乃 56 すなわち
即 823 すなわち
便 283 すなわち
則 646 すなわち
輒 7953 すなわち
而 6221 しかして、しこうして、しかも、しかれども、すなわち
然 4556 しかるに、しかれども、しからば

◎再読文字

未 3300 いまだ…ず
且 26 まさに…す
将 1824 まさに…す
当 1832 まさに…べし
応 2325 まさに…べし
宜 1735 よろしく…べし
須 8904 すべからく…べし
盍 5133 なんぞ…ざる
蓋 6795 なんぞ…ざる
由 4907 なお…ごとし
猶 4711 なお…ごとし

◎置き字

于 95
乎 62
而 6221
矣 5256
於 3091
焉 4551

◎その他

与 5 …と、…より
之 50 …の、これ
已 2022 すでに
兮 482 (訓読しない)
夫 1499 かの、それ
方 3086 まさに
且 26 かつ
以 138 もって
可 937 …べし、…ばかり
由 4907 …より
亦 107 また
如 1572 …(の)ごとし
此 3887 これ、この、ここ
毎 3940 …ごとに
自 6453 …より
初 602 はじめて
抑 2737 そもそも
良 6530 まことに、やや
始 1586 はじめて
尚 1833 なお
於 3091 …に、…より
肯 6295 あえて
況 4042 いわんや…(をや)
直 5155 ただちに
者 6218 …は、…こと
若 6596 …(の)ごとし
是 3132 これ、この、ここ
為 4545 …(の)ために
相 5246 あい
将 1824 もって
従 2291 …より
既 3112 すでに
能 6354 よく、あたう
得 2298 …(を)う
惟 2512 これ
欲 3852 ほっす
焉 4551 これ、ここ
復 2304 …また
敢 3040 あえて
斯 3081 これ、この、ここ
曾 3264 かつて
猶 4711 なお
幾 2108 ほとんど
蓋 6795 けだし
嘗 934 かつて
寧 1790 むしろ
諸 7526 これ、これ…や

漢文訓読の歴史

今の私たちは、古文も漢文も現代文のようにスラスラとは読めないが、例えば平安時代の人々はどうだったのだろう。『伊勢物語』『枕草子』『源氏物語』などの作品は、当時の日常語（口語）で書かれているから、その頃の人なら簡単に読めたはずだ。しかし、漢文はもともと、文法も発音も全然違う中国語の文章である。読める人は、専門的な知識や技術を持った僧侶・学者・貴族など少数の知識人に限られていた。彼らは、先生から弟子へ、親から子へと知識や技術を伝えていく中で、なるべく簡単で能率的な読解方法を作り出そうと工夫を重ねた。その成果が漢文訓読という方法である。

奈良時代、仏教は、宗教というより学問の性格が強く、寺院は仏典（お経やお経の注釈・研究書）を研究する大学のようなものだった。漢文訓読は、これらの寺院（東大寺・興福寺など）で始まったのである。それ以前は、中国語の発音でそのまま読み、それを口語訳するという、今の英語の授業のようなやり方でやっていたらしい。しかし奈良時代の末から平安時代の初めになると、日本語を漢字で表記すること——逆に言えば漢字を訓読みすることが一般化してくる。そうすると、漢文の中で、漢字のままにしておいて意味の通じる部分が多くなってくる。あとは、語順が日本語と違う（中国語は英語と同じくS＋V＋OまたはC、という順番）ところを入れかえたり、活用語尾を加えたり（中国語には語形変化がない）、助詞・助動詞などを補足したりすればよい。そのような指示を漢文に書き込んで、それに従って読んでいけば、日本語として何とか読めるようになるはずである。

その指示方法として考案されたのが「ヲコト点」と呼ばれる符号である。漢文訓読が始まった頃は、まだ万葉仮名や草仮名（万葉仮名と平仮名の中間）が使われており、行間に書き込むのは手間がかかるし読みにくい。そこで文字ではなく符号を使い、その形や位置で何と読むかを区別したのである。白・朱・緑などの絵の具や墨で書くことも、また角筆という先の尖った棒で紙を凹ませて書くこともあった。どの位置がどの語を表すか、という法則には八種ほどのグループがある。これは、南都の寺院に加え、平安時代にできた天台宗・真言宗の寺院（延暦寺・園城寺・東寺など）、また朝廷に仕えて漢籍の研究や漢詩文の制作を仕事にしていた菅原・大江・清原などの「博士家」と呼ばれる家などがヲコト点を使いながら、それぞれに独自の改良を加えていった結果である。一例を挙げよう。漢字を正方形で表し、その上に点を並べたものを点図というが、例えば次のような点図がある。実際にこれを使ってみるとこうなる。

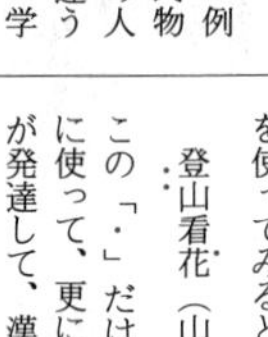

登山看花（山ニ登リテ花ヲ看ル）

この「・」だけでなく「－」「｜」などの符号も同時に使って、更に他のことばも表した。この頃、片仮名が発達して、漢字の読み方を注記するためにヲコト点と一緒に使われたが、平安時代末から鎌倉時代になると、語順など一部を除きすべてを片仮名で表すようになり、ヲコト点は衰退していく。

漢文は中国語だが、訓読されたものは日本語になっている。では、その日本語（訓読文）は、当時の口語なのかというと、そうではない。もちろん重なる部分も多いが、用語や文法の一部に、口語にはないものがあり、一つの独立した文体を作っている。これを「漢文訓読体」といい、当時の口語である「和文体」と区別する。両者の相違点をいくつか挙げると、和文体では「す・さす」を使うのに対し漢文訓読体では「しむ」を使う、同じく「やうやう（ようよう）」に対して「やうやく（ようやく）」を使う、といった、同じ意味のことばを相互に使い分けている場合がある。また、形容詞の未然形に、奈良時代の形である「け」が漢文訓読体の方に残っている（例えば「無けむ」など）という例もある。他に、漢文訓読体には「文選読み」といって、同じ語を音読み・訓読み両方読む読み方（例えば「淑女」を「しゅくじょのよきおとめ」と読む）があるが、これは暗誦するときに、音と訓を両方覚えられるようにしたものである。当然、漢文訓読体には漢語が多い。全体として言えば、学問研究のために作られた人工的な文章語（文語）という性格が強い。

このように、漢文訓読体は出発点から口語とは異質のものであった。それでも平安時代の中頃までは、漢文の微妙なニュアンスをできるだけ忠実に表そうと、かなり和文体に近い表現をしていたが、次第に能率を優先して、訓読を固定化・単純化する傾向が生まれる。例えば、動詞の前に置かれる「当」を、はじめは文脈に応じて「ム」「ベシ」「マサニ……（セヨ）」（動詞を命令形にする）などと読み分けていたのが、「マサニ……ベシ」という再読する読み方に統一されていく。こうして口語との距離は開いていったが、一方では両者を融合させた文体を作ろうとする動きもあり、それが一挙に表面化し、決定的になったのが、『今昔物語』『平家物語』などの成立した平安時代末から鎌倉時代にかけてのことである。漢文訓読体を自分のものにしている僧侶や学者が、口語しかわからない民衆を対象としてこれらの作品を作った時に、漢文訓読体のリズムや簡潔さ、和文体のわかりやすさ、という両者の特長を兼ね備えた文体が生まれたのである。これを「和漢混淆文」といい、この文体が、今私たちの使っている文体の、直接の先祖にあたる。平安時代の女房たち（貴族に仕えた女性）の書いた文章に比べ、これらの作品がずっとわかりやすいことは読んで感じられるだろう。

寺院や博士家の漢文訓読は、この頃にほぼ固定化し、伝えられていく。一方、室町時代になると朱子学という儒学の新しい流れが中国から入ってきて、主に禅宗寺院で研究されていく。奈良時代の南都六宗、平安時代の天台・真言の二宗と同様、この時代では禅宗が中国の新しい学問や文化を輸入し消化吸収する役割を担当していたからだ。朱子学はそれまでの儒学を批判して生まれたものだから、日本においてもそれまでの博士家の儒学に対して批判的であった。その中で、いわば研究の基本である漢文訓読も批判の対象になり、岐陽方秀・桂庵玄樹といった僧が新しい訓読法を考えた。ただし内容を見ると、この字は博士家ではこう読んでいるが、こう改めるべきだ、といった細かい事が多く、あまり体系的な批判ではない。全体の傾向としては「置き字」（訓読しない字）をできるだけ少なくして、訓読文から原文に復元するのが簡単なように考えられたものである。江戸時代のはじめに文之玄昌という僧がこの訓読法で『四書』（大学・中庸・論語・孟子の四種の書物。朱子学で最も重視したもの）に訓点（返り点・句読点・送り仮名などの総称）を付けて出版した。これを文之点という。一方、同じ頃、幕府に仕えて江戸時代の社会に大きな影響を与えた林羅山は、博士家の伝統的な訓読法（博士家点）を継承した『四書』を出した。これを、羅山の号から、道春点という。

ただ、江戸時代全体として見ると、この両者は訓読みを多く用い、古い言い方を残している点で共通性が強い。その後、太宰春台・冢田大峯・後藤芝山・佐藤一斎といった学者が、それぞれの訓点を考えたが、時代が下るにつれて簡略で機械的なものになり、特に佐藤一斎の一斎点はその傾向を極端に押し進めた。例えば文之点や道春点では文脈に応じて「き」「つ」「ぬ」「たり」「り」といった過去・完了の助動詞を補っているが、春台・大峯・芝山ではその数が減っていき、一斎点では全く使われなくなる。このような傾向に対して、博士家点を復活させようという動きが生まれ、国学者の鈴木朖や幕末の儒学者日尾荊山などが和文体に近い訓読を行なった。

明治に入り、学校教育の中で漢文が教えられるようになると、芝山・一斎系統の訓読法によって教科書が作られ、これが現在の教科書にも継承されている。

ここでもう一度全体を振り返って見てみよう。漢文訓読とは中国語を日本語に翻訳する方法である。仏典や漢籍を研究する中で考案され、平安時代に確立した。その後、禅僧や儒学者がそれぞれの学問的立場から改良を加えたり新しい訓点を考えたりして現在に至っている。この、漢文訓読によって生まれた独特の文体を、漢文訓読体という。

さて、漢文訓読体は成立当初から口語とは異質なもので、時がたつと共に、その差が大きくなっていった。従って、本来は翻訳なのであるから訓読すれば意味がわかるはずなのに、訓読とは別に口語訳も必要になってしまった。室町時代には「抄物」、江戸時代には「国字解」と呼ばれる書物が多く作られたが、これらは当時の現代語で漢文の書物をやさしく解説したものである。こうなると、なぜ訓読するのかという根本的な疑問がでてくる。江戸時代に、荻生徂徠・太宰春台ら古文辞学派と呼ばれる学者たちが、訓読ではなく直読（中国音でそのまま読むこと）を主張したり、宇野明霞という学者が、訓読の中に当時の現代語を取り入れようとしたりしたのも、一斎点のように訓読を機械的にしたのも、どうせ訓読では原文の意味を詳しく伝えることができないのだから、いっそのこと簡略化した方が、訓読自体も暗誦するのも能率的である、と考えたからではないだろうか。

それでも江戸時代の人は普段使う文章が文語体（和漢混淆文）だから、漢文訓読体にも親近感があっただろう。それに比べて現在の私たちは、明治時代の言文一致運動のおかげで、文章にも口語体（話しことばと完全に一致するわけではないがそれに近い文体）を使っていて、漢文訓読体になじみがない。しかも、今行われている訓読は、先に述べたように機械的なものである。なぜ訓読するのかという疑問は今の方がずっと大きいはずである。確かに漢文訓読体には独特のリズムや音の響きがあり、それを味わい、現代文に活かしていくのも漢文を学ぶ一つの目的だが、中国語で読むとか、和文体に近い訓読をするなどといった、さまざまな工夫をすべき時に来ているといえよう。

中国歴史地図

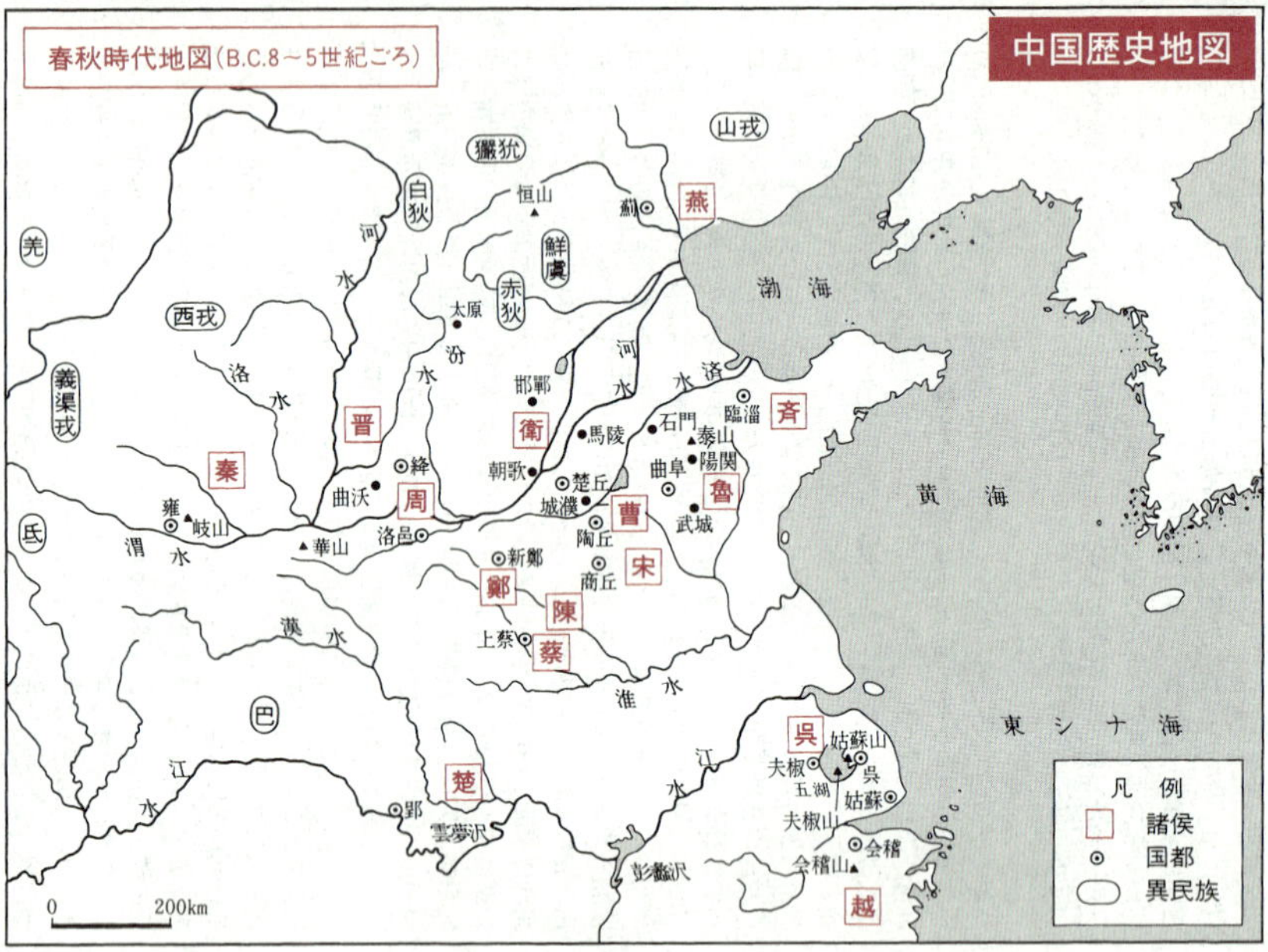
春秋時代地図(B.C.8～5世紀ごろ)
中国歴史地図
山戎
玁狁
白狄
燕
薊
恒山
鮮虞
羌
河
水
渤海
西戎
赤狄
太原
汾
水
河
洛
義渠戎
洛
水
晋
衛
邯鄲
水
臨淄
斉
馬陵
石門
泰山
秦
絳
朝歌
楚丘
曲阜
陽関
曲沃
周
城濮
曹
魯
黄海
雍
岐山
氐
渭
水
華山
洛邑
陶丘
武城
新鄭
宋
鄭
商丘
漢
水
陳
上蔡
蔡
淮
水
巴
東シナ海
呉
姑蘇山
江
夫椒
呉
水
五湖
姑蘇
楚
郢
雲夢沢
夫椒山
会稽
彭蠡沢
会稽山
越
0
200km
凡例
諸侯
国都
異民族

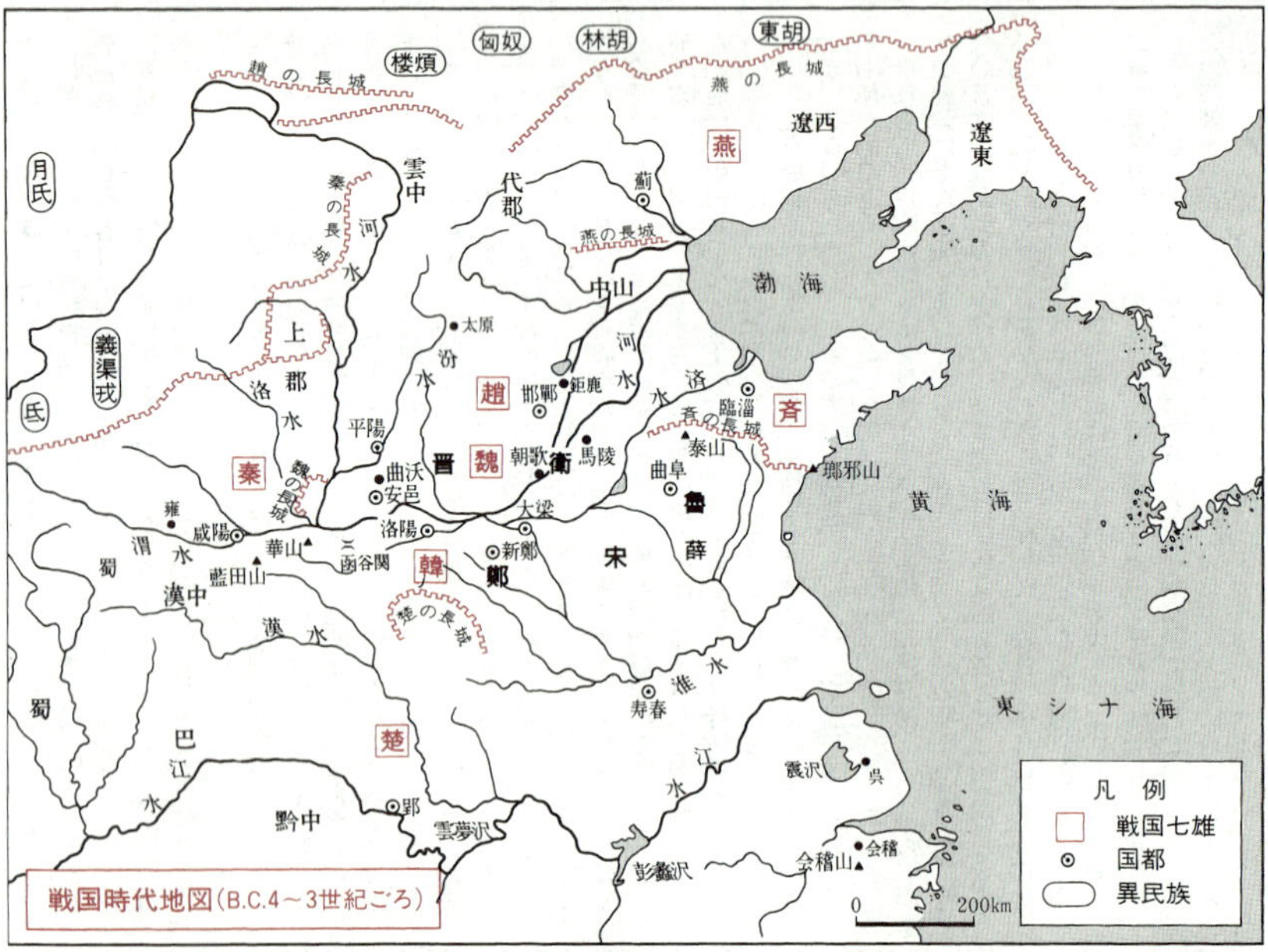
匈奴
林胡
東胡
楼煩
趙の長城
燕の長城
燕
遼西
遼東
月氏
秦の長城
河
雲中
代郡
薊
燕の長城
水
中山
渤海
上
太原
河
義渠戎
洛
郡
汾
水
趙
邯鄲
鉅鹿
水
洛
臨淄
氐
水
斉の長城
斉
平陽
泰山
秦
魏の長城
曲沃
晋
魏
朝歌
衛
馬陵
曲阜
琅邪山
安邑
大梁
魯
黄海
雍
咸陽
洛陽
渭
水
華山
函谷関
新鄭
宋
薛
蜀
藍田山
韓
鄭
漢中
楚の長城
漢
水
淮
水
寿春
東シナ海
蜀
巴
楚
江
水
震沢
呉
水
黔中
郢
雲夢沢
会稽山
会稽
彭蠡沢
0
200km
凡例
戦国七雄
国都
異民族
戦国時代地図(B.C.4～3世紀ごろ)

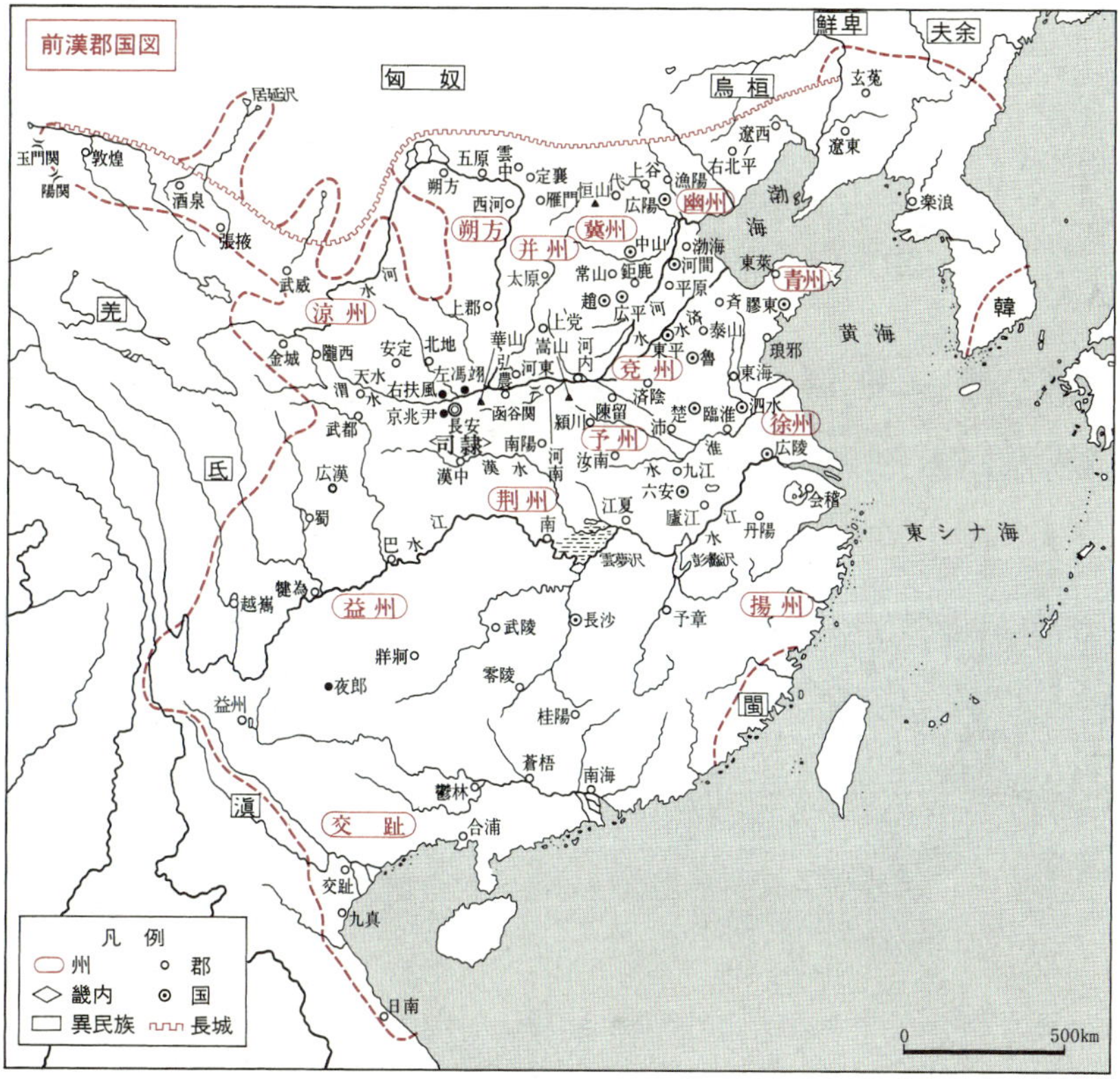
前漢郡国図
鮮卑
夫余
匈奴
烏桓
居延沢
玄菟
遼西
遼東
玉門関
敦煌
陽関
酒泉
張掖
五原
雲中
定襄
朔方
西河
雁門
恒山
代
上谷
漁陽
広陽
右北平
幽州
楽浪
渤海
朔方
冀州
并州
河
中山
渤海
河間
東萊
青州
太原
常山
鉅鹿
平原
水
武威
涼州
上郡
趙
広平
河
済
斉
膠東
韓
黄海
羌
安定
北地
華山
上党
水
泰山
琅邪
金城
隴西
弘農
嵩山
河内
東平
魯
天水
左馮翊
河東
兗州
東海
渭
水
右扶風
函谷関
陳留
済陰
楚
臨淮
泗水
武都
京兆尹
長安
潁川
沛
徐州
司隷
南陽
予州
淮
広陵
氐
広漢
漢中
漢
水
河南
汝南
水
九江
六安
会稽
蜀
荊州
江夏
廬江
江
巴
水
江
南
丹陽
東シナ海
雲夢沢
彭蠡沢
水
犍為
越巂
益州
長沙
揚州
武陵
予章
牂牁
夜郎
零陵
閩
益州
桂陽
蒼梧
南海
鬱林
滇
交趾
合浦
交趾
九真
日南
凡例
州
郡
畿内
国
異民族
長城
0
500km

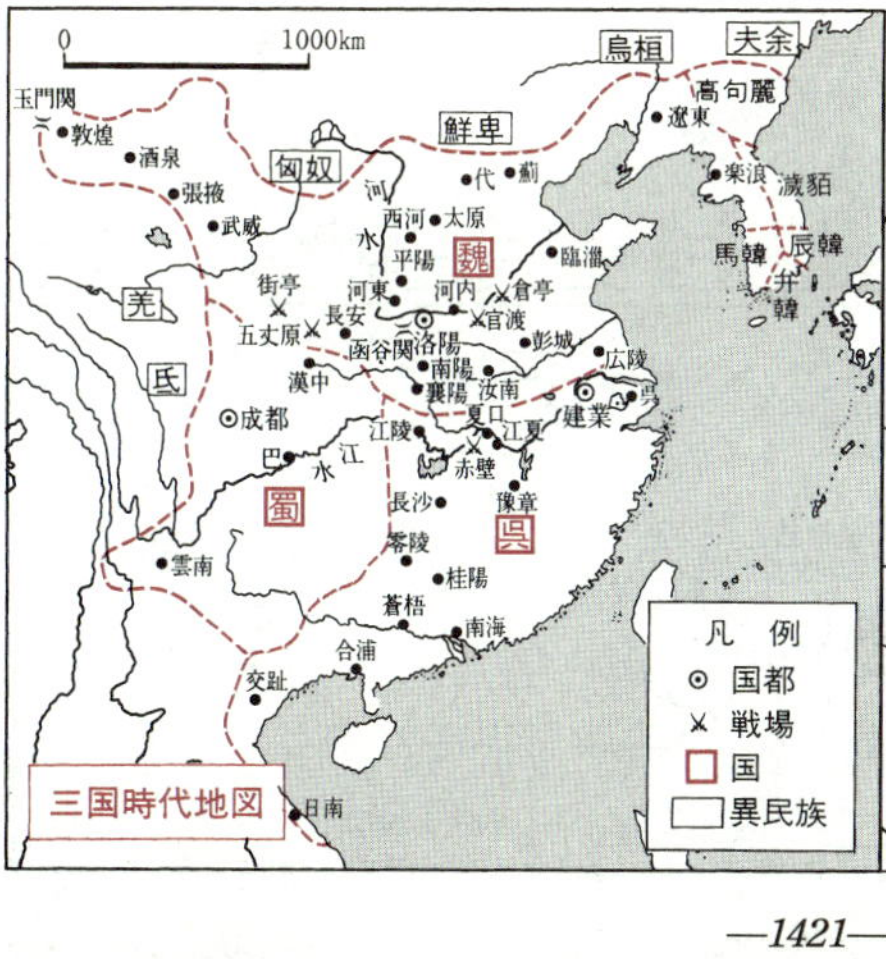
0
1000km
烏桓
夫余
玉門関
高句麗
敦煌
鮮卑
遼東
酒泉
代
薊
楽浪
濊貊
匈奴
張掖
河
武威
西河
太原
水
魏
臨淄
馬韓
辰韓
平陽
街亭
河東
河内
倉亭
弁韓
羌
五丈原
長安
官渡
函谷関
洛陽
彭城
氐
漢中
南陽
広陵
襄陽
汝南
成都
建業
夏口
江陵
江夏
赤壁
巴
水
江
蜀
長沙
豫章
呉
零陵
雲南
桂陽
蒼梧
南海
合浦
交趾
日南
凡例
国都
戦場
国
異民族
三国時代地図

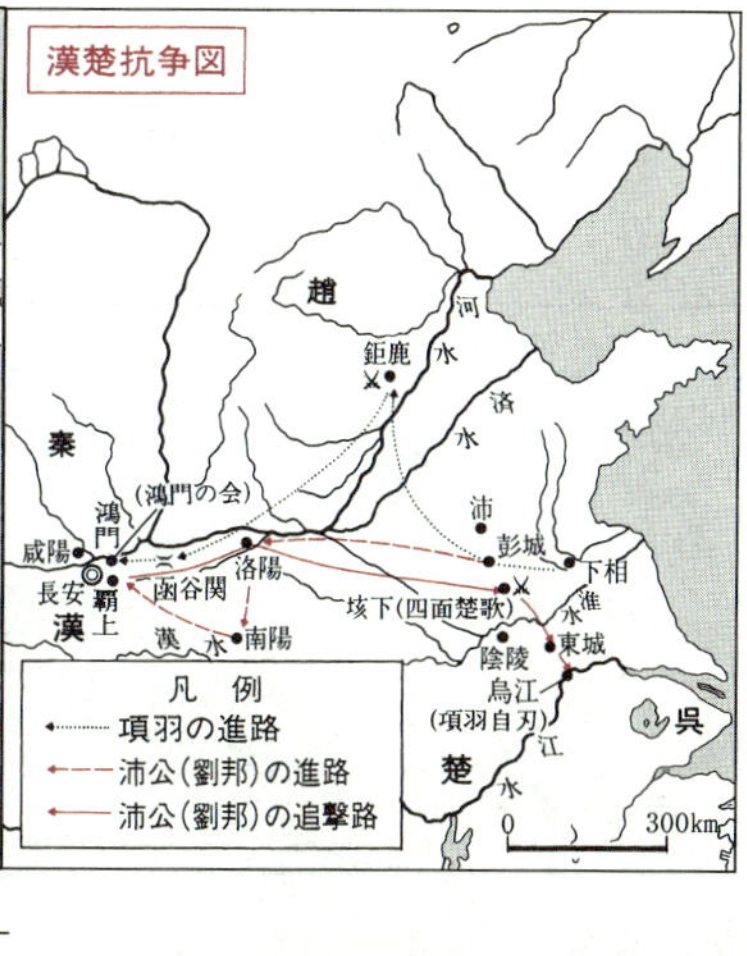
漢楚抗争図
趙
河
鉅鹿
水
済
秦
水
(鴻門の会)
沛
鴻門
彭城
咸陽
下相
洛陽
長安
覇上
函谷関
垓下(四面楚歌)
漢
水
淮
漢
水
南陽
陰陵
東城
烏江
(項羽自刃)
呉
江
楚
水
凡例
項羽の進路
沛公(劉邦)の進路
沛公(劉邦)の追撃路
0
300km

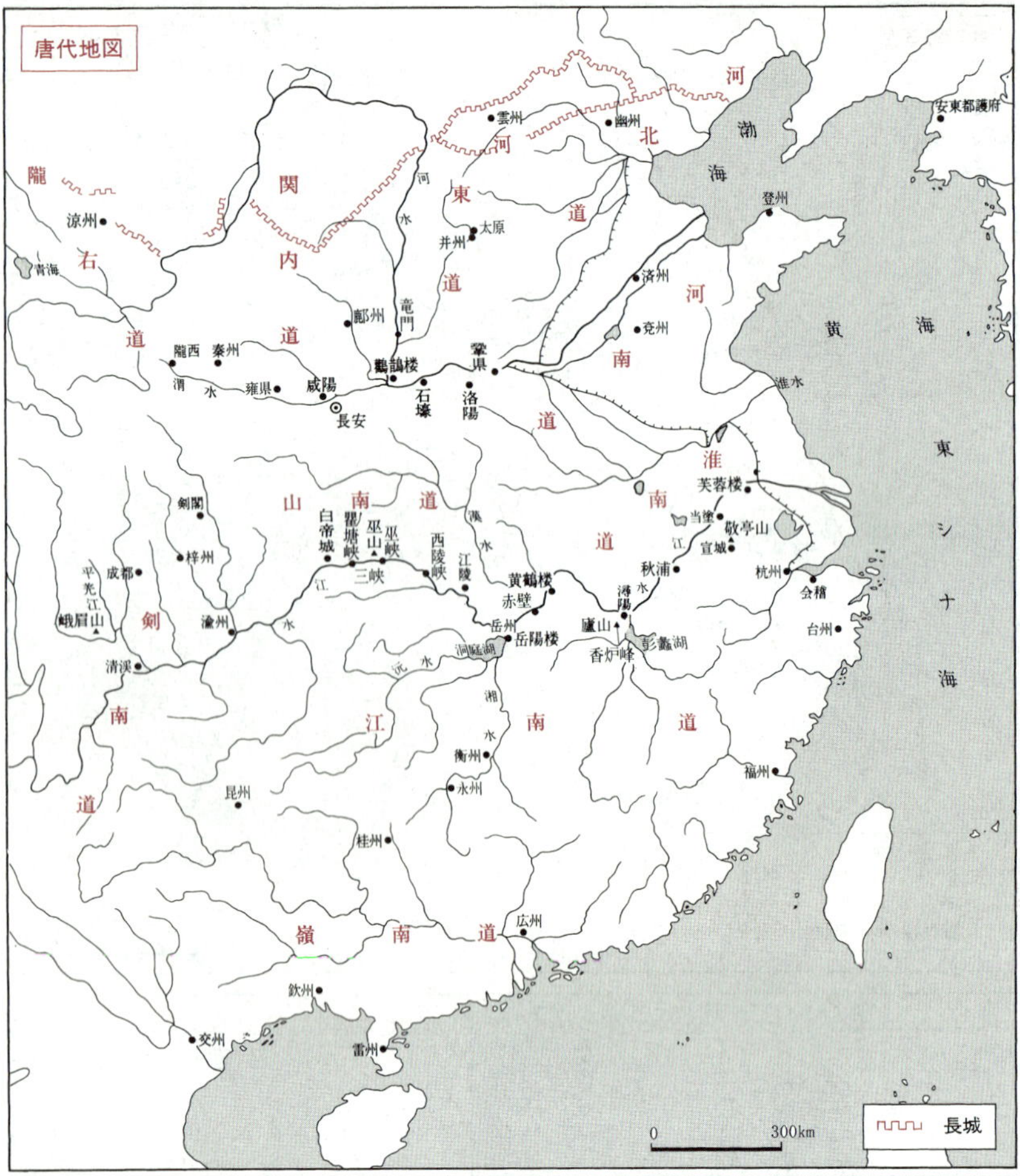
唐代地図
隴右道
関内道
河東道
河北道
河南道
淮南道
山南道
剣南道
江南道
嶺南道
隴南道
渤海
黄海
東シナ海
安東都護府
雲州
幽州
登州
涼州
青海
太原
并州
鄜州
竜門
済州
兗州
隴西
秦州
鸛鵲楼
鞏県
石壕
洛陽
渭水
雍県
咸陽
長安
淮水
芙蓉楼
当塗
敬亭山
宣城
剣閣
白帝城
瞿塘峡
巫山
巫峡
西陵峡
江陵
漢水
梓州
成都
平羌江
峨眉山
三峡
江
黄鶴楼
赤壁
秋浦
潯陽
杭州
会稽
渝州
岳州
岳陽楼
廬山
香炉峰
彭蠡湖
台州
清渓
洞庭湖
沅水
湘水
衡州
永州
福州
昆州
桂州
広州
欽州
交州
雷州
0
300km
長城

武王陵
文王陵
咸陽宮
渭河
漢の長安城
未央宮
竜首原
大明宮
鴻門
始皇帝陵
阿房宮
崇聖寺
青竜寺
大慈恩寺
驪山
唐の長安城
豊京
鎬京
長安／長安付近の古跡
0
1
2km
白鹿原
銅人原

地名	詩文・故事成語	作者・出典
①邯鄲	邯鄲之夢枕	沈既済『枕中記』
②泰山	苛政猛於虎	『礼記』檀弓下
③垓下	四面楚歌	『史記』項羽本紀
④江南	江南春	杜牧
⑤会稽山	臥薪嘗胆	『史記』越世家
⑥香炉峰	望廬山瀑布	李白
⑦黄鶴楼	黄鶴楼送孟浩然之広陵	李白
⑧赤壁	前赤壁賦	蘇軾
⑨洞庭湖	臨洞庭	孟浩
⑩洛陽	春夜洛城聞笛	李白
⑪函谷関	鶏鳴狗盗	曾先之
⑫鴻門	鴻門之会	『史記』項羽本紀
⑬華清池	長恨歌	白居易
⑭長安	春望	杜甫
⑮渭水	見渭水思秦川	岑参
⑯玉門関	涼州詞	王之渙
⑰白帝城	早発白帝城	李白
⑱終南山	終南山	王維
1曲阜	孔子（前五五一～前四七九）出身地	
2瑯邪	諸葛亮（一八一～二三四）出身地	
3鄒	孟子（前三七二?～前二八九）出身地	
4沛	劉邦（前二四七?～前一九五）出身地	
5梁山泊	『水滸伝』の舞台	
6潯陽	陶潜（三六五～四二七）出身地	
7臨川	王安石（一〇二一～一〇八六）出身地	
8廬陵	欧陽脩（一〇〇七～一〇七二）出身地	
9南陽	韓愈（七六八～八二四）出身地	
10太原	王維（六九九?～七五九?） 白居易（七七二～八四六）出身地	
11竜門	司馬遷（前一四五～前八六?）出身地	
12襄陽	杜甫（七一二～七七〇）出身地	
13眉山	蘇軾（一〇三六～一一〇一）出身地	

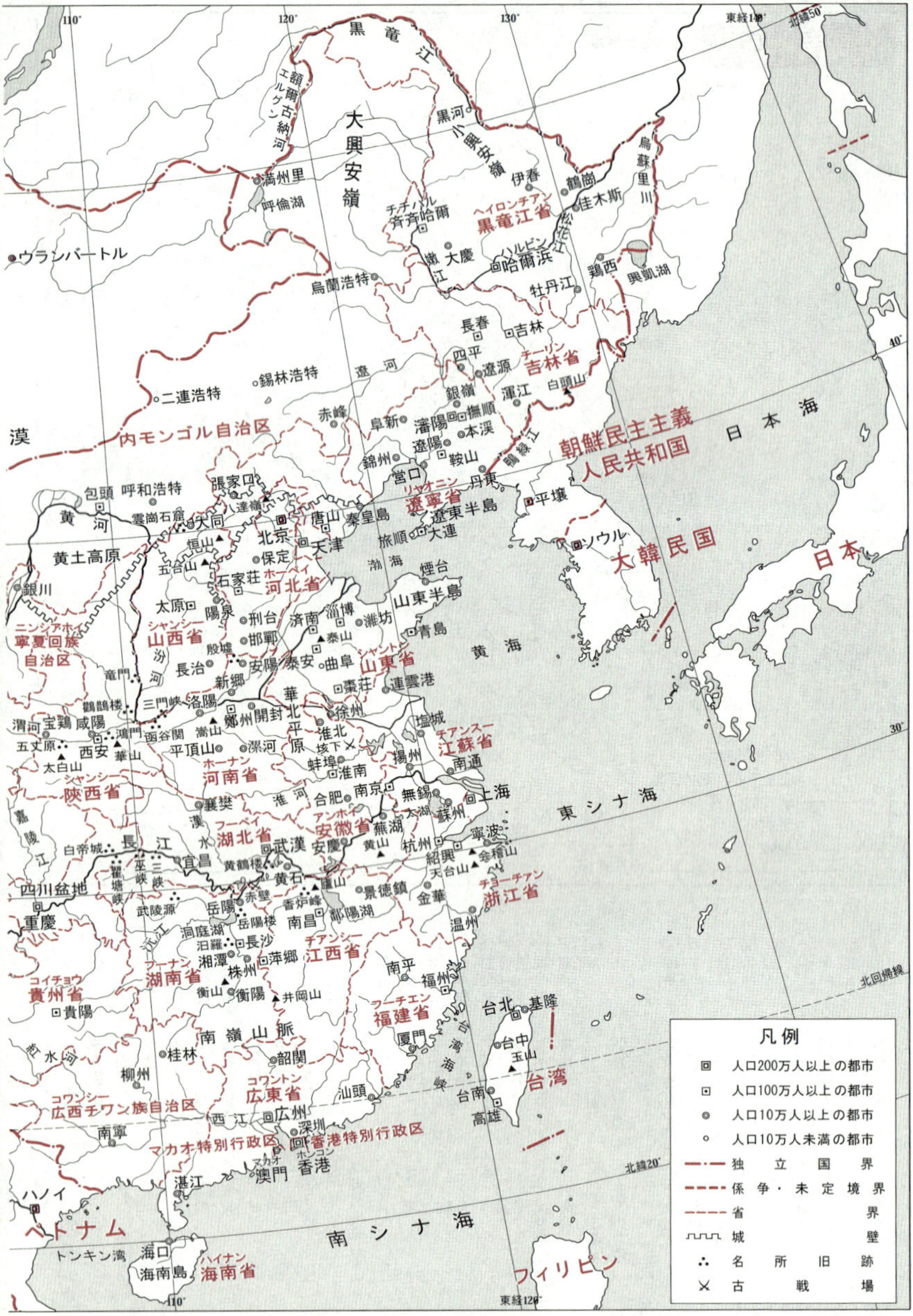

黒竜江
エルグン
額爾古納河
大興安嶺
黒河
小興安嶺
烏蘇里川
満州里
呼倫湖
伊春
鶴崗
佳木斯
チチハル
斉斉哈爾
ヘイロンチアン
黒竜江省
松花江
ハルビン
哈爾浜
嫩江
大慶
ウランバートル
烏蘭浩特
鶏西
興凱湖
牡丹江
長春
吉林
四平
遼源
チーリン
吉林省
錫林浩特
遼河
二連浩特
銀嶺
渾江
白頭山
赤峰
撫順
阜新
瀋陽
本渓
漠
内モンゴル自治区
遼陽
鴨緑江
朝鮮民主主義人民共和国
日本海
錦州
鞍山
営口
丹東
リャオニン
遼寧省
遼東半島
平壌
包頭
呼和浩特
張家口
八達嶺
黄河
雲崗石窟
大同
北京
唐山
秦皇島
旅順
大連
ソウル
大韓民国
日本
恒山
天津
黄土高原
五台山
保定
渤海
煙台
ホーペイ
河北省
石家荘
銀川
太原
陽泉
山東半島
ニンシアホイ
寧夏回族自治区
シャンシー
山西省
刑台
済南
淄博
濰坊
邯鄲
泰山
青島
汾河
殷墟
黄海
長治
安陽
泰安
曲阜
シャントン
山東省
竜門
新郷
棗荘
連雲港
華北平原
鸛鵲楼
三門峡
洛陽
鄭州
開封
徐州
塩城
渭河
宝鶏
咸陽
嵩山
淮北
チアンスー
江蘇省
五丈原
西安
鴻門
函谷関
平頂山
漯河
垓下
太白山
華山
蚌埠
揚州
南通
シャンシー
陝西省
ホーナン
河南省
淮南
南京
淮河
合肥
無錫
上海
襄樊
太湖
蘇州
嘉陵江
漢水
フーペイ
湖北省
アンホイ
安徽省
蕪湖
東シナ海
寧波
長江
白帝城
武漢
安慶
黄山
杭州
紹興
会稽山
宜昌
黄鶴楼
天台山
瞿塘峡
巫峡
三峡
黄石
廬山
チョーチアン
浙江省
四川盆地
赤壁
香炉峰
景徳鎮
金華
武陵源
岳陽
鄱陽湖
重慶
岳陽楼
南昌
温州
洞庭湖
沅江
汨羅
長沙
チアンシー
江西省
フーナン
湘潭
萍郷
湖南省
株州
南平
福州
コイチョウ
貴州省
衡山
衡陽
井岡山
北回帰線
フーチエン
福建省
台北
基隆
貴陽
南嶺山脈
台湾海峡
厦門
台中
玉山
紅水河
桂林
韶関
柳州
コワントン
広東省
台湾
汕頭
台南
コワンシー
広西チワン族自治区
高雄
西江
広州
深圳
南寧
マカオ特別行政区
香港特別行政区
マカオ
ホンコン
澳門
香港
北緯20°
湛江
ハノイ
ベトナム
南シナ海
海口
トンキン湾
海南島
ハイナン
海南省
フィリピン
東経120°
110°
120°
130°
東経140°
北緯50°
40°
30°
凡例
人口200万人以上の都市
人口100万人以上の都市
人口10万人以上の都市
人口10万人未満の都市
独立国界
係争・未定境界
省界
城壁
名所旧跡
古戦場

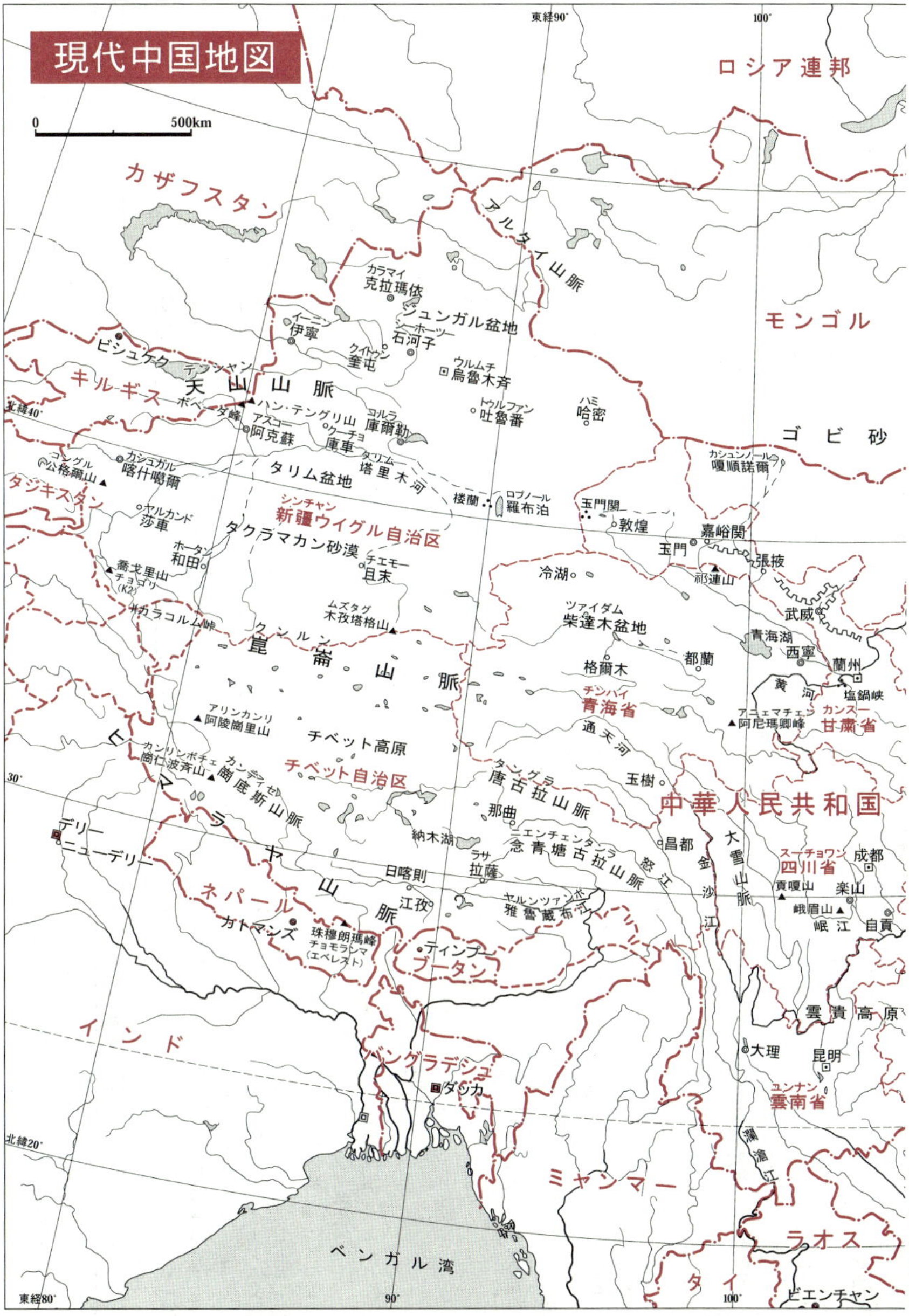
現代中国地図
0
500km
東経90°
100°
ロシア連邦
カザフスタン
アルタイ山脈
モンゴル
カラマイ
克拉瑪依
ジュンガル盆地
イーニン
伊寧
シーホーツー
石河子
クイトゥン
奎屯
ビシュケク
テンシャン
天山山脈
キルギス
ウルムチ
烏魯木斉
ポベーダ峰
ハン・テングリ山
北緯40°
トゥルファン
吐魯番
ハミ
哈密
ゴビ砂
アスコー
阿克蘇
クーチョ
庫車
コルラ
庫爾勒
タリム
塔里木河
コングル
公格爾山
カシュガル
喀什噶爾
タリム盆地
カシュンノール
嘎順諾爾
タジキスタン
ヤルカンド
莎車
シンチャン
新疆ウイグル自治区
楼蘭
ロプノール
羅布泊
玉門関
敦煌
嘉峪関
タクラマカン砂漠
ホータン
和田
チエモー
且末
玉門
張掖
祁連山
喬戈里山
チョゴリ
(K2)
冷湖
カラコルム峠
ムズタグ
木孜塔格山
ツァイダム
柴達木盆地
武威
クンルン
崑崙山脈
青海湖
西寧
都蘭
格爾木
蘭州
黄河
塩鍋峡
チンハイ
青海省
アリンカンリ
阿陵崗里山
アニェマチェン
阿尼瑪卿峰
カンスー
甘粛省
チベット高原
通天河
ヒマラヤ山脈
カンリンボチェ
崗仁波斉山
カンディセ
崗底斯山脈
チベット自治区
タングラ
唐古拉山脈
30°
玉樹
中華人民共和国
デリー
ニューデリー
那曲
納木湖
ニエンチェンタンラ
念青塘古拉山脈
昌都
大雪山脈
金沙江
怒江
スーチョワン
四川省
成都
ラサ
拉薩
日喀則
貢嘎山
楽山
ネパール
江孜
ヤルンツァンポ
雅魯蔵布江
峨眉山
岷江
自貢
カトマンズ
珠穆朗瑪峰
チョモランマ
(エベレスト)
ティンプー
ブータン
雲貴高原
インド
バングラデシュ
大理
昆明
ダッカ
ユンナン
雲南省
瀾滄江
北緯20°
ミャンマー
ラオス
ベンガル湾
タイ
東経80°
90°
100°
ビエンチャン

中国文化史年表

回は日本、朝は朝鮮、無印は中国の出来事。？は推定。人名欄の数字は没年。皇帝名・元号は主なもののみ示した。

西暦

前一六〇一　前一三〇一　前八〇一　前七〇一

王朝

伝説時代 ｜ （夏） ｜ 殷（商） ｜ 西周 ｜ 東周・春秋時代

皇帝

禹王　桀王　湯王　紂王　武王　厲王　宣王　幽王　平王　恵王　襄王

元号

政治・文化

［黄河流域を中心に文明発生　裴李崗文化・仰韶（彩陶）文化・大汶口文化・竜山（黒陶）文化］

［農耕・牧畜が行われる］

湯王、桀王を倒し殷を建国（前一六〇〇頃）

伊尹、宰相となる

［青銅器の使用］

［亀甲獣骨文字］

武王、紂王を討ち、周を建国。鎬京（西安）に都す

伯夷・叔斉、首陽山に隠れて餓死する

幽王、犬戎に殺され、西周滅亡す（前七七一）

平王、洛邑に遷都。以後を東周と呼ぶ（前七七〇）

『春秋』の記事開始（前七二二）

春秋の五覇

［斉の桓公・宋の襄公・晋の文公・秦の穆公・楚の荘王］

人名

三皇

五帝（黄帝・顓頊・帝嚳・帝尭・帝舜）

禹

桀・桀王妃（末喜）

湯王・伊尹

紂王・微子・比干・箕子

武王・呂尚（太公望）

伯夷・叔斉

幽王（前七七一）

管仲（六四五）

作品

撃壌歌

采薇の歌

管子（管仲）

日本

先土器文化　縄文文化

世界

前五〇万頃　北京原人

前二六五〇頃　エジプト初期王朝。ギザのピラミッド群の建造

前二五〇〇頃　インダス文明（ハラッパー文化）

前二〇〇〇頃　アーリア人のインド移住始まる

前一七〇〇頃　ハムラビ法典

前一二〇〇頃　トロイ戦争

前八〇〇頃　ホメロス『イリアス』『オデュッセイア』

前七七六　第一回オリンピア

前七五三頃　ローマ建国

前七〇〇頃　ヘシオドス

前六七〇頃　アッシリアのオリエント統一

前六一二　アッシリア滅亡

年代：前六〇一　前五〇一　前四〇一　前三〇一　前二〇一　前一〇一

王朝：東周（春秋時代・戦国時代）　秦　前漢

帝王：霊王　景王　敬王　孝王　威烈王　安王　顕王　赧王　秦孝文王　秦始皇帝　二世胡亥　秦王子嬰　高祖　景帝　武帝　宣帝　元帝　哀帝

年号：建元元　五　元封三　天漢元　神爵二　竟寧元　元寿元

事項

- 孔子、魯の大司寇（ダイシコウ）となる（前五〇〇）
- 呉越の戦い（前四九六～前四七三）
- 鉄器の普及
- 晋分裂、韓（カン）・魏（ギ）・趙（チョウ）が独立。戦国時代に入る（前四〇三）
- 諸子百家の活躍
- 戦国の七雄（秦・楚・斉・燕・韓・魏・趙）激しく争う
- 蘇秦、合従の策を説く（前三三三）
- 張儀、連衡の策を説く（前三一一）
- 長江流域の歌謡より楚辞が生まれる
- 秦、周を滅ぼす（前二四九）　秦王政即位（前二四六）
- 始皇帝、天下を統一（前二二一）
- 万里の長城、築城（前二一四）　焚書坑儒（前二一三～前二一二）
- 陳勝・呉広の乱（前二〇九）　秦の滅亡・鴻門の会（前二〇六）
- 垓下の戦い・前漢の成立（前二〇二）
- 呉楚七国の乱（前一五四）
- はじめて年号が制定される（前一四〇）
- 五経博士を置く。儒教の国教化（前一三六）
- 武帝、朝鮮を平定し、楽浪などの四郡を置く（前一〇八）
- 蘇武を匈奴に派遣（前一〇〇）、李陵が匈奴に降伏（前九九）
- 楽府の盛行
- 西域都護府の設置（前六〇）
- 王昭君、匈奴に嫁す（前三三）
- 仏教の伝来（前二、一説に後六七）

人物

- 孫武（？）
- 子産（前五二二）
- 晏嬰（前五〇〇）
- 顔回（前四九〇）・子路（前四八〇）
- 孔子（前四七九）
- 子貢（前四五六）
- 曾参（前四三六？）・子思（前四三一）
- 老子（？）
- 墨子（？）・列子（？）・呉起（前三八一）
- 商鞅（前三三八）・楊朱（？）・荘子（？）・孟子（前二八九）
- 孟嘗君（前二七九）・屈原（前二七八？）
- 荀子（前二三八？）
- 呂不韋（前二三五）・韓非（前二三三）
- 宋玉（前二二〇）
- 李斯（前二〇八）・范増（前二〇四）
- 項羽（前二〇二）・劉邦（前一九五）
- 賈誼（前一六八）・枚乗（前一四〇）
- 劉安（前一二二）
- 司馬相如（前一一七）・張騫（前一一四）
- 董仲舒（前一〇四）
- 李延年（前八七）・司馬遷（前八六？）
- 李陵（前七四）・蘇武（前六〇）
- 劉向（前六）

著作

- 孫子（孫武）
- 晏子春秋（晏嬰）
- 書経・詩経・易経・春秋
- 論語
- 孝経（曾参）・中庸（子思？）
- 老子（老子）
- 墨子（墨子）・列子（列子）・呉子（呉起）
- 商子（商鞅）
- 荘子（荘子）・孟子（孟子）
- 荀子（荀子）
- 呂氏春秋（呂不韋）・韓非子（韓非）
- 新書（賈誼）
- 淮南子（劉安）
- 春秋繁露（董仲舒）
- 史記（司馬遷）
- 戦国策・説苑（劉向）

日本：縄文文化　弥生文化

世界

- 前五二五頃　ペルシア、全オリエントを統一
- 前五〇九頃　ローマ共和制の確立
- 前五〇〇～前四四九　ペルシア戦争
- 前四八三頃　釈迦没
- 前四三一　ペロポネソス戦争（～前四〇四）
- 前四二五頃　ヘロドトス没
- 前三九九　ソクラテス没
- 前三四七　プラトン没
- 前三三四　アレクサンダー大王の東征始まる
- 前三二二　アリストテレス没
- 前二六四　ポエニ戦争（～前一四六）
- 前二三二頃　アショカ王没
- 前一四六　カルタゴ滅亡・ローマが地中海に覇権確立
- 前四四　カエサル暗殺
- 前三〇　ローマ人のエジプト占領
- 前二七　ローマ帝政始まる
- 前四？　キリスト誕生

紀元: 一〇一 / 二〇一

王朝: 前漢 / 新 / 後漢 / 三国（魏・蜀・呉） / 西晋

皇帝: 哀帝 / 王莽 / 光武帝 / 明帝 / 章帝 / 和帝 / 安帝 / 順帝 / 桓帝 / 霊帝 / 献帝 / 文帝（昭烈帝・大帝） / 明帝（後主禅） / 斉王芳（会稽王亮） / 高貴郷公髦（烏程公） / 元帝 / 武帝 / 恵帝

年号: 建国元 / 建武元 / 永平一〇 / 一七 / 建初四 / 永元九 / 元興元 / 永和四 / 建和二 / 延熹九 / 光和五 / 建安一三 / 延康元 / 泰始 / 太康 / 永康元

事項

王莽、前漢を滅ぼす（九）　赤眉の乱（一八～二七）

光武帝、漢を再興（二五）　大学をはじめて設置（二九）

日倭奴国、後漢に使者を送る（五七）

蔡愔ら西域より仏典・二僧と共に帰国（六七）

班超、西域を討つ（七四）　白虎観に儒者を集め、五経の解釈の異同を正す（七九）

班超、甘英をローマ（大秦国）に派遣（九七）

蔡倫、紙を発明（一〇五）

張衡、渾天儀・候風地動儀などを発明（一三九）

パルティア（安息国）の僧安世高、洛陽で仏典翻訳（一四八）　朝第四回仏典結集（一五〇頃）

ローマ皇帝の使者来朝（一六六）　党錮の獄（一六六）

日倭国内乱（一七〇頃）　熹平石経建立（一七五）

五斗米道・太平道おこる（一八二頃）　黄巾の乱（一八四）・群雄割拠、曹操、献帝擁し政治の実権掌握

赤壁の戦い（二〇八）

後漢滅亡、魏建国（二二〇）

[五言詩の確立　建安文学盛んになる]

三国鼎立（二二〇～二二二）

五丈原の戦い（二三四）

日卑弥呼、魏に使者を送る（二三九）

蜀の滅亡（二六三）

魏の滅亡、西晋の成立（二六五）

呉の滅亡（二八〇）　晋天下統一

[老荘思想が盛んとなり、清談が流行する（竹林の七賢）]

日王仁、論語・千字文を日本へ伝来（二八五頃）

八王の乱（三〇〇～三〇六）

人物

揚雄（一八）

劉歆（二三）

班彪（五四）

桓譚（五六）

班固（九二）

王充（一〇〇？）・賈逵（一〇一）

班昭（一二〇？）

許慎（一二四）

張衡（一三九）

崔瑗（一四三）・王逸（一四五）

馬融（一六六）

蔡邕（一九二）

鄭玄（二〇〇）・孔融（二〇八）

王粲（二一七）・仲長統（二二〇）

曹操（二二〇）・曹丕（二二六）・曹植（二三二）・諸葛亮（二三四）

何晏（二四九）・王弼（二四九）

王粛（二五六）

嵆康（二六二）・阮籍（二六三）

傅玄（二七八）・竜樹（二八〇）

皇甫謐（二八二）・杜預（二八四）

陳寿（二九七）

著作

法言（揚雄）

七略（劉歆）

北征賦（班彪）

新論（桓譚）

白虎通義（班固）

漢書（班固）

論衡（王充）

説文解字（許慎）

両京賦（張衡）

座右銘（崔瑗）・楚辞章句（王逸）

蔡中郎集（蔡邕）

毛詩鄭箋（鄭玄）

登楼賦（王粲）

出師表（諸葛亮）

論語集解（何晏）

孔子家語（王粛）

傅子（傅玄）

高士伝（皇甫謐）

三国志（陳寿）

弥生時代

世界

三〇？　キリスト処刑さる

六四　ローマ皇帝ネロ、キリスト教徒迫害

九六～一八〇　ローマ五賢帝時代　[この頃、ローマ帝国最大版図]

一三五　エルサレムの滅亡　[この頃、ガンダーラ美術最盛期]

二二六　ササン朝ペルシア興る　[ゾロアスター教、ペルシアの国教となる]

二八四　ローマ、専制君主制となる

三〇一　四〇一　五〇一

王朝：西晋　東晋　北魏（宋・斉・梁・陳）　北斉・北周　隋

皇帝
西晋：恵帝　懐帝　愍帝
東晋：元帝　康帝　穆帝　廃帝　孝武帝　安帝
北魏：明元帝　太武帝　文成帝　献文帝　孝文帝　宣武帝　孝明帝　孝武帝
孝静帝　文宣帝　武成帝　後主
文帝　恭帝　孝閔帝　武帝
隋：文帝
宋：武帝　文帝　孝武帝　明帝　順帝
斉：高帝　鬱林王　東昏侯　和帝
梁：武帝　簡文帝　元帝
陳：武帝　文帝　宣帝　後主

年号：永安元　建武元　永和九　太元八　隆安三

事項
五胡十六国の乱（三〇四～四三九）
朝 高句麗により楽浪郡滅亡（三一三）
永嘉の大乱、漢人南渡
元帝、都を建康（南京）に移す・東晋成立（三一七）
仏教普及
朝 百済成立（三四六）
王羲之らの蘭亭の会（三五三）　朝 新羅成立（三五六）
日 任那成立（三六九）
朝 仏教、高句麗に伝来（三七二）
淝水の戦い（三八三）　北魏の成立（三八六）
日 日本、百済・新羅へ出兵（三九一）
法顕、インドへ旅行（三九九～四一二）
東晋の滅亡、宋の成立（四二〇）　寇謙之により道教が確立（四四四頃）
山水詩、盛んになる
この頃、北魏に仏教文化興隆
斉の成立（四七九）　北魏、均田制実施（四八五）
四六駢儷文、盛んになる
この頃、北魏で漢化政策行われる
斉の滅亡、梁の成立（五〇二）
日 百済、五経博士を献上（五一三）
インド僧、達磨大師、梁に至る（五二七）
北魏、東西に分裂（五三五）　日 仏教、日本へ伝来（五三八）
侯景の乱（五四九）
北斉の成立（五五〇）　北周の成立（五五七）　陳の成立（五五七）　日 任那の日本府滅ぶ（五六二）
隋の成立（五八一）
科挙の制度始まる（五八八）　隋の天下統一（五八九）
日 聖徳太子摂政となる（五九三）　日 百済使来朝（五九七）

人物
潘岳（三〇〇）・劉伶（三〇〇）・陸機（三〇三）・左思（三〇五）・郭象（三一二？）・郭璞（カクハク）（三二四）
葛洪（三六四）
干宝（？）・王羲之（三七九）
謝安（三八五）
鳩摩羅什（四一三）・慧遠（四一六）
陶潜（四二七）
謝霊運（四三三）・謝恵連（四三三）
劉義慶（四四四）・范曄（ハンヨウ）（四四五）
鮑照（四五〇）・裴松之（ハイショウシ）（四五一）
顔延之（四五六）
蕭子良（竟陵王　四九四）・謝朓（四九九）・孔稚珪（五〇一）・任昉（ジンボウ）（五〇九）・沈約（五一三）・鍾嶸（ショウコウ）（五一八）・僧祐（五一八）・劉勰（リュウキョウ）（五二〇？）・酈道元（五二七）・昭明太子（五三一）・
梁武帝（五四九）
簡文帝（五五一）
斛律金（コクリツキン）（五六七）
庾信（五八一）・顧野王（五八一）・徐陵（五八三）・顔之推（五九〇？）

著作
西征賦（潘岳）・三都賦（左思）・荘子注（郭象）
抱朴子・神仙伝（葛洪）・捜神記（干宝）
蘭亭集序（王羲之）
仏国記（法顕）
桃花源記（陶潜）
世説新語（劉義慶）
後漢書（范曄）・三国志注（裴松之）
述異記（任昉）・詩品（鍾嶸）・弘明集（僧祐）・宋書（沈約）
文心雕竜（劉勰）
文選（昭明太子）
荊楚歳時記（宗懍）
斉民要術（賈思勰）
勅勒歌（斛律金）
洛陽伽藍記（楊衒之）
玉篇（顧野王）・玉台新詠（徐陵）

日本：弥生時代　大和時代

世界
三一三　ミラノ勅令
三七五　民族の大移動始まる
三九一　キリスト教、ローマの国教となる
三九五　ローマ帝国、東西に分裂
四七六　西ローマ帝国滅亡
四八六　フランク王国成立
四九三　東ゴート王国成立
五七一？　マホメット誕生

六〇一 ─ 七〇一

隋 ／ 唐（初唐）（盛唐）

煬帝	大業三
	七
	九
高祖	武徳元
	七
	九
太宗	貞観三
	四
	九
	一〇
	一一
高宗	永徽元
則天武后	文明元・天授元・嗣聖元
中宗	神竜元
	唐隆元
玄宗	先天元
	天宝四
	一一

事項

- 日冠位十二階の制定（六〇三）
- 日十七条憲法制定（六〇四）
- 万里の長城構築（六〇七）日小野妹子を隋に派遣（六〇七）
- 高句麗遠征（六一二）
- 楊玄感挙兵（六一三）。以後、天下混乱
- 隋、滅亡。李淵（高祖）即位・唐の成立（六一八）
- 均田制施行（六二四）
- 李世民（太宗）即位（六二六）
- 僧玄奘（ゲンジョウ）、求法のためインドに旅立つ（六二九）
- 貞観の治
- 日初の遣唐使派遣（六三〇）
- 景教（ネストリウス派キリスト教）伝来（六三五）
- 府兵制（徴兵制）制定（六三六）
- 貞観律令制定（六三七）
- 日大化の改新（六四五）
- 高宗即位（六五〇）　武照（則天武后）皇后となる（六五五）
- 日白村江の戦い（六六三）　朝百済滅亡（六六三）
- 朝高句麗滅亡（六六八）　日壬申の乱（六七二）
- 武后、中宗を廃す。徐敬業の乱（六八四）
- 武后、自ら帝位に即き、国号を周とする（六九〇）
- 朝渤海成立（六九八）　日大宝律令完成（七〇一）
- 張柬之挙兵、中宗復位（七〇五）
- 韋氏の禍（七一〇）　日平城京遷都（七一〇）
- 玄宗即位（七一二）
- 開元の治
- 日吉備真備・阿部仲麻呂、入唐（七一七）
- 朝新羅、朝鮮半島統一（七三五）
- 大詩人輩出 辺塞詩発生
- 楊玉環、貴妃に冊立（七四五）
- 禅宗の興隆
- 楊国忠、右丞相となる（七五二）
- 日唐僧鑑真来朝（七五四）

人物

- 陸法言（？）
- 薛道衡（六〇九）
- 煬帝（六一八）・王通（六一八）
- 日聖徳太子（六二二）
- 陸徳明（六二七？）
- 姚思廉（六三七）・虞世南（六三八）
- 欧陽詢（六四一）・魏徴（六四三）
- 王績（六四四）・顔師古（六四五）
- 孔穎達（六四八）・房玄齢（六四八）
- 褚遂良（六五八）・玄奘（六六四）
- 王勃（六七四）・劉希夷（六七八？）
- 盧照鄰（六八〇？）・駱賓王（六八四？）
- 李善（六八九）・楊炯（六九二？）
- 陳子昂（七〇二）・杜審言（七〇五？）
- 張若虚（七一一？）
- 宋之問（七一三）・沈佺期（七一三）
- 劉知幾（七二一）・蘇頲（七二七？）
- 王翰（七二六？）・張説（七三〇）
- 日山上憶良（七三三）
- 張九齢（七四〇）・孟浩然（七四〇）
- 王之渙（七四二）・賀知章（七四四）
- 李林甫（七五二）
- 崔顥（七五四）

著作

- 顔氏家訓（顔之推）
- 切韻（陸法言）
- 玉燭宝典（杜台卿）
- 中説（王通）
- 経典釈文（陸徳明）
- 梁書・陳書（姚思廉）
- 北堂書鈔（虞世南）
- 芸文類聚（欧陽詢）
- 群書治要（魏徴）・漢書注（顔師古）・五経正義（孔穎達）・大唐西域記（玄奘）
- 文選注（李善）
- 日古事記（太安万侶）・日本書紀（舎人親王）
- 史通（劉知幾）
- 初学記（徐堅）
- 遊仙窟（張鷟）
- 貞観政要（呉兢）
- 唐六典（李林甫）
- 日懐風藻（淡海三船）

大和時代 ／ 奈良時代

世界

- 六一〇　マホメット、イスラム教（回教）を創始
- 六三二　マホメット没
- 六五一　ササン朝ペルシア滅亡
- 六五三　コーラン成立
- 六六一　ウマイヤ朝興る
- 七二六　東ローマ帝国レオ三世、聖像禁止令
- 七四一　キリスト教、ギリシア正教とローマ正教とに分裂

八〇一

唐

（中　唐）　（晩　唐）

皇帝

粛宗・代宗・徳宗・憲宗・穆宗・敬宗・文宗・武宗・宣宗・懿宗・僖宗・昭宗

年号

天宝一四
至徳元
二
乾元元
広徳元
建中元
長慶二
会昌五
乾符二
中和元
四

事項

- 安禄山の乱起こる(七五五)
- 玄宗、蜀に亡命。楊貴妃、馬嵬坡にて縊死。粛宗即位(七五六)
- 安禄山殺さる。玄宗、長安に帰還(七五七)
- 史思明の乱起こる(七五八)
- 史朝義殺され、安史の乱平定(七六三)
- 楊炎、両税法を作る(七八〇)
- 〔節度使の権勢強まる〕
- 日平安京遷都(七九四)
- 日最澄・空海、入唐(八〇四)
- 〔伝奇小説の流行〕
- 〔古文復興運動〕
- 宣明暦採用(八二二)
- 〔牛李の党争〕
- 道教以外の諸宗教を禁止(会昌の法難・八四五)
- 黄巣の乱(八七五〜八四)
- 僖宗、成都に遷幸(八八一)
- 朱全忠、黄巣を殺す(八八四)
- 日遣唐使廃止(八九四)

文人

- 王昌齢(七五五?)
- 王維(七五九?)
- 李白(七六二)
- 高適(七六五)・李華(七六六)
- 皇甫冉(七六七)・蕭穎士(七六八)
- 常建(?)・杜甫(七七〇)・岑参(七七〇)　日阿部仲麻呂(七七〇)
- 元結(七七二)・銭起(七八〇?)
- 顔真卿(七八五)・劉長卿(七八五?)
- 戴叔倫(七八九)・張継(?)
- 僧皎然(七九九)・韋応物(八〇四?)
- 杜佑(八一二)・孟郊(八一四)
- 李賀(八一六)・柳宗元(八一九)
- 日最澄(八二二)　韓愈(八二四)
- 張籍(八三〇)・元稹(八三一)
- 日空海(八三五)　李翺(八四一)
- 劉禹錫(八四二)・賈島(八四三)
- 白居易(八四六)・牛僧孺(八四七)
- 李徳裕(八四九)・杜牧(八五二)
- 日小野篁(八五二)　許渾(八五四?)
- 李商隠(八五八)・段成式(八六三)
- 日円仁(八六四)　魚玄機(八六八)
- 温庭筠(八七二)
- 皮日休(八八〇)
- 高駢(八八七)

作品

- 王右丞集(王維)
- 李太白集(李白)
- 杜工部集(杜甫)
- 日凌雲集(小野岑守ら)
- 枕中記・任氏伝(沈既済)
- 通典(杜佑)
- 日文華秀麗集(藤原冬嗣)・文鏡秘府論(空海)
- 李娃伝(白行簡)
- 鶯鶯伝(元稹)
- 霍小玉伝(蔣防)
- 白氏文集(白居易)
- 謝小娥伝(李公佐)
- 雑纂(李商隠)
- 酉陽雑俎(段成式)
- 日入唐求法巡礼行記(円仁)
- 杜子春伝(鄭還古)

日本

奈良時代　｜　平安時代

世界

- 七五〇　アッバース朝成立
- 七五六　後ウマイヤ朝成立
- 八〇〇　カール一世戴冠、西ローマ帝国復興
- 八〇〇頃　ハールーン=アッラシード(八〇九没)、イスラム文化の黄金時代築く
- 八二九　エグバート王、七王国を統一、イングランド王国建設
- 八四三　ベルダン条約、フランク王国三分割
- 八六二　ノブゴロド公国(後のロシア)成立
- 八七〇　メルセン条約、東西フランク王国成立

九〇一　一〇〇一　一一〇一

金　遼（契丹）

五代十国　北宋　南・宋

太祖　荘宗　明宗　閔帝　末帝　恭帝　太祖　太宗　真宗　仁宗　英宗　神宗　徽宗　高宗　孝宗　光宗　寧宗

天祐四　貞明二　天福二　建隆元　太平興国七　咸平四　景徳元　宝元元　治平三　熙寧二　元祐元　宣和三　七　建炎元　紹興八　三

朱全忠、唐を滅ぼす（九〇七）
耶律阿保機、契丹国を起こす（九一六）
朝 王建、高麗を建国（九一八）
朝 渤海滅ぶ（九二六）・高麗、朝鮮半島を統一（九三六）
契丹、国号を遼とする（九三七）
趙匡胤（チョウキョウイン）、宋を建国（九六〇）
遼、国号を契丹に復す（九八三）
「九経」を木版印刷、州県の学校に配る（一〇〇二）
澶淵（センエン）の盟（一〇〇四）
日 藤原道長、太政大臣となる（一〇一七）
李元昊、西夏を建国（一〇三八）
日 藤原頼通、平等院鳳凰堂建立（一〇五三）
契丹、国号を再び遼とする（一〇六六）
王安石、新法の実施（一〇六九）
司馬光、新法を廃す（一〇八六）
日 白河上皇、院政を始める（一〇八六）
朝 女真の完顔阿骨打（ワンヤンアクダ）、遼より独立、金建国（一一一五）
宋江ら山東に乱を起こす（一一二一）
金、遼を滅ぼす（一一二五）
金の侵入で北宋滅亡・南宋成立（一一二七）
南宋、臨安（杭州）に都を定める（一一三八）
宋と金、和議を成立（一一四二）
日 保元の乱（一一五六）・平治の乱（一一五九）
日 平清盛、太政大臣となる（一一六七）
日 栄西、中国より帰国、臨済宗を広める（一一九一）
日 源頼朝、鎌倉幕府を開く（一一九二）

五代十国の興亡
詞の流行
木版印刷の普及
宋学の形成
新法、旧法党の対立激化
江南の産業発達、対外貿易盛ん

杜荀鶴（九〇四）・司空図（九〇八）
韋荘（九一〇）　日 菅原道真（九〇三）
韓偓（九二三）
劉昫（九四六）
日 紀貫之（九四六）　馮道（九五四）
李璟（九六一）・欧陽烱（九七一）
李煜（九七八）
李昉（九九六）　楽史（一〇〇七）
日 紫式部（一〇一四？）
日 清少納言（？）
林逋（一〇二八）
蘇舜欽（一〇四八）
柳永（？）
范仲淹（一〇五二）
梅堯臣（一〇六〇）・蘇洵（ソジュン）（一〇六六）
欧陽脩（一〇七二）・周敦頤（シュウトンイ）（一〇七三）
邵雍（一〇七七）・張載（一〇七七）
曾鞏（ソウキョウ）（一〇八三）・程顥（テイコウ）（一〇八五）
王安石（一〇八六）・司馬光（一〇八六）
蘇軾（一一〇一）・黄庭堅（一一〇五）
程頤（テイイ）（一一〇七）・米芾（ベイフツ）（一一〇七）
蘇轍（ソテツ）（一一一二）
郭茂倩（？）
克勤（一一三五）・呂本中（一一三八）
岳飛（一一四一）
李清照（一一五一？）
呂祖謙（一一八一）　日 西行（一一九〇）　陸九淵（一一九二）・范成大（一一九三）

二十四詩品（司空図）
香奩集（韓偓）
日 新撰字鏡　日 古今和歌集（紀貫之）
日 和名類聚抄（源順）
旧唐書（劉昫）
太平広記・文苑英華
太平御覧（李昉）
日 往生要集（源信）
広韻（陳彭年ら）
冊府元亀（王欽若・楊億ら）　日 枕草子（清少納言）・源氏物語（紫式部）・和漢朗詠集（藤原公任）
新唐書（欧陽脩ら）
日 いろは歌（？）
資治通鑑（司馬光）
日 今昔物語集（？）
楽府詩集（郭茂倩）
碧巌録（克勤）・春秋解（呂本中）
唐詩紀事（計有功）
近思録（呂祖謙・朱熹）　日 山家集（西行）

平安時代

九六二　神聖ローマ帝国の成立
九八七　フランク王国成立（カペー王朝）
一〇一〇　ベトナム、李朝成立
一〇三七　セルジュク＝トルコ成立
一〇六六　ウィリアム一世、イングランド征服
一〇七七　カノッサの屈辱
一〇九六　第一回十字軍遠征（～九九）
一〇九九　エルサレム王国成立
一一二五　アンコール＝ワット建設
一一三九？　ポルトガル王国成立
一一五四頃　ヘンリー二世（イギリス封建王政の盛期・～八九）

一二〇一　一三〇一　一四〇一

王朝: 金／南宋／元／明

皇帝: 理宗　度宗　恭宗　衛王　世祖　成宗　仁宗　英宗　恵宗　太祖　恵帝　成祖　英宗　景帝　英宗　憲宗　孝宗

年号: 開禧二　端平元　景定元　咸淳七　一〇　徳祐元　至元一八　皇慶二　延祐二　至正二一　洪武元　二　一五　建文　永楽三　一九　正統一四

事項:

- チンギス＝ハン、蒙古統一（一二〇六）
- 〔日〕承久の乱（一二二一）　〔日〕御成敗式目制定（一二三二）
- 蒙古、金を滅ぼす（一二三四）
- 世祖フビライ＝ハン即位（一二六〇）
- 蒙古、国号を元と改め大都（北京）に都をおく（一二七一）
- 元軍、日本遠征に失敗（文永の役・一二七四）
- マルコ＝ポーロ、世祖に謁見。のち十七年間にわたり大都に滞在（一二七五）　宋の文天祥、元に敗れ捕われる（一二七八）　南宋滅亡。元、中国統一（一二七九）
- 元軍、日本再征失敗（弘安の役・一二八一）
- 元曲の隆盛
- 元、科挙制度を復活（一三一三〜一五）
- 朱子学を官学として公認（一三一五）
- 〔日〕元弘の変（一三三一）　〔日〕建武の中興（一三三四）
- 〔日〕室町幕府成立（一三三六）
- 紅巾の乱（一三五一〜六六）
- 朱元璋、元を滅ぼす。明の成立（一三六八）
- 倭寇、山東に侵入（一三六九）
- 科挙制度の復活（一三八二）
- 〔朝〕李氏朝鮮建国（一三九二）　〔日〕南北朝合一（一三九二）
- 日本で五山文学隆盛
- 靖難の変（一三九九）　永楽帝即位（一四〇二）
- 〔日〕勘合貿易開始（一四〇四）
- 鄭和の南海遠征開始（一四〇五）
- 北京に遷都（一四二一）
- 土木の変（一四四九）
- 〔日〕応仁の乱（一四六七〜七七）

人物:

- 朱熹（一二〇〇）・楊万里（一二〇六）
- 辛棄疾（一二〇七）・陸游（一二一〇）
- 〔日〕法然（一二一二）・慈円（一二二五）
- 厳羽（一二三五）・耶律楚材（一二四四）
- 元好問（一二五七）
- 〔日〕親鸞（一二六二）・日蓮（一二八二）
- 文天祥（一二八二）・謝枋得（一二八九）
- 劉因（一二九三）・王応麟（一二九六）
- 周密（一二九八）
- 方回（一三〇六）・趙孟頫（一三二二）
- 楊載（一三二三）・袁桷（一三二七）
- 喬吉（一三四五）・虞集（一三四八）
- 〔日〕虎関師錬（一三四六）・夢窓疎石（一三五一）・北畠親房（一三五四）
- 陶宗儀（一三六九）・楊維楨（一三七〇）
- 高啓（青邱 一三七四）・劉基（伯温 一三七五）・宋濂（一三八一）
- 〔日〕義堂周信（一三八八）・二条良基（一三八八）
- 方孝儒（一四〇二）
- 〔日〕絶海中津（一四〇五）
- 高棅（一四二三）・瞿佑（一四二七）
- 〔日〕世阿弥（一四四三）
- 楊栄（一四四〇）・楊士奇（一四四四）
- 楊溥（一四四六）
- 〔日〕心敬（一四七五）・一休宗純（一四八一）・蓮如（一四九九）

著作:

- 四書集注（朱熹）・入蜀記（陸游）・三体詩（周弼）　〔日〕新古今和歌集（藤原定家ら撰）・方丈記（鴨長明）・正法眼蔵（道元）・歎異抄（唯円編）
- 古文真宝（黄堅）・文章軌範（謝枋得）・十八史略（曾先之）
- 西廂記（王実甫）・竇娥冤（関漢卿）・漢宮秋（馬致遠）・琵琶記（高明）　〔日〕元亨釈書（虎関師錬）・徒然草（吉田兼好）
- 元史（宋濂ら）・高太史大全集（高啓）
- 〔日〕菟玖波集（二条良基ら）・風姿花伝（世阿弥）　永楽大典（解縉ら）・五経大全（胡広ら）・唐詩品彙（高棅）・剪燈新話（瞿佑）・東里全集（楊士奇）
- 〔日〕狂雲集（一休宗純）
- 大明一統志（李賢ら）・三国志演義（羅貫中）

日本: 鎌倉時代　南北朝時代　室町時代

世界:

- 一二一五　マグナ＝カルタ（大憲章）制定
- 一二四一　ワールシュタットの戦い
- 一二五六　神聖ローマ帝国大空位時代（〜七三）
- 一二五八　アッバース朝滅亡、イル汗国建国
- 一二九九　『東方見聞録』刊
- 一二九九　オスマン＝トルコ建国
- 一三〇二　フランス三部会召集
- 一三二一　ダンテ『神曲』
- 一三三七　英仏百年戦争始まる（〜一四五三）
- 一三四七　ペスト流行（〜五一）
- 一三五三　ボッカチオ『デカメロン』
- 一三七八　教会大分裂（〜一四一七）
- 一四三一　ジャンヌ＝ダルク処刑
- 一四四五？　グーテンベルク活字印刷術発明
- 一四五三　東ローマ帝国滅亡
- 一四七九　スペイン王国成立
- 一四九二　コロンブス、アメリカ大陸発見

一五〇一 一六〇一 一七〇一

明 清

孝宗 武宗 世宗 穆宗 神宗 熹宗 毅宗 世祖 聖祖 世宗 高宗

嘉靖二八

三六

万暦一〇

二九

崇禎九

一七

康熙二

一二

二八

五九

雍正元

回鉄砲伝来(一五四三)

倭寇、長江下流域に侵攻する(一五四九)

ザビエル来日し、キリスト教布教(一五四九)

ポルトガル人のマカオ居住を許す(一五五七)

古文辞派の復古主義運動おこり、李夢陽・何景明らの「前七子」活躍する

陽明学隆盛となる

マテオ＝リッチ、キリスト教布教のためマカオに上陸(一五八二)

回秀吉、朝鮮へ出兵(一五九二～九七)

再び復古主義の風潮おこり、李攀竜・王世貞らの「後七子」勢力をもつ

回関ヶ原の戦い(一六〇〇)・江戸幕府成立(一六〇三)

東林党の政争が起こる(一六一一)

白話小説このころ流行する

朝ヌルハチ＝ハン、後金を建国する(一六一六)

後金、国号を清と改める(一六三六)

李自成、北京に侵入。明滅亡。世祖、李自成を追って中国に君臨、清の成立(一六四四)

文字の獄(一六六三)

三藩の乱(一六七三～八一)

ネルチンスク条約をロシアと結ぶ(一六八九)

回享保の改革(一七一六～三六)

清、チベットを支配する(一七二〇)

キリスト教の布教、全面禁止となる(一七二三)

陳献章(一五〇〇)

沈周(一五〇九)・李東陽(一五一六)

唐寅(一五二三)・祝允明(一五二六)

王守仁(一五二八)

李夢陽(一五二九)

文徴明(一五五九)

李攀竜(一五七〇)・帰有光(一五七一)

呉承恩(一五八二)

王世貞(一五九〇)・徐渭(一五九三)

李時珍(一五九三)

李贄(一六〇二)

袁宏道(一六一〇)・湯顕祖(一六一七)

万暦帝(一六二〇)

凌濛初(一六四四)・馮夢竜(一六四六)

回林羅山(一六五七)

鄭成功(一六六二)・銭謙益(一六六四)

呉偉業(一六七一)

顧炎武(一六八二)

黄宗羲(一六九五)

回伊藤仁斎(一七〇五)

朱彝尊(一七〇九)・王士禛(一七一一)

蒲松齢(一七一五)・康熙帝(一七二二)

回新井白石(一七二五)・荻生徂徠(一七二八)

雍正帝(一七三五)・方苞(一七四九)

伝習録(王守仁)

清平山堂話本(洪楩)

水滸伝(施耐庵)

西遊記(呉承恩)

金瓶梅(笑笑生)

本草綱目(李時珍)

元曲選(臧懋循)・牡丹亭還魂記(湯顕祖)

回日葡辞書(イエズス会宣教師)

今古奇観(抱甕老人)

三言(馮夢竜)

二拍(凌濛初)

回大日本史(徳川光圀編纂)

日知録(顧炎武)

回世間胸算用(西鶴)

回奥の細道(芭蕉)

聊斎志異(蒲松齢)

康熙字典・佩文韻府(ハイブンインプ)(康熙帝編纂)

儒林外史(呉敬梓)

紅楼夢(曹霑)

室町時代 安土桃山 江戸時代

一五一七 ルターにより宗教改革行われる

一五三三 スペイン、ペルーを征服する

一五四三 コペルニクス、地動説を発表する

一五八八 イギリス、スペイン無敵艦隊を破る

一六〇〇 イギリス、東インド会社を設立する

一六一六 シェークスピア没

一六一八 三十年戦争(～四八)

一六四二 清教徒革命(～四九)

一六六〇 イギリスで王政復古起こる

一六八七 万有引力の法則

一六八八 イギリス、名誉革命

一六八九 英仏植民地戦争(～九七)

一七〇一 スペイン王位継承戦争(～一四)

一七一三 ユトレヒト条約

一八〇一　一九〇一

清｜**中華民国**｜**中華人民共和国**

高宗　仁宗　宣宗　文宗　穆宗　徳宗　宣統帝

歴史

乾隆三八
四庫全書館を開き、紀昀らによる「四庫全書」の編纂始まる(一七七三)
考証学盛んとなる
日寛政異学の禁(一七九〇～九三)

嘉慶元
白蓮教徒の乱(一七九六～一八〇四)

道光二〇
アヘン戦争(一八四〇～四二)

三〇
太平天国の乱(一八五〇～六四)　日ペリー来航(一八五三)

同治元
洋務運動起こる(一八六二)
日明治維新(一八六八)

光緒一〇
清仏戦争(一八八四～八五)

二〇
日清戦争(一八九四～九五)

二四
康有為ら戊戌の政変に失敗、日本へ亡命(一八九八)

二六
義和団事件(一九〇〇)　日日露戦争(一九〇四～〇五)

宣統三
辛亥革命(一九一一)　中華民国成立(一九一二)
文学革命起こる(一九一七)　五・四運動(一九一九)
上海事変(一九三二)
満州国成立(一九三二)・盧溝橋事件(一九三七)
日太平洋戦争(一九四一～四五)
中華人民共和国成立(一九四九)
大躍進・人民公社の運動(一九五八)
文化大革命(一九六六～七六)
日中国交正常化(一九七二)　天安門事件(一九八九)
香港、中国へ返還(一九九七)　澳門(マカオ)、中国へ返還(一九九九)

人物

鄭燮(一七六五)・沈徳潜(一七六九)
張玉穀(一七七二)
戴震(一七七七)
乾隆帝(一七九五)・袁枚(一七九七)
章学誠(一八〇一)・銭大昕(一八〇四)
日本居宣長(一八〇一)
段玉裁(一八一五)
日菅茶山(一八二七)・頼山陽(一八三二)　王念孫(一八三二)・龔自珍(一八四一)
阮元(一八四九)　林則徐(一八五〇)
魏源(一八五六)
日佐久間象山(一八六四)
曾国藩(一八七二)
譚嗣同(一八九八)
李鴻章(一九〇一)・袁世凱(一九一六)
日夏目漱石(一九一六)・森鷗外(一九二二)
孫文(一九二五)・王国維(一九二七)
康有為(一九二七)・李大釗(一九二七)
梁啓超(一九二九)・章炳麟(一九三六)
魯迅(一九三六)・蔡元培(一九四〇)
陳独秀(一九四二)・聞一多(一九四六)
周作人(一九六六)・老舎(一九六六)
溥儀(一九六七)・蔣介石(一九七五)
周恩来(一九七六)・毛沢東(一九七六)
郭沫若(一九七八)・鄧小平(一九九七)

作品

唐宋八大家文読本(沈徳潜)・古詩賞析(張玉穀)・孟子字義疏証(戴震)・四庫全書(乾隆帝編纂)・文史通義(章学誠)・二十二史考異(銭大昕)
説文解字注(段玉裁)
日群書類従(塙保己一)・日本外史(頼山陽)
海国図志(魏源)
日西洋事情(福沢諭吉)
仁学(譚嗣同)・大同書(康有為)　日舞姫(森鷗外)・こころ(夏目漱石)
阿Q正伝(魯迅)・家(巴金)・子夜(茅盾)
雷雨(曹禺)・駱駝祥子(老舎)・霞村にいた時(丁玲)・李家荘の変遷(趙樹理)
艶陽天(浩然)

江戸時代｜明治時代｜大正時代｜昭和時代｜平成

世界

産業革命
一七七六　アメリカ独立宣言
一七八九　フランス革命
一八四八　マルクスら『共産党宣言』発表
一八五九　ダーウィンの『種の起源』成る
一八六一　アメリカ南北戦争(～六五)
一九〇五　アインシュタイン、相対性理論を発表
一九一四　第一次世界大戦(～一八)
一九一七　ロシア革命
一九三九　第二次世界大戦(～四五)
一九五〇　朝鮮戦争
ベトナム戦争激化
一九七九　ソ連軍、アフガニスタンを侵攻
一九九〇　ドイツ統一

諸子百家系統図

（図中の実線は直接的な影響関係を、点線は間接的な影響関係を表す）

儒家 仁の実践による修己・治人に努め、秩序ある平和な社会の実現を主張した学派。

道家 人為を否定し、無為自然の道と一体化することによって人間の本性の回復を主張した学派。

陰陽家 天文・暦数・方位などによって、吉凶禍福を占う学派。

法家 人情や道徳を排し、法による国家の統制を主張した学派。

名家 名と実の関係の究明を主張した論理学派。

墨家 兼愛を唱え、倹約・尚賢・非戦などを主張した学派。

縦横家 外交術を研究し、弁舌によって諸侯の間を遊説した学派。

雑家 各派の学説を取捨選択して総合した学派。

農家 農業を中心とする政治論を主張した学派。

小説家 民間の出来事や伝聞などを採録した学派。

兵家 兵法や戦略などを説く学派。

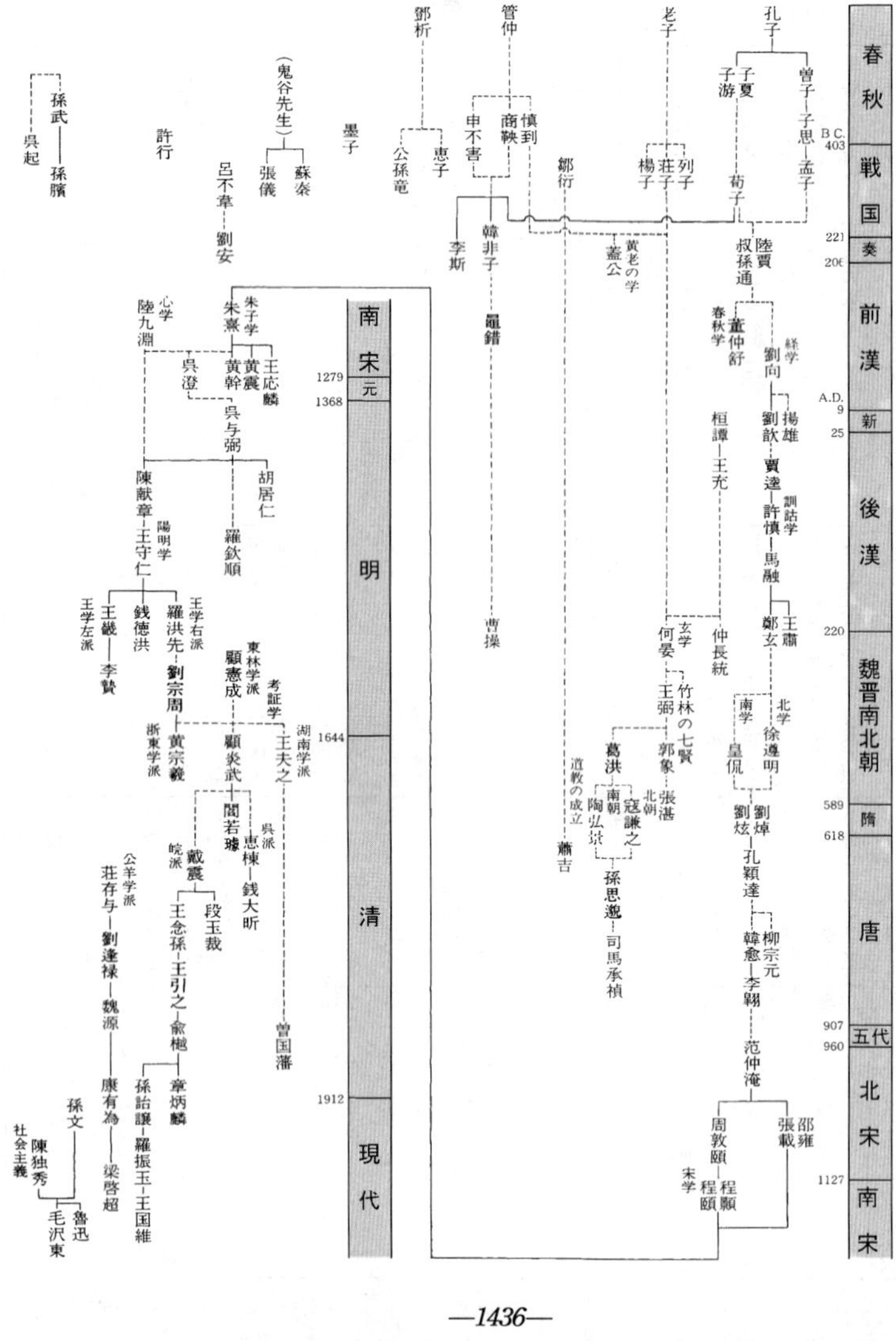

常用漢字対照 中国簡体字表

(1)この表は、常用漢字に対応する中国簡体字（簡化字とも）のうち、互いの字体がとくに異なると思われるものを、常用漢字の画数順に配列した。

(2)上段に常用漢字を、中段に簡略化される前の字体（繁体字という）または異体字を、下段に中国簡体字を掲げた。

簡体字について

一、簡体字には、①単体のときだけ使用するもの（例　兒→儿　○／倪→伲　×）②単体のときだけでなく、偏旁となるときにも使用するもの（例　門→门　○／聞→闻　○）③単体のときは使用せず、偏旁となるときだけ使用するもの（例　言→讠　×／語→语　○）の三類がある。＊③の偏旁のみに使用するものには、言のほかに食（饣）・昜（𠃓）・糸（纟）・臤（〢又）・𤇾（𫇦）・臨（临）・戠（只）・金（钅）・與（兴）・睪（𠬤）・巠（𢀖）・䜌（亦）・咼（呙）がある。

二、中国の漢字の簡略化は、おもに次の八つの原則で行われた。

①異体字の整理　巷間で行われている筆画が少なく多用される字体を正字として採用する。

例　淚・泪→泪を正字とする。迹・跡・蹟→迹を正字とする。

②もとの字体の一部分をとりさる。

例　標→标　奮→奋　聲→声　など。

③偏旁を改める。

例　億→亿　潔→洁　戲→戏　など。

④草書体を採用する。

例　爲→为　車→车　書→书　など。

⑤同音の漢字でおきかえる。

例　鬥→斗　乾→干　葉→叶　など。

⑥新たな字体を作り出す。

例　護→护　歲→岁　衆→众　など。

⑦簡単な古字で代用する。

例　廣→广　雲→云　築→筑　など。

⑧偏旁を他の簡体字から類推して簡略化する。

例　軍→军　（車→车からの類推）など。

＊一つの漢字の簡略化が、前記のいくつかの原則にあてはまる場合もある。

【三画】		
与	（與）	与
【四画】		
円	（圓）	圆
【五画】		
圧	（壓）	压
広	（廣）	广
写	（寫）	写
処	（處）	处
庁	（廳）	厅
氷		冰
辺	（邊）	边
弁	（辯）	辩
【六画】		
気	（氣）	气
糸	（絲）	丝
団	（團）	团
伝	（傳）	传
両	（兩）	两
【七画】		
亜	（亞）	亚
囲	（圍）	围
応	（應）	应
貝		贝
芸	（藝）	艺
決		决
見		见
呉	（吳）	吴
災		灾
車		车
児	（兒）	儿
図	（圖）	图
択	（擇）	择
沢	（澤）	泽
沖		冲
沈		沉
対	（對）	对
売	（賣）	卖
労	（勞）	劳
【八画】		
拡	（擴）	扩
価	（價）	价
画	（畫）	画
協		协
況		况
拠	（據）	据
径	（徑）	径
茎	（莖）	茎
実	（實）	实
昇		升
斉	（齊）	齐
長		长
直		直
東		东
併	（倂）	并
並	（竝）	并
免		免
門		门
【九画】		
為	（爲）	为
栄	（榮）	荣
級	（級）	级
紀		纪
軌		轨
軍		军
係		系
計		计
県	（縣）	县
紅		红
後		后
浄	（淨）	净
帥		帅
専	（專）	专
浅	（淺）	浅
荘	（莊）	庄
則		则
単	（單）	单
貞		贞
訂		订
発	（發）	发
飛		飞
風		风
負	（負）	负
変	（變）	变
約		约
【十画】		
員		员
桜	（櫻）	樱
華	（華）	华
宮		宫
脅		胁
挙	（擧）	举
鬼		鬼
記		记
飢	（飢）	饥
帰	（歸）	归
訓		训
倹	（儉）	俭
剣	（劍）	剑
軒		轩
貢		贡
剛		刚
骨		骨
個		个
庫		库
娯	（娛）	娱
剤	（劑）	剂
財		财
殺	（殺）	杀
桟	（棧）	栈
残	（殘）	残
差		差
従	（從）	从
純		纯
将	（將）	将
称	（稱）	称
書		书
針		针
陣		阵
師		师
紙		纸
時		时
隻		只
畝		亩
倉		仓
孫		孙
帯	（帶）	带
託		托
値		值
恥		耻
逓	（遞）	递
凍		冻
島		岛
討		讨
悩	（惱）	恼

納（納）纳　馬马　姫姬　浜（濱）滨　紛纷　砲（砲）炮　紡纺　脈（脈）脉　紋纹　竜（龍）龙　倫伦　涙（涙）泪　連（連）连

【十一画】

悪（惡）恶　逸（逸）逸　陰阴　異（異）异　殻（殼）壳　掛挂　乾干　貫贯　菓（菓）果　貨（貨）货　郷（鄉）乡　許许　魚鱼

規规　偽（僞）伪　啓（啓）启　経（經）经　蛍（螢）萤　険（險）险　現现　紺绀　採（採）采　済（濟）济　斎（齋）斋　細细　産（產）产　執执　釈（釋）释　捨（捨）舍　終（終）终　習（習）习　週（週）周　渋（澀）涩　粛（肅）肃　術（術）术　紹绍　訟讼　紳绅　進（進）进　視（視）视

責责　設设　掃（掃）扫　窓窗　側侧　組组　帳帐　張张　彫（彫）雕　釣钓　頂顶　鳥鸟　陳陈　偵侦　転（轉）转　動动　軟软　脳（腦）脑　敗败　販贩　貧贫　婦（婦）妇　閉闭　訪访　務务　問问　訳（譯）译

郵邮　陸陆　涼凉　猟（獵）猎

【十二画】

飲（飲）饮　偉伟　運（運）运　雲云　営（營）营　詠咏　絵（繪）绘　開开　階阶　覚（覺）觉　喚唤　換换　敢敢　間间　閑闲　渦涡　過（過）过　賀贺　喫（喫）吃　給给　暁（曉）晓　極极

幾几　揮挥　貴贵　軽（輕）轻　結结　堅坚　検（檢）检　減减　絞绞　項项　傘伞　詐诈　軸轴　衆众　順顺　勝（勝）胜　焼（燒）烧　粧妆　詔诏　証（證）证　場场　畳（疊）迭　植植　殖殖　診诊　尋（尋）寻　詞词

歯（齒）齿　絶（絕）绝　創创　喪丧　象象　測测　訴诉　貸贷　隊（隊）队　達（達）达　弾（彈）弹　脹胀　貯贮　遅（遲）迟　塚（塚）冢　棟栋　湯汤　統统　鈍钝　廃（廢）废　買买　飯（飯）饭　筆笔　評（評）评　費费　備备　復复

報报　貿贸　補补　満（滿）满　無无　猶（猶）犹　揚扬　揺（搖）摇　葉（葉）叶　陽阳　絡络　塁（壘）垒

【十三画】

愛爱　違（違）违　園园　煙（煙）烟　遠（遠）远　鉛铅　塩（鹽）盐　虞（虞）虞　塊块　該该　較较　楽（樂）乐　滑滑　勧（勸）劝

寛（寬）宽　幹干　漢（漢）汉　頑顽　禍（禍）祸　詰诘　業业　棄弃　義义　傾倾　継（繼）继　傑杰　絹绢　溝（溝）沟　鉱（鑛）矿　誇夸　碁棋　債债　歳（歲）岁　載载　搾榨　準准　奨（獎）奖　詳详　傷伤　飾（飾）饰　試试

詩诗　資（資）资　飼（飼）饲　勢势　聖（聖）圣　誠（誠）诚　摂（攝）摄　節（節）节　戦（戰）战　践（踐）践　禅（禪）禅　賊（賊）贼　続（續）续　損损　滞（滯）滞　嘆（嘆）叹　腸肠　賃赁　置置　鉄（鐵）铁　電电　働动　塗涂　農农　鉢钵　煩烦　頒颁

豊（豐）丰　飽（飽）饱　夢（夢）梦　滅灭　預预　虜（虜）虏　裏里　鈴铃　滝（瀧）泷　賄贿　話话

【十四画】

隠（隱）隐　維维　駅（驛）驿　閣阁　慣惯　関（關）关　箇个　漁渔　銀银　駆（驅）驱　構（構）构　綱纲　穀（穀）谷　獄狱　語语

誤〔誤〕误 際际 雑〔雜〕杂 銃铳 種种 緒〔緒〕绪 誌志 製制 説〔說〕说 銭〔錢〕钱 銑铣 漸渐 層〔層〕层 総〔總〕总 像像 態态 奪夺 徴〔徵〕征 漬渍 適〔適〕适 銅铜 読〔讀〕读 認〔認〕认 寧〔寧〕宁 髪〔髮〕发 罰罚 閥阀

複复 聞闻 僕仆 銘铭 鳴鸣 綿绵 網网 誘诱 様〔樣〕样 領领 緑〔綠〕绿 暦〔曆〕历 歴〔歷〕历 練〔練〕练

【十五画】

遺〔遺〕遗 鋭〔銳〕锐 謁〔謁〕谒 閲〔閱〕阅 縁〔緣〕缘 億亿 確确 歓〔歡〕欢 監监 緩〔緩〕缓 課课 餓〔餓〕饿

窮穷 緊紧 輝辉 儀仪 戯〔戲〕戏 勲〔勛〕勋 慶庆 劇剧 撃〔擊〕击 潔〔潔〕洁 権〔權〕权 賛〔贊〕赞 暫暂 質质 潤润 衝冲 賞赏 縄〔繩〕绳 諸〔諸〕诸 審审 賜赐 請〔請〕请 線〔綫〕线 遷〔遷〕迁 選〔選〕选 諾〔諾〕诺 誕〔誕〕诞

談谈 駐驻 鋳〔鑄〕铸 調〔調〕调 墜〔墜〕坠 締缔 敵敌 徹彻 導〔導〕导 熱热 輩辈 賠赔 範范 盤盘 標标 賓〔賓〕宾 罷罢 噴〔噴〕喷 憤〔憤〕愤 墳〔墳〕坟 膚肤 賦赋 幣〔幣〕币 編〔編〕编 撲扑 舗〔鋪〕铺 憂忧

窯窑 養〔養〕养 慮虑 霊〔靈〕灵 論论 輪轮

【十六画】

緯纬 衛〔衛〕卫 憶忆 穏〔穩〕稳 壊〔壞〕坏 懐〔懷〕怀 獲〔獲〕获 還〔還〕还 館〔館〕馆 橋桥 機机 憲宪 賢贤 興兴 鋼钢 墾垦 錯错 獣兽 縦〔縱〕纵 樹树

嬢〔孃〕娘 錠锭 親亲 諮〔諮〕咨 錘〔錘〕锤 積积 薦〔薦〕荐 濁浊 壇坛 築筑 頭头 篤笃 曇昙 濃浓 縛〔縛〕缚 奮奋 縫〔縫〕缝 謀谋 薬〔藥〕药 諭〔諭〕谕 輸〔輸〕输 擁拥 謡〔謠〕谣 頼〔賴〕赖 隣〔鄰〕邻 隷〔隸〕隶 錬〔煉〕炼

録〔錄〕录

【十七画】

嚇吓 轄〔轄〕辖 環环 矯矫 謹〔謹〕谨 擬拟 犠〔犧〕牺 謙〔謙〕谦 厳〔嚴〕严 講〔講〕讲 購〔購〕购 懇恳 謝谢 醜丑 縮缩 償偿 績绩 繊〔纖〕纤 鮮鲜 鍛锻 聴〔聽〕听 謄〔謄〕誊 頻〔頻〕频 優优 覧〔覽〕览

療疗 齢〔齡〕龄

【十八画】

穫〔穫〕获 額额 簡简 観〔觀〕观 顔〔顏〕颜 騎骑 鯨鲸 繭〔繭〕茧 顕〔顯〕显 験〔驗〕验 鎖〔鎖〕锁 織织 職职 繕缮 騒〔騷〕骚 贈〔贈〕赠 礎础 題题 懲〔懲〕惩 鎮〔鎮〕镇 闘〔鬥〕斗 難〔難〕难 覆〔覆〕复 癒〔癒〕愈

濫滥 糧粮 臨临 類〔類〕类

【十九画】

韻韵 願愿 鏡镜 繰缲 識识 鶏〔鷄〕鸡 璽玺 髄〔髓〕髓 瀬〔瀨〕濑 臓〔臟〕脏 譜〔譜〕谱 霧雾 羅罗 離离 麗丽

【二十画】

競竞 響〔響〕响 議议 懸悬 護〔護〕护 鐘钟

譲〔讓〕让 醸〔釀〕酿 騰〔騰〕誊 欄〔欄〕栏

【二十一画】

艦舰 顧〔顧〕顾 躍〔躍〕跃

【二十二画】

驚〔驚〕惊 襲袭

【二十三画】

鑑〔鑒〕鉴

同訓異字使い分け早見表

1 ここには、使い方に迷うような一字漢字の同訓異字語を集めて五十音順に配列した。

2 共通する訓の語形を最初に掲げ、次に〔 〕で漢字表記の別を示した。

3 漢字に付けられた▼は、常用漢字表にない漢字であることを表し、▽は、常用漢字表に漢字はあるがその訓が示されていないことを表す。

4 各語の下に、その表記を使っての用法を短文や成句で示した。使い分けの例文は、比較的この表記を用いることが多いという意味で、他の表記は使わないというわけではない。

5 （ ）内の語は、その上の語と置き換えられることを示す。

あう
〔合う〕計算が合う。目（気）が合う。
〔会う・▼逢う〕友人（客）に会う。
〔遭う・▽遇う〕事故（夕立）に遭う。

あがる
〔上がる〕地位（物価）が上がる。
〔揚がる〕花火（歓声）が揚がる。
〔挙がる〕手が挙がる。

あく
〔明く〕目が明く。背の明いた服。
〔空く〕席（部屋・手・時間）が空く。
〔開く〕窓（店・幕）が開く。

あける
〔明ける〕夜（年）が明ける。
〔空ける〕家（杯・時間）を空ける。
〔開ける〕店（門・窓）を開ける。

あげる
〔上げる〕手（声・腕前）を上げる。
〔揚げる〕国旗（花火・船荷）を揚げる。天ぷらを揚げる。
〔挙げる〕式（例・全力）を挙げる。兵（犯人）を挙げる。国を挙げて。

あし
〔足〕手と足。足が早い。客足。
〔脚〕机の脚。雨脚（足）。船脚（足）。
〔▽肢〕豚の肢（足）。

あたい
〔価〕商品の価。価が高い。
〔値〕xの値。尊敬（一読）に値する。

あたたかい
〔暖かい〕暖かい心（色・季節）。
〔温かい〕温かい料理（身体・家庭）。

あつい
〔暑い〕暑い部屋。今年の夏は暑い。
〔熱い〕熱い湯（飲み物・体・心・仲）。
〔厚い〕厚い紙（壁）。友情に厚い。
〔▽篤い〕病（やまい）が篤い。信仰が篤い。

あてる
〔当てる〕ボール（光）を当てる。日光（風）に当てる。胸に手を当てる。
〔充てる〕学費に充（当）てる。余暇を読書に充（当）てる。
〔▼宛てる〕先生に宛てた手紙。

あと
〔後〕後の祭り。後を頼む。後から行く。後にする。後を引く。
〔跡・▼痕〕足（靴・進歩）の跡。手術（傷）の痕。跡を継ぐ。

あぶら
〔油〕油を売る。油を差す。水と油。
〔脂〕牛肉の脂。脂ぎった顔。

あやまる
〔誤る〕道（身・人選）を誤る。
〔謝る〕手落ち（失敗）を謝る。

あらい
〔荒い〕言葉（気性・金遣い）が荒い。
〔粗い〕仕事（きめ・網の目）が粗い。

あらわす
〔表す〕言葉（顔色）に表す。喜び（実力）を表す。名は体を表す。
〔現す〕姿（形）を現す。正体を現す。
〔著す〕書物を著す。
〔▽顕す〕徳を顕す。世に名を顕す。

ある
〔有る〕金（才・責任・時間）が有る。
〔在る〕ある地位（場所・職）に在る。

あわせる
〔合わせる〕手（心・力・調子）を合わせる。
〔会わせる〕二人を会わせる。つらい目に会わせる。会わせる顔がない。
〔併せる〕諸条件を併せて考える。両社を併せる。併せて健康を祈る。

いたむ
〔痛む〕足（胸・心・きず）が痛む。
〔傷む〕家が傷む。傷んだ果物。
〔悼む〕死を悼む。故人を悼む。

いる
〔入る〕気に入る。念の入った話。
〔要る〕金（手間・承諾）が要る。

うける
〔受ける〕注文（相談・命令）を受ける。影響を受ける。親の血を受ける。
〔請ける〕請け負う。下請け。

うたう
〔歌う・▼唄う〕童謡（流行歌）を歌う。
〔謡う〕謡曲「隅田川」を謡う。
〔▼謳う〕我が世の春を謳う。

うつ
〔打つ〕釘（碁・心・電報）を打つ。
〔討つ〕賊（敵・首・不意）を討つ。
〔撃つ〕鉄砲を撃つ。鳥を撃つ。

うつる
〔写る〕写真に写る。文字が紙の裏にまで写る。
〔映る〕鏡（水面）に映る。影が映る。

うれい
〔憂い〕後顧（こうこ）の憂い。備えあれば憂いなし。
〔愁い〕春の愁い。愁いに沈む。

おかす
〔犯す〕法（過ち・女性）を犯す。
〔侵す〕領土（人権）を侵す。
〔冒す〕危険（神・他姓）を冒す。病（やまい）に冒される。

おくる
〔送る〕荷物（合図・人・時）を送る。
〔贈る〕お祝い（声援・官位）を贈る。

おくれる
〔遅れる〕会合（汽車）に遅れる。完成（開花・時計）が遅れる。
〔後れる〕流行に後れる。開発（知能）が後れる。気後れする。

おこる
〔起こる〕事件（持病）が起こる。
〔興る〕国（学問）が興る。
〔▼熾る〕炭火が熾る。

おさめる
〔収める〕成功（勝利）を収める。目録に収める。権力を手に収める。
〔納める〕税金（商品）を納める。胸（倉）に納める。
〔治める〕領地（国・乱）を治める。
〔修める〕学問（身）を修める。

おす
〔押す〕ベル（判・横車）を押す。
〔推す〕会長に推す。推して知るべし。

おどる
〔踊る〕ダンスを踊る。黒幕（人気）に踊らされる。
〔躍る〕胸（心・字）が躍る。馬が躍り上がる。小躍りして喜ぶ。

おもて
〔表〕表と裏。表の部屋。事件（内幕）を表に出す。
〔面〕面を上げる（包む・さらす）。感情を面に出す。水の面。

おろす
〔下ろす〕腰（根・枝）を下ろす。貯金を下ろす。三枚に下ろす。
〔降ろす〕乗客（積み荷・旗）を降ろす。
〔卸す〕小売りに卸す。たな卸し。

かえりみる
〔顧みる〕背後（過去）を顧みる。
〔省みる〕みずからを省みる。

かえる
〔▽反る〕軍配（裾（すそ））が反る。
〔返る〕正気（初心・原点）に返る。
〔帰る・▽還る〕家に帰る。故郷へ帰る。

かえる
〔変える〕形（顔色・位置）を変える。
〔換える〕物を金に換える。乗り換え。
〔替える〕振り替える。替え歌。
〔代える〕書面をもって挨拶に代える。命に代えても守る。

かおる
〔薫る〕風薫る五月。
〔香る〕梅が香る。茶の香り。

かかる
〔掛かる〕帽子が掛かっている。迷惑が掛かる。仕事に掛かる。
〔懸かる〕空に月が懸かる。優勝が懸かる。気に懸かる。
〔架かる〕橋（鉄橋）が架かる。
〔係る・▼繋かる〕本件に係る訴訟。名誉に係る問題。係り結び。
〔▼罹る〕病気に罹る。

かげ
〔陰〕山の陰。陰の声。陰口を利く。
〔影〕影が薄い。障子に映る影。

かける
〔掛ける〕腰（錠・迷惑）を掛ける。保険を掛ける。
〔懸ける〕賞金（命）を懸ける。心に懸ける。
〔架ける〕橋（電線）を架ける。
〔▼賭ける〕大金を賭ける。

かたい
〔固い〕団結（頭）が固い。
〔硬い〕硬い石。表情（表現）が硬い。
〔堅い〕堅い材木。堅い話（商売）。

かわ
〔皮〕皮をはぐ。木（虎・面（つら））の皮。
〔革〕革の財布（靴）。なめし革。

かわく
〔乾く〕洗濯物が乾く。乾いた土。
〔渇く〕のどが渇く。

きく
〔聞く〕物音（話し声）を聞く。
〔聴く〕講義（音楽）を聴く。
〔▼訊く〕駅への近道を訊く。

きく
〔利く〕機転（無理・目・顔）が利く。
〔効く〕薬（宣伝）が効く。効き目。

きわまる
〔極まる〕失礼極まる。感極まる。
〔窮まる・▽谷まる〕進退窮まる。

こえる
〔越える〕山（国境・年）を越える。
〔超える〕人間の能力を超える。

さがす
〔探す〕職（出口・あら）を探す。
〔捜す〕犯人を捜す。家の中を捜す。

さく
〔裂く〕布を裂く。仲を裂く。
〔割く〕時間（紙面・人手）を割く。

さげる
〔下げる〕値段（温度・頭）を下げる。
〔提げる〕手に提げる。手提げ鞄。

さす
〔差す〕傘（刀）を差す。いや気（赤味・魔・影）が差す。
〔指す〕北の方を指す。将棋を指す。
〔刺す〕人を刺す。針が刺さる。
〔▽射す〕西日が射（差）す。
〔▽注す〕目薬（紅（べに））を注（差）す。
〔挿す〕かんざし（切り花）を挿す。
〔▽鎖す〕錠（木戸）を鎖す。

さめる
〔冷める〕湯（興奮）が冷める。
〔覚める〕目（麻酔）が覚める。
〔▼醒める〕酒の酔いが醒める。
〔▼褪める〕色が褪める。

さわる
〔触る〕手に触る。触るべからず。
〔障る〕健康（気・しゃく）に障る。

しずめる
〔沈める〕船（身）を沈める。
〔静める〕気（鳴り）を静める。
〔鎮める〕反乱（痛み）を鎮める。

しぼる
〔絞る〕手拭い（レンズ・目標・知恵・声）を絞る。
〔搾る〕牛乳（油・税金）を搾る。

しめる
〔締める・▽緊める〕帯（ねじ）を締める。家計（座）を締（緊）める。

〔絞める〕首（鶏）を絞める。
〔閉める〕窓（ふた・店）を閉める。
〔▼〆る〕帳簿（売り上げ）を〆る。

すすめる
〔進める〕時計（計画）を進める。
〔勧める・▽奨める〕入会（酒・座布団）を勧める。
〔薦める〕候補者として薦める。

する
〔刷る・▼摺る〕年賀状（版画）を刷る。
〔擦る・▽摩る〕マッチを擦る。擦り傷。
〔▽磨る〕墨を磨る。やすりで磨る。
〔▼擂る〕みそ（ごま）を擂る。

そう
〔沿う〕線路（川）に沿う。
〔添う〕連れ添う。二人を添わせる。
〔▽副う〕期待（意）に副（添）う。

そなえる
〔供える〕花（お神酒）を供える。
〔備える〕台風（試験）に備える。
〔▽具える〕商才（資格）を具（備）える。

たえる
〔耐える〕苦難（風雪）に耐える。
〔堪える〕任（鑑賞）に堪える。遺憾に堪えない。読むに堪えない。

たずねる
〔訪ねる〕友人（会社）を訪ねる。
〔尋ねる・▼訊ねる〕道（名）を尋ねる。

たたかう
〔戦う〕敵（隣国）と戦う。
〔闘う〕病気と闘う。賃上げの闘い。

たつ
〔立つ〕煙（旗・弁・筆・噂）が立つ。
〔建つ〕家（銅像・石碑）が建つ。
〔▽発つ〕八時に東京を発つ。
〔▽経つ〕時（月日）が経つ。
〔▽起つ〕座を起（立）つ。

たつ
〔絶つ〕命（縁・望み・消息）を絶つ。
〔断つ〕退路（酒・快刀乱麻）を断つ。
〔裁つ〕布地を裁つ。裁ちばさみ。

たのむ
〔頼む〕紹介（ハイヤー）を頼む。
〔▼恃む〕数（己れ）を恃（頼）む。

たま
〔玉・▽珠〕玉にきず。掌中の玉。
〔球〕電気の球。球を投げる。
〔弾〕ピストルの弾。弾を込める。

つかう
〔使う〕道具（魔法・重油）を使う。
〔遣う〕大金（気）を遣う。仮名遣い。

つく
〔付く・▽附く〕跡（気・癖・力・条件）が付く。板（地・目）に付く。
〔着く〕京都に着く。手紙が着く。
〔就く〕職（任・眠り・家路）に就く。
〔▽即く〕皇位に即（就）く。
〔▽点く〕照明（火）が点（付）く。
〔▼憑く〕きつね（物の怪け）が憑く。

つく
〔突く〕針で突く。手を突いて謝る。
〔▽衝く〕急所（不意・鼻）を衝（突）く。
〔▼撞く〕鐘（まり）を撞（突）く。
〔▼搗く・▼舂く〕米（もち）を搗く。
〔▽吐く〕ため息（うそ）を吐く。

つぐ
〔次ぐ〕富士山に次ぐ山。事件が相次ぐ。取り次ぐ。
〔継ぐ・▽嗣ぐ〕家業（遺志）を継ぐ。
〔接ぐ〕木（骨）を接ぐ。
〔▽注ぐ〕お茶（酒）を注ぐ。

つくる
〔作る〕米（詩・顔・規則）を作る。
〔造る〕船（庭園）を造る。

つける
〔付ける・▽附ける〕跡（気・癖・目・見当）を付ける。帳面に付ける。
〔着ける〕船を岸に着ける。仕事に手を着ける。衣服を身に着ける。
〔就ける〕職に就ける。
〔▽即ける〕位に即（就）ける。
〔▽点ける〕明かりを点（付）ける。

つつしむ
〔慎む〕言動（酒・身）を慎む。
〔謹む〕謹んで申しあげます。

つとめる
〔努める・▽勉める〕解決（サービス）に努める。努めて早起きする。
〔務める〕議長（主役）を務める。
〔勤める〕会社に勤める。朝のお勤め。

とうとい（たっとい）
〔尊い〕尊い神（行い・犠牲）。
〔貴い〕貴い生命（資料・経験）。

とける
〔解ける〕帯（禁・任・謎・怒り・誤解・緊張）が解ける。
〔溶ける・▽融ける〕塩が水に溶ける。氷が溶（解）ける。
〔▼熔ける・▼鎔ける〕鉛が熔（溶）ける。

ととのえる
〔整える〕列（髪・調子）を整える。
〔調える〕資産（夕食）を調える。

とぶ
〔飛ぶ〕鳥（噂）が飛ぶ。外国へ飛ぶ。
〔跳ぶ〕溝を跳ぶ。跳びはねる。

とまる
〔止まる・▽停まる〕時計（車・電気・痛み・血）が止まる。
〔留まる〕目（心）に留まる。鳥が木に留（止）まる。
〔泊まる〕旅館に泊まる。船が泊まる。

とる
〔取る〕手に取る。資格（連絡・メモ・年・婿）を取る。汚れを取る。
〔採る〕血（決ｹﾂ）を採る。新卒を採る。
〔執る〕事務（筆）を執る。執り行う。
〔捕る・▽獲る〕鳥を捕る。生け捕る。
〔撮る〕写真（ビデオ）を撮る。
〔▽摂る〕栄養（食事）を摂（取）る。
〔▽盗る・▽奪る〕金を盗（取）る。
〔▽録る〕鳥の鳴き声を録（取）る。
〔▽脱る〕帽子（上着）を脱（取）る。

ない
〔無い〕金が無い。無い物ねだり。
〔亡い〕あの人も今は亡い。亡き父。

なおす
〔直す〕誤り（機械・服装）を直す。
〔治す〕病気（傷）を治す。

ながい
〔長い〕長い紐（髪）。気が長い。
〔永い〕永い眠りに就く。

ならう
〔習う〕英語（運転）を習う。
〔倣う・▼傚う〕前例（ひそみ）に倣う。

のせる
〔乗せる〕車（電波・軌道）に乗せる。
〔載せる〕棚に本を載せる。自動車に貨物を載せる。本に広告を載せる。

のびる
〔伸びる〕背（学力・勢力）が伸びる。
〔延びる〕出発（鉄道・寿命）が延びる。

のぼる
〔上る〕坂（川）を上る。京へ上る。多数（食卓・人の口）に上る。
〔登る〕山（木・演壇）に登る。
〔昇る〕天に昇る。日（地位）が昇る。

のる
〔乗る〕車（時流・相談）に乗る。
〔載る〕机（新聞）に載っている。

はえる
〔映える〕紅葉が夕日に映える。
〔栄える〕栄えある勝利。出来栄え。

はかる
〔図る〕解決（便宜・合理化）を図る。
〔計る〕時間を計る。計り知れない。
〔測る〕距離（面積・速度）を測る。
〔量る〕目方を量る。升で量る。
〔謀る〕暗殺（悪事）を謀る。
〔諮る〕会議（重役会・部下）に諮る。

はじめ
〔初め〕年の初め。初めての経験。
〔始め〕始めと終わり。会を始める。

はな
〔花〕花も実もある。花の都。
〔華〕華やか。人生の華（花）。

はなれる
〔離れる〕職（列）を離れる。離れ島。
〔放れる〕矢が弦を放れる。放れ馬。

はやい
〔早い〕朝（気・時期）が早い。
〔速い・▽疾い〕足（流れ）が速い。

ひ
〔火〕火に掛ける。火の消えたよう。
〔灯〕灯がともる。町の灯がつく。

ひく
〔引く〕綱（弓・線・例・車）を引く。
〔▼曳く〕裾（足）を曳（引）く。
〔▼挽く〕材木（ろくろ）を挽く。
〔弾く〕ピアノ（琴）を弾く。
〔▼碾く〕豆（お茶）を碾（挽）く。
〔▽退く〕兵（腰・身・手）を退く。
〔▼惹く〕人目（気・同情）を惹（引）く。
〔▼轢く〕車で犬を轢く。

ふえる
〔増える〕人口（水かさ）が増える。
〔殖える〕財産が殖える。

ふく
〔吹く〕風が吹く。笛（ほら）を吹く。
〔噴く〕火山が火を噴く。

ふける
〔更ける・▽深ける〕夜（秋）が更ける。
〔老ける〕老けた顔。

ふね
〔舟〕舟をこぐ。小舟。笹舟。丸木舟。
〔船〕船の甲板。大船。屋形船。

ふるう
〔振るう〕刀（熱弁）を振るう。
〔震う〕声を震わせる。身震い。
〔奮う〕奮って参加する。
〔▽揮う〕采配（筆）を揮（振る）う。

まじる
〔交じる〕誤字（別の糸）が交じる。
〔混じる〕異物（雑音）が混じる。

まち
〔町〕町と村。町に出る。町役場。
〔街〕学生（若者）の街。街の明かり。

まるい
〔丸い〕丸い石。丸くおさめる。
〔円い〕円い月。円（丸）く輪になる。

まわり
〔回り〕身の回り。火の回りが早い。
〔周り〕池の周り。周りの人。

みる
〔見る・▽視る〕景色（面倒）を見る。
〔診る〕患者を診る。脈を診る。
〔▽看る〕病人を看る。
〔▽観る〕劇（映画）を観（見）る。

もと
〔下〕木（法）の下。悪条件の下で働く。
〔元〕火の元。元も子もない。元帳。
〔本〕本と末。本を正す。本が枯れる。
〔基〕資料を基にする。農は国の基。
〔▽許〕親の許（下）を離れる。
〔▽素〕スープの素。
〔▽因〕口は災いの因（元）。

や
〔屋〕屋根。酒屋。技術屋。気どり屋。
〔家〕わが家。二階家。家賃。

やぶれる
〔破れる〕障子（均衡・夢）が破れる。
〔敗れる〕勝負（人生）に敗れる。

やわらかい
〔柔らかい〕柔らかいパン（毛布・肌）。手触りが柔らかい。
〔軟らかい〕軟らかい話。話しぶり（表情）が軟らかい。

ゆく
〔行く・▽往く〕学校へ行く。行く末。
〔逝く〕英雄が逝く。逝く春を惜しむ。

よい
〔良い・▽好い〕成績（品質・仲）が良い。
〔善い〕善い行い。
〔▽佳い・▽吉い〕佳い景色。佳（吉）い日を選ぶ。

よむ
〔読む〕本（秒・票・人の心）を読む。
〔詠む〕即興で歌を詠む。月を詠む。
〔▽訓む〕漢字の山は「やま」と訓む。

わかれる
〔分かれる〕意見（道）が分かれる。
〔別れる〕友（妻・親）と別れる。
〔▽岐れる〕道（川）が岐（分か）れる。

わざ
〔技〕柔道の技。技を磨く。足技。
〔業〕至難の業。離れ業。

わずらう
〔煩う〕恋に煩う。思い煩う。
〔患う〕胸を患う。三年ほど患う。

度量衡

（度量衡には異説が多いが、代表的な説を掲げた。特に周尺では、二二・五cmとする説もある。）

度量衡時代別変遷表

時代 ＼ 単位		度 1尺(cm)	量 1升(ℓ)	衡 1両(g)	面積 1畝(a)
周	前11～前3世紀	19.91	0.194	14.93	1.427
秦・前漢	前3～1世紀	27.65	0.343	16.14	6.605
新・後漢	1～3世紀	23.04	0.198	13.92	4.586
魏	3世紀	24.12	0.202	13.92	5.026
隋	6～7世紀	29.51	0.594	41.76	7.524
唐・五代	7～10世紀	31.10	0.594	37.30	5.803
宋	10～13世紀	30.72	0.664	37.30	5.662
元	13～14世紀	30.72	0.948	37.30	5.662
明	14～17世紀	31.10	1.074	37.30	5.803
清	17～20世紀	32.00	1.036	37.30	6.144
中華民国	20世紀	33.33	1.000	31.25	6.665
日本	20世紀	30.30	1.804	——	0.992

度量衡換算表

度		量		衡	
単位名	尺との比	単位名	升との比	単位名	両との比
忽	0.000001	粟	0.000001	忽	0.00001
秒・絲(10忽)	0.00001	圭(10粟)	0.00001	絲	0.0001
毫(10秒)	0.0001	抄(10圭)	0.0001	釐・厘	0.001
釐・厘(10毫)	0.001	撮(10抄)	0.001	絫	0.00417
分(10釐)	0.01	勺(10撮)	0.01	分	0.01
寸(10分)	0.1	龠	{0.01, 0.05}	銖(10絫)	0.0417
咫(8寸)	0.8	合 (2龠, 10龠)	0.1	銭	0.1
尺(10寸)	——			両(24銖)	——
幅	2.2	升(10合)	——	捷	1.5
跬	3	豆	4	挙	3
墨・揲	5	斗	10	鍰	6
歩(2跬)	6(※5)	区(4豆)	16	斤	16
仞	7	釜(4区)	64	鎰	{20, 24}
尋	8	斛・石	100	衡(10斤)	160
丈(2揲)	10	庾(2.5釜)	160	秤(15斤)	240
常(2尋)	16	鍾 (4釜)	256	鈞(30斤)	480
端(2丈)	20	鍾 (10釜)	640	石(4鈞)	1920
匹(2端)	40	缶(2.5庾)	400	引(200斤)	3200
引	100			鼓(4石)	7680
里 (300歩, ※360歩)	1800				

面積	
単位名	畝との比
畝	——
頃	100

※唐以後は5尺を1歩、360歩を1里とした。

時刻・方位・十干・十二支

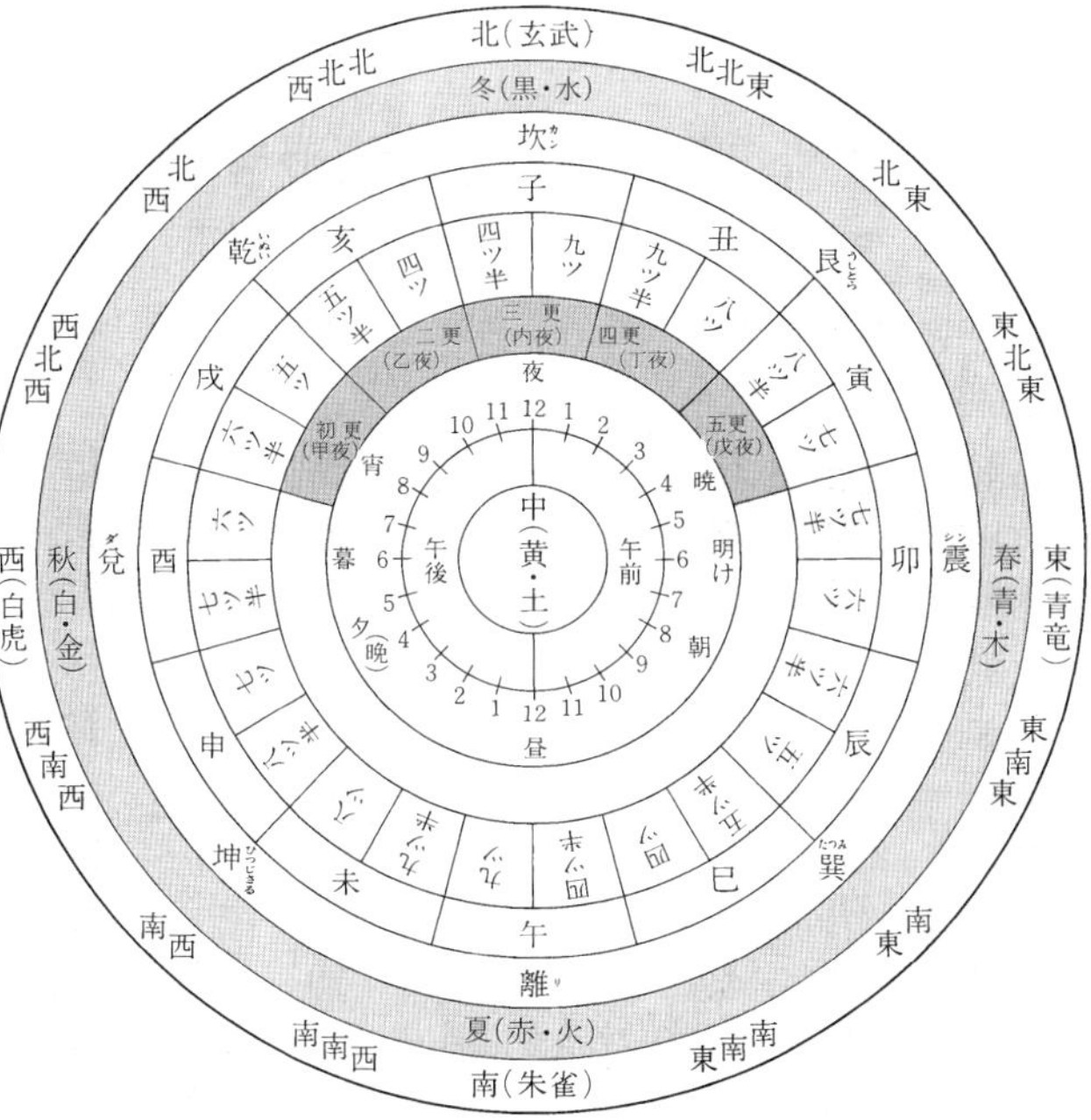

〈干支の一周〉

十干・十二支

番号	五行	干支	訓	音
1	木の兄（きのえ）	甲子	きのえね	コウ（カッ）シ
2	〃 弟（と）	乙丑	きのとうし	イッチュウ
3	火の兄（ひのえ）	丙寅	ひのえとら	ヘイイン
4	〃 弟（と）	丁卯	ひのとう	テイボウ
5	土の兄（つちのえ）	戊辰	つちのえたつ	ボシン
6	〃 弟（と）	己巳	つちのとみ	キシ
7	金の兄（かのえ）	庚午	かのえうま	コウゴ
8	〃 弟（と）	辛未	かのとひつじ	シンビ（ミ）
9	水の兄（みずのえ）	壬申	みずのえさる	ジンシン
10	〃 弟（と）	癸酉	みずのととり	キユウ
11		甲戌	きのえいぬ	コウ（カッ）ジュツ
12		乙亥	きのとい	イツガイ
13		丙子	ひのえね	ヘイシ
14		丁丑	ひのとうし	テイチュウ
15		戊寅	つちのえとら	ボイン
16		己卯	つちのとう	キボウ
17		庚辰	かのえたつ	コウシン
18		辛巳	かのとみ	シンシ
19		壬午	みずのえうま	ジンゴ
20		癸未	みずのとひつじ	キビ（ミ）
21		甲申	きのえさる	コウ（カッ）シン
22		乙酉	きのととり	イツユウ
23		丙戌	ひのえいぬ	ヘイジュツ
24		丁亥	ひのとい	テイガイ
25		戊子	つちのえね	ボシ
26		己丑	つちのとうし	キチュウ
27		庚寅	かのえとら	コウイン
28		辛卯	かのとう	シンボウ
29		壬辰	みずのえたつ	ジンシン
30		癸巳	みずのとみ	キシ
31		甲午	きのえうま	コウ（カッ）ゴ
32		乙未	きのとひつじ	イツビ（ミ）
33		丙申	ひのえさる	ヘイシン
34		丁酉	ひのととり	テイユウ
35		戊戌	つちのえいぬ	ボジュツ
36		己亥	つちのとい	キガイ
37		庚子	かのえね	コウシ
38		辛丑	かのとうし	シンチュウ
39		壬寅	みずのえとら	ジンイン
40		癸卯	みずのとう	キボウ
41		甲辰	きのえたつ	コウ（カッ）シン
42		乙巳	きのとみ	イツシ
43		丙午	ひのえうま	ヘイゴ
44		丁未	ひのとひつじ	テイビ（ミ）
45		戊申	つちのえさる	ボシン
46		己酉	つちのととり	キユウ
47		庚戌	かのえいぬ	コウジュツ
48		辛亥	かのとい	シンガイ
49		壬子	みずのえね	ジンシ
50		癸丑	みずのとうし	キチュウ
51		甲寅	きのえとら	コウ（カッ）イン
52		乙卯	きのとう	イツボウ
53		丙辰	ひのえたつ	ヘイシン
54		丁巳	ひのとみ	テイシ
55		戊午	つちのえうま	ボゴ
56		己未	つちのとひつじ	キビ（ミ）
57		庚申	かのえさる	コウシン
58		辛酉	かのととり	シンユウ
59		壬戌	みずのえいぬ	ジンジュツ
60		癸亥	みずのとい	キガイ
61		甲子	きのえね	コウ（カッ）シ

*十干と十二支を組み合わせて六〇組とし、六〇年で一周する。

*西暦二〇〇〇年の干支は庚辰。

人名用漢字一覧表

この「人名用漢字一覧表」は，昭和56年に告示された166字と，平成２年に法務省令で「戸籍法施行規則」の一部が改正され追加された118字と，平成９年に認められた「琉」の字１字とを加えたものであり，現在，人名用漢字は285字である。

人名用漢字とは子どもの名に用いることができる漢字のことで，下表の285字のほかに「常用漢字表」に示されている漢字（1945字），片仮名または平仮名と定められている。また，（　）内は当分の間用いることができる許容字体である。

丑丞乃之也亘(亙)亥亦亨亮伊伍伎伶伽佑侃侑倖倭偲允冴冶凌凜

凪凱勁匡卯叡只叶吾呂哉唄啄喬嘉圭尭奈奎媛嬉孟宏宥寅峻

崚嵐嵩嵯嶺巌(巖)巳巴巽庄弘弥(彌)彗彦彪彬怜恕悌惇惟惣慧憧拳捷

捺敦斐於旦旭旺昂昌昴晃晋晏晟晨智暉暢曙朋朔李杏杜柊柚

柾栗栞桂桐梓梢梧梨椋椎椰椿楊楓楠榛槙槻樺橘檀欣欽毅毬

汀汐汰沙洲洵洸浩淳渚(渚)渥湧滉漱澪熙熊燎燦燿爽爾猪(猪)玖玲琢(琢)

琉琳瑚瑛瑞瑠瑶瑳璃甫皐皓眉眸睦瞭瞳矩碧碩磯祐(祐)禄(祿)禎(禎)秦稀

稔稜穣(穰)竣笙笹紗紘紬絃絢綜綸綺綾緋翔翠耀耶聡肇胡胤脩舜

艶芙芹苑茉茄茅茜莉莞菖菫萌萩葵蒔蒼蓉蓮蔦蕉蕗藍藤蘭虎

虹蝶衿袈裟詢誼諄諒赳輔辰迪遥遼邑那郁酉醇采錦鎌阿隼雛

霞靖鞠須頌颯馨駒駿魁鮎鯉鯛鳩鳳鴻鵬鶴鷹鹿麟麿黎黛亀

大和	たいわ	十国呉	929～	935
太安	たいあん	晋	302～	303
太安	たいあん	前秦	385～	386
太安	たいあん	後涼	386～	389
太安	たいあん	北魏	455～	459
太延	たいえん	北魏	435～	440
太熙	たいき	晋	290	
太極	たいきょく	唐	712	
太建	たいけん	陳	569～	582
太元	たいげん	呉	251～	252
太元	たいげん	晋	376～	396
太康	たいこう	晋	280～	289
太康	たいこう	遼	1075～	84
太興	たいこう	晋	318～	321
太興	たいこう	北燕	431～	436
太始	たいし	前漢	前96～	前93
太初	たいしょ	前漢	前104～	前101
太初	たいしょ	前秦	386～	394
太初	たいしょ	西秦	388～	400
太初	たいしょ	南涼	397～	399
太昌	たいしょう	北魏	532	
太上	たいじょう	南燕	405～	410
太清	たいせい	前涼	363～	376
太清	たいせい	梁	547～	549
太寧	たいねい	晋	323～	326
太寧	たいねい	後趙	349	
太寧	たいねい	北斉	561～	562
太平	たいへい	呉	256～	258
太平	たいへい	北燕	409～	430
太平	たいへい	梁	556～	557
太平	たいへい	遼	1021～	31
太平興国	たいへいこうこく	北宋	976～	984
太平真君	たいへいしんくん	北魏	440～	451
太和	たいわ	魏	227～	233
太和	たいわ	後趙	328～	330
太和	たいわ	成漢	344～	346
太和	たいわ	晋	366～	371
太和	たいわ	北魏	477～	499
太和	たいわ	唐	827～	835
泰始	たいし	晋	265～	274
泰始	たいし	宋	465～	471
泰昌	たいしょう	明	1620	
泰常	たいじょう	北魏	416～	423
泰定	たいてい	元	1324～	28
泰予	たいよ	宋	472	
泰和	たいわ	金	1201～	08
端拱	たんきょう	北宋	988～	989
端平	たんぺい	南宋	1234～	36
〔ち〕				
地皇	ちこう	新	20～	23
地節	ちせつ	前漢	前69～	前66
治平	ちへい	北宋	1064～	67
致和	ちわ	元	1328	
中元	ちゅうげん	後漢	56～	57
中興	ちゅうこう	西燕	386～	394
中興	ちゅうこう	南斉	501～	502
中興	ちゅうこう	北魏	531～	532
中興	ちゅうこう	南唐	958	
中大通	ちゅうたいつう	梁	529～	534
中大同	ちゅうたいどう	梁	546～	547
中統	ちゅうとう	元	1260～	64
中平	ちゅうへい	後漢	184～	189
中和	ちゅうわ	唐	881～	885
長安	ちょうあん	則天	701～	704
長慶	ちょうけい	唐	821～	824
長興	ちょうこう	後唐	930～	933
長寿	ちょうじゅ	則天	692～	694
長楽	ちょうらく	後燕	399～	401
調露	ちょうろ	唐	679～	680
〔つ〕				
通正	つうせい	前蜀	916	
〔て〕				
貞観	ていかん	唐	627～	649
貞観	ていかん	西夏	1101～	13
貞元	ていげん	唐	785～	805
貞元	ていげん	金	1153～	56
貞明	ていめい	後梁	915～	921
貞祐	ていゆう	金	1213～	17
禎明	ていめい	陳	587～	589
奲都	ていと	西夏	1057～	62
天安	てんあん	北魏	466～	467
天安礼定	てんあんれいてい	西夏	1086	
天嘉	てんか	陳	560～	566
天会	てんかい	北漢	957～	968
天会	てんかい	金	1123～	37
天漢	てんかん	前漢	前100～	前97
天漢	てんかん	前蜀	917	
天監	てんかん	梁	502～	519
天紀	てんき	呉	277～	280
天禧	てんき	北宋	1017～	21
天禧	てんき	西遼	1178～	1211
天儀治平	てんぎちへい	西夏	1086～	89
天啓	てんけい	明	1621～	27
天慶	てんけい	遼	1111～	20
天慶	てんけい	西夏	1194～	1205
天眷	てんけん	金	1138～	40
天顕	てんけん	遼	926～	938
天康	てんこう	陳	566	
天興	てんこう	北魏	398～	404
天興	てんこう	金	1232～	34
天冊	てんさく	呉	275～	276
天冊万歳	てんさくばんざい	則天	695～	696
天賛	てんさん	遼	922～	926
天賜	てんし	北魏	404～	409
天賜礼盛国慶	てんしれいせいこくけい	西夏	1069～	74
天璽	てんじ	呉	276	
天璽	てんじ	北涼	399～	401
天授	てんじゅ	則天	690～	692
天授礼法延祚	てんじゅれいほうえんそ	西夏	1038～	48
天順	てんじゅん	明	1457～	64
天正	てんしょう	梁	551～	552
天成	てんせい	梁	555	
天成	てんせい	後唐	926～	930
天盛	てんせい	西夏	1149～	69
天聖	てんせい	北宋	1023～	32
天祚	てんそ	十国呉	935～	937
天聡	てんそう	清	1627～	36
天統	てんとう	北斉	565～	569
天徳	てんとく	金	1149～	53
天復	てんぷく	唐	901～	904
天福	てんぷく	後晋	936～	944
天福	てんぷく	後漢	936～	947
天平	てんぺい	東魏	534～	537
天輔	てんぽ	金	1117～	23
天宝	てんぽう	唐	742～	756
天宝	てんぽう	呉越	908～	923
天保	てんぽう	北斉	550～	559
天保	てんぽう	後梁	562～	585
天鳳	てんぽう	新	14～	19
天命	てんめい	清	1616～	26
天祐	てんゆう	唐	904～	907
天祐垂聖	てんゆうすいせい	西夏	1050～	52
天祐民安	てんゆうみんあん	西夏	1090～	97
天暦	てんれき	元	1328～	30
天禄	てんろく	遼	947～	951
天和	てんわ	北周	566～	572
〔と〕				
唐隆	とうりゅう	唐	710	
統和	とうわ	遼	983～	1012
登国	とうこく	北魏	386～	396
同光	どうこう	後唐	923～	926
同治	どうち	清	1862～	74
道光	どうこう	清	1821～	50
徳昌	とくしょう	北斉	577	
徳祐	とくゆう	南宋	1275～	76
〔に〕				
如意	にょい	則天	692	
人慶	にんけい	西夏	1144～	48
〔ね〕				
寧康	ねいこう	晋	373～	375
〔は〕				
白雀	はくじゃく	後秦	384～	386
白竜	はくりゅう	南漢	925～	928
万歳通天	ばんざいつうてん	則天	696～	697
万歳登封	ばんざいとうふう	則天	696	
万暦	ばんれき	明	1573～	1620
〔ふ〕				
普泰	ふたい	北魏	531	
普通	ふつう	梁	520～	527
武義	ぶぎ	十国呉	920～	921
武成	ぶせい	北周	559～	560
武成	ぶせい	前蜀	908～	910
武泰	ぶたい	北魏	528	
武定	ぶてい	東魏	543～	550
武徳	ぶとく	唐	618～	626
武平	ぶへい	北斉	570～	576
福聖承道	ふくせいしょうどう	西夏	1053～	56
文徳	ぶんとく	唐	888	
文明	ぶんめい	則天	684	
〔ほ〕				
保大	ほだい	南唐	943～	957
保大	ほだい	遼	1121～	25
保定	ほてい	北周	561～	565
保寧	ほねい	遼	969～	979
宝応	ほうおう	唐	762～	763
宝慶	ほうけい	南宋	1225～	27
宝元	ほうげん	北宋	1038～	40
宝正	ほうしょう	呉越	926～	932
宝大	ほうだい	呉越	924～	925
宝鼎	ほうてい	呉	266～	269
宝祐	ほうゆう	南宋	1253～	58
宝暦	ほうれき	唐	825～	827
鳳皇	ほうおう	呉	272～	274
鳳翔	ほうしょう	夏	413～	418
鳳暦	ほうれき	後梁	913	
本始	ほんし	前漢	前73～	前70
本初	ほんしょ	後漢	146	
〔め〕				
明昌	めいしょう	金	1190～	96
明道	めいどう	北宋	1032～	33
明徳	めいとく	後蜀	934～	937
〔よ〕				
陽嘉	ようか	後漢	132～	135
陽朔	ようさく	前漢	前24～	前21
雍熙	ようき	北宋	984～	987
雍正	ようせい	清	1723～	35
雍寧	ようねい	西夏	1114～	18
〔り〕				
隆安	りゅうあん	晋	397～	401
隆化	りゅうか	北斉	576～	577
隆慶	りゅうけい	明	1567～	72
隆興	りゅうこう	南宋	1163～	64
隆昌	りゅうしょう	南斉	494	
隆和	りゅうわ	晋	362～	363
竜紀	りょうき	唐	889	
竜朔	りょうさく	唐	661～	663
竜昇	りょうしょう	夏	407～	413
竜徳	りょうとく	後梁	921～	923
竜飛	りょうひ	後涼	396～	398
麟嘉	りんか	前趙	316～	318
麟嘉	りんか	後涼	389～	396
麟徳	りんとく	唐	664～	665
〔わ〕				
和平	わへい	後漢	150	
和平	わへい	前涼	354～	355
和平	わへい	北魏	460～	465

乾明	けんめい	北斉	560
乾祐	けんゆう	後漢	948～950
乾祐	けんゆう	北漢	951～956
乾祐	けんゆう	西夏	1170～93
乾隆	けんりゅう	清	1736～95
乾和	けんわ	南漢	943～958
顕慶	けんけい	唐	656～661
顕道	けんどう	西夏	1032～34
顕徳	けんとく	後周	954～960
元延	げんえん	前漢	前12～前9
元嘉	げんか	後漢	151～153
元嘉	げんか	宋	424～453
元熙	げんき	前趙	304～308
元熙	げんき	晋	419～420
元徽	げんき	宋	473～477
元光	げんこう	前漢	前134～前129
元光	げんこう	金	1222～23
元康	げんこう	前漢	前65～前62
元康	げんこう	晋	291～299
元興	げんこう	後漢	105
元興	げんこう	呉	264～265
元興	げんこう	晋	402～404
元朔	げんさく	前漢	前128～前123
元始	げんし	前漢	1～5
元璽	げんじ	前燕	352～357
元狩	げんしゅ	前漢	前122～前117
元寿	げんじゅ	前漢	前2～前1
元初	げんしょ	後漢	114～120
元象	げんしょう	東魏	538～539
元貞	げんてい	元	1295～97
元鼎	げんてい	前漢	前116～前111
元統	げんとう	元	1333～35
元徳	げんとく	西夏	1119～27
元符	げんぷ	北宋	1098～1100
元封	げんぷう	前漢	前110～前105
元平	げんぺい	前漢	前74
元豊	げんほう	北宋	1078～85
元鳳	げんぽう	前漢	前80～前75
元祐	げんゆう	北宋	1086～94
元和	げんわ	後漢	84～87
元和	げんわ	唐	806～820
玄始	げんし	北涼	412～428
〔こ〕			
五鳳	ごほう	前漢	前57～前54
五鳳	ごほう	呉	254～256
広運	こううん	南朝後梁	586～587
広運	こううん	北漢	974～979
広運	こううん	西夏	1034～36
広順	こうじゅん	後周	951～953
広政	こうせい	後蜀	938～965
広徳	こうとく	唐	763～764
広明	こうめい	唐	880～881
弘始	こうし	後秦	399～416
弘昌	こうしょう	南涼	402～408
弘治	こうち	明	1488～1505
弘道	こうどう	唐	683
光化	こうか	唐	898～901
光熙	こうき	晋	306
光熹	こうき	後漢	189
光啓	こうけい	唐	885～888
光興	こうこう	前趙	310～311
光始	こうし	後燕	401～406
光寿	こうじゅ	前燕	357～359
光初	こうしょ	前趙	318～329
光緒	こうしょ	清	1875～1908
光大	こうだい	陳	567～568
光宅	こうたく	則天	684
光定	こうてい	西夏	1211～23
光天	こうてん	前蜀	918
光天	こうてん	南漢	942～943
光和	こうわ	後漢	178～184
交泰	こうたい	南唐	958
更始	こうし	漢	23～25
更始	こうし	西燕	385～386
更始	こうし	西秦	409～412
孝建	こうけん	宋	454～456
孝昌	こうしょう	北魏	525～527
拱化	こうか	西夏	1063～67
洪熙	こうき	明	1425
洪武	こうぶ	明	1368～98
後元	こうげん	前漢	前88～前87
皇慶	こうけい	元	1312～13
皇建	こうけん	北斉	560～561
皇建	こうけん	西夏	1210～11
皇興	こうこう	北魏	467～471
皇始	こうし	前秦	351～355
皇始	こうし	北魏	396～398
皇初	こうしょ	後秦	394～399
皇泰	こうたい	隋	618～619
皇統	こうとう	金	1141～49
皇祐	こうゆう	北宋	1049～54
康熙	こうき	清	1662～1722
康国	こうこく	西遼	1134～43
康定	こうてい	北宋	1040～41
黄初	こうしょ	魏	220～226
黄武	こうぶ	呉	222～229
黄竜	こうりょう	前漢	前49
黄竜	こうりょう	呉	229～231
興安	こうあん	北魏	452～454
興元	こうげん	唐	784
興光	こうこう	北魏	454～455
興定	こうてい	金	1217～22
興寧	こうねい	晋	363～365
興平	こうへい	後漢	194～195
興和	こうわ	東魏	539～542
鴻嘉	こうか	前漢	前20～前17
〔さ〕			
載初	さいしょ	則天	689～690
〔し〕			
至元	しげん	元	1264～94
至元	しげん	元	1335～40
至順	しじゅん	元	1330～33
至正	しせい	元	1341～68
至大	しだい	元	1308～11
至治	しち	元	1321～23
至道	しどう	北宋	995～997
至徳	しとく	陳	583～587
至徳	しとく	唐	756～758
至寧	しねい	金	1213
至和	しわ	北宋	1054～56
始建国	しけんこく	新	9～13
始元	しげん	前漢	前86～前81
始光	しこう	北魏	424～428
嗣聖	しせい	唐	684～704
寿光	じゅこう	前秦	355～357
寿昌	じゅしょう	遼	1095～1101
収国	しゅうこく	金	1115～16
重熙	じゅうき	遼	1032～55
重和	じゅうわ	北宋	1118～19
淳化	じゅんか	北宋	990～994
淳熙	じゅんき	南宋	1174～89
淳祐	じゅんゆう	南宋	1241～52
順義	じゅんぎ	十国呉	921～927
順治	じゅんち	清	1644～61
初元	しょげん	前漢	前48～前44
初始	しょし	前漢	8
初平	しょへい	後漢	190～193
升平	しょうへい	晋	357～361
正元	しょうげん	魏	254～256
正光	しょうこう	北魏	520～525
正始	しょうし	魏	240～249
正始	しょうし	後燕	407～409
正始	しょうし	北魏	504～508
正大	しょうだい	金	1224～31
正統	しょうとう	明	1436～49
正徳	しょうとく	西夏	1127～34
正徳	しょうとく	明	1506～21
正平	しょうへい	北魏	451～452
正隆	しょうりゅう	金	1156～61
昇元	しょうげん	南唐	937～943
昇明	しょうめい	宋	477～479
昌武	しょうぶ	夏	418～419
昌平	しょうへい	西燕	386
承安	しょうあん	金	1196～1200
承玄	しょうげん	北涼	428～431
承光	しょうこう	夏	425～428
承光	しょうこう	北斉	577
承聖	しょうせい	梁	552～555
承平	しょうへい	北魏	452
承明	しょうめい	北魏	476
昭寧	しょうねい	後漢	189
祥興	しょうこう	南宋	1278～79
章武	しょうぶ	蜀漢	221～223
章和	しょうわ	後漢	87～88
紹熙	しょうき	南宋	1190～94
紹興	しょうこう	南宋	1131～62
紹興	しょうこう	西遼	1151～63
紹聖	しょうせい	北宋	1094～98
紹泰	しょうたい	梁	555～556
紹定	しょうてい	南宋	1228～33
勝光	しょうこう	夏	428～431
証聖	しょうせい	則天	695
上元	じょうげん	唐	674～676
上元	じょうげん	唐	760～762
貞観	じょうがん	唐	→ていかん
神䴥	しんか	北魏	428～431
神亀	しんき	北魏	518～520
神功	しんこう	則天	697
神冊	しんさく	遼	916～921
神璽	しんじ	北涼	397～399
神爵	しんしゃく	前漢	前61～前58
神瑞	しんずい	北魏	414～416
神鼎	しんてい	後涼	401～403
神鳳	しんぽう	呉	252
神竜	しんりょう	唐	705～707
真興	しんこう	夏	419～425
仁寿	じんじゅ	隋	601～604
〔す〕			
垂拱	すいきょう	則天	685～688
綏和	すいわ	前漢	前8～前7
崇慶	すうけい	金	1212～13
崇禎	すうてい	明	1628～44
崇徳	すうとく	清	1636～43
崇寧	すうねい	北宋	1102～06
崇福	すうふく	西遼	1164～77
〔せ〕			
成化	せいか	明	1465～87
青竜	せいりょう	魏	233～237
青竜	せいりょう	後趙	350
征和	せいわ	前漢	前92～前89
政和	せいわ	北宋	1111～18
清泰	せいたい	後唐	934～936
清寧	せいねい	遼	1055～64
靖康	せいこう	北宋	1126～27
聖暦	せいれき	則天	698～700
赤烏	せきう	呉	238～251
先天	せんてん	唐	712～713
宣政	せんせい	北周	578
宣統	せんとう	清	1909～11
宣徳	せんとく	明	1426～35
宣和	せんわ	北宋	1119～25
〔そ〕			
総章	そうしょう	唐	668～670
〔た〕			
大安	たいあん	西夏	1075～85
大安	たいあん	遼	1085～94
大安	たいあん	金	1209～11
大観	たいかん	北宋	1107～10
大業	たいぎょう	隋	605～617
大慶	たいけい	西夏	1036～38
大慶	たいけい	西夏	1140～43
大順	たいじゅん	唐	890～891
大象	たいしょう	北周	579～581
大成	たいせい	北周	579
大足	たいそく	則天	701
大中	たいちゅう	唐	847～860
大中祥符	たいちゅうしょうふ	北宋	1008～16
大通	たいつう	梁	527～529
大定	たいてい	後梁	555～562
大定	たいてい	北周	581
大定	たいてい	金	1161～89
大統	だいとう	西魏	535～551
大同	だいどう	梁	535～546
大同	だいどう	遼	947
大徳	だいとく	西夏	1135～39
大徳	だいとく	元	1297～1307
大宝	たいほう	梁	550～551
大宝	たいほう	南漢	958～971
大明	たいめい	宋	457～464
大有	たいゆう	南漢	928～942
大暦	たいれき	唐	766～779

中国年号表

※第１字めの漢字でまとめて五十音順に配列。数字は西暦年。

〔あ〕				
晏平	あんぺい	成漢	306～	310
〔え〕				
永安	えいあん	呉	258～	264
永安	えいあん	晋	304	
永安	えいあん	北涼	401～	412
永安	えいあん	北魏	528～	530
永安	えいあん	西夏	1098～	1100
永嘉	えいか	後漢	145	
永嘉	えいか	晋	307～	313
永漢	えいかん	後漢	189	
永熙	えいき	晋	290	
永熙	えいき	北魏	532～	534
永徽	えいき	唐	650～	656
永建	えいけん	後漢	126～	132
永建	えいけん	西涼	420～	421
永元	えいげん	後漢	89～	105
永元	えいげん	前涼	320～	324
永元	えいげん	南斉	499～	501
永弘	えいこう	西秦	428～	431
永光	えいこう	前漢	前43～	前39
永光	えいこう	宋	465	
永康	えいこう	後漢	167	
永康	えいこう	晋	300～	301
永康	えいこう	後燕	396～	398
永康	えいこう	西秦	412～	419
永興	えいこう	後漢	153～	154
永興	えいこう	晋	304～	306
永興	えいこう	前秦	357～	359
永興	えいこう	北魏	409～	413
永興	えいこう	北魏	532	
永始	えいし	前漢	前16～	前13
永寿	えいじゅ	後漢	155～	158
永淳	えいじゅん	唐	682～	683
永初	えいしょ	後漢	107～	113
永初	えいしょ	宋	420～	422
永昌	えいしょう	晋	322～	323
永昌	えいしょう	則天	689	
永泰	えいたい	南斉	498	
永泰	えいたい	唐	765～	766
永定	えいてい	陳	557～	559
永貞	えいてい	唐	805	
永寧	えいねい	後漢	120～	121
永寧	えいねい	晋	301～	302
永寧	えいねい	後趙	350～	351
永平	えいへい	後漢	58～	75
永平	えいへい	晋	291	
永平	えいへい	北魏	508～	512
永平	えいへい	前蜀	911～	915
永鳳	えいほう	前趙	308	
永明	えいめい	南斉	483～	493
永楽	えいらく	前涼	346～	353
永楽	えいらく	明	1403～	24
永暦	えいれき	南明	1647～	61
永和	えいわ	後漢	136～	141
永和	えいわ	晋	345～	356
永和	えいわ	後秦	416～	417
永和	えいわ	北涼	433～	439
延熙	えんき	蜀漢	238～	257
延熙	えんき	後趙	334	
延熹	えんき	後漢	158～	167
延慶	えんけい	西遼	1124～	33
延光	えんこう	後漢	122～	125
延康	えんこう	魏	220	
延興	えんこう	北魏	471～	476
延興	えんこう	南斉	494	
延載	えんさい	則天	694	
延嗣寧国	えんしねいこく	西夏	1049	
延初	えんしょ	前秦	394	
延昌	えんしょう	北魏	512～	515
延平	えんぺい	後漢	106	
延祐	えんゆう	元	1314～	20
延和	えんわ	北魏	432～	434
延和	えんわ	唐	712	
炎興	えんこう	蜀漢	263	
燕元	えんげん	後燕	384～	386
燕興	えんこう	西燕	384～	385
燕平	えんぺい	南燕	398～	399
〔お〕				
応乾	おうかん	南漢	943	
応順	おうじゅん	後唐	934	
応天	おうてん	西夏	1206～	09
応暦	おうれき	遼	951～	969
〔か〕				
河瑞	かずい	前趙	309～	310
河清	かせい	北斉	562～	565
河平	かへい	前漢	前28～	前25
嘉禾	かか	呉	232～	238
嘉熙	かき	南宋	1237～	40
嘉慶	かけい	清	1796～	1820
嘉興	かこう	西涼	417～	420
嘉靖	かせい	明	1522～	66
嘉泰	かたい	南宋	1201～	04
嘉定	かてい	南宋	1208～	24
嘉寧	かねい	成漢	346～	347
嘉平	かへい	魏	249～	254
嘉平	かへい	前趙	311～	314
嘉平	かへい	南涼	408～	414
嘉祐	かゆう	北宋	1056～	63
会昌	かいしょう	唐	841～	846
会同	かいどう	遼	938～	947
開運	かいうん	後晋	944～	946
開運	かいうん	西夏	1034	
開禧	かいき	南宋	1205～	07
開慶	かいけい	南宋	1259	
開元	かいげん	唐	713～	741
開皇	かいこう	隋	581～	600
開興	かいこう	金	1232	
開成	かいせい	唐	836～	840
開泰	かいたい	遼	1012～	21
開平	かいへい	後梁	907～	911
開宝	かいほう	北宋	968～	976
開耀	かいよう	唐	681～	682
甘露	かんろ	前漢	前53～	50
甘露	かんろ	魏	256～	260
甘露	かんろ	呉	265～	266
甘露	かんろ	前秦	359～	364
咸安	かんあん	晋	371～	372
咸熙	かんき	魏	264～	265
咸亨	かんこう	唐	670～	674
咸康	かんこう	晋	335～	342
咸康	かんこう	前蜀	925	
咸淳	かんじゅん	南宋	1265～	74
咸清	かんせい	西遼	1144～	50
咸通	かんつう	唐	860～	874
咸寧	かんねい	晋	275～	280
咸寧	かんねい	後涼	399～	401
咸平	かんぺい	北宋	998～	1003
咸豊	かんぽう	清	1851～	61
咸雍	かんよう	遼	1065～	74
咸和	かんわ	晋	326～	334
漢安	かんあん	後漢	142～	144
漢興	かんこう	成漢	338～	343
漢昌	かんしょう	前趙	318	
〔き〕				
熙寧	きねい	北宋	1068～	77
熙平	きへい	北魏	516～	518
熹平	きへい	後漢	172～	178
義熙	ぎき	晋	405～	418
義寧	ぎねい	隋	617～	618
義和	ぎわ	北涼	431～	433
儀鳳	ぎほう	唐	676～	679
久視	きゅうし	則天	700	
居摂	きょせつ	前漢	6～	8
竟寧	きょうねい	前漢	前33	
玉恒	ぎょくこう	成漢	335～	338
玉衡	ぎょくこう	成漢	311～	334
〔け〕				
景雲	けいうん	唐	710～	711
景炎	けいえん	南宋	1276～	78
景元	けいげん	魏	260～	264
景初	けいしょ	魏	237～	239
景泰	けいたい	明	1450～	57
景定	けいてい	南宋	1260～	64
景徳	けいとく	北宋	1004～	07
景福	けいふく	唐	892～	893
景福	けいふく	遼	1031～	32
景平	けいへい	宋	423～	424
景明	けいめい	北魏	500～	503
景祐	けいゆう	北宋	1034～	38
景燿	けいよう	蜀漢	258～	263
景竜	けいりょう	唐	707～	710
景和	けいわ	宋	465	
慶元	けいげん	南宋	1195～	1200
慶暦	けいれき	北宋	1041～	48
建安	けんあん	後漢	196～	220
建炎	けんえん	南宋	1127～	30
建熙	けんき	前燕	360～	370
建義	けんぎ	西秦	385～	388
建義	けんぎ	北魏	528	
建元	けんげん	前漢	前140～	前135
建元	けんげん	前趙	315～	316
建元	けんげん	晋	343～	344
建元	けんげん	前秦	365～	385
建元	けんげん	南斉	479～	482
建弘	けんこう	西秦	420～	428
建光	けんこう	後漢	121～	122
建康	けんこう	後漢	144	
建興	けんこう	蜀漢	223～	237
建興	けんこう	呉	252～	253
建興	けんこう	成漢	304～	306
建興	けんこう	晋	313～	317
建興	けんこう	後燕	386～	396
建衡	けんこう	呉	269～	271
建国	けんこく	代	338～	376
建始	けんし	前漢	前32～	前29
建始	けんし	後燕	407	
建初	けんしょ	後漢	76～	84
建初	けんしょ	成漢	303～	304
建初	けんしょ	後秦	386～	394
建初	けんしょ	西涼	405～	417
建昭	けんしょう	前漢	前38～	前34
建中	けんちゅう	唐	780～	783
建中靖国	けんちゅうせいこく	北宋	1101	
建徳	けんとく	北周	572～	578
建寧	けんねい	後漢	168～	172
建武	けんぶ	後漢	25～	56
建武	けんぶ	晋	304	
建武	けんぶ	晋	317～	318
建武	けんぶ	後趙	335～	348
建武	けんぶ	西燕	386	
建武	けんぶ	南斉	494～	498
建文	けんぶん	明	1399～	1402
建平	けんぺい	前漢	前６～	前３
建平	けんぺい	後趙	330～	333
建平	けんぺい	西燕	386	
建平	けんぺい	後燕	398	
建平	けんぺい	南燕	400～	405
建明	けんめい	西燕	386	
建明	けんめい	北魏	530～	531
建隆	けんりゅう	北宋	960～	963
建和	けんわ	後漢	147～	149
建和	けんわ	南涼	400～	402
乾化	けんか	後梁	911～	915
乾元	けんげん	唐	758～	760
乾亨	けんこう	南漢	917～	925
乾亨	けんこう	遼	979～	982
乾興	けんこう	北宋	1022	
乾定	けんてい	西夏	1223～	26
乾貞	けんてい	十国呉	927～	929
乾統	けんとう	遼	1101～	10
乾道	けんどう	西夏	1068	
乾道	けんどう	南宋	1165～	73
乾徳	けんとく	前蜀	919～	925
乾徳	けんとく	北宋	963～	968
乾寧	けんねい	唐	894～	898
乾符	けんぷ	唐	874～	879
乾封	けんぷう	唐	666～	668

糸 纆 954
纜 954
纑 954
缶 罎 955
网 羇 959
耳 聾 976
聽 978
肉 臟 997
臞 997
舟 艫 1010
虫 蠹 1065
衣 襲 1087
襲 1087
襴 1094
襷 1094
見 覿 1102
言 讃 1135
讖 1135
讕 1135
讁 1135
讀 1135
貝 贗 1151
贖 1155
足 躓 1169
躕 1169
躑 1169
躔 1169
車 轡 1172
轢 1181
邑 酈 1223
金 鑒 1238
鑊 1256
鑄 1256
鑓 1256
雨 霽 1301
霾 1301
革 韁 1310
韃 1310
音 響 1313
響 1313
頁 顫 1324
食 饗 1331
饗 1331
饕 1331
饘 1336
馬 驚 1340
驕 1346
驍 1346
驊 1346
驒 1347
驑 1347
驎 1347
骨 髐 1349
髟 鬚 1354
鬲 鬻 1356
魚 鰲 1361
鰹 1367
鰜 1367
鰶 1367
鱆 1367
鰺 1368
鱁 1368
鱇 1368
鰾 1368
鰻 1368
鰱 1368
鱈 1368
鳥 鷙 1372
鷚 1373
鷗 1379
鶴 1380
鷓 1380
鷖 1380
鹿 麞 1382
麥 麨 1384
黑 黮 1389
鼠 鼴 1393
齒 齬 1397
齪 1397
龍 龔 1398
龕 1399
礱 1399
龠 龢 1400

23画

夂 夒 283
山 巖 377
巘 381
心 戀 464
手 攣 493
攬 526
攫 526
攩 526
攴 變 528
日 曬 574
木 欒 607
欐 644
欏 644
犬 玃 779
獵 779
玉 瓚 794
疒 癯 820
癰 820
穴 竊 889
竹 籤 911
籥 911
籢 911
米 糵 913
糸 纓 954
纔 954
纖 954
肉 臢 997
艸 蘹 1058
蘼 1058
蘿 1058
虫 蠱 1062
蠭 1065
蠲 1075
襾 覊 1097
言 讎 1107
讐 1108
讋 1108
讌 1135
讙 1135
谷 豅 1136
足 躚 1169
躙 1169
車 轣 1181
轤 1181
辵 邏 1215
邐 1215
酉 醼 1229
金 鑑 1256
鑛 1256
鑚 1256
鑠 1256
鑣 1257
鑢 1257
鑯 1257
雨 靁 1301
面 靨 1306
革 韈 1310
頁 顯 1324
顬 1324
食 饜 1331
馬 驚 1340
驘 1341
驛 1347
驗 1347
骨 髓 1349
體 1349
髑 1349
高 髞 1352
髟 鬠 1354
鬟 1354
魚 鱉 1361
鱖 1368
鱏 1368
鱏 1368
鱛 1368
鱘 1368
鱓 1368
鱒 1368
鱒 1368
鱗 1368
鱠 1369
鱚 1369
鳥 鷲 1372
鷸 1380
鷳 1380
鷴 1380
鷦 1380
鷭 1380
鷯 1380
鹿 麟 1383
黍 黐 1387
黑 黴 1388
鼠 鼷 1393
齊 齏 1395
齒 齮 1397
齰 1397
齗 1397

24画

口 囓 244
囑 244
尸 屭 371
手 攬 526
水 灝 737
灞 737
疒 癱 820
癲 820
目 矗 837
竹 籤 911
糸 纛 925
缶 罐 955
网 羈 959
色 艷 1012
虫 蠶 1065
蠹 1065
行 衢 1081
衣 襹 1094
言 讒 1135
讓 1135
讖 1135
讕 1135
貝 贛 1156
身 軈 1170
酉 釀 1229
醿 1229
醾 1229
醽 1229
金 鑪 1257
雨 靄 1301
靈 1301
靂 1301
靆 1302
革 韇 1310
韆 1310
韋 韤 1311
頁 顰 1314
馬 驟 1347
骨 髕 1349
髟 鬢 1354
鬼 魘 1357
魚 鱟 1361
鱫 1369
鱠 1369
鱞 1369
鱜 1369
鱜 1369
鱸 1369
鱮 1369
鱢 1369
鱣 1369
鱝 1369
鱧 1369
鱰 1369
鱬 1369
鳥 鸎 1372
鷺 1372
鷹㊇ 1372
鷺 1372
鸇 1380
鷿 1380
鹵 鹽 1381
鹼 1381
鹿 麟㊇ 1383
黽 鼇 1390
鼻 齅 1394
齒 齷 1397
齲 1397
齶 1397
齵 1397
齳 1397
龍 龗 1399

25画

广 廳 412
心 戇 464
木 欝 598
欗 644
欖 644
欙 644
水 灣 737
竹 籭 911
籩 911
籮 911
籬 911
米 糶 918
糸 纘 954
肉 臠 981
虫 蠻 1066
襾 覊 1097
見 觀 1102
角 觿 1105
言 讙 1135
豕 貛 1141
足 躡 1169
酉 釁 1223
醽 1229
金 鑱 1257
鑯 1257
鑰 1257
雨 靉 1302
頁 顱 1324
骨 髖 1349
髟 鬣 1354
鬥 鬭 1355
魚 鱨 1369
鱭 1369
鱰 1369
鳥 鸎 1373
鸍 1380
黃 黌 1387
黽 鼉 1390
鼈 1390

26画

木 欝 598
水 灩 737
灤 737
目 矚 844
竹 籰 911
言 讛 1135
讚 1135
酉 釃 1229
釄 1229
金 鑵 1257
鑷 1257
革 韉 1310
頁 顲 1324
食 饞 1336
饟 1336
馬 驢 1347
鬥 鬮 1355
魚 鱶 1369
鱵 1369
鱲 1369
黑 黶 1388

27画

糸 纜 954
言 讞 1135
讜 1136
豆 豔 1138
足 躪 1169
金 鑾 1238
鑽 1257
鑼 1257
雨 靍 1301
頁 顴 1324
顳 1324
馬 驥 1347
驤 1347
魚 鱺 1369
鱸 1369
鳥 鸏 1380
鸘 1380
鸕 1380
黑 黷 1389
龠 龥 1400

28画

心 戇 464
木 欞 644
豆 豔 1138
金 鑿 1238
钁 1257
隹 雧 1287
食 饠 1336
馬 驩 1347
骨 髖 1349
鳥 鸚 1380

29画

木 欟 644
火 爨 741
雨 靏 1302
馬 驪 1347
鬯 鬱 1355
鳥 鸛 1380
麥 麷 1384

30画

馬 驫 1340
鳥 鸞 1373
鸝 1380
麥 䴿 1384

31画

水 灩 737

33画

鹿 麤 1381
龍 龘 1399

総画索引

子 孽 327
宀 寶 350
山 巖(人) 376
巉 381
广 廰 412
心 懸 463
懺 480
手 攙 525
攘 525
攴 斆 527
日 曦 574
月 朧 585
木 櫱 607
櫜 607
櫧 644
櫬 644
欄 644
欖 644
櫪 644
櫨 644
櫳 644
水 瀟 736
瀰 736
瀕 736
瀹 736
瀾 736
瀲 736
火 爓 748
爐 748
牛 犧 769
犬 獻 771
獼 779
玉 瓌 794
瓏 794
疒 癤 819
癤 819
癥 819
癢 819
白 皪 828
目 矍 837
石 礬 853
礦 860
礧 860
礪 860
礫 860
禾 穬 883
穭 883
穴 竇 889
竹 籍 909
籍 909
籌 909
籃 910
籆 910
籏 910
米 糯 918
糸 辮 919
纂 924
纆 953
繼 953
繻 953
繽 953
繿 953
纃 953
缶 罌 955
羊 譱 963
羽 翿 968
耀(人) 968
耀 968
耳 聹 978
肉 臙 996
臚 996
舟 艨 1009
艸 藹 1055
蘊 1055
藿 1055
蘁 1055
蘐 1055
藷 1055
蘂 1055
蘇 1055
蘓 1055
藻 1056
藺 1056
蘋 1056
蘋 1056
蘭 1057
蘗 1057
蘆 1057
蘢 1057
虫 蠠 1065
蠑 1074
蠖 1074
蠐 1074
蠕 1074
衣 襭 1094
襪 1094
見 覺 1099
角 觸 1105
言 警 1108
譬 1108
譽 1108
議 1134
護 1134
譲 1134
譫 1134
譟 1134
譜 1135
譯 1135
貝 贏 1151
贍 1155
贌 1155
走 趯 1161
足 躄 1162
躁 1168
躇 1168
躅 1168
躃 1168
身 軆 1170
車 轝 1174
轗 1181
轘 1181
酉 醵 1228
醶 1228
醸 1228
醲 1228
醴 1228
釆 釋 1231
金 鐚 1255
鐖 1255
鐁 1255
鐘 1255
鐘 1255
鐏 1255
鐓 1255
鐔 1255
鐔 1255
鐡 1255
鐙 1255
鐃 1255
鐇 1255
鐐 1255
門 闡 1269
雨 霰 1300
霶 1301
革 韠 1309
鞾 1310
音 響 1313
頁 顢 1323
風 飃 1327
飂 1327
飄 1327
食 饗 1331
饉 1335
饆 1335
饅 1335
香 馨(人) 1338
馬 騫 1340
騭 1340
騶 1346
騵 1346
騷 1346
騮 1346
騰 1348
騰 1348
骨 髆 1349
髟 鬐 1354
鬒 1354
門 鬪 1355
魚 鰔 1366
鰛 1366
鰕 1366
鰐 1366
鰄 1366
鰆 1366
鰉 1366
鯸 1366
鰓 1366
鰡 1366
鰌 1366
鰍 1366
鰆 1366
鰥 1366
鯽 1366
鰂 1366
鰖 1366
鰈 1366
鰁 1366
鰒 1366
鰑 1366
鰊 1366
鰙 1367
鰚 1367
鰝 1367
鳥 鶖 1372
鶚 1378
鶡 1378
鶪 1378
鶮 1378
鶵 1378
鶬 1378
鹵 鹹 1381
鹿 麛 1382
麥 麵 1384
黑 黨 1388
黧 1388
黥 1389
鼠 鼯 1393
齒 齣 1396
齚 1396
齝 1396
齟 1396
齡 1396
齠 1396
齢 1396
龠 龠 1399

21画

一 亹 57
人 儺 113
儷 113
口 囂 207
嚻 207
囓 244
囁 244
囃 244
囀 244
夂 夔 283
尸 屬 371
山 巋 376
巍 376
广 廱 412
心 懽 480
懼 480
懾 480
手 攜 525
攝 525
文 斕 541
日 曩 561
木 櫐 607
櫱 607
櫻 644
欅 644
欂 644
欄 644
櫺 644
歹 殲 658
水 灌 737
灕 737
灋 737
火 爛 748
犬 玃 779
玉 瓔 794
瓦 甗 797
疒 癨 819
癰 819
癩 820
癧 820
目 矙 844
石 礱 853
礮 860
禾 龝 883
穴 竈 889
竹 籑 910
籖 910
籔 910
籒 910
籐 910
籓 910
籥 910
米 糲 918
糸 纍 925
纈 953
纐 953
纊 953
纉 953
纎 953
續 953
纏 953
纇 954
缶 罍 955
羊 羼 963
肉 臝 984
舟 艦 1009
艪 1010
艸 蘡 1057
蘧 1057
蘘 1057
蘖 1057
蘰 1058
蘩 1058
蘭 1058
蘞 1058
蘵 1058
虫 蠢 1065
蠡 1065
蠛 1074
蠣 1074
蠟 1074
血 衊 1077
衣 襯 1094
見 覽 1099
言 譴 1135
護 1135
貝 贔 1142
贒 1151
贐 1155
贓 1155
走 趯 1161
足 躋 1168
躊 1168
躍 1168
躍 1168
車 轟 1171
轞 1181
轜 1181
辛 辯 1182
酉 醺 1229
醻 1229
金 鐶 1255
鏽 1255
鐲 1256
鐫 1256
鐸 1256
鐵 1256
鐺 1256
鑁 1256
鐴 1256
鐩 1256
鐳 1256
鐻 1256
門 闥 1269
闢 1269
雨 霸 1301
霹 1301
露 1301
革 韡 1310
頁 顧 1323
顧 1323
顥 1324
顦 1324
風 飆 1327
飇 1328
飛 飜 1329
食 饐 1335
饋 1335
饑 1335
饒 1335
饌 1335
饍 1336
馬 驁 1340
驁 1340
驀 1340
驅 1346
驂 1346
驄 1346
驃 1346
騾 1346
骨 髏 1349
髟 鬘 1354
鬲 鬹 1356
鬻 1356
鬼 魔 1357
魔 1357
魑 1358
魚 鰮 1367
鰥 1367
鰭 1367
鰤 1367
鰣 1367
鰠 1367
鰟 1367
鰩 1367
鰯 1367
鰯 1367
鰰 1367
鰧 1370
鳥 鶯 1372
鷇 1373
鷀 1373
鷂 1378
鷂 1378
鶴(人) 1378
鶏 1379
鶬 1379
鶻 1379
鷁 1379
鶸 1379
鶺 1379
鷊 1379
鷃 1379
鷄 1379
鷆 1379
鷅 1379
鹿 麝 1382
黑 黯 1389
黮 1389
鼓 鼙 1392
齊 齎 1395
齒 齧 1396
齦 1397
齩 1397
齪 1397

22画

人 儼 113
儻 113
儿 兢 114
口 囊 207
囈 244
囉 244
囎 244
女 孌 310
孋 321
子 孿 327
山 巓 376
巒 377
巑 381
弓 彎 419
心 懿 464
手 攎 525
攢 526
攤 526
木 欋 644
權 644
欠 歡 649
水 灑 737
灘 737
灑 737
灘 737
火 爞 748
瓜 瓤 795
田 疊 806
疉 806
疒 癮 820
癭 820
癬 820
石 礴 860
示 禳 870
禴 870
禾 穰 883
竹 籞 910
籙 910
籟 910
籠 910
籙 910
籛 910
米 糱 913
糴 918

部首	字	頁
	轕	1180
辛	辮	1182
辵	邇	1215
	邃	1215
	邈	1215
邑	鄺	1223
酉	醫	1223
	醬	1223
	醢	1228
	醨	1228
	醪	1228
里	釐	1233
金	鎰	1252
	鎧	1252
	鎬	1252
	鎖	1252
	鎖	1252
	鎻	1252
	鎡	1253
	鎗	1253
	鎮	1253
	鎭	1253
	鎚	1253
	鎛	1253
	鎞	1253
	鎔	1253
	鎌(人)	1253
	鎌	1253
	鎹	1253
	鎺	1253
門	闕	1268
	闔	1269
	闖	1269
	闐	1269
	闘	1269
阜	隳	1270
隹	雟	1286
	雙	1287
	雚	1288
	雞	1290
	雜	1290
	雛(人)	1290
	難	1291
	雝	1291
雨	霤	1300
革	鞨	1309
	鞫	1309
	鞦	1309
	鞣	1309
	鞢	1309
	鞭	1309
	鞧	1309
韋	韞	1311
	韘	1311
頁	額	1320
	顎	1320
	顔	1320
	顏	1320
	顒	1321
	顕	1321
	顋	1321
	顓	1321
	題	1321
	類	1322
風	颸	1327
	颼	1327
	颺	1327
食	餮	1331
	饂	1334
	餲	1334
	餬	1334
	餱	1334
香	馥	1338
馬	騎	1344
	騏	1345
	験	1345
	騐	1345
	騅	1345
	騒	1345
	騘	1345
	騑	1345
	騈	1345
骨	髀	1349
髟	鬆	1354
門	鬩	1355
鬼	魍	1358
	魎	1358
	魏	1359
魚	鯊	1361
	鯇	1363
	鯁	1363
	鯀	1364
	鯋	1364
	鮹	1364
	鮾	1364
	鮸	1364
	鯆	1364
	鯉(人)	1364
	鰤	1364
	鯏	1364
	鰔	1364
	鯑	1364
	鯒	1364
	鯐	1364
鳥	鵞	1372
	鵟	1372
	鵥	1372
	鵝	1376
	鵙	1376
	鵑	1376
	鵠	1376
	鵜	1376
	鵐	1376
	鵡	1376
	鵤	1377
鹿	麌	1382
麻	麿(人)	1385
	麿	1385
黒	黠	1389
黽	鼂	1390
鼓	鼕	1392
鼠	鼪	1393
	鼫	1393
	鼦	1393
	鼬	1393
齒	齕	1396

19画

部首	字	頁
人	儵	113
厂	厴	194
口	嚮	229
	嚮	229
	嚭	229
	嚥	244
	嚬	244
土	壟	264
	壞	277
	壜	277
	壚	277
	壠	277
女	嬾	321
子	孼	327
宀	寵	350
	寶	350
广	廬	412
心	懲	463
	懷	480
	懶	480
	懶	480
手	攀	493
	攈	525
	攜	525
	攏	525
方	旜	552
日	曠	573
	曝	574
木	櫜	607
	櫞	643
	櫛	643
	櫛	643
	櫝	643
	櫑	643
	櫚	643
	櫔	643
	櫟	643
	櫓	643
欠	歠	649
歹	殲	658
水	瀛	735
	瀊	735
	瀚	735
	瀞	735
	瀋	736
	瀦	736
	瀕	736
	瀬	736
	瀨	736
	瀝	736
	瀘	736
	瀧	736
火	爍	747
	爋	747
	爊	747
	爆	747
片	牘	763
牛	犢	769
犬	獸	771
	獺	779
玉	璽	786
	瓊	794
	瓚	794
	璨	794
瓦	甖	796
田	疇	810
	疆	810
疒	癡	819
目	矇	844
石	礙	860
示	禰	870
	禱	870
禾	穩	883
	穫	883
穴	竆	889
竹	簷	908
	簳	908
	簫	908
	簽	908
	籀	909
	簸	909
	簿	909
	簿	909
	簾	909
	簶	909
米	糫	918
糸	繫	924
	繭	924
	繹	952
	繪	952
	繳	952
	繡	953
	繩	953
	繰	953
	繲	953
缶	罋	955
网	羆	958
	羃	958
	羅	958
羊	羹	962
	羸	963
	羶	963
肉	臏	996
	臓	996
	臘	996
舟	艤	1009
	艢	1009
色	艶(人)	1012
艸	藭	1054
	藕	1054
	藝	1054
	藁	1054
	藪	1054
	藤	1054
	藩	1054
	蘗	1054
	藥	1054
	藟	1055
	藜	1055
	藻	1056
	蘭(人)	1056
虫	蟹	1065
	蠁	1065
	蠆	1065
	蠃	1065
	蠏	1073
	蠍	1073
	蟻	1073
	蟾	1073
	蟶	1074
	蟷	1074
	蠎	1074
	蠅	1074
	蠊	1074
衣	襞	1087
	襦	1093
	襧	1094
	襤	1094
襾	覈	1097
	覇	1097
	覇	1097
角	觶	1105
言	䜌	1106
	警	1108
	譁	1132
	譌	1132
	譏	1132
	譎	1133
	譃	1133
	識	1133
	識	1133
	譙	1133
	證	1133
	譖	1133
	譛	1133
	譚	1133
	譚	1133
	譜	1133
豸	貘	1141
貝	贇	1151
	贋	1151
	贊	1151
	贈	1155
	贉	1155
	贉	1155
走	趫	1161
足	蹙	1162
	蹵	1162
	蹩	1162
	蹶	1168
	蹴	1168
	蹻	1168
	蹲	1168
	蹰	1168
	蹬	1168
	蹼	1168
身	軄	1170
	軅	1170
車	轎	1180
	轍	1181
	轔	1181
辛	辧	1182
	辭	1183
辵	邊	1215
	邌	1215
酉	醮	1228
	醰	1228
	醰	1228
	醱	1228
金	鏖	1238
	鏨	1238
	鏡	1253
	鏡	1253
	鏗	1254
	鏁	1254
	鏟	1254
	鏥	1254
	鏘	1254
	鏇	1254
	鏃	1254
	鏑	1254
	鏜	1254
	鏌	1254
	鏝	1254
	鏍	1254
	鏐	1254
	鏈	1255
	鏤	1255
門	關	1269
	闚	1269
阜	隴	1285
隹	難	1291
	離	1291
雨	霪	1300
	霦	1300
	霫	1300
	霧	1300
非	靡	1305
革	鞳	1309
	鞲	1309
	鞱	1309
	鞴	1309
韋	韞	1311
	韝	1311
	韜	1311
	韛	1311
韭	韲	1312
	韲	1312
音	韻	1313
	韻	1313
頁	願	1322
	顗	1323
	顖	1323
	顙	1323
	顚	1323
	顛	1323
	類	1323
風	颼	1327
	飄	1327
食	饂	1334
	餽	1334
	餼	1335
	餻	1335
	䭔	1335
	餺	1335
	餾	1335
馬	騖	1340
	騎	1345
	驄	1346
	騨	1346
	騙	1346
骨	髄	1349
髟	鬍	1354
	鬅	1354
	鬐	1354
魚	鯗	1361
	鯣	1364
	鯨	1364
	鯢	1365
	鯝	1365
	鯤	1365
	鯔	1365
	鯧	1365
	鯖	1365
	鯖	1365
	鯫	1365
	鯵	1365
	鯘	1365
	鯛(人)	1365
	鯛	1365
	鯰	1365
	鯡	1365
	鮒	1365
	鯥	1365
	鯪	1365
	鯱	1365
	鯳	1365
	鯲	1366
	𩸽	1366
鳥	鶸	1377
	鵷	1377
	鶏	1377
	鶊	1377
	鶄	1377
	鶓	1377
	鶉	1377
	鶘	1378
	鵰	1378
	鶇	1378
	鶫	1378
	鵬(人)	1378
	鵬	1378
	鵺	1378
	鶍	1378
鹵	鹼	1381
鹿	麕	1382
	麑	1382
	麗	1382
	麓	1383
	麒	1383
麥	麴	1384
黹	黼	1389
黽	鼃	1390
	鼅	1390
鼓	鼗	1392
鼻	齁	1393
齒	齗	1396
龍	龐	1399

20画

部首	字	頁
儿	競	114
力	勸	172
口	嚴	210
	嚳	229
	嚶	244
土	壤	277
	壢	277
女	孁	310
	孃	321
	孅	321
	孀	321

蘊 1049
薗 1049
薤 1049
薈 1049
薑 1050
薊 1050
薨 1050
蕺 1050
蕭 1050
薔 1050
薪 1051
薛 1051
薦 1051
薙 1051
薄 1051
薇 1052
薜 1052
蕷 1052
蕾 1052
薐 1052
蕗 1052
薃 1053
薩 1053
虍 虧 1061
虫 螫 1065
螽 1065
螯 1065
蟄 1065
蟇 1065
蟁 1065
蟊 1065
螾 1072
蟋 1072
螓 1072
螬 1072
螭 1072
螳 1072
蟆 1072
螺 1072
螻 1072
蟎 1072
蟐 1072
衣 襄 1084
褻 1085
襃 1085
襖 1093
襍 1093
襌 1093
襒 1093
見 覧 1099
覬 1101
覯 1101
角 觳 1105
言 謇 1107
謌 1130
謹 1130
謙 1130
謙 1130
講 1130
講 1130
謊 1131
謚 1131
謝 1131
謖 1131
謟 1131
謐 1131
謗 1131
謎 1132
謡 1132
謄 1136
謄 1136
谷 谿 1136
豁 1136
豀 1136
豸 貔 1141
貝 賽 1151
購 1155
購 1155
賺 1155
賻 1155
賾 1156
賸 1156
走 趨 1160
足 蹇 1162
蹊 1167
蹉 1167
蹐 1167
蹌 1167
蹏 1167
蹈 1167
蹋 1167
蹡 1167
車 輿 1172
轅 1180
轄 1180
轄 1180
轂 1180
輾 1180
辵 邂 1214
還 1214
遽 1214
邅 1214
避 1214
邉 1215
邁 1215
邀 1215
酉 醤 1223
醞 1227
醢 1227
醜 1227
金 鍳 1238
鍪 1238
鍫 1238
鍋 1251
鍜 1251
鍔 1251
鍰 1251
鍵 1251
鍠 1251
鎡 1251
鍬 1251
鍾 1251
鍼 1251
鍤 1252
鍛 1252
鍮 1252
鍖 1252
鎚 1252
鍍 1252
錨 1252
鍑 1252
鍱 1252
鍊 1252
門 闇 1268
闌 1268
闉 1268
闊 1268
闃 1268
闋 1268
闍 1268
闌 1268
阜 隱 1284
隰 1284
隮 1284
隲 1284
隯 1284
隶 隸 1285
隹 雖 1290
雨 霙 1299
霞(人) 1299
霜 1299
霝 1300
革 鞟 1309
鞠(人) 1309
鞚 1309
鞜 1309
鞞 1309
韋 韓 1311
韭 韱 1312
頁 顆 1320
顇 1320
頻 1320
風 颶 1326
食 餡 1333
餧 1334
館 1334
餚 1334
餛 1334
餉 1334
餝 1334
餞 1334
餤 1334
餠 1334
餢 1334
首 馘 1337
馬 駻 1344
駸 1344
駿(人) 1344
騃 1344
騂 1344
騁 1344
騌 1344
駢 1344
骨 骾 1349
髟 鬂 1354
魚 鮆 1361
鮝 1361
鮟 1362
鮠 1362
鮪 1362
鮧 1362
鮑 1362
鮭 1363
鮬 1363
鮫 1363
鮨 1363
鮅 1363
鮞 1363
鮮 1363
鮱 1363
鮲 1363
鮢 1363
鳥 鵆 1370
鴝 1375
鵂 1375
鴻(人) 1375
鴳 1376
鴴 1376
鴿 1376
鴶 1376
鵄 1376
鴾 1376
鵃 1376
鵈 1376
鹿 麋 1382
麥 麯 1384
黍 黏 1387
黒 黛 1388
黜 1388
點 1389
黝 1389
黹 黻 1389
黽 黿 1390
鼻 鼾 1393
鼽 1393
齊 齋 1394
齒 齔 1396
齢 1396
龠 龠 1400

18画

人 儁 113
儲 113
又 叢 199
口 嚚 207
嚢 207
嚙 244
嚏 244
嚠 244
土 壘 264
壙 277
壚 277
尸 屩 371
巾 幭 395
彑 彝 425
心 懲 463
懟 463
懣 463
懴 479
懐 479
戈 戴 483
戳 485
手 擘 493
擴 524
攅 524
擾 525
擶 525
擻 525
擲 525
擿 525
擺 525
擽 525
支 斃 528
斤 斷 547
方 旛 552
日 曛 573
曙 573
曚 573
曜 573
曜 573
月 朦 584
木 檻 642
櫃 643
檫 643
櫂 643
檮 643
檸 643
檳 643
檟 643
檬 643
檯 643
櫛 643
止 歸 654
歹 殯 658
水 瀉 734
瀋 734
濺 734
瀦 735
瀆 735
瀑 735
瀍 735
瀁 735
濫 735
瀏 735
濾 735
火 燹 741
爀 747
燻 747
燼 747
燿(人) 747
燿 747
燾 759
爪 爵 759
犬 獵 779
玉 璧 786
璿 794
瓦 甕 795
甓 796
疒 癜 819
癖 819
癒 819
癒 819
癕 819
癘 819
白 皦 828
皿 盬 833
目 瞿 837
瞽 840
瞹 844
瞼 844
瞬 844
瞻 844
石 礐 853
礇 860
礒 860
礎 860
礑 860
礌 860
示 禮 870
禾 穢 883
穭 883
穫 883
穫(人) 883
穠 883
穡 883
穴 竅 889
竄 889
竹 簡 907
簡 907
簀 908
簧 908
簨 908
簪 908
簟 908
簞 908
簞 908
簠 908
簱 908
米 糧 918
糸 繭 924
繧 952
繝 952
繖 952
繞 952
織 952
織 952
繕 952
繪 952
繙 952
繚 952
缶 罇 955
网 羂 958
羊 羴 960
羽 翼 966
翹 967
翱 968
翻 968
翻 968
耳 聶 974
聵 978
職 978
職 978
肉 臑 996
臀 996
臍 996
臏 996
臣 臨 999
臼 舊 1004
舟 艟 1009
艚 1009
艸 薰 1053
藁 1053
薩 1053
藉 1053
薷 1053
薯 1053
藋 1053
藎 1053
薺 1053
藏 1053
薹 1053
藐 1053
藕 1054
蕹 1054
藍 1054
藷 1054
藤(人) 1054
藩 1054
藍(人) 1054
虍 虩 1061
虫 蟲 1062
蟴 1065
蟣 1072
蟯 1072
蟪 1073
蟖 1073
蟭 1073
蟬 1073
蟺 1073
蟠 1073
蟛 1073
蟒 1073
蟟 1073
衣 襖 1093
襟 1093
襠 1093
襾 覆 1096
覆 1096
見 観 1101
覲 1102
覷 1102
角 觴 1105
言 謦 1107
謷 1107
謳 1132
謹 1132
謪 1132
謫 1132
謬 1132
謬 1132
謨 1132
謾 1132
豆 豐 1138
豸 貘 1141
貝 贄 1151
贅 1151
贈 1155
賾 1156
足 蹔 1162
蹙 1162
蹝 1167
蹤 1167
蹠 1167
蹟 1167
蹢 1167
蹕 1167
蹣 1168
身 軀 1170
車 轉 1180
轆 1180

諮 1128
諟 1128
諸 1128
諶 1128
諾 1128
諜 1128
諦 1129
諵 1129
諷 1129
諞 1129
謀 1129
謎 1129
諭 1129
諭 1129
諛 1129
謡 1129
豕 豬 1140
豫 1140
豸 貓 1141
貓 1141
貝 賢 1150
賭 1154
賴 1156
赤 赭 1157
赬 1157
頳 1157
走 趦 1160
足 踽 1166
蹂 1166
踵 1166
蹄 1166
蹁 1166
踰 1166
踴 1167
身 躾 1170
車 輜 1179
輯 1179
輳 1179
輭 1179
輻 1179
輹 1180
輸 1180
輸 1180
輶 1180
辛 辦 1182
辨 1182
辧 1182
辥 1183
辵 遺 1211
遻 1213
遵 1213
遶 1213
選 1213
遷 1213
遲 1214
遼 1214
還 1214
避 1214
邑 鄴 1223
酉 醞 1227
醎 1227
醐 1227
醒 1227
醍 1227
醗 1227
金 錏 1248
鋺 1248
錧 1248
錡 1248
鋸 1248
錦(人) 1248
錮 1248
鋼 1249
錯 1249
錙 1249
錫 1249
錞 1249
錠 1249
錐 1249
錘 1250
錆 1250
錆 1250
錢 1250
錚 1250
錣 1250
錻 1250
錑 1250
錬 1250
録 1250
錄 1250
錺 1251
錵 1251
錝 1251
門 閼 1267
閾 1267
閣 1267
閹 1267
閽 1267
閶 1268
閻 1268
阜 陜 1284
險 1284
隧 1284
隨 1284
隣 1284
隶 隷 1285
隹 雋 1285
雖 1290
雕 1290
雨 霍 1299
霓 1299
霎 1299
霑 1299
霏 1299
霖 1299
青 靜 1304
靛 1304
面 靦 1306
靧 1306
革 鞖 1308
鞘 1308
鞘 1308
鞔 1308
韋 韒 1310
頁 頤 1318
頤 1318
頷 1318
頰 1318
頸 1318
頹 1318
頽 1318
頭 1319
頻 1319
頼 1319
風 颱 1326
食 餐 1330
餓 1333
餗 1333
餒 1333
餔 1333
餘 1333
館 1334
馬 駭 1343
駮 1343
駢 1344
駱 1344
駲 1344
骨 骸 1349
骼 1349
髟 髹 1353
髷 1353
髻 1353
髭 1354
鬥 鬨 1355
鬲 鬳 1356
鬳 1356
翮 1356
翮 1356
魚 鮓 1362
鮇 1362
鮏 1362
鮐 1362
鮎(人) 1362
鮊 1362
鮒 1362
鮄 1362
鮃 1362
鮑 1362
鮖 1362
鮗 1362
鳥 鴛 1371
鴦 1372
鴬 1372
鴃 1373
鴕 1373
鴆 1374
鴨 1374
鴞 1375
鴣 1375
鴟 1375
鴝 1375
鴒 1375
鴫 1375
鹿 麇 1382
麈 1382
麥 麩 1384
麭 1384
麺 1384
黒 黛(人) 1388
黔 1388
默 1388
齒 齔 1396
龍 龍 1397
龜 龜 1399

17画

人 償 112
儲 112
優 112
儡 113
八 冀 130
力 勵 172
匚 匱 178
口 嚇 243
嚆 244
嚅 244
嚏 244
嚀 244
嚊 244
土 壓 264
壑 264
壍 264
壗 277
壎 277
壕 277
壔 277
壚 277
女 嬲 307
嬰 309
嬬 321
嬥 321
嬪 321
嬶 321
子 孺 329
尸 屨 371
山 嶽 376
嶷 376
嶺(人) 376
嶸 380
嶹 381
巾 幫 392
幪 395
弓 彌 424
彳 徽 441
心 應 463
懃 463
懇 463
懋 463
懦 479
懥 479
戈 戲 485
手 擧 493
擎 493
擊 493
擘 493
擱 523
擬 524
擤 524
擦 524
擠 524
擡 524
擽 524
擢 524
擢 524
擣 524
擯 524
攴 厳 528
斀 538
斂 538
斤 斵 547
日 曖 573
曦 573
曙(人) 573
木 檃 607
檠 607
檗 607
檐 641
檟 641
檞 641
檜 641
檥 642
檑 642
檯 642
檄 642
檎 642
檢 642
櫛 642
檝 642
檣 642
檀(人) 642
檉 642
檔 642
檘 642
檍 642
檪 642
欠 歛 649
歟 649
歹 殭 658
殮 658
比 毚 664
毛 氊 666
氈 666
水 濶 733
濠 733
濟 733
濕 733
濡 733
澀 733
濬 734
濳 734
濯 734
濯 734
濔 734
濤 734
濘 734
濱 734
濵 734
濮 734
濛 734
火 營 739
燮 739
燮 739
燠 747
燬 747
燦(人) 747
燭 747
燧 747
燥 747
燵 747
爪 爵 759
爿 牆 762
牛 犠 769
犬 獲 779
獯 779
獰 779
獱 779
獮 779
玉 環 793
環 793
璫 794
璵 794
瓦 甑 797
疒 癒 818
癇 818
癎 818
癌 818
癉 818
癈 819
癀 819
癃 819
瘂 819
療 819
癆 819
白 皥 828
皿 盪 833
目 瞥 840
瞥 840
瞰 844
瞯 844
瞶 844
瞬 844
矚 844
瞳(人) 844
瞳 844
瞭(人) 844
矢 矯 850
矰 850
石 磵 859
磯(人) 859
磲 859
磽 859
磺 860
礁 860
磴 860
磷 860
示 禧 870
禩 870
禪 870
禾 穗 883
穉 883
穴 竄 889
窿 889
竹 篶 906
簋 906
篔 906
簑 906
簎 906
簀 906
簒 906
簁 906
篠 906
簇 907
篴 907
篳 907
篷 907
簍 907
簏 907
簓 907
簗 907
米 糞 912
糜 913
糠 918
糝 918
糟 918
糙 918
糢 918
糸 繋 924
縶 924
繁 924
縻 924
縰 950
繍 950
縱 950
縮 950
縅 950
縧 950
績 950
繊 950
總 951
繆 951
縹 951
繃 951
縫 951
縵 951
縷 951
縲 951
縺 951
繇 954
缶 罄 955
罇 955
网 罻 958
羽 翼 966
翳 966
耳 聱 976
聳 976
聲 976
聰 977
聴 977
聯 978
肉 [illegible] 981
臀 984
臂 984
膺 984
臆 995
膾 995
膸 995
臊 995
膻 996
膽 996
膿 996
臃 996
臉 996
臈 996
臼 舉 1005
舟 艚 1009
艜 1009
艢 1009
艮 艱 1011
艸 薏 1049
薁 1049

頤 1318
頬 1318
頡 1318
頫 1318
食 餈 1330
養 1330
養 1330
餃 1333
餌 1333
餉 1333
餁 1333
餅 1333
餓 1333
馬 駕 1340
駑 1340
駒○ 1343
駈 1343
駟 1343
駛 1343
駝 1343
駞 1343
駘 1343
駐 1343
駐 1343
駓 1343
駙 1343
骨 骫 1349
髟 髯 1353
髫 1353
髪 1353
髮 1353
髴 1353
髱 1353
門 鬧 1355
鬼 魃 1358
魅 1358
魄 1359
魚 魯 1360
鮝 1361
魬 1361
魦 1361
魳 1361
魣 1361
魬 1361
魴 1361
魲 1361
魹 1361
鮓 1362
鳥 鴈 1371
鴃 1373
鴉 1374
鴎 1374
鴇 1374
鴆 1374
鴇 1374
鹿 麃 1382
麦 麨 1384
麩 1384
麪 1384
麹 1384
麻 麾 1385
黍 黎○ 1387
鼎 鼐 1391
歯 齒 1395
亀 龜 1399

16画

人 儞 111
儒 111
儘 111
儕 111
儔 112
儐 112
儛 112
儚 112
儖 112
冖 冪 137
冫 凝 141
刀 劒 151
劔 151
劓 163
劑 163
力 勳 172
又 叡○ 202
口 噩 207
器 207
噯 243
噫 243
噦 243
噲 243
噶 243
噱 243
噤 243
噞 243
嘴 243
嘯 243
噬 243
噪 243
噸 243
噴 243
噺 243
口 圜 255
土 墾 264
壁 264
壄 264
壅 264
墺 276
壊 276
墻 276
壌 276
壇 277
壔 277
墳 277
壈 277
大 奮 299
女 嬴 309
嬖 309
嬢 320
嬬 321
子 學 327
宀 寰 349
寸 導 353
山 嶧 380
嶬 380
嶮 380
嶼 380
广 廨 412
廩 412
廪 412
弓 彊 424
彇 424
彑 彝 424
彳 徼 440
徹 440
心 憙 462
憖 462
憗 462
憩 462
憲 462
憲 462
憊 462
憑 462
懌 478
懊 478
憶 478
憶 478
懐 479
懈 479
憾 479
懆 479
懀 479
憤 479
懍 479
懔 479
戈 戯 485
戰 485
手 擊 493
撼 522
擐 522
據 522
擒 522
擕 522
撿 522
擌 523
擅 523
操 523
擇 523
撻 523
擔 523
擗 523
擁 523
擂 523
支 整 527
方 旛 552
日 曇 561
曁 565
曁 565
瞥 565
曆 565
曉 573
曈 573
暾 573
曄 573
暸 573
暹 575
日 曁 581
木 檠 598
檗 606
檠 607
槖 607
橒 638
樾 638
横 638
樺 638
橄 638
機 639
橘○ 639
橋 639
橛 640
橇 640
樹 640
樵 640
橡 640
樴 640
橇 640
橧 640
樽 640
橢 641
橙 641
橦 641
橾 641
樸 641
橈 641
橅 641
樸 641
樣 641
橑 641
橉 641
榻 641
橲 641
橳 641
欠 歙 649
歔 649
止 歷 653
歹 殪 658
殫 658
毛 氅 665
水 澳 732
澮 732
澥 732
激 732
澠 732
澡 732
澤 732
濁 732
澹 732
澱 733
濃 733
澬 733
澪○ 733
濂 733
濊 733
火 燙 741
熾 746
燋 746
燒 746
燂 746
燀 746
燈 746
燉 746
燃 746
燔 746
燁 746
燗 746
燜 746
燎○ 746
燐 747
燄 748
燕 758
熹 758
犬 獘 770
獣 771
獪 778
獲 778
獨 779
獫 779
獨 779
獩 779
玉 璣 793
璜 793
璞 793
璢 793
瓜 瓢 795
瓦 甍 795
甌 796
甎 797
甑 797
田 疂 806
疒 瘴 818
瘭 818
瘰 818
瘻 818
白 皞 828
皮 皻 829
皿 盥 833
盧 833
目 瞢 840
瞶 844
瞠 844
瞙 844
瞟 844
瞞 844
石 磬 853
磨 853
磨 853
磧 859
磚 859
磠 859
示 禦 862
穎 870
禾 穎 882
穏 882
穅 882
穇 882
穐 882
積 882
穆 883
穴 窺 889
窶 889
窼 889
窻 889
竹 篝 905
篙 905
簑 905
篡 905
篩 905
篪 905
築 905
築 905
篤 906
篤 906
篦 906
篥 906
篭 906
篗 906
米 糗 917
糕 917
糓 917
糅 917
糒 917
糖 917
糖 917
糒 918
糘 918
糸 縈 923
繁 923
緯 948
縊 948
縕 948
縑 949
縞 949
縠 949
縡 949
縒 949
縦 949
縟 949
縉 949
緻 949
縋 950
縛 950
縛 950
縫 950
縨 950
縣 954
縢 954
网 罹 958
羊 羲 962
羲 962
羽 翮 967
翰 967
翰 967
耒 耨 973
肉 膩 995
膲 995
膵 995
膳 995
膰 995
膨 995
至 臻 1003
臼 舉 1004
興 1004
舌 舘 1006
舟 艙 1009
艘 1009
艸 蕓 1047
蕰 1047
蕐 1047
蕚 1047
蕎 1047
蕀 1047
蕙 1047
蕨 1047
蕞 1047
蕣 1047
蕉 1047
蕘 1047
蕈 1048
蕁 1048
蕊 1048
蕋 1048
蕤 1048
蕝 1048
蕩 1048
蕃 1049
蕪 1049
蔽 1049
蕕 1049
薫 1050
薯 1050
薪 1051
薦 1051
薮 1051
薄 1051
薬 1052
蕗○ 1052
虫 螘 1064
螢 1064
螽 1065
螠 1071
螘 1071
螈 1071
螓 1071
螟 1071
螂 1072
螣 1075
融 1075
融 1075
行 衛 1080
衞 1080
衡 1080
衟 1081
衣 褰 1084
褭 1084
褧 1087
褰 1087
褫 1093
褦 1093
褶 1093
褸 1093
褾 1093
褸 1093
褌 1093
見 親 1100
覩 1101
覦 1101
言 諳 1127
謂 1127
謁 1127
諧 1127
諤 1127
諫 1127
諱 1128
諠 1128
諠 1128
諼 1128
諺 1128
諺 1128
諢 1128
謚 1128
諮 1128

総画索引

瞙 573
暤 573
暱 573
木 樊 598
槩 606
㮣 606
樂 606
槧 606
構 635
横 635
槶 636
概 636
槪 636
槨 636
樌 636
橞 636
槻(人) 636
樛 636
槁 636
槿 636
権 636
槹 637
槲 637
樝 637
槭 637
樟 637
樅 637
槮 637
樞 637
槽 637
樔 637
樬 637
槫 637
樗 638
樋 638
樘 638
標 638
模 638
樒 638
樢 638
樣 638
樏 638
樓 638
樫 638
欠 歐 648
歓 648
歔 649
歎 649
歒 649
歹 殤 658
殳 毆 661
毅(人) 661
毛 氂 665
毿 666
水 漿 674
潁 674
滕 675
潰 728
澗 729
澗 729
潙 729
潝 729
澆 729
潔 729
潔 729
潢 729
潸 729
澌 729
澍 729
澁 729
潤 729
潯 730
潟 730
潺 730
潜 730
潛 730
潭 730
潭 730
潴 731
澄 731
澂 731
潮 731
潮 731
澈 731
潼 731
潑 731
潘 731
澎 731
澑 731
潦 731
澇 731
火 熨 741
燹 741
熯 746
熛 746
熢 746
熮 746
勲 756
熬 756
熟 757
熱 757
黙 758
片 牕 763
牖 763
牅 763
牛 犛 766
犬 獒 770
獎 770
獋 778
獗 778
獞 778
獠 778
玉 瑩 786
璆 793
瑾 793
璋 793
璇 793
璁 793
璅 793
璃(人) 793
璉 793
瓦 甍 795
田 畾 802
畿 808
疋 疐 811
疒 瘝 817
瘞 817
瘟 817
瘠 817
瘡 817
瘦 818
瘙 818
瘢 818
瘤 818
白 皚 828
皜 828
皞 828
皮 皺 829
皿 監 832
盤 832
目 瞎 843
瞋 843
瞑 843
瞖 846
石 磊 852
磐 852
磤 858
磈 858
磑 858
確 858
磆 859
磋 859
磁 859
磔 859
碾 859
碼 859
磅 859
示 禝 870
禾 稾 873
稼 881
稽 881
稿 881
穀 881
稷 881
稹 881
穂 881
稺 881
稲 881
穆 882
穃 882
穴 窮 888
窳 889
窯 889
窰 889
竹 篋 904
篪 904
篁 904
篊 904
篌 904
箴 904
節 904
節 904
篅 904
箭 904
箱 904
箪 904
箸 904
篆 905
範 905
篇 905
箯 905
米 糊 917
糅 917
糈 917
糂 917
糉 917
糄 917
糎 917
糸 緊 923
緯 945
縁 945
緣 945
縕 946
緩 946
緩 946
緘 946
緇 946
緝 946
緒 946
緗 946
縄 946
緤 947
線 947
緫 947
緞 947
緻 947
締 947
締 947
緲 947
緡 947
編 947
編 947
緛 948
緬 948
練 948
縅 948
縣 954
网 罵 958
罸 958
罷 958
羊 羮 962
羯 963
羽 翥 966
翦 966
翫 967
翫 967
翩 967
耒 耦 973
耳 聯 977
肉 膚 984
膕 994
膠 994
膝 994
膣 995
膓 995
膘 995
膜 995
膌 995
舌 舗 1006
舛 舞 1006
舟 艒 1009
艸 蔭 1044
蔚 1044
蓲 1044
蓳 1044
蔫 1045
蓺 1045
蔲 1045
蔡 1045
蓰 1045
蓿 1045
蕁 1045
蔗 1045
蔣 1045
蓼 1045
蔬 1045
蔥 1045
蔟 1045
蔦 1045
蔯 1045
蔕 1045
蓪 1046
蓽 1046
蔔 1046
蔑 1046
蓬 1046
蔀 1046
蔴 1046
蔓 1046
蔤 1047
蔾 1047
蔘 1047
蔆 1047
蓮 1047
蔞 1047
蕉(人) 1047
蔵 1048
蔽 1049
虍 虢 1061
虫 蝨 1064
蝥 1064
蝱 1064
蝟 1070
蝘 1070
蝌 1070
蝦 1070
蝸 1071
蝎 1071
蝴 1071
蝗 1071
蝤 1071
蝉 1071
蝶(人) 1071
蝪 1071
蝮 1071
蝠 1071
蝙 1071
蝓 1071
蝣 1071
蝿 1071
蝲 1071
蝕 1075
行 衝 1080
衟 1080
衣 褏 1084
褒 1084
褞 1092
褌 1092
褥 1092
褪 1092
褫 1092
褡 1092
言 誾 1107
諉 1122
謁 1122
課 1123
諌 1123
誼(人) 1123
諏 1123
諄(人) 1123
諸 1123
誰 1124
請 1124
請 1124
諍 1124
諾 1124
誕 1124
談 1125
調 1125
調 1125
諂 1126
誹 1126
諒(人) 1126
論 1126
諚 1127
豆 豎 1138
豌 1138
豸 貌 1141
貝 賣 1148
賡 1148
賛 1148
質 1149
賞 1149
賣 1149
賓 1149
賚 1150
賜 1153
賙 1154
賤 1154
賭 1154
賠 1154
賦 1154
走 趣 1160
足 踠 1165
踝 1165
踞 1165
踧 1166
踪 1166
踐 1166
踔 1166
踟 1166
踏 1166
踣 1166
身 躶 1170
躻 1170
車 輩 1173
輦 1174
輅 1178
輜 1178
輙 1178
輟 1178
輞 1179
輛 1179
輘 1179
輪 1179
輝 1181
辛 辤 1183
辵 遨 1210
遮 1210
遭 1210
適 1210
遯 1211
遺 1211
遵 1213
選 1213
遷 1213
遼(人) 1214
邑 鄯 1222
鄲 1222
鄭 1222
鄭 1222
鄧 1223
鄱 1223
鄰 1223
酉 醃 1227
醋 1227
醇(人) 1227
醉 1227
醅 1227
醂 1227
金 鋈 1238
鋭 1246
銳 1246
鋏 1247
鋙 1247
鋘 1247
鋜 1247
銹 1247
鋤 1247
銷 1247
鋟 1247
鋳 1247
鋌 1247
鋂 1247
鋲 1247
鋪 1248
鋒 1248
鋩 1248
門 閲 1267
閱 1267
閫 1267
閭 1267
阜 隤 1284
隣 1284
雨 霄 1297
震 1297
霆 1298
霈 1298
霊 1298
青 靚 1304
非 靠 1305
革 鞪 1307
鞏 1307
鞋 1308
鞍 1308
鞉 1308
靽 1308
鞑 1308
韭 韱 1312
頁 頞 1318

総画索引

緋(人) 943
絣 943
綳 943
綿 943
網 944
網 944
綾(人) 944
緑 944
綠 944
綸(人) 944
緂 945
練 945
綰 945
綮 945
缶 缾 955
网 署 958
罰 958
羽 翠(人) 965
翆 965
翟 965
翥 966
翡 966
耒 耤 973
耳 聚 975
聟 975
聞 975
聝 977
聡(人) 977
聢 977
聿 肇(人) 979
肈 979
肇 979
肉 腐 981
膏 984
膂 984
膃 994
膈 994
膈 994
膁 994
膝 994
腿 994
膊 994
膀 994
膜 994
臣 臧 998
至 臺 1002
舌 舓 1006
舛 舞 1006
舟 艋 1009
艸 蓊 1040
蓟 1040
蓋 1040
蒹 1041
蒿 1041
蔵 1041
蒟 1041
蓑 1041
蓙 1041
蒴 1041
蒜 1041
蓍 1041
蒔 1041
蒺 1041
蒻 1041
蒐 1041
蓚 1042
蒸 1042
蓐 1042
蓁 1042
蒻 1042
蓆 1042
蒼 1042
蓄 1043
蓖 1043
蒲 1043
蒡 1043
蓂 1043
蒙 1043
蓉 1044
蓏 1044
蒞 1044
蓜 1044
蔦(人) 1045
虫 蜚 1064
蜜 1064
蜴 1069
蜿 1069
蜾 1069
蜞 1069
蜺 1069
蜷 1069
蜡 1070
蜻 1070
蜽 1070
蜥 1070
蜘 1070
蜩 1070
蜨 1070
蜱 1070
蜂 1070
蜢 1070
蜵 1070
蜮 1070
蝸 1070
蠅 1070
蝕 1075
衣 裹 1084
裳 1087
製 1087
裴 1087
褞 1091
褐 1091
褌 1091
禅 1092
褚 1092
褙 1092
複 1092
褊 1092
褓 1092
見 覡 1100
角 觫 1105
言 誓 1107
誨 1119
誡 1119
誒 1119
誼 1119
誑 1119
語 1119
誤 1120
誤 1120
誥 1120
誌 1120
誦 1120
誚 1121
誠 1121
説 1121
說 1121
誕 1121
読 1121
認 1122
認 1122
誣 1122
誘 1122
豕 豪 1139
豨 1140
豸 貌 1141
貍 1141
貝 賓 1148
賔 1148
賖 1153
賒 1153
賑 1153
赤 赫 1157
走 趙 1160
足 踊 1165
踈 1165
踀 1165
踊 1165
踉 1165
身 躳 1170
躴 1170
車 輕 1178
輒 1178
輓 1178
輔(人) 1178
輀 1178
辛 辣 1182
辡 1183
辵 遠 1208
遣 1209
遘 1210
遡 1210
遜 1210
遞 1210
遝 1210
遙 1210
遮 1210
遭 1210
適 1210
邑 鄠 1222
鄢 1222
鄙 1222
酉 酳 1226
酵 1226
酷 1226
酷 1226
酸 1226
酲 1226
酴 1226
酺 1226
金 銜 1238
銀 1244
鉸 1245
銖 1245
銃 1245
銭 1245
銑 1245
銓 1245
銛 1245
銚 1246
銕 1246
銅 1246
銔 1246
銘 1246
鈾 1246
門 閿 1265
閣 1265
関 1265
閨 1266
閤 1266
閧 1266
閦 1266
閥 1266
閩 1266
阜 隠 1283
隙 1283
際 1283
障 1284
障 1284
隹 雑 1289
雌 1290
雒 1290
雨 需 1297
青 静 1303
面 靤 1306
革 鞅 1307
靼 1308
鞀 1308
靬 1308
鞁 1308
鞙 1308
鞄 1308
鞄 1308
靺 1308
鞆 1308
韋 韎 1310
音 韶 1313
頁 頚 1317
頗 1317
領 1317
風 颱 1326
颯(人) 1327
食 飴 1332
飼 1332
飪 1332
飾 1332
飽 1333
餌 1333
餅 1333
馬 駅 1342
駆 1342
駄 1342
駁 1342
駮 1342
駈 1342
骨 骰 1349
髟 髤 1352
髥 1352
髣 1353
髪 1353
髯 1353
髦 1353
髦 1353
鬼 魁 1357
魁(人) 1358
魂 1358
鳥 鳶 1371
鳳(人) 1371
鳰 1374
鳴 1374
麻 麼 1385
麽 1385
鼓 鼓 1391
鼻 鼻 1393
鼻 1393
齊 齊 1394

15画

人 舗 68
億 110
億 110
價 110
儈 110
儀 110
僵 110
儆 111
儉 111
儁 111
儃 111
儋 111
儂 111
儸 111
僻 111
冫 凜(人) 140
凛 140
刀 劈 149
劇 162
劍 162
劒 162
劉 162
力 勰 166
匸 匳 178
厂 厲 194
口 器 206
噐 206
噎 241
嘩 241
嘻 241
嘰 242
噏 242
嘘 242
噛 242
嘸 242
嘱 242
嘶 242
噌 242
噂 242
噂 242
嘽 242
噉 242
嘲 242
嘸 242
噴 242
嘿 243
嘹 243
土 墮 264
墥 264
墜 264
墜 264
墪 264
墨 264
墭 264
墟 276
墝 276
增 276
墱 276
墻 276
墀 276
墩 276
墳 276
墹 276
女 嫺 320
嫺 320
嫻 320
嬉(人) 320
嬌 320
嬈 320
嬋 320
宀 寛 349
寫 349
審 349
寮 349
寸 導 353
尸 層 370
履 370
山 嶐 376
嶢 380
嶝 380
巛 巤 382
巾 幣 392
幣 392
幤 392
幫 392
幟 394
幟 394
幢 394
幡 395
幞 395
广 廣 411
廝 411
廠 411
廠 411
廚 411
廛 411
廢 411
廟 411
廡 411
廾 弊 416
弊 416
弋 弑 417
弓 彈 424
彡 影 428
彳 徵 440
徹 440
德 440
心 慶 444
憂 444
慰 461
慧(人) 461
慧 461
憇 461
慙 461
慫 461
慼 461
憃 462
慝 462
憑 462
慕 462
慾 462
慮 462
慕 464
憍 477
憬 477
憔 477
憎 478
憚 478
憧(人) 478
憧 478
憫 478
憮 478
憤 478
憐 478
戈 戯 485
戮 485
戮 485
手 撃 492
摯 492
摹 492
摩 492
摩 492
撹 520
撮 520
撒 521
撕 521
撰 521
撰 521
撤 521
撈 521
撑 521
撞 521
撓 521
撚 521
播 521
撥 521
撫 522
撳 522
撲 522
撩 522
撈 522
攴 敻 527
敺 527
數 537
敵 537
敵 537
敷 538
敷 538
斤 斲 547
日 暴 561
暫 565
暮 565

総画索引

革 靮 1307
靴 1307
靴 1307
靹 1307
韭 韮 1312
音 韵 1313
韴 1313
頁 頑 1316
頊 1316
頏 1316
頌(人) 1316
頓 1316
頒 1317
預 1317
食 飲 1331
飭 1332
飩 1332
飪 1332
飯 1332
飫 1332
飴 1332
飼 1332
飾 1332
飽 1333
飱 1336
馬 馯 1341
馴 1341
馱 1341
馳 1341
骨 骭 1349
髟 髡 1352
髢 1352
鬼 鬽 1357
魚 魛 1361
魞 1361
鳥 鳧 1370
鳫 1371
鳩(人) 1373
鳰 1373
鳱 1374
鹿 麀 1382
黽 黽 1390
鼎 鼎 1390
鼓 鼓 1391
鼓 1392
鼠 鼠 1392

14画

人 僧 109
僖 109
僞 109
僑 109
僥 109
僱 109
僘 109
僭 109
僣 109
僊 109
僧 109
像 109
僮 109
僕 109
僚 110
儿 兢 114
冖 冩 137
冫 凘 140
几 凴 142
刀 劃 162
劂 162
劄 162
匚 匱 178
厂 厭 194
厮 194
厰 194
厨 194
口 嘗 210
嘉(人) 229
嘔 241
嘊 241
嘐 241
嗷 241
嘖 241
嘈 241
嗾 241
嗽 241
噌 241
嘆 241
嘛 241
嗹 241
囗 團 255
圖 255
圗 255
土 塹 262
塾 262
墅 262
塵 262
墊 263
墓 263
墨 263
境 275
境 275
塹 275
塲 275
塼 275
増 275
塀 275
墁 275
墒 275
墉 276
塿 276
士 壽 280
壽 280
夂 夐 282
夕 夤 285
夢 285
夥 287
大 奪 299
奩 299
奬 305
女 嫠 309
嫣 319
嫗 319
嫦 319
嫡 319
嫡 319
嫩 320
嫩 320
嫖 320
嫚 320
子 孵 329
宀 寡 347
寠 348
寤 348
寨 348
察 348
實 348
寢 348
寧 348
寧 348
寘 349
寥 349
寸 對 357
尸 屣 370
層 370
屢 370
山 嶄 376
嶌 376
㠀 377
嶇 380
嶃 380
嶂 380
嶋 380
巾 幕 392
幗 394
幘 394
幓 394
幙 394
幔 394
幺 幾 402
广 廓 410
廏 411
廄 411
廐 411
廐 411
廖 411
弓 彆 424
彡 彰 428
彰 428
彳 徴 439
徳 440
心 慁 460
慇 460
愨 461
愿 461
慈 461
愬 461
態 461
慂 461
慕 464
慨 476
慨 476
慣 476
慳 476
慊 476
慠 476
慘 477
慚 477
慴 477
慯 477
憁 477
憎 477
慥 477
慱 477
慟 477
慓 477
慢 477
慵 477
戈 截 483
戧 485
手 搴 492
摑 519
摷 520
摎 520
攄 520
摐 520
摧 520
摺 520
摺 520
摭 520
摶 520
摠 520
摘 520
摘 520
摽 520
摸 520
攴 敲 527
斗 斡 543
方 旗 552
日 㬎 561
暜 564
暮 565
暦 565
暤 572
暝 573
暢(人) 575
曰 朁 580
木 榮 606
槀 606
槊 606
槖 606
槃 606
榲 632
榎 632
樺(人) 632
槐 632
概 632
榷 632
榾 632
榿 632
槁 632
構 632
構 632
槁 633
槓 633
榼 633
榖 633
榍 633
槎 633
榨 633
楮 633
榭 633
樹 633
榛(人) 633
榱 633
榹 633
槍 633
槌 634
槙(人) 634
槇 634
榻 634
樋 634
榧 634
榿 634
榑 634
模 634
榜 634
榠 635
榕 635
様 635
榴 635
榔 635
樜 635
樢 635
榊 635
榽 635
榦 645
榺 645
欠 歌 648
歉 648
歎 648
止 歰 653
歴 653
歹 殞 658
殳 㲉 661
气 氳 669
水 漪 725
演 725
漚 725
漑 725
漑 725
漢 725
漼 725
滬 725
滸 725
滾 725
滻 725
漬 725
漆 726
漳 726
滲 726
漸 726
漕 726
漱(人) 726
滯 726
漲 726
滴 726
滴 726
滌 727
漠 727
漂 727
漫 727
滿 727
漾 727
漓 727
漁 727
漣 728
滷 728
漏 728
漉 728
漥 728
火 燊 739
熒 741
熅 745
熕 745
熇 745
煽 745
煽 745
熄 745
熔 745
熙(人) 756
熈 756
熏 756
熊(人) 756
爻 爾(人) 761
片 牓 763
牛 犖 766
犒 768
犬 獄 778
獐 778
獏 778
玉 瑰 792
瑣 792
瑣 792
瑳(人) 792
瑲 792
瑫 792
瑪 792
瑤 792
瑠(人) 792
瑯 792
瓦 甃 795
甃 795
甅 796
甈 796
甄 796
生 甦 800
田 畻 810
疋 疐 811
疑 812
疒 瘖 817
瘟 817
瘕 817
瘍 817
瘟 817
瘇 817
瘋 817
瘐 817
瘉 817
瘍 817
皮 皹 828
皸 829
皷 829
皿 盡 832
目 睿 840
睽 843
睺 843
睹 843
睾 846
石 碧(人) 852
碣 857
磁 858
碩(人) 858
碪 858
碯 858
碑 858
碵 858
示 禍 868
禊 869
禎 869
禘 869
福 869
禾 稭 880
穀 880
種 880
稱 880
稲 880
穴 窩 888
窻 888
窬 888
窪 888
立 竭 892
端 892
竰 893
竹 箇 901
管 901
箝 902
箕 902
箘 902
箟 902
箍 903
箜 903
箚 903
算 903
箠 903
箋 903
箒 903
箏 903
箎 903
箸 904
箪 904
箔 904
箙 904
箆 904
米 粿 915
粹 915
精 915
精 915
粽 916
粶 917
糀 917
糸 綦 923
緊 923
維 940
綺(人) 940
綣 940
綱 941
綵 941
緇 941
綽 941
綬 941
緒 941
緌 941
綫 941
総 942
綜(人) 943
綻 943
緂 943
綢 943
綴 943
綯 943

総画索引

煟 745
煤 745
煩 745
煬 745
煠 745
煉 745
煨 745
熙 755
煦 755
煞 755
煮 755
照 755
煎 756
父 爺 761
片 牒 763
牙 𤘘 764
牛 犎 766
犍 768
犬 献 770
猷 770
猷 770
猿 777
[illegible] 777
猾 778
獅 778
猻 778
猽 778
玉 瑟 786
瑛 791
瑗 791
瑕 791
瑚(人) 791
琿 791
瑞(人) 791
瑇 791
瑙 792
瑁 792
瑜 792
瑶(人) 792
瓦 瓶 796
瓿 796
田 畫 804
畺 804
當 808
畸 810
[illegible] 810
畷 810
疒 痾 816
瘂 816
痿 816
痼 816
瘁 816
痰 816
痴 816
瘃 817
痹 817
痱 817
痺 817
痲 817
瘀 817
痳 817
白 晳 827
皿 盞 832
盟 832
盟 832
目 督 840
睚 842
睢 842
睨 842
睠 842
睫 843
睡 843
睛 843
睜 843
睥 843
睤 843
睦(人) 843
睩 843
睪 846
睘 846
矢 矮 849
石 碁 852
[illegible] 852
碍 857
碕 857
碎 857
碓 857
碇 857
碚 857
碑 857
硼 857
碌 857
碗 857
硴 857
示 禁 861
稟 862
祺 868
祿 868
禍 868
禅 869
禎(人) 869
福 869
内 禽 871
禾 稟 873
稘 879
稔(人) 879
稚 879
稠 879
稙 879
稗 879
稜(人) 880
穴 窠 887
窟 887
立 竪 892
竹 [illegible] 899
筵 900
筦 900
筥 900
筴 900
筺 900
筧 900
[illegible] 900
筰 900
筭 900
筱 900
筲 900
筬 900
筮 900
節 900
筩 901
筟 901
米 粲 913
粱 913
粳 915
粮 915
糸 継 939
經 939
綗 939
綌 939
絹 939
綆 939
綉 939
綃 939
綏 939
続 939
絺 940
綈 940
絽 940
綛 940
絛 954
网 罨 957
罫 957
罪 957
署 957
罧 957
置 957
罩 957
羊 義 961
羨 962
羣 963
群 963
耒 耡 973
耳 聖 974
聖 974
聘 977
聿 肅 979
肄 979
肆 979
肉 腽 992
腭 992
腳 992
腢 992
腱 992
腮 992
腫 992
腥 992
腺 993
腠 993
腿 993
腟 993
腸 993
腦 993
腹 993
腴 993
腰 993
腰 993
臼 舅 1003
與 1004
[illegible] 1004
舛 舜(人) 1006
舟 艇 1009
艀 1009
艸 莽 1036
葦 1036
葳 1036
葭 1036
葪 1036
葢 1036
萼 1036
葛 1036
葜 1037
蒄 1037
葵 1037
葷 1037
萱 1037
葫 1037
葒 1037
葹 1037
葘 1037
萩 1037
葺 1037
葈 1037
葅 1037
葬 1038
[illegible] 1038
葱 1038
萲 1038
葮 1038
蒂 1038
著 1038
葶 1038
董 1038
葩 1038
葠 1038
葡 1038
葆 1038
萬 1039
葯 1039
萸 1039
葉 1039
落 1039
葎 1040
萵 1040
[illegible] 1040
[illegible] 1040
蒔(人) 1041
蒋 1042
蒸 1042
蒼(人) 1042
蓄 1043
蓬 1043
蓉(人) 1044
蓮(人) 1044
虍 虞 1061
虞 1061
虜 1061
號 1061
虫 蜀 1064
蜃 1064
蜑 1064
蜒 1068
蛾 1068
蛺 1068
蜆 1068
蜈 1068
蜐 1068
蛼 1068
蜍 1068
蜎 1069
蛸 1069
蛻 1069
蜓 1069
蛽 1069
蜉 1069
蜂 1069
蜏 1069
蛹 1069
蜊 1069
蜋 1069
行 衙 1079
衣 裛 1084
裏 1084
裔 1085
[illegible] 1086
裘 1086
[illegible] 1086
裟(人) 1086
裊 1087
裝 1087
褂 1090
褐 1091
裾 1091
[illegible] 1091
裼 1091
[illegible] 1091
裰 1091
裨 1091
裱 1091
裸 1091
裲 1091
褄 1091
見 覜 1100
覘 1100
角 觜 1103
解 1103
觧 1103
觥 1104
触 1104
言 訾 1107
詹 1107
誉 1107
詠 1115
詿 1115
該 1115
該 1115
詭 1115
詰 1116
詡 1116
詣 1116
誇 1116
詬 1116
詵 1116
[illegible] 1116
詵 1116
詩 1116
試 1117
訿 1117
詢(人) 1117
詳 1118
誠 1118
詮 1118
詫 1118
誅 1118
誂 1118
詍 1119
誄 1119
話 1119
豆 豊 1137
豕 豢 1139
豸 貆 1141
貅 1141
貊 1141
貉 1141
貝 賈 1147
資 1147
資 1147
貲 1148
賃 1148
[illegible] 1148
賎 1153
賍 1153
賊 1153
賊 1153
賂 1153
賄 1153
走 趙 1160
趑 1160
趍 1160
足 跫 1162
跪 1164
跨 1164
跲 1164
跟 1164
[illegible] 1164
跡 1164
践 1164
跣 1164
踈 1164
跳 1164
路 1165
身 躱 1170
車 輂 1173
載 1173
較 1177
輀 1178
軾 1178
輊 1178
輌 1178
輅 1178
辛 辠 1182
辞 1182
辟 1183
辰 農 1184
辵 遏 1201
違 1201
運 1201
過 1202
遐 1203
遇 1203
遑 1203
遒 1203
[illegible] 1204
遂 1204
遄 1204
達 1204
遉 1205
道 1205
遁 1206
逼 1206
遍 1207
逾 1207
遊 1207
遖 1208
違 1208
遠 1208
遣 1209
遡 1210
遜 1210
邑 郷 1222
鄉 1222
鄗 1222
鄒 1222
酉 酬 1225
酧 1225
酪 1226
酪 1226
金 鉞 1241
鉛 1241
鉗 1241
鉅 1241
鉉 1242
鈷 1242
鉱 1242
鉤 1242
鉈 1242
銃 1242
鉏 1242
鉦 1242
鉐 1242
鉄 1242
鈿 1243
鉢 1243
鈸 1244
鈹 1244
鉧 1244
鉋 1244
鉚 1244
鈴 1244
門 閘 1264
閙 1265
閟 1265
閠 1265
阜 隘 1282
隕 1282
隖 1282
隗 1282
隔 1282
隔 1282
隙 1283
隹 雋 1287
雍 1288
雅 1288
雎 1289
雉 1289
雄 1289
雨 電 1295
雹 1296
雷 1296
零 1296
青 靖(人) 1304
靖 1304

貯 1152
貼 1152
赤 赧 1157
走 越 1159
趄 1159
超 1159
趁 1160
趂 1160
足 跏 1163
距 1163
距 1163
跚 1163
跚 1163
跙 1163
跖 1163
跎 1163
跑 1163
跌 1163
跛 1163
跋 1163
跋 1163
跗 1163
跑 1163
身 躰 1170
車 輩 1173
軼 1176
軻 1176
軽 1176
軸 1177
軺 1177
軫 1177
軛 1177
辛 辜 1182
辵 逶 1199
逸 1199
逭 1200
逵 1200
週 1200
進 1200
逮 1201
逹 1201
逬 1201
運 1201
過 1202
遇 1203
遂 1204
達 1204
遅 1204
道 1205
遁 1206
逼 1206
遍 1207
遊 1207
遥(人) 1208
邑 鄂 1222
都 1222
酉 酣 1225
酤 1225
酢 1225
酥 1225
酡 1225
釆 釉 1230
里 量 1232
金 鈞 1240
釿 1240
鈐 1240
鈎 1240
鈔 1240
鈬 1240
鈕 1240
鈍 1240
鈲 1241
鈑 1241
鈇 1241
鈩 1241
門 開 1262
間 1263
閒 1263
閑 1264
閎 1264
閏 1264
閔 1264
閙 1264
閑 1264
阜 陰 1280
階 1280
隅 1280
隍 1280
隋 1280
随 1281
隊 1281
隊 1281
隄 1281
陽 1281
隆 1282
隈 1282
隹 集 1286
雈 1287
雁 1287
雇 1287
雇 1287
雅 1288
雄 1288
雨 雲 1293
雰 1295
革 靫 1307
靭 1307
靱 1307
靮 1307
韋 韌 1310
頁 項 1315
須(人) 1315
順 1315
風 颪 1326
食 飪 1331
飲 1331
飯 1332
飧 1336
飱 1336
馬 馭 1341
馮 1347
髟 髡 1352
鳥 鳦 1373
鹿 麁 1382
黄 黄 1385
黍 黍 1387
黒 黒 1387
黹 黹 1389
歯 歯 1395

13画

乙 亂 44
亠 亶 57
亶 57
稟 57
人 僉 68
傴 106
僅 106
傾 106
傑 106
傲 107
債 107
催 107
傷 107
僊 108
僧 108
傯 108
傺 108
傳 108
働 108
備 108
僄 108
傭 108
僇 108
僂 109
冖 冩 137
刀 剿 151
剿 162
剽 162
剹 162
力 勢 165
募 165
勧 171
勤 171
勣 171
勦 171
勠 172
匚 匯 178
厂 厩 194
厩 194
口 嗣 206
嘗 209
喿 209
嗇 229
嗌 240
嗚 240
嗅 240
嗛 240
嗑 240
嗟 240
嗄 240
嗜 240
嗤 240
嗔 240
嗉 240
嘆 240
嗎 241
囗 園 254
園 254
圓 255
團 255
土 塋 261
塑 261
塑 261
塞 261
塗 262
墓 262
塰 262
塩 274
塢 274
塊 274
塤 274
塙 274
塒 274
塚 274
塡 274
塡 274
塘 275
塔 275
塍 277
士 壼 279
夕 夢 285
大 奧 305
奨 305
女 嫐 307
媼 318
嫁 318
媿 319
嫌 319
嫌 319
媾 319
嫉 319
嫋 319
媳 319
嫂 319
媽 319
媵 321
子 孶 327
宀 寛 347
寘 347
寝 347
寖 347
小 尠 362
尟 362
山 嵬 376
嵯 376
嵩(人) 376
嵬 380
嵯(人) 380
嵊 380
巾 幕 392
幌 394
幎 394
干 幹 400
广 廈 410
廋 410
廌 410
廉 410
廉 410
廊 410
弓 彀 424
彁 424
彑 彙 424
彳 徯 438
得 438
微 438
微 438
徭 439
心 愛 443
意 457
意 457
感 458
愚 458
愆 459
慈 459
惹 459
愁 460
惷 460
想 460
愍 460
愈 460
愈 460
愿 460
愠 475
慨 475
愷 475
愧 475
愾 476
慊 476
慌 476
慎 476
愼 476
愴 476
慆 476
愽 476
慄 476
戈 戡 484
戢 484
戥 484
戦 484
手 搤 517
搉 517
携 517
搆 518
搓 518
搾 518
搨 518
搢 518
搯 518
摂 518
搶 518
搔 518
搜 518
損 518
搩 519
搥 519
搯 519
搗 519
搨 519
搭 519
搏 519
搬 519
搒 519
搖 519
攴 敬 537
数 537
敫 537
文 斒 541
斗 斟 542
斤 新 546
日 暈 560
暑 560
普 564
暗 571
暗 571
暎 572
暍 572
暇 572
暉(人) 572
暄 572
暖 572
暖 572
暝 572
暘 572
曰 會 580
木 楙 596
楚 598
楽 604
棄 605
業 606
楲 628
楹 628
榅 628
楷 628
楑 628
極 628
楛 629
楜 629
楂 629
楒 629
楉 629
楔 629
楸 629
楫 629
楯 629
楔 629
楤 629
椯 629
楕 629
椴 629
楮 630
椿(人) 630
椹 630
槌 630
楨 630
楴 630
椽 630
楠(人) 630
楪 630
楣 630
楓(人) 630
楫 630
椰(人) 630
楡 630
楢 631
楢 631
楊(人) 631
楳 631
楞 631
楝 631
楼 631
楖 631
椎 631
楯 631
楫 632
榊 632
椋 632
楻 632
欠 歇 647
歆 647
止 歳 650
歲 650
歹 殛 657
殳 毀 660
毀 660
毂 660
殿 660
毋 毓 663
气 氳 669
水 溢 720
溢 720
滃 720
溫 720
滙 720
滑 720
漢 720
溦 721
溪 721
源 721
溝 721
溝 721
溘 721
滉(人) 722
滈 722
溷 722
滓 722
滋 722
溲 722
準 722
溽 722
浸 722
溯 722
滄 722
滞 723
溺 723
溺 723
滇 723
滔 723
溏 723
漠 723
溥 723
滂 723
溟 723
滅 724
溶 724
溜 724
漣 724
滝 725
火 煢 739
煒 743
煜 743
煴 743
煙 744
煙 744
煆 744
煥 744
煇 744
煌 744
煖 744
煐 744

総画索引

朝 586
朝 586
木 森 589
棘 595
棗 596
椕 596
棊 604
棄 604
棨 604
棠 604
棃 604
椏 624
椅 624
棭 624
椢 624
椁 624
棺 624
棋 625
椈 625
検 625
棬 625
棝 625
棡 625
椌 625
棔 625
棍 625
棧 626
棕 626
椒 626
植 626
棯 626
棰 626
棲 626
椄 626
棇 626
椎(人) 626
棣 626
棟 626
棹 627
棖 627
椑 627
棚 627
棚 627
棓 627
棒 627
棉 627
棫 627
椋(人) 627
棱 627
棆 627
椇 627
椂 627
椀 627
椚 628
椪 628
椡 628
椣 628
椙 628
椨 628
椥 628
椛 628
椦 628
欠 欹 647
款 647
欺 647
欽(人) 647
歇 647
止 歮 650
歸 654
歹 殘 657
殖 657
殕 657
殳 殼 660
殽 660
毛 毳 665
毱 666
毯 666
水 淼 672
渥(人) 712
渭 712
湮 713
湲 713
淵 713
温 713
渦 714
渮 714
渴 714
渙 714
渠 714
減 714
湖 715
港 715
港 715
湟 715
渾 715
渣 715
滋 715
湿 715
湫 716
湑 716
渚 716
湘 716
渫 716
渲 716
湶 716
湊 716
測 716
湛 717
湍 717
渟 717
渧 717
渡 717
湯 717
湃 718
溌 718
渺 718
渤 718
湓 718
満 718
湎 719
渝 719
游 719
湧(人) 719
湧 719
溂 719
湾 720
火 焚 740
焰 743
焮 743
焜 743
焠 743
焼 743
焙 743
煉 743
煮 751
焦 751
然 752
無 752
爪 爲 759
爲 759
片 牋 763
牌 763
牙 牚 764
牛 犇 765
犀 765
犂 766
犬 猋 769
猒 770
猬 777
猨 777
猲 777
猢 777
猴 777
猩 777
猯 777
猪 777
猱 777
猫 777
猶 777
猶 777
猥 777
玉 琴 785
琶 786
琵 786
瑛(人) 790
琬 790
琰 790
琦 790
琥 791
琮 791
琢 791
琱 791
琲 791
琺 791
琳(人) 791
瓦 瓺 796
瓼 796
甀 796
生 甥 800
甦 800
田 畫 804
異 806
畳 806
番 807
畬 808
畱 808
畴 810
畭 810
疋 疎 811
疒 痙 815
痤 815
痣 815
痟 815
痩 815
痛 815
痘 816
痞 816
痢 816
癶 登 822
發 822
白 皖 827
皓(人) 827
皓 827
皮 皴 829
皿 盛 831
盗 831
盡 831
目 着 839
睆 842
睐 842
睇 842
矛 矞 846
矢 矬 849
短 849
石 硧 856
硯 856
硬 856
硨 856
硝 856
硝 856
硫 857
硲 857
示 禄(人) 868
禾 稈 878
稀(人) 878
稊 878
稉 878
稍 878
税 878
稅 878
程 879
程 879
稃 879
穴 窖 887
窖 887
窗 887
立 童 891
童 891
竢 892
竣(人) 892
竦 892
竹 筈 897
筐 897
筇 897
筋 897
筓 897
筕 897
策 897
筍 898
筎 898
筳 898
筌 898
筅 898
筝 898
筑 898
筑 898
等 898
答 898
筒 899
筏 899
筆 899
米 粤 912
粥 912
粦 912
粢 912
粟 912
粠 915
粧 915
粡 915
粭 915
粨 915
粫 915
糸 絲 919
絜 922
紫 922
絮 923
絫 923
絓 935
絵 935
給 935
結 936
絢(人) 936
綃 937
絝 937
絞 937
絳 937
絖 937
絎 937
絨 937
絍 937
絏 937
絶 937
絕 937
経 938
統 938
絣 939
絡 939
絅 939
缶 缿 955
缾 955
羽 翕 966
翔(人) 967
翔 967
老 耋 970
耳 聓 975
聒 977
肉 胾 981
腎 983
腋 991
腒 991
腔 991
腊 992
腅 992
脹 992
腆 992
脾 992
腓 992
腑 992
腁 992
腕 992
自 皐 1001
臯 1001
臼 舄 1003
舄 1003
舌 舒 1005
舛 舜 1006
艸 菴 1032
萎 1032
菀 1032
菓 1032
華 1032
菅 1032
菡 1032
萁 1032
萓 1032
菊 1033
菌 1033
菫 1033
菰 1033
菎 1033
菜 1033
菑 1033
莿 1033
菘 1033
菽 1034
菹 1034
菖 1034
萃 1034
萋 1034
菁 1034
菍 1034
菷 1034
菭 1034
萇 1034
菟 1035
萄 1035
菪 1035
菠 1035
菝 1035
萆 1035
菲 1035
萉 1035
萍 1035
菩 1035
萌 1035
萠 1035
莾 1036
菸 1036
萊 1036
菱 1036
菻 1036
萢 1036
葵(人) 1037
萩(人) 1037
葬 1038
葉 1039
落 1039
虍 虚 1061
虜 1061
虫 蛩 1063
蛬 1063
蛮 1063
蛙 1067
蛔 1068
蛸 1068
蛞 1068
蛟 1068
蛤 1068
蛭 1068
蛛 1068
蛑 1068
蛧 1068
蛯 1068
血 衆 1076
衇 1077
行 街 1079
衣 裁 1085
装 1086
裂 1086
裙 1090
裪 1090
裎 1090
補 1090
裕 1090
裡 1090
襾 覂 1096
覃 1096
覃 1096
見 覚 1098
覗 1100
視 1100
覘 1100
角 觚 1103
觝 1103
言 詈 1107
詠 1112
訶 1113
詎 1113
詘 1113
詁 1113
訽 1113
詐 1113
詞 1113
証 1114
詔 1114
診 1114
訴 1114
詛 1114
詑 1114
詍 1114
詒 1115
註 1115
詆 1115
詖 1115
評 1115
評 1115
豕 冢 1139
象 1139
豸 貂 1141
貝 賀 1145
貴 1145
貫 1146
貸 1146
貳 1146
買 1146
費 1146
賁 1147
貿 1147
貽 1152
貺 1152

蚰 1067
蛎 1067
蛉 1067
行 衒 1079
術 1079
術 1079
衣 袞 1083
袞 1083
袤 1083
袈(人) 1085
袋 1085
袰 1085
裀 1089
袿 1089
袴 1089
袷 1089
袦 1089
袇 1089
袵 1089
袱 1089
裃 1090
裄 1090
覀 覂 1096
覂 1096
見 覓 1098
覔 1098
規 1099
視 1100
角 觖 1103
觘 1103
觕 1105
言 詎 1111
訛 1111
訝 1111
許 1111
訣 1111
訟 1111
設 1112
訥 1112
訪 1112
訳 1112
訞 1112
谷 谺 1136
豆 豉 1138
豕 豚 1140
豸 貀 1140
貝 貨 1143
貨 1143
貫 1144
貭 1144
責 1144
貪 1144
貮 1145
貧 1145
戝 1151
販 1152
貶 1152
赤 赦 1157
足 跂 1162
趾 1162
趺 1163
身 躯 1170
躭 1170
車 軣 1172
軠 1175
転 1175
軟 1176
軛 1176
辵 逑 1193
逕 1193
這 1194
逎 1194
逡 1194
逍 1194
逝 1194
造 1194
速 1194
逐 1195
通 1195
逓 1197
逞 1197
逖 1197
途 1197
透 1197
逗 1198
逋 1198
逢 1198
逌 1198
連 1198
逧 1199
逸 1199
週 1200
進 1200
逮 1201
邑 郭 1219
郷 1219
郰 1220
都 1220
部 1221
郵 1221
酉 酗 1224
酔 1224
酖 1225
酘 1225
酛 1225
釆 釈 1230
里 野 1233
金 釵 1239
釦 1239
釭 1239
釼 1239
釤 1239
釶 1239
釧 1239
釱 1239
釣 1239
釣 1239
釩 1240
釻 1240
門 閉 1261
閇 1261
閊 1261
閠 1262
阜 陰 1276
陥 1277
険 1277
陲 1277
陬 1277
陳 1277
陶 1278
陪 1279
陸 1279
隆 1279
陵 1280
隹 寉 1287
雀 1287
雀 1287
雨 雩 1293
雪 1293
雪 1293
雫 1293
革 靪 1307
頁 頃 1314
頂 1314
食 飢 1331
飡 1336
首 馗 1337
高 髙 1350
魚 魚 1359
鳥 鳥 1370
鹵 鹵 1380
鹿 鹿(人) 1381
麥 麥 1383
麸 1384
麻 麻 1384
麻 1384
黃 黄 1385
黒 黒 1387
鼠 鼠 1392
齊 斎 1394
龜 亀(人) 1399

12画

人 業 61
傘 68
舒 68
偉 105
傀 105
僅 105
傑 105
傔 105
傚 105
傖 105
備 105
傅 105
傍 106
傍 106
傜 106
儿 兟 114
八 兼 126
冖 幂 137
冫 凖 137
几 凱(人) 143
刀 剴 161
割 161
割 161
剰 161
創 161
剳 161
力 募 165
勞 165
勤 170
勛 171
勝 171
勝 171
十 博 186
博 186
卩 卿 191
卿 191
厂 厦 193
厩 193
厥 193
厨 194
厤 194
厶 叅 195
口 喪 206
單 209
営 227
喜 227
喬(人) 228
啻 228
善 228
喆 228
喑 238
喙 238
喈 238
喀 238
喝 238
喚 238
喊 238
喟 238
喫 238
喫 238
喁 238
喧 238
喉 238
喤 239
喍 239
啾 239
喞 239
喞 239
喘 239
喋 239
啼 239
喃 239
喩 239
喇 239
喨 239
喰 240
喣 240
嫣 246
囗 圍 254
圏 254
土 堯 257
堅 260
堕 261
塁 261
堡 261
堊 261
塁 261
堙 272
堰 272
堝 272
堺 272
堦 272
堪 272
堠 272
堭 272
堽 272
場 272
堞 272
塚 273
堤 273
堵 273
塔 273
塀 273
報 273
士 壹 279
壺 279
壻 280
大 奢 299
奣 299
奥 304
奠 304
女 媚 318
媛(人) 318
媛 318
媪 318
媧 318
婿 318
媟 318
媮 318
媆 318
媒 318
媚 318
媢 318
子 孳 327
宀 寓 345
寒 345
寒 345
寄 346
寓 346
寔 346
甯 346
寍 346
寐 346
富 346
寸 尋 352
尋 352
尊 353
尊 353
尌 357
尢 尰 363
就 363
尸 屟 369
孱 369
属 369
屠 370
屡 370
山 嵌 375
嵓 375
嵜 375
嵐(人) 375
嵒 377
嵆 377
崎 380
嵎 380
嵋 380
己 巽(人) 387
巽 387
巾 幇 392
幄 394
幃 394
幀 394
幅 394
帽 394
帽 394
幺 幾 402
广 廁 409
廂 409
廃 409
廇 410
廋 410
廊 410
弋 弑 417
弓 弼 419
强 423
弽 423
弾 423
彑 彘 424
彡 彭 427
彳 御 436
徨 437
循 437
復 437
徧 438
心 惢 443
悪 456
恵 456
惣(人) 456
悳 456
惪 456
悲 456
悶 456
惑 456
惄 457
愠 474
惲 474
愕 474
愒 474
惸 474
慌 474
惶 474
惽 474
愀 474
惴 474
惺 474
愃 475
愡 475
惻 475
惰 475
愞 475
愓 475
惱 475
愎 475
愉 475
愉 475
戈 戢 483
戞 483
戟 484
戸 扉 487
扉 487
手 掌 491
掣 491
握 514
揠 515
援 515
援 515
掾 515
揜 515
揩 515
換 515
揀 515
揮 515
揆 515
掲 515
捲 515
揣 516
揉 516
揄 516
插 516
揔 516
提 516
搭 516
揑 516
描 516
搥 516
揶 516
揄 516
揖 517
揚 517
揺 517
支 攲 527
攵 敢 534
敬 535
散 535
散 535
敞 536
敢 536
敦(人) 536
敝 536
文 斑 540
斐(人) 541
斌 541
斗 斝 542
斤 斯 546
方 旐 551
旒 552
日 晶 555
晷 560
晷 560
景 560
暑 560
晜 560
晢 564
智(人) 564
普 564
暁 570
晴 570
晴 570
晰 570
晩 570
曰 最 578
會 580
暜 580
曾 580
替 580
月 朞 583
期 585
期 585

惔 473
惆 473
悵 473
惕 473
惙 474
悼 474
惇(人) 474
悱 474
惘 474
悶 474
惏 474
戈 戚 483
戛 483
戶 扈 487
手 掖 509
掩 509
掛 509
掴 509
掎 509
掬 509
据 509
掀 509
掘 509
掲 510
捲 510
控 510
採 510
採 510
捨 510
捨 510
授 510
授 510
捷(人) 511
推 511
捶 512
接 512
措 512
掃 512
掃 512
掫 512
搔 512
探 512
捗 513
掟 513
掇 513
掏 513
掉 513
捺(人) 513
捻 513
排 513
描 514
拼 514
捧 514
捫 514
掠 514
捩 514
捥 514
掄 514
支 敍 527
救 532
敔 533
教 533
敎 533
敖 534
敘 534
敕 534
敗 534
敏 534
敚 534
斗 斛 542
斜 542
斤 斬 544
断 545
方 旌 551
旋 551
族 551
无 旣 552
既 552
日 昪 559
晨(人) 559
晟 560
晹 560
晢 564
晝 564
晦 569
晞 570
晤 570
晧 570
晠 570
晣 570
晚 570
晡 570
曰 曼 577
曹 579
曽 580
月 望 582
望 582
朖 584
朙 585
朗 585
木 桼 597
梵 597
梺 598
梟 603
巣 603
梨(人) 604
梁 604
械 622
桷 622
桿 622
梂 622
桾 622
梧(人) 622
梗 623
梏 623
梱 623
梭 623
桫 623
梓(人) 623
梔 623
梢(人) 623
梢 623
梣 623
梫 623
梲 623
梍 623
梛 623
梯 623
梴 624
桶 624
梼 624
梄 624
梖 624
梅 624
梚 624
梶 624
梹 624
桴 624
桲 624
梆 624
梛 624
梠 624
梻 624
條 645
欠 欸 646
欵 646
欷 646
欶 646
欲 646
歹 殍 657
殳 殹 660
殻 660
殼 660
殺 660
毛 毫 665
毬(人) 665
水 淫 704
液 705
淹 705
渊 705
渕 705
淤 705
涯 705
渇 705
涵 706
淦 706
淇 706
渓 706
涸 706
淆 706
混 706
淬 707
済 707
淄 707
渋 707
淑 707
淳(人) 708
渚(人) 708
渉 708
淞 708
淌 708
淨 708
深 708
清 709
淸 709
淒 710
淅 710
淺 710
淙 710
涿 710
淡 710
添 711
添 711
淀 711
淟 711
淘 711
淠 711
淝 711
淼 711
淕 711
涼 711
淩 712
淪 712
淋 712
淚 712
淮 712
火 焔 743
烱 743
烽 743
焂 748
焉 751
焄 751
烹 751
爻 爽(人) 761
牛 牽 765
犁 765
牾 768
牸 768
犬 倏 770
猗 775
猓 775
猊 775
猜 776
猖 776
猝 776
猪(人) 776
猻 776
猫 776
猛 776
猟 776
玄 率 780
玉 球 788
現 789
珸 789
琁 789
琢(人) 789
理 789
琉(人) 790
琅 790
瓜 瓠 794
瓦 瓷 795
瓸 796
瓶 796
甘 甜 798
生 産 800
產 800
用 甯 801
田 異 805
畢 806
畧 806
畦 809
畤 809
略 809
畩 810
疋 疏 811
疒 痍 815
痎 815
痕 815
疵 815
痔 815
痊 815
痒 815
白 皐(人) 825
皎 827
皿 盔 830
盖 830
盒 830
盛 831
盗 831
目 眷 839
眥 839
着 839
眱 841
眼 841
眶 842
眴 842
眵 842
眦 842
眺 842
眯 842
眸(人) 842
眾 846
矢 矪 849
石 砦 852
硅 856
硎 856
研 856
硇 856
硫 856
示 祭 861
票 861
祥 868
祷 868
内 离 871
禾 移 878
秳 878
穴 窓 887
窒 887
窕 887
窑 887
立 竟 890
章 891
章 891
竡 892
竹 笳 895
筇 895
笚 895
笧 895
笶 895
笥 895
笙(人) 895
笘 895
第 895
笞 896
笛 896
筊 896
笵 896
符 896
笨 896
笠 896
笭 897
笹(人) 897
米 粜 912
粔 914
粗 914
粘 915
粕 915
粒 915
糸 紮 921
累 921
絇 930
経 930
絅 932
絃(人) 932
紘 932
紺 932
細 932
絁 933
終 933
終 933
紹 934
紳 934
紲 934
組 934
紽 934
紿 934
紬(人) 934
絀 934
紵 934
紾 935
絖 935
絈 935
絆 935
缶 缽 955
网 罣 957
羊 羞 961
羝 963
羚 963
羽 習 964
習 964
翌 965
翌 965
翏 965
翊 967
翎 967
老 耇 970
耒 耞 973
耜 973
耳 聃 976
聊 976
聆 977
聿 粛 979
肉 脣 983
脚 990
脛 990
脱 990
脫 990
脡 991
脰 991
脳 991
脗 991
脯 991
脩(人) 998
臼 舂 1004
舌 舐 1005
舟 舸 1008
舷 1008
舴 1008
舳 1008
船 1008
舵 1009
舥 1009
舶 1009
舲 1009
色 艴 1012
艸 莚 1029
荷 1029
莪 1030
莞 1030
莧 1030
莟 1030
莢 1030
莖 1030
莫 1030
莕 1030
莎 1031
莇 1031
荵 1031
荽 1031
莊 1031
荻 1031
莬 1031
荼 1031
荳 1031
莓 1031
莩 1031
莫 1031
莔 1032
莽 1032
莠 1032
莉 1032
莅 1032
莨 1032
莾 1032
菓 1032
葛 1032
菊 1033
菌 1033
菫(人) 1033
菜 1033
菖(人) 1034
著 1034
萌(人) 1035
虍 虚 1059
處 1060
虜 1060
虗 1060
虛 1060
虫 蛍 1063
蛋 1063
蚶 1067
蚯 1067
蛄 1067
蚱 1067
蛆 1067
蚺 1067
蛇 1067
虵 1067
蛁 1067
蚫 1067

紕 929
紛 929
紡 930
紋 930
缶 䍃 955
缺 955
网 罟 956
罠 956
羊 羗 961
羔 961
羖 963
羽 翆 964
翁 966
翁 966
翂 966
翅 967
老 耆 970
耄 970
耒 耘 972
耕 972
耕 972
耗 972
耗 972
耖 972
耙 972
耳 耿 976
耽 976
耼 976
耻 976
肉 脅 983
脋 983
脊 983
胳 987
胸 988
脇 988
胯 988
胱 988
脂 988
脆 988
脃 988
胴 988
能 989
脉 989
胼 989
脈 989
脈 989
自 臭 1001
至 致 1002
臼 舁 1003
舀 1004
舌 舐 1005
舟 航 1007
舩 1007
般 1007
舫 1007
舮 1008
航 1008
艸 芻 1013
茵 1024
茴 1024
茖 1024
荊 1024
茭 1025
荒 1025
荇 1025
茨 1025
茲 1025
茱 1026
荀 1026
茹 1026
茸 1026
荏 1026
茜 1026
荐 1026
荃 1026
草 1026
茶 1028
荑 1028
荅 1028
茯 1028
茫 1028
茗 1029
荔 1029
茘 1029
荷 1029
華 1029
莞(人) 1030
莱 1032
莉(人) 1032
虍 虔 1059
虒 1059
虫 蚕 1062
蚩 1063
蚤 1063
蚉 1063
蚓 1066
蚘 1066
蚣 1066
蚋 1066
蚔 1066
蚦 1066
蚪 1066
蚍 1066
蚨 1066
蚊 1066
蚌 1067
血 衄 1077
衣 袁 1083
衮 1083
袞 1083
衰 1083
衷 1083
衾 1085
袘 1088
袪 1088
袨 1088
袖 1088
袗 1088
袓 1088
袮 1088
袙 1088
袢 1089
被 1089
袍 1089
言 記 1109
訖 1109
訓 1110
訐 1110
訌 1110
訊 1110
訕 1110
訑 1110
託 1110
討 1111
豆 豈 1137
豇 1138
豕 豗 1140
豸 豺 1140
豹 1140
貝 貢 1143
財 1151
走 起 1158
起 1158
赳(人) 1159
身 躬 1170
車 軒 1174
軏 1175
軔 1175
辰 辱 1184
辵 迴 1190
逆 1190
逈 1190
逅 1190
逮 1190
迹 1190
送 1191
退 1191
迺 1192
追 1192
逃 1193
迸 1193
迷 1193
這 1194
逝 1194
造 1194
速 1194
逐 1195
通 1195
逓 1197
途 1197
透 1197
逗 1198
逢 1198
連 1198
邑 邕 1216
郢 1219
郡 1219
郤 1219
郛 1219
郎 1219
酉 酌 1224
酌 1224
酎 1224
配 1224
酒 1229
金 釜 1238
釡 1238
釛 1238
針 1239
釘 1239
釗 1239
釟 1239
門 閃 1261
阜 院 1273
陥 1274
陝 1274
陘 1274
降 1274
除 1275
陏 1275
陞 1275
陣 1275
陜 1276
陟 1276
陦 1276
陛 1276
隹 隼(人) 1286
隻 1286
隽 1286
隺 1287
食 飢 1331
馬 馬 1339
骨 骨 1348
高 高 1350
髟 髟 1352
門 鬥 1355
鬯 鬯 1355
鬲 鬲 1356
鬲 1356
鬼 鬼 1356
魚 鱼 1359
龍 竜 1397

11画

乙 乾 41
人 偓 101
偉 101
倚 101
偊 101
偃 101
假 101
偕 101
偐 101
偽 101
偶 102
偈 102
健 102
倦 102
偟 102
候 103
做 103
偲(人) 103
偖 103
偁 103
偬 103
側 103
偸 103
偷 103
停 103
偵 104
偪 104
偏 104
偏 104
偠 104
偻 105
儿 兜 121
冂 冕 134
冖 冨 137
冫 减 140
几 凰 142
刀 剪 149
剱 151
剰 160
副 160
力 勗 165
勘 169
動 169
勔 170
務 170
勒 170
勹 匐 174
匏 174
匕 匙 175
匚 區 177
匿 178
匾 178
厂 原 193
厠 193
厶 參 195
口 啓 225
啓 225
啔 225
售 226
商 226
啇 226
啇 226
問 226
啞 236
唵 236
啀 236
喝 236
啣 236
唫 236
啌 236
啐 236
唱 236
啜 237
唼 237
唾 237
啅 237
啄 237
啖 237
啗 237
唸 237
啁 237
唯 237
唹 237
唳 237
啝 238
啎 246
口 圉 254
圈 254
國 254
圊 254
土 堊 259
基 259
堇 260
埿 260
堂 260
埜 260
域 270
埸 270
埳 270
埼 270
堀 270
堄 270
埶 270
埣 270
執 270
埴 271
埵 271
堆 271
埝 271
堵 271
培 271
埤 271
埠 271
堋 271
埦 271
埖 272
垪 272
士 壷 279
夕 梦 285
大 奝 299
女 婴 309
娶 309
婆 309
婪 309
婁 309
婁 309
婀 316
婭 316
婬 317
婉 317
婚 317
婇 317
婥 317
娵 317
娼 317
婕 317
婢 317
婦 317
婦 317
子 孰 329
宀 寅(人) 342
寃 342
寄 342
寇 343
寇 343
㝡 343
寂 343
宿 343
密 344
冥 345
寸 專 352
尉 357
將 357
尸 屠 369
屏 369
山 崋 374
崖 374
嵜 374
崟 374
崗 375
崑 375
崔 375
崧 375
崇 375
崩 375
崩 375
崙 375
崕 379
崎 379
崛 380
崆 380
崐 380
崢 380
崚(人) 380
崘 380
巛 巣 382
巾 常 391
帯 392
帷 393
帳 393
幺 𢆡 402
广 庵 408
康 408
庶 408
庸 408
弓 強 421
弶 422
張 422
弴 423
弸 423
彑 彗(人) 425
彡 彩 427
彩 427
彫 427
彫 427
彪(人) 427
彬(人) 427
彳 御 435
徙 435
從 435
徜 435
得 435
徘 436
徠 436
心 悪 453
急 455
患 455
悉 455
悤 455
恵 455
悠 455
惟(人) 471
惋 471
悸 472
惧 472
惓 472
悾 472
惚 472
惛 472
惨 472
惝 472
情 472
情 472
悴 473
悽 473
惜 473

圂 254
圃 254
土 垐 259
垂 259
埃 269
埏 269
埆 269
埌 269
城 269
埔 269
埋 269
埒 270
埓 270
埳 270
埡 270
夂 夏 282
夎 282
大 套 299
奚 304
奘 304
女 娑 308
娥 315
姫 316
姬 316
娟 316
娯 316
娛 316
娘 316
娠 316
娜 316
娣 316
娚 316
娓 316
娉 316
娩 316
娌 316
子 孫 328
宀 宴 339
家 339
害 340
害 340
宮 340
宰 341
宵 341
宵 341
宸 341
容 341
寔 342
寸 專 352
尅 356
射 356
尃 356
将 356
尸 屓 368
屐 368
屑 368
屑 368
展 368
山 峩 374
峯 374
島 377
峨 379
峽 379
峴 379
峺 379
峻(人) 379
峭 379
峰 379
峪 379
工 差 385
巾 帬 390
席 390
帯 391
帮 391
帨 393
帰 395
師 396
广 庪 406
庫 406
座 406
庭 407
庬 407
廴 廻 414
廾 弆 416
弉 416
弓 弱 418
弱 418
彡 彧 425
修 426
彳 徑 433
従 433
徐 434
徒 434
心 恚 451
恁 451
恩 451
恐 451
恐 451
恭 452
恵 452
恣 452
恕(人) 452
息 452
恙 453
恋 453
恷 453
恥 464
恭 464
悦 470
悅 470
悁 470
悝 470
悔 470
悍 470
悕 470
悟 470
悃 470
悛 470
悚 471
悄 471
悌(人) 471
悩 471
悖 471
悑 471
悗 471
悒 471
悧 471
悋 471
悎 471
戸 扆 487
扇 487
扇 487
手 挙 490
挈 491
拳(人) 491
拳 491
拿 491
挨 507
捐 507
捍 507
捄 507
挾 507
捃 507
捆 507
挫 507
振 507
捜 508
挿 508
捉 508
捗 508
挺 508
捏 508
捌 508
挽 508
捕 508
挹 509
捋 509
拼 509
攴 效 532
敉 532
敚 532
敏 532
文 斋 541
斗 料 542
斤 斱 544
方 旁 549
旂 550
旃 550
旆 550
旄 550
旅 550
旅 550
无 既 552
日 晏(人) 559
晃(人) 559
晟(人) 559
晁 559
晋(人) 564
晉 564
晦 568
晈 568
晄 568
晒 568
時 568
晌 569
曰 書 578
月 朕 584
朕 584
朔(人) 585
朔 585
朗 585
木 案 602
栞(人) 602
桀 602
栽 602
柴 602
桑 602
桒 602
桌 603
栾 603
栗(人) 603
桉 617
栧 617
桜 617
桧 617
格 617
核 618
核 618
栝 618
桓 618
桔 618
栱 618
框 618
栩 619
桂(人) 619
枅 619
桍 619
校 619
桁 620
栲 620
栲 620
根 620
桟 620
栭 620
桎 620
株 620
栬 621
栖 621
栓 621
栓 621
梅 621
梳 621
栫 621
桃 621
桐(人) 621
档 622
梅 622
栢 622
栰 622
桙 622
栫 622
桝 622
欠 欬 646
歹 残 656
殊 657
殉 657
殳 殷 659
殸 659
殺 659
比 毘 664
毗 664
气 氤 669
氣 669
水 泰 675
海 698
浣 698
浛 698
涇 698
涓 698
浯 698
浤 698
浩(人) 699
浩 699
浚 699
消 699
消 699
浹 700
渉 700
浸 700
浸 700
洿 700
浙 700
涎 700
涕 700
涂 700
涛 700
流 700
涅 700
涅 700
浜 701
浮 701
浮 701
浦 702
浥 702
涌 702
浴 702
浬 702
涖 702
流 702
涙 704
浪 704
火 烠 739
烖 740
烟 743
烘 743
烙 743
烏 750
烋 750
烝 750
烈 750
父 爹 761
牛 牷 768
特 768
牦 768
犬 狹 775
狺 775
狷 775
狻 775
狽 775
狴 775
狳 775
狸 775
狼 775
玄 玆 780
玉 班 785
玺 786
珪 788
珩 788
珖 788
珥 788
珠 788
珮 788
珧 788
珱 788
珞 788
琉 788
用 甯 801
田 畜 807
畚 807
留 807
畠 807
畛 809
畔 809
畔 809
畝 809
畝 809
疒 疴 813
痂 813
痏 813
痀 813
痃 813
痁 813
疾 813
疽 814
症 814
疹 814
疸 814
疼 814
疲 814
痈 814
病 814
疱 815
白 皋 825
皮 皰 828
皿 益 830
益 830
盎 830
盈 830
盉 830
盍 830
盋 830
盌 830
目 真 836
眞 836
看 839
眚 839
眤 841
眡 841
眩 841
眛 841
眠 841
矢 矩(人) 849
矩 849
石 砰 854
砿 854
砥 854
砠 855
砧 855
破 855
砲 855
砲 855
砕 856
砺 856
示 祟 861
祛 864
祜 865
祠 865
祗 865
祝 865
神 865
祖 867
祚 867
祕 868
祔 868
祓 868
祓 868
祐 868
祥 868
禾 秉 872
秦(人) 872
秧 876
秬 876
秭 876
称 876
秤 876
租 876
秩 877
秘 877
秡 877
秣 877
穴 窄 886
窅 887
窈 887
窊 887
立 竝 890
站 892
竚 892
竹 笈 894
笄 894
笏 894
笇 894
笋 894
笑 894
笑 894
笊 895
笆 895
笆 895
笔 895
笓 895
米 粇 913
粋 913
粃 913
粉 913
粍 914
粏 914
粐 914
糸 索 920
紮 920
素 920
紊 921
紜 927
級 928
紘(人) 928
紗(人) 928
紙 928
純 928
紝 929
紐 929
納 929
納 929

総画索引

殆 656
殄 656
殃 656
殳 段 659
比 毘 664
毗 664
水 泉 674
洟 691
洩 691
洿 691
海 691
洄 693
活 693
洎 693
洶 694
洫 694
洪 694
洽 694
洸(人) 694
洚 694
洒 694
洙 694
洲(人) 695
洵(人) 695
洳 695
浃 695
浄 695
津 695
浅 695
洗 696
浊 696
洮 696
洞 696
派 697
派 697
洦 697
洋 697
洛 697
流 698
洌 698
洼 698
火 炭 740
炭 740
炯 742
炬 742
炫 742
炸 742
炷 742
烁 742
炻 742
炲 742
炳 742
炮 742
為 748
点 749
爪 爰 759
舀 759
爻 爼 761
爿 牁 762
牛 牲 767
牴 767
犬 狢 773
狟 773
狨 773
狭 773
狷 773
狡 773
狠 773
狩 773
狥 774
独 774
玄 玅 781
玉 珂 787
珈 787
珊 787
珉 787
珍 787
珎 787
玻 787
珀 787
珐 787
玲(人) 787
瓦 瓮 795
瓮 795
瓩 796
瓲 796
瓰 796
瓱 796
甘 甚 797
田 畏 804
界 804
畐 807
畍 808
畎 809
畊 809
畋 809
畉 809
畆 809
畑 810
疒 疫 812
疥 812
疰 813
疢 813
疣 813
癶 癸 820
発 820
白 皇 825
皆 827
皈 827
皿 盈 829
昷 829
盇 829
盃 829
盆 830
目 県 837
看 838
盾 838
省 838
眉(人) 838
冒 839
冐 839
盻 840
眈 841
盼 841
眇 841
眄 841
眊 841
相 845
矛 矜 846
矢 矦 847
矧 849
石 研 853
研 853
砂 854
砕 854
砌 854
砒 854
砭 854
示 祈 864
祇 864
祆 864
祉 864
祅 864
祝 865
神 865
祖 867
祢 868
祐(人) 868
禸 禹 871
禺 871
禾 科 874
秔 875
秋 875
秕 875
秒 876
穴 穽 886
窃 886
穿 886
突 886
立 竒 890
竕 892
竓 892
竹 竽 894
竿 894
笂 894
米 粂 912
粐 913
敉 913
粁 913
籾 913
糸 紆 925
紈 925
紀 925
級 926
糾 926
紅 926
紇 927
紂 927
約 927
約 927
缶 缸 955
网 罘 956
罘 956
羊 美 960
羽 羿 964
老 耇 971
者 971
而 耎 971
耑 972
耐 972
耳 耷 975
肉 胃 982
胤(人) 982
胥 982
胄 982
背 982
脊 983
胘 986
胋 986
胛 986
胙 986
胎 986
胆 987
胝 987
肺 987
胚 987
胖 987
胞 987
胞 987
脉 987
胡(人) 997
自 臭 1001
至 致 1002
臼 舁 1003
臿 1004
臾 1004
舟 舡 1007
艸 芔 1013
苡 1018
英 1018
苑 1019
苛 1019
茄 1020
苣 1020
苟 1020
苦 1020
苽 1021
茍 1021
若 1021
苫 1022
苒 1022
苴 1022
苔 1022
苧 1022
苕 1022
苨 1022
苳 1022
苺 1022
茇 1022
范 1022
苾 1023
苗 1023
苻 1023
苹 1023
苞 1023
茅 1023
茆 1023
苜 1024
茉 1024
茂 1024
苙 1024
苓 1024
荒 1025
茜(人) 1026
草 1026
荘 1027
茶 1028
虍 虐 1059
虐 1059
虫 虹(人) 1066
虵 1066
虻 1066
虺 1075
血 衂 1077
行 衍 1079
衣 衱 1088
衿(人) 1088
衵 1088
衽 1088
衲 1088
袂 1088
襾 要 1095
要 1095
覂 1096
言 訇 1107
計 1108
訂 1109
訃 1109
豕 豙 1138
貝 貞 1142
負 1143
負 1143
走 赳 1158
赴 1158
車 軍 1172
軌 1174
辵 迤 1188
迱 1188
迦 1188
迴 1189
迩 1189
述 1189
迠 1189
迨 1189
迢 1189
迪 1189
迭 1189
迯 1189
迫 1189
逆 1190
送 1191
退 1191
追 1192
逃 1193
迷 1193
邑 郁(人) 1218
郊 1218
邮 1218
耶(人) 1218
郎 1218
酉 酋 1223
酋 1223
酊 1224
里 重 1231
門 閂 1261
阜 陔 1273
限 1273
降 1273
陏 1273
陌 1273
陋 1273
面 面 1305
革 革 1307
韋 韋 1310
韭 韭 1311
音 音 1312
音 1312
頁 頁 1314
風 風 1324
飛 飛 1328
食 食 1329
食 1329
首 首 1336
香 香 1337
黽 黾 1390

10画

丿 乘 39
亠 亭 57
亳 57
亮 57
人 亸 62
倉 68
倚 96
俺 97
倨 97
倶 97
俱 97
倔 97
倪 97
倦 97
倹 97
個 97
倖(人) 98
候 98
倥 98
㑨 98
倅 98
借 98
俶 99
倡 99
倘 99
倩 99
偬 99
倬 99
値 99
倜 99
倒 99
俳 99
倍 100
俾 100
俵 100
俯 100
併 100
倣 100
俸 100
們 100
倮 100
倆 100
倫 101
倭(人) 101
儿 党 121
八 兼 126
兼 126
冂 冓 134
冓 134
冖 冤 136
冦 136
冣 136
冢 136
冢 136
冥 136
冫 凅 139
准 139
凄 139
凊 140
凋 140
凍 140
凌(人) 140
凉 140
刀 剏 150
剡 159
剞 159
荊 159
剣 159
剛 159
剤 160
剗 160
剔 160
剟 160
剝 160
剥 160
剕 160
剖 160
力 勍 169
勉 169
勑 169
匚 匿 177
匪 177
卩 卿 191
厂 原 192
厝 193
厤 193
又 叟 199
口 哥 206
哿 206
員 209
哭 209
唇 224
哲 224
唐 224
唐 224
唖 235
唉 235
哦 235
唏 235
唁 235
唔 235
哽 235
哮 235
唆 235
哨 235
哨 235
啄(人) 235
哢 236
唄(人) 236
哺 236
哩 236
唠 236
囗 圃 254

総画索引

肯 982
肴 982
冐 982
股 985
肱 985
肢 985
肫 985
肭 986
肺 986
肧 986
肥 986
肪 986
肬 986
臣 臥 998
卧 998
臼 臽 1003
舌 舍 1005
艸 芸 1014
芺 1015
花 1015
苍 1015
芽 1016
芥 1016
苅 1016
芟 1016
芹 1016
芩 1016
芡 1017
芫 1017
芰 1017
芷 1017
芯 1017
芮 1017
芧 1017
芭 1017
芙 1017
芬 1018
芳 1018
芦 1018
苆 1018
英 1018
苑(人) 1019
茄(人) 1020
芽 1020
苦 1020
茎 1021
若 1021
苗 1023
茅(人) 1023
茉(人) 1024
茂 1024
虍 虎(人) 1058
虫 虱 1062
蚤 1062
虯 1066
衣 表 1082
衫 1087
豕 豖 1138
走 赱 1157
赳 1158
車 軋 1174
辵 近 1187
迎 1187
迕 1188
迆 1188
返 1188
迚 1188
迦 1188
述 1189
迪(人) 1189
迭 1189
迫 1189
邑 邯 1217
邱 1217
邪 1217
邵 1218
邸 1218
邳 1218
金 金 1235
長 長 1257
門 門 1260
阜 阜 1270
阿(人) 1271
陆 1272
阻 1272
阼 1272
陀 1272
陁 1272
陂 1273
附 1273
隶 隶 1285
隹 隹 1285
雨 雨 1292
青 青 1302
靑 1302
非 非 1304
風 凮 1324
鼠 鼡 1392
齊 斉 1394

9画

一 並 30
丿 乗 38
乙 乹 44
二 亟 52
亠 亰 56
享 56
亯 56
亭 56
亮(人) 57
人 俎 61
俞 68
俄 91
俠 91
係 91
俁 91
俔 91
侯 91
俟 91
俊 92
俏 92
信 92
侵 93
侵 93
侲 93
促 93
俗 93
俦 94
俉 94
俘 94
侮 94
俜 94
便 94
俛 95
保 95
俑 96
俚 96
俐 96
侶 96
俤 96
俥 96
俣 96
儿 兗 121
入 兪 122
冂 冑 134
冖 冠 135
几 凫 142
凵 凾 146
刀 剏 150
前 151
前 151
剄 158
剋 158
剉 158
削 158
剒 158
則 158
剃 159
刺 159
力 勇 164
勇 164
勁(人) 168
勅 168
勉 168
勃 168
勹 匍 173
匚 匽 177
十 南 181
単 184
卑 185
卩 卻 191
卸 191
卽 191
即 191
厂 厚 192
厖 192
厘 192
厶 負 195
又 叜 199
叚 201
叙 201
叛 201
叛 201
口 品 203
哀 205
咸 206
咢 209
咼 224
哉(人) 224
咨 224
呰 224
哇 234
咿 234
咽 234
咳 234
咯 234
咥 234
咬 234
哄 234
哈 234
咡 235
咲 235
唉 235
哂 235
咤 235
咩 235
咾 235
响 235
咫 246
口 圀 254
囿 254
土 型 259
垣 268
垓 268
垠 268
垢 268
城 268
垜 269
垛 269
垤 269
垳 269
垪 269
垰 269
垬 269
士 壴 279
夊 复 281
変 281
大 奏 297
奎(人) 299
奔 299
奕 303
奐 303
契 304
契 304
女 姦 306
威 306
姜 308
姿 308
姿 308
娄 308
娃 315
姨 315
姻 315
姙 315
姶 315
姫 315
姸 315
姰 315
姤 315
姮 315
姝 315
姪 315
姙 315
姥 315
姚 315
子 孩 328
宀 客 337
宦 338
室 338
宣 338
宥(人) 338
寸 専 352
封 355
尸 屋 367
屍 368
屎 368
屏 368
屌 368
山 峇 374
峡 378
峙 379
峒 379
峠 379
巛 甾 382
己 巻 387
巹 387
巷 387
巷 387
巾 帞 390
帝 390
帝 390
帥 395
幺 幽 401
兹 402
广 庠 405
庤 406
度 406
廴 廻 413
建 413
廼 414
廾 弈 416
弇 416
弓 弯 419
弭 421
彑 彖 424
彖 424
彡 彦(人) 425
彥 425
形 426
彳 徊 431
後 431
很 433
徇 433
待 433
徉 433
律 433
心 怨 448
急 449
急 449
思 450
怎 450
怱 450
怠 450
怒 450
悔 468
恢 468
恠 468
恪 468
恊 469
恇 469
恟 469
恔 469
恒 469
恆 469
恰 469
恍 469
恨 469
恃 469
恤 469
恂 470
恬 470
恫 470
恡 470
戸 扃 487
扁 487
手 拏 490
拜 493
按 504
拽 504
挌 504
括 504
拮 504
挟 504
拱 504
挂 504
挍 505
拷 505
拶 505
指 505
批 505
持 505
拾 506
拯 506
拭 506
拵 506
挑 506
拓 506
拼 506
拝 506
挾 506
挊 506
挧 507
支 叓 527
故 531
政 532
敄 532
斤 斫 544
方 施 549
斿 550
日 昱 557
昰 558
昻 558
是 558
星 558
昴(人) 559
易 559
昬 562
春 563
昼 563
映 567
昡 567
昨 567
昵 568
昭 568
昧 568
昶 575
曰 曷 577
月 胐 584
木 柬 595
査 597
查 597
柰 597
栄 600
架 600
枲 601
柴 601
柔 601
染 601
某 601
枼 601
柑 614
枷 614
柯 614
枴 614
柺 614
柑 614
枳 614
柩 614
枸 614
枯 614
柧 615
柙 615
相 615
柵 615
栅 615
柞 615
柿 615
柘 615
柊(人) 615
柊 615
柷 615
柗 615
柁 615
柂 615
柝 615
柟 615
柱 615
柱 615
柢 616
柤 616
柏 616
柈 616
柀 616
柲 616
柎 616
柄 616
柄 616
枰 616
枹 616
柚(人) 616
柳 617
栁 617
柃 617
柆 617
栂 617
栃 617
柾(人) 617
止 歪 653
歹 殂 656

刑 156
刳 156
刻 156
刻 156
刷 157
刺 157
刵 157
制 157
刹 158
到 158
カ 券 164
劾 167
劾 167
劼 168
効 168
ク 匊 173
十 卓 180
卑 183
卒 183
卓 184
卑 184
協 186
ト 卦 187
卩 巻 188
卺 188
卻 191
卸 191
卹 191
厂 厓 192
ム 参 195
又 叕 197
受 199
受 199
臤 200
取 200
叔 201
口 呪 209
咎 222
咎 222
周 222
周 222
咅 223
杏 223
命 223
咏 232
呵 232
咍 232
呟 232
呼 232
呱 233
呷 233
咋 233
呪 233
呻 233
咀 233
咜 233
呫 233
呶 233
咄 233
咐 233
咆 233
味 233
呦 234
咊 234
和 245
囗 囷 252
固 252
国 252
囹 253
土 坐 258
垂 258
坴 259
垈 259
坳 267
坩 267
坤 267
坼 267
坦 268
坻 268
坫 268
坡 268
坿 268
坪 268
坪 268
垉 268
夊 夌 281
夕 夜 284
大 奉 296
奄 297
奇 297
奈(人) 298
奔 298
女 委 307
妻 308
妾 308
姉 312
姑 313
始 313
姉 314
姒 314
姓 314
姐 314
妲 314
妬 314
妹 314
姆 314
妹 314
子 孟(人) 323
学 325
季 326
孥 327
孤 327
宀 宛 332
官 332
宜 333
実 334
宗 335
宙 335
定 335
宕 336
宓 336
宝 336
寸 导 351
小 尚 362
尚 362
尢 尩 363
尸 届 366
屆 366
居 366
屈 367
山 岸 374
岩 374
岪 374
岳 377
岡 377
岱 377
岵 378
岬 378
岫 378
岨 378
岻 378
岶 378
岷 378
岼 378
峅 378
岾 378
巛 甾 382
巾 帚 390
帒 390
帑 390
帛 390
帙 393
帖 393
帕 393
帓 393
帔 393
干 并 400
幸 400
广 庚 405
底 405
店 405
庙 405
府 405
庖 405
庖 405
廴 延 413
廻 413
廸 413
弓 弩 419
弦 420
弧 421
弛 421
弥(人) 421
弣 421
彑 彔 424
录 424
彳 往 429
往 429
徃 429
径 430
征 430
徂 430
彽 430
彼 430
彿 431
心 忽 447
忩 447
忠 447
忝 448
念 448
忿 448
忝 464
怡 466
怏 466
怪 466
怯 466
怳 466
怗 466
怐 467
怍 467
怩 467
怵 467
性 467
怔 467
怛 468
怕 468
怖 468
怫 468
怦 468
怜(人) 468
㤢 468
怺 468
戈 戔 480
或 483
戕 484
戸 房 486
房 486
戻 487
手 承 490
押 499
拐 499
拐 499
拡 499
拑 499
拒 499
拒 499
拋 499
拘 500
招 500
抻 500
拙 500
拖 500
拕 500
抬 500
拓 500
拆 501
担 501
抽 501
拄 501
抵 501
拈 501
拝 501
拍 502
拔 502
拌 502
披 502
拊 503
拂 503
抦 503
拇 503
抱 503
抱 503
拋 503
抹 503
拗 503
拉 503
攴 政 530
放 530
攽 531
斤 斧 543
所 543
所 543
方 斻 549
於(人) 549
日 昌(人) 555
易 556
昂(人) 557
杲 557
昊 557
昆 557
昇 557
昃 557
旻 557
昏 562
旹 562
昔 562
旺(人) 566
昉 566
明 566
明 566
曰 曷 577
月 朋(人) 582
朋 582
服 584
服 584
木 林 588
東 594
杰 597
杳 597
杏 597
果 599
采(人) 599
采 599
枀 600
枈 600
枉 610
枒 610
杴 611
枅 611
杭 611
枝 611
杮 611
杵 611
松 611
枢 612
枘 612
析 612
枏 612
杌 612
杻 612
杼 612
枕 612
枓 612
杷 613
杯 613
柿 613
杬 613
板 613
枇 613
杪 613
枌 613
枋 613
枚 613
枦 614
枡 614
枠 614
欠 欧 646
欣(人) 646
止 歫 650
歩 650
武 652
歹 歿 655
殁 655
殀 655
殳 殴 658
毋 毒 662
毛 毟 665
氏 氓 667
气 氛 669
水 沓 674
泆 684
泳 684
沿 684
泱 684
泓 684
河 684
泔 685
泣 685
況 685
泫 685
沽 685
泗 685
泅 686
沮 686
沼 686
泄 686
泝 686
沱 686
沲 686
治 686
注 687
注 687
泥 687
沾 687
沺 688
波 688
泊 688
泌 688
泯 688
沸 689
法 689
㳒 689
泙 691
泡 691
泡 691
沫 691
油 691
泪 691
泠 691
火 炎 739
炙 740
炕 742
炊 742
炒 742
炆 742
炉 742
爪 爭 759
争 759
爬 760
爿 牀 762
片 版 762
牛 牧 766
物 767
犬 狀 770
狗 772
狐 772
狎 773
狙 773
狛 773
狒 773
玉 玩 786
玦 787
玫 787
玢 787
瓦 瓩 796
田 画 804
畫 804
畄 807
甽 808
畎 808
疒 疚 812
疝 812
白 的 827
的 827
皿 盂 829
目 直 834
具 837
盲 837
盲 837
盱 840
矢 知 847
石 矼 853
矻 853
示 祁 863
祀 863
社 863
礿 864
祈 864
祇 864
祉 864
禾 秉 871
秊 872
秇 874
秄 874
穴 穹 884
空 884
突 886
立 竏 892
竹 竺 894
米 籴 912
粁 913
糸 糾 925
缶 匋 955
网 罔 956
罕 956
羊 羌 960
老 者 970
肉 育 981
肩 981
肩 981

総画索引

部首	字	頁
	匣	177
	匤	177
十	丣	183
卜	卣	187
卩	却	189
	即	190
	卵	190
又	叓	199
	叏	199
	𠬶	199
	𠬶	199
	𠬢	200
	𠬧	200
口	呂(人)	205
	呉	208
	吳	208
	吴	208
	呈	209
	呈	209
	呆	209
	含	219
	君	220
	吾(人)	221
	告	221
	吿	221
	呑	222
	吞	222
	否	222
	吝	222
	吽	231
	呍	231
	呀	231
	吸	231
	呌	231
	听	231
	吟	231
	吭	231
	吼	231
	吹	231
	呎	232
	吮	232
	吶	232
	吠	232
	吻	232
	吩	232
囗	囲	250
	囮	251
	囬	251
	囧	251
	国	251
	困	251
	囱	251
	図	251
土	坐	258
	㘴	258
	𡉏	258
	坎	266
	圻	266
	均	266
	坑	267
	址	267
	坏	267
	坂	267
	坊	267
士	壱	278
	声	278
	壯	280
夂	夆	281
	夋	281
大	夾	296
女	妟	307
	妥	307
	妥	307
	妓	312
	妍	312
	妒	312
	妊	312
	妣	312
	妋	312
	妨	312
	妙	312
	妤	313
	妖	313
	妝	321
子	孝	324
	孝	324
	孚	325
	孛	325
	孜	327
宀	完	331
	宐	332
	宏(人)	332
	宋	332
	宍	332
寸	寿	351
	㝵	351
	寽	351
	尀	354
	対	354
尢	尨	363
	尫	363
	尪	363
尸	局	365
	尿	365
	屁	365
	尾	365
山	岌	373
	岑	373
	妛	374
	岔	377
	岏	378
	岐	378
巛	巠	382
	巟	382
	巡	382
工	巫	383
	巩	385
己	巵	387
巾	希	389
	帋	390
广	庋	404
	序	404
	床	404
	庇	404
廴	延	412
	廷	412
廾	𢍏	414
	弃	415
	弄	415
弓	弟	418
彡	形	425
	彤	426
彳	役	428
	彴	429
	彷	429
心	応	445
	忌	446
	志	446
	忒	446
	忍	446
	忍	446
	忘	447
	忘	447
	快	465
	忻	465
	忤	465
	忼	465
	忛	465
	忸	465
	忱	465
	忰	466
	忡	466
	𢗊	466
	忭	466
戈	我	482
	戒	482
	成	483
戸	戻	486
手	扲	495
	找	495
	技	495
	抂	495
	抉	495
	抗	495
	抅	495
	扻	495
	抒	495
	抄	495
	折	496
	抓	496
	扱	496
	択	496
	投	496
	抖	497
	把	497
	抜	497
	批	498
	扶	498
	扮	498
	抃	498
	抔	498
	抛	498
	扼	498
	抑	499
攴	改	528
	攺	528
	攻	529
	攸	529
日	旱	556
	旵	562
	旰	565
	时	565
曰	曳	577
	更	577
木	束	593
	来	593
	杏(人)	596
	李(人)	596
	杢	597
	条	599
	杇	608
	杆	608
	杞	608
	杠	608
	杌	608
	杈	608
	材	609
	杉	609
	杓	609
	杪	609
	杖	609
	村	609
	杕	609
	杜(人)	609
	杙	610
	杁	610
	杣	610
	杤	610
止	歩	650
毋	毎	662
水	汞	674
	求	674
	㳅	678
	汪	678
	汽	679
	沂	679
	汲	679
	決	679
	沅	680
	沍	680
	沆	680
	汩	680
	沙(人)	680
	沚	680
	沁	680
	汭	680
	汰(人)	680
	沢	680
	沖	681
	沈	681
	沉	681
	沌	682
	沛	682
	泛	682
	汾	682
	汶	682
	汨	683
	汴	683
	汳	683
	没	683
	沒	683
	沐	683
	沃	683
	沕	684
火	灸	740
	災	740
	灾	740
	灵	740
	灼	741
	灶	741
牛	牢	765
	牡	766
犬	状	770
	狁	771
	狂	771
	狃	772
	狆	772
	狄	772
	𤜶	772
	犹	772
玉	玕	786
	玖(人)	786
	玔	786
瓦	瓧	796
用	甫(人)	801
	甬	801
田	男	804
	甼	804
	甹	804
	甸	806
	町	808
疒	疔	812
白	皁	825
	皂	825
	皀	825
	皃	825
	皃	825
目	𥃩	837
矢	矣	847
	矣	847
	医	847
石	矴	853
示	祁	863
	社	863
禾	秀	872
	秃	872
	私	873
穴	究	884
立	竍	892
糸	系	920
	糺	925
网	罕	956
肉	育	981
	肙	981
	肓	981
	肖	981
	肖	981
	肝	985
	肛	985
	肘	985
	肚	985
臣	臣	998
	臣	998
	臣	998
臼	臼	1004
舛	舛	1006
艮	良	1010
艸	芋	1014
	芎	1014
	芝	1014
	芍	1014
	芊	1014
	芒	1014
	芃	1014
	花	1015
	芹(人)	1016
	芸	1016
	芙(人)	1017
	芳	1018
虫	虬	1066
見	見	1098
角	角	1102
言	言	1106
谷	谷	1136
豆	豆	1137
豕	豕	1138
豸	豸	1140
貝	貝	1142
赤	赤	1156
走	走	1157
足	足	1161
身	身	1169
車	車	1171
辛	辛	1181
辰	辰(人)	1184
辵	辵	1185
	迆	1186
	迂	1186
	迄	1186
	迅	1186
	迁	1187
	达	1187
	辿	1187
	近	1187
	迎	1187
	返	1188
邑	邑(人)	1216
	邛	1216
	邪	1216
	邨	1216
	那(人)	1216
	那	1216
	那	1216
	邦	1216
	邦	1216
酉	酉(人)	1223
釆	釆	1230
里	里	1231
長	镸	1257
阜	阨	1270
	阮	1270
	阬	1270
	阯	1270
	阱	1271
	阫	1271
	阪	1271
	防	1271
風	凬	1324
麥	麦	1383

8画

部首	字	頁
一	並	29
丿	乖	38
乙	乳	43
	乳	43
亅	事	45
二	亞	52
	些	53
亠	享	55
	京	56
	亨	56
	亩	56
人	來	61
	舎	67
	舍	68
	侖	68
	依	86
	佾	87
	価	87
	佳	87
	佪	87
	侃(人)	87
	佶	88
	侠	88
	供	88
	佼	88
	佷	88
	使	88
	侈	89
	侍	89
	侏	89
	侚	89
	侭	89
	侘	89
	侂	89
	佻	89
	侄	89
	侗	89
	侫	89
	佩	89
	佰	90
	侮	90
	併	90
	侔	90
	侑(人)	90
	佯	90
	例	90
儿	兟	114
	兖	120
	尭(人)	120
	兕	120
	兒	120
	兔	120
	兔	120
	兎	120
	免	120
入	兩	122
八	其	129
	具	129
	具	129
	典	130
冫	冽	139
几	凭	142
凵	画	145
	函	146
	函	146
刀	券	148
	劵	148
	刱	150
	刮	156

総画索引

子 孕 323
宀 宄 329
宂 329
它 329
宁 329
寸 対 354
小 尓 362
尒 362
尸 尻 364
尼 365
山 岁 373
工 巨 383
巨 383
左 384
巧 385
巾 市 388
布 389
干 平 397
平 397
幺 幼 402
广 広 403
庁 404
廾 弁 414
弋 式 416
弓 弗 418
弘(人) 420
心 必 443
忉 465
戈 戉 480
戊 480
戸 戹 486
手 打 493
払 494
扑 494
扒 494
斤 斥 543
无 旡 552
日 旦(人) 555
旧 574
木 朮 589
本 589
末 591
未 591
札 607
止 正 651
歹 歺 654
歺 654
毋 母 661
氏 氐 666
民 666
水 永 672
氷 673
汁 675
汀(人) 675
氾 676
片 片 762
牙 牙 763
犬 犮 769
犰 771
犯 771
玄 玄 779
玉 玉 781
王 785
瓜 瓜 794
瓦 瓦 795
甘 甘 797
生 生 798
用 用 800
田 田 802
甲 802
申 803
由 803
疋 疋 811
疒 疒 812
癶 癶 820
白 白 823
皮 皮 828
皿 皿 829
目 目 834
矛 矛 846
矢 矢 847
石 石 850
示 示 861
礼 862
内 内 870
禾 禾 871
穴 穴 884
立 立 890
网 罓 956
罒 956
辵 辷 1185
辺 1185
込 1186
辻 1186

6画

一 卋 16
乓 25
両 25
丞(人) 29
丿 乑 38
自 38
亅 争 45
二 亘(人) 51
亙 51
弐 53
亠 亦(人) 54
亥(人) 54
亥 54
交 54
产 55
产 55
人 会 64
企 65
全 65
伊(人) 75
仮 75
价 76
伎(人) 76
休 76
伋 76
仰 76
似 77
仳 77
件 77
伍(人) 77
伉 77
伜 77
仲 77
伝 77
任 78
伐 79
份 79
伏 79
仿 79
役 79
儿 兆 113
兇 116
光 116
充 117
先 117
兊 118
入 全 122
八 关 126
关 126
共 128
冂 冊 134
冎 134
再 134
冫 尽 138
决 138
冱 138
冴 138
冴 138
冲 138
冰 138
几 凧 142
凩 142
凪(人) 142
刀 刔 149
划 153
刓 153
刑 153
刑 153
刎 153
刖 153
刎 153
列 153
力 劦 163
劣 164
勹 匈 173
匚 匡(人) 176
匠 177
医 177
十 卍 180
卉 181
卋 181
卩 危 188
印 189
口 吏 204
吊 208
各 214
吉 214
吉 214
后 215
向 215
合 216
同 217
名 218
吃 230
吸 230
叫 230
吁 230
吒 230
吐 230
吋 231
口 因 248
回 249
囟 250
団 250
土 圭(人) 256
压 257
在 257
圯 265
地 265
圮 266
圷 266
圳 266
士 壮 280
夂 夅 281
夕 多 283
夛 283
夙 285
寻 285
寻 285
大 夷 295
夹 296
夹 296
夸 297
吴 303
女 妄 307
妄 307
奸 310
好 310
妁 311
如 311
妃 312
子 字 323
存 324
宀 安 330
宇 330
守 331
宅 331
寸 寺 351
小 尖 361
当 361
屮 屰 371
山 屺 378
屹 378
屼 378
巛 州 381
巟 382
巡 382
工 巩 385
巩 385
巾 帆 393
帆 393
师 395
干 开 397
年 399
并 400
广 庄(人) 404
廾 异 415
弋 弎 416
式 416
弓 弛 420
心 忖 465
忙 465
忙 465
戈 戋 480
戌 481
戎 481
戍 481
成 481
手 扞 494
扛 494
扣 494
扠 494
扱 494
扡 494
托 494
扚 494
扨 494
支 攷 528
收 528
方 㫃 549
扩 549
日 早 555
旨 561
旬 562
旭(人) 575
曰 曳 576
曲 576
月 有 582
木 朿 592
朱 592
朱 593
朶 598
机 607
朽 608
朷 608
朳 608
朴 608
朸 608
朳 608
欠 次 645
次 645
止 此 654
歹 死 654
毋 毎 662
气 気 667
水 汞 674
汚 676
污 676
汙 676
汗 676
汔 676
江 676
汕 677
汜 677
汝 678
汐(人) 678
池 678
汎 678
汢 678
火 灰 739
灰 739
灯 741
牛 牟 765
牝 766
犬 犲 771
白 百 826
示 礼 862
竹 竹 893
米 米 911
糸 糸 919
缶 缶 955
网 网 956
羊 羊 960
羽 羽 964
羽 964
老 老 968
考 970
而 而 971
耒 耒 972
耳 耳 973
聿 聿 978
肉 肉 980
肎 981
肌 984
肋 985
臣 臣 998
自 自 999
至 至 1002
臼 臼 1003
舌 舌 1005
舛 舛 1006
舟 舟 1007
艮 艮 1010
色 色 1011
艸 艸 1013
艾 1013
艽 1014
芋 1014
芝 1014
虍 虍 1058
虫 虫 1062
血 血 1075
行 行 1077
衣 衣 1081
襾 襾 1094
覀 1094
西 1094
走 赱 1157
辵 辷 1186
辻 1186
迂 1186
迄 1186
迅 1186
辿 1187
邑 邗 1216
邛 1216
邙 1216
阜 阡 1270

7画

一 亜 26
丨 串 33
亜 33
丿 乕 38
乙 乱 42
亅 事 45
二 亜 52
亠 亨(人) 55
亨 55
人 余 66
位 80
佚 80
何 80
伽(人) 81
佉 81
佝 82
估 82
佐 82
作 82
伺 83
似 83
佀 83
你 83
伱 83
住 83
住 83
伸 83
佗 83
体 84
但 84
佇 84
低 85
佃 85
佞 85
佩 85
伯 85
伴 86
伴 86
佈 86
佛 86
佑(人) 86
伶(人) 86
儿 克 118
児 119
兌 119
兑 119
兎 119
売 119
兔 119
八 兵 128
冂 冏 134
冫 况 138
冴(人) 138
冸 138
冶(人) 138
冷 138
刀 刧 150
初 150
刦 154
刪 154
删 154
判 154
判 154
別 154
利 155
力 努 164
労 164
劬 167
劫 167
助 167
劭 167
励 167
匚 医 177
医 177

総画索引

総画索引

この索引は，本辞典に収録した漢字を総画数順に配列したものである。同画数の場合の配列は部首順。右端の数字がその漢字の掲載ページを示す。

漢字の左の記号は所属する部首を示す。また，常用漢字は赤字で示し，人名用漢字には[人]を付けた。

1画

一 一 1
丨 丨 30
丶 丶 33
丿 丿 36
㇏ 36
乙 乙 39
亅 亅 44
非漢字
〇 1400

2画

一 七 7
丂 17
丁 17
丨 丩 30
丿 乂 36
乃[人] 36
乙 九 39
亅 了 44
二 二 46
亠 亠 53
人 人 58
儿 儿 113
入 入 121
八 八 123
冂 冂 131
冖 冖 135
冫 冫 137
几 几 141
凵 凵 143
刀 刀 146
刁 147
力 力 163
勹 勹 172
匕 匕 174
𠤎 174
匚 匚 176
匸 176
十 十 178
卜 卜 187
卩 卩 188
厂 厂 191
厶 厶 195
又 又 196
非漢字
× 1400
〻 1400
〆 1400

3画

一 三 9
丈 14
与 14
下 17
万 19
上 26
丨 丬 30
丫 33
个 33
丶 丸 33
之[人] 34
丿 久 36
及 37
乇 37
么 37
乙 也[人] 41
乞 41
二 于 52
亐 52
亏 52
亍 52
亠 亡 53
亾 53
人 亼 61
儿 兀 114
几 凡 141
凡 141
凢 141
刀 刃 147
刄 147
刅 147
勹 勺 172
勺 172
十 廾 179
卂 182
千 182
卩 卪 188
又 叉 197
口 口 202
囗 囗 246
土 土 255
士 士 278
夂 夂 280
夊 281
夕 夕 283
大 大 288
女 女 305
子 子 321
孑 323
孓 323
宀 宀 329
寸 寸 350
小 小 357
尢 尢 363
尸 尸 364
屮 屮 371
屮 371
山 山 372
巛 巛 381
川 381
工 工 382
己 己 386
已 386
巳[人] 386
巾 巾 388
干 干 397
幺 幺 401
广 广 403
廴 廴 412
廾 廾 414
弋 弋 416
弓 弓 417
彐 彑 424
ヨ 424
彐 424
ヨ 424
彡 彡 425
彳 彳 428
手 才 489
非漢字
△ 1400
々 1400

4画

一 丈 15
丏 21
不 21
丐 25
丑[人] 28
丨 丯 30
丰 30
丱 30
丮 30
中 30
丰 33
丶 丹 33
亅 予 44
二 五 48
互 51
井 51
云 52
亠 亢 54
人 从 60
仄 61
介 62
今 62
仐 63
化 69
化 69
仇 69
什 69
仍 70
仁 70
仆 71
仏 71
仂 72
儿 允[人] 114
元 114
入 内 122
八 兮 124
兯 124
公 124
六 127
冂 円 131
冄 131
内 131
冃 133
冖 宂 135
冗 135
凵 凶 144
刀 办 147
分 147
切 149
刈 152
勹 匀 172
勻 172
勾 172
勿 172
匂 172
匁 172
匚 区 176
匹 176
匹 176
十 升 179
卅 179
午 183
卆 183
卜 卡 187
卩 卬 188
厂 厄 191
厶 厷 196
又 双 196
及 197
反 197
夊 198
友 198
収 200
土 圡 255
壬 257
士 壬 280
大 夬 293
太 293
夫 294
天 300
夭 303
子 孔 327
小 少 360
尢 尣 363
尤 363
尸 尹 364
尺 364
屮 屯 371
山 屮 378
巛 巛 381
己 巴[人] 386
巾 币 388
市 388
干 开 397
幺 幻 402
廾 廿 414
廿 414
弋 弌 416
弓 弔 418
弖 419
引 419
心 心 441
戈 戈 480
戸 戸 486
戶 486
手 手 488
扎 493
支 支 526
攴 攴 527
攵 527
文 文 538
斗 斗 541
斤 斤 543
方 方 547
无 旡 552
无 552
日 日 553
曰 曰 575
月 月 581
月 581
木 木 588
欠 欠 645
止 止 649
歹 歹 654
殳 殳 658
毋 毋 661
毌 661
比 比 663
毛 毛 664
氏 氏 666
气 气 667
水 水 670
火 火 738
爪 爪 759
父 父 760
爻 爻 761
爿 爿 762
片 片 762
牙 牙 763
牛 牛 764
犬 犬 769
玉 王 781
王 783
王 783
网 罒 956
艸 艹 1013
艹 1013
非漢字
□ 1400

5画

一 册 15
世 15
丗 15
丙 25
丙 25
丘 29
且 29
丕 29
丨 㠯 33
丱 33
丶 丼 34
主 34
主 34
丿 乏 37
乎 37
乍 38
亠 亣 54
人 以 61
今 63
参 63
仝 63
令 63
仕 72
仔 72
仗 72
仞 72
仭 72
仙 72
仟 73
他 73
代 74
付 74
儿 兄 115
充 116
八 谷 126
冂 冋 133
同 133
冊 133
冉 133
冉 133
冖 写 135
冫 冬 137
冬 137
几 凧 142
処 142
凵 出 143
凹 145
凸 145
刀 切 149
切 149
刊 152
刋 152
力 加 165
功 166
勹 匃 173
匄 173
匆 173
匆 173
包 173
包 173
匕 北 174
匚 匝 176
匝 176
十 半 179
半 179
卉 181
卜 占 187
卡 187
卩 卮 188
卯 189
卯[人] 189
夘 189
厂 厉 192
厶 去 196
口 史 204
叵 204
另 207
号 207
只[人] 208
另 208
右 210
可 210
句 211
古 211
司 213
召 213
台 213
叶[人] 229
叫 229
叫 229
叩 229
叱 230
叮 230
叨 230
叭 230
叺 230
囗 囙 246
四 246
囚 248
土 圧 257
圣 257
圦 264
夕 夗 286
外 286
大 央 295
失 295
夫 295
夲 297
女 奴 310

総画索引

現代漢語例解辞典〔第二版〕〈二色刷〉

一九九二年一月二〇日　第一版　発行
一九九七年一月　一　日　第一版〈二色刷〉　発行
二〇〇一年一月　一　日　第二版〈二色刷〉　第一刷発行
二〇〇一年二月一〇日　第二版〈二色刷〉　第二刷発行

編　集　小学館辞典編集部
発行者　佐　藤　憲　正
印刷所　図書印刷株式会社

発行所　株式会社　小　学　館
東京都千代田区一ツ橋二丁目三―一
郵便番号一〇一―八〇〇一　振替〇〇一八〇―一―二〇〇
電話
編集　（〇三）三二三〇―五一七〇
制作　（〇三）三二三〇―五三三三
販売　（〇三）三二三〇―五七四五

ISBN4-09-501082-7

一

一
一 1　二 46　言 1105　示 860　／　戸 486　豆 1136　鬲 1356
兀 362　歹 654　瓦 795　石 850　豕 1138　／　而 971　面 1305
頁 1314　至 1001　／　工 382　耳 973

干
干 397　玉 781 王　鬥 1354　／　旡 552 旡 无　牙 763 牙
雨 1292　襾 1094 西　酉 1223

厂
厂 191　辰 1183　／　長 1257 镸　髟 1352　／　馬 1338

丨

丨
丨 30　亅 44　刂 151　丬 761 爿　／
小 357　忄 465　⺌ 464　／　水 669 氺　川 381　山 371
黹 1389　／　非 1304　韭 1311　／　鬥 1354　門 1260　／

卜
卜 186　歺 654　虍 1058　攴 527　鹵 1380　／　止 649　歯 1395 齒

卩
卩 187　阝(右) 1216　阝(左) 1270

乚

乛
乙 39　飛 1328　／　子 321　矛 846　癶 820　疋 810 ⺪　皮 828
刀 146　力 163　羽 964　／　彐 424 ヨ ⺕　聿 978　隶 1285
／　己 385 巳 已　弓 417　／　尸 363
卩 187 㔾　阝(右) 1216　阝(左) 1270　／　門 1260　艮 1010

乚
厶 195　幺 401　糸 919　／　巛 381　／　彑 424　爿 761
／　乚 42　匕 174　比 663　／　凵 143　山 371　鬯 1355

匚
匚 175　匸 178　臣 998

冖
冖 135　罒 956　／　冂 131　网 956　皿 829　骨 1348　黽 1389
／　几 141　殳 658　風 1324　／　月 581　月(肉) 981　用 800

十

十
十 178　艹 1013 艹　廾 414
黄 1385 黃　革 1306　甘 797
土 255　老 968 耂　赤 1156
走 1157　／　士 277　鼓 1391
／　支 526　皮 828　舛 1006
青 1302 靑　麦 1383　生 798

寸
寸 350　／　扌 493

木
木 587　禾 871　米 911　釆 1230
麥 1383　耒 972

大
大 287　犬 769　尢 362

弋
弋 416　戈 480　氏 666

ナ
爻 761 㐅　犭 771
子 321　皮 828
又 196　廴 412
／　力 163　韋 1310 韋
聿 978　隶 1285
／　女 305　毋 661
／　中 371　艸 1012
巾 387　内 870　肉 979　网 956
／　舟 1006
／　車 1170　虫 1061

コード表の使い方

(1) このコード表は，「日本工業規格」(ＪＩＳ)で定められている漢字体系〈7ビット及び8ビットの2バイト情報交換用符号化拡張漢字集合／ＪＩＳ Ｘ 0213 : 2000〉の第3水準漢字（1249字)，第4水準漢字（2436字）の全漢字3685字を掲載した。

① それぞれの漢字に「面区点コード」「ＪＩＳコード」「シフトＪＩＳコード」の3種類のコードを示した。

② 面区点コードの最初が「1」のものが第3水準漢字であり，「2」のものが第4水準漢字である。

(2) ＪＩＳ第1水準漢字（2965字)，第2水準漢字（3390字）の6355字は，ワープロ・パソコン等ですべて入力できる。また，『現代漢語例解辞典』にはこれらすべての漢字が収録されている。しかし，第3水準・第4水準の漢字は今のところワープロ・パソコン等に搭載されておらず，それらで使用することはできない。このコード表は，どのような漢字が第3水準・第4水準の漢字に定められているか，参考までに示したものである。

(3) 漢字の配列は部首順とし，同一部首の中では部首内画数順とした。部首内画数が同じである場合は，最初に第3水準漢字をコード順に，次に第4水準漢字をコード順に並べた。

(4) 収録した第3水準・第4水準の漢字3685字のうち，『現代漢語例解辞典』に見出し漢字として採用されている漢字にはその本文ページを右端に示した。また，採用されていない漢字については，参考までにその漢字の音（片仮名)，訓（平仮名）を適宜示した。

(5) 本書の字形・部首・部首内画数等は〈ＪＩＳ Ｘ 0213〉に従うことを原則とした。そのため，『現代漢語例解辞典』の見出し漢字とは必ずしも一致しないところがある。

①部首の名
②部首を除いた部分の画数
③ＪＩＳ第3水準・第4水準漢字
④面区点コード
⑤ＪＩＳコード
⑥シフトＪＩＳコード
⑦本文の掲載ページ（本文にない場合は、適宜読みを示した）

一 部

1	𠂉	**2-1-1**	2121／F040		
	丂	**2-1-2**	2122／F041		17
3	𠀋	**1-14-2**	2E22／87A0		15
	丏	**2-1-3**	2123／F042		25
	丒	**2-1-4**	2124／F043	チュウ	
5	㐂	**1-14-3**	2E23／87A1		25

丨 部

0	丨	**1-14-4**	2E24／87A2		30
1	丩	**2-1-5**	2125／F044		30
2	丫	**2-1-6**	2126／F045		33
3	丯	**1-14-5**	2E25／87A3		30
	丰	**1-14-6**	2E26／87A4		33
	丮	**2-1-7**	2127／F046		30
4	㠯	**2-8-79**	286F／F0ED		33

丿 部

0	乀	**2-1-8**	2128／F047		36
2	乇	**2-1-9**	2129／F048		37
	么	**2-1-10**	212A／F049		37
5	𠂢	**2-1-11**	212B／F04A	ハ・ハイ	
	乑	**2-1-12**	212C／F04B		38
	㐆	**2-1-13**	212D／F04C		
	𠂤	**2-1-14**	212E／F04D		38

乙(乚)部

0	乚	**2-1-15**	212F／F04E	イン	
5	乩	**2-1-16**	2130／F04F	ケイ	

二 部

1	亍	**1-14-7**	2E27／87A5		52
6	亝	**2-1-17**	2131／F050	セイ	

亠 部

5	㐬	**2-1-18**	2132／F051		382
11	㐮	**2-1-19**	2133／F052	ジョウ	
20	亹	**2-1-20**	2134／F053		57

人(𠆢・亻)部

0	亻	**2-1-21**	2135／F054	にんべん	
	𠆢	**2-1-22**	2136／F055	ひとやね	
1	亼	**2-1-23**	2137／F056	シュウ	
2	仃	**2-1-24**	2138／F057	テイ	
	仈	**2-1-25**	2139／F058	ハツ・ハチ	
	仐	**2-1-26**	213A／F059		63
3	仡	**1-14-8**	2E28／87A6	キツ・コチ	
	仫	**2-1-27**	213B／F05A		
	仚	**2-1-28**	213C／F05B	ケン	
4	份	**1-14-9**	2E29／87A7		79
	仿	**1-14-10**	2E2A／87A8		79
	伃	**1-14-11**	2E2B／87A9	ヨ	
	伋	**1-14-12**	2E2C／87AA		76
	仱	**2-1-29**	213D／F05C	ケン	
	仵	**2-1-30**	213E／F05D	ゴ	
	伀	**2-1-31**	213F／F05E	ショウ	
	伖	**2-1-32**	2140／F05F	ド	
5	你	**1-14-13**	2E2D／87AB		83
	佈	**1-14-14**	2E2E／87AC		86
	佉	**1-14-15**	2E2F／87AD		81
	佖	**1-14-16**	2E30／87AE	ヒツ	
	佟	**1-14-17**	2E31／87AF	トウ	
	佤	**2-1-33**	2141／F060	ガ	
	伷	**2-1-34**	2142／F061	チュウ	
	伾	**2-1-35**	2143／F062	ヒ	
	佔	**2-1-36**	2144／F063	テン	
	佘	**2-1-37**	2145／F064	シャ	
6	佪	**1-14-18**	2E32／87B0		87
	佬	**1-14-19**	2E33／87B1	リョウ・ロウ	
	佾	**1-14-20**	2E34／87B2		87
	侊	**1-14-21**	2E35／87B3	コウ	
	侔	**1-14-22**	2E36／87B4		90
	侗	**1-14-23**	2E37／87B5		89
	𠈓	**2-1-38**	2146／F065	リョウ	
	佷	**2-1-39**	2147／F066		88
	佸	**2-1-40**	2148／F067	カツ	
	佺	**2-1-41**	2149／F068	セン	
	佽	**2-1-42**	214A／F069	シ	
	侂	**2-1-43**	214B／F06A		89
	侅	**2-1-44**	214C／F06B	カイ・ガイ	
	侒	**2-1-45**	214D／F06C	アン	
	侚	**2-1-46**	214E／F06D		89
7	侮	**1-14-24**	2E38／87B6		94
	俉	**1-14-25**	2E39／87B7	ゴ	
	俠	**1-14-26**	2E3A／87B8		91
	俦	**2-1-47**	214F／F06E		94
	侲	**2-1-48**	2150／F06F		93
	侾	**2-1-49**	2151／F070	コウ	
	俅	**2-1-50**	2152／F071	キュウ	
	俋	**2-1-51**	2153／F072	チュウ	
	俏	**2-1-52**	2154／F073		92
	俒	**2-1-53**	2155／F074	コン・ゴン	
8	倁	**1-14-27**	2E3B／87B9	チ	
	倂	**1-14-28**	2E3C／87BA		100
	倎	**1-14-29**	2E3D／87BB	テン	
	倘	**1-14-30**	2E3E／87BC		99

	倧	1-14-31	2E3F／87BD	ソウ	
	倮	1-14-32	2E40／87BE		100
	偀	1-14-33	2E41／87BF	エイ	
	⿰亻斉	2-1-54	2156／F075	サイ・セイ	
	⿰亻匆	2-1-55	2157／F076		98
	倀	2-1-56	2158／F077	チョウ	
	倏	2-1-57	2159／F078		748
	倓	2-1-58	215A／F079	タン	
	倜	2-1-59	215B／F07A		99
	倞	2-1-60	215C／F07B	ケイ	
	倢	2-1-61	215D／F07C	ショウ	
	俁	2-1-62	215E／F07D	また	
9	倻	1-14-34	2E42／87C0	ヤ	
	偁	1-14-35	2E43／87C1		103
	偂	2-1-63	215F／F07E	セン	
	偆	2-1-64	2160／F080	シュン	
	偎	2-1-65	2161／F081	ワイ	
	偓	2-1-66	2162／F082		101
	偗	2-1-67	2163／F083	セイ	
	偣	2-1-68	2164／F084	アン・エン	
	偦	2-1-69	2165／F085	ショ	
	偪	2-1-70	2166／F086		104
	偰	2-1-71	2167／F087	セツ	
10	傔	1-14-36	2E44／87C2		105
	傣	2-1-72	2168／F088	タイ	
	傈	2-1-73	2169／F089	リツ	
	傒	2-1-74	216A／F08A	ケイ	
	傓	2-1-75	216B／F08B	セン	
	傕	2-1-76	216C／F08C	カク	
	傖	2-1-77	216D／F08D		105
	傜	2-1-78	216E／F08E		106
11	儌	1-14-37	2E45／87C3	ヨウ	
	傪	2-1-79	216F／F08F	サン	
	⿰亻畢	2-1-80	2170／F090	ヒツ	
	傱	2-1-81	2171／F091	ショウ	
	傺	2-1-82	2172／F092		108
	傻	2-1-83	2173／F093	サ	
	僄	2-1-84	2174／F094		108
	僇	2-1-85	2175／F095		108
12	僊	1-14-38	2E46／87C4	セン	
	僐	1-14-39	2E47／87C5	ゼン	
	僦	1-14-40	2E48／87C6		109
	僧	1-14-41	2E49／87C7		109
	儆	1-14-42	2E4A／87C8		111
	僳	2-1-86	2176／F096		
	⿰亻黒	2-1-87	2177／F097		
	僎	2-1-88	2178／F098	セン	
	⿰亻集	2-1-89	2179／F099	シュウ	
	僔	2-1-90	217A／F09A	ソン	
	僙	2-1-91	217B／F09B	コウ	
	僡	2-1-92	217C／F09C	ケイ	
	僩	2-1-93	217D／F09D	カン	
13	儃	1-14-43	2E4B／87C9		111
	儋	1-14-44	2E4C／87CA		111
	⿰亻業	2-1-94	217E／F09E	ボク	
	儈	2-3-1	2321／F140		110
14	儞	1-14-45	2E4D／87CB		111
	⿰亻⿱一国	2-3-2	2322／F141		
	儗	2-3-3	2323／F142	ギ	
	儛	2-3-4	2324／F143		112
17	儳	1-14-46	2E4E／87CC		113
	𠑊	2-3-5	2325／F144	ゲン	

儿 部

4	兊	1-14-47	2E4F／87CD		118
5	兔	1-14-48	2E50／87CE		119
6	兒	1-14-49	2E51／87CF		120
7	兗	1-14-50	2E52／87D0		121
10	兠	2-3-6	2326／F145	トウ	

八 部

4	𠔉	2-3-7	2327／F146		296
	关	2-3-8	2328／F147		126
5	貝	1-14-51	2E53／87D1		825

冂 部

2	冃	2-3-9	2329／F148	ボウ	
3	冋	2-3-10	232A／F149		133
9	㒼	2-3-11	232B／F14A	バン・マン	

冖 部

2	宂	2-3-12	232C／F14B		135
5	冝	1-14-52	2E54／87D2	ギ	
8	冣	2-3-13	232D／F14C		136

冫 部

3	冭	2-3-14	232E／F14D	タイ	
4	⿰冫夭	2-3-15	232F／F14E		
6	冼	2-3-16	2330／F14F	ショウ	
7	凃	1-14-53	2E55／87D3		
	⿰冫谷	2-3-17	2331／F150		
8	凊	1-14-54	2E56／87D4		140
14	凞	1-14-55	2E57／87D5	キ	

几 部

0	𠘨	2-3-18	2332／F151		

1	𠘨	1-14-56	2E58／87D6		141
6	凬	1-14-57	2E59／87D7		1324
12	凳	2-3-19	2333／F152	トウ	
	凴	2-3-20	2334／F153		142

刀(刂)部

0	刁	1-14-58	2E5A／87D8		147
	刂	2-3-21	2335／F154	トウ・りっとう	
3	㓛	1-14-59	2E5B／87D9		149
4	刑	1-14-60	2E5C／87DA		153
	刕	1-14-61	2E5D／87DB	リ	
	划	2-3-22	2336／F155		153
	刖	2-3-23	2337／F156		153
7	剉	1-14-62	2E5E／87DC		158
8	剝	1-14-63	2E5F／87DD		160
	剡	1-14-64	2E60／87DE		159
	𠝏	2-3-24	2338／F157	ケン	
	剕	2-3-25	2339／F158		160
	剜	2-3-26	233A／F159	ワン	
9	剬	2-3-27	233B／F15A	タン	
11	剷	2-3-28	233C／F15B	サン	
12	劄	2-3-29	233D／F15C		162
	劂	2-3-30	233E／F15D		162
13	劅	2-3-31	233F／F15E	タク	
14	劓	1-14-65	2E61／87DF		163
19	劘	2-3-32	2340／F15F	ビ	

力部

4	边	2-3-33	2341／F160		
	劤	2-3-34	2342／F161	キン	
	劦	2-3-35	2343／F162		163
5	𠡒	2-3-36	2344／F163	ショ	
6	劺	2-3-37	2345／F164	ボウ	
	劻	2-3-38	2346／F165	キョウ	
7	勈	1-14-66	2E62／87E0	ユウ	
	勉	1-14-67	2E63／87E1		168
	勀	2-3-39	2347／F166	コク	
8	劵	1-14-68	2E64／87E2	ケン	
	勖	1-14-69	2E65／87E3	ボウ	
	㔟	2-3-40	2348／F167	セイ	
	勑	2-3-41	2349／F168		169
9	勔	1-14-70	2E66／87E4		170
10	勛	1-14-71	2E67／87E5		171
11	勤	1-14-72	2E68／87E6		171
13	勰	1-14-73	2E69／87E7		166
15	𠢕	2-3-42	234A／F169	カク	
17	勷	2-3-43	234B／F16A	ジョウ	

勹部

2	匀	1-14-74	2E6A／87E8		172
	勻	1-14-75	2E6B／87E9		172
3	匆	1-14-76	2E6C／87EA	ソウ	
6	匊	2-3-44	234C／F16B		173
	匋	2-3-45	234D／F16C		955

匚部・匸部

3	匜	1-14-77	2E6D／87EB		176
5	匤	2-3-46	234E／F16D	キョク	
9	匾	2-3-48	2350／F16F		178
15	匵	2-3-47	234F／F16E		178

十部

1	卂	2-3-49	2351／F170		182
2	斗	2-3-50	2352／F171		
6	卑	1-14-78	2E6E／87EC		184
	𠦝	2-3-51	2353／F172		180

卜部

3	卡	1-14-79	2E6F／87ED		187
5	卣	1-14-80	2E70／87EE		187
6	卧	2-3-52	2354／F173		998

卩(㔾)部

2	卬	2-3-53	2355／F174		188
6	卺	2-3-54	2356／F175		188
7	卽	1-14-81	2E71／87EF		191

厂部

6	厔	1-14-82	2E72／87F0		192
8	厝	1-14-83	2E73／87F1		193
10	厤	2-3-55	2357／F176		194
12	厲	1-14-84	2E74／87F2		194
17	厴	2-3-56	2358／F177		194

厶部

2	𠫓	2-3-57	2359／F178	トツ	
	厷	2-3-58	235A／F179		196
6	叀	2-3-59	235B／F17A	ケイ・セン	

又部

2	𠬝	2-3-60	235C／F17B	フク	
5	叓	2-3-61	235D／F17C		199
6	㕞	2-3-62	235E／F17D	セツ・セチ	
	叕	2-3-63	235F／F17E		197
7	叚	2-3-64	2360／F180		201

口部

2	㕣	2-3-65	2361／F181		126
	叴	2-3-66	2362／F182	キュウ	
	叵	2-3-67	2363／F183		204
3	吒	1-14-85	2E75／87F3		230

4	吧	1-14-86	2E76／87F4	ハ	
	呍	1-14-87	2E77／87F5		231
	呕	2-3-68	2364／F184	オウ・ク	
	吤	2-3-69	2365／F185	カイ	
	吨	2-3-70	2366／F186	トン	
	吺	2-3-71	2367／F187	フ	
	呃	2-3-72	2368／F188	ヤク・アク	
5	咜	1-14-88	2E78／87F6		233
	呫	1-14-89	2E79／87F7		233
	呴	1-14-90	2E7A／87F8	ク	
	呿	1-14-91	2E7B／87F9	キョ	
	咈	1-14-92	2E7C／87FA	フツ	
	咖	1-14-93	2E7D／87FB	カ	
	呢	2-3-73	2369／F189	ジ	
	呦	2-3-74	236A／F18A		234
	呬	2-3-75	236B／F18B	キ	
	咊	2-3-76	236C／F18C		234
	咍	2-3-77	236D／F18D		232
	咕	2-3-78	236E／F18E	コ	
6	咡	1-14-94	2E7E／87FC		235
	咩	1-15-1	2F21／8840		235
	哆	1-15-2	2F22／8841	シ	
	咠	2-3-79	236F／F18F		975
	咦	2-3-80	2370／F190	イ	
	咭	2-3-81	2371／F191	キツ	
	咮	2-3-82	2372／F192	チュウ	
	咷	2-3-83	2373／F193	トウ・チョウ	
	咺	2-3-84	2374／F194	ケン	
	咿	2-3-85	2375／F195		234
	哃	2-3-86	2376／F196	トウ・ドウ	
7	哿	1-15-3	2F23／8842		206
	唎	1-15-4	2F24／8843	リ	
	⿰口花	2-3-87	2377／F197	カ	
	哬	2-3-88	2378／F198	カ	
	哯	2-3-89	2379／F199	ケン	
	哱	2-3-90	237A／F19A	ホツ	
	哳	2-3-91	237B／F19B	タツ	
	唀	2-3-92	237C／F19C	ユウ	
	唁	2-3-93	237D／F19D		235
	唉	2-3-94	237E／F19E		235
8	唫	1-15-5	2F25／8844		236
	唵	1-15-6	2F26／8845		236
	啐	1-15-7	2F27／8846		236
	啞	1-15-8	2F28／8847		236
	唼	2-4-1	2421／F19F		237
	啁	2-4-2	2422／F1A0		237
	⿰口東	2-4-3	2423／F1A1	トウ・ツ	
	啇	2-4-4	2424／F1A2		226
	啊	2-4-5	2425／F1A3	ア	
	⿰口彔	2-4-6	2426／F1A4	ロク	
	晢	2-4-7	2427／F1A5	テツ	
	啡	2-4-8	2428／F1A6	ハイ	
	啤	2-4-9	2429／F1A7	ヒ	
9	喁	1-15-9	2F29／8848		238
	喆	1-15-10	2F2A／8849		228
	喎	1-15-11	2F2B／884A	カ	
	喝	1-15-12	2F2C／884B		238
	喭	1-15-13	2F2D／884C	ゲン	
	⿱夏口	2-4-10	242A／F1A8		
	⿰口弇	2-4-11	242B／F1A9	ガン	
	喂	2-4-12	242C／F1AA	イ	
	喈	2-4-13	242D／F1AB		238
	喑	2-4-14	242E／F1AC		238
	喖	2-4-15	242F／F1AD	コ	
	嗒	2-4-16	2430／F1AE	トウ	
10	嗎	1-15-14	2F2E／884D		241
	⿰口留	2-4-17	2431／F1AF		
	⿰口哥	2-4-18	2432／F1B0	コ	
	喿	2-4-19	2433／F1B1		209
	嗉	2-4-20	2434／F1B2		240
	嗌	2-4-21	2435／F1B3		240
	嗑	2-4-22	2436／F1B4		240
	嗝	2-4-23	2437／F1B5	カク	
	㗚	2-4-24	2438／F1B6	リツ・リチ	
	嗢	2-4-25	2439／F1B7	オツ	
	⿰口恚	2-4-26	243A／F1B8	イ	
	嗩	2-4-27	243B／F1B9	サ	
11	嘆	1-15-15	2F2F／884E		241
	嘈	1-15-16	2F30／884F		241
	嘎	1-15-17	2F31／8850	カツ	
	嘯	2-4-28	243C／F1BA	ショウ・シツ	
	⿰口螢	2-4-29	243D／F1BB		
	嘇	2-4-30	243E／F1BC	サン	
	嘐	2-4-31	243F／F1BD		241
12	嘻	1-15-18	2F32／8851		241
	噉	1-15-19	2F33／8852		242
	噶	1-15-20	2F34／8853		243
	嘰	2-4-32	2440／F1BE		242
	嘷	2-4-33	2441／F1BF	コウ	
	⿰口間	2-4-34	2442／F1C0		

	嘽	2-4-35	2443／F1C1	242
	嘿	2-4-36	2444／F1C2	243
	噀	2-4-37	2445／F1C3	ソン
	噇	2-4-38	2446／F1C4	トウ・ドウ
13	噦	1-15-21	2F35／8854	243
	器	1-15-22	2F36／8855	207
	噯	1-15-23	2F37／8856	243
	噱	1-15-24	2F38／8857	243
	噲	1-15-25	2F39／8858	243
	噞	2-4-39	2447／F1C5	243
	噠	2-4-40	2448／F1C6	タツ
	噭	2-4-41	2449／F1C7	キョウ
14	嚂	2-4-42	244A／F1C8	カン
	嚈	2-4-43	244B／F1C9	ヨウ
	嚌	2-4-44	244C／F1CA	セイ
15	嚙	1-15-26	2F3A／8859	244
	嚞	1-15-27	2F3B／885A	テツ
	嚕	2-4-45	244D／F1CB	ロ
	嚚	2-4-46	244E／F1CC	207
	嚝	2-4-47	244F／F1CD	コウ
16	嚩	1-15-28	2F3C／885B	ハク
	嚬	1-15-29	2F3D／885C	244
	嚨	2-4-48	2450／F1CE	ロウ・ル
	嚭	2-4-49	2451／F1CF	229
17	嚳	1-15-30	2F3E／885D	229
	嚲	2-4-50	2452／F1D0	タ
19	囉	1-15-31	2F3F／885E	244
	囊	1-15-32	2F40／885F	207
	囅	2-4-51	2453／F1D1	テン
21	囍	2-4-52	2454／F1D2	

囗 部

3	囜	2-4-53	2455／F1D3	250
4	囨	2-4-54	2456／F1D4	ヘン
5	囶	2-4-55	2457／F1D5	コク
	囷	2-4-56	2458／F1D6	252
8	圊	1-15-33	2F41／8860	254
9	𡈽	2-4-57	2459／F1D7	くに
10	圕	2-4-58	245A／F1D8	

土 部

1	𡈽	1-15-34	2F42／8861	255
	圡	1-15-35	2F43／8862	ド
2	圣	2-4-59	245B／F1D9	257
3	圯	1-15-36	2F44／8863	265
	圳	1-15-37	2F45／8864	シュウ
	圴	1-15-38	2F46／8865	シャク
	𡉏	2-4-60	245C／F1DA	
	圩	2-4-61	245D／F1DB	ウ
4	𡉴	2-4-62	245E／F1DC	サイ・ソツ
	坅	2-4-63	245F／F1DD	キン
	坆	2-4-64	2460／F1DE	バイ
	坌	2-4-65	2461／F1DF	フン・ホン
	坍	2-4-66	2462／F1E0	タン
	坥	2-4-67	2463／F1E1	コ
5	坰	1-15-39	2F47／8866	ケイ
	坷	1-15-40	2F48／8867	カ
	坼	1-15-41	2F49／8868	267
	坨	2-4-68	2464／F1E2	イ・タ
	坯	2-4-69	2465／F1E3	ヒ・ハイ
	坳	2-4-70	2466／F1E4	267
	奎	2-4-71	2467／F1E5	259
	坵	2-4-72	2468／F1E6	キュウ
	坻	2-4-73	2469／F1E7	268
6	垜	1-15-42	2F4A／8869	269
	𡌛	2-4-74	246A／F1E8	まま
	𡋤	2-4-75	246B／F1E9	
	垬	2-4-76	246C／F1EA	269
	垚	2-4-77	246D／F1EB	ギョウ
	垝	2-4-78	246E／F1EC	キ
	垞	2-4-79	246F／F1ED	タ
	垨	2-4-80	2470／F1EE	シュ
7	𡋾	1-15-43	2F4B／886A	270
	堅	1-15-44	2F4C／886B	
	垸	1-15-45	2F4D／886C	269
	埇	1-15-46	2F4E／886D	ヨウ
	埈	1-15-47	2F4F／886E	シュン
	埏	1-15-48	2F50／886F	269
	埗	2-4-81	2471／F1EF	
	𡋽	2-4-82	2472／F1F0	はけ
	埌	2-4-83	2473／F1F1	ロウ
8	埤	1-15-49	2F51／8870	271
	埭	1-15-50	2F52／8871	タイ
	埵	1-15-51	2F53／8872	271
	埶	1-15-52	2F54／8873	270
	埿	1-15-53	2F55／8874	260
	堉	1-15-54	2F56／8875	イク
	𡍄	2-4-84	2474／F1F2	はが
	𡌴	2-4-85	2475／F1F3	
	埞	2-4-86	2476／F1F4	テイ
	埦	2-4-87	2477／F1F5	271
	埰	2-4-88	2478／F1F6	サイ

	[illegible]	2-4-89	2479／F1F7	チョウ	
	埸	2-4-90	247A／F1F8		270
	埻	2-4-91	247B／F1F9	シュン	
	埽	2-4-92	247C／F1FA	ソウ	
	堄	2-4-93	247D／F1FB		270
9	堞	2-4-94	247E／F1FC		272
	堠	2-5-1	2521／F240		272
	堧	2-5-2	2522／F241	ゼン	
	堲	2-5-3	2523／F242	ショク・ゾク	
	堹	2-5-4	2524／F243	チョウ	
10	塚	1-15-55	2F57／8876		274
	塡	1-15-56	2F58／8877		274
	塤	1-15-57	2F59／8878		274
	[illegible]	2-5-5	2525／F244		
	塉	2-5-6	2526／F245	セキ	
	塌	2-5-7	2527／F246	トウ	
	塧	2-5-8	2528／F247	アイ	
11	塀	1-15-58	2F5A／8879		275
	塼	1-15-59	2F5B／887A		275
	墉	1-15-60	2F5C／887B		276
	[illegible]	2-5-9	2529／F248		263
	墋	2-5-10	252A／F249	シン	
	塈	2-5-11	252B／F24A	キ	
	墏	2-5-12	252C／F24B	ソウ・ショウ	
	墐	2-5-13	252D／F24C	キン	
	墔	2-5-14	252E／F24D	サイ	
12	增	1-15-61	2F5D／887C		276
	墨	1-15-62	2F5E／887D		264
	墩	1-15-63	2F5F／887E		276
	墝	2-5-15	252F／F24E		276
	[illegible]	2-5-16	2530／F24F		264
	墱	2-5-17	2531／F250	トウ	
13	[illegible]	1-15-64	2F60／8880	ソク	
	壗	1-15-65	2F61／8881		277
	[illegible]	2-5-18	2532／F251	くれ	
	壃	2-5-19	2533／F252	キョウ	
14	壎	1-15-66	2F62／8882		277
	壔	1-15-67	2F63／8883		277
	壍	2-5-20	2534／F253		264
16	壚	1-15-68	2F64／8884		277
	壠	1-15-69	2F65／8885		277
	壢	2-5-21	2535／F254	レキ	
21	壩	1-15-70	2F66／8886	ハ	

士 部

5	壳	2-5-22	2536／F255	カク	
6	壴	2-5-23	2537／F256		279

夂部・夊部

4	夅	2-5-24	2538／F257	コウ	
	夆	2-5-25	2539／F258		281
	夋	2-5-26	253A／F259		281
5	夌	1-15-71	2F67／8887		281
6	复	2-5-27	253B／F25A		281
18	夒	2-5-28	253C／F25B		283
20	夔	1-15-72	2F68／8888		283

夕 部

11	夤	2-5-29	253D／F25C		285

大 部

2	[illegible]	2-5-30	253E／F25D		
	[illegible]	2-5-31	253F／F25E	リョウ・レイ	
4	夽	2-5-32	2540／F25F	グン	
5	[illegible]	2-5-33	2541／F260	カ	
	[illegible]	2-5-34	2542／F261	ケン	
	[illegible]	2-5-35	2543／F262	コウ	
7	[illegible]	2-5-36	2544／F263		
8	奝	1-15-73	2F69／8889		299
	[illegible]	2-5-37	2545／F264	コウ・ホウ	
	[illegible]	2-5-38	2546／F265	コウ	
9	[illegible]	2-5-39	2547／F266	ケツ	
12	奭	1-15-74	2F6A／888A	セキ	

女 部

2	奵	2-5-40	2548／F267	テイ	
	奶	2-5-41	2549／F268	ダイ	
3	奼	2-5-42	254A／F269	タ	
4	妋	1-15-75	2F6B／888B		312
	妒	1-15-76	2F6C／888C		312
	妤	1-15-77	2F6D／888D		313
	妟	2-5-43	254B／F26A		307
5	姃	1-15-78	2F6E／888E	セイ	
	姒	1-15-79	2F6F／888F		314
	妮	2-5-44	254C／F26B	ジ	
	妼	2-5-45	254D／F26C	ヒ・ヒツ	
	姈	2-5-46	254E／F26D	レイ	
	姍	2-5-47	254F／F26E	サン	
6	姝	1-15-80	2F70／8890		315
	姞	2-5-48	2550／F26F	キツ	
	姣	2-5-49	2551／F270	コウ	
	姤	2-5-50	2552／F271		315
	姸	2-5-51	2553／F272		315
	姮	2-5-52	2554／F273		315
	[illegible]	2-5-53	2555／F274	ケツ	

7	娓	1-15-81	2F71／8891		316
	娣	1-15-82	2F72／8892		316
	⿰女此	2-5-54	2556／F275		
	⿰女求	2-5-55	2557／F276	キュウ	
	娌	2-5-56	2558／F277		316
	娍	2-5-57	2559／F278	セイ	
	娗	2-5-58	255A／F279	テイ	
	娧	2-5-59	255B／F27A	タイ	
	娭	2-5-60	255C／F27B	キ	
8	婧	1-15-83	2F73／8893	セイ	
	婭	1-15-84	2F74／8894		316
	婕	2-5-61	255D／F27C		317
	婥	2-5-62	255E／F27D		317
9	婷	1-15-85	2F75／8895	テイ	
	婾	1-15-86	2F76／8896		318
	媄	1-15-87	2F77／8897	ビ	
	媞	1-15-88	2F78／8898	シ・テイ	
	媧	1-15-89	2F79／8899		318
	婺	2-5-63	255F／F27E	ブ・ム	
	媋	2-5-64	2560／F280	シュン	
	媜	2-5-65	2561／F281	テイ	
	媟	2-5-66	2562／F282		318
	媠	2-5-67	2563／F283	タ・ダ	
	媢	2-5-68	2564／F284		318
10	嫄	1-15-90	2F7A／889A	ゲン	
	媱	2-5-69	2565／F285	ヨウ	
	媳	2-5-70	2566／F286		319
	媵	2-5-71	2567／F287		321
	媺	2-5-72	2568／F288	ビ	
	媿	2-5-73	2569／F289		319
11	嫚	2-5-74	256A／F28A		320
	嫜	2-5-75	256B／F28B	ショウ	
	嫠	2-5-76	256C／F28C		309
	嫥	2-5-77	256D／F28D	セン	
	嫩	2-5-78	256E／F28E		320
	嫮	2-5-79	256F／F28F	コ	
12	嫵	2-5-80	2570／F290	ブ	
	嬀	2-5-81	2571／F291	キ	
	嬈	2-5-82	2572／F292		320
13	嬬	1-15-91	2F7B／889B		
	嬙	1-15-92	2F7C／889C	ショウ	
	嬗	2-5-83	2573／F293	セン	
	嬴	2-5-84	2574／F294		309
14	嬥	1-15-93	2F7D／889D		321
	嬭	2-5-85	2575／F295	ダイ	
17	孁	1-47-53	4F55／9874		310
19	孌	2-5-86	2576／F296		310

子 部

0	子	2-5-87	2577／F297		323
3	孖	1-47-54	4F56／9875	シ	
6	孨	2-5-88	2578／F298	セン	
8	孯	2-5-89	2579／F299	カン	
16	孽	1-47-55	4F57／9876		327
	孼	2-5-90	257A／F29A		327
19	孿	2-5-91	257B／F29B		327

宀 部

2	宁	2-5-92	257C／F29C		329
	宄	2-5-93	257D／F29D		329
3	宁	2-5-94	257E／F29E	ネイ	
5	宖	1-47-56	4F58／9877		336
	宖	2-8-1	2821／F09F	コウ	
7	宬	2-8-2	2822／F0A0	セイ	
8	㝡	2-8-3	2823／F0A1		343
	寀	2-8-4	2824／F0A2	サイ	
9	寓	2-8-5	2825／F0A3		345
	寎	2-8-6	2826／F0A4	ヘイ	
10	寘	1-47-57	4F59／9878		347
	寖	2-8-7	2827／F0A5		347
11	寬	1-47-58	4F5A／9879		349
	⿰甚夫	2-8-8	2828／F0A6		
12	⿱宀隆	2-8-9	2829／F0A7	リュウ	
14	寱	2-8-10	282A／F0A8	ゲイ	

寸 部

4	寽	2-8-11	282B／F0A9	リツ	
5	㝵	2-8-12	282C／F0AA		351
7	專	2-8-13	282D／F0AB		352

小 部

2	尒	1-47-59	4F5B／987A		362
9	尞	1-47-60	4F5C／987B		299

尢(尣・兀)部

0	尣	1-47-61	4F5D／987C		362
4	尫	1-47-62	4F5E／987D		363
	尩	2-8-14	282E／F0AC		363
9	尰	2-8-15	282F／F0AD		363

尸 部

3	屃	1-47-63	4F5F／987E		
6	⿸尸来	2-8-16	2830／F0AE		368
9	⿸尸柬	2-8-17	2831／F0AF		369
11	屢	1-47-64	4F60／9880		370
	屣	2-8-18	2832／F0B0		370

画	字	面区点 / JIS / SJIS	音	頁
12	層	1-47-65 4F61／9881		370
	屧	2-8-19 2833／F0B1	ショウ・テイ	
14	屨	2-8-20 2834／F0B2		371
15	屩	2-8-21 2835／F0B3		371

屮(屮)部

画	字	面区点 / JIS / SJIS	音	頁
0	屮	1-47-66 4F62／9882		371
3	屰	2-8-22 2836／F0B4		371

山 部

画	字	面区点 / JIS / SJIS	音	頁
1	乢	2-8-23 2837／F0B5	アツ	
3	屶	1-47-67 4F63／9883		
	屺	1-47-68 4F64／9884		378
	屲	2-8-24 2838／F0B6		
	屼	2-8-25 2839／F0B7		378
4	岏	1-47-69 4F65／9885		378
	峄	2-8-26 283A／F0B8	エキ	
	𡶜	2-8-27 283B／F0B9	ナギ	
	岊	2-8-29 283D／F0BB	セツ	
5	岟	1-47-70 4F66／9886	ヨウ・オウ	
	岣	1-47-71 4F67／9887	コウ	
	岪	1-47-72 4F68／9888		374
	岺	1-47-73 4F69／9889	レイ	
	岈	2-8-28 283C／F0BA	カ	
	㟁	2-8-30 283E／F0BC	ガン	
	𡶴	2-8-31 283F／F0BD	さこ	
	岓	2-8-32 2840／F0BE	ガン	
	岠	2-8-33 2841／F0BF	キョ	
	岢	2-8-34 2842／F0C0	カ	
	岦	2-8-35 2843／F0C1	リュウ	
	岧	2-8-36 2844／F0C2	チョウ	
	岪	2-8-37 2845／F0C3	フツ	
	岭	2-8-38 2846／F0C4	レイ	
	岵	2-8-39 2847／F0C5		378
6	峋	1-47-74 4F6A／988A	シュン	
	峐	1-47-75 4F6B／988B	カイ	
	峒	1-47-76 4F6C／988C		379
	峅	2-8-40 2848／F0C6		
	峉	2-8-41 2849／F0C7	ガク	
7	峴	1-47-77 4F6D／988D		379
	峖	2-8-42 284A／F0C8	トウ	
8	崄	1-47-78 4F6E／988E	ケン	
	嵜	1-47-79 4F6F／988F		374
	崍	1-47-80 4F70／9890	ライ	
	崧	1-47-81 4F71／9891		375
	峣	2-8-43 284B／F0C9	ギョウ	
	崆	2-8-44 284C／F0CA		380
	崐	2-8-45 284D／F0CB		380
	崫	2-8-46 284E／F0CC	クツ	
	崝	2-8-47 284F／F0CD	ソウ	
	崠	2-8-48 2850／F0CE	トウ	
	崤	2-8-49 2851／F0CF	コウ	
	崦	2-8-50 2852／F0D0	エン	
9	﨑	1-47-82 4F72／9892		380
	嵆	1-47-83 4F73／9893		377
	嵇	1-47-84 4F74／9894		878
	嵒	1-47-85 4F75／9895		375
	崱	2-8-51 2853／F0D1	ショク	
	崹	2-8-52 2854／F0D2	テイ	
	嵂	2-8-53 2855／F0D3	リツ	
	嵃	2-8-54 2856／F0D4	タン	
10	嵊	1-47-86 4F76／9896	ショウ・ジョウ	
	嵭	1-47-87 4F77／9897	ホウ	
	嵡	2-8-55 2857／F0D5	オウ	
	嵪	2-8-56 2858／F0D6	コウ	
	嵬	2-8-57 2859／F0D7		380
	嵰	2-8-58 285A／F0D8	ケン	
11	嶁	1-47-88 4F78／9898	ル	
	𡹴	2-8-59 285B／F0D9		
	𡽶	2-8-60 285C／F0DA	ヒョウ	
	嶈	2-8-61 285D／F0DB	ショウ	
	嶌	2-8-62 285E／F0DC		377
12	嶠	1-47-89 4F79／9899	キョウ	
	嶤	1-47-90 4F7A／989A	ギョウ	
	嶒	2-8-63 285F／F0DD	ショウ	
	嶔	2-8-64 2860／F0DE	キン	
	嶗	2-8-65 2861／F0DF	ロウ	
	嶙	2-8-66 2862／F0E0	リン	
13	嶧	1-47-91 4F7B／989B		380
	嶰	2-8-67 2863／F0E1	カイ	
	嶲	2-8-68 2864／F0E2		1285
	嶴	2-8-69 2865／F0E3	オウ	
14	嶸	1-47-92 4F7C／989C		380
	𡽗	2-8-70 2866／F0E4		
	嶹	2-8-71 2867／F0E5		381
17	巋	1-47-93 4F7D／989D		376
19	巑	2-8-72 2868／F0E6		381
20	巗	2-8-73 2869／F0E7	ゲン・ガン	
	巘	2-8-74 286A／F0E8		381

巛 部

画	字	面区点 / JIS / SJIS	音	頁
4	巠	2-8-75 286B／F0E9		382
6	𡿧	2-8-76 286C／F0EA		382

8	巢	1-84-8	7428／EAA6		382
12	巤	2-8-77	286D／F0EB		382

工 部

3	巩	2-8-78	286E／F0EC		385

巾 部

1	帀	2-8-80	2870／F0EE		388
3	帆	2-8-81	2871／F0EF		
5	帔	1-84-9	7429／EAA7		393
	帘	1-84-10	742A／EAA8	レン	
	帒	2-8-82	2872／F0F0		390
	帕	2-8-83	2873／F0F1		393
	帡	2-8-84	2874／F0F2	ヘイ	
6	帟	2-8-85	2875／F0F3	エキ	
7	帮	2-8-86	2876／F0F4		391
9	帾	2-8-87	2877／F0F5	ト	
	幉	2-8-88	2878／F0F6	たづな	
11	幘	1-84-11	742B／EAA9		394
	幓	2-8-89	2879／F0F7		394
	幖	2-8-90	287A／F0F8	ヒョウ	
12	幞	1-84-12	742C／EAAA		395
	幮	2-8-91	287B／F0F9	チュウ	
14	幫	2-8-92	287C／F0FA		392
	幬	2-8-93	287D／F0FB	チュウ	
	幭	2-8-94	287E／F0FC		395
15	幮	2-12-1	2C21／F29F	チュウ・チュ	
18	𢅽	2-12-2	2C22／F2A0	ソウ	

广 部

6	庥	2-12-3	2C23／F2A1	キュウ	
7	庡	2-12-4	2C24／F2A2		406
	庬	2-12-5	2C25／F2A3		407
8	庹	2-12-6	2C26／F2A4	タ	
	庿	2-12-7	2C27／F2A5		410
9	庾	1-84-13	742D／EAAB		410
10	廊	1-84-14	742E／EAAC		410
	廋	1-84-15	742F／EAAD		410
	廆	2-12-8	2C28／F2A6	カイ	
11	廒	2-12-9	2C29／F2A7	ゴウ	
	廙	2-12-10	2C2A／F2A8	ヨク	

廴 部

5	廹	1-84-16	7430／EAAE	ハク	
	廻	2-12-11	2C2B／F2A9	カイ	
7	廼	2-12-12	2C2C／F2AA		414

廾 部

1	开	1-84-17	7431／EAAF		397
3	异	1-84-18	7432／EAB0		415
6	弇	1-84-19	7433／EAB1		416
	弈	2-12-13	2C2D／F2AB		416

弋 部

3	弎	2-12-14	2C2E／F2AC		416

弓 部

3	弜	2-12-15	2C2F／F2AD	キョウ	
	弡	2-12-16	2C30／F2AE	キン	
4	弝	1-84-20	7434／EAB2	ハ	
	弞	2-12-17	2C31／F2AF	シン	
5	弣	1-84-21	7435／EAB3		421
8	弴	1-84-22	7436／EAB4		423
	弶	1-84-23	7437／EAB5		422
9	弽	1-84-24	7438／EAB6		423
10	彀	1-84-25	7439／EAB7		424
11	彅	1-84-26	743A／EAB8		424
12	彇	2-12-18	2C32／F2B0		424

彐 部

5	彔	1-84-27	743B／EAB9		424
9	彘	1-84-28	743C／EABA		424

彡 部

4	彤	1-84-29	743D／EABB		426
	彣	2-12-19	2C33／F2B1	ブン	
7	彧	1-84-30	743E／EABC		425
19	彲	2-12-20	2C34／F2B2	チ	

彳 部

5	彽	1-84-31	743F／EABD		430
	彾	2-12-21	2C35／F2B3	レイ	
6	徉	1-84-32	7440／EABE		433
7	徏	2-12-22	2C36／F2B4	チョク	
8	徜	1-84-33	7441／EABF		435
	徢	2-12-23	2C37／F2B5	ショウ	
9	徧	1-84-34	7442／EAC0		438
	徤	2-12-24	2C38／F2B6	ケン	
10	徯	1-84-35	7443／EAC1		438
12	徵	1-84-36	7444／EAC2		440
	德	1-84-37	7445／EAC3		440
	徸	2-12-25	2C39／F2B7	ショウ	

心(⺗・忄)部

0	忄	2-12-26	2C3A／F2B8	シン・りっしんべん	
	⺗	2-12-27	2C3B／F2B9	シン・したごころ	
2	忉	1-84-38	7446／EAC4		465
	忇	2-12-28	2C3C／F2BA	ロク	
3	忋	2-12-29	2C3D／F2BB	カイ	
	忒	2-12-30	2C3E／F2BC		446
	忓	2-12-31	2C3F／F2BD	カン	

	忔	2-12-32	2C40／F2BE	キツ	
4	忞	1-84-39	7447／EAC5	ビン	
	忡	1-84-40	7448／EAC6		466
	忿	1-84-41	7449／EAC7		447
	忢	2-12-33	2C41／F2BF	ゴ	
	忮	2-12-34	2C42／F2C0	シ	
	忯	2-12-35	2C43／F2C1	キ	
	忳	2-12-36	2C44／F2C2	トン	
	忼	2-12-37	2C45／F2C3		465
5	怍	1-84-42	744A／EAC8		467
	怔	1-84-43	744B／EAC9		467
	怘	1-84-44	744C／EACA	コ	
	怳	1-84-45	744D／EACB		466
	怵	1-84-46	744E／EACC		467
	㤗	2-12-38	2C46／F2C4	タイ・やす	
	怗	2-12-39	2C47／F2C5	チョウ	
	怢	2-12-40	2C48／F2C6	トツ	
	怤	2-12-41	2C49／F2C7	フ	
6	恇	1-84-47	744F／EACD		469
	㤚	2-12-42	2C4A／F2C8	コウ	
	恌	2-12-43	2C4B／F2C9	チョウ	
7	悔	1-84-48	7450／EACE		470
	悝	1-84-49	7451／EACF		470
	悞	1-84-50	7452／EAD0	ゴ	
	悥	2-12-44	2C4C／F2CA	ヨウ	
	悊	2-12-45	2C4D／F2CB	テツ	
	悕	2-12-46	2C4E／F2CC		470
	您	2-12-47	2C4F／F2CD	ニン	
8	惋	1-84-51	7453／EAD1		471
	惔	1-84-52	7454／EAD2		473
	惕	1-84-53	7455／EAD3		473
	惝	1-84-54	7456／EAD4		472
	惪	2-12-48	2C50／F2CE		456
	悰	2-12-49	2C51／F2CF	ソウ	
	悱	2-12-50	2C52／F2D0		474
	悾	2-12-51	2C53／F2D1		472
	惈	2-12-52	2C54／F2D2	カ	
	惙	2-12-53	2C55／F2D3		474
	惛	2-12-54	2C56／F2D4		472
9	惇	1-84-55	7457／EAD5		474
	愜	1-84-56	7458／EAD6	キョウ	
	惮	2-12-55	2C57／F2D5	タン	
	惲	2-12-56	2C58／F2D6		474
	惵	2-12-57	2C59／F2D7	チョウ	
	愐	2-12-58	2C5A／F2D8	ベン	
	愒	2-12-59	2C5B／F2D9		474
	愓	2-12-60	2C5C／F2DA		475
	愙	2-12-61	2C5D／F2DB	カク	
	愞	2-12-62	2C5E／F2DC		475
	愺	2-12-63	2C5F／F2DD	ソウ	
10	愫	1-84-57	7459／EAD7	ソ	
	愰	1-84-58	745A／EAD8	コウ	
	愷	1-84-59	745B／EAD9		475
	[illegible]	2-12-64	2C60／F2DE		460
	慁	2-12-65	2C61／F2DF	コン	
	慆	2-12-66	2C62／F2E0	トウ	
11	慨	1-84-60	745C／EADA		476
	慠	2-12-67	2C63／F2E1		476
	慼	2-12-68	2C64／F2E2		461
12	憍	1-84-61	745D／EADB		477
	憎	1-84-62	745E／EADC		478
	憼	1-84-63	745F／EADD	ケイ	
	懣	2-12-69	2C65／F2E3	マン・モン	
	憒	2-12-70	2C66／F2E4	カイ	
	憓	2-12-71	2C67／F2E5	エ・ケイ	
	憖	2-12-72	2C68／F2E6		462
	憘	2-12-73	2C69／F2E7	キ	
	憥	2-12-74	2C6A／F2E8	ロウ	
	憨	2-12-75	2C6B／F2E9	カン	
	憭	2-12-76	2C6C／F2EA	リョウ	
13	憹	1-84-64	7460／EADE	ドウ	
	[illegible]	2-12-77	2C6D／F2EB		
14	懕	2-12-78	2C6E／F2EC	エン	
	懝	2-12-79	2C6F／F2ED	ガイ	
	懟	2-12-80	2C70／F2EE		463
15	懲	1-84-65	7461／EADF		463
	懵	2-12-81	2C71／F2EF	ボウ	

戈部

2	戋	2-12-82	2C72／F2F0		480
4	戕	2-12-83	2C73／F2F1		484
9	戢	1-84-66	7462／EAE0		484
	戣	2-12-84	2C74／F2F2	キ	
10	戩	2-12-85	2C75／F2F3	セン	

戸部

4	戾	1-84-67	7463／EAE1		487
5	扁	1-84-68	7464／EAE2		487
6	扆	2-12-86	2C76／F2F4		487

手(扌)部

0	扌	2-12-87	2C77／F2F5	シュ・てへん	
2	扖	1-84-69	7465／EAE3		494

	扑	2-12-88	2C78／F2F6		494
	扒	2-12-89	2C79／F2F7	ハイ	
3	扚	1-84-70	7466／EAE4		494
	扡	2-12-90	2C7A／F2F8		494
	扤	2-12-91	2C7B／F2F9	ゴツ	
4	扯	1-84-71	7467／EAE5	タ	
	抅	1-84-72	7468／EAE6		495
	扻	2-12-92	2C7C／F2FA		495
	扭	2-12-93	2C7D／F2FB	チュウ	
	扳	2-12-94	2C7E／F2FC	ハン	
	抙	2-13-1	2D21／F340	ホウ	
5	拄	1-84-73	7469／EAE7		501
	拖	1-84-74	746A／EAE8		500
	抦	2-13-2	2D22／F341		503
	拕	2-13-3	2D23／F342		500
	𢪸	2-13-4	2D24／F343	ワン	
6	拼	1-84-75	746B／EAE9		506
	挊	1-84-76	746C／EAEA		506
	挘	1-84-77	746D／EAEB		506
	拽	2-13-5	2D25／F344		504
	挃	2-13-6	2D26／F345	チツ	
	挍	2-13-7	2D27／F346		505
	挐	2-13-8	2D28／F347	ジョ・ダ	
7	挹	1-84-78	746E／EAEC		509
	捃	1-84-79	746F／EAED		507
	𢭏	2-13-9	2D29／F348	トウ	
	捞	2-13-10	2D2A／F349	ロウ	
	挲	2-13-11	2D2B／F34A	サ	
	挵	2-13-12	2D2C／F34B		509
	挻	2-13-13	2D2D／F34C	セン	
	挼	2-13-14	2D2E／F34D	ダ・スイ	
	捁	2-13-15	2D2F／F34E	コウ	
	捄	2-13-16	2D30／F34F		507
	捎	2-13-17	2D31／F350	ショウ	
	𢭆	2-13-18	2D32／F351	チュウ	
	捙	2-13-19	2D33／F352	エイ	
8	捥	1-84-80	7470／EAEE		514
	捼	1-84-81	7471／EAEF	ダ	
	𢭼	2-13-20	2D34／F353		
	换	2-13-21	2D35／F354		
	捬	2-13-22	2D36／F355	フ	
	掄	2-13-23	2D37／F356	ロン	
	掙	2-13-24	2D38／F357	ソウ	
	掔	2-13-26	2D3A／F359	カン	
9	揥	1-84-82	7472／EAF0	テイ	
	揭	1-84-83	7473／EAF1		515
	揵	1-84-84	7474／EAF2	ケン	
	掎	2-13-25	2D39／F358	キ	
	掽	2-13-27	2D3B／F35A		516
	揷	2-13-28	2D3C／F35B	ソウ	
	揔	2-13-29	2D3D／F35C		516
	揕	2-13-30	2D3E／F35D	チン	
	揜	2-13-31	2D3F／F35E		515
	揠	2-13-32	2D40／F35F		515
	揫	2-13-33	2D41／F360	シュウ	
	揬	2-13-34	2D42／F361	トツ	
	揲	2-13-35	2D43／F362	セツ	
10	搐	1-84-85	7475／EAF3	チク	
	搔	1-84-86	7476／EAF4		518
	搢	1-84-87	7477／EAF5		518
	摹	1-84-88	7478／EAF6		492
	搉	2-13-36	2D44／F363		517
	搞	2-13-37	2D45／F364	コウ	
	搥	2-13-38	2D46／F365		519
	搩	2-13-39	2D47／F366		519
	搯	2-13-40	2D48／F367		519
11	摑	1-84-89	7479／EAF7		519
	摠	1-84-90	747A／EAF8		520
	摭	1-84-91	747B／EAF9		520
	摚	2-13-41	2D49／F368	トウ	
	摛	2-13-42	2D4A／F369	チ	
	摝	2-13-43	2D4B／F36A	ロク	
	摳	2-13-44	2D4C／F36B	コウ	
	摽	2-13-45	2D4D／F36C		520
12	擎	1-84-92	747C／EAFA		493
	撇	2-13-46	2D4E／F36D		522
	撑	2-13-47	2D4F／F36E		521
	撝	2-13-48	2D50／F36F	キ	
	撟	2-13-49	2D51／F370	キョウ	
13	撾	1-84-93	747D／EAFB	タ	
	撿	1-84-94	747E／EAFC		522
	擄	1-85-1	7521／EB40	ロ	
	擊	1-85-2	7522／EB41		493
	擐	1-85-3	7523／EB42		522
	擋	2-13-50	2D52／F371	トウ	
	擹	2-13-51	2D53／F372		523
	擕	2-13-52	2D54／F373		522
	擗	2-13-53	2D55／F374		523
14	𢹂	2-13-54	2D56／F375		524
	擤	2-13-55	2D57／F376		524

	擊	2-13-56 2D58／F377		493
15	擷	1-85-4 7524／EB43	ケツ	
	擻	1-85-5 7525／EB44		525
	擿	2-13-57 2D59／F378		525
	攄	2-13-58 2D5A／F379	チョ	
16	攏	2-13-60 2D5C／F37B		525
17	擧	2-13-59 2D5B／F37A		
	攔	2-13-61 2D5D／F37C	ラン	
	攖	2-13-62 2D5E／F37D	エイ	
18	㩳	2-13-63 2D5F／F37E	ショウ	
19	攢	1-85-6 7526／EB45		526
	攞	2-13-64 2D60／F380	ラ	
20	攩	1-85-7 7527／EB46		526

支　部

8	攲	2-13-65 2D61／F381		527

攴(攵)部

5	敄	2-13-66 2D62／F382		532
7	敏	1-85-8 7528／EB47		534
	敔	2-13-67 2D63／F383		533
8	敧	1-85-9 7529／EB48	キ	
9	敫	2-13-68 2D64／F384		537
11	敺	2-13-69 2D65／F385		527
13	斁	2-13-70 2D66／F386		538
15	斄	2-13-71 2D67／F387	リ	
16	斆	2-13-72 2D68／F388		527

文　部

6	斊	2-13-73 2D69／F389	セイ	

斗　部

8	斝	1-85-10 752A／EB49		542

斤　部

10	斲	2-13-74 2D6A／F38A		547
13	斵	2-13-75 2D6B／F38B		547
21	斸	2-13-76 2D6C／F38C	ショク	

方　部

5	斿	2-13-77 2D6D／F38D		550
6	旂	2-13-78 2D6E／F38E		550
7	旉	2-13-79 2D6F／F38F	フ	
9	旔	2-13-80 2D70／F390	ケン	

旡　部

7	旣	1-85-11 752B／EB4A	キ	

日　部

3	旨	2-13-81 2D71／F391		562
	旲	2-13-82 2D72／F392	タイ	
4	昀	1-85-12 752C／EB4B	イン	
	昉	1-85-13 752D／EB4C		566
	昕	1-85-14 752E／EB4D	キン	
	旹	2-13-83 2D73／F393		562
	旼	2-13-84 2D74／F394	ビン	
	昄	2-13-85 2D75／F395	ハン	
	昈	2-13-86 2D76／F396	コ	
5	昞	1-85-15 752F／EB4E	ヘイ	
	昺	1-85-16 7530／EB4F	ヘイ	
	昢	1-85-17 7531／EB50	ホツ	
	昤	1-85-18 7532／EB51	レイ	
	昫	1-85-19 7533／EB52	ク	
	昰	1-85-20 7534／EB53	ゼ	
	昱	1-85-21 7535／EB54		557
	昳	1-85-22 7536／EB55	テツ	
	昡	2-13-87 2D77／F397	ケン	
	昪	2-13-88 2D78／F398	ヘン	
6	晈	1-85-24 7538／EB57		568
	晌	1-85-25 7539／EB58		569
	晅	2-13-89 2D79／F399	ケン	
	晑	2-13-90 2D7A／F39A	キョウ	
	晎	2-13-91 2D7B／F39B	コウ	
	春	2-13-92 2D7C／F39C	ショウ	
7	曻	1-85-23 7537／EB56		559
	𣇄	1-85-26 753A／EB59		
	晙	1-85-27 753B／EB5A	シュン	
	晚	1-85-28 753C／EB5B		570
	晡	1-85-29 753D／EB5C		570
	晥	1-85-30 753E／EB5D	カン	
	㫤	2-13-93 2D7D／F39D		
	晗	2-13-94 2D7E／F39E	カン	
	晛	2-14-1 2E21／F39F	ケン	
	晣	2-14-2 2E22／F3A0		570
8	晳	1-85-31 753F／EB5E		564
	晷	1-85-32 7540／EB5F		560
	𣇵	2-14-3 2E23／F3A1	さやか	
	晩	2-14-4 2E24／F3A2	バン	
	晪	2-14-5 2E25／F3A3	テン	
	晫	2-14-6 2E26／F3A4	タク	
	晬	2-14-7 2E27／F3A5	サイ	
	晭	2-14-8 2E28／F3A6	シュウ	
	晻	2-14-9 2E29／F3A7	アン	
	暀	2-14-10 2E2A／F3A8	オウ	
9	晸	1-85-33 7541／EB60	テイ	
	暍	1-85-34 7542／EB61		572
	暑	1-85-35 7543／EB62		560
	暐	2-14-11 2E2B／F3A9	イ	

画数	漢字	面区点	コード	読み	頁
	暒	2-14-12	2E2C／F3AA	セイ	
	暙	2-14-13	2E2D／F3AB	シュン	
10	暠	1-85-36	7544／EB63	コウ	
	㬎	2-14-14	2E2E／F3AC		561
	暱	2-14-16	2E30／F3AE		573
11	暲	1-85-37	7545／EB64	ショウ	
	暤	2-14-15	2E2F／F3AD		573
	暵	2-14-17	2E31／F3AF		573
12	暻	1-85-38	7546／EB65	ケイ	
	曆	1-85-39	7547／EB66		565
	曈	1-85-40	7548／EB67		573
	㬚	2-14-18	2E32／F3B0	テツ	
	暿	2-14-19	2E33／F3B1	キ	
	𣊫	2-14-20	2E34／F3B2	シン	
13	曦	1-85-41	7549／EB68		573
14	曛	1-85-42	754A／EB69		573
16	曨	1-85-43	754B／EB6A	ロウ	
19	曬	2-14-21	2E35／F3B3		574

曰 部

画数	漢字	面区点	コード	読み	頁
3	㫗	2-14-22	2E36／F3B4	コウ	
6	曺	1-85-44	754C／EB6B	ソウ	
8	朁	2-14-23	2E37／F3B5	サン	
10	朅	2-14-24	2E38／F3B6	ケツ	

月 部

画数	漢字	面区点	コード	読み	頁
6	朓	1-85-45	754D／EB6C	チョウ	
	朒	2-14-25	2E39／F3B7	ジク	
7	朗	1-85-46	754E／EB6D	ロウ	
	腰	2-14-26	2E3A／F3B8		
	朙	2-14-27	2E3B／F3B9		585

木 部

画数	漢字	面区点	コード	読み	頁
2	朳	1-85-47	754F／EB6E		608
3	杴	1-85-48	7550／EB6F		610
	杇	1-85-49	7551／EB70		608
	杈	1-85-50	7552／EB71		608
	杅	2-14-28	2E3C／F3BA		
	𣏕	2-14-29	2E3D／F3BB		
	杌	2-14-30	2E3E／F3BC		608
	杍	2-14-31	2E3F／F3BD	シ	
	杔	2-14-32	2E40／F3BE	タク	
	杝	2-14-33	2E41／F3BF	チ	
	杓	2-14-34	2E42／F3C0		609
4	杻	1-85-51	7553／EB72		612
	极	1-85-52	7554／EB73	キョウ	
	枓	1-85-53	7555／EB74		612
	枘	1-85-54	7556／EB75		612
	枛	1-85-55	7557／EB76		612
	𣏐	2-14-35	2E43／F3C1		
	枾	2-14-36	2E44／F3C2		613
	𣏓	2-14-37	2E45／F3C3		611
	杶	2-14-38	2E46／F3C4	チュン	
	𣏾	2-14-39	2E47／F3C5	シ	
	枒	2-14-40	2E48／F3C6		610
	杮	2-14-41	2E49／F3C7	ハイ	
5	枻	1-85-56	7558／EB77		614
	柫	1-85-57	7559／EB78		611
	柀	1-85-58	755A／EB79		616
	柗	1-85-59	755B／EB7A		615
	𣏽	1-85-60	755C／EB7B		
	栁	1-85-61	755D／EB7C		617
	枼	1-85-62	755E／EB7D		602
	栄	2-14-42	2E4A／F3C8	エイ	
	栐	2-14-43	2E4B／F3C9	エイ	
	枰	2-14-44	2E4C／F3CA		616
	臬	2-14-45	2E4D／F3CB		601
	柃	2-14-46	2E4E／F3CC		617
	柈	2-14-47	2E4F／F3CD		616
	柒	2-14-48	2E50／F3CE		601
	柙	2-14-49	2E51／F3CF		615
	柛	2-14-50	2E52／F3D0	シン	
	柰	2-14-51	2E53／F3D1		597
	柷	2-14-52	2E54／F3D2		615
6	栝	1-85-63	755F／EB7E		618
	栬	1-85-64	7560／EB80		621
	栱	1-85-65	7561／EB81		618
	桛	1-85-66	7562／EB82		622
	𣑥	2-14-53	2E55／F3D3		
	栫	2-14-54	2E56／F3D4		
	㭯	2-14-55	2E57／F3D5		
	栘	2-14-56	2E58／F3D6	イ	
	栟	2-14-57	2E59／F3D7	ヘイ	
	栭	2-14-58	2E5A／F3D8		620
	㭹	2-14-59	2E5B／F3D9		620
	栳	2-14-60	2E5C／F3DA	ロウ	
	栻	2-14-61	2E5D／F3DB	チョク	
	栾	2-14-62	2E5E／F3DC		603
	桄	2-14-63	2E5F／F3DD	コウ	
	桅	2-14-64	2E60／F3DE	キ	
	桉	2-14-65	2E61／F3DF		617
	桌	2-14-66	2E62／F3E0		603
	桕	2-14-67	2E63／F3E1	キュウ	

画数	字	面区点	コード	読み	頁
	桗	2-14-68	2E64／F3E2	タ	
7	桲	1-85-67	7563／EB83		624
	桜	1-85-68	7564／EB84		623
	梅	1-85-69	7565／EB85		624
	桍	1-85-70	7566／EB86		623
	窠	1-85-71	7567／EB87	ショウ	
	梲	1-85-72	7568／EB88		623
	𣐤	2-14-69	2E65／F3E3		
	杪	2-14-70	2E66／F3E4		623
	桮	2-14-71	2E67／F3E5		624
	栭	2-14-72	2E68／F3E6		624
	桼	2-14-73	2E69／F3E7		597
	梂	2-14-74	2E6A／F3E8		622
	梐	2-14-75	2E6B／F3E9	ヘイ	
	梖	2-14-76	2E6C／F3EA		624
	梕	2-14-77	2E6D／F3EB	ハツ	
	梘	2-14-78	2E6E／F3EC	ケン	
	梙	2-14-79	2E6F／F3ED	カン	
	梚	2-14-80	2E70／F3EE		624
	梜	2-14-81	2E71／F3EF	キョウ	
	梪	2-14-82	2E72／F3F0	トウ	
	梫	2-14-83	2E73／F3F1	シン	
	梴	2-14-84	2E74／F3F2	テン	
	梻	2-14-85	2E75／F3F3		624
	棻	2-14-86	2E76／F3F4	フン	
8	棈	1-85-73	7569／EB89	セン	
	棐	1-85-74	756A／EB8A	ヒ	
	棨	1-85-75	756B／EB8B		604
	棭	1-85-76	756C／EB8C		624
	棰	1-85-77	756D／EB8D		626
	棱	1-85-78	756E／EB8E		627
	棼	1-85-79	756F／EB8F	フン	
	椊	1-85-80	7570／EB90	ソツ	
	楉	1-85-81	7571／EB91		629
	桡	2-14-87	2E77／F3F5	ドウ・ジョウ	
	械	2-14-88	2E78／F3F6		
	椨	2-14-89	2E79／F3F7	たぶ	
	棃	2-14-90	2E7A／F3F8		604
	棅	2-14-91	2E7B／F3F9	ヘイ	
	棌	2-14-92	2E7C／F3FA	サイ	
	棏	2-14-93	2E7D／F3FB	トク・タク	
	棖	2-14-94	2E7E／F3FC		627
	棙	2-15-1	2F21／F440		627
	棤	2-15-2	2F22／F441	セキ	
	棥	2-15-3	2F23／F442		596
	棬	2-15-4	2F24／F443		625
	棷	2-15-5	2F25／F444	シュウ	
	椃	2-15-6	2F26／F445	コウ	
	椇	2-15-7	2F27／F446	ク	
	椣	2-15-8	2F28／F447	テン	
	㮈	2-15-9	2F29／F448	ナ	
9	𣘺	1-85-82	7572／EB92		
	椵	1-85-83	7573／EB93	カ	
	楂	1-85-84	7574／EB94		629
	楗	1-85-85	7575／EB95	ケン	
	楣	1-85-86	7576／EB96		630
	楤	1-85-87	7577／EB97		629
	楨	1-85-88	7578／EB98		630
	榀	1-85-89	7579／EB99		632
	楟	2-15-10	2F2A／F449		
	椻	2-15-11	2F2B／F44A	エン	
	椾	2-15-12	2F2C／F44B	サン・セン	
	楆	2-15-13	2F2D／F44C	ヨウ	
	楩	2-15-14	2F2E／F44D	ヘン・ベン	
	楬	2-15-15	2F2F／F44E	ケツ	
	楲	2-15-16	2F30／F44F		628
	楺	2-15-17	2F31／F450	ジュウ	
	楿	2-15-18	2F32／F451		631
10	榉	1-85-90	757A／EB9A	キョ・けやき	
	榥	1-85-91	757B／EB9B	コウ	
	榭	1-85-92	757C／EB9C		633
	槏	1-85-93	757D／EB9D	カン	
	槊	1-85-94	757E／EB9E	サク	
	榒	2-15-19	2F33／F452	ダク	
	窼	2-15-20	2F34／F453	ショウ	
	榖	2-15-21	2F35／F454		633
	榘	2-15-22	2F36／F455	ク	
	榦	2-15-23	2F37／F456		645
	榰	2-15-24	2F38／F457		633
	榷	2-15-25	2F39／F458		632
	榺	2-15-26	2F3A／F459		645
	榼	2-15-27	2F3B／F45A		633
	槀	2-15-28	2F3C／F45B		606
	槑	2-15-29	2F3D／F45C	バイ	
	槖	2-15-30	2F3E／F45D		606
11	㯃	1-86-1	7621／EB9F	シツ	
	槢	1-86-2	7622／EBA0	シュウ	
	槩	1-86-3	7623／EBA1		606
	槪	1-86-4	7624／EBA2		636
	槵	1-86-5	7625／EBA3		636

画数	字	面区点	JIS/SJIS	読み	頁
	槶	1-86-6	7626／EBA4		636
	樏	1-86-7	7627／EBA5		638
	樕	1-86-8	7628／EBA6	ソク	
	槇	2-15-31	2F3F／F45E		
	集	2-15-32	2F40／F45F		
	樰	2-15-33	2F41／F460	たら	
	標	2-15-34	2F42／F461		
	槁	2-15-35	2F43／F462		636
	椅	2-15-36	2F44／F463	キ	
	槮	2-15-37	2F45／F464		637
	榸	2-15-38	2F46／F465	サイ	
	槳	2-15-39	2F47／F466	ショウ	
	𣘺	2-15-40	2F48／F467	ショウ	
	槴	2-15-41	2F49／F468	コ	
	槾	2-15-42	2F4A／F469	バン・マン	
	樛	2-15-43	2F4B／F46A	リョウ	
	樚	2-15-44	2F4C／F46B	ロク	
	樝	2-15-45	2F4D／F46C		637
12	楪	1-86-9	7629／EBA7	ゆずりは	
	樻	1-86-10	762A／EBA8	キ	
	樾	1-86-11	762B／EBA9		638
	橅	1-86-12	762C／EBAA		641
	橐	1-86-13	762D／EBAB		607
	樸	1-86-14	762E／EBAC		641
	橜	1-86-15	762F／EBAD		640
	橫	1-86-16	7630／EBAE		638
	橳	1-86-17	7631／EBAF		641
	樠	2-15-46	2F4E／F46D		
	樲	2-15-47	2F4F／F46E	ジ	
	樳	2-15-48	2F50／F46F	ジン	
	樴	2-15-49	2F51／F470		640
	樿	2-15-50	2F52／F471	セン	
	橆	2-15-51	2F53／F472	ブ	
	橉	2-15-52	2F54／F473		641
	橌	2-15-53	2F55／F474	カン	
	橎	2-15-54	2F56／F475	ハン	
	橒	2-15-55	2F57／F476		638
	榮	2-15-56	2F58／F477		607
13	檉	1-86-19	7633／EBB1		642
	檔	1-86-20	7634／EBB2		642
	檝	1-86-21	7635／EBB3		642
	檞	1-86-22	7636／EBB4		641
	檥	1-86-23	7637／EBB5		642
	檒	2-15-57	2F59／F478		
	橾	2-15-58	2F5A／F479	シュ・ソウ	
	檃	2-15-59	2F5B／F47A		607
	檴	2-15-60	2F5C／F47B		642
	㯰	2-15-61	2F5D／F47C	チ	
	檑	2-15-62	2F5E／F47D	ライ	
	檟	2-15-63	2F5F／F47E		641
	檡	2-15-64	2F60／F480	タク	
14	爵	1-86-18	7632／EBB0	ジャク	
	櫂	2-15-65	2F61／F481		
	檫	2-15-66	2F62／F482		643
	檽	2-15-67	2F63／F483	ジ	
	櫆	2-15-68	2F64／F484	カイ	
	櫔	2-15-69	2F65／F485		643
15	櫤	1-86-24	7638／EBB6	たも	
	櫐	2-15-70	2F66／F486	ルイ	
	櫜	2-15-71	2F67／F487		607
	櫝	2-15-72	2F68／F488		643
16	櫧	1-86-25	7639／EBB7		644
	櫭	1-86-26	763A／EBB8	コウ	
	櫟	2-15-73	2F69／F489	ヤク	
	櫃	2-15-74	2F6A／F48A		
	櫬	2-15-75	2F6B／F48B		644
	櫱	2-15-76	2F6C／F48C		607
	櫲	2-15-77	2F6D／F48D	ヨ	
	櫳	2-15-78	2F6E／F48E		644
17	欄	1-86-27	763B／EBB9		644
	櫽	2-15-79	2F6F／F48F		607
18	欟	2-15-80	2F70／F490	つき	
	欋	2-15-81	2F71／F491		644
19	欏	2-15-82	2F72／F492		644
	欐	2-15-83	2F73／F493	レイ	
	欑	2-15-84	2F74／F494	サン	
	欛	2-15-85	2F75／F495		644
20	欗	2-15-86	2F76／F496	ラン	
21	欛	1-86-28	763C／EBBA		644
24	欞	1-86-29	763D／EBBB		644

欠 部

画数	字	面区点	JIS/SJIS	読み	頁
5	㰦	2-15-87	2F77／F497	キョ	
6	欬	1-86-30	763E／EBBC		646
	欯	2-15-88	2F78／F498	キツ	
7	欸	1-86-31	763F／EBBD		646
9	歆	1-86-32	7640／EBBE	キン	
10	歊	2-15-89	2F79／F499	キョウ	
12	歖	1-86-33	7641／EBBF	キ	
	歘	2-15-90	2F7A／F49A	クツ	
15	歠	1-86-34	7642／EBC0		649

止 部

3	歩	1-86-35	7643/EBC1		650
4	歧	1-86-36	7644/EBC2	キ	
6	歬	2-15-91	2F7B/F49B	ゼン	
11	𣦶	2-15-92	2F7C/F49C	サク	
12	歷	1-86-37	7645/EBC3		653

歹(歺)部

0	歺	2-15-93	2F7D/F49D		654
4	殁	2-15-94	2F7E/F49E		655
5	殂	1-86-38	7646/EBC4		656
8	殛	2-78-1	6E21/F49F		657
13	殩	1-86-39	7647/EBC5	サン	
	殭	1-86-40	7648/EBC6		658
	殮	2-78-2	6E22/F4A0		658

殳 部

7	殺	1-86-41	7649/EBC7		660
	𣪘	2-78-3	6E23/F4A1	キ・キュウ	
8	殽	2-78-4	6E24/F4A2		660
9	殶	2-78-5	6E25/F4A3	シュン	
12	毇	2-78-6	6E26/F4A4	キ	
	毈	2-78-7	6E27/F4A5	タン・ダン	
14	毉	2-78-8	6E28/F4A6	イ	

毋 部

3	毎	1-86-42	764A/EBC8		662

比 部

5	毖	1-86-43	764B/EBC9	ヒ	
	毗	1-86-44	764C/EBCA		664
13	毚	2-78-9	6E29/F4A7		664

毛 部

6	毦	2-78-10	6E2A/F4A8	ジ	
	毧	2-78-11	6E2B/F4A9	ジュウ	
7	毮	2-78-12	6E2C/F4AA	むしる	
8	毱	2-78-13	6E2D/F4AB		666
11	毿	1-86-45	764D/EBCB		666
	氂	2-78-14	6E2E/F4AC		665
12	氅	1-86-46	764E/EBCC		665
13	氈	2-78-15	6E2F/F4AD		666
22	氎	2-78-16	6E30/F4AE	チョウ	

氏 部

1	氏	1-86-47	764F/EBCD		666

气 部

10	氳	1-86-48	7650/EBCE		669

水(氺・氵)部

0	氵	2-78-17	6E31/F4AF	さんずい	
1	氶	2-78-18	6E32/F4B0	ショウ・ジョウ	
	氺	2-78-19	6E33/F4B1	したみず	
2	氽	2-78-20	6E34/F4B2		
	氿	2-78-21	6E35/F4B3	キ	
3	汙	1-86-49	7651/EBCF		676
	汜	1-86-50	7652/EBD0		677
	汍	2-78-22	6E36/F4B4	カン	
	汛	2-78-23	6E37/F4B5	シン・ジン	
4	沪	1-86-51	7653/EBD1	リョ・ロ	
	汴	1-86-52	7654/EBD2		683
	汶	1-86-53	7655/EBD3		682
	沅	1-86-54	7656/EBD4		680
	沆	1-86-55	7657/EBD5		680
	沘	1-86-56	7658/EBD6	ヒ	
	沜	1-86-57	7659/EBD7	ハン	
	汭	2-78-24	6E38/F4B6		680
	沄	2-78-25	6E39/F4B7	ウン	
	沉	2-78-26	6E3A/F4B8		681
	𣲗	2-78-27	6E3B/F4B9	サイ	
	沔	2-78-28	6E3C/F4BA	ベン	
	沕	2-78-29	6E3D/F4BB	ブツ	
	沗	2-78-30	6E3E/F4BC	テン	
5	泻	1-86-58	765A/EBD8	セキ	
	泆	1-86-59	765B/EBD9		684
	泔	1-86-60	765C/EBDA		685
	泠	1-86-61	765D/EBDB		691
	泫	1-86-62	765E/EBDC		685
	泮	1-86-63	765F/EBDD	ハン	
	沭	2-78-31	6E3F/F4BD	シュツ・ジュツ	
	泂	2-78-32	6E40/F4BE	ケイ	
	泐	2-78-33	6E41/F4BF	リョク・ロク	
	㳒	2-78-34	6E42/F4C0		689
	泖	2-78-35	6E43/F4C1	ボウ	
	泚	2-78-36	6E44/F4C2	セイ	
	泜	2-78-37	6E45/F4C3	テイ	
	泩	2-78-38	6E46/F4C4	ソウ	
	泬	2-78-39	6E47/F4C5	ケツ	
	泭	2-78-40	6E48/F4C6	フ	
6	𣳾	1-86-64	7660/EBDE		
	洄	1-86-65	7661/EBDF		693
	洎	1-86-66	7662/EBE0		693
	洮	1-86-67	7663/EBE1		696
	洱	1-86-68	7664/EBE2	ジ	
	洹	1-86-69	7665/EBE3	エン	
	洿	1-86-70	7666/EBE4		691
	𣶒	2-78-41	6E49/F4C7		

画数	漢字	区点	JIS/SJIS	読み	頁
	洀	2-78-42	6E4A/F4C8	シュウ	
	洊	2-78-43	6E4B/F4C9	セン	
	洤	2-78-44	6E4C/F4CA	セン	
	洦	2-78-45	6E4D/F4CB		697
	洧	2-78-46	6E4E/F4CC	イ	
	汧	2-78-47	6E4F/F4CD	ケン	
	洯	2-78-48	6E50/F4CE	ケツ	
	洼	2-78-49	6E51/F4CF		698
7	浘	1-86-71	7667/EBE5	ビ	
	浥	1-86-72	7668/EBE6		702
	海	1-86-73	7669/EBE7		698
	涂	1-86-74	766A/EBE8		700
	涇	1-86-75	766B/EBE9		698
	涉	1-86-76	766C/EBEA		700
	涔	1-86-77	766D/EBEB		700
	浛	2-78-50	6E52/F4D0		698
	浞	2-78-51	6E53/F4D1	サク	
	浠	2-78-52	6E54/F4D2	キ	
	浰	2-78-53	6E55/F4D3	レン	
	涀	2-78-54	6E56/F4D4	ケン	
	浵	2-78-55	6E57/F4D5	シン	
	涊	2-78-56	6E58/F4D6	デン・ジン	
	涍	2-78-57	6E59/F4D7	コウ	
	涑	2-78-58	6E5A/F4D8	ソウ	
	涘	2-78-59	6E5B/F4D9	シ	
	涅	2-78-60	6E5C/F4DA		700
8	涪	1-86-78	766E/EBEC	フウ	
	涬	1-86-79	766F/EBED	ケイ	
	涿	1-86-80	7670/EBEE		710
	淄	1-86-81	7671/EBEF		707
	淖	1-86-82	7672/EBF0	トウ・ドウ	
	淚	1-86-83	7673/EBF1		712
	淛	1-86-84	7674/EBF2	セイ	
	淝	1-86-85	7675/EBF3		711
	淼	1-86-86	7676/EBF4		672
	渗	2-78-61	6E5D/F4DB	シン	
	渂	2-78-62	6E5E/F4DC		
	添	2-78-63	6E5F/F4DD		
	渵	2-78-64	6E60/F4DE	なぎ	
	涫	2-78-65	6E61/F4DF	カン	
	涮	2-78-66	6E62/F4E0	サン	
	涴	2-78-67	6E63/F4E1	エン	
	淂	2-78-68	6E64/F4E2	トク	
	洴	2-78-69	6E65/F4E3	ヘイ	
	淈	2-78-70	6E66/F4E4	コツ	
	淎	2-78-71	6E67/F4E5	ホウ	
	淏	2-78-72	6E68/F4E6	コウ	
	淐	2-78-73	6E69/F4E7	ショウ	
	淟	2-78-74	6E6A/F4E8		711
	淩	2-78-75	6E6B/F4E9		712
	淶	2-78-76	6E6C/F4EA	ライ	
	渶	2-78-77	6E6D/F4EB	エイ	
9	渚	1-86-87	7677/EBF5		716
	渴	1-86-88	7678/EBF6		714
	湄	1-86-89	7679/EBF7	ビ	
	湜	1-86-90	767A/EBF8	ショク	
	湞	1-86-91	767B/EBF9	トウ・テイ	
	渞	2-78-78	6E6E/F4EC	シュウ	
	渢	2-78-79	6E6F/F4ED	フウ	
	渧	2-78-80	6E70/F4EE		717
	済	2-78-81	6E71/F4EF	ソ	
	渲	2-78-82	6E72/F4F0		716
	渼	2-78-83	6E73/F4F1	ビ	
	湈	2-78-84	6E74/F4F2	バイ	
	湉	2-78-85	6E75/F4F3	テン	
	湋	2-78-86	6E76/F4F4	イ	
	湌	2-78-87	6E77/F4F5		1336
	湏	2-78-88	6E78/F4F6	カイ	
	湑	2-78-89	6E79/F4F7		716
	湓	2-78-90	6E7A/F4F8		718
	湔	2-78-91	6E7B/F4F9	セン	
	湗	2-78-92	6E7C/F4FA	ホウ	
	湣	2-78-93	6E7D/F4FB	ビン	
	滔	2-78-94	6E7E/F4FC	トウ	
10	溫	1-86-92	767C/EBFA		720
	溱	1-86-93	767D/EBFB	シン	
	滁	1-86-94	767E/EBFC	チョ・ジョ	
	滇	1-87-1	7721/EC40		723
	滎	1-87-2	7722/EC41	ケイ	
	溓	2-79-1	6F21/F540	レン	
	溧	2-79-2	6F22/F541	リツ	
	溴	2-79-3	6F23/F542	シュウ	
	溿	2-79-4	6F24/F543	ハン	
	滃	2-79-5	6F25/F544		720
	滊	2-79-6	6F26/F545		721
	滙	2-79-7	6F27/F546		720
11	漐	1-87-3	7723/EC42	チュウ	
	漚	1-87-4	7724/EC43		725
	漢	1-87-5	7725/EC44		725
	漪	1-87-6	7726/EC45		725

画	字	面区点	JIS/SJIS	音	頁
	漯	1-87-7	7727／EC46	トウ	
	漳	1-87-8	7728／EC47		726
	潊	2-79-8	6F28／F547	ショ・ジョ	
	潃	2-79-9	6F29／F548	シュウ	
	滹	2-79-10	6F2A／F549	コ	
	滻	2-79-11	6F2B／F54A		725
	漊	2-79-12	6F2C／F54B	ル	
	漌	2-79-13	6F2D／F54C	キン	
	漘	2-79-14	6F2E／F54D	シン	
	漥	2-79-15	6F2F／F54E		728
	漶	2-79-16	6F30／F54F	カン	
	漼	2-79-17	6F31／F550	サイ	
12	潑	1-87-9	7729／EC48		731
	潙	1-87-10	772A／EC49		729
	潞	1-87-11	772B／EC4A	ロ	
	潡	1-87-12	772C／EC4B	トン	
	潢	1-87-13	772D／EC4C		729
	潾	1-87-14	772E／EC4D	リン	
	澈	1-87-15	772F／EC4E		731
	澌	1-87-16	7730／EC4F		729
	澍	1-87-17	7731／EC50		729
	澔	1-87-18	7732／EC51	コウ	
	滰	2-79-18	6F32／F551		
	潒	2-79-19	6F33／F552	トウ	
	潗	2-79-20	6F34／F553	シュウ	
	潚	2-79-21	6F35／F554	シュク	
	潠	2-79-22	6F36／F555	ソン	
	潨	2-79-23	6F37／F556	ソウ	
	潛	2-79-24	6F38／F557	サン	
	潽	2-79-25	6F39／F558	ホ	

画	字	面区点	JIS/SJIS	音	頁
	澐	2-79-26	6F3A／F559	ウン	
	澖	2-79-27	6F3B／F55A	カン	
	澾	2-79-28	6F3C／F55B	タツ	
13	澠	1-87-19	7733／EC52		732
	澧	1-87-20	7734／EC53	レイ	
	澶	1-87-21	7735／EC54	セン	
	澼	1-87-22	7736／EC55	ヘキ	
	濇	1-87-23	7737／EC56	ショク	
	濊	1-87-24	7738／EC57		733
	澟	2-79-29	6F3D／F55C	リン	
	澥	2-79-30	6F3E／F55D	カイ	
	澯	2-79-31	6F3F／F55E	サン	
	澲	2-79-32	6F40／F55F	ソウ	
	澵	2-79-33	6F41／F560	シン	
	濈	2-79-34	6F42／F561	シュウ	
	濉	2-79-35	6F43／F562	スイ	
	濩	2-79-38	6F46／F565	カク	
14	濰	1-87-26	773A／EC59	イ	
	濱	1-87-27	773B／EC5A		734
	濚	2-79-36	6F44／F563	エイ	
	濞	2-79-37	6F45／F564	ヒ・ビ	
15	濹	1-87-25	7739／EC58		735
	瀅	1-87-28	773C／EC5B	エイ	
	瀆	1-87-29	773D／EC5C		735
	濸	2-79-39	6F47／F566		
	濼	2-79-40	6F48／F567	ロク・ラク	
	瀀	2-79-41	6F49／F568	ユウ	
	瀇	2-79-42	6F4A／F569	オウ・コウ	
	瀊	2-79-43	6F4B／F56A	ハン・バン	
16	瀨	1-87-30	773E／EC5D		736

画	字	面区点	JIS/SJIS	音	頁
	瀣	2-79-44	6F4C／F56B		735
17	濶	2-79-45	6F4D／F56C		
	瀹	2-79-46	6F4E／F56D		736
	瀺	2-79-47	6F4F／F56E	サン	
	瀼	2-79-48	6F50／F56F	ジョウ	
18	灊	1-87-31	773F／EC5E	セン	
	灃	2-79-49	6F51／F570	フウ・ホウ	
	灇	2-79-50	6F52／F571	ソウ	
	灋	2-79-51	6F53／F572		737
19	灞	2-79-52	6F54／F573	ハ	
	灧	2-79-53	6F55／F574		737
21	灝	1-87-32	7740／EC5F		737
	灞	1-87-33	7741／EC60		737
23	灎	1-87-34	7742／EC61		737
	灤	1-87-35	7743／EC62		737
	灥	2-79-54	6F56／F575	シュン	
28	灩	2-79-55	6F57／F576		737

火(灬)部

画	字	面区点	JIS/SJIS	音	頁
0	灬	2-79-56	6F58／F577	ヒョウ・れっか	
2	灮	2-79-57	6F59／F578	コウ	
3	灵	1-87-36	7744／EC63		740
	灶	2-79-58	6F5A／F579		741
	灾	2-79-59	6F5B／F57A		740
4	炅	1-87-37	7745／EC64	ケイ	
	炆	2-79-61	6F5D／F57C	ブン	
	炕	2-79-62	6F5E／F57D		742
	炗	2-79-63	6F5F／F57E	コウ	
5	炤	1-87-38	7746／EC65	ショウ	
	炫	1-87-39	7747／EC66		742
	炷	1-87-40	7748／EC67		742

	炁	2-79-60	6F5C/F57B	キ	
	炻	2-79-64	6F60/F580		742
	炯	2-79-65	6F61/F581		
	炟	2-79-66	6F62/F582	タツ	
	炱	2-79-67	6F63/F583	タイ	
6	烔	1-87-41	7749/EC68	トウ	
	烘	1-87-42	774A/EC69		743
	烤	1-87-43	774B/EC6A	コウ	
	[illegible]	2-79-68	6F64/F584		739
	烬	2-79-69	6F65/F585	シン・ジン	
	烊	2-79-70	6F66/F586	ヨウ	
	烑	2-79-71	6F67/F587	ヨウ	
	烓	2-79-72	6F68/F588	エイ	
	烜	2-79-73	6F69/F589	ケン	
7	焏	1-87-44	774C/EC6B	キョク	
	焫	1-87-45	774D/EC6C	ゼツ	
	焃	2-79-74	6F6A/F58A	カク	
	焄	2-79-75	6F6B/F58B		751
	焆	2-79-76	6F6C/F58C	エツ	
	焇	2-79-77	6F6D/F58D	ショウ	
	焈	2-79-78	6F6E/F58E	キ	
	焌	2-79-79	6F6F/F58F	シュン	
	焭	2-79-80	6F70/F590	ケイ	
8	焞	1-87-46	774E/EC6D	トン	
	焠	1-87-47	774F/EC6E		743
	焮	1-87-48	7750/EC6F		743
	焰	1-87-49	7751/EC70		743
	焯	2-79-81	6F71/F591	シャク	
	焱	2-79-82	6F72/F592	エン	
	煐	2-79-83	6F73/F593	エイ	
9	煆	1-87-50	7752/EC71		744
	煇	1-87-51	7753/EC72		744
	煑	1-87-52	7754/EC73	ショ・シャ	
	煮	1-87-53	7755/EC74		755
	煒	1-87-54	7756/EC75	イ	
	煜	1-87-55	7757/EC76		743
	煠	1-87-56	7758/EC77		745
	煨	1-87-57	7759/EC78		745
	煊	2-79-84	6F74/F594	ケン	
	煓	2-79-85	6F75/F595	タン	
	煞	2-79-86	6F76/F596		755
	焰	2-79-87	6F77/F597	エン	
10	熈	1-87-58	775A/EC79	キ	
	熅	1-87-59	775B/EC7A		745
	熇	1-87-60	775C/EC7B		745
	熒	1-87-61	775D/EC7C		741
	熚	1-87-62	775E/EC7D		746
	熖	2-79-88	6F78/F598	エン	
	熀	2-79-89	6F79/F599	コウ	
11	熛	2-79-90	6F7A/F59A		746
	熠	2-79-91	6F7B/F59B	ユウ	
	熢	2-79-92	6F7C/F59C		746
	熮	2-79-93	6F7D/F59D		746
	熯	2-79-94	6F7E/F59E		746
	熳	2-80-1	7021/F59F	マン	
12	熺	1-87-63	775F/EC7E	キ	
	燄	1-87-64	7760/EC80		748
	[illegible]	2-80-2	7022/F5A0		
	燋	2-80-3	7023/F5A1		746
	燓	2-80-4	7024/F5A2	フン	
	燙	2-80-5	7025/F5A3		741
	燜	2-80-6	7026/F5A4	モン	
14	燾	1-87-65	7761/EC81		759
	爀	1-87-66	7762/EC82		747
	爇	2-80-7	7027/F5A5	ネツ・やく	
15	爕	1-87-67	7763/EC83	ショウ	
	[illegible]	2-80-8	7028/F5A6		747

爪(爫・⺥)部

0	⺥	2-80-9	7029/F5A7	つめかんむり	
	爫	2-80-10	702A/F5A8	つめかんむり	
11	爴	2-80-11	702B/F5A9	カク	

父　部

4	爸	2-80-12	702C/F5AA	ハ	
6	爹	2-80-13	702D/F5AB		761

爿(丬)部

0	丬	2-80-14	702E/F5AC	しょうへん	
6	牂	2-80-15	702F/F5AD	ソウ・ショウ	

片　部

10	牓	2-80-16	7030/F5AE		763
11	牕	1-87-68	7764/EC84		763
	牖	1-87-69	7765/EC85		763
	牗	2-80-17	7031/F5AF		763

牛　部

3	牣	2-80-18	7032/F5B0	ジン	
4	[illegible]	2-80-19	7033/F5B1	ぐし	
5	[illegible]	2-80-20	7034/F5B2	セン	
	牯	2-80-21	7035/F5B3	コ	
6	牸	2-80-22	7036/F5B4	シ	
7	[illegible]	1-87-70	7766/EC86	トク	
	牿	2-80-23	7037/F5B5	コク	

9	犍	1-87-71	7767／EC87		768
	犎	2-80-24	7038／F5B6		766
	犃	2-80-25	7039／F5B7	バン	
11	犛	1-87-72	7768／EC88		766

犬(犭)部

0	犭	2-80-26	703A／F5B8	けものへん	
1	犮	2-80-27	703B／F5B9		769
2	犰	2-80-28	703C／F5BA		771
3	犱	2-80-29	703D／F5BB	ケキ	
4	犾	1-87-73	7769／EC89	ギン	
	狀	1-87-74	776A／EC8A		770
	狁	2-80-30	703E／F5BC		771
	㹠	2-80-31	703F／F5BD	トン	
5	狌	2-80-32	7040／F5BE	セイ	
	⿰犭召	2-80-33	7041／F5BF	チョウ	
	⿰犭由	2-80-34	7042／F5C0	ユウ	
7	狻	1-87-75	776B／EC8B		775
	狳	2-80-35	7043／F5C1		775
	狺	2-80-36	7044／F5C2		775
8	猇	2-80-37	7045／F5C3	コウ	
	猒	2-80-38	7046／F5C4		770
	猘	2-80-39	7047／F5C5	セイ	
	猙	2-80-40	7048／F5C6	ソウ	
	⿰犭苟	2-80-41	7049／F5C7	コウ	
9	⿰犭复	1-87-76	776C／EC8C		
	猧	1-87-77	776D／EC8D	カ・ワ	
	猨	1-87-78	776E／EC8E		777
	猪	1-87-79	776F／EC8F		777
	猹	2-80-42	704A／F5C8		
	猬	2-80-43	704B／F5C9		777
	猱	2-80-44	704C／F5CA		777
	猳	2-80-45	704D／F5CB	カ	
10	⿰犭冥	2-80-46	704E／F5CC		778
11	獐	1-87-80	7770／EC90		778
	獒	2-80-47	704F／F5CD		770
12	獦	1-87-81	7771／EC91		779
	⿰犭爲	2-80-48	7050／F5CE		778
13	獫	2-80-49	7051／F5CF		779
	獬	2-80-50	7052／F5D0	カイ	
	⿰犭喿	2-80-51	7053／F5D1	ショウ	
14	獮	2-80-52	7054／F5D2	セン	
	獯	2-80-53	7055／F5D3		779
	獱	2-80-54	7056／F5D4		779
15	獷	2-80-55	7057／F5D5	コウ	
17	獼	1-87-82	7772／EC92		779
20	玁	2-80-56	7058／F5D6		779

玄 部

4	玅	2-80-57	7059／F5D7		781

玉(王)部

1	玊	2-80-58	705A／F5D8		785
3	玕	1-87-83	7773／EC93		786
	玔	2-80-59	705B／F5D9		786
	玘	2-80-60	705C／F5DA	キ	
4	玟	1-87-84	7774／EC94	ビン	
	玠	1-87-85	7775／EC95	カイ	
	玢	1-87-86	7776／EC96		787
	玦	1-87-87	7777／EC97		787
	玫	1-87-88	7778／EC98		787
	玜	2-80-61	705D／F5DB	コウ	
	玞	2-80-62	705E／F5DC	フ	
	玥	2-80-63	705F／F5DD	ゲツ	
	玨	2-80-64	7060／F5DE	カク	
5	珉	1-87-89	7779／EC99	ビン	
	珏	1-87-90	777A／EC9A	カク	
	玵	2-80-65	7061／F5DF	ガン	
	玷	2-80-66	7062／F5E0	テン	
	玹	2-80-67	7063／F5E1	ゲン	
	玼	2-80-68	7064／F5E2	セイ	
	玿	2-80-69	7065／F5E3	ショウ	
	珅	2-80-70	7066／F5E4	シン	
	珋	2-80-71	7067／F5E5	リュウ	
6	珖	1-87-91	777B／EC9B		788
	珙	1-87-92	777C／EC9C	キョウ	
	珣	1-87-93	777D／EC9D	シュン	
	珩	1-87-94	777E／EC9E		788
	珡	2-80-72	7068／F5E6	キン	
	珧	2-80-73	7069／F5E7		788
7	琇	1-88-1	7821／EC9F	シュウ	
	琊	1-88-2	7822／ECA0	ヤ	
	珹	2-80-74	706A／F5E8	セイ	
	琓	2-80-75	706B／F5E9		
	珺	2-80-76	706C／F5EA	クン	
	琔	2-80-77	706D／F5EB		789
8	琚	1-88-3	7823／ECA1	キョ	
	琛	1-88-4	7824／ECA2	チン	
	琢	1-88-5	7825／ECA3		791
	琦	1-88-6	7826／ECA4		790
	琨	1-88-7	7827／ECA5	コン	
	琪	1-88-8	7828／ECA6	キ	
	琫	1-88-9	7829／ECA7	ホウ	

画数	字	面区点	JIS/SJIS	音	頁
	琬	1-88-10	782A/ECA8		790
	琮	1-88-11	782B/ECA9		791
	琯	1-88-12	782C/ECAA	カン	
	琰	1-88-13	782D/ECAB		790
	琤	2-80-78	706E/F5EC	ソウ	
	琱	2-80-79	706F/F5ED		791
	琹	2-80-80	7070/F5EE	キン	
9	瑄	1-88-14	782E/ECAC	セン	
	瑆	1-88-15	782F/ECAD	セイ	
	瑇	1-88-16	7830/ECAE		791
	瑋	1-88-17	7831/ECAF	イ	
	瑗	1-88-18	7832/ECB0		791
	瑓	2-80-81	7071/F5EF	レン	
	瑀	2-80-82	7072/F5F0	ウ	
	瑃	2-80-83	7073/F5F1	チュン	
	瑍	2-80-84	7074/F5F2	カン	
	瑒	2-80-85	7075/F5F3	チョウ	
	瑝	2-80-86	7076/F5F4	コウ	
10	瑢	1-88-19	7833/ECB1	ヨウ	
	瑫	1-88-20	7834/ECB2		792
	瑭	1-88-21	7835/ECB3	トウ	
	瑱	2-80-87	7077/F5F5	テン	
11	璆	1-88-22	7836/ECB4		793
	璇	1-88-23	7837/ECB5		793
	璉	1-88-24	7838/ECB6		793
	璘	1-88-25	7839/ECB7	リン	
	璁	2-80-88	7078/F5F6		793
	璅	2-80-89	7079/F5F7		793
	璈	2-80-90	707A/F5F8	ゴウ	
12	璜	1-88-26	783A/ECB8		793
	璟	1-88-27	783B/ECB9	エイ	
	璣	1-88-28	783C/ECBA		793
	𤩍	2-80-91	707B/F5F9	キン	
	璒	2-80-92	707C/F5FA	トウ	
	璗	2-80-93	707D/F5FB	トウ	
	璙	2-80-94	707E/F5FC	リョウ	
	璠	2-81-1	7121/F640	ハン	
	璡	2-81-2	7122/F641	シン	
	璥	2-81-3	7123/F642	ケイ	
13	璐	1-88-29	783D/ECBB	ロ	
	璦	1-88-30	783E/ECBC	アイ	
	璨	1-88-31	783F/ECBD	サン	
	璩	1-88-32	7840/ECBE	キョ	
	璪	2-81-4	7124/F643	ソウ	
	璫	2-81-5	7125/F644		794
14	璵	1-88-33	7841/ECBF		794
	璿	1-88-34	7842/ECC0		794
	璹	2-81-6	7126/F645	シュウ・シュク	
	璻	2-81-7	7127/F646	スイ	
	璺	2-81-8	7128/F647	ブン	
15	瓈	1-88-35	7843/ECC1		794
	瓉	1-88-36	7844/ECC2		794
17	瓖	2-81-9	7129/F648	ショウ	
	瓘	2-81-10	712A/F649	カン	
19	瓚	1-88-37	7845/ECC3		794

瓜 部

画数	字	面区点	JIS/SJIS	音	頁
5	瓞	2-81-11	712B/F64A	テツ	

瓦 部

画数	字	面区点	JIS/SJIS	音	頁
4	瓯	2-81-12	712C/F64B	オウ	
	瓮	2-81-13	712D/F64C		795
7	𤭖	2-81-14	712E/F64D		796
	瓺	2-81-15	712F/F64E		796
8	瓿	1-88-38	7846/ECC4		796
	甁	1-88-39	7847/ECC5		796
9	甈	2-81-16	7130/F64F		796
16	甗	1-88-40	7848/ECC6		797

生 部

画数	字	面区点	JIS/SJIS	音	頁
4	𤯔	2-81-17	7131/F650	セイ	
7	甤	2-81-18	7132/F651	ズイ	

用 部

画数	字	面区点	JIS/SJIS	音	頁
1	甪	2-81-19	7133/F652	ロク	
7	甯	1-88-41	7849/ECC7		346

田 部

画数	字	面区点	JIS/SJIS	音	頁
2	𤰇	2-81-20	7134/F653		
	𤰃	2-81-21	7135/F654		
3	甽	2-81-22	7136/F655		808
	甾	2-81-23	7137/F656		382
	畀	2-81-24	7138/F657	ヒ	
4	畈	2-81-25	7139/F658	ハン	
	畎	2-81-26	713A/F659		809
	畐	2-81-27	713B/F65A		807
	畒	2-81-28	713C/F65B	ホ	
7	畯	1-88-42	784A/ECC8	シュン	
	畬	2-81-29	713D/F65C		808
	畭	2-81-30	713E/F65D	ヨ	
	畱	2-81-31	713F/F65E		808
8	畹	1-88-43	784B/ECC9	エン	
	畺	2-81-32	7140/F65F		804
9	畽	2-81-33	7141/F660	トン	
10	畾	2-81-34	7142/F661		802

11	疁	2-81-35	7143／F662	リュウ	

疋 部

0	𤴔	2-81-36	7144／F663		
3	疌	2-81-37	7145／F664	ショウ・ジョウ	

疒 部

0	疒	1-88-44	784C／ECCA		812
2	𤴼	1-88-45	784D／ECCB	キュウ	
3	𤵸	2-81-38	7146／F665	ショウ	
4	疢	2-81-39	7147／F666		813
	𤵛	2-81-40	7148／F667	スイ	
5	疰	2-81-41	7149／F668	シュ	
	疷	2-81-42	714A／F669	チ・テイ	
	疿	2-81-43	714B／F66A		814
	痀	2-81-44	714C／F66B		813
	痆	2-81-45	714D／F66C	ダツ	
6	痎	1-88-46	784E／ECCC		815
	痏	2-81-46	714E／F66D	イ	
	痓	2-81-47	714F／F66E	シ	
7	痤	1-88-47	784F／ECCD		815
	痝	2-81-48	7150／F66F	ボウ	
	痟	2-81-49	7151／F670		815
	痠	2-81-50	7152／F671	サン	
	痧	2-81-51	7153／F672	サ	
8	瘀	1-88-48	7850／ECCE		817
	瘂	1-88-49	7851／ECCF		816
	𤸎	2-81-52	7154／F673	エキ	
	痮	2-81-53	7155／F674	チョウ	
	痱	2-81-54	7156／F675		817
	痹	2-81-55	7157／F676		817
	瘃	2-81-56	7158／F677	ショク・チョク	
9	瘈	1-88-50	7852／ECD0	ケイ	
	瘕	1-88-51	7853／ECD1		817
	瘖	1-88-52	7854／ECD2		817
	瘻	2-81-57	7159／F678	ロウ	
	瘇	2-81-58	715A／F679		817
	瘏	2-81-59	715B／F67A	ト	
	瘟	2-81-60	715C／F67B		817
	瘑	2-81-61	715D／F67C		817
	瘓	2-81-62	715E／F67D	タン	
10	瘙	1-88-53	7855／ECD3		818
	瘞	1-88-54	7856／ECD4		817
	𤺺	2-81-63	715F／F67E	セイ	
	瘜	2-81-64	7160／F680	ショク・ソク	
	癌	2-81-65	7161／F681	ガン	
	瘥	2-81-66	7162／F682	サ	
	瘨	2-81-67	7163／F683	テン	
	瘼	2-81-68	7164／F684	バク	
11	瘭	1-88-55	7857／ECD5		818
	瘵	1-88-56	7858／ECD6	サイ	
	瘳	2-81-69	7165／F685	チュウ	
	𤻲	2-81-70	7166／F686	ク	
12	癃	1-88-57	7859／ECD7		819
	癄	1-88-58	785A／ECD8		818
	㿉	2-81-71	7167／F687	タイ	
	癁	2-81-72	7168／F688		819
	瘮	2-81-73	7169／F689	シン	
	癉	2-81-74	716A／F68A		818
13	癕	2-81-75	716B／F68B		819
15	癰	1-88-59	785B／ECD9		819
	癥	1-88-60	785C／ECDA		819
16	癩	2-81-76	716C／F68C	タイ	
17	癭	1-88-61	785D／ECDB		820
	癮	2-81-77	716D／F68D		820
18	癯	1-88-62	785E／ECDC		820
19	癱	1-88-63	785F／ECDD		820

白 部

2	皁	1-88-64	7860／ECDE		825
7	皕	2-81-78	716E／F68E	ヒョク	
10	皛	1-88-65	7861／ECDF	キョウ	
	皝	1-88-66	7862／ECE0	コウ	
	皞	1-88-67	7863／ECE1		828
	皜	2-81-79	716F／F68F		828
11	皡	2-81-80	7170／F690		828
	皠	2-81-81	7171／F691	サイ	
13	皦	1-88-68	7864／ECE2		828
	皧	2-81-82	7172／F692	アイ	
	皨	2-81-83	7173／F693	セイ	
15	皪	1-88-69	7865／ECE3		828

皮 部

3	皯	2-81-84	7174／F694	カン	
9	皶	1-88-70	7866／ECE4		829

皿 部

4	盅	1-88-71	7867／ECE5	チュウ	
	盇	2-81-85	7175／F695		830
5	盋	1-88-72	7868／ECE6		830
	盌	1-88-73	7869／ECE7		830
	盉	2-81-86	7176／F696		830
	𥁕	2-81-87	7177／F697		830
6	盔	1-88-74	786A／ECE8		830
11	盦	1-88-75	786B／ECE9	アン	

12	盨	2-81-88	7178／F698	シュ	
13	盬	2-81-89	7179／F699		833

目(罒)部

3	盱	1-88-76	786C／ECEA		840
4	盼	1-88-77	786D／ECEB		841
	眊	1-88-78	786E／ECEC		841
	眛	2-81-90	717A／F69A		
5	眙	1-88-79	786F／ECED	チ	
	眗	2-81-91	717B／F69B	ク	
	眚	2-81-92	717C／F69C		839
6	眴	1-88-80	7870／ECEE		842
	眶	1-88-81	7871／ECEF		842
	眭	2-81-93	717D／F69D	キ	
	眵	2-81-94	717E／F69E		842
7	睆	1-88-82	7872／ECF0		842
	睍	1-88-83	7873／ECF1	ケン	
	睎	1-88-84	7874／ECF2	キ	
	睨	2-82-1	7221／F69F	ゲイ	
	睞	2-82-2	7222／F6A0		842
8	睜	1-88-85	7875／ECF3		843
	睟	1-88-86	7876／ECF4	スイ	
	睢	1-88-87	7877／ECF5		842
	瞼	2-82-3	7223／F6A1	ケン	
	𥇥	2-82-4	7224／F6A2	タク	
	瞏	2-82-5	7225／F6A3		846
	睠	2-82-6	7226／F6A4		842
	睪	2-82-7	7227／F6A5		846
9	睺	1-88-88	7878／ECF6		843
	瞀	1-88-89	7879／ECF7	ボウ	
	瞞	2-82-8	7228／F6A6	マン	
	睲	2-82-9	7229／F6A7	セイ	
	睼	2-82-10	722A／F6A8	テイ	
	睽	2-82-11	722B／F6A9		843
	𥉌	2-82-12	722C／F6AA	トウ	
10	𥉶	2-82-13	722D／F6AB	ヨウ	
	瞢	2-82-16	7230／F6AE		840
11	瞶	1-88-90	787A／ECF8		844
	瞚	2-82-14	722E／F6AC	シュン	
	瞟	2-82-15	722F／F6AD		844
12	瞪	1-88-91	787B／ECF9	トウ	
	瞤	2-82-17	7231／F6AF	ジュン	
	𥌒	2-82-18	7232／F6B0		844

矛 部

7	矞	2-82-19	7233／F6B1		846
	矟	2-82-20	7234／F6B2	サク	
8	矠	1-88-92	787C／ECFA	サク	

矢 部

3	矤	2-82-21	7235／F6B3	シン	
4	矦	2-82-22	7236／F6B4		847
6	𥎊	2-82-23	7237／F6B5		849
7	矬	2-82-24	7238／F6B6		849
	䂓	2-82-25	7239／F6B7	キ	
12	矰	2-82-26	723A／F6B8		850

石 部

2	矴	2-82-27	723B／F6B9		853
3	矻	2-82-28	723C／F6BA		853
4	矺	2-82-29	723D／F6BB	タク・ジャク	
	砅	2-82-30	723E／F6BC	レイ	
	砆	2-82-31	723F／F6BD	フ	
	砉	2-82-32	7240／F6BE	ケキ	
	砍	2-82-33	7241／F6BF	カン	
5	砭	1-88-93	787D／ECFB		854
	砙	2-82-34	7242／F6C0		
	砡	2-82-35	7243／F6C1	ギョク・ゴク	
	砬	2-82-36	7244／F6C2	リュウ	
6	𥐥	1-88-94	787E／ECFC		
	硃	1-89-1	7921／ED40	シュ	
	硎	1-89-2	7922／ED41		856
	硏	1-89-3	7923／ED42		856
	硑	1-89-4	7924／ED43	ホウ	
	硇	2-82-37	7245／F6C3		856
7	硨	1-89-5	7925／ED44		856
	确	1-89-6	7926／ED45		856
	硤	2-82-38	7246／F6C4	コウ・ギョウ	
	硪	2-82-39	7247／F6C5	ガ	
8	碑	1-89-7	7927／ED46		857
	𥓓	2-82-40	7248／F6C6		
	碊	2-82-41	7249／F6C7	セン	
	碔	2-82-42	724A／F6C8	ブ	
	碤	2-82-43	724B／F6C9	エイ	
9	碰	1-89-8	7928／ED47	ホウ	
	碕	1-89-9	7929／ED48	キ	
	碭	1-89-10	792A／ED49	トウ	
	碝	2-82-44	724C／F6CA	ゼン	
	碞	2-82-45	724D／F6CB	ガン	
	碟	2-82-46	724E／F6CC	セツ	
10	磝	1-89-11	792B／ED4A		858
	碻	2-82-47	724F／F6CD	カク	
	磈	2-82-48	7250／F6CE		858
	磌	2-82-49	7251／F6CF	テン	

	磎	2-82-50	7252／F6D0	ケイ	
	磕	2-82-51	7253／F6D1	カイ	
11	磠	2-82-52	7254／F6D2		859
	磡	2-82-53	7255／F6D3	カン	
	磦	2-82-54	7256／F6D4	ヒョウ	
12	磲	1-89-12	792C／ED4B		859
	磵	1-89-13	792D／ED4C		859
	磹	2-82-55	7257／F6D5	テン	
	磺	2-82-56	7258／F6D6		860
	磻	2-82-57	7259／F6D7	ハン	
	磾	2-82-58	725A／F6D8	テイ	
13	磷	1-89-14	792E／ED4D		860
	䃰	2-82-59	725B／F6D9		
	礐	2-82-60	725C／F6DA	カク	
	礜	1-89-15	792F／ED4E		853
14	礛	2-82-61	725D／F6DB	カン	
15	礥	2-82-63	725F／F6DD	ケン	
16	礮	1-89-16	7930／ED4F		860
	礱	1-89-17	7931／ED50		853
	礴	1-89-18	7932／ED51		860
	礰	2-82-62	725E／F6DC	レキ	

示(ネ)部

0	ネ	2-82-64	7260／F6DE	しめすへん	
3	社	1-89-19	7933／ED52		863
4	祉	1-89-20	7934／ED53		864
	祆	1-89-21	7935／ED54		864
	祅	1-89-22	7936／ED55		864
	祈	1-89-23	7937／ED56		864
	祊	2-82-65	7261／F6DF	ホウ	
5	祐	1-89-24	7938／ED57		868
	祖	1-89-25	7939／ED58		867
	祜	1-89-26	793A／ED59		865
	祝	1-89-27	793B／ED5A		865
	神	1-89-28	793C／ED5B		865
	祘	2-82-66	7262／F6E0	サン	
	祛	2-82-67	7263／F6E1		864
6	祥	1-89-29	793D／ED5C		868
	𥛆	2-82-68	7264／F6E2	ケン	
	祧	2-82-69	7265／F6E3	チョウ	
7	祲	2-82-70	7266／F6E4	シン	
8	祹	1-89-30	793E／ED5D	トウ	
9	禍	1-89-31	793F／ED5E		868
	禎	1-89-32	7940／ED5F		869
	福	1-89-33	7941／ED60		869
	禘	1-89-34	7942／ED61		869
	禔	2-82-71	7267／F6E5	シ	
	禖	2-82-73	7269／F6E7	バイ	
10	禕	2-82-72	7268／F6E6	イ	
	禛	2-82-74	726A／F6E8	シン	
	禡	2-82-75	726B／F6E9	バ	
11	禩	2-82-76	726C／F6EA		870
14	禱	1-89-35	7943／ED62		870
17	禴	2-82-77	726D／F6EB		870

禸 部

0	禸	1-89-36	7944／ED63		870
6	离	2-82-78	726E／F6EC		871

禾 部

2	秂	2-82-79	726F／F6ED	ジン	
3	秈	1-89-37	7945／ED64	セン	
	秊	1-89-38	7946／ED65		872
	秇	2-82-80	7270／F6EE		874
4	秄	1-89-39	7947／ED66	ジョ	
	秔	1-89-40	7948／ED67		875
	秌	2-82-81	7271／F6EF		742
	种	2-82-82	7272／F6F0	チュウ	
	秖	2-82-83	7273／F6F1	シ	
5	秞	1-89-41	7949／ED68	ユウ	
	秫	1-89-42	794A／ED69	ジュツ	
	秭	1-89-43	794B／ED6A		876
6	𥝱	2-82-84	7274／F6F2	イン	
	𥞦	2-82-85	7275／F6F3	カ	
7	稃	1-89-44	794C／ED6B		879
	𥞩	2-82-86	7276／F6F4	コク	
	𥞴	2-82-87	7277／F6F5	ビ	
	稊	2-82-88	7278／F6F6	テイ	
8	稑	2-82-89	7279／F6F7	リク	
	稕	2-82-90	727A／F6F8	シュン	
	稛	2-82-91	727B／F6F9	コン	
	稞	2-82-92	727C／F6FA	カ	
9	𥠖	2-82-93	727D／F6FB	コウ	
	稭	2-82-94	727E／F6FC		880
10	穀	1-89-45	794D／ED6C		881
	稹	1-89-46	794E／ED6D		881
	稸	2-83-1	7321／F740	キク・チク	
11	穇	2-83-2	7322／F741		882
	穌	2-83-3	7323／F742	ソ	
12	穝	1-89-47	794F／ED6E	サイ	
	穖	2-83-4	7324／F743	キ	
	穙	2-83-5	7325／F744	ボク	
	穜	2-83-6	7326／F745	トウ	

13	穟	2-83-7	7327／F746	スイ	
	穠	2-83-8	7328／F747		883
14	穧	2-83-9	7329／F748	セイ	
	穪	2-83-10	732A／F749	ショウ	
15	穭	1-89-48	7950／ED6F		883

穴 部

1	穵	2-83-11	732B／F74A	アツ	
3	穸	2-83-12	732C／F74B	セキ	
4	穾	1-89-49	7951／ED70		886
	窂	2-83-13	732D／F74C	ロウ	
5	窅	1-89-50	7952／ED71		887
	窊	2-83-14	732E／F74D		887
6	窐	2-83-15	732F／F74E	ケイ	
8	窠	1-89-51	7953／ED72		887
	窣	2-83-16	7330／F74F	ソツ	
9	𥧄	1-89-52	7954／ED73		
	窬	2-83-17	7331／F750		888
10	窳	1-89-53	7955／ED74		889
	𥨫	2-83-18	7332／F751	ヒ	
11	窻	1-89-54	7956／ED75		889
	竈	2-83-19	7333／F752		
	窹	2-83-20	7334／F753	ゴ	
	窼	2-83-21	7335／F754		889
12	窾	2-83-22	7336／F755	カン	
14	𥨩	2-83-23	7337／F756	ゲイ	

立 部

2	𥩟	2-83-24	7338／F757	ショ	
3	竎	1-89-55	7957／ED76	フウ	
4	竑	2-83-25	7339／F758	コウ	
7	竧	2-83-26	733A／F759	セイ・シン	
8	竫	1-89-56	7958／ED77	セイ	
	𥪡	2-83-27	733B／F75A	チョウ	
12	竴	2-83-28	733C／F75B	シュン	

竹 部

3	竽	1-89-57	7959／ED78		894
	𥫱	2-83-29	733D／F75C	や	
	𥫣	2-83-30	733E／F75D		
4	笒	1-89-58	795A／ED79	シン	
	笇	2-83-31	733F／F75E	サン	
	笓	2-83-32	7340／F75F		895
5	笭	1-89-59	795B／ED7A		897
	笻	1-89-60	795C／ED7B		895
	笽	2-83-33	7341／F760	そうけ	
	笧	2-83-34	7342／F761		895
	笪	2-83-35	7343／F762	タン	
	笮	2-83-36	7344／F763	サク	
	𥮏	2-83-37	7345／F764		896
	笱	2-83-38	7346／F765	コウ	
	𥬇	2-83-39	7347／F766	オウ	
6	䈀	1-89-61	795D／ED7C		897
	筎	1-89-62	795E／ED7D		898
	笺	2-83-40	7348／F767	セン	
	筁	2-83-42	734A／F769	キョク	
	筀	2-83-43	734B／F76A		898
	筕	2-83-44	734C／F76B		897
7	𥳑	1-89-63	795F／ED7E		899
	筭	1-89-64	7960／ED80		900
	筯	1-89-65	7961／ED81	チョ	
	筲	1-89-66	7962／ED82		900
	𥮲	2-83-41	7349／F768		
	筹	2-83-45	734D／F76C	チュウ	
	筤	2-83-46	734E／F76D	ロウ	
	筦	2-83-47	734F／F76E		900
	筩	2-83-48	7350／F76F		901
	筳	2-83-49	7351／F770	テイ	
8	箞	1-89-67	7963／ED83	ケン	
	𥮫	2-83-50	7352／F771		
	𥰁	2-83-51	7353／F772		904
	箐	2-83-52	7354／F773	セイ	
	箑	2-83-53	7355／F774	ソウ・ショウ	
	箛	2-83-54	7356／F775	コ	
9	節	1-89-68	7964／ED84		904
	䈎	2-83-55	7357／F776	ヨウ	
	箯	2-83-56	7358／F777		905
	箵	2-83-57	7359／F778	セイ	
	箼	2-83-58	735A／F779	オク	
	篅	2-83-59	735B／F77A		904
	篊	2-83-60	735C／F77B		904
10	篗	1-89-69	7965／ED85		906
	篙	1-89-70	7966／ED86		905
	𥲨	2-83-61	735D／F77C	やな	
	䈬	2-83-62	735E／F77D		
	篔	2-83-63	735F／F77E	ウン	
	篖	2-83-64	7360／F780		906
	篚	2-83-65	7361／F781	ヒ	
	篪	2-83-66	7362／F782		905
11	篵	1-89-71	7967／ED87		906
	篰	2-83-67	7363／F783	ホウ	
	簃	2-83-68	7364／F784	イ	
	篕	2-83-69	7365／F785		906

	𥳑	**2-83-70**	7366／F786		906
	簏	**2-83-71**	7367／F787		907
12	簱	**1-89-72**	7968／ED88		908
	簞	**1-89-73**	7969／ED89		908
	籚	**1-89-74**	796A／ED8A		908
	簦	**2-83-72**	7368／F788	トウ	
13	簳	**1-89-75**	796B／ED8B		908
	簶	**1-89-76**	796C／ED8C		909
	籔	**1-89-77**	796D／ED8D	シュ	
	籅	**2-83-73**	7369／F789	ヨ	
14	籊	**2-83-74**	736A／F78A	テキ	
15	𥸩	**1-89-78**	796E／ED8E		910
	籑	**2-83-75**	736B／F78B		910
16	籙	**1-89-79**	796F／ED8F		910
	籗	**2-83-76**	736C／F78C	タク	
	籞	**2-83-77**	736D／F78D		910
	𥸮	**2-83-78**	736E／F78E		910
18	籩	**2-83-79**	736F／F78F		911
19	籭	**1-89-80**	7970／ED90		911
	籮	**2-83-80**	7370／F790		911
20	籯	**2-83-81**	7371／F791	エイ	
	籰	**2-83-82**	7372／F792		911

米　部

3	籹	**1-89-81**	7971／ED91		913
	𥹀	**2-83-83**	7373／F793		
4	粀	**1-89-82**	7972／ED92		914
5	粔	**1-89-83**	7973／ED93		914
	粺	**2-83-84**	7374／F794	ハ	
6	粠	**1-89-84**	7974／ED94		915
	粩	**2-83-85**	7375／F795		
	𥹡	**2-83-87**	7377／F797		975
7	粦	**2-83-86**	7376／F796		912
8	粶	**2-83-88**	7378／F798		917
	粷	**2-83-89**	7379／F799	キク	
	粿	**2-83-90**	737A／F79A		915
9	粼	**1-89-85**	7975／ED95	リン	
	𥼣	**2-83-91**	737B／F79B	リン	
	糄	**2-83-92**	737C／F79C		917
	𥻗	**2-83-93**	737D／F79D	ラン	
	糈	**2-83-94**	737E／F79E		917
	糍	**2-84-1**	7421／F79F	シ	
10	糕	**1-89-86**	7976／ED96		917
	𥽜	**2-84-2**	7422／F7A0		917
	糢	**2-84-3**	7423／F7A1		917
11	糙	**1-89-87**	7977／ED97		918
	糝	**1-89-88**	7978／ED98		918
12	𥻘	**2-84-4**	7424／F7A2	しいな	
	糦	**2-84-5**	7425／F7A3	シ・キ	
13	糫	**2-84-6**	7426／F7A4		918
15	𥽤	**2-84-7**	7427／F7A5		
16	糵	**2-84-8**	7428／F7A6		913

糸　部

3	紇	**1-89-89**	7979／ED99		927
	紈	**1-89-90**	797A／ED9A		925
	紃	**2-84-9**	7429／F7A7	シュン・ジュン	
	紉	**2-84-10**	742A／F7A8	ジン	
4	紓	**1-89-91**	797B／ED9B	ショ・ジョ	
	紝	**1-89-92**	797C／ED9C		929
	綷	**1-89-93**	797D／ED9D	サイ	
	𥿋	**2-84-11**	742B／F7A9		
	紒	**2-84-12**	742C／F7AA	ケイ・カイ	
	紞	**2-84-13**	742D／F7AB	タン	
5	紱	**1-89-94**	797E／ED9E	フツ	
	絁	**1-90-1**	7A21／ED9F		933
	絈	**1-90-2**	7A22／EDA0		935
	紨	**2-84-14**	742E／F7AC	フ	
	𥾹	**2-84-15**	742F／F7AD		
	紽	**2-84-16**	7430／F7AE		934
	紾	**2-84-17**	7431／F7AF		935
	絀	**2-84-18**	7432／F7B0		934
	絇	**2-84-19**	7433／F7B1		930
6	絓	**1-90-3**	7A23／EDA1		935
	絜	**1-90-4**	7A24／EDA2		922
	𦀌	**2-84-20**	7434／F7B2		939
	𦀗	**2-84-21**	7435／F7B3		
	𦀊	**2-84-22**	7436／F7B4	イツ	
	絙	**2-84-23**	7437／F7B5	カン	
	絚	**2-84-24**	7438／F7B6	コウ	
	絪	**2-84-25**	7439／F7B7	イン	
	絰	**2-84-26**	743A／F7B8		938
	𦀨	**2-84-27**	743B／F7B9	エイ	
7	絺	**1-90-5**	7A25／EDA3		940
	綃	**1-90-6**	7A26／EDA4		939
	綋	**1-90-7**	7A27／EDA5	コウ	
	絿	**2-84-28**	743C／F7BA	キュウ・グ	
	𦁆	**2-84-29**	743D／F7BB	ショク	
	綆	**2-84-30**	743E／F7BC		939
	綈	**2-84-31**	743F／F7BD		940
	綌	**2-84-32**	7440／F7BE		939
	綗	**2-84-33**	7441／F7BF		939

8	綠	1-90-8	7A28／EDA6		944
	綦	1-90-9	7A29／EDA7		923
	緂	1-90-10	7A2A／EDA8		943
	緌	1-90-11	7A2B／EDA9		941
	綳	2-84-34	7442／F7C0		
	綝	2-84-35	7443／F7C1	チン	
	綧	2-84-36	7444／F7C2	シュン	
	綪	2-84-37	7445／F7C3	セン	
	綶	2-84-38	7446／F7C4	カ	
	綷	2-84-39	7447／F7C5	サイ	
	緀	2-84-40	7448／F7C6	セイ	
9	緖	1-90-12	7A2C／EDAA		946
	緣	1-90-13	7A2D／EDAB		945
	練	1-90-14	7A2E／EDAC		948
	緗	2-84-41	7449／F7C7		946
	緙	2-84-42	744A／F7C8	カク	
	緦	2-84-43	744B／F7C9	シ	
	緱	2-84-44	744C／F7CA	コウ	
	緹	2-84-45	744D／F7CB	テイ	
	𦃭	2-84-46	744E／F7CC	オウ	
10	縨	1-90-15	7A2F／EDAD		950
	縈	1-90-16	7A30／EDAE		923
	縑	1-90-17	7A31／EDAF		949
	縕	1-90-18	7A32／EDB0		948
	𦅜	2-84-47	744F／F7CD		
	縉	2-84-48	7450／F7CE	シン	
	縐	2-84-49	7451／F7CF	シュウ	
	縗	2-84-50	7452／F7D0	サイ	
	縝	2-84-51	7453／F7D1	シン	
	縠	2-84-52	7454／F7D2		949
	縧	2-84-53	7455／F7D3		950
11	繁	1-90-19	7A33／EDB1		924
	繇	1-90-20	7A34／EDB2		954
	縬	2-84-54	7456／F7D4		950
	繅	2-84-55	7457／F7D5	ソウ	
12	繒	1-90-21	7A35／EDB3		952
13	繡	1-90-22	7A36／EDB4	シュウ	
	繳	2-84-56	7458／F7D6		952
	繵	2-84-57	7459／F7D7	ダン・テン	
14	繾	2-84-58	745A／F7D8	ケン	
15	纊	1-90-23	7A37／EDB5		953
	纍	1-90-24	7A38／EDB6		925
	纆	2-84-59	745B／F7D9	ボク	
	纇	2-84-60	745C／F7DA		954
16	纜	2-84-61	745D／F7DB		954
	纑	2-84-62	745E／F7DC		954
19	纘	2-84-63	745F／F7DD		954
	纚	2-84-64	7460／F7DE	シ	

缶 部

4	𦈢	2-84-65	7461／F7DF		955
	缼	2-84-66	7462／F7E0	ケツ	
5	𦈩	2-84-67	7463／F7E1		955
6	缾	2-84-68	7464／F7E2		955
10	罃	2-84-69	7465／F7E3	オウ	
11	罄	2-84-70	7466／F7E4		955
12	罇	1-90-25	7A39／EDB7		955
16	罏	2-84-71	7467／F7E5	ロ	

网(⺳・罒)部

0	⺳	2-84-72	7468／F7E6		956
	罓	2-84-73	7469／F7E7		956
	罒	2-84-74	746A／F7E8		956
4	罡	2-84-75	746B／F7E9	コウ	
5	罡	2-84-76	746C／F7EA	コウ	
6	罣	2-84-77	746D／F7EB		957
7	罤	2-84-78	746E／F7EC	テイ	
8	罭	2-84-79	746F／F7ED	ヨク・イキ	
9	署	1-90-26	7A3A／EDB8		958
12	罽	2-84-80	7470／F7EE		958
	罾	2-84-81	7471／F7EF	ソウ	

羊 部

0	𦍌	2-84-82	7472／F7F0	ジン	
3	羑	1-90-27	7A3B／EDB9	ユウ	
	𦍒	2-84-83	7473／F7F1	ユウ	
	羕	2-84-85	7475／F7F3	ショウ・ヨウ	
4	羗	1-90-28	7A3C／EDBA		961
	养	2-84-84	7474／F7F2		
	羖	2-84-86	7476／F7F4		963
5	羜	2-84-87	7477／F7F5	チョ	
9	羭	2-84-88	7478／F7F6	ユ	

羽(羽)部

3	羿	1-90-29	7A3D／EDBB		964
4	𦐂	2-84-89	7479／F7F7	ヨク	
	翃	2-84-90	747A／F7F8	コウ	
5	翎	1-90-30	7A3E／EDBC		967
	翏	2-84-91	747B／F7F9		965
7	翛	1-90-31	7A3F／EDBD	ショウ	
8	翟	1-90-32	7A40／EDBE		965
	翣	2-84-92	747C／F7FA	ソウ	
9	翬	1-90-33	7A41／EDBF	キ	
	翥	2-84-93	747D／F7FB		966

10	翮	1-90-34 7A42／EDC0		967
	翯	2-84-94 747E／F7FC	コク	
11	翲	2-85-1 7521／F840	ヒョウ	
12	翱	1-90-35 7A43／EDC1		968

老(耂)部

0	耂	2-85-2 7522／F841	おいかんむり	
5	者	1-90-36 7A44／EDC2		971
	耈	2-85-4 7524／F843		970
6	耋	2-85-3 7523／F842	テツ	

而部

3	耎	2-85-5 7525／F844		971
	耑	2-85-6 7526／F845		972

耒部

3	耔	1-90-37 7A45／EDC3	シ	
4	耖	2-85-7 7527／F846		972
8	耤	2-85-8 7528／F847		973
9	耦	1-90-38 7A46／EDC4		973
11	耬	2-85-9 7529／F848	ロウ	
15	耰	2-85-10 752A／F849	ユウ	

耳部

2	耵	1-90-39 7A47／EDC5	テイ	
3	耷	1-90-40 7A48／EDC6	トウ	
4	耼	1-90-41 7A49／EDC7		976
5	聃	2-85-11 752B／F84A		976
9	聦	2-85-12 752C／F84B	ソウ	
11	聱	2-85-13 752D／F84C		976
12	聵	2-85-14 752E／F84D		978
14	聻	2-85-15 752F／F84E	ジ	

肉(月)部

3	肙	2-85-16 7530／F84F		981
	肜	2-85-17 7531／F850	ユウ	
4	肤	2-85-18 7532／F851	フ	
	肧	2-85-19 7533／F852		986
	肸	2-85-20 7534／F853	キツ	
5	胊	1-90-42 7A4A／EDC8	ク	
	胗	1-90-43 7A4B／EDC9	シン	
	胠	1-90-44 7A4C／EDCA	キョ	
	胫	2-85-21 7535／F854		
	胅	2-85-22 7536／F855	テツ	
	胕	2-85-23 7537／F856	フ	
	胘	2-85-24 7538／F857		986
	胦	2-85-25 7539／F858	オウ	
6	胳	1-90-45 7A4D／EDCB		987
	脇	2-85-26 753A／F859		
	脍	2-85-27 753B／F85A	カイ	
	胵	2-85-28 753C／F85B	シ	
	胻	2-85-29 753D／F85C	コウ	
	胶	2-85-30 753E／F85D	キョウ	
7	脘	1-90-46 7A4E／EDCC	カン	
	脵	2-85-31 753F／F85E	また	
	脖	2-85-32 7540／F85F	ホツ・ボツ	
	脞	2-85-33 7541／F860	ザ・サ	
	䏰	2-85-34 7542／F861	ジン	
	脤	2-85-35 7543／F862	シン	
	脧	2-85-36 7544／F863	サイ	
	脬	2-85-37 7545／F864	ホウ	
8	腊	1-90-47 7A4F／EDCD		992
	脐	2-85-38 7546／F865	セイ	
	脽	2-85-39 7547／F866	スイ	
	䐈	2-85-40 7548／F867	ショク	
9	腠	1-90-48 7A50／EDCE		993
	腧	1-90-49 7A51／EDCF	シュ	
	腨	1-90-50 7A52／EDD0	セン	
	腭	1-90-51 7A53／EDD1		992
	腩	2-85-41 7549／F868	ダン	
	䐗	2-85-42 754A／F869	チョ	
10	膁	2-85-43 754B／F86A		994
	䐜	2-85-44 754C／F86B	シン	
	膄	2-85-45 754D／F86C	シュウ	
	膅	2-85-46 754E／F86D	トウ	
	𦟌	2-85-47 754F／F86E	シュウ・ショウ	
11	膘	2-85-48 7550／F86F		995
12	膲	2-85-49 7551／F870		995
13	膻	1-90-52 7A54／EDD2		996
	臊	1-90-53 7A55／EDD3		995
	臁	2-85-50 7552／F871	レン	
	臃	2-85-51 7553／F872		996
14	臏	1-90-54 7A56／EDD4		996
	臗	1-90-55 7A57／EDD5		996
15	臖	2-85-52 7554／F873	キョウ	
16	臛	2-85-53 7555／F874	カク・コク	

臣部

0	𦣝	2-85-54 7556／F875		998
2	臤	2-85-55 7557／F876		200
10	臨	2-85-56 7558／F877		

自部

4	臭	1-90-56 7A58／EDD6		1001
	臬	2-85-57 7559／F878	ゲツ	

至部

7	臺	1-90-57 7A59／EDD7	ダイ	

臼(𦥑)部

0	𦥑	2-85-58 7555A／F879		1004
2	臽	2-85-59 755B／F87A		1003
3	臿	2-85-60 755C／F87B		1004
6	𦦙	2-85-61 755D／F87C		1004
	舃	2-85-62 755E／F87D		1003

舌 部

5	𦧝	1-90-58 7A5A／EDD8		1005
7	舚	2-85-63 755F／F87E	テン	
12	𦧲	2-85-64 7560／F880	カ	

舟 部

3	舡	2-85-65 7561／F881		1007
	舢	2-85-66 7562／F882	サン	
4	𦨞	2-85-67 7563／F883		1008
5	舲	2-85-68 7564／F884		1009
	舴	2-85-69 7565／F885		1008
6	𦨻	2-85-70 7566／F886	キョウ	
7	艆	2-85-71 7567／F887	ロウ	
	艉	2-85-72 7568／F888	とも	
	艅	2-85-73 7569／F889	ヨ	
8	𦩘	2-85-74 756A／F88A		
	艋	2-85-75 756B／F88B		1009
	䑳	2-85-76 756C／F88C	セン	
9	艏	2-85-77 756D／F88D	シュ・シュウ	
	𦪽	2-85-78 756E／F88E		1009
10	艗	2-85-79 756F／F88F	ゲキ	
11	𦫖	2-85-80 7570／F890		
	艜	2-85-81 7571／F891		1009
12	艠	1-90-59 7A5B／EDD9	いかだ	
13	艣	2-85-82 7572／F892		1009
15	𦫿	2-85-83 7573／F893	ボク	

色 部

5	艷	1-90-60 7A5C／EDDA		1012

艸(艹・⺿)部

0	⺾	2-85-84 7574／F894		1013
	⺿	2-85-85 7575／F895		1013
	⻀	2-85-86 7576／F896	くさかんむり	
	䒑	2-85-87 7577／F897		
2	艾	1-90-61 7A5D／EDDB		
	艽	2-85-88 7578／F898		1014
	艿	2-85-89 7579／F899	ジョウ	
3	芎	1-90-62 7A5E／EDDC		1014
	芃	2-85-90 757A／F89A	ホウ	
	芉	2-85-91 757B／F89B		1014
	芓	2-85-92 757C／F89C	シ	
4	芡	1-90-63 7A5F／EDDD		1017
	芣	1-90-64 7A60／EDDE	フ	
	芤	1-90-65 7A61／EDDF	コウ	
	芩	1-90-66 7A62／EDE0		1016
	芮	1-90-67 7A63／EDE1		1017
	芷	1-90-68 7A64／EDE2		1017
	芾	1-90-69 7A65／EDE3	ヒ	
	芿	1-90-70 7A66／EDE4	ジョウ	
	苆	1-90-71 7A67／EDE5		1018
	芧	2-85-93 757D／F89D		1017
	芨	2-85-94 757E／F89E	キュウ・キョウ	
	芲	2-86-1 7621／F89F		1015
	芴	2-86-2 7622／F8A0	ブツ	
	芺	2-86-3 7623／F8A1		1015
	芼	2-86-4 7624／F8A2	ボウ・モウ	
5	苕	1-90-72 7A68／EDE6		1022
	苽	1-90-73 7A69／EDE7		1021
	苾	1-90-74 7A6A／EDE8		1023
	茀	1-90-75 7A6B／EDE9	フツ	
	茁	1-90-76 7A6C／EDEA	サツ	
	苢	2-86-5 7625／F8A3	イ	
	苨	2-86-6 7626／F8A4		1022
	苷	2-86-7 7627／F8A5	カン	
	苃	2-86-8 7628／F8A6		1022
	茈	2-86-9 7629／F8A7	シ	
	茌	2-86-10 762A／F8A8	シ	
6	荢	1-90-77 7A6D／EDEB	ウ	
	茢	1-90-78 7A6E／EDEC	レツ	
	茭	1-90-79 7A6F／EDED		1025
	茺	1-90-80 7A70／EDEE	ジュウ・シュウ	
	荃	1-90-81 7A71／EDEF		1026
	荇	1-90-82 7A72／EDF0		1025
	荑	1-90-83 7A73／EDF1		1028
	荕	1-90-84 7A74／EDF2	キン	
	荔	2-86-11 762B／F8A9		1029
	茛	2-86-12 762C／F8AA	コン	
	茝	2-86-13 762D／F8AB	シ	
	萸	2-86-14 762E／F8AC	ユ	
	茼	2-86-15 762F／F8AD	トウ	
	荄	2-86-16 7630／F8AE	カイ	
	𦯀	2-86-17 7631／F8AF	ショク	
	𦮵	2-86-18 7632／F8B0	イ	
	𦯶	2-86-21 7635／F8B3	タ	
7	荽	1-90-85 7A75／EDF3		1031
	莆	1-90-86 7A76／EDF4	フ・ホ	

	莒	1-90-87	7A77／EDF5	キョ	
	莘	1-90-88	7A78／EDF6	シン	
	莧	1-90-89	7A79／EDF7		1030
	莩	1-90-90	7A7A／EDF8		1031
	荿	2-86-19	7633／F8B1	セイ	
	荸	2-86-20	7634／F8B2		
	莍	2-86-22	7636／F8B4	キュウ	
	莔	2-86-23	7637／F8B5		1032
	莕	2-86-24	7638／F8B6		1030
	莛	2-86-25	7639／F8B7	テイ	
	莝	2-86-26	763A／F8B8	ザ・サ	
8	莿	1-90-91	7A7B／EDF9		1033
	菀	1-90-92	7A7C／EDFA		1032
	菇	1-90-93	7A7D／EDFB	コ	
	菏	1-90-94	7A7E／EDFC	カ	
	菑	1-91-1	7B21／EE40		1033
	菡	1-91-2	7B22／EE41		1032
	菪	1-91-3	7B23／EE42		1035
	萁	1-91-4	7B24／EE43		1032
	萆	1-91-5	7B25／EE44		1035
	萊	1-91-6	7B26／EE45		1036
	菉	2-86-27	763B／F8B9	リョク	
	菐	2-86-28	763C／F8BA		61
	菔	2-86-29	763D／F8BB		1035
	菝	2-86-30	763E／F8BC		1035
	菥	2-86-31	763F／F8BD	セキ	
	菹	2-86-32	7640／F8BE		1034
	萏	2-86-33	7641／F8BF		1034
	萑	2-86-34	7642／F8C0	スイ	
	萕	2-86-35	7643／F8C1	セイ	
	萒	2-86-36	7644／F8C2		
	萗	2-86-37	7645／F8C3	ソウ	
9	著	1-91-7	7B27／EE46		1038
	葈	1-91-8	7B28／EE47	シ	
	葟	1-91-9	7B29／EE48	コウ	
	葰	1-91-10	7B2A／EE49	スイ	
	葳	1-91-11	7B2B／EE4A		1036
	葇	1-91-12	7B2C／EE4B		1040
	萹	2-86-38	7646／F8C4	ヘン	
	葊	2-86-39	7647／F8C5		1036
	葏	2-86-40	7648／F8C6	セン	
	葑	2-86-41	7649／F8C7	ホウ	
	葒	2-86-42	764A／F8C8		1037
	葙	2-86-43	764B／F8C9	ショウ	
	葚	2-86-44	764C／F8CA	ジン	
	葜	2-86-45	764D／F8CB		1037
	葛	2-86-46	764E／F8CC	トウ	
	葥	2-86-47	764F／F8CD	セン	
	葶	2-86-48	7650／F8CE		1038
	葸	2-86-49	7651／F8CF	シ・サイ	
	蔆	2-86-50	7652／F8D0		1038
	蒁	2-86-51	7653／F8D1	シュツ	
10	蒞	1-91-13	7B2D／EE4C		1044
	蒯	1-91-14	7B2E／EE4D		788
	蒴	1-91-15	7B2F／EE4E	サク	
	蒺	1-91-16	7B30／EE4F		1041
	蓀	1-91-17	7B31／EE50	ソン	
	蓂	1-91-18	7B32／EE51		1043
	蓦	2-86-52	7654／F8D2	バ	
	蓜	2-86-53	7655／F8D3		1044
	蒗	2-86-54	7656／F8D4	ロウ	
	蒦	2-86-55	7657／F8D5	カク	
	蒾	2-86-56	7658／F8D6	ベイ・マイ	
	蕒	2-86-57	7659／F8D7	コウ	
	蓎	2-86-58	765A／F8D8	トウ	
	蓏	2-86-59	765B／F8D9		1044
	蓓	2-86-60	765C／F8DA	バイ	
11	𦾰	1-91-19	7B33／EE52	くご	
	蔲	1-91-20	7B34／EE53		1045
	蔓	1-91-21	7B35／EE54		1047
	蔣	1-91-22	7B36／EE55		1045
	蔯	1-91-23	7B37／EE56		1045
	蔭	2-86-61	765D／F8DB	かげ	
	蓧	2-86-62	765E／F8DC	ジョウ	
	蓪	2-86-63	765F／F8DD		1046
	蓯	2-86-64	7660／F8DE	ソウ	
	蓰	2-86-65	7661／F8DF		1045
	蓱	2-86-66	7662／F8E0	ヘイ	
	蓺	2-86-67	7663／F8E1		1045
	蓽	2-86-68	7664／F8E2	ヒツ	
	蔌	2-86-69	7665／F8E3	ソク	
	蔛	2-86-70	7666／F8E4	コク	
	蔤	2-86-71	7667／F8E5		1047
	蔥	2-86-72	7668／F8E6		1045
	蔫	2-86-73	7669／F8E7	エン	
	蔴	2-86-74	766A／F8E8		1046
	蕭	2-86-77	766D／F8EB	ショウ	
12	蕙	1-91-24	7B38／EE57		1047
	蕤	1-91-25	7B39／EE58	ズイ	
	蕏	2-86-75	766B／F8E9	チョ	

画数	字	面区点	コード	読み	頁
	薐	2-86-76	766C／F8EA	ロウ	
	蔭	2-86-78	766E／F8EC	イン	
	蔾	2-86-79	766F／F8ED	リ	
	蕑	2-86-80	7670／F8EE	カン	
	蕓	2-86-81	7671／F8EF		1047
	蕞	2-86-82	7672／F8F0		1047
	蕡	2-86-83	7673／F8F1	フン	
	蕢	2-86-84	7674／F8F2	キ	
13	薚	1-91-26	7B3A／EE59		1053
	薭	1-91-27	7B3B／EE5A	ひえ	
	蕺	1-91-28	7B3C／EE5B		1050
	薌	1-91-29	7B3D／EE5C	キョウ	
	薏	1-91-30	7B3E／EE5D		1049
	薢	1-91-31	7B3F／EE5E	カイ	
	舊	2-86-85	7675／F8F3	キュウ	
	蕻	2-86-86	7676／F8F4	コウ	
	蕽	2-86-87	7677／F8F5	ノウ	
	蕿	2-86-88	7678／F8F6	ケン	
	薁	2-86-89	7679／F8F7		1049
	薆	2-86-90	767A／F8F8	アイ	
	薓	2-86-91	767B／F8F9	シン	
	薝	2-86-92	767C／F8FA	セン	
	薟	2-86-93	767D／F8FB	レン	
14	薰	1-91-32	7B40／EE5F		1053
	藋	1-91-33	7B41／EE60		1053
	藎	1-91-34	7B42／EE61		1053
	藚	2-86-94	767E／F8FC		
	𦿸	2-87-1	7721／F940	なぎ	
	𧃍	2-87-2	7722／F941		
	薷	2-87-3	7723／F942		1053
	𧅞	2-87-4	7724／F943	チン	
	藇	2-87-5	7725／F944	ショ	
	藊	2-87-6	7726／F945		1054
15	藭	1-91-35	7B43／EE62		1054
	藘	2-87-7	7727／F946	リョ	
	藙	2-87-8	7728／F947	ギ	
	藟	2-87-9	7729／F948		1055
	藡	2-87-10	772A／F949	テキ	
	藦	2-87-11	772B／F94A		1054
16	蘒	1-91-36	7B44／EE63	はぎ	
	藿	1-91-37	7B45／EE64		1055
	蘄	1-91-38	7B46／EE65	キ	
	蘅	1-91-39	7B47／EE66	コウ	
	蘐	1-91-40	7B48／EE67		1055
	藶	2-87-12	772C／F94B		1057
	蘀	2-87-13	772D／F94C	タク	
	蘑	2-87-14	772E／F94D	マ	
17	𦿶	1-91-41	7B49／EE68	つづら	
	蘘	1-91-42	7B4A／EE69		1057
	蘩	1-91-43	7B4B／EE6A		1058
	蘞	2-87-15	772F／F94E		1058
	蘡	2-87-16	7730／F94F		1057
	蘙	2-87-17	7731／F950	イ	
	蘧	2-87-18	7732／F951		1057
18	𧄒	2-87-19	7733／F952	ギョウ	
19	蘸	1-91-44	7B4C／EE6B	サン	
	蘹	2-87-20	7734／F953		1058
	蘼	2-87-21	7735／F954		1058
	蘵	2-87-22	7736／F955	ショク	
	虀	2-87-23	7737／F956	セイ	
27	蘒	2-87-24	7738／F957	はぎ	

虍 部

画数	字	面区点	コード	読み	頁
4	虓	2-87-25	7739／F958	コウ	
5	虗	1-91-45	7B4D／EE6C	キョ・コ	
	虖	2-87-26	773A／F959	コ	
6	虛	1-91-46	7B4E／EE6D		1061
	虜	1-91-47	7B4F／EE6E		1061
9	虢	1-91-48	7B50／EE6F		1061

虫 部

画数	字	面区点	コード	読み	頁
1	𧈡	1-91-49	7B51／EE70	キ	
	虬	1-91-50	7B52／EE71		1066
2	虯	2-87-27	773B／F95A		1066
3	虵	1-91-51	7B53／EE72		1066
	虷	2-87-28	773C／F95B	カン	
	凬	2-87-29	773D／F95C		1075
4	蚘	1-91-52	7B54／EE73		1066
	蚇	2-87-30	773E／F95D		1066
	蚤	2-87-31	773F／F95E		1063
	蚍	2-87-32	7740／F95F		1066
	蚑	2-87-33	7741／F960	キ	
	蚝	2-87-35	7743／F962	シ	
	蚨	2-87-36	7744／F963		1066
5	蚸	1-91-53	7B55／EE74	レキ	
	蚜	2-87-34	7742／F961	カ	
	𧉧	2-87-37	7745／F964	に	
	蚱	2-87-38	7746／F965		1067
	蚳	2-87-39	7747／F966	チ	
	蛁	2-87-40	7748／F967		1067
	蛃	2-87-41	7749／F968	ヘイ	
6	蛑	2-87-42	774A／F969		1068

	蛸	2-87-43	774B／F96A		1068
	蛗	2-87-44	774C／F96B	フウ	
	蛣	2-87-45	774D／F96C	キツ	
	蛦	2-87-46	774E／F96D	イ	
7	蛺	1-91-54	7B56／EE75		1068
	蛼	1-91-55	7B57／EE76		1068
	蛽	1-91-56	7B58／EE77		1069
	蜋	1-91-57	7B59／EE78		1069
	蛾	2-87-47	774F／F96E	ガ	
	蜅	2-87-48	7750／F96F	フ	
	蜇	2-87-49	7751／F970	テツ	
	蜎	2-87-50	7752／F971	エン・ケン	
	蚴	2-87-51	7753／F972		1068
	蜓	2-87-52	7754／F973		1069
8	蜙	2-87-53	7755／F974	ショウ	
	蜟	2-87-54	7756／F975	イク	
	蜡	2-87-55	7757／F976		1070
	蜣	2-87-56	7758／F977	キョウ	
	蜱	2-87-57	7759／F978		1070
	蜺	2-87-58	775A／F979		1069
	蜾	2-87-59	775B／F97A		1069
	蝀	2-87-60	775C／F97B	トウ	
	蝃	2-87-61	775D／F97C	テイ	
9	蝱	1-91-58	7B5A／EE79		1064
	蝑	2-87-62	775E／F97D	ショ	
	蝘	2-87-63	775F／F97E		1070
	蝤	2-87-64	7760／F980		1071
	蝥	2-87-65	7761／F981		1064
	蝲	2-87-66	7762／F982		1071
	蝼	2-87-67	7763／F983	ロウ	
10	螇	1-91-59	7B5B／EE7A	ケイ	
	螈	1-91-60	7B5C／EE7B		1071
	螌	2-87-68	7764／F984		
	螜	2-87-69	7765／F985	コク	
	螧	2-87-70	7766／F986	えび	
	螉	2-87-71	7767／F987	オウ	
	螋	2-87-72	7768／F988	シュウ	
	螓	2-87-73	7769／F989		1071
	螠	2-87-74	776A／F98A		1071
	𧓍	2-87-75	776B／F98B	ジョク	
11	螬	1-91-61	7B5D／EE7C		1072
	螭	1-91-62	7B5E／EE7D		1072
	螵	1-91-63	7B5F／EE7E	ヒョウ	
	䗪	1-91-64	7B60／EE80	シャ	
	蟌	2-87-76	776C／F98C	ショウ	
	螾	2-87-77	776D／F98D		1072
	𧒒	2-87-78	776E／F98E	セキ	
	蠡	2-87-79	776F／F98F		1065
	蟎	2-87-80	7770／F990		1072
12	蟖	1-91-65	7B61／EE81		1073
	蟬	1-91-66	7B62／EE82		1073
	蠆	1-91-67	7B63／EE83		1065
	蟵	2-87-81	7771／F991	チュ・シュ	
	蟟	2-87-82	7772／F992		1073
	𧐴	2-87-83	7773／F993	フ	
	蟣	2-87-84	7774／F994		1072
	蟥	2-87-85	7775／F995	コウ	
	蟦	2-87-86	7776／F996	ヒ	
	蟪	2-87-87	7777／F997		1073
	蟫	2-87-88	7778／F998	イン	
	蟭	2-87-89	7779／F999		1073
13	蠊	1-91-68	7B64／EE84		1074
	蠁	2-87-90	777A／F99A		1065
	蠃	2-87-91	777B／F99B		1065
	蠋	2-87-92	777C／F99C	ショク・チョク	
	蠓	2-87-93	777D／F99D	ボウ	
14	蠐	1-91-69	7B65／EE85		1074
	蠔	1-91-70	7B66／EE86	ゴウ	
15	蠟	1-91-71	7B67／EE87		1074
16	蠨	2-87-94	777E／F99E	ショウ	
17	蠮	2-88-1	7821／F99F	エツ	
	蠲	2-88-2	7822／F9A0		1075
20	蠼	2-88-3	7823／F9A1	カク	

血 部

14	衊	2-88-5	7825／F9A3		1077

行 部

6	衎	2-88-6	7826／F9A4	カン	
10	衠	2-88-7	7827／F9A5		1081

衣(ネ)部

0	衤	2-88-8	7828／F9A6	ころもへん	
3	𧘕	2-88-9	7829／F9A7	かみ	
	𧘔	2-88-10	782A／F9A8	しも	
	衩	2-88-11	782B／F9A9	サイ	
4	𧘱	2-88-12	782C／F9AA	ふき	
	衯	2-88-13	782D／F9AB	フン	
5	袘	1-91-72	7B68／EE88		1088
	袪	1-91-73	7B69／EE89		1088
	袠	2-88-14	782E／F9AC	チツ	
6	袼	2-88-15	782F／F9AD	カク	
	袈	2-88-16	7830／F9AE		1089

	袾	2-88-17	7831/F9AF	シュ・チュ	
	裀	2-88-18	7832/F9B0		1089
7	裊	1-91-74	7B6A/EE8A		1087
	裎	1-91-75	7B6B/EE8B		1090
	⿰衤我	1-91-76	7B6C/EE8C	ガ	
	裒	2-88-19	7833/F9B1	ホウ	
	⿰衤希	2-88-20	7834/F9B2		
	裑	2-88-21	7835/F9B3		1090
	裓	2-88-22	7836/F9B4	コク	
	裛	2-88-23	7837/F9B5		1084
8	裴	1-91-77	7B6D/EE8D	ハイ	
	裰	2-88-24	7838/F9B6		1091
	裱	2-88-25	7839/F9B7		1091
	⿰衤戔	2-88-26	783A/F9B8		1091
	褁	2-88-27	783B/F9B9	セキ	
9	⿱胞衣	1-91-78	7B6E/EE8E	えな	
	褐	1-91-79	7B6F/EE8F		1091
	褘	1-91-80	7B70/EE90	キ	
	⿰衤肯	1-91-81	7B71/EE91		1092
	褚	1-91-82	7B72/EE92		1092
10	褧	1-91-83	7B73/EE93		1087
	襄	1-91-84	7B74/EE94		1087
	褳	1-91-85	7B75/EE95		1092
	襷	2-88-28	783C/F9BA	たすき	
11	褹	1-91-86	7B76/EE96	ゲイ	
	襀	1-91-87	7B77/EE97		1093
	襂	2-88-29	783D/F9BB		1093
	褭	2-88-30	783E/F9BC	チョウ	
	襂	2-88-31	783F/F9BD	シン	
	襌	2-88-32	7840/F9BE		1093
12	襇	2-88-33	7841/F9BF	カン	
	⿰衤黄	2-88-34	7842/F9C0	コウ	
13	⿰衤零	2-88-35	7843/F9C1	レイ	
	襢	2-88-36	7844/F9C2	タン	

襾(覀)部

0	襾	2-88-37	7845/F9C3		1094
17	覊	2-88-38	7846/F9C4		1097

見　部

4	覔	1-91-88	7B78/EE98		1098
	⿰見殳	2-88-39	7847/F9C5	カク	
5	視	1-91-89	7B79/EE99		1100
7	⿰吉見	2-88-40	7848/F9C6	シ	
11	覰	2-88-41	7849/F9C7		1102
12	覷	2-88-42	784A/F9C8	ショ	

角　部

2	觔	1-91-90	7B7A/EE9A	キン	
4	觖	2-88-43	784B/F9C9		1103
	觘	2-88-44	784C/F9CA		1103
6	觥	1-91-91	7B7B/EE9B		1104
7	觫	2-88-45	784D/F9CB		1105
9	⿰角思	2-88-46	784E/F9CC	サイ	
	觱	2-88-47	784F/F9CD	ヒツ	
10	觳	2-88-48	7850/F9CE		1105
12	觶	1-91-92	7B7C/EE9C		1105
16	觽	2-88-49	7851/F9CF	ケイ	
18	觿	2-88-50	7852/F9D0		1105

言　部

2	⿰言刂	2-88-51	7853/F9D1	ケン	
3	訒	1-91-93	7B7D/EE9D	ジン	
	訕	1-91-94	7B7E/EE9E		1110
	訑	2-88-52	7854/F9D2		1110
	訔	2-88-53	7855/F9D3	ギン	
4	訢	1-92-1	7C21/EE9F	キン	
	⿰言区	2-88-54	7856/F9D4		1111
	訡	2-88-55	7857/F9D5	ギン	
5	訷	1-92-2	7C22/EEA0	シン	
	詇	1-92-3	7C23/EEA1	オウ	
	詎	1-92-4	7C24/EEA2		1113
	詝	1-92-5	7C25/EEA3	チョ	
	⿰言四	2-88-56	7858/F9D6	チ	
	訾	2-88-57	7859/F9D7		1107
	詅	2-88-58	785A/F9D8	レイ	
	詍	2-88-59	785B/F9D9	エイ	
	詘	2-88-60	785C/F9DA		1113
6	詡	1-92-6	7C26/EEA4		1116
	詵	1-92-7	7C27/EEA5	シン	
	詹	1-92-8	7C28/EEA6		1107
7	誧	1-92-9	7C29/EEA7	ホ・フ	
	⿰言花	2-88-61	785D/F9DB	やさしい	
	誐	2-88-62	785E/F9DC	ガ	
8	諐	1-92-10	7C2A/EEA8	ケン	
	誷	2-88-63	785F/F9DD	モウ・ボウ	
	誾	2-88-64	7860/F9DE		1107
	諗	2-88-65	7861/F9DF	シン	
9	諟	1-92-11	7C2B/EEA9		1128
	諴	1-92-12	7C2C/EEAA	カン	
	諶	1-92-13	7C2D/EEAB		1128
	諸	1-92-14	7C2E/EEAC		1128
	謁	1-92-15	7C2F/EEAD		1127
	諼	2-88-66	7862/F9E0		1128

	⿰言信	2-88-67	7863／F9E1	キ	
	謊	2-88-68	7864／F9E2		1131
10	謅	2-88-69	7865／F9E3	ソウ	
	謍	2-88-70	7866／F9E4	エイ	
	謜	2-88-71	7867／F9E5	ゲン	
	謟	2-88-72	7868／F9E6		1131
11	謹	1-92-16	7C30／EEAE		1132
	⿰言剪	2-88-73	7869／F9E7		1132
12	譆	1-92-17	7C31／EEAF	キ	
	譔	1-92-18	7C32／EEB0	セン	
	譙	1-92-19	7C33／EEB1		1133
	譃	2-88-74	786A／F9E8		1133
	䜌	2-88-75	786B／F9E9		1106
	譑	2-88-76	786C／F9EA	キョウ	
13	譩	1-92-20	7C34／EEB2	イ	
	譞	2-88-77	786D／F9EB	ケン	
14	譶	2-88-78	786E／F9EC	トウ	
15	譿	2-88-79	786F／F9ED	ケイ	
	讁	2-88-80	7870／F9EE		1135
16	讋	2-88-81	7871／F9EF		1108
17	讔	2-88-82	7872／F9F0	イン	
	讕	2-88-83	7873／F9F1		1135
20	讝	1-92-21	7C35／EEB3	セン	
	讜	2-88-84	7874／F9F2		1136
	讞	2-88-85	7875／F9F3		1135

谷 部

4	谹	2-88-86	7876／F9F4	コウ	
5	⿰谷甘	2-88-87	7877／F9F5	カン	
7	谽	2-88-88	7878／F9F6	カン	
8	谿	2-88-89	7879／F9F7		
10	⿰谷竜	2-88-90	787A／F9F8		
16	⿰谷龍	2-88-91	787B／F9F9		1136

豆 部

3	豇	2-88-92	787C／F9FA		1138
4	豉	1-92-22	7C36／EEB4		1138
10	豏	2-88-93	787D／F9FB	カン	
21	豔	2-88-94	787E／F9FC		1138

豕 部

3	豗	2-89-1	7921／FA40		1140
5	⿰豕占	2-89-5	7925／FA44		
7	豨	1-92-23	7C37／EEB5		1140
	豩	2-89-2	7922／FA41	ヒン	
9	豭	2-89-3	7923／FA42	カ	
10	豳	2-89-4	7924／FA43	ヒン	

豸 部

8	貓	2-89-6	7926／FA45		1141
9	貒	2-89-7	7927／FA46		1141
11	貙	2-89-8	7928／FA47	チュ	
12	⿰豸尞	2-89-9	7929／FA48		1141
17	貛	2-89-10	792A／FA49		1141

貝 部

3	貤	2-89-11	792B／FA4A	イ	
7	賓	1-92-24	7C38／EEB6		1148
	賖	2-89-12	792C／FA4B		1153
	賕	2-89-13	792D／FA4C	キュウ	
8	賡	1-92-25	7C39／EEB7		1148
	賙	2-89-14	792E／FA4D		1154
	賣	2-89-15	792F／FA4E		1148
9	賴	1-92-26	7C3A／EEB8		1156
	賰	2-89-16	7930／FA4F	シュン	
	賱	2-89-17	7931／FA50	ウン	
10	賸	1-92-27	7C3B／EEB9		1156
	賾	1-92-28	7C3C／EEBA		1156
12	贈	1-92-29	7C3D／EEBB		1155
	⿰貝貳	2-89-18	7932／FA51		
	贉	2-89-19	7933／FA52		1155
	贎	2-89-20	7934／FA53	バン	
14	贒	1-92-30	7C3E／EEBC		1151
17	贛	1-92-31	7C3F／EEBD		1156

赤 部

9	赬	2-89-21	7935／FA54		1157

走 部

5	趄	2-89-22	7936／FA55		1159
7	趕	2-89-23	7937／FA56	カン	
9	趦	2-89-24	7938／FA57		1160
14	趯	1-92-32	7C40／EEBE		1161

足(⻊)部

0	𧾷	2-89-25	7939／FA58	あしへん	
5	跎	1-92-33	7C41／EEBF		1163
	跑	1-92-34	7C42／EEC0		1163
	跗	1-92-35	7C43／EEC1		1163
	跆	2-89-26	793A／FA59	タイ	
	跈	2-89-27	793B／FA5A	デン	
	跙	2-89-28	793C／FA5B		1163
6	跬	2-89-29	793D／FA5C	キ	
7	跱	2-89-30	793E／FA5D	チュウ	
	䟽	2-89-31	793F／FA5E		1164
	跽	2-89-32	7940／FA5F	キ	
	踆	2-89-33	7941／FA60	シュン	
8	踠	1-92-36	7C44／EEC2		1165

画数	字	面区点	コード	読み	頁
	踣	1-92-37	7C45/EEC3		1166
	𨂊	2-89-34	7942/FA61		
	踔	2-89-35	7943/FA62		1166
	踖	2-89-36	7944/FA63	セキ	
	踡	2-89-37	7945/FA64	ケン	
	踢	2-89-38	7946/FA65	テキ	
	踧	2-89-39	7947/FA66		1166
9	踽	1-92-38	7C46/EEC4		1166
	蹈	2-89-40	7948/FA67	トウ	
	𨂻	2-89-41	7949/FA68	シ	
	踶	2-89-42	794A/FA69	テイ	
	踹	2-89-43	794B/FA6A	セン	
10	蹋	2-89-44	794C/FA6B		1167
11	蹔	2-89-45	794D/FA6C		1162
	蹢	2-89-46	794E/FA6D		1167
12	𨅬	1-92-39	7C47/EEC5		1168
	蹻	1-92-40	7C48/EEC6	キョウ	
	蹬	2-89-47	794F/FA6E	トウ	
	蹭	2-89-48	7950/FA6F	ソウ	
	蹯	2-89-49	7951/FA70	ハン	
16	躘	2-89-50	7952/FA71	リョウ	
17	躞	2-89-51	7953/FA72	ショウ	

身 部

画数	字	面区点	コード	読み	頁
4	躮	2-89-52	7954/FA73	せがれ	
7	躳	2-89-53	7955/FA74		1170
	躵	2-89-54	7956/FA75		1170
8	躶	2-89-55	7957/FA76		1170
	躻	2-89-56	7958/FA77		1170
10	𨉷	1-92-41	7C49/EEC7	ヨウ	
11	軀	1-92-42	7C4A/EEC8		1170
	𨊂	2-89-57	7959/FA78		

車 部

画数	字	面区点	コード	読み	頁
2	𨊥	1-92-43	7C4B/EEC9	キ	
3	軑	2-89-58	795A/FA79	タイ	
	軔	2-89-59	795B/FA7A		1175
4	𨊻	2-89-60	795C/FA7B	ロ	
5	軺	1-92-44	7C4C/EECA		1177
	軹	2-89-61	795D/FA7C	シ	
6	𨋳	2-89-62	795E/FA7D	とこ	
	輀	2-89-63	795F/FA7E		1178
	輈	2-89-64	7960/FA80	チュウ	
8	輞	1-92-45	7C4D/EECB		1179
	輗	2-89-65	7961/FA81	ゲイ	
	輫	2-89-66	7962/FA82	ハイ	
9	輭	1-92-46	7C4E/EECC		1179
	輶	1-92-47	7C4F/EECD		1180
10	轀	2-89-67	7963/FA83	オン	
11	轊	2-89-68	7964/FA84	エイ	
13	轔	1-92-48	7C50/EECE		1181
	轘	2-89-69	7965/FA85		1181
14	𨏍	1-92-49	7C51/EECF	いえづと	

辛 部

画数	字	面区点	コード	読み	頁
1	𨐋	2-89-70	7966/FA86	シン	
8	辤	2-89-71	7967/FA87		1183
9	辦	1-92-50	7C52/EED0		1182

辰 部

画数	字	面区点	コード	読み	頁
12	𨑕	2-89-72	7968/FA88	シン・チン	

辵(⻍・⻌)部

画数	字	面区点	コード	読み	頁
0	辵	1-92-51	7C53/EED1		1185
	⻌	2-89-73	7969/FA89	しんにょう	
	⻍	2-89-74	796A/FA8A	しんにょう	
3	𨑍	2-89-75	796B/FA8B		
	迁	2-89-76	796C/FA8C		1187
	迆	2-89-77	796D/FA8D		1186
4	𨑳	2-89-78	796E/FA8E		
	迊	2-89-79	796F/FA8F	ソウ	
	迍	2-89-80	7970/FA90		1188
	迕	2-89-82	7972/FA92		1188
5	迺	1-92-52	7C54/EED2		1188
	迨	1-92-53	7C55/EED3		1189
	迮	1-92-54	7C56/EED4	サク	
	迓	2-89-81	7971/FA91	ガ	
	迠	2-89-83	7973/FA93		1189
	迱	2-89-84	7974/FA94		1188
6	迥	1-92-55	7C57/EED5		1190
	迵	2-89-85	7975/FA95	トウ	
	迻	2-89-86	7976/FA96	イ	
	适	2-89-87	7977/FA97	カツ	
7	逌	2-89-88	7978/FA98		1198
8	逭	1-92-56	7C58/EED6		1200
	逸	1-92-57	7C59/EED7		1199
	逷	2-89-89	7979/FA99	テキ	
9	𨕫	2-89-90	797A/FA9A		
	遃	2-89-91	797B/FA9B	ゲン	
	遄	2-89-92	797C/FA9C		1204
10	遝	2-89-93	797D/FA9D		1210
12	𨗈	2-89-94	797E/FA9E		1213
	邃	2-90-1	7A21/FA9F	スイ	
13	邅	2-90-2	7A22/FAA0		1214
14	邈	1-92-58	7C5A/EED8		1215

15	𨗈	2-90-3	7A23／FAA1		1215
19	邐	2-90-4	7A24／FAA2		1215

邑(阝)部

0	阝	2-90-5	7A25／FAA3	おおざと・こざとへん	
3	邑	1-92-59	7C5B／EED9		1216
	邗	1-92-60	7C5C／EEDA		1216
	邙	1-92-61	7C5D／EEDB		1216
	邛	1-92-62	7C5E／EEDC		1216
4	邢	1-92-63	7C5F／EEDD	ケイ	
	邡	2-90-6	7A26／FAA4	ホウ	
	䢵	2-90-7	7A27／FAA5	ウン	
5	邳	1-92-64	7C60／EEDE		1218
	邰	2-90-8	7A28／FAA6	タイ	
	邶	2-90-9	7A29／FAA7	ハイ	
6	邾	1-92-65	7C61／EEDF	チュ	
	郄	1-92-66	7C62／EEE0	ケキ	
	郅	1-92-67	7C63／EEE1	シツ	
	郇	1-92-68	7C64／EEE2	シュン	
	邮	2-88-4	7824／F9A2		1218
	郈	2-90-10	7A2A／FAA8	コウ	
	𨛜	2-90-11	7A2B／FAA9	コウ	
7	郗	1-92-69	7C65／EEE3	チ	
	郝	1-92-70	7C66／EEE4	カク	
	郞	1-92-71	7C67／EEE5		1219
	𨛬	2-90-12	7A2C／FAAA	むら	
	郜	2-90-13	7A2D／FAAB	コウ	
	郟	2-90-14	7A2E／FAAC	コウ	
8	郯	1-92-72	7C68／EEE6	タン	
	郴	1-92-73	7C69／EEE7	チン	
	𨛛	2-90-15	7A2F／FAAD	キ	
	𨛺	2-90-16	7A30／FAAE	ブ	
	郲	2-90-17	7A31／FAAF	ライ	
	鄀	2-90-18	7A32／FAB0	ジャク	
	郫	2-90-19	7A33／FAB1	ヒ	
9	都	1-92-74	7C6A／EEE8		1222
	郾	2-90-20	7A34／FAB2	エン	
	郿	2-90-21	7A35／FAB3	ビ	
	鄄	2-90-22	7A36／FAB4	ケン	
	鄆	2-90-23	7A37／FAB5	ウン	
10	鄔	1-92-75	7C6B／EEE9	ウ・オ	
	鄕	1-92-76	7C6C／EEEA		1222
	鄖	1-92-77	7C6D／EEEB	ウン	
11	鄢	1-92-78	7C6E／EEEC	エン	
	鄣	1-92-79	7C6F／EEED		1222
	鄘	2-90-24	7A38／FAB6	ヨウ	
	鄜	2-90-25	7A39／FAB7	フ	
	鄞	2-90-26	7A3A／FAB8	ギン	
12	鄧	1-92-80	7C70／EEEE		1223
	鄯	1-92-81	7C71／EEEF		1222
	鄱	1-92-82	7C72／EEF0		1223
13	鄴	1-92-83	7C73／EEF1		1223
	鄷	2-90-27	7A3B／FAB9	ホウ	
14	鄹	2-90-28	7A3C／FABA	スウ	
15	鄽	1-92-84	7C74／EEF2		1223
	鄺	2-90-29	7A3D／FABB	コウ	
18	酆	2-90-30	7A3E／FABC	ホウ・フウ	
19	酈	1-92-85	7C75／EEF3		1223
	酇	2-90-31	7A3F／FABD	サン	

酉　部

4	酛	1-92-86	7C76／EEF4		1225
	酗	2-90-32	7A40／FABE		1224
	酙	2-90-33	7A41／FABF	シン	
5	酡	2-90-34	7A42／FAC0		1225
	酤	2-90-35	7A43／FAC1		1225
7	酴	2-90-36	7A44／FAC2		1226
	酹	2-90-37	7A45／FAC3	ライ	
8	醃	1-92-87	7C77／EEF5		1227
	醅	2-90-38	7A46／FAC4		1227
9	醎	2-90-39	7A47／FAC5		1227
10	醞	1-92-88	7C78／EEF6		1227
11	醬	1-92-89	7C79／EEF7		1223
	醨	2-90-40	7A48／FAC6		1228
12	醱	1-92-90	7C7A／EEF8		1228
	醮	2-90-41	7A49／FAC7		1228
13	醳	2-90-42	7A4A／FAC8	エキ	
	醶	2-90-43	7A4B／FAC9		1228
16	醼	1-92-91	7C7B／EEF9		1229
19	釃	2-90-44	7A4C／FACA		1229
	醾	2-90-45	7A4D／FACB		1229

金　部

2	釗	1-92-92	7C7C／EEFA	ショウ	
	釚	2-90-46	7A4E／FACC	キュウ	
3	釻	1-92-93	7C7D／EEFB		1240
	釤	1-92-94	7C7E／EEFC		1239
	鈔	1-93-1	7D21／EF40	ショウ	
	釭	1-93-2	7D22／EF41		1239
	鈇	1-93-3	7D23／EF42		1239
	𨥉	2-90-47	7A4F／FACD		
	欽	2-90-48	7A50／FACE		
	釬	2-90-49	7A51／FACF	カン	

画	字	面区点	JIS/SJIS	音訓	頁
	釮	2-90-50	7A52/FAD0	セイ	
4	鈇	1-93-4	7D24/EF43		1241
	鈐	1-93-5	7D25/EF44		1240
	鈁	2-90-51	7A53/FAD1	ホウ	
	鈊	2-90-52	7A54/FAD2	シン	
	鈖	2-90-53	7A55/FAD3	フン	
	鈗	2-90-54	7A56/FAD4	イン	
5	鈸	1-93-6	7D26/EF45		1244
	鈹	1-93-7	7D27/EF46		1244
	鈺	1-93-8	7D28/EF47	ギョク	
	鈼	1-93-9	7D29/EF48	サク	
	鉀	1-93-10	7D2A/EF49	コウ	
	鉃	1-93-11	7D2B/EF4A	シ	
	鉏	1-93-12	7D2C/EF4B		1242
	[illegible]	2-90-55	7A57/FAD5	リュウ	
	鈳	2-90-56	7A58/FAD6	ア	
	鉂	2-90-57	7A59/FAD7	シ	
	鉇	2-90-58	7A5A/FAD8	シ	
	鉊	2-90-59	7A5B/FAD9	ショウ	
	鉎	2-90-60	7A5C/FADA	セイ	
	鉑	2-90-61	7A5D/FADB	ハク	
	鉖	2-90-62	7A5E/FADC	トウ	
	鉙	2-90-63	7A5F/FADD	タイ	
	鉠	2-90-64	7A60/FADE	ヨウ	
	鉡	2-90-65	7A61/FADF	ハン	
	鉥	2-90-66	7A62/FAE0	シュツ	
	鉧	2-90-67	7A63/FAE1		1244
	鉨	2-90-68	7A64/FAE2	デイ	
6	鉸	1-93-13	7D2D/EF4C		1245
	銈	1-93-14	7D2E/EF4D	ケイ	
	鋏	2-90-69	7A65/FAE3	キョウ	
	鈾	2-90-70	7A66/FAE4		1246
	鉼	2-90-71	7A67/FAE5	ヘイ	
	鉽	2-90-72	7A68/FAE6	ショク	
	鉿	2-90-73	7A69/FAE7	コウ	
	銉	2-90-74	7A6A/FAE8	イツ	
	銍	2-90-75	7A6B/FAE9	チツ	
	銗	2-90-76	7A6C/FAEA	コウ	
	銙	2-90-77	7A6D/FAEB	カ	
	銟	2-90-78	7A6E/FAEC	サ	
	銧	2-90-79	7A6F/FAED	コウ	
	銫	2-90-80	7A70/FAEE	ショク	
7	鋂	1-93-15	7D2F/EF4E		1247
	鋋	1-93-16	7D30/EF4F	セン	
	鋌	1-93-17	7D31/EF50		1247
	鋓	1-93-18	7D32/EF51	テン	
	鋠	1-93-19	7D33/EF52	シン	
	鋺	2-90-81	7A71/FAEF	かな	
	𨨞	2-90-82	7A72/FAF0	なた	
	銲	2-90-83	7A73/FAF1	カン	
	銿	2-90-84	7A74/FAF2	ショウ・ヨウ	
	鋀	2-90-85	7A75/FAF3	トウ	
	鋆	2-90-86	7A76/FAF4	イン	
	鋎	2-90-87	7A77/FAF5	カン	
	鋐	2-90-88	7A78/FAF6	コウ	
	鋗	2-90-89	7A79/FAF7	ケン	
	鋙	2-90-90	7A7A/FAF8		1247
	鋥	2-90-91	7A7B/FAF9	トウ	
	鋧	2-90-92	7A7C/FAFA	ケン	
8	鋿	1-93-20	7D34/EF53	ショウ	
	錄	1-93-21	7D35/EF54		1250
	錟	1-93-22	7D36/EF55	タン	
	錡	1-93-23	7D37/EF56		1248
	錥	1-93-24	7D38/EF57	イク	
	鍈	1-93-25	7D39/EF58	エイ	
	錑	2-90-93	7A7D/FAFB		1250
	錇	2-90-94	7A7E/FAFC	フ	
	鍯	2-91-1	7B21/FB40	チュウ	
	鋷	2-91-2	7B22/FB41	スイ	
	鋹	2-91-3	7B23/FB42	チョウ	
	鋻	2-91-4	7B24/FB43	ケン	
	錂	2-91-5	7B25/FB44	リョウ	
	錍	2-91-6	7B26/FB45	ヒ	
	錕	2-91-7	7B27/FB46	コン	
	錝	2-91-8	7B28/FB47	ソウ	
	錞	2-91-9	7B29/FB48		1249
	錧	2-91-10	7B2A/FB49		1248
	錩	2-91-11	7B2B/FB4A	ショウ	
9	鍉	1-93-26	7D3A/EF59	テイ	
	鍊	1-93-27	7D3B/EF5A		1252
	鍤	1-93-28	7D3C/EF5B		1252
	鍥	1-93-29	7D3D/EF5C	ケツ	
	鍪	1-93-30	7D3E/EF5D		1238
	鍰	1-93-31	7D3F/EF5E		1251
	鍀	2-91-12	7B2C/FB4B		
	鍎	2-91-13	7B2D/FB4C		
	鍇	2-91-14	7B2E/FB4D	カイ	
	鍑	2-91-15	7B2F/FB4E		1252
	鍗	2-91-16	7B30/FB4F	テイ	
	鍚	2-91-17	7B31/FB50	ヨウ	

	鋈	**2-91-18**	7B32／FB51	1238
	鍱	**2-91-19**	7B33／FB52	1252
	鑒	**2-91-20**	7B34／FB53	1238
	鎡	**2-91-21**	7B35／FB54	1251
10	鎛	**1-93-32**	7D40／EF5F	1253
	鎣	**1-93-33**	7D41／EF60	エイ
	鎺	**1-93-34**	7D42／EF61	1253
	鏘	**2-91-22**	7B36／FB55	ショウ・ソウ
	鏸	**2-91-23**	7B37／FB56	ケイ
	鎈	**2-91-24**	7B38／FB57	サ
	鎋	**2-91-25**	7B39／FB58	カツ
	鎏	**2-91-26**	7B3A／FB59	リュウ
	鎞	**2-91-27**	7B3B／FB5A	1253
	鏵	**2-91-28**	7B3C／FB5B	カ
11	鏆	**1-93-35**	7D43／EF62	カン
	鏞	**1-93-36**	7D44／EF63	ヨウ
	鏠	**1-93-37**	7D45／EF64	1254
	⿰金通	**2-91-29**	7B3D／FB5C	
	⿰金萑	**2-91-30**	7B3E／FB5D	カン
	鏱	**2-91-31**	7B3F／FB5E	
	鑠	**2-91-32**	7B40／FB5F	1254
	鏇	**2-91-33**	7B41／FB60	1254
	鏜	**2-91-34**	7B42／FB61	1254
	鏢	**2-91-35**	7B43／FB62	ヒョウ
	鏧	**2-91-36**	7B44／FB63	ロウ
12	鐄	**1-93-38**	7D46／EF65	コウ
	鏽	**1-93-39**	7D47／EF66	1256
	鐉	**2-91-37**	7B45／FB64	セン
	鐏	**2-91-38**	7B46／FB65	1255
	鐖	**2-91-39**	7B47／FB66	キ

	鐗	**2-91-40**	7B48／FB67	カン
13	鐳	**1-93-40**	7D48／EF67	1256
	鑊	**1-93-41**	7D49／EF68	1256
	鏻	**2-91-41**	7B49／FB68	リン
	鐲	**2-91-42**	7B4A／FB69	1256
	鐴	**2-91-43**	7B4B／FB6A	1256
	鐻	**2-91-44**	7B4C／FB6B	キョ
14	鑅	**2-91-45**	7B4D／FB6C	コウ
15	鑣	**1-93-42**	7D4A／EF69	1257
	鑞	**2-91-46**	7B4E／FB6D	
	鑓	**2-91-47**	7B4F／FB6E	やり
16	鑫	**1-93-43**	7D4B／EF6A	キン
17	鑱	**1-93-44**	7D4C／EF6B	1257
	鑲	**1-93-45**	7D4D／EF6C	ジョウ
	鑭	**2-91-48**	7B50／FB6F	ラン
	鑯	**2-91-49**	7B51／FB70	1257

長(镸)部

0	镸	**2-91-50**	7B52／FB71	1257
3	镹	**2-91-51**	7B53／FB72	キュウ

門　部

3	閆	**2-91-52**	7B54／FB73	エン
4	閎	**1-93-46**	7D4E／EF6D	1264
	閌	**2-91-53**	7B55／FB74	コウ
	閍	**2-91-54**	7B56／FB75	ホウ
5	閟	**1-93-47**	7D4F／EF6E	1265
6	閦	**1-93-48**	7D50／EF6F	1266
	閩	**1-93-49**	7D51／EF70	1266
	⿵門先	**2-91-55**	7B57／FB76	シン
7	閬	**1-93-50**	7D52／EF71	ロウ
	閫	**2-91-56**	7B58／FB77	1267
	閴	**2-91-57**	7B59／FB78	ケキ
8	閶	**1-93-51**	7D53／EF72	1268
	閽	**1-93-52**	7D54／EF73	1267
9	闋	**1-93-53**	7D55／EF74	1268
	⿵門屋	**2-91-58**	7B5A／FB79	かずき
10	闐	**1-93-54**	7D56／EF75	1269
	闓	**1-93-55**	7D57／EF76	カイ
	闈	**2-91-59**	7B5B／FB7A	1268
11	䦰	**1-93-56**	7D58／EF77	キュウ・くじ
	闚	**1-93-57**	7D59／EF78	1269
12	闞	**1-93-58**	7D5A／EF79	カン
19	⿵門䜌	**2-91-60**	7B5C／FB7B	ラン

阜(阝)部

4	⿰阝区	**2-91-61**	7B5D／FB7C	ク
	阬	**2-91-62**	7B5E／FB7D	1270
	阳	**2-91-63**	7B5F／FB7E	ヨウ
	阴	**2-91-64**	7B60／FB80	イン
5	⿰阝平	**2-91-65**	7B61／FB81	なる
	阼	**2-91-66**	7B62／FB82	1272
	陁	**2-91-67**	7B63／FB83	1272
7	陘	**1-93-59**	7D5B／EF7A	1274
	陡	**2-91-68**	7B64／FB84	トウ
8	⿰阝采	**2-91-69**	7B65／FB85	サイ
9	隄	**1-93-60**	7D5C／EF7B	1281
	隆	**1-93-61**	7D5D／EF7C	1282
	隂	**2-91-70**	7B66／FB86	1280
10	⿰阝竜	**2-91-71**	7B67／FB87	リョウ・ロウ
11	隝	**1-93-62**	7D5E／EF7D	トウ
	隚	**2-91-72**	7B68／FB88	ドウ
12	隤	**1-93-63**	7D5F／EF7E	1284

	隥	1-93-64	7D60／EF80	トウ	
	隂	2-91-73	7B69／FB89	イン	
13	𨼲	2-91-74	7B6A／FB8A	ギ	
	隩	2-91-75	7B6B／FB8B		1284
14	隯	2-91-76	7B6C／FB8C		1284
15	隳	2-91-77	7B6D／FB8D		1270

隹　部

2	隺	2-91-78	7B6E／FB8E		1287
	隽	2-91-79	7B6F／FB8F		1286
5	碓	2-91-80	7B70／FB90		1289
6	雒	1-93-65	7D61／EF81		1290
8	𨿸	2-91-81	7B71／FB91	ケイ	
9	臒	2-91-82	7B72／FB92	ワク	
	蒮	2-91-83	7B73／FB93		1288
10	雞	1-93-66	7D62／EF82		1290
	雝	2-91-84	7B74／FB94		1291
11	難	1-93-67	7D63／EF83		1291
	𩀚	2-91-85	7B75／FB95	アン	

雨　部

3	雩	1-93-68	7D64／EF84		1293
4	雯	1-93-69	7D65／EF85	ブン	
8	霔	2-91-86	7B76／FB96	シュ	
10	霣	2-91-87	7B77／FB97	イン	
	䨩	2-91-88	7B78／FB98	レイ	
12	霳	1-93-70	7D66／EF86	リュウ	
13	靊	1-93-71	7D67／EF87	フウ	
	霶	2-91-89	7B79／FB99	ホウ	
15	靁	2-91-90	7B7A／FB9A		1301
16	靇	2-91-91	7B7B／FB9B		1399
19	靎	1-93-72	7D68／EF88		1301
	靍	1-93-73	7D69／EF89	つる	
21	靏	1-93-74	7D6A／EF8A		1302

靑(青)部

5	靕	2-91-92	7B7C／FB9C	シン	
6	靗	2-91-93	7B7D／FB9D	テイ	
7	靚	1-93-75	7D6B／EF8B		1304
8	靛	2-91-94	7B7E／FB9E		1304

革　部

2	靪	2-92-1	7C21／FB9F		1307
3	靮	1-93-76	7D6C／EF8C		1307
4	靳	1-93-77	7D6D／EF8D	キン	
6	鞉	2-92-2	7C22／FBA0		1308
7	鞕	1-93-78	7D6E／EF8E	ゴウ	
	䩈	2-92-3	7C23／FBA1		1308
	鞖	2-92-4	7C24／FBA2		1308
8	鞚	2-92-5	7C25／FBA3		1309
	鞞	2-92-6	7C26／FBA4		1309
9	鞮	1-93-79	7D6F／EF8F	テイ	
	鞢	2-92-7	7C27／FBA5		1309
10	鞱	2-92-8	7C28／FBA6		1309
	鞲	2-92-9	7C29／FBA7		1309
	鞾	2-92-10	7C2A／FBA8		1310
11	鞺	1-93-80	7D70／EF90		1310
13	韁	1-93-81	7D71／EF91		1310
16	韉	1-93-82	7D72／EF92		1310

韋(韋)部

3	韌	2-92-11	7C2B／FBA9		1310
6	韑	2-92-12	7C2C／FBAA	イ	
8	韔	2-92-13	7C2D／FBAB	チョウ	
9	韘	2-92-14	7C2E／FBAC		1311
	韙	2-92-15	7C2F／FBAD	イ	
10	韞	1-93-83	7D73／EF93		1311
	韝	1-93-84	7D74／EF94		1311
	韡	2-92-16	7C30／FBAE	イ	

韭　部

8	韱	2-92-17	7C31／FBAF		1312

音　部

4	韴	1-93-85	7D75／EF95		1313
13	響	1-93-86	7D76／EF96	キョウ	

頁　部

2	頄	2-92-18	7C32／FBB0	キュウ	
4	頊	1-93-87	7D77／EF97		1316
	頍	2-92-19	7C33／FBB1	キ・ギ	
	頎	2-92-20	7C34／FBB2	キ	
5	頔	2-92-21	7C35／FBB3	テキ	
	頖	2-92-22	7C36／FBB4	ハン	
	𩒐	2-92-23	7C37／FBB5	セツ	
6	頠	1-93-88	7D78／EF98		1318
	頫	1-93-89	7D79／EF99		1318
	𩒥	2-92-24	7C38／FBB6	シ	
	頣	2-92-25	7C39／FBB7	シン	
7	頮	1-93-90	7D7A／EF9A		1318
	頻	1-93-91	7D7B／EF9B		1319
	頲	2-92-26	7C3A／FBB8	テイ	
	頥	2-92-28	7C3C／FBBA		1318
8	頺	2-92-29	7C3D／FBBB		1320
9	顒	1-93-92	7D7C／EF9C		1321
	顓	1-93-93	7D7D／EF9D		1321
	頳	2-92-27	7C3B／FBB9		1157
10	顖	1-93-94	7D7E／EF9E		1323

	顗	1-94-1	7E21／EF9F		1323
	𩓚	1-94-2	7E22／EFA0		1323
	顚	1-94-3	7E23／EFA1		1323
	類	1-94-4	7E24／EFA2		1323
12	顥	1-94-5	7E25／EFA3		1324
	𩕄	2-92-30	7C3E／FBBC		1324
14	顬	1-94-6	7E26／EFA4		1324

風 部

4	颫	2-92-31	7C3F／FBBD	フ	
5	颭	2-92-32	7C40／FBBE	セン	
	颰	2-92-33	7C41／FBBF	ハツ	
6	𩗗	2-92-34	7C42／FBC0	ならい	
8	颷	2-92-35	7C43／FBC1	ヒョウ	
9	颺	1-94-7	7E27／EFA5		1327
	颸	2-92-36	7C44／FBC2		1327
10	飄	2-92-37	7C45／FBC3		1327
	颼	2-92-38	7C46／FBC4		1327
	颿	2-92-39	7C47／FBC5	ハン	
11	飂	2-92-40	7C48／FBC6		1327
12	飇	1-94-8	7E28／EFA6	ヒョウ	
	飉	2-92-41	7C49／FBC7		1327
13	飋	2-92-42	7C4A／FBC8	シツ	

食(𩙿・飠)部

0	飠	2-92-43	7C4B／FBC9	しょくへん	
	𩙿	2-92-44	7C4C／FBCA	しょくへん	
2	飡	2-92-45	7C4D／FBCB		1336
	飣	2-92-46	7C4E／FBCC	テイ	
3	飧	1-94-9	7E29／EFA7		1336
	飥	2-92-47	7C4F／FBCD		1331
4	飪	2-92-48	7C50／FBCE		1332
	飰	2-92-49	7C51／FBCF	ハン	
	飱	2-92-50	7C52／FBD0		1336
5	飳	2-92-51	7C53／FBD1		1332
6	餋	2-92-52	7C54／FBD2		1330
	餞	2-92-53	7C55／FBD3	セン	
7	𩚛	2-92-54	7C56／FBD4	キュウ	
	餖	2-92-55	7C57／FBD5	トウ	
	餗	2-92-56	7C58／FBD6		1333
8	𩜙	2-92-57	7C59／FBD7	ジョウ	
	餚	2-92-58	7C5A／FBD8		1334
	餛	2-92-59	7C5B／FBD9		1334
	餜	2-92-60	7C5C／FBDA	カ	
9	𩝐	2-92-61	7C5D／FBDB	ジ・シ	
	餱	2-92-62	7C5E／FBDC		1334
	餲	2-92-63	7C5F／FBDD		1334
	餳	2-92-64	7C60／FBDE	トウ	
10	餺	2-92-65	7C61／FBDF		1335
	餻	2-92-66	7C62／FBE0		1335
	餼	2-92-67	7C63／FBE1		1335
	饀	2-92-68	7C64／FBE2	トウ	
	饁	2-92-69	7C65／FBE3	ヨウ	
11	饆	2-92-70	7C66／FBE4		1335
12	饍	2-92-71	7C67／FBE5		1336
	饎	2-92-72	7C68／FBE6	キ・シ	
13	饘	1-94-10	7E2A／EFA8		1336
14	饜	2-92-73	7C69／FBE7		1331
17	饟	2-92-74	7C6A／FBE8		1336
19	饠	2-92-75	7C6B／FBE9		1336

香 部

7	馞	1-94-11	7E2B／EFA9	ホツ	
8	馣	2-92-76	7C6C／FBEA	アン	
10	馦	2-92-77	7C6D／FBEB	ケン	

馬 部

4	馹	2-92-78	7C6E／FBEC	ジツ	
	馽	2-92-79	7C6F／FBED	チュウ	
	馿	2-92-80	7C70／FBEE		1342
	駃	2-92-81	7C71／FBEF	ケツ	
5	駉	2-92-82	7C72／FBF0	ケイ	
	駔	2-92-83	7C73／FBF1	ソウ	
	駙	2-92-84	7C74／FBF2		1343
	駞	2-92-85	7C75／FBF3		1343
6	𩥉	2-92-86	7C76／FBF4		
	駰	2-92-87	7C77／FBF5	イン	
7	騂	1-94-12	7E2C／EFAA		1344
	騃	1-94-13	7E2D／EFAB		1344
	駹	2-92-88	7C78／FBF6		1344
	駼	2-92-89	7C79／FBF7	ト	
8	騊	2-92-90	7C7A／FBF8	トウ	
	騑	2-92-91	7C7B／FBF9		1345
9	騤	1-94-14	7E2E／EFAC	キ	
	騺	2-92-92	7C7C／FBFA		1340
	騚	2-92-93	7C7D／FBFB	セン	
	騠	2-92-94	7C7E／FBFC	テイ	
10	騭	1-94-15	7E2F／EFAD		1340
	騮	1-94-16	7E30／EFAE		1346
	騸	1-94-17	7E31／EFAF	セン	
	驊	1-94-18	7E32／EFB0	カ	
	騱	2-93-1	7D21／FC40	ケイ	
	騶	2-93-2	7D22／FC41		1346
11	驄	2-93-3	7D23／FC42		1346

12	驎	1-94-19 7E33／EFB1	1347
	驒	1-94-20 7E34／EFB2	1347
	驌	2-93-4 7D24／FC43	シュク
13	驘	2-93-5 7D25／FC44	1341
24	驫	2-93-6 7D26／FC45	シン

骨 部

4	骯	2-93-7 7D27／FC46	コウ
5	骶	1-94-21 7E35／EFB3	テイ
	𩨘	2-93-8 7D28／FC47	1349
	骷	2-93-9 7D29／FC48	コ
6	𩨨	2-93-10 7D2A／FC49	コウ
	骹	2-93-11 7D2B／FC4A	コウ
8	髁	1-94-22 7E36／EFB4	カ
9	髃	1-94-23 7E37／EFB5	ゴウ
	𩩲	2-93-12 7D2C／FC4B	カツ
10	髆	2-93-13 7D2D／FC4C	1349
11	髎	1-94-24 7E38／EFB6	リョウ
12	髐	2-93-14 7D2E／FC4D	1349
	髞	2-93-15 7D2F／FC4E	ソウ
14	髖	1-94-25 7E39／EFB7	1349
	髕	2-93-16 7D30／FC4F	1349

高 部

3	𩫕	2-93-17 7D31／FC50	コウ
8	髜	2-93-18 7D32／FC51	キョウ

髟 部

2	髠	2-93-19 7D33／FC52	1352
4	𩬅	2-93-20 7D34／FC53	1352
	𩬎	2-93-21 7D35／FC54	1353
6	𩭜	1-94-26 7E3A／EFB8	1353
7	鬂	1-94-27 7E3B／EFB9	1354
8	鬈	1-94-28 7E3C／EFBA	ケン
	鬃	2-93-22 7D36／FC55	ソウ
9	𩭿	2-93-23 7D37／FC56	1354
10	鬐	2-93-24 7D38／FC57	1354
	鬒	2-93-25 7D39／FC58	1354
11	鬖	2-93-26 7D3A／FC59	サン
12	鬜	2-93-27 7D3B／FC5A	カン
13	鬠	1-94-29 7E3D／EFBB	1354

鬥 部

12	鬫	2-93-28 7D3C／FC5B	カン
14	鬮	1-94-30 7E3E／EFBC	キュウ・くじ
15	鬭	1-94-31 7E3F／EFBD	1355

鬲 部

6	鬳	2-93-29 7D3D／FC5C	1356

鬼 部

3	𩲸	2-93-30 7D3E／FC5D	1357
5	𩳐	2-93-31 7D3F／FC5E	シン
8	魋	2-93-32 7D40／FC5F	タイ

魚 部

2	魞	1-94-32 7E40／EFBE	1361
4	魹	1-94-33 7E41／EFBF	1361
	魦	1-94-34 7E42／EFC0	1361
	𩵋	1-94-35 7E43／EFC1	1361
	魵	1-94-36 7E44／EFC2	フン
	魣	2-93-33 7D41／FC60	1361
	魥	2-93-34 7D42／FC61	1361
	魫	2-93-35 7D43／FC62	シン
	魬	2-93-36 7D44／FC63	1361
	魳	2-93-37 7D45／FC64	1361
	魶	2-93-38 7D46／FC65	ドウ
	魷	2-93-39 7D47／FC66	ユウ
5	鮄	1-94-37 7E45／EFC3	1362
	鮊	1-94-38 7E46／EFC4	1362
	鮏	1-94-39 7E47／EFC5	1362
6	鮞	1-94-40 7E48／EFC6	1363
	鮧	1-94-41 7E49／EFC7	1362
	鮦	2-93-40 7D48／FC67	トウ
	鮬	2-93-41 7D49／FC68	1363
	鮱	2-93-42 7D4A／FC69	1363
	鮲	2-93-45 7D4D／FC6C	1363
7	鯁	1-94-42 7E4A／EFC8	1363
	鯎	1-94-43 7E4B／EFC9	1364
	鯒	2-93-43 7D4B／FC6A	
	𩸽	2-93-44 7D4C／FC6B	1366
	鮸	2-93-46 7D4E／FC6D	1364
	鮻	2-93-47 7D4F／FC6E	1364
	鯇	2-93-48 7D50／FC6F	1363
8	鯥	1-94-44 7E4C／EFCA	1365
	鯳	2-93-49 7D51／FC70	1365
	鯘	2-93-50 7D52／FC71	1365
	鯝	2-93-51 7D53／FC72	1365
	鯧	2-93-52 7D54／FC73	1365
	鯪	2-93-53 7D55／FC74	1365
	鯫	2-93-54 7D56／FC75	1365
	鯯	2-93-55 7D57／FC76	セイ
	鯮	2-93-56 7D58／FC77	ソウ
	𩹉	2-93-57 7D59／FC78	はも
	鰙	2-93-64 7D60／FC80	1367
9	鯸	1-94-45 7E4D／EFCB	1366
	鯽	1-94-46 7E4E／EFCC	1366

	鰀	1-94-47	7E4F／EFCD	カン
	鯺	2-93-58	7D5A／FC79	ショ
	⿰魚荒	2-93-59	7D5B／FC7A	1367
	鯷	2-93-60	7D5C／FC7B	1366
	鯡	2-93-61	7D5D／FC7C	ヒ
	鯖	2-93-62	7D5E／FC7D	1366
	鯥	2-93-63	7D5F／FC7E	1367
	鰚	2-93-65	7D61／FC81	1367
10	鰣	1-94-48	7E50／EFCE	1367
	鰝	2-93-66	7D62／FC82	コウ
	鰢	2-93-67	7D63／FC83	バ・メ
	鰧	2-93-68	7D64／FC84	1370
	鰩	2-93-69	7D65／FC85	ヨウ
	鰪	2-93-70	7D66／FC86	コウ
11	鱁	1-94-49	7E51／EFCF	1368
	⿰魚彖	2-93-71	7D67／FC87	
	鰱	2-93-72	7D68／FC88	1368
	鰶	2-93-73	7D69／FC89	1367
	鰷	2-93-74	7D6A／FC8A	ジョウ
	鱅	2-93-75	7D6B／FC8B	ヨウ
12	鱏	1-94-50	7E52／EFD0	1368
	鱐	1-94-51	7E53／EFD1	シュウ・シュク
	鱓	1-94-52	7E54／EFD2	1368
	⿰魚虚	2-93-77	7D6D／FC8D	まぐろ
	鱉	2-93-78	7D6E／FC8E	1361
	鱊	2-93-79	7D6F／FC8F	イツ
	⿰魚朁	2-93-80	7D70／FC90	シン
	鱔	2-93-81	7D71／FC91	ゼン
	鱘	2-93-82	7D72／FC92	1368
	鱠	2-93-83	7D73／FC93	1369

	鱝	2-93-84	7D74／FC94	1369
13	鱣	1-94-53	7E55／EFD3	1369
	鱥	1-94-54	7E56／EFD4	ケイ
	鱜	2-93-76	7D6C／FC8C	1369
	鱟	2-93-85	7D75／FC95	1361
	鱩	2-93-86	7D76／FC96	1369
	鱰	2-93-87	7D77／FC97	1369
	鱫	2-93-88	7D78／FC98	1369
14	鱭	2-93-89	7D79／FC99	1369
	鱮	2-93-90	7D7A／FC9A	1369
	⿰魚睪	2-93-91	7D7B／FC9B	1369
15	鱲	2-93-92	7D7C／FC9C	1369
	鱵	2-93-93	7D7D／FC9D	1369
16	鱷	1-94-55	7E57／EFD5	1369
19	鱺	2-93-94	7D7E／FC9E	レイ

鳥 部

1	鳦	2-94-1	7E21／FC9F	1373
3	鳲	2-94-2	7E22／FCA0	1374
4	鴋	2-94-3	7E23／FCA1	ホウ
	鴂	2-94-4	7E24／FCA2	ケツ
	鴉	2-94-5	7E25／FCA3	ア
5	鴝	1-94-56	7E58／EFD6	ク
	⿰弗鳥	1-94-57	7E59／EFD7	1375
	鴑	2-94-6	7E26／FCA4	ド
	鴗	2-94-7	7E27／FCA5	1375
	鶣	2-94-8	7E28／FCA6	ヘン
6	鵃	1-94-58	7E5A／EFD8	ショウ・トウ
	鴾	1-94-59	7E5B／EFD9	1376
	⿰米鳥	2-94-9	7E29／FCA7	
	鴜	2-94-10	7E2A／FCA8	シ

	⿰鳥戎	2-94-11	7E2B／FCA9	シュウ
	鴲	2-94-12	7E2C／FCAA	1376
	鴧	2-94-13	7E2D／FCAB	1375
	⿲亻冊鳥	2-94-14	7E2E／FCAC	1375
7	鵒	1-94-60	7E5C／EFDA	ヨク
	鶆	1-94-61	7E5D／EFDB	ライ
	鵊	2-94-15	7E2F／FCAD	キョウ
	⿱秀鳥	2-94-16	7E30／FCAE	1372
	鵢	2-94-17	7E31／FCAF	シン
	舄	2-94-18	7E32／FCB0	セキ
8	鵰	1-94-62	7E5E／EFDC	1378
	鵄	1-94-63	7E5F／EFDD	1377
	⿸广鳥	1-94-64	7E60／EFDE	1377
	鵩	2-94-19	7E33／FCB1	フク
	鵫	2-94-20	7E34／FCB2	トウ
	⿰𠦝鳥	2-94-21	7E35／FCB3	カン
	鵳	2-94-22	7E36／FCB4	ケン
	鶸	2-94-23	7E37／FCB5	1377
	鵷	2-94-24	7E38／FCB6	1377
	鵾	2-94-25	7E39／FCB7	コン
	⿰壴鳥	2-94-26	7E3A／FCB8	1378
	鶍	2-94-27	7E3B／FCB9	1378
9	鶖	1-94-65	7E61／EFDF	シュウ
	鷀	1-94-66	7E62／EFE0	1378
	鶙	2-94-28	7E3C／FCBA	テイ
	鶡	2-94-29	7E3D／FCBB	1378
	鶿	2-94-30	7E3E／FCBC	ジ・シ
10	鶬	1-94-67	7E63／EFE1	1379
	鶼	1-94-68	7E64／EFE2	ケン
	鶵	2-94-31	7E3F／FCBD	スウ

画数	字	面区点	JIS/SJIS	読み	頁
	鶹	2-94-32	7E40/FCBE		1379
	鶽	2-94-33	7E41/FCBF	シュン	
	鷃	2-94-34	7E42/FCC0		1378
	鷇	2-94-35	7E43/FCC1		1373
	鷉	2-94-36	7E44/FCC2		1379
11	鷗	1-94-69	7E65/EFE3		1379
	鷖	2-94-37	7E45/FCC3	エイ	
	鷚	2-94-38	7E46/FCC4		1380
	鷟	2-94-39	7E47/FCC5	サク	
	鷠	2-94-40	7E48/FCC6	ギョ	
12	鷍	1-94-70	7E66/EFE4	とり	
	鷧	1-94-71	7E67/EFE5	イ	
	鷣	2-94-41	7E49/FCC7	イン	
	鷴	2-94-42	7E4A/FCC8		1380
13	鸇	1-94-72	7E68/EFE6		1380
	𪈲	2-94-43	7E4B/FCC9	レイ	
	鸊	2-94-44	7E4C/FCCA		1380
	鸂	2-94-45	7E4D/FCCB	ケイ	
14	鸍	2-94-46	7E4E/FCCC		1380
16	鸕	1-94-73	7E69/EFE7		1380
17	鸙	2-94-47	7E4F/FCCD	ヤク	
18	鸜	2-94-48	7E50/FCCE	ク	
19	鸝	2-94-49	7E51/FCCF		1380

鹵 部

画数	字	面区点	JIS/SJIS	読み	頁
10	鹻	2-94-50	7E52/FCD0	カン	
13	鹼	1-94-74	7E6A/EFE8		1381

鹿 部

画数	字	面区点	JIS/SJIS	読み	頁
0	𢉖	2-94-51	7E53/FCD1		
2	麀	2-94-52	7E54/FCD2		1382
5	麅	2-94-53	7E55/FCD3	ホウ	
9	麛	2-94-54	7E56/FCD4		1382
11	麞	1-94-75	7E6B/EFE9		1382
22	麤	1-94-76	7E6C/EFEA		1381

麥(麦)部

画数	字	面区点	JIS/SJIS	読み	頁
4	麨	2-94-55	7E57/FCD5		1384
5	麬	1-94-77	7E6D/EFEB		1384
6	麯	1-94-78	7E6E/EFEC		1384
7	麳	2-94-56	7E58/FCD6	ライ	
8	麴	1-94-79	7E6F/EFED		1384
9	麵	1-94-80	7E70/EFEE		1384

麻部・黃部

画数	字	面区点	JIS/SJIS	読み	頁
3	麽	2-94-57	7E59/FCD7		1385
0	黃	1-94-81	7E71/EFEF		1385

黑(黒)部

画数	字	面区点	JIS/SJIS	読み	頁
0	黑	1-94-82	7E72/EFF0		1387
5	𪐗	2-94-58	7E5A/FCD8	ゲン	
6	黟	2-94-59	7E5B/FCD9	イ	
8	黨	2-94-60	7E5C/FCDA		1388
9	黮	2-94-61	7E5D/FCDB	タン	

黽 部

画数	字	面区点	JIS/SJIS	読み	頁
4	鼀	2-94-62	7E5E/FCDC		1390
5	鼂	2-94-63	7E5F/FCDD		1390
6	鼄	2-94-64	7E60/FCDE		1390
	鼃	2-94-65	7E61/FCDF		1390

鼎 部

画数	字	面区点	JIS/SJIS	読み	頁
2	鼐	1-94-83	7E73/EFF1		1391

鼓 部

画数	字	面区点	JIS/SJIS	読み	頁
6	鼗	2-94-66	7E62/FCE0		1392
8	鼙	2-94-67	7E63/FCE1		1392

鼠 部

画数	字	面区点	JIS/SJIS	読み	頁
7	鼯	2-94-68	7E64/FCE2		1393
10	鼹	1-94-84	7E74/EFF2	エン	
	鼷	2-94-69	7E65/FCE3		1393
15	鼺	2-94-70	7E66/FCE4	ルイ	

鼻(鼻)部

画数	字	面区点	JIS/SJIS	読み	頁
2	鼽	2-94-71	7E67/FCE5	キュウ	
5	齁	2-94-72	7E68/FCE6		1393
10	齅	2-94-73	7E69/FCE7		1394
	齆	2-94-74	7E6A/FCE8	オウ	

齒(歯)部

画数	字	面区点	JIS/SJIS	読み	頁
1	齓	2-94-75	7E6B/FCE9		1396
3	齕	2-94-76	7E6C/FCEA		1396
4	齗	1-94-85	7E75/EFF3		1396
	齘	2-94-77	7E6D/FCEB	カイ	
5	齟	2-94-78	7E6E/FCEC	ソ	
	齝	2-94-79	7E6F/FCED		1396
6	齧	2-94-80	7E70/FCEE	ゲツ・ケツ	
	齩	2-94-81	7E71/FCEF		1397
7	齬	2-94-82	7E72/FCF0	ゴ	
8	齭	2-94-83	7E73/FCF1		1397
	齰	2-94-84	7E74/FCF2		1397
9	齵	2-94-85	7E75/FCF3		1397

龍(竜)部

画数	字	面区点	JIS/SJIS	読み	頁
3	龐	1-94-86	7E76/EFF4		1399
6	龔	1-94-87	7E77/EFF5		1398
17	龗	1-94-88	7E78/EFF6		1399

龜部・龠部

画数	字	面区点	JIS/SJIS	読み	頁
4	𪚲	2-94-86	7E76/FCF4		
5	龢	1-94-89	7E79/EFF7		1400

現代漢語例解辞典〈第二版〉

別冊付録

目次

難読語集……2
同音類語集……24
四字熟語集……32
国字一覧……42
ＪＩＳ第三水準・第四水準漢字コード表……（横組み）〔1〕～〔44〕

難読語集

・「漢字能力検定」二級以上の読みの難しい言葉を集め、品詞・分野別に語を分けて、五十音順に掲出しました。
・人名用漢字には▽を、常用漢字表にない漢字には▼を、漢字の右肩に付けて区別しました。なお、その読みが常用漢字表にあるかどうかは示していません。

〔一般語彙〕

1 名詞

逢引・媾曳　あいびき
隘路　あいろ
灰汁　あく
胡坐・胡座　あぐら
綽名・渾名　あだな
斡旋　あっせん
軋轢　あつれき
海士・海女　あま
阿諛　あゆ
霰　あられ
行脚　あんぎゃ
安堵　あんど
塩梅・按排・按配　あんばい
許嫁・許婚　いいなずけ
経緯　いきさつ

幾何・幾許　いくばく
生贄・犠牲　いけにえ
諍い　いさかい
十六夜　いざよい
漁り火　いさりび
縊死　いし
委嘱　いしょく
悪戯　いたずら
一言居士　いちげんこじ
一揖　いちゆう
溢水　いっすい
暇・遑　いとま
田舎　いなか
囲繞　いにょう・いじょう
衣鉢　いはつ・えはつ
息吹・気吹　いぶき
諱　いみな
弥栄　いやさか
謂れ　いわれ
允許　いんきょ

嗽　うがい
有卦　うけ
右顧左眄　うこさべん
埋み火　うずみび
泡沫　うたかた
宴・讌　うたげ
転寝　うたたね
卯月　うづき
現し世　うつしよ
采女　うねめ
乳母　うば・おんば・めのと
産土・生土・産神　うぶすな
烏有　うゆう
末枯れ　うらがれ
盂蘭盆　うらぼん
閏年　うるうどし
譫言・囈言　うわごと
蘊蓄・薀蓄　うんちく
盈虚　えいきょ

曳航　えいこう
回向・廻向　えこう
干支　えと
厭悪　えんお
掩蓋　えんがい
偃月　えんげつ
冤罪　えんざい
掩蔽　えんぺい
閻魔　えんま
厭離穢土　えんりえど
花魁　おいらん
押捺　おうなつ
懊悩　おうのう
嗚咽　おえつ
仰せ　おおせ
大禍時　おおまがとき
大鋸屑　おがくず
女将・御上　おかみ
傍目八目・岡目八目　おかめはちもく
熾火・燠火　おきび
伯父・叔父　おじ
雄叫び・雄誥び　おたけび
遠近　おちこち
御伽話・御伽噺　おとぎばなし

乙女・少女　おとめ
囮・媒鳥　おとり
伯母・叔母　おば
女形・女方　おやま
颪　おろし
汚穢　おわい
乳母日傘　おんばひがさ・おんばひからかさ
陰陽師　おんみょうじ・おんようじ
快哉　かいさい
膾炙　かいしゃ
海嘯　かいしょう
開闢　かいびゃく
傀儡　かいらい・くぐつ
乖離　かいり
界隈　かいわい
瑕瑾・瑕釁　かきん
神楽　かぐら
陽炎　かげろう・かぎろい・ようえん
暈　かさ・うん
下賜　かし
河岸　かし・かがん
呵責・呵嘖　かしゃく

霞　かすみ
気質・形気・容気　かたぎ
固唾　かたず
割烹　かっぽう
刮目　かつもく
糧・粮　かて
寡聞　かぶん
鎌鼬　かまいたち
絡繰・機関　からくり
為替　かわせ
諫言　かんげん
鹹湖　かんこ
寒垢離　かんごり
灌頂　かんじょう
艱難　かんなん
旱魃　かんばつ
功夫　カンフー
麾下　きか
忌諱　きき・きい
稀覯本・希覯本　きこうぼん
樵・木樵　きこり
如月・更衣・衣更着　きさらぎ
旗幟　きし

毀損　きそん
危殆　きたい
忌憚　きたん
乞巧奠　きっこうでん・きこうでん
吉左右　きっそう
屹立　きつりつ
後朝・衣衣　きぬぎぬ
耆婆扁鵲　ぎばへんじゃく
驥尾　きび
肌理・木目　きめ
妓夫・牛　ぎゅう
鳩首　きゅうしゅ
急湍　きゅうたん
糾弾・糺弾　きゅうだん
仇敵　きゅうてき
僥倖　ぎょうこう
狭窄　きょうさく
矜恃・矜持　きょうじ・きんじ
形相　ぎょうそう
梟雄　きょうゆう
御璽　ぎょじ
羇旅・羈旅　きりょ
金子　きんす
琴線　きんせん

公達・君達　きんだち
姑娘　クーニャン
苦力　クーリー
久遠　くおん
公家・公卿　くげ
件・条　くだり
口伝　くでん
功徳　くどく
紅蓮　ぐれん
玄人　くろうと
薫陶　くんとう
謦咳・謦欬　けいがい
炯眼・烱眼　けいがん
慧眼　けいがん・えげん
頃日　けいじつ
傾城・契情　けいせい
啓蟄　けいちつ
啓蒙　けいもう
逆鱗　げきりん
下種・下衆・下司　げす
解脱　げだつ
蹶起　けっき
蹴鞠　けまり
外連　けれん
乾坤一擲　けんこんいってき
還俗　げんぞく

言質　げんち
後胤　こういん
勾引・拘引　こういん
膏雨　こうう
薨去　こうきょ
好好爺　こうこうや
嚆矢　こうし
好餌　こうじ
好事家　こうずか
膠着　こうちゃく
更迭　こうてつ
叩頭　こうとう
攪拌　こうはん・かくはん
降魔　ごうま
毫末　ごうまつ
凩・木枯らし　こがらし
穀潰し　ごくつぶし
虚仮　こけ
柿落とし　こけらおとし
股肱　ここう
扈従　こしょう・こじゅう
牛頭馬頭　ごずめず
姑息　こそく
木霊・木魂・谺　こだま

東風　こち
壺中　こちゅう
狐狗狸　こっくり
糊塗　こと
詞書　ことばがき
破落戸　ごろつき
蠱惑　こわく
強面・怖面　こわもて
勤行　ごんぎょう
献立　こんだて
困憊　こんぱい
催馬楽　さいばら
早少女・早乙女　さおとめ
魁　さきがけ
鑿井　さくせい
雑魚・雑喉　ざこ
漣・細波・小波　さざなみ
私語　ささめごと・さざめごと
細雪　ささめゆき
些事・瑣事　さじ
皐月・五月・早月　さつき
殺戮　さつりく

五月雨　さみだれ
早蕨　さわらび
慚愧・慙愧　ざんき
讒言　ざんげん
残滓　ざんし
暫時　ざんじ
蚕食　さんしょく
三番叟　さんばそう
三昧　さんまい
山麓　さんろく
弑逆　しいぎゃく・しぎゃく
潮騒　しおさい
斯界　しかい
柵・笧　しがらみ
弛緩　しかん
時宜　じぎ
嗜虐　しぎゃく
自彊　じきょう
時雨　しぐれ
時化　しけ
嗤笑　ししょう
指嗾・使嗾　しそう
膝下　しっか
叱咤・叱咜　しった
嫉妬　しっと

疾病　しっぺい
舐犢　しとく
老舗　しにせ・ろうほ
東雲　しののめ
飛沫・繁吹き　しぶき
蕊・蘂　しべ
風巻　しまき
標の内　しめのうち
嗄れ声　しゃがれごえ
酌量　しゃくりょう
奢侈　しゃし
惹起　じゃっき
煮沸　しゃふつ
砂利　じゃり
洒落　しゃれ
戎克　ジャンク
驟雨　しゅうう
衆寡　しゅうか
蒐集　しゅうしゅう
蹂躙・蹂躪　じゅうりん
収斂　しゅうれん
出穂　しゅっすい
出来　しゅったい
須臾　しゅゆ
遵守　じゅんしゅ
浚渫　しゅんせつ

馴致　じゅんち
鍾馗　しょうき
憧憬　しょうけい・どうけい
猖獗　しょうけつ
上梓　じょうし
招聘　しょうへい
慫慂　しょうよう
松籟　しょうらい
贖罪　しょくざい
書肆　しょし
不知火　しらぬい
素人　しろうと
仕業・為業　しわざ
師走　しわす
瞋恚・嗔恚　しんい・しんに
殿　しんがり
真贋　しんがん
鍼灸・針灸　しんきゅう
斟酌　しんしゃく
進捗・進陟　しんちょく
新発意・新発　しんぼち
誰何　すいか
炊爨　すいさん
垂涎　すいぜん

出納　すいとう
翠嵐　すいらん
趨勢　すうせい
遊び　すさび
昴　すばる
相撲・角力　すもう
掏摸・掏児　すり
所為　せい
棲息・栖息　せいそく
清穆　せいぼく
施餓鬼　せがき
碩学　せきがく
女衒　ぜげん
折衝　せっしょう
折衷・折中　せっちゅう
糶り・競り　せり
科白・台詞　せりふ
詮索　せんさく
穿鑿　せんさく
漸次　ぜんじ
蟬蛻　せんぜい
蠕動　ぜんどう
羨望　せんぼう
殲滅　せんめつ
戦慄　せんりつ
造詣　ぞうけい

操觚界　そうこかい
相殺　そうさい
騒擾　そうじょう
草莽　そうもう
惣領　そうりょう
遡及・溯及　そきゅう
仄聞・側聞　そくぶん
齟齬・鉏鋙　そご
咀嚼　そしゃく
岨道　そばみち
素封家　そほうか
杣道　そまみち
微風　そよかぜ
蹲踞・蹲居　そんきょ
忖度　そんたく
戴冠　たいかん
頽廃・退廃　たいはい
蛇蠍・蛇蝎　だかつ
高嶺・高根　たかね
托鉢　たくはつ
酣・闌　たけなわ
田毎の月　たごとのつき
黄昏　たそがれ
磔刑　たっけい
殺陣　たて
七夕・棚機・織女

たなばた
荼毘 だび
拿捕・拏捕 だほ
賜・賜物 たまもの
屯 たむろ
達磨 だるま
戯言 たわごと
端倪 たんげい
歎称・歎賞 たんしょう
耽溺・酖溺 たんでき
団欒 だんらん
智慧 ちえ
知己 ちき
稚児・児 ちご
知悉 ちしつ
魑魅魍魎 ちみもうりょう
紐帯 ちゅうたい
偸盗 ちゅうとう
駐屯 ちゅうとん
寵愛 ちょうあい
釣果 ちょうか
肇国 ちょうこく
彫塑 ちょうそ
打擲 ちょうちゃく
凋落 ちょうらく
跳梁 ちょうりょう

佇立 ちょりつ
椿事・珍事 ちんじ
闖入 ちんにゅう
朔日・一日・朔 ついたち
序で ついで
追儺 ついな
番い つがい
晦・晦日 つごもり
美人局 つつもたせ
九十九折・葛折 つづらおり
伝 つて
飛礫・礫 つぶて
旋風 つむじかぜ・せんぷう
梅雨・黴雨 つゆ・ばいう
氷柱 つらら
徒然 つれづれ
逓減 ていげん
為体 ていたらく
鼎談 ていだん
敵愾心 てきがいしん
木偶の坊 でくのぼう
跆拳道 テコンドー
手練・手足れ てだれ

剔抉 てっけつ
丁稚 でっち
点綴 てんてい・てんてつ
天稟 てんぴん
韜晦 とうかい
慟哭 どうこく
杜氏 とうじ
悼辞 とうじ
謄写 とうしゃ
蕩尽 とうじん
統帥 とうすい
掉尾 とうび
独擅場 どくせんじょう
蜷局・塒 とぐろ
髑髏 どくろ
訥弁 とつべん
賭博 とばく
左見右見 とみこうみ
頓挫 とんざ
綯い交ぜ ないまぜ
直会 なおらい
凪・和ぎ なぎ
亡骸 なきがら
渚・汀 なぎさ・みぎわ
仲人・媒人 なこうど

名残 なごり
雪崩 なだれ
生業・家業 なりわい
新嘗祭 にいなめさい・しんじょうさい
偽・贋 にせ
鰾膠・鮸膠 にべ
女犯 にょぼん
刃傷沙汰 にんじょうざた
幣 ぬさ・みてぐら・へい
微温湯 ぬるまゆ・ぬるゆ
禰宜 ねぎ
塒 ねぐら
猫糞 ねこばば
捏造 ねつぞう
涅槃 ねはん
野点 のだて
法・則・典・範・矩 のり
祝詞 のりと・しゅくし
狼煙・烽火 のろし
沛雨 はいう
南風 はえ
謀 はかりごと
博奕 ばくえき・ばくち

驀進 ばくしん
博打・博奕 ばくち
端境期 はざかいき
狭間・迫間・間 はざま
播種 はしゅ
斜交い はすかい
破綻 はたん
跋扈 ばっこ
抜擢 ばってき
波濤 はとう
咄・噺 はなし
英・花房 はなぶさ
餞・贐 はなむけ
疾風 はやて・しっぷう
流行り はやり
腹癒せ はらいせ
散銭 ばらせん
罵詈雑言 ばりぞうごん
盤踞・蟠踞 ばんきょ
半夏生 はんげしょう
万斛 ばんこく
反芻 はんすう
範疇 はんちゅう
般若 はんにゃ
頒布 はんぷ
氾濫 はんらん

凡例　はんれい
汎論・泛論　はんろん
贔屓・贔負　ひいき
比丘尼　びくに
彼此　ひし
襞　ひだ
鐚一文　びたいちもん
畢生　ひっせい
逼塞　ひっそく
人熱れ・人熅れ　ひといきれ
一廉・一角　ひとかど
一齣　ひとこま
為人　ひととなり
鄙　ひな
丙午　ひのえうま
皹　ひび
誹謗　ひぼう
弥縫　びほう
瀰漫・弥漫　びまん
罷免　ひめん
秘鑰　ひやく
謬見　びゅうけん
雹　ひょう
日和　ひより
糜爛　びらん

顰蹙　ひんしゅく
賓頭盧　びんずる
紊乱　びんらん・ぶんらん
吹聴　ふいちょう
風靡　ふうび
敷衍・布衍・敷延　ふえん
福音　ふくいん
輻輳・輻湊　ふくそう
普請　ふしん
斑・駁・駮　ぶち
釜中　ふちゅう
払暁　ふつぎょう
払拭　ふっしょく
吹雪・乱吹　ふぶき
侮蔑　ぶべつ
麓　ふもと
分水嶺　ぶんすいれい
睥睨・俾倪　へいげい
斃死　へいし
併呑　へいどん
袂別　べいべつ
劈頭　へきとう
霹靂　へきれき
瞥見　べっけん
編纂　へんさん

編輯　へんしゅう
返戻　へんれい
幇間　ほうかん・たいこもち
幇助　ほうじょ
放生会　ほうじょうえ
抛擲・放擲　ほうてき
冒瀆　ぼうとく
捧腹　ほうふく
褒貶　ほうへん
反故・反古　ほご
歩荷　ぼっか
布袋　ほてい
余熱・熱り　ほとぼり
輔弼・補弼　ほひつ
匍匐・蒲伏　ほふく
法螺　ほら
襤褸　ぼろ・らんる
煩悩　ぼんのう
翻弄　ほんろう
麻雀　マージャン
売僧　まいす
紛い物・擬い物　まがいもの
真風　まじ
斑　まだら

団居・円居　まどい
木乃伊　ミイラ
砌　みぎり
御籤・神籤　みくじ
三行半　みくだりはん
巫女・神子　みこ
身動ぎ　みじろぎ
微塵　みじん
不見転　みずてん
晦日・三十日　みそか
禊　みそぎ
霙　みぞれ
水無月　みなづき
土産　みやげ
弥勒　みろく
尨毛　むくげ
骸・軀　むくろ
無辜　むこ
睦月　むつき
霧笛　むてき
旨・宗　むね
謀反・謀叛　むほん
叢雨・群雨・村雨　むらさめ
鍍金・滅金　めっき
目処・目途　めど

眩暈・目眩　めまい
減張・乙張　めりはり
面子　メンツ
耄碌　もうろく
虎落笛　もがりぶえ
猛者　もさ
望月　もちづき
勿怪・物怪　もっけ
紅葉・黄葉　もみじ・こうよう
靄　もや
悶絶　もんぜつ
八百長　やおちょう
焼き鈍し　やきなまし
益体　やくたい
自棄　やけ
香具師・野師・野士・弥四　やし
流鏑馬　やぶさめ
鰥暮らし・鰥夫暮らし　やもめぐらし
揶揄・邪揄　やゆ
弥生　やよい
宥恕　ゆうじょ
遊説　ゆうぜい
尤物　ゆうぶつ

所以 ゆえん
所縁・縁 ゆかり
夢現 ゆめうつつ
容喙 ようかい
邀撃 ようげき
好み・誼み よしみ
寄席 よせ
世迷言 よまいごと
黄泉 よみ
四方山 よもやま
輿論 よろん
齢・歯 よわい
礼賛・礼讃 らいさん
落魄 らくはく・らくたく
濫觴 らんしょう
俚諺 りげん
掠奪・略奪 りゃくだつ
凌駕・陵駕 りょうが
領袖 りょうしゅう
稜線 りょうせん
虜囚 りょしゅう
悋気 りんき
鏤骨 るこつ
流謫 るたく・りゅうたく
憐憫・憐愍 れんびん・れんみん
籠城 ろうじょう
老頭児 ロートル
呂律 ろれつ
歪曲 わいきょく
賄賂 わいろ
若人 わこうど
轍 わだち

2 動詞

喘ぐ あえぐ
和える・韲える あえる
煽る あおる
呷る あおる
購う あがなう
贖う あがなう
崇める あがめる
倦ねる あぐねる
論う あげつらう
糾う あざなう
欺く あざむく
漁る あさる・すなどる
嘲笑う あざわらう
褪せる・浅せる あせる
誂える あつらえる
侮る あなどる
炙る・焙る あぶる
溢れる あふれる・こぼれる
肖る あやかる
殺める・危める あやめる
抗う・争う・諍う あらがう
検める あらためる
革める あらためる
顕れる あらわれる
慌てる・周章てる あわてる
謂う いう
埋ける いける
憩う・息う いこう
誘う いざなう・さそう
諫める いさめる
苛める・虐める いじめる
弄る いじる・いじくる
勤しむ いそしむ
悼む いたむ
凍て付く いてつく
厭う いとう
嘶く いななく
訝る いぶかる
燻す いぶす
縛める いましめる
淹れる いれる
窺う うかがう
穿つ・鑿つ うがつ
蠢く うごめく
疼く うずく
蹲る・踞る うずくまる
嘯く うそぶく
遷す うつす
俯く うつむく
魘される うなされる
項垂れる うなだれる
頷く・首肯く うなずく
自惚れる・己惚れる うぬぼれる
諾なう・宜なう・肯なう うべなう
倦む うむ
呻く うめく
怨む・憾む うらむ
羨む うらやむ
狼狽える うろたえる
彷徨く うろつく
抉る・刳る えぐる
覆う・被う・蔽う・蓋う・掩う おおう
熾す おこす
驕る・傲る おごる
奢る おごる
捺す おす
懼れる おそれる
煽てる おだてる
落魄れる・零落れる おちぶれる
仰る おっしゃる
戯ける おどける
貶める おとしめる
戦く・慄く おののく
誘き出す おびきだす
阿る おもねる
慮る おもんぱかる
支う かう
孵る かえる
肯んずる がえんずる
係う・拘う かかずらう
罹る かかる
縢る かがる
掻く かく

匿う・囲まう　かくまう
賭ける　かける
翔る　かける
陰る・翳る　かげる
託ける　かこつける
嵩む　かさむ
悴む　かじかむ
傾げる　かしげる
畏まる　かしこまる
傅く　かしずく
齧る　かじる
象る・模る　かたどる
騙る　かたる
拐かす・勾引かす　かどわかす
叶う　かなう
適う　かなう
敵う　かなう
庇う　かばう
気触れる　かぶれる
擤む　かむ
噛む・咬む・嚼む　かむ
絡げる・紮げる　からげる
躱す　かわす
鑑みる　かんがみる

兆す・萌す　きざす
軋む　きしむ
煌めく　きらめく
挫く　くじく
頽れる　くずおれる
擽る　くすぐる
草臥れる　くたびれる
口遊む　くちずさむ
覆る　くつがえる
寛ぐ　くつろぐ
縊る　くびる
括れる　くびれる
凹む・窪む　くぼむ
与する・組する　くみする
燻らす・薫らす　くゆらす
晦ます・暗ます　くらます
銜える・啣える・咥える　くわえる
穢す　けがす
貶す　けなす
毳立つ・毛羽立つ　けばだつ
閲する　けみする

希う・冀う・庶幾う　こいねがう
被る・蒙る　こうむる
凍える　こごえる
抉る　こじる・えぐる
拗れる　こじれる
漉す・濾す　こす
刮げる　こそげる
応える　こたえる・いらえる
寿ぐ・言祝ぐ　ことほぐ
熟す　こなす
零れる・翻れる・溢れる　こぼれる
凝る　こる・こごる・しこる
苛む・嘖む　さいなむ
囀る　さえずる
冴える・冱える　さえる
遡る・溯る・泝る　さかのぼる
蔑む・貶む　さげすむ
捧げる　ささげる
囁く・私語く　ささやく
流離う　さすらう
捌く　さばく

彷徨う　さまよう
褪める　さめる
浚う・渫う　さらう
攫う・掠う　さらう
晒す・曝す　さらす
誣いる　しいる
萎れる　しおれる
顰める　しかめる・ひそめる
扱く　しごく
凝る・痼る　しこる
認める　したためる
滴る・瀝る　したたる
設える　しつらえる
撓う　しなう
萎びる　しなびる
凌ぐ　しのぐ
瞬く・屡叩く　しばたたく
痺れる　しびれる
萎む・凋む　しぼむ
凍みる　しみる
沁みる・浸みる・滲みる　しみる
嗄れる　しゃがれる
噦り上げる　しゃくりあげる

決る・抉る・杓る・刳る　しゃくる
悄気る　しょげる
斥ける　しりぞける
饐える　すえる
賺す　すかす
眇める　すがめる
縋る　すがる
梳く　すく
漉く・抄く　すく
鋤く　すく
掬う・抄う　すくう
竦む　すくむ
箝げる・挿げる　すげる
荒む　すさむ
雪ぐ　すすぐ
濯ぐ・洒ぐ・滌ぐ・漱ぐ　すすぐ
煤ける　すすける
集く　すだく
廃れる・頽れる　すたれる
拗ねる　すねる
辷る　すべる
窄む　すぼむ・つぼむ

棲む・栖む　すむ
擦る・摩る・磨る・擂る　する
掏る　する
為る　する
摺る　する
急く　せく
塞く・堰く　せく
咳く　せく・しわぶく
逼る　せまる
鬩ぎ合う　せめぎあう
謗る・誹る・譏る　そしる
唆す・嗾す　そそのかす
峙つ・聳つ　そばだつ
欹てる　そばだてる
聳える　そびえる
諳んじる　そらんじる
逸れる　それる・はぐれる
昂る　たかぶる
滾る　たぎる
長ける・闌ける　たける
嗜む　たしなむ
窘める　たしなめる
扶ける・援ける　たすける
佐ける・輔ける・佑ける　たすける
訊ねる　たずねる
湛える　たたえる
叩く・敲く　たたく
質す　ただす
糺す　ただす
佇む　たたずむ
祟る　たたる
爛れる　ただれる
譬える・喩える　たとえる
恃む・憑む　たのむ
誑かす　たぶらかす
魂消る　たまげる
騙す　だます
躊躇う　ためらう
矯める・揉める・撓める　ためる
揺蕩う　たゆたう
誑し込む　たらしこむ
戯ける　たわける
撓む　たわむ
契る　ちぎる
因む　ちなむ
禿びる　ちびる
鏤める　ちりばめる

潰える　ついえる
啄む　ついばむ
閊える　つかえる
司る・掌る　つかさどる
掴む・攫む　つかむ
搗く・舂く　つく
噤む・鉗む　つぐむ
培う　つちかう
約める　つづめる
綴る　つづる
繋ぐ　つなぐ
瞑る　つぶる・つむる
躓く　つまずく
紡ぐ　つむぐ
列なる　つらなる
攣る　つる
交尾む・遊牝む　つるむ
劈く・擘く　つんざく
手懐ける　てなずける
衒う　てらう
梳かす　とかす
咎める　とがめる
尖る　とがる
鎖す　とざす・さす
轟く　とどろく
恍ける・惚ける　とぼける
弔う　とむらう
響く　どよめく
響もす　どよもす
蕩ける・盪ける　とろける
薙ぎ倒す　なぎたおす
擲つ・抛つ　なげうつ
馴染む　なじむ
詰る　なじる
準える・准える・擬える　なぞらえる
宥める　なだめる
撫でる　なでる
靡く　なびく
嬲る　なぶる
訛る　なまる
鞣す　なめす
嘗める・舐める　なめる
均す・平す　ならす
垂んとする　なんなんとする
滲む　にじむ
躙り寄る・躪り寄る　にじりよる
睨む　にらむ

泥濘む　ぬかるむ
抽んでる・擢んでる　ぬきんでる
濡れる　ぬれる
労う・犒う　ねぎらう
捩る・捻る・拗る　ねじる
妬む・嫉む　ねたむ・そねむ
強請る　ねだる・ゆする
睨める　ねめる
邌り歩く　ねりあるく
煉る・錬る　ねる
仰け反る　のけぞる
覗く・覘く・窺く　のぞく
則る・法る　のっとる
罵る　ののしる
逆上せる　のぼせる
惚気る　のろける
這い蹲う　はいつくばう
捗る・果取る　はかどる
謀る　はかる・たばかる
佩く・帯く　はく
育む　はぐくむ
禿げる　はげる
燥ぐ　はしゃぐ
爆ぜる・罅ぜる　はぜる

刎ねる　はねる
憚る　はばかる
羽搏く・羽撃く　はばたく
阻む・沮む　はばむ
蔓延る　はびこる
嵌まる・塡まる　はまる
囃す　はやす
孕む・妊む　はらむ
霽れる　はれる
僻む　ひがむ
鬻ぐ・販ぐ　ひさぐ
跪く　ひざまずく
拉ぐ　ひしぐ
犇めく　ひしめく
顰める・嚬める　ひそめる
直走る　ひたはしる
浸る・漬る　ひたる
捻る・拈る・撚る　ひねる
繙く・紐解く　ひもとく
素見す　ひやかす
披く・展く　ひらく
怯む　ひるむ
耽る　ふける
塞ぐ・鬱ぐ　ふさぐ

巫山戯る　ふざける
諂う・諛う　へつらう
謙る・遜る　へりくだる
放る・抛る　ほうる
暈す　ぼかす
北叟笑む　ほくそえむ
惚ける・暈ける　ぼける
綻びる　ほころびる
穿る　ほじる・ほじくる
絆される　ほだされる
解れる　ほつれる
火照る・熱る　ほてる
迸る　ほとばしる
微笑む・頰笑む　ほほえむ
罷る　まかる
捲る　まくる・めくる
跨ぐ　またぐ
纏わる　まつわる
纏う　まとう
纏める　まとめる
微睡む　まどろむ
塗す　まぶす
漲る　みなぎる
瞠る　みはる
浮腫む　むくむ

貪る　むさぼる
毟る・挘る　むしる
掬ぶ　むすぶ
噎ぶ・咽ぶ　むせぶ
萌む　めぐむ
目眩く　めくるめく
娶る　めとる
萌える　もえる
踠く・藻搔く　もがく
捥ぐ　もぐ
悶える　もだえる
擡げる　もたげる
齎す　もたらす
凭れる・靠れる　もたれる
縺れる　もつれる
弄ぶ・玩ぶ・翫ぶ　もてあそぶ
悖る・戻る　もとる
揉む　もむ
舫う　もやう
俏す・窶す　やつす
窶れる　やつれる
委ねる　ゆだねる
赦す　ゆるす
拗じる　よじる

捩る　よじる・ねじる
弥立つ　よだつ
淀む・澱む　よどむ
蘇る・甦る　よみがえる
嘉する・善みする　よみする
蹌踉めく・蹣跚めく　よろめく
弁える・辨える　わきまえる
湧く・涌く　わく
煩う・患う　わずらう
蟠る　わだかまる
渉る・亘る　わたる
戦慄く　わななく
詫びる　わびる
喚く・叫く　わめく
悪怯れる　わるびれる

3　形容詞・形容動詞・副詞など

嗚呼・噫　ああ
生憎　あいにく
曖昧　あいまい
敢えて　あえて

齷齪・偓促　あくせく・あくさく
阿漕　あこぎ
徒疎か　あだおろそか
恰も・宛も　あたかも
婀娜っぽい　あだっぽい
可惜・惜　あたら
篤い　あつい
適・天晴れ　あっぱれ
艶やか　あでやか・つややか
強ち　あながち
豈　あに
数多　あまた
剰え　あまつさえ
遍く・普く　あまねく
予め　あらかじめ
灼たか　あらたか
安穏　あんのん
雖も　いえども
如何　いかが・いかん・どう
如何に　いかに
厳めしい　いかめしい
寝穢い　いぎたない
些か・聊か　いささか

安んぞ・焉んぞ　いずくんぞ
何れ・孰れ　いずれ
幼気　いたいけ
甚く　いたく
徒　いたずら
労しい　いたわしい
稚い・幼い　いとけない
愛しい　いとしい・かなしい
歪　いびつ
弥が上に　いやがうえに
賤しい　いやしい
苟も　いやしくも
愈・愈々　いよいよ
苛苛　いらいら
所謂　いわゆる
況や　いわんや
慇懃　いんぎん
因循　いんじゅん
愛い　うい
胡散臭い　うさんくさい
堆い　うずたかい
転　うたた
鬱陶しい　うっとうしい
鬱勃　うつぼつ

疎い　うとい
恭しい　うやうやしい
有耶無耶　うやむや
心寂しい・心淋しい　うらさびしい
羨ましい　うらやましい
麗らか　うららか
五月蝿い・煩い　うるさい
麗しい・美しい　うるわしい
胡乱　うろん
蘞い・醶い　えぐい
似非・似而非　えせ
鷹揚　おうよう
大仰・大形　おおぎょう
概ね・大旨　おおむね
大様　おおよう
大童　おおわらわ
可笑しい　おかしい
烏滸がましい・痴がましい・尾籠がましい　おこがましい
悍ましい　おぞましい
億劫　おっくう
夥しい　おびただしい

思しい・覚しい　おぼしい
覚束無い　おぼつかない
朧　おぼろ
面映ゆい　おもはゆい
徐に　おもむろに
凡そ　およそ
魁偉　かいい
晦渋　かいじゅう
赫奕　かくえき・かくやく
斯くして　かくして
矍鑠　かくしゃく
愕然　がくぜん
芳しい・香しい・馨しい　かぐわしい・かんばしい
畏くも　かしこくも
囂しい・姦しい・喧しい　かしましい
微か・幽か　かすか
頑な　かたくな
忝い・辱い　かたじけない
且つ　かつ
曾て・嘗て　かつて
予予・兼ね兼ね　かねがね

囂しい・喧しい　かまびすしい・かしましい
鹹い　からい
仮初め・苟且　かりそめ
侃侃諤諤　かんかんがくがく
莞爾　かんじ
奇矯　ききょう
気障　きざ
気忙しい　きぜわしい
毅然　きぜん
鞠躬如　きっきゅうじょ
詰屈・佶屈　きっくつ
奇天烈　きてれつ
華奢・花車　きゃしゃ
急遽　きゅうきょ
強靭　きょうじん
際疾い　きわどい
奇しくも　くしくも
究竟　くっきょう・くきょう・きゅうきょう
隈無く　くまなく
昏い・冥い・闇い　くらい
敬虔　けいけん
希有・稀有　けう

怪訝　けげん
蓋し　けだし
気怠い　けだるい
健気　けなげ
狷介　けんかい
喧喧囂囂　けんけんごうごう
嶮岨　けんそ
剣呑・険難　けんのん
絢爛　けんらん
傲慢　ごうまん
小賢しい　こざかしい
姑息　こそく
挙って　こぞって
忽然　こつぜん
悉く・尽く　ことごとく
交・交々　こもごも
犀利　さいり
嘖嘖　さくさく
細やか　ささやか・こまやか
流石・遉　さすが
嘸　さぞ
颯爽　さっそう
雑駁　ざっぱく
聡い・敏い・慧い　さとい
宛ら　さながら

明か・清か　さやか
然り気無い　さりげない
燦燦・粲粲　さんさん
確と・聢と　しかと
然も・而も　しかも
頻り　しきり
忸怩　じくじ
孜孜　しし
強か・健か　したたか
悉皆　しっかい
確り・聢り　しっかり
昵懇　じっこん
屡・屡々　しばしば
暫く・姑く・須臾　しばらく
綽綽　しゃくしゃく
洒落臭い　しゃらくさい
瀟洒・瀟灑　しょうしゃ
嫋嫋・裊裊　じょうじょう
悄然　しょうぜん
悚然・竦然　しょうぜん
聳然　しょうぜん
従容・縦容　しょうよう
熾烈　しれつ
真摯　しんし
参差　しんし

津津　しんしん
清清しい　すがすがしい
頗る　すこぶる
凄まじい　すさまじい
杜撰　ずさん
寸寸　ずたずた
須く　すべからく
全て・総て・凡て　すべて
狡い　ずるい・こすい
脆弱　ぜいじゃく
凄絶　せいぜつ
漸次　ぜんじ
爽快　そうかい
荘厳　そうごん・しょうごん
漫ろ　そぞろ・すずろ
逞しい　たくましい
但し　ただし
直ちに　ただちに
忽ち　たちまち
仮令・縦令・縦い　たとい
偶・偶々・適・適々　たまたま
容易い　たやすい
弛み無い　たゆみない
撓　たわわ

稠密　ちゅうみつ
暢達　ちょうたつ
直截　ちょくせつ・ちょくさい
一寸・鳥渡　ちょっと
終に・遂に・竟に　ついに
拙い　つたない
夙に　つとに
具に・備に・悉に　つぶさに
円ら　つぶら
倹しい・約しい　つましい
詳らか・審らか　つまびらか
熟・熟々・倩　つらつら
覿面　てきめん
恬淡・恬澹　てんたん
纏綿　てんめん
獰猛　どうもう
咄嗟　とっさ
迚も　とても
頓に　とみに
貪婪　どんらん
蔑ろ　ないがしろ
乃至　ないし

等閑　なおざり・とうかん
乍ら　ながら
就中　なかんずく
並べて　なべて
腥い　なまぐさい
憖っか　なまじっか
生半・生中　なまなか
艶めかしい　なまめかしい
二進も三進も　にっちもさっちも
俄　にわか
懇ろ　ねんごろ
長閑　のどか
暢気・呑気・暖気　のんき
儚い・果敢無い・果無い　はかない
許り　ばかり
白皙　はくせき
将又　はたまた
遥か　はるか
煩瑣　はんさ
緊と・犇と　ひしと
密か・窃か・私か　ひそか
只管・一向　ひたすら
畢竟・必竟　ひっきょう

吃驚・喫驚　びっくり・きっきょう
酷い・非道い　ひどい
偏に　ひとえに
一齣　ひとこま・ひとくさり
一入　ひとしお
剽軽　ひょうきん
尾籠　びろう
敏捷　びんしょう
馥郁　ふくいく
蕪雑　ぶざつ
相応しい　ふさわしい
不束　ふつつか
太太しい　ふてぶてしい
箆棒　べらぼう
偏頗　へんぱ
辺鄙　へんぴ
呆然　ぼうぜん
茫然　ぼうぜん
惘然　ぼうぜん
滂沱　ぼうだ
厖大・尨大　ぼうだい
髣髴・彷彿　ほうふつ
恣・縦・擅　ほしいまま
殆ど・幾ど　ほとんど

仄か・側か　ほのか
奔放　ほんぽう
禍禍しい　まがまがしい
況して・増して　まして
不味い　まずい
亦・復　また
驀地　まっしぐら・ばくち
目映い・眩い　まばゆい
疎ら・疏ら　まばら
眩しい　まぶしい
忠実・実　まめ
瑞瑞しい　みずみずしい
淫ら・猥ら　みだら
乱り・妄り・猥り・濫り・漫り　みだり
惨い・酷い　むごい
寧ろ　むしろ
蒙昧　もうまい
没義道・無義道　もぎどう
若し　もし
尤も　もっとも
専ら　もっぱら
物憂い・懶い　ものうい
脆い　もろい

軈て・頓て　やがて
吝か　やぶさか
疚しい・疾しい　やましい
稍・漸　やや
動もすれば　ややもすれば
優渥　ゆうあく
幽邃　ゆうすい
努努・努力努力　ゆめゆめ
忽せ　ゆるがせ
妖艶・妖婉　ようえん
杳として　ようとして
漸く　ようやく
縦しんば　よしんば
拠無い・拠所無い　よんどころない
磊落　らいらく
懶惰・嬾惰　らんだ
流暢　りゅうちょう
凜凜しい・律律しい　りりしい
吝嗇　りんしょく・けち
羸弱　るいじゃく
玲瓏　れいろう
陋劣　ろうれつ

陸でもない・碌でもない　ろくでもない
猥褻　わいせつ
態と　わざと
侘しい　わびしい

〔生活語彙〕

1　飲食物

羹　あつもの
洗膾・洗魚　あらい
海参・熬海鼠　いりこ
外郎　ういろう
烏竜茶　ウーロンちゃ
饂飩　うどん
粳　うる・うるち
鱁鮧・潤香　うるか
雪花菜　おから・きらず
粔籹・興　おこし
御強　おこわ
御味御汁　おみおつけ
御神酒　おみき
黄鶏　かしわ
蒲鉾　かまぼこ
粥　かゆ

鱲子　からすみ
梘水　かんすい
干瓢・乾瓢　かんぴょう
雁擬き　がんもどき
棊子麺・碁子麺　きしめん
黄粉　きなこ
黍餅　きびもち
求肥・牛皮　ぎゅうひ
餃子　ギョーザ
金鍔・金鐔　きんつば
金団　きんとん
葛餅　くずもち
栗鹿の子　くりかのこ
巻繊汁　けんちんじる
豆汁・豆油　ご
鯉濃　こいこく
麴・糀　こうじ
胡椒　こしょう
海鼠腸　このわた
鱓　ごまめ
蒟蒻・菎蒻　こんにゃく
搾菜・榨菜　ザーサイ
白湯・素湯　さゆ
粗目　ざらめ
卓袱　しっぽく

焼売　シューマイ
芋茎・芋苗　ずいき
水団　すいとん
鋤焼　すきやき
鯣　するめ
善哉　ぜんざい
煎餅　せんべい
索麺・素麺　そうめん
蕎麦　そば
沢庵　たくあん・たくわん
伊達巻　だてまき
湯麺　タンメン
粽・茅巻　ちまき
叉焼　チャーシュー
佃煮　つくだに
摘入・抓入　つみれ
田麩　でんぶ
天麩羅　テンプラ
心太・瓊脂　ところてん
銅鑼焼　どらやき
膾・鱠　なます
熟れ鮨　なれずし
苦汁・滷汁　にがり
煮凝り・煮凍り　にこごり

煮麺▼・入麺▼ にゅうめん
糠▼ ぬか
饅▼ ぬた
葱▼鮪▼ ねぎま
能平汁・濃餅汁 のっぺいじる
白乾児 パイカル
包子 パオズ
半平・半片 はんぺん
皮蛋▼ ピータン
米粉 ビーフン
饅▼頭 まんじゅう
明太子 めんたいこ
最中 もなか
醪▼・諸味 もろみ
飲茶 ヤムチャ
熊▽掌 ゆうしょう
柚▽餅子 ゆべし
羊羹▼ ようかん
老麺▼・拉▼麺▼ ラーメン
辣▼油 ラーユ
老酒 ラオチュー
雲呑▼・饂▼飩▼ ワンタン

2 衣服・履き物など

間服 あいふく
袷▼ あわせ
裲▼襠▼ うちかけ
烏帽子 えぼし
衽▼・衿▼ おくみ
甲斐▽絹・海気・海黄 かいき
絣▼・飛白 かすり
帷子 かたびら
合羽 カッパ
鉄漿▼ かね・おはぐろ
裃▼・上下 かみしも
簪▼ かんざし
樏▼・橇▼・欙▼ かんじき
脚絆・脚半 きゃはん
金襴▼緞▼子 きんらんどんす
袈▽裟▽ けさ
笄▼ こうがい
籠手・小手 こて
鞐▼・小鉤▼ こはぜ
作務衣 さむえ
猿股 さるまた
繻▼子・朱子 しゅす
襦▼袢▼ ジュバン
白無垢▼ しろむく
生絹 すずし
雪駄・雪踏 せった
草履 ぞうり
襷▼・手繦▼ たすき
足袋・単皮 たび
袂▼ たもと
赤古里・襦▼ チョゴリ
縮緬▼ ちりめん
褄▼ つま
紬▽ つむぎ
褞▼袍▼・縕▼袍▼ どてら
法被・半被 はっぴ
半纏▼・半天・袢▼纏▼ はんてん
単・単衣・一重 ひとえ
褌▼・犢▼鼻褌▼ ふんどし
兵児帯 へこおび
木履 ぽっくり・ぼくり
蓑▼・簑▼ みの
襁▼褓▼ むつき
紅絹・紅 もみ
木綿 もめん
股▼引 ももひき
浴衣 ゆかた
綸▽子・綾▽子 りんず
藁▼沓▼ わらぐつ
草鞋▼ わらじ

3 住居・建造物

四阿▽・東屋・阿舎▽ あずまや
校倉造 あぜくらづくり
庵・廬▼・菴▼ いおり・いお
生籬▼ いけがき
碑▼・石文 いしぶみ
甍▼ いらか
梲▼・卯▽建 うだつ
廏▼ うまや
堰▼堤 えんてい
母屋・母家 おもや
温突 オンドル
筧▼・懸樋▼ かけひ・かけい
冠木門 かぶきもん
框▼ かまち
竈▼ かまど
茅▽葺▼・萱▼葺 かやぶき
厠▼・圊▼ かわや
閂▼・貫木 かんぬき
階・段階 きざはし
庫裏・庫裡▼ くり
厨▼ くりや
勾欄▼・高欄 こうらん
桟敷 さじき
枝折戸・柴▼折戸 しおりど
蔀▼ しとみ
芝生 しばふ
仕舞家 しもたや
絨▼毯▼・絨▼緞▼ じゅうたん
城塞・城砦▼ じょうさい
隧▼道 すいどう・ずいどう
数寄屋・数奇屋 すきや
簾▼ すだれ
雪隠 せっちん
前栽 せんざい
三和土 たたき
塔頭・塔中 たっちゅう
手水場 ちょうずば
築地塀 ついじべい
築山 つきやま
砦▼・塁・寨▼ とりで
長押 なげし
納戸 なんど
暖簾▼ のれん
旅籠▼屋 はたごや
破風・搏▼風 はふ
庇▼・廂▼ ひさし
廟▼堂 びょうどう

檜皮葺　ひわだぶき
襖　ふすま
壁龕　へきがん
茅屋　ぼうおく
祠・叢祠　ほこら
堀・壕・濠　ほり
籬垣　ませがき
御簾　みす
御手洗　みたらし
櫓　やぐら
葦簀・葭簀　よしず
煉瓦　れんが
櫺子窓・連子窓　れんじまど
陸屋根　ろくやね
藁葺　わらぶき

4　道具

匕首　あいくち
鐙　あぶみ
行火　あんか
行灯　あんどん
筏・桴　いかだ
衣桁　いこう
浮子・泛子　うき
団扇　うちわ
笈　おい
折敷　おしき
御虎子・御丸　おまる
温石　おんじゃく
梅花皮・鰄　かいらぎ
案山子・鹿驚　かかし
駕籠　かご
鎹　かすがい
鼎　かなえ
曲尺・矩尺　かねじゃく
兜・甲・冑　かぶと
叺　かます
剃刀　かみそり
甕・瓶　かめ
蚊帳・蚊屋 かや
鉋　かんな
徽章　きしょう
煙管　キセル
砧・碪　きぬた
脚立・脚榻　きゃたつ
脇息　きょうそく
軛・頸木・衡　くびき
甑　こしき
炬燵・火燵　こたつ
独楽　こま
米櫃　こめびつ
薦・菰　こも
紙縒・紙撚・紙捻　こより
賽子・骰子　さいころ
竿・棹　さお
簓　ささら
鞘　さや
笊　ざる
栞・枝折　しおり
竹刀　しない
溲瓶・尿瓶　しびん
注連縄・標縄・七五三縄　しめなわ
錫杖　しゃくじょう
三味線　しゃみせん
杓文字　しゃもじ
数珠　じゅず
漏斗　じょうご・ろうと
如雨露　じょうろ
鋤・犂　すき
双六・双陸　すごろく
頭陀袋　ずだぶくろ
簾　すだれ
簀の子　すのこ
擂粉木・摺粉木　すりこぎ
筮竹　ぜいちく
蒸籠　せいろう
卒塔婆・率塔婆・卒都婆　そとば
橇　そり
算盤・十露盤　そろばん
松明・炬　たいまつ
箍・𥶡　たが
鏨・鑽　たがね
凧・紙凧　たこ
山車・花車　だし
踏鞴・蹈鞴　たたら
太刀・大刀　たち
炭団　たどん
盥　たらい
束子　たわし
箪笥　たんす
卓袱台　ちゃぶだい
提灯　ちょうちん
蝶番　ちょうつがい
手斧・釿　ちょうな
猪口　ちょこ・ちょく
塵取り　ちりとり
堆朱　ついしゅ
葛籠・葛　つづら
鍔・鐔　つば
鶴嘴　つるはし
釣瓶　つるべ
天蚕糸　てぐす
梃子・梃　てこ
伝馬船　てんません
投網　とあみ
薙刀・長刀・眉尖刀　なぎなた
鉈　なた
鞣革　なめしがわ
螺子・捻子・捩子・螺旋　ねじ
熨斗・熨　のし
幟　のぼり
鑿　のみ
蠅帳　はいちょう
延縄　はえなわ
刷毛・刷子　はけ・ブラシ
稲架　はさ
艀　はしけ
梯子・梯・階子　はしご
抽斗　ひきだし
魚籠・魚籃　びく
瓠・匏・瓢　ひさご
柄杓・杓　ひしゃく
篳篥　ひちりき

柩・棺　ひつぎ
屏風　びょうぶ
鞴・鞲・吹子・吹革　ふいご
文箱・文筥　ふばこ
鞦韆　ぶらんこ・しゅうせん
篩　ふるい
鼈甲　べっこう
篦　へら
箒・帚　ほうき
焙烙・炮烙　ほうろく
鉾・戈・矛・鋒・戟　ほこ
幌　ほろ
母衣　ほろ
雪洞　ぼんぼり
鉞　まさかり
枡・升・桝・斗　ます
俎板・俎　まないた
澪標　みおつくし
神輿・御輿　みこし
眼鏡　めがね
畚　もっこ
銛　もり
薬缶・薬罐　やかん
鑢　やすり

八咫鏡　やたのかがみ
簗・梁　やな
槍・鑓・鎗　やり
湯湯婆　ゆたんぽ
鎧・甲　よろい
喇叭　らっぱ
坩堝　るつぼ
蠟燭　ろうそく
轆轤　ろくろ
藁　わら
破籠・破子・樏　わりご

5　身体・病気など

皹・皸　あかぎれ
欠伸・欠　あくび
顎・頤・腭　あご
汗疹　あせも
痘痕　あばた・いも
毬栗頭　いがぐりあたま
猪首　いくび
鼾　いびき
疣　いぼ
刺青・文身　いれずみ
齲歯　うし・くし
項　うなじ

瓜実顔　うりざねがお
腋窩　えきか
靨　えくぼ
壊疽　えそ
胞衣　えな
鰓・腮・顋　えら
御髪　おぐし
噯・噯気　おくび
瘀血　おけつ
瘧　おこり
頤　おとがい
腕・肱　かいな
踵　かかと・きびす・くびす
霍乱　かくらん
瘡蓋・痂　かさぶた
翳み目　かすみめ
脚気　かっけ
髢・髪文字　かもじ
嚔　くしゃみ・くさめ
踝　くるぶし
拳骨　げんこつ
帯下・腰気　こしけ
骨粗鬆症　こつそしょうしょう
拳　こぶし

腓返り　こむらがえり
顳顬・蟀谷　こめかみ
月代　さかやき
吃逆・噦り　しゃっくり
白髪　しらが
痔瘻　じろう
蕁麻疹　じんましん
臑・脛　すね
臍下丹田　せいかたんでん
喘息　ぜんそく
痩軀　そうく
双眸　そうぼう
底翳・内障　そこひ
雀斑・蕎麦滓　そばかす
胼胝・胝　たこ
髱・髩　たぼ
丁髷　ちょんまげ
身柱・天柱　ちりけ
旋毛　つむじ・せんもう
悪阻　つわり・おそ
瞳孔　どうこう
面皰　にきび・めんぽう
盗汗　ねあせ・とうかん
捻挫　ねんざ
禿頭　はげあたま・とくとう

麻疹・痲疹　はしか
疥・乾瘡　はたけ
跣・裸足・跣足　はだし
鼻茸　はなたけ
腸　はらわた
膕　ひかがみ
髭・髯・鬚　ひげ
膝　ひざ
肘・肱・臂　ひじ
美髯　びぜん
飛蚊症　ひぶんしょう
瘭疽　ひょうそ
鬢　びん
脹ら脛・膨ら脛　ふくらはぎ
雲脂・頭垢　ふけ
臍　へそ
黒子　ほくろ・こくし
股座・胯座　またぐら
睫・睫毛　まつげ
眦・眥　まなじり
瞼・目蓋　まぶた
肉刺　まめ
鳩尾　みぞおち
味蕾　みらい
虫唾・虫酸　むしず

目脂　めやに
髻　もとどり・たぶさ
火傷　やけど
疣贅　ゆうぜい
螺髪　らほつ
腋臭・狐臭・胡臭　わきが

〔動植物名〕

1 哺乳類・爬虫類など

海豹　あざらし・かいひょう
海驢・葦鹿　あしか
蟻食・食蟻獣　ありくい
鼬・鼬鼠　いたち
井守・蠑螈　いもり
海豚　いるか
蟒蛇　うわばみ
膃肭臍　おっとせい
河童　かっぱ
河馬　かば
蝦蟇・蝦蟆・蟇　がま
氈鹿・羚羊　かもしか
鴨嘴　かものはし
獺・川獺　かわうそ
麒麟　きりん
蝙蝠　こうもり
麝香鹿　じゃこうじか
鯱　しゃち
儒艮　じゅごん
猩猩　しょうじょう
鼈・泥鼈　すっぽん
砂滑　すなめり
海象・海馬　せいうち
瑇瑁・玳瑁　たいまい
狸・貍　たぬき
狆　ちん
貂・黄鼬　てん
蜥蜴・蝘蜓・石竜子　とかげ
海馬・胡獱　とど
馴鹿　となかい
樹懶　なまけもの
貘・獏　ばく
飯匙倩・波布　はぶ
海狸　ビーバー
蟾蜍・蟇蛙　ひきがえる
羆　ひぐま
狒狒　ひひ
猯・貒　まみ
蝮　まむし
鼯鼠　むささび・ももんが
狢・貉　むじな
土竜・鼹鼠　もぐら
山羊・野羊　やぎ
赤楝蛇・山楝蛇　やまかがし
山鼠・冬眠鼠　やまね
家守・守宮　やもり
駱駝　らくだ
猟虎・海獺・獺虎　らっこ
騾馬　らば
栗鼠　りす
驢馬　ろば

2 鳥類

赤翡翠　あかしょうびん
花鶏・獦子鳥　あとり
家鴨・鶩　あひる
信天翁・阿房鳥　あほうどり
斑鳩・鵤　いかる
交喙・鶍　いすか
鸚哥・音呼　いんこ
鵜　う
鶯・春告鳥　うぐいす
鶉　うずら
鷽　うそ
善知鳥　うとう
鸚鵡　おうむ
鴛鴦　おしどり・えんおう
鸊鷉　かいつぶり・かいつむり
鵲　かささぎ
鵞鳥・鵝鳥　がちょう
郭公　かっこう
金糸雀　カナリア
鴨・鳧　かも
鴉・烏　からす
翡翠・川蟬　かわせみ
雉子・雉　きじ
啄木鳥　きつつき・けら
水鶏・秧鶏　くいな
孔雀　くじゃく
鳧・計里　けり
鸛　こうのとり
小雀　こがら
木の葉木菟　このはずく
鷺　さぎ
鴫・鷸　しぎ
四十雀　しじゅうから
鷓鴣　しゃこ
軍鶏・鶤鶏　シャモ
十姉妹　じゅうしまつ
鶺鴒　せきれい
駝鳥　だちょう
矮鶏　チャボ
鶫　つぐみ
朱鷺・鴇・鵇・鴾・桃花鳥　とき
鳶・鵄・鴟　とび
鵺・鵼　ぬえ
雲雀・告天子　ひばり
鵯　ひよどり
鶸　ひわ
梟　ふくろう
頬白・黄道眉・画眉鳥　ほおじろ
不如帰・時鳥・子規・杜鵑・郭公・杜宇・蜀魂　ほととぎす
鶚・雎鳩　みさご
鷦鷯　みそさざい
木菟・角鴟・鴟鵂　みみずく

椋鳥　むくどり
百舌・鵙・百舌鳥　もず
夜鷹・蚊母鳥・怪鴟　よたか
瑠璃鳥　るりちょう

3 魚介類

鮎魚女・鮎並　あいなめ
浅蜊　あさり
鯵　あじ
穴子　あなご
醤蝦　あみ
雨虎・雨降　あめふらし
香魚・鮎・年魚　あゆ
鮑・鰒・石決明　あわび
鮟鱇　あんこう
烏賊　いか
貽貝　いがい
玉筋魚・鮊子　いかなご
鶏魚・伊佐木　いさき
石首魚・石持　いしもち
磯巾着・菟葵　いそぎんちゃく
伊富魚　いとう
糸魚　いとよ・いとうお
鰯・鰛　いわし
岩魚・嘉魚　いわな
鯎・鯏・石斑魚　うぐい
鱓　うつぼ
鰻　うなぎ
海胆・海栗・雲丹　うに
潤目鰯　うるめいわし
鱝・鱏・海鷂魚　えい
狗母魚・鱛　えそ
海老・蝦　えび
鰧・虎魚　おこぜ
大鮃　おひょう
牡蠣　かき
鰍・杜父魚　かじか
旗魚・梶木　かじき
鰹・堅魚・松魚　かつお
金頭・火頭　かながしら
蟹　かに
魳・魣・梭魚・梭子魚　かます
鰈　かれい
細螺　きさご
鱚　きす
黍魚子・吉備奈仔　きびなご
金海鼠　きんこ
銀宝　ぎんぽ
九絵　くえ
水母・海月　くらげ
小女子　こうなご
鯒・鮲・牛尾魚　こち
鮗・鰶　このしろ
小鰭　こはだ
氷下魚・氷魚　こまい
鮴・石伏魚　ごり
鮭・鮏　さけ
栄螺・拳螺　さざえ
拶双魚・鯯　さっぱ
鯖・青花魚　さば
鮫　さめ
蝲蛄　ざりがに
針魚・細魚・鱵　さより
鰆　さわら
珊瑚　さんご
秋刀魚　さんま
鱰・鱪・鬼頭魚　しいら
望潮・潮招　しおまねき
蜆　しじみ
柳葉魚　ししゃも
蝦蛄・青竜蝦　しゃこ
介党鱈・鯳　すけとうだら
鱸　すずき
鯛　たい
章魚・蛸・鮹　たこ
鱮　たなご
田螺　たにし
鱈・大口魚　たら
鱈場蟹・多羅波蟹　たらばがに
茅渟　ちぬ
泥鰌・鰌　どじょう
海鼠　なまこ
鯰　なまず
鰊・鯡　にしん
沙魚・鯊・蝦虎魚　はぜ
鱩・鰰・雷魚・燭魚　はたはた
蛤・文蛤・蚌　はまぐり
魬　はまち
鱧　はも
鮠　はや・はえ
海星・海盤車・人手　ひとで
鮃・平目・比目魚　ひらめ
鱶　ふか
河豚・鰒　ふぐ
鮒　ふな
鰤　ぶり
遍羅・倍良　べら
魴鮄・竹麦魚　ほうぼう
𩸽　ほっけ
海鞘　ほや
鯔・鰡　ぼら
鮪　まぐろ・しび
馬刀貝・馬蛤貝・蟶貝　まてがい
翻車魚　まんぼう
微塵子・水蚤　みじんこ
水松貝・海松貝　みるがい
鯥　むつ
目撥・眼撥　めばち
寄居虫・宿借　やどかり
山女・山女魚　やまめ
公魚・若鷺・鰙　わかさぎ
稚鰤　わらさ

4 虫など

揚羽蝶・鳳蝶　あげはちょう
虻・蝱　あぶ
蚜虫　あぶらむし
水黽・水馬・飴坊

あめんぼ
蟻 あり
磯蚯蚓・磯目 いそめ
蝗・稲子 いなご
薄翅蜉蝣 うすばかげろう
浮塵子・白蠟虫 うんか
鬼蜻蜓・馬大頭 おにやんま
蛾 が
大蚊 ががんぼ
蜻蛉・蜉蝣 かげろう
蝸牛 かたつむり
金蚕 かなぶん
甲虫・兜虫 かぶとむし
蟷螂・螳螂・鎌切 かまきり
天牛・髪切虫 かみきりむし
椿象・亀虫 かめむし
邯鄲 かんたん
螽蟖・螽斯・蟋蟀 きりぎりす
轡虫 くつわむし
蜘蛛 くも
蚰蜒 げじ・げじげじ
螻蛄 けら・おけら

竜蝨 げんごろう
蟋蟀・蜱 こおろぎ
沙蚕 ごかい
黄金虫・金亀子 こがねむし
蜚蠊 ごきぶり
叩頭虫・米搗虫 こめつきむし
蠍 さそり
小灰蝶・蜆蝶 しじみちょう
紙魚・衣魚・蠹魚 しみ
虱・蝨 しらみ
白灯蛾 しろひとり
雀蛾・天蛾 すずめが
雀蜂・胡蜂 すずめばち
象鼻虫・象虫 ぞうむし
田鼈・水爬虫 たがめ
壁蝨・蜱・蟎 だに
吉丁虫 たまむし
恙虫 つつがむし
天道虫・瓢虫・紅娘 てんとうむし
石蚕・飛螻蛄 とびけら
蜻蛉 とんぼ
蜻蜓 とんぼ・やんま

竹節虫 ななふし
蛞蝓 なめくじ・なめくじら・なめくじり
蚤 のみ
飛蝗・蝗虫・蝗 ばった
金花虫 はむし
斑猫・斑蝥 はんみょう
蜩・茅蜩 ひぐらし
蛭 ひる
蚋・蟆子 ぶゆ・ぶよ・ぶと
孑孑・孑孒・棒振 ぼうふら・ぼうふり
蝸牛被・舞舞被 まいまいかぶり
豉豆虫・水澄 みずすまし
蚯蚓 みみず・きゅういん
蛁蟟 みんみんぜみ
百足・蜈蚣 むかで
水蠆 やご・やまめ・たいこむし
馬陸 やすで

5 草木

葵 あおい
藜 あかざ
茜 あかね
通草・木通 あけび
莕菜・荇菜 あさざ
薊 あざみ
紫陽花・八仙花 あじさい
明日葉・鹹草 あしたば
翌檜・羅漢柏 あすなろ
馬酔木 あせび・あしび
菖蒲 あやめ・しょうぶ
虎刺・蟻通 ありどおし
蚊母樹・柞 いすのき
虎杖 いたどり
崖石榴 いたびかずら
鳶尾・一八 いちはつ
莔麻・青麻 いちび
公孫樹・銀杏・鴨脚樹 いちょう
犬の陰嚢 いぬのふぐり
牛膝 いのこずち
茨・荊・棘 いばら
水蠟樹 いぼたのき
蕁麻・刺草 いらくさ
茴香 ういきょう

五加・五加木 うこぎ
鬱金 うこん
卯木・空木 うつぎ
靫葛 うつぼかずら
苜蓿 うまごやし
上溝桜・上不見桜 うわみずざくら
金雀児 エニシダ
狗尾草 えのころぐさ
蘡薁・蝦蔓 えびづる
槐 えんじゅ
樗・楝 おうち
車前草・大葉子 おおばこ
朮 おけら・うけら
含羞草・御辞儀草 おじぎそう
苧環 おだまき
女郎花 おみなえし
沢瀉・面高 おもだか
万年青 おもと
海棠 かいどう
楓・槭樹 かえで
杜若・燕子花 かきつばた
樫・橿・櫧 かし

葛・蔓　かずら
酢漿草　かたばみ
莢蒾　がまずみ
茅・萱　かや
榧　かや
莎草・蚊帳吊草　かやつりぐさ
枳殻・枸橘　からたち
落葉松・唐松　からまつ
桔梗　ききょう
羊蹄　ぎしぎし
黄蘗・黄膚　きはだ
擬宝珠　ぎぼうし・ぎぼし
伽羅　きゃら
夾竹桃　きょうちくとう
金盞花　きんせんか
金鳳花・毛茛　きんぽうげ
枸杞　くこ
梔子・山梔子・卮子　くちなし
櫟・橡・椚・櫪　くぬぎ
茱萸・胡頽子　ぐみ
苦参　くらら
罌粟・芥子　けし
欅・槻　けやき

紫雲英・翹揺　げんげ
楮　こうぞ
河骨・川骨　こうほね
秋桜　コスモス・あきざくら
辛夷・拳　こぶし
皁莢・皂莢　さいかち
榊・賢木　さかき
笹・篠　ささ
山茶花　さざんか
皐月・五月　さつき
泊夫藍　サフラン
仙人掌・覇王樹　サボテン
百日紅・猿滑　さるすべり
山査子・山樝子　さんざし
牛尾菜　しおで
樒・梻　しきみ
羊歯・歯朶　しだ
紫檀　したん
射干・著莪　しゃが
石楠花・石南花　しゃくなげ
棕櫚・棕梠　しゅろ

白檜曾　しらびそ
沈丁花　じんちょうげ
忍冬　すいかずら・にんどう
蘇芳・蘇方・蘇枋　すおう
酸模　すかんぽ
薄・芒　すすき
菫　すみれ
栴檀・楝　せんだん
冬青　そよご
岳樺　だけかんば
蓼　たで
蒲公英　たんぽぽ
稚児車　ちんぐるま
栂　つが・とが
黄楊・柘植　つげ
躑躅　つつじ・てきちょく
満天星・灯台躑躅　どうだんつつじ
木賊・砥草　とくさ
蕺草　どくだみ
橡・栃　とちのき・とち
椴松　とどまつ
梣　とねりこ
海桐花　とべら

白楊　どろのき
黄蜀葵　とろろあおい
薺　なずな
撫子・瞿麦　なでしこ
七竈・花楸樹　ななかまど
楢・柞・枹　なら
楡　にれ
接骨木・庭常　にわとこ
白膠木　ぬるで・ぬりで
合歓木　ねむのき・ごうかんぼく
凌霄花・紫葳　のうぜんかずら
野蒜　のびる
繁縷・蘩蔞　はこべ・はこべら
櫨・黄櫨　はぜのき・はぜ
浜木綿　はまゆう
薔薇　ばら・そうび・しょうび
柊・疼木　ひいらぎ
檜・檜木　ひのき
向日葵　ひまわり
瓢箪　ひょうたん
橅・山毛欅・椈　ぶな

糸瓜・天糸瓜　へちま
鳳仙花　ほうせんか
朴・厚朴　ほお
酸漿・鬼灯　ほおずき
木瓜　ぼけ・ぼっか・もけ
柾・正木　まさき
木天蓼　またたび
茉莉花　まつりか
金縷梅・満作　まんさく
曼珠沙華　まんじゅしゃげ
三椏・三叉　みつまた
木槿・槿　むくげ
無患子　むくろじ・むく
郁子・野木瓜　むべ・うべ
木犀　もくせい
黐の木　もちのき
樅　もみ
八重葎　やえむぐら
寄生木・宿木　やどりぎ
楊梅　やまもも
虎耳草　ゆきのした
梅桃・英桃・桜桃・山桜桃　ゆすらうめ
蓬・艾　よもぎ

竜胆　りんどう
連翹　れんぎょう
勿忘草　わすれなぐさ
吾亦紅・吾木香・我毛香　われもこう

6　野菜・果物・海藻など

石蓴　あおさ
浅葱・糸葱・胡葱　あさつき
小豆　あずき
杏・杏子　あんず
苺・莓・覆盆子　いちご
無花果・映日果　いちじく
独活　うど
豌豆　えんどう
海髪・於胡海苔　おごのり
蕪・蕪菁　かぶ・かぶら
南瓜　カボチャ
芥子菜　からしな
花梨・花櫚　かりん
木耳　きくらげ
茸・蕈・菌　きのこ
胡瓜・黄瓜　きゅうり
銀杏　ぎんなん
胡桃　くるみ
慈姑　くわい
柑子　こうじ
牛蒡　ごぼう
桜桃　さくらんぼ・おうとう
石榴・柘榴　ざくろ・じゃくろ
豇豆・大角豆　ささげ
薩摩芋・甘藷　さつまいも
朱欒　ザボン
椎茸・香蕈　しいたけ
占地・湿地　しめじ
蓴菜　じゅんさい
生薑・生姜・薑　しょうが
西瓜・水瓜　すいか
蘿蔔・清白　すずしろ
酢橘　すだち
李・酸桃　すもも
薇・紫萁　ぜんまい
蚕豆　そらまめ
筍・笋　たけのこ
萵苣　ちしゃ
青梗菜　チンゲンサイ
土筆・筆頭菜　つくし
仏掌薯・捏ね芋　つくねいも
唐辛子・唐芥子・蕃椒　とうがらし
冬瓜　とうがん
玉蜀黍　とうもろこし
野老　ところ
薯蕷芋　とろろいも
団栗・橡　どんぐり
梨・梨子　なし
茄子・茄　なす・なすび
棗　なつめ
滑子　なめこ
韮・韭　にら
人参　にんじん
大蒜・葫　にんにく
葱　ねぎ
海苔　のり
鹿尾菜・羊栖菜　ひじき
枇杷　びわ
蕗・苳・款冬・菜蕗　ふき
葡萄　ぶどう
菠薐草　ほうれんそう
椪柑・凸柑　ポンカン
馬尾藻・神馬藻　ほんだわら
海人草・海仁草　まくり
甜瓜・真桑瓜　まくわうり
松茸　まつたけ
蜜柑　みかん
茗荷　みょうが
海松・水松　みる
水雲・海蘊　もずく
柚子・柚　ゆず
辣韮・薤・辣韭　らっきょう
林檎　りんご
檸檬　れもん
若布・和布・稚海藻　わかめ
山葵　わさび
蕨　わらび

〔カタカナ語〕

＊固有名詞などでいくつか漢字表記のあるものは、主なもののみ示した。

1　全般

手風琴　アコーディオン
亜爾加里　アルカリ
安母尼亜　アンモニア
風琴　オルガン
瓦斯　ガス
加答児　カタル
型録　カタログ
加特力　カトリック
加農　カノン
甲比丹　カピタン
硝子　ガラス
軽衫　カルサン
骨牌・歌留多・加留多　カルタ
切支丹・吉利支丹　キリシタン
倶楽部　クラブ
珈琲　コーヒー
護謨　ゴム
虎列剌　コレラ
混凝土　コンクリート
更紗　サラサ
三鞭酒　シャンペン
舎密　セイミ

曹達　ソーダ
乾酪　チーズ
窒扶斯　チフス
丁幾　チンキ
提琴　バイオリン
牛酪　バター
伴天連　バテレン
麺麭・麪包　パン
洋琴　ピアノ
麦酒　ビール
天鵞絨　ビロード
錻力　ブリキ
頁　ページ
紅殻　ベンガラ
釦　ボタン
喞筒　ポンプ
燐寸　マッチ
弥撒　ミサ
莫大小・目利安　メリヤス
莫臥児　モール
毛斯綸　モスリン
耶蘇　ヤソ
猶太　ユダヤ
沃度　ヨード
羅紗　ラシャ
羅甸・拉丁　ラテン
淋巴　リンパ
浪漫　ロマン

2　単位

吋　インチ
瓩　キログラム
粁　キロメートル
竏　キロリットル
瓦　グラム
甅　センチグラム
糎　センチメートル
竰　センチリットル
仙　セント
打　ダース
瓧　デカグラム
籵　デカメートル
竍　デカリットル
瓰　デシグラム
竕　デシリットル
弗　ドル
噸・瓲　トン
節・浬　ノット
呎　フィート
法　フラン
瓸　ヘクトグラム
粨　ヘクトメートル
竡　ヘクトリットル
片　ペンス
磅・听・英听・封度　ポンド
哩　マイル
馬克　マルク
瓱　ミリグラム
粍　ミリメートル
竓　ミリリットル
米　メートル
碼　ヤード
立　リットル
留　ルーブル

3　外国地名

愛蘭　アイルランド
亜細亜　アジア
雅典　アテネ
亜富汗斯坦　アフガニスタン
亜馬孫　アマゾン
亜米利加　アメリカ
廈門　アモイ
阿拉斯加　アラスカ
亜剌比亜　アラビア
阿爾及　アルジェリア
亜爾然丁　アルゼンチン
阿爾泰　アルタイ
亜歴山特　アレキサンドリア
英吉利　イギリス
伊太利　イタリア
伊蘭　イラン
英蘭　イングランド
印度　インド
維納　ウィーン
烏克蘭　ウクライナ
浦塩斯徳　ウラジオストク
烏魯木斉　ウルムチ
埃及　エジプト
濠太剌利　オーストラリア
墺太利　オーストリア
牛津　オックスフォード
和蘭・阿蘭陀　オランダ
加奈陀　カナダ
和林　カラコルム
加利福尼亜　カリフォルニア
恒河　ガンジス
広東　カントン
柬埔寨　カンボジア
基隆　キールン
幾内亜　ギニア
玖馬　キューバ
希臘　ギリシア
剣橋　ケンブリッジ
戈壁　ゴビ
哥倫比亜　コロンビア
西貢　サイゴン
薩哈拉　サハラ
桑港　サンフランシスコ
雪特尼　シドニー
西比利亜　シベリア
爪哇　ジャワ
寿府　ジュネーブ
叙利亜　シリア
新嘉坡　シンガポール
瑞西　スイス
瑞典　スウェーデン
蘇士　スエズ
蘇格蘭　スコットランド
西班牙　スペイン
蘇門答剌　スマトラ
錫蘭　セイロン
塞爾維　セルビア
台北　タイペイ

斉斉哈爾 チチハル
西蔵 チベット
智利 チリ
青島 チンタオ
丁抹 デンマーク
独逸・独乙 ドイツ
土耳古 トルコ
吐魯蕃 トルファン
尼羅 ナイル
拿破里 ナポリ
新西蘭 ニュージーランド
紐育 ニューヨーク
捏巴爾 ネパール
諾威 ノルウェー
海牙 ハーグ
貝加爾 バイカル
海地 ハイチ
巴奈馬 パナマ
河内 ハノイ
巴里 パリ
聖林 ハリウッド
巴爾幹 バルカン
哈爾浜 ハルビン
巴勒斯旦 パレスチナ
布哇 ハワイ
洪牙利 ハンガリー
盤谷 バンコク
漢堡 ハンブルク
喜馬拉 ヒマラヤ
費府 フィラデルフィア
比律賓 フィリピン
芬蘭 フィンランド
釜山 プサン
伯剌西爾 ブラジル
仏蘭西 フランス
勃牙利 ブルガリア
普魯西 プロシア
越南 ベトナム
秘露 ペルー
白耳義 ベルギー
波斯 ペルシア
伯林 ベルリン
波蘭 ポーランド
暮利比亜 ボリビア
葡萄牙 ポルトガル
香港 ホンコン
孟買 ボンベイ
澳門 マカオ
馬徳里 マドリード
馬尼刺 マニラ
馬耳塞 マルセイユ
馬来 マレー
墨西哥 メキシコ
莫斯科 モスクワ
欧羅巴 ヨーロッパ
老撾 ラオス
拉薩・邏娑 ラサ
羅馬尼亜 ルーマニア
呂宋 ルソン
羅馬 ローマ
羅府 ロサンゼルス
露西亜・魯西亜 ロシア
倫敦 ロンドン
華盛頓 ワシントン

4 外国人名

亜立士度徳・亜利斯土的列 アリストテレス
歴山 アレキサンダー
伊蘇普・伊蘇布 イソップ
以利沙伯 エリザベス
恩格爾 エンゲルス
加利列窩・加里労 ガリレオ
坎徳・韓図 カント
基督 キリスト
久麗王妑都羅 クレオパトラ
格倫児 クロムウェル
瓜得・我義的 ゲーテ
哥白尼 コペルニクス
可倫・閣竜・格倫母斯 コロンブス
雑未耶 ザビエル
施福多 シーボルト
沙吉比亜・舌克斯畢・世幾須比亜・沙翁 シェークスピア
成吉思汗 ジンギスカン・チンギスハン
斯格的 スコット
斯達林 スターリン
瑣子・瑣克底・瑣格刺底 ソクラテス
所羅門・速爾門 ソロモン
大因・太未・達因 ダーウィン
大闢 ダビデ
姪騫 ディケンズ
垤加爾多・等加児的 デカルト
奈破崙・拿破倫・那破烈翁・奈翁・拿翁 ナポレオン
牛頓・牛童・紐頓 ニュートン
拝倫・梅崙・擺倫 バイロン
狂公子・狂皇子 ハムレット
比斯馬可・比斯馬克 ビスマルク
比的額羅斯 ピタゴラス
忽必烈・忽比烈 フビライ
布拉多・布拉達・伯拉多・伯羅多 プラトン
希傑爾・俾歇児・歇傑爾 ヘーゲル
倍根・馬孔 ベーコン
馬太 マタイ
馬哈默 マホメット
馬克思 マルクス
飛豪 ユーゴー
約翰 ヨハネ
林格倫・倫古竜 リンカーン
婁騒・魯叟・蘆騒 ルソー
列寧 レーニン

同音類語集

この類語集は、同じ発音でありながら意味の違う二字の熟語約二〇〇グループを、五十音順に配列して下に例文を添え、その違いがわかるようにしたものです。ただし、常用漢字を用いる熟語に限りました。

〔あ　行〕

あんごう
暗号　『暗号の解読』『暗号を用いて連絡する』
暗合　『暗合した事実』『偶然の暗合』

いぎ
異義　『同音異義語』
異議　『異議を唱える』『異議なし』『異議の申し立て』

いし
意志　『意志の強い人』『意志の疎通』『意志薄弱』
意思　『本人の意思を尊重する』『意思表示』『殺す意思はなかった』

いしゅく
畏縮　『気持ちが畏縮する』
萎縮　『葉が萎縮する』『感情が萎縮する』『筋萎縮症』

いじょう
異常　『異常なほど執念を燃やす』『今年の冬は異常に暖かい』『異常乾燥』
異状　『全員異状なし』『体に異状をきたす』『胸部に異状がある』

いたく
委託　『業務を委託する』『権限の委託』
依託　『仕事を依託される』『依託学生』

いどう
異動　『人事異動』
移動　『車を移動させる』『平行移動』

いはん
違反　『交通違反』『選挙違反』
違犯　『法律に違犯する』

いりゅう
慰留　『慰留につとめる』
遺留　『遺留品』

えもの
得物　『得物をとって闘う』
獲物　『逃した獲物は大きい』

おじ
伯父　『父の兄に当たる伯父さん』
叔父　『父の弟に当たる叔父さん』
小父　『知らないよその小父さん』

〔か　行〕

がいかん
外観　『建物の外観』『外観の美しさ』
概観　『歴史を概観する』

かいしん
会心　『会心の笑み』『会心のホームラン』
改心　『改心を誓う』『罪を犯した者を改心させる』

かいてい
改定　『運賃の改定』『規約の改定作業』
改訂　『辞書の改訂』『改訂版』

かいとう
回答　『アンケートの回答』『質問に回答する』
解答　『解答用紙』『こっそり解答を教える』

かいふく
回復　『天候が回復する』『名誉回復』
快復　『快復期』『母の快復を喜ぶ』

かいほう
開放　『開放厳禁』『開放的な家庭』
解放　『人質を解放する』

かがく
化学　『化学式』『化学反応』『化学肥料』
科学　『自然科学』『科学技術庁』『科学者』

かき
夏季　『夏季休暇』
夏期　『夏期講習会』

かぎょう
家業　『家業を継ぐ』
稼業　『文筆稼業』『人気稼業』

かくしゅう
各週　『各週ごとに目標をたてる』
隔週　『隔週の月曜日に会合を行う』

かくしん
核心　『事件の核心に迫る』『核心をつく』
確信　『成功を確信する』『確信をもって述べる』

かしょう
過小　『過小評価』
過少　『過少申告』

かそう
仮装　『仮装行列』『仮装舞踏会』
仮想　『仮想敵国』『大災害を仮想する』

かたみ
片身『鮭の片身』
肩身『肩身が狭い』

がっかい
学会『学会で発表する』『言語学会』
学界『学界の注目をあびる』

かてい
課程『博士課程』『高等学校の全課程を修了する』
過程『生産過程』『成長の過程を記録する』

かねつ
加熱『加熱殺菌』『加熱してから食べる』
過熱『ストーブの過熱による火災』『選挙戦が過熱する』

かりょう
科料『科料を課せられる』
過料『過料の徴収』

かんしょう
観賞『観賞用の草花』『観賞魚』
鑑賞『音楽（絵画）を鑑賞する』

かんしん
関心『政治に関心をもつ』『無関心』
歓心『女性の歓心を買う』

かんせい
官制『官制を定める』
官製『用紙は官製のものに限る』『官製はがき』

かんち
感知『けむり感知器』
関知『私の関知するところではない』

きうん
気運『文芸の新しい気運』
機運『機運が熟する』

きかい
機械『工作機械』『機械文明』
器械『光学器械』『器械体操』

きぐ
器具『家庭用電気器具』
機具『農機具』

ぎしょう
偽称『医者だと偽称する』
偽証『偽証罪に問われる』

きてい
規定『体操の規定種目』
規程『図書貸し出し規程』

きゅうはく
急迫『事態が急迫する』『国際関係が急迫する』
窮迫『生活が窮迫する』

きゅうめい
究明『事故の原因を究明する』『真相の究明がまたれる』
糾明『悪事を糾明する』『責任の所在を糾明する』

きょうい
脅威『戦火の脅威にさらされる』『核の脅威』
驚異『自然界の驚異』『驚異的な記録』

きょうそう
競争『売り上げを競争する』『生存競争』
競走『一〇〇メートル競走』『競走馬』

きょくち
極地『極地探検』『極地観測』
極致『芸の極致』『美の極致』

きんりょう
禁猟『鳥類禁猟区』
禁漁『禁漁水域』

くじゅう
苦汁『苦汁を嘗（な）める』『苦汁を飲まされる』
苦渋『苦渋に満ちた顔』『難渋苦渋』

ぐんしゅう
群集『やじ馬が群集する』
群衆『群衆にさえぎられて立ち往生する』

けいしょう
軽傷『交通事故で軽傷を負う』
軽症『軽症の結核と診断される』

けしき
気色『ひるむ気色もない』『気色ばむ』
景色『景色のよい所』『春の景色』

けっさい
決済『ドルで決済する』『決済方法』
決裁『決裁を仰ぐ』

げんじょう
原状『原状に戻す』『原状回復』
現状『現状を維持する』『現状を打破する』

こうい
好意『好意を寄せる』『彼に好意を持つ』
厚意『厚意に甘える』『せっかくの厚意を無にする』

こううん
幸運『幸運な人』『幸運に恵まれる』
好運『好運な年まわり』

こうがく
向学『向学心に富む』
好学『好学の士を集める』

こうぎ
厚誼『ご厚誼を謝す』
好誼『君の好誼に報いるべく……』

こうぎょう
興行『十五日間の興行を打つ』『追善興行』
興業『殖産興業』
こうせい
後世『後世に名を残す』『後世に伝える』
後生『後生畏（おそ）るべし』
こうせい
更生『更生して社会復帰する』『更生施設』
厚生『厚生大臣』『厚生年金』『福利厚生』
こうぜん
昂然『昂然と胸を張る』
浩然『浩然の気を養う』
こうたい
交替『交替で番をする』
交代『投手を交代する』『参勤交代』
こうちょう
高調『高調に吟ずる』『雰囲気が高調する』
好調『作業は好調に進んでいる』『売れ行き好調』
こうてい
行程『五日間の行程』『行程が思ったほどはかどらない』
工程『工程の大半を機械化する』
こうとう
口答『筆答に対する口答』
口頭『口頭試問』『口頭弁論』
こうどく
講読『万葉集を講読する』『原書講読』
購読『定期購読』『新聞の購読料』
こうふ
公布『新憲法を公布する』
交付『免許証を交付する』

こうほう
公報『選挙公報』『戦死公報』
広報『広報活動』『市の広報で知る』
こうりゅう
勾留『未決勾留』『被疑者を勾留する』
拘留『犯人を拘留する』
こじん
古人『古人のおしえ』
故人『故人となる』『故人の想い出』
こたい
固体『固体燃料』『液体・気体・固体』
個体『個体概念』『個体の発生』
こんき
今季『今季最高の人出』
今期『今期最高の売り上げ』

〔さ　行〕

さいけつ
採決『採決を強行する』『挙手で採決する』
裁決『社長が裁決する』『裁決を仰ぐ』
さいご
最後『最後の力をふりしぼる』『最後まで頑張る』
最期『立派な最期を遂げる』『最期をみとる』
さくせい
作成『予算案を作成する』『書類の作成を依頼する』
作製『模型飛行機を作製する』
じき
時機『時機を逸する』『時機到来』
時期『時期を区切る』『時期尚早』

しきじ
式次『入学式は式次通りに進行する』
式辞『生徒を代表して式辞を読む』
じしょ
字書『漢字字書』
辞書『英和辞書』『辞書を引く』
しじょう
紙上『紙上を騒がす大事件』
誌上『誌上対談』
しせい
市制『市制を敷く』『市制五十周年記念』
市政『市政運営』『市政だより』
じっけん
実検『首実検』
実験『化学実験』
じてん
字典『異体字字典』『漢字字典』
辞典『英和辞典』『国語辞典』
事典『百科事典』『美術事典』
しもん
試問『口頭試問』
諮問『諮問機関』
しゅうぎょう
修業『修業証書』
終業『終業時刻』『終業式』
しゅうし
終止『終止符』『終止形』
終始『あいまいな答弁に終始する』『終始沈黙をまもる』
しゅうしゅう
収拾『事態の収拾がつかない』
収集『情報を収集する』『切手を収集する』

じゅうじゅん
柔順『夫に柔順な女性』『柔順な態度』
従順『従順な家来』
しゅうせい
修正『軌道を修正する』『修正予算』『修正主義と批難する』
修整『写真の修整』
しゅうち
周知『周知の事実』『周知徹底を図る』
衆知『衆知を集める』
しゅうとく
修得『単位を修得した者』
習得『技術の習得につとめる』『学問を習得する』
しゅうよう
収用『土地の収用』
収容『被災者を公民館に収容する』『収容人員』『収容所』
しゅうりょう
修了『全課程を修了した』『修了証書』
終了『本日の営業は終了いたしました』『任務を終了する』
しゅうろく
収録『辞書に収録されている語』『録音テープに収録された声』
集録『遺稿の集録』『議事集録』
しゅぎょう
修行『修行僧』『仏道修行』『武者修行』
修業『花嫁修業』
しゅくせい
粛正『綱紀の粛正』
粛清『血の粛清』『不満分子を粛清する』

しゅし
主旨『判決理由の主旨』
趣旨『会の設立趣旨に反する』
じゅしょう
受賞『ノーベル賞を受賞する』『受賞祝賀会を催す』
授賞『授賞式』
しゅせき
首席『首席で卒業する』『首席全権大使』
主席『国家主席』
しゅっしょ
出処『出処進退を誤る』
出所『出所不明の大金』『刑期を終えて出所する』
じゅよう
需用『需用電力』『需用量』
需要『読者の需要に応ずる』『需要と供給の法則』
じゅんけつ
純潔『純潔を守る』
純血『柴犬の純血種』
しょうかい
紹介『友人に家族を紹介する』『日本の古典を海外に紹介する』『紹介状』
照会『品物の在庫を製造元に照会する』『身元を照会する』
しょうがい
傷害『傷害の罪に問われる』『傷害事件』
障害『障害物競走』『胃腸障害』
しょうかん
召喚『証人を召喚する』『召喚状』
召還『大使を本国に召還する』

しょうきゃく
消却『名前を名簿から消却する』『負債の消却』
償却『借金を償却する』『減価償却』
しょうしゅう
召集『召集令状』『天皇は国会を召集する』
招集『株主総会を招集する』『選手招集係』
じょうれい
条令『条令に従う』
条例『集会条例』『新聞紙条例』『公安条例』
しょき
初期『平安時代の初期』『病気の初期症状』
所期『所期の目的を達する』
しょくりょう
食料『食料を調理する』『生鮮食料品』
食糧『食糧管理制度』『食糧庁』『携帯食糧』
しょよう
所用『所用で外出する』
所要『所要の手続きをすませる』『所要時間』
しれい
司令『司令長官』『司令塔』
指令『本部の指令を受ける』『スト指令』
しんき
新奇『新奇をてらう』『新奇な趣向を凝らす』
新規『新規開店』『新規採用』『新規まき直し』
しんしょく
侵食『領土を侵食される』『侵食作用』
浸食『波に浸食された断崖』『浸食谷』
しんどう
振動『エンジンの振動』『空気が振動する』『単振動』
震動『大地が震動する』『激しい震動を伴った噴火』

しんにゅう
侵入『敵の侵入を防ぐ』『家宅侵入』
浸入『水の浸入を防ぐ』
しんろ
針路『船の針路を北にとる』『人生の針路を考える』
進路『進路を妨げる』『台風の進路』『進路指導』
せいいく
生育『稲の生育が悪い』『農作物の生育に適した土地』
成育『稚魚が成育する』『子どもの成育を見守る』
せいき
生気『生気のない顔』『雨が降って植物が生気を取りもどす』
精気『体に精気があふれる』
せいけい
成形『陶器を成形する』『胸郭成形手術』
整形『顔を整形する』『整形手術』『美容整形』
せいこん
精根『精根尽きる』『精根を使い果たす』
精魂『精魂を傾ける』『精魂こめて作りあげる』
せいさく
制作『テレビ番組の制作』『壁画の制作にかかる』『卒業制作』
製作『部品を製作する』『製作所』『会社の製作担当』
せいさん
清算『借金の清算をする』『三角関係を清算する』
精算『旅費を精算する』『運賃精算所』

せいそう
正装『正装で葬儀に参列する』
盛装『盛装してパーティーに出かける』『盛装した婦人』
せいちょう
生長『苗が生長する』『子馬の生長の記録』
成長『子どもの成長を見守る』『経済成長率』
せいちょう
清聴『ご清聴を感謝する』
静聴『ご静聴願います』
せいひ
正否『正否を判断する』『正否を明らかにする』『正否を問う』
成否『成否の鍵を握る』『成否の分かれ目』
せいれい
聖霊『聖霊降臨祭』
精霊『森の精霊』『精霊崇拝』
せじ
世事『世事に疎（うと）い』『世事に通じている』
世辞『世辞を言う』『世辞がうまい』
せじょう
世上『世上で取りざたされる』『世上のうわさ』
世情『世情に疎（うと）い』『世情に明るい』
せっき
節気『節気の移り』『二十四節気』
節季『節季大売り出し』『怠け者の節季働き』
せっきょう
説教『教会で牧師の説教を聞く』『お説教を食う』
説経『和尚の説経を聞く』『説経浄瑠璃（じょうるり）』

ぜったい
絶対『主君の命令は絶対である』『絶対温度』『絶対にまちがっていない』『絶対反対』
絶体『絶体絶命』
せんよう
占用『道路を占用する』『占用を許可する』
専用『職員の専用の出入口』『専用電話』『自動車専用道路』
そうい
相違『事実と相違する報告』『右の通り相違ありません』
相異『双方の意見の相異』『相異する点』
そくせい
即成『即成のチーム』
促成『ハウスで草花の促成を行う』『促成栽培』
そくだん
即断『即断をひかえる』『即断即決』
速断『速断を要する』『速断は禁物だ』
そくとう
即答『即答を迫る』『即答を避ける』
速答『速答を求める』

〔た　行〕

たいけい
大系『漢文大系』『近代日本文学大系』
体系『賃金の体系』『体系づける』『体系的』
たいしょう
対象『若い女性を対象にした雑誌』『攻撃の対象』
対照『原本との対照を行う』『対照表』『好対照』

たいせい
体勢　『体勢がくずれる』『得意な体勢にもちこむ』『攻撃体勢』
態勢　『万全の態勢』『受け入れの態勢を整える』

たいひ
待避　『待避線』『待避駅』『待避所』
退避　『安全な場所へ退避する』『退避命令』

たちあい
立合　『すばやい立ち合い』『立ち合い負け』
立会　『弁護士立ち会いのもとで遺書を開く』『立会人』

たんきゅう
探求　『生活の探求』『幸福の探求』
探究　『真理の探究』『美の本質を探究する』

ちょうい
弔意　『弔意をあらわす』
弔慰　『弔慰金』

ちょうしゅう
徴収　『会費を徴収する』『税の徴収』
徴集　『鉄製品の徴集』『兵としての徴集を免除される』

ちょうせい
調製　『洋服を調製する』『〇〇堂調製の和菓子』
調整　『機械を調整する』『意見の調整をする』『年末調整』

ちょうはつ
挑発　『敵を挑発する』『挑発的な服装』
徴発　『堤防工事に人員を徴発する』『食糧を徴発する』

ちんせい
沈静　『混乱が沈静する』『物価が沈静する』
鎮静　『痛みを鎮静する』『鎮静剤』

ちんつう
沈痛　『沈痛な面持ち』『沈痛な声』
鎮痛　『鎮痛作用』『鎮痛剤』

ついきゅう
追求　『利益（利潤）を追求する』『快楽の追求』
追究　『真理（真実）を追究する』『美の追究』
追及　『責任（原因）を追及する』『余罪の追及』

ていじ
呈示　『定期券を呈示する』『学生証を呈示する』
提示　『条件を提示する』『証拠の提示』

てきかく
的確　『的確な判断』『要点を的確に示す』
適格　『選手として適格だ』『適格者』

てきせい
適正　『適正な規模』『適正な評価』『適正価格』
適性　『編集者としての適性をみる』『運転に適性がない』『適性検査』

てきよう
適用　『生活保護法の適用を受ける』『法の適用を誤る』
摘要　『摘要欄』

てんい
転位　『星の転位を観察する』
転移　『責任の転移』『ガンが転移する』

てんか
転化　『愛情が憎悪に転化する』『陽性に転化する』
転嫁　『責任を転嫁する』『税を消費者に転嫁する』

でんき
電器　『電器店』『家庭電器』
電機　『重電機』『電機工業株式会社』

でんどう
伝道　『キリスト教の伝道』『伝道布教』
伝導　『熱の伝導』『伝導体』『伝導率』

てんぷ
添付　『領収書を添付すること』『願書に内申書を添付する』
貼付　『付箋を貼付する』『写真貼付のこと』

とうさい
搭載　『ターボ・エンジンを搭載する』『核を搭載した艦』
登載　『雑誌にエッセイを登載する』『名簿に登載する』

どうし
同士　『いとこ同士』『恋人同士』『似たもの同士』
同志　『革命の同志』『同志を募る』『彼はわれわれの同志だ』

とくちょう
特徴　『声に特徴がある』『犯人の特徴』
特長　『この学校の特長』『彼の特長を伸ばす』

〔な　行〕

ないこう
内向　『内向的な性格』『内向性』
内攻　『病気（熱）が内攻する』

ないぶん
内分　『ご内分に願います』『内分にすます』
内聞　『内聞に入れる』『ご内聞に願います』

ねんき
年期　『返済に五年と年期を定める』『年期小作』
年季　『年季奉公』『年季がはいっている』

〔は　行〕

はいすい
排水　『ポンプで地下室に入った水を排水する』『排水管』『排水量』
廃水　『工場の廃水による河川の汚濁』

はいふ
配付　『答案用紙の配付』『議案・資料の配付』
配布　『ビラを配布する』『選挙公報の配布』

はくだつ
剝脱　『金箔が剝脱する』『表皮が剝脱する』
剝奪　『着衣を剝奪する』『市民権を剝奪する』

はつおん
発音　『発音がはっきりしない』『中国語の正しい発音を学ぶ』
撥音　『リンゴのンは撥音である』『拗音・促音・撥音』

ばんせい
晩生　『早生種と晩生種』『晩生の稲』
晩成　『大器晩成』『晩成型の人』

ひかげ
日陰　『日陰は涼しい』『日陰に入って休む』『日陰の身』
日影　『夏の強い日影』『日影が山の端にかかる』

びかん
美感　『美感をみがく』『彼の美感には偏りがある』
美観　『美観がそこなわれる』『美観地区』

びしょう
微小　『微小な生物』『微小粒子』
微少　『微少な量』『損害は微少だ』『微少な差』

ひっし
必死　『必死の覚悟』『必死で勉強する』『必死の努力』
必至　『倒産は必至だ』『このままでは落選は必至だ』

ひょうき
表記　『表記の住所』『現代かなづかいで表記する』『表記法』
標記　『標記の件について……』『標記の会議を……』

ひょうじ
表示　『わかりやすく表示する』『意思表示』『住居表示』
標示　『道路標示』『標示板』

ひょうはく
漂白　『布を漂白する』『漂白剤』『漂白作用』
漂泊　『漂泊の旅』『漂泊の歌人』『日本中を漂泊して歩く』

ふくげん
復元　『壁画の復元』『竪穴（たてあな）式住居を復元する』
復原　『復原力（＝船や飛行機が傾いたとき、もとの姿勢にもどろうとして働く力）の大きい船』

ふごう
符号　『符号を付ける』『長音符号』『モールス符号』
符合　『二人の言うことが符合する』『指紋が符合する』

ふしん
不信　『不信の念を抱く』『政治不信』
不審　『挙動の不審な男』『不審尋問』

へいこう
平行　『互いに平行な二直線』『平行棒』『平行四辺形』『平行移動』
並行　『電車とバスが並行して走る』『二つの球場でゲームが並行して進められる』

へんざい
偏在　『富の偏在をふせぐ』『一部の人々に偏在する誤った考え』
遍在　『神の遍在を信じる』『全国に遍在する』

べんしょう
弁証　『弁証法』『弁証法的唯物論』
弁償　『なくした本を弁償する』『弁償金を支払うことで合意した』

へんせい
編成　『予算の編成』『番組の編成』『十両編成の電車』
編制　『学級編制』『部隊を編制する』『戦時（平時）編制』

へんたい
変体　『変体がな』『変体漢文』
変態　『かえるの変態』『変態性欲』『変態心理』

ほうじょう
豊穣　『豊穣の秋』『五穀豊穣』
豊饒　『豊饒な土地』『豊饒の海』

ほけん
保健　『保健室』『保健所』『保健体育』
保険　『保険を掛ける』『保険に入る』『厚生年金保険』『火災保険』

ほしょう
保証　『保証書』『身元保証人』
保障　『社会保障』『安全保障条約』

ほそく
補足『説明を補足する』『資料を補足する』
捕捉『レーダーで敵を捕捉する』

〔ま　行〕

まんざい
万歳『三河（みかわ）万歳』『大和（やまと）万歳』
漫才『かけあい漫才』『漫才師』

みとう
未到『前人未到の大事業（大記録）』
未踏『人跡未踏の処女地』

みんぞく
民俗『民俗学』『民俗芸能』『山村の民俗』
民族『民族解放運動』『民族学』『少数民族』

むそう
無想『無念無想』
夢想『夢想だにしない』『夢想家』

むち
無知『無知をとがめる』『無知蒙昧（もうまい）』
無恥『無恥な言動』『厚顔無恥』

むちゅう
夢中『夢中で逃げる』『テレビに夢中になる』『無我夢中』
霧中『霧中信号』『五里霧中（＝事情がまったくわからず、どうしてよいかわからなくなってしまうことのたとえ）』

むめい
無名『無名戦士の墓』『無名作家』
無銘『無銘の日本刀』

めいかい
明快『明快な答え』『明快な答弁』『論旨明快』
明解『明解な説明』

めいき
明記『名まえを明記する』『職業・年齢明記の上』
銘記『心に銘記する』

めいげん
名言『名言を吐く』『蓋（けだ）し名言だ』
明言『必ずやりとげると明言する』『明言を避ける』

めいとう
名答『ご名答』
明答『明答を避ける』『明答が得られない』

〔や　行〕

やせい
野生『野生の植物』『野生の馬』
野性『野性を帯びる』『野性児』

ゆうぎ
遊技『遊技場』
遊戯『室内遊戯』『お遊戯の時間』

ゆうし
有志『有志を募る』『有志一同』
雄志『雄志をいだく』

ゆうし
勇姿『さっそうと勇姿を現す』『馬上の勇姿』
雄姿『富士山の雄姿を仰ぎ見る』

ゆうせい
優生『優生学』『優生保護法』
優性『優性遺伝』

ゆうめい
幽明『幽明境（さかい）を異（こと）にする』
幽冥『幽冥界』

ようけん
用件『用件を済ます』『用件を切り出す』
要件『要件を書き込む』『成功の要件』『資格要件を満たす』

ようこう
要項『募集要項』『採用試験の要項』
要綱『政策の要綱』『法案の要綱』『市職員採用試験実施要綱』

〔ら　行〕

りょうせい
両生『両生類』
両性『婚姻は両性の合意に基づく』『両性花』『両性生殖』

りょうよう
両用『水陸両用の車』『晴雨両用』
両様『両様の意味をもつ言葉』『和戦両様の構え』

ろじ
路地『横丁の路地を抜ける』『路地裏』
露地『露地栽培（＝温室ではなく、普通の畑で栽培すること）』

四字熟語集

この熟語集は、使用頻度の比較的高い四字熟語を約三〇〇語集めて、五十音順に配列し、語釈と出典を示したものです。

あ行

【**曖昧模糊**（アイマイモコ）】物事の実質や実体がはっきりせず、ぼんやりとしか見えないさま。

【**悪事千里**（アクジセンリ）】悪い行い・評判は、すぐに世間に知れ渡るということ。〔北夢瑣言-六〕

【**阿鼻叫喚**（アビキョウカン）】悲惨な状況に陥り、泣き叫び救いを求めるさまのたとえ。

【**蛙鳴蟬噪**（アメイセンソウ）】蛙（かえる）や蟬（せみ）がやかましく鳴き騒ぐこと。転じて、無駄な言い回しが多く内容の乏しい下手な文章や、ただ騒がしいばかりで役に立たない議論のたとえ。蛙鳴雀噪。〔儲欣-平淮西碑・唐宋八家文評〕

【**安車蒲輪**（アンシャホリン）】老人をいたわり、大事に遇すること。〔漢書-儒林伝・申公〕

【**暗中模索**（アンチュウモサク）】手掛かりのないものをいろいろと探し求めること。見当もつかないままに、あれこれ考えたり手を尽くしたりすること。〔隋唐嘉話-中〕

【**唯唯諾諾**（イイダクダク）】事の善悪や是非にかかわらず、人の言いなりになるさま。

【**意気軒昂**（イキケンコウ）】いきごみが盛んなさま。元気盛んなさま。↔意気消沈

【**異口同音**（イクドウオン）】多くの人が口をそろえて、同じことを言うこと。

【**以心伝心**（イシンデンシン）】言葉を交わさなくても、互いの思っていることが相手に通じること。〔禅源諸詮集都序〕

【**一衣帯水**（イチイタイスイ）】一本の帯のように狭い川や海。また、そのような狭い水流によって隔てられていること。〔南史-陳後主紀〕

【**一期一会**（イチゴイチエ）】生涯にたった一度会うこと。また、そのことが生涯に一度限りであること。人の出会いなどの機会を大事にすることのたとえ。

【**一諾千金**（イチダクセンキン）】一度承知して引き受ければ、それは千金にも換えられない価値があること。一度約束したら決して破らないこと、厚い信頼があることのたとえとして用いる。〔史記-季布伝〕

【**一網打尽**（イチモウダジン）】網を一度打って多くの魚を捕らえること。転じて、一度に一味の者を残らず捕らえること。〔宋史-范純仁伝〕

【**一目瞭然**（イチモクリョウゼン）】一目見ただけで、物事の有様がはっきりとわかるさま。

【**一陽来復**（イチヨウライフク）】陰が極まって、また陽にかえること。陰暦の十一月、または冬至をさす。また、冬が去り春がめぐりくること。新年がやってくること。転じて、よくないことが続いた後に、やっとよい方に向かうことのたとえ。〔易経-復〕

【**一粒万倍**（イチリュウマンバイ）】一粒の種から万倍もの収穫があること。わずかなものから非常に多く利益を得ることのたとえ。転じて、わずかなものでも粗末にしてはいけない、という意にも用いる。〔報恩経-四〕

【**一蓮托生**（イチレンタクショウ）】仏教で、死後、極楽浄土で同じ蓮華の上に生まれること。転じて、結果のよしあしや、物事の善悪にかかわらず、行動・運命を共にすることのたとえ。一蓮託生。

【**一攫千金**（イッカクセンキン）】一度に巨額の利益を得ること。

【**一気呵成**（イッキカセイ）】ひといきに文章などを書き上げること。また、物事を一気に成し遂げてしまうこと。

【**一騎当千**（イッキトウセン）】一人で千人の敵に対抗することができること。それほどに強い勇者を形容する語。転じて、人並みはずれた技術や経験のあること。一人当千。

【**一挙両得**（イッキョリョウトク）】一つの動作、行動によって二つの利益を得ること。一度に二つの利益を得たり、二つの目的がかなえられたりすること。一挙両全。〔晋書-束晳伝〕

【**一刻千金**（イッコクセンキン）】わずかな時が千金にも値すること。大切な時や楽しい時が過ぎやすいのを惜しんでいう。〔蘇軾-春夜〕

【**一視同仁**（イッシドウジン）】だれかれの差別なく、すべての人を平等に見て同じように仁愛をほどこすこと。〔韓愈-原人〕

【**一瀉千里**（イッシャセンリ）】物事の進み方が激しく、すみやかにはかどること。また、弁舌や文章などが、よどみなくすらすらといくこと。〔陳亮-与辛幼安殿撰書〕

【**一生懸命**（イッショウケンメイ）】一心に骨を折ること。命がけで努力をすること。一所懸命。

【**一唱三嘆**（イッショウサンタン）】詩文などを一度詠んで何回も感嘆すること。すぐれた詩文などを称賛していう。〔蘇軾-答張文潜県丞書〕

【**一触即発**（イッショクソクハツ）】ちょっと触れただけで、すぐ

に爆発しそうなこと。転じて、ちょっとしたきっかけで、すぐにある事態が起こりそうな、非常に切迫しているさま。非常に危険な事態に直面しているさま。

【一石二鳥（イッセキニチョウ）】 一つのことをして、同時に二つの目的を達すること、または二つの利益を得ることのたとえ。

【一知半解（イッチハンカイ）】 少し知っているだけであり、半分しかわかっていないこと。知識がなまかじりであること。〔滄浪詩話‐詩弁〕

【一刀両断（イットウリョウダン）】 ひと太刀で物をまっ二つに切ること。比喩的に、ためらいを捨て、思いきって左か右に事を決すること。〔朱子語類〕

【意馬心猿（イバシンエン）】 人の心が煩悩や情欲のために乱れるのをおさえがたいこと。心猿意馬。〔参同契発揮‐中〕

【因果応報（インガオウホウ）】 仏教で、前世やその人の過去の行いが原因で、さまざまの結果を報いとして受けること。

【慇懃無礼（インギンブレイ）】 丁寧すぎて、かえって、無礼になること。また、言葉や物腰などの表面はきわめて丁寧であるが、その実はなはだ尊大であること。

【因循姑息（インジュンコソク）】 古いしきたりや今までのやり方にこだわって改めようとせず、一時のがれに終始すること。また、消極的で決断力に欠けてぐずぐず迷うこと。

【有為転変（ウイテンペン）】 この世の現象や存在は、因縁のからみ合いによって生じたものであるため、一瞬もとどまることなく移り変わっていくということ。単に物事が転変の運命をたどることについてもいう。有為無常。

【羽化登仙（ウカトウセン）】 （山に移り住んで仙人となり）羽が生えて、天にのぼること。また、酒に酔うなどして、この世ならぬよい気分になることのたとえ。〔蘇軾‐前赤壁賦〕

【右顧左眄（ウコサベン）】 右を見たり左を見たりしてはっきりしないこと。まわりの目や意見を気にしてばかりいて、自信や決断に欠けること。左顧右眄。

【雲散霧消（ウンサンムショウ）】 雲や霧が風や日の光にあたって、あとかたもなく散ったり消えたりするように、物事があっさり消えてなくなること。

【運否天賦（ウンプテンプ）】 好運に恵まれるか、悲運に泣くかは、天のしからしめるところであるということ。また、運を天に任せて事を行うこと。

【栄枯盛衰（エイコセイスイ）】 栄えたり衰えたりすること。隆盛と衰退が交互にめまぐるしく訪れるさま。

【会者定離（エシャジョウリ）】 会った者には、必ず別離があるということ。現世のはかなく、無常であることのたとえ。

【遠交近攻（エンコウキンコウ）】 遠くの国と仲よくし、近くの国を攻めるという外交政策。〔戦国策‐秦〕

【円鑿方枘（エンサクホウゼイ）】 四角い枘（ほぞ）を丸い枘孔（ほぞあな）にはめ込もうとして入らないように、物事が互いにかみ合わないことのたとえ。方枘円鑿。〔史記‐孟子荀卿伝〕

【円転滑脱（エンテンカツダツ）】 かどを立てずに、物事を滞りなく進めていくこと。言動が自由自在であること。また、そのさま。円滑洒脱。

【温故知新（オンコチシン）】 古いこと、昔のことを研究して、そこから新しい知識や道理を見出すこと。〔論語‐為政〕

【厭離穢土（オンリエド）】 仏教で、煩悩に汚れた現世・人間界を厭（いと）い離れること。

か行

【鎧袖一触（ガイシュウイッショク）】 相手を簡単に打ち負かすことのたとえ。

【快刀乱麻（カイトウランマ）】 こじれた物事、紛糾している物事などをあざやかに処理することのたとえ。

【怪力乱神（カイリキランシン｜カイリョクランシン）】 理性では説明がつかない不思議な現象、存在のたとえ。〔論語‐述而〕

【偕老同穴（カイロウドウケツ）】 生きてはともに老い、死んでは同じ穴に葬られること。死後までも夫婦が仲睦まじくあること、夫婦の契りのかたいことのたとえ。〔詩経‐邶風・撃鼓〕〔詩経‐王風・大車〕

【格物致知（カクブツチチ）】 物の道理をきわめて学問・知識を習得すること。致知格物。〔礼記‐大学〕

【家鶏野鶩（カケイヤボク）】 日常ありふれているものを遠ざけ、新しいものや珍しいものを尊ぶことのたとえ。〔蘇軾‐書王子敬帖〕

【臥薪嘗胆（ガシンショウタン）】 仇をうつために、苦しみ努力すること。また、転じて目的を達するために、機を待ち、苦しい努力を続けることのたとえ。〔十八史略‐春秋戦国〕

【佳人薄命（カジンハクメイ）】 容姿が美しく生まれついた人は、とかく幸せ薄かったり、短命であったりするということ。美人薄命。

【花鳥風月（カチョウフウゲツ）】 自然の美しい風景、風物。また、それらを鑑賞することや、自然を題材にとった詩歌、絵画などの文芸をたしなむ、風雅の道をいう。

【隔靴掻痒（カッカソウヨウ）】 はいた靴の上からかゆい所を掻（か）くこと。思いどおりにいかず、もどかしい、はがゆくじれったいさまのたとえ。〔無門関‐

自序〕

【確乎不抜(カッコフバツ)】 意志がしっかりとしていて、物に動じないさま。確乎不動。〔易経-乾〕

【活潑潑地(カッパツハッチ)】 魚がはねるように勢いが盛んなさま。いきいきと活動するさま。〔中庸-章句〕

【我田引水(ガデンインスイ)】 自分の田に水を引き入れる意から、もっぱら自分の都合のよいように取り計らったり、物事を運んだりすることのたとえ。

【画竜点睛(ガリョウテンセイ)】 竜を描いて最後に睛（ひとみ）を書き入れることから、物事の眼目、大切なところのたとえ。また、わずかなことであるがそれを加えることによって、物事が完成、成就することのたとえ。〔歴代名画記-七〕

【苛斂誅求(カレンチュウキュウ)】 税金などをきびしく取り立てること。また、そのような酷政。

【夏炉冬扇(カロトウセン)】 夏の囲炉裏（いろり）と冬の扇の意で、時期はずれな無用の物事、役にたたないもののたとえ。冬扇夏炉。〔論衡-逢遇〕

【鰥寡孤独(カンカコドク)】 妻のない夫（鰥）と、夫のない妻（寡）と、みなしご（孤）と、老いて子のない者（独）。身寄りのないひとり者をいう。〔孟子-梁恵王下〕

【汗牛充棟(カンギュウジュウトウ)】 車に積んで牛に引かせれば汗をかかせるほどであり、いえに置いて積み上げれば棟木に届くくらいの量であるということから、蔵書が非常に多いことのたとえ。〔柳宗元-陸文通先生墓表〕

【換骨奪胎(カンコツダッタイ)】 先人の詩文などの発想や表現法を取り入れて、創意を加えて、新たに独自の作品を作ること。〔冷斎夜話-巻一・換骨奪胎法〕

【勧善懲悪(カンゼンチョウアク)】 善行を勧め励まし、悪行を戒め懲らすこと。〔漢書-張敞伝〕

【艱難辛苦(カンナンシンク)】 困難や辛いこと、苦労などに苦しみ悩むこと。大変な苦労。艱難苦労。

【玩物喪志(ガンブツソウシ)】 珍奇なものに心を奪われ、これをもてあそんでいると、大切な志を失ってしまうということ。〔書経-旅獒〕

【気韻生動(キインセイドウ)】 書画などの気品・風格・情趣が、生き生きとしていて躍動していること。〔輟耕録-一八・叙画〕

【危機一髪(キキイッパツ)】 髪の毛一本ほどのちょっとした差で、非常に危険な状態になるところだったというきわどい状態。一つ誤ると危険に陥りそうなこと。

【規矩準縄(キクジュンジョウ)】 コンパスとものさし、水もり（＝水準器）とすみなわ。転じて、物事や行為などの標準となるもの、規準、法則などのたとえ。〔孟子-離婁上〕

【鬼哭啾啾(キコクシュウシュウ)】 浮かばれない霊魂の泣き声がするさま。鬼気迫ってものすごいさま。〔杜甫-兵車行〕

【旗幟鮮明(キシセンメイ)】 旗色が鮮やかであるさま。転じて、主義・主張・態度などがはっきりとしているさま。

【起承転結(キショウテンケツ)】 漢詩の句の構成法の一つ。絶句では、第一句が起、第二句が承、第三句が転、第四句が結。律詩では、第一・第二句が起、第三・第四句が承、第五・第六句が転、第七・第八句が結。起では詩意を起こし、承ではこれを受け、転では前句を一転させて別境を開き、結では全体を収結させる。また連歌・俳諧、さらに散文にもこの構成法が応用される。転じて、広く一般に事柄の展開のしかたなどにも比喩的に用いることがある。起承転合。

【疑心暗鬼(ギシンアンキ)】 心に疑いを持っていると、何でもないことまで不安になったり、恐ろしくなったりすること。〔列子鬳斎口義-説符〕

【佶屈聱牙(キックツゴウガ)】 文章が難解で読みにくく、理解しにくいこと。佶屈晦渋。〔韓愈-進学解〕

【喜怒哀楽(キドアイラク)】 喜び、怒り、哀しみ、楽しみ。人間のもっているさまざまな感情。〔礼記-中庸〕

【亀毛兎角(キモウトカク)】 亀の毛と兎の角。実在するはずのないことのたとえにいう。〔首楞厳経-一〕

【牛溲馬勃(ギュウシュウバボツ)】 牛の小便と馬の糞（くそ）。転じて、つまらないもの、価値のないもの、役にたたないもののたとえ。〔韓愈-進学解〕

【九鼎大呂(キュウテイタイリョ)】 貴重なもの、重い地位、名望などのたとえ。〔史記-平原君虞卿伝〕

【急転直下(キュウテンチョッカ)】 事態、状況、情勢などが急激に大きく変化すること。また、事態、情勢などが急に変化して、解決、結着すること、あるいはそのような方向へ近づき向かうこと。

【朽木糞牆(キュウボクフンショウ)】 朽ちた木と、腐った土塀。どうにも手のほどこしようがないもののたとえ。特に、意気込みや素質のない者には、どう教えようとしても教えようがないということのたとえ。朽木糞土。〔論語-公冶長〕

【狂言綺語(キョウゲンキゴ)】 道理に合わない言葉と巧みに表面だけを飾った言葉。転じて、小説や物語の類をさしていう。〔白居易-香山寺白氏洛中集記〕

【拱手傍観(キョウシュボウカン)】 何もせず、手をこまねいて傍らから見ているだけであること。袖手傍観。

【驚天動地(キョウテンドウチ)】 天を驚かし、地を動かす意。世間をひどく驚かすことのたとえ。撼天動地。驚天駭地。〔白居易-李白墓〕

【曲学阿世(キョクガクアセイ)】 道理に背いた学問によって、

時勢・権力などにこびへつらい、人気を得ようとすること。〔史記‐儒林伝〕

【玉石混淆（ギョクセキコンコウ）】良いものと悪いもの、すぐれたものと劣ったものが混ざっていること。〔抱朴子‐外篇・尚博〕

【跼天蹐地（キョクテンセキチ）】高い天の下でも背を曲げ、広い大地でも忍び足でそっと歩く。非常に恐れかしこまること、また、肩身の狭い思いで世の中を恐れはばかって暮らしていくことのたとえ。〔陸機‐謝平原内史表〕

【曲突徙薪（キョクトツシシン）】煙突を曲げ、薪を移して火災を予防すること。未然にわざわいを防ぐことのたとえ。〔漢書‐霍光伝〕

【虚心坦懐（キョシンタンカイ）】心にわだかまりがなく、気持ちがさっぱりとしていること。また、そのさま。

【毀誉褒貶（キヨホウヘン）】ほめることとそしること。ほめられたりけなされたりすること。

【金甌無欠（キンオウムケツ）】金の甌（かめ）が少しもきずがなく完全であること。転じて、物事が完全堅固であること、特に、国家が堅固で他国からの侵略を受けたことがないことのたとえ。〔南史‐朱异（シュイ）伝〕

【金科玉条（キンカギョクジョウ）】いちばん大切な法律。いちばん重要な規則。転じて、自分の主張・立場などを守るための、絶対的なよりどころ。〔揚雄‐劇秦美新〕

【欣喜雀躍（キンキジャクヤク）】非常に喜んで小おどりすること。大喜びをすること。歓喜雀躍。

【金口木舌（キンコウボクゼツ）】すぐれた言説によって社会を教え導く人のたとえ。〔論語‐八佾・疏〕

【金枝玉葉（キンシギョクヨウ）】天子の一族・子孫を貴んでいう語。〔蕭倣‐享太廟楽章〕

【金城湯池（キンジョウトウチ）】金（かね）で造った城と熱湯をたたえた池。非常に守りの堅い場所のたとえ。転じて、他から侵害されにくい場所のたとえ。金城鉄壁。〔漢書‐蒯通伝〕

【錦心繡口（キンシンシュウコウ）】錦（にしき）のような美しい心と、縫いとりのように美しい言葉。美しい考えや言葉を持ち、詩文の才能にすぐれていることのたとえ。錦心繡腸。〔柳宗元‐乞巧文〕

【金声玉振（キンセイギョクシン）】才知と人徳を十分に調和よく兼ね備えていることのたとえ。また、人格の大成することのたとえ。特に、孔子の完成された人格を賛美する語として用いる。〔孟子‐万章下〕

【金殿玉楼（キンデンギョクロウ）】金や玉で飾った御殿。豪華で美しい宮殿。〔李商隠‐和㆔韓録事送㆓宮人入道㆒〕

【空前絶後（クウゼンゼツゴ）】比べられるべき例が過去になく、また、将来にもないと思われるようなこと。非常にまれなさま。〔宣和画譜‐二・呉道元〕

【空中楼閣（クウチュウロウカク）】空中に築いた高い建物。転じて、根拠のない論理、架空の物事のたとえ。空中楼台。〔通俗編‐居処〕

【君子豹変（クンシヒョウヘン）】君子は誤りと知ったらすぐ改めて、善に移ることがきわめてはっきりしているということ。現在では、節操なく考えがすぐ変わることにもいう。〔易経‐革〕

【軽挙妄動（ケイキョモウドウ）】よく考えもせずに軽はずみに行動すること。軽率な行動。

【経世済民（ケイセイサイミン）】世の中を治め、人民をすくうこと。

【鶏鳴狗盗（ケイメイクトウ）】鶏の鳴きまねをして人をだましたり、犬のように物を盗んだりする卑しい者。また、そのようなつまらないことしかできない者のたとえ。転じて、どのようにつまらないことでも役に立つことがあるというたとえ。〔史記‐孟嘗君伝〕

【月下氷人（ゲッカヒョウジン）】男女の縁をとりもつ人。仲人のたとえ。〔続幽怪録‐四〕〔晋書‐芸術伝・索紞〕

【月卿雲客（ゲッケイウンカク）】月卿と雲客、すなわち公卿（くぎょう）と殿上人（てんじょうびと）。

【狷介孤高（ケンカイココウ）】自分の意志を固く持って、俗人から遠く離れて品格を保つさま。狷介孤独。

【牽強付会（ケンキョウフカイ）】道理に合わないことを自分の都合のよいようにこじつけること。

【拳拳服膺（ケンケンフクヨウ）】常に心にささげ持って忘れないこと。人の教えや言葉を常に心にきざんで大事に守ること。〔礼記‐中庸〕

【乾坤一擲（ケンコンイッテキ）】天地を賭けてサイコロを投げること。仕事などでいちかばちかの大勝負をすることのたとえ。

【捲土重来（ケンドチョウライ）】敗れた者が再び勢いを盛んにして攻めてくること。一度失敗した者が、再び勢力を盛り返してくることのたとえ。〔杜牧‐題烏江亭〕

【堅忍不抜（ケンニンフバツ）】意志がかたく、じっと耐え忍んで心が動かないこと。〔蘇軾‐鼂錯論〕

【肩摩轂撃（ケンマコクゲキ）】人の肩と肩が摩（す）れ合い、轂（こしき）と轂が撃ち合うこと。人や車の往来が激しく混雑しているさまのたとえ。〔戦国策‐斉〕

【行雲流水（コウウンリュウスイ）】空を行く雲と流れる水。そのように自然のままに滞らずに動くこと、また、自然に逆らわずなりゆきにまかせて行動することのたとえ。〔宋史‐蘇軾伝〕

【厚顔無恥（コウガンムチ）】あつかましくて恥知らずなさま。無恥厚顔。

【剛毅木訥（ゴウキボクトツ）】意志が強くしっかりとしていて、飾りけのないさま。〔論語-子路〕

【巧言令色（コウゲンレイショク）】巧みな言葉を用いたり、顔色をとりつくろったりすること。転じて、言葉を飾ったり口先だけのことを言ったりして、人に媚(こ)びへつらうことのたとえ。〔論語-学而〕

【高材疾足（コウザイシッソク）】背が高く、足が速い意。すぐれた才能と手腕があること。また、そのような人のたとえ。高材逸速。〔史記-淮陰侯伝〕

【高山流水（コウザンリュウスイ）】高い山と流れる水。清らかな天地自然を形容する語。また、妙なる音楽のたとえ。〔列子-湯問〕

【行尸走肉（コウシソウニク）】歩くしかばねと走る肉の意で、形はあるが魂のない肉の塊のような者。無能・無学で何の存在価値もないような人をあざけっていう語。〔拾遺記-後漢〕

【曠日弥久（コウジツビキュウ）】むなしく時日を費やして事を長引かせ、ひまどること。〔韓非子-説難〕

【公序良俗（コウジョリョウゾク）】公共の秩序と、善良な風俗、ならわし。

【荒唐無稽（コウトウムケイ）】言説に根拠がなく、とりとめがないこと。でたらめであること。荒誕無稽。

【紅灯緑酒（コウトウリョクシュ）】はなやかな灯と、緑色を帯びた酒。歓楽や飽食をいう。緑酒紅灯。

【光風霽月（コウフウセイゲツ）】日の照っているときさわやかに吹く風と、雨上がりに出る澄みきった月。心の中がさっぱりとしてわだかまりがなく、非常に爽快であることのたとえ。〔宋史-周敦頤伝〕

【公明正大（コウメイセイダイ）】心が公平で私心なく、明らかで正しいさま。

【甲論乙駁（コウロンオツバク）】甲が論ずると乙が反駁する意で、互いに自分の意見を主張して論じ合うこと。また、言い合いになって議論がまとまらないこと。

【呉越同舟（ゴエツドウシュウ）】仲の悪い者同士が同じ場所や同じ境遇にいることのたとえ。また、仲の悪い者同士が反目し合いながらも、利害が一致しているときには協力することのたとえ。〔孫子-九地〕

【狐疑逡巡（コギシュンジュン）】疑い深く決断がつかずにためらうこと。ぐずぐずすること。

【国士無双（コクシムソウ）】国内で並ぶ者のないほどすぐれた人物。〔史記-淮陰侯伝〕

【虎視眈眈（コシタンタン）】虎が鋭い目をして獲物をねらっているさま。そのように、静かにじっと機会をねらうことのたとえ。〔易経-頤〕

【孤城落日（コジョウラクジツ）】四周を敵にかこまれ、援軍もなく落ちるのを待つだけの城と、西に傾く夕日。昔日の勢いも今はなく、助けるものとてもなく、ただ零落の一途をたどるだけの状態のたとえ。〔王維-送韋評事〕

【故事来歴（コジライレキ）】昔から伝わってきた事物についての、由来や歴史。また、物事がそういう結果になった理由や経緯。

【克己復礼（コッキフクレイ）】欲望や邪心などを自分自身の意志力で抑制し、礼儀をあやまらないようにすること。〔論語-顔淵〕

【刻苦勉励（コックベンレイ）】心身を苦しめて努力すること。非常に苦労してつとめ励むこと。刻苦精励。

【五風十雨（ゴフウジュウウ）】五日に一度風が吹き、十日に一度雨が降ること。気候が順当であること。転じて、平穏な世の中のたとえ。〔論衡-是応〕

【鼓腹撃壌（コフクゲキジョウ）】十分に食べて腹鼓を打ち、満足して大地を叩いて歌いよろこぶこと。よい政治が行きとどき、時世の太平を謳歌するさまを表す。〔十八史略-五帝〕

【枯木寒巌（コボクカンガン）】枯れた立ち木と冷たい岩。転じて、世俗から離れて無心なさまのたとえ。

【五里霧中（ゴリムチュウ）】深い霧の中で道も方角もわからない状態。転じて、物事の事情がまったくわからずとまどうこと。また、手さぐりで進むこと。〔後漢書-張楷伝〕

【欣求浄土（ゴングジョウド）】仏教で、極楽浄土を願い求めること。

【言語道断（ゴンゴドウダン）】あまりのひどさ、悪さに言葉でもないほどであること。言葉では言い表せないほど悪いこと。〔瓔珞経〕

さ行

【才気煥発（サイキカンパツ）】頭の働きがすぐれていて、活発で目立つこと。才気が盛んに外に現れるさま。

【三寒四温（サンカンシオン）】冬期に三日寒い日が続くと、その後に四日暖かな日が続く、このような状態が繰り返される気象現象をいう。また、徐々に暖かくなる気候についてもいう。

【尸位素餐（シイソサン）】職務を果たさずに高位にいること。何の働きもせずに禄を得ること。また、その人。〔漢書-朱雲伝〕

【四海兄弟（シカイケイテイ）】世界中の人々は、みな兄弟のように親しくすべきものであるということ。四海同胞。〔論語-顔淵〕

【色即是空（シキソクゼクウ）】仏教で、すべて形のあるもの、物質的なものは、その本質においてはみな実体がなく空であるということ。〔般若心経〕

【自業自得（ジゴウジトク）】自分の作った業の報いは、自分自身が受けるということ。自分のしたことの結果

は自分自身で引きうけなければいけないということ。〔正法念処経-一二〕

【獅子奮迅（シシフンジン）】獅子が勢いよく激しく進む意から、物事に対処する際の勢いがすさまじいことのたとえ。〔大般若経〕

【七転八倒（シチテンバットウ）】七度転げまわり、起き上がっては八度倒れる意から、苦痛のためにもだえ苦しむことのたとえ。転げまわるような苦しみ方、混乱のたとえ。〔朱子語類-梁恵王下〕

【四通八達（シツウハッタツ）】道が四方八方に通じていること。転じて、往来のはげしいところ。賑やかなところ。四達八通。四通五達。〔晋書-慕容徳載記〕

【疾風迅雷（シップウジンライ）】非常に速い風と激しい雷鳴。転じて、行動・動きが非常に速く激しいことのたとえ。〔礼記-玉藻〕

【櫛風沐雨（シップウモクウ）】風に髪をくしけずり、雨にからだを洗う意。風雨にさらされて奔走し苦労することのたとえ。櫛風浴雨。〔荘子-天下〕

【四分五裂（シブンゴレツ）】いくつにもちりぢりばらばらになって分かれること。秩序、統一なく乱れること。四散五裂。〔戦国策-魏〕

【自暴自棄（ジボウジキ）】物事が思いどおりに運ばなかったりなどして、自分自身を大切にせず、希望を捨てて投げやりな行動をすること。やけくそになるさま。〔孟子-離婁上〕

【四面楚歌（シメンソカ）】周囲がすべて敵で、味方がいず、孤立することのたとえ。〔史記-項羽本紀〕

【弱肉強食（ジャクニクキョウショク）】弱いものが強いもののえじきとなること。弱いものが強いものに征服されることのたとえ。〔韓愈-送二浮屠文暢師一序〕

【衆人環視（シュウジンカンシ）】大勢の人が取り巻いて見ていること。衆目環視。

【修身斉家（シュウシンセイカ）】自分の身を修め、家を整えること。〔礼記-大学〕

【秋霜烈日（シュウソウレツジツ）】秋の霜と夏の厳しい太陽。転じて、権威・志操・刑罰などが非常に厳しいことのたとえ。

【主客転倒（シュカクテントウ）】物事の軽重、立場などが逆になること。主人と客の立場が逆になることにもいう。

【熟読玩味（ジュクドクガンミ）】意味をよく考えながら読んで、十分にその意味を味わうこと。〔小学-嘉言〕

【朱唇皓歯（シュシンコウシ）】赤いくちびると、白く美しい歯。若くて美しい女性をいう。〔楚辞-大招〕

【首鼠両端（シュソリョウタン）】迷う気持ちがあっていずれかに決めかねるさまのたとえ。迷って形勢を見ることのたとえ。日和見的であること。〔史記-魏其武安侯伝〕

【酒池肉林（シュチニクリン）】酒や肉が豊富で、贅沢をきわめた酒宴のたとえ。〔史記-殷本紀〕

【酒嚢飯袋（シュノウハンタイ）】酒ぶくろ（嚢）と飯（めし）袋の意。飲食に明け暮れるばかりで、何の役にも立たない人のたとえ。大ぐらいの能なし。〔通俗編-飲食・酒嚢飯袋〕

【蓴羹鱸膾（ジュンコウロカイ）】ふるさとの味。望郷の念をおさえがたいことのたとえ。〔晋書-文苑伝・張翰〕

【順風満帆（ジュンプウマンパン）】追い風に帆をいっぱいにふくらませていること。また、そのように物事が滞りなく順調に進むことのたとえ。

【城狐社鼠（ジョウコシャソ）】城に住む狐（きつね）と社（やしろ）に巣くう鼠（ねずみ）。その身を攻められることのない安全なところに置いて、悪事をするもの、君主の傍らにいる奸臣のたとえ。〔説苑-善説〕

【生死事大（ショウジジダイ）】人間の生死は一大事であり、今、人として存在しているこのときが、最も大事なことであるということ。〔伝灯録-五〕

【盛者必衰（ジョウシャヒッスイ）】勢いの盛んな者は必ず衰えるということ。この世の無常であることを表した語。盛者必滅。〔仁王経-下〕

【小心翼翼（ショウシンヨクヨク）】敬う心を持って慎み深くするさま。転じて、気が小さくてびくびくしているさま、小さいことにまで細かく気を配り、注意深くしているさま。細心翼翼。〔詩経-大雅・大明〕

【諸行無常（ショギョウムジョウ）】仏教で、世の中のすべての現象は常に変化し生滅して、永久不変ではない、常住ではないということ。〔北本涅槃経-一四〕

【唇歯輔車（シンシホシャ）】利害関係が密接で、互いに助け合い、ささえ合って成り立っているような関係のたとえ。輔車唇歯。〔孫楚-為二石仲容一与二孫皓一書〕

【神出鬼没（シンシュツキボツ）】鬼神のように自由自在に現れたり見えなくなったりすること。居所が容易にわからないことや、不意に現れたり隠れたりするさまのたとえ。神変出没。〔淮南子-兵略訓〕

【信賞必罰（シンショウヒツバツ）】ほめるべき功労のあった者には必ず賞を与え、罪を犯した者には必ず罰を与えるということ。賞罰のけじめを厳重に行うこと。〔漢書-宣帝紀・賛〕

【針小棒大（シンショウボウダイ）】針ほどの小さなものを棒のように大きく言うこと。物事を大げさに言うことのたとえ。

【深謀遠慮（シンボウエンリョ）】遠く先々のことまで考えて、深く計画をめぐらすこと。〔賈誼-過秦論上〕

【酔生夢死（スイセイムシ）】価値あることは何もせずに、無駄に一生を過ごすことのたとえ。〔小学-嘉言〕

【翠帳紅閨（スイチョウコウケイ）】 緑色の帳（とばり）と紅色の寝室。美しく飾った貴婦人の寝室をいう。

【寸進尺退（スンシンシャクタイ）】 一寸進んで一尺退くこと。わずかに進んで大きく退くこと。また、得るものは少なく、失うものの多いことのたとえ。〔老子-六九〕

【寸善尺魔（スンゼンシャクマ）】 一寸の善と一尺の魔の意から、世の中はよいことが少なくて悪いことが多いことのたとえ。少しよいことがあっても、そのあとに悪いことがたくさん起こることのたとえ。

【晴耕雨読（セイコウウドク）】 晴れた日は外に出て田畑を耕し、雨の日は家で読書をすること。悠悠自適の生活、自由で風雅な生活をいう。

【西施捧心（セイシホウシン）】 むやみにひとの真似をして、世の笑いものになることのたとえ。〔荘子-天運〕

【青天白日（セイテンハクジツ）】 青く晴れわたった日和（ひより）。また、その白昼。転じて、心にやましいと感じたり、他人の目を気にしたりしない状態。特に、無実が明らかになり、晴ればれとした状態。

【是是非非（ゼゼヒヒ）】 是は是として、非は非とすること。よいことはよいこととしてはっきり認め、悪いことは悪いこととして反対し、公正な立場に立って物事を判断すること。〔荀子-修身〕

【切磋琢磨（セッサタクマ）】 石や玉などを磨くように学問、技芸、人間性などを磨き上げること。たゆまぬ努力により自己の力量、素質などを磨き上げることのたとえ。また、互いに競い合い、励まし合って向上することのたとえ。〔詩経-衛風・淇奥〕

【切歯扼腕（セッシヤクワン）】 歯ぎしりして自分の腕をにぎりしめること。憤慨したりくやしがったりするときの様子にいう。〔史記-張儀伝〕

【絶体絶命（ゼッタイゼツメイ）】 のがれようのない苦しい立場に追いこまれ、進退きわまった状態。

【千古不易（センコフエキ）】 永遠に変わらないこと。

【千載一遇（センザイイチグウ）】 千年に一度しかめぐりあえないこと。すばらしい機会、またとない絶好の機会のたとえ。〔袁宏-三国名臣序賛〕

【千紫万紅（センシバンコウ）】 紫や紅などさまざまな色の花。また、色とりどりの花が咲き乱れること。比喩的に、彩り豊かなさまの意にも用いる。千紅万紫。

【千変万化（センペンバンカ）】 物事が、多彩に次々と変化すること。〔列子-周穆王〕

【先憂後楽（センユウコウラク）】 天下の安危について、憂えることは人々に先んじて憂い、楽しむことは人々に遅れて楽しむこと。〔大戴礼-曾子立事〕

【千里同風（センリドウフウ）】 千里もの遠くまで同じ風が吹く意から、世の中全体が太平であること。また逆に、乱れていることのたとえにもいう。〔論衡-雷虚〕

【造次顛沛（ゾウジテンパイ）】 急な場合や思うように物事が運ばない場合。転じて、わずかの間、瞬時の意。また、瞬時もおこたりなく務めるさまにもいう。〔論語-里仁〕

【漱石枕流（ソウセキチンリュウ）】 負け惜しみが強く、自分の意見をあくまでも押し通したり、こじつけのうまいことのたとえ。〔晋書-孫楚伝〕

【桑田碧海（ソウデンヘキカイ）】 桑畑であったところが青々とした海に変わること。転じて、世の中の移り変わりの激しいことのたとえ。〔盧照鄰-長安古意〕

【麁枝大葉（ソシタイヨウ）】 まばらな枝と大きな葉。転じて、文章などが細かい規則にとらわれずにいること、論や考え方などが細かいことにとらわれずにゆったりとして風格のあるさまのたとえ。〔朱子語類-七八〕

【粗製濫造（ソセイランゾウ）】 粗雑な品物をむやみにたくさん製造すること。

【樽俎折衝（ソンソセッショウ）】 宴席における外交交渉で、相手の気勢をかわして有利に交渉を行うこと。転じて、相手と交渉する際のかけひきのたとえ。〔新序-雑事〕

た行

【大器晩成（タイキバンセイ）】 大人物は、その器量を現すのは遅いが、やがて頭角を現し大成するということ。〔老子-四一〕

【泰山北斗（タイザンホクト）】 泰山と北斗星。ある一つの道で最も仰ぎ尊ばれる人のたとえ。〔唐書-韓愈伝・賛〕

【大同小異（ダイドウショウイ）】 大体は同じで、少しだけ異なっていること。細かな部分は異なっているが全体としては似たりよったりで大差のないこと。〔荘子-天下〕

【多岐亡羊（タキボウヨウ）】 学問の道があまりにもいろいろに分かれているので、容易に真理を把握できないこと。また、転じて、方針がいろいろあるために、どれを選ぶべきか迷って思案に困ること。〔列子-説符〕

【多士済済（タシセイセイ）】 すぐれた人が多いこと。人材が豊富であること。また、そのさま。〔詩経-大雅・文王〕

【暖衣飽食（ダンイホウショク）】 暖かな衣服を着て、腹いっぱいに食べること。物質的に何の不足もなく満ち足りた生活のたとえ。飽食暖衣。〔孟子-滕文公上〕

【断簡零墨（ダンカンレイボク）】 書いたものの一部や、はしきれに書いた文章、ちょっとした書き物などのたと

え。

【胆大心小（タンダイシンショウ）】大胆で度胸がよく、しかも細心の注意を払うこと。〔旧唐書-方伎伝・孫思邈〕

【単刀直入（タントウチョクニュウ）】一人で刀をふるい、まっしぐらに敵陣に切り込むこと。転じて、前置きや遠回しな表現なしに、直接話の要点に入ることのたとえ。〔伝灯録〕

【談論風発（ダンロンフウハツ）】談話や議論が盛んに行われること。踔厲（タクレイ）風発。

【竹頭木屑（チクトウボクセツ）】竹の切れ端と、木の屑（くず）。そのような細かなこと、小さなこともおろそかにしないことのたとえ。〔晋書-陶侃伝〕

【昼夜兼行（チュウヤケンコウ）】昼も夜も休まず道を急ぐこと。また、昼夜の区別なく続けて事を行うこと。〔呉志-呂蒙伝〕

【朝三暮四（チョウサンボシ）】目先の違いにとらわれて、結果は同じであることに気づかないこと。目先の利害にとらわれて事柄の本質を理解しないこと。また、詭弁や詐術を用いて人をだますことのたとえ。転じて、生計・暮らしの意でも言う。朝四暮三。〔列子-黄帝〕

【張三李四（チョウサンリシ）】ごくありふれた人、名も知れぬ人々、平凡な人のたとえ。〔伝灯録-一九〕

【朝令暮改（チョウレイボカイ）】朝に命令を下し、夕方にはそれを改めること。命令が次々に変わり、一定しないことのたとえ。〔漢書-食貨志上〕

【直情径行（チョクジョウケイコウ）】感情のおもむくままに飾らずに行動すること。〔礼記-檀弓下〕

【鉄心石腸（テッシンセキチョウ）】鉄や石のように堅固な精神、意志のたとえ。どんなことにも動かされない強い心。鉄肝石腸。〔蘇軾-与二李公択一書〕

【天衣無縫（テンイムホウ）】天上の人の着る衣服には縫い目がないということ。転じて、詩歌や文章などに技巧をこらした跡がなく、自然にできており、しかも完璧に美しいできばえであることのたとえ。また、人柄などが無邪気で、心がありのままに言動に現れるさま。〔霊怪録〕

【天下泰平（テンカタイヘイ）】天下が穏やかにおさまり平和であること。世の中が極めて平穏におさまること。転じて、何事もなく平穏無事でのんびりとしているさま。〔礼記-仲尼燕居〕

【電光石火（デンコウセッカ）】いなびかりや火打ち石が出す火花。転じて、動作や振る舞い、物事の動きなどが非常にすばやいことのたとえ。〔碧巌録-一六則・評唱〕

【輾転反側（テンテンハンソク）】何度も寝返りを打つこと。心配したり思い悩んだりして夜眠れないさまにいう。〔詩経-周南・関雎〕

【天網恢恢（テンモウカイカイ）】「天網恢恢疎にして漏らさず」の略。天が張りめぐらした網は非常に大きく目も粗いようではあるが、悪人を漏らさずに捕らえる。天は決して悪人・悪事を見のがさないということ。〔老子-七三〕

【陶犬瓦鶏（トウケンガケイ）】陶器の犬と素焼きの鶏。転じて、形、外見ばかりが立派で、役に立たないもののたとえ。〔金楼子-立言上〕

【同工異曲（ドウコウイキョク）】音楽を奏でる技巧は同じであるが、演奏されたものの味わいが異なっていること。また、詩文などで、手法は同じであるが、表現されたものが異なること。転じて、見かけ・外見は異なるが、内容は似たり寄ったりであること。異曲同工。〔韓愈-進学解〕

【同床異夢（ドウショウイム）】同じ床に寝ながら互いに異なる夢を見ること。転じて、同じ仲間や同じ仕事をしている者でも、考え方や目的などが異なることのたとえ。〔陳亮-与二朱元晦秘書一書〕

【道聴塗説（ドウチョウトセツ）】道で聞いた話をそのまますぐ、その道で他の人に話すこと。転じて、他人からよい話を聞いても、それを自分の心にとどめて自分のものとしないことのたとえ。さらに、いい加減な受けうり、ききかじりの話、また、そのような行為のたとえ。〔論語-陽貨〕

【党同伐異（トウドウバツイ）】道理の有無、正否にかかわらず、同じ党派の者に味方し、他の党派のものを排斥したり、攻撃したりすること。党同異伐。〔後漢書-党錮伝序〕

【稲麻竹葦（トウマチクイ）】稲、麻、竹、葦が群生していること。また、そのように人や物が多く群がって入り乱れているさま、また、幾重にも取り囲んでいるさまのたとえ。〔法華経-方便品〕

【独立独行（ドクリツドッコウ）】他人を頼らずに自分一人で思考・判断し、自分の信じる道を進むこと。

【咄咄怪事（トツトツカイジ）】驚くほど怪しい出来事。また、非常に不都合でよくないこと。〔晋書-殷浩伝〕

【吐哺握髪（トホアクハツ）】すぐれた人材を迎え入れるのに熱心であることのたとえ。「吐握の労」とも。握髪吐哺。〔韓詩外伝-三〕

【土崩瓦解（ドホウガカイ）】土が崩れ、瓦が砕けること。転じて、物事が根底から崩れて、もはやもとに戻す手だてもないことのたとえ。〔鬼谷子〕

な行

【内憂外患（ナイユウガイカン）】内部や国内に生ずる心配事と、外部や国外からもたらされる煩わしい事態。内外における心配ごと。〔管子-戒〕

【南船北馬（ナンセンホクバ）】南では船で進み、北では馬で進む意。あちらこちらを忙しく旅すること、方々をたえず旅していることのたとえ。

【南蛮鴃舌（ナンバンゲキゼツ）】異民族の、意味の通じない言葉を卑しめていう。〔孟子‐滕文公上〕

は行

【杯盤狼藉（ハイバンロウゼキ）】酒宴で、杯や皿などが散乱しているさま。〔蘇軾‐前赤壁賦〕

【幕天席地（バクテンセキチ）】天を幕とし大地を席（むしろ）とすることの意から、そのように志の大きいこと、また、小さいことにこだわらないことのたとえ。〔劉伶‐酒徳頌〕

【博覧強記（ハクランキョウキ）】広く書物を読み、それらをよく記憶して、豊かな知識をもっていること。

【馬耳東風（バジトウフウ）】馬の耳は東風（春風）が吹いても何も感じないということから、人の言うことに耳を貸さない、心をとめないことのたとえ。〔李白‐答二王十二寒夜独酌有ㇾ懐〕

【八面玲瓏（ハチメンレイロウ）】八方が透きとおって鮮明で美しいこと。転じて、誰に対しても円満に巧妙に振るまうことのたとえ。〔馬熙‐開ㇾ窓看ㇾ雨〕

【八面六臂（ハチメンロッピ）】一つの体に八つの顔と六つの臂（ひじ）を持っていること。転じて、一人で数人分の働きがあること、多方面にめざましい活躍をすることのたとえ。三面六臂。

【抜山蓋世（バツザンガイセイ）】山を抜き取るほどの力と、世をおおうほどの気力の意から、威勢が非常に大きいこと、力や気力が非常に勢いよく大きいことのたとえ。〔史記‐項羽本紀〕

【抜本塞源（バッポンソクゲン）】一番もととなる原因を抜き去り、害を防ぐために根本にさかのぼって物事を処理することのたとえ。〔左伝‐昭公九年〕

【撥乱反正（ハツランハンセイ）】乱れた世を治めて、もとの正しい世にもどすこと。〔公羊伝‐哀公一四年〕

【爬羅剔抉（ハラテッケツ）】掻き集めたり、ほじり出したりすること。転じて、隠れた人材を探し出して用いること。また、人の隠していることなどをあばき出すこと。〔韓愈‐進学解〕

【盤根錯節（バンコンサクセツ）】まがりくねった木の根と、入り組んだ木の節。転じて、入り組んで処理に困難な事柄のたとえ。〔後漢書‐虞詡伝〕

【飛耳長目（ヒジチョウモク）】遠くのものをよく聞く耳と、遠くのものをよく見る目。学問や事物の観察に鋭く、精通していることのたとえ。転じて、そのようになるための手段という意味で、書物を指す。飛目長耳。〔管子‐九守〕

【百尺竿頭（ヒャクシャクカントウ）】百尺もある竿（さお）の先端。到達でき得る極点、向上し得る極致のたとえ。

【百発百中（ヒャッパツヒャクチュウ）】百発発射して百発とも命中すること。撃つと必ず命中すること。転じて、予想、予言、計画などがすべてそのとおりになること。〔史記‐周本紀〕

【比翼連理（ヒヨクレンリ）】男女の結びつきがかたく情愛の深いこと、仲のよいことのたとえ。〔白居易‐長恨歌〕

【風餐露宿（フウサンロシュク）】風にさらされて食事をとり、露に濡れながら野宿をすること。〔陸游‐壮士吟〕

【風声鶴唳（フウセイカクレイ）】風の音と鶴の鳴き声の意。おじけづいた人がちょっとしたことにも驚き恐れることのたとえ。〔晋書‐謝玄伝〕

【不倶戴天（フグタイテン）】深い恨みや怒りがあって、相手を生かしておくことができないこと。この世に共に生存できないほど憎みあい反目しあう間柄のたとえ。〔礼記‐曲礼上〕

【不惜身命（フシャクシンミョウ）】仏の道を修めるには、自らの身も命も惜しまないということ。転じて、一般に自分の身をかえりみないこと。〔法華経‐譬喩品〕

【夫唱婦随（フショウフズイ）】夫が言い出して、妻がそれに従うこと。夫婦が仲睦まじく和合していることを表す。〔関尹子‐三極〕

【武陵桃源（ブリョウトウゲン）】世間から離れた別天地、理想郷のたとえ。〔陶淵明‐桃花源記〕

【粉骨砕身（フンコツサイシン）】骨を粉にし、身を砕くこと。骨身惜しまず働くこと、身を粉にして働くことのたとえ。〔禅林類纂〕

【焚書坑儒（フンショコウジュ）】書物を焼き捨て、儒学者を生き埋めにすること。昔、中国の秦の始皇帝が政治批判を禁ずるために、主として儒家に対して行った言論統制政策。転じて、学問や思想などを弾圧すること。〔孔安国‐古文尚書序〕

【偏旁冠脚（ヘンボウカンキャク）】漢字の構成する部分の名称である、偏（へん）、旁（つくり）、冠（かんむり）、脚（あし）のこと。また、その総称。

【抱関撃柝（ホウカンゲキタク）】門番と夜警。身分の低い役人のたとえ。〔孟子‐万章下〕

【暴虎馮河（ボウコヒョウガ）】虎を素手で打ち、大河を徒歩で渡る意。転じて、向こうみずな勇気、血気にはやること、無謀なことをすることのたとえ。〔論語‐述而〕

【傍（旁）若無人（ボウジャクブジン）】人前をはばからず、勝手気ままな、無遠慮な言動をすること。〔史記‐刺客伝〕

【蓬頭垢面（ホウトウコウメン）】乱れた頭髪に垢じみた顔。身

だしなみがきちんとせずに汚いさまのたとえ。蓬頭垢髪。〔魏書‐封軌伝〕

【抱腹絶倒（ホウフクゼットウ）】 腹を抱えて、倒れるほどに大笑いすること。

ま 行

【名詮自性（ミョウセンジショウ）】 名がそのものの性質を表すということ。名実相応。〔成唯識論‐二〕

【未来永劫（ミライエイゴウ）】 未来にわたって永久であること。終わりのない未来。

【明鏡止水（メイキョウシスイ）】 心に邪念がなく、明るく澄みきった心境のたとえ。〔荘子‐徳充符〕

【明窓浄几（メイソウジョウキ）】 明るい窓と清浄な机。転じて、明るく清らかな書斎。〔欧陽脩‐試筆〕

【明哲保身（メイテツホシン）】 聡明で、道理にしたがって物事を処理し、安全に自分の身や地位を守ること。〔詩経‐大雅・烝民〕

【明眸皓歯（メイボウコウシ）】 澄んだ美しいひとみと、白く美しい歯。また、そのような人。美人のたとえに用いる語。皓歯明眸。〔杜甫‐哀江頭〕

【面従腹背（メンジュウフクハイ）】 表面では服従するようにみせかけ、内心では背いていること。面従腹誹。

【面壁九年（メンペキクネン）】 達磨（だるま）大師が中国の嵩山（すうざん）の少林寺で壁に面して九年間座禅を組み、悟りを開いたということ。ある一つの目的に向かって粘り強く月日をかけて心を傾けることのたとえ。〔伝灯録〕

【盲亀浮木（モウキフボク）】 めったに巡り合うことのできないこと、また、めったに会えないような幸せや幸運に巡り合うことのたとえ。〔雑阿含経〕

【孟母三遷（モウボサンセン）】 子供の教育には、環境が大切であるという戒め。孟母断機。〔列女伝‐母儀・鄒孟軻母〕

【門前雀羅（モンゼンジャクラ）】 （昔日の人気がなくなり）訪れる人もなく、門前には雀（すずめ）が群れ遊び、網を張って捕らえられるほどのさびしさであること。〔史記‐汲・鄭伝・賛〕

や 行

【夜郎自大（ヤロウジダイ）】 自分の力量も知らず、大きな顔をして威張ることのたとえ。〔史記‐西南夷伝〕

【唯我独尊（ユイガドクソン）】 この世界にわれよりも尊い者はないということ。転じて、自分だけがすぐれていると自負するひとりよがりの態度のたとえ。〔瑞応本起経上〕

【勇往邁進（ユウオウマイシン）】 目標・目的をめざして勇ましく、まっしぐらに突き進むこと。勇往猛進。

【優柔不断（ユウジュウフダン）】 ぐずぐずしていて物事の決断の鈍いこと。また、そのさま。優游不断。

【優勝劣敗（ユウショウレッパイ）】 まさっているものが勝ち、劣っているものが負けるということ。特に生存競争において強者・適者が栄え、弱者・不適者が衰え滅びること。

【融通無碍（ユウズウムゲ）】 滞ったりつかえたりすることのないこと。転じて、行動や思考などが何物にもとらわれず自由でのびのびしていること。

【有名無実（ユウメイムジツ）】 名のみがあって、その実質がないこと。〔国語‐晋語〕

【羊質虎皮（ヨウシツコヒ）】 実質は羊であるのに、虎の皮をかぶっていること。外見は立派であるが、実質の伴っていないことのたとえ。〔揚子法言‐吾子〕

【羊頭狗肉（ヨウトウクニク）】 外見や表面と内容が一致していないことのたとえ。宣伝や見かけなどは立派であるが、内容が伴っていないことのたとえ。

ら 行

【理非曲直（リヒキョクチョク）】 道理にかなったことと道理に外れたこと。間違っていることと正しいこと。

【竜驤虎視（リュウジョウコシ）】 竜のように天に昇り、虎のように見ることから、強いものが世に威勢を振るうさま、一世を睥睨（へいげい）するさまのたとえ。竜驤虎躍。〔蜀志‐諸葛亮伝〕

【竜頭蛇尾（リュウトウダビ）】 頭が竜で、尻尾が蛇。最初は勢いが盛んであるが、終わりの方になるに従いふるわなくなることのたとえ。〔碧巌録‐十則〕

【竜蟠虎踞（リュウバンコキョ）】 竜がとぐろを巻き、虎が踞（うずくま）るように、ある場所を根拠地として、威勢を振るうこと。虎踞竜蟠。〔李白‐永王東巡歌十首・其四〕

【粒粒辛苦（リュウリュウシンク）】 こつこつと苦労や努力を積み重ねること。〔李紳‐憫農〕

【流連荒亡（リュウレンコウボウ）】 家に帰るのも忘れて狩猟や遊興にふけること。〔孟子‐梁恵王下〕

【冷汗三斗（レイカンサント）】 冷や汗が三斗も出るの意で、ひどく恐ろしい思いや恥ずかしい思いなどをすること。冷水三斗。

わ 行

【和光同塵（ワコウドウジン）】 自分のすぐれた知恵や才能、徳などを隠して、世俗に交じりあうこと。〔老子‐五六〕

国字一覧

この一覧は国字を約三〇〇集め、部首順に配列し、読みを付けて示したものです。（　）に示した読みは、本文中で読みが示されていないため、便宜上掲げたものです。本文に収録した漢字には掲載ページを示しました。

部首	国字	読み	ページ
一	㐂	キ	二五
人	俤	おもかげ	九六
	俥	くるま	九六
	俣	また	九六
	働	ドウ・はたらく	一〇八
几	凧	たこ	一四二
	凩	こがらし	一四二
	凪	なぎ・なぐ	一四二
勹	匂	におい・におう	一七二
	匁	もんめ	一七二
口	叺	かます	二三〇
	呎	セキ	二三三
	哘	さそう	二三五
	喰	くう	二四〇
	嗃	にげがむ	二四〇
	噸	トン	二四三
	噺	はなし	二四三
	噌	（ソ）	二四四
土	垈	ぬた	二五九
	塰	あま	二六三
	圦	いり・くれ	二六四
	圷	あくつ	二六六
	圸	まま	二六六
	垉	（ホウ）	二六八
	垳	（がけ）	二六九
	垰	たお・とうげ	二六九
	垬	（ぬかり）	二六九
	[illegible]	（さこ）	二七〇
	堩		二七〇
	埖	（ごみ）	二七二
	垪	はが	
	[illegible]		二七二
	塀	ヘイ	二七三
	墹	（まま）	二七六
	壗	まま	二七七
女	妯	しゅうとめ	
	婮	こなみ	
	娠	おみな	
	婲	だて	
	[illegible]	おとめ	三一二
	嬶	かか・かかあ	三一二
宀	宩	うつぼ	
尸	屎	つび	三六八
山	屶	（なた）	三七三
	乢	（たわ）	三七八
	岼	ゆり	三七八
	峅	くら	三七八
	岾	（やま）	三七八
	峠	とうげ	三七九
	嵶	たお・たわ	三八〇
弓	弖	て	四一九
	彅	なぎ	四二四
心	憖	なまじい	四五七
	[illegible]	そぞろ	
	[illegible]	おもしろい	四六八
	怺	こらえる	四六八
手	扖	はめる	四九四
	扨	さて	四九四
	挟	はな・かむ	五〇六
	挘	むしる	五〇六
	[illegible]	なぐさめる	
	掵	（はば）	五一四
	[illegible]	もて	
日	[illegible]	くさか	
	[illegible]	さやけし	
	[illegible]	はれる	
木	杢	もく	五九七
	梺	ふもと	五九八
	[illegible]	しがらみ	
	杁	いり・くれ	六〇八
	杦	すぎ	
	杣	そま	六一〇
	杤	とち	
	枛	ソウ	六一三
	枡	ます	六一四
	[illegible]	もみじ	
	枠	わく	六一四
	栂	つが・とが	六一七
	栃	とち	六一七
	柾	まさ・まさき	六一七
	栬	もみじ	六二一
	桛	かせ	六二三
	桝	ます	六二三
	梻	しきみ	六二四
	[illegible]	もみじ	
	椚	くぬぎ	六二八
	椡	くぬぎ	六二八
	[illegible]	さかき	
	椣	しで	六二八
	椙	すぎ	六二八
	椨	たぶ・たぶのき	六二八
	椥	なぎ	六二八
	椛	もみじ	六二八

	楿	かつら	六三二
	榀	こまい	六三三
	楾	はんぞう	六三三
	榁	むろ	六三三
	槝	かし	六三五
	榊	さかき	六三五
	樉	(ほくそ)	六三五
	樫	かし	六三八
	⿰木常	すぎのき	
	樰	たら	
	⿰木晶	(まさ)	六四一
	橲	じさ・ずさ	六四一
	橳	ぬで・ぬるで	六四一
	⿰木業	ゆずりは	
	欟	(つき)	六四四
毛	毟	むしる	六六五
水	汢	(ぬた)	六七八
	⿰氵和	なぎ	
	⿰氵墨	ボク	七三五
火	炻	セキ	七四三
	熕	コウ	七四五

	燵	タツ	七四七
瓦	瓧	デカグラム	七九六
	瓩	キログラム	七九六
	⿰瓦廷	(みか)	七九六
	瓲	トン	七九六
	瓰	デシグラム	七九六
	瓱	ミリグラム	七九六
	瓸	ヘクトグラム	七九六
	⿰瓦里	さらけ	七九六
	甅	センチグラム	七九六
	⿰瓦泉	はぞう・はんぞう	七九六
田	⿰畐寸	の	
	畠	はた・はたけ	八〇七
	畩	(けさ)	八一〇
	⿰田坴	あぜ	
	畑	はた・はたけ	八一〇
	⿱男⿰男男	たばかる	
疒	癪	シャク	八一九
石	硲	はざま	八三七
	硴	かき	八三七

禾	穝	サイ	
立	竍	デカリットル	八九二
	竏	キロリットル	八九二
	竕	デシリットル	八九二
	竓	ミリリットル	八九二
	竡	ヘクトリットル	八九二
	竰	センチリットル	八九三
竹	笂	うつぼ	八九四
	笹	ささ	八九七
	笽	そうけ	
	簓	セン・ささら	九〇七
	簗	やな	九〇七
	⿱竹園	その	
	籏	はた	九一〇
	⿱竹輪	たが	九一〇
	籡	しんし	九一〇
米	粂	くめ	九一二
	籵	デカメートル	九一三
	粁	キロメートル	九一三
	籾	もみ	九一三
	粍	ミリメートル	九一四

	粏	タ	九一四
	粭	すくも	九一五
	粨	ヘクトメートル	九一五
	糀	こうじ	九一七
	糎	センチメートル	九一七
	糘	すくも	九一八
糸	綛	かせ	九四〇
	縅	おどす・おどし	九四八
	⿰糸晃	ほろ	九五〇
	繧	ウン	九五二
	⿰糸齊	かすり	九五三
	纐	コウ	九五三
耳	聢	しかと	九七七
肉	⿰月代	さかやき	
	腺	セン	九九三
	膵	スイ	九九五
	艝	そり	一〇〇九
艸	苆	すさ	一〇一八
	⿱艹毛	ところ	
	⿱艹⿰禾丸	くたびれる	
	萢	やち	一〇三六

	蒅	すくも	一〇四〇
	⿱艹叙		一〇四〇
	蓙	ザ・ござ	一〇四一
	蓜	ハイ	一〇四四
	⿱艹開	あけび	
	⿱艹⿰禾韋	ひ	
	蘒	はぎ	
	蘰	かずら	一〇五八
虫	蚫	ホウ	一〇六七
	蛯	えび	一〇六八
	⿰虫耆	えび	
	蟎	だに	一〇七三
	⿰虫常	もむ・もみ	一〇七三
	⿰虫登	ひとりむし	一〇七三
衣	⿱母衣	(ほろ)	一〇八五
	褜	えな	
	裃	かみしも	一〇九〇
	裄	ゆき	一〇九〇
	褄	つま	一〇九一
	襅	ちはや	一〇九三
	襷	たすき	一〇九四

部首	字	読み	頁
言	諚	ジョウ・おおせ	一一二七
	誮	やさしい	
身	躮	せがれ	
	躵	こらえる	一一七〇
	躻	うつけ	一一七〇
	軉	しつけ	
	躾	しつけ	一一七〇
	𨉷	しつけ	
	軅	やがて	一一七〇
	軈	やがて	一一七〇
車	轌	そり	一一八〇
辵	辷	すべる	一一八五
	込	こむ・こめる	一一八六
	辻	つじ	一一八六
	迚	とても・とて	一一八八
	逧	さこ	一一九九
	遖	あっぱれ	一二〇八
酉	酛	(もと)	一二三五
金	釻	カン・つく	一二四〇
	鈨	はばき	
	鎹	かすがい	

部首	字	読み	頁
	鉋	かんな	
	鈾	くまで・なた	一二四六
	鋲	びょう	一二四七
	鋱	ブ	一二五〇
	鎊	かざり	一二五一
	錵	にえ	一二五一
	鎹	かすがい	一二五三
	鎺	さかほこ	
	鎺	はばき	一二五三
	鑓	やり	一二五六
門	閊	つかえる	一二六一
	閪	しなたりくぼ	一二六二
	閇	しなたりくぼ	一二六四
	閖	ゆり	一二六四
雨	霻	つる	一三〇二
青	靕	そぞろ	
革	鞆	とも	一三〇八
	鞐	こはぜ	一三〇八
	靴	ぬめ	一三〇八
	鞥	しころ	一三〇八
風	颪	おろし	一三二六

部首	字	読み	頁
食	𩛰	あさる	
	饂	ウン・ワン	一三三四
魚	魟	ジョウ	一三六一
	魞	えり	一三六一
	魸	このしろ	
	魹	とど	一三六一
	鮎	なまず	一三六二
	𩶗	あなご	
	𩵩	いさざ	
	鮖	かじか	一三六二
	鮗	このしろ	一三六二
	鮇	ひお	
	𩶅	なまず	
	鮱	ぼら	一三六三
	鮲	こち	一三六三
	鮴	ごり	一三六三
	鯏	リ・うぐい	一三六四
	鯎	うぐい	一三六四
	鯑	かずのこ	一三六四
	鯒	こち	一三六四
	鯐	すばしり	一三六四

部首	字	読み	頁
	𩸕	いわな	
	鯰	ネン・なまず	一三六五
	鯱	しゃち・しゃちほこ	一三六五
	鯳	すけとうだら	一三六五
	鯲	どじょう	一三六六
	䱸	はも	
	𩸽	ほっけ	一三六六
	鯤	ぎぎ	
	鮥	ぼら	
	鰙	わかさぎ	一三六七
	鰚	はらか	一三六七
	鰘	むろあじ	一三六七
	𩺊	あら	一三六七
	鰯	いわし	一三六七
	𩹉	さより	
	鰰	はたはた	一三六七
	𩺬	いるか	
	𩹭	きす	
	鱇	コウ	一三六七
	鱈	たら	一三六八

部首	字	読み	頁
	𩻄	はや・はえ	
	鱛	えそ	一三六九
	鱚	きす	一三六九
	𩻩	さば	
	鱫	アイ・むつ	一三六九
	鱜	キョウ	一三六九
	鱪	しいら	一三六九
	鱩	はたはた	一三六九
	鱰	しいら	一三六九
鳥	鵆	ちどり	一三七〇
	鵥	かけす	一三七二
	鵢	みさご	
	鳰	にお	一三七四
	鴫	しぎ	一三七五
	鴇	とき	一三七六
	鵈	とび	
	鶍	いすか	一三七八
	鶎	きくいただき	
	鶫	つぐみ	
	𪇆	くいな	
麻	麿	まろ	一三八五